中華人民共和國國務院批准的重大文化出版工程

國家文化發展規劃綱要的重點出版工程項目

新聞出版總署列爲『十一五』、『十二五』國家重大工程出版規劃之首

國家出版基金重點支持項目

中華大典

政治典

人民出版社

《中華大典》工作委員會

《中華大典》編纂委員會

總主編： 任繼愈

副主編： 席澤宗　程千帆　戴　逸　吳文俊　柯　俊
傅熹年

編　委： 卞孝萱　任繼愈　李明富　余瀛鰲　林仲湘
郁賢皓　馬繼興　袁世碩　席澤宗　陳美東
黃永年　章培恒　張永言　張晉藩　葛劍雄
董治安　程千帆　傅世垣　曾棗莊　龐　樸
趙振鐸　劉家和　潘吉星　錢伯城　戴　逸
楊寄林　穆祥桐　吳文俊　金正耀　戴念祖
柯　俊　金維諾　白化文　汪子春　周少川
孫培青　朱祖延　傅熹年　李　申　郭書春
熊月之　柴劍虹　吳子勇　寧　可　江曉原
鄭國光　吳征鎰　尹偉倫　魏明孔

《中華大典》前言

《中華大典》是運用我國歷代漢文古籍編纂的一部大型工具書。其目的是爲學術界及願意瞭解中國古代珍貴文化典籍的人士提供準確詳實、便於檢索的漢文古籍分類資料。

中國是世界文明古國之一，幾千年來纂寫和聚集的文化典籍浩如烟海。我國歷代都有編纂類書的優良傳統，具有代表性的《永樂大典》等大多已佚失，現存《古今圖書集成》編就距今也已數百年。爲了適應今天和以後研究和檢索的需要，一九八八年海内外三百多位專家學者和各古籍出版社同仁倡議，在已有類書的基礎上，用現代科學方法編纂一部新的類書《中華大典》。

國務院在關於編纂《中華大典》問題的批覆中指出，編纂《中華大典》『是我國建國以來最大的一項文化出版工程』。本書所收漢文古籍上起先秦，下迄清末，約三萬種，達七億多字，分爲二十二個典，近百個分典，内容廣博，規模宏大，前所未有。

《中華大典》的編纂工作堅持科學態度和百花齊放、百家争鳴方針。儘量采用古精校精刻本，優先采用我國建國後文獻學和考古學的優秀成果。對傳統文化中重要的不同學派的資料，兼收并蓄。運用現代圖書分類的方法，對收集到的資料，精選、精編，力求便於檢索、準確可信。

這項工作從開始起就受到中共中央、國務院和有關部門的重視和支持。國家主席江澤民、國務院總理李鵬分别爲《中華大典》題詞。江澤民的題詞是：『同心同德群策群力認真編好中華大典爲建設有中國特色的社會主義服務。』李鵬的題詞是：『繼承和弘揚民族優秀傳統文化。』全國政協主席李瑞環、國務委員李鐵映也作了重要指示，要求抓緊辦理。一九九〇年五月，國務院批准《中華

大典》爲國家重點古籍整理項目。一九九二年九月，正式成立了《中華大典》工作委員會和《中華大典》編纂委員會，召開了《中華大典》工作、編纂會議。自此，《中華大典》的編纂工作由試點轉入正式啓動，逐步鋪開。

編纂《中華大典》，學術性很强，工作量很大，工程十分艱巨，全頼廣大專家學者和全國各有關高等院校、科研院所、圖書館、出版單位的鼎力支持與積極參與。大家本着弘揚中華民族優秀文化的心願，發揚奉獻精神，克服各種困難，團結協作，給這部巨大類書的出版提供了根本保證。在此謹表示誠摯的謝意。

對本書的批評與建議，我們將十分歡迎。

《中華大典》編纂委員會

一九九七年四月

《中華大典》編纂通則

一、性質：《中華大典》（以下簡稱《大典》）是對漢文古籍（含已翻譯成漢文的少數民族古籍）進行全面的、系統的、科學的分類整理和彙編總结的新型類書，是在繼承歷代類書優良傳統、考慮漢文古籍固有特點的基礎上，借鑒和參照近代編纂百科全書的經驗和方法編纂而成。編纂《大典》的目的，是爲學術界及願意瞭解中國古代珍貴文化典籍的人士提供各種分門别類的、準確詳細的古代漢文專題資料。

二、規模和體例：《大典》所收古籍的時限，上自先秦，下迄辛亥革命。全書共收各類漢文古籍三萬餘種，約七億字。全書體例，着重汲取清代《古今圖書集成》所采用的經目和緯目相交織這一統一框架結構的模式，同時參照現代科學的學科、目録分類方法，并根據各類學科内容的實際情况，一般將每一大類學科輯爲一典，也有將幾個相關學科共輯爲一典的。對各典名稱，均以現代學科命名，對於所收入的各種古籍資料，亦儘可能納入現代科學分類體系之中。

三、經目：大典共分二十四個典，即哲學典、宗教典、政治典、軍事典、經濟典、法律典、教育典、語言文字典、文學典、藝術典、歷史典、歷史地理典、民俗典、數學典、物理化學典、天文典、地學典、生物學典、醫藥衛生典、農業典、林業典、工業典、交通運輸典、文獻目録典。典以下以分典、總部、部、分部分級，分部之下的標目根據各學科特點由各典自行擬定。

四、緯目：共設置九項緯目，用以包容各級經目的具體内容：

①題解：對有關學科的名稱、概念、涵義、特點等作總體介紹的資料。

②論説：有關理論部份的資料。

③綜述：有關學科或事物的系統性資料，凡有關學科或事物的性狀、制度、範疇、特點及學科地位、發展情况等具體内容均編入此緯目中。

④傳記：有關人物的傳記資料。

⑤紀事：有關學科或事物的具體活動或事例的資料。

⑥著録：重要人物或文獻的有關著作資料，如專集介紹、序跋、藏書題記，以及有關著作的成書經過、版本源流等。

⑦藝文：有關屬於文學欣賞性的散文或韵文。

⑧雜録：凡未收入以上各緯目，而又有較高參考價值的資料，均入雜録。

⑨圖表：根據有關經目的内容需要，圖與表附於相關專題之下，或集中彙總於某級經目之後。

《大典》以内容分類安排各級緯目，各級緯目的正文，一般以原書爲單位，按時代順序排列。每一條資料前標明出處，包括書名或作者名、篇名或卷次，以利讀者核對原書。

五、書目：每分典後附有該分典所收書之書目，書目包括書名、作者、時（年）代、版本等内容。時代以成書時代爲準，成書時代不詳者，以作者主要活動時代爲準，并遵從歷史習慣。

六、版本：《大典》在選用版本時儘量采用古人的精校精刻本，亦采用學術界通用的近、現代整理圈點本及現代學者校點整理本。

七、校點：爲儘可能保存古籍原貌，《大典》衹對底本中明顯的脱、訛、衍、倒進行勘正。古本中的避諱字一般不作改動，衹對缺筆字補足筆劃。後人刻書時避當朝人諱而改動的字，據古本改回。《大典》采用新式標點法。

一九九六年八月

《中華大典·政治典》編纂委員會

主　編：楊寄林

編　委：（按姓氏筆劃排列）

李炳泉　范紅霞　柏　樺　郝艷華

温玉春　喬鳳岐　楊永康　楊寄林

劉永海　譚景玉　顧乃武

《中華大典·政治典》編輯出版工作委員會

《中華大典·政治典》序

政治是以國家、政府、權力爲基托，爲軸心而存在、運行和發展變化的一種社會歷史現象與活動。國家不同，政治亦異；時代不同，該國政治尤異。中國是世界上一個偉大的統一的多民族國家，是一個地廣人衆、歷史悠久而又富有革命傳統和優秀遺産的國家，是一個經歷過奴隸社會、封建社會、半殖民地半封建社會滄桑巨變的國家。其政治進程之綿長曲折又前途光明，其政治結構之中心突出又複雜多端，其政治運作之弘遠雄深又具體而微，其政治思維之批隙導窾又求真務實，在人類歷史和國際舞臺上都是極具特色且罕有儔匹的。

《政治典》作爲《中華大典》所屬二十四典之一，旨在依照《〈中華大典〉編纂通則》，結合中國古代政治暨近代政治實際而詳定義例，彙輯史料，上起先秦，下至晚清，形成一部規模空前、分類準確、選材精當、編排得體的新型專科大類書，爲此遂凸顯下列主題和主綫：

一、統一的多民族國家創建與發展的總歷程和大趨勢。從傳説時代的部落聯盟——炎黄族屬集團、東夷族屬集團、苗蠻族屬集團到夏商周奴隸制王朝先後崛起，復經春秋大國爭霸，戰國七雄兼併，標志着中國作爲統一的多民族國家在孕育，在肇興；逮至秦漢，則非僅宣告正式建立和形成，并且得到鞏固與壯大；其後隋、唐王朝相繼勃興，遂轉入强盛；歷經元、明、清迭次經營，到康乾時期更空前恢廓，愈益雄盛，穩固定型，巋然屹立於世界的東方。交替出現在其間的由諸侯列國尤其是對峙政權如南北朝、宋遼夏金造成的分裂局面，實質上都在爲最終實現或恢復、重建、再造大一統國家準備條件，積蓄力量，採取行動。儘管歷程艱難曲折，但統一始終構成了中國政治和中國歷史發展的主流，

蘊涵并貫注着各族人民長期所形成的强固的親和力、嚮心力與凝聚力，其勢不可逆轉，亦不可阻擋。

二、政區建制的基本輪廓和變動情形。聚焦在：歷代各王朝及對峙政權的國號由來、命名涵義和世界影響；國土在開闢而互有消長，疆域在拓展而迭有盈縮，最終歸於版圖雄闊定型的歷史結局與定勢；與之相隨的京師、國都的矗立地點，選定緣由，獨特風貌，重大作用及遷都事宜；由分封制到郡縣制、州郡制、道路制、行省制而在其鼎盛時期所分别劃定的封國格局、政區層級和單位數量、等第差别與沿革情況；以及恰與轄境、政區緊密相聯的峰值人口的增減情勢，田地總面積的疊加累積狀況。由此表明中國幅員遼闊、領土廣大、主權歸屬明確和自然資源豐富多樣、孳生人口衆多的歷史淵源。

三、國家元首制度的牢固確立和整體特徵。緊扣在：其一，先秦國王制度遞相推移并向皇帝制度轉變，皇帝制度自秦以降不斷强化而達到頂點，終被廢除的全過程。其二，王制、王權和帝制、皇權在極具排他性的外在標志及物化象徵上，徑從名號、輿服、典禮、器物一直輻射到宫殿、宗廟、社稷、陵墓而轉密加詳的情狀，其威懾力和滲透力所達到的令人望即生畏、動輒觸忌的程度。其三，王位、皇位的尊不可及和禁絶窺覬，終身制與世襲制的共立互持及變例施用，建儲制的輔之而行和愈趨完善。其四，王權、皇權的至高無上、不可分割與不容侵犯，徑直或最終對政事決斷權、軍事統領權、法律掌控權、財政支配權的獨攬、獨裁甚至濫用、妄用的具體表現。其五，由帝王專制而衍生的后妃制度、宦官制度的特定形態與變化軌迹，隨之而造成王權或皇權異化的女主干政亂政、宦官弄權專權等諸多形式和諸類現象。其六，專制主義在中國歷史上所產生的客觀積極作用與嚴重消極影響。

四、國家政權組織的漸趨完備和運行機制。大要凡三：一是歷代王朝從中央到地方所設置的各級各類行政機構、軍事機構、監察機構的初始形態和鼎立式格局、寶塔形序列，諸如命名取義、職能劃分、內部組成、官職設立、員額配備、職權限定、責任歸屬，相互間主從或平行關係的確定，以及前

後因革損益之迹、調整改造之處、權力制衡之局、蕃漢分治之由，特別是宰相職位和職權的演變鏈條與真諦所在。二是歷代王朝所制定的官吏管理制度的基本框架和組成部分，包括選拔任用，考核奬懲，監察法辦，秩品俸禄，輿服印信，公文程式，休假與致仕，旌表與優恤，行政法規定立頒行，以及各朝迭加修正、釐訂之舉，完善、健全之方，特別是科舉制度的優越性、行政立法的悠久傳統等。三是歷代王朝環繞軍國大政形成中央決策的必要程序，付諸實施的步驟和方法，特別是國王、皇帝在其中所起的決定性作用。從而得見：中央集權同地方分權互有消長而地方分權越往後越受嚴格控制的定勢，皇權同相權互有升降而相權越往後越被大幅削弱的趨向，在制度設計安排上保證國家機器正常運轉、一姓家天下長治久安的明智措置、成熟經驗暨必不可免的流弊痼疾。

五、政治意識形態的掌控方針和灌輸手段。突出顯現在：夏商周學在王官而被春秋私學勃興所衝決，早期天命觀盛行而被後期人事論繼起所淡化，戰國時代允許甚至鼓勵、歡迎百家爭鳴或以法爲教、以吏爲師而遽被漢代罷黜百家、獨尊儒術所取代，儒術遂屢經改造和變換理論形態而始終居於思想主宰地位。舉凡統一經學、御纂專書、敕編羣籍、設館修史、經義取士，又與之整合組配，爲其加重地位，加深影響，加大作用。面對道教、佛教，則基本實行既利用、又限制的政策，但對異端學説則一直抱定力行排斥、多方遏制甚且封殺的態度，而從焚書坑儒到大興文字獄之類的高壓鉗制手段又輪番施用，一脈相承，進而構築起定於一尊的嚴密乃至嚴酷的思想統治網、思想調控鏈和思想禁錮圈。

六、政治變遷的關鍵環節和往復曲綫。重中尤重者爲：歷代圍繞國家統一與分裂而採取的因時而異的平叛、削藩、靖邊等重大舉措，圍繞國家利益和安全而組織的戰績可觀的收復國土、抗擊外侵的軍事行動，圍繞富國强兵、起衰救弊而從事的效果迥別的變法革新運動，圍繞國家最高權力或中樞權力而展開的包括政變在内的殊死較量和激烈角逐。以及開國守成時期的政迹與景觀，盛世大治階段的規模與氣象，中興復振之際的局面與圖景；與此形成鮮明對照的政治危機的窘境困局，末世敗政的危

情險態，亡國一幕的凄情慘狀；政治偉人的與時俱進和卓越建樹，政治敗類的倒行逆施和劣迹惡行。既於交織互動、循環往復之中，益明主流所在，愈顯人心所向；又於錯綜複雜、跌宕起伏之下，更見大勢所趨，頗有規律可尋。

七、近代中國以八大事件爲主綫而展開的『兩個過程』及其重大轉折點和蘊含其間的未來走向，在此過程中所啓動的與之密不可分、息息相關的後發晚生型近代化進程，特別是其中深受外來影響而出現的政治新要素、新形式、新徵象和新動態。諸如傳統官制向新式官制的初步轉型，正規化海軍的首次組建，新軍的編練，警政的創辦，地方自治的倡行，君主立憲制的提上日程，大清國旗和大清國歌的先後制定。尤須彰明的則是：社團政黨的相繼建立，婦女解放運動的持續高漲，收回利權運動的迅猛發展，清王朝和封建帝制終被推翻，等等。

八、對外關係的構建模式和演進趨向。更多投注在：兩漢以來陸上和海上通道亦即絲綢之路的開闢與延伸，沿綫商港口岸的設置與拓展，各王朝務使朝貢體系得以確立并趨於完備化的主要措施，相繼奉行并一以貫之的以維繫和平爲宗旨的外交政策，遞次同亞洲、歐洲、非洲、美洲諸國結成的政治關係或政治聯繫，與之同步的重大通使活動，官方及民間經濟貿易往來所達到的頻度與强度，物質文化和精神文化交流所臻及的廣度與深度，以及閉關鎖國的弊害，晚清屈辱外交的惡果。從而昭示貫穿其間的由近而遠、由疏而密、由表而及裏的演變總趨向，彰顯中國在清中葉以前所長久贏得的崇高國際威望，佔據的領先地位，起到的主導作用，發揮出的巨大感召力和影響力，宣明中華民族所獨有的熱愛和平、珍視友誼、開放包容的民族特質、禀賦與風采。

九、深邃政治智慧的聚結和優秀政治理論遺産的積澱。歷久而彌珍者爲：駕馭全局的體系化、邏輯化的治國大道，卓見成效的綱目化、部門化的施政要術，對內憂外患確可緩解或化除的真知灼見與方略方策，對國家興衰存亡定律的多方究詰與深切剖判，富有民族思維特性的政治哲學觀點和政治認

知成果，頗具普適性、警策性的政治名言和政治格言，世代延續的强烈愛國精神和深沉憂患意識，前所未有的近代民主革命思潮等。

凡此種種，歸結到一點，便是對中國數千年政治實踐活動和政治思想精髓進行集中梳理、系統復原、重點展示和內在揭櫫，使之軒豁呈露在今人面前，形成政治楷式同政治炯鑑的結合體，闡揚中華政治文明獨樹一幟又別開生面的創獲性成就，以供各界精英進一步深究詳探。

基於上列主體內容，《政治典》構建了由六級『經目』同四個『緯目』交織互持的框架結構，用以顯示主題，突出類別，統括和承載起傳世古籍暨出土文獻中與之恰相對應的宏富資料。六級經目除『典』居首外，下設六個『分典』，即：先秦政治分典、秦漢政治分典、魏晉南北朝政治分典、隋唐五代政治分典、宋遼夏金政治分典、元明清政治分典（由古代卷、近代卷兩大部分組成）。每一分典（除元明清政治分典近代卷之外），再設六個總部，即：政區總部、皇帝制度總部（先秦政治分典內爲『國王暨國君制度總部』）、官制總部、政治嬗變總部、對外關係總部（先秦政治分典內爲『邦交總部』）、政治思想總部；元明清政治分典近代卷則爲：政區變更總部、新設官制總部、政治嬗變總部、對外關係總部、社團政黨總部、政治思想總部。在各總部之下，復設若干個『部』、『分部』及『專題』。通過『分典』的斷代厝置和自成單元，旨在凸現各個歷史階段和相應朝代所獨具的最突出、最鮮明的政治特點；藉助各『總部』以迄『專題』的多維涵蓋和層級布列，旨在標揭特定時代的諸多政治根本問題、關鍵問題、重大問題、緊切問題及其深層底藴；進而通體聚合并前後銜接起來，即形成格局突兀而立且脈絡清楚、綫索明晰、要點俱在的相對完整的邏輯體系。

本典所設四個『緯目』爲：『綜述』、『論説』、『藝文』、『雜録』，適得其所地依次配置在『部』、『分部』或『專題』之下，組成每級『經目』所包納的具體內容和全部資料的展開區間和宣示點位。其中『綜述』集中收録切合於本經目的最基本、最主要的史實方面的資料，『論説』集中收録

切合於本經目的包括針鋒相對之論、孤偏奇特之論在內的各種評議性的精彩文字，『藝文』集中收録切合於本經目的詩、詞、曲、賦和諸體文章，『雜録』則集中收録切合於本經目的具有補充、延伸、拾遺、考證等作用的相關資料。四個『緯目』之間各有側重，彼此映照，互作支撑，融爲一體。

《政治典》依託於相得益彰的既定經緯目框架結構，在資料搜集選定和編排上，大力講求『六强三化』。『六强』謂：『廣博性』和『對應性』雙『强』；『原始性』和『典型性』雙『强』；『完整性』和『獨特性』雙『强』。『三化』指：系統化、條理化、嚴密化。但凡輯録在各級經目之『四緯目』下方的資料各歸其類，密合無間，有倫有脊，渾然一體，是爲系統化。但凡輯録在各級經目之每一『緯目』下方的資料，通常俱按資料産生年代（具體引用典籍的成書年代）依序排列，縱貫而下，紅綫穿珍珠，形成一條龍，是爲條理化。在例行操作和技術層面上符合各項規範要求，恰切進行技術性加工等，是爲嚴密化。

《中華大典·政治典》以四千七百萬字的篇幅，力圖達成政治學原理和中國政治史的有機統一，實現傳統大型類書同現代新型類書的恰切整合，熔鑄成信息密集化的中國古代和近代政治資料庫，發揮出『經世致用』的直接功能，特向國家機關工作人員、社會各界研究者提供一九一一年以前豐富翔實、足資參取、利於統覽、便於查檢的政治專題素材與原始史料，并對總結治國理政的成功經驗和深刻教訓，完善國家治理體系，鞏固民族大團結，促進祖國和平統一大業，擴大中華政治文明的國際影響力，庶幾不失其借鑑意義、啓迪作用和輔助功效。

《中華大典·政治典》由河北師範大學、貴州師範大學、魯東大學、山東大學、山東理工大學、南開大學、天津師範大學、天津市社會科學院、北京外國語大學、河北大學、河北工業大學、山西大學、河南科技大學、湖北大學、華南師範大學、雲南大學、雲南師範大學等全國二十餘所高等院校、科研院所各具專長的學術同仁精誠合作，共同編纂，六易寒暑，始得告竣。期間始終得到《中華大

典》工作委員會、《中華大典》編纂委員會、《中華大典》辦公室和國家出版基金規劃管理辦公室高屋建瓴的宏觀指導和强有力支持；人民出版社領導與責任編輯更爲本典確保幷持續提升質量提出了許多寶貴意見，付出了大量學術心血和升華性的審訂勞動。謹此深致謝忱。本典有待社會檢驗和時間考驗，倘蒙海內外方家和廣大讀者不吝賜教，則如獲至寶，於此翹首以待。

《中華大典·政治典》編纂委員會

二〇一四年十月十五日

中華大典·政治典

秦漢政治分典

主編：李炳泉

《秦漢政治分典》編纂委員會

主　編： 李炳泉

編　委：（按姓氏筆劃排列）

李炳泉　周永衛　温玉春　劉　潔　顧乃武

撰稿人：（按姓氏筆劃排列）

王翠竹　石冬梅　李炳泉　李　超　周永衛

郝艷華　馬延霞　陳　夢　張開止　温玉春

楊惠玲　劉永海　劉　潔　鄭　偉　顧乃武

《秦漢政治分典》編纂説明

《秦漢政治分典》是《中華大典·政治典》下設的六個分典之一。秦漢時期包括秦、西漢、新莽、東漢四個朝代，如果從公元前二二一年秦始皇并滅六國算起，至公元二二〇年漢獻帝禪讓爲止，歷時四百四十一年。秦漢時期，經秦皇、漢武相繼開地斥境，中華帝國的版圖擴大至『東西九千三百二里，南北萬三千三百六十八里』，從而奠定了中華民族生息、繁衍和發展的疆域基礎。本分典的編纂，即以如此廣闊的時空間架爲基準，通過廣輯相關資料，並加以融會貫通，旨在凸顯秦漢時期的政治特點，亦即：

統一的多民族國家的正式形成；政區建制在承繼中不斷改易；皇帝制度的創立與鞏固；行政體制層級化的持續推進；政治局勢的複雜多變；積極有爲的對外關係的展開；政治理論由『一統於法』到以『法』爲内核而『緣飾以儒術』的轉換。總括言之，秦漢是中國帝制的奠基時期，其政治特點對此後歷代王朝都有深遠影響。

爲充分反映上列内容特點，《秦漢政治分典》按層級設立『政區』、『皇帝制度』、『官制』、『政治嬗變』、『對外關係』、『政治思想』六個總部，七十一個部，二百六十九個分部，組成環環相扣的經目序列，用以達到彰顯主題、區分類屬、展現全域、昭示趨向之目的。與這一經目序列相交織、相匹配，本分典又依次設立『綜述』、『論説』、『藝文』、『雜録』或『傳記』、『論説』、『藝文』、『雜録』四個緯目，以包納和羅列與之恰相切合的群書資料並將之置於各部、各分部或專題經目之下，進而從多視角、多方面展現秦漢政治的特點。

本分典的資料收集、選定和編排，是在遵守《政治典》『六强三化』總要求的大前提下，略有變通，作進一步細化，主要體現在：

（一）在輯録傳世文獻中的資料時，遵循『正史』與後人輯佚所得重要資料並重之原則。如將范曄《後漢書》的資料與後人輯佚所得諸家《後漢書》等量齊觀，二者不相偏廢。又如《漢官》、《風俗通義》等後人輯佚所得文獻，也作第一手資料對待，予以優先輯録。雖然有的資料成書年代不明、內容真僞衆説紛紜，迄無定論，但收録資料廣博爲類書題中應有之義，故於秦漢相關各書涉及同一事類的歧異載述，不待詳考明辨之後方定取捨，而是悉數兼收並蓄，以備考校。

（二）簡牘、碑刻文獻係第一手資料，固在輯録之列。唯其原文隸定、釋讀不免仁智互見，莫衷一是，故均擇善而從，僅取一説；至於文字殘缺者，則盡行摒棄。

（三）對隨同正文而以夾注形式出現的注文，凡屬自注者則視同正文處斷。凡屬他注者（主要限於《史記》三家注，《漢書》顔師古注、王先謙補注，《後漢書》李賢注等名注），則選言及秦漢典章制度且能單獨條立者，並與正文作分開處理；凡屬名物訓詁之類的他注，則盡棄不用。

（四）鑒於後世論説評析秦漢政治問題的文字數量可觀，輯録時力求精要，以免冗濫。其中，政論名家頗有見地之作在所必録，帝王、宰輔重臣之言，則不僅予以優先采録，而且適當加大其所占比重。至於空泛膚淺之論，則盡行摒棄。

（五）在盡可能保持所輯原文完整性的前提下，遇有摘引之整段文字中夾帶其他記述或評説內容而與所述經目無關者，則徑行删節，依《大典》編纂條例予以恰切的『【略】』處理。

（六）在各緯目之下所標示的資料出處，大多包含五要素，即時代、作者、書名、卷數、篇目，以方便檢索。所輯録資料的排列順序，一般以其産生年代先後爲準，但不排除在特殊情況下作特殊處理。

（七）另於本分典之末附引用書目。每一書目都開列書名、作者或編者（含佚名在内）、版本，通體則按時代縱貫而下，俾便索驗。

（八）依照《中華大典》編纂通則，《秦漢政治分典》的標點盡可能使用句、逗兩種符號；已由現代學者加工整理的文獻，則儘量保持其原貌，但不用破折號、省略號、專名號、着重號、驚嘆號。

《秦漢政治分典》係集體編纂。其中，政區總部由顧乃武、石冬梅完成，皇帝制度總部由顧乃武、石冬梅完成，官制總部由李炳泉、王翠竹、李超、馬延霞、陳夢、張開正完成，政治嬗變總部由温玉春、郝艷華、鄭偉、李炳泉、劉永海、楊惠玲完成，對外關係總部由周永衛完成，政治思想總部由劉潔完成。

《中華大典·政治典·秦漢政治分典》編纂委員會

二〇一七年五月三十日

目録

一

二

政區總部

國號與疆域部

秦國號與疆域分部

國號

綜述

《史記》卷五《秦本紀》（周）孝王曰：『昔伯翳爲舜主畜，畜多息，故有土，賜姓嬴。今其後世亦爲朕息馬，朕其分土爲附庸。』邑之秦，南朝宋裴駰《集解》：徐廣曰：『今天水隴西縣秦亭也。』唐張守節《正義》：《括地志》云：『秦州清水縣本名秦，嬴姓邑。《十三州志》云秦亭，秦谷是也。周太史儋云：「始周與秦國合而別」，故天子邑之秦。』使復續嬴氏祀，號曰秦嬴。【略】

（秦襄公）七年春，【略】襄公以兵送周平王。平王封襄公爲諸侯，賜之岐以西之地。曰：『戎無道，侵奪我岐、豐之地，秦能攻逐戎，即有其地。』與誓，封爵之。襄公於是始國，與諸侯通使聘享之禮。【略】

秦王政立二十六年，初并天下爲三十六郡，號爲始皇帝。始皇帝五十一年而崩，子胡亥立，是爲二世皇帝。唐司馬貞《索隱》：十二而立。《紀》云二十一。立三年，葬宜春。秦自襄公至二世，凡六百一十七歲。此實《本紀》而注別舉之，以非本文耳。三年，諸侯並起叛秦，趙高殺二世，立子嬰。子嬰立月餘，諸侯誅之，遂滅秦。

《漢書》卷二八下《地理志下》秦之先曰柏益，出自帝顓頊，堯時助禹治水，爲舜朕虞，養育草木鳥獸，賜姓嬴氏，唐顔師古曰：『伯益一號伯翳，蓋翳益聲相近故也。』歷夏、殷爲諸侯。【略】後有非子，爲周孝王養馬汧、渭之間。孝王曰：『昔伯益知禽獸，子孫不絕。』乃封爲附庸，邑之於秦，今隴西秦亭秦谷是也。【略】襄公時，幽王爲犬戎所敗，平王東遷雒邑。襄公將兵救周有功，賜受邦、酆之地，列爲諸侯。【略】昭王曾孫政并六國，稱皇帝，負力怙威，燔書阬儒，自任私智。至子胡亥，天下畔之。

論說

漢·許慎《說文解字》卷七《禾部·秦》 秦，伯益之後所封國。《鄭詩譜》曰：『秦者，隴西谷名。於《禹貢》近雍州鳥鼠之山。堯時有伯翳者，實皋陶之子，佐禹治水。水土既平，舜命作虞官，掌上下草木鳥獸。賜姓曰嬴。歷夏、商興衰，亦世有人焉。周孝王使其末孫非子養馬於汧渭之間，孝王封非子爲附庸，邑之於秦谷。至曾孫秦仲，宣王又命作大夫，始有車馬禮樂侍御之好。國人美之，秦之變風始作。』清段玉裁注：按：伯益、伯翳實一人，皋陶之子也。今甘肅秦州清水縣有故秦城，《漢·地理志》之隴西秦亭秦谷也。地宜禾。從禾，舂省。注：地宜禾者，說字形所以從禾從舂也。《職方氏》曰：『雍州穀宜黍稷。』豈秦穀獨宜禾與？匠鄰切，十二部。按：此字不以舂禾會意爲本義，以地名爲本義者，通人所傳如是也。一曰：秦，禾名。注：此別一義。

漢·劉熙《釋名》卷二《釋州國》 秦，津也，其地沃衍，有津潤也。

漢·鄭玄《毛詩譜·秦譜》 秦者，隴西谷名，於《禹貢》近雍州鳥鼠之山。【略】堯時有伯翳者，實皋陶之子，佐禹治水。水土既平，舜命作虞官，掌上下草木鳥獸，賜姓曰嬴。【略】周孝王使其末孫非子養馬於汧、渭之間。孝王爲伯翳能知禽獸之言，子孫不絕，故封非子爲附庸，邑之於秦谷。【略】至曾孫秦仲，宣王又命作大夫，始有車馬禮樂侍御之好，國人美之，秦之變風始作。【略】秦仲之孫襄公，平王之初，興兵討西戎以救周。平王東遷王城，乃以岐、豐之地賜之，始列爲諸侯，【略】遂橫有周西都宗周畿內八百里之地。

晉·皇甫謐《帝王世紀·秦》 秦，嬴姓也，昔伯翳爲舜主畜，多，故賜姓嬴氏。孝襄公始修霸業，壞井田，開阡陌，天子命爲伯。至昭襄

王，自稱西帝，攻周，廢赧王，取九鼎。至莊襄王，滅東、西周。莊襄王崩，政立爲始皇帝，并天下，置三十六郡。自以水德，故以十月爲正，色尚黑。使蒙恬築長城，焚《詩》、《書》百家之言，坑儒士四百六十人。三十七年，崩於沙丘平臺，年五十。

秦，顓頊之後。先世造父之爲穆王御，有功，封之於趙城，國爲趙氏也。與簡子同祖，嬴姓也。秦亦在水火之間。

疆域

綜述

《史記》卷六《秦始皇本紀》（秦始皇二十六年）分天下以爲三十六郡，【略】地東至海暨朝鮮，西至臨洮、羌中，南至北嚮户，北據河爲塞，並陰山至遼東。【略】

作琅邪臺，立石刻，頌秦德，明得意。曰：【略】『六合之内，皇帝之土。西涉流沙，南盡北户。東有東海，北過大夏。人迹所至，無不臣者。』

《漢書》卷二八上《地理志上》　陵夷至於戰國，天下分而爲七，合從連衡，經數十年。秦遂并兼四海。

《晉書》卷一四《地理志上·總敘》　始皇初并天下，懲忎戰國，削罷列侯，分天下爲三十六郡。【略】於是興師踰江，平取百越，又置閩中、南海、桂林、象郡，凡四十郡，郡一守焉。其地則西臨洮而北沙漠，東縈西帶，皆臨大海。

《隋書》卷二九《地理志上》　秦始皇據百二之巖險，奮六世之餘烈，力爭天下，蠶食諸侯，在位二十餘年，遂乃削平宇内。

唐·杜佑《通典》卷一七一《州郡一·序目上》　秦制天下爲四十郡，其地則西臨洮而北沙漠，東縈南帶，皆臨大海。

《舊唐書》卷三八《地理志一》　昔秦并天下，裂地爲四十九郡，郡置守尉，以御史監之。其地西臨洮，而北沙漠，東縈南帶，皆際海濱。

論說

漢·賈誼《新書》卷一《過秦上》　及至始皇，奮六世之餘烈，振長策而御宇内，吞二周而亡諸侯，履至尊而制六合，執敲朴以鞭笞天下，威振四海，南取百越之地，以爲桂林、象郡，百越之君俛首係頸，委命下吏，乃使蒙恬北築長城而守藩籬，卻匈奴七百餘里，胡人不敢南下而牧馬，士不敢彎弓而報怨。

《漢書》卷五一《賈山傳》　孝文時，言治亂之道，借秦爲諭，名曰《至言》。其辭曰：【略】爲馳道於天下，東窮燕齊，南極吳楚，江湖之上，瀕海之觀畢至。道廣五十步，三丈而樹，厚築其外，隱以金椎，樹以青松。爲馳道之麗至於此，使其後世曾不得邪徑而託足焉。【略】

昔者，秦政力并萬國，富有天下，破六國以爲郡縣，築長城以爲關塞。秦地之固，大小之勢，輕重之權，其與一家之富，一夫之强，胡可勝計也！

唐·杜佑《通典》卷一七一《州郡一·州郡序》　秦氏削平六國，南取百越，北卻匈奴，築塞河外，地廣而亡，逮戰國之酷暴也。

宋·歐陽忞《輿地廣記》卷一《秦四十郡》　按：秦始皇十七年滅韓，十九年滅趙，二十二年滅魏，二十四年滅楚，二十五年滅燕，二十六年滅齊，遂并天下，分爲三十六郡，郡置守、尉、監。【略】於是興師踰江，平取百越，又置閩中、南海、桂林、象郡，凡四十郡。其地西臨洮，北沙漠，東縈西帶，皆臨大海焉。

藝文

唐·歐陽詢《藝文類聚》卷八《山部下·［晉］王彪之〈登會稽刻石山詩〉》　隆山嵯峩，崇巒嶕嶢。傍覬滄洲，仰拂玄霄。文命遠會，風淳道遼。秦皇遐巡，邁芡茲英豪。宅靈基阿，銘迹峻嶠。青陽曜景，時和氣淳。脩嶺增鮮，長松挺新。飛鴻振羽，騰龍躍鱗。

宋·韓維《南陽集》卷四《古诗·秦始皇馳道》 秦王騁奇觀，不憚阻且脩。萬里走轍迹，八荒開囿遊。勞歌久已息，遺築今尚留。千載威神盡，驪山空古丘。

宋·羅公升《宋貞士羅滄州先生集》卷四《讀史》 祖龍吞八荒，功名再開闢。方貪蓬山金，肯信滈池璧。平生焚椒蘭，死得鮑魚力。長城空巍巍，千古表漢城。

清·徐世昌《晚晴簃詩匯》卷七五《楊鸞〈長城〉》 秦皇築長城，乃爲萬世利。連山絶谷勢蜿蜒，雄圖自足制中外。當時重設險，已有趙與魏。何以後世人，獨罪始皇帝？虐用其民，虜使其吏，仁義不施。方欲帝萬世，豈知李斯能亡秦，璽書一發長城隤。吁嗟秦皇乃爲萬世戒。

雜録

《史記》卷六《秦始皇本紀》 二十七年，始皇巡隴西、北地，出雞頭山，過回中。【略】治馳道。

二十八年，始皇東行郡縣，上鄒嶧山。立石，與魯諸儒生議，刻石頌秦德，議封禪望祭山川之事。乃遂上泰山，立石，封，祠祀。【略】於是乃並勃海以東，過黄、腄，窮成山，登之罘，立石頌秦德焉而去。

南登琅邪，大樂之，留三月。【略】

（二十九年）登之罘，刻石。【略】旋，遂之琅邪，道上黨入。【略】

三十二年，始皇之碣石，使燕人盧生求羨門、高誓。刻碣石門。【略】始皇巡北邊，從上郡入。燕人盧生使入海還，以鬼神事，因奏録圖書，曰『亡秦者胡也』。始皇乃使將軍蒙恬發兵三十萬人北擊胡，略取河南地。

三十三年，發諸嘗逋亡人、贅壻、賈人略取陸梁地，爲桂林、象郡、南海，以適遣戍。西北斥逐匈奴。自榆中並河以東，屬之陰山，以爲（三）［四］十四縣，城河上爲塞。又使蒙恬渡河取高闕、（陶）［陽］山、北假中，築亭障以逐戎人。徙謫，實之初縣。【略】

三十五年，除道，道九原抵雲陽，塹山堙谷，直通之。【略】立石東海上朐界中，以爲秦東門。

三十七年十月癸丑，始皇出游。【略】十一月，行至雲夢，望祀虞舜於九疑山。浮江下，觀籍柯，渡海渚。過丹陽，至錢唐。臨浙江，水波惡，乃西百二十里從狹中渡。上會稽，祭大禹，望于南海，而立石刻頌秦德。

又 卷八八《蒙恬列傳》 秦已并天下，乃使蒙恬將三十萬衆北逐戎狄，收河南。築長城，因地形，用制險塞，起臨洮，至遼東，延袤萬餘里。於是渡河，據陽山，逶蛇而北。

又 卷一一〇《匈奴列傳》 秦滅六國，而始皇帝使蒙恬將十萬之衆北擊胡，悉收河南地。因河爲塞，築四十四縣城臨河，徙適戍以充之。而通直道，自九原至雲陽，因邊山險塹谿谷可繕者治之，起臨洮至遼東萬餘里。又度河據陽山北假中。

又 卷一一三《南越列傳》 秦時已并天下，略定楊越，置桂林、南海、象郡。

又 卷一一六《西南夷列傳》 秦時常頞略通五尺道，諸此國頗置吏焉。十餘歲，秦滅。

兩漢國號與疆域分部

國號

綜述

《史記》卷八《高祖本紀》 （漢元年）正月，項羽自立爲西楚霸王，王梁、楚地九郡，都彭城。負約，更立沛公爲漢王，《正義》：梁州本漢中郡，以漢水爲名。王巴、蜀、漢中，都南鄭。

（漢五年）正月，諸侯及將相相與共請尊漢王爲皇帝。漢王曰：『吾聞帝賢者有也，空言虛語，非所守也，吾不敢當帝位。』羣臣皆曰：『大王起微細，誅暴逆，平定四海，有功者輒裂地而封爲王侯。大王不尊號，皆疑不信。臣等以死守之。』漢王三讓，不得已，曰：『諸君必以爲便，便國家。』甲午，乃卽皇帝位汜水之陽。

《漢書》卷一下《高帝紀下》 諸侯上疏曰：『【略】大王陛下：先時秦爲亡道，天下誅之。大王先得秦王，定關中，於天下功最多。存亡定危，救敗繼絶，以安萬民，功盛德厚。又加惠於諸侯王有功者，使得立社稷。地分已定，而位號比儗，亡上下之分，大王功德之著，於後世不宣。昧死再拜上皇帝尊號。』漢王曰：『寡人聞帝者賢者有也，虛言亡實之名，非所取也。今諸侯王皆推高寡人，將何以處之哉？』諸侯王皆曰：『大王起於細微，滅亂秦，威動海內。又以辟陋之地，自漢中行威德，誅不義，立有功，平定海內，功臣皆受地食邑，非私之也。大王德施四海，諸侯王不足以道之，居帝位甚實宜，願大王以幸天下。』漢王曰：『諸侯王幸以爲便於天下之民，則可矣。』於是諸侯王及太尉長安侯臣綰等三百人，與博士稷嗣君叔孫通謹擇良日二月甲午，上尊號。漢王卽皇帝位于汜水之陽。

又 卷三九《蕭何傳》 初，諸侯相與約，先入關破秦者王其地。沛公既先定秦，項羽後至，欲攻沛公，沛公謝之得解。羽遂屠燒咸陽，與范增謀曰：『巴蜀道險，秦之遷民皆居蜀。』乃曰：『蜀漢亦關中地也。』故立沛公爲漢王，而三分關中地，王秦降將以距漢王。漢王怒，欲謀攻項羽。周勃、灌嬰、樊噲皆勸之，何諫之曰：『雖王漢中之惡，不猶愈於死乎？』漢王曰：『何爲乃死也？』何曰：『今衆弗如，百戰百敗，不死何爲？《周書》曰「天予不取，反受其咎」。語曰「天漢」，其稱甚美。夫能詘於一人之下，而信於萬乘之上者，湯武是也。臣願大王王漢中，養其民以致賢人，收用巴蜀，還定三秦，天下可圖也。』漢王曰：『善。』乃遂就國，以何爲丞相。

漢・劉珍等《東觀漢記》卷一《帝紀一・世祖光武皇帝》 （建武元年）六月己未，卽皇帝位。燔燎告天，禋於六宗。改元爲建武，改鄗爲高邑。【略】

（二年）自漢草創德運，正朔服色未有所定，高祖因秦，以十月爲正，以漢水德，立北時而祠黑帝。至孝文，賈誼、公孫臣以爲秦水德，漢當爲土德。至孝武，倪寬、司馬遷猶從土德。自上卽位，案圖讖，推五運，漢爲火德。周蒼漢赤，木生火，赤代蒼，故上都雒陽。制郊兆於城南七里，北郊四里，爲圓壇，天地位其上，皆南面西上。行夏之時，時以平旦，服色、犧牲尚黑，明火德之運，徽幟尚赤，四時隨色，季夏黃色。

《後漢書》卷一上《光武帝紀上》 世祖光武皇帝諱秀，字文叔，南陽蔡陽人，高祖九世之孫也。【略】

（建武元年）六月己未，卽皇帝位。燔燎告天，禋于六宗，望於羣神。其祝文曰：『皇天上帝，后土神祇，眷顧降命，屬秀黎元，爲人父母，秀不敢當。羣下百辟，不謀同辭，咸曰：「王莽篡位，秀發憤興兵，破王尋、王邑於昆陽，誅王郎、銅馬於河北，平定天下，海內蒙恩。上當天地之心，下爲元元所歸。」讖記曰：「劉秀發兵捕不道，卯金修德爲天子。」秀猶固辭，至于再，至于三。羣下僉曰：「皇天大命，不可稽留。」敢不敬承。』於是建元爲建武，大赦天下，改鄗爲高邑。

論説

《魏書》卷二四《崔玄伯傳》 （魏太祖）詔有司博議國號。玄伯議曰：『三皇五帝之立號也，或因所生之土，或卽封國之名。故虞夏商周始皆諸侯，及聖德既隆，萬國宗戴，稱號隨本，不復更立。唯商人屢徙，改號曰殷，然猶兼行，不廢始基之稱。故《詩》云「殷商之旅」，又云「天命玄鳥，降而生商，宅殷土茫茫」。此其義也。昔漢高祖以漢王定三秦，滅强楚，故遂以漢爲號。』

清・趙翼《廿二史劄記》卷三《〈史記〉〈漢書〉・王莽時起兵者皆稱漢後》 漢自高、惠以後，賢聖之君六七作，深仁厚澤，被於人者深。卽元、成、哀三帝稍劣，亦絶無虐民之政，祇以運祚中衰，國統頻絶，故王莽得乘便竊位。班彪所謂危自上起，傷不及下，故雖時代改易，而民心未去，加以莽政愈虐，則思漢之心益堅。王常曰：『莽政令苛酷，失天下心。民之謳吟思漢，非一日也。』《常傳》鄭興説更始曰：『天下同苦王氏虐政，而思高祖之舊德。』《興傳》馮衍説廉丹曰：『海內（淆）［潰］，

人懷漢德，甚於詩人之思召公也。』《衍傳》馮異説光武曰：『天下同苦王氏，思漢久矣。』《異傳》歷觀諸説，可見當日之民心也。故羣雄之起兵者，無不以劉氏舉號。劉聖公在平林羣盜中爲安集掾，軍雖衆而無所統一，諸將以聖公本漢裔，遂立爲天子，建元曰更始。更始初都洛陽，將大封功臣，朱鮪以爲高祖約非劉氏不王，是諸將初起事卽守漢祖法也。《更始傳》赤眉樊崇起兵，已屢勝，聞更始立，卽往洛陽降。後仍亡歸，因齊巫言城陽景王云：『當爲縣官，何故作賊？』遂奉劉盆子爲帝。《劉盆子傳》平陵人方望謂弓林等曰：『莽簒奪而孺子嬰尚在，今皆云劉氏當更受命，嬰故漢主也。』乃求得嬰立之。《光武傳》卜者王郎僞稱成帝子子輿，有趙王子林欲立之，會赤眉將至，林乃宣言，赤眉來當立子輿爲帝，以觀衆心。百姓果信之，遂立郎於邯鄲，於是趙國以北，遼東以西，皆從風而靡。《王郎傳》盧芳因人心思漢，乃詭自稱武帝曾孫劉文伯，謂曾祖母匈奴谷蠡渾邪王之姊，爲武帝后，生三子，遭江充之亂，小子回卿流出在外，再傳生文伯，以此誑惑人。諸豪傑以其爲劉氏子孫，遂立爲上將軍，使人與匈奴通和，匈奴卽立芳爲帝。而是時五原人李興，朔方人田颯，代郡人石鮪等，各自起兵者，聞芳係漢後，卽迎入塞奉之。《芳傳》劉永亦漢後，更始封爲梁王，更始敗，永據睢陽起兵，遣使拜董憲、張步爲王。憲、步本特起，不借劉氏爲號者，以永係漢後，遂受其爵命，爲之盡力。《永及張步等傳》公孫述雖自帝於蜀，然其先亦借輔漢起事。時宗成、王岑皆以應漢爲將軍，述在成都，迎之。而成等暴掠，述乃謂少年曰：『天下同苦新室思漢，故聞漢將到卽迎之，今反肆虐，此寇賊，非義兵也。』乃使人詐稱漢使者自東方來，假述輔漢將軍益州牧印綬，遂擊破成等，自立爲蜀王，尋稱帝。《述傳》隗囂後雖割據天水諸郡，然初起時亦思奉漢，因王莽尚在長安，隔更始不得通，卽立高帝廟，稱臣奉祠。莽死，更始至長安，囂卽入謁，見更始政亂，遂逃歸。後又受光武將鄧禹所封官號，并遣子入侍。末年惑於王元之説，始懷貳志。《囂傳》歷觀諸起事者，非自稱劉氏子孫，卽以輔漢爲名，可見是時人心思漢，舉天下不謀而同。是以光武得天下之易，起兵不三年，遂登帝位，古未有如此之速者，因民心之所願，故易爲力也。

疆域

綜述

《漢書》卷二八上《地理志上》 漢興，因秦制度，崇恩德，行簡易，以撫海内。至武帝攘卻胡、越，開地斥境，南置交阯，北置朔方之州，兼徐、梁、幽、并夏、周之制，改雍曰涼，改梁曰益，凡十三（郡）[部]。

又 卷二八下《地理志下》 漢興，【略】訖於孝平，凡郡國一百三，縣邑千三百十四，道三十二，侯國二百四十一。地東西九千三百二里，南北萬三千三百六十八里。【略】漢極盛矣。

《隋書》卷二九《地理志上》 逮于孝武，務勤遠略，南兼百越，東定三韓。通卭、筰之險塗，斷匈奴之右臂，雖聲教遠洎，而人亦勞止。

唐·杜佑《通典》卷一七一《州郡一·序目上》 漢興，以秦地太大，更加置郡國。其後開越攘胡，土宇彌廣，改雍曰涼，梁曰益，又置徐州，復禹舊號，置交，初爲交趾，後爲交州。北有朔方，初爲朔方，後爲并州。凡爲十三州部刺史。司隸、并、荆、兗、荆河、揚、冀、幽、青、徐、益、交、涼。而不常所理。至哀、平之際，凡新置郡、國六十三焉，與秦四十合百三。縣邑千三百一十四，道三十二，侯國二百四十一。地東西九千三百二里，南北萬三千三百六十八里，此漢之極盛也。

後漢【略】東樂浪郡，西燉煌郡，南日南郡，北鴈門郡，西南永昌郡，四履之盛，亦如前漢。

《舊唐書》卷三八《地理志一》 漢興，以秦郡稍大，析置郡國。武帝斥越攘胡，土宇彌廣。哀、平之季，凡郡國百有三，縣千三百一十四，道三十二，侯國二百四十一，而諸郡置十三部刺史分統之。謂司隸、并、荆、兗、豫、揚、冀、青、徐、益、交、涼、幽等十三州。漢地東西九千三百二里，南北一萬二千三百六十八里。後漢郡國，百有五，縣道侯國千一百

八十六。亦如西京之制，置十三州刺史以充郡守。其地廣袤，亦如前制。

論説

《史記》卷一一六《西南夷列傳》 太史公曰：【略】秦滅諸侯，唯楚苗裔尚有滇王。漢誅西南夷，國多滅矣，唯滇復爲寵王。然南夷之端，見枸醬番禺，大夏杖、邛竹。西夷後揃，剽分二方，卒爲七郡。

漢・揚雄《揚子雲集》卷四《解嘲》 揚子笑而應之曰：【略】今大漢左東海，右渠搜，前番禺，後陶塗，東南一尉，西北一堠。徽以糾墨，製以鑕鈇，散以禮樂，風以《詩》、《書》，曠以歲月，結以倚廬。

漢・班固《班蘭臺集・答賓戲》 主人逌爾而笑曰：【略】方今大漢洒掃羣穢，夷險芟荒，廓帝紘，恢皇綱，基隆於羲農，規廣於黄唐。其君天下也，炎之如日，威之如神，涵之如海，養之如春。是以六合之内，莫不同源共流，沐浴玄德，稟仰太和，枝附葉著。

《漢書》卷九六下《西域傳下》 贊曰：孝武之世，圖制匈奴，患其兼從西國，結黨南羌，乃表河（曲）［西］，列（西）［四］郡，開玉門，通西域，以斷匈奴右臂，隔絶南羌、月氏。單于失援，由是遠遁，而幕南無王庭。

遭值文、景玄默，養民五世，天下殷富，財力有餘，士馬强盛。故能睹犀布、玳瑁則建珠崖七（部）［郡］，感枸醬、竹杖則開牂柯、越嶲，聞天馬、蒲陶則通大宛、安息。

三國魏・曹丕《魏文帝集・漢武帝論》 孝武帝承累世之遺業，遇中國之殷阜，府庫餘錢帛，倉廩畜腐米，因此有意平滅匈奴，而廓清邊境矣。故即位之初，從王恢之書，設馬邑之謀。自元光以迄征和，四十五載之間，征匈奴四十餘舉。踰廣漠，絶梓嶺，封狼居胥，禪姑嶧，梁北河，觀兵瀚海，刈單于之旗，剿閼氏之首，探符離之窟，掃五王之庭，納休屠昆耶之附，獲祭天金人之寶，斬名王以十數，馘首虜以萬計，既窮追其敗亡，又摧破其積聚。虜不暇於救死扶傷，疲於孕重墮殰。元封初，躬執武節，告以天子。自將懼以兩越之誅，易彼符號，可爲威震匈奴矣。

《後漢書》卷四《和帝紀》 論曰：自中興以後，逮于永元，雖頗有弛張，而俱存不擾，是以齊民歲增，闢土世廣。偏師出塞，則漠北地空；都護西指，則通譯四萬。豈其道遠三代，術長前世？將服叛去來，自有數也？

又 卷四七《班超傳》 贊曰：定遠慷慨，專功西遐。坦步葱、雪，咫尺龍沙。

又 卷八八《西域傳》 論曰：西域風土之載，前古未聞也。漢世張騫懷致遠之略，班超奮封侯之志，終能立功西遐，羈服外域。自兵威之所肅服，財賂之所懷誘，莫不獻方奇，納愛質，露頂肘行，東向而朝天子。故設戊己之官，分任其事；建都護之帥，總領其權。先馴則賞籯金而賜龜綬，後服則繫頭顙而釁北闕。立屯田於膏腴之野，列郵置於要害之路。馳命走驛，不絶於時月；商胡販客，日款於塞下。其後甘英乃抵條支而歷安息，臨西海以望大秦，拒玉門、陽關者四萬餘里，靡不周盡焉。

元・馬端臨《文獻通考》卷首《自序》 秦始皇既并六國，始北卻匈奴，南取百粤。至漢武帝時，東幷朝鮮，西收甘凉，南闢交趾、珠厓，北斥朔方、河南，以至車師、大宛、夜郎、昆明之屬，俱遣信使，齎重賄，招來而羈置之，俾得通於上國，窺其廣大。【略】自是之後，世謹梯航，歷代載記所敍其風氣之差殊，習俗之詭異，可考而索，至其世代傳授之詳，則固不能以備知也。

明・陸深《儼山外集》卷一《傳疑録上》 域中輿地，東西九千三百二里，南北萬三千三百六十六里，此漢之極盛也。

明・徐應秋《玉芝堂談薈》卷二二《歷代方輿》 秦并天下，分爲三十六郡。漢以秦郡太廣，稍復開置，又開廣三邊，凡郡國一百有三，仍增九州爲十三部。其地東西九千三百二里，南北一萬三千三百六十八里，而王畿七郡，則司隸統之，共十三部。

明・章潢《圖書編》卷三四《古今方輿總論》 大都山河兩戒，各極遐方，自鴻濛剖判則然；而東限滄海，西限流沙，南限谿領，北限磧漠，爲天子之四履，内劃五服，別九州，謂之中國。蓋是封域之廣，莫若秦漢。秦皇兼併天下，設九尉，東傳海，西湊月支，南至北嚮户，據北河，阻陰山爲塞，威莫振焉。孝武之烈，鏤碣石，包罽賓，踰蘭滄，封狼胥，勳莫高焉。二君負闔闢宇宙之才，席屢世戰勝之烈，藉前代共險之

饒，天實啓之，以恢拓境宇，易亂而治安，可謂非功也。

清・鄂爾泰等［雍正］《雲南通志》卷二九之一二《［明］李元陽〈通志序〉》　前史稱兩漢四履之盛，東樂浪，西燉煌，南日南，北鴈門，西南永昌。永昌在南中爲遠郡，舉遠以見近也。漢章帝元和間，滇池出龍馬四、白烏二，因徧置學校，漸遷其俗。由此言之，雲南在漢，文約之所漸被，聲教之所周流，其來久矣。

藝文

南朝齊・孔稚珪《孔詹事集・白馬篇》　驥子跼且鳴，鐵陣與雲平。漢家嫖姚將，馳突匈奴庭。少年鬬猛氣，怒髮爲君征。雄戟摩白日，長劍斷流星。早出飛狐塞，晚泊樓煩城。虜騎四山合，胡塵千里驚。嘶笳振地響，吹角沸天聲。左碎呼韓陣，右破休屠兵。橫行絶漠表，飲馬瀚海清。隴樹枯無色，沙草不嘗青。勒石燕然道，凱歸長安亭。縣官知我健，四海誰不傾！但使强胡滅，何須甲第成？當今丈夫志，獨爲上古英。

唐・王維《王右丞集》卷一〇《出塞作》　居延城外獵天驕，白草連天野火燒。暮雲空磧時驅馬，秋日平原好射鵰。護羌校尉朝乘障，破虜將軍夜渡遼。玉靶角弓珠勒馬，漢家將賜霍嫖姚。

宋・陳普《石堂先生遺集》卷二〇《武帝》　二十嫖姚風火飛，鑾輿夜夜過焉支。茂陵不費凌雲氣，解見蟠桃着子時。

明・胡翰《胡仲子集》卷一〇《擬古》　長安萬里堠，日日送遠行。輕車列千駟，驃騎懸雙旌。西出横門道，意氣傾公卿。鈹戟夾左右，部曲聯若星。疾驅呼延塞，深入休屠城。旄頭無時落，邊風旦莫驚。單于方力格，中帳起心兵。刻功燕然石，受爵天子廷。既獲世間願，復垂身後名。借問毛錐子，區區何足營？

清・羅惇衍《集義軒詠史詩鈔》卷八《西漢四・霍去病》　倏隃烏盭涉狐奴，氣懾天驕萬騎趨。纔見通侯辭第宅，不聞名將泥孫吳。庭犁葦允頒温詔，冢象祁連稱遠模。可惜丁年遺劍舄，麒麟但掛霍光圖。

清・彭定求等《全唐詩》卷二六八《耿湋〈送王將軍出塞〉》　漢家邊事重，竇憲出臨戎。絶漢秋山在，陽關舊路通。列營依茂草，吹角向高風。更就燕然石，行看奏虜功。

清・徐世昌《晚晴簃詩匯》卷五九《紀邁宜〈燕然臺懷古〉》　幕府猶餘畫角哀，軍屯爭擁紫峯開。蓬蓬風自羣山下，黯黯雲從大漠來。萬里專征誰奏績，千年遺址此登臺。書生别有封侯骨，銘勒燕然枉上才。

明・淩雲翰《柘軒集》卷一《張騫出使圖》　漫從西域度流沙，八月虚回奉使槎。天上白榆那可摘，歸時只得帶榴花。

清・徐世昌《晚晴簃詩匯》卷一九〇《嚴永華〈雜興〉》　漢譯四萬里，博望開其源。遂建都護號，復設戊己屯。黎軒多善幻，荒誕難具論。舟車行千里，權輿實椎輪。塹山而堙谷，欲窮造化根。滔滔盡西逝，狂瀾日崩奔。漢陰老抱甕，亦復贍一身。九閶儻可叫，吾欲窒巧門。

宋・鄒浩《道鄉集》卷六《班超》　功名從古病難成，況作天西絶域行。縱有平陵同落落，其如衛侯尚營營。殺妻吳起終遭逐，上疏鴻卿不免刑。定遠獨能逢聖主，千年萬歲藹嘉聲。

元・顧瑛編《草堂雅集》卷八《項炯〈感秋〉》　班超負奇氣，投筆西出關。風塵髀肉消，日月鬢毛斑。苟可利吾國，何必求生還。偉哉馬伏波，竟死壺頭山。

清・謝啓昆《樹經堂詠史詩集》卷二《東漢・班超》　丈夫投筆有高志，俗吏拘文無遠謀。三十六城收屬國，二千石職取通侯。虎頭食肉還探穴，狐塞橫屍欲正邱。生入玉關臣願遂，義陽博望並千秋。

清・羅惇衍《集義軒詠史詩鈔》卷一六《東漢五・班超》　萬里封侯卅載間，胡笳聲裏夢刀鐶。弱齡投筆辭金闕，絶域遺書望玉關。燕頷身歸餘白髮，蠅營謗止遺紅顔。功成虎穴人俱老，故國曾看幾裴還？

清・徐世昌《晚晴簃詩匯》卷一六三《任其昌〈讀史雜感〉》　甲馬飛騰壓隴東，大旗落日動蒼穹。千軍榆塞猶排陣，十載天山未挂弓。豈有班超護西域，翻教師曠驗南風。男兒不負封侯骨，合在忠勤慷慨中。

宋・司馬光《傳家集》卷七《馬伏波》　漢令班南海，蠻兵避鬱林。天涯柱分界，徼外貢輸金。坐失姦臣意，誰明報國心？一棺忠勇骨，漂泊瘴煙深。

《全宋詩》卷二六七《林槩〈伏波將軍廟〉》　尉佗尺檄黄關閉，天欲亡秦盛漢家。一日將軍通戰棹，何曾五嶺限中華。

明・林弼《林登州集》卷五《伏波臺》　驛外秋山翠一堆，將軍玉帳此曾開。大江如月迴雲陣，古塔凌空護石臺。萬里戈船餘薏苡，千年銅柱委莓苔。多情惟有營前柳，歲歲春風入樹來。

明・王守仁《王文成全書》卷二〇《謁伏波廟》　樓船金鼓宿烏蠻，魚麗羣舟夜上灘。月遶旌旗千嶂静，風傳鈴柝九溪寒。荒夷未必先聲服，神武由來不殺難。想見虞廷新氣象，兩堦干羽五雲端。

唐・司馬貞《史記索隱》卷三〇《匈奴列傳述贊》　獫狁薰粥，居于北邊。既稱夏裔，式憬周篇。頗隨畜牧，屢擾塵煙。爰自冒頓，尤聚控弦。雖空帑藏，未盡中權。

又《西南夷列傳述贊》　西南外徼，莊蹻首通。漢因大夏，乃命唐蒙。勞寖靡莫，異俗殊風。夜郎最大，邛、筰稱雄。及置郡縣，萬代推功。

又《大宛列傳述贊》　大宛之迹，元因博望，始究河源，旋窺海上。條支西入，天馬内向。葱嶺無塵，鹽池息浪。曠哉絶域，往往亭障。

漢・司馬相如《司馬文園集・難蜀父老文》　漢興七十有八載，德茂存乎六世，威武紛紜，湛恩汪濊，羣生澍濡，洋溢乎方外。於是乃命使西征，隨流而攘，風之所被，罔不披靡。因朝冉從駹，定筰存邛，畧斯榆，舉苞蒲，結軌還轅，東鄉將報，至於蜀都。

耆老大夫縉紳先生之徒二十有七人，儼然造焉。辭畢，進曰：『蓋聞天子之於夷狄也，其義羈縻勿絶而已。今罷三郡之士，通夜郎之塗，三年於茲，而功不竟，士卒勞倦，萬民不贍，今又接之以西夷，百姓力屈，恐不能卒業，此亦使者之累也，竊爲左右患之。且夫邛、筰、西僰之與中國並也，歷年茲多，不可記已。仁者不以德來，强者不以力并，意者其殆不可乎！今割齊民以附夷狄，弊所恃以事無用，鄙人固陋，不識所謂。』

使者曰：『烏謂此乎？必若所云，則是蜀不變服而巴不化俗也。僕尚惡聞若説。然斯事體大，固非觀者之所覯也。余之行急，其詳不可得聞已，請爲大夫粗陳其畧。

『蓋世必有非常之人，然後有非常之事；有非常之事，然後有非常之功。非常者，固常人之所異也。故曰非常之原，黎民懼焉；及臻厥成，天下晏如也。

『昔者洪水沸出，氾濫衍溢，民人升降移徙，崎嶇而不安。夏后氏戚之，乃堙洪塞源，決江疏河，灑沈澹菑，東歸之於海，而天下永寧。當斯之勤，豈惟民哉？心煩於慮而身親其勞，躬傶骿胝無胈，膚不生毛。故休烈顯乎無窮，聲稱浹乎于茲。

『且夫賢君之踐位也，豈特委瑣喔齪，拘文牽俗，循誦習傳，當世取説云爾哉！必將崇論閎議，創業垂統，爲萬世規。故馳騖乎兼容并包，而勤思乎參天貳地。且《詩》不云乎：「普天之下，莫非王土；率土之濱，莫非王臣。」是以六合之内，八方之外，浸潯衍溢，懷生之物有不浸潤於澤者，賢君恥之。今封疆之内，冠帶之倫，咸獲嘉祉，靡有闕遺矣。而夷狄殊俗之國，遼絶異黨之域，舟車不通，人迹罕至，政教未加，流風猶微。内之則犯義侵禮於邊境，外之則邪行横作，放殺其上。君臣易位，尊卑失序，父兄不辜，幼孤爲奴虜，係縲號泣，内鄉而怨，曰：「蓋聞中國有至仁焉，德洋恩普，物靡不得其所，今獨曷爲遺己！」舉踵思慕，若枯旱之望雨。盭夫爲之垂涕，況乎上聖，又烏能已？故北出師以討强胡，南馳使以誚勁越。四面風德，二方之君鱗集仰流，願得受號者以億計。故乃關沬、若，徼牂牁，鏤靈山，梁孫原。創道德之塗，垂仁義之統。將博恩廣施，遠撫長駕，使疏逖不閉，曶爽闇昧得燿乎光明，以偃甲兵於此，而息討伐於彼。遐邇一體，中外禔福，不亦康乎？

『夫拯民於沈溺，奉至尊之休德，反衰世之陵夷，繼周氏之絶業，天子之急務也。百姓雖勞，又烏可以已哉？且夫王者固未有不始於憂勤，而終於佚樂者也。然則受命之符合在於此。方將增太山之封，加梁父之事，鳴和鸞，揚樂頌，上咸五，下登三。觀者未覩指，聽者未聞音，猶鷦鵬已翔乎寥廓，而羅者猶視乎藪澤。悲夫！』

於是諸大夫茫然喪其所懷來而失厥所以進，喟然並稱曰：『允哉漢德！此鄙人之所願聞也。百姓雖勞，請以身先之。』敞罔靡徙，遷延而辭退。

漢・班固《班蘭臺集・封燕然山銘有序》　維永元元年秋七月，有漢元舅曰車騎將軍竇憲，寅亮聖皇，登翼王室，納于大麓，惟清緝熙。乃與執金吾耿秉，述職巡禦，治兵于朔方。鷹揚之校，螭虎之士，爰該六師，

曁南單于、東胡烏桓、西戎氐羌，侯王君長之羣，驍騎十萬，元戎輕武，長轂四分，雷輜蔽路，萬有三千餘乘。勒以八陣，涖以威神，玄甲耀日，朱旗絳天。遂陵高闕，下鷄鹿，經磧鹵，絶大漠，斬温禺以釁鼓，血尸逐以染鍔。然後四校横徂，星流彗掃，蕭條萬里，野無遺寇。於是域滅區殫，反旆而旋，考傳驗圖，窮覽其山川。遂逾涿邪，跨安侯，乘燕然，躡冒頓之區落，焚老上之龍庭。將上以攄高文之宿憤，光祖宗之玄靈，下以安固後嗣，恢拓境宇，振大漢之天聲。兹可謂一勞而久逸，暫費而永寧也。乃遂封山刊石，昭銘盛德。其辭曰：

鑠王師兮征荒裔，剿凶虐兮截海外，敻其邈兮亘地界，封神丘兮建隆嵑，熙帝載兮振萬世。

雜録

《史記》卷三〇《平準書》　於是天子北至朔方，東到太山，巡海上，並北邊以歸。

又　卷一二《孝武本紀》　天子既已封禪泰山，無風雨菑，而方士更言蓬萊諸神山若將可得，於是上欣然庶幾遇之，乃復東至海上望，冀遇蓬萊焉。奉車子侯暴病，一日死。上乃遂去，並海上，北至碣石，巡自遼西，歷北邊至九原。五月，返至甘泉。《集解》：《漢書音義》曰：『周萬八千里也。』

又　卷一三〇《太史公自序》　遷生龍門，【略】二十而南游江、淮，上會稽，探禹穴，闚九疑，浮於沅、湘；北涉汶、泗，講業齊、魯之都，觀孔子之遺風，鄉射鄒、嶧；戹困鄱、薛、彭城，過梁、楚以歸。於是遷仕爲郎中，奉使西征巴、蜀以南，南略邛、笮、昆明，還報命。

《漢書》卷五五《霍去病傳》　上曰：『票騎將軍去病率師，【略】封狼居胥山，禪於姑衍，登臨翰海。』

又　卷六一《張騫傳》　（張）騫身所至者，大宛、大月氏、大夏、康居，而傳聞其旁大國五六，具爲天子言其地形，所有。語皆在《西域傳》。【略】

自騫開外國道以尊貴，其吏士爭上書言外國奇怪利害，求使。天子爲其絶遠，非人所樂，聽其言，予節，募吏民無問所從來，爲具備人衆遣之，以廣其道。

又　卷七〇《鄭吉傳》　（鄭）吉既破車師，降日逐，威震西域，遂幷護車師以西北道，故號都護。【略】吉於是中西域而立莫府，治烏壘城，鎮撫諸國，誅伐懷集之。漢之號令班西域矣，始自張騫而成於鄭吉。

又　卷九五《西南夷兩粤傳》　元封二年，【略】滇王離西夷，滇舉國降，請置吏入朝。於是以爲益州郡，賜滇王王印，復長其民。西南夷君長以百數，獨夜郎、滇受王印。滇，小邑也，最寵焉。【略】

南粤已平。遂以其地爲儋耳、珠崖、南海、蒼梧、鬱林、合浦、交阯、九眞、日南九郡。

晉・袁宏《後漢紀》卷一三《孝和皇帝紀上》　永元元年夏六月，竇憲、耿秉自［朔］方（朔）出塞三（十）［千］里，斬首大獲，銘燕然山而還。

《後漢書》卷二《明帝紀》　（永平十七年）冬十一月，遣奉車都尉竇固、駙馬都尉耿秉、騎都尉劉張出敦煌昆侖塞，擊破白山虜於蒲類海上，遂入車師。初置西域都護、戊己校尉。

又　卷四《和帝紀》　（永元元年）夏六月，車騎將軍竇憲出鷄鹿塞，度遼將軍鄧鴻出（椆）［稒］陽塞，南單于出滿夷谷，與北匈奴戰於稽落山，大破之，追至（和）［私］渠（北）［比］鞮海。竇憲遂登燕然山，刻石勒功而還。北單于遣弟右温禺鞮王奉貢獻。

又　卷二四《馬援傳》　（建武十九年）嶠南悉平。唐李賢注：嶠，嶺嶠也。《爾雅》曰：『山鋭而高曰嶠。』《廣州記》曰：『援到交阯，立銅柱，爲漢之極界也。』援奏言西于縣户有三萬二千，注：西于縣屬交阯郡，故城在今交州龍編縣東也。遠界去庭千餘里，注：庭，縣庭也。請分爲封溪、望海二縣，許之。注：封溪、望海縣，並屬交阯郡。援所過輒爲郡縣治城郭，穿渠灌溉，以利其民。

又　卷四七《班超傳》　龜茲、姑墨、温宿皆降，乃以超爲都護，徐幹爲長史。【略】西域五十餘國悉皆納質内屬焉。

又　卷八八《西域傳》　和帝永元元年，大將軍竇憲大破匈奴。二年，憲因遣副校尉閻槃將二千餘騎掩撃伊吾，破之。三年，班超遂定西域，因以

超爲都護，居龜茲。復置戊己校尉，領兵五百人，居車師前部高昌壁，又置戊部候，居車師後部候城，相去五百里。六年，班超復擊破焉耆，於是五十餘國悉納質内屬。其條支、安息諸國至于海瀕四萬里外，皆重譯貢獻。九年，班超遣掾甘英窮臨西海而還。皆前世所不至，《山經》所未詳，莫不備其風土，傳其珍怪焉。於是遠國蒙奇、兜勒皆來歸服，遣使貢獻。

首都部

秦首都分部

綜述

《史記》卷五《秦本紀》（孝公）十二年，作爲咸陽，唐張守節《正義》：《括地志》云：『咸陽故城亦名渭城，在雍州咸陽縣東十五里，京城北四十五里，卽秦孝公徙都之者。今咸陽縣，古之杜郵，白起死處。』築冀闕，《正義》：劉伯莊云：『冀猶記事，闕卽象魏也。』秦徙都之。

又卷六《秦始皇本紀》（秦始皇九年）令相國昌平君、昌文君發卒攻毐。唐司馬貞《索隱》：昌平君，楚之公子，立以爲相，後徙於郢，項燕立爲荆王，史失其名。昌文君名亦不知也。戰咸陽，《正義》：《括地志》云：『咸陽故城亦名渭城，在雍州北五里，今咸陽縣東十五里。秦孝公已下並都此城。始皇鑄金人十二於咸陽，卽此也。』斬首數百，皆拜爵，及宦者皆在戰中，亦拜爵一級。毐等敗走。

（二十六年）徙天下豪富於咸陽十二萬户。諸廟及章臺、上林皆在渭南。秦每破諸侯，寫放其宫室，作之咸陽北阪上，南朝宋裴駰《集解》：徐廣曰：『在長安西北，漢武時别名渭城。』《正義》：今咸陽縣北阪上。南臨渭，自雍門《集解》：徐廣曰：『在高陵縣。』《正義》：今岐州雍縣東。以東至涇、渭，殿屋複道周閣相屬。《正義》：《廟記》云：『北至九嵕、甘泉，南至長楊、五柞，東至河，西至汧渭之交，東西八百里，離宫别館相望屬也。木衣綈繡，土被朱紫，宫人不徙。窮年忘歸，猶不能遍也。』所得諸侯美人鍾鼓，以充入之。《正義》：《三輔舊事》云：『始皇表河以爲秦東門，表汧以爲秦西門，表中外殿觀百四十五，後宫列女萬餘人，氣上衝于天。』

（三十五年）始皇以爲咸陽人多，先王之宫廷小，吾聞周文王都豐，武王都鎬，豐、鎬之閒，帝王之都也。乃營作朝宫渭南上林苑中。先作前殿阿房，《正義》：《括地志》云：『秦阿房宫亦曰阿城，在雍州長安縣西北一十四里。』按：宫在上林苑中，雍州郭城西南面，卽阿房宫城東面也。顔師古云：『阿，近也。以其去咸陽近，且號阿房。』東西五百步，南北五十丈，上可以坐萬人，下可以建五丈旗。《索隱》：此以其形名宫也，言其宫四阿旁廣也，故云下可建五丈之旗也。阿房，後爲宫名。《正義》：《三輔舊事》云：『阿房宫東西三里，南北五百步，庭中可受萬人。又鑄銅人十二於宫前。阿房宫以慈石爲門，阿房宫之北闕門也。』周馳爲閣道，自殿下直抵南山。表南山之顛以爲闕。爲複道，自阿房渡渭，屬之咸陽，以象天極閣道絶漢抵營室也。《索隱》：謂爲複道，渡渭屬咸陽，象天文閣道絶漢抵營室也。常考《天官書》曰：『天極紫宫後十七星絶漢抵營室，曰閣道。』阿房宫未成，成，欲更擇令名名之。作宫阿房，故天下謂之阿房宫。隱宫《正義》：餘刑見於市朝。宫刑，一百日隱於蔭室養之乃可，故曰隱宫，下蠶室是。徒刑者七十餘萬人，乃分作阿房宫，或作麗山。發北山石椁。乃寫蜀、荆地材皆至。關中計宫三百，關外四百餘。

盧生説始皇曰：『臣等求芝奇藥仙者常弗遇，類物有害之者。方中，人主時爲微行以辟惡鬼，惡鬼辟，眞人至。人主所居而人臣知之，則害於神。眞人者，入水不濡，入火不爇，陵雲氣，與天地久長。今上治天下，未能恬惔。願上所居宫毋令人知，然後不死之藥殆可得也。』於是始皇曰：『吾慕眞人，自謂「眞人」，不稱「朕」。』乃令咸陽之旁二百里内宫觀二百七十複道甬道相連，帷帳鍾鼓美人充之，各案署不移徙。

《漢書》卷五一《賈山傳》（秦）起咸陽而西至雍，離宫三百，唐顔師古注：『（此）［凡］言離宫者，皆謂於别處置之，非常所居也。』鍾鼓帷帳，不移而具。又爲阿房之殿，殿高數十仞，注：阿房者，言殿之四阿皆爲房也。一説大陵曰阿，言其殿高若於阿上爲房也。房字或作旁，説云始皇作此殿，未有名，以其去咸陽近，且號阿旁。阿，近也。八尺曰仞。東西五里，南北千

步，從車罗騎，四馬騖馳，旌旗不橈。注：『橈，屈也。言庭之廣大，殿之高敞，衆騎馳騖无所迫觸，建立旌旗不屈橈。爲宮室之麗至于此，使其後世曾不得聚廬而託處焉。

又　卷二八上《地理志上・右扶風》　渭城，故咸陽，高帝元年更名新城，七年罷，屬長安。武帝元鼎三年更名渭城。有蘭池宮。莽曰京城。

晉・皇甫謐《帝王世紀・秦》　秦改鎬曰咸陽，都焉。

漢・佚名《三輔黄圖》卷首《序》　惠文王初都咸陽，取岐、雍巨材，新作宮室。南臨渭，北逾涇，至於離宮三百。復起阿房，未成而亡。始皇并滅六國，憑藉富强，益爲驕侈，殫天下財力，以事營繕。項羽入關，燒秦宮闕，三月火不滅。

又　卷一《咸陽故城》　在今咸陽東二十里。自秦孝公至始皇帝、胡亥，並都此城。案孝公十二年作咸陽，築冀闕，徙都之。

始皇廿六年，徙天下高貲富豪於咸陽十二萬户。諸廟及臺、苑，皆在渭南。秦每破諸侯，徹其宮室，作之咸陽北坂上。南臨渭，自雍門以東至涇、渭，殿屋複道周閣相屬，所得諸侯美人鐘鼓以充之。

二十七年作信宮渭南，已而更命信宮爲極廟，象天極。自極廟道通驪山，作甘泉前殿，築甬道，自咸陽屬之。

始皇窮極奢侈，築咸陽宮，因北陵營殿，端門四達，以則紫宮，象帝居。渭水贯都，以象天漢；横橋南渡，以法牽牛。

橋廣六丈，南北二百八十步，六十八間，八百五十柱，二百一十二梁。橋之南北堤，激立石柱。

咸陽北至九嵕、甘泉，南至鄠、杜，東至河，西至汧、渭之交，東西八百里，南北四百里，離宮別館，相望聯屬。木衣綈綉，土被朱紫，宮人不移，樂不改懸，窮年忘歸，猶不能遍。

又　《三輔沿革》　咸陽在九嵕山、渭水北，山水俱在南，故名咸陽。秦并天下，置内史以領關中。

北魏・酈道元《水經注》卷一九《渭水》　渭水又東北逕渭城南，文穎以爲故咸陽矣，秦孝公之所居離宮也。獻公都櫟陽，天雨金，周太史儋見獻公曰：『周故與秦國合而別，別五百歲復合，合七十歲而霸王出。』至孝公，作咸陽，築冀闕，而徙都之。故《西京賦》曰：秦里其朔，實爲咸陽。太史公曰：長安，故咸陽也。【略】

（槩）水又東注渭水，水上有梁，謂之渭橋，秦制也，亦曰便門橋。秦始皇作離宮于渭水南北，以象天宮，故《三輔黄圖》曰：『渭水貫都，以象天漢，横橋南度，以法牽牛。南有長樂宮，北有咸陽宮，欲通二宮之間，故造此橋。廣六丈，南北三百八十步，六十八間，七百五十柱，百二十二梁。橋之南北有堤，激立石柱，柱南，京兆主之；柱北，馮翊主之。有令丞，各領徒十五百人。橋之北首，壘石水中，故謂之石柱橋也。

唐・李吉甫《元和郡縣圖志》卷一《關内道一・京兆府・咸陽縣》　本秦舊縣也，孝公十二年於渭北城咸陽，自汧、隴徙都焉。秦自孝公、惠文、悼武、昭襄、莊襄王、始皇、胡亥並都之。【略】

山南曰陽，水北曰陽，縣在北山之南，渭水之北，故曰咸陽。

論説

晉・皇甫謐《帝王世紀・秦》　秦非子始封於秦，故《秦本紀》稱周孝王曰：『朕分之，邑秦』，本隴西秦谷亭是也。玄孫莊公徙廢丘，周懿王之所都，今槐里是也。及襄公始受酆之地，列爲諸侯。文公徙汧，故《秦本紀》曰『公東獵至汧，乃卜居之』，今扶風郿縣是也。寧公又都平陽，故《秦本紀》曰『寧公二年徙居平陽』，今扶風郿之平陽亭是也。故《秦本紀》曰『德公元年，初居雍』，今扶風雍是也。至獻公即位，徙治櫟陽，今馮翊萬年是也。孝公自櫟陽徙咸陽，《秦本紀》曰『作爲咸陽，築冀闕，徙之』。及漢元年更名新城，【略】元鼎三年復別爲渭城，今長安西北渭水陽有故城，故《西京賦》曰『秦里其朔，實爲咸陽』是也。

唐・李泰等《括地志》卷一《雍州・咸陽縣》　咸陽故城亦名渭城，在雍州北五里，今咸陽縣東十五里，京城北四十五里，秦孝公以下並都此城。始皇鑄金人十二于咸陽，即此也。

宋・程大昌《雍録》卷一《咸陽》　秦都咸陽，在府西微北四十里，本杜縣地也。至唐咸陽縣，則在秦都之西二十二里，名雖襲秦，地非故處矣。古語山南曰陽，水北曰陽。陽，日也。日出天東，曬景斜射，凡山之南面，水之北厓，皆先受照，故山以南爲陽，水以北爲陽。秦之所都，若

槩舉其凡，則在九嵕諸山之南，渭水之北，名爲咸陽，其不爽矣。若細細推求，則秦之朝宫苑殿，固在渭北，而秦都實跨渭水，跨渭則兼據渭南，不得名爲咸陽矣。《史記》、《黄圖》、《元和志》皆曰始皇都咸陽，引渭水貫都，以象天漢，横橋南度，以法牽牛，此既可見渭之兼在都南矣。而猶謂山水皆陽者，本秦之朝市宫苑，多在渭北，而總命名以此也。於是《史記》、《水經》凡序長樂，悉以其地繫之咸陽，而於甘泉、阿房，亦自明命以爲咸陽之前殿也，則咸陽之名，又嘗兼踰渭南也。此又不可不知也。

又《秦都世次》 孝公作爲咸陽，築冀闕而都焉。地在渭北，而其方則長樂宫西北也。獻公四年爲周烈王之二年，是時孝公已生。周太史儋見獻公曰：始周與秦國合而别，别五百載復合，十七載而霸王出。韋昭曰：周封秦爲始，則謂秦仲也。五百載謂從秦仲至孝公强大，顯王致霸，與之親合也。徐廣曰：從此後十七年，而秦昭王立。闞駰曰：謂昭武王霸至始皇而王天下。

清·劉於義等［雍正］《陝西通志》卷三《建置第二·秦》 咸陽。渭水東北逕渭城南，文穎以爲故咸陽。秦獻公都櫟陽，至孝公作咸陽而徙都之。《水經注》。孝公十二年，於渭北城咸陽。至始皇，並都之。《元和志》。孝公咸陽，今渭城是。始皇都咸陽，今城南大城是。《關中志》。

藝文

唐·李商隱《李義山詩集》卷上《咸陽》 咸陽宫闕鬱嵯峨，六國樓臺艷綺羅。自是當時天帝醉，不關秦地有山河。

唐·胡曾《詠史詩》卷下《咸陽》 一朝閻樂統羣凶，二世朝廷掃地空。唯有渭川流不盡，至今猶繞望夷宫。

宋·王安石《臨川文集》卷四《讀秦漢間事》 秦徵天下材，入作阿房宫。宫成非一木，山谷爲窮空。子羽一炬火，驪山三月紅。能令掃地盡，豈但焚人功。

《全宋詩》卷三〇七九《劉克莊〈秦紀〉》 土廣曾吞九雲夢，民勞因起一阿房。人皆憐楚三户在，天獨知秦二世亡。

元·馬臻《霞外詩集》卷七《讀秦紀》 六國爭雄事已空，南遊勒石紀成功。早知三月咸陽火，不買魚燈照夜宫。

明·張羽《静居集》卷二《咸陽宫行》 客言咸陽宫亦廢，有民種瓜其上，感而遂賦。

百二山河象祖力，六雄仰關不敢敵。金人十二高峥嶸，天下甲兵從此息。天子曉御咸陽宫，樓閣高低複道通。千石之锺萬石簴，遥聞天樂在虚空。宫車隱隱春雷起，渭川曉漲胭脂水。六宫粉黛謾如雲，不救明年祖龍死。榮華奄忽何可論，千門萬户无復存。遺墟久被民家占，四望空餘瓜蔓根。行人爲問瓜田老，地上揮鋤休草草。荆軻昔日猛如狼，曾來此地見秦王。百夫之勇猶披靡，汝今搪突何敢爾。

明·徐伯齡《蟫精雋》卷八《讀史》 存齋瞿先生宗吉《讀秦紀五絶》云：十二金人製造奢，銷除兵革靖邦家。如何更有龍泉劍，留與高皇斬白蛇。

六籍焚來道不傳，驪山宫殿與雲連。可憐三月咸陽火，猶帶書坑未冷煙。

役重勞民古未聞，南修北築事紛紛。宜教四海寃愁氣，化作芒碭五色雲。

海上傳聞五色芝，扁舟採訪去無期。君王更得長生術，只恐臣民靡孑遺。

厚葬徒聞卜地靈，酸風吹送飽魚腥。驪山縱有千年土，銀鴈金鳧可久扃。

清·劉於義等［雍正］《陝西通志》卷九五《藝文十一·［明］謝貞〈咸陽古堞〉》 咸陽古帝宅，雉堞何崔嵬。積石隱雪色，金闕雲中開。咸陽昔日稱百二，函谷鷄鳴客如騖。秦王按劍叱風雷，天下諸侯盡西顧。三户蕭條易水空，齊歌趙舞入秦宫。龍旗五丈金樓下，鳳吹千門馳道中。璇霄閣道通天極，仙掌芙蓉正相值。月過文窗寶扇移，星臨綉户粧奩密。綉户文窗拂采霞，黄山翠影繞宫斜。王孫挾彈雕臺樹，遊女回舟绿岸花。岸花蹙綉連千陌，十里朱門色相射。玉檢登封兕岳靈，金銷鋒鑪鑄冶鏑。風馳萬國奉威聲，四方惕息敢横行。金湯千里扶王業，猶遣將軍北築城。可惜繁華不知極，三十六年如一日。樓船童女望蓬萊，玉琢軒窗五雲色。童女成仙去不歸，咸陽古堞空崔嵬。黄雲捲雪城頭路，城下行人嘆

落暉。

又　卷九六《藝文十二·［明］熊鼎〈咸陽懷古〉》　立馬平原望故宫，關河百二古今雄。南山雙闕阿房近，北斗連城渭水通。龍去野雲收王氣，鶴巢陵樹起秋風。英雄事業昭前哲，看取秦皇漢武功。

又　《藝文十二·［明］徐震〈咸陽懷古〉》　阿房宫殿對南山，閣道縈迴霄漢間。霸業終隨烽火盡，遊魂俄載屬車還。三千童女空浮海，十萬貔貅已入關。留得當年遺恨在，長城血淚土猶斑。

又　卷九七《藝文十三·［明］馬理〈咸陽懷古〉》　咸陽原上望秦中，渭水依然帶故宫。指鹿臂鷹人惡説，青山惟愛茹芝翁。

又　《藝文十三·［清］王心敬〈晨過咸陽〉》　歷盡瀕河嶺幾層，秦家城闕杳無徵。徒餘纍纍北原上，不是唐陵即漢陵。

清·王夫之《王船山詩文集·薑齋六十自定稿·五言古诗·擬阮步兵詠懷》　蔓草縈咸陽，云是阿房宫。雛鳳復雙飛，莫辨雌與雄。山河既綢繆，宴處時從容。挾彈鳴金鋑，垂楊驕青驄。意氣生豪族，芳塵散春風。努力拾新翹，無言恤飛蓬。秉燭繼白日，爲歡無終窮。

清·史梦蘭《全史宫詞》卷五《秦》　六國樓臺複道通，美人鐘鼓集遙空。射鮫一去無消息，自碾丹砂飼守宫。【略】

林光歌舞謝朝班，莫把駒光作等閒。公子號啼天子笑，金錢宣賜葬驪山。

阿城宫殿薄層雲，私幸蘭池夜未分。禁使人知緣辟鬼，璧來誰報鎬池君。

清·徐世昌《晚晴簃詩匯》卷九七《汪縉〈懷古·關中〉》　四海嗷嗷萬姓荒，只供一炬爇阿房。賈生從此傳三論，秦帝空矜畢六王。西去天連蜀棧迴，東來地接雒川長。但教莽莽看形勝，據此金湯那得亡。

又　卷一八六《文静玉〈秦溝粉黛磚硯詩〉》　鄒嶧野火焚，會稽殘字假。不見秦代碑，猶見秦宫瓦。莒陽雲樹暗，蘭池煙草萋。不見秦宫瓦，乃見秦溝泥。溝泥亦非泥，洗妝漬粉澤。脂紅與黛翠，殘香斂魂魄。祖龍平六國，後宫羅嬋娟。永巷等隂隧，不見卅六年。清渭漲膩流，遠繞驪山路。此甎何自得，應近驪山樹。建業印模糊，鐵厓書嫵媚。何如青陵臺，駁落苔花翠。秦雲不可見，秦月猶在空。寂寂澄心堂，鬱鬱阿房宫。

又　卷一八七《汪端〈秦溝粉黛磚硯歌〉》　南唐硯山不可見，人間猶賸南唐硯。香姜銅雀久銷沈，幻出秦宫雲一片。六國蛾眉競曉妝，歌臺舞殿起阿房。星熒明鏡驪山遠，漲膩凝脂渭水香。四圍錯落珠璣細，粉暈斑斑黛痕翠。臨波想見卷衣人，玉姜艷逸文馨麗。深鎖長門卅六年，魚膏銀海閟重泉。御溝空照秦時月，春水流花冷暮煙。楚人一炬悲焦土，留得殘磚碧苔古。建業文房好護持，鍾山小隱風流主。金鏤應填絶妙詞，新聲曾譜恨來遲。紅羅亭榭瑶光殿，知付娥皇付保儀。一行題跋忠宣筆，昆刀細劃龍山雪。早春獨殿賦梅花，不礙廣平心似鐵。何處香花識舊墩，百年流轉到清門。松煙寒滴蟾蜍淚，蘭篆紅銷蜥蜴魂。秦臺未到吹簫處，秦山尚有宫人墓。澄心堂紙玉管毫，夜鐙還寫《阿房賦》。

雜録

《史記》卷八《高祖本紀》　高祖常繇咸陽，《集解》：應劭曰：「繇，役也。」《索隱》韋昭云：「秦所都，武帝更名渭城。」應劭云：「今長安也。」按：《關中記》云：「孝公都咸陽，今渭城是，在渭北。始皇都咸陽，今城南大城是也。」名咸陽者，山南曰陽，水北亦曰陽，其地在渭水之北，又在九嵕諸山之南，故曰咸陽。縱觀，觀秦皇帝，《正義》包愷云：「恣意，故縱觀也。」喟然太息曰：「嗟乎，大丈夫當如此也！」【略】

（漢元年十二月）項羽遂西，屠燒咸陽秦宫室，所過無不殘破。秦人大失望，然恐，不敢不服耳。

又　卷二七《天官書》　項羽救鉅鹿，枉矢西流，山東遂合從諸侯，西坑秦人，誅屠咸陽。

《漢書》卷二七下之上《五行志下之上》　秦孝文王五年，斿朐衍，有獻五足牛者。注：師古曰：「朐衍，地名，在北地。」劉向以爲近牛禍也。先是文惠王初都咸陽，廣大宫室，南臨渭，北臨涇，思心失，逆土氣。足者止也，戒秦建止奢泰，將致危亡。注：如淳曰：「建立基止。泰，奢泰。」秦遂不改，至於離宫三百，復起阿房，未成而亡。一曰，牛以力爲人用，足所以行也。其後秦大用民力轉輸，起負海至北邊，注：師古曰：「負海，猶言背海也。」天下叛之。京房《易傳》曰：「興繇役，奪民時，厥妖牛

生五足。』

宋・宋敏求《長安志》卷一《分野》　秦孝公作爲咸陽，築冀闕徙都之，故謂之秦川，亦曰關中地。按《三輔黄圖》曰：『始皇表河以爲秦東門，表汧以爲秦西門。西門一作西川。』

元・馬端臨《文獻通考》卷三二二《輿地考八・古雍州》　及平王東遷雒邑，以岐、豐之地賜秦襄公，乃爲秦地矣。至孝公作爲咸陽，築冀闕，徙都之，故謂之秦川，亦曰關中也。《關中記》云：『東自函關、弘農郡靈寶縣界，西至隴關今汧陽郡汧源縣界。二關之間，謂之關中，東西千餘里。』

清・顧炎武《歷代帝王宅京記》卷一《總序上》　秦孝公都咸陽。在今陝西西安府咸陽縣東二十里。《史記》曰：秦之先中潏保西垂，非子居犬丘，封邑於秦。莊公復居犬丘。文公元年，居西垂宮，四年，居汧渭之會。寧公徙居平陽。德公居雍。獻公居櫟陽。孝公十二年，作爲咸陽，築冀闕，徙都之。秦凡八徙。

西漢首都分部

綜　述

《史記》卷八《高祖本紀》　（五年正月）天下大定。高祖都雒陽，諸侯皆臣屬。【略】

（五月）高祖欲長都雒陽，齊人劉敬説，及留侯勸上入都關中，高祖是日駕，入都關中。【略】

（七年）二月，高祖自平城過趙、雒陽，至長安。長樂宮成，丞相已下徙治長安。唐司馬貞《索隱》：按：《漢儀注》高祖六年，更名咸陽曰長安。《三輔舊事》扶風，渭城本咸陽地，高帝爲新城，七年屬長安也。

（八年）蕭丞相營作未央宮，唐張守節《正義》：《括地志》云：『未央宮在雍州長安縣西北十里長安故城中。』顏師古云：『未央殿雖南嚮，而當上書奏事謁見之徒皆詣北闕，公車司馬亦在北焉。是則以北闕爲正門，而又有東門、東闕，至於西南兩面，無門闕矣。蕭何初立未央宮，以厭勝之術理宜然乎？』按：北闕爲正者，蓋象秦作前殿，渡渭水屬之咸陽，以象天極閣道絶漢抵營室。立東闕、北闕，南朝宋裴駰《集解》：《關中記》曰：『東有蒼龍闕，北有玄武闕。玄武所謂北闕。』《索隱》：東闕名蒼龍，北闕名玄武，無西南二闕者，蓋蕭何以厭勝之法故不立也。《説文》云『闕，門觀也』。高三十丈。秦家舊處皆在渭北，而立東闕北闕，蓋取其便也。前殿、武庫、太倉。高祖還，見宮闕壯甚，怒，謂蕭何曰：『天下匈匈苦戰數歲，成敗未可知，是何治宮室過度也？』蕭何曰：『天下方未定，故可因遂就宮室。且夫天子以四海爲家，非壯麗無以重威，且無令後世有以加也。』高祖乃説。

又　卷九《呂后本紀》　（惠帝）三年，方築長安城，四年就半，五年六年城就。《索隱》：《漢宮闕疏》『四年築東面，五年築北面』。《漢舊儀》：『城方六十三里，經緯各十二里』。《三輔舊事》云『城形似北斗也』。

《漢書》卷一下《高帝紀下》　（漢六年春正月）帝乃西都洛陽。【略】

（夏五月）戍卒婁敬求見，説上曰：『陛下取天下與周異，而都雒陽，不便，不如入關，據秦之固。』上以問張良，良因勸上。是日，車駕西都長安。【略】

後九月，【略】治長樂宮。

（七年）二月，至長安。蕭何治未央宮，立東闕、北闕、前殿、武庫、大倉。上見其壯麗，甚怒，謂何曰：『天下匈匈，勞苦數歲，成敗未可知，是何治宮室過度也！』何曰：『天下方未定，故可因以就宮室。且夫天子以四海爲家，非令壯麗亡以重威，且亡令後世有以加也。』上説。自櫟陽徙都長安。

又　卷二《惠帝紀》　（元年）春正月，城長安。【略】

三年春，發長安六百里内男女十四萬六千人城長安，三十日罷。唐顏師古注：鄭氏曰：『城一面，故速罷。』【略】

六月，發諸侯王、列侯徒隸二萬人城長安。【略】

（五年）春正月，復發長安六百里内男女十四萬五千人城長安，三十日罷。【略】

（六年）夏六月，【略】起長安西市，修敖倉。

又　卷六《武帝紀》　（元狩三年秋）發謫吏穿昆明池。

（太初元年）二月，起建章宮。

（太初四年）秋，起明光宮。

又 卷二五上《郊祀志上》 又作甘泉宮，中爲臺室，畫天地泰一諸鬼神，而置祭具以致天神。

又 卷六五《東方朔傳》 （武帝）乃使太中大夫吾丘壽王與待詔能用算者二人，舉籍阿城以南，盩厔以東，宜春以西，提封頃畝，及其賈直，欲除以爲上林苑，屬之南山。【略】吾丘壽王奏事，上大説稱善。【略】然遂起上林苑，如壽王所奏云。

又 卷八《宣帝紀》 （神爵）三年春，起樂游苑。

又 卷一二《平帝紀》 （元始二年夏）起五里於長安城中，宅二百區，以居貧民。

又 卷九九上《王莽傳上》 （永始四年）莽奏起明堂、辟雍、靈臺，爲學者築舍萬區，作市、常滿倉，制度甚盛。

漢·佚名《三輔黃圖》卷首《序》 漢高祖有天下，始都長安，實曰西京，欲其子孫長安，都於此也。長安本秦之鄉名，高祖作都。至孝武皇帝承文、景菲薄之餘，恃邦國阜繁之資，土木之役倍秦越舊，斤斧之聲、畚鍤之勞歲月不息，蓋騁其邪心，以誇天下也。

又 卷一《漢長安故城》 漢之故都，高祖七年方修長安宮城，自櫟陽徙居此城，本秦離宮也。初置長安城，本狹小，至惠帝更築之。

按惠帝元年正月，初城長安城。三年春，發長安六百里内男女十四萬六千人，三十日罷。城高三丈五尺，下闊一丈五尺，六月發徒隸二萬人常役。至五年，復發十四萬五千人，三十日乃罷。九月城成，高三丈五尺，下闊一丈五尺，上闊九尺，雉高三坂，周回六十五里。城南爲南斗形，北爲北斗形，至今人呼漢京城爲斗城是也。

《漢舊儀》曰：『長安城中，經緯各長三十二里十八步，地九百七十三頃，八街九陌，三宮九府，三廟，十二門，九市，十六橋。』地皆黑壤，今赤如火，堅如石。父老傳云，盡鑿龍首山土爲城，水泉深二十餘丈。樹宜槐與榆，松柏茂盛焉。城下有池周繞，廣三丈，深二丈，石橋各六丈，與街相直。

又 《都城十二門》 長安城東出南頭第一門曰霸城門，民見門色青，名曰青城門，或曰青門。門外舊出佳瓜。廣陵人邵平，爲秦東陵侯，秦破爲布衣，種瓜青門外，瓜美，故時人謂之『東陵瓜』。《廟記》曰：『霸城門，亦曰青綺門。』《漢書》王莽天鳳三年，霸城門災，莽更霸城門曰仁壽門無疆亭。

長安城東出第二門曰清明門，一曰籍田門，以門内有籍田倉，一曰凱門。《漢書》平帝元始四年東風吹屋瓦且盡，即此門也。《漢宮殿疏》曰：『第二門名城東門。』莽更名曰宣德門布恩亭。

長安城東出北頭第一門曰宣平門，民間所謂東都門。《漢書》曰：『元帝建昭元年，有白蛾羣飛蔽日，從東都門至枳道。』又疏廣太傅、受少傅，上疏乞骸骨歸，公卿大夫爲設祖道，供張東都門外，即此門也。其郭門亦曰東郭，即逢萌掛冠處也。王莽更名曰春王門正月亭。東都門至外郭亭十三里。

長安城南出東頭第一門曰覆盎門，一號杜門。《廟記》曰：『覆盎門與洛門，相去十三里二百一十步，門外有魯班輸所造橋，工巧絶世。』長樂宮在城中，近東直杜門，其南有下杜城。《漢書集注》云：『故杜陵之下聚落也，故曰下杜門。』又曰端門，北對長樂宮。《漢書》曰：『戾太子所斫覆盎門出奔湖。』王莽更名曰永清門長茂亭。

長安城南出第二門曰安門，亦曰鼎路門，北對武庫。王莽更名曰光禮門顯樂亭。

長安城西出南頭第一門曰章城門。《漢宮殿疏》曰：『章城門，漢城西面南頭第一門。』《三輔舊事》曰：『章城門亦曰光華門，又曰便門。』《漢書》成帝元延元年，章城門牡自亡。顔師古注云：牡所以下閉者也，亦以鐵爲之。王莽改曰萬秋門億年亭。

長安城南出第三門曰西安門，北對未央宮，一曰便門，即平門也。古者『平』、『便』皆同字。武帝建元二年初作便門橋，跨渡渭水上，以趨茂陵，其道易直。《三輔決録》曰：『長安城西門曰便門，橋北與門對，因號便橋。』王莽更名曰信平門誠正亭。

長安城西出第二門曰直城門。《漢宮殿疏》曰：『西出南頭第二門也。』亦曰故龍樓門，門上有銅龍，本名直門，王莽更曰直道門端路亭。

長安城西出北頭第一門曰雍門。本名西城門，王莽改曰章義門著誼亭。其水北入有函里，民呼曰函里門。

長安城北出東頭第一門曰洛城門，又曰高門。《漢宮殿疏》曰：『高

門，長安北門也，又名鸛雀臺門，外有漢武承露盤，在臺上。』王莽更名曰進和門臨水亭。

長安城北第二門曰廚城門。長安廚在門内，因爲門名。王莽更名建子門廣世亭。

長安城北出西頭第一門曰横門。《漢書》虒上小女陳持弓走入光門，卽此門也。門外有橋曰横橋。《漢書》作『走入横城門』，如淳曰『横音光』。王莽更名朔都門左幽亭。

漢城門皆有候，門候主候時、謹啓閉也。《三輔決録》曰：『長安城，面三門，四面十二門，皆通達九逵，以相經緯，衢路平正，可並列車軌。十二門三塗洞闢，隱以金椎，周以林木。左右出入，爲往來之徑，行者升降，有上下之别。』班固《西都賦》云：『披三條之廣路，立十二之通門。』又張衡《西京賦》云『城郭之制，則旁開三門，參塗夷庭，方軌十二，街衢相經』是也。

又　卷二《長安九市》　《廟記》云：『長安市有九，各方二百六十六步。六市在道西，三市在道東。凡四里爲一市。致九州之人在突門。夾横橋大道，市樓皆重屋。』又曰：『旗亭樓，在杜門大道南。』

又有柳市、東市、西市，當市樓有令署，以察商賈貨財買賣貿易之事，三輔都尉掌之。

直市在富平津西南二十五里，卽秦文公造。物無二價，故以直市爲名。

張衡《西京賦》云『郭開九市，通闤帶闠，旗亭五重，俯察百隧』是也。又案：《郡國志》長安大俠萬子夏居柳市，司馬季主卜於東市，晁錯朝服斬於東市，西市在醴泉坊。

又　《長安八街九陌》　有香室街、夕陰街、尚冠前街。《三輔舊事》云：『長安城中八街九陌。』《漢書》劉屈氂妻梟首華陽街，京兆尹張敞走馬章臺街，陳湯斬郅支王首懸藁街。張衡《西京賦》云『參塗夷庭，街衢相經，廛里端直，甍宇齊平』是也。

又　《長安城中閭里》　長安閭里一百六十，室居櫛比，門巷脩直。有宣明、建陽、昌陰、尚冠、修城、黄棘、北焕、南平、大昌、戚里。**【略】**宣帝在民間時，常在尚冠里。劉向《列女傳》：節女，長安大昌里人也。

北魏·酈道元《水經注》卷一九《渭水》　渭水又東逕長安城北，漢惠帝元年築，六年成，卽咸陽也。秦離宫無城，故城之，王莽更名常安。十二門：東出北頭第一門，本名宣平門，王莽更名春王門正月亭。一曰東都門，其郭門亦曰東都門，卽逄萌挂冠處也。第二門本名清明門，一曰凱門，王莽更名宣德門布恩亭。内有藉田倉，亦曰藉田門。第三門本名霸城門，王莽更名仁壽門無疆亭。民見門色青，又名青城門，或曰青綺門，亦曰青門。門外舊出好瓜。昔廣陵人邵平爲秦東陵侯，秦破，爲布衣，種瓜此門，瓜美，故世謂之東陵瓜。是以阮籍《詠懷詩》云：『昔聞東陵瓜，近在青門外。連畛拒阡陌，子母相鉤帶。』指謂此門也。

南出東頭第一門，本名覆盎門，王莽更名永清門長茂亭。其南有下杜城。應劭曰：故杜陵之下聚落也，故曰下杜門。又曰端門，北對長樂宫。第二門本名安門，亦曰鼎路門，王莽更名光禮門顯樂亭，北對武庫。第三門本名平門，又曰便門，王莽更名信平門誠正亭。一曰西安門，北對未央宫。

西出南頭第一門，本名章門，王莽更名萬秋門億年亭，亦曰光華門也。第二門，本名直門，王莽更名直道門端路亭，故龍樓門也。張晏曰：門樓有銅龍。《三輔黄圖》曰長安西出第二門，卽此門也。第三門，本名西城門，亦曰雍門，王莽更名章義門著義亭。其水北入，有函里，民名曰函里門，亦曰突門。

北出西頭第一門，本名横門，王莽更名霸都門左幽亭。如淳曰：音光，故曰光門。其外郭有都門，有棘門。徐廣曰：棘門在渭北。孟康曰：在長安北，秦時宫門也。如淳曰：《三輔黄圖》曰棘門在横門外。按《漢書》徐厲軍于此，備匈奴。又有通門亥門也。第二門，本名廚門，又曰朝門，王莽更名建子門廣世亭。一曰高門。蘇林曰：高門，長安城北門也。其内有長安廚官在東，故名曰廚門也。如淳曰：今名廣門也。第三門，本名杜門，亦曰利城門，王莽更名進和門臨水亭。其外有客舍，故民曰客舍門，又曰洛門也。

凡此諸門，皆通逵九達，三途洞開，隱以金椎，周以林木，左出右入，爲往來之徑。行者升降，有上下之别。

宋·宋敏求《長安志》卷五《宮室三·漢下·漢長安城》 漢長安城，在今府之西北是也。本秦離宮也。【略】《帝王世紀》曰：『漢初置長安城。嫌其狹小，至惠帝，增廣築之。』《漢舊儀》曰：『長安城十三里，經緯各長十五里，一十二門，城中地九百七十三頃，八街九陌，三宮九府三廟。』《三輔舊事》曰：『長安城似北斗。』《周地圖記》曰：『長安城南爲南斗形，北爲北斗形，周回六十五里，八街九陌九市。』《續漢書·郡國志》曰：『長安城方三十里，經緯各長五十里，十二城門，内九百七十三頃。城中皆屬長安令。《三秦記》曰：『長安城中地土皆黑壤，今城赤，何也？且堅如石如金，父老所傳曰：「鑿龍首山中土以爲城，及諸臺閣亦然。」』

清·劉於義等［雍正］《陝西通志》卷七二《古迹一·漢·長安故城》 在西安府城西北二十里。馬《志》。高祖七年，築長安宮城，自櫟陽徙居此城，本秦離宮也。初本狹小，至惠帝更築之。高三丈五尺，下濶一丈五尺，上濶九尺，雉高三坂，周回六十五里。城南爲南斗形，北爲北斗形，至今人呼漢京爲斗城是也。《漢舊儀》曰：長安城中，經緯各長三十二里十八步，地九百七十三頃，八街《長安志》有華陽街、章臺街、夕陰街、香室街、尚冠街、太常街、槀街、前街，《漢書》長安有熾盛街。九陌，三宮、九府、三廟，十二門，九市，《長安志》云：内六市在道東，三市在道西。十六橋。水泉深二十餘丈，城下有池周繞，廣三丈，深二丈。石橋各六丈，與街相直。《三輔黄圖》。長安城面三門，四面十二門，皆通達九逕，以相經緯。《三輔決録》。長安在渭水南，隔渭水，北對秦咸陽宮，漢於其地置未央宮，曰長安城，因名縣。《括地志》。長安城中，地皆黑壤。今城赤且堅，如石如金。父老相傳云，盡鑿龍首山中土以爲城，及諸城闕亦然。《三秦記》。漢築長安城及營宮殿，咸以堙平。至今坊市，北據高原，南望爽塏，視終南如指掌。《關中記》。漢都長安，其城在渭之南而咸陽之東南也。凡漢城之水，皆取諸昆明一泒。自西而東，横亘城南之鼎路門，已而東折，以注青門，《水經》固謂之漕渠，漢明堂、圜丘、博望苑皆在漕渠之南。而吕《圖》亦具著渠迹。暨至清明門外，合王渠以入於渭。第二枝自都城西面南來第一門名章門者，於其旁設爲飛渠，東向入城，注於未央宮之西，以爲大池，是名滄池。滄池下流，向東而往，逕石渠，天禄閣、桂宮、北宮、長樂宮皆用此水也。未央地勢甚高，而此水能自西面而轉北以行，是行於未央山背窪下之處也。滄池下流有石渠者，礲石爲之，以導此水。自此以往，凡水既周偏諸宮，自清明門出城，是爲王渠。王渠至清明門外，與漕渠合而北入渭也。《雍録》。

論説

《史記》卷九九《劉敬傳》 劉敬者，齊人也。漢五年，戍隴西，過洛陽，高帝在焉。【略】上召入見，賜食。

已而問婁敬，婁敬説曰：『陛下都洛陽，豈欲與周室比隆哉？』上曰：『然。』婁敬曰：『陛下取天下與周室異。周之先自后稷，堯封之邰，積德累善十有餘世。公劉避桀居豳。太王以狄伐故，去豳，杖馬箠居岐，國人爭隨之。及文王爲西伯，斷虞芮之訟，始受命，吕望、伯夷自海濱來歸之。武王伐紂，不期而會孟津之上八百諸侯，皆曰紂可伐矣，遂滅殷。成王卽位，周公之屬傅相焉，迺營成周洛邑，以此爲天下之中也，諸侯四方納貢職，道里均矣，有德則易以王，無德則易以亡。凡居此者，欲令周務以德致人，不欲依阻險，令後世驕奢以虐民也。及周之盛時，天下和洽，四夷鄉風，慕義懷德，附離而並事天子，不屯一卒，不戰一士，八夷大國之民莫不賓服，效其貢職。及周之衰也，分而爲兩，天下莫朝，周不能制也。非其德薄也，而形勢弱也。今陛下起豐沛，收卒三千人，以之徑往而卷蜀漢，定三秦，與項羽戰滎陽，爭成皋之口，大戰七十，小戰四十，使天下之民肝腦塗地，父子暴骨中野，不可勝數，哭泣之聲未絶，傷痍者未起，而欲比隆於成康之時，臣竊以爲不侔也。且夫秦地被山帶河，四塞以爲固，卒然有急，百萬之衆可具也。因秦之故，資甚美膏腴之地，此所謂天府者也。陛下入關而都之，山東雖亂，秦之故地可全而有也。夫與人鬭，不搤其亢，拊其背，未能全其勝也。今陛下入關而都，案秦之故地，此亦搤天下之亢而拊其背也。』

高帝問羣臣，羣臣皆山東人，爭言周王數百年，秦二世卽亡，不如都周。上疑未能決。及留侯明言入關便，卽日車駕西都關中。

又 卷五五《留侯世家》 劉敬説高帝曰：『都關中。』上疑之。左

右大臣皆山東人，多勸上都雒陽：『雒陽東有成皋，西有殽黽，倍河，向伊雒，其固亦足恃。』留侯曰：『雒陽雖有此固，其中小，不過數百里，田地薄，四面受敵，此非用武之國也。夫關中左殽函，右隴蜀，沃野千里，南有巴蜀之饒，北有胡苑之利，阻三面而守，獨以一面東制諸侯。諸侯安定，河渭漕輓天下，西給京師；諸侯有變，順流而下，足以委輸。此所謂金城千里，天府之國也，劉敬説是也。』於是高帝即日駕，西都關中。

漢·劉向《新序》卷一〇《善謀》 於是高皇帝即日駕西，都關中。由是國家安寧，雖彭越、陳豨、盧綰之謀，九江、燕、代之兵及吳楚之難，關東之兵雖百萬之師猶不能以爲害者，由保仁德之惠，守關中之固也。國以永安，婁敬、張子房之謀也。

《漢書》卷一下《高帝紀下》 （漢六年冬十月）田肯賀上曰：『甚善，陛下得韓信，又治秦中。秦，形勝之國也，帶河阻山，縣隔千里，持戟百萬，秦得百二焉。地勢便利，其以下兵於諸侯，譬猶居高屋之上建瓴水也。夫齊，東有琅邪、即墨之饒，南有泰山之固，西有濁河之限，北有勃海之利，地方二千里，持戟百萬，縣隔千里之外，齊得十二焉。此東西秦也。非親子弟，莫可使王齊者。』上曰：『善。』

又 卷七五《翼奉傳》 上復延問以得失。奉以爲祭天地於雲陽汾陰，及諸寢廟不以親疏迭毀，皆煩費，違古制。又宮室苑囿，奢泰難供，以故民困國虛，亡累年之畜。所繇來久，不改其本，難以末正，乃上疏曰：

臣聞昔者盤庚改邑以興殷道，聖人美之。竊聞漢德隆盛，在於孝文皇帝躬行節儉，外省繇役。其時未有甘泉、建章及上林中諸離宮館也。未央宮又無高門、武臺、麒麟、（凰）［鳳］皇、白虎、玉堂、金華之殿，獨有前殿、曲臺、漸臺、宣室、溫室、承明耳。孝文欲作一臺，度用百金，重民之財，廢而不爲，其積土基，至今猶存，又下遺詔，不起山墳。故其時天下大和，百姓洽足，德流後嗣。

如令處於當今，因此制度，必不能成功名。天道有常，王道亡常，亡常者所以應有常也。必有非常之主，然後能立非常之功。臣願陛下徙都於成周，左據成皋，（左）［右］阻黽池，前鄉崧高，後介大河，建滎陽，扶河東，南北千里以爲關，而入敖倉；地方百里者八九，足以自娛；東厭諸侯之權，西遠羌胡之難，陛下共己亡爲，按成周之居，兼盤庚之德，萬歲之後，長爲高宗。漢家郊兆寢廟祭祀之禮多不應古，臣奉誠難亶居而改作，故願陛下遷都正本。衆制皆定，亡復繕治宮館不急之費，歲可餘一年之畜。

臣聞三代之祖積德以王，然皆不過數百年而絕。周至成王，有上賢之材，因文武之業，以周召爲輔，有司各敬其事，在位莫非其人。天下甫二世耳，然周公猶作詩書深戒成王，以恐失天下。書則曰：『王毋若殷王紂。』其詩則曰：『殷之未喪師，克配上帝；宜監于殷，駿命不易。』今漢初取天下，起於豐沛，以兵征伐，德化未洽，後世奢侈，國家之費當數代之用，非直費財，又乃費士。孝武之世，暴骨四夷，不可勝數。有天下雖未久，至於陛下八世九主矣，雖有成王之明，然亡周召之佐。今東方連年饑饉，加之以疾疫，百姓菜色，或至相食。地比震動，天氣溷濁，日光侵奪。繇此言之，執國政者豈可以不懷怵惕而戒萬分之一乎！故臣願陛下因天變而徙都，所謂與天下更始者也。天道終而復始，窮則反本，故能延長而亡窮也。今漢道未終，陛下本而始之，於以永世延祚，不亦優乎！如因丙子之孟夏，順太陰以東行，到後七年之明歲，必有五年之餘蓄，然後大行考室之禮，雖周之隆盛，亡以加此。唯陛下留神，詳察萬世之策。

漢·佚名《三輔黃圖》卷一《三輔沿革》 五年，高帝在洛陽，婁敬説曰：『夫秦地被山帶河，四塞以爲固，卒然有急，百萬衆可立具。因秦之故，資甚美膏腴之地，此所謂天府。陛下入關而都之，山東雖亂，秦故地可全而有也。』

又田肯賀高帝曰：『陛下治秦中，秦形勢之國，帶河阻山，持戟百萬，秦得百二焉。地勢便利，其以下兵於諸侯，猶居高屋之上建瓴水也。』自是，漢始都之。

晉·皇甫謐《帝王世紀·漢》 漢高祖元年，始爲漢王，都南鄭，屬漢中，秦厲王所置，在《禹貢》梁州之域，北達雍，南跨巴蜀，與秦同分。二年，北徙櫟陽，故秦獻公之所居，後居萬年，故屬馮翊，今京兆縣也，都長安，秦咸陽之地，今京兆所治縣也。其城狹小，至惠帝元年，始更築廣，五年乃成。

唐・李泰《括地志》卷一《雍州・長安縣》 按史傳所載長安之名舊矣。又盧綰封之初，項羽未滅，蓋長安得名，非始于漢，但未詳所在耳。及高祖入關，乃取長安以名縣也。司馬遷云：『長安，故咸陽縣。』據當時之名，因終説其事，非封盧綰之日改咸陽爲長安矣。又按《史記》，趙亦有長安君，未詳趙取嘉名，將更有長安地名也。

唐・李吉甫《元和郡縣圖志》卷一《關内道一・京兆府・長安縣》 本秦舊縣。初，楚懷王封項羽爲長安侯，則長安久矣，非始於漢，但未詳所在耳。及高帝五年入關，復置長安縣，乃取舊名以名縣也。

長安故城，在縣西北十三里。漢舊都，惠帝修築，本秦離宮也。

宋・程大昌《雍録》卷二《長安宮及城》 漢高帝自櫟陽徙都長安，長安也者，因其縣有長安鄉，而取之以名也。地有秦興樂宮，亦名長樂。高帝改修而居之，即長樂宮也。此本秦之離宮，故不立城郭。至惠帝始大起民丁城之，蓋數年而後訖功也。《皇覽》曰：『秦有小城，至惠帝乃始大之。』理固然也。凡離宮皆不爲城，第有繚垣。張衡《西京賦》曰『繚垣綿聯四百餘里』，華清宮繚牆，周乎驪山，是其例也。高帝徙都長安而不即治城，豈其忽於設險，以天下方定，愛惜事力，亦猶怒責蕭何之意耳。

又《漢宮及離宮圖・總説》 天子之居，當爲正宮，其外皆離宮也。漢都長安，若未央則其剏爲，至長樂，則因秦而加葺治者也。兩宮初成，朝諸侯羣臣乃於長樂，叔孫緜蕞，蓋首施乎此，不在未央也。至高帝登假，亦在長樂。則長樂也者，既以爲居，又以受朝，無異乎正宮矣。然自惠帝以後，人主皆居未央，而長樂常奉母后，則雖長樂，亦當命爲離宮，而未央當爲正宮也。故凡語及長樂者，多曰東朝，則其名固已分乎正宮矣。至於甘泉，雖在長安東北三百里外，爲夫方士輩多云古帝王之所嘗都，故武帝立朝邸其上，而藩侯夷酋有來朝者，亦皆受之於此。若其常制，則類以五月往，八月還，蓋避暑耳。此外如建章、桂宮、北宮之類，雖在都城，亦離宮矣，況其遠城者乎！《黄圖》曰：『漢畿千里，内外宮館一百四十五所。』班固《西都賦》曰：『前乘秦嶺，後越九嵕，東薄河華，西涉岐雍，宮館所歷，百有餘區。』秦離宮三百，漢武往往修治之。黄山、長楊、步壽之類，秦有之，漢亦有之，爲此故也。此類復出者，不繫事要，則不詳載。

宋・呂祖謙《大事記解題》卷九 （高祖）置酒雒陽南宮。《解題》曰：臯陶之陳謨曰：『在知人，在安民。』高帝論得天下之繇，獨以用三傑自許，而自起豐沛以來，與民休息之志貫于幽明，其大畧可謂合矣。《史記正義》曰：《括地志》云：南宮在雒州雒陽縣東北二十六里洛陽故城中。《輿地志》云：秦時已有南、北宮。以此考之，秦雖都關中，猶放周東都之制，建宮闕於洛陽。高帝之西，洛陽名爲郡，而終西京之世，實以爲别都。

元・駱天驤《類編長安志》卷首《引》 雍之長安，其來久矣，乃古之鄉聚名，在豐、鎬間，周、秦時已有之。李善《西都賦》注：『漢高帝都關中，築宮城，擇嘉名，可長安於子孫，故曰長安城，可長樂於宮室，曰長樂宮，長安之名，自此始著宮室。』記曰：『秦之咸陽，北至九嵕，南至南山，東至河，西至汧，離宮别館，相望聯屬，木衣綈繡，土被朱紫，宮人犬馬不移，樂不改懸，窮年亡歸，猶不能遍。』至漢武廣開上林，苑中有三十六宮，二十二觀，秦之故宮，莫不增葺。

元・李好文《長安志圖》卷首《自序》 關中天府之邑，土居上游，古稱天地奥區神臯。周及漢唐都之，子孫皆數百歲。雖其積累深厚，亦曰神器之大，措之善也。觀其創業垂統，規模宏廓，分郊畫畿，製作詳密，城郭宮室之巨麗，市井風俗之阜繁，山川靈迹之雄偉奇譎，史册所書，稗官所記，文人碩士之揄揚頌嘆，習而誦之，如談蓬壺閬苑、鈞天帝居，使人耳可得聞，目不可得而覩也。

明・方以智《通雅》卷一七《地輿・九州建都考略・漢都》 初居櫟陽，馮翊萬年縣，今西安府之咸寧臨潼縣也。七年，都長安，即秦咸陽，京兆所治縣也。

清・顧炎武《歷代帝王宅京記》卷首《徐元文序》 自古帝王維繫天下，以人和不以地利，而卜都定鼎，計及萬世，必相天下之勢而厚集之。周之盛也，元公營洛以備時巡，而豐鎬之故都未之有易，洎乎宣幽，王靈不替。至於平王，舉祖宗之故地而棄之秦，《黍離》之所以降爲《王風》也。柳子厚謂：周之亡久矣，徒建空名於諸侯。夫以文武成康功德之在人，宜若設險守國，可以無庸，而大勢一失，不能復振，豈非得全者

昌，失全者亡，古之帝者必居上游，其以此哉。漢婁敬之言，賴張良力贊成之。

清・顧祖禹《讀史方輿紀要》卷五三《陝西二・西安府》 府名山聳峙，大川環流，憑高據深，雄於天下。戰國時蘇秦説秦惠王曰：『秦四塞之國，被山帶渭，東有關、河，南有巴、蜀，西有漢中，北有代、馬。』楚、漢間韓生説項羽曰：『關中阻山帶河，四塞之地，地肥饒可都以霸』。漢初婁敬説高祖曰：『秦地被山帶河，四塞爲固，卒然有驚，百萬之衆可立具，入關而都之，此搤天下之亢而拊其背也』。張良曰：『關中左崤、函，右隴、蜀，沃野千里，南有巴、蜀之饒，北有胡苑之利，此所謂金城千里，天府之國。』賈誼亦言『踐華爲城，因河爲池』者也。又東方朔曰：『漢興，去三河之地，止灞、滻以西，都涇、渭之南，此所謂天下陸海之地。』東漢初寇恂曰：『長安道里居中，應接近便，從容一處，可制四方。』杜篤《論都賦》亦備言長安之險固，謂『進攻則百克，退守則有餘』也。詳見前。又班固曰：『昔后稷封斄，公劉處豳，太王徙郊，文王作豐，武王治鎬，其民有先王遺風，好稼穡，務本業，故《豳詩》言農桑衣食之本甚備。有鄠、杜竹林，南山檀柘，號稱陸海。』其《西都賦》云：『漢之西都，在於雍州，實曰長安。左據函谷、二崤之阻，表以太華、終南之山；右界褒斜、隴首之險，帶以洪河、涇、渭之川。衆流之隈，汧湧其西。華實之毛，則九州之上腴焉；防禦之阻，則天地之奥區焉。賦有云『睎秦嶺，睋北阜，挾灃、灞，據隴首』，此專言都城之形勝也。又有『前乘秦嶺，後越九嵕，東薄河、華，西涉岐、雍』，此槩言西都之形勝也。張衡《西京賦》亦云：『左有崤、函重險，桃林之塞，右有隴坻之隘，隔礙華戎。』晉潘岳《西征賦》云：『邪界褒斜，右濱汧、隴，面終南而背雲陽，跨平原而連嶓冢，九嵕巀嶭，太乙巃嵸；南有玄灞素滻，湯井温谷，北有清渭濁涇，蘭池周曲；浸決鄭、白之渠，漕引淮、海之粟。』蓋山川形勝，莫若西京也。且原隰沃野，則資儲易足；地勢便利，則戰守有餘。有事於中原者，未嘗不屬意於此焉。

藝　文

唐・王績《東皋子集》卷中《過漢故城》 大漢昔未定，强秦猶擅場。中原逐鹿罷，高祖鬱龍驤。經始謀帝坐，茲焉壯未央。規模窮棟宇，表裏浚城隍。羣后崇長樂，中朝增建章。鉤陳被蘭錡，樂府奏芝房。翡翠明珠帳，鴛鴦白玉堂。清晨寶鼎食，閒夜鬱金香。天馬來東道，佳人傾北方。何其赫隆盛，自謂保靈長。曆數有時盡，哀平嗟不昌。冰堅成巨猾，火德遂頽綱。奥位匪虚校，貪天竟速亡。魂神吁社稷，豺虎鬭巖廊。金狄移灞岸，銅盤向洛陽。君王無處所，年代幾荒涼。宮闕誰家域，榛蕪罥我裳。井田唯有草，海水變爲桑。在昔高門内，于今岐路傍。餘基不可識，古墓列成行。狐兔驚魍魎，鴟鴞嚇獝狂。空城寒日晚，平野暮雲黄。烈烈焚青棘，蕭蕭吹白楊。千秋并萬歲，空使詠歌傷。

《宋之問集》卷下《奉和幸長安故城未央宮應制》 漢王未息戰，蕭相乃營宮。壯麗一朝盡，威靈千載空。皇明悵前迹，置酒宴羣公。寒輕綵仗外，春發幔城中。樂思廻斜日，歌詞繼大風。今朝天子貴，不假叔孫通。

宋・彭汝礪《鄱陽集》卷一《讀史》 婁敬脱輓輅，獨建金城安。韓信出羇旅，遽上將軍壇。謀出萬乘驚，名飛百夫歎。丈夫松桂姿，直氣虹霓蟠。得時樹功業，未謝婁與韓。

明・張昱《可閑老人集》卷三《漢未央宮榱題硯》 雕牆峻宇幾浮雲，金石雖堅亦鮮存。秦宮三月已灰燼，漢瓦千年猶隸文。改用尚能爲硯器，得名何異在君門？咸陽土盡英雄骨，誰是榱題記主恩？

明・李賢《古穰集》卷二二《過長安故城》 長安千載故城荒，衰草寒煙滿未央。廢宅總成芳草地，寢園一任野花香。連村何處藏温室，啼鳥渾如覓建章。惟有當時原上墓，纍纍猶自對斜陽。

明・朱誠泳《小鳴稿》卷一《途次望漢城甚邇　作未央宮懷古》 手提一劍竟成功，定鼎長安此建宮。作則已非神禹戒，貽謀翻笑宰臣工。鳳麟殿閣成塵久，鷄犬鄉村有路通。鐘室不知緣底事，令人千古惜英雄。

清・張晉《艷雪堂詩集》卷一《都關中》 脱輓輅，衣羊裘，見天子，借前籌。洛邑之營自周公，建都原未離關中。山東諸人無大計，可憐欲襲重瞳智。搤其肮，拊其背，劉敬眞能知地利，口舌得官何足病？高帝慢駡乃天性。君不見，漢家開基四百年，齊虜之功莫與競？

清・羅惇衍《集義軒咏史詩钞》卷六《西漢二・婁敬》 一語咸陽

勝雒陽，漢都西建固金湯。回思勁卒三千起，更徙豪家十萬强。齊虜得官羞口舌，蕃兒挾詐洞衷腸。和親首議歸公主，作俑琵琶恨未忘。

《全漢賦・司馬相如〈上林賦〉》　亡是公听然而笑曰：『楚則失矣，而齊亦未爲得也。夫使諸侯納貢者，非爲財幣，所以述職也；封强畫界者，非爲守禦，所以禁淫也。今齊列爲東蕃，而外私肅慎，捐國踰限，越海而田，其於義固未可也。且二君之論，不務明君臣之義，正諸侯之禮，徒事爭於游戲之樂，苑囿之大，欲以奢侈相勝，荒淫相越，此不可以揚名發譽，而適足以叟君自損也。

『且夫齊楚之事又烏足道乎！君未覩夫巨麗也，獨不聞天子之上林乎？左蒼梧，右西極，丹水更其南，紫淵徑其北。終始霸産，出入涇渭，酆、鎬、潦、潏，紆餘委蛇，經營其内，蕩蕩乎八川分流，相背異態，東西南北，馳騖往來，出乎椒丘之闕，行乎州淤之浦，徑乎桂林之中，過乎泱漭之壄，汩乎混流，順阿而下，赴隘陿之口，觸穹石，激堆埼，沸乎暴怒，洶涌彭湃，滭弗宓汩，偪側泌瀄，横流逆折，轉騰潎洌，滂濞沆溉，穹隆雲橈，宛潬膠盭，踰波趨浥，涖涖下瀨，批巖沖擁，奔揚滯沛，臨坻注壑，瀺灂霣隊，沈沈隱隱，砰磅訇礚，潏潏淈淈，湁潗鼎沸。馳波跳沫，汩濦漂疾，悠遠長懷，寂漻無聲，肆乎永歸。然後灝溔潢漾，安翔徐佪，翯乎滈滈，東注大湖，衍溢陂池。於是蛟龍赤螭，鮰鰽漸離，鰅鰫鰬魠，禺禺魼鰨，揵鰭掉尾，振鱗奮翼，潛處乎深巖。魚鱉讙聲，萬物衆夥。明月珠子，的皪江靡，蜀石黄碝，水玉磊砢，磷磷爛爛，采色澔汗，叢積乎其中。鳴鸘鵠鴇，駕鵝屬玉，交精旋目，煩鶩庸渠，箴疵鵁盧，羣浮乎其上，汎淫泛濫，隨風澹淡，與波摇蕩，奄薄水陼，唼喋菁藻，咀嚼菱藕。

『於是乎崇山矗矗，巃嵸崔巍，深林巨木，嶄巖參差。九峻巀，南山峨峨，巖陁甗錡，嶊崣崛崎。振溪通谷，蹇産溝瀆，谽呀豁閜。阜陵別隝，崴磈㠔廆，丘虚堀礨。隱轔鬱壘，登降施靡。陂池貏豸，允溶淫鬻，散渙夷陸；亭皋千里，靡不被築。揜以緑蕙，被以江離，糅以蘪蕪，雜以留夷，布結縷，攢戾莎，揭車衡蘭，稾本射干，茈薑蘘荷，葴持若蓀，鮮支黄礫，蔣芧青薠，布濩閎澤，延曼太原。離靡廣衍，應風披靡，吐芳揚烈，郁郁菲菲，衆香發越，肸蠁布寫，晻薆咇茀。

『於是乎周覽氾觀，縝紛軋芴，芒芒怳忽。視之無端，察之無涯，日出東沼，入虖西陂。其南則隆冬生長，涌水躍波，其獸則庸旄貘犛，沈牛麈麋，赤首圜題，窮奇象犀，其北則盛夏含凍裂地，涉冰揭河；其獸則麒麟角端，騊駼橐駝，蛩蛩驒騱，駃騠驢騾。

『於是乎離宮別館，彌山跨谷，高廊四注，重坐曲閣，華榱璧璫，輦道纚屬，步櫚周流，長途中宿。夷峻築堂，絫臺增成，巖突洞房。頫杳眇而無見，仰攀橑而捫天，奔星更於閨闥，宛虹拖於楯軒。青龍蚴蟉於東箱，象輿婉僤於西清，靈圄燕於閒館，偓佺之倫暴於南榮；醴泉涌於清室，通川過於中庭。盤石振崖，嶔巖倚傾，嵯峨嶕嶫，刻削崢嶸，玫瑰碧琳，珊瑚叢生。瑉玉旁唐，玢豳文鱗，赤瑕駁犖，雜臿其間，鼂采琬琰，和氏出焉。

『於是乎盧橘夏孰，黄甘橙楱，枇杷橪柿，亭奈厚朴，梬棗楊梅，櫻桃蒲陶，隱夫薁棣，荅遝離支。羅乎後宫，列乎北園，貤丘陵，下平原。揚翠葉，扤紫莖，發紅華，垂朱榮。煌煌扈扈，照曜鉅野；沙棠櫟櫧，華楓枰櫨，留落胥邪，仁頻并閭，欃檀木蘭，豫章女貞，長千仞，大連抱，夸條直暢，實葉葰楙，攢立叢倚，連卷欐佹，崔錯癹骫，坑衡閜砢，垂條扶疏，落英幡纚，紛溶萷蔘，猗柅從風，藰莅芔歙，蓋象金石之聲，管籥之音，柴池茈虒，旋還乎後宫，雜襲絫輯，被山緣谷，循阪下隰，視之無端，究之亡窮。

『於是乎玄猨素雌，蜼玃飛蠝，蛭蜩蠼蝚，獑胡豰蛫，棲息乎其間。長嘯哀鳴，翩幡互經，夭蟜枝格，偃蹇杪顛。隃絶梁，騰殊榛，捷垂條，掉希間，牢落陸離，爛漫遠遷。

『若此者數百千處，娱游往來，宫宿館舍，庖廚不徙，後宫不移，百官備具。

『於是乎背秋涉冬，天子校獵。乘鏤象，六玉虯，拖蜺旌，靡雲旗，前皮軒，後道游；孫叔奉轡，衛公參乘，扈從横行，出乎四校之中。鼓嚴簿，縱獵者，江、河爲阹，泰山爲櫓。車騎靁起，殷天動地。先後陸離，離散別追，淫淫裔裔，緣陵流澤，雲布雨施。生貔豹，搏豺狼，手熊羆，足壄羊，蒙鶡蘇，絝白虎，被斑文，跨壄馬，陵三嵕之危，下磧歷之坻，徑峻赴險，越壑厲水。椎蜚廉，弄獬廌，格蝦蛤，鋋猛氏；羂要褭，

射封豕。箭不苟害，解脰陷腦，弓不虛發，應聲而倒。

『於是乘輿弭節徘徊，翱翔往來，睨部曲之進退，覽將帥之變態。然後侵淫促節，儵夐遠去，流離輕禽，蹵履狡獸，轊白鹿，捷狡兔，軼赤電，遺光耀，追怪物，出宇宙，彎蕃弱，滿白羽，射游梟，櫟蜚遽。擇肉而後發，先中而命處，弦矢分，藝殪僕。

『然後揚節而上浮，陵驚風，歷駭猋，乘虛亡，與神俱。藺玄鶴，亂昆雞，遒孔鸞，促鵔鸃。拂翳鳥，捎鳳凰，捷鵷雛，揜焦明。

『道盡塗殫，回車而還，消摇乎襄羊，降集乎北紘，率乎直指，揜乎反鄉，蹷石闕，歷封巒，過䧅鵲，望露寒，下棠梨，息宜春。西馳宣曲，濯鷁牛首，登龍臺，掩細柳。觀士大夫之勤略，鈞獵者之所得獲。徒車之所閵轢，騎之所蹂若，人之所蹈籍，與其窮極倦𠋫，驚憚讋伏，不被創刃而死者，它它藉藉，填阬滿谷，掩平彌澤。

『於是乎游戲懈怠，置酒乎顥天之臺，張樂乎膠葛之寓，撞千石之鐘，立萬石之虡，建翠華之旗，樹靈鼉之鼓。奏陶唐氏之舞，聽葛天氏之歌；千人倡，萬人和；山陵爲之震動，川谷爲之蕩波。巴、俞、宋、蔡，淮南干遮，文成顛歌，族居遞奏，金鼓迭起，鏗鎗闛鞈，洞心駭耳，荆、吴、鄭、衛之聲，韶、濩、武、象之樂，陰淫案衍之音，鄢郢繽紛，激楚結風，俳優侏儒，狄鞮之倡，所以娱耳目樂心意者，麗靡爛漫於前，靡曼美色於後。

『若夫青琴、虙妃之徒，絕殊離俗，妖冶閑都，靚莊刻飾，便嬛綽約，柔橈嫚嫚，嫵媚孅弱，曳獨繭之褕袣，眇閻易以恤削，便姍嫳屑，與世殊服，芬芳漚鬱，酷烈淑郁，皓齒粲爛，宜笑的皪，長眉連娟，微睇緜藐，色授魂予，心愉於側。

『於是酒中樂酣，天子芒然而思，似若有亡，曰：「嗟乎，此大奢侈！朕以覽聽餘閒，無事棄日，順天道以殺伐，時休息於此；恐後世靡麗，遂往而不返，非所以爲繼嗣創業垂統也。」於是乎乃解酒罷獵，而命有司曰：「地可墾辟，悉爲農郊，以贍氓隸，隤墻填塹，使山澤之民得至焉。實陂池而勿禁，虛宫館而勿仞。發倉廩以救貧窮，補不足，恤鰥寡，存孤獨。出德號，省刑罰，改制度，易服色。革正朔，與天下爲始。」

『於是歷吉日以齋戒，襲朝服，乘法駕，建華旗，鳴玉鸞，游于六藝之囿，馳騖乎仁義之塗，覽觀《春秋》之林，射貍首，兼騶虞，弋玄鶴，舞干戚，載雲罕，揜羣雅，悲《伐檀》，樂樂胥；脩容乎禮園，翱翔乎書圃。述易道，放怪獸；登明堂，坐清廟；恣羣臣，奏得失，四海之内，靡不受獲。於斯之時，天下大説，鄉風而聽，隨流而化，芔然興道而遷義，刑錯而不用。德隆於三皇，功羨於五帝，若此，故獵乃可喜也。

『若夫終日馳騁，勞神苦形，罷車馬之用，抏士卒之精，費府庫之財，而無德厚之恩。務在獨樂，不顧衆庶，忘國家之政，貪雉兔之獲，則仁者不繇也。從此觀之，齊楚之事，豈不哀哉！地方不過千里，而囿居九百，是草木不得墾辟，而民無所食也。夫以諸侯之細，而樂萬乘之所侈，僕恐百姓被其尤也。」

於是二子愀然改容，超若自失，逡巡避席曰：『鄙人固陋，不知忌諱，乃今日見教，謹受命矣。』

雜録

《漢書》卷二八上《地理志上》　京兆尹，故秦内史，高帝元年屬塞國，二年更爲渭南郡，九年罷，復爲内史。武帝建元六年分爲右内史，太初元年更爲京兆尹。元始二年户十九萬五千七百二，口六十八萬二千四百六十八。縣十二：長安，高帝五年置。惠帝元年初城，六年成。户八萬八百，口二十四萬六千二百。王莽曰常安。新豐，驪山在南，故驪戎國。秦曰驪邑。高祖七年置。船司空，莽曰船利。藍田，山出美玉，有虎候山祠，秦孝公置也。華陰，故陰晉，秦惠文王五年更名寧秦，高帝八年更名華陰。太華山在南，有祠，豫州山。集靈宫，武帝起。莽曰華壇也。鄭，周宣王弟鄭桓公邑。有鐵官。湖，有周天子祠二所。故曰胡，武帝建元年更名湖。下邽，南陵，文帝七年置。沂水出藍田谷，北至霸陵入霸水。霸水亦出藍田谷，北入渭。（師）古曰茲水，秦穆公更名以章霸功，視子孫。奉明，宣帝置也。霸陵，故芷陽，文帝更名。莽曰水章也。杜陵，故杜伯國，宣帝更名。有周右將軍杜主祠四所。莽曰饒安也。

左馮翊，故秦内史，高帝元年屬塞國，二年更名河上郡，九年罷，復爲内史。武帝建元六年分爲左内史，太初元年更名左馮翊。户二十三萬五千一百一，口九十一萬七千八百二十二。縣二十四：高陵，左輔都尉治。莽曰千春。

櫟陽，秦獻公自雍徙。莽曰師亭。翟道，莽曰渙。池陽，惠帝四年置。巀嶭山在北。夏陽，故少梁，秦惠文王十一年更名。《禹貢》梁山在西北，龍門山在北。有鐵官。莽曰冀亭。衙，莽曰達昌。粟邑，莽曰粟城。谷口，九嵕山在西。有天齊公、五牀山、僊人、五帝祠四所。莽曰谷喙。蓮勺，鄜，莽曰脩令。頻陽，秦厲公置。臨晉，故大荔，秦獲之，更名。有河水祠。芮鄉，故芮國。莽曰監晉。重泉，莽曰調泉。郃陽，祋祤，景帝二年置。武城，莽曰桓城。沈陽，莽曰制昌。襃德，《禹貢》北條荆山在南，下有强梁原。洛水東南入渭，雍州寖。莽曰德驩。徵，莽曰氾愛。雲陵，昭帝置也。萬年，高帝置。莽曰異赤。長陵，高帝置。户五萬五十七，口十七萬九千四百六十九。莽曰長平。陽陵，故弋陽，景帝更名。莽曰渭陽。雲陽。有休屠、金人及徑路神祠三所，越巫䘺鄭祠三所。

右扶風，故秦内史，高帝元年屬雍國，二年更爲中地郡。九年罷，復爲内史。武帝建元六年分爲右内史，太初元年更名主爵都尉爲右扶風。户二十一萬六千三百七十七，口八十三萬六千七十。縣二十一：渭城，故咸陽，高帝元年更名新城，七年罷，屬長安。武帝元鼎三年更名渭城。有蘭池宮。莽曰京城。槐里，周曰犬丘，懿王都之。秦更名廢丘。高祖三年更名。有黄山宮，孝惠二年起。莽曰槐治。鄠，古國。有扈谷亭。扈，夏啟所伐。酆水出東南，又有潏水，皆北過上林苑入渭。有萯陽宮，秦文王起。盩厔，有長楊宮，有射熊館，秦昭王起。靈軹渠，武帝穿也。斄，周后稷所封。郁夷，詩『周道郁夷』。有汧水祠。莽曰郁平。美陽，《禹貢》岐山在西北。中水鄉，周大王所邑。有高泉宮，秦宣太后起也。郿，成國渠首受渭，東北至上林入蒙籠渠。右輔都尉治。雍，秦惠公都之。有五畤，太昊、黄帝以下祠三百三所。橐泉宮，孝公起。祈年宮，惠公起。棫陽宮，昭王起。有鐵官。漆，水在縣西。有鐵官。莽曰漆治。栒邑，有豳鄉，《詩》豳國，公劉所都。隃麋，有黄帝子祠。莽曰扶亭。陳倉，有上公、明星、黄帝孫、舜妻（盲）［育］冢祠。有羽陽宮，秦武王起也。杜陽，杜水南入渭。［《詩》曰『自杜』］莽曰通杜。汧，吳山在西，古文以爲汧山。雍州山。北有蒲谷鄉弦中谷，雍州弦蒲藪。汧水出西北，入渭。芮水出西北，東入涇。《詩》芮（阸）［阮］，雍州川也。好畤，垝山在東。有梁山宮，秦始皇起。莽曰好邑。虢，有黄帝子、周文武祠。虢宮，秦宣太后起也。安陵，惠帝置。莽曰嘉平。茂陵，武帝置。户六萬一千八十七，口二十七萬七千二百七十七。莽曰宣城。平陵，昭帝置。莽曰廣利。武功，太壹山，古文以爲終南。垂山，古文以爲敦物。皆在縣東。斜水出衙領山北，至郿入渭。襃水亦出衙領，至南鄭入沔。有垂山、斜水、（淮）［襃］水祠二所。莽曰新光。

漢·佚名《三輔黄圖》卷一《三輔沿革》 項籍滅秦，分其地爲三：以章邯爲雍王，都廢丘；今興平縣地。司馬忻爲塞王，都櫟陽；董翳爲翟王，都高奴；今延川金明縣。謂之三秦。漢高祖入關，定三秦，元年更爲渭南郡，九年罷郡，復爲内史。【略】景帝分置左、右内史，此爲右内史。武帝太初元年改内史爲京兆尹，與左馮翊、右扶風，謂之三輔。其理俱在長安古城中。

又《三輔治所》 京兆，在故城南尚冠里。京，大也。天子曰『兆民』。《公羊》曰：『京，大也；師，衆也。天子所居。』

馮翊，在故城内太上皇廟西南。馮，憑也；翊，輔也。翊輔京師也。其地今同州。

扶風，在夕陰街北。扶，持也，助也，言助風化。今岐州。

三輔者，謂主爵中尉及左、右内史，漢武帝改曰京兆尹、左馮翊、右扶風，共治長安城中，是爲三輔。

東漢首都分部

綜　述

漢·劉珍等《東觀漢記》卷一《帝紀一·世祖光武皇帝》 （建武元年）十月，帝入雒陽，幸南宮，遂定都焉。

晉·袁宏《後漢紀》卷三《光武皇帝紀第三》 （建武元年）六月己未，卽皇帝位于鄗，改元爲建武元年，大赦天下，改鄗爲高邑。【略】

冬十月癸丑，上都洛陽宮。

《後漢書》卷一上《光武帝紀上》 （建武元年）冬十月癸丑，車駕入洛陽，幸南宮卻非殿，遂定都焉。

（二年春正月）壬子，起高廟，建社稷於洛陽，立郊兆于城南，始正火德，色尚赤。

又　卷一下《光武帝紀下》　（建武）十四年春正月，起南宮前殿。

（建武十九年）修西京宮室。

（中元元年）初起明堂、靈臺、辟雍，及北郊兆域。

又　卷六《順帝紀》　（陽嘉元年）是歲起西苑，修飾宮殿。

又　卷七《桓帝紀》　（延熹二年）秋七月，初造顯陽苑，置丞。

又　卷八《靈帝紀》　（光和三年）是歲作罼圭、靈昆苑。

（光和五年）八月，起四百尺觀於阿亭道。

（中平二年）是歲造萬金堂於西園。

（中平三年春二月）復修玉堂殿，鑄銅人四、黄鐘四，及天祿蝦蟆。

又　卷九《獻帝紀》　（初平元年春二月）丁亥，遷都長安。董卓驅徙京師百姓悉西入關，自留屯畢圭苑。【略】三月乙巳，車駕入長安，幸未央宮。己酉，董卓焚洛陽宮廟及人家。

（建安元年）秋七月甲子，車駕至洛陽，幸故中常侍趙忠宅。丁丑，郊祀上帝，大赦天下。己卯，謁太廟。八月辛丑，幸南宮楊安殿。【略】是時宮室燒盡，百官披荆棘，依牆壁間。州郡各擁强兵，而委輸不至，羣僚飢乏。尚書郎以下自出採稆，或飢死牆壁間，或爲兵士所殺。【略】庚申，遷都許。

又　《百官志四・城門校尉》　本注曰：雒陽城十二門，其正南一門曰平城門，北宮門，屬衛尉。其餘上西門，雍門，廣陽門，津門，小苑門，開陽門，秏門，中東門，上東門，穀門，夏門，凡十二門。

元・佚名《河南志》卷二《後漢城闕宮殿古迹》　後漢都城，即周敬王會諸侯、毀狄泉、大築成周爲都之城，有南北宮。光武入洛陽，幸南宮卻非殿，遂定都焉。又云後漢都城有南宮北宮，光武因周敬王都而廣大之。今白馬寺東遺址，僅存門十二。

南面四門，正南曰平門。

一作平城門。《古今注》曰：『建武十三年開。蔡邕曰：「平城門，正陽之門也，與宮連。郊祀法駕所從出門之最尊者。」』《漢官秩》曰：『平城門爲宮門，不置候。』按《靈帝紀》曰：『南宮平城門。』當是宮在門之內，所以連言也。李尤《銘》曰：『平門督司，午位處中。外臨僚侍，內達帝宮。正陽南面，炎暑赫融。』

東曰開陽門。

應劭《漢官儀》曰：『開陽門始成，未有名，夜有一柱來止樓上。後琅邪開陽縣上言，南門一柱忽然飛去，莫知所在。光武使視之，則此是也，因以名門。』李尤《銘》曰：『開陽在孟，位月惟巳。清明冠節，太陽進起。』

西曰宣陽門。

按《漢志》十二門名有小苑門，而獨無銘，莫知其方所，而《十道志》列在平城之西。《董卓傳》：孫堅軍太谷，進宣陽城門，注曰：《洛陽記》：『南面有四門，從東第三門也。』是則小苑亦名宣陽。

次西曰津門。

當洛水浮橋下，一作津城門，又作津陽門。李尤《銘》曰：『名自定位，惟月在未。温風鬱暑，鷹鳥習鷙。』

東面三門南曰旄門。

一作宣平門，又曰望門。李尤《銘》曰：『旄門值季，月位在辰。順陽布惠，貧乏是振。』

中曰中東門。

李尤《銘》曰：『東處仲月，厥位當卯。鶬鶊有聲，鷹隼匿爪。除去桎梏，獄訟勿考。』

北曰上東門。

按賈誼疏曰：『擇良日，立諸子雒陽上東門之外。』是則西漢時已有上東門矣。《漢舊儀》曰：『册皇太子、諸侯王，皆於上東門。』李尤《銘》曰：『上東少陽，厥位在寅。條風動物，月正孟春。』

西面三門南曰廣陽門。

李尤《銘》曰：『廣陽位孟，厥月在申。涼風時至，白露已分。』

中曰雍門。

一曰雍城門。李尤《銘》曰：『雍門處中，位月在酉。盲風寒濁，鷹歸山阜。』『鷹』一作『燕』。

北曰上西門。

應劭《漢官儀》曰：『上西所以不純白者，漢家厄於戌，故以丹飾之。門上有銅璿璣玉衡。』李尤《銘》曰：『上西在季，位月惟戌。菊黄

豺祭，號令嚴悉。』

北面二門東曰穀門。

一作穀城門。李尤《銘》曰：『穀門北中，位當于子。太陰主刑，殺伐爲始。』『子』或作『丑』，『始』作『首』。

西曰夏門

一作夏城門。李尤《銘》曰：『夏門值孟，位月在亥，不周用事，玄冥幽晦，陰陽不通，蝃蝀匿彩，迎冬北壇，順陰所在。』

南宮南臨洛水，去北宮七里。

在平城門內。高祖居洛陽南宮，從複道望見諸將偶語。南宮之名，見於西漢之初。《水經注》曰：『漢世洛陽宮殿，門題多是大篆，或云蔡邕書。』

朱雀蒼龍白虎玄武闕北闕

洛陽故宮，名曰北闕。南宮闕，曰武闕。

司馬門

《史記》注曰：『凡言司馬門者，宮垣之內，兵衛所在，四面皆有司馬，主武事。總言之，外門爲司馬門也。』賈誼書曰：『天子宮門曰司馬門。』

掖門

漢制：內至禁者爲殿門，外出大道爲掖門。應劭曰：『掖者，言在司馬門之旁掖也。』

南端門

薛綜曰：『南方正門也。』

卻非門　九龍門

薛綜曰：『九龍本周時殿名，門上有三銅柱，柱有三龍相亂繞，故曰九龍。』

章臺門

崇德殿前。

樂成門

南宮中門。

敬法門　含章門　嘉德門　盛德門　會福門　威興門　宣秋門　承明門　金馬門

東門。京所造。武帝令東方朔等待詔於內。

鴻都門

靈帝命蔡邕書五經，刻石立此。

登賢門　青瑣門

黃門郎旦暮拜處。

春興門　崇德殿

宮之正殿。

卻非殿

光武入洛陽，幸南宮卻非殿，遂定都。

章德殿

前殿。

玉堂殿

前有後殿。中平三年復修玉堂殿，鑄銅人四、黃鐘四及天祿蝦蟆。

嘉德殿

在九龍門內。孝仁董皇后常居之，稱永樂宮。

宣德殿

建武二十年，詔置名馬式於前殿前。

樂成殿　承福殿　宣室殿　明光殿

尚書郎奏事此殿。

顯親殿　建始殿

東有太倉、武庫。

含章殿

山謙之《丹陽記》曰：『含章，名起後漢。』

敬法殿

明德馬皇后以疾，坐殿之東廂。

銅馬殿　清涼殿　鳳凰殿　黃龍殿　壽安殿　竹殿

自敬法已下，見《洛陽宮殿名》，在南宮中。

中德殿　平朔殿

見《洛陽故宮名》。

千秋萬歲殿　温德殿　靈臺殿

靈帝中平二年，南宮火。《續漢志》曰：『時燒靈臺殿、樂成殿，延道西燒嘉德、和驩殿。』

楊安殿

獻帝自長安還，張楊嘻修洛宮以爲己功，因以楊名殿。

雲臺

內有廣室殿。《洛陽地記》曰：『雲臺高閣四閒。』

蘭臺

蘭臺、石室、宣名、鴻都，皆藏典策之所。

阿閣

馬嚴祭蚩尤，明帝御阿閣士衆。

長秋宮

內有和驩殿。

東西宮

衛宏《漢舊儀》曰：『帝爲東宮，皇后爲西宮。』

東觀　承風觀

陸機《洛陽記》曰：『在南宮，高閣十二閒。』

承善闥　仁壽闥

班固定《建武注記》於此。

承明堂　萬金堂　嘉德署　南署　武庫　侍中廬

《洛陽故宮名》曰：『在南宮中。』

太倉西園

靈帝造萬金堂於園中，有少華山。

北宮

蔡質《漢官典職》曰：『南宮至北宮中央，作大屋，複道三行，天子案行中道，從官夾左右，十步一衞。兩宮相去七里，古詩云：「兩宮遙相望，雙闕百餘尺」。』

止車門

有南門，東、西門。《漢官典職》曰：『朱雀門，在止車門內。』

朱雀蒼龍白虎玄武闕

《漢官典職》曰：『偃師去宮三十五里，望朱雀五闕、德陽殿，其上鬱律與天連。』

司馬門　掖門

又有南掖、北掖、東掖、西掖、左掖、虎賁、掖門。

端門

馬融對策於北宮端門。

廣義門　雲龍門

宮東門。

神虎門

宮西門。

朔平門　東明門　德陽門　崇賢門

在雲龍門內。

金商門

在神虎門內。

鐵柱門

李松奉引，更始馬驚奔，觸北宮鐵柱門。

盛饌門　建禮門

在崇賢門內，尚書郎更直門外。

含德門　章臺門　德陽殿

《東觀漢記》曰：『明帝欲起北宮，尚書僕射鍾離意上書諫，出爲魯相。後起德陽殿，殿成，百官大會。上謂公卿曰：「鍾離尚書若在，不得成此殿。」』殿前有東閣。《漢官典職》曰：『德陽殿，畫屋朱梁，柱皆金鏤，一柱三帶，韜以赤緹，周旋容萬人。激洛水於殿下。』《洛陽宮殿簿》曰：『殿南北行七丈，東西行三十七丈四尺。』應劭《漢官儀》曰：『在崇賢門內。』李尤《銘》曰：『皇考垂象，以示帝王。紫微之側，弘誕彌光。大漢體天，承以德陽。崇高弘麗，包受萬方。內綜朝貢，外示遐荒。』蓋北宮殿之最尊者。

崇德殿

亦明帝造。薛綜曰：『崇德在東，德陽在西，相去五十步。』

龢驩殿　安福殿

薛綜曰：『鉌驩、安福二殿，在德陽殿南。』
宣明殿
在德陽殿後。
温明殿　章德殿　壽安殿
或作德陽，宮内殿名。
含德殿　章臺殿　天祿殿　温餝殿　迎春殿　永寧殿　崇政殿
在金商門内。
永樂宮
《續漢志》曰：『德陽前殿西北，入門内永樂太后宮。』卽桓帝母也。
增喜觀
和熹鄧后卽此閣門宮入。
白虎觀
白虎，門名。於門立觀，因名之。内有殿，章帝會羣儒，講五經同異。
九子坊
《漢宮閣名》曰：『洛陽故北宮，有九子坊。』
東西掖庭　崇德署
在金商門内。
鉤楯署　掖庭署　朔平署
右北宮
城内街二十四
《漢官典職》曰：『雒陽二十四街，街一亭。』
長壽街
光武見陳留吏牘扺，言於長壽街上得之。
萬歲街　土馬街
已上見應劭《風俗通義》。
銅駝街
華延俊《洛陽記》曰：『漢有兩銅駝，在宮之南街四會道頭夾路，東西相對，高九尺。漢時所謂銅駝街，又曰洛陽又有香街。』陸機《洛陽記》曰：『俗語曰：金馬門外聚衆賢，銅駝陌上集少年。』《風土記》曰：『石季龍後取銅駝向鄴。』
香街
見上。按二十四街，所見惟五。
三市
華延俊《洛陽記》曰：『大市名金市，在城中。南市在城之南，馬市在大城之東。』
都亭二十四
見上。又華延俊《洛陽記》曰：『城内都亭二十四。』
芳林亭　奉常亭　廣世亭　昌益亭　廣莫亭　定陽亭　遮要亭　暴室亭　廣陽亭　西明亭　萬歲亭
按亭在故嵩陽縣西北，已載登封事中。此云城内都亭，恐非是。
文陽亭　東明亭　視中亭　東因亭　建春亭　止姦亭　德宮亭　東陽亭　千秋亭　安衆亭　孝敬亭　清明亭
已上惟奉常一亭，見《漢書》，餘見延俊《記》，而失一名。
里城内
按城之内外，皆有里名，今但録所見者。又呂静《韻集》：大䡴，里名，在洛陽。不知時代，今附見之。䡴音轘。
步廣里
在上東門内，有翟泉。
永和里
有董卓宅。
永安宮
《洛陽宮殿名》曰：『周回六百九十八丈。』《洛陽宮殿簿》曰：『宮内有景福殿、安昌殿、延休殿，有園。』《東京賦》曰：『永安離宮，修竹冬青。』又永安有侯臺。李尤《銘》曰：『合歡黄堂，中和是遵。舊廬懷本，新果暢春。候臺集道，俾司星辰。豐業廣德，以協天人。萬福來卽，嘉娛永欣。』
高安館
李尤《銘》曰：『巍巍高安，明聖是修。嶕嶢麗館，窗闥列周。增臺顯敞，禁室靜幽。長除臨起，櫺檻相承。聖朝明察，同保休徵。』

太尉府

建武二十七年，改大司馬爲太尉。蔡質《漢官典職》曰：「府開闕。王莽初起大司馬，後盜神器，遂貶去其闕。」《漢官儀》曰：「張衡説：明帝以爲司徒、司空府已榮，欲更治太尉府。府公趙熹也，西曹椽安衆、鄭均素好名節，以爲朝廷新造北宮，整飭官寺，旱魃爲虐，民不堪命，曾無殷湯六事，周宣雲漢之辭。今府本館陶公主第舍，員職既少，自足相受。熹表陳之，即見聽許。其冬，帝幸辟雍，歷二府，見皆壯麗，而太尉府獨卑陋，顯宗東顧歎息曰：「椎牛縱酒，勿令乞兒爲宰。」時熹子世爲侍中驂乘，歸具白之。熹以爲恨，頻譴責均，均自劾去。」

司徒府

《漢官典職》曰：「府與蒼龍闕對，厭於尊者，不敢號府。」應劭曰：「此不然。丞相舊位，在長安時，府有四出門，隨時聽事。明帝本欲依之，迫於太尉、司空，但爲東、西門耳。國每有大議，天子車駕，親幸其殿。殿西，王侯以下更衣併存。《周禮》有外朝。」干寶注曰：「禮，司徒府中有百官朝會殿，天子與丞相決大事，是外朝之存者。建安十三年罷三公官，置相國。」荀綽《晉百官表》注曰：「漢丞相府門無闌，不設鈴，不警鼓，言其深大闊遠，無節限也。」《周禮》：「王之會同、軍旅、甸役之禱祠，肄儀爲位。」鄭玄注：「肄，習也，若今時肄司徒府。」

司空府

《古今注》曰：「永平十五年，更作太尉、司徒、司空府開陽城門內。」與上文不同。

承華廄

順帝漢安元年置。

騄驥廄

《東觀漢記》曰：「靈帝光和四年，初置騄驥廄，領郡國調馬。」調謂徵發。

中藏府　承祿署　圃囿署　謻門

在小苑門內，冰室門也。《東京賦》曰：「謻門曲榭。」薛綜曰：「冰室門及榭，皆屈曲邪行，依城池爲道。」《水經注》曰：「謻門即宣陽門也，門內有宣陽冰室。」《漢書》曰：「幽平之後，分爲二周，有逃責之臺。」服虔曰：「周赧王負責，無以歸之，迫主責急，乃逃於此臺，後人因以名之。」劉德曰：「洛陽南宮謻臺是也。」謻音移，又直移反。《帝王世紀》曰：「周赧王雖居天子之位，爲諸侯所侵逼，與家人無異。貰於民，無以歸之，乃上臺避之，故周人因名其臺曰逃債臺。故洛陽南宮謻臺是也。」

濯龍園

司馬彪《續漢書》曰：「在洛陽西北角。」《續漢志》曰：「近北宮，明德馬后置織室於園中。」又按：桓帝祠黄老於濯龍宮。薛綜注《東京賦》引《洛陽圖經》曰：「濯龍，池名，故歌曰：「濯龍望如海，河橋渡似雷。」」疑皆在園中，因以名。又有濯龍池。

芳林園

在步廣里。明帝詔：「先帝時，靈芝生芳林園。自吾建承露盤已來，甘露復降。」有崇光、華光二殿。

修明苑

內有華陽殿、興嘉殿。

九龍池　御龍池　白石池　天泉池　梁冀宅

張璠《漢記》曰：「梁冀於洛陽城內起甲第，作陰陽殿，連閣洞房。」

右城內兩宮之外

城外門亭十二

《漢官典職》曰：「洛陽二十四街，街一亭。十二城門，門一亭。」今所見惟九亭。

津門亭

東海王彊薨，顯宗出幸津門亭，發哀。

皋門亭　宣德亭　長壽亭　宣陽亭

宣陽門外。

凡陽亭

城西。

夕陽亭

城西。又按晉賈充出鎮長安，百寮餞送於此，自旦及暮，故曰夕陽

亭。疑因其舊名。

萬壽亭

夏門外。

臨平亭

疑在城北。

里

録所見者。

上商里

賜鮑永洛陽商里宅。《東觀記》曰：『上商里也。』陸機《洛陽記》曰：『在洛陽東北，本殷頑人所居，故以名。』

明堂　靈臺　辟雍

光武中元元年建。《漢官儀》曰：『明堂，去平城門二里所。天子出，從平城門先歷明堂，乃至郊祀。』又曰：『辟雍去明堂三百步，四門外有水，以節觀者。門外皆有橋，車駕臨辟雍，從北門入。』《漢宮閣疏》曰：『靈臺高三丈，十二門。』《水經注》曰：『高六丈，方二十步。』張衡《東京賦》曰：『左制辟雍，右立靈臺。』薛綜注曰：『德陽殿東西。』非也。

太學

光武建武五年起。陸機《洛陽記》曰：『在開陽門外，去宮八里。講堂長十丈，廣三丈。靈帝召諸儒正定五經，刊石於是。熹平四年，蔡邕與五官中郎將堂谿典、光祿大夫馬日磾、議郎張訓、韓説、太史令單颺等奏定六經，刊于碑，後儒晚學咸取正焉。及碑始立，其觀視及筆寫者千餘人，填塞街陌。其碑爲古文、篆、隸三體，立太學門外。』

雩場

在明堂南。

承光宮　胡桃宮

在廣陽門外。

平樂觀

明帝永平五年，至長安迎取飛廉、銅馬，置上西門外平樂觀。『觀』一作『館』。靈帝設秘戲以視遠人。《東京賦》曰：『平樂都場，示遠之館。』

長樂觀

疑在北門外。

宣陽觀　四百尺觀

靈帝光和五年起，在阿亭道。

千秋觀　鴻池觀　泉城觀　揚威觀　石樓觀

五觀見陸機《洛陽記》，云在洛陽城外。

鼎中觀

《輿地志》曰：『在洛陽西南洛水北，是成王定鼎處。』

西苑

順帝陽嘉元年起。又有西園。《續漢書》曰：『中平二年，造萬金堂於西園。』

鴻德苑

桓帝延熹元年置，在津城門外。

顯陽苑

延熹二年造。

罼圭苑

靈帝光和三年作二苑，東苑周一千五步，中有漁梁臺，西苑周三千三百步。並在宣平門外。

靈琨苑

亦靈帝光和三年作。

平樂苑　上林苑

《洛陽宮殿名》有平樂苑、上林苑。

右城外

按《漢宮殿名》曰：洛陽有泰夏門、閶闔門、西華門、萬春門、長秋門、景福門、永巷門、丙舍門、鴻都門、金牙門、不老門、定鼎門。又《洛陽故宮名》曰：有飛兔門、廣懷門、明禮門、千秋門、金門、笙鏞門、神仙門，又有照園、九谷池、八溪池，皆莫知所在，今附見。

唐·李吉甫《元和郡縣圖志》卷二一《山南道二·鄧州南陽》　秦昭襄王取韓地，置南陽郡。以在中國之南而有陽地，故曰南陽。三十六郡，

南陽居其一焉。漢因之，領縣三十六，理宛城。後漢于郡理置南都。

宋・鄭樵《通志》卷四一《都邑略・兩漢都》 前漢都長安，謂之西都。後漢都洛陽，謂之東都。光武又以南陽爲別都，謂之南都。至建安元年，曹操挾獻帝遷許。長安，宋爲永興軍治。南陽，鄧州。許，潁昌府。

論説

《後漢書》卷八〇上《文苑傳上・杜篤》 篤以關中表裏山河，先帝舊京，不宜改營洛邑，乃上奏《論都賦》曰：

臣聞知而復知，是爲重知。臣所欲言，陛下已知，故略其梗概，不敢具陳。昔般庚去奢，行儉於亳，成周之隆，乃卽中洛。遭時制都，不常厥邑。賢聖之慮，蓋有優劣；霸王之姿，明知相絶。守國之埶，同歸異術；或弃去阻阸，務處平易；或據山帶河，并吞六國；或富貴思歸，不顧見襲；或掩空擊虚，自蜀漢出；卽日車駕，策由一卒；或知而不從，久都墝埆。臣不敢有所據。竊見司馬相如、楊子雲作辭賦以諷主上，臣誠慕之，伏作書一篇，名曰《論都》，謹并封奏如左。

皇帝以建武十八年二月甲辰，升輿洛邑，巡于西岳。推天時，順斗極，排閶闔，入函谷，觀阸於崤、黽，圖險於隴、蜀。其三月丁酉，行至長安。經營宫室，傷慜舊京，卽詔京兆，迺命扶風，齋肅致敬，告覲園陵。悽然有懷祖之思，喟乎以思諸夏之隆。遂天旋雲遊，造舟于渭，北斻涇流。千乘方轂，萬騎騈羅，衍陳於岐、梁，東橫乎大河。瘞后土，禮邠郊。其歲四月，反于洛都。明年，有詔復函谷關，作大駕宫、六王邸、高車廄於長安，脩理東都城門，橋涇、渭。往往繕離觀，東臨霸、滻，西望昆明，北登長平，規龍首，撫未央，覛平樂，儀建章。

是時山東翕然狐疑，意聖朝之西都，懼關門之反拒也。客有爲篤言：『彼埳井之潢汙，固不容夫吞舟；且洛邑之渟瀯，曷足以居乎萬乘哉？咸陽守國利器，不可久虚，以示姦萌。』篤未甚然其言也，故因爲述大漢之崇，世據廱州之利，而今國家未暇之故，以喻客意。曰：

昔在强秦，爰初開畔，霸自岐、廱，國富人衍，卒以并兼，桀虐作亂。天命有聖，託之大漢。大漢開基，高祖有勳，斬白蛇，屯黑雲，聚五星於東井，提干將而呵暴秦。蹈滄海，跨崑崙，奮彗光，埽項軍，遂濟人難，蕩滌於泗、沂。劉敬建策，初都長安。太宗承流，守之以文。躬履節儉，側身行仁，食不二味，衣無異采，賑人以農桑，率下以約己，曼麗之容不悦於目，鄭衛之聲不過於耳，佞邪之臣不列於朝，巧偽之物不鬻於市，故能理升平而刑幾措。富衍於孝景，功傳於後嗣。

是時孝武因其餘財府帑之蓄，始有鈞深圖遠之意，探冒頓之罪，校平城之讎。遂命票騎，勤任衛青，勇惟鷹揚，軍如流星，深之匈奴，割裂王庭，席卷漠北，叩勒祁連，橫分單于，屠裂百蠻。燒罽帳，繫閼氏，燔康居，灰珍奇，椎鳴鏑，釘鹿蠡，馳阬岸，獲昆彌，虜儝侲，驅騾驢，馭宛馬，鞭駃騠。拓地萬里，威震八荒。肇置四郡，據守敦煌。并域屬國，一郡領方。立候隅北，建護西羌。捶驅氐、僰，寥狼邛、莋。東攡烏桓，蹂轔濊貊。南羈鉤町，水劍强越。殘夷文身，海波沫血。郡縣日南，漂槩朱崖。部尉東南，兼有黄支。連緩耳，瑣雕題，摧天督，牽象犀，椎蜯蛤，碎瑠璃，甲瑇瑁，戕觜觿。於是同穴裘褐之域，共川鼻飲之國，莫不袒跣稽顙，失氣虜伏。非夫大漢之盛，世藉廱土之饒，得御外理內之術，孰能致功若斯！故創業於高祖，嗣傳於孝惠，德隆於太宗，財衍於孝景，威盛於聖武，政行於宣、元，侈極於成、哀，祚缺於孝平。傳世十一，歷載三百，德衰而復盈，道微而復章，皆莫能遷於廱州，而背於咸陽。宫室寢廟，山陵相望，高顯弘麗，可思可榮，羲、農已來，無茲著明。

夫廱州本帝皇所以育業，霸王所以衍功，戰士角難之場也。禹貢所載，厥田惟上。沃野千里，原隰彌望。保殖五穀，桑麻條暢。濱據南山，帶以涇、渭，號曰陸海，蠢生萬類。楩柟檀柘，蔬果成實。畎瀆潤淤，水泉灌溉，漸澤成川，粳稻陶遂。厥土之膏，畝價一金。田田相如，鐇钁株林。火耕流種，功淺得深。既有蓄積，阸塞四臨：西被隴、蜀，南通漢中，北據谷口，東阻嶔巖。關函守嶢，山東道窮；置列汧、隴，廱偃西戎；拒守褒斜，嶺南不通；杜口絶津，朔方無從。鴻、渭之流，徑入于河；大船萬艘，轉漕相過；東綜滄海，西綱流沙；朔南暨聲，諸夏是和。城池百尺，阸塞要害。關梁之險，多所衿帶。一卒舉礧，千夫沈滯；一人奮戟，三軍沮敗。地埶便利，介冑剽悍，可與守近，利以攻遠。士卒易保，人不肉袒。肇十有二，是爲贍腴。用霸則兼并，先據則功殊；修

文則財衍，行武則士要；爲政則化上，簒逆則難誅；進攻則百剋，退守則有餘：斯固帝王之淵囿，而守國之利器也。

逮及亡新，時漢之衰，偷忍淵囿，簒器慢違，徒以埶便，莫能卒危。海內假之十八，誅自京師。天畀更始，不能引維，慢藏招寇，復致赤眉。海內雲擾，諸夏滅微；羣龍並戰，未知是非。于時聖帝，赫然申威。荷天人之符，兼不世之姿。受命於皇上，獲助於靈祇。立號高邑，搴旗四麾。首燔魚剸蛇，莫之方斯。大呼山東，響動流沙。要龍淵，首鏌鋣，命騰太白，親發狼、弧，南禽公孫，北背强胡，西平隴、冀，東據洛都。乃廓平帝宇，濟蒸人於塗炭，成兆庶之亹亹，遂興復乎大漢。

今天下新定，矢石之勤始瘳，而主上方以邊垂爲憂，忿葭萌之不柔，未遑於論都而遺思廱州也。方躬勞聖思，以率海內，厲撫名將，略地疆外，信威於征伐，展武乎荒裔。若夫文身鼻飲緩耳之主，椎結左衽鐻鍝之君，東南殊俗不羈之國，西北絕域難制之鄰，靡不重譯納貢，請爲藩臣。上猶謙讓而不伐勤。意以爲獲無用之虜，不如安有益之民；略荒裔之地，不如保殖五穀之淵；遠救於已亡，不若近而存存也。今國家躬脩道德，吐惠含仁，湛恩沾洽，時風顯宣。徒垂意於持平守實，務在愛育元元，苟有便於王政者，聖主納焉。何則？物罔挹而不損，道無隆而不移，陽盛則運，陰滿則虧，故存不忘亡，安不諱危，雖有仁義，猶設城池也。

客以利器不可久虛，而國家亦不忘乎西都，何必去洛邑之渟瀯與？

晉·皇甫謐《帝王世紀·漢》 建武元年，始都洛陽。故成周之舊基，城東西六里一十步，南北九里一百步。是以時人謂洛陽爲東京，長安爲西京。

北魏·酈道元《水經注》卷一五《洛水》 《春秋》昭公三十二年，晉合諸侯大夫戍成周之城，故亦曰成周也。司馬遷《自序》云：太史公留滯周南。摯仲治曰：古之周南，今之洛陽。漢高祖始欲都之，感婁敬之言，不日而駕行矣。屬光武中興，宸居洛邑，逮于魏、晉，咸两宅焉。故《魏略》曰：漢火行忌水，故去其水而加佳。魏爲土德，土，水之牡也。水得土而流，土得水而柔，除佳加水。

又 卷一六《穀水》 又東過河南縣北，東南入于洛。【略】光武都洛陽，以爲尹。尹，正也，所以董正京畿，率先百郡也。

唐·李泰《括地志》卷三《洛州·洛陽縣》 後漢都洛陽，改爲『雒』。漢以火德，忌水，故去『洛』旁『水』，而加『隹』。

宋·樂史《太平寰宇記》卷三《河南道三·西京一·河南府》 後漢建武元年幸南宮，遂定都焉，至五年，改河南郡爲河南尹，領二十一縣，屬司隸校尉。獻帝即位，關東兵起，相國董卓遂逼遷西都長安，盡燒洛陽宮廟，曹子建詩云：『步登北邙坂，遥望洛陽山；洛陽何寂寞，宮室盡燒燔。』後卓死，又都焉；至建安元年曹公進兵詣京師，帝遂南都于許。

明·方以智《通雅》卷一七《地輿·九州建都考略·漢都》 光武，棗陽人。入雒陽，幸南宮卻非殿，遂定都焉。

清·顧祖禹《讀史方輿紀要》卷四八《河南三·河南府》 府河山控帶，形勝甲於天下。武王謂周公：『南望三塗，三塗山，見嵩縣。一云三險塗也，謂虎牢、轘轅、崤澠。北望嶽鄙，孔穎達曰：『太行、恆山之迹鄙都邑也。』又平陽府霍山，一名太岳；顧瞻有河，粵瞻伊、洛。』此言洛陽形勝之祖也。《史記》：『吳起謂魏武侯：「夏桀之居，左河、濟，右太華，即華山；伊闕在南，羊腸在北。」』羊腸，在懷慶府北，太行山南。漢高祖初定都，羣臣謂：『洛陽東有成皋，西有崤澠，背河鄉伊、洛，其固足恃。』景帝時七國反，桓將軍說吳王曰：『願大王所過城不下，直去，疾西據洛陽武庫，食敖倉粟，阻山河之險以令諸侯，雖無入關，天下固已定。』武帝時，淮南王安謀反，謂伍被曰：『今先據成皋之口，下潁川兵塞轘轅見鞏縣。伊闕見洛陽。之道，發南陽兵守武關，見陝西重險。河南太守獨有洛陽耳。』元帝時翼奉上書：『願徙都成周，左據成皋，右阻澠池，前鄉崧高，後介大河，建滎陽，扶河東，南北千里以爲關，而入敖倉；見前河陰縣。地方百里者八，尤足以自娛；東厭諸侯之權，西遠羌人之難』。及光武中興，乃定都焉。班固云：『崤、函有帝王之宅，河、洛爲王者之里。』張衡賦《東京》有曰：『泝洛背河，左伊右瀍，西阻九河，東門于旋。旋門陂，見開封府汜水縣。盟津達其後，大谷通其前，大谷，見洛陽縣。迴行道於伊闕，邪徑捷於轘轅。太室作鎮，揭以熊耳，熊耳見盧氏縣。底柱輟流，鐔以大岯。』此以成皋爲大岯也。靈帝光和七年，以黃巾

賊亂，從河南尹何進言，置八關都尉官。八關者，函谷、廣成、見汝州，本河南梁縣、伊闕、大谷、轘轅、旋門、小平津、見孟津縣小平城、孟津是也。

藝文

唐·杜牧《樊川詩集》卷三《故洛陽城有感》　一片宫牆當道危，行人爲汝去遲遲。篳圭苑裏秋風後，平樂館前斜日時。錮黨豈能留漢鼎，清談空解識胡兒。千燒萬戰坤靈死，慘慘終年鳥雀悲。

唐·羅隱《羅昭諫集》卷三《經過洛陽城》　敗垣危堞迹依稀，試駐羸驂弔落暉。跋扈已成梁冀在，簡書難問杜喬歸。由來世事須翻覆，未必餘材解是非。千載昆陽好功業，與君門下作恩威。

宋·宋庠《元憲集》卷一一《過漢洛陽故城》　漢家遺堵滿山川，六里東西遂渺然。寒日似愁圭影地，秋風眞作黍離天。五株杏發陵無邑，一項茅荒井失田。更歎道邊多棄骨，可能猶爲直如弦。

宋·司馬光《傳家集》卷六《過故洛陽城二首》　四合連山繚繞青，三川滉漾素波明。春風不識興亡意，草色年年滿故城。

煙愁雨嘯奈華生，宫闕簪蕖舊帝京。若問古今興廢事，請君只看洛陽城。

宋·吴龍翰《古梅遺稿》卷四《讀董卓傳》　巨妖吐毒氣如蒸，誰遣腥羶漢帝陵。烟斷洛陽殘火在，爲他吹著點臍燈。

漢·李尤《李伯仁集·京師城門銘》　天險匪登，地險丘陵。帝王設險，乾坤是承。

《全漢賦·傅毅〈洛都賦〉》　惟漢元之運會，世祖受命而弭亂，體神武之聖姿，握天人之契贊，揮電旗於四野，拂宇宙之殘難，受皇號於高邑，修兹都之城館。尋歷代之規兆，仍險塞之自然，被崑崙之洪流，據伊洛之雙川，挾成皋之嚴阻，扶二崤之崇山，砥柱回波綴於後，三塗太室結於前，鎮以嵩高喬岳，峻極於天。分畫經緯，開正塗軌，序立廟祧，面朝後市，歎息起氛霧，奮袂生風雨，覽正殿之體制，承日月之皓精，騁流星於突陋，追歸雁於軒軨，帶螭龍之疏鏤，垂菡萏之敷榮，顧濯龍之臺觀，望永安之園藪。渟清沼以泛舟，浮翠虬與玄武。桑宫繭館，區制有矩，后帥九嬪，躬敕工女。近則明堂辟雍靈臺之列，宗祀揚化，雲物是察。其後則有長岡芒阜，屬以首山，通谷岋岢，石瀨寒泉，於是乘輿鳴和，按節發軔。列翠蓋，方龍輈，備五路之時副，擥三辰之旗斿，傅説作僕，羲和奉時，千乘雷駭，萬騎星鋪，絡繹相屬，揮沫揚鑣，羣仙列於中庭，發魚龍之巨偉，羨門拊鼓，偓佺操麾。講武農隙，校獵因田，搜幽林以集禽，激通川以御獸，跨乘黄，射遊麋，弦不虚控，目不徒晞，解腋分心，應箭殪夷。然後弭節容與淥水之濱，垂芳餌於清流，出漩瀨之潛鱗，弋高冥之獨鵠，連軒翥之雙鶂。革朝朔，正官寮，辨方位，摹八區。

又《崔駰〈反都賦有序〉》　漢曆中絶，京師爲墟。光武受命，始遷洛都，客有陳西土之富云，洛邑褊小，故略陳禍敗之機，不在險也。

建武龍興，奮旅西驅。虜赤眉，討高胡，斬銅馬，破骨都，收翡翠之駕，據天下之圖，上帝受命，將昭其烈。潛龍初九，眞人乃發，上貫紫宫，徘徊天闕，握狼弧，蹈參伐，陶以乾坤，始分日月。觀三代之餘烈，察殷夏之遺風，背崤函之固，卽周洛之中。興四郊，建三雍，禪梁父，封岱宗。

又《班固〈西都賦〉》　或曰：『賦者，古詩之流也。』昔成、康没而頌聲寢，王澤竭而詩不作。大漢初定，日不暇給，至於武、宣之世，乃崇禮官，考文章，内設金馬、石渠之署，外興樂府、協律之事，以興廢繼絶，潤色鴻業。是以衆庶悦豫，福應尤盛。白麟、赤雁、芝房、寶鼎之歌，薦於郊廟。神雀、五鳳、甘露、黄龍之瑞，以爲年紀。故言語侍從之臣，若司馬相如、虞丘壽王、東方朔、枚皋、王褒、劉向之屬，朝夕論思，日月獻納，而公卿大臣，御史大夫倪寬、太常孔臧、太中大夫董仲舒、宗正劉德、太子太傅蕭望之等，時時間作，或以抒下情而通諷諭，或以宣上德而盡忠孝。雍容揄揚，著於後嗣，抑亦雅頌之亞也。故孝成之世，論而録之，蓋奏御者千有餘篇，而後大漢之文章，炳焉與三代同風。且夫道有夷隆，學有麤密，因時而建德者，不以遠近易則，故皋陶歌虞，奚斯頌魯，同見采於孔氏，列于《詩》、《書》，其義一也。稽之上古則如彼，考之漢室又如此，斯事雖細，然先臣之舊式，國家之遺美，不可闕也。臣竊見海内清平，朝廷無事，京師脩宫室，浚城隍，而起苑囿，以備

制度，西土耆老，咸懷怨思，冀上之睠顧，而盛稱長安舊制，有陋雒邑之議，故臣作《兩都賦》以極衆人之所眩曜，折以今之法度，其詞曰：西都賦。

有西都賓問於東都主人曰：『蓋聞皇漢之初經營也，嘗有意乎都河洛矣。輟而弗康，寔用西遷，作我上都。主人聞其故而覩其制乎？』主人曰：『未也，願賓攄懷舊之蓄念，發思古之幽情，博我以皇道，弘我以漢京。』賓曰：『唯唯。』

漢之西都，在於雍州，寔曰長安，左據函谷，二崤之阻，表以太華終南之山，右界褒斜隴首之險，帶以洪河、涇、渭之川華實之毛，則九州之上腴焉，防禦之阻，則天地之奧區焉。是故橫被六合，三成帝畿，周以龍興，秦以虎視，及至大漢受命而都之也。仰寤東井之精，俯協《河圖》之靈，奉春建策，留侯演成，天人合應，以發皇明，乃眷西顧，寔惟作京，於是晞秦嶺，睋北阜，挾酆霸，據龍首。圖皇基於億載，度宏規而大起，肇自高而終平。世增飾以崇麗，歷十二之延祚，故窮奢而極侈，建金城其萬雉，呀周池而成淵，披三條之廣路，立十二之通門，内則街衢洞達，閭閻且千，九市開場，貨別隧分，人不得顧，車不得旋，闐城溢郭，傍流百廛，紅塵四合，煙雲相連，於是既庶且富，娛樂無疆，都人士女，殊異乎五方，游士擬於公侯，列肆侈於姬姜，鄉曲豪俊，遊俠之雄，節慕原嘗，名亞春、陵，連交合衆，騁騖乎其中。

若乃觀其四郊，浮遊近縣，則南望杜、霸，北眺五陵，名都對郭，邑居相承，英俊之域，紱冕所興，冠蓋如雲，七相五公，與乎州郡之豪，五都之貨殖，三選七遷，充奉陵邑，蓋以强幹弱枝，隆上都而觀萬國。封畿之内，厥土千里，逴犖諸夏，兼其所有。其陽則崇山隱天，幽林穹谷，陸海珍藏，藍田美玉，商、洛緣其隈，鄠、杜濱其足，源泉灌注，陂池交屬，竹林果園，芳草甘木，郊野之富，號曰近蜀。其陰則冠以九嵕，陪以甘泉，乃有靈宮起乎其中，秦、漢之所極觀，淵、雲之所頌歎，於是乎存焉，下有鄭、白之沃，衣食之源，隄封五萬，疆埸綺分。溝塍刻鏤，原隰龍鱗，決渠降雨，荷臿成雲，五穀垂穎，桑麻敷棻。東郊則有通溝大漕，潰渭洞河，泛舟山東，控引淮、湖，與海通波，西郊則有上囿禁苑，林麓藪澤，陂池連乎蜀、漢，繚以周墻，四百餘里，離宮別館，三十六所，神池靈沼，往往而在。其中乃有九眞之麟，大宛之馬，黄支之犀，條枝之鳥，踰崑崙，越巨海，殊方異類，至三萬里。

其宮室也，體象乎天地，經緯乎陰陽，據坤靈之正位，放太紫之圓方。樹中天之華闕，豐冠山之朱堂，因瓌材而究奇，抗應龍之虹梁，列棼橑以布翼，荷棟桴而高驤，雕玉瑱以居楹，裁金璧以飾璫，發五色之渥采，光爛朗以景彰，於是左墄右平，重軒三階，閨房周通，門闥洞開，列鍾虡於中庭，立金人於端闈，仍增崖而衡閾，臨峻路而啓扉，徇以離宮別寢，承以崇臺閒館，煥若列宿，紫宮是環，清涼、宣温、神仙、長年、金華、玉堂、白虎、麒麟，區宇若兹，不可殫論。增盤業峨，登降炤爛，殊形詭制，每各異觀，乘茵步輦，惟所息宴，後宮則有掖庭、椒房、后妃之室，合歡、增成、安處、常寧、茝若、椒風、披香、發越、蘭林、蕙草、鴛鸞，飛翔之列，昭陽特盛，隆乎孝成，屋不呈材，牆不露形，裛以藻繡，絡以綸連，隨侯明月，錯落其間，金釭銜璧，是爲列錢，翡翠火齊，流耀含英。懸黎垂棘，夜光在焉，於是玄墀釦切，玉階彤庭，碝磩采緻，琳珉青熒，珊瑚碧樹，周阿而生，紅羅颯纚，綺組繽紛，精曜華燭，俯仰如神，後宮之號，十有四位，窈窕繁華，更盛迭貴，處乎斯列者，蓋以百數，左右廷中，朝堂百僚之位，蕭、曹、魏、邴，謀謨乎其上，佐命則垂統，輔翼則成化，流大漢之愷悌，蕩亡秦之毒螫，故令斯人揚樂和之聲，作畫一之歌。功德著於祖宗，膏澤洽於黎庶。又有天禄、石渠，典籍之府，命夫諄誨故老，名儒師傅，講論乎《六藝》，稽合乎同異，又有承明、金馬，著作之庭，大雅宏達，於兹爲羣，元元本本，周見洽聞。啓發篇章，校理秘文，周以鉤陳之位，衛以嚴更之署，總禮官之甲科，羣百郡之廉孝，虎賁贅衣，閹尹閽寺，陛戟百重，各有攸司，周廬千列，徼道綺錯。輦路經營，脩除飛閣，自未央而連桂宮，北彌明光而亘長樂，陵墱道而超西墉，混建章而外屬，設璧門之鳳闕，上觚稜而棲金雀，内則別風嶕嶢，眇麗巧而竦擢，張千門而立萬户，順陰陽以開闔。

爾乃正殿崔嵬，層構厥高，臨乎未央，經駘盪而出馺娑，洞枍詣與天梁，上反宇以蓋戴，激日景而納光。神明鬱其特起，遂偃蹇而上躋。軼雲雨於太半，虹霓迴帶於棼楣。雖輕迅與僄狡，猶愕眙而不能階。攀井幹而未半，目眴轉而意迷。舍欞檻而卻倚，若顛墜而復稽，魂怳以失度，巡迴

途而下低，既懲懼於登望，降周流以彷徨。步甬道以縈紆，又杳窱而不見陽，排飛闥而上出，若遊目於天表，似無依而洋洋。前唐中而後太液，攬滄海之湯湯，揚波濤於碣石，激神嶽之嶈嶈，濫瀛洲與方壺，蓬萊起乎中央，於是靈草冬榮，神木叢生，巖峻崔崒，金石崢嶸。抗仙掌以承露，擢雙立之金莖，軼埃壒之混濁，鮮顥氣之清英。騁文成之丕誕，馳五利之所刑，庶松喬之羣類，時游從乎斯庭，實列仙之攸館，匪吾人之所寧。

爾乃盛娛游之壯觀，奮大武乎上囿，因茲以威戎誇狄，耀威而講事，命荆州使起鳥，詔梁野而驅獸，毛羣内闐，飛羽上覆，接翼側足，集禁林而屯聚，水衡虞人，修其營表，種別羣分，部曲有署。罘罔連紘，籠山絡野，列卒周匝，星羅雲布，於是乘輿，備法駕，帥羣臣，披飛廉，入苑門，遂繞酆鎬，歷上蘭。六師發胄，百獸駭殫，震震爚爚，雷奔電激，草木塗地，山淵反覆。蹂躪其十二三，乃拗怒而少息。

爾乃期門佽飛，列刃鑽鍭，要趹追踪。鳥驚觸絲，獸駭値鋒，機不虛掎，弦不再控，矢不單殺，中必疊雙，颮颮紛紛，矰繳相纏，風毛雨血，灑野蔽天。平原赤，勇士厲，猨狖失木，豺狼懾竄，爾乃移師趨險，並蹈潛穢，窮虎奔突，狂兕觸，許少施巧，秦成力折，掎僄狡，扼猛噬，脫角挫脰，徒搏獨殺。挾師豹，拖熊螭，頓犀犛，曳豪羆，超迴壑，越峻崖，蹷巖嶢，鉅石隤，松柏僕，叢林摧，草木無餘，禽獸殄夷。於是天子乃登屬玉之館，歷長楊之榭，覽山川之體執，觀三軍之殺獲。原野蕭條，目極四裔，禽相鎮厭，獸相枕藉，然後收禽衆，論功賜胙，陳輕騎以行炰，騰酒車而斟酌，割鮮野食，舉烽命爵。饗賜畢，勞逸齊。大輅鳴鑾，容與裴回。集乎豫章之宇，臨乎昆明之池。左牽牛而右織女，似雲漢之無崖。茂樹蔭蔚，芳草被隄。蘭茝發色，曄曄猗猗。若摛錦與布繡，燭燿乎其陂。玄鶴白鷺，黄鵠鵁鸛，鶬鴰鴇鶂，鳧鷖鴻雁。朝發河海，夕宿江漢，沈浮往來，雲集霧散。於是後宮乘輚路，登龍舟，張鳳蓋，建華旗，袪黼帷，鏡清流，靡微風，澹淡浮，櫂女謳，鼓吹震，聲激越，謍厲天，鳥羣翔，魚闚淵，招白閒，下雙鵠，揄文竿，出比目，撫鴻幢，御矰繳，方舟並鶩，俯仰極樂，遂風舉雲搖，浮遊普覽，前乘秦嶺，後越九嵕，東薄河華，西涉岐雍，宫館所歷，百有餘區，行止朝夕，儲不改供。禮上下而接山川，究休佑之所用，採遊童之讙謠，第從臣之嘉頌。于斯之時，都都相望，邑邑相屬。國藉十世之基，家承百年之業，士食舊德之名氏，農服先疇之畎畝，商修族世之所鬻，工用高曾之規矩，粲乎隱隱，各得其所。若臣者，徒觀迹於舊墟，聞之乎故老，什分未得其一端，故不能遍舉也。

又《班固〈東都賦〉》 主人喟然而歎曰：痛乎風俗之移人也。子實秦人，矜夸館室，保界河山，信識昭，襄而知始皇矣。惡睹大漢之云爲乎？夫大漢之開原也，奮布衣以登皇極，繇數期而創萬世，蓋六籍所不能談，前聖靡得而言焉。當此之時，功有橫而當天，討有逆而順民，故婁敬度執而獻其説，蕭公權宜而拓其制。時豈泰而安之哉，計不得以已也。吾子曾不是睹，顧燿後嗣之末造，不亦暗乎？今將語子以建武之理，永平之事，監乎太清，以變子之惑志。

往者王莽作逆，漢祚中缺，天人致誅，六合相滅。于時之亂，生人幾亡，鬼神泯絶。壑無完柩，郛罔遺室，原野猒人之肉，川谷流人之血，秦項之灾猶不克半，書契以來未之或紀也。故下民號而上愬，上帝懷而降監，致命于聖皇，於是聖皇乃握乾符，闡坤珍，披皇圖，稽帝文，赫爾發憤，應若興雲，霆擊昆陽，憑怒雷震。遂超大河，跨北嶽，立號高邑，建都河洛，紹百王之荒屯，因造化之盪滌，體元立制，繼天而作。系唐統，接漢緒，茂育羣生，恢復疆宇，勳兼乎在昔，事勤乎三五，豈特方軌並迹，紛綸後辟，治近古之所務，蹈一聖之險易云爾哉。且夫建武之元，天地革命，四海之内，更造夫婦，肇有父子，君臣初建，人倫寔始，斯乃虙羲氏之所以基皇德也。分州土，立市朝，作舟車，造器械，斯乃軒轅氏之所以開帝功也。龔行天罰，應天順人，斯乃湯武之所以昭王業也。遷都改邑，有殷宗中興之則焉，即土之中，有周成隆平之制焉，不階尺土一人之柄，同符乎高祖。克己復禮，以奉終始，允恭乎孝文，憲章稽古，封岱勒成，儀炳乎世宗，案六經而校德，妙古昔而論功，仁聖之事既該，帝王之道備矣。

至于永平之際，重熙而累洽。盛三雍之上儀，修衮龍之法服，敷洪藻，信景鑠，揚世廟，正予樂。人神之和允洽，羣臣之序既肅，迺動大路，遵皇衢，省方巡狩，窮覽萬國之有無，考聲教之所被，散皇明以燭幽，然後增周舊，修洛邑，翩翩巍巍，顯顯翼翼，光漢京于諸夏，總八方而爲之極，是以皇城之内，宫室光明，闕庭神麗，奢不可踰，儉不能侈，外

則因原野以作苑，順流泉而爲沼。發蘋藻以潛魚，豐圃草以毓獸，制同乎梁騶，誼合乎靈囿，若乃順時節而蒐狩，簡車徒以講武，則必臨之以《王制》，考之以《風》、《雅》，歷《騶虞》，覽《四驖》，嘉《車攻》，采《吉日》，禮官正儀，乘輿乃出，於是發鯨魚，鏗華鍾，登玉輅，乘時龍，鳳颯灑，和鸞玲瓏，天官景從，祲威盛容，山靈護野，屬御方神，雨師汎灑，風伯清塵。千乘雷起，萬騎紛紜。元戎竟野，戈鋋彗雲，羽旄掃霓，旌旗拂天。焱焱炎炎，揚光飛文，吐爓生風，欱野歕山，日月爲之奪明，丘陵爲之搖震。遂集乎中囿，陳師案屯，駢部曲，列校隊，勒三軍，誓將帥。然後舉烽伐鼓，以命三驅，輕車霆發，驍騎電騖，游基發射，范氏施御，弦不失禽，轡不詭遇。飛者未及翔，走者未及去，指顧倏忽，獲車已實。樂不極般，殺不盡物。馬踠餘足，士怒未泄。先驅復路，屬車案節。於是薦三犧，效五牲，禮神祇，懷百靈，覲明堂，臨辟雍，揚緝熙，宣皇風，登靈臺，考休徵，俯仰乎乾坤，參象乎聖躬，目中夏而布德，瞰四裔而抗稜。西盪河源，東澹海漘，北動幽崖，南趯朱垠。殊方別區，界絕而不鄰，自孝武所不能征，孝宣所不能臣，莫不陸讋水慄，奔走而來賓，遂綏哀牢，開永昌。春王三朝，會同漢京，是日也，天子受四海之圖籍，膺萬國之貢珍。內撫諸夏，外接百蠻。乃盛禮樂供帳，置乎雲龍之庭，陳百僚而贊羣后，究皇儀而展帝容。於是庭實千品，旨酒萬鍾，列金罍，班玉觴，嘉珍御，太牢饗，爾乃食舉《雍》徹，太師奏樂。陳金石，布絲竹，鐘鼓鏗鎗，管弦曄煜。抗五聲，極六律，歌九功，舞八佾，《韶》、《武》備，太古畢，四夷間奏，德廣所及，伶侏兜離，罔不具集，萬樂備，百禮暨，皇歡浹，羣臣醉。降煙煴，調元氣，然後撞鐘告罷，百僚遂退。

於是聖上覩萬方之歡娛，久沐浴乎膏澤，懼其侈心之將萌，而怠於東作也。乃申舊章，下明詔，命有司，班憲度，昭節儉，示太素。去後宮之麗飾，損乘輿之服御，除工商之淫業，興農桑之上務，遂令海內弃末而反本，背僞而歸眞，女修織紝，男務耕耘。器用陶匏，服尚素玄，恥纖靡而不服，賤奇麗而不珍，捐金於山，沈珠於淵。於是百姓滌瑕盪穢而鏡至清，形神寂寞，耳目不營，嗜欲之原滅，廉正之心生，莫不優游而自得，玉潤而金聲，是以四海之內，學校如林，庠序盈門，獻酬交錯，俎豆莘莘。下舞上歌，蹈德詠仁，登降飫宴之禮既畢，因相與嗟歎玄德，讜言弘説，咸含和而吐氣，頌曰：盛哉乎斯世！

今論者但知誦虞、夏之《書》，詠殷、周之《詩》，講羲、文之《易》，論孔氏之《春秋》，罕能精古今之清濁，究漢德之所由，唯子頗識舊典，又徒馳騁乎末流。溫故知新已難，而知德者鮮矣。且夫僻界西戎，險阻四塞，修其防禦，孰與處乎土中，平夷洞達，萬方輻湊，秦嶺九嵕，涇渭之川，曷若四瀆五嶽，帶河泝洛，圖書之淵，建章、甘泉，館御列仙，孰與靈臺、明堂，統和天人。太液、昆明，鳥獸之囿，曷若辟雍海流，道德之富。游俠踰侈，犯義侵禮，孰與同履法度，翼翼濟濟也。子徒習秦阿房之造天，而不知京洛之有制也。識函谷之可關，而不知王者之無外也。

主人之辭未終，西都賓矍然失容，逡巡降階，惵然意下，捧手欲辭，主人曰：『復位，今將喻子五篇之詩。』賓既卒業，乃稱曰：『美哉乎此詩，義正乎揚雄，事實乎相如，匪唯主人之好學，蓋乃遭遇乎斯時也。小子狂簡，不知所裁，既聞正道，請終身而誦之。』其詩曰：

明堂詩

於昭明堂，明堂孔陽。聖皇宗祀，穆穆煌煌。上帝宴饗，五位時序。誰其配之，世祖光武。普天率土，各以其職。猗歟緝熙，允懷多福。

辟雍詩

迺流辟雍，辟雍湯湯。聖皇莅止，造舟爲梁。皤皤國老，迺父迺兄。抑抑威儀，孝友光明。於赫太上，示我漢行。鴻化惟神，永觀厥成。

靈臺詩

迺經靈臺，靈臺既崇。帝勤時登，爰考休徵。三光宣精，五行布序。習習祥風，祁祁甘雨。百穀溱溱，庶卉蕃蕪。屢惟豐年，於皇樂胥。

寶鼎詩

嶽脩貢兮川效珍，吐金景兮歊浮雲。寶鼎見兮色紛緼，煥其炳兮被龍文，登祖廟兮享聖神，昭靈德兮彌億年。

白雉詩

啓靈篇兮披瑞圖，獲白雉兮效素烏。發皓羽兮奮翹英，容絜朗兮於淳。精章皇德兮侔周成，永延長兮膺天慶。

又《張衡〈西京賦〉》 有憑虛公子者，心奓體忲，雅好博古，學

乎舊史氏，是以多識前代之載。言於安處先生曰：『夫人在陽時則舒，在陰時則慘，此牽乎天者也。處沃土則逸，處瘠土則勞，此繫乎地者也。慘則尠於驩，勞則褊於惠，能違之者寡矣，小必有之，大亦宜然。故帝者因天地以致化，兆人承上教以成俗，化俗之本，有與推移，何以覈諸？秦據雍而强，周卽豫而弱，高祖都西而泰，光武處東而約，政之興衰，恆由此作。先生獨不見西京之事歟，請爲吾子陳之：

漢氏初都，在渭之涘。秦里其朔，寔爲咸陽，左有崤函重險，桃林之塞，綴以二華，巨靈贔屓，高掌遠蹠，以流河曲，厥迹猶存。右有隴坻之隘，隔閡華戎，岐梁汧雍，陳寶鳴鷄在焉。於前則終南太一，隆崛崔崒，隱轔鬱律，連岡乎嶓冢，抱杜含鄠，欱灃吐鎬，爰有藍田珍玉，是之自出。於後則高陵平原，據渭踞涇，澶漫靡迤，作鎮於近。其遠則九嵕甘泉，涸陰冱寒，日北至而含凍，此焉清暑。爾乃廣衍沃野，厥田上上，寔爲地之奥區神皐。昔者，大帝説秦繆公而覲之，饗以鈞天廣樂。帝有醉焉，乃爲金策，錫用此土，而翦諸鶉首。是時也，並爲强國者有六，然而四海同宅西秦，豈不詭哉！

自我高祖之始入也，五緯相汁，以旅于東井。婁敬委輅，幹非其議，天啓其心，人惎之謀，及帝圖時，意亦有慮乎神祇，宜其可定，以爲天邑，豈伊不虔思于天衢？豈伊不懷歸于枌榆？天命不滔，疇敢以渝！

於是量徑輪，考廣袤，經城洫，營郭郛，取殊裁於八都，豈啓度於往舊，乃覽秦制，跨周法，狹百堵之側陋，增九筵之迫脅，正紫宫於未央，表嶢闕於閶闔，疏龍首以抗殿，狀巍峩以岌嶪，亘雄虹之長梁，結棼橑以相接，蔕倒茄於藻井，披紅葩之狎獵。飾華榱與璧璫，流景曜之韡曄，雕楹玉碣，繡栭雲楣，三階重軒，鏤檻文㮰，右平左城，青瑣丹墀，刊層平堂，設切厓隒。坻崿鱗眴，棧齴巉嶮。襄岸夷塗，脩路陖險，重門襲固，姦宄是防，仰福帝居，陽曜陰藏。洪鐘萬鈞，猛虡趪趪，負筍業而餘怒，乃奮翅而騰驤。

朝堂承東，温調延北，西有玉臺，聯以昆德。嵯峩崨嶫，罔識所則，若夫長年神僊，宣室玉堂，麒麟朱鳥，龍興含章，譬衆星之環極，叛赫戲以煇煌。正殿路寢，用朝羣辟。大厦耽耽，九户開闢。嘉木樹庭，芳草如積，高門有閌，列坐金狄。內有常侍謁者，奉命當御，蘭臺、金馬，遞宿迭居。次有天祿、石渠、校文之處。重以虎威章溝，嚴更之署，徼道外周，千廬內附，衛尉八屯，警夜巡晝，植鎩懸䥗，用戒不虞。

後宫則昭陽、飛翔、增成、合驩、蘭林、披香、鳳皇、鴛鸞、窈窕之華麗，嗟內顧之所觀，故其館室次舍，采飾纖縟。裛以藻繡，文以朱綠。翡翠火齊，絡以美玉，流懸黎之夜光，綴隨珠以爲燭，金戺玉階，彤庭煇煇，珊瑚琳碧，瓀珉璘彬，珍物羅生，煥若崐崘。雖厥裁之不廣，侈靡踰乎至尊。於是鉤陳之外，閣道穹隆，屬長樂與明光，徑北通乎桂宫，命般爾之巧匠，盡變態乎其中，後宫不移，樂不徙懸，門衛供帳，官以物辨，恣意所幸，下輦成燕，窮年忘歸，猶弗能徧。瓌異日新，殫所未見。

惟帝王之神麗，懼尊卑之不殊，雖斯宇之既坦，心猶憑而未攄。思比象於紫微，恨阿房之不可廬。覛往昔之遺館，獲林光於秦餘。處甘泉之爽塏，乃隆崇而弘敷。既新作於迎風，增露寒與儲胥，託喬基於山岡，直墆霓高居，通天訬以竦峙，徑百常而莖擢，上辯華以交紛，下刻陗其若削，翔鶤仰而不逮，況青鳥與黃雀。伏櫺檻而頫聽，聞雷霆之相激。

柏梁既灾，越巫陳方，建章是經，用厭火祥。營宇之制，事兼未央，圜闕竦以造天，若雙碣之相望。鳳騫翥於甍標，咸遡風而欲翔，閶闔之內，別風嶕嶢，何工巧之瑰瑋，交綺豁以疏寮。干雲霧而上達，狀亭亭以苕苕。神明崛其特起，井幹疊而百增。跱遊極於浮柱，結重欒以相承。累層構而遂隮，望北辰而高興，消雰埃於中宸，集重陽之清澂。瞰宛虹之長鬐，察雲師之所憑。上飛闥而仰眺，正睹瑶光與玉繩。將乍往而未半，怵悼慄而慫兢。非都盧之輕趫，孰能超而究升？

駮娑、駘盪，燾奡桔桀，枍詣、承光，睽罛庨豁。增桴重棼，鍔鍔列列，反宇業業，飛檐轍轍。流景內照，引曜日月。天梁之宫，實開高闈，旗不脱扃，結駟方蘄，櫟輻輕騖。容於一扉，長廊廣廡，連閣雲蔓，閈庭詭異，門千户萬，重閨幽闥，轉相踰延。望窈以徑廷，眇不知其所返，既乃珍臺蹇産以極壯，墱道邐倚以正東。似閬風之遐坂，横西洫而絶金墉。城尉不弛柝，而內外潛通。

前開唐中，彌望廣潒。顧臨太液，滄池漭沆。漸臺立於中央，赫昈昈以弘敞，清淵洋洋，神山峩峩，列瀛洲與方丈，夾蓬萊而駢羅。上林岑以疊㠑，下嶃巖以喦齬。長風激於別隯，起洪濤而揚波，浸石菌於重涯，濯

靈芝以朱柯，海若游於玄渚，鯨魚失流而蹉跎。於是采少君之端信，庶欒大之貞固。立修莖之仙掌，承雲表之清露。屑瓊蘂以朝飧，必性命之可度。美往昔之松喬，要羨門乎天路。想升龍於鼎湖，豈時俗之足慕，若歷世而長存，何遽營乎陵墓。

徒觀其城郭之制，則旁開三門，參塗夷庭，方軌十二，街衢相經，廛里端直，甍宇齊平。北闕甲第，當道直啓。程巧致功，期不陁陊。木衣綈錦，土被朱紫。武庫禁兵，設在蘭錡。匪石匪董，疇能宅此。

爾乃廓開九市，通闤帶闠。旗亭五重，俯察百隧。周制大胥，今也惟尉。瓌貨方至，鳥集鱗萃。鬻者兼贏，求者不匱。爾乃商賈百族，裨販夫婦，鬻良雜苦，蚩眩邊鄙。何必昏於作勞，邪贏優而足恃。彼肆人之男女，麗美奢乎許史。若夫翁伯濁質，張里之家，擊鍾鼎食，連騎相過。東京公侯，壯何能加？

都邑游俠，張趙之倫，齊志無忌，擬迹田文。輕死重氣，結黨連羣，實蕃有徒，其從如雲。茂陵之原，陽陵之朱。趫悍虓豁，如虎如貙。睚眦蠆芥，屍僵路隅。丞相欲以贖子罪，陽石汙而公孫誅。若其五縣遊麗辯論之士，街談巷議，彈射臧否，剖析毫釐，擘肌分理，所好生毛羽，所惡成瘡痏。

郊甸之内，鄉邑殷賑，五都貨殖，既遷既引。商旅聯槅，隱隱展展。冠帶交錯，方轅接軫。封畿千里，統以京尹。郡國宮館，百四十五。右極盩厔，并卷酆鄠，左暨河華，遂至虢土。

上林禁苑，跨谷彌阜。東至鼎湖，斜界細柳。掩長楊而聯五柞，繞黃山而款牛首。繚垣緜聯，四百餘里。植物斯生，動物斯止。衆鳥翩翻，羣獸駓騃。散似驚波，聚以京峙。伯益不能名，隸首不能紀。林麓之饒，于何不有？木則樅栝椶柟，梓棫楩楓。嘉卉灌叢，蔚若鄧林。鬱蓊薆薱，橚爽櫹槮。吐葩颺榮，布葉垂陰。草則葴莎菅蒯，薇蕨荔苀，王芻莔臺，戎葵懷羊。苯䔿蓬茸，彌皋被岡。篠簜敷衍，編町成篁。山谷原隰，泱漭無疆。

迺有昆明靈沼，黑水玄阯。周以金堤，樹以柳杞。豫章珍館，揭焉中峙。牽牛立其左，織女處其右，日月於是乎出入，象扶桑與濛汜。其中則有黿鼉巨鼈，鱣鯉鱮鮦，鮪鯢鱨魦，脩額短項，大口折鼻，詭類殊種。鳥則鷫鷞鴰鴇，駕鵞鴻鶤。上春候來，季秋就温。南翔衡陽，北棲雁門。奮隼歸鳧，沸卉軿訇。衆形殊聲，不可勝論。於是孟冬作陰，寒風肅殺，雨雪飄飄，冰霜慘烈，鸛卉具零，剛蟲搏摯。爾乃振天維，衍地絡，蕩川瀆，簸林薄，鳥畢駭，獸咸作，草伏木棲，寓居穴託，起彼集此，霍繹紛泊，在彼靈囿之中，前後無有垠鍔，虞人掌焉，爲之營域，焚萊平場，柞木翦棘，結罝百里，迒杜蹊塞，麀鹿麌麌，駢田枉仄。

天子乃駕彫軫，六駿駮，戴翠帽，倚金較。璿弁玉纓，遺光儵爚。建玄弋，樹招摇，棲鳴鳶，曳雲梢，弧旌枉矢，虹旃蜺旄。華蓋承辰，天畢前驅，千乘雷動，萬騎龍趨，屬車之簉，載獫獥獢。匪唯翫好，乃有祕書，小說九百，本自虞初。從容之求，寔俟寔儲。於是蚩尤秉鉞，奮鬣被般。禁御不若，以知神姦，魑魅蝄蜽，莫能逢旃。陳虎旅於飛廉，正壘壁乎上蘭。結部曲，整行伍，燎京薪，駴雷鼓。縱獵徒，赴長莽。迾卒清候，武士赫怒。緹衣韎韐，睢盱跋扈，光炎燭天庭，囂聲震海浦。河、渭爲之波盪，吳嶽爲之陁堵，百禽㥄遽，騤瞿奔觸，喪精亡魂，失歸忘趨。投輪關輻，不邀自遇，飛罕潚箾，流鏑擂㩮，矢不虛舍，鋋不苟躍。當足見蹠，值輪被轢。僵禽斃獸，爛若磧礫。但觀罝羅之所羂結，竿殳之所揘畢，乂族之所攙捔，徒搏之所撞挑，白日未及移晷，已獮其什七八。

若夫游鷮高翬，絶阬逾斥，毚兔聯猭，陵巒超壑。比諸東郭，莫之能獲，乃有迅羽輕足，尋景追括。鳥不暇舉，獸不得發，青骹摯於韝下，韓盧噬於緤末。及其猛毅髬髵，隅目高匡，威懾兕虎，莫之敢伉。迺使中黃之士，育獲之儔，朱鬟鬣髽，植髮如竿。袒裼戟手，奎踽盤桓。鼻赤象，圈巨狿，摣狒猬，批獝狻，揩枳落，突棘藩。梗林爲之靡拉，樸叢爲之摧殘。輕銳僄狡，趫捷之徒，赴洞穴，探封狐。陵重巘，獵昆駼。杪木末，擭獑猢。超殊榛，摕飛鼯。是時，後宮嬖人，昭儀之倫，常亞於乘輿，慕賈氏之如皋，樂北風之同車。盤于游畋，其樂只且。於是鳥獸殫，目觀窮。遷延邪睨，集乎長楊之宮，息行夫，展車馬。收禽舉胔，數課衆寡。置互擺牲，頒賜獲鹵，割鮮野饗，犒勤賞功。五軍六師，千列百重。酒車酌醴，方駕授饔，升觴舉燧，既釂鳴鐘，膳夫馳騎，察貳廉空。炙炰夥，清酤䢸，皇恩溥，洪德施。徒御悅，士忘罷，巾車命駕，迴斾右移。相羊乎五柞之館，旋憩乎昆明之池，登豫章，簡矰紅，蒲且發，弋高鴻。挂白

鵠，聯飛龍，磻不特經，往必加雙。於是命舟牧，爲水嬉，浮鷁首，翳雲芝，垂翟葆，建羽旗，齊栧女，縱櫂歌。發引和，校鳴葭，奏淮南，度陽阿。感河馮，懷湘娥，驚蝄蜽，憚蛟蛇。然後釣魴鱧，纚鰋鮋，摭紫貝，搏耆龜，搤水豹，馽潛牛。澤虞是濫，何有春秋？擿漻澥，搜川瀆，布九罭，設罜麗，摷昆鮞，殄水族，蘧藕拔，蜃蛤剥，逞欲畋魰，效獲麑麇，摎蓼浶浪，乾池滌藪。上無逸飛，下無遺走，擭胎拾卵，蚳蝝取。取樂今日，逴恤我後。

既定且寧，焉知傾陁？大駕幸乎平樂，張甲乙而襲翠被，攢珍寶之玩好，紛瑰麗以侈靡。臨迴望之廣場，程角觝之妙戲。烏獲扛鼎，都盧尋橦。衝狹讌濯，胸突銛鋒。跳丸劍之揮霍，走索上而相逢，華嶽峩峩，岡巒參差，神木靈草，朱實離離，總會僊倡，戲豹舞羆。白虎鼓瑟，蒼龍吹篪，女娥坐而長歌，聲清暢而蝼蛇。洪厓立而指麾，被毛羽而襳襹。度曲未終，雲起雪飛，初若飄飄，後遂霏霏。複陸重閣，轉石成雷，礔礰激而增響，磅磕象乎天威。巨獸百尋，是爲曼延。神山崔巍，欻從背見，熊虎升而挐攫，猨狖超而高援。怪獸陸梁，大雀踆踆，白象行孕，垂鼻轔囷，海鱗變而成龍，狀蜿蜿以蝹蝹。含利颬颬，化爲仙車。驪駕四鹿，芝蓋九葩，蟾蜍與龜，水人弄蛇，奇幻儵忽，易貌分形。吞刀吐火，雲霧杳冥，畫地成川，流渭通涇。東海黄公，赤刀粵祝，冀厭白虎。卒不能救，挾邪作蠱，於是不售，爾乃建戲車，樹脩旃，侲僮程材，上下翩翻。突倒投而跟絓，譬隕絶而復聯。百馬同轡，騁足並馳。橦末之伎，態不可彌。彎弓射乎西羌，又顧發乎鮮卑。

於是衆變盡，心酲醉。盤樂極，悵懷萃，陰戒期門，微行要屈。降尊就卑，懷璽藏紱，便旋閭閻，周觀郊遂。若神龍之變化，章后皇之爲貴。

然後歷掖庭，適驩館，捐衰色，從嬿婉。促中堂之陿坐，羽觴行而無筭。祕舞更奏，妙材騁伎。妖蠱豔夫夏姬，美聲暢於虞氏。始徐進而羸形，似不任乎羅綺，嚼清商而卻轉，增嬋娟以此豸。紛縱體而迅赴，若驚鶴之羣罷。振朱屣於盤樽，奮長袖之颯纚。要紹修態，麗服颺菁。眳藐流眄，一顧傾城。展季桑門，誰能不營？列爵十四，競媚取榮。盛衰無常，唯愛所丁，衛后興於鬒髮，飛燕寵於體輕。爾乃逞志究欲，窮身極娛，鑒戒唐《詩》，他人是媮，自君作故，何禮之拘？增昭儀於婕妤，賢既公而又侯，許趙氏之無上，思致董於有虞。王閎爭於坐側，漢載安而不渝。

高祖創業，繼體承基。暫勞永逸，無爲而治。耽樂是從，何慮何思？多歷年所，二百餘朞，徒以地沃野豐，百物殷阜；巖險周固，衿帶易守。得之者强，據之者久，流長則難竭，柢深則難朽。故奢泰肆情，馨烈彌茂，鄙生生乎三百之外，傳聞於未聞之者，曾髣髴其若夢，未一隅之能睹，此何與於殷人屢遷，前八而後五，居相圮耿，不常厥土，盤庚作誥，帥人以苦。方今聖上，同天號於皇帝，掩四海而爲家。富有之業，莫我大也。徒恨不能以靡麗爲國華，獨儉嗇以齷齪，忘蟋蟀之謂何，豈欲之而不能，將能之而不欲歟？蒙竊惑焉，願聞所以辯之之説也。

又《張衡〈東京賦〉》 安處先生於是似不能言，憮然有間，乃莞爾而笑曰：『若客所謂末學膚受，貴耳而賤目者也！苟有胸而無心，不能節之以禮，宜其陋今而榮古矣！由余以西戎孤臣，而悝繆公於宮室，如之何其以温故知新，研覈是非，近於此惑？』周姬之末，不能厥政，政用多僻。始於宮鄰，卒於金虎。嬴氏搏翼，擇肉西邑。是時也，七雄並爭，競相高以奢麗。楚築章華於前，趙建叢臺於後。秦政利觜長距，終得擅場，思專其侈，以莫己若。迺構阿房，起甘泉，結雲閣，冠南山。征稅盡，人力殫。然後收以太半之賦，威以參夷之刑。其遇民也，若薙氏之芟草，既蘊崇之，又行火焉！悇悇黔首，豈徒跼高天，蹐厚地而已哉！乃救死於其頸！驅以就役，唯力是視，百姓弗能忍，是用息肩于大漢，而欣戴高祖。

高祖膺籙受圖，順天行誅，杖朱旗而建大號。所推必亡，所存必固。掃項軍於垓下，紲子嬰於軹塗。因秦宮室，據其府庫。作洛之制，我則未暇。是以西匠營宮，目翫阿房。規摹踰溢，不度不臧。損之又損之，然尚過於周堂。觀者狹而謂之陋，帝已譏其泰而弗康。且高既受命建家，造我區夏矣。文又躬自菲薄，治致升平之德。武有大啟土宇，紀禪肅然之功。宣重威以撫和戎狄，呼韓來享。咸用紀宗存主，饗祀不輟，銘勳彝器，歷世彌光。

今捨純懿而論爽德，以春秋所諱而爲美談，宜無嫌於往初，故蔽善而揚惡，祇吾子之不知言也。必以肆奢爲賢，則是黄帝合宮，有虞總期，固不如夏癸之瑶臺，殷辛之瓊室也。湯武誰革而用師哉？盍亦覽東京之事

以自寤乎？且天子有道，守在海外。守位以仁，不恃隘害。苟民志之不諒，何云巖險與襟帶？秦負阻於二關，卒開項而受沛。彼偏據而規小，豈如宅中而圖大。

昔先王之經邑也，掩觀九隩，靡地不營。土圭測景，不縮不盈。總風雨之所交，然後以建王城。審曲面勢，泝洛背河，左伊右瀍。西阻九阿，東門于旋。盟津達其後，太谷通其前。迴行道乎伊闕，邪徑捷乎轘轅。大室作鎮，揭以熊耳。底柱輟流，鐔以大伾。温液湯泉，黑丹石緇。王鮪岫居，能鼈三趾。宓妃攸館，神用挺紀。龍圖授羲，龜書畀姒。召伯相宅，卜惟洛食。周公初基，其繩則直。萇弘魏舒，是廓是極。經途九軌，城隅九雉。度堂以筵，度室以几。京邑翼翼，四方所視。漢初弗之宅，故宗緒中圮。巨猾間釁，竊弄神器。歷載三六，偷安天位。于時蒸民，罔敢或貳。其取威也重矣。

我世祖忿之，乃龍飛白水，鳳翔參墟。授鉞四七，共工是除。欃槍旬始，羣凶靡餘。區宇乂寧，思和求中。睿哲玄覽，都茲洛宮。曰止曰時，昭明有融。既光厥武，仁洽道豐。登岱勒封，與黃比崇。

逮至顯宗，六合殷昌。乃新崇德，遂作德陽。啓南端之特闈，立應門之將將。昭仁惠於崇賢，抗義聲於金商。飛雲龍於春路，屯神虎於秋方。建象魏之兩觀，旌六典之舊章。其内則含德、章臺、天祿、宣明、温飭、迎春、壽安、永寧，飛閣神行，莫我能形。濯龍芳林，九谷八溪。芙蓉覆水，秋蘭被涯。渚戲躍魚，淵遊龜蠵。永安離宮，脩竹冬青。陰池幽流，玄泉洌清。鵯鶋秋棲，鶻鵃春鳴。鴡鳩麗黃，關關嚶嚶。於南則前殿靈臺，龢驩安福。謻門曲榭，邪阻城洫。奇樹珍果，鉤盾所職。西登少華，亭候修敕。九龍之内，寔曰嘉德。西南其户，匪雕匪刻。我后好約，乃宴斯息。於東則洪池清蘌，淥水澹澹。内阜川禽，外豐葭菼。獻鼈蜃與龜魚，供蝸䗍與菱芡。其西則有平樂都場，示遠之觀。龍雀蟠蜿，天馬半漢。瑰異譎詭，燦爛炳煥。奢未及侈，儉而不陋。規遵王度，動中得趣。於是觀禮，禮舉儀具。經始勿亟，成之不日。猶謂爲之者勞，居之者逸。慕唐虞之茅茨，思夏后之卑室。

乃營三宮，布教頒常。複廟重屋，八達九房。規天矩地，授時順鄉。造舟清池，惟水泱泱。左制辟雍，右立靈臺。因進距衰，表賢簡能。馮相觀祲，祈褫禳灾。

於是孟春元日，羣后旁戾。百僚師師，于斯胥洎。藩國奉聘，要荒來質。具惟帝臣，獻琛執贄。當覲乎殿下者，蓋數萬以二。爾乃九賓重，臚人列。崇牙張，鏞鼓設。郎將司階，虎戟交鎩。龍輅充庭，雲旗拂霓。夏正三朝，庭燎哲哲。撞洪鐘，伐靈鼓，旁震八鄙，軯磕隱訇，若疾霆轉雷而激迅風也。是時稱警蹕已下雕輦於東廂。冠通天，佩玉璽，紆皇組，要干將。負斧扆，次席紛純，左右玉几，而南面以聽矣。然後百辟乃入，司儀辨等，尊卑以班，璧羔皮帛之贄既奠，天子乃以三揖之禮禮之。穆穆焉，皇皇焉，濟濟焉，將將焉，信天下之壯觀也。

乃羨公侯卿士，登自東除，訪萬機，詢朝政，勤恤民隱，而除其眚。人或不得其所，若己納之於隍。荷天下之重任，匪怠皇以寧靜。發京倉，散禁財。賚皇寮，逮輿臺。命膳夫以大饗，饔餼浹乎家陪。春醴惟醇，燔炙芬芬。君臣歡康，具醉熏熏。千品萬官，已事而踆。勤屢省，懋乾乾。清風協於玄德，淳化通於自然。憲先靈而齊軌，必三思以顧諐。招有道於側陋，開敢諫之直言。聘丘園之耿潔，旅束帛之戔戔。上下通情，式宴且盤。

及將祀天郊，報地功，祈福乎上玄，思所以爲虔。肅肅之儀盡，穆穆之禮殫。然後以獻精誠，奉禋祀，曰：『允矣，天子者也。』乃整法服，正冕帶。珩紞紘綖，玉笄綦會。火龍黼黻，藻繂鞶厲。結飛雲之袷輅，樹翠羽之高蓋。建辰旒之太常，紛焱悠以容裔。六玄虯之弈弈，齊騰驤而沛艾。龍輈華轙，金鋄鏤錫。方釳左纛，鉤膺玉瓖。鑾聲噦噦，和鈴鉠鉠。重輪貳轄，疏轂飛軨。羽蓋威蕤，葩瑵曲莖。順時服而設副，咸龍旗而繁纓。立戈迆戛，農輿輅木。屬車九九，乘軒並轂。琿弩重旃，朱旄青屋。奉引既畢，先輅乃發。鸞旗皮軒，通帛綪旆。

雲罕九斿，闟戟轇輵。髶髦被繡，虎夫戴鶡。駙承華之蒲梢，飛流蘇之騷殺。總輕武於後陳，奏嚴鼓之嘈囐。戎士介而揚揮，戴金鉦而建黃鉞。清道案列，天行星陳。肅肅習習，隱隱轔轔。殿未出乎城闕，旆已反乎郊畛。盛夏后之致美，爰敬恭於明神。

爾乃孤竹之管，雲和之瑟。雷鼓鼝鼝，六變既畢。冠華秉翟，列舞八佾。元祀惟稱，羣望咸秩。颺槱燎之炎煬，致高煙乎太一。神歆馨而顧

德，祚靈主以元吉。然後宗上帝於明堂，推光武以作配。辯方位而正則，五精帥而來摧。尊赤氏之朱光，四靈懋而允懷。於是春秋改節，四時迭代。蒸蒸之心，感物曾思。躬追養於廟祧，奉蒸嘗與禴祠。物牲辯省，設其福衡。毛炰豚胉，亦有和羹。滌濯靜嘉，禮儀孔明。萬舞奕奕，鍾鼓喤喤。靈祖皇考，來顧來饗。神具醉止，降福穰穰。

及至農祥晨正，土膏脉起。乘鑾輅而駕蒼龍，介馭間以剡耜。躬三推於天田，修帝籍之千畝。供禘郊之粢盛，必致思乎勤己。兆民勸於疆埸，感懋力以耘耔。

春日載陽，合射辟雍。設業設虡，宮懸金鏞。鼖鼓路鼗，樹羽幢幢。於是備物，物有其容。伯夷起而相儀，后夔坐而爲工。張大侯，制五正。設三乏，厞司旌。並夾既設，儲乎廣庭。於是皇輿夙駕，輂於東階，以須消啟明。掃朝霞，登天光於扶桑。天子乃撫玉輅，時乘六龍。發鯨魚，鏗華鍾。大丙弭節，風后陪乘。攝提運衡，徐至於射宮。禮事展，樂物具。王夏闋，騶虞奏。決拾既次，彫弓斯彀，達餘萌於暮春，昭誠心以遠喻。進明德而崇業，滌饕餮之貪欲。仁風衍而外流，誼方激而遐鶩。日月會於龍狵鬭，恤民事之勞疚。因休力以息勤，致歡忻於春酒。執鑾刀以袒割，奉觴豆於國叟。降至尊以訓恭，送迎拜乎三壽。敬慎威儀，示民不偷我有嘉賓，其樂愉愉。聲教布濩，盈溢天區。

文德既昭，武節是宣。三農之隙，曜威中原。歲惟仲冬，大閱西園。虞人掌焉，先期戒事。悉率百禽，鳩諸靈囿。獸之所同，是謂告備。乃御小戎，撫輕軒。中畋四牡，既佶且閑。戈矛若林，牙旗繽紛。迄上林，結徒營。次和樹表，司鐸授鉦。坐作進退，節以軍聲。三令五申，示戮斬牲。陳師鞠旅，教達禁成。火列具舉，武士星敷。鵝鸛魚麗，箕張翼舒。軌塵掩迒，匪疾匪徐。馭不詭遇，射不翦毛。升獻六禽，時膳四膏。馬足未極，輿徒不勞。成禮三毆，解罘放麟。不窮樂以訓儉，不殫物以昭仁。慕天乙之馳罟，因教祝以懷民。儀姬伯之渭陽，失熊羆而獲人。澤浸昆蟲，威振八寓。好樂無荒，允文允武。薄狩于敖，既璅璅焉。岐陽之蒐，又何足數？

爾乃卒歲大儺，毆除羣厲。方相秉鉞，巫覡操茢，侲子萬童，丹首玄製。桃弧棘矢，所發無臬。飛礫雨散，剛癉必斃。煌火馳而星流，逐赤疫於四裔。然後淩天池，絕飛梁。捎魑魅，斮獝狂。斬蜲蛇，腦方良。囚耕父於清泠，溺女魃於神潢。殘夔魖與罔像，殪野仲而殲遊光。八靈爲之震慴，況鬾蜮與畢方。度朔作梗，守以鬱壘。神荼副焉，對操索葦。目察區陬，司執遺鬼。京室密清，罔有不韙。

於是陰陽交和，庶物時育。卜征考祥，終然允淑。乘輿巡乎岱嶽，勸稼穡於原陸。同衡律而壹軌量，齊急舒於寒燠。省幽明以黜陟，乃反旆而迴復。望先帝之舊墟，慨長思而懷古！俟閶風而西遐，致恭祀乎高祖。既春游以發生，啟諸蟄於潛户。度秋豫以收成，觀豐年之多稌，嘉田畯之匪懈，行致賚于九扈。左瞰暘谷，右睨玄圃。眇天末以遠期，規萬世而大摹且歸來以釋勞，膺多福以安悆，總集瑞命，備致嘉祥。圉林氏之騶虞，擾澤馬與騰黃。鳴女牀之鸞鳥，舞丹穴之鳳皇。植華平於百圃，豐朱草於中唐。惠風廣被，澤洎幽荒。北燮丁令，南諧越裳。西包大秦，東過樂浪。重舌之人九譯，僉稽首而來王。

是以論其遷邑易京，則同規乎殷盤。改奢卽儉，則合美乎斯干。登封降禪，則齊德乎黄軒。爲無爲，事無事，永有民以孔安。遵節儉，尚素樸。思仲尼之克己，履老氏之常足。將使心不亂其所在，目不見其可欲。賤犀象，簡珠玉。藏金於山，抵璧於谷。翡翠不裂，瑇瑁不蔟，所貴惟賢，所寶惟穀。民去末而反本，咸懷忠而抱愨。于斯之時，海內同悅，曰：『吁！漢帝之德，侯其禕而！』蓋蓂莢爲難蒔也，故曠世而不覿。惟我後能殖之，以至和平，方將數諸朝階。然則道胡不懷，化胡不柔？聲與風翔，澤從雲游。萬物我賴，亦又何求？德寓天覆，輝烈火燭。狹三王之趢趗，軼五帝之長驅。踵二皇之遐武，誰謂駕遲而不能屬？東京之懿未罄，值余有犬馬之疾，不能究其精詳。故粗爲賓言其梗概如此。若乃流遁忘反，放心不覺，樂而無節，後離其戚，一言幾於喪國，我未之學也。

且夫挈缾之智，守不假器。況纂帝業，而輕天位。瞻仰二祖，厥庸孔肆。常翹翹以危懼，若乘奔而無轡。白龍魚服，見困豫且。雖萬乘之無懼，猶怵惕於一夫。終日不離其輜重，獨微行其焉如？夫君人者，黈纊塞耳，車中不內顧。佩以制容，鑾以節塗。行不變玉，駕不亂步。卻走馬以糞車，何惜騕褭與飛兔。方其用財取物，常畏生類之殄也。賦政任役，

常畏人力之盡也。取之以道，用之以時。山無槎枿，畋不麛胎。草木蕃廡，鳥獸阜滋。民忘其勞，樂輸其財。百姓同於饒衍，上下共其雍熙。洪恩素蓄，民心固結。執誼顧主，夫懷貞節。忿姦慝之干命，怨皇統之見替；玄謀設而陰行，合二九而成譎。登聖皇於天階，章漢祚之有秩。若此，故王業可樂焉。今公子苟好剿民以媮樂，忘民怨之爲仇也；好殫物以窮寵，忽下叛而生憂也。

夫水所以載舟，亦所以覆舟。堅冰作於履霜，尋木起於蘖栽。昧旦丕顯，後世猶怠。況初制於甚泰，服者焉能改裁？故相如壯上林之觀，楊雄騁羽獵之辭。雖系以隤牆填壍，亂以收罝解罘卒無補於風規，祇以昭其愆尤。臣濟奓以陵君，忘經國之長基。故函谷擊柝於東，西朝顛覆而莫持。凡人心是所學，體安所習。鮑肆不知其臭，翫其所以先入。咸池不齊度於䵷咬，而衆聽或疑。能不惑者，其唯子野乎？

客既醉於大道，飽於文義。勸德畏戒，喜懼交爭。罔然若酲，朝罷夕倦，奪氣褫魄之爲者，忘其所以爲談，失其所以爲夸。良久乃言曰：『鄙哉予乎！習非而遂迷也，幸見指南於吾子。若僕所聞，華而不實；先生之言，信而有徵。鄙夫寡識，而今而後，乃知大漢之德馨，咸在於此。昔常恨三墳五典既泯。仰不睹炎帝帝魁之美，得聞先生之餘論。則大庭氏何以尚兹？走雖不敏，庶斯達矣。』

又 **《張衡〈南都賦〉》** 於顯樂都，既麗且康！陪京之南，居漢之陽。割周楚之豐壤，跨荆豫而爲疆。體爽塏以閑敞，紛郁郁其難詳。

爾其地勢，則武闕關其西，桐柏揭其東。流滄浪而爲隍，廓方城而爲墉。湯谷湧其後，淯水蕩其胸。推淮引湍，三方是通。其寶利珍怪，則金彩玉璞，隨珠夜光。銅錫鉛鍇，赭堊流黃。綠碧紫英，青雘丹粟。太一餘糧，中黄穀玉。松子神陂，赤靈解角。耕父揚光於清泠之淵，遊女弄珠於漢皋之曲。

其山則崆峣嶱嵑，嵣㟅嶚剌，岝峉崋嵬，嶔巇屹㠔，幽谷嶜岑，夏含霜雪。或岩嶙而纚連，或豁爾而中絕。鞠巍巍其隱天，俯而觀乎雲霓。

若夫天封大狐，列仙之陬，上平衍而曠蕩，下蒙籠而崎嶇。坂坻巀嶭而成甗，谿壑錯繆而盤紆。芝房菌蠢生其隈，玉膏滵溢流其隅。崙崑無以奓，閬風不能逾。

其木則檉松楔㮶，槾柏杻橿，楓柙櫨櫪，帝女之桑。楈枒栟櫚，柍柘檍檀。結根竦木，垂條嬋媛，布綠葉之萋萋，敷華蕊之蓑蓑。玄雲合而重陰，谷風起而增哀。攢立叢駢，青冥盰瞑。杳藹蓊鬱於谷底，森蓴蓴而刺天。虎豹黃熊游其下，轂玃猱挺戲其巔。鸞鷟鵷鶵翔其上，騰猿飛蠝棲其間。其竹則籦籠篁篾，篠簳箛箠，緣延坻阪，澶漫陸離。稷那蓊茸，風靡雲披。

爾其川瀆，則滍澧藥濜，發源巖穴。潛𠥱洞出，没滑潏瀎，布濩漫汗，漭沆洋溢。總括趨欲，箭馳風疾。流湍投濈，砏汃輣軋，長輸遠逝，漻淚減汩。其水蟲則有蠳龜鳴蛇，潛龍伏螭。鱏鱣鰅鱅，黿鼉鮫鱷，巨蚌函珠，駮瑕委蛇。

於其陂澤，則有鉗盧玉池，赭陽東陂。貯水渟洿，亘望無涯。其草則藨苧蘋莞，蔣蒲蒹葭。藻茆菱芡，芙蓉含華。從風發榮，斐披芬葩。其鳥則有鴛鴦鵠鷖，鴻鴇駕鵝。鵞鶂鸊鶬，鷫鷞鵾鸕，嚶嚶和鳴，澹淡隨波。

其水則開竇灑流，浸彼稻田。溝澮脉連，堤塍相輅，朝雲不興，而潢潦獨臻。決渫則暵，爲溉爲陸。冬稌夏穱，隨時代熟。其原野則有桑漆麻苧，菽麥稷黍。白穀蕃廡，翼翼與與。

若其園圃，則有蓼蕺蘘荷，藷蔗薑䔰，菥蓂芋瓜。乃有櫻梅山柿，侯桃梨栗。梬棗若留，穰橙鄧橘。其香草則有薜荔蕙若，薇蕪蓀萇。晻曖蓊蔚，含芬吐芳。

若其廚膳，則有華薌重秬，滍皋香秔，歸雁鳴鵽，黃稻鱻魚，以爲芍藥，酸甜滋味，百種千名。春卵夏筍，秋韭冬菁，蘇蔱紫薑，拂徹羶腥。酒則九醞甘醴，十旬兼清。醪敷徑寸，浮蟻若蓱。其甘不爽，醉而不酲。

及其糾宗綏族，禴祠蒸嘗。以速遠朋，嘉賓是將。揖讓而升，宴於蘭堂。珍羞琅玕，充溢圓方。琢琱狎獵，金銀琳琅。侍者蠱媚，巾㡛鮮明。被服雜錯，履躡華英。儇才齊敏，受爵傳觴。獻酬既交，率禮無違。彈琴擫籥，流風徘徊。清角發徵，聽者增哀。客賦醉言歸，主稱露未晞。接歡宴於日夜，終愷樂之令儀。

於是暮春之禊，元巳之辰，方軌齊軫，祓于陽瀕。朱帷連網，曜野映雲。男女姣服，駱驛繽紛。致飾程蠱，偠紹便娟。微眺流睇，蛾眉連卷。於是齊僮唱兮列趙女，坐南歌兮起鄭儛。白鶴飛兮繭曳緒，脩袖繚繞而滿

庭，羅轙躡蹀而容與，翩綿綿其若絕，眩將墜而復舉。翹遙遷延，蹴躃蹁躚。結九秋之增傷，怨西荆之折盤。彈箏吹笙，更爲新聲。寡婦悲吟，鵾鷄哀鳴。坐者淒欷，蕩魂傷精。

於是羣士放逐，馳乎沙場。騄驥齊鑣，黄間機張。足逸驚飆，鏃析毫芒。俯貫魴鱮；仰落雙鶬魚不及竄，鳥不暇翔。爾乃撫輕舟兮浮清池，亂北渚兮揭南涯。汰瀺灂兮船容裔，陽侯澆兮掩鳧鷖。追水豹兮鞭蝄蜽，憚夔龍兮怖蛟螭。

於是日將逮昏，樂者未荒。收驩命駕，分背迴塘。車雷震而風厲，馬鹿超而龍驤。夕暮言歸，其樂難忘。此乃游觀之好，耳目之娛。未睹其美者，焉足稱舉。

夫南陽者，眞所謂漢之舊都者也。遠世則劉後甘厥龍醢，視魯縣而來遷。奉先帝而追孝，立唐祀乎堯山。固靈根於夏葉，終三代而始蕃。非純德之宏圖，孰能揆而處旃！

近則考侯思故，匪居匪寧。穢長沙之無樂，歷江湘而北征。曜朱光於白水，會九世而飛榮。察茲邦之神偉，啟天心而寤靈。

於其宮室，則有園廬舊宅，隆崇崔嵬。御房穆以華麗，連閣煥其相徽。聖皇之所逍遙，靈祇之所保綏。章陵鬱以青葱，清廟肅以微微。皇祖歆而降福，彌萬祀而無衰。帝王臧其擅美，詠南音以顧懷。且其君子，弘懿明叡，允恭温良。容止可則，出言有章。進退屈伸，與時抑揚。

方今天地之睢剌，帝亂其政，豺虎肆虐，眞人革命之秋也。爾其則有謀臣武將，皆能攫戾執猛，破堅摧剛。排揵陷扃，蹵蹈咸陽。高祖階其塗，光武攬其英。是以關門反距，漢德久長。及其去危乘安，視人用遷。周召之儔，據鼎足焉，以庀王職。縉紳之倫，經綸訓典，賦納以言。是以朝無闕政，風烈昭宣也。

於是乎鯢齒眉壽，鮐背之叟，皤皤然被黄髮者，喟然相與歌曰：『望翠華兮葳蕤，建太常兮裶裶。駟飛龍兮騤騤，振和鸞兮京師。總萬乘兮徘徊，按平路兮來歸。』豈不思天子南巡之辭者哉！遂作頌曰：皇祖止焉，光武起焉。據彼河洛，統四海焉。本枝百世，位天子焉。永世克孝，懷桑梓焉。眞人南巡，睹舊里焉。

漢·蔡邕《蔡中郎集》卷二《宗廟祝嘏辭》 嗣曾孫皇帝某，敢昭告於皇祖高皇帝，各以后配。昔受命京師，都於長安，享國十有一世，歷年二百一十載。遭王莽之亂，宗廟墮壞，世祖復帝祚，遷都洛陽，以服土中。享國一十一世，歷年一百六十五載。予末小子，遭家不造，早統洪業，奉嗣無疆。關東吏民敢行稱亂，總連州縣，擁兵聚衆，以圖叛逆。震驚王師，命將征服。股肱大臣推皇天之命，以已行之事，遷都舊京。昔周德缺而《斯干》作，應運變通，自古有之。於是乃以三月丁亥，來自雒。越三月丁巳，至於長安。飭躬不慎，寢疾旬日，賴祖宗之靈，以獲有瘳。吉旦齊宿，敢用潔牲一元大武、柔毛、剛鬣、商祭、明視，薌合、嘉蔬、香萁、鹹鹺、豐本、明粢、醴酒，用告遷來。尚享！

雜　録

晉·袁宏《後漢紀》卷一《光武皇帝紀第一》 （地皇三年）十一月，有星孛于張，東南行，五日不見，孛星者，惡氣所生，或謂之彗星。張爲周分，其後世祖都洛陽，除穢布新之象。

《後漢書》卷一〇〇《天文志上》 王莽地皇三年十一月，有星孛于張，東南行五日不見。孛星者，惡氣所生，爲亂兵，其所以孛德。孛德者，亂之象，不明之表。又参然孛焉，兵之類也，故名之曰孛。孛之爲言，猶有所傷害，有所妨蔽。或謂之彗星，所以除穢而布新也。張爲周地。星孛于張，東南行即翼、軫之分。翼、軫爲楚，是周、楚地將有兵亂。後一年正月，光武起兵舂陵，會下江、新市賊張卬、王常及更始之兵亦至，俱攻破南陽，斬莽前隊大夫甄阜、屬正梁丘賜等，殺其士衆數萬人。更始爲天子，都雒陽，西入長安，敗死。光武興於河北，復都雒陽，居周地，除穢布新之象。

又　卷一〇二《天文志下》 （漢靈帝）光和中，國皇星東南角去地一二丈，如炬火狀，十餘日不見。占曰：『國皇星爲内亂，外内有兵喪。』其後黄巾賊張角燒州郡，朝廷遣將討平，斬首十餘萬級。中平六年，宫車晏駕，大將車何進令司隸校尉袁紹私募兵千餘人，陰跱雒陽城外，竊呼并州牧董卓使將兵至京都，共誅中官，對戰南、北宫闕下，死者數千人，燔燒宫室，遷都西京。及司徒王允與將軍呂布誅卓，卓部曲將郭汜、

李傕旋兵攻長安，公卿百官吏民戰死者且萬人。天下之亂，皆自内發。

（漢獻帝初平）四年十月，孛星出兩角間，東北行入天市中而滅。占曰：『彗除天市，天帝將徙，帝將易都。』是時上在長安，後二年東遷，明年七月，至雒陽，其八月，曹公迎上都許。

又 卷一〇九《郡國志一》 河南尹秦三川郡，高帝更名。世祖都雒陽，建武十五年改曰河南尹。二十一城，永和五年户二十萬八千四百八十六，口百一萬八百二十七。

雒陽周時號成周。有狄泉，在城中。有唐聚。有上程聚。有士鄉聚。有褚氏聚。有榮锜澗。有前亭。有圉鄉。有大解城。

河南周公時所城雒邑也，春秋時謂之王城。東城門名鼎門，北城門名乾祭。又有甘城，有蒯鄉。

梁故國，伯翳後。有霍陽山。有注城。

熒陽有鴻溝水。有廣武城。有虢亭，虢叔國。有隴城。有薄亭。有敖亭。有荥澤。

卷有長城，經陽武到密。有垣雝城，或曰古衡雍。有扈城亭。

原武陽武中牟有圃田澤。有清口水。有管城。有曲遇聚。有蔡亭。

開封苑陵有棐林。有制澤。有瑣侯亭。

平陰穀城瀍水出。有函谷關。

緱氏有鄔聚。有轘轅關。

巩有尋谷水。有東訾聚，今名訾城。有坎埳聚。有黄亭。有湟水。有明谿泉。

成臯有旃然水。有瓶丘聚。有漫水。有汜水。

京密有大騩山。有梅山。有陘山。

新城有高都城。有廣成聚。有鄤聚，古鄤氏，今名蠻中。

匽師有尸鄉，春秋時曰尸氏。【略】

京兆尹秦内史，武帝改。其四縣，建武十五年屬。雒陽西九百五十里。十城，户五萬三千二百九十九，口二十八萬五千五百七十四。

長安高帝所都。鎬，在上林苑中。有細柳聚。有蘭池。有曲郵，有杜郵。

霸陵有枳道亭。有長門亭。

杜陵鄠在西南。

鄭

新豐有驪山，東有鴻門亭及戲亭。有［掫］城。

藍田出美玉。

長陵故屬馮翊。

商故屬弘農。

上雒侯國。有冢領山，雒水出。故屬弘農。有菟和山。有蒼野聚。

陽陵故屬馮翊。

左馮翊秦屬内史，武帝分，改名。雒陽西六百八十八里。十三城，户三萬七千九十，口十四萬五千一百九十五。

高陵

池陽

雲陽

祋祤永元九年復。

頻陽

萬年

蓮勺

重泉

臨晋本大荔。有河水祠。有芮鄉。有王城。

郃陽永平二年復。

夏陽有梁山、龍門山。

衙

粟邑永元九年復。

右扶風秦屬内史，武帝分，改名。十五城，户萬七千三百五十二，口九萬三千九十一。

槐里周曰犬丘，高帝改。

安陵

平陵

茂陵

鄠豐水出。有甘亭。

郿有邰亭。

武功永平八年復。有太一山，本終南。垂山，本郭物。有斜谷。

陳倉

汧有吴岳山，本名汧，汧水出。有回城，名回中。

渝麋侯國。

雍有鐵。

栒邑有豳鄉。

美陽有岐山，有周城。

漆有漆水。有鐵。

杜陽永和二年復。

又 卷一一二《郡國志四·南陽郡》 宛本申伯國。有南就聚，有瓜里津。有夕陽聚。有東武亭。

秦朝政區部

綜 述

《史記》卷五《秦本紀》 秦王政立二十六年，初并天下爲三十六郡，號爲始皇帝。

又 卷六《秦始皇本紀》 分天下以爲三十六郡，郡置守、尉、監。【略】

三十三年，發諸嘗逋亡人、贅壻、賈人略取陸梁地，爲桂林、象郡、南海，以適遣戍。西北斥逐匈奴。自榆中並河以東，屬之陰山，以爲三十四縣，城河上爲塞。又使蒙恬渡河取高闕、陶山、北假中，築亭障以逐戎人。徙謫，實之初縣。

又 《秦始皇本紀》裴駰集解 三十六郡者，三川、河東、南陽、南郡、九江、鄣郡、會稽、潁川、碭郡、泗水、薛郡、東郡、琅邪、齊

郡、上谷、漁陽、右北平、遼西、遼東、代郡、鉅鹿、邯鄲、上黨、太原、雲中、九原、鴈門、上郡、隴西、北地、漢中、巴郡、蜀郡、黔中、長沙凡三十五，與内史爲三十六郡。

《晉書》卷一四《地理志上·總敍》 始皇初并天下，懲戰國，削罷列侯，分天下爲三十六郡。三川、河東、南陽、南郡、九江、鄣郡、會稽、潁川、碭郡、泗水、薛郡、東郡、琅邪、齊郡、上谷、漁陽、右北平、遼西、遼東、代郡、鉅鹿、邯鄲、上黨、太原、雲中、九原、雁門、上郡、隴西、北地、漢中、巴郡、蜀郡、黔中、長沙，凡三十五郡，與内史爲三十六郡也。於是興師踰江，平取百越，又置閩中、南海、桂林、象郡，凡四十郡，郡一守焉。

關中諸郡

《漢書》卷二八上《地理志上》 京兆尹，故秦内史。【略】

左馮翊，故秦内史。【略】

右扶風，故秦内史。

又 卷二八下《地理志下》 隴西郡，秦置。【略】

北地郡，秦置。【略】

上郡，秦置。

五原郡，秦九原郡，武帝元朔二年更名。

山東南部諸郡

《史記》卷八《高祖本紀》 項氏起吴，秦泗川監平將兵圍豐，二日，出與戰，破之。命雍齒守豐，引兵之薛。泗川守壯敗於薛，走至戚，沛公左司馬得泗川守壯。

又 卷五七《絳侯周勃世家》 籍已死，因東定楚地泗（川）〔水〕、東海郡。

《漢書》卷二八上《地理志上》 河南郡，故秦三川郡，高帝更名。

東郡，秦置。

潁川郡，秦置。

南陽郡，秦置。

沛郡，故秦泗水郡。高帝更名。

齊郡，秦置。
琅琊郡，秦置。
東海郡，高帝置。莽曰沂平。屬徐州。應劭曰：『秦郯郡。』
又 卷二八下《地理志下》 梁國，【略】故秦碭郡，高帝五年爲梁國。
魯國，故秦薛郡，高后元年爲魯國。

山東北部諸郡

《漢書》卷二八上《地理志上》 河東郡，秦置。
太原郡，秦置。【略】
上黨郡，秦置【略】
鉅鹿郡，秦置。
又 卷二八下《地理志下》 雲中郡，秦置。
鴈門郡，秦置。
代郡，秦置。
上谷郡，秦置。
漁陽郡，秦置。
右北平郡，秦置。
遼西郡，秦置。
遼東郡，秦置。
趙國，故秦邯鄲郡。

淮漢以南諸郡

《史記》卷一一四《東越列傳》 閩越王無諸及越東海王搖者，其先皆越王句踐之後也，姓騶氏。秦已并天下，皆廢爲君長，以其地爲閩中郡。
《漢書》卷二八上《地理志上》 南郡，秦置。
九江郡，秦置。
會稽郡，秦置。
丹揚郡，故鄣郡。
漢中郡，秦置。
蜀郡，秦置。
巴郡，秦置。
又 卷二八下《地理志下》 南海郡，秦置。
鬱林郡，故秦桂林郡。
日南郡，故秦象郡。
長沙國，秦郡，高帝五年爲國。

論　說

《史記》卷六《秦始皇本紀》 太史公曰：秦之先伯翳，嘗有勳於唐虞之際，受土賜姓。及殷夏之間微散。至周之衰，秦興，邑于西垂。自繆公以來，稍蠶食諸侯，竟成始皇。始皇自以爲功過五帝，地廣三王，而羞與之侔。善哉乎賈生推言之也！曰：秦并兼諸侯山東三十餘郡，繕津關，據險塞，修甲兵而守之。

唐·柳宗元《柳宗元集》卷三《封建論》 秦有天下，裂都會而爲之郡邑，廢侯衛而爲之守宰，據天下之雄圖，都六合之上游，攝制四海，運於掌握之內，此其所以爲得也。不數載而天下大壞，其有由矣。亟役萬人，暴其威刑，竭其貨賄。負鋤梃謫戍之徒，圜視而合從，大呼而成羣。時則有叛人而無叛吏，人怨於下而吏畏於上，天下相合，殺守劫令而並起。咎在人怨，非郡邑之制失也。

漢有天下，矯秦之枉，徇周之制，剖海內而立宗子，封功臣。數年之間，奔命扶傷而不暇。困平城，病流矢，陵遲不救者三代。後乃謀臣獻畫，而離削自守矣。然而封建之始，郡邑居半，時則有叛國而無叛郡。秦制之得，亦以明矣。繼漢而帝者，雖百代可知也。

唐·白居易《白居易集》卷六四《策林三·議封建論郡縣》 臣聞：封建之廢久矣，是非之論多矣，異同之要，歸于三科。或曰：『周人制五等，封親賢，其弊也，諸侯擅戰伐，陪臣執國命，故聞蠶食瓜剖，以至於衰滅也，而李斯、周青之議，由是興焉。』又曰：『秦皇廢列國，棄子弟，其敗也，萬民無定主，九族爲匹夫，故魚爛土崩，以至於覆亡也，而曹冏、士衡之論，由是作焉。』又曰：『漢氏侯功臣，王同姓，其

失也，爵號太尊，土宇太廣，故鴟張瓦解，以至於悖亂也，而晁錯、主父之計，由是行焉。』然則秦懲周之弊也，既以亡而易衰；漢鑑秦之亡也，亦矯枉而過正。歷代之説，無出於此者。以臣所觀，竊謂知其一，未知其二也。何者？臣聞王者將欲家四海，子兆人，垂無疆之休，建不拔之業者，在乎操理柄，立人防，導化源，固邦本而已矣，是故刑行德立，近悦遠安，恩信推於中，惠化流於外，如此，則四夷爲臣妾，況海内乎？雖置守罷侯，亦無害也。若法壞政荒，親離賢棄，王澤竭於上，人心叛於下，如此，則九族爲讐敵，況天下乎？雖廢郡建邦，又何益也。故臣以爲周之衰滅者，上失其道，天厭其德，非爲封建之弊也。秦之覆亡者，君流其毒，人離其心，非唯郡縣之咎也；漢之禍亂者，寵而失教，立不選賢，非獨强大之故也。由是觀之，苟固其本，導其源，雖郡與國，俱可理而安矣。苟踰其防，失其柄，雖侯與守，俱能亂且危矣。伏惟陛下，慮遠憂近，鑑古觀今，以敦睦親族爲先，不以封王爲急，以優勸勞逸爲念，不以建侯爲思，以尊賢寵德爲心，不以開國爲意，以安撫黎元爲事，不以廢郡爲謀。則無疆之休，不拔之業，在於此矣。況國家之制，垂二百年，法著一王；理經十聖，變革之議，非臣敢知。

宋·李綱《梁溪集》卷一四七《迂論三·論封建郡縣》 封建尚矣，至秦罷侯置守，易以郡縣之制。而西漢因之，頗封子弟功臣，使郡國相雜。其後諸侯王之國除，而卒歸於郡縣，自東漢至今，未之有改也。夫封建、郡縣，各有所長，而又皆不免乎有弊，較其優劣，則封建爲優。何以言之？並建親賢以爲藩屏，大小相維，尊卑相制，資其犬牙磐石之勢，以安王室，其有不貢不王，則牧伯得以征之，此封建之所長也；至其弊則强侵弱，大幷小，僭禮樂，擅征伐，天子不得以制之，而王室陵夷，有蠶食之患。舉千里之郡而命之守，舉百里之縣而付之令，又有部刺史從而督察之，片紙可罷，一言可令，而無尾大不掉之患，尺地、一民，財賦、甲兵，皆歸之于天子，此郡縣之所長也；至其弊則勢分而力弱，權輕而吏偷，内有亂臣賊子之禍弗能正，外有夷狄盜賊之虞弗能支，而天下震動，有土崩之勢。

夫封建、郡縣皆所以疆理天下，爲治之具也，而非所以爲治之道也。御得其道，則封建、郡縣皆可安；御失其道，則封建、郡縣皆不能無弊。而就其弊之輕重言之，則封建優於郡縣。何則？蠶食之禍遲而土崩之禍大也。三代之王，皆以封建享國長久，雖至於衰微，猶使强國熟視，不敢遽取之，而夷狄、盜賊之患，自周以前，未聞能大擾天下，蓋諸侯各治其國家，力足以捍患而禦侮也。郡縣則不然，陳勝、吴廣一呼，而天下響應，劉、項因之，遂以亡秦。而漢有莽、卓之禍，郡縣不能正也。至唐安禄山、史思明叛于燕，鼓行而南，河朔二十四郡，一旦俱陷，傾覆兩都，如入無人之境；其後黄巢起於嶺表，秦宗權起于淮蔡，爲封豕長蛇，天下無不被其毒者，而郡縣不能制也。夫夷狄、盜賊之患，三代非無，然不至如此之甚，而秦漢以來有之，則封建之於天下，優於郡縣明矣。

《易》曰：『天造草昧，宜建侯而不寧。』蓋封建宜於草昧艱難之時，而郡縣宜於承平無事之日，非變而通之，不足以救其弊。今夷狄之禍甚于安、史，盜賊蜂起，不減黄、秦，而郡縣尚仍承平無事之制，其何以禦之？意者稍仿封建，有以更張而變通之，然後可乎？夫變通之術安在？曰：在方鎮。方鎮者，全封建、郡縣而爲之者也，于古有稽，於今可行，救今日之弊，舍此亦無術矣。

宋·王十朋《梅溪集》卷一五《策問》 問：封建尚矣，自五帝三王莫能去矣，後世人君易之以郡縣，則其國亦從而治，亦或因之而亂，此皆立國之先務，學者不可不察也。

唐、虞列公侯伯子男爲五等相制，天子千里，諸侯百里而降，不及五十里者爲附庸；周興，封國八百，同姓居五十三焉，此封建所由興也。秦鑑衰周之弊，罷侯置守，列天下爲三十六郡，後世因之不改，復增其數，此郡縣所由興。

然以周、秦、漢、唐論之，則其國之或强或弱，其祚之或短或長，皆關乎封建之與郡縣，此又不可不辯矣。謂封建無益於國耶，則周何爲因之而强，秦何爲罷之而亡乎？謂封建有益於國耶？則漢何爲而有七國之變，唐何爲而有諸鎮之亂乎？欲使罷侯置守而無嬴秦之危，封建侯藩而無漢、唐之亂，果何術而可？願詳以告，將疏其説以獻於上。

宋·王應麟《通鑑地理通釋》卷一《歷代州域形勢上·秦四十郡》

《晉·地理志》云：『始皇初并天下，懲戰國，削罷列侯，分天下爲三十六郡。内史、漢三輔及弘農郡。三川、漢河内、河南兩郡。河東、南陽、

南郡、九江、漢並因之。鄣郡、治故鄣，在今湖州長興縣西南，它郡所治當考，漢改爲丹陽郡。會稽、潁川、漢並因之。碭郡、漢梁國。泗水、漢改爲沛郡。薛郡、漢魯國。東郡、琅邪、漢並因之。齊郡、漢齊國。上谷、漁陽、右北平、遼西、遼東、代郡、鉅鹿、邯鄲、上黨、太原、雲中、漢並因之。九原、漢改爲五原郡。鴈門、上郡、隴西、北地、漢中、巴郡、蜀郡、漢並因之。黔中、漢改爲武陵郡，今鼎、澧、辰、沅、黔州之地。長沙、漢長沙國。凡三十六郡。於是興師踰江，平取百越，置桂林、漢改爲鬱林郡。南海、治番禺，漢因之。象郡、漢改爲日南郡。閩中，徐廣曰：治侯官，漢武帝虛其地。合四十郡。郡一守焉。其地則西臨洮而北沙漠，東縈西帶，皆臨大海。《秦紀》云：『地東至海暨朝鮮，西至臨洮、羌中，南至北嚮户，北據河爲塞，並陰山至遼東。』《周書·作雒篇》：『千里百縣，縣有四郡。』《説文》：『周制，天子地方千里，分爲百縣，縣有四郡。』吕氏曰：『春秋之時，郡屬於縣，趙簡子誓衆，所謂「上大夫受縣，下大夫受郡」是也。戰國之時，縣屬於郡，《秦紀》惠文十年，魏納上郡十五縣是也。方孝公、商鞅時，並小鄉爲大縣，縣一令，尚未有郡牧守稱。及魏納上郡之後十餘年，《秦紀》始書置漢中郡，或者山東諸侯先變古制而秦效之歟？按《戰國策》「楚王以新城爲主郡」，以此考之，郡之所治必居形勢控扼之地，郡者，縣之主，故謂之主郡。又云「三川、河東，在諸郡之首」者，蓋所以陪輔關中，地勢莫重焉，即漢所謂三河也。漢分三川爲河南、河内，與河東，號爲三河。《史記·貨殖傳》曰：「昔唐人都河東，殷人都河内，周人都河南。夫三河，在天下之中，若鼎足，王者所更居也，建國各數百千歲。」』胡氏曰：『郡縣天下，可以持承平不可以支變故；封建諸侯，可以持承平可以支變故。』孫氏曰：『郡縣之制盡剗根著之，舊以爲空虚之，天下匹夫亡秦，五胡覆晉，盗賊篡唐，此非有秦人取天下之威而失之反掌。』《漢·高祖紀》有東陽郡、吴郡、郯郡，《灌嬰傳》有豫章郡，皆非秦郡，蓋楚漢之際所置。

清·顧炎武《日知録》卷二二《郡縣》 《漢書·地理志》言：秦幷兼四海，以爲周制微弱，終爲諸侯所喪，故不立尺土之封，分天下爲郡縣，蕩滅前聖之苗裔，靡有孑遺。後之文人祖述其説，以爲廢封建，立郡縣，皆始皇之所爲也。以余觀之，殆不然。《左傳·僖公三十三年》：晉襄公以再命命先茅之縣賞胥臣。《宣公十一年》：楚子縣陳。《十二年》：鄭伯逆楚子之辭曰，使改事君夷於九縣。注：楚滅諸小國，爲九縣。《十五年》：晉侯賞士伯以瓜衍之縣。《成公六年》：韓獻子曰，成師以出，而敗楚之二縣。《襄公二十六年》：『蔡聲子曰：「晉人將與之縣，以比叔向。」』《三十年》：『絳縣人或年長矣。』《昭公三年》：『二宣子曰：「晉之別縣，不惟州。」』《五年》：「薳啟彊曰：韓賦七邑，皆成縣也。」注：成縣，賦百乘也。又曰：「因其十家九縣，其餘四十縣。」《十年》：『叔向曰：「陳人聽命，而遂縣之。」』《二十八年》：『晉分祁氏之田以爲七縣，分羊舌氏之田以爲三縣。』《哀公十七年》：『子穀曰：「彭仲爽，申俘也。文王以爲令尹，實縣申息。」』《晏子春秋》：『昔我先君桓公，予管仲狐與穀其縣十七。』《説苑》：『景公令吏致千家之縣一于晏子。』《戰國策》：『智過言于智伯曰：「破趙則封二子者各萬家之縣一。」』《史記·秦本紀》：『武公十年，伐邽冀戎，初縣之。十一年，初縣杜、鄭。』《吴世家》：『王餘祭三年，予慶封朱方之縣。』則當春秋之世，滅人之國者，固已爲縣矣。按《昭二十九年傳》，蔡墨言劉累遷于魯縣，則夏后氏已有縣之名。《周禮·小司徒》：『四甸爲縣。』《遂人》：『五鄙爲縣。』《縣士》注：『距工城三百里以外至四百里曰縣，亦作寰。』《國語》：『管子制齊，三鄉爲寰，寰有寰帥。十寰爲屬，屬有大夫。』顔師古曰：『古書縣邑字皆作「寰」，以「縣」爲縣掛字，後人轉用爲州縣字，其縣掛之縣又加「心」以別之也。』《史記》：『吴王發九郡兵伐齊。』范蜎對楚王曰：『楚南塞厲門而郡江東。』甘茂謂秦王曰：『宜陽，大縣，名曰縣，其實郡也。』春申君言于楚王曰：『淮北地邊齊，其事急，請以爲郡便。』《匈奴傳》言趙武靈王置雲中、雁門、代郡，燕置上谷、漁陽、右北平、遼西、遼東郡，以拒胡。又言魏有河西上郡，以與戎界邊。則當七國之世，而固已有郡矣。《哀公二年傳》：『趙簡子誓曰：克敵者，上大夫受縣，下大夫受郡。』杜氏注引《周書·作洛篇》：『千里百縣，縣有四郡。』古時縣大而郡小。《説文》：『周制，天子地方千里，分爲百縣，縣有四郡。至秦初置三十六郡，以監其縣。』今按史書吴王及春申君之事，則郡之統縣固不始于秦也。吴起爲西河守，馮亭爲上黨守，李伯爲代郡守，西門豹爲鄴令，荀況爲蘭陵令，城渾説楚新城令，衞有蒲守，韓有南陽假守，魏有安邑令。蘇代曰：『請以三萬户之都封太守，千户封縣令。』趙封馮亭，亦云。而齊威王朝諸縣令長七十二人。則六

國之未入于秦，而固已先爲守令長矣。故史言樂毅下齊七十餘城，皆爲郡縣。而齊湣王遺楚懷王書曰：『四國爭事秦，則楚爲郡縣矣。』張儀説燕昭王曰：『今時趙之于秦，猶郡縣也。』安得謂至始皇而始罷侯置守邪？傳稱禹會諸侯，執玉帛者萬國，至周武王僅千八百國，春秋時見於經傳者百四十餘國，又并而爲十二諸侯，又并而爲七國，此固其勢之所必至。秦雖欲復古之制，一一而封之，亦有所不能。而謂罷侯置守之始于秦，則儒生不通古今之見也。【略】

秦分天下爲三十六郡，其中西河、上郡則因魏之故，雲中、雁門、代郡則趙武靈王所置，上谷、漁陽、右北平、遼西、遼東郡則燕所置。《史記》不志地理，而見之於匈奴之傳。孟堅《志》皆謂之秦置者，以漢之所承者秦，不言魏、趙、燕爾。【略】

秦始皇議封建，實無其本。假使用淳于越之言，而行封建，其所封者不過如穰侯、涇陽、華陽、高陵君之屬而已，豈有建國長世之理。

清・王夫之《讀通鑑論》卷一《秦始皇一》 兩端爭勝，而徒爲無益之論者，辨封建者是也。郡縣之制，垂二千年而弗能改矣，合古今上下皆安之，勢之所趨，豈非理而能然哉？天之使人必有君也，莫之爲而爲之。故其始也，各推其德之長人、功之及人者而奉之，因而尤有所推以爲天子。人非不欲自貴，而必有奉以爲尊，人之公也。安於其位者習於其道，因而有世及之理，雖愚且暴，猶賢於草野之罔據者。如是者數千年而安之矣。强弱相噬而盡失其故，至於戰國，僅存者無幾，豈能役九州而聽命於此數諸侯王哉？於是分國而爲郡縣，擇人以尹之。郡縣之法，已在秦先。秦之所滅者六國耳，非盡滅三代之所封也。則分之爲郡，分之爲縣，俾才可長民者皆居民上以盡其才，而治民之紀，亦何爲而非天下之公乎？

古者諸侯世國，而後大夫緣之以世官，勢所必濫也。士之子恆爲士，農之子恆爲農，而天之生才也無擇，則士有頑而農有秀；秀不能終屈於頑，而相乘以興，又勢所必激也。封建毀而選舉行，守令席諸侯之權，刺史牧督司方伯之任，雖有元德顯功，而無所庇其不令之子孫。勢相激而理隨以易，意者其天乎！陰陽不能偏用，而仁義相資以爲亨利，雖聖人其能違哉！選舉之不慎而守令殘民，世德之不終而諸侯亂紀，兩俱有害，而民於守令之貪殘，有所藉於黜陟以蘇其困。故秦、漢以降，天子孤立無輔，祚不永於商、周；而若東遷以後，交兵毒民，異政殊俗，横斂繁刑，艾削其民，迄之數百年而不息者亦革焉，則後世生民之禍亦輕矣。郡縣者，非天子之利也，國祚所以不長也；而爲天下計，則害不如封建之滋也多矣。嗚呼！秦以私天下之心而罷侯置守，而天假其私以行其大公，存乎神者之不測，有如是夫！

世其位者習其道，法所便也；習其道者任其事，理所宜也。法備於三王，道著於孔子，人得而習之。賢而秀者，皆可以獎之以君子之位而長民。聖人之心，於今爲烈。選舉不慎，而賊民之吏代作，天地不能任咎，而況聖人！未可爲郡縣咎也。若夫國祚之不長，爲一姓言也，非公義也。秦之所以獲罪於萬世者，私己而已矣。斥秦之私，而欲私其子孫以長存，又豈天下之大公哉！

清・顧祖禹《讀史方輿紀要》卷一《歷代州域形勢一》 於是罷侯置守，分天下爲三十六郡。

內史，今陝西西安府、鳳翔府。秦都咸陽，此其畿內也。

三川，今河南之河南府、開封府、懷慶府、衛輝府。郡治洛陽，周故都也。

河東，今山西平陽府。治安邑，故魏都也。

上黨，今潞安府及遼、澤、沁等州。魏收曰：『上黨郡，秦治壺關，漢治長子。』壺關，今潞安府治長治縣是。長子，今潞安屬縣。

太原，今太原府、汾州府。郡治晉陽，趙故都也。

代郡，今大同府北及蔚州之境皆是。

雁門，今太原府代州以北、大同府之應州、渾源州、朔州皆是其地。

雲中，今陝西榆林鎮東北四百餘里廢勝州一帶是其地。

九原，今榆林西北七百餘里廢豐州一帶是其地。

上郡，今延安府及榆林鎮。

北地，今慶陽府、平涼府及寧夏鎮是其地。郡治義渠，慶陽之寧州也。

隴西，今臨洮府、鞏昌府。郡治狄道，今臨洮府附郭縣。

潁川，今開封府之禹州、陳州及汝寧府以至汝州之境。郡治陽翟，故韓都也。

南陽，今南陽府及湖廣之襄陽府。郡治宛，即今南陽府治南陽縣。

碭郡，今河南歸德府及山東濟甯、東平二州，又南直碭山縣至鳳陽府之亳州皆是其境。郡治碭，即碭山縣。

邯鄲，今北直廣平府及河南之彰德府。郡治邯鄲，故趙都也。

上谷，今保定府、河間府及順天府之南境、西境，又延慶、保安二州至宣府鎮境內皆是。

鉅鹿，今順德府及眞定府。郡治鉅鹿，今順德府平鄉縣也。

漁陽，今順天府東至薊州一帶。

右北平，今永平府至薊州，又北至廢大寧衛之西南境。

遼西，今永平府以北至廢大寧衛，又東至遼東之廣甯等衛境。

遼東，今遼東、定遼等衛境。

東郡，今北直大名府及山東東昌府、濟南府之長清縣以西是其境。郡治濮陽，故衛都也。

齊郡，今青州府、登州府、萊州府及濟南府之境。郡治臨淄，故齊都也。

薛郡，今兗州府東南至南直海州一帶是其境。

琅邪，今兗州府東境，沂州、青州府南境，莒州、萊州府南境，膠州一帶皆是其境。

泗水，今南直徐州、鳳陽府泗州、宿州，淮安府邳州皆是其境。郡治沛，今徐州沛縣也。

漢中，今陝西漢中府及湖廣鄖陽府。

巴郡，今四川保寧府、順慶府、夔州府、重慶府及瀘州境皆是。郡治巴，即故巴國也。

蜀郡，今成都府、龍安府、潼川州、雅州、邛州及保寧府劍州以西，皆是。即故蜀國也。

九江，今南直鳳陽、淮安、揚州、廬州、安慶等府及滁、和二州，江西境內州郡，皆是其地。郡治壽春，因楚都也。

鄣郡，今應天、太平、甯國、徽州、池州諸府及廣德州，又浙江之湖州、嚴州府境皆是其地。郡治鄣，今湖州府長興縣西南有故鄣城。

會稽，今蘇州、常州、鎮江、松江諸府及浙江境內州郡皆是。郡治吳，今蘇州府附郭吳縣是也。

南郡，今湖廣荆州、承天、漢陽、武昌、黄州、德安諸府及襄陽府之南境，又施州衛，亦是其地。郡治郢，故楚都也。

長沙，今長沙、岳州、衡州、永州、寶慶諸府，又郴州至廣東之連州皆是。郡治湘，今長沙府附郭長沙縣也。

黔中，今辰州府、常德府至岳州府之澧州，又永順、保靖諸衛皆是其地。杜佑曰：『今黔中、寧夷郡亦是其地。』宋白曰：『隋、唐之黔州，非秦、漢之黔中也。自後周保定四年，涪陵首領田思鶴歸化，以其地立奉州，尋改黔州。隋因之，亦曰黔安郡。唐亦曰黔中郡。説者遂以唐黔州及夷、費、思、播皆爲古黔中地。不知涪陵之黔州與古黔中隔越峻嶺，以山川言之，炳然自分。唐黔州治今四川彭水縣，夷、費、思、播四州俱見唐十道州郡。』

又平百越，置四郡：

閩中，今福建州郡。郡治侯官，今福州府附郭縣。

南海，今廣東廣州、肇慶、南雄、韶州、潮州、惠州及高州府北境，廣西平樂府東境及梧州府東南境皆是其地。郡治番禺，今廣州府附郭縣。

桂林，今廣西境內州郡。

象郡。今廣東雷州、廉州、高州諸府及廣西梧州府之南境，以至安南州郡皆是。

合四十郡，郡一守焉。其地西臨洮而北沙漠，東縈南帶，皆臨大海。

《史記》：『秦地東至海暨朝鮮，西至臨洮羌中，南至北嚮户，北據河爲塞，旁陰山至遼東。』北嚮户，謂南裔之地。漢日南郡，即北嚮户也。陰山，在今榆林塞外。

清·全祖望《漢書地理志稽疑》卷一《秦三十六郡名》 秦三十六郡名

内史　漢之三輔及弘農。不在三十六郡内，蓋以尊京師也。《前志》、《續志》、《晉志》皆誤以爲三十六郡之一。

隴西　秦故封，不知其置郡之年。漢因之，又分天水。

北地　故義渠、大荔諸戎地。昭襄王置，不知其年。漢因之，又分安定。

上郡　故魏置。惠文王十年因之，漢因之，又分西河。西河、魏故郡、文侯以來即有之。秦省。然魏之西河，東自焦虢，桃林之塞，西抵關洛，其界最廣；秦以其東界幷入内史，而西界幷入上郡。漢人之分置者，特其上郡所屬之地耳，東界則別置弘農。宋白、樂史曰：『漢分南陽、河南二郡以爲弘農。』蓋即内史東界而廣之。

漢中　故楚置。惠文王後十三年因之。漢因之。

蜀郡　故蜀國，惠文王後十四年因之，漢因之。《水經注》以爲二十七年，蓋連前十三年數之。

巴郡　故巴國。惠文王後十四年置。漢因之。又分巴、蜀、漢中三郡地爲廣漢。

右六郡皆秦境。

邯鄲　始皇十九年置。漢之趙國，又分常山、眞定、中山、信都。胡楳磵謂中山郡故趙所置。案：中山先入魏，以李克爲守，則固嘗爲魏置。及入趙，未聞其以郡稱，故三十六郡亦無之。

鉅鹿　始皇二十三年置。漢因之，又分清河、渤海、河間、廣平。置郡之年，見《水經注》。

太原　莊襄王四年置。漢因之。

上黨　故韓置。後入趙，莊襄王四年因之。漢因之。

雁門　故趙置。始皇十九年因之。漢因之，又分太原、雁門二郡地爲定襄。

代郡　故代國，後入趙置代郡。始皇二十五年因之。漢因之。

雲中　故趙置。始皇十三年因之，漢因之。置郡之年見《水經注》。

九原　始皇置。漢之五原，又分朔方。《匈奴傳》：趙有雁門、代郡、雲中三郡以備胡，而九原特雲中北界，未置郡也。始皇三十五年以前，其于邊郡多仍前之舊，不聞增設。三十三年，蒙恬闢河南地四十餘縣，蓋以此四十餘縣置九原。何以知之？徐廣所謂陽山在河北、陰山在河南者，劉昭以爲俱屬九原之安陽，則九原統屬河南四十四縣可知矣。不然，不應以四十四縣之多而不置郡也。然則九原不當在始皇二十六年所幷三十六郡之内。

右八郡皆趙境。

河東　昭襄王二十一年置。漢因之，又分河内、魏。胡楳磵曰：『河東郡、河内郡皆魏置。』不知其何所據，不可信。

東郡　始皇五年置，漢因之。

碭郡　始皇二十二年置。漢之梁國，又分山陽、濟陰、陳留。

右三郡皆魏境。

三川　莊襄王九年置，漢之河南。王厚齋曰：『漢之河南及河内。』顧宛溪亦同。然考河内在秦，似屬河東，故太史公序十八王曰：『魏分爲殷。』則不屬三川矣。

潁川　始皇十七年置。漢因之。

右二郡爲韓境，而周境附入于三川。酈道元謂秦滅周置三川，非也。

南郡　昭襄王二十九年置。漢因之。其時韓亦有南郡。《秦本紀》：『昭王四十四年，攻韓南郡取之。』是也。蓋與楚接境之地，後殆幷入。

黔中　故楚置。昭襄王三十年因之。漢之武陵。《前志》闕。案：《楚世家》、《秦本紀》、《六國年表》皆載之，不知何以班氏不及，至《續志》始補入之。考《國策》及《史記》，其時楚尚有新城郡、巫郡，秦省新城，蓋幷入漢中，省巫，蓋幷入黔中。《水經注》謂割黔中置武陵，亦非也。漢改其名，非割也。

南陽　昭襄王三十五年置。漢因之，又分潁川、南陽二郡地爲汝南。

其時韓亦有南陽郡，蓋潁川之西，如宛如穰，與楚陽接，故並取名焉，《六國年表》、《秦本紀》、《韓世家》可考也，非故晉所啟之南陽也。晉之南陽，趙得其温原，韓得其州，魏得其脩武，卽河内也。三晉同分河内之地，而魏獨多，及韓、趙相繼失上黨，而河内道斷，魏之脩武亦不保矣。是非可幷晉楚之南陽而合之者也。前志乃曰：『韓分晉得南陽。秦滅韓，徙天下不軌之民于南陽。宛西通武關而入江淮，一都會也。』則卽以爲楚南陽矣。不知河内之南陽，其得名在春秋之世，三晉分之，非韓所獨，而始皇十六年所受之南陽，地在宛、穰，卽與楚境相犬牙者也，奈何混而舉之？秦幷天下，蓋幷韓地以入楚之南陽。案：州者，河内縣名。今本《地理志》連下一字作『州共』，殆誤矣。『宛西通武關』句上有『大』字，作『大宛』，則姑據今本《地志》刪之。『而入江、淮』句，《地志》作『東受江、淮。』恐先生所據，别有善本，姑仍之。凡細注加『案』字者，翰所附識也。後同。

長沙　始皇二十五年置。漢因之。

楚郡　始皇二十四年置。漢之楚國，又分淮陽。

《前志》、《續志》、《晉志》皆闕。案胡楳磵曰：『三十六郡無楚郡，蓋滅楚時所暫置，後分爲九江、鄣、會稽三郡。』謬矣。始皇二十四年置楚郡，見《楚世家》；次年，置會稽郡見《秦本紀》，蓋錯舉而不備。其實秦滅楚，置五郡：曰楚、曰九江、曰泗水、曰薛、曰東海。及定江南，又置一郡，曰會稽，而無鄣郡也。楚郡蓋自淮陽以至彭城，泗水則沛也，薛則魯也，東海則郯以至江都也，皆江北地，會稽則江南也；惟九江跨兼江介。誰言由楚郡分置爲三乎？楳磵欲護三志之失，而爲此語，何哉？

九江　始皇二十四年置。漢因之，又分衡山、廬江、豫章、江夏。

泗水　始皇二十四年置。漢之沛。

薛郡　始皇二十四年置。漢之魯。

東海　始皇二十四年置。漢因之，又分泗水、廣陵、臨淮。《續志》闕。《前志》于泗水國曰：『故東海郡』，于東海郡曰『高帝置』，則似秦之東海，非漢之東海也。而實不然。秦東海治郯，見《陳勝傳》漢東海亦治郯，豈有二乎？泗水乃分置之國耳。然《前志》尚存秦東海之目，《續志》則竟去之，故楳碉曰：『秦無東海。』案秦東海之名不特見《陳勝傳》，亦見《周勃傳》，安得云無？顧宛溪亦仍其謬。

會稽　始皇二十五年置。漢因之，又分丹陽。丹陽在秦，亦屬會稽，楚漢之際分爲鄣郡。《前志》、《續志》、《晉志》皆誤以鄣爲秦三十六郡之一，而不復知會稽之舊統丹陽。

右十郡皆楚境。

齊郡　始皇二十六年置。漢因之，又分濟南、泰山、東平、甾川、北海、千乘、平原。齊之平原，與趙分境，趙之勃海，與齊分境，蓋互相錯也，茲特舉其概。

琅邪　始皇二十六年置。漢因之，又分膠東、高密、城陽、東萊。

右二郡皆齊境。

漁陽　故燕置。始皇二十一年因之。漢因之。

上谷　故燕置。始皇二十一年因之。漢因之。

右北平　故燕置。始皇二十五年因之。漢因之。

遼西　故燕置。始皇二十五年因之。漢因之。

遼東　故燕置。始皇二十五年因之。漢因之。

右五郡皆燕境。

予參取《前志》、《續志》，以求三十六郡之目。《前志》有東海，無黔中，《續志》有黔中，無東海，而皆失去楚郡，則祇三十四郡矣。故以内史充其一：又不足，則以晚出之鄣郡充其一。故《前志》、《續志》所闕者稍異，而其失則同。裴駰注《史記》，但主《續志》，不考《前志》，而《晉志》因之，于是厚齋，楳碉亦因之。惟三劉嘗言鄣之非秦置，卒亦未能得三十六郡之數。今除内史不豫外，並收二志之東海、黔中，補以《史記》之楚郡，則三十六郡者始完。然猶有疑者：燕之五郡，皆燕所舊置以防邊也，漁陽四郡在東，上谷在西，而其國都不豫焉。自薊至涿三十餘城，始皇無不置郡之理，亦無反并内地于邊郡之理。且始皇之并六王也，其國都如趙之邯鄲、魏之碭、楚之江陵陳九江、齊之臨甾，無不置郡者，何以燕獨無之？《水經注》：『始皇二十三年置廣陽郡，高帝改曰燕，又分燕置涿郡。』酈道元之言當必有據，則《前志》以爲昭帝始改廣陽者，殆考之未詳與？近人顧炎武主《漢志》以駁《水經》，予則謂《漢志》明失黔中、楚郡矣，安保其不失廣陽？而廣陽之爲秦郡，又以例推之而可信者。或曰：『然則三十六郡不且多其一乎？各志闕其一，而子乃多其一，何其言之參錯乎？』曰：非也。吾固嘗以九原不當在三十六郡之内，則進廣陽以足之，而九原于南海四郡之列，所謂三十六郡者脗合矣。故附著其説，惜不得胡、王二先生者相與討論之。

南海　始皇三十三年置。漢因之。

桂林　始皇三十三年置。漢因之。

象郡　始皇三十三年置。漢之日南。

閩中　始皇置，不知其年。漢省，附屬會稽。

右四郡不在三十六郡内。

清·梁玉繩《史記志疑》卷四《秦本紀第五》　秦王政立二十六年，初并天下爲三十六郡。

案：《史》言始皇伐滅諸侯，并一天下以爲郡縣，其實不盡然，蓋仍秦人夸詡之詞耳。考衛至二世元年始絕，楚苗裔有滇王，越諸族子或爲王或爲君，至閩君搖及無諸佐漢平秦，是諸侯未盡滅，天下未盡并也。郡縣之名見于《逸周書·作雒解》，屢稱于《左傳》、《管子·乘馬數》篇亦有，則非至秦時始設也。昭廿九年《左傳》蔡墨言『劉累遷魯縣』，夏時恐未有縣之名。卽三十六郡亦不全爲始皇所置，據《匈奴傳》魏置河西、上郡，燕置上谷、漁陽、右北平、遼西、遼東郡，趙置雲中、雁門、代郡。又《世家》韓有上黨守馮亭，則上黨郡是韓置。《漢地理志》概稱秦置者，漢承秦制，故不言魏、韓、燕、趙。而巴、蜀、漢中、上郡置于惠文王，河東、南陽、黔中、上黨、南郡置于昭襄王，三川、太原置于莊襄王，俱見《本紀》，不得全屬始皇初置也。但三十六郡之目，《史》不詳載，秦變封建爲郡縣乃一大事，豈可缺略不書，此史公疏處。考始皇置閩

中、南海、桂林、象郡皆在後，不在三十六郡内，則所謂三十六郡者，據《漢志》一曰河東，二曰太原，三曰上黨，四曰三川，五曰東郡，六曰潁川，七曰南陽，八曰南郡，九曰九江，十曰泗水，十一曰鉅鹿，十二曰齊郡，十三曰琅邪，十四曰會稽，十五曰漢中，十六曰蜀郡，十七曰巴郡，十八曰隴西，十九曰北地，二十曰上郡，二十一曰九原，二十二曰雲中，二十三曰雁門，二十四曰代郡，二十五曰上谷，二十六曰漁陽，二十七曰右北平，二十八曰遼西，二十九曰遼東，三十曰邯鄲，三十一曰碭郡，三十二曰薛郡，三十三曰長沙，尚缺三郡，以《續郡國志》校之，則秦有鄣郡、黔中郡。夫《前志》無黔中，誠爲脱漏，足以補郡數之缺，而鄣非秦郡，劉敞辨之甚悉，見《漢地志》丹陽郡下，是尚缺二郡也。因有以郯郡充其數者，本于應劭，劭曰東海，秦郯郡。而郯非秦郡劉攽又辨之。見《高紀》六年。更有以楚郡充其數者，本于《楚世家》，而秦無楚郡，《集解》已糾其誤，胡三省《通鑑》注曾辨之，説在《楚世家》中。烏得妄稱爲秦郡哉。然則所缺之二郡何在？曰：内史自當在三十六之内，《始皇紀》《集解》明言郡凡三十五，與内史爲三十六，蓋準《諸侯王表》例也。《史》《漢》《諸侯王表》與京師内史凡十五郡，以漢準秦，則内史在内矣。《漢志》云：『本秦京師爲内史，分天下作三十六郡，別而言之，非也。』《晉書·地理志》以及王應麟《通鑑·地理通釋》、胡氏《通鑑》注並仍裴説，固可以爲據矣。惟以鄣爲秦郡，乃襲《續志》之誤。其所缺一郡，余以《水經注》補之，《水經》卷十三廣陽薊縣注云『秦始皇滅燕以爲廣陽郡，漢高帝封盧綰爲燕國』，于是，三十六郡之數始備，而自孟堅以來均失去廣陽一郡，眞不可解。『秦武公十年伐邽、冀戎，初縣之』，此史言立縣之始。

清·洪亮吉《卷施閣文甲集》卷一〇《與錢少詹論地理書一》　秦分天下爲三十六郡，其目見裴駰《史記集解》，而《晉書·地理志》因之，嘗以爲不然。今考之，愈知其妄。《漢書·地理志》本秦京師爲内史，分天下作三十六郡，小顏注云：京畿所統，特號内史。言其在内，以別于諸郡守也。是三十六郡内本無内史，而以數不足，强牽合之，此則裴駰之妄矣。宋劉攽又謂秦三十六郡無鄣郡。今考《地理志》丹陽郡下，班注云：『故鄣郡』。而劉顯注司馬彪《郡國志》，則明言『丹陽郡卽秦鄣郡』，且于故鄣縣下注：『秦鄣郡所治』。以迄《圖經》《吳地志》等，無不然，而以爲秦無鄣郡，則劉攽之妄矣。至閣下以爲楚漢之際所置，此約畧之詞，亦嫌無明據也。

亮吉以爲秦三十六郡，當以《史記》《漢書·地理志》爲證。蓋與其信裴駰，不若信馬遷、班固、應劭諸人之説爲是也。今細校《地理志》，秦郡自河東至長沙共三十四郡，皆見於班固原注中。河東、太原、上黨、三川、東郡、潁川、南郡、九江、泗水、鉅鹿、齊郡、琅邪、會稽、鄣郡、漢中、蜀郡、巴郡、隴西、北地、上郡、九原、雲中、雁門、代郡、上谷、漁陽、右北平、遼西、遼東、邯鄲、碭郡、薛郡、長沙。他若黔中郡，見《史記·楚世家》，郯郡，見《漢書·高祖本紀》及《地理志》，東海郡下，應劭曰『秦郯郡。』而魏收《地形志》亦云：『郯郡，秦置。漢高改爲東海郡。』《御覽》引《十道紀》『海州東海郡，秦爲薛郡地，後分薛郡爲郯。《水經注》：始皇二十三年置薛郡，疑分薛爲郯，卽在三十六年并天下之後也。漢改郯爲東海郡。』《水經注》沂水下『郯，故國也，東海郡治。秦始皇以爲郯郡。漢高帝二年更從今名。』郯郡由薛郡所分，故《高祖本紀》亦薛郡、郯郡連書。蓋薛郡入漢爲魯國，郯郡入漢爲東海郡，細核《地理志》自明。是則秦有郯郡之明證，而前人考秦三十六郡，皆未言及，何也？至閣下又以桂林、南海、象郡爲卽在三十六郡内，則益不敢爲然。蓋秦分三十六郡，在始皇二十六年。而桂林等三郡之置，則在三十三年，相距尚八年，必不預爲計及，明矣。又既數及桂林等三郡，則閩中一郡，置又在三郡之前，不宜反漏。《史記·閩粵王傳》『秦并天下，以其地爲閩中郡。』桉秦并天下在二十六年，是閩中郡之置尚在桂林等三郡之先。若統行數入，卽除内史及鄣郯二郡不計外，亦與三十六之數不符。恐卽如閣下言，亦當慮前後失據耳。況秦制天下爲四十郡，除内史外，其名皆見于《史記》《漢書》，故唐以前地志，皆遵用之，又非可意爲增減。裴駰之過，惟以内史足三十六之數，而不知有郯郡。閣下則又欲并四十郡爲三十六郡，遂不得不引劉攽之邪説，既又知其不安，則以爲置在楚、漢之際，且又并閩中郡削之，以附會當日成數。亮吉恐皆不足以傳信，而啟後人之惑也用敢論及之。

清·王鳴盛《十七史商榷》卷四《史記四·滅楚名爲楚郡》　《楚世家》：『秦將王翦破楚，虜楚王負芻，滅楚名爲楚郡云。』孫檢注云：『滅去楚名，以楚地爲秦郡。』『秦郡』震澤王氏刻本作『三郡』，疑是，

當從之。秦莊襄王名楚，本諱『楚』字，故于破楚虜王後，除去楚名而爲郡也。『楚郡』之『楚』字疑衍。三郡當謂南郡、九江、會稽，如黔中固是後來所置，非初滅六國時所有，南海、桂林、象郡亦然，且于楚亦僅羈縻，非其疆域，然如長沙郡則實楚地建爲郡者，而孫檢但言三郡，特約畧之詞耳。其實當言四郡，抑古人『四』字亦積畫作『三』，故易混邪？

又　卷一四《漢書八・漢制依秦而變》　《續百官志》云：『漢之初興，法度草創，略依秦制。』雖依秦，亦遞變之，秦分天下爲三十六郡，以郡領縣，無冀兗等州名，有監御史，有守，有尉，有令，有丞，見《史記・秦始皇本紀》，又《曹參傳》：『擊胡陵、方與，攻秦監公軍，破之。東下薛，擊泗水守軍薛郭西。』孟康曰：『監，御史監郡者。』晉灼曰：『秦一郡置守、尉、監三人。』《蕭何傳》注蘇林亦曰：『秦時無刺史，以御史監郡。』《高本紀》：『秦二年，沛公守豐，秦泗川監平將兵圍豐，與戰破之。』文穎曰：『泗川，今沛郡也。高祖更名沛，秦時御史監郡，若今刺史。』其下又云：『沛公引兵之薛，秦泗川守壯兵敗於薛。』如淳曰：『秦幷天下爲三十六郡，置守、尉、監。』又李斯上書請天下有藏《詩》《書》百家語者，詣守尉燒之。合觀之，秦制可見。

監既在守之上，則似漢之部刺史，但每郡皆有一監，則又非部刺史比矣。蓋秦懲周封建流弊，變爲郡縣，惟恐其權太重，故每郡但置一監、一守、一尉，而此上別無統治之者。

《夏侯嬰傳》亦云：『攻胡陵，嬰與蕭何降泗水監平。平以胡陵降。』《樊噲傳》亦云：『擊泗水監豐下，破泗水守薛西。』此與《曹參傳》、《高本紀》所述皆一事。

《嚴助傳》：『秦時使尉屠睢擊越，使監祿鑿渠通道。』張晏曰：『郡都尉，姓屠名睢。監郡御史，名祿。』《陳涉傳》：『攻陳，陳守令皆不在，獨守丞與戰譙門中。』攷秦三十六郡中無陳郡，陳是縣名，而爲太守治所，故云『守令皆不在』，每縣令之外有丞守，丞必陳縣之丞，代令守城者。又《張耳陳餘傳》：『耳説趙豪桀曰：「陳王奮臂，天下莫不應，縣殺其令丞，郡殺其守尉。」』《叔孫通傳》：『通對二世曰：「羣盜鼠竊狗盜，郡守尉令捕誅，何足憂。」』彙而考之，秦制已明，而漢制則仍秦而遞變者。

秦監郡御史亦名郡長，《灌嬰傳》云：『轉南，破薛郡長。』師古曰：『長，亦如郡守也，時每郡置長。』又云：『破吳郡長吳下，得吳守。』如淳曰：『長，雄長之長也。』師古曰：『此説非也。吳郡長，當時爲吳郡長，嬰破之於吳下。』愚謂此所謂郡長，必即監郡御史，師古兩注皆未明。

《南粵王趙佗傳》敍元鼎六年平南粵事有粵桂林監居翁。服虔曰：『桂林部監也，姓居名翁。』按每部設監，此秦制也。漢改部刺史，則監罷不設矣。佗本秦吏，故南粵尚用秦制，郡有監，此桂林即秦時所置郡也。服注非。

《三國・魏志・夏侯玄傳》：『玄議時事云：「秦不師聖道，姦以待下。懼宰官之不修，立監牧以董之；畏督監之容曲，設司察以糾之。宰牧相累，監察相司，人懷異心，上下殊務。漢承其緒，莫能匡改。」』觀此，知漢制因秦也。宰官即縣令，監牧即郡守，司察即監郡御史。玄又謂：『五等之典雖難卒復，可麤立儀準。今長吏皆君吏民，横重以郡守，累以刺史。若郡所攝，唯在大較，則與州同，無爲再重。宜省郡守，但任刺史。』

又　卷一七《漢書十一・故郡》　秦以京師爲内史，京師之外分三十六郡，河東郡、太原郡、上黨郡、三川郡、東郡、潁川郡、南陽郡、南郡、九江郡、泗水郡、鉅鹿郡、齊郡、琅琊郡、會稽郡、漢中郡、蜀郡、巴郡、隴西郡、北地郡、上郡、九原郡、雲中郡、雁門郡、代郡、上谷郡、漁陽郡、右北平郡、遼西郡、遼東郡、南海郡、桂林郡、象郡、邯鄲郡、碭郡、薛郡、長沙郡，見班《地理志》，但《史記・秦始皇本紀》云：『秦初幷天下，分以爲三十六郡』，裴駰注歷舉三十六郡之名，雖與班《志》約略相同，而無南海、桂林、象郡三郡，卻以内史充數，又添入鄣郡、黔中，是爲三十六，《晉書・地理志》同。愚謂班《志》、裴《注》各有誤，何則？《始皇本紀》又云：『三十三年，發諸嘗逋亡人贅壻賈人略取陸梁地爲桂林、象郡、南海』，《南越尉佗傳》亦云：『秦時已幷天下，略定揚越，置桂林、南海、象郡』，則三郡爲秦置無疑。《史記・南越傳》於敍畢武帝元鼎六年破南越事之下，乃云：『南越已平矣，遂爲九郡。』徐廣注九郡名有南海、鬱林、日南，鬱林即桂林，日南即象郡，此皆秦郡，

非武帝始置也。然并天下係二十六年事，其時已定三十六郡，南海等三郡是三十三年所置，相去已八年，不應入三十六郡之數，班《志》疑誤。《後書·南蠻傳》：『秦并天下，威服蠻夷，始開領外，置南海、桂林、象郡。』詳蔚宗意，亦非謂一并天下卽有領外，意亦是説後來所置。《漢西南夷傳》：『楚威王時，使將軍莊蹻將兵循江上，略巴、黔中以西。蹻至滇池，方三百里，旁平地肥饒數千里，以兵威定屬楚。欲歸報，會秦擊奪楚巴、黔中郡，道塞不通，因以其衆王滇。秦時嘗破，略通五尺道，諸此國頗置吏焉。十餘歲，秦滅漢興，皆棄此國。』巴郡雖在三十六郡數内，而黔中更荒遠，略通置吏僅十餘歲而秦已滅，則黔中之屬秦已當始皇三十年以後，去二十六年初并天下亦已久矣，自不當在三十六郡數内，裴注亦誤。至《兩粤傳》云：『閩粤王無諸及粤東海王摇，其先皆粤王句踐之後。秦并天下，廢爲君長，以其地爲閩中郡。』此一郡則班《志》、裴《注》皆未之及，此置郡亦必在始皇三十年後，非初并天下事，且秦雖置郡，仍爲無諸與摇所據，秦不得而有之，所以漢擊楚，二人卽率越兵來助，故不當在三十六郡數也。然則於班《志》去三外，應入内史，蓋班《志》郡國一百三，連三輔數，則秦三十六郡亦應連内史數，外尚少二，姑闕其疑，鄣郡亦似非，説見下。

《高紀》：『漢二年，章邯自殺。雍州定。八十餘縣，置河上、渭南、中地、隴西、上郡。』服虔曰：『河上，卽左馮翊也。渭南，京兆也。中地，右扶風也。』師古曰：『凡新置五郡。』按隴西、上郡乃秦故郡，非新置，其餘三郡皆新置，見本志。蓋雍州地已爲雍、塞、翟三國，今滅其國，置五郡，三郡新置，二郡復故，非新置而不分析者，史約言之耳。又《高紀》：『漢二年，韓信虜魏豹，定魏地。置河東、太原、上黨郡。』《魏豹傳》畧同。三郡皆秦故郡而此云云者，非謂漢始置此郡也。項羽王豹於河東，爲西魏王，則此三郡爲魏國不爲郡矣，今虜豹，以其地仍爲郡，復故非新置，史約言之。又《荆王劉賈傳》：『賈擊臨江王共尉，尉死，以臨江爲南郡。』南郡，秦故郡，此亦復故，非新置，據文當云復以臨江爲南郡，史約言之。又《高紀》：『漢三年，擊趙，獲趙王歇，置常山、代郡。』常山高帝新置，代郡秦故郡，復故非新置，不分析者，史約言之。惟《高紀》：『漢五年，以長沙、豫章、象郡、桂林、南海立番君芮爲長沙王』，劉攽辨豫章傳寫誤加此條，則劉説是，非豫章新置，餘四郡秦故郡，而史家約言之之謂。

《樊噲傳》：『破河間守軍於杠里』，河間國，文帝二年置，此云河間守，亦必楚漢間權立其名。

河南郡，故秦三川郡，高帝更名，《高紀》：『秦二年，斬三川守李由。』應劭曰：『三川，今河南郡。』其下文敍項羽分割諸侯，以申陽爲河南王，都洛陽，其下文漢二年，河南王申陽降漢，置河南郡，郡名因項氏所立故國名。

《高紀》：『漢六年，以故東陽郡、鄣郡、吳郡五十三縣立劉賈爲荆王，以碭郡、薛郡、郯郡三十六縣立弟文信君交爲楚王，以雲中、雁門、代郡五十三縣立兄宜信侯喜爲代王，以膠東、膠西、臨淄、濟北、博陽、城陽郡七十三縣立子肥爲齊王，以太原郡三十一縣爲韓國，徙韓王信都晉陽。』此段乍觀之，以一『故』字貫下諸名，似有十六郡皆秦故郡矣。詳考之，則惟碭郡、薛郡、雲中、雁門、代郡、太原六郡爲秦故郡，其餘若吳郡則後漢所分，説詳後，非秦郡，至東陽，文穎以爲卽下邳，乃東海屬縣，非秦郡。臨淮屬縣有東陽，名同地異。鄣郡，文穎以爲丹陽，文穎是説楚漢間鄣郡地卽漢武帝丹陽郡地，非説郡治在丹陽縣，蓋武帝時丹陽郡所治自在丹陽，其前則爲鄣郡，治故鄣，故韋昭曰：『鄣郡，今故鄣縣也。』後郡徙丹陽，轉以爲縣，故謂之故鄣也。此卽今廣德州，春秋以來名桐汭，當鄣郡治此之時不知何名，後武帝改郡名爲丹陽郡，其治亦徙丹陽縣，其後直至孫權方改秣陵爲建業，丹陽郡治徙於此。六朝都此，以丹陽尹比京兆尹，今江寧府上元、江寧二縣也。而太平、寧國二府交界處疑是西漢丹陽郡治。於是鄣郡所治之縣卽謂之故鄣，而鄣郡實非秦郡。沈約《宋書·州郡志》云：『丹陽，秦鄣郡治，今吳興之故鄣縣。漢武帝元封二年爲丹陽郡，治今宣城之宛陵縣，晉武帝太康二年分丹陽爲宣城郡，治宛陵，而丹陽移治建業。』如約説，漢丹陽郡治宛陵，如韋昭説，則治丹楊。韋昭，三國吳人，通經大儒。沈約，齊梁人，輕薄文士，沈説自不如韋説可據，今定從韋。郯郡，文穎以爲東海郡，志於東海下注『高帝置』，應劭則云秦郯郡，而郯郡實非秦郡，疑此皆楚漢間權立其名。其膠東、膠西、臨淄、濟北、博陽、城陽除膠東、城陽漢國外，餘以本紀及《諸侯王表》并《史記·齊悼惠王世家》等篇

考之，或爲文景以後所建國，或爲縣名，不但非秦故郡，并有非漢郡者，此在秦皆齊郡、琅邪郡二郡地耳。作史者立文取便，隨意言之，假借後名以紀前事，故其文參錯如此。其縣數雲中、雁門、代郡志凡四十三縣，此云五十三，太原志凡二十一縣，此云三十一，『四』誤爲『五』，『二』誤爲『三』耳。餘姑勿深攷。

丹楊郡注：『故鄣郡。』劉敞原父《刊誤》云：『秦分三十六郡，無鄣郡。此但當云故鄣，不當益「郡」字。』此劉之誤，非班之謬。劉固未喻班意也。凡秦所置故郡，漢因之者，則如河東郡，但注云『秦置』是也。秦所置，其後有所改易而復故者，則如潁川郡注云『秦置，高帝五年爲韓國，六年復故』是也。秦所置漢直改之者，則如河南郡注云『故秦三川郡，高帝更名』是也。不因秦名屢經改易卒從後定者，則如京兆尹注云『故秦內史，高帝元年屬塞國，二年更爲渭南郡，九年罷，復爲內史。武帝建元六年分爲右內史，太初元年更爲京兆尹』是也。若廬江郡注云『故淮南，文帝十六年別爲國』，所謂『故淮南』者，即《高帝紀》四年立黥布爲淮南王是也；所謂『文帝十六年別爲國』者，即《淮南王傳》文帝立厲王子賜爲廬江王是也。然則高帝即稱故，不必秦；《高紀》六年已有鄣郡，故云『故鄣郡』何必以秦無鄣郡，欲去『郡』字邪？《吳王濞傳》：『荊王劉賈爲黥布所殺，高祖破布，立濞爲吳王，王三郡。』吳即荊，《諸侯王表》：『東帶江湖，薄會稽爲荊吳。』文穎曰：『即今吳也。高帝六年爲荊國，十年更名吳。』師古曰：『荊吳同是一國。』三郡即東陽郡、鄣郡、吳郡。其下又云『孝惠高后時，吳有豫章郡銅山』，韋昭注云：『此有「豫」字，誤，但當云章郡，今故章也。』其下又云『及削吳會稽豫章郡書至』，『豫』字亦衍，然則漢初已有鄣郡甚明，但不知其所始。

《灌嬰傳》『既斬項籍，度江定吳豫章會稽郡』，此《史記》文班用之者，會稽，秦故郡，豫章新置，至於分吳、會稽爲二，則據《續志》後漢順帝始，然班固卒於和帝永元四年，分二郡之事固所未及見，況司馬遷乎？《吳王濞傳》云『上患吳會稽輕悍』，亦以吳會稽並言，若謂漢初已有吳郡，恐未必然，蓋會稽郡屬山陰縣注：『會稽山在南，揚州山。越王句踐本國。』此實今紹興府治，若蘇州府治吳縣則吳本國也。秦人無端忽移越國都之山名以名吳國都，名實不相應，當時人稱謂之間，必有不順於口而嫌於舉此遺彼者，故往往以吳會稽連言之，由今揣之，當必爲是范成大《吳郡志》第四十八卷《考證》門歷引三國六朝人言吳會皆指兩郡而言，非謂吳門爲東南一都會，此雖在既分兩郡後，而西漢人之稱吳會稽意亦如此，讀者皆勿泥。《莊子釋文》云浙江今在餘杭郡。後漢以爲吳會分界，吳會稽猶言吳越。

又　卷二〇《漢書十四·地理雜辨正三》　會稽郡下注云：『秦置。高帝六年爲荊國，十二年更名吳。景帝四年屬江都。』按後廣陵國下注云：『高帝六年屬荊國，十二年更屬吳。景帝四年更名江都。武帝元狩三年更名廣陵。』所屬廣陵縣下注云：『江都易王非、廣陵厲王胥皆都此，并得鄣郡而不得吳。』班氏會稽、廣陵兩注自相矛盾，劉敞於此郡駁云：『景帝四年封江都王，并得鄣郡而不得吳，然則會稽不得云屬江都。』愚攷《江都易王非傳》『景前二年立爲汝南王，吳、楚反，自請擊吳，吳已破，徙王江都，治故吳國』，師古曰：『治謂都之。』既云治吳，則廣陵注云『江都易王非都此』者誤。《越絶書》卷二《吳地傳》云：『漢高帝封劉賈爲荊王，并有吳。十一年，淮南王英布反，殺劉賈，後十年，高帝更封兄子濞爲吳王，治廣陵，并有吳。立二十一年，東渡之吳，十日還去。立三十二年，反，奔還東甌，殺濞。』據此，吳王濞實治廣陵，而江都易王則治吳，不都廣陵。廣陵注所言『江都易王都此』者，實誤。都且在吳，乃云『不得吳』，更誤矣。劉敞所駁大謬。又攷《高帝紀》六年，以故東陽郡、鄣郡、吳郡五十三縣立劉賈爲荊王，十二年，詔曰：『吳古建國，日者荊王兼有其地，今死亡後，朕欲復立吳王，其立沛侯濞爲吳王。』《吳王濞傳》高祖立濞爲吳王，王三郡五十三城，其下文朝錯又言吳以兄子王吳五十餘城，即謂東陽郡、鄣郡、吳郡五十三縣也。其下又言削吳會稽、章郡書至，吳國之有會稽顯然，而江都因吳故封，其得吳明矣。廣陵厲王胥以元狩六年封，本傳載其賜策言大江之南五湖之間，則廣陵厲王之得吳明矣。廣陵注與劉敞駁實皆誤也。至於吳郡、鄣郡等名，皆非故秦郡，史家隨便稱爲故，不足泥。又案《史記夏本紀》云：『禹會諸侯江南計功而崩，因葬焉，命曰會稽。會稽者，會計也。』裴駰注引《皇覽》曰：『禹冢在山陰縣會稽山上。』秦置郡本取此山爲名，然郡守治所則治吳不治山陰。《項羽本紀》秦二世元年九月，項梁與籍殺會稽守殷通，舉吳中兵八千人，梁爲會稽守，籍爲裨將，乃渡江而西。此所謂吳

中，即今蘇州府治吳、長洲、元和三縣地也。嚴助、朱買臣拜會稽太守，皆其地。【略】

《嚴助傳》『會稽東接於海，南近諸越，北枕大江』三語，已盡前漢會稽形勢。後漢順帝分吳、海鹽、烏程、餘杭、昆陵、丹徒、曲阿、由拳、富春、陽羨、無錫、婁別爲吳郡，則今鎮、常、蘇、太、松、嘉、湖、杭七府一州地也。北境俱屬吳，惟南境仍爲會稽。司馬彪於會稽郡下自注云：『秦置。本治吳，立郡吳，乃移山陰。』『立郡吳』當作『立吳郡』，傳寫誤。會稽本山陰山名，以此名郡而治吳，名實乖矣，吳郡治吳爲是。

『丹揚郡、故鄣郡，屬江都。武帝元封二年更名丹陽。』『揚』字從手，其屬縣丹陽則從昜，而南監板俱作『陽』。考《晉書·地理志》或作『揚』，或作『陽』，紛紛不一，而屬縣則作『楊』，且注云：『丹楊山多赤柳，在西也。』然則縣名從木甚明，而郡亦當以此得名，凡從手、從阜疑皆傳寫誤也。唐許嵩《建康實録》第一卷解《禹貢》揚州，弓《春秋元命包》云：『厥土下濕而多生楊柳。』以爲名揚州之『揚』從手，李巡《爾雅注》以爲輕揚，此不可牽合。劉敞曰：『秦分三十六郡，無鄣郡。此注但當云「故鄣郡屬江都」，不當益「郡」字。』愚按劉説似是而非，辨已見前。『故鄣郡屬江都』也者，乃謂武帝之前此郡地名鄣郡屬江都國耳，豈謂秦哉？如劉云云，則但故鄣一縣屬江都乎？不通極矣。鄣郡非秦郡名也，而《高帝紀》云：『六年，以故東陽郡、鄣郡、吳郡立劉賈爲荆王。』廣陵國注云：『高帝六年屬荆國，十二年更屬吳。景帝四年更名江都，武帝元狩三年更名廣陵。』江都、廣陵皆并得鄣郡，以上所説郡名，其中居然有鄣郡，或係楚漢分爭之際暫置復廢，其後得稱故郡，不必秦郡方得稱故。當秦三十六郡時，此郡所屬十七縣地，既非丹楊郡，又非鄣郡，皆是會稽郡地耳。劉昭亦誤以秦有鄣郡。

『於朁』，師古音潛。《郡國志》直作『潛』。『故鄣』，胡三省《通鑑注》云：『漢屬丹楊郡，其地本秦鄣郡所治，故曰故鄣。今廣德軍是故鄣縣之地。』《文獻通考·古揚州》秦郡五，有鄣郡、會稽郡、九江郡。秦無鄣郡，説已詳上。胡三省、馬端臨皆非。

清·金榜《禮箋》卷一《地理志分置郡國考》

漢置郡國先後具見班《志》間，有不具者《晉書·地理志》能言之輒多抵梧不合。茲据班書考正如左：

《地理志》本秦京師爲内史，分天下作三十六郡。

《史記》始皇二十六年，分天下以爲三十六郡，郡置守尉監。裴駰《集解》云：『三十六郡者，三川、河東、南陽、南郡、九江、鄣郡、會稽、潁川、碭郡、泗水、薛郡、東郡、琅邪、齊郡、上谷、漁陽、右北、平遼、西遼、東代郡、鉅鹿、邯鄲、上黨、太原、雲中、九原、鴈門、上郡、隴西、北地、漢中、巴郡、蜀郡、黔中、長沙。凡三十五，與内史爲三十六郡，《晉書·地理志》同榜案志言：本秦京師爲内史，分天下作三十六郡，明三十六郡内不數内史。《史記》言：郡置守尉監，明與内史所置不同。《高帝紀》六年以碭郡、薛郡、郯郡、立弟交爲楚王。楚王交傳郯郡作東海，應劭云：東海秦郯郡，酈元沂水注云：郯縣東海郡治，秦始皇以爲郯郡。漢高帝二年更從今名《史記·陳涉世家》陵人秦嘉等皆將兵圍東海守慶于郯。是時未有東海郡，史家以今名追書之，而秦有郯郡，郡治郯，是其据證。《史記·絳侯世家》籍已死。因東定楚地泗水東海郡，此改郯郡爲東海郡之始。《本紀》始皇三十三年畧取陸梁地爲桂林象郡南海，又廢無諸搖爲君長，以其地爲閩中郡，秦敗，南海桂林象郡屬尉佗，漢又立無諸爲閩粵王，王閩中故地。四郡不屬於漢，故言：本秦三十六郡，今以班《志》考之，其仍秦郡名者，河東、太原、上黨、東郡、潁川，《志》云：高帝五年爲韓國六年復故。南陽、南郡。《志》云：高帝元年更爲臨江國，五年復故。景帝二年復爲臨江，中二年復故。九江《志》云：高帝四年更爲淮南國，武帝元狩元年復故。鉅鹿、齊郡、琅邪、稽《志》云：高帝六年爲荆國，十二年更名。吳景帝四年，屬江都。劉原父云：景帝封江都王并得鄣郡而不得吳。然則會稽不得云屬江都。榜案：武帝建元三年，遣嚴助發會稽兵救東甌，會稽守欲拒法不爲發。後嚴助朱買臣相繼爲會稽太守，並當易王非及子建王江都，時謂景帝四年屬江都。志之羡文也會稽一名吳郡。漢中、蜀郡、巴郡、隴西、北地、上郡、雲中、鴈門、代郡、上谷、漁陽、右北平、遼西、遼東、長沙。《志》云：高帝五年爲國。凡二十七郡，漢所更名者，河南故三川，《志》云：高帝更名。沛郡故泗水，《志》云：高帝更名。東海故郯郡，《志》云：高帝置，丹楊故鄣郡。《志》云：故鄣郡屬江都，武帝元

封二年更名丹楊。榜案：志于廣陵云江都易王非廣陵厲王胥皆都此。并得鄣郡而不得吴，此不言屬廣陵者，厲王胥以元狩六年王廣陵至元封二年鄣郡已更名丹楊，則其地已入于漢，計屬廣陵僅八年耳。故《志》但云屬江都。武陵故黔中。《志》云：高帝置，《郡國志》秦昭王置黔中郡，高帝五年更名武。陵酈元沅水注：秦昭襄王二十七年使司馬錯以隴蜀軍攻楚，割漢北地與秦，至三十年又取楚巫黔及江南地以爲黔中郡，高祖五年割黔中，故治爲武陵郡，榜案志云：高祖置文畧不具。五原故九原，《志》云：武帝元朔二年更名。趙國故邯鄲，《志》云：高祖四年爲趙國，景帝三年復爲邯鄲郡，五年復故。梁國故碭郡，《志》云：高帝五年爲梁國。魯國故薛郡。《志》云：高后元年爲魯國。凡九郡，東海、武陵、不言，故郡文畧不具，可參考而知也，是爲秦三十六郡。胡三省云：秦置楚郡班，《志》不見，榜案：《史記・楚世家》王負芻，五年，秦將王翦蒙武遂破楚國。虜王負芻滅楚名爲楚郡，云：胡氏説本此。《始皇本紀》三十三年，秦王復召王翦彊起之，使將擊荆，正義云：秦號楚爲荆，以莊襄王名子楚諱之，故言荆也。《楚世家》所謂滅楚名者如此。秦諱楚滅去楚名其不更取楚名郡審矣。《史記》注引孫檢云：秦虜楚王負芻，滅去楚名，以楚地爲三郡。据此則楚郡乃三郡之譌，胡氏沿譌生訓耳。

清・姚鼐《惜抱軒文集》卷二《項羽王九郡考》 史言項羽分割天下，自王梁、楚地九郡，而不載九郡之名。余考之：蓋爲碭、陳、東郡、泗川、薛、東海、東陽、鄣、會稽，是云九郡。碭與東郡，故梁地也；自陳以東，故楚地也，故曰王梁、楚。大抵西界故韓，東至海，北界上則距河，下則距泰山，南界上則距淮，下則包踰江東，固天下之膏腴平壤矣。

昔秦以水灌大梁，大梁毁。意滅梁後郡不治大梁而南治碭，故曰碭郡。楚襄王始都陳，後爲秦得，故陳爲郡。《陳涉世家》云：『陳守令皆不在。』則秦有陳郡明矣。張子房擬分楚地與信、越，正自陳、碭畫之，北予越，南予信。其後羽滅，如前約，越得其二，信得其七；復如戰國時之梁、楚。高祖六年，漢禽韓信，分信國封劉賈以鄣、吴、東陽三郡爲荆王，封劉交以沛、薛、郯三郡爲楚王。吴即會稽也，郯即東海也，沛即泗川也。沛者高帝更名，餘或羽所改，或漢所改不可知。然皆羽自封時舊郡耳。今本《漢書・高帝紀》誤文以沛爲碭。碭與東郡，是時方屬彭越爲梁國；且度地勢，交必不能踰沛而有碭，故其誤可意決也。

是時雖分韓信地爲交，賈國，而漢西收陳郡，不予諸侯。淮水東流，過陳則少北流。故太史公云：『賈王淮東，交王淮西。』夫收陳者，以南制黥布，北制彭越也。於是分陳西爲汝南郡，故《地志》曰：『汝南郡，高帝置。』

其後漢廢彭越，立子恢爲梁王、友爲淮陽王，淮陽得汝南、陳二郡。是時相國何等請罷東郡，頗益梁；罷潁川郡，頗益淮陽。蓋彭越國本有東、碭二郡，今以王恢，爲國太大，故罷東郡，半屬漢，半屬梁也。汝南、陳本楚故一郡耳，以王友，爲國小，故罷潁川，半益淮陽，半歸漢也。計二國各得楚故一郡又半矣。

及景帝徙淮陽王爲魯王，復空爲郡。太史公云：『淮北沛、陳、汝南、南郡，此西楚也。』陳在楚、夏之交，故知武帝時尚有陳郡矣。宣帝時乃復以陳郡爲淮陽國。漢自武、昭、宣以後，王國減小，於是梁，淮陽國不滿一郡。

始者灌嬰，夏侯嬰、傅寬等《傳》皆云從追項籍軍至陳破之，故垓下，陳地也，而在洨縣。至《漢地志》乃載洨縣於沛郡。賈誼欲割淮陽北縣益梁之東郡。度誼所欲割者，後或入沛，或入陳留，則淮陽與東郡，無鄰地焉。

又 卷六《復談孝廉書》 某頓首，星符先生足下：前辱以辛楣先生説秦三十六郡事，與僕二郡説異，示以相較，甚喜！比未及詳答，今更考尋，知少詹言亦未審也。按《秦始皇紀》『分天下爲三十六郡』，在其二十六年；迄三十三年，略取陸梁地爲桂林、象郡、南海，是已爲三十九郡，至秦亡時，或更有分合，不知凡若干郡也。子駿、孟堅蓋已不能詳知，姑舉其初，曰：『本秦京師爲内史，分天下作三十六郡。』下遂及『漢興』云云。其説實有未備，不可拘守也。

僕考秦、楚間郡名，得四十餘。《漢地志》郡，國其有注云『秦置』者，凡三十六。少詹所舉，謂始皇所分三十六郡即是也，而桂林三郡在其中。其外《史記》紀秦昭襄王置黔中郡矣。《陳涉世家》云：『比至陳，陳守、令皆不在。』則知有陳郡矣。『丁疾等圍東海守慶于郯。』則知有東海郡矣。《項羽紀》：『趙將司馬卬定河内，故立爲殷王，王河内。』蓋秦有河内郡也。『田安下濟北數城。』《留侯世家》：『孺子見我濟北。』是濟

北亦秦郡，故曹參定濟北郡也。至於郭、東陽、膠東、膠西、博陽、城陽、衡山諸郡，皆名見楚、漢之交者。此或秦置耶？或楚、漢置耶？舉未可知。將以推始皇二十六年分三十六郡之數，惟南海、桂林、象郡必不當數之，少詹誤耳。其餘四十餘郡，不能定其決爲後置者何郡也。裴駰所舉三十六郡，與少詹互有短長。僕作《二郡沿革攷》時，姑因六朝人説，以鄣爲秦郡。究之秦初郡必不可指數，謂有鄣者未必非，亦未必是也。『多聞闕疑』，庶得之耳。

尊著《斗建考》甚精當，然猶覺文太繁。減其大半乃善。餘當相見論之，不具。

清·錢大昕《三史拾遺》卷三《地理志下》 故自高祖增二十六。『志』於河内、汝南、江夏、魏、常山、清河、涿、勃海、平原、千乘、泰山、東萊、東海、豫章、桂陽、武陵、廣漢、定襄十八郡及楚國皆云『高帝置』，於中山國云『高帝郡』，於廣陽國云『高帝燕國』，於膠東國云『高帝元年别爲國』，於淮陽國云『高帝十一年置』，於六安國云『高帝元年别爲衡山國』，合之得二十四。又丹陽郡云故鄣郡。一此郡不言秦置，亦不言高帝置。蓋班氏之例，稀高帝置者以漢元年爲斷。如膠東、衡山皆項羽主命封之，《志》皆繫以高帝者，尊漢之詞也。鄣郡殆陳、項所置，在漢元年以前，不得繫以高帝，要亦漢初所有，并内史爲二十六也。秦制，内史尊於郡守，不在三十六郡之數。漢初猶沿秦舊。至武帝析爲三輔，雖官列九卿，職與太守無異，故列於郡國百有三之内。馮翊、扶風既是武帝所增，則内史當屬之高帝矣。

清·錢大昕《潛研堂文集》卷一六《秦四十郡辨》 言有出于古人而未可信者，非古人之不足信也，古人之前尚有古人，前之古人無此言，而後之古人言之，我從其前者而已矣。秦四十郡之説昉于《晉書》，《晉書》爲唐初人所作，自今日而溯唐初，亦謂之古人，要其去秦、漢遠矣。《太史公書》：『秦始皇二十六年，分天下爲三十六郡。』未嘗實指爲某某郡也。班孟堅《地理志》列漢郡國百有三；又于各郡國下詳言其沿革，其非漢置者，或云秦置，或云故秦某郡，或云秦郡并之，正合三十六之數。是孟堅所説，卽始皇所分之三十六郡也。《志》末又總言之云：『本秦京師爲内史，分天下作三十六郡。漢興，以其郡太大，稍復開置，又立諸侯王國。武帝開廣三邊。故自高帝增二十六，文、景各六，武帝二十八，昭帝一，迄于孝平，凡郡國一百三。』以秦三十六郡合之高、文、景、武、昭所增置，正得百有三，是秦三十六郡之外更無它郡，安得有四十郡哉？司馬彪《郡國志》本沿《東觀》舊文，亦云：『《漢書·地理志》承秦三十六郡，後稍分析，至于孝平，凡郡國百三。』蓋自後漢至晉，史家俱不言秦有四十郡也。許叔重《説文》、應劭《風俗通》、高誘《淮南子注》、皇甫謐《帝王世紀》述秦郡皆云三十六，諸人博學洽聞，豈有不讀《史記》者？使南海三郡果在三十六郡之外，何故舍多而稱少？故知西晉以前，本無四十郡之説，自裴駰誤解《史記》，以略取陸梁地在分郡之後，遂别而異之；其注三十六郡與《漢志》同者三十二，别取内史、鄣郡、黔中三郡以當之，而秦遂有三十九郡矣。《晉志》又增入閩中一郡，合爲四十。嗣後精于地理如杜君卿、王應麟、胡三省輩，皆莫能辨。四十郡之目，遂深入人肺腑，牢不可破矣。地理之志，莫古于孟堅，亦莫精于孟堅；不信孟堅，而信房喬、敬播諸人，吾未見其可也。卽泝而上之，肇自裴駰，駰亦劉宋人也，豈轉古于孟堅哉！

或曰：子言古人有前後之殊，信矣。太史公在孟堅之前，乃《始皇紀》分天下爲三十六郡在二十六年，而略取陸梁地爲桂林、象郡、南海則在三十三年，是三郡固在三十六郡之外矣。信《漢書》而不信《史記》，未見其信古也。

予應之曰：讀古人書當尋其條貫，未可執單詞以爲口實。史公紀事皆言其大者，始皇二十六年，秦初并天下，丞相綰請封諸子，李斯言封諸侯不便，遂廢封建之制。諸郡置守、尉、監，皆領于天子。此秦變古之一大端，故特于是年書分天下爲三十六郡，猶言廢封建爲郡縣耳。言三十六郡則統乎天下矣，非謂三十六郡盡置于是年也。卽以此紀證之，始皇卽位之初，秦已并巴、蜀、漢中，置南郡矣；北收上郡以東，有河東、太原、上黨郡；東至滎陽，滅二周，置三川郡矣。其五年，又置東郡矣；十七年，又置潁川郡矣；二十五年，又置會稽郡矣。此諸郡者，皆在裴駰所舉三十六郡之數，子不疑前文之重沓，而獨疑後文之預數，所謂知其一未知其二者也。始皇自謂以水德王，數以六爲紀，郡名三十六，蓋取六自乘之數。若四十郡，則漢人無言之者，無徵之言，置之弗聽可矣。

或又曰：《史記·東越列傳》：『秦已并天下，以其地爲閩中郡。』閩中爲始皇置，史公有明文，而《漢志》不載，豈非班氏之漏？

予應之曰：《南越傳》亦云：『秦已并天下，略定楊越，置南海、桂林、象郡，以謫徙民，與越雜處十三歲。』其云十三歲者，自二十五年滅楚之後數之也。閩中與南海三郡，皆置于王翦定百越之時，但其初雖有郡名，仍令其君長治之，如後世羈縻州之類。其後尉屠睢擊南越，殺其君長，始置官吏，比于內地；而閩中則仍無諸與搖治之，是以不在三十六郡之數，非班史有遺漏也。

或又曰：《漢志》鄣郡不言高帝置，此可爲秦置之證。

予應之曰：《漢志》『丹陽郡，故鄣郡』不云故秦鄣郡，則非秦置可知。《志》凡稱『故』者，皆據漢初而言，如故齊、故趙、故梁、故楚、故淮南，并漢初封國也。泗水國云『故東海郡』，與此文正同。東海郡既高帝置，則鄣郡亦必漢置矣。此三難者，舉不足以申四十郡之説，而世猶以其出于《晉志》，不敢輒議。夫《晉志》之誤亦多矣。《漢志》郡國百三，而誤以爲百十有一，《續漢志》郡國百五，而誤以爲百八。東晉僑立州郡未嘗有『南』字，宋永初詔書始加，而《晉志》襲沈約之文弗能考正。近事且猶踳訛，況能溯秦、漢而補孟堅之闕乎！吾故曰言四十郡甚難而實非也，言三十六郡甚易而實是也。讀《史記》者當以孟堅書解之，而毋惑乎裴駰之單辭可矣。

又《秦三十六郡考》 秦三十六郡之名，當以《漢書·地理志》爲據，自裴駰誤解《史記》，别南海、桂林、象郡于三十六之外，而《晉志》因有四十郡之説，紛紛補湊，似是實非。今依《漢志》列其名目如左。

《漢志》稱秦置者二十有七：

河東郡　太原郡　上黨郡　東郡　潁川郡　南陽郡　南郡　九江郡
鉅鹿郡　齊郡　琅邪郡　會稽郡　漢中郡　蜀郡　巴郡　隴西郡　北地郡
上郡　雲中郡　雁門郡　代郡　上谷郡　漁陽郡　右北平郡　遼西郡
遼東郡　南海郡

稱秦郡者一：

長沙郡漢爲國。

稱故秦某郡者八：

三川郡漢更名河南郡。泗水郡漢更名沛郡。九原郡漢更名五原郡。桂林郡漢更名鬱林郡。象郡漢更名日南郡。邯鄲郡漢爲趙國。碭郡漢爲梁國。薛郡漢爲魯國。

以上共三十六郡。《志》云秦置者，謂因其名不改者也。云秦郡者，因其郡名而立爲國者也。云故秦某郡者，因其地而改其名者也。此外無稱秦者。

讀古人書，須識其義例。此《志》首云：『漢興，承秦制度。』故述郡名，斷自秦始。如雲中、代、上谷、漁陽、右北平、遼西遼東諸郡，以《匈奴傳》考之，乃戰國燕、趙所置也，而《志》皆云秦置，蓋以秦之三十六郡爲斷，非與彼傳相矛盾也。

三十六郡之名，皆據始皇時。若二世改元以後，豪傑并起，復稱六國，分置列郡，多有出于三十六郡之外者，不久仍復并省，故班志略而不言，如吳郡之類是也。亦有漢興仍其名者，則歸之高帝置，此尊漢之詞也。凡稱故秦者，皆據始皇三十六郡。其稱故齊、故趙、故梁、故楚者，皆據漢初封國，非戰國之秦、齊、趙、梁、楚也。

又卷三五《答談階平書》 得足下書，道及姚禮部駁僕《漢書考異》中《説秦三十六郡》一條。僕所據者班孟堅《志》本文，以《志》解《志》，非敢臆造。禮部執《史記》分郡在始皇二十六年，而略取南海諸郡乃在三十三年，不當列于三十六郡之數，似矣。僕試即以《史記》質之，則三十六郡之分，本非一年中事。如東郡則始皇五年置矣，潁川則十七年置矣，會稽則二十五年置矣，豈皆在二十六年乎！不特此也，巴、蜀置于惠文，南郡、南陽、隴西、北地置于昭襄，三川、太原置于莊襄，則并非始皇時矣。上郡，魏所置；雲中、雁門、代郡，趙所置；上谷、漁陽、右北平、遼東、遼西，燕所置；漢中，楚所置，則并非秦置矣。而《史》皆繫之二十六年者，以是歲爲兼并天下之始，封建變爲郡縣，至是遂一成而不可易，故特記之。前所置之二十餘郡，與後所增之三郡，總以三十六該之，而前後復隨文别見，古人敘事參差，不若後人之泥也。且南海三郡，不必定在三十三年。考《南越尉佗》列傳『秦已并天下，略定揚越，置桂林、南海、象郡，以謫徙民，與越雜處十三歲。』其云

『十三歲』者，據秦并天下至二世元年數之也。《王翦傳》亦先言『平荆地爲郡縣，因南征百越之君』，而後言『二十六年，盡平天下』，依此二文，則二十六年分三十六郡正當有南海三郡矣。均是史公之書，禮部援本紀以證其説，僕卽可援二《傳》以伸僕之説矣。史公但云分三十六郡，初未實指某某郡，班《志》則明言之矣。其敍《漢》郡國以秦三十六郡并高、文、景、武、昭所增，正合百有三之數，非猶有未備也。司馬彪志《郡國》亦云『漢承秦三十六郡』，皇甫謐《帝王世紀》云『秦兼諸侯，置三十六郡』。蓋漢、魏以前，未有別南海諸郡于三十六之外者，別之，自裴駰始。唐人修《晉書》，祖述裴説，因有四十郡之目，相沿到今，僕謂不如班《史》之可信也。馬、班二史，述漢初事，郡名固有出于三十六郡之外者，此則諸侯私置，或二世增設，要非始皇三十六郡之舊，且亦隨置隨廢，故班《志》略而不言，以其不足言也，非有所缺漏也。裴駰之説，不知所本，恐是誤會《始皇本紀》之文，若以前後文互證，則是年實止置齊、琅邪兩郡耳，并前後通計之，班《志》豈眞與太史公相矛盾哉！僕非護前而憚改，顧《史》、《漢》正文具在，難以裴氏單詞，遽詆班《志》爲未備，故稍申愚管，以備折衷，足下試復于禮部，不識更有以啓僕之惑否？

又《再與談階平書》 僕前札中言及秦三十六郡，鄙意但謂史公于始皇二十六年書『分天下爲三十六郡』，兼南海三郡在內，合前後所置言之，班《志》所云與史公本非抵牾耳。又引《王翦》、《南越》兩傳，以證略定揚越時已置此三郡。弟爲存疑之詞，初非因此并疑三十三年不當有略取陸梁地之事也。足下謂王翦南征百越之君，卽指會稽一郡，然賈生過秦云『南取百越之地，以爲桂林、象郡』，則百越與會稽究非一地。《王翦傳》先言『竟平荆地爲郡縣』，而後言『南征百越之君』，可驗百越在會稽郡之外矣。而《南越傳》實有『與越雜處十三歲』之語，足下雖善辯，但以『本不可曉』置之，愚謂此語非甚難曉也。當秦初并天下時，王翦南征百越，已有三郡之名，但因其君長，俾自治之，如後世羈縻之州。其後使尉屠睢略取其地。黜其君長，置官吏如內郡，則在三十三年，故《本紀》特書之，《傳》與《紀》互見而兩不相妨。徐野民未悟及此，是以存疑到今。僕又讀《東越列傳》云『秦已并天下，皆廢爲君長，以其地爲閩中郡』，與南越傳文略同。而本紀不載置閩中郡。其所以有載有不載者，閩中雖有郡名，仍以其君長治之，秦未嘗別置守尉也。南海三郡，其初置蓋與閩中同，厥後乃有任囂、趙佗輩，則等于內地郡縣矣。此所以不書于二十六年以前，而特書于三十三年也。足下以爲然乎，否乎？卽使僕所引《南越》、《王翦》兩傳，果如足下説，而秦之但有三十六郡，別無四十郡，則兩《漢書》有明文，不可據裴駰説以汨之，更不必因裴説之未的，而別求它郡以實之。此僕之本意也，惟足下詳察。

清・趙紹祖《讀書偶記》卷八《秦郡》 《史記》秦始皇二十六年，分天下以爲三十六郡。《裴駰注》曰：『三十六郡謂河南、上中地、三川、河東、南陽、南郡、九江、鄣郡、會稽、潁川、碭郡、泗水、薛郡、東郡、琅邪、齊郡、上谷、漁陽、右北平、遼西、遼東、代郡、鉅鹿、邯鄲、上黨、太原、雲中、九原、鴈門、上郡、隴西、北地、漢中、巴郡、蜀郡、黔中、長沙，凡三十五，與內史爲三十六郡。余桉《漢書・地理志》云本秦京師爲內史，分天下作三十六郡。師古注曰：京畿所統，特號內史，言其在內以別於諸郡守也。然則三十六郡，不當數內史，明矣。又《史記》始皇三十三年，畧取陸梁地，爲桂林郡、象郡、南海。又廢無諸、搖爲君長，爲閩中郡。此四郡在二十六年後，自不在三十六郡之內。胡三省曰：秦置楚郡，《班志》不見。桉《史記・楚世家》：王負芻五年，秦將王翦、蒙武遂破楚國，虜負芻，滅楚名，爲楚郡。夫曰滅楚名，何得置楚郡？又《始皇本紀》：二十三年，王翦擊荆。《正義》曰：秦號楚爲荆，以莊襄王名子楚，諱之，故言荆也。然則所以滅楚名者，以諱楚故，其必不置楚郡明矣。《史記》注引孫檢云：秦滅去楚名，以楚地爲三郡。是《楚世家》楚郡爲三郡之譌，胡氏緣此而誤也。考《漢志》：東海郡，高帝置。師古引應劭曰：秦郯郡。《高帝紀》：六年，以碭郡、薛郡、郯郡立弟交爲楚王。酈道元《沂水注》：郯縣，東海郡治，秦始皇以爲郯郡。則剡郡爲秦置而高帝改爲東海何疑？故三十六郡當去內史而數郯郡以足之也。其秦南海、桂林、象郡，皆漢武帝元鼎六年始開，南海仍秦舊名，改桂林爲鬱林，象郡爲日南。至閩中郡，則漢武元封元年虛其地而有屬稽者，《班志》會稽郡屬治下，師古注曰本閩越地是也。此四郡不在漢初三十六郡之內。

清·胡承珙《求是堂文集》卷一《三十六郡考》 《史記》秦始皇二十六年，分天下爲三十六郡。裴駰《集解》云：三十六郡，謂三川、河東、南陽、南郡、九江、鄣郡、會稽、潁川、碭郡、泗水、薛郡、東郡、琅邪、齊郡、上谷、漁陽、右北平、遼西、遼東、代郡、鉅鹿、邯鄲、上黨、太原、雲中、九原、雁門、上郡、隴西、北地、漢中、巴郡、蜀郡、黔中、長沙，凡三十五郡，與內史爲三十六郡。《晉志》因之，增以南海、桂林、象郡、閩中，因有四十郡之目。《漢書·地理志》於郡下或稱秦置，或稱故秦某郡，數之正得三十六，有南海、桂林、象郡，而武陵不言卽秦黔中，郡丹陽郡但曰故鄣郡，不言秦。錢詹事據之以爲三十六郡必有南海三郡，以較裴注之非。今案裴注惟以內史爲三十六郡之一爲大謬耳。《班志》云本秦京師爲內史，分天下作三十六郡。是三十六郡不數內史明矣。若南海等三郡，《始皇本紀》既云三十六年略取陸梁地，爲桂林、象郡、南海。《南越尉佗傳》亦云秦時已幷天下，略定揚越，置桂林、南海、象郡。則其事畢竟在二十六年分三十六郡之後，不應以充三十六郡之數。至黔中郡，則《秦本紀》昭襄王二十七年，使司馬錯發隴西，因蜀攻楚黔中，拔之。三十年，蜀守若伐取巫郡及江南爲黔中郡。《漢書·西南夷傳》亦云秦擊楚，奪巴、黔中郡。三十六郡既有巴郡，不應獨遺黔中。況以黔中、鄣郡爲秦郡，初不自裴駰始，司馬彪《續郡國志》已以武陵爲秦黔中郡，丹陽爲秦鄣郡矣。然三十六郡尚少其一，諸説紛錯，當從闕疑。無已，其惟東海郡乎？《漢書·高紀》云漢六年，以郯郡封文信君交。文穎以爲東海郡是也。《史記·陳涉世家》云圍東海守慶于郯。則秦郡名東海，不名郯，以治郯，故守在郯。而應劭遂謂秦有郯郡，酈道元《水經注》承其誤耳。金輔之亦謂本名郯郡，史家以今名追書東海，非也。

清·黃廷鑑《第六弦溪文鈔》卷一《秦三十六郡考》 按《史記》秦幷諸侯，分天下置三十六郡。今詳其名，合內史而有鄣、黔中，無南海、桂林、象郡者，《史記》裴駰注也。別內史而有南海三郡，無鄣、黔中者，《漢書·地理志》也。合內史、南海三郡，幷鄣、黔中，增閩中爲四十郡者，《晉書·地理志》也。其《班志》不言秦置而爲秦郡者，《後漢書·郡國志》丹陽之爲秦鄣郡、武陵之爲秦黔中也。其裴注未言秦郡而見於漢志注者，東海郡下應劭曰：秦郯郡也。應亦後漢人，首注《漢書集解》。其別內史幷數鄣、郯二郡，去閩中而增楡中爲四十郡者，明陳芳績《地理沿革表》也。聚訟紛如，幾令考古莫適所從已。不揣譾陋，取《史記》，合兩漢晉地志文注，反覆參稽，而知三十六郡之名，裴注最近之。竊謂於裴注當增郯郡，別內史而爲三十六。於晉志當去閩中而增郯郡，合內史而爲四十。漢既分內史爲三，當幷數馮翊，扶風，得四十二，與《班志》總注凡郡國一百三、漢增置六十一之數適合。如此則諸説可通史，志之文皆無違戾矣。《班志》統漢郡下有秦字者三十六，今三十六郡之名不從漢志而從裴注，何也？以始皇二十六年，初幷天下，分置諸郡，自不得列後之平百越所置之三郡也。況漢志總論云本秦內史，分天下作三十六郡。下云漢興，稍復開置。知三十六郡第溯其初制，非綜秦一代之建置。而南海三郡下又明言武帝元鼎六年開，則雖曰秦郡，已入之開置，其不當併數於前三十六郡中明甚。不得以數之偶合，强爲依違也。惟秦以內史外分三十六郡，猶後世之以畿輔直隸京師，內史自不在三十六郡之列，故裴注當參以漢志注中郯郡補之。至晉志之四十郡，則以漢承秦制而言，不得不列內史而幷入南海三郡。陳氏去閩中而增郯郡爲得之，乃欲別內史而復意增楡中，此其失也。要之，論秦初分天下置郡，斷以裴注三十六郡爲主，增郯郡而別內史計之。以漢承秦制而言，則從晉志之四十郡，去閩中而增郯郡數之。蓋由初而言，不當列內史於諸郡；由後而言，不得外內史於秦置。其異於漢志者，鄣與黔中，本之《郡國志》也。郯郡本之漢志注文也。三十六郡之名既得其實，則裴注與漢晉兩志之相遠，不過在南海三郡之離合、內史之出入而已，一溯其始，一紀其終，大致本無柢梧也。若閩中之名，雖見《史記》，而兩漢地志未載，則以漢平東越已虛其地，此與塞外楡中三十四縣旋置旋棄，皆在所當畧矣。張鹿樵曰熟于史志，考辨精確，自來聚訟，得此論定，允稱老吏斷獄，潛研考强《史記》以從《漢書》，固矣。

清·毛嶽生《休復居文集》卷一《秦三十六郡説》 秦分天下爲三十六郡，自劉宋至今，郡名離合，言各殊異，非考之不博、説之不精，度或未別史、漢所書，通辨其分置也。裴駰曰：三十六郡者，三川、河東、南陽、南郡、九江、鄣郡、會稽、潁川、碭郡、泗水、薛郡、東郡、瑯

邪、齊郡、上谷、漁陽、右北平、遼西、遼東、代郡、鉅鹿、邯鄲、上黨、太原、雲中、九原、雁門、上郡、隴西、北地、漢中、巴郡、蜀郡、黔中、長沙，凡三十五，與内史爲三十六郡。杜君卿、王伯厚、胡身之皆主之。主之者以《續漢書·郡國志》丹陽郡下劉昭注曰秦鄣郡，又不從《漢書》别去内史也。夫鄣非秦置，劉原父嘗辨之，嘉定錢詹事又定爲楚漢間所立，用譏裴爲謁，曰：凡言三十六郡，當從《漢書·地理志》所列。或詰以南海、桂林、象郡置於始皇三十三年，非初并天下時，則曰太史公所書，蓋合其前後所置而言，不專於是年也。又《南越傳》秦時已并天下，略定揚越，置桂林、南海、象郡，以謫徙民，與越雜處十三歲。其云十三歲者，據秦并天下至二世元年數之也。《王翦傳》亦先言平荆地爲郡縣，因南征百越，而後言二十六年，秦盡平天下。依此二文，則二十六年分三十六郡，正當有南海三郡矣，而三十三年復書者，則以王翦南征雖置郡邑，但因其君長治之，如後世羈縻州類，至是年始使尉屠睢略取，置官長，比内郡，是以《東越傳》亦云以其地爲閩中郡，而不書於紀者，此也。然太史公《秦本紀》曰：二十六年，秦王政立二十六年，初并天下，爲三十六郡。《始皇紀》曰：二十六年，秦初并天下，分天下爲三十六郡。其言極明，確有本末，則必自惠文王始攻定諸侯郡邑，或置或因，與始皇所滅而置者，是年實有是郡而分之，書諸於《紀》，非逆數其後置者，且又惡能決其後置者必三郡乎？苟決之是三十六郡爲太史公所分，非始皇也，南越東越傳誠有是言矣。然皆曰秦時已并天下，卽因其君長治之，度已在二十六年後。且自二十七年至二世二年，固已十三歲矣。而任囂語趙佗已云項羽、劉季，是明在二年初也。又紀二十五年但云王翦平荆江南地，降越君，置會稽郡。其傳則止云南征，亦不云置三郡，而下言秦盡平天下，王氏、蒙氏功爲多。蓋統論其父子皆先後攻破六國，非盡屬此。且征百越，武未從也。而南海三郡卽後置官吏比内郡，其先則與閩中郡同，若皆數之，是年已有三十七郡。必待置官吏數之，是年仍闕三郡。又黔中郡置於昭襄王，明見《秦紀》、《楚世家》與《六國表》，而《漢書·地理志》武陵郡下實闕焉，則從《漢書》亦間遺脱。桐城姚刑部、陽湖洪氏亮吉皆駁之。刑部曰：《史記》紀秦昭襄王置黔中郡，《陳涉世家》云比至陳，陳守令皆不，在則有陳郡。丁疾等圍東海守慶於郯，則有郯郡。《項羽紀》趙將司馬昂定河内、田安下濟北數城，則有河内、濟北郡。至於鄣、東陽、膠東、膠西、博陽、城陽、衡山諸郡，或秦或楚漢置，舉未不可知。而推三十六郡，惟南海等必不當數。洪氏曰：考《地理志》丹陽郡下班注云：故障郡。而劉昭注司馬彪《郡國志》則明言丹陽郡卽秦鄣郡，且於故障縣下注秦鄣郡所治。以迄《圖經》、《吴地志》無不然。而以秦無鄣郡，則劉散之妄矣。又曰：黔中郡見《史記·楚世家》，郯郡見《漢書·高祖紀》，而魏收《地形志》亦云郯郡秦置，漢高改爲東海郡。《御覽》引《地道紀》海州東海郡，秦爲薛郡地，後分薛爲郯，漢改郯爲東海郡。《水經注·沂水下》郯，故國也，東海郡治，秦始皇以爲郯郡，漢高帝二年更從今名。是秦有郯郡之明證，援據率綜覈。雖然，陳是縣非郡，《索隱》已辨之，餘非秦置，志傳可，考郯郡是也。而郯之所以爲東海，説皆未達，若鄣非秦郡，原父説誠迂曲，而劉昭注亦微誤。韋昭曰鄣郡，今故鄣縣也，後郡徙丹陽，轉以爲縣，故謂之故鄣也。其言鄣與郡治同，而皆不及秦。韋，孫吴人，不應不詳審於梁。而漢志凡止言故者，若故淮南、故趙、故梁、故東海、故鄣郡之類，皆屬漢初所立，義可考覈，非錢氏竄言。故説秦郡不當數鄣，而二家皆不數南海三郡，則與錢唐梁氏玉繩之説同。梁氏以爲裴數鄣郡誤也，史漢諸侯王表序云：漢獨有三河等與内史十五郡。則秦郡亦不當别去内史，其數内史是也。《水經注·薊縣下》云秦滅燕，以爲廣陽郡，漢高帝封盧綰爲燕國。是秦有廣陽，當去鄣益此。諸家之説，梁氏爲最精博矣。而竊有疑者，秦有郡無國，故尊内史與郡别。漢初則天子諸侯所都皆曰内史，故與郡埒，制不同也。孟堅《地理志》後又明言本秦京師爲内史，分天下爲三十六郡。京兆尹等下注獨曰故秦内史，不稱爲郡。且太史公所云分天下者，是分其所得諸侯地，非分其故有秦也，郡置守尉監，此曰内史，官復不同。梁更數之，異矣。由是言之，從裴氏之説，去鄣與内史，則止三十四郡；從洪氏、梁氏，則皆三十五。然則曷從乎？曰：洪、梁之説近之。考秦滅燕在二十五年，而攻取薊城殺太子丹則事前三年，不容不先置郡，是《水經注》所云廣陽者可信。郯之爲郡，不獨見魏志等書，《陳涉世家》云丁疾等圍東海守與郯。涉初起事，守必秦置，始皇時不聞有東海郡，郯爲楚地，秦既滅楚，斷不虚其地，是始皇必名爲郯，至二世而更之，既破復

立，仍其後名，班氏遂以爲高祖置，然應劭則已明言秦郯郡矣。若是則去裴所云鄣與內史，益以郯與廣陽，三十六郡無不足焉。故曰度或未別史漢所書而通辨其分置也。或曰：如子言，則全氏祖望所數楚郡，非乎？又漢志果遺脫，晉志稱四十郡，信乎？曰：全氏考項羽九郡，求其地而不足，用數楚郡，不知楚鄉已分爲長沙、九江、會稽，秦又諱楚也，黔中等郡，俱見傳記，有始末可考，不可謂漢志皆具焉。始皇初并天下止三十六郡，自是置閩中等，固四十也，晉志誤者，特數內史與鄣也。叔重、應劭、高誘、皇甫謐諸賢，凡言三十六者，蓋從其朔以著秦改郡縣之始，非言其郡止是也。錢氏必從合南海三郡，引以爲證，果從漢志，餘不足徵。而黔中一郡，雖辨者不能去也，不能去，則列之固與漢志參錯不合矣。

清·劉師培《左盦集》卷五《秦四十郡考》 《史記·秦本紀》云始皇二十六年，分天下爲三十六郡。《漢書·地理志》詳言各郡國沿革，其非漢置者，或云秦置，乃漢因秦郡，其名不改者也，如河東、太原、上黨、東郡、潁川、南陽、南郡、九江、鉅鹿、齊郡、瑯琊、會稽、漢中、蜀郡、巴郡、隴西、北地、上郡、雲中、雁門、代郡、上谷、漁陽、右北平、遼西、遼東、南海是；或云秦郡，乃漢因秦郡爲國名者也，如長沙是；或云故秦某郡，乃漢因秦郡易，以新名者也，如三川、漢爲河南泗水、漢爲沛九原、漢爲五原桂林、漢爲鬱林象郡、漢爲日南邯鄲、漢爲趙國碭郡、漢爲梁國薛郡漢爲魯國是。錢氏竹汀因之，遂謂秦祇置三十六郡，實則秦郡數達四十，其稱三十六郡者，合鄣、郯、黔中三郡計之，而舍閩中、南海、桂林、象郡四郡也。考《漢書·地理志》東海郡注引應邵曰：秦郯郡。案此郡見于古籍，或作郯，或作東海，疑在秦名郯，楚名東海，高祖初年名郯，又改名東海。考《水經注》云郯縣，東海郡治，秦始皇以爲郯郡。《元和郡縣圖志》卷十一言秦分薛郡置郯。其說蓋均有本。此在秦名郯之徵。《史記·陳涉世家》言凌人秦熹等圍東海守慶于郯。疑據楚漢間郡名稱之，蓋雖改東海之名，仍治東郡。又《絳侯世家》云籍死，因東定泗水、東海郡。斯時當高祖五年，而亦稱東海，此屬楚名東海之徵。《高帝紀》六年云以郯郡、碭郡、薛郡立弟交爲楚王，是取楚東海復改郯郡也。惟其後仍名東海，故《班志》略之。《續漢書·郡國志》丹陽郡注云秦鄣郡。武陵郡注云秦昭王名黔中，高祖五年更名。《晉書·地理志》建安郡注云故秦閩中郡。是鄣、郯、黔中、閩中，確爲秦郡。應邵、劉昭及晉志所言，足補《班志》之闕。《班志》於丹陽郡下書故鄣，於泗水國下言故東海，泗水爲東海郡分置之國，《班志》於東海郡下僅言高帝置，於泗水國則言故東海，以明東海亦爲故郡，此互見之法。東海卽郯，既增故字以爲別，蓋亦指秦郡。書閩中故地，漢未置郡。惟不數黔中，則孟堅之疏。今考《史記·秦本紀》言昭王三十年，白起取楚巫、黔中郡。《楚世家》同。《後漢書·南蠻傳》及《水經注》均言秦置黔中郡。東越列傳言秦已并天下，以其地爲閩中郡。則黔中、閩中爲秦郡，《史記》均有明文特，閩中非始皇二十六年所置耳。錢氏謂閩中同後世羈縻之州，然陸梁三郡仍在其西南，置郡亦在其後何，以《班志》稱爲秦置乎？其曰三十六郡者，則據秦代初置之郡，卽二十六年所置及漢初所得秦郡，何以言之？《始皇本紀》言二十五年，王翦南征百越，置會稽郡，是斯時祇得會稽，未嘗南得閩中諸郡。《通鑑秦紀》言始皇三十三年，發諸嘗逋亡人、贅壻、賈人爲兵，略取南海陸梁地，置桂林、南海、象郡，是陸梁三郡非置於始皇二十六年，閩中亦然，均弗列三十六郡之數。則三十六郡當合黔中、鄣、郯言，乃始皇二十六年所置之郡也。錢氏云前所置三十餘郡，與後所置三郡，統以三十六該之。然漢之百二郡國，不可皆以高帝置該之也，錢氏知其說不可通，乃謂南海三郡亦二十六年所置，引《尉佗傳》與越雜處十三歲，《王翦傳》南征百越爲證，然《佗傳》所言十三歲乃指始皇三十三年至漢高五年言也。《佗傳》云高祖已得天下，赦佗不誅。漢得天下，在高祖五年，上溯始皇三十三年，正合十三年之數。蓋佗令龍川，併南海，均在此十三年中也。如謂十三年但指爲民雜處，則二世元年佗已爲令，距始皇二十六年，尚不足十三年。又嚴安上書云秦擊越，尉屠睢敗死，秦乃使尉佗將卒戍越。則尉佗戍越在擊越敗師之後，非始皇二十六年事也。且《始皇紀》先言降越君，後言置會稽，明會稽卽置於越君故地，非始皇二十五年於會稽外更取越地也。談秦謂南征百粵卽指會稽，足破錢說。且漢得南海四郡，亦在得諸郡後，高祖之時，南海、桂林、象郡屬尉佗，閩中屬東越，至武帝滅東南二越，始得四郡故壤，故奉秦郡者多舍之。《班志》言本秦京師爲內史，分天下爲三十六郡，說文亦同卽指始皇二十六午所置郡數言，復於各郡國自注之文漏數黔中諸郡，錢氏因之，遂謂秦無四十郡，其說非也。若劉昭續志所稱秦郡，雖增鄣郡、黔中，然不數南海及郯，裴駰《史記集解》及徐堅《初學記》知別南海、象郡、桂林於三十六郡外，然又數內史，據《班志》本秦京師爲內史二語，則三十六郡無內史甚明。而遺郯郡，近儒洪亮吉又數郯而不數鄣均未足爲定

論也。

《附秦郡建置沿革考》 秦四十郡之名，散見《班志》、續志及裴駰《集解》，惟所置之年則弗詳，今旁稽《史記》諸書，以考各郡所置之年及昔屬何國，其有不知，則姑從缺。

上郡惠文王十年魏納，漢中惠文王十三年取楚地置，蜀郡惠文年後九年滅蜀置，巴郡惠文王滅巴置，見《水經注》，河東昭襄二十年取魏地置，南郡昭襄二十九年取楚地置，黔中昭襄三十年取楚地置，南陽昭襄三十五年置，上黨莊襄元年取趙地置，三川莊襄元年滅周置，太原莊襄四年取趙地置。

右十一郡，皆始皇以前所置。

東郡始皇五年取魏地置，潁川始皇十七年取韓地置，邯鄲《趙世家》言以其地爲郡，卽此。齊郡《齊世家》言滅齊爲郡，會稽始皇二十五年降百粵置。

右五郡，皆始皇置。

雁門、九原、雲中、代郡

右四郡，秦得之趙。

上谷、漁陽、右北平、遼西、遼東

右五郡，秦得之燕。

九江、鉅鹿、琅琊、隴西、北地、雲中、長沙、泗水、碭郡、薛郡、郯郡，此一郡，據應邵注。

右十一郡，不詳何年所置。

桂林、象郡、南海、閩中此據晉志。

右四郡，乃秦幷天下後所增。

共四十郡。

藝文

清·汪森《粵西詩載》卷一一《〔宋〕蔣山卿〈過象州〉》 秦皇開象郡，茲事已千年。臺古埋秋草，城荒起暮煙。江天雲漠漠，石嶺月娟娟。萬里慚漂泊，因風懷昔賢。

雜録

《史記》卷六《秦始皇本紀》 丞相綰、御史大夫劫、廷尉斯等皆曰：『昔者五帝地方千里，其外侯服夷服，諸侯或朝或否，天子不能制。今陛下興義兵，誅殘賊，平定天下，海內爲郡縣，法令由一統，自上古以來未嘗有，五帝所不及。』【略】

丞相綰等言：『諸侯初破，燕、齊、荆地遠，不爲置王，毋以填之。請立諸子，唯上幸許。』始皇下其議於羣臣，羣臣皆以爲便。廷尉李斯議曰：『周文武所封子弟同姓甚衆，然後屬疏遠，相攻擊如仇讎，諸侯更相誅伐，周天子弗能禁止。今海內賴陛下神靈一統，皆爲郡縣，諸子功臣以公賦稅重賞賜之，甚足易制。天下無異意，則安寧之術也。置諸侯不便。』始皇曰：『天下共苦戰鬬不休，以有侯王。賴宗廟，天下初定，又復立國，是樹兵也，而求其寧息，豈不難哉！廷尉議是。』【略】

三十四年，適治獄吏不直者，築長城及南越地。

始皇置酒咸陽宮，博士七十人前爲壽。僕射周青臣進頌曰：『他時秦地不過千里，賴陛下神靈明聖，平定海內，放逐蠻夷，日月所照，莫不賓服。以諸侯爲郡縣，人人自安樂，無戰爭之患，傳之萬世。自上古不及陛下威德。』始皇悅。博士齊人淳于越進曰：『臣聞殷周之王千餘歲，封子弟功臣，自爲枝輔。今陛下有海內，而子弟爲匹夫，卒有田常、六卿之臣，無輔拂，何以相救哉？事不師古而能長久者，非所聞也。今青臣又面諛以重陛下之過，非忠臣。』始皇下其議。丞相李斯曰：『五帝不相復，三代不相襲，各以治，非其相反，時變異也。今陛下創大業，建萬世之功，固非愚儒所知。且越言乃三代之事，何足法也？』

又 卷一一〇《匈奴列傳》 當是之時，冠帶戰國七，而三國邊於匈奴。其後趙將李牧時，匈奴不敢入趙邊。後秦滅六國，而始皇帝使蒙恬將十萬之衆北擊胡，悉收河南地。因河爲塞，築四十四縣城臨河，徙適戍以充之。

西漢政區部

綜　述

《漢書》卷二八上《地理志上》　漢興，因秦制度，崇恩德，行簡易，以撫海內。至武帝攘卻胡、越，開地斥境，南置交阯，北置朔方之州，唐顔師古注：胡廣《記》云，漢既定南越之地，置交阯刺史，別于諸州，令持節治蒼梧，分雍州置朔方刺史。兼徐、梁、幽、并夏、周之制，改雍曰涼，改梁曰益，凡十三（郡）［部］，置刺史。

又　卷二八下《地理志下》　本秦京師爲內史，注：京師，天子所都畿內也。秦并天下，改立郡縣，而京畿所統，特號內史，言其在內，以別于諸郡守也。分天下作三十六郡。漢興，以其郡（大）［太］大，稍復開置，又立諸侯王國。武帝開廣三邊。故自高祖增二十六，文、景各六，武帝二十八，昭帝一，訖於孝平，凡郡國一百三，縣邑千三百一十四，道三十二，侯國二百四十一。地東西九千三百二里，南北萬三千三百六十八里。

《晉書》卷一四《地理志上·總敍》　漢祖龍興，革秦之弊，分內史爲三部，更置郡國二十有三，桂陽、江夏、豫章、河內、魏郡、東海、楚國、平原、梁國、定襄、泰山、汝南、淮陽、千乘、東萊、燕國、清河、信都、常山、中山、渤海、廣漢、涿郡，合二十三也。三內史者，河上、渭南、中地也。《地理志》曰：高祖增二十六，武帝改河上、渭南、中地以爲京兆、馮翊、扶風，是爲三輔也。文增厥九，廣平、城陽、淄川、濟南、膠西、膠東、河間、廬江、衡山。武帝改衡山曰六安。景加其四。濟北、濟陰、山陽、北海也。宣改濟北曰東平。武帝開越攘胡，初置十七，南海、蒼梧、鬱林、合浦、交阯、九眞、日南、珠崖、儋耳九郡，平西南夷置牂柯、越嶲、沈黎、汶山、犍爲、益州六郡，西置武都郡，又分立零陵郡，合十七郡。拓土分疆，又增十四。弘農、臨淮、西河、朔方、酒泉、陳留、安定、天水、玄菟、樂浪、廣陵、敦煌、武威、張掖。昭帝少事，又增其一。金城也。至平帝元始二年，凡新置郡國七十有一，與秦四十，合一百一十有一。改雍曰涼，改梁曰益，又置徐州，復夏舊號，南置交址，北有朔方，凡爲十三部。涼、益、荆、揚、青、豫、兗、徐、幽、并、冀十一州，交阯、朔方二刺史，合十三部。

司隸部

《漢書》卷二八上《地理志上》　京兆尹，故秦內史，高帝元年屬塞國，二年更爲渭南郡，九年罷，復爲內史。武帝建元六年分爲右內史，太初元年更爲京兆尹。【略】縣十二。

左馮翊，故秦內史，高帝元年屬塞國，二年更名河上郡，九年罷，復爲內史。武帝建元六年分爲左內史，太初元年更名左馮翊。【略】縣二十四。

右扶風，故秦內史，高帝元年屬雍國，二年更爲中地郡。九年罷，復爲內史。武帝建元六年分爲右內史，太初元年更名主爵都尉爲右扶風。注：主爵都尉，本秦之主爵中尉，掌列侯，至太初元年更名右扶風，而治于內史右地。故此志追書建元六年分爲右內史，又云更名主爵都尉爲右扶風。【略】縣二十一。

弘農郡，武帝元鼎四年置。莽曰右隊。【略】縣十一。

河東郡，秦置。莽曰兆陽。有根倉、濕倉。【略】縣二十四。

河內郡，高帝元年爲殷國，二年更名。莽曰後隊，屬司隸。【略】縣十八。

河南郡，故秦三川郡，高帝更名。雒陽户五萬二千八百三十九。莽曰保忠信鄉，屬司隸也。【略】縣二十二。

并州刺史部

《漢書》卷二八上《地理志上》　太原郡，綜 述秦置。有鹽官，在晉陽。屬并州。【略】縣二十一。

上黨郡，秦置，屬并州。有上黨關、壺口關、石研關、天井關。【略】縣十四。

又　卷二八下《地理志下》　雲中郡，秦置。莽曰受降。屬并州。【略】縣十一。

定襄郡，高帝置。莽曰得降。屬并州。【略】縣十二。

鴈門郡，秦置。句注山在陰館。莽曰填狄。屬并州。【略】縣十四。

代郡，秦置。莽曰厭狄。有五原關、常山關。屬幽州。【略】縣十八。

朔方刺史部

《漢書》卷二八下《地理志下》 北地郡，秦置。莽曰威成。【略】縣十九。

上郡，秦置，高帝元年更爲翟國，七月復故。匈歸都尉治塞外匈歸障。屬并州。【略】縣二十三。

西河郡，武帝元朔四年置。南部都尉治塞外翁龍、埤是。莽曰歸新。屬并州。【略】縣三十六。

朔方郡，武帝元朔二年開。西部都尉治窳渾。莽曰溝搜。屬并州。【略】縣十。

五原郡，秦九原郡，武帝元朔二年更名。東部都尉治稒陽。莽曰獲降。屬并州。【略】縣十六。

兗州刺史部

《漢書》卷二八上《地理志上》 東郡，秦置。莽曰治亭。屬兗州。【略】縣二十二。

陳留郡，武帝元狩元年置。屬兗州。【略】縣十七。

山陽郡，故梁。景帝中六年別爲山陽國。武帝建元五年別爲郡。莽曰巨野。屬兗州。【略】縣二十三。

濟陰郡，故梁。景帝中六年別爲濟陰國。宣帝甘露二年更名定陶。禹貢荷澤在定陶東。屬兗州。【略】縣九。

泰山郡，高帝置。屬兗州。【略】縣二十四。

又 卷二八下《地理志下》 城陽國，故齊。文帝二年別爲國。莽曰莒陵。屬兗州。【略】縣四。

淮陽國，高帝十一年置。莽曰新平。屬兗州。【略】縣九。

東平國，故梁國，景帝中六年別爲濟東國，武帝元鼎元年爲大河郡，宣帝甘露二年爲東平國。莽曰有鹽。屬兗州。【略】縣七。

豫州刺史部

《漢書》卷二八上《地理志上》 潁川郡，秦置。高帝五年爲韓國，六年復故。莽曰左隊。陽翟有工官。屬豫州。【略】縣二十。

汝南郡，高帝置。莽曰汝汾。分爲賞都尉。屬豫州。【略】縣三十七。

沛郡，故秦泗水郡。高帝更名。莽曰吾符。屬豫州。【略】縣三十七。

又 卷二八下《地理志下》 梁國，故秦碭郡，高帝五年爲梁國。莽曰陳定。屬豫州。【略】縣八。

魯國，故秦薛郡，高后元年爲魯國。屬豫州。【略】縣六。

青州刺史部

《漢書》卷二八上《地理志上》 平原郡，高帝置。莽曰河平。屬青州。【略】縣十九。

千乘郡，高帝置。莽曰建信。屬青州。【略】縣十五。

濟南郡，故齊。文帝十六年別爲濟南國。景帝二年爲郡。莽曰樂安。屬青州。【略】縣十九。

齊郡，秦置。莽曰濟南。屬青州。【略】縣十二。

北海郡，景帝中二年置。屬青州。【略】縣二十六。

東萊郡，高帝置。屬青州。【略】縣十七。

又 卷二八下《地理志下》 菑川國，故齊，文帝十八年別爲國。後并北海。【略】縣三。

膠東國，故齊，高帝元年別爲國，五月復屬齊國，文帝十六年復爲國。莽曰郁秩。【略】縣八。

高密國，故齊，文帝十六年別爲膠西國，宣帝本始元年更爲高密國。【略】縣五。

徐州刺史部

《漢書》卷二八上《地理志上》 琅邪郡，秦置。莽曰填夷。屬徐州。【略】縣五十一。

東海郡，高帝置。莽曰沂平。屬徐州。應劭曰：秦郯郡。【略】縣三十八。

又 卷二八下《地理志下》 楚國，高帝置，宣帝地節元年更爲彭城郡，黃龍元年復故。莽曰和樂。屬徐州。【略】縣七。

泗水國，故東海郡，武帝元鼎四年別爲泗水國。莽曰水順。【略】縣三。

廣陵國，高帝六年屬荆州，十一年更屬吴，景帝四年更名江都，武帝元狩三年更名廣陵。莽曰江平。屬徐州。【略】縣四。

荆州刺史部

《漢書》卷二八上《地理志上》　南陽郡，秦置。莽曰前隊。屬荆州。【略】縣三十六。

南郡，秦置，高帝元年更爲臨江郡，五年復故。景帝二年復爲臨江，中二年復故。莽曰南順。屬荆州。【略】縣十八。

江夏郡，高帝置。屬荆州。【略】縣十四。

桂陽郡，高帝置。莽曰南平。屬荆州。【略】縣十一。

武陵郡，高帝置。莽曰建平。屬荆州。【略】縣十三。

零陵郡，武帝元鼎六年置。莽曰九疑。屬荆州。【略】縣十。

又　卷二八下《地理志下》　長沙國，秦郡，高帝五年爲國。莽曰填蠻。屬荆州。【略】縣十三。

揚州刺史部

《漢書》卷二八上《地理志上》　廬江郡，故淮南，文帝十六年别爲國。金蘭西北有東陵鄉，淮水出。屬揚州。廬江出陵陽東南，北入江。【略】縣十二。

九江郡，秦置，高帝四年更名爲淮南國，武帝元狩元年復故。莽曰延平。屬揚州。【略】縣十五。

臨淮郡，武帝元狩六年置。莽曰淮平。【略】縣二十九。

會稽郡，秦置。高帝六年爲荆國，十二年更名吴。景帝四年屬江都。屬揚州。【略】縣二十六。

丹揚郡，故鄣郡。屬江都。武帝元封二年更名丹揚。屬揚州。【略】縣十七。

豫章郡，高帝置。莽曰九江。屬揚州。【略】縣十八。

又　卷二八下《地理志下》　六安國，故楚，高帝元年别爲衡山國，五年屬淮南，文帝十六年復爲衡山，武帝元狩二年别爲六安國。莽曰安風。【略】縣五。

冀州刺史部

《漢書》卷二八上《地理志上》　魏郡，高帝置。莽曰魏城。屬冀州。【略】縣十八。

巨鹿郡，秦置。屬冀州。【略】縣二十。

常山郡，高帝置。莽曰井關。屬冀州。【略】縣十八。

清河郡，高帝置。莽曰平河。屬冀州。【略】縣十四。

又　卷二八下《地理志下》　趙國，故秦邯鄲郡，高帝四年爲趙國，景帝三年復爲邯鄲郡，五年復故。莽曰桓亭。屬冀州。【略】縣四。

廣平國，武帝征和二年置爲平干國，宣帝五鳳二年復故。莽曰富昌。屬冀州。【略】縣十六。

真定國，武帝元鼎四年置。屬冀州。【略】縣四。

中山國，高帝郡，景帝三年爲國。莽曰常山。屬冀州。【略】縣十四。

信都國，景帝二年爲廣川國，宣帝甘露三年復故。莽曰新博。屬冀州。【略】縣十七。

河間國，故趙，文帝二年别爲國。莽曰朔定。【略】縣四。

幽州刺史部

《漢書》卷二八上《地理志上》　涿郡，高帝置。莽曰垣翰。屬幽州。【略】縣二十九。

勃海郡，高帝置。莽曰迎河。屬幽州。【略】縣二十六。

又　卷二八下《地理志下》　上谷郡，秦置。莽曰朔調。屬幽州。【略】縣十五。

漁陽郡，秦置。莽曰（北順）〔通路〕。屬幽州。【略】縣十二。

右北平郡，秦置。莽曰北順。屬幽州。【略】縣十六。

遼西郡，秦置。有小水四十八，並行三千四十六里。屬幽州。【略】縣十四。

遼東郡，秦置。屬幽州。【略】縣十八。

玄菟郡，武帝元封四年開。高句驪，莽曰下句驪。屬幽州。應劭曰：故真番，朝鮮胡國。【略】縣三。

樂浪郡，武帝元封三年開。莽曰樂鮮。屬幽州。【略】縣二十五。

廣陽國，高帝燕國，昭帝元鳳元年爲廣陽郡，宣帝本始元年更爲國。莽曰廣有。【略】縣四。

益州刺史部

《漢書》卷二八上《地理志上》 漢中郡，秦置。莽曰新成。屬益州。【略】縣十二。

廣漢郡，高帝置。莽曰就都。屬益州。【略】縣十三。

蜀郡，秦置。有小江入，並行千九百八十里。禹貢桓水出蜀山西南，行羌中，入南海。莽曰導江。屬益州。【略】縣十五。

犍爲郡，武帝建元六年開。莽曰西順。屬益州。應劭曰：故夜郎國。【略】縣十二。

越嶲郡，武帝元鼎六年開。莽曰集嶲。屬益州。應劭曰：故邛都國也。有嶲水。言越此水以章休盛也。【略】縣十五。

益州郡，武帝元封二年開。莽曰就新。屬益州。應劭曰：故滇王國也。【略】縣二十四。

牂柯郡，武帝元鼎六年開。莽曰同亭。有柱蒲關。屬益州。應劭曰：臨牂柯江也。注：牂柯，係船杙也。《華陽國志》云，楚頃襄王時，遣莊蹻伐夜郎，軍至且蘭，椓船于岸而步戰。既滅夜郎，以且蘭有椓船牂柯處，乃改其名爲牂柯。【略】縣十七。

巴郡，秦置。屬益州。【略】縣十一。

又 卷二八下《地理志下》 武都郡，武帝元鼎六年置。莽曰樂平。應劭曰：故白馬氐羌。【略】縣九。

涼州刺史部

《漢書》卷二八下《地理志下》 隴西郡，秦置。莽曰厭戎。【略】縣十一。

金城郡，昭帝始元六年置。莽曰西海。【略】縣十三。

天水郡，武帝元鼎三年置。莽曰填戎。明帝改曰漢陽。【略】縣十六。

武威郡，故匈奴休屠王地。武帝太初四年開。莽曰張掖。【略】縣十。

張掖郡，故匈奴昆邪王地，武帝太初元年開。莽曰設屏。應劭曰：『張國臂掖，故曰張掖也。』【略】縣十。

酒泉郡，武帝太初元年開。莽曰輔平。【略】縣九。

敦煌郡，武帝後元年分酒泉置。正西關外有白龍堆沙，有蒲昌海。莽曰敦德。【略】縣六。

安定郡，武帝元鼎三年置。【略】縣二十一。

交阯刺史部

《漢書》卷二八下《地理志下》 南海郡，秦置。秦敗，尉佗王此地。武帝元鼎六年開。屬交州。【略】縣六。

鬱林郡，故秦桂林郡，屬尉佗。武帝元鼎六年開，更名。有小溪川水七，並行三千一百一十里。莽曰鬱平。屬交州。【略】縣十二。

蒼梧郡，武帝元鼎六年開。莽曰新廣。屬交州。有離水關。【略】縣十。

交阯郡，武帝元鼎六年開，屬交州。【略】縣十。

合浦郡，武帝元鼎六年開。莽曰桓合。屬交州。【略】縣五。

九眞郡，武帝元鼎六年開。有小水五十二。【略】縣七。

日南郡，故秦象郡，武帝元鼎六年開，更名。有小水十六，並行三千一百八十里。屬交州。【略】縣五。

西域都護府

《漢書》卷九六上《西域傳上》 西域以孝武時始通，本三十六國，其後稍分至五十餘，皆在匈奴之西，烏孫之南。南北有大山，中央有河，東西六千餘里，南北千餘里。東則接漢，阸以玉門、陽關，西則限以葱嶺。其南山，東出金城，與漢南山屬焉。其河有兩原：一出葱嶺山，一出于闐。于闐在南山下，其河北流，與葱嶺河合，東注蒲昌海。蒲昌海，一名鹽澤者也，去玉門、陽關三百餘里，廣袤三百里。其水亭居，冬夏不增減，皆以爲潛行地下，南出於積石，爲中國河云。

自玉門、陽關出西域有兩道。從鄯善傍南山北，波河西行至莎車，爲南道；南道西踰葱嶺則出大月氏、安息。自車師前王廷隨北山，波河西行至疏勒，爲北道；北道西踰葱嶺則出大宛、康居、奄蔡焉。

西域諸國大率土著，有城郭田畜，與匈奴、烏孫異俗，故皆役屬匈奴。匈奴西邊日逐王置僮僕都尉，使領西域，常居焉耆、危須、尉黎間，賦税諸國，取富給焉。

自周衰，戎狄錯居涇渭之北。及秦始皇攘卻戎狄，築長城，界中國，然西不過臨洮。

漢興至於孝武，事征四夷，廣威德，而張騫始開西域之迹。其後驃騎將軍擊破匈奴右地，降渾邪、休屠王，遂空其地，始築令居以西，初置酒泉郡，後稍發徙民充實之，分置武威、張掖、敦煌，列四郡，據兩關焉。自貳師將軍伐大宛之後，西域震懼，多遣使來貢獻，漢使西域者益得職。於是自敦煌西至鹽澤，往往起亭，而輪臺、渠犂皆有田卒數百人，置使者校尉領護，以給使外國者。

至宣帝時，遣衛司馬使護鄯善以西數國。及破姑師，未盡殄，分以爲車師前後王及山北六國。時漢獨護南道，未能盡并北道也，然匈奴不自安矣。其後日逐王畔單于，將衆來降，護鄯善以西使者鄭吉迎之。既至漢，封日逐王爲歸德侯，吉爲安遠侯。是歲，神爵三年也。乃因使吉并護北道，故號曰都護。都護之起，自吉置矣。僮僕都尉由此罷，匈奴益弱，不得近西域。於是徙屯田，田於北胥鞬，披莎車之地，屯田校尉始屬都護。都護督察烏孫、康居諸外國動静，有變以聞。可安輯，安輯之；可擊，擊之。都護治烏壘城，去陽關二千七百三十八里，與渠犂田官相近，土地肥饒，於西域爲中，故都護治焉。

至元帝時，復置戊己校尉，屯田車師前王庭。是時匈奴東蒲類王茲力支將人衆千七百餘人降都護，都護分車師後王之西爲烏貪訾離地以處之。

自宣、元後，單于稱藩臣，西域服從，其土地山川王侯户數道里遠近翔實矣。出陽關，自近者始，曰婼羌。婼羌國王號去胡來王。去陽關千八百里，去長安六千三百里，辟在西南，不當孔道。户四百五十，口千七百五十，勝兵者五百人。西與且末接。隨畜逐水草，不田作，仰鄯善、且末穀。山有鐵，自作兵，兵有弓、矛、服刀、劍、甲。西北至鄯善，乃當道云。

鄯善國，本名樓蘭，王治扜泥城，去陽關千六百里，去長安六千一百里。【略】西北去都護治所千七百八十五里，至山國千三百六十五里，西北至車師千八百九十里。【略】

初，武帝感張騫之言，甘心欲通大宛諸國，使者相望於道，一歲中多至十餘輩。樓蘭、姑師當道，苦之，攻劫漢使王恢等，又數爲匈奴耳目，令其兵遮漢使。漢使多言其國有城邑，兵弱易擊。於是武帝遣從票侯趙破奴將屬國騎及郡兵數萬擊姑師。王恢數爲樓蘭所苦，上令恢佐破奴將兵。破奴與輕騎七百人先至，虜樓蘭王，遂破姑師，因暴兵威以動烏孫、大宛之屬。還，封破奴爲浞野侯，恢爲浩侯。於是漢列亭障至玉門矣。【略】

鄯善當漢道衝，西通且末七百二十里。自且末以往皆種五穀，土地草木，畜産作兵，略與漢同，有異乃記云。

且末國，王治且末城，去長安六千八百二十里。【略】西北至都護治所二千二百五十八里，北接尉犂，南至小宛可三日行。有蒲陶諸果。西通精絶二千里。

小宛國，王治扜零城，去長安七千二百一十里。【略】西北至都護治所二千五百五十八里，東與婼羌接，辟南不當道。

精絶國，王治精絶城，去長安八千八百二十里。【略】北至都護治所二千七百二十三里，南至戎盧國四日行，地阸狹，西通扜彌四百六十里。

戎盧國，王治卑品城，去長安八千三百里。【略】東北至都護治所二千八百五十八里，東與小宛、南與婼羌、西與渠勒接，辟南不當道。

扜彌國，王治扜彌城，去長安九千二百八十里。【略】東北至都護治所三千五百五十三里，南與渠勒、東北與龜茲、西北與姑墨接，西通于闐三百九十里。今名寧彌。

渠勒國，王治鞬都城，去長安九千九百五十里。【略】東北至都護治所三千八百五十二里，東與戎盧、西與婼羌、北與扜彌接。

于闐國，王治西城，去長安九千六百七十里。【略】東北至都護治所三千九百四十七里，南與婼羌接，北與姑墨接。于闐之西，水皆西流，注西海；其東，水東流，注鹽澤，河原出焉。多玉石。西通皮山三百八十里。

皮山國，王治皮山城，去長安萬五十里。【略】東北至都護治所四千二百九十二里，西南至烏秅國千三百四十里，南與天篤接，北至姑墨千四百五十里，西南當罽賓、烏弋山離道，西北通莎車三百八十里。

烏秅國，王治烏秅城，去長安九千九百五十里。【略】東北至都護治所四千八百九十二里，北與子合、蒲犂，西與難兜接。【略】其西則有縣度，去陽關五千八百八十八里，去都護治所五千二（百）［十］里。縣度者，石山也，溪穀不通，以繩索相引而度云。

西夜國，王號子合王，治呼犍谷，去長安萬二百五十里。户三百五十，口四千，勝兵千人。東北到都護治所五千四十六里，東與皮山、西南與烏秅、北與莎車、西與蒲犂接。蒲犂（反）［及］依耐、無雷國，皆西夜類也。西夜與胡異，其種類羌氐行國，隨畜逐水草往來。而子合土地出玉石。

蒲犂國，王治蒲犂谷，去長安九千五百五十里。户六百五十，口五千，勝兵二千人。東北至都護治所五千三百九十六里，東至莎車五百四十里，北至疏勒五百五十里，南與西夜子合接，西至無雷五百四十里。侯、都尉各一人。寄田莎車。種俗與子合同。

依耐國，王治去長安萬一百五十里。户一百二十五，口六百七十，勝兵三百五十人。東北至都護治所二千七百三十里，至莎車五百四十里，至無雷五百四十里，北至疏勒六百五十里，南與子合接，俗相與同。少穀，寄田疏勒、莎車。

無雷國，王治盧城，去長安九千九百五十里。户千，口七千，勝兵三千人。東北至都護治所二千四百六十五里，南至蒲犂五百四十里，南與烏秅、北與捐毒、西與大月氏接。衣服類烏孫，俗與子合同。

難兜國，王治去長安萬一百五十里。户五千，口三萬一千，勝兵八千人。東北至都護治所二千八百五十里，西至無雷三百四十里，西南至罽賓三百三十里，南與婼羌、北與休循、西與大月氏接。

大宛國，王治貴山城，去長安萬二千（二）［五］百五十里。户六萬，口三十萬，勝兵六萬人。副王，輔國王各一人。東至都護治所四千三十一里，北至康居卑闐城千五百一十里，西南至大月氏六百九十里。北與康居、南與大月氏接，土地風氣物類民俗與大月氏、安息同。

桃槐國，王去長安萬一千八十里。户七百，口五千，勝兵千人。

休循國，王治鳥飛穀，在葱嶺西，去長安萬二百一十里。户三百五十八，口千三十，勝兵四百八十人。東至都護治所三千一百二十一里，至捐毒衍敦谷二百六十里，西北至大宛國九百二十里，西至大月氏千六百一十里。民俗衣服類烏孫，因畜隨水草，本故塞種也。

捐毒國，王治衍敦谷，去長安九千八百六十里。户三百八十，口千一百，勝兵五百人。東至都護治所二千八百六十一里。至疏勒。南與葱領屬，無人民。西上葱領，則休循也。西北至大宛千三十里，北與烏孫接。衣服類烏孫，隨水草，依葱領，本塞種也。

莎車國，王治莎車城，去長安九千九百五十里。户二千三百三十九，口萬六千三百七十三，勝兵三千四十九人。輔國侯、左右將、左右騎君、備西夜君各一人，都尉二人，譯長四人。東北至都護治所四千七百四十六里，西至疏勒五百六十里，西南至蒲犂七百四十里。有鐵山，出青玉。

疏勒國，王治疏勒城，去長安九千三百五十里。户千五百一十，口萬八千六百四十七，勝兵二千人。疏勒侯、擊胡侯、輔國侯、都尉、左右將、左右騎君、左右譯長各一人。東至都護治所二千二百一十里，南至莎車五百六十里。有市列，西當大月氏、大宛、康居道也。

尉頭國，王治尉頭谷，去長安八千六百五十里。户三百，口二千三百，勝兵八百人。左右都尉各一人，左右騎君各一人。東至都護治所千四百一十一里，南與疏勒接，山道不通，西至捐毒千三百一十四里，徑道馬行二日。田畜隨水草，衣服類烏孫。

又　卷九六下《西域傳下》　烏孫國，大昆彌治赤穀城，去長安八千九百里。【略】東至都護治所千七百二十一里，西至康居蕃内地五千里。地莽平。多雨，寒。山多松樠。不田作種樹，隨畜逐水草，與匈奴同俗。國多馬，富人至四五千匹。民剛惡，貪（狠）［狼］無信，多寇盜，最爲强國。故服匈奴，後盛大，取羈屬，不肯往朝會。東與匈奴、西北與康居、西與大宛、南與城郭諸國相接。本塞地也，大月氏西破走塞王，塞王南越縣度，大月氏居其地。後烏孫昆莫擊破大月氏，大月氏徙西臣大夏，而烏孫昆莫居之，故烏孫民有塞種、大月氏種云。

姑墨國，王治南城，去長安八千一百五十里。户三千五百，口二萬四千五百，勝兵四千五百人。姑墨侯、輔國侯、都尉、左右將、左右騎君各一人，譯長二人。東至都護治所（一）［二］千二十一里，南至于闐馬行十五日，北與烏孫接。出銅、鐵、雌黄。東通龜兹六百七十里。王莽時，

姑墨王丞殺温宿王，并其國。

温宿國，王治温宿城，去長安八千三百五十里。户二千二百，口八千四百，勝兵千五百人。輔國侯、左右將、左右都尉、左右騎君、譯長各二人。東至都護治所二千三百八十里，西至尉頭三百里，北至烏孫赤谷六百一十里。土地物類所有與鄯善諸國同。東通姑墨二百七十里。

龜兹國，王治延城，去長安七千四百八十里。户六千九百七十，口八萬一千三百一十七，勝兵二萬一千七十六人。大都尉丞、輔國侯、安國侯、擊胡侯、卻胡都尉、擊車師都尉、左右將、左右都尉、左右騎君、左右力輔君各一人，東西南北部千長各二人，卻胡君三人，譯長四人。南與精絶、東南與且末、西南與杅彌、北與烏孫、西與姑墨接。能鑄冶，有鉛。東至都護治所烏壘城三百五十里。

烏壘，户百一十，口千二百，勝兵三百人。城都尉、譯長各一人。與都護同治。其南三百三十里至渠犁。

渠犁，城都尉一人，户百三十，口千四百八十，勝兵百五十人。東北與尉犁、東南與且末、南與精絶接。西有河，至龜兹五百八十里。

尉犁國，王治尉犁城，去長安六千七百五十里。户千二百，口九千六百，勝兵二千人。尉犁侯、安世侯、左右將、左右都尉、擊胡君各一人，譯長二人。西至都護治所三百里，南與鄯善、且末接。

危須國，王治危須城，去長安七千二百九十里。户七百，口四千九百，勝兵二千人。擊胡侯、擊胡都尉、左右將、左右都尉、左右騎君、擊胡君、譯長各一人。西至都護治所五百里，至焉耆百里。

焉耆國，王治員渠城，去長安七千三百里。户四千，口三萬二千一百，勝兵六千人。擊胡侯、卻胡侯、輔國侯、左右將、左右都尉、擊胡左右君、擊車師君、歸義車師君各一人，擊胡都尉、擊胡君各二人，譯長三人。西南至都護治所四百里，南至尉犁百里，北與烏孫接。近海水多魚。

烏貪訾離國，王治于婁谷，去長安萬三百三十里。户四十一，口二百三十一，勝兵五十七人。輔國侯、左右都尉各一人。東與單桓、南與且彌、西與烏孫接。

卑陸國，王治天山東乾當國，去長安八千六百八十里。户二百二十七，口千三百八十七，勝兵四百二十二人。輔國侯、左右將、左右都尉、左右譯長各一人。西南至都護治所千二百八十七里。

卑陸後國，王治番渠類谷，去長安八千七百一十里。户四百六十二，口千一百三十七，勝兵三百五十人。輔國侯、都尉、譯長各一人，將二人。東與郁立師、北與匈奴、西與劫國、南與車師接。

郁立師國，王治内咄谷，去長安八千八百三十里。户百九十，口千四百四十五，勝兵三百三十一人。輔國侯、左右都尉、譯長各一人。東與車師後城長、西與卑陸、北與匈奴接。

單桓國，王治單桓城，去長安八千八百七十里。户二十七，口百九十四，勝兵四十五人。輔國侯、將、左右都尉、譯長各一人。

蒲類國，王治天山西疏榆谷，去長安八千三百六十里。户三百二十五，口二千三十二，勝兵七百九十九人。輔國侯、左右將、左右都尉各一人。西南至都護治所千三百八十七里。

蒲類後國，王去長安八千六百三十里。户百，口千七十，勝兵三百三十四人。輔國侯、將、左右都尉、譯長各一人。

西且彌國，王治天山東于大谷，去長安八千六百七十里。户三百三十二，口千九百二十六，勝兵七百三十八人。西且彌侯、左右將、左右騎君各一人。西南至都護治所千四百八十七里。

東且彌國，王治天山東兑虚谷，去長安八千二百五十里。户百九十一，口千九百四十八，勝兵五百七十二人。東且彌侯、左右都尉各一人。西南至都護治所千五百八十七里。

劫國，王治天山東丹渠谷，去長安八千五百七十里。户九十九，口五百，勝兵百一十五人。輔國侯、都尉、譯長各一人。西南至都護治所千四百八十七里。

狐胡國，王治車師柳谷，去長安八千二百里。户五十五，口二百六十四，勝兵四十五人。輔國侯、左右都尉各一人。西至都護治所千一百四十七里，至焉耆七百七十里。

山國，王去長安七千一百七十里。户四百五十，口五千，勝兵千人。輔國侯、左右將、左右都尉、譯長各一人。西至尉犁二百四十里，西北至焉耆百六十里，西至危須二百六十里，東南與鄯善、且末接。山出鐵，民山居，寄田糴穀於焉耆、危須。

車師前國，王治交河城。河水分流繞城下，故號交河。去長安八千一百五十里。户七百，口六千五十，勝兵千八百六十五人。輔國侯、安國侯、左右將、都尉、歸漢都尉、車師君、通善君、鄉善君各一人，譯長二人。西南至都護治所千八百七里，至焉耆八百三十五里。

車師後（王）國，［王］治務塗谷，去長安八千九百五十里。户五百九十五，口四千七百七十四，勝兵千八百九十人。擊胡侯、左右將、左右都尉、道民君、譯長各一人。西南至都護治所千二百三十七里。

車師都尉國，户四十，口三百三十三，勝兵八十四人。

車師後城長國，户百五十四，口九百六十，勝兵二百六十人。【略】

最凡國五十，自譯長、城長、君、監、吏、大禄、百長、千長、都尉、且渠、當户、將、相至侯、王，皆佩漢印綬。凡三百七十六人。

匈奴等部

《史記》卷一一〇《匈奴列傳》 匈奴，其先祖夏后氏之苗裔也，曰淳維。唐虞以上有山戎、獫狁、葷粥，居於北蠻，隨畜牧而轉移。【略】

冒頓自立爲單于。【略】遂東襲擊東胡。東胡初輕冒頓，不爲備。及冒頓以兵至，擊，大破滅東胡王，而虜其民人及畜産。既歸，西擊走月氏，南并樓煩、白羊河南王。悉復收秦所使蒙恬所奪匈奴地者，與漢關故河南塞，至朝那、膚施，遂侵燕、代。是時漢兵與項羽相距，中國罷於兵革，以故冒頓得自强，控弦之士三十餘萬。

自淳維以至頭曼千有餘歲，時大時小，别散分離，尚矣，其世傳不可得而次云。然至冒頓而匈奴最强大，盡服從北夷，而南與中國爲敵國，其世傳國官號乃可得而記云。

置左右賢王，左右谷蠡王，左右大將，左右大都尉，左右大當户，左右骨都侯。【略】諸左方王將居東方，直上谷以往者，東接穢貉、朝鮮；右方王將居西方，直上郡以西，接月氏、氐、羌；而單于之庭直代、雲中：各有分地，逐水草移徙。【略】

歲正月，諸長小會單于庭，祠。五月，大會蘢城，祭其先、天地、鬼神。秋，馬肥，大會蹛林，課校人畜計。【略】

後北服渾庾、屈射、丁零、鬲昆、薪犂之國。於是匈奴貴人大臣皆服，以冒頓單于爲賢。

《漢書》卷七三《韋賢傳》 及漢興，冒頓始强，破東胡，禽月氏，并其土地，地廣兵强。

《後漢書》卷一一七《西羌傳》 至于漢興，匈奴冒頓兵强，破東胡，走月氏，威震百蠻，臣服諸羌。

《三國志》卷三〇《魏志・烏丸傳》裴松之注引《魏書》 烏丸者，東胡也。漢初，匈奴冒頓滅其國，餘類保烏丸山，因以爲號焉。【略】常推募勇健能理決鬭訟相侵犯者爲大人，邑落各有小帥，不世繼也。數百千落自爲一部，大人有所召呼，刻木爲信，邑落傳行，無文字，而部衆莫敢違犯。【略】其亡叛爲大人所捕者，諸邑落不肯受，皆逐使至雍狂地。地無山，有沙漠、流水、草木，多蝮虵，在丁令之西南，烏孫之東北，以窮困之。

《後漢書》卷九〇《烏桓傳》 烏桓自爲冒頓所破，衆遂孤弱，常臣伏匈奴，歲輸牛馬羊皮，過時不具，輒没其妻子。及武帝遣驃騎將軍霍去病擊破匈奴左地，因徙烏桓於上谷、漁陽、右北平、遼西、遼東五郡塞外，爲漢偵察匈奴動静。

又《鮮卑傳》 鮮卑者，亦東胡之支也，别依鮮卑山，故因號焉。【略】漢初，亦爲冒頓所破，遠竄遼東塞外，與烏桓相接。

論説

《史記》卷一七《漢興以來諸侯王年表・序》 太史公曰：【略】漢興，序二等。高祖末年，非劉氏而王者，若無功上所不置而侯者，天下共誅之。高祖子弟同姓爲王者九國，唯獨長沙異姓，而功臣侯者百有餘人。自鴈門、太原以東至遼陽，爲燕、代國；常山以南，大行左轉，度河、濟，阿、甄以東薄海，爲齊、趙國；自陳以西，南至九疑，東帶江、淮、穀、泗，薄會稽，爲梁、楚、淮南、長沙國：皆外接於胡、越。而内地北距山以東盡諸侯地，大者或五六郡，連城數十，置百官宫觀，僭於天子。漢獨有三河、東郡、潁川、南陽，自江陵以西至蜀，北自雲中至隴

西，與內史凡十五郡，而公主列侯頗食邑其中。何者？天下初定，骨肉同姓少，故廣强庶孽，以鎮撫四海，用承衛天子也。

漢定百年之間，親屬益疏，諸侯或驕奢，忕邪臣計謀爲淫亂，大者叛逆，小者不軌于法，以危其命，殞身亡國。天子觀於上古，然後加惠，使諸侯得推恩分子弟國邑，故齊分爲七，趙分爲六，梁分爲五，淮南分三；及天子支庶子爲王，王子支庶爲侯，百有餘焉。吳楚時，前後諸侯或以適削地，是以燕、代無北邊郡，吳、淮南、長沙無南邊郡，齊、趙、梁、楚支郡名山陂海咸納於漢。諸侯稍微，大國不過十餘城，小侯不過數十里，上足以奉貢職，下足以供養祭祀，以蕃輔京師。而漢郡八九十，形錯諸侯間，犬牙相臨，秉其阸塞地利，强本幹，弱枝葉之勢，尊卑明而萬事各得其所矣。

又　卷一〇六《吳王濞列傳》　及孝景帝卽位，錯爲御史大夫，説上曰：『昔高帝初定天下，昆弟少，諸子弱，大封同姓，故王孽子悼惠王王齊七十餘城，庶弟元王王楚四十餘城，兄子濞王吳五十餘城：封三庶孽，分天下半。今吳王前有太子之郄，詐稱病不朝，於古法當誅，文帝弗忍，因賜几杖。德至厚，當改過自新。乃益驕溢，卽山鑄錢，煮海水爲鹽，誘天下亡人，謀作亂。今削之亦反，不削之亦反。削之，其反亟，禍小；不削，反遲，禍大。』

《漢書》卷一四《諸侯王表·序》　秦據勢勝之地，騁狙詐之兵，蠶食山東，壹切取勝。因矜其所習，自任私知，姍笑三代，蕩滅古法，竊自號爲皇帝，而子弟爲匹夫，內亡骨肉本根之輔，外亡尺土藩翼之衛。陳、吳奮其白挺，劉、項隨而斃之。故曰，周過其歷，秦不及期，國勢然也。

漢興之初，海內新定，同姓寡少，懲戒亡秦孤立之敗，於是剖裂疆土，立二等之爵。功臣侯者百有餘邑，尊王子弟，大啟九國。自鴈門以東，盡遼陽，爲燕、代。常山以南，太行左轉，度河、濟，漸于海，爲齊、趙。穀、泗以往，奄有龜、蒙，爲梁、楚。東帶江、湖，薄會稽，爲荆吳。北界淮瀕，略廬、衡，爲淮南。波漢之陽，亘九嶷，爲長沙。諸侯（北）〔比〕境，周（市）〔帀〕匝三垂，外接胡越。天子自有三河、東郡、潁川、南陽，自江陵以西至巴、蜀，北自雲中至隴西，與京師內史凡十五郡，公主、列侯頗邑其中。而藩國大者夸州兼郡，連城數十，宮室百官同制京師，可謂撟枉過其正矣。雖然，高祖創業，日不暇給，孝惠享國又淺，高后女主攝位，而海內晏如，亡狂狡之憂，卒折諸呂之難，成太宗之業者，亦賴之於諸侯也。

然諸侯原本以大，末流濫以致溢，小者淫荒越法，大者睽孤橫逆，以害身喪國。故文帝采賈生之議分齊、趙，景帝用鼂錯之計削吳、楚。武帝施主父之册，下推恩之令，使諸侯王得分户邑以封子弟，不行黜陟。而藩國自析。自此以來，齊分爲七，趙分爲六，梁分爲五，淮南分爲三。皇子始立者，大國不過十餘城。長沙、燕、代雖有舊名，皆亡南北邊矣。景遭七國之難，抑損諸侯，減黜其官。武有衡山、淮南之謀，作左官之律，設附益之法，諸侯惟得衣食稅租，不與政事。

至於哀、平之際，皆繼體苗裔，親屬疏遠，生於帷牆之中，不爲士民所尊，勢與富室亡異。而本朝短世，國統三絕，是故王莽知漢中外殫微，本末俱弱，亡所忌憚，生其姦心；因母后之權，假伊周之稱，顓作威福廟堂之上，不降階序而運天下。詐謀既成，遂據南面之尊，分遣五威之吏，馳傳天下，班行符命。漢諸侯王厥角稽首，奉上璽韍，惟恐在後，或乃稱美頌德，以求容媚，豈不哀哉！是以究其終始强弱之變，明監戒焉。

唐·杜佑《通典》卷三一《職官十三·王侯總敘》　法古者多封國之制，魏曹元首六代論、晉陸士衡《五等論》皆言封建之利。是今者賢郡縣之理，貞觀中，朝議封建，李伯藥盛陳不可，馬周繼言之，遂止。雖備徵利病，而終莫究詳。嘗試論之曰：在昔制置，事皆相因。物土疆，建萬國，成則肇於軒後，方有可稱。不應創擇萬人，首令分宰。蓋因其豪而伏衆，卽其地而名國。或循沿舊政，簡朴不傳；或墳籍散亡，建茲復紀。塗山之會，亦云萬數。夏祚經四百，已喪七千，殷氏六百年間，又損千二百矣。爰及周赧，八百餘祀，離爲十二，合爲六七。始皇蕩定，天下一家，歷載千九百，幷萬而爲一。衆暴寡，且無虛月；大滅小，未嘗暫寧。迭尋干戈，擠人塗炭。秦覩其弊，不復建侯，纔及嗣君，天下怨潰。漢祖矯枉，並建勳親。旋則韓、彭葅醢，續有吳、楚逆亂。武、昭之後，制許推恩，分人爲差，但食租稅。王莽階緣后族，克成篡奪，諸劉微劣，勢同編甿。光武遠懲大封，優全勞舊。鄧、寇、耿、賈，國止四縣。二漢所立，列郡不殊。中有僞新，乃如羿、浞。雖無塗山萬國，享祚侔於夏氏。曹魏翦弱

藩戚，未幾覆亡。晉室分兵八王，致亂尤速。晉以魏公族微弱，神器易遷，故委兵諸王，未幾迭相攻伐，遂亡天下，所謂矯枉過當，其敗愈速也。劉宋改更舊制，國吏不得稱臣。孝武性多猜忌，諸國吏人於本國君不得稱臣，改稱曰『下官』也。自茲以還，建侯日削，欲行古道，勢莫能遵。天生烝人，樹君司牧。人既庶焉，牧之理得，人既寡焉，牧之理失。庶則安所致，寡則危所由。漢、隋、大唐，海内統一，人户滋殖，三代莫儔。唐虞之前，記録簡略，人户損益，不可復知。夏氏以來，載籍漸備。西漢有千二百餘萬户，東漢有千餘萬户，隋及大唐皆有九百餘萬户。雖三代致理，亦莫比焉。魏晉之後，凋耗則甚。若以爲人而置君，欲求既庶，誠宜政在列郡，然則主祀或促矣。若以爲君而生人，不病既寡，誠宜政在列國，然則主祀可永矣。主祀雖永乃人鮮，主祀雖促則人繁。建國利一宗，列郡利萬姓，損益之理，較然可知。夫立法作程，未有不弊之者，固在度其爲患之長短耳。政在列國也，其初有維城磐石之固，其末有下堂中肩之辱。遠則萬國屠滅，近則鼎峙戰爭，所謂其患也長。夏殷周三代，諸國相滅。魏晉鼎峙六十餘年，車書方一。永嘉之後，天下幅裂，三百餘載，江左乃平。政在列郡也，其初有四海一家之盛，其末有土崩瓦解之虞。高、光及於國初，戡定之勳易集，所謂其患也短。自秦二世元年，陳勝首起兵亂，至漢高平項羽，凡八年而天下定。自王莽地皇三年，海内兵起，至光武建武十二年平公孫述，凡十三年而甲兵戢。自隋文大業十一年，已有羣盜起，至國家武德七年，凡十年而干戈息。豈非已然之證歟！夫君尊則理安，臣强則亂危。《管子》曰：『君尊則國安，君卑則國危。』是故李斯相秦，堅執罷侯置守。其後立議者，以秦祚促，遂爾歸非。向使胡亥不嗣，趙高不用，閭左不發，酷法不施，百姓未至離心，陳、項何由興亂？自昔建侯，多舊國也。周立藩屏，唯數十焉，餘皆先去聲封，不廢其爵。楚滅六、蓼，魯臧文仲歎曰：『皋繇、庭堅，不祀忽諸。』按：皋繇、庭堅，重於唐虞之際，封立國邑，不應殷周之時。略徵一二，是沿習也。諒無擇其利遂建諸國，懼其害不立郡縣。故曰『事皆相因』，斯之謂矣。自五帝至於三王，相習建國之制，當時未先知封建則理，郡縣則亂。而後人睹秦漢一家天下，分置列郡，有潰叛陵篡之禍，便以爲先王建萬國之時，本防其萌，務固其業，冀其分樂同憂，饗利共害之慮。乃將後事以酌前旨，豈非强爲之説乎？覽曹、陸著論，誠謂文高理明，不本爲人樹君，不稽烝甿損益。觀李、馬陳諫，乃稱冥數素定，不在法度得失，不關政理否臧。故曰『終莫究詳』，斯之謂矣。但立制可久，施教得宜，君尊臣卑，榦强枝弱，致人庶富，享代長遠。爲理之道，其在茲乎！

宋・鄭獬《鄖溪集》卷一七《漢封論》

漢封之失，不在高祖而在文帝，何以言之？高祖初起擾攘之中，於時天下惟習知有六國之弊，而不知周公五百里之封，故其王侯崛起，各擅一國，包山跨河，無復疆畛，臧荼得燕，魏豹得魏，韓王得韓，諸田得齊，趙歇張耳得趙，韓信英布得楚，更貪互奪，惟恐土地之不廣、甲兵之不雄。高祖知其勢之不可削也，亦欲無盡乎英雄之用，乃手裂而盡付之，故其追項羽於固陵，期諸侯不至，用留侯計，捐睢陽以北至穀城以予彭越，捐陳以東傅之海以予韓信，乃能致二人，而遂克羽。當此之時，高祖豈暇議周公五百里之封哉？及其已平，則宗室子弟，類皆稚孺，頎然老壯，餘楚代耳，且恐後世一日有隙漏，則非强大諸侯無以鎮壓之，故又封其同姓各數十城，盤踞天下十分之七。其後呂氏果欲爲亂，而天下堅重，卒不可摇，此高祖因用天下之勢而爲之封庸，何有失哉？然高祖非不知其末有弊也，以存漢之計大，而諸侯之禍未卽發也，故其封吳王濞，召而相之曰：『若有反相，天下一家，慎勿反。』然而高祖竟封之，此其爲慮可見矣。韓、彭輩既已誅夷，呂氏又滅，則變而通之，豈不在文帝乎？於時賈誼欲裂其國以分封子弟，俾之久而可傳，且拉其脅而折之，文帝竟不能用，拱手而成七國之禍，由此磐石遂鼿矣。使賈誼之策行，則雖有王莽何由爲盜哉？夫惟高祖善用其勢，惟賈誼善識其變，然而不能遂救者，文帝也。漢封之失，不在高祖而在文帝，孰謂不然哉？

宋・王應麟《通鑑地理通釋》卷二《歷代州域形勢中・漢九國》

《史記・漢興以來諸侯年表》：『太史公曰：漢興，序二等。韋昭曰：『漢封功臣，大者王，小者侯也。』高祖末年，非劉氏而王者，若無功，上所不置而侯者，天下共誅之。高祖子弟同姓爲王者九國，徐廣曰：『齊、楚、荆、淮南、燕、趙、梁、代、淮陽。』《索隱》曰：『徐氏九國不數吳，蓋以荆絶乃封吳故也，仍以淮陽爲九。今按下文所列有十國者，以長沙異姓，故言九國。』唯獨長沙異姓，而功臣侯者百餘人。自鴈門、太原以東至遼陽顔氏云：『遼水之陽。《地理志》遼東遼陽縣。』爲燕、代國；常山以南，太行左轉，度河、濟，阿、甄阿，今鄆州東阿縣。《正義》云：『甄，卽濮州鄄城縣北。音

絹。』以東薄海，爲齊、趙國；自陳以西，《地理志》『淮陽國陳縣。』南至九疑，《括地志》：『九疑山，在永州唐興縣東南一百里。』《地理志》在營道縣南。東帶江、淮、穀、泗。晉灼曰：『《水經》云泗水，在魯卞縣。』臣瓚曰：『穀在彭城，泗之下流爲穀水。』薄會稽，爲梁、楚、吳、淮南、長沙國，皆外接於胡越。而內地北距山以東盡諸侯地，大者或五六郡，連城數十，置百官宮觀，僭於天子。《漢書・諸侯王表》云：『自鴈門以東，盡遼陽，爲燕、代；常山以南，太行左轉，度河、濟，漸於海，爲齊、趙；穀、泗以往，奄有龜蒙，爲梁、楚；東帶江、湖，薄會稽，爲荆、吳；北界淮瀕，略廬、衡，爲淮南；波漢之陽，亘九疑，爲長沙。諸侯比境，周匝三垂，外接胡、越。』顏氏曰：『比，謂相接次也；三垂，謂北、東、南也。』漢獨有三河、東郡、潁川、南陽，自江陵以西至蜀，北自雲中至隴西，與內史，凡十五郡，而公主、列侯頗食邑其中。何者？天下初定，骨肉同姓少，故廣强庶孽，以鎮撫四海，用承衞天子也。漢定百年之間，親屬益疏，諸侯或驕奢，忕邪臣計謀爲淫亂，大者叛逆，小者不軌，於法以危其命，殞身亡國。天子觀於上古，然後加惠，使諸侯得推恩，分子弟國邑，故齊分爲七，徐廣曰：『城陽、濟北、濟南、菑川、膠西、膠東，是分爲七。』趙分爲六，徐廣曰：『河間、廣川、中山、常山、清河。』梁分爲五，徐廣曰：『濟陽、濟川、濟東、山陽也。』淮南分三，徐廣曰：『廬江、衡山。』及天子支庶子爲王，王子支庶爲諸侯百有餘焉。吳楚時，前後諸侯或以適削地，是以燕、代無北邊郡，吳、淮南、長沙無南邊郡，如淳曰：『長沙之南更置郡，燕、代以北更置緣邊郡，其所有饒利、兵馬、器械，三國皆失之矣。』齊、趙、梁、楚支郡、名山陂海咸納於漢。諸侯稍微，大國不過十餘城，小侯不過數十里，上足以奉貢職，下足以供養祭祀，以蕃輔京師。而漢郡八九十，形錯諸侯間，犬牙相臨，秉其阸塞地利，强本榦、弱枝葉之勢也。』楚都彭城；徐州彭城縣。齊都臨菑；青州臨淄縣。荆都吳；平江府吳縣。高十二年更爲吳；《郡國志》、《輿地廣記》：吳王濞都廣陵，今揚州江都縣。按《地理志》，廣陵縣，江都王非、廣陵王胥，皆都此，不言濞也。淮南都壽春；安豐軍壽春縣。燕都薊；幽州薊縣。趙都邯鄲；磁州邯鄲縣。梁都睢陽；應天府宋城縣。淮陽都陳；陳州宛丘縣。代都中都；汾州平遙縣西南十二里。《高紀》云都晉陽；太原府太原縣。如淳曰：『似還都於中都。』呂氏曰：《史記》書分趙山北立子恆以爲代王；子長少游四方，識輿地之大勢，故其書法簡明，得主名山川之餘意，如此類非一，《漢書》多改之，蓋班氏所未達也。如漢二年，書：『置隴西、北地、上郡、渭南、河上、中地郡，關外置河南郡。』六年，書：『封韓信爲淮陰侯，分其地爲二國；將軍劉賈數有功，以爲荆王，王淮東；弟交爲楚王，王淮西。』則函谷之內外，淮水之東西，居然可見。秦、漢之間，稱山北、山南、山東、山西者，皆指太行。太行在漢屬河內郡，壄王、山陽之間，在今屬懷州，在天下之中，故指此山以表地勢焉。』胡氏曰：『高帝懲秦孤立，大封同姓，然割地無制，建侯無法，封三庶孽，分天下半，苟簡一時，流患於後。』

又《郡國更置》

《地理志》：『漢興，以秦郡太大，稍復開置，又立諸侯王國，武帝開廣三邊，故自高祖增二十六，文、景各六，武帝二十八，昭帝一，訖於孝平，凡郡國一百三，縣邑千三百一十四，道三十二，侯國二百四十一，地東西九千三百二里，南北萬三千三百六十八里。』《晉志》：『漢分內史爲三部，更置郡國二十有三：桂陽、江夏、豫章、河內、魏郡、東海、楚國、平原、梁國、定襄、泰山、汝南、淮陽、千乘、東萊、燕國、清河、信都、常山、中山、渤海、廣漢、涿郡，合二十三。三內史者，河上、渭南、中地，武帝改以爲京兆、馮翊、扶風，是爲三輔。文增厥九：廣平、城陽、淄川、濟南、膠東、河間、廬江、衡山，武帝改衡山曰六安。景加其四：濟北、濟陰、山陽、北海，宣帝改濟北曰東平。武帝開越攘胡，初置十七：南海、蒼梧、鬱林、合浦、交阯、九眞、日南、珠崖、儋耳九郡；平西南夷，置牂牁、越嶲、沈黎、汶山、犍爲、益州六郡；西置武都郡；又分立零陵郡，合十七郡。拓土分疆，又增十四：弘農、臨淮、西河、朔方、酒泉、陳留、安定、天水、玄菟、樂浪、廣陵、敦煌、武威、張掖。昭帝少事，又增其一：金城。至平帝元始二年，凡新置郡國七十有一，與秦四十，合一百一十有一。』

今按：《晉志》云郡國一百十一，而《漢志》止一百三，以秦郡考之：南海因舊名，桂林更名鬱林，象郡更名日南，閩中元封元年虛其地，則四十郡省者一、因改者三。漢初未定兩粵，止有三十六郡。《通典》謂『新置六十三，與秦四十，合百三』，亦未考此也。以武帝初置郡考之：天漢四年，幷沈黎於蜀；始元五年，罷儋耳、臨屯、眞番；地節三年，幷汶山於蜀；初元三年，罷珠厓。凡省六郡，而臨屯、眞番元封三年開

朝鮮所置者，《晉志》不載，則并省者四，除八郡，正合《漢志》一百三之數。

林氏云：『漢山川不出《禹貢》分域，而里數倍加者，古今尺步不同。』吴氏云：『南北萬三千餘里，舉朔方、日南而言。』按：《史記·平準書》：『漢連兵三歲，誅羌，滅南越，番禺以西至蜀南者置初郡十七。』卽《晉志》所謂初置者，南海至儋耳九郡皆南越地，武都至汶山五郡皆西南夷地，夜郎爲犍爲，滇爲益州，今化外姚州。并零陵爲十七郡。酒泉、武威、張掖、敦煌，本匈奴昆邪、休屠地，是爲河西四郡，並金城謂之河西五郡。又定朝鮮爲四郡：樂浪、玄菟在遼東之東，《通典》云今爲東夷之地；臨屯治東暆，眞番治霅，見於《茂陵書》。又擊匈奴，取河南地，築朔方，亦初郡也。元朔置蒼海，三年而罷；元始置西海，中興而廢，故《志》不著。隴西、天水、安定、北地、上郡、西河，是爲六郡，名將多出焉；北地、朔方、五原、雲中、定襄、鴈門、代郡、西河，是爲緣邊八郡，除北地、西河而益右北平、上谷、漁陽，是爲緣邊九郡；存其國號而屬漢者曰屬國，置都尉：安定、上郡、天水、五原、張掖，是爲五屬國，其後金城、西河、北地亦置焉。按：武帝初置無象郡，《茂陵書》云治臨塵。《昭紀》元鳳五年罷象郡，分屬鬱林、牂柯，而史不書建置之始，蓋闕文也。賈捐之建議棄珠厓曰：『制南海以爲八郡』，是時儋耳已并屬珠厓矣。三方之開，皆自好事之臣，西南夷發于唐蒙、司馬相如；兩粤起嚴助、朱買臣；朝鮮由涉何。昔者堯、禹之德訖於四海而地不盡四海，故地不足而德有餘，若漢則廣地而已。秦地南不過閩、粤，北不過太原，漢又廣於秦矣。凡中國爲內郡，《宣·元·成紀》所謂內郡國也，緣邊有夷狄障塞者爲外郡。又按：馬援説楊廣曰『前披輿地圖，見天下郡國百有六』，所當考。

揚雄曰：『大漢左東海，右渠搜，前番禺，後陶塗，東南一尉，西北一候。』《注》：會稽東部都尉，燉煌玉門關候。

又《十三部》 《百官表》：『元封五年，初置部刺史，掌奉詔條察州，秩六百石，員十三人。』漢十三部，關中、三河，司隸，自察之刺史，所以有十三員者，征和以前司隸所統亦有刺史察之也。前、後漢《地理志》：武帝『開地斥境，南置交趾，顏氏曰：『胡廣記云「漢既定南越之地，置交趾刺史，別于諸州，令持節，治蒼梧。」』北置朔方之州，胡廣記曰：『漢分雍州置朔方刺史，雍州卽漢涼州也。』以廣之言考之，則涼州疆界濶遠，分朔方諸郡別置刺史察之，是涼州有兩刺史也。兼徐、梁、幽、并夏、周之制，夏有徐、梁而無幽、并，周有幽、并而無徐、梁，漢兼其制，則爲十一州。改雍曰涼，改梁曰益，凡十三部』。兼夏、周之制爲十一州，新置交州，并司隸所領爲十三部。

司隸校尉部：按《前漢志》，司隸校尉，武帝征和四年初置，察三輔、三河、弘農，則今年初置十三部，尚未有司隸校尉。京兆、扶風、馮翊、弘農、河內、河南、河東七郡；昭帝始元元年，有司請河內屬冀州，河東屬并州，本屬司隸部。豫州刺史部：潁川、汝南、沛郡，梁、魯國，凡三郡二國；冀州刺史部：魏、鉅鹿、常山、清河郡，趙、平干、宣帝改曰廣平。眞定、中山、信都、河間國，凡四郡六國；兖州刺史部：陳留、山陽、濟陰、泰山、東郡，城陽、淮陽、東平國，凡五郡三國；徐州刺史部：琅邪、東海、臨淮郡，泗水、廣陵、楚國，凡三郡三國；青州刺史部：平原、千乘、濟南、北海、東萊、齊郡，菑川、膠東、高密國，凡六郡三國；荆州刺史部：南陽、江夏、桂陽、武陵、零陵、南郡，長沙國，凡六郡一國；揚州刺史部：廬江、九江、會稽、丹陽、豫章郡，六安國，凡五郡一國；益州刺史部：漢中、廣漢、武都、犍爲、越巂、益州、牂牁、蜀郡，凡八郡；涼州刺史部：隴西、金城、昭帝置。天水、武威、張掖、酒泉、敦煌、安定、北地，凡九郡；并州刺史部：太原、上黨、西河、朔方、五原、雲中、定襄、鴈門、上郡，凡九郡；幽州刺史部：勃海、上谷、漁陽、右北平、遼西、遼東、玄菟、樂浪、涿、代郡，廣陽國，凡十郡一國；交州刺史部：南海、鬱林、蒼梧、交趾、合浦、九眞、日南，七郡。

後漢與前異者，司隸治河南，朔方屬并州，建武十一年省朔方。交阯曰交州。建安二年改。顏氏云：『武帝初置朔方郡，今夏州朔方縣北。別令刺史監之，不在十三州之限。』《通典》云十三部不常所治。後漢司隸治河南、今河南府。豫治譙、今亳州酇縣。兖治昌邑、今濟州金鄉縣。徐治郯、今淮陽軍下邳縣。青治臨淄、今青州縣。涼治隴、今秦州隴城縣。并治晉陽、今太原府太原縣，省入榆次。冀治鄗、今趙州高邑縣。幽治薊、今幽州縣。揚治

歷陽、今和州縣。荆治漢壽、今常德府武陵縣。益治雒、今漢州縣。交治廣信。今梧州蒼梧縣。

刺史更名牧者凡四改。綏和元年，元壽二年，建武元年，中平五年。光武都洛陽，關中復置雍州，後罷。興平元年，分涼州河西四郡爲雍州，是爲十四州。建安十八年，并十四州復爲九州，《獻帝紀》所謂『復禹貢九州』者，省幽、并以爲冀，省司隸、涼以爲雍，省交州以入荆、益，於是有兖、豫、青、徐、荆、揚、冀、益、雍。《禹貢》無益有梁，其地一也。是時曹操自立爲魏公，欲廣冀州而益其地，非復古也。《荀彧傳》云：操『領冀州牧，或説操宜復古，置九州，則冀州所制者廣大』。

元·吴萊《淵穎集》卷八《胡氏管見唐柳宗元封建論後題》　及天下既一，始皇自以爲前世莫能及，遂舉封建而廢之，郡縣自置，殺豪傑，銷鋒鏑，墮名城，欲盡屏天下之兵而不用，又且貪騖亡厭，科謫日發，民不堪命，陳勝、吴廣攘臂一呼，執農器以爲兵，而民之從亂十室而七，項羽以亡楚故將之子，劉季以泗上亭長，分割天下，立十八王，又五歲而盡屬漢，此又天下之一變也，而卒歸於庶人。嗚呼！聖王不作，世道愈下，天下之變則亦不知其所終者矣。是豈宗元之所謂勢者非耶？【略】

始皇始一天下，據關中，廢封建，勿王子弟。及二世而關東盜起，郡縣吏或降或死，無一肯堅守者。漢興，鑑秦之弊，當項羽專制之餘，燕、趙、梁、楚、太原、淮南，多王異姓，故終高帝之世，用兵不息。韓王信上所親幸，盧綰又故人也，使當匈奴，卒亡入匈奴；吴芮乃以長沙卑濕之國，使當南越，則以國小僅存耳。故又大封同姓，荆以王賈，楚以王交，代以王喜，齊以王肥，吴以王濞。然非制也，是以卒有吴楚七國之亂。何則？漢天子止有關中巴蜀等十五郡，而諸侯王連城列邑，被於三邊，固不可與成周並論矣。記曰：禮時爲大順。次之三代封國，後世郡縣，時也；因時制宜，以便其民，順也。是又豈宗元之所謂勢者非耶？

清·顧祖禹《讀史方輿紀要》卷二《歷代州域形勢二》　自漢興以來，郡國稍復增置。武帝逐匈奴，武帝遣衛青等擊走匈奴，取河南地。後又過焉支，逾祁連，取河西地。又絶大漠，匈奴遠遁，而幕南無王庭。河南，今陝西榆林鎮以北河套地。焉支山，在今甘肅鎮山丹衛東南。祁連山，在今甘州衛西南。詳見陝西名山祁連。河西，卽今甘肅之境。大漠，今河套外陰山以北沙漠地也。平南越漢十一年以故南海尉趙佗據有南越稱王，因立爲南越王，都番禺。元鼎六年國亂，遣路博德等擊平之。南越，今廣東、西及安南境内是。又東越國，漢五年封故粤王後無諸爲閩粤王，王閩中地，都冶。建元六年更立無諸孫繇君丑爲閩繇王。又故王郢之弟餘善自立爲王，漢因立爲東越王，國分爲二。元封元年餘善叛，遣韓説等擊之，徙其民於江、淮間，而虚其地。又東海國，惠帝三年立閩粤君摇爲東海王，都東甌，亦曰東甌王。建元三年爲閩粤所侵，舉國内徙於江、淮間。東甌，今浙江温州府附郭永嘉縣也。及西南夷，元光五年武帝從唐蒙等言，始通西南夷，今陝西、四川以西南及貴州、雲南之境是其地。又通西域，元鼎二年武帝從張騫言，招烏孫、大夏之屬三十六國，自敦煌西至鹽澤、輪臺、渠犁皆起亭障，有田卒，置使者校尉領護。三十六國，俱在今甘肅徼外。敦煌今廢沙州衛。鹽澤在其西七百里，輪臺、渠犁，又在其西。開朝鮮，元封二年遣楊僕等平朝鮮，卽今朝鮮國。於是南置交阯，以南越地置交阯。胡廣《記》：『漢既定南越，置交阯刺史，别於諸州，令持節，治蒼梧。』北置朔方，取匈奴河南地立朔方。顏氏曰：『武帝初置朔方郡，别令刺史監之，不在十三州之限。』分天下爲十三部，而不常所治。

司隸校尉部：察郡七。《漢紀》：『成帝綏和元年罷刺史，仿古制更置州牧。哀帝建平元年復置刺史如故。元壽二年復爲牧。』

京兆尹，秦内史郡也，漢二年更爲渭南郡。九年復爲内史，景帝二年分爲右内史，武帝太初元年更名京兆尹，領長安等縣凡十二。今西安府是其境。

左馮翊，秦内史地，漢二年析置河上郡，九年復爲内史，景帝二年分爲左内史武帝太初元年更名左馮翊，領高陵等縣二十四。今西安府以東至同州是其境。高陵，今西安府屬縣。

右扶風，秦内史地，漢二年析置中地郡，九年復爲内史，景帝二年分爲主爵中尉，六年更名都尉，武帝太初元年更名右扶風，領渭城等縣二十一。今西安府以西至鳳翔府是其境。渭城郡卽秦咸陽，今屬西安府。以上所謂三輔也。《志》云：三輔皆治長安城中。

弘農郡，武帝元鼎四年分河南郡置弘農郡，領弘農等縣十有一。今河南府以西至陝州，又南陽府西境及西安府之商州，皆是其地。弘農縣，今見陝州靈寶縣境。

河内郡，秦三川郡也，漢二年改置，領懷縣等縣十有八。今懷慶、衛輝以至彰德府南境皆是其地。懷，見懷慶府武陟縣。

河南郡，秦三川郡也，漢二年改曰河南郡，領雒陽等縣二十有二。今河南府至開封府以西皆是其境雒陽，見前。

河東郡，秦郡也，領安邑等縣二十四，安邑，見前。

豫州刺史部：察郡三，國二。

潁川郡，秦郡也，漢五年，爲韓國。六年，復故，領陽翟等縣二十。陽翟，見前。

汝南郡，秦潁川郡地，高祖分置汝南郡，景二年爲汝南國。後復爲郡，領平輿等縣三十七。今汝寧府北至開封府之陳州，東至南直潁州，皆是其境。平輿，見汝寧府治汝陽縣。

沛郡，秦泗水郡也，高帝改爲沛郡，領相縣等縣三十七。相，今南直宿州西北九十里有相城。

梁國，秦碭郡也，漢五年改爲梁國，都睢陽，有縣八。今歸德府及南直徐州碭縣是其境。睢陽，見前。

魯國。秦薛郡。初屬楚，呂后初分爲魯國，立張敖子偃爲魯王，後廢爲郡。景三年，復爲魯國，都魯，有縣六。今兗州府是其境。魯，今曲阜縣也。

冀州刺史部：察郡四，國六。

魏郡，秦邯鄲郡地，高帝析置魏郡，領鄴縣等縣十八。今彰德府及北直大名府是其地。鄴縣，見彰德府臨漳縣。

鉅鹿郡，秦郡，領鉅鹿等縣二十。今順德府及眞定府之南境是其地。鉅鹿，見前。

常山郡，本趙國地，呂后二年分置恆山國。文帝初復爲趙地。景帝中三年仍置常山國。元鼎四年爲常山郡，領元氏等縣十八。今眞定府西南以至趙州之境是其地。元氏，眞定府屬縣也。

清河郡，本趙地，景帝中二年分爲清河國，建元五年爲清河郡，元鼎二年復爲清河國，地節三年復爲郡，初元二年又爲清河國，永光初仍爲郡，領清陽等縣十四。今廣平府南至山東東昌府北境是其地。清陽，今清河縣。又《漢紀》：『平帝元始二年置廣宗國。』廣宗，或曰在清河境內。

趙國，秦邯鄲郡，漢四年爲趙國，景三年仍廢爲邯鄲郡，五年復爲趙國，都邯鄲，有縣四，今廣平府及順德府西境是其地。

廣平國，本趙國地，征和二年分趙地立爲平干國，五鳳二年改爲廣平國，都廣平，有縣十六。今廣平府至順德府之北皆是其地。廣平故城，在今順德府城北。《漢紀》：『鴻嘉二年置廣德國。』《志》云：今南直黟縣卽廣德故治。或曰時分中山置廣德國。當亦在廣平境內。

眞定國，本趙地，元鼎四年析常山爲眞定國，都眞定，有縣四。眞定卽今府治。

中山國，本趙地，景帝三年爲中山國，都盧奴，有縣十四。今眞定府定州以北至保定府之境是其地。盧奴，今定州治也。

信都國，本趙地，景二年析爲廣川國，甘露二年國廢爲信都郡，建昭二年更爲信都國，都信都，有縣十七。今眞定府冀州、深州及河間之景州皆是其地。信都，今冀州治。

河間國。本趙地，文二年分趙地爲河間國，十二年國除。景帝二年復爲河間國，都樂城，有縣四。樂城，今河間府獻縣也。

兗州刺史部：察郡五，國三。

陳留郡，本梁地，呂后七年分立濟川國，文帝初復爲梁地，景帝中六年又爲濟川國，武帝建元初國除。元狩初置陳留郡，領陳留等縣十七。今開封府東至歸德府西皆是其境。陳留，今開封府屬縣。又《漢紀》：『元帝永光三年立子康爲濟陽王，建昭五年徙爲山陽王。』濟陽，應劭曰：『卽濟川。』今開封府蘭陽縣有廢濟陽縣。

山陽郡，亦梁國地，景帝中六年分爲山陽國，建元五年國除爲郡，天漢四年更爲昌邑國，後昌邑王廢，國除爲山陽郡，建昭五年復爲山陽國，河平二年仍曰山陽郡，領昌邑等縣二十二。今兗州府西至河南歸德府東境是其地。昌邑，見兗州府金鄉縣。

濟陰郡，亦梁地，景帝中六年分爲濟陰國，甘露二年改名定陶國，初元初爲濟陰郡，領定陶等縣九。今山東曹州至東昌府之濮州是其地。定陶，見前。

泰山郡，故齊國地，文二年分置濟北國，都盧，三年國除。十六年復分齊爲濟北國，元狩初濟北王獻泰山及其旁邑，於是立泰山郡，後元二年以濟北幷入泰山郡，領奉高等縣二十四。今濟南府泰安州以北至兗州府之東北境皆是其地。盧，今濟南府長清縣有廢盧縣。奉高，見泰安州。

東郡，秦郡也，領濮陽等縣三十二。今北直大名府及山東東昌府之境是其地。濮陽，見前。

城陽國，本齊國地，文帝二年立朱虛侯章爲城陽王，十一年徙淮南，十六年復故，都莒，有縣四。今青州府莒州是其地。莒，見前。

淮陽國，本秦潁川郡地，漢十一年析置淮陽國，文十一年爲淮陽郡，宣帝元

康三年復爲淮陽國，都陳，有縣九。今開封府陳州以南是其地。

東平國，本梁國地，景六年分爲濟東國，元鼎初廢爲大河郡，甘露二年更爲東平國，都無鹽，有縣七。今兖州府東平、濟寧二州是其地。無鹽，今東平州東二十里有無鹽故城。

徐州刺史部：察郡三，國三。

琅邪郡，秦郡，初屬齊國，呂后七年分爲琅邪國，文帝初復爲郡，領東武等縣五十一。東武，見今青州府諸城縣。

東海郡，秦薛郡地，徐廣曰：『楚、漢間有郯郡，高帝改爲東海郡。』初屬楚國，景帝二年削其地入漢，領郯縣等縣三十八。今兖州府東南至南直邳州以東至海皆是其地。郯，今見山東郯城縣。

臨淮郡，本楚國地，武帝元狩六年析置臨淮郡，領徐縣等縣二十九。今鳳陽府泗州以東，揚州府北境皆是其地。徐縣故城，今見泗州。或曰臨淮卽楚、漢間東陽郡也，後屬於楚，郡廢。

泗水國，本東海郡地，元鼎四年析置泗水國，都淩，有縣三。今南直宿遷縣以東北是其地。縣有故淩城。

廣陵國，本楚國地，高祖六年屬荆，十一年屬吳，景帝四年更名江都國，元狩初國除。六年改爲廣陵國，都廣陵五鳳四年國除。初元二年復爲廣陵國，都廣陵，有縣四。今揚州府是其境。廣陵，見前。

楚國。漢五年置，景帝三年廢，旋復置，地節元年更爲彭城郡，黄龍元年復爲楚國，都彭城，有縣七。今徐州及淮安府邳州之西境是其地。彭城，見前。

青州刺史部：察郡六，國三。

平原郡，秦齊郡地，高帝置平原郡，領平原等縣十九，今濟南府德州、武定、濱州之境皆是其地。平原，今德州屬縣。

千乘郡，秦齊郡地，高帝置千乘郡，領千乘等縣十五，今青州府以北至濟南府東境是其地。千乘故城，今見青州府高苑縣。

濟南郡，故齊國地，呂后元年，割濟南爲呂國，文帝初復故，十六年別爲濟南國，景三年國除爲濟南郡，領東平陵等縣十四，今濟南府是其境。東平陵，見前。

北海郡，故齊地，景帝中二年分置北海郡，領營陵等縣二十六，今青州府以東是其境。營陵，今見青州府昌樂縣。

東萊郡，故齊地，高帝置郡領掖縣等縣十七，今萊州、登州二府是其地。掖縣，卽今萊州府治。

齊郡，秦郡也，高帝六年爲齊國，元朔四年國除。元狩六年復爲齊國，元封初廢爲郡，領臨淄等縣十二，今青州府是其境。臨淄，見前。

川國，本齊國地，文十六年分置菑川國，都劇，有縣三。今濟南府東北至青州府西北境是其地。劇，見前。

膠東國，本齊地，文十六年別爲膠東國，都卽墨，有縣八。今萊州府之平度州一帶是其地。卽墨，見前。

高密國。本齊地，文十六年別爲膠西國，本始元年更爲高密國，都高密，有縣五。今萊州府膠州以西是其地。高密，今山東膠州屬縣。

荆州刺史部：察郡六，國一。

南陽郡，秦郡也，領宛縣等縣三十六，今南陽府至湖廣均州之境，是其地。宛，見前。

江夏郡，秦南郡地，漢初置江夏郡，領西陵等縣十四，今德安、承天、漢陽、武昌、黄州府境皆是其地。西陵故城，在今黄州府西北百二十里。

桂陽郡，秦長沙郡地，漢初屬長沙國，文帝後七年爲桂陽郡，領郴縣等縣十一，今湖廣郴州及桂陽州又廣東連州，皆是其地。郴，見前。

武陵郡，秦黔中郡地，高帝時曰武陵郡，領索縣等縣十三，今常德府至辰州府之境是其地。索縣，卽今常德府東漢壽城是也。

零陵郡，秦長沙郡地，漢初屬長沙國，武帝元鼎六年析置零陵郡，領零陵等縣十，今永州府至廣西全州是其境。零陵舊城，在今全州北三十里。

南郡，秦郡也，楚、漢間爲臨江國，高帝五年復故，景二年復曰臨江國，中二年仍爲南郡，領江陵等縣十八。今荆州府北至襄陽府境，是其地。江陵，見前。

長沙國。吳芮所封也，文帝後七年國除爲郡，景帝二年復爲長沙國，都臨湘，有縣十三。今長沙府是其境。臨湘，見前。

揚州刺史部：察郡五，國一。

廬江郡，本淮南國地，文十六年析置廬江國，元狩初改爲郡，領舒縣等縣十二。今廬州府南至安慶府之境，是其地。舒，今廬州府舒城縣。胡氏曰：『漢初廬江國在江南。』今池州、九江、饒、信之境當是其地，後移於江北，《班志》所載，非漢初故地也。

九江郡，秦郡，高帝改爲淮南國，元狩四年復曰九江郡，領壽春等縣十五，今鳳陽府壽州及滁、和州至廬州府境是其地。壽春，見前。

會稽郡，初屬吳國，景帝三年削吳會稽、豫章郡是也，領吳縣等縣二十六。吳縣，見前。

丹陽郡，秦鄣郡也，初屬吳國，景帝四年屬江都國，元狩初改屬揚州，元封二年更名丹陽郡，領宛陵等縣十七。宛陵，今寧國府治宣城縣也。餘見前。

豫章郡，秦九江郡地，高帝分置豫章郡初屬吳，景帝初入於漢，領南昌等縣十八。今江西境內是其地。南昌縣，即今南昌府治。

六安國。初屬淮南國，文十六年分置衡山國，元狩元年國除，二年改爲六安國仍都六，有縣五，今廬州府西境至壽州南境，是其地。六，見前。

益州刺史部：察郡九。

漢中郡，秦郡也，領西城等縣十二。西城，今興安州治。

廣漢郡，本蜀郡地，高帝分置廣漢郡，領梓潼等縣十三，今潼川州及成都府之綿州、漢州與保寧府之劍州皆是其境。梓潼，今劍州屬縣也。

犍爲郡，本夜郎國地，武帝元光五年開南夷置犍爲郡，領僰道等縣十二。今敘州府及瀘州、嘉定州、眉州，皆是其地。僰道，今敘州府治宜賓縣也。

武都郡，本廣漢西白馬氐地，武帝開西夷，元鼎六年置武都郡，領武都等縣九。今鞏昌府之階州、徽州及漢中府之寧羌州是其地。武都縣，今鞏昌府成縣西北故城是。

越嶲郡，本西夷邛都地，元鼎六年置越嶲郡，領邛都等縣十五。今建昌行都司是其地。邛都縣，今打沖河所西北故城是。

益州郡，本西夷滇國及斯榆地，武帝元封二年置益州郡，領滇池等縣二十四。今雲南大理等府之境皆是其地。滇池，今雲南府治昆明縣。

牂牁郡，本南夷夜郎及且蘭地，元鼎六年置郡，領故且蘭等縣十七。今遵義府以南至貴州之思南、石阡等府，皆是其境。故且蘭，今遵義府治也。

巴郡，秦郡也，領江州等縣十一。江州，今重慶府治巴縣是。

蜀郡。秦郡也，領成都等縣十五。今成都府，龍安府及邛、雅二州是其地。成都，今府治。又《漢紀》：武帝元鼎六年以西南夷筰都地爲沈黎郡，以冉駹地爲汶山郡。天漢四年，并沈黎於蜀郡。地節三年，又并汶山於蜀郡。今成都府之茂州，即汶山郡地，黎州安撫司，即沈黎郡地也。

涼州刺史部：察郡九，胡廣《記》：『武帝分雍州置朔方刺史。』雍州即涼州也，朔方刺史蓋察朔方、五原、雲中、上郡、安定、北地，凡六郡。《晉志》云：『漢武別置朔方刺史。後漢建武十一年始省入并州。』《大事記》：『司隸不在十三部之數，而朔方、交阯並列焉。』今從《通典》。

隴西郡，秦郡也，領狄道等縣十一。今臨洮府至鞏昌府西境是其地。狄道，見前。

金城郡，本隴西、天水、張掖郡地，昭帝始元六年增置金城郡，領允吾等縣十三。今臨洮府之蘭州、河州及西寧衛，又北至靖虜衛之西南境皆是其地。允吾，今蘭州西北有允吾故城。又宣帝神爵二年增置金城屬國以處降羌，治令居。平帝元始五年又增置西海郡，中興時廢。令居，在今西寧衛東北。西海，在西寧衛西三百餘里。詳陝西大川。

天水郡，本隴西地，元鼎三年分置天水郡，領平襄等縣十六。今鞏昌府以東秦州之境是其地。平襄，今鞏昌府伏羌縣西北有平襄故城。《通典》：『武帝元狩初置天水屬國，治勇士。』勇士城，見靖遠衛。

武威郡，故匈奴休屠王地，武帝元狩二年開其地置武威郡，領姑臧等縣十。今涼州永昌、莊浪、鎮番等衛是其地。姑臧，今涼州衛治是也。

張掖郡，故匈奴渾邪王地，武帝開河西，元鼎六年分武威、酒泉地置張掖郡，領觻得等縣十。觻讀祿，今甘州、山丹等衛是其地。觻得縣，即今甘州衛治。杜佑曰：『武帝元狩初置張掖屬國，治居延。』考元狩初未置張掖郡，杜氏誤也。居延，今見甘州衛。

酒泉郡，故匈奴地，元狩二年置酒泉郡，領祿福等縣十，今肅州衛是其地。祿福故城，在今肅州衛西南五十里。

敦煌郡，故月氏地，後爲匈奴所侵，武帝開河西爲酒泉郡地。元鼎六年分置敦煌郡，領敦煌等縣六。今廢沙州衛是其地。敦煌縣，故沙州治也。《地志》：武帝初開河西置武威等四郡，昭帝增置金城，是爲河西五郡。

安定郡，本北地郡地，元鼎三年分置安定郡，領高平等縣二十一。今平涼府是其境。高平，今平涼府鎮原縣也。《通典》：『漢元狩元年置安定屬國都尉，治三水。』三水，在今平涼府鎮原縣東北。

北地郡。秦郡也，領馬領等縣十九。今慶陽府北至寧夏衛是其境。馬領，在今慶陽府環縣南。《通典》：『五鳳三年置北地屬國，治參䜌。參䜌城，在今慶陽府西北。

并州刺史部：察郡九。《通典》：『初爲朔方，後爲并州。』

太原郡，秦郡，漢初爲韓國地，又爲代郡，文帝二年又分爲太原國，五年復爲代國，元鼎二年復爲太原郡，領晉陽等縣二十一。今太原府至汾州府是其境。晉陽，見前。

上黨郡，秦郡，領長子等縣十四。長子，見前。

西河郡，秦太原、雲中等郡地，元朔四年析置西河郡，領富昌等縣三十六。今汾州府西北之永寧州以至延安府之葭州及榆林鎮之東北境皆是其地。富昌廢縣，在今榆林鎮故勝州境。《通典》：『漢五鳳三年置西河屬國，治美稷。』美稷廢縣，亦在今故勝州西南。

朔方郡，初爲匈奴河南地，元朔二年復收其地，置朔方郡領三封等縣十。今榆林鎮西北故夏州是其地。三封，今廢夏州東南長澤故城是。《漢紀》：『元狩初，置朔方屬國處匈奴降者。』

五原郡，秦九原郡也，漢初亦爲匈奴河南地，元朔二年收復，置五原郡，領九原等縣十六。今榆林鎮西北故豐州治，即廢九原縣也。《漢紀》：『五原屬國都尉治蒲澤。』蒲澤，在豐州東境。

雲中郡，秦郡也，領雲中等縣十一，今大同府西北四百餘里故雲中城，即秦、漢時雲中郡所治雲中縣也。《漢紀》：『元狩初置屬國都尉於此。』

定襄郡，秦雲中郡地，高帝析置定襄郡，領盛樂等縣十二。今大同府西北三百餘里有盛樂城，即漢郡治也。

雁門郡，秦郡，領善無等縣十四。今代州西北有故善無城是也。

上郡。秦郡，領膚施等縣二十三。膚施，今延安府治也。《志》云：上郡屬國治龜兹。龜兹，見寧夏後衛。又《漢紀》：『元狩初取匈奴河西地，分徙降者邊五郡故塞外，而皆在河南，因其故俗爲五屬國。』五屬國，孔氏曰：『隴西、北地、上郡、朔方、雲中也。』杜佑以安定、上郡、天水、張掖、五原爲五屬國。

幽州刺史部：察郡十，國一。

勃海郡，秦上谷、鉅鹿二郡地，高帝分置勃海郡，領浮陽等縣二十六。今河間以東之滄州，北至順天府通州、霸州之南，南至山東武定州、濱州之北皆是其地。浮陽，今滄州治也。

上谷郡，秦郡，漢初屬代，後復爲郡，領沮陽等縣十五。沮陽，今保安州東有沮陽故城。

漁陽郡，秦郡，漢初屬燕，後復爲郡，領漁陽等縣十二。漁陽，今薊州治也。

右北平郡，秦郡，漢初屬燕，後復爲郡，領平剛等縣十六。平剛，在今廢大寧衛西南境。

遼西郡，秦郡，初屬燕，後復爲郡，領且慮等縣十四。且慮，在今大寧廢衛境。

遼東郡，秦郡，初屬燕，後復爲郡，領襄平等縣十八。襄平故城，在今遼東都司城北。《漢紀》：『元朔元年東海穢君南閭等來降，因置滄海郡，三年而罷。』穢，穢貊也，在今遼東塞外。

玄菟郡，漢初爲燕地，後爲朝鮮所據，元封三年，平朝鮮置玄菟郡，領高句驪等縣三。今朝鮮北境地也。高句驪，在今朝鮮咸鏡道界。

樂浪郡，亦朝鮮地，元封三年置郡，領朝鮮等縣二十五。今朝鮮西境是也。朝鮮縣，即平壤城，今朝鮮謂之西京。《漢紀》：『武帝初，置玄菟、樂浪、臨屯、眞番四郡。始元五年，省臨屯、眞番入樂浪郡。』

涿郡，秦上谷郡地，高帝置涿郡，領涿縣等縣二十九，今順天府之涿州至保定府之境，又眞定府之東，河間府之西皆是其地。涿，今涿州也。

代郡，秦郡也，漢爲代國，元鼎二年改爲代郡，領桑乾等縣十八。桑乾，今大同東百五十里有廢桑乾縣。

廣陽國。本秦上谷及漁陽郡地，漢爲燕國，元鳳初國除爲廣陽郡，本始元年改爲廣陽國，都薊，有縣四。薊，見前。《漢紀》：『北地、朔方、五原、雲中、定襄、雁門、代郡、西河，謂之緣邊八郡，又益以上谷、漁陽、右北平、遼西爲緣邊十二郡。或曰緣邊九郡，則不言遼西、北地、西河。或曰十郡，則不言西河、北地。』又隴西、天水、安定、北地、上郡、西河皆環列畿輔，宿衛之士多取給焉，所謂《六郡良家子》也。《後漢書》有漁陽而無天水，亦曰六郡云。

交州刺史部：『察郡七。』

南海郡，秦郡也，初爲南越國，元鼎六年平南越置郡，領番禺等縣六。今廣、惠、潮三府是其地。番禺，見前。

鬱林郡，秦桂林郡也，後屬南越，元鼎六年置鬱林郡，領布山等縣十二。今廣西潯州、柳州、南寧等府及梧州府之鬱林州，是其境。布山縣，在今潯州府城西。

蒼梧郡，秦桂林郡地，後屬南越，元鼎六年置蒼梧郡，領廣信等縣十。今梧州、平樂二府及廣東肇慶府之境，是其地。廣信，今梧州府治蒼梧縣是。

交趾郡，秦象郡地，後屬南越，元鼎六年置交趾郡，領羸𨻻等縣十。今安南國是其地。羸𨻻，今交州府西故交趾城是也。

合浦郡，秦象郡地，後屬南越，元鼎六年置郡，領徐聞等縣五。今雷、高、廉三府及肇慶府南境是其地。徐聞，今雷州府屬縣。

九眞郡，秦象郡地，後屬南越，元鼎六年置郡，領胥浦等縣七。今安南國西南境是其地。

日南郡。秦象郡地，後屬南越，元鼎六年置郡，領朱吾等縣五，今占城國是其地。《漢紀》：『武帝開南越，置南海、鬱林及朱崖、儋耳凡九郡。昭帝始元五年罷儋耳。元帝初元三年罷朱崖。』今廣東瓊州府之儋州、崖州卽其地也。又《通典》：『昭帝元鳳五年罷象郡，分屬鬱林、牂牁。而史不書建置之始，蓋闕文也。』

大約西漢之世，郡、國一百有三，新郡六十五，因秦郡者二十七，改秦郡者十一。廢秦郡者一，閩中也。縣、邑千三百有十四，道三十二，邑通蠻夷曰道。侯國二百四十一。左東海，右渠搜，古西戎國，今榆林北境有漢時渠搜故縣。或以爲渠犁，在今西域火州西境。前番禺，見前。後陶塗，今沙漠地。又揚子云：『東南一尉，西北一侯，』謂會稽東郡都尉，敦煌玉門關侯也。今浙江台州府，漢東郡都尉治。玉門關，在今廢沙州西北二百六十里。東西九千三百二里，南北萬三千三百六十八里，可謂盛矣。

應劭曰：『自秦用李斯議，分天下爲三十六郡，至漢興復增置。凡郡，或以列國，陳、魯、齊、吳是也；或以舊邑，長沙、丹陽是也；或以山陵，泰山、山陽是也；或以川原，西河、河東是也；或以所出，金城之下得金，酒泉之味如酒，豫章樟樹生庭，雁門雁之所育是也；或以號令，禹合諸侯大計東冶之山，因名會稽是也。』王氏曰：『秦地東不過浿水，在今朝鮮平壤城東，今名大通江。西不越臨洮，今府。漢益廣于秦矣。然郡縣益煩，牧守屢易，國無定民，民無固志。先王之制，寖以滅息。』

清·全祖望《漢書地理志稽疑》卷一《十八王所置郡名》 高惠之初，有郡名不見于三十六郡內又未及爲漢立者，小顏、三劉皆疑之，而不得其說。厚齋謂是羣雄之分置，其說本《水經注》，是不易之論也。漢所增定，亦多因之，則未可以爲草竊一時而略之也。爰幷列之。

東陽　楚漢之間分東海置。漢之廣陵，又分臨淮。

見《高紀》，以封荆王。《水經注》曰：『景帝更名江都。』然則廣陵本東陽，而臨淮又廣陵所分。文穎曰：『東陽，今下邳。』則專指臨淮，非也。

郯郡　卽東海，楚漢之間改名。漢復曰東海，又分泗水。

見《高紀》，以封楚王。劉貢父曰：『郯非秦郡。』足正應劭之誤，然不知卽秦之東海也。治郯，故改名曰郯。

吳郡　楚漢之間分稽置。漢武帝以後省。

見《高紀》以封荆王。原父曰：『鄣、吳疑皆地名，非郡名。』殊不然也。《灌嬰傳》：『擊吳郡長于吳下，虜其守，因定吳、稽、豫章。』則明是會稽之外，別有吳郡，不可以會稽卽爲吳也。《功臣表》亦曰：『周聚擊英布，定吳郡。』然則《前志》所云：『江都、廣陵二王，得鄣不得吳。』明是二郡名也。厚齋曰：『吳郡，楚漢之間所置』，是也。顧炎武力主無吳郡之說，愚不謂然。何焯曰：『會稽治吳，故稱吳，猶之東海治郯，故稱郯。』其說亦似，然觀《灌嬰傳》則會稽與吳，非一郡明矣。故《高紀》與《吳濞傳》稱三郡者，據後幷省言之也。《伍被傳》稱四郡，則據當時分置言之也。四郡者：東陽、鄣、稽、吳也。楳磵以豫章當之，不知豫章是淮南王屬，不屬濞，而濞之豫章，乃鄣郡之譌也。

鄣郡　楚漢之間分會稽置。漢因之，後改丹陽。

見《高紀》，以封荆王。諸志誤以爲秦置者也。

膠東　楚漢之間分琅邪置。漢因之。

見《史記·月表》，亦見《高紀》及《項籍傳》。

膠西　楚漢之間分琅邪置。漢因之，後改高密。

見《高紀》以封齊王。

濟北　楚漢之間分琅邪置，後幷入泰山。

見《月表》

博陽　楚漢之間分濟北置。漢之泰山。

見《高紀》以封齊王。案《月表》，濟北國都博陽，則本屬濟北，及封齊王，已分置矣。蓋卽漢之泰山，而後幷濟北入之者也。東京又分泰山、濟北爲二，則泰山仍得博縣，是其証也。

城陽　楚漢之間分琅邪置。漢因之。

見《高紀》，以封齊王，其後高后卽以封張偃者也。則以爲文帝始置者謬。

臨淄　卽齊郡，楚漢之間改名。漢復曰齊。

見《月表》及《高紀》。

衡山　楚漢之間分九江置。漢因之，又分江夏。

見《月表》及《吳芮傳》，亦見《英布傳》。所以知江夏舊屬衡山者，

以吳芮都邾知之也。及文帝復置國，則都六矣。

廬江　楚漢之間分九江置。漢因之。

見《英布傳》。揚雄《自序》亦云楚漢之興，楊（李）［季］官至廬江太守，則以爲文帝始置者，謬。

豫章　楚漢之間分廬江置。漢因之。

見《灌嬰傳》，亦見《英布傳》。《水經注》曰：『豫章本秦廬江南部地，蓋秦之九江郡治廬江也。』然則項氏先分廬江，而豫章又自廬江而分。

右皆十八王分部之可考者。

《陳勝傳》曰：『攻陳，陳守、令皆不在，獨守丞與戰譙門中。』原父曰：『秦不以陳爲郡，何庸有守？守非正官，謂權守者耳。』原父之言似也，而非。蓋使如其言，當言『守令不在』，不當言『守令皆不在』，是守、令自屬二人，不可以下文守丞爲例也。然則三十六郡外有陳郡乎？又非也。楚郡卽陳郡也，楚郡治陳，故亦稱陳郡，如齊郡稱臨淄郡，東海郡稱郯郡之比。秦之楚郡治陳，漢改治彭城，而別陳爲淮陽，原父考之未詳也。

又《漢百三郡國增置目》　本秦京師，爲內史，分天下作三十六郡。

高帝增二十六。

案志數之：

河上　中地卽二輔　河内　汝南　江夏　魏　常山　清河　涿　勃海　平原　千乘　泰山　東萊　東海　豫章　桂陽　武陵　廣漢　定襄　中山　燕卽廣陽　膠東　淮陽　楚　衡山卽六安

東海與楚本秦置，武陵本秦黔中，則實止二十三郡，而溷列之，其燕本之廣陽。姑勿以咎班氏也。而夷考之，則高帝時郡國，正不止此。

濟南　城陽　高密本膠西　河間　廬江　廣陵本東陽　丹陽本鄣

《齊悼惠王傳》以濟南爲呂國，則濟南不置自文帝。《高紀》以城陽、膠西郡封齊，而《悼惠王傳》亦以城陽爲魯元邑，則城陽、膠西不置自文帝。《功臣侯表》張相如趙衍早爲河間守，則河間不置自文帝。《高紀》以東陽郡、鄣郡封荆王，則廣陵不置自景帝，丹陽不置自武帝。

右覈實：凡高帝時郡國，在秦置外者，得三十。

文景各六。

案《志》數之：　文帝

濟南　城陽　膠西　甾川　廬江　河間

《志》言昭帝少時僅增其一，而不知文帝之玄嘿，實未嘗有六郡也。其五郡皆高帝時置，明見紀、傳、表。蓋文帝僅增一甾川。

案《志》數之：　景帝

山陽　濟陰　東平　北海　信都　江都卽廣陵。

廣陵本東陽，景帝改江都，非也。景帝實置廣平，見《水經注》。而王溫舒爲都尉于廣平，事在武帝征和之先，然則《志》誤矣，當以易江都。其陳留本濟川，景帝以封梁王子，見《水經注》引應劭語，不置自武帝也。

右覈實：文一景七，連高帝時郡國，得三十八。

武帝增二十八。

案《志》數之：

河西郡四　西南夷郡五　南粵郡七　東海夷郡三　朔方以上皆初郡，凡十九。　弘農　陳留　臨淮　零陵　天水　安定　西河　眞定　廣平　泗水案東海夷郡，除暫置者不計，惟數樂浪、玄菟，則三應作二。至朔方下原注，亦似有訛脫，未敢意改。

右覈實：但多陳留、廣平說見前。然是二十九，非二十八也。今去其二，凡武帝置郡國，得二十七。

昭帝一，凡郡國一百三。

金城

右覈實：連高、文、景、武時郡國在秦外者，得六十六，并秦內史及三十六郡，爲一百三。

《續志》大略同《前志》，惟以信都爲高帝置，則高帝得二十七，景帝得五。原父非之，已見《刊誤》中。

信都郡治信都縣，蓋縣是高帝置，郡則景帝置也。信都本秦縣，項王改爲襄國，高祖分之，仍置信都，《續志》殆誤以置縣爲置郡也。《水經注》亦曰『高帝六年置郡』，其失與《續志》同。乃若《晉志》尤爲乖刺，與《前志》大亡異同，而覈之無可從者。厚齋釋《通鑑》引之，過

矣。略舉其失，附之于此。

漢分内史爲三郡，更置郡國二十三。

《前志》高帝二十六，不數渭南，以卽内史也，非新郡矣。《晉志》駮《前志》之武陵，蓋本《續志》，是矣。然則梁國卽碭郡也，而與渭南並列以爲新郡，得其一，失其二。其以信都爲高帝置，亦本《續志》，則原父已非之矣。若其去《前志》之膠東、衡山，則又何也？是必妄意膠東、衡山以爲項氏所置而削之，不知以膠東郡封齊王，見《高紀》，以衡山郡封英布，見本傳，豈自文帝乎？

文增厥九。

于《前志》六郡外，妄增膠東、衡山，猶有説也，其增廣平，不知何所依據。

景加其四。

以信都爲高帝置，尚本《續志》，以廣陵爲武帝置，是直未讀《江都王傳》者。

武帝三十一。

是則妄而又妄者也。《前志》于武帝暫置旋罷之郡，不列之目，今《晉志》兼數之。然則武帝之暫置而罷者，凡七郡：南粵之珠厓、儋耳，西南夷之沈黎、汶山，東海之蒼海、臨屯、眞番，皆是也。何以《晉志》但載珠厓、儋耳、沈黎、汶山，而遺其三，妄矣！零陵乃長沙、桂陽之分郡，而亦以爲新開，妄矣。玄菟、樂浪乃新開，而反以爲分置，妄矣。而尤妄者，竟失去泗水而不之覺。吾故曰：卽如《晉志》所云，亦當曰『武帝二十五』，不當云：『三十一』也。

昭帝一。凡新置郡國七十一，與秦四十合一百一十有一。

王厚齋曰：『秦四十郡，除南海三郡，卽漢新開之七郡，而閩中漢所空荒，則去其四。又漢所置七十一，除珠厓、儋耳、沈黎、汶山，又去其四，則百十有一者共去其八，正與《漢志》一百三之目相符。』予謂是乃厚齋曲爲晉志作調人，而未嘗細糾其謬也。夫《前志》之新置郡國六十六，使如厚齋作調人之説，則是六十七者，尚失去泗水一國，安得謂之相符？蓋《晉志》之失去者，泗水也，其重出者，渭南郡與梁國也。摘其重，補其闕，庶幾合矣，而厚齋竟不及此。蓋覈實言之，則漢新置實六十六，而楚郡乃秦三十六郡中之一，并内史爲一百三也，原非可云六十七也。

《通典》謂『漢新置六十三，與秦四十合爲一百三』，其言又微有不合，楳碉、厚齋亦非之。予謂《通典》亦是。蓋南粵七郡，其三皆故秦郡也。南海本秦郡名，鬱林卽桂林，日南卽象郡。則雖謂之六十三可矣。秦之三十六郡，内史本不在其列，則以三十六郡并陸梁三郡，與内史數之，謂之四十亦可矣。但閩中漢并入會稽，不可以列于百三之目也。《通典》之微差者，亦以内史溷入三十六郡中，而兼數閩中故也。凡言四十郡者，多如通典之説。獨歎天下之郡國，迭爲建置，二千餘年矣，而三六郡之目尚莫有了然者，則甚矣釋地之難也！

又 卷二《郡國分命訛失》 《志》于郡國分命之詳，亦多譌失，今更詮次之。

京兆尹，故秦内史，高帝元年屬塞國，二年更爲渭南郡，九年罷，復爲内史。武帝建元六年分爲右内史，太初元年，更爲京兆尹。

當云故秦内史，楚漢之間爲塞國。高帝元年八月屬漢，爲渭南郡，九年，復爲内史。景帝二年分爲右内史，武帝太初元年，更爲京兆尹，王莽曰『西都京兆大尹』。後又分其旁縣爲郡二，曰京尉、師尉。渭南、河上置郡之年，《異姓諸侯王表》可據。《高紀》以爲二年六月，誤也。《功臣侯表》，敬市侯闞澤赤，以二年四月由河上守遷殷相矣，豈待雍亡之後？今改正。案：『闞』，今本作『閻』。『敬市』，《史記》表作『故市』。《百官表》左、右内史是景帝分。《志》曰武帝，師古曰：『《志》誤也。』《志》于王莽所改，郡縣諸名皆載，而京輔三郡之分爲六尉獨略之，亦不合。

左馮翊，故秦内史。高帝元年屬塞國，二年更名河上郡，九年罷，復爲内史。武帝建元六年，分爲左内史。太初元年，更名左馮翊。

當云故秦内史，楚漢之間屬塞國。高帝元年八月屬漢，爲河上郡。九年復并爲内史。景帝二年分爲左内史。武帝太初元年更爲左馮翊。莽又分其郡曰前輝光，後又分其郡二：曰翊尉、光尉。案：『輝』，《平帝紀》作『煇』。

右扶風，故秦内史。高帝元年屬雍國。二年更爲中地郡，九年罷，復

爲內史。武帝建元六年分爲右內史。太初元年更名『主爵都尉』，爲右扶風。

當云故秦內史，楚漢之際爲雍國。高帝二年屬漢，爲中部郡。九年復幷爲內史。景帝二年屬右內史。武帝太初元年更爲右扶風，省主爵都尉之員以任之。莽又分其郡曰後丞烈，後又分其郡二：曰扶尉、烈尉。案：『烈尉』，《王莽傳》作『列尉』，又『中部』，今本《地理志》作中地，《高紀》亦同。

『主爵都尉』本不治民，蓋省其員爲扶風，非更名也。

弘農郡，武帝元鼎四年置。莽曰右隊。

當云故屬京兆尹，武帝元鼎四年分置，屬司隸。莽曰右隊。

河東郡，秦置。莽曰兆陽。

當云秦郡，楚漢之際爲西魏國。高帝二年屬漢。武帝末屬司隸。昭帝元始元年屬幷州，見《本紀》。未幾復故。不知年。莽曰兆隊。

據《王莽傳》，河東乃六隊之一，曰兆隊，非兆陽也。然《水經注》引此，已作兆陽，是六朝本已誤，不始今本也。

太原郡，秦置。屬幷州。

當云故秦郡，楚漢之際屬西魏國。高帝二年屬漢，六年爲韓國，七年復故，十一年屬代國。文帝元年復故，二年爲太原國，四年仍屬代國。武帝元鼎三年復故。屬幷州。

太原初屬西魏，從本紀及本傳，《異姓諸侯王表》以爲屬代，誤也。

上黨郡，秦置。屬幷州。

當云故秦郡，楚漢之際屬西魏國。高帝二年屬漢，四年屬趙國。景帝復以支郡收。見《史記》《諸侯王表》。屬幷州。

河內郡，高帝元年爲殷國，二年更名。莽曰後隊，屬司隸。

當云故屬秦河東郡，楚漢之際爲殷國。高帝二年置郡。武帝末屬司隸。昭帝元始元年屬冀州，見《本紀》，未幾復故。莽曰後隊。

河南郡，故秦三川郡。高帝更名雒陽。莽曰『保忠信卿』。屬司隸。

當云故秦三川郡，楚漢之際爲河南國。高帝二年置郡，更名，屬司隸。莽曰『東都河南大尹』，後又改名曰『保忠信卿』，分郡之滎陽諸縣別爲郡，曰祁隊。

莽將都雒，故欲進其官于京兆尹之上，名之曰卿，美其名曰『保忠信』，是官名，非地名也，今流俗本以『卿』爲『鄉』，大謬。六隊志其五，而滎陽以分郡故脫之，則汝南之分爲賞都，何以得載乎？今補之。

東郡，秦置。莽曰治亭。屬兗州。

當云故秦郡，楚漢之際屬楚國。高帝五年屬漢，十一年屬梁國。見《高紀》。文帝元年復故。屬兗州。案：『莽曰治亭』四字刪去，豈以治亭之名專屬濮陽耶？

陳留郡，武帝元狩元年置。屬兗州。

當云故屬秦碭郡。楚漢之際屬楚國。高帝五年屬漢，以屬梁國。文帝元年爲郡。景帝中六年，爲濟川國。武帝建元三年爲郡。元狩五年改名。濟川爲郡，見《史記·梁孝王傳》，則元狩特改名耳。元帝永光三年，復爲濟陽國，建昭五年復故。屬兗州。

高后以濟南爲呂國，又改呂國曰濟川，不久卽廢，而非梁之濟川王也。梁濟川王都濟陽，見《水經注》引應劭語。胡楳磵失考，乃曰在陳留、東郡之間，而不知濟川卽陳留也。《莽傳》省陳留，中興始復之，亦應附《志》。

潁川郡，秦置。高帝五年爲韓國，六年復故。莽曰左隊。屬豫州。

當云故秦郡，楚漢之際爲韓國，仍屬楚國。高帝二年十一月復爲韓國，屬漢。六年爲郡。十一年屬淮陽國。見《本紀》惠帝元年復故，屬豫州。莽曰左隊。

汝南郡，高帝置。莽曰汝汾，分爲賞都尉。屬豫州。

當云故屬秦潁川、南陽二郡。楚漢之際屬楚國。高帝四年屬漢，分置，十一年屬淮陽國，十二年復故。景帝二年別爲汝南國，四年復故。屬豫州。莽曰汝汾，分其郡曰賞都。

置郡之年見《水經注》蓋漢既得潁川、南陽，故不待楚亡已分置矣。

南陽郡，秦置。莽曰前隊。屬荆州。

當云故秦郡，楚漢之際屬楚國。高帝二年屬漢。屬荆州。莽曰前隊。

王陵歸漢，則楚南陽不守，漢兵又出武關，項氏危矣。

南郡，秦置。高帝元年更爲臨江郡，五年復故。景帝二年復爲臨江國，中二年復故。莽曰南順。屬荆州。

當云故秦郡，楚漢之際爲臨江國。高帝五年屬漢，爲郡復故。景帝二年復爲臨江國，五年復故，七年復爲國，中二年復故。屬荆州。莽曰南順。

江夏郡，高帝置。屬荆州。

當云故屬秦九江郡，楚漢之際屬衡山國，仍屬楚國。高帝五年屬漢，以屬淮南國，尋分衡山置郡。置郡之年，見《水經注》。文帝十六年，復別屬衡山國。武帝元狩元年復故。屬荆州。廬江郡，故淮南。文帝十六年別爲國，屬揚州。

當云故屬秦九江郡，楚漢之際分置郡，屬九江國。高帝五年屬漢，以屬淮南國。文帝十六年，別爲廬江國。景帝三年復故。屬揚州。

志不特不知廬江爲漢初所置，亦并失去景帝徙國復郡之年。九江郡，秦置。高帝四年更名爲淮南國。武帝元狩元年復故。莽曰延平。屬揚州。

當云故秦郡，楚漢之際爲九江國。高帝三年復屬楚國，五年更名淮南國。文帝六年爲九江郡，十六年復爲淮南國。武帝元狩元年復故。屬揚州。莽曰延平。

英布以四年復封，然遥授耳。楚以周殷守之，布不能取也。五年，殷叛，始得之。案得地在五年，則「更名淮南」上，應有「屬漢」二字，否則高帝三年復屬楚國句有誤文。

山陽郡，故梁。景帝中六年別爲山陽國。武帝建元五年別爲郡。莽曰鉅野。屬兗州。

當云故屬秦碭郡。楚漢之際屬楚國。高帝五年屬漢，以屬梁國，景帝中六年別爲山陽國。案此五字寫本無，据濟陰例補。武帝建元五年爲郡，天漢四年更爲昌邑國。宣帝本始元年復故。元帝竟寧元年復爲山陽國。成帝河平四年復故。屬兗州。莽曰鉅野。

濟陰郡，故梁。景帝中六年別爲濟陰國。宣帝甘露二年更名定陶。屬兗州。

當云故屬秦碭郡。楚漢之際屬楚國。高帝五年屬漢，以屬梁國。景帝六年別爲濟陰國。武帝建元三年爲郡。宣帝甘露二年更爲定陶國。黄龍元年復故。成帝河平四年復爲定陶國。哀帝建平二年復故。屬兗州。

沛郡，故秦泗水郡。高帝更名。莽曰吾府。屬豫州。案「吾府」，今本作「吾符」。

當云故秦泗水郡。楚漢之際屬楚國。高帝二年屬漢，更名，以屬梁國。景帝後以支郡收。《水經注》曰：「高帝四年更名」，恐有誤。屬豫州。莽曰吾府。

魏郡，高帝置。莽曰魏城。屬冀州。

當云故屬秦河東郡。高帝十二年分置。見《水經注》。屬冀州。莽曰魏城。

鉅鹿郡，秦置。屬冀州。

當云故秦郡。楚漢之際屬趙國，尋屬常山國。八月，案此直繫以月而不年者，猶言八閲月也。後同。復屬趙國。高帝三年屬漢，四年復以屬趙國。高后八年復故。文帝元年復屬趙國。景帝三年復故，四年復屬趙國。後以支郡收。屬冀州，莽又分其地置郡，曰和戎。見《東觀漢記》。

常山郡，高帝置。莽曰井關。屬冀州。

當云故屬秦邯鄲郡。楚漢之際屬趙國，尋爲常山國，八月復屬趙國。高帝三年屬漢，爲郡，四年復以屬趙國。高后二年復爲常山國。文帝元年復屬趙國。景帝二年復故。以過削。中五年復爲常山國。武帝元鼎三年復故。屬冀州。莽曰井關。

清河郡，高帝置。莽曰平河。屬冀州。

當云故屬秦鉅鹿郡。高帝分置，仍屬趙國。景帝中三年別爲清河國。武帝建元六年復故。元鼎三年復爲國。宣帝地節四年復故。元帝初元二年復爲國，永光元年復故。平帝元始二年，莽又分清河地爲廣宗國，其郡如故。《志》無廣宗縣，蓋莽分置也。其地當在清河。《續志》，鉅鹿郡有廣宗縣。案：此段仍應有「屬冀州，莽曰平河」七字，疑寫本脱去。

涿郡，高帝置。莽曰垣翰。屬幽州。

當云故屬秦漁陽郡。楚漢之際屬燕國。高帝六年分置，仍屬燕國。武帝元朔二年復故。元狩三年復屬燕國。昭帝元鳳元年復故。屬幽州。莽曰垣翰。

勃海郡，高帝置。莽曰迎河。屬幽州。

當云故屬秦鉅鹿郡。高帝分置，仍屬趙國。景帝後以支郡收。武帝元狩三年屬燕國。昭帝元鳳元年復故。屬幽州。莽曰迎河。

平原郡，高帝置。莽曰河平。屬青州。

當云故屬秦齊郡。高帝六年分置，見《水經注》。屬齊國。景帝後以支郡收。徐廣曰：『平原以分濟北。』誤。屬青州。莽曰河平。

千乘郡，高帝置。莽曰建信。屬青州。

當云故屬秦齊郡。高帝六年分置，見《水經注》。屬齊國。景帝後以支郡收。屬青州。莽曰建信。

濟南郡，故齊。文帝十六年別爲濟南國。景帝二年爲郡。莽曰樂安。屬青州。

當云故屬秦齊郡。高帝分置，仍屬齊國。高后元年爲吕國，七年更爲濟川國。文帝元年復屬齊國，十六年別爲濟南國。景帝二年復故。屬青州。莽曰樂安。

高后封平昌侯太爲吕王，已而改號濟川王，見《史記》，則濟南卽濟川也。胡楳磵失考，乃曰在濟南、濟北之間，誤也。顧宛溪又失考，謂太所封之濟川，卽梁之濟川，而不知梁之濟川是陳留，乃景帝所封，梁孝王子在濟陽，其國名亦曰濟川，而非太所封之濟川也。案平昌侯太，見《史記·吕后紀》惠帝子也。今本《漢書·恩澤侯表》又作昌平侯大。

泰山郡，高帝置。屬兗州。

當云故屬秦齊郡。楚漢之際屬齊國，尋爲濟北國，五月復屬齊國，分置濟北、博陽二郡。高帝四年屬漢，改博陽曰泰山，仍屬齊國。文帝二年別屬濟北國，四年復故，十六年復屬濟北國。景帝四年復故，五年復屬濟北國。武帝元鼎元年獻泰山及其旁邑，其國如故。後元二年，并濟北入泰山，屬兗州。

《前志》泰山郡之博縣，卽博陽也。貢父疑博陽置郡之無徵，不知卽泰山也。奉高未置縣以前，泰山卽治博縣，以是益知其爲博陽也。齊郡，秦置。莽曰濟南。屬青州。

當云故秦郡。楚漢之際改名臨淄郡，屬齊國。漢復改，仍屬齊國，五年屬楚國，六年復爲齊國。武帝元朔三年復故，元狩二年復爲國，元封元年復故。屬青州。莽曰濟南。

北海郡，景帝中元年置。屬青州。案今本作中二年。

當云故屬秦齊郡。文帝十六年屬菑川國。景帝中二年分置，尋以支郡收。屬青州。

東萊郡，高帝置。屬青州。

當云故屬秦琅邪郡。高帝分置，屬齊國。景帝後以支郡收。屬青州。

琅邪郡，秦置。莽曰填夷。屬徐州。

當云故秦郡。楚漢之際屬齊國。高帝四年屬漢，以屬齊國，五年屬楚國，六年仍屬齊國。

高后七年爲琅邪國。文帝元年復屬齊國。《水經注》曰『二年』，誤也。景帝後以支郡收。屬徐州。莽曰填夷。

東海郡，高帝置。莽曰沂平。屬徐州。

當云故秦郡。楚漢之際改名郯郡，屬楚國。高帝五年屬漢，復故，仍屬楚國。景帝二年復故。以過削。屬徐州。莽曰沂平。

臨淮郡，武帝元狩六年置。莽曰淮平。

當云故屬東陽郡，楚漢之際屬楚國。高帝五年屬漢，仍屬楚國，六年屬荆國，十二年屬吳國。景帝四年屬江都國。武帝元狩二年屬廣陵郡，六年分置郡，仍屬廣陵國。宣帝五鳳四年復故。屬徐州。莽曰淮平。會稽郡，秦置。高帝六年爲荆國，十二年更名吳。景帝四年屬江都。原父曰：『會稽于景帝後未嘗屬江都。』屬揚州。

當云故秦郡。楚漢之際屬楚國、分置吳郡。高帝五年屬漢，仍屬楚國，六年屬荆國，十二年屬吳國。景帝四年復故。武帝時省吳郡。說見前卷。屬揚州。

丹揚郡，故鄣郡，屬江都。武帝元封二年更名。屬揚州。

當云故屬秦會稽郡。楚漢之際分置鄣郡，屬楚國。高帝五年屬漢，仍屬楚國，六年屬荆國，十二年屬吳國。景帝四年屬江都國。武帝元狩二年爲郡，六年屬廣陵國，元封二年更郡名，仍屬廣陵國。宣帝五鳳四年復故。成帝鴻嘉二年分丹陽之黝縣爲廣德國，其郡如故，四年復屬于郡。平帝元始二年復爲國，其郡如故。屬揚州。

豫章郡，高帝置。莽曰九江。屬揚州。

當云故屬秦九江郡。楚漢之際分置郡，屬九江國。高帝五年因之，屬淮南國。文帝六年復爲郡，十六年復屬淮南國。武帝元狩元年復故。屬揚州。莽曰九江。

《吳濞傳》中之豫章，皆鄣郡之訛，韋昭言之矣。楳碉乃曰『豫章分鄣郡置』，甚哉其妄也。

桂陽郡，高帝置。莽曰南平。屬荆州。

當云故屬秦長沙郡。義帝都。高帝二年分長沙置，見《水經注》。五年屬長沙國。景帝後以邊郡收。南粵、閩粵未平，故桂陽、廬江、豫章、會稽皆爲邊，《史記》所謂南邊也。屬荆州。莽曰南平。武陵郡，高帝置。莽曰建平。屬荆州。

當云故秦黔中郡。楚漢之際屬楚國。高帝二年屬漢，更名。見《水經注》。屬荆州。莽曰建平。

零陵郡，武帝元鼎六年置。莽曰九疑。屬荆州。

當云故屬桂陽郡。武帝元鼎六年分置。屬荆州。莽曰九疑。漢中郡，秦置。莽曰新城。案『城』今本作『成』。屬益州。

當云故秦郡。高帝元年所建國。屬益州。莽曰新城。

廣漢郡，高帝置。莽曰就都，屬益州。

當云故屬秦巴、蜀、漢中三郡。高帝六年分置。見《水經注》。屬益州。莽曰就都。

蜀郡，秦置。莽曰導江。屬益州。

當云故秦郡、高帝始建國三郡之一。武帝元鼎六年，以笮都地置沈黎郡。天漢四年省入蜀郡西部，又以冉駹地置汶山郡。宣帝地節三年省入蜀郡北部。屬益州。莽曰導江。

犍爲郡，武帝建元六年開。莽曰西順。屬益州。

當云故大夜郎國。武帝建元六年開。屬益州。莽曰西順。

越巂郡，武帝元鼎六年開。莽曰集巂。屬益州。

當云故卭都國。武帝元鼎六年開。屬益州。莽曰集巂。

益州郡，武帝元封二年開。莽曰就新。屬益州。

當云故滇國，其葉榆縣，故葉榆國，其不韋縣，故九隆哀牢國。武帝元封二年開。屬益州。莽曰就新。案：九隆哀牢句旁，原有批云：『《西南夷傳》無九隆國名，二字疑誤。』非也。考《後漢書·西南夷傳》『哀牢夷』條，備載九隆名義，惟常璩《南中志》『古哀牢國』條，九隆又作元隆，凡五見皆然。似應從范書爲是。

牂柯郡，武帝元鼎六年開。莽曰同亭。屬益州。

當云故夜郎國。武帝元鼎六年開。屬益州。莽曰同亭。

巴郡，秦置。屬益州。

當云故秦郡。高帝始建國三郡之一。屬益州。

武都郡，武帝元鼎六年置。莽曰樂平。

當云故白馬氐國。武帝元鼎六年開，屬涼州。莽曰樂平。

隴西郡，秦置。莽曰厭戎。

當云故秦郡。楚漢之際屬雍國。高帝二年屬漢。屬涼州。莽曰厭戎。

金城郡，昭帝始元六年置。莽曰西海。

當云昭帝始元六年分天水、隴西、張掖各二縣置。屬朔方。莽曰西海。天水郡，武帝元鼎三年置。莽曰塡戎。

當云武帝元鼎三年分隴西置。屬涼州。莽曰塡戎，又分其縣爲郡，曰阿陽。見《水經注》。

武威郡，故匈奴休屠王地。武帝太初四年開。莽曰張掖。

當云故匈奴休屠王地。武帝元狩二年開。屬朔方。莽曰張掖。《本紀》與《志》置郡之年不合。温公曰：『《本紀》是也。以下三郡同。』張掖郡，故匈奴昆邪王地。武帝太初元年開。莽曰設平。案『平』今本作屛。

當云武帝元鼎六年分武威置。屬朔方。莽曰設平。張掖非昆邪所屬，《志》誤，今從楳碉。

酒泉郡，武帝太初元年開。莽曰輔平。

當云故匈奴昆邪王地。武帝元狩二年開。屬朔方。莽曰輔平。據《匈奴傳》，則初置止酒泉一郡，武威亦稍後之。今從《本紀》。敦煌郡，武帝後元二年開。莽曰敦德。案今本作『後元年分酒泉置。』

當云武帝元鼎六年分酒泉置。屬朔方。莽曰敦德。

安定郡，武帝元鼎三年置。

當云武帝元鼎三年分隴西置。屬涼州。

北地郡，秦置。莽曰威戎。

當云故秦郡。楚漢之際屬雍國。高帝二年屬漢。屬涼州，莽曰威戎。

上郡，秦置。高帝元年更爲翟國，十月復故。屬幷州。

當云故秦郡。楚漢之際爲翟國。高帝元年八月屬漢，本屬凉州，武帝後屬并州。莽曰增山。

《異姓諸侯王表》作『元年八月』，《本紀》作『二年六月』此又作『元年十月』，《紀》、《志》皆誤，《表》是也。增山之名，見《續漢書》，而《水經注》引之。

西河郡，武帝元朔四年置。莽曰歸新。屬并州。

當云故屬秦上郡。武帝元朔四年分置。屬并州。莽曰歸新。

朔方郡，武帝元朔二年開。莽曰溝搜。屬并州。

當云故屬秦九原郡。漢初入匈奴。武帝元朔二年開，别稱朔方州，置刺史，監河西諸郡事。莽曰溝搜。中興後始省朔方入并州，而以所監諸郡屬凉州。本志以爲元朔卽屬并州，誤也。揚雄十二州箴已無朔方，蓋平帝時莽省，而中興因之。五原郡，秦九原郡。武帝元朔二年更名。莽曰獲降。屬并州。

當云故秦九原郡。漢初入匈奴。武帝元朔二年開。屬朔方。莽曰獲降。

五原與朔方同置。知漢初尚無九原郡，非但更名而已。見《本紀》。朔方、五原既歸中國，而後河西得闢，故别爲州。

雲中郡，秦置。莽曰受降。屬并州。

當云故秦郡，楚漢之際屬趙國，尋分屬代國。高帝三年屬漢，四年復以屬趙國，六年屬代國，十一年以邊郡收。見《本紀》。屬并州。莽曰受降。

是乃收邊郡之始。景帝後則盡收之。

定襄郡，高帝置。莽曰得降。屬并州。

當云故屬秦太原、雁門二郡。高帝六年分置。見《水經注》。屬代國。景帝後以邊郡收。屬并州。莽曰得降。

雁門郡，秦置。莽曰填狄。屬并州。

當云故秦郡。楚漢之際屬趙國，分屬代國。高帝三年屬漢，四年仍屬趙國，六年屬代國。景帝後以邊郡收。屬并州。莽曰填狄。代郡，秦置。莽曰厭狄。屬幽州。

當云故秦郡。楚漢之際屬趙國，尋爲代國。高帝三年屬漢，六年仍爲代國。武帝元鼎三年復故。屬幽州。莽曰厭狄。

上谷郡，秦置。莽曰朔調。屬幽州。

當云故秦郡。楚漢之際屬燕國。高帝六年屬漢，仍屬燕國。景帝後以邊郡收。屬幽州。莽曰朔調。

漁陽郡，秦置。莽曰通潞。屬幽州。

當云故秦郡。楚漢之際屬燕國。高帝六年屬漢，仍屬燕國。景帝後以邊郡收。屬幽州。莽曰通潞。

右北平郡，秦置。莽曰北順。屬幽州。

當云故秦郡。楚漢之際屬燕國，尋分爲遼東國，六月復故。高帝六年屬漢，仍屬燕國。景帝後以邊郡收。屬幽州。莽曰北順。遼西郡，秦置。屬幽州。

當云故秦郡。楚漢之際屬燕國，尋分屬遼東國，六月復故。高帝六年屬漢，仍屬燕國。景帝後以邊郡收。屬幽州。

遼東郡，秦置。屬幽州。

當云故秦郡。楚漢之際屬燕國，尋分屬遼東國，六月復故。高帝六年屬漢，仍屬燕國。景帝後以邊郡收。屬幽州。

玄菟郡，武帝元封三年開。莽曰下駒驪。屬幽州。

當云故朝鮮國地。武帝元封三年開。屬幽州。莽曰下句驪。

樂浪郡，武帝元封三年開。莽曰樂鮮。屬幽州。

當云故朝鮮國地。武帝元封三年開，時又開臨屯郡，治東暆縣，案：『暆』，《武帝紀》注從月，作『腌』。領十五城，眞番郡，治霅縣，領十五城。昭帝元始元年罷眞番，後臨屯亦罷。不知其年。先是元朔元年，以東夷薉君地置滄海郡。案：『滄海』，《武帝紀》作『蒼海』。三年罷。尋置樂浪東部，卽其地。見陳壽《魏志》。屬幽州。莽曰樂鮮。

南海郡，秦置。秦敗，尉佗王此地。武帝元鼎六年開。屬交州。

當云故秦郡。後爲尉佗及南武侯織國。織亡，俱入于佗。武帝元鼎六年開。屬交阯。

尉佗據南海，具南武侯織亦稍分之，漢封爲南海王者也。淮南屬王滅織，遷之上淦，佗始得據，予别有考。南粤七郡，至後漢末始稱交州，前此但稱交阯刺史，班《史》安得遽稱交州？是必後人妄行竄改者。鬱林

郡，故秦桂林郡，屬尉佗。武帝元鼎六年開，更名。莽曰鬱平。屬交州。

案：鬱林郡『當云某某』一段，寫本無之，尚可仍班氏舊説，無煩改訂。惟此下蒼梧郡本文，則寫本全脱，今据《志注》補録如左。蒼梧郡，武帝元鼎六年開。莽曰新廣。屬交州。

當云故屬秦桂林郡。後爲蒼梧國，屬尉佗。武帝元鼎六年開。屬交阯。莽曰新廣。

交阯郡，武帝元鼎六年開。屬交州。

當云故屬秦桂林郡。後爲西千國，屬尉佗。見《功臣侯表》。案《表》未見此文，疑誤。武帝元鼎六年開，別稱交阯刺史，監諸郡事。合浦郡，武帝元鼎六年開。莽曰桓合。屬交州。

當云故屬秦桂林郡，後復爲駱越諸種國，屬尉佗。武帝元鼎六年開。屬交阯。莽曰桓合。九眞郡，武帝元鼎六年開。

當云故屬秦南海郡，後復爲駱越諸種國，屬尉佗。武帝元鼎六年開。屬交阯。

日南郡，故秦象郡。武帝元鼎六年開，更名。屬交州。

當云故秦象郡，後復爲駱越諸種國，屬尉佗。武帝元鼎六年開。昭帝元鳳五年罷。分屬鬱林、牂柯，未幾復屬交阯。《昭紀》曰『罷象郡』，誤也，但復置之年不可考。

趙國，故秦邯鄲郡。高帝四年爲趙國。景帝三年復爲郡，五年復故。莽曰桓亭。屬冀州。

當云故邯鄲國。楚漢之際爲趙國。尋爲常山國，八月復爲趙國。高帝四年屬漢，仍爲趙國。景帝三年復爲郡，五年復故。屬冀州。莽曰桓亭。

廣平國，武帝征和二年置，爲平于國。宣帝五鳳二年復故。莽曰富昌。屬冀州。

當云故屬鉅鹿郡。景帝中六年分置廣平郡。武帝征和二年置平千國。案《趙敬肅王傳》又作平千。宣帝五鳳二年復爲郡。哀帝建平二年更置廣平國。屬冀州。莽曰富昌。

《水經注》曰：『景帝中六年，改鉅鹿爲廣平』，誤也。廣平乃鉅鹿之分郡，鉅鹿固無恙也。故中興復省廣平入鉅鹿。《酷吏傳》『王温舒爲廣平都尉』，事在征和之先，則置自景帝明矣。且《志》言『五鳳二年復故』，則舊有廣平郡名可知，蓋脱文也。

眞定國，武帝元鼎四年別爲國。案此誤寫，應依今本作四年置，屬冀州。

當云故屬常山郡，武帝元鼎四年別爲國。屬冀州。

中山國，高帝郡。景帝二年案：今本作三年。爲國。莽曰常山，屬冀州。

當云故屬代郡。高帝分置，屬趙國。景帝二年，別爲國。宣帝五鳳三年爲郡。元帝永元元年復爲國。屬冀州。莽曰常山。

信都國，景帝二年爲廣川國。宣帝甘露三年復故。原父曰：『當云景帝前二年爲廣川國，四年爲信都郡，中二年復爲廣川國。宣帝甘露四年復故。』莽曰新博。屬冀州。

當云故屬秦邯鄲郡。景帝二年別爲廣川國，四年更爲廣川郡，中二年復爲廣川國。宣帝本始四年復故。地節四年復爲廣川國，甘露四年復故，元帝建昭二年更爲信都國。成帝陽朔二年復故。哀帝建平二年復爲信都國。原父失去大半。屬冀州。莽曰新博。河間國，故趙。文帝二年別爲國。莽曰朔定。

當云故屬趙國。高帝分置郡，仍屬趙國。文帝二年別爲國，十五年復爲郡。景帝二年復爲國。元帝建昭元年復爲郡。成帝建始元年復爲國。屬冀州。莽曰朔定。

廣陽國，高帝燕國。昭帝元鳳元年爲廣陽郡。宣帝本始元年更爲國。莽曰廣有。

當云故屬秦漁陽郡。或曰始皇滅燕，即置廣陽，所未詳也。《水經注》，楚漢之際爲燕國。高帝六年屬漢，仍爲燕國。武帝元朔二年爲燕郡。見《徐樂傳》。元狩二年更爲國。昭帝元鳳元年爲廣陽郡。宣帝本始元年更爲國。屬幽州。莽曰廣有。

甾川國，故齊。文帝十六年別爲國，後并北海。案今本作十八年。

當云故屬齊國。文帝十六年別爲國。景帝二年爲郡。四年復爲國。武帝時，其地多并入北海，而割臨菑之東予之。屬青州。膠東國，故齊。高帝元年別爲國，五月復屬齊國。文帝十六年復爲國。莽曰郁秩。

當云故屬秦琅邪郡。楚漢之際屬齊國。尋別爲膠東國，五月復屬齊國，因置郡。高帝四年屬漢，仍屬齊國。文帝十六年別爲國。景帝二年爲郡，四年復爲國。屬青州。莽曰郁秩。

高密國，故齊。文帝十六年別爲膠西國。宣帝本始元年更爲高密國。

當云故屬秦琅邪郡。楚漢之際屬齊國，分置膠西郡。高帝四年屬漢，仍屬齊國。文帝十六年別爲國。景帝二年爲郡，三年復爲國。武帝元封三年爲郡。宣帝本始元年更爲高密國。屬青州。城陽國，故齊。文帝二年別爲國。莽曰莒陵。屬兗州。

當云秦琅邪郡。楚漢之際屬齊國，分置郡。高帝四年屬漢，仍屬齊國。惠帝元年爲魯元公主湯沐邑，置魯國。文帝元年復屬齊國，二年別爲國，八年復爲郡，屬齊國，城陽王徙淮南後，以城陽郡子齊，見《史記·諸侯王表》。十二年復爲國。成帝鴻嘉三年復爲郡。永始元年復爲國。屬兗州。莽曰莒陵。

淮陽國，高帝十一年置。莽曰新平。屬兗州。

當云故屬秦楚郡。楚漢之際屬楚國。高帝五年屬漢，仍屬楚國。六年置淮陽郡，十一年爲國。惠帝元年爲郡。高后元年復爲國，四年爲郡。宣帝元康三年復爲國。屬兗州。莽曰新平。顧宛溪曰『淮陽故秦潁川郡地』，非也。淮陽是陳，陳乃楚地，安得云屬潁川？此蓋因漢初韓王信兼有淮陽而誤。

梁國，故秦碭郡。高帝五年爲梁國。莽曰陳定。屬豫州。

當云故秦碭郡。楚漢之際屬楚國。高帝五年屬漢，爲梁國。文帝元年復爲郡，二年復爲國。平帝元始三年復爲郡，五年復爲國。屬豫州。莽曰陳定。

東平國，故梁國。景帝中六年，別爲濟東國。武帝元鼎元年爲大河郡。宣帝甘露二年爲東平國。莽曰有鹽，屬兗州。

當云故屬秦齊郡。楚漢之際屬楚國。高帝五年屬漢，以屬梁國。景帝中六年別爲濟東國。武帝元鼎元年爲大河郡。宣帝甘露二年更爲東平國。哀帝建平三年復爲郡。平帝元如元年復爲國。屬兗州。莽曰有鹽。東平本宋地，宋亡齊得之，本不屬梁。其屬梁，自封彭王始也。

魯國，故秦薛郡。高后元年爲魯國。屬豫州。

當云故秦薛郡。楚漢之際屬楚國。高帝五年屬漢，仍屬楚國。景帝二年爲魯國。成帝陽朔三年爲郡。哀帝建平三年復爲國。屬徐州。薛郡，高帝所以封楚王，而薛之魯縣。魯元公主之食邑。當高后時，未嘗奪楚之薛郡以封張偃也。張偃之國，乃齊所割之城陽郡，故莒國也。莒與魯接，而公主食邑在魯，因稱魯王，非能全得薛郡之地也，楚之薛郡，至景帝時削，見《晁錯傳》。次年景帝始以封其子。《志》言高后元年爲魯，誤也，又言屬豫，更謬。楚國，高帝置。宣帝地節元年更爲彭城郡。黃龍元年復故。莽曰和樂。屬徐州。

當云故秦楚郡，楚漢之際爲楚國。高帝五年屬漢，仍屬楚國。宣帝地節元年更爲彭城郡。黃龍元年復爲楚國。屬徐。莽曰和樂。

泗水國，故東海郡。武帝元鼎四年別爲泗水國。莽曰水順。

當云故屬秦東海郡，高帝因之，屬楚國。景帝二年復故。武帝元鼎二年別爲國。屬徐州。莽曰水順。

諸侯王表作二年，當是《志》誤也。廣陵國，高帝二年屬荆國，案『國』今本作『州』。十一年更屬吳國。景帝四年更名江都。武帝元狩三年更名廣陵。莽曰江平。屬徐州。

當云故屬秦東海郡。楚漢之際置東陽郡，屬楚國。高帝五年屬漢，仍屬楚國，六年爲荆國，十一年爲吳國。景帝三年爲郡。四年更爲江都國。武帝元狩二年爲廣陵郡，六年復爲國。宣帝五鳳四年爲郡。元帝初元二年復爲國。平帝元始二年，分廣陵國爲廣世國，以封江都易王後，廣世不知其地，莽所置也。屬徐州。莽曰江平。本紀誤作廣川，本傳誤作廣陵。今依本表爲廣世。

六安國，故楚。高帝元年別爲衡山國，五年屬淮南。文帝十六年復爲衡山。武帝元狩二年別爲六安國。莽曰安風。

當云故屬秦九江郡。楚漢之際爲衡山國，仍屬楚國。吳芮地爲項王所奪，見高帝詔。高帝五年屬漢，更屬淮南國。文帝十六年別爲衡山國。武帝元狩元年更爲六安國。見《史記·諸侯王表》。三年爲六安國，案『爲』字上，似脫『別』字。屬揚州。莽曰安風。

吳芮雖以衡山爲國，而都邾，九江王英布實都于六，則六安蓋兩割九江、衡山之地以成封域者也。

長沙國，秦郡。高帝五年爲國。莽曰塡蠻。屬荆州。

當云故秦郡。楚漢之際爲義帝都。高帝二年。見《水經注》。五年爲國。文帝後七年爲郡。景帝元年復爲國。屬荆州。莽曰塡蠻。案『高帝二年』下

疑有脫文，應與桂陽郡條參看。

予校《地志》，而歎高帝之兵法豈項王之豕突所能當也！元年卽置渭南、河上諸郡，困章邯于圍中，楚救不能飛渡河渭之間矣。二年卽因王陵以得楚之南陽，東兵不得窺武關矣。故項王遣兵距漢于陽夏，而陽夏以西入漢矣。義帝之亡也，高帝告諸侯曰：『寡人悉發關中兵，收三河士，南浮江漢以下擊楚。』胡楳礀曰：『謂由三河以攻其北，又南下江、漢以夾攻之也。』及考漢兵之出，未聞有由江漢以下者。近考《水經注》，則高帝之置長沙、黔中，皆在二年，乃知高帝全師以出彭城，而一旅之乘虛者，已搤二郡之地而有之，所謂南浮江漢之軍，史失載之，可以道元書補其缺也。項王弑義帝，而不能使諸將守其地，反以資漢，愚矣。況長沙、黔中入漢，則江、漢間震動，而共敖輩曰不暇給，楚人三面受敵，何以自支？故曰卽地志而悟張良、韓信之兵法，所以佐高帝者精矣。

清·錢大昕《廿二史考異》卷二《史記二·漢興以來諸侯年表》

漢獨有三河、東郡、潁川、南陽，自江陵以西至蜀，北自雲中至隴西與內史，凡十五郡。十五郡謂河東、河南、河內、東郡、潁川、南陽、南郡、卽江陵。漢中、巴郡、蜀郡、隴西、北地、上郡、雲中並內史也。五原郡元朔二年始置，故不數。

怵邪臣計。《索隱》云：『怵音誓，怵訓習。』『怵』當作『忕』，傳寫之訛。

故齊分爲七，趙分爲六，梁分爲五，淮南分爲三。案：此《表》凡二十六格，高祖始封同姓九國，並齊、趙、梁、淮南析置十七國，益以長沙，當爲二十七格。今檢《表》，齊之下爲六格，趙之下爲五格，梁之下止三格。以濟陰附于淮陽之後，梁與淮陽地本相接也。楚之下爲二格，魯、泗水本楚地，衡山、淮南所分，亦楚故地也。廬江亦淮南所分，乃列於趙之下，與清河爲一格，似失其倫矣。

高帝四年，初王武王英布元年。『武王』二字衍，布已誅死，安得有謚？

高后元年，初置呂國。案：呂國以齊之濟南郡置，當在『齊』之下，與『濟南』爲一行，今列於『梁』之下，誤也。

孝文前元年，分爲河間，都洛城。『洛城』當爲『樂城』，監本作『洛陽』，尤誤。

十五年，分爲膠西，都宛。注：『徐廣曰：「樂安有宛縣。」』『宛』上當有『高』字。

孝景前元年，初置臨江，都江都。當作『都江陵』。

四年，初王元年，是爲孝武帝。『是爲孝武帝』五字，後人所增入也。考：孝文封代王，《表》直書其名，而云『高祖子』。此亦當書名，而云『景帝子』。

中二年。初置清河，都濟陽。『濟陽』當作『清陽』。《漢書·地理志》『清河郡清陽縣』，注云『王都』，是其證也。

孝武建元元年。『孝武』二字，亦後人所增。

元鼎三年，初置泗水，都郯。案：《漢志》泗水國領三縣，淩也，泗陽也，於也。郯爲東海郡治，不當割爲泗水國都。

又 卷一四《續漢書二·百官志五》 注：『建安十八年，復《禹貢》九州。雍州得恆農、京兆、左馮翊、右扶風、上郡、安定、隴西、漢陽、北地、武都、武威、金城、西平、西郡、張掖、張掖屬國、酒泉、敦煌、西海、漢興、永陽、東安南凡二十二郡。』案：廿二郡之名，不見於《郡國志》者凡六，西平郡蓋分金城置，《晉志》：領西都、臨羌、長寧、安夷四縣。西郡蓋分張掖置。《晉志》：領日勒、刪丹、仙提、萬歲、蘭池五縣。西海郡，獻帝興平二年置，卽張掖居延屬國也。《晉志》：領居延一縣。漢興郡，蓋曹公分關中置，永陽郡則獻帝初平四年分漢陽置也。惟東安南一郡無可考，疑本作『南安』而衍『東』字耳。《秦中記》：『中平五年，分漢陽置南安郡。』《晉志》：『南安郡領狐道、新興、中陶三縣。』

豫州部郡本有潁川、陳國、汝南、沛國、梁國、魯國，今幷得河南、滎陽都尉，凡八郡。案：東漢始以屬國都尉領城，比於郡守。嗣後內地分置都尉，亦得稱郡。晉泰始初，置滎陽郡，蓋因魏之滎陽都尉也。《魏志·李通傳》：『太祖分汝南二縣，以通爲陽安都尉。』而《趙儼傳》云：『袁紹遣使招誘豫州諸郡，惟陽安郡不動，而都尉李通急録户調。』此亦以都尉爲郡之證也。裴松之引《魏略》云『李勝嘗爲熒陽太守』，當在魏主芳之世。似魏世已有滎陽郡矣。

清·錢大昕《潛研堂文集》卷一六《漢百三郡國考》 自秦始皇廢

封建，分天下爲三十六郡，盡領于天子，有郡無國者凡十三歲。及二世嗣立，而陳涉起事，豪傑回應，仍復六國之名，各自分立郡縣，非復秦三十六郡之舊矣。漢既幷天下，懲秦之弊，大封齊、趙、燕、代、吳、楚、淮南、梁、淮陽、長沙諸國。其時天子自領者，僅三河、內史等十五郡國，而諸侯王國亦各有所領之郡，《志》所載高帝置郡二十六，其十之八皆屬於王國者也，故其時國大而郡小。及景帝懲吳、楚七國之强，稍裁抑宗室，卽皇子受封，不過一郡之地。武帝用主父偃之策，令諸王得分其地封子弟爲侯，侯國皆別屬漢郡，不領于王國，而王國日益削弱，故其時郡大而國小。《志》所載皆據元始版籍，故先郡而國次之，卽梁、楚、趙、淮陽國名仍舊，而疆域之廣狹，前後懸殊，以它郡國沿革及諸王傳參考之，其大略猶可考也。漢郡國百有三，實因秦三十六郡而分析之。武帝開拓三邊，增置漸多于舊。其後稍復省罷。今稽其增置之始，爲《漢郡國考》。

秦置三十六郡見《秦三十六郡考》。

高帝增二十六：

河內郡　汝南郡　江夏郡　魏郡　常山郡　清河郡　涿郡　勃海郡　平原郡　千乘郡　泰山郡　東萊郡　東海郡　豫章郡　桂陽郡　武陵郡　廣漢郡　定襄郡　中山郡後爲國　膠東國　燕國後爲廣陽國　淮陽國　楚國　衡山國後爲六安國　內史武帝爲京兆尹　鄣郡武帝爲丹陽郡

文、景各六：

廬江國後爲郡　濟南國後爲郡　河間國　甾川國　膠西國後爲高密國　城陽國

以上文帝置。文帝置國凡九：衡山、膠東、高帝嘗置；濟北卽高帝所置之泰山郡，故不數。

山陽國後爲郡　北海郡　濟陰國後爲郡　廣川國後爲信都國　濟東國後爲東平國　江都國後爲廣陵國

以上景帝置。《晋志》云景加其四，蓋失舉廣川、江都也。

武帝二十八：

弘農郡　陳留郡　臨淮郡　零陵郡　犍爲郡　越巂郡　益州郡　牂柯郡　武都郡　天水郡　武威郡　張掖郡　酒泉郡　敦煌郡　安定郡　西河郡　朔方郡　玄菟郡　樂浪郡　蒼梧郡　交趾郡　合浦郡　九眞郡　平干國後爲廣平國　眞定國　泗水國　左馮翊　右扶風　案武帝置珠厓、儋耳、沈黎、汶山四郡，後廢，故不數。

昭帝一：

金城郡

問：秦之內史在三十六郡之外，漢內史何以列于高帝增郡之數？曰：秦有郡而無國，唯京師置內史，故內史尊而郡卑。漢初立諸侯王國俱有內史，與京師官稱相等，且王國各有所領之郡，國都則內史治之，與郡守權不殊，故《史記・漢興諸侯王年表》載天子自有三河等十五郡，幷內史亦在其內，此太史公明文，可深信也。問：膠東、衡山皆項羽所封國，不久卽廢。其別爲國，實在文帝時，乃以充高帝增郡之數，恐非其倫。曰：高帝，創業之主也。項氏，代漢驅除，故與高帝同時爲楚項所封者。例繫之高帝元年，尊王敬祖之義也。其文但云高帝元年爲某國，明乎主命者非高帝也。此班氏之義例，後人未可輕議。

清・王鳴盛《十七史商榷》卷一四《漢書八・十三部》　冀、兗、青、徐、揚、荆、豫、梁、雍、幽、幷、營，此唐虞之十二州也，漢無營州，其十一州皆有之，但改梁名益，改雍名凉，而又南置交趾、北置朔方之州，凡十三部，部刺史員十三人，此見於《地理志》、《百官表》及師古所引胡廣《記》者也。據文，似十一州，外添交州、朔方爲十三部矣。但河內、河南二郡注云：『屬司隸』，而各郡國無屬朔方者。《百官表》：『司隸校尉，武帝征和四年置。察三輔、三河、弘農。』三輔是京兆、馮翊、扶風，三河是河內、河南、河東。《續郡國志》此六郡與弘農正屬司隸。東漢如此，西漢可知。杜佑《通典》於西漢十三部亦不數朔方，而數司隸。且《地理志》敘首雖云『置朔方之州』，而朔方刺史果亦在員數之內，則朔方郡宜專屬之矣。今乃注云『屬幷州』，則知所謂十三部者，實是於舊十一州外添交州與司隸爲十三，朔方不數。《平當傳》：『當以丞相司直，坐法左遷朔方刺史。』師古曰：『武帝初置朔方郡，別令刺史監之，不在十三州之限。』是也。惟《晋書・地理志》述漢制數朔方爲十三。《晋書》此段謬誤甚多，不可據。

又　卷一五《漢書九・郡不言何屬》　《地理志》郡國一百三，言所屬者凡七十九，不言所屬者凡二十四。詳考之，其不言者皆疏漏，非有

義例也。卽如臨淮郡不言何屬，而其上文琅邪、東海二郡皆云屬徐州，臨淮之屬徐州無疑，而獨不言。泗水國不言何屬，而其上文楚國、下文廣陵國皆云屬徐州，泗水之屬徐州無疑，而獨不言。九眞郡不言何屬，而其上文南海、鬱林、蒼梧、交趾、合浦，其下文日南六郡皆云屬交州，九眞之屬交州無疑，而獨不言。卽此三處推之，則其餘郡國之不言者，皆疏漏可知。且其所屬有屬冀州、屬兖州、屬青州、屬徐州、屬揚州、屬荆州、屬豫州、屬幽州、屬并州、屬益州、屬交州、屬司隸，而獨無雍州改名之涼州，亦皆疏漏耳。《百官公卿表》明言部刺史奉詔察州員十三人，《地理志》明言漢兼《禹貢》、《職方》州名有徐、梁、幽并改涼、益，增交趾、朔方爲十三部，平紀元始元年置大司農部丞十三人，人部一州，勸農桑，若涼州不爲部，則僅十二人矣。足明郡國之無屬涼州者乃疏漏也。自武都以下至北地凡十郡皆不言何屬，據《續志》，内惟天水東漢改名漢陽，而皆屬涼州，東漢如此，西漢可知。班不言，非疏漏而何？又據《百官表》及《續志》，司隸所屬有七郡，今獨河内、河南言屬司隸，餘皆不言，亦疏漏也。續郡國逐州分敘，界畫井然，似反勝于前志。

又《建置從略》 地理建置沿革無常，以最後爲定，户口據元始，疆域當亦據元始也。考《文三王傳》：梁孝王國四十餘城，孝王卒，景帝中六年分爲五國四人，別爲濟川、山陽、濟東、濟陰四國，而太子共王買仍封梁。共王子平王襄以罪削五縣，餘尚有八城，此武帝時事。當武帝未削之梁國，得初封五之一，屬縣有十三。今志於彼四國則有山陽郡、濟陰郡，皆卽景帝故國，東平國卽濟東國，獨不見濟川國，惟此一國疆域竟無所見，已屬缺漏。《史記》世家梁孝王子明，孝景中六年爲濟川王。七歲坐罪廢地入漢爲郡。今志無濟川郡。又志濟陰屬縣九，東平屬縣七，皆與梁國畧相等，獨山陽屬縣多至二十三，決不應此國獨多如此，然則山陽郡下本注雖言景帝中六年爲國，武帝建元五年爲郡，其實郡界非國舊界，大約別割他地益之，或卽將濟川一國併入未可知，且以四十餘城分爲五計之，十三也、九也、七也，三國已得二十九，加山陽二十三，四國已得五十二，尚有濟川不在内，數大不符，可見山陽郡界非國界。《文三王傳》山陽王景中六年立，立九年國除，適當建元五年，此志與傳合，獨屬縣非國之舊，而班略之，此皆分割大事，班氏槩略之。竊謂史法貴簡，獨建置沿革乃地理之至要，宜條析而詳書之，詞繁而不殺爲佳。無如志之一體，班氏所創，風氣初開，義例疏潤，不能詳析也。凡如此類，不可枚舉，舉一以資隅反。

分割雖據元始，又有不拘者，《文三王傳》清河王年當地節中已國除，元始二年立年弟子如意爲廣宗王。亦見《諸侯王表》。廣宗是元始所建國，志中略不載，則是又不據元始矣。例俱不定。

傳言梁國削餘八城。志梁國所屬恰八縣。若據此則是梁孝王之孫平王襄當武帝時削五縣，餘尚有八縣，直傳至元始時尚是武帝時之故疆矣。而今考之則不然，襄立四十年薨，其下傳五世至名立者嗣立爲王，當成帝元延中，又坐罪削五縣，則餘只有三縣矣。至元始中，立又坐廢爲庶人，自殺，國除。後二歲，莽白太皇太后，立孝王玄孫之曾孫音爲梁王，奉孝王後，莽簒，國絶。志據元始，梁國當三縣，而列八縣，何也？足見班氏於建置從畧。又如志列淮陽國而此國屢爲郡，屢爲縣，注絶不及，已詳後淮陽郡《汲黯傳》云云一條，而《梁平王襄傳》元朔中睢陽人犴反，人辱其父，而與睢陽太守客俱出同車，犴反殺其仇車上，亡去，睢陽太守怒，以讓梁二千石，求反急。睢陽是梁國屬縣，縣不當稱太守，《史記》世家述此事作『淮陽太守』，彼是也。《漢書》誤作『睢陽太守』耳。然武帝時制，王國有内史治民，中尉掌武，皆二千石，若太守則治郡者，王國無之，可知武帝時淮陽爲郡，不爲國，而志不及，建置之略如此。犴反，《史記》作類犴反，《索隱》云人姓名，恐當從《漢書》。

《武五子燕刺王旦傳》武帝末年坐罪，削良鄉、安次、文安三縣，其後昭帝時又益封萬三千户。其下文卽云發民大獵文安縣，則昭帝時益封已還其所削縣矣。其後謀反發覺，自殺，國除，今《地志》大字無燕國，而安次、文安則屬勃海郡，良鄉則屬涿郡，可見燕國除後其縣入此二郡，而二郡注皆云高帝置。不知幾經分割後尚是高帝之舊乎？必不同矣。且燕地必更有入漁陽、右北平等郡者，不止二郡，今皆不可考。又《旦傳》宣帝又封旦太子建爲廣陽王，傳至莽不絶。志有廣陽國，注云：『高帝燕國，昭帝元鳳元年爲廣陽郡。宣帝本始元年更爲國。』屬縣只四縣，首縣薊下注云：『故燕國，召公所封。』旦令羣臣亦曰『燕雖小，召公建國。』則薊必是旦所都，元鳳之廣陽郡卽燕國除爲之，及更爲國，嫌太大，故又

割入勃海等郡，僅存四縣也。班於建置沿革太略，然此等分割糾紛，若必逐縣詳注，又嫌繁瑣，則似亦有不得不如此從略者。

志山陽郡注云：『故梁。景帝中六年別爲山陽國。武帝建元五年別爲郡。』其屬首縣昌邑注云：『武帝天漢四年，更山陽爲昌邑國。』《武五子傳》云：『昌邑哀王髆，天漢四年立。薨，子賀嗣，昭帝崩，徵賀立之，淫亂，廢歸國，賜湯沐邑，國除爲山陽郡。』惟此一郡由國而郡，由郡而國，由國而復爲郡，最爲詳析，合志傳觀之，首末具見，他郡國皆不能如此。

又 卷一六《漢書十・刺史治所》 《續漢・百官志》云：『刺史各主一州，常以八月巡行所部郡國，録囚徒，考殿最。』既以八月出巡，則平日必有治所，乃劉昭注則云：『孝武始制刺史監糾非法，傳車周流，匪有定鎮。』昭説未的，而閻氏若璩遂云：『《通鑑》齊孝王孫謀發兵臨淄，殺青州刺史，此刺史適在臨淄，非必治所。胡三省乃云：「臨淄，青州刺史治。」豈知西漢刺史稱傳車，居無常處者乎？』閻雖云爾，而刺史治所明見《朱博傳》，又《武紀》『元封五年，初置刺史部十三州』，師古注引《漢舊儀》云：『初分十三州，假刺史印綬，有常治所。』閻似失考，但《地理志》於刺史所治之縣，竟未一及耳。

《三國・魏志・夏侯玄傳》玄議時事，司馬宣王報書云：『故刺史稱傳車，其吏言從事，居無常治。』又《唐六典》第三十卷云：『武帝元光三年，初置部刺史十三人，居無常所。後漢則皆有定所。』此閻説所本，然朱博非前漢乎？大約因其乘傳周行，故隨便言之。

又 《太守治所》 太守、都尉皆當有治所，今都尉治所夾注中甚多，而太守治所竟絶不一及，何也？夫都尉治所大率不在首縣，且與太守不同治，是以注明，乃太守治所亦不盡在首縣，而竟絶不一及，則疏矣。

《續書・郡國志》劉昭注引潘岳《關中記》云：『三輔舊治長安城中，長吏各在其縣治民。光武東都之後，扶風出治槐里，馮翊出治高陵。』今《前志》於高陵注云左輔都尉治，蓋京城只長安一縣，三輔共治之，左馮翊亦治長安，故高陵得爲都尉治，都尉不與太守同治也。

閻若璩云：『《郡國志》凡縣名先書郡所治，此惟東漢則然，西漢不爾。歷考志傳以證之，爲治者二十有六：江陵也，平襄也，宛也，陽翟也，薊也，彭城也，邯鄲也，臨淄也，雒陽也，廣陵也，昌邑也，吳也，壽春也，郯也，相也，成都也，長子也，濮陽也，無鹽也，魯也，江州也，涿也，僰道也，故苴蘭也，邛都也，滇池也。不爲治者三：梁國首碭，卻不爲治，治睢陽。王國以内史治民而《梁孝王武傳》梁内史韓安國從王於睢陽也。汝南郡首平輿，亦不爲治，治上蔡，以《翟方進傳》知之。左馮翊首高陵，亦不爲治，治長安，以《趙廣漢傳》、《景帝紀》注及《百官表》知之。而《韓延壽傳》云「延壽爲左馮翊，出行縣，至高陵」，尤明證也。胡三省注《通鑑》地理號佳者，亦不知西漢第一縣非必郡治，如云班志襄平縣，遼東郡治所猶可，而云漢中郡治西城縣，豈可乎？又云漢五原郡治稒陽，不知稒陽都尉治，太守不與都尉同治也。』愚謂閻説是矣，而有未盡者。據《高紀》下卷漢六年韋昭注推之，丹楊郡首宛陵，而其實不爲治，治丹楊，説詳後第十七卷，而閻遺漏未舉。南陽郡首宛縣，而《翟義傳》云以南陽都尉行太守事，行縣至宛，若南陽太守治宛，則不得言行縣至矣，知宛亦非太守治也，而閻亦遺漏未舉。西河郡首富昌，不爲治，治平定，見《東觀漢記》。唐《元和志》敘汾州沿革一段内言漢武帝置西河郡，理富昌。亡友休寧戴吉起士震辨其誤，見《戴氏遺書》之二十三《文集》卷八，而閻亦不知也。

《水經》三十七卷《葉榆水篇》注：『麊泠縣，漢武帝元鼎六年開，都尉治。交阯郡及州本治於此。』然則交阯郡太守及交州刺史與都尉皆同治此縣也。此南蠻地新開者，不可以一例論。至後漢則交阯太守改治龍編，交州刺史改治廣信矣。

又 卷一七《漢書十一・三輔》 分一内史爲左右，又改右内史爲京兆尹，左内史爲左馮翊，又改主爵都尉爲右扶風，亦治右内史，是爲三輔。武帝太初元年所定，此《地理志》文而亦見《百官表》，彼下文云：『元鼎四年，更置三輔都尉。』元鼎在太初之前，然則三輔分治，其制當元鼎已定，特其名尚未改耳。讀者不以文害辭可也。

《東方朔傳》『建元三年，詔中尉、左右内史』云云，師古曰：『時未爲京兆、馮翊、扶風，故云中尉及左右内史。』其下又云『三輔之地盡可以爲苑』云云，師古曰：『中尉及左右内史則爲三輔矣，非必謂京

兆、馮翊、扶風也。學者疑此言爲後人所增，斯未達也。』再追溯之，則前引《高紀》河上、渭南、中地，高帝時已分爲三。

據《百官表》，三輔各有一都尉，而《地理志》左馮翊高陵縣左輔都尉治，右扶風郿縣右輔都尉治，京兆尹獨無都尉，此係疏漏。汲古閣刻《百官表》作二輔都尉，何義門改『三』，南監本亦作『三』。《趙廣漢傳》云：『爲陽翟令，以治行尤異，遷京輔都尉。』京輔卽京兆，其治華陰，見《宣紀》本始元年注。三輔俱有都尉甚明。《張敞傳》云：『京兆典京師，長安中浩穰，於三輔尤爲劇。』左右輔有都尉，無京兆獨無之理。

《循吏傳》：『黄霸，淮陽夏人，補左馮翊二百石卒史。』如淳曰：『三輔郡得任用它郡人，而卒史獨二百石，所謂尤異者也。』凡卒史皆用本郡人，禄百石，三輔不然，故如淳云云。

清·趙翼《陔餘叢考》卷一六《漢初分郡之大》 漢初設郡，所重者中原之地，故佈置密而幅員較小。自京兆、馮翊、扶風所統外，如河東、太原、上黨、雲中、雁門、代郡、定襄，則今之山西省也；河南、河內、陳留、潁川、汝南、南陽、魏郡，則今之河南省也；齊、燕之地亦仿此。計今一省之地，漢時本有八九郡，兼有王侯國在其間，原不甚稀闊。若會稽郡，則幾及今之江、浙二省；南郡、江夏二郡，則卽今之湖北一省；桂陽、武陵、零陵三郡，則今之湖南一省；廬江、九江、豫章三郡，則今之江西一省；南海、鬱林、蒼梧、合浦四郡，則今之廣東、西二省；遼東、遼西、玄菟、樂浪四郡，則今之關東及高麗一國。蓋其時蠻夷之地，甫經開闢，人户稀少，賦稅訟獄亦皆輕減，故疏闊如此。《懶眞子録》亦云：漢郡之大，只以會稽一郡考之，縣二十有六，吳卽蘇州也，烏傷卽婺州也，毘陵卽常州也，山陰卽越州也，由拳卽秀州也，太末卽衢州也。烏程，湖州也，餘杭，杭州也，鄞，四明也。以此考之，卽今浙東、西之地乃漢一郡耳。至三國時，則漸分裂，如《吳志》孫策自領會稽太守，以朱治爲吳郡太守，則漢時會稽一郡之地已分爲二。又《夏侯玄傳》萬户之縣名之郡守，五千以上名之都尉，千户以上令長如故，則其地之小，益可見矣。

清·金榜《禮箋》卷一《地理志分置郡國考》 漢興以其郡太大，稍復開置，又立諸侯王國，武帝開廣三邊，故自高祖增二十六。

京兆尹志云故秦內史，高帝元年屬塞國，二年更名渭南郡，武帝太和元年更爲京兆尹。左馮翊志云故秦內史，高帝元年屬塞國，二年更名河上郡，武帝太初元年更名左馮翊。右扶風志云故秦內史，高帝元年屬雍國，二年更爲中地郡。武帝太初元年更爲右扶風。河內志云高帝元年爲殷國，二年更名。汝南、江夏、魏郡、常山、清河、涿郡、勃海、平原、千乘、泰山、東萊、豫章、桂陽、廣漢、定襄、中山志云高帝郡，景帝二年爲國。信都志云景帝二年爲廣川國，宣帝甘露三年復故。榜案《郡國志》云高帝置。酈元漳水注，信都郡，高祖六年置，景帝二年爲廣川惠王越國，故志云甘露三年復故，明復爲信都矣。不言高帝置，蓋傳寫脱誤。廣陽志云高帝燕國，昭帝元鳳元年爲廣陽郡，宣帝本始元年更爲國。膠東志云故齊，高帝元年別爲國，五年復屬齊國，文帝十六年復爲國。淮陽志云高帝十一年置。楚國志云高帝置，宣帝地節元年更爲彭城郡，黄龍元年復故。榜案高帝紀以碭郡、薛郡、郯郡三十六縣立交爲楚王。《楚元王傳》交爲楚王，王薛郡、東海、彭城三十六縣，碭郡更名彭城者，楚王延壽謀反，國除爲彭城郡。紀据始封曰碭郡，傳据國除爲彭城郡，實一地也。秦碭郡地，分隸梁楚二國，郡治碭，碭屬梁國，故志謂梁國爲秦碭郡矣。六安志云故楚。高帝元年別爲衡山國，五年屬淮南。文帝十六年復爲衡山，武帝元狩二年別爲六安國。凡二十六郡，高帝置。

文景各六

文帝所置廬江志云故淮南。文帝十六年別爲國。胡三省云文帝初分淮南爲廬江國，在江南，廬江水出陵陽東南，而北入於江。陵陽屬丹楊郡。若班志之廬江郡，其地盡在江北矣。榜案淮南厲王傳，廬江王賜以邊越，數使使相交，徙爲衡山王，王江北。此廬江在江南之證。濟南志云故齊。文帝十六年別爲國，景帝二年爲郡。河間志云故趙。文帝二年別爲國。甾川志云故齊。文帝十八年別爲國。高密志云故齊。文帝十六年別爲膠西國，宣帝本始元年更爲高密國。城陽 志云故齊。文帝二年別爲國。景帝所置陳留志云元狩元年置。顧祖禹《方輿紀要》云本梁地，景帝中六年爲濟川國。應劭曰濟川，今陳留濟陽縣也。榜案梁分爲五，唯濟川不見于志。應劭説見酈注濟水篇，可補志文之畧。山陽志云故梁。景帝中六年別爲山陽國，武帝建元五年別爲郡。濟陰志云故梁。景帝中六年別爲濟陰國，宣帝甘露二年更名定陶。北海志云景帝中二年置。廣平志云武帝征和二年置爲平干國，宣帝五鳳二年復故。榜案酈元漳水注云秦鉅鹿郡，景帝中元元年爲廣平郡，武帝征和二年以封趙敬肅王子頃王偃爲平干國。諸侯王表頃王子繆王元以五鳳二年坐殺謁者，會薨，不得代。哀帝建平三年立廣德夷王弟廣漢爲廣平王。志云五

鳳二年復故，謂繆王元薨國除爲郡也，其不言景帝置郡及哀帝復爲國，蓋傳寫脱誤失其舊。東平志云故梁國。景帝中六年別爲濟東國，武帝元鼎元年爲大河郡，宣帝甘露二年爲東平國。

武帝二十八

宏農志云元鼎四年置。臨淮志云元狩六年置。零陵志云元鼎六年置。犍爲志云建元六年開。越嶲志云元鼎六年開。益州志云元封二年開。牂柯志云元鼎六年開。武都志云元鼎六年開。榜案武帝元鼎六年定西南夷，以爲武都、牂柯、越嶲、沈黎、文山郡。宣帝地節三年省文山郡幷蜀，見《宣帝紀》。武帝天漢四年，沈黎郡幷蜀爲西部，置兩都尉，一居旄牛主徼外夷，一居青衣主漢人，見《後漢書・西南夷傳》及《華陽國志》。天水志云元鼎三年置。武威志云故匈奴休屠王地，太初四年開。張掖志云故匈奴昆邪王地，太初元年開。酒泉志云太初元年開。敦煌志云後元元年分酒泉置。榜案志以張掖、酒泉爲太初元年開，武威爲太初四年開，敦煌爲後元元年開。《武帝紀》元狩二年秋，匈奴昆邪王殺休屠王，並將其衆四萬餘人來降，置五屬國以處之，以其地爲武威、酒泉郡，元鼎六年分武威、酒泉地置張掖、敦煌郡，徙民以實之，開置四郡年歲與志不同。參校《食貨志》、《霍去病傳》、《匈奴傳》，昆邪王來降實在元狩二年，宜從帝紀。志言敦煌分酒泉置，則張掖宜分武威置，而《西域傳》又云驃騎將軍擊破匈奴右地，降渾邪休屠王，遂空其地，始築令居以西。初置酒泉郡，後稍發徙民充實之，分置武威、張掖、敦煌，列四郡，據兩關焉，又與帝紀不合。安定志云元鼎三年置。西河志云元朔四年置。朔方志云元朔二年開，屬幷州。榜案志言北置朔方之州，胡廣云分雍州，置朔方刺史，所謂凡十三部置刺史是也，元始四年改爲十二州。楊雄十二州箴於幷州云雍別朔方，此併朔方屬幷州，實据元始之制。玄菟志云元封四年開。樂浪志云元封三年開。榜案《武帝紀》元封三年朝鮮斬其王右渠降，以其地爲樂浪、臨屯、玄菟、眞番郡。昭帝始元五年，罷眞番郡。《後漢書・東夷傳》云始元五年罷臨屯、眞番，以幷樂浪、元菟。臣瓚注引《茂陵書》臨屯郡治東暆縣，眞番郡治雪縣，今雪縣無考，東暆屬樂浪，則臨屯幷樂浪矣。南海志云秦置，秦敗尉佗王此地，元鼎六年開。鬱林志云故秦桂林郡，屬尉佗，元鼎六年開，更名。蒼梧志云元鼎六年開。交趾志云元鼎六年開。合浦志云元鼎六年開。九眞志云元鼎六年開。日南志云故秦象郡，元鼎六年開，更名。榜案武帝平南粵，置九郡，本無象郡之名。《昭帝紀》元鳳五年罷象郡，分屬鬱林、牂柯，蓋卽罷日南郡，据其本始言之爲象郡也。《茂陵書》象郡治臨塵，今縣屬鬱林，其五鳳間所分屬者歟。日南復置未審何時。昭帝始元五年罷儋耳郡，初元三年珠厓又反，賈捐之請罷珠厓，云制南海以爲八郡，蓋除儋耳不數，則日南復置，在初元三年已前可知。眞定志云元鼎四年置。泗水志云故東海郡，元鼎四年別爲泗水國。廣陵志云高帝六年屬荆國，十一年更屬吳。景帝四年更名江都，武帝元狩六年更名廣陵。《郡國志》廣陵景帝置爲江都，武帝更名。榜案武帝元狩二年江都王建謀反自殺國除，地入於漢爲廣陵郡，此置廣陵郡之始。六年封厲王胥王廣陵，雖幷有鄣郡，然元封二年已更鄣郡爲丹陽，不屬廣陵，此廣陵郡別爲國之始也。廣陵楚漢之間爲東陽郡，兼有廣陵、臨淮二郡地。武帝封厲王胥王廣陵，是年始分其地置臨淮郡。王子侯表封江都易王子蒙之盱眙侯定國淮陵侯，此用主父偃之言，令諸侯自裂地分封子弟，其地皆隸臨淮，可互證也。徐廣云荆王劉賈都吳，吳王濞移廣陵。劉昭《郡國志》注云廣陵濞所都城周十四里半，案《吳王濞傳》云削吳會稽、鄣郡，明濞不都吳，《易王非傳》云徙王江都治故吳國，明吳國故都廣陵，志但云江都易王非廣陵厲王胥都此者，爲下並有鄣郡而不得吳立文耳。此武帝所置二十八也。

昭帝一

金城志云昭帝始元六年置。

訖於孝平，凡郡國一百三。

志列郡國一百三，悉据孝平之世。其言高帝、文、景、武、宣各置若干郡者，本其初置言之，有稱高帝元年者，則項籍所置，以其爲天下主命，不容没也。楚漢之際諸侯或私置郡，例皆不著，如廣陵國楚漢間爲東陽郡，志但言高帝時屬荆吳，不云故東陽郡。《高帝紀》六年以膠東、膠西、臨淄、濟北、博陽、城陽郡七十三縣，立子肥爲齊王，膠東、濟北皆王國，臨淄齊國都，博陽濟北國都，明肥得王三齊故地也，餘皆齊所私置郡。秦滅齊，分其國爲齊郡、琅邪郡，郡既太大，其後齊復王，勢不得以國名郡，故楚漢之際齊所置郡，較多于他國。《史記・齊悼惠王世家》孝惠時齊王獻城陽郡以爲魯元公主湯沐邑，高后割齊之濟南郡爲呂王奉邑，孝文帝以齊之城陽郡立朱虛侯爲城陽王，以齊濟北郡立東平侯爲濟北王，後齊孝王將閭以悼惠王子楊虛侯爲齊王，故齊別郡盡以王悼惠王子，子志爲濟北王，子辟光爲濟南王，子賢爲菑川王，子卬爲膠西王，子雄渠爲膠東王，與城陽齊凡七王，皆因故齊別郡爲國。《高五王傳》取趙之河間立辟彊爲河間王，《樊噲傳》河間守軍于松里破之，則河間之名由來舊矣。志于諸郡

國俱云故齊，文帝別爲國，不更著其爲故某郡，史例如此。後儒疑志云故鄣郡爲非秦置，坐昧此旨耳。《諸侯王表》孝平時，東平、中山、廣德、廣世、廣宗五國皆繼絶，東平、中山皆故國，其廣德、廣世、廣宗三國不列于志。《平帝紀》元始二年立代孝王元孫之子如意爲廣宗王，江都易王孫盱眙侯子宮爲廣世王，廣川惠王曾孫倫爲廣德王，皆王莽秉政，託于興滅繼絶，旋踵亦廢。班氏王子侯表云元始之際，王莽擅朝，僞褒宗室侯及王之孫焉，居攝而愈多，非其正，故弗録，與志內不列廣德、廣世、廣宗三國同意。志文謹嚴，鮮有究其義者。馬援與楊廣書云，前披輿地圖，見天下郡國百有六所，蓋通數廣德、廣世、廣宗三國。

《晉書・地理志》所列漢郡國合一百一十有一，謬誤甚衆。秦平百越置四郡。漢興，桂林、南海、象郡臣屬尉佗者凡八十餘年。武帝元鼎六年定粵地爲九郡，雖南海仍秦郡名，鬱林即桂林，日南即象郡。班志咸謂武帝所開，目爲初郡，紀其實也。其閩中郡，武帝元封元年東粵殺王餘善降，遷其民于江淮閒，遂虛其地。晉志仍列此四郡以充秦四十郡之數，又云武帝開越攘胡，初置十七，更數南海、鬱林、日南爲重出三郡。《平準書》云漢連兵三歲，誅羌滅兩粵，番禺以西至蜀南者，置初郡十七。晉灼注元鼎六年定粵地，以爲南海、蒼梧、鬱林、合浦、交趾、九眞、日南、珠厓、儋耳郡，定西南夷以爲武都、牂柯、越嶲、沈黎、文山郡，及《地理志》、《西南夷傳》所置犍爲、零陵、益州郡，凡十七，以武帝所開置考之，朔方、酒泉、武威、張掖、敦煌、玄菟、樂浪皆初郡也。史据元鼎閒誅羌滅越連兵三歲言之如此。晉志云武帝開粵攘胡初置十七，拓土分疆，又增十四，襲晉灼注而失其旨，且以已罷之儋耳、珠厓、沈黎、文山牽連並數，則臨屯、眞番何又不復數及。王伯厚爲之説曰晉志一百十一，漢初未定兩粵，除南海、桂林、象郡、閩中四郡，又除已罷之儋耳、珠厓、沈黎、文山共八郡，正合漢志一百三之數，蓋欲爲彌縫而未深究其失也。晉志言漢祖龍興，分內史爲三部，而于秦郡三十六已數內史，爲誤增郡一。梁國故秦碭郡，晉志秦郡已數碭郡，而于高帝更置郡又列梁國爲誤增郡二。眞定國，武帝元鼎四年置。泗水國，故東海郡，武帝元鼎四年別爲國。二國晉志遺漏未載，皆違失之大者，故摭而論之。

清・姚鼐《惜抱軒文集》卷二《漢廬江九江二郡沿革考》 自秦幷六國，分天下以爲三十六郡，其後頗復增置，然世欲考秦置分土之實，不可得而詳矣。其大要自巴、蜀而下，在江南地爲郡：曰長沙、鄣、會稽；江北地爲郡：曰南郡、九江、東陽，皆緣江以達海。漢興，以秦郡居地太廣，稍分置焉。

昔《禹貢》九江之水，居秦九江郡南。今安徽淮南地及湖廣之黄州府，皆秦九江郡也。項羽分王諸將，分九江爲二國：其北封九江王黥布都六，其南封衡山王吳芮都邾。秦時呼《禹貢》衡山曰湘山，而名灊、霍山曰衡山。始皇帝二十八年，『渡淮水，之衡山、南郡浮江』是也。故芮爲衡山王，約有今安慶、廬州、黄州地矣，而九江之水，乃在衡山之國。漢滅項羽，徙芮封於長沙，以黥布爲淮南王，王九江、衡山及江南豫章、廬江。豫章、廬江之在秦，不知地何屬也。及漢爲郡，以隸淮南。黥布滅，以布四郡封淮南王長。長死，文帝復封其三子：安爲淮南王，蓋得黥布九江王時故地。勃爲衡山王，蓋得吳芮故地。賜爲廬江王，得豫章、廬江。夫廬江者，其水出陵陽東南，而西北流經彭蠡以入於江，至今猶命彭蠡之山爲廬山云。故漢之郡國以是名之也。

廬江王賜既都江南，地鄰越，吳、楚反時，賜使使與越交通。吳、楚滅，景帝以衡山王勃堅守不下吳、楚，內徙之爲濟北王以褒勃，而疑賜，徙賜王衡山，收豫章、廬江以斷通越焉。其後伍被與淮南王謀收衡山以擊廬江，絕豫章之口，思得江南以通越云。武帝元狩初，淮南、衡山，既皆以謀反國除，淮南爲九江郡，分其西爲六安國，衡山國爲衡山郡。漢二郡之立，自是始。

始者劉賈王鄣、吳、東陽三郡，爲荆王。吳故會稽也，賈死，以封吳王濞。濞時吳郡復名會稽，又易東陽曰廣陵。景帝罪楚王戊，削東海郡，又削吳會稽、鄣郡，今《史記》作豫章，蓋傳寫誤。吳、楚以是反，國除。以吳、廣陵爲江都國，頗予以江南鄣數縣，故江都號爲得鄣郡而不得吳。武帝元朔元年，江都國以推恩，封易王子江南，爲丹陽侯，湖孰侯，秣陵侯，及元狩、元鼎間，國皆除。然後武帝於江南建丹陽郡，其東合吳傅海爲會稽郡，其西南包彭蠡屆嶺爲豫章郡，而鄣、吳、廬江悉罷。自秦於江南設鄣、會稽二郡，至漢嘗分爲四五，而卒爲三郡焉。於是江南遂無廬江名矣。其後改衡山郡曰廬江，然後廬江之名遂移於江北也。

太史公猶稱九江、衡山爲南楚。褚先生始稱：『廬江郡嘗歲時生龜長

尺二寸者二十枚。』桓寬爲廬江太守丞。然則衡山之爲廬江，其昭、宣間乎？及平帝元始間，録地志者於廬江郡，書曰『廬江出陵陽』云云，此蓋沿武帝以前廬江郡之舊説。昭、宣以後，廬江之水，不在廬江而在豫章也。

九江、廬江二郡，始爲九江、衡山國時，北界淮，南界大江，東抵滁水，西循安豐以南，其形截然以方，及漢以邾屬江夏郡，則西南缺焉。史言『衡山王賜當朝，道過淮南、壽春』，苟賜因吴芮故都都邾，則往長安不經壽春，賜都蓋處其東。疑賜來王時，漢削其邾，自是郡無邾也。

清·趙紹祖《讀書偶記》卷八《漢郡》

班志曰本秦京師爲内史，分天下作三十六郡。漢興，目其郡太大，稍復開置，又立諸侯王國，武帝開廣三邊，故自高祖增二十六，文景各六，武帝二十八，昭帝一，訖於孝平，凡郡國一百三。今按漢郡之仍秦舊名者：河東　太原　上黨　東郡　潁川　南陽　南郡　九江　鉅鹿　齊郡　琅邪　會稽　漢中　蜀郡　巴郡　隴西　北地　上郡　雲中　鴈門　代郡　上谷　漁陽　右北平　遼西　遼東　長沙國志云高帝五年爲國。凡二十七郡。其仍秦郡而更名者：河南秦三川　沛郡秦泗水　東海志云高帝置，師古引應劭云秦郯郡，説見上秦郡下。丹楊志云故鄣郡，武帝元封二年更名丹楊。按《續漢志》丹楊郡下劉昭注云秦鄣郡，又於故鄣下注云秦鄣郡，所治是鄣郡爲秦置，高帝時尚仍舊名，而武帝始更名也。武陵志云高帝置。按《續漢志》武陵郡注秦昭王置，名黔中郡，高帝五年更名。考《秦本紀》昭襄王二十年蜀守若伐取巫郡及江南爲黔中郡。《舊唐書·地理志》沅陽下注云漢辰陽縣地，屬武陵郡，本秦黔中郡縣也。是高帝改秦黔中爲武陵也。五原秦九原　趙國秦邯鄲　梁國秦碭郡　魯國秦薛郡凡九郡，合之爲三十六郡。其高祖所增者京兆尹志云故秦内史，高帝二年更爲渭南郡，武帝建元六年分爲右内史，太初元年更爲京兆尹。是高帝置渭南郡。左馮翊志云故秦内史，高帝二年更名河上郡，武帝建元六年分爲左内史，太初元年更名左馮翊。是高帝置河上郡。右扶風志云故秦内史，高帝二年更爲中地郡，武帝建元六年分爲右内史，太初元年更名主爵都尉，爲右扶風。是高帝置中地郡。河内　汝南　江夏　魏郡　常山本恒山避文帝諱改曰常山。清河　涿郡　渤海　平原　千乘　泰山　東萊　豫章　桂陽　廣漢　定襄　中山國志云高帝郡，景帝三年爲國。信都國志云景帝二年爲廣川國，宣帝甘露三年復故。按《續漢志》注云高帝置。酈道元漳水注信都郡高祖六年置。是高祖置信都郡，而班志但言宣帝復故，而不言所置者，漏也。廣陽國志云高帝燕國，昭帝元鳳元年爲廣陽郡，宣帝本始元年更爲國。是高帝時有燕國。膠東國　淮陽國　楚國　六安國志云故楚。高帝元年別爲衡山國，五年屬淮南，文帝十六年復爲衡山，武帝元狩二年別爲六安國。是高帝時有衡山國。是爲高祖所增二十六郡按漢初項羽諸侯各置郡而漢因革不等，班志不詳而但云高祖置者，體固宜然也。文帝所增者廬江志云故淮南。文帝十六年別爲國。濟南志云故齊。文帝十六年別爲國。河間國志云故趙。文帝二年別爲國。甾川國志云故齊。文帝十八年別爲國。八字誤，當從表作十六年。高密國志云故齊。文帝十六年別爲膠西國，宣帝本始元年更爲高密國。是文帝置膠西國。城陽國志云故齊。文帝二年別爲國。是爲文帝所增六郡。景帝所增者。山陽志云故梁。景帝十六年別爲山陽國，武帝建元五年別爲郡。濟陰志云故梁。景帝中六年別爲濟陰國，宣帝甘露二年更名定陶。按志不言何時爲郡，考《諸侯王表》綏和元年以楚孝王孫景爲定陶王，奉共王後，哀帝建平二年徙信都。又《哀帝紀》建平二年詔曰：定陶共皇之號，不宜復稱定陶。又云遂葬定陶，發陳留、濟陰近郡國五萬人穿復土，則罷國爲郡必在是年。北海志云景帝十二年置。廣平國志云武帝征和二年置，爲平干國。宣帝五鳳二年復故。按酈道元漳水注云秦鉅鹿郡，景帝中元元年爲廣平郡，武帝征和二年以封趙敬肅王子頃王偃爲平干國。考《諸侯王表》五鳳二年繆王元坐殺謁者，會薨，不得代，則廢平干國，復爲廣平郡在五鳳二年也。表又云建平三年以廣德夷王雲客弟漢紹封廣平，則又以廣平郡復置廣平國在哀帝時。志不言景帝始分鉅鹿，置廣平郡，又不言哀帝復以廣平郡置廣平國，皆有漏，何疑。東平國志云故梁國。景帝中六年別爲濟東國，武帝元鼎元年爲大河郡，宣帝日露二年爲東平國。是景帝置濟東國。廣陵國志云高帝六年屬荊州，十一年更屬吴。景帝四年更名江都，武帝元狩三年更名廣陵。按屬荊州，州字衍也，屬荊屬吴，明其地未爲郡，未爲國也。考《諸侯王表》蓋景帝四年始置江都國，以徙封其子非，其嗣王建謀反自殺，而武帝元狩六年更名廣陵國，以封其子胥也。志云三年更名廣陵者，建以元狩二年自殺，其時當爲廣陵郡也。是景帝置江都國。是爲景帝所增六郡。武帝所增者宏農陳留志云武帝元狩元年置，有以此郡爲景帝置者。據酈道元濟水注引應劭曰濟川，今陳留濟陽縣，景帝中六年分梁爲濟川國，梁分爲五，惟濟川不見於志，以爲可以補志文之畧。余按濟川省爲濟陽縣，不以爲郡，故志畧之，自當從志，以陳留爲武帝置。臨淮　零陵　犍爲　越嶲　益州郡　牂柯　武都　天水　武威　張掖　酒泉　敦煌　安定　西河　朔方　玄菟　樂浪　南海志云秦置。秦敗尉佗王此地，武帝

元鼎六年開。鬱林志云故秦桂林郡，屬尉佗，武帝元鼎六年開。蒼梧　交趾　合浦　九眞　日南志云故秦象郡，武帝元鼎六年開。眞定國　泗水國。是爲武帝所增二十八郡。其爲昭帝所增者金城一郡，合之爲一百三郡。按《諸侯王表》尚有廣德、廣世、廣宗三國，而班志不列者，以其爲平帝元始二年所封，出於王莽之意也。《王子侯表》云王莽擅朝，僞褒宗室侯及王之孫焉，居攝而愈多，非其正，故不録此，不列三國者卽此意也。

《晉書·地理志》云秦凡四十郡，漢祖分內史爲三部，更置郡國二十有三，文增厥九，景加其四，武帝初置十七，後增十四，昭帝又增其一，凡新置郡國七十有一，與秦四十合一百一十有一，顯與班志牴牾。後儒雖知其誤，而亦不信班志，欲爲之彌縫以求其合，是益之誤也。今並不録，而但疏晉志之失焉。晉志秦四十郡，數內史而不數郯郡，乃數東海郡於高祖所置之內，故多一郡，其失一也。秦閩中郡，漢虛其地而仍數之，故多一郡，其失二也。既於秦郡數碭，又於漢郡數梁，既於秦郡數南海、桂林、象郡，又於漢郡數南海、鬱林、日南，故多四郡，其失三也。珠崖、儋耳、沈黎、汶山皆漢已罷之郡，而仍數之，故多四郡，其失四也。漢有眞定、泗水二國，而反不數，其失五也。凡較班志多十郡，少二郡，故爲一百一十有一，而多八郡焉。其他於各帝所置不能深考，而參差違失，不可勝數，又不足論。

清·汪之昌《青學齋集》卷一五《漢高祖置二十六郡考》　《漢書·地理志》本秦京師爲內史，分天下作三十六郡，又謂漢興高祖增二十六，曰增明於秦故三十六郡外別有更置。案本書諸郡國注高祖置者汝南、江夏、魏、常山、清河、涿、勃海、平原、千乘、泰山、東來、東海、豫章、桂陽、武陵、廣漢、定襄郡凡十七，淮陽國、楚國注亦云高祖置，中山國注高祖郡，河內郡注高帝元年爲殷國，二年更名。《史記》高紀虜殷王置河內郡，則河內置自漢高。綜諸郡國爲高祖所置，而本志有明文者計得二十一，卽京兆尹注二年更爲渭南郡，左馮翊注二年更名河上郡，右扶風注二年更名中地郡，無論置而旋罷，就舉此三郡併計數止二十四，揆之孟堅所云二十六者，似尚遺其二。全氏祖望《地理志稽疑》雜舉郡國之見漢高時者以足二十六之數，云東海與楚本秦置，武陵本秦黔中，則實止二十三郡，又以高帝時有濟南、城陽、高密、河間、盧江、廣陵、丹陽諸郡國，均在秦置之外，合之數得三十。考全氏所數參互不齊，東海與楚，孟堅明云高祖置者，而以爲秦置，於分秦內史置而旋罷之三郡不數，渭南、廣陽注高帝燕國，初不言置，與改邯鄲爲趙國正同，不當與增置之列。《史記·樊噲傳》破河間守軍於杠里。河間國，文帝二年置。王氏鳴盛謂樊傳之河間必楚漢間權立其名，非高祖置顯然且全，於衡山、盧江俱云楚漢之間分置，則諸郡國謂高祖時已置，則可謂高祖時始置，則不可全，殆未盡考實矣。案漢高祖所置令內史及見本志者，此二十二郡國爲無可疑，考孝惠時齊王獻城陽郡爲魯元公主湯沐邑，高后割齊之濟南郡爲呂王奉邑，城陽、濟南，秦三十六郡中無其名，惠帝、高后時始見志敘增置郡國，孝惠、呂后無文之二郡當亦高祖所置，其一爲鄣郡，或以注云故鄣郡與諸言高祖置者有別。案泗水國云故東海郡，東海郡爲高祖所置，稱故以例。鄣郡稱故者，何嫌於高祖所置歟。《續漢郡國志》注安平故信都，高帝置，是信都亦二十六郡國之一。《梁書·劉昭傳》言昭之後漢志注世稱博悉，則所云高祖置信都當非臆説，據此不特適符二十六之數，抑亦可補志文之末及已。

藝　文

宋·曹勳《松隱集》卷三《飲馬長城窟行》　漢馬飲長城，匈奴空塞北。樓蘭與烏丸，先驅出絕域。月氏合康居，受詔發疏勒。右校羅天山，左出林胡國。嫖姚登狼居，旌旗照穹碧。號令明秋霜，毳帳餘空壁。瀚海無驚波，獻捷走重譯。大將朝甘泉，後部騰沙磧。九宇動聲容，功烈光篇籍。將軍拜通侯，歌舞連朝夕。

漢·揚雄《揚子雲集》卷五《蜀都賦》　蜀都之地，古曰梁州。禹治其江，渟皋彌望，鬱乎青葱，沃壄千里。上稽乾度，則井絡儲精；下案地紀，則巛宮奠位。東有巴賨，綿亙百濮。銅梁金堂，火井龍湫。其中則有玉石嶜岑，丹青玲瓏，邛節桃枝，石鰽水螭。南則有犍牂潛夷，昆明峩眉。絕限峎嵣，堪巖亶翔。靈山揭其右，離碓被其東。於近則有瑕英菌芝，玉石江珠。於遠則有銀、鉛、錫、碧、馬、犀、象、僰，西有鹽泉鐵治，橘林銅陵。邛連盧池，澹漫波淪。其旁則有期牛兕旄，金馬碧雞。北

則有岷山，外羌白馬。獸則麢羊野麋，罷犛貘貒，麈麙鹿麝，户豹能黃，貙胡蛀玃，猨蝙玃猱，猶穀畢方。爾乃倉山隱天，岎崟迴叢，增嶃重崒，岵石巀崔，㟍嶷崿嵬，霜雪終夏。叩巖岭嶙，崇隆臨柴，諸徼崼峴，五矶參差，湔山巖巖，觀上岑嵓，龍陽累峗，漼粲交倚，㠑崒崛崎，集嶮脅施，形精出偈，堪嶵隱倚。彭門鴻屼。㟎嵺嵑岣，方彼碑地，岉岈嶱嶰，礫乎岳嶽。北屬昆侖泰極，湧泉醴，凝水流津，漉集成川。

於是乎則左沈犂，右羌庭，漆水浡其匈，都江漂其涇。乃溢乎通溝，洪濤溶沈，千湲萬穀，合流逆折，泌㶏乎爭降，湖潧排碣，反波逆瀵，磙石洌巘，紛㛹周溥，旋溺冤綏。頹慚博岸，敵呷䃗瀨，磴巖橕，汾汾忽溶闛沛。逾窘出限。連混陁隧，銍釘鐘湧，聲讙薄泙。龍歷豐隆，潛潛延延，雷抶電擊。鴻康陁速，遠乎長喻，馳山下卒，湍降疾流，分川並注，合乎江州。

於木則梗櫟，豫章樹榜，檐櫨樿柙，青稚雕梓，枌梧橿櫪，槲楢木稷，枒信揖叢，俊幹湊集。枇櫅柍楬，圠沈橕椅，從風推參，循崖撮摟。其竹則鍾龍䈏篁，野筱紛淫淫溶溶，繽紛幼靡；泛閎野望，芒芒菲菲。其竹則鍾龍茶篁，野筱紛淫淫溶溶

爾乃其都門二九，四百餘閭，兩江珥其市。九橋帶其流，武儋鎮都，刻削成嶶。王基既夷，蜀侯尚叢，並石石䃶，岓岑倚從，秦漢之徒，元以山東。是以隤山厥嶢，水貢其獲，苴竹浮流，鼁鱉磧竹。石𩿕相救，魚酌不收。鶖鴰鳴鶪，風胎雨鷇，衆物駭目，單不知所禦。

爾乃其裸。羅諸圃，畋緣畛。黄甘諸柘，柿桃杏李，枇杷杜樼栗㮩，棠黎離支，雜以梃橙，被以櫻梅，樹以木蘭，扶林禽，爚般關。旁支何若，英絡其閑。春機楊柳，褭弱蟬杪，扶施連卷。秬貕糖蛦，子鸀呼焉。

爾乃五穀馮戎，瓜瓠饒多，卉以部麻，往往薑梔，附子巨蒜，木艾椒蘺，藹醬酴清，衆獻儲斯，盛冬育筍，舊菜增伽。百華投春，隆隱芬芳，蔓茗熒郁，翠紫青黃，麗靡螭燭，若揮錦布繡，望芒兮無幅。

爾乃其人，自造奇錦，紌緤絏緷，縿緣盧中，發文揚采，轉代無窮。其布則細都弱折，綿繭成衽，阿麗纖靡，避晏與陰。蜘蛛作絲，不可見風，筩中黃潤，一端數金。雕鏤扣器，百伎千工。東西鱗集，南北並湊。馳逐相逢，周流往來，方轅齊轂，隱軫幽輵，埃敦塵拂。萬端異類，崇戎總濃般旋，闠齊𠻳楚，而喉不感概。萬物更湊，四時迭代，彼不折貨，我罔乏械。財用饒贍，蓄積備具。

若夫慈孫孝子，宗厥祖祢，鬼神祭祀，練時選日，瀝豫齊戒。龍明衣，表玄穀，儷吉日，異清濁，合疏明，綏離旅。乃使有伊之徒，調夫五味，甘甜之和，勺藥之羹，江東鮐鮑，隴西牛羊，糴米肥豬，麤麈不行，鴻㺔𤈦乳，獨竹孤鶬；炮鴞被紕之胎，山麇髓腦，水遊之腴，蜂豚應鴈，被鴳晨凫，戳鵠初乳；山鶴既交，春羔秋鼩，膾鮻龜肴，秔田孺鶩。形不及勞，五肉七菜，朦猒腥臊，可以練神、養血脈者，莫不畢陳。

爾乃其俗，迎春送冬，百金之家，千金之公，乾池泄澳，觀魚于江。若其吉日嘉會，期於倍春之陰，迎夏之陽，侯、羅、司馬，郭、范、畾、楊，置酒乎滎川之閑宅，設坐乎華都之高堂。延帷揚幕，接帳連岡。衆器雕琢，早刻將皇。朱緣之畫，邠盼麗光。龍虵蝹蜷錯其中，禽獸奇偉髦山林。昔天地降生，杜鄘密促之君，則荆上亡尸之相。厥女作歌，是以其聲，呼吟靖領，激呦喝啾，《户》音六成，行《夏》低徊，胥徒入冥，及廟噆吟，諸連單情，舞曲轉節，踃馺應聲。其佚則接芬錯芳，襜祐纖延。躝《淒秋》，發《陽春》。羅儒吟，吳公連。眺朱顔，離絳脣，眇眇之態，吡噉出焉。

若其遊怠漁弋，郤公之徒。相與如平陽𩔰巨沼，羅車百乘。期會投宿，觀者方堤。行舡競逐，偃衍撇曳，絺索恍惚，羅畏彌澥，蔓蔓沕沕，蘢睢𨜒兮罧布列，枚孤施兮纖繳出，驚雌落兮高雄贋，翔鶤卦兮奔縈畢，俎飛膾沈，單然後別。

雜　録

《史記》卷三〇《平準書》　自是之後，嚴助、朱買臣等招來東甌，事兩越，江淮之間蕭然煩費矣。唐蒙、司馬相如開路西南夷，鑿山通道千

餘里，以廣巴蜀，巴蜀之民罷焉。彭吳賈滅朝鮮，置滄海之郡，則燕齊之間靡然發動。及王恢設謀馬邑，匈奴絕和親，侵擾北邊，兵連而不解，天下苦其勞，而干戈日滋。行者齎，居者送，中外騷擾而相奉，百姓抏弊以巧法，財賂衰耗而不贍。入物者補官，出貨者除罪，選舉陵遲，廉恥相冒，武力進用，法嚴令具。興利之臣自此始也。

其後漢將歲以數萬騎出擊胡，及車騎將軍衛青取匈奴河南地，築朔方。當是時，漢通西南夷道，作者數萬人，千里負擔餽糧，率十餘鍾致一石，散幣於邛僰以集之。數歲道不通，蠻夷因以數攻，吏發兵誅之。悉巴蜀租賦不足以更之，乃募豪民田南夷，入粟縣官，而內受錢於都內。東至滄海之郡，人徒之費擬於南夷。又興十萬餘人築衛朔方，轉漕甚遼遠，自山東咸被其勞，費數十百巨萬，府庫益虛。乃募民能入奴婢得以終身復，爲郎增秩，及入羊爲郎，始於此。

又 卷一二九《貨殖列傳》 漢興，海內爲一，開關梁，馳山澤之禁，是以富商大賈周流天下，交易之物莫不通，得其所欲，而徙豪傑諸侯强族於京師。

關中自汧、雍以東至河、華，膏壤沃野千里，自虞夏之貢以爲上田，而公劉適邠，大王、王季在岐，文王作豐，武王治鎬，故其民猶有先王之遺風，好稼穡，殖五穀，地重，重爲邪。及秦文（孝）、德、繆居雍，隙隴蜀之貨物而多賈。獻（孝）公徙櫟邑，櫟邑北卻戎翟，東通三晉，亦多大賈。（武）孝、昭治咸陽，因以漢都，長安諸陵，四方輻湊並至而會，地小人衆，故其民益玩巧而事末也。南則巴蜀。巴蜀亦沃野，地饒卮、薑、丹沙、石、銅、鐵、竹、木之器。南御滇僰，僰僮。西近邛笮，笮馬、旄牛。然四塞，棧道千里，無所不通，唯褒斜綰轂其口，以所多易所鮮。天水、隴西、北地、上郡與關中同俗，然西有羌中之利，北有戎翟之畜，畜牧爲天下饒。然地亦窮險，唯京師要其道。故關中之地，於天下三分之一，而人衆不過什三；然量其富，什居其六。

昔唐人都河東，殷人都河內，周人都河南。夫三河在天下之中，若鼎足，王者所更居也，建國各數百千歲，土地小狹，民人衆，都國諸侯所聚會，故其俗纖儉習事。楊、平陽陳西賈秦、翟，北賈種、代。種、代，石北也，地邊胡，數被寇。人民矜懻忮，好氣，任俠爲姦，不事農商。然迫近北夷，師旅亟往，中國委輸時有奇羨。其民羯羠不均，自全晉之時固已患其慓悍，而武靈王益厲之，其謠俗猶有趙之風也。故楊、平陽陳掾其間，得所欲。溫、軹西賈上黨，北賈趙、中山。中山地薄人衆，猶有沙丘紂淫地餘民，民俗懁急，仰機利而食。丈夫相聚遊戲，悲歌慷慨，起則相隨椎剽，休則掘冢作巧姦冶，多美物，爲倡優。女子則鼓鳴瑟，跕屣，游媚貴富，入後宮，遍諸侯。

然邯鄲亦漳、河之間一都會也。北通燕、涿，南有鄭、衛。鄭、衛俗與趙相類，然近梁、魯，微重而矜節。濮上之邑徙野王，野王好氣任俠，衛之風也。

夫燕亦勃、碣之間一都會也。南通齊、趙，東北邊胡。上谷至遼東，地踔遠，人民希，數被寇，大與趙、代俗相類，而民雕捍少慮，有魚鹽棗栗之饒。北鄰烏桓、夫餘，東綰穢貉、朝鮮、真番之利。

洛陽東賈齊、魯，南賈梁、楚。故泰山之陽則魯，其陰則齊。

齊帶山海，膏壤千里，宜桑麻，人民多文綵布帛魚鹽。臨菑亦海岱之間一都會也。其俗寬緩闊達，而足智，好議論，地重，難動搖，怯於衆鬭，勇於持刺，故多劫人者，大國之風也。其中具五民。

而鄒、魯濱洙、泗，猶有周公遺風，俗好儒，備於禮，故其民齪齪。頗有桑麻之業，無林澤之饒。地小人衆，儉嗇，畏罪遠邪。及其衰，好賈趨利，甚於周人。

夫自鴻溝以東，芒、碭以北，屬巨野，此梁、宋也。陶、睢陽亦一都會也。昔堯作（游）於成陽，舜漁於雷澤，湯止於亳。其俗猶有先王遺風，重厚多君子，好稼穡，雖無山川之饒，能惡衣食，致其蓄藏。

越、楚則有三俗。夫自淮北沛、陳、汝南、南郡，此西楚也。其俗剽輕，易發怒，地薄，寡於積聚。江陵故郢都，西通巫、巴，東有雲夢之饒。陳在楚夏之交，通魚鹽之貨，其民多賈。徐、僮、取慮，則清刻，矜己諾。

彭城以東，東海、吳、廣陵，此東楚也。其俗類徐、僮。朐、繒以北，俗則齊。浙江南則越。夫吳自闔廬、春申、王濞三人招致天下之喜游子弟，東有海鹽之饒，章山之銅，三江、五湖之利，亦江東一都會也。

衡山、九江、江南、豫章、長沙，是南楚也，其俗大類西楚。郢之後

徙壽春，亦一都會也。而合肥受南北潮，皮革、鮑、木輸會也。與閩中、干越雜俗，故南楚好辭，巧説少信。江南卑濕，丈夫早夭。多竹木。豫章出黄金，長沙出連、錫，然堇堇物之所有，取之不足以更費。九疑、蒼梧以南至儋耳者，與江南大同俗，而楊越多焉。番禺亦其一都會也，珠璣、犀、玳瑁、果、布之湊。

潁川、南陽，夏人之居也。夏人政尚忠朴，猶有先王之遺風。潁川敦愿。秦末世，遷不軌之民於南陽。南陽西通武關、鄖關，東南受漢、江、淮。宛亦一都會也。俗雜好事，業多賈。其任俠，交通潁川，故至今謂之『夏人』。

夫天下物所鮮所多，人民謠俗，山東食海鹽，山西食鹽鹵，領南、沙北固往往出鹽，大體如此矣。

總之，楚越之地，地廣人希，飯稻羹魚，或火耕而水耨，果隋蠃蛤，不待賈而足，地埶饒食，無饑饉之患，以故呰窳偷生，無積聚而多貧。是故江淮以南，無凍餓之人，亦無千金之家。沂、泗水以北，宜五穀桑麻六畜，地小人衆，數被水旱之害，民好畜藏，故秦、夏、梁、魯好農而重民。三河、宛、陳亦然，加以商賈。齊、趙設智巧，仰機利。燕、代田畜而事蠶。

又 卷一一六《西南夷列傳》（建元六年）乃拜蒙爲郎中將，將千人，食重萬餘人，從巴蜀筰關入，遂見夜郎侯多同。蒙厚賜，喻以威德，約爲置吏，使其子爲令。夜郎旁小邑皆貪漢繒帛，以爲漢道險，終不能有也，乃且聽蒙約。還報，乃以爲犍爲郡。發巴蜀卒治道，自僰道指牂牁江。蜀人司馬相如亦言西夷邛、筰可置郡。使相如以郎中將往喻，皆如南夷，爲置一都尉，十餘縣，屬蜀。

當是時，巴蜀四郡通西南夷道，戍轉相饟。數歲，道不通，士罷餓離濕，死者甚衆；西南夷又數反，發兵興擊，耗費無功。上患之，使公孫弘往視問焉。還對，言其不便。及弘爲御史大夫，是時方築朔方以據河逐胡，弘因數言西南夷害，可且罷，專力事匈奴。上罷西夷，獨置南夷夜郎兩縣一都尉，稍令犍爲自葆就。

及至南越反，上使馳義侯因犍爲發南夷兵。且蘭君恐遠行，旁國虜其老弱，乃與其衆反，殺使者及犍爲太守。漢乃發巴蜀罪人嘗擊南越者八校尉擊破之。會越已破，漢八校尉不下，即引兵還，行誅頭蘭。頭蘭，常隔滇道者也。已平頭蘭，遂平南夷爲牂柯郡。夜郎侯始倚南越，南越已滅，會還誅反者，夜郎遂入朝。上以爲夜郎王。

南越破後，及漢誅且蘭、邛君，並殺筰侯，冄駹皆振恐，請臣置吏。乃以邛都爲越巂郡，筰都爲沈犁郡，冄駹爲汶山郡，廣漢西白馬爲武都郡。

上使王然於以越破及誅南夷兵威風喻滇王入朝。滇王者，其衆數萬人，其旁東北有勞浸、靡莫，皆同姓相扶，未肯聽。勞浸、靡莫數侵犯使者吏卒。元封二年，天子發巴蜀兵擊滅勞浸、靡莫，以兵臨滇。滇王始首善，以故弗誅。滇王離難西南夷，舉國降，請置吏入朝。於是以爲益州郡，賜滇王王印，復長其民。

西南夷君長以百數，獨夜郎、滇受王印。滇小邑，最寵焉。

又 卷一一三《南越列傳》（元鼎六年冬）諭甌駱屬漢：皆得爲侯。戈船、下厲將軍兵及馳義侯所發夜郎兵未下，南越已平矣。遂爲九郡。伏波將軍益封。樓船將軍兵以陷堅爲將梁侯。

《漢書》卷二八下《地理志下》 凡民函五常之性，而其剛柔緩急，音聲不同，繫水土之風氣。故謂之風；好惡取捨，動静亡常，隨君上之情欲，故謂之俗。孔子曰：『移風易俗，莫善於樂。』言聖王在上，統理人倫，必移其本，而易其末，此混同天下一之虖中和，然後王教成也。漢承百王之末。國土變改，民人遷徙，成帝時劉向略言（域）地分，丞相張禹使屬潁川朱贛條其風俗，猶未宣究，故輯而論之。終其本末著於篇。

秦地，於天官東井、輿鬼之分野也。其界自弘農故關以西，京兆、扶風、馮翊、北地、上郡、西河、安定、天水、隴西，南有巴、蜀、廣漢、犍爲、武都，西有金城、武威、張掖、酒泉、敦煌，又西南有牂柯、越巂、益州，皆宜屬焉。

故秦地於《禹貢》時跨雍、梁二州，《詩·風》兼秦、豳兩國。昔后稷封斄，公劉處豳，大王徙岐，文王作酆，武王治鎬，其民有先王遺風，好稼穡，務本業，故《豳詩》言農桑衣食之本甚備。有鄠、杜竹林，南山檀柘，號稱陸海，爲九州膏腴。始皇之初，鄭國穿渠，引涇水溉田，沃野千里，民以富饒。漢興，立都長安，徙齊諸田，楚昭、屈、景及諸功臣

家於長陵。後世世徙吏二千石、高訾富人及豪桀并兼之家於諸陵。蓋亦以强幹弱支，非獨爲奉山園也。是故五方雜厝，風俗不純，其世家則好禮文，富人則商賈爲利，豪桀則遊俠通姦。瀕南山，近夏陽，多阻險輕薄，易爲盜賊，常爲天下劇。又郡國輻湊，浮食者多，民去本就末，列侯貴人車服僭上，衆庶放效，羞不相及，嫁娶尤崇侈靡，送死過度。

天水、隴西，山多林木，民以板爲室屋。及安定、北地、上郡、西河，皆迫近戎狄，修習戰備，高上氣力，以射獵爲先。故《秦詩》曰『在其板屋』；又曰『王于興師，修我甲兵，與子偕行』。及《車轔》、《四載》、《小戎》之篇，皆言車馬田狩之事。漢興，六郡良家子選給羽林、期門，以材力爲官，名將多出焉。孔子曰：『君子有勇而亡誼則爲亂，小人有勇而亡誼則爲盜。』故此數郡，民俗質木，不恥寇盜。

自武威以西，本匈奴昆邪王、休屠王地，武帝時攘之，初置四郡，以通西域，鬲絶南羌、匈奴。其民或以關東下貧，或以報怨過當，或以誖逆亡道，家屬徙焉。習俗頗殊，地廣民稀，水草宜畜牧，（古）故涼州之畜爲天下饒。保邊塞，二千石治之，咸以兵馬爲務；酒禮之會，上下通焉。吏民相親。是以其俗風雨時節，穀糴常賤，少盜賊，有和氣之應，賢於內郡。此政寬厚，吏不苛刻之所致也。

巴、蜀、廣漢本南夷，秦并以爲郡，土地肥美，有江水沃野，山林竹木疏食果實之饒。南賈滇、僰僮，西近邛、莋馬旄牛。民食稻魚，亡凶年憂，俗不愁苦，而輕易淫泆，柔弱褊戹。景、武間，文翁爲蜀守，教民讀書法令，未能篤信道德，反以好文刺譏，貴慕權勢。及司馬相如游宦京師諸侯，以文辭顯於世。鄉黨慕循其迹。後有王褒、嚴遵，揚雄之徒，文章冠天下。繇文翁倡其教，相如爲之師，故孔子曰：『有教亡類。』

武都地雜氐，羌，及犍爲、牂柯、越巂，皆西南外夷，武帝初開置。民俗略與巴、蜀同，而武都近天水，俗頗似焉。

故秦地天下三分之一，而人衆不過什三；然量其富居什六。吳札觀樂，爲之歌《秦》，曰：『此之謂夏聲。夫能夏則大，大之至也，其周舊乎？』

自井十度至柳三度，謂之鶉首之次，秦之分也。

魏地，觜觿、參之分野也。其界自高陵以東，盡河東、河內，南有陳留及汝南之召陵、隱强、新汲、西華、長平，潁川之舞陽、郾、許、傿陵，河南之開封、中牟、陽武、酸棗、卷，皆魏分也。

河內本殷之舊都，周既滅殷，分其畿內爲三國，《詩·風》邶、庸、衛國是也。邶，以封紂子武庚；庸，管叔尹之；衛，蔡叔尹之：以監殷民，謂之三監。故《書序》曰『武王崩，三監畔』，周公誅之，盡以其地封弟康叔，號曰孟侯，以夾輔周室；遷邶、庸之民於雒邑，故邶、庸、衛三國之詩相與同風。

河東土地平易，有鹽鐵之饒，本唐堯所居，《詩·風》唐、魏之國也。

魏國，亦姬姓也，在晉之南河曲，故其詩曰『彼汾一曲』；『寘諸河之側』。

周地，柳、七星、張之分野也。今之河南雒陽、穀城、平陰、偃師、鞏、緱氏，是其分也。

自柳三度至張十二度，謂之鶉火之次，周之分也。

韓地，角、亢、氐之分野也。韓分晉得南陽郡及潁川之父城、定陵、襄城、潁陽、潁陰、長社、陽翟、郟，東接汝南，西接弘農得新安、宜陽，皆韓分也。及《詩·風》陳、鄭之國，與韓同星分焉。

鄭國，今河南之新鄭，本高辛氏火正祝融之虚也。及成皋、滎陽，潁川之崇高、陽城，皆鄭分也。

陳國，今淮陽之地。陳本太昊之虚，周武王封舜後嬀滿於陳，是爲胡公，妻以元女大姬。婦人尊貴，好祭祀，用史巫，故其俗巫鬼。《陳詩》曰：『坎其擊鼓，宛丘之下，亡冬亡夏，值其鷺羽。』又曰：『東門之枌，宛丘之栩，子仲之子，婆娑其下。』此其風也。吳札聞《陳》之歌，曰：『國亡主，其能久乎！』自胡公後二十三世爲楚所滅。陳雖屬楚，於天文自若其故。

潁川、南陽，本夏禹之國。夏人上忠，其敝鄙樸。韓自武子後七世稱侯，六世稱王，五世而爲秦所滅。秦既滅韓，徙天下不軌之民於南陽，故其俗夸奢，上氣力，好商賈漁獵，藏匿難制御也。宛西通武關，東受江、淮，一都之會也。宣帝時，鄭弘、召信臣爲南陽太守，治皆見紀。信臣勸民農桑，去末歸本，郡以殷富。潁川，韓都。士有申子、韓非，刻害餘

烈，高（士）仕宦，好文法，民以貪遴爭訟生分爲失。韓延壽爲太守，先之以敬讓；黄霸繼之，教化大行，獄或八年亡重罪囚。南陽好商賈，召父富以本業；潁川好爭訟分異，黄、韓化以篤厚。『君子之德風也，小人之德草也』，信矣！

自東井六度至亢六度，謂之壽星之次，鄭之分野，與韓同分。

趙地，昴，畢之分壄。趙分晉，得趙國。北有信都、眞定、常山、中山，又得涿郡之高陽、鄚、州鄉；東有廣平、鉅鹿、清河、河間，又得渤海郡之東平舒、中邑、文安、束州，成平、章武，河以北也；南至浮水、繁陽、内黄、斥丘；西有太原、定襄、雲中、五原、上黨。上黨，本韓之别郡也，遠韓近趙，後卒降趙，皆越分也。

自趙夙後九世稱侯，四世敬侯徙都邯鄲，至曾孫武靈王稱王，五世爲秦所滅。

趙、中山地薄人衆，猶有沙丘紂淫亂餘民。丈夫相聚遊戲，悲歌忼慨，起則椎剽掘冢，作姦巧，多弄物，爲倡優。女子彈弦跕躧，游媚富貴，徧諸侯之後宫。

邯鄲北通燕、涿，南有鄭、衛，漳、河之間一都會也。其土廣俗雜，大率精急，高氣勢，輕爲姦。

太原、上黨又多晉公族子孫，以詐力相傾，矜夸功名，報仇過直，嫁取送死奢靡。漢興，號爲難治，常擇嚴猛之將，或任殺伐爲威。父兄被誅，子弟怨憤，至告訐刺史二千石，或報殺其親屬。

鍾、代、石、北，迫近胡寇，民俗懻忮，好氣爲姦，不事農商，自全晉時，已患其剽悍，而武靈王又益厲之。故冀州之部，盜賊常爲它州劇。

定襄、雲中、五原，本戎狄也，頗有趙、齊、衛、楚之徙。其民鄙朴，少禮文，好射獵。雁門亦同俗，於天文别屬燕。

燕地，尾、箕分野也。武王定殷，封召公於燕，其後三十六世與六國俱稱王。東有漁陽、右北平、遼西、遼東，西有上谷、代郡、雁門，南得涿郡之易、容城、范陽、北新城、故安、涿縣、良鄉、新昌，及勃海之安次，皆燕分也。樂浪、玄菟，亦宜屬焉。

燕稱王十世，秦欲滅六國，燕王太子丹遣勇士荆軻西刺秦王，不成而誅，秦遂舉兵滅燕。

薊，南通齊、趙，勃、碣之間一都會也。初，太子丹賓養勇士，不愛後宫美女，民化以爲俗，至今猶然。賓客相過，以婦侍宿，嫁取之夕，男女無别，反以爲榮。後稍頗止，然終未改。其俗愚悍少慮，輕薄無威，亦有所長，敢於急人，燕丹遺風也。

上谷至遼東，地廣民希，數被胡寇，俗與趙、代相類，有漁鹽棗栗之饒。北隙烏丸、夫餘，東賈眞番之利。

玄菟、樂浪，武帝時置，皆朝鮮、濊貉、句驪蠻夷。殷道衰，箕子去之朝鮮，教其民以禮義，田蠶織作。樂浪朝鮮民犯禁八條：相殺以當時償殺；相傷以穀償；相盜者男没入爲其家奴，女子爲婢，欲自贖者，人五十萬。雖免爲民，欲猶羞之，嫁取無所讎，是以其民終不相盜，無門户之閉，婦人貞信不淫辟。其田民飲食以籩豆，都邑頗放效吏及内郡賈人，往往以杯器食。郡初取吏於遼東，吏見民無閉臧，及賈人往者，夜則爲盜，俗稍益薄。今於犯禁浸多，至六十餘條。可貴哉，仁賢之化也！然東夷天性柔順，異于三方之外，故孔子悼道不行，設浮於海，欲居九夷，有以也夫！樂浪海中有倭人，分爲百餘國，以歲時來獻見云。

自危四度至斗六度，謂之析木之次，燕之分也。

齊地，虚、危之分野也。東有甾川、東萊、琅邪、高密、膠東，南有泰山、城陽，北有千乘，清河以南，勃海之高樂、高城、重合、陽信，西有濟南、平原，皆齊分也。

臨甾，海、岱之間一都會也。其中具五民云。

魯地，奎、婁之分野也。東至東海，南有泗水，至淮，得臨淮之下相、睢陵、僮、取慮，皆魯分也。

今去聖久遠，周公遺化銷微，孔氏庠序衰懷。地陿民衆，頗有桑麻之業，亡林澤之饒。俗儉嗇愛財，趨商賈，好訾毁，多巧僞，喪祭之禮文備實寡，然其好學猶愈於它俗。

漢興以來，魯東海多至卿相。東平、須昌、壽良，皆在濟東，屬魯，非宋地也，當考。

宋地，房、心之分野也。今之沛、梁、楚、山陽、濟陰、東平及東郡之須昌、壽張，皆宋分也。

周封微子于宋，今之睢陽是也，本陶唐氏火正閼伯之虚也。濟陰定

陶，《詩·風》曹國也。武王封弟叔振鐸於曹，其後稍大，得山陽、陳留，二十餘世爲宋所滅。

昔堯作游成陽，舜漁雷澤，湯止於亳，故其民猶有先王遺風，重厚多君子，好稼穡，惡衣食，以致畜藏。

宋自微子二十餘世，至景公滅曹，滅曹後五世亦爲齊、楚、魏所滅，三分其地。魏得其梁、陳留，齊得其濟陰、東平，楚得其沛。故今之楚彭城，本宋也，《春秋經》曰「圍宋彭城」。宋雖滅，本大國，故自爲分野。

沛楚之失，急疾顓己，地薄民貧，而山陽好爲姦盜。

衛地，營室、東壁之分野也。今之東郡及魏郡黎陽，河内之野王、朝歌，皆衛分也。

楚地，翼、軫之分壄也。今之南郡、江夏、零陵、桂陽、武陵、長沙及漢中、汝南郡，盡楚分也。

楚有江漢川澤山林之饒；江南地廣，或火耕火耨。民食魚稻，以漁獵山伐爲業，果蓏蠃蛤，食物常足。故呰窳偷生，而亡積聚，飲食還給，不憂凍餓，亦亡千金之家。信巫鬼，重淫祀。而漢中淫失枝柱，與巴、蜀同俗。汝南之別，皆急疾有氣勢。江陵，故郢都，西通巫、巴，東有雲夢之饒，亦一都會也。

吳地，斗分野也。今之會稽、九江、丹陽、豫章、廬江、廣陵、六安，臨淮郡，盡吳分也。

粤既并吳，後六世爲楚所滅。後秦又擊楚，徙壽春，至子爲秦所滅。壽春、合肥受南北湖皮革、鮑、木之輸，亦一都會也。始楚賢臣屈原被讒放流，作《離騷》諸賦以自傷悼。後有宋玉、唐勒之屬慕而述之，皆以顯名。漢興，高祖王兄子濞於吳，招致天下之娛遊子弟，枚乘、鄒陽、嚴夫子之徒興于文、景之際。而淮南王安亦都壽春，招賓客著書。而吳有嚴助、朱買臣，貴顯漢朝，文辭併發，故世傳《楚辭》。其失巧而少信。初淮南王異國中民家有女者，以待游士而妻之，故至今多女而少男。本吳、粤與楚接比，數相并兼，故民俗略同。

吳東有海鹽章山之銅，三江五湖之利，亦江東之一都會也。豫章出黃金，然堇堇物之所有，取之不足以更費。江南卑濕，丈夫多夭。

會稽海外有東鯷人，分爲二十餘國，以歲時來獻見云。

粤地，牽牛、婺女之分野也。今之蒼梧、鬱林、合浦、交趾、九眞、南海、日南，皆粤分也。

其君禹後，帝少康之庶子云，封於會稽，文身斷髮，以避蛟龍之害。後二十世，至句踐稱王，與吳王闔廬戰，敗之雋李。夫差立，句踐乘勝復伐吳。吳大破之，棲會稽，臣服請平。後用范蠡、大夫種計，遂伐滅吳，兼併其地。度淮與齊、晉諸侯會，致貢於周。周元王使使賜命爲伯，諸侯畢賀。後五世爲楚所滅，子孫分散，君服於楚。後十世，至閩君搖，佐諸侯平秦。漢興，復立搖爲越王。是時，秦南海尉趙佗亦自王，傳國至武帝時，盡滅以爲郡云。

處近海，多犀、象、毒冒、珠璣、銀、銅、果、布之湊，中國往商賈者多取富焉。番禺，其一都會也。

自合浦徐聞南入海，得大州，東西南北方千里，武帝元封元年略以爲儋耳、珠厓郡。民皆服布如單被，穿中央爲貫頭。男子耕農，種禾稻、紵麻，女子桑蠶織績。亡馬與虎，民有五畜，山多麈麖。兵則矛、盾、刀，木弓弩、竹矢，或骨爲鏃。自初爲郡縣，吏卒中國人多侵陵之，故率數歲壹反。元帝時，遂罷棄之。

又　卷九九上《王莽傳上》　（元始五年）莽既致太平，北化匈奴，東致海外，南懷黃支，唯西方未有加。乃遣中郎將平憲等多持金幣誘塞外羌，使獻地，願内屬。憲等奏言：「羌豪良願等種，人口可萬二千人，願爲内臣，獻鮮水海、允谷鹽池，平地美草皆予漢民，自居險阻處爲藩蔽。問良願降意，對曰：『太皇太后聖明，安漢公至仁，天下太平，五穀成孰，或禾長丈餘，或一粟三米，或不種自生，或繭不蠶自成，甘露從天下，醴泉自地出，鳳皇來儀，神爵降集。從四歲以來，羌人無所疾苦，故思樂内屬。』宜以時處業，置屬國領護。」事下莽，莽復奏曰：「太后秉統數年，恩澤洋溢，和氣四塞，絕域殊俗，靡不慕義。越裳氏重譯獻白雉，黃支自三萬里貢生犀，東夷王度大海奉國珍，匈奴單于順制作，去二名，今西域良願等復舉地爲臣妾，昔唐堯橫被四表，亦亡以加之。今謹案已有東海、南海、北海郡，未有西海郡，請受良願等所獻地爲西海郡。臣又聞聖王序天文，定地理，因山川民俗以制州界。漢家地廣二帝、三王，凡十三州，州名及界多不應經。《堯典》十有二州，後定爲九州。漢家廓

地遼遠，州牧行部，遠者三萬餘里，不可爲九。謹以經義正十二州名分界，以應正始。』奏可。

又 卷九九中《王莽傳中》（始建國元年正月）又曰：『天無二日，土無二王，百王不易這道也。漢氏諸侯或稱王，至于四夷亦如之，違於古典，繆於一統。其定諸侯王之號皆稱公，及四夷僭號稱王者皆更爲侯。』

（天鳳三年五月）莽又曰：『「普天之下，莫非王土；率土之賓，莫非王臣。」蓋以天下養焉。《周禮》膳羞百有二十品，今諸侯各食其同、國、則；辟、任、附城食其邑；公、卿、大夫、元士食其采。多少之差，咸有條品。歲豐穰則充其禮，有災害則有所損，與百姓同憂喜也。其用上計時通計，天下幸無災害者，太官膳羞備其品矣；即有災害，以什率多少而損膳焉。東嶽太師立國將軍保東方三州一部二十五郡；南嶽太傅前將軍保南方二州一部二十五郡；西嶽國師寧始將軍保西方一州二部二十五郡；北嶽國將衛將軍保北方二州一部二十五郡；大司馬保納卿、言卿、仕卿、作卿、京尉、扶尉、兆隊、右隊、中部左洎前七部；大司徒保樂卿、典卿、宗卿、秩卿、翼尉、光尉、左隊、前隊、中部、右部，有五郡；大司空保予卿、虞卿、共卿、工卿、師尉、列尉、祈隊、後隊、中部洎後十郡；及六司，六卿，皆隨所屬之公保其災害，亦以十率多少而損其祿。郎、從官、中都官吏食祿都内之委者，以太官膳羞備損而爲節。諸侯、辟、任、附城、羣吏亦各保其災害。幾上下同心，勸進農業，安元元焉。』

又 卷六《武帝紀》（元鼎六年）定西南夷，以爲武都、牂柯、越嶲、沈黎、文山郡。

（元封二年秋）又遣將軍郭昌、中郎將衛廣發巴蜀兵平西南夷未服者，以爲益州郡。

（元狩二年）秋，匈奴昆邪王殺休屠王，並將其衆合四萬餘人來降，置五屬國以處之。以其地爲武威、酒泉郡。

（元鼎六年秋）又遣浮沮將軍公孫賀出九原，匈河將軍趙破奴出令居，皆二千餘里，不見虜而還。乃分武威、酒泉地置張掖、敦煌郡，徙民以實之。

（元鼎六年冬）遂定越地，以爲南海、蒼梧、鬱林、合浦、交趾、九眞、日南、珠厓、儋耳郡。

又 卷七《昭帝紀》（始元六年）以邊塞闊遠，取天水、隴西、張掖郡各二縣置金城郡。

東漢政區部

綜　述

晉·司馬彪《續漢書·郡國志五》《漢書·地理志》承秦三十六郡，縣邑數百，後稍分析，至于孝平，凡郡、國百三，縣、邑、道、侯國千五百八十七。世祖中興，惟官多役煩，乃命併合，省郡、國十，縣、邑、道、侯國四百餘所。至明帝置郡一，章帝置郡、國二，和帝置三，安帝又命屬國別領比郡者六，又所省縣漸復分置，至于孝順，凡郡、國百五，縣、邑、道、侯國千一百八十，民户九百六十九萬八千六百三十，口四千九百一十五萬二百二十。

南朝梁·劉昭《續漢書·百官志五·州郡》注《獻帝起居注》曰：『建安十八年三月庚寅，省州并郡，復《禹貢》之九州。冀州得魏郡、安平、鉅鹿、河閒、清河、博陵、常山、趙國、勃海、甘陵、平原、太原、上黨、西河、定襄、鴈門、雲中、五原、朔方、河東、河内、涿郡、漁陽、廣陽、右北平、上谷、代郡、遼東、遼東屬國、遼西、玄菟、樂浪，凡三十二郡。省司隸校尉，以司隸部分屬豫州、冀州、雍州。省涼州刺史，以并雍州部，郡得弘農、京兆、左馮翊、右扶風、上郡、安定、隴西、漢陽、北地、武都、武威、金城、西平、西郡、張掖、張掖屬國、酒泉、敦煌、西海、漢興、永陽、東安南，凡二十二郡。省交州，以其郡屬荆州。荆州得交州之蒼梧、南海、九眞、交趾、日南，與其舊所部南陽、章陵、南郡、江夏、武陵、長沙、零陵、桂陽，凡十三［郡］。益州

本部郡有廣漢、漢中、巴郡、犍爲、蜀郡、牂牁、越巂、益州、永昌、犍爲屬國、蜀郡屬國、廣漢屬國，今并得交州之鬱林、合浦，凡十四［郡］。豫州部郡本有潁川、陳國、汝南、沛國、梁國、魯國，今并得河南、滎陽都尉，凡八郡。徐州部郡得下邳、廣陵、彭城、東海、琅邪、利城、城陽、東莞，凡八郡。青州得齊國、北海、東萊、濟南、樂安，凡五郡。」《獻帝春秋》曰：『孫權以步騭行交州刺史。』《東觀書》曰：『交趾刺史，持節。』

《晉書》卷一四《地理志上・序》 光武投戈之歲，在彤秏之辰，郡國蕭條，并省者八。城陽、淄川、高密、膠東、六安、眞定、泗水、廣陽。建武十一年，省州牧，復爲刺史，員十三人，各掌一州。明帝置一，永昌也。章帝置二，任城、吳郡。和順改作，其名有九。和置濟北、廣陽，順改淮陽爲陳，改楚爲彭城，濟東爲東平，臨淮爲下邳，千乘爲六安，信都爲安平，天水爲漢陽。省朔方刺史，合之於司隸，凡十三部，其與西漢不同者，司隸校尉部郡治河南，朔方隸於并部。而郡國百有八焉。省前漢八，分置五，改舊名七，因舊九十六，少前漢三也。桓靈頗增於前，復置六郡。桓，高陽、高涼、博陵；靈，南安、鄱陽、廬陵。魏武定霸，三方鼎立，生寧版蕩，關洛荒蕪，所置者十二，新興、樂平、西平、新平、略陽、陰平、帶方、譙、樂陵、章武、南鄉、襄陽。所省者七，上郡、朔方、五原、雲中、定襄、漁陽、廬江。而文帝置七，朝歌、陽平、弋陽、魏興、新城、義陽、安豐。明及少帝增二，明，上庸也；少，平陽也。得漢郡者五十四焉。蜀先主於漢建安之間初置郡九，巴東、巴西、梓潼、江陽、汶山、漢嘉、朱提、宕渠、涪陵。後主增二，雲南、興古。得漢郡者十有一焉。吳主大皇帝初置郡五，臨賀、武昌、珠崖、新安、廬陵南部。少帝、景帝各四，少，臨川、臨海、衡陽、湘東。景，天門、建安、建平、合浦北部。歸命侯亦置十有二郡，始安、始興、邵陵、安成、新昌、武平、九德、吳興、東陽、桂林、滎陽、宜都。得漢郡者十有八焉。

司隸校尉部

晉・司馬彪《續漢書・郡國志一》 河南尹秦三川郡，高帝更名。世祖都雒陽，建武十五年改曰河南尹。二十一城。【略】

河內郡高帝置。雒陽北百二十里。十八城。

河東郡秦置，雒陽西北五百里。二十城。

弘農郡武帝置。其二縣，建武十五年屬。雒陽西南四百五十里。九城。

京兆尹秦內史，武帝改。其四縣，建武十五年屬。雒陽西九百五十里。十城。

左馮翊秦屬內史，武帝分，改名。雒陽西六百八十八里。十三城。

右扶風秦屬內史，武帝分，改名。十五城。

右司隸校尉部，郡七，縣、邑、侯國百六。

豫州刺史部

晉・司馬彪《續漢書・郡國志二》 潁川郡秦置。雒陽東南五百里。十七城。

汝南郡高帝置。雒陽東南六百五十里。三十七城。【略】

梁國秦碭郡，高帝改。其三縣，元和元年屬。雒陽東南八百五十里。九城。

沛國秦泗水郡，高帝改。雒陽東南千二百里。二十一城。

陳國高帝置爲淮陽，章和二年改。雒陽東南七百里。九城。

魯國秦薛郡，高后改。本屬徐州，光武改屬豫州。六城。

右豫州刺史部，郡、國六，縣、邑公、侯國九十九。

兗州刺史部

晉・司馬彪《續漢書・郡國志三》 陳留郡武帝置。雒陽東五百三十里。十七城。

東郡秦置。去雒陽八百餘里。十五城。

東平國故梁，景帝分爲濟東國，宣帝改。雒陽東九百七十五里。七城。

任城國章帝元和元年，分東平爲任城。雒陽東千一百里。三城。

泰山郡高帝置。雒陽東千四百里。十二城。【略】

濟北國和帝永元二年，分泰山置。雒陽東千一百五十里。五城。

山陽郡故梁，景帝分置。雒陽東八百一十里。十城。

濟陰郡故梁，景帝分置。雒陽東八百里。十一城。

右兗州刺史部，郡、國八，縣、邑、公、侯國八十。

徐州刺史部

晉・司馬彪《續漢書・郡國志三》　東海郡高帝置，雒陽東千五百里。十三城。

琅邪國秦置。建武中省城陽國，以其縣屬。雒陽東一千五百里。十三城。

彭城國高祖置爲楚，章帝改。雒陽東千二百二十里。八城。【略】

廣陵郡景帝置爲江都，武帝更名。建武中省泗水國，以其縣屬。雒陽東一千六百四十里。十一城。

下邳國武帝置爲臨淮郡，永平十五年更爲下邳國。雒陽東千四百里。十七城。

右徐州刺史部，郡、國五，縣、邑、侯國六十二。

青州刺史部

晉・司馬彪《續漢書・郡國志四》　濟南國故齊，文帝分。雒陽東千八百里。十城。

平原郡高帝置。雒陽北一千三百里。九城。

樂安國高帝西平昌置，爲千乘，永元七年更名。雒陽東千五百二十里。九城。

北海國景帝置。建武十三年省菑川、高密、膠東三國，以其縣屬。十八城。

東萊郡高帝置。雒陽東三千一百二十八里。十三城。

齊國秦置。雒陽東千八百里。六城。

右青州刺史部，郡、國六，縣六十五。

冀州刺史部

晉・司馬彪《續漢書・郡國志二》　魏郡高帝置。雒陽東北七百里。十五城。

鉅鹿郡秦置。建武十三年省廣平國，以其縣屬。雒陽北千一百里。十五城。

常山國高帝置。建武十三年省眞定國，以其縣屬。十三城。

中山國高祖置。雒陽北一千四百里。十三城。

安平國故信都，高帝置。明帝名樂成，延光元年改。雒陽北二千里。十三城。

河間國文帝置，世祖省屬信都，和帝永元二年復故。雒陽北二千五百里。十一城。

清河國高帝置。桓帝建和二年改爲甘陵。雒陽北千二百八十里。七城。

趙國秦邯鄲郡，高帝改名。雒陽北千一百里。五城。

勃海郡高帝置。雒陽北千六百里。八城。

右冀州刺史部，郡、國九，縣、邑、侯國百。

荊州刺史部

晉・司馬彪《續漢書・郡國志四》　南陽郡秦置。雒陽南七百里。三十七城。

南郡秦置。雒陽南一千五百里。十七城。

江夏郡高帝置。雒陽南千五百里。十四城。

零陵郡武帝置。雒陽南三千三百里。十三城。

桂陽郡高帝置。上領山。在雒陽南三千九百里。十一城。

武陵郡秦昭王置。名黔中郡，高帝五年更名。雒陽南二千一百里。十二城。

長沙郡秦置。雒陽南二千八百里。十三城。

右荊州刺史部，郡七，縣、邑、侯國百一十七。

揚州刺史部

晉・司馬彪《續漢書・郡國志四》　九江郡秦置。雒陽東一千五百里。十四城。

丹陽郡秦鄣郡，武帝更名。雒陽東二千一百六十里。建安十三年，孫權分新都郡。十六城。

廬江郡文帝分淮南置。建武十三年省六安國，以其縣屬。雒陽東一千七百里。十四城。

會稽郡秦置。本治吳，立郡吳，乃移山陰。雒陽東三千八百里。十四城。

吳郡順帝分會稽置。雒陽東三千二百里。十三城。

豫章郡高帝置。雒陽南二千七百里。二十一城。

右揚州刺史部，郡六，縣邑、侯國九十二。

益州刺史部

晉・司馬彪《續漢書・郡國志五》 漢中郡秦置。雒陽西千九百九十里。九城。

巴郡秦置。雒陽西三千七百里。十四城。

廣漢郡高帝置。雒陽西三千里。十一城。

蜀郡秦置。雒陽西三千一百里。十一城。

犍爲郡武帝置。雒陽西三千二百七十里。劉璋分立江陽郡。九城。

牂牁郡武帝置。雒陽西五千七百里。十六城。

越嶲郡武帝置。雒陽四千八百里。十四城。

益州郡武帝置。故滇王國。雒陽西五千六百里。諸葛亮表有耽文山、澤山、司彌瘞山、婁山、辟龍山，此等並皆未詳所在縣。十七城。

永昌郡明帝永平十二年分益州置。雒陽西七千二百六十里。八城。

廣漢屬國故北部都尉，屬廣漢郡，安帝時以爲屬國都尉，別領三城。

蜀郡屬國故屬西部都尉，延光元年以爲屬國都尉，別領四城。

犍爲屬國故郡南部都尉，永初元年以爲屬國都尉，別領二城。

右益州刺史部，郡、國十二，縣、道一百一十八。

涼州刺史部

晉・司馬彪《續漢書・郡國志五》 隴西郡秦置。雒陽西二千二百二十里。十一城。

漢陽郡武帝置，爲天水，永元十七年更名。在雒陽西二千里。十三城。

武都郡武帝置。雒陽西一千九百六十里。七城。

金城郡昭帝置。雒陽西二千八百里。十城。

安定郡武帝置。雒陽西千七百里。八城。

北地郡秦置。雒陽西千一百里。六城。

武威郡故匈奴休屠王地，武帝置。雒陽西三千五百里。十四城。

張掖郡故匈奴昆邪王地，武帝置。雒陽西四千二百里。獻帝分置西郡。八城。

酒泉郡武帝置。雒陽西四千七百里。九城。

敦煌郡武帝置。雒陽西五千里。六城。

張掖屬國武帝置屬國都尉，以主蠻夷降者。安帝時，別領五城。

右涼州刺史部，郡十二，縣、道、侯官九十八。

并州刺史部

晉・司馬彪《續漢書・郡國志五》 上黨郡秦置。雒陽北千五百里。十三城。

太原郡秦置。十六城。

上郡秦置。十城。

西河郡武帝置。雒陽北千二百里。十三城。

五原郡秦置爲九原，武帝更名。十城。

雲中郡秦置。十一城。

定襄郡高帝置。五城。

雁門郡秦置。雒陽北千五百里。十四城。

朔方郡武帝置。六城。

右并州刺史部，郡九，縣、邑、侯國九十八。

幽州刺史部

晉・司馬彪《續漢書・郡國志五》 涿郡高帝置。雒陽東北千八百里。七城。

廣陽郡高帝置，爲燕國，昭帝更名爲郡。世祖省并上谷，永（平）〔元〕八年復。五城。

代郡秦置。雒陽東北二千五百里。十一城。

上谷郡秦置。雒陽東北三千二百里。八城。

漁陽郡秦置。雒陽東北二千里。九城。

右北平郡秦置。雒陽東北二千三百里。四城。

遼西郡秦置。雒陽東北三千三百里。五城。

遼東郡秦置。雒陽東北三千六百里。十一城。

玄菟郡武帝置。雒陽東北四千里。六城。

樂浪郡武帝置。雒陽東北五千里。十八城。

遼東屬國故邯鄉，西部都尉，安帝時以爲屬國都尉，別領六城。雒陽東北三千二百六十里。

右幽州刺史部，郡、國十一，縣、邑、侯國九十。

交州刺史部

晉·司馬彪《續漢書·郡國志五》 南海郡武帝置。雒陽南七千一百里。七城。

蒼梧郡武帝置。雒陽南六千四百一十里。十一城。

鬱林郡秦桂林郡，武帝更名。雒陽南六千五百里。十一城。

合浦郡武帝置。雒陽南九千一百九十一里。五城。

交趾郡武帝置。卽安陽王國。雒陽南萬一千里。十二城。

九眞郡武帝置。雒陽南萬一千五百八十里。五城。

日南郡秦象郡，武帝更名。雒陽南萬三千四百里。五城。

右交州刺史部，郡七，縣五十六。

西域都護府

《三國志》卷三〇《魏志·烏丸鮮卑東夷傳》裴松之注引《魏略·西戎傳》 敦煌西域之南山中，從婼羌西至葱領數千里，有月氏餘種葱茈羌、白馬、黄牛羌，各有酋豪，北與諸國接，不知其道里廣狹。傳聞黄牛羌各有種類，孕身六月生，南與白馬羌鄰。

西域諸國，漢初開其道，時有三十六，後分爲五十餘。從建武以來，更相吞滅，於今有二十道。從敦煌玉門關入西域，前有二道，今有三道。從玉門關西出，經婼羌轉西，越葱領，經縣度，入大月氏，爲南道。從玉門關西出，發都護井，回三隴沙北頭，經居盧倉，從沙西井轉西北，過龍堆，到故樓蘭，轉西詣龜茲，至葱領，爲中道。從玉門關西北出，經橫坑，辟三隴沙及龍堆，出五船北，到車師界戊己校尉所治高昌，轉西與中道合龜茲，爲新道。

凡西域所出，有前史已具詳，今故略説。南道西行，且志國、小宛國、精絶國、樓蘭國皆并屬鄯善也。戎盧國、扜彌國、渠勒國、［穴山國皮山國］皆并屬于寘。罽賓國、大夏國、高附國、天竺國皆并屬大月氏。

中道西行尉梨國、危須國、山王國皆并屬焉耆，姑墨國、温宿國、尉頭國皆并屬龜茲也。楨中國、莎車國、竭石國、渠沙國、西夜國、依耐國、滿犂國、億若國、榆令國、捐毒國、休脩國、琴國皆并屬疏勒。自是以西，大宛、安息、條支、烏弋。烏弋一名排特，此四國次在西，本國也，無增損。前世謬以爲條支在大秦西，今其實在東。前世又謬以爲强於安息，今更役屬之，號爲安息西界。

北新道西行，至東且彌國、西且彌國、單桓國、畢陸國、蒲陸國、烏貪國，皆并屬車師後部王。王治于賴城，魏賜其王壹多雜守魏侍中，號大都尉，受魏王印。轉西北則烏孫、康居，本國無增損也。北烏伊別國在康居北，又有柳國，又有巖國，又有奄蔡國一名阿蘭，皆與康居同俗。西與大秦東南與康居接。其國多名貂，畜牧逐水草，臨大澤，故時羈屬康居，今不屬也。

呼得國在葱嶺北，烏孫西北，康居東北，勝兵萬餘人，隨畜牧，出好馬，有貂。堅昆國在康居西北，勝兵三萬人，隨畜牧，亦多貂，有好馬。丁令國在康居北，勝兵六萬人，隨畜牧，出名鼠皮，白昆子、青昆子皮。此上三國，堅昆中央，俱去匈奴單于庭安習水七千里，南去車師六國五千里，西南去康居界三千里，西去康居王治八千里。或以爲此丁令卽匈奴北丁令也，而北丁令在烏孫西，似其種別也。又匈奴北有渾窳國，有屈射國，有丁令國，有隔昆國，有新梨國，明北海之南自復有丁令，非此烏孫之西丁令也。

《後漢書》卷八八《西域傳》 西域内屬諸國，東西六千餘里，南北千餘里，東極玉門、陽關，西至葱領。其東北與匈奴、烏孫相接。南北有大山，中央有河。其南山東出金城，與漢南山屬焉。其河有兩源，一出葱領東流，一出于寘南山下北流，與葱領河合，東注蒲昌海。蒲昌海一名鹽澤，去玉門三百餘里。

自敦煌西出玉門、陽關，涉鄯善，北通伊吾千餘里，自伊吾北通車師前部高昌壁千二百里，自高昌壁北通後部金滿城五百里。此其西域之門户也，故戊己校尉更互屯焉。伊吾地宜五穀、桑麻、蒲萄。其北又有柳中，皆膏腴之地。故漢常與匈奴爭車師、伊吾，以制西域焉。

自鄯善逾葱領出西諸國，有兩道。傍南山北，陂河西行至莎車，爲南

道。南道西逾葱領，則出大月氏、安息之國也。自車師前王庭隨北山，陂河西行至疏勒，爲北道。北道西逾葱領，出大宛、康居、奄蔡焉（耆）。

出玉門，經鄯善、且末、精絕三千餘里至拘彌。

拘彌國居寧彌城，去長史所居柳中四千九百里，去洛陽萬二千八百里。領户二千一百七十三，口七千二百五十一，勝兵千七百六十人。

于窴國居西城，去長史所居五千三百里，去洛陽萬一千七百里。領户三萬二千，口八萬三千，勝兵三萬餘人。

建武末，莎車王賢强盛，攻并于窴，徙其王俞林爲驪歸王。明帝永平中，于窴將休莫霸反莎車，自立爲于窴王。休莫霸死，兄子廣德立，後遂滅莎車，其國轉盛。從精絕西北至疏勒十三國皆服從。而鄯善王亦始强盛。自是南道自葱領以東，唯此二國爲大。

自于窴經皮山，至西夜、子合、德若焉。

西夜國一名漂沙，去洛陽萬四千四百里。户二千五百，口萬餘，勝兵三千人。地生白草，有毒，國人煎以爲藥，傅箭鏃，所中即死。《漢書》中誤云西夜、子合是一國，今各自有王。

子合國居呼鞬谷。去疏勒千里。領户三百五十，口四千，勝兵千人。

德若國，領户百餘，口六百七十，勝兵三百五十人。東去長史居三千五百三十里，去洛陽萬二千一百五十里，與子合相接。其俗皆同。

自皮山西南經烏秅，涉懸度，歷罽賓，六十餘日行至烏弋山離國，地方數千里，時改名排持。

復西南馬行百餘日至條支。

莎車國西經蒲犂、無雷至大月氏，東去洛陽萬九百五十里。

匈奴單于因王莽之亂，略有西域，唯莎車王延最强，不肯附屬。元帝時，嘗爲侍子，長於京師，慕樂中國，亦復參其典法。常敕諸子，當世奉漢家，不可負也。天鳳五年，延死，謚忠武王，子康代立。

光武初，康率傍國拒匈奴，擁衛故都護吏士妻子千餘口，檄書河西，問中國動靜，自陳思慕漢家。建武五年，河西大將軍竇融乃承制立康爲漢莎車建功懷德王、西域大都尉，五十五國皆屬焉。

莎車東北至疏勒。

疏勒國，去長史所居五千里，去洛陽萬三百里。領户二萬一千，勝兵三萬餘人。

明帝永平十六年，龜兹王建攻殺疏勒王成，自以龜兹左侯兜題爲疏勒王。冬，漢遣軍司馬班超劫縛兜題，而立成之兄子忠爲疏勒王。忠後反畔，超擊斬之。事已具《超傳》。

東北經尉頭、温宿、姑墨、龜兹至焉耆。

焉耆國王居南河城，北去長史所居八百里，東去洛陽八千二百里。户萬五千，口五萬二千，勝兵二萬餘人。其國四面有大山，與龜兹相連，道險阨易守。有海水曲入四山之內，周匝其城三十餘里。

永平末，焉耆與龜兹共攻没都護陳睦、副校尉郭恂，殺吏士二千餘人。至永元六年，都護班超發諸國兵討焉耆、危須、尉黎、山國，遂斬焉耆、尉黎二王首，傳送京師，縣蠻夷邸。超乃立焉耆左（候）〔侯〕元孟爲王，尉黎、危須、山國皆更立其王。至安帝時，西域背畔。延光中，超子勇爲西域長史，復討定諸國。元孟與尉黎、危須不降。永建二年，勇與敦煌太守張朗擊破之，元孟乃遣子詣闕貢獻。

蒲類國居天山西疏榆谷，東南去長史所居千二百九十里，去洛陽萬四百九十里。户八百餘，口二千餘，勝兵七百餘人。廬帳而居，逐水草，頗知田作。有牛、馬、駱駝、羊畜。能作弓矢。國出好馬。

蒲類本大國也，前西域屬匈奴，而其王得罪單于，單于怒，徙蒲類人六千餘口，內之匈奴右部阿惡地，因號曰阿惡國。南去車師後部馬行九十餘日。人口貧羸，逃亡山谷間，故留爲國云。

移支國居蒲類地。户千餘，口三千餘，勝兵千餘人。其人勇猛敢戰，以寇鈔爲事。皆被髮，隨畜逐水草，不知田作。所出皆與蒲類同。

東且彌國東去長史所居八百里，去洛陽九千二百五十里。户三千餘，口五千餘，勝兵二千餘人。廬帳居，逐水草，頗田作。其所出有亦與蒲類同。所居無常。

車師前王居交河城。河水分流繞城，故號交河。去長史所居柳中八十里，東去洛陽九千一百二十里。領户千五百餘，口四千餘，勝兵二千人。

後王居務塗谷，去長史所居五百里，去洛陽九千六百二十里。領户四千餘，口萬五千餘，勝兵三千餘人。

前後部及東且彌、卑陸、蒲類、移支，是爲車師六國，北與匈奴接，

前部西通焉耆北道，後部西通烏孫。

鮮卑等部

《三國志》卷三〇《魏志・東夷傳》 夫餘在長城之北，去玄菟千里。南與高句麗，東與挹婁，西與鮮卑接，北有弱水，方可二千里。户八萬。其民土著，有宫室、倉庫、牢獄。多山陵、廣澤，於東夷之域最平敞。土地宜五穀，不生五果。

東沃沮在高句麗蓋馬大山之東，濱大海而居。其地形東北狹，西南長，可千里，北與挹婁、夫餘，南與濊貊接。户五千，無大君王，世世邑落，各有長帥。其言語與句麗大同，時時小異。漢初，燕亡人衛滿王朝鮮，時沃沮皆屬焉。

漢武帝元封二年，伐朝鮮，殺滿孫右渠，分其地爲四郡，以沃沮城爲玄菟郡。後爲夷貊所侵，徙句麗西北，今所謂玄菟故府是也。沃沮還屬樂浪。漢以土地廣遠，在單單大領之東，分置東部都尉，治不耐城，別主領東七縣，時沃沮亦皆爲縣。漢（光）［建］武六年，省邊郡，都尉由此罷。其後皆以其縣中渠帥爲縣侯，不耐、華麗、沃沮諸縣皆爲侯國。夷狄更相攻伐，唯不耐濊侯至今猶置功曹、主簿諸曹，皆濊民作之。沃沮諸邑落渠帥，皆自稱三老，則故縣國之制也。國小，迫于大國之間，遂臣屬句麗。

挹婁在夫餘東北千餘里，濱大海。南與北沃沮接，未知其北所極。其土地多山險。其人形似夫餘，言語不與夫餘句麗同。有五穀、牛、馬、麻布。人多勇力，無大君長，邑落各有大人。處山林之間，常穴居，大家深九梯，以多爲好。【略】古之肅慎氏之國也。

濊南與辰韓，北與高句麗、沃沮接，東窮大海，今朝鮮之東皆其地也。户二萬。昔箕子既適朝鮮，作八條之教以教之，無門户之閉而民不爲盜。其後四十餘世，朝鮮侯（淮）［準］僭號稱王。陳勝等起，天下叛秦，燕、齊、趙民避地朝鮮數萬口。燕人衛滿，魋結夷服，復來王之。漢武帝伐滅朝鮮，分其地爲四郡。自是之後，胡、漢稍別。【略】自單單大山領以西屬樂浪，自領以東七縣，都尉主之，皆以濊爲民。後省都尉，封其渠帥爲侯，今不耐濊皆其種也。

又《魏志・鮮卑傳》裴松之注引《魏書》 鮮卑亦東胡之餘也，別保鮮卑山，因號焉。其言語、習俗與烏丸同。其地東接遼水，西當西城。【略】建武三十年，鮮卑大人於仇賁率種人詣闕朝貢，封於仇賁爲王。【略】檀石槐既立，乃爲庭於高柳北三百餘里弹汗山啜仇水上，東西部大人皆歸焉，兵馬甚盛，南鈔漢邊，北拒丁令，東卻夫餘，西擊烏孫，盡據匈奴故地，東西萬二千餘里，南北七千餘里，網羅山川水澤鹽池甚廣。

《後漢書》卷九〇《鮮卑傳》 （桓帝時）檀石槐乃立庭於彈汗山歠仇水上，去高柳北三百餘里，兵馬甚盛，東西部大人皆歸焉。因南抄緣邊，北拒丁零，東卻夫餘，西擊烏孫，盡據匈奴故地，東西萬四千餘里，南北七千餘里，網羅山川、水澤、鹽池。

又 卷二三《竇憲傳》 憲分遣副校尉閻盤、司馬耿夔、耿譚將左谷蠡王師子、右呼衍王須訾等，精騎萬餘，與北單于戰於稽落山，大破之，虜衆崩潰，單于遁走，追擊諸部，遂臨私渠北鞮海。斬名王已下萬三千級，獲生口馬牛羊橐駝百餘萬頭。【略】憲、秉遂登燕然山，去塞三千餘里，刻石勒功，紀漢威德。

論説

南朝梁・劉昭《續漢書・百官志五・州郡》注 臣昭曰：【略】秦兼天下，開設郡縣，孤立獨王，卽以顛亡。漢祖因循，雖不頓革，分置子弟，終龕諸呂之難，漸剖列郡，以減大都之權。後嚴安之徒，猶忼慨發憤，謂千里之威，卽古之强國，慮非安本無窮之計也。孝武之末，始置刺史，監糾非法，不過六條，傳車周流，匪有定鎮，秩裁數百，威望輕寡，得有察舉之勤，未生陵犯之釁。成帝改牧，其萌始大，既非識治之主，故無取焉爾。世祖中興，監乎政本，復約其職，還遵舊制，斷親奏事，省入惜煩，漸得自重之路。因茲以降，彌於歲年，母后當朝，多以弱守，六合危動，四海潰弊，財盡力竭，綱維撓毀，而八方不能内侵，諸侯莫敢入伐，豈非幹强枝弱，控制素重之所致乎？至孝靈在位，横流既及，劉焉徼僞，自爲身謀，非有憂國之心，專懷狼據之策，抗論昏世，薦議愚主，

盛稱宜重牧伯，謂足鎮壓萬里，挾姦樹篡，苟罔一時，豈可永爲國本，長期勝術哉？夫聖主御世，莫不大庇生民，承其休謀，傳其典制。猶云事久弊生，無或通貫，故變改正服，革異質文，分爵三五，參差不一。況在曁騃之君，挾姦詐之臣，共所創置，焉可仍因？大建尊州之規，竟無一日之治。故焉牧益土，造帝服於岷、峨；袁紹取冀，下制書於燕、朔；劉表荊南，郊天祀地；魏祖據兗，遂構皇業：漢之殄滅，禍源乎此。

唐·杜佑《通典》卷一七一《州郡一·序目上》 後漢光武以官多役煩，乃併省郡、國十，縣、道、侯國四百餘所。其後亦爲十三州部：司隸治河南，今府。荊河治譙，今酇縣。兗治昌邑，今魯郡金鄉縣。徐治郯，郯音談。今臨淮郡下邳縣。青治臨淄，今北海郡縣。涼治隴，今天水郡隴城縣。并治晉陽，今太原府。冀治鄗，河各反。今趙郡高邑縣。幽治薊，今范陽郡。揚治歷陽，今郡縣。益治雒，今永昌郡。荊治漢壽，今武陵郡武陵縣。交治廣信，今蒼梧郡蒼梧縣。漸復加置郡國。至於靈、獻，凡百有五焉，縣、道、侯國千一百八十，桓帝永興初，有鄉三千六百八十二，亭萬二千四百二十。東樂浪郡，西燉煌郡，南日南郡，北鴈門郡，西南永昌郡，四履之盛，亦如前漢。

元·馬端臨《文獻通考》卷二六八《封建考九·後漢王侯》 按：【略】蓋罷侯置守雖始於秦，然諸侯王不得治民補吏，則始於西都景、武之時。蓋自是封建之名存，而封建之實盡廢矣。至東漢，更始既入關，雖盡王諸造謀復漢者，然諸人雖有受封之名，多聚處京師，布列要職，實未嘗有裂土建國、南面稱孤之事。光武既定天下，至建武十五年方封諸皇子爲公，十七年，皇子之爲公者方進爵爲王。徐徐如此，未嘗有盡王子弟以鎮服天下之意。蓋是時封建之實已亡，尺土一民，皆上自制之，諸侯王不過食其邑入之租，而於所謂藩維屏扡本無所預，故亦不必急急然視爲一大事，如周、漢有天下之初也。

清·顧炎武《日知録》卷二〇《史書郡縣同名》 漢時，縣有同名者，大抵加『東』、『西』、『南』、『北』、『上』、下字以爲別。蓋本於《春秋》之法。燕國有二，則一稱北燕；邾國有二，則一稱小邾，是其例也。若郡縣同名而不同地，則於縣必加一小字，沛郡不治沛，治相，故書沛縣爲『小沛』。廣陽國不治廣陽，治薊，故書廣陽縣爲『小廣陽』。今順天府保定縣稱『小保定』，寧國府太平縣稱『小太平』。

又 《郡國改名》 《後漢書·光武紀》：『建武六年春正月丙辰，改春陵鄉爲章陵縣。』『十七年冬十月甲申，幸章陵，修園廟，祠舊宅。』又云：『乃悉爲春陵宗室起祠堂。』上言『章陵』，見名也；下言春陵』，本春陵侯之宗室，不可因縣名而追改之也。此史家用字之密也。

《史記》：『南越王尉佗者，眞定人也。』此未當，當曰東垣人。《盧綰傳》：『高帝十一年冬，更東垣爲眞定。』《儒林傳》：『漢興，田何以齊田徙杜陵。』師古曰：『初徙時未爲杜陵，蓋史家追言之也。』

《漢書·夏侯勝傳》：『夏侯勝，字長公。初，魯共王分魯西寧鄉以封子節侯，別屬大河，大河後更名東平，故勝爲東平人。』《趙廣漢傳》：『趙廣漢，字子都，涿郡蠡吾人也，故屬河間。』《後漢書·黨錮傳》：『劉佑，中山安國人也，安國後別屬博陵。』夏侯湛《東方朔畫像贊》：『大夫諱朔，字曼倩，平原厭次人也。魏建安中，分厭次以爲樂陵郡，故又爲郡人焉。』此郡國改名之例。

清·顧祖禹《讀史方輿紀要》卷二《歷代州域形勢二》 光復舊物，改宅東京。

《都邑考》：光武定都雒陽。時謂長安爲西京，雒陽爲東京，而南陽亦謂之南都。後董卓劫遷獻帝於長安，尋還雒陽。曹操復遷帝於許。今許州東三十里許昌故城是也。

仍分天下爲十三部：十三部各有專治。《漢紀》：『光武初刺史亦稱州牧，建武十八年乃罷州牧置刺史，靈帝中平五年復稱州牧』。劉氏曰：『時刺史仍舊職，而尊異者爲州牧也。』《通釋》：『光武都雒陽，於關中復置雄州，後罷。獻帝興平元年，以河西四郡言去州隔遠，因別置雍州，是爲十四州。建安十八年并十四州爲九州，於是省幽、并爲冀，司隸、涼爲雍，省交州入荊、益，謂復《禹貢》九州之舊。時操爲魏公，領冀州牧，欲廣冀州以自益，非復古也。

司隸治河南，河南卽雒陽也。建武十五年改河南太守爲尹，兼置司隸治焉，仍領郡七。潘氏曰：『後漢都洛陽，不改三輔之號。其三輔舊治長安城中，長吏各在其縣治民。東都以後，扶風出治槐里，馮翊出治高陵。又中平六年當改右扶風曰漢安郡。』槐里卽犬丘，見周《都邑考》。高陵，見前左馮翊所領縣。

豫治譙，譙，今南直亳州。舊領郡、國凡五，今領郡二、國四：曰潁川郡，故郡也；曰汝南郡，永平十五年改爲國，建初四年復爲郡，七年又析汝南置西平

國，治今汝寧府西平縣，章和二年仍省入汝南；曰梁國，故國也；曰沛國，故沛郡，建武二十年更爲沛國；曰陳國，本兗州之淮陽國，建武中改屬豫州，章和二年更爲陳國；曰魯國，本屬徐州，建武二十年改屬豫州也。

兗治昌邑，昌邑，見前。後移治鄄。舊領郡、國凡八，今領郡五、國三：曰陳留郡，曰東郡，曰泰山郡，皆故郡也。曰山陽郡，亦故郡也。建武十五年，改爲山陽國。永平初，改爲郡。獻帝建安十七年，嘗置山陽國：曰濟陰郡，亦故郡也，永平十五年改爲國，建安十一年廢爲郡，十七年又爲濟陰國：曰東平國，故國也；曰任城國，元和初分東平國置，治任城縣，今山東濟寧州也；曰濟北國，本泰山郡地，永元二年析置，治盧縣，見前泰山郡。

徐治郯，郯見前，舊領郡、國六，今領郡二、國三：曰東海郡，故郡也，建武十八年爲東海國，二十八年以東海益魯，徙都魯，而東海仍爲郡，獻帝建安十七年亦嘗改爲東海國；曰廣陵郡，故國也，永平十年改爲郡，又有泗水國，建武十三年併入廣陵；曰琅邪國，故郡也，建武十三年以故兗州之城陽國併入琅邪郡，十五年改爲琅邪國，永元二年復析置城陽國，六年仍省入焉；曰彭城國，故楚國也，章和二年改爲彭城國；曰下邳國，故臨淮郡也，永平十七年改爲下邳國，治下邳，即今南直邳州。

青治臨菑，臨菑，見前。舊領郡、國凡九，今領郡二、國四：曰平原郡，故郡也，殤帝延平初改爲平原國，建安十一年國除爲郡；曰東萊郡，故郡也，曰濟南國，故郡也，建武十三年改爲濟南國；曰樂安國，故千乘郡也，建初四年改爲千乘國，永元七年更名樂安國；曰北海國，故郡也，建武十三年，省菑川、膠東、高密三國，縣俱屬北海郡，二十八年改爲北海國；曰齊國，故郡也，建武十四年，改爲齊國。

涼治隴，隴，今陝西秦安縣東北故隴城也。一云治冀，今陝西伏羌縣有冀城。舊領郡九，今領郡及屬國共十二：曰隴西郡，故郡也。永初五年，以羌亂，徙治襄武。延光四年復故。襄武，今鞏昌府治隴西縣是。曰漢陽郡，故天水郡也。永平十七年，更爲漢陽郡。《秦州記》：中平五年，分漢陽置南安郡，領豲道等三縣。豲道，今鞏昌府東南二十五里有故豲道城。曰武都郡，故益州部屬郡也，建武中改屬涼州。曰金城郡，故郡也，建武十二年省金城入隴西，十三年復置，永初四年以羌亂，嘗徙治襄武，旋復故。又和帝永元十四年嘗繕修故西海郡，以金城西部都尉屯龍　，今西寧衛東南龍支城是。曰安定郡，故郡也。永初五年以羌亂徙治美陽，今陝西武功縣西北美陽城是。旋復故。曰北地郡，亦故郡也，永初五年亦嘗徙治池陽，今陝西三原縣西北池陽城是。又順帝永和六年復以羌亂徙安定居扶風，北地居馮翊，旋復故。曰武威郡，曰張掖郡，曰酒泉郡，曰敦煌郡，皆故郡也。曰張掖屬國。安帝延光初置，別領侯官等五城。侯官，在今甘州衛北。曰居延屬國，亦延光初置，別領居延一縣，獻帝興平二年武威太守張雅請改置西海郡於此。居延在今甘州衛西北千二百里。《郡國志》：安帝命屬國別領比郡者六，涼州居二，益州居三，幽州居一是也。』又《獻帝起居注》：『初平四年分上郡、漢陽置永陽郡，領平襄等三縣。』平襄，前天水郡治也。後漢漢陽改治冀，因置永陽郡治此。

幷治晉陽，晉陽，見前。仍領郡九：曰太原郡，故郡也。建武二年，改爲太原國。十四年復故。曰上黨郡，故郡也。曰西河郡，亦故郡。永和五年，以南匈奴叛，郡徙治離石，今汾州府永寧州治也。曰五原郡，亦故郡。建武二十年，省入朔方。二十七年復故。曰雲中郡，故郡也。曰定襄郡，亦故郡。建武十年，省入雲中。二十七年復置。曰雁門郡，亦故郡。曰朔方郡，故郡也。永和五年，嘗徙治五原，今榆林東北境故五原縣是也。永建四年復故。曰上郡，亦故郡也。安帝永初五年，以羌亂，徙治衙，今陝西白水縣東北故彭衙城是。永建四年復故。永和五年，又以南匈奴叛，徙治夏陽，今陝西韓城縣南少梁城是也。後亦復故。

冀治鄗，鄗，見前。舊領郡國凡十，今領郡三、國六：曰魏郡，故郡也。曰巨鹿郡，亦故郡。建武十三年，幷廣平入巨鹿。永平二年，復析置廣平國，後仍併入焉。又永平五年，改巨鹿郡爲國。建初四年，復爲郡。又和帝永光五年，分巨鹿置廣宗國，後廢。廣宗，今北直順德府屬縣也。曰勃海郡，故幽州屬郡也。建武中，改屬冀州。本初元年，改爲勃海國。熹平元年，復爲郡。中平六年，復爲國，尋又復故。曰常山國，故郡也。建武十三年，幷眞定國入焉。十五年，以常山郡益中山國。永平十五年，復改常山郡爲國。曰中山國，故國也。曰安平國，故信都國也。永平十五年，改爲樂成國。延光五年，又改爲安平國。永初元年，復析安平置廣川國。二年廢。廣川，今冀州棗强縣東北有廣川故城。曰河間國，故國也。建武十三年，省入信都。永元三年復置。曰清河國，故郡也。建初七年，改爲清河國。桓帝建和二年，改爲甘陵國。曰趙國，故國也。《晉紀》：桓帝增置高陽、博陵二郡。高陽蓋分河間國置，治博陵縣，今保定府博野縣南故博陵城是也。博陵蓋分安平國置，治安平縣，今眞定府晉州安平縣也。《後漢志》不載。

幽治薊，薊，見前。舊領郡國凡十一，今領郡十、屬國一：曰涿郡，曰代郡，曰上谷郡，曰漁陽郡，曰右北平郡，曰遼西郡，曰遼東郡，曰玄菟郡，曰樂浪郡，皆故郡也。曰廣陽郡，故國也。建武十三年，省入上谷。永平八年，復置郡。曰遼東屬國。安帝時置，別領昌黎等六城。昌黎，今見大寧衛。《獻帝起居注》：初

平元年，董卓以公孫度爲遼東太守，度分遼東置遼西、中遼二郡，兼置營州刺史，自稱平州牧。

揚治歷陽歷陽，今南直和州也。後治壽春，即前九江郡治。建安五年，復移合肥，今廬州府治也。舊領郡國凡六，今領郡六：曰九江郡，故郡也。永平十六年，分置阜陵國於阜陵縣，仍屬九江郡，今南直全椒縣東南阜陵故城是。曰丹陽郡，曰豫章郡，皆故郡也。曰吳郡，本會稽郡地。順帝時分置，治吳，故會稽郡治也；曰會稽郡，治山陰，今浙江紹興府治；曰廬江郡，故郡也，建武十年省六安國入廬江，元和二年改廬江郡爲六安國，章和末，仍爲廬江郡。《晉紀》：『靈帝分豫章置鄱陽、廬陵二郡。』二郡蓋建安中孫氏所置。

荆治漢壽，漢壽，今常德府東四十里有漢壽故城。初平二年，劉表爲荆州刺史，徙治襄陽。舊領郡國七，今領郡七：曰南陽郡，故郡也。曰南郡，亦故郡。建初四年，改爲江陵國，尋復故。曰江夏郡，亦故郡。建初四年，析置平春國，治平春縣，仍屬江夏，今河南信陽州西南平陽故城是也；曰零陵郡，曰武陵郡，曰桂陽郡』，皆故郡也；曰長沙郡，故國也，建武十三年改國爲郡。《漢官儀》『荆州領八郡』，蓋以章陵爲一郡云。又《魏氏春秋》『建安二十年吳分南郡巫、秭歸爲固陵郡，二十四年以房陵、上庸、西城。並南郡之巫、秭歸、夷陵、臨川七縣爲新城郡。』蓋遥奪吳之南郡地也。巫，今四川巫山縣。餘見湖廣鄖陽府及荆州府境。

益治雒，雒，今成都府漢州也。中平五年劉焉爲益州牧，徙治綿竹，興平初復治成都，舊領郡九，今領郡九、屬國三：曰漢中郡，故郡也。曰巴郡，亦故郡。譙周《巴記》：『初平元年益州從事趙韙分巴爲二郡，以巴郡治墊江，而安漢以下爲永寧郡；建安六年劉璋以永寧爲巴東郡，閬中爲巴西郡，墊江仍爲巴郡，所謂三巴也。』墊江，即今重慶府合州治。安漢故城在今順慶府北三十五里。閬中，今保寧府附郭縣。曰廣漢郡，曰蜀郡，曰犍爲郡，曰牂柯郡，曰越巂郡，曰益州郡，皆故郡也。曰永昌郡，帝永平二年分益州郡置，領不韋等縣八。不韋故城，在今雲南永昌軍民府城東北。曰廣漢屬國，別領陰平道等三城。陰平，今陝西文縣也，曰蜀郡屬國，別領漢嘉等四城。漢嘉，故青衣縣也，在今雅州名山縣東。曰犍爲屬國，別領朱提等二城。朱提廢縣，在今敘州府西。三屬國，皆安帝延光初所置。又《通釋》云：靈帝時復置汶山郡，領汶江等三縣。汶江，即今茂州治。

交治廣信。廣信，即今梧州府治蒼梧縣。仍領郡七：《晉志》：『桓帝置高涼郡，領高梁等縣。』今廣東陽江縣西有高梁故城，高州府亦其地也。沈約曰：『交趾刺史，本治龍編。獻帝建安八年，改曰交州，始治廣信。十六年，又徙治南海郡番禺縣。』龍編，今安南國奉天府治。

凡郡國百有五，《晉志》作『百有八』。按舊郡凡百有三，今省城陽、膠東、高密、菑川、眞定、廣平、六安、泗水凡八郡，而增置永昌、任城、吳郡、濟北凡四郡，又合屬國比郡者六計之，是百有五也。《續漢紀》：『世祖中興，惟官多役煩，乃命并省，其後漸復分置，至於孝順，凡郡國百有五云。』縣、邑、道、侯國千一百八十。王氏曰：『後漢郡、國增於前者二，縣、邑、道、侯國少於前者三百九十有七。』東樂浪，西敦煌，南日南，北雁門，西南永昌，四履之盛，幾於前漢。

清·王鳴盛《十七史商榷》卷三二《後漢書四·省并朔方》 司隸校尉自爲一部，其餘豫、冀、兗、徐、青、荆、揚、益、涼、并、幽、交分爲十二州，州各刺史總統之，合司隸共爲十三部，此制已詳《前書》，後漢同。惟朔方刺史於建武十一年省并交州，見《光武紀》及《郭伋傳》，與前漢異。

又《郡國太守刺史治所》 《郡國志》敘首云：『凡縣名先書者，郡所治也。』郡太守所治之縣自宜先書，此例甚當。《前志》每郡先書者不必定太守治，則太守所治宜逐郡詳書之，乃都尉治則書，太守治不書，此《前志》之不如《續志》者。至刺史治，《續志》皆詳書之，而《前志》亦不書，説已見前。若都尉，《前志》有治所，《續志》無者，《百官志》言『建武六年，省諸郡都尉，并職太守』，注云：『每有劇賊，郡臨時置都尉，事訖罷之。』故《郡國志》無其治所。

司隸校尉都獨爲一卷，其治所自當在雒陽，故不注。劉昭於卷尾注引《漢書舊儀》曰『司隸治所』，此例之異者。《漢舊儀》或出衛宏，或出應劭，或出蔡質，皆不可知。『書』字誤衍。至交州部蒼梧郡所屬廣信縣下注云：『《漢官》曰：「刺史治，去雒陽九千里。」』此『刺史治』三字疑是司馬彪原注，蓋劉昭既用小字注此志，乃以司馬氏原注進爲大字，見昭自述，則此『刺史治』似當爲大字，在注之上，傳寫誤移入注矣，非司馬氏獨漏此州也。若九江郡所屬歷陽侯國，大字云『刺史治』，而壽春縣下小字云『《漢官》云「刺史治，去雒陽千二百里」』，與志不同。二説之所以不同者，何氏焯謂志據中興以後，《漢官》據末年。考志據永和五

年，而交州注引王範《交廣春秋》云：『交州治嬴𨻻縣，元封五年移廣信縣，建安十五年治番禺縣。』元封，前漢武帝號，以此例之，可見志據永和而《漢官》亦不據末年，若據末年，何不書交州刺史治於番禺乎？何説末的。

各州皆書刺史治，惟益州廣漢郡雒縣、涼州漢陽郡隴縣獨書州刺史治，多一字，亦宜删歸畫一。

藝文

南朝梁・蕭統《文選》卷九《［漢］班彪〈北征賦〉》 余遭世之顛覆兮，罹填塞之阨災。舊室滅以丘墟兮，曾不得乎少留。遂奮袂以北征兮，超絶迹而遠遊。

朝發軔於長都兮，夕宿瓠谷之玄宫。歷雲門而反顧，望通天之崇崇。乘陵崗以登降，息郇邠之邑鄉。慕公劉之遺德，及行葦之不傷。彼何生之優渥，我獨罹此百殃？故時會之變化兮，非天命之靡常。

登赤須之長阪，入義渠之舊城。忿戎王之淫狡，穢宣后之失貞。嘉秦昭之討賊，赫斯怒以北征。紛吾去此舊都兮，騑遲遲以曆茲。

遂舒節以遠逝兮，指安定以爲期。涉長路之綿綿兮，遠紆迴以樛流。過泥陽而太息兮，悲祖廟之不修。釋余馬于彭陽兮，且弭節而自思。日晻晻其將暮兮，睹牛羊之下來。寤曠怨之傷情兮，哀詩人之歎時。

越安定以容與兮，遵長城之漫漫。劇蒙公之疲民兮，爲强秦乎築怨。捨高亥之切憂兮，事蠻狄之遼患。不耀德以綏遠，顧厚固而繕藩。首身分而不寤兮，猶數功而辭鱋。何夫子之妄説兮，孰云地脉而生殘。

登鄣隧而遙望兮，聊須臾以婆娑。閔獯鬻之猾夏兮，弔尉漖於朝那。從聖文之克讓兮，不勞師而幣加。惠父兄于南越兮，黜帝號于尉他。降几杖于藩國兮，折吳濞之逆邪。惟太宗之蕩蕩兮，豈曩秦之所圖。

隮高平而周覽，望山谷之嵯峨。野蕭條以莽蕩，迥千里而無家。風猋發以漂遙兮，谷水灌以揚波。飛雲霧之杳杳，涉積雪之皚皚。雁邕邕以羣翔兮，鶤雞鳴以嚌嚌。

遊子悲其故鄉，心愴悢以傷懷。撫長劍而慨息，泣漣落而沾衣。攬余涕以於邑兮，哀生民之多故。夫何陰曀之不陽兮，嗟久失其平度。諒時運之所爲兮，永伊鬱其誰愬。

亂曰：夫子固窮，遊藝文兮。樂以忘憂，惟聖賢兮。達人從事，有儀則兮。行止屈申，與時息兮。君子履信，無不居兮。雖之蠻貊，何憂懼兮。

《古文苑》卷一二《［漢］班固〈車騎將軍竇北征頌〉》 車騎將軍應昭明之上德，該文武之妙姿，蹈佐歷，握輔𢶡，翼肱聖上，作主光輝。資天心，謨神明，規卓遠，圖幽冥，親率戎士，巡撫疆城。勒邊御之永設，奮轒櫓之遠徑，閔遐黎之騷狄，念荒服之不庭。乃總三選，簡虎校，勒部隊，明誓號，援謀夫於未言，察武毅於俎豆，取可杖於品象，拔所用於仄陋。料資器使，采用先務，民儀響慕，羣英影附。羌戎相率，東胡爭鶩，不召而集，未令而諭。於是雷震九原，電曜高闕，金光鏡野，武旗冒日，衝鷄鹿，超黄磧，輕選四縱，所從莫敵。馳飈疾，踵蹊迹，探梗莽，採嶰阨，斷温禺，分尸逐，電激私渠，星流霰落，名王交手，稽顙請服。乃收其鋒鏃、干櫓、甲胄，積象如丘阜，陳閲滿廣野，戢載連百两，散數累萬億。放獲驅孥，揣城拔邑，擒馘之倡，九谷謡諺，響聒東夷，埃塵戎域。然而唱呼鬱憤，未逞厥願，甘平原之酣戰，矜訊捷之累筭。何則？上將崇至仁，行凱易，弘濃恩，降温澤，同庖廚之珎饌，分裂室之纖帛。勞不御輿，寒不施襗，行無偏勤，止無兼役。性蒙識而愎戾順，貳者異而懦夫奮。遂踰涿邪，跨祁連，籍庭蹈蹴，疆獵崝嶺。轔幽山，趨凶河，臨安侯，軼焉居，與虞衍，顧衛霍之遺迹，睨伊秩之所邈。師橫騖而庶御，士怫以爭先，回萬里而風騰，劉殘寇於沂垠。糧不賦而師贍，役不重而備軍。行戎醜以禮教，炘鴻校而昭仁。文武炳其並隆，威德兼而两信。清乾鈞之攸冒，拓畿略之所順，橐弓鏃而戢戈，回雙麾以東運。於是封燕然以降高，禪廣鞬以弘曠，銘靈陶以勒崇，欽皇祇之祐貺。宣惠氣，盪殘風，軥泰幽嘉，凝陰飛雪，瀼庶其雨，洒淋榛枯，一握興，嘉卉始農，土膏含養，四行分仕。於是三軍稱曰：亹亹將軍，克廣德心，洸洸神武，弘昭德音，超兮首天潛，渺兮與神參。

户口田土部

秦户口分部

綜　述

漢·劉安《淮南子》卷一八《人間訓》　秦皇挾録圖，見其傳曰：『亡秦者胡也。』因發卒五十萬，使蒙公、楊翁子將，築脩城，西屬流沙，北擊遼水，東結朝鮮，中國内郡輓車而餉之。又利越之犀角、象齒、翡翠、珠璣，乃使尉屠睢發卒五十萬，爲五軍，一軍塞鐔城之嶺，一軍守九嶷之塞，一軍處番禺之都，一軍守南野之界，一軍結餘干之水，三年不解甲馳弩，使監禄無以轉餉，又以卒鑿渠而通糧道，以與越人戰，殺西嘔君譯吁宋。而越人皆入叢薄中，與禽獸處，莫肯爲秦虜。相置桀駿以爲將，而夜攻秦人，大破之，殺尉屠睢，伏尸流血數十萬，乃發適戍以備之。

《史記》卷六《秦始皇本紀》　（秦王政十六年）初令男子書年。

（始皇二十六年）更名民曰『黔首』。【略】徙天下豪富於咸陽十二萬户。

（二十八年）南登琅邪，大樂之，留三月。乃徙黔首三萬户琅邪臺下，復十二歲。【略】

三十五年，【略】作宫阿房，故天下謂之阿房宫。隱宫徒刑者七十餘萬人，乃分作阿房宫，或作麗山。發北山石槨，乃寫蜀、荆地材皆至。關中計宫三百，關外四百餘。於是立石東海上朐界中，以爲秦東門。因徙三萬家麗邑，五萬家雲陽，皆復不事十歲。

（三十六年）遷北河榆中三萬家。拜爵一級。

（秦二世元年四月）盡徵其材士五萬人爲屯衛咸陽，令教射狗馬禽獸。

又　卷七《項羽本紀》　陳餘亦遺章邯書曰：【略】『今將軍爲秦將三歲矣，所亡失以十萬數，而諸侯並起滋益多。』

又　卷四八《陳涉世家》　（秦）二世元年七月，發閭左適戍漁陽，九百人屯大澤鄉。

又　卷五三《蕭相國世家》　沛公至咸陽，【略】何獨先入收秦丞相御史律令圖書藏之。沛公爲漢王，以何爲丞相。項王與諸侯屠燒咸陽而去。漢王所以具知天下阸塞，户口多少，强弱之處，民所疾苦者，以何具得秦圖書也。

又　卷五六《陳丞相世家》　高帝南過曲逆，上其城，望見其屋室甚大，曰：『壯哉縣！吾行天下，獨見洛陽與是耳。』顧問御史曰：『曲逆户口幾何？』對曰：『始秦時三萬餘户。間者兵數起，多亡匿，今見五千户。』

又　卷九二《淮陰侯列傳》　（韓）信再拜賀曰：『【略】且三秦王爲秦將，將秦子弟數歲矣，所殺亡不可勝計，又欺其衆降諸侯，至新安，項王詐阬秦降卒二十餘萬，唯獨邯、欣、翳得脱。』

又　卷一一八《淮南衡山列傳》　（伍）被曰：『【略】昔秦絶聖人之道，殺術士，燔《詩》、《書》，弃禮義，尚詐力，任刑罰，轉負海之粟致之西河。當是之時，男子疾耕不足於糟糠，女子紡績不足於蓋形。遣蒙恬築長城，東西數千里，暴兵露師常數十萬，死者不可勝數，僵尸千里，流血頃畝，百姓力竭，欲爲亂者十家而五。又使徐福入海求神異物，【略】秦皇帝大説，遣振男女三千人，資之五穀種種百工而行。【略】又使尉佗踰五嶺攻百越。尉佗知中國勞極，止王不來，使人上書，求女無夫家者三萬人，以爲士卒衣補。秦皇帝可其萬五千人。于是百姓離心瓦解，欲爲亂者十家而七。』

《漢書》卷一下《高帝紀下》　（高帝十一年）五月，詔曰：『粤人之俗，好相攻擊，前時秦徙中縣之民南方三郡，使與百粤雜處。會天下誅秦，南海尉它居南方長治之，甚有文理，中縣人以故不耗減，粤人相攻擊之俗益止，俱賴其力。』

又　卷六三《武五子傳贊》　秦始皇即位三十九年，内平六國，外攘四夷，死人如亂麻，暴骨長城之下，頭盧相屬於道，【略】不一日而

无兵。

晉·皇甫謐《帝王世紀·星野及歷代墾田户口數》 考蘇、張之説，計秦及山東六國，戎卒尚存五百餘萬，推民口數，尚當千餘萬。及秦兼諸侯，置三十六郡，其所殺傷，三分居二。猶以餘力，行參夷之刑，收太半之賦，北築長城四十餘萬，南戍五嶺五十餘萬，阿房、驪山七十餘萬。十餘年間，百姓死没，相踵於路。

《後漢書》卷一一五《東夷傳》 秦并六國，其淮、泗夷皆散爲民户。

論説

《漢書》卷五一《賈山傳》 孝文時，言治亂之道，借秦爲諭，名曰《至言》。其辭曰：【略】昔者，秦政力并萬國，富有天下，破六國以爲郡縣，築長城以爲關塞。秦地之固，大小之勢，輕重之權，其與一家之富，一夫之强，胡可勝計也！然而兵破於陳涉，地奪於劉氏者，何也？秦王貪狼暴虐，殘賊天下，窮困萬民，以適其欲也。昔者，周蓋千八百國，以九州之民養千八百國之君，用民之力不過歲三日，什一而籍，君有餘財，民有餘力，而頌聲作。秦皇帝以千八百國之民自養，力罷不能勝其役，財盡不能勝其求。一君之身耳，所以自養者馳騁弋獵之娱，天下弗能供也。勞罷者不得休息，飢寒者不得衣食，亡罪而死刑者無所告訴，人與之爲怨，家與之爲讎，故天下壞也。

又 卷六四上《主父偃傳》 （主父偃）上書闕下。【略】曰：【略】（秦皇帝）發天下丁男以守北河。暴兵露師十有餘年，死者不可勝數，終不能踰河而北。是豈人衆之不足，兵革之不備哉？其勢不可也。又使天下飛芻挽粟，起於黄、腄、琅邪負海之郡，轉輸北河，率三十鍾而致一石。男子疾耕不足於糧餉，女子紡績不足於帷幕。百姓靡敝，孤寡老弱不能相養，道死者相望，蓋天下始叛也。

《舊五代史》卷五八《唐書三十四·李琪傳》 （後唐同光三年，吏部尚書李）琪因上疏曰：【略】『臣聞古人有言曰：穀者，人之司命也；地者，穀之所生也；人者，君之所理也。有其穀則國力備，定其地則人食足，察其人則徭役均。知此三者，爲國之急務也。【略】降及秦、漢，重税工商，急關市之征，倍舟車之算，人户既以減耗，古制猶以兼行，按此時户口，尚有千二百餘萬，墾田亦八百萬。』

秦田土分部

綜述

《睡虎地秦墓竹簡·秦律十八種·田律》 雨爲澍（澍），及誘（秀）粟，輒以書言澍（澍）稼、誘（秀）粟及豤（墾）田暘毋（無）稼者頃數。稼已生後而雨，亦輒言雨少多，所利頃數。早（旱）及暴風雨、水潦、夅（螽）蚰、羣它物傷稼者，亦輒言其頃數。近縣令輕足行其書，遠縣令郵行之，盡八月□□之。

入頃芻稾，以其受田之數，無豤（墾）不豤（墾），頃入芻三石、稾二石。芻自黄䅧蘑束以上皆受之。入芻稾，相輸度，可殹（也）。

又 《法律答問》 部佐匿者（諸）民田，者（諸）民弗智（知），當論不當？部佐爲匿田，且可（何）爲？已租者（諸）民，弗言，爲匿田；未租，不論○○爲匿田。

《龍崗秦簡》 侵食道、千（阡）、百（陌），及斬人疇企（畦），貲一甲。☐ 一二〇

盜徙封，侵食冢廬，贖耐；□□宗廟耎（壖）☐ 一二一

人冢，與盜田同灋（法）。☐ 一二四

盜田二町，當遺三程者，□□□□□□☐ 一二六

一町，當遺二程者，而□□□□□□□☐ 一二七

程田以爲臧（贓），與同灋（法）。田一町，盡□盈□希☐ 一三三

坐其所匿税臧（贓），與灋（法）没入其匿田之稼。☐ 一四七

田及爲☐（詐）僞寫田籍皆坐臧（贓），與盜□☐ 一五一

黔首皆從千（阡）佰（陌）强（疆）畔之其☐ 一五四

黔首錢假其田已（？）□□者，或者□☐ 一五五

田□□僕射□大人☐ 一五六

《史記》卷六《秦始皇本紀》　（始皇）三十一年。南朝宋裴駰《集解》：徐廣曰：『使黔首自實田也。』

又　卷五六《陳丞相世家》　陳丞相平者，陽武户牖鄉人也。少時家貧，好讀書，有田三十畝。

宋·司馬光《資治通鑑》卷七《秦紀二·始皇帝下》　（秦始皇）三十一年，使黔首自實田。元胡三省注：二十六年，更名民曰黔首。孔穎達曰：黔，黑也。凡民以黑巾覆頭，故謂之黔首。

論　説

《漢書》卷二四上《食貨志上》　秦孝公用商君，壞井田，開仟伯，急耕戰之賞，雖非古道，猶以務本之故，傾鄰國而雄諸侯。然王制遂滅，僭差亡度。庶人之富者累鉅萬，而貧者食糟糠；有國强者兼州域，而弱者喪社稷。至於始皇，遂并天下，内興功作，外攘夷狄，收泰半之賦，發閭左之戍。【略】男子力耕不足糧饟，女子紡績不足衣服。竭天下之資財以奉其政，猶未足以澹其欲也。海内愁怨，遂用潰畔。

唐·杜佑《通典》卷一《食貨一·田制上》　降秦以後，阡陌既弊，又爲隱覈。隱覈在乎權宜，權宜憑乎簿書。簿書既廣，必藉衆功，藉衆功則政由羣吏，政由羣吏則人無所信矣。夫行不信之法，委政於衆多之胥，欲紀人事之衆寡，明地利之多少，雖申、商督刑，撓首總算，亦不可得而詳矣。不變斯道而求理者，未之有也。

宋·呂祖謙《大事記解題》卷七《秦始皇帝三十一年》　使黔首自實田。《解題》曰：阡陌之弊，至是出矣。使井田不廢，何患田之不實乎？

宋·王應麟《通鑑答問》卷二《使黔首自實田》　或問：自實云者，杜佑謂阡陌弊而爲隱覈，其然乎？曰：決裂阡陌自商鞅始，然行於秦而已。諸侯自春秋時，井田之法已壞。【略】逮至戰國，兵農寖分，魏李悝盡地力，惟富强是務，三晉地狹民貧，草不盡墾。孟子言王道之始，魏惠王以爲迂。滕文公問井地，卒莫之行。六雄爭强，國皆異政，用兵塗炭，而田無常主，避地流離，而户無土著。是以爲自實之令以柅其欺，非但秦民兼并之弊也。周制步百爲畝，商鞅更以二百四十步爲畝，蓋秦地方千里者五，而榖土不能處三，故以此誘民耕而傾鄰國。及始皇并天下，收太半之賦，田租二十倍於古，法如牛毛，頭會箕斂，黎元蒿焉，忘樂生之心，適戍之徒，鉏櫌白梃，望屋而食。守令不能禁，其能使之實田乎？

明·呂柟《涇野子内篇》卷三《東林書屋語》　伊問：『秦鞅何以開阡陌也？』先生曰：『墾棄地以盡地利，聽買賣以盡人力，定永業以絶歸授耳。』曰：『可乎？』曰：『廢先王之法，惡乎可也！』『然則始皇又何以令黔首自實田也？』曰：『井田既廢，民多兼并，故舍田税人，地數未盈，其税又備。』曰：『可乎！』曰：『是逐民也。』『或耕豪民之田，見税十五者何？』『輸田主也。』曰：『可乎？』曰：『里有公侯之貴，此之謂也。』

清·陳廷敬《午亭文編》卷二一《錫土姓説》　始皇三十一年，始令民自實田以定賦。蓋取大半之賦，竭天下之民力以逞其欲。二世承之，海内叛亡。當是時也，天下無復有有土之民矣。夫民之無土，其始由於厚斂。民既無土，而國亦隨之。《傳》云：『與其有聚斂之臣，寧有盗臣。』自古以來未有聚斂而不亡者也。

清·李鍇《尚史》卷一〇四《田賦志》　洎始皇三十一年，始使黔首自實田，田租口賦，鹽鐵之利，二十倍于官。或耕豪民之田，則見税十五，十分以五輸田主，于是乎井田什一之賦，絶不復行，而民力日困矣。

西漢户口分部

綜述

《史記》卷九九《劉敬列傳》 劉敬從匈奴來，因言：『匈奴河南白羊、樓煩王，去長安近者七百里，輕騎一日一夜可以至秦中。秦中新破，少民，地肥饒，可益實。夫諸侯初起時，非齊諸田，楚昭、屈、景莫能興。今陛下雖都關中，實少人。北近胡寇，東有六國之族，宗强，一日有變，陛下亦未得高枕而臥也。臣願陛下徙齊諸田，楚昭、屈、景、燕、趙、韓、魏後，及豪傑名家居關中。無事，可以備胡，諸侯有變，亦足率以東伐。此强本弱末之術也。』上曰：『善。』迺使劉敬徙所言關中十餘萬口。

又 卷五二《齊悼惠王世家·齊厲王》 主父偃方幸於天子，用事，因言：『齊臨菑十萬户，市租千金，人衆殷富，巨於長安，此非天子親弟愛子，不得王此。』

又 卷一二九《貨殖列傳》 封者食租税，歲率户二百。千户之君則二十萬，朝覲聘享出其中。庶民農工商賈，率亦歲萬息二千，户百萬之家則二十萬，而更徭租賦出其中。

《漢書》卷一上《高帝紀上》 （高帝二年）五月，漢王屯滎陽，蕭何發關中老弱未傅者悉詣軍。

又 卷五《景帝紀》 （景帝二年冬十二月）令天下男子年二十始傅。

又 卷六《武帝紀》 （元朔二年）夏，募民徙朔方十萬口。又徙郡國豪傑及訾三百萬以上於茂陵。

又 卷一六《高惠高后文功臣表》 （漢興）大城名都民人散亡，户口可得而數裁什二三，是以大侯不過萬家，小者五六百户。【略】逮文、景四五世間，流民既歸，户口亦息，列侯大者至三四萬户，小國自倍，富厚如之。

又 卷二三《刑法志》 及孝文即位，躬修玄默，勸趣農桑，減省租賦。而將相皆舊功臣，少文多質，懲惡亡秦之政，論議務在寬厚，恥言人之過失。化行天下，告訐之俗易。吏安其官，民樂其業，畜積歲增，户口浸息。

又 卷二八上《地理志上》 京兆尹，【略】元始二年户十九萬五千七百二，口六十八萬二千四百六十八。

左馮翊，【略】户二十三萬五千一百一，口九十一萬七千八百二十二。

右扶風，【略】户二十一萬六千三百七十七，口八十三萬六千七十。

弘農郡，【略】户十一萬八千九十一，口四十七萬五千九百五十四。

河東郡，【略】户二十三萬六千八百九十六，口九十六萬二千九百一十二。

太原郡，【略】户十六萬九千八百六十三，口六十八萬四百八十八。

上黨郡，【略】户七萬三千七百九十八，口三十三萬七千七百六十六。

河内郡，【略】户二十四萬一千二百四十六，口百六萬七千九十七。

河南郡，【略】户二十七萬六千四百四十四，口一百七十四萬二百七十九。

東郡，【略】户四十萬一千二百九十七，口百六十五萬九千二十八。

陳留郡，【略】户二十九萬六千二百八十四，口一百五十萬九千五十。

潁川郡，【略】户四十三萬二千四百九十一，口二百二十一萬九百七十三。

汝南郡，【略】户四十六萬一千五百八十七，口二百五十九萬六千一百四十八。

南陽郡，【略】户三十五萬九千三百一十六，口一百九十四萬二千五十一。

南郡，【略】户十二萬五千五百七十九，口七十一萬八千五百四十。

江夏郡，【略】户五萬六千八百四十四，口二十一萬九千二百一十八。

廬江郡，【略】户十二萬四千三百八十三，口四十五萬七千三百三十三。

九江郡，【略】户十五萬五十二，口七十八萬五百二十五。

山陽郡，【略】户十七萬二千八百四十七，口八十萬一千二百八十八。

濟陰郡，【略】户二十九萬二十五，口百三十八萬六千二百七十八。

沛郡，【略】户四十萬九千七十九，口二百三萬四百八十。

魏郡，【略】户二十一萬二千八百四十九，口九十萬九千六百五十五。

常山郡，【略】户十四萬一千七百四十一，口六十七萬七千九百五十六。

清河郡，【略】户二十萬一千七百七十四，口八十七萬五千四百二十二。

涿郡，【略】户十九萬五千六百七，口七十八萬二千七百六十四。

勃海郡，【略】户二十五萬六千三百七十七，口九十萬五千一百一十九。

平原郡，【略】户十五萬四千三百八十七，口六十六萬四千五百四十三。

千乘郡，【略】户十一萬六千七百二十七，口四十九萬七百二十。

濟南郡，【略】户十四萬七百六十一，口六十四萬二千八百八十四。

泰山郡，【略】户十七萬二千八十六，口七十二萬六千六百四。

齊郡，【略】户十五萬四千八百二十六，口五十五萬四千四百四十四。

北海郡，【略】户十二萬七千，口五十九萬三千一百五十九。

東萊郡，【略】户十萬三千二百九十二，口五十萬二千六百九十三。

琅邪郡，【略】户二十二萬八千九百六十，口一百七萬九千一百。

東海郡，【略】户三十五萬八千四百一十四，口百五十五萬九千三百五十七。

臨淮郡，【略】户二十六萬八千二百八十三，口百二十三萬七千七百六十四。

會稽郡，【略】户二十二萬三千三十八，口百三萬二千六百四。

丹揚郡，【略】户十萬七千五百四十一，口四十萬五千一百七十。

豫章郡，【略】户六萬七千四百六十二，口三十五萬一千九百六十五。

桂陽郡，【略】户二萬八千一百一十九，口十五萬六千四百八十八。

武陵郡，【略】户三萬四千一百七十七，口十八萬五千七百五十八。

零陵郡，【略】户二萬一千九十二，口十三萬九千三百七十八。

漢中郡，【略】户十萬一千五百七十，口三十萬六百一十四。

廣漢郡，【略】户十六萬七千四百九十九，口六十六萬二千二百四十九。

蜀郡，【略】户二十六萬八千二百七十九，口百二十四萬五千九百二十九。

犍爲郡，【略】户十萬九千四百一十九，口四十八萬九千四百八十六。

越巂郡，【略】户六萬一千二百八，口四十八萬八千四百五。

益州郡，【略】户八萬一千九百四十六，口五十八萬四百六十三。

牂柯郡，【略】户二萬四千二百一十九，口十五萬三千三百六十。

巴郡，【略】户十五萬八千六百四十三，口七十萬八千一百四十八。

又　卷二八下《地理志下》　武都郡，【略】户五萬一千三百七十六，口二十三萬五千五百六十。

隴西郡，【略】户五萬三千九百六十四，口二十三萬六千八百二十四。

金城郡，【略】户三萬八千四百七十，口十四萬九千六百四十八。

天水郡，【略】户六萬三百七十，口二十六萬一千三百四十八。

武威郡，【略】户萬七千五百八十一，口七萬六千四百一十九。

張掖郡，【略】户二萬四千三百五十二，口八萬八千七百三十一。

酒泉郡，【略】户萬八千一百三十七，口七萬六千七百二十六。

敦煌郡，【略】户萬一千二百，口三萬八千三百三十五。

安定郡，【略】户四萬二千七百二十五，口十四萬三千二百九十四。

北地郡，【略】户六萬四千四百六十一，口二十一萬六百八十八。

上郡，【略】户十萬三千六百八十三，口六十萬六千六百五十八。

西河郡，【略】户十三萬六千三百九十，口六十九萬八千八百三十六。

朔方郡，【略】户三萬四千三百三十八，口十三萬六千六百二十八。

五原郡，【略】户三萬九千三百二十二，口二十三萬一千三百二十八。

雲中郡，【略】户三萬八千三百三，口十七萬三千二百七十。

定襄郡，【略】户三萬八千五百五十九，口十六萬三千一百四十四。

雁門郡，【略】户七萬三千一百三十八，口二十九萬三千四百五十四。

代郡，【略】户五萬六千七百七十一，口二十七萬八千七百五十四。

上谷郡，【略】户三萬六千八，口十一萬七千七百六十二。

漁陽郡，【略】户六萬八千八百二，口二十六萬四千一百一十六。

右北平郡，【略】户六萬六千六百八十九，口三十二萬七百八十。

遼西郡，【略】户七萬二千六百五十四，口三十五萬二千三百二十五。

遼東郡，【略】户五萬五千九百七十二，口二十七萬二千五百三十九。

玄菟郡，【略】户四萬五千六，口二十二萬一千八百四十五。

樂浪郡【略】户六萬二千八百一十二，口四十萬六千七百四十八。

南海郡，【略】户萬九千六百一十三，口九萬四千二百五十三。

鬱林郡，【略】户萬二千四百一十五，口七萬一千一百六十二。

蒼梧郡，【略】户二萬四千三百七十九，口十四萬六千一百六十。

交止郡，【略】户九萬二千四百四十，口七十四萬六千二百三十七。

合浦郡，【略】户萬五千三百九十八，口七萬八千九百八十。

九眞郡，【略】户三萬五千七百四十三，口十六萬六千一十三。

日南郡，【略】户萬五千四百六十，口六萬九千四百八十五。

趙國，【略】户八萬四千二百二，口三十四萬九千九百五十二。

廣平國，【略】户二萬七千九百八十四，口十九萬八千五百五十八。

眞定國，【略】户三萬七千一百二十六，口十七萬八千六百一十六。

中山國，【略】户十六萬八百七十三，口六十六萬八千八十。

信都國，【略】户六萬五千五百五十六，口三十萬四千三百八十四。

河間國，【略】户四萬五千四十三，口十八萬七千六百六十二。

廣陽國，【略】户二萬七百四十，口七萬六百五十八。

甾川國，【略】户五萬二百八十九，口二十二萬七千三十一。

膠東國，【略】户七萬二千二，口三十二萬三千三百三十一。

高密國，【略】户四萬五百三十一，口十九萬二千五百三十六。

城陽國，【略】户五萬六千六百四十二，口二十萬五千七百八十四。

淮陽國，【略】户十三萬五千五百四十四，口九十八萬一千四百二十三。

梁國，【略】户三萬八千七百九，口十萬六千七百五十二。

東平國，【略】户十三萬一千七百五十三，口六十萬七千九百七十六。

魯國，【略】户十一萬八千四十五，口六十萬七千三百八十一。縣六：魯，伯禽所封。户五萬二千。

楚國，【略】户十一萬四千七百三十八，口四十九萬七千八百四。縣七：彭城，古彭祖國。户四萬一百九十六。

泗水國，【略】户二萬五千二十五，口十一萬九千一百一十四。

廣陵國，【略】户三萬六千七百七十三，口十四萬七百二十二。有鐵官。

六安國，【略】户三萬八千三百四十五，口十七萬八千六百一十六。

長沙國，【略】户四萬三千四百七十，口二十三萬五千八百二十五。

漢興，【略】訖於孝平，【略】民户千二百二十三萬三千六十二，口五千九百五十九萬四千九百七十八。漢極盛矣。

又 卷六四下《賈捐之傳》 初，武帝征南越，元封元年立儋耳、珠崖郡，皆在南方海中洲居，廣袤可千里，合十六縣，户二萬三千餘。

又 卷八九《循吏傳・王成》 王成，不知何郡人也。爲膠東相，治甚有聲。宣帝最先褒之，地節三年下詔曰：『蓋聞有功不賞，有罪不誅，雖唐虞不能以化天下。今膠東相成，勞來不怠，流民自占八萬餘口，治有異等之效。其賜成爵關内侯，秩中二千石。』

又《黃霸傳》（黃）霸以外寬內明得吏民心，戶口歲增，治爲天下第一。

又《召信臣傳》（召）信臣爲人勤力。方略，好爲民興利，務在富之。【略】百姓歸之，戶口增倍。

晉·皇甫謐《帝王世紀·星野及歷代墾田戶口數》 至漢祖定天下，民之死傷，亦數百萬。是以平城之卒，不過三十萬，方之六國，五損其二。自孝惠至文、景，與民休息，六十餘歲，民衆大增，是以太倉有不食之粟，都內有朽貫之錢。武帝乘其資畜，軍征三十餘歲，地廣萬里，天下之衆亦減半矣。及霍光秉政，乃務省役，至於孝平，六世相承，雖時征行，不足大害，民戶又息。元始二年，【略】民戶千三百二十三萬三千六百一十二，口五千九百一十九萬四千九百七十八人，多周成王四千五百四十八萬五十五人，漢之極盛也。

《晉書》卷一四《地理志上·總敘》 漢興，【略】自文景與民休息，至平帝元始二年，民戶千二百二十三萬三千六十二，口五千九百五十九萬四千九百七十八。

唐·杜佑《通典》卷七《食貨七·歷代盛衰戶口》 漢高帝定天下，人之死傷亦數百萬，是以平城之卒不過三十萬，方之六國，十分無三。孝文偃武修文，與人休息，嘗欲作露臺，召工計之，直百金，曰：『百金，中人十家之產。吾奉先帝宮室，常恐羞之。』乃止。孝景承平，賦役減省，三十而稅一，人人自愛。每有詔命頒下鄉閭，垂白戴老扶疾策杖以聽之，思一見太平。至武帝元狩中，六十餘年，人衆大增，太倉之粟紅腐而不食，都內之錢貫朽而不校。孝武帝乘其資稸，乃厲兵馬以攘戎狄，廓地遐廣，征伐不休，十數年間，天下之衆，亦減半矣。末年追悔，故下哀痛之詔，封丞相富人侯。昭宣之後，罷戰務農，戶口漸益。元帝時，貢禹上書曰：『古者宮女不過九人，秣馬不過八疋。高祖、孝文、孝景皇帝，修古節儉，宮女不過十餘，廄馬不過百餘疋。故時齊三服官輸物不過十笥。方今齊三服官作工各數千人，歲費數鉅萬。蜀廣漢主金銀器，歲各用五百萬，三工官費五千萬，織室亦然。廄馬食粟將萬疋。百姓重困，請從省儉。』帝多採納之。至孝平元始二年，人戶千二百二十三萬三千，口五千九百五十九萬四千九百七十八，此漢之極盛也。及王莽篡位，續以更始、赤眉之亂，率土遺黎，十纔二三。

論說

《漢書》卷五《景帝紀贊》 孔子稱『斯民，三代之所以直道而行也』，信哉！周秦之敝，罔密文峻，而姦軌不勝。漢興，掃除煩苛，與民休息。至于孝文，加之以恭儉，孝景遵業，五六十載之間，至於移風易俗，黎民醇厚。周云成康，漢言文景，美矣！

又 卷七《昭帝紀贊》 昔周成以孺子繼統，而有管、蔡四國流言之變。孝昭幼年即位，亦有燕、盍、上官逆亂之謀。成王不疑周公，孝昭委任霍光，各因其時以成名，大矣哉！承孝武奢侈餘敝師旅之後，海內虛耗，戶口減半，光知時務之要，輕繇薄賦，與民休息。至始元、元鳳之間，匈奴和親，百姓充實。舉賢良文學，問民所疾苦，議鹽鐵而罷榷酤，尊號曰『昭』，不亦宜乎！

又 卷二四上《食貨志上》 哀帝即位，師丹輔政，建言：『古之聖王莫不設井田，然後治乃可平。孝文皇帝承亡周亂秦兵革之後，天下空虛，故務勸農桑，帥以節儉，民始充實。未有并兼之害，故不爲民田及奴婢爲限。今累世承平，豪富吏民訾數巨萬，而貧弱俞困。蓋君子爲政，貴因循而重改作，然所以有改者，將以救急也。亦未可詳，宜略爲限。』天子下其議。丞相孔光、大司空何武奏請：『諸侯王、列侯皆得名田國中。列侯在長安，公主名田縣道，及關內侯、吏民名田皆毋過三十頃。諸侯王奴婢二百人，列侯、公主百人，關內侯、吏民三十人。期盡三年，犯者沒入官。』時田宅奴婢賈爲減賤，丁、傅用事，董賢隆貴，皆不便也。詔書且須後，遂寢不行。宮室苑囿府庫之臧已侈，百姓訾富雖不及文景，然天下戶口最盛矣。

清·王鳴盛《十七史商榷》卷一五《漢書九·元始戶口》 每郡首列戶口之數，而於京兆尹冠以元始二年。師古曰：『漢戶口元始最盛，故舉之以爲數。』愚謂元始平帝號，是歲壬戌。王莽秉政，戶口之盛必多增飾，班氏豈不知之，蓋取最後之籍以爲定，不必以其盛也。

但有合郡戶口數，每縣下無之，而京兆尹長安縣、左馮翊長陵縣、右扶風茂陵縣、潁川郡陽翟縣傿陵縣並有戶口，河南郡雒陽縣、南陽郡宛

縣、蜀郡成都縣、魯國魯縣、楚國彭城縣有户無口，其詳略皆無義例，有則書之，無則闕。各縣户口皆注於其縣之下，獨雒陽注於郡名下，書法參差，亦無義例。

雜録

清·趙翼《陔餘叢考》卷一六《漢時陵寢徙民之令》 漢制：天子即位，即營陵寢，而徙富民以實之。《漢書》：景帝五年作陽陵，募民徙陵，户賜錢二十萬。武帝初置茂陵，賜徙者户錢二十萬、田二頃。昭帝爲母起雲陵，募徙者，賜錢田宅。蓋其時僅徙民而不皆富人也。帝又徙三輔富人平陵，則漸及富民矣。宣帝時募吏民資百萬以上徙于昭帝平陵，以水衡錢爲起第宅。宣帝自作杜陵，徙丞相下將軍、列侯、吏二千石、資百萬以上者，則并及於達官矣。元帝築壽陵乃勿徙，詔曰：安土重遷，民之性也，今使其棄墳墓，破産失業，非計也，今所爲陵，勿置縣邑，使天下咸安士樂業。成帝作初陵，繼又改新豐戲鄉爲昌陵，又徙郡國豪傑資五百萬以上者。哀帝作義陵，始又詔勿徙。今按《主父偃傳》偃奏曰：『茂陵初立，天下豪傑兼併之家，皆可徙茂陵，内實京師，外消奸猾。』上從之。似此議創於偃。然《車千秋傳》：其先齊諸田，徙長陵。則高祖陵已徙民矣。《史記》籍孺、閎孺皆徙安陵，則惠帝陵亦徙民矣。今見於列傳者：朱雲，魯人；魏相，定陶人，皆徙平陵。何并之，祖父平輿人，以吏二千石徙平陵。平當、鄭崇之祖父皆以資百萬徙平陵。蕭望之，蘭陵人；史丹，魯人；尹翁歸，平陽人；韓延壽，燕人；馮奉世，潞人，皆徙杜陵。又有一家而數徙者，《金敞傳》所謂近臣皆隨陵爲園邸也。張湯本居杜陵地，子安世在武、昭、宣世輒隨陵凡三徙，復還杜陵。杜周徙茂陵，至延年又徙杜陵。韋賢以昭帝時徙平陵，其子玄成别徙杜陵。張敞之祖徙茂陵，敞又徙杜陵。此皆徙民故事也。

西漢田土分部

綜述

《史記》卷三〇《平準書》 當是時，漢通西南夷道，作者數萬人，千里負擔饋糧，率十餘鍾致一石，散幣於邛僰以集之。數歲道不通，蠻夷因以數攻，吏發兵誅之。悉巴蜀租賦不足以更之，乃募豪民田南夷，入粟縣官，而内受錢於都内。【略】

初，先是往十餘歲河決觀，梁楚之地固已數困，而緣河之郡隄塞河，輒決壞，費不可勝計。其後番係欲省底柱之漕，穿汾、河渠以爲溉田，作者數萬人；鄭當時爲渭漕渠回遠，鑿直渠自長安至華陰，作者數萬人；朔方亦穿渠，作者數萬人：各歷二三期，功未就，費亦各巨萬十數。【略】

乃分緡錢諸官，而水衡、少府、大農、太僕各置農官，往往即郡縣比没入田田之。【略】

（元鼎五年）初置張掖、酒泉郡，而上郡、朔方、西河、河西開田官，斥塞卒六十萬人戍田之。

又 卷四九《外戚世家》 武帝奉酒前爲壽，奉錢千萬，奴婢三百人，公田百頃，甲第，以賜姊。

又 卷一一六《西南夷列傳》 西南夷君長以什數，夜郎最大；其西靡莫之屬以什數，滇最大；自滇以北君長以什數，邛都最大：此皆魋結，耕田，有邑聚。

《漢書》卷一上《高帝紀上》 （二年十一月）繕治河上塞。故秦苑囿園池，令民得田之。

又 卷四《文帝紀》 （前元二年）春正月丁亥，詔曰：『夫農，天下之本也，其開籍田，朕親率耕，以給宗廟粢盛。民讁作縣官及貸種食未入、入未備者，皆赦之。』

又 卷五《景帝紀》 （前元元年）春正月，詔曰：『間者歲比不登，民多乏食，夭絶天年，朕甚痛之。郡國或磽狹，無所農桑繫畜；或地饒廣，薦草莽，水泉利，而不得徙。其議民欲徙寬大地者，聽之。』

又 卷六《武帝紀》 （征和四年）三月，上耕于鉅定。

又 卷七《昭帝紀》 （始元元年二月）已亥，上耕於鉤盾弄田。【略】

（始元二年）冬，發習戰射士詣朔方，調故吏將屯田張掖郡。【略】

（始元）六年春正月，上耕于上林。【略】

（元鳳五年）六月，發三輔及郡國惡少年吏有告劾亡者，屯遼東。

又 卷八《宣帝紀》 （地節元年）三月，假郡國貧民田。【略】

（神爵元年秋）後將軍充國言屯田之計，語在《充國傳》。

又 卷九《元帝紀》 （初元元年三月）以三輔、太常、郡國公田及苑可省者振業貧民，貲不滿千錢者賦貸種、食。【略】

（初元二年三月）詔罷黄門乘輿狗馬，水衡禁囿、宜春下苑、少府佽飛外池、嚴池田假與貧民。【略】

（永光元年）三月，詔曰：『其赦天下，令厲精自新，各務農畝。無田者皆假之，貸種、食如貧民。』

又 卷一一《哀帝紀》 （綏和二年六月）又曰：『制節謹度以防奢淫，爲政所先，百王不易之道也。諸侯王、列侯、公主、吏二千石及豪富民多畜奴婢，田宅亡限，與民爭利，百姓失職，重困不足。其議限列。』有司條奏：『諸王、列侯得名田國中，列侯在長安及公主名田縣道，關内侯、吏民名田，皆無得過三十頃。諸侯王奴婢二百人，列侯、公主百人，關内侯、吏民三十人。年六十以上，十歲以下，不在數中。賈人皆不得名田、爲吏，犯者以律論。諸名田畜奴婢過品，皆没入縣官。』【略】

（建平元年正月）太皇太后詔外家王氏田非冢塋，皆以賦貧民。

又 卷一二《平帝紀》 （元始二年夏四月）郡國大旱，蝗，青州尤甚，民流亡。安漢公、四輔、三公、卿大夫、吏民爲百姓困乏獻其田宅者二百三十人，以口賦貧民。

又 卷二四上《食貨志上》 於是上感誼言，始開籍田，躬耕以勸百姓。

鼂錯復説上曰：【略】『今農夫五口之家，其服役者不下二人，其能耕者不過百畮，百畮之收不過百石。春耕夏耘，秋穫冬藏，伐薪樵，治官府，給徭役；春不得避風塵，夏不得避暑熱，秋不得避陰雨，冬不得避寒凍，四時之間亡日休息；又私自送往迎來，弔死問疾，養孤長幼在其中。勤苦如此，尚復被水旱之災，急政暴賦（虐）［賦］，賦斂不時，朝令而暮當具。有者半賈而賣，亡者取倍稱之息，於是有賣田宅、鬻子孫以償責者矣。』【略】

至昭帝時，流民稍還，田野益辟，頗有蓄積。宣帝即位，用吏多選良，百姓安土，歲數豐穰，穀至石五錢，農人少利。【略】

哀帝即位，師丹輔政，建言：『古之聖王莫不設井田，然後治乃可平。孝文皇帝承亡周亂秦兵革之後，天下空虚，故務勸農桑，帥以節儉。民始充實，未有并兼之害，故不爲民田及奴婢爲限。今累世承平，豪富吏民訾數巨萬，而貧弱俞困。蓋君子爲政，貴因循而重改作，然所以有改者，將以救急也。亦未可詳，宜略爲限。』天子下其議。丞相孔光、大司空何武奏請：『諸侯王、列侯皆得名田國中。列侯在長安，公主名田縣道，及關内侯、吏、民名田，皆毋過三十頃。諸侯王奴婢二百人，列侯、公主百人，關内侯、吏民三十人。期盡三年，犯者没入官。』【略】

後三年，莽知民愁，下詔諸食王田及私屬皆得賣買，勿拘以法。

又 卷二八下《地理志下》 地東西九千三百二里，南北萬三千三百六十八里。提封田一萬萬四千五百一十三萬六千四百五頃，其一萬萬二百五十二萬八千八百八十九頃，邑居道路，山川林澤，羣不可墾，其三千二百二十九萬九百四十七頃，可墾不可墾，定墾田八百二十七萬五百三十六頃。【略】漢極盛矣。

又 卷六九《趙充國傳》 遂上屯田奏曰：【略】計度臨羌東至浩亹，羌虜故田及公田，民所未墾，可二千頃以上，其間郵亭多壞敗者。臣前部士入山，伐材木大小六萬餘枚，皆在水次。願罷騎兵，留馳刑應募，及淮陽、汝南步兵與吏士私從者，合凡萬二百八十一人，用穀月二萬七千三百六十三斛，鹽三百八斛，分屯要害處。冰解漕下，繕鄉亭，浚溝渠，治湟狹以西道橋七十所，令可至鮮水左右。田事出，賦人二十畝。至四月草生，發郡騎及屬國胡騎伉健各千，倅馬什二，就草，爲田者遊兵。以充

入金城郡，益積畜，省大費。【略】

充國奏曰：【略】『竊見北邊自敦煌至遼東萬一千五百餘里，乘塞列隧有吏卒數千人，虜數大衆攻之而不能害。今留步士萬人屯田，地勢平易，多高山遠望之便，部曲相保，爲壍壘木樵，校聯不絶，便兵弩，飭鬬具。烽火幸通，勢及并力，以逸待勞，兵之利者也。』

又 《辛慶忌傳》 辛慶忌字子眞，少以父任爲右校丞，隨長羅侯常惠屯田烏孫赤穀城，與歙侯戰，陷陳卻敵。

又 卷七〇《鄭吉傳》 自張騫通西域，李廣利征伐之後，初置校尉，屯田渠黎。至宣帝時，吉以侍郎田渠黎，積穀，因發諸國兵攻破車師，還衛司馬，使護鄯善以西南道。

又 卷七九《馮奉世傳》 （永光二年）上曰：『羌虜破散創艾，亡逃出塞，其罷吏士，頗留屯田，備要害處。』

又 卷九六上《西域傳上》 漢使西域者益得職。於是自敦煌西至鹽澤，往往起亭，而輪臺、渠犂皆有田卒數百人，置使者校尉領護，以給使外國者。【略】

都護之起，自吉置矣。僮僕都尉由此罷，匈奴益弱，不得近西域。於是徙屯田，田於北胥鞬，披莎車之地，屯田校尉始屬都護。【略】

至元帝時，復置戊己校尉，屯田車師前王庭。【略】

（樓蘭）王自請天子曰：『身在漢久，今歸，單弱，而前王有子在，恐爲所殺。國中有伊循城，其地肥美，願漢遣一將屯田積穀，令臣得依其威重。』於是漢遣司馬一人、吏士四十人，田伊循以填撫之。

又 卷九六下《西域傳下》 上既悔遠征伐，而搜粟都尉桑弘羊與丞相御史奏言：『故輪臺（以）東捷枝、渠犂皆故國，地廣，饒水草，有溉田五千頃以上，處温和，田美，可益通溝渠，種五穀，與中國同時孰。其旁國少錐刀，貴黄金采繒，可以易穀食，宜給足不（可）乏。臣愚以爲可遣屯田卒詣故輪臺以東，置校尉三人分護，各舉圖地形，通利溝渠，務使以時益種五穀，張掖、酒泉遣騎假司馬爲斥候，屬校尉，事有便宜，因騎置以聞。田一歲，有積穀，募民壯健有累重敢徙者詣田所，就畜積爲本業，益墾溉田，稍築列亭，連城而西，以威西國，輔烏孫，爲便。』

【略】

地節二年，漢遣侍郎鄭吉、校尉司馬憙將免刑罪人田渠犂，積穀，欲以攻車師。【略】於是吉始使吏卒三百人別田車師。得降者言，單于大臣皆曰：『車師地肥美，近匈奴，使漢得之，多田積穀，必害人國，不可不爭也。』

又 卷九九中《王莽傳中》 （始建國元年）莽曰：【略】『今更名天下田曰「王田」，奴婢曰「私屬」，皆不得賣買。其男口不盈八，而田過一井者，分餘田予九族鄰里鄉黨。故無田，今當受田者，如制度。』

【略】

（始建國三年）遣尚書大夫趙並使勞北邊，還言五原北假膏壤殖穀，異時常置田官。乃以並爲田禾將軍，以戍卒屯田北假，以助軍糧。【略】

【略】莽知民怨，乃下書曰：『諸名食王田，皆得賣之，勿拘以法。犯私買賣庶人者，且一切勿治。』

晋·皇甫謐《帝王世紀·星野及歷代墾田户口數》 元始二年，郡國百三，縣邑千四百八十七，地東西九千三百二里，南北萬三千三百六十八里，定墾田八百二十七萬五百三十六頃。

論說

漢·桓寬《鹽鐵論》卷一《力耕》 大夫曰：『王者塞天財，禁關市，執準守時，以輕重御民。豐年歲登，則儲積以備乏絶；凶年惡歲，則行幣物；流有餘而調不足也。昔禹水湯旱，百姓匱乏，或相假以接衣食。禹以歷山之金，湯以莊山之銅，鑄幣以贖其民，而天下稱仁。往者財用不足，戰士或不得祿，而山東被灾，齊、趙大饑，賴均輸之畜，倉廩之積，戰士以奉，飢民以賑。故均輸之物，府庫之財，非所以賈萬民而專奉兵師之用，亦所以賑困乏而備水旱之灾也。』

文學曰：『古者，十一而稅，澤梁以時入而無禁。黎民咸被南畝而不失其務。故三年耕而餘一年之蓄，九年耕有三年之蓄。此禹、湯所以備水旱而安百姓也。草萊不闢，田疇不治，雖擅山海之財，通百末之利，猶不能贍也。是以古者尚力務本而種樹繁，躬耕趣時而衣食足，雖累凶年而人不病也。故衣食者民之本，稼穡者民之務也，二者修，則國富而民安也。』

《詩》云：「百室盈止，婦子寧止」也。』

又 卷三《園池》 大夫曰：『諸侯以國爲家，其憂在內。天子以八極爲境，其慮在外。故宇小者用菲，功巨者用大。是以縣官開園池，總山海，致利以助貢賦，修溝渠，立諸農，廣田牧，盛苑囿。太僕、水衡、少府、大農，歲課諸入田牧之利，池篽之假，及北邊置任田官，以贍諸用，而猶未足。今欲罷之，絕其源，杜其流，上下俱殫，困乏之應也，雖好省事節用，如之何其可也？』

文學曰：『古者，制地足以養民，民足以承其上。千乘之國，百里之地，公侯伯子男，各充其求贍其欲。秦兼萬國之地，有四海之富，而意不贍，非宇小而用菲，嗜欲多而下不堪其求也。語曰：「廚有腐肉，國有飢民，廄有肥馬，路有餧人。」今狗馬之養，蟲獸之食，豈特腐肉肥馬之費哉！無用之官，不急之作，服淫侈之變，無功而衣食縣官者衆，是以上不足而下困乏也。今不減除其本而欲贍其末，設機利，造田畜，與百姓爭薦草，與商賈爭市利，非所以明主德而相國家也。夫男耕女績，天下之大業也。故古者分地而處之，制田畝而事之。是以業無不食之地，國無乏作之民，今縣官之多張苑囿、公田、池澤，公家有鄣假之名，而利歸權家。三輔迫近於山、河，地狹人衆，四方並湊，粟米薪菜，不能相贍。公田轉假，桑榆菜果不殖，地力不盡。愚以爲非。先帝之開苑囿池篽，可賦歸之于民，縣官租稅而已。假稅殊名，其實一也。夫如是，匹夫之力，盡于南畝，匹婦之力，盡力麻枲。田野闢，麻枲治，則上下俱衍，何困乏之有矣？』

又 《未通》 御史曰：『古者，制田百步爲畝，民井田而耕，什而籍一。義先公而後己，民臣之職也。先帝哀憐百姓之愁苦，衣食不足，制田二百四十步而一畝，率三十而稅一，墮民不務田作，飢寒及己，固其理也。其不耕而欲播，不種而欲穫，鹽、鐵又何過乎？』

文學曰：『什一而籍，民之力也。豐耗美惡，與民共之。民勤，己不獨衍；民衍，己不獨勤。故曰：「什一者，天下之中正也。」田雖三十，而以頃畝出稅，樂歲粒米狼戾而寡取之，凶年饑饉而必求足。加之以口賦更徭之役，率一人之作，中分其功。農夫悉其所得，或假貸而益之。是以百姓疾耕力作，而飢寒遂及己也。築城者先厚其基而後求其高，畜民者先厚其業而後求其贍。』

漢·崔寔《政論》 昔者，聖王立井田之制，分口耕耦地，各相副適，使人飢飽不偏，勞逸齊均，富者不足僭差，貧者無所企慕。始暴秦隳壞法度，制人之財既無綱紀，而乃尊獎并兼之人。烏氏以牧豎致財，寵比諸侯；寡婦清以攻丹殖業，禮以國賓。于是巧猾之萌遂肆其意，上家累巨億之貲，户地侔封君之土，行苞苴以亂執政，養劍客以威黔首，專殺不辜，號無市死之子，生死之奉多擬人主。故下户踦嶇，無所跱足，乃父子低首，奴事富人，躬帥妻孥爲之服役。故富者席餘而日熾，貧者躡短而歲蹙，歷代爲虜，猶不贍于衣食，生有終身之勤，死有暴骨之憂。歲小不登，流離溝壑，嫁妻賣子，其所以傷心腐藏、失生人之樂者，蓋不可勝陳。

故古有移人通財，以贍蒸黎。今青、徐、兖、冀人稠土狹，不足相供，而三輔左右及涼、幽州內附近郡，皆土曠人稀，厥田宜稼，悉不墾發。小人之情，安土重遷，寧就飢餒，無適樂土之慮。故人之爲言瞑也，謂瞑瞑無所知，猶羣羊聚畜，須主者牧養處置，置之茂草則肥澤繁息，置之磽鹵則零丁耗減。是以景帝六年詔郡、國，令人得去磽狹，就寬肥。至武帝，遂徙關東貧人于隴西、北地、西河、上郡、會稽，凡七十二萬五千口，後加徙猾吏于關內。今宜復遵故事，徙貧人不能自業者于寬地，此亦開草闢土振人之術也。

漢·荀悅《漢紀》卷八《孝文皇帝紀》 荀悅曰：古者什一而稅，以爲天下之中正也。今漢民或百一而稅，可謂鮮矣。然豪强富人，占田逾侈，輸其賦太半。官收百一之稅，民收太半之賦。官家之惠優於三代，豪强之暴酷於亡秦。是上惠不通，威福分於豪强也。今不正其本，而務除租稅。適足以資富强。夫土地者，天下之本也。春秋之義，諸侯不得專封，大夫不得專地。今豪民占田，或至數百千頃，富過王侯，是自專封也；買賣由己，是自專地也。孝武時，董仲舒嘗言宜限民占田；至哀帝時，乃限民占田，不得過三十頃。雖有其制，卒不得施行，然三十頃有不平矣。且夫井田之制，宜於民衆之時，地廣民稀，勿爲可也。然欲廢之於寡，立之於衆，土地既富，列在豪强，卒而規之，並有怨心，則生紛亂，制度難行。由是觀之，若高帝初定天下，及光武中興之後，民人稀少，立

之易矣。就未悉備井田之法，宜以口數占田，爲立科限，民得耕種，不得買賣，以贍民弱，以防兼併，且爲制度張本，不亦宜乎！雖古今異制，損益隨時，然紀綱大略，其致一也。本志曰：『古者建步立畝，六尺爲步，步百爲畝，畝百爲夫，夫三爲屋，屋三爲井，井方一里，是爲九夫。八家共之，一夫一婦受私田百畝，公田十畝，是爲八百八十畝，餘二十畝以爲廬舍。出入相交，守望相接，疾病相救。民受田，上田夫百畝，中田夫二百畝，下田夫三百畝，歲更之，換易其處。其家衆男爲餘夫，亦以口受田如（此）［比］。士工商家受田，五口乃當農夫一人。有賦有稅。稅謂公田什一及工商衡虞之（人）［入］也，賦謂供車馬［甲］兵士徒之役也。民年二十受田，六十歸田。種穀必雜五種，以備灾害。田中不得有樹，以妨五穀。力耕數芸，收穫如寇盜之至。還廬種桑，菜茹有畦，瓜瓠果蓏殖於疆畔。雞豚狗彘無失其時，女修蠶織，五十則可以衣帛，七十可以食肉。

漢·荀悦《申鑒·時事》 諸侯不專封富人，民田踰限，富過公侯，是自封也；大夫不專地，人賣買由己，是專地也。或曰：『復井田與？』曰：『否。專地非古也，井田非今也。』『然則如之何？』曰：『耕而勿有，以俟制度可也。』耕而勿有，不得賣買由己，以俟制度，不得踰限也。

宋·歐陽修《文忠集》卷四五《通進司上書》 況歷視前世，用兵者未嘗不先營田。漢武帝時，兵興用乏，趙過爲畎田人犁之法以足用。趙充國攻西羌，議者爭欲出擊，而充國深思全勝之策，能忍而待其弊。至違詔罷兵而治屯田，田于極邊，以遊兵而防鈔寇，則其理田不爲易也，猶勉爲之。

宋·蘇洵《嘉祐集》卷五《衡論下·田制》 聞之董生曰：『井田雖難卒行，宜少近古，限民名田，以贍不足。』名田之説蓋出於此，而後世未有行者，非以不便民也，懼民不肯損其田以入吾法，而遂因之以爲變也。孔光、何武曰：『吏民名田，無過三十頃，期盡三年，而犯者没入官。』夫三十頃之田，周民三十夫之田也。縱不能盡如周制，一人而兼三十夫之田，亦已過矣，而期之三年，是又迫蹙平民，使自壞其業，非人情難用。吾欲少爲之限而不禁其田，嘗已過吾限者，但使後之人不敢多占田，以過吾限耳。要之數世，富者之子孫或不能保其地以復於貧，而彼嘗已過吾限者散而入於他人矣。或者子孫出而分之，以爲幾矣。如此則富民所占者少而餘地多，餘地多則貧民易取以爲業，不爲人所役屬，各食其地之全利，利不分於人而樂輸於官。夫端坐於朝廷，下令於天下，不驚民，不動衆，不用井田之制而獲井田之利，雖周之井田，何以遠過於此哉！

宋·蘇轍《欒城集》卷二〇《私試進士策問》 三代以田養民，而取之以什一，其民盡力於耕，則足以自養。上之人以時平其政令，而民受其賜既已厚矣。自戰國之禍，田制既壞，賦法隨弊，天下之民，仰困於租稅，而俯困於兼併，其害不可言矣。是以漢自文、景以來，賜民田租，孝弟力田，鰥寡孤獨金帛布絮之奉，歲時不絶。考之于古，則所謂惠而不知爲政者也。然自漢氏絶而復興，其民思之不忘，其恩澤之結於民，豈不至哉！惟三代仁政，其紀綱法度，既不可遽復，而漢室賜予之惠，府庫之積，力有所不逮。然則將以厚民，其術安在？

宋·王楙《野客叢書》卷一〇《漢田畝價》 東方朔曰：『豐鎬之間，號爲土膏，其價畝一金。』杜篤曰：『厥土之膏，畝價一金。』費鳳碑曰：『祖業良田，畝值一金。』按：漢金一斤，爲錢十千，是知漢田每畝十千，與今大率相似。僕觀三十年前，有司留意徵理，所在多爲良田，大家爭售，至倍其直；而邇年以來，有司狃於姑息，所在習頑爲風，舉向來膏腴之土，損半直以求售，往往莫敢鄉邇，世態爲之一變，甚可歎也。

宋·廖行之《省齋集》卷四《田制論》 自秦開阡陌，壞井田，於是兼併縱横而貧富相絶，上無制民産之法，而趨末者益衆。漢興，未能復古。高祖五年之詔，令民各歸其縣，復故田宅與從軍高爵，先與田宅，初不爲天下畫一定制。觀其言曰：『夫有功勞者田未能如法，而小吏顧多滿。』此無制之弊也。其後徙齊、楚大族關中，亦與利田宅而已。惠帝、高后之際，頗知務農，舉力田者復其身，置力田秩二千石。至於文帝，尤加意焉，詔爲農而下者歲相繼也，以爲農天下之大本，既開耤田，親耕以率之，又時賜田者半租，以户口置力田常員，其後遂除田之租稅。古人注意田農無以過此。以歲比不登，而曰度田非益寡而食之不足，帝胡不思其故，端由貧富之不等耶？一時議臣如賈誼，以趨末衆而亡蓄積，則欲毆民歸農而著之本，使天下各食其力；晁錯以地有遺利，民有遺力，生穀

之地未盡墾，遊食之民未盡歸農，則欲務農而貴粟，皆可謂知本務矣。惜其田制不立，而無田之民竟亦未能均被其澤，兼并豪黨役財驕溢，而窮貧無田者猶故也。武帝慨慕治古，多所改作，獨於田農未有良法。方且內興功利，役費並興，而民益去本。董仲舒思救其弊，建言『自秦除井田，富者田連阡陌，貧者亡立錐之地，又加屯戍力役一歲三十倍於古，田租口賦鹽鐵之利二十倍於古，或耕豪民之田，見稅什五，故貧民常衣牛馬之衣而食犬彘之食。以爲『井田法理難卒行，宜少近古，限民名田，以贍不足』。仲舒之意亦可謂善於復古，漸而不遽。然而施行之畧，當時莫之講也。末年僅知征伐之悔，以力農爲務，趙過代田之法，平都令光輓犂之制，特田農之一助耳。至哀帝之世，師丹本仲舒之説建議名田，謂豪富吏民，訾數鉅萬，而貧弱愈困，宜畧爲限。天子下其議，丞相孔光、大司空何武條奏其制：王、列侯得名田國中。列侯在長安及公主名田縣道，關吏民名田皆無得過三十頃。賈人不得名田，犯者以律論，諸名田過品皆沒入縣官。夫三十頃，古三十夫之田也。一家而兼三十夫之田，制亦寬矣。丁、傳用事，董賢隆貴，猶不便之，詔書須後，卒寢不行。漢家田制大抵若此，惜其去古未遠而不能少復古制，誠可恨也。王莽一旦得志，乃一切純以古法，更名天下田曰王田，不得賣買，男口過八而田過一井者，分餘田與九族鄉黨，犯令至死。然莽之亂亡非由井田之復，其他政誖亂，雖有良法，不足恃也。況復制度不定，吏緣爲姦，正以益亂爾。它日雖曰令得賣買，勿拘以法，卒亦無救於禍。以是知莽之亂亡果非復井田之所致。雖然，漢固無田制，而其盛時，海內富庶，衣食滋殖，至興禮義，而公上之積陳陳相因，是果何術哉？此獨文、景之君崇本務農，民從其化，其效乃爾。向使井田之法未廢，當與成康比靈斯可也。然則田制既廢之後，人君之務農者如文、景可也。

宋·朱熹《晦庵集》卷七二《開阡陌辨》　或乃以漢世獨有阡陌之名，而疑其出於秦之所置，殊不知秦之所開亦其曠僻，而非通路者耳。若其適當衝要而便於往來，則亦豈得而盡廢之哉？但必稍侵削之，不使復如先王之舊耳。或者又以董仲舒言『富者連阡陌』，而請限民名田，疑田制之壞由於阡陌，此亦非也。蓋曰富者一家兼有千夫、百夫之田耳。至於所謂商賈無農夫之苦，有阡陌之得，亦以千夫、百夫之收而言。蓋當是時去古未遠，此名尚在而遺迹猶有可考者，顧一時君臣，乃不能推尋講究而修復之耳，豈不可惜也哉！

元·馬端臨《文獻通考》卷一《田賦考一·歷代田賦之制》　按：【略】漢既承秦，而卒不能復三代井田之法，何也？蓋守令之遷除，其歲月有限；而田土之還授，其姦弊無窮。雖慈祥如龔、黃、召、杜，精明如趙、張、三王，既不久於其政，則豈能悉知其土地民俗之所宜，如周人授田之法乎？則不過受成於吏手，安保其無弊？後世蓋有爭田之訟，歷數十年而不決者矣。況官授人以田，而欲其均平乎！杜君卿曰：『降秦以後，阡陌既敝，又爲隱核。隱核在乎權宜，權宜憑乎簿書，簿書既廣，必藉衆功，藉衆功則政由羣吏，由羣吏則人無所信矣。夫行不信之法，委政於衆多之胥，欲紀人事之衆寡，明地利之多少，雖申、商督刑，撓、首總算，不可得而詳矣。』其説可謂切中秦漢以後之病。然揆其本原，皆由乎地廣人衆，罷侯置守，不私其土、世其官之所致也。

又　卷二《田賦考二·歷代田賦之制》　水心葉氏曰：『自古天下之田無不在官，民未嘗得私有之。但强者力多，卻能兼併衆人之利以爲富，弱者無力，不能自耕其所有之田，以至轉徙流蕩。故先王之政，設田官以授天下之田，貧富强弱無以相過，使各有其田得以自耕，故天下無甚貧甚富之民。至成周時，其法極備，雖《周禮·地官》所載，其間不能無牽合抵捂處，要其大略亦可見。周公治周，授田之制，先治天下之田以爲井，井爲疆界，歲歲用人力修治之，溝洫畎澮皆有定數。疆界既定，人無緣得占田。其間田有弱者，遊手者不耕，卻無强民貪幷之害。後來井田不修，堤防浸失，毀壞絕滅。至商鞅用秦，已不復有井田之舊，於是開阡陌。《漢志》曰：『東西曰阡、南北曰陌』。阡陌既開，天下之田卻簡直易見，看耕得多少，惟恐人無力以耕之。故秦、漢之際有豪强兼併之患，富者田連阡陌，而貧者無立錐之地。雖然如此，猶不明説在民，但官不得治，故民得自侵佔，而貧者插手不得，不得不去而爲遊手，轉而爲末業。終漢之世，以文景之恭儉愛民，武帝之修立法度，宣帝之勵精爲治，卻不知其本不如此，但能下勸農之詔，輕減田租，以來天下之民。如董仲舒、師丹雖建議欲限天下之田，其制度又卻與三代不合。當時但問墾田幾畝，全不知是誰田，又不知天下之民皆可以得田而耕之。光武中興，亦只是問

天下度田多少，當時以度田不實，長吏坐死者無數。至於漢亡，三國並立，民既死於兵革之餘，未至繁息，天下皆爲曠土，未及富盛，而天下大亂。雖當時天下之田既不在官，然亦終不在民。以爲在官，則官無人收管；以爲在民，則又無簿籍契券，但隨其力之所能至而耕之。【略】

水心言唐方使民得立券自賣其田，而田遂爲私田，此説恐亦未深考。如蕭何買民田自汙；貢禹有田一百五十畝，被召之日，賣其百畝以供車馬。則自漢以來，民得以自買賣田土矣。

明・王直《抑庵文集》卷二《惇本堂記》 自秦以來，兼併日甚，貧者無一壠之田，則僦耕於富者而歲入其利，富人不親稼穡而衣食以饒。田制既廢，里塾亦馳，逸居無教，故日入於弊，守禮服義之意少，詭欺薄惡之習勝矣。漢興，有孝弟力田之科，以崇本抑末。

明・何喬新《椒邱文集》卷三《井田》 井田行於三代之上，而天下無貧民；井田廢於三代之下，而天下無善治。夫井田者，王政之本也，井田之法行，則經界可正而穀祿可平矣；井田之法廢，則貧富不均教養無法，雖欲善治，其可得哉？【略】迨夫李悝盡地力於魏，商鞅開阡陌於秦，而井田之法蕩然無遺矣。自是以來，董仲舒、師丹建限田之説，以謂井田之法雖難卒行，宜少近先王之法而限民田，庶塞兼併之路而贍不足。此其有得於裁抑豪强之意也，而時不能用。

明・陸深《儼山外集》卷一《土圭之法》 六尺爲步，步百爲畝，秦廢井田，漢興，始以二百四十步爲畝，唐開元二十五年令，田廣一步、長二百四十步爲畝，畝百爲頃，至今版圖皆準之。一云商鞅佐秦，以一夫力餘，地利不盡，於是改制二百四十步爲畝。

清・王夫之《讀通鑑論》卷五《漢哀帝二》 限田之説，董仲舒言之武帝之世，尚可行也，而不可久。師丹乃欲試之哀帝垂亡之日，卒以成王莽之妖妄，而終不可行。武帝之世可行者，去三代未遠，天下怨秦之破法毒民而幸改以復古；且豪强之兼幷者猶未盛，而盤據之情尚淺；然不可久者，暫行之而弱者終不能有其田，强者終不能禁其兼也。至於哀帝之世，積習已久，强者怙之，而弱者亦且安之矣；必欲限之，徒以擾之而已矣。

治天下以道，未聞以法也。道也者，導之也，上導之而下遵以爲路也。封建之天下，天子僅有其千里之畿，且縣内之卿士大夫分以爲祿田也；諸侯僅有其國也，且大夫士分以爲祿田也；大夫僅有其采邑，且家臣還食其中也；士僅有代耕之祿也，則農民亦有其百畝也；皆相若也。天子不獨富，農民不獨貧，相倣相差而各守其疇。其富者必其貴者也，且非能自富，而受之天子、受之先祖者也。上以各足之道導天下，而天下安之。降及于秦，封建廢而富貴擅於一人。其擅之也，以智力屈天下也。智力屈天下而擅天下，智力屈一郡而擅一郡，智力屈一鄉而擅一鄉，莫之教而心自生、習自成；乃欲芟夷天下之智力，均之於柔愚，而獨自擅於九州之上，雖日殺戮而只以益怨，强豪且詭激以脅愚柔之小民而使困于田。於是限之而可行也，則天下可徒以一切之法治，而王莽之化速於堯、舜矣。

限也者，均也；均也者，公也。天子無大公之德以立於人上，獨滅裂小民而使之公，是仁義中正爲帝王桎梏天下之具，而躬行藏恕爲迂遠之過計矣。況乎賦役繁，有司酷，里胥横，後世願樸之農民，得田而如重禍之加乎身，則疆豪之十取其五而奴隸耕者，農民且甘心焉。所謂『上失其道，民散久矣』者也。輕其役，薄其賦，懲有司之貪，寬司農之考，民不畏有田，而疆豪無挾以相幷，則不待限而兼併自有所止。若窳惰之民，有田而不能自業，以歸於力有餘者，則斯人之自取，雖聖人亦無如之何也。

藝　文

宋・楊傑《無爲集》卷六《籍田集議》 甸師經始遇金穰，禁籞清罇合奉常。千畝方田開帝籍，四時和氣聚神倉。青壇改卜先農兆，曲水交流上巳觴。欲識漢家林苑富，融融春澤浸長楊。

宋・方嶽《秋崖集》卷一三《田制》 井田變阡陌，萬世以罪秦。商君信苛刻，不過民自民。漢名反秦火，當與三代鄰。今年田欲方，明年田欲均。寧知古井田，不爲賦稅湮。百畝官所予，無甚富與貧。所爲經界者，要使風俗淳。豈爲横江網，竭不遺一鱗。乃知三代時，官與民爲春。秦民自生生，官不與笑顰。孰云漢田制，顧不如秦仁。秦姑寘勿問，漢已

掎摭猾。誰其起鄒叟，重與畢戰陳。

元·陳旅《安雅堂集》卷三《題蒙泉吏隱圖》 世皇昔日收雲南，鯨鯢伾伾手所戡。烏蒙烏撒腹心地，不有軍府誰其監。漢廷遺將非充國，累歲屯田無善績。兵驕民獷土不畬，國帑空曾糜萬億。

明·童軒《清風亭稿》卷三《村田樂圖爲内相素軒錢公題》 昔在唐虞世，俗善民相親。八家實同井，耕收力惟均。是時村田間，民質如麋。擊壤有餘樂，含哺無嚬呻。孰知世日降，三代變狂秦。經界不復正，强暴相併吞。干戈事行役，飢寒多苦辛。遂令百代下，風俗難回淳。政苛若猛虎，郡邑成墟榛。操瓢轉溝壑，哀痛聲忍聞？何人貌此圖，彷彿康衢民。惟應文景際，海内咸富殷。陳陳太倉粟，紅腐每相因。

明·王世貞《弇州四部稿》卷四《漢鐃歌十八曲·遠如期》 遠如期，招四夷。皇帝坐殿上，麒麟辟邪，符拔騊駼，拖逕焉施馳，苑囿付民居。詔司農，罷輪臺。皇帝坐殿上，干羽舞兩階，羣臣上壽玉卮。單于來，單于來。

明·胡應麟《少室山房集》卷七六《河渠歌十首爲大司空潘公作並奉懷前大司空朱公·其五》 鐵騎雲屯漢武年，翻愁瓠子變桑田。何如此日新梁就，南控長淮北控燕。

徐世昌《晚晴簃詩匯》卷一一六《鄧廷楨〈少穆被命還朝以詩二章迎之·其一〉》 高皇拓地越烏秅，聖主籌邊軼漢家。擬向輪臺置田卒，特教博望泛秋槎。八城户版輸泉賦，千騎旃裘擁節華。載筆他年增掌故，羈臣乘傳盡流沙。

又 卷一三六《郭柏蔭〈肅州〉》 漢將屯田地，阡畦半未荒。一關横塞徼，五部雜氐羌。宿火熬茶釅，新泉釀酒香。瓜沙何處是，極目眺斜陽。

東漢户口分部

綜 述

晉·皇甫謐《帝王世紀·星野及歷代墾田户口數》 及王莽篡位，續以更始、赤眉之亂，至光武中興，百姓虚耗，十有二存。中元二年，民户四百二十七萬千六百三十四，口二千一百萬七千八百二十人。永平、建初之際，天下無事，務在養民。迄於孝和，民户滋殖。及孝安永初、元初之間，兵飢之苦，民人復損。至於孝桓，頗增於前。永壽二年，户千六百七萬九百六，口五千六萬六千八百五十六人，墾田亦多，單師屢征。

晉·司馬彪《續漢書·郡國志一》 河南尹，【略】永和五年户二十萬八千四百八十六，口百一萬八百二十七。

河内郡，【略】户十五萬九千七百七十，口八十萬一千五百五十八。

河東郡，【略】户九萬三千五百四十三，口五十七萬八百三。

弘農郡，【略】户四萬六千八百一十五，口十九萬九千一百一十三。

京兆尹，【略】户五萬三千二百九十九，口二十八萬五千五百七十四。

左馮翊，【略】户三萬七千九十，口十四萬五千一百九十五。

右扶風，【略】户萬七千三百五十二，口九萬三千九十一。

又 《郡國志二》 潁川郡，【略】户二十六萬三千四百四十，口百四十三萬六千五百一十三。

汝南郡，【略】户四十萬四千四百四十八，口二百一十萬七百八十八。

梁　國，【略】户八萬三千三百，口四十三萬一千二百八十三。

沛　國，【略】户二十萬四百九十五，口二十五萬一千三百九十三。

陳　國，【略】户十一萬二千六百五十三，口百五十四萬七千五百七十二。

魯　國，【略】户七萬八千四百四十七，口四十一萬一千五百九十。

魏　郡，【略】户十二萬九千三百一十，口六十九萬五千六百六。

鉅鹿郡，【略】户十萬九千五百一十七，口六十萬二千九十六。

常山國，【略】户九萬七千五百，口六十三萬一千一百八十四。

中山國，【略】户九萬七千四百一十二，口六十五萬八千一百九十五。

安平國，【略】户九萬一千四百四十，口六十五萬五千一百一十八。

河間國，【略】户九萬三千七百五十四，口六十三萬四千四百二十一。

清河國，【略】户十二萬三千九百六十四，口七十六萬四百一十八。

趙　國，【略】户三萬二千七百一十九，口十八萬八千三百八十一。

勃海郡，【略】户十三萬二千三百八十九，口百一十萬六千五百。

又《郡國志三》　陳留郡，【略】户十七萬七千五百二十九，口八十六萬九千四百三十三。

東郡，【略】户十三萬六千八十八，口六十萬三千三百九十三。

東平國，【略】户七萬九千一十二，口四十四萬八千二百七十。

任城國，【略】户三萬六千四百四十二，口十九萬四千一百五十六。

泰山郡，【略】户八千九百二十九，口四十三萬七千三百一十七。

濟北國，【略】户四萬五千六百八十九，口二十三萬五千八百九十七。

山陽郡，【略】户十萬九千八百九十八，口六十萬六千九十一。

濟陰郡，【略】户十三萬三千七百一十五，口六十五萬七千五百五十四。

東海郡，【略】户十四萬八千七百八十四，口七十萬六千四百一十六。

琅邪國，【略】户二萬八百四，口五十七萬九百六十七。

彭城國，【略】户八萬六千一百七十，口四十九萬三千二十七。

廣陵郡，【略】户八萬三千九百七，口四十一萬百九十。

下邳國，【略】户十三萬六千三百八十九，口六十一萬一千八十三。

又《郡國志四》　濟南國，【略】户七萬八千五百四十四，口四十五萬三千三百八。

平原郡，【略】户十五萬五千五百八十八，口百萬二千六百五十八。

樂安國，【略】户七萬四千四百，口四十二萬四千七十五。

北海國，【略】户十五萬八千六百四十一，口八十五萬三千六百四。

東萊郡，【略】户十萬四千二百九十七，口四十八萬四千三百九十三。

齊國，【略】户六萬四千四百一十五，口四十九萬一千七百六十五。

南陽郡，【略】户五十二萬八千五百五十一，口二百四十三萬九千六百一十八。

南郡，【略】户十六萬二千五百七十，口七十四萬七千六百四。

江夏郡，【略】户五萬八千四百三十四，口二十六萬五千四百六十四。

零陵郡，【略】户二十一萬二千二百八十四，口百萬一千五百七十八。

桂陽郡，【略】户十三萬五千二十九，口五十五萬一千四百三。

武陵郡，【略】户四萬六千六百七十二，口二十五萬九百一十三。

長沙郡，【略】户二十五萬五千八百五十四，口百五萬九千三百七十二。

九江郡，【略】户八萬九千四百三十六，口四十三萬二千四百二十六。

丹陽郡，【略】户十三萬六千五百一十八，口六十三萬五百四十五。

廬江郡，【略】户十萬一千三百九十二，口四十二萬四千六百八十三。

會稽郡，【略】户十二萬三千九十，口四十八萬一千一百九十六。

吳郡，【略】户十六萬四千一百六十四，口七十萬七百八十二。

豫章郡，【略】户四十萬六千四百九十六，口百六十六萬八千九百六。

又《郡國志五》　漢中郡，【略】户五萬七千三百四十四，口二十六萬七千四百二。

巴郡，【略】户三十一萬六百九十一，口百八萬六千四百四十九。

廣漢郡，【略】户十三萬九千八百六十五，口五十萬九千四百三十八。

蜀郡，【略】户三十萬四百五十二，口百三十五萬四百七十六。

犍爲郡，【略】户十三萬七千七百一十三，口四十一萬一千三百七十八。

牂牁郡，【略】户三萬一千五百二十三，口二十六萬七千二百五十三。

越巂郡，【略】户十三萬一百二十，口六十二萬三千四百一十八。

益州郡，【略】户二萬九千三十六。口十一萬八百二。

永昌郡，【略】户二十三萬一千八百九十七，口百八十九萬七千三百四十四。

廣漢屬國，【略】户三萬七千一百一十，口二十萬五千六百五十二。

蜀郡屬國，【略】户十一萬一千五百六十八，口四十七萬五千六百二十九。

犍爲屬國，【略】户七千九百三十八，口三萬七千一百八十七。

隴西郡，【略】户五千六百二十八，口二萬九千六百三十七。

漢陽郡，【略】户二萬七千四百二十三，口十三萬一百三十八。

武都郡，【略】户二萬一百二，口八萬一千七百二十八。

金城郡，【略】户三千八百五十八，口萬八千九百四十七。

安定郡，【略】户六千九十四，口二萬九千六十。

北地郡，【略】户三千一百二十二，口萬八千六百三十七。

武威郡，【略】户萬四十二，口三萬四千二百二十六。

張掖郡，【略】户六千五百五十二，口二萬六千四十。

酒泉郡，【略】户萬二千七百六。

敦煌郡，【略】户七百四十八，口二萬九千一百七十。

張掖屬國，【略】户四千六百五十六，口萬六千九百五十二。

張掖居延屬國，【略】户一千五百六十，口四千七百三十三。

上黨郡，【略】户二萬六千二百二十二，口十二萬七千四百三。

太原郡，【略】户三萬九百二，口二十萬一百二十四。

上郡，【略】户五千一百六十九，口二萬八千五百九十九。

西河郡，【略】户五千六百九十八，口二萬八百三十八。

五原郡，【略】户四千六百六十七，口二萬二千九百五十七。

雲中郡，【略】户五千三百五十一，口二萬六千四百三十。

定襄郡，【略】户三千一百五十三，口萬三千五百七十一。

雁門郡，【略】户三萬一千八百六十二，口二十四萬九千。

朔方郡，【略】户千九百八十七，口七千八百四十三。

涿郡，【略】户十萬二千二百一十八，口六十三萬三千七百五十四。

廣陽郡，【略】户四萬四千五百五十，口二十八萬六百。

代郡，【略】户二萬一百二十三，口十二萬六千一百八十八。

上谷郡，【略】户萬三百五十二，口五萬一千二百四。

漁陽郡，【略】户六萬八千四百五十六，口四十三萬五千七百四十。

右北平郡，【略】户九千一百七十，口五萬三千四百七十五。

遼西郡，【略】户萬四千一百五十，口八萬一千七百一十四。

遼東郡，【略】户六萬四千一百五十八，口八萬一千七百一十四。

玄菟郡，【略】户一千五百九十四，口四萬三千一百六十三。

樂浪郡，【略】户六萬一千四百九十二，口二十五萬七千五十。

南海郡，【略】户七萬一千四百七十七，口二十五萬二百八十二。

蒼梧郡，【略】户十一萬一千三百九十五，口四十六萬六千九百七十五。

合浦郡，【略】户二萬三千一百二十一，口八萬六千六百一十七。

九眞郡，【略】户四萬六千五百一十三，口二十萬九千八百九十四。

日南郡，【略】户萬八千二百六十三，口十萬六百七十六。【略】

至於孝順，凡郡、國百五，縣、邑、道、侯國千一百八十，民户九百六十九萬八千六百三十，口四千九百一十五萬二百二十。

南朝梁·劉昭《續漢書·郡國志五》注　應劭《漢官儀》曰：『永和中，户至千七十八萬，口五千三百八十六萬九千五百八十八。』又《帝王世紀》：永嘉（二）［元］年户則多九十七萬八千七百七十一，口七百二十一萬六千六百三十六。應載極盛之時，而所殊甚衆，捨永嘉多，取永和少，良不可解。皇甫謐校核精審，復非謬記，未詳孰是。豈此是順朝時書，後史卽爲本乎？伏無忌所記，每帝崩，輒最户口及墾田大數，今列

於後，以見滋減之差焉。光武中元二年，户四百二十七萬九千六百三十四，口二千一百萬七千八百二十。明帝永平十八年，户五百八十六萬五百七十三，口三千四百一十二萬五千二十一。章帝章和二年，户七百四十五萬六千七百八十四，口四千三百三十五萬六千三百六十七。和帝永興元年，户九百二十三萬七千一百一十二，口五千三百二十五萬六千二百二十九。【略】安帝延光四年，户九百六十四萬七千八百三十八，口四千八百六十九萬七百八十九。【略】順帝建康元年，户九百九十四萬六千九百一十九，口四千九百七十三萬五百五十。【略】沖帝永嘉元年，户九百九十三萬七千六百八十，口四千九百五十二萬四千一百八十三。【略】質帝本初元年，户九百三十四萬八千二百二十七，口四千七百五十六萬六千七百七十二。

《後漢書》卷一下《光武帝紀下》　（建武十五年六月）詔下州郡檢覈墾田頃畝及户口年紀，又考實二千石長吏阿枉不平者。

又　卷二《明帝紀》　帝遵奉建武制度，無敢違者。【略】故吏稱其官，民安其業，遠近肅服，户口滋殖焉。

又　卷三《章帝紀》　（元和二年）五月戊申，詔曰：【略】『令郡國上明經者，口十萬以上五人，不滿十萬三人。』

又　卷四《和帝殤帝紀》　（永元十三年十一月）丙辰，詔曰：『幽、并、涼州户口率少，邊役衆劇，束修良吏，進仕路狹。撫接夷狄，以人爲本。其令緣邊郡口十萬以上歲舉孝廉一人，不滿十萬二歲舉一人，五萬以下三歲舉一人。』

又　卷一二《王閎傳》　莽敗，漢兵起，閎獨完全東郡三十餘萬户，歸降更始。

又　卷一七《賈建傳》　元初元年，尚和帝女臨潁長公主。主兼食潁陰、許，合三縣，數萬户。

又　卷二一《李忠傳》　（建武）六年，遷丹陽太守。【略】郡中向慕之。墾田增多，三歲間流民占著者五萬餘口。

又　卷二四《馬援傳》　（建武）十三年，武都參狼羌與塞外諸種爲寇，殺長吏。援將四千餘人擊之，至氐道縣，羌在山上，援軍據便地，奪其水草，不與戰，羌遂窮困，豪帥數十萬户亡出塞，諸種萬餘人悉降，於是隴右清靜。【略】

（建武十九年）援將樓船大小二千餘艘，戰士二萬餘人，進擊九眞賊徵側餘黨都羊等，自無功至居風，斬獲五千餘人，嶠南悉平。援奏言西於縣户有三萬二千，遠界去庭千餘里，請分爲封溪、望海二縣，許之。

又　卷三一《蘇章傳》　出爲武原令，時歲飢，輒開倉廩，活三千餘户。

又　卷三六《賈逵傳》　後累遷爲魯相，以德教化，百姓稱之，流人歸者八九千户。

又　卷四三《朱穆傳》　永興元年，河溢，漂害人庶數十萬户，百姓荒饉，流移道路。

又　卷五八《虞詡傳》　詡始到郡，户裁盈萬。及綏聚荒餘，招還流散，二三年間，遂增至四萬餘户。鹽米豐賤，十倍於前。

又　卷六二《韓韶傳》　尚書選三府掾能理劇者，乃以韶爲嬴長。【略】韶湣其飢困，乃開倉賑之，所稟贍萬餘户。

又　卷六五《張奐傳》　（延熹九年）匈奴、烏桓聞奐至，因相率還降，凡二十萬口。

又　卷七一《皇甫嵩傳》　嵩復與鉅鹿太守馮翊郭典攻角弟寶於下曲陽，又斬之。首獲十餘萬人，築京觀於城南。即拜嵩爲左車騎將軍，領冀州牧，封槐里侯，食槐里、美陽兩縣，合八千户。

又　卷七二《董卓傳》　初，長安遭赤眉之亂，宫室營寺焚滅無餘，是時唯有高廟、京兆府舍，遂便時幸焉。後移未央宫。於是盡徙洛陽人數百萬口於長安，步騎驅蹙，更相蹈藉，飢餓寇掠，積屍盈路。【略】

初，帝入關，三輔户口尚數十萬，自傕汜相攻，天子東歸後，長安城空四十餘日，强者四散，羸者相食，二三年間，關中無復人迹。

又　卷七三《劉虞傳》　青、徐士庶避黄巾之難歸虞者百餘萬口，皆收視温恤，爲安立生業，流民皆忘其遷徙。

又　《公孫瓚傳》　初平二年，青、徐黄巾三十萬衆入勃海界，欲與黑山合。瓚率步騎二萬人，逆擊於東光南，大破之，斬首三萬餘級。

又　《陶謙傳》　初，同郡人笮融，聚衆數百，往依於謙，謙使督廣陵、下邳、彭城運糧。遂斷三郡委輸，大起浮屠寺。上累金盤，下爲重

樓，又堂閣周回，可容三千許人，作黄金塗像，衣以錦彩。每浴佛，輒多設飲飯，布席於路，其有就食及觀者且萬餘人。及曹操擊謙，徐方不安。融乃將男女萬口、馬三千匹走廣陵。

又 卷七五《劉焉傳》 初，南陽、三輔民數萬户流入益州，焉悉收以爲衆，名曰『東州兵』。

又《張魯傳》 韓遂、馬超之亂，關西民奔魯者數萬家。時人有地中得玉印者，羣下欲尊魯爲漢寧王。魯功曹閻圃諫曰：『漢川之民，户出十萬，四面險固，財富土沃，上匡天子，則爲桓文，次方竇融，不失富貴。今承制署置，執足斬斷。遽稱王號，必爲禍先。』魯從之。

又《袁術傳》 初，術在南陽，户口尚數十百萬，而不修法度，以抄掠爲資，奢恣無猒，百姓患之。

又 卷七六《循吏傳·第五訪》 仕郡爲功曹，察孝廉，補新都令。政平化行，三年之間，鄰縣歸之，户口十倍。

又《循吏傳·童恢》 比縣流人歸化，徙居二萬餘户。

又 卷七八《宦者傳·呂强》 臣又聞後宫彩女數千餘人，衣食之費，日數百餘，比穀雖賤，而户有飢色。

又 卷八六《西南夷傳》 （建武）二十七年，賢栗等遂率種人户二千七百七十，口萬七千六百五十九，詣越巂太守鄭鴻降，求内屬，光武封賢栗等爲君長。自是歲來朝貢。【略】

永平十二年，哀牢王柳貌遣子率種人内屬，其種邑王者七十七人，户五萬一千八百九十，口五十五萬三千七百一十一。西南去洛陽七千里，顯宗以其地置哀牢、博南二縣，割益州郡西部都尉所領六縣，合爲永昌郡。【略】

安帝元初三年，郡徼外夷大羊等八種，户三萬一千，口十六萬七千六百二十，慕義内屬。【略】

永平中，益州刺史梁國朱輔，好立功名，慷慨有大略。在州數歲，宣示漢德，威懷遠夷。自汶山以西，前世所不至，正朔所未加。白狼、槃木、唐菆等百餘國，户百三十餘萬，口六百萬以上，舉種奉貢，稱爲臣僕。

又 卷八七《西羌傳》 桓帝建和二年，白馬羌寇廣漢屬國，殺長吏。是時西羌及湟中胡復畔爲寇，益州刺史率板楯蠻討破之，斬首招降二十萬人。【略】

自爰劍後，子孫支分凡百五十種。其九種在賜支河首以西，及在蜀、漢徼北，前史不載口數。唯參狼在武都，勝兵數千人。其五十二種衰少，不能自立，分散爲附落，或絶滅無後，或引而遠去。其八十九種，唯鍾最强，勝兵十餘萬。其餘大者萬餘人，小者數千人，更相鈔盗，盛衰無常，無慮順帝時勝兵合可二十萬人。發羌、唐旄等絶遠，未嘗往來。氂牛、白馬羌在蜀、漢，其種别名號，皆不可紀知也。建武十三年，廣漢塞外白馬羌豪樓登等率種人五千餘户内屬，光武封樓登爲歸義君長。至和帝永元六年，蜀郡徼外大牂夷種羌豪造頭等率種人五十餘萬口内屬，拜造頭爲邑君長，賜印綬。至安帝永初元年，蜀郡徼外羌龍橋等六種萬七千二百八十口内屬。明年，蜀郡徼外羌薄申等八種三萬六千九百口復舉土内屬。冬，廣漢塞外參狼種羌二千四百口復來内屬。

又 卷八九《南匈奴傳》 永元元年，以秉爲征西將軍，與車騎將軍竇憲率騎八千，與度遼兵及南單于衆三萬騎，出朔方擊北虜，大破之。北單于奔走，首虜二十餘萬人。事已具《竇憲傳》。【略】

是時南部連克獲納降，黨衆最盛，領户三萬四千，口二十三萬七千三百，勝兵五萬一百七十。【略】

建康元年，進擊餘黨，斬首千二百級。烏桓七十萬餘口皆詣寔降。

又 卷九〇《烏桓傳》 靈帝初，烏桓大人上谷有難樓者，衆九千餘落，遼西有丘力居者，衆五千餘落，皆自稱王；又遼東蘇僕延，衆千餘落，自稱峭王；右北平烏延，衆八百餘落，自稱汗魯王：並勇健而多計策。【略】

及紹子尚敗，奔蹋頓。時幽、冀吏人奔烏桓者十萬餘户，尚欲憑其兵力，復圖中國。會曹操平河北，閻柔率鮮卑、烏桓歸附，操即以柔爲校尉。建安十二年，曹操自征烏桓，大破蹋頓於柳城，斬之，首虜二十餘萬人。袁尚與樓班、烏延等皆走遼東，遼東太守公孫康並斬送之。其餘衆萬餘落，悉徙居中國云。

論說

漢・王符《潛夫論》卷五《實邊》 詔書法令：二十萬口，邊郡十萬，歲舉孝廉一人；員除世舉廉吏一人。羌反以來，户口減少，又數易太守，至十歲不得舉。當職勤勞而不録，賢俊蓄積而不悉，衣冠無所覬望，農夫無所貪利，是以逐稼中灾，莫肯就外。古之利其民，誘之以利，弗脅以刑。易曰：『先王以省方觀民設教。』是故建武初，得邊郡，户雖數百，令歲舉孝廉，以召來人。今誠宜權時令邊郡舉孝一人，廉吏世舉一人，益置明經百石一人，内郡人將妻子來占著，五歲以上，與居民同均，皆得選舉。又募運民耕邊入穀，遠郡千斛，近郡二千斛，拜爵五大夫。可不欲爵者，使食倍賈於内郡。如此，君子小人各有所利，則雖欲令無往，弗能止也。此均苦樂，平傜役，充邊境，安中國之要術也。

《晉書》卷一四《地理志上・總敘》 至桓帝永壽三年，户千六十七萬七千九百六十，口五千六百四十八萬六千八百五十六，斯亦户口之滋殖者也。

元・馬端臨《文獻通考》卷一〇《户口考一・歷代户口丁中賦役》

右《郡國志》注，伏無忌所記，每帝崩輒記户口及墾田大數列於後，以見滋減之差。墾田數見《田賦門》。光武中興之後，三十餘年所附養，至末年，户數僅及西都孝平時四分之一，兵革之禍可畏哉！嗣是累朝休養生息，每每增羨，固其理也。但沖、質二帝享國各止一年二年之間，史所載無大兵革饑饉，而永嘉户數損於建康一萬，本初户數損於永嘉五十八萬有奇，殊不可曉，豈紀録之誤邪？桓帝永壽二年，户千六百七萬九百六，口五千六萬六千八百五十六。

右東都户口極盛之數。此係《後漢書・郡國志》所載，如《通典》則以爲户千六十七萬七千九百六十，口五千六百四十八萬六千八百五十六。户少於《後漢書》五百三十八萬有奇，口多於《漢書》六百四十二萬有奇，未知孰是。靈帝遭黄巾之亂，獻帝罹董卓之難，大焚宮廟，劫御西遷，京師蕭條，豪傑並爭，郭汜、李傕之徒，殘害又甚，是以興平、建安之際，海内荒廢，天子奔流，白骨盈野。故陜津之難，以箕撮指，安邑之東，后裳不全。遂有戎寇，雄雌未定，割剥庶民三十餘年。及魏武克平天下，文帝受禪，人衆之損，萬有一存。

又 卷一一《户口考二・歷代户口丁中賦役》 西漢户口至盛之時，率以十户爲四十八口有奇。東漢户口率以十户爲五十二口，可準周之下農夫。

又 卷二七〇《封建考十一・魏封建諸侯王》 按：漢人嘗稱萬户侯，蓋列侯大者多食萬户；魏則雖親王所食未有及萬户者。漢光武封功臣，如鄧、寇輩皆以元功食四縣，范曄猶以爲懲韓、彭之戮，存矯枉之志，故不大其封土，使之得以功名自終。魏則諸王所食不過一縣，蓋封建之制，至曹魏而規模益貶矣。然以天下户口之數考之，西漢盛時至一千餘萬，而魏氏不過六十六萬有奇，蓋郡國所上户口猶不及漢十之一，則宜其分封之户數不能如漢制也。又兩漢户賦輕，而魏、晉以來户賦重，受封者皆食其户賦，則輕者不容不多，而重者不容不少也。《張繡傳》言『時天下户口減耗，十裁一存，諸將封未有滿千户者，』而繡獨以功封二千户，亦一證也。

清・王夫之《讀通鑑論》卷七《後漢安帝二》 延平之詔曰：『郡縣欲獲豐穰之譽，多張墾田，競增户口，不畏於天，不媿於人，自今以後，將糾其罪。』庶幾乎仁者之怒矣。【略】

若夫户口之增，其爲欺謾也尤甚。春秋、戰國之世，列國爭民以相傾，則以小惠誘鄰國之民而歸己，國遂以疆，非四海平康之道也。郡縣之天下，生齒止於其數，人非茂草灌木，蹶然而生，實於此者虚於彼，飛鴻偶有所集，哀鳴更苦，非可藉爲士著也。曷抑問所從來而知增者之爲耗乎？不然，抑將析人父子兄弟而賦及老稚，虐莫甚焉。貪君以爲利，酷吏以爲名，讀延平之詔，知章、和之世，守令之賊民以邀賞者多矣。張伯路之援棘矜而起，非一朝一夕之故也。

清・王鳴盛《十七史商榷》卷三三《後漢書五・總論劉注抵牾》 志尾總論劉注多所抵牾，總論云：『至於孝順，民户九百六十九萬八千六百三十，口四千九百一十五萬二百二十。』注引應劭《漢官儀》曰：『永和中，户至千七十八萬，口五千三百八十六萬九千五百八十八。』永和，孝順帝號也，此數已與大字總論不合，此下又引《帝王世紀》『永嘉元

年，永嘉，沖帝號。『元年』，汲古作『二年』，從義門何校改。户則多九十七萬八千七百七十一，口七百二十一萬六千六百三十六』，『應載極盛之時，而所殊甚衆，捨永嘉多，取永和少，良不可解。皇甫謐校覈精審，復非謬記，未詳孰是』。愚謂志例應載極後，非極盛。永嘉既在後，且又較盛，固應載。或偶得永和籍，不得永嘉亦可，但皇甫謐慣造僞言，爲鬼爲蜮，比應劭更難憑依。劉乃云『校覈精審』，愚矣。此下又引伏无忌所記，永嘉元年户九百九十三萬七千六百八十，口四千九百五十二萬四千一百八十三。按以應劭數皇甫加若干筭，應户一千一百七十五萬八千七百七十一，口六千一百八萬六千二百二十四，又與伏无忌不合。劉昭總爲皇甫謐所誤耳。豈知謐專以夸誕欺人，高祖父太公尚爲製名字，詭妄如此，其言何足信。前所云汲古以元年爲二年，必又是南宋書坊妄改，因數不合，以此彌縫之。

東漢田土分部

綜述

南朝梁·劉昭《續漢書·郡國志五》注　和帝永興元年，【略】墾田七百三十二萬一百七十頃八十畝百四十步。安帝延光四年，【略】墾田六百九十四萬二千八百九十二頃一十三畝八十五步。順帝建康元年，【略】墾田六百八十九萬六千二百七十一頃五十六畝一百九十四步。沖帝永嘉元年，【略】墾田六百九十五萬七千六百七十六頃二十畝百八步。質帝本初元年，【略】墾田六百九十三萬一百二十三頃三十八畝。

《後漢書》卷一《光武帝紀》　（建武五年）是歲，野穀漸少，田畝益廣焉。

又　卷二《明帝紀》　（永平）四年春二月辛亥，詔曰：『朕親耕藉田，以祈農事。京師冬無宿雪，春不燠沐，煩勞羣司，積精禱求。而比再得時雨，宿麥潤澤。其賜公卿半奏。有司勉遵時政，務平刑罰。』【略】

（永平九年）夏四月甲辰，詔郡國以公田賜貧人各有差。

（永平）十三年春二月，帝耕於藉田。【略】夏四月，汴渠成。辛巳，行幸滎陽，巡行河渠。乙酉，詔曰：【略】『今五土之宜，反其正色，濱渠下田，賦與貧人，無令豪右得固其利，庶繼世宗瓠子之作。』

又　卷三《章帝紀》　建初元年春正月，【略】丙寅，詔曰：『比年牛多疾疫，墾田減少，穀價頗貴，人以流亡。方春東作，宜及時務。』【略】

（建初元年）秋七月辛亥，詔以上林池籞田賦與貧人。【略】

（元和元年）二月甲戌，詔曰：【略】『其令郡國募人無田欲徙它界就肥饒者，恣聽之。到在所，賜給公田，爲雇耕傭，賃種餉，貰與田器，勿收租五歲，除筭三年。其後欲還本鄉者，勿禁。』【略】

（元和三年正月）辛丑，帝耕於懷。【略】

（元和三年）二月壬寅，告常山、魏郡、清河、鉅鹿、平原、東平郡太守、相曰：【略】『今肥田尚多，未有墾闢。其悉以賦貧民，給與糧種，務盡地力，勿令游手。所過縣邑，聽半入今年田租，以勸農夫之勞。』

又　卷四《和帝殤帝紀》　（永元五年）二月戊戌，詔有司省減內外廄及涼州諸苑馬。自京師離宮果園上林廣成囿悉以假貧民，恣得採捕，不收其稅。

又　卷五《安帝紀》　（永初元年）二月丙午，以廣成遊獵地及被災郡國公田假與貧民。【略】

（永初三年三月）癸巳，詔以鴻池假與貧民。【略】

（永初三年四月）己巳，詔上林、廣成苑可墾闢者，賦與貧民【略】。

（元初）二年春正月，詔【略】修理西門豹所分漳水爲支渠，以溉民田。

二月【略】辛酉，詔三輔、河內、河東、上黨、趙國、太原各修理舊渠，通利水道，以溉公私田疇。【略】

（元初）三年春正月甲戌，修理太原舊溝渠，溉灌官私田。

又　卷六《順帝紀》　（永建六年）三月辛亥，復伊吾屯田，復置伊吾司馬一人。【略】

（陽嘉元年十二月）庚戌，復置玄菟郡屯田六（郡）［部］。

又　卷八《孝靈帝紀》（中平二年二月）税天下田，畝十錢。

又　卷九《孝獻帝紀》（興平元年二月）丁亥，帝耕于藉田。

又　卷一五《李通傳》（建武）六年夏，領破姦將軍侯進、捕虜將軍王霸等十營擊漢中賊。公孫述遣兵赴救，通等與戰於西城，破之，還屯田順陽。

又　《鄧晨傳》　晨興鴻郤陂數千頃田，汝土以殷，魚稻之饒，流衍它郡。

又　卷一六《鄧訓傳》　燒當豪帥東號稽顙歸死，餘皆款塞納質。於是綏接歸附，威信大行。遂罷屯兵，各令歸郡。惟置馳刑徒二千餘人，分以屯田，爲貧人耕種，修理城郭塢壁而已。

又　卷二〇《王霸傳》（建武）五年春，帝使太中大夫持節拜霸爲討虜將軍。六年，屯田新安。八年，屯［田］函谷關。

又　卷二二《杜茂傳》（建武）七年，詔茂引兵北屯田晉陽、廣武，以備胡寇。【略】茂亦建屯田，驢車轉運。

又　卷二四《馬援傳》　援因將家屬隨悔歸洛陽。居數月而無它職任。援以三輔地曠土沃，而所將賓客猥多，乃上書求屯田上林苑中，帝許之。【略】

是時，朝臣以金城破羌之西，塗遠多寇，議欲棄之。援上言，破羌以西城多完牢，易可依固；其田土肥壤，灌溉流通。如令羌在湟中，則爲害不休，不可棄也。帝然之，於是詔武威太守，令悉還金城客民。歸者三千餘口，使各反舊邑。援奏爲置長吏，繕城郭，起塢候，開導水田，勸以耕牧，郡中樂業。【略】

防兄弟貴盛，奴婢各千人已上，資產巨億，皆買京師膏腴美田。【略】

（章和元年，馬棱）遷廣陵太守。時穀貴民飢，奏罷鹽官，以利百姓，賑貧羸，薄賦税，興復陂湖，溉田二萬餘頃，吏民刻石頌之。

又　卷三一《杜詩傳》（建武）七年，遷南陽太守。【略】又修治陂池，廣拓土田，郡內比室殷足。時人方於召信臣，故南陽爲之語曰：「前有召父，後有杜母。」

又　《張堪傳》　匈奴嘗以萬騎入漁陽，堪率數千騎奔擊，大破之，郡界以靜。乃於狐奴開稻田八千餘頃，勸民耕種，以致殷富。百姓歌曰：「桑無附枝，麥穗兩岐。張君爲政，樂不可支。」

又　卷三二《樊宏傳》（樊重）其營理產業，物無所棄，課役童隸，各得其宜，故能上下戮力，財利歲倍，至乃開廣田土三百餘頃。【略】太后從之，悉以公田賦與貧人。

又　卷四二《濟南安王康傳》　建初八年，肅宗復還所削地，康遂多殖財貨，大修宫室，奴婢至千四百人，廄馬千二百匹，私田八百頃，奢侈恣欲，遊觀無節。

又　卷四三《何敞傳》　又修理鯛陽舊渠，百姓賴其利，墾田增三萬餘頃。吏人共刻石，頌敞功德。

又　卷四四《張禹傳》　徐縣北界有蒲陽坡，傍多良田，而堙廢莫修。禹爲開水門，通引灌溉，遂成孰田數百頃。勸率吏民，假與種糧，親自勉勞，遂大收穀實。鄰郡貧者歸之千餘户，室廬相屬，其下成市。後歲至墾千餘頃，民用温給。

又　卷四七《班勇傳》　延光二年夏，復以勇爲西域長史，將兵五百人出屯柳中。

又　卷五二《崔瑗傳》　歲中舉茂才，遷汲令。在事數言便宜，爲人開稻田數百頃。視事七年，百姓歌之。

又　卷五八《傅燮傳》　燮善恤人，叛羌懷其恩化，並來降附，乃廣開屯田，列置四十餘營。

又　卷七〇《鄭太傳》　家富於財，有田四百頃，而食常不足，名聞山東。

又　卷七三《公孫瓚傳》　興平二年，破瓚於鮑丘，斬首二萬餘級。瓚遂保易京，開置屯田，稍得自支。

又　卷七六《循吏傳·任延》　九眞俗以射獵爲業，不知牛耕，民常告糴交阯，每致困乏。延乃令鑄作田器，教之墾闢。田疇歲歲開廣，百姓充給。

又　《王景傳》　遷廬江太守。先是百姓不知牛耕，致地力有餘而食常不足。郡界有楚相孫叔敖所起芍陂稻田。景乃驅率吏民，修起蕪廢，教用犁耕，由是墾闢倍多，境內豐給。

又　**《秦彭傳》**　建初元年，遷山陽太守。【略】興起稻田數千頃，每于農月，親度頃畝，分別肥塉，差爲三品，各立文簿，藏之鄉縣。於是姦吏局蹐，無所容詐。彭乃上言，宜令天下齊同其制。詔書以其所立條式，班令三府，並下州郡。

又　卷七九下《儒林傳下・楊仁》　拜什邡令。【略】墾田千餘頃。

又　卷八〇上《文苑傳上・黄香》　延平元年，遷魏郡太守。郡舊有内外園田，常與人分種，收穀歲數千斛。香曰：『《田令》「商者不農」，《王制》「仕者不耕」，伐冰食祿之人，不與百姓爭利。』乃悉以賦人，課令耕種。

又　卷八六《西南夷傳》　及王莽政亂，【略】以廣漢文齊爲太守，造起陂池，開通溉灌，墾田二千餘頃。

又　卷八七《西羌傳》　時西海及大、小榆谷左右無復羌寇。隃麋相曹鳳上言：『西戎爲害，前世所患，臣不能紀古，且以近事言之。自建武以來，其犯法者，常從燒當種起。所以然者，以其居大、小榆谷，土地肥美，又近塞内，諸種易以爲非，難以攻伐。南得鍾存以廣其衆，北阻大河因以爲固，又有西海魚鹽之利，緣山濱水，以廣田蓄，故能强大，常雄諸種，恃其權勇，招誘羌胡。今者衰困，黨援壞沮，親屬離叛，餘勝兵者不過數百，亡逃棲竄，遠依發羌。臣愚以爲宜及此時，建復西海郡縣，規固二榆，廣設屯田，隔塞羌胡交關之路，遏絶狂狡窺欲之源。又殖穀富邊，省委輸之役，國家可以無西方之憂。』於是拜鳳爲金城西部都尉，將徙士屯龍耆。後金城長史上官鴻上開置歸義、建威屯田二十七部，侯霸復上置東西邯屯田五部，增留、逢二部，帝皆從之。列屯夾河，合三十四部。【略】

帝乃復三郡。使謁者郭璜督促徙者，各歸舊縣，繕城郭，置候驛。既而激河浚渠爲屯田，省内郡費歲一億計。遂令安定、北地、上郡及隴西、金城常儲穀粟，令周數年。【略】

至陽嘉元年，以湟中地廣，更增置屯田五部，并爲十部。

又　卷八八《西域傳》　（永平）十六年，明帝乃命將帥，北征匈奴，取伊吾盧地，置宜禾都尉以屯田，遂通西域。【略】

（順帝永建）六年，帝以伊吾舊膏腴之地，傍近西域，匈奴資之，以爲鈔暴，復令開設屯田如永元時事，置伊吾司馬一人。

論　説

漢・崔寔《政論》　今青、徐、兖、冀人稠土狹，不足相供，而三輔左右及涼、幽州，内附近郡，皆土曠人稀，厥田宜稼，悉不肯墾發。小人之情，安土重遷，寧就飢餒，無適樂土之慮。故人之爲言瞑也，謂瞑瞑無所知。猶羣羊聚畜，須主者牧養處置，置之茂草則肥澤繁息，置之磽鹵，則零丁耗減。是以景帝六年詔郡、國，令人得去磽狹，就寬肥。至武帝，遂徙關東貧人於隴西、北地、西河、上郡、會稽，凡七十二萬五千口，後加徙猾吏于關内。今宜復遵故事，徙貧人不能自業者于寬地，此亦開草闢土振人之術也。

漢・王符《潛夫論》卷一《務本》　夫用天之道，分地之利，六畜生於時，百物聚於野，此富國之本也。遊業末事，以收民利，此貧邦之原也。忠信謹慎，此德義之基也。虛無譎詭，此亂道之根也。故力田所以富國也。今民去農桑，赴遊業，披采衆利，聚之一門，雖於私家有富，然公計愈貧矣。百工者，所使備器也。器以便事爲善，以膠固爲上。今工好造雕琢之器巧僞飭之，以欺民取賄，雖於姦工有利，而國界愈病矣。商賈者，所以通物也，物以任用爲要，以堅牢爲資。今商競鬻無用之貨、淫侈之幣，以惑民取産，雖於淫商有得，然國計愈失矣。此三者，外雖有勤力富家之私名，然内有損民貧國之公實。故爲政者，明督工商，勿使淫僞，困辱遊業，勿使擅利，寬假本農，而寵遂學士，則民富國平矣。

漢・荀悦《漢紀》卷八《孝文皇帝紀》　荀悦曰：【略】若高帝初定天下，及光武中興之後，民人稀少，立之易矣。就未悉備井田之法，宜以口數占田，爲立科限，民得耕種，不得買賣，以贍民弱，以防兼併，且爲制度張本，不亦宜乎！雖古今異制，損益隨時，然紀綱大略，其致一也。

漢・仲長統《昌言・損益篇》　井田之變，豪人貨殖，館舍布於州郡，田畝連于方國。身無半通青綸之命，而竊三辰龍章之服；不爲編户一伍之長，而有千室名邑之役。榮樂過于封君，勢力侔于守令。財賂自

營，犯法不坐。刺客死士，爲之投命。至使弱力少智之子，被穿帷敗，寄死不斂，冤枉窮困，不敢自理。雖亦由網禁疏闊，蓋分田無限使之然也。今欲張太平之紀綱，立至化之基趾，齊民財之豐寡，正風俗之奢儉，非井田實莫由也。此變有所敗，而宜復者也。【略】

今田無常主，民無常居，吏食日稟，禄班未定。可爲法制，畫一定科，租稅十一，更賦如舊。今者土廣民稀，中地未墾。雖然，猶當限以大家，勿令過制。其地有草者，盡曰官田，力堪農事，乃聽受之。若聽其自取，後必爲姦也。

北魏·賈思勰《齊民要術》卷首《自序》引《昌言》 天爲之時，而我不農，穀亦不可得而取之。青春至焉，時雨降焉，始之耕田，終之簠簋，惰者釜之，勤者鍾之。矧夫不爲，而尚乎食也哉？

清·王夫之《讀通鑑論》卷七《後漢安帝二》 墾田之不足爲守令功，不待再思而知也。田蕪而思墾之，民之不能一夕安寢而忘焉者，而特力不足耳。其能墾與，吏雖窳，不能奪也；其不能墾矣，吏雖勤，不能勸也。病而不甘食者，慈父不能得之於子，無亦防其強食而噎焉耳。必欲勸之墾也，則無如任其墾而姑不以聞之縣官也。張墾田而民愈不敢墾，欺天罔人，毒流原野而田終以蕪，國終以貧，此孝宣之世，竊循吏之名者，禍之所延，而貪君利之，糾以罰面害其弭乎！

藝文

宋·于石《紫巖詩選》卷三《白沙昭利廟》 按《東陽志》：神姓盧，漢輔國大將軍也。擒赤眉，誅新莽，與有功焉。後歲旱，夢于吳王，俾決白沙堰水，溉田數千頃，民至今賴之。百戰收功老故山，寒溪怒湧白沙泉。雲臺不與四七將，廟食何傳千萬年。香冷誰能燃漢火，水流空自溉吳田。愚民不識前朝事，浪説神能駕鐵船。

明·唐之淳《唐愚士詩》卷一《沙場曲》 沙場千里平如席，中有黄沙圍古磧。一自承平二十年，漢家不種邊城田。田荒地虚煙火歇，荒塚麒麟望秋月。今年五月漢兵來，氣吞瀚海聲如雷。聲如雷，敵可卻，壯士齊歌白翎雀。白翎雀，四海平，玉門無壘黄河清，男耕女織休甲兵。

皇帝制度總部

帝系部

秦帝系分部

綜　述

《史記》卷五《秦本紀》　（莊襄王四年）五月丙午，莊襄王卒，子政立，是爲秦始皇帝。唐司馬貞《索隱》曰：十三而立，立三十七年崩，葬酈山。

秦王政立二十六年，初并天下爲三十六郡，號爲始皇帝。始皇帝五十一年而崩，子胡亥立，是爲二世皇帝。三年，諸侯並起叛秦，趙高殺二世，立子嬰。子嬰立月餘，諸侯誅之，遂滅秦。

又　卷六《秦始皇本紀》　秦始皇帝者，秦莊襄王子也。莊襄王爲秦質子於趙，見呂不韋姬，悦而取之，生始皇。以秦昭王四十八年正月生於邯鄲。及生，名爲政，姓趙氏。年十三歲，莊襄王死，政代立爲秦王。

始皇享國三十七年。葬酈邑。生二世皇帝。始皇生十三年而立。

二世皇帝元年，年二十一。

二世皇帝享國三年。【略】二世生十二年而立。南朝宋裴駰《集解》徐廣曰：「本紀云二十一。」

（二世三年八月，趙高）立二世之兄子公子嬰爲秦王。

子嬰爲秦王四十六日，楚將沛公破秦軍入武關，遂至霸上，使人約降子嬰。子嬰即係頸以組，白馬素車，奉天子璽符，降軹道旁。沛公遂入咸陽，封宮室府庫，還軍霸上。居月餘，諸侯兵至，項籍爲從長，殺子嬰及秦諸公子宗族。

《漢書》卷二一下《律曆志下》　始皇，《本紀》即位三十七年。二世，《本紀》即位三年。

宋·司馬光《稽古録》卷一一　始皇三十七年，二世三年。

元·馬端臨《文獻通考》卷二五〇《帝系考一·帝號歷年》　秦始皇，伯翳之後，莊襄王之子，母呂不韋姬，姓嬴氏，名政。以周亡後九年甲寅嗣立爲秦王，立二十七年庚辰，盡滅六國，稱始皇帝，後十二年辛卯崩。

二世皇帝，名胡亥，始皇少子。以壬辰嗣立，三年甲午，爲趙高所弒，立二世兄子嬰。乙未，漢高祖入秦，子嬰降，秦亡。

清·孫楷《秦會要》卷一《世系一》　始皇帝諱政，莊襄王子也。立時年十二。三年，初并天下，爲三十六郡，號爲始皇帝。三十七年七月丙寅，崩於沙丘平臺。

二世皇帝，諱胡亥，始皇帝子也。始皇崩於外，用趙高計，詐爲李斯受始皇遺詔沙丘，立爲太子。至咸陽，即皇帝位。時年十二。三年，諸侯並起叛秦。時趙高用事，二世責讓高。高懼，乃謀殺二世，使閻樂即二世數曰：「足下驕瓷，誅殺無道，天下共畔足下，其自爲計！」二世曰：「丞相可得見否？」樂曰：「不可。」二世曰：「吾願得一郡爲主。」弗許。又曰：「願爲萬户侯。」弗許。曰：「願與妻子爲黔首，比諸公子。」閻樂曰：「臣受命於丞相，爲天下誅足下。足下雖多言，臣不敢報。」麾其兵進，二世自殺，以黔首葬之。

子嬰，二世兄子也。趙高既殺二世，【略】立子嬰爲王。【略】子嬰爲秦王，四十六日，沛公破秦軍，入武關，遂至霸上，使人約降子嬰。子嬰即係頸以組，白馬素車，奉天子璽符，降軹道旁。沛公入咸陽，封宮室府庫，還軍霸上，以子嬰屬吏。居月餘，諸侯兵至，項籍爲從長，殺子嬰及秦諸公子宗族，遂屠咸陽，燒其宮室，虜其子女，收其珍寶貨財，諸王共分之。秦滅之後，分其地爲三，曰雍王、塞王、翟王，名曰三秦。後五年，天下定於漢。

論　説

漢·賈誼《新書》卷一《過秦上事勢》　天下已定，始皇之心，自

以爲關中之固，金城千里，子孫帝王萬世之業也。【略】秦以區區之地，致萬乘之勢，序八州而朝同列，百有餘年矣。然後以六合爲家，崤函爲宮。一夫作難而七廟隳，身死人手，爲天下笑者，何也？仁義不施，攻守之勢異也。

又《過秦下事勢》 秦二世立，天下莫不引領而觀其政，夫寒者利裋褐而飢者甘糟糠。天下囂囂，新主之資也。此言勞民之易爲仁也。鄉使二世有庸主之行而任忠賢，臣主一心而憂海內之患，縞素而正先帝之過；裂地分民以封功臣之後，建國立君以禮天下；虛囹圄而免刑戮，去收孥汙穢之罪，使各反其鄉里；發倉廩，散財幣，以振孤獨窮困之士；輕賦少事，以佐百姓之急；約法省刑，以持其後，使天下之人皆得自新，更節修行，各慎其身；塞萬民之望，而以盛德與天下，天下息矣。即四海之內，皆歡然各自安樂其處，唯恐有變。雖有狡害之民，無離上之心，則不軌之臣無以飾其智，而暴亂之姦弭矣。二世不行此術，而重以無道：壞宗廟與民，更始作阿房之宮；繁刑嚴誅，吏治刻深；賞罰不當，賦斂無度。天下多事，吏不能紀；百姓困窮，而主不收卹。然後姦僞並起，而上下相遁；蒙罪者衆，刑僇相望於道，而天下苦之。自羣卿以下至於衆庶，人懷自危之心，親處窮苦之實，咸不安其位，故易動也。是以陳涉不用湯、武之賢，不藉公侯之尊，奮臂於大澤，而天下嚮應者，其民危也。【略】秦王足己而不問，遂過而不變。二世受之，因而不改，暴虐以重禍。子嬰孤立無親，危弱無輔。三主之惑，終身不悟，亡不亦宜乎？

《漢書》卷五一《賈山傳》 秦皇帝曰：死而以謚法，是父子名號有時相襲也，以一至萬，則世世不相復也，故死而號曰始皇帝，其次曰二世皇帝者，欲以一至萬也。秦皇帝計其功德，度其後嗣，世世無窮，然身死纔數月耳，天下四面而攻之，宗廟滅絶矣。秦皇帝居滅絶之中而不自知者，何也？天下莫敢告也。其所以莫敢告者，何也？亡養老之義，亡輔弼之臣，亡進諫之士，縱恣行誅，退誹謗之人，殺直諫之士，是以道諛偷合苟容，比其德則賢於堯舜，課其功則賢於湯武，天下已潰而莫之告也。《詩》曰：『匪言不能，胡此畏忌，聽言則對，譖言則退。』此之謂也。

清·嚴可均《全三國文》卷二〇《魏二十·曹冏〈六代論〉》 論曰：昔夏、殷、周歷世數十，而秦二世而亡，何則？三代之君，與天下共其民，故天下同其憂。秦王獨制其民，故傾危而莫救。夫與民共其樂者，人必憂其憂；與民同其安者，人必拯其危。先王知獨治之不能久也，故與人共治之；知獨守之不能固也，故與人共守之。兼親疏而兩用，參同異而並建，是以輕重足以相鎮，親疏足以相衛，幷兼路塞，逆節不生。及其衰也，桓文帥禮，苞茅不貢，齊師伐楚，宋不城周。晉戮其宰，王綱弛而復張，諸侯傲而復肅。二霸之後，浸以陵遲，吳楚憑江，負固方城，雖心希九鼎，而畏迫宗姬。姦情散於胸懷，逆謀消於脣吻，斯豈非信重親戚，任用賢能，枝葉碩茂，本根賴之與？自此之後，轉相攻伐。吳幷於越，晉分爲三，魯滅於楚，鄭兼於韓。暨於戰國，諸姬微矣，惟燕衛獨存，然皆弱小。西迫强秦，南畏齊楚，憂懼滅亡，匪遑相恤。至於王赧，降爲庶人，猶枝幹相持，得居虛位。海內無主，四十餘年。

秦據勢勝之地，騁譎詐之術，征伐關東，蠶食九國。至於始皇，乃定天位，曠日若彼，用力若此，豈非深固根蔕，不拔之道乎？《易》曰：『其亡其亡，繫于苞桑。』周德其可謂當之矣。秦觀周之弊，將以爲小弱見奪，於是廢五等之爵，立郡縣之官，棄禮樂之教，任苛刻之政，子弟無尺寸之封，功臣無立錐之地，內無宗子以自毗輔，外無諸侯以爲藩衛，仁心不加于親戚，惠澤不流於枝葉，譬猶芟刈股肱，獨任胸腹，浮舟江海，捐棄楫棹。觀者爲之寒心，而始皇晏然，自以爲關中之固，金城千里，子孫帝王萬世之業也，豈不悖哉！

是時淳于越諫曰：『臣聞殷周之王，分子弟功臣千有餘城。今陛下君有海內，而子弟爲匹夫，卒有田常六卿之臣，而無輔弼，何以相救？事不師古而能長久者，非所聞也。』始皇聽李斯偏説而絀其議，至於身死之日，無所寄付，委天下之重於凡夫之手，托廢立之命於姦臣之口，至令趙高之徒，誅鋤宗室。胡亥少習刻薄之教，長遭凶父之業，不能改制易法，寵任兄弟，而乃師謨申商，諮謀趙高，自幽深宮，委政讒賊，身殘望夷，求爲黔首，豈可得哉！遂乃郡國離心，衆庶潰叛，勝廣倡之於前，劉項斃之于後。向使始皇納淳于之策，抑李斯之論，割裂州國，分王子弟，封三代之後，報功臣之勞，士有常君，民有定主，枝葉相扶，首尾爲用，雖使子孫有失道之行，時人無湯武之賢，姦謀未發而身已屠戮，何區區之陳

項，而復得措其手足哉！

清・董誥等《全唐文》卷一四三《李百藥〈封建論〉》　咸云周過其數，秦不及期。【略】秦氏背師古之訓，棄先王之道，踐華恃險，罷侯置守，子弟無尺土之邑，兆庶罕共理之憂，故一夫號呼，七廟隳圮。

宋・司馬光《稽古録》卷一一　臣光曰：『孔子曰：知及之，仁不能守之；雖得之，必失之。』秦之謂矣！善夫賈生之言曰：『秦以區區之地，千乘之權，招八州而朝同列，百有餘年，然後以六合爲家，殽、函爲宮；一夫作難而七廟隳，身死人手，爲天下笑者，何也？仁義不施，而攻守之勢異也。』

宋・蘇轍《欒城應詔集》卷一《秦論》　秦人居諸侯之地，而有萬乘之志，侵辱六國，斬伐天下，不數十年之間，而得志於海内。至其後世，再傳而遂亡。劉季起於匹夫，斬艾豪傑，蹙秦誅楚，以有天下，而其子孫，數十世而不絶。蓋秦、漢之事，其所以起者不同，而其所以取之者無以相遠也。

然劉、項奮臂於閭閻之中，率天下蜂起之兵，西嚮以攻秦，無一成之聚，一夫之衆，驅罷弊適戍之人，以求所非望，得之則生，失之則死。以匹夫而圖天下，其勢不得不疾戰以趨利，是以冒萬死求一生而不顧。今秦擁千里之地，而乘累世之業，雖閉關而守之，畜威養兵，拊循士民，而諸侯誰敢謀秦？覵天下之釁，而後出兵以乘其弊，天下夫誰敢抗？而惠文、武昭之君，乃以萬乘之資，而用匹夫所以圖天下之勢，疾戰而不顧其後，此宜其能以取天下，而亦能以亡之也。夫劉、項之勢，天下皆非吾有，起於草莽之中，因亂而爭之，故雖馳天下之人，以爭一旦之命，而民猶有待於戡定，以息肩於此。故以疾戰定天下，天下既安，而下無背叛之志。

若夫六國之際，諸侯各有分地，而秦乃欲以力征，强服四海，不愛先王之遺黎，第爲子孫之謀，而竭其力以爭鄰國之利，六國雖滅，而秦民之心已散矣。故秦之所以謀天下者，匹夫特起之勢，而非所以承祖宗之業以求其不失者也。昔者嘗聞之：周人之興數百年，而後至於文、武。文、武之際，三分天下而有其二，然商之諸侯猶有所未服，紂之衆未可以不擊而自解也。故以文、武之賢，退而修德，以待其自潰。誠以爲后稷、公劉、太王、王季勤勞不懈，而後能至於此。故其發之不可輕，而用之有時也。

嗟夫！秦人舉累世之資，一用而不復惜，其先王之澤，已竭於取天下，而尚欲求以爲國，亦已惑矣。

宋・陳傅良《止齋集》卷二五《奏事劄子》　苟得人心，雖其父不能以天下私諸人，啓是也。秦人自以爲萬世有天下，死而號曰始皇帝，其次曰二世，欲以一至萬也，然身死纔數月耳，天下四面而攻之，宗廟滅絶矣。故曰：苟失人心，雖其父不能以天下私其子，胡亥是也。

明・張寧《方洲集》卷二七《讀史録・秦始皇十年》　秦之遭禍於客屢矣。【略】其宗室大臣議欲逐客，實有所繇，李斯竟以客卿上書諫止，是豈忠於爲秦哉？顧乃自爲之地也。斯既召復，又恐人躡後而勝己，於是一舉而譖殺韓非，再舉而焚書坑儒，三舉而矯詔以殺太子，則其酷烈不仁，甚於逐客，奚止倍萬！此秦之所以窮極暴虐，二世而亡者，又皆客斯之禍也。秦之始終，皆爲客敗，是固天道使然而，異術曲學之不可以開國承家也，亦明矣。

明・馮從吾《少墟集》卷一四《論荀卿〈非十二子〉》　嗚呼！卿一非思孟，而李斯遂焚書坑儒，以促秦二世之亡。非學而遂以亡人之國也，學可非乎哉？禍秦者斯，而禍斯者卿也。此古今治亂得失之林也。

清・王夫之《讀通鑑論》卷一《秦始皇》　秦始皇之宜短祚也不一，而莫甚於不知人。非其不察也，惟其好諛也。託國于趙高之手，雖中主不足以存，況胡亥哉！漢高之知周勃也，宋太祖之任趙普也，未能已亂而足以不亡。建文立而無託孤之舊臣，則兵連禍結而尤爲人倫之大變。徐達、劉基有一存焉，奚至此哉？雖然，國祚之所以不傾者，無諛臣也。

清・陳廷敬《午亭文編》卷三二《秦論》　余覽秦事而歎其先世之無道，所從來久矣。惟天生民，弗能自理，建後王君公以爲民上，俾獲遂其生養，以全安其性命而已。或不得已，有刑誅兵革之事，猶非天心之所忍，故先王尤以不忍之意行之。秦起西垂，習用故俗，法最慘刻，然至取無罪之人而迫之以從其死，此果何理也哉？孔子曰：『始作俑者，其無後乎？』俑象人而用之，孔子以爲無後，至於用生人當如何耶？武公從死者六十六人，繆公從死者百七十七人，其良臣子，車氏三人，奄息、仲

行、鍼虎，秦人哀之。黄鳥之詩，所爲作也。【略】至於始皇之葬，後宮非有子者，皆令從死，死者甚衆。葬既已下，或言工匠爲機藏，皆知之，於是盡閉工匠藏者，無復出者，則其殘殺不辜，愈益甚矣。然以始皇之强，纔及二世而絶，孰謂非天道耶？故自三代以來，不仁而得天下者，有之矣；不仁而守天下者，未之有也。

藝文

宋・張邦基《墨莊漫録》卷九《劉棐〈咸陽〉》 玉殿珠樓二世中，楚人一炬逐煙空。卻緣火是秦人火，只與焚書一樣紅。

宋・王十朋《梅溪前集》卷一〇《詠史詩・二世》 始皇一怒逐扶蘇，天欲亡秦果在胡。翻被四方黔首笑，不分鹿馬是誰愚。

宋・楊簡《慈湖遺書》卷六《歷代詩・秦》 始皇繼周稱皇帝，傳子胡亥爲二世。子嬰灞上降漢王，四十餘年非久計。

宋・陳普《石堂先生遺集》卷一五《歷代傳授歌》 秦帝始皇太暴虐，位傳二世而已矣。

《全宋詩》卷三〇七九《劉克莊〈秦紀〉》 土廣曾吞九雲夢，民勞因起一阿房。人皆憐楚三户在，天獨知秦二世亡。

元・葉顒《樵雲獨唱》卷四《讀秦始皇紀》 衡石稽程了萬幾，日斜猶未下丹墀。巡南築北關防盡，禍起蕭牆卻不知。

明・林弼《林登州集》卷五《秦皇廟》 往事悠悠逐海波，荒祠寂寂寄巖阿。三神山下仙舟遠，萬里城邊戰骨多。東魯尚存周禮樂，西秦空壯漢山河。早知二世能移祚，崖石書功不用磨。

清・陳元龍等《御定歷代賦彙補遺》卷一四《〔漢〕司馬相如〈弔秦二世賦〉》 登陂陁之長坂，入曾宮之嵯峨。臨曲江之隑洲，望南山之參差。巖巖深山之谾谾兮，通穀豁兮谽谺。汩淢靸以永逝兮，注平皋之廣衍。觀衆樹之蓊鬱兮，覽竹林之榛榛。東馳土山兮，北揭石瀨。弭節容與兮，歷弔二世。持身不謹兮，亡國失埶。信讒不悟兮，宗廟滅絶。嗚呼。操行之不得，墳墓蕪穢而不修兮，魂亡歸而不食。

西漢帝系分部

綜述

《漢書》卷二一下《律曆志下》 漢高祖皇帝，【略】即位十二年。

惠帝，【略】即位七年。

高后，【略】即位八年。

文帝，【略】即位二十三年。

景帝，【略】即位十六年。

武帝，【略】即位五十四年。

昭帝，【略】即位十三年。

宣帝，【略】即位二十五年。

元帝，【略】即位十六年。

成帝，【略】即位二十六年。

哀帝，【略】即位六年。

平帝，【略】即位十四年。

更始帝，【略】以漢宗室滅王莽，即位二年。赤眉賊立宗室劉盆子，滅更始帝。自漢元年訖更始二年，凡二百三十歲。

漢・蔡邕《獨斷》卷下 高帝在位十二年，生惠帝。

惠帝七年，無後。

呂后攝政八年，立惠帝，弟代王爲文帝。

文帝二十三年，生景帝。

景帝十六年，生武帝。

武帝五十四年，生昭帝。

昭帝十三年，無後，立元衛太子孫爲宣帝。

宣帝二十五年，生元帝。

元帝十六年，生成帝。

成帝二十六年，無後，立弟定陶王子爲哀帝。

哀帝五年，無後，立中山王子爲平帝。

平帝五年，王莽篡。

王莽十六年，劉聖公殺之。

聖公二年，光武殺之。

從高帝至桓帝三百八十六年，除王莽、劉聖公，三百六十六年，從高祖乙未至今壬子歲，四百一十年。呂后、王莽不入數，高帝以甲午歲卽位，以乙未爲元。

晉・皇甫謐《帝王世紀・前漢》　前漢十二帝：高祖一，惠帝二，高后三，文帝四，景帝五，武帝六，昭帝七，宣帝八，元帝九，成帝十，哀帝十一，平帝十二。王莽立孺子嬰，居攝三年，篡位十二年，更始立二年。自高祖元年至更始二年，凡得二百三十年。

宋・徐天麟《西漢會要》卷一《帝系一・帝號》　太祖高皇帝諱邦，【略】字季，沛豐邑中陽里人，姓劉氏，母媪，後追尊曰昭靈后。高祖爲人，隆準而龍顔，美鬚髯，左股有七十二黑子，寬仁愛人，意豁如也，及壯，試吏爲泗上亭長。秦二世元年，立爲沛公。漢元年，立爲漢王。五年二月甲午，卽皇帝位於汜水之陽。十二年夏四月甲辰，帝崩於長樂宮。五月丙寅，葬長陵。【略】

孝惠皇帝諱盈，【略】高祖太子也。母曰呂皇后。帝年五歲，高祖初爲漢王。二年，立爲太子，五年，爲皇太子。十二年四月，高祖崩，五月丙寅，卽皇帝位，明年改元，七年秋八月戊寅，帝崩於未央宮。九月辛丑，葬安陵。著《紀》七年，壽二十四。

高皇后呂氏諱雉，【略】父單父人，呂公，好相人，見高祖狀貌，因重敬之，呂公曰：『臣少好相人，相人多矣，無如季相，願季自愛，臣有息女，願爲箕帚妾。』呂媪怒呂公曰：『公始常欲奇此女與貴人，沛令善公，求之不與，何自妄許與劉季？』呂公曰：『此非兒女子所知。』卒與高祖。生孝惠帝、魯元公主。高帝五年，尊王后曰皇后。惠帝卽位，尊爲皇太后。太后立帝姊魯元公主女爲皇后，無子，取後宮美人子名之，以爲太子。惠帝崩，太子立爲皇帝，年幼，太后臨朝稱制。四年，少帝自知非皇后子，出怨言，皇太后幽之永巷。五月丙辰，立常山王宏爲皇帝。八年七月辛巳，皇太后崩于未央宮。既誅諸呂，大臣相與陰謀，以爲少帝及三弟爲王者皆非孝惠子，復共誅之。著《紀》八年。

太宗孝文皇帝諱恒，【略】高祖中子也。母曰薄姬。高祖十一年，立爲代王。十七年秋，高后崩，張晏曰：代王之十七年也。大臣迎代王入代邸，羣臣從至，上議曰：『丞相陳平等再拜，言：「大王足下，子宏等皆非孝惠皇帝子，不當奉宗廟，大王高皇帝子，宜爲嗣。願大王卽天子位。」』代王西鄉遜者三，南鄉遜者再。丞相平等奉天子璽符再拜上，代王遂卽天子位。後七年夏六月己亥，帝崩于未央宮。乙巳葬霸陵。著《紀》二十三年，壽四十六。

孝景皇帝諱啓，【略】文帝太子也，母曰竇皇后。文帝元年正月，立爲皇太子。後七年六月，文帝崩。丁未，卽皇帝位。後三年正月甲子，帝崩于未央宮。二月癸酉葬陽陵。著《紀》十六，年壽四十八。

世宗孝武皇帝諱徹，【略】景帝中子也。母曰王美人。年四歲，立爲膠東王，七歲爲皇太子。十六歲後三年正月，景帝崩。甲子，太子卽皇帝位。後元二年二月丁卯，帝崩于五柞宮。著《紀》五十四，年壽七十一。

孝昭皇帝諱弗陵，【略】武帝少子也。母曰趙倢伃。武帝後元二年二月，立爲皇太子，年八歲。以侍中奉車都尉霍光爲大司馬大將軍，受遺詔，輔少主。明日，武帝崩。戊辰，太子卽皇帝位。元鳳四年，帝加元服。元平元年夏四月癸未，帝崩于未央宮。著《紀》十三，年壽二十一。

中宗孝宣皇帝諱詢，【略】武帝曾孫，戾太子孫也。太子納史良娣，生史皇孫。皇孫納王夫人，生宣帝，號曰皇曾孫。生數月，遭巫蠱事，太子良娣、皇孫、王夫人皆遇害，曾孫雖在繈褓，猶坐收繫郡邸獄。丙吉爲廷尉監，曾孫賴吉得全。因遭大赦，有詔掖庭養視，上屬籍宗正。元平元年四月，昭帝崩，無嗣，大將軍霍光請皇后召昌邑王。六月，王受皇帝璽綬。癸巳，光奏王賀淫亂，請廢，太后詔曰可。光奏議曰：『孝武帝曾孫病已，潛邸名也。操行節儉，慈仁愛人，可以嗣孝昭皇帝後。』奏可。宗正德至曾孫尚冠里舍，洗沐，賜御府衣，太僕以令獵車奉迎曾孫。庚申，入未央宮，見皇太后，封爲陽武侯。已而羣臣奉上璽綬，卽皇帝位。元康二年，詔更諱詢。黃龍元年冬十二月甲戌，帝崩于未央宮。著《紀》二十五，年壽四十三。

高宗孝元皇帝諱奭，【略】宣帝太子也。母曰恭哀許皇后。宣帝微時，

生民間。年二歲，宣帝卽位。八歲，立爲太子。黃龍元年十二月，宣帝崩。癸巳，太子卽皇帝位。竟寧元年夏五月壬辰，帝崩于未央宮，秋七月丙戌，葬渭陵。著《紀》十六，年壽四十三。

孝成皇帝諱驁，【略】元帝太子也。母曰王皇后。元帝在太子宮生甲觀畫堂，爲世嫡皇孫。宣帝愛之，字曰太孫。年三歲而宣帝崩。元帝卽位，帝爲太子。竟寧元年五月，元帝崩。六月己未，太子卽皇帝位。綏和二年三月丙戌，帝崩于未央宮。葬延陵。著《紀》二十六，年壽四十六。

孝哀皇帝諱欣，【略】元帝庶孫定陶恭王子也。母曰丁姬。年三歲，嗣立爲王。綏和元年，立爲皇太子。綏和二年三月，成帝崩。四月丙午，太子卽皇帝位。元壽二年六月戊午，帝崩于未央宮。著《紀》六，年壽二十六。

孝平皇帝諱衎，【略】元帝庶孫中山孝王子也，母曰衛姬。年三歲，嗣立爲王，元壽二年六月，哀帝崩，太皇太后遣車騎將軍王舜、大鴻臚左咸使持節迎中山王。九月辛酉，中山王卽皇帝位。帝年九歲，太皇太后臨朝，大司馬莽秉政，百官總己以聽於莽。元始二年，更名，平帝本名箕子，今更名衎。告祠高廟。五年十二月丙午，帝崩于未央宮。《漢》注云：帝春秋益壯，以母衛太后故怨不悅，莽自知益疏，篡弒之謀由是生，因到臘日，置藥酒中弒帝。有司議曰：『禮，臣不殤君。皇帝年十有四歲，宜以禮斂加元服。』著《紀》五，年壽十有四。

元・馬端臨《文獻通考》卷二五〇《帝系考一・帝號歷年》 漢太祖高皇帝，沛豐邑中陽里人，姓劉氏，名邦，父太公，母媼。以秦二世元年壬辰年三十起兵，爲沛公。乙未，入關滅秦，爲漢王。五年己亥，滅項籍，卽皇帝位，都長安，十二年，丙午崩，壽五十三。

孝惠皇帝名盈，高祖太子，母呂后。以丁未嗣立，時年十七，在位七年，癸丑崩，壽二十四。呂太后取後宮子以爲帝子立之。太后臨朝稱制，九年。辛酉，呂后崩，諸呂作亂，大臣誅之，立文帝。

太宗孝文皇帝名恆，高祖中子，母薄姬。年五歲，立爲代王。二十三歲辛酉，太尉周勃等迎立爲皇帝，在位二十三年。甲申崩，壽四十六。

孝景皇帝名啓，文帝太子，母竇皇后。三十二歲乙酉嗣立，在位十六年。庚子崩，壽四十八。

世宗孝武皇帝名徹，景帝中子，母王美人。十六歲嗣立，在位五十四年。甲午崩，壽七十一。

孝昭皇帝名弗陵，武帝少子，母趙倢伃。八歲乙未嗣立，在位十三年。丁未崩，壽二十二。

中宗孝宣皇帝名詢，武帝曾孫、戾太子孫史皇孫子，母王夫人。昭帝崩，無嗣，大將軍霍光立昌邑王賀。賀無道，廢之，更立帝，時年十八。丁未嗣立，在位二十五年。壬申崩，壽四十三。

高宗孝元皇帝名奭，宣帝太子，母許皇后。年二十七，癸酉嗣立，在位十六年。戊子崩，壽四十三。

孝成皇帝名驁，元帝太子，母王皇后。年二十，己丑嗣立，在位二十六年。甲寅崩，壽四十六。

孝哀皇帝名欣，元帝庶孫，定陶恭王子，母丁姬。成帝無子，立爲太子。年二十乙卯嗣立，在位六年。庚申崩，壽二十六。

孝平皇帝名衎，元帝庶孫，中山孝王子，母衛姬。哀帝崩，無子，太皇太后遣使迎立之。年九歲，辛酉嗣立，在位五年。乙丑，爲王莽所鴆崩，壽十四。

王莽立孺子嬰自爲『攝皇帝』，三年，至戊辰，莽篡位。

右：西漢十二帝，共二百一十四年，始乙未，盡戊辰。王莽以己巳篡位，稱新室，十五年。癸未，爲漢兵所誅。淮陽王劉元立二年，爲赤眉所滅。莽、元共十六年。

論說

《漢書》卷一下《高帝紀贊》 《春秋》晉史蔡墨有言：『陶唐氏既衰，其後有劉累，學擾龍，事孔甲，范氏其後也。』而大夫范宣子亦曰：『祖自虞以上爲陶唐氏，在夏爲御龍氏，在商爲豕韋氏，在周爲唐杜氏，晉主夏盟爲范氏。』范氏爲晉士師，魯文公世奔秦。後歸於晉，其處者爲劉氏。劉向云戰國時劉氏自秦獲於魏。秦滅魏，遷大梁，都于豐，故周市說雍齒曰：『豐，故梁徙也。』是以頌高祖云：『漢帝本系，出自唐帝。降及于周，在秦作劉。涉魏而東，遂爲豐公。』豐公，蓋太上皇父。

其遷日淺，墳墓在豐鮮焉。及高祖即位，置祠祀官，則有秦、晉、梁、荊之巫，世祠天地，綴之以祀，豈不信哉！由是推之，漢承堯運，德祚已盛，斷蛇著符，旗幟上赤，協於火德，自然之應，得天統矣。

又　卷二《惠帝紀贊》　孝惠內修親親，外禮宰相，優寵齊悼、趙隱，恩敬篤矣。聞叔孫通之諫則懼然，納曹相國之對而心説，可謂寬仁之主。遭呂太后虧損至德，悲夫！

又　卷三《高后紀贊》　孝惠、高后之時，海內得離戰國之苦，君臣俱欲無爲，故惠帝拱己，高后女主制政，不出房闥，而天下晏然，刑罰罕用，民務稼穡，衣食滋殖。

又　卷四《文帝紀贊》　孝文皇帝即位二十三年，宮室、苑囿、車騎、服御無所增益。有不便，輒弛以利民。嘗欲作露臺，召匠計之，直百金。上曰：『百金，中人十家之產也。吾奉先帝宮室，常恐羞之，何以臺爲！』身衣弋綈，所幸慎夫人衣不曳地，帷帳無文繡，以示敦樸，爲天下先。治霸陵，皆瓦器，不得以金、銀、銅、錫爲飾，因其山，不起墳。南越尉佗自立爲帝，召貴佗兄弟，以德懷之，佗遂稱臣。與匈奴結和親，後而背約入盜，令邊備守，不發兵深入，恐煩百姓。吳王詐病不朝，賜以几杖。羣臣袁盎等諫説雖切，常假借納用焉。張武等受賂金錢，覺，更加賞賜，以愧其心。專務以德化民，是以海內殷富，興於禮義，斷獄數百，幾致刑措。嗚呼，仁哉！

又　卷五《景帝紀贊》　孔子稱『斯民，三代之所以直道而行也』，信哉！周、秦之敝，罔密文峻，而姦軌不勝。漢興，掃除煩苛，與民休息。至於孝文，加之以恭儉，孝景遵業，五六十載之間，至於移風易俗，黎民醇厚。周云成、康，漢言文、景，美矣！

又　卷六《武帝紀贊》　漢承百王之弊，高祖撥亂反正，文、景務在養民，至於稽古禮文之事，猶多闕焉。孝武初立，卓然罷黜百家，表章《六經》。遂疇咨海內，舉其俊茂，與之立功。興太學，修郊祀，改正朔，定曆數，協音律，作詩樂，建封禪，禮百神，紹周後，號令文章，煥焉可述。後嗣得遵洪業，而有三代之風。如武帝之雄材大略，不改文、景之恭儉以濟斯民，雖《詩》、《書》所稱，何有加焉！

又　卷七《昭帝紀贊》　昔周成以孺子繼統，而有管、蔡四國流言之變。孝昭幼年即位，亦有燕、蓋、上官逆亂之謀。成王不疑周公，孝昭委任霍光，各因其時以成名，大矣哉！承孝武奢侈餘敝師旅之後，海內虛耗，户口減半，光知時務之要，輕繇薄賦，與民休息。至始元、元鳳之間，匈奴和親，百姓充實。舉賢良、文學，問民所疾苦，議鹽、鐵而罷榷酤，尊號曰『昭』，不亦宜乎！

又　卷八《宣帝紀贊》　孝宣之治，信賞必罰，綜核名實，政事、文學、法理之士咸精其能，至於技巧、工匠、器械，自元、成間鮮能及之，亦足以知吏稱其職，民安其業也。遭值匈奴乖亂，推亡固存，信威北夷，單于慕義，稽首稱藩。功光祖宗，業垂後嗣，可謂中興，侔德殷宗、周宣矣！

又　卷九《元帝紀贊》　臣外祖兄弟爲元帝侍中，語臣曰：元帝多材藝，善史書。鼓琴瑟，吹洞簫，自度曲，被歌聲，分刌節度，窮極幼眇。少而好儒，及即位，徵用儒生，委之以政，貢、薛、韋、匡迭爲宰相。而上牽制文義，優遊不斷，孝宣之業衰焉。然寬弘盡下，出於恭儉，號令温雅，有古之風烈。

又　卷一〇《成帝紀贊》　臣之姑充後宮爲倢伃，父子昆弟侍帷幄，數爲臣言：成帝善修容儀，升車正立，不內顧，不疾言，不親指，臨朝淵嘿，尊嚴若神，可謂穆穆天子之容者矣！博覽古今，容受直辭。公卿稱職，奏議可述。遭世承平，上下和睦。然湛于酒色，趙氏亂內，外家擅朝，言之可爲於邑。建始以來，王氏始執國命，哀、平短祚，莽遂篡位，蓋其威福所由來者漸矣！

又　卷一一《哀帝紀贊》　孝哀自爲藩王及充太子之宮，文辭博敏，幼有令聞。睹孝成世祿去王室，權柄外移，是故臨朝婁誅大臣，欲强主威，以則武、宣。雅性不好聲色，時覽卞射武戲。即位痿痹，末年寖劇，饗國不永，哀哉！

又　卷一二《平帝紀贊》　孝平之世，政自莽出，褒善顯功，以自尊盛。觀其文辭，方外百蠻，亡思不服；休徵嘉應，頌聲並作。至乎變異見於上，民怨於下，莽亦不能文也。

又　卷九九下《王莽傳贊》　王莽始起外戚，折節力行，以要名譽，宗族稱孝，師友歸仁。及其居位輔政，成、哀之際，勤勞國家，直道而

行，動見稱述。豈所謂『在家必聞，在國必聞』，『色取仁而行違』者邪？莽既不仁而有佞邪之材，又乘四父歷世之權，遭漢中微，國統三絕，而太后壽考爲之宗主，故得肆其姦慝，以成篡盜之禍。推是言之，亦天時，非人力之致矣。及其竊位南面，處非所據，顛覆之勢險於桀、紂，而莽晏然自以黄、虞復出也。乃始恣睢，奮其威詐，滔天虐民，窮凶極惡，毒流諸夏，亂延蠻貉，猶未足逞其欲焉。是以四海之內，囂然喪其樂生之心，中外憤怨，遠近俱發，城池不守，支體分裂，遂令天下城邑爲虚，丘壟發掘，害遍生民，辜及朽骨，自書傳所載亂臣賊子無道之人，考其禍敗，未有如莽之甚者也。昔秦燔《詩》、《書》以立私議，莽誦《六藝》以文姦言，同歸殊途，俱用滅亡，皆炕龍絶氣，非命之運，紫色蛙聲，餘分閏位，聖王之驅除云爾！

又　卷一〇〇下《敍傳下》　固以爲唐虞三代，《詩》、《書》所及，世有典籍，故雖堯、舜之盛，必有典謨之篇，然後揚名於後世，冠德於百王，故曰：『巍巍乎其有成功，焕乎其有文章也！』漢紹堯運，以建帝業，至於六世，史臣乃追述功德，私作本紀，編於百王之末，廁於秦、項之列。太初以後，闕而不録，故探篡前記，輟輯所聞，以述《漢書》，起元高祖，終於孝平、王莽之誅，十有二世，二百三十年，綜其行事，旁貫《五經》，上下洽通，爲春秋考紀、表、志、傳，凡百篇。其敍曰：

皇矣漢祖，纂堯之緒，實天生德，聰明神武。秦人不綱，罔漏於楚，爰兹發迹，斷蛇奮旅。神母告符，朱旗乃舉，粤蹈秦郊，嬰來稽首。革命創制，三章是紀，應天順民，五星同晷。項氏畔换，黜我巴、漢，西土宅心，戰士憤怒。乘畔而運，席卷三秦，割據河山，保此懷民。股肱蕭、曹，社稷是經，爪牙信、布，腹心良、平，龔行天罰，赫赫明明。述《高紀》第一。

孝惠短世，高世稱制，罔顧天顯，呂宗以敗。述《惠紀》第二，《高后紀》第三。

太宗穆穆，允恭玄默，化民以躬，帥下以德，農不供貢，罪不收孥，宮不新館，陵不崇墓。我德如風，民應如草，國富刑清，登我漢道。述《文紀》第四。

孝景莅政，諸侯方命，克伐七國，王室以定。匪怠匪荒，務在農桑，著於甲令，民用寧康。述《景紀》第五。

世宗曄曄，思弘祖業，疇咨熙載，髦俊並作。厥作伊何？百蠻是攘，恢我疆宇，外博四荒。武功既抗，亦迪斯文，憲章六學，統登聖真。封禪郊祀，登秩百神；協律改正，饗兹永年。述《武紀》第六。

孝昭幼沖，冢宰惟忠。燕、蓋诪張，實睿實聰，罪人斯得，邦家和同。述《昭紀》第七。

中宗明明，夤用刑名，時舉傅納，聽斷惟精，柔遠能邇，燀耀威靈，龍荒幕朔，莫不來庭。丕顯祖烈，尚於有成。述《宣紀》第八。

孝元翼翼，高明柔克，賓禮故老，優繇亮直。外割禁囿，內損御服，離宮不衛，山陵不邑。閹尹之疵，穢我明德。述《元紀》第九。

孝成煌煌，臨朝有光，威儀之盛，如圭如璋。壺閫恣趙，朝政在王，炎炎燎火，亦允不陽。述《成紀》第十。

孝哀彬彬，克攬威神，雕落洪支，底剧鼎臣。婉孌董公，惟亮天功，《大過》之困，實橈實凶。述《哀紀》第十一。

孝平不造，新都作宰，不周不伊，喪我四海。述《平紀》第十二。

漢·荀悦《漢紀》卷四《高祖皇帝紀》　讚曰：『高祖起于布衣之中，奮劍而取天下，不由唐、虞之禪，不階湯、武之王，龍行虎變，率從風雲，征亂伐暴，廓清帝宇，八載之間，海內克定，遂何天之衢，登建皇極，上古已來，書籍所載，未嘗有也。非雄俊之才，寬明之略，曆數所授，神祇所相，安能致功如此！夫帝王之作，必有神人之助，非德無以建業，非命無以定衆，或以文昭，或以武興，或以聖立，或以人崇，焚魚斬蛇，異功同符，豈非精靈之感哉！』《書》曰：『天工，人其代之。』《易》曰：『湯、武革命，順乎天而應乎人。』其斯之謂乎！故觀秦、項之所亡，察大漢之所興，得失之驗，可見於兹矣。太史公曰：『夏政忠，政忠之弊野，故殷承之以敬。以敬之弊鬼，故周承之以文。以文之弊薄，救薄莫若忠。三王之道周而復始。周、秦之間，可謂文弊。秦不改，文酷刑。漢承秦弊，得天下矣。』

又　卷五《惠帝紀》　讚曰：《本紀》稱『孝惠內修親親，外禮傅相，優寵齊悼、趙隱，恩愛篤矣，可謂寬仁之主。遭呂太后虧損至德，枉流濫哉，深可悲矣！』

又　卷六《高后紀》　讚曰：《本紀》稱『孝惠、高后之時，海內得離戰爭之苦，君臣俱無爲，故惠帝拱己，高后女主，制政不出房闥而天下宴然，刑罰罕用，民務稼穡，衣食滋殖矣。及福祚諸呂大過，漸至縱橫，殺戮鴆毒，生於豪强。賴朱虛、周、陳惟社稷之重，顧山河之誓，殲討篡逆，匡救漢祚，豈非忠哉！王陵之徒，精潔心過於丹青矣！

又　卷八《文帝紀下》　讚曰：《本紀》稱『孝文皇帝宮室苑囿、車馬御服無所增益，有不便，輒弛以利民。身衣弋綈，慎夫人雖幸，衣不曳地，幃帳無文繡，以示敦樸。愛費百金，不爲露臺。及治霸陵，皆瓦器，不得以金銀銅錫爲飾，因其山，不起墳。南越王尉佗自立爲帝，以德懷之。匈奴背約，令守邊備，不發兵深入，無勤勞百姓。吳王詐病不朝，賜以几杖。羣臣袁盎等諫説雖切，常假借之。張武等受賂金錢，重加賞賜，以愧其心。專務以德化民，是以海內殷富，興於禮義，斷獄數百，幾致刑措。』登顯洪業，爲漢太宗，甚盛矣哉！揚雄有言：『文帝親屈帝尊以申亞夫之軍令，曷爲不能用頗、牧？彼將有所感激云爾。』

又　卷九《景帝紀》　讚曰：《本紀》稱『周、秦之弊，密文峻法，而姦不勝。漢興，掃除苛政，與民休息。至於孝文，加之恭儉，孝景遵業，五六十載之間，至於移風易俗，黎民醇厚。周云成、康，漢稱文、景，美矣！』

又　卷一五《武帝紀》　讚曰：《本紀》稱『漢承百王之弊，高祖撥亂反正，文、景務在養民，至於稽古禮文之事，猶多闕焉。孝武之初立，卓然罷黜百家，表章《六藝》。遂疇諮海內，舉其俊乂與立功。興太學，修郊祀，改正朔，定曆數，協音律，作禮樂，建封禪，禮百神，紹國典，發號令，文章粲然可述。後嗣得遵洪業，而有三代之風。如武帝之雄才大略，不改文帝之恭儉。以濟斯民，雖《詩》、《書》所稱，何以加焉！』

又　卷一六《昭帝紀》　讚曰：《本紀》稱『昔者周成王以孺子繼統，而有管、蔡四國流言之變。孝昭以幼年卽位，亦有燕、蓋、上官逆亂之謀。成王不疑周公，孝昭委任霍光，各因其時以成，大矣哉！承孝武奢侈餘弊師旅之後，海內虛耗，戶口減半，霍光知時務之要，輕徭薄賦，與民休息。至始元、元鳳之間，匈奴和親，百姓充實。舉賢良文學，問民所疾苦，議鹽鐵，罷榷酤，尊號爲「昭」，不亦宜乎！』

又　卷二〇《宣帝紀》　讚曰：《本紀》稱『孝宣之治，信賞必罰，綜核名實，政事文學法治之士咸精其能，至於技巧器械之資，後世鮮能及之，亦足以知吏稱其職，民安其業。遭值匈奴乖亂，推亡固存，申威北狄，單于慕義，稽首稱藩。功光祖宗，業垂後嗣，可謂中興，【略】至孝宣承統，纂修洪業，亦講論《六藝》，招選茂異，而蕭望之、梁丘賀、夏侯勝、韋玄成、嚴彭祖、尹更始以儒術進，劉向、王褒以文章顯，將相則張安世、趙充國、魏相、邴吉、于定國、杜延年，治民則黃霸、王成、龔遂、邵信臣、韓延壽、尹翁歸、趙廣漢、張敞之屬，皆有功迹，見於後世，參之名臣，亦其次也。

又　卷二三《元帝紀》　讚曰：《本紀》稱：『孝元皇帝多才藝，善史書。鼓琴，吹洞簫，自度聲曲，分別節度，窮極要妙。少好儒術，及卽位，徵用儒生，委之以政，貢、薛、韋、匡迭爲宰相。而上牽制文義，優遊不斷。然寬弘盡下，出於恭儉，號令溫雅，有古人之風烈。』

又　卷二七《成帝紀》　讚曰：《本紀》稱『孝成帝善脩容儀，升車正立，不內顧，不疾言，不親指，臨朝淵默，尊嚴若神，可謂穆穆天子之容貌也！博覽古今，容受直言。公卿稱職，威儀可述。遭世承平，上下和睦。然沈於酒色，趙氏內亂，外家擅朝，言之可爲於邑。建始已後，王氏始執國命，迄於哀、平，莽遂篡位，蓋其威福所由來漸矣！』劉向、朱雲之忠信明矣，若得而用之，福祚未已。張禹不吐直言，佞於垂死，亦可痛哉！

又　卷二九《哀帝下》　讚曰：《本紀》稱『孝哀自爲藩王及太子，文辭博敏，幼有令聞。雅性不好聲色，時覽卞射武戲。睹孝成之世，祿去公室，權柄外移，是故臨朝務攬主威，以則武、宣。』然董賢用事，大臣誅傷，有覆餗棟撓之凶。自初卽位，有痿痹之疾，末年寖劇，享國不永，亂臣乘間，豈不哀哉！世主覽此，足以見成敗之基，收后族之權，清儉愛民，可垂統也。

又　卷三〇《孝平皇帝紀》　讚曰：孝平之世，政自莽出，褒善顯功，以自尊盛。觀其文辭，方外百蠻，無思不服，休徵嘉應，頌聲並作。至於異見於上，民怨於下，莽亦不能文也。

漢·蔡邕《獨斷》卷下　文帝弟雖在三禮，兄弟不相爲後。文帝即高祖子，于惠帝，兄弟也，故不爲惠帝後而爲第二。宣帝弟次昭帝，史皇孫之子，於昭帝爲兄，孫以係祖，不得上與父齊，故爲七世。光武雖在十二，於父子之次，於成帝爲兄弟，於哀帝爲諸父，於平帝爲父祖，皆不可爲之後，上至元帝，於光武爲父，故上繼元帝而爲九世。故《河圖》曰：赤九世會昌，謂光武也。十世以光，謂孝明也。十一以興，謂孝章也。成雖在九，哀雖在十，平雖在十一，不稱次。

宋·司馬光《稽古録》卷一二　臣光曰：高祖奮布衣，提三尺劍，八年而成帝業。其收功之速如是，何哉？惟其知人善任使而已。故高祖自謂鎮國家、撫百姓，不如蕭何；運籌策，決成敗，不如子房；戰必勝，攻必取，不如韓信。三者皆人傑，吾能用之，所以取天下。韓信亦曰：陛下不善將兵而善將將，斯言盡之矣。呂氏之亂，漢氏不絶如綫，然而卒不能爲患者，外有宗藩之强，内有絳、灌之忠也。文、景之時，天下家給人足，幾致刑措，後世皆知，稱慕莫能及之。夫民之情，何嘗不欲安樂而富壽哉？文、景能勿擾而已矣！孝武喜淫侈，慕神仙；宫室無度，巡遊不息；窮兵於四夷，嚴刑而重賦，迹其行事，視秦皇何遠哉！止以崇儒重道，求賢納諫，故其成敗若此之殊也。孝昭以童稚之年，辨霍光之忠，確然不可動，何天資之明也？然光猶專政而不歸，此則光之罪矣！幸宜綜覈名實，信賞必罰，使吏稱其職民安其業，方之孝武，功烈優焉。孝元優遊不斷，漢業始衰。孝成荒於酒色，委政外家。孝哀狠愎不明，嬖幸盈朝。陵夷至於孝平，以幼沖嗣位，王莽因之，遂移漢祚。莽恃其詐慝，煩兵玩兵，罪盈怨積，而天下叛之矣。

金·趙秉文《滏水集》卷一四《西漢論》　漢高帝起布衣，取天下，當時比之逐鹿，幸而得之。然初入關中，秋毫無犯，約法三章，此與發粟散財何異？天下既定規模，卓然已有四百年之氣象。

清·愛新覺羅·弘曆《御製樂善堂全集定本》卷四《西漢總論》　自秦失其鹿，海内擾亂，英雄羣起，以爭天下。項羽滅秦，以暴易暴，而高祖用賢任能，豁達大度，平定海内，卒踐帝祚，傳之子孫，爲三代以下，享國長久之首。雖天命有歸，亦高祖之英明，足以爲開創之賢主也。觀其以張良爲謀主，以蕭何爲相，以韓信爲將，而終以滅楚，豈非知人善任之明驗乎？獨即位之後，刻薄少恩，有功之臣鮮能全者，雖帝之失，亦諸臣之身無兢兢於當世之禁云！

惠帝天資仁厚，乃遭呂后之虐，躭於酒色，以自戕其身，若無周陳之忠，宗藩之强，則漢室之祚，幾何不爲呂氏所竊哉？

文帝入繼正統，寛仁恭儉，愛民務本，身衣弋綈，帷帳無文繡，約已師儉，爲天下先。南越自立，以德懷之。匈奴入盜，令邊備守。專務以德化民，培養漢祚，帝有力焉！

景帝遵父之政，與民休息，亦稱小康。然聽鼂錯之言，遽削七國，又怵七國之强而殺鼂錯；周亞夫以方正功臣被殺，則景帝不無少恩之譏云！

武帝内多欲而外施仁義，窮兵黷武，疲民弊國，宫室苑囿，盤遊怠敖，神仙方術，開疆擴土，凡害民之政，無不行焉。獨其崇儒重道，求賢納諫爲可稱耳！

孝昭以幼沖之年，辨霍光之忠，可謂明矣。使天假之年，得儒學名臣爲之輔，則周之成康，不是過也。

宣帝起於閭巷，知稼穡之艱難，褒賞名吏，信賞必罰，官稱其職，民安其業，可謂賢矣。然好刑名而雜霸道，趙蓋、韓楊之死，爲累多矣！

至于元帝，優游不斷，賢望之、堪、猛而不能用，惡弘恭、石顯而不能退。漢業之衰，始起自帝。

孝成荒於酒色，委政王氏，哀平短祚，王莽乘勢，遂篡漢位。夫自古國家有盛必有衰，理勢之必然也。然所以亡其國者，亦在人君之自取耳。使元帝不任恭顯，成帝不任外戚，剛明以莅政，則漢祚之傳，孰絶之哉？天不祚漢，遭漢中微，國統三絶，而孝元皇后以壽考爲之宗主，使新莽得肆其姦慝，以成篡盜之禍。幸而文景之化在人，百姓未忘漢，故光武起而天下回應，遂成中興。

以是知人主朝乾夕惕，愛民培國，不敢少遑者，所以上承祖宗之重，下植子孫之福，豈特一時稱賢君而已哉？

藝文

宋・王禹稱《小畜集》卷三《讀漢文紀》　西漢十二帝，孝文最稱賢。百金惜人力，露臺草芊芊。千里卻駿骨，鸞旗影遷延。上林慎夫人，衣短無花鈿。細柳周將軍，不拜容櫜鞬。伯業固以盛，帝道或未全。賈生多謫宦，鄧通終鑄錢。謾道膝前席，不如衣後穿。使我千古下，覽之一泫然。賴有佞幸傳，賢哉司馬遷。

宋・王十朋《梅溪前集》卷一〇《詠史詩・漢高帝》　百戰功成漢業新，咸陽置酒問羣臣。區區高起王陵輩，豈識龍顔善用人？

仗劍崎嶇起沛豐，祇將嫚罵馭英雄。雖然能用三人傑，已失商山四老翁。

又《文帝》　文帝興王自代來，百金不費亦仁哉。後人不務師恭儉，萬户千門幾露臺。

又《武帝》　武帝英雄類始皇，甘心黷武國幾亡。晚年賴有知人術，解把嬰兒付霍光。

又《宣帝》　道雜霸王非美事，治先刑法少仁恩。蓋楊韓趙猶誅死，誰謂當時獄不冤。

又《元帝》　德化欲遵周軌轍，刑名思革漢規模。更生疏斥蕭生戮，元帝何曾善用儒。

宋・楊簡《慈湖遺書》卷六《歷代詩・西漢》　西漢十二君，高惠呂后文。景帝傳于武，遂及昭宣元。成哀平帝後，王莽乃爲君。昌邑兼孺子，二人不足云。

宋・陳普《石堂先生遺集》卷一五《歷代傳授歌》　漢室龍興滅秦項，高祖劉邦赤帝子。末年國本幾動摇，四皓一出回孝惠。呂后臨朝諸呂反，賴有平勃植赤幟。文景之世比成康，武帝好大功伐喜。霍光擁昭而立宣，江充誣譖太子戾。厥後外戚多擅權，平帝新室莽篡位。

明・孫承恩《文簡集》卷四一《古像贊・漢高祖》　皇矣高祖，天錫神武。一劍興戎，光登九五。坦乎其眞，廓乎其容。包括英豪，範圍之中。

又《漢文帝》　穆穆太宗，躬修玄默。撫世以柔，化民以德。其俗肫肫，其功泯泯。三代之後，孰如帝仁。

又《漢景帝》　帝也維賢，克遵先志。謙恭儉樸，恪守無替。輕刑薄稅，民俗阜康。比隆成周，漢道以昌。

又《漢武帝》　盛氣當陽，雄才御世。嘉樂唐虞，狹小漢制。振舉百度，征伐四裔。燁燁明明，恢我王治。

又《漢宣帝》　中宗强明，勵精圖治。布德振威，柔遠能邇。皇靈赫奕，呼韓來庭。配商高宗，漢道復興。

又《元帝成帝》　漢業何緣替，元成二帝來。懦柔難自植，昏惑詎能回。戚里叨天柄，朝廷養禍胎。莽新行篡竊，元不咎平哀。

三國魏・曹植《曹子建集・漢高帝贊》　屯雲斬蛇，靈母告祥。朱旗既抗，九野披攘。禽嬰克羽，掃滅英雄。承機帝世，功著武湯。

又《漢文帝贊》　孝文卽位，愛物儉身。驕吳撫越，匈奴和親。納諫赦罪，以德讓民。殆至刑錯，萬國化淳。

又《漢景帝贊》　景帝明德，繼文之則。肅清王室，克滅七國。省役薄賦，百姓殷昌。風移俗易，齊美成康。

又《漢武帝贊》　世宗光光，文武是攘。威振百蠻，恢拓土疆。簡定律曆，辯修舊章。封天禪土，功越百王。

清・愛新覺羅・弘曆《御製詩集四集》卷四九《漢高帝》　大勇略小節，大智袪小巧。平生豁達度，天運歸金卯。揮洗揖酈生，銷印無執拗。蕭曹倚股肱，信布資牙爪。約法三章寬，漢基四百肇。民苦秦久矣，久飢易爲飽。

又《漢文帝》　卓識愛吟杜牧詩，不是安劉嗤四皓。天與人歸適逢時，庚庚大横符吉兆。西鄉南鄉讓再三，是謂有禮仁爲寶。收孥相坐在首除，詔定振窮及養老。卑辭爰賜趙佗書，亦得稱臣罷兵討。止輦常受從官言，勸農蠲賦頻可考。其間善政不勝書，繼世之君誠最好。史臣總論吾所疑，輯覽已評弗重道。

又《漢景帝》　周曰成康漢文景，與民休息政去瑣。勸農桑禁采珠玉，惸獨亦哀富亦哿。聽鼂錯議削七國，反則誅之實未妥。既而又悔識甚卑，苟非亞夫延巨禍。田叔復善處骨肉，帝何爲者隨否可。

又《漢武帝》 秦皇漢武恆並稱，吾謂其言未當也。秦皇阬儒武重儒，一端足以定高下。求仙封禪勤土木，黷武之類過弗寡。然其大過在鉤弋，理無因數殺其母。禍防呂雉特忍殘，投鼠忌器喻寧假。表章六經黜百家，則其得在興俊雅。瑕瑜不掩斯可耳，漢史摘失其得捨。入於蠶室懷恨深，載筆紀事由司馬。

又《漢宣帝》 丙吉哀王孫，獄中謹乳養。少時遊閭里，吏治得失講。石立僕柳起，入繼愜衆仰。爲政誠勵精，必罰更信賞。吏稱民安業，綜核勤堪想。宇內既稱治，單于慕稽顙。屢書鳳皇見，或亦鄰虛枉。

又《漢成帝》 有度祇如，綴旒耽逸。那思繘井，流連內闥。色荒侵尋，外戚政秉。班生徒歎，讜言梅尉。空云察景，惜哉史丹。伏蒲其所，存者土梗。

東漢帝系分部

綜述

漢·蔡邕《獨斷》卷下 光武三十三年，生明帝。

明帝十八年，生章帝。

章帝十三年，生和帝。

和帝十七年，生殤帝。

殤帝一年，無後，取清河王子爲安帝。

安帝十九年，生順帝。

順帝十九年，生沖帝。

沖帝一年，無後，取和帝孫安樂王子，是爲質帝。

質帝一年，無後，取河間敬王孫蠡吾侯子爲桓帝。

桓帝二十一年，無後，取解犢侯子立爲靈帝。

靈帝二十二年，生史侯，董卓殺之，立史侯弟陳留王爲帝。

從高帝至桓帝三百八十六年，除王莽劉聖公三百六十六年，從高祖乙未至今壬子歲，四百一十年。呂后王莽不入數，高帝以甲午歲即位，以乙未爲元。

晉·皇甫謐《帝王世紀·後漢》 按後漢十二帝：光武一，明帝二，章帝三，和帝四，殤帝五，安帝六，順帝七，沖帝八，質帝九，桓帝十，靈帝十一，獻帝十二。

宋·徐天麟《東漢會要》卷一《帝系·帝號》 世祖光武皇帝諱秀，字文叔，南陽人，高祖九世孫也，出自景帝生長沙定王發。發生舂陵節侯買，買生鬱林太守外，外生鉅鹿都尉回，回生南頓令欽，欽生光武。王莽末，起兵于宛。更始元年，兄伯升立劉聖公爲天子，伯升爲大司徒，光武爲太常偏將軍，破莽軍于昆陽。更始拜光武爲破虜大將軍，封武信侯。九月，三輔豪傑共誅王莽，傳首詣宛。更始將北都雒陽，以光武行司隸校尉。更始至雒陽，乃遣光武以破虜將軍行大司馬，持節北度河，鎮慰州郡。二年，更始遣使立光武爲蕭王。建武元年即皇帝位於鄗南。中元二年二月，帝崩，年六十二。

顯宗孝明皇帝諱莊，光武第四子也。母陰皇后。建武十五年封東海公，十七年進爵爲王，十九年立爲皇太子。中元二年二月戊戌，即皇帝位。永平十八年秋八月壬子，帝崩，年四十八。

肅宗孝章皇帝諱炟，顯宗第五子也。母賈貴人。永平三年立爲皇太子。十八年八月壬子，即皇帝位，年十九。章和二年正月壬辰，帝崩，年三十三。

孝和皇帝諱肇，肅宗第四子也。母梁貴人，卒，竇后養帝以爲己子。建初七年立爲皇太子。章和二年二月壬辰，即皇帝位，年十歲。永元三年正月，帝加元服。元興元年十二月辛未，帝崩，年二十七。

孝殤皇帝諱隆，和帝少子也。元興元年十二月辛未夜，即皇帝位，時誕育百餘日。皇太后臨朝，延平元年八月辛亥崩，年二歲。

恭宗孝安皇帝諱祜，肅宗孫也。父清河孝王慶，母左姬。延平元年八月，殤帝崩，太后使鄧隲持節迎帝，拜爲長安侯。詔以祜爲孝和皇帝嗣。即皇帝位，年十三。太后猶臨朝。永初三年正月庚子，帝加元服。延光四年二月甲辰，南巡狩。三月庚申，幸宛。乙丑，自宛還。丁卯，幸葉，帝崩於乘輿，年三十二。

孝順皇帝諱保，安帝子也。母李氏。永寧元年立爲皇太子。延光三年

廢爲濟陰王。明年三月，安帝崩，北鄉侯立，濟陰王以廢黜不得上殿。及北鄉侯薨，中黄門孫程等迎濟陰王即皇帝位，年十一。建康元年八月，帝崩，時年三十。

孝沖皇帝諱炳，順帝之子也。母曰虞貴人。建康元年立爲皇太子，其年八月庚午，即皇帝位，年二歲。皇太后臨朝。永嘉元年正月戊戌，帝崩，年三歲。

孝質皇帝諱纘，肅宗玄孫。曾祖父千乘貞王伉，祖父樂安夷王寵，父勃海孝王鴻，母陳夫人。沖帝不豫，大將軍梁冀召帝到雒陽都亭。及沖帝崩，皇太后與冀定防禁中，使冀持節，以王青蓋車迎帝入南宮，封爲建平侯，其日即皇帝位，年八歲。本初元年閏六月甲申，大將軍梁冀潛行鴆弑，帝崩，年九歲。

孝桓皇帝諱志，肅宗曾孫也。祖父河間孝王開，父蠡吾侯翼，母匽氏。翼卒，帝襲爵爲侯。本初元年，梁太后召帝到夏門亭，將妻以女弟。會質帝崩，太后遂與兄大將軍冀定防禁中，閏六月庚寅，即皇帝位，時年十五。太后猶臨朝政。建和二年正月甲子，帝加元服。永康元年十二月丁丑，帝崩，年三十六。

孝靈皇帝諱宏，肅宗玄孫也。曾祖河間孝王開，祖淑，父萇。世封解瀆亭侯，帝襲侯爵。母董夫人。桓帝崩，無子，皇太后與父城門校尉竇武定策禁中，奉迎入殿中。建寧元年正月庚子，即皇帝位，年十二。四年正月甲子，帝加元服，中平六年四月丙辰，帝崩，年三十四。

孝獻皇帝諱協，靈帝中子也。母王美人。中平六年四月，靈帝崩。戊午，皇子辯即皇帝位，年十七。改爲光熹。封皇弟協爲勃海王，七月，徙爲陳留王。八月辛未，改光熹爲昭寧。九月甲戌，董卓廢少帝爲弘農王。是日，陳留王即皇帝位，九歲。改昭寧爲永漢。十二月，詔除光熹、昭寧、永漢三號，復還中平六年。興平元年正月甲子，帝加元服。延康元年十月乙卯，遜位於魏王丕，奉帝爲山陽公，邑一萬户，位在諸侯上，都山陽之濁鹿城。魏青龍二年薨，年五十四。

元・馬端臨《文獻通考》卷二五〇《帝系考一・帝號歷年》 東漢

世祖光武皇帝名秀，南陽人，高祖九世孫，父南頓令欽。帝以王莽篡位之十四年壬午起兵，乙酉即皇帝位，遷都雒陽，時年二十九，在位三十三年。丁巳崩，壽六十二。

顯宗孝明皇帝名莊，光武第四子，母陰皇后。年三十，以戊午嗣立，在位十八年。乙亥崩，壽四十八。

肅宗孝章皇帝名炟，顯宗第五子，母賈貴人。年十九，以丙子嗣立，在位十三年。戊子崩，壽三十三。

孝和皇帝名肇，肅宗第四子，母梁貴人。年十歲，以己丑嗣立，在位十七年。乙巳崩，壽二十七。

孝殤皇帝名隆，和帝少子。生始百日嗣立，丙午崩，壽二歲。

恭宗孝安皇帝名祜，肅宗孫，父清河孝王，母左姬。殤帝崩，太后立爲孝和皇帝嗣，年十三。以丁未嗣立，在位十九年。乙丑崩，壽三十二。

孝順皇帝名保，安帝子，母李氏。年十一，以丙寅嗣立，在位十九年。甲申崩，壽三十。

孝沖皇帝名炳，順帝子，母虞貴人。年二歲，以乙酉嗣立，一年崩，壽三歲。

孝質皇帝名纘，肅宗元孫，父渤海孝王，母陳夫人。沖帝崩，皇太后詔嗣立，時年八歲，在位一年。爲梁冀所鴆崩，年九歲。

孝桓皇帝名志，肅宗曾孫，父蠡吾侯翼，母匽氏。質帝崩，太后與梁冀迎立之，年十五歲。以丁亥嗣立，在位二十一年。丁未崩，壽三十六。

孝靈皇帝名宏，肅宗元孫，父解瀆亭侯，母董夫人。桓帝崩，無子，皇太后迎立之，時年十二。以戊申嗣立，在位二十一年，戊辰崩，壽三十四。

孝獻皇帝名協，靈帝中子，母王美人。靈帝崩，董卓廢少帝爲弘農王，立帝，年九歲。以己巳嗣立，在位三十二年，以庚子禪位於魏。後十三年壬子崩，壽五十四。

論説

《後漢書》卷一下《光武帝紀論》 皇考南頓君初爲濟陽令，以建平元年十二月甲子夜生光武於縣舍，有赤光照室中。欽異焉，使卜者王長占之。長辟左右曰：「此兆吉不可言。」是歲縣界有嘉禾生，一莖九穗，因

名光武曰秀。明年，方士有夏賀良者，上言哀帝，云漢家歷運中衰，當再受命。於是改號爲太初元年，稱『陳聖劉太平皇帝』，以厭勝之。及王莽簒位，忌惡劉氏，以錢文有金刀，故改爲貨泉。或以貨泉字文爲『白水眞人』。後望氣者蘇伯阿爲王莽使至南陽，遥望見春陵郭，唶曰：『氣佳哉！鬱鬱葱葱然。』及始起兵還春陵，遠望舍南，火光赫然屬天，有頃不見。初，道士西門君惠、李守等亦云劉秀當爲天子。其王者受命，信有符乎？不然，何以能乘時龍而御天哉！

又《光武帝紀贊》　炎正中微，大盜移國。九縣飆回，三精霧塞。人厭淫詐，神思反德。光武誕命，靈貺自甄。沈幾先物，深略緯文。尋、邑百萬，貔虎爲羣。長轂雷野，高鋒彗雲。英威既振，新都自焚。虔劉庸、代，紛紜梁、趙。三河未澄，四關重擾。神旌乃顧，遞行天討。金湯失險，車書共道。靈慶既啓，人謀咸贊。明明廟謨，赳赳雄斷。於赫有命，系隆我漢。

又　卷二《明帝紀論》　明帝善刑理，法令分明。日晏坐朝，幽枉必達。内外無倖曲之私，在上無矜大之色。斷獄得情，號居前代十二。故後之言事者，莫不先建武、永平之政。而鍾離意、宋均之徒，常以察慧爲言，夫豈弘人之度未優乎？

贊曰：顯宗丕承，業業兢兢。危心恭德，政察姦勝。備章朝物，省薄墳陵。永懷廢典，下身遵道。登臺觀雲，臨雍拜老。懋惟帝績，增光文考。

又　卷三《章帝紀論》　魏文帝稱『明帝察察，章帝長者』。章帝素知人厭明帝苛切，事從寬厚。感陳寵之義，除慘獄之科。深元元之愛，著胎養之令。奉承明德太后，盡心孝道。割裂名都，以崇建周親。平徭簡賦，而人賴其慶。又體之以忠恕，文之以禮樂。故乃蕃輔克諧，羣后德讓。謂之長者，不亦宜乎！在位十三年，郡國所上符瑞，合於圖書者數百千所。烏呼懋哉！

又《章帝紀贊》　肅宗濟濟，天性愷悌。於穆後德，諒惟淵體。左右藝文，斟酌律禮。思服帝道，弘此長懋。儒館獻歌，戎亭虚候。氣調時豫，憲平人富。

又　卷四《和帝殤帝紀論》　自中興以後，逮于永元，雖頗有弛張，而俱存不擾，是以齊民歲增，闢土世廣。偏師出塞，則漠北地空；都護西指，則通譯四萬。豈其道遠三代，術長前世？將服叛去來，自有數也？

贊曰：『孝和沈烈，率由前則。王赫自中，賜命强慝。抑没祥符，登顯時德。殤世何早，平原弗克。

又　卷五《安帝紀論》　孝安雖稱尊享御，而權歸鄧氏，至乃損徹膳服，克念政道。然令自房帷，威不逮遠，始失根統，歸成陵敝。遂復計金授官，移民逃寇，推咎台衡，以答天眚。既云哲婦，亦『惟家之索』矣。

贊曰：安德不升，秕我王度。降奪儲嫡，開萌邪蠹。馮石承歡，楊公逢怒。彼日而微，遂祲天路。

又　卷六《順帝紀贊》　孝順初立，時髦允集。匪砥匪革，終淪嬖習。保阿傳土，后家世及。沖夭未識，質弑以聰。陵折在運，天緒三終。

又　卷七《桓帝紀論》　前史稱桓帝好音樂，善琴笙。飾芳林而考濯龍之宫，設華蓋以祠浮圖、老子，斯將所謂『聽於神』乎！及誅梁冀，奮威怒，天下猶企其休息。而五邪嗣虐，流衍四方。自非忠賢力爭，屢折姦鋒，雖願依斟流彘，亦不可得已。

贊曰：桓自宗支，越躋天禄。政移五幸，刑淫三獄。傾宫雖積，皇身靡續。

又　卷八《靈帝紀論》　《秦本紀》説趙高譎二世，指鹿爲馬，而趙忠、張讓亦紿靈帝不得登高臨觀，故知亡敝者同其致矣。然則靈帝之爲靈也優哉！

贊曰：靈帝負乘，委體宦孽。徵亡備兆，《小雅》盡缺。麋鹿霜露，遂棲宫衛。

又　卷九《獻帝紀論》　傳稱鼎之爲器，雖小而重，故神之所寶，不可奪移。至令負而趨者，此亦窮運之歸乎！天厭漢德久矣，山陽其何誅焉！

贊曰：獻生不辰，身播國屯。終我四百，永作虞賓。

宋·司馬光《稽古録》卷一三　臣光曰：新室之末，民心思漢，如

渴之望飲，飢之待餔也；是以諸劉奮臂一呼，而遠近響應，曾未期年，元惡授首。更始入雒之初，天下已服矣，而素無人君之器，紀綱不修，諸將暴橫，不旋踵而亡，固其宜也。光武以仁厚之德，濟英傑之志；昆陽之役，驅烏合之衆，掃滔天之敵，使海內幡然變而爲漢；宜陽之師不戰而赤眉束手，百萬之盜一朝而散；皆希世之奇功也。至於待王郎、劉盆子止於不死，取良吏卓茂以爲太傅，戒馮異以安集關中，不務戰攻取勝，雖當草創之際，可謂有帝王之遠略矣。天下已定，不失舊物，乃偃武修文，崇德報功；勤政治，養黎元，興禮樂，宣教化，表行義，勵風俗。繼以明、章，守而不失。於是東漢之風，忠、信、廉、耻，幾於三代矣。及孝、和以降，政令寖弛，外戚專權，近習放恣；然猶有骨鯁忠烈之臣，忘身以狥國，故雖衰而不亡；豈非建武、永平之餘烈歟！至於桓、靈，而紀綱大壞，廢錮英俊，賊虐忠正；嬖幸之黨，中外盤結；鬻獄賣官，濁亂四海，何進見殺，袁紹不勝其憤，遂燔燒宮闕，肆行誅殺，外召董卓以脅朝廷，於是虺蛇雖除，而虎貙入室矣。卓貪愎殘忍，廢主遷都，州郡紛然稱兵以討之。卓死而天下大亂，漢室遂亡，哀哉！

清·愛新覺羅·弘曆《御製樂善堂全集定本》卷四《東漢總論》

自王莽篡漢，處非所據，敗禮亂度，以文姦言，毒流華夏，民不聊生。由是人心思漢，光武起於南陽，撥亂反正，平定海內，克承丕業，較之少康、周宣中興之盛，用力尤難，成功尤大。及即帝位，守之以文，興學校，選廉能，尚風化，敦士行，西域遣子入，侍拒之不納，方之漢武開邊致釁，相去遠矣。不任功臣以吏事，使得終享福禄，又遠過於高祖之少恩。獨廢郭后，殺韓歆爲盛德之累。

明帝以英睿之資，加以好學重道，親臨辟雍，尊桓榮、李躬爲更老，所以勸賢勵能，崇尚聖教者至矣。而友愛東海王，則又常棣匪他之意，始終無間也。

章帝寬厚長者，愛民務本，休養生息，尊信東平王，用第五倫爲相，而天下以治。

和帝幼沖嗣位，行政無失，能用鄭衆五人，以誅竇憲。然宦寺之禍，基於此矣！

殤帝早世，安帝庸昏，順帝賴常侍之力以得反正，外戚之禍息而常侍之亂起。其後梁冀用事，沖帝短祚，質帝中毒，桓帝有可爲之幾而不能自强，外有强臣，內有常侍，正士廢斥，賄賂公行。迨及靈帝，黨錮之禍益烈。獻帝猶寄生之君，而漢祚移矣。

夫西漢以文帝培養元氣入民之深，故光武起而民心歸之。東漢光武、明、章，皆令主也，愛養元元，培壅國本，亦未嘗不善也。乃自和帝以後，外戚常侍相繼而作，羅天下之賢才，置之網罟陷阱之中，如是而民心不離，天下不亡者鮮矣。然董曹肆虐，守臣位者二十餘年，昭烈繼統，延漢祚者四十餘載，豈非祖宗培養氣節之餘烈乎？開國承家，貽厥孫謀者，當知所尚矣。

藝文

宋·王十朋《梅溪前集》卷一〇《詠史詩·光武》 大命由來自有眞，子輿徒號漢家親。須知炎祚中興主，元是南陽謹厚人。

鬱鬱葱葱瑞氣浮，南陽兵起再興劉。將軍大敵非常勇，文叔平生本好柔。

又 《明帝》 萬乘臨雍事老更，橋門億萬會諸生。永平天子眞儒雅，只恨容人度未宏。

又 《章帝》 民苦繁苛厭永平，科除慘獄慰羣情。不窮竇憲欺君罪，翻被寬柔壞典刑。

宋·楊簡《慈湖遺書》卷六《歷代詩·東漢》 東漢之光武，高皇九世孫。誅莽中興後，依前十二傳。明章稱顯肅，乃及和殤安。順賢沖與質，桓靈極不君。終當孝獻帝，漢室遂三分。

宋·陳普《石堂先生遺集》卷一五《歷代傳授歌》 光武誅莽復中興，漢爲東漢炎運熾。明章二帝世所稱，至於靈獻漢祚替。前漢高文武宣朝，後漢光明章七制。兩漢相傳二十四，禪魏曹丕竊神器。

明·孫承恩《文簡集》卷一一《古像贊·漢光武》 白水龍興，光膺寶曆。日月重明，乾坤再闢。慎德勤政，身致太平。巍巍成功，匹休西京。

又 《漢明帝》 於惟顯宗，亦世其烈。憲章慎守，幽枉必雪崇。

儒養老文，教聿興。增光前人，漢道允升。

又《漢章帝》 肅宗愷悌，長者之風。政厭苛刻，論從雍雍。綜緝藝文，服膺帝道。厚澤深仁，簡册有耀。

清・愛新覺羅・弘曆《御製詩集四集》卷四九《漢光武帝》 白水神徵，赤符天挺。以武開基，以文定鼎。中興稱質，殷中宗並。非退功臣，保全心永。雖進文吏，察政意整。敕幾攬綱，躬勞識迴。神道設教，讖緯是聽。欲罪桓譚，失之悻悻。

又《漢明帝》 舊學桓榮尚書受，養老辟雍禮則有。雖好褊察傷仁厚，建武制度變更否。自起撞郎實堪醜，抑后妃家法足取。東平樂善相親友，雲臺圖像表勳舊。失一二得乃八九，責賢何必備滕口。

又《漢章帝》 章較明爲平，處事亦詳審。觀其戒俗吏，安靜無忘諗。行秋觀收穫，貴脫粟瓢飲。封外戚爲孝，小節傷之甚。終於竇梁横，預政由椒寢。履霜堅冰至，羲經訓宜凜。

皇權標志部

禮制所定專稱分部

稱謂

綜述

《史記》卷六《秦始皇本紀》 （始皇二十六年）丞相（王）綰、御史大夫（馮）劫、廷尉（李）斯等皆曰：『昔者五帝地方千里，其外侯服夷服諸侯或朝或否，天子不能制。今陛下興義兵，誅殘賊，平定天下，海内爲郡縣，法令由一統，自上古以來未嘗有，五帝所不及。臣等謹與博士議曰：【略】命爲「制」，令爲「詔」，天子自稱曰「朕」。』

（三十五年）始皇曰：『吾慕眞人，自謂「眞人」，不稱「朕」。』

漢・王隆《漢官解詁》 帝之下書有四：一曰策書，二曰制書，三曰詔書，四曰誡敕。策書者，編簡也，其制書二尺，短者半之，篆書，起年月日，稱皇帝，以命諸侯王。三公以罪免，亦賜策（書），而以隸書，用尺一木，兩行，惟此爲異也。制書者，帝者制度之命，其文曰制詔三公，皆璽封，尚書令印重封，露布州郡也。詔書者，詔，告也，其文曰告某官云如故事。誡敕者，謂敕刺史、太守，其文曰有詔敕某官，他皆倣此。

漢・蔡邕《獨斷》卷上 漢天子正號曰皇帝，自稱曰朕，臣民稱之曰陛下，其言曰制詔，史官記事曰上，車馬衣服器械百物曰乘輿，所在曰行在所，所居曰禁中，後曰省中，印曰璽，所至曰幸，所進曰御，其命令一曰策書，二曰制書，三曰詔書，四曰戒書。

皇帝、皇王、后、帝，皆君也。漢高祖受命，功德宜之，因而不改也。王者至尊，四號之別名。

王：畿内之所稱，王有天下，故稱王。

天王：諸夏之所稱，天下之所歸往，故稱天王。

天子：夷狄之所稱，父天母地，故稱天子。

天家：百官小吏之所稱，天子無外，以天下爲家，故稱天家。天子正號之別名。

皇帝：至尊之稱。皇者煌也，盛德煌煌，無所不照；帝者諦也，能行天道，事天審諦，故稱皇帝。

朕：我也。古者尊卑共之，貴賤不嫌，則可同號之義也。堯曰：朕在位七十載。皋陶與帝舜言曰：朕言惠可底行？屈原曰：朕，皇考，此其義也。至秦天子獨以爲稱，漢因而不改也。

陛下者，陛，階也，所由升堂也。天子必有近臣執兵陳於陛側以戒不虞。謂之陛下者，羣臣與天子言，不敢指斥天子，故呼在陛下者而告之，因卑達尊之意也。上書亦如之。及羣臣士庶相與言曰殿下、閣下、執事之屬，皆此類也。

上者，尊位所在也。太史令司馬遷記事，當言帝則依違。但言上，不

敢渫瀆。言尊號，尊王之義也。

乘輿出於《律》。《律》曰：敢盜乘輿服御物。謂天子所服食者也。天子至尊，不敢渫瀆言之，故託之於乘輿。乘猶載也，輿猶車也，天子以天下爲家，不以京師宫室爲常處，則當乘車輿以行天下，故羣臣託乘輿以言之。或謂之車駕。

天子自謂曰行在所，猶言今雖在京師，行所至耳，巡狩天下，所奏事處皆爲宫。在京師曰奏長安宫，在泰山則曰奏奉高宫。唯當時所在，或曰朝廷，亦依違尊者所都，連舉朝廷以言之也。親近侍從官稱曰大家，百官小吏稱曰天家。禁中者，門户有禁，非侍御者不得入，故曰禁中。孝元皇后父大司馬陽平侯名禁，當時避之，故曰省中。今宜改，後遂無言之者。

璽者，印也，印者，信也，天子璽以玉螭虎紐。

幸者，宜幸也。世俗謂幸爲僥倖。車駕所至，民臣被其德澤以僥倖，故曰幸也。先帝故事，所至見長吏三老官屬親臨軒作樂，賜食皂帛越巾刀珮帶。民爵有級數，或賜田租之半，是故謂之幸，皆非其所當必而得之。王仲任曰：君子無幸而有不幸，小人有幸而無不幸。《春秋傳》曰：民之多幸，國之不幸也。言民之得所不當得，故謂之幸。然則人主必慎所幸也。御者進也，凡衣服加於身，飲食入於口，妃妾接於寢，皆曰御。親愛者皆曰幸。幸説從上章。

策書：策者，簡也。《禮》曰：不滿百丈不書於策。其制長二尺，短者半之，其次一長一短，兩編下附篆書，起年月日，稱皇帝曰，以命諸侯王三公。其諸侯王三公之薨於位者，亦以策書誄謚其行而賜之。如諸侯之策，三公以罪免，亦賜策文，體如上策而隸書，以一尺木兩行。唯此爲異者也。

制書：帝者制度之命也，其文曰制詔，三公赦令、贖令之屬是也。刺史太守相劾奏申下，土遷書文亦如之。其徵爲九卿，若遷京師近宫，則言官具言姓名，其免若得罪無姓。凡制書有印使符下，遠近皆璽封。尚書令印重封。唯赦令贖令，召三公詣朝堂受制書。司徒印封，露布下州郡。

詔書者：詔誥也，有三品，其文曰告某官。官如故事，是爲詔書。羣臣有所奏請，尚書令奏之，下有制曰天子答之曰可。若下某官云云。亦曰詔書，羣臣有所奏請，無尚書令奏制之字，則答曰已奏。如書本官下所當至，亦曰詔。戒書戒敕，刺史太守及三邊營官被敕文曰有詔敕某官，是爲戒敕也。世皆名此爲策書，失之遠矣。

論說

漢・蔡邕《獨斷》卷上　朕，我也。古者尊卑共之，貴賤不嫌，則可同號之義也。【略】皋陶與舜言『朕言惠，可底行』。屈原曰『朕皇考』，此其義也。至秦，天子獨以爲稱。

又　卷下　秦漢已來，少帝即位，后代而攝政，稱皇太后，詔不言制。

尊號

綜述

《史記》卷六《秦始皇本紀》　（始皇二十六年）秦初并天下，令丞相、御史曰：『【略】寡人以眇眇之身，興兵誅暴亂，賴宗廟之靈，六王咸伏其辜，天下大定。今名號不更，無以稱成功，傳後世。其議帝號。』丞相（王）綰、御史大夫（馮）劫、廷尉（李）斯等皆曰：『昔者五帝地方千里，其外侯服夷服諸侯或朝或否，天子不能制。今陛下興義兵，誅殘賊，平定天下，海内爲郡縣，法令由一統，自上古以來未嘗有，五帝所不及。臣等謹與博士議曰：「古有天皇，有地皇，有泰皇，泰皇最貴。」臣等昧死上尊號，王爲「泰皇」。【略】』王曰：『去「泰」，著「皇」，采上古「帝」位號，號曰「皇帝」，他如議。』

追尊莊襄王爲太上皇。

又　卷一三〇《太史公自序》　始皇既立，并兼六國。銷鋒鑄鐻，維偃干革。尊號稱帝，矜武任力。

《史記》卷八《高祖本紀》　（高祖五年）正月，諸侯及將相相與共請尊漢王爲皇帝。漢王曰：『吾聞帝賢者有也，空言虛語，非所守也，吾

不敢當帝位。』羣臣皆曰：『大王起微細，誅暴逆，平定四海，有功者輒裂地而封爲王侯。大王不尊號，皆疑不信。臣等以死守之。』漢王三讓，不得已，曰：『諸君必以爲便，便國家。』甲午，乃即皇帝位汜水之陽。

（六年）高祖乃尊太公爲太上皇。

《漢書》卷一下《高帝紀下》 （高祖五年）二月甲午，上尊號。漢王即皇帝位於汜水之陽。尊王后曰皇后，太子曰皇太子，追尊先媪曰昭靈夫人。

漢・蔡邕《獨斷》卷上 漢天子正號曰皇帝。

又 卷下 帝嫡妃曰皇后，帝母曰皇太后，帝祖母曰太皇太后，其衆號皆如帝之稱。秦漢已來，少帝即位，后代而攝政，稱皇太后詔，不言制。

《後漢書》卷一上《光武帝紀上》 （建武元年）諸將議上尊號。馬武先進曰：『天下無主，如有聖人承敝而起，雖仲尼爲相，孫子爲將，猶恐無能有益。反水不收，後悔無及。大王雖執謙退，奈宗廟社稷何！宜且還薊即尊位，乃議征伐。今此誰賊而馳騖擊之乎？』

又 卷九九《祭祀志下》 （光武帝建武二十六年）光武皇帝崩，明帝即位，以光武帝撥亂中興，更爲起廟，尊號曰世祖廟。

明帝臨終遺詔，遵儉無起寢廟，藏主于世祖廟更衣。孝章即位，不敢違，以更衣有小別，上尊號曰顯宗廟。

章帝臨崩，遺詔無起寢廟，廟如先帝故事。和帝即位不敢違，上尊號曰肅宗。

和帝崩，上尊號曰穆宗。

順帝崩，上尊號曰敬宗。

桓帝崩，上尊號曰威宗。

晉・袁宏《後漢紀》卷二六《孝獻皇帝紀》 光武崩，以中興之主更爲起廟，上尊號曰世祖廟。

明帝遺詔無起寢廟，藏主于世祖廟更衣。更衣者，帝王入廟之便殿也。孝章不敢違命，以更衣宜小，別上尊號曰顯宗。

章帝崩，遺詔如先帝故事，和帝上尊號曰肅宗。

和帝崩，上尊號曰穆宗。

安帝殺大臣，廢太子。及崩，無上尊號之奏。

順帝崩，上尊號曰敬宗。

桓帝崩，上尊號曰威宗。

論説

漢・蔡邕《獨斷》卷上 皇帝、皇王、后、帝，皆君也。上古天子庖犧氏、神農氏稱皇，堯、舜稱帝，夏、殷、周稱王。秦承周末，爲漢驅除，自以德兼三皇，功包五帝，故並以爲號。

又 卷下 帝嫡妃曰皇后，帝母曰皇太后，帝祖母曰太皇太后，其衆號皆如帝之稱。

漢・應劭《漢官儀》卷上 《漢禮儀》曰：『天子稱尊號曰皇帝，言曰制，補制言曰詔，稱民有言有辭曰陛下。』今皆施行。

又 卷下 皇者，大也，言其煌煌盛美。帝者，德象天地，言其能行天道，舉措審諦，父天母地，爲天下主。

唐・杜佑《通典》卷一五《職官一・歷代官制總序》 秦兼天下，建皇帝之號，五帝自以德不及三皇，故自去其皇號。三王又以德不及五帝，自損稱王。秦自以德褒二代，故兼稱之。

清・顧炎武《日知録》卷一四《太上皇》 《秦始皇本紀》：『追尊莊襄王爲太上皇。』是死而追尊之號，猶周曰『太王』也。漢則以爲生號，而後代並因之矣。

漢・班固《白虎通義》卷上《德論上・號》 帝王者何？號也。號者，功之表也，所以表功明德，號令臣下者也。德合天地者稱帝，仁義合者稱王，別優劣也。《禮記・謚法》曰：『德象天地稱帝，仁義所在稱王。』帝者天號，王者五行之稱也。皇者何謂也？亦號也。皇，君也，美也，大也。天之總，美大稱也，時質，故總之也。號之爲皇者，煌煌人莫違也。煩一夫、擾一士以勞天下不爲皇也，不擾匹夫匹婦故爲皇。故黄金棄於山，珠玉捐於淵，巖居穴處，衣皮毛，飲泉液，吮露英，虚無寥廓，與天地通靈也。號言爲帝者何？帝者，諦也，象可承也；王者，往也，天下所歸往。《鉤命決》曰：『三皇步，五帝趨，三王馳，五伯騖。』

或稱天子，或稱帝王何？以爲接上稱天子者，明以爵事天也；接下

稱帝王者，得號天下至尊言稱，以號令臣下也。故《尚書》曰：『「諮四嶽」，曰：「裕汝衆」。』或有一人。王者自謂一人者，謙也，欲言己材能當一人耳。故《論語》曰：『百姓有過，在予一人。』臣謂之一人何？亦所以尊王者也。以天下之大、四海之內，所共尊者一人耳。故《尚書》曰：『不施予一人。』或稱朕何？亦王者之謙也。朕，我也。或稱予者，予亦我也。不以尊稱自也，但自我皆謙。

或稱君子何？道德之稱也。君之爲言羣也；子者，丈夫之通稱也。

清・顧炎武《日知録》卷一四《漢人追尊之禮》　太上皇，高帝父也，皇而不帝。戾太子、悼皇考，孝宣之祖若父也，太子、皇考而不帝。春陵節侯、鬱林太守、鉅鹿都尉、南頓令，光武之高、曾若祖、父也，侯而不帝，太守、都尉而不帝，君而不帝，此皆漢人近古。而作俑者，定陶共皇一議也。

又《太上皇》　《秦始皇本紀》：『追尊莊襄王爲太上皇。』是死而追尊之號，猶周曰『太王』也。漢則以爲生號，而後代並因之矣。

雜　録

《史記》卷一〇《孝文本紀》　（後元七年六月）乙巳，羣臣皆頓首上尊號曰孝文皇帝。

又　卷五七《絳侯周勃世家》　書既聞上，上下吏。

又　卷一一三《南越王列傳》　（高后時）佗乃自尊號爲南越武帝，發兵攻長沙邊邑，敗數縣而去焉。

《漢書》卷三《高后紀》　（惠帝）七年夏五月辛未，詔曰：『昭靈夫人，太上皇妃也；武哀侯、宣夫人，高皇帝兄姊也。號謚不稱，其議尊號。』

又　卷七《昭帝紀》　贊曰：昔周成以孺子繼統，而有管、蔡四國流言之變。孝昭幼年即位，亦有燕、盍、上官逆亂之謀。成王不疑周公，孝昭委任霍光，各因其時以成名，大矣哉！承孝武奢侈餘敝師旅之後，海內虛耗，戶口減半，（霍）光知時務之要，輕繇薄賦，與民休息。至始元、元鳳之間，匈奴和親，百姓充實。舉賢良文學，問民所疾苦，議鹽鐵而罷榷酤，尊號曰『昭』，不亦宜乎！

又　卷八《宣帝紀》　（本始二年夏五月）有司奏請宜加尊號。六月庚午，尊孝武廟爲世宗廟，奏《盛德》、《文始》、《五行》之舞，天子世世獻。

又　卷二七上《五行志上》　戾后，衛太子妾，遭巫蠱之禍，宣帝既立，追加尊號，於禮不正。

又　卷五〇《張釋傳》　上行出中渭橋，有一人從橋下走，乘輿馬驚。

又　卷六三《戾太子劉據傳》　有司復言：『禮，「父爲士，子爲天子，祭以天子。」悼園宜稱尊號曰皇考，立廟，因園爲寢，以時薦享焉。益奉園民滿千六百家，以爲奉明縣。尊戾夫人曰戾后，置園奉邑，及益戾園各滿三百家。』

又　卷七〇《陳湯傳》　（陳）湯曰：『國家與公卿議，大策非凡所見，事必不從。』（甘）延壽猶與不聽。

又　卷七二《鮑宣傳》　帝祖母傅太后欲與成帝母俱稱尊號，封爵親屬，丞相孔光、大司空師丹、何武、大司馬傅喜始執正議，失傅太后指，皆免官。

漢・蔡邕《獨斷》卷下　凡乘輿車皆羽蓋，金華爪，黄屋左纛金鍐方釳繁纓重轂副牽。

晉・袁宏《後漢紀》卷二六《孝獻皇帝紀》　光武崩，以中興之主更爲起廟，上尊號曰世祖廟。

《後漢書》卷一下《光武帝紀下》　（中元元年冬十月）甲申，使司空告祠高廟曰：『孝文皇帝賢明臨國，子孫賴福，延祚至今。其上薄太后尊號曰高皇后，配食地祇。』

又　卷一〇下《皇后紀下・孝仁董皇后》　孝仁董皇后諱某，河間人。爲解犢亭侯萇夫人，生靈帝。建寧元年，帝即位，追尊萇爲孝仁皇，陵曰慎陵，以后爲慎園貴人。及竇氏誅，明年，帝使中常侍迎貴人，并徵貴人兄寵到京師，上尊號曰孝仁皇后。

又　卷一三《公孫述傳》　（公孫）述意惡之，召縣中豪桀謂曰：『天下同苦新室，思劉氏久矣，故聞漢將軍到，馳迎道路。今百姓無辜而

婦子係獲，室屋燒燔，此寇賊，非義兵也。吾欲保郡自守，以待眞主。』

又　卷三四《梁竦傳》　永元九年，竇太后崩，松子扈遺從兄禮奏記三府，以爲漢家舊典，崇貴母氏，而梁貴人親育聖躬，不蒙尊號，求得申議。

又　卷五五《清河孝王劉慶傳》　太后崩，有司上言：『清河孝王至德淳懿，載育明聖，承天奉祚，爲郊廟主。漢興，高皇帝尊父爲太上皇，宣帝號父爲皇考，序昭穆，置園邑。（太）［大］宗之義，舊章不忘。宜上尊號曰孝德皇，皇妣左氏曰孝德后，孝德皇母宋貴人追謚曰敬隱后。』乃告祠高廟，使司徒持節與大鴻臚奉策書璽綬（之）清河，追上尊號。

唐・司馬貞《史記索隱》卷九《封禪書》　禮載升中，書稱肆類。古今盛典，皇王能事。

宋・司馬光《資治通鑑》卷六〇《東漢獻帝初平二年》　關東諸將議：以朝廷幼沖，迫於董卓。

明・張溥《漢魏六朝百三家集》卷一一《［漢］班固〈班固集・東都賦〉》　東都主人喟然而歎曰：聖上親萬方之歡娛，又沐浴於膏澤，懼其侈心之將萌，而怠於東作也。

謚號分部

綜　述

《史記》卷六《秦始皇本紀》　（始皇二十六年）制曰：『朕聞太古有號毋謚，中古有號，死而以行爲謚。如此，則子議父，臣議君也，甚無謂，朕弗取焉。自今已來，除謚法。朕爲始皇帝。後世以計數，二世三世至於萬世，傳之無窮。』

《漢書》卷一上《高帝紀上》　高祖。三國魏張晏曰：『禮謚法無「高」，以爲功最高而爲漢帝之太祖，故特起名焉。』

又　卷二《惠帝紀》　孝惠皇帝。漢應劭曰：『禮謚法「柔質慈民曰惠」。』唐顔師古曰：『孝子善述父之志，故漢家之謚，自惠帝已下皆稱孝也。臣下以滿字代盈者，則知帝諱盈也。他皆類此。』

又　卷三《高后紀》　高皇后呂氏。漢荀悦曰：『諱雉之字曰野雞。』應劭曰：『禮，婦人從夫謚，故稱高也。』

又　卷四《文帝紀》　孝文皇帝。漢應劭曰：『謚法「慈惠愛人曰文」。』

又　卷五《景帝紀》　孝景皇帝。應劭曰：『禮謚法「布義行剛曰景」。』

又　卷六《武帝紀》　孝武皇帝。應劭曰：『禮謚法「威强睿德曰武」。』

又　卷七《昭帝紀》　孝昭皇帝。應劭曰：『禮謚法「聖聞周達曰昭」。』

又　卷八《宣帝紀》　孝宣皇帝。應劭曰：『謚法「聖善周聞曰宣」。』

又　卷九《元帝紀》　孝元皇帝。應劭曰：『謚法「行義悦民曰元」。』

又　卷一〇《成帝紀》　孝成皇帝。應劭曰：『謚法「安民立政曰成」。』

又　卷一一《哀帝紀》　孝哀皇帝。應劭曰：『恭仁短折曰哀。』

又　卷一二《平帝紀》　孝平皇帝。應劭曰：『布綱治紀曰平。』

宋・徐天麟《西漢會要》卷一《帝系一・帝號》　帝諱邦，**【略】**謚。謚法無高以功高特起名。

孝惠皇帝諱盈，**【略】**謚：柔質慈民曰惠。

太宗孝文皇帝**【略】**謚：慈惠愛民曰文。

孝景皇帝**【略】**謚：布義行剛曰景。

世宗孝武皇帝**【略】**謚：威强睿德曰武。

孝昭皇帝**【略】**謚：聖聞周達曰昭。

中宗孝宣皇帝**【略】**謚：聖善周聞曰宣。

高宗孝元皇帝**【略】**謚：行義悦民曰元。

孝成皇帝**【略】**謚：安民立政曰成。

孝哀皇帝**【略】**謚：恭仁短折曰哀。

孝平皇帝**【略】**謚：布綱治紀曰平。

明・王圻《謚法通考》卷三《西漢帝后太子謚》　太祖高皇帝，**【略】**謚高。

孝惠皇帝，【略】謚孝惠。

太宗文皇帝，【略】謚孝文。

孝景皇帝，【略】謚孝景。

世宗孝武皇帝，【略】謚孝武。

孝昭皇帝，【略】謚孝昭。

中宗孝宣皇帝，【略】謚孝宣。

孝元皇帝，【略】謚孝元。

孝成皇帝，【略】謚孝成。

孝哀皇帝，【略】謚孝哀。

孝平皇帝，【略】謚孝平。

清·嚴可均《全漢文》卷一《高帝》　帝姓劉氏，諱邦，字季，【略】謚曰高皇帝。

又《惠帝》　帝諱盈，高帝子。【略】謚曰孝惠皇帝。

又《文帝》　帝諱恒，高帝中子。【略】謚曰孝文皇帝。

又卷二《景帝》　帝諱啓，孝文帝長子。【略】謚曰孝景皇帝。

又卷三《武帝》　帝諱徹，景帝中子。【略】謚曰孝武皇帝。

又卷五《昭帝》　帝諱弗陵，武帝少子。【略】謚曰孝昭皇帝。

又《宣帝》　帝諱詢，字次卿，【略】謚曰孝宣皇帝。

又卷七《元帝》　帝諱奭，宣帝長子。【略】謚曰孝元皇帝。

又卷八《成帝》　帝諱驁，字太孫，元帝太子。【略】謚曰孝成皇帝宗。

又卷九《哀帝》　帝諱欣，元帝庶孫，【略】謚曰孝哀皇帝。

漢·蔡邕《獨斷》卷下《帝謚》　違拂不成曰隱，靖民則法曰黄，翼善傳聖曰堯，仁聖盛明曰舜，殘人多壘曰桀，殘義損善曰紂，慈惠愛親曰孝，愛民好與曰惠，聖善同文曰宣，聲聞宣遠曰昭，克定禍亂曰武，聰明睿智曰獻，温柔聖善曰懿，布德執義曰穆，仁義説民曰元，安仁立政曰神，布綱治紀曰平，亂而不損曰靈，保民耆艾曰明，辟土有德曰襄，貞心大度曰匡，大慮慈民曰定，知改能改曰恭，不生其國曰聲，一德不懈曰簡，夙興夜寐曰敬，清白自守曰貞，柔德好衆曰靖，安樂治民曰康，小心畏忌曰僖，中身早折曰悼，慈仁和民曰順，好勇致力曰莊，恭人短折曰哀，在國逢難曰愍，名實過爽曰繆，雍遏不通曰幽，暴虐無親曰厲，致志大圖曰景，辟土兼國曰桓，經天緯地曰文，執義揚善曰懷，短折不成曰殤，去禮遠衆曰煬，怠政外交曰攜，治典不敷曰祈。

《後漢書》卷一上《光武帝紀上》　世祖光武皇帝諱秀，字文叔。《謚法》：『能紹前業曰光，克定禍亂曰武。』

又卷三《明帝紀》　顯宗孝明皇帝諱莊。《謚法》曰：『照臨四方曰明。』

又卷四《和帝殤帝紀》　孝和皇帝諱肇。《謚法》曰：『不剛不柔曰和。』

孝殤皇帝諱隆。《謚法》曰：『短折不成曰殤。』

又卷五《安帝紀》　恭宗孝安皇帝諱祜。《謚法》曰：『寬容和平曰安。』

又卷六《順帝沖帝質帝紀》　孝順皇帝諱保。《謚法》曰：『慈和遍服曰順。』

孝沖皇帝諱炳。《謚法》曰：『幼少在位曰沖。』司馬彪曰：『沖幼早夭，故謚曰沖。』

孝質皇帝諱纘。《謚法》：『忠正無邪曰質。』

又卷七《桓帝紀》　孝桓皇帝諱志。《謚法》曰：『克敵服遠曰桓。』

又卷八《靈帝紀》　孝靈皇帝諱宏。《謚法》曰：『亂而不損曰靈。』

又卷九《獻帝紀》　孝獻皇帝諱協，靈帝中子也。《謚法》曰：『聰明睿智曰獻。』

宋·徐天麟《東漢會要》卷一《帝系上·帝號》　世祖光武皇帝，【略】謚：能昭前業曰光，克定禍亂曰武。

顯宗孝明皇帝諱，【略】謚：照臨四方曰明。

肅宗孝章皇帝，【略】謚：温克令儀曰章。

孝和皇帝，【略】謚：不剛不柔曰和。

孝殤皇帝，【略】謚：短折不成曰殤。

恭宗孝安皇帝，【略】謚：寬容和平曰安。

孝順皇帝，【略】謚：慈和徧服曰順。

孝沖皇帝，【略】謚：幼少在位曰沖。

孝質皇帝，【略】謚：忠正無邪曰質。

孝桓皇帝，【略】謚：克敵服遠曰桓。

孝靈皇帝，【略】謚：亂而不損曰靈。

孝獻皇帝，【略】謚：聰明睿智曰獻。

明・王圻《謚法通考》卷四《東漢帝后謚》 世祖光武皇帝，【略】謚光武。

顯宗孝明皇帝，【略】謚孝明。

肅宗孝章帝，【略】謚孝章。

孝和皇帝，【略】謚孝和。

孝殤皇帝，【略】謚孝殤。

孝安皇帝，【略】謚孝安。

敬宗孝順皇帝，【略】謚孝順。

孝沖皇帝，【略】謚孝沖。

孝質皇帝，【略】謚孝質。

孝桓皇帝，【略】謚孝桓。

孝靈皇帝，【略】謚孝靈。

孝獻皇帝，【略】謚孝獻。

少帝，【略】謚懷。

清・嚴可均《全後漢文》卷一《光武帝》 帝諱秀，字文叔，南陽新蔡人，【略】謚曰光武皇帝。

又 卷三《明帝》 帝諱莊，初名陽，光武第四子。【略】謚曰孝明皇帝。

又 卷四《章帝》 帝諱炟，明帝第五子。【略】謚曰孝章皇帝。

又 卷六《和帝》 帝諱肇，章帝第四子。【略】謚曰孝和皇帝。

又 卷七《順帝》 帝諱保，安帝子。【略】謚曰孝順皇帝。

又 卷八《靈帝》 帝諱宏，章帝玄孫。【略】謚曰孝靈皇帝。

又 《獻帝》 帝諱協，字伯和，靈帝中子。【略】謚曰孝獻皇帝。

論說

漢・衛宏《漢官舊儀》卷下 秦制爵等，生以爲禄位，死以爲號謚。

按：《百官志》注引荀綽《晉百官表》注曰：『自公士至五大夫，皆軍吏也。自左庶長至大庶長，皆卿大夫，皆軍將也。』此條所云官長、將率、禄位、謚號，非顯指軍吏之辭，似當在二十爵一條下，爲總結之文，或者錯簡在此耳。

《漢書》卷五一《賈山傳》 秦皇帝東巡狩，至會稽、琅邪，刻石著其功，自以爲過堯舜統；縣石鑄鍾虡，篩土築阿房之宫，自以爲萬世有天下也。古者聖王作謚，三四十世耳，雖堯舜禹湯文武累世廣德以爲子孫基業，無過二三十世者也。秦皇帝曰死而以謚法，是父子名號有時相襲也，以一至萬，則世世不相復也，故死而號曰始皇帝，其次曰二世皇帝者，欲以一至萬也。秦皇帝計其功德，度其後嗣，世世無窮，然身死纔數月耳，天下四面而攻之，宗廟滅絶矣。

清・顧炎武《日知録》卷一四《謚法》 孝宣即位，思戾、悼之名，不爲隱諱，亦無一人更言泉鳩里事，此見漢人醇厚。後代因之，而恩怨相尋，反復之報中於國、家者多矣。

廟號分部

綜述

《史記》卷八《高祖本紀》（高祖十二年五月）己巳，立太子。至太上皇廟。羣臣皆曰：『高祖起微細，撥亂世反之正，平定天下，爲漢太祖，功最高。』

又 卷一〇《孝文本紀》 孝景皇帝元年十月，制詔御史：『蓋聞古者祖有功而宗有德，漢應劭曰：『始取天下者爲祖，高帝稱高祖是也。始治天下者爲宗，文帝稱太宗是也。』制禮樂各有由。【略】丞相臣（申屠）嘉等言：『【略】臣謹議：世功莫大于高皇帝，德莫盛于孝文皇帝，

高皇廟宜爲帝者太祖之廟，孝文皇帝廟宜爲帝者太宗之廟。』【略】五月，【略】爲孝文立太宗廟。

又 卷一三〇《太史公自序》 漢既初興，繼嗣不明。迎王踐祚，天下歸心；蠲除肉刑，開通關梁。廣恩博施，厥稱太宗。

《漢書》卷一上《高帝紀上》 高祖。張晏曰：『禮，謚法無「高」，以爲功最高而爲漢帝之太祖，故特起名焉。』

又 卷四《文帝紀》 （文帝四年秋九月）作顧成廟。漢服虔曰：『廟在長安城南，文帝作。還顧見城，故名之。』應劭曰：『文帝自爲廟，制度卑狹，若顧望而成，猶文王靈臺不日成之，故曰顧成。賈誼曰：「因顧成之廟，爲天下太宗，與漢無極。」』如淳曰：『身存而爲廟，若《尚書》之《顧命》也。景帝廟號德陽，武帝廟號龍淵，昭帝廟號徘徊，宣帝廟號樂遊，元帝廟號長壽，成帝廟號陽池。』顏師古曰：『以還顧見城，因即爲名，於義無取。又書本不作城郭字，應説近之。』

又 卷八《宣帝紀》 （本始二年）六月庚午，尊孝武廟爲世宗廟，奏《盛德》、《文始》、《五行》之舞，天子世世獻。武帝巡狩所幸之郡國，皆立廟。

又 卷二五下《郊祀志下》 宣帝即位，由武帝正統興，故立三年，尊孝武廟爲世宗，行所巡狩郡國皆立廟。

又 卷八四《翟義傳》 （太皇太后）【略】建靈臺，立明堂，設辟雍，張大學，尊中宗、高宗之號。服虔曰：『宣帝、元帝也。』

又 卷九九《王莽傳》 （平帝元始五年）十二月，平帝崩，【略】（王莽）奏尊孝成廟曰統宗，孝平廟曰元宗。

漢·蔡邕《獨斷》卷下 宗廟之制，古學以爲人君之居，前有朝，後有寢，終則前制廟以象朝，後制寢以象寢，廟以藏主列昭穆寢。有衣冠几杖，象生之具，總謂之宮。《月令》曰：先薦寢廟。《詩》云：公侯之宮。《頌》曰：寢廟奕奕。言相連也。是皆其文也。古不墓祭，至秦始皇出寢，起之於墓側，漢因而不改，故今陵上稱寢殿，有起居衣冠，象生之備，皆古寢之意也。居西都時，高帝以下每帝各別立廟，月備法駕遊衣冠，又未定迭毀之禮。元帝時丞相匡衡御史大夫貢禹，乃以經義處正，罷遊衣冠，毀先帝親盡之廟。

高帝爲太祖，孝文爲太宗，孝武爲世宗，孝宣爲中宗，祖宗廟皆世世奉祠，其餘惠景以下皆毀。五年而稱殷祭，猶古之禘祫也。殷祭則及諸毀廟，非殷祭則祖宗而已。光武中興，都雒陽，乃合高祖以下至平帝爲一廟，藏十一帝主於其中。元帝爲光武爲禰，故雖非宗而不毀也，後嗣遵承，遂常奉祀。

晉·皇甫謐《帝王世紀》 孝文，【略】廟號顧成。

孝景帝，【略】廟號德陽。

孝武帝廟名淵龍。

宣帝廟名樂游。

孝元皇帝廟名長壽。

成帝廟名池陽。

漢·佚名《三輔黄圖》卷五《宗廟》 孝惠更於渭北建高帝廟，謂之原廟。

惠帝廟，在高帝廟後，文帝廟，號顧成廟。孝文四年作顧成廟，在長安城南。文帝自爲廟，制度卑狹，若望而成，猶文王靈臺不日成之，故曰顧成也。

景帝廟，號德陽宮。景帝中四年，造德陽宮。蓋帝自作之，諱不言廟，故號爲宮。《故事》云：景帝造德陽宮。

武帝廟，號龍淵宮，今長安西茂陵東有其處，作銅飛龍，故以冠名。武帝元光四年，河決濮陽，發卒十萬救河決，起龍淵之宮，取此爲名。武帝廟不言宮。

昭帝廟，號徘徊。

宣帝廟，號樂游，在杜陵西北。神爵三年，宣帝立廟于曲池之北，號樂遊。按其處則今呼樂遊園是也，因樂遊得名。

元帝廟，號長壽。

成帝廟，號陽池。

宋·徐天麟《西漢會要》卷一《帝系一·帝號》 太祖高皇帝，【略】爲漢太祖，功最高，上尊號曰高皇帝。

太宗孝文皇帝，【略】孝景元年，申屠嘉等奏，德莫盛于孝文皇帝，宜爲帝者太宗之廟，制曰可。

世宗孝武皇帝，【略】孝宣本始二年，詔尊孝武廟爲世宗廟。

中宗孝宣皇帝，【略】初元元年正月辛丑，葬杜陵，平帝元始四年，尊孝宣廟爲中宗。

高宗孝元皇帝，【略】平帝元始四年，尊爲高宗廟。

清・嚴可均《全漢文》卷一《高帝》　帝姓劉氏，諱邦，【略】廟號太祖，亦曰高祖。

又　卷二《文帝》　帝諱恆，高帝中子。【略】廟號太宗。

又　卷三《武帝》　帝諱徹，景帝中子。【略】廟號世宗。

又　卷五《宣帝》　帝諱詢，字次卿，【略】廟號中宗。

又　卷七《元帝》　帝諱奭，宣帝長子。【略】廟號高宗。

又　卷八《成帝》　帝諱驁，字太孫，元帝太子。【略】廟號統宗。

漢・蔡邕《獨斷》卷下　光武舉天下以再受，今復漢祚，更起廟，稱世祖。孝明臨崩遺詔，遵儉母，起寢廟，藏主于世祖廟。孝章不敢違，是後遵承，藏主于世祖廟，皆如孝明之禮，而園陵皆自起寢廟。孝明曰顯宗，孝章曰肅宗，是後踵前，孝和曰穆宗，孝安曰恭宗，孝順曰敬宗，孝桓曰威宗。唯殤沖質三少帝，皆以未踰年而崩，不列於宗廟，四時就陵上祭寢而已。

晉・袁宏《後漢紀》卷二六《孝獻皇帝紀》　建武初，立宗廟於雒陽。元帝之于光武，父之屬也，故光武上繼元帝，又立親廟於雒陽，祭祀而已，不加名號。

光武崩，以中興之主更爲起廟，上尊號曰世祖廟。以元帝于光武爲爾，故雖非宗不毁也，後遂爲常。

明帝遺詔無起寢廟，藏主于世祖廟更衣。更衣者，帝王入廟之便殿也。孝章不敢違命，以更衣宜小別，上尊號曰顯宗。

章帝崩，遺詔如先帝故事，和帝上尊號曰肅宗。

和帝崩，上尊號曰穆宗。

殤帝崩，鄧太后以尚嬰孩，不列於廟，就陵寢祭之而已。

安帝殺大臣，廢太子。及崩，無上尊號之奏，以建武以來無毁者，遂因陵號恭宗。

順帝崩，上尊號曰敬宗。

沖、質帝皆年少，早崩，依殤帝故事。

桓帝崩，上尊號曰威宗。

靈帝崩而天下亂，故未議祖宗之事。

《後漢書》卷一上《光武帝紀上》　世祖光武皇帝諱秀，字文叔。唐李賢注：《禮》『祖有功而宗有德』，光武中興，故廟稱世祖。

又　卷九《獻帝紀》　（初平元年）有司奏，和、安、順、桓四帝無功德，不宜稱宗，又恭懷、敬隱、恭愍三皇后並非正嫡，不合稱后，皆請除尊號。制曰：『可。』唐李賢注：和帝號穆宗，安帝號恭宗，順帝號敬宗，桓帝號威宗。

又　卷九九《祭祀志下》　（光武帝建武三年正月）詔曰：『以宗廟處所未定，且祫祭高廟。其成、哀、平且祠祭長安故高廟。其南陽春陵歲時各且因故園廟祭祀。園廟去太守治所遠者，在所令長行太守事侍祠。惟孝宣帝有功德，其上尊號曰中宗。』

（二十六年）光武皇帝崩，明帝即位，以光武帝撥亂中興，更爲起廟，尊號曰世祖廟。

明帝臨終遺詔，遵儉無起寢廟，藏主于世祖廟更衣。孝章即位，不敢違，以更衣有小別，上尊號曰顯宗廟，間祠於更衣，四時合祭于世祖廟。語在《章紀》。

章帝臨崩，遺詔無起寢廟，廟如先帝故事。和帝即位不敢違，上尊號曰肅宗。

和帝崩，上尊號曰穆宗。

順帝崩，上尊號曰敬宗。

桓帝崩，上尊號曰威宗。

靈帝時，京都四時所祭高廟五主，世祖廟七主，少帝三陵，追尊後三陵，凡牲用十八太牢，皆有副倅。故高廟三主親毁之後，亦但殷祭之歲奉祠。靈帝崩，獻帝即位。初平中，相國董卓、左中郎將蔡邕等以和帝以下，功德無殊，而有過差，不應爲宗，及餘非宗者追尊三后，皆奏毁之。四時所祭，高廟一祖二宗，及近帝四，凡七帝。

宋・徐天麟《東漢會要》卷一《帝系上・帝號》　世祖光武皇帝，【略】廟曰世祖。

顯宗孝明皇，【略】廟曰顯宗。

肅宗孝章皇帝，【略】廟曰肅宗。

孝和皇帝，【略】廟曰穆宗獻帝初平元年省去廟號。

恭宗孝安皇帝，【略】廟曰恭宗獻帝初平元年省去廟號。

孝順皇帝，【略】廟曰敬宗獻帝初平元年省去廟號。

孝桓皇帝，【略】廟曰威宗獻帝初平元年省去廟號。

清·嚴可均《全後漢文》卷一《光武帝》 廟號世祖。

又 卷三 明帝廟號顯宗。

又 卷四 章帝廟號肅宗。

又 卷六 和帝廟號穆宗。

又 卷七 順帝廟號敬宗。

論說

《漢書》卷六七《梅福傳》 （梅福）上書曰：『士者，國之重器；得士則重，失士則輕。《詩》云：『濟濟多士，文王以寧。』廟堂之議，非草茅所當言也。臣誠恐身塗野草，尸并卒伍，故數上書求見，輒報罷。臣聞齊桓之時有以九九見者，桓公不逆，欲以致大也。今臣所言非特九九也，陛下距臣者三矣，此天下士所以不至也。昔秦武王好力，任鄙叩關自鬻；繆公行伯，繇余歸德。今欲致天下之士，民有上書求見者，輒使詣尚書問其所言，言可採取者，秩以升斗之祿，賜以一束之帛。若此，則天下之士發憤懣，吐忠言，嘉謀日聞於上，天下條貫，國家表裏，爛然可睹矣。夫以四海之廣，士民之數，能言之類至衆多也。然其俊桀指世陳政，言成文章，質之先聖而不繆，施之當世合時務，若此者，亦亡幾人。故爵祿束帛者，天下之底石，高祖所以厲世摩鈍也。孔子曰：『工欲善其事，必先利其器。』至秦則不然，張誹謗之罔，以爲漢驅除，倒持泰阿，授楚其柄。故誠能勿失其柄，天下雖有不順，莫敢觸其鋒，此孝武皇帝所以辟地建功爲漢世宗也。』

晉·袁宏《後漢紀》卷二六《孝獻皇帝紀》 靈帝崩而天下亂，故未議祖宗之事。於是有司奏議宗廟迭毀，左中郎將蔡邕議曰：『漢承秦滅學之後，宗廟之制，不用周禮。每帝即位，輒立一廟，不止於七，昭穆，不定宗廟迭毀。孝元皇帝時丞相匡衡、御史大夫貢禹始建斯議，罷絀典禮。孝文帝、孝武帝、孝宣帝皆功德茂盛，爲宗不毀。初，孝（昭）［宣］尊崇孝武，廟稱世宗。中正大臣夏侯勝猶執異議，不應爲宗。至孝（宣）［成］皇帝，議猶不定，太僕王舜、中壘校尉劉歆據經傳義處不可毀，上從其議。古人據正重慎，不敢私其君父，如此其至者也。

後唐·馬縞《中華古今注》卷上《漢成帝廟》 顧成廟有三玉鼎、二眞金鑪，槐樹悉爲扶老鉤欄，畫雲龍角虛於其上也。

宋·林之奇《尚書全解》卷二〇《說命上》 祖有功宗有德之制，至漢而猶存，故高祖、世祖皆爲一時之祖宗。前漢以文帝爲太宗，武帝爲世宗，宣帝爲中宗，後漢以明帝爲顯宗，章帝爲肅宗，此皆以其功德而祖宗也。

宋·項安世《項氏家說》卷七《帝王稱宗》 高宗出商書，中宗出周書，獨世宗未知何據。按列女傳，謂宣王得姜后，卒成中興之名，爲周世宗，則世宗，宣王之廟號也。古文世與太通，故太子爲世子，太叔爲世叔，樂太心爲樂世心，世宗卽太宗也。漢文帝既爲太宗，故武帝爲世宗。高帝既爲太祖，故光武爲世祖。

宋·魏了翁《古今考》卷一《高祖》 鶴山先生曰：既曰高帝矣，此其言高祖何？繫之帝卽謚也，繫之祖則廟號也。【略】至高帝然後一人而有謚有號，然謚曰高皇帝，廟曰高祖，猶通一高字也。至文帝以後，然後號與謚異，然猶曰太宗、世宗、中宗、世祖云耳。

清·方苞《望溪集》卷三《謚法》 商之世嘗衰矣，至帝戊而中興，故尊之而因以號焉。其後屢衰，武丁振而興之，功最高，故尊之而因以號焉。漢之太宗、世宗用此義也。至東漢，而祖宗謚號之義皆失矣。祖者始也，故宗無定數，祖一而已。以光武之復有天下而稱祖，是二始也。謚以易名，因以爲廟號，《春秋》所書，桓宮武宮是也。廟別有號，是再謚也。主是議者，必以祖有功而宗有德，又祖一而宗無定數，以爲祖賢于宗，不知殷人宗湯，周宗武王，乃二代始受命之君，不聞湯武之賢，以不稱祖而貶於稷契，其廟別爲號，蓋緣文帝稱太宗，武帝稱世宗而然，不知曰太曰世，非謚也。

清·顧炎武《日知録》卷一四《除去祖宗廟謚》 漢惠帝從叔孫通之言，郡國多置原廟。元帝時，貢禹以爲不應古禮。永光四年，下丞相韋玄成等議，以『《春秋》之義，父不祭於支庶之宅，君不祭於臣僕之家，

王不祭於下土諸侯，請勿復修』。奏可，因罷昭靈后、武哀王、昭哀后、衛思后、戾太子、戾后園，皆不奉祠。後魏明元貴嬪杜氏，魏郡鄴人，生世祖。及即位，追尊爲穆皇后，配享太廟，又立后廟於鄴。高宗時，相州刺史高閭表修后廟。詔曰：『婦人外成，理無獨祀，陰必配陽以成天地，未聞有莘之國，立太姒之饗。此乃先皇所立，一時之至感，非經世之遠制，便可罷祀。』是古人罷祖宗之廟而不以爲嫌也。王莽尊元帝廟號高宗，成帝號統宗，平帝號元宗。中興，皆去之。後漢和帝號穆宗，安帝號恭宗，順帝號敬宗，桓帝號威宗。桓帝尊母梁貴人曰恭懷皇后，安帝尊祖母宋貴人曰敬隱皇后，順帝尊母李氏曰恭愍皇后。獻帝初平元年，左中郎將蔡邕議：『孝和以下，政事多釁，權移臣下，嗣帝殷勤，各欲襃崇至親而已。臣下懦弱，莫能執正。據《禮》，和、安、順、桓四帝不宜稱宗，又恭懷、敬隱、恭愍三皇后並非正嫡，不合稱后，皆請除尊號。』制曰可。

清·陳祖範《經咫·書》 祖宗廟號，於古有之，祖一而宗無定數，殷三宗，漢四宗，光武之稱世祖，以中興也。【略】有功德者則宗之，宗亦何遜于祖哉？漢宣、元二帝，先亦稱宗，臣下得引義削去之，古道猶存，自後世無代不宗。

清·趙翼《廿二史劄記》卷二《漢帝多自立廟》 西漢諸帝多生前自立廟。《漢書》本紀，文帝四年，作顧成廟。註：帝自爲廟，制度狹小，若可顧望而成者。賈誼策有云，使顧成之廟爲天下太宗，即指此也。景帝廟曰德陽，武帝廟曰龍淵，昭帝廟曰徘徊，宣帝廟曰樂游，元帝廟曰長壽，成帝廟曰陽池，俱見《漢書》註。

晉·袁宏《後漢紀》卷二六《孝獻皇帝紀》 靈帝崩，而天下亂，故未議祖宗之事。於是有司奏議宗廟迭毀。左中郎將蔡邕議曰：『漢承秦滅學之後，宗廟之制，不用周禮。每帝即位，輒立一廟，不止於七，昭穆，不定宗廟迭毀。孝元皇帝時丞相匡衡、御史大夫貢禹始建斯議，罷絀典禮。孝文帝、孝武帝、孝宣帝皆功德茂盛，爲宗不毀。初，孝（昭）[宣]尊崇孝武，廟稱世宗。中正大臣夏侯勝猶執異議，不應爲宗。至孝宣皇帝，議猶不定，太僕王舜、中壘校尉劉歆據經傳義處不可毀，上從其議。古人據正重慎，不敢私其君父，如此其至者也。後遭王莽之亂，光武皇帝受命中興，廟稱世祖。孝明皇帝政參文、宣，廟稱顯宗。孝章皇帝至孝蒸蒸，仁恩博大，廟稱肅宗，比方前世，得禮之宜。自此已下，政事多釁，權（稱）[移]臣下，嗣帝殷勤，各欲尊崇至親，而臣下懦弱，莫敢執正夏侯之議，故遂愆濫，無有防限。今聖朝遵復古禮，以求厥中，誠合事宜。孝元皇帝世在第八，光武皇帝世在第九，故元帝爲考廟，尊而奉之。孝明因循，亦不敢毀元帝。今於廟九世，非宗親盡宜毀，比惠、昭、成、哀、平帝，五年而再殷祭。孝安、孝桓（孝）[在]昭，孝和、孝靈在穆，四時常陳。孝和以下，穆宗、恭宗、威宗之號，皆宜省去，以遵先典，殊異祖宗不可參並之義。』從之。

宋·林之奇《尚書全解》卷二〇《說命上》 祖有功宗有德之制，至漢而猶存，故高祖、世祖皆爲一時之祖宗。【略】後漢以明帝爲顯宗，章帝爲肅宗，此皆以其功德而祖宗也。

宋·項安世《項氏家說》卷七《帝王稱宗》 高宗出商書，中宗出周書，獨世宗未知何據。按列女傳，謂宣王得姜后，卒成中興之名，爲周世宗，則世宗，宣王之廟號也。古文世與太通，故太子爲世子，太叔爲世叔，樂太心爲樂世心，世宗即太宗也。漢文帝既爲太宗，故武帝爲世宗。高帝既爲太祖，故光武爲世祖。

宋·魏了翁《古今考》卷一《高祖》 鶴山先生曰：既曰高帝矣，此其言高祖何繫之帝即謚也，繫之祖則廟號也。【略】

至高帝然後一人而有謚有號，然謚曰高皇帝，廟曰高祖，猶通一高字也。至文帝以後，然後號與謚異，然猶曰太宗、世宗、中宗、世祖云耳。又其後一人之身既曰明帝，又曰顯宗，既曰章帝，又曰肅宗，不知節謚者安所據也。明帝猶可宗也，又其後也，和帝曰穆宗，殤帝曰宗，安帝曰恭宗，則終漢之世，無一而非宗者。又其後也，帝謚少而五六言，多至十七八言，雖有博識强記之士，固已不能悉數，施諸詔命奏疏，亦以文繁難於節約，其勢必以廟號陵名代之，則是一人而兼十餘字之美，義有相包，字猶別出，雖有昏僻之主，猶得仁聖之名施諸？當時人已議朝臣之庸鄙，書諸簡策，人覆議世道之澆訛，相承至今，謚爲虛設，僅以陵廟見諸典章，又極其事而言之，則必缺如殷三宗，漢七制，無害其爲廟號，以其有德可宗，而不在迭毀之數也。和、殤、安、順以來，胡爲而皆無不可宗之？帝有天下者，知和、殤、安、順亦得爲宗，則知廟號而承陋，襲訛

不可不速已也。

清・顧炎武《日知録》卷一四《除去祖宗廟謚》 漢惠帝從叔孫通之言，郡國多置原廟。元帝時，貢禹以爲不應古禮。永光四年，下丞相韋玄成等議。以『《春秋》之義，父不祭于支庶之宅，君不祭於臣僕之家，王不祭于下土諸侯，請勿復修。』奏可，因罷昭靈后、武哀王、昭哀后、衛思后、戾太子、戾后園，皆不奉祠。後魏明元貴嬪杜氏，魏郡鄴人，生世祖。及即位，追尊爲穆皇后，配享太廟，又立后廟於鄴。高宗時，相州刺史高閭表修后廟，詔曰：『婦人外成，理無獨祀，陰必配陽以成天地，未聞有莘之國，立太姒之饗。此乃先皇所立，一時之至感，非經世之遠制，使可罷祀。』是古人罷祖宗之廟而不以爲嫌也。王莽尊元帝廟號高宗，成帝號統宗，平帝號元宗，中興，皆去之。後漢和帝號穆宗，安帝號恭宗，順帝號敬宗，桓帝號威宗。桓帝尊母梁貴人曰恭懷皇后，安帝尊祖母宋貴人曰敬隱皇后，順帝尊母李氏曰恭愍皇后。獻帝初平元年，左中郎將蔡邕議：『孝和以下，政事多釁，權移臣下，嗣帝殷勤，各欲褒崇至親而已。臣下懦弱，莫能執正。據《禮》，和、安、順、桓四帝不宜稱宗，又恭懷，敬隱、恭愍三皇后並非正嫡，不合稱后，皆請除尊號。』

清・陳祖範《經咫・書》 祖宗廟號，于古有之，祖一而宗無定數，殷三宗，漢四宗，光武之稱世祖，以中興也。【略】有功德者則宗之，宗亦何遜于祖哉？漢宣、元二帝，先亦稱宗，臣下得引義削去之，古道猶存，自後世無代不宗。

避諱分部

綜　述

《史記》卷六《秦始皇本紀》 秦始皇及生，名爲政，姓趙氏。晉徐廣曰：『一作「正」。』宋忠云：『以正月旦生，故名正。』唐司馬貞《索隱》曰：《系本》作『政』，又生於趙，故曰趙政。一曰秦與趙同祖，以趙城爲榮，故姓趙氏。唐張守節《正義》曰：正，音政，『周正建子』之『正』也。始皇以正月旦生於趙，因爲政，後以始皇諱，故音征。

又 卷一六《秦楚之際月表》 （二世二年）端月。《索隱》曰：二世二年正月也。秦諱正，謂之端。

《漢書》卷一上《高帝紀上》 高祖。漢荀悦曰：『諱邦，字季。邦之字曰國。』唐顔師古曰：『邦之字曰國者，臣下所避以相代也。』

又 卷二《惠帝紀》 孝惠皇帝。荀悦曰：『諱盈之字曰滿。』師古曰：『孝子善述父之志，故漢家之謚，自惠帝已下皆稱孝也。臣下以滿字代盈者，則知帝諱盈也。他皆類此。』

又 卷三《高后紀》 高皇后呂氏。荀悦曰：『諱雉之字曰野雞。』師古曰：『呂后名雉，字娥姁，故臣下諱雉也。姁音許于反。』

又 卷四《文帝紀》 孝文皇帝。荀悦曰：『諱恒之字曰常。』

又 卷五《景帝紀》 孝景皇帝。荀悦曰：『諱啓之字曰開。』

又 卷六《武帝紀》 孝武皇帝。荀悦曰：『諱徹之字曰通。』

又 卷七《昭帝紀》 孝昭皇帝。荀悦曰：『諱弗之字曰不。』

又 卷八《宣帝紀》 孝宣皇帝。荀悦曰：『諱詢，字次卿。詢之字曰謀。』

又 卷九《元帝紀》 孝元皇帝。荀悦曰：『諱奭之字曰盛。』

又 卷一〇《成帝紀》 孝成皇帝。荀悦曰：『諱驁，字太孫。驁之字曰俊。』

又 卷一一《哀帝紀》 孝哀皇帝。荀悦曰：『諱欣之字曰喜。』

又 卷一二《平帝紀》 孝平皇帝。荀悦曰：『諱衎之字曰樂。』

宋・鄭樵《通志》卷三〇《避諱第八》 籍氏，避項羽諱，改爲席氏。

奭氏，避漢元帝諱，改爲盛氏。

莊氏，避漢明帝諱，改爲嚴氏。

慶氏，避漢安帝父諱，改爲賀氏。

宋・徐天麟《西漢會要》卷一《帝系一・帝號》 太祖高皇帝諱邦，之字曰國。

孝惠皇帝諱盈，之字曰滿。

高皇后呂氏諱雉，之字曰野雞。

太宗孝文皇帝諱恒，之字曰常。

孝景皇帝諱啓，之字曰開。

世宗孝武皇帝諱徹，之字曰通。

孝昭皇帝諱弗陵，後止諱弗之字曰不。

中宗孝宣皇帝諱詢，之字曰謀。

高宗孝元皇帝諱奭，之字曰盛。

孝成皇帝諱驁，之字曰俊。

孝哀皇帝諱欣，之字曰喜。

孝平皇帝諱衎，之字曰樂。

《後漢書》卷一上《光武帝紀上》 世祖光武皇帝諱秀，字文叔。

又 卷三《孝明帝紀》 顯宗孝明皇帝諱莊。東漢伏侯《古今注》曰：『莊之字曰嚴。』

又 卷四《和帝殤帝紀》 孝和皇帝諱肇。伏侯《古今注》曰：『肇之字曰始。肇音兆。』臣賢案：許慎《説文》『肇音大可反，上諱也。』但伏侯、許慎並漢時人，而帝諱不同，蓋應別有所據。

孝殤皇帝諱隆。《古今注》曰：『隆之字曰盛。』

又 卷五《安帝紀》 恭宗孝安皇帝諱祜。伏侯《古今注》曰：『祜之字曰福。』

又 卷六《順帝紀》 孝順皇帝諱保。伏侯《古今注》曰：『保之字曰守。』

孝沖皇帝諱炳。晉司馬彪曰：『沖幼早夭，故謚曰沖。』伏侯《古今注》曰：『炳之字曰明。』

孝質皇帝諱纘。《古今注》曰：『纘之字曰繼。』

又 卷七《桓帝紀》 孝桓皇帝諱志。志之字曰意。

又 卷八《靈帝紀》 孝靈皇帝諱宏。伏侯《古今注》曰：『宏之字曰大。』

又 卷九《獻帝紀》 孝獻皇帝諱協，靈帝中子也。協之字曰合。《帝王紀》曰：『協字伯和。』

宋・徐天麟《東漢會要》卷一《帝系・帝號》 世祖光武皇帝諱秀，之字曰茂。

顯宗孝明皇帝諱莊，之字曰嚴。

肅宗孝章皇帝諱炟，之字曰著。

孝和皇帝諱肇，之字曰始。

孝殤皇帝諱隆，之字曰盛。

恭宗孝安皇帝諱祜，之字曰福。

孝順皇帝諱保，之字曰守。

孝沖皇帝諱炳，之字曰明。

孝質皇帝諱纘，之字曰繼。

孝桓皇帝諱志，之字曰意。

孝靈皇帝諱宏，之字曰大。

孝獻皇帝諱協，之字曰合。

宋・王欽若等《册府元龜》卷三《帝王部・名諱》 後漢光武皇帝諱秀，字文叔。秀之字曰茂。

論説

宋・周密《齊東野語》卷四《避諱》 至秦始皇諱政，乃呼正月爲征月，《史記・年表》作端月。盧生曰：『不敢端言其過。』秦頌端正法度曰『端直』。皆避政字。

宋・王觀國《學林》卷三《名諱》 夏商無所諱，諱自周始。【略】秦漢以來，始酷諱矣。秦始皇名政，故正月讀音征，而書史釋音皆音正月之正爲征也。

宋・洪邁《容齋三筆》卷一一《帝王諱名》 帝王諱名，自周世始有此制，然只避之於本廟中耳。【略】唯秦始皇以父莊襄王名楚，稱楚曰荆，其名曰政，自避其嫌，以正月爲一月，蓋已非周禮矣。

宋・王楙《野客叢書》卷九《古人避諱》 古今書籍，其間字文，率多換易，莫知所自，往往出於當時避諱而然。僕不暇一一深考，姑著大略于茲，自可類推也。秦始皇諱『政』，呼『正月』爲『征月』，《史記・年表》又曰『端月』，盧生曰：『不敢端言其過。』《秦頌》曰『端平法度』，曰『端直厚忠』，皆避『正』字也。

明・葉子奇《草木子》卷三《雜制篇》 諱法自周以前無之，至周公立制，人生既冠，以字易名，及有爵者死而定謚，則固以彌文矣。後世

遵之，其法愈嚴，如始皇名政，改正月之正音征，至今不改。

清・劉錫信《歷代諱名考・歲時》 秦始皇諱政，呼正月爲征，《史記・年表》又作端月。

又《地理》 《秦始皇本紀》，凡楚皆曰荆，避其父莊襄王名也。

宋・王觀國《學林》卷三《名諱》 夏商無所諱，諱自周始。【略】漢高祖名邦，故《史記》《前漢》書不用邦字，凡邦字皆改國字也。呂后名雉，《前漢・呂后紀》注曰：雉之字曰野雞，故漢人文字皆謂雉爲野雞。《史記・封禪書》曰：野雞夜聲。《前漢・郊祀志》曰：野雞夜鳴。《杜鄴傳》曰：野雞著怪。若此類是也。

漢文帝名恒，《前漢・地理志・常山郡》張晏注曰：恒山在西，避文帝諱，改爲常山郡，自此北嶽恒山改爲常山也。

漢景帝名啓，故《史記》改微子啓爲微子開之類是也。

漢武帝名徹，故徹侯改爲通侯，蒯徹改爲蒯通。《史記・天官書》改循車徹之徹爲通是也。

漢宣帝名詢，故荀況改爲孫卿之類是也。《宣帝紀》元康二年詔曰：百姓多上書觸諱以犯罪者，朕甚憐之，更諱詢，諸觸諱在令前者，赦之。蓋宣帝爲皇曾孫時名病已，至是改爲詢，其詔曰令前者赦之，則令以後觸諱者罪不赦也。

漢元帝王皇后父名禁，王莽諱之，改禁中爲省中，前漢《孔光傳》曰：孔莽嗣侯，避王莽，更名均。

宋・洪邁《容齋三筆》卷一一《帝王諱名》 帝王諱名，自周世始有此制，然只避之於本廟中耳。【略】唯秦始皇以父莊襄王名楚，稱楚曰荆，其名曰政，自避其嫌，以正月爲一月，蓋已非周禮矣。漢代所謂邦之字曰國，盈之字曰滿，徹之字曰通，雖但諱本字，而吏民犯者有刑。

又 卷一五《之字訓變》 漢高祖諱邦，荀悦云：『之字曰國。』惠帝諱盈，之字曰滿。』謂臣下所避以相代也。蓋『之』字之義訓變，《左傳》：『周史以《周易》見陳侯者，陳侯使筮之，遇《觀》之《否》。』謂《觀》六四變而爲《否》也。他皆仿此。

宋・王楙《野客叢書》卷九《古人避諱》 古今書籍，其間字文，率多换易，莫知所自，往往出於當時避諱而然。僕不暇一一深考，姑著大略於兹，自可類推也。【略】漢高祖諱『邦』，漢史凡言『邦』皆曰『國』。呂后諱『雉』，《史記・封禪書》謂野雞『夜雊』。惠帝諱『盈』，《史記》『萬盈數』作『萬滿數』。文帝諱『恒』，以『恒山』爲『常山』。景帝諱『啓』，《史記》『微子啓』作『微子開』，《漢書》『啓母石』作『開母石』，武帝諱『徹』，以『徹侯』爲『通侯』，『蒯徹』爲『蒯通』，宣帝諱『詢』，以『荀卿』爲『孫卿』，元帝諱『奭』，以『奭氏』爲『盛氏』。

又 卷一九《避高祖諱》 或者讀晉潘尼舉孔子言『一言而喪國』者，漢避高祖諱，至此猶存。僕謂承襲如此，非避諱也。且《左傳》引《周書》之文曰：『大國畏其力，小國懷其德。』引《周詩》曰：『克長克君，王此大國。』當是之時，高祖之諱未行也，而易『邦』以『國』者，是出於偶然，非有深意。然固有避諱處，如《漢書》引『堯親九族，以和萬國』，曰『善人爲國百年，可以勝殘去殺』，王嘉曰『無教逸欲有國』，蔡邕石經，凡『邦』字易『國』字。如此之處，可以言避諱矣！何則，彼皆漢人也，非漢人，則不可謂避諱矣。

宋・葉大慶《考古質疑》卷一 後世諱政而改正月且易其音，視周爲密矣。觀王嘉上封事，無教逸欲有國，是固爲高祖諱矣。及韋孟諫詩有曰總齊羣邦，自是而下，犯高祖之諱者，凡至五六，孟當楚王戊之時，去高祖爲未久，而獨不之，諱豈漢初懲秦苛禁，凡事簡易，其避諱亦未如後世之悉。至武帝諱徹，遂改徹侯爲通侯。自是之後，所諱遂密於前歟？觀《漢書》蒯徹謂之蒯通，固爲武帝諱矣。至於景帝名啓，《史記》謂之微子開，而《漢紀》元封元年詔書有夏后啓母石之言，何爲不避之耶？顔師古謂史追書之，班固非漢臣子歟？

宋・周密《齊東野語》卷四《避諱》 漢高祖諱邦，舊史以邦爲國。惠帝諱盈，《史記》以萬盈數作滿數。文帝諱恒，以恒山爲常山。景帝諱啓，《史記》微子啓作微子開，《漢書》啓母石作開母石。武帝諱徹，以徹侯爲通侯，蒯徹爲蒯通。宣帝諱詢，以荀卿爲孫卿。元帝諱奭，以奭氏爲盛氏。光武諱秀，以秀才爲茂才。明帝諱莊，以老、莊爲老、嚴，莊助爲嚴助，卞莊爲卞嚴。殤帝諱隆，以隆慮爲林慮。安帝父諱慶，以慶氏爲賀氏。【略】

避諱而易字者。按《東觀漢記》云：惠帝諱盈之字，曰滿；文帝諱恆之字，曰常；光武諱秀之字，曰茂云云。蓋當時避諱，改爲某字，之者變也。如卦變爻曰之也。

明·葉子奇《草木子》卷三《雜制篇》 諱法自周以前無之，至周公立制，人生既冠，以字易名，及有爵者死而定謚，則固以彌文矣。後世遵之，其法愈嚴。【略】漢呂氏諱雉，改雉名野雞，人患雉者名野雞疾。

明·周祈《名義考》卷六《名非用之字》 潁川語小曰：「左氏云：介之推、燭之武，二之字非名也，特語助也。」荀悦云：「高祖諱邦，之字曰國。惠帝諱盈，之字曰滿。文帝諱恆，之字曰常。此之字非語助。《示兒編》曰：「之字《訓變》謂君諱，臣下所避者，變以相代也。諱邦，變國字以代之，如《左傳》遇觀之否，謂變觀爲否也。今以盈之、恆之爲名而以滿、常爲字益非矣。」

清·顧炎武《日知録》卷二七《漢人注經》 漢人避惠帝諱，「盈」之字曰「滿」，此當改而不改也。

清·劉錫信《歷代諱名考·星神》 漢景帝諱啓，《詩》曰「東有啓明」，賈誼《新書·四代篇》引《詩》云「東有開明」，避景帝諱也。

又《歲時》 漢文帝諱恆，《洪範》恆寒、恆燠、恆雨、恆暘、恆風，《史記》作常寒、常燠、常雨、常暘、常風。

又《地理》 漢高祖諱邦，漢時言邦作國。

《漢書·地理志》琅邪郡所領縣有開陽縣，春秋哀三年季孫斯權孫州仇帥師城啓陽。注：啓陽今琅邪開陽，當因避景帝諱改也。

漢文帝諱恆，改恆山郡爲常山郡。尚書恆衛，既從《史記》作常衛。

宋·王觀國《學林》卷三《名諱》 後漢光武名秀，故秀才改茂才，光武叔父名良，故東郡壽良縣改爲壽張縣之類是也。漢明帝名莊，故姓莊者皆改姓嚴，《前漢·藝文志》莊忌改爲嚴忌，莊助改爲嚴助，莊尤改爲嚴尤。又《五行志》春秋莊公改爲嚴公，楚莊王改爲楚嚴王，《異姓諸侯王表》秦昭莊改爲昭嚴，又班固《敘傳》謂老莊之術爲老嚴之術，謂莊子爲嚴子之類是也。漢殤帝名隆，故《前漢·地理志》河內隆慮縣改爲林慮縣之類是也。漢安帝父清河孝王慶也，凡姓慶者皆改爲賀氏，鍾慶純改爲賀純之類是也。司馬遷父名談，故《史記》不用談字而改趙談爲趙同。范煜父名泰，故《後漢書》不用泰字，鄭泰郭泰傳皆改爲太字，而兩傳文並稱鄭公業、郭林宗，蓋避泰音而呼其字也。案後漢安帝名祐，而《後漢書》有朱祐吳祐劉祐，殤帝名隆而書有劉隆伏隆王隆，靈帝名巨集而書有衛巨集，范煜於漢臣名犯漢帝之名則不改避，而犯其父之名則改避，何私于父而略于君耶？【略】

夏商之時質，質則事簡，故無所諱。周之時文，文則事備，故有諱而不酷諱也。秦漢以來，文乎文者也，文乎文則多事，多事則疑，疑則爲之防也，密矣。此其所以酷諱之也。

宋·王楙《野客叢書》卷九《古人避諱》 光武諱「秀」，以「秀才」爲「茂才」。明帝諱「莊」，以「老莊」爲「老嚴」，以「辦裝」爲「辦嚴」，或者以爲稱人當曰「辦嚴」，自稱曰「辦裝」，不知「辦嚴」即「辦裝」也。殤帝諱「隆」，以「隆慮侯」爲「林慮侯」，安帝父諱「慶」，以「慶氏」爲「賀氏」。

明·楊慎《升庵集》卷五〇《避諱》 古人避諱改字，自有意義。【略】明帝諱莊，改莊助爲嚴助，莊子陵爲嚴子陵，以莊與嚴古同音，殷武詩葉音是其証也。宣帝諱荀，改荀卿爲孫卿亦然。

清·劉錫信《歷代諱名考·謚號》 漢明帝諱莊，韋昭注《國語》凡書中莊字俱作嚴，魯莊公作嚴公。

又《地理》 婁門東南二里有漢吳郡太守朱梁墳，本名趙，避後漢和帝諱改名。

漢殤帝諱隆，改隆慮爲林慮。

漢安帝父名慶，改越之慶湖爲鏡湖。

紀年分部

綜述

《漢書》卷二一下《律曆志下》 始皇，《本紀》即位三十七年。二世，《本紀》即位三年。

《史記》卷一二《孝武本紀》（武帝時）有司言元宜以天瑞命，不宜以一二數。魏蘇林曰：『得黄龍鳳皇諸瑞，以名年。』一元曰建元，二元以長星曰元光，三元以郊得一角獸曰元狩云。晉徐廣曰：『案諸紀元光後有元朔，元朔後得元狩。』

《漢書》卷六《武帝紀》　建元元年。唐顔師古曰：『自古帝王未有年號，始起於此。』

又　卷二一下《律曆志下》　文帝，前十六年，後七年，著《紀》即位二十三年。

景帝，前七年，中六年，後三年，著《紀》即位十六年。

武帝建元、元光、元朔各六年。元朔六年十一月甲申朔旦冬至，《殷曆》以爲乙酉，距初元七十六歲。元狩、元鼎、元封各六年。漢曆太初元年，距上元十四萬三千一百二十七歲。前十一月甲子朔旦冬至，歲在星紀婺女六度，故《漢志》曰歲名困敦，正月歲星出婺女。太初、天漢、太始、征和各四年，後二年，著《紀》即位五十四年。

昭帝始元、元鳳各六年，元平一年，著《紀》即位十三年。

宣帝本始、地節、元康、神爵、五鳳、甘露各四年，黄龍一年，著《紀》即位二十五年。

元帝初元二年十一月癸亥朔旦冬至，《殷曆》以爲甲子，以爲紀首。是歲也，十月日食，非合辰之會，不得爲紀首。距建武七十六歲。初元、永光、建昭各五年，竟寧一年，著《紀》即位十六年。

成帝建始、河平、陽朔、鴻嘉、永始、元延各四年，綏和二年，著《紀》即位二十六年。

哀帝建平四年，元壽二年，著《紀》即位六年。

平帝，著《紀》即位元始五年，以宣帝玄孫嬰爲嗣，謂之孺子。

孺子，著《紀》新都侯王莽居攝三年，王莽居攝，盜襲帝位，竊號曰新室。始建國五年，天鳳六年，地皇三年，著《紀》盜位十四年。

更始帝，著《紀》，以漢宗室滅王莽，即位二年。赤眉賊立宗室劉盆子，滅更始帝。自漢元年訖更始二年，凡二百三十歲。

唐・張守節《史記正義》卷一二《孝武本紀》　孝景以前即位，以一二數年至其終。武帝即位，初有年號，改元以建元爲始。

宋・徐天麟《西漢會要》卷一《帝系一・帝號》　世宗孝武皇帝【略】年號：建元六年，元光六年，元朔六年，元狩六年，元鼎六年，元封六年，太初四年，天漢四年，太始四年，征和四年，後元二年。

孝昭皇帝【略】年號：始元六年，元鳳六年，元平一年。

中宗孝宣皇帝【略】年號：本始四年，地節四年，元康四年，神爵四年，五鳳四年，甘露四年，黄龍一年。

高宗孝元皇帝【略】年號：初元五年，永光五年，建昭五年，竟寧一年。

孝成皇帝【略】年號：建始四年，河平四年，陽朔四年，鴻嘉四年，永始四年，元延四年，綏和二年。

孝哀皇帝【略】年號：建平四年，元壽二年。

孝平皇帝【略】年號：元始五年。

元・馬端臨《文獻通考》卷二五〇《帝系考一・帝號歷年》　世宗孝武皇帝【略】改元十一：建元六。元光六。元朔六。元狩六。元鼎六。元封六。太初四。天漢四。太始四。征和四。後元二。

孝昭皇帝【略】改元三：始元六。元鳳六。元平一。

中宗孝宣皇帝【略】改元七：本始四。地節四。元康四。神爵四。五鳳四。甘露四。黄龍一。

高宗孝元皇帝【略】改元四：初元五。永光五。建昭五。竟寧十一。

孝成皇帝【略】改元七：建始四。河平四。陽朔四。鴻嘉四。永始四。元延四。綏和二。

孝哀皇帝【略】改元二：建平四。元壽二。

孝平皇帝【略】改元一：元始五。

王莽立孺子嬰，自爲『攝皇帝』，三年，至戊辰，莽篡位。【略】改元四：建國五。天鳳六。地皇三。更始二。

清・趙翼《陔餘叢考》卷二五《歷代正史編年各號》　漢武帝：建元、元光、元朔、元狩、元鼎、元封、太初、天漢、太始、征和、後元。

昭帝：始元、元鳳、元平。

宣帝：本始、地節、元康、神爵、五鳳、甘露、黄龍。

元帝：初元、永光、建昭、竟寧。

成帝：建始、河平、陽朔、鴻嘉、永始、元延、綏和。

哀帝：建平、元壽。帝又以方士言，欲改太初元將四字，中止。

平帝：元始。

孺子嬰：初始。

清・李兆洛《歷代紀元編》卷上《紀元總載・西漢》　武帝徹：建元辛丑六，元光丁未六，元朔癸丑六，元狩己未六，元鼎乙丑七，元封辛未十月改〇六，太初丁丑四，天漢辛巳四，太始乙酉四，征和己丑四，後元癸巳二。

昭帝弗陵：始元一作征和後元〇乙未七，元鳳辛丑八月改〇六，元平丁未一。

宣帝詢：本始戊申四，地節壬子四，元康丙辰四，神爵庚申四，五鳳甲子四，甘露戊辰四，黄龍壬申一。

元帝奭：初元癸酉五，永光戊寅五，建昭癸未五，竟寧戊子一。

成帝驁：建始己丑四，河平癸巳四，陽朔丁酉四，鴻嘉辛丑四，永始乙巳四，元延己酉四，綏和癸丑二。

哀帝欣：建平乙卯四，太初元將亦作太初，又作大初元將〇丙辰六月改，八月復稱建平二年，元壽己未二。

平帝衎：元始辛酉五。

孺子嬰：居攝丙寅三，初始一作始初〇戊辰十一月改。

王莽：始建國己巳五，天鳳甲戌六，地皇庚辰四。

淮陽王玄：更始癸未二月改〇三。

清・陳景雲《紀元要略》卷一《前漢》　世宗孝武皇帝【略】：建元六，元光六，元朔六，元狩六，元鼎六，元封六，太初四，天漢四，太始四，征和四，後元二。

孝昭皇帝【略】，改元三：始元六，元鳳六，元平一。

中宗孝宣皇帝【略】，改元七：本始四，地節四，元康四，神爵四，五鳳四，甘露四，黄龍一。

高宗孝元皇帝【略】，改元四：初元五，永光五，建昭五，竟寧一。

孝成皇帝【略】，改元七：建始四，河平四，陽朔四，鴻嘉四，永始四，元延四，綏和二。

孝哀皇帝【略】，改元二：建平四，元壽二。

孝平皇帝【略】，改元一：元始。

孺子嬰【略】，改元居攝。

清・鍾淵映《歷代建元考》卷四《漢》　孝昭皇帝【略】，改元三：始元六，元鳳六，以鳳凰來下紀元，元平元。

中宗孝宣皇帝【略】，改元七：本始四，地節四，以先者地震山崩水出欲令地得其節於是改元。元康四，神爵四，以神爵降改元。五鳳四，甘露四，以甘露降改元。黄龍元。

高宗孝元皇帝【略】，改元四：初元五，永光五，建昭五，竟寧元，『元帝紀』：邊垂長無兵革之事，其改元爲竟寧。

孝成皇帝【略】，改元七：建始四，河平四，以河決隄塞輒平改元。陽朔四，鴻嘉四，永始四，元延四，綏和二。

孝哀皇帝【略】，改元三：建平四，太初元將，即建平二年，二月除。元壽二。

孝平皇帝【略】，改元一：元始。

孺子嬰【略】，改元二：居攝二，初始元。

更始時起兵稱皇帝，被誅。

《漢書》居攝三年十一月甲子，莽上奏太后，以居攝三年爲初始元年，漏刻以百二十爲。奏可。

宋・徐天麟《東漢會要》卷一《帝系上・帝號》　世祖光武皇帝，【略】年號：建武三十一，中元二。

顯宗孝明皇帝，【略】年號：永平十八年。

肅宗孝章皇帝，【略】年號：建初八，元和三，章和二。

孝和皇帝，【略】年號：永元十六，元興一。

恭宗孝安皇帝，【略】年號：永初七，元初六，永寧一，建光一，延光四。

孝順皇帝，【略】年號：永建六，陽嘉四，永和六，漢安二，建康一。

孝沖皇帝，【略】年號：永嘉一。

孝質皇帝，【略】年號：本初一。

孝桓皇帝，【略】年號：建和七，和平一，元嘉一，永興二，永壽三，延熹九，永康一。

孝靈皇帝，【略】年號：建寧四，熹平六，光和六，中平六。

孝獻皇帝，【略】年號：初平四，興平二，建安二十四，延康一。

元・馬端臨《文獻通考》卷二五〇《帝系考一・帝號歷年》 東漢

世祖光武皇帝，【略】改元二：建武三十一，中元二。

顯宗孝明皇帝，【略】改元一：永平十八。

肅宗孝章皇帝，【略】改元三：建初八，元和三，章和二。

孝和皇帝，【略】改元二：永元十六，元興一。

孝殤皇帝，【略】改元一：延平元。

恭宗孝安皇帝，【略】改元五：永初七，元初六，永寧一，建光一，延光四。

孝順皇帝，【略】改元五：永建六，陽嘉四，永和六，漢安二，建康一。

孝沖皇帝，【略】改元一：永嘉元。

孝質皇帝，【略】改元一：本初元。

孝桓皇帝，【略】改元七：建和三，和平二，元嘉一，永興二，永壽三，延熹九，永康一。

孝靈皇帝，【略】改元四：建寧四，熹平六，光和六，中平六。

孝獻皇帝，【略】改元四：初平四，興平二，建安二十四，延康一。

清・趙翼《陔餘叢考》卷二五《歷代正史編年各號》 光武帝：建武、建武中元。

明帝：永平。

章帝：建初、元和、章和。

和帝：永元、元興。

殤帝：延平，又號元延，見《玉海》。

安帝：永初、元初、永寧、建光、延光。

順帝：永建、陽嘉、永和、漢安、建康。

沖帝：永嘉。

質帝：本初。

桓帝：建和、和平、元嘉、永興、永壽、延熹、永康。

靈帝：建寧、熹平、光和、中平。

少帝辯：節光、昭寧。

獻帝：永興、初平、興平、建安、延康。

清・李兆洛《歷代紀元編》卷上《紀元總載・東漢》 光武帝秀：建武乙酉六月改二十二，建武中元一作中元，丙辰四月改二。

明帝莊：永平戊午十八。

章帝炟：建初丙子九，元和甲申八月改四，章和丁亥七月改二。

和帝肇：永元己丑十七，元興乙巳四月改。

殤帝隆：延平丙午。

安帝祜：永初丁未七，元初甲寅七，永寧庚申四月改二，建光辛酉七月改二，延光壬戌三月改四。

順帝保：永建丙寅七，陽嘉壬申三月改四，永和丙子六，漢安壬午三，建康甲申四月改。

沖帝炳：永嘉《袁紀》作元嘉乙酉一。

質帝纘：本初丙戌一。

桓帝志：建和丁亥三，和平庚寅一，元嘉辛卯三，永興癸巳四月改二，永壽乙未四，延熹戊戌六月改十，永康丁未六月改。

靈帝宏：建寧戊申五，熹平壬子五月改七，光和戊午三月改七，中平甲子十二月改六。

少帝辨：光熹己巳四月改，昭寧己巳八月改。

愍帝協：永漢己巳九月改，中平己巳十二月復稱中平六年，初平庚午四，興平甲戌二，建安丙子二十五，延康庚子三月改。

清・鍾淵映《歷代建元考》卷四《漢》 世祖光武皇帝秀，【略】改元二：建武、建武中元。

顯宗孝明皇帝莊，【略】改元一：永平。

肅宗孝章皇帝，【略】改元三：建初、元和、章和。

孝和皇帝，【略】改元二：永元、元興。

孝殤皇帝隆，【略】改元一：延平。

孝安皇帝，【略】改元五：永初、元初、永寧、建光、延光。

孝順皇帝，【略】改元五：永建、陽嘉、永和、漢安、建康。

孝沖皇帝，【略】改元一：永嘉。

孝質皇帝，【略】改元一：本初。

孝桓皇帝，【略】元七：建和、和平、元嘉、永興、永壽、延熹、永康。

孝靈皇帝，【略】改元四：建寧、熹平、光和、中平。

弘農懷王，【略】改元二：光熹、昭寧。

孝獻皇帝，【略】改元五：永漢、初平、興平、建安、延康。

論說

宋・吴仁傑《兩漢刊誤敍補遺》卷二《年號》 武紀建元元年，師古曰：自古帝王，未有年號，始起於此。刊誤敍曰：年號之起，在元鼎耳。《通鑑考異》曰：元鼎年號，亦如建元、元光，皆後來追改。仁傑曰：魏司空王郎曰，古者有年數，無年號，漢初猶然，其後乃有中元、後元、元改、彌數，中後之號不足，故更假取美名。蓋文帝凡兩改元，故以前後別之；景帝凡三改元，故以前中後別之；武帝即位以來，大率六年一改元，二十七年之間，改元者五。當時但以一元、二元、三元、四元、五元爲別，五元之三年，有司言元宜以天端，不宜以一二數，蓋爲是也。時雖從有司之議，改一元爲建元，二元爲元光，三元爲元朔，四元爲元狩，至五元則未有以名，帝意將有所待也。明年，寶鼎出，遂改五元爲元鼎，而以是年爲元鼎四年。然則謂年號起於元鼎者，固然謂元鼎爲後來追改者，亦不誤敍也。

清・鍾淵映《歷代建元考》卷四《漢》 世宗孝武皇帝，【略】在位五十四年，改元十一，建元、元光、元朔、元狩、元鼎、元封、太初、天漢、太始、征和、後元。

《漢書・終軍傳》對曰：今郊祀未見於神祇而獲獸以饋，宜因昭時令日，改定告元。對奏，由是改元爲元狩。劉仲馮曰：按《紀》，獲麟在元狩元年。

《史記・封禪書》以封泰山改元四，元鼎三年，有司始言元不宜以一二數，乃目三元曰狩，蓋追述也。

《史記・封禪書》有司言元，宜以天瑞命，不宜以一二數，一元曰建，二元以長星曰光，三元以郊得一角獸曰狩云。

《漢書・本紀》夏四月癸卯，上還登封泰山降，坐明堂，詔曰：朕以眇躬承至尊，兢兢焉，惟德菲薄，不明于禮樂，故用事八神，遭天地況，著見景象屑然，如有聞震於怪物，欲止不敢，遂登封泰山，至於梁父，然後升壇肅然，自新嘉與士大夫更始，其以十月爲元封元年。

《通鑑注》曰：應劭曰，時頻年苦旱，故改元爲天漢，以祈甘雨。

師古曰：《大雅》有云：漢之詩，周大夫仍叔所作，以美宣王遇旱災修德勤政而能致雨，故依以爲年號也。

宋胡三省《通鑑注》曰：自古帝王，未有年號，始起於此。貢父曰：《封禪書》云其後三年，有司言元，宜以天瑞命，不宜以一二數，推所謂其後三年者，蓋盡元狩六年至元鼎元年也。然元鼎四年方得寶鼎，又無由先三年稱之。以此而言，自元鼎以前之年，皆有司所追命。其實年號之起在元鼎，故元封改元則始有詔書也。

宋王楙《野客叢談》曰：前漢諸君末年，甚有異者。文帝十六年，改爲後元年。其說出於新垣平之詐候日再中，以爲吉祥，故改元以求延年之祚。既詐覺被誅，景帝猶且因之。景帝七年，稱中元年，又六年稱後元年，至三年而終。武帝在位五十四年，屢更年號，最後更爲後元，而以二年終，不知當時何所據而分中與後。謂之後則宜若有盡乃不諱，何耶？自是之後，不復建後元之號矣。

清・趙翼《廿二史劄記》卷二《史記・武帝年號係元狩以後追建》 古無年號，即有改元，亦不過以某年改作元年。如漢文帝十六年，因新垣平候日再中以爲吉祥，乃以明年爲後元年。景帝即位之七年，改明年爲中元年。又以中元五年，改明年爲後元年是也。至武帝始創爲年號。朝野上下俱便於記載，實爲萬世不易之良法。然武帝非初登極即建年號也。據《史記・封禪書》：武帝六年，竇太后崩。其明年徵文學之士。明年，至雍郊，見五。以後則但云：其後、其後，而不著某年。下又云：『後三年，有司言「元宜以天瑞命，不宜以一二數。一元曰建元。二元以長星見，曰元光。三元以郊得一角獸，曰元狩。」』是帝至元狩始建年號。從前之建元、元光等號，乃元狩後重制嘉號，追紀其歲年也。不然，則武帝六年，即應云建元六年，其下所云明年又明年，皆可書元光幾年、元朔幾年，豈不簡易明白？而乃云明年後年耶！

又按武帝自建元至元封，每六年一改元，太初至征和，每四年一改元。征和四年後，但改爲後元年而無復年號，蓋帝亦將終矣。

宋・洪邁《容齋隨筆》卷六《建武中元》　成都有《漢蜀郡太守何君造尊楗閣碑》，其末云：『建武中元二年六月。』按《范史》本紀，建武止三十一年，次年改爲中元，直書爲中元元年。觀此所刻，乃是雖別爲中元，猶冠以建武，如文、景帝中元、後元之類也。又《祭祀志》載封禪後赦天下詔，明言云：『以建武三十二年爲建武中元元年。』《東夷・倭國傳》云：『建武中元二年，來奉貢。』援據甚明。而宋莒公作《紀年・通譜》乃云：『紀、志所載不同，必傳寫脱誤敍。』學者失於精審，以意刪去，殆亦不深考耳。韓莊敏家一銅斗，銘云：『新始建國天鳳上戊六年。』又，紹興中郭金州得一鉦，銘云：『新始建國地皇上戊二年。』按：王莽始建國之後，改天鳳，又改地皇，茲二器各冠以始元者，自莽之制如此，亦猶其改易郡名不常，每下詔猶繫其故名之類耳，不可用中元爲比也。

清・鍾淵映《歷代建元考》卷四《漢》　世祖光武皇帝秀，東陽人，長沙定王后，以壬午同兄縯舉兵。甲申，更始封蕭王，乙酉，即皇帝位於部。在位三十三年，丁巳崩，改元二：建武、建武中元。

《通鑑考異》曰：《續漢志》云以建武三十二年爲建武中元元年。《紀年・通譜》云，據紀志，俱出范氏，而所載不同，此必傳寫脱誤敍，今官書累經校定，學者失于精審，但見紀元，復有建武二字，輒以意刪去，斯爲繆矣。梁武帝大同、大通之號，俱以中字，是亦憲章於此。今從袁紀范書。【略】

宋莒公《紀元・通譜》云：紀志俱出范史，必傳寫脱誤敍，學者失于精審，以意刪去，梁武帝大同、大通，俱以中字，是亦憲章於此。司馬温公作《通鑑》，不取其説。余按《考異》，温公非不取宋説也，從袁范書中元者，從簡易耳。

宮殿分部

綜　述

《史記》卷六《秦始皇本紀》　秦每破諸侯，寫放其宮室，作之咸陽北阪上，南臨渭，自雍門以東至涇、渭，殿屋複道周閣相屬。所得諸侯美人鐘鼓，以充入之。【略】

（始皇二十七年）作信宮渭南，已更命信宮爲極廟，象天極。【略】

（始皇三十一年）始皇爲微行咸陽，【略】與武士四人俱，夜出逢盜蘭池，《地理志》渭城縣有蘭池宮。【略】

（始皇三十四年）始皇置酒咸陽宮，博士七十人前爲壽。【略】

（秦始皇三十五年）始皇以爲咸陽人多，先王之宮廷小，吾聞周文王都豐，武王都鎬，豐、鎬之間帝王之都也。乃營作朝宮渭南上林苑中。先作前殿阿房，東西五百步，南北五十丈，上可以坐萬人，下可以建五丈旗。唐司馬貞《索隱》曰：此以其形名宮也，言其宮四阿旁廣也，故云下可建五丈之旗也。阿房，後爲宮名。《正義》曰：《三輔舊事》云：『阿房宮東西三里，南北五百步，庭中可受萬人。又鑄銅人十二于宮前。阿房宮以慈石爲門，阿房宮之北闕門也。』周馳爲閣道，自殿下直抵南山。表南山之顛以爲闕。爲複道，自阿房渡渭，屬之咸陽，以象天極閣道絶漢抵營室也。阿房宮未成，成欲更擇令名名之。作宮阿房，故天下謂之阿房宮。隱宮徒刑者七十餘萬人，乃分作阿房宮，或作麗山。發北山石椁。乃寫蜀、荆地材皆至。關中計宮三百，關外四百餘。【略】

令咸陽之旁二百里內，宮觀二百七十，複道甬道相連，帷帳鐘鼓美人充之，各案署不移徙。【略】

（始皇三十五年）令咸陽之旁二百里內，宮觀二百七十複道甬道相連，帷帳鐘鼓美人充之，各案署不移徙。行所幸，有言其處者罪死。始皇帝幸梁山宮，晉徐廣曰：『在好畤。』《正義》曰：《括地志》云：『俗名望宮山，在雍州好畤縣西十二里，北去梁山九里。《秦始皇紀》「從山上見丞相車騎衆，

弗善」，卽此山也。』從山上見丞相車騎衆，弗善也。【略】

（始皇）三十五年，【略】始皇以爲咸陽人多，先王之宫廷小，吾聞周文王都豐，武王都鎬，豐、鎬之閒帝王之都也。乃營作朝宫渭南上林苑中。【略】

（秦二世三年）二世乃齋于望夷宫，三國魏張晏曰：『望夷宫在長陵西北長平觀道東故亭處是也。臨涇水作之，以望北夷。』欲祠涇，沈四白馬。

《漢書》卷二八上《地理志上》（右扶風）縣二十一：渭城，故咸陽，高帝元年更名新城，七年罷，屬長安。武帝元鼎三年更名渭城。有蘭池宫。

又　卷五一《賈山傳》（秦）起咸陽而西至雍，離宫三百，唐顔師古曰：『凡言離宫者，皆謂於別處置之，非常所居也。』鐘鼓帷帳，不移而具。又爲阿房之殿，殿高數十仞，顔師古曰：『阿房者，言殿之四阿皆爲房也。一説，大陵曰阿，言其殿高若于阿上爲房也。房字或作旁，説云始皇作此殿，未有名，以其去咸陽近，且號阿旁。阿，近也。八尺曰仞。』東西五里，南北千步，從車羅騎，四馬鶩馳，旌旗不橈。爲宫室之麗至於此，使其後世曾不得聚廬而托處焉。

又　《鄒陽傳》　秦倚曲臺之宫，漢應劭曰：『始皇帝所治處也，若漢家未央宫。』【略】懸衡天下。

又　卷六八《金日磾傳》　上行幸林光宫，服虔曰：『甘泉一名林光。』師古曰：『秦之林光宫，胡亥所造，漢又於其旁起甘泉宫。』日磾小疾臥廬。

漢・佚名《三輔黄圖》卷一《咸陽故城》　始皇窮極奢侈，築咸陽宫，因北陵營殿，端門四達，以則紫宫，象帝居。渭水貫都，以象天漢；横橋南渡，以法牽牛。

唐・李泰《括地志》卷一《雍州・長安縣》　秦阿房宫亦曰阿城，在雍州長安縣西北一十四里。

又　《涇陽縣》　秦望夷宫在雍州（咸）［涇］陽縣東南八里。

又　《雲陽縣》　秦始皇作甘泉宫，去長安三百里，望見長安，秦皇帝以來祭天圜丘處。

宋・宋敏求《長安志》卷三《宫室一・漢上》　《關中記》曰：長樂宫，本秦之興樂宫也，周圍二十餘里，有殿十四，漢太后常居之。《長安記》曰：興樂宫，秦始皇造，漢修飾之，王莽改長樂宫曰常樂室。

《史記》卷六《秦始皇本紀》（秦始皇二十七年）作信宫渭南，已更命信宫爲極廟，象天極。《索隱》曰：爲宫廟象天極，故曰極廟。《天官書》曰『中宫曰天極』是也。自廟道通酈山，作甘泉前殿。【略】

（三十五年）營作朝宫渭南上林苑中。先作前殿阿房，東西五百步，南北五十丈，上可以坐萬人，下可以建五丈旗。

宋・宋敏求《長安志》卷三《總敘宫殿苑囿》　《三輔故事》曰：『大夏殿，始皇造銅人十枚在殿前。』

漢・賈誼《新書》卷一《等齊》　諸侯宫門曰司馬，闌入者爲城旦。

《史記》卷八《高祖本紀》（高祖五年五月，）高祖置酒雒陽南宫。唐張守節《正義》曰：《括地志》云：『南宫在雒州雒陽縣東北二十六里雒陽故城中。《輿地志》云秦時已有南北宫。』【略】

（漢高祖七年）二月，【略】長樂宫成。【略】

（十二年，高祖）過沛，留。置酒沛宫，《正義》曰：《括地志》云：『沛宫故地在徐州沛縣東南二十里一步。』悉召故人父老子弟縱酒，發沛中兒得百二十人，教之歌。

又　卷二二《漢興以來將相名臣年表・大事記》（高祖七年二月）長樂宫成。自櫟陽徙長安。《索隱》曰：《漢儀注》高祖六年，更名咸陽曰長安。《三輔舊事》渭城本咸陽地，高帝爲新城，七年屬長安也。

又　卷七一《樗里子甘茂列傳》（秦）昭王七年，樗里子卒，葬于渭南章臺之東。《索隱》曰：按《黄圖》，在漢長安故城西。曰：『後百歲，是當有天子之宫夾我墓。』樗里子疾室在於昭王廟西渭南陰鄉樗里，故俗謂之樗里子。至漢興，長樂宫在其東，未央宫在其西，武庫正直其墓。

又　卷九九《劉敬叔孫通列傳》　漢七年，長樂宫成，諸侯羣臣皆朝十月。

孝惠帝爲東朝長樂宫，《關中記》曰：『長樂宫本三秦之興樂宫也，漢太后常居之。』及閒往，數蹕《索隱》曰：韋昭云：『蹕，止人行也。』長樂、未央宫東相去稍遠，閒往謂非時也。中間往來，清道煩人也。煩人，乃作複道，方築武庫南。

《漢書》卷一下《高祖紀下》 （漢五年）九月，【略】治長樂宮。

十年十月，淮南王鯨布、梁王彭越、燕王盧綰、荊王劉賈、楚王劉交、齊王劉肥、長沙王吳芮皆來朝長樂宮。《正義》曰：《括地志》云：『秦櫟陽故宮在雍州櫟陽縣北三十五里，秦獻公所造。《三輔黃圖》云高祖都長安，未有宮室，居櫟陽宮也。』春夏無事。

唐・張守節《史記正義》卷七一《樗里子傳》 漢長樂宮在長安縣西北十五里，未央在縣西北十四里，皆在長安故城中也。

《史記》卷八《高祖本紀》 （高祖）八年，【略】蕭丞相營作未央宮，顏師古云：『未央殿雖南嚮，而當上書奏事謁見之徒皆詣北闕，公車司亦在北焉。是則以北闕爲正門，而又有東門、東闕，至於西南兩無門闕也。蕭何初立未央宮，以厭勝之術理宜然也。』按：北闕爲正者，蓋象秦作前殿，渡渭水屬之咸陽，以象天極閣道絕漢抵營室。立東闕、北闕前殿、武庫、太倉。高祖還，見宮闕壯甚，怒謂蕭何曰：『天下匈匈苦戰數歲，成敗未可知，是何治宮室過度也？』蕭何曰：『天下方未定，故可因遂就宮室。且夫天子以四海爲家，非壯麗無以重威，且無令後世有以加也。』高祖乃說。

唐・李泰《括地志》卷一《雍州・長安縣》 未央宮在雍州長安縣西北十里長安故城中，近西南隅。

《漢書》卷五四《李陵傳》 天漢二年，貳師將三萬騎出酒泉，擊右賢王於天山。召陵，欲使爲貳師將輜重。陵召見武臺。唐顏師古曰：『未央宮有武臺殿。』

又 卷七五《翼奉傳》 竊聞漢德隆盛，在於孝文皇帝躬行節儉，外省繇役。其時未有甘泉、建章及上林中諸離宮館也。未央宮又無高門、武臺、麒麟、鳳皇、白虎、玉堂、金華之殿，獨有前殿、曲臺、漸臺、宣室、溫室、承明耳。

又 卷九八《元后傳》 （王莽令元后）冬饗飲飛羽，顏師古曰：『黃山宮在槐里。飛羽殿在未央宮中。羽字或作雨。』校獵上蘭，師古曰：『上蘭，觀名也，在上林中。』登長平館，師古曰：『在長平阪也。』臨涇水而覽焉。

又 卷一下《高祖紀下》 （高祖十年）七月，太上皇崩櫟陽宮。

又 卷四《文帝紀》 （後元）二年夏，行幸雍棫陽宮。張晏曰：『秦昭王所作也。』晉灼曰：『《黃圖》在扶風。』

又 卷六《武帝紀》 （太初元年）二月，起建章宮。

又 卷二五下《郊祀志下》 （武帝）還，以柏梁災故，受計甘泉。公孫卿曰：『黃帝就青靈臺，十二日燒，黃帝乃治明庭。明庭，甘泉也。』方士多言古帝王有都甘泉者。其後天子又朝諸侯甘泉，甘泉作諸侯邸。勇之乃曰：『粵俗有火災，復起屋，必以大，用勝服之。』於是作建章宮，度爲千門萬户。前殿度高未央。其東則鳳闕，高二十餘丈。其西則商中，數十里虎圈。其北治大池，漸臺高二十餘丈，名曰泰液，池中有蓬萊、方丈、瀛州、壺梁，象海中神山龜魚之屬。其南有玉堂、璧門、大鳥之屬。立神明臺、井幹樓，高五十丈，輦道相屬焉。顏師古曰：『《漢宮閣疏》云神明臺高五十丈，上有九室，恆置九天道士百人。然則神明、井幹俱高五十丈也。井幹樓積木而高，爲樓若井幹之形也。井幹者，井上木欄也，其形或四角，或八角。張衡《西京賦》云「井幹疊而百層」，即謂此樓也。幹或作韓，其義亦同。』

又 卷六《武帝紀》 （元光三年夏五月）起龍淵宮。漢服虔曰：『宮在長安西，作銅飛龍，故以冠名也。』如淳曰：『《三輔黃圖》云有龍淵宮，今長安城西有其處。《溝洫志》救河決亦起龍淵宮於其傍。』三國魏孟康曰：『在西平界，其水可用淬刀劍，特堅利。古龍淵之劍取于此水。』顏師古曰：『《黃圖》云龍淵廟在茂陵東，不言宮也。此言救決河，起龍淵宮，卽宮不在長安之西矣。又漢章帝賜尚書韓棱龍淵劍。孟説是也。』【略】

（太初四年）秋，起明光宮。顏師古曰：『《三輔黃圖》云在城中。《元后傳》云成都侯商避暑借明光宮，蓋謂此。』【略】

（太始四年）夏四月，幸不其，祠神人于交門宮，應劭曰：『神人，蓬萊仙人之屬也。』晉灼曰：『琅邪縣有交門宮，武帝所造。』若有鄉坐拜者。

又 卷八《宣帝紀》 （元康四年）三月，詔曰：『乃者，神爵、五采以萬數集長樂、未央、北宮、高寢、甘泉、泰畤殿中及上林苑。朕之不逮，寡於德厚，屢獲嘉祥，非朕之任。其賜天下吏爵二級，民一級，女子百户牛酒。加賜三老、孝弟力田帛，人二匹，鰥寡孤獨各一匹。』【略】

（甘露二年）冬十二月，行幸萯陽宮應劭曰：『宮在鄠，秦文王所起。』伏儼曰：『在扶風。』屬玉觀。【略】

（三年春正月）上自甘泉宿池陽宮。【略】

（神爵元年三月）幸萬歲宮，神爵翔集。服虔曰：『萬歲宮在東郡平陽縣，今有津。』晉灼曰：『《黄圖》汾陰有萬歲宮，是時幸河東。』師古曰：『晉説是。』

又　卷一〇《成帝紀》　（成帝）年三歲而宣帝崩，元帝即位，帝爲太子。壯好經書，寬博謹慎。初居桂宮，師古曰：『《三輔黄圖》桂宮在城中，近北宮，非太子宮。』上嘗急召，太子出龍樓門，不敢絶馳道，西至直城門，得絶乃度，還入作室門。【略】

（元延二年）冬，行幸長楊宮，從胡客大校獵。宿萯陽宮，賜從官。

又　卷五七《司馬相如傳》　西馳宣曲，張揖曰：『宣曲，宮名也，在昆明池西。』【略】

（司馬相如）嘗從上至長楊獵。師古曰：『長楊宮也，在盩厔。』【略】

（武帝）還過宜春宮，相如奏賦以哀二世過失。師古曰：『宜春本秦之離宮，胡亥于此爲閻樂所殺，故感其處而哀之。』

又　卷一一《哀帝紀》　（綏和二年）五月丙戌，立皇后傅氏。詔曰：『《春秋》「母以子貴」，尊定陶太后曰恭皇太后，丁姬曰恭皇后，各置左右詹事，食邑如長信宮、中宮。』應劭曰：『成帝母王太后居長信宮。』李奇曰：『傅姬如長信，丁姬如中宮也。』師古曰：『中宮，皇后之宮。』【略】

（建平二年）夏四月，詔曰：『漢家之制，推親親以顯尊。定陶恭皇之號，不宜復稱定陶。尊恭皇太后曰帝太太后，稱永信宮；恭皇后曰帝太后，稱中安宮。立恭皇廟于京師。赦天下徒。』

又　卷二二《禮樂志》　夜常有神光如流星止集於祠壇，天子自竹宮而望拜，三國吴韋昭曰：『以竹爲宮，天子居中。』師古曰：『《漢舊儀》云：竹宮去壇三里。』百官侍祠者數百人皆肅然動心焉。

又　卷二五下《郊禮志下》　（宣帝）自幸河東之明年正月，鳳皇集祋祤，於所集處得玉寶，起步壽宮，乃下詔赦天下。【略】

雍大雨，壞平陽宮垣。

又　卷二九《溝洫志》　（孝武元光中）塞瓠子，築宮其上，名曰宣防。

又　卷三六《劉向傳》　大將軍（耿）秉事用權，五侯驕奢僭盛，並作威福，擊斷自恣，行汙而寄治，身私而託公，依東宮之尊，假甥舅之親，以爲威重。師古曰：『東宮，太后所居也。』

又　卷四三《叔孫通傳》　惠帝常出游離宮。

又　《江充傳》　初，（江）充召見犬臺宮，晉灼曰：『《黄圖》上林有犬臺宮，外有走狗觀也。』師古曰：『今書本犬臺有作太壹字者，誤敍也。漢無太壹宮也。』自請願以所常被服冠見上。

又　卷五三《河間獻王傳》　武帝時，獻王來朝，獻雅樂，對三雍宮應劭曰：『辟雍、明堂、靈臺也。雍，和也，言天地君臣人民皆和也。』及詔策所問三十餘事。

又　卷九七上《外戚傳·趙倢伃》　拳夫人進爲倢伃，居鉤弋宮，師古曰：『《黄圖》鉤弋宮在城外，《漢武故事》曰在直門南也。』大有寵，太始三年生昭帝，號鉤弋子。

唐·李泰《括地志》卷一《雍州·長安縣》　鉤弋宮在長安故城中，門名堯母門。

《漢書》卷六三《戾太子據傳》　上憐太子無辜，乃作思子宮，爲歸來望思之臺於湖。師古曰：『言己望而思之，庶太子之魂歸來也。其臺在今湖城縣之西，閿鄉之東，基趾猶存。』

又　《燕刺王旦傳》　王憂懣，師古曰：『懣，音滿，又音悶，解在《司馬遷傳》。』置酒萬載宮，會賓客羣臣妃妾坐飲。

《史記》卷一一〇《匈奴列傳》　漢孝文皇帝十四年，匈奴單于十四萬騎入朝那、蕭關，殺北地都尉卬，虜人民畜產甚多，遂至彭陽。使奇兵入燒回中宮，《索隱》曰：服虔云：『回中在北地，武帝作宮。』《始皇本紀》：『三十七年，巡雞頭山，過回中。』武帝元封四年，通回中道。

唐·李泰《括地志》卷一《岐州·雍縣》　秦回中宮在岐州雍縣西四十里，漢武帝郊雍五畤，遂通西口回中道，往處回中宮。

《漢書》卷六五《東方朔傳》　（武帝）大説，更名竇太主園爲長門宮。

又　卷六八《霍光傳》　師古曰：『北宮、桂宮並在未央宮北。』

又　《金日磾傳》　上行幸林光宮，服虔曰：『甘泉一名林光。』師古曰：『秦之林光宮，胡亥所造，漢又於其旁起甘泉宮。』日磾小疾臥廬。

又　卷八七上《楊雄傳》　甘泉本秦離宮，既奢泰，師古曰：『本

秦之林光宮也。』而武帝復增通天、高光、迎風。【略】

武帝廣開上林，南至宜春、鼎胡、御宿、昆吾，晉灼曰：『鼎胡，宮也，《黃圖》以爲在藍田。昆吾，地名也，有亭。』【略】

師古曰：『棠梨宮在甘泉苑垣外，師得宮在櫟陽界，其餘皆甘泉苑垣內之宮觀也。』

又 卷九〇《楊僕傳》 （楊僕）受詔不至蘭池宮，如淳曰：『本出軍時，欲使之蘭池宮，頓而不去。蘭池宮在渭城。』明日又不對。

又 卷九三《佞幸傳·淳于長》 初，許皇后坐執左道廢處長定宮，而后姊嬺爲龍頟思侯夫人，寡居。

又 卷九四下《匈奴傳下》 （哀帝）元壽二年，單于來朝，上以太歲厭勝所在，舍之上林苑蒲陶宮。

又 卷九七上《宣帝霍皇后傳》 霍后立五年，廢處昭臺宮。師古曰：『在上林中。』

又 卷九八《元后傳》 初，莽爲安漢公時，又諂太后，奏尊元帝廟爲高宗，太后晏駕後當以禮配食云。及莽改號太后爲新室文母，絕之於漢，不令得體元帝。墮壞孝元廟，更爲文母太后起廟，獨置孝元廟故殿以爲文母篹食堂，既成，名曰長壽宮。以太后在，故未謂之廟。【略】

秋歷東館，望昆明，集黃山宮；冬饗飲飛羽，師古曰：『黃山宮在槐里。飛羽殿在未央宮中。羽字或作雨。』校獵上蘭，師古曰：『上蘭，觀名也，在上林中。』登長平館，師古曰：『在長平阪也。』臨涇水而覽焉。

又 卷九九下《王莽傳下》 莽乃博徵天下工匠諸圖書，以望法度算，及吏民以義入錢穀助作者，駱驛道路。壞徹城西苑中建章、承光、包陽、大臺、儲元宮及平樂、當路、陽祿館，凡十餘所，師古曰：『自建章以下至陽祿，皆上林苑中館。』取其材瓦，以起九廟。

唐·李泰《括地志》卷一《雍州·雲陽縣》 雲陽宮，秦之林光宮，漢之甘泉，在雍州雲陽縣西北八十一里。秦始皇作甘泉宮，去長安三百里，望見長安，秦皇帝以來祭天圜丘處。

《漢書》卷六《武帝紀》 （建元）六年春二月乙未，遼東高廟災。夏四月壬子，高園便殿火。師古曰：『凡言便殿、便室、便坐者，皆非正大之處，所以就便安也。園者，於陵上作之，既有正寢以象平生正殿，又立便殿爲休息閑宴之處耳。說者不曉其意，乃解云便殿、便室皆是正名，斯大惑矣。尋石建、韋玄成、孔光等《傳》，其義可知。便，讀如本字。』

又 卷八《宣帝紀》 神爵元年應春正月，行幸甘泉，郊泰畤。三月，行幸河東，祠后土。詔曰：『朕承宗廟，戰戰慄栗，惟萬事統，未燭厥理。乃元康四年嘉穀玄稷降于郡國，神爵仍集，金芝九莖產於函德殿銅池中，師古曰：『函德，殿名也。銅池，承霤是也，以銅爲之。函，讀與含同。』九眞獻奇獸，南郡獲白虎、威鳳爲寶。』

又 卷一〇《成帝紀》 （鴻嘉二年）三月，博士行飲酒禮，有雉蜚集於庭，歷階升堂而雊，後集諸府，又集承明殿。師古曰：『在未央宮中。』【略】

（永始四年）四年春正月，行幸甘泉，郊泰畤，神光降集紫殿。【略】夏四月癸未，長樂臨華殿、未央宮東司馬門皆災。

又 卷二五下《郊祀志下》 甘泉更置前殿，始廣諸宮室。夏，有芝生甘泉殿房內中。

又 卷二七上《五行志上》 哀帝建平三年正月癸卯，桂宮鴻寧殿災，帝祖母傅太后之所居也。

又 卷六六《劉屈氂傳》 椒房殿。曩者，江充先治甘泉宮人，轉至未央椒房，師古曰：『椒房，殿名，皇后所居也。以椒和泥塗壁，取其溫而芳也。』以及敬聲之疇、李禹之屬謀入匈奴，有司無所發，今丞相親掘蘭臺蠱驗，所明知也。

又 卷七五《翼奉傳》 孝文皇帝躬行節儉，外省繇役。其時未有甘泉、建章及上林中諸離宮館也。未央宮又無高門、武臺、麒麟、鳳凰、白虎、玉堂、金華之殿，獨有前殿、曲臺、漸臺、宣室、溫室、承明耳。

又 卷九八《元后傳》 皇后使侍中杜輔、掖庭令濁賢交送政君太子宮，見丙殿。

漢·佚名《三輔黃圖》卷二《漢宮》 長樂宮，未央宮，建章宮，桂宮，北宮，甘泉宮。

宋·徐天麟《西漢會要》卷六五《方域二·宮》 長樂宮，未央宮，雒陽南宮，沛宮，北宮，甘泉宮，離宮，明光宮，長楊宮，五柞宮，雲陽宮，池陽宮，章臺宮，宣曲宮，棠梨宮，宜春宮，鼎胡宮，蘭池宮，儲元

宮，乍楊宮，昭臺宮，長門宮，鉤弋宮，長信宮，永信宮，中安宮，東宮，中宮，長定宮，桂宮，三雍宮，壽宮，竹宮，步壽宮，平陽宮，德陽宮，交門宮，萬載宮，黃山宮，首山宮，思子宮，犬臺宮，回中宮，蒲陶宮，龍淵宮，宣防宮，棫陽宮，萬歲宮。

又《殿》 承明殿，長樂臨華殿，紫殿，甘泉前殿，鳳凰殿，武臺殿，白虎殿，顯揚殿，温室殿，椒房殿，鴻寧殿，曲臺殿，承明殿，駁娑殿，丙殿，飛羽殿，便殿，函德殿，高門殿，麒麟殿，玉堂殿，金華殿。

漢・劉珍等《東觀漢記》卷一《光武本紀》 （建武元年）十月，帝入雒陽，幸南宮遂，定都焉。

《後漢書》卷一上《光武帝紀上》 （建武元年）冬十月癸丑，車駕入雒陽，幸南宮卻非殿，遂定都焉。

又 卷一下《光武帝紀下》 （建武十九年）修西京宮室。

又 卷二《明帝紀》 （永明三年）起北宮及諸官府。

又 卷六《順帝紀》 （延光四年）三月，安帝崩，北鄉侯立，濟陰王以廢黜，不得上殿親臨梓宮，悲號不食，內外羣僚莫不哀之。

（八年）冬十月，北宮成。

又 卷七《桓帝紀》 （延熹九年秋七月）庚午，祠黃、老於濯龍宮。

又 卷八《靈帝紀》 （建寧二年）三月乙巳，尊慎園董貴人爲孝仁皇后。《續漢志》曰：『置永樂宮，儀如桓帝尊匽貴人之禮。』

又 卷一〇下《桓思竇皇后傳》 永樂宮。靈帝母所居也。

又 卷九《獻帝紀》 （永漢元年九月）遷皇太后于永安宮。董卓遷也。《雒陽宮殿名》曰：『永安宮周回六百九十八丈，故基在雒陽故城中。』《雒陽宮殿名》曰：『永安宮周回六百九十八丈，故基在雒陽故城中。』

又 卷一〇上《明德馬皇后紀》 永平三年春，有司奏立長秋宮，皇后所居宮也。長者，久也，秋者萬物成熟之初也，故以名焉。請立皇后，不敢指言，故以宮稱之。帝未有所言，皇太后曰：『馬貴人德冠後宮，即其人也。』遂立爲皇后。

又 卷一〇下《孝崇匽皇后紀》 和平元年，梁太后崩，乃就博陵尊后爲孝崇皇后。遣司徒持節奉策授璽綬，齎乘輿器服，備法物。宮曰永樂，置太僕、少府以下，皆如長樂宮故事。《漢官儀》曰：『帝祖母稱長信宮，帝母稱長樂宮，故有長信少府、長樂少府及職吏，皆宦者爲之。』

又 卷一六《鄧訓傳》 元興元年，和帝以訓皇后之父，使謁者持節至訓墓，賜策追封，謚曰平壽敬侯。中宮自臨，百官大會。

又 卷二九《申屠剛傳》 時內外羣官，多帝自選舉，加以法理嚴察，職事過苦，尚書近臣，至乃捶撲牽曳於前，羣臣莫敢正言。剛每輒極諫，又數言皇太子宜時就東宮，簡任賢保，以成其德，帝並不納。

又 卷五六《种暠傳》 （順帝）擢暠監太子于承光宮。

又 《五行志二》 （和帝永元）十三年八月己亥，北宮盛饌門閣火。是時和帝幸鄧貴人，陰后寵衰怨恨，上有欲廢之意。明年，會得陰后挾僞道事，遂廢遷于桐宮，以憂死，立鄧貴人爲皇后。

漢・蔡質《漢官典職儀式》 德陽殿周旋容萬人。陛高二丈，皆文石作壇。激沼水於殿下。畫屋朱梁，玉陛金柱，刻鏤作宮掖之好，厠以表翡翠，一柱三帶，韜以赤緹。一輩子正旦節，會朝百官於此。自到偃師，去宮四十三里，望朱雀五闕，德陽，其上鬱律與天連。

《後漢書》卷一上《光武帝紀上》 （建武元年）冬十月癸丑，車駕入雒陽，幸南宮卻非殿，遂定都焉。

又 卷二《明帝紀》 （永平十八年）秋八月壬子，帝崩於東宮前殿。

又 卷三《章帝紀》 （章和二年二月）壬辰，帝崩于章德前殿，年三十三。

又 卷六《順帝紀》 （延光四年十一月丁巳）中黃門孫程等十九人共斬江京、劉安、陳達等，迎濟陰王于德陽殿西鐘下。《漢官儀》曰『崇賢門內德陽殿』也。即皇帝位，年十一。**【略】**

（永和元年）冬十月丁亥，承福殿火，帝避御雲臺。

又 卷七《桓帝紀》 （延熹八年二月）己酉，南宮嘉德署黃龍見。千秋、萬歲殿火。

又 卷八《靈帝紀》 （光和元年）六月丁丑，有黑氣墮所御温德殿庭中。**【略】**

（光和元年）秋七月壬子，青虹見御坐玉堂後殿庭中。《雒陽宮殿名》，南宮有玉堂前、後殿。據《楊賜傳》云，墮嘉德殿前。【略】

（中平二年）二月己酉，南宮大災火，半月乃滅。《續漢志》曰：『時燒靈臺殿、樂成殿，延及北闕度道，西燒嘉德、和歡殿。』

又 卷一〇上《明德馬皇后傳》 新平主家御者失火，延及北閣後殿。

又 卷一〇下《獻帝伏皇后傳》 《漢官儀》曰：『皇后稱椒房，取其蕃實之義也。』《詩》云：『椒聊之實，蕃衍盈升。』

又 卷六三《李固傳》 椒房者，皇后所居，以椒泥塗也。

又 卷一二《王閎傳》 《三輔黄圖》曰：未央宮有宣德殿。

又 卷二四《馬防傳》 肅宗親御章臺下殿，陳鼎俎，自臨冠之。

又 卷二五《劉寬傳》 靈帝初，徵拜太中大夫，侍講華光殿。《雒陽宮殿簿》云：『華光殿在華林園內。』

又 卷三五《張奮傳》 儋耳降附，（張）奮來朝上壽，引見宣平殿，應對合旨，顯宗異其才，以爲侍祠侯。

又 卷三七《桓郁傳》 帝自制《五家要説章句》，令（桓）郁校定于宣明殿。《華嶠書》曰『帝自制《五行章句》』，此言『五家』，即謂五行之家也。宣明殿在德陽殿後。

又 卷四〇上《班固傳》 清涼宣温，神仙長年。金華玉堂，白虎麒麟。區宇若茲，不可殫論。《三輔黄圖》曰：『未央宮有清涼殿、宣室殿、中温室殿、金華殿、大玉堂殿、中白虎殿、麒麟殿，長樂宮有神仙殿。』【略】

爾乃正殿崔巍，層構厥高，臨乎未央。經駘盪而出馺娑，洞枍詣與天梁。上反宇以蓋戴，激日景而納光。正殿即前殿也。層，重也。臨乎未央，言高之極也。《關中記》，建章宮有駘蕩、馺娑、枍詣殿。

又 卷一〇四《五行志二》 和帝永元八年十二月丁巳，南宮宣室殿火。【略】

（延熹）八年二月己酉，南宮嘉德署、黄龍、千秋萬歲殿皆火。

四月甲寅，安陵園寢火。閏月，南宮長秋、和歡殿後鉤盾、掖庭朔平署各火。

又 卷五四《楊賜傳》 《雒陽記》，（嘉德）殿在九龍門內。

又 卷六〇下《蔡邕傳》 《雒陽記》曰『南宮有崇德殿、太極殿、太極殿，西有金商門』也。

又 卷七二《董卓傳》 （建安元年）七月，帝還至雒陽，幸楊安殿。張楊以爲己功，故因以『楊』名殿。

又 卷八〇上《黄香傳》 （元和元年，肅宗）召（黄香）詣安福殿言政事，拜尚書郎，數陳得失，賞賚增加。

宋·徐天麟《東漢會要》卷三八《方域下·宮苑》 南宮，北宮，長樂宮，長信宮，邯鄲宮，長信宮，長秋宮，永樂宮，濯龍宮，永安宮，承光宮，中宮，東宮前殿，東宮，桐宮，章德前殿，椒房嘉德殿，玉堂殿，崇德殿，承福殿，宣德殿，安福殿，宣室殿，德陽殿，宣明殿，千秋殿，温明殿，萬歲殿，卻非殿，黄龍殿，和歡殿，華光殿，含德殿，章臺殿，天德殿，温飭殿，迎春殿，壽安殿，永寧殿，樂成殿，壽安殿，雲臺殿，北閣後殿，章臺下殿，西苑。

藝文

唐·李商隱《李義山詩集》卷上《咸陽》 咸陽宮闕鬱嵯峨，六國樓臺豔綺羅。自是當時天帝醉，不關秦地有山河。

唐·胡曾《詠史詩》卷上《阿房宮》 新建阿房壁未乾，沛公兵已入長安。帝王苦竭生靈力，大業沙崩固不難。

宋·王安石《臨川文集》卷四《讀秦漢間事》 秦徵天下材，入作阿房宮。宮成非一木，山谷爲窮空。子羽一炬火，驪山三月紅。能令掃地盡，豈但焚人功。

宋·黄升《花菴詞選續集》卷一《宋詞·菩薩蠻令·康與之〈長安懷古〉》 秦時宮殿咸陽裏，千門萬户連雲起。複道亙西東，不禁三月風。

漢唐乘王氣，萬歲千秋計。畢竟是荒丘，荆榛滿地愁。

宋·劉克莊《後村先生大全集》卷三九《讀秦紀》 上廣曾吞九雲夢，民勞因起一阿房。人皆憐楚三户在，天獨知秦二世亡。

宋·汪元量《湖山類稾》卷三《阿房宮故基》 祖龍築長城，雄關

百二所。阿房高接天，六國收歌女。跨海覓仙方，蓬萊眇何許。欲爲不死人，萬代秦宫主。風吹鮑魚腥，茲事竟虚語。乾坤反掌間，山河淚如雨。誰憐素車兒，奉璽納季父。楚人斬關來，一炬成焦土。空餘此餘基，千秋泣禾黍。

元·宋無《翠寒集·阿房宫圖》　千門萬户矗青冥，六國脂膏四海兵。豈但此中非帝業，當時猶更有儒坑。

明·張羽《静居集》卷二《樂府·咸陽宫行》　客言咸陽宫亦廢，有民種瓜其上，感而遂賦。

百二山河象祖力，六雄仰關不敢敵。金人十二高崢嶸，天下甲兵從此息。天子曉御咸陽宫，樓閣高低複道通。千石之鍾萬石虡，遥聞天樂在虚空。宫車隱隱春雷起，渭川曉漲胭脂水。六宫粉黛謾如雲，不救明年祖龍死。榮華奄忽何可論，千門萬户無復存。遺墟久被民家占，四望空餘瓜蔓根。行人爲問瓜田老，地上揮鋤休草草。荆軻昔日猛如狼，曾來此地見秦王。百夫之勇猶披靡，汝今搪突何敢爾。

清·王夫之《王船山詩文集·薑齋六十自定稿·五言古詩·擬阮步兵詠懷》　蔓草縈咸陽，云是阿房宫。雛鳳復雙飛，莫辨雌與雄。山河既綢繆，宴處時從容。挾彈鳴金鋄，垂楊驕青驄。意氣生豪族，芳塵散春風。努力拾新翹，無言恤飛蓬。秉燭繼白日，爲歡無終窮。

清·劉於義等［雍正］《陝西通志》卷九六《［明］徐震〈咸陽懷古〉》

阿房宫殿對南山，閣道縈迴霄漢間。霸業終隨烽火盡，遊魂俄載屬車還。三千童女空浮海，十萬貔貅已入關。留得當年遺恨在，長城血淚土猶斑。

清·史夢蘭《全史宫詞》卷五《秦》　六國樓臺複道通，美人鐘鼓集遥空。射鮫一去無消息，自碾丹砂飼守宫。【略】

林光歌舞謝朝班，莫把駒光作等閒。公子號啼天子笑，金錢宣賜葬驪山。【略】

阿城宫殿薄层雲，私幸蘭池夜未分。禁使人知緣辟鬼，來誰報鎬池君。

清·徐世昌《晚晴簃詩匯》卷九七《［清］汪縉〈懷古·關中〉》　四海嗷嗷萬姓荒，只供一炬爇阿房。賈生從此傳三論，秦帝空矜畢六王。西去天連蜀棧迴，東來地接雒川長。但教莽莽看形勝，據此金湯那得亡。

又　卷一八六《［清］文静玉〈秦溝粉黛磚硯詩〉》　鄒嶧野火焚，會稽殘字假。不見秦代碑，猶見秦宫瓦。萯陽雲樹暗，蘭池煙草萋。不見秦宫瓦，乃見秦溝泥。溝泥亦非泥，洗妝漬粉澤。脂紅與黛翠，殘香斂魂魄。祖龍平六國，後宫羅嬋娟。永巷等陰隧，不見卅六年。清渭漲膩流，遠繞驪山路。此磚何自得，應近驪山樹。建業印模糊，鐵匡書嫵媚。何如青陵臺，駁落苔花翠。秦雲不可見，秦月猶在空。寂寂澄心堂，鬱鬱阿房宫。

又　卷一八七《［清］汪端〈秦溝粉黛磚硯歌〉》　南唐硯山不可見，人間猶剩南唐硯。香姜銅雀久銷沈，幻出秦宫雲一片。六國蛾眉競曉妝，歌臺舞殿起阿房。星熒明鏡驪山遠，漲膩凝脂渭水香。四圍錯落珠璣細，粉暈斑斑黛痕翠。臨波想見卷衣人，玉姜豔逸文馨麗。深鎖長門卅六年，魚膏銀海閟重泉。御溝空照秦時月，春水流花冷暮煙。楚人一炬悲焦土，留得殘磚碧苔古。建業文房好護持，鍾山小隱風流主。金鏤應填絶妙詞，新聲曾譜恨來遲。紅羅亭榭瑤光殿，知付娥皇付保儀。一行題跋忠宣筆，昆刀細劃龍山雪。早春獨殿賦梅花，不礙廣平心似鐵。何處香花識舊墩，百年流轉到清門。松煙寒滴蟾蜍淚，蘭篆紅銷蜥蜴魂。秦臺未到吹簫處，秦山尚有宫人墓。澄心堂紙玉管毫，夜鐙還寫《阿房賦》。

南朝梁·蕭統《文選》卷一〇《［晉］潘安仁〈西征賦〉》　鶩横橋而旋軫，歷敝邑之南垂。潘岳《關中記》曰：秦作渭水横橋。横，音光。《雍州圖》曰：在長安北二里，横門外也。門磁石而梁木蘭兮，構阿房之屈奇。疏南山以表闕，倬樊川以激池。役鬼傭其猶否，矧人力之所爲？工徒斫而未息，義兵紛以交馳。宗祧汙而爲沼，豈斯宇之獨隳？《三輔黄圖》曰：阿房前殿，以木蘭爲梁，磁石爲門。懷刃者止之。《史記》曰：始皇南山之巔以爲闕。毛萇《詩傳》曰：倬，大也。《三秦記》曰：長安正南秦嶺，嶺根水流爲秦川，一名樊川。漢武上林，唯此爲盛。《史記》由余曰：役鬼爲之，則神怒矣；使人爲之，則人亦苦矣。

唐·杜牧《樊川文集》卷一《阿房宫賦》　六王畢，四海一。蜀山兀，阿房出。覆壓三百餘里，隔離天日。驪山北構而西折，直走咸陽。二川溶溶，流入宫牆。五步一樓，十步一閣。廊腰縵迴，簷牙高啄。各抱地

勢，鉤心鬭角。盤盤焉，囷囷焉，蜂房水渦矗，不知乎幾千萬落。長橋臥波，未雲何龍？複道行空，不霽何虹？高低冥迷，不知西東。歌臺暖響，春光融融；舞殿冷袖，風雨淒淒。一日之內，一宮之間，而氣候不齊。

妃嬪媵嬙，王子皇孫，辭樓下殿，輦來于秦，朝歌夜弦爲秦宮人。明星熒熒，開妝鏡也；綠雲擾擾，梳曉鬟也；渭流漲膩，棄脂水也；煙斜霧橫，焚椒蘭也；雷霆乍驚，宮車過也；轆轆遠聽，杳不知其所之也。一肌一容，盡態極妍。縵立遠視，而望幸焉。有不得見者三十六年。燕趙之收藏，韓魏之經營，齊楚之精英，幾世幾年，剽掠其人，倚疊如山。一旦不能有，輸來其間。鼎鐺玉石，金塊珠礫，棄擲邐迤。秦人視之，亦不甚惜。嗟乎，一人之心，千萬人之心也。秦愛紛奢，人亦念其家。奈何取之盡錙銖，用之如泥沙。使負棟之柱，多於南畝之農夫；架梁之椽，多於機上之工女；釘頭磷磷，多於在庾之粟粒；瓦縫參差，多於周身之帛縷；直欄橫檻，多於九土之城郭；管弦嘔啞，多於市人之言語。使天下之人，不敢言而敢怒，獨夫之心，日益驕固。戍卒叫，函谷舉，楚人一炬，可憐焦土。

嗚呼！滅六國者，六國也，非秦也。族秦者，秦也，非天下也。嗟夫！使六國各愛其人，則足以拒秦。秦復愛六國之人，則遞三世可至萬世而爲君，誰得而族滅也？秦人不暇自哀而後人哀之。後人哀之而不鑑之，亦使後人而復哀後人也。

宋・李昉等《文苑英華》卷一七四《[唐]劉憲〈奉和幸長安故城未央宮應制〉》 漢宮千祀外，軒駕一來遊。夷蕩長如此，威靈不復留。憑高睿賞發，懷古聖情周。寒向南山斂，春過北渭浮。土功昔云盛，人英今所求。幸聽熏風曲，方知霸道羞。

又 《[唐]宋之問〈奉和幸長安故城未央宮應制〉》 漢王未息戰，蕭相乃營宮。壯麗一朝盡，威靈千載空。皇明悵前迹，置酒宴羣公。寒輕彩仗外，春發幔城中。樂思回斜日，歌詞繼大風。今朝天子貴，不假叔孫通。

元・張昱《可閑老人集》卷三《七言律詩・漢未央宮榱題硯》 雕牆峻宇幾浮雲，金石雖堅亦鮮存。秦宮三月已灰燼，漢瓦千年猶隸文。改用尚能爲硯器，得名何異在君門？咸陽土盡英雄骨，誰是榱題記主恩？

明・朱誠泳《小鳴稿》卷一〇《途次望漢城甚邇，作未央宮懷古》 手提一劍竟成功，定鼎長安此建宮。作則已非神禹戒，貽謀翻笑宰臣工。鳳麟殿閣成塵久，雞犬鄉村有路通。鐘室不知緣底事，令人千古惜英雄。

明・沈季友《檇李詩繫》卷七《貝翱〈平湖未央宮瓦頭歌〉》 臨川宋季子得未央宮瓦頭一片，代陶泓因拓一紙見遺，上有『長樂未央』四字，其文古雅，余爲賦一首云。

赤龍西飛入咸陽，烏騅噴火焚阿房。阿房已灰騅亦逝，渭水參差開未央。

未央宮殿中天起，乃公見之怒仍喜。壯麗方推相國能，萬户千門從此始。

南山相對雙闕開，函關夜啓候王來。奉觴殿上呼萬歲，拔劍砍柱何雄哉。

玉階一汙新都履，舊宅重開雒陽水。東西照耀四百秋，漢基半與周基似。

長楊昨夜西風早，錦幔椒塗迹如掃。誰言長樂殊未央，回首青青千里草。

可憐遺瓦至今存，古今不剝莓苔痕。銅雀有歌哀白日，鴛鴦無夢到黄昏。

梁園老人愛奇雅，錦囊得之百金價。茅齋風雨伍陳玄，猶作金人淚如瀉。

朝來拓得寄江城，舊物相看無限情。白髮張衡足愁思，何人相與話西京。

清・顧嗣立《元詩選初集》卷四六《朱德潤〈題甘泉宮圖〉》 漢郊五畤答鴻禧，草木甘泉夜色移。昨日長安道傍過，故宮無奈黍離離。

唐・韋應物《韋蘇州集》卷九《歌行上・長安道》 漢家宮殿含雲煙，兩宮十里相連延。晨霞出没弄丹闕，春雨依微自甘泉。春雨依微春尚早，長安貴遊愛芳草。寶馬橫來下建章，香車卻轉避馳道。

貴遊誰最貴，衛霍世難比。何能蒙主恩，幸遇邊塵起。歸來甲第拱皇

居，朱門峨峨臨九衢。中有流蘇合歡之寶帳，一百二十鳳凰羅列含明珠。下有錦鋪翠被之粲爛，博山吐香五雲散。麗人綺閣情飄颻，頭上鴛釵雙翠翹。低鬟曳袖回春雪，聚黛一聲愁碧霄。山珍海錯棄藩籬，烹犢炰羔如折葵。既請列侯封部曲，還將金印授廬兒。歡榮若此何所苦，但苦白日西南馳。

金·趙秉文《滏水集》卷九《過長安》 漢苑秦宫半夕陽，年年春色管興亡。霸橋折盡青青柳，不爲行人也斷腸。

元·耶律鑄《雙溪醉隱集》卷四《哀長安》 漢家宫闕五雲間，不似當時夢一般。金殿夜延螢燭暗，翠簾風窣月鉤閑。笙歌竟逐人消息，樓觀空餘燕往還。斜日亭亭淡無語，爲誰空下九嵕山。

清·史夢蘭《全史宫詞》卷六《漢》 五柞宫前緑蔭匀，青梧觀裏碧桐新。鳴鳩已報親蠶候，先祭宫中苑窳神。【略】

明光宫外日曈曨，何處黄頭夢裏通。臺爲百金方罷役，倖臣偏賜蜀山銅。【略】

柏梁宫殿啓不思，甲帳秦深日影遲。袍笏滿堂爭上坐，至尊首倡七言詩。【略】

豫樟水殿枕流泉，戰罷戈船換釣船。纔自寢園新薦後，九街輪到賣魚錢。【略】

四寶宫中曙色新，熏籠香散錦麒麟。捲簾看盡魚龍戲，又喚投壺郭舍人。【略】

明光僕射拜新官，萬八千人艷綺紈。梓樹不教通帝夢，名畫籍尾受恩難。【略】

離宫别館接藍田，萬騎奔騰望若煙。御苑聯開三十六，宸遊頻散水衡錢。

宋·黄昇《花菴詞選續集》卷一《康與之〈訴衷情令·長安懷古〉》

阿房廢址漢荒丘，狐兔又羣遊。豪華盡成春夢，留下古今愁。

君莫上，古原頭，淚難收。夕陽西下，塞雁南飛，渭水東流。

明·韓邦奇《苑洛集》卷一二《長安月·驪山》 望驪山秦宫，淩漢周火連天。到如今，繁華理瓦礫，恩愛付塵煙。

周家長，秦家短，眼前一樣凋殘。歎温泉玉娥，參乘翠輦鳴鑾。到如今，西風吹水冷，孤月照沙寒。飛霜樓，明珠殿，無人更倚朱闌。

漢·揚雄《揚子雲集》卷五《甘泉賦並序》 孝成帝時，客有薦雄文似相如者，上方郊祀甘泉泰畤，汾陰后土，以求繼嗣，召雄待詔承明之庭。正月，從上甘泉，還奏《甘泉賦》以風。其辭曰：

惟漢十世，將郊上玄，定泰畤，雍神休，尊明號，同符三皇，録功五帝，恤胤錫羨，拓迹開統。於是乃命羣僚，歷吉日，協靈辰，星陳而天行。詔招搖與泰陰兮，伏鉤陳使當兵，屬堪輿以壁壘兮，梢夔魖而抶獝狂。八神奔而警蹕兮，振殷轔而軍裝。蚩尤之倫帶干將而秉玉戚兮，飛蒙茸而走陸梁。齊總總撙撙，其相膠轕兮，猋駭雲訊，奮以方攘；駢羅列布，鱗以雜遝兮，柴虒參差，魚頡而鳥䀏。翕赫曶霍，霧集蒙合兮，半散昭爛，粲以成章。

於是乘輿乃登夫鳳皇兮而翳華芝，駟蒼螭兮六素虯，蠖略蕤綏，漓乎幓纚。帥爾陰閉，霅然陽開，騰清霄而軼浮景兮，夫何旟旐郅偈之旖旎也。流星旄以電爥兮，咸翠蓋而鸞旗。敦萬騎于中營兮，方玉車之千乘。聲駍隱以陸離兮，輕先疾雷而馺遺風。陵高衍之嵱嵷兮，超紆譎之清澄。登椽欒而羾天門兮，馳閶闔而入淩兢。

是時未轃夫甘泉也，乃望通天之繹繹。下陰潛以慘廪兮，上洪紛而相錯。直嶢嶢以造天兮，厥高慶而不可乎疆度。平原唐其壇曼兮，列新雉于林薄；攢并閭與茇葀兮，紛被麗其亡鄂。崇丘陵之駊騀兮，深溝嶔巖而爲谷。往往離宫般以相爥兮，封巒石關施靡乎延屬。

於是大廈雲譎波詭，摧嶉而成觀，仰撟首以高視兮，目冥眴而亡見。正瀏濫以弘惝兮，指東西之漫漫。徒回回以徨徨兮，魂固眇眇而昏亂。據軨軒而周流兮，忽軮軋而亡垠。翠玉樹之青葱兮，壁馬犀之瞵𤣡。金人仡仡其承鍾虡兮，嵌巖巖其龍鱗。揚光曜之燎爥兮，垂景炎之炘炘，配帝居之縣圃兮，象泰壹之威神。洪臺崛其獨出兮，㯓北極之嶟嶟。列宿乃施于上榮兮，日月纔經於柍桭。雷鬱律於巖突兮，電儵忽於墻藩。鬼魅不能自還兮，半長途而下顛。歷倒景而絶飛梁兮，浮蔑蠓而撇天。

左欃槍而右玄冥兮，前熛闕後應門；蔭西海與幽都兮，湧醴汩以生川。蛟龍連蜷於東厓兮，白虎敦圉乎昆侖。覽樛流于高光兮，溶方皇於西

清。前殿崔巍兮，和氏瓏玲，炕浮柱之飛榱兮，神莫莫而扶傾，閌閬閬其寥廓兮，似紫宮之崢嶸。駢交錯而曼衍兮，嵕嵔隗乎其相嬰。乘雲閣而上下兮。紛蒙籠以棍成。曳紅采之流離兮，颺翠氣之宛延。襲琁室與傾宮兮，若登高妙遠，肅乎臨淵。

回猋肆其碭駭兮，翍桂椒而鬱栘楊。香芬茀以穹隆兮，擊薄櫨而將榮。薌呹肸以棍根兮，聲駍隱而歷鍾。排玉戶而颺金鋪兮，發蘭惠與穹窮。帷弸彋其拂汨兮，稍暗暗而靚深。陰陽清濁穆羽相和兮，若夔、牙之調琴。般、倕棄其剞劂兮，王爾投其鉤繩。雖方征僑與偓佺兮，猶彷彿其若夢。

於是事變物化，目駭耳回，蓋天子穆然珍臺閒館，琁題玉英蜵蜎蠖濩之中，惟夫所以澄心清魂，儲精垂思，感動天地，逆釐三神者。乃搜逑索耦，皋、伊之徒，冠倫魁能，函甘棠之惠，挾東征之意，相與齊乎陽靈之宮。靡薜荔而爲席兮，折瓊枝以爲芳。吸清雲之流瑕兮，飲若木之露英。集乎禮神之囿，登乎頌祇之堂。建光耀之長旓兮，昭華覆之威威。攀琁璣而下視兮，行遊目乎三危。陳衆車於東坑兮，肆玉釱而卜馳。漂龍淵而還九垠兮，窺地底而上回。風傱傱而扶轄兮，鸞鳳紛其御蕤。梁弱水之濎濙兮，躡不周之逶蛇。想西王母欣然而上壽兮，屏玉女而卻宓妃。玉女無所眺其清矑兮，宓妃曾不得施其蛾眉。方攬道德之精剛兮，侔神明與之爲資。

於是欽柴宗祈，燎薰皇天，皋搖泰壹。舉洪頤，樹靈旗，樵蒸昆上。配藜四施，東燭滄海，西耀流沙，北爌幽都，南煬丹厓。玄瓚觩䚖，秬鬯泔淡。肸蠁豐融，懿懿芬芬。炎感黃龍兮，熛訛碩麟。選巫咸兮叫帝閽，開天庭兮延羣神。儐暗藹兮降清壇，瑞穰穰兮委如山。

於是事畢功弘，回車而歸，度三巒兮偈棠黎。天閫決兮地垠開，八荒協兮萬國諧。登長平兮雷鼓磕，天聲起兮勇士厲，雲飛揚兮雨滂沛，於胥德兮麗萬世。

亂曰：崇崇圜丘，隆隱天兮。登降峛崺，單埢垣兮。增宮參差，駢嵯峨兮。嶺嶒嶙峋，洞亡厓兮。上天之縡，杳旭卉兮。聖皇穆穆，信厥對兮。徠祇郊禋，神所依兮，徘徊招搖，靈遲迉兮。煇光眩燿，隆厥福兮。子子孫孫，長亡極兮。

《全漢賦·王褒〈甘泉賦〉》 十分未升其一，增惶懼而目眩。若播岸而臨坑，登木末以闚泉。卻而望之，鬱乎似積雲，就而察之，霅乎若太山。

又 《劉歆〈甘泉宮賦〉》 軼陵陰之地室，過陽谷之秋城。迴天門而風舉，躡黃帝之明庭。冠高山而爲居，乘昆侖而爲宮。按軒轅之舊處，居北辰之閎中。背共工之幽都，向炎帝之祝融。封巒爲之東序，緣石闕之天梯，桂木雜而成行，芳盼蠁之依依。翡翠孔雀，飛而翱翔，鳳皇止而集棲。甘醴涌於中庭兮，激清流之瀰瀰。黃龍遊而蜿蟺兮，神龜沈於玉泥。離宮特觀，樓比相連。雲起波駭，星布彌山。高巒峻阻，臨眺曠衍。深林蒲葦，涌水清泉。芙蓉菡萏，菱荇蘋蘩。豫章雜木，楩松柞棫。女貞烏勃，桃李棗檍。

唐·歐陽詢等《藝文類聚》卷六二《居處部·闕·〔三國魏〕繁欽〈建章鳳闕賦〉》 築雙鳳之崇闕，表大路以遐通。上規圜以穹隆，下矩折《文選·陸倕石闕銘》注作『矩地』。而繩直。長楹森以駢停，修桷揭以舒翼。象玄圃之層樓，肖華蓋之麗天。當蒸暑之暖赫，步北楹而周旋。鶤鵬振而不及，豈歸雁之能翔。抗神鳳以甄甍，似虞庭之鏘鏘。櫨六翮以撫跱，俟高風之清涼。華鐘金獸，列在南廷。嘉樹蓊薆，奇鳥哀鳴。臺榭臨池，萬種千名。周閣輦道，屈繞紆縈。

唐·徐堅等《初學記》卷二四《〔漢〕李尤〈永安宮銘〉》 合歡黃堂，中和是遵；舊廬懷本，新果暢春。侯臺集道，俾司星辰；豐業廣德，以協天人。萬福來助，嘉娛永欣。

明·張溥《漢魏六朝百三家集》卷二《〔漢〕司馬相如〈長門賦並序〉》 孝武皇帝陳皇后時得幸，頗妒，別在長門宮，愁悶悲思。聞蜀郡成都司馬相如，天下工爲文，奉黃金百斤，爲相如文君取酒，因于解悲愁之辭。而相如爲文以悟主上，陳皇后復得親幸。其辭曰：

一夫何一佳人兮，步逍遥以自虞。魂逾佚而不反兮，形枯槁而獨居。言我朝往而暮來兮，飲食樂而忘人。心慊移而不省故兮，交得意而相親。

伊予志之慢愚兮，懷貞慤之懽心。願賜問而自進兮，得尚君之玉音。奉虛言而望誠兮，期城南之離宮。修薄具而自設兮，君曾不肯乎幸臨。廓獨潛而專精兮，天漂漂而疾風。登蘭臺而遥望兮，神怳怳而外淫。浮雲鬱

而四塞兮，天窈窈而晝陰。雷殷殷而響起兮，聲象君之車音。飄風回而起閨兮，舉帷幄之襜襜。桂樹交而相紛兮，芳酷烈之誾誾。孔雀集而相存兮，玄猨嘯而長吟。翡翠脅翼而來萃兮，鸞鳳翔而北南。

心憑噫而不舒兮，邪氣壯而攻中。下蘭臺而周覽兮，步從容於深宫。正殿塊以造天兮，鬱並起而穹崇。間徙倚於東廂兮，觀夫靡靡而無窮。擠玉户以撼金鋪兮，聲噌吰而似鐘音。

刻木蘭以爲榱兮，飾文杏以爲梁。羅丰茸之遊樹兮，離樓梧而相撐。施瑰木之欂櫨兮，委參差以槺梁。時仿佛以物類兮，象積石之將將。五色炫以相曜兮，爛耀耀而成光。致錯石之瓴甓兮，象玳瑁之文章。張羅綺之幔帷兮，垂楚組之連綱。

撫柱楣以從容兮，覽曲臺之央央。白鶴噭以哀號兮，孤雌跱於枯楊。日黄昏而望絶兮，悵獨託於空堂。懸明月以自照兮，徂清夜於洞房。援雅琴以變調兮，奏愁思之不可長。案流徵以卻轉兮，聲幼眇而復揚。貫歷覽其中操兮，意慷慨而自卬。左右悲而垂淚兮，涕流離而從横。舒息悒而增欷兮，蹝履起而彷徨。揄長袂以自翳兮，數昔日之諐殃。無面目之可顯兮，遂頹思而就牀。摶芬若以爲枕兮，席荃蘭而茝香。

忽寢寐而夢想兮，魄若君之在旁。惕寤覺而無見兮，魂迋迋若有亡。衆雞鳴而愁予兮，起視月之精光。觀衆星之行列兮，畢昴出於東方。望中庭之藹藹兮，若季秋之降霜。夜曼曼其若歲兮，懷鬱鬱其不可再更。澹偃蹇而待曙兮，荒亭亭而復明。妾人竊自悲兮，究年歲而不敢忘。

《全漢賦·李尤〈德陽殿賦〉》 若炎唐，稽古作先。於赫聖漢，抗德以遵。

開三階而參會，錯金銀於兩楹。入青陽而窺總章，歷户牖之所經。連璧組之潤漫，雜虬文之蜿蜒。爾乃周閣幣，峻樓臨門，朱闕巖巖，嵯峨概雲。青瑣禁門，廊廡翼翼，華蟲詭异，密採珍縟。達蘭林以西通，中方池而特立。果竹鬱茂以蓁蓁，鴻雁沛裔而來集。德陽之比，斯曰濯龍。葡萄安石，蔓延蒙籠，橘柚含桃，甘果成叢。文槐曜水，光映煌煌。

上螭蟒其無際兮，狀紆迴以周旋。開三階以參會兮，錯金銀於兩楹。連壁組之爛漫兮，雜虬文之蜿蜒。動坎擊而成響兮，似金石之音聲。

雜録

晉·郭璞注，宋·邢昺疏《爾雅注疏》卷五《釋宫》 宫謂之室，室謂之宫。注：皆所以通古今之異語，明同實而兩名。疏：『宫謂』至『之宫』釋曰：别二名也。郭云：『皆所以通古今之異語，明同實而兩名。』《釋名》云：『宫，穹也，言屋見於垣上，穹崇然也。室，實也，言人物實滿於其中也。』是所從言之異耳。《詩》云：『作于楚宫。』又曰：『入此室處。』是也。古者貴賤所居皆得稱宫。故《禮記》曰：『由命士以上，父子皆異宫。』又《喪服傳》繼父爲其妻前夫之子築宫廟。是士庶人皆有宫稱也。至秦漢以來，乃定爲至尊所居之稱。

漢·佚名《三輔黄圖》卷一《秦宫》 梁山宫，信宫，興樂宫，朝宫，阿房宫，蘭池宫，望夷宫，林光宫。

後唐·馬縞《中華古今注》卷上《宫》 宫謂之室，室謂之宫，皆所以通古今之語，明同實而兩名之也。秦始皇造阿房宫，闕五百步，南北千丈，上可坐萬人，下可建五丈旗幟。咸陽二百里内，爲宫觀二百七十所，皆複道相連。

清·段玉裁《説文解字注·十三篇下·土部·堂》 殿古曰堂，漢以後曰殿。古上下皆稱堂，漢上下皆稱殿。至唐以後，人臣無有稱殿者矣。

漢·劉歆《西京雜記》卷一《蕭相國營未央宫》 漢高帝七年，蕭相國營未央宫。因龍首山製前殿，建北闕。未央宫周迴二十二里九十五步五尺，街道周迴七十里。臺殿四十三，其三十二在外，其十一在後宫。池十三，山六，池一、山一亦在後宫。門闥凡九十五。

又 卷二《四寶宫》 武帝爲七寶牀、雜寶桉、厠寶屏風，列寶帳，設於桂宫，時人謂之四寶宫。

又 卷三《五柞宫與石麒麟》 五柞宫有五柞樹，皆連三抱，上枝蔭覆，數十畝。其宫西有青梧觀，觀前有三梧桐樹。樹下有石麒麟二枚，刊其脇爲文字，是秦始皇酈山墓上物也。頭高一丈三尺，東邊者前左腳折，折處有赤如血。父老謂其有神，皆含血屬筋焉。

北魏·酈道元《水經注》卷一九《渭水》 泬水又北逕鳳闕東，《三輔黄圖》曰：『建章宫，漢武帝造，周二十餘里，千門萬户，其東

鳳闕，高七丈五尺，俗言貞女樓，非也。《漢武帝故事》云：闕高二十丈。《關中記》曰：建章宮圓闕，臨北道，有金鳳在闕上，高丈餘，故號鳳闕也。

唐・李吉甫《元和郡縣圖志》卷一《關内道一・京兆府・雲陽縣》 雲陽宮卽秦之林光宮，漢之甘泉宮，在縣西北八十里甘泉山上。周回十餘里，去長安三百里，望見長安城。黄帝已來祭天圜丘處也。齊人少翁謂武帝曰：『上卽欲與神通，宮室被服，非像神，神物不至。』乃於甘泉宮中爲臺，畫天、地、泰一諸鬼神而祭之。又作柏梁、銅柱、承露盤、仙人掌之屬。帝以五月避暑於此，八月乃還。

宋・宋敏求《長安志》卷四《宮室二・漢宮・林光宮》 《漢書》注服虔曰：『甘泉，一名林光。』師古曰：『秦之林光宮，胡亥所造，漢又於其旁起甘泉宮。』又《郊祀志》：『震電灾林光宮門。』孟康曰：『甘泉，一名林光。』師古曰：『林光，秦離宮名也，漢又於其旁起甘泉宮，非一名也。』《關中記》曰：『林光宮，一曰甘泉宮，秦造，在今池陽縣西北故雲陽縣甘泉山上，周圍十餘里，漢武建元中增廣之，周圍十九里二百二十步，有宮十二，臺十一，武帝常以五月避暑於此，八月乃還。』

宋・程大昌《雍録》卷二《甘泉宮》 古以甘泉名宮者三：秦之甘泉在渭南，一也；漢之甘泉在雲陽縣磨石嶺上，二也；隋之甘泉在鄠縣，三也。

車旗分部

綜　述

漢・賈誼《新書》卷一《等齊》 天子車曰乘輿。

《史記》卷六《秦始皇本紀》 始皇推終始五德之傳，以爲周得火德，秦代周德，從所不勝。方今水德之始，【略】衣服旄旌節旗皆上黑。數以六爲紀，符、法冠皆六寸，而輿六尺，六尺爲步，乘六馬。

又　卷八《高祖本紀》 秦王子嬰素車白馬，係頸以組，封皇帝璽符節，降枳道旁。

又　卷八七《李斯列傳》 （李）斯乃上書曰：【略】今陛下致昆山之玉，有隨、和之寶，垂明月之珠，服太阿之劍，乘纖離之馬，建翠鳳之旗，樹靈鼉之鼓。

漢・蔡邕《獨斷》卷下 古者諸侯貳車九乘，秦滅九國，兼其車服，故大駕屬車八十一乘也，尚書御史乘之。最後一車懸豹尾，以前皆皮軒虎皮爲之也。

漢・劉熙《釋名》卷七《釋兵》 九旗之名，日月爲常，畫日月於其端，天子所建言，常明也。

晉・崔豹《古今注》卷上《輿服》 金根車，秦制也。秦并天下，閱三代之輿服，謂殷得瑞山車，一曰金根車，故因作金根之車。秦乃增飾而乘御焉，漢因而不改。

鍠秦改鐵鉞作鍠，始皇制也。一本云：鍠，秦制也，今乘輿、諸公、王妃、主通建之也。

《後漢書》卷一二〇《輿服志上》 天子玉路，以玉爲飾，錫樊纓十有再就，建太常，十有二斿，九仞曳地，日月升龍，象天明也。夷王以下，周室衰弱，諸侯大路。秦并天下，閱三代之禮，或曰殷瑞山車，金根之色。漢承秦制，御爲乘輿，所謂孔子乘殷之路者也。

古者諸侯貳車九乘。秦滅九國，兼其車服，故大駕屬車八十一乘，法駕半之。屬車皆阜蓋赤裏，（木）［朱］轓，戈矛弩箙，尚書、御史所載。最後一車懸豹尾，豹尾以前比省中。

《宋書》卷一八《禮志五》 秦閱三代之車，獨取殷制。古曰桑根車，秦曰金根車也。【略】

五旗者，五色各一旗，以木牛承其下。徐又云：『木牛，蓋取其負重而安穩也。』五旗纏竿，卽《禮記》德車結旌不盡飾也，戎事乃散之。又武車綏旌，垂舒之也。史臣案：今結旌綏旌同，而德車武車之所不建。又木牛之義，亦未灼然可曉。又案《周禮》辨載法物，莫不詳究，然無相風、璟網、旄頭之屬，此非古制明矣。何承天謂戰國並爭，師旅數出，懸烏之設，務察風昆，宜是秦矣。晉武嘗問侍臣：『旄頭何義？』彭推

對曰：『秦國有奇怪，觸山截水，無不崩潰，唯畏旄頭，故虎士服之，則秦制也。』張華曰：『有是言而事不經。臣謂壯士之怒，髮踊衝冠，義取於此。』摯虞《決疑》無所是非也。徐爰曰：『彭、張之説，各言意義，無所承據。案天文畢昴之中謂之天街，故車駕以罼罕前引，畢方昴員，因其象。《星經》，昴一名旄頭，故使執之者冠皮毛之冠也。』

唐·杜佑《通典》卷二五《職官七·諸卿上·太僕卿》　車府署：秦有車府令，以趙高爲之。

又　卷四二《禮二·沿革二·吉禮一·郊天上》　秦始皇既即位，以昔文公出獵，獲黑龍，此其水德之瑞，用十月爲歲首，色尚黑，音尚大呂。【略】衣尚白，其用如常。

又　卷六四《禮二十四·沿革二十四·嘉禮九·天子車輅·五輅》　秦平九國，蕩滅典籍，舊制多亡。因金根車用金爲飾，謂金根車，而爲帝軫。玄旗皂斿，以從水德。復法水數，駕馬以六。夏太康盤遊無度，昆弟五人作歌曰，『若朽索之馭六馬』，則六馬非始于秦制，但法水數，故相符爾。

又　卷六六《禮二十六·沿革二十六·嘉禮十一·輦輿》　秦以輦爲人君之乘。

又　《旌旗》　秦水德，旗斿皆尚黑。其制未詳。

又　《鹵簿屬車附》　秦制，大駕屬車八十一乘，周制，凡良車、散車不在等者，其用無常，以給游燕及恩惠之賜。從軍所載輜重財貨之車，車後開户。作之有功有沽，良車功多，散車功少。鄭玄曰：『作之有功有沽。』沽，麄也，則屬車之流。及周之末，諸侯有貳車九乘。秦滅九國，兼其車服，故屬車八十一乘。薛綜曰：『屬者，相連屬也，皆在後，爲三行。』法駕半之。左右分行其車，皆皂蓋赤裏，朱轓輜，戈矛弩箙，尚書、御史所載。最後一乘懸豹尾，豹尾以前比省中。《小學·漢官篇》曰：『豹尾過後，罷屯解圍。』胡廣曰：『施之道路，故須過後，屯圍乃得解，皆所以戒不虞也。《淮南子》曰「軍正執豹皮，所以制正其衆」也。』省中即今之仗内。

《舊唐書》卷四五《輿服志》　秦誅戰國，斟酌舊儀，則有鹵簿、金根、大駕、法駕，備千乘萬騎，異《舜典》、《周官》。

宋·鄭樵《通志》卷四八《器服略第二·天子車輅·五輅》　秦平天下，閱三代之禮，或曰商瑞山車金根之色，乃因金根車用金飾而爲，帝軫黑旗皂斿以從水德，復法水數駕馬以六。

元·馬端臨《文獻通考》卷一一六《王禮考十一·乘輿車旗鹵簿》　秦平九國，蕩滅典籍，舊制多亡。因金根車用金爲飾，謂金根車，而爲帝軫金根以金爲飾。黑旗皂斿，以從水德。復法水數，駕馬以六。五子之歌曰：『若朽索之馭六馬』，則六馬非始于秦制，但法水德相符耳。古者諸侯貳車九乘。秦滅九國，兼其車服，故大駕屬車八十一乘周制：凡良車、散車任馬者，其用無常，以給游燕及恩惠之賜。從車所載財貨輜重之車，車後開户。作之有功有沽，良車功多，散車功少。鄭玄曰：『作之有功有沽。』沽，麄也，則屬車之流。及周之末，諸侯有貳車九乘。秦滅而兼之。其車薛綜曰：『屬者，相連屬也，皆在後，爲三行。』貳行法駕半之。左右分行其車，皆皂蓋赤裏，木轓輜，戈矛弩箙，尚書、御史所載。最後一乘懸豹尾，豹尾以前爲省中，《小學·漢官篇》曰：『豹尾過後，罷屯解圍。』胡廣曰：『施之道路，故須過後，屯圍乃得解，所以戒不虞也。』《淮南子》曰『軍正執豹皮，所以制正其衆』也。省中，即今之仗内。秦以輦爲人君之乘。古謂人牽爲輦，宋萬以乘車輦其母，秦始皇乃去其輪而輿之，漢代遂爲人君之乘。

《史記》卷一二《孝武本紀》　置壽宮、北宮，張羽旗，設供具，以禮神君。神君所言，上使人受書其言，命之曰『畫法』。

（元鼎五年）其秋，爲伐南越，告禱泰一，以牡荆畫幡，日月北斗登龍，以象天一三星，爲泰一鋒，南朝宋裴駰《集解》：徐廣曰：『天官書曰天極星明者，泰一常居也。斗口三星曰天一。』（裴）駰案：晉灼曰『畫一星在後，三星在前，爲太一鋒也』。名曰『靈旗』。唐張守節《正義》：李奇云：『畫旗樹泰一壇上。名靈旗，畫日月北斗登龍等。』爲兵禱，則太史奉以指所伐國。

漢·劉歆《西京雜記》卷五《甘泉鹵簿》　漢朝輿駕祠甘泉汾陰，備千乘萬騎，太僕執轡，大將軍陪乘，名爲大駕。

司馬車駕四，中道。

辟惡車駕四，中道。

記道車駕四，中道。

靖室車駕四，中道。

象車，鼓吹十三人，中道。

式道候二人，駕一。左右一人。

長安都尉四人，騎。左右各二人。

長安亭長十人，駕。左右各五人。

長安令車駕三，中道。

京兆掾史三人，駕一。三分。

京兆尹車駕四，中道。

司隸部京兆從事、都部從事、別駕一車。三分。

司隸校尉駕四，中道。

廷尉駕四，中道。

太僕、宗正引從事，駕四。左右。

太常、光祿、衛尉，駕四。三分。

太尉外部都督令史、賊曹屬、倉曹屬、户曹屬、東曹掾、西曹掾，駕一。左右各二。

太尉駕四，中道。

太尉舍人、祭酒，駕一。左右。

司徒列從，如太尉王公，騎。令史、持戟吏亦各八人，鼓吹一部。

中護軍騎，中道。左右各三行，戟楯、弓矢、鼓吹各一部。

步兵校尉、長水校尉，駕一。左右。

隊百匹。左右。

騎隊十。左右各五。

前軍將軍。左右各二行，戟楯、刀楯、鼓吹各一部，七人。

射聲、翊軍校尉，駕三。左右二行，戟楯、刀楯、鼓吹各一部，七人。

驍騎將軍、遊擊將軍，駕三。左右二行，戟楯、刀楯、鼓吹各一部，七人。

黄門前部鼓吹，左右各一部，十三人，駕四。

前黄麾騎，中道。

自此分爲八校。左四，右四。

護駕御史。騎，左右。

御史中丞駕一，中道。

謁者僕射駕四。

武剛車駕四，中道。

九游車駕四，中道。

雲罕車駕四，中道。

皮軒車駕四，中道。

闟戟車駕四，中道。

鸞旗車駕四，中道。

建華車駕四，中道。

左右虎賁中郎將車駕二，中道。

護駕尚書郎三人，騎。三分。

護駕尚書三，中道。

相風烏車駕四，中道。

自此分爲十二校。左右各六。

殿中御史騎。左右。

典兵中郎騎，中道。

高華，中道。

畢罕。左右。

御馬，節十六。左八，右八。

華蓋，中道。

自此分爲十六校。左八，右八。

剛鼓，中道。

金根車。

自此分爲二十校，滿道。

左衛、右衛將軍。

華蓋。

《漢書》卷一上《高帝紀上》 陳平夜出女子東門二千餘人，楚因四面擊之。紀信乃乘王車，黄屋左纛，李斐曰：『天子車以黄繒爲蓋裏。纛，毛羽幢也，在乘輿車衡左方上注之。漢蔡邕曰以犛牛尾爲之，如斗，或在騑頭，或在衡。』漢應劭曰：『雉尾爲之，在左驂，當鑣上。』顔師古曰：『纛音毒，又徒到反。應説非也。』

（秦二世元年九月）高祖乃立爲沛公。祠黄帝，祭蚩尤於沛廷，而釁鼓。旗幟皆赤，由所殺蛇白帝子，殺者赤帝子故也。

又　卷八《宣帝紀》 遣宗正德至曾孫尚冠里舍，洗沐，賜御府衣。太僕以軨獵車奉迎曾孫。文穎曰：『軨獵，小車，前有曲輿不衣也，近世謂之

軨獵車也。』三國魏孟康曰：『今之載獵車也。前有曲軨，特高大，獵時立其中格射禽獸。』李奇曰：『蘭輿輕車也。』

又　卷一六《高惠高后文功臣表》　（周昌）初起，以職志擊秦，入漢，出關，以内史堅守敖倉，以御史大夫侯，比清陽侯。三國魏如淳曰：『職志，官名，主旗幟也。』

又　卷二二《禮樂志》　惟泰元尊，媪神蕃釐。【略】鐘鼓竽笙，雲舞翔翔，招搖靈旗，九夷賓將。顏師古曰：『畫招搖於旗以征伐，故稱靈旗。將猶從也。』

安世房中歌十七章，其詩曰：大孝備矣，休德昭清。高張四縣，樂充宫庭。芬樹羽林，雲景杳冥，金支秀華，庶旄翠旌。三國魏張晏曰：『金支，百二十支。秀華，中主有華鬣也。旄，鍾之旄也。』文穎曰：『析羽爲旌，翠羽爲之也。』臣（張）瓚曰：『樂上衆飾，有流遡羽葆，以黄金爲支，其首敷散，若草木之秀華也。』顏師古曰：『金支秀華，瓚説是也。庶，衆也。庶旄翠旌，謂析五采羽，注翠旄之首而爲旌耳。』

又　卷二五《郊祀志》　（元鼎五年）其秋，爲伐南越，告禱泰一，以牡荆畫幡日月北斗登龍，以象太一三星，爲泰一鋒（旗），李奇曰：『牡荆作幡柄也。』如淳曰：『牡荆，荆之無子者，皆絜齋之道。』晉灼曰：『牡，節間不相當也，月暈刻之爲券以畏病者。天文志：「天極星，其一明者，太一也；旁三星，三公也。」畫一星在後，三星在前，爲泰一鋒（旗）也。』師古曰：『李、晉二説是也。以牡荆爲幡竿，而畫幡爲日月龍及星。』命曰『靈旗』。爲兵禱，則太史奉以指所伐國。而五利將軍使不敢入海，之泰山祠。上使人隨驗，實無所見。五利妄言見其師，其方盡，多不讎。

又　卷三四《韓信傳》　（韓）信所出奇兵二千騎者，候趙空壁逐利，卽馳入趙壁，皆拔趙旗幟，立漢赤幟二千。趙軍已不能得信、耳等，欲還歸壁，壁皆漢赤幟，大驚，以漢爲皆已破趙王將矣，遂亂，遁走。

又　卷四七《文三王傳》　（景帝）二十九年十月，孝王入朝。景帝使使持乘輿駟，迎梁王于關下。鄧展曰：『但持駟馬往也。』臣瓚曰：『稱乘輿駟，則車馬皆往。言四，不駕六馬耳。天子副車駕四馬。』顏師古曰：『輿卽車也。瓚説是。』既朝，上疏，因留。以太后故，入則侍帝同輦，出則同車游獵上林中。

又　卷四八《賈誼傳》　黄帝曰：【略】擅爵人，赦死罪，甚者或戴黄屋，師古曰：『天子車蓋之制。』漢法令非行也。

又　卷五二《田蚡傳》　前堂羅鐘鼓，立曲旃；如淳曰：『旃，旗之名也，通帛曰旃。曲旃，僭也。』蘇林曰：『禮，大夫建旃。曲，柄上曲也。』師古曰：『蘇説是也。許慎云「旃，旗曲柄也，所以旃表士衆」也。』後房婦女以百數。

又　卷六四下《賈捐之傳》　至孝文皇帝，【略】詔曰：『鸞旗在前，屬車在後。』師古曰：『鸞旗，編以羽毛，列繫橦旁，載於車上，大駕出，則陳於道而先行。屬車，相連屬而陳於後也。屬音之欲反。』

又　卷六五《東方朔傳》　東方朔對（皇帝）曰：『自唐虞之隆，成康之際，【略】羿爲旄頭，漢應劭曰：『羿善射，故令爲旄頭。今以羽林爲之，髮正上向而長衣繡衣，在乘輿車前。』宋萬爲式道候。』

又　卷一〇〇上《敍傳上》　始皇之末，班壹避墜于樓煩，致馬牛羊數千羣。值漢初定，與民無禁，當孝惠、高后時，以財雄邊，師古曰：『國家不設衣服車旗之禁，故班氏以多財而爲邊地之雄豪。』出入弋獵，旌旗鼓吹，年百餘歲，以壽終。

又　卷一〇〇下《敍傳下》　皇矣漢祖，纂堯之緒，實天生德，聰明神武。秦人不綱，罔漏于楚，爰兹發迹，斷蛇奮旅。神母告符，朱旗乃舉，粤蹈秦郊，嬰來稽首。

漢・衞宏《漢舊儀》卷上　皇帝起居儀宫司馬内，【略】建五旗，案：《漢書・揚雄傳》注引作『皇帝輿動，建五色旗』。丞相、九卿執兵奉引。乘輿冠高山冠，飛羽之纓，案：《續漢志補注》引『飛羽』作『飛月』。《晉書・輿服志》引此文作『《漢官儀》』，『飛羽』作『飛翮』。幘耳赤，丹紈裏，案：《續漢志補注》引『裏』下有『衣』字。

漢・戴聖《禮記》卷三《曲禮上》　（靈旗）行，前朱鳥而後玄武，左青龍而右白虎，招搖在上，急繕其怒。以此四獸爲軍陳，象天也。急猶堅也。繕讀曰勁。又畫招搖星於旌旗上，以起居堅勁，軍之威怒，象天帝也。招搖星在北斗杓端，主指者。

招搖，並如字，北斗第七星。繕，依注音勁，吉政反，陳直覲反。杓，敷招反，徐必遙反。進退有度，度謂伐與步數。左右有局，各司其局。局，部分也。

漢·應劭《漢官儀》卷下 大路龍旗，畫龍於旗上也。【略】

天子法駕，所乘曰金根車，駕六龍，以御天下也。有五色安車，有五色立車，各一，皆駕四馬。《毛詩》説云：『四者，示有四方之志也。』是爲五時副車。

天子出祭陵，常乘金根車。春二月，青龍居在前。秋八月，白虎在前。

天子車駕次第謂之鹵簿。有大駕、法駕、小駕。大駕公卿奉引，大將軍參乘，太僕御，屬車八十一乘，備千乘萬騎，侍御史在左駕馬，詢問不法者。

祭南郊，乘大駕，奉引如故，其餘羣司百官大出。祭北郊，乘大駕，奉引如故，其餘十歲五帝雞翅埽前後，諸軍悉行者也。

大駕鹵簿，五營校尉在前，名曰填衞。

乘輿大駕，則御鳳皇車，以金根爲副。

漢乘輿大駕儀，公卿奉引，太僕御，大將軍驂乘，屬車八十一乘，備千乘萬騎。法駕儀，公卿不在鹵簿中，河南尹、執金吾、雒陽令、奉車都尉、侍中參乘，屬車三，十六乘。

甘泉鹵薄有道車五乘，游車九乘，在輿前。

前驅有雲罕，皮軒鑾旗車。

清道以旄頭爲前驅。

舊選羽林郎旄頭，被髪爲前驅，今但用營士。

豹尾過後，執金吾罷屯解圍，天子鹵簿中，後屬車施豹尾于道路，豹尾之内爲省中。

騎執菰。

太常駕四馬，主簿前車八乘，有鈴下、侍閣、辟車、騎吏、五百等員。

衞尉駕四馬，主簿前車八乘，有鈴下、侍閣、辟車、騎吏等員。

鴻臚駕四馬，主簿。

班劍者，以虎皮飾之。

乘輿綬，黄地白羽，青絳緑，五采，四百首，長二丈三尺。

漢·蔡邕《獨斷》卷下 黄屋者蓋以黄爲裏也。左纛者以犛牛尾爲之，大如斗，在最後，左騑馬騣上。金鑁者馬冠也，高廣各四寸，如玉華形在馬騣前。方釳者鐵，廣數寸，在騣後，有三孔，插翟尾其中。繁纓在馬膺前，如索帬者是也

重轂者，轂外復有一轂，施牽其外，乃復設牽，施銅金鑁形，如緹亞，飛軨以緹油，廣八寸，長注地，左畫蒼龍右白虎，繫軸頭。今二千石亦然，但無畫耳。

前驅有九斿雲罕闟戟皮軒鑾旗車，皆大夫載鑾旗者，編羽毛引繫橦旁，俗人名之曰雞翹車，非也。後有金鉦黄越黄門鼓車。古者諸侯貳車九乘，秦滅九國兼其車服，故大駕屬車八十一乘也。尚書御史乘之，最後一車懸豹尾，以前皆皮軒，虎皮爲之也

永安七年建金根耕根諸御車，皆一轅，或四馬或六馬，金根箱輪皆以金鎛，正黄兩臂，前後刻金以作龍虎鳥龜形，上但以青縑爲蓋，羽毛爲後户。

晋·崔豹《古今注》卷上《輿服》 漢因（秦制）而不改。

漢舊制：乘輿黄赤綬四采，黄赤縹紺，淳黄爲圭，長二丈九尺九寸，五百首。諸侯王赤綬四采，赤黄縹紺，淳赤圭，長二丈一尺，三百首。太皇太后、皇太后、皇后，皆與乘輿同。長公主、天子貴人，與諸侯王同。綬者特加也。諸國貴人、相國，皆緑綬三采，緑紫紺，淳緑圭，長二丈一尺，二百四十首。公侯、將軍，紫綬二采，紫白，淳紫圭，長一丈七尺，百八十首。公主、封君，服紫綬。九卿、中二千石、二千石，青綬三采，青白紅，淳青圭，長一丈七尺，百二十首。自青綬以上，縌皆長三尺二寸，與綬同采而首半之。

縌者，古佩璲也。佩綬相迎授，故曰縌。紫綬以上，縌綬之間，得施玉環止玉瑰云。千石、六百石，黑綬三采，青赤紺，純青圭，長一丈六尺，八十首。四百石、三百石長同。四百石、三百石、二百石，黄綬，一采，淳黄圭，長一丈五尺，六十首。自黑綬以下，縌皆長三尺，與綬同采而首半之。百石青紺綬一采，婉轉繆織，織長一丈二尺。凡先合單紡爲一系，四系爲一扶，五扶爲一首，五首成一文。文采淳爲一圭，首多者系細，首少者系粗，皆廣一尺六寸也。漢末喪亂，玉佩之法絕而不傳。

《後漢書》卷一一九《輿服志上》 秦幷天下，攬其輿服，上選以供

御，其次以錫百官。漢興，文學既缺，時亦草創，承秦之制，後稍改定，參稽《六經》，近於雅正。孔子曰：『其或繼周者，行夏之正，乘殷之輅，服周之冕，樂則《韶》、《舞》。』

漢承秦制，御爲乘輿，所謂孔子乘殷之路者也。

漢·佚名《三輔黄圖》卷六《雜録》 天子出，車駕次第，謂之鹵簿。有大駕，有法駕，有小駕。大駕則公卿奉引，大將軍驂乘，太僕御，屬車八十一乘，作三行，尚書御史乘之，備千乘萬騎出長安，出祠天於甘泉備之，百官有其儀注，名曰『甘泉鹵簿』。法駕京兆尹奉引，侍中參乘，奉車郎御，屬車三十六乘。

《宋書》卷一八《禮志五》 漢氏因秦之舊，亦爲乘輿，所謂乘殷之路者也。《禮論·輿駕議》曰：『周則玉輅最尊，漢之金根，亦周之玉路也。』

漢制，乘輿金根車，輪皆朱斑，重轂兩轄，飛軨。轂外復有轂，施轄，其外復設轄，施銅貫其中。《東京賦》曰：『重輪二轄，疏轂飛軨。』飛軨以赤油爲之，廣八寸，長三尺注地，繫軸頭，謂之飛軨也。以金薄繆龍，爲輿倚較。較在箱上，櫎文畫蕃。蕃，箱也。文虎伏軾，龍首銜軛，鸞雀立衡，櫎文畫輈，翠羽蓋黄裏，所謂黄屋也。金華施橑末，建太常十二旒，畫日月升龍，駕六黑馬，施十二鑾，金爲叉髦，插以翟尾。又加犛牛尾，大如斗，置左騑馬軛上，所謂左纛輿也。路如周玉路之制。應劭《漢官·鹵簿圖》，乘輿大駕，則御鳳皇車，以金根爲副。又五色安車、五色立車各五乘。建龍旗，駕四馬，施八鑾，餘如金根之制，猶周金路也。

其車各如方色，所謂五時副車，俗謂爲『五帝車』也。江左則闕矣。白馬者，朱其鬣，安車者，坐乘。又有建華蓋九重。甘泉鹵簿者，道車五乘，游車九乘，在乘輿車前。又有象車，最在前，試橋道。晉江左駕猶有之。凡婦人車皆坐乘，故《周禮》王后有安車而王無也。漢制乘輿乃有之。

天子所御駕六，其餘副車皆駕四。案《書》稱朽索御六馬。逸禮《王度記》曰：『天子駕六，諸侯駕五，卿駕四，大夫三，士二，庶人一。』楚平王駕白馬。梁惠王以安車駕三送淳于髡，大夫之儀。《周禮》，四馬爲乘。毛詩，『天子至大夫同駕四，士駕二』。袁盎諫漢文馳六飛。

《南齊書》卷一七《輿服志》 漢武天漢四年，朝諸侯甘泉宫，定輿服制，班於天下。

唐·杜佑《通典》卷二五《職官七·諸卿上·太僕卿》 車府署：秦有車府令，以趙高爲之。歷代皆有。漢魏屬太僕。

又 卷四二《禮二·沿革二·吉禮一·郊天上》（漢）文帝即位，詔有司增雍五時路車各一乘，駕被具。駕車被馬之飾皆具。魯人公孫臣上書曰：『始秦以水德，則漢當土德，其應黄龍見。宜改正朔，服色尚黄。』明年，黄龍見成紀，拜公孫臣爲博士，申明土德，草改歷服色事。有司曰：『古者天子夏親祀上帝於郊，故曰郊。』夏四月，詔郊祀上帝。始幸雍，郊見五時祠，衣皆尚赤。

又 卷六四《禮二十四·沿革二十四·嘉禮九·天子車輅·五輅》 漢武帝天漢四年，始定輿服之制。郊祀所乘，謂之大駕，備車千乘，騎萬匹，其儀甚盛，不必師古。及王莽篡位，武車常軔。赤眉之亂，文物無遺。

又 卷六六《禮二十六·嘉十一·輦輿》（漢因秦制）以雕玉爲之，方徑六尺，或使人輓，或駕果下馬。

又《旌旗》 漢制，龍旗九旒，七仞，以象大火，鳥旗七旒，五仞，以象鶉火；熊旗六旒，五仞，以象參、伐；龜蛇旐四旒，四仞，以象營室；弧旌枉矢，以象弧也：此諸侯以下之所建也。

又《鹵簿屬車附》 漢制，乘輿大駕，備車千乘，騎萬匹，屬車八十一乘，公卿奉引，太僕御，大將軍參乘，祀天於甘泉用之。

《舊唐書》卷四五《輿服志》 秦誅戰國，斟酌舊儀，則有鹵簿、金根、大駕、法駕，備千乘萬騎，異《舜典》、《周官》。漢氏因之，號乘輿三駕，儀衛之盛，無與比靈斯。

宋·鄭樵《通志》卷四八《器服略第二·天子車輅·五輅》 漢武帝天漢四年始定輿服之制，郊祀所乘謂之大駕，車千乘，騎萬疋，其儀甚盛，不必師古。及赤眉之亂，文物無遺。

宋·徐天麟《西漢會要》卷二三《輿服上·天子車旗》 王車黄屋左纛。《高紀》李斐曰，天子車以黄繒爲蓋裏，纛毛羽幢也，在乘輿車衡左方上

注之，蔡邕曰，以犛牛尾爲之，如斗，或在騑頭，或在衡。

文帝初立奉天子法駕迎代邸。《本紀》案：《三輔皇圖》云：天子出，車駕次第，謂之鹵簿，有大駕，有法駕，有小駕，大駕則公卿奉引，大將軍參乘，太僕御，屬車八十一乘，作三行，尚書御史乘之，最後一乘重豹尾，豹尾以前皆爲省中，備千乘萬騎出長安，出祠天於甘泉備之，百官有共儀注，名曰甘泉鹵簿，法駕京兆尹奉引，侍中參乘，奉車郎御，屬車三十六乘。

宣帝初立，太僕以囧獵車奉迎曾孫。《宣紀》文穎曰：囧臘小車，前有曲輿不衣也，李奇曰，蘭輿輕車也，師古曰，時未備天子車駕，故且取其輕便耳。

乘輿副車。《霍光傳》。

輜車。《張良傳》：上雖疾，强載輜車，卧而護之。

鸞旗在前，屬車在後。《賈捐之傳》：師古曰：鸞旗編以羽毛，列繫幢旁，載于車上，大駕出，則陳于道而先行。

屬車間豹尾中。《揚雄傳》服虔曰：大駕屬車八十一乘，作三行，尚書御史乘之，最後一乘縣豹尾，豹尾以前皆爲省中。

屬車之清塵。應劭曰，古者諸侯貳車九乘，秦滅九國，兼其車服，漢依秦制，故大駕屬車八十一乘，師古曰：屬者言相連續而不絕也，塵謂行而起塵也，言清者尊貴之意也，見《司馬相如傳》。

甘泉法從。《揚雄傳》注云：從法駕也。

翠鳳之駕。《揚雄傳》師古曰：天子乘車，爲鳳形而飾以翠羽也。千乘霆亂，萬騎屈橋。《揚雄傳》。

乘鏤象，六玉虬，張揖曰：鏤象，象路也，以象牙疏鏤其車輅，六玉虬，謂駕六馬以玉飾其鑣勒，有似玉虬，龍子有角曰虬。拖蜺旌，析羽毛，染以五采，綴以縷爲旌，有似虹蜺之氣也。靡雲旗，畫龍虎於旒爲旗似雲氣。前皮軒，後道遊。皮軒之上以赤皮爲重蓋，天子將出，道車五乘，游車九乘，言皮軒最居前，而道游次皮軒之後。《司馬相如傳》。

乘乃登夫鳳凰兮翳華芝，師古曰：鳳凰者車以鳳凰爲飾也，翳蔽也，以華芝爲蔽也。駟蒼螭兮六素虬，四六駕數也，螭似龍，一名地螻。流星旄以電燭兮，咸翠蓋而鸞旗，屯萬騎于中營兮，方玉車之千乘。《揚雄傳》：方，並也。

張耀日之元旄，揚左纛，被雲梢，梢與旓同。奮電鞭，驂雷輜，鳴洪鐘，建五旗。《揚雄傳》《漢舊儀》云：皇帝車駕建五旗，蓋謂五色之旗也，以木牛承其下，取其負重致遠。

建九旒，六白虎，載靈輿，立歷天之旗，曳捎星之旃。同上。舉洪頤，植靈旗。同上，洪頤，旗名也。建翠華之旗。《司馬相如傳》師古曰，以翠羽爲旗上葆也。

羽葆。《韓延壽傳》。【略】

先驅　旌旗鼓車，旄頭先驅。《燕王旦傳》師古曰：凡此皆天子之制。又《東方朔傳》應劭云：旄頭以羽林爲之，髮正上向而長，衣繡衣在乘輿前。

先驅旄頭，劍挺墮墜。《梁邱賀傳》師古曰：先驅導駕者，若今之武侯隊矣。

參乘　文帝朝東宮，趙談驂乘，爰盎伏車前曰，臣聞天子所與共六尺輿者，皆天下豪英，今漢雖乏人，獨奈何與刀鋸餘人共載，於是上笑，下趙談，談泣下車。本《傳》。

文帝拜張釋之爲廷尉，上行出中渭橋，有一人從橋下走，乘輿馬驚，於是使騎捕之，屬廷尉，釋之治問，曰縣人來聞蹕匿橋下，久以爲行過，既出，見車騎卽走耳，釋之奏當此人犯蹕當罰金，上怒曰，此人親驚吾馬，馬賴和柔，令它馬固不敗傷我乎，而廷尉乃當之罰金，釋之曰，法者天子所與天下公共也，今法如是，更重之，是法不信於民也，且方其時上使使誅之則已，今已下廷尉，廷尉天下之平也，壹傾，天下用法皆爲之輕重，民安所錯其手足，唯陛下察之，上良久曰，廷尉當是也。本《傳》。

【略】

雜録王莽謁九廟，大駕乘六以五采毛爲龍文衣著，角長三尺，華蓋車元戎十乘在前。《王莽傳》。

宋・李昉等《太平御覽》卷六九〇《服章部七》　摯虞《決疑要注》曰：秦除衮冕之制，惟爲玄衣絳裳，一具而已。漢興亦如之。中興後，明帝永平中使諸儒案古文，依圖書，始復造衮冕之服，至於今用之。

元・馬端臨《文獻通考》卷一一六《王禮考十一・乘輿車旗鹵簿》　漢制：乘輿大駕，備車千乘，騎萬匹屬車八十一乘，公卿奉引，太僕御，大將軍驂乘，祀天於甘泉用之。

漢王車，黄屋左纛。鸞旗在前，屬車在後，翠鳳之駕，旌旗、鼓車、旄頭先驅，驂乘。師古曰：『乘車之法，尊者居左，御者居中，又有一人處車

之右，以備傾側。是以戎事則稱車右，其餘則曰驂乘，蓋取三人爲名義耳。』陳平降漢，漢王使驂乘；周緤以舍人從高祖，常爲驂乘；文帝自代來，令宋昌驂乘；文帝朝東宮，趙談驂乘；袁盎伏車前曰：『臣聞天子所與共六尺輿者，皆天下豪英。今漢雖乏人，獨奈何與刀鋸餘人共載？』於是上笑，下談。談泣下車。武帝時，金日磾還侍中駙馬都尉光禄大夫，出則驂乘。宣帝始立，謁高廟，大將軍光驂乘；上內嚴憚，若有芒刺在背，後車騎將軍張安世代驂乘，上從容肆體，甚安。

高祖爲沛公，旗幟皆赤，由所殺蛇白帝子所殺者赤帝子故也。

漢輦，因秦以彫玉爲之，方徑六尺，或使人輓之，或駕果下馬。

漢·衛宏《漢舊儀》卷上 皇帝起居儀宮馬內，百官案籍出入，營衛周廬，晝夜誰何。殿門外署衛尉，殿內郎署屬光禄勳，黄門、鉤盾近署屬少府。輦動則左右侍帷幄者稱警，車駕則衛官填街，騎士塞路。出殿則傳蹕，止人清道，建五旗，丞相、九卿執兵奉引。乘輿冠高山冠，飛羽之纓，幘耳赤，丹紈裏，帶七尺斬蛇劍，履虎尾絇履。

漢·應劭《漢官儀》卷上 侍中，左蟬右貂，本秦丞相史，往來殿中，故謂之侍中。分掌乘輿服物，下至褻器虎子之屬。

武帝時，孔安國爲侍中，以其儒者，特聽掌御（坐）唾壺，朝廷榮之。至東京時，屬少府，亦無員。駕出，則一人負傳國璽，操斬蛇劍乘。案：『乘』上當有『參』字，見《通典》。輿中官俱止禁中。案：『輿』當作『與』，見《通典》。

漢·蔡邕《獨斷》卷上 乘輿出於《律》。《律》曰：敢盜乘輿服御物。謂天子所服食者也。天子至尊，不敢渫瀆言之，故托之於乘輿。乘猶載也，輿猶車也。天子以天下爲家，不以京師宮室爲常處，則當乘車輿以行天下，故羣臣托乘輿以言之。或謂之車駕。

又 卷下 巡狩校獵還，公卿以下，陳雒陽都亭前街上。乘輿到，公卿下拜，天子下車，公卿親識顏色，然後還宮。古語曰：『在車則下。』惟此時施行。

天子出，車駕次第，謂之鹵簿，有大駕，有小駕，有法駕。大駕，則公卿奉引，大將軍參乘，太僕御，屬車八十一乘，備千乘萬騎。在長安時，出祠天於甘泉，備之百官，有其儀注，名曰『甘泉鹵簿』，中興以來希用之。先帝時，時備大駕上原陵也，不常用，唯遭大喪乃施之。法駕，公卿不在鹵簿中，唯河南尹執金吾，雒陽令奉引，侍中參乘，奉車郎御屬，車三十六乘，北郊明堂則省諸副車。小駕，祠宗廟用之。每出，太僕奉駕，上鹵簿于尚書中，中常侍、侍御史、主者郎令史，皆執注以督整諸軍車騎。春秋上陵，令又省於小駕，直事尚書一人，從令以下皆先行。

法駕，上所乘曰金根車。駕六，馬有五色，安車五色，立車各一，皆駕四馬，是爲五時。

副車，俗人名之曰五帝車，非也。

又有戎立車，以征伐，三蓋，車名耕根車，一名芝車，親耕籍田乘之。

又有蹋豬車，慢輪有畫，田獵乘之。緑車名曰皇孫車，天子孫乘之以從。

凡乘輿車皆羽蓋，金華爪，黄屋，左纛，金鑁，方釳，繁纓重轂副牽。

黄屋者，蓋以黄爲裏也。

左纛者，以氂牛尾爲之，大如斗，在最後，左騑馬鬃上。金鑁，者馬冠也，高廣各四寸，如玉華形，在馬鬃前。方釳者，鐵廣數寸，在鬃後，有三孔，插翟尾其中。繁纓在馬膺前，如索帬者是也。

重轂者，轂外復有一轂，施牽其外，乃復設牽，施銅金鑁形，如緹亞，飛軨以緹油，廣八寸，長注地。左畫蒼龍，右白虎，繫軸頭。今二千石亦然，但無畫耳。

前驅有九斿，雲罕闟戟皮軒。

鑾旗車，皆大夫載鑾旗者，編羽毛引繫橦旁，俗人名之曰雞翹車，非也。後有金鉦黄越，黄門鼓車。古者諸侯貳車九乘，秦滅九國，兼其車服，故大駕屬車八十一乘也。尚書御史乘之，最後一車懸豹尾，以前皆皮軒，虎皮爲之也。

永安七年，建金根、耕根諸御車，皆一轅，或四馬，或六馬，金根箱輪，皆以金鎛，正黄兩臂，前後刻金，以作龍虎鳥龜形，上但以青縑爲蓋，羽毛爲後户。

漢·劉珍等《東觀漢記》卷一《世祖光武皇帝紀》（建武二年）行夏之時，時以平旦，服色、犧牲尚黑，明火德之運，徽熾尚赤，四時隨

色，季夏黄色。

漢・劉熙《釋名》卷三《釋車》　車，古者曰車聲，如居，言行所以居人也。今曰車，車舍也，行者所處，若車舍也。

天子所乘曰玉輅，以玉飾車也。輅亦車也，謂之輅者，言行于道路也，象輅金、輅木、輅各，隨所以爲飾名之也。

三國吴・薛瑩《後漢記・光武帝紀》　光武伐，常乘革車羸馬。公孫述破益州送樂器、旅車、乘輿，（什）［法］物然後備。

《後漢書》卷一上《光武帝紀上》　（光武二年春正月）壬子，【略】始正火德，色尚赤。

又　卷三〇下《郎顗傳》　以（陽嘉二年）五月丙午，遣太尉服干戚，建井旗。鳥隼曰旗也。以火勝金，故畫井星之文於旗而建之也。

又　卷五四《楊秉傳》　王者至尊，出入有常，警蹕而行，靜室而止，自非郊廟之事，則鑾旗不駕。《漢官儀》曰：『前驅有雲罕，皮軒鑾旗車也。』

又　卷一一九《輿服志上》　乘輿、金根、安車、立車，輪皆朱班重牙，貳轂兩轄，金薄繆龍，爲輿倚較，文虎伏軾，龍首銜軛，左右吉陽筩，鸞雀立衡，𢊁文畫輈，羽蓋華蚤，建大旗，十有二斿，畫日月升龍，駕六馬，象鑣鏤錫，金方釳，插翟尾，朱兼樊纓，赤罽易茸，金就十有二，左纛以氂牛尾爲之，在左騑馬軛上，大如斗，是爲德車。五時車，安、立亦皆如之。各如方色，馬亦如之。白馬者，朱其髦尾爲朱鬣云。所御駕六，餘皆駕四，後從爲副車。耕車，其飾皆如之。有三蓋。一曰芝車，置《輻車》未耜之箙，上親耕所乘也。

戎車，其飾皆如之。蕃以矛麾金鼓羽析幢翳，《輻車》胄甲弩之箙。

獵車，其飾皆如之。重輞縵輪，繆龍繞之。一曰闟豬車，親校獵乘之。

太皇太后、皇太后法駕，皆御金根，加交絡帳裳。非法駕，則乘紫罽軿車。雲文畫輈，黄金塗五末，蓋蚤。左右騑，駕三馬。長公主赤罽軿車。大貴人、貴人、公主、王妃、封君油畫軿車。大貴人加節畫輈。皆右騑而已。

皇太子、皇子皆安車，朱班輪，青蓋，金華蚤，黑𢊁文，畫轓文輈，金塗五末。皇子爲王，錫以乘之，故曰王青蓋車。皇孫則綠車以從。皆左右騑，駕三。公、列侯安車，朱班輪，倚鹿較，伏熊軾，皁繒蓋，黑轓，右騑。

中二千石、二千石皆皁蓋，朱兩轓。其千石、六百石，朱左轓。轓長六尺，下屈廣八寸，上業廣尺二寸，九文，十二初，後謙一寸，若月初生，示不敢自滿也。景帝中元五年，始詔六百石以上施車轓，得銅五末，軛有吉陽筩。中二千石以上右騑，三百石以上皁布蓋，千石以上皁繒覆蓋，二百石以下白布蓋，皆有四維杠衣。賈人不得乘馬車。除吏赤畫杠，其餘皆青云。

公、列侯、中二千石、二千石夫人，會朝若蠶，各乘其夫之安車，右騑，加交絡帷裳，皆皁。非公會，不得乘朝車，得乘漆布輜軿車，銅五末。

乘輿大駕，公卿奉引，太僕御，大將軍參乘。屬車八十一乘，備千乘萬騎。西都行祠天郊，甘泉備之。官有其注，名曰甘泉鹵簿。東都唯大行乃大駕。大駕，太僕校駕；法駕，黄門令校駕。

乘輿法駕，公卿不在鹵簿中。河南尹、執金吾、雒陽令奉引，奉車郎御，侍中參乘。屬車三十六乘。前驅有九斿雲罕，鳳皇闟戟，皮軒鸞旗，皆大夫載。鸞旗者，編羽旄，列繫幢旁。民或謂之雞翹，非也。後有金鉦黄鉞，黄門鼓車。

古者諸侯貳車九乘。秦滅九國，兼其車服，故大駕屬車八十一乘，法駕半之。屬車皆皁蓋赤裏，朱轓，戈矛弩箙，尚書、御史所載。最後一車懸豹尾，豹尾以前比省中。

行祠天郊以法駕，祠地、明堂省什三，祠宗廟尤省，謂之小駕。每出，太僕奉駕上鹵簿，中常侍、小黄門副；尚書主者，郎令史副；侍御史，蘭臺令史副。皆執注，以督整車騎，謂之護駕。春秋上陵，尤省於小駕，直事尚書一人從，其餘令以下，皆先行後罷。

大行載車，其飾如金根車，加施組連璧交絡四角，金龍首銜璧，垂五采，析羽流蘇前後，雲氣畫帷裳，文畫曲轓，長懸車等。太僕御，駕六佈施馬。佈施馬者，淳白駱馬也，以黑藥灼其身爲虎文。既下，馬斥賣，車藏城北秘宮，皆不得入城門。當用，太僕考工乃內飾治，禮吉凶不相

干也。

諸車之文：乘輿，倚龍伏虎，文畫輈，龍首鸞衡，重牙班輪，升龍飛軨。皇太子、諸侯王，倚虎伏鹿，文畫輈轓，吉陽筩，朱班輪，鹿文飛軨，旂旗九斿降龍。公、列侯，倚鹿伏熊，黑轓，朱班輪，鹿文飛軨，九斿降龍。卿，朱兩轓，五斿降龍。二千石以下各從科品，諸轓車以上，軛皆有吉陽筩。

諸馬之文：案乘輿，金鍐方釳，插翟象鑣，龍畫糸忽，沬升龍，赤扇汗，青兩翅，燕尾。駙馬，左右赤珥流蘇，飛鳥節，赤膺兼。皇太子或亦如之。王、公、列侯，鏤錫文髦，朱鑣朱鹿，朱文，絳扇汗，青翅燕尾。卿以下有騑者，緹扇汗，青翅尾，當盧文髦，上下皆通。中二千石以上及使者，乃有騑駕云。

《宋書》卷一八《禮志五》 秦滅禮學，事多違古。漢初崇簡，不存改作，車服之儀，多因秦舊。至明帝始乃修復先典，司馬彪《輿服志》詳之矣。

《南齊書》卷一七《輿服志》 光武建武十三年，得公孫述葆車，輿輦始具。蔡邕創立此志，馬彪勒成漢典，晉摯虞治禮，亦議五輅制度。

唐·李林甫等《唐六典》卷一六《衛尉宗正寺》 後漢有纛頭，每天子行幸及大軍征伐，則建於旗上。

唐·杜佑《通典》卷六四《禮二十四·沿革二十四·嘉禮九·天子車輅·五輅》 後漢光武平公孫述，始獲葆車輿輦。而因舊制金根車，擬周之玉輅，最尊者也。輪皆朱斑重牙，貳轂兩轄，轂外復有一轂抱轄，其外乃復設轄，抱銅置其中。《東京賦》曰：『重輪貳轄，疏轂飛軨。』注：『飛軨，畫緹油，繫於軸上。』金薄繆龍，爲輿倚較，徐廣曰：『繆，交錯之形也。較在箱上。』《說文》曰：『橫文畫蕃。』蕃，箱也。《通俗文》曰：『車箱爲較。』文虎伏軾，龍首銜軛，左右吉陽筩，鸞雀立衡，橫文畫輈，羽蓋華蚤，徐廣曰：『翠羽蓋黃裏，所謂黃屋車也。金華施橑末，有二十八枚，卽蓋弓也。』建大旂，十有二斿，畫日月升龍，駕六馬，象鑣鏤錫，金鍐方釳，插以翟尾，朱兼樊纓，赤罽易茸，金就十有二，左纛以氂牛尾爲之，在左騑馬軛上，大如斗，是爲德車。大駕則御鳳凰車，以金根爲副。其駕玄馬六，因秦不改。或云始自漢制。許慎《五經異義》，說天子駕六馬，以經言『時乘六龍以御天』。蓋乃陰陽之氣，乘六上下，非爲禮制。按《周官·校人》『掌王馬之政，凡擇良馬而養乘之，乘馬一師四圉』，四馬爲乘。古《毛詩》說『天子至大夫同駕駟，皆有四方之事，《詩》云『四牡彭彭』是也。

又 卷六六《禮二十六·沿革二十六·嘉十一·鹵簿屬車附》 後漢明帝上原陵，光武陵。大喪並因前代爲大駕，用八十一乘。祀天南郊則法駕，用三十六乘。河南尹、執金吾、雒陽令奉引，奉車郎御，侍中參乘。前驅有九斿雲罕，徐廣曰：『斿車九乘，前史不記形也。』《史記》曰：『武王克紂，百夫荷罕旗以先驅。』張平子《東京賦》曰：『雲罕九斿。』薛綜曰：『旌旗名。』鳳凰車，闟戟車，薛綜曰：『闟之言函也，取四戟函車邊。』皮軒車，鸞旗車，後有金鉦車，黃鉞車，司馬法曰：『夏執玄鉞，殷執白鉞，周仗黃鉞。』黃門鼓車。黃門令校駕，祀天南郊。祀地、明堂省什三，宗廟尤省，謂之小駕。每出，太僕奉駕，中常侍、小黃門副；尚書主者，郎令史副；侍御史，蘭臺令史副。皆執注，以督整車騎，謂之護駕。春秋上陵，尤省於小駕，直事尚書一人從。

《舊唐書》卷四五《輿服志》 秦誅戰國，斟酌舊儀，則有鹵簿、金根、大駕、法駕，備千乘萬騎，異《舜典》、《周官》。漢氏因之，號乘輿三駕，儀衛之盛，無與比靈斯。東京帝王，博雅好古，明帝始令儒者考《曲臺》之說，依《周官》五輅六冕之文，山龍藻火之數，創爲法服。雖有制作，竟寢不行。輿駕乘金根而已。服則衮冕，冠則通天。其後所御，多從袍服。事具前志。而袞冕之服，歷代不行。

宋·鄭樵《通志》卷四八《器服略第二·天子車輅·五輅》 後漢光武平公孫述，始獲葆車輿輦。因舊制金根車，擬周之玉輅，最尊者也。輪皆朱班重牙，貳轂兩轄，轂外復有一轂抱轄，其外乃復設轄，抱銅置其中。金薄繆龍，爲輿倚較。徐廣曰：『繆，交錯之形也，較在箱上。』說文曰：『橫文畫蕃。』箱也。通俗文曰：『車箱爲較。』文虎伏軾，龍首銜軛，左右吉陽筩。鸞雀立衡，橫文畫轅，羽蓋華蚤。建大旂，十有二斿，畫日月升龍，駕六馬，象鑣鏤錫，金鍐方釳，插翟尾，朱兼樊纓，赤罽易茸，金就十二，左纛以氂牛尾爲之，在左騑馬軛上，大如斗，是爲德車。大駕則御鳳凰車，以金根車爲副。其駕黑馬，六因秦不改。或云始自漢制。許慎五經異義，說天子駕六馬，以經言『時乘六龍以御天』。故所御皆六，餘

皆駕四，後從爲副車。

宋·徐天麟《東漢會要》卷九《輿服上》　玉路

天子玉路，以玉爲飾，錫樊賜纓十有再就，建大常，十有二斿，九仞曳地，日月升龍，象天明也。

乘輿：殷瑞山車，金根之色。漢承秦制，御爲乘輿，所謂孔子乘殷之路者也。

金根　安車　立車

乘輿、按此乘輿二字蓋言天子也。金根、安車、立車，輪皆朱班重牙，貳轂兩轄，金薄繆龍爲輿倚較，文虎伏軾，龍首銜軛，左右吉陽筩，鸞雀立衡，櫖文畫輈，羽蓋華蚤，建大旂，十二斿，畫日月升龍，駕六馬，象鑣鏤錫，金鍐方釳，插翟尾，朱兼樊纓，赤罽易茸，金就十有二，左纛以氂牛尾爲之，在左騑馬軛上，大如斗，是爲德車。五時車，安、立亦皆如之，各如方色。馬亦如之，白馬者朱其髦尾爲朱鬣云。所御駕六，餘皆駕四，後從爲副車。

耕車

耕車，其飾皆如之。有三蓋。一曰芝車，置耒耜之箙，上親耕所乘也。

戎車

戎車，其飾皆如之。蕃以矛麾金鼓羽析幢翳，輻胄甲弩之箙。

獵車

獵車，其飾皆如之。重輞縵輪，繆龍繞之。一曰闟豬車，親校獵乘之。

軿車

太皇太后、皇太后法駕，皆御金根，加交絡帳裳。非法駕，則乘紫罽軿車，雲櫖文畫輈，黃金塗五末、蓋蚤。左右騑，駕三馬。

大貴人、貴人、公主、王妃、封君油畫軿車。大貴人加節畫輈。皆右騑而已。

青蓋車

皇太子、皇子皆安車，朱班輪，青蓋，金華蚤，黑櫖文，畫轓文輈，金塗五末。皇子爲王，錫以乘之，故曰王青蓋車。

緣車

皇孫緣車以從。皆左右騑，駕三。

皂蓋車

公、列侯安車，朱班輪，倚鹿較，伏熊軾，皂繒蓋，黑轓，右騑。

中二千石、二千石皆皂蓋，朱兩轓。其千石、六百石，朱左轓。轓長六尺，下屈廣八寸，上業廣尺二寸，九文，十二初，後謙一寸，若月初生，示不敢自滿也。景帝中元五年，始詔六百石以上施車轓，得銅五末，軛有吉陽筩。中二千石以上右騑，三百石以上皂布蓋，千石以上皂繒覆蓋，二百石以下白布蓋，皆有四維杠衣。賈人不得乘馬車。除吏赤畫杠，其餘皆青云。

夫人安車

公、列侯、中二千石、二千石夫人，會朝若蠶，各乘其夫之安車，右騑，加交絡帷裳，皆皂。非公會，不得乘朝車，得乘漆布輜軿車，銅五末。

大駕　法駕　小駕

乘輿大駕，公卿奉引，太僕御，大將軍參乘。屬車八十一乘，備千乘萬騎。西都行祠天郊，甘泉備之。官有其注，名曰甘泉鹵簿。東都唯大行乃大駕。大駕，太僕校駕；法駕，黃門令校駕。

乘輿法駕，公卿不在鹵簿中。河南尹、執金吾、雒陽令奉引，奉車郎御，侍中參乘。屬車三十六乘。前驅有九斿雲罕，鳳凰闟戟，皮軒鸞旗，皆大夫載。鸞旗者，編羽旄，列繫幢旁。民或謂之雞翹，非也。後有金鉦黃鉞，黃門鼓車。

古者諸侯貳車九乘。秦滅九國，兼其車服，故大駕屬車八十一乘，法駕半之。屬車皆皂蓋赤裏，朱轓，戈矛弩箙，尚書，御史所載。最後一車垂豹尾，豹尾以前比省中。

行祠天郊以法駕，祠地、明堂省什三，祠宗廟尤省，謂之小駕。每出，太僕奉駕上鹵簿，中常侍、小黃門副；尚書主者，郎令史副；侍御史，蘭臺令史副。皆執注，以督整車騎，謂之護駕。春秋上陵，尤省于小駕，直事尚書一人從，其餘令以下，皆先行後罷。

輕車

輕車，古之戰車也。洞朱輪輿，不巾不蓋，建矛戟幢麾，輻輒弩箙。藏在武庫。大駕、法駕出，射聲校尉、司馬吏士載，以次屬車，在鹵簿中。諸車有矛戟，其飾幡斿旗幟皆五采，制度從周禮。吳孫《兵法》云：『有巾有蓋，謂之武剛車。』武剛車者，爲先驅。又爲屬車輕車，爲後殿焉。

載車

大行載車，其飾如金根車，加施組連璧交絡四角，金龍首銜璧，垂五采，析羽流蘇前後，雲氣畫帷裳，虡文畫曲幡，長縣車等。太僕御，駕六布施馬。佈施馬者，淳白駱馬也，以黑藥灼其身爲虎文。既下，馬斥賣，車藏城北秘宮，皆不得入城門。當用，太僕考工乃内飾治，禮吉凶不相干也。

車馬飾

諸車之文：乘輿，倚龍伏虎，虡文畫輢，龍首鸞衡，重牙班輪，升龍飛軨。皇太子、諸侯王，倚虎伏鹿，虡文畫輢幡，吉陽筩，朱班輪，鹿文飛軨，旂旗九斿降龍。公、列侯，倚鹿伏熊，黑幡，朱班輪，鹿文飛軨，九斿降龍。卿，朱兩輪，五斿降龍。二千石以下各從科品。諸轓車以上，軛皆有吉陽筩。

諸馬之文：案乘輿，金鍐方釳，插翟象鑣，龍畫總，沫升龍，赤扇汗，青兩翅，燕尾。駙馬，左右赤珥流蘇，飛鳥節，赤膺兼。皇太子亦如之。王、公、列侯，鏤錫義髦，朱鑣朱鹿，朱文，絳扇汗，青翅燕尾。卿以下有騑者，緹扇汗，青翅尾，當盧義髦，上下皆通。中二千石以上及使者，乃有騑駕云。

大使車

大使車，立乘，駕駟，赤帷。持節者，重導從：賊曹車、斧車、督車、功曹車皆兩；大車，伍佰璅弩十二人，辟車四人，從車四乘。無節，單導從，減半。

小使車

小使車，不立乘，有騑，赤屏泥油，重絳帷。導無斧車。

近小使車，蘭輿赤轂，白蓋赤帷。從騶騎四十人。此謂追捕考案，有所敕取者之所乘也。

諸使車，皆朱班輪，四輻，赤衡軛。其送葬，白堊已下，洒車而後還。公、卿、中二千石、二千石，郊廟、明堂、祠陵，法出，皆大車，立乘，駕駟。他出，乘安車。

導從車

公卿以下至縣三百石長導從，置門下五吏、賊曹、督盜賊功曹，皆帶劍，三車導；主簿、主記，兩車爲從。縣令以上，加導斧車。公乘安車，則前後并馬立乘。長安、雒陽令及王國都縣加前後兵車，亭長，設右騑，駕兩。璅弩車前伍伯，公八人，中二千石、二千石、六百石皆四人，自四百石以下至二百石皆二人。黄綬，武官伍伯，文官辟車。鈴下、侍閤、門闌、部署、街里走卒，皆有程品，多少隨所典領。驛馬三十里一置，卒皆赤幘絳韝云。

古者軍出，師旅皆從，秦省其卒，取其師旅之名焉。公以下至二千石，騎吏四人，千石以下至三百石，縣長二人，皆帶劍，持棨戟爲前列，揵弓韣九鞬。諸侯王法駕，官屬傅相以下，皆備鹵簿，似京都官騎，張弓帶鞬，遮迾出入稱課促。列侯，家丞、庶子導從。若會耕祠，主縣假給辟車鮮明卒，備其威儀。導從事畢，皆罷所假。

元·馬端臨《文獻通考》卷一一六《王禮考十一·乘輿車旗鹵簿》

東漢大駕希用，惟上陵及遭大喪施之。法駕，公卿不在鹵簿中，唯河南尹、執金吾、雒陽令奉引，侍中驂乘，奉車郎御。屬車三十六乘。或曰四十六乘。前驅有九斿雲罕，斿車有九乘，前史不記形。武王克紂，百夫荷罕旗而先驅。《東京賦》曰：『雲罕九斿。』薛綜曰：『罕，旌旗名也。』鳳凰闟戟，闟之爲言函也，取四戟函車邊。皮軒鸞旗，應劭《漢官鹵簿圖》曰：『乘輿大駕，則御鳳凰車，以金根爲列。』皆大夫載。皮軒謂虎皮軒。郭璞曰：『皮軒革車。或曰即《曲禮》前有士師，則載虎皮。』鸞旗者，編羽旄，列繫幢旁。胡廣曰：『建蓋在中』。民或謂之雞翹，非也。胡廣曰：『鸞旗，以銅作鸞鳥車衡上。』與本志不同。後有金鉦黄鉞，《説文》曰：『鉞，大斧也。』《司馬法》曰：『夏執元鉞，殷執白鉞，周仗黄鉞。』黄門鼓車。大駕屬車八十一乘，法駕半之。屬車皆皂蓋，赤裏，木轓輜，戈矛弩箙，尚書、御史所載。最後一車懸豹尾，薛綜曰：『傳御史載之。』豹尾以前比省中。《禮記》：『前載虎皮，亦此之義類。』行祠天郊以法駕，祠地、明堂省什三，祠

宗廟尤省，謂之小駕。每出，太僕奉駕上鹵簿，中常侍、小黃門副；尚書主者，郎令史副。侍御史，蘭臺令史副。皆執注，以督整車騎，謂之護駕。春秋上陵，尤省於小駕，直事尚書一人從，其餘令以下，皆先行後罷。

乘輿、金根、安車、立車，蔡邕曰：『五安五立。』徐廣曰：『立乘曰高車，坐乘曰安車。』輪皆朱班重牙，《周禮》曰：『牙也者，以爲固抱也。』鄭衆曰：『牙謂輪輮也，世間或謂之輞。』貳轂兩轄，蔡邕曰：『轂外復有一轂抱轄，其外乃復設轄，抱銅置其中。』《東京賦》曰：『重輪貳轄，疏轂飛軨。』金薄繆龍，爲輿倚較徐廣曰：『繆，交錯之形也。較在箱上。』《說文》曰：『文畫蕃。』蕃，箱也。《通俗文》曰：『車箱爲較。』文虎伏軾，《魏都賦》注曰：『軾，車橫覆膝，人所馮止者也。』龍首銜軛，左右吉陽筩，鸞雀立衡，徐廣曰：『置金烏於衡上。』虡文畫輈，羽蓋華，徐廣曰：『翠羽蓋黃裏，所謂黃屋車也。金華施朱橑，有二十八枚，即蓋弓也。』《東京賦》曰：『樹翠羽之高蓋。』薛綜曰：『樹翠羽爲蓋，如雲龍矣。金作華形，莖皆低曲。』瓜建大旂，十有二斿，畫日月升龍，駕六馬，《東京賦》云：『六方蚪之弈弈。』象鑣鏤錫，金騌方釳，插翟尾，《獨斷》曰：『金騌者，馬冠也。高廣各五寸，上如玉華形，在馬髦前。方釳，鐵也。廣數寸，在馬騌後。後有三孔，插翟尾其中。』薛綜曰：『釳中央低，兩頭高，如山形，而實中翟尾結著之。』顏延之《幼誥》曰：『釳，乘輿馬頭上防釳，角所以防罔羅，釳以翟尾鐵翮象之也。』徐廣曰：『金爲馬文尾也。』朱兼樊纓，赤罽易茸，金就十有二，左纛以氂牛尾爲之，在左騑馬軛上，大如斗，徐廣曰：『馬在中曰服，在外曰騑。』騑亦名驂。蔡邕曰：『在最後左騑馬頭上。』是爲德車。五時車，安、立亦皆如之。各如方色，馬亦如之。白馬者，朱其髦屋爲朱鬣云。所御駕六，餘皆駕四，後從爲副車。《古文尚書》曰：『予臨兆民，凜乎若朽索之馭六馬。』《逸禮·王度記》曰：『天子駕六馬，諸侯駕四，大夫三，士二，庶人一。』《周禮》四馬爲乘。《毛詩》天子至大夫同駕四，士駕二。《易》京氏、《春秋公羊》説皆云天子駕六。許慎以爲天子駕六，諸侯及卿駕四，大夫駕三，士駕二，庶人駕一。《史記》曰，秦始皇以水數制乘六馬。鄭玄以爲天子四馬，《周禮》乘馬有四圉，各養一馬也。諸侯亦四馬，《顧命》，時諸侯皆獻乘黃朱，乘，亦四馬也。今帝者駕六，此自漢制，與古異耳。蔡邕《表志》曰：『以文義不著之故，俗人多失其名。五時副車曰五帝車，鸞旗曰雞翹，耕根曰三蓋，其比非一也。』

《漢官儀》：侍中，左貂右蟬，本秦丞相史，往來殿中，分掌乘輿服物，下至褻器虎子之屬。武帝時，孔安國爲侍中，以其儒者，特令掌御唾壺。朝廷榮之。至東京時，屬少府，亦無員。駕出，則一人負傳國璽，操斬蛇劍乘。與中官俱止禁中。

光武平公孫述，始獲葆車輿輦。而因舊制金根車，擬周之玉輅，最尊者也其制見前。大駕則御鳳凰車，以金根爲副。

《明史》卷六五《輿服志一》 漢承秦制，御金根爲乘輿，服袀玄以承大祀。東都乃有九斿、雲罕、旒冕、絇屨之儀物，踵事增華，日新代異。

論説

《史記》卷八《高祖本紀》 太史公曰：夏之政忠。【略】故漢興，承敝易變，使人不倦，得天統矣。朝以十月。車服黃屋左纛。

《漢書》卷一下《高帝紀下》 贊曰：漢承堯運，德祚已盛，斷蛇著符，旗幟上赤，協於火德，自然之應，得天統矣。

藝文

漢·揚雄《揚子雲集》卷五《河東賦並序》 於是命羣臣，齊法服，整靈輿，乃撫翠鳳之駕，六先景之乘，掉奔星之流旃，彏天狼之威弧。張耀日之玄旄，揚左纛，被雲梢。奮電鞭，驂雷輜，鳴洪鐘，建五旗。羲和司日，顏倫奉輿，風發飆拂，神騰鬼趡；千乘霆亂，萬騎屈橋，嘻嘻旭旭，天地稠嶅。簸丘跳巒，湧渭躍涇。秦神下讋，蹠魂負沴；河靈矍踢，掌華蹈衰。遂臻陰宮，穆穆肅肅，蹲蹲如也。

三國魏·曹植《曹子建集》卷九《七啓》 （鏡機子曰）僕將爲吾子駕雲龍之飛駟，飾玉路之繁纓。垂宛虹之長綏，抗招搖之華旍。捷忘歸之矢，秉繁弱之弓。

明·張溥《漢魏六朝百三家集》卷二《司馬相如集·上林賦》 於是乎背秋涉冬，天子校獵。乘鏤象，六玉虯，拖蜺旌，靡雲旗，前皮軒，

後道遊；孫叔奉轡，衛公參乘，扈從横行，出乎四校之中。鼓嚴簿，縱獵者，江河爲阹，泰山爲櫓。車騎靁起，殷天動地。先後陸離，離散別追，淫淫裔裔，緣陵流澤，雲布雨施。生貔豹，搏豺狼，手熊羆，足壄羊，蒙鶡蘇，絝白虎，被斑文，跨壄馬。陵三嵕之危，下磧歷之坻，徑峻赴險，越壑厲水。推蜚廉，弄獬豸，格蝦蛤，鋋猛氏；羂要褭，射封豕。箭不苟害，解脰陷腦，弓不虛發，應聲而倒。

又 **卷一一《班固集・西都賦》** 於是後宮乘輚輅，登龍舟，張鳳蓋，建華旗，袪黼帷，鏡清流，靡微風，澹淡浮。

清・嚴可均《全後漢文》卷二六《班固〈封燕然山銘〉》 惟永元元年秋七月，有漢元舅曰車騎將軍竇憲，【略】勒以八陣，莅以威神，玄甲耀日，朱旗絳天。遂陵高闕，下雞鹿，經磧鹵，絶大漠，斬温禺以釁鼓，血尸逐以染鍔。

雜録

漢・揚雄《揚子雲集》卷五《河東賦並序》 張燿日之玄旄，揚左纛，被雲梢。奮電鞭，驂雷輜，鳴洪鐘，建五旗。

又 **《甘泉賦》** 于是欽柴宗祈，燎薰皇天，招繇泰壹。舉洪頤，樹靈旗，樵蒸焜上。配藜四施。

於是乘輿乃登。夫鳳皇兮翳華芝，【略】流星旄以電燭兮，咸翠蓋而鸞旗。敦萬騎于中營兮，方玉車之千乘。

又 **《羽獵賦》** 其餘荷垂天之畢，張竟壄之罘。靡日月之朱竿，曳彗星之飛旗。青雲爲紛，紅蜺爲繯，屬之乎昆侖之虛。

明・張溥《漢魏六朝百三家集》卷二《［漢］司馬相如〈司馬相如集・上林賦〉》 于是乎遊戲懈怠，置酒乎昊天之臺，張樂乎轇轕之宇，撞千石之鐘，立萬石之虡，建翠華之旗，唐李善注曰：『翠華，以翠羽爲葆也。樹靈鼉之鼓。

於是歷吉日以齊戒，襲朝服，乘法駕，建華旗，鳴玉鸞，游於六藝之囿，馳鶩乎仁義之塗，覽觀《春秋》之林，射狸首，兼騶虞，弋玄鶴，舞干戚，載雲罕，揜羣雅，悲《伐檀》，樂《樂胥》，修容乎《禮》園，翺翔乎《書》圃，述《易》道，放怪獸；登明堂，坐清廟；恣羣臣，奏得失。

又 **《子虛賦》** 于是乎乃使剸諸之倫，手格此獸。楚王乃駕馴交之駟，乘雕玉之輿。靡魚須之橈旃，曳明月之珠旗。建干將之雄戟，左烏號之雕弓，右夏服之勁箭。

又 **卷一三《張衡集・東京賦》** 高祖膺籙受圖，順天行誅，杖朱旗而建大號。

龍輈華轙，金鍐鏤鍚。方釳左纛，左纛，以旄牛尾大如斗，置騑馬頭上，以亂馬目，不令相見也。鉤膺玉瓖，鑾聲噦噦，和鈴鉠鉠。重輪貳轄，疏轂飛軨，羽蓋威蕤，葩瑵曲莖。

順時服而設副，咸龍旂而繁纓。立戈迤戛，農輿輅木。屬車九九，乘軒並轂。曠弩重旃，朱旄青屋。奉引既畢，先輅乃發。鸞旗皮軒，通帛綪旆。雲罕九斿，闟戟轇輵。髶髦被繡，虎夫戴鶡。

乃御小戎，撫輕軒，中畋四牡，既佶且閑。戈矛若林，牙旗繽紛。

鸞旗皮軒，通帛綪旆。雲罕九斿，闟戟轇輵。髶髦被繡，虎夫戴鶡。駙承華之蒲梢，飛流蘇之騷殺。總輕武于後陳，奏嚴鼓之嘈絨士介而揚揮，戴金鉦而建黃鉞。

又 **《西京賦》** 天子乃駕彫軫，六駿駮。彫，畫也。天子駕六馬。駮，白馬而黑畫爲文如虎者。戴翠帽，倚金較。翠羽爲車蓋，黃金以飾較也。《古今注》曰：車耳重較，文官青，武官赤。或曰：車蕃上重起如牛角也。善曰：《毛詩》曰：猗重較兮。《説文》曰：較，車輢上曲鉤也。璇弁玉纓，遺光儵爚。弁，馬冠也。又髦以璿玉作之。纓，馬鞅也。以玉飾之。遺，餘也。儵爚，有餘光也。建玄弋，樹招搖。玄弋，北斗第八星名，爲矛頭，主胡兵。招搖，第九星名，爲盾。今鹵簿中畫之於旗，建樹之以前驅。善曰：《禮記》曰：招搖在上，急繕其怒。鄭玄曰：繕讀曰勁。畫招搖星於其上，以起軍堅勁，軍之威怒，象天帝也。

浮鷁首，翳雲芝。垂翟葆，建羽旗。

棲鳴鳶，曳雲梢。弧旌枉矢，虹旃蜺旄。華蓋承辰，天畢前驅。

又 **《南都賦》** 於是乎鯢齒眉壽，鮐背之叟。皤皤然被黃髮者，喟然相與歌曰：『望翠華兮葳蕤，建太常兮裶裶。駟飛龍兮騤騤，振和鸞兮京師。總萬乘兮徘徊，按平路兮來歸。』

服飾分部

綜　述

《史記》卷六《秦始皇本紀》　始皇推終始五德之傳，以爲周得火德，秦代周德，從所不勝。方今水德之始，【略】衣服旄旌節旗皆上黑。數以六爲紀，符、法冠皆六寸，而輿六尺，六尺爲步，乘六馬。

又　卷二一上《律曆志上》　戰國擾攘，秦兼天下，未皇暇也，亦頗推五勝，三國魏孟康曰：『五行相勝，秦以周爲火，用水勝之。』而自以獲水德，乃以十月爲正，色上黑。唐顏師古注曰：『獲水德，謂有黑龍之瑞。』

又　卷八七《李斯列傳》　（公子高曰）御府之衣，臣得賜之。

漢·應劭《漢官儀》　司空騎吏以下皂袴，因秦水德。

漢·蔡邕《獨斷》卷下　通天冠：天子常服，漢服受之秦禮無文。祀天地、明堂皆冠平冕。

晉·崔豹《古今注》卷中《布衫》　秦始皇以布開胯名曰衫。用布者，尊女工之尚，不忘本也。

又　《靸鞋》　秦始皇常靸望僊鞋，衣藂雲短褐以對隱逸，求神僊。

唐·杜佑《通典》卷二六《職官八·諸卿中·殿中監·尚衣局》

秦漢有御府令、丞，掌供御服，而屬少府。《漢儀注》或云：『秦置六尚，謂尚冠、尚衣、尚食、尚沐、尚席、尚書，若今殿中之任。』

通天冠秦制通天冠，其狀遺失。

又　卷五七《禮十七·沿革十七·嘉禮二·君臣冠冕巾幘等制度·冕》　秦滅禮學，郊社服用，皆以袀玄，以從冕旒，前後邃綖。

又　卷六一《禮二十一·沿革二十一·嘉禮六·君臣服章制度》

秦制，水德，服尚袀玄。

又　卷一四一《樂一·歷代沿革上·秦》　（始皇）二十六年，改周大武曰五行，房中曰壽人，衣服同五行樂之色。

宋·鄭樵《通志》卷四七《器服略一·歷代冕弁》　秦滅禮學，郊社服用皆以袀元。漢興草創，仍秦之舊。

又　《君臣章服制度》　秦制水德，服尚袀黑。

宋·李昉等《太平御覽》卷六九〇《服章部七》　摯虞《決疑要注》曰：秦除衮冕之制，惟爲玄衣絳裳，一具而已。

宋·高承《事物紀原》卷三《履》　《實録》謂始皇二年，始以蒲爲履。

《史記》卷二六《曆志》　漢興，高祖曰『北時待我而起』，亦自以爲獲水德之瑞。雖明習曆及張蒼等，咸以爲然。是時天下初定，方綱紀大基，高后女主，皆未遑，故襲秦正朔服色。

至孝文時，魯人公孫臣以終始五德上書，言：『漢德土德，宜更元，改正朔，易服色。當有瑞，瑞黃龍見。』事下丞相張蒼，張蒼亦學律曆，以爲非是，罷之。其後黃龍見成紀，張蒼自黜，所欲論著不成。而新垣平以望氣見，頗言正曆服色事，貴幸，後作亂，故孝文帝廢不復問。

王者易姓受命，必慎始初，改正朔，易服色，推本天元，順承厥意。

又　卷二八上《封禪書》　魯人公孫臣上書曰：『始秦得水德，今漢受之，推終始傳，則漢當土德，土德之應黃龍見。宜改正朔，易服色，色上黃。』是時丞相張蒼好律曆，以爲漢乃水德之始，故河決金堤，其符也。年始冬十月，色外黑內赤，與德相應。如公孫臣言，非也。罷之。後三歲，黃龍見成紀。文帝乃召公孫臣，拜爲博士，與諸生草改曆服色事。其夏，下詔曰：『異物之神見於成紀，無害於民，歲以有年。朕祈郊上帝諸神，禮官議，無諱以勞朕。』有司皆曰：『古者天子夏親郊，祀上帝於郊，故曰郊。』於是夏四月，文帝始郊見雍五時，祠衣皆上赤。

三年一郊。【略】衣上白，其用如經祠云。

又　卷八一《賈誼列傳》　賈生以爲漢興至孝文二十餘年，天下和洽，而固當改正朔，易服色，法制度，定官名，興禮樂。乃悉草具其事儀法，色尚黃，數用五，《正義》曰：漢文帝時黃龍見成紀，故改爲土也。爲官名，悉更秦之法。孝文帝初卽位，謙讓未遑也。

《漢書》卷二一上《律曆志上》　至武帝元封七年，漢興百二歲矣，大中大夫公孫卿、壺遂、太史令司馬遷等言『曆紀壞廢，宜改正朔』。是時御史大夫兒寬明經術，上乃詔寬曰：『與博士共議，今宜何以爲正朔？

服色何上？』寬與博士賜等議，皆曰：『帝王必改正朔，易服色，所以明受命於天也。創業變改，制不相復，推傳序文，則今夏時也。』

又 卷四八《賈誼傳》 今民賣僮者，爲之繡衣絲履偏諸緣，內之閑中，是古天子後服，所以廟而不宴者也，而庶人得以衣婢妾。白縠之表，薄紈之裏，緁以偏諸，晉灼曰：『以偏諸緁著衣也。』師古曰：『緁，音妾，謂以偏諸緶著之也。緶，音步千反。』美者黼繡，師古曰：『黼者，織爲斧形。繡者，刺爲衆文。』是古天子之服，今富人大賈嘉會召客者以被牆。古者以奉一帝一后而節適，今庶人屋壁得爲帝服，倡優下賤得爲后飾，然而天下不屈者，殆未有也。且帝之身自衣皁綈，師古曰：『綈，厚繒也，音徒奚反。』而富民牆屋被文繡；天子之后以緣其領，庶人孽妾緣其履：此臣所謂舛也。

又 卷五六《董仲舒傳》 （董仲舒曰：）臣聞制度文采玄黃之飾，所以明尊卑，異貴賤，而勸有德也。故《春秋》受命所先制者，改正朔，易服色，所以應天也。然則宮室旌旗之制，有法而然者也。故孔子曰：『奢則不遜，儉則固。』師古曰：『《論語》載孔子之言。遜，順也。固，陋也。』儉非聖人之中制也。臣聞良玉不瑑，資質潤美，不待刻瑑，此亡異于達巷黨人不學而自知也。孟康曰：『人，項橐也。』然則常玉不瑑，不成文章；君子不學，不成其德。

又 卷七四《魏相傳》 天子之義，必純取法天地，而觀於先聖。高皇帝所述書《天子所服第八》如淳曰：『第八，天子衣服之制也，于施行詔書第八。』曰：『大謁者臣章受詔長樂宮，曰：「令羣臣議天子所服，以安治天下。」相國臣何、御史大夫臣昌師古曰：『蕭何、周昌也。』謹與將軍臣陵、太子太傅臣通等議：師古曰：『陵，王陵。通，叔孫通。』「春夏秋冬天子所服，當法天地之數，中得人和。故自天子王侯有土之君，下及兆民，能法天地，順四時，以治國家，身亡禍殃，年壽永究，師古曰：『究，竟也。』是奉宗廟安天下之大禮也。臣請法之。中謁者趙堯舉春，應劭曰：『四時各舉所施行政事。』服虔曰：『主一時衣服禮物朝祭百事也。』師古曰：『服說是也。』李舜舉夏，兒湯舉秋，貢禹舉冬，師古曰：『高帝時自有一貢禹也。兒，五奚反。』四人各職一時。」大謁者襄章奏，制曰：「可。」』

又 卷九九上《王莽傳上》 （王莽）即眞天子位，定有天下之號曰新。其改正朔，易服色，變犧牲，殊徽幟，異器制。以十二月朔癸酉爲建國元年正月之朔，以雞鳴爲時。服色配德上黃，犧牲應正用白，使節之旄幡皆純黃，其署曰『新使五威節』，以承皇天上帝威命也。

漢·應劭《漢官儀》卷下 孝武時，天子以下未有幘。元帝額上有壯髮，不欲使人見，乃使進幘，羣寮隨焉。

司空騎吏以下皁袴，因秦水德。今漢家火德，宜著絳袴。【略】

天子東耕之日，親率三公九卿，戴青幘，冠青衣，載青旗，駕青龍，公卿以下車駕如常法，往出種堂。天子升壇，上空無際，公卿耕訖，天子耕于壇，舉耒三［推］而已。

天子冠通天，諸侯王冠遠遊，三公、諸侯冠進賢，三梁；卿、大夫、尚書、二千石、博士冠兩梁；二千石以下至小吏冠一梁。天子、公、卿、特進、諸侯祀天地明堂，皆冠平冕，天子十二旒，三公、九卿、案：三禮圖引作『九旒』。諸侯七旒，其纓各如其綬色，玄衣裳。

幘本無巾，如今半幘而已。王莽無髮，因爲施巾，故里語曰：『王莽頭禿施幘屋。』

漢·蔡邕《獨斷》卷下 通天冠：天子常服，漢服受之秦禮無文。祀天地、明堂皆冠平冕。

《南齊書》卷一七《輿服志》 漢武天漢四年，朝諸侯甘泉宮，定輿服制，班於天下。

唐·杜佑《通典》卷二六《職官八·諸卿中·殿中監·尚衣局》 秦漢有御府令、丞，掌供御服，而屬少府。

又 卷五七《禮十七·沿革十七·嘉禮二·君臣冠冕巾幘等制度·冕》 秦滅禮學，郊社服用，皆以袀玄，以從冕旒，前後邃綖。蔡邕《獨斷》云：『袀，紺繒也。』班固《東都賦》注云：『袀，皁也。』袀音鈞。

又 《通天冠》 秦制通天冠，其狀遺失。漢因秦名，制高九寸，正豎，頂少邪卻，乃直下爲鐵卷梁，前有山，展筒爲述，筒駁犀簪導，乘輿所常服。

宋·徐天麟《西漢會要》卷一四《祭服》 文帝郊見五時，祠衣皆上赤。《郊祀志》：按是時雖尚水德，以有赤帝子之符故祠衣上赤。武帝祠后土，祠衣皆上黃。《郊祀志》：按黃者，土之色也。

泰一祝宰衣紫，及繡五帝各如其色，日赤月白。同上。

又 卷二四《輿服下·天子冠服》 高祖以竹皮爲冠，令求盜之薛治，時時冠之，及貴，常冠，所謂劉氏冠也，八年，令爵非公乘以上毋得冠劉氏冠。

高皇帝所述書天子所服第八，曰大謁者臣章受詔長樂宮，曰令羣臣議天子所服，相湯舉秋，貢禹舉冬，四人各職一時，大謁者襄章奏，制曰可。

文帝身衣弋綈。本贊。又賈誼云：『帝之身自衣皂綈。』

孝文身衣弋綈，足履革舄，以韋帶劍莞蒲爲席，兵木無刃，衣緼無文。《東方朔傳》。

聖文躬服節儉，綈衣不敝，革鞜不穿。《揚雄傳》。

昭帝元鳳四年，帝加元服。

皇太后賜御府衣迎宣帝。

元帝初元五年，罷齊三服官。《本紀》李裴曰：齊國舊有三服官，春獻冠幘縰爲首服，紈素爲冬服，輕綃爲夏服。徐天麟按《貢禹傳》，禹奏故時齊三服官輸物不過十笥，方今齊三服官，作工各數千人，一歲費數鉅萬。天子納其言，罷齊三服官。

宋·鄭樵《通志》卷四七《器服略一·歷代冕弁》 秦滅禮學，郊社服用皆以袀元。漢興草創，仍秦之舊。

宋·李昉等《太平御覽》卷六八五《服章部二·通天冠》 《三禮圖》曰：通天冠，一曰高山冠，上之所服。

徐廣《輿服雜注》曰：天子通天冠，高九寸，黑介幘，金博山。

又 卷六九〇《服章部七》 摯虞《決疑要注》曰：秦除衮冕之制，惟爲玄衣絳裳，一具而已。漢興亦如之。中興後，明帝永平中使諸儒案古文，依圖書，始復造衮冕之服，至於今用之。

元·馬端臨《文獻通考》卷一一二《王禮考七·君臣冠冕服章》

漢承秦敝，西京二百餘年，猶未能有所制立。

《漢舊儀》：『凡齋皆衣元紺繒也。衣絳領褎緣、絝韈、涑革帶、鴻紺幘、長冠、絣青衣、幘領褎、絝韈白帶，求雨皂緣、衣貙婁霜幘衣。冬射獵，衣流黄；仲夏，衣黄。』

西漢，史不言朝祭服章之制，惟《漢舊儀》所載如此，然其説終不明白云。

漢·衛宏《漢舊儀補遺》卷上 省中有五尚，即尚食、尚衣、尚冠、尚帳、尚席。《通典·職官》案：省中五尚不見於《百官公卿表》，疑屬大長秋。

漢·應劭《漢官儀》卷下 天子冠通天，諸侯王冠遠遊，三公、諸侯冠進賢，三梁；卿、大夫、尚書、二千石、博士冠兩梁；二千石以下至小吏冠一梁。案：《志》引作『平帝元始五年，令公、卿、列侯冠三梁，二千石兩梁，千石以下一梁』。《三禮圖》引亦作『千石』。此作『二千石』，誤。天子、公、卿、特進、諸侯祀天地明堂，皆冠平冕，天子十二旒，三公、九卿、案：三禮圖引作『九旒』。諸侯七旒，其纓各如其綬色，玄衣纁裳。《後漢書·明帝紀》注、《張宗傳》注、《隋書·禮儀志》、聶崇義《三禮圖》。

漢·蔡邕《獨斷》卷下 天子冠通天冠，諸侯王冠遠游冠，公侯冠進賢冠。公王三梁，卿大夫尚書二千石博士冠兩梁，千石六百石以下至小吏冠一梁。天子公卿特進朝侯，祀天地明堂皆冠平冕。

天子十二旒，三公九，諸侯卿七，其纓與組各如其綬之色，衣玄上纁下，日月星辰山龍華蟲。祠宗廟則長冠楊玄。其武官太尉以下及侍中常侍皆冠惠文冠，侍中常侍加貂蟬，御史冠法冠，謁者冠高山冠。其鄉射行禮公卿冠委貌，衣玄端，執事者皮弁，服宮門僕射冠卻非，大樂郊社祝舞者冠建華，其狀如婦人縷簏。迎氣五郊舞者所冠亦爲冕車加出。後有巧士冠，其冠似高山冠而小。

漢·劉珍等《東觀漢記》卷五《車服志·天子行有罼罕》（明帝）永平二年正月，公卿議春南北郊，東平王蒼議曰：『孔子曰：「行夏之時，乘殷之路，服周之冕。」爲漢制法。高皇帝始受命創業，制長冠以入宗廟。光武受命中興，建明堂，立辟雍。陛下以聖明奉遵，以禮服龍衮，祭五帝。禮缺樂崩，久無祭天地冕服之制。按尊事神衹，絜齋盛服，敬之至也。日月星辰，山龍華藻，天王衮冕十有二旒，以則天數；旗有龍章日月，以備其文。今祭明堂宗廟，圓以法天，方以則地，服以華文，象其物宜，以降神明，肅雍備思，博其類也。天地之禮，冕冠裳衣，宜如明堂之制。』

《後漢書》卷二《明帝紀》（永平）二年春正月辛未，宗祀光武皇帝于明堂，帝及公卿列侯始服冠冕、衣裳、玉佩、絇履以行事。

又 卷一二〇《輿服志下》 漢承秦故。至世祖踐祚，都于土中，始修三雍，正兆七郊。顯宗遂就大業，初服旒冕，衣裳文章，赤舄絇屨，以祠天地，養三老五更於三雍，于時致治平矣。【略】

天子、三公、九卿、特進侯、侍祠侯，祀天地明堂，皆冠旒冕，衣裳玄上纁下。乘輿備文，日月星辰十二章，三公、諸侯用山龍九章，九卿以下用華蟲七章，皆備五采，大佩，赤舄絇履，以承大祭。百官執事者，冠長冠，皆祗服。五嶽、四瀆、山川、宗廟、社稷諸沾秩祠，皆袀玄長冠，五郊各如方色云。百官不執事，各服常冠袀玄以從。

冕冠，垂旒，前後邃延，玉藻。孝明皇帝永平二年，初詔有司采《周官》、《禮記》、《尚書·皋陶篇》，乘輿服從歐陽氏説，公卿以下從大小夏侯氏説。冕皆廣七寸，長尺二寸，前圓後方，朱綠裏，玄上，前垂四寸，後垂三寸，係白玉珠爲十二旒，以其綬采色爲組纓。三公諸侯七旒，青玉爲珠；卿大夫五旒，黑玉爲珠。皆有前無後，各以其綬采色爲組纓，旁垂黈纊。郊天地，宗祀，明堂，則冠之。衣裳玉佩備章采，乘輿刺繡，公侯九卿以下皆織成，陳留襄邑獻之云。

長冠，一曰齋冠，高七寸，廣三寸，促漆纚爲之，制如板，以竹爲裏。初，高祖微時，以竹皮爲之，謂之劉氏冠，楚冠制也。民謂之鵲尾冠，非也。祀宗廟諸祀則冠之。皆服袀玄，絳緣領袖爲中衣，絳絝袜，示其赤心奉神也。五郊，衣幘絝袜各如其色。此冠高祖所造，故以爲祭服，尊敬之至也。

安帝立皇太子，太子謁高祖廟、世祖廟，門大夫從，冠兩梁進賢；洗馬冠高山。罷廟，侍御史任方奏請非乘從時，皆冠一梁，不宜以爲常服。事下有司。尚書陳忠奏：『門大夫職如諫大夫，洗馬職如謁者，故皆服其服，先帝之舊也。方言可寢。』奏可。謁者，古者一名洗馬。

《南齊書》卷一七《輿服志》 光武建武十三年，得公孫述葆車，輿輦始具。蔡邕創立此志，馬彪勒成漢典，晉摯虞治禮，亦議五輅制度。

唐·杜佑《通典》卷二六《職官八·諸卿中·殿中監·尚衣局》

後漢又掌宦者，典官婢，作中衣服。

又 卷五七《禮十七·沿革十七·嘉禮二·君臣冠冕巾幘等制度·冕》 後漢光武踐祚，祀天地明堂，皆冠旒冕。孝明帝永平初，詔有司采周官、禮記、尚書皋陶篇夏侯氏説，冕皆廣七寸，長尺二寸，前圓後方，朱綠裏，玄上，前垂四寸，後垂三寸，繫白玉珠爲十二旒，蔡邕《獨斷》云『九旒』也。以其綬采色爲組纓。《禮記》曰：『玄冠朱組纓，天子之冠也。』其旒珠，用眞白玉。三公諸侯七旒，青玉珠；卿大夫五旒，黑玉珠。皆有前無後，各以其色綬爲組纓，旁垂黈纊。助天子郊祀天地、明堂則冠之。

又 卷六一《禮二十一·沿革二十一·嘉禮六·君臣服章制度》 後漢光武踐祚，始修郊祀。天子冕服，從歐陽氏説。三公、九卿、特進侯、朝侯、侍祠侯，從夏侯氏説。祀天地明堂，皆冠旒冕，衣裳皆玄上纁下，一服而已。明帝永平中，議乘輿備文，日月十二章，刺繡文。《東觀書》曰：『永平二年正月，公卿議春南北郊，東平王蒼議曰：「高皇帝始受命創業，制長冠以入宗廟。光武受命中興，建明堂，立辟雍。陛下以聖明奉遵，以禮服龍袞，祭五帝。禮闕樂崩，久無祭天地冕服之制。接尊事神，絜齋盛服，敬之至也。日月星辰，山龍華藻，天王袞冕十有二旒，以則天數；旂有龍章日月，以備其文。」』三公、諸侯用山龍九章，九卿以下用華蟲七章，皆備五采，大佩，赤舄絇履，以承大祭。百官執事者，冠長冠，皆祗服。五嶽、四瀆、山川、宗廟、社稷諸沾秩祠，皆袀玄服，絳緣領袖爲中衣，絳蔥韤，示其赤心奉神也。其五郊迎氣，衣幘蔥韤各如方色云。百官不執事者，各服長冠袀玄以從。大射禮於辟雍，公卿諸侯大夫行禮者，冠委貌，衣玄端素裳。鄭玄曰：『端者取其正也。』鄭衆曰：『衣襦裳者爲端。』執事者冠布弁，衣緇麻衣，皂領袖，下素裳。若冠通天冠，服衣深衣制，有袍，隨五時色。梁劉昭曰：『袍者，或曰周公抱成王宴居，故施袍。「孔子衣逢掖之衣。」逢掖其袖，合而逢大之，近今袍者也。今下至踐更小史，皆通制袍，單衣，皂緣領袖中衣，爲朝服云。』

宋·徐天麟《東漢會要》卷一〇《輿服下·總敍冠服》 秦以戰國即天子位，滅去禮學，郊祀之服皆以袀玄。漢承秦故。至世祖踐阼，都於土中，始修三雍，正兆七郊。顯宗遂就大業，初服旒冕，衣裳文章，赤舄絇屨，以祀天地，養三老、五更於三雍，於時致治平矣。

天子、三公、九卿、特進侯、侍祠侯，祀天地明堂，皆冠旒冕，衣服

玄上纁下。乘輿備文，日月星辰十二章，三公、諸侯用山龍九章，九卿以下用華蟲七章，皆備五彩，大佩，赤舃屨絇，以承大祭。百官執事者，冠長冠，皆祗服。五嶽、四瀆、山川、宗廟、社稷諸沾秩祠，皆袀玄長冠，五郊各如方色云。百官不執事，各服常冠袀玄以從。《志》。

袁宏曰：『自三代服章，皆有典禮。周衰而其制漸微，至戰國時，各爲靡麗之服。秦有天下收而用之，上以供至尊，下以賜百官，而先王服章於是殘毀矣。漢初，文學既缺，時亦草創，輿服旗幟，一承秦制，故雖少改，所用尚多。至是天子依周官、禮記制度，冠冕衣裳，珮玉乘輿，擬古式矣。《袁紀》。

冕冠

冕冠，垂旒，前後邃延，玉藻。孝明皇帝永平二年，初詔有司採《周官》、《禮記》、《尚書·皋陶篇》，乘輿服從歐陽氏説，公卿以下從大小夏侯氏説。冕皆廣七寸，長尺二寸，前圓後方，朱緑裏，玄上，前垂四寸，後垂三寸，係白玉珠爲十二旒，以其綬采色爲組纓。三公諸侯七旒，青玉爲珠；卿大夫五旒，黑玉爲珠。皆有前無後，各以其綬采色爲組纓，旁垂黈纊。郊天地，宗祀，明堂，則冠之。衣裳玉珮備章採，乘輿刺史，公侯九卿以下皆織成，陳留襄邑獻之云。

長冠

長冠，一曰齋冠，高七寸，廣三寸，促漆纚爲之，制如板，以竹爲裏。初，高祖微時，以竹皮爲之，謂之劉氏冠，楚冠制也。民謂之鵲尾冠，非也。祀宗廟諸祀則冠之。皆服袀玄，絳緣領袖爲中衣，示其赤心奉神也。五郊衣幘絝各如其色。此冠高祖所造，故以爲祭服，尊敬之至也。

宋·鄭樵《通志》卷四七《器服略一·歷代冕弁》　秦滅禮學，郊社服用，皆以袀元。漢興草創，仍秦之舊。及光武踐阼，郊祀天地明堂，皆冠旒冕，前後邃綖。孝明帝永平初，詔有司采周官、《禮記》、《尚書》夏侯氏説，公卿以下，冕皆廣七寸，長尺二寸，前圓後方，朱綠裏，元上，前垂四寸，後垂三寸，係白玉珠爲十二旒，以其綬采色爲組纓。

又《君臣章服制度》　後漢光武踐阼，始修郊祀，天子冕服從歐陽氏説。三公、九卿、特進、朝侯、侍祠侯、從夏侯氏説。祀天地明堂，皆冠旒冕，衣裳皆元上纁下，一服而已。明帝永平中，議乘輿備文，日月十二章，刺繡文。三公，諸侯用山龍九章，九卿以下用華蟲七章，皆備五采，大佩，赤舃絇履，以承大祭。百官執事者，冠長冠，皆祗服。五嶽、四瀆、山川、宗廟、社稷諸沾秩祠，皆袀兀。絳緣領袖爲中衣，絳絝襪，示其赤心奉神也。其五郊迎氣，衣幘袴襪各如方色云。百官不執事者，各服長冠袀元，以從大射禮於辟雍。公卿、諸侯、大夫行禮者，冠委貌，衣元端素裳，執事者冠布弁，衣緇麻衣，皂領袖，下素裳，若冠通天冠。服衣，深衣制，有袍，隨五時色。

宋·李昉等《太平御覽》卷六九〇《服章部七》　摯虞《決疑要注》曰：秦除衮冕之制，惟爲玄衣絳裳，一具而已。漢興亦如之。中興後，明帝永平中使諸儒案古文，依圖書，始復造衮冕之服，至於今用之，卿大夫去山龍華蟲，服藻火，服粉米。

元·馬端臨《文獻通考》卷一一二《王禮考七·君臣冠冕服章》　《漢官儀》曰：『天子冠通天，諸侯王冠遠遊，三公、諸侯冠進賢三梁，卿、大夫、尚書、二千石、博士冠兩梁，二千石以下至小吏冠一梁。天子、公、卿、特進、諸侯祀天地明堂，皆冠平冕，天子十二旒，三公、九卿、諸侯七，其纓各如其綬色。郊各從其色焉。』

論説

《後漢書》卷一一九《輿服志上》　夫禮服之興也，所以報功章德，尊仁尚賢。故禮尊［尊］貴貴，不得相逾，所以爲禮也，非其人不得服其服，所以順禮也。順則上下有序，德薄者退，德盛者縟。故聖人處乎天子之位，服玉藻邃延，日月升龍，山車金根飾，黄屋左纛，所以副其德，章其功也。賢仁佐聖，封國（愛）［受］民，黼黻文繡，降龍路車，所以顯其仁，光其能也。及其季末，聖人不得其位，賢者隱伏，是以天子微弱，諸侯脅矣。於此相貴以等，相讟以貨，相賂以利，天下之禮亂矣。至周夷王下堂而迎諸侯，此天子失禮，微弱之始也。自是諸侯宮縣樂食，祭以白牡，擊玉磬，朱干設錫，冕而儛《大武》。大夫臺門旅樹反坫，繡黼丹朱中衣，鏤簋朱紘，此大夫之僭諸侯禮也。《詩》刺『彼已之子，不稱其服』，傷其敗化。《易》譏『負且乘，致寇至』，言小人乘君子器，盜思

奪之矣。自是禮制大亂，兵革並作，上下無法，諸侯陪臣，山楶藻棁。降及戰國，奢僭益熾，削滅禮籍，蓋惡有害己之語。競修奇麗之服，飾以輿馬，文罽玉纓，象鑣金鞍，以相夸上。爭錐刀之利，殺人若刈草然，其宗祀亦旋夷滅。榮利在己，雖死不悔。及秦并天下，攬其輿服，上選以供御，其次以錫百官。

又　卷一二〇《輿服志下》　上古穴居而野處，衣毛而冒皮，未有制度。後世聖人易之以絲麻，觀翬翟之文，榮華之色，乃染帛以效之，始作五采，成以爲服。見鳥獸有冠角頓胡之制，遂作冠冕纓蕤，以爲首飾。凡十二章。故《易》曰：『庖犧氏之王天下也，仰觀象於天，俯觀法於地，觀鳥獸之文，與地之宜，近取諸身，遠取諸物，於是始作八卦，以通神明之德，以類萬物之情。』黄帝堯舜垂衣裳而天下治，蓋取諸乾巛。乾巛有文，故上衣玄，下裳黄。日月星辰，山龍華蟲，作繢宗彝，藻火粉米，黼黻絺繡，以五采章施於五色作服。天子備章，公自山以下，侯伯自華蟲以下，子男自藻火以下，卿大夫自粉米以下。至周而變之，以三辰爲旂旗。王祭上帝，則大裘而冕；公侯卿大夫之服用九章以下。秦以戰國卽天子位，滅去禮學，郊祀之服皆以袀玄。

元・馬端臨《文獻通考》卷一一二《王禮考七・君臣冠冕服章》

（馬端臨）按：西漢服章之制，于史無所考見。班固《敍傳》言漢初定，與民無禁。師古注，謂漢不設車旗衣服之禁。今觀賈誼所言可見。然魏相奏謂高皇帝書有《天子所服第八》，則服制未嘗無。其書相所奏，既不詳備，而《史記》無傳焉，蓋周之經制，歷春秋、戰國數百年，典籍湮没不存。及七雄僭王，國自爲政，尤無所究詰。秦出自西戎，不習禮文之事，而其立意，大概欲是今而非古，尊己而卑人，故滅六國之後，獲其君之冠，則以賜侍人；獲其君之車則以爲副車。又烏能參考損益，以復先王車旗衣服之制？漢初，用事者椎朴少文，不過盡遵秦規而已。

器用分部

璽印

綜述

《史記》卷六《秦始皇本紀》　始皇惡言死，羣臣莫敢言死事。上病益甚，乃爲璽書賜公子扶蘇曰：『與喪會咸陽而葬。』書已封，在中車府令趙高行符璽事所，未授使者。

子嬰爲秦王四十六日，楚將沛公破秦軍入武關，遂至霸上，使人約降子嬰。子嬰卽係頸以組，白馬素車，奉天子璽符，降軹道旁。

又　卷八七《李斯列傳》　始皇三十七年十月，行出遊會稽，並海上，北抵琅邪。丞相斯、中車府令趙高兼行符璽令事，皆從。

（二世二年七月，趙高）既因劫令（二世）自殺。引璽而佩之，左右百官莫從；上殿，殿欲壞者三。高自知天弗與，羣臣弗許，乃召始皇弟，授之璽。

《漢書》卷一九上《百官公卿表上》　相國、丞相，皆秦官，金印紫綬，掌丞天子助理萬機。

又　卷九八《元后傳》　初，漢高祖入咸陽至霸上，秦王子嬰降于軹道，奉上始皇璽，及高祖誅項籍，卽天子位，因御服其璽，世世傳受，號曰漢傳國璽。

《晉書》卷二五《輿服志》　乘輿六璽，秦制也。曰『皇帝行璽』、『皇帝之璽』、『皇帝信璽』、『天子行璽』、『天子之璽』、『天子信璽』。又有秦始皇藍田玉璽，螭獸紐，在六璽之外，文曰『受天之命，皇帝壽昌』。

唐・杜佑《通典》卷二一《職官三・門下省・符寶郎》　秦漢有符節令、丞，領符璽郎。

又　卷六三《禮二十三・沿革二十三・嘉禮八・天子諸侯玉佩劍綬璽印》　秦以印稱璽，以玉，不通臣下，用制乘輿六璽：曰『皇帝行璽』、『皇帝之璽』、『皇帝信璽』、『天子行璽』、『天子之璽』、『天子信璽』，漢遵秦不改。又始皇得藍田白玉爲璽，螭虎鈕，文曰『受天之命，皇帝壽昌』。戟佩既廢，乃以采組連結于璲，光明章表，轉相結受，故謂之綬。

元・馬端臨《文獻通考》卷一一五《王禮考十・圭璧符節璽印》

衛宏曰：秦前民皆佩綬、金、玉、銀、銅、犀、象爲方寸璽，各服所好。秦以來天子獨稱璽，又以玉，羣下莫得用。其玉出藍田山，題李斯書，其文曰『受命於天，既壽永昌。』【略】

傳國璽是秦始皇所刻，其玉出藍田山，是丞相李斯所書，其文曰『受命於天，既壽永昌。』漢高祖定秦秦，王子嬰獻此璽。

漢・衛宏《漢官舊儀》卷上　皇帝六璽，皆白玉螭虎紐，案：《唐六典》八引作『獸紐』，因避唐諱改。文曰『皇帝行璽』、『皇帝之璽』、『皇帝信璽』、『天子行璽』、『天子之璽』、『天子信璽』，凡六璽。以皇帝行璽爲凡，雜以皇帝之璽，賜諸侯王書；案：本作『皇帝行璽，凡封之璽，賜諸侯王書』。以皇帝信璽發兵；案：『以皇帝』三字，從《唐六典》引補。其徵大臣，以天子行璽；案：《續漢志補注》引無『其』字。策拜外國事，案：《唐六典》引無『策拜』二字。以天子之璽；事天地鬼神，案：《唐六典》引作『鬼神事』。以天子信璽。皆以武都紫泥封，青布囊，案：《續漢志補注》引無『布』字。白素裏，兩端無縫，尺一板中約署。皇帝帶綬，黄地六采，不佩璽。璽以金銀縢組，案：下『璽』字，從《續漢志補注》引補。侍中組負以從。秦以前民皆佩綬，以金、銀、銅、犀、象爲方寸璽，案：『金』下本有『玉』字，從《北堂書鈔・儀飾部》《太平御覽・儀式部》引刪。各服所好。漢以來，天子獨稱璽，又以玉，羣臣莫敢用也。案：『漢以』下十七字本脫，從《太平御覽》引補。《北堂書鈔》引作『自秦以來，天子之璽始以玉爲之』。奉璽書使者乘馳傳，案：白帖三十五引『馳』作『驛』。其驛騎也，三騎行，晝夜行千里爲程。

又《補遺》卷上　諸侯王印，黄金橐駝紐，文曰璽，謂刻曰某王之璽。赤地綬。列侯黄金印，龜紐，文曰印。謂刻曰某侯之印。丞相、大將軍案：《初學記》引無『大』字。黄金印，龜紐，文曰章，謂刻曰某官之章。御史大夫章。匈奴單于黄金印，橐駝紐，文曰章。御史、案：《初學記》引無『御史大夫』以下。二千石案：《初學記》引『二』上有『中』字。銀印，龜紐，文曰章。千石、六百石、四百石銅印，鼻紐，文曰印。謂紐但作鼻，不爲蟲獸之形，而刻曰某官之印。章，二百石以上，皆爲通官印。《漢書・百官公卿表注》《北堂書鈔・儀飾部》《初學記・服食部》《文選・王仲宣誄注》、《通典・職官》《白帖十三》《太平御覽・儀式部》案：《漢書注》《通典》引注本作正文，今改正。郡國銅虎符三，竹使符五。《後漢書・宦者傳論注》《文選・鮑明遠〈擬古詩注〉》。

漢・應劭《漢官儀》卷下　孔子稱：『封太山，禪梁父，可得而數七十有二。』傳曰：『封者以金泥銀繩，印之以璽。璽，施也，信也。古者尊卑共之。』《月令》曰『固封璽』。《春秋傳》『襄公在楚，季武子使公治問，璽書追而與之』是也。秦漢以來，尊者以爲名，乃使避。

子嬰上始皇璽，因服御之，代代傳受，號曰『漢傳國璽』。

天子有傳國璽，文曰：『受命于天，既壽且康。』不以封也。

璽皆白玉螭虎紐，文曰『皇帝行璽』、『皇帝之璽』、『皇帝信璽』、『天子行璽』、『天子之璽』、『天子信璽』，凡六璽。『皇帝行璽』，凡封案：句絶。之璽賜王侯書。案：句絶。『信璽』，發兵案：句絶。徵大臣。『天子行璽』，案：句絶。策拜外國及案：當有訛脫。事天地鬼神。璽案：『璽』上當有脫，皆見《漢舊儀》。皆以武都紫泥封，青囊白素裏，兩端無縫，尺一板案：《後漢書・李雲傳》注：『尺一之板，謂詔策也。見《漢官儀》。』中約署。皇帝帶綬，黄地六采，不佩璽。璽以金銀組，侍中組負以從。秦以前民皆佩綬，金、玉、銀、銅、犀、象爲方寸璽，各從所好。奉璽書使者乘馳傳，其驛騎也，三騎行，晝夜千里爲程。

金銅［虎］符五，竹使符十。【略】

印者，因也。所以虎紐，陽類。虎［者］，獸之長，取其威猛，以執伏羣下也。龜者，陰物。抱甲負文，隨時蟄藏，以示臣道功成而退也。

《漢書》卷一上《高帝紀上》（漢元年冬十月）秦王子嬰素車白馬，係頸以組，封皇帝璽符節，降枳道旁。

又　卷四《文帝紀》（代王至）太尉（周）勃乃跪上天子璽。

又　卷二四上《食貨志上》　宣帝始賜單于印璽，與天子同，而西

南夷鉤町稱王。莽乃遣使易單于印，貶鉤町王爲侯。

又　卷六八《霍光傳》（太子）受皇帝信璽、行璽大行前。三國魏孟康曰：『漢初有三璽，天子之璽自佩，行璽、信璽在符節臺。』

又　卷九八《元后傳》初，漢高祖入咸陽至霸上，秦王子嬰降于軹道，奉上始皇璽。及高祖誅項籍，卽天子位，因御服其璽，世世傳受，號曰漢傳國璽。以孺子未立，璽藏長樂宮。及莽卽位，請璽，太后不肯授莽。莽使安陽侯舜諭指。舜素謹敕，太后雅愛信之。舜既見，太后知其爲莽求璽，怒罵之曰：『而屬父子宗族蒙漢家力，富貴累世，既無以報，受人孤寄，乘便利時，奪取其國，不復顧恩義。人如此者，狗豬不食其餘，天下豈有而兄弟邪！且若自以金匱符命爲新皇帝，變更正朔服制，亦當自更作璽，傳之萬世，何用此亡國不祥璽爲，而欲求之？我漢家老寡婦，旦暮且死，欲與此璽俱葬，終不可得！』太后因涕泣而言，旁側長御以下皆垂涕。舜亦悲不能自止，良久乃仰謂太后：『臣等已無可言者。莽必欲得傳國璽，太后寧能終不與邪！』太后聞舜語切，恐莽欲脅之，乃出漢傳國璽，投之地以授舜，曰：『我老已死，（知）［如］而兄弟，今滅族也！』舜既得傳國璽，奏之，莽大說，乃爲太后置酒未央宮漸臺，大縱衆樂。

漢·劉珍等《東觀漢記》卷一二《馬援傳》（馬）援上書：『臣所假伏波將軍印，書「伏」字，「犬」外嚮。城皋令印，「皋」字爲「白」下「羊」；丞印「四」下「羊」；尉印「白」下「人」，「人」下「羊」。卽一縣長吏，印文不同，恐天下不正者多。符印所以爲信也，所宜齊同。』薦曉古文字者，事下大司空正郡國印章。奏可。

三國吳·丁孚《漢儀》太僕、太中大夫襄言：『乘輿綬，黄地冒白羽，青絳緑五采，四百首，長二丈三尺。詔所下王綬，冒亦五采，上下無差。諸王綬四采，絳地冒白羽，青黄去緑，二百六十首，長二丈二尺。公主綬如王。侯，絳地，紺縹三采，百二十首，長丈八尺。二十石綬，羽青地，桃華縹三采，百二十首，長丈八尺。黑綬，羽青地，絳二采，八十首，長一丈七尺。黄綬一采，八十首，長丈七尺。以爲常式。民織綬不如式，没入官，犯者爲不敬。二千石綬以上，禁民無得織以粉組。』皇太后詔可，王綬如所下。

《後漢書》卷一上《光武帝紀上》（建武三年閏月）丙午，赤眉君臣面縛，奉高皇帝璽綬。《玉璽譜》曰：『傳國璽是秦始皇初定天下所刻，其玉出藍田山，丞相李斯所書，其文曰「受命於天，既壽永昌」。高祖至霸上，秦王子嬰獻之。至王莽篡位，就元后求璽，不與，以威逼之，乃出璽投地，璽上螭一角缺。及莽敗，李松持璽詣宛上更始。更始敗，璽入赤眉。劉盆子既敗，以奉光武。』詔以屬城門校尉。

又　卷四八《徐璆傳》（袁）術死軍破，（徐）璆得其盜國璽，及還許上之。

又　卷七五《袁術傳》（袁術）有僭逆之謀。又聞孫堅得傳國璽，韋昭《吳書》曰：『漢室大亂，天子北詣河上，六璽不自隨，掌璽者以投井中。孫堅北討董卓，頓軍城南，甄官署有井，每旦有五色氣從井中出，使人浚井，得漢國玉璽，其文曰「受命於天，既壽永昌」。』遂拘堅妻奪之。

又　卷八九《南匈奴傳》（光武帝建武二十六年）詔賜單于冠帶、衣裳、黄金璽。

又　卷九六《禮儀志下》諸侯王、列侯、始封貴人、公主薨，皆令贈印璽、玉柙銀縷。

又　卷一一六《百官志三》尚符璽郎中四人。本注曰：舊二人在中，主璽及虎符、竹符之半者。

又　卷一二〇《輿服志下》古者君臣佩玉，尊卑有度；上有韍，徐廣曰：『韍如今蔽膝。』貴賤有殊。佩，所以章德，服之衷也。韍，所以執事，禮之共也。故禮有其度，威儀之制，三代同之。五霸迭興，戰兵不息，佩非戰器，韍非兵旗，於是解去韍佩，留其係璲，徐廣曰：『今名璲爲綖。』以爲章表。故《詩》曰『鞙鞙佩璲』，此之謂也。鞙鞙，佩玉貌。璲，瑞也。鄭玄《箋》曰：『佩璲者，以瑞玉爲佩，佩之鞙鞙然。』韍佩既廢，秦乃以采組連結于璲，光明章表，轉相結受，故謂之綬。漢承秦制，用而弗改，故加之以雙印佩刀之飾。至孝明皇帝，乃爲大佩，衝牙雙瑀璜，皆以白玉。《詩》云：『雜佩以贈之。』毛萇曰：『珩、璜、琚、瑀，衝牙之類。』《月令章句》曰：『佩上有雙衡，下有雙璜，琚瑀以雜之，衝牙玭珠以納其閒。』《玉藻》曰：『右徵角，左宮羽，進則揖之，退則揚之，然後玉瑲鳴焉。』《纂要》曰：『琚瑀所以納閒，在玉之閒，今白珠也。』乘輿落以白珠，公卿諸侯以采絲，其玉視冕旒，爲祭服云。

佩雙印，長寸二分，方六分。乘輿、諸侯王、公、列侯以白玉，中二千石以下至四百石皆以黑犀，二百石以至私學弟子皆以象牙。上合絲，乘輿以縢貫白珠，赤罽蕤，諸侯王以下以綔赤絲蕤，縢綔各如其印質。刻書文曰：『正月剛卯既決，靈殳四方，赤青白黃，四色是當。帝令祝融，以教夔龍，庶疫剛癉，莫我敢當。疾日嚴卯，帝令夔化，慎爾周伏，化茲靈殳。既正既直，既觚既方，庶疫剛癉，莫我敢當。』凡六十六字。

乘輿黃赤綬，四采，黃赤縹紺，淳黃圭，長二丈九尺九寸，五百首。諸侯王赤綬，徐廣曰：『太子及諸王金印，龜紐，纁朱綬。』四采，赤黃縹紺，淳赤圭，長二丈一尺，三百首。荀綽《晉百官表注》曰：『皇太子朱綬，三百二十首。』

《晉書》卷二五《輿服志》 漢（璽印）遵秦不改。又有秦始皇藍田玉璽，螭獸紐，在六璽之外，文曰『受天之命，皇帝壽昌』。漢高祖佩之，後世名曰傳國璽，與斬白蛇劍俱爲乘輿所寶。

唐・杜佑《通典》卷二一《職官三・門下省・符寶郎》 秦漢有符節令、丞，領符璽郎。昭帝幼沖，霍光秉政，殿中夜驚，光召求符璽，符璽郎不肯授。光奪之，郎按劍對曰：『臣頭可得，璽不可得也。』光壯之，增秩二等。文帝二年，初與郡守爲銅虎符、竹使符之制，又皆屬焉。應劭曰：『銅虎符第一至第五，國家當發兵，遣使者至郡合符，符合乃聽受之。竹使符者，以竹箭五枚，長五寸，鐫刻篆書第一至第五。』顏師古曰：『符，與郡守各分其半，右留京師，左以與之。』後漢有符節令，兩梁冠，位次御史中丞。別爲一臺，而符節令一人爲臺率，掌符節之事，屬少府。

又 卷六三《禮二十三・沿革二十三・嘉禮八・天子諸侯玉佩劍綬璽印》 （漢）戟承秦制，用而弗改，加之以雙印、佩刀。

後漢孝明帝乃爲大佩，衝牙雙瑀璜，皆以白玉。

佩雙印，長寸二分，方六分。乘輿、諸侯王公列侯以白玉，中二千石以下至四百石皆以黑犀，三百石以至私學弟子皆以象牙。上合絲，乘輿以縢貫白珠，赤罽蕤，諸侯王以下赤絲蕤，縢各如其印質。刻書文曰：『正月剛卯既決，靈殳四方，赤青白黃，四色是當。』凡六十六字。

元・馬端臨《文獻通考》卷一一五《王禮考十・圭璧符節璽印》

衛宏曰：『秦前民皆佩綬、金、玉、銀、銅、犀、象爲方寸璽，各服所好。秦以來天子獨稱璽，又以玉，羣下莫得用。其玉出藍田山，題李斯書，其文曰「受命於天，既壽永昌。」高祖入咸陽，秦王子嬰以璽降，其璽乃始皇藍田玉璽、螭獸鈕，在六璽之外。帝既誅項籍，卽天子位，因服其璽，世世傳受，號曰「漢傳國璽」。』【略】

傳國璽是秦始皇所刻，其玉出藍田山，是丞相李斯所書，其文曰『受命於天，既壽永昌。』漢高祖定秦秦，王子嬰獻此璽。及漢高卽位，仍佩之，因以相傳，故號曰『傳國璽』。漢昭帝，殿中一夜相驚，霍光卽召持節郎取璽，郎不與，光欲奪之，郎按劍曰：『頭可得，璽不可得。』光善之。明日，遷郎秩二等。光後廢昌邑王賀，立宣帝，光自手解取賀璽，扶令下殿，至漢平帝，王莽簒位，就元后求璽，乃出璽投之於地，璽上螭一角缺。及莽敗時，帶璽綬避火於漸臺，商人杜吳殺莽，取綬，不知取璽及莽頭。公賓就見綬，問綬主所在，乃斬莽首，並璽與王憲。憲得，無所送。又自乘天子車輦，李松入長安，斬憲，送璽詣宛上更始。赤眉大司馬謝祿至高陵，更始奉璽赤眉。赤眉立劉盆子，建武三年，盆子敗于宜陽，璽還光武。孫堅從桂陽入討董卓時，已焚燒雒邑，徙都長安，堅軍于城南，見井中旦有光，軍人莫敢汲，堅乃探，得璽。初，卓作亂，掌璽者投于井中，故堅得之。袁術有僭盜意，乃拘堅妻逼求之。紹得璽，見魏武，舉以向肘，魏武惡之。紹敗，得璽還。

論説

漢・許慎《説文》卷一三《土部・璽》 王者之印也。印者，執政所持信也。王者所執則曰璽。按《周禮》貨賄用璽節注云：璽節主以通貨賄。璽節者，今之印章也。《左傳》：季武子璽書追而與人公冶。皆非謂王者，蓋古者尊卑通偁。至秦漢而後爲至尊之偁。故《始皇本紀》：乃爲璽書賜公子扶蘇，中車府令趙高行符璽事。蔡邕《獨斷》曰：皇帝六璽皆玉螭虎紐。許此語舉漢制也。㠯主土。以上八字依玉篇所引。此説從土之意也。從土爾聲。斯氏切。十五十六部。璽，籒文從玉。蓋周人已刻玉爲之，曰籒從玉，則知從土者，古文也。

漢・蔡邕《獨斷》卷上 璽者，印也；印者，信也。天子璽以玉螭虎紐，古者尊卑共之。《月令》曰：固封璽。《春秋左氏傳》曰：魯襄

公在楚，季武子使公治問璽書，追而與之。此諸侯大夫印稱璽者也。衛宏曰：秦以前，民皆以金玉爲印，龍虎紐，唯其所好。然則秦以來，天子獨以印稱璽，又獨以玉，羣臣莫敢用也。

唐·張懷瓘《書斷·中·神品》　古文可爲上古，大篆爲中古，小篆爲下古。三古爲實，草、隸爲華。妙極于華者羲、獻，精窮於實者籀、斯。始皇以和氏之璧琢而爲璽，令斯書其文，今《泰山》、《嶧山》、《秦望》等碑，並其遺迹，亦謂傳國之偉寶，百代之法式。斯小篆入神，大篆入妙也。

宋·章如愚《羣書考索》卷四六《禮器門·寶璽類》　秦以印稱璽以王，不通臣下用。制乘輿六璽：曰皇帝行璽、皇帝之璽、皇帝信璽、天子行璽、天子之璽、天子信璽。又始皇得藍田白玉爲璽，螭虎鈕文曰：受天之命，皇帝壽昌。韍佩既廢，乃以采組，運結於璲，光明章表，轉相結受，故謂之綬。

明·丘濬《大學衍義補》卷九〇《璽節之制》　自秦以來，惟天子印得稱璽，故其制詔謂之璽書，臣下不得用也。

秦自作璽之後，僅七八年，遺臭聞於沙丘，肉袒負於軹道，烏在其爲壽且昌哉？繇是觀之，是一亡國不祥之物耳，有與無何足爲國重輕哉？

臣按璽，古上下通用，至秦始專以爲天子印章之稱。

漢·許慎《說文》卷九《卩部·印》　執政所持信也。凡有官守者皆曰執政。其所持之卩信曰印。古上下通曰璽。周禮璽節注曰：今之印章。按『周禮』，守邦國者用玉節，守都鄙者用角節，謂諸侯于其國中，公、卿、大夫于其采邑用之。是卽用印之始也。季武子于周禮爲守都鄙者，而以璽書達于魯君，是古有印明矣。蓋以蕑册書之，而寓書於遠必用布帛檢之，以璽泥之，至用縑素爲書，而印之用更廣。《漢官儀》：諸侯王黄金橐駝鈕，文曰璽。列侯黄金黽鈕，文曰章。御史大夫金印紫綬，文曰章。中二千石銀印黽鈕，交曰章。千石至四百石皆銅印，文曰印。從爪卩。會意。手所持之卩也。《左傳》，司馬握節以死。於刃切。十三部。凡印之屬皆從印。

漢·劉熙《釋名》卷三《釋書契》　璽，徙也，封物使可轉徙而不可發也。

印，信也，所以封物爲信，驗也，亦言因也，封物相因付也。

元·馬端臨《文獻通考》卷一一五《王禮考十·圭璧符節璽印》

《孔氏雜說》：漢時印綬，非若今之金紫銀緋長使服之也，蓋居是官則佩是印，罷則解之，故三公上印綬也。後漢張湙云：『吾前後十腰銀艾。』銀卽銀印，艾卽綠綬，十云者，一官一佩之耳。印不甚大，淮南王曰『方寸之印，丈二之組』是也。

明·丘濬《大學衍義補》卷九〇《璽節之制》　漢高祖元年，高祖至霸上，秦王子嬰封皇帝璽符節降。

顔師古曰：符謂諸印，合符以爲契者也。節以毛爲之，上下相重，取象竹節，因以爲名。將命者持之以爲信。胡寅曰：官府百司之印章，一代所爲而受之君者也，不可以失，失之則不敬。天子之璽，非一代所用，而非受之於天者也，必隨世而改，不改則不新，故漢有天下，當刻漢璽而不必襲之秦，所以正位，凝命革去，故而鼎取新也。苟以爲不然，曷不於二帝三王，監之後世之璽，以亂亡喪逸者固多矣。必以相傳爲貴，又豈得初璽如是之久哉？

臣按《傳國璽圖說》，謂其方四寸，秦始皇并六國，命李斯篆其文，孫壽刻之，子嬰奉其璽降漢，高祖卽位服之，世因謂之傳國璽。厥後平帝崩，孺子未立，藏于長樂宫。王莽簒位，使王舜迫太后求之，出璽投地，刓螭角微玷，其後璽歸光武。至獻帝時，董卓亂，掌璽者投于井中，孫堅于井中得之後，徐璆得以送獻帝，尋以禪魏。

蔡邕《獨斷》云：璽印也，信也，天子璽白玉螭虎紐。臣按：此漢天子璽之制也。

《漢舊儀》曰：璽皆白玉螭虎紐，文曰皇帝行璽、皇帝之璽、皇帝信璽、天子行璽、天子之璽、天子信璽，凡六璽。皇帝行璽，封賜諸侯王書。信璽，發兵徵大臣。天子行璽，策拜外國，事天地神。

臣按：此漢朝六璽之制，後世率遵而用之。

尚方劍

綜述

《後漢書》卷一一六《百官志》　尚方令一人，六百石。本注曰：掌上手工作御刀劍諸好器物。丞一人。

《宋書》卷三九《百官志上》　左尚方令、丞各一人。右尚方令、丞各一人。並掌造軍器。秦官也。

《史記》卷五七《絳侯周勃世家》　居無何，條侯子爲父買工官尚方。《索隱》曰：工官即尚方之工，所作物屬尚方，故云工官尚方。

《漢書》卷一九上《百官公卿表上》　少府，秦官，【略】（屬官有）尚方、御府、永巷、内者、宦者七官令丞。顔師古曰：『鉤盾主近苑囿，尚方主作禁器物，御府主天子衣服也。』

又　卷六七《朱雲傳》　成帝時，丞相故安昌侯張禹以帝師位特進，甚尊重。（朱）雲上書求見，公卿在前。雲曰：『今朝廷大臣上不能匡主，下亡以益民，皆尸位素餐，孔子所謂「鄙夫不可與事君」，「苟患失之，亡所不至」者也。臣願賜尚方斬馬劍，斷佞臣一人，以厲其餘。』師古曰：『尚方，少府之屬官也，作供御器物，故有斬馬劍，劍利可以斬馬也。』

又　卷九九下《王莽傳下》　（王）莽欲以厭凶，使虎賁以斬馬劍挫（董）忠，盛以竹器，傳曰『反虜出』。

《後漢書》卷四《殤帝紀》　減太官、導官、尚方、内署諸服御珍膳靡麗難成之物。』尚方，掌作御刀劍諸器物。

又　卷一七《馮異傳》　時，赤眉、延岑暴亂三輔，郡縣大姓各擁兵衆，大司徒鄧禹不能定，（光武）乃遣（馮）異代禹討之。車駕送至河南，賜以乘輿七尺具劍。

又　卷六九《何進傳》　（中平六年八月）尚方監渠穆拔劍斬（何）進於嘉德殿前。

又　卷七八《宦者傳・蔡倫》　（蔡倫）加位尚方令。永元九年，監作秘劍及諸器械，莫不精工堅密，爲後世法。

又　卷八九《南匈奴傳》　賜獻馬左骨都侯、右谷蠡王雜繒各四百匹，斬馬劍各一。尚方，少府屬官。作供御器物，故有斬馬劍。言劍利可以斬馬。

又　卷一一六《百官志三・少府》　尚方令一人，六百石。本注曰：掌上手工作御刀劍諸好器物。丞一人。

黄鉞

綜述

晉・崔豹《古今注》卷上《輿服》　鍠，秦改鐵鉞作鍠，始皇制也。一本云：鍠，秦制也，今乘輿諸公王妃主通建之也。

漢・蔡邕《獨斷》卷下　（乘輿車）後有金鉦黄越黄門鼓車。

晉・崔豹《古今注》卷上《輿服》　金斧，黄鉞也。鐵斧，玄鉞也。三代通用之以斷斬，今以金斧黄鉞爲乘輿之飾，玄鉞諸王公得建之。武王以黄鉞斬紂，故王者以爲戒。太公以玄鉞斬妲己，故婦人以爲戒。

漢制，諸公亦建玄鉞，以太公秉之助武王斷斬，故爲諸公之飾焉。大將軍出征，特加黄鉞者，以銅爲之，黄金塗刃及柄，不得純金也。得賜黄鉞，則斬持節將也。

鍠，秦改鐵鉞作鍠，始皇制也。一本云：鍠，秦制也，今乘輿諸公王妃主通建之也。

《後漢書》卷二六《馮勤傳》　司徒侯霸薦前梁令閻楊。楊素有譏議，帝常嫌之，既見霸奏，疑其有姦，大怒，賜霸璽書曰：『崇山、幽都何可偶，黄鉞一下無處所。』鉞，斧也，以黄金飾之，所以戮人。欲以身試法邪？將殺身以成仁邪？』

又　卷五一《橋玄傳》　桓帝末，鮮卑、南匈奴及高句驪嗣子伯固並叛，爲寇鈔，四府舉玄爲度遼將軍，假黄鉞。

又　卷二九《輿服志上》　乘輿法駕，八卿不在鹵簿中。河南尹、執金吾、雒陽令奉引，奉車郎御，侍中參乘。屬車四十六乘。前驅有九斿雲罕，鳳皇闟戟，皮軒鸞旗，皆大夫載。鸞旗者，編羽旄，列繫幢旁。民或謂之雞翹，非也。後有金鉦黄鉞，《說文》曰：『鉞，大斧也。』《司馬法》

曰：『夏執玄鉞，殷執白鉞，周杖黄鉞。』黄門鼓車。

又　卷九四《禮儀志上·先蠶》　皇后公卿諸侯夫人蠶。丁孚《漢儀》曰：皇后出，【略】置虎賁、羽林騎，戎頭、黄門鼓吹，五帝車，女騎夾轂，執法御史在前後，亦有金鉦黄鉞，五將導。

旌節

綜述

《史記》卷六《秦始皇本紀》　（秦始皇二十六年）始皇推終始五德之傳，以爲周得火德，秦代周德，從所不勝。方今水德之始，改年始，朝賀皆自十月朔。衣服旄旌節旗唐張守節《正義》曰：旌，音精。旄，音毛。旗，音其。《周禮》云：『析羽爲旌，熊虎爲旗。』旄節者編毛爲之，以象竹節，《漢書》云『蘇武執節在匈奴牧羊，節毛盡落』是也。韋昭云：『節者，山國用人節，澤國用龍節，皆以金爲之。道路以旌節，門關用符節，都鄙用管節，皆用竹爲之。』皆上黑。《正義》：以水德屬北方，故上黑。數以六爲紀，符、法冠皆六寸，而輿六尺，六尺爲步，乘六馬。

《漢書》卷一九上《百官公卿表上》　少府，秦官，【略】屬官有尚書、符節、太醫、太官、湯官。

南朝宋·裴駰《史記集解》卷六《秦始皇本紀》　張晏曰：『水，北方，黑，終數六，故以六寸爲符，六尺爲步。』（張）瓚曰：『水數六，故以六爲名。』譙周曰：『步以人足爲數，非獨秦制然。』

唐·司馬貞《史記索隱》卷二《秦始皇本紀》　《管子》、《司馬法》皆云：六尺爲步。譙周以爲步以人足，非獨秦制。又按：《禮記·王制》曰『古者八尺爲步』，今以周尺六尺四寸爲步，步之尺數亦不同。

唐·杜佑《通典》卷二一《職官三·門下省·符寶郎》　秦漢有符節令、丞，領符璽郎。

《史記》卷八《高祖本紀》　秦王子嬰素車白馬，係頸以組，封皇帝璽符節。《索隱》：韋昭云：天子印稱璽，又獨以玉。符，發兵符也。節，使者所擁也。《説文》云：符，信也。漢制以竹，長六寸，分而相合。《釋名》云：節爲號令賞罰之節也。

漢·荀悦《前漢紀》卷一《高祖一》　漢興，繼堯之胄，承周之運，接秦之弊，漢祖初定天下，則從火德，斬蛇著符，旗幟尚赤。

《漢書》卷一下《高帝紀下》　（高祖）與功臣剖符作誓，三國魏如淳曰：『謂《功臣表》誓「使河如帶，泰山若厲，國乃滅絶」。』丹書鐵契，金匱石室，藏之宗廟。』

又　卷三《高后紀》　（惠帝）八年八月庚申，太尉（周）勃欲入北軍，不得入。襄平侯紀通尚符節，三國魏張晏曰：『紀通，信子也。尚，主也，今符節令也。』乃令持節矯内勃北軍。

又　卷四《文帝紀》　初與郡守爲銅虎符，竹使符。應劭曰：『銅虎符第一至五，國家當發兵，遣使者至郡合符，符合乃聽受之。竹使符，皆以竹箭五枚，長五寸，鐫刻篆書，第一至第五。』張晏曰：『符以代古之圭璋，從簡易也。』師古曰：『與郡守爲符者，謂各分其半，右留京師，左以與之。使音所吏反。』

又　卷六《武帝紀》　征和二年，更節加黄旄，初漢節純赤，以戾太子持赤節，故更爲黄旄加上以相別。

又　卷一九上《百官公卿表上》　少府，秦官，屬官有尚書、符節、太醫、太官、湯官。

又　卷五四《蘇武傳》　（蘇）武既至海上，廪食不至，掘野鼠去草實而食之。杖漢節牧羊，臥起操持，節旄盡落。

又　卷六一《張騫傳》　張騫，漢中人也，【略】留騫十餘歲，予妻，有子，然騫持漢節不失。

又　卷六四上《嚴助傳》　（田）蚡以爲越人相攻擊，其常事，又數反覆，不足煩中國往救也，自秦時棄不屬。於是助詰蚡曰：『特患力不能救，德不能覆，誠能，何故棄之？且秦舉咸陽而棄之，何但越也！今小國以窮困來告急，天子不振，尚安所愬，又何以子萬國乎？』上曰：『太尉不足與計。吾新即位，不欲出虎符發兵郡國。』乃遣助以節發兵會稽。

又　卷六四下《終軍傳》　初，（終）軍從濟南當詣博士，步入關，關吏予軍繻。張晏曰：『繻音須。繻，符也。書帛裂而分之，若券契矣。』蘇林曰：『繻，帛邊也。舊關出入皆以傳。傳（須）［煩］，因裂繻頭合以爲符信也。』

唐顏師古曰：『蘇説是也。』軍問：『以此何爲？』吏曰：『爲復傳，還當以合符。』軍曰：『大丈夫西遊，終不復傳還。』棄繻而去。軍爲謁者，使行郡國，建節東出關，關吏識之，曰：『此使者乃前棄繻生也。』軍行郡國，所見便宜以聞。

又《賈捐之傳》 淮南王盜寫虎符，陰聘名士，關東公孫勇等詐爲使者，是皆廓地泰大，征伐不休之故也。

又 卷六六《劉屈氂傳》 （征和二年）初，漢節純赤，以太子持赤節，故更爲黄旄加上以相別。及北軍使者任安，坐受太子節，懷二心，司直田仁縱太子，皆要斬。

又 卷七九《馮奉世傳》 大將軍鳳風御史中丞劾奏野王賜告養病而私自便，持虎符出界歸家，奉詔不敬。

漢・應劭《漢官儀》卷下 金銅［虎］符五，竹使符十。銅虎符發兵，長六寸。竹使符出入徵發。

漢・劉珍等《東觀漢記》卷一《世祖光武皇帝本紀》 （建武二年）行夏之時，時以平旦，服色、犧牲尚黑，明火德之運，徽幟尚赤，四時隨色，季夏黄色。

《後漢書》卷一一五《百官志二》 凡居宫中者，皆有口籍於門之所屬。宫名兩字，爲鐵印文符，案省符乃内之。胡廣曰：『符用木，長尺二寸，鐵印以符之。』

又 卷一一六《百官志三》 符節令一人，六百石。本注曰：爲符節臺率，主符節事。凡遣使掌授節。尚符璽郎中四人。本注曰：舊二人在中，主璽及虎符、竹符之半者。《漢官》曰：『當得明法律郎。』《周禮》掌節有虎節、龍節，皆金也。干寶注曰：『漢之銅虎符，則其制也。』《周禮》又曰：『以英蕩輔之。』干寶曰：『英，刻書也。蕩，竹箭也。刻而書其所使之事，以助三節之信，則漢之竹使符者，亦取則於故事也。』符節令史，二百石。本注曰：掌書。

《宋書》卷四〇《百官志下》 秦、漢有符節令，隸少府，領符璽郎、符節令史，蓋《周禮》典瑞、掌節之任也。漢至魏別爲一臺，位次御史中丞，掌授節、銅虎符、竹使符。

唐・李林甫等《唐六典》卷八《門下省・符寶郎》 自漢以來，唯旄節稱節，餘皆號符焉。

論説

漢・戴聖《禮記》卷三〇《玉藻》 凡君召以三節，二節以走，一節以趨，節所以明信輔君命也。使使召臣，急則持二，緩則持一。《周禮》曰：『鎮圭以徵守』，其餘未聞也。今漢使者擁節。

《後漢書》卷三一《杜詩傳》 初，禁網尚簡，但以璽書發兵，未有虎符之信，詩上疏曰：『臣聞兵者國之凶器，聖人所慎。舊制發兵，皆以虎符，其餘徵調，竹使而已。符第合會，取爲大信，所以明著國命，斂持威重也。《説文》曰：『符，信也。漢制以竹，長六寸，分而相合。』《前書》文帝二年，初與郡守爲銅虎符、竹使符。《音義》曰：『銅虎第一至第五，發兵遣使，符合乃聽之。竹使符以竹五寸，鐫刻篆書，亦第一至第五也』。閑者發兵，但用璽書，或以詔令，如有姦人詐僞，無由知覺。愚以爲軍旅尚興，賊虜未殄，徵兵郡國，宜有重慎，可立虎符，以絕姦端。昔魏之公子，威傾鄰國，猶假兵符，以解趙圍，若無如姬之仇，則其功不顯。事有煩而不可省，費而不得已，蓋謂此也。』書奏，從之。

元・馬端臨《文獻通考》卷一一五《王禮考十・圭璧符節璽印》

陳氏《禮書》曰：節之爲物，或以玉，或以角，或以金，或以竹，或用以守，或用以使，或用以民。【略】

《考工記》：牙璋穀圭七寸，琬圭琰圭九寸，漢竹使符、竹箭五枚，長五寸。然則先王之節，其長蓋亦不過於此。若夫旌節之制又加長焉。觀蘇武之杖節，則非以寸計之也。漢竹使符、銅虎各分其半，右留京師，左付郡守。

雜録

漢・劉熙《釋名》卷六《釋書契》 節，赴也，執以赴君命也。『節爲號令賞罰之節也。又節毛上下相重，取象竹節。』【略】

析羽爲旌。旌，精也有，精光也。

綏有虞氏之旌也。注：旄竿首，其形橤橤然也。

魏・張揖《廣雅》卷九《肆兵》 全羽曰旞，析羽曰旌，熊虎曰旗。天子杠高九仞，諸侯七仞，大夫五仞。天子十二斿至地，諸侯九斿至軫，卿大夫七斿至軹，士三斿至肩。

唐・司馬貞《史記索隱》卷三《高祖本紀》 三國吴韋昭云：「天子印稱璽，又獨以玉。符，發兵將也。節，使者所擁也。」

陵墓分部

綜　述

《史記》卷六《秦始皇本紀》 （始皇三十七年）九月，葬始皇酈山。

始皇初即位，穿治酈山，及并天下，天下徒送詣七十餘萬人，穿三泉，下銅而致槨，宮觀百官奇器珍怪徙臧滿之。令匠作機弩矢，有所穿近者輒射之。以水銀爲百川江河大海，機相灌輸，上具天文，下具地理。以人魚膏爲燭，度不滅者久之。二世曰：「先帝後宮非有子者，出焉不宜。」皆令從死，死者甚衆。葬既已下，或言工匠爲機，臧皆知之，臧重即泄。大事畢，已臧，閉中羨，下外羨門，盡閉工匠臧者，無復出者。樹草木以象山。

始皇享國三十七年。葬酈邑。

會上崩，（二世）罷其作者，復土酈山。

二世皇帝享國三年。葬宜春。

漢・應劭《漢官儀》卷下 古不墓祭。秦始皇起寢于墓側，漢因而不改。諸陵寢皆以晦、望、二十四氣、三伏、社、臘及四時上飯。其親寢所宮人，隨鼓漏理被枕，具盥水，陳莊具。天子以正月上原陵，公卿百官及諸侯王、郡國計吏皆當軒下，占其郡國穀價四方改易，欲先帝魂魄聞之也。

北魏・酈道元《水經注》卷一九《渭水》 （秦始皇）墳高五丈，周迴五里餘，作者七十萬人，積年方成。

南朝宋・裴駰《史記集解》卷六《秦始皇本紀》 《皇覽》曰：「（始皇）墳高五十餘丈，周回五里餘。」

唐・李泰《括地志》卷一《雍州・新豐縣》 秦始皇陵，在雍州新豐縣西南十里。

又 《萬年縣》 秦故胡亥陵，在雍州萬年縣南三十四里。

唐・張守節《史記正義》卷六《秦始皇本紀》 《關中記》云：「始皇陵在驪山。泉本北流，障使東西流。有土無石，取大石于渭諸山。」

宋・宋敏求《長安志》卷一五《臨潼縣》 始皇太子扶蘇墓，在縣東南三十四里，墓崇九尺。

元・馬端臨《文獻通考》卷一二四《王禮考十九・山陵》 古不墓祭，漢諸陵皆有園寢，承秦所爲也。

《史記》卷一〇《孝文本紀》 （文帝）治霸陵皆以瓦器，不得以金銀銅錫爲飾，不治墳，欲爲省，毋煩民。

漢・劉歆《西京雜記》卷二 漢諸陵寢皆以竹爲簾。皆爲水紋及龍鳳之像。昭陽殿織珠爲簾。風至則鳴如珩佩之聲。

《漢書》卷一下《高帝紀下》 （高祖十二年）夏四月甲辰，帝崩於長樂宮。【略】五月丙寅，葬長陵。

又 卷二《惠帝紀》 （七年）秋八月戊寅，帝崩於未央宮。九月辛丑，葬安陵。

又 卷四《文帝紀》 （後）七年夏六月己亥，帝崩於未央宮。【略】乙巳，葬霸陵。

又 卷五《景帝紀》 （景帝）五年春正月，作陽陵邑。三國魏張晏曰：「景帝作壽陵，起邑。」夏，募民徙陽陵，賜錢二十萬。（後三年春正月）甲子，帝崩於未央宮。【略】二月癸酉，葬陽陵。臣（張）瓚曰：「自崩及葬凡十日。陽陵在長安東北四十五里。」

又 卷六《武帝紀》 （建元二年夏四月）初置茂陵邑。漢應劭曰：「武帝自作陵也。」師古曰：「本槐里（之縣）［縣之］茂鄉，故曰茂陵。」（後元二年二月）丁卯，帝崩於五柞宮，入殯於未央宮前殿。三月甲申，葬茂陵。臣瓚曰：「自崩至葬凡十八日。茂陵在長安西北八十里也。」

又 卷七《昭帝紀》 （元平元年）夏四月癸未，帝崩於未央宮。

六月壬申，葬平陵。臣瓚曰：「自崩至葬凡四十九日。平陵在長安西北七十里。」

又 卷九《元帝紀》 初元元年春正月辛丑，孝宣皇帝葬杜陵。

（永光四年）冬十月乙丑，罷祖宗廟在郡國者。諸陵分屬三輔。以渭城壽陵亭部原上爲初陵。詔曰：「安土重遷，黎民之性；骨肉相附，人情所願也。頃者有司緣臣子之義，奏徙郡國民以奉園陵，令百姓遠棄先祖墳墓，破業失產，親戚別離，人懷思慕之心，家有不安之意。是以東垂被虛耗之害，關中有無聊之民，非久長之策也。詩不云乎？『民亦勞止，迄可小康，惠此中國，以綏四方。』今所爲初陵者，勿置縣邑，使天下咸安土樂業，亡有動搖之心。佈告天下，令明知之。」

（竟寧元年）五月壬辰，帝崩於未央宮。秋七月丙戌，葬渭陵。臣瓚曰：「自崩及葬凡五十五日。渭陵在長安北五十六里也。」

又 卷一〇《成帝紀》 （綏和二年）丙戌，帝崩於未央宮。皇太后詔有司復長安南北郊。四月己卯，葬延陵。臣瓚曰：「自崩至葬凡五十四日。延陵在扶風，去長安六十二里。」

（永始元年）秋七月，詔曰：「朕執德不固，謀不盡下，過聽將作大匠萬年言昌陵三年可成。作治五年，中陵、司馬殿門內尚未加功。天下虛耗，百姓罷勞，客土疏惡，終不可成。朕惟其難，怛然傷心。夫『過而不改，是謂過矣』。其罷昌陵，及故陵勿徙吏民，令天下毋有動搖之心。」

（二年）十二月，詔曰：「前將作大匠萬年知昌陵卑下，不可爲萬歲居，奏請營作，建置郭邑，妄爲巧作，積土增高，多賦斂繇役，興卒暴之作。卒徒蒙辜，死者連屬，百姓罷極，天下匱竭。常侍閎前爲大司農中丞，數奏昌陵不可成。侍中衛尉長數白宜早止，徙家反故處。朕以長言下閎章，公卿議者皆合長計。長首建至策，閎典主省大費，民以康寧。閎前賜爵關內侯，黄金百斤。其賜長爵關內侯，食邑千户，閎五百户。萬年佞邪不忠，毒流衆庶，海內怨望，至今不息，雖蒙赦令，不宜居京師。其徙萬年敦煌郡。」

（四年）六月甲午，霸陵園門闕灾。出杜陵諸未嘗御者歸家。

又 卷一一《哀帝紀》 （建平二年）七月，以渭城西北原上永陵亭部爲初陵。勿徙郡國民，使得自安。

（元壽二年）六月戊午，帝崩於未央宮。秋九月壬寅，葬義陵。臣瓚曰：「自崩至葬凡百五日。義陵在扶風，去長安四十六里。」

又 卷一二《平帝紀》 （元始五年）冬十二月丙午，帝崩於未央宮。【略】葬康陵。臣瓚曰：「在長安北六十里。」

又 卷一七《景武昭宣元成功臣表》 唐顏師古注：元狩五年，（李蔡）坐以丞相侵賣園陵道壖地，自殺。

又 卷一八《外戚恩澤侯表》 綏和二年，（王況）坐山陵未成置酒歌舞，免。

又 卷一九上《百官公卿表上》 顏師古曰：「太官主膳食，湯官主餅餌，導官主擇米。若盧，如說是也。左弋，地名。東園匠，主作陵內器物者也。」

又 卷一九下《百官公卿表下》 元朔二年，蓼侯孔臧爲太常，坐南陵橋壞衣冠道絶免。

六年，侯產爲太常，四年坐不繕園陵免。

又 卷二八下《地理志下》 漢興，立都長安，徙齊諸田，楚昭、屈、景及諸功臣家于長陵。後世世徙吏二千石、高訾富人及豪桀幷兼之家于諸陵。蓋亦以强幹弱支，非獨爲奉山園也。

又 卷七二《貢禹傳》 武帝時又多取好女至數千人，以填後宮。及棄天下，昭帝幼弱，霍光專事，不知禮正，妄多臧金錢財物，鳥、獸、魚、鱉、牛、馬、虎、豹生禽，凡百九十物，盡瘗臧之，又皆以後宮女置於園陵，大失禮，逆天心，又未必稱武帝意也。昭帝晏駕，光復行之。至孝宣皇帝時，陛下惡有所言，羣臣亦隨故事，甚可痛也！故使天下承化，取女皆大過度，諸侯妻妾或至數百人，豪富吏民畜歌者至數十人，是以內多怨女，外多曠夫。及衆庶葬埋，皆虛地上以實地下。其過自上生，皆在大臣循故事之罪也。

又 《鮑宣傳》 丞相孔光四時行園陵，官屬以令行馳道中，宣出逢之，使吏鉤止丞相掾史，沒入其車馬，摧辱宰相。

漢·衛宏《漢官舊儀》卷下 每天子卽位明年，將作大匠營陵地，用地七頃，方中用地一頃，深十三丈，堂壇高三丈，墳高十二丈。武帝墳高二十丈，明中高一丈七尺，四周二丈。內梓棺柏黄腸題湊，以次百官。

藏畢，其設四通羨門，容大車六馬，皆藏之。內方外陟車，右外方立先閉劍户，户設夜龍莫邪劍伏弩，設伏火。以營陵餘地爲四園，後陵餘地爲倢伃，以下次賜親屬功臣。

漢·應劭《漢官儀》卷下 古不墓祭。秦始皇起寢于墓側，漢因而不改。諸陵寢皆以晦、望、二十四氣、三伏、社、臘及四時上飯。其親寢所宮人，隨鼓漏理被枕，具盥水，陳莊具。天子以正月上原陵，公卿百官及諸侯王、郡國計吏皆當軒下，占其郡國穀價四方改易，欲先帝魂魄聞之也。

晉·皇甫謐《帝王世紀·前漢》 高祖葬長陵。長陵山東西廣百二十丈，在渭水北，去長安城三十五里。孝文即位二十三年，年四十七。葬霸陵，因山爲體。孝景帝在位十六年，年四十八，葬陽陵。

《後漢書》卷九六《禮儀志下》 李賢注：《漢舊儀》略載前漢諸帝壽陵曰：『天子即位明年，將作大匠營陵地，用地七頃，方中用地一頃。深十三丈，堂壇高三丈，墳高十二丈。武帝墳高二十丈，明中高一丈七尺，四周二丈，內梓棺柏黃腸題湊，以次百官藏畢。其設四通羨門，容大車六馬，皆藏之內方，外陟車石。外方立，先閉劍户，户設夜龍、莫邪劍、伏弩，設伏火。已營陵，餘地爲西園後陵，餘地爲倢伃以下，次賜親屬功臣。』《漢書音義》曰：『題，頭也。湊，以頭向內，所以爲固也。便房，藏中便坐也。』《皇覽》曰：『漢家之葬，方中百步，已穿築爲方城。其中開四門，四通，足放六馬，然後錯渾雜物，扞漆繒綺金寶米穀，及埋車馬虎豹禽獸。發近郡卒徒，置將軍尉候，以後宮貴幸者皆守園陵。』

漢·佚名《三輔黃圖》卷六《陵墓》 漢諸陵先總屬太常令，各依其地界，屬三輔。

漢太上皇陵，高帝葬太上皇於櫟陽北原，因置萬年縣於櫟陽大城內，以爲奉陵邑。其陵在東者太上皇，西者昭靈后也。高祖初居櫟陽，故太上皇因在櫟陽。十年，太上皇崩，葬北原。

高祖長陵在渭水北，去長安城三十五里。按《高祖本紀》，十二年四月甲辰，崩於長樂宮，五月葬長陵。長陵山，東西廣一百二十步，高十三丈。長陵城周七里百八十步，因爲殿垣，門四出，及便殿、掖庭、諸官寺，皆在中。

惠帝安陵，去長陵十里。按《本紀》，惠帝七年八月戊寅，崩於未央宮，葬安陵，在長安城北三十五里。安陵有果園、鹿苑云。

文帝霸陵，在長安城東七十里，因山爲藏，不復起墳，就其水名，因以爲陵號。

景帝陽陵，在長安城東北四十五里。按景帝五年作陽陵，起邑。陽陵山，方百二十步，高十丈。

武帝茂陵，在長安城西北八十里。建元二年初置茂陵邑，武帝自作陵也。本槐里縣之茂鄉，故曰茂陵，周回三里。《三輔舊事》云：『武帝於槐里茂鄉，徙户一萬六千置茂陵，高一十四丈一百步。茂陵園有白鶴觀。』户一萬六千，一本作『六萬一千』。

昭帝平陵，在長安西北七十里，去茂陵十里。帝初作壽陵，令流水而已。石槨廣一丈二尺，長二丈五尺，無得起墳。陵東北作廡，長三丈五步，外爲小廚，裁足祠祝，萬年之後，掃地而祭。

宣帝杜陵，在長安城南五十里。帝在民間時，好游鄠、杜間，故葬此。

元帝渭陵，在長安北五十六里。

成帝延陵，在扶風，去長安六十二里，一曰成帝於霸陵北步昌亭起壽陵，即成帝之廢陵也。王莽時，遣使壞渭陵、延陵園門罘罳，曰『毋使民復思也』，又以墨色洿其周垣。

哀帝義陵，在扶風渭城西北原上，去長安四十六里。

平帝康陵，在長安北六十里興平原口。

北魏·酈道元《水經注》卷一九《渭水下》 故渠又東逕姜原北，渠北有漢昭帝平陵，東南去長安七十里。【略】又東逕成帝延陵南，陵之東北五里，即平帝康陵坂也。故渠又東逕渭陵南。元帝永光四年，以渭城壽陵亭原上爲初陵，詔不立縣邑。又東逕哀帝義陵南。又東逕惠帝安陵南，陵北有安陵縣故城，《地理志》曰：惠帝置，王莽之嘉平也。渠側有杜郵亭。【略】又東逕長陵南，亦曰長山也。【略】又東南逕漢景帝陽陵南，又東南注於渭，今無水。

渭水又東，逕霸城縣北，與高陵分水，水南有定陶恭王廟，傅太后陵。元帝崩，傅昭儀隨王歸國，稱定陶太后。後十年，恭王薨，子代爲

王。徵爲太子，太子即帝位，立恭王寢廟於京師，比宣帝父悼皇故事。元壽元年，傅后崩，合葬渭陵。潘岳《關中記》，漢帝后同塋則爲合葬，不共陵也，諸侯皆如之。恭王廟在霸城西北，廟西北即傅太后陵。不與元帝同塋，渭陵非謂元帝陵也，蓋在渭水之南，故曰渭陵也。陵與元帝齊者，謂同十二丈也。王莽奏毀傅太后冢，冢崩，壓殺數百人。開棺，臭聞數里。公卿在位，皆阿莽旨，入錢帛，遺子弟，及諸生四夷凡十餘萬人，操持作具，助將作掘傅后冢，二旬皆平，周棘其處，以爲世戒。今其處積土猶高，世謂之增塀，又亦謂之增阜，俗亦謂之成帝初陵處，所未詳也。【略】又東南，入萬年縣，謂之五丈渠。又逕藕原東，東南流，注於渭。

案故渠又東逕漢丞相周勃冢南，至此原本及近，刻並訛在後，白渠首起谷口，尾入櫟陽是也。今無水。下考其文義仍敍成國，故渠其入渭，在景陵之東南渠，自西而東逕漢諸陵，先武帝茂陵，次昭帝平陵，次成帝延陵，次元帝渭陵，次哀帝義陵，次惠帝安陵，次高帝長陵，次景帝陽陵。據《三輔黄圖》所記，茂陵在長安城西北八十里。

平陵在長安西北七十里。

延陵在扶風去長安六十二里。

渭陵在長安北五十六里。

義陵在扶風渭城西北原上，去長安四十六里。

安陵在長安城北三十五里，去長陵十里，長陵亦去長安城三十五里。

陽陵在長安城東北四十五里。

唐・李吉甫《元和郡縣志》卷一《關内道一・萬年縣》 白鹿原在縣東二十里，亦謂之霸上，漢文帝葬其上，謂之霸陵。王仲宣詩曰『南登霸陵岸，迴首望長安』，即此也。

杜陵在縣東南二十里，漢宣帝陵也。

又《咸陽縣》 漢長陵，在縣東三十里，高帝陵也。

安陵，惠帝陵也，在縣東北二十里。

陽陵，景帝陵也，在縣東四十里。

平陵，昭帝陵也，在縣西北二十里。

渭陵，元帝陵也，在縣西北七里。

延陵，成帝陵也，在縣西北十三里。

義陵，哀帝陵也，在縣北八里。

康陵，平帝陵也，在縣西北九里。

又 卷二《關内道・興平縣》 漢茂陵，在縣東北十七里，武帝陵也，在槐里之茂鄉，因以爲名。守陵溉樹掃除，凡五千人。

宋・程大昌《雍録》卷八《廟陵》 漢陵廟 太上皇陵，在櫟陽東北二十五里，廟在長安城香街南，又在酒池北。

高帝吕后　長陵，在咸陽縣東三十里，高廟在長安城中安門裏。

惠帝　安陵，在咸陽縣東北二十里，廟在高祖廟西。

文帝　霸陵，在白鹿原亦名霸上也，顧成廟在長安城南又方輿志在金塢北大道南。

景帝　陽陵，在咸陽縣東四十里，德陽宫不言廟諱言之也。

武帝　茂陵，在興平縣北十七里，龍淵宫在茂陵東。

昭帝　平陵，在咸陽西北二十里，廟號徘徊。

宣帝　杜陵，在長安東南二十里，樂游廟在杜縣曲池北因苑爲名。

元帝　渭陵，在咸陽縣西北七里

成帝　延陵，在咸陽縣西北十三里。

哀帝　義陵，在咸陽縣西北八里。

平帝　康陵，在咸陽縣西北九里。

宋・徐天麟《西漢會要》卷一九《禮十四・山陵雜録附》 萬年陵，太上皇。

長陵，高帝。

安陵，惠帝。

霸陵，文帝。

陽陵，景帝。

茂陵，武帝。

平陵，昭帝。

杜陵，宣帝。

渭陵，元帝。

延陵，成帝。

義陵，哀帝。

康陵，平帝。
小黄，昭靈后。
南陵，文帝母薄太后，元始中罷爲縣。
雲陵，昭帝母趙太后，元始中罷爲縣。以上並本《紀》。

又《寢園》 太上皇寢園。永光五年毁，建昭五年復，竟寧元年毁，河平元年復。
高祖皇帝寢園。
孝惠皇帝寢園。永光五年毁，竟陵五年復。
孝文皇帝寢園。
孝景皇帝寢園。
孝武皇帝寢園。
孝昭皇帝寢園。
孝宣皇帝寢園。
孝元皇帝寢園。
孝成皇帝寢園。
孝哀皇帝寢園。
孝平皇帝寢園。
昭靈后寢園，永光四年罷，建昭五年復，竟寧元年罷。
武哀王寢園，永光四年罷，建昭五年復，竟寧元年罷。
昭哀后寢園，永光四年罷，建昭五年復，竟寧元年罷。
孝文太后寢園，建昭元年罷，竟寧元年三月復，五月罷，平帝元始中罷南陵。
孝昭太后寢園，建昭元年罷，竟寧元年六月復，五月罷，平帝元始中罷雲陵。
衛思后園，永光四年罷，建昭五年復。
戾園，永光四年罷，建昭五年復。
戾后園，永光四年罷。
皇曾祖悼考廟園，平帝元始中，毁奉明園。
孝宣許皇后南園，父戴侯同。
薄太后父靈文侯園。
薄太后母靈文夫人園。
竇皇后父安成侯園。
孝景王皇后父共侯園。
孝景王皇后母平原君園。
趙倢伃父順成侯園。
史皇孫王夫人父恩成侯園。
霍皇后父博陸侯園。
孝宣王皇后父共侯園。
恭皇帝寢園。哀帝建平二年立。並本《紀》。

元・馬端臨《文獻通考》卷一二四《王禮考十九・山陵》 《漢舊儀》：『太上皇萬年邑千户。徙天下民貲三百萬以上，與田宅，守陵。』《漢舊儀》：『武帝治茂陵，昭帝平陵，邑皆取二千石將相守陵，故三陵多貴，皆三萬户至五萬户。』

三國魏・劉劭等《皇覽》卷一《塚墓記》 太上皇葬萬年。高帝父也。高帝葬長陵，孝惠帝霸陵。諸陵皆用瓦器，不爲墳。王莽之亂，天下無道，獨無灾害。景帝葬陽陵，孝武皇帝葬茂陵，孝昭皇帝葬平陵，孝宣皇帝葬杜陵，孝元皇帝葬渭陵。元帝下詔曰：『無置徙民，令天下無騷動之憂。』自是園陵不置邑。孝成帝葬延陵，孝哀帝葬義陵，孝平帝葬原陵。孝文皇帝弟淮南王長坐謀反誅，後置園陵。

漢・應劭《漢官儀》卷上 置陵園令、食監各一人，秩皆百石。

漢・應劭《風俗通義》卷一〇《陵》 陵有天性自然者。今王公墳壟，各稱陵也。

晉・皇甫謐《帝王世紀・後漢》 光武葬臨平亭南，西望平陰。原陵，方三百二十步，高六丈，在臨平亭東南，去洛陽十五里。
（明帝）顯節陵，方三百步，高八丈。其地故富壽亭也，西北去洛陽三十七里。
章帝敬陵，在雒陽東南，去雒陽三十九里。
和帝慎陵，在雒陽東南，去雒陽四十一里。
殤帝康陵，高五丈四尺，去雒陽四十八里。
安帝恭陵，高十一丈，在雒陽西北，去雒陽十五里。

順帝憲陵，在雒陽西北，去雒陽十五里。
沖帝懷陵，西北去雒陽十五里。
質帝靜陵，在雒陽東，去雒陽三十二里。
桓帝宣陵，山方三百步，高十二丈，在雒陽西北，去雒陽二十里。
靈帝文陵，山方三百步，高十二丈，在雒陽西北，去雒陽二十里。
獻帝，禪陵，在濁鹿城西北十里。在今懷州修武縣北二十五里。陵高二丈，周回二百步。

《後漢書》卷一下《光武帝紀下》 （建武六年）夏四月丙子，幸長安，始謁高廟，遂有事十一陵。

（十年）秋八月己亥，幸長安，祠高廟，遂有事十一陵。

（十一年）［三月］己酉，幸南陽；還，幸章陵，祠園陵。

十八年春二月，蜀郡守將史歆叛，遣大司馬吳漢率二將軍討之，圍成都。甲寅，西巡狩，幸長安。

三月壬午，祠高廟，遂有事十一陵。

二十二年春閏月丙戌，幸長安，祠高廟，遂有事十一陵。

二十六年［春］正月，【略】初作壽陵。將作大匠竇融上言：『園陵廣袤，無慮所用。』帝曰：『古者帝王之葬，皆陶人瓦器，木車茅馬，使後世之人不知其處。太宗識終始之義，景帝能述遵孝道，遭天下反覆，而霸陵獨完受其福，豈不美哉！今所制地不過二三頃，無爲山陵，陂池裁令流水而已。』

又 卷二《明帝紀》 永平元年春正月，帝率公卿已下朝於原陵，如元會儀。

（二年十一月）甲子，西巡狩，幸長安，祠高廟，遂有事於十一陵。

（十八年）秋八月壬子，帝崩於東宮前殿。年四十八。遺詔無起寢廟，藏主於光烈皇后更衣別室。帝初作壽陵，制令流水而已，石椁廣一丈二尺，長二丈五尺，無得起墳。萬年之後，埽地而祭，杅水脯糒而已。過百日，唯四時設奠，置吏卒數人供給灑埽，勿開修道。敢有所興作者，以擅議宗廟法從事。壬戌，葬顯節陵。

又 卷三《章帝紀》 章和二年【略】［二月］壬辰，帝崩於章德前殿，年三十三。遺詔無起寢廟，一如先帝法制。三月癸卯，葬敬陵。

（建初七年）冬十月癸丑，西巡狩，幸長安。丙辰，祠高廟，遂有事十一陵。

又 卷四《和帝殤帝紀》 （永元三年）十一月癸卯，祠高廟，遂有事十一陵。

（元興元年）冬十二月辛未，帝崩于章德前殿，年二十七。

（延平元年）三月甲申，葬孝和皇帝于慎陵，唐李賢注在雒陽東南三十里。俗本作『順』者，誤。尊廟曰穆宗。

八月辛亥，帝崩。癸丑，殯於崇德前殿。年二歲。

又 卷五《安帝紀》 （延平元年九月）丙寅，葬孝殤皇帝于康陵。陵在慎陵塋中庚地，高五丈五尺，周二百八步。

（延光三年冬十月）閏月乙未，祠高廟，遂有事十一陵，歷觀上林、昆明池。

（四年夏四月）己酉，葬孝安皇帝于恭陵。在今雒陽東北二十七里。伏侯古今注曰『陵山周二百六十丈，高十五丈』也。廟曰恭宗。

又 卷六《順帝沖帝質帝紀》 （建康元年八月）庚午，（孝順）帝崩于玉堂前殿，時年三十。

九月丙午，葬孝順皇帝于憲陵，在雒陽西十五里，陵高八丈四尺，周三百步。廟曰敬宗。

（永和二年）冬十月甲申，行幸長安，所過鰥、寡、孤、獨、貧不能自存者賜粟，人五斛。庚子，幸未央宮，會三輔郡守、都尉及官屬，勞賜作樂。十一月丙午，祠高廟。丁未，遂有事十一陵。

（孝沖帝）永嘉元年春正月戊戌，帝崩于玉堂前殿，年三歲。己未，葬孝沖皇帝于懷陵。在雒陽西北十五里，伏侯《古今注》曰：『高四丈六尺，周百八十三步。』

（本初元年）閏月甲申，大將軍梁冀潛行鴆弒，（孝質）帝崩于玉堂前殿，年九歲。

又 卷七《桓帝紀》 （本初元年）秋七月乙卯，葬孝質皇帝于靜陵。在雒陽東南三十里，陵高五丈五尺，周百三十八步。

（永康元年十二月）丁丑，帝崩于德陽前殿，年三十六。

（延熹二年）冬十月壬申，行幸長安。乙酉，幸未央宮。甲午，祠

高廟。

十一月庚子，遂有事十一陵。

又 卷八《靈帝紀》（建寧元年）二月辛酉，葬孝桓皇帝于宣陵，在雒陽東南三十里，高十二丈，周三百步。廟曰威宗。（中平六年夏四月）丙辰，帝崩于南宮嘉德殿，年三十四。（六月）辛酉，葬孝靈皇帝于文陵。在雒陽西北二十里，陵高十二丈，周回三百步。

又 卷九《獻帝紀》（建安二十五年）冬十月乙卯，皇帝遜位，魏王丕稱天子。奉帝爲山陽公，邑一萬户，位在諸侯王上，奏事不稱臣，受詔不拜，以天子車服郊祀天地，宗廟、祖、臘皆如漢制，都山陽之濁鹿城。【略】魏青龍二年三月庚寅，山陽公薨。自遜位至薨，十有四年，年五十四，謚孝獻皇帝。八月壬申，以漢天子禮儀葬于禪陵，《續漢書》曰：『天子葬，太僕駕四輪輀爲賓車，大練爲屋幙。中黄門、虎賁各二十人執紼。司空擇土造穿，太史卜日，將作作黄腸、題湊、便房，如禮。大駕，大僕御。方相氏黄金四目，蒙熊皮，玄衣朱裳，執戈揚楯，立乘四馬先驅。旗長三刃，十有二旒曳地，畫日、月、升龍。書旐曰「天子之柩」。謁者二人，立乘六馬爲次。太常跪曰哭，十五舉音，止哭。晝漏上［水］，請發。司徒、河南尹先引車轉，太常曰請拜送。車著白絲三糾，紼長三十丈，圍七寸；六行，行五十人。公卿已下子弟凡三百人，皆素幘，委貌冠，衣素裳，挽。校尉三人（百），皆赤幘，不冠，持幢幡，皆銜枚。羽林孤兒、《巴俞》嬥歌者六十人，爲六列。司馬八人，執鐸。至陵南羡門，司徒跪請就下房，都導東園武士奉入房，執事下明器，太祝進醴獻。司空將校復土。』嬥音徒了反。《帝王紀》曰：『禪陵在濁鹿城西北十里，在今懷州修武縣北二十五里。陵高二丈，周回二百步。』劉澄之《地記》云：『以漢禪魏，故以名焉。』置園邑令丞。

又 卷一四《宗室四王三侯傳》 建武二年，以皇祖、皇考墓爲昌陵，置陵令守視；後改爲章陵，因以春陵爲章陵縣。

又 卷九四《禮儀志上》 西都舊有上陵。東都之儀，百官、四姓親家婦女、公主、諸王大夫、外國朝者侍子、郡國計吏會陵。晝漏上水，大鴻臚設九賓，隨立寢殿前。鐘鳴，謁者治禮引客，髃臣就位如儀。乘輿自東廂下，太常導出，西向拜，止旋升阼階，拜神坐。退坐東廂，西向。侍中、尚書、陛者皆神坐後。公卿髃臣謁神坐，太官上食，太常樂奏食舉文始、五行之舞。禮樂闋，君臣受賜食畢，郡國上計吏以次前，當神軒占其郡穀價，民所疾苦，欲神知其動静。孝子事親盡禮，敬愛之心也。周徧如禮。最後親陵，遣計吏，賜之帶佩。八月飲酎，上陵，禮亦如之。

又 卷九六《禮儀志下》 《古今注》具載帝陵丈尺頃畝，今附之後焉。光武原陵，山方三百二十三步，高六丈六尺。垣四出司馬門。寢殿、鍾虡皆在周垣內。堤封田十二頃五十七畝八十五步。《帝王世記》曰：『在臨平亭之南，西望平陰，東南去雒陽十五里。』

明帝顯節陵，山方三百步，高八丈。無周垣，爲行馬，四出司馬門。石殿、鍾虡在行馬內。寢殿、園省在東。園寺吏舍在殿北。堤封田七十四頃五畝。《帝王世記》曰：『故富壽亭也，西北去雒陽三十七里。』

章帝敬陵，山方三百步，高六丈二尺。無周垣，爲行馬，四出司馬門。石殿、鍾虡在行馬內。寢殿、園省在東。園寺吏舍在殿北。堤封田二十五頃五十五畝。《帝王世記》曰：『在雒陽東南，去雒陽三十九里。』

和帝慎陵，山方三百八十步，高十丈。無周垣，爲行馬，四出司馬門。石殿、鍾虡在行馬內。寢殿、園省在東。園寺吏舍在殿北。堤封田三十一頃二十畝二百步。《帝王世記》曰：『在雒陽東南，去雒陽四十一里。』

殤帝康陵，山周二百八步，高五丈五尺。行馬四出司馬門。寢殿、鍾虡在行馬中。因寢殿爲廟。園吏寺舍在殿北。堤封田十三頃十九畝二百五十步。《帝王世記》曰：『高五丈四尺。去雒陽四十八里。』

安帝恭陵，山周二百六十步，高十五丈。無周垣，爲行馬，四出司馬門。石殿、鍾虡在行馬內。寢殿、園吏舍在殿北。堤封田一十四頃五十六畝。《帝王世記》曰：『高十一丈。在雒陽西北，去雒陽十五里。』

順帝憲陵，山方三百步，高八丈四尺。無周垣，爲行馬，四出司馬門。石殿、鍾虡在司馬門內。寢殿、園省寺吏舍在殿東。堤封田十八頃十九畝三十步。《帝王世記》曰：『在雒陽西北，去雒陽十五里。』

沖帝懷陵，山方百八十三步，高四丈六尺。爲寢殿行馬，四出門。園寺吏舍在殿東。堤封田五頃八十畝。《帝王世記》曰：『［在雒陽］西北，去雒陽十五里。』

質帝靜陵，山方百三十六步，高五丈五尺，爲行馬，四出［司馬］

門。寢殿、鍾虡在行馬中，園寺吏舍在殿北。堤封田十二頃五十四畝。因寢爲廟。《帝王世記》曰：『在雒陽東，去雒陽三十二里。』

桓帝宣陵，《帝王世記》曰：『山方三百步，高十二丈。在雒陽東南，去雒陽三十里。』

靈帝文陵，《帝王世記》曰：『山方三百步，高十二丈。在雒陽西北，去雒陽二十里。』

獻帝禪陵，《帝王世記》曰：『不起墳，深五丈，前堂方一丈八尺，後堂方一丈五尺，角廣六尺。在河內山陽之濁城西北，去濁城直行十一里，斜行七里，去懷陵百一十里，去山陽五十里，南去雒陽三百一十里。』蔡質漢儀曰：『十二陵令見河南尹無敬也。』魏文帝終制略曰：『漢文帝之不發霸陵，無求也。光武之掘原陵，封樹也。霸陵之完，功在釋之；原陵之掘，罪在明帝。是釋之忠以利君，明帝愛以害親也。忠臣孝子，宜思釋之之言，察明帝之戒，存於所以安君定親，使魂靈萬載無危，斯則賢聖之忠孝矣。自古及今，未有不亡之國，亦無不掘之墓也。喪亂以來，漢氏諸陵無不發掘，至乃燒取玉柙金縷，骸骨並盡，是焚如之刑也，豈不重痛哉。禍由乎厚葬封樹，桑、霍爲我戒，不亦明乎！』【略】《漢舊儀》略載前漢諸帝壽陵曰：『天子即位明年，將作大匠營陵地，用地七頃，方中用地一頃。深十三丈，堂壇高三丈，墳高十二丈。武帝墳高二十丈，明中高一丈七尺，四周二丈，內梓棺柏黃腸題湊，以次百官藏畢。其設四通羨門，容大車六馬，皆藏之內方，外陟車石。外方立，先閉劍户，户設夜龍、莫邪劍、伏弩，設伏火。已營陵，餘地爲西園後陵，餘地爲倢伃以下，次賜親屬功臣。』《漢書音義》曰：『題，頭也。湊，以頭向內，所以爲固也。便房，藏中便坐也。』《皇覽》曰：『漢家之葬，方中百步，已穿築爲方城。其中開四門，四通，足放六馬，然後錯渾雜物，扞漆繒綺金寶米穀，及埋車馬虎豹禽獸。發近郡卒徒，置將軍尉候，以後宮貴幸者皆守園陵。元帝葬，乃不用車馬禽獸等物。

又 卷九九《祭祀志下》 古不墓祭，漢諸陵皆有園寢，承秦所爲也。說者以爲古宗廟前制廟，後制寢，以象人之居前有朝，後有寢也。《月令》有『先薦寢廟』，《詩》稱『寢廟奕奕』，言相通也。廟以藏主，以四時祭。寢有衣冠几杖象生之具，以薦新物。秦始出寢，起於墓側，漢因而弗改，故陵上稱寢殿，起居衣服象生人之具，古寢之意也。建武以來，關西諸陵以轉久遠，但四時特牲祠；帝每幸長安謁諸陵，乃太牢祠。自雒陽諸陵至靈帝，皆以晦望二十四氣伏臘及四時祠。廟日上飯，太官送用物，園令、食監典省，其親陵所宮人隨鼓漏理被枕，具盥水，陳嚴具。

又 卷一一五《百官志二》 先帝陵，每陵園令各一人，六百石。本注曰：掌守陵園，案行掃除。丞及校長各一人。本注曰：校長，主兵戎盜賊事。

先帝陵，每陵食官令各一人，六百石。本注曰：掌望晦時節祭祀。

晉・袁宏《後漢紀》卷二三《後漢孝靈皇帝紀上》（建寧五年）春正月，車駕上原陵，諸侯王、公（王）［主］、及外戚家婦女、郡國計吏、匈奴單于、西域三十六國侍子皆會焉，如會殿之儀禮。樂闋百官受賜爵，計吏以次嚮殿前，上先帝御座，具言俗善惡民所疾苦。

司徒椽蔡邕慨然歎曰：『聞古不墓祭，而上陵之禮如此其備也，察其本意，乃知孝明皇帝至孝惻隱，不易奪也。』或曰：『本意云何？』對曰：『西京之時，其禮不可得而聞也。光武始葬于此，明帝嗣位逾年，羣臣朝正，感先帝不復見此禮，乃率公卿百僚就陵而朝焉。蓋事亡如事存之意也，與先帝有瓜葛之親，男女畢會，郡計吏各向神坐而言，庶幾先帝魂神聞聽之也。今者日月久遠，非其時人，但見其禮，不知其哀，煩而不省者，先帝孝思之心者也。』

宋・徐天麟《東漢會要》卷七《禮七・凶禮・帝陵》 建武二年，以皇祖、皇考墓爲昌陵，置陵令守視；後改爲章陵，因以春陵爲章陵縣。

光武原陵，山方三百二十三步，高六丈六尺，垣四出，司馬門寢殿鍾虡皆在周垣內，隄封田十二頃五十七畝八十五步。【略】

明帝顯節陵，山方三百步，高八丈，無周垣，爲行馬四出，司馬門石殿鍾虡在行馬內，寢殿園省在東，園寺吏舍在殿北，隄封田七十四頃五畝。【略】

章帝敬陵，山方三百步，高六丈二尺，無周垣，爲行馬四出，司馬門石殿鍾虡在行馬內，寢殿園省在東園，寺吏舍在殿北，隄封田二十五頃五十五畝。【略】

和帝慎陵，山方三百八十步，高十丈，無周垣，爲行馬四出，司馬門石殿鍾虡在行馬內，寢殿園省在東，園寺吏舍在殿北，隄封田三十一頃二十畝二百步。【略】

殤帝康陵，山周二百八步，高五丈五尺，行馬四出，司馬門寢殿鍾虡在行馬中，因寢殿爲廟，園吏寺舍在殿北，隄封田十三頃十九畝二百五十步。【略】

安帝恭陵，山周二百六十步，高十五丈，無周垣，爲行馬四出，司馬門石殿鍾虡在行馬內，寢殿園吏寺舍在殿北，隄封田一十四頃五十六畝。【略】

順帝憲陵，山方三百步，高八丈四尺，無周垣，爲行馬四出，司馬門石殿鍾虡在司馬門內，寢殿園省寺吏舍在殿東，隄封田十八頃十九畝三十步。【略】

沖帝懷陵，山方百八十三步，高四丈六尺，爲寢殿，行馬四出，門園寺吏舍在殿東，隄封田五頃八十畝。【略】

質帝靜陵，山方百三十六步，高五丈五尺，爲行馬四出，門寢殿鍾虡在行馬中，園寺吏舍在殿北，隄封田十二頃五十四畝，因寢爲廟。【略】

桓帝宣陵，《帝王世紀》曰：『山方三百步，高十二丈，在雒陽東南，去雒陽三十里。』

靈帝文陵，《帝王世紀》曰：『山方三百步，高十二丈，在雒陽西北，去雒陽二十里。』

獻帝禪陵，《帝王世紀》曰：『在河內山陽之濁城南，去雒陽三百一十里。』

又《園寢更衣》 更衣別室。《明紀》注云：『更衣者，非正處也。園中有寢有便殿。寢者，陵上正殿。便殿，寢側之別殿，即更衣也。』

元·馬端臨《文獻通考》卷一二四《王禮考十九·山陵》 古不墓祭，漢諸陵皆有園寢，承秦所爲也。說者以爲古宗廟前制廟，後制寢，以象人之居前有朝，後有寢也。《月令》有『先薦寢廟』，《詩》稱『寢廟奕奕』，言相通也。廟以藏主，以四時祭。寢有衣冠几杖象生之具，以薦新物。秦始出寢，起於墓側，漢因而弗改，故陵上稱寢殿，起居衣服象生人具，名寢之意也。建武以來，關西諸陵以傳久遠，但四時特牲祠；帝每幸長安謁諸陵，乃太牢祠。自雒陽諸陵至靈帝，皆以晦望二十四氣伏臘及四時祠。廟日上飯，太官送用物，園令、食監典省，其親陵所宮人隨鼓漏理被枕，具盥水，陳嚴具。

論說

《漢書》卷五一《賈山傳》 （秦皇帝）死葬乎驪山，吏徒數十萬人，曠日十年。下徹三泉，合採金石，冶銅錮其內，桼塗其外，被以珠玉，飾以翡翠，中成觀游，上成山林。爲葬薶之侈至於此，使其後世曾不得蓬顆蔽冢而託葬焉。秦以熊羆之力，虎狼之心，蠶食諸侯，併吞海內，而不篤禮義，故天殃已加矣。臣昧死以聞，願陛下少留意而詳擇其中。

漢·王符《潛夫論》卷三《浮奢》 文帝葬于芷陽，明帝葬于雒南，皆不藏珠寶，不造廟，不起山陵。陵墓雖卑而聖高。

漢·蔡邕《獨斷》卷上 古不墓祭，至秦始皇出寢，起之於墓側，漢因而不改，故今陵上稱寢殿，有起居衣冠，象生之備，皆古寢之意也。

唐·李吉甫《元和郡縣志》卷一《關內道》 秦始皇陵，在長安縣東八里。始皇即位，治驪山陵，役徒七十萬人。今按：其陵高大，亦不足役七十萬人積年之功，蓋以驪山水泉本北流者，陂障使東西流，又此土無石，取大石于渭北諸山，皆費功力，由此也。

宋·程大昌《雍録》卷八《廟陵》 《關中記》曰：麗山之陵雖高大，亦不足役七十萬人，積年之功，爲其徒移。水勢本北流者，皆西北之。又此土無石，取大石于渭北諸山，其費功由此甚也。此說是矣而不究其實也。驪山、阿房，兩役並興，未論他事，且計八十里閣道，其土木之費，工力之大，自應廣調而久役矣。《史記》及賈山疏皆言阿房始皇所造，獨《黄圖》言阿房一名阿城，惠文已造，而始皇廣之，此恐不然也。始皇明言朝廷小，不足容衆，故渡渭而南以營朝宮，則其創意營造出於始皇，不出前人也

清·顧炎武《日知録》卷一五《陵》 古王者之葬，稱墓而已。《左傳》曰：『殽有二陵，其南陵，夏后皋之墓也。』《書》傳亦言：『桐宮，湯墓。』《周官·冢人》：『掌公墓之地。』並言墓不言陵。及春秋以降，乃有稱

丘者。楚昭王墓謂之『昭丘』，趙武靈王墓謂之『靈丘』，而吳王闔閭之墓亦名『虎丘』。蓋必其因山而高大者，故二三君之外無聞焉。《史記·趙世家》：『肅侯十五年，起壽陵。』《秦本紀》：『惠文王葬公陵，悼武王葬永陵，孝文王葬壽陵。』始有稱陵者。至漢，則無帝不稱陵矣。宋施宿《會稽志》曰：『自先秦古書，帝王墓皆不稱陵，而陵之名實自漢始。』非也。

又《墓祭》 秦興西戎，宗廟之禮無聞，而特起寢殿於墓側。《宋書·禮志》：『漢氏諸陵皆有園寢者，承秦所爲也。』説者以爲古前廟後寢，以象人君前有朝後有寢也。廟以藏主，四時祭祀，寢有衣冠，象生之具以薦新。

《漢書》卷三六《劉向傳》 營起昌陵，數年不成，復還歸延陵，制度泰奢。向上疏諫曰：臣聞《易》曰：『安不忘危，存不忘亡，是以身安而國家可保也。』故賢聖之君，博觀終始，窮極事情，而是非分明。王者必通三統，明天命所授者博，非獨一姓也。孔子論《詩》，至於『殷士膚敏，裸將于京』，喟然歎曰：『大哉天命！』善不可不傳于子孫，是以富貴無常；不如是，則王公其何以戒慎，民萌何以勸勉？蓋傷微子之事周，而痛殷之亡也。雖有堯、舜之聖，不能化丹朱之子；雖有禹、湯之德，不能訓末孫之桀、紂。自古及今，未有不亡之國也。昔高皇帝既滅秦，將都雒陽，感寤劉敬之言，自以德不及周，而賢於秦，遂徙都關中，依周之德，因秦之阻。世之長短，以德爲效，故常戰栗，不敢諱亡。孔子所謂『富貴無常』，蓋謂此也。

孝文皇帝居霸陵，北臨廁，意悽愴悲懷，顧謂羣臣曰：『嗟乎！以北山石爲椁，用紵絮斮陳漆其間，豈可動哉！』張釋之進曰：『使其中有可欲，雖錮南山猶有隙；使其中無可欲，雖無石椁，又何慼焉？』夫死者無終極，而國家有廢興，故釋之之言，爲無窮計也。孝文寤焉，遂薄葬，不起山墳。

《易》曰：『古之葬者，厚衣之以薪，臧之中野，不封不樹。後世聖人易之以棺椁。』棺椁之作，自黃帝始。黃帝葬於橋山，堯葬濟陰，丘壟皆小，葬具甚微。舜葬蒼梧，二妃不從。禹葬會稽，不改其列。殷湯無葬處。文、武、周公葬於畢，秦穆公葬於雍橐泉宮祈年館下，樗里子葬於武庫，皆無丘隴之處。此聖帝明王賢君智士遠覽獨慮無窮之計也。其賢臣孝子亦承命順意而薄葬之，此誠奉安君父，忠孝之至也。夫周公，武王弟也，葬兄甚微。孔子葬母於防，稱古墓而不墳，曰：『丘，東西南北之人也，不可不識也。』爲四尺墳，遇雨而崩。弟子修之，以告孔子，孔子流涕曰：『吾聞之，古［者］不修墓。』蓋非之也。延陵季子適齊而反，其子死，葬於嬴、博之間，穿不及泉，斂以時服，封墳掩坎，其高可隱，而號曰：『骨肉歸復於土，命也，魂氣則無不之也。』夫嬴、博去吳千有餘里，季子不歸葬。孔子往觀曰：『延陵季子於禮合矣。』故仲尼孝子，而延陵慈父，舜、禹忠臣，周公弟弟，其葬君親骨肉，皆微薄矣；非苟爲儉，誠便於體也。宋桓司馬爲石椁，仲尼曰『不如速朽。』秦相呂不韋集知略之士而造《春秋》，亦言薄葬之義，皆明於事情者也。

逮至吳王闔閭，違禮厚葬，十有餘年，越人發之。及秦惠文、武、昭、孝文、嚴襄五王，皆大作丘隴，多其瘞臧，咸盡發掘暴露，甚足悲也。秦始皇帝葬于驪山之阿，下錮三泉，上崇山墳，其高五十餘丈，周回五里有餘；石椁爲游館，人膏爲燈燭，水銀爲江海，黃金爲鳧雁。珍寶之臧，機械之變，棺椁之麗，宮館之盛，不可勝原。又多殺官人，生薶工匠，計以萬數。天下苦其役而反之，驪山之作未成，而周章百萬之師至其下矣。項籍燔其宮室營宇，往者咸見發掘。其後牧兒亡羊，羊入其鑿，牧者持火照求羊，失火燒其臧椁。自古至今，葬未有盛如始皇者也，數年之間，外被項籍之災，內離牧豎之禍，豈不哀哉！

是故德彌厚者葬彌薄，知愈深者葬愈微。無德寡知，其葬愈厚，丘隴彌高，宮廟甚麗，發掘必速。由是觀之，明暗之效，葬之吉凶，昭然可見矣。周德既衰而奢侈，宣王賢而中興，更爲儉宮室，小寢廟。詩人美之，《斯干》之詩是也，上章道宮室之如制，下章言子孫之衆多也。及魯嚴公刻飾宗廟，多築臺囿，後嗣再絶，《春秋》刺焉。周宣如彼而昌，魯、秦如此而絶，是則奢儉之得失也。

陛下卽位，躬親節儉，始營初陵，其制約小，天下莫不稱賢明。及徙昌陵，增埤爲高，積土爲山，發民墳墓，積以萬數，營起邑居，期日迫卒，功費大萬百餘。死者恨於下，生者愁於上，怨氣感動陰陽，因之以饑饉，物故流離以十萬數，臣甚惽焉。以死者爲有知，發人之墓，其害多矣；若其無知，又安用大？謀之賢知則不説，以示衆庶則苦之；若苟

以説愚夫淫侈之人，又何爲哉！陛下慈仁篤美甚厚，聰明疏達蓋世，宜弘漢家之德，崇劉氏之美，光昭五帝、三王，而顧與暴秦亂君競爲奢侈，比方丘隴，説愚夫之目，隆一時之觀，違賢知之心，亡萬世之安，臣竊爲陛下羞之。唯陛下上覽明聖黄帝、堯、舜、禹、湯、文、武、周公、仲尼之制，下觀賢知穆公、延陵、樗里、張釋之之意。孝文皇帝去墳薄葬，以儉安神，可以爲則；秦昭、始皇增山厚臧，以侈生害，足以爲戒。初陵之橅，宜從公卿大臣之議，以息衆庶。

書奏，上甚感向言，而不能從其計。

又 卷七〇《陳湯傳》 初，湯與將作大匠解萬年相善。自元帝時，渭陵不復徙民起邑。成帝起初陵，數年後，樂霸陵曲亭南，更營之。萬年與湯議，以爲：『武帝時工楊光以所作數可意，自致將作大匠，及大司農、中丞耿壽昌造杜陵賜爵關内侯，將作大匠乘馬延年以勞苦秩中二千石；今作初陵而營起邑居，成大功，萬年亦當蒙重賞。子公妻家在長安，兒子生長長安，不樂東方，宜求徙，可得賜田宅，俱善。』湯心利之，即上封事言：『初陵，京師之地，最爲肥美，可立一縣。天下民不徙諸陵三十餘歲矣，關東富人益衆，多規良田，役使貧民，可徙初陵，以强京師，衰弱諸侯，又使中家以下得均貧富，湯願與妻子家屬徙初陵，爲天下先。』於是天子從其計，果起昌陵邑，後徙内郡國民。萬年自詭三年可成，後卒不就，羣臣多言其不便者。下有司議，皆曰：『昌陵因卑爲高，積土爲山，度便房猶在平地上，客土之中不保幽冥之靈，淺外不固，卒徒工庸以鉅萬數，至脂火夜作，取土東山，且與穀同賈。作治數年，天下徧被其勞，國家罷敝，府臧空虚，下至衆庶，熬熬苦之。故陵因天性，據眞土，處勢高敞，旁近祖考，前又已有十年功緒，宜還復故陵，勿徙民。』上乃下詔罷昌陵。

《晉書》卷六〇《索綝傳》 漢天子即位一年而爲陵，天下貢賦，三分之一供宗廟，一供賓客，一充山陵。漢武帝饗年久長，比崩而茂陵不復容物，其樹皆已可拱。赤眉取陵中物不能減半，于今猶有朽帛委積，珠玉未盡。此二陵是儉者耳，亦百世之誡也。

宋·王楙《野客叢書》卷二五《文帝薄葬》 漢文帝遺詔，霸陵山川，因其故，無有所改，示從儉也。班固贊：『帝治霸陵，皆瓦器，不得以金銀銅錫爲飾，因其山，不起墳。』劉向亦曰：『文帝去墳薄葬，以儉安神。』可謂知矣。觀《晉·索琳傳》，不能無疑。【略】多藏金錢財物，已見於貢禹所陳矣；宣帝不得而知。然以貢禹杜陵宫人數百之言推之，恐亦未免；惟文帝平生節儉，人無間言，臨終遺至薄之制，微至銅錫不以爲飾，炳然載諸於史册，以薄送終，而山陵中畜積如此之富，是不可曉得，非景帝違治命之意乎。又考《晉·愍帝紀》：『建興二年，盜發霸、杜陵及薄太后陵，金玉彩帛，不可勝計，敕收其餘，以實内庫。』可驗畜積之多也。是文帝之陵，果不免矣。然而沈炯賦曰：『咄嗟驪山之阜，惆悵霸陵之原。』文若儉而無隙，嬴發掘其何言。鮑溶詩曰：『儉風本自張廷尉，霸陵一代無毁發。』白樂天詩亦曰：『驪山腳下秦皇墓，一朝盜掘墳陵破。可憐寶玉歸人間，暫借泉中買身禍。奢者狼狽儉者存，一凶一吉在眼前。憑君回首向南望，漢文高葬霸陵原。』如炯、白等所言，則霸陵初未嘗發也，不知前説何紛紜如此。

清·顧炎武《日知録》卷一五《墓祭》 秦興西戎，宗廟之禮無聞，而特起寢殿於墓側。《宋書·禮志》：『漢氏諸陵皆有園寢者，承秦所爲也。』説者以爲古前廟後寢，以象人君前有朝後有寢也。廟以藏主，四時祭祀，寢有衣冠，象生之具以薦新。漢之西京已崇此禮，《叔孫通傳》言：『爲原廟渭北，衣冠月出游之。』《韋玄成傳》言：『園中各有寢、便殿，日祭於寢，月祭于廟，時祭於便殿。寢日四上食；廟歲二十五祠；便殿，歲四祠。』後漢明帝永平元年春正月，帝率公卿已下朝于原陵，如元會儀，而上陵之禮始興。曰：昔京師在長安時，其禮不可盡得聞也。光武即世始葬於此。明帝嗣位，逾年羣臣朝正，感先帝不復聞見此禮，乃帥公卿百寮就園陵而創焉。每正月上丁，祀郊廟畢，以次上陵，百官、四姓、親家婦女、公主、諸王、大夫、外國朝者侍子、郡國計吏會陵。八月飲酎禮亦如之。雒陽諸陵皆以晦朔、二十四氣、伏臘及四時。祠廟日上飯，太官送用物，園令、食監典省，其親陵所宫人隨鼓漏理被枕，具盥水，陳妝具。而十七年正月，明帝當謁原陵，夜夢先帝、太后如平生歡。既寤，悲不能寐。即案曆，明旦日吉，遂率百官及故客上陵。其日甘露降於陵樹，帝令百官采取以薦。會畢，帝從席前伏御牀，視太后鏡奩中物，感動悲涕，令易脂澤妝具，左右皆位，莫能仰視焉。此特士庶人之

孝，而史傳之以爲盛節。故陵之崇，廟之殺也；禮之濱，敬之衰也。蔡邕以爲天子事亡如存之意，禮有煩而不可省者，殆曲爲之説也。

又《厚葬》　《晉書·索綝傳》『建興中，盜發漢霸、杜二陵，多獲珍寶。帝問綝曰：「漢陵中物，何乃多邪！」綝對曰：「漢天子即位一年而爲陵，天下貢賦，三分之一供宗廟，一供賓客，一充山陵。武帝享年久長，比崩，而茂陵不復容物，其樹皆已可拱。赤眉取陵中物，不能減半，於今猶有朽帛委積，珠玉未盡，此二陵是儉者耳，亦百世之誡。」』按《史記·孝文紀》言：『治霸皆以瓦器，不得以金銀銅錫爲飾。』而劉向《諫昌陵疏》，亦以孝文薄葬，足爲後王之則。然考之《張湯傳》，則武帝之世已有盜發孝文園瘞錢者矣。蓋自春秋列國以來，厚葬之俗，雖以孝文之明達儉約，且猶不能盡除，而史策所書，未必皆爲實録也。

藝文

唐·張九齡《曲江集》卷二《和黄門盧監望秦始皇陵》　秦帝始求仙，驪山何遽卜。中年既無效，茲地所宜復。徒役如雷奔，珍怪亦雲蓄。黔首無寄命，赭衣相追逐。人怨神亦怒，身死宗遂覆。土崩失天下，龍鬭入函谷。國爲項籍屠，君同華元戮。始掘既由楚，終焚乃因牧。上宰議揚賢，中阿感桓速。一聞過秦論，載懷空杼軸。

唐·王維《王右丞集》卷九《近體詩三十五首·過始皇墓》　古墓成蒼嶺，幽宮象紫臺。星辰七曜隔，河漢九泉開。有海人寧渡，無春雁不回。更聞松韻切，疑是大夫哀。

唐·鮑溶《鮑溶詩集》卷一《經秦皇墓》　左崗青虯盤，右阪白虎踞。誰識此中陵，祖龍藏身處。別爲一天地，下入三泉路。珠華翔青鳥，玉影耀白兔。山河一易姓，萬事隨人去。白晝盜開陵，玄冬火焚樹。哀哉送死厚，乃爲棄身具。死者不復知，回看漢文墓。

唐·曹鄴《曹祠部集》卷二《始皇陵下作》　千金買魚燈，泉下照狐兔。行人上陵過，卻弔扶蘇墓。累累壙中物，多於養生具。若使山可移，應將秦國去。舜歿雖在前，今猶未封樹。

唐·許渾《丁卯詩集》卷上《途經秦始皇墓》　龍盤虎踞樹層層，勢入浮雲亦是崩。一種青山秋草裏，路人唯拜漢文陵。

唐·羅隱《羅昭諫集·甲乙集》卷一《詩·始皇陵》　荒堆無草樹無枝，懶向行人問昔時。六國英雄漫多事，到頭徐福是男兒。

清·彭定求等《全唐詩》卷二《〔唐〕李顥〈幸秦始皇陵〉》　眷言君失德，驪邑想秦餘。政煩方改篆，愚俗乃焚書。阿房久已滅，閣道遂成墟。欲厭東南氣，翻傷掩鮑車。

清·錢謙益《列朝詩集》丁集第二《〔明〕喬世寧〈經始皇墓〉》　雄圖不可見，墟墓亦無憑。寶藏應先發，泉宮侈後稱。只餘雙嶺月，長作萬年燈。山下東原道，人人説霸陵。

清·徐世昌《晚晴簃詩匯》卷一〇一《管世銘〈秦始皇塚〉》　平生每讀《秦本紀》，頗怪始皇脱三死。一不死荆卿匕，把袖袖絶王得起。再不死漸離筑，實筑以鉛仇不復。最後險絶博浪椎，副車一擊聲如雷。祖龍豈亦有天幸，三十六年獲終令。奈何甫葬驪山隈，戍卒夜叫函關開。詩書餘燼未銷歇，反風遂使阿房灰。乃知扶蘇未北轀輬返，嬴祚不應若是短。嗣王足蓋前人愆，雖百趙高几上臠。殺秦一君乃有君，子房幾作秦功臣。豈如假手少子亥，毋俾育種屠搌殰。亡秦者胡又必楚，始皇身存籍如許。蒼璧直獻鎬池君，誹謗之刑空偶語。水銀江海黄金鳧，朽骨安知殉鮑魚。西來重瞳怒一掘，遂令萬代陵寢生艱虞。歌莫哀，君勿恐，功德在人終不動。樵采毋侵柳下壟，陳涉何人但夥頤，異代猶爲置守塚。

又　卷一八五《錢孟鈿〈始皇塚〉》　驪山高復高，落日霾荒臺。西風吹白道，下見幽宮開。秦政昔亂紀，刑殺如霆雷。鯨吞六國盡，聲色非仙才。童女不復還，龍戰飆輪摧。寄言鎬池君，英武安在哉？

千人競謳唱，運石清渭隈。築之崇三墳，下錮泉水來。黄金作天地，日月爲樽罍。銀海停不流，人膏燦無灰。飛蠶三十箔，一一紅玫瑰。知埋幾皓齒，何論萬匠哀。可憐閉衰草，虎視斂寸壞。雖令地成市，難買青陽回。足使天下傾，何待長城摧。楚炬與牧火，雨赭無遺煨。寶玉不在土，死增骸骨灾。徒聞古丈夫，霞舉登蓬萊。

唐·李商隱《李義山詩集》卷五《茂陵》　漢家天馬出蒲梢，苜蓿榴花遍近郊。内苑只知含鳳嘴，屬車無復插雞翹。玉桃偷得憐方朔，金屋修成貯阿嬌。誰料蘇卿老歸國，茂陵松柏雨

蕭蕭。

唐・韓偓《韓内翰別集》卷四《過茂陵》　不悲霜露但傷春，孝理何因感兆民。景帝龍髯消息斷，異鄉空見李夫人。

清・彭定求等《全唐詩》卷六七一《唐彦謙〈長陵〉》　長安高闕此安劉，祔葬累累盡列侯。豐上舊居無故里，沛中原廟對荒丘。耳聞明主提三尺，眼見愚民盜一抔。千載腐儒騎瘦馬，渭城斜月重回頭。

《全金元詞・［元］李齊賢〈蝶戀花・漢武帝茂陵〉》　石室天壇封禪了。青鳥含書，細報長生道。寶鼎光沈仙掌倒。茂陵斜日空秋草。百歲眞同昏與曉。羽化何人，一見蓬萊島。海上安期今亦老。從教喫盡如瓜棗。

明・孫蕡《西菴集》卷六《漢祖廟》　長陵見説石麟荒，遺廟丹青野水旁。古劍星光時出没，大風雲氣尚飛揚。三秦寶鼎垂鴻業，萬歲英魂戀故鄉。莫怪憑高重回首，楚臺烟樹鬱青蒼。

明・王立道《具茨集》卷四《至日長陵陪祀》　長陵西接黄花鎮，白雪蒼巖夜色遥。陰殿衮龍猶在目，往時松柏已干霄。總聞一怒風塵起，想見千官遷次朝。悵極兩京興廢事，小山何意起漁樵。

明・李攀龍《古今詩刪》卷二九《［明］王世貞〈奉謁長陵敬志鄙感〉》　長陵松柏似龍蟠，象緯高垂列漢官。萬里乾坤留劍舄，百年豐鎬見衣冠。只今南粤虚傳譯，聞道西羌未解鞍。文帝威靈終在眼，秋風霜露不勝寒。

雜録

漢・劉歆《西京雜記》卷三《五柞樹與石麒麟》　五柞宫有五柞樹。皆連三抱，上枝蔭覆數十畝。其宫西有青梧觀。觀前有三梧桐樹。樹下有石麒麟二枚，刊其脅爲文字，是秦始皇酈山墓上物也。頭高一丈三尺，東邊者前左腳折，折處有赤如血。父老謂其有神，皆含血屬筋焉。

《漢書》卷三六《楚元王傳》　秦始皇帝葬于驪山之阿，下錮三泉，上崇山墳，其高五十餘丈，周回五里有餘；石槨爲遊館，人膏爲燈燭，水銀爲江海，黄金爲鳧雁。珍寶之臧，機械之變，棺槨之麗，宫館之盛，不可勝原。又多殺宫人，生薶工匠，計以萬數。天下苦其役而反之，驪山之作未成，而周章百萬之師至其下矣。項籍燔其宫室營宇，往者咸見發掘。其後牧兒亡羊，羊入其鑿，牧者持火照求羊，失火燒其臧槨。自古至今，葬未有盛如始皇者也，數年之間，外被項籍之災，内離牧豎之禍，豈不哀哉！

漢・蔡邕《獨斷》卷上　古不墓祭，至秦始皇出寢，起之於墓側，漢因而不改，故今陵上稱寢殿，有起居衣冠，象生之備，皆古寢之意也。

北魏・酈道元《水經注》卷一九《渭水》　秦名天子塚曰山，漢曰陵，故通曰山陵矣。

渭水右逕新豐縣故城北，東與魚池水會。水出麗山東北，本導源北流，後秦始皇葬于山北，水過而曲行，東注北轉。始皇造陵取土，其池汙深，水積成池，謂之魚池。池在秦皇陵東北五里，周圍四里。池水西北流，逕始皇塚北。秦始皇大興厚葬，營建塚壙於麗戎之山，一名藍田，其陰多金，其陽多玉。始皇貪其美名，因而葬焉。斬山鑿石，下錮三泉，以銅爲槨，旁行周回三十餘里。上畫天文星宿之象，下以水銀爲四瀆百川，五嶽九州，具地理之勢。宫觀百官，奇器珍寶，充滿其中。令匠作機弩，有所穿近，輒射之。以人魚膏爲燈燭，取其不滅者，久之。後宫無子者，皆使殉葬，甚衆。墳高五十丈，周回五里餘。作者七十萬人，積年方成。而周章百萬之師已至其下，乃使章邯領作者以禦難，弗能禁。項羽入關，發之以三十萬人，三十日，運物不能窮。關東盜賊，銷槨取銅。牧人尋羊，燒之，火延九十日，不能滅。

宋・李昉等《太平御覽》卷四四《驪山》　《三輔故事》曰：始皇葬驪山，起陵高五十丈，下錮三泉，周回七百步，以明珠爲日月，魚膏爲脂燭，金銀爲鳧雁，金蠶三十箔，四門施繳，奢侈太過。六年之間，爲項籍所發。放羊兒墮羊塚中，燃火求羊，燒其槨藏。

元・馬端臨《文獻通考》卷一二四《王禮考・十九・山陵》　《漢舊儀》：『驪山者，古之驪國，晉獻公伐之而取二女曰驪姬。此山多黄金，其南多美玉，曰藍田，故始皇貪而葬焉。使丞相李斯將天下刑人徒隸

七十二萬人作陵，鑿以章程，三十七歲，錮水泉，絶之塞以文石，致以丹漆，深極不可入。奏之曰：「丞相臣斯昧死言：臣所將隸徒七十二萬人治驪山者，已深已極，鑿之不入，燒之不然，叩之空空，如下天狀。」制曰：「鑿之不入，燒之不然，其旁行三百丈，乃止。」』

清・張澍輯《三輔故事》 秦始皇葬驪山，起高陵五十丈，以水銀爲泉，明珠爲月，中多文貝。

秦始後葬驪山，明月珠爲日月，水銀爲港瀷，金銀爲凫鶴，又刻玉石爲柏。

《漢書》卷九七上《外戚傳上》 孝文竇皇后，景帝母也，吕太后時以良家子選入宫。【略】太后後景帝六歲，凡立五十一年，元光六年崩，合葬霸陵。

孝武衛皇后字子夫，生微也。【略】衛后立三十八年，遭巫蠱事起，江充爲姦，太子懼不能自明，遂與皇后共誅充，發兵，兵敗，太子亡走。詔遣宗正劉長樂、執金吾劉敢奉策收皇后璽綬，自殺。黄門蘇文、姚定漢輿置公車令空舍，盛以小棺，瘞之城南桐柏。衛氏悉滅。宣帝立，乃改葬衛后，追謚曰思后，置園邑三百家，長丞周衛奉守焉。

孝武鉤弋趙倢伃，昭帝母也，【略】鉤弋倢伃從幸甘泉，有過見譴，以憂死，因葬雲陽。後上疾病，乃立鉤弋子爲皇太子。拜奉車都尉霍光爲大司馬大將軍，輔少主。明日，帝崩。昭帝即位，追尊鉤弋倢伃爲皇太后，發卒二萬人起雲陵，邑三千户。

孝昭上官皇后。祖父桀，隴西上邽人也。【略】皇后立十歲而昭帝崩，后年十四五云。昌邑王賀徵即位，尊皇后爲皇太后。光與太后共廢王賀，立孝宣帝。宣帝即位，爲太皇太后。凡立四十七年，年五十二，建昭二年崩，合葬平陵。

孝宣許皇后，元帝母也。【略】許后立三年而崩，謚曰恭哀皇后，葬杜南，是爲杜陵南園。

孝宣霍皇后，大司馬、大將軍，博陸侯光女也。【略】霍后立五年，廢處昭臺宫。後十二歲，徙雲林館，乃自殺，葬昆吾亭東。

孝宣王皇后。【略】霍皇后廢後，上憐許太子蚤失母，幾爲霍氏所害，於是乃選後宫素謹慎而無子者，遂立王倢伃爲皇后，令母養太子。自爲后後，希見，無寵。封父奉光爲邛成侯。立十六年，宣帝崩，元帝即位，爲皇太后。封太后兄舜爲安平侯。後二年，奉光薨，謚曰共侯，葬長門南，置園邑二百家，長丞奉守如法。元帝崩，成帝即位，爲太皇太后。復爵太皇太后弟駿爲關内侯，食邑千户。王氏列侯二人，關内侯一人。舜子章，章從弟咸，皆至左右將軍。時成帝母亦姓王氏，故世號太皇太后爲邛成太后。邛成太后凡立四十九年，年七十餘，永始元年崩，合葬杜陵，稱東園。

皇權行使部

政事決斷權分部

人事措置

綜述

《睡虎地秦墓竹簡・置吏律》 縣、都官、十二郡免除吏及佐、羣官屬，以十二月朔日免除，盡三月而止之。其有死亡及故有夬（缺）者，爲補之，毋須時。置吏律。

除吏、尉，已除之，乃令視事及遣之；所不當除而敢先見事，及相聽以遣之，以律論之。嗇夫之送見它官者，不得除其故官佐、吏以之新官。置吏律。

官嗇夫節（即）不存，令君子毋（無）害者若令史守官，毋令官佐、史守。置吏律。

《史記》卷八《高祖本紀》 （漢高祖）壯，試爲吏，漢應劭曰：『試補吏。』爲泗水亭長。

又 卷五三《蕭相國世家》 蕭相國何者，沛豐人也。以文無害爲

沛主吏掾。

又　卷九五《夏侯嬰列傳》　（夏侯）嬰已而試補縣吏，與高祖相愛。

《漢書》卷三〇《藝文志》　漢興，蕭何草律，亦著其法，曰：『太史試學童，能諷書九千字以上，乃得爲史。又以六體試之，課最者以爲尚書御史史書令史。吏民上書，字或不正，輒舉劾。』

漢・王充《論衡》卷一二《程材篇》　張釋之曰：秦任刀筆小吏，陵遲至於二世，天下土崩。

漢・許慎《説文解字》卷一五上《敍曰》　學僮十七已上，始試諷籀書九千字，乃得爲吏。

宋・衛湜《禮記集説》卷二五　秦任文法而責吏，始有爲小吏而入任，計功次而進官者矣。

《史記》卷八八《蒙恬列傳》　始皇二十六年，蒙恬因家世得爲秦將。

漢・衛宏《漢官舊儀》卷下　古者諸侯治民，周以上千八百諸侯，其長伯爲君，次仲叔季爲卿大夫，支屬爲士庶，子皆世官位。至秦始皇帝，滅諸侯，爲郡縣，不世官，守、相、令、長以他姓相代，去世卿大夫士。

《史記》卷五三《蕭相國世家》　秦御史監郡者與從事，常辨之。三國魏張晏曰：『何與共事修辨明，何素有方略也。』蘇林曰：『辟何與從事也。秦時無刺史，以御史監郡。』唐司馬貞《索隱》曰：何與御史從事常辨明，言稱職也。何乃給泗水卒史事，第一。《索隱》曰：謂課最居第一。秦御史欲入言徵何，何固請，得毋行。

又　卷九九《叔孫通列傳》　叔孫通者，薛人也。秦時以文學徵，待詔博士。

北魏・酈道元《水經注》卷一三《㶟水》　王次仲，少有異志，年及弱冠，變蒼頡舊文爲今隸書。秦始皇時，官務煩多，以次仲所易文簡，便於事要，奇而召之，三徵而輒不至。

《宋書・自序》　秦末有沈逞，徵丞相，不就。

《史記》卷八七《李斯列傳》　（始皇三十七年十月）丞相斯、中車府令趙高兼行符璽令事，皆從。

又　卷九二《淮陰侯列傳》　淮陰侯韓信者，淮陰人也。始爲布衣時，貧無行，不得推擇爲吏。李奇曰：『無善行可推舉選擇。』

《漢書》卷三一《項籍傳》　秦二世元年，陳勝起。九月，會稽假守通素賢（項）梁，乃召與計事。

清・趙翼《陔餘叢考》卷二六《假守》　秦、漢時，官吏攝事者皆曰假，蓋言借也。

《睡虎地秦墓竹簡・秦律雜抄》　任法（廢）官者爲吏，貲二甲。發弩嗇夫射不中，貲二甲，免，嗇夫任之。

又　《法律問答》　任人爲丞，丞已免，後爲令，令初任者有罪，今當免不當？不當免。

《史記》卷八七《李斯列傳》　初，趙高爲郎中令，所殺及報私怨衆多，恐大臣入朝奏事毀惡之，乃説二世曰：『天子所以貴者，但以聞聲，羣臣莫得見其面，故號曰「朕」。且陛下富於春秋，未必盡通諸事，今坐朝廷，譴舉有不當者，則見短於大臣，非所以示神明於天下也。』

《睡虎地秦墓竹簡・秦律十八種》　葆子以上居贖刑以上到贖死，居於官府，皆勿將司。

又　《法律問答》　葆子以上，未獄而死若已葬，而誧（甫）告之，亦不當聽治，勿收，皆如家罪。

『葆子獄未斷而誣告人，其罪當刑如隸臣，勿刑，刑其耐，有（又）般（繫）城旦六歲。』可（何）謂『當刑爲隸臣』？

『葆子未斷而誣告人，其罪當刑城旦，耐以爲鬼薪而鋈足』。耤葆子之謂毆（也）。

有收當耐未斷，以當刑隸臣罪誣告人，是謂當刑隸臣。

『葆子未斷而誣［告人，其罪］當刑鬼薪，勿刑，刑其耐，有（又）轂（繫）城旦六城。』可（何）謂『當刑爲鬼薪』？當耐爲鬼薪未斷，以當刑隸臣及完城且誣告人，是謂『當刑鬼薪』。

《史記》卷八《高祖本紀》　呂后問（高祖）：『陛下百歲後，蕭相國卽死，令誰代之？』上曰：『曹參可。』問其次，上曰：『王陵可。然陵少戇，陳平可以助之。陳平智有餘，然難以獨任。周勃重厚少文，然安

劉氏者必勃也，可令爲太尉。』呂后復問其次，上曰：『此後亦非而所知也。』

《漢書》卷一下《高帝紀下》（漢高祖十一年）二月，詔曰：『【略】今吾以天之靈、賢士大夫定有天下，以爲一家，欲其長久，世世奉宗廟亡絶也。賢人已與我共平之矣，而不與吾共安利之，可乎？賢士大夫有肯從我遊者，吾能尊顯之。布告天下，使明知朕意。御史大夫昌下相國，相國酇侯下諸侯王，御史中執法下郡守，其有意稱明德者，必身勸，爲之駕，遣詣相國府，署行、義、年。有而弗言，覺，免。年老癃病，勿遣。』

又 卷五《景帝紀》（後元二年）五月，詔曰：『【略】有市籍不得宦，無訾又不得宦，朕甚愍之。訾算四得宦，亡令廉士久失職，貪夫長利。』

又 卷八《宣帝紀》（黄龍元年）夏四月，詔曰：『舉廉吏，誠欲得其真也。吏六百石位大夫，有罪先請，秩禄上通，足以效其賢材，自今以來毋得舉。』

又 卷一一《哀帝紀》（綏和二年六月）詔曰：『【略】除任子令及誹謗詆欺法。』應劭曰：『任子令者，漢儀注吏二千石以上視事滿三年，得任同産若子一人爲郎。不以德選，故除之。』師古曰：『任者，保也。詆，誣也。』

又 卷一六《高惠高后文功臣表》 孝文九年，侯（孔）臧嗣，四十五年，元朔三年，坐爲太常衣寇道橋壞不得度，免。

又 卷一七《景武昭宣元成功臣表》 元朔五年，（張當）坐爲太常擇博士弟子故不以實，完爲城旦。

元封六年，（韓延壽）坐爲太常行大行令事留外國書一月，乏興，入穀贖，完爲城旦。

又 卷一九下《百官公卿表下》 繩侯周平爲太常，四年坐不繕園陵，免。

俞侯欒賁爲太常，坐犧牲不如令，免。

廣安侯任越人爲太常，坐廟酒酸，論。

鄲侯周仲居爲太常，坐不收赤側錢收行錢，論。

成安侯韓延年爲太常，二年坐留外國使人月入粟贖，論。

右扶風温順爲少府，二年坐買公田與近臣下獄論。【略】

千乘太守東萊劉順爲宗正，四年坐使合陽侯舉子免。

又 卷五〇《鄭當時傳》 當時爲大司農，任人賓客僦，入多逋負。司馬安爲淮陽太守，發其事，當時以此陷罪，贖爲庶人。

又 卷七八《蕭由傳》 元始中，作明堂辟雍，大朝諸侯，徵（蕭）由爲大鴻臚，會病，不及賓贊，還歸故官，病免。

又 卷八八《儒林傳》（公孫）弘爲學官，悼道之鬱滯，乃請曰：爲博士官置弟子五十人，復其身。太常擇民年十八以上、儀狀端正者，補博士弟子。郡國縣官有好文學、敬長上、肅政教、順鄉里、出入不悖，所聞，令、相、長、丞上屬所二千石。二千石謹察可者，常與計偕，詣太常，得受業如弟子。一歲皆輒課，能通一藝以上，補文學掌故缺；其高第可以爲郎中，太常籍奏。即有秀才異等，輒以名聞。其不事學若下材，及不能通一藝，輒罷之，而請諸能稱者。

漢・衛宏《漢官舊儀》卷上 官事至重，古法雖聖猶試，故令丞相設四科之辟，以博選異德名士，稱才量能，不宜者還故官。第一科曰德行高妙，志節清白。二科曰學通行修，經中博士。三科曰明曉法令，足以決疑，能案章覆問，文中御史。四科曰剛毅多略，遭事不惑，明足以照姦，勇足以決斷，才任三輔令。皆試以能，信然後官之。第一科補西曹、南閤、祭酒，二科補議曹，三科補四辭八奏，四科補賊決。

唐・杜佑《通典》卷一三《選舉一・歷代制上》 漢高祖初，未遑立制。至十一年，乃下詔曰：『賢士大夫既與我定有天下，而不與我共安利之，可乎？有肯從我遊者，吾能尊榮之。以布告天下。其有稱明德者，御史、中執法、郡守必身勸勉，遣詣丞相府，署其行、義及年。有其人而不言者，免官。』又制諸侯王得自除内史以下，漢獨爲置丞相也。

惠帝四年，詔舉人孝悌力田者，復其身。【略】

高后元年，初置孝悌官二千石者一人。特置此官而尊其秩，欲以勸勉天下，各令敦行務本。

文帝因晁錯言，務農貴粟，詔許人納粟得拜爵及贖罪。

至景帝後元二年，詔曰：『有市籍貲多不得官，唯廉士寡欲易足。今

貲算十以上乃得官，貲少則不得官，朕甚愍之。減至四算得官。』有市籍，謂賈人有財不得爲吏。貲萬錢，算百二十也。算十，十萬也。時疾吏之貪，以爲衣食足，知榮辱，故限貲十萬乃得爲吏。廉士無貲，減至四算，乃得官也。

武帝建元初，始詔天下舉賢良方正直言極諫之士，其理申、商、韓非、蘇秦、張儀之言，亂國政，皆罷之。申、商、韓刑名之學，蘇、張縱横之説，並不用。

元光元年，【略】帝於是令郡國舉孝廉各一人。孝，謂善事父母。廉，謂清潔廉隅。又制：『郡國口二十萬以上歲察一人，四十萬以上二人，六十萬三人，八十萬四人，百萬五人，百二十萬六人；不滿二十萬，二歲一人；不滿十萬，三歲一人。限以四科。』至五年，又詔徵吏人有明當代之務，習先聖之術者，縣次給食，令與計偕。計者，上計簿使也。郡國每歲遣詣京師上之。偕者，俱也。令所徵之人與上計者俱來，而縣次給之食也。

元朔元年，又詔曰：『夫本仁祖義，褒德禄賢，勸善刑暴，本仁祖義，謂以仁義爲本始。五帝三王所繇昌也。故詔執事，興廉舉孝，庶幾成風。夫『十室之邑，必有忠信；三人並行，厥有我師』。今或至闔郡而不薦一人，闔，閉也。總一郡之中，故言闔郡也。是化不下究，而積行之君子壅於上聞也。究，竟也。言見壅遏，不得聞於天子也。且進賢受上賞，蔽賢蒙顯戮，古之道也。其與中二千石、禮官、博士議不舉者罪。』是時天下慎法，莫敢謬舉，而貢士蓋鮮，故有斯詔。有司奏請議曰：『古者，諸侯貢士，壹適謂之好德，適，得其人也。再適謂之賢賢，三適謂之有功，乃加九錫。九錫者，一曰車馬，二曰衣服，三曰樂懸，四曰朱户，五曰納陛，六曰虎賁百人，七曰鈇鉞，八曰弓矢，九曰秬鬯。此皆天子制度，尊之，故事事錫與，但數少耳。然九錫經本無文，《周禮》以爲九命，《春秋説》有之。凡九錫備物，伯者盛禮，齊桓、晉文猶不能備。今三進賢便受之，似不然也。當受進賢之賜。《尚書大傳》云：『三適謂之有功，賜以車服、弓矢。』不貢士，一則黜爵，再則黜地，三則黜爵削地畢矣。夫附下罔上者死，附上罔下者刑，與聞國政而無益於人者斥，在上位而不能進賢者退。其不舉孝，不奉詔，當以不敬論；爲其不求士報國也。不察廉，爲不勝任也，當免。』奏可。凡郡國之官，非傅相，其他既自署置。又調屬僚及部人之賢者，舉爲秀才、廉吏，而貢於王庭，多拜爲郎。居三署，無常員，或至千人，屬光禄勳。故卿、校、牧、守，居閑待詔，或郡國貢送，公車徵起，悉在焉。光禄勳復於三署中銓第郎吏，歲舉秀才、廉吏，出爲他官，以補闕員。後漢制同。

元封五年，又詔曰：『蓋有非常之功，必待非常之人。故馬或奔踶而致千里，踶，蹋也。奔，走也。奔踶者，乘之即奔，立則蹋人。踶，徒計反。士或有負俗之累而立功名。負俗，謂被世譏論也。累，力瑞反。夫泛駕之馬，泛，覆也，音芳勇反。覆駕者，言馬有逸氣而不循軌轍也。跅弛之士，跅者，跅落無檢局也。弛者，放廢不遵禮度也。跅，音吐各反。亦在御之而已。其令州縣察吏人有茂材異等，茂材異等者，超等軼羣不與凡同也。可爲將相及使絶國者。』絶遠之國。

初，公孫弘以儒術爲丞相，天下之學，靡然嚮風。時太常孔臧等曰：『請太常博士官置弟子五十人，復其身。太常擇人年十八以上儀狀端正者，補博士弟子。郡國、縣道邑有好文學，敬長上，肅政教，順鄉里，出入不悖所聞者，二千石謹察可者，常與計偕，詣太常，得受業如弟子。一歲皆輒試，能通一藝以上，補文學掌故缺。其高第可以爲郎中者，太常籍奏。即有秀才異等，輒以名聞。其不事學若下材及不能通一藝，輒罷之；而請諸不稱者，罰。』時外事四夷，内闕用度，仍募人入羊、穀、奴婢，得授官增秩，復役除罪，大至封侯、卿、大夫，小者郎吏。繇是吏道雜而多端，官職耗廢矣。

孝昭始元初，遣故廷尉王平等五人，前爲此官，今不居官，皆謂之故。持節行郡國，舉賢良。

孝宣帝時，諫大夫王吉上言，曰：『今使吏得任子弟，子弟以父兄任爲郎也。率多驕驁，不通古今，驁與傲同。至於積功理人，無益於人，此伐檀所爲作也。伐檀，詩篇名，刺不用賢也。宜明選求賢，除任子弟之令。』黃龍初，制：『凡官秩六百石者，不得舉爲廉吏。』

孝元帝永光元年二月，詔丞相、御史舉質樸、敦厚、遜讓、有行者，光禄歲以此科第郎、從官。始令丞相、御史舉此四科人，以擢用之，而見在郎及從官，又令光禄每歲依此科考校，定其第高下，知其人賢否也。又詔列侯舉茂材。諫大夫張勃舉太官獻丞陳湯，獻丞，主貢獻物。湯有罪，勃坐削户二百。會薨，故賜謚曰繆侯。以其所舉不得人，故加惡謚。繆者，妄也。其爲勸勵也如是，故官得其材，位必久安。爲吏者長子孫，居官者以爲姓號。三

代以降，斯之爲盛。建昭中，因西羌反及日蝕，京房奏：『百官各試其功，災異可息。』遂詔房作考功課之法。具考績篇。

成帝建始四年，初置常侍曹尚書一人，主公卿；又有二千石曹尚書一人，掌郡國二千石。蓋選曹之所起也。

漢諸帝凡日蝕、地震、山崩、川竭，天地大變，皆詔天下郡國舉賢良方正極言直諫之士，率以爲常。又其有要任使，皆標其目而令舉之。王莽時，太常學子弟歲舉甲科四十人爲郎中，乙科二十人爲太子舍人，丙科四十人爲文學掌故。

又　卷一五《選舉三》　漢元帝建昭中，西羌反，日蝕，又久青無光。召京房問，對曰：『古帝王以功舉賢，則萬化成，瑞應著。末代以毀稱取人，故功業廢而致災異。宜令百官各試其功，災異可息。』詔房作其事，房奏考功課吏法。晉灼曰：『令、丞、尉理一縣，崇教化、亡犯法者，輒遷。有盜賊，滿三日不覺者，尉事也。令覺之，自除，二尉負其罪。率相推如此法也。』帝令公卿與房會議，皆以房言煩碎，令上下相伺，不可許。上意嚮之。時部刺史奏事京師，帝召見，令房曉以課事，諸刺史復以爲不可行。唯御史大夫鄭弘、光禄大夫周堪言善。是時，中書令石顯專權，顯友人五鹿充宗爲尚書令，與房同經，議論相非。時充宗嫉房，出爲魏郡太守，唯許房至郡自行考課法。

宋·徐天麟《西漢會要》卷三九《職官九·考課·公卿課羣吏》

宣帝始親政事，自丞相以下，各奉職奏事，以傅奏其言，考試功能，侍中尚書，功勞當遷，及有異善，厚加賞賜。本《紀》

丙吉曰：歲竟，丞相課其殿最，奏行賞罰。《丙吉傳》

又《光禄第郎從官》　孝元永光元年，詔丞相、御史，舉質樸敦厚、遜讓有行者，光禄歲以此科第郎從官。本《紀》

光禄勳舉何武四行。本《傳》

又《博士選三科》　成帝時，博士選三科，高第爲尚書，次爲刺史，其不通政事，以久次補諸侯大傅。《孔光傳》

孔光以高第爲尚書。同上。

又《州課郡》　河南守吳公治平爲天下第一，徵以爲廷尉。《賈誼傳》【略】

刺史以六條問事。《百官公卿表注》

故事，選郡國守相高第爲中二千石。《朱博傳》

宣帝厲精爲治，二千石有治理效，輒以璽書勉厲，公卿缺，則選諸所表以次用之。《循吏傳》

宣帝以賢良高第揚州刺史黄霸爲潁川太守，秩比二千石，居官户口歲增，治爲天下第一，召守京兆尹，秩二千石，坐發民治馳道，不先以聞，又發騎士詣北軍，馬不適士，效乏軍興，連貶秩，有詔歸潁川太守官，以八百石居，郡中愈治，下詔稱揚，賜爵關内侯，黄金百斤，秩中二千石。《黄霸傳》

朱邑爲北海太守，以治行第一，入爲大司農。《朱邑傳》【略】

何武爲清河太守，坐郡中被灾害什四，免。《何武傳》【略】

陳萬年廣陵太守，高第入爲右扶風。《陳萬年傳》

鄭昌遷淮陽相，以高第入爲右扶風。《鄭宏傳》

又《郡課縣》　秋冬課吏。《尹翁歸傳》

卜式爲成皋令，將漕最，拜齊太傅。《卜式傳》

義縱補上黨郡中令，縣無逋事，舉第一，遷爲長陵及長安令。《義縱傳》

趙廣漢爲翟陽令，以治行尤異，遷京輔都尉。《趙廣漢傳》

張敞拜膠東相，上名尚書調補縣令者數十人。《張敞傳》

尹賞以三輔高第，選守長安令。《尹賞傳》

何顯家有市籍租常不入縣，數負其課。《何武傳》

焦延壽爲小黄令，以候司先知姦邪，盜賊不得發，舉最，當遷。《京房傳》

朱博櫟陽令，徙雲陽平陵三縣，以高第入爲長安令。《朱博傳》

又《功次》　周仁爲太子舍人，積功遷至太中大夫。《周仁傳》

衛綰爲郎，功次，遷中郎將。《衛綰傳》

石奮積功勞，孝文時，官至太中大夫。《石奮傳》

趙禹以刀筆吏積勞爲御史。《趙禹傳》

兒寬爲掌故，功次，補廷尉文學卒史。《兒寬傳》

田廣明以郎爲天水司馬，功次，遷河南都尉。《田廣明傳》

王訢以郡縣吏積功，稍遷被陽令。《王訢傳》

馮奉世爲郎，昭帝時，以功次補武安長。《馮奉世傳》

馮野王爲太子中庶子，以功次補當陽長。《馮野王傳》

馮逡爲美陽令，功次，遷長樂屯衞司馬。《馮逡傳》

馮譚以孝廉爲郎，功次，補天水司馬。《馮奉世傳》

薛恭本郡孝者，功次稍遷。《薛宣傳》

平當少爲大行治禮丞，功次，補大鴻臚文學。《平當傳》

又　卷四三《職官十三·策免大臣》　宣帝五鳳二年，策御史大夫蕭望之曰：有司奏君責使者禮遇，丞相亡禮，廉聲不聞，敖慢不遜，亡以扶政，帥先百僚，君不深思，陷於茲穢，朕不忍致君于理，使光禄勳惲策詔，左遷君爲太子太傅，授印，其上故印，使者便道之官，君其秉道明孝，正直是與，帥意亡愆，靡有後言。本《傳》

成帝河平四年，左將軍史丹等，奏王商位三公，爵列侯，親受詔策，爲天下師，不遵法度，以翼國家，而回辟下媚，以進其私，執左道以亂政，爲臣不忠，罔上不道，甫刑之辟，皆爲上戮，罪名明白，臣請詔謁者召商詣若盧詔獄，上素重商，知匡言多險，制曰勿治，鳳固爭之，于是制詔御史，蓋丞相以德輔翼國家，典領百僚，協和萬國，爲職任莫重焉，今樂昌侯商爲丞相，出入五年，未聞忠言嘉謀，而有不忠執左道之辜，陷於大辟，前商女弟內行不修，奴賊殺人，疑商教使，爲商重臣，故抑而不窮，今或言商不以自悔，而反怨懟，朕甚傷之，惟商與先帝有外親，未忍致於理，其赦商罪，使者收丞相印綬。本《傳》

永始二年，策丞相薛宣曰：君爲丞相，出入六年，忠孝之行，率先百僚，朕無聞焉，朕既不明，變異數見，歲比不登，倉廩空虛，百姓飢饉，流離道路，疾疫死者以萬數，人至相食，盜賊並興，羣職曠廢，是朕之不德，而股肱不良也，乃者廣漢羣盜橫恣，殘賊吏民，朕惻然傷之，數以問君，君對輒不如，其實西州隔絕，幾不爲郡，三輔賦斂無度，酷吏並緣爲姦，侵擾百姓，詔君案驗，復無欲得事實之意，九卿以下，咸承風指，同時陷於謾欺之辜，咎繇君焉，有司法君領職解嫚，開謾欺之路，傷薄風化，無以帥示四方，不忍致君于理，其上丞相高陽侯印綬，罷歸。本《傳》

永始三年，賜左將軍史丹策曰：左將軍寢病不衰，願歸治疾，朕愍以官職之事，久留將軍，使躬不瘳，使光禄勳賜將軍黃金五十斤，安車駟馬，其上將軍印綬，宜專精神，務近醫藥，以輔不衰。本《傳》

綏和二年，賜丞相翟方進策曰：皇帝問丞相，君有孔子之慮，孟賁之勇，朕嘉與君同心一意，庶幾有成，惟君登位於今十年，災害並臻，民被飢餓，加以疾疫溺死，關門牡開，失國守備，盜賊黨輩，吏民殘賊，毆殺良民，斷獄歲歲多，前上書言事，交錯道路，懷姦朋黨，相爲隱蔽，皆亡忠慮，羣下凶凶，更相嫉妒，其咎安在，觀君之治，無欲輔朕富民便安元元之念，間者郡國穀雖頗熟，百姓不足者尚衆，前去城郭，未能盡還，夙夜未嘗忘焉，朕惟往時之用，與今一也，百僚用度各有數，君不量多少，一聽羣下言，用度不足，奏請一切增賦稅，城郭堧及園田過更算馬牛羊，增益鹽鐵，變更無常，朕既不明，隨奏許可，後議者以爲不便，制詔下君，君云賣酒醪，後請止未盡月，復奏議令賣酒醪，朕誠怪君何持容之計，無忠固意，將何以輔朕，帥道羣下，而欲久蒙顯尊之位，豈不難哉，傳曰：高而不危，所以長守貴也，欲退君位尚未忍，君其孰念詳計，塞絕姦原，憂國如家，務便百姓以輔朕，朕既已改，君其自思，強食慎職，使尚書令賜君上尊酒十石，養牛一，君審處焉。本《傳》

哀帝建平元年，策免大司空師丹曰：夫三公者朕之腹心也，輔善相過，匡率百僚，和合天下者也，朕既不明，委政于公，間者陰陽不調，寒暑失常，變異屢臻，山崩地震，河決泉涌，流殺人民，百姓流連，無所歸心，司空之職尤廢焉，君在位出入三年，未聞忠言嘉謀，而反有朋黨相進不公之名，乃者以挺力田議改幣章示君，君內爲朕建，可改不疑，以君之言，博考朝臣，君乃希衆雷同，外以爲不便，令觀聽者歸非于朕，朕隱忍不宣，爲君受愆，朕疾夫比周之徒，虛僞壞化，寖以成俗，故屢以書飭君，幾君省過求己，而反不受，退有後言，及君奏封事，傳於道路，布聞朝市，言事者以爲大臣不忠，辜陷重辟，獲采虛名，謗譏匈匈，流于四方，腹心如此，謂疏者何，殆謬于二人同心之利焉，將何以率示羣下，附親遠方，朕惟君位尊任重，慮不周密，懷諼迷國，進退違命，反覆異言，甚爲君恥之，非所以共承天地永保國家之意，以君嘗托傅位，未忍考于理，已詔有司赦君勿治，其上大司空高樂侯印綬，罷歸。本《傳》

建平二年，策大司馬傅喜曰：君輔政出入三年，未有昭然匡朕不逮，而本朝大臣，遂其姦心，咎由君焉，其上大司馬印綬就第。本《傳》

策免丞相孔光曰：丞相者朕之股肱，所與共承宗廟，統理海内，輔朕之不逮以治天下也，朕既不明，灾異重仍，日月無光，山崩河決，五星失行，是章朕之不德，而股肱之不良也，君前爲御史大夫，輔翼先帝，出入八年，卒無忠言嘉謀，今相朕出入三年，憂國之風，復無聞焉，陰陽錯繆，歲比不登，天下空虚，百姓飢饉，父子分散，流離道路，以十萬數，而百官羣職曠廢，姦宄放縱，盜賊並起，或攻官寺，殺長吏，數以問君，君無怵惕憂懼之意，對無能爲，是羣卿大夫咸惰哉莫以爲意，咎由君焉，君秉社稷之重，總百僚之任，上無以匡朕之闕，下不能綏安百姓，書不云乎，毋曠庶官，天工人其代之，於乎，君其上丞相博山侯印綬罷歸。本《傳》

策左將軍彭宣曰：有司數奏言，諸侯國人不得宿衛，將軍不宜典兵馬，處大位，朕唯將軍任漢將之重，而子又前取淮陽王女，婚姻不絶，非國之制，使光禄大夫曼賜將軍黄金五十斤，安車駟馬，其上左將軍印綬，以關内侯歸家。本《傳》【略】

建平三年，詔御史大夫王崇曰：朕以君有累世之美故踰列次，在位以來，忠誠匡國，未聞所繇，反懷詐諼之辭，欲以攀救舊姻之家，大逆之辜，舉錯專恣，不遵法度，亡以示百僚，左遷爲大司農。《王吉傳》

哀帝元壽二年，册免大司馬丁明曰：前東平王雲貪欲上位，祠祭祝詛，雲后舅伍宏，以醫待詔，與校秘書郎楊閎，結謀反逆，禍甚迫切，賴宗廟神靈，董賢等以聞，咸伏其辜，將軍從弟侍中奉車都尉吳，族父左曹屯騎校尉宣，皆知宏及栩丹諸侯王后親，而宣除用丹爲御屬，吳與宏交通厚善，數稱薦宏，宏以附吳，得與其噁心，因醫技進，幾危社稷，朕以恭皇后故，不忍有云，將軍位尊任重，既不能明威立義，折消未萌，又不深疾雲宏之惡，而懷非君上，阿爲宣吳，反痛恨雲等，揚言爲羣下所冤，又親見言伍宏善醫，死可惜也，賢等獲封極幸，嫉妒忠良，非毀有功，於戲傷哉，蓋君親無將，將而誅之，是以季友鴆叔牙，春秋賢之，趙盾不討賊，謂之弒君，朕閔將軍陷於重刑，故以書飭，將軍遂非不改，復與丞相嘉相比，令嘉有依，得以罔上，有司致法將軍請獄治，朕惟噬膚之恩未忍，其上驃騎將軍印綬，罷歸就第。《董賢傳》

哀帝崩，王莽使謁者以太后詔，即闕下，策董賢曰：間者以來，陰陽不調，菑害並臻，元元蒙辜，夫三公鼎足之輔也，高安侯賢未更事理，爲大司馬，不合衆心，非所以折衝綏遠也，其收大司馬印綬，罷歸第。《董賢傳》

哀帝崩，彭宣上書，願上大司空長平侯印綬，乞骸骨歸鄉里，竢寘溝壑，莽白太后，策宣曰：惟君視事日寡，功德未效，迫於老眊昏亂，非所以輔國家綏海内也，使光禄勳豐策詔，君其上大司空印綬，便就國。《彭宣傳》

元始中，莽以太皇太后詔賜太師大司徒馬宮策曰：太師大司徒扶德侯上書言，前以光禄勳議故定陶共王母謚，曰婦人以夫爵尊爲號謚，宜曰孝元傅皇后，稱渭陵東園，臣知妾不得體君，卑不得敵尊，而希指雷同，詭經辟説，以惑誤上，爲臣不忠，當伏斧鉞之誅，幸蒙灑心自新，又令得保首領，伏自惟念入稱四輔，出備三公，爵爲列侯，誠無顔復望闕廷，無心復居官府，無宜復食國邑，願上太師大司徒扶德侯印綬，避賢者路，下君章有司，皆以爲四輔之職，爲國維綱，三公之任，鼎足承君，不有鮮明固守，無以居位，如君言至誠可聽，惟君之惡，在灑心前，不敢文過，朕甚多之，不奪君之爵邑，以著自古皆有死之義，其上太師大司徒印綬，使者以侯就第。《馬宮傳》

又　卷四四《選舉上·賢良方正》　孝文二年，詔曰：乃十一月晦，日有食之，二三執政，舉賢良方正能直言極諫者，以匡朕之不逮。十五年，詔諸侯王公卿君守，舉賢良能直言極諫者，上親策之，傅納以言。孝武。

建元元年，詔丞相御史列侯中二千石二千石諸侯相，舉賢良方正直言極諫之士。

元光元年五月，詔賢良曰：賢良明于古今王事之體，受策察問，咸以書對，朕親覽焉，于是董仲舒公孫宏等出焉。以上並本《紀》

五年，復徵賢良文學。《公孫宏傳》

孝昭始元元年閏月，遣故廷尉持節行郡國，舉賢良，五年六月，詔令三輔太常舉賢良各二人。

孝宣本始四年四月，郡國地震，詔令三輔太常內郡國，舉賢良方正各一人。地節三年，詔令內郡國舉賢良方正可親民者。

十月，詔曰：乃者九月地震，朕甚懼焉，有能箴朕過失，及賢良方正直言極諫之士，以匡朕之不逮，毋諱有司。神爵四年四月，令內郡國舉賢良可親民者各一人。

孝元初元二年三月，詔曰：乃二月戊午地震於隴西，郡丞相御史中二千石，舉茂材異等直言極諫之士。

永光二年三月日有食之，詔令內郡國舉茂材異等賢良直言之士各一人。孝成建始二年二月，詔三輔內郡舉賢良方正各一人。

建始三年十二月，日蝕地震，詔丞相御史與將軍列侯中二千石，及內郡國舉賢良方正能直言極諫之士，詣公車，朕將覽焉。以上並本《紀》

上盡召直言之士，詣白虎殿對策。《杜欽傳》

元延元年七月，詔曰：乃者日蝕星隕，令孛星見東井，公卿大夫博士議郎，以經對，與內郡國舉方正能直言極諫者各一人。師古曰：令公卿與內郡國共舉。

孝哀元壽元年正月，日有蝕之，詔公卿大夫，其與將軍列侯中二千石，舉賢良方正能直言者各一人。以上並本《紀》

又《茂材異等》 武帝初即位，轅固復以賢良徵，固老罷歸之。《轅固傳》

武帝即位，招賢良文學之士，是時公孫宏年六十，以賢良徵爲博士，使匈奴，還報不合意，上怒以爲不能，宏乃移病免歸，元光五年，復徵賢良，菑川國復推上宏，宏謝曰：前已嘗西用，不能，罷，願更選，國人固推宏，宏至太常對策，時對者百餘人，太常奏宏第居下，策奏，天子擢宏對爲第一。本《傳》

武帝舉方正賢良文學材力之士，待以不次之位。《東方朔傳》

建元元年，丞相綰奏所舉賢良，或治申商韓非蘇秦張儀之言，亂國政，請皆罷，奏可。《武帝紀》

孝宣元康四年遣大中大夫循行天下，存問鰥寡，覽觀風俗，察吏治得失舉茂材異能之士。

孝元舉茂才，富平侯張勃舉陳湯，湯待遷，父死不犇喪，司隸奏湯無循行，勃選舉故不以實，坐削户二百，會薨，因賜謚曰繆侯，湯下獄論。《陳湯傳》

何武爲京兆尹，坐舉方正所舉者召見槃辟雅拜，武坐左遷楚內史。本《傳》

又《博士弟子》 武帝元朔五年，爲博士官置弟子五十人，復其身，太常擇民年十八以上儀狀端正者，補博士弟子，郡國縣官，有好文學，敬長上，肅政教，順鄉里，出入不悖，所聞令相長丞上屬所二千石，二千石謹察可者常與計偕，詣太常，得受業如弟子，一歲皆輒課，能通一藝以上，補文學掌故缺，其高第可以爲郎中，太常籍奏，即有秀才異等，輒以名聞，其不事學，若下材，及不能通一藝，輒罷之，而請諸能稱者，以治禮掌故，以文學禮義爲官，遷留滯，請選擇其秩，比二百石以上，及吏百石，通一藝以上，補左右內史，大行卒史，比百石以下，補郡太守卒史，皆各二人，邊郡一人，先用誦多者，不足，擇掌故以補中二千石屬，文學掌故補郡屬，備員，請著功令，它如律令，制曰可。《儒林傳》

張湯請博士弟子治尚書春秋，補廷尉史。本《傳》

平帝時，王莽增元士之子，得受業如弟子，勿以爲員歲課甲科四十人爲郎中，乙科二十人爲太子舍人，丙科四十人補文學掌故。《儒林傳》

兒寬以郡國選，詣博士，受業孔安國。

文翁選郡縣小吏十餘人，遣詣京師，受業博士。終軍選爲博士弟子，至府受遣。蕭望之以令詣太常受業。以上並本《傳》

唐生褚生，應博士弟子選，詣博士。《王式傳》

成帝時，伏湛以父任爲博士弟子。本《傳》

山陽侯張當居，坐爲太常擇博士弟子故不以實，完爲城旦。《功臣表下》

又《試學童》 漢興，蕭何草律，曰太史試學童，能諷書九千字以上，乃得爲史，又以六體試之，課最者以爲尚書御史史書令史，吏民上書，字或不正，輒舉劾。《藝文志》

又《射策》 武帝立五經博士，開弟子員，設科射策，勸以官祿。《儒林傳》贊師古曰：射策者，謂爲問難疑義，書之於策，量其大小，置爲甲乙之科，列而置之，不使彰顯，有欲射者隨其所以而釋之，以知優

劣，射之言投射也。
何武王嘉馬宮翟方進，皆以射策甲科爲郎。房鳳以射策乙科爲太史掌故。匡衡射策甲科，以不應令，除爲太常掌故，調補平原文學。
兒寬詣博士受業，以射策爲掌故，以功次補廷尉文學卒史。並本《傳》

又《明經》 龔遂以明經爲官。本傳袁良舉明經爲太子舍人。《袁安傳》
孔安國貢禹夏侯勝張禹，並以明經爲博士。眭宏翟方進，以明經爲議郎。
召信臣以明經甲科爲郎。並本《傳》

又《明法》 鄭崇父賓以明律令爲御史。
薛宣以明習文法，詔補御史中丞。本並《傳》

又《治劇》 何並陳遵，皆舉能治劇，爲令。尹賞舉能治劇，徙頻陽令。
原涉舉能治劇，爲谷口令。並本《傳》

又《異科》 元封五年，名臣文武欲盡，詔令州郡察吏民有茂材異等可爲將相及使絕國者。孝昭始元五年，詔舉郡國文學高第各一人。
元鳳元年，賜郡國所選有行義者涿郡韓福等五人帛，人五十匹，遣歸。
孝宣本始元年，地震，詔內郡國舉文學高第各一人，地節三年，詔郡國舉孝弟有行義聞于鄉里者各一人。
元康元年，詔博舉吏民，厥身修正，通文學，明于先王之術，宣究其意者，各二人，中二千石各一人。元康四年，詔遣大中大夫循行天下，舉茂材異倫之士。
孝元初元三年，詔丞相御史，舉天下明陰陽灾異者各三人。永光元年，詔丞相御史舉質樸敦厚遜讓有行者。建昭四年，臨遣諫大夫博士循行天下，舉茂材特立之士。
孝成河平四年三月，日有蝕之，遣光禄大夫博士，行舉瀕河之郡，舉惇厚有行能直言之士。
陽朔二年，奉使者不稱詔，丞相御史，其與中二千石二千石，雜舉可充博士位者，使卓然可觀。
鴻嘉二年，詔舉敦厚有行義能直言者，冀聞切言嘉謀，匡朕之不逮。
永始三年正月，日有蝕之，臨遣大中大夫循行天下，與部刺史舉惇樸遜讓有行義者各一人。
元延元年，詔曰：乃者日蝕星隕，北邊二十二郡，舉勇猛知兵法者各一人。以上並本《紀》
哀帝初，平當奏宜博求能浚川疏河者，下丞相孔光，大司空何武，奏請部刺史三輔三河宏農太守，舉吏民能者，莫有應書。《溝洫志》
建平元年詔，其與大司馬列侯將軍中二千石州牧守相，舉孝弟惇厚，能直言，通政事，延于側陋可親民者各一人。建平四年，詔將軍中二千石舉明兵法有大慮者。並本《紀》
元壽元年，下詔曰：天下雖安，忘戰必危，將軍與中二千石，舉明習兵法有大慮者，各一人，將軍二人，詣公車。《息夫躬傳》
哀帝時，有詔舉太常。《何武傳》
哀帝崩，太后詔有司舉可大司馬者。《何武傳》
孝平元始元年五月，日有蝕之，公卿將軍中二千石，舉敦厚能直言者各一人。
元始二年秋，舉勇武有節明兵法郡一人詣公車，冬中二千石舉治獄平，歲一人。
元始五年，徵天下通知逸經古記天文曆算鐘律小學史篇方術本草，及以五經論語孝經爾雅教授者，在所爲駕一封軺傳，遣詣京師，至者數千人。並本《紀》

又《聘召名士》 高帝十一年二月，詔曰：賢士大夫有肯從我遊者，吾能尊顯之，其有意稱明德者，必身勸爲之駕，遣詣相國府，署行義年，有而弗言，覺免，年老癃病勿遣。本《紀》
武帝即位，枚乘年老，乃以安車蒲輪徵乘。《枚乘傳》
建元元年，遣使者束帛加璧，安車以蒲裹輪，駕駟迎魯申公，弟子二人乘軺傳從。以《紀》、《傳》條
元光五年，徵吏民有明當時之務習先聖之術者，縣次續食，令與計偕。師古曰：令所徵之人與上計者俱來，而縣次給之食。
元狩六年，詔遣博士分循行天下，舉獨行之君子，徵詣行在所，士有

特招，使者之任也，詳問隱處亡位者舉奏。以上並本《紀》

夏侯勝善説禮服，召爲博士。

疏廣明春秋，家居授教，徵爲博士。以上並本《傳》

昭帝時涿郡韓福，以德行徵，至京師，賜策書束帛遣歸，詔曰：朕閔勞以官職之事，其務修孝弟，以教鄉里，行道舍傳舍，縣次具酒肉，食從者及馬，長吏以時存問，常以歲八月賜羊一頭，酒二斛，不幸死者賜復衾一，祠以中牢。《兩龔傳》

翼奉，元帝初即位，諸儒薦之，徵待詔宦者署。本《傳》

貢禹以明經潔行著聞，徵爲博士，曰陛下過意徵臣，臣賣田百畝，以供車馬。本《傳》

孝哀召龔勝爲諫大夫，勝薦龔舍寧壽侯嘉，有詔皆徵，勝曰：竊見國家徵醫巫，常爲駕，徵賢者宜駕，上曰大夫乘私車來邪，勝曰唯唯，有詔爲駕。本《傳》

又　卷四五《選舉下・舉廉孝廉附》　孝文十二年，詔曰：孝悌，天下之大順也，力田，爲生之本也，廉吏，民之表也，朕甚嘉此二三大夫之行，今萬家之縣，云無應令，豈實人情，是吏舉賢之道未備也，其遣謁者勞賜孝者帛人五匹，悌者力田二匹，廉吏二百石以上，率百石者，三匹。師古曰：自二百石以上每百石加三匹也。

孝景後二年，詔曰：其唯廉士寡欲易足，今訾算十以上乃得官，廉士算不必衆，有市籍不得官，亡訾又不得官，朕甚愍之，訾算四得官，亡令廉士久失職，貪夫長利。

孝武元光元年冬，初令郡國舉孝廉各一人。並本《紀》

董仲舒曰：臣愚以爲使諸列侯郡守二千石，各擇其吏民之賢者，歲貢各二人，故州郡舉茂材孝廉，皆自仲舒發之。本《傳》

元朔元年冬，詔曰：朕深詔執事興廉舉孝，今或至闔郡而不薦一人，其與中二千石禮官博士議不舉者罪，有司奏議曰：不舉孝，不奉詔，當以不敬論，不察廉，不勝任也，當免，奏可。本《紀》

孝宣黃龍元年，詔曰：舉廉吏誠欲得其眞也，吏六百石位大夫，有罪先請，秩禄上通，足以效其賢材，自今以來毋得舉。《本紀》韋昭曰：吏六百石者，不得復舉爲廉吏也。

孝平元始元年，令宗室，其爲吏舉廉，佐史補四百石。本《紀》

趙廣漢爲平準令，察廉，爲陽翟令。朱博乙太常掾，察廉，補安陵丞。蕭望之察廉，爲大行治禮丞。

薛宣以大司農斗食屬，察廉補不其丞。光禄勳于永除王嘉爲掾，察廉爲南陵丞，復察廉，爲長陵尉。張敞補太守卒史，察廉爲甘泉倉長。黃霸察廉補河東均輸長，復察廉爲河南太守丞。

尹賞以郡吏察廉，爲樓煩長。王吉以郡吏舉孝廉，爲郎。並本《傳》

池陽令舉廉吏獄掾王立。《薛宣傳》

京房以孝廉，爲郎。

師丹孟喜，並舉孝廉，爲郎。劉輔舉孝廉，爲襄賁令。

平當察廉，爲順陽長。並本《傳》

又　《孝弟力田》　孝惠四年正月，舉民孝弟力田者復其身。高后元年二月，初置孝弟力田二千石者一人。

孝文十二年三月，詔以户口率置三老孝悌力田常員，令各率其意以導民焉。並本《紀》

孝宣地節四年，詔郡國舉孝弟有行義聞于鄉里者各一人。本《紀》

元康元年，加賜鰥寡孤獨三老孝弟力田帛。

四年，加賜孝弟力田帛。

又　《任子》　父任《漢儀注》：吏二千石以上，視事滿三歲，得任同産若子一人爲郎。

蘇武以父任爲郎。劉向以父任爲輦郎。孔光子男放爲侍郎。

董恭爲御史，任賢爲太子舍人。蕭育以父任爲太子庶子。史丹九男，皆以丹任爲侍中。韋元成以父任爲郎。本《傳》

陳萬年子咸以萬年任爲郎。本《傳》

汲黯以父任爲太子洗馬。伏湛以父任爲博士弟子。史丹馮野王，皆以父任爲太子中庶子。

杜延年以三公子補軍司空。辛慶忌以父任爲右校丞。並本《傳》

虎賁諸郎皆父死子代。荀綽《晉百官表》注，虎賁諸郎皆父死子代，漢制也。

兄任。霍去病任光爲郎。《霍光傳》

楊惲以忠任爲郎。爰盎兄噲任盎爲郎。並本《傳》

族父任。成帝時，侯霸以族父任爲太子舍人。本《傳》

宗家任。趙廉以淮南王舅侯周陽子由以宗家任爲郎。《寧成傳》

致仕

元始二年，遣龔勝邴漢策曰：其上子孫若同産同産子一人，所上子男，皆除爲郎。《龔勝傳》

董仲舒曰：夫長吏多出於郎中中郎吏二千石，子弟未必賢也。本《傳》

宣帝時，王吉上疏曰：舜湯不用三公九卿之世，而舉皋陶伊尹，不仁者遠，今使俗吏得任子弟，率多驕驁，不通古今，至於積功治人，亡益於民，此伐檀所爲作也，宜明選求賢，除任子之令。《王吉傳》

哀帝初卽位，除任子令。本《紀》

又《納貲》 張釋之以貲爲騎郎。本《傳》如淳曰：漢注貲五百歲爲常侍郎。

孝景後二年，詔曰：今訾算十以上乃得官。服虔曰：訾萬錢算百二十七也，應劭曰：十算十萬也，賈人有財不得爲吏，廉士無訾，又不得官，故減至四算得官矣。訾與貲同。廉士算不必衆，有市籍不得官，無訾又不得官，朕甚愍之，訾算四得官。本《紀》

司馬相如以訾爲郎。本《傳》

董仲舒曰：選郎吏又以富訾，未必賢也。本《傳》

又《鬻官》 武帝卽位，干戈日滋，財賂衰耗而不贍，入物者補官，選舉陵遲，廉恥相冒，興利之臣，自此始也，其後府庫益虛，乃募民能入奴婢，得以終身復爲郎，增秩及入羊爲郎，始於此，其後四年，元朔五年。置賞官命，曰武功爵，大者封侯卿大夫，小者郎吏，吏道雜而多端，則官職耗廢，元狩四年。除故鹽鐵家富者爲吏，吏道益雜，不選而多賈人矣，元鼎二年。始令吏得入穀補官，郎至六百石，師古曰：交更選高官，郎又就增其秩至六百石。所忠言，元鼎三年。世家子弟，富人或鬬雞走狗馬，弋獵博戲亂齊民，乃召諸犯令相引數千人，命曰株送徒，入財者得補郎，郎選衰矣，宏羊又請令吏得入粟補官。《平進書》

黄霸以待詔入錢，賞官補侍郎，謁者坐罪免，後復入穀沈黎郡，補左馮翊二百石卒史馮翊以霸入財爲官，不署右職。本《傳》

又《方伎》 衞綰以戲車爲郎事文帝。本《傳》

鄧通以濯船爲黄頭郎。本《傳》

周仁以醫見，景帝爲太子時，爲舍人。本《傳》

吾邱壽王年少，以善格五召待詔。本《傳》

荀彘以御見侍中。《史記本傳》

武帝時虞初以方士侍祠。《郊祀志》

東郭先生以方士待詔公車。《史記本傳》

武帝卽位，博開藝能之路，悉延百端之學，通一伎之士，咸得自效，絶倫超奇者爲右，亡所阿私。《龜策傳》

丞相魏相奏言知音善鼓雅琴者趙定龔德，皆召見待詔。《王褒傳》

伍宏以醫待詔。《董賢傳》

成帝時，言祭祀方術皆得待詔。《郊祀志》

本草待詔。《郊祀志》師古曰：以方藥本草而待詔。

又《郡吏》 趙禹以佐史補中都官，用廉，爲令史。咸宣以佐史給事河東守。

魏相爲郡卒史，舉賢良。王吉以郡吏，舉孝廉爲郎。尹齊以刀筆吏稍遷至御史。朱邑少時爲舒桐鄉嗇夫，遷補太守卒史。

鮑宣爲縣鄉嗇夫，守束州丞。張敞以鄉有秩補太守卒史，察廉爲甘泉倉長。尹賞以郡吏察廉爲樓煩長。以上並本《傳》

焦延壽爲郡吏，察廉，補小黄令。《京房傳》

趙廣漢爲郡吏州從事，舉茂材。陳萬年爲郡吏，察舉至縣令。龔勝爲郡吏病去官，徵爲諫大夫。王訢以郡訢吏積功，稍遷爲被陽令。

丙吉爲魯獄史，積功勞，稍遷廷尉右監。王尊爲獄小吏，給事太守府，補書佐。尹翁歸爲獄小吏，除補卒史。

于定國爲獄史郡決曹，補廷尉。以上並本《傳》

又《上書》 故事諸上書者皆爲二封，署其一曰副，領尚書者先發副封所言不善屏去不奏。《魏相傳》

武帝初卽位，詔天下舉方正賢良文學材力之士，待以不次之位四方士

多上書言得失，自，炫鬻者以千數，其不足采者輒報聞罷。《東方朔傳》下同

朔初入長安，至公車上書，凡用三千奏牘，公車令兩人共持舉其書，僅然能勝之，人主從，上方讀之，止，輒乙其處，讀之二月乃盡，詔拜以爲郎，《史記》朔上書曰：可以爲天子大臣，文辭不遜，高自稱譽，上偉之，令待詔公車。《漢書》

朱買臣隨上計吏，詣闕上書，書久不報，待詔公車。

主父偃元光元年，上書闕下，朝奏，暮召入見，是時徐樂嚴安亦俱上書言世務，書奏，上召見三人，謂曰公等皆安在，何相見之晚也，乃拜偃樂安皆爲郎中。

終軍至長安上書言事，武帝異其文，拜爲謁者給事中，枚皋上書北闕，自陳枚乘之子，上得之大喜召入見待詔。並本《傳》

宣帝初即位，思進賢良，多上書言便宜，輒下蕭望之問狀，高者請丞相御史，次者中二千石試事滿歲，以狀聞，下者報聞，或罷歸田里。《蕭望之傳》

元帝初即位，賈捐之上疏言得失，召待詔金馬門。

哀帝初即位，息夫躬上言，召待詔。並本《傳》

又《從軍》 周勃材官引强。本《傳》師古曰：「强其兩反。」服虔曰：「引强，弓弩官也。」

申屠嘉以材官蹶張，遷爲隊率。本《傳》師古曰：「弩以足蹋者如蹶張。」

漢興，六郡良家子，選給羽林期門，師古曰：「六郡，爲隴西、天水、安定、北地、上郡、西河也。」以材力爲官，名將多出焉。《地理志》

公孫賀北地人，少爲騎士從軍。

李廣隴西人，以良家子從軍。趙充國隴西人，以六郡良家子善騎射，補羽林。傅介子北地人，以從軍爲官。甘延壽北地人，以良家子善騎射，爲羽林。

馮奉世上黨人，以良家子選爲郎。並本《傳》

張次公以勇悍從軍。《義縱傳》

常惠應募，隨蘇武使匈奴。鄭吉以卒伍從軍。傅介子斬樓蘭王，士刺王者，皆補侍郎。並本《傳》

軍功多用超等，大者封侯卿大夫，小者郎。《食貨志》

又《選舉雜録》 孝惠高后時，市井子孫不得仕官爲吏。《食貨志》

有市籍不得官，無貲又不得官。同上

入財爲官，不署右職。《黄霸傳》

宗室不宜典三河。《劉歆傳》

王國人不得宿衛。《龔勝彭宣》

王舅不宜備九卿。《馮野王馮立馮彦》

弟犯法不得宿衛。《蕭望之》

賈人不得爲吏。《哀帝詔》

執金吾韓立、御史大夫張譚，並坐選舉不實免。《百官表》

丞相張蒼任人爲中候，大爲姦利，上以爲責。《任敖傳》

張勃舉陳湯，司隸奏湯亡循行，勃選舉故不以實，坐削户二百。《陳湯傳》

何武所舉方正槃辟雅拜，坐左遷楚内史。本《傳》

山陽侯張當居，坐爲太常擇博士弟子故不以實，完爲城旦。《功臣表》

元壽三年，大理梁相，坐除吏不次免。河平四年，宗正劉順，坐使合陽侯舉子免。並《百官表》

建平二年，邛成侯王勳，坐選舉不以實，罵廷史大不敬，免。《恩澤侯表》

元延元年，詔舉方正直言之士，紅陽侯立，舉陳咸對策，拜爲光禄大夫給事中丞相方進奏咸不當蒙方正，並劾立選舉故不以實，有詔免咸，勿劾立。《翟方進傳》

嚴延年察獄吏廉，有臧不入身，坐選舉不實，貶秩。本《傳》

司隸奏杜業爲太常選舉不實，業坐免官。《杜延年傳》

平帝初即位，詔曰：選舉者其歷職更事，有名之士則以爲難保，廢而弗舉，甚謬於赦小過舉賢材之義諸有臧及内惡未發而薦舉者，皆勿案驗，令士厲精鄉進，不以小疵妨大才。本《紀》

元・馬端臨《文獻通考》卷二八《選舉考一・舉士》 文帝十五年，詔諸侯王、公卿、郡守舉賢良能直言極諫者。

孝武元光元年冬，初令郡國舉孝廉各一人。

元朔五年，制詔補博士弟子。郡國縣官有好文學，敬長上，肅政教，順鄉里，出入不悖，所聞，令相長丞上屬所二千石。二千石謹察可者，令與計偕，詣太常，得受業如弟子。

元光五年，徵吏民有明當世之務，習先聖之術者，縣次續食，令與計偕。計者，上計簿使也，郡國每歲遣詣京師上之。偕者，俱也。令所徵之人與計者偕來，而縣次給之食也。

元朔元年，詔曰：『公卿、大夫，所使總方略，壹統類，廣教化，美風俗也。夫本仁祖義，褒德祿賢，勸善刑暴，五帝、三王所由昌也。朕夙興夜寐，嘉與宇内之士臻於斯路。故旅耆老，復孝敬，選豪俊，講文學，稽參政事，祈進民心，深詔執事，興廉舉孝，庶幾成風，紹休聖緒。夫十室之邑，必有忠信；三人並行，必有我師。今或闔郡不薦一人，是化不下究，而積行之君子壅於上聞也。二千石官長紀綱人倫，將何以佐朕燭幽隱，勸元元，厲蒸庶，崇鄉黨之訓哉？且進賢受上賞，蔽賢蒙顯戮，古之道也。其與中二千石、禮官、博士議不舉者罪。』有司奏議曰：『古者，諸侯貢士，壹適謂之好德，再適謂之賢賢，三適謂之有功，乃加九錫；不貢士，壹則黜爵，再則黜地，三則黜爵地畢矣。夫附下罔上者死，附上罔下者刑，與聞國政而無益於民者斥，在上位而不能進賢者退，此所以勸善黜惡也。今詔書紹先帝聖緒，令二千石舉孝廉，所以化元元，移風易俗也。不舉孝，不奉詔，當以不敬論。不察廉，不勝任也，當免。』奏可。

制：郡國口二十萬以上，歲察一人，四十萬以上二人，六十萬三人，八十萬四人，百萬五人，百二十萬六人；不滿二十萬，二歲一人；不滿十萬，三歲一人。

限以四科：一曰德行高妙，志節清白；二曰學通行修，經中博士；三曰明習法令，足以決疑，能按章覆問，文中御史；四曰剛毅多略，遭事不惑，明足決斷，材任三輔縣令。

孝昭元始五年，詔舉郡國文學高第各一人。

元鳳元年，賜郡國所選有行義者涿郡韓福等五人帛，人五十疋，遣歸。

孝宣本始元年，地震。詔内郡國舉文學高第各一人。

地節三年，詔令郡國舉孝悌、有行義聞於鄉里者各一人。

元康元年，詔博舉吏民厥身修正，通文學，明於先王之術，宣究其意者各二人，中二千石各一人。

元康四年，詔遣大中大夫循行天下，舉茂材異倫之士。

孝元初元三年，詔丞相、御史舉天下明陰陽災異者各三人。

建昭四年，臨遣諫大夫、博士循行天下，舉茂材特立之士。

孝成河平四年，日食。遣光祿大夫、博士行瀕河之郡，舉淳厚有行能直言之士。

陽朔二年，奉使者不稱。詔丞相、御史其與中二千石、二千石雜舉可充博士位者，使卓然可觀。

鴻嘉二年，詔舉淳厚有行義能直言者，冀聞切言嘉謀，正朕之不逮。

永始二年，日食。臨遣大中大夫循行天下，與部刺史舉淳樸遜讓有行義者各一人。

元延元年，詔以日食星隕，北邊二十二郡舉勇猛知兵法者各一人。

哀帝建平元年，詔大司馬、列侯、將軍、中二千石、州牧、守相舉孝悌淳厚能直言通政事、延於側陋可親民者各一人。

四年，詔將軍、中二千石舉明兵法有大慮者。

孝平元始元年，以日食，詔公卿、將軍、中二千石舉淳厚能直言者各一人。

二年，詔舉武勇有節明兵法，郡一人，詣公車。冬，詔中二千石舉治獄平，歲一人。

五年，召天下通知逸經、古記、天文、曆算、鍾律、小學、《史篇》、方術、《本草》及以《五經》、《論語》、《孝經》、《爾雅》教授者，在所爲駕一封軺傳，遣詣京師，至者數千人。

漢·劉珍等《東觀漢記》卷三《敬宗孝順皇帝》 中黄門孫程等十九人共討賊臣，以迎濟陰王於德陽殿西鐘下，即皇帝位。司空劉授以阿附惡逆，辟召非其人，策罷。永建元年，太傅馮石、太尉劉熹以阿黨權貴，李郃以人多疾疫免。三年，大傅桓焉無清介辟召，策罷。

又 卷一六《徐防傳》 郡國被水灾，比州湮沒，死者以千數。灾

異數降。西羌反叛，殺略人吏。京師淫雨，蝨賊傷稼穡。（徐）防比上書自陳過咎，遂策免。

《後漢書》卷一上《光武帝紀上》（建武二年二月）大司空王梁免。壬子，以太中大夫宋弘爲大司空。【略】

（三年）閏月乙巳，大司徒鄧禹免。【略】

三月壬寅，以大司徒司直伏湛爲大司徒。【略】

（五年）十一月壬寅，大司徒伏湛免，尚書令侯霸爲大司徒。

又　卷一下《光武帝紀下》（建武六年）冬十月丁丑，詔曰：『吾德薄不明，寇賊爲害，强弱相陵，元元失所。《詩》云：「日月告凶，不用其行。」永念厥咎，内疚於心。其敕公卿舉賢良、方正各一人；百僚並上封事，無有隱諱；有司修職，務遵法度。』【略】

十二月壬辰，大司空宋弘免。【略】

（七年）五月戊戌，前將軍李通爲大司空。【略】

（十二年）九月，大司空李通罷。【略】

十二月辛卯，揚武將軍馬成行大司空事。【略】

十三年春正月庚申，大司徒侯霸薨。【略】

三月辛未，沛郡太守韓歆爲大司徒。丙子，行大司空馬成罷。

（四月）甲寅，冀州牧竇融爲大司空。

十五年春正月辛丑，大司徒韓歆免，自殺。丁未，有星孛於昴。汝南太守歐陽歙爲大司徒。建義大將軍朱祐罷。

冬十一月甲戌，大司徒歐陽歙下獄死。

十二月庚午，關内侯戴涉爲大司徒。

（二十年）夏四月庚辰，大司徒戴涉下獄死。大司空竇融免。

六月庚寅，廣漢太守蔡茂爲大司徒，太僕朱浮爲大司空。壬辰，左中郎將劉隆爲驃騎將軍，行大司馬事。

（二十二年）冬十月壬子，大司空朱浮免。癸丑，光禄勳杜林爲大司空。

（二十三年）夏五月丁卯，大司徒蔡茂薨。

秋八月丙戌，大司空杜林薨。

九月辛未，陳留太守玉況爲大司徒。

冬十月丙申，太僕張純爲大司空。

二十七年夏四月戊午，大司徒玉況薨。

又　卷二《明帝紀》（永平三年）二月甲寅，太尉趙憙、司徒李訢免。丙辰，左馮翊郭丹爲司徒。己未，南陽太守虞延爲太尉。

（四年）冬十月乙卯，司徒郭丹、司空馮魴免。丙辰，河南尹范遷爲司徒，太僕伏恭爲司空。

八年春正月己卯，司徒范遷薨。

三月辛卯，太尉虞延爲司徒，衛尉趙憙行太尉事。

（十二年）秋七月乙亥，司空伏恭罷。乙未，大司農牟融爲司空。

十四年春三月甲戌，司徒虞延免，自殺。夏四月丁巳，鉅鹿太守南陽邢穆爲司徒。

（十六年）夏五月，淮陽王延謀反，發覺。癸丑，司徒邢穆、駙馬都尉韓光坐事下獄死，所連及誅死者甚衆。

六月丙寅，大司農西河王敏爲司徒。

（十七年）二月乙巳，司徒王敏薨。三月癸丑，汝南太守鮑昱爲司徒。

（中元三年）二月甲寅，太尉趙憙、司徒李訢免。丙辰，左馮翊郭丹爲司徒。己未，南陽太守虞延爲太尉。

又　卷三《章帝紀》（建初元年）三月甲寅，山陽、東平地震。己巳，詔曰：『朕以無德，奉承大業，夙夜慄慄，不敢荒寧。而災異仍見，與政相應。朕既不明，涉道日寡；又選舉乖實，俗吏傷人，官職耗亂，刑罰不中，可不憂與！昔仲弓季氏之家臣，子游武城之小宰，孔子猶誨以賢才，問以得人。明政無大小，以得人爲本。夫鄉舉里選，必累功勞。今刺史、守相不明眞僞，茂才、孝廉歲以百數，既非能顯，而當授之政事，甚無謂也。每尋前世舉人貢士，或起甽畝，不繫閥閲。敷奏以言，則文章可採；明試以功，則政有異迹。文質彬彬，朕甚嘉之。其令太傅、三公、中二千石、二千石、郡國守相，舉賢良方正、能直言極諫之士各一人。』

四年春二月庚寅，太尉牟融薨。

五月丙辰，車騎將軍馬防罷。甲戌，司徒鮑昱爲太尉，南陽太守桓虞

爲司徒。
（六年）六月丙辰，太尉鮑昱薨。
秋七月癸巳，以大司農鄧彪爲太尉。
（元和元年）八月甲子，太尉鄧彪罷，大司農鄭彪爲太尉。
（二年）五月戊申，詔曰：『乃者鳳皇、黄龍、鸞鳥比集七郡，或一郡再見，及白烏、神雀、甘露屢臻。祖宗舊事，或班恩施。其賜天下吏爵，人三級；高年、鰥、寡、孤、獨帛，人一匹。《經》曰：「無侮鰥寡，惠此煢獨。」加賜河南女子百户牛、酒，令天下大酺五日。賜公卿已下錢、帛各有差；及雒陽人當酺者布，户一匹，城外三户共一匹。賜博士員弟子見在太學者布，人三匹。令郡國上明經者，口十萬以上五人，不滿十萬三人。』
（三年）夏四月丙寅，太尉鄭弘免，大司農宋由爲太尉。
五月丙子，司空第五倫罷，太僕袁安爲司空。
（章和元年）六月戊辰，司徒桓虞免。癸卯，司空袁安爲司徒，光禄勳任隗爲司空。
又　卷四《和帝殤帝紀》　（章和二年三月）庚戌，【略】以彪爲太傅，賜爵關内侯，録尚書事，百官總己以聽，朕庶幾得專心内位。
（永元四年）三月癸丑，司徒袁安薨。閏月丁丑，太常丁鴻爲司徒。
秋七月己丑，太尉宋由坐黨憲自殺。
八月辛亥，司空任隗薨。癸丑，大司農尹睦爲太尉，録尚書事。
冬十月己亥，宗正劉方爲司空。
（五年）冬十月辛未，太尉尹睦薨。十一月乙丑，太僕張酺爲太尉。
（六年春正月）【略】己卯，司徒丁鴻薨。
（二月）丁未，司空劉方爲司徒，太常張奮爲司空。
（九年）九月庚申，司徒劉方策免，自殺。
十一月癸卯，光禄勳河南呂蓋爲司徒。
十二月丙寅，司空張奮罷。壬申，太僕韓棱爲司空。
（十年）秋七月己巳，司空韓棱薨。
八月丙子，太常太山巢堪爲司空。
（十二年）九月戊午，太尉張酺免。丙寅，大司農張禹爲太尉。
（十三年十一月）戊辰，司徒呂蓋罷。十二月丁丑，光禄勳魯恭爲司徒。
（十四年十月）丁酉，司空巢堪罷。十一月癸卯，大司農徐防爲司空。
（十六年七月）辛酉，司徒魯恭免。庚午，光禄勳張酺爲司徒。
八月己酉，司徒張酺薨。
冬十月辛卯，司空徐防爲司徒，大鴻臚陳寵爲司空。
延平元年春正月辛卯，太尉張禹爲太傅。司徒徐防爲太尉，參録尚書事，百官總己以聽。
（夏四月）丙寅，以虎賁中郎將鄧騭爲車騎將軍。司空陳寵薨。
又　卷五《安帝紀》　（永初元年秋九月庚午）【略】太尉徐防免。辛未，司空尹勤免。
庚寅，太傅張禹爲太尉，太常周章爲司空。
十一月丁亥，司空周章密謀廢立，策免，自殺。
十二月乙卯，潁川太守張敏爲司空。
（永初三年三月）壬寅，司徒魯恭免。
夏四月丙寅，大鴻臚九江夏勤爲司徒。
（五年春正月）己丑，太尉張禹免。甲申，光禄勳李脩爲太尉。
（六年）夏四月乙丑，司空張敏罷。己卯，太常劉愷爲司空。
（元初元年）九月乙丑，太尉李脩罷。先零羌寇武都、漢中，絕隴道。辛未，大司農山陽司馬苞爲太尉。
（二年）六月丙戌，太尉司馬苞薨。
秋七月辛巳，太僕太山馬英爲太尉。
（十二月）己酉，司徒夏勤罷。庚戌，司空劉愷爲司徒，光禄勳袁敞爲司空。
（四年）夏四月戊申，司空袁敞薨。五月丁丑，太常李郃爲司空。
（永寧元年）冬十月己巳，司空李郃免。癸酉，衛尉廬江陳褒爲司空。
（元初元年四月）詔三公、特進、列侯、中二千石、二千石、郡守舉敦厚質直者，各一人。

（建光元年四月）己巳，令公、卿、特進、侯、中二千石、二千石、郡國守相，舉有道之士各一人。【略】

秋七月己卯，改元建光。【略】壬寅，太尉馬英薨。

（八月）甲子，前司徒劉愷爲太尉。【略】

五月庚戌，宗正彭城劉授爲司空。

（二年）冬十月辛未，太尉劉愷罷。甲戌，司徒楊震爲太尉，光禄勳東萊劉熹爲司徒。

（四年）夏四月丁酉，太尉馮石爲太傅，司徒劉熹爲太尉，參録尚書事；前司空李郃爲司徒。

又　卷六《順帝紀》（延光四年十一月己卯）司空劉授免。

十二月甲申，少府河南陶敦爲司空。

（永建元年正月）辛巳，太傅馮石、太尉劉熹、司徒李郃免。二月【略】丙戌，太常桓焉爲太傅；大鴻臚朱寵爲太尉，參録尚書事；長樂少府九江朱倀爲司徒。

（十月）丁亥，司空陶敦免。

（二年）壬午，太尉朱寵、司徒朱倀罷。庚子，太常劉光爲太尉，録尚書事；光禄勳許敬爲司徒。

（四年八月）丁巳，太尉劉光、司空張皓免。

（九月）癸酉，大鴻臚龐參爲太尉，録尚書事。太常王龔爲司空。

冬十一月庚辰，司徒許敬免。

十二月乙卯，宗正劉崎爲司徒。

（陽嘉二年五月）戊午，司空王龔免。

六月辛未，太常魯國孔扶爲司空。

秋七月己未，太尉龐參免。

八月己巳，大鴻臚沛國施延爲太尉。

（三年）十一月壬寅，司徒劉崎、司空孔扶免。乙巳，大司農南郡黄尚爲司徒，光禄勳河東王卓爲司空。

（四年）夏四月甲子，太尉施延免。戊寅，執金吾梁商爲大將軍，前太尉龐參爲太尉。

（永和元年）十一月丙子，太尉龐參罷。

（十二月）乙巳，以前司空王龔爲太尉。

（二年）三月辛亥，北海王翼薨。乙卯，司空王卓薨。丁丑，光禄勳馮翊郭虔爲司空。

（三年）八月己未，司徒黄尚免。

九月己酉，光禄勳長沙劉壽爲司徒。

（五年九月）辛未，太尉王龔罷。

壬午，太常桓焉爲太尉。

（六年三月）庚子，司空郭虔免。

丙午，太僕趙戒爲司空。

（漢安元年）冬十月辛未，太尉桓焉、司徒劉壽免。甲戌，行車騎將軍張喬罷。

十一月壬午，司隸校尉趙峻爲太尉，大司農胡廣爲司徒。

又　《沖帝紀》（建康元年八月庚午）即皇帝位，年二歲。尊皇后曰皇太后。太后臨朝。丁丑，以太尉趙峻爲太傅，大司農李固爲太尉，參録尚書事。

又　《質帝紀》（本初元年閏月）丁亥，太尉李固免。戊子，司徒胡廣爲太尉，司空趙戒爲司徒，與梁冀參録尚書事。太僕袁湯爲司空。

又　卷七《桓帝紀》（建和元年）六月，太尉胡廣罷，大司農杜喬爲太尉。

（九月丁卯）太尉杜喬免。

冬十月，司徒趙戒爲太尉，司空袁湯爲司徒，前太尉胡廣爲司空。

（三年）冬十月，太尉趙戒免。司徒袁湯爲太尉，大司農河內張歆爲司徒。

（元嘉元年六月）司徒張歆罷，光禄勳吳雄爲司徒。

冬十月，司空胡廣罷。

閏月庚午，任城王崇薨。太常黄瓊爲司空。

（二年）十一月，司空黄瓊免。

十二月，特進趙戒爲司空。

（永興元年）冬十月，太尉袁湯免，太常胡廣爲太尉。司徒吳雄罷，司空趙戒免；以太僕黄瓊爲司徒，光禄勳房植爲司空。

(二年九月) 太尉胡廣免，司徒黃瓊爲太尉。
閏月，光禄勳尹頌爲司徒。
(永壽元年六月) 南陽大水。司空房植免，太常韓縯爲司空。
(三年) 冬十一月，司徒尹頌薨。司空韓縯爲司徒，太常北海孫朗爲司空。
(延熹元年) 秋七月己巳，雲陽地裂。甲子，太尉黃瓊免，太常胡廣爲太尉。
(二年八月丁丑) 太尉胡廣坐免。司徒韓縯、司空孫朗下獄。
大司農黃瓊爲太尉，光禄大夫中山祝恬爲司徒，大鴻臚梁國盛允爲司空。
(三年) 六月辛丑，司徒祝恬薨。
秋七月，司空盛允爲司徒，太常虞放爲司空。
(四年二月) 司徒盛允免，大司農种暠爲司徒。
三月，省冗從右僕射官。太尉黃瓊免。
夏四月，太常劉矩爲太尉。
(六月) 司空虞放免，前太尉黃瓊爲司空。
九月，司空黃瓊免，大鴻臚劉寵爲司空。
(五年十一月) 太尉劉矩免，太常楊秉爲太尉。
(六年春二月) 衛尉潁川許栩爲司徒。
十一月，司空劉寵免。
十二月，衛尉周景爲司空。
(八年) 五月壬申，罷太山都尉官。
冬十月，司空周景免，太常劉茂爲司空。
(九年四月) 司徒許栩免。五月，太常胡廣爲司徒。
(七月) 太尉陳蕃免。
(九月) 司空劉茂免。
(十二月) 光禄勳汝南宣酆爲司空。
又 卷八《靈帝紀》 建寧元年春正月壬午，城門校尉竇武爲大將軍。庚子，卽皇帝位，年十二。改元建寧。以前太尉陳蕃爲太傅，與竇武及司徒胡廣參録尚書事。
夏四月戊辰，太尉周景薨。司空宣酆免，長樂衛尉王暢爲司空。
五月丁未朔，日有食之。詔公卿以下各上封事，及郡國守、相舉有道之士各一人；又故刺史、二千石清高有遺惠、爲衆所歸者，皆詣公車。太中大夫劉矩爲太尉。
八月，司空王暢免，宗正劉寵爲司空。
(九月) 司徒胡廣爲太傅，録尚書事。司空劉寵爲司徒，大鴻臚許栩爲司空。
十一月，太尉劉矩免，太僕沛國聞人襲爲太尉。
(二年) 五月，太尉聞人襲罷，司空許栩免。
十一月，太尉劉寵免。【略】
(三年) 夏四月，太尉郭禧罷。
(熹平元年) 十二月，司徒許栩罷。
(二年) 三月，太尉李咸免。
(十二月) 太尉段熲罷。
(三年十二月) 司空唐珍罷，永樂少府許訓爲司空。
(五年) 五月，太尉陳耽罷，司空許訓爲太尉。
六月壬戌，太常南陽劉逸爲司空。
秋七月，太尉許訓罷，光禄勳劉寬爲太尉。
冬十月壬午，御殿後槐樹自拔倒豎。司徒袁隗罷。十一月丙戌，光禄大夫楊賜爲司徒。
(六年) 秋七月，司空劉逸免，衛尉陳球爲司空。
(冬十月) 太尉劉寬免。
十月，太尉劉寬免。
十一月，司空陳球免。
十二月甲寅，太常河南孟戫爲太尉。庚辰，司徒楊賜免。太常陳耽爲司空。
(光和元年春正月) 太尉孟戫罷。
(二月) 癸丑，光禄勳陳國袁滂爲司徒。
(三月辛丑) 太常常山張顥爲太尉。
(四月) 司空陳耽免，太常來豔爲司空。

九月，太尉張顥罷，太常陳球爲太尉。

十月屯騎校尉袁逢爲司空。

冬十月，屯騎校尉袁逢爲司空。

十一月，太尉陳球免。

十二月丁巳，光禄大夫橋玄爲太尉。

（二年）三月，司徒袁滂免，大鴻臚劉郃爲司徒。乙丑，太尉橋玄罷，太中大夫段熲爲太尉。

十二月，光禄勳楊賜爲司徒。

五月，衛尉劉寬爲太尉。

（四年九月）太尉劉寬免，衛尉許馘爲太尉。

（閏月）司徒楊賜罷。冬十月，太常陳耽爲司徒。

（五年）三月，司徒陳耽免。

夏四月，旱。太常袁隗爲司徒。

冬十月，太尉許馘罷，太常楊賜爲太尉。

（中平元年）夏四月，太尉楊賜免，太僕弘農鄧盛爲太尉。司空張濟罷，大司農張温爲司空。

（二年二月）司徒袁隗免。三月，廷尉崔烈爲司徒。

五月，太尉鄧盛罷，太僕河内張延爲太尉。

秋七月，三輔螟。左車騎將軍皇甫嵩免。

八月，以司空張温爲車騎將軍，討北宫伯玉。

九月，特進楊賜爲司空。

冬十月庚寅，司空楊賜薨，光禄大夫許相爲司空。

（三年二月）大尉張延罷。車騎將軍張温爲太尉，中常侍趙忠爲車騎將軍。

（四年四月）太尉張温免，司徒崔烈爲太尉。

五月，司空許相爲司徒，光禄勳沛國丁宫爲司空。

十一月，太尉崔烈罷，大司農曹嵩爲太尉。

（五年）四月，汝南葛陂黄巾攻没郡縣。太尉曹嵩罷。

五月，永樂少府樊陵爲太尉。

（六月）太尉樊陵罷。

秋七月，射聲校尉馬日磾爲太尉。

（八月）司徒許相罷，司空丁宫爲司徒。光禄勳南陽劉弘爲司空。衛尉董重爲票騎將軍。

（六年四月）太尉馬日磾免，幽州牧劉虞爲太尉。【略】後將軍袁隗爲太傅，與大將軍何進參録尚書事。

（秋七月）司徒丁宫罷。

（八月）司空劉弘免，董卓自爲司空。

又　卷九《獻帝紀》　（永漢元年九月）乙酉，以太尉劉虞爲大司馬。董卓自爲太尉，加鈇鉞、虎賁。丙戌，太中大夫楊彪爲司空。甲午，豫州牧黄琬爲司徒。

十一月癸酉，董卓自爲相國。

十二月戊戌，司徒黄琬爲太尉，司空楊彪爲司徒，光禄勳荀爽爲司空。

（初平元年）二月乙亥，太尉黄琬、司徒楊彪免。庚辰，董卓殺城門校尉伍瓊、督軍校尉周珌。以光禄勳趙謙爲太尉，太僕王允爲司徒。

六月辛丑，光禄大夫种拂爲司空。

（二年）二月丁丑，董卓自爲太師。

秋七月，司空种拂免，光禄大夫濟南淳于嘉爲司空。太尉趙謙罷，太常馬日磾爲太尉。

（三年）夏四月辛巳，誅董卓，夷三族。司徒王允録尚書事，總朝政，遣使者張种撫慰山東。

（六月）丙子，前將軍趙謙爲司徒。

秋七月庚子，太尉馬日磾爲太傅，録尚書事。

八月，遣日磾及太僕趙岐，持節慰撫天下。車騎將軍皇甫嵩爲太尉。司徒趙謙罷。

（九月）甲申，【略】司空淳于嘉爲司徒，光禄大夫楊彪爲司空，並録尚書事。

冬十二月，太尉皇甫嵩免。光禄大夫周忠爲太尉，參録尚書事。

（四年）六月，扶風大風，雨雹。華山崩裂。太尉周忠免，太僕朱儁爲太尉，録尚書事。

（十月）司空楊彪免，太常趙温爲司空。

（十二月）司空趙温免，乙巳，衛尉張喜爲司空。

（興平元年）秋七月壬子，太尉朱儁免。戊午，太常楊彪爲太尉，録尚書事。

（九月）司徒淳于嘉罷。

（冬十月）以衛尉趙温爲司徒，録尚書事。

（建安元年八月）辛亥，鎮東將軍曹操自領司隸校尉，録尚書事。

九月，太尉楊彪、司空張喜罷。

冬十一月丙戌，曹操自爲司空，行車騎將軍事，百官總己以聽。

十三年春正月，司徒趙温免。

夏六月，罷三公官，置丞相、御史大夫。癸巳，曹操自爲丞相。

八月丁未，光禄勳郗慮爲御史大夫。

二十五年春正月庚子，魏王曹操薨。子丕襲位。

又 卷一六《鄧禹傳》 （建武元年七月）光武卽位於鄗，使使者持節拜禹爲大司徒。

又 卷一七《賈復傳》 （建武）十三年，定封膠東侯，食郁秩、壯武、下密、卽墨、梃、觀陽，凡六縣。復知帝欲偃干戈，修文德，不欲功臣擁衆京師，乃與高密侯鄧禹並剽甲兵，敦儒學。帝深然之，遂罷左右將軍。復以列侯就第，加位特進。復爲人剛毅方直，多大節。既還私第，闔門養威重。朱祐等薦復宜爲宰相，帝方以吏事責三公，故功臣並不用。

又 卷二二《馬成傳》 （建武十二年）大司空李通罷，以（馬）成行大司空事，居府如眞，數月復拜揚武將軍。

又 卷二五《魯恭傳》 （魯恭）以老病策罷。

又 卷二六《伏湛傳》 光武卽位，知（伏）湛名儒舊臣，欲令幹任内職，徵拜尚書，使典定舊制。時大司徒鄧禹西征關中，帝以湛才任宰相，拜爲司直，行大司徒事。車駕每出征伐，常留鎮守，總攝羣司。建武三年，遂代鄧禹爲大司徒，封陽都侯。

又 卷四四《鄧彪傳》 （鄧彪）視事四年，以疾乞骸骨。元和元年，賜策罷，贈錢三十萬，在所以二千石奉終其身。

又 卷四五《張酺傳》 司徒呂蓋奏（張）酺位居三司，知公門有儀，不屏氣鞠躬以須詔命，反作色大言，怨讓使臣，不可以示四遠。於是策免。

又 卷五一《龐參傳》 （龐）參夫人疾前妻子，投於井而殺之。參素與雒陽令祝良不平，良聞之，率吏卒入太尉府案實其事，乃上參罪，遂因灾異策免。

又 卷五四《楊賜傳》 （熹平）二年，代唐珍爲司空，以灾異免。復拜光禄大夫，秩中二千石。五年，代袁隗爲司徒。是時朝廷爵授，多不以次。【略】四年，賜以病罷。

中平六年，代董卓爲司空，其冬，代黄琬爲司徒。

又 《楊彪傳》 建安元年，從東都許。時天子新遷，大會公卿，兗州刺史曹操上殿，見彪色不悦，恐於此圖之，未得宴設，託疾如廁，因出還營。彪以疾罷。

又 卷六〇《蔡邕傳》 初，朝議以州郡相黨，人情比周，乃制婚姻之家及兩州人士不得對相監臨。至是復有三互法，唐李賢注：三互謂婚姻之家及兩州人不得交互爲官也。《謝承書》曰『史弼遷山陽太守，其妻鉅野薛氏女，以三互自上，轉拜平原相』是也。禁忌轉密，選用艱難。

又 卷六《左雄傳》 陽嘉元年，太學新成，詔試明經者補弟子，增甲乙之科，員各十人。除京師及郡國耆儒年六十以上爲郎、舍人、諸王國郎者百三十八人。

又 卷六三《李固傳》 初，順帝時諸所除官，多不以次，及固在事，奏免百餘人。此等既怨，又希望冀旨，遂共作飛章虚誣固。

又 卷六五《段熲傳》 （建寧四年，段熲）代李咸爲太尉，其冬病罷，復爲司隸校尉。

又 卷六六《陳蕃傳》 （熹平）九年，李膺等以黨事下獄考實。蕃因上疏極諫，【略】帝諱其言切，託以蕃辟召非其人，遂策免之。

又 卷七六《循吏傳・劉矩》 延熹四年，代黄瓊爲太尉。瓊復爲司空，矩與瓊及司徒种暠同心輔政，號爲賢相。時連有灾異，司隸校尉以劾三公。尚書朱穆上疏，稱矩等良輔，以言殷湯、高宗不罪臣下之義。帝不省，竟以蠻夷反叛免。

又 卷七九下《儒林傳下・伏恭》 （伏）恭乃省減浮辭，定爲二

十萬言。在位九年，以病乞骸骨罷，詔賜千石奉以終其身。

（永平）四年，帝臨辟雍，於行禮中拜恭爲司空，儒者以爲榮。

唐・杜佑《通典》卷一三《選舉一・歷代制上》 後漢光武建武十二年詔：『三公舉茂才各一人，廉吏各一人；左右將軍歲察廉吏各二人；光禄歲舉郎、茂才、四行各一人，察廉吏三人；中二千石歲察廉吏各一人；廷尉、大司農二人；將兵將軍歲察廉吏各二人；監御史、司隸、州牧歲舉茂才各一人。』改前漢常侍曹尚書爲吏曹尚書。其時，選舉於郡國屬功曹，於公府屬東西曹，於天臺屬吏曹尚書，亦曰選部，而尚書令總之。其所進用，加以歲月先後之次。凡郡國守相，視事未滿歲，不得察舉孝廉、廉吏；以其未久，不周知也。所徵舉率皆特拜，不復簡試。士或矯飾，謗議漸生。

章帝建初元年，詔曰：『夫鄉舉里選，必累功勞。今刺史、守相不明眞僞，茂才、孝廉歲以百數，漢曰秀才；後漢避光武諱，故曰茂才。魏曰秀才。既非能著，而當授之政事，甚無謂也。每尋前代舉人貢士，或起畎畝，不繫閥閱。敷奏以言，則文章可采；明試以功，則理有異迹。文質斌斌，朕甚嘉之。』始復用前漢丞相故事，以四科辟士。武帝因董仲舒之言立制，故事在丞相府，今復用之。第一科補西曹、南閤、祭酒，二科補議曹，三科補四辭八奏，四科補賊決。凡所舉士，先試之以職，乃得充選。其德行尤異，不宜試職者，疏於他狀；舉非人兼不舉者，罪。

舊制，大郡口五六十萬舉孝廉二人，小郡二十萬並有蠻夷者亦舉二人，和帝以爲不均，下公卿會議。司徒丁鴻、司空劉方上言：『凡口率之科，宜有階品，蠻夷雜錯，不得爲數。自今郡國率二十萬口歲舉孝廉一人，四十萬二人，六十萬三人，八十萬四人，百萬五人，百二十萬六人。不滿二十萬，二歲一人；不滿十萬，三歲一人。』帝從之。又制：『緣邊郡口十萬以上，歲舉孝廉一人；不滿十萬，二歲舉一人；五萬以下，三歲一人。』推校當時户口，一歲所貢不過二百餘人。

安帝永初二年，詔：『王國官屬墨綬下至郎、謁者，經明任博士，居鄉里有廉清孝順之稱，才任理人者，國相歲移名，與計偕上尚書，公府通調，令得外補。』

順帝又增甲乙科員十人，除郡國耆儒，皆補郎、舍人。陽嘉元年，尚書令左雄議改察舉之制，限年四十以上，儒者試經學，文吏試章奏。如有顔回、子奇之類，不拘年齒。尚書僕射胡廣、尚書郭虔等駁之曰：『選舉因才，無拘定制。六奇之策，不出經學；鄭、阿之政，非必章奏。甘、奇著用，年乖强仕；終、賈揚聲，亦在弱冠。漢承周、秦，兼覽殷、夏，祖德師經，參雜霸軌，聖主賢臣，代以致理，貢舉之制，莫或廻革。今以一臣之言，不可剗戾舊章。』竟從雄議。於是雄上言：『郡國孝廉，古之貢士，出則宰人，宣協風教。若其面牆，則無所施用。孔子曰「四十不惑」，《禮》稱「强仕」。請自今孝廉年不滿四十，不得察舉。皆先詣公府，諸生試家法，儒有一家之學，故曰家法。文吏課箋奏，副之端門，練其虛實，以觀異能，以美風俗。有不承科令者，正其罪法。若有茂才異行，自可不拘年齒。』帝從之，於是班下郡國。明年，有廣陵孝廉徐淑，年未及舉，臺郎疑而詰之，對曰：『詔書：「有如顔回、子奇，不拘年齒。」是故本郡以臣充選。』郎不能屈。雄詰之：『昔顔回聞一知十，孝廉聞一知幾？』淑無以對，乃遣還郡。於是濟陰太守胡廣等十餘人皆坐謬舉免黜，唯汝南陳蕃、潁川李膺、下邳陳球等三十餘人得拜郎中。自是牧守畏慄，莫敢輕舉。雄在尚書，迄於永憙，十餘年閒，察選清平，多得其人。雄又奏徵海内名儒爲博士，使公卿子弟爲諸生，有志操者，加其俸禄。及汝南謝廉、河南趙建，年始十二，各能通經，雄並奏拜童子郎。自是負書來學，雲集京師。

侍中張衡上疏曰：『自初舉孝廉，到今二百年，必先孝行，行有餘力，乃草文法耳。今詔書一以能誦章句、結奏案爲限，雖有至孝，不當其科，所謂損本而求末者也。自改試以來，累有妖星震裂之災，是天意不安於此法故也。』

後黄瓊爲尚書令，以雄前所上孝廉之選，專用儒學、文吏，於取士之義猶有所違，乃奏增孝悌及能從政者，爲四科。范曄曰：『漢初詔舉賢良、方正，州郡察孝廉、秀才，斯亦貢士之方也。中興以後，復增敦朴、有道、賢能、直言、獨行、高節、質直、清白、敦厚之屬。榮路既廣，自是竊名僞服，浸以流競。權門貴仕，請謁繁興。自左雄任事，限年試才，雖頗有不密，固亦因識時宜。而黄瓊、胡廣、張衡、崔瑗之徒，泥滯舊方，互相詭駁，循名者屈其短，算實者挺其效。雄在尚書，天下不敢謬選，十餘年閒，稱爲得人，斯亦效實之徵乎？』

舊典，選舉委任三府，三府有選，參議掾屬。諮其行狀，度其器能，受試任用，

責以成功。名無可察，然後付之尚書之舉刺，請下廷尉，覆案虛實，行其誅罰。

桓帝建和初，詔：『諸學生年十六以上，比郡國明經，試，次第上名。高第十五人、上第十六人爲中郎，中第十七人爲太子舍人，下第十七人爲王家郎。』

永壽二年甲午，詔復課試諸生，補郎、舍人。其後復制：『學生滿二歲，試通二經者，補文學掌故；其不能通二經者，須後試復隨輩試，試通二經者，亦得爲文學掌故。其已爲文學掌故者，滿二歲，試能通三經者，擢其高第，爲太子舍人；其不得第者，後試復隨輩試，第復高者，亦得爲太子舍人。已爲太子舍人，滿二歲，試能通四經者，擢其高第，爲郎中；其不得第者，後試復隨輩試，第復高者，亦得爲郎中。已爲郎中，滿二歲，試能通五經者，擢其高第，補吏，隨才而用；其不得第者，後試復隨輩試，第復高，亦得補吏。』

其後綱紀隳紊，凡所選用，莫非情故。時議以州郡相阿，人情比周，乃制婚姻之家及兩州之人不得相臨。遂復有『三互』法，三互，謂婚姻之家及兩州不得交互爲官。是時史弼遷山陽太守，其妻鉅野薛氏女，以三互自上，轉拜平原相是也。禁網益密，選用彌艱。幽冀二州久闕，而公府限以三互，經時不補。議郎蔡邕上言曰：『伏見幽冀舊壤，鎧馬所出，比年兵飢，漸至空耗，闕職經時，吏人延屬。而三府選舉，逾月不定，以避三互。十二州有禁，當取二州而已。又二州之士，或復限以歲月，狐疑淹遲，以失事會。愚以爲三互之禁，禁之薄者。但申以威靈，明其憲令，在任之人，豈不戒懼，而坐設三互，自生留閡邪？昔韓安國起自徒中，朱買臣出於幽賤，並以才宜，還守本邦。豈復顧循三互，繼以末制者乎？臣願蠲除近禁，其諸州刺史器用可授者，無拘日月、三互，以差厥中。』靈帝不省。是時諸博士試甲乙科，爭第高下，更相告訟，頗行賄賂，改蘭臺漆書之經，以合其私文者。帝乃詔諸儒讎定五經，而鐫石以刊其文，使蔡邕等書爲古文、篆、隸三體，立於太學門，謂之『石經』。由是爭者乃息。凡學士不得有金痍、痼疾，督書其版，舉主保之。其督郵版狀曰：生事愛敬，喪没如禮。通《易》、《尚書》、《孝經》、《論語》，兼綜載籍，窮微闡奥。師事某官，見授門徒五十人以上。隱居樂道，不求聞達。身無金痍、痼疾。三十六屬，不與妖惡，交通王侯賞賜。行應四科，經任博士。下署某官、某甲保舉。順帝諱保，改稱守。沈既濟曰：『初順帝推心虛己，延企天下之士，以玄纁玉帛徵魯陽樊英。既至，天子爲降寢殿，設壇席，待如神明。尚書奉引，延問得失。英所對唯常言，無宏謨博略可以動觀聽。繇是流俗諠嚣，以爲處士純盜虛聲，聾俗而已，物議不允。是時閹宦秉政，姻黨遍天下，故士君子羞爲儕偶。太學諸生三萬餘人，郭泰、賈彪爲之冠，李、杜、陳、范爲其徒，更相褒重，危言高論，横議得失，朝廷政刑必品裁之。公卿皆畏，迎門倒屣，折節自下。議者咸以爲文儒復興，唯申屠蟠曰：「不然。當戰國閒，處士干時，列國之君，至有擁篲爲前驅者，卒致焚書坑儒之禍，兹其兆矣。」既而羣士以善惡相驅，或譏誣相加，一彼一此，連爲鉤黨。而閹豎等構成釁故，乃誣告羣士以交結訕謗，圖爲不軌。靈帝震怒，悉令逮捕之。於是遂有黨錮之獄。始自周福、房植，成於李膺、張儉，名士死獄中者百餘人。其支黨因緣或詞濫而誅徙禁廢者六七百人。從古以來，諸生之盛莫如是，善人喪敗亦莫如是。昔仲尼有言曰：「人而不仁，疾之以甚，亂也。」是以君子之道，貴闇然而日彰。故衣錦尚褧，惡其昭昭也。嗟乎！申屠子龍其知言歟？』

宋・徐天麟《東漢會要》卷二一《職官三・世官》 劉昆少習禮容。子軼，傳昆業，稍遷宗正，卒官，遂世掌宗正焉。《儒林傳》

張奮累世台輔。本《傳》

吳雄三世廷尉，爲法名家。《郭鎮傳》

歐陽歙自歐陽生傳《伏生尚書》，至歙八世，皆爲博士。《儒林傳》

陳忠世典刑法。本《傳》

自楊震至彪，四世太尉，德業相繼；袁氏累世宰相，俱爲東京名族。《楊彪傳》

公孫瓚家世二千石。本《傳》

蓋勳家世二千石。本《傳》

袁紹累世台司。本《傳》

又《久任》 建武十三年，馮魴爲魏郡太守。二十七年，以高第入爲太僕。

成武孝侯順爲六安太守數年，帝欲召之，吏人上書請留。

王霸爲上谷太守，在上谷二十餘歲。

祭肜爲遼東太守，在遼東幾三十年。

鮑德爲河南太守，在職九年。

衛颯爲桂陽太守，視事十年，郡内清理。

許荆爲桂陽太守，在事十二年。並本《傳》

黄瓊處議郎且十年。《李固傳》

吳祐在膠東九年。《傳》

又《行領試守假比秩爲眞》 靈壽侯邳彤行大司空事。《傳》

驃騎將軍行大司空事劉隆。《紀》

衛尉趙熹行太尉事。《明紀》

光禄勳鄧鴻行車騎將軍事。《和紀》

行度遼將軍事來苗。《南匈奴傳》

行度遼將軍朱徽。《和紀》

馬成行大司空事居府如眞。本《傳》

行車騎將軍馬防。《西羌傳》

行征西將軍司馬鈞。《龐參傳》

韋彪行司徒事。

寇恂拜河内太守，行大將軍事。

伏湛爲司直，行大司徒事。

銚期爲魏郡太守，行大將軍事。

侍中鄧疊行征西將軍事。

馮魴行衛尉事。

班固行中郎將事。並本《傳》

南陽宗廣領信都太守事。《任光傳》

陳俊爲琅邪太守，領將軍如故。

王丹領左馮翊。

蓋勳領漢陽太守。並本《傳》

守光禄大夫郭遵、馮羨、欒巴、張綱、周栩、劉班。《順紀》

馮異守征虜將軍。

王允守尚書令。

欒巴守光禄大夫。並本《傳》

呂种守沅陵長。《宋弱傳》

西域假司馬班超。《章紀》

永平元年，初令郎官詔除者，得占丞尉，以比秩爲眞。李固對防曰：『長水司馬武宣、開陽城門候羊迪等。無它功德。初拜便眞。』《續漢志》曰：『中都官，千石、六百石，故事先守一歲，然後補眞。』

鄧遵以皇太后之從弟，故始爲眞將軍。《匈奴傳》注云：『自置度遼將軍以來，皆權行其事，今始爲眞將軍也。』

又 卷二六《選舉上·賢良方正直言極諫》 建武六年十月，詔曰：『吾德薄不明，寇賊爲害，强弱相陵，元元失所。永念厥咎，内疚於心，其敕公卿舉賢良方正各一人。』

七年四月，詔曰：『比陰陽錯謬，日月薄食。百姓有過，在予一人，公、卿、司隸、州牧舉賢良、方正各一人，遣詣公車，朕將覽試焉。』

章帝建初元年三月，詔曰：『朕以無德，奉承大業，夙夜慄慄，不敢荒寧。而灾異仍見，與政相應。朕既不明，涉道日寡；又選舉乖實，俗吏傷人，官職耗亂，刑罰不中，可不憂與！昔仲弓季氏之家臣，子游武城之小宰，孔子猶誨以賢才，問以得人。明政無大小，以得人爲本。夫鄉舉里選，必累功勞。今刺史、守相不明眞僞，茂才、孝廉歲以百數，既非能顯，而當授之政事，甚無謂也。每尋前世舉人貢士，或起甽畝，不繫閥閱。敷奏以言，則文章可採；明試以功，則政有異迹。文質彬彬，朕甚嘉之。其令太傅、三公、中二千石、二千石、郡國守相舉賢良方正、能直言極諫之士各一人。』

五年二月朔，日有食之。詔：『公卿已下，其舉直言極諫、能指朕過失者各一人，遣詣公車，將親覽問焉。其以巖穴爲先，勿取浮華。』

和帝永元六年三月，詔曰：『陰陽不和，水旱違度。思得忠良之士，以輔朕之不逮。其令三公、中二千石、二千石、内郡守相舉賢良方正、直言極諫之士各一人。昭巖穴，披幽隱，遣詣公車，朕將悉聽焉。』帝乃親臨策問，選補郎吏。

安帝永初元年三月，日有食之。詔公卿内外衆官，郡國守相，舉賢良方正、有道德之士，明正術、達古今、能直言極諫者，各一人。

五年三月，詔曰：『朕以不明，統理失中，思得忠良正直之人，以輔不逮。其令三公、特進、侯、中二千石、二千石、郡守、諸侯相舉賢良方正、有道術、達於政化、能直言極諫之士各一人，及至孝與衆卓異者，並遣詣公車，朕將親覽焉。』

順帝卽位，詔公、卿、郡守、國相，舉賢良方正、能直言極諫之士各

一人。

漢安元年二月，詔大將軍、公、卿，舉賢良方正、能探賾索隱者各一人。

沖帝即位，詔三公、特進、侯、卿、校尉，舉賢良方正、幽逸修道之士各一人。

桓帝建和元年四月，京師地震。詔大將軍、公、卿、校尉，舉賢良方正、能直言極諫之士各一人。

三年六月，詔大將軍、三公、特進、侯，其與卿、校尉舉賢良方正、能直言極諫之士各一人。

永興二年二月，京師地震，詔公、卿、校尉，舉賢良方正、能直言極諫者各一人。

延熹八年正月，日有食之。詔公、卿、校尉，舉賢良方正。

永康元年五月，詔公、卿、校尉，舉賢良方正。並《紀》

又《博士弟子甲乙科》 光武中興，先訪儒雅，四方學士雲會京師。於是立五經博士，各以家法教授，凡十四博士，太常差次總領焉。建武五年，乃修起太學，稽式古典，服方領習矩步者，委蛇乎其中。肅宗又詔高才生受《古文尚書》、《毛詩》、《穀梁》、《左氏春秋》，雖不立學官，然皆擢高第爲講郎，給事近署。《儒林傳》序

和帝永元十四年，司空徐防以《五經》久遠，聖意難明，宜爲章句，以悟後學。上疏曰：『臣聞《詩》《書》《禮》《樂》，定自孔子；發明章句，始於子夏。其後諸家分析，各有異説。漢承亂秦，經典廢絶，本文略存，或無章句。收拾缺遺，建立明經，博召儒術，開置太學。孔聖既遠，微旨將絶，故立博士十有四家，設甲乙之科，以勉勸學者，所以示人好惡，改敝就善者也。伏見太學試博士弟子，皆以意説，不修家法，私相容隱，開生姦路。每有策試，輒興諍訟，論議紛錯，互相是非。不依章句，妄生穿鑿，以遵師爲非義，意説爲得理，輕侮道術，寖以成俗，誠非詔書實選本意。臣以爲博士及甲乙策試，宜從其家章句，開五十難以試之。解釋多者爲上第，引文明者爲高説；若不依先師，義有相伐，皆正以爲非。《五經》各取上第六人，《論語》不宜射策。雖所失或久，差可矯革。』詔書下公卿，皆從防言。《徐防傳》

順帝陽嘉元年，試明經下第者補弟子，增甲、乙科員十人。本《紀》。案前書《儒林傳》，成帝末，歲課甲科四十人爲郎中，乙科二十人爲太子舍人，丙科二十人補掌故。東京因仍舊制，今更增各十人。

質帝本初元年，令郡國舉明經，年五十以上、七十以下詣太學。自大將軍至六百石，皆遣子受業，歲滿課試，以高第五人補郎中，次五人太子舍人。又千石、六百石、四府掾屬、三署郎、四姓小侯先能通經者，各令隨家法，其高第者上名牒，以次賞進。《紀》

靈帝熹平五年，試太學生年六十以上百餘人，除郎中、太子舍人至王家郎、郡國文學吏。《紀》

又《孝廉廉吏》 郡太守舉孝廉，郡口二十萬舉一人。《百官志》

故事，尚書郎以令史以次補之。光武始用孝廉爲尚書郎。同上

建武十二年，詔三公舉廉吏各二人，光禄歲察廉吏三人，中二千石歲察廉吏各一人，廷尉大司農各二人，將兵將軍歲察廉吏各二人。《百官志》注

章帝建初元年，初舉孝廉、郎中寬博有謀、任典城者，以補長、相。《紀》

和帝時，大郡口五六十萬舉孝廉二人，小郡口二十萬并有蠻夷者亦舉二人，帝以爲不均，下公卿會議。丁鴻與司空劉方上言：『凡口率之科，宜有階品，蠻夷錯雜，不得爲數。自今郡國率二十萬口歲舉孝廉一人，四十萬二人，六十萬三人，八十萬四人，百萬五人，百二十萬六人。不滿二十萬二歲一人，不滿十萬三歲一人。』帝從之。《丁鴻傳》

永元七年四月，詔曰：『舊典因孝廉之舉以求人。有司詳選郎官寬博有謀、才任典城者三十人。』既而悉以所選郎出補守相。

十三年，詔緣邊郡口十萬以上歲舉孝廉一人，不滿十萬二歲舉一人，五萬以下三歲舉一人。

安帝元初六年，詔光禄勳與中郎將選孝廉郎寬博有謀、清白行高者五十人，補令、長、丞、尉。

延光二年八月，初令三署郎通達經術、任牧民者，視事三歲以上，皆得察舉。

順帝即位，令郡國守相視事未滿歲者，一切得舉孝廉吏。並《紀》

陽嘉元年，左雄上言：『孔子曰「四十不惑」，《禮》稱「强仕」。請自今孝廉年不滿四十，不得察舉，皆先詣公府，諸生試家法，文吏課牋奏，副之端門，練其虚實，以觀異能，以美風俗。有不承科令者，正其罪法。若有茂才異行，自可不拘年齒。』帝從之。胡廣、郭虔、史敞上書駁之，曰：『凡選舉因才，無拘定制。六奇之策，不出經學；鄭、阿之政，非必章奏。甘、奇顯用，年乖强仕，終賈揚聲，亦在弱冠。前世以來，貢舉之制，莫或回革。今以一臣之言，剗戾舊章，便利未明，衆心不厭。矯枉變常，政之所重，而不訪台司，不謀卿士。若事下之後，議者剝異，異之則朝失其便，同之則王言已行。臣愚以爲可宣下百官，參其同異，然後覽擇勝否，詳采厥衷。』帝不從。辛卯，初令郡國舉孝廉，限年四十以上，諸生通章句，文吏能牋奏，乃得應選，其有異才異行，若顏淵、子奇，不拘年齒。久之，廣陵所舉孝廉徐淑，年未四十，臺郎詰之，對曰：『詔書曰「有如顏回、子奇，不拘年齒」，是故本郡以臣充選。』郎不能屈。左雄詰之曰：『昔顏回聞一知十，孝廉聞一知幾耶？』淑無以對，乃罷卻之。左雄等《傳》

閏月丁亥，令諸以詔除爲郎，年四十以上課試如孝廉科者，得參廉選，歲舉一人。《紀》

左雄前議舉吏先試之於公府，又覆之於端門，尚書張盛奏除此科。黄瓊復上言：『覆試之作，將以澄清洗濁，覆實虚濫，不宜改革。』帝乃止。《黄瓊傳》

二年，張衡言：『自初舉孝廉，迄今二百歲矣，皆先孝行，行有餘力，始學文法。辛卯詔書，以能章句奏案爲限，雖有至孝，猶不應科。此棄本而取末。曾子長於孝，然實魯鈍，文學不若游、夏，政事不若冉、季。今欲使一人兼之，苟外有可觀，內必有闕，則違選舉孝廉之意矣。』《張衡傳》

漢安元年，尚書令黄瓊以前左雄所上孝廉之選，專用儒學文吏，於取士之義，猶有所遺，乃奏增孝悌及能從政者爲四科，帝從之。《黄瓊傳》

桓帝即位，詔曰：『孝廉、廉吏皆當典城牧民，禁姦舉善，興化之本，恆必由之。詔書連下，分明懇惻，而在所翫習，遂至怠慢，選舉乖錯，害及元元。頃雖頗繩正，猶未懲改。方今淮夷未殄，軍師屢出，百姓疲悴，困於徵發。庶望羣吏，惠我勞民，蠲滌貪穢，以祈休祥。其令秩滿百石，十歲以上，有殊才異行，乃得參選。臧吏子孫，不得察舉。杜絶邪僞請託之原，令廉白守道者得信其操。各明守所司，將觀厥後。』《紀》

侍中尚書中臣子弟不得爲吏察孝廉。《李固傳》

又《至孝》 安帝永初五年，舉至孝與衆卓異者。《紀》。下同。

桓帝建和元年，詔大將軍、公、卿、郡國，舉至孝、篤行之士各一人。《崔寔傳》作『至孝、獨行』。

延熹九年，詔公、卿、校尉、郡國舉至孝。

獻帝建安五年，詔三公舉至孝二人，九卿、校尉、郡國守相各一人，皆上封事，靡有所諱。

又《有道》 安帝建光元年四月己巳，令公、卿、特進、侯、中二千石、二千石、郡國守相舉有道之士各一人。《紀》

安帝詔舉有道，公卿百僚各上封事。陳忠上疏言：『嘉謀異策，宜輒納用。若有道之士，對問高者，宜垂省覽，以廣直言之路。』書御，有詔拜有道高第士沛國施延爲侍中。《陳忠傳》

靈帝建寧元年，詔郡國守相舉有道之士各一人。《紀》

建寧二年，舉有道之士，謝弼與東海陳敦、玄菟公孫度俱對策，皆除郎中。《謝弼傳》

又《敦厚質直》 安帝元初元年，詔三公、特進、列侯、中二千石、二千石、郡守舉敦厚質直者各一人。《紀》

又《仁賢》 中興以後，復增淳朴、有道、仁賢、獨行、高節、質直、清白、敦厚之屬。《左雄傳論》

鄧太后納樊準言，屢舉方正、敦朴、仁賢之士。《樊準傳》

又《茂才四行》 舊制，光禄舉三署郎，以高功久次才德尤異者爲茂才四行。《黄琬傳》

光禄舉四行。《吴祐傳》四行，敦厚、質樸、謙讓、節儉也。

建武十二年，詔三公舉茂才各一人，光禄勳歲舉茂才四行各一人，監察御史、司隸、州牧歲舉茂才一人。《漢官目録》見《百官志》注

鮑永舉秀才，不應。本《傳》案：茂才，西都本云秀才，避光武諱改

茂才。

章帝建初元年，詔曰：『茂才、孝廉，歲以百數。』《紀》

又《明經》 章帝建初八年，詔曰：『《五經》剖判，去聖彌遠，章句遺辭，乖疑難正，恐先師微言將遂廢絶，非所以重稽古、求道眞也。其令羣儒選高才生，受學《左氏》、《穀梁春秋》、《古文尚書》、《毛詩》，以扶微學，廣異義焉。』《紀》

元和二年，令郡國上明經者，口十萬以上五人，不滿十萬三人。

安帝延光二年，詔選三署郎及吏人能通《古文尚書》、《毛詩》、《穀梁春秋》各一人。

順帝陽嘉元年，以太學新成，試明經下第者補弟子，增甲、乙科員各十人。

質帝本初元年，令郡國舉明經，年五十以上、七十以下詣太學。自大將軍至六百石，皆遣子受業，歲滿課試，以高第五人補郎中，次五人太子舍人。又千石、六百石、四府掾屬、三署郎、四姓小侯先能通經者，各令隨家法，其高第者上名牒，當以次賞進。

靈帝光和三年六月，詔公卿舉能通《尚書》、《毛詩》、《左氏》、《穀梁春秋》各一人，悉除議郎。並《紀》

又《計偕》 明帝永平九年，令司隸校尉、部刺史歲上墨綬長吏視事三歲已上理狀尤異者各一人，與計偕上。所舉之人，令與計吏偕上。

安帝永初二年，詔王國官屬墨綬下至郎、謁者，其經明任博士，居鄉里有廉清孝順之稱，國相歲移名，與計偕上尚書，公府通調，令得外補。並《紀》

又《將帥》 永初五年七月，詔三公、特進、九卿、校尉，舉列將子孫明曉戰陳任將帥者。

建光元年十一月，詔三公、特進、侯、卿、校尉，舉武猛堪將帥者各五人。並《紀》

永和三年，令大將軍、三公舉故刺史、二千石及見令、長、郎、謁者、四府掾屬剛毅武猛謀謨任將帥者各二人，特進、卿、校尉各一人。左雄舉故冀州刺史馮直任將帥，直嘗坐臧受罪，周舉以此劾奏雄。雄曰：『詔書使我選武猛，不使我選清高。』舉曰：『詔書使郡選武猛，不使郡選貪汙也。』本《傳》

漢安元年十一月，詔大將軍、三公選武猛試用有效驗任爲將校者各一人。

靈帝中平元年，舉列將子孫及吏民有明戰陳之略者，詣公車。並《紀》

又《耆儒》 順帝陽嘉元年，除郡國耆儒九十人補郎、舍人。《紀》下同

二年，除京師耆儒年六十以上四十八人補郎、舍人及諸王國郎。

永初二年，詔公卿舉儒術篤學者。大將軍鄧隲舉魯丕。《魯丕傳》

獻帝初平四年，試儒生四十餘人，上第賜位郎中，次太子舍人，下第者罷之。詔曰：『孔子歎「學之不講」，不講則所識日忘。今耆儒年逾六十，去離本土，營求資糧，不得專業。結童入學，白首空歸，長委農野，朕甚愍焉。其依科罷者，聽爲太子舍人。』《紀》。案吳曾云：此卽累舉推恩之始。

又《試尚書》 安帝時，尚書有缺，詔將大夫六百石以上試對政事、天文、道術，以高第者補之。孫懿移病不試。翟酺對第一，拜尚書。《翟酺傳》

又《試博士》 太常，卿一人。每選試博士，奏其能否。《百官志》

建武中，太常選博士四人，陳元爲第一。《傳》

張玄舉孝廉爲郎，會《顏氏》博士缺，玄策試第一，拜爲博士。《傳》

蔡茂試博士，對策陳灾異，以高等擢拜議郎。《傳》

楊仁舉孝廉，除郎。太常上仁經中博士，仁自以年未五十，不應舊科，上府讓選。本《傳》。《漢官儀》曰：『博士限年五十以上。』

建武七年，朱浮上言：『舊事，策試博士，必廣求詳選，爰自畿夏，延及四方，是以博舉明經，唯賢是登，學者精勵，遠近同慕。伏聞詔書更試五人，唯取見在雒陽城者。臣恐自今以往，將有所失。求之密邇，容或未盡，而四方之學，無所勸樂。凡策試之本，貴得其眞，非有期會，不及遠方也。又諸召試，皆私自發遣，非有傷費煩擾於事也。臣浮幸得與講圖讖，故敢越職。』帝然之。《浮傳》

又《童子》 熹平中，臧洪年十五，以父功拜童子郎，知名太學。

本《傳》。漢法，孝廉試經者拜爲郎。洪以年幼才俊，故拜童子郎也。

黄琬以公孫爲童子郎。

左雄奏召海內名儒爲博士，使公卿子弟爲諸生。有志操者，加其俸禄。及汝南謝廉，河南趙建，年始十二，各能通經，雄並奏爲童子郎。《左雄傳》

任延年十二，爲諸生，顯名太學中，號爲『任聖童』。

張堪年十六，受業長安，志美行厲，諸儒號曰『聖童』。

杜安年十三，入太學，號『奇童』。《杜根傳》

黄香年十二，學經典，京師號曰『天下無雙江夏黄童』。

又　《任子公孫》　安帝建光元年，以公、卿、校尉、尚書子弟一人爲郎、舍人。本《紀》

以父任爲郎：

桓郁，桓焉，周勰，耿秉，馬廖，宋均。

以父任爲太子舍人：

黄瓊，袁敞。

黄瓊爲司徒，琬以公孫拜童子郎。

臧洪以父功拜童子郎。

延熹中，宦官方熾，任人及子弟爲官，布滿州縣。《楊秉傳》

何休以列卿子詔拜郎中。

又　卷二七《選舉下・公府選舉》　舉能案劇。《衛颯傳》，建武二年，辟大司徒府。舉能案劇，除侍御史。

建武十二年，詔三公舉茂才各一人，廉吏各二人。《百官志》注

世祖詔：『方今選舉，賢佞朱紫錯用。丞相故事，四科取士，一曰德行高妙，志節清白；二曰學通行修，經中博士；三曰明達法令，足以決疑，能案章覆問，文中御史；四曰剛毅多略，遭事不惑，明足以決，才任三輔令；皆有孝悌廉公之行。自今以後，審四科辟召，及刺史、二千石察茂才尤異孝廉之吏，務盡實覈，選擇英俊、賢行、廉潔、平端於縣邑，務授試以職。有非其人，不習官事，書疏不端正，不如詔書，有司奏罪名，并正舉者。』《漢官儀》，見《百官志》注。《和紀》永元五年注又作建初八年詔，未知孰是。

安帝永初二年九月，詔王國官屬墨綬下至郎、謁者，其經明任博士，居鄉里有廉清孝順之稱，才任理人者，國相歲移名，與計偕上尚書，公府通調，令得外補。

元初六年二月，詔三府選掾屬高第，能惠利牧養者五人。並本《紀》

安帝時，三府任輕。陳忠上疏曰：『今之三公，雖當其名而無其實，選舉誅賞，一由尚書，尚書見任，重於三公。』《陳忠傳》

順帝陽嘉元年十二月，詔曰：『間者以來，吏政不勤，故災咎屢臻，盗賊多有。退省所由，皆以選舉不實，官非其人，是以天心未得，人情多怨。《書》歌股肱，《詩》刺三事。今刺史、二千石之選，歸任三司。其簡序先後，精覈高下，歲月之次，文武之宜，務存厥衷。』《紀》

二年，郎顗上疏曰：『今選舉牧守，委任三府。長吏不良，既咎州郡，州郡有失，豈得不歸責舉者？』書奏，帝復使對尚書。顗對曰：『今選舉皆歸三司，非有周召之才，而當則哲之重，每有選用，輒參之掾屬，公府門巷，賓客填集，送去迎來，財貨無已。其當遷者，競相薦謁，各遣子弟，充塞道路，開長奸門，興致浮僞，非所謂率由舊章也。尚書職在機衡，宫禁嚴密，私曲之意，差不得通，偏黨之恩，或無所用。選舉之任，不如還在機密。臣誠愚戇，不知折中，斯固遠近之論，當今之宜。』《郎顗傳》

四年，太尉施延以選舉貪汙免。《袁紀》

舊任三府選令史，光禄試尚書郎，時皆特拜，不復選試。李固與吴雄上疏言：『選舉補署，可歸有司。』帝感其言，自是希復特拜，切責三公，明加考察，朝廷稱善。《李固傳》

桓帝時，陳蕃上言：『官失其人，則王道有缺。陛下宜採求得失，擇從忠善。尺一選舉，委尚書三公，豈不幸甚！』《蕃傳》

靈帝時，呂强上言：『舊典，選舉委任三府，三府有選，參議掾屬，咨其行狀，度其器能，受試任用，責以成功。若無可察，然後付之尚書。尚書舉劾，請下廷尉，覆案虛實，行其誅罰。今但任尚書，或復敕用。如是，三公得免選舉之責，尚書亦復不坐，責賞無歸，豈肯空自勞苦乎！』《宦者傳》

初，朝廷以州郡相黨，人情比周，乃制婚姻之家及兩州人士不得相對

監臨。至是復有三互法，禁忌轉密，選用艱難。蔡邕上疏：『幽、冀舊壤，闕職經時，而三府選舉，踰月不定。而坐設三互，自生留閡。願觸除近禁，無拘三互，以差厥中。』書奏不省。《邕傳》

趙戩，初平中，爲尚書，典選舉。董卓數欲有所私授，戩輒堅拒不聽。《王允傳》

又《公府辟除》 漢初掾史辟，皆上言之，故有秩比命士。其所不言，則爲百石屬。其後皆自辟除，故通爲百石云。《百官志》

梁商爲大將軍，在位，所辟召皆四海英俊。《袁紀》

司徒楊賜坐辟黨人免。《傳》

永建三年，太尉桓焉以辟召非其人免。《袁紀》。案本《傳》云：『辟召禁錮者爲吏。』

又《州郡辟除》 從事史十二人，皆州自辟除，通爲百石。《百官志》

又《郡吏》 每郡國各有典郡書佐一人，以郡吏補，歲滿一更。《百官志》

又《上計吏》 和帝永元十四年，初復郡國上計補郎官。《紀》。案漢制，郡國歲盡遣上計掾史，條上郡内衆事，謂之計簿。東都上計吏多留補郎官，中間嘗罷之，今又復也。舊注乃引西漢舉孝廉與計偕則其事不類矣。

桓帝時，郡國計吏多留拜爲郎，楊秉上言宜絶横拜。自此終桓帝世無復留拜者。《楊秉傳》

王逸，元初中，舉上計吏，爲校書郎。《文苑傳》

趙壹，光和元年，舉郡上計吏。時司徒袁逢受計，計吏百餘人拜伏庭中，壹獨長揖而已。《文苑傳》

又《聘處士》 漢室中微，士之醖藉義憤甚矣。是時裂冠毁冕，相攜持而去者，蓋不可勝數。光武側席幽人，求之若不及，旌帛蒲車之所徵賁，相望於巖中矣。若薛方、逢萌聘而不肯至，嚴光、周黨、王霸至而不能屈。羣方咸遂，志士懷仁，斯固所謂『舉逸民，天下歸心』者乎！肅宗亦禮鄭均而召高鳳，以成其節。自後帝德稍衰，邪孽當朝，處子耿介，羞與卿相等列，至乃抗憤而不顧，多失其中行焉。《逸民傳》序

逢萌，王莽時，解冠掛東都門。光武即位，乃之瑯琊勞山養志修道。詔書召萌，託以老耄，迷路東西。連聘不起，以壽終。

周黨敕身修志，託疾杜門。建武中，聘爲議郎，以病去職。復被召，不得已，乃著短布單衣，穀皮綃頭，待見尚書。及光武引見，黨伏而不謁，自陳願守所志，帝許焉。博士范升奏曰：『伏見太原周黨、東海王良、山陽王成等，蒙受厚恩，使者三聘，乃肯就車。及陛見帝廷，黨伏而不謁，偃蹇驕悍，同時俱逝。黨等文不能演義，武不能死君，釣采華名，庶幾三公之位。臣願與坐雲臺之下，考試圖國之道。不如臣言，伏虚妄之罪。而敢私竊虚名，夸上求高，皆大不敬。』書奏，詔曰：『自古明王聖主必有不賓之士。伯夷、叔齊不食周粟，太原周黨不受朕禄，亦各有志焉。其賜帛四十疋，罷之。』初，黨與同郡譚賢、鴈門殷謨，俱守節不仕王莽世。建武中，召並不到。《周黨傳》

王霸少有清節，及莽篡位，棄冠帶，絶交宦。建武中，召到尚書，拜，稱名不稱臣。以病歸，連聘不至。《傳》

嚴光少有高名，與光武同游學。光武即位，以物色訪之。後齊國上言：『有一男子，披羊裘釣澤中。』帝疑其光，乃備安車玄纁，遣使聘之。三反而後至。除諫議大夫，不屈，乃耕於富春山。建武十七年，復特聘，不至。《傳》

周燮專精《禮》《易》，不讀非聖人書。舉賢良、孝廉，特聘皆以疾辭。延光二年，安帝以玄纁羔幣聘燮及南陽馮良，二郡各遣丞掾致禮。燮與良俱辭疾而歸。《傳》

法眞博通圖典，爲關西大儒。順帝虚心欲致，前後四聘。眞深自隱絶，終不降屈。《傳》

周勰舉賢良方正，不應。又公車聘玄纁禮備，固辭廢疾。《傳》

黄瓊，永建中，與會稽賀純、廣漢楊厚俱公車聘。瓊至綸氏，稱疾不進。先是聘召處士多不稱望，李固以書遺之曰：『盛名之下，其實難副。近魯陽樊君被召初至，朝廷設壇席，猶待神明。雖無大異，而言行所守亦無所缺。而毁謗布流，應時折減者，豈非觀聽望深，聲名太盛乎？自頃禮聘之士，胡元安、薛孟嘗、朱仲昭、顧季鴻等，其功業皆無所采，是故俗論皆言處士純盜虚聲。願先生弘此遠謨，令衆人歎服，一雪此言耳。』瓊至，即拜議郎，稍遷尚書僕射。初，瓊隨父在臺閣，習見故事。及後居職，達練官曹，爭議朝堂，莫能抗奪。《瓊傳》

黄瓊上疏順帝曰：『臣前上疏薦光禄大夫樊英、太中大夫薛包及會稽賀純、廣漢楊厚，未蒙御省。伏見處士巴郡黄錯、漢陽任棠，年皆耆耋，有作者七人之志。宜更見引致，助崇大化。』於是有詔公車召錯等。《瓊傳》

樊英習《京氏易》，兼明《五經》。安帝初，召爲博士。至建光元年，復詔公車賜策書，聘英及同郡孔喬、李昺、北海郎宗、陳留楊倫、東平王輔六人，唯郎宗、楊倫到雒陽，英等四人並不至。永建二年，順帝策書備禮，玄纁召之，復固辭疾篤。乃詔切責郡縣。英不得已，到京師。帝不能屈，而敬其名。本《傳》

李固上疏曰：『陛下初登大位，聘南陽樊英、江夏黄瓊、廣陵楊厚、會稽賀純，策書嗟歎，待以大夫之位。是以巖穴幽人，智術之士，彈冠振衣，樂欲爲用，四海欣然，歸服聖德。』《李固傳》

徐穉字孺子，恭儉義讓，屢辟公府，不起。後舉有道，家拜太原太守，皆不就。延熹二年，陳蕃、胡廣上疏曰：『伏見處士豫章徐穉、彭城姜肱、汝南袁閎、京兆韋著、潁川李曇，德行純備，著於人聽』云云。桓帝乃以安車玄纁，備禮聘之，並不至。《徐穉傳》

帝又召安陽魏桓，其鄉人勸之行，桓曰：『夫干禄求進，所以行其志也。今後宫千數，其可損乎！廄馬萬匹，其可減乎！左右權豪，其可去乎！』皆對曰：『不可。』桓歎曰：『使桓生行死歸，於諸子何有哉！』遂隱身不出。《桓傳》

韓康遯霸陵山中。博士公車連召不至。桓帝乃備玄纁之禮，以安車聘之。康不得已，辭安車，自乘柴車，因道逃遁。本《傳》

韋著以經行知名。延熹二年，公車備禮召，至霸陵，稱疾歸，入雲陽山，采藥不反。有司舉奏加罪，帝特原之。復詔京兆尹重以禮勉勸，著遂不就。家拜著東海相。詔書逼切，不得已，解巾之郡。《韋彪傳》

荀爽、鄭玄、申屠蟠俱以儒行爲處士，累召並謝病不詣。及董卓當朝，復備禮召之。蟠、玄竟不屈以全其高。爽已黄髪矣，獨至焉，未十旬而取卿相。意者疑其乖趣舍，余竊商其情，以爲出處君子之大致也，平運則弘道以求志，陵夷則濡跡以匡時。荀公之急急自勵，其濡跡乎？不然，何爲違貞吉而履虎尾焉？《荀爽傳》論

又《宣陵孝子》 靈帝熹平六年，市賈民爲宣陵孝子者數十人，皆除郎中、太子舍人。蔡邕上封事曰：『臣聞孝文皇帝制喪服三十六日，雖繼體之君，父子之親，公卿列臣，受恩之重，皆屈情從制，不敢踰越。今虚偽小人，本非骨肉，既無幸私之恩，又無禄仕之實，惻隱思慕，情何緣生？而羣聚山陵，假名稱孝，行不隱心，義無所依，至有奸軌之人，通容其中。桓思皇后祖載之時，東郡有盜人妻者亡在孝中，本縣追捕，乃伏其辜。虚偽雜穢，難得勝言。又前至得拜，後輩被遺，或經年陵次，以暫歸見漏；或以人自代，亦蒙寵榮。爭訟怨恨，凶凶道路。太子官屬，宜搜選令德，豈有但取丘墓凶醜之人？其爲不祥，莫與大焉。宜遣歸田里，以明詐偽。』書奏，帝乃詔宣陵孝子爲舍人者，悉改爲丞尉焉。《邕傳》

又《選舉雜録》 章帝建初五年五月，詔曰：『朕思遲直士，側席異聞。其先至者，各以發憤吐懣，略聞子大夫之志矣，皆欲置於左右，顧問省納。建武詔書又曰，堯試臣以職，不直以言語筆札。今外官多曠，並可以補任。』《紀》

是時陳事者，多言郡國貢舉率非功次，故守職益懈而吏事寖疏，咎在州郡。有詔下公卿朝臣議。韋彪上議曰：『夫國以簡賢爲務，賢以孝行爲首。孔子曰：「事親孝，故忠可移於君，是以求忠臣必於孝子之門。」夫人才行少能相兼，是以孟公綽優於趙、魏老，不可以爲滕、薛大夫。忠孝之人，持心近厚；鍛練之吏，持心近薄。三代之所以直道而行者，有其所以磨之故也。士宜以才行爲先，不可純以閥閲。然其要歸，在於選二千石。二千石賢，則貢舉皆得其人。』帝深納之。本《傳》

元和三年，上問鄭弘，欲止令三輔選尚書、御史、孝廉、茂才，餘郡不得選。弘對曰：『虞舜出於姚墟，夏禹生於石紐，二聖豈復出於三輔乎？陛下但當明敕有司使得人耳。』上善其言。《袁紀》

和帝永元五年三月戊子，詔曰：『選舉良才，爲政之本。科别行能，必由鄉曲。而郡國舉吏，不加簡擇，故先帝明敕在所，令試之以職，乃得充選。又德行尤異，不須經職者，别署狀上。而宣布以來，出入九年，二千石曾不承奉，恣心從好，司隷、刺史訖無糾察。今新蒙赦令，且復申敕，後有犯者，顯明其罰。在位不以選舉爲憂，督察不以發覺爲負，非獨

州郡也。是以庶官多非其人。下民被奸邪之傷，由法不行故也。』《紀》

鄧太后臨朝，樊準上疏曰：『光武、孝明，多聘名儒，布在廊廟。今學者蓋少，遠方尤甚。博士倚席不講，儒者競論浮麗，忘謇謇之忠，習諓諓之辭。文吏則去法律而學詆欺，鋭錐刀之鋒，斷刑辟之重。臣愚以爲宜下明詔，博求幽隱，發揚巖穴，寵進儒雅。公卿各舉明經及舊儒子孫，進其爵位，使纘其業。復召郡國書佐，使讀律令。』太后深納其言，屢舉方正、敦樸、仁賢之士。《準傳》

安帝永初二年七月，詔曰：『間令公卿郡國舉賢良、方正，遠求博選，開不諱之路，冀得至謀，以鑑不逮，而所對皆循尚浮言，無卓爾異聞。其百僚及郡國吏人，有道術明習灾異陰陽之度璇璣之數者，各使指變以聞。二千石長吏明以詔書，博衍幽隱，朕將親覽，待以不次。』《紀》

順帝陽嘉元年十二月，詔曰：『間者以來，吏政不勤，故灾咎屢臻，盜賊多有。退省所由，皆以選舉不實，官非其人，是以天心未得，人情多怨。《書》歌股肱，《詩》刺三事。今刺史、二千石之選，歸任三司。其簡序先後，精覈高下，歲月之次，文武之宜，務存厥衷。』《紀》

靈帝時，蔡邕上疏曰：『臣聞古者取士，必使諸侯歲貢。孝武之世，郡舉孝廉，又有賢良文學之選，於是名臣輩出，文武並興。漢之得人，數路而已。夫書畫辭賦，才之小者，匡國理政，未有其能。陛下即位之初，先涉經術，聽政餘日，觀省篇章，聊以游意，當代博弈，非以教化取士之本。而諸生競利，作者鼎沸。其高者頗引經訓風喻之言；下則連偶俗語，有類俳優；或竊成文，虚冒名氏。臣每受詔於盛化門，差次録第，其未及者，亦復隨輩皆見拜擢。既加之恩，難復收改，但守奉禄，於義已弘，不可復使理人及仕州郡。昔孝宣會諸儒於石渠，章帝集學士於白虎，通經釋義，其事優大，文武之道，所宜從之。若乃小能小善，雖有可觀，孔子以爲「致遠則泥」，君子故當志其大者。』《邕傳》

元·馬端臨《文獻通考》卷二八《選舉考一·舉士》 東漢之制：選舉於郡國屬功曹，於公府屬東西曹，於天臺屬吏曹尚書，亦曰『選部』。凡郡國守相，視事未滿歲，不得察舉孝廉。以其未久，不周知也。

建武六年，詔舉賢良、方正各一人。

建武十二年，詔三公舉茂材各一人，光禄勳歲舉茂材、四行各一人，監察御史、司隸、州牧歲舉茂材一人。四行，謂淳厚、質樸、謙遜、節儉也。

章帝時，所徵舉率皆特拜，不復簡試。士或矯飾，謗議漸生，乃詔曰：『夫鄉舉里選，必累功勞。今刺史、守相不明眞僞，茂材、孝廉歲以百數，既非能著，而當授之政事，甚無謂也。』

時陳事者多言郡國貢舉率非功次，故守職益懈而吏事浸疏，咎在州郡。有詔下公卿朝臣議，大鴻臚韋彪上議曰：『夫國以簡賢爲務，賢以孝行爲首。孔子曰：「事親孝，故忠可移於君。」夫人才行少能相兼，孟公綽優於趙、魏老，而不可以爲滕、薛大夫。忠孝之人，持心近厚；鍛煉之吏，持心近薄。三代所以直道而行者，在其所以磨之故也。士宜以才行爲先，不可純以閥閲。然其要在於選二千石，二千石賢，則貢舉皆得其人矣。』帝深納之。

元和二年，令郡國上明經者，口十萬以上五人，不滿十萬三人。

安帝建光元年，令公卿、特進、中二千石、二千石、郡國守相舉有道之士各一人。

元初元年，詔三公、特進、列侯、中二千石、二千石、郡守舉淳厚質直各一人。

陳忠上疏曰：『嘉謀異策，宜輒納用。若有道之士對問高者，宜垂省覽，以廣直言之路。』書御，有詔拜有道高第士沛國施延爲侍中。

永初二年，詔曰：『間者公卿郡國舉賢良方正，遠求博選，開不諱之路，冀得至謀，以鑑不逮，而所對皆循尚浮言，無卓爾異聞。其有百僚及郡國吏人，有道術、明習灾異陰陽之度璇璣之數者，各使指變以聞。二千石長吏明以詔書，博衍幽隱，朕將親覽，待以不次。』

順帝陽嘉元年，除郡國耆儒十九人補郎、舍人。二年，又除京師耆儒年六十以上四十八人補郎、舍人，及諸王國郎。

沖帝永嘉元年，尚書令左雄議改察舉之法，限年四十以上，儒者試經學，文吏試章奏。胡廣駮之。詔從雄議。

先公曰：『公府，三公府也。端門，太微垣，左右執法所舍，即御史府，猶近世御史臺。覆試，進士之法也，試之公府，而覆之端門，此所以牧守不敢輕舉而察選清平也。是法也，胡廣首駮其非，帝不從，既行而廣出爲濟陰太守，首坐繆舉之罰，蓋公正之法，庸回者之所不

便也。左伯豪在當世，風節剛勁，舉雄者虞詡也，雄所舉者周舉也。觀舉雄者，與雄所舉者，雄之爲人可知矣；得雄之爲人，雄之爲法可知矣。范史推其效驗，至於傾而未顛，決而未潰，皆仁人君子心力之所爲，而陳蕃、李膺之徒，皆在雄法中所得之人。其坐繆舉者，胡廣輩爾。」

靈帝建寧元年，詔郡國守相舉有道之士各一人。

論說

《漢書》卷六《武帝紀》 贊曰：漢承百王之弊，高祖撥亂反正，文景務在養民，至于稽古禮文之事，猶多闕焉。孝武初立，卓然罷黜百家，表章《六經》。遂疇諮海內，舉其俊茂，與之立功。

又 卷五六《董仲舒傳》 （董仲舒對漢武帝策曰）陛下親耕藉田以爲農先，夙寤晨興，憂勞萬民，思惟往古，而務以求賢，此亦堯舜之用心也。然而未云獲者，士素不厲也。夫不素養士而欲求賢，譬猶不琢玉而求文采也。故養士之大者，莫大乎太學；太學者，賢士之所關也，教化之本原也。今以一郡一國之衆對，亡應書者，是王道往往而絕也。臣願陛下興太學，置明師，以養天下之士，數考問以盡其材，則英俊宜可得矣。今之郡守、縣令，民之師帥，所使承流而宣化也；故師帥不賢，則主德不宣，恩澤不流。今吏既亡教訓於下，或不承用主上之法，暴虐百姓，與姦爲市，貧窮孤弱，冤苦失職，甚不稱陛下之意。是以陰陽錯繆，氛氣充塞，羣生寡遂，黎民未濟，皆長吏不明，使至於此也。

夫長吏多出於郎中、中郎，吏二千石子弟選郎吏，又以富訾，未必賢也。且古所謂功者，以任官稱職爲差，非謂積日累久也。故小材雖累日，不離於小官；賢材雖未久，不害爲輔佐。是以有司竭力盡知，務治其業而以赴功。今則不然。累日以取貴，積久以致官，是以廉耻貿亂，賢不肖渾淆，未得其眞。臣愚以爲使諸列侯、郡守、二千石各擇其吏民之賢者，歲貢各二人以給宿衛，且以觀大臣之能；所貢賢者有賞，所貢不肖者有罰。夫如是，諸侯、吏二千石皆盡心於求賢，天下之士可得而官使也。徧得天下之賢人，則三王之盛易爲，而堯舜之名可及也。毋以日月爲功，實試賢能爲上，量材而授官，録德而定位，則廉耻殊路，賢不肖異處矣。陛下加惠，寬臣之罪，令勿牽制於文，使得切磋究之，臣敢不盡愚！

又 卷八八《儒林傳》 贊曰：自武帝立《五經》博士，開弟子員，設科射策，勸以官禄，訖於元始，百有餘年，傳業者浸盛，支葉蕃滋，一經説至百餘萬言，大師衆至千餘人，蓋禄利之路然也。

又 卷七二《王吉傳》 （王）吉意以爲【略】舜、湯不用三公九卿之世而舉皋陶、伊尹，不仁者遠。今使俗吏得任子弟，率多驕驁，不通古今，至於積功治人，亡益於民，此《伐檀》所爲作也。宜明選求賢，除任子之令。

宋·洪邁《容齋隨筆》卷一〇《漢丞相》 漢丞相或終於位，或免就國，或免爲庶人，或致仕，或以罪死，其復召用者，但爲光禄大夫或特進，優游散秩，未嘗有除他官者也。御史大夫則間爲九卿、將軍。至東漢則大不然。始於光武時，王梁罷大司空而爲中郎將，其後三公去位，輒復爲大夫、列卿。如崔烈歷司徒、太尉之後，乃爲城門校尉，其體貌大臣之禮亦衰矣！

元·馬端臨《文獻通考》卷二八《選舉考一·舉士》 （馬端臨）按：漢制，郡國舉士，其目大概有三：曰賢良、方正也，孝廉也，博士弟子也。然是三者，在後世則各自爲科目，其與鄉舉里選，又自殊塗矣，故姑載其立法之始，略見於此，而其詳各見本考。

按：齊桓公內政之法，與漢高皇、孝武二詔俱爲舉賢設也。觀其辭旨，皆以爲人才之遺佚，咎在公卿之蔽賢，至立法以論其罪。後來之法，嚴繆舉之罰而限其塗轍者有之矣，未有嚴不舉之罰而責以薦揚者也。蓋古之稱賢能者，皆不求聞達之士，而後世之干薦舉者，皆巧於奔競之人，故法之相反如此。國家待士之意固薄，而士之不自重，深可慨也。

明·湛若水《格物通》卷七〇《任相中》 高祖亦嘗與呂氏言之，（曹）參可繼（蕭）何矣。及何死，而參亦自知其必入相豈。非公耶？夫以何畫一之法，其爲漢謀者至矣。繼之者使非曹參之清靜，則民之初定者何自而安耶？此高祖所遺命以保於後王，而亦參之所自許者也。世之人君立相，皆得乎人心之公如此，則天下豈有不服哉？

清·王夫之《讀通鑑論》卷三《武帝》 董仲舒請使列侯郡守歲貢

士二人，賢者賞，所貢不肖者有罰，以是爲三代鄉舉里選之遺法也，若無遺議焉。夫爲政之患，聞古人之效而悦之，不察其精意，不揆其時會，欲姑試之，而不合，則又爲之法以制之，於是法亂弊滋，而古道遂終絶於天下。

郡縣之與封建殊，猶裘與葛之不相沿矣。古之鄉三年而賓興，貢士唯鄉大夫之所擇，封建之時會然也。成周之制，六卿之長，非諸侯入相，則周、召、畢、榮、毛、劉、尹、單也。所貢之士，位止於下大夫，則雖賓興，而側陋顯庸者亡有。且王畿千里，侯國抑愈狹矣。地邇勢親，鄉黨之得失是非，且夕而與朝右相聞。以易知易見之人才，供庶事庶官之亢職，臧否顯而功罪微。賓興者，聊以示王者之無棄材耳，非舉社稷生民之安危生死而責之賓興之士也。

郡縣之天下，統中夏於一王。郡國之遠者，去京師數千里。郡守之治郡，三載而遷。地遠，則賄賂行而無所憚。數遷，則雖賢者亦僅采流俗之論，識晉謁之士，而孤幽卓越者不能遽進於其前。且國無世卿，廷無定位，士苟聞名於天下，日陟日遷，而股肱心膂之任屬焉。希一薦以徼非望之福，矯僞之士，何憚不百欺百讎以迎郡守一日之知，其誠僞淆雜甚矣。於是而懸賞罰之法以督之使慎，何易言慎哉！

知人則哲，堯所難也。故鯀殛，而僉曰試可者勿罪。生不與同鄉，學不與同師，文行之華實，孝友之眞僞，不與從事相覺察，偶然一日之知，舉刑賞以隨其後，賞之濫而罰者冤，以帝堯之難責之中材，庸詎可哉？其弊也，必樂得脂韋括囊之士，容身畏尾，持禄以幸無尤。又其甚者，舉主且爲交托營護，而擿發者且有投鼠忌器之嫌。則庸駑競乘，而大姦營窟，所必至矣。

聞鄉之有月旦矣，未聞天下之有公論也。一鄉之稱，且有鄉原；四海之譽，先集僞士；故封建選舉之法，不可行於郡縣。易曰：『變通者時也。』三代之王者，其能逆知六國强秦以後之朝野，而豫建萬年之制哉？且其後漢固行之矣，而背公死黨之害成，至唐、宋而不容不變。故任大臣以薦賢，因以開諸科目可矣。限之以必薦，而以賞罰隨其後，一切之法，必敝者也。

封建也，學校也，鄉舉里選也，三者相扶以行，孤行則躓矣。用今日之才，任今日之事，所損益，可知已。而仲舒曰：『王之盛易爲，堯、舜之名可及。』談何容易哉！

鄉舉之法，與太學相爲經緯，鄉所賓興，皆鄉校之所教也。學校之教，行之數十年，而鄉舉行焉。所舉不當者罰之，罰其不教也，非罰其不知人也。仲舒之策，首重太學，庶知本矣。不推太學以建庠序於郡國，而責貢士於不教之餘，是以失也。

經天下而歸於一正，必同條而共貫，雜則雖矩範先王之步趨而迷其眞。惟同條而共貫，統天下而經之，則必乘時以精義，而大業以成。仲舒之策曰：『不在六藝之科、孔子之術者，皆絶其道。』此非三代之法也，然而三代之精義存矣。何也？六藝之科，孔子之術，合三代之粹而闡其藏者也。故王安石以經義取士，踵仲舒而見諸行事，可以行之千年而不易。安石之經學不醇矣，然不能禁後世之醇，而能禁後世之非經。元祐改安石之法，而並此革之，不知通也。温體仁行保薦以亂之，重武科以亢之，楊嗣昌設社塾以淆之，於是乎士氣偷、姦民逞，而生民之禍遂極。皆仲舒之罪人也，況孔子乎！若夫割裂聲悦而無實也，司教者之過也。雖然，以視放言綺語、市心惡習、睨徑竇以徼詭遇者，不猶愈乎！習其讀，粗知其義，雖甚小人，且以是爲夜氣之雨露，教亦深矣。

清·趙翼《廿二史劄記》卷二《漢初布衣將相之局》 漢初諸臣，惟張良出身最貴，韓相之子也。其次則張蒼，秦御史；叔孫通，秦待詔博士。次則蕭何，沛主吏掾；曹參，獄掾；任敖，獄吏；周苛，泗水卒史；傅寬，魏騎將；申屠嘉，材官武卒。其餘陳平、王陵、陸賈、酈商、酈食其、夏侯嬰等皆白徒。樊噲則屠狗者，周勃則織薄曲吹簫給喪事者，灌嬰則販繒者，婁敬則輓車者，一時人才皆出其中，致身將相，前此所未有也。蓋秦、漢間爲天地一大變局。自古皆封建諸侯，各君其國，卿大夫亦世其官，成例相沿，視爲固然。其後積弊日甚，暴君荒主，既虐用其民，無有底止。强臣大族，又篡弑相仍，禍亂不已。再并而爲七國，益務戰爭，肝腦塗地。其勢不得不變，而數千年世侯、世卿之局，一時亦難遽變。於是先從在下者起。游説則范雎、蔡澤、蘇秦、張儀等，徒步而爲相。征戰則孫臏、白起、樂毅、廉頗、王翦等，白身而爲將。此已開後世布衣將相之例。而兼并之力，尚在有國者。天方藉其力以成混一，固不能

一旦掃除之，使匹夫而有天下也。於是縱秦皇盡滅六國以開一統之局。使秦皇當日發政施仁，與民休息，則禍亂不興。下雖無世禄之臣，而上猶是繼體之主也。惟其威虐毒痛，人人思亂，四海鼎沸，草澤競奮。於是漢祖以匹夫起事，角羣雄而定一尊。其君既起自布衣，其臣亦自多亡命作姦犯科，不顧性命之人。無賴之徒，立功以取將相，此氣運爲之也。天之變局，至是始定。然楚漢之際，六國各立後，尚有楚懷王心、趙王歇、魏王咎、魏王豹、韓王成、韓王信、齊王田儋、田榮、田廣、田安、田布等，卽漢所封功臣，亦先裂地以王彭、韓等。繼分國以侯絳、灌等。蓋人情習見前世封建故事，不得而遽易之也。乃不數年而六國諸王皆敗滅。漢所封異姓王八人，其七人亦皆敗滅。則知人情猶狃於故見，而天意已另換新局，故除之易易耳。而是時尚有分封子弟諸國，迨至七國反後，又嚴諸侯王禁制，除吏皆自天朝，諸侯王惟得食租衣稅，又多以事失侯。於是三代世侯世卿之遺法，始蕩然淨盡，而成後世徵辟、選舉、科目、雜流之天下矣。豈非天哉！

又《賢良方正茂材直言多舉現任官》 漢時賢良方正等人，大抵從布衣舉者甚少，今見於各列傳者，賢良惟公孫弘由布衣起。

晁錯則已爲太子家令；董仲舒已爲博士；馮唐已爲騎都尉，歸家。羣臣舉爲賢良，唐年九十餘，不能爲官；王吉已爲雲陽令，舉賢良爲昌邑中尉；貢禹已爲涼州刺史，病去官，復舉賢良，爲河南令。

此賢良之多已仕者也。杜欽舉方正時已爲武庫令；朱雲舉方正時已爲槐里令；孔光已爲議郎，舉方正，遷諫大夫；蓋寬饒亦已爲郎，舉方正，對策高第，亦遷諫大夫；陳咸已爲九卿，罷歸，舉方正直言，爲光禄大夫給事中。此方正之多已仕者也。薛宣爲不其丞，舉茂才，遷樂浪都尉；尹賞爲樓煩長，舉茂材，遷粟邑令。此茂材之多已仕者也。至於孝廉之舉，其名雖合爲一，而廉與孝又分；大約舉孝者少，而察廉者多。如平陵令薛恭，乃本縣孝者，不能繁劇。其他如趙廣漢以察廉爲陽翟令。尹翁歸舉廉爲緱氏尉，又舉廉爲弘農尉，張敞察廉爲甘泉倉長。蕭望之察廉爲大行治禮丞；王尊察廉爲鹽官長，黄霸察廉爲太守丞是也。

又《灾異策免三公》 按《周官》三公之職，本以論道經邦，燮理陰陽爲務。漢初猶重此說，陳平謂文帝曰：『宰相者，上佐天子，理陰陽，順四時，遂萬物之宜者也。』丙吉問牛喘，以爲：『三公調和陰陽，今方春少陽用事，未可大熱，恐牛因暑而喘，則時節失氣，有所傷害。』魏相亦奏：『臣備位宰相，陰陽未和，灾害未息，咎在臣等。』是漢時三公官，猶知以調和陰陽引爲己職，因而遇有灾異，遂有策免三公之制。《徐防傳》，防爲太尉，與張禹參録尚書事，後以灾異寇賊策免，三公以灾異策免自防始也。《防傳》然薛宣爲丞相，成帝册曰：『灾異數見，比歲不登，百姓飢饉，盜賊並興。君爲丞相，無以帥示四方，其上丞相印綬罷歸。』是防之先已有此制。如淳《漢書注》謂：『天文大變，天下大禍，則使侍中以上尊養牛賜丞相，策告殃咎，丞相卽日自殺。』則并有不止策免者矣。亦有不待免而自劾者，如元帝永光元年，春霜夏寒，日青無光，丞相于定國自劾，歸侯印，乞骸骨；明帝永平十三年，日蝕，三公免冠自劾是也。蓋西漢三公之官，無所不統，觀安帝詔謂：『三司之職，內外是監。』順帝詔謂：『刺史、二千石之選，歸任三司。』此雖東漢之詔，而職任實自西京。可見選用牧守，舉劾姦邪，皆三公之責。《朱浮傳》，漢故事，刺史奏二千石不任職者，事先下三公，三公遣掾吏案實，然後黜退。武帝又置丞相司直，助丞相舉不法者。如鮑宣爲冀州牧，司直奏宣舉錯煩苛，代二千石置吏。又王商爲丞相，有琅邪太守楊彤，其郡有灾十四以上，商部屬案實，商遂奏免彤官。此可見西漢三公之任也。自光武躬親吏事，三府任輕，機事轉委尚書。《陳忠傳》其刺史劾二千石亦不復下三公，而權歸刺舉之吏。故朱浮謂，帝以使者爲腹心，使者以從事爲耳目，是謂尚書之平決於百石之吏。』《浮傳》自和、安以後，女后臨朝，外戚輔政，三公之任益輕。如鄧彪年老，竇太后兄憲以其柔和易制，讓彪爲太傅録尚書事，而憲實握事權，有所施爲，外令彪奏，內白太后，事無不從。是録尚書者且聽命于戚臣矣。三公之輕如此，而策免三公則沿爲故事，此實非事理之平，故陳忠以爲非國體，而仲長統謂光武雖置三公，權歸臺閣，謂尚書也。然政有不理，猶加譴責。如韓歆、歐陽歙、戴涉等先後爲司徒，皆坐事死。以後則權移外戚之家，寵被近習之豎，及至灾異屢見，反以策讓三公，至於死免。往者任之重而責之輕，今者任之輕而責之重，此兩漢三公輕重不同之大概也。

漢·王符《潛夫論》卷三《實貢》 夫聖人純，賢者駁，周公不求

備，四友不相兼，況末世乎？是故高祖所輔佐，光武所將相，不遂僞舉，不責兼行，亡秦之所棄，王莽之所捐，二祖任用以誅暴亂，成致治安。太平之世，而云無士，數開橫選，而不得眞，甚可憤也！【略】

選賢貢士，必考覈其清素，據實而言，其有小疵，勿彊衣飾，以壯虛聲。一能之士，各貢所長，出處默語，勿彊相兼，則蕭、曹、周、韓之論，何足得矣？吳、鄧、梁、竇之徒，而致之。各以所宜，量材授任，則庶官無曠，興功可成，太平可致，麒麟可臻。

《後漢書》卷二六《韋彪傳》（章帝）是時陳事者，多言郡國貢舉率非功次，故守職益懈而吏事寖疏，咎在州郡。有詔下公卿朝臣議。彪上議曰：『伏惟明詔，憂勞百姓，垂恩選舉，務得其人。夫國以簡賢爲務，賢以孝行爲首。孔子曰：「事親孝故忠可移於君，是以求忠臣必於孝子之門。」夫人才行少能相兼，是以孟公綽優於趙、魏老，不可以爲滕、薛大夫。忠孝之人，持心近厚；鍛鍊之吏，持心近薄。三代之所以直道而行者，在其所以磨之故也。士宜以才行爲先，不可純以閥閱。然其要歸，在於選二千石。二千石賢，則貢舉皆得其人矣。』帝深納之。

又　卷三三《朱浮傳》（光武）帝以二千石長吏多不勝任，時有纖微之過者，必見斥罷，交易紛擾，百姓不寧。六年，有日食之異，浮因上疏曰：『臣聞日者衆陽之所宗，君上之位也。凡居官治民，據郡典縣，皆爲陽爲上，爲尊爲長。若陽上不明，尊長不足，則干動三光，垂示王者。五典紀國家之政，《鴻範》別災異之文，皆宣明天道，以徵來事者也。陛下哀愍海內新離禍毒，保宥生人，使得蘇息。而今牧人之吏，多未稱職，小違理實，輒見斥罷，豈不粲然黑白分明哉！然以堯舜之盛，猶加三考，大漢之興，亦累功效，吏皆積久，養老於官，至名子孫，因爲氏姓。當時吏職，何能悉理；論議之徒，豈不諠譁。蓋以爲天地之功不可倉卒，艱難之業當累日也。而間者守宰數見換易，迎新相代，疲勞道路。尋其視事日淺，未足昭見其職，既加嚴切，人不自保，各自顧望，無自安之心。有司或因睚眦以騁私怨，苟求長短，求媚上意。二千石及長吏迫於舉劾，懼於刺譏，故爭飾詐僞，以希虛譽。斯皆羣陽騷動，日月失行之應。夫物暴長者必夭折，功卒成者必亟壞，如摧長久之業，而造速成之功，非陛下之福也。天下非一時之用也，海內非一旦之功也。願陛下遊意於經年之外，望化於一世之後，天下幸甚。』

帝下其議，羣臣多同於浮，自是牧守易代頗簡。

舊制，州牧奏二千石長吏不任位者，事皆先下三公，三公遣掾史案驗，然後黜退。帝時用明察，不復委任三府，而權歸刺舉之吏。浮復上疏曰：『陛下清明履約，率禮無違，自宗室諸王、外家后親，皆奉遵繩墨，無黨勢之名。至或乘牛車，齊於編人。斯固法令整齊，下無作威者也。求之於事，宜以和平，而災異猶見者，而豈徒然？天道信誠，不可不察。竊見陛下疾往者上威不行，不專國命，即位以來，不用舊典，信刺舉之宮，黜鼎輔之任，至於有所劾奏，便加免退，覆案不關三府，罪譴不蒙澄察。陛下以使者爲腹心，而使者以從事爲耳目，是爲尚書之平，決於百石之吏，故羣下苛刻，各自爲能。兼以私情容長，憎愛在職，皆競張空虛，以要時利，故有罪者心不厭服，無咎者坐被空文，不可經盛衰，貽後王也。夫事積久則自重，吏安則人自靜。傳曰：「五年再閏，天道乃備。」夫以天地之靈，猶五載以成其化，況人道哉！臣浮愚戇，不勝惓惓，願陛下留心千里之任，省察偏言之奏。』

又　卷六一《左雄周舉黃瓊傳論》　古者諸侯歲貢士，進賢受上賞，非賢貶爵土。升之司馬，辯論其才，論定然後官之。任官然後祿之。故王者得其人，進仕勸其行，經邦弘務，所由久矣。漢初詔舉賢良、方正，州郡察孝廉、秀才，斯亦貢士之方也。中興以後，復增敦朴、有道、賢能、直言、獨行、高節、質直、清白、敦厚之屬。榮路既廣，觖望難裁，自是竊名僞服，浸以流競。權門貴仕，請謁繁興。自左雄任事，限年試才，雖頗有不密，固亦因識時宜。而黃瓊、胡廣、張衡、崔瑗之徒，泥滯舊方，互相詭駁，循名者屈其短，算實者挺其效。故雄在尚書，天下不敢妄選，十餘年間，稱爲得人，斯亦效實之徵乎？順帝始以童弱反政，而號令自出，知能任使，故士得用情，天下喁喁仰其風采。遂乃備玄纁玉帛，以聘南陽樊英，天子降寢殿，設壇席，尚書奉引，延問失得。急登賢之舉，虛降己之禮，於是處士鄙生，忘其拘儒，拂巾衽褐，以企旌車之招矣。至乃英能承風，俊乂咸事，若李固、周舉之淵謨弘深，左雄、黃瓊之政事貞固，桓焉、楊厚以儒學進，崔瑗、馬融以文章顯，吳祐、蘇章、种暠、欒巴牧民之良幹，龐參、虞詡將帥之宏規，王龔、張皓虛心以推士，張綱、

杜喬直道以糾違，郎顗陰陽詳密，張衡機術特妙：東京之士，於茲盛焉。向使廟堂納其高謀，疆（埸）〔場〕宜其智力，帷幄容其謇辭，舉厝稟其成式，則武、宣之軌，豈其遠而？《詩》云：『靡不有初，鮮克有終。』可爲恨哉！及孝桓之時，碩德繼興，陳蕃、楊秉處稱賢宰，皇甫、張、段出號名將，王暢、李膺彌縫衮闕，朱穆、劉陶獻替匡時，郭有道獎鑑人倫，陳仲弓弘道下邑。其餘宏儒遠智，高心絜行，激揚風流者，不可勝言。而斯道莫振，文武陵隊，在朝者以正議嬰戮，謝事者以黨錮致灾。往車雖折，而來軫方遒。所以傾而未顛，決而未潰，豈非仁人君子心力之爲乎？嗚呼！

又　卷八二上《方術傳上》　論曰：漢世之所謂名士者，其風流可知矣。雖弛張趣舍，時有未純，於刻情修容，依倚道藝，以就其聲價，非所能通物方，弘時務也。及徵樊英、楊厚，朝廷若待神明，至竟無它異。英名最高，毁最甚。李固、朱穆等以爲處士純盜虚名，無益於用，故其所以然也。然而後進希之以成名，世主禮之以得衆，原其無用亦所以爲用，則其有用或歸於無用矣。何以言之？夫煥乎文章，時或乖用；本乎禮樂，適末或疏。及其陶搢紳，藻心性，使由之而不知者，豈非道邈用表，乖之數迹乎？而或者忽不踐之地，賒無用之功，至乃誚譟遠術，賤斥國華，以爲力詐可以救淪敝，文律足以致寧平，智盡於猜察，道足於法令，雖濟萬世，其將與夷狄同也。孟軻有言曰：『以夏變夷，不聞變夷於夏。』況有未濟者乎！

宋·徐天麟《東漢會要》卷二一《職官三·行領試守假》　袁夢麒曰：凡官吏有試守之法。《平紀》，令吏二百石以上，一切滿秩如眞。如淳曰：『諸官吏初除，皆試守一歲乃爲眞，食全俸；平帝初卽位，故令如眞。』按順帝時，李固言：『竊聞長水司馬武宣、開陽城門候羊迪等，無它功德，初便拜眞。雖小失而漸壞舊章，先聖法度，所宜堅守，政教一跌，百年不復。』以是而推，漢世官吏初除，必多試守者矣。又按趙廣漢守京兆尹，滿歲爲眞。尹翁歸守右扶風，滿歲爲眞；韓延壽守左馮翊，滿歲稱職爲眞；張敞守太原，滿歲爲眞。此類甚衆。諸云滿歲者，與如淳試守一歲之説，大約相應。唐世除吏，尚循此制。裴度自司勳郎中知制誥爲中書舍人，白居易行其制曰：『臺郎滿歲，班列當遷；綸閣之職，不宜眞授。』及韓愈權知國子博士，三歲爲眞。其所謂滿歲、三歲，雖各有其制，然大率皆漢制也。《通典》載《貞觀令》云：『散官以職事高者爲守，職事卑者爲行，官階相等，無行無守。』而本朝元豐中更定官制，詔除授職事官並以寄禄官品高下爲法，凡高一品以上爲行，下一品爲守，下二品爲試。此皆放漢制以增之耳。

又　卷二六《選舉上·孝廉吏》　臣天麟按：孝廉之舉，始自西都。嘗考元朔詔書云：『深詔執事，興廉舉孝，今或至闔郡不薦一人，其令中二千石、禮官、博士議不舉者罪。』有司奏議曰：『不舉孝不奉詔，當以不敬論；不察廉不勝任也，當免。』詳觀此文，則孝之與廉，當是各爲一科，故蕭望之、薛宣、黄霸、張敞等皆以察廉補長丞，獨王吉、京房、師丹、孟喜皆以舉孝廉爲郎，劉輔舉孝廉爲襄賁令，至東都則合爲一科矣。西都止從郡國奏舉，未有試文之事，至東都則諸生試家法，文吏課牋奏，無異於後世科舉之法矣。西都未始限年，至東都則年四十以上始得察舉矣。黄瓊言左雄所上孝廉之選，專用儒學文吏，於取士之選，猶有所遺，乃奏增孝悌及能從政者爲四科，則知當時雖以孝廉名科，而未嘗責其孝行廉隅之實，是又失設科之本意也。雖然，漢世諸科，雖以賢良方正爲至重，而得人之盛，則莫如孝廉，斯亦後世之所不能及。

又　《至孝》　臣天麟按：《荀爽傳》，太常趙典舉爽至孝，對策陳便宜。靈帝詔舉有道之士，而謝弼、陳淳、公孫度俱對策除郎中。由是觀之，漢世諸科皆有制策，有司因以定其科第之等也。

又　卷二七《選舉下·公府辟除》　臣天麟案：公府有辟命，自西京則然矣。然東漢之世，公卿尤以辟士相高。卓茂習《詩》、《禮》爲通儒，而辟丞相府史；蔡邕少博學好辭章，而辟司徒橋玄府；周舉博學洽聞，爲儒者宗，而辟司徒李郃府。又有五府俱辟如黄瓊者，四府並命如陳紀者。往往名公鉅卿，以能致賢才爲高；而英才俊士，以得所依秉爲重。是以譽望日隆，名節日著，而一洗末世苟合輕就之風。孟子曰：『觀近臣以其所爲主，觀遠臣以其所主。』其斯之謂歟！

又　《州郡辟除》　臣天麟案：東京入仕之途雖不一，然由儒科而進者，其選亦甚難。故才智之士，多由郡吏而入仕。以胡廣之賢，而不免仕郡爲散吏；袁安世傳《易》學，而不免爲縣功曹；應奉讀書五行並

下，而爲郡決曹吏；王充之始進也，刺史辟爲從事；徐穉之初筮也，太守請補功曹。蓋當時仕進之路如此，初不以爲屈也。雖然，豈特東京爲然哉？考之西都：趙廣漢，河間之郡吏也；尹翁歸，河東之獄吏也；張敞，太守之卒史也；王尊，涿郡之書佐也。是皆一時卓絶雋偉之才，而卒不免由郡縣吏以進身。以至博士弟子，丙科亦補掌故，一藝以上，但補卒史。則知漢世仕進之路，大抵如此。嗚呼！安得以三代選舉之法而語之乎？

又《聘處士》 臣天麟案：世祖鑑高帝嫚罵儒生之失，故下車之初，側席幽人，首訪嚴光，聘周黨，擢卓茂於密令，而加諸三公之位。由是嵌巖之彦，始以廉隅自厲，而風俗師師，競以節義相高。如薛方、逢萌、王霸、譚賢、王良、王成之徒，或聘而不至，或至而不屈，皆足以激懦律貪。明帝、章帝亦旌禮劉平、江革、劉般、毛義、薛包之倫，以勵忠孝之節。下至安、順諸君，雖未必有尊賢重道之實意，而玄纁安車之聘，亦不絶於郡國；然其間往往實不足以副名，才不足以康世。史謂方召樊英、楊厚，待若神明。及至，竟無他異，無亦聘召太濫，而拘儒俗士，俱得以蒙丘園之賁。李固謂毀謗布流，應時折減，殆亦有由。然則人主寤寐英傑，固不可不搜抉幽隱，而亦不可泛及於常流，使弓旌玉帛之所招，必皆抱道隱德之士。然後足以爲世所貴，而終南，嵩少，不至爲仕途捷徑矣。

明・湛若水《格物通》卷七〇《任相中》 臣若水通曰：宰相職在燮理人君，必任之以實事，然後可以責其成功也。漢自光武以來，事歸臺閣，三公者徒擁虚器於百僚之上，所謂有其名而無其實者也，則夫陰陽失和，怪異數至，是可得而歸罪於相耶？若仲長統之言，可以爲待相之法矣。

臣若水通曰：郎顗薦李固曰：『固，王佐之臣，若任以時政，則可以垂景光，致休祥矣。』及永嘉初年，得太后之委遇，忠以進言，德以輔政，宦官之惡，一切屏去，天下屬望焉。夫然後顗之薦爲不誣，而太后其亦可謂賢矣。惜乎！梁冀竊權竟爲所害，天之不祚漢也，固如是哉！

清・趙翼《廿二史劄記》卷五《召用不論資格》 漢制，察舉孝廉、茂才等歸尚書，及光禄勳選用者，多循資格，其有德隆望重由朝廷召用者，則布衣便可踐台輔之位。如陳寔官僅太邱長，家居後，朝廷每三公缺，議者多歸之。太尉楊賜、司徒陳耽每以寔未登大位而身先之，常以自愧。《寔傳》鄭康成績學著名，公車徵爲大司農，給安車一乘，所過長吏送迎。《康成傳》荀爽有盛名，董卓秉政，徵之，初拜平原相，途次又拜光禄勳，視事三日，策拜司空，自布衣至三公，凡九十五日。張璠《漢紀》

雜録

唐・杜佑《通典》卷一三《選舉一・歷代制上》 秦自孝公納商鞅策，富國强兵爲務，仕進之途唯闢田與勝敵而已。以至始皇，遂平天下。

《史記》卷六《秦始皇本紀》 （始皇三十五年）使御史悉案問諸生，諸生傳相告引，乃自除。犯禁者四百六十餘人，皆阬之咸陽，使天下知之，以懲後。益發謫徙邊。始皇長子扶蘇諫曰：『天下初定，遠方黔首未集，諸生皆誦法孔子，今上皆重法繩之。臣恐天下不安。唯上察之。』始皇怒，使扶蘇北監蒙恬於上郡。

又卷八七《李斯列傳》 （趙）高曰：『高固内官之廝役也，幸得以刀筆之文進入秦宮，管事二十餘年，未嘗見秦免罷丞相功臣有封及二世者也，卒皆以誅亡。』

（胡亥）至咸陽，發喪，太子立爲二世皇帝。以趙高爲郎中令，常侍中用事。

行賞致罰

綜述

《睡虎地秦墓竹簡・爲吏之道》 吏有五善：一曰中（忠）信敬上，二曰精（清）廉毋謗，三曰舉事審當，四曰喜爲善行，五曰龏（恭）敬多讓。五者畢至，必有大賞。

吏有五失：一曰誇以迣，二曰貴以大（泰），三曰擅裚割，四曰犯上弗智（知）害，五曰賤士而貴貨貝。一曰見民杲（倨）敖（傲），二曰

不安其鼂（朝），三曰居官善取，四曰受令不僂，五曰安家室忘官府。一曰不察所親，不察所親，則怨數至；二曰不智（知）所使，不智（知）所使，則以權術求利；三曰興事不當，興事不當，則民傷指；四曰善言隋（惰）行，則士毋所比；五曰非上，身及於死。

又《秦律十八種·廄苑律》 以四月、七月、十月、正月膚田牛。卒歲，以正月大課之，最賜田嗇夫壺酉（酒）束脯，爲旱（皂）者除一更，賜牛長日三旬；殿者，誶田嗇夫，罰冗皂者二月。其以牛田，牛減絜，治（笞）主者寸十。有（又）里課之，最者，賜田典日旬殿，治（笞）卅。

叚（假）鐵器，銷敝不勝而毀者，爲用書，受勿責。

將牧公馬牛，馬［牛］死者，亟謁死所縣，縣亟診而入之，其入之其弗亟而令敗者，令以其未敗直（值）賞（償）之，其小隸臣，疾死者，告其□□之；其非疾死者，以其診書告官論之。其大廄、中廄、宮廄馬牛殹（也），以其筋、革、角及其賈（價）錢效，其人詣其官。其乘服公馬牛亡馬者而死縣，縣診而雜買（賣）其肉，即入其筋、革、角，及索（索）入其賈（價）錢。錢少律者，令其人備之而告官，官告馬牛縣出之。

又《秦律雜抄》 令課縣、都官公服牛各一課，卒歲，十牛以上而三分一死；不［盈］十牛以下，及受服牛者卒歲死牛三以上，吏主者、徒食牛者及令、丞皆有罪。內史課縣，大（太）倉課都官及受服者。

任法（廢）官者爲吏，貲二甲。有興，除守嗇夫、叚（假）佐居守者，上造以上不從令，貲二甲。除士吏、發弩嗇夫不如律，及發弩射不中，尉貲二甲。發弩嗇夫射不中，貲二甲，免，嗇夫任之。駕騶除四歲，不能駕御，貲教者一盾；免，賞（償）四歲繇（徭）戍。除吏律。

爲（僞）聽命書，法（廢）弗行，耐爲侯；不辟（避）席立，貲二甲，法（廢）。

游士在，亡符，居縣貲一甲；卒歲，責之。有爲故秦人出，削籍，上造以上爲鬼薪，公士以下刑爲城旦。游士律。

當除弟子籍不得，置任不審，皆耐爲侯（候）。使其弟子贏律，及治（笞）之，貲一甲；決革，二甲。除弟子律。

故大夫斬首者，䙴（遷）。分甲以爲二甲蒐者，耐。縣毋敢包卒爲弟子，尉貲二甲，免；令，二甲。輕車、趚張、引強、中卒所載傳（傳）到軍，縣勿奪。奪中卒傳，令、尉貲各二甲。

驀馬五尺八寸以上，不勝任，奔摯（縶）不如令，縣司馬貲二甲，令、丞各一甲。先賦驀馬，馬備，乃粼從軍者，到軍課之，馬殿，令、丞二甲；司馬貲二甲，法（廢）。

吏自佐、史以上負從馬、守書私卒，令市取錢焉，皆䙴（遷）。

不當稟軍中而稟者，皆貲二甲，法（廢），非吏殹（也），戍二歲，徒食、敦（屯）長、僕射弗告，貲戍一歲；令、尉、士吏弗得，貲一甲。軍人買（賣）稟稟所及過縣，貲戍二歲；同車食、敦（屯）長、僕射弗告，戍一歲；縣司空、司空佐史、士吏將者弗得，貲一甲；邦司空一盾。軍人稟所、所過縣百姓買其稟，貲二甲，入粟公；吏部弗得，及令、丞貲各一甲。稟卒兵，不完善（繕），丞、庫嗇夫、吏貲二甲，法（廢）。【略】

臧（藏）皮革橐（蠹）突，貲嗇夫一甲，令、丞一盾。臧（藏）律。

省殿，貲工師一甲，丞及曹長一盾，徒絡組廿給。省三歲比殿，貲工師二甲，丞、曹長一甲，徒絡組五十給。

非歲紅（功）及毋（無）命書，敢爲它器，工師及丞貲各二甲。縣工新獻，殿，貲嗇夫一甲，縣嗇夫、丞、吏、曹長各一盾。城旦爲工殿者，治（笞）人百。大車殿，貲司空嗇夫一盾，徒治（笞）五十。

髼園殿，貲嗇夫一甲，令、丞及佐各一盾，徒絡組各廿給。髼園三歲比殿，貲嗇夫二甲而法（廢），令、丞各一甲。

采山重殿，貲嗇夫一甲，佐一盾；三歲比殿，貲嗇夫二甲而法（廢）。殿而不負費，勿貲。賦歲紅（功），未取省而亡之，及弗備，貲其曹長一盾。大（太）官、右府、左府、右采鐵、左採鐵課殿，貲嗇夫一盾。

工擇榦，榦可用而久以爲不可用，貲二甲。工久榦曰不可用，負久者，久者謁用之，而貲工曰不可者二甲。

射虎車二乘爲曹。虎未越泛蘚，從之，虎環（還），貲一甲。虎失（佚），不得，車貲一甲。虎欲犯，徒出射之，弗得，貲一甲。豹旞（遂），

不得，貲一盾。公車司馬獵律。

傷乘輿馬，夬（決）革一寸，貲一盾；二寸，貲二盾；過二寸，貲一甲。課駃騠，卒歲六匹以下到一匹，貲一盾。志馬舍乘車馬後，毋（勿）敢炊飭，犯令，貲一盾。已馳馬不去車，貲一盾。

膚吏乘馬篤、𦟝（胔），及不會膚期，貲各一盾。馬勞課殿，貲廄嗇夫一甲，令、丞、佐、史各一盾。馬勞課殿，貲皂嗇夫一盾。

牛大牝十，其六毋（無）子，貲嗇夫、佐各一盾。羊牝十，其四毋（無）子，貲嗇夫、佐各一盾。牛羊課。

匿敖童，及占瘩（癃）不審，典、老贖耐，百姓不當老，至老時不用請，敢爲酢（詐）僞者，貲二甲；典、老弗告，貲各一甲；伍人，户一盾，皆䙴（遷）之。

徒卒不上宿，署君子、敦（屯）長、僕射不告，貲各一盾。宿者已上守除，擅下，人貲二甲。

冗募歸，辭曰日已備，致未來，不如辭，貲日四月居邊。軍新論攻城，城陷，尚有棲未到戰所，告曰戰圍以折亡，叚（假）者，耐；敦（屯）長、什伍智（知）弗告，貲一甲；稟伍二甲。·敦（屯）表律。

戰死事不出，論其後。有（又）後察不死，奪後爵，除伍人；不死者歸，以爲隸臣。

寇降，以爲隸臣。

捕盜律曰：捕人相移以受爵者，耐。求盜勿令送逆爲它，令送逆爲它事者，貲二甲。

戍律曰：同居毋并行，縣嗇夫、尉及士吏行戍不以律，貲二甲。

戍者城及補城，令姑（嫴）堵一歲，所城有壞者，縣司空署君子將者，貲各一甲；縣司空佐主將者，貲一盾。令戍者勉補繕城，署勿令爲它事；已補，乃令增塞埤塞。縣尉時循視其攻（功）及所爲，敢令爲它事，使者貲二甲。

又《**語書**》 凡良吏明法律令，事無不能殹（也）；有（又）廉絜（潔）敦慤而好佐上；以一曹事不足獨治殹（也），故有公心；有（又）能自端殹（也），而惡與人辨治，是以不爭書。惡吏不明法律令，不智（知）事，不廉絜（潔），毋（無）以佐上，緰（偷）隨（惰）疾事，易口舌，不羞辱，輕惡言而易病人，毋（無）公端之心，而有冒柢（抵）之治，是以善斥（訴）事，喜爭書。爭書，因恙（佯）瞋目扼捾（腕）以視（示）力，訏詢疾言以視（示）治，誈訒醜言麃斫以視（示）險，阬閬强肮（伉）以視（示）强，而上猶智之殹（也）。故如此者不可不爲罰。發書，移書曹，曹莫受，以告府，府令曹畫之。其畫最多者，當居曹奏令、丞，令、丞以爲不直，志千里使有籍書之，以爲惡吏。

又《**效**》 實官佐、史柀免、徙，官嗇夫必與去者效代者。節（即）官嗇夫免而效，不備，代者與居吏坐之。故吏弗效，新吏居之未盈歲，去者與居吏坐之，新吏弗坐；其盈歲，雖弗效，新吏與居吏坐之，去者弗坐，它如律。

倉屚（漏）死（朽）禾粟，及積禾粟而敗之，其不可食者不盈萬石以下，誶官嗇夫；百石以上到千石，貲官嗇夫一甲；過千石以上，貲官嗇夫二甲；令官嗇夫、冗吏共賞（償）敗禾粟。禾粟雖敗而尚可食殹（也），程之，以其秏（耗）石數論負之。【略】

效公器贏、不備，以齎律論及賞（償），毋齎者乃直（值）之。

公器不久刻者，官嗇夫貲一盾。

又《**内史雜**》 除佐必當壯以上，毋除士五（伍）新傅。苑嗇夫不存，縣爲置守，如廄律。

令敫史毋從事官府。非史子殹（也），毋敢學學室，犯令者有罪。

【略】

有實官高其垣墻。它垣屬焉者，獨高其置芻廥及倉茅蓋者。令人勿紤（近）舍。非其官人殹（也），毋敢舍焉。善宿衛，閉門輒靡其旁火，慎守唯敬（儆）。有不從令而亡、有敗、失火，官吏有重罪，大嗇夫、丞任之。

又《**效律**》 衡石不正，十六兩以上，貲官嗇夫一甲；不盈十六兩到八兩，貲一盾。甬（桶）不正，二升以上，貲一甲；不盈二升到一升，貲一盾。

斗不正，半升以上，貲一甲；不盈半升到少半升，貲一盾。半石不正，八兩以上；鈞不正，四兩以上；斤不正，三朱（銖）以上；半斗不正，少半升以上；參不正，六分升一以上；升不正，廿分升一以上；

黄金衡羸（纍）不正，半朱（銖）［以］上，貲各一盾。

數而羸、不備，直（值）百一十錢以到二百廿錢，誶官嗇夫；過二百廿錢以到千一百錢，貲嗇夫一盾；過千一百錢以到二千二百錢，貲官嗇夫一甲；過二千二百錢以上，貲官嗇夫二甲。

縣料而不備其見（現）數五分一以上，直（值）其賈（價），其貲、誶如數者然。十分一以到不盈五分一，直（值）過二百廿錢以到千一百錢，誶官嗇夫；過千一百錢以到二千二百錢，貲官嗇夫一盾；過二千二百錢以上，貲官嗇夫一甲。百分一以到不盈十分一，直（值）過千一百錢以到二千二百錢，誶官嗇夫；過二千二百錢以上，貲官嗇夫一盾。

同官而各有主殹（也），各坐其所主。官嗇夫免，縣令令人效其官，官嗇夫坐效以貲，大嗇夫及丞除。縣令免，新嗇夫自效殹（也），故嗇夫及丞皆不得除。

實官佐、史柀免、徙，官嗇夫必與去者效代者。節（即）官嗇夫免而效不備，代者與居吏坐之。故吏弗效，新吏居之未盈歲，去者與居吏坐之，新吏弗坐；其盈歲，雖弗效，新吏與居吏坐之，去者弗坐。它如律。

倉屚（漏）㱙（朽）禾粟，及積禾粟而敗之，其不可飤（食）者，不盈百石以下，誶官嗇夫；百石以到千石，貲官嗇夫一甲；過千石以上，貲官嗇夫二甲；令官嗇夫、冗吏共賞（償）敗禾粟。禾粟雖敗而尚可飤（食）殹（也），程之，以其秏（耗）石數論餕（負）之。【略】

倉嗇夫及佐、史，其有免去者，新倉嗇夫、新佐、史主廥者，必以廥籍度之。其有所疑，謁縣嗇夫，縣嗇夫令人復度及與雜出之。禾羸，入之；而以律論不備者。禾、芻稾積廥，有羸不備，而匿弗謁，及者（諸）移羸以賞（償）不備，羣它物當負賞（償）而僞出之以彼（貱）賞（償），皆與盜同法。大嗇夫、丞智（知）而弗罪，以平罪人律論之，有（又）與主廥者共賞（償）不備。【略】

效公器羸、不備，以齎律論及賞（償），［毋齎］者乃直（值）之。

公器不久刻者，官嗇夫貲一盾。【略】

官府臧（藏）皮革，數穆（煬）風之。有蠹突者，貲官嗇夫一甲。

器職（識）耳不當籍者，大者貲官嗇夫一盾，小者除。

馬牛誤職（識）耳，及物之不能相易者，貲官嗇夫一盾。【略】

工稟鬃它縣，到官試之，飲水，水減二百斗以上，貲工及吏將者各二甲；不盈二百斗以下到百斗，貲各一甲；不盈百斗以下到十斗，貲各一盾；不盈十斗以下及稟縣中而負者，負之如故。【略】

計用律不審而羸、不備，以效羸、不備之律貲之，而勿令賞（償）。官嗇夫貲二甲，令、丞貲一甲；官嗇夫貲一甲，令、丞貲一盾。其吏主者坐以貲、誶如官嗇夫。其它冗吏、令史掾計者，及都倉、庫、田、亭嗇夫坐其離官屬於鄉者，如令、丞。【略】

計校相繆（謬）殹（也），自二百廿錢以下，誶官嗇夫；過二百廿錢以到二千二百錢，貲一盾；過二千二百錢以上，貲一甲。人户、馬牛一，貲一盾；自二以上，貲一甲。

計脫實及出實多於律程，及不當出而出之，直（值）其賈（價），不盈廿二錢，除；廿二錢以到六百六十錢，貲官嗇夫一盾；過六百六十錢以上，貲官嗇夫一甲，而復責其出殹（也）。人户、馬牛一以上爲大誤。誤自重殹（也），減罪一等。

又《法律答問》 或盜采人桑葉，臧（贓）不盈一錢，可（何）論？貲繇（徭）三旬。

司寇盜百一十錢，先自告，可（何）論？當耐爲隸臣，或曰貲二甲。【略】

甲盜不盈一錢，行乙室，乙弗覺，問乙論可（何）殹（也）？毋論。其見智（知）之而弗捕，當貲一盾。【略】

『抉籥（鑰），贖黥。』可（何）謂『抉籥（鑰）』？抉籥（鑰）者已抉啓之乃爲抉，且未啓亦爲抉？抉之弗能啓卽去，一日而得，論皆可（何）殹（也）？抉之且欲有盜，弗能啓卽去，若未啓而得，當贖黥。抉之非欲盜殹（也），已啓乃爲抉，未啓當貲二甲。【略】

甲告乙盜直（值）□□，問乙盜卅，甲誣駕（加）乙五十，其卅不審，問甲當論不當？廷行事貲二甲。【略】

甲告乙盜牛，今乙盜羊，不盜牛，問可（何）論？爲告不審。一貲盾不直，可（何）論？貲盾。

當貲盾，沒錢五千而失之，可（何）論？當誶。【略】

誣人盜直（值）廿，未斷，有（又）有它盜，直（值）百，乃後覺，

當幷臧（贜）以論，且行眞罪、有（又）以誣人論？當貲二甲一盾。【略】

『發偽書，弗智（知），貲二甲。』今咸陽發偽傳，弗智（知），即復封傳它縣，它縣亦傳其縣次，到關而得，今當獨咸陽坐以貲，且它縣當盡貲？咸陽及它縣發弗智（知）者當皆貲。【略】

或自殺，其室人弗言吏，即葬貍（薶）之，問死者有妻、子當收，弗言而葬，當貲一甲。【略】

鬬以箴（針）、鉥、錐，若箴（針）、鉥、錐傷人，各可（何）論？鬬，當貲二甲；賊，當黥爲城旦。【略】

小畜生入人室，室人以投（殳）梃伐殺之，所殺直（值）二百五十錢，可（何）論？當貲二甲。【略】

贖罪不直，史不與嗇夫和，問史可（何）論？當貲一盾。【略】

有賊殺傷人衝術，偕旁人不援，百步中比壄（野），當貲二甲。【略】

捕貲罪，即端以劍及兵刃刺殺之，可（何）論？殺之，完爲城旦；傷之，耐爲隸臣。【略】

有秩吏捕闌亡者，以畀乙，令詣，約分購，問吏及乙論可（何）殹（也）？當貲各二甲，勿購。【略】

甲徙居，徙數謁吏，吏環，弗爲更籍，今甲有耐、貲罪，問吏可（何）論？耐以上，當貲二甲。

『百姓有責（債），勿敢擅强質，擅强質及和受質者，皆貲二甲。』廷行事强質人者論，鼠（予）者不論；和受質者，鼠（予）者□論。

實官户關不致，容指若抉，廷行事貲一甲。

實官户扇不致，禾稼能出，廷行事貲一甲。

空倉中有薦，薦下有稼一石以上，廷行［事］貲一甲，令史監者一盾。

倉鼠穴幾可（何）而當論及誶？廷行事鼠穴三以上貲一盾，二以下誶。鼷穴三當一鼠穴。【略】

𤋱火延燔里門，當貲一盾；其邑邦門，貲一甲。【略】

『棄妻不書，貲二甲。』其棄妻亦當論不當？貲二甲。【略】

以其乘車載女子，可（何）論？貲二甲。以乘馬駕私車而乘之，毋論。

《史記》卷六《秦始皇本紀》（始皇二十六年）廷尉李斯議曰：『今海内賴陛下神靈一統，皆爲郡縣，諸子功臣以公賦稅重賞賜之，甚足易制。』

（三十五年，始皇）大怒曰：『盧生等吾尊賜之甚厚，今乃誹謗我，以重吾不德也。』

始皇長子扶蘇諫曰：『天下初定，遠方黔首未集，諸生皆誦法孔子，今上皆重法繩之，臣恐天下不安。唯上察之。』始皇怒，使扶蘇北監蒙恬於上郡。

又 卷八七《李斯列傳》 公子高欲奔，恐收族，乃上書曰：『先帝無恙時，臣入則賜食，出則乘輿。御府之衣，臣得賜之；中廄之寶馬，臣得賜之。臣當從死而不能，爲人子不孝，爲人臣不忠。不忠者無名以立於世，臣請從死，願葬酈山之足。唯上幸哀憐之。』書上，胡亥大說，召趙高而示之，曰：『此可謂急乎？』趙高曰：『人臣當憂死而不暇，何變之得謀！』胡亥可其書，賜錢十萬以葬。

又 卷九九《叔孫通列傳》 二世令御史按諸生言反者下吏，非所宜言。諸言盜者皆罷之。乃賜叔孫通帛二十匹，衣一襲，拜爲博士。

晉·皇甫謐《高士傳》卷中 秦始皇東遊，請與語三日三夜，賜金璧直數千萬。

漢·陸賈《新語》卷三《親疏危亂》 高皇帝五年即天子之位，割膏腴之地，以王有功之臣，多者百餘城，少者乃三四十縣，德至渥也。

漢·陸賈《楚漢春秋·高祖初封侯》 高帝初封侯者，皆賜丹書鐵券，曰：『使黄河如帶，泰山如礪，漢有宗廟，爾無絶世！』

《史記》卷一〇《孝文本紀》（孝文帝初即位）下詔書曰：『閒者諸呂用事擅權，謀爲大逆，欲以危劉氏宗廟，賴將相列侯宗室大臣誅之，皆伏其辜。朕初即位，其赦天下，賜民爵一級，女子百户牛酒，酺五日。』【略】

皇帝曰：『呂產自置爲相國，呂禄爲上將軍，擅矯遣灌將軍嬰將兵擊齊，欲代劉氏，嬰留滎陽弗擊，與諸侯合謀以誅呂氏。呂產欲爲不善，丞相陳平與太尉周勃謀奪呂產等軍。朱虛侯劉章首先捕呂產等。太尉身率襄

平侯通持節承詔入北軍。典客劉揭身奪趙王呂禄印。益封太尉勃萬户，賜金五千斤。丞相陳平、灌將軍嬰邑各三千户，金二千斤。朱虚侯劉章、襄平侯通、東牟侯劉興居邑各二千户，金千斤。封典客揭爲陽信侯，賜金千斤。』

又　卷五三《蕭相國世家》　漢五年，既殺項羽，定天下，論功行封。羣臣爭功，歲餘功不決。高祖以蕭何功最盛，封爲酇侯，所食邑多。功臣皆曰：『臣等身被堅執鋭，多者百餘戰，少者數十合，攻城略地，大小各有差。今蕭何未嘗有汗馬之勞，徒持文墨議論，不戰，顧反居臣等上，何也？』高帝曰：『諸君知獵乎？』曰：『知之。』『知獵狗乎？』曰：『知之。』高帝曰：『夫獵，追殺獸兔者狗也，而發蹤指示獸處者人也。今諸君徒能得走獸耳，功狗也。至如蕭何，發蹤指示，功人也。且諸君獨以身隨我，多者兩三人。今蕭何舉宗數十人皆隨我，功不可忘也。』羣臣皆莫敢言。

列侯畢已受封，及奏位次，皆曰：『平陽侯曹參身被七十創，攻城略地，功最多，宜第一。』上已橈功臣，多封蕭何，至位次未有以復難之，然心欲何第一。關内侯鄂君進曰：『羣臣議皆誤。夫曹參雖有野戰略地之功，此特一時之事。夫上與楚相距五歲，常失軍亡衆，逃身遁者數矣。然蕭何常從關中遣軍補其處，非上所詔令召，而數萬衆會上之乏絶者數矣。夫漢與楚相守滎陽數年，軍無見糧，蕭何轉漕關中，給食不乏。陛下雖數亡山東，蕭何常全關中以待陛下，此萬世之功也。今雖亡曹參等百數，何缺於漢？漢得之不必待以全。奈何欲以一旦之功而加萬世之功哉！蕭何第一，曹參次之。』高祖曰：『善。』於是乃令蕭何，[第一]賜帶劍履上殿，入朝不趨。

上曰：『吾聞進賢受上賞。蕭何功雖高，得鄂君乃益明。』於是因鄂君故所食關内侯邑封爲安平侯。

又　卷九一《黥布列傳》　項籍死，天下定，上置酒。上折隨何之功，謂何爲腐儒，爲天下安用腐儒。隨何跪曰：『夫陛下引兵攻彭城，楚王未去齊也，陛下發步卒五萬人，騎五千，能以取淮南乎？』上曰：『不能。』隨何曰：『陛下使何與二十人使淮南，至，如陛下之意，是何之功賢於步卒五萬人騎五千也。然而陛下謂何腐儒，爲天下安用腐儒，何也？』上曰：『吾方圖子之功。』乃以隨何爲護軍中尉。

又　卷一一一《衛將軍驃騎列傳》　建元二年春，青姊子夫得入宫幸上。皇后，堂邑大長公主女也，無子，妒。大長公主聞衛子夫幸有身，妒之，乃使人捕青。青時給事建章，未知名。大長公主執囚青，欲殺之。其友騎郎公孫敖與壯士篡取之，以故得不死。上聞，乃召青爲建章監，侍中，及同母昆弟貴，賞賜數日間累千金。

漢・劉歆《西京雜記》卷二　成帝好蹴鞠，羣臣以蹴鞠勞體，非尊所宜。帝曰：『朕好之，可擇似而不勞者奏之。』家君作彈棊以獻，帝大悦，賜青羔裘、紫絲履，服以朝覲。

《漢書》卷四一《夏侯嬰傳》　（夏侯）嬰自上初起沛，常爲太僕從，竟高祖崩。以太僕事惠帝。惠帝及高后德嬰之脱孝惠、魯元於下邑間也，乃賜嬰北第第一，曰『近我』，以尊異之。

又　卷四六《衛綰傳》　景帝幸上林，【略】（衛）綰曰：『先帝賜臣劍凡六，不敢奉詔。』上曰：『劍，人之所施易，獨至今乎？』綰曰：『具在。』上使取六劍，劍常盛，未嘗服也。【略】遷爲御史大夫。五歲，代桃侯舍爲丞相，朝奏事如職所奏。然自初宦以至相，終無可言。上以爲敦厚可相少主，尊寵之，賞賜甚多。

又　卷五四《蘇武傳》　武以始元六年春至京師。詔武奉一太牢謁武帝園廟，拜爲典屬國，秩中二千石，賜錢二百萬，公田二頃，宅一區。常惠、徐聖、趙終根皆拜爲中郎，賜帛各二百匹。其餘六人老歸家，賜錢人十萬，復終身。

又　卷六五《東方朔傳》　伏日，詔賜從官肉。大官丞日晏不來，朔獨拔劍割肉，謂其同官曰：『伏日當蚤歸，請受賜。』即懷肉去。大官奏之。朔入，上曰：『昨賜肉，不待詔，以劍割肉而去之，何也？』朔免冠謝。上曰：『先生起自責也。』朔再拜曰：『朔來！朔來！受賜不待詔，何無禮也！拔劍割肉，壹何壯也！割之不多，又何廉也！歸遺細君，又何仁也！』上笑曰：『使先生自責，乃反自譽！』復賜酒一石，肉百斤，歸遺細君。

又　卷六八《霍光傳》　初，霍氏奢侈，茂陵徐生曰：『霍氏必亡。夫奢則不遜，不遜必侮上。侮上者，逆道也。在人之右，衆必害之。霍氏

秉權日久，害之者多矣。天下害之，而又行以逆道，不亡何待！』乃上疏言：『霍氏泰盛，陛下卽愛厚之，宜以時抑制，無使至亡。』書三上，輒報聞。其後霍氏誅滅，而告霍氏者皆封。人爲徐生上書曰：『臣聞客有過主人者，見其竈直突，傍有積薪，客謂主人，更爲曲突，遠徙其薪，不者且有火患。主人嘿然不應。俄而家果失火，鄰里共救之，幸而得息。於是殺牛置酒，謝其鄰人，灼爛者在於上行，餘各以功次坐，而不録言曲突者。人謂主人曰：「鄉使聽客之言，不費牛、酒，終亡火患。今論功而請賓，曲突徙薪亡恩澤，燋頭爛額爲上客耶？」主人乃寤而請之，今茂陵徐福數上書言霍氏且有變，宜防絶之。鄉使福説得行，則國亡裂土出爵之費，臣亡逆亂誅滅之敗。往事既已，而福獨不蒙其功，唯陛下察之，貴徙薪曲突之策，使居焦髮灼爛之右。』上乃賜福帛十疋，後以爲郎。

又　卷八九《循吏傳・王成》　王成，不知何郡人也。爲膠東相，治甚有聲。宣帝最先褒之，地節三年下詔曰：『蓋聞有功不賞，有罪不誅，雖唐、虞不能以化天下。今膠東相成，勞來不怠，流民自占八萬餘口，治有異等之效。其賜成爵關內侯，秩中二千石。』

又　《黄霸傳》　有詔（黄霸）歸潁川太守官，以八百石居治如其前。前後八年，郡中愈治。是時，鳳皇神爵數集郡國，潁川尤多。天子以霸治行終長者，下詔稱揚曰：『潁川太守霸，宣佈詔令，百姓鄉化，孝子弟弟貞婦順孫日以衆多，田者讓畔，道不拾遺，養視鰥寡，贍助貧窮，獄或八年亡重罪囚，吏民鄉於教化，興於行誼，可謂賢人君子矣。《書》不云乎？「股肱良哉！」其賜爵關內侯，黄金百斤，秩中二千石。』而潁川孝弟有行義民、三老、力田，皆以差賜爵及帛。

漢・劉珍等《東觀漢記》卷一七《楊賜傳》　（楊賜）以病罷居。無何，拜太常，詔賜御府衣一襲，自所服冠幘綬，玉壺革帶，金錯鈎佩。

宋・徐天麟《西漢會要》卷一七《禮十一・嘉禮・賜姓氏》　高祖封項伯等四人爲列侯，賜姓劉氏。《項籍傳》

婁敬勸高祖都關中，上曰：婁者劉也，賜姓劉氏。【略】本《傳》

金日磾本匈奴休屠王太子也，以休屠作金人爲祭天主，故因賜姓金氏云。本《傳》

又　卷三九《職官九・考課・公卿課郡吏》　宣帝始親政事，自丞相以下，各奉職奏事，以傅奏其言，考試功能，侍中尚書，功勞當遷，及有異善，厚加賞賜。本《紀》

丙吉曰：歲竟，丞相課其殿最，奏行賞罰。《丙吉傳》

又　卷四二《職官十二・恩賜》　高帝五年，奏位次，令蕭何第一，賜帶劍履上殿，入朝不趨。本《傳》

奏事不名，入殿不趨

高帝褒賞元功，相國蕭何邑户既倍，又蒙殊禮，奏事不名，入殿不趨。《王莽傳》

入殿門不趨，殺人不死

高帝欲自擊陳豨，周緤泣諫，上以爲愛我，賜入殿門不趨，殺人不死。《周緤傳》

几杖不朝

吴王濞稱疾不朝京師，及後使人爲秋請，上賜吴王几杖，老不朝。本《傳》

孝武元朔二年，賜淮南王、菑川王几杖，毋朝。《武帝紀》師古曰：安、志皆武帝諸父列也。

天子旌旗

梁孝王武得賜天子旌旗，從千乘萬騎，出稱警，入言趨。本《傳》

江都易王非，以軍功賜天子旗。本《傳》

祭酒

吴王濞，賜號爲劉氏祭酒。見《史記・荀卿傳》注。

宣帝以蘇武著節老臣，號爲祭酒。本《傳》

外繇

卜式持錢二十萬，與河南太守以給徙民，上乃賜式外繇四百人。本《傳》

安車駟馬

薛廣德爲御史大夫，乞骸骨，賜安車駟馬，黄金六十斤，罷。本《傳》

杜延年爲御史大夫，乞骸骨，賜安車駟馬。本《傳》

永始中，左將軍史丹乞骸骨，賜安車駟馬，歸第。本《傳》

大司空彭宣乞骸骨，王莽恨宣求退，故不賜安車駟馬。本《傳》

武庫兵

毋將隆曰：漢家邊吏職在距寇，亦賜武庫兵，皆任其事，然後蒙之。本《傳》

車屏官屬

宣帝以賢良高第揚州刺史黄霸爲潁川太守，賜車蓋，特高一丈，別駕主簿車緹油屏泥於軾前。《黄霸傳》

金金，常賜也，今但舉其略。

賜張良金百鎰。本《傳》服虔曰：二十四兩曰鎰，師古曰：秦以鎰名金，若漢之論斤也。

賜將軍四十金。《惠紀》晉灼曰：凡言黄金，眞金也，不言黄，謂錢也，《食貨志》：黄金一斤直錢萬。師古曰：諸賜言黄金者皆與之金，不言黄者，一金與萬錢也。

宣帝時，郡國有治理效，輒增秩賜金。《循吏傳》

常賜：養牛、上尊酒、甲第、奴婢、錢、繒帛、東國秘器、塚地。

又《致仕》 萬石君奮，以上大夫禄歸老於家，以歲時爲朝臣。

周仁病免，以二千石禄歸老。

張歐以上大夫禄歸老於家。

韋賢七十餘爲相，地節三年，以老病乞骸骨，賜黄金百斤，罷歸，賜第一區，丞相致仕自賢始。

薛廣德爲御史大夫，乞骸骨，賜安車駟馬，黄金六十斤，罷。

杜延年爲御史大夫，乞骸骨，天子優之，使光禄大夫持節賜延年黄金百斤，牛酒，加致醫藥，延年遂稱病篤，賜安車駟馬，罷就第。以上並本《傳》。

疏廣、疏受，父子並爲師傅，俱上疏乞骸骨，上以其年皆老，許之，加賜黄金二十斤，皇太子贈以五十斤，公卿大夫故人邑子，設祖道供張東都門外，送者車數百兩。

孝平元始元年，令天下吏比二千石以上，年老致仕者，三分故禄，以一與之，終其身。本《紀》

龔勝、邴漢，俱乞骸骨，惟元始二年六月庚寅，光禄大夫太中大夫耆艾二人以老病罷，太皇太后使謁者僕射策詔之曰：蓋聞古者有司年至則致仕，所以恭遜而不盡其力也。今大夫年至矣，朕愍以官職之事煩大夫，其上子若孫若同産同産子一人，大夫其修身守道，以終高年，賜帛及行道舍宿，歲時羊酒衣衾，皆如韓福故事，所上子男，皆除爲郎。《龔勝傳》

又《圖功臣》 孝宣甘露三年，單于始入朝，帝思股肱之美，乃圖畫其人於麒麟閣，法其形貌，署其官爵姓名，唯霍光不名，凡十一人。《蘇武傳》

大司馬將軍博陸侯姓霍氏。《霍光傳》

衛將軍富平侯張安世。本《傳》

車騎將軍龍雒侯韓增。《韓信傳》

後將軍營平侯趙充國。《外戚恩澤侯表》

丞相高平侯魏相。

丞相博陽侯丙吉。

宗正陽城侯劉德。

御史大夫建平侯杜延年。

少府梁邱賀。

太子太傅蕭望之。

典屬國蘇武。以上並本《傳》。

初趙充國以功德與霍光等，列畫未央宮，成帝時西羌有警，上思將帥之臣，追美充國，乃召黄門郎揚雄即充國圖畫而頌之。《趙充國傳》

孝平元始四年，詔畫祀百辟卿士有益於民者，蜀郡以文翁，九江以召父，應詔書。《召信臣傳》

明・張溥《漢魏六朝百三家集》卷一四《[漢]張衡〈張衡集・綬笥銘序〉》 南陽太守鮑德，有詔所賜先公綬金笥，爲作銘曰：懿矣茲笥，爰藏寶珍，冠纓組履，文章日信。

漢・王隆《漢官解詁》 列侯金印紫綬，以賞其有功，功大者食縣邑，小者食鄉亭，得臣其所食吏民。

漢・劉珍等《東觀漢記》卷七《東平憲王蒼傳》 （章帝）建初三年，上賜東平王（劉）蒼書曰：『歲月騖過，山陵浸遠，孤心慘愴。饗衛士於南宮，皇太后因過按行閱視舊時衣物。惟王孝友之德，今以光烈皇后假髻、帛巾各一，衣一篋遺王，可時瞻視，以慰《凱風》寒泉之思。

又　卷一〇《祭肜傳》　（祭）肜素清儉，在遼東三十年，衣無儲副。帝嘉其功效，賜錢百萬，衣冠刀劍，下至杯案食物，大小重沓。

又　卷一二《朱勃傳》　章帝下詔曰：「告平陵令、丞：縣人故雲陽令朱勃，建武中以伏波將軍爵土不傳，上書陳狀，不顧罪戾，懷旌善之志，有烈士之風。詩云：『無言不讎，無德不報。』其以縣見穀二千斛賜勃子若孫，勿令遠詣闕謝。」

《漢書》卷九三《佞幸傳・董賢》　而王閎王莽時爲牧守，所居見紀，莽敗乃去官。世祖下詔曰：「武王克殷，表商容之閭，閎修善謹敕，兵起，吏民獨不爭其頭首。今以閎子補吏。」至墨綬卒官，蕭咸外孫云。

《後漢書》卷一上《光武帝紀上》　（建武）二年春正月甲子朔，日有食之。大司馬吳漢率九將軍擊檀鄉賊於鄴東，大破降之。庚辰，封功臣皆爲列侯，大國四縣，餘各有差。

又　卷一下《光武帝紀下》　（建武六年）二月，大司馬吳漢拔朐，獲董憲、龐萌，山東悉平。諸將還京師，置酒賞賜。【略】

（十三年）夏四月，大司馬吳漢自蜀還京師，於是大饗將士，班勞策勳。功臣增邑更封，凡三百六十五人。其外戚恩澤封者四十五人。

又　卷二《明帝紀》　（中元二年）夏四月丙辰，詔曰：「予末小子，奉承聖業，夙夜震畏，不敢荒寧。先帝受命中興，德侔帝王，協和萬邦，假於上下，懷柔百神，惠於鰥寡。朕承大運，繼體守文，不知稼穡之艱難，懼有廢失。聖恩遺戒，顧重天下，以元元爲首。公卿百僚，將何以輔朕不逮？其賜天下男子爵，人二級；三老、孝悌、力田人三級；爵過公乘，得移與子若同產、同產子；及流人無名數欲自占者人一級；鰥、寡、孤、獨、篤癃粟，人十斛。」【略】

（孝明）帝遵奉建武制度，無敢違者。後宮之家，不得封侯與政。館陶公主爲子求郎，不許，而賜錢千萬。

又　卷五《安帝紀》　（建光元年）二月癸亥，大赦天下。賜諸園貴人、王、主、公、卿以下錢布各有差。以公、卿、校尉、尚書子弟一人爲郎、舍人。

（延光四年）夏四月丁酉，太尉馮石爲太傅，司徒劉熹爲太尉，參録尚書事；前司空李郃爲司徒。

辛卯，大將軍耿寶、中常侍樊豐、侍中謝惲、周廣、乳母野王君王聖，坐相阿黨，豐、惲、廣下獄死，寶自殺，聖徙雁門。

又　卷六《順帝紀》　（延光三年十一月丁巳，順帝即位）賜公卿以下錢穀各有差。

又　卷七《桓帝紀》　（延熹二年八月）詔曰：「梁冀姦暴，濁亂王室。孝質皇帝聰敏早茂，冀心懷忌畏，私行殺毒。永樂太后親尊莫二，冀又遏絶，禁還京師，使朕離母子之愛，隔顧復之恩。禍害深大，罪釁日滋。賴宗廟之靈，及中常侍單超、徐璜、具瑗、左悺、唐衡、尚書令尹勳等激憤建策，內外協同，漏刻之閒，桀逆梟夷。斯誠社稷之祐，臣下之力，宜班慶賞，以酬忠勳。其封超等五人爲縣侯，勳等七人爲亭侯。」於是舊故恩私，多受封爵。

又　卷一五《李通傳》　有司奏請封諸皇子，帝感（李）通首創大謀，即日封通少子雄爲召陵侯。

永平中，顯宗幸宛，詔諸李隨安衆宗室會見，並受賞賜，恩寵篤焉。

又　卷一六《鄧禹傳》　（建武）十三年，天下平定，諸功臣皆增户邑，定封禹爲高密侯，食高密、昌安、夷安、淳于四縣。帝以禹功高，封弟寬爲明親侯。【略】

顯宗即位，以禹先帝元功，拜爲太傅，進見東向，甚見尊寵。居歲餘，寢疾。帝數自臨問，以子男二人爲郎。永平元年，年五十七薨，謚曰元侯。

帝分禹封爲三國：長子震爲高密侯，襲爲昌安侯，珍爲夷安侯。

元初二年，（鄧）弘卒。太后服齊衰，帝絲麻，並宿幸其第。弘少治《歐陽尚書》，授帝禁中，諸儒多歸附之。初疾病，遺言悉以常服，不得用錦衣玉匣。有司奏贈弘驃騎將軍，位特進，封西平侯。太后追思弘意，不加贈位衣服，但賜錢千萬，布萬匹，騭等復辭不受。

又　卷一七《馮異傳》　（建武七年）夏，與諸將攻落門，未拔，病發，薨於軍，謚曰節侯。

長子彰嗣。明年，帝思異功，復封彰弟訢爲析鄉侯。十三年，更封彰東緡侯，食三縣。

又　《岑彭傳》　彭首破荆門，長驅武陽，持軍整齊，秋豪無犯。

邛穀王任貴聞彭威信，數千里遣使迎降。會彭已薨，帝盡以任貴所獻賜彭妻子，謚曰壯侯。【略】

子遵嗣，徙封細陽侯。十三年，帝思彭功，復封遵弟淮爲穀陽侯。

又　卷一八《吴漢傳》　初，（吴）漢兄尉爲將軍，從征戰死，封尉子彤爲安陽侯。

帝以漢功大，復封弟翕爲襃親侯。吴氏侯者凡五國。

建武二年春，漢率大司空王梁，建義大將軍朱祐，大將軍杜茂，執金吾賈復，揚化將軍堅鐔，偏將軍王霸，騎都尉劉隆、馬武、陰識，共擊檀鄉賊於鄴東漳水上，大破之。降者十餘萬人。帝使使者璽書定封漢爲廣平侯，食廣平、斥漳、曲周、廣年，凡四縣。

又　卷一九《耿恭傳》　（耿恭）發疏勒時尚有二十六人，隨路死没，三月至玉門，唯餘十三人。衣屨穿決，形容枯槁。中郎將鄭衆爲恭已下洗沐易衣冠。上疏曰：『耿恭以單兵固守孤城，當匈奴之衝，對數萬之衆，連月踰年，心力困盡。鑿山爲井，煮弩爲糧，出於萬死無一生之望。前後殺傷醜虜數千百計，卒全忠勇，不爲大漢恥。恭之節義，古今未有。宜蒙顯爵，以厲將帥。』及恭至雒陽，鮑昱奏恭節過蘇武，宜蒙爵賞。於是拜爲騎都尉，以恭司馬石修爲雒陽市丞，張封爲雍營司馬，軍吏范羌爲共丞，餘九人皆補羽林。恭母先卒，及還，追行喪制，有詔使五官中郎將齎牛酒釋服。

又　卷二一《任屯傳》　永元四年（任隗）薨，子屯嗣。帝追思隗忠，擢屯爲步兵校尉，徙封西陽侯。

又　卷二三《竇融傳》　（建武）八年夏，車駕西征隗囂，融率五郡太守及羌虜小月氏等步騎數萬，輜重五千餘兩，與大軍會高平第一。融先遣從事問會見儀適。是時，軍旅代興，諸將與三公交錯道中，或背使者交私語。帝聞融先問禮儀，甚善之，以宣告百僚。乃置酒高會，引見融等，待以殊禮。拜弟友爲奉車都尉，從弟士太中大夫。遂共進軍，囂衆大潰，城邑皆降。帝高融功，下詔以安豐、陽泉、蓼、安風四縣封融爲安豐侯，弟友爲顯親侯。遂以次封諸將帥：武鋒將軍竺曾爲助義侯，武威太守梁統爲成義侯，張掖太守史苞爲襃義侯，金城太守厙鈞爲輔義侯，酒泉太守辛肜爲扶義侯。

又　《竇憲傳》　舊大將軍位在三公下，置官屬依太尉。（竇）憲威權震朝庭，公卿希旨，奏憲位次太傅下，三公上；長史、司馬秩中二千石，從事中郎二人六百石，自下各有增。振旅還京師。於是大開倉府，勞賜士吏，其所將諸郡二千石子弟從征者，悉除太子舍人。

又　卷二五《卓茂傳》　光武初即位，先訪求（卓）茂，茂詣河陽謁見。乃下詔曰：『前密令卓茂，束身自修，執節淳固，誠能爲人所不能爲。夫名冠天下，當受天下重賞，故武王誅紂，封比干之墓，表商容之閭。今以茂爲太傅，封襃德侯，食邑二千户，賜几杖車馬，衣一襲，絮五百斤。』復以茂長子戎爲太中大夫，次子崇爲中郎，給事黄門。

又　《魯恭傳》　永元九年，徵拜議郎。八月，飲酎，齋會章臺，詔使小黄門特引恭前。其夜拜侍中，敕使陪乘，勞問甚渥。冬，遷光禄勳，選舉清平，京師貴戚莫能枉其正。十（二）［三］年，代吕蓋爲司徒。十五年，從巡狩南陽，除子撫爲郎中，賜騑馬從駕。

又　卷二六《趙熹傳》　肅宗即位，進（趙熹）爲太傅，録尚書事。擢諸子爲郎吏者七人。長子代，給事黄門。

又　卷二七《宣秉傳》　（宣）秉性節約，常服布被，蔬食瓦器。帝嘗幸其府舍，見而歎曰：『楚國二龔，不如雲陽宣巨公。』即賜布帛帳帷什物。四年，拜大司徒司直。所得禄奉，輒以收養親族。其孤弱者，分與田地，自無擔石之儲。六年，卒於官，帝敏惜之，除子彪爲郎。

又　《杜林傳》　（建武）二十二年，復爲光禄勳。頃之，代朱浮爲大司空。博雅多通，稱爲任職相。明年薨，帝親自臨喪送葬，除子喬爲郎。詔曰：『公侯子孫，必復其始，賢者之後，宜宰城邑。其以喬爲丹水長。』

又　卷二九《郅惲傳》　（郅）帝嘗出獵，車駕夜還，惲拒關不開。帝令從者見面於門間。惲曰：『火明遼遠』。遂不受詔。帝乃迴從東中門入。明日，惲上書諫曰：『昔文王不敢槃於游田，以萬人惟憂。而陛下遠獵山林，夜以繼晝，其於社稷宗廟何？暴虎馮河，未至之戒，誠小臣所竊憂也。』書奏，賜布百匹，貶東中門候爲參封尉。

又　卷三一《郭汲傳》　（建武）十一年，省朔方刺史屬并州。帝以盧芳據北土，乃調伋爲并州牧。過京師謝恩，帝即引見，并召皇太子諸

王宴語終日，賞賜車馬衣服什物。

又 《羊續傳》 續以忠臣子孫拜郎中，去官後，辟大將軍竇武府。

又 《陸康傳》 廬江賊黄穰等與江夏蠻連結十餘萬人，攻没四縣，拜康廬江太守。康申明賞罰，擊破穰等，餘黨悉降。帝嘉其功，拜康孫尚爲郎中。【略】

袁術屯兵壽春，部曲飢餓，遣使求委輸兵甲。康以其叛逆，閉門不通，内修戰備，將以禦之。術大怒，遣其將孫策攻康，圍城數重。康固守，吏士有先受休假者，皆遁伏還赴，暮夜緣城而入。受敵二年，城陷。月餘，發病卒，年七十。宗族百餘人，遭離飢厄，死者將半。朝廷愍其守節，拜子儁爲郎中。

又 卷三三《馮魴傳》 （馮魴）能取悦當世，爲安帝所寵。帝嘗幸其府，留飲十許日，賜駮犀具劍、佩刀、紫艾綬、玉玦各一。

又 卷三四《梁竦傳》 （梁竦）有三男三女，肅宗納其二女，皆爲貴人。小貴人生和帝，竇皇后養以爲子，而竦家私相慶。後諸竇聞之，恐梁氏得志，終爲己害，建初八年，遂譖殺二貴人，而陷竦等以惡逆。詔使漢陽太守鄭據傳考竦罪，死獄中，家屬復徙九眞。【略】貴人姊南陽樊調妻嫕上書自訟。【略】帝覽章感悟，乃下中常侍、掖庭令驗問之，嫕辭證明審，遂得引見，具陳其狀。乃留嫕止宫中，連月乃出，賞賜衣被錢帛第宅奴婢，旬月之間，累資千萬。

又 卷三六《鄭衆傳》 延光中，安帝廢太子爲濟陰王，安世與太常桓焉、太僕來歷等共正議諫爭。及順帝立，安世已卒，追賜錢帛，除子亮爲郎。

又 卷三七《桓榮傳》 （建武十九年）帝卽召（桓）榮，令説《尚書》，甚善之。拜爲議郎，賜錢十萬，入使授太子。【略】以榮爲少傅，賜以輜車、乘馬。

靈帝崩，大將軍何進秉政，典與同謀議，三遷羽林中郎將。獻帝卽位，三公奏典前與何進謀誅閹官，功雖不遂，忠義炳著。詔拜家一人爲郎，賜錢二十萬。

又 卷三九《趙孝傳》 永平中，辟太尉府，顯宗素聞其行，詔拜諫議大夫，遷侍中，又遷長樂衛尉。復徵弟禮爲御史中丞。禮亦恭謙行已，類於孝。帝嘉其兄弟篤行，欲寵異之，詔禮十日一就衛尉府，太官送供具，令共相對盡歡。數年，禮卒，帝令孝從官屬送喪歸葬。後歲餘，復以衛尉賜告歸，卒於家。孝無子，拜禮兩子爲郎。

又 卷四一《宋均傳》 均嘗寢病，百姓耆老爲禱請，旦夕問起居，其爲民愛若此。以疾上書乞免，詔除子條爲太子舍人。

又 卷四二《楚王英傳》 （永平）十三年，男子燕廣告英與漁陽王平、顏忠等造作圖書，有逆謀，事下案驗。有司奏英招聚姦猾，造作圖讖，擅相官秩，置諸侯王公將軍二千石，大逆不道，請誅之。帝以親親不忍，乃廢英，徙丹陽涇縣，賜湯沐邑五百户。

明年，英至丹陽，自殺。立三十三年，國除。詔遣光禄大夫持節弔祠，贈賵如法，加賜列侯印綬，以諸侯禮葬於涇。遣中黄門占護其妻子。

又 卷四四《張禹傳》 永元六年，入爲大司農，拜太尉，和帝甚禮之。十五年，南巡祠園廟，禹以太尉兼衛尉留守。聞車駕當進幸江陵，以爲不宜冒險遠，驛馬上諫。詔報曰：『祠謁既訖，當南禮大江，會得君奏，臨漢回輿而旋。』及行還，禹特蒙賞賜。

又 卷四五《張酺傳》 （張酺）曾孫濟，好儒學，光和中至司空，病罷。及卒，靈帝以舊恩贈車騎將軍、關内侯印綬。其年，追濟侍講有勞，封子根爲蔡陽鄉侯。

又 卷四六《郭鎮傳》 鎮字桓鍾，少修家業。辟太尉府，再遷，延光中爲尚書。及中黄門孫程誅中常侍江京等而立濟陰王，鎮率羽林士擊殺衛尉閻景，以成大功，事在《宦者傳》。再遷尚書令。太傅、三公奏鎮冒犯白刃，手劍賊臣，姦黨殄滅，宗廟以寧，功比劉章，宜顯爵土，以勵忠貞。乃封鎮爲定潁侯，食邑二千户。

又 卷五六《張綱傳》 （張綱在郡一年後，皇帝）詔曰：『故廣陵太守張綱，大臣之苗，剖符統務，正身導下，班宣德信，降集劇賊張嬰萬人，息干戈之役，濟蒸庶之困，未升顯爵，不幸早卒。嬰等縗杖，若喪考妣，朕甚愍焉！』拜綱子續爲郎中，賜錢百萬。

又 卷五八《臧洪傳》 （臧）洪年十五，以父功拜童子郎，知名太學。

又 卷六五《段熲傳》 時，太山、琅邪賊東郭竇、公孫舉等聚衆

三萬人，破壞郡縣，遣兵討之，連年不克。永壽二年，桓帝詔公卿選將有文武者，司徒尹頌薦熲，乃拜爲中郎將。擊竇、畢等，大破斬之，獲首萬餘級，餘黨降散。封熲爲列侯，賜錢五十萬，除一子爲郎中。

又　卷七九下《儒林傳下·周澤》　（周）澤果敢直言，數有據爭。後北地太守廖信坐貪穢下獄，没入財産，顯宗以信臧物班諸廉吏，唯澤及光禄勳孫堪、大司農常沖特蒙賜焉。是時京師翕然，在位者咸自勉勵。

又　卷八一《獨行傳·劉茂》　延平中，鮮卑數百餘騎寇漁陽，太守張顯率吏士追出塞，遥望虜營煙火，急趣之。兵馬掾嚴授慮有伏兵，苦諫止，不聽。顯蹙令進，授不獲已，前戰，伏兵發，授身被十創，歿於陣。顯拔刃追散兵，不能制，虜射中顯，主簿衛福、功曹徐咸遽赴之，顯遂墮馬，福以身擁蔽，虜并殺之。朝廷愍授等節，詔書褒歎，厚加賞賜，各除子一人爲郎中。

又　卷八六《南蠻傳》　（李）肅主簿胡爽扣馬首諫曰：『蠻夷見郡無儆備，故敢乘間而進。明府爲國大臣，連城千里，舉旄鳴鼓，應聲十萬，奈何委符守之重，而爲逋逃之人乎！』肅拔刃向爽曰：『掾促去！太守今急，何暇此計。』爽抱馬固諫，肅遂殺爽而走。帝聞之，徵肅棄市，度、睦減死一等，復爽門閭，拜家一人爲郎。

又　卷八七《西羌傳》　（傳）育，北地人也。顯宗初，爲臨羌長，與捕虜將軍馬武等擊羌滇吾，功冠諸軍；及在武威，威聲聞於匈奴。食禄數十年，秩奉盡贍給知友，妻子不免操井臼。肅宗下詔追褒美之。封其子毅爲明進侯，七百户。

永嘉元年，封（趙）沖子愷義陽亭侯。

（永平三年）其秋，漢陽人杜琦及弟季貢、同郡王信等與羌通謀，聚衆入上邽城，琦自稱安漢將軍。於是詔購募得琦首者，封列侯，賜錢百萬，羌胡斬琦者賜金百斤，銀二百斤。漢陽太守趙博遣刺客杜習刺殺琦，封習討姦侯，賜錢百萬。

（元初）二年春，號多等率衆七千餘人詣參降，遣詣闕，賜號多侯印綬遣之。參始還居令居，通河西道。而零昌種衆復分寇益州，遣中郎將尹就將南陽兵，因發益部諸郡屯兵擊零昌黨呂叔都等。【略】五年，鄧遵募上郡全無種羌雕何等刺殺狼莫，賜雕何爲羌侯，封遵武陽侯，三千户。

又　卷一一四《百官志一》　太尉，公一人。本注曰：掌四方兵事功課，歲盡卽奏其殿最而行賞罰。

司徒，公一人。本注曰：凡四方民事功課，歲盡則奏其殿最而行賞罰。

司空，公一人。本注曰：凡四方水土功課，歲盡則奏其殿最而行賞罰。

清·姚之駰《後漢書補逸》卷九《何湯》　何湯字仲弓，豫章南昌人也。榮門徒常四百餘人湯爲高第，以才明知名。榮年四十，無子，湯乃去榮妻，爲更娶，生三子，榮甚重之。後拜郎中，守開陽門候。上微行夜還，湯閉門不納，更從中東門入。明旦，召詣大官賜食，諸門候皆奪俸。

晉·袁宏《後漢紀》卷二九《孝獻皇帝紀》　（建安元年八月）誅羽林郎侯折，尚書馮碩、侍中臺崇，討有罪也。封衛將軍董承、輔國將軍伏完、侍中［丁沖］、种輯、尚書僕射鍾繇、尚書郭浦、御史中丞董芬、彭城相劉艾、左馮翊韓斌、東（萊）［郡］太守楊衆、［議郎］羅邵、伏德、趙蕤爲列侯，賞有功也。追贈射聲校尉沮儁爲弘農太守，（矜）［旌］死節也。

宋·徐天麟《東漢會要》卷二五《職官七·恩賜》　棨戟。《杜詩傳》。又《郭躬傳》云：『漢制，棨戟卽爲斧鉞。』

駁犀具劍、佩刀、紫艾綬、玉玦各一。馮石

几杖車馬，衣一襲，絮五百斤。卓茂

冠幘履韈衣一襲。魯丕

三公之服，黼黻冕旒。荊州刺史郭賀

虎賁旄頭，鍾虡之樂。東海王彊

秘書、列仙圖、道術秘方。東平王蒼

劍帶佩刀。虞延

乘輿七尺佩劍。馮異

肅宗賜尚書寶劍：韓棱楚龍淵，郅壽蜀漢文，陳寵濟南椎成。《韓棱傳》

御衣及綬，稟食公車。丁鴻

明帝賜尚書以下朝夕餐，給帷被皂袍及侍史二人。《鍾離意傳》

桓帝賜梁冀入朝不趨，劍履上殿，贊謁不名。

臘賜。臘賜大將軍、三公錢各二十萬，牛肉二百斤，粳米二百斛，特進、侯十五萬，卿十萬，校尉五萬，尚書三萬，侍中、將、大夫各二萬，千石、六百石各七千，虎賁、羽林郎二人共三千，以爲祀門户直。已上《漢官舊儀》見《何敞傳》注

常賜：錢帛、衣服、衣冠、安車、什器、帷帳、養牛酒、羊酒。

又　卷二二《職官四・圖功臣》　永平三年，明帝思中興功臣，乃圖畫二十八將于南宮雲臺，以鄧禹爲首，次馬成、吳漢、王梁、賈復、陳俊、耿弇、杜茂、寇恂、傅俊、岑彭、堅鐔、馮異、王霸、朱祐、任光、祭遵、李忠、景丹、萬修、蓋延、邳彤、銚期、劉植、耿純、臧宮、馬武、劉隆，又益以王常、李通、竇融、卓茂，合三十二人。馬援以椒房之親，獨不與焉。功臣封爵見《封功臣》條下。靈帝思胡廣舊德，乃圖畫廣及太尉黃瓊於省內，詔議郎蔡邕爲其頌云。頌見本《傳》注

論説

漢・賈誼《新書》卷一《過秦下事勢》　（二世）壞宗廟與民，更始作阿房宮，繁刑嚴誅，吏治刻深，賞罰不當，賦歛無度，天下多事，吏弗能紀，百姓困窮而主不收卹。然後姦僞並起，而上下相遁，蒙罪者衆，刑僇相望於道，而天下苦之。自羣卿以下至於衆庶，人懷自危之心，親處窮苦之實，咸不安其位，故易動也。是以陳涉不用湯、武之賢，不藉公侯之尊，奮臂於大澤，而天下響應者，其民危也。

漢・劉安《淮南子》卷一八《人間訓》　忠臣之事君也，計功而受賞，不爲苟得；積力而受官，不貪爵禄。其所能者，受之勿辭也。

宋・洪邁《容齋隨筆》卷五《漢武賞功明白》　衛青爲大將軍，霍去病始爲校尉，以功封侯，青失兩將軍，亡翕侯，功不多，不益封。其後各以五萬騎深入，去病益封五千八百户，裨校封侯益邑者六人，而青不得益封，吏卒無封者。武帝賞功，必視法如何，不以貴賤爲高下，其明白如此。後世處此，必曰青久爲上將，俱出塞致命，正不厚賞，亦當有以慰其心，不然，他日無以使人，蓋失之矣。

又　卷九《霍光賞功》　漢武帝外事四夷，出爵勸賞，凡將士有軍功，無問貴賤，未有不封侯者。及昭帝時，大鴻臚田廣明平益州夷，斬首捕虜三萬，但賜爵關內侯。蓋霍光爲政，務與民休息，故不欲求邊功，益州之師，不得已耳，與唐宋璟抑郝靈佺斬默啜之意同。然數年之後，以范明友擊烏桓，傅介子刺樓蘭，皆即侯之，則爲非是，蓋明友，光女壻也。

宋・錢時《兩漢筆記》卷三《文帝》　賞罰者，人主之操柄而非人主所得私也。天也，故曰：天命有德，五服五章哉；天討有罪，五刑五用哉。是故，古之聖王官以崇德，所以使爲善者勸。刑以抵罪，所以使爲惡者懲。爲善者勸，則天下莫不樂於爲君子矣。爲惡者懲，則天下莫不耻於爲小人矣。今欲貴粟，而使人主之操柄聽命於富民之手，錯不足道也，而帝亦謂然哉。

又　卷五《武帝》　（元朔）六年，是時，漢比歲發十餘萬衆擊胡，斬捕首虜之士受賜黃金二十餘萬斤，而漢軍士馬死者十餘萬，兵甲轉漕之費不與焉。於是大司農經用竭，不足以奉戰士。六月，詔令民得買爵及贖禁錮，免臧罪。請置賞官，名曰武功爵，級十七萬，凡直三十餘萬金。諸買武功爵至千夫者，先得除爲吏。吏道雜而多端，官職耗廢矣。

又　《昭帝》　（始元）五年春，正月，追尊帝外祖趙父爲順成侯。順成侯有姊君姁，賜錢二百萬、奴婢、第宅以充實焉。諸昆弟各以親疏受賞賜，無在位者。

不學則易驕，有權則易横，況外戚乎。文帝爲二竇擇師傅賓客，與此厚其賞賜，而不使在位，皆可以爲法矣。

清・趙翼《廿二史劄記》卷三《武帝時刑賞之濫》　《杜周傳》：『武帝時詔獄益多，二千石繫廷尉者，不下百餘人。其他讞案一歲至千餘章。大者連逮證案數百人，小者數十人，遠者數千里，近者數百里。既到，獄吏責如章告，不服，則笞掠定之。於是皆亡匿，獄久者至更數赦，十餘歲猶相告言，大抵詆以不道以上。廷尉及中都詔獄，逮至六七萬人，吏所增加又十有餘萬。』是可見當日刑獄之濫也。民之生於是時，何不幸哉！

漢・荀悅《申鑒》卷一《政體》　賞罰，政之柄也。明賞必罰，審信慎令，賞以勸善，罰以懲惡。人主不妄賞，非徒愛其財也，賞妄行則善

不勸矣。不妄罰。非徒慎其刑也。罰妄行則惡不懲矣。賞不勸。謂之止善。賞及淫人則善無所勸而爲善者止矣罰不懲。謂之縱惡。罰及善人則惡無所懲而爲惡者縱矣在上者能不止下爲善。不縱下爲惡。則治國矣。是謂統法。

漢·徐幹《中論》卷下《賞罰》 政之大綱有二，二者何也？賞罰之謂也。人君明乎賞罰之道，則治不難矣。夫賞罰者，不在乎必重，而在於必行。必行則雖不重而民，不行則雖重而民怠，故先王務賞罰之必行也。《書》曰：『爾無不信，朕不食言。爾不從誓言，予則孥戮汝，罔有攸赦。』

天生烝民，其性一也。刻肌虧體，所同惡也；被文垂藻，所同好也。此二者常存而民不治，其身有由然也。當賞者不賞，當罰者不罰。夫當賞者不賞，則爲善者失其本望，而疑其所行；當罰者不罰，則爲惡者輕其國法，而怙其所守。苟如是也，雖日用斧鉞於市，而民不去惡矣；日錫爵禄於朝，而民不興善矣。是以聖人不敢以親戚之恩而廢刑罰，不敢以怨讐之忿而廢慶賞，夫何故哉？將以有救也。故《司馬法》曰：『賞罰不踰時，欲使民速見善惡之報也。』踰時且猶不可，而況廢之者乎！

賞罰不可以疎，亦不可以數：數則所及者多，疎則所漏者多。賞罰不可以重，亦不可以輕：賞輕則民不勸，罰輕則民亡懼；賞重則民徼倖，罰重則民無聊。故先王明恕以聽之，思中以平之，而不失其節也。故《書》曰：『罔非在中，察辭於差。』夫賞罰之於萬民，猶轡策之於駟馬也，轡策之不調，非徒遲速之分也，至於覆車而摧轅；賞罰之不明也，則非徒治亂之分也，至於滅國而喪身。可不慎乎！可不慎乎！故《詩》云：『執轡如組，兩驂如舞。』言善御之可以爲國也。

宋·徐天麟《東漢會要》卷二五《職官七·卹典贈官》 袁夢麒曰：漢自公薨，或追爵，或賜謚，或贈之印綬，以示褒寵之恩，未有以官追贈者。至賜印綬，亦不過即其生之官爵以贈之焉。翟方進薨，贈以丞相、高陵侯印綬；孔光薨，贈以丞相、博山侯印綬。此舊典，二千石卒，官賻百萬。《羊續傳》。皆即其生之官爵以贈而已。世祖中興，鮮以印綬褒寵功臣，獨祭遵薨，博士范升上疏追頌遵功德，贈以將軍侯印綬，亦不過即其生之官爵以贈之，無加於舊典也。逮桓、靈之世，劉寬以太尉薨，袁逢以司空薨，皆贈車騎將軍印綬，加號特進；以至朱穆卒，以尚書而追贈益州太守，悉非先朝舊典。至於後世大臣有加贈之恩，蓋出諸此。

清·王夫之《讀通鑑論》卷六《漢光武三》 王者代天而行賞罰，參之以權謀，則逆天而天下不服，非但論功行賞、按罪制刑於臣民也。武王封武庚於東國，不得不封也，天也；周公相成王誅武庚，不得不誅也，天也。三代以上，諸侯有道，天下歸之，則爲天子；天子無道，天下叛之，退爲諸侯。武庚宜侯者也，不得不封；武庚宜安侯服，而欲復干天命，不得不誅。既代天以賞罰，則洞然與四海公其衮鉞，而無所委曲於操縱以爲駕馭之術。蘇洵氏唯不知此，故以權術測王者之舉動，而成乎小人之邪説。

王郎遣杜威納降，威爲郎請萬户侯封，光武曰：『顧得全身可矣。』劉恭爲盆子乞降，恭問所以待盆子者，帝曰：『待以不死耳。』大哉王言！奉天以行賞罰，而意智不與焉，斯乃允以繼天而爲之子。王郎者，妖人也。妖人倡亂，不可不誅；以其降而姑貰之，終拒其降而斬之，以徵天下之妖妄，而天下定。盆子者，愚而爲人立者也。愚且賤，而欲干天位也，可誅；非其志而聽命於人也，可宥；待以不死，而授之散秩以養之，義正而仁亦裕矣。所尤難者，光武決於一言，而更無委曲之辭以誘之，明白洞達，與天下昭刑賞之正，故曰：大哉王言，體天無私而爲之子也。

又 卷七《殤帝五》 賞以春夏，刑以秋冬。賞者，封國受爵之錫命也；刑者，五刑大辟之即市也。

誅殺

綜述

《睡虎地秦墓竹簡·法律答問》 甲謀遣乙盜殺人，受分十錢，問乙高未盈六尺，甲可（何）論？當磔。

士五（伍）甲毋（無）子，其弟子以爲後，與同居，而擅殺之，當棄市。

同母異父相與姦，可（何）論？棄布。

《史記》卷六《秦始皇本紀》（始皇三十四年，李斯上書曰）有敢偶語《詩》、《書》者棄市，以古非今者族。吏見知不舉者與同罪。

（三十五年）令咸陽之旁二百里內，宮觀二百七十複道甬道相連，帷帳鐘鼓美人充之，各案署不移徙。行所幸，有言其處者，罪死。始皇帝幸梁山宮，從山上見丞相車騎衆，弗善也。中人或告丞相，丞相後損車騎。始皇怒曰：『此中人泄吾語。』案問莫服。當是時，詔捕諸時在旁者，皆殺之。

（始皇）曰：『盧生等，吾尊賜之甚厚，今乃誹謗我，以重吾不德也。諸生在咸陽者，吾使人廉問，或爲妖言以亂黔首。』於是使御史悉案問諸生，諸生傳相告引，乃自除。犯禁者四百六十餘人，皆阬之咸陽，使天下知之，以懲後。

（三十七年）七月丙寅，始皇崩於沙丘平臺。【略】高乃與公子胡亥、丞相斯陰謀破去始皇所封書、賜公子扶蘇者，而更詐爲丞相斯受始皇遺詔沙丘，立子胡亥爲太子。更爲書賜公子扶蘇、蒙恬，數以罪，其賜死。

九月，葬始皇酈山。【略】二世曰：『先帝後宮非有子者，出焉不宜。』皆令從死，死者甚衆。葬既已下，或言工匠爲機，藏皆知之，藏重即泄，大事畢，已藏，閉中羨，下外羨門，盡閉工匠藏者，無復出者。

（二世元年）二世乃遵用趙高，申法令。乃陰與趙高謀曰：『大臣不服，官吏尚强，及諸公子必與我爭，爲之奈何？』高曰：『臣固願言而未敢也。先帝之大臣，皆天下累世名貴人也，積功勞世以相傳久矣。今高素小賤，陛下幸稱舉，令在上位，管中事。大臣鞅鞅，特以貌從臣，其心實不服。今上出，不因此時案郡縣守尉有罪者誅之，上以振威天下，下以除去上生平所不可者。今時不師文而決於武力，願陛下遂從時毋疑，即羣臣不及謀。明主收舉餘民，賤者貴之，貧者富之，遠者近之，則上下集而國安矣。』二世曰：『善。』乃行誅大臣及諸公子，以罪過連逮少近官三郎，無得立者，而六公子戮死於杜。

公子將閭昆弟三人囚於內宮，議其罪獨後。二世使使令將閭曰：『公子不臣，罪當死，吏致法焉。』將閭曰：『闕廷之禮，吾未嘗敢不從賓贊也。廊廟之位，吾未嘗敢失節也。受命應對，吾未嘗敢失辭也。何謂不臣？願聞罪而死。』使者曰：『臣不得與謀，奉書從事。』將閭乃仰天大呼天者三，曰：『天乎！吾無罪！』昆弟三人皆流涕拔劍自殺。宗室振恐。

（二年）下（馮）去疾、（李）斯、（馮）劫吏，案責他罪。去疾、劫曰：『將相不辱。』自殺。斯卒囚，就五刑。

三年，章邯等將其卒圍鉅鹿，楚上將軍項羽將楚卒往救鉅鹿。冬，趙高爲丞相，竟案李斯殺之。夏，章邯等戰數卻，二世使人讓邯，邯恐，使長史欣請事。趙高弗見，又弗信。欣恐，亡去，高使人捕追不及。欣見邯曰：『趙高用事於中，將軍有功亦誅，無功亦誅。』項羽急擊秦軍，虜王離，邯等遂以兵降諸侯。

（八月）子嬰與其子二人謀曰：『丞相高殺二世望夷宮，恐羣臣誅之，乃詳以義立我。我聞趙高乃與楚約，滅秦宗室而王關中。今使我齋見廟，此欲因廟中殺我。我稱病不行，丞相必自來，來則殺之。』高使人請子嬰數輩，子嬰不行，高果自往，曰：『宗廟重事，王奈何不行？』子嬰遂刺殺高於齋宮，三族高家，以徇咸陽。

又 卷八七《李斯列傳》（趙高、李斯）乃相與謀，詐爲受始皇詔丞相，立子胡亥爲太子。更爲書賜長子扶蘇曰：『朕巡天下，禱祠名山諸神以延壽命。今扶蘇與將軍蒙恬將師數十萬以屯邊，十有餘年矣，不能進而前，士卒多耗，無尺寸之功，乃反數上書直言誹謗我所爲，以不得罷歸爲太子，日夜怨望。扶蘇爲人子不孝，其賜劍以自裁！將軍恬與扶蘇居外，不匡正，宜知其謀。爲人臣不忠，其賜死，以兵屬裨將王離。』封其書以皇帝璽，遣胡亥客奉書賜扶蘇於上郡。使者至，發書，扶蘇泣，入內舍，欲自殺。蒙恬止扶蘇曰：『陛下居外，未立太子，使臣將三十萬衆守邊，公子爲監，此天下重任也。今一使者來，即自殺，安知其非詐？請復請，復請而後死，未暮也。』使者數趣之。扶蘇爲人仁，謂蒙恬曰：『父而賜子死，尚安復請！』即自殺。蒙恬不肯死，使者即以屬吏，繫於陽周。使者還報，胡亥、斯、高大喜。至咸陽，發喪，太子立爲二世皇帝。以趙高爲郎中令，常侍中用事。

二世燕居，乃召高與謀事，謂曰：『夫人生居世間也，譬猶騁六驥過決隙也。吾既已臨天下矣，欲悉耳目之所好，窮心志之所樂，以安宗廟而

樂萬姓，長有天下，終吾年壽，其道可乎？』高曰：『此賢主之所能行也，而昏亂主之所禁也。臣請言之，不敢避斧鉞之誅，願陛下少留意焉。夫沙丘之謀，諸公子及大臣皆疑焉，而諸公子盡帝兄，大臣又先帝之所置也。今陛下初立，此其屬意怏怏皆不服，恐爲變。且蒙恬已死，蒙毅將兵居外，臣戰戰栗栗，唯恐不終。且陛下安得爲此樂乎？』二世曰：『爲之奈何？』趙高曰：『嚴法而刻刑，令有罪者相坐誅，至收族，滅大臣而遠骨肉；貧者富之，賤者貴之。盡除去先帝之故臣，更置陛下之所親信者近之。此則陰德歸陛下，害除而姦謀塞，羣臣莫不被潤澤，蒙厚德，陛下則高枕肆志寵樂矣。計莫出於此。』二世然高之言，乃更爲法律。於是羣臣諸公子有罪，輒下高，令鞫治之。殺大臣蒙毅等，公子十二人僇死咸陽市，十公主矺死於杜，財物入於縣官，相連坐者不可勝數。

公子高欲奔，恐收族，乃上書曰：『先帝無恙時，臣入則賜食，出則乘輿。御府之衣，臣得賜之；中廏之寶馬，臣得賜之。臣當從死而不能，爲人子不孝，爲人臣不忠。不忠者無名以立於世，臣請從死，願葬酈山之足。唯上幸哀憐之。』書上，胡亥大説，召趙高而示之，曰：『此可謂急乎？』趙高曰：『人臣當憂死而不暇，何變之得謀！』胡亥可其書，賜錢十萬以葬。

法令誅罰日益刻深，羣臣人人自危，欲畔者衆。

（秦二世）行督責益嚴，稅民深者爲明吏，二世曰：『若此則可謂能督責矣。』刑者相半於道，而死人日成積於市，殺人衆者爲忠臣，二世曰：『若此則可謂能督責矣。』

二世二年七月，具（李）斯五刑，論腰斬咸陽市。斯出獄，與其中子俱執，顧謂其中子曰：『吾欲與若復牽黃犬俱出上蔡東門逐狡兔，豈可得乎？』遂父子相哭，而夷三族。

又　卷八八《蒙恬列傳》　趙高者，諸趙疏遠屬也。趙高昆弟數人，皆生隱宮，其母被刑僇，世世卑賤。秦王聞高强力，通於獄法，舉以爲中車府令。高卽私事公子胡亥，喻之決獄。高有大罪，秦王令蒙毅法治之。毅不敢阿法，當高罪死，除其宦籍，帝以高之敦於事也，赦之，復其官爵。

趙高因爲胡亥忠計，欲以滅蒙氏，乃言曰：『臣聞先帝欲舉賢立太子久矣，而毅諫曰「不可」，若知賢而愈不立，則是不忠而惑主也。以臣愚意，不若誅之。』胡亥聽而繫蒙毅於代。前已囚蒙恬於陽周，喪至咸陽，已葬，太子立爲二世皇帝，而趙高親近，日夜毁惡蒙氏，求其罪過，舉劾之。

子嬰進諫曰：『臣聞故趙王遷殺其良臣李牧而用顏聚，燕王喜陰用荆軻之謀而倍秦之約，齊王建殺其故世忠臣而用后勝之議。此三君者，皆各以變古者失其國而殃及其身，今蒙氏，秦之大臣謀士也。而主欲一旦棄去之，臣竊以爲不可。臣聞輕慮者不可以治國，獨智者不可以存君。誅殺忠臣而立無節行之人，是内使羣臣不相信，而外使鬬士之意離也，臣竊以爲不可。』胡亥不聽。而遣御史曲宮乘傳之代，令蒙毅曰：『先主欲立太子而卿難之，今丞相以卿爲不忠，罪及其宗。朕不忍，乃賜卿死，亦甚幸矣。卿其圖之！』毅對曰：『以臣不能得先主之意，則臣少宦，順幸没世，可謂知意矣。以臣不知太子之能，則太子獨從，周旋天下，去諸公子絶遠，臣無所疑矣。夫先主之舉用太子，數年之積也，臣乃何言之敢諫，何慮之敢謀！非敢飾辭以避死也，爲羞累先主之名，願大夫爲慮焉。使臣得死情實，且夫順成全者，道之所貴也；刑殺者，道之所卒也。昔者秦穆公殺三良而死，罪百里奚而非其罪也，故立號曰「繆」。昭襄王殺武安君白起，楚平王殺伍奢，吴王夫差殺伍子胥，此四君者，皆爲大失，而天下非之，以其君爲不明，以是籍於諸侯，故曰「用道治者不殺無罪而罰不加於無辜」，唯大夫留心！』使者知胡亥之意，不聽蒙毅之言，殺之。

二世又遣使者之陽周，令蒙恬曰：『君之過多矣，而卿弟毅有大罪，法及内史。』恬曰：『自吾先人，乃至子孫，積功信於秦三世矣。今臣將兵三十餘萬，身雖囚繫，其勢足以倍畔，然自知必死而守義者，不敢辱先人之教，以不忘先主也。昔周成王初立，未離襁褓，周公旦負王以朝，卒定天下。及成王有病甚殆，公旦自揃其爪以沈於河，曰：「王未有識，是旦執事。有罪殃，旦受其不祥。」乃書而藏之記府，可謂信矣。及王能治國，有賊臣言：「周公旦欲爲亂久矣，王若不備，必有大事。」王乃大怒，周公旦走而奔於楚。成王觀於記府，得周公旦沈書，乃流涕曰：「孰謂周公旦欲爲亂乎！」殺言之者而反周公旦。故《周書》曰：「必參而伍之」。今恬之宗，世無二心，而事卒如此，是必孽臣逆亂，内陵之道也。

夫成王失而復振則卒昌，桀殺關龍逢，紂殺王子比干而不悔，身死則國亡，臣故曰過可振而諫可覺也。察於參伍，上聖之法也。凡臣之言，非以求免於咎也，將以諫而死，願陛下爲萬民思從道也。』使者曰：『臣受詔行法於將軍，不敢以將軍言聞於上也。』蒙恬喟然太息曰：『我何罪於天，無過而死乎？』良久，徐曰：『恬罪固當死矣，起臨洮屬之遼東，城塹萬餘里，此其中不能無絕地脉哉？此乃恬之罪也。』乃吞藥自殺。

《史記》卷九《呂太后本紀》　呂后爲人剛毅，佐高祖定天下，所誅大臣多呂后力。

又　卷九〇《魏豹彭越列傳》　呂后乃令其舍人告彭越復謀反。廷尉王恬開奏請族之。上乃可，遂夷越宗族，國除。

又　卷九一《黥布列傳》　（漢）十一年，高后誅淮陰侯。【略】夏，漢誅梁王彭越，醢之，盛其醢徧賜諸侯。

又　卷九二《淮陰侯列傳》　呂后使武士縛信，斬之長樂鍾室。信方斬，曰：『吾悔不用蒯通之計，乃爲兒女子所詐，豈非天哉！』遂夷信三族。

又　卷一〇六《吴王濞列傳》　上使中尉召（晁）錯，紿載行東市。錯衣朝衣斬東市。

漢·劉歆《西京雜記》卷二　元帝後宮既多，不得常見，乃使畫工圖形，案圖召幸之。諸宮人皆賂畫工，多者十萬，少者亦不減五萬，獨王嬙不肯，遂不得見。匈奴入朝求美人爲閼氏，於是上案圖以昭君行，及去，召見，貌爲後宮第一，善應對，舉止閑雅，帝悔之，而名籍已定，帝重信於外國，故不復更人，乃窮案其事，畫工皆棄市。

《漢書》卷四《文帝紀》　後元年冬十月，新垣平詐覺，謀反，夷三族。

又　卷五《景帝紀》　（中元二年）改磔曰棄市，漢應劭曰：『先此諸死刑皆磔於市，今改曰棄市。自非妖逆，不復磔也。』師古曰：『磔，謂張其尸也。棄市，殺之於市也。謂之棄市者，取刑人於市，與衆棄之也。磔，音竹客反。』勿復磔。

（三年）斬御史大夫晁錯以謝七國。

又　卷六《武帝紀》　（元光）四年冬，魏其侯竇嬰有罪，棄市。【略】

（七月）乙巳，皇后陳氏廢。捕爲巫蠱者，皆梟首。【略】

（元狩元年）十一月，淮南王安、衡山王賜謀反，誅。黨與死者數萬人。【略】

（元鼎二年）十二月，丞相青翟下獄死。【略】

太始元年春正月，因杅將軍敖有罪，要斬。【略】

（征和）二年春正月，丞相（公孫）賀下獄死。【略】

秋七月，按道侯韓說、使者江充等掘蠱太子宮。壬午，太子與皇后謀斬充，以節發兵與丞相劉屈氂大戰長安，死者數萬人。庚寅，太子亡，皇后自殺。初置城門屯兵。更節加黃旄。御史大夫暴勝之、司直田仁坐失縱，勝之自殺，仁要斬。【略】

（三年）六月，丞相屈氂下獄要斬，妻梟首。

又　卷七《昭帝紀》　（始元元年）八月，齊孝王孫劉澤謀反，欲殺青州刺史雋不疑，發覺，皆伏誅。【略】

（四年七月）廷尉李种坐故縱死罪棄市。【略】

（五年）夏陽男子張延年詣北闕，自稱衛太子，誣罔，要斬。【略】

（元鳳三年）夏四月，少府徐仁、廷尉王平、左馮翊賈勝胡皆坐縱反者，仁自殺，平、勝胡皆要斬。

又　卷八《宣帝紀》　（地節二年）五月，光祿大夫平丘侯王遷有罪，下獄死。【略】

（元康二年）冬，京兆尹趙廣漢有罪，要斬。【略】

（四年）二月，河東霍徵史等謀反，誅。【略】

（神爵四年）十一月，河南太守嚴延年有罪，棄市。【略】

（五鳳元年）左馮翊韓延壽有罪，棄市。【略】

（二年）十二月，平通侯楊惲坐前爲光祿勳有罪，免爲庶人。不悔過，怨望，大逆不道，要斬。

又　卷一〇《成帝紀》　陽朔元年春二月丁未晦，日有蝕之。三月，赦天下徒。冬，京兆尹王章有罪，下獄死。【略】

（綏和元年）定陵侯淳于長大逆不道，下獄死。廷尉孔光使持節賜貴人許氏藥，飲藥死。

又　卷一一《哀帝紀》　（建平三年）冬十一月壬子，復甘泉泰畤、汾陰后土祠，罷南、北郊。

東平王雲、雲后謁、安成恭侯夫人放皆有罪。雲自殺，謁、放棄市。

【略】

（元壽元年）三月，丞相（申屠）嘉有罪，下獄死。

又　卷一二《平帝紀》　（元始三年）陽陵任横等自稱將軍，盜庫兵，攻官寺，出囚徒。大司徒掾督逐，皆伏辜。安漢公世子宇與帝外家衛氏有謀。宇下獄死，誅衛氏。

又　卷二三《刑法志》　漢興之初，雖有約法三章，網漏吞舟之魚。然其大辟，尚有夷三族之令。令曰：『當三族者，皆先黥，劓，斬左右止，笞殺之，梟其首，菹其骨肉於市。其誹謗詈詛者，又先斷舌。』故謂之具五刑。彭越、韓信之屬皆受此誅。至高后元年，乃除三族罪、祆言令。**【略】**後，新垣平謀逆，復行三族之誅。

又　卷二七上《五行志上》　江充掘巫蠱太子宮，太子乃斬充，舉兵與丞相劉屈氂［氂］戰，太子敗走，自殺。明年，屈氂［氂］復坐祝詛要斬，妻子梟首。

趙人新垣平以望氣得幸，以土上立渭陽五帝廟，欲出周鼎。夏四月，郊見上帝。歲餘，懼誅，謀爲逆，發覺，要斬，夷三族。

又　卷二七中之下《五行志中之下》　（元帝建昭二年）魏郡太守京房爲石顯所告，坐與妻父淮陽王舅張博、博弟光勸視淮陽王以不義。博要斬，光、房棄市，御史大夫鄭弘坐免爲庶人。

又　卷五二《竇嬰傳》　詔書獨臧（竇）嬰家，嬰家丞封。乃劾嬰矯先帝詔害，罪當棄市。

又　卷五四《李陵傳》　（上遣）公孫敖將兵深入匈奴迎李陵，敖軍無功還，曰：『捕得告，言李陵教單于爲兵以備漢軍，故臣無所得。』上聞，於是族陵家，母弟妻子皆伏誅。

又　卷五八《公孫弘傳》　（公孫弘）年八十，終丞相位。其後李蔡、嚴青翟、趙周、石慶、公孫賀、劉屈氂踵爲丞相。自蔡至慶，丞相府客館丘虚而已，至賀、屈氂時壞以爲馬廄車庫奴婢室矣。唯慶以惇謹復，終相位，其餘盡伏誅云。

又　卷六四上《主父偃傳》　丈夫生不五鼎食，死則五鼎亨耳。

又　卷六六《王訢傳》　王訢，濟南人也。以郡縣吏積功，稍遷爲被陽令。武帝末，軍旅數發，郡國盜賊羣起。繡衣御史暴勝之逐捕盜賊，以軍興從事，誅二千石以下。勝之過被陽，欲斬訢，訢已解衣伏質，仰言曰：『使君顓殺生之柄，威震郡國，今復斬一訢，不足以增威，不如時有所寬，以明恩貸，令盡死力。』勝之壯其言，貰不誅，因與訢相結厚。

晉・司馬彪《續漢書・張濟傳》　張濟爲河南尹。中常侍段珪奴乘犢車于道，濟卽收捕，梟首懸屍珪門也。

又　《黄巾傳》　張角別黨馬元義，爲山陽所捕得，鎖送京師，車裂於市。

晉・袁宏《後漢紀》卷二一《桓帝紀》　於是梁冀專權，其同己者榮顯，違忤者劾死，百僚側目，莫不從命，省中咳唾之音，冀必知之，臺閣機事，先以聞冀乃得奏御。內外恐懼，上下鉗口，而帝不得有所親任，上既不平之矣。冀以私憾，專殺議郎邴尊，上益怒之。於是亳貴人見幸，冀嫉其寵，遣客夜盗其家，欲刺貴人母。母入宮求哀，因言冀之罪。

八月癸酉，上問小黄門唐衡曰：『左右誰與冀不相得者？』衡曰：『單超、左悺前詣河南尹不疑，禮敬極簡。不疑收其兄弟送雒陽獄，二人詣謝而得免。徐璜、貝瑗非常私忿梁氏放横，口不敢言。』於是上呼超、悺入室。上曰：『梁將軍兄弟專朝，（追）［迫］脅內外，公卿以下，從其風旨。今欲誅之，於常侍意如何？』皆對：『誠爲國賊，當誅日久。臣等弱劣，未知聖意何如耳。』上曰：『審然者，常侍密圖之。』對曰：『圖之易耳，但恐陛下腹中狐疑。』上曰：『姦臣脅國，當伏其罪，復何狐疑！』於是令衡呼璜、瑗，五人遂於宅中定議。上齧臂出血以爲盟。超等曰：『陛下今計已定，勿復更言，恐爲人所疑。』

丁丑，冀心疑超等，使中黄門張惲入省宿，以防其變。瑗敕吏收惲，以『自外來，謀圖不軌』。於是帝幸前殿，召公卿，勒兵，遣使者要冀大將軍印綬，更封（北）［比］景都鄉侯。黄門令瑗將虎賁士千人，與司隸共捕冀宗親雒陽獄，無少長皆誅之。冀自殺。追廢懿獻后爲貴人。初，上既與中官成謀，乃召尚書令尹勳，使任其事。上素惡冀，倉卒恐不能辦。勳臨事明斷，甚有方略。冀既誅，上嘉其能。坐冀所連及公卿、列侯、校

尉、刺史、二千石死者數十人，冀故吏、賓客免絀者三百餘人，朝廷爲之一空，唯光禄勳王躬、廷尉邯鄲義在焉。

《後漢書》卷一下《光武帝紀下》（建武十五年）冬十一月甲戌，大司徒歐陽歙下獄死。

（十六年）秋九月，河南尹張伋及諸郡守十餘人，坐度田不實，皆下獄死。

（二十二年）秋七月，司隸校尉蘇鄴下獄死。

（二十八年）夏六月丁卯，沛太后郭氏薨，因詔郡縣捕王侯賓客，坐死者數千人。

又　卷二《明帝紀》（永平四年）十二月，陵鄉侯梁松下獄死。

（十一年）秋七月，司隸校尉郭霸下獄死。

（十三年）三月，河南尹薛昭下獄死。

又　卷五《安帝紀》（永初六年）冬十一月辛丑，護烏桓校尉吴祉下獄死。

又　卷六《順帝沖帝質帝紀》　閻顯兄弟聞（順）帝立，率兵入北宫，尚書郭鎮與交鋒刃，遂斬顯弟衛尉景。戊午，遣使者入省，奪得璽綬，乃幸嘉德殿，遣侍御史持節收閻顯及其弟城門校尉耀、執金吾晏，並下獄誅。【略】

（永和）四年春正月庚辰，中常侍張逵、蘧政、楊定等有罪誅，連及弘農太守張鳳、安平相楊皓，下獄死。

（建康元年九月）己未，九江太守丘騰有罪，下獄死。

（十月）己卯，零陵太守劉康坐殺無辜，下獄死。

（永嘉元年）二月，豫章太守虞續坐贓，下獄死。

冬十一月己丑，南陽太守韓昭坐贓下獄死。

又　卷七《桓帝紀》（建和元年）清河劉文反，殺國相射暠，欲立清河王蒜爲天子；事覺伏誅。

前太尉李固、杜喬皆下獄死。

陳留盜賊李堅自稱皇帝，伏誅。

（三年）二月扶風妖賊裴優自稱皇帝，伏誅。

（元嘉二年）十二月，特進趙戒爲司空。右北平太守和旻坐臧，下獄死。

（元熹二年）八月丁丑，帝御前殿，詔司隸校尉張彪將兵圍（梁）冀第，收大將軍印綬，冀與妻皆自殺。衛尉梁淑、河南尹梁胤、屯騎校尉梁讓、越騎校尉梁忠、長水校尉梁戟等，及中外宗親數十人，皆伏誅。太尉胡廣坐免。司徒韓縯、司空孫朗下獄。

（三年）閏月，燒何羌叛，寇張掖，護羌校尉段熲追擊於積石，大破之。

白馬令李雲坐直諫，下獄死。

（五年十一月）京兆虎牙都尉宗謙坐臧，下獄死。

又　卷八《靈帝紀》（建寧元年）冬十月丁亥，中常侍侯覽諷有司奏前司空虞放、太僕杜密、長樂少府李膺、司隸校尉朱（瑀）［寓］、潁川太守巴肅、沛相荀（翌）［昱］、河内太守魏朗、山陽太守翟超皆爲鉤黨，下獄，死者百餘人。

（熹平二年夏五月）沛相師遷坐誣罔國王，下獄死。

（光和二年四月）辛巳，中常侍王甫及太尉段熲並下獄死。

秋七月，使匈奴中郎將張修有罪，下獄死。

冬十月甲申，司徒劉郃、永樂少府陳球、衛尉陽球、步兵校尉劉納謀誅宦者，事泄，皆下獄死。

（中平元年四月）侍中向栩、張鈞坐言宦者，下獄死。

（秋七月）河南尹徐灌下獄死。

（三年冬十月）前太尉張延爲宦人所譖，下獄死。

（六年三月）下軍校尉鮑鴻下獄死。

（六年四月戊午）上軍校尉蹇碩下獄死。

五月辛巳，票騎將軍董重下獄死。

又　卷九《獻帝紀》（初平元年三月）戊午，董卓殺太傅袁隗、太僕袁基，夷其族。

（三年）夏四月辛巳，誅董卓，夷三族。

（建安三年）三年夏四月，遣謁者裴茂率中郎將段煨討李傕，夷三族。

（五年春正月）壬午，曹操殺董承等，夷三族。

十年春正月，曹操破袁譚於青州，斬之。

（十三年八月）壬子，曹操殺太中大夫孔融，夷其族。

十七年夏五月癸未，誅衞尉馬騰，夷三族。

二十三年春正月甲子，少府耿紀、丞相司直韋晃起兵誅曹操，不克，夷三族。

又　卷三四《梁冀傳》　冀及妻壽卽日皆自殺。悉收子河南尹胤、叔父屯騎校尉讓，及親從衛尉淑、越騎校尉忠、長水校尉戟等，諸梁及孫氏中外宗親送詔獄，無長少皆棄市。

又　卷六三《李固傳》　（梁冀）畏（李）固名德終爲己害，乃更據奏前事，遂誅之，時年五十四。【略】露固尸於四衢，令有敢臨者加其罪。

又　卷七二《董卓傳》　（獻）帝疾新愈，大會未央殿。（董）卓朝服升車，既而馬驚墮泥，還入更衣。其少妻止之，卓不從，遂行。乃陳兵夾道，自壘及宮，左步右騎，屯衛周帀，令呂布等扞衛前後。王允乃與士孫瑞密表其事，使瑞自書詔以授布，令騎都尉李肅與布同心勇士十餘人，僞著衛士服於北掖門內以待卓。卓將至，馬驚不行，怪懼欲還。呂布勸令進，遂入門。肅以戟刺之，卓衷甲不入，傷臂墮車，顧大呼曰：『呂布何在？』布曰：『有詔討賊臣。』卓大罵曰：『庸狗敢如是邪！』布應聲持矛刺卓，趣兵斬之。馳齎赦書，以令宮陛內外。士卒皆稱萬歲，百姓歌舞於道。長安中士女賣其珠玉衣裝市酒肉相慶者，塡滿街肆。使皇甫嵩攻卓弟旻於郿塢，殺其母妻男女，盡滅其族。乃尸卓於市。天時始熱，卓素充肥，脂流於地。守尸吏然火置卓臍中，光明達曙，如是積日。諸袁門生又聚董氏之尸，焚灰揚之於路。

又　卷七八《宦者傳・曹節》　（曹）節遂與王甫等誣奏桓帝弟勃海王悝謀反，誅之。

宋・李昉等《太平御覽》卷六四五《刑法部十一・誅》　《漢雜事》曰：（光武）自擊鄧奉，破之於長安。奉降，上以舊功臣，不誅。耿弇曰：『奉背恩反叛，曝師連年，上既至，奉親在陳，兵敗乃降，不誅無以懲惡。』於是誅之。

又曰：秦豐、田戎連兵黎丘距漢，上遣朱祐守豐。議者以爲豐已連年，勢必困，上自往，豐必降。上往招，豐出惡言。後數月，豐降祐，檻車傳及母妻子送雒陽。大司馬吳漢劾奏祐知豐狡猾，圍守連年，上親至城下而遂悖逆，天下所聞，當伏夷滅之誅。不時斬截，而聽授降，無將帥任，大不敬。上乃誅豐，召祐。

論說

《史記》卷七《項羽本紀》　陳餘亦遺章邯書曰：『白起爲秦將，南征鄢郢，北阬馬服，攻城掠地，不可勝計，而竟賜死。蒙恬爲秦將，北逐戎人，開榆中地數千里，竟斬陽周。何者？功多，秦不能盡封，因以法誅之。』

又　卷八八《蒙恬列傳》　太史公曰：吾適北邊，自直道歸，行觀蒙恬所爲秦築長城亭障，塹山堙谷，通直道，固輕百姓力矣。夫秦之初滅諸侯，天下之心未定，痍傷者未瘳，而恬爲名將，不以此時强諫，振百姓之急，養老存孤，務修衆庶之和，而阿意興功，此其兄弟遇誅，不亦宜乎？何乃罪地脉哉？

宋・洪邁《容齋隨筆》卷二《漢輕族人》　爰盎陷晁錯，但云：『方今計，獨有斬錯耳。』而景帝使丞相以下劾奏，遂至父母妻子同產無少長皆棄市。主父偃陷齊王於死，武帝欲勿誅，公孫丞相爭之，遂族偃。郭解客殺人，吏奏解無罪，公孫大夫議，遂族解。且偃、解兩人本不死，因議者之言，殺之足矣，何遽至族乎？漢之輕於用刑如此！

又《漏泄禁中語》　京房與漢元帝論幽、厲事，至於十問十答。西漢所載君臣之語，未有如是之詳盡委曲者。蓋漢法漏泄省中語爲大罪，如夏侯勝出道上語，宣帝責之，故退不敢言，人亦莫能知者。房初見帝時，出爲御史大夫鄭君言之，又爲張博道其語，博密記之，後竟以此下獄棄市。今史所載，豈非獄辭乎？王章與成帝論王鳳之罪，亦以王音側聽聞之耳。

又　卷一一《漢景帝忍殺》　漢景帝恭儉愛民，上繼文帝，故亦稱爲賢君。考其天資，則刻戾忍殺之人耳。自在東宮時，因博戲殺吳太子，以起老濞之怨。卽位之後，不思罪己，一旦於三郡中而削其二，以速兵

端。正信用鼂錯，付以國事，及爰盎之説行，但請斬錯而已，帝令有司劾錯以大逆，遂父母妻子同産皆棄市。七國之役，下詔以深入多殺爲功，比三百石以上皆殺，無有所置，敢有議詔及不如詔者，皆要斬。周亞夫以功爲丞相，坐爭封匈奴降將事病免，心惡之，賜食不置箸，叱之使起，昧於敬禮大臣之義，卒以非罪置之死，悲哉！光武遣馮異征赤眉，敕之曰：『征伐非必略地屠城，要在平定安集之耳。諸將非不健鬥，然好虜掠。卿本能御吏士，念自修敕，無爲郡縣所苦。』光武此言，視景帝詔書，爲不侔矣。

宋・錢時《兩漢筆記》卷一《高祖》 古之人功高迹危，而有一旦佯狂用晦者，此明哲保身之道也。多多益善，高祖之所以忌信，正在乎此。奪楚王而侯封之，誅戮之兆見矣。爲信者，斂形遁迹，盡喪其智勇於塊處無用之地，尚庶幾焉，猶之猛虎，方就圈檻而乃呀然，出爪牙以自矜耀，幾何其不速死也。嗚呼！愚哉！

又 卷二《高祖》 漢所王諸將獨張耳、吳芮以疾終，其餘乃無一不反者，高帝末年誅戮盡矣。人謂地大兵强，其勢則然，以此觀之，雖所居有必反之勢，而所王者蓋不能不反人也。何則商周革命，皆以方伯之尊合天下諸侯以舉事，故事定而天下乂安。秦雖無道，不旋踵而亡，然亦有國數百年，而後得天下，是以罷侯置守，惟所欲爲而莫或制之。若漢高帝，非有德於民，非有功於世，非有位於朝廷之上，與羣盜起，布衣五載而成帝業。自古及今未嘗有也。當是時嶄然出頭角者，莫不皆有得鹿之志，而高帝其翹楚耳。是故，非此曹則無與共成功，非捐地而王之，則必不爲我用。是諸人者，不得爲王不止，爲王而不反，其勢亦不止。《師》之《上六》有曰：『開國承家，小人勿用。』小人勿用，必亂邦也。而況於王乎，況於盜賊之雄乎！後世往往以能保功臣，善光武，而謂帝爲少恩。噫！帝則少恩矣，變主識物，人誰敢爭？羣盜分贓，不愜卽鬬。其所以得之者，固不同也。

又 卷五《昭帝》 元平元年，夏，四月，癸未，帝崩，迎昌邑王賀。六月，丙寅，王受皇帝璽綬，襲尊號。既立，淫戲無度。大將軍光憂懣，田延年曰：『將軍爲國柱石，審此人不可，何不建白太后，更選賢而立之！』光曰：『今欲如是，於古嘗有此否？』延年曰：『伊尹相殷，廢太甲以安宗廟，後世稱其忠。將軍若能行此，亦漢之伊尹也。』光乃引延年給事中，陰與車騎將軍張安世圖計。光與羣臣連名奏：『王嗣孝昭皇帝後，行淫辟不軌。「五辟之屬，莫大不孝。」周襄王不能事母，《春秋》曰：「天王出居于鄭」，由不孝出之，絕之於天下也。宗廟重於君，陛下不可以承天序，奉祖宗廟，子萬姓，當廢！臣請有司以一太牢具，告祠高廟，子萬姓。』皇太后詔曰：『可。』歸賀昌邑，國除，爲山陽郡。昌邑羣臣坐在國時不舉奏王罪過，令漢朝不聞知，又不能輔道，陷王大惡，皆下獄，誅殺二百餘人。唯中尉吉、郎中令遂以忠直數諫正，得減死，髡爲城旦。師王式繫獄當死，治事使者責問曰：『師何以無諫書？』式對曰：『臣以《詩》三百五篇朝夕論王，至於忠臣、孝子之篇，未嘗不爲王反復誦之也。至於危亡失道之君，未嘗不流涕爲王深陳之也。臣以三百五篇諫，是以無諫書。』使者以聞，亦得減死論。

宋・錢時《兩漢筆記》卷八《光武》 高帝大封諸將，連城數十，非得已也，勢也。其後叛者踵起，誅戮殆盡，而帝亦竟死矣。至後漢光武時，皆多不過四縣，蓋有所懲矣。暨答丁恭之言，乃曰：『未聞功臣地多而滅亡，何耶？若然，則荆楚九江之地，曷爲而不分於諸將也？』此語殆出於權詐。

軍事統領權分部

建軍

綜述

《睡虎地秦墓竹簡・秦律雜抄》 任法（廢）官者爲吏，貲二甲。有興，除守嗇夫、段（假）佐居守者，上造以上不從令，貲二甲。除士吏、發弩嗇夫不如律，及發弩射不中，尉貲二甲。發弩嗇夫射不中，貲二甲，免，嗇夫任之。駕騶除四歲，不能駕御，貲教者一盾；免，賞（償）四

歲（徭）戍。

故大夫斬首者，（遷）。分甲以爲二甲蒐者，耐。縣毋敢包卒爲弟子，尉貲二甲，免；令，二甲。輕車、赿張、引强、中卒所載傅［傳］到軍，縣勿奪。奪中卒傳，令、尉貲各二甲。

冗驀馬五尺八寸以上，不勝任，奔摯（縶）不如令，縣司馬貲二甲，令、丞各一甲。先賦驀馬，馬備，乃鄰從軍者，到軍課之，馬殿，令、丞二甲；司馬貲二甲，法（廢）。

不當稟軍中而稟者，皆貲二甲，法（廢）；非吏殹（也），戍二歲；徒食、敦（屯）長、僕射弗告，貲戍一歲；令、尉、士吏弗得，貲一甲。軍人買（賣）稟稟所及過縣，貲戍二歲；同車食、敦（屯）長、僕射弗告，戍一歲；縣司空、司空佐史、士吏將者弗得，貲一甲；邦司空一盾。軍人稟所、所過縣百姓買其稟，貲二甲，入粟公；吏部弗得，及令、丞貲各一甲。稟卒兵，不完善（繕），丞、庫嗇夫、吏貲二甲，法（廢）。

徒卒不上宿，署君子、敦（屯）長、僕射不告，貲各一盾。宿者已上守除，擅下，人貲二甲。

募歸，辭曰日已備，致未來，不如辭，貲日四月居邊。軍新論攻城，城陷，尚有棲未到戰所，告曰戰圍以折亡，段（假）者，耐；敦（屯）長、什伍智（知）弗告，貲一甲；稟伍二甲。敦（屯）表律。

戰死事不出，論其後。有（又）後察不死，奪後爵，除伍人；不死者歸，以爲隸臣。

戍律曰：同居毋並行，縣嗇夫、尉及士吏行戍不以律，貲二甲。戍者城及補城，令姑（嫴）堵一歲，所城有壞者，縣司空署君子將者，貲各一甲；縣司空佐主將者，貲一盾。令戍者勉補繕城，署勿令爲它事；已補，乃令增塞埤塞。縣尉時循視其攻（功）及所爲，敢令爲它事，使者貲二甲。

《史記》卷六《秦始皇本紀》 （始皇）三十三年，發諸嘗逋亡人、贅婿、賈人略取陸梁地，爲桂林、象郡、南海，以適遣戍。西北斥逐匈奴。自榆中並河以東，屬之陰山，以爲三十四縣，城河上爲塞。又使蒙恬渡河取高闕、陶山、北假中築亭障以逐戎人。徙謫，實之初縣。唐司馬貞《索隱》曰：徙有罪而謫之，以實初縣，即上『自榆中屬陰山，以爲三十四縣』是也，故漢七科謫亦因於秦。

三十四年，適治獄吏不直者，築長城及南越地。

始皇怒，使扶蘇北監蒙恬於上郡。

（秦二世）二年冬，陳涉所遣周章等將西至戲，兵數十萬。二世大驚，與羣臣謀曰：『奈何？』少府章邯曰：『盜已至，衆强，今發近縣不及矣。酈山徒多，請赦之，授兵以擊之。』

又 卷四八《陳涉世家》 （陳勝）召令徒屬曰：『公等遇雨，皆已失期，失期當斬。』【略】

（左右校尉）秦左右校《索隱》曰：即左右校尉軍也。復攻陳，下之。

又 卷五七《絳侯周勃世家》 （周勃）常爲人吹蕭給喪事，材官引强。《漢書音義》曰：『能引强弓官，如今挽强司馬也。』

又 卷九五《灌嬰列傳》 （騎士）楚騎來衆，漢王乃擇軍中可爲車騎將者，皆推故秦騎士重泉人李必、駱甲。

漢·王隆《漢官解詁》 前、後、左、右將軍，皆周末官，秦因之，位上卿，金印紫綬，皆掌兵及四夷。有長史，秩千石。

《漢書》卷一九上《百官公卿表》 太尉，秦官，金印紫綬，掌武事。前後左右將軍，皆周末官，秦因之，位上卿，金印紫綬。

郎中令，秦官，掌宮殿掖門户，有丞。

衛尉，秦官，掌宮門衛屯兵，有丞。

太僕，秦官，掌輿馬，有兩丞。

中尉，秦官，掌徼循京師，有兩丞、候、司馬、千人。

護軍都尉，秦官。

郡守，秦官，掌治其郡，秩二千石。有丞，邊郡又有長史，掌兵馬，秩皆六百石。景帝中二年更名太守。

郡尉，秦官，掌佐守典武職甲卒，秩比二千石。有丞，秩皆六百石。

關都尉，秦官。農都尉、屬國都尉，皆武帝初置。

又 卷二三《刑法志》 （漢）天下既定，踵秦置材官於郡國。

又 卷二四上《食貨志上》 （董仲舒）言：（秦）月爲更卒，已復爲正，一歲屯戍，一歲力役，三十倍於古；田租口賦，鹽鐵之利，二

十倍於古。

又　卷四九《鼂錯傳》　秦之戍卒不能其水土，戍者死於邊，輸者僨於道。秦民見行，如往棄市，因以讁發之，名曰『讁戍』。先發吏有讁及贅婿、賈人，後以嘗有市籍者，又後以大父母、父母嘗有市籍者，後入閭，取其左。三國魏孟康曰：『秦時復除者居閭之左，後發役不供，復役之也。或云直先發取其左也。』發之不順，行者深怨，有背畔之心。凡民守戰至死而不降北者，以計爲之也。

唐・杜佑《通典》卷一五《職官一・歷代官制總序》　（秦兼天下）立百官之職，不師古。始罷侯置守，太尉主五兵，丞相總百揆。

又　卷二九《職官九》　秦及漢初有左、右、前、後、中五校令，後唯置左、右校令。

又　卷一四八《兵一・兵序》　商周以前，封建五等，兵遍海内，强弱相并。秦氏削平，罷侯置守，歷代因襲，委政郡縣。

宋・陳傅良《歷代兵制》卷一《秦》　以前，後漢參考秦法，五户爲伍，十户爲什；百户一里，里有魁；五里一郵，郵有督；十里一亭，亭有長，長有兩卒，一爲亭父，一爲求盜；五亭一鄉，鄉有牧、三老、遊徼；小於鄉曰聚，聚有嗇夫；十亭一縣，縣有令、丞、尉，不滿萬户爲長。凡亭間之道，南北爲阡，東西爲陌，阡經陌緯。東漢《光武紀》有千秋亭、五成陌，而《地里志》有華陌、陝陌，有京兆阡、南陽陌，蓋卽其地名云。曹植詩曰：『東西經七陌，南北越九阡。』其制猶存云。

始皇并天下，分爲三十六郡，置守、尉，尉掌佐守，曲武職、甲卒。卽材官之屬。而郡縣兵器，聚之咸陽，銷爲鐘鐻，講武之禮，罷爲角抵。自戰國時，秦與山東戍卒僅存五百餘萬，至是殺傷益衆。而北築長城四十餘萬，南戍五鎮五十餘萬，驪山、阿房之役又七十餘萬。兵不足用，而後發讁矣。先發弛刑，次諸嘗逋亡人、贅婿、賈人，次治獄吏不直者，次隱宮徒刑者，次以嘗有市籍者，次大父母、父母嘗有市籍者。凡在里門之左，一切發之，謂之閭左之戍。未及發右而二世立，如始皇計，盡徵材士五萬人衛咸陽，教射禽獸，令自賫糧，民不聊生，而勝、廣起矣。周章之戲，楚兵百萬，秦發近縣不及，乃放驪山徒、奴產子受兵以擊盜。及周文破關東，盜益起，又發關中卒東擊盜，而阿房不罷。章邯將三歲，亡失已十萬數；其降楚也，坑新安南又二十餘萬人。而崤關下軍將皆賈豎，一啗於利，沛公入而秦遂亡。

元・馬端臨《文獻通考》卷一四九《兵考一・兵制》　秦始皇既并天下，分爲三十六郡，郡置材官；聚天下兵器於咸陽，鑄爲鍾鐻；講武之禮，罷爲角觝。是時北築長城四十餘萬，南戍五嶺五十餘萬，驪山、阿房之役，各七十餘萬。兵不足用而後發讁矣，其後里門之左一切發之而勝、廣起。里門左，謂閭里之左。凡居者以富强爲右，貧弱爲左。秦役戍多富者，役盡兼取貧弱而發之也。

又　卷一五〇《兵考二・兵制》　秦用商鞅之法，月更卒，已復爲正，一歲屯戍，一歲力役，三十倍於古。更卒，謂給郡縣一月而更者，正卒，給中都官者也。

又　卷一五七《兵考七・較閱》　漢承秦制，三時不講。唯十月車駕幸長安水南門，會五營士，爲八陣進退，名曰乘之。

又　卷一六一《兵考十三・軍器》　秦始皇二十六年，初并天下，收天下兵聚咸陽，銷以爲鐘鐻、金人十二。

《史記》卷八《高祖本紀》　（漢五年）五月，兵皆罷歸家。諸侯子在關中者，復之十二歲，其歸者，復之六歲。

又　卷二二《漢興以來將相名臣年表》　（高后五年）令戍卒歲更。

《漢書》卷四《文帝紀》　（文帝）卽日夕入未央宮。夜拜宋昌爲衛將軍，領南、北軍，張武爲郎中令，行殿中。

（二年十一月）令縱不能罷邊屯戍，又飭兵厚衛，其罷衛將軍軍。

又　卷六《武帝紀》　（建元元年）秋七月，詔曰：『衛士轉置送迎二萬人，其省萬人。』

又　卷七《昭帝紀》　（元鳳四年春正月丁亥）令天下酺五日。三國魏如淳曰：『更有三品，有卒更，有踐更，有過更。古者正卒無常人，皆當迭爲之，一月一更，是謂卒更也。貧者欲得顧更錢者，次直者出錢顧之，月二千，是謂踐更也。天下人皆直戍邊三日，亦名爲更，律所謂繇戍也。雖丞相子亦在戍邊之調。不可人人自行三日戍，又行者當自戍三日，不可往便還，因便住一歲一更。諸不行者，出錢三百入官，官以給戍者，是謂過更也。律說，卒踐更者，居也，居更縣中五月乃更也。後從尉律，卒踐更一月，休十一月也。《食貨志》曰：『月爲更卒，已復爲正，一歲屯戍，一歲力役，三十倍於古。』此漢初因秦法而行之

也。後遂改易，有謫乃戍邊一歲耳。逋，未出更錢者也。』

又 卷八《宣帝紀》 （元康元年）冬，置建章衛尉。

（二年）冬十月，詔曰：『乃者九月壬申地震，朕甚懼焉。有能箴朕過失，及賢良方正直言極諫之士以匡朕之不逮，毋諱有司。朕既不德，不能附遠，是以邊境屯戍未息。今復飭兵重屯，久勞百姓，非所以綏天下也。其罷車騎將軍、右將軍屯兵。』

又 卷一九上《百官公卿表》 太尉，秦官，金印紫綬，掌武事。武帝建元二年省。元狩四年初置大司馬，以冠將軍之號。宣帝地節三年置大司馬，不冠將軍，亦無印綬官屬。成帝綏和元年初賜大司馬金印紫綬，置官屬，禄比丞相，去將軍。哀帝建平二年復去大司馬印綬、官屬，冠將軍如故。元壽二年復賜大司馬印綬，置官屬，去將軍，位在司徒上。有長史，秩千石。

前後左右將軍，皆周末官，秦因之，位上卿，金印紫綬。漢不常置，或有前後，或有左右，皆掌兵及四夷。有長史，秩千石。

郎中令，秦官，掌宮殿掖門户，有丞。武帝太初元年更名光禄勳。屬官有大夫、郎、謁者，皆秦官。又期門、羽林皆屬焉。大夫掌論議，有太中大夫、中大夫、諫大夫，皆無員，多至數十人。武帝元狩五年初置諫大夫，秩比八百石，太初元年更名中大夫爲光禄大夫，秩比二千石，太中大夫秩比千石如故。郎掌守門户，出充車騎，有議郎、中郎、侍郎、郎中，皆無員，多至千人。議郎、中郎秩比六百石，侍郎比四百石，郎中比三百石。中郎有五官、左、右三將，秩皆比二千石。郎中有車、户、騎三將，秩皆比千石。謁者掌賓讚受事，員七十人，秩比六百石，有僕射，秩比千石。期門掌執兵送從，武帝建元三年初置，比郎，無員，多至千人，有僕射，秩比千石。平帝元始元年更名虎賁郎，置中郎將，秩比二千石。羽林掌送從，次期門，武帝太初元年初置，名曰建章營騎，後更名羽林騎。又取從軍死事之子孫養羽林，官教以五兵，號曰羽林孤兒。羽林有令丞。宣帝令中郎將、騎都尉監羽林，秩比二千石。僕射，秦官，自侍中、尚書、博士、郎皆有。古者重武官，有主射以督課之，軍屯吏、騶、宰、永巷宮人皆有，取其領事之號。

衛尉，秦官，掌宮門衛屯兵，有丞。景帝初更名中大夫令，後元年復爲衛尉。屬官有公車司馬、衛士、旅賁三令丞。衛士三丞。又諸屯衛候、司馬二十二官皆屬焉。長樂、建章、甘泉衛尉皆掌其宮，職略同，不常置。

太僕，秦官，掌輿馬，有兩丞。屬官有大廄、未央、家馬三令，各五丞一尉。又車府、路軨、騎馬、駿馬四令丞；又龍馬、閑駒、橐泉、騊駼、承華五監長丞；又邊郡六牧師菀令各三丞；又牧橐、昆蹏令丞皆屬焉。中太僕掌皇太后輿馬，不常置也。武帝太初元年更名家馬爲馬挏馬，初置路軨。【略】

佽飛掌弋射，有九丞兩尉，太官七丞，昆臺五丞，樂府三丞，掖廷八丞，宦者七丞，鉤盾五丞兩尉。成帝建始四年更名中書謁者令爲中謁者令，初置尚書，員五人，有四丞。河平元年省東織，更名西織爲織室。綏和二年，哀帝省樂府。王莽改少府曰共工。

中尉，秦官，掌徼循京師，有兩丞、候、司馬、千人。武帝太初元年更名執金吾。屬官有中壘、寺互、武庫、都船四令丞。都船、武庫有三丞，中壘兩尉。又式道左右中候、候丞及左右京輔都尉、尉丞兵卒皆屬焉。初，寺互屬少府，中屬主爵，後屬中尉。自太常至執金吾，秩皆中二千石，丞皆千石。

護軍都尉，秦官，武帝元狩四年屬大司馬，成帝綏和元年居大司馬府比司直，哀帝元壽元年更名司寇，平帝元始元年更名護軍。

司隸校尉，周官，武帝征和四年初置。持節，從中都官徒千二百人，捕巫蠱，督大姦猾。後罷其兵。

城門校尉掌京師城門屯兵，有司馬、十二城門候。中壘校尉掌北軍壘門内，外掌西域。屯騎校尉掌騎士。步兵校尉掌上林苑門屯兵。越騎校尉掌越騎。長水校尉掌長水宣曲胡騎。又有胡騎校尉，掌池陽胡騎，不常置。射聲校尉掌待詔射聲士。虎賁校尉掌輕車。凡八校尉，皆武帝初置，有丞、司馬。自司隸至虎賁校尉，秩皆二千石。西域都護加官，宣帝地節二年初置，以騎都尉、諫大夫使護西域三十六國，有副校尉，秩比二千石，丞一人，司馬、候、千人各二人。戊己校尉，元帝初元元年置，有丞、司馬各一人，候五人，秩比六百石。

郡守，秦官，掌治其郡，秩二千石。有丞，邊郡又有長史，掌兵馬，

秩皆六百石。景帝中二年更名太守。

郡尉，秦官，掌佐守典武職甲卒，秩比二千石。有丞，秩皆六百石。景帝中二年更名都尉。

關都尉，秦官。農都尉、屬國都尉，皆武帝初置。

又 卷二三《刑法志》 天下既定，踵秦而置材官於郡國，京師有南、北軍之屯。

又 卷二四上《食貨志上》（董仲舒）言：（秦）月爲更卒，已復爲正，一歲屯戍，一歲力役，三十倍於古。【略】漢興，循而未改。

又 卷二八下《地理志下》 漢興，六郡良家子選給羽林、期門，以材力爲官，名將多出焉。

又 卷五九《循吏傳》 數月，罷車騎將軍屯兵，更爲衛將軍，兩宮衛尉，城門、北軍兵屬焉。

又 卷六六《劉屈氂傳》（征和二年）以太子在外，始置屯兵長安諸城門。

又 卷九七上《外戚傳上》（高帝崩）太后發喪，哭而泣不下。留侯子張辟强爲侍中，年十五，謂丞相陳平曰：『太后獨有帝，今哭而不悲，君知其解未？』陳平曰：『何解？』辟强曰：『帝無壯子，太后畏君等。今請拜呂台、呂產爲將，將兵居南北軍，及諸呂皆軍，居中用事。如此則太后心安，君等幸脱禍矣！』

《後漢書》卷六《順帝紀》（順帝即位）召公卿百僚，使虎賁、羽林士屯南、北宫諸門。《漢官儀》曰：『《書》稱「虎賁三百人」，言其猛怒如虎之奔赴也。孝武建元三年初置期門，平帝元始元年更名虎賁郎。』又：『武帝太初元年初置建章營騎，後更名羽林。以天有羽林之星，故取名焉。又取從軍死事之子孫養羽林官，教以五兵，號曰羽林孤兒。光武中興，以征伐之士勞苦者爲之，故曰羽林士。』

又 卷一一四《百官志一》 太尉，公一人。本注曰：掌四方兵事功課，歲盡即奏其殿最而行賞罰。凡郊祀之事，掌亞獻；大喪則告謚南郊。凡國有大造大疑，則與司徒、司空通而論之。國有過事，則與二公通諫爭之。世祖即位，爲大司馬。

初，武帝以衛青數征伐有功，以爲大將軍，欲尊寵之。以古尊官唯有三公，將軍始自秦、晉，以爲卿號，故置大司馬官號以冠之。其後霍光、王鳳等皆然。成帝綏和元年，賜大司馬印綬，罷將軍官。

《三國志》卷一《魏志·武帝紀一》裴松之注引《魏書》 有司奏：『四時講武於農隙。漢承秦制，三時不講，唯十月都試車馬，幸長水南門，會五營士爲八陣進退，名曰乘之。

《宋書》卷四〇《百官志下》 羽林監，漢武帝太初元年，初置建章營騎，亦掌從送次期門，後更名羽林騎，置令、丞。宣帝令中郎將騎都尉監羽林，謂之羽林中郎將。

唐·杜佑《通典》卷一五《職官一·歷代官制總序》 漢初因循（秦制）而不革，隋時宜也，其後頗有所改。

又 卷二八《職官十·武官上·左右羽林衛》 漢武太初元年，初置建章營騎，後更名羽林騎，言其爲國羽翼如林之盛。顔師古曰：『如羽之疾，如林之多。』一云象天文羽林星，主車騎也。宣帝令中郎將、騎都尉監羽林，謂之羽林中郎將，領郎百人，謂之羽林郎。選隴西、漢陽、安定、北地、西河、上郡良家子便弓馬者以爲之。一名巖郎，言其禦侮巖除之下。《後漢志》曰：『言從遊獵，還宿殿階巖下室中，故號巖郎。』或説爲巖郎，取其巖屬素整也。又置羽林左右監，《後漢志》曰：『羽林左監一人，主羽林左騎，羽林右監一人，主羽林右騎，皆六百石。』取從軍死事之子孫養之羽林，官教以五兵，號曰羽林孤兒。五兵謂弓矢、殳、矛、戈、戟。光武中興，以所征伐士勞苦者爲之。其後復簡五營高手，別爲左右監。羽林父死子繼，與虎賁同，所居之署，謂之寺。延熹六年，減虎賁羽林住寺不任事者半俸。二漢並屬光録勳。

宋·陳傅良《歷代兵制》卷二《西漢》 漢大抵依秦制，凡民二十三爲正，一歲以爲衛士。每立秋斬牲於郊，名曰貙。兵官皆肄孫、吳兵法六十四陣，名曰乘之。季冬，天子大會饗賜，觀以角抵，罷遣。《王尊傳》：常以季冬或正月行幸曲臺，臨饗，罷衛士。

二歲爲材官、騎士。材官自秦有之。《志》云：秦置材官於郡國，高帝常命天下選能引關蹶張、才力武猛者，以爲輕車、騎士、材官。八月，太守、都尉、令長、丞尉會都試課殿最。水處爲樓船，邊郡太守各將萬騎行障塞。年六十五乃免就田。又自十五以至五十六出賦，人百二十爲一算，爲治庫

兵車馬。秦孝公十四年始爲賦，漢興算賦。天下人皆直戍邊三日，不人人自行，其行者不可往便還，因便往一歲一更。諸不行者出錢三百，入官以給戍者，是爲過更。更有三品：每一月一更，謂之卒更。貧者欲得雇更錢，次直者出錢雇之，月二千，謂之踐更。繇戍謂之過更也。有事以羽檄發材官、騎士，以備軍旅。如高祖十一年，發上郡、北地、隴西車騎、巴蜀材官。呂后五年，發河東、上黨騎屯北地。宣帝神爵元年，發三河、潁川、沛郡、淮陽、汝南材官詣金城。文帝始以銅虎符代檄。當時各因其地，以中都官號將軍將之，時以盧卿爲上郡將軍，魏遬爲北地將軍，周灶爲隴西將軍。事已則罷。

京師之兵，止南北軍及中尉緹騎、郎中令諸郎、城門校尉屯兵。北軍屬太尉，南軍屬衛尉。武帝更太尉爲大司馬、大將軍，以寵將帥；而北軍分八校尉，以中壘領之；中壘、屯騎、步兵、越騎、長水、胡騎、射聲、虎賁，凡八。中尉爲執金吾，而置三輔都尉屬焉；郎中令爲光禄勳，而置建章營騎屬焉，後更名羽林騎。選隴西、天水、安定、北地、西河、上郡，良家子能騎射者，期諸殿門，故置期門、羽林。又所從軍死事者子孫，養羽林，教以五兵，號羽林孤兒元狩間，兵革數動，士物故者動以萬數，民多買復，徵發之士益少。於是發謫吏，次謫民，次謫戍，次七科謫，吏有罪一，亡命二，贅婿三，賈人四，故有市籍五，父母有市籍六，大父母有市籍七。而又多赦罪人、亡命、弛刑徒者從軍。初，高、文世用兵，中尉兵屬衛將軍，尚屯關中。至元鼎六年，中卒始發矣。邊兵不贍，至出武庫。昭帝始元間，始募奔命，應劭曰：常兵不足，權選精勇，聞命奔走，故曰奔命。及命惡少年、吏有告劾亡者。師古曰：被告劾而逃亡。宣帝神爵間擊羌，發三輔、中都官徒弛刑及應募佽飛、射士、羽林孤兒、胡越騎以益邊兵，蓋北軍亦出矣。

《南北軍記》云：南北軍，漢制也。古者天子之都必有重兵焉，所以壯根本而嚴衛翼也。上天之象，以羽林爲天軍；黄帝之聖，以兵師爲營衛。規天摹聖，則爪牙之衛，詎可一日而缺諸？漢高祖皇帝以神武之資，躬持三尺，糾合義旅，虱韅鏊而汙介冑，其勤五載，縛嬰斬羽，而後天下合爲一。任罷之兵，佚諸農畝，巴渝、北貉，無勤遠人。卧鼓包戈，將與天下安於無事矣。然方是時，獫狁北張，蠻睢南粵，竊壤植大；强宗豪姓，盤互關東。而材官、騎士，散在郡國，虎符與檄召而後來。帝室皇居無武卒、騎士以鎮之，殆非所以防未然而窒不軌也，此高帝建軍之本意與？夫天下形勢，惟地與兵。漢始都雒陽，從婁敬及張良議，即命車駕西都秦故地，左崤右蜀，太華、涇渭，表裏而襟帶，金城千里，巋然天府之固矣。南北二軍，負城環拱，路佖營巡，碁羅星布。平居無事，虎視眈眈；四征不庭，如火發發。而又衛尉藩護，金吾徼巡，武庫司兵，司馬禁掖，章溝、虎威晝揮夜呵。戎心姦膽，戰栗駭落，無敢弗率于我天威。鎮安四方，鞏固萬世，兵威地利，兩兼得之。信乎！高祖貽燕子孫，規模宏遠也。

又《王莽》 莽奪民田爲王田，倣古井牧，置五威將帥七十二人分鎮天下，而命十二將帥偏裨以下百八十人專事北伐。又以七公六卿兼號將軍填名都，中郎將、繡衣執法各五十五人分填邊郡，而內置司命軍正，外設軍監十二人。又依《周官》之文，分六鄉、六尉、六郊、六隊，鄉一帥，尉一大夫，郊一州長，隊一大夫、屬正。又內置大夫，外置大司馬五人。將軍至吏士，凡七十三萬八千九百人。仍賜州牧及縣宰皆兼將軍、偏裨、校尉之號，又有豬突、狶勇、鋭卒、虎牙、五威兵、竟尉、九虎將軍、捕盜都尉之屬，置輒不罷，蓋不可勝數。

莽兵大抵因漢，而紛更其制，不一統屬，民不堪擾。又務自攬權，雖遣將不與兵符，必請而後動。其伐邊乃欲同時俱出，至久屯者數年，常二十餘萬人仰給縣官，野有暴骨。而京師衛卒，亦三歲不得更代。由是民怨益作，莽遂大敗。

宋·徐天麟《西漢會要》卷五六《兵一·南北軍》 京師有南北軍之屯。《刑法志》

高祖崩，呂太后發喪，哭而泣不下，張辟强謂丞相陳平曰：『太后畏君等，今請拜呂台、呂產爲將，將兵居南北軍，如此則太后心安。』丞相如辟强計，請之，太后說。太后病困，以趙王禄爲上將軍，居北軍，梁王產爲相國，居南軍，戒產、禄曰：『我即崩，必據兵衛宮，慎毋送喪，爲人所制。』太后崩，禄、產顓兵秉政，因謀作亂。太尉勃令寄紿説禄曰：『何不速歸將軍印，以兵屬太尉。』禄然其計，諸呂老人或以爲不便，計猶豫。大將勃欲入北軍不得入，襄平侯紀通尚符節，乃令持節矯內勃北軍。勃復令説禄，禄遂以兵授太尉勃，勃遂將北軍，然尚有南軍。勃令平

秩皆六百石。景帝中二年更名太守。

郡尉，秦官，掌佐守典武職甲卒，秩比二千石。有丞，秩皆六百石。景帝中二年更名都尉。

關都尉，秦官。農都尉、屬國都尉，皆武帝初置。

又 卷二三《刑法志》 天下既定，踵秦而置材官於郡國，京師有南、北軍之屯。

又 卷二四上《食貨志上》 （董仲舒）言：（秦）月爲更卒，已復爲正，一歲屯戍，一歲力役，三十倍於古。【略】漢興，循而未改。

又 卷二八下《地理志下》 漢興，六郡良家子選給羽林、期門，以材力爲官，名將多出焉。

又 卷五九《循吏傳》 數月，罷車騎將軍屯兵，更爲衞將軍，兩宮衞尉，城門、北軍兵屬焉。

又 卷六六《劉屈氂傳》 （征和二年）以太子在外，始置屯兵長安諸城門。

又 卷九七上《外戚傳上》 （高帝崩）太后發喪，哭而泣不下。留侯子張辟强爲侍中，年十五，謂丞相陳平曰：『太后獨有帝，今哭而不悲，君知其解未？』陳平曰：『何解？』辟强曰：『帝無壯子，太后畏君等。今請拜呂台、呂產爲將，將兵居南北軍，及諸呂皆軍，居中用事。如此則太后心安，君等幸脱禍矣！』

《後漢書》卷六《順帝紀》 （順帝即位）召公卿百僚，使虎賁、羽林士屯南、北宮諸門。《漢官儀》曰：『《書》稱「虎賁三百人」，言其猛怒如虎之奔赴也。孝武建元三年初置期門，平帝元始元年更名虎賁郎。』又：『武帝太初元年初置建章營騎，後更名羽林。以天有羽林之星，故取名焉。又取從軍死事之子孫養羽林官，教以五兵，號曰羽林孤兒。光武中興，以征伐之士勞苦者爲之，故曰羽林士。』

又 卷一一四《百官志一》 太尉，公一人。本注曰：掌四方兵事功課，歲盡卽奏其殿最而行賞罰。凡郊祀之事，掌亞獻；大喪則告謚南郊。凡國有大造大疑，則與司徒、司空通而論之。國有過事，則與二公通諫爭之。世祖卽位，爲大司馬。

初，武帝以衞青數征伐有功，以爲大將軍，欲尊寵之。以古尊官唯有三公，將軍始自秦、晉，以爲卿號，故置大司馬官號以冠之。其後霍光、王鳳等皆然。成帝綏和元年，賜大司馬印綬，罷將軍官。

《三國志》卷一《魏志·武帝紀一》裴松之注引《魏書》 有司奏：『四時講武於農隙。漢承秦制，三時不講，唯十月都試車馬，幸長水南門，會五營士爲八陣進退，名曰乘之。

《宋書》卷四〇《百官志下》 羽林監，漢武帝太初元年，初置建章營騎，亦掌從送次期門，後更名羽林騎，置令、丞。宣帝令中郎將騎都尉監羽林，謂之羽林中郎將。

唐·杜佑《通典》卷一五《職官一·歷代官制總序》 漢初因循（秦制）而不革，隋時宜也，其後頗有所改。

又 卷二八《職官十·武官上·左右羽林衞》 漢武太初元年，初置建章營騎，後更名羽林騎，言其爲國羽翼如林之盛。顔師古曰：『如羽之疾，如林之多。』一云象天文羽林星，主車騎也。宣帝令中郎將、騎都尉監羽林，謂之羽林中郎將，領郎百人，謂之羽林郎。選隴西、漢陽、安定、北地、西河、上郡良家子便弓馬者以爲之。一名巖郎，言其禦侮巖除之下。《後漢志》曰：『言從遊獵，還宿殿階巖下室中，故號巖郎。』或説爲巖郎，取其巖屬素整也。又置羽林左右監，《後漢志》曰：『羽林左監一人，主羽林左騎，羽林右監一人，主羽林右騎，皆六百石。』取從軍死事之子孫養之羽林，官教以五兵，號曰羽林孤兒。五兵謂弓矢、殳、矛、戈、戟。光武中興，以所征伐士勞苦者爲之。其後復簡五營高手，別爲左右監。羽林父死子繼，與虎賁同，所居之署，謂之寺。延熹六年，減虎賁羽林住寺不任事者半俸。二漢並屬光禄勳。

宋·陳傅良《歷代兵制》卷二《西漢》 漢大抵依秦制，凡民二十三爲正，一歲以爲衞士。每立秋斬牲於郊，名曰貙。兵官皆肄孫、吳兵法六十四陣，名曰乘之。季冬，天子大會饗賜，觀以角抵，罷遣。《王尊傳》：常以季冬或正月行幸曲臺，臨饗，罷衞士。

二歲爲材官、騎士。材官自秦有之。《志》云：秦置材官於郡國，高帝常命天下選能引關蹶張、才力武猛者，以爲輕車、騎士、材官。八月，太守、都尉、令長、丞尉會都試課殿最。水處爲樓船，邊郡太守各將萬騎行障塞。年六十五乃免就田。又自十五以至五十六出賦，人百二十爲一算，爲治庫

兵車馬。秦孝公十四年始爲賦，漢興算賦。天下人皆直戍邊三日，不人人自行，其行者不可往便還，因便往一歲一更。諸不行者出錢三百，入官以給戍者，是爲過更。更有三品：每一月一更，謂之卒更。貧者欲得雇更錢，次直者出錢雇之，月二千，謂之踐更。繇戍謂之過更也。有事以羽檄發材官、騎士，以備軍旅。如高祖十一年，發上郡、北地、隴西車騎，巴蜀材官。呂后五年，發河東、上黨騎屯北地。宣帝神爵元年，發三河、潁川、沛郡、淮陽、汝南材官詣金城。文帝始以銅虎符代檄。當時各因其地，以中都官號將軍將之，時以盧卿爲上郡將軍，魏遨爲北地將軍，周灶爲隴西將軍。事已則罷。

京師之兵，止南北軍及中尉緹騎、郎中令諸郎、城門校尉屯兵。北軍屬太尉，南軍屬衛尉。武帝更太尉爲大司馬、大將軍，以寵將帥；而北軍分八校尉，以中壘領之：中壘、屯騎、步兵、越騎、長水、胡騎、射聲、虎賁，凡八。中尉爲執金吾，而置三輔都尉屬焉；郎中令爲光祿勳，而置建章營騎屬焉，後更名羽林騎。選隴西、天水、安定、北地、西河、上郡，良家子能騎射者，期諸殿門，故置期門、羽林。又所從軍死事者子孫，養羽林，教以五兵，號羽林孤兒。元狩間，兵革數動，士物故者動以萬數，民多買復，徵發之士益少。於是發讁吏，次讁民，次讁戍，次七科讁，吏有罪一，亡命二，贅婿三，賈人四，故有市籍五，父母有市籍六，大父母有市籍七。而又多赦罪人、亡命、弛刑徒者從軍。初，高、文世用兵，中尉兵屬衛將軍，尚屯關中。至元鼎六年，中卒始發矣。邊兵不贍，至出武庫。昭帝始元間，始募奔命，應劭曰：常兵不足，權選精勇，聞命奔走，故曰奔命。及命惡少年、吏有告劾亡者。師古曰：被告劾而逃亡。宣帝神爵間擊羌，發三輔、中都官徒弛刑及應募佽飛、射士、羽林孤兒、胡越騎以益邊兵，蓋北軍亦出矣。

《南北軍記》云：南北軍，漢制也。古者天子之都必有重兵焉，所以壯根本而嚴衛翼也。上天之象，以羽林爲天軍；黄帝之聖，以兵師爲營衛。規天摹聖，則爪牙之衛，詎可一日而缺諸？漢高祖皇帝以神武之資，躬持三尺，糾合義旅，虱鞮鍪而汗介胄，其勤五載，縛嬰斬羽，而後天下合爲一。任罷之兵，佚諸農畝，巴渝、北貉，無勤遠人。卧鼓包戈，將與天下安於無事矣。然方是時，獫狁北張，蠻睢南粵，竊壤植大；强宗豪姓，盤互關東。而材官、騎士，散在郡國，虎符與檄召而後來。帝室皇居無武卒、騎士以鎮之，殆非所以防未然而窒不軌也，此高帝建軍之本意與？夫天下形勢，惟地與兵。漢始都雒陽，從婁敬及張良議，即命車駕西都秦故地，左崤右蜀，太華、涇渭，表裏而襟帶，金城千里，巋然天府之固矣。南北二軍，負城環拱，路秘營巡，碁羅星布。平居無事，虎視眈眈；四征不庭，如火發發。而又衛尉藩護，金吾徼巡，武庫司兵，司馬禁掖，章溝、虎威晝揮夜呵。戎心姦膽，戰栗駭落，無敢弗率于我天威。鎮安四方，鞏固萬世，兵威地利，兩兼得之。信乎！高祖貽燕子孫，規模宏遠也。

又《王莽》 莽奪民田爲王田，倣古井牧，置五威將帥七十二人分鎮天下，而命十二將帥偏裨以下百八十人專事北伐。又以七公六卿兼號將軍填名都，中郎將、繡衣執法各五十五人分填邊郡，而內置司命軍正，外設軍監十二人。又依《周官》之文，分六鄉、六尉、六郊、六隊，鄉一帥，尉一大夫，郊一州長，隊一大夫、屬正。又內置大夫，外置大司馬五人。將軍至吏士，凡七十三萬八千九百人。仍賜州牧及縣宰皆兼將軍、偏裨、校尉之號，又有豬突、狶勇、鋭卒、虎牙、五威兵、竟尉、九虎將軍、捕盜都尉之屬，置輒不罷，蓋不可勝數。

莽兵大抵因漢，而紛更其制，不一統屬，民不堪擾。又務自攬權，雖遣將不與兵符，必請而後動。其伐邊乃欲同時俱出，至久屯者數年，常二十餘萬人仰給縣官，野有暴骨。而京師衛卒，亦三歲不得更代。由是民怨益作，莽遂大敗。

宋·徐天麟《西漢會要》卷五六《兵一·南北軍》 京師有南北軍之屯。《刑法志》

高祖崩，呂太后發喪，哭而泣不下，張辟强謂丞相陳平曰：『太后畏君等，今請拜呂台、呂産爲將，將兵居南北軍，如此則太后心安。』丞相如辟强計，請之，太后説。太后病困，以趙王禄爲上將軍，居北軍，梁王産爲相國，居南軍，戒産、禄曰：『我卽崩，必據兵衛宮，慎毋送喪，爲人所制。』太后崩，禄、産顓兵秉政，因謀作亂。太尉勃令寄紿説禄曰：『何不速歸將軍印，以兵屬太尉。』禄然其計，諸呂老人或以爲不便，計猶豫。大將勃欲入北軍不得入，襄平侯紀通尚符節，乃令持節矯內勃北軍。勃復令説禄，禄遂以兵授太尉勃，勃遂將北軍，然尚有南軍。勃令平

陽侯告衛尉，毋內相國產殿門，產不知祿已去北軍，入未央宮，欲爲亂，殿門弗內，朱虛侯章擊產殺之，還入北軍，復報太尉勃云云。見《呂后紀》及《外戚傳》。徐天麟按：唐李揆云：『漢以南北軍相制，故周勃以北軍安劉氏。』

文帝入未央宮，夜拜宋昌爲衛將軍，領南北軍。本《紀》

中壘校尉，掌北軍壘門內。《百官表》

章交公車，人滿北軍。《劉向傳》。如淳曰：『《漢儀注》：中壘校尉主北軍壘門內，尉一人主上書者獄，上章於公車，有不如法者以付北軍尉，北軍尉以法治之。』

又《衛將軍》 高帝五年，王恬啓以衛將軍擊陳豨。《功臣表》。按蔡質《漢儀》云：『漢興，置衛將軍典京師兵衛，四夷屯警。』

文帝拜宋昌爲衛將軍，領南北軍。見南北軍條。

三年，發中尉材官屬衛將軍軍長安。《文紀》

車騎將軍屯兵。

孝宣地節三年，罷車騎將軍屯兵。本《紀》。徐天麟按：蔡質《漢儀》云：『漢興，置車騎將軍、衛將軍、左右前後將軍，典京師兵衛，四夷屯警。』

又《衛士》 衛尉掌宮門衛屯兵，屬官有衛士旅賁令丞，又諸屯衛候司馬二十二官皆屬焉。《百官表》

武帝建元元年，詔衛士轉置送迎，常二萬人，其省萬人。本《紀》，下同。

宣帝卽位，長樂宮初置屯衛。元康元年冬，置建章衛尉。

元帝初元三年，罷甘泉建章宮衛。執楯執戟武士騶。《惠帝紀》

諸廟寢園祭祀，用衛士四萬五千一百二十九人。《韋元成傳》

正月行幸曲臺，臨饗罷衛士。《王尊傳》

又《中尉兵》 中尉掌徼循京師，武帝更名執金吾，左右京輔都尉尉丞卒皆屬焉。《百官表》

文帝拜馮唐爲車騎都尉，主中尉及郡國車士。本《傳》

武帝元鼎六年，發中尉卒擊呂嘉。本《紀》

又《司隸校尉》 司隸校尉，武帝征和四年初置，持節從中都官徒千二百人，捕巫蠱，督大姦猾，後罷其兵。《百官表》

又《七校》 武帝平百粵，內增七校。《刑法志》。晉灼曰：『《百官表》：中壘、屯騎、步兵、越騎、長水、胡騎、射聲、虎賁，凡八校尉，胡騎不常置，故此言七也。』

又《佽飛射士》 少府屬官，有左弋令，武帝更名爲佽飛，常弋尉。《百官表》。《宣帝紀》注：服虔曰：『周時渡江越人，在船下負船將覆之，佽飛入水殺之，漢因以材力名官。』

宣帝神爵元年，發佽飛射士詣金城。本《紀》

元帝永光二年，發迹射佽飛射者擊羌。《馮奉世傳》

又《輯濯士》 水衡屬官有輯濯令丞。《百官表》。如淳曰：『船官也。』

戾太子矯制發輯濯士，以予大鴻臚商邱成。《劉屈氂傳》

又《胡越騎》 越騎校尉掌越騎，越人內附以爲騎也。胡騎校尉掌池陽胡騎，不常置。《百官表》。按：胡越騎皆已在八校之數，自昭宣以後，或以他官兼領，故別見此一條。

自昭帝時，霍山以奉車都尉領胡越兵。《霍光傳》

元帝永光二年，發三輔河東宏農越騎擊羌。《馮奉世傳》

成帝時，金涉爲侍中騎都尉，領三輔胡騎。《金日磾傳》。師古曰：『胡越騎之在三輔者，若長水長楊宣曲之屬是也。』

又《羌騎》 宣帝神爵元年，發羌騎詣金城。本《紀》

元帝永光二年，發呼速參嗕種擊羌。《馮奉世傳》

又《材官》 漢興，踵秦而置材官于郡國。《刑法志》。按《漢官儀》云：『高祖命天下選能引關蹶張材力武猛者，以爲輕車騎士材官樓船，常以秋後講肄，各有員數，平地用輕車，山阻用材官，水泉用樓船。』

高帝十一年，發巴蜀材官衛軍霸上。惠帝七年，發車騎材官詣滎陽。

文帝三年，發中尉材官屬衛將軍，軍長安。以上並本《紀》

鼂錯上言兵事，曰平地通道，則以輕車材官制之。本《傳》

爰盎以材官蹶張，遷爲隊帥。同上。

景帝後二年，發車騎材官屯雁門。本《紀》

武帝元光二年，太中大夫李息爲材官將軍擊單于。本《紀》

王恢擊匈奴，伏兵車騎材官三十餘萬，匿馬邑旁谷中。《韓安國傳》

宣帝神爵元年，發三河、潁川、沛郡、淮陽、汝南、材官，詣金城。本《紀》

又《騎士》 高后五年，發河東、上黨騎，屯北地。武帝征和元年，發三騎士，大搜上林。

宣帝神爵元年，發金城、隴西、天水、安定、北地、上郡騎士，擊西羌。並本《紀》

又《樓船》 粵欲與漢用船戰，遂乃大修昆明池，列館環之，治樓船高十餘丈，旗幟加其上，甚壯。元鼎五年，南越反，因南方樓船士二十餘萬人擊之。《食貨志》

元鼎五年，南越王相呂嘉反，遣伏波將軍路博多出桂陽，下湟水，樓船將軍楊僕出豫章，下湞水，歸義越侯嚴爲戈船將軍出零陵，下離水，甲爲下瀨將軍下蒼梧，皆將罪人江淮以南樓船十餘萬人，越馳義侯遺別將巴蜀罪人，發夜郎兵，下牂牁江，咸會番禺。本《紀》

元鼎六年，東越王反，攻殺漢將吏，遣横海將軍韓説、中尉王温舒，出會稽，樓船將軍楊僕出豫章，擊之，又遣浮沮將軍公孫賀出九原、匈河將軍趙破奴出令居。本《紀》

又《屬國騎》 武帝遣趙破奴將屬國騎及郡兵數萬以擊胡。《張騫傳》

又《屯田卒》 武帝元鼎五年，初置張掖酒泉郡，而上郡朔方西河河西，開田官，斥塞卒，六十萬人戍田之。《食貨志》

孝武征四夷，開西域，自敦煌西至鹽津，往往起亭，而輪臺渠犁，皆有田卒數百人，置使者校尉領護，以給使外國者。《西域傳》

宣帝地節二年，遣侍郎鄭吉、校尉司馬喜，將免刑罪人，田渠犁，積穀，欲以攻車師。至秋後，收吉、喜發城郭諸國兵萬餘人，自與所將田士千五百人，共擊車師。《西域傳》

趙充國至金城，願罷騎兵，留弛刑應募，及淮陽、汝南步兵與吏士私從者，合凡萬二百八十一人，分屯要害處。至四月草生，發及屬國胡騎伉健各千，倅馬什二，就草，爲田者遊兵，以充入金城郡。本《傳》

又 卷五七《兵二·教閱》 武帝太初二年，令天下膢五日。本《紀》。如淳曰：『立秋貙膢。』伏儼曰：『膢，音劉，劉，殺也。』師古曰：『《續漢書》作貙劉，膢劉義各通耳。』《漢儀注》云：『立秋之日斬牲于郊東門外，以薦陵廟，武官肄兵習戰陣之儀，斬牲之禮，名曰貙劉，兵官皆肄孫吳六十四陣，名曰乘之。』

霍光都肄郎羽林。《霍光傳》

都郎羽林。《燕刺王傳》。師古曰：『謂大會試之。』

九月，都試。《翟方進傳》。如淳曰：『太守都尉令長丞尉會都試，課殿最也。』

韓延壽爲東郡太守，試騎士，治飾兵車，畫龍虎朱爵。延壽衣黄紈方領，駕四馬傅，總建幢棨，植羽葆。鼓車歌車，功曹引車，皆駕四馬，載棨戟，五騎爲伍，分左右部軍，假司馬千人，持幢旁轂。歌者先居射室，望見延壽車，噭咷楚歌。延壽坐射室，騎吏持戟夾陛列立。騎士從者，帶弓羅後，令騎士兵車四面營陳，被甲鞮鍪，居馬上抱弩負蘭，又使騎士戰車弄馬盜驂，及治飾車甲三百萬以上。于是蕭望之劾奏延壽上僭不道，坐棄市。《韓延壽傳》

又《繇戍》 秦用商鞅之法，月爲更卒，已復爲正，一歲屯戍，一歲力役，三十倍于古。漢興，循而未改。《食貨志》。又《昭紀》如淳注云：『天下人皆直戍邊三日，亦名爲更，律所謂繇戍也。雖丞相子亦在戍邊之調，不可人人自行，三日戍，又行者當自戍三日，不可往便還，因便住一歲不更，諸不行者出錢三百入官，官以給戍者，是爲過更也。漢初因秦法而行之，後遂改易，有謫乃戍邊一歲耳。』

高后五年，初令戍卒歲更。《史記·將相年表》

遠方之卒，守塞一歲而更。《鼂錯傳》

文帝減外繇。《賈山傳》

十三年，除戍卒令。《史記·將相年表》

景帝後二年，省繇賦。本《紀》

武帝賜卜式外繇四百人。《卜式傳》。蘇林曰：『外繇謂戍邊也，一人出三百錢，謂之過更，式歲得十二萬錢也。一説在繇役之外，得復除四百人也。』師古曰：『一説是也。』

元狩三年，減隴西北地上郡戍卒半。天漢元年，發謫戍屯五原。昭帝元平元年，減外繇。宣帝五鳳四年，以邊塞亡寇，減戍卒什二。以上並本《紀》。

淮南之地，縣屬於漢，其吏民往來長安者自悉而補，中道衣敝，錢用諸費稱此。《賈誼傳》

蓋寬饒身爲司隸，子弟常步行戍邊。本《傳》

又《調發羽檄虎符》 高祖曰：『吾以羽檄徵天下兵。』《本紀》。師古曰：『檄者以木簡爲書，長尺二寸，用徵召也。其有急事則加以鳥羽插之，示速疾也。』

文帝二年，初與郡國守相爲銅虎符。《史記·本紀》。《漢書》無『國』、『相』二字。

齊王欲發兵誅諸呂。魏勃曰：『王欲發兵，非有漢虎符驗也。』《史記·齊悼惠王世家》

御史中丞劾奏野王持虎符出界歸家。《馮奉世傳》

淮南王盜寫虎符。《賈捐之傳》

武帝建元三年，東甌告急，上曰：『吾新即位，不欲出虎符召兵郡國。』乃遣嚴助以節發兵會稽，會稽守欲距法不爲發，助乃斬一司馬諭意指，遂發兵。《嚴助傳》

戾太子以節發兵。《武紀》。征和二年。

七國敗，弓高侯告膠西王卬曰：『未有詔、虎符擅發兵，王其自圖之。』卬遂自殺。《吳王濞傳》

公孫戎奴爲上黨太守，發兵不以聞，免。《功臣表》

段會宗爲西域都護，以擅發戊己校尉之兵乏興，有詔贖論。本《傳》

黎扶爲東海太守，行過擅發卒爲衛，當斬。《功臣表》

又《選募勇敢奔命伉健募士》 武帝天漢四年，發勇敢士出朔方。本《紀》

趙王彭祖願從國中勇敢擊匈奴。《景十三王傳》

李陵將勇敢五千人，教射酒泉、張掖以備胡。本《傳》

昭帝始元元年，募吏民，及發犍爲、蜀郡奔命擊益州。本《紀》。注云：常兵不足，故權選取精勇，聞命奔走，故謂之奔命。

灌夫伐吳王，募軍中壯士所善願從者數十人。《灌夫傳》

宣帝本始二年，選郡國吏三百石伉健習射者皆從軍。本《紀》

神爵元年，發應募詣金城。本《紀》

趙充國願罷騎兵，留弛刑應募。本《傳》

元帝永光二年，發募士萬人擊西羌。《馮奉世傳》

平帝元始二年，募汝南、南陽勇敢吏士三百人諭説江湖賊。本《紀》

又《發謫徒七科謫惡少年亡命弛刑》 高帝十一年，擊英布，赦天下死罪，令從軍。

惠帝三年，發諸侯王徒隸二萬人，城長安。

武帝元狩二年，發謫吏，穿昆明池。《本紀》。師古曰：『吏有罪者罰而役之。』

元鼎五年，呂嘉反，遣路博德皆將罪人，越馳義侯遺別將巴蜀罪人，咸會番禺。

元封二年四月，募天下死罪擊朝鮮。六月，遣楊僕荀彘，將應募罪人擊朝鮮。六年，赦京師亡命，令從軍。以上並本《紀》。

太初元年，以李廣利爲貳師將軍，發郡國惡少年數萬人，期至貳師城取善馬。《李廣利傳》

太初元年，發天下謫民西征大宛。本《紀》，下同。

天漢元年，發謫戍屯五原。

四年，發天下七科謫出朔方。《本紀》。張晏曰：『吏有罪一，亡命二，贅婿三，賈人四，故有市籍五，父母有市籍六，大父母有市籍七，凡七科也。』

昭帝元鳳元年，武都氐人反，發三輔太常徒皆免刑，擊之。五年，發三輔及郡國惡少年吏有告劾亡者，屯遼東。六年募郡國徒，築遼東玄菟城。

宣帝神爵元年，發三輔中都官徒弛刑，詣金城。以上並本《紀》。

又《行伍部校》 什伍俱前。《晁錯傳》。師古曰：五人爲伍，二伍爲什。

李廣擊胡，行無部曲行陣。本《傳》注引《續漢書·百官志》云：將軍領軍，皆有部曲，大將軍營五部，校一人，部下有曲，曲有軍候一人。

馮唐曰：『士卒皆家人子，起田中從軍，安知尺籍伍符。』《馮唐傳》。李奇曰：『尺籍所以書軍令，伍符，五五相保之符信也。』

韓延壽在東郡時，試騎士五騎爲伍。本《傳》

什器。《平帝紀》：『天下吏舍亡得置什器。』師古曰：『軍法五人爲伍，十人爲什，則共其器物，故通謂生生之具爲什器，亦猶今之從軍作役者，十人爲火，共蓄調度也。』

傳校。《衛青傳》：『傳校獲王。』師古曰：『校者，營壘之稱，故謂軍之一部爲一校。』

益置揚威白虎合騎之校。《陳湯傳》。師古曰：「一校則別爲一部軍，故稱校耳。」

諸校。《韓信傳》。師古曰：「諸校，諸部也，猶今言諸營。」

校司馬。《南粵傳》：「校司馬蘇宏。」

部勒行陣。《陳湯傳》

王尊坐擅離部曲，會赦，免。本《傳》

又《壁壘》 中壘校尉，掌北軍壘門內。《百官表》

文帝勞軍細柳，先驅至不得入，先驅曰：「天子且至。」軍門都騎曰：「軍中聞將軍之令，不聞天子之詔。」有頃，上至，又不得入，于是上使持節詔將軍曰：「吾欲勞軍。」亞夫乃傳言開壁門。《周亞夫傳》

李陵軍居兩山間，以大車爲營。本《傳》

胡建守軍正丞，時監軍御史爲姦，穿北軍壘垣以爲賈區，建斬之，遂上奏曰：「黃帝李法曰：壁壘已定，穿窬不由路，是謂姦人，姦人者殺，臣謹以斬，昧死以聞。」《胡建傳》

又《京師兵器》 蕭何治未央宮，立武庫。《高紀》。按《三輔黃圖》，武庫在未央宮，蕭何造，以藏兵器。

中尉屬官有武庫令丞，少府屬官有若盧、考工室令丞。《百官表》注云：若盧主藏兵器，考工主作器械。

工官。《地理志》：河南、南陽、濟南、泰山、潁川、河內、蜀、廣漢等郡，皆有工官。徐天麟按：工官雖在外郡，而所作器械，實輸京師，故武帝邊兵不足，乃發武庫工官兵以贍之也。

武庫精兵所聚，故以丞相子爲令。《魏相傳》

武帝征伐，邊兵不足，乃發武庫工官兵以贍之。《食貨志》

戾太子矯制發武庫兵。《劉屈氂傳》

成帝發武庫兵，前後十輩，送董賢及乳母王阿舍，毋將隆奏言：「武庫兵器，天下公用，國家武備，繕治造作，皆度大司農錢。漢家邊吏，職在距寇，亦賜武庫兵，皆任其事，然後蒙之，臣請收還武庫。」《毋將隆傳》

羽林孤兒教以五兵。《百官表》。師古曰：「五兵，謂弓矢殳矛戈戟也。」

又《郡國兵器雜録附》 高帝八年，令賈人毋得操兵乘騎馬。本《紀》

鼂錯説文帝募民徙塞下，曰：「以便爲之，高城深塹，具藺石，布渠荅。」《鼂錯傳》。如淳曰：「藺石，城上雷石也。」蘇林曰：「渠荅，鐵蒺藜也。」

武帝征伐，邊兵不足，乃發武庫工官兵以贍之。《食貨志》

武帝時，公孫宏奏言，民不得挾弓弩，吾邱壽王對不便。上以難宏，宏詘服焉。《吾邱壽王傳》

昭帝始元五年，罷天下馬弩關。《本紀》注云：「漢法，弩十石以上不得出。」

江都王建，聞淮南衡山陰謀，恐一日發，爲所幷，遂作兵器，鑄將軍都尉印，遣人通越。《江都易王傳》

膠東康王，聞淮南王謀反，私作兵車鏃矢戰守之備。《景十三王傳》

成帝陽朔三年，潁川鐵官徒申屠聖等，殺長吏盜庫兵。本《紀》

鴻嘉三年，廣漢男子鄭躬等，攻官寺，篡囚徒，盜庫兵。本《紀》

永始三年，山陽鐵官徒蘇令等反，盜庫兵。本《紀》

燕王旦反，詐言受武帝詔得領庫兵飭武備。《武五子傳》

平帝元始三年，陽陵任横等，盜庫兵，攻官寺。本《紀》

上郡庫令。《成帝紀》：「建始元年」注云：「北邊郡庫，官之兵器所藏，故置令。」

南郡發弩官主教放弩。《地理志》

又《雜録》 藺石。《鼂錯傳》：「具藺石。」如淳曰：「城上雷石也。」

渠荅。《鼂錯傳》：「布渠荅。」蘇林曰：「渠荅，鐵蒺藜也。」

遊弩。《鼂錯傳》：「遊弩往來。」

大黃。《李廣傳》：「以大黃射其裨將。」服虔曰：「黃，肩弩也。」

連。《李陵傳》：「發連弩射單于。」

刁斗。《李廣傳》。孟康曰：「以銅作鐎受一斗，晝炊飯，夜擊持行，名曰刁斗。」

壘石。《李陵傳》

元·馬端臨《文獻通考》卷一五〇《兵考二·兵制》 漢調兵之制，民年二十三爲正，一歲爲衛士，二歲爲材官騎士，習射御、騎馳、戰陳，年六十五衰老，乃得免爲庶民，就田里。

漢民凡在官三十二年，自二十三以上爲正卒。每一歲當給郡縣官一月

之役，其不役者爲錢二千入於官以雇庸者，已上，戍中都官者一年爲衛士；京師者一年爲材官、騎士、樓船；郡國者一年。三者隨其所長，於郡縣中發之，然後退爲正卒，就田里，以待番上調發。

更有三品：有卒更，有踐更，有過更。古者正卒無常人，皆迭爲之，一月一更，爲更卒也；貧者欲得雇更錢，次直者出錢雇之，月二千，是爲踐更也；天下人皆直戍邊三日，亦名爲更，律所謂繇戍也。雖丞相子亦在戍邊之調。不可人人自行三日戍，又行者當自戍三日，不可往便還，因便往一歲一更。諸不行者，出錢三百入官，以給戍者，是謂過更也。

秦用商鞅之法，月更卒，已復爲正，一歲屯戍，一歲力役，三十倍於古。漢興，循而未改，後改易，有謫乃戍邊一歲耳。

如發謫徒，則有七科謫、惡少年、亡命、弛刑。選募則有勇敢、犇命、伉健之屬。

高帝十一年征英布，赦天下死罪，令從軍。武帝元鼎五年，呂嘉反，遣路博德將罪人馳，義越侯遺則將巴蜀罪人咸會番禺。元封二年，募天下死罪擊朝鮮。六年，赦京師亡命，令從軍。太初元年，以李廣利爲貳師將軍，發郡國惡少年數萬人，期至貳師取善馬。四年，發天下七科謫出朔方。

昭帝元鳳元年，武都氐人反，發三輔、太常徒皆免刑擊之。宣帝神爵元年，發三輔、中都官徒弛刑詣金城。武帝天漢四年，發勇敢士出朔方。昭帝始元元年，募吏民及發犍爲、蜀郡犇命擊益州。注云：常兵不足，故推選取精勇。聞命奔走，謂之犇命。宣帝本始二年，選郡國吏三百石伉健習射者皆從軍。

文帝用晁錯言，募民徙塞下。

又　卷一五六《兵考八·郡國兵·鄉兵》　漢列郡、王國、侯國，三者其兵不殊。郡有都尉，佐太守典武職甲卒。其在王國者，則以內史比郡守，中尉比都尉。侯國亦有相，秩比天子令、長。其郡國之兵，必有虎符而後可發。

齊王欲發兵誅諸呂，魏勃曰：『王欲發兵，非有漢虎符驗也。』

武帝建元三年，東甌告急，上曰：『吾新卽位，不欲出虎符召兵郡國。』乃遣嚴助以節發會稽兵。會稽守欲距法，不爲發。助乃斬一司馬，諭意指，遂發兵浮海救東甌。

七國敗，弓高侯詰膠西王印曰：『未有詔虎符，擅發兵，王其自圖之！』印遂自殺。至公孫戎奴爲上黨太守，發兵不以聞，免。

高祖命天下選能引關蹶張、材力武猛者以爲輕車、騎士、材官、樓船，常以秋後講肄課試，各有員數。平地用車騎，山阻用材官，水泉用樓船。

又　卷一五七《兵考七·較閱》　漢承秦制，三時不講。唯十月車駕幸長安水南門，會五營士，爲八陣進退，名曰乘之。

武帝太初二年，令天下膢五日。

漢制：常以九月都試。太守、都尉、令長、丞，相會都試，課殿最。韓延壽爲東郡太守，都試騎士，治飾兵車，畫龍虎朱爵。延壽黃衲方領，駕四馬，傅總，建幢棨，植羽葆，鼓車歌車。功曹引車，皆駕四馬，載棨戟。五騎爲伍，分左右部，軍假司馬、千人持幢旁轂。歌者先居射室，望見延壽車，噭咷楚歌。延壽坐射室，騎吏持戟夾陛列立，騎士從者帶弓鞬羅後。令騎士兵車四面營陳，被甲鞮鞪居馬上，抱弩負蘭。又使騎士戲車弄馬盜驂。及治飾車甲三百萬以上，於是蕭望之劾延壽上僭不道，坐棄市。

又　卷一五九《兵考十一·馬政》　漢制：大僕掌輿馬。屬官有大廄、未央、家馬三令；又車府、路軨、騎馬、駿馬四令丞；又龍馬、閑駒、橐泉、騊駼、承華五監長丞。

文帝二年，詔太僕見馬遺財足，餘皆以給傳置。又令民有車騎馬一匹者，復卒三人。

景帝時，造苑馬以廣用。四年，御史大夫綰奏禁馬高九尺五寸以上，齒未平，不得出關。

六年，匈奴入雁門，至武泉，入上郡，取苑馬。

《漢儀注》：太僕牧師諸苑三十六所，分布北邊、西邊。以郎爲苑監，官奴婢三萬人，養馬三十萬匹。師古曰：『武泉，雲中之縣也。養鳥獸者通名爲苑，故謂牧馬處爲苑。』

武帝建元元年，罷苑馬，以賜貧民。是時，大將軍衛青比歲十餘萬衆擊胡，漢軍士馬死者十餘萬。天子爲伐胡故，盛養馬，馬之往來食長安者

數萬匹，卒掌者關中不足，乃調旁近郡。而胡降者數萬人皆得厚賞，衣食仰給縣官，縣官不給，天子乃損膳，解乘輿駟，出御府禁藏以贍之。兩軍之出塞，塞閲官馬及私馬凡十四萬匹，而後入塞者不滿三百匹，自衛青圍單于以後，以漢馬少，故久不伐胡。

元鼎元年，令民得蓄邊縣，官假馬母，三歲而歸，及息什一，以除告緡，用充入新秦中。明年，車騎乏馬，縣官錢少，買馬難得，乃著令，令封君以下至三百石吏以上，差出牝馬天下亭，亭有畜字馬，歲課息。

金日磾輸黄門養馬，牽馬過殿下，馬又肥好，拜爲馬監。

上官桀遷未央廄令，武帝嘗體不安，及愈，見馬，馬多瘦，上大怒曰：『以我不復見馬邪！』欲下吏。桀曰：『臣聞聖體不安，日夜憂懼，誠不在馬。』因泣數行，上以爲忠。

匈奴渾邪王帥衆來降，漢發車二萬乘。縣官無錢，從民貰馬。賖買也。民或匿馬，馬不具。上怒，欲斬長安令。汲黯曰：『令亡罪，獨斬臣黯，民乃肯出馬。且匈奴畔其主而降漢，徐以縣次傳之，何至令天下騷動，罷中國，甘心夷狄之人乎！』默然。

四年，馬生渥洼水中。作《天馬之歌》。

太初元年，遣貳師將軍兵前後十餘萬人伐大宛。時宛別邑七十餘城，多善馬。馬汗血，言其先天馬子也。張騫始爲帝言之，上遣使者持千金及金馬以請宛善馬。宛王以漢絶遠，大兵不能至，愛其寶馬不肯與。漢使妄言，宛遂攻殺漢使，取其財物。天子乃遣兵伐之，連四年。宛人斬其王毋寡首，獻馬三千匹，漢軍乃還。其後與漢約，歲獻天馬二匹。

二年，籍吏民馬，補車騎馬。

征和中，上下詔，深陳既往之悔，禁苛暴，止擅賦，力本農，修馬復令，以補缺，毋乏武備而已。郡國二千石各上進畜馬方略補邊狀，與計對。

昭帝始元四年，詔：『往時令民共出馬，其止勿出。諸給中都官者，且減之。』五年，罷天下亭馬母及馬弩關。

宣帝五鳳二年，詔：『朕閔百姓未贍，前年，減漕三百萬石，頗省乘輿馬及苑馬，以補邊郡三輔傳馬。其令郡國毋斂今年馬口錢。』

元帝初元元年，省苑馬以振困乏。九月，詔太僕減穀食馬。

二年，罷黄馬乘輿駒馬。

五年，詔乘輿秣馬，毋乏正事而已。

貢禹奏言：『高祖、孝文、孝景皇帝，循古節儉，廄馬百餘匹。方今廄馬食粟將萬匹，今民大飢，而廄馬食粟，苦其太肥，氣盛怒至，乃日步作之。願減損乘輿服御，廄馬亡過數十匹。』天子納，善其忠，乃下詔太僕，減穀食馬。

成帝建始二年，減乘輿廄馬。

又 卷一六一《兵考十三·軍器》 漢高帝時，蕭何治未央宮，立武庫，以藏兵器。

中尉屬官有武庫令丞，少府屬官有若盧、考工室令丞。武庫精兵所聚，故以丞相子爲令。

《地理志》：河南、南陽、濟南、泰山、潁川、河内、蜀、廣漢等郡，皆有工官。

徐氏曰：『按漢時工官雖在外郡，而所作器械，實輸京師，故武帝邊兵不足，乃發武庫工官兵以贍之也。』

八年，令賈人毋得操兵乘騎馬。

文帝時，從晁錯之説，募民徙塞下，以便爲之高城深塹，且藺石，布渠答。如淳曰：『藺石，城上雷石也。』蘇林曰：『渠答，鐵蒺藜也。』

錯言兵事曰：『今匈奴地形技藝與中國異，上下山阪，出入溪澗，中國之馬弗與也；險道傾仄，且馳且射，中國之騎弗與也；風雨罷勞，飢渴不困，中國之人弗與也；此匈奴之長技也。若夫平原易地，輕車突騎，則匈奴之衆易撓亂也；勁弩長戟，射疏及遠，則匈奴之弓弗能格也；堅甲利刃，長短相雜，遊弩往來，什伍俱前，則匈奴之兵弗能當也；材官騶發，矢道同的，則匈奴之革笥木薦弗能支也；下馬地鬬，劍戟相接，去就相薄，則匈奴之足弗能給也；此中國之長技也。匈如之長技三，中國之長技五。陛下又興數十萬之衆，以誅數萬之匈奴，衆寡之計，以一擊十之術也。雖然，兵，凶器；戰，危事也。以大爲小，以强爲弱，在俛仰之間耳。夫以人之死爭勝，跌而不振，則悔之亡及也。帝王之道，出於萬全。今降胡、義渠、蠻夷之屬來歸誼者，其衆數千，飲食長技與匈奴同，可賜之堅甲絮衣，勁弓利矢，益以邊郡之良騎。令明將能知其習俗和

輯其心者，以陛下之明約將之。卽有險阻，以此當之；平地通道，則以輕車材官制之。兩軍相爲表裏，各用其長技，衡加之以衆，此萬全之術也。』

武帝征伐，邊兵不足，乃發武庫工官兵以贍之。

丞相公孫弘奏言，禁民不得挾弓弩。侍中吾邱壽王言其不便，上從之。

弘奏言：『民不得挾弓弩。十賊彍弩，百吏不敢前，盜賊不輒伏辜，免脫者衆，害寡而利多，此盜賊所以蕃也。禁民不得挾弓弩，則盜賊執短兵，短兵接則衆者勝。以衆吏捕寡賊，其勢必得。盜賊有害無利，則莫犯法，刑錯之道也。臣愚以爲禁民毋得挾弓弩便。』上下其議。壽王對曰：『臣聞古者作五兵，非以相害，以禁暴討邪也。安居則以制猛獸而備非常，有事則以設守衛而施行陳。秦兼天下，廢王道，立私議，滅《詩》、《書》而首法令，去仁恩而任刑戮，墮名城，殺豪桀，銷甲兵，折鋒刃。其後，民以耰鉏箠梃相撻擊，犯法滋衆，盜賊不勝，至於赭衣塞路，羣盜滿山，卒以亂亡。故聖王務教化而省禁防，知其不足恃也。《禮》曰：「男子生，桑弧蓬矢以舉之，明示有事也。」孔子曰：「吾何執？執射乎？」大射之禮，自天子降及庶人，三代之道也。《詩》云：「大侯既抗，弓矢斯張，射夫既同，獻爾發功。」言貴中也。愚聞聖王合射以明教矣，未聞弓矢之爲禁也。且所爲禁者，爲盜賊之以攻奪也。攻奪之罪死，然而不止者，大姦之於重誅固不避也。臣恐邪人挾之而吏不能止，良民以自備而抵法禁，是擅賊威而奪民救也。竊以爲無益於禁姦，而廢先王之典，使學者不得習行其禮，大不便。』書奏，上以難丞相弘。弘詘服焉。

昭帝始元五年，罷天下馬弩關。

成帝陽朔三年，潁川鐵官徒申屠聖等殺長吏，盜庫兵。陽嘉三年，廣漢男子鄭躬等攻官寺，篡囚徒，盜庫兵。

永始三年，山陽鐵官徒蘇令等反，盜庫兵。

哀帝發武庫兵，前後十輩，送董賢及乳母王阿舍。母將隆奏言：『武庫兵器，天下公用。國家武備，繕治造作，皆度大司農錢。漢家邊吏職在拒寇，亦賜武庫兵，皆任其事，然後蒙之。臣請收還武庫。』

漢制：諸侯王不得私作兵器。江都王建聞淮南、衡山王陰謀，恐一日發，爲所併，遂作兵器，鑄將軍、都尉印，遣人通越。膠東康王聞淮南王謀反，私作兵車、鏃矢戰守之備。燕王旦反，詐言受武帝詔，得領庫兵，飭武備。

《後漢書》卷五《安帝紀》（永初四年二月）乙丑，初置長安、雍二營都尉官。【略】

（建光元年冬十一月）甲子，初置漁陽營兵。

又　卷六《順帝紀》（順帝卽位）召公卿百僚，使虎賁、羽林士屯南、北宮諸門。《漢官儀》曰：『《書》稱「虎賁三百人」，言其猛怒如虎之奔赴也。孝武建元三年初置期門，平帝元始元年更名虎賁郎。』又：『武帝太初元年初置建章營騎，後更名羽林。以天有羽林之星，故取名焉。又取從軍死事之子孫養羽林官，教以五兵，號曰羽林孤兒。光武中興，以征伐之士勞苦者爲之，故曰羽林士。』

（永和五年）九月，令扶風、漢陽築隴道塢三百所，置屯兵。

又　卷二三《竇憲傳》（竇）憲懼誅，自求擊匈奴以贖死。會南單于請兵北伐，乃拜憲車騎將軍，金印紫綬，官屬依司空，以執金吾耿秉爲副，發北軍五校、唐李賢注：漢有南北軍，［北軍］中候一人，六百石，掌臨五營，見續漢志。黎陽、雍營、緣邊十二郡騎士，《漢官儀》曰：『光武中興，以幽、冀、并州兵騎克定天下，故於黎陽立營，以謁者監之。』又曰：『扶風都尉部在雍縣，以涼州近羌，數犯三輔，將兵衛護園陵，故俗稱雍營。』及羌胡兵出塞。

又　卷八九《南匈奴傳》（明帝永平八年）始置度遼營，以中郎將吳棠行度遼將軍事，副校尉來苗、左校尉閻章、右校尉張國將黎陽虎牙營士，屯五原曼柏。又遣騎都尉秦彭將兵屯美稷。

又　卷一一四《百官志一》太尉，公一人。本注曰：掌四方兵事功課，歲盡卽奏其殿最而行賞罰。凡郊祀之事，掌亞獻；大喪則告謚南郊。凡國有大造大疑，則與司徒、司空通而論之。國有過事，則與二公通諫爭之。世祖卽位，爲大司馬。建武二十七年，改爲太尉。

長史一人，千石。掾史屬二十四人。本注曰：《漢舊注》兵曹主兵事。【略】

將軍，不常置。本注曰：掌征伐背叛。比公者四：第一大將軍，次驃騎將軍，次車騎將軍，次衛將軍。又有前、後、左、右將軍。

初，武帝以衛青數征伐有功，以爲大將軍，欲尊寵之。以古尊官唯有三公，皆將軍始自秦、晉，以爲卿號，故置大司馬官號以冠之。其後霍光、王鳳等皆然。成帝綏和元年，賜大司馬印綬，罷將軍官。世祖中興，吳漢以大將軍爲大司馬，景丹爲驃騎大將軍，位在公下，及前、後、左、右雜號將軍衆多，皆主征伐，事訖皆罷。明帝初即位，以弟東平王蒼有賢才，以爲驃騎將軍；以王故，位在公上，數年後罷。章帝即位，西羌反，故以舅馬防行車騎將軍征之，還後罷。和帝即位，以舅竇憲爲車騎將軍，征匈奴，位在公下；還復有功，遷大將軍，位在公上；復征西羌，還免官，罷。安帝即位，西羌寇亂，復以舅鄧騭爲車騎將軍征之，還遷大將軍，位如憲，數年復罷。自安帝政治衰缺，始以嫡舅耿寶爲大將軍，常在京都。順帝即位，又以皇后父、兄、弟相繼爲大將軍，如三公焉。

長史、司馬皆一人，千石。本注曰：司馬主兵，如太尉。從事中郎二人，六百石。本注曰：職參謀議，掾屬二十九人。令史及御屬三十一人。本注曰：此皆府員職也。又賜官騎三十人及鼓吹。

其領軍皆有部曲。大將軍營五部，部校尉一人，比二千石；軍司馬一人，比千石。部下有曲，曲有軍候一人，比六百石。曲下有屯，屯長一人，比二百石。其不置校尉部，但軍司馬一人。又有軍假司馬、假候，皆爲副貳。其別營領屬爲別部司馬，其兵多少各隨時宜。門有門侯。其餘將軍，置以征伐，無員職，亦有部曲、司馬、軍候以領兵。其職吏部集各一人，總知營事。兵曹掾史主兵事器械。稟假掾史主稟假禁司。又置外刺、刺姦，主罪法。明帝初置度遼將軍，以衛南單于衆新降有二心者，後數有不安，遂爲常守。

又 卷一一八《百官志五》 安帝以羌犯法，三輔有陵園之守，乃復置右扶風都尉，京兆虎牙都尉。

《宋書》卷四〇《百官志下》 羽林監，漢武帝太初元年，初置建章營騎，亦掌從送次期門，後更名羽林騎，置令、丞。宣帝令中郎將騎都尉監羽林，謂之羽林中郎將。漢東京又置羽林左監、羽林右監。

唐·杜佑《通典》卷二八《職官十·武官上·左右羽林衛》 漢武太初元年，初置建章營騎，後更名羽林騎，言其爲國羽翼如林之盛。顏師古曰：『如羽之疾，如林之多。』一云象天文羽林星，主車騎也。宣帝令中郎將、騎都尉監羽林，謂之羽林中郎將，領郎百人，謂之羽林郎。選隴西、漢陽、安定、北地、西河、上郡良家子便弓馬者以爲之。一名巖郎，言其禦侮巖除之下。《後漢志》曰：『言從遊獵，還宿殿階巖下室中，故號巖郎。』或說爲巖郎，取其巖屬素整也。又置羽林左右監，《後漢志》曰：『羽林左監一人，主羽林左騎，羽林右監一人，主羽林右騎，皆六百石。』取從軍死事之子孫養之羽林，官教以五兵，號曰羽林孤兒。五兵謂弓矢、殳、矛、戈、戟。光武中興，以所征伐士勞苦者爲之。其後復簡五營高手，別爲左右監。羽林父死子繼，與虎賁同，所居之署，謂之寺。延熹六年，減虎賁羽林住寺不任事者半俸。二漢並屬光禄勳。後漢竇固、鄧彪並爲羽林。

宋·陳傅良《歷代兵制》卷二《東漢》 光武中興，以幽、冀、并州兵克定天下。始於黎陽立營，領騎常千人，以謁者監之，號黎陽兵，而京師南北軍如故。北軍并胡騎、虎賁二校爲五營，置北軍中候，易中壘以監之，領於大將軍。光禄勳省户、騎、車三將及羽林令，都尉省旅賁衛士，領於太尉。建武六年，始罷郡國都尉，并職太守，無都試之法，惟京師肄兵如故。明年，罷天下輕車、騎士、材官、樓船及軍候吏，盡還民伍，唯更踐如故。九年，省關中都尉。十三年，罷左右將軍。二十三年，罷諸邊郡亭候吏卒。

然終建武之世，已不能遵守前法，置尉省校，輒復臨時補置。七年罷長水、射聲二校，十五年復增屯騎校。九年省關都尉，十九年復置。而邊郡亦往往復置尉。明帝之初，以爲野無風塵，乃悉罷沿邊屯兵。其後北方有變，則復置度遼營；明帝永平八年鄭衆言。南蠻或叛，則置象林兵；和帝永元十四年。羌犯三輔，則置長安、雍二尉安帝永初四年；鮮卑寇居庸，則置漁陽營。安帝建光元年。其後盜作，沿邊緣海稍稍增兵。順帝永建元年令緣邊郡增置步兵，列屯塞下。而令扶風、漢陽築隴道三百塢，順帝永和元年。魏郡、趙國、常山、中山六百一十六塢《西羌傳》。置屯多矣。始募死罪繫獄囚出戍，聽從妻子自占邊縣以爲常。自後往往五營緹騎、虎牙之士迭出征戍。

至安帝永初間，募人錢穀，得爲虎賁、羽林、緹騎營士，而營衛之選亦衰。當是時，邊郡守禦之兵不精，內郡五衛之備不修見陳忠疏，諸羌轉盛，二千石守、令並無守戰意，皆爭徙避寇。於是徵兵會衆，搖動數州，

增賦借奉，費八十餘億，暴露師徒，連年而無所勝。至於順帝，始令郡舉五人，教習戰射。然而有憚遠役，而郡兵始叛矣。永和二年。

雖改領以步騎五千，費用四十四萬億，凡一年百八十戰，羌寇略定，黃巾遂作，建寧二年，羌平。中平元年，黃巾張角反。所在盜賊，不可勝數，朝廷不能討，於是置八關都尉中平元年、十三州牧、西園八校尉，以小黃門蹇碩統之，雖大將軍亦屬焉。帝亦自留心戎事，乃大發四方兵，講武於平樂觀，躬擐介冑，稱無上將軍。

宋·徐天麟《東漢會要》卷二三《兵中·宿衛》 光禄勳，卿一人。本注曰：掌宿衛宮殿門户，典謁署郎更直執戟，宿衛門户，考其德行而進退之。

五官中郎將一。注曰：主五官郎。五官中郎，五官侍郎，五官郎中。本注曰：皆無員。凡郎官皆主更直執戟，宿衛殿門，出充車騎。唯議郎不在直中。

左中郎將。本注曰：主左署郎。中郎，侍郎，郎中。本注曰：皆無員。

右中郎將。本注曰：主右署郎。中郎，侍郎，郎中。本注曰：皆無員。

虎賁中郎將。本注曰：主虎賁宿衛。《前書》，武帝置期門，平帝更名虎賁。蔡質《漢儀》曰：「主虎賁千五百人，無常員，多至千人。戴鶡冠，次右將府。」又虎賁舊作「虎奔」。王莽以古有勇士孟賁，故名焉。左右僕射、左右陛長各一人。本注曰：僕射，主虎賁郎習射。陛長，主直虎賁，朝防在殿中。虎賁中郎，虎賁侍郎，虎賁郎中，節從虎賁。本注曰：皆無員。掌宿衛侍從。虎賁久者轉遷，才能差高至中郎。

羽林中郎將。本注曰：無員。主羽林郎。漢末又有四中郎將，皆帥師征伐，不知何時置。董卓爲東中郎將，盧植爲北中郎將，曹植爲南中郎將。羽林郎。本注曰：無員。掌宿衛侍從。常選漢陽、隴西、安定、北地、上郡、西河凡六郡良家補。本武帝以便馬從獵，還宿殿陛巖下室中，故號巖郎。蔡質《漢儀》曰：「羽林郎百二十八人，無常員，府次虎賁府。」

羽林左監一人。本注曰：主羽林左騎。《漢官》曰：「孝廉郎作，主羽林九百人。二監官屬史吏，皆自出羽林中，有材者作。」丞一人。

羽林右監一人。本注曰：主羽林右騎。丞一人。

騎都尉。本注曰：無員。本監羽林騎。並《百官志》。

又《衛士》 衛尉，卿一人。本注曰：掌宮門衛士。

南宮衛士令一人。本注曰：掌南宮衛士。

北宮衛士令一人。本注曰：掌北宮衛士。

左右都衛各一人。本注曰：掌劍防士，徼循宮。並《百官志》。

饗遣故衛士儀。見《禮》類。

胡廣曰：「衛尉循行宮中，則金吾徼於宮外，相爲表裏。」《百官志》注。

又《金吾緹騎》 執金吾緹騎二百人。《志》。

又《北軍五營》 北軍中候一人。本注曰：掌監五營。

屯騎校尉一人。本注曰：掌宿衛兵。司馬一人。

越騎校尉一人。本注曰：掌宿衛兵。司馬一人。

步兵校尉一人。本注曰：掌宿衛兵。司馬一人。

長水校尉一人。本注曰：掌宿衛兵。司馬、胡騎司馬各一人。本注曰：掌宿衛，士烏桓騎。

射聲校尉一人。本注曰：掌宿衛兵。司馬一人。並《百官志》。

右屬北軍中候。本注曰：舊有中壘，領北軍營壘之事。有胡騎、虎賁校尉，皆武帝置。中興省中壘，但置中候以監五營。胡騎并長水。虎賁主輕車并射聲。

又《將軍領兵》 將軍，不常置。本注曰：掌征伐背叛。第一大將軍，次驃騎將軍，次車騎將軍，次衛將軍。又有前、後、左、右雜號將軍衆多，皆主征伐，事訖皆罷。

其領軍皆有部曲。大將軍營五部，部校尉一人，軍司馬一人。部下有曲，曲有軍候一人。曲下有屯，屯長一人。其不置校尉部，但軍司馬一人。又有軍假司馬、假候，皆爲副貳。其別營領屬爲別部司馬，其兵多少各隨時宜。門有門候。其餘將軍，置以征伐，無員職，亦有部曲、司馬、軍候以領兵。其職吏部集各一人，總知營事。兵曹掾史主兵事器械。稟假掾史主稟假禁司。又置外刺、刺姦，主罪法。《百官志》。

又《城門兵》 城門校尉一人。本注曰：掌雒陽城門十二所。司

馬一人。本注曰：主兵。城門每門候一人。《百官志》。

又《黎陽雍營》 光武以幽、冀、并州兵騎克定天下，故於黎陽立營，以謁者監之。又，扶風都尉部在雍縣，以涼州近羌，數犯三輔，將兵衛護園陵，故俗稱雍營。《竇憲傳》注，《漢官儀》云。

和帝時，竇憲伐匈奴，發黎陽、雍營騎士。《傳》。

安帝永初四年，初置長安、雍二營都尉官。本《紀》注曰：『扶風都尉居雍縣，虎牙都尉居長安。』

安帝以羌犯法，三輔有園陵之守，乃復置右扶風都尉、京兆虎牙都尉。《百官志》。按和帝時竇憲已發雍營騎士，而《紀》云初置，《志》云復置，豈中間罷之耶？當考。

順帝永建元年，遣黎陽營兵出屯中山北界。《紀》。

又《西園軍》 靈帝中平五年，初置西園八校尉。蹇碩爲上軍校尉，袁紹爲中軍校尉，《傳》云佐軍。鮑鴻爲下軍校尉，曹操爲典軍校尉，趙融爲助軍左校尉，馬芳爲助軍右校尉，夏牟爲左校尉，淳于瓊爲右校尉：凡八人，謂之西園軍，皆統於碩。本《紀》並《傳》。

又《郡國兵突騎奔命 積射》 光武擊中山，所過發奔命兵。本《紀》注云：『舊郡國皆有材官、騎士，若有急難，權取驍勇者聞命奔赴，故謂之「奔命」。』

遣吳漢擊諸賊，北發十郡兵。《紀》。又《吳漢傳》云發十郡突騎。吳漢説彭寵曰：『漁陽、上谷突騎，天下所共聞也。』

建武五年，張純將潁川突騎安集荆、徐、揚部，督委輸，監諸將營。《傳》。

六年，省諸郡都尉，并職太守，無都試之役。《百官志》。

七年二月丁酉，詔曰：『今國有衆軍，並多精勇，宜且罷輕車、騎士、材官、樓船及軍假吏，令還復民伍。』《紀》

光武使宋均乘傳發江夏奔命三千人救劉尚。《均傳》

明帝永平二年，諸王來會辟雍，事畢歸蕃，詔就國從以虎賁官騎。《漢官儀》：騶騎，王家名官騎。中山王焉上疏辭。報曰：『凡諸侯出境，必備左右，故夾谷之會，司馬以從。今五國各官騎百人，稱娖前行，皆北軍胡騎，便兵善射，弓不空發，中必決眥。所以重蕃職也。王其勿辭。』《中山王傳》

梁節王有罪，上書還所受虎賁官騎。本《傳》

永平十六年，竇固、耿忠率酒泉、燉煌、張掖甲卒及盧水羌胡萬二千騎出酒泉，耿秉、秦彭率武威、隴西、天水募士及羌胡萬騎出居延塞，祭彤、吳棠將河東、北地、西河羌胡及南單于兵萬一千騎出高闕塞，來苗、文穆將太原、鴈門、代郡、上谷、漁陽、右北平、定襄郡兵及烏桓、鮮卑萬一千騎出平城塞。《竇固傳》

馬防將諸郡積射士三萬人擊羌。本《傳》

永平六年，發八郡迹射征叛胡。《紀》

鄧晨將積射士三千人擊賊。『積』與『迹』同。

劉尚將三輔積射討西羌。《西羌傳》

和帝時，竇憲伐匈奴，發緣邊十二郡兵。《傳》

廣柔縣蠻夷反，殺傷長吏，部發庫兵擊之。《楊由傳》

安帝永初三年，南單于反。以大司農何熙將羽林五校營士，及發緣邊十郡兵擊之。《梁慬傳》。緣邊十郡謂五原、雲中、定襄、鴈門、朔方、代郡、上谷、漁陽、遼西、右北平。

七月，海賊張伯路等寇略緣海九郡，遣侍御史龐雄督州郡兵討破之。《紀》下同。

元初三年，蒼梧、鬱林、隴合浦蠻夷反叛，遣侍御史任逴督州郡兵討之。

四年，鮮卑寇遼西，郡兵與烏桓擊破之。

建光元年，初置漢陽屯兵。伏侯《古今注》曰：『置營兵千人』也。

順帝永建元年十月，告幽州刺史，其令緣邊郡增置步兵，列屯塞下。

永和三年九月，令扶風、漢陽築隴道塢三百所，置屯兵。

順帝遣燉煌太守張朗將河西四郡兵三千人，配班勇，擊焉耆王。注謂金城、燉煌、張掖、酒泉。

桓帝延熹三年，趙彥言賊屯在莒，有五陽之地，宜發五陽郡兵討之。謂山陽、廣陽、漢陽、南陽、丹陽之類也。

靈帝中平元年，黃巾賊起，發天下諸郡兵征之。《盧植傳》

又《募罪徒戍邊》 明帝永平元年，募士卒戍隴右，賜錢人三萬。

八年，詔三公募郡國中都官死罪繫囚，減罪一等，勿笞，詣度遼將軍

營，屯朔方、五原之邊縣，妻子自隨，便占著邊縣，父母同產欲相代者，恣聽之。凡徙者，賜弓弩衣糧。

九年三月辛丑，詔郡國死罪囚減罪，與妻子詣五原、朔方占著，所在死者皆賜妻父若男同產一人復終身；其妻無父兄獨有母者，賜其母錢六萬，又復其口筭。

十六年九月丁卯，詔令郡國中都官死罪繫囚減死罪一等，勿笞，詣軍營，屯朔方、燉煌，妻子自隨，父母同產欲求從者，恣聽之，女子嫁爲人妻，勿與俱。謀反大逆以上不用此書。

十七年八月丙寅，令武威、張掖、酒泉、燉煌及張掖屬國，繫囚右趾以下任兵者，皆一切勿治其罪，詣軍營。

章帝建初七年九月，詔天下繫囚減；死一等，勿笞，詣邊戍；妻子自隨，占著所在；父母同產欲相從者，恣聽之；有不到者，皆以乏軍興論。

元和元年，改元，郡國中都官繫囚減死一等，勿笞，詣邊縣；妻子自隨，占著所在。

章和元年四月丙子，令郡國中都官繫囚減死一等，詣金城戍。七月，詔死罪囚犯法在丙子赦前而後捕繫者，皆減死，勿笞，詣金城戍。九月壬子，詔郡國中都官繫囚減死罪一等，詣金城戍。

和帝永元元年冬十月，令郡國防刑輸作軍營。其徙出塞者，刑雖未竟，皆免歸田里。

桓帝和平元年十一月，減天下死罪一等，徙邊戍。

永興元年十一月，詔減天下死罪一等，徙邊戍。

二年，減天下死罪一等，徙邊戍。

又《兵法》 乏軍興。《肅宗紀》注云：『軍興而致缺乏，當死刑也。』

逗留。鄧禹子鴻出塞追胡逢侯，坐逗留，下獄死。

畏懦。祭彤伐匈奴，坐逗留畏懦，下獄免。

沮敗。祭參坐沮敗，下獄死。見《鮮卑傳》。

又《兵器》 武庫令主兵器，屬執金吾。《百官志》

考工令主作兵器弓弩刀鎧之屬，成則傳執金吾入武庫。

又《兵符》 建武之初，禁網尚簡，但以璽書發兵，未有虎符之信。杜詩上疏曰：『臣聞兵者國之凶器，聖人所謹。舊制發兵，皆以虎符，其餘調發，竹使而已。符策合會，取爲大信，所以明著國命，歛持威重也。間者發兵，但用璽書，或以詔令，如有姦人詐偽，無由知覺。愚以爲軍旅尚興，賊虜未殄，徵兵郡國，宜有重慎，可立虎符，以絶姦端。昔魏之公子，威傾鄰國，猶假兵符，以解趙圍，若無如姬之仇，則其功不顯。事有煩而不可省，費而不得已，蓋謂此也。』書奏，從之。《杜詩傳》

安帝遣竇固擊西域，詔耿秉等皆去符傳以屬固。

又《徙民實邊》 建武十五年，徙鴈門、代郡、上谷吏人六萬餘口，置常關、居庸關以東。

明帝即位，詔邊人遭亂爲内郡人妻，在己卯赦前，一切遣還邊，恣其所樂。

賈琮爲朔方太守。舊内郡徙人在邊者，率多貧弱，爲居人所僕役，不得爲吏。琮擢用其任職者，與邊吏參選，轉相監司，以擿發其姦；或以次補長吏。故各願盡死。《傳》

又《命將》 建武四年，拜馬成揚武將軍，發兵擊李憲。帝幸壽春，設壇場，祖禮遣之。

建初八年，拜班超爲將兵長史，假鼓吹幢麾。橋玄爲度遼將軍，假黃鉞。

持節爲將。

又《馬政》 太僕掌車馬，屬官未央廄令一人，主乘輿及廄中諸馬。舊有六廄，中興省約，但置一廄。後置左駿令、廄，別主乘輿御馬，後或併省。又有牧師苑，皆令官，主養馬，分在河西六郡界中，中興皆省，唯漢陽有流馬苑，但以羽林郎監領。《百官志》

馬援好騎射，善別名馬，於交趾得駱越銅鼓，乃鑄爲馬式，還上之。因表曰：『夫行天莫如龍，行地莫如馬。馬者，甲兵之本，國之大用。安寧則以別尊卑之序，有變則以濟遠近之難。昔有騏驥，一日千里，伯樂見之，昭然不惑。近世有西河子輿，亦明相法。子輿傳西河儀長孺，長孺傳茂陵丁君都，君都傳成紀楊子阿，臣援嘗師事子阿，受相馬骨法。考之於行事，輒有驗效。臣愚以爲傳聞不如親見，視影不如察形。今欲形之於生馬，則骨法難備具，又不可傳之於後。孝武皇帝時，善相馬者東門京鑄作

銅馬法獻之，有詔立馬於魯班門外，則更名魯班門曰金馬門。臣謹依儀氏鞝，中帛氏口齒，謝氏脣鬐，丁氏身中，備此數家骨相以爲法。』馬高三尺五寸，圍四尺五寸。有詔置於宣德殿下，以爲名馬式焉。《馬援傳》援《銅馬相法》曰：『水火欲分明，水火在鼻孔兩間也。上脣欲急而方，口中欲紅而有光，此馬千里。頷下欲深，下脣欲緩，牙欲前向。牙欲去齒一寸，則四百里，牙劍鋒，則千里。目欲滿而澤。腹欲充，膁欲小，季肋欲長，垂薄欲厚而緩。垂薄，股也。腹下欲平滿，汗溝欲深長，而膝本欲起，肘腋欲開，膝欲方，蹄欲厚三寸，堅如石。』防音居奇反。劉攽曰：『牙欲去齒一寸，案文多一「欲」字。又汗溝欲深長而，案文而當在「長」字上。』

和帝永元五年二月戊戌，詔有司省減外廄及涼州諸苑馬。

安帝永初元年，廄馬非乘輿常所御者，減半食。

六年正月庚申，詔越巂置長利、高望、始昌三苑，又令益州郡置萬歲苑，犍爲置漢平苑。

順帝漢安元年，始置承華廄。《東觀記》曰：『時以遠近獻馬衆多，園廄充滿，始置。』

靈帝光和四年，初置騄驥廄丞，領受郡國調馬。豪右辜榷，馬一匹至二百萬。

中平元年，詔公卿出馬、弩，廄馬非郊祭之用，悉出給軍。

又　卷三四《兵下·屯田》　建武四年，劉隆討李憲。憲平，遣隆屯田武當。《傳》

馬援以三輔地曠土沃，而所將賓客猥多，乃上書求屯田上林苑中，帝許之。

六年，王霸屯田新安。《傳》

夏，李通破公孫述於西域，還屯田順陽。十二月詔曰：『今軍士屯田，糧儲差積。』

八年，王霸屯田函谷關。《傳》

建武中，張純將兵屯田南陽。《傳》

邊郡置農都尉，主屯田殖穀。《百官志》

明帝永平十六年，北伐匈奴，取伊吾盧地，置宜禾都尉，以屯田，遂通西域。《匈奴傳》

章帝建初二年，罷伊吾盧屯兵。

和帝永元二年，擊伊吾，破之。三年，班超定西域，復置戊己校尉。《西域傳》

永元十四年，安定降羌燒何種反。曹鳳請廣設屯田，隔塞羌胡交關之路，及省委輸之役。上乃拜鳳爲金城西部都，尉將徙士屯龍耆。後金城長史上官鴻上開置歸義，建威屯田二十七部，侯霸復上置東西邯屯田，增留。逢二部，帝皆從之。列屯夾河，合三十四部。其功垂立。會永初中，諸羌叛，乃罷。《西羌傳》

順帝永建四年，虞詡上疏曰：『禹貢，雍州之域，厥田惟上。且沃野千里。夫棄沃壤之饒，損自然之財，不可謂利。』書奏，帝乃復三郡。激河浚渠爲屯田，省內郡費歲一億計。明年，校尉韓皓轉湟中屯田，置兩河間，以逼羣羌。羌以屯田近之，恐必見圖，乃解仇詛盟。馬續上移屯田湟中，羌意乃安。至陽嘉元年，以湟中地廣，增置屯田五部，幷爲十部。《西羌傳》

永建六年三月，以伊吾膏腴之地，旁近西域，匈奴資之以爲鈔暴，復令開設屯田，如永平故事。《紀》云：復置伊吾司馬一人。

鄧訓擊敗迷唐諸羌，威信盛行。遂罷屯兵，各令歸郡。唯置防刑徒二千餘人，分以屯田，爲貧人耕種，修理城郭塢壁而已。《鄧禹傳》

阳嘉元年，復置玄菟郡屯田六郡。《紀》

獻帝建安十四年七月，曹操引水軍自渦入淮，出肥水，軍合肥，開爲陂，屯田。《通鑑》

傅燮爲漢陽太守，廣開屯田，列置四十餘營。《傳》

臣天麟按：《資治通鑑》獻帝建安元年云：『中平以來，天下亂離，民棄農桑。諸軍並起，率乏糧穀，無終歲之計，飢則寇掠，飽則棄餘，瓦解流離，無敵自破者，不可勝數。袁紹在河北，軍人仰食桑椹，袁術在江淮，取給蒲蠃，民多相食，州里蕭條。羽林監棗祗及韓浩請建置屯田，曹操從之，以祗爲屯田都尉，以騎都尉任峻爲典農中郎將，募民屯田許下，得穀百萬斛。於是州郡例置田官，所在積穀，倉廩皆滿。故操征伐四方，無運糧之勞，遂能兼幷羣雄。軍穀之饒，起於祗而成於峻。噫！屯田之利，其博如此！而漢人不知爲之。顧使操藉此以爲征伐之資，可不鑑哉！』

又《亭侯塢壁烽燧》　建武十二年，築亭候，修烽燧。《光紀》注，《前書音義》曰：『邊方備警急，作高土臺，臺上作桔皋，桔皋頭有兜零，以薪草置其中，常低之，有寇卽燃火舉之，以相告，曰烽，又多積薪，寇至卽燔之，望其煙，曰燧。晝則燔燧，夜則舉烽。』廣雅曰：『兜零，籠也。』

二十二年，罷邊郡亭候吏卒。《紀》

亭長主求捕盜賊，承望都尉。《百官志》：漢制，十里一亭，五里一郵，郵間相去二里半。

永初五年，詔魏郡、趙國、常山、中山繕作塢候六百一十六所。《西羌傳》

元初三年，築馮翊北界候塢五百所。同上。

永和五年，又於扶風、漢陽、隴道作塢壁三百所。

樊準爲河内太守，修理塢壁。《傳》

种暠爲度遼將軍，先宣恩信，去烽燧，塞候望。

又《障塞》　邊縣有障塞尉，掌禁備羌夷犯塞。同上

順帝永建元年，詔幽、幷、涼州刺史，嚴敕障塞，繕設屯備。《紀》

先是朔方以西障塞多不備，鮮卑因此數寇南部。單于上言求復障塞，順帝從之。《匈奴傳》

元·馬端臨《文獻通考》卷一五七《兵考九·教閱》　東漢制，以立秋之日，自郊禮畢，始揚威武，斬牲於郊東門，以薦陵廟。其儀：乘御戎路，白馬朱鬣，躬執弩射牲。牲以鹿麛。太宰令、謁者各一人，載獲車，馳駟送陵廟。還宮，遣使者齎束帛以賜武官。武官肄兵，習戰陣之儀、斬牲之禮，名曰貙劉。兵、官皆肄孫、吳兵法六十四陣，名曰乘之。立春，遣使者齎束帛以賜文官。貙劉之禮：祠先虞，執事告先虞已，烹鮮時，有司告，乃逡巡躬牲，獲車畢，有司告事畢。

明帝永平元年六月，初令百官貙膢。

安帝延光二年十一月，校獵上林苑。

安帝初，鄧太后臨朝，俗儒世士以爲文德可興，武功宜廢，遂寢蒐狩之禮，息戰陣之法，故猾賊縱橫，乘此無備。馬融以爲文武之道，聖賢不墜，五材之用，無或可廢。元初二年，上《廣成頌》以諷諫。依舊文重述蒐狩之義，作頌一篇，並封上。

靈帝中平五年，望氣者言，以爲京師當有大兵，兩宮流血。大將軍司馬涼、假司馬伍巖説大將軍何進曰：『《太公六韜》，有天子將兵事，可以威厭四方。』進以爲然，入言之於帝。於是乃詔進大發四方兵，講武於平樂觀下。起大壇，上建十二重五采華蓋，高十丈。壇東北爲小壇，復建九重華蓋，高九丈。列步兵、騎士數萬人，結營爲陳。天子親出臨軍，駐大華蓋下，進駐小華蓋下。禮畢，帝躬擐甲介馬，稱『無上將軍』，行陳三匝而還。詔使進領兵屯於觀下。是時置西園八校尉，以小黃門蹇碩爲上軍校尉，虎賁中郎將袁紹爲中軍校尉，屯騎都尉鮑鴻爲下軍校尉，議郎曹操爲典軍校尉，趙融爲助軍校尉，淳于瓊爲佐軍校尉，又有左、右校尉。帝以蹇碩壯健而有武略，特親任之，以爲元帥，督司隸校尉以下，雖大將亦領屬焉。

帝自黃巾之起，留心戎事，問討虜校尉蓋勳曰：『吾講武如是，何如？』對曰：『臣聞「先王耀德不觀兵」，今寇在遠而設近陳，不足以昭果毅，祇黷武耳。』

獻帝建安二十一年，有司奏：『古四時講武。按漢西京承秦制，三時不講，唯十月都試金革。今兵戈未偃，士衆素習，可無四時講武，但以立秋擇吉日，大朝車騎，號曰閲兵，上合禮名，下承漢制。』是冬閲兵，魏王曹操親執金鼓，以令進退。

論　説

《漢書》卷七《昭帝紀》　唐顔師古注：（漢初更制）因秦法而行之也。後遂改易，有謫乃戍邊一歲耳。逋，未出更錢者也。』

宋·陳傅良《歷代兵制》卷一《秦》　（陳傅良按）至始皇混一，罷講銷兵，意謂士散於天下，而利器專於京師，可以弭患。不知斬木揭竿，無非戰具；蒼頭、廝役，往往皆賈勇豪傑也。養成戎心，困以苛政，彼干賞蹈利而無禮義之習，何有於秦哉！盜遍山東，二世不悟，方且納趙高之邪計，過爲阻深，以示强大。章邯百萬之師，勢在呼吸；長史欣請事咸陽，留司馬門三日不得進。此秦之所以亡也。

元·馬端臨《文獻通考》卷一四九《兵考一·兵制》　山齋易氏曰：『始皇既幷天下，北築長城，南戍五嶺，又有驪山、阿房之役，兵不

足用，乃至發謫。先發弛刑之類，次發西賈人之類，次發治獄不直者之類，次以隱官刑徒者，次以嘗有市籍者，又其次則大父母、父母嘗有市籍者，先發里門之左，名閭左之戍，未及發右而二世立，復調材士五萬人以衛咸陽，民不聊生，天下騷動，而勝、廣起矣。是時楚兵百萬，而秦發近縣不及，乃赦驪山徒、奴產子以擊盜。及關東盜賊益熾，又發關中卒以擊之，而章邯三歲將兵，亡失已十數萬，坑於降楚者又二十餘萬。沛公入關而秦遂以亡。原秦之亡，皆起於兵備廢弛而倚辦於倉卒。高祖鑑其弊，而於郡國京師兵備嚴整，且內外有相制之勢，漢法之善者也。

按班史以銷鋒鏑、弛武備爲秦之所以亡，山齋因而發明其說。然愚以爲秦之亡，非關於兵弛也。當時盡吞六雄，威震六合，彼胡、越僻在裔夷，豈能爲纖芥之害，而發百萬之師以戍之。驪山、阿房之役，又復數十萬，健卒壯士，虛耗於無用之時，糜爛於不切之役，蓋側目倒戈相挺而並起者皆秦兵也。《史記》言，先是諸侯吏卒繇使屯戍過秦中者，秦中吏卒遇之多無狀，及章邯以秦軍降諸侯，諸侯吏卒乘勝多奴虜使之，輕折辱秦吏卒，秦吏卒多怨，竊言曰：『章將軍等詐吾屬降諸侯。今能入關破秦大善，即不能，諸侯虜吾屬而東，秦又盡誅吾父母妻子，奈何？』諸將微聞其語，以告項羽，羽乃盡坑秦卒二十餘萬人。夫此二十萬人者，即十餘年前王翦、王賁等將之以橫行天下，誅滅六雄者也。國有興廢，而士心之勇怯頓殊，異哉！然章邯之降也，特以畏趙高之讒、二世之誅，而其兵固非小弱，亦未嘗甚敗衄也。而此二十萬人者，亦復弭耳解甲，而曾無異辭。雖明知必蹈禍機，反幸諸侯之入關以紓禍，所謂『寡助之至，親戚叛之』者歟！

南朝宋·裴駰《史記集解》卷七《項羽本紀》 如淳曰：『律年二十三傅之疇官，各從其父疇內學之。高不滿六尺二寸以下爲罷癃。《漢儀注》：「民年二十三年爲正，一歲爲衛士，一歲爲材官騎士，習射御騎馳戰陣。」又曰：「年五十六衰老，乃得免爲庶民，就田里」。今老弱未嘗傅者皆發之。未二十三爲弱，過五十六爲老。《食貨志》曰：「月爲更卒，已復爲正，一歲屯戍，一歲力役，三十倍於古者。」』《索隱》按：姚氏云：『古者更卒不過一月，踐更五月而休』。又顏云『五當爲「三」，言一歲之中三月居更，三日戍邊，總九十三日。古者役人歲不過三日，此所謂「一歲力役三十倍於古也。」』

唐·杜佑《通典》卷一四八《兵一·兵序》 商周以前，封建五等，兵遍海內，强弱相并。秦氏削平，罷侯置守，歷代因襲，委政郡縣。緬尋制度可采，唯有漢氏足徵：重兵悉在京師，四邊但設亭障；又移天下豪族，輳居三輔陵邑，以爲强幹弱枝之勢也。或有四夷侵軼，則從中命將，發五營騎士，六郡良家。貳師、樓船、伏波、下瀨，咸因事立稱，畢事則省。雖衛、霍之勳高績重，身奉朝請，兵皆散歸。斯誠得其宜也。

宋·陳傅良《歷代兵制》卷二《西漢》 （陳傅良按）唐杜佑《通典》云：『兵制可採，惟有漢氏。重兵志在京師，四邊但設亭障。又移天下豪族，輳居三輔陵邑，以爲强幹弱枝之勢。或有四夷侵軼，則從中命將，發五營騎士、六郡良家；貳師、樓船、伏波、下瀨，咸因事立稱，畢事則削。雖衛、霍勳高績重，身奉朝請，兵皆散歸。』按：漢將軍置以征伐，無員職，佑言命將旋罷，是矣。又按：漢兵郎官無員數；虎賁千五百人，而多不過千人；羽林左八百人，右九百人；八校各七百人，至東漢不過三千五百三十六人；執金吾、緹騎五百二十人或曰三百人，至東漢不過六百人魏王朗奏：漢金吾騎從六百。衛尉所領諸宮掖門都侯、劍戟之士，至東漢不過二千五百人；十二城兵雖不見數，然亦不過門置一侯，以掖門司馬所掌考之，多至百八十人，少或三十八人，則城門領於一校，大略可見。高祖晚征黥布，用留侯計，發關內兵合中尉卒三萬人衛太子，軍霸上。惠帝末年，陳平、周勃爲將相，始以呂氏故屯兵滎陽。文帝備胡以三軍。景帝七國之變，太尉周亞夫乘六乘傳出擊吳、楚，而大將軍竇嬰間軍滎陽。皆因軍設屯，事已即罷。武帝雖置關內都尉，領如郡國，亦無營壘。而佑謂重兵悉在京師，非也。

又《王莽》 （陳傅良按）三代國容不入軍，軍容不入國。《儀禮》：吉、凶、賓、嘉，達於天下，而軍禮獨載於大司馬法。若國有師田之事，則縣師始受法於司馬，以作民。六官亦惟小司馬職掌不悉書，而軍司馬、輿司馬、行司馬皆不備官，有事斯置。其不欲觀兵蓋如是。自秦以戰馬爲爵，卒已自斃，而王莽又滋彰焉。凡公卿至於守宰，皆兼將校之稱。一切募兵，號爲豬狶，徵天下明兵士六十三家數百人，以備軍吏。所以示民，無非逆德凶器。顧方疑天下之軋，已重弩鎧之禁。吝虎符之發，

求以爲安，而緑林、新市羣盜已起，海内豪傑皆殺其牧守，自稱將軍。旬月之間，遍於天下，敗亡之禍，速於暴秦，可不戒哉！

按莽昆陽之戰，州郡各選精兵，牧守自將定會者四十二萬人，餘在道者千里不絶，其它擁衆累數十萬者通天下。蓋漢自武帝征伐之後，數世涵育，不見煙火之警。迨及始、元之間，民户一千三百二十三萬有奇，是以郡國甲士所在而足。及尋邑大敗，盡棄山東之衆，北軍精兵號九虎者尚數萬人，亦可以見漢家養民强國之制。然自莽俶擾，干戈競作。至於光武還定郡縣，或空置守長。中元末年，方纔四百二十七萬，十餘一二，無復曩時之盛矣。

元・馬端臨《文獻通考》卷一五〇《兵考二・兵制》　易氏曰：「《刑法志》曰「踵秦置材官、車騎於郡國」，特其略耳，其實不惟置材官而已。又曰「武帝外有樓船」，特言用樓船以平百粤耳，其實高祖已有樓船之制也。《光武紀》注所引《漢官儀》曰：「高祖命天下選能引關蹶張，材力武猛者以爲輕車、騎士、材官、樓船，常以秋後講肄課試，各有員數。」平地用車騎，山阻用材官，水泉用樓船。蓋三者之兵，各隨其地之所宜。以漢史考之，大抵巴蜀、三河、潁川諸處止有材官，上郡、北地、隴西、諸處止有車騎，而廬江、潯陽、會稽諸處止有樓船。三者之兵，雖各隨其地之所宜，而郡國之兵，其制則一。有列郡，有王國，有侯國。郡有守，有都尉。都尉佐太守典武。其在王國，則相比郡守，中尉比都尉。侯國有相，秩比天子令長。每歲郡守、尉教兵，則侯國之相與焉。侯國之兵既屬之郡，而王國之兵亦天子所有，不可擅用，防微杜漸，皆所以尊京師也。」【略】

《百官表》：「衛尉掌宫門衛屯兵。」而《高后紀》言周勃既入北軍，尚有南軍，乃令平陽侯告衛尉，無納呂産。時呂禄爲將軍，掌北軍。産爲相國，掌南軍。太尉已入北軍，尚有南軍，故未敢誦言誅産。已告衛尉毋納相國産殿門，産欲入未央宫爲亂，弗得入。蓋産所將南軍，當在殿廬之内。及宣帝用張安世爲衛將軍，兩宫衛尉、城門、北軍兵屬焉，不言南軍。蓋衛卽南軍也。戾太子變，時京師兵盡發，獨不聞發南軍，蓋衛士從上在甘泉故也。以此知南軍爲宫城兵，而衛尉主之。

古者環衛有二等，宫伯則領貴游子弟，宫正則領宫徒役事，漢有衛郎、衛兵，亦此制歟！衛尉典衛兵，郎中令典衛郎。武帝更名郎中令名光禄勳，掌宿衛宫殿門户。其屬者有諸郎，掌守門户，出充車騎。凡郎官皆上直。執戟宿衛，出充車騎，惟議郎不在直中。中郎有五官、左、右三將。

易氏曰：「或曰，漢制有衛郎、衛兵。衛兵既屬衛尉，爲南軍，而郎中令均是宿衛，故《表》、《志》皆列於衛尉之前，而論者皆編爲南軍，若謂郎中令所領皆郎，不可以軍言，則守門户、出充車騎，孰謂其非軍也？郎而非軍，宣帝胡爲出之以擊羌哉？此説殆不其然。抑嘗考之，郎衛、兵衛，固均爲宿衛之職，而郎中令、衛尉所掌，又皆宫門内外之事。按郎中令乃秦官，武帝更其名爲光禄勳。《前表》，光禄勳掌宫門户，衛尉掌宫殿門衛屯兵；《後志》，光禄勳掌宿衛宫殿門户。衛尉掌宫門衛士，宫門徼巡事。其職實有相關者。《舊儀》曰：「殿外門舍屬衛尉，殿内門舍屬光禄勳。」職之相關，特有内外之別耳。此正《周官》所謂宫正、宫伯之職。然兵衛之屬衛尉者號爲南軍，固可考而知。若遂以光禄勳列於南軍，則有所不可考者。漢光禄勳之職，屬官：中郎有五官、左、右三將，秩比二千石；郎中有車、户、騎三將，秩比千石；以下如議郎、中郎，秩比六百石；侍郎比四百石，郎中比三百石，職任固不輕矣。而當時以二千石以上子弟及明經、孝廉、射策甲科、博士弟子高第及尚書奏賦、軍功良家子充之，其後又期門、羽林皆屬焉，是皆親近天子之官，別爲一府，非可謂之南軍也。所謂守門户、充車騎者，若今之環衛出爲天子導從儀衛而已，非可以軍名也。宣帝之擊羌，特以死事之子孫、羽林孤兒用之，非謂所掌之郎而盡使之從軍。不然，文帝自代邸入未央宫，夜拜宋昌爲衛將軍，領南北軍；張武爲郎中令，行殿中。以是觀之，則張武自別領郎衛之職，宋昌自兼領南北軍之職，兵衛、郎衛，分爲二職，則知郎衛非南軍明矣。【略】

章氏曰：「南軍有郎衛、兵衛，掌天子宿衛；北軍止於護城，輕重不侔矣。漢世凡大喪，自諸郎衛皆發。而宣帝之葬霍光，光武之葬吳漢，則詔以北軍護送。章懷太子曰：「不以南軍，重之也。」又：「王國人不得宿衛，親屬犯法人不得宿衛。」如龔遂爲楚王常侍，三舉孝廉，以王國人不得宿衛；蕭望之以甲科爲郎，坐從弟犯法，則不得宿衛。季冬或正

月，天子行幸曲臺，臨饗衛士，勸以農桑，令就田里，必觀以角觝而後遣，則南軍之重可知矣。』【略】

《百官表》：『中尉，秦官，掌巡徼京師，屬官有中壘、寺互、武庫兵器所、都船四令丞。又有式道左右候、候丞，及左右京輔都尉、尉丞兵卒皆屬焉。』是中尉所職，乃巡徼京師，以此知北軍爲京城兵，而中尉主之也。

山齋易氏曰：『北軍徼巡京師，屬中尉，别有壘垣軍門在京城。按《胡建傳》云：「監軍御史穿北軍壘垣爲賈區，軍正丞胡建斬之。」而中壘校尉實掌北軍壘門内，則是北軍自有壘垣軍門。惟北軍有壘垣軍門，必有漢節而後入。《高紀》：「上將軍吕禄、相國吕産顓兵秉政，太尉周勃欲入北軍而不得入，乃令紀通持節，矯内勃北軍。」又《武紀》：「征和元年，發三輔爲士，大搜上林，閉長安城門索。」又《漢帝年紀》：「大搜長安中，閉城門十五日，待詔征官多餓死。」是北軍在長安城内，苟無漢節，雖以太尉之尊，軍門得以拒之，不得輒入，其法甚嚴也。然北軍之壘錯列長安城内，不近宫城。惟南宫列於宫垣，北軍亦不得入，《江充傳》：「貴戚近臣多奢僭，充皆舉劾，奏請没入軍馬，令身詣北軍擊匈奴。卽移書光禄勳、中黄門，逮名近臣侍中諸當詣北軍者，移劾門衛，禁止無令得出入宫殿。」又《禮儀志》：「先臘一日，大儺，謂之逐疫。中黄門倡，侲子和，持炬火，送疫出端門外。五營騎士傳火棄雒水中。」《東京賦》注云：「衛士千人在端門外，五營千騎在衛士外。」此衛士在内、北軍在外之證也。』

又曰：『或曰「北軍屬太尉，武帝更太尉爲大司馬，以寵大將，而北軍分八校，以中壘領之」，非也。武帝置八校，各有校尉，秩皆二千石，不相統屬。而中壘自掌北軍壘垣門事，非兼八校，此固不待辯而明矣。至謂北軍屬太尉，則尤不可以不辯。彼獨見太尉周勃入北軍之事，故舉而言之，殊不知當時勃欲入北軍，必令紀通持節矯内之，是以計誅吕氏，非謂以太尉勃領北軍而後入也。蓋北軍自屬中尉，而太尉掌武，雖本兵之任，然三公之職，初不常置。按司馬氏《將相表》：「高帝二年，太尉盧綰，五年罷。十一年，周勃爲太尉，攻代，後官省。高后四年，置太尉官。文帝三年罷。屬丞相景帝五年復置，七年罷。武帝建元元年復置，二年罷。」後改爲大司馬。是其職之或置或罷，蓋以三公無所不統，官不必備，惟其人而已，豈專領北軍者邪！』【略】

山齋易氏曰：『按《劉屈氂傳》：「戾太子使如侯持節發長水及宣曲胡騎，皆已裝會。侍郎莽通使長安，追捕如侯，告胡人曰，節有詐，勿聽也。遂斬如侯，引騎入長安。」蓋中壘在北軍，而步兵在長林苑門、長水，兼掌長水及宣曲胡騎，則在長水及宣曲，皆在長安城外。顔師古以長水在今鄠縣東長水鄉，是知八校分屯不專在一所，雖同名北軍，而各以校尉領之，而不屬中尉之北軍。此八校尉所以自列於城門校尉之後，而中壘校尉亦别掌北軍壘門内外，不屬金吾也。蓋金吾秩中二千石，而八校皆秩二千石，其位亦重矣。光武併七校爲五營，故省虎賁入射聲，省胡騎人長水，又省中壘校尉而置北軍中候，掌監五營。自是五營屬北軍，以北軍中候監之，謂之北軍五營。』

章氏曰：『按武帝八校爲北軍，《表》不言屬中尉。疑中壘自專統北軍，與中尉異司，而北軍始不屬中尉矣。武帝既增校尉，恐中壘之權太重，又於光禄勳之下，旋理會增添，於是增羽林、期門，以益南軍，大概領二軍之勢均。』胡廣曰：『衛尉巡行宫中，則執金吾徼於宫外爲表裏。』唐李撲曰：『漢以南北軍相制者此也。』

又曰：『漢初南北軍亦自郡國更番調發來，何以言之？黄霸爲京兆尹，坐發騎士詣北軍，馬不適士，劾乏軍興。則知自郡國調上衛士一歲一更，更代番上，初無定兵。自武帝置八校，則募兵始此。置羽林、期門，則長從始此。古者禁衛兵不出。漢初，猶得古意，京師之兵不以出征。高帝十一年，發中尉卒軍灞上，文帝三年，發中尉材官屬衛將軍，軍長安，則中尉之兵未始遠出。武帝元鼎六年，發中尉卒擊吕嘉，則失之矣。至宣帝遂令羽林、佽飛諸兵遠赴金城擊羌，不亦騷動之甚乎！』

又曰：『漢兵郎無員數，虎賁千五百人，而多不過千人；羽林左八百人，右九百人；八校各七百人。至東漢不過三千五百三十六人。執金吾緹騎五百二十人，至東漢亦不過六百人。衛尉所領諸宫掖門都侯、劍戟衛士，至東漢不過二千五百人。十二城門兵不見數，然亦不過門置一侯，以掖門司馬領之，多至百八十人，少或三十八人，則城門領於一校，大約可見。中都兵蓋僅用四萬耳。』【略】

章氏曰：『班孟堅志刑法而不志兵，取古者大刑用兵之義。而以兵附刑，然述之不詳，使一代之制無考焉。漢初，兵民不甚分，如馮唐謂吏卒皆家人子弟，起田中從軍。而後漢《禮儀志》謂罷遣衛士，必勸以農桑。由是觀之，兵農尚未分。』

山齋易氏《漢南北軍始末序》曰：『漢之兵制，莫詳於京師南北軍之屯，雖東西兩京沿革不常，然皆居重馭輕，而内外自足以相制，兵制之善者也。蓋是時兵農未分，南北兩軍，實調諸民，猶古者井田之遺意。竊疑南軍以衛宮城，而乃調之於郡國；北軍以護京城，而乃調之於三輔。抑何遠近輕重之不倫邪？嘗考之司馬子長作《三王世家》，載公户滿意之言曰：「古者天子必内有異姓大夫，所以正骨肉也；外有同姓大夫，所以正異族也。」蓋同姓，親也，於内爲逼，故處於外，而使之正異族；異姓，疏也，於親爲有間，故處於内，而使之正族屬。南北軍調兵之意，殆猶是歟！郡國去京師爲甚遠，民情無所適莫，而緩急爲可恃，故以之衛宮城，而謂之南軍；三輔距京師爲甚邇，民情有閭里、墓墳、族屬之愛，而利害必不相棄，故以之護京城，而謂之北軍。其防微杜漸之意深矣。惜夫班孟堅號一代良史，而論載獨略。范蔚宗後史於此尤闕焉，往往雜見一二於《紀》、《傳》、《表》、《志》之間。鄉者以管見而商搉之，考其始末，述以儷語，其後先沿革，悉疏於下，而猶恨未能條列漢制之詳，近猶子開得胄監學者所考南北軍，且合此二書略加參訂，遂使漢家一代軍制，與夫内外相制之意，如辨白黑，瞭然在目，誠考古之一端，於是乎書。』

又曰：『北軍番上與南軍等。南軍衛士調之郡國，而北軍兵卒調之左、右、京輔。按《百官志》，左右京輔都尉、尉丞、兵卒皆屬中尉。夫中尉爲天子北軍之統帥，而其屬乃左右京輔都尉等，其所調亦左右京輔之兵卒，何也？左卽扶風，右卽馮翊，京卽京兆，謂之三輔。三輔之委寄，固重於郡國矣。而所領兵事，則非郡國之比。蓋漢太守謂之郡將，兼領武事；都尉掌佐守，典武職。在王國，則相比郡守，中尉比都尉，皆掌兵之任。若三輔，則異是矣。夾輔京邑，錯列畿甸，其勢甚逼，則兵權爲甚重，故都尉、尉丞、兵卒不屬郡卒，而特屬中尉之北軍，其番上亦然。何以明之？黄霸尹京兆，發騎士詣北軍，以「馬不適士，劾乏軍興，連貶秩」，則知左右京輔兵卒皆番上北軍，而屬中尉無疑也。』

又曰：『南軍無常在之兵，以郡國民始傅者爲之。《高紀》如淳注云：「律，民年二十三，傅之疇官。」傅，著也。立傅名籍，以給公家之繇役也。又，《漢儀注》「民年二十爲正，一歲爲衛士」，卽此宮門衛士而謂之南軍者。武帝建元元年，詔：「衛士轉置送迎常二萬人，其省萬人。」鄭氏云：「去故置新，常二萬人。」是卽位之初政令如此。其後期門、羽林、七校之類，增置不一，而南軍衛士實有定數，是以國無重費，而民亦不以爲病。《王尊傳》，常以季秋或正月行幸曲臺，臨饗罷衛士；蓋寬饒爲衛司馬，及歲盡交代，上臨饗罷衛卒，數千人皆叩頭自請，願復留其更一年，則當時之人情可知矣。考《韋元成傳》，則寢園所用，已四萬五千一百二十九人。至《元紀》初元三年，隨卽罷甘泉、建章宮衛士，未見其爲病民也。至光武講省兵之制，而宮掖門衛士纔二千五百餘人而已。其後又罷輕車、騎士、材官、樓船士，而《後禮儀志》有「饗遣故衛士儀」。是知光武雖罷郡國之兵，而南軍衛士仍番上平民也，此南宮屬衛尉而調兵郡國之證歟。』

又曰：『杜佑《通典》謂「漢氏重兵，悉在京師」，是殆不然。兩漢之初，正以京師無重兵。嘗以《後百官志》考之。衛尉衛士六千人，南宮、北宮衛士共一千八人；左右都候衛士共七百九十九人。宮掖凡七門，每門各有司馬以領衛士。南屯七百二人，蒼龍四十人，玄武三十人。北屯三十八人，朱雀二十四人，東明百八十人，朔平百二十七人。總而計之，南北爲九千四百六十人。北軍五校所領騎士如屯騎、越騎、步兵、射聲各七百人，又中尉緹騎五百三十人。總而計之，爲四千五百五十人。惟城門屯兵數無所考，以宮掖門司馬所領者推之，多者七百二人，少者止三十人，況十二門止於一校，必非重兵所在，多不過三千人耳。總是三者，而京師之兵不滿二萬人。或曰，此光武中興之兵制也。武帝之增置，則殆不止是，然亦不過倍之云爾。若高、文之世，未有增置，則其數當益少於此也，豈得云重兵悉在京師哉？故此以萬旅言之。』

又曰：「大抵南北軍之制，在《漢志》爲甚略，無所考證。然雜見於《紀》、《傳》、《表》、《志》者，亦可參考其一二，其大要則無出於高后八年之紀也。考之《高后紀》，則見二軍之權勢，内外足以相制，表裏

足以相應，高帝之法，可謂規摹宏遠矣。漢初定天下，京師之屯，惟此二軍。諸夏本根，所係甚重，故高祖於衛尉、中尉之任，皆不輕授，而必付之酈商、周昌。高帝十一年，《百官表》書衛尉王氏，中尉戚鰓。王氏史失其名，而《蕭何傳》載王衛尉之諫高帝械繫何也，其面折廷爭，有似王陵，或者其陵歟？鰓者，毋乃戚夫人之族屬歟？高帝鍾愛趙王，屈周昌使相之，及莫年，則以戚氏本兵，得非陰爲保護趙王之計？而王陵固高帝付以託孤之任者，故以之主兵邪？惠帝初年，呂氏固已顓國政，劉澤，呂氏之戚屬也，實爲衛尉，而《表》於中尉缺焉。高后七年，澤既爲王之國。終呂后之世，二官及郎中令，皆不以除人，特以兵權分屬於呂禄、呂産，而長樂衛尉亦屬之呂更始輩，兵權盡歸呂氏矣。史稱太后病困，以趙王禄爲上將軍，居北軍，梁王産爲相國，居南軍，且戒之云，我即崩，必據兵衛宮，謹無送喪爲人所制，故史稱上將軍禄、相國産顓兵秉政。《齊王傳》云「居長安中，聚兵以威大臣」，良有以也。陳平、周勃謀誅呂氏，太尉勃欲入北軍，仍令紀通持節矯内之。又令酈寄、劉揭説禄解將印，而以兵授太尉勃。勃既將北軍，而尚有南軍衛尉居宫中，實顓南軍之權，故令平陽侯告之，使毋内呂産殿門。按《表》，高后七年，劉澤爲王，衛尉不以除人，不知平陽侯所告者何人哉！産既顓軍，其權不在衛尉，審矣。恐未易以一言之故，而能使之抗平日所尊事之相國也。又按《表》，文二年始書衛尉足，而文帝詔封功臣，則云衛尉足等十人矣。愚謂平、勃區處南軍，宜無異於北軍，而平陽侯所告之人得非衛尉足也邪？豈平、勃欲誅呂氏，始除足爲衛尉以奪南軍，故平陽侯得以告之，而史策省文，不詳載爾。又不然，則勃既將北軍，其勢已足以制南軍，故令平陽侯告衛尉。然南軍未附，勢未可知，衛尉守殿門，相國雖不得入，而猶得裴回往來於殿庭之次，是南軍猶縱其入，未有出力奮發而誅之者。若衛尉於是時不能久抗相國，則南軍將何如也？又按知其不有起而應之者？蓋彼皆素所服屬者也，異時陳蕃之舉是矣。平陽侯既馳告太尉，而尚恐不勝，未敢誦言誅之，乃謂朱虚侯劉章急入宫衛帝，章從勃調卒千人，入未央宫掖門，見産廷中，會天大風，從官亂，莫有鬭者，遂得殺之於郎中府吏舍。又馳斬長樂衛尉呂更始。還入北軍，報太尉勃至，於起而相賀曰：「所患獨産，今已誅，天下定矣。」蓋南軍尚存，不能爲太尉勃之憂，而呂産在宫中，勃深慮其不勝，必衛尉應於内，而後足以克敵，於此足以見南軍之可以制北軍。南軍雖存而太尉得以告衛尉而奪之權。誅産之功，竟以北軍而清宫掖，是又足以見北軍之可制南軍也。夫北軍討之於外，南軍應之於内，表裏相濟，於此可驗。然是時誅呂氏，北軍之功居多，而南軍無大功，故文帝襃賞功臣，如紀通、劉揭等皆封列侯，已侯者益封至二三千户，而衛尉足等僅四百户，或者以其功爲劣歟！當是之時，勃雖以南北軍成誅呂安劉之功，及文帝自代邸入未央，宫夜拜宋昌爲衛將軍領北軍，則勃已不與兩軍之政。其後除右丞相，亦旋歸政柄，蓋前日之以北軍制南軍者，特一時之權宜而已。南北軍本以相制，而文帝以宋昌兼領，失本意矣。然出於倉卒周防之謀，故隨即罷衛將軍，仍以其兵分屬焉，是雖出於一時權宜，而於南北軍之制，初未嘗有所更易，此漢初兵制之善者也。其後武帝内增七校，以壯翼衛之勢，又恐北軍偏重，則置期門、羽林與夫城門之兵，兵籍紛紛，而南北軍之制隳矣。』【略】

（馬端臨）按《漢書》如淳《注》言，更有三品。竊詳其説：卒更者，正身供正役也；踐更者，以錢雇直，所直者内地，其役一月，其錢，則不行者自以雇代行者；過更者，亦以錢雇直，所直者邊疆，其役三日，其錢，則不行者輸之縣官，縣官以給代行者。但所謂一歲而更者，恐是併往回行程言之。遠戍且以兩月爲行程，則每歲當役者十月。如是踐更，則是一人替九人之役；如是過更，則是一人替九十九人之役。夫戍邊重事，而百人之中行者纔一人，則兵之在戍者無幾矣。然《晁錯傳》明言遠方之卒守塞，一歲而更，則似明立此法，非是幷行程及雇募而言，一歲是並行程與雇募通言之，乃如淳注説。殊與三日之説背馳。竊意一歲而更，是秦以此待謫戍者，本非正法。及其窮兵黷武，則雖無罪者及元係復除者，皆調發之而儕之謫戍矣。七謫科所謂吏有罪者，罪人也；所謂賈人、贅婿及有市籍者，皆無罪之人也；閭左者，已復除之人也。詳見下晁錯疏中。漢初亦遵其法，後來乃著令有罪者乃邊戍一歲，而凡民之當戍者不過三日，若不願行者，則聽其出錢縣官以給戍者，爲過更之法耳。

又　卷一五五《兵考七·禁衛兵》　漢制：南軍在京城門内，衛尉主之。北軍在宫城門外，中尉主之。郎中令，秦官，掌宫殿掖門户，有丞。武帝太初元年，更名光禄勳，屬官有大夫、郎、謁者，皆秦官。又期

門、羽林皆屬焉。

衛尉，秦官，掌宮門衛屯兵，有丞。景帝初，更名中大夫令，後元年復爲衛尉。屬官有公車司馬、衛士、旅賁三令丞，衛士三丞。又諸屯衛候、司馬十二官皆附焉。

郎掌守門户，出充車騎，有議郎、中郎、侍郎、郎中，皆無員，多至千人。

徐氏《官考》曰：『謹按周之兵制，無事則散之田畝，有役則召以縣師，而宿衛常養之兵，則有虎賁之士八百人。至六軍之徒，一軍百人，大司馬之屬，徒三百有二十人，又在虎賁之外，然不常有，而虎賁之禄比下士，足以代耕，蓋庶人在官者也。漢期門于人而秩比郎，亦古虎賁之遺意歟。』

清·王鳴盛《十七史商榷》卷一一《漢書五·補漢兵制》 《補漢兵志》一卷，宋宗正少卿樂清錢文子文季撰，門人奉議郎、知江州瑞昌縣主管勸農營田公事陳元粹序。近日盛百二、李文藻刻之。班氏於《刑志》中帶敍兵事，草草數語，全不詳備。文子生千載之下，亦不過從《漢書》中紬繹而得，假令班氏欲志其詳，何難委曲如繪，惜乎略之。唐兵制之善與漢同，但其後內爲宦官所竊，外爲方鎮所據，初制固不然，惜史亦略也。宋廂軍、禁軍何嘗不仿漢、唐，惟養兵冗濫，漢、唐所無耳。文子考古以諷時，有心哉。《通鑑目録》第三卷漢滅項羽，即帝位，定都雒陽，下云『兵皆罷歸家』明季某公批云：『兵皆罷未妥，觀後事可見。』漢此時新造，而法制已定，所云『罷歸家』，非眞廢兵不用，京師南北軍固在也，所罷惟郡國材官耳，然以虎符召之即立至。特以漢人平日不養兵，有事乃召，事已即罷。某公竟認作眞廢兵不用，遂以其後反者數起事皆由罷兵所致，不亦誤乎？讀文子此編便自了然。

《宋史·藝文志》以此書編入類書一門，眞可發笑。

《後漢書》卷三一《杜詩傳》 初，禁網尚簡，但以璽書發兵，未有虎符之信。詩上疏曰：『臣聞兵者國之凶器，聖人所愼。舊制發兵，皆以虎符，其餘徵調，竹使而已。符第合會，取爲大信，所以明著國命，斂持威重也。間者發兵，但用璽書，或以詔令，如有姦人詐偽，無由知覺。愚以爲軍旅尚興，賊虜未殄，徵兵郡國，宜有重慎，可立虎符，以絕姦端。昔魏之公子，威傾鄰國，猶假兵符，以解趙圍，若無如姬之仇，則其功不顯。事有煩而不可省，費而不得已，蓋謂此也。』書奏，從之。

唐·杜佑《通典》卷一四八《兵一·兵序》 王綱解紐，主權外分，藩翰既崇，衆力自盛，問鼎輕重，無代無之，如東漢之董卓、袁紹，晉之王敦、桓玄，宋謝晦、劉義宣，齊陳達、王敬則，梁侯景，陳華皎，後魏爾朱榮、高歡之類是矣。斯誠失其宜也。

宋·陳傅良《歷代兵制》卷二《東漢》 （陳傅良案）光武久在兵間，厭武事，且知天下疲耗，思欲息肩，文書調度，一切務從簡寡。由是內省營衛之士，外罷徼候之職。又自西都之季，都試或以爲患。韓延壽始以試士僭擬不道誅，而翟義之反王莽，隗囂之劫更始，李通之勸光武，皆以秋試，因勒車騎，誅守長，號令起事。光武懲之，遂罷不講，自是漢兵法始大變壞。善乎應劭論之曰：『天生五材，誰能去兵？』自郡國罷材官、騎士之後，官無警備，實啓寇心。一方有難，三面救之，發兵雷震，一切猝辦，黔首囂然，不及講其射御，用其戒警。一旦驅之以即强敵，猶鳩雀補鷹鸇，豚魚曳豺虎，是以每戰常負，王師不振。張角蕩搖，八州併發，牧守梟列，流血成川爾。遠徵三邊殊俗之兵，忿鷙縱橫，多僵良喜事，以爲己功。不教而戰，是謂棄之，迹其禍敗，豈虛乎哉！

（按：）漢氏略循周畿之制，訖於西京，都兵無過一、再出。自中興郡兵不練，而南北二軍交驚於境。安、順以來，竇憲永元元年、鄧鴻永元六年、何熙永初三年三將以擊，劉尚永元九年、鄧騭永初元年、任尚、朱寵永初五年、馬賢永和五年、張僑永和六年六七將以討羌，而鮮卑之寇永和二年，南單于之變永和八年，亦數移屯，連年暴露。由是王旅無復鎮衛之職，而奔命四方之不暇。又方募爲陷陣《西羌傳》，徵爲積射，召爲義從。大抵創立名號，皇甫規所爲。列屯坐食之兵衆矣。卒於中官之誅，結援外將。故夫漢之禍，光武之銷兵爲之也。【略】

古人調兵，各從其方之便。高宗伐楚，蓋哀荆旅；武王克商，實用西土。至於征徐以魯《書·費誓》，追貊以韓《詩·奕》，平淮以江、漢，略見於經，可考也。齊衛東討陳濤，唯及江黄，北入山戎，亦因燕威衆，蓋猶有節制者。自晉文城濮之役，以秦師從諸侯力征，唯黨是與，無復先王之舊矣。漢氏獨得古意，役民以法。大帥征師，其備胡則上郡、隴西、

北地，事越則會稽、豫章，擊朝鮮則舉遼東，開西南夷則巴蜀。移兵赴遠，不過一、再。自東都兵不能繼，然後盜起一方，而羽檄被於三邊魏王朗曰：一隅馳羽檄，則三邊被荒擾，此亦漢氏近世之失。民不堪命，至於背叛。此興荆、揚、兗、豫四州之卒，擊象林萬里之蠻，李固所以憤惋也《通鑑》順帝永和三年。【略】

三代而上，兵權散主。有扈之師，六事咸在；牧野之戰，三卿同出。《書》稱太保命仲桓、南宮毛俾爰齊侯呂伋，以二干戈、虎賁百人逆子釗。而《常武》詩亦曰：『王命卿士，南仲大祖，大師皇父，整我六師。王謂尹氏，命程伯休父左右陳行，戒我師旅。』夫太保，相也，非南宮毛之使不能專令兵師；齊侯，將也，非太保之命不敢擅興禁旅。且以二兵百士，而二三大臣參互職掌。至於皇父整師，尹氏播令，程父出征，則兵無專主，將無重權，大略可考。是以兵滿天下，居然無患。迨及叔季，司馬世官，爰以命氏。馴至諸侯更霸，大夫藏甲。孔子作《春秋》，凡書帥師，譏臣專也。自後兵多常聚，帥多世守，文武異途，將相爭長。吳起與田文論功，而廉頗之賢，恥居藺卿之下。兵之所在，權實歸之，是以在外則外重，在內則內重。漢氏兵制，庶幾乎古。南北二軍，不能兼屬，而握兵之臣，輒重於時。太尉、相國，列爲三公；城門領兵，得如五府。是故諸呂謀難，必先監軍；平、勃交歡，勢不相下。孝文入繼大統，不俟移日，奪絳侯之柄，歸代邸之臣，蓋忌之也。武帝留意邊功，增設營校，卒置大司馬官，尊寵將帥，以寇諸軍。大臣之權，尤偏重於將矣。托孤霍光，丞相不與，而霍光親戚分典兵衛，往往諸奴視相府烏有也。宣帝不堪，至赤其族。惜乎！亦出一切矯枉之計，悉易諸屯，付之所親子弟。權臣稍削而宦官、外戚始用矣。厥後董賢、王鳳代爲元戎，以基王莽篡奪之禍。光武中興，益創前事，內省校士，外罷郡兵，欲以銷患，而良法蕩然。當時滎陽不過千騎，公掾監領，超遷牧守，其任不輕。自後令出房帷，政歸臺閣，戚宦迭將，更相傾奪。然五營畏服中人，公卿就戮，爲之掃地。何進、袁紹不勝其忿，於是內置園校，陽尊黃門；外重州牧，實召邊將。閹豎雖剪，而董卓之禍以成。義軍四起，羣牧爭政，漢遂三分。由此觀之，外內輕重，一係於兵。三代之制，爲不可易矣。

元・馬端臨《文獻通考》卷一五〇《兵考二・兵制》

章氏曰：『高祖之世，南北二軍不出，而民兵散在郡國，有事以羽檄召材官、騎士以備軍旅。文帝始以銅虎符代檄，當時各因其地，以中都官號將軍將之，如魏遫爲北地將軍，周灶爲隴西將軍。事已則罷。京師止南北軍爲中尉緹騎、郎中令諸郎、城門校尉屯兵。北軍屬太尉，南軍屬衛尉。武帝更太尉爲大司馬、大將軍，以中尉材官出征，恐京師無重兵而生變，於是分北軍爲八校，以中壘領之。又恐北軍之權太重，故於光禄勳增羽林、期門之兵，此武帝以南北軍相制之意。唐人蓋知之矣，時異南北軍，皆郡國番上無定在之兵也。詳見前。自武帝置八校，大抵以習知胡越人充之，則募兵始此。期門、羽林，皆家世爲之，則長從如此。期門，父死子代；羽林孤兒乃子孫，見《表》、《志》。蓋自是有養兵之病，而京師之兵制壞矣。元狩以後，兵革數動，民多買復，調發之士益鮮，於是發及調吏，次及讁民，次及讁戍，次及七科讁，異時以隸於都尉者充兵，故其伍符甚整也。及常兵不足，調及他衆，甲伍必紊，而郡國之兵制又壞矣。是以昭、宣以來，其弊日甚。始元元年，募民及發犇命者擊益州。元鳳元年，遣太常、三輔徒免刑擊氐。五年，發三輔及郡國惡少、吏有告劾亡者屯遼東。本始二年，又選郡國吏三百石伉健習騎射者從軍。神爵元年，又發三輔、中都官徒弛刑，及應募佽飛射士、孤兒，胡、越騎詣金城以益邊。夫募及奔命，調及惡少，發及刑徒，選及三百石吏，而又以羽林、佽飛、胡騎、越騎從事，是南北軍出矣。紛紛無復舊制，皆自武帝啓之。按武帝時，事越則會稽、豫章，擊朝鮮則舉遼東，開西南夷則巴蜀，南北軍猶未出，至宣帝擊羌，而始出矣。及光武之一起而變之，兵制蕩然矣。光武置黎陽兵，罷郡國都試，省都尉。明帝而後，募囚戍邊，置諸營事，並見前。自光武罷都試，而外兵不練。雖疆埸之間，廣屯增戍，列營置塢，而國有征伐，終藉京師之兵以出。蓋自建武迄於漢衰，匈奴之寇，鮮卑之寇，歲歲有之，或遣將出擊，或移兵留屯，如永平中伐匈奴，留兵伊吾盧城，至肅宗二年罷之之類是也。連年暴露，奔命四方，而禁旅無復鎮衛之職矣。至安帝永初間，募入錢穀，得爲虎賁、羽林、緹騎營士，而營衛之選亦衰矣。

『桓帝延熹間，詔減羽林、虎賁不任事者半俸，則京師之兵亦單弱矣。』外之士兵不練，而內之衛兵不精，設若盜起一方，則羽檄被於三邊，興發甲卒，取辦臨時；戰非素具，每出輒北，於是羌寇轉盛，移兵赴遠，民

不堪命。永和二年，交趾、九眞二郡之兵至於反叛，無亦罷於奔命之過歟？此其興兗、豫之卒，擊象林萬里之寇，李固所以力爭也。永建間，方且令郡舉五人教習戰射，又方募爲陷陳《羌傳》：「任尚募以擊羌。」召爲積射，《鮮卑傳》：「鄧遠以擊鮮卑。」召爲義從，東漢有羌胡義從，蓋取西邊羌胡之願從者爲兵也。董卓正以羌胡義從兵入亂京師。大抵創立名號，蕩無良法。桓、靈之世，雖能委任段熲，盡滅諸寇，而中平元年，黄巾遂作，所在盜賊，不可勝數，於是置八都尉。黄巾既殄，而蕭牆之禍作。蓋自中世以後，令出房帷，政歸臺閣，宦戚更領兵權，迭相傾奪，然五營畏服中人，陳蕃、竇武欲誅宦官，北軍不助武等而助宦官，遂又夷滅何、武。袁紹懲其事，故欲藉外兵以除之，於是內置園校，陽尊閹宦，外重州牧，實召邊將董卓以并州牧將兵。閹宦雖除，而董卓之禍已成。義兵四起，郡牧爭政，漢遂三分。原漢盛衰，皆兵之由，而光武實爲之。』光武徒見自西都之季都試或以爲患，韓延壽以試士僭擬不道誅，而翟義之討王莽，李通之勸光武，皆因秋試之日，因勒軍旅、誅守長、號令起軍，遂罷都試之法。

又 卷一五五《兵考七・禁衛兵》 林氏曰：『漢制，南軍衛宮，衛尉主之。北軍護京，中尉主之。南軍則有郎衛、兵衛之別。如三署諸郎，羽林、期門，則皆郎衛也；如衛士令、丞，諸屯衛候，則皆兵衛也。是衛也，非南軍守衛之衛乎？北軍則有調兵、募兵之分，如三輔兵卒，則是調兵而衛，《表》：中尉屬官，左右京輔都尉、尉丞，有兵卒。按：黄霸爲京兆尹，坐發騎士詣北軍，馬不適士，貶秩，則京輔兵卒番上北軍明矣。如八校、胡騎、越騎，則是募兵而衛。八校尉皆武帝初置，中壘、屯騎、步兵、越騎、長水、胡騎、射聲、虎賁。是衛也，非北軍護京之衛乎？此漢人南、北軍之制也。朱虛入衛，卒平諸呂；方朔執戟，坐折董偃；袁盎以中郎卻愼夫人之坐；日磾入侍，縛莽何羅之逆。事並見本《傳》。王國、侯國，拘不得入，漢制：王國、侯國，不得入宿衛。龔勝爲楚王常侍，後三舉孝廉，不得宿衛；同族犯法，限不得與漢制：同族犯法，不得宿衛。蕭望之以甲科爲郎，後坐弟犯法，不得宿衛。難以龔勝、蕭望之之賢，寧從退免，則宿衛所任之人，固無愧於周耳。然始以南北軍皆隸三公，而太尉周勃得入北軍以成安劉之功可也。自武帝疏遠外庭之後，衛尉之職，領於將軍，王莽以大將軍兼衛尉，城門之兵，領於司馬成帝世，陽阿侯王譚、成都侯王商、紅陽侯王音皆以大司馬特進領城門軍。往往以中朝任之，而大臣皆無預焉。大司馬之任，又非向時太尉之比。豈知禁嚴之地，大臣皆不預聞？則凡可以轉移人主之心志，惑亂人主之視聽，無所不至，異日之變可見耳。

『至東漢以來，又舉五官郎將、羽林、虎賁以職屬。大夫、議郎、謁者僕射以文屬，《後漢官志》，五官中郎將、左右中郎將、羽林、虎賁中郎將、羽林監以職屬；光禄大夫、大中大夫、中散大夫、諫議大夫、議郎、謁者僕射、常侍謁者以文屬。分屬之後，政令不行於其間，而又光禄大夫不在宿直，議郎不與執戟，《後志》自五官至羽林凡七署，唯議郎與光禄大夫同，不在直中。餘同《後志》。惟不在宿直、執戟之列，則凡爲禁衛者，皆非士人之流。而郎官三省，盡爲諸黄門之廬耳。故宦官內典門户，外與政事。竇武說太后曰：「故事：黄門常侍但當給事省內典門户耳。今乃使與政事，而任權重，子弟布列，專爲貪暴。」及何進誅宦者，太后不聽，曰：「中官領統禁省，自古及今，漢家故事，我奈何與士人共對事乎！」則知士人不爲郎中久矣。後盡除宦者，選三署郎入守宦官之廬，卽此可見《何進傳》。推原其故，皆光武不任三公，多置黄門，光武不任三公，事歸臺閣。《後官》：少府屬多置黄門。其流禍至是也。』

雜録

清・孫楷《秦會要》卷一八《職官上》 太尉

太尉，秦置，《百官表》鄭康成《月令注》同。金印紫綬，掌武事，《百官表》。主兵五，《通考》、《職官考一》。孟夏贊俊傑。《月令》。

郎中令

郎中令，秦置，掌宮殿掖門户。《百官表》。及主諸郎在殿中侍衛，故曰郎中令。

衛尉

衛尉，秦置，掌宮門衛屯兵。有丞，《百官表》。多以博士、議郎爲之。

軍官

軍官，秦依古制，其在軍賜爵爲等級。自左庶長以上至大庶長，皆卿大夫，皆軍將也。所將皆庶人更卒也，故以庶更爲名。

護軍都尉

護軍都尉，秦置。

護軍使者。

中護軍

領軍史

將軍

前後左右將軍，皆周末官。秦因之。位上卿，金印紫綬。《百官表》。

上將軍

前後左右將軍

騎長

長史

騎千人將

尉

軍尉

將尉

都尉

司馬

車司馬

司馬候

軍候

發弩嗇夫

屯長

僕射

尉候

秦并天下，略定楊越，置東南一尉，西北一候。

郡縣官

郡守

郡守，秦置，掌治其郡，秩二千石。有丞，邊郡又有長史，掌兵馬，秩皆六百石。

牧師令

郡尉

郡尉，秦置，掌佐守典武職甲卒，秩比二千石。有丞，秩皆六百石。

材官

關都尉

關都尉，秦置。

統兵

綜述

《史記》卷六《秦始皇本紀》（始皇三十二年）始皇乃使將軍蒙恬發兵三十萬人北擊胡，略取河南地。

（秦二世）二年冬，陳涉所遣周章等將西至戲，兵數十萬。二世大驚，與羣臣謀曰：『奈何？』少府章邯曰：『盜已至，衆强，今發近縣不及矣。酈山徒多，請赦之，授兵以擊之。』二世乃大赦天下，使章邯將，擊破周章軍而走，遂殺章曹陽。二世益遣長史司馬欣、董翳佐章邯擊盜，殺陳勝城父，破項梁定陶，滅魏咎臨濟。楚地盜名將已死，章邯乃北渡河，擊趙王歇等於鉅鹿。

三年，章邯等將其卒圍鉅鹿，楚上將軍項羽將楚卒往救鉅鹿。夏，章邯等戰數卻，二世使人讓邯，邯恐，使長史欣請事。趙高弗見，又弗信。欣恐，亡去，高使人捕追不及。欣見邯曰：『趙高用事於中，將軍有功亦誅，無功亦誅。』項羽急擊秦軍，虜王離，邯等遂以兵降諸侯。

又 卷一一二《平津侯主父列傳》（秦始皇）欲肆威海外，乃使蒙恬將兵以北攻胡，辟地進境，戍於北河，蜚芻輓粟以隨其後。又使尉佗屠睢將樓船之士南攻百越，使監祿鑿渠運糧，深入越，越人遁逃。曠日持久，糧食絶乏，越人擊之，秦兵大敗。秦乃使尉佗將卒以戍越。當是時，秦禍北構於胡，南挂於越，宿兵無用之地，進而不得退。行十餘年，丁男披甲，丁女轉輸，苦不聊生，自經於道樹，死者相望。

漢・荀悦《漢紀》卷三《前漢高祖皇帝紀三》 （漢）七年冬十月，上自征太原。

（十一年）秋淮南王黥布謀反。【略】上遂自征布。

又 卷四《前漢高祖皇帝紀四》 （十二年）陳豨反時，上自將兵往。

《漢書》卷一下《高帝紀下》 （漢六年）秋七月，燕王臧荼反，上自將征之。

又 卷四《文帝紀》 （十四年冬）自欲征匈奴，羣臣諫，不聽。

又 卷二六《天文志》 （漢七年）高皇帝自將兵擊匈奴，至平城，爲冒頓單于所圍，七日乃解。

又 卷五九《張湯傳》 高帝欲伐匈奴，大困平城，乃遂結和親。

宋・徐天麟《西漢會要》卷一八《禮十三・軍禮・親征》 漢五年十二月，圍羽垓下。七月燕王臧荼反，上自將征之，九月虜荼。

利幾反，上自擊破之。

七年十月，上自將擊韓王信於銅鞮，斬其將。信亡走匈奴，與其將曼邱臣王黄，共立故趙後趙利爲王，收信散兵，與匈奴共距漢。上從晉陽連戰乘勝，逐北至樓煩，會大寒，士卒墮指者什二三，遂至平城，爲匈奴所圍，七日，用陳平秘計得出，使樊噲留定代地。

八年冬，上擊韓信餘寇於東垣。

十年，代相國陳豨反，上自東至邯鄲。上喜曰：『豨不南據邯鄲而阻漳水，吾知其亡能爲矣。』問豨將皆故賈人，上曰：『吾知與之矣。』乃多以金募豨將，豨將多降。豨將趙利守東垣，高祖攻之不下，卒罵，上怒，城降，卒罵者斬之。

十一年七月，淮南王（英）布反，召諸侯兵，上自將以擊布。十二年冬十月，上破布軍於會缶。

《史記》卷一〇《孝文帝本紀》 （孝文帝四年）濟北王興居聞帝之代，欲往擊胡，乃反，發兵欲襲滎陽。於是詔罷丞相兵，遣棘蒲侯陳武爲大將軍，將十萬往擊之。

（後七年）令中尉亞夫爲車騎將軍，屬國悍爲將屯將軍，郎中令武爲復土將軍，發近縣見卒萬六千人，發内史卒萬五千人，藏郭穿復土屬將軍武。

又 卷三〇《平準書》 （漢武帝）遣大將將六將軍，軍十餘萬，擊右賢王，獲首虜萬五千級。

明年，大將軍（衛青）將六將軍仍再出擊胡，得首虜萬九千級。

又 卷四九《外戚世家》 （李夫人）長兄廣利爲貳師將軍，伐大宛，不及誅，還，而上既夷李氏，後憐其家，乃封爲海西侯。

又 卷九四《田儋列傳》 漢使將軍衛青將三萬騎出雁門，李息出代郡，擊胡，得首虜數千。【略】其明年春，漢遣衛青將六將軍十餘萬人出朔方高闕。【略】其明年春，漢復遣大將軍衛青將六將軍，十餘萬騎，仍再出定襄數百里擊匈奴，得首虜前後萬九千餘級，而漢亦亡兩將軍，三千餘騎。【略】其明年，漢使貳師將軍將三萬騎出酒泉，擊右賢王於天山，得首虜萬餘級而還。【略】後二歲，漢使貳師將軍六萬騎、步兵七萬，出朔方；强弩都尉路博多將萬餘人，與貳師會，遊擊將軍説步兵三萬人，出五原，因杅將軍敖將騎萬，步兵三萬人，出雁門。【略】於是漢遣貳師將軍七萬人出五原，御史大夫商丘成將三萬餘人出西河，重合侯莽通將四萬騎出酒泉千餘里。

又 卷九六《張丞相列傳》 天子遣貳師將軍李廣利將兵前後十餘萬人伐宛，連四年。宛人斬其王毋寡首，獻馬三千匹，漢軍乃還，語在《張騫傳》。

又 卷一〇九《李將軍列傳》 天漢二年秋，貳師將軍李廣利將三萬騎擊匈奴右賢王於祁連天山，而使陵將其射士步兵五千人出居延北可千餘里，欲以分匈奴兵，毋令專走貳師也。

《漢書》卷一《高祖紀上》 （漢四年八月漢王）使盧綰、劉賈將卒二萬人，騎數百，渡白馬津入楚地，佐彭越燒楚積聚，復擊破楚軍燕郭西，攻下睢陽、外黄十七城。

又 卷四《文帝紀》 中尉（周）亞夫爲車騎將軍，屬國悍爲將屯將軍，郎中令張武爲復土將軍，發近縣卒萬六千人，發内史卒萬五千人，臧郭穿復土屬將軍武。

又 卷六《武帝紀》 （元光元年）夏六月，御史大夫韓安國爲護軍將軍，衛尉李廣爲驍騎將軍，太僕公孫賀爲輕車將軍，大行王恢爲將屯

將軍，太中大夫李息爲材官將軍，將三十萬衆屯馬邑谷中，誘致單于，欲襲擊之。

（三年）夏六月，御史大夫韓安國爲護軍將軍，衛尉李廣爲驍騎將軍，太僕公孫賀爲輕車將軍，大行王恢爲將屯將軍，太中大夫李息爲材官將軍，將三十萬衆屯馬邑谷中，誘致單于，欲襲擊之。

（元朔二年）秋，匈奴入遼西，殺太守；入漁陽、雁門，敗都尉，殺略三千餘人。遣將軍衛青出雁門，將軍李息出代，獲首虜數千級。【略】（二年冬）遣將軍衛青、李息出雲中，至高闕，遂西至符離，獲首虜數千級。【略】五年春，大旱。大將軍衛青將六將軍兵十餘萬人出朔方、高闕，獲首虜萬五千級。【略】六年春二月，大將軍衛青將六將軍兵十餘萬騎出定襄，斬首三千餘級。還，休士馬于定襄、雲中、雁門。赦天下。夏四月，衛青復將六將軍絶幕，大克獲。前將軍趙信軍敗，降匈奴。右將軍蘇建亡軍，獨自脱還，贖爲庶人。

六年冬十月，發隴西、天水、安定騎士及中尉、河南、河内卒十萬人，遣將軍李息、郎中令徐自爲征西羌，平之。【略】馳義侯遺兵未及下，上便令征西南夷，平之。【略】

秋，東越王餘善反，攻殺漢將、吏。遣横海將軍韓説、中尉王温舒出會稽，樓船將軍楊僕出豫章擊之。又遣浮沮將軍公孫賀出九原，匈河將軍趙破奴出令居，皆二千餘里，不見虜而還。

（太初元年秋八月）遣貳師將軍李廣利發天下謫民西征大宛。

（二年秋）遣浚稽將軍趙破奴二萬騎出朔方擊匈奴，不還。

（天漢四年春正月）發天下七科謫及勇敢士，遣貳師將軍李廣利將六萬騎、步兵七萬人出朔方，因杅將軍公孫敖萬騎、步兵三萬人出雁門，游擊將軍韓説步兵三萬人出五原，强弩都尉路博多步兵萬餘人與貳師會。

（征和三年）三月，遣貳師將軍廣利將七萬人出五原，御史大夫商丘成二萬人出西河，重合侯馬通四萬騎出酒泉。

又 卷八《宣帝紀》（甘露二年）夏四月，遣護軍都尉禄將兵擊珠崖。

永光二年秋七月，西羌反，遣右將軍馮奉世擊之。八月，以太常任千秋爲奮威將軍，別將五校並進。三年春，西羌平，軍罷。

又 卷二七中之上《五行志中之上》 文帝三年秋，天下旱。是歲夏，匈奴右賢王寇侵上郡，詔丞相灌嬰發車騎士八萬五千人詣高奴，擊右賢王走出塞。其秋，濟北王興居反，使大將軍討之，皆伏誅。

又 卷二七中之下《五行志中之下》（武帝元光六年）四將軍征匈奴。元朔五年春，大旱。是歲，六將軍衆十餘萬征匈奴。

天漢元年夏，大旱；其三年夏，大旱。先是，貳師將軍征大宛還。天漢元年，發適民。二年夏，三將軍征匈奴，李陵没不還。

昭帝始元六年，大旱。先是，大鴻臚田廣明征益州，暴師連年。

宣帝本始三年夏，大旱，東西數千里。先是，五將軍衆二十萬征匈奴。

神爵元年秋，大旱。是歲，後將軍趙充國征西羌。

先是二年，遣五將軍三十萬衆伏馬邑下，欲襲單于，單于覺之而去。

（武帝元鼎五年秋）四將軍衆十萬征南越，開九郡。

（六年）五將軍衆三十萬伏馬邑，欲襲單于也。是歲，四將軍征匈奴。

（元鼎五年秋）四將軍征南越及西南夷，開十餘郡。

（元封六年秋）兩將軍征朝鮮，開三郡。

（太初）元年，貳師將軍征大宛，天下奉其役連年。

征和三年秋，蝗；四年夏，蝗。先是一年，三將軍衆十餘萬征匈奴。征和三年，貳師七萬人没不還。

又 卷三三《韓王信傳》 本始二年，五將征匈奴，增將三萬騎出雲中，斬首百餘級，至期而還。

又 卷五四《李陵傳》 漢遣貳師將軍伐大宛，使（李）陵將五校兵隨後。

又 卷六一《張騫傳》 征和三年，貳師復將七萬騎出五原，擊匈奴，度郅居水。

又 卷六二《司馬遷傳》（司馬）遷仕爲郎中，奉使西征巴、蜀以南，略邛、莋、昆明，還報命。

又 卷六九《趙充國傳》 本始中，（趙充國）爲蒲類將軍征匈奴，

斬虜數百級，還爲後將軍、少府。

又　卷七八《蕭望之傳》　西羌反，漢遣後將軍征之。

又　卷九六下《西域傳》　宣帝即位，遣五將將兵擊匈奴，車師田者驚去，車師復通於漢。

漢·荀悦《漢紀》卷四《前漢高帝紀》　（漢）十一年冬十月，遣周勃征代地。

黥布反時，上欲使太子將兵擊布。

又　卷六《前漢高后紀》　（七年八月）南越侵長沙，遣隆慮侯周灶將兵擊之。

又　卷一三《前漢武帝紀》　將軍（霍）去病、公孫敖出北地二千餘里，過居延，斬首虜三萬餘級。匈奴入雁門，殺略數百人。遣衛尉張騫、郎中令李廣將兵出右北平。廣將四千餘騎副之，與張騫異道。

又　卷一四《前漢武帝紀》　（元鼎）六年冬十月，遣將軍李息征西羌。

秋，東越王餘善反，遣橫海將軍韓説等擊之。

（元封六年冬）益州昆明反，遣將軍郭昌擊之。

（太初二年夏五月）遣浚稽將軍趙破奴將二萬騎出朔方擊匈奴。

（秋八月）遣貳師將軍李廣利征大宛。

又　卷一六《前漢昭帝紀》　（始元四年）冬，遣大鴻臚田廣明擊益州。

又　卷一九《前漢宣帝紀》　（神爵元年）西羌反。夏四月，後將軍趙充國討西羌。

又　卷二〇《前漢宣帝紀》　（甘露二年）珠崖郡亂。夏四月，遣護軍都尉張禄將兵擊之。

又　卷二二《前漢元帝紀》　（永光二年）秋七月，西羌反，遣右將軍馮奉世擊之。

宋·徐天麟《西漢會要》卷五八《兵三·軍法》　畏愞後期　博望侯張騫，坐以將軍擊匈奴，畏愞當斬，贖罪免。《功臣表》。按本《傳》，云坐後期。

天漢三年，匈奴入雁門，太守坐畏愞棄市。《武紀》。如淳曰：『軍法行，逗留畏愞者要斬。』

將梁侯楊僕坐爲將軍擊朝鮮畏愞，入竹二萬個贖完爲城旦。《功臣表》。武帝責僕書曰：『失期内顧，以道惡爲解。』

公孫敖以將軍出北地，後驃騎，失期，當斬，贖爲庶人。按《霍去病傳》云：坐行留不與驃騎將軍會。

失亡過多

王恢主擊匈奴輜重，單于還去，廷尉當恢逗橈，當斬。《韓安國傳》

公孫敖爲騎將軍出代，亡卒七千人，當斬，贖爲庶人，後失亡士卒多，下吏當斬。

李廣擊匈奴，坐亡失多，當斬。

楊僕擊朝鮮，坐亡失多，免爲庶人。

蘇建爲右將軍，出定襄，亡翕侯失軍，當斬。以上並本《傳》。

虜獲不實

魏尚爲雲中守，上功幕府，首虜差六級，下吏削其爵，罰作之。《馮唐傳》

高不識坐擊匈奴增首不以實，當斬。《功臣表》

車順坐擊匈奴盜虜獲，自殺。《車千秋傳》

臨蔡侯孫襄坐擊番禺，奪人虜，掠死。《功臣表》

武帝責楊僕書曰：『前被番禺捕降者以爲虜，掘死人以爲獲，是一過。』本《傳》

澅清侯參，坐匿朝鮮亡虜，下獄。《功臣表》

爭功

左將軍荀彘擊朝鮮，坐爭功棄市。《武紀》

亂屯兵

中郎將卬入至趙充國幕府司馬中，亂屯兵，下吏自殺。《趙充國傳》

迷失道

衛青擊匈奴，徙李廣與右將軍趙食其，合軍出東道，惑失道，後大將軍廣自殺，右將軍下吏當死，贖爲庶人。本《傳》

乏軍興

趙廣漢坐擅斥除騎士，乏軍興。本《傳》

蘇賢爲騎士，屯霸上，不詣屯所，乏軍興。《趙廣漢傳》

黃霸守京兆尹，發騎士詣北軍，馬不適，士劾乏軍興，連貶秩。本《傳》

段會宗擅發戊己校尉兵，乏軍興，有詔贖論。本《傳》

韓延年行大行令事，擅留外國書一月，乏軍興，入穀完爲城旦。《功臣表》

擅興

刊侯李壽爲衛尉居守，擅出長安界，誅。《功臣表》

公孫賀子敬聲擅用北軍錢千九百萬，下獄。《公孫賀傳》

燕王旦上書，言霍光擅益幕府校尉，疑有非常。《霍光傳》

王尊坐擅離部曲，免。本《傳》

又 卷五九《兵四·備邊》 （陳）豨以趙相國將監趙代邊，邊兵皆屬焉。《盧綰傳》

文帝後六年，以中大夫令免爲車騎將軍，屯飛狐，故楚相蘇意爲將軍，屯句注，將軍張武屯北地，河內太守周亞夫爲將軍，次細柳，宗正劉禮爲將軍次霸上，祝茲侯徐厲爲將軍次棘門，以備胡。

武帝元光元年十一月，衛尉李廣爲驍騎將軍屯雲中，中尉程不識爲車騎將軍屯雁門，六月罷。並本《紀》

六年，匈奴盜邊，遣將軍韓安國屯漁陽。《武紀》

韓安國爲材官將軍，屯漁陽，請罷屯，月餘，匈奴大入，徙益東，屯右北平。安國既斥疏，將屯又失亡多，甚自愧，乃益東徙。本《傳》

元封四年，匈奴寇邊，遣拔胡將軍郭昌屯朔方。本《紀》

太初三年，使光祿徐自爲出五原塞數百里，遠者千里，築城障列亭，至盧朐，而使游擊將軍韓說、長平侯衛伉，屯其旁，使強弩都尉路博多築居延澤上，其秋匈奴大入雲中、定襄、五原、朔方，行壞光祿所築亭障。《匈奴傳》

昭帝卽位，匈奴朔方殺略吏民，發軍屯西河，左將軍桀行北邊。以上並本《紀》

宣帝本始中，匈奴大發十餘萬騎，南旁塞至符奚盧山，欲入爲寇，遣趙充國將四萬騎屯緣邊九郡。

平帝元始二年九月，使謁者大司馬掾四十四人，持節行邊兵。以上並本《紀》。

清·趙翼《廿二史劄記》卷二《漢武用將》 武帝長駕遠馭，所用皆跅弛之士，不計流品也。《張騫傳》，自騫開外國道致尊貴，吏士爭上書言外國利害，天子爲其絕遠輒予節，募吏民無問所從來，爲備人衆遣之。或道中被侵盜失物及失指，天子爲其習之，輒案致重罪，以激之令贖，復求使，大者予節，小者爲副，故妄言無行之徒爭應募，此其鼓動人材之大略也。至其操縱賞罰，亦實有足以激勸者。如衛青、霍去病等，屢經出塞，爲國宣力，固貴之寵之，封侯增邑不少靳。或奮身死事，如韓千秋戰死南越，帝曰：『千秋功雖不成，然亦軍鋒之冠。』則封其子爲成安侯。或在軍有私罪，而功足録者，如李廣利伐大宛，斬其王母寡，而私罪惡甚多，則以其萬里征伐，不録其過。甚至失機敗事，而其罪可諒，其才尚可用者，亦終不刑戮，使得再自效。如張騫與李廣，俱出右北平擊匈奴，廣失亡多，騫後期，皆當斬，皆許贖爲庶人。廣又全軍覆没，身爲匈奴所得，佯死奪其馬奔歸，當斬，亦贖爲庶人。他如公孫敖亡七千人；趙食其迷失道，樓船將軍楊僕擊朝鮮，坐兵至列口不待左將軍，以致失亡多，皆當斬，皆許贖爲庶人，後皆重詔起用，使之立功。且任用時不拘以文法。如李廣夜行，爲灞陵醉尉所辱，及爲將，請尉俱行，至卽斬以報怨，上疏自言，帝不惟不以爲罪，反獎譽之以成其氣。其有恃功稍驕蹇者，則又挫折而用之。如楊僕已破南越，會東越反，帝欲以爲將，爲其伐前勞，特詔責之，又數其受詔不至蘭池宮等罪，激使立功自贖。其駕馭豪傑如此，眞所謂縧鏇在手，操縱自如者也。而於畏懦者，則誅無赦。如大司農張成、山州侯劉齒擊東越，畏賊不敢進，卻就便處，卽立誅之。又或冒功行詐，如左將軍荀彘擊朝鮮，與楊僕爭功嫉妒，雖克朝鮮，終坐棄市。以上皆見各本《傳》。賞罰嚴明如此，孰敢挾詐避險而不盡力哉！史稱雄才大略，固不虛也。

又 《漢武三大將皆由女寵》 漢武帝三大將，皆從嬖寵擢用。衛青父鄭季，給事平陽侯家，與衛媼通，生青，故青冒姓衛氏，爲平陽主騎奴。而衛媼先有女子夫，以主家謳者得幸于帝，立爲后。青以后同母弟見用爲大將軍，征匈奴有功，封長平侯。平陽主寡居，青卽尚焉。霍去病父

霍仲孺，先與衛子夫之姊少兒通，生去病。去病以皇后姊子見用爲驃騎將軍，征匈奴有功，封冠軍侯。李廣利之進也，其女弟本倡，後得幸于帝，爲李夫人。帝用廣利爲貳師將軍，伐大宛，得其王母寡頭以歸，封海西侯。三大將皆出自淫賤苟合，或爲奴僕，或爲倡優，徒以嬖寵進，後皆成大功爲名將，此理之不可解者也。且衛媪一失節僕婦，生男爲大將軍。生女，長君孺，嫁公孫賀，官至丞相；次少兒，生去病，又嫁陳掌，亦爲詹事；小女子夫，且爲皇后。而去病異母弟光，又因去病入侍中，後受遺輔政，封博陸侯，爲一代名臣。其始皆由賤婦而起，閒氣所鍾，固有不擇地者哉。

漢·劉珍等《東觀漢記》卷一《帝紀一·世祖光武皇帝》 （建武）三年，光武征秦豐。

八年閏月，車駕西征，河西大將軍竇融與五郡太守步騎三萬迎上。隗囂士衆震壞，皆降，囂走入城。吳漢、岑彭追守之。

又 卷九《寇恂傳》 隗囂死，其將高峻擁兵據高平，帝入關，將自征之。

又 卷一〇《王霸傳》 劉文及蘇茂臣於劉永，上遣王霸討之。霸至，遂閉門堅守，勞賜吏士，作倡樂，賊歡呼，雨射營中，中霸前酒樽，霸安坐不動。

晉·袁宏《後漢紀》卷四《後漢光武帝紀》 （建武三年）夏四月，上自南征至葉。

又 卷五《後漢光武帝紀》 （建武四年）五月，上幸盧奴。初，上將征彭寵，過盧奴而還。

又 卷六《後漢光武帝紀》 （建武八年）夏閏四月，上西征至漆。

又 卷八《後漢光武帝紀》 八年，車駕西征，衆議狐疑，（馬）援深建西州可破之策，隗囂尅定，援有力焉。

《後漢書》卷一《光武帝紀一》 （建武二年）秋八月，帝自將征五校。

（建武三年）馮異與赤眉戰於崤底，大破之，餘衆南向宜陽，帝自將征之。

彭寵陷薊城，寵自立爲燕王。帝自將征鄧奉，幸堵陽。

（建武五年）六月，建義大將軍朱祐拔黎丘，獲秦豐；而龐廕、蘇茂圍桃城。帝時幸蒙，因自將征之。先理兵任城，乃進救桃城，大破萌等。【略】

（十一年）六月，中郎將來歙率揚武將軍馬成破公孫述將王元、環安於下辯。安遣間人刺殺中郎將來歙。帝自將征公孫述。

又 卷一二《龐萌傳》 龐萌，山陽人。初亡命在下江兵中。更始立，以爲冀州牧，將兵屬尚書令謝躬，共破王郎。及躬敗，萌乃歸降。光武即位，以爲侍中。萌爲人遜順，甚見信愛。帝常稱曰：『可以託六尺之孤，寄百里之命者，龐萌是也。』拜爲平狄將軍，與蓋延共擊董憲。

時詔書獨下延而不及萌，萌以爲延譖己，自疑，遂反。帝聞之大怒，乃自將討萌。與諸將書曰：『吾常以龐萌社稷之臣，將軍得無笑其言乎？老賊當族。其各厲兵馬，會睢陽！』憲聞帝自討龐萌，乃與劉紆、蘇茂、佼彊去下邳，還蘭陵，使茂、彊助萌，合兵三萬，急圍桃城。

唐·杜佑《通典》卷一五五《兵八》 後漢初，河南賊董憲招誘五校餘賊步騎數千人屯建陽，去昌慮三十里。光武親征至蕃，去憲所百里。諸將請進，帝不聽。知五校乏食當退，勑各堅壁，以待其弊。頃之，五校糧盡，果引去。帝乃親臨，四面攻憲，三日，大破之。

《後漢書》卷一上《光武帝紀上》 （建武元年六月）甲子，前將軍鄧禹擊更始定國公王匡於安邑，大破之，斬其將劉均。

（秋七月己亥）遣耿弇率彊弩將軍陳俊軍五社津，備滎陽以東。使吳漢率朱祐及廷尉岑彭、執金吾賈復、揚化將軍堅鐔等十一將軍圍朱鮪於雒陽。

（二年春正月）大司馬吳漢率九將軍擊檀鄉賊於鄴東，大破降之。

是月，赤眉焚西京宮室，發掘園陵，寇掠關中。大司徒鄧禹入長安，遣府掾奉十一帝神主，納於高廟。

眞定王楊、臨邑侯讓謀反，遣前將軍耿純誅之。

（二月）遣驃騎大將軍景丹率征虜將軍祭遵等二將軍擊弘農賊，破之，因遣祭遵圍蠻中賊張滿。

（三月）遣執金吾賈復率二將軍擊更始郾王尹遵，破降之。

遣虎牙大將軍蓋延率四將軍伐劉永。

遣游擊將軍鄧隆救朱浮，與彭寵戰於潞，隆軍敗績。

冬十一月，以廷尉岑彭爲征南大將軍，率八將軍討鄧奉於堵鄉。

遣偏將軍馮異代鄧禹伐赤眉。

使太中大夫伏隆持節安輯青徐二州，招張步降之。

三年春正月甲子，以偏將軍馮異爲征西大將軍，杜茂爲驃騎大將軍。

大司徒鄧禹及馮異與赤眉戰於回溪，禹、異敗績。

秋七月，征南大將軍岑彭率三將軍伐秦豐，戰於黎丘，大破之，獲其將蔡宏。

（四年）遣大司馬吴漢擊五校賊於箕山，大破之。

五月，進幸元氏。辛巳，進幸盧奴。遣征虜將軍祭遵率四將軍討張豐於涿郡，斬豐。

七月丁亥，幸譙。遣捕虜將軍馬武、偏將軍王霸圍劉紆於垂惠。

（五年二月）平狄將軍龐萌反，殺楚郡太守孫萌而東附董憲。遣征南大將軍岑彭率二將軍伐田戎於津鄉，大破之。

秋七月丁丑，幸沛，祠高原廟。詔修復西京園陵。進幸湖陵，征董憲。又幸蕃，遂攻董憲於昌慮，大破之。

又　卷下《光武帝紀下》（建武六年）二月，大司馬吴漢拔朐，獲董憲、龐萌，山東悉平。

（夏四月）遣虎牙大將軍蓋延等七將軍從隴道伐公孫述。

（六月）遣前將軍李通率二將軍，與公孫述將戰於西城，破之。

（七年八月）隗囂寇安定，征西大將軍馮異、征虜將軍祭遵擊卻之。

八年春正月，中郎將來歙襲略陽，殺隗囂守將而據其城。

（夏四月）隗囂攻來歙，不能下。閏月，帝自征囂，河西（太守）『大將軍』竇融率五郡太守與車駕會高平。隴右潰，隗囂奔西城，遣大司馬吴漢、征南大將軍岑彭圍之；進幸上邽，不降，命虎牙大將軍蓋延、建威大將軍耿弇攻之。

（九月）庚申，帝自征潁川盜賊，皆降。

（九年六月）遣大司馬吴漢率四將軍擊盧芳將賈覽於高柳，戰不利。

秋八月，遣中郎將來歙監征西大將軍馮異等五將軍討隗純於天水。

（十一年）十二月，大司馬吴漢率舟師伐公孫述。

（十二年）冬十一月戊寅，吴漢、臧宫與公孫述戰於成都，大破之。述被創，夜死。辛巳，吴漢屠成都，夷述宗族及延岑等。

（十七年）秋七月，妖巫李廣等羣起據皖城，遣虎賁中郎將馬援、驃騎將軍段志討之。

九月，破皖城，斬李廣等。

十八年春二月，蜀郡守將史歆叛，遣大司馬吴漢率二將軍討之，圍成都。

（夏四月）遣伏波將軍馬援率樓船將軍段志等擊交阯賊徵側等。

（秋九月）西南夷寇益州郡，遣武威將軍劉尚討之。越嶲太守任貴謀叛，十二月，劉尚襲貴，誅之。

（十九年正月）妖巫單臣、傅鎮等反，據原武，遣太中大夫臧宫圍之。夏四月，拔原武，斬臣、鎮等。伏波將軍馬援破交阯，斬徵側等。因擊破九眞賊都陽等，降之。

二十一年春正月，武威將軍劉尚破益州夷，平之。

夏四月，安定屬國胡叛，屯聚青山，遣將兵長史陳訢討平之。

秋，鮮卑寇遼東，遼東太守祭肜大破之。

冬十月，遣伏波將軍馬援出塞擊烏桓，不克。

二十三年春正月，南郡蠻叛，遣武威將軍劉尚討破之，徙其種人於江夏。

又　卷四《和帝紀》（永元九年閏月）燒當羌寇隴西，殺長吏，遣行征西將軍劉尚、越騎校尉趙世等討破之。

（十四年）夏四月，遣使者督荆州兵討巫蠻，破降之。

又　卷五《安帝紀》（永初元年六月）先零種羌叛，斷隴道，大爲寇掠，遣車騎將軍鄧騭、征西校尉任尚討之。

（三年）秋七月，海賊張伯路等寇略緣海九郡，遣侍御史龐雄督州、郡兵討破之。

十一月，遣行車騎將軍何熙討之。

（四年正月）海賊張伯路復與勃海、平原劇賊劉文河、周文光等攻厭次，殺縣令，遣御史中丞王宗督青州刺史法雄討破之。

（五年）九月，漢陽人杜琦、王信叛，與先零諸種羌攻陷上邽城。

【略】遣侍御史唐喜討漢陽賊王信，破斬之。

又　卷六《順帝紀》（建康元年）八月，楊、徐盜賊范容、周生等寇掠城邑，遣御史中丞馮赦督州郡兵討之。

又　卷七《桓帝紀》（永壽二年）秋七月，鮮卑寇雲中。太山賊公孫舉等寇青、兖、徐三州，遣中郎將段熲討，破斬之。

（延熹三年）九月，太山、琅邪賊勞丙等復叛，寇掠百姓。遣御史中丞趙某持節督州郡討之。

冬十一月，日南蠻賊率衆詣郡降。勒姐羌圍允街，段熲擊破之。

（九年秋七月）遣使匈奴中郎將張奐擊南匈奴、烏桓、鮮卑。

（中平元年六月）遣中郎將董卓攻張角，不剋。

又　卷八《靈帝紀》（中平元年三月）戊申，以河南尹何進爲大將軍，將兵屯都亭。置八關都尉官。

遣北中郎將盧植討張角，左中郎將皇甫嵩、右中郎將朱儁討潁川黄巾。

（五年）九月，南單于叛，與白波賊寇河東。遣中郎將孟益率騎都尉公孫瓚討漁陽賊張純等。

（十一月）遣下軍校尉鮑鴻討葛陂黄巾。巴郡板楯蠻叛，遣上軍別部司馬趙瑾討平之。

又　卷一三《隗囂傳》（建武六年）公孫述遣兵寇南郡，乃詔囂當從天水伐蜀，因此欲以潰其心腹。囂復上言：『白水險阻，棧閣絶敗。』又多設支閡。帝知其終不爲用，叵欲討之。遂西幸長安，遣建威大將軍耿弇等七將軍從隴道伐蜀，先使來歙奉璽書喻旨。【略】諸將與囂戰，大敗，各引退。囂因使王元、行巡侵三輔，征西大將軍馮異、征虜將軍祭遵等擊破之。

又　卷一六《鄧禹傳》光武籌赤眉必破長安，欲乘釁并關中，而方自事山東，未知所寄，以（鄧）禹沈深有大度，故授以西討之略。乃拜爲前將軍持節，中分麾下精兵二萬人，遣西入關，令自選偏裨以下可與俱者。

（永初元年）夏，涼部畔羌摇蕩西州，朝廷憂之。於是詔（鄧）騭將左右羽林、北軍五校士及諸部兵擊之，車駕幸平樂觀餞送。

又　卷一七《賈復傳》（光武）遣（賈）復與騎都尉陰識、驍騎將軍劉植南度五社津擊郾，連破之。

又　卷二三《竇固傳》（中元二年）固與忠率酒泉、敦煌、張掖甲卒及盧水羌胡萬二千騎出酒泉塞，耿秉、秦彭率武威、隴西、天水募士及羌胡萬騎出居延塞，又太僕祭肜、度遼將軍吴棠將河東北地、西河羌胡及南單于兵萬一千騎出高闕塞，騎都尉來苗、護烏桓校尉文穆將太原、雁門、代郡、上谷、漁陽、右北平、定襄郡兵及烏桓、鮮卑萬一千騎出平城塞。

又　卷二四《馬援傳》（建武）二十四年，武威將軍劉尚擊武陵五溪蠻夷，深入，軍没，援因復請行。時年六十二，帝愍其老，未許之。援自請曰：『臣尚能被甲上馬。』帝令試之。援據鞍顧眄，以示可用。帝笑曰：『矍鑠哉是翁也！』遂遣援率中郎將馬武、耿舒、劉匡、孫永等，將十二郡募士及弛刑四萬餘人征五溪。

又建初二年，金城、隴西保塞羌皆反，拜（馬）防行車騎將軍事，以長水校尉耿恭副，將北軍五校兵及諸郡積射士三萬人擊之。

又　卷四一《宋均傳》武陵蠻反，圍武威將軍劉尚，詔使均乘傳發江夏奔命三千人往救之。

又　卷四七《何熙傳》（永建）三年冬，南單于與烏桓大人俱反。以大司農何熙行車騎將軍事，中郎將龐雄爲副，將羽林五校營士，及發緣邊十郡兵二萬餘人，又遼東太守耿夔率將鮮卑種衆共擊之，詔懂行度遼將軍事。

又　卷六四《盧植傳》中平元年，黄巾賊起，四府舉（盧）植，拜北中郎將，持節，以護烏桓中郎將宗員副，將北軍五校士，發天下諸郡兵征之。

又　卷八七《西羌傳》安帝永初元年夏，遣騎都尉王弘發金城、隴西、漢陽羌數百千騎征西域，弘迫促發遣，羣羌懼遠屯不還，行到酒泉，多有散叛。

又　卷一〇一《天文志中》（孝章建初元年）以武威太守傅育領護羌校尉，馬防行車騎將軍，征西羌。

（孝和永元五年）九月，行車騎將軍事鄧鴻、越騎校尉馮柱發左右羽林、北軍五校士及八郡迹射、烏桓、鮮卑，合四萬騎，與度遼將軍朱徽、護烏桓校尉任尚、中郎將杜崇征叛胡。

（八年九月）隴西羌反，遣執金吾劉尚行征西將軍事，越騎校尉節鄉侯趙世發北軍五校、黎陽、雍營及邊胡兵三萬騎，征西羌。

又　卷一〇二《天文志下》　中平元年，黄巾賊起，上遣中郎將皇甫嵩、朱俊等征之，斬首十萬餘級。

晋·袁宏《後漢紀》卷二《後漢光武帝紀二》　（建武二年）世祖使宗廣守信都，李忠、邳彤征伐。**【略】**

（建武二年）是時秦豐據黎丘，延岑據武鄉，董欣據堵鄉，鄧奉據新野，荆楚尤亂。上方圖之，以岑彭爲征南大將軍，與耿弇、賈復、朱佑、王常等并力征討。

又　卷一〇《後漢明帝紀下》　（永平十八年冬十月）［遣］征西將軍耿秉屯酒泉，發敦煌、酒泉兵擊車師。

法律掌控權分部

立　法

綜　述

《史記》卷六《秦始皇本紀》　（始皇）剛毅戾深，事皆決於法，刻削毋仁恩和義，然後合五德之數。於是急法，久者不赦。

（始皇）三十四年，適治獄吏不直者，築長城及南越地。

又　卷九七《酈生陸賈列傳》　陳留令曰：『秦法至重也，不可以妄言；妄言者無類，吾不可應。先生所以教臣者，非臣之意也，願勿復道。』

《漢書》卷一上《高帝紀上》　（漢高祖元年）十一月，召諸縣豪桀曰：『父老苦秦苛法久矣，誹謗者族，耦語者棄市。』

漢·衛宏《漢官舊儀》卷下　秦制二十爵。男子賜爵一級以上，有罪以減年，五十六免。無爵爲士伍年，六十乃免。老有罪，各盡其刑，幾有罪男髡鉗爲城旦。城旦者，治城也。女爲舂。舂者，治米也。皆作五

歲，完四歲。鬼薪三歲。鬼薪者，男當爲祠祀鬼神，伐山之薪，蒸也。女爲白粲者，以爲祠祀，擇米也。皆作三歲。罪爲司寇，司寇，男備守，女爲作，如司寇。皆作二歲。

唐·杜佑《通典》卷一六三《刑志上》　及（秦始皇）平六國，制夫人藏詩書及偶語，棄市；禁人聚語，畏其謗也。以古非今者，族；吏見知不舉與同罪。令下三十日不燒，黥爲城旦。《律説》：論決爲髡鉗，輸邊，築長城。城旦，四歲刑也。

胡亥立，以趙高爲郎中令，更變律令，有罪者相坐收族。又羣盜起，胡亥責李斯，斯懼，上書請行督責，刑者相半。其後趙高譖斯，具五刑，腰斬，夷三族。

元·馬端臨《文獻通考》卷一六二《刑考一·刑制》　始皇兼吞戰國，遂毀先王之法，滅禮誼之官，專任刑罰。**【略】**

（三十四年）丞相李斯請燒《詩》、《書》、百家語，有敢偶語《詩》、《書》者棄市。以古非今者族。吏見知不舉與同罪。令下三十日不燒，黥爲城旦。制曰可。**【略】**

二世即位，以趙高爲郎中令，更法律，令有罪者相坐，收族。

《漢書》卷一上《高帝紀上》　（漢高祖）元年十一月，召諸縣豪桀曰：『父老苦秦苛法久矣，誹謗者族，耦語者棄市。吾與諸侯約，先入關者王之，吾當王關中。與父老約法三章耳：殺人者死，傷人及盜抵罪。餘悉除去秦法。』

又　卷一下《高帝紀下》　（漢高祖）七年春，令郎中有罪耐以上，請之。應劭曰：『輕罪不至于髡，完其耏鬢，故曰耏。古耐字從彡，髮膚之意也。杜林以爲法度之字皆從寸，後改如是。言耐罪已上，皆當先請也。耐音若能。』如淳曰：『耐猶任也，任其事也。』師古曰：『依應氏之説，耏當音而，如氏之解則音乃代反，其義亦兩通。（而）［耏］謂頰旁毛也。彡，毛髮貌也，音所廉反，又先廉反。而《功臣侯表》宣曲侯通耏爲鬼薪，則應氏之説斯爲長矣。』

又　卷二《惠帝紀》　爵五大夫、吏六百石以上及宦皇帝而知名者有罪當盜械者，皆頌繫。上造以上及内外公孫耳孫有罪當刑及當爲城旦舂者，皆耐爲鬼薪、白粲。民年七十以上若不滿十歲有罪當刑者，皆完之。

（惠帝）元年冬十二月，民有罪，得買爵三十級以免死罪。

四年三月甲子，省法令妨吏民者；除挾書律。

又　卷三《高后紀》　（惠帝）元年春正月，詔曰：『前日孝惠皇帝言欲除三族辠、妖言令，議未決而崩。今除之。』

又　卷四《文帝紀》　（元年十二月）盡除收帑相坐律令。

（二年）五月，詔曰：『古之治天下，朝有進善之旌，誹謗之木，所以通治道而來諫者也。今法有誹謗訞言之罪，是使衆臣不敢盡情，而上無由聞過失也。將何以來遠方之賢良？其除之。民或祝詛上，以相約而後相謾，吏以爲大逆，其有他言，吏又以爲誹謗。此細民之愚，無知抵死，朕甚不取。自今以來，有犯此者勿聽治。』

（五年）夏四月，除盜鑄錢令。更造四銖錢。

又　卷五《景帝紀》　（孝文帝）元年冬十月，詔曰：『孝文皇帝臨天下，通關梁，不異遠方；除誹謗，去肉刑，賞賜長老，收恤孤獨，以遂羣生；減耆欲，不受獻，罪人不帑，不誅亡罪，不私其利也；除宮刑，出美人，重絶人之世也。』

秋七月，詔曰：『吏受所監臨，以飲食免，重；受財物，賤買貴賣，論輕。廷尉與丞相更議著令。』廷尉信謹與丞相議曰：『吏及諸有秩受其官屬所監、所治、所行、所將，其與飲食計償費，勿論。它物，若買故賤，賣故貴，皆坐臧爲盜，没入臧縣官。吏遷徙免罷，受其故官屬所將監治送財物，奪爵爲士伍，免之。無爵，罰金二斤，令没入所受。有能捕告，畀其所受臧。』

（中元二年）改磔曰棄市，勿復磔。

（五年）九月，詔曰：『法令度量，所以禁暴止邪也。獄，人之大命，死者不可復生。吏或不奉法令，以貨賂爲市，朋黨比周，以苛爲察，以刻爲明，令亡罪者失職，朕甚憐之。有罪者不伏罪，姦法爲暴，甚亡謂也。諸獄疑，若雖文致於法而於人心不厭者，輒讞之。』

（六年）十二月，改諸官名。定鑄錢僞黄金棄市律。

後元年春正月，詔曰：『獄，重事也。人有智愚，官有上下。獄疑者讞有司。有司所不能決，移廷尉。有令讞而後不當，讞者不爲失。欲令治獄者務先寬。』

又　卷九《元帝紀》　（初元五年夏四月）省刑罰七十餘事。除光禄大夫以下至郎中保父母同產之令。令從官給事宮司馬中者，得爲大父母父母兄弟通籍。

又　卷一一《哀帝紀》　（綏和二年六月）除任子令及誹謗詆欺法。

又　卷一二《平帝紀》　帝年九歲，太皇太后臨朝，大司馬莽秉政，百官總己以聽於莽。詔曰：『夫赦令者，將與天下更始，誠欲令百姓改行絜己，全其性命也。往者有司多舉奏赦前事，累增罪過，誅陷亡辜，殆非重信慎刑，洒心自新之意也。及選舉者，其歷職更事有名之士，則以爲難保，廢而弗舉，甚謬於赦小過舉賢材之義。對諸有臧及內惡未發而薦舉者，皆勿案驗。令士厲精鄉進，不以小疵妨大材。自今以來，有司無得陳赦前事置奏上。有不如詔書爲虧恩，以不道論。定著令，布告天下，使明知之。』

（元始四年春）詔曰：『蓋夫婦正則父子親，人倫定矣。前詔有司復貞婦，歸女徒，誠欲以防邪辟，全貞信。及眊悼之人刑罰所不加，聖王之所制也。惟苛暴吏多拘繫犯法者親屬，婦女老弱，構怨傷化，百姓苦之。其明敕百寮，婦女非身犯法，及男子年八十以上七歲以下，家非坐不道，詔所名捕，它皆無得繫。其當驗者，即驗問。定著令。』

又　卷二三《刑法志》　漢興，高祖初入關，約法三章曰：『殺人者死，傷人及盜抵罪。』蠲削煩苛，兆民大説。其後四夷未附，兵革未息，三章之法不足以禦姦，於是相國蕭何攈摭秦法，取其宜於時者，作律九章。

當孝惠、高后時，百姓新免毒螫，人欲長幼養老。蕭、曹爲相，填以無爲，從民之欲，而不擾亂，是以衣食滋殖，刑罰用稀。【略】

即位十三年，齊太倉令淳于公有罪當刑，詔獄逮繫長安。淳于公無男，有五女，當行會逮，罵其女曰：『生子不生男，緩急非有益！』其少女緹縈，自傷悲泣，乃隨其父至長安，上書曰：『妾父爲吏，齊中皆稱其廉平，今坐法當刑。妾傷夫死者不可復生，刑者不可復屬，雖後欲改過自新，其道亡繇也。妾願没入爲官婢，以贖父刑罪，使得自新。』書奏天子，天子憐悲其意，遂下令曰：『制詔御史：蓋聞有虞氏之時，畫衣冠異章服以爲戮，而民弗犯，何治之至也！今法有肉刑三，而姦不止，其咎安在？非乃朕德之薄，而教不明與！吾甚自愧。故夫訓道不純而愚民陷焉。《詩》曰：「愷弟君子，民之父母。」今人有過，教未施而刑已加

焉，或欲改行爲善，而道亡繇至，朕甚憐之。夫刑至斷支體，刻肌膚，終身不息，何其刑之痛而不德也！豈稱爲民父母之意哉？其除肉刑，有以易之；及令罪人各以輕重，不亡逃，有年而免。具爲令。』【略】

景帝元年，下詔曰：『加笞與重罪無異，幸而不死，不可爲人。其定律：笞五百曰三百，笞三百曰二百。』猶尚不全。至中六年，又下詔曰：『加笞者，或至死而笞未畢，朕甚憐之。其減笞三百曰二百，笞二百曰一百。』又曰：『笞者，所以教之也，其定箠令。』丞相劉舍、御史大夫衛綰請：『笞者，箠長五尺，其本大一寸，其竹也，末薄半寸，皆平其節。當笞者笞臀。毋得更人，畢一罪乃更人。』【略】

及至孝武即位，外事四夷之功，內盛耳目之好，徵發煩數，百姓貧耗，窮民犯法，酷吏擊斷，姦軌不勝。於是招進張湯、趙禹之屬，條定法令，作見知故縱、監臨部主之法，緩深故之罪，急縱出之誅。其後姦猾巧法，轉相比況，禁罔寖密。律令凡三百五十九章，大辟四百九條，千八百八十二事，死罪決事比萬三千四百七十二事。文書盈於几閣，典者不能徧睹。【略】

至元帝初立，乃下詔曰：『夫法令者，所以抑暴扶弱，欲其難犯而易避也。今律令煩多而不約，自典文者不能分明，而欲羅元元之不逮，斯豈刑中之意哉！其議律令可蠲除輕減者，條奏，唯在便安萬姓而已。』

至成帝河平中，復下詔曰：『《甫刑》云「五刑之屬三千，大辟之罰其屬二百」，今大辟之刑千有餘條，律令煩多，百有餘萬言，奇請它比，日以益滋，自明習者不知所由，欲以曉喻衆庶，不亦難乎！於以羅元元之民，夭絶亡辜，豈不哀哉！其與中二千石、二千石、博士及明習律令者議減死刑及可蠲除約省者，令較然易知，條奏。《書》不云乎？「惟刑之恤哉！」其審核之，務準古法，朕將盡心覽焉。』有司無仲山父將明之材，不能因時廣宣主恩，建立明制，爲一代之法，而徒鉤摭微細，毛舉數事，以塞詔而已。是以大議不立，遂以至今。議者或曰，法難數變，此庸人不達，疑塞治道，聖智之所常患者也。故略舉漢興以來，法令稍定而合古便今者。

漢興之初，雖有約法三章，網漏吞舟之魚，然其大辟，尚有夷三族之令。令曰：『當三族者，皆先黥，劓，斬左右止，笞殺之，梟其首，菹其骨肉於市。其誹謗詈詛者，又先斷舌。』故謂之具五刑。彭越、韓信之屬皆受此誅。至高后元年，乃除三族罪、祆言令。孝文二年，又詔丞相、太尉、御史：『法者，治之正，所以禁暴而衛善人也。今犯法者已論，而使無罪之父母妻子同產坐之及收，朕甚弗取。其議。』左右丞相周勃、陳平奏言：『父母妻子同產相坐及收，所以累其心，使重犯法也。收之之道，所由來久矣。臣之愚計，以爲如其故便。』文帝復曰：『朕聞之，法正則民慤，罪當則民從。且夫牧民而道之以善者，吏也；既不能道，又以不正之法罪之，是法反害於民，爲暴者也。朕未見其便，宜孰計之。』平、勃乃曰：『陛下幸加大惠於天下，使有罪不收，無罪不相坐，甚盛德，臣等所不及也。臣等謹奉詔，盡除收律、相坐法。』其後，新垣平謀爲逆，復行三族之誅。【略】

高皇帝七年，制詔御史：『獄之疑者，吏或不敢決，有罪者久而不論，無罪者久繫不決。自今以來，縣道官獄疑者，各讞所屬二千石官，二千石官以其罪名當報之。所不能決者，皆移廷尉，廷尉亦當報之。廷尉所不能決，謹具爲奏，傅所當比律令以聞。』【略】故孝景中五年復下詔曰：『諸獄疑，雖文致於法而於人心不厭者，輒讞之。』其後獄吏復避微文，遂其愚心。至後元年，又下詔曰：『獄，重事也。人有愚智，官有上下。獄疑者讞，有令讞者已報讞而後不當，讞者不爲失。』自此之後，獄刑益詳，近於五聽三宥之意。三年復下詔曰：『高年老長，人所尊敬也；鰥寡不屬逮者，人所哀憐也。其著令：年八十以上，八歲以下，及孕者未乳，師、朱儒當鞠繫者，頌繫之。』至孝宣元康四年，又下詔曰：『朕念夫耆老之人，髮齒墮落，血氣既衰，亦無暴逆之心，今或羅于文法，執于囹圄，不得終其年命，朕甚憐之。自今以來，諸年八十非誣告殺傷人，它皆勿坐。』至成帝鴻嘉元年，定令：『年未滿七歲，賊鬭殺人及犯殊死者，上請廷尉以聞，得減死。』合於三赦幼弱老眊之人。此皆法令稍定，近古而便民者也。【略】

自建武、永平，民亦新免兵革之禍，人有樂生之慮，與高、惠之間同，而政在抑强扶弱，朝無威福之臣，邑無豪桀之俠。以口率計，斷獄少於成、哀之間什八，可謂清矣。然而未能稱意比隆於古者，以其疾未盡除，而刑本不正。

《晉書》卷三〇《刑法志》 （漢）元帝初元五年，輕殊刑三十四事，哀帝建平元年盡四年，輕殊死者刑八十一事，其四十二事，手殺人皆減死罪一等，著爲常法。

唐·杜佑《通典》卷一六三《刑制上》 漢高帝初入咸陽，約法三章，曰：『殺人者死，傷人及盜抵罪。』傷人有曲直，盜賊有多少，故言抵。抵，至也，當也。蠲削秦法，兆人大悦。然大辟尚有三族之誅，三族，注已具上。先黥、劓，斬左右趾，笞殺，梟其首，葅其骨肉於市。葅，爲醢也。其誹謗詈詛，又先斷舌。故謂之具五刑。彭越、韓信之屬，皆受此戮。其後又制曰：『有耐罪以上，請之。』應劭曰：『此輕罪不髡，其耏鬢曰耐』。杜林以爲法度之字當從寸，故改耏爲耐。言耐罪以上，皆當先請也。顔師古曰：『耐，頰傍毛也，音而。』後以三章之法，不足禦姦，禦，止。遂令蕭何攈摭秦法，攈摭謂收拾。攈音九問反。摭音之石反。取其宜於時者，作律九章。漢承秦制，蕭何定律，除參夷連坐之罪，增部主見知之條，益事律《興》、《廄》、《户》三篇，合爲九篇。叔孫通益律所不及，《傍章》十八篇。又制：『獄疑者，各讞所屬官長，皆移廷尉，廷尉不能決，具爲奏，附所當比律令以聞。』

惠帝二年，制曰：『今法有誹謗妖言之罪，過誤之言，以爲妖言。是使衆臣不敢盡情，而上無由聞過失也。其除之。』又制：『上造以上及内外公孫耳孫，有罪當刑及當城旦舂者，皆耐爲鬼薪、白粲。上造，爵滿十六者也。内外公孫，謂王侯内外孫也。耳孫，玄孫之子也，言已遠，但耳聞之也。今以上造有功勞，内外孫有骨血屬婕，施德布惠，故事從其輕也。城旦，旦起行理城。舂者，婦人不參外徭，但舂作米。皆四歲刑也。今皆就鬼薪、白粲。鬼薪，已具上。白粲，坐擇米，使正白爲粲。皆三歲刑也。人年七十已上若不滿十歲，有罪當刑者，完之。』不加肉刑髡鬄也。若，參及之言也。謂七十以上及不滿十歲以下，皆完。除《挾書律》。挾，藏也。秦律：『敢挾書者，棄市。』

呂太后初，除三族罪。

文帝制：『人有犯法已論，其父母妻子同產坐之及收孥，律令宜除之。孥，子也。秦法，一人有罪收其家。罪疑者與人。』於是刑罰大省，斷獄四百。具《寬恕篇》。又感齊女淳于緹縈之言，除肉刑，定律曰：『諸當完者，完爲城旦舂；以完易髡，以笞代劓，以釱左右趾代刖。今既曰完矣，不復云以完代完，此當言髡者完之矣。當黥者，髡鉗爲城旦舂；當劓者，笞三百；當斬左趾者，笞五百；當斬右趾，及殺人先自告，謂殺人而自首得免罪者也。及吏受賕枉法，謂曲公法而受賂者。守縣官財物而即盜之，今律所謂主守自盜者。已論命復有笞罪者，皆棄市。命者，名也，成其罪也。殺人害重，受賕、盜物，贓汙之身，故此三罪，已被論名而又犯笞，亦皆棄市。罪人獄已決，完爲城旦舂，滿三歲爲鬼薪白粲。鬼薪白粲一歲，爲隸臣妾。隸臣妾一歲，免爲庶人。男子爲隸臣，女子爲隸妾。鬼薪白粲滿一歲，爲隸臣妾。隸臣妾滿二歲，爲司寇。司寇一歲，及作如司寇二歲，皆免爲庶人。罪降爲司寇，故一歲。正司寇，故二歲。其亡逃及有罪耐已上，不用此令。』在本罪中又重犯者也。具《肉刑議篇》。是後，外有輕刑之名，内實殺人。斬右趾者又當死。斬左趾者笞五百，當劓者笞三百，率多死。斬右趾者棄市，故入於死。以笞五百代斬左趾，笞三百代劓，笞數既多，亦不活也。

景帝制：『改定律：笞五百曰三百，笞三百曰二百。』猶尚不全。『自今吏及諸有秩，受其官屬所監、所理、所行、所將，行，謂按察。夏孟反。其與飲食計償費，勿論。計所費而償其直，勿論罪。他物，若買故賤，賣故貴，皆坐贓爲盜。他物，謂非飲食。吏遷徙免罷，受其故官屬所將監治送財物，奪爵爲士伍，免之。謂奪其爵，令爲士伍，又免其官職，即今律所謂『除名』也。士伍者，言從士卒之伍。無爵，罰金二斤，没入所受。有能捕告，畀其所受贓』。畀，與也。以所受之贓與捕告者。其後，罷磔曰棄市。先此，諸死刑皆磔之於市，今罷之。若妖逆，則磔之。磔謂張其尸也。具《寬恕篇》。復下詔曰：『長老，人所尊敬也；鰥寡，人所哀憐也。其著令：年八十以上，八歲以下，孕者未乳，乳，產。師、侏儒，樂師，瞽者。侏儒，短人，不能走。當鞫繫者，頌繫之。頌讀曰容。容寬不桎梏。罪死欲腐者，許之。』如腐木不生實矣。六年，定鑄錢僞黄金棄市律。又以笞者或至死未畢，復減笞三百曰二百，笞二百曰百。其定箠令，箠，策也，所以擊者也。箠長五尺，其本大一寸，其末薄半寸，皆平其節。『笞臀，先時笞背。畢一罪乃得更人』。更人，更易行笞人。自是笞者得全。然死刑既重，而生刑又輕，人易犯之。

孝武徵發煩數，人窮犯法，遂令張湯、趙禹條定法令，作見知故縱、監臨部主之法，見知人犯法不告爲故縱，而所監臨部主有罪并連坐。緩深故之

罪，孝武欲急刑，吏深害及故入人罪者，皆寬緩之。急縱出之誅。吏釋罪人，疑以爲縱出，則急誅之。律令凡三百五十九章，蕭何本定律九篇，叔孫通又加十八篇，張湯又撰《越宮律》二十七篇，趙禹撰《朝律》六篇，合爲六十篇。大辟四百九條，千八百八十二事，死罪決事比萬三千四百七十二事。比，以例相比況。文書既繁，主者不能偏睹，或罪同而論異。具《舞紊篇》。

孝宣制：『子首匿父母，妻匿夫，孫匿大父母，皆勿坐。凡首匿者，言爲謀首而藏匿罪人。其父母匿子，夫匿妻，大父母匿孫，罪殊死，皆上請。』宣帝患刑法不一，置廷平四人平之。具《雜議篇》。

成帝鴻嘉初，又定令：『年未滿七歲，賊鬬殺人及犯殊死者，上請廷尉以聞，得減死。』合於三赦幼弱老耄之人。皆法令稍定，近古而便人者也。

哀帝綏和二年，除誹謗詆欺法。

平帝元始中，制曰：『前詔有司，復貞婦，歸女徒，誠欲以防邪辟，全貞信。及眊悼之人，人八十曰眊，言老昏暗也；七歲曰悼，言未成人，若死亡，可哀悼。刑罰所不加，聖王之所制也。惟苛暴吏多拘繫犯法者親屬婦女、老弱。其明敕百僚：婦女非身犯法，及男子年八十以上、七歲以下，家非坐不道，詔所名捕，他皆無得繫。名捕，謂下詔特所捕也。其當驗者，即驗問。就其所居而問之。定著令。』王莽居攝，翟義、劉信起兵討莽，莽敗之，夷三族。其後陳良、終帶叛入匈奴，莽求得，行焚如之刑。具《峻酷篇》。

宋・徐天麟《西漢會要》卷六一《刑法一・刑制》　夷三族。《高紀》如淳曰：『父族、母族、妻族也。』

要斬。《雋不疑傳》：張延年自稱衛太子，誣罔要斬。

磔。《景紀》：謂張其尸。

棄市。師古曰：『取刑人於市，與衆棄之。』

腐刑。如淳曰：『宮刑也。丈夫割勢不能生子，如腐木不生實。』又曰：諸服宮刑者，下蠶室。』

髡鉗。《高紀》：鉗，以鐵束頸也。

完。孟康曰：『不加肉刑，髡鬄也。』

城旦舂。《惠紀》應劭曰：『城旦者，旦，起行始城，舂者，婦人不豫外繇，但舂作米，皆四歲刑也。』

鬼薪白粲。《惠紀》應劭曰：『取薪給宗廟爲鬼薪，坐擇米使正白爲白粲，皆三歲刑也。』

耐。耐通作耏，《高紀》注云：罪不至于髡，完其耐鬢。《惠紀》注云：一歲爲罰作，二歲以上爲耐也。

罰作。一歲刑，見上。

盜械。《惠紀》：凡以罪著械者皆稱焉。

頌繫。《惠紀》：頌，容也，言見寬容，但處曹吏舍，不入陛牢。

笞。景帝定令當笞者笞臀。如淳曰：『先時笞背也。』

箠。長五尺，其本大一寸，其竹也，末薄半寸，皆平其節。

文帝除宮刑。《景紀》元年詔。徐天麟按：文帝既除宮刑矣，景帝中四年赦徒作陽陵者死罪，欲腐者許之，至武帝時李延年、司馬遷、張安世兄賀皆坐腐刑，則是宮刑雖除，不久即復用也。

孝景中二年，改磔曰棄市，勿復磔。本《紀》

又《律令》　高祖初入關，召諸縣豪傑，謂曰：『父老苦秦苛法久矣，誹謗者族，耦語者棄市，吾當王關中，與父老約法三章耳，餘悉除去秦法。』本《紀》

高祖約法三章，曰殺人者死，傷人及盜抵罪，蠲削煩苛，兆民太悦，其後四夷未附，兵革未息，三章之法不足以禦姦，於是相國蕭何攈摭秦法，取其宜於時者作律九章。《刑法志》。按：《晉書・刑法志》云：蕭何定律，益事律與廄戸三篇，合爲九篇。

孝惠四年，省法令妨吏民者，除挾書律。

高后元年，詔孝惠欲除三族妖言令，今除之。並本《紀》

孝文二年，《紀》作元年。又詔丞相、太尉、御史：『法者治之正，所以禁暴而衛善人也。今犯法者已論，而使無罪之父母妻子同產坐之及收，朕甚弗取，其議。』左右丞相周勃、陳平奏言：『父母妻子同產相坐及收，所以累其心使重犯法也，收之之道，所由來久矣。臣之愚計，以爲如其故便』。文帝復曰：『朕聞之，法正則民慤，罪當則民從，且夫牧民而道之以善者，吏也，既不能道，又以不正之法罪之，是法反害于民爲暴者也。朕未見其便，宜孰計之。』平勃乃曰：『陛下幸加大惠于天下，使有罪不收，無罪不相坐，甚盛德，臣等所不及也，臣等謹奉詔，盡除收律相坐法。』其後新垣平謀爲逆，復行三族之誅。《刑法志》

晁錯爲内史，法令多所更定，錯所更令三十章。《晁錯傳》

孝景中六年，定鑄錢僞黄金棄市律。

孝武即位，外事四夷之功，内盛耳目之好，徵發煩數，百姓貧耗，窮民犯法，酷吏擊斷，姦軌不勝。于是招進張湯、趙禹之屬，條定法令，作見知故縱、監臨部主之法，緩深故之罪，急縱出之誅。其後姦猾巧法，轉相比況，禁罔寖密。律、令凡三百五十九章，大辟四百九條，千八百八十二事。死罪決事比萬三千四百七十二事，文書盈于几閣，典者不能偏睹。是以郡國承用者駁，或罪同而論異。姦吏因緣爲市，所欲活則傅生議，所欲陷則予死比，議者咸冤傷之。《刑法志》

自公孫宏以《春秋》之義繩下，張湯以峻文決理，于是見知之法生，而廢格沮誹窮治之獄用矣。湯奏當異九卿見令不便不入言，而腹非，論死，是後有腹非之法比。《食貨志》

武帝作沈命法，沈，匿也，敢蔽匿盜賊者没其命也。曰郡盜起不發覺，發覺而弗捕滿品者，二千石以下至小吏主者皆死。《咸宣傳》

孝宣本始四年，詔郡國律令有可蠲除以安百姓，條奏。本《紀》

地節四年，詔曰：『父子之親，夫婦之道，天性也。雖有禍患，猶蒙死而存之，誠愛結于心，仁厚之至也。自今子首匿父母，妻匿夫，孫匿大父母，皆勿坐。其父母匿子，夫匿婦，大父母匿孫，罪殊死。皆上請廷尉以聞。』本《紀》

元帝初元五年，省刑法七十餘事，除光禄大夫以下至郎中保父母同產之令。本《紀》

元・馬端臨《文獻通考》卷一六八《刑考七・徒流配没》 武帝建元元年，赦吴楚七國帑輸在官者。吴楚七國反時，其首事者，妻子没入爲官奴婢。帝即位，哀而赦之。

平帝元始二年，令天下女徒已論，歸家，僱山錢月三百。如淳曰：『已論者，罪已定已。令甲：如女子犯罪，作如徒六月，僱山遣歸。說以爲當於山伐木，聽使入錢僱功直，故謂之僱山。』應劭曰：『舊刑鬼薪，取薪於山以給宗廟，今使女徒出錢僱薪，故曰僱山也。』師古曰：『古說如近之。謂女徒論罪已定，並放歸家，不親役之，但令一月出錢三百，以僱人也。況爲此恩者，所以行太皇太后之德，施惠於婦人。』

漢・劉珍等《東觀漢記》卷一四《鮑昱傳》 （章帝建初元年）時司徒辭訟久者至十數年，比例輕重，非其事類，錯雜難知。昱奏定《辭訟》七卷，《決事都目》八卷，以齊同法令，息遏人訟也。

晉・袁宏《後漢紀》卷一八《順帝紀》 初，明帝時，政嚴事峻，九卿皆鞭杖。（左）雄上言曰：『九卿位亞三等，班在大臣，行有佩玉之節，動有庠序之儀，加以鞭杖，誠非古典。』上即除之。

《後漢書》卷一上《光武帝紀上》 （建武二年）三月乙未，大赦天下，詔曰：『頃獄多冤人，用刑深刻，朕甚愍之。孔子云：「刑罰不中，則民無所措手足。」其與中二千石、諸大夫、博士、議郎議省刑法。』

【略】

（三年秋七月）庚辰，詔曰：『吏不滿六百石，下至墨綬長、相，有罪先請。男子八十以上，十歲以下，及婦人從坐者，自非不道、詔所名捕，皆不得繫。當驗問者即就驗。女徒雇山歸家。』

又 卷一下《光武帝紀下》 （建武）十一年春二月己卯，詔曰：『天地之性人爲貴。其殺奴婢，不得減罪。』**【略】**

（八月）癸亥，詔曰：『敢炙灼奴婢，論如律，免所炙灼者爲庶人。』

冬十月壬午，詔除奴婢射傷人棄市律。**【略】**

（十二年）詔邊吏力不足戰則守，追虜料敵不拘以逗留法。**【略】**

（十八年）夏四月癸酉，車駕還宮。**【略】**甲戌，詔曰：『今邊郡盜穀五十斛，罪至於死，開殘吏妄殺之路，其蠲除此法，同之内郡。』**【略】**

（二十四年七月）詔有司申明舊制阿附蕃王法。

又 卷三《章帝紀》 （建初七年九月）詔天下繫囚減死一等，勿笞，詣邊戍；妻子自隨，占著所在；父母同產欲相從者，恣聽之；有不到者，皆以乏軍興論。**【略】**

（元和元年）秋七月丁未，詔曰：『《律》云「掠者唯得榜、笞、立」。又《令丙》，箠長短有數。自往者大獄已來，掠考多酷，鉆鑽之屬，慘苦無極。念其痛毒，怵然動心。《書》曰：「鞭作官刑。」豈云若此？宜及秋冬理獄，明爲其禁。』**【略】**

十二月壬子，詔曰：『《書》云：「父不慈，子不祇，兄不友，弟不恭，不相及也」。往者妖言大獄，所及廣遠，一人犯罪，禁至三屬，莫得垂纓仕宦王朝。如有賢才而没齒無用，朕甚憐之，非所謂與之更始也。諸

以前妖惡禁錮者，一皆蠲除之，以明弃咎之路，但不得在宿衛而已。』

【略】

（二年）秋七月庚子，詔曰：『《春秋》於春每月書「王」者，重三正，慎三微也。律十二月立春，不以報囚。《月令》冬至之後，有順陽助生之文，而無鞫獄斷刑之政。朕咨訪儒雅，稽之典籍，以爲王者生殺，宜順時氣。其定律，無以十一月、十二月報囚。』

又　卷四《和帝殤帝紀》　（章和十五年）初令郡國以日北至案薄刑。

又　卷五《安帝紀》　（元初二年冬十月）詔郡國中都官繫囚減死一等，勿笞，詣馮翊、扶風屯，妻子自隨，占著所在；女子勿輸。亡命死罪以下贖，各有差。其吏人聚爲盜賊，有悔過者，除其罪。

又　卷六《順帝紀》　（建康元年十一月）己酉，令郡國中都官繫囚減死一等，徙邊；謀反大逆，不用此令。

又　卷七《桓帝紀》　（建和元年夏四月）壬辰，詔州郡不得迫脅驅逐長吏。長吏臧滿三十萬而不糾舉者，刺史、二千石以縱避爲罪。若有擅相假印綬者，與殺人同棄市論。

又　卷二五《魯恭傳》　初，和帝末，下令麥秋得案驗薄刑，而州郡好以苛察爲政，因此遂盛夏斷獄。【略】

初，肅宗時，斷獄皆以冬至之前，自後論者互多駁異。鄧太后詔公卿以下會議，恭議奏曰：大辟之科，盡冬月乃斷。其立春在十二月中者，勿以報囚如故事。後卒施行。

又　卷四六《郭躬傳》　（郭）躬奏讞法科，多所生全。

又　卷四八《應劭傳》　（應劭）刪定律令爲《漢儀》，建安元年乃奏之。

又　卷五一《橋玄傳》　（靈帝光和元年）玄少子十歲，獨游門次，卒有三人持杖劫執之，入舍登樓，就玄求貨，玄不與。有頃，司隸校尉陽球率河南尹、洛陽令圍守玄家。球等恐并殺其子，未欲迫之。玄瞋目呼曰：『姦人無狀，玄豈以一子之命而縱國賊乎！』促令兵進。於是攻之，玄子亦死。玄乃詣闕謝罪，乞下天下：『凡有劫質，皆并殺之，不得贖以財寶，開張姦路。』詔書下其章。初自安帝以後，法禁稍弛，京師劫質，不避豪貴，自是遂絕。

又　卷七六《循吏傳》　初，光武長於民間，頗達情僞，見稼穡艱難，百姓病害，至天下已定，務用安靜，解王莽之繁密，還漢世之輕法。

《晉書》卷二四《職官志》　後漢光武以【略】二千石曹主辭訟事，中都官曹主水火盜賊事，合爲六曹。

又　卷三〇《刑法志》　獻帝建安元年，應劭又刪定律令，以爲《漢議》，表奏之曰：『夫國之大事，莫尚載籍也。載籍也者，決嫌疑，明是非，賞刑之宜，允執厥中，俾後之人永有鑑焉。故膠東相董仲舒老病致仕，朝廷每有政議，數遣廷尉張湯親至陋巷，問其得失，於是作《春秋折獄》二百三十二事，動以《經》對，言之詳矣。逆臣董卓，蕩覆王室，典憲焚燎，靡有孑遺，開闢以來，莫或茲酷。今大駕東邁，巡省許都，拔出險難，其命惟新。臣竊不自揆，輒撰具《律本章句》、《尚書舊事》、《廷尉板令》、《決事比例》、《司徒都目》、《五曹詔書》及《春秋折獄》，凡二百五十篇，蠲去復重，爲之節文。又集《議駁》三十篇，以類相從，凡八十二事。其見《漢書》二十五，《漢記》四，皆刪敘潤色，以全本體。其二十六，博採古今瓌瑋之士，德義可觀。其二十七，臣所創造。《左氏》云：「雖有姬姜，不棄憔悴；雖有絲麻，不棄菅蒯。」蓋所以代匱也。是用敢露頑才，廁於明哲之末，雖未足綱紀國體，宣洽時雍。庶幾觀察，增闡聖德。惟因萬機之餘暇，遊意省覽。』獻帝善之，於是舊事存焉。是時天下將亂，百姓有土崩之勢，刑罰不足以懲惡，於是名儒大才故遼東太守崔寔、大司農鄭玄、大鴻臚陳紀之徒，咸以爲宜復行肉刑。漢朝既不議其事，故無所用矣。

唐・杜佑《通典》卷一六三《刑法一・刑制上》　後漢光武留心庶獄，然自王莽篡位之後，舊章不存，法綱弛縱，無以懲肅。梁統上疏曰：『臣竊見元帝初元五年，輕殊死刑三十四事，哀帝建平元年，輕殊死刑八十一事，其四十二事手殺人者減死一等。自後人輕犯法，吏易殺人。臣愚以爲刑罰不苟務輕，務其中也。是以五帝有流、殛、放、殺之誅，三王有大辟、刻肌之刑，所以爲除殘去亂也。高帝定法，傳之後代。文帝遭代康平，因時施恩，省去肉刑、相坐之法，天下幾平。武帝值中國全盛，征伐遠方，百姓罷弊，豪傑犯禁，姦吏弄法，故重遁匿之科，著知縱之律。宣

帝履道握要，以御海內，臣下奉憲，不失繩墨，天下稱安。孝元、孝哀即位日淺，丞相王嘉等便以數年之間，虧除先帝舊約，穿令斷律，凡百餘事。臣取其尤妨政者，條奏。伏請擇其善者而從之，定不易之典。』時廷尉議，以爲崇刑峻法，非明王急務，遂寢之。

章帝時，郭躬條奏，請重文可從輕者四十一事，著於令。陳寵又代躬爲廷尉，帝納寵言，制除鉆鑽諸慘酷之科，解妖惡之禁，又除文致之請讞五十餘事，著於令。寵復鉤校律令，刑法溢於《甫刑》者，奏除之，鉤，猶勘也，音工侯反。溢，出也。曰：『今律令，犯死刑者六百一十，耐罪千六百九十八，贖罪以下二千六百八十一，溢於《甫刑》千九百八十九，其四百一十大辟，千五百耐罪，七十九贖罪。請令三公、廷尉集平律令，可施行者，大辟二百，耐罪、贖罪二千八百，合爲三千。其餘千九百八十九事，悉可詳除。』會寵得罪，遂寢。

安帝永初中，法稍苛繁，人不堪之，陳寵子忠復爲尚書，略依寵意，奏上三十三條，爲決事比，比，例也，必寐反。以省請讞之弊。又上除蠶室刑；西漢文、景已除宮刑，今復除蠶室刑者，是當時雖有文而未悉斷，武帝時，司馬遷犯法，下蠶室，即其事矣，今申明除之。解贓吏三代禁錮；狂易殺人，得減重論；狂易，謂狂而易性也。母子兄弟相代死，聽，赦所代者。

獻帝初，應劭又刪定律令，撰具《律本章句》、《尚書舊事》、《廷尉版令》、《決事比例》、《司徒都目》、《五曹詔書》及《春秋折獄》，凡二百五十篇。又集《議駁》三十篇，以類相從，凡八十二事。於是舊事存焉。

曹公秉政，欲復肉刑，陳羣深陳其便，鍾繇亦贊成之，孔融、王修不同其議，遂止。具《肉刑議篇》。於是乃定甲子科，犯鈦左右趾者易以木械，是時乏鐵，故易以木焉。又以漢律太重，故令依律論者聽得科半，使從半減也。

宋・徐天麟《東漢會要》卷三五《刑法上・刑制》　腰斬。班始坐殺公主腰斬。

歐刀。《虞詡傳》注云：刑人之刀也。

殊死。或云棄市。

蠶室。《光紀》注云：蠶室，宮刑獄名。有刑者畏風，須暖，作窨畜火如蠶室，因以名焉。

鬼薪、白粲。三歲刑也。

亡命。《光紀》注云：謂犯耐罪而背名逃者。

右趾。《明紀》注：右趾，謂刖其右足，次刖左足，次劓，次黥。

髡鉗城旦舂。城旦者，晝日伺寇虜，夜暮築長城。舂者，婦人犯罪，不任軍役之事，但令舂以食徒者。

完城旦舂。四歲刑也。完者，謂不加髡鉗而築城也。

輸作司寇。《前書》謂之罰作，一歲刑也。

輸作左校。《韋彪傳》注云：左校，曹名，屬將作。

輸作右校。屬將作。

輸作若盧。龐參爲左校令，犯法，輸作若盧。

耐。《光紀》注云：一歲刑爲罰作，二歲已上爲耐。音乃代反。《前書》又音而。

笞。元和元年，詔曰：《律》云：掠者唯得榜、笞。

箠。《章紀》。《令丙》：箠，長短有數。

施刑。《光紀》注云：施，讀曰弛，謂有赦令，去其鉗鈦赭衣。

隸臣妾。

女徒雇山。《光紀》注云：女子犯徒，遣歸家，每月出錢雇人於山伐木。

女子宮。《光紀》注云：謂幽閉也。

又《贓罪》　顯宗即位，交趾太守張恢坐贓千金，召還伏法，以資物簿入大司農，詔班賜羣臣。《鍾離意傳》

安帝初，叔孫光坐贓抵罪，遂增錮二世，釁及其子。是時居延都尉范邠復犯贓罪，詔下三公、廷尉議。司徒楊震、司空陳褒、廷尉張皓議依光比。太尉劉愷獨以爲：『《春秋》之義，「善善及子孫，惡惡止其身。」如使贓吏禁錮子孫，非先王詳刑之意也。』有詔：『太尉議是。』《劉愷傳》

永初中，陳忠上言解贓吏三世禁錮，事皆施行。本《傳》

袁安爲河南尹，未嘗以贓罪鞫人。常曰：『凡學仕者，高則望宰相，下則希牧守。錮人於聖世，尹所不忍爲也。』《袁安傳》

又《選舉不實》　明帝即位，詔曰：『今選舉不實，邪佞未去，權門請託，殘吏放手。有司明奏罪名，并正舉者。』本《紀》注云：舉非其

人，幷正舉主之罪。

戴涉坐所舉人盜金，下獄。《竇融傳》

胡廣爲濟陰太守，以舉吏不實免。本《傳》。又《左雄傳》云：廣等十餘人，皆坐謬舉免。

第五倫上言：『陳留令劉豫、冠軍令駟協，俱以刻薄之資，臨人宰邑，吏民愁怨。非徒應坐豫、協，亦宜兼譴舉者。』本《傳》。

元·馬端臨《文獻通考》卷一六八《刑考七·徒流》 後漢光武建武三年，詔令女徒僱山歸家。

七年，詔罪囚非犯殊死，勿按其罪。見徒免爲庶人。

二十九年，詔罪囚各減本罪一等，其餘贖罪輸作有差。

輸作司寇。《前書》謂之罰作，一歲刑也。

輸作左校。《韋彪傳》注云：『左校，曹名，屬將作。』

輸作右校。屬將作。

輸作若盧。龐參爲左校令，犯法，輸作若盧。

耐。《光紀》注云：『一歲刑爲罰作，二歲已上爲耐。音乃代反。』《前書》又作而。

施刑。《光紀》注云：『施，讀曰弛。謂有赦令去其鉗釱赭衣。』

明帝即位，詔施刑及郡國徒在中元元年四月己卯赦前所犯而後捕繫者，悉免其刑。

八年，詔郡國中都官死罪繫囚減罪一等，勿笞，屯朔方、五原之邊縣。

肅宗建初七年，詔天下繫囚減死一等，勿笞，詣邊；妻子自隨，占犯殊死，一切募下蠶室；其女子宫。繫囚鬼薪白粲已上，皆減本罪各一等，輸司寇作。

元和七年，令如前。

和帝永元三年，詔中書官徒各除半刑，謫其未竟，五月以下皆免遣。

八年，詔郡國中都官繫囚減死一等，詣燉煌屯。

十一年，詔郡國中都官徒及篤癃老小女徒各除半刑，其未竟三月者，皆免歸田里。

元初二年，詔中書都官繫囚減死一等，勿笞，詣馮翊、扶風屯，妻子自隨。

延光三年，詔死罪囚繫減死一等，詣燉煌、隴西及度遼營。

順帝漢安二年，令繫囚殊死以下入贖。其不能入贖者，遣詣臨光縣居作二歲。

沖帝即位，令郡國中都官繫囚減死一等，徙邊；謀反大逆，不用此令。

漢·陸賈《新語》卷下《至德》 設刑者不厭輕，爲德者不厭重，行罰者不患薄，布賞者不患厚，所以親近而致疏遠也。

漢·桓寬《鹽鐵論》卷四《輕重》 嚴法任刑，欲以禁暴止姦，而姦猶不止意者，非扁鵲之用鍼石，故衆人未得其職也。王符曰：凡療病者，必知脉之虛實，氣之所結，然後爲之方，故疾可愈而壽可長也。爲國者，必先知民之所苦禍之所起，然後爲之禁，故姦可塞而國可安也。

又 卷一一《刑德》 大夫曰：『令者所以教民也，法者所以督姦也。令嚴而民慎，法設而姦禁。網疏則獸失，法疏則罪漏。罪漏則民放佚而輕犯禁。故禁下［不］必，（法）［怯］夫徼倖；誅（誠）［誠］，蹠、蹻不犯。是以古者作五刑，刻肌膚而民不踰矩。』

文學曰：『道德衆，人不知所由；法令衆，民不知所辟。故王者之制法，昭乎如日月，故民不迷；曠乎若大路，故民不惑。幽隱遠方，折手知足，室女童婦，咸知所辟。是以法令不犯，而獄犴不用也。昔秦法繁於秋荼，而網密於凝脂。然而上下相遁，姦僞萌生，有司法之，若救爛撲焦，而不能禁；非網疏而罪漏，禮義廢而刑罰任也。方今律令百有餘篇，文章繁，罪名重，郡國用之疑惑，或淺或深，自吏明習者，不知所處，而況愚民！律令塵蠹於棧閣，吏不能遍睹，而況於愚民乎！此斷獄所以滋衆，而民犯禁滋多也。《詩》云「宜犴宜獄，握粟出卜，自何能穀？」刺刑法繁也。親服之屬甚衆，上附下附，而服不過五。五刑之屬三千，上殺下殺，而罪不過五。故治民之道，務篤其教而已。』

大夫曰：『文學言王者立法，曠若大路。今馳道不小也，而民公犯之，以其罰罪之輕也。千仞之高，人不輕凌，千鈞之重，人不輕舉。商君刑棄灰於道，而秦民治。故盜馬者死，盜牛者加，所以重本而絕輕疾之資也。武兵名食，所以佐邊而重武備也。盜傷與殺同罪，所以累其心而責其

意也。猶魯以楚師伐齊，而《春秋》惡之。故輕之爲重，淺之爲深，有緣而然。法之微者，固非衆人之所知也。』

文學曰：『《詩》云：「周道如砥，其直如矢。」言其易也。「君子所履，小人所視。」言其明也。故德明而易從，法約而易行。今馳道經營陵陸，紆周天下，是以萬里爲民穽也。罻羅張而縣其谷，辟陷設而當其蹊，繳弋飾而加其上，能勿離乎？聚其所欲，開其所利，仁義陵遲，能勿踰乎？故其末途，至於攻城入邑，損府庫之金，盜宗廟之器，豈特千仞之高、千鈞之重哉！管子曰：「四維不張，雖臯陶不能爲士。」故德教廢而詐僞行，禮義壞而姦邪興，言無仁義也。仁者，愛之效也；義者，事之宜也。故君子愛仁以及物，治近以及遠。《傳》曰：「凡生之物，莫貴於人；人主之所貴，莫重於人。」故天之生萬物以奉人也，主愛人以順天也。聞以六畜禽獸養人，未聞以所養害人者也。魯廄焚，孔子罷朝，問人不問馬，賤畜而重人也。今盜馬者罪死，盜牛者加。乘車馬行馳道中，吏舉苛而不止，以爲盜馬，而罪亦死。今傷人持其刀劍而亡，亦可謂盜武庫兵而殺之乎？人主立法而民犯之，亦可以爲逆而輕主約乎？深之可以死，輕之可以免，非法禁之意也。法者，緣人情而制，非設罪以陷人也。故《春秋》之治獄，論心定罪。志善而違於法者免，志惡而合於法者誅。念傷民未有所害，志不甚惡而合於法者，謂盜而傷人者耶？將執法者過耶？何於人心不厭也！古者，傷人有創者刑，盜有臧者罰，殺人者死。今取人兵刃以傷人，罪與殺人同，得無非其至意與？』大夫俛仰未應對。

御史大夫曰：『執法者國之轡銜，刑罰者國之維檝也。故轡銜不飭，雖王良不能以致遠；維檝不設，雖良工不能以絕水。韓子（曰）疾有國者不能明其法勢，御其臣下，富國强兵，以制敵禦難，惑於愚儒之文詞，以疑賢士之謀，舉浮淫之蠹，加之功實之上，而欲國之治，猶釋階而欲登高，無銜橛而御馯馬也。今刑法設備，而民猶犯之，況無法乎？其亂必也！』

文學曰：『轡銜者，御之具也，得良工而調。法勢者，治之具也，得賢人而化。執轡非其人，則馬奔馳。執軸非其人，則舩覆傷。昔吴使宰嚭持舳而破其舩，秦使趙高執轡而覆其車。今廢仁義之術，而任刑名之徒，則復吴、秦之事也。夫爲君者法三王，爲相者法周公，爲術者法孔子，此百世不易之道也。韓非非先王而不遵，舍正令而不從，卒蹈陷穽，身幽囚，客死於秦。（本）夫不通大道而小辯，斯足以害其身而已。』

《漢書》卷二三《刑法志》 善乎！孫卿之論刑也，曰：『世俗之爲説者，以爲治古者無肉刑有象刑、墨黥之屬，菲履赭衣而不純，是不然矣。以爲治古，則人莫觸罪邪，豈獨無肉刑哉，亦不待象刑矣。以爲人或觸罪矣，而直輕其刑，是殺人者不死，而傷人者不刑也。罪至重而刑至輕，民無所畏，亂莫大焉。凡制刑之本，將以禁暴惡，且懲其未也。殺人者不死，傷人者不刑，是惠暴而寬惡也。故象刑非生於治古，方起於亂今也。凡爵列官職，賞慶刑罰，皆以類相從者也。一物失稱，亂之端也。德不稱位，能不稱官，賞不當功，刑不當罪，不祥莫大焉。夫征暴誅悖，治之威也。殺人者死，傷人者刑，是百王之所同也，未有知其所由來者也。故治則刑重，亂則刑輕，犯治之罪固重，犯亂之罪固輕也。《書》云「刑罰世重世輕」，此之謂也。』所謂『象刑惟明』者，言象天道而作刑，安有菲屨赭衣者哉？

孫卿之言既然，又因俗説而論之曰：禹承堯舜之後，自以德衰而制肉刑，湯武順而行之者，以俗薄於唐、虞故也。今漢承衰周暴秦極敝之流，俗已薄於三代，而行堯舜之刑，是猶以鞿而御馯突，違救時之宜矣。且除肉刑者，本欲以全民也，今去髡鉗一等，轉而入於大辟，以死罔民，失本惠矣。故死者歲以萬數，刑重之所致也。至乎穿窬之盜，忿怒傷人，男女淫佚，吏爲姦臧，若此之惡，髡鉗之罰又不足以懲也。故刑者歲十萬數，民既不畏，又曾不恥，刑輕之所生也。故俗之能吏，公以殺盜爲威，專殺者勝任，奉法者不治，亂名傷制，不可勝條。是以罔密而姦不塞，刑蕃而民愈嫚。必世而未仁，百年而不勝殘，誠以禮樂闕而刑不正也。豈宜惟思所以清原正本之論，删定律令，篹二百章，以應大辟。其餘罪次，於古當生，今觸死者，皆可募行肉刑。及傷人與盜，吏受賕枉法，男女淫亂，皆復古刑，爲三千章。詆欺文致微細之法，悉蠲除。如此，則刑可畏而禁易避，吏不專殺，法無二門，輕重當罪，民命得全，合刑罰之中，殷天人之和，順稽古之制，成時雍之化。成康刑錯，雖未可致，孝文斷獄，庶幾可及。《詩》云『宜民宜人，受禄于天』。《書》曰『立功立事，可以永年』。言爲政而宜於民者，功成事立，則受天禄而永年命，所謂『一人

有慶，萬民賴之』者也。

清·嚴可均《全後漢文》卷四六《崔寔〈政論〉》 昔高祖令蕭何作九章之律，有夷三族之令《御覽》六百四十八作『高帝作九章之律，高后深三族之罪』，黥、劓、斬趾、斷舌、梟首，故謂之具五刑。文帝雖除肉刑，當劓者笞三百，當斬左趾者笞五百，當斬右趾者棄市。右趾者既損其命，鞭撻者往往至死，雖有輕刑之名，其實殺也。當此之時，民皆思復肉刑。至景帝元年，乃下詔曰：『加笞與重罪無异，幸而不死，不可爲民。』乃定減笞輕捶。自是之後，笞者得全。以此言之，文帝乃重刑，非輕之也；以嚴致平，非以寬致平也。世有所變，何獨拘前？必欲行若言。【略】

大赦之造，乃聖王受命而興，討亂除殘，誅其鯨鯢，赦其臣民，漸染化者耳。及戰國之時，犯罪者輒亡奔鄰國，遂赦之以誘還其逋逃之民。漢承秦制，遵而不越。孝文皇帝卽位二十三年乃赦，示不廢舊章而已。近永平、建初之際，亦六七年乃壹赦。亡命之子『亡』、『之』二字本脱，從《御覽》六百五十二補，皆老於草野，窮困懲艾，比之於死。頃間以來，歲且壹赦，百姓忸忲，輕爲奸非。每迫春節，徼幸之會，犯惡尤多，近前年一期之中，大小四赦。諺曰：『一歲再赦，奴兒喑噁。』《御覽》四百九十六，又六百五十二作『啞』況不軌之民，孰不肆意！遂以赦爲常俗，初期望之，過期不至，亡命蓄積，羣輩屯聚，爲朝廷憂。如是則劫，不得不赦。赦以趣姦，姦以趣赦，轉相驅蹴，兩不得息，雖日赦之，亂甫繁耳。由坐飲多發消渴，而水更不得去口，其歸亦無終矣。又踐祚改元際，未嘗不赦。每其令曰：『盪滌舊惡，將與士大夫更始。』是褒已薄先，且遠無改之義，非所以明孝抑邪之道也。

宋·洪邁《容齋隨筆》卷一一《漢誹謗法》 漢宣帝詔羣臣議武帝廟樂，夏侯勝曰：『武帝竭民財力，奢秦無度，天下虛耗，百姓流離，赤地數千里，亡德澤於民，不宜爲立廟樂。』於是丞相、御史劾奏勝非議詔書，毀先帝，不道。遂下獄，繫再更冬，會赦，乃得免。章帝時，孔僖、崔駰遊太學，相與論武帝始爲天子，崇信聖道，及後恣己，忘其前善。爲鄰房生告其誹謗先帝，刺譏當世，下吏受訊，僖以書自訟，乃勿問。元帝時，賈捐之論珠厓事，曰：『武帝籍兵厲馬，攘服夷狄，天下斷獄萬數，寇賊並起，軍旅數發，父戰死於前，子鬪傷於後，女子乘亭障，孤兒號於道，老母寡婦，飲泣巷哭，是皆廓地泰大，征伐不休之故也。』考三人所指武帝之失，捐之言最切，而三帝或罪或否，豈非夏侯非議詔書，僖、駰誹謗，皆漢法所禁，如捐之直指其事，則在所不問乎！

清·王夫之《讀通鑑論》卷四《漢宣帝四》 路温舒之言緩刑，不如鄭昌之言定律也。宣帝下寬大之詔，而言刑者益淆，上有以召之也。律令繁，而獄吏得所緣飾以文其濫，雖天子日清問之，而民固受罔以死。律之設也多門，於彼於此而皆可坐，意爲重輕，賄爲出入，堅執其一說而固不可奪。於是吏與有司爭法，有司與廷尉爭法，廷尉與天子爭法，辨莫能折，威莫能制也。巧而强者持之，天子雖明，廷尉雖慎，卒無以勝一獄吏之姦，而脫無辜於阱。卽令遣使歲省而欽恤之，抑惟大凶巨猾因緣請屬以逃於法，於貧弱之冤民亡益也。唯如鄭昌之說，斬然定律而不可移，則一人制之於上，而酷與賄之弊絕於四海，此昌之說所以爲萬世祥刑之經也。

夫法之立也有限，而人之犯也無方。以有限之法，盡無方之慝，是誠有所不能該矣。於是而律外有例，例外有奏準之令，皆求以盡無方之慝，而勝天下之殘。於是律之旁出也日增，而猶患其未備。夫先王以有限之法治無方之罪者，豈不審於此哉？以爲國之蠹、民之賊、風俗之蜚蜮，去其甚者，如此律焉足矣，卽是可以已天下之亂矣。若意外無方之慝，世不恆有，苟不比於律，亦可姑俟其惡之已稔而後誅，固不忍取同生並育之民，逆億揣度，刻畫其不軌而豫謀操蹙也。律簡則刑清，刑清則罪允，罪允則民知畏忌，如是焉足矣。

抑先王之將納民於軌物而弭其無方之姦頑者，尤自有教化以先之，愛養以成之，而不專恃乎此。則雖欲詳備之，而有所不用，非其智慮弗及而待後起之增益也。乃後之儒者，惡惡已甚，不審而流於申、韓。無知之民，苟快洩一時之忿，稱頌其擿發之神明，而不知其行自及也。嗚呼！可悲矣夫！

清·趙翼《廿二史劄記》卷三《後漢書·兩帝捕盜法不同》 漢武時，酷吏盛行，民輕犯法，盜賊滋起，大者至數千人，攻城邑，掠庫兵。帝使光禄大夫范昆、九卿張德等，衣繡衣，持節發兵，斬首或至萬數，並誅通行飲食者。數年稍得其渠率，而散亡者又聚黨阻山川。無可奈何，乃作沈命法，盜起不發覺，覺而勿捕滿品者，二千石以下至小吏皆死。其後

小吏懼誅，雖有盜不敢發，恐累府，府亦使不言，故盜賊益多。光武帝建武十六年，羣盜並起，所在殺長吏，討之則解散，去又屯結。乃下令聽羣盜自相糾摘，五人斬一人者除其罪，牧、守、令、長界內有盜賊及棄城者，皆不以爲罪，但取獲賊多少爲殿最，惟蔽匿者罪之。於是更相追捕，並解散。同一捕盜也，一則法愈嚴而盜愈多，一則法稍疏而盜易散，此亦前事之師也。

清・王鳴盛《十七史商榷》卷一一《漢書五・肉刑》 文帝除肉刑，當黥者髡鉗爲城旦舂，當劓者笞三百，當斬左止者笞五百，當斬右止者皆棄市，有輕刑名，實殺人。笞五百、三百，率多死。班氏論之云：『除肉刑，本欲全民，今去髡鉗一等，轉入大辟。以死罔民，死者歲萬數，刑重所致也。至穿窬之盜，忿怒傷人，男女淫佚，吏爲姦臧，若此之惡，髡鉗又不足以懲，刑者歲十萬數，民不畏，又不恥，刑輕所生也。宜思清原正本，刪定律令，篹二百章，以應大辟。其餘罪次，於古當生，今觸死者，皆可募行肉刑。』《魏志》陳羣議云：『漢除肉刑而增加笞，本興仁惻而死更衆，所謂名輕實重也。名輕則易犯，實重則傷民。且殺人償死，合于古制。至于傷人，或殘毀其體而裁翦毛髮，非其理也。若用古制，使淫者下于蠶室，盜者刖其足，永無淫放穿窬之患矣。夫三千之屬雖未可卒復，若斯數者，時之所患，宜先施用。漢律所設殊死之罪，仁所不及也，其餘逮死者，可以刑殺，如此則所刑與所生足以相貿矣。今以笞死之法易不殺之刑，是重人肢體，輕人軀命也。』其旨本班氏。

論說

《史記》卷六《秦始皇本紀》 始皇推終始五德之傳，以爲周得火德，秦代周德，從所不勝。【略】剛毅戾深，事皆決於法，刻削毋仁恩和義，然後合五德之數。於是急法，久者不赦。【略】

（始皇三十四年）丞相李斯曰：『五帝不相復，三代不相襲，各以治，非其相反，時變異也。今陛下創大業，建萬世之功，固非愚儒所知。且越言乃三代之事，何足法也？異時諸侯並爭，厚招游學。今天下已定，法令出一，百姓當家則力農工，士則學習法令辟禁。今諸生不師今而學古，以非當世，惑亂黔首。丞相臣斯昧死言：古者天下散亂，莫之能一，是以諸侯並作，語皆道古以害今，飾虛言以亂實，人善其所私學，以非上之所建立。今皇帝并有天下，別黑白而定一尊。私學而相與非法教，人聞令下，則各以其學議之，入則心非，出則巷議，夸主以爲名，異取以爲高，率羣下以造謗。如此弗禁，則主勢降乎上，黨與成乎下。禁之便。臣請史官非秦記皆燒之。』

《漢書》卷二三《刑法志》 （秦始皇）兼吞戰國，遂毀先王之法，滅禮誼之官，專任刑罰，躬操文墨，晝斷獄，夜理書，自程決事，日縣石之一。而姦邪並生，赭衣塞路，囹圄成市，天下愁怨，潰而叛之。

《後漢書》卷四六《郭躬傳》 秦爲虐政，四時行刑，聖漢初興，改從簡易。

南朝宋・裴駰《史記集解》卷八《高祖本紀》 三國魏張晏曰：『秦法，一人犯罪，舉家及鄰伍坐之，今但當其身坐，合於康誥「父子兄弟罪不相及」也。』

又 卷一〇《孝文本紀》 漢應劭曰：『帑，子也。秦法一人有罪，並坐其家室。今除此律。』

《晉書》卷六八《紀瞻傳》 叔世崇三辟之文，暴秦加族誅之律，淫刑淪胥，虐濫已甚。漢魏遵承，因而弗革。

漢・應劭《風俗通義》卷二《正失・孝文帝》 前待詔賈捐之爲孝元皇帝言：『太宗時，民賦四十，斷獄四百餘。』案太宗時民重犯法，治理不能過中宗之世，地節元年，天下斷獄四萬七千餘人，如捐之言，復不類，前世斷獄，皆以萬數，不三百人。【略】斷獄三百人，粟一升一錢，凡此十餘事，皆俗人所妄傳，言過其實。

漢・荀悅《申鑒》卷二《時事》 肉刑古也。或曰：『復之乎？』曰：『古者，人民盛焉，今也至寡。整衆以威，撫寡以寬，道也。復刑非務必也。生刑而極死者，復之可也。』如斬右趾，本生刑也，而改爲棄市，則極死矣。斯則斬右趾之刑，復之可也。自古肉刑之除也，斬右趾者死也。惟復肉刑，是謂生死而息民。【略】此一首所謂生刑而死者，但加肉刑也。

漢・王符《潛夫論》卷五《衰制》 無法制而成天下者，三皇也；畫則象而化四表者，五帝也；明法禁而和海內者，三王也。行賞罰而齊

萬民者，治國也；君立法而下不行者，亂國也；臣作政而君不制者，亡國也。

是故民之所以不亂者，上有吏；吏之所以無姦者，官有法；法之所以順行者，國有君也；君之所以位尊者，身有義也。夫義者，君之政也，法者，君之命也。人君思正以出令，而貴賤賢愚莫得違也，則君位於上，而民氓治於下矣。人君出令而貴臣驕吏弗順也，則君幾於弒，而民幾於亂矣。

夫法令者，君之所以用其國也。君出令而不從，是與無君等。主令不從則臣令行，國危矣。

夫法令者，人君之銜轡箠策也，而民者，君之輿馬也。若使人臣廢君法禁而施己政令，則是奪君之轡策，而己獨御之也。愚君闇主託坐於左，而姦臣逆道執轡於右，此齊騶馬傳所以沈胡公於貝水，宋羊叔牂所以弊華元於鄭師，而莫之能御也。是故陳恆執簡公於徐州，李兌害主父於沙丘，皆以其平素奪君之轡策也。文言故曰：『臣弒其君，子弒其父，非一朝一夕之故也，其所由來者漸矣，由辨之不蚤辨也。』是故妄違法之吏，妄造令之臣，不可不誅也。

晉·張華《博物志》卷六《典禮考》 肉刑，明王之制，荀卿每論之。至漢文帝感太倉公女之言而廢之，班固著論宜復。迄漢末魏初，陳紀又論宜申古制，孔融云可。復欲申之，鍾繇、王朗不同，遂寢。夏侯玄、李勝、曹羲、丁謐建私議，各有彼此，多云時未可復，故遂寢焉。

《後漢書》卷五五《魯恭傳》 初，和帝末，下令麥秋得案驗薄刑，而州郡好以苛察爲政，因此遂盛夏斷獄。恭上疏諫曰：臣伏見詔書，敬若天時，憂念萬民，爲崇和氣，罪非殊死，且勿案驗。進柔良，退貪殘，奉時令。所以助仁德，順昊天，致和氣，利黎民者也。舊制至立秋乃行薄刑，自永元十五年以來，改用孟夏，而刺史、太守不深惟憂民息事之原，進良退殘之化，因以盛夏徵召農人，拘對考驗，連滯無已。司隸典司京師，四方是則，而近於春月分行諸部，託言勞來貧人，而無隱惻之實，煩擾郡縣，廉考非急，逮捕一人，罪延十數，上逆時氣，下傷農業。案《易》五月《姤》用事。經曰：『后以施令誥四方。』言君以夏至之日，施命令止四方行者，所以助微陰也。行者尚止之，況於逮召考掠，奪其時哉！比年水旱傷稼，人飢流冗。今始夏，百穀權輿，陽氣胎養之時。自三月以來，陰寒不暖，物當化變而不被和氣。《月令》：『孟夏斷薄刑，出輕繫。行秋令則苦雨數來，五穀不熟。』又曰：『仲夏挺重囚，益其食。行秋令則草木零落，人傷於疫。』夫斷薄刑者，謂其輕罪已正，不欲令久繫，故時斷之也。臣愚以爲今孟夏之制，可從此令，其決獄案考，皆以立秋爲斷，以順時節，育成萬物，則天地以和，刑罰以清矣。

初，肅宗時，斷獄皆以冬至之前，自後論者互多駮異。鄧太后詔公卿以下會議，恭議奏曰：夫陰陽之氣，相扶而行，發動用事，各有時節。若不當其時，則物隨而傷。王者雖質文不同，而茲道無變，四時之政，行之若一。《月令》，周世所造，而所據皆夏之時也，其變者唯正朔、服色、犧牲、徽號、器械而已。故曰：『殷因於夏禮，周因於殷禮，所損益可知也。』《易》曰：『潛龍勿用。』言十一月、十二月陽氣潛藏，未得用事。雖煦嘘萬物，養其根荄，而猶盛陰在上，地凍水冰，陽氣否隔，閉而成冬。故曰：『履霜堅冰，陰始凝也。馴致其道，至堅冰也。』言五月微陰始起，至十一月堅冰至也。夫王者之作，因時爲法。孝章皇帝深惟古人之道，助三正之微，定律著令，冀承天心，順物性命，以致時雍。然從變改以來，年歲不熟，穀價常貴，人不寧安。小吏不與國同心者，率入十一月得死罪賊，不問曲直，便即格殺，雖有疑罪，不復讞正。一夫吁嗟，王道爲虧，況於衆乎？《易》十一月『君子以議獄緩死』。可令疑罪使詳其法，大辟之科，盡冬月乃斷。其立春在十二月中者，勿以報囚如故事。後卒施行。

又 卷二七《杜林傳》 （建武）十四年，羣臣上言：『古者肉刑嚴重，則人畏法令；今憲律輕薄，故姦軌不勝。宜增科禁，以防其源。』詔下公卿。（杜）林奏曰：『夫人情挫辱，則義節之風損，法防繁多，則苟免之行興。孔子曰：「導之以政，齊之以刑，民免而無恥。導之以德，齊之以禮，有恥且格。」古之明王，深識遠慮，動居其厚，不務多辟，周之五刑，不過三千。大漢初興，詳鑑失得，故破矩爲圓，斲彫爲樸，蠲除苛政，更立疏網，海內歡欣，人懷寬德。及至其後，漸以滋章，吹毛索疵，詆欺無限。果桃菜茹之饋，集以成臧，小事無妨於義，以爲大戮，故國無廉士，家無完行。至於法不能禁，令不能止，上下相遁。爲敝彌深。

臣愚以爲宜如舊制，不合翻移。』帝從之。

又　卷二八上《桓譚傳》　世祖卽位，徵待詔，上書言事失旨，不用。後大司空宋弘薦譚，拜議郎給事中，因上疏陳時政所宜，曰：（臣）又見法令決事，輕重不齊，或一事殊法，同罪異論，姦吏得因緣爲市，所欲活則出生議，所欲陷則與死比，是爲刑開二門也。今可令通義理明習法律者，校定科比，一其法度，班下郡國，蠲除故條。如此，天下知方，而獄無怨濫矣。書奏，不省。

又　卷三四《梁統傳》　（建武十二年，梁）統在朝廷，數陳便宜。以爲法令既輕，下姦不勝。宜重刑罰，以遵舊典，乃上疏曰：

臣竊見元、哀二帝輕殊死之刑以一百二十三事，手殺人者減死一等，自是以後，著爲常準，故人輕犯法，吏易殺人。臣聞立君之道，仁義爲主，仁者愛人，義者政理，愛人以除殘爲務，政理以去亂爲心。刑罰在衷，無取於輕，是以五帝有流、殛、放、殺之誅，三王有大辟、刻肌之法。故孔子稱『仁者必有勇』，又曰『理財正辭，禁民爲非曰義』。高帝受命誅暴，平蕩天下，約令定律，誠得其宜。文帝寬惠柔克，遭世康平，惟除省肉刑、相坐之法，它皆率由，無革舊章。武帝值中國隆盛，財力有餘，征伐遠方，軍役數興，豪桀犯禁，姦吏弄法，故重首匿之科，著知從之律，以破朋黨，以懲隱匿。宣帝聰明正直，總御海內，臣下奉憲，無所失墜，因循先典，天下稱理。至哀、平繼體，而卽位日淺，聽斷尚寡，丞相王嘉輕爲穿鑿，虧除先帝舊約成律，數年之間，百有餘事，或不便於理，或不厭民心。謹表其尤害於體者傅奏於左。伏惟陛下包元履德，權時撥亂，功踰文、武，德侔高皇，誠不宜因循季末衰微之軌。回神明察，考量得失，宣詔有司，詳擇其善，定不易之典，施無窮之法，天下幸甚。

事下三公、廷尉，議者以爲隆刑竣法，非明王急務，施行日久，豈一朝所釐。統今所定，不宜開可。統復上言曰：『有司以臣今所言，不可施行。尋臣之所奏，非曰嚴刑。竊謂高帝以後，至乎孝宣，其所施行，多合經傳，宜比方今事，驗之往古，聿遵前典，事無難改，不勝至願。願得召見，若對尚書近臣，口陳其要。』

帝令尚書問狀，統對曰：『聞聖帝明王，制立刑罰，故雖堯、舜之盛，猶誅四凶。經曰：『天討有罪，五刑五庸哉。』又曰：『爰制百姓于刑之衷。』孔子曰：『刑罰不衷，則人無所厝手足。』衷之爲言，不輕不重之謂也。《春秋》之誅，不避親戚，所以防患救亂，全安衆庶，豈無仁愛之恩？貴絕殘賊之路也？

自高祖之興，至于孝宣，君明臣忠，謨謀深博，猶因循舊章，不輕改革，海內稱理，斷獄益少。至初元、建平，所減刑罰百有餘條，而盜賊浸多，歲以萬數。間者三輔從橫，羣輩並起，至燔燒茂陵，火見未央。其後隴西、北地、西河之賊，越州度郡，萬里交結，攻取庫兵，劫略吏人，詔書討捕，連年不獲。是時以天下無難，百姓安平，而狂狡之勢，猶至於此，皆刑罰不衷，愚人易犯之所致也。由此觀之，則刑輕之作，反生大患；惠加姦軌，而害及良善也。故臣統願陛下采擇賢臣孔光、師丹等議。

議上，遂寢不報。

又　卷四六《陳寵傳》　帝敬納寵言，每事務於寬厚。其後遂詔有司，絕鉆鑽諸慘酷之科，解妖惡之禁，除文致之請讞五十餘事，定著于令。

漢舊事斷獄報重，常盡三冬之月，是時帝始改用冬初十月而已。元和二年，旱，長水校尉賈宗等上言，以爲斷獄不盡三冬，故陰氣微弱，陽氣發泄，招致災旱，事在於此。帝以其言下公卿議，寵奏曰：【略】書奏，帝納之，遂不復改。

又　卷七〇《孔融傳》　（建安中）時論者多欲復肉刑。（孔）融乃建議曰：『古者敦庬，善否不別，吏端刑清，政無過失。百姓有罪，皆自取之。末世陵遲，風化壞亂，政撓其俗，法害其人。故曰上失其道，民散久矣。而欲繩之以古刑，投之以殘棄，非所謂與時消息者也。紂斮朝涉之脛，天下謂爲無道。夫九牧之地，千八百君，若各刖一人，是下常有千八百紂也。求俗休和，弗可得已。且被刑之人，慮不念生，志在思死，類多趨惡，莫復歸正。夙沙亂齊，伊戾禍宋，趙高、英布，爲世大患。不能止人遂爲非也，適足絕人還爲善耳。雖忠如鬻拳，信如卞和，智如孫臏，冤如巷伯，才如史遷，達如子政，一離刀鋸，沒世不齒。是太甲之思庸，穆公之霸秦，南睢之骨立，衛武之《初筵》，陳湯之都賴，魏尚之守邊，無所復施也。漢開改惡之路，凡爲此也。故明德之君，遠度深惟，棄短就長，不苟革其政者也。』朝廷善之，卒不改焉。

又 卷七六《循吏傳》 初，光武長於民間，頗達情僞，見稼穡艱難，百姓病害，至天下已定，務用安靜，解王莽之繁密，還漢世之輕法。

宋・司馬光《資治通鑑》卷五三《漢紀四十五・孝桓皇帝上之上》

臣光曰：漢家之法已嚴矣，而崔寔猶病其寬，何哉？蓋衰世之君，率多柔懦，凡愚之佐，唯知姑息，是以權幸之臣有罪不坐，豪猾之民犯法不誅；仁恩所施，止於目前；姦宄得志，紀綱不立。故崔寔之論，以矯一時之枉，非百世之通義也。孔子曰：『政寬則民慢，慢則糾之以猛；猛則民殘，殘則施之以寬。寬以濟猛，猛以濟寬，政是以和。』斯不易之常道矣。

元・馬端臨《文獻通考》卷一六四《刑考三・刑制》（馬端臨）

按：黨錮之獄，出於宦官之惡直醜正，然欲加之罪，則必從而爲之辭。靈帝之問曹節曰：『黨人何用爲惡而欲誅之邪？』善哉，問也！帝時年方童幼，未知姦佞容悦之可親，忠賢鯁直之可惡，故發此問。至對以『謀不軌，危社稷』，則不復能窮詰其所以謀之説，所以危之狀，而遽可其奏矣。自昔昏暴之君，誅諍臣，戮直士，若龍逄、比干之儔，皆以諫諍於朝而嬰禍，而竊議於野者則未嘗罪之也。至李斯始有偶語之禁，張湯始有腹誹之律，皆處以死罪。今觀黨錮諸賢所坐，卽偶語、腹誹之罪；而曹節、王甫輩所爲，蓋襲斯、湯之故智也。至於根連株逮坐死者，不可勝計。雖曰主昏政亂，凶璫得以肆其威虐，然亦有由來矣。蓋漢家之法以殊死爲輕典，而治獄之吏則以深竟黨與爲能事。義縱爲定襄太守，定襄獄中重罪二百餘人，及賓客昆弟私入相視者亦二百餘人，縱一切捕鞫，曰『爲死罪解脱』，是日皆報殺四百餘人。成瑨爲南陽太守，宛富賈張汎倚恃後宮中官之勢，縱横里中。功曹岑晊等勸瑨收捕汎等，既而遇赦，瑨竟誅之，并收其宗族賓客，殺二百餘人，後乃奏聞。夫重囚之罪可殺也，張汎之罪可殺也，至其宗黨賓客數百人，豈皆有可死之罪乎？而一槩殺之？義縱酷吏，所爲固不足道。成瑨、岑晊，名士也，亦復若此。雖曰其心出於嫉惡，然淫酷亦太甚。則夫張儉亡命，其所經歷，伏重誅者數十家，至於宗親殲殄，郡縣殘破，蓋亦漢世之法耳。夫子曰：『始作俑者，其無後乎！』《傳》曰：『作法於貪，敝將若之何？』信哉！

崔寔《政論》曰：『凡爲天下者，自非上德，嚴之則治，寬之則亂。何以明其然也？近孝宣皇帝明於君人之道，審爲政之理，故嚴刑峻法破姦宄之膽，海内清肅，天下密如，算計見效，優於孝文。及元帝卽位，多行寬政，卒以墮損，威權始奪，遂爲漢室基禍之主。政道得失，於此可監。夫刑罰者，治亂之藥石；德政者，興平之粱肉也。夫以德教除殘，是以粱肉治疾也；以刑罰治平，是以藥石供養也。方今承百王之敝，值戹運之會。自數世以來，政多恩貸，馭委其轡，馬駘其銜，四牡横奔，皇路險傾。方將拑勒鞬輈以救之，豈暇鳴和鑾、諧節奏哉？昔文帝除肉刑，當斬右趾者棄市，笞者往往致死。是文帝以嚴致平，非以寬致平也。』

【略】

按：崔寔《政論》主於嚴刑，而其論發於桓帝之初年，司馬温公亦以爲矯一時之枉。然愚嘗考之，漢自沖、質而後，政日以圮，其敝蓋原於人主昏庸，戚閹相繼秉政，紀綱日亂，刑罰不中，而國隨以亡，其咎不在於刑輕也。且二帝之時，屢有詔書輕減死罪，或止於髡鉗，或徙邊，或贖縑，唯謀反大逆不用此令。然坐忤梁冀而亡命者死，坐張儉親知及所經過者死，此二者所誅甚衆，豈亦反逆乎！蓋牧守皆戚閹之黨，故於其所疾惡者，公違詔書而誅殲之。且當時姦凶得志，忠賢受禍，民不見德，亡形已具。猶幸刑制稍寬於西都，時有寬恤之詔，故其所誅殄，及於黨錮之清流而不及於無辜之百姓。若使一用武、宣之法，則狼牧虎冠之徒，其作威殺戮，毒痡四海，必又有不可勝言者。自古人主之淫刑嗜殺者，如漢之孝武、唐之則天，寵用張湯、義縱、王温舒、周興、來俊臣之徒，恣爲威酷，然不旋踵而以法誅滅之。蓋二主亦知人之不可多殺，特不能勝其好殺之心，而至於用此曹；旋覺其非，而誅之以謝天下。張而能弛，故不至於亡其國。桓、靈之昏庸，豈足以語此。以昏庸之主而復欲其行嚴酷之法，則土崩瓦解之勢當如亡秦，亦不待建安之末而漢鼎始移矣。【略】

按：是時肉刑之不用，已三百餘年，而卒欲復之，誠非篤論。然陳羣所謂『傷人或殘毀其體而裁翦毛髮』，是當時傷人者，不過坐髡鉗之罪。又言『以笞死之法易不殺之刑，是重人肢體而輕人軀命』，蓋自孝文立法，以笞代劓剕，而笞數太多，反以殺人；後雖減笞數，定箠令，然笞者猶不免於死，於是遂以笞爲死刑。其不當死者，則幷不復笞之，如孝章以來，屢有寬刑之詔，俱言『減死一等者，勿笞，徙邊』，蓋懼其笞則必至於死也。然鬬狠傷人與姦盜不法之徒，若抵以死則太酷，免死而止於

髡鉗，則裁翦其毛髮，而略不罹箠楚之毒，又太輕矣。則曷若斟酌笞數，使其可以懲姦而毋至於殺人，乃合中道，而肉刑固不必議復矣。

藝文

清・彭定求等《全唐詩》卷七二九《［唐］周曇〈秦門・陳涉〉》　秦法煩苛霸業隳，一夫攘臂萬夫隨。王侯無種英雄志，燕雀喧喧安得知。

宋・徐鈞《史詠詩集》上卷《趙高》　閹奴久矣擅秦權，鹿馬欺君亦勢然。輒向望夷行弒逆，此身不殺是無天。

清・錢謙益《列朝詩集》丁集第一四《［明］王跂〈述古二首〉》　秦法如牛毛，鹿馬乃失實。漢弘吞舟網，廉恥觸隱慝。御精馬竊銜，獨張飛蛾集。人情小開通，綱紀則大立。如何旒纊地，獨暗勞日月。小臣伺腹心，兼恐成妖孽。

清・陳恭尹《獨漉堂詩文集・詩集》卷二《讀秦紀》　謗聲易弭怨難除，秦法雖嚴亦甚疏。夜半橋邊呼孺子，人間猶有未燒書。

雜録

清・孫楷《秦會要》卷二一《刑法二》　（秦刑有）田律、廄苑律、倉律、金布律、公器律、工額律、徭律、戍律、軍爵律、置吏律、效律、傳食律、行書律、內史雜律、尉雜律、屬邦律、除弟子律、軍雜律、獵律。

又　卷二三《刑法三・肉刑》　（刑名有）髕、刖、劓、黥、宮、笞、矐、具五刑、髡鉗、鋈足、斬左趾、榜掠。

又　《死刑》　（刑名有）棄市、腰斬、車裂、體解、剖腹、鑿顛、抽脅、鑊烹、蒺藜、磔、生戮、定殺、阬。

司法

綜述

《史記》卷六《秦始皇本紀》　（始皇）剛毅戾深，事皆決於法，刻削毋仁恩和義，然後合五德之數。於是急法，久者不赦。

（始皇）行所幸，有言其處者，罪死。

（始皇三十四年）丞相李斯曰：『臣請史官非秦記皆燒之。非博士官所職，天下敢有藏《詩》、《書》、百家語者，悉詣守、尉雜燒之。有敢偶語《詩》、《書》者棄市。以古非今者族。吏見知不舉者與同罪。令下三十日不燒，黥爲城旦。所不去者，醫藥卜筮種樹之書。若欲有學法令，以吏爲師。』制曰：『可。』

（三十五年）侯生盧生相與謀曰：『（始皇）專任獄吏，獄吏得親幸。博士雖七十人，特備員弗用。丞相諸大臣皆受成事，倚辨於上。上樂以刑殺爲威，天下畏罪持祿，莫敢盡忠。【略】秦法，不得兼方不驗，輒死。【略】』

羣臣諸公子有罪，輒下（趙）高，令鞫治之。殺大臣蒙毅等，公子十二人僇死咸陽市，十公主矺死於杜，財物入於縣官，相連坐者不可勝數。

又　卷八七《李斯列傳》　二世乃使高案丞相獄，治罪，責（李）斯與子由謀反狀，皆收捕宗族賓客。趙高治斯，榜掠千餘，不勝痛，自誣服。二世二年七月，具斯五刑，論腰斬咸陽市。斯出獄，與其中子俱執，顧謂其中子曰：『吾欲與若復牽黄犬俱出上蔡東門逐狡兔，豈可得乎！』遂父子相哭，而夷三族。

又　卷八八《蒙恬列傳》　秦王聞（趙）高强力，通於獄法，舉以爲中車府令。高既私事公子胡亥，喻之決獄。高有大罪，秦王令蒙毅法治之。毅不敢阿法，當高罪死，除其宦籍。帝以高之敦於事也，赦之，復其官爵。

二世又遣使者之陽周，令蒙恬曰：『君之過多矣，而卿弟毅有大罪，

法及內史。』

又　卷九五《樊酈滕灌列傳》　高祖戲而傷嬰，人有告高祖。高祖時爲亭長，重坐傷人，三國魏如淳曰：『爲吏傷人，其罪重也。』告故不傷嬰，三國魏鄧展曰：『律有故乞鞫，高祖自告不傷人。』唐司馬貞《索隱》曰：案：晉灼云：『獄結竟，呼囚鞫語罪狀，囚其稱枉欲乞鞫者，許之也。』嬰證之。後獄覆，《索隱》曰：案：韋昭曰：『高帝自言不傷嬰，嬰證之。是獄辭翻覆也。』嬰坐高祖繫歲餘，掠笞數百，終以是脫高祖。

漢·桓寬《鹽鐵論》卷一二《詔聖》　二世信趙高之計，渫篤責而任誅斷刑者半道，死者日積。

《漢書》卷一九上《百官公卿表上》　廷尉，秦官，漢應劭曰：『聽獄必質諸朝廷，與衆共之，兵、獄同制，故稱廷尉。』師古曰：『廷，平也。治獄貴平，故以爲號。』掌刑辟，有正、左右監，秩皆千石。

又　卷二三《刑法志》　（秦始皇）專任刑罰，躬操文墨，晝斷獄，夜理書，自程決事，日縣石之一。而姦邪並生，赭衣塞路，囹圄成市，天下愁怨，潰而叛之。

又　卷二四上《食貨志上》　（秦）貪暴之吏，刑戮妄加，民愁亡聊，亡逃山林，轉爲盜賊，赭衣半道，斷獄歲以千萬數。

漢·衛宏《漢官舊儀》卷下　漢承秦郡，置太守，治民斷獄。都尉治獄，都尉治盜賊甲卒兵馬。

唐·杜佑《通典》卷一六三《刑志上》　燕人盧生竊言『始皇樂以刑殺爲威』，因亡去。始皇聞之怒，諸生在咸陽者四百六十餘人，皆坑之。其後東郡星隕爲石，或刻其石曰：『始皇死。』始皇盡誅石旁人。

胡亥立，以趙高爲郎中令，更變律令，有罪者相坐收族。又羣盜起，胡亥責李斯，斯懼，上書請行督責，刑者相半。其後趙高譖斯，具五刑，腰斬，夷三族。

又　卷一七〇《刑法八·峻酷》　始皇專任獄吏，燕人盧生竊歎曰：『帝親幸獄吏，樂以行殺爲威，天下畏罪持祿，莫敢盡忠。上不聞過而日驕，下懾伏謾欺以取容。』始皇聞之，怒曰：『諸生在咸陽者，吾使廉問，或爲妖言以亂黔首。』於是使御史悉按問諸生。諸生傳相告引，乃自誣，犯禁者四百六十餘人，皆坑之。三十六年，有墜星下東郡，至地爲石。或刻其石曰：『始皇死而地分。』帝聞之，遣御史逐問，莫服，盡取石旁舍者誅之，因燔其石。

胡亥以趙高爲郎中令，更法律令，有罪者相坐收族，胡亥從之。羣臣諸公子有罪，令高治之。殺大臣蒙毅等，公子十二人戮死尸於市，十公主磔死于杜，財物沒入縣官，餘相連坐者不可勝數。時山東羣盜大起，不能禁。胡亥責李斯，斯懼，乃阿意，以書對曰：『夫賢主必能行督責之術，則人不犯。故韓子曰：「慈父有敗子，而嚴家無格虜。」』胡亥悅，行督責益嚴，刑者相半，死人成積於市。以殺人多者爲忠臣。丞相去疾及李斯，與將軍馮劫諫胡亥，以寇盜並起，皆苦於轉戍，且止阿房作者。胡亥曰：『君不能禁盜，又欲罷先帝所爲，何以在位？』遂下之吏。去疾、劫曰：『將相不辱。』皆自殺。高因譖李斯子由爲三川守，與盜通。令高按問斯。高詐爲御史十輩，往訊斯，斯以實對，輒令榜掠。斯急，上書，高令棄之不奏。後胡亥使人驗斯，斯懼前使者，乃誣伏。遂具斯五刑，腰斬咸陽市，夷三族。

唐·徐堅《初學記》卷二〇《刑罰九·事對》　《漢名臣奏事》曰：《唐林》云：秦設重刑而羣盜盈山，赤衣半道。

宋·李昉等《太平御覽》卷六四三《刑法部九·獄》　東方朔曰：孝武皇帝時，幸甘泉，至長平阪上，馳道中央有蟲覆而赤，如生肝狀，頭目口齒鼻耳盡具。先驅旄頭馳還以聞，曰：『道不可。』御於是上止車，遣侍中馳往視之，還，盡莫知也。時東方朔從在後屬車，上召朔使馳往視之，還，對曰：『怪哉。』上曰：『何謂也？』朔對曰：『秦始皇時拘繫無罪，幽殺無辜，衆庶怨恨，無所告訴，仰天而歎曰：「怪哉！」感動皇天，此憤氣之所存也，故名之曰「怪哉」。是地必秦之獄處也。』上有詔使丞相公孫弘案地圖，果秦之獄處也。

元·馬端臨《文獻通考》卷一六二《刑考一·刑制》　始皇兼吞戰國，遂毀先王之法，滅禮誼之官，專任刑罰，躬標文墨，晝斷獄，夜理書，自程決事，日縣石之一，縣，稱也。石，百二十斤。始皇省讀文書，日以百二十斤爲程。而姦邪並生，赭衣塞路，囹圄成市，天下愁怨，潰而叛之。

三十四年，謫治獄吏不直及覆獄故失者。丞相李斯『請燒《詩》、《書》、百家語，有敢偶語《詩》、《書》者棄市。以古非今者族。吏見知

不舉與同罪。令下三十日不燒，黥爲城旦。制曰：可。

三十五年，始皇以盧生等誹謗，使御史悉按問諸生，諸生傳相告引，乃自除。犯禁者四百六十餘人，皆亢之咸陽，使天下知之以懲後。

二世即位，以趙高爲郎中令，更法律，令有罪者相坐，收族。羣臣諸公子有罪，令高治之。殺大臣蒙敖等，十二人戮死於市，十公主磔死於社，財物没入縣官，餘相連坐者不可勝數。【略】具（李）斯五刑，腰斬咸陽市，夷三族。

又 卷一七一下《刑考十下・赦宥寬恤》 秦二世元年，陳涉將周文兵至戲下，二世大驚，少府章邯曰：『驪山徒多，請赦之，授兵以擊之。』二世乃大赦天下，使章邯免驪山徒、人奴產子，悉發以擊楚軍，大破之。

《史記》卷三〇《平準書》 自公孫弘以《春秋》之義繩臣下取漢相，張湯用峻文決理爲廷尉，於是見知之法生，而廢格沮誹窮治之獄用矣。其明年，淮南、衡山、江都王謀反迹見，而公卿尋端治之，竟其黨與，而坐死者數萬人，長吏益慘急而法令明察。

又 卷一〇二《張釋之馮唐列傳》 （文帝）行出中渭橋，有一人從橋下走出，乘輿馬驚。於是使騎捕，屬之廷尉。釋之治問。曰：『縣人來，聞蹕，匿橋下。久之，以爲行已過，即出，見乘輿車騎，即走耳。』廷尉奏當，一人犯蹕，當罰金。文帝怒曰：『此人親驚吾馬，吾馬賴柔和，令他馬，固不敗傷我乎？而廷尉乃當之罰金！』釋之曰：『法者天子所與天下公共也。今法如此而更重之，是法不信於民也。且方其時，上使立誅之則已。今既下廷尉，廷尉，天下之平也，一傾而天下用法皆爲輕重，民安所措其手足？唯陛下察之。』良久，上曰：『廷尉當是也。』

又 卷一二二《酷吏列傳・咸宣》 （武帝）使（咸宣）治主父偃及治淮南反獄，所以微文深詆，殺者甚衆，稱爲敢決疑。

《漢書》卷八《宣帝紀》 後元二年，武帝疾，往來長楊、五柞宮，望氣者言長安獄中有天子氣，上遣使者分條中都官獄繫者，輕重皆殺之。内謁者令郭穰夜至郡邸獄，吉拒閉，使者不得入，曾孫賴吉得全。因遭大赦，吉乃載曾孫送祖母史良娣家。【略】

（五鳳四年）夏四月辛丑晦，日有蝕之。詔曰：『皇天見異，以戒朕躬，是朕之不逮，吏之不稱也。以前使使者問民所疾苦，復遣丞相、御史掾二十四人循行天下，舉冤獄，察擅爲苛禁深刻不改者。』

又 卷一〇《成帝紀》 鴻嘉元年春二月，詔曰：『朕承天地，獲保宗廟，明有所蔽，德不能綏，刑罰不中，衆冤失職，趨闕告訴者不絶。是以陰陽錯謬，寒暑失序，日月不光，百姓蒙辜，朕甚閔焉。《書》不云乎？「即我御事，罔克耆壽，咎在厥躬。」方春生長時，臨遣諫大夫理等舉三輔、三河、弘農冤獄。公卿大夫、部刺史明申勑守相，稱朕意焉。其賜天下民爵一級，女子百户牛酒，加賜鰥寡孤獨高年帛。逋貸未入者勿收。』

又 卷一九上《百官公卿表上》 廷尉，秦官，掌刑辟，有正、左右監，秩皆千石。景帝中六年更名大理，武帝建元四年復爲廷尉。宣帝地節三年初置左右平，秩皆六百石。哀帝元壽二年復爲大理。王莽改曰作士。

又 卷四五《伍被傳》 （伍）被詣吏自告與淮南王謀反蹤迹如此。天子以伍被雅辭多引漢美，欲勿誅。張湯進曰：『被首爲王畫反計，罪無赦。』遂誅被。

又 卷五二《竇嬰傳》 詔書獨臧（竇）嬰家，嬰家丞封。乃劾嬰矯先帝詔害，罪當棄市。

又 卷五四《李廣傳》 漢下（李）廣吏。吏當廣亡失多，爲虜所生得，當斬，贖爲庶人。【略】

漢法，博望侯後期，當死，贖爲庶人。廣軍自當，亡賞。【略】

後一歲，以右將軍再從大將軍出定襄，亡翕侯，失軍當斬，贖爲庶人。

又 卷五五《衛青傳》 騎將軍（公孫）敖亡七千騎，衛尉（李）廣爲虜所得，得脱歸，皆當斬，贖爲庶人。【略】是歲失兩將軍，亡翕侯，功不多，故（衛）青不益封。

又 《霍去病傳》 博望侯張騫、郎中令李廣俱出右北平，異道。廣將四千騎先至，騫將萬騎後。匈奴左賢王將數萬騎圍廣，廣與戰二日，死者過半，所殺亦過當。騫至，匈奴引兵去。騫坐行留，當斬，贖爲庶人。【略】

公孫敖，義渠人，以郎事景帝。至武帝立十二歲，爲騎將軍，出代，亡卒七千人，當斬，贖爲庶人。後五歲，以校尉從大將軍，封合騎侯。後一歲，以中將軍從大將軍再出定襄，無功。後二歲，以將軍出北地，後票騎，失期當斬，贖爲庶人。【略】

趙食其，祋祤人（元狩三年）爲右將軍，從大將軍出定襄，迷失道，當斬，贖爲庶人。

又　卷五九《張湯傳》　（張湯）治陳皇后巫蠱獄，深竟黨與，上以爲能，遷太中大夫。與趙禹共定諸律令，務在深文，拘守職之吏。【略】

及治淮南、衡山、江都反獄，皆窮根本。嚴助、伍被，上欲釋之，湯爭曰：『伍被本造反謀，而助親幸出入禁闥腹心之臣，乃交私諸侯，如此弗誅，後不可治。』上可論之。其治獄所巧排大臣自以爲功，多此類。

又　卷六〇《杜周傳》　杜周，南陽杜衍人也。義縱爲南陽太守，以周爲爪牙，薦之張湯，爲廷尉史。使案邊失亡，所論殺甚多。【略】

（杜）周爲廷尉，其治大抵放張湯，而善候司。上所欲擠者，因而陷之；上所欲釋，久繫待問而微見其冤狀。客有謂周曰：『君爲天下決平，不循三尺法，專以人主意指爲獄，獄者固如是乎？』周曰：『三尺安出哉？前主所是著爲律，後主所是疏爲令；當時爲是，何古之法乎！』

至周爲廷尉，詔獄亦益多矣。二千石繫者新故相因，不減百餘人。郡吏大府舉之廷尉，一歲至千餘章。章大者連逮證案數百，小者數十人；遠者數千里，近者數百里。會獄，吏因責如章告劾，不服，以掠笞定之。於是聞有逮證，皆亡匿。獄久者至更數赦十餘歲而相告言，大氐盡詆以不道，以上廷尉及中都官，詔獄逮至六七萬人，吏所增加十有餘萬。【略】

（杜）延年本大將軍霍光吏，首發大姦，有忠節，由是擢爲太僕右曹給事中。光持刑罰嚴，延年輔之以寬。治燕王獄時，御史大夫桑弘羊子遷亡，過父故吏侯史吳。後遷捕得，伏法。會赦，侯史吳自出繫獄，廷尉王平與少府徐仁雜治反事，皆以爲桑遷坐父謀反而侯史吳臧之，非匿反者，乃匿爲隨者也。即以赦令除吳罪。後侍御史治實，以桑遷通經術，知父謀反而不諫爭，與反者身無異；侯史吳故三百石吏，首匿遷，不與庶人匿隨從者等，吳不得赦。奏請覆治，劾廷尉、少府縱反者。少府徐仁即丞相車千秋女壻也，故千秋數爲侯史吳言。恐光不聽，千秋即召中二千石、博士會公車門，議問吳法。議者知大將軍指，皆執吳爲不道。明日，千秋封上衆議，光於是以千秋擅召中二千石以下，外内異言，遂下廷尉平、少府仁獄。朝廷皆恐丞相坐之。延年乃奏記光爭，以爲『吏縱罪人，有常法，今更詆吳爲不道，恐於法深。又丞相素無所守持，而爲好言於下，盡其素行也。至擅召中二千石，甚無狀。延年愚，以爲丞相久故，及先帝用事，非有大故，不可棄也。間者民頗言獄深，吏爲峻詆，今丞相所議，又獄事也，如是以及丞相，恐不合衆心。羣下讙譁，庶人私議，流言四布，延年竊重將軍失此名於天下也！』光以廷尉、少府弄法輕重，皆論棄市，而不以及丞相，終與相竟。延年論議持平，合和朝廷，皆此類也。

又　卷六四上《嚴助傳》　淮南王來朝，厚賂遺助，交私論議。及淮南王反，事與助相連，上薄其罪，欲勿誅。廷尉張湯爭，以爲助出入禁門，腹心之臣，而外與諸侯交私如此，不誅，後不可治。助竟棄市。

又　卷六四下《終軍傳》　元鼎中，博士徐偃使行風俗。偃矯制，使膠東、魯國鼓鑄鹽鐵，還，奏事，徙爲太常丞。御史大夫張湯劾偃矯制大害，法至死。偃以爲《春秋》之義，大夫出疆，有可以安社稷，存萬民，顓之可也。（張）湯以致其法，不能詘其義，有詔下軍問狀。（終）軍詰偃曰：『古者諸侯國異俗分，百里不通，時有聘會之事，安危之勢，呼吸成變，故有不受辭造命顓己之宜；今天下爲一，萬里同風，故《春秋》「王者無外」。偃巡封域之中，稱以出疆何也？且鹽鐵，郡有餘臧，正二國廢，國家不足以爲利害，而以安社稷存萬民爲辭，何也？』又詰偃：『膠東南近琅邪，北接北海，魯國西枕泰山，東有東海，受其鹽鐵。偃度四郡口數田地，率其用器食鹽，不足以并給二郡邪？將勢宜有餘，而吏不能也？何以言之？偃矯制而鼓鑄者，欲及春耕種贍民器也。今魯國之鼓，當先具其備，至秋乃能舉火。此言與實反者非？偃已前三奏，無詔，不惟所爲不許，而直矯作威福，以從民望，干名采譽，此明聖所必加誅也。「枉尺直尋」，孟子稱其不可；今所犯罪重，所就者小，偃自予必死而爲之邪？將幸誅不加，欲以采名也？』偃窮詘，服罪當死。軍奏『偃矯制顓行，非奉使體，請下御史徵偃即罪。』奏可。

又　卷六五《東方朔傳》　隆慮公主子昭平君尚帝女夷安公主，隆

慮主病困，以金千斤、錢千萬爲昭平君豫贖死罪，上許之。隆慮主卒，昭平君日驕，醉殺主傅，獄繫内官。以公主子，廷尉上請請論。

又 卷六六《王訢傳》 武帝末，軍旅數發，郡國盜賊羣起，繡衣御史暴勝之使持斧逐捕盜賊，以軍興從事，誅二千石以下。勝之過被陽，欲斬訢，訢已解衣伏質，仰言曰：『使君顓殺生之柄，威震郡國，今復斬一訢，不足以增威，不如時有所寬，以明恩貸，令盡死力。』勝之壯其言，貰不誅，因與訢相結厚。

又 卷七〇《陳湯傳》 東萊郡黑龍冬出，人以問湯，（陳）湯曰：『是所謂玄門開。微行數出，出入不時，故龍以非時出也。』又言當復發徙，傳相語者十餘人。丞相御史奏『湯惑衆不道，妄稱詐歸異於上，非所宜言，大不敬。』廷尉增壽議，以爲：『不道無正法，以所犯劇易爲罪，臣下承用失其中，故移獄廷尉，無比者先以聞，所以正刑罰，重人命也。明主哀憫百姓，下制書罷昌陵勿徙吏民，已申布。湯妄以意相謂且復發徙，雖頗驚動，所流行者少，百姓不爲變，不可謂惑衆。湯稱詐，虚設不然之事，非所宜言，大不敬也。』制曰：『廷尉增壽當是。湯前有討郅支單于功，其免湯爲庶人，徙邊。』又曰：『故將作大匠萬年佞邪不忠，妄爲巧詐，多賦斂，煩繇役，興卒暴之作，卒徒蒙辜，死者連屬，毒流衆庶，海内怨望。雖蒙赦令，不宜居京師。』於是湯與萬年俱徙敦煌。

又 卷七一《于定國傳》 于公爲縣獄吏、郡決曹，決獄平，羅文法者于公所決皆不恨。郡中爲之生立祠，號曰于公祠。【略】

（于定國）決疑平法，務在哀鰥寡，罪疑從輕。加審慎之心。朝廷稱之曰：『張釋之爲廷尉，天下無冤民；于定國爲廷尉，民自以不冤。』

又 卷七四《邴吉傳》 吉本起獄法小吏，後學《詩》、《禮》，皆通大義。及居相位，上寬大，好禮讓。掾史有罪臧，不稱職，輒予長休告，終無所案驗。客或謂吉曰：『君侯爲漢相，姦吏成其私，然無所懲艾。』吉曰：『夫以三公之府有案吏之名，吾竊陋焉。』後人代吉，因以爲故事，公府不案吏，自吉始。

又 卷七六《趙廣漢傳》 廣漢奏請，令長安游徼獄吏秩百石，其後百石吏皆差自重，不敢枉法妄繫留人。

又 卷八一《孔光傳》 （孔）光久典尚書，練法令，號稱詳平。時定陵侯淳于長坐大逆誅，長小妻乃始等六人皆以長事未發覺時棄去，或更嫁。及長事發，丞相方進、大司空武議，以爲『令，犯法者各以法時律令論之，明有所訖也。長犯大逆時，迺始等見爲長妻，已有當坐之罪，與身犯法無異。後乃棄去，於法無以解。請論。』光議以爲『大逆無道，父母妻子同産無少長皆棄市，欲懲後犯法者也。夫婦之道，有義則合，無義則離。長未自知當坐大逆之法，而棄去迺始等，或更嫁，義已絶，而欲以爲長妻論殺之，名不正，不當坐。』有詔光議是。

又 卷八九《循吏傳・黄霸》 霸爲人明察内敏，又習文法，然温良有讓，足知，善御衆。爲丞，處議當於法，合人心，太守甚任之，吏民愛敬焉。

自武帝末，用法深。昭帝立，幼，大將軍霍光秉政，大臣爭權，上官桀等與燕王謀作亂，光既誅之，遂遵武帝法度，以刑罰痛繩羣下，繇是俗吏上嚴酷以爲能，而霸獨用寬和爲名。

宣帝即位，在民間時知百姓苦吏急也，聞霸持法平，召以爲廷尉正，數決疑獄，庭中稱平。

又 卷九〇《酷吏傳・趙禹》 趙禹，斄人也。以佐史補中都官，用廉爲令史，事太尉周亞夫。亞夫爲丞相，禹爲丞相史，府中皆稱其廉平。然亞夫弗任，曰：『極知禹無害，然文深，不可以居大府。』武帝時，禹以刀筆吏積勞，遷爲御史。上以爲能，至中大夫。與張湯論定律令，作見知，吏傳相監司以法，盡自此始。

（趙）禹爲少府九卿，酷急。至晚節，事益多。吏務爲嚴峻，而禹治加緩，名爲平。

又 《周陽由傳》 武帝即位，（周陽由）吏治尚脩謹，然由居二千石中最爲暴酷驕恣。所愛者，撓法活之；所憎者，曲法滅之。所居郡，必夷其豪。爲守，視都尉如令；爲都尉，陵太守，奪之治。汲黯爲忮，司馬安之文惡，俱在二千石列，同車未嘗敢均茵馮。後由爲河東都尉，與其守勝屠公爭權，相告言，勝屠公當抵罪，義不受刑，自殺，而由棄市。

又 卷九五《朝鮮傳》 左將軍徵至，坐爭功相嫉乖計，棄市。樓船將軍亦坐兵至列口當待左將軍，擅先縱，失亡多，當誅，贖爲庶人。

漢・衛宏《漢官舊儀》卷上 尚書四人，爲四曹。常侍曹尚書，主

丞相、御史事；二千石曹尚書，主刺史、二千石事；民曹尚書，主庶民上書事；主客曹尚書，主外國四夷事。成帝初置尚書，員五人，有三公曹，主斷獄事。

漢·蔡質《漢官典職儀式選用》 常侍曹主常侍、黄門、御史事，世祖改曰吏曹。《續漢志補注》

二千石曹掌中郎官水火、盜賊、辭訟、罪眚。《續漢志補注》

漢·應劭《漢官儀》卷上 決曹，主罪法事。

光武時有以疑獄見廷尉曹史張禹，所問輒對，慮當詳理。於是册免廷尉，以禹代之，雖越次而授，亦足以厲其臣節也。

漢·劉珍等《東觀漢記》卷六《和熹鄧皇后傳》 永初二年三月，京師旱，至五月朔，太后幸雒陽寺，省庶獄，舉冤囚。徒杜泠不殺人，自誣，被掠羸困，使輿見，畏吏，不敢自理。吏將去，微疾舉頸，若欲有言，太后察視覺之，卽呼還問狀，遂信，卽時收令下獄抵罪，尹左遷。

又 卷一七《崔篆傳》 （崔篆）所至之縣，獄犴填滿。篆垂涕曰：『嗟乎！刑罰不中，乃陷民於穽。此皆何罪，而至於是乎！』遂平理，所出二千餘人。

唐·杜佑《通典》卷一七〇《刑法八·峻酷》 漢義縱，河東人也。以鷹擊毛鷙爲治，言如鷹隼之擊，奮毛羽執取飛鳥也。爲定襄太守。縱至，掩定襄獄中重罪二百餘人，及賓客昆弟私入相視者亦二百餘人。縱壹切捕鞫，曰『爲死罪解脱』。壹切皆捕之也。及爲解脱死罪，盡殺之。是日，皆報殺四百餘人。奏請得報而論殺。郡中不寒而慄。竟坐事誅。

嚴延年爲河南太守，其治務在摧折豪强，扶助貧弱。貧弱雖陷法，曲文以出之；其豪桀侵小民者，以文內之。飾文而入之爲罪。衆人所謂當死者，一朝出之；所謂當生者，詭殺之。詭違正理而殺之。吏民莫能測其意深淺，戰慄不敢犯禁。按其獄，皆文致不可得反。致，至密也。言其文案整密也。反音幡。吏忠盡節者，厚遇之如骨肉，皆親嚮之，出身不顧，以是治下無隱情。然疾惡太甚，中傷者多，尤巧爲獄文，善史書，所欲誅殺，奏成於手，中主簿親近史不得聞知。奏可論死，奄忽如神。冬月，傳屬縣囚，會論府上，總集郡府而論殺。流血數里，河南號曰『屠伯』。竟以政治不道，棄市。初，延年母從東海來，到雒陽，適見報囚。奏報行決也。母大驚，便止都亭，不肯入府。延年出至都亭謁母，母閉閤不見。延年免冠頓首閤下，良久，母乃見之，因數責延年：『幸得備郡守，專治千里，不聞仁愛教化，有以全安愚民，顧乘刑罰多刑殺人，顧，反也。乘，因也。欲以立威，豈爲民父母意哉！天道神明，人不可獨殺。言多殺人者，己亦當死。我不意當老見壯子被刑戮也。言素意不自謂如此。行矣！去女東歸，掃除墓地耳。』言待其喪至也。遂去。歸郡，見昆弟宗人，復爲言之。後歲餘，果敗。東海莫不賢智其母。

王温舒爲河內太守。先爲廣平都尉時，皆知河內豪姦之家。及往，以九月至，令郡具私馬五十匹，爲驛自河內至長安。設方略，捕郡中豪猾，相連坐千餘家。上書請大者至族，小者乃死，家盡没入償贓。奏行不過二日，得可，事論報，至流血十餘里。河內皆怪其奏，以爲神速。盡十二月，郡中無犬吠之盜。温舒竟坐誅。

尹賞爲長安令。長安中姦猾浸多，閭里少年羣輩殺吏，受賕報仇，相與探丸爲彈，爲彈丸，作赤、白、黑三色，而共探取之。得赤丸者斫武吏，得黑者斫文吏，白者主治喪；其黨與有爲吏及他人所殺者，則主其喪事。城中薄暮塵起，剽劫行者，死傷横道，枹鼓不絶。枹，擊鼓椎也，音孚。賞以三輔高第選守長安令，得一切便宜從事。賞至，修治長安獄，穿地深方各數丈，致令辟爲郭，致，謂積累也。令辟，顧磚也。郭，謂四周之內也。致，讀如本字，又音綴。令音零。辟音避歷反。以大石覆其口，名爲『虎穴』。乃部户曹掾史，與鄉吏、亭長、里正、父老、伍人，五家爲伍。伍人者，各其同伍之人也。雜舉長安中輕薄少年惡子，惡子，不承父母教命者。無市籍商販作務，而鮮衣凶服被鎧扞持刀兵者，悉籍記之，凶服，危險之服也。鎧，甲也。扞，臂衣也。籍記，爲名籍以記之。得數百人。賞一朝會長安吏，車數百兩，分行收捕，皆劾以爲通行飲食上蔭，下嗣。羣盜。賞親閲，見十置一，置，放也。其餘盡以次內虎穴中，百人爲輩，覆以大石。數日一發視，皆相枕藉死，便輿出，瘞寺門桓東，瘞，埋也。舊亭傳於四角面百步築土四方，上有屋，屋上有柱出，高丈餘，有大板貫柱四出，名曰桓表。縣所治夾兩邊各一桓。陳、宋之俗言桓聲如和，今猶謂之和表。卽華表。楬著其姓名，楬，杙也。椓杙於瘞處而書死者名也。楬音竭，杙音弋，字並從木。百日後，乃令死者家各發取其户。

王莽居攝，翟義、劉信起兵，莽討敗之，夷三族，誅及種嗣，至皆同坑，以棘五毒并葬之。其後陳良、終帶叛入匈奴，莽求得，行焚如之刑，燒殺之。及天下兵起，董忠反，莽敗之。莽令剉忠，收其家族，以醇醯毒藥、尺白刃、叢棘埋之。

宋·徐天麟《西漢會要》卷六二《刑法二·疑讞》　高皇帝七年，制詔御史，獄之疑者吏或不敢決，有罪者久而不論，無罪者久繫不決，自今以來，縣道官獄疑者，各讞所屬二千石官，二千石官以其罪名當報之，所不能決者皆移廷尉，廷尉亦當報之，廷尉所不能決，謹具爲奏，傳所當比律令以聞，上恩如此，吏猶不能奉宣，故孝景中五年，復下詔曰：諸獄疑雖文致于法，而于人心不厭者，輒讞之。其後獄吏復避微文，遂其愚心。至後元年，又下詔曰：獄重事也，人有愚智，官有上下，獄疑者讞，有令讞者，已報讞而後不當讞者不爲失，自此之後獄刑益詳，近于五聽三宥之意。《刑法志》

又《議貴》　高帝七年，令郎中有罪耐以上，請之。

孝惠初卽位，爵五大夫吏六百石以上，及宦皇帝而知名者，有罪當盜械者，皆頌繫，上造以上，及內外公孫耳孫有罪當刑，及當爲城旦舂者，皆耐爲鬼薪白粲。並本《紀》

孝文時，賈誼上疏曰：古者廉恥節禮，以治君子，故有賜死而無戮辱，是以黥劓之罪不及大夫。今自王侯三公之貴，皆天子所改容而禮之也，而今與衆庶同黥劓髡刖笞傌棄市之法，被戮辱者不泰迫乎！夫嘗已在貴寵之位，今而有過，廢之，可也，退之，可也，賜之死，可也，滅之，可也。若夫束縛之，係緤之，輸之司寇，編之徒官，司寇小吏，詈罵而榜笞之，殆非所以令衆庶見也。是時丞相周勃免就國，人有告勃謀反，逮繫長安獄治，卒亡事，故誼以此譏上。上深納其言，養臣下有節，是後大臣有罪，皆自殺不受刑，至武帝時稍復入獄，自寧成始。《賈誼傳》

昭平君獄繫內官，以公主子，廷尉上請。《東方朔傳》

吏二千石有罪先請。《劉屈氂傳》

宣帝黃龍元年，詔曰：吏六百石位大夫，有罪先請。本《紀》

成帝怒丞相王嘉，孔光等請謁者召嘉詣廷尉詔獄，永信少府猛等十人，以爲聖王斷獄，必是原心定罪，探意立情，故死者不抱恨而入地，生者不銜怨而受罪。明主躬聖德，重大臣刑辟，廣延有司議，欲使海內咸服。嘉罪名雖應法，聖王之于大臣，在輿爲下，御坐則起，疾病視之無數，死則臨弔之，廢宗廟之祭，進之以禮，退之以義，誅之以行。案嘉本以相等爲罪，罪惡雖著，大臣括髮關械，裸躬就笞，非所以重國褒宗廟也。今春月寒氣錯繆，霜露數降，宜示天下以寬和，臣等不知大義，惟陛下察焉。有詔假謁者節，召丞相詣廷尉詔獄。《王嘉傳》

平帝元始元年，令公列侯嗣子有罪耐以上，先請。

元始四年，敕百僚，婦女非身犯法詔所名捕，它皆無得繫。並本《紀》

又《矜老弱》　孝惠卽位，詔民年七十以上，若不滿十歲，有罪當刑者，皆完之。本《紀》

孝景後三年，下詔曰：高年老長，人所尊敬也，鰥寡不屬逮者，人所哀憐也，其著令年八十以上八歲以下，及孕者，未乳，師、朱儒當鞠繫者，頌繫之。至孝宣元康四年，又下詔曰：朕念夫耆老之人，髮齒墮落，血氣既衰，亦無暴逆之心，今或罹于文法，執于囹圄，不得終其年命，朕甚憐之，自今以來，諸年八十非誣告殺傷人，它皆勿坐。至成帝鴻嘉元年，定律令，年未滿七歲，賊鬬殺人及犯殊死者，上請，廷尉以聞，得減死，合于三赦幼弱老耄之人。此皆法令稍定，近古而便民者也。《刑法志》

又《贖罪》　惠帝元年，民有罪，得買爵三十級以免死罪。《本紀》

應劭曰：一級直錢二千，凡爲六萬。

鼂錯說文帝曰：欲民務農，在于貴粟，貴粟之道，在于以粟爲賞罰，今募天下入粟縣官，得以拜爵除罪，不過三歲，塞下之粟必多。《食貨志》

孝景時，上郡以西旱，復修賣爵令，而裁其賈以招民，及徒復作，得輸粟于縣官以除罪。《食貨志》

武帝天漢四年，令死罪入贖錢五十萬，減死一等。本《紀》

太始二年，募死罪人贖錢五十萬減死一等。本《紀》

又《恤刑》　文帝赦罪人，憐其無髮，賜之巾，憐其衣赭，書其背，父子兄弟相見也，而賜之衣，平獄緩刑，天下莫不說喜。《賈山傳》

武帝元狩六年，遣博士循行天下，治苛者，舉奏。本《紀》

地節四年，詔曰：令甲死者不可生，刑者不可息，今繫者或以掠辜，若飢寒瘐死獄中，朕甚痛之，其令郡國歲上繫囚以掠笞若瘐死者，所坐名

縣爵里，丞相御史課殿最以聞。

元康二年，詔曰：獄者萬民之命，所以禁暴止邪，養育羣生也，能使生者不怨，死者不恨，則可謂文吏矣。今則不然，用法或持巧心，析律貳端，深淺不平，增辭飾非，以成其罪，奏不如實，上亦亡繇知，此朕之不明，吏之不稱，四方黎民，將何仰哉！二千石各察官屬，勿用此人，吏務平法。

五鳳四年，詔曰：以前使使者問民所疾苦，復遣丞相御史掾二十四人循行天下，舉冤獄，察擅爲苛禁深刻不改者。

黄龍元年，詔曰：朕數申詔公卿大夫，務行寬大，今吏或以不禁姦邪爲寬大，縱釋有罪爲不苛，或以酷惡爲賢，皆失其中，御史察計簿疑非實者，按之。

成帝鴻嘉元年二月，詔曰：方春生長時，臨遣諫大夫理等，舉三輔、三河、宏農冤獄。

四年，詔曰：數敕有司務行寬大而禁苛暴，訖今不改，一人有辜，舉宗拘繫，朕甚痛焉，已遣使者循行郡國，務有以全活之。

哀帝元壽元年，詔曰：今有司執法未得其中，或上暴虐，假埶獲名，其勉帥百寮，敦任仁人，黜遠殘賊，期于安民。並本《紀》

又《女刑》 城旦舂。《惠帝紀》應劭曰：婦人不豫外徭，但春作米，皆四歲刑。

女徒復作。《宣紀》李奇曰：罪輕男子守邊，女子軟弱不任守，復令作于縣官，亦一歲刑，故謂之復作徒也。孟康曰：復，謂弛刑徒也。有赦令，詔書去其鉗釱赭衣，更犯事不從徒加與民爲例，故當復爲官作，滿其本罪年月日，律名爲復作也。

平帝元始元年，天下女徒已論歸家，顧山錢月三百。《本紀》師古曰：謂女徒論罪已定，並故歸家，不親役之，但令一月出錢三百以顧人也。爲此恩者，以行太皇太后之德，施惠政于婦人。如淳曰：令甲女子犯罪，當于山伐木，聽使入錢顧功直，故謂之顧山。

又《斷獄》 文帝即位刑罰大省，斷獄四百，有刑錯之風。《刑法志》

武帝時，天下斷獄萬數。《賈捐之傳》。又《食貨志》云：斷獄歲以萬千數。

元康中，魏相上書，案今年計子弟殺父兄妻殺夫者，凡二百二十二人。本《傳》

自昭宣元成哀平六世之間，斷獄殊死，率歲千餘口而一人，耐罪上至右止三倍有餘。《刑法志》

又《刑法三·大赦》 高帝二年正月，赦罪人。本《紀》。下同

六月，立太子，赦罪人。

五年正月，兵事畢，赦天下殊死以下。

六月，都長安，大赦天下。

六年，以豪傑未習法令故犯法，其赦天下。

九年正月丙寅，前有罪殊死以下，皆赦之。

十一年正月，立代王，大赦天下。

七月，擊英布，赦天下死罪以下，令從軍。

十二年，帝崩發喪，大赦天下。

右高帝在位十二年，凡九赦。

惠帝四年，皇帝冠，赦天下。

右惠帝在位七年，唯此一赦。

呂太后臨朝稱制，大赦天下。

六年，赦天下。

八年，遺詔大赦天下。

右呂后臨朝八年，凡三赦。

文帝初即位，赦天下。

七年，赦天下。

十五年，郊見五帝，赦天下。

後四年，日食，赦天下。

右文帝在位二十三年，凡四赦。

景帝元年，赦天下。

四年，赦天下。

中元年，赦天下。

五年，赦天下。

後元年，赦天下。

右景帝在位十六年，凡五赦。
武帝建元元年，赦天下。
元光元年，赦天下。四年，地震，赦天下。
元朔元年，赦天下，與民更始。
三年，赦天下。
六年，赦天下。
元狩元年，赦天下。
三年，赦天下。
元鼎元年，赦天下。
五年，赦天下。
元封二年，甘泉產芝，赦天下。
五年，修封禪，赦天下。
天漢元年，赦天下。
三年，修封祀，赦天下。
太始元年，赦天下。
四年，修封禪，赦天下。
征和三年，赦天下。後元元年，郊泰畤，赦天下。
右武帝在位五十五年，凡十八赦。
昭帝始即位，赦天下。
始元元年，赦天下。
四年，立皇后，赦天下。
元鳳元年，赦天下。
二年，赦天下。
三年，赦天下。
六年，赦天下。
右昭帝在位十三年，凡七赦。
宣帝即位，大赦天下。
本始元年，鳳凰集，赦天下。
四年，立皇后，赦天下。
地節二年，鳳凰集，赦天下。
三年，立皇太子，大赦天下。
元康二年，赦天下，與士大夫厲精更始。神爵二年，鳳凰甘露降集，赦天下。
四年，嘉瑞並見，赦天下。
五鳳三年，婁蒙嘉瑞，赦殊死以下。
甘露二年，赦天下。
右宣帝在位二十五年，凡十赦。
元帝初元元年，大赦天下。
二年，地動，赦天下。
三年，白鶴館災，赦天下。
永光元年，赦天下。
二年二月，大赦天下。
六月，赦天下。
四年，赦天下。
建昭二年，赦天下。
四年，誅郅支，赦天下。
五年，赦天下。
右元帝在位十五年，凡十赦。
成帝即位，大赦天下。
建始元年，火災，赦天下。
河平元年，赦天下。
陽朔二年，大赦天下。
四年，赦天下。
鴻嘉三年，赦天下。
永始四年，郊泰畤，大赦天下。
元延元年，赦天下。
綏和元年，大赦天下。
右成帝在位二十六年，凡九赦。
哀帝即位，大赦天下。
建平元年，赦天下。

二年六月，改元，大赦天下。

元壽元年，大赦天下。

右哀帝在位六年，凡四赦。

平帝即位，大赦天下。

元始元年，日蝕，大赦天下。

四年，立皇后，大赦天下。

五年，帝崩，大赦天下。

右平帝在位五年，凡四赦。

又《赦徒》 文帝二年，民謫作縣官，及貸種食未入，入未備者，皆赦之。

景帝中四年，赦徒作陽陵者死罪，欲腐者，許之。

武帝元封元年，封泰山，赦所過徒。

宣帝元康元年，鳳凰集，赦天下徒。

五鳳元年，赦徒作杜陵者。

元帝初元四年，祠后土，赦汾陰徒。

永光元年，幸甘泉，赦雲陽徒。

成帝建始二年，祀南郊，赦奉郊縣及中都官耐罪徒。

三年，赦天下徒。

河平四年，單于來朝，赦天下徒。

陽朔元年，赦天下徒。

鴻嘉元年，幸初陵，赦作徒。

哀帝建平二年，赦天下徒。

平帝元始元年，赦天下徒。

二年，赦天下徒。

又《別赦》 漢五年，遣使者赦田橫。

八年，吏有罪未發覺者，赦之。

十年，太上皇崩，葬萬年，赦櫟陽囚死罪以下。張瓚曰：萬年陵在櫟陽縣界。

十二年，繫盧綰，與綰居去來歸者，赦之。並本《紀》

惠帝六年八月，赦齊。《史記·將相年表》

文帝三年七月，詔濟北吏民，兵未至先自定，及以軍城邑降者，皆赦之，復官爵，與王興居去來者亦赦之。

八月，赦諸與興居反者。

景帝三年，赦襄平侯及妻子當坐者，六月，詔，吳王濞已滅，吏民當坐濞等及逋逃亡軍者，皆赦之。

武帝建元元年，赦吳楚七國帑輸在官者。

元光六年，赦雁門代郡軍吏不循法者。

元封四年，祭后土，赦汾陰夏陽中都死罪以下。

六年，益州昆明反，赦京師亡命，令從軍。

太初二年，用事介山，祭后土，赦汾陽安邑殊死以下。

昭帝元鳳元年，赦燕王太子建、公主子文信，及宗室子與燕王上官桀等謀反父母同產當坐者，皆免爲庶人，其吏爲桀等所詿誤未發覺在吏者，除其罪。

宣帝地節四年，諸爲霍氏所詿誤未發覺者，皆赦之。

元康二年，諸觸諱在令前者，赦之。並本《紀》

又《赦宥雜録》 元帝時，匡衡上疏曰：陛下躬聖德，開太平之路，閔愚吏民觸法抵禁，比年大赦，使百姓得改行自新，天下幸甚。臣竊見大赦之後，姦邪不爲衰止，今日大赦，明日犯法，相隨入獄，此殆導之未得其務也。蓋保民者陳之以德義，示之以好惡，觀其失而制其宜，故動之而和，綏之而安。今天下俗貪財賤義，好聲色，上侈靡，廉恥之節薄，淫僻之意縱，綱紀失序，疏者踰內，親戚之恩薄，婚姻之黨隆，苟合徼幸，以身設利，不改其原，雖歲赦之，刑猶難使錯而不用也。本《傳》

成帝初即位，王尊劾奏丞相衡、御史大夫譚、知中書謁者令顯等專權擅勢，皆不道，在赦令前，赦後，衡譚舉奏顯云云。天子下御史問狀，劾奏尊妄詆欺非謗赦前事，有詔左遷。《王尊傳》

哀帝即位，令有司無得舉赦前往事。

平帝即位，詔曰：夫赦令者將與天下更始，誠欲令百姓改行潔已，全其性命也，往者有司多舉奏赦前事，累增罪過，誅陷無辜，殆非重信慎刑，灑心自新之意也。自今以來，有司無得陳赦前事置奏上，有不如詔書，爲虧恩，以不道論，定著爲令，布告天下，使明知之。並本《紀》

元・馬端臨《文獻通考》卷一六三《刑考二・刑制》 王莽居攝，翟義、劉信起兵討莽，莽敗之，夷其三族，誅及種嗣，至皆同坑，以棘五毒并葬之。其後，陳良、終帶叛入匈奴，莽求得，行焚如之刑，燒殺之。及天下兵起，董忠反，莽敗之，莽令剉忠，收其家族，以醇醯、毒藥、白刃、叢棘埋之。

三國吴・謝承《後漢記》卷一《刑志》 范延壽，宣帝時爲廷尉。時燕趙之間，有三男共娶一妻，生四子。長，各求離别，爭財分子，至聞於縣。縣不能決斷，讞之於廷尉。於是延壽決之，［上言］以爲［男子貴信，婦人貴貞，今三男一妻］，悖逆人倫，比之禽獸，生子屬其母。［於是］以［四］子並付母，尸三男於市，奏免郡太守、令、長等，［切讓三老］無帥化之道。天子遂可其言。

《後漢書》卷一下《光武帝紀下》 （六年）十一月丁卯，詔王莽時吏人没人爲奴婢不應舊法者，皆免爲庶人。【略】

十一年春二月己卯，詔曰：『天地之性人爲貴。其殺奴婢，不得減罪。』【略】

（十八年）甲戌，詔曰：『今邊郡盜穀五十斛，罪至於死，開殘吏妄殺之路，其蠲除此法，同之内郡。』【略】

（二十八年）冬十月癸酉，詔死罪繫囚皆一切募下蠶室，其女子宫。【略】

（二十九年）夏四月乙丑，詔令天下繫囚自殊死已下及徒各減本罪一等，其餘贖罪輸作各有差。【略】

（三十一年）秋九月甲辰，詔令死罪繫囚皆一切募下蠶室，其女子宫。

又 卷二《孝明帝紀》 （中元二年）夏四月丙辰，詔曰：『【略】其施刑及郡國徒，在中元元年四月己卯赦前所犯而後捕繫者，悉免其刑。又邊人遭亂爲内郡人妻，在己卯赦前，一切遣還邊，恣其所樂。中二千石下至黄綬，貶秩贖論者，悉皆復秩還贖。』

秋九月，燒當羌寇隴西，敗郡兵於允街。赦隴西囚徒，減罪一等。

十二月甲寅，詔曰：『方春戒節，人以耕桑。其敕有司務順時氣，使無煩擾。天下亡命殊死以下，聽得贖論：死罪入縑二十匹，右趾至髡鉗城旦舂十匹，完城旦舂至司寇作三匹。其未發覺，詔書到先自告者，半入贖。今選舉不實，邪佞未去，權門請託，殘吏放手，百姓愁怨，情無告訴。有司明奏罪名，并正舉者。又郡縣每因徵發，輕爲姦利，詭責羸弱，先急下貧。其務在均平，無令枉刻。』

（永平）二年春正月辛未，宗祀光武皇帝於明堂，帝及公卿列侯始服冠冕、衣裳、玉佩、絇屨以行事。禮畢，登靈臺。使尚書令持節詔驃騎將軍、三公曰：『今令月吉日，【略】其令天下自殊死已下，謀反大逆，皆赦除之。百僚師尹，其勉修厥職，順行時令，敬若昊天，以綏兆人。』

（八年冬十月）丙子，臨辟雍，養三老、五更。禮畢，詔三公募郡國中都官死罪繫囚，減罪一等，勿笞，詣度遼將軍營，屯朔方、五原之邊縣；妻子自隨，便占著邊縣；父母同産欲相代者，恣聽之。其大逆無道殊死者，一切募下蠶室。亡命者令贖罪各有差。凡徒者，賜弓弩衣糧。

九年春三月辛丑，詔郡國死罪囚減罪，與妻子詣五原、朔方占著，所在死者皆賜妻父若男同産一人復終身；其妻無父兄獨有母者，賜其母錢六萬，又復其口算。

（十三年）冬十月壬辰晦，日有食之。三公免冠自劾。制曰：『冠履勿劾。灾異屢見，咎在朕躬，憂懼遑遑，未知其方。將有司陳事，多所隱諱，使君上壅蔽，下有不暢乎？昔衛有忠臣，靈公得守其位。今何以和穆陰陽，消伏灾譴？刺史、太守詳刑理冤，存恤鰥孤，勉思職焉。』

（十五年春二月）辛丑，幸偃師，詔亡命自殊死以下贖：死罪縑四十匹，右趾至髡鉗城旦舂十匹，完城旦至司寇五匹；犯罪未發覺，詔書到日自告者，半入贖。

（四月）乙巳，大赦天下，其謀反大逆及諸不應宥者，皆赦除之。

十八年春三月丁亥，詔曰：『其令天下亡命，自殊死已下贖：死罪縑三十匹，右趾至髡鉗城旦舂十匹，完城旦至司寇五匹；吏人犯罪未發覺，詔書到自告者，半入贖。』

又 卷三《章帝紀》 （建初五年二月）甲申，詔曰：『《春秋》書「無麥苗」，重之也。去秋雨澤不適，今時復旱，如炎如焚。凶年無時，而爲備未至。朕之不德，上累三光，震慄忉忉，痛心疾首。前代聖君，博思咨諏，雖降灾咎，輒有開匱反風之應。令予小子，徒慘慘而已。其令二

千石理冤獄，録輕繫。』

三月甲寅，詔曰：『孔子曰：「刑罰不中，則人無所措手足。」今吏多不良，擅行喜怒，或案不以罪，迫脅無辜，致令自殺者，一歲且多於斷獄，甚非爲人父母之意也。有司其議糾舉之。』

（七年九月）詔天下繫囚減死一等，勿笞，詣邊戍；妻子自隨，占著所在；父母同産欲相從者，恣聽之；有不到者，皆以乏軍興論。及犯殊死，一切募下蠶室；其女子宫。繫囚鬼薪、白粲已上，皆減本罪各一等，輸司寇作。亡命贖：死罪入縑二十匹，右趾至髡鉗城旦舂十匹，完城旦至司寇三匹，吏人有罪未發覺，詔書到自告者，半入贖。

（元和元年）秋七月丁未，詔曰：『《律》云「掠者唯得榜、笞、立」。又《令丙》，箠長短有數。自往者大獄已來，掠考多酷，鉆鑽之屬，慘苦無極。念其痛毒，怵然動心。《書》曰「鞭作官刑」，豈云若此？宜及秋冬理獄，明爲其禁。』

（八月）癸酉，詔曰：『【略】郡國中都官繫囚減死一等，勿笞，詣邊縣；妻子自隨，占著在所。其犯殊死，一切募下蠶室；其女子宫。繫囚鬼薪、白粲以上，皆減本罪一等，輸司寇作。亡命者贖，各有差。』

十二月壬子，詔曰：『《書》云：「父不慈，子不祇，兄不友，弟不恭，不相及也。」往者妖言大獄，所及廣遠，一人犯罪，禁至三屬，莫得垂纓仕宦王朝。如有賢才而没齒無用，朕甚憐之，非所謂與之更始也。諸以前妖惡禁錮者，一皆蠲除之，以明弃咎之路，但不得在宿衛而已。』

（二年二月）詔曰：『今山川鬼神應典禮者尚未咸秩。其議增修羣祀，以祈豐年。』

（章和元年九月）壬子，詔郡國中都官繫囚減死罪一等，詣金城戍；犯殊死者，一切募下蠶室；其女子宫；繫囚鬼薪、白粲已上，減罪一等，輸司寇作。亡命者贖：死罪縑二十匹，右趾至髡鉗城旦舂七匹，完城旦至司寇三匹；吏民犯罪未發覺，詔書到自告者，半入贖。

又　卷四《和帝殤帝紀》　（永元）二年春正月丁丑，大赦天下。

三年春正月甲子，【略】郡國中都官繫囚死罪贖縑，至司寇及亡命，各有差。

（八年）八月辛酉，【略】其犯大逆，募下蠶室；其女子宫。自死罪已下，至司寇及亡命者入贖，各有差。

（十一年春二月）丙午，詔郡國中都官徒及篤癃老小女徒各除半刑，其未竟三月者，皆免歸田里。【略】夏四月丙寅，大赦天下。

（章和十六年）秋七月，旱。戊午，詔曰：『今秋稼方穗而旱，雲雨不霑，疑吏行慘刻，不宣恩澤，妄拘無罪，幽閉良善所致。其一切囚徒於法疑者勿決，以奉秋令。方察煩苛之吏，顯明其罰。』

（十四年）三月戊辰，臨辟雍，饗射，大赦天下。

（元興元年）夏四月庚午，大赦天下，改元元興。

（延平元年）五月辛卯，皇太后詔曰：『皇帝幼沖，承統鴻業，朕且權佐助聽政，兢兢寅畏，不知所濟。深惟至治之本，道化在前，刑罰在後。將稽中和，廣施慶惠，與吏民更始。其大赦天下。自建武以來諸犯禁錮，詔書雖解，有司持重，多不奉行，其皆復爲平民。』

又　卷五《安帝紀》　永初元年春正月癸酉朔，大赦天下。

（秋九月）丙戌，詔死罪以下及亡命贖，各有差。

三年春正月庚子，皇帝加元服。大赦天下。

（四年）夏四月，六州蝗。丁丑，大赦天下。

（六年）六月壬辰，豫章、員谿、原山崩。辛巳，大赦天下。

（元初元年）夏四月丁酉，大赦天下。

（元初二年）冬十月，遣中郎將任尚屯三輔。詔郡國中都官繫囚減死一等，勿笞，詣馮翊、扶風屯，妻子自隨，占著所在；女子勿輸。亡命死辠以下贖，各有差。其吏人聚爲盜賊，有悔過者，除其罪。

（元初）四年春二月乙巳朔，日有食之。乙卯，大赦天下。

（永寧元年）夏四月丙寅，立皇子保爲皇太子，改元永寧，大赦天下。

（建光元年）二月癸亥，大赦天下。

秋七月己卯，改元建光，大赦天下。

（延光元年）三月丙午，改元延光。大赦天下。

（三年九月）乙巳，詔郡國中都官死罪繫囚減罪一等，詣敦煌、隴西及度遼營；其右趾以下及亡命者贖，各有差。辛亥，濟南上言黄龍見歷城。庚申晦，日有食之。

（四年）六月乙巳，大赦天下。

又 卷六《順帝沖帝質帝紀》 永建元年春正月甲寅，詔曰：『坐法當徙，勿徙；亡徒當傳，勿傳。宗室以罪絕，皆復屬籍。其與閻顯、江京等交通者，悉勿考。勉修厥職，以康我民。』

冬十月辛巳，詔減死罪以下徙邊；其亡命贖，各有差。

（陽嘉元年三月）庚寅，帝臨辟雍饗射，大赦天下，改元陽嘉。

（三年）五月戊戌，制詔曰：『昔我太宗，丕顯之德，假于上下，儉以恤民，政致康乂。朕秉事不明，政失厥道，天地譴怒，大變仍見。春夏連旱，寇賊彌繁，元元被害，朕甚愍之。嘉與海內洗心更始。其大赦天下，自殊死以下謀反大逆諸犯不當得赦者，皆赦除之。』

永和元年春正月，【略】大赦天下。

（五年）五月，丁丑，令死罪以下及亡命贖，各有差。

漢安元年春正月癸巳，宗祀明堂，大赦天下，改元漢安。

（二年）冬十月辛丑，令郡國中都官繫囚殊死以下出縑贖，各有差；其不能入贖者，遣詣臨羌縣居作二歲。

孝沖皇帝【略】十一月，九江盜賊徐鳳、馬勉等稱『無上將軍』，攻燒城邑。己酉，令郡國中都官繫囚減死一等，徙邊；謀反大逆，不用此令。

（質帝）本初元年春正月丙申，詔曰：『昔堯命四子，以欽天道，《鴻範》九疇，休咎有象。夫瑞以和降，異因逆感，禁微應大，前聖所重。頃者，州郡輕慢憲防，競逞殘暴，造設科條，陷入無罪。或以喜怒驅逐長吏，恩阿所私，罰枉仇隙，至令守闕訴訟，前後不絕。送故迎新，人離其害，怨氣傷和，以致灾眚。《書》云：「明德慎罰。」方春東作，育微敬始。其敕有司，罪非殊死，且勿案驗，以崇在寬。』

又 卷七《桓帝紀》 （建和元年四月）丙午，詔郡國繫囚減死罪一等，勿笞。唯謀反大逆，不用此書。【略】

二年春正月甲子，皇帝加元服。庚午，大赦天下。【略】

（三年）九月己卯，地震。庚寅，地又震。詔死罪以下及亡命者贖，各有差。【略】

和平元年春正月甲子，大赦天下，改元和平。【略】

冬十一月辛巳，減天下死罪一等，徙邊戍。【略】

元嘉元年春正月，京師疾疫，使光祿大夫將醫藥案行。癸酉，大赦天下，改元元嘉。【略】

（永興元年）夏五月丙申，大赦天下，改元永興。【略】

十一月丁丑，詔減天下死罪一等，徙邊戍。【略】

二年春正月甲午，大赦天下。【略】

閏月，光祿勳尹頌爲司徒。減天下死罪一等，徙邊戍。【略】

永壽元年春正月戊申，大赦天下，改元永壽。【略】

三年春正月己未，大赦天下。【略】

（延熹元年）六月戊寅，大赦天下，改元延熹。【略】

三年春正月丙申，大赦天下。【略】

（四年）六月，京兆、扶風及涼州地震。庚子，岱山及博尤來山並穨裂。己酉，大赦天下。【略】

六年春二月戊午，司徒种暠薨。【略】三月戊戌，大赦天下。【略】

（八年）二月辛巳，大赦天下。【略】

（永康元年）六月庚申，大赦天下，悉除黨錮，改元永康。

又 卷八《靈帝紀》 （建寧元年二月）庚午，謁高廟。辛未，謁世祖廟。大赦天下。賜民爵及帛各有差。

冬十月甲辰晦，日有食之。令天下繫囚罪未決入縑贖，各有差。【略】

二年春正月丁丑，大赦天下。【略】

四年春正月甲子，帝加元服，大赦天下。賜公卿以下各有差，唯黨人不赦。【略】

（熹平）五年夏四月癸亥，大赦天下。【略】益州郡夷叛，太守李顒討平之。復崇高山名爲嵩高山。大雩。使侍御史行詔獄亭部，理冤枉，原輕繫，休囚徒。【略】

（二年）二月壬午，大赦天下。【略】

（三年）二月己巳，大赦天下。【略】

五月丁卯，大赦天下。【略】

六年春正月辛丑，大赦天下。

（冬十月）辛丑，京師地震。辛亥，令天下繫囚罪未決，入縑贖。【略】

（光和元年）三月辛丑，大赦天下，改元光和。【略】

（二年）夏四月甲戌朔，日有食之。辛巳，中常侍王甫及太尉段熲並下獄死。丁酉，大赦天下，諸黨人禁錮小功以下皆除之。【略】

三年春正月癸酉，大赦天下。【略】

（四年）二月，郡國上芝英草。夏四月庚子，大赦天下。【略】八月，令繫囚罪未決，入縑贖，各有差。

五年春正月辛未，大赦天下。【略】

（六年）三月辛未，大赦天下。【略】

（中平元年）三月戊申，以河南尹何進爲大將軍，將兵屯都亭。置八關都尉官。壬子，大赦天下黨人，還諸徙者，唯張角不赦。【略】十二月己巳，大赦天下，改元中平。【略】

三年春二月，江夏兵趙慈反，殺南陽太守秦頡。庚戌，大赦天下。【略】

四年春正月己卯，大赦天下。【略】

秋九月丁酉，令天下繫囚罪未決，入縑贖。【略】

五年春正月，休屠各胡寇西河，殺郡守邢紀。丁酉，大赦天下。

又　卷九《獻帝紀》　孝獻皇帝諱協，【略】九月甲戌，即皇帝位，年九歲。遷皇太后於永安宫。大赦天下。【略】

初平元年春正月，山東州郡起兵以討董卓。辛亥，大赦天下。【略】

二年春正月辛丑，大赦天下。【略】

三年春正月丁丑，大赦天下。【略】

五月丁酉，大赦天下。【略】己未，大赦天下。【略】

四年春正月甲寅朔，日有食之。丁卯，大赦天下。【略】

興平元年春正月辛酉，大赦天下，改元興平。【略】

二年春正月癸丑，大赦天下。【略】

建安元年春正月癸酉，郊祀上帝於安邑，大赦天下，改元建安。【略】

秋七月甲子，車駕至雒陽，幸故中常侍趙忠宅。丁丑，郊祀上帝，大赦天下。

又　卷二三《竇融傳》　初，永平時，謁者韓紆嘗考劾父勳獄，憲遂令客斬紆子，以首祭勳塚。

又　卷二七《杜林傳》　（建武）十四年，羣臣上言：『古者肉刑嚴重，則人畏法令；今憲律輕薄，故姦軌不勝。宜增科禁，以防其源。』詔下公卿。林奏曰：『夫人情挫辱，則義節之風損，法防繁多，則苟免之行興。孔子曰：「導之以政，齊之以刑，民免而無恥。導之以德，齊之以禮，有恥且格。」古之明王，深識遠慮，動居其厚，不務多辟，周之五刑，不過三千。大漢初興，詳覽失得，故破矩爲圓，斲彫爲樸，蠲除苛政，更立疏網，海内歡欣，人懷寬德。及至其後，漸以滋章，吹毛索疵，詆欺無限。果桃菜茹之饋，集以成臧，小事無妨於義，以爲大戮，故國無廉士，家無完行。至於法不能禁，令不能止，上下相遁。爲敝彌深。臣愚以爲宜如舊制，不合翻移。』帝從之。

又　卷三九《劉愷傳》　安帝初，清河相叔孫光坐臧抵罪，遂增錮二世，釁及其子。是時居延都尉范邠復犯臧罪，詔下三公、廷尉議。司徒楊震、司空陳褒、廷尉張皓議依光比。愷獨以爲：『《春秋》之義，「善善及子孫，惡惡止其身」，所以進人於善也。《尚書》曰：「上刑挾輕，下刑挾重。」如今使臧吏禁錮子孫，以輕從重，懼及善人，非先王詳刑之意也。』有詔：『太尉議是。』

又　卷三四《梁統傳》　（梁）統在朝廷，數陳便宜。以爲法令既輕，下姦不勝。宜重刑罰，以遵舊典，乃上疏曰：

臣竊見元、哀二帝輕殊死之刑以一百二十三事，手殺人者減死一等，自是以後，著爲常準，故人輕犯法，吏易殺人。

臣聞立君之道，仁義爲主，仁者愛人，義者政理，愛人以除殘爲務，政理以去亂爲心。刑罰在衷，無取於輕，是以五帝有流、殛、放、殺之誅，三王有大辟、刻肌之法。故孔子稱『仁者必有勇』，又曰『理財正辭，禁民爲非曰義』。高帝受命誅暴，平蕩天下，約令定律，誠得其宜。文帝寬惠柔克，遭世康平，唯除省肉刑、相坐之法，它皆率由，無革舊章。武帝值中國隆盛，財力有餘，征伐遠方，軍役數興，豪桀犯禁，姦吏弄法，故重首匿之科，著知從之律，以破朋黨，以懲隱匿。宣帝聰明正

直，總御海內，臣下奉憲，無所失墜，因循先典，天下稱理。至哀、平繼體，而即位日淺，聽斷尚寡，丞相王嘉輕爲穿鑿，虧除先帝舊約成律，數年之間，百有餘事，或不便於理，或不厭民心。謹表其尤害於體者傳奏於左。

伏惟陛下包元履德，權時撥亂，功踰文、武，德侔高皇，誠不宜因循季末衰微之軌。回神明察，考量得失，宣詔有司，詳擇其善，定不易之典，施無窮之法，天下幸甚。

事下三公、廷尉，議者以爲隆刑峻法，非明王急務，施行日久，豈一朝所釐。統今所定，不宜開可。

統復上言曰：『有司以臣今所言，不可施行。尋臣之所奏，非曰嚴刑。竊謂高帝以後，至乎孝宣，其所施行，多合經傳，宜比方今事，驗之往古，聿遵前典，事無難改，不勝至願。願得召見，若對尚書近臣，口陳其要。』帝令尚書問狀，統對曰：

聞聖帝明王，制立刑罰，故雖堯、舜之盛，猶誅四凶。經曰：『天討有罪，五刑五庸哉。』又曰：『爰制百姓于刑之衷。』孔子曰：『刑罰不衷，則人無所厝手足。』衷之爲言，不輕不重之謂也。《春秋》之誅，不避親戚，所以防患救亂，全安衆庶，豈無仁愛之恩？貴絕殘賊之路也。

自高祖之興，至于孝宣，君明臣忠，謨謀深博，猶因循舊章，不輕改革，海內稱理，斷獄益少。至初元、建平，所減刑罰百有餘條，而盜賊浸多，歲以萬數。間者三輔從橫，羣輩並起，至燔燒茂陵，火見未央。其後隴西、北地、西河之賊，越州度郡，萬里交結，攻取庫兵，劫略吏人，詔書討捕，連年不獲。是時以天下無難，百姓安平，而狂狡之勢，猶至於此，皆刑罰不衷，愚人易犯之所致也。

由此觀之，則刑輕之作，反生大患；惠加姦軌，而害及良善也。故臣統願陛下采擇賢臣孔光、師丹等議。

議上，遂寢不報。

又 卷四一《寒朗傳》 永平中，以謁者守侍御史，與三府掾屬共考案楚獄顏忠、王平等，辭連及隧鄉侯耿建、朗陵侯臧信、護澤侯鄧鯉、曲成侯劉建。建等辭未嘗與忠、平相見。是時，顯宗怒甚，吏皆惶恐，諸所連及，率一切陷入，無敢以情恕者。朗心傷其冤，試以建等物色獨問忠、平，而二人錯愕不能對。朗知其詐，乃上言建等無姦，專爲忠、平所誣，疑天下無辜類多如此。帝乃召朗入，問曰：『建等即如是，忠、平何故引之？』朗對曰：『忠、平自知所犯不道，故多有虛引，冀以自明。』帝曰：『即如是，四侯無事，何不早奏，獄竟而久繫至今邪？』朗對曰：『臣雖考之無事，然恐海內別有發其姦者，故未敢時上。』帝怒罵曰：『吏持兩端，促提下。』左右方引去，朗曰：『願一言而死。小臣不敢欺，欲助國耳。』帝問曰：『誰與共爲章？』對曰：『臣自知當必族滅，不敢多汙染人，誠冀陛下一覺悟而已。臣見考囚在事者，咸共言妖惡大故，臣子所宜同疾，今出之不如入之，可無後責。是以考一連十，考十連百。又公卿朝會，陛下問以得失，皆長跪言，舊制大罪禍及九族，陛下大恩，裁止於身，天下幸甚。及其歸舍，口雖不言，而仰屋竊歎，莫不知其多冤，無敢牾陛下者。臣今所陳，誠死無悔。』帝意解，詔遣朗出。後二日，車駕自幸洛陽獄録囚徒，理出千餘人。後平、忠死獄中，朗乃自繫。

又 卷四二《何敞傳》 （何敞）武帝時爲廷尉正，與張湯同時。湯持法深而比干務仁恕，數與湯爭，雖不能盡得，然所濟活者以千數。

又 卷五六《張皓傳》 永寧元年，徵拜廷尉。皓雖非法家，而留心刑斷，數與尚書辯正疑獄，多以詳當見從。

又 卷五八《虞詡傳》 （虞詡）祖父經，爲郡縣獄吏，案法平允，務存寬恕，每冬月上其狀，恆流涕隨之。嘗稱曰：『東海于公高爲里門，而其子定國卒至丞相。吾決獄六十年矣，雖不及于公，其庶幾乎！子孫何必不爲九卿邪？』故字詡曰升卿。

又 卷七七《酷吏傳・周紆》 （周紆）爲人刻削少恩，好韓非之術。少爲廷尉史。

又 卷八〇上《文苑傳・黃香》 （永元）十二年，東平清河奏訞言卿仲遼等，所連及且千人。香料別據奏，全活甚衆。

又 《禮儀志上》 立春之日，下寬大書曰：『制詔三公：方春東作，敬始慎微，動作從之。罪非殊死，且勿案驗，皆須麥秋。退貪殘，進柔良，下當用者，如故事。』

又 《百官志二》 廷尉，卿一人，中二千石。本注曰：掌平獄，

奏當所應。凡郡國讞疑罪，皆處當以報。胡廣曰：『讞，質也。』《漢官》曰：『員吏四十人，其十一人四科，十六人二百石廷吏，文學十六人百石，十三人獄史，二十七人佐，二十六人騎吏，三十人假佐，一人官醫。』正、左監各一人。左平一人，六百石。本注曰：掌平決詔獄。

又《百官志三》 治書侍御史二人，六百石。本注曰：掌選明法律者爲之。凡天下諸讞疑事，掌以法律當其是非。蔡質《漢儀》曰：『選御史高第補之。』胡廣曰：『孝宣感路温舒言，秋季後請讞。時帝幸宣室，齋居而決事，令侍御史二人治書，御史起此。後因別置，冠法冠，秩百石，有印綬，與符節郎共平廷尉奏事，罪當輕重。』荀綽《晉百官表注》曰：『惠帝以後，無所平治，備位而已。』

唐·杜佑《通典》卷一六四《刑法四上·雜議上》 漢舊事斷獄報重，常盡三冬之月，是時後漢章帝始改用冬初十月而已。元和三年，旱，長水校尉賈宗上言，以爲斷獄不盡三冬，陰氣微弱，陽氣發洩，故招致灾旱。【略】

時羣臣上言，古者肉刑嚴重，人畏法令，今憲律輕薄，故姦宄不勝，宜增禁科以防其源。

宋·徐天麟《東漢會要》卷三五《刑法上·卹刑贖罪附》 建武二年三月，下詔曰：『頃獄多冤人，用刑深刻，朕甚愍之。孔子云：「刑罰不中，則民無所措手足。」其與中二千石、諸大夫、博士、議郎議省刑法。』

三年七月庚辰，詔曰：『吏不滿六百石至墨綬長、相，有罪先請。男子八十以上，十歲以下，及婦人從坐者，自非不道，詔所名捕，皆不得繫，當驗問者卽就驗。女徒雇山歸家。』【略】

明帝卽位，詔：『施刑及郡國徒，在中元元年四月己卯赦前所犯而後捕繫者，悉免其刑。中二千石下至黄綬貶秩贖論者，悉皆復秩還贖。』赦隴西囚徒，減罪一等。【略】

明帝善刑理，法令分明。日晏坐朝，幽枉必達。斷獄得情，號居前代十二。【略】

永平三年正月，詔：『有司詳刑謹罰，明察單辭，夙夜匪懈，以稱朕意。』【略】

安帝永初元年，詔死罪以下及亡命贖，各有差。【略】

順帝永建元年十月，詔減死罪以下徙邊，其亡命贖，各有差。

二年三月，旱，遣使者録囚徒。

永和五年五月丁丑，令死罪以下及亡命贖，各有差。【略】

沖帝卽位，令郡國中都官繫囚減死一等，徙邊；謀反大逆，不用此令。【略】

桓帝建和元年四月丙午，詔郡國繫囚減死罪一等，勿笞。惟謀反、大逆不用此書。

靈帝建寧元年，令天下繫囚未決，入縑贖，各有差。

又 卷三六《刑法下·斷獄案罪》 立春之日，下寬大書曰：『制詔三公：方春東作，敬始謹微，動作從之。罪非殊死，且勿案驗，皆須麥秋。』

章帝元和二年正月，詔三公曰：『方春生養，萬物莩甲，宜助萌陽，以育時物。令有司罪非殊死且勿案驗，吏人條書相告，不得聽受，冀息事寧人，敬奉天氣。立秋如故。』

七月庚子，詔曰：『律，十二月立春，不以報囚。《月令》，冬至之後，有順陽助生之文，而無鞫獄斷刑之政。朕咨訪儒雅，稽之典籍，以爲王者生殺，宜順時氣。其定律，無以十一月、十二月報囚。』【略】

和帝永元十五年，有司奏，以爲夏至微陰起，靡草死，可以決小事。是歲，初令郡國以日北至案薄刑。

十六年，詔一切囚徒于法疑者勿決，以奉秋令。

元·馬端臨《文獻通考》卷一六九《刑考八·詳讞》 後漢制，治書侍御史二人，選明法律者爲之。凡天下諸讞疑事，掌以法律當其是非。

明帝永平十四年，楚王英以謀逆廢徙自殺。時窮治楚獄，遂至累年。其辭語相連，自京師親戚、諸侯、州郡豪傑及考案吏，阿附坐死、徙者以千數，而繫獄者尚數千人。【略】侍御史寒朗，【略】分別具奏，帝感悟，卽報許，得出者四百餘家。

梁人取後妻，後妻殺夫，其子又殺之。孔季彦返魯過梁，梁相曰：『此子當以大逆論。禮：「繼母如母。」是殺母也。』季彦曰：『若如母，則與親母不等，欲以義督之也。昔文姜與殺魯桓，《春秋》去其姜氏，《傳》曰：「絕不爲親，禮也。」絕不爲親，卽凡人爾。且夫手殺，重於

知情，知情猶不得爲親，則此下手之時，母名絕矣。方之古義，是子宜以非司寇而擅殺當之，不得爲殺母而論以逆也。』梁相從其言。

永元十六年，詔一切囚徒於法疑者勿決，以奉赦令。

論説

漢·陸賈《新語》卷上《無爲》 秦始皇設刑罰，爲車裂之誅，以斂姦邪，築長城於戎境，以備胡、越，征大吞小，威震天下，將帥横行，以服外國，蒙恬討亂於外，李斯治法於内，事逾煩天下逾亂，法逾滋而天下逾熾，兵馬益設而敵人逾多。秦非不欲治也，然失之者，乃舉措太衆、刑罰太極故也。

漢·賈誼《新書》卷一《過秦下》 （秦王）懷貪鄙之心，行自奮之智，不信功臣，不親士民，廢王道而立私愛，焚文書而酷刑法，先詐力而後仁義，以暴虐爲天下始。【略】

嚮使二世，【略】虚囹圄而免刑戮，去收孥汙穢之罪，使各反其鄉里；【略】約法省刑，以持其後，使天下之人皆得自新，更節修行，各慎其身；塞萬民之望，而以盛德與天下，天下息矣。【略】

二世不行此術，【略】繁刑嚴誅，吏治刻深；賞罰不當，賦斂無度。【略】蒙罪者衆，刑戮相望於道，而天下苦之。

又 卷五《保傅》 （秦）俗固非貴辭讓也，所上者告訐也，固非貴禮義也，所上者刑罰也。使趙高傅胡亥而教之獄，所習者非斬劓人，則夷人之三族也。故今日卽位，明日射人，忠諫者謂之誹謗，深爲之計者謂之妖言．其視殺人若艾草菅然，豈胡亥之性惡哉？其所以習道之者，非理故也。

《史記》卷八七《李斯列傳》 二世燕居，乃召高與謀事，謂曰：『夫人生居世間也，譬猶騁六驥過決隙也。吾既已臨天下矣，欲悉耳目之所好，窮心志之所樂，以安宗廟而樂萬姓，長有天下，終吾年壽，其道可乎？』高曰：『此賢主之所能行也，而昏亂主之所禁也。臣請言之，不敢避斧鉞之誅，原陛下少留意焉。夫沙丘之謀，諸公子及大臣皆疑焉，而諸公子盡帝兄，大臣又先帝之所置也。今陛下初立，此其屬意怏怏皆不服，恐爲變。且蒙恬已死，蒙毅將兵居外，臣戰戰慄栗，唯恐不終。且陛下安得爲此樂乎？』二世曰：『爲之奈何？』趙高曰：『嚴法而刻刑，令有罪者相坐誅，至收族，滅大臣而遠骨肉；貧者富之，賤者貴之。盡除去先帝之故臣，更置陛下之所親信者近之。此則陰德歸陛下，害除而姦謀塞，羣臣莫不被潤澤，蒙厚德，陛下則高枕肆志寵樂矣。計莫出於此。』二世然高之言，乃更爲法律。於是羣臣諸公子有罪，輒下高，令鞠治之。殺大臣蒙毅等，公子十二人僇死咸陽市，十公主矺死於杜，財物入於縣官，相連坐者不可勝數。

法令誅罰日益刻深，羣臣人人自危，欲畔者衆。【略】

李斯子由爲三川守，羣盜吳廣等西略地，過去弗能禁。章邯以破逐廣等兵，使者覆案三川相屬，誚讓斯居三公位，如何令盜如此。李斯恐懼，重爵禄，不知所出，乃阿二世意，欲求容，以書對曰：

夫賢主者，必且能全道而行督責之術者也。督責之，則臣不敢不竭能以徇其主矣。此臣主之分定，上下之義明，則天下賢不肖莫敢不盡力竭任以徇其君矣。是故主獨制於天下而無所制也。能窮樂之極矣，賢明之主也，可不察焉！

故申子曰『有天下而不恣睢，命之曰以天下爲桎梏』者，無他焉，不能督責，而顧以其身勞於天下之民，若堯、禹然，故謂之『桎梏』也。夫不能修申、韓之明術，行督責之道，專以天下自適也，而徒務苦形勞神，以身徇百姓，則是黔首之役，非畜天下者也，何足貴哉！夫以人徇己，則己貴而人賤；以己徇人，則己賤而人貴。故徇人者賤，而人所徇者貴，自古及今，未有不然者也。凡古之所爲尊賢者，爲其貴也；而所爲惡不肖者，爲其賤也。而堯、禹以身徇天下者也，因隨而尊之，則亦失所爲尊賢之心矣，夫可謂大繆矣。謂之爲『桎梏』，不亦宜乎？不能督責之過也。

韓子曰：『慈母有敗子而嚴家無格虜』者，何也？則能罰之加焉必也。故商君之法，刑棄灰於道者。夫棄灰，薄罪也，而被刑，重罰也。彼唯明主爲能深督輕罪。夫罪輕且督深，而況有重罪乎？故民不敢犯也。是故韓子曰『布帛尋常，庸人不釋，鑠金百溢，盜跖不搏』者，非庸人之心重，尋常之利深，而盜跖之欲淺也；又不以盜跖之行，爲輕百鎰之

重也。搏必隨手刑，則盜跖不搏百鎰；而罰不必行也，則庸人不釋尋常。是故城高五丈，而樓季不輕犯也；泰山之高百仞，而跛牂牧其上。夫樓季也而難五丈之限，豈跛牂也而易百仞之高哉？峭塹之勢異也。明主聖王之所以能久處尊位，長執重勢，而獨擅天下之利者，非有異道也，能獨斷而審督責，必深罰，故天下不敢犯也。今不務所以不犯，而事慈母之所以敗子也，則亦不察於聖人之論矣。夫不能行聖人之術，則舍爲天下役何事哉？可不哀邪！

且夫儉節仁義之人立於朝，則荒肆之樂輟矣；諫説論理之臣間於側，則流漫之志詘矣；烈士死節之行顯於世，則淫康之虞廢矣。故明主能外此三者，而獨操主術以制聽從之臣，而修其明法，故身尊而勢重也。凡賢主者，必將能拂世磨俗，而廢其所惡，立其所欲，故生則有尊重之勢，死則有賢明之謚也。是以明君獨斷，故權不在臣也。然後能滅仁義之塗，掩馳説之口，困烈士之行，塞聰揜明，内獨視聽，故外不可傾以仁義烈士之行，而内不可奪以諫説忿爭之辯。故能犖然獨行恣睢之心而莫之敢逆。若此然後可謂能明申、韓之術，而脩商君之法。法脩術明而天下亂者，未之聞也。故曰『王道約而易操』也。唯明主爲能行之。若此則謂督責之誠，則臣無邪，臣無邪則天下安，天下安則主嚴尊，主嚴尊則督責必，督責必則所求得，所求得則國家富，國家富則君樂豐。故督責之術設，則所欲無不得矣。羣臣百姓救過不給，何變之敢圖？若此則帝道備，而可謂能明君臣之術矣。雖申、韓復生，不能加也。

書奏，二世悦。於是行督責益嚴，税民深者爲明吏。二世曰：『若此則可謂能督責矣。』刑者相半於道，而死人日成積於市。殺人衆者爲忠臣。二世曰：『若此則可謂能督責矣。』

初，趙高爲郎中令，所殺及報私怨衆多，恐大臣入朝奏事毁惡之，乃説二世曰：『天子所以貴者，但以聞聲，羣臣莫得見其面，故號曰「朕」。且陛下富於春秋，未必盡通諸事，今坐朝廷，譴舉有不當者，則見短於大臣，非所以示神明於天下也。且陛下深拱禁中，與臣及侍中習法者待事，事來有以揆之。如此則大臣不敢奏疑事，天下稱聖主矣。』二世用其計，乃不坐朝廷見大臣，居禁中。趙高常侍中用事，事皆決於趙高。

漢・桓寬《鹽鐵論》卷一二《詔聖》 文學曰：『春夏生長，聖人象而爲令。秋冬殺藏，聖人則而爲法。故令者教也，所以導民人；法者刑罰也，所以禁强暴也。二者，治亂之具，存亡之效也，在上所任。湯、武經禮義，明好惡，以導其民，刑罪未有所加，而民自行義，殷、周所以治也。上無德教，下無法則，任刑必誅，劓鼻盈蔂，斷足盈車，舉河以西，不足以受天下之徒，終而以亡者，秦王也。非二尺四寸之律異，所行反古而悖民心也。』【略】

二世信趙高之計，渫篤責而任誅斷，刑者半道，死者日積。殺民多者爲忠，厲民悉者爲能。百姓不勝其求，黔首不勝其刑，海内同憂而俱不聊生。

《漢書》卷二二《禮樂志》 董仲舒對策言：『王者欲有所爲，宜求其端於天。天道大者，在於陰陽。陽爲德，陰爲刑。天使陽常居大夏，而以生育長養爲事；陰常居大冬，而積於空虚不用之處，以此見天之任德不任刑也。陽出布施於上而主歲功，陰入伏藏於下而時出佐陽。陽不得陰之助，亦不能獨成歲功。王者承天意以從事，故務德教而省刑罰。刑罰不可任以治世，猶陰之不可任以成歲也。今廢先王之德教，獨用執法之吏治民，而欲德化被四海，故難成也。是故古之王者莫不以教化爲大務，立大學以教於國，設庠序以化於邑。教化已明，習俗已成，天下嘗無一人之獄矣。至周末世，大爲無道，以失天下。秦繼其後，又益甚之。自古以來，未嘗以亂濟亂，大敗天下如秦者也。』

又 卷五一《路温舒傳》 秦之時，羞文學，好武勇，賤仁義之士，貴治獄之吏；正言者謂之誹謗，遏過者謂之妖言。故盛服先生不用於世，忠良切言皆鬱於胸，譽諛之聲日滿於耳；虚美熏心，實禍蔽塞。此乃秦之所以亡天下也。

漢・桓寬《鹽鐵論》卷一二《申韓》 文學曰：『河決若甕口，而破千里，況禮決乎？其所害亦多矣！今斷獄歲以萬計，犯法滋多，其爲菑豈特曹、衛哉！夫知塞宣房而福來，不知塞亂原而天下治也。』

又 卷八《後刑》 大夫曰：『古之君子，善善而惡惡。人君不畜惡民，農夫不畜無用之苗。無用之苗，苗之害也；無用之民，民之賊也。鉏一害而衆苗成，刑一惡而萬民説。雖周公、孔子不能釋刑而用惡。家之有鉏子，器皿不居，況鉏民乎！民者教於愛而聽刑。故刑所以正民，鉏

所以别苗也。』

賢良曰：『古者，篤教以導民，明辟以正刑。刑之於治，猶策之於御也。良工不能無策而御，有策而勿用。聖人假法以成教，教成而刑不施。故威厲而不殺，刑設而不犯。今廢其紀綱而不能張，壞其禮義而不能坊。民陷於罔從而獵之以刑，是猶開其闌牢，發以毒矢也，不盡不止。曾子曰：「上失其道，民散久矣。如得其情，卽哀矜而勿喜。」夫不傷民之不治，而伐己之能得姦，猶弋者覩鳥獸掛罻羅而喜也。今天下之被誅者，不必有管、蔡之邪、鄧晳之僞，恐苗盡而不别，民欺而不治也。孔子曰：「人而不仁，疾之已甚，亂也。」故民亂反之政，政亂反之身，身正而天下定。是以君子嘉善而矜不能，恩及刑人，德潤窮夫，施惠説爾，行刑不樂也。』

漢・荀悦《漢紀》卷二二《孝元皇帝紀中》 荀悦曰：大赦者，權時之宜，非常典也。漢興，承秦兵革之後，大愚之世，比屋可刑。故設三章之法，大赦之令，蕩滌穢流，與民更始，時勢然也。後世承業，襲而不革，失時宜矣。若惠、文之世，無所赦之。若孝景之時，七國皆亂，異心並起，姦邪非一。及武帝末，賦役繁興，羣賊並起，加太子之事，巫蠱之禍，天下紛然，百姓無聊，人不自安。及光武之際，撥亂之後，如此之比，宜爲赦矣。君臣失禮，政教陵遲，犯法者衆，亡命流竄而不擒獲，前後相積，布滿山野，勢窮刑蹙，將爲羣盜。或刑政失中，猛暴横作，怨枉繁多，天下憂慘，羣獄姦昏，難得而治。承此之後，宜爲赦也。或赦大逆，或赦輕罪，或赦一方，或赦天下，期於應變濟時也。

又《孝元皇帝紀下》 荀悦曰：自漢興以來至於茲，祖宗之治迹可得而觀也。高祖開建大業，統辟元功，度量規矩不可尚也。時天下初定，庶事草創，故韶、夏之音未有問焉。孝文皇帝克己復禮，躬行玄默，遂至昇平，而刑罰幾措。時稱古典。未能悉備制度，玄雅禮樂之風闕焉，故太平之功不興。孝武皇帝規恢萬事之業，安固後嗣之基，内修文學，外耀武威，延天下之士，濟濟盈朝，興事創制，無所不施，先王之風，燦然復存矣。然猶好其文不盡其實，發其始不克其終，奢侈無限，窮兵極武，百姓空竭，萬民疲弊。當此之時，天下騷動，海内無聊，而孝文之業衰矣。孝宣皇帝任法審刑，綜核名實，聽斷精明，事業修理，下無隱情，是以功光前世，號爲中宗，然不甚用儒術。從諫如流，下善齊肅，賓禮舊老，優容寬直，其仁心文德足以爲賢主矣。而佞臣石顯用事，隳其大業，明不照姦，決不斷惡，豈不惜哉！昔齊桓公任管仲以霸，任豎刁以亂，一人之身，唯所措之。夫萬事之情，常立於得失之原，治亂榮辱之機，可不惜哉！楊朱哭多岐，墨翟悲素絲，傷其本同而末殊。孔子曰『遠佞人』，《詩》云『取彼譖人，投畀豺虎』，疾之深也。若夫石顯，可以痛心泣血矣，豈不疾之哉！初，宣帝任刑法，元帝諫之，勸以用儒術，宣帝不聽，乃嘆曰：『亂我家者，必太子也。』故凡世之論政治者，或稱教化，或稱刑法，或言先教而後刑，或言先刑而後教，或言教化宜詳，或曰教化宜簡，或曰刑法宜略，或曰刑法宜輕，或曰宜重：皆引爲政之一方，未究治體之終始。聖人之大德也，聖人之道，必則天地，制之以五行，以通其變，是以博而不泥。夫德刑並行，天地常道也。先王之道，上教化而下刑法，右文德而左武功，此其義也。或先教化，或先刑法，所遇然也。撥亂抑强，則先刑法，扶弱綏新，則先教化。安平之世則刑教並用，大亂無教，大治無刑。亂之無教，勢不行也。治之無刑，時不用也。教初必簡，刑始必略，則其漸也。教化之降，莫不興行，然後責備。刑法之定，莫不避罪。然後求密，未可以備。謂之虐教，未可以密。謂之峻刑，虐教傷化。峻刑害民，君子弗由也。設必違之教，不量民力之未能，是陷民於惡也，故謂之傷化。設必犯之法，不度民情之不堪，是陷民於罪也，故謂之害民。莫不興行，則毫毛之善可得而勸也，然後教備，莫不避罪，則纖芥之惡可得而禁也，然後刑密。故孔子曰：『不嚴以涖之，則民不敬也；嚴以涖之，動之不以禮，未善也。』是言禮刑之並施也，『吾末如之何』，言教之不行也。『可以勝殘去殺矣』，言刑之不用也。《周禮》曰：『治新國，用輕典。』略其初也。《春秋》之義，貶纖芥之惡，備至密也。孔子曰：『行有餘力，則可以學文。』簡於始也。繪事後素，成有終也。夫通於天人之理，達於變化之數，故能達於道。故聖人則天，賢者法地，考之天道，參之典經，然後用於正矣。

《漢書》卷八《宣帝紀》 （元康二年）夏五月，詔曰：『獄者，萬民之命，所以禁暴止邪，養育羣生也。能使生者不怨，死者不恨，則可謂文吏矣。今則不然，用法或持巧心，析律貳端，深淺不平，增辭飾非，以

成其罪。奏不如實，上亦亡繇知。此朕之不明，吏之不稱，四方黎民將何仰哉！二千石各察官屬，勿用此人。吏務平法。或擅興繇役，飾廚傳，稱過使客，越職踰法，以取名譽，譬猶踐薄冰以待白日，豈不殆哉！』

又　卷二三《刑法志》　高皇帝七年，制詔御史：『獄之疑者，吏或不敢決，有罪者久而不論，無罪者久繫不決。自今以來，縣道官獄疑者，各讞所屬二千石官，二千石官以其罪名當報之。所不能決者，皆移廷尉，廷尉亦當報之。廷尉所不能決，謹具爲奏，傅所當比律、令以聞。』上恩如此，吏猶不能奉宣。故孝景中五年復下詔曰：『諸獄疑，雖文致於法而於人心不厭者，輒讞之。』其後獄吏復避微文，遂其愚心。至後元年，又下詔曰：『獄，重事也。人有愚智，官有上下。獄疑者讞，有令讞者已報讞而後不當，讞者不爲失。』

自此之後，獄刑益詳，近於五聽三宥之意。三年復下詔曰：『高年老長，人所尊敬也；鰥、寡不屬逮者，人所哀憐也。其著令：年八十以上，八歲以下，及孕者未乳，師、朱儒當鞠繫者，頌繫之。』至孝宣元康四年，又下詔曰：『朕念夫耆老之人，髮齒墮落，血氣既衰，亦無暴逆之心，今或羅于文法，執于囹圄，不得終其年命，朕甚憐之。自今以來，諸年八十非誣告、殺傷人，它皆勿坐。』至成帝鴻嘉元年，定令：『年未滿七歲，賊鬬殺人及犯殊死者，上請廷尉以聞，得減死。』合於三赦幼弱、老眊之人。此皆法令稍定，近古而便民者也。

孔子曰：『如有王者，必世而後仁；善人爲國百年，可以勝殘去殺矣。』言聖王承衰撥亂而起，被民以德教，變而化之，必世然後仁道成焉；至於善人，不入於室，然猶百年勝殘去殺矣。此爲國者之程式也。今漢道至盛，歷世二百餘載，考自昭、宣、元、成、哀、平六世之間，斷獄殊死，率歲千餘口而一人，耐罪上至右止，三倍有餘。古人有言：『滿堂而飲酒，有一人鄉隅而悲泣，則一堂皆爲之不樂。』王者之於天下，譬猶一堂之上也，故一人不得其平，爲之悽愴於心。今郡、國被刑而死者歲以萬數，天下獄二千餘所，其冤死者多少相覆，獄不減一人，此和氣所以未洽者也。

原獄刑所以蕃若此者，禮教不立，刑法不明，民多貧窮，豪桀務私，姦不輒得，獄不平之所致也。《書》云『伯夷降典，哲民惟刑』，言制禮以止刑，猶隄之防溢水也。今隄防淩遲，禮制未立；死刑過制，生刑易犯；飢寒並至，窮斯濫溢；豪桀擅私，爲之囊橐，姦有所隱，則狃而寖廣：此刑之所以蕃也。孔子曰：『古之知法者能省刑，本也；今之知法者不失有罪，末矣。』又曰：『今之聽獄者，求所以殺之；古之聽獄者，求所以生之。』與其殺不辜，寧失有罪。今之獄吏，上下相驅，以刻爲明，深者獲功名，平者多後患。諺曰：『鬻棺者欲歲之疫。』非憎人欲殺之，利在於人死也。今治獄吏欲陷害人，亦猶此矣。凡此五疾，獄刑所以尤多者也。

自建武、永平，民亦新免兵革之禍，人有樂生之慮，與高、惠之間同，而政在抑强扶弱，朝無威福之臣，邑無豪桀之俠。以口率計，斷獄少於成、哀之間什八，可謂清矣。然而未能稱意比隆斯於古者，以其疾未盡除，而刑本不正。

善乎！孫卿之論刑也，曰：『世俗之爲説者，以爲治古者無肉刑，有象刑、墨鯨之屬，菲履赭衣而不純，是不然矣。以爲治古，則人莫觸罪邪，豈獨無肉刑哉，亦不待象刑矣。以爲人或觸罪矣，而直輕其刑，是殺人者不死，而傷人者不刑也。罪至重而刑至輕，民無所畏，亂莫大焉。凡制刑之本，將以禁暴惡，且懲其未也。殺人者不死，傷人者不刑，是惠暴而寬惡也。故象刑非生於治古，方起於亂今也。凡爵列官職，賞慶刑罰，皆以類相從者也。一物失稱，亂之端也。德不稱位，能不稱官，賞不當功，刑不當罪，不祥莫大焉。夫征暴誅悖，治之威也。殺人者死，傷人者刑，是百王之所同也，未有知其所由來者也。故治則刑重，亂則刑輕，犯治之罪固重，犯亂之罪固輕也。《書》云「刑罰世重世輕」，此之謂也。』所謂『象刑惟明』者，言象天道而作刑，安有菲屨赭衣者哉？

孫卿之言既然，又因俗説而論之曰：『禹承堯、舜之後，自以德衰而制肉刑，湯、武順而行之者，以俗薄於唐、虞故也。今漢承衰周暴秦極敝之流，俗已薄於三代，而行堯、舜之刑，是猶以鞿而御駻突，違救時之宜矣。且除肉刑者，本欲以全民也，今去髡鉗一等，轉而入於大辟，以死罔民，失本惠矣。故死者歲以萬數，刑重之所致也。至乎穿窬盜，忿怒傷人，男女淫佚，吏爲姦臧，若此之惡，髡鉗之罰又不足以懲也。故刑者歲十萬數，民既不畏，又曾不恥，刑輕之所生也。故俗之能吏，公以殺盜爲

威，專殺者勝任，奉法者不治，亂名傷制，不可勝條。是以罔密而姦不塞，刑蕃而民愈嫚。必世而未仁，百年而不勝殘，誠以禮樂闕而刑不正也。豈宜惟思所以清原正本之論，删定律、令，篹二百章，以應大辟。其餘罪次，於古當生，今觸死者，皆可募行肉刑。及傷人與盜，吏受賕枉法，男女淫亂，皆復古刑，爲三千章。詆欺文致微細之法，悉蠲除。如此，則刑可畏而禁易避，吏不專殺，法無二門，輕重當罪，民命得全，合刑罰之中，殷天人之和，順稽古之制，成時雍之化。成、康刑錯，雖未可致，孝文斷獄，庶幾可及。《詩》云『宜民宜人，受禄于天』。《書》曰『立功立事，可以永年』。言爲政而宜於民者，功成事立，則受天禄而永年命，所謂『一人有慶，萬民賴之』者也。

元帝時，貢禹上疏言，孝文皇帝時，貴廉潔，賤貪汙，賈人贅婿及吏坐贓者，皆禁錮不得爲吏，賞善罰惡，不阿親戚，罪白者伏其誅，疑者以與民，無贖罪之法，故令行禁止，海内大化，天下斷獄四百，與刑錯無異，武帝始臨天下，尊賢用士，闢地廣境數千里，自見功大威行，遂從嗜欲，用度不足，乃行一切之變，使犯法者贖罪，入穀者補吏，是以天下奢侈，官亂民貧，盜賊並起，亡命者衆，郡國恐伏其誅，則擇便巧史書習于計簿能欺上府者，以爲右職，姦軌不勝，則取勇猛能操切百姓者，以苛暴威服下者，使居大位，故無義而有財者顯於世，欺謾而善書者尊於朝，悖逆而勇猛者貴於官，故俗皆曰何以孝弟爲，財多而光榮，何以禮義爲，史書而仕宦，何以謹慎爲，勇猛而臨官，故黥劓而髡鉗者，猶復攘臂爲政於世，行雖犬彘，家富執足，目指氣使，是爲賢耳，故謂居官而置富者爲雄桀，處姦而得利者爲壯士，兄勸其弟，父勉其子，俗之壞敗，乃至於是，察其所以然者，皆以犯法得贖罪，求士不得眞賢，相守崇財利，誅不行之所致也，今欲興至治致太平，宜除贖罪之法。

當孝惠、高后時，百姓新免毒蠚，人欲長幼養老。蕭、曹爲相，塡以無爲，從民之欲而不擾亂，是以衣食滋殖，刑罰用稀。

景帝元年，下詔曰：『加笞與重罪無異，幸而不死，不可爲人。其定律：笞五百曰三百，笞三百曰二百。』猶尚不全。至中六年，又下詔曰：『加笞者，或至死而笞未畢，朕甚憐之。其減笞三百曰二百，笞二百曰一百。』又曰：『笞者，所以教之也，其定箠令。』丞相劉舍、御史大夫衛綰請：『笞者，箠長五尺，其本大一寸，其竹也，末薄半寸，皆平其節。當笞者，笞臀。毋得更人，畢一罪乃更人。』自是笞者得全，然酷吏猶以爲威。死刑既重，而生刑又輕，民易犯之。

及至孝武卽位，外事四夷之功，内盛耳目之好，徵發煩數，百姓貧耗，窮民犯法，酷吏擊斷，姦軌不勝。於是招進張湯、趙禹之屬，條定法令，作見知故縱、監臨部主之法，緩深故之罪，急縱出之誅。其後姦猾巧法，轉相比況，禁罔寖密。律、令凡三百五十九章，大辟四百九條，千八百八十二事，死罪決事比萬三千四百七十二事。文書盈於几閣，典者不能徧睹。是以郡國承用者駮，或罪同而論異。姦吏因緣爲市，所欲活則傅生議，所欲陷則予死比，議者咸冤傷之。

宣帝自在閭閻而知其若此。及卽尊位，廷史路温舒上疏，言秦有十失，其一尚存，治獄之吏是也。語在《温舒傳》。上深愍焉，乃下詔曰：『間者吏用法，巧文寖深，是朕之不德也。夫決獄不當，使有罪興邪，不辜蒙戮，父子悲恨，朕甚傷之。今遣廷史與郡鞠獄，任輕禄薄，其爲置廷平，秩六百石，員四人。其務平之，以稱朕意。』於是選于定國爲廷尉，求明察寬恕黄霸等以爲廷平，季秋後請讞。時上常幸宣室，齋居而決事，獄刑號爲平矣。時涿郡太守鄭昌上疏言：『聖王置諫爭之臣者，非以崇德，防逸豫之生也；立法明刑者，非以爲治，救衰亂之起也。今明主躬垂明聽，雖不置廷平，獄將自正；若開後嗣，不若删定律令。律令一定，愚民知所避，姦吏無所弄矣。今不正其本，而置廷平以理其末也，政衰聽怠，則廷平將招權而爲亂首矣。』宣帝未及修正。【略】

孝文二年，又詔丞相、太尉、御史：『法者，治之正，所以禁暴而衛善人也。今犯法者已論，而使無罪之父、母、妻、子、同産坐之及收，朕甚弗取。其議。』左、右丞相周勃、陳平奏言：『父、母、妻、子、同産相坐及收，所以累其心，使重犯法也。收之之道，所由來久矣。臣之愚計，以爲如其故便。』文帝復曰：『朕聞之，法正則民慤，罪當則民從。且夫牧民而道之以善者，吏也；既不能道，又以不正之法罪之，是法反害於民，爲暴者也。朕夫見其便，宜孰計之。』平、勃乃曰：『陛下幸加大惠於天下，使有罪不收，無罪不相坐，甚盛德，臣等所不及也。臣等謹奉詔，盡除收律、相坐法。』其後，新垣平謀爲逆，復行三族之誅。由是

言之，風俗移易，人性相近而習相遠，信矣。夫以孝文之仁，平、勃之知，猶有過刑謬論如此甚也，而況庸材溺於末流者乎？

又　卷四九《鼂錯傳》　三王臣主俱賢，故合謀相輔，計安天下，莫不本於人情。人情莫不欲壽，三王生而不傷也；人情莫不欲富，三王厚而不困也；人情莫不欲安，三王扶而不危也；人情莫不欲逸，三王節其力而不盡也。其爲法令也，合於人情而後行之。

唐·杜佑《通典》卷一六六《刑法四·雜議上》　班固曰：自昭、宣、元、成、哀、平六代之間，斷獄殊死，率歲千餘口而一人，率天下犯罪者，千口而有一人死。耐罪上至右趾，三倍有餘。耐從司寇以上至右趾，千口三人刑。古人有言：『滿堂飲酒，有一人向隅而泣，則一堂不樂。』王者之於天下，猶一堂之上也。故一人不得其平，爲之悽愴。今郡國被刑或冤死者多，此和氣所以未洽者也。原夫獄刑所以蕃者，書云：『伯夷降典，哲人惟刑。』言伯夷下禮法以導人，人習知禮，然後用刑也。言制禮以止刑，猶隄之防溢水也。今隄防淩遲，禮制未立；死刑過制，生刑易犯；飢寒並至，窮斯濫溢；豪桀擅私，爲之囊橐，言容隱姦邪，若囊橐盛物。姦有所隱，則狃而寖廣矣。狃，串習也。寖，漸也。狃音女九反。孔子曰：『古之知法者能省刑，本也；今之知法者不失有罪，末矣。』省，謂減除之。絕於未然，故曰本也。不失有罪，事止聽訟，所以爲末。又曰：『今之聽獄者，求所以殺之；古之聽獄者，求所以生之。』與其殺不辜，寧失有罪。今之獄吏，上下相驅，以刻爲明，深者獲功名，平者多後患。諺曰：『鬻棺者欲歲之疫。』非憎人欲殺之，利在於人死也。凡此五疾，獄刑所以蕃也。

宋·洪邁《容齋隨筆》卷二《漢輕族人》　爰盎陷鼂錯，但云：『方今計，獨有斬錯耳。』而景帝使丞相以下劾奏，遂至父母妻子同產無少長皆棄市。主父偃陷齊王於死，武帝欲勿誅，公孫丞相爭之，遂族偃。郭解客殺人，吏奏解無罪，公孫大夫議，遂族解。且偃、解兩人本不死，因議者之言，殺之足矣，何遽至族乎？漢之輕於用刑如此！

又　卷九《漢法惡誕謾》　李廣以私忿殺霸陵尉，上書自陳謝罪。武帝報之曰：『報忿除害，朕之所圖於將軍也。若乃免冠徒跣，稽顙請罪，豈朕之指哉！』張敞殺絮舜，上書曰：『臣待罪京兆，絮舜本臣素所厚吏，以臣有章劾當免，受記考事，謂臣『五日京兆』，背恩忘義。臣竊以舜無狀，枉法以誅之。臣賊殺不辜，鞫獄故不直，死無所恨。』宣帝引拜爲刺史。漢世法令，最惡誕謾罔上。廣、敞雖妄殺人，一語陳情，則赦之不問，所以開臣下不敢爲欺之路也。武帝待張湯非不厚，及問魯謁居事，謂其懷詐面欺，殺之不貸，眞得御臣之法。

宋·洪邁《容齋續筆》卷五《唐虞象刑》　《虞書》：『象刑惟明。』象者法也。漢文帝詔，始云：『有虞氏之時，畫衣冠、異章服以爲戮，而民弗犯。』武帝詔亦云：『唐虞畫象，而民不犯。』《白虎通》云：『畫象者，其衣服象五刑也。犯墨者蒙巾，犯劓者赭著其衣，犯髕者以墨蒙其髕，犯宮者扉，扉，草屨也，大辟者布衣無領。』其說雖未必然，揚雄《法言》：『唐、虞象刑惟明』，說者引前詔以證，然則唐、虞之所以齊民，禮義榮辱而已，不專於刑也。秦之末年，赭衣半道，而姦不息。國朝之制，減死一等及胥吏兵卒配徒者，涅其面而刺之，本以示辱，且使人望而識之耳。久而益多，每郡牢城營，其額常溢，殆至十餘萬，凶盜處之恬然。蓋習熟而無所恥也。羅隱《讒書》云：『九人冠而一人髽，則髽者慕而冠者勝；九人髽而一人冠，則冠者慕而髽者勝。』正謂是歟？《老子》曰：『民常不畏死，奈何以死懼之。若使民常畏死，則爲惡者吾得執而殺之，孰敢？』可謂至言。荀卿謂象刑爲治古不然。亦正論也。

又　卷七《董仲舒災異對》　漢武帝建元六年，遼東高廟、長陵高園殿災，董仲舒居家推說其意，草藁未上，主父偃竊其書奏之。上召視諸儒，仲舒弟子呂步舒不知其師書，以爲大愚。於是下仲舒吏，當死，詔赦之。仲舒遂不敢復言災異。此本傳所書。而《五行志》載其對曰：『漢當亡秦大敝之後，承其下流。又多兄弟親戚骨肉之連，驕揚奢侈，恣睢者衆，故天災若語陛下：「非以太平至公，不能治也。」視親戚貴屬在諸侯遠正最甚者，忍而誅之，如吾燔遼東高廟乃可；視近臣在國中處旁仄及貴而不正者，忍而誅之，如吾燔高園殿乃可」云爾。在外而不正者，雖貴如高廟，猶災燔之，況諸侯乎！在內不正者，雖貴如高園殿，猶燔災之，況大臣乎！此天意也。』其後淮南、衡山王謀反，上思仲舒前言，使呂步舒持斧鉞治淮南獄，以《春秋》誼顓斷於外，不請。既還奏事，上皆是之。凡與王謀反列侯二千石豪傑，皆以罪輕重受誅，二獄死者數萬人。嗚

呼！以武帝之嗜殺，時臨御方數歲，可與爲善，廟殿之灾，豈無他説？而仲舒首勸其殺骨肉大臣，與平生學術大爲乖刺，馴致數萬人之禍，皆此書啓之也。然則下吏幾死，蓋天所以激步舒云：使其就戮，非不幸也。

元·馬端臨《文獻通考》卷一六三《刑考二·刑制》 先公曰：『古者刑不上大夫。漢之待公卿大夫與士庶無等級，皆習秦氣象。蕭、曹秦吏，習見不知改，而何亦身自當之。惠帝雖差立條式，然特以爲恩惠，不著法令。文帝時，絳侯下獄，賈生極言以諫，然終不能變也。』【略】

孝文所行，獨新垣平一事，爲盛德之玷。然此事所關甚重，蓋其寵新垣平也，惑於求仙希福之説，而淫諂之祀，訖漢世而未能正者以此；其誅新垣平也，復行收孥相坐之律，而濫酷之刑，訖漢世而未能除者亦以此。帝恭儉仁賢之主，而此二事失禮失刑，遂令後嗣遵而守之，以爲漢家制度，不敢革正。惜哉！【略】

致堂胡氏曰：『妖言令之始設也，必謂其搖民惑衆，有姦宄賊亂之意者；及其失也，則暴君權臣假此名以警懼中外塞言路也。故賈誼論秦曰：「忠諫者謂之誹謗，深計者謂之妖言。」夫忠臣爲上盡忠深計，必剴切君身，探未然之事，陳危亡之戒，不止於近在目前者。自小人觀之，曰「是特揚君過以賣直，未然之事，危亡之形，汝安得知之？殆誹謗妖言耳」！此策既行，使中外之人鉗口結舌，人君不聞其過，淪於危亡而不悟。然則其所謂謗者，乃天下之忠，而其自爲者，乃天下之妖也。夫既以忠諫深計爲誹謗妖言，則指鹿爲馬，指野鳥爲鸞，指菌爲芝，指氛祲爲慶祲，指雹曰「不爲灾也」，指彗曰「所以除舊而布新也」，蝗生則曰「不食嘉穀也」，日食則曰「陰雲蔽之也」，地震則曰：「官府無傷也」，霖雨則曰「秋稼自茂也」，水湧泛溢則曰「民無流死者也」，歲饑則曰「路未嘗有餓者也」』。凡賢否是非治亂得失，一切反理詭道，倒言而逆説之，欺惑世主，使淪於危亡，其罪豈特誹謗之比？其爲妖也，不亦大乎！嗚呼！文帝除此令，其享國長世，宜哉！』【略】

（馬端臨）按：古者庶人謗，商旅議。夫子曰：『天下有道，則庶人不議。』則誹謗，古所有也。周公曰：『小人怨汝詈汝。』又曰：『否則厥口詛祝。』晏子曰：『人民苦病，夫婦皆詛。雖其善祝，豈能勝億萬人之詛？』則祝詛亦古所有也，然未嘗以此罪人。至秦之立法，則犯此二者，皆坐以大逆而誅夷之。漢高帝入關，約法三章，除秦苛嬈，而首及誹謗偶語之酷，則當亟除之矣，而卒不曾除。至高后元年，有詔除其法矣，而又不克除。文帝之時，復有此詔。然自景、武而後，則一用秦法，凡張湯、趙禹、江充、息夫躬之徒，所爲誣害忠鯁、傾陷骨肉，坐以深文、中以危法者，不曰『誹謗不道』，則曰『詛祝上，有惡言』。蓋此二法者，終漢之世，未嘗除也。【略】

又按：古者五刑，大辟至重，墨至輕。孝文除肉刑，以髡鉗代墨，以笞代劓剕。其後復減笞數，定箠令，則刑制益寬矣。然景、武以後，習爲嚴酷，死刑至多。《寧成傳》稱：『成抵罪髡鉗。是時九卿死即死，少被刑，而成刑極，自以爲不復收。』又王吉、龔遂、王式皆坐輔導昌邑王無狀，減死，鉗爲城旦舂。《何並傳》，並爲潁川太守，時鍾元爲尚書令，元弟威爲郡掾，贓千金。並過辭元，元免冠爲弟請一等之罪，如淳曰：『減死罪一等』。蚤就髡鉗，並不許，卒論殺威。以是觀之，則知當時死刑至多，而生刑反少。髡鉗本以代墨，乃刑之至輕者，然減死一等，即止於髡鉗，進髡鉗一等，即入於死，而笞箠所以代剕劓者，不聞施用矣。【略】

按：漢儒如賈誼、董仲舒最爲醇正，然至其論諸侯王，則皆主於誅殺。仲舒此對，與天人三策議論迥別。眞西山亦謂『太史公言「賈誼明申、韓，」今讀《政事書》，藹然有洙、泗典刑，未見其爲申、韓之學；至諸侯王皆衆髖髀等語，然後知太史公之説不繆。』孟子曰：『子以爲有王者作，將比今之諸侯而誅之乎？其教之不改而後誅之乎？』聖賢處事固不同也。蓋諸侯王雖漢初之深患，然根連株逮而誅鋤之於後，固不若建法立制而閑防之於初也。孝文時，淮南、濟北亦嘗構逆，討而戮之，罪止其身，未嘗深竟黨與，亦不聞復有後患，何必誅及二萬餘人哉！孝宣本始四年，詔郡國律令可蠲除以安百姓者，條奏。詔曰：『閒者吏用法，巧文寖深，是朕之不德也。夫決獄不當，使有罪興邪，不辜蒙戮，當重而輕，使有罪者起邪之心。無辜者反陷罪辟，決獄不平也。父子悲恨，朕甚傷之。今遣廷史與郡鞠獄，任輕禄薄，廷史，廷尉史也。以囚辟決獄事爲鞫，謂疑獄也。其爲置廷平，秩六百石，員四人。其務平之，以稱朕意。』於是選于定國爲廷尉，求明察寬恕黄霸等以爲廷平，季秋後請讞。時上常幸宣室，

齋居而決事，宣室在前殿之側，布政教之地。重用刑，故齋戒以決之。獄刑號爲平矣。【略】

致堂胡氏曰：『楊惲之死以兩言，曰「南山蕪穢，縣官不足爲盡力」。如此而已。人君行事不當於人心，天下得以議之，豈有戮一夫鉗一喙而能沮弭者！以兩言狂易而殺廉潔剛直之士，若刈草菅，曾無顧惜之意，宣帝於是乎失君道矣。方是時，執天下之平，民自以爲不冤者，于定國也。趙、蓋、韓、楊之死，定國以爲當乎？不當乎？以爲當則此四臣者皆良臣也，後世評者謂其罪皆應司寇之議，雖有死罪尚不殺也；以爲不當，則定國嘗奏惲「爲妖惡言，大逆不道」，則廣漢、寬饒、延壽之戮亦必經廷尉之當矣。然則四臣死非其罪，不特宣帝之過，丞相、御史、執金吾皆有責。而廷尉則負責之尤者也。』

清·王夫之《讀通鑑論》卷二《漢文帝一九》 肉刑之不可復，易知也。如必曰古先聖王之大法，以止天下之惡，未可泯也；則亦君果至仁，吏果至恕，井田復，封建定，學校興，禮三王而樂六代，然後復肉刑之辟未晏也。不然，徒取愚賤之小民，折割殘毁，以唯吾制是行，而曰古先聖王之大法也；則自欺以誣天下，憯孰甚焉。

抑使教養道盡，禮樂復興，一如帝王之世，而肉刑猶未可復也。何也？民之仁也，期以百年必世，而猶必三代遺風未斬之日也。風未移，俗未易，犯者繁有，而毁支折體之人積焉，天之所不祐也。且也，古未有笞杖，而肉刑不見重；今既行笞杖，而肉刑駭矣。故以曹操之忍，而不敢嘗試，況不爲操者乎！張蒼之律曰：『大辟論減等，已論而復有笞罪，皆棄市。』嚴矣。雖然，固書所謂『怙終賊刑』者也。故詳刑者，師文帝之詔、張蒼之令，可也。【略】

漢有殺人自告而得減免之律，其將導人以無欺也與！所惡於欺者，終不覺而讎其慝也。夫既已殺人矣，則所殺者之父兄子弟能訟之，所司能捕獲之，其惡必露，勢不可得而終匿也，而惡用自告爲？小人爲惡而掩蔽於君子之前，與昌言於大廷而無怍赧也，孰爲猶有恥乎？自度律許減免而覬覦漏網者，從而減之，則明張其殺人之膽，而惡乃滔天。匿而不告者鼠也；告而無諱者虎也。教鼠爲虎，欲使天下無欺，而成其無忌憚之心，將何以懲？故許自告者，所以開過誤敍自新之路，而非可以待凶人。凶人而自匿，民彝其猶有未斁，不較瘥乎？

又 卷三《景帝五》 法嚴而任寬仁之吏，則民重犯法，而多所矜全。法寬而任鷙擊之吏，則民輕犯法，而無辜者卒罹而不可活。景帝詔有司讞不能決，移讞廷尉，讞而後讞不當，讞者不爲失，立法寬矣。乃郅都、寧成相繼爲中尉，則假法於殘忍之小人，姑寬爲之法，以使愚民輕於蹈阱，而幸其能出而終不免也。且也讞不當而不爲罪，無論失入之憯也，即數失出而弗譴，亦以導賕吏之鬻獄，而淫威之逞，冤民且無如之何也。於是而高帝寬大之意斬，武帝嚴酷之風起矣。嚴之於法而無可移，則民知懷刑；寬之以其人而不相尚以殺，則民無濫死。故先王樂進長者以司刑獄，而使守畫一之法，雷電章於上，雨露潤於下，斯以合天理而容保天下與！

又 《武帝一四》 張湯治獄爲酷吏魁，而其決於誅伍被也，則非酷也，法之允也。被者，反覆傾危之姦人，持兩端以貿禍者也。不誅之，又且詭遇於漢廷，主父偃、江充之姦，被任之有餘矣。被之始諫安也，非果禁安使勿反，稱引漢德，爲他日免脱計耳。已而爲安盡反謀矣，俄而又以謀反蹤迹告矣。『宮中荆棘』之諫，『侯無異心、民無怨氣』之語，蓋亦事後自陳、規救其死之游辭，而誰與聽之哉！與人謀逆而又首告，縱舍勿誅，則讒賊相踵，亂不可得而弭矣。故湯之持法非過，而被之誅死允宜也。

嗚呼！爲伍被者不足道，君子不幸陷於逆亂之廷，可去也，則亟去之耳。不然，佯狂痼疾以避之；又不然，直詞以折之；弗能折，則遠引自外而不與聞。身可全則可無死；如其死也，亦義命之無可避者，安之而已；過此則無術矣。謀生愈亟，則逢禍愈烈；兩端不寧，則一途靡據。故曰『有道則知，無道則愚』。誠於愚者，有全生，無用術以求生；有義死，無與亂以偕死者也。

清·趙翼《廿二史劄記》卷二《漢時以經義斷事》 漢初法制未備，每有大事，朝臣得援經義，以折衷是非。如張湯爲廷尉，每決大獄，欲傅古義，乃請博士弟子治《尚書》、《春秋》者，補廷尉史，亭疑奏讞。《湯傳》倪寬爲廷尉掾，以古義決疑獄，奏輒報可；《寬傳》張敞爲京兆尹，每朝廷大議，敞引古今，處便宜，公卿皆服是也。《敞傳》今見于各傳者：

宣帝時，有一男子詣闕，自稱衛太子，舉朝莫敢發言。京兆尹雋不疑至，即令縛之。或以爲是非未可知。不疑曰：『昔蒯聵違命出奔，輒拒而不納，《春秋》是之。衛太子得罪先帝，已爲罪人矣。』帝及霍光聞之曰：『公卿當用經術明大義者。』《不疑傳》匈奴大亂，議者遂欲舉兵滅之。蕭望之曰：『《春秋》，士匄侵齊，聞齊侯卒，引師還。君子善其不伐喪。今宜遣使弔問，則四夷聞之，咸服中國之仁義。』宣帝從之，呼韓邪單于遂內屬。《望之傳》朱博、趙元、傅晏等奏：『何武、傅喜雖已罷退，仍宜革爵。』彭宣劾奏：『博、玄、晏等欲禁錮大臣，以專國權。』詔下公卿議。龔勝引叔孫僑如欲專國，譖季孫行父於晉。晉人執囚行父，《春秋》重而書之。今傅晏等職爲亂階，宜治其罪。哀帝乃削晏封户，坐玄罪。《朱博傳》哀帝寵董賢，以武庫兵送其第。毋將隆奏：『《春秋》之誼，家不藏甲，所以抑臣威也。孔子曰：「奚取于三家之堂」。臣請收還武庫。』《隆傳》賈捐之與楊興迎合石顯，上書薦顯，爲顯所惡，下獄定讞。引《書》『讒説殄行，《王制》『順非而澤』，請論如法。捐之遂棄市，興減死一等。《捐之傳》此皆無成例可援，而引經義以斷事者也。援引古義，固不免於附會，後世有一事即有一例，自亦無庸援古證今，第條例過多，竟成一吏胥之天下，而經義盡爲虛設耳。

又 卷三《武帝時刑賞之濫》 《杜周傳》：『武帝時詔獄益多，二千石繫廷尉者不下百餘人。其他讞案，一歲至千餘章。大者連逮證案數百人，小者數十人，遠者數千里，近者數百里。既到，獄吏責如章告，不服，則笞掠定之。於是皆亡匿，獄久者至更數赦，十餘歲猶相告言，大抵詆以不道以上。廷尉及中都詔獄，逮至六七萬人，吏所增加又十有餘萬。』是可見當日刑獄之濫也。民之生於是時，何不幸哉！

漢·荀悦《申鑒》卷一《政體》 惟慎庶獄以昭人情。天地之大德曰生，萬物之大極曰死。死者不可以生，刑者不可以復。故先王之刑也，官師以成之，棘槐以斷之，情訊以寬之，朝市以共之，矜哀以恤之。刑斯斷，樂不舉，慎之至也。刑哉刑哉，其慎矣夫。惟稽五赦以綏民中，一曰原心，二曰明德，三曰勸功，四曰褒化，五曰權計也。凡先王之攸赦，必是族也。非是族焉。刑茲無赦。

又 卷二《時事》 肉刑，古也。或曰：『復之乎？』曰：『古者人民盛焉，今也至寡，整衆以威，撫寡以寬，道也。復刑非務必也，生刑而極死者，復之可也。自古肉刑之除也，斬右趾者死也，惟復肉刑，是謂生死而息民。』

問：『德刑並用，常典也，或先或後，時宜，刑教不行，勢極也。教初必簡，刑始必略，事漸也，教化之隆，莫不興行，然後責備；刑法之定，莫不避罪，然後求密。未可以備，謂之虛教，未可以密，謂之峻刑。虛教傷化，峻刑害民，君子弗由也。設必違之教，不量民力之未能，是招民於惡也，故謂之傷化；設必犯之法，不度民情之不堪，是陷民於罪也，故謂之害民。莫不興行，則一毫之善，可得而勸也，然後教備；莫不避罪，則纖介之惡，可得而禁也，然後刑密。』

或問：『復讎，古義也。』曰：『縱復讎可乎？』曰：『不可。』曰：『然則如之何？』曰：『有縱有禁，有生有殺，制之以義，斷之以法，是謂義法並立。』曰：『何謂也？』『依古復讎之科，使父讎避諸異州千里，兄弟之讎，避諸異郡五百里，從父從兄弟之讎，避諸異縣百里；弗避而報者無罪，避而報之，殺。犯王禁者罪也，復讎者義也，以義報罪。從王制，順也；犯制，逆也，以逆順生殺之。凡以公命行止者，不爲弗避。』

漢·王符《潛夫論》卷四《述赦》 凡治病者，必先知脉之虛實，氣之所結，然後爲之方，故疾可愈而壽可長也。爲國者，必先知民之所苦，禍之所起，然後設之以禁，故姦可塞國可安矣。

今日賊良民之甚者，莫大於數赦。赦贖數，則惡人昌而善人傷矣。奚以明之哉？曰：孝悌之家，修身慎行，不犯上禁，從生至死，無銖兩罪；數有赦贖，未嘗蒙恩，常反爲禍。何者？正直之士之爲吏也，不避强禦，不辭上官。從事督察，方懷不快，而姦猾之黨，又加誣言，皆知赦之不久，則且共横枉侵冤，誣奏罪法。今主上妄行刑辟，高至死徒，下乃淪冤，而被冤之家，乃甫當乞鞠告故以信直，亦無益於死亡矣。

及隱逸行士，淑人君子，爲讒佞利口所加誣覆冒，下士冤民，能至闕者，萬無數人，其得省問者，不過百一，既對尚書，空遣去者，復十六七。雖蒙考覆，州郡轉相顧望，留吾眞事。春夏待秋冬，秋冬復涉春夏，如此行逢赦者，不可勝數。又謹慎之民，用天之道，分地之利，慎莫犯

法，謹身節用，積累纖微，以致小過，此言質良，蓋民，惟國之基也。輕薄惡子，不道凶民，思彼姦邪，起作盜賊，以財色殺人父母，戮人之子，滅人之門，取人之賄，及貪殘不軌，凶惡弊吏，掠殺不辜，侵冤小民，皆望聖帝當爲誅惡治冤，以解蓄怨。反一門赦之，令惡人高會而夸詫，老盜服臧而過門，孝子見讎而不得討，亡主見物而不得取，痛莫甚焉。故將赦而先暴寒者，以下多冤結悲恨之人也。

夫養稊稗者傷禾稼，惠姦宄者賊良民。《書》曰：『文王作罰，刑茲無赦。』是故先王之制刑法也，非好傷人肌膚，斷人壽命者也，乃以威姦懲惡除民害也。天下本以民不能相治，故爲立王者以統治之。天子在於奉天威命，共行賞罰。故經稱『天命有德，五服五章；天罰有罪，五刑五用。』《詩》刺『彼宜有罪，汝反脱之。』古者唯始受命之君，承大亂之極，被前王之惡，其民乃並爲敵讎，罔不寇賊消義姦宄奪攘，以革命受祚，爲之父母，故得一赦。繼體以下，則無違焉。何者？人君配乾而仁，順育萬物以成大功，非得以養姦活罪爲仁，放縱天賊爲賢也。

又 卷五《斷訟》 五代不同禮，三家不同教，非其苟相反也，蓋世推移而俗化異也。俗化異則亂原殊，故三家符世，皆革定法。高祖制三章之約，孝文除克膚之刑，是故自非殺傷盜賊，必罪之法，輕重無常，各隨時宜，要取足用勸善消惡而已。

夫制法之意，若爲藩籬溝壍以有防矣，擇禽獸之尤可數犯者，而加深厚焉。今姦宄雖衆，然其原少；君事雖繁，然其守約。知其原少姦易塞，見其守約政易治。塞其原則姦宄絕，施其術則遠近治。

今一歲斷獄，雖以萬計，然辭訟之辨，鬭賊之發，鄉部之治，獄官之治者，其狀一也。本皆起民不誠信，而數相欺紿也。舜敕龍以讒説殄行，震驚朕師，乃自上古患之矣。故先慎己捫舌，以示小民。孔子曰：『亂之所生也，則言語以爲階。』『小人不耻不仁，不畏不義。』脉脉規規，常懷姦宄，昧冒前利，不顧廉耻，苟且中，後則榆解奴抵，以致禍變者，比肩是也。

非惟細民爲然，自封王侯貴戚豪富，尤多宇之。佷舉驕奢，以作淫侈，高負千萬，不肯償責。小民守門號哭啼呼，曾無怵惕慙怍哀矜之意。苟崇聚酒徒無行之人，傳空引滿，啁啾罵詈，晝夜鄂鄂，慢游是好。或毆擊責，致人於死，與羣盜攻剽，劫人無異。雖會赦贖，不當復得在選辟之科，而州司公府反爭取之。且觀諸敢妄驕奢而作大責者，必非救饑寒而解困急，振貧窮而行禮義者也，咸以崇驕奢而奉淫湎爾。

《春秋》之義，責知誅率。孝文皇帝至仁勳，欲任德，然河陽侯陳信坐負六月免國。孝武仁明，周陽侯田彭祖坐當軹侯宅而不與免國，黎陽侯邵延坐不出持馬，身斬國除。二帝豈樂以錢財之故而傷大臣哉？乃欲絕詐欺之端，正國家法，防禍亂之原，以利民也。故一人伏正罪而萬家蒙乎福者，聖主行之不疑。永平時，諸侯負責，輒有削絀之罰。此其後皆不敢負民，而世自節儉，辭訟自消矣。

今諸侯貴戚，或曰敕民慎行，德義無違，制節謹度，未嘗負責，身絜矩避，志厲青雲。或既欺負百姓，上書封祖，願且償責，此乃殘掠官民，而還依縣官也，其誣國慢易，罪莫大焉。《孝經》曰：『陳之以德義而民興行，示之以好惡而民知禁。』今欲變巧僞以崇美化，息辭訟以閒官事者，莫若表顯有行，痛誅無狀，導文、武之法，明詭詐之信。

今侯王貴戚不得浸廣，姦宄雖多。豈謂每有爭鬭辭訟，婦女必致此乎？亦以傳見。凡諸禍根不早斷絕，則或轉而茲蔓，乃若斯也。是故原官察之所以務念，臣主之所以憂勞者，其本皆鄉亭之所治者，大半詐欺之所生也。故曰：知其原少則姦易塞也，見其守約則政易持也。

或婦人之行，貴令鮮絜，今以適矣，無顔復入里門，縣官原之，故令使留所既入家。必未昭亂之本原，不惟貞潔所生者之言也。貞女不二心以數變，故有匪石之詩；不枉行以遺憂，故美歸寧之志。一許不改，蓋所以長貞潔而寧父兄也。其不循此而二三其德者，此本無廉耻之家，不貞專之所也。若然之人，又何醜恷？輕薄父兄，淫僻婦女，不惟義理，苟疏一德，借本治生，逃亡抵中，乎以致於刳腹芟頸滅宗之禍者，何所無之？

先王因人情喜怒之所能已者，則爲之立禮制而崇德讓；人所可已者，則爲之設法禁而明賞罰。今市賣勿相欺，婚姻無相詐，非人情之不可能者也。是故不若立義順法，遏絕其原。初雖慙恷於一人，然其終也，長利於萬世。小懲而大戒，此所以全小而濟頑凶也。

夫立法之大要，必令善人勸其德而樂其政，邪人痛其禍而悔其行。諸一女許數家，雖生十子，更百赦，勿令得蒙一還私家，則此姦絕矣。不則

髡其夫妻，徙千里外劇縣，乃可以杜邪心而絶其後，姦亂絶則太平興矣。

又貞潔寡婦，或男女備具，財貨富饒，欲守一醮之禮，成同穴之義，執節堅固，齊懷必死，終無更許之慮。遭值不仁世叔，無義兄弟，或利其聘幣，或貪其財賄，或私其兒子，則强中欺嫁，處迫脅遣送，人有自縊房中，飲藥車上，絶命喪軀，孤捐童孩。此猶迫脅人命自殺也。

或後夫多設人客，威力脅載，守將抱執，連日乃從，與强掠人爲妻無異。婦人軟弱，猥爲衆强所扶與執迫，幽阨連日，後雖欲復修本志，嬰絹吞藥晚矣。

《全後漢文》卷四六《崔寔〈政論〉》 大赦之造，乃聖王受命而興，討亂除殘，誅其鯨鯢，赦其臣民漸染化者耳。及戰國之時，犯罪者輒亡奔鄰國，遂赦之，以誘還其逋逃之民。漢承秦制，遵而不越。孝文皇帝即位二十三年乃赦，示不廢舊章而已。近永平、建初之際，亦六七年乃壹赦。亡命之子，皆老於草野，窮困懲艾，比之於死。頃間以來，歲且壹赦。百姓忸忕，輕爲姦非。每迫春節，徼倖之會，犯惡尤多。近前年一期之中，大小四赦。諺曰：『一歲再赦，奴兒喑噁。』況不軌之民，孰不肆意！遂以赦爲常俗，初期望之，過期不至，亡命蓄積，羣輩屯聚，爲朝廷憂。如是則劫，不得不赦，赦以趣姦，姦以趣赦，轉相驅踧，兩不得息。雖日赦之，亂甫繁耳！由坐飲多發消渴，而水更不得去口，其歸亦無終矣。又踐祚改元際，未嘗不赦。每其令曰：『蕩滌舊惡，將與士大夫更始。』是哀己薄先，且遠無改之義，非所以明孝抑邪之道也。昔《莞子》有云：赦者，奔馬之委轡；不赦者，痤疽之砭石。及匡衡、吳漢，將相之雋，而皆建言不當數赦。今如欲尊先王之制，宜曠然更下大赦令。因明諭使知永不復赦，則羣下震栗，莫輕犯罪。縱不能然，宜十歲以上，乃時壹赦。

夫熊經鳥伸，雖延歷之術，非傷寒之理；呼吸吐納，雖度紀之道，非續骨之膏。蓋爲國之道，有似理身，平則致養，疾則攻焉。夫刑罰者，治亂之藥石也；德教者，興平之粱肉也。夫以德教除殘，是以粱肉理疾也；以刑罰理平，是以藥石供養也。方今承百王之敝，值戹運之會。自數世以來，政多恩貸，馭委其轡，馬駘其銜，四牡橫奔，皇路險傾。方將鉗勒鞬輈以救之，豈暇鳴和鑾，清節奏，從容平路哉！昔高祖令蕭何作九章之律，有夷三族之令，黥、劓、斬趾、斷舌、梟首，故謂之具五刑。文帝雖除肉刑，當劓者笞三百，當斬左趾者笞五百，當斬右趾者棄市。右趾者既損其命，鞭撻者往往至死，雖有輕刑之名，其實殺也。當此之時，民皆思復肉刑。至景帝元年，乃下詔曰：『加笞與重罪無異，幸而不死，不可爲民。』乃定減笞輕捶。自是之後，笞者得全。以此言之，文帝乃重刑，非輕之也；以嚴致平，非以寬致平也。必欲行若言，當大定其本，使人主師五帝而式三王。蕩亡秦之俗，遵先聖之風，棄苟全之政，蹈稽古之踪，復五等之爵，立井田之制。然後選稷、契爲佐，伊、呂爲輔，樂作而鳳皇儀，擊石而百獸舞。若不然，則多爲累而已。

三國吳·薛瑩《後漢記·明帝紀》 贊曰：明帝自在儲宮，而聰允之德著矣。及臨萬機，以身率禮，恭奉遺業，一以貫之。雖夏啓周成，繼體持統，無以加焉。是以海内乂安，四夷賓服，斷獄希少，有治平之風，號曰顯宗，不亦宜乎！

又 《章帝紀》 贊曰：章帝以繼世承平，天下無事，敬奉神明，友于兄弟，自省徭賦，綏静兆民，除苛法，蠲禁錮，抑有仁賢之風矣。是以陰陽協和，而姓安樂，衆瑞並集，不可勝載，考之圖籍，有徵云爾。

晋·華嶠《漢後書·明帝紀》 世祖既以吏事自嬰，帝尤任文法，總攬威柄，權不惜下。值天下初定，四民樂業，户口衣食滋植，斷獄號居前世之十二。

《後漢書》卷二《明帝紀論》 明帝善刑理，法令分明。日晏坐朝，幽枉必達。内外無倖曲之私，在上無矜大之色。斷獄得情，號居前代十二。故後之言事者，莫不先建武、永平之政。而鍾離意、宋均之徒，常以察慧爲言，夫豈弘人之度未優乎？

又 卷四四《張敏傳》 建初中，有人侮辱人父者，而其子殺之，肅宗貰其死刑而降宥之，自後因以爲比。是時遂定其議，以爲《輕侮法》。敏駁議曰：夫《輕侮》之法，先帝一切之恩，不有成科班之律令也。夫死生之決，宜從上下，猶天之四時，有生有殺。若開相容恕，著爲定法者，則是故設姦萌，生長罪隙。孔子曰：『民可使由之，不可使知之。』《春秋》之義，子不報仇，非子也。而法令不爲之減者，以相殺之路不可開故也。今託義者得減，妄殺者有差，使執憲之吏得設巧詐，非所

以導『在醜不爭』之義。又《輕侮》之比，寖以繁滋，至有四五百科，轉相顧望，彌復增甚，難以垂之萬載。臣聞師言：『救文莫如質。』故高帝去煩苛之法，爲三章之約。建初詔書，有改於古者，可下三公、廷尉蠲除其敝。

議寢不省。敏復上疏曰：『臣敏蒙恩，特見拔擢，愚心所不曉，迷意所不解，誠不敢苟隨衆議。臣伏見孔子垂經典，臯陶造法律，原其本意，皆欲禁民爲非也。未曉《輕侮》之法將以何禁？必不能使不相輕侮，而更開相殺之路，執憲之吏復容其姦枉。議者或曰：「平法當先論生。」臣愚以爲天地之性，唯人爲貴，殺人者死，三代通制。今欲趣生，反開殺路，一人不死，天下受敝。《記》曰：「利一害百，人去城郭。」夫春生秋殺，天道之常。春一物枯卽爲灾，秋一物華卽爲異。王者承天地，順四時，法聖人，從經律。願陛下留意下民，考尋利害，廣令平議，天下幸甚。』

和帝從之。

又　卷四六《郭躬傳》　（郭躬）父弘，習《小杜律》。太守寇恂以弘爲決曹掾，斷獄至三十年，用法平。諸爲弘所決者，退無怨情，郡內比之東海于公。

躬少傳父業，講授徒衆常數百人。後爲郡吏，辟公府。永平中，奉車都尉竇固出擊匈奴，騎都尉秦彭爲副。彭在別屯而輒以法斬人，固奏彭專擅，請誅之。顯宗乃引公卿朝臣平其罪科。躬以明法律，召入議。議者皆然固奏，躬獨曰：『於法，彭得斬之。』帝曰：『軍征，校尉一統於督。彭既無斧鉞，可得專殺人乎？』躬對曰：『一統於督者，謂在部曲也。今彭專軍別將，有異於此。兵事呼吸，不容先關督帥。且漢制棨戟卽爲斧鉞，於法不合罪。』帝從躬議。又有兄弟共殺人者，而罪未有所歸。帝以兄不訓弟，故報兄重而減弟死。中常侍孫章宣詔，誤言兩報重，尚書奏章矯制，罪當腰斬。帝復召躬問之，躬對『章應罰金』。帝曰：『章矯詔殺人，何謂罰金？』躬曰：『法令有故、誤，章傳命之謬，於事爲誤，誤者其文則輕。』帝曰：『章與囚同縣，疑其故也。』躬曰：『「周道如砥，其直如矢。」「君子不逆詐。」君王法天，刑不可以委曲生意。』帝曰：『善。』遷躬廷尉正，坐法免。

元和三年，拜爲廷尉。躬家世掌法，務在寬平，及典理官，決獄斷刑，多依矜恕，乃條諸重文可從輕者四十一事奏之，事皆施行，著于令。章和元年，赦天下繫囚在四月丙子以前減死罪一等，勿笞，詣金城，而文不及亡命未發覺者。躬上封事曰：『聖恩所以減死罪使戍邊者，重人命也。今死罪亡命無慮萬人，又自赦以來，捕得甚衆，而詔令不及，皆當重論。伏惟天恩莫不蕩宥，死罪已下並蒙更生，而亡命捕得獨不沾澤。臣以爲赦前犯死罪而繫在赦後者，可皆勿笞詣金城，以全人命，有益於邊。』肅宗善之，卽下詔赦焉。躬奏讞法科，多所生全。

順帝時，廷尉河南吳雄季高，以明法律，斷獄平，起自孤宦，致位司徒。雄少時家貧，喪母，營人所不封土者，擇葬其中。喪事趣辨，不問時日，巫皆言當族滅，而雄不顧。及子訢孫恭，三世廷尉，爲法名家。

又　《陳寵傳》　三府掾屬專尚交遊，以不肯視事爲高。寵常非之，獨勤心物務，數爲昱陳當世便宜。昱高其能，轉爲辭曹，掌天下獄訟。其所平決，無不厭服衆心。時司徒辭訟，久者數十年，事類溷錯，易爲輕重，不良吏得生因緣。

肅宗初，爲尚書。是時承永平故事，吏政尚嚴切，尚書決事率近於重，寵以帝新卽位，宜改前世苛俗。乃上疏曰：臣聞先王之政，常不僭，刑不濫，與其不得已，【略】宜隆先王之道，蕩滌煩苛之法。輕薄楚，以濟羣生；全廣至德，以奉天心。

帝敬納寵言，每事務於寬厚。其後遂詔有司，絕鉆鑽諸慘酷之科，解妖惡之禁，除文致之請讞五十餘事，定著于令。

漢舊事斷獄報重，常盡三冬之月，是時帝始改用冬初十月而已。元和二年，旱，長水校尉賈宗等上言，以爲斷獄不盡三冬，故陰氣微弱，陽氣發泄，招致灾旱，事在於此。帝以其言下公卿議，寵奏曰：

夫冬至之節，陽氣始萌，故十一月有蘭、射干、芸、荔之應。《時令》曰：『諸生蕩，安形體。』天以爲正，周以爲春。十二月陽氣上通，雉雊雞乳，地以爲正，殷以爲春。十三月陽氣已至，天地已交，萬物皆出，蟄蟲始振，人以爲正，夏以爲春。三微成著，以通三統。周以天元，殷以地元，夏以人元。若以此時行刑，則殷、周歲首皆當流血，不合人心，不稽天意。《月令》曰：『孟冬之月，趣獄刑，無留罪。』明大刑畢

在立冬也。又：『仲冬之月，身欲寧，事欲静。』若以降威怒，不可謂寧；若以行大刑，不可謂静。議者咸曰：『旱之所由，咎在改律。』臣以爲殷、周斷獄不以三微，而化致康平，無有灾害。自元和以前，皆用三冬，而水旱之異，往往爲患。由此言之，灾害自爲它應，不以改律。秦爲虐政，四時行刑，聖漢初興，改從簡易。蕭何草律，季秋論囚，俱避立春之月，而不計天地之正，二王之春，實頗有違。陛下探幽析微，允執其中，革百載之失，建永年之功，上有迎承之敬，下有奉微之惠，稽《春秋》之文，當《月令》之意，聖功美業，不宜中疑。

書奏，帝納之，遂不復改。

永元六年，寵代郭躬爲廷尉。性仁矜。及爲理官，數議疑獄，常親自爲奏，每附經典，務從寬恕，帝輒從之，濟活者甚衆。其深文刻敝，於此少衰。寵又鉤校律令條法，溢於《甫刑》者除之。曰：

臣聞《禮經》《三百》，威儀三千，故《甫刑》大辟二百，五刑之屬三千。禮之所去，刑之所取，失禮則入刑，相爲表裏者也。今律令死刑六百一十，耐罪千六百九十八，贖罪以下二千六百八十一，溢於《甫刑》者千九百八十九，其四百一十大辟，千五百耐罪，七十九贖罪。《春秋保乾圖》曰：『王者三百年一蠲法。』漢興以來，三百二年，憲令稍增，科條無限。又律有三家，其説各異。宜令三公、廷尉平定律令，應經合義者，可使大辟二百，而耐罪、贖罪二千八百，并爲三千，悉删除其餘令，與禮相應，以易萬人視聽，以致刑措之美，傳之無窮。

寵子忠初，父寵在廷尉，上除漢法溢於《甫刑》者，未施行，及寵免後遂寢。而苛法稍繁，人不堪之。忠略依寵意，奏上二十三條，爲《決事比》，以省請讞之敝。又上除蠶室刑；解臧吏三世禁錮；狂易殺人，得減重論；母子兄弟相代死，聽，赦所代者。事皆施行。

又　卷四八《應劭傳》　初，安帝時河間人尹次、潁川人史玉皆坐殺人當死，次兄初及玉母軍並詣官曹求代其命，而縊而物故。尚書陳忠以罪疑從輕，議活次、玉。劭後追駮之，據正典刑，有可存者。其議曰：

《尚書》稱『天秩有禮，五服五章哉。天討有罪，五刑五用哉』。而孫卿亦云：『凡制刑之本，將以禁暴惡，且懲其末也。凡爵列、官秩、賞慶、刑威，皆以類相從，使當其實也。』若德不副位，能不稱官，賞不酬功，刑不應罪，不祥莫大焉。殺人者死，傷人者刑，此百王之定制，有法之成科。高祖入關，雖尚約法，然殺人者死，亦無寬降。夫時化則刑重，時亂則刑輕。《書》曰『刑罰時輕時重』，此之謂也。

今次、玉公以清時釋其私憾，阻兵安忍，僵屍道路。朝恩在寬，幸至冬獄，而初、軍愚狷，妄自投斃。昔召忽親死子糾之難，而孔子曰『經於溝瀆，人莫之知』。朝氏之父非錯刻峻，遂能自隕其命，班固亦云『不知趙母指括以全其宗』。傳曰『僕妾感慨而致死者，非能義勇，顧無慮耳』。夫刑罰威獄，以類天之震燿殺戮也，温慈和惠，以放天之生殖長育也。是故春一草枯則爲灾，秋一木華亦爲異。今殺無罪之初、軍，而活當死之次、玉，其爲枯華，不亦然乎？陳忠不詳制刑之本，而信一時之仁，遂廣引八議求生之端。夫親故賢能功貴勤賓，豈有次、玉當罪之科哉？若乃小大以情，原心定罪，此爲求生，非謂代死可以生也。敗法亂政，悔其可追。

又　卷四九《王符傳》　《述赦篇》曰：凡療病者，必知脉之虚實，氣之所結，然後爲之方，故疾可愈而壽可長也。爲國者，必先知民之所苦，禍之所起，然後爲之禁，故姦可塞而國可安也。今日賊良民之甚者，莫大於數赦贖。赦贖數，則惡人昌而善人傷矣。何以明之哉？夫謹敕之人，身不蹈非，又有爲吏正直，不避强禦，而姦猾之黨横加誣言者，皆知赦之不久故也。善人君子，被侵怨而能至闕庭自明者，萬無數人；數人之中得省問者，百不過一；既對尚書而空遣去者，復什六七矣。其輕薄姦軌，既陷罪法，怨毒之家冀其幸戮，以解畜憤，而反一概悉蒙赦釋，令惡人高會而誇咤，老盗服臧而過門，孝子見讎而不得討，遭盗者覩物而不敢取，痛莫甚焉！

夫養稂莠者傷禾稼，惠姦軌者賊良民。《書》曰：『文王作罰，刑茲無赦。』先王之制刑法也，非好傷人肌膚，斷人壽命也；貴威姦懲惡，除人害也。故經稱『天命有德，五服五章哉，天討有罪，五刑五用哉』；《詩》刺『彼宜有罪，汝反脱之』。古者唯始受命之君，承大亂之極，寇賊姦軌，難爲法禁，故不得不有一赦，與之更新，頤育萬民，以成大化。非以養姦活罪，放縱天賊也。夫性惡之民，民之豺狼，雖得放宥之澤，終無改悔之心。旦脱重梏，夕還囹圄，嚴明令尹，不能使其繼絶。何也？

凡敢爲大姦者，才必有過於衆，而能自媚於上者也。多散誕得之財，奉以諂諛之辭，以轉相驅，非有第五公之廉直，孰不爲顧哉？論者多曰：『久不赦則姦軌熾而吏不制，宜數肆眚以解散之。』此未昭政亂之本源，不察禍福之所生也。

宋·司馬光《資治通鑑》卷五三《漢紀四十五·漢質帝本初元年》

臣光曰：漢家之法已嚴矣，而崔寔猶病其寬，何哉？蓋衰世之君，率多柔懦，凡愚之佐，唯知姑息，是以權幸之臣有罪不坐，豪猾之民犯法不誅；仁恩所施，止於目前；姦宄得志，紀綱不立。故崔寔之論，以矯一時之枉，非百世之通義也。孔子曰：『政寬則民慢，慢則糾之以猛；猛則民殘，殘則施之以寬。寬以濟猛，猛以濟寬，政是以和。』斯不易之常道矣。

宋·錢時《兩漢筆記》卷一〇《章帝》　是時承永平，故事：吏政尚嚴切，尚書決事，率近於重。尚書沛國陳寵以帝新即位，宜改前世苛俗，乃上疏曰：

臣聞先王之政，賞不僭，刑不濫，與其不得已，寧僭無濫。往者斷獄嚴明，所以威服姦慝，姦慝既平，必宜濟之以寬。陛下即位，率由此義。數詔羣僚，弘崇晏晏，而有司未悉奉承，猶尚深刻。斷獄者急於篣格，酷烈之痛；執憲者煩於詆欺，放濫之文，或因公行私，逞縱威福。夫爲政猶張琴瑟，大絃急者小絃絶。陛下宜隆先王之道，蕩滌煩苛之法，輕薄箠楚以濟羣生，全廣至德以奉天心。

帝深納寵言，每事務於寬厚。

元·馬端臨《文獻通考》卷一六三《刑考二·刑制》　（馬端臨）

按：『自建武以來，雖屢有省刑薄罰之詔，然上下相胥，以苛酷爲能，而拷囚之際，尤極殘忍。《獨行傳》載楚王英坐反誅，其所疏天下名士，有會稽太守尹興名，乃徵興詣廷尉獄。其功曹陸續、主簿梁宏、駟勳等及掾史五百餘人詣雒陽詔獄就拷，諸吏不堪楚痛，死者大半，唯續、宏、勳掠拷五毒，肌肉消爛，終無異詞。戴就仕郡倉曹掾，刺史歐陽參奏太守成公浮贓罪，遣部從事按之，收就於錢塘縣獄，幽囚拷掠，五毒慘至。又燒鋘使就挾於肘腋。每上彭考，因止飯食不肯下，肉焦毀墮地者，掇而食之。又令臥覆船下，以馬通薰之一夜一日；不死，又復燒地，以大鍼刺指爪中，使以杷土，爪悉墮落。訖明公浮之誣乃舍之。且興不過以姓名冒罣，反形未具；公浮爲人誣以贓罪，陸續、戴就所坐不過以郡功曹不肯證成太守之罪，及非同謀之人，而乃窮極慘酷如此，則罪情稍重而不肯誣服者，拷死於狴犴之下，蓋不可勝計矣。

又　卷一六九《刑考八·詳讞》　吳祐爲膠東太守，安邱男子毋邱長與母俱行市，道遇醉客辱其母，長殺之而亡，捕得之。祐呼長謂曰：『子母見辱，人情所恥。然孝子忿必慮難，動不累親。今若背親逞怒，白日殺人，赦若非義，刑若不忍，將如之何？』長以械自繫，曰：『國家制法，囚身犯之。明府雖加哀矜，恩無所施。』祐問長『有妻子乎？』對曰：『有妻未有子。』即移安邱逮長妻，妻到，解其桎梏，使同宿獄中，妻遂懷孕。至冬盡行刑，長泣謂母曰：『負母應死，當何以報吳君乎？』乃齧指而吞之，含血言曰：『妻若生子，名之「吳生」。』因縊而死。

按：此即所謂遭侮辱而殺人者。肅宗時貰其死刑，和帝時除之。故吳祐疑此獄，且容其投繯以死而不明正典刑，蓋猶在可議之列也。

財務支配權分部

定賦責貢

綜　述

《睡虎地秦墓竹簡·秦律十八種·田律》　入頃芻稾，以其受田之數，無豤（墾）不豤（墾），頃入芻三石、稾二石。芻自黄穌及蘑束以上皆受之。入芻稾，相輸度，可毆（也）。

又　《法律答問》　可（何）謂『匿户』及『敖通弗傳』？匿户弗繇（徭）、使，弗令出户賦之謂殹（也）。

漢·劉安《淮南子》卷一三《氾論訓》　秦之時，高爲臺榭，大爲苑囿，遠爲馳道，鑄金人，頭會箕賦，輸於少府。

《史記》卷五《秦本紀》（秦孝公）十四年，初爲賦。徐廣曰：『制貢賦之法也。』唐司馬貞《索隱》曰：譙周云：『初爲軍賦也。』

又 卷六《秦始皇本紀》（始皇）三十一年徐廣曰：『使黔首自實田也。』

左丞相（李）斯、將軍馮劫進諫（二世）曰：『關東羣盜並起，秦發兵誅擊，所殺亡甚衆，然猶不止。盜多，皆以戍漕轉作事苦，賦稅大也。請且止阿房宮作者，減省四邊戍轉。』

（二世）更始作阿房宮，繁刑嚴誅，吏治刻深，賞罰不當，賦斂無度，天下多事，吏弗能紀，百姓困窮而主弗收恤。

又 卷八七《李斯列傳》（二世）作阿房之宮，治直道、馳道，賦斂愈重，戍徭無已。

又 卷八九《張耳陳餘列傳》（秦）頭會箕斂，以供軍費，財匱力盡，民不聊生。

又 卷一一八《淮南衡山列傳》往者秦爲無道，殘賊天下，與萬乘之駕，作阿房之宮，收太半之賦。

《漢書》卷二四上《食貨志上》（始皇）遂并天下，內興功作，外攘夷狄，收泰半之賦，發閭左之戍。唐顔師古曰：『泰半，三分取其二。』（秦）田租口賦，鹽鐵之利，二十倍於古。三國魏如淳曰：『秦賣鹽鐵貴，故下民受其困也。』師古曰：『既收田租，又出口賦，而官更奪鹽鐵之利。率計今人一歲之中，失其資產，二十倍多於古也。』或耕豪民之田，見稅什五。如淳曰：『十稅其五。』師古曰：『言下户貧人，自無田而耕墾豪富家田，十分之中，以五輸本田主也。』故貧民常衣牛馬之衣，而食犬彘之食。

《史記》卷一二九《貨殖列傳》封者食租稅，歲率户二百。千户之君則二十萬，朝覲聘享出其中。庶民農工商賈，率亦歲萬息二千，百萬之家則二十萬，而更徭租賦出其中。衣食之欲，恣所好美矣。

漢·衞宏《漢官舊儀》卷下　算民，年七歲以至十四歲出口錢，人二十三。二十錢，以食天子。其三錢者，武帝加口錢，以補車騎馬。又令民男女年十五以上至五十六出賦錢，人百二十爲一算，以給車馬。民田積租芻稾，以給經用，備凶年。山澤魚鹽市稅，以給私用。按：武帝紀：『太初二年，籍吏民馬，補車騎馬。』蓋自元狩四年以來，縣官錢少，買馬難得，於是有馬者籍之，且於口賦之外增三錢，以補車騎馬之用。所謂『馬口錢』者，此也。其後昭帝省乘輿馬及苑馬，元鳳二年詔郡國無斂馬口錢。前後漢書並無以口錢補逋稅之文。逋稅乃逐年收責，不籍口賦錢補也。此條所云『以補車騎馬逋稅』，當是明時校録者，緣光武紀『建武二十二年，口賦逋稅勿收責』一條注中引《漢儀注》牽連『逋稅』二字而誤。

《漢書》卷一上《高帝紀上》（高祖四年）八月，初爲算賦。如淳曰：『《漢儀注》民年十五以上至五十六出賦錢，人百二十爲一算，爲治庫兵車馬。』

又 卷一下《高帝紀下》（高祖十一年）二月，詔曰：『欲省賦甚。今獻未有程，吏或多賦以爲獻，而諸侯王尤多，民疾之。師古曰：『諸侯王賦其國中，以爲獻物，又多於郡，故百姓疾苦之。』令諸侯王、通侯常以十月朝獻，及郡各以其口數率，人歲六十三錢，以給獻費。』

又 卷二《惠帝紀》減田租，復十五稅一。三國魏鄧展曰：『漢家初十五稅一，儉於周十稅一也。中間廢，今復之也。』如淳曰：『秦作阿房之宮，收太半之賦，遂行，至此乃復十五而稅一。』

又 卷四《文帝紀》（十三年）六月，詔曰：『農，天下之本，務莫大焉。今廑身從事，而有租稅之賦，是謂本末者無以異也，其於勸農之道未備。其除田之租稅。賜天下孤寡布帛絮各有數。』

又 卷七《昭帝紀》（始元六年）秋七月，罷榷酤官，令民得以律占租，如淳曰：『律，諸當占租者，家長身各以其物占，占不以實，家長不身自書，皆罰金二斤，沒入所不自占物及賈錢縣官也。』師古曰：『占，謂自隱度其實，定其辭也。占，音章贍反。下又言占名數，其義並同。今猶謂獄訟之辨曰占，皆其意也。蓋武帝時賦斂繁多，律外而取，今始復舊。』賣酒升四錢。

（元鳳四年春正月丁亥）賜中二千石以下及天下民爵。毋收四年、五年口賦。如淳曰：『《漢儀注》民年七歲至十四出口賦錢，人二十三。二十錢以食天子，其三錢者，武帝加口錢以補車騎馬。』三年以前逋更賦未入者，皆勿收。如淳曰：『更有三品，有卒更，有踐更，有過更。古者正卒無常人，皆當迭爲之，一月一更，是謂卒更也。貧者欲得顧更錢者，次直者出錢顧之，月二千，是謂踐更也。天下人皆直戍邊三日，亦名爲更，律所謂繇戍也。雖丞相子亦在戍邊之調。不可人人自行三日戍，又行者當自戍三日，不可往便還，因便住一歲一更。諸不行者，出錢三百入官，官以給戍者，是爲過更也。律說，卒踐更者，居

也，居更縣中五月乃更也。後從尉律，卒踐更一月，休十一月也。

承孝武奢侈餘敝師旅之後，海内虛耗，户口減半，（霍）光知時務之要，輕繇薄賦，與民休息。至始元、元鳳之間，匈奴和親，百姓充實。

又　卷二四上《食貨志上》　有賦有稅。稅謂公田什一及工、商、衡虞之入也。賦共車馬、兵甲、士徒之役，充實府庫、賜予之用。稅給郊、社、宗廟、百神之祀，天子奉養、百官禄食庶事之費。民年二十受田，六十歸田。七十以上，上所養也；十歲以下，上所長也；十一以上，上所强也。【略】

漢興，接秦之敝，諸侯並起，民失作業而大饑饉。凡米石五千，人相食，死者過半。高祖乃令民得賣子，就食蜀、漢。天下既定，民亡蓋臧，自天子不能具醇駟，而將相或乘牛車。上於是約法省禁，輕田租，什五而稅一，量吏禄，度官用，以賦於民。【略】

鼂錯復說上曰：聖王【略】務民於農桑，薄賦斂，廣畜積，以實倉廩，備水旱，故民可得而有也。【略】

（民）勤苦如此，尚復被水旱之災，急政暴賦，賦斂不時，朝令而暮當具。有者半賈而賣，亡者取倍稱之息，於是有賣田宅鬻子孫以償責者矣。【略】

夫能入粟以受爵，皆有餘者也；取於有餘，以供上用，則貧民之賦可損，所謂損有餘補不足，令出而民利者也。順於民心，所補者三：一曰主用足，二曰民賦少，三曰勸農功。【略】

孝景二年，令民半出田租，三十而稅一也。【略】

董仲舒說上曰：『【略】古者稅民不過什一，其求易共；使民不過三日，其力易足。民財内足以養老盡孝，外足以事上共稅，下足以畜妻子極愛，故民說從上。至秦則不然，用商鞅之法，改帝王之制，除井田，民得賣買，富者田連阡陌，貧者無立錐之地。又顓川澤之利，管山林之饒，荒淫越制，踰侈以相高；邑有人君之尊，里有公侯之富，小民安得不困？又加月爲更卒，已復爲正，一歲屯戍，一歲力役，三十倍於古；田租口賦，鹽鐵之利，二十倍於古。或耕豪民之田，見稅什五。故貧民常衣牛馬之衣，而食犬彘之食。重以貪暴之吏，刑戮妄加，民愁亡聊，亡逃山林，轉爲盜賊，赭衣半道，斷獄歲以千萬數。漢興，循而未改。古井田法雖難卒行，宜少近古，限民名田，以澹不足，塞并兼之路。鹽鐵皆歸於民。去奴婢，除專殺之威。薄賦斂，省繇役，以寬民力。然後可善治也。』【略】

（王莽）下令曰：『漢氏減輕田租，三十而稅一，常有更賦，罷癃咸出，而豪民侵陵，分田劫假，厥名三十，實什稅五也。富者驕而爲邪，貧者窮而爲姦，俱陷於辜，刑用不錯。今更名天下田曰王田，奴婢曰私屬，皆不得賣買。其男口不滿八，而田過一井者，分餘田與九族鄉黨。』

又　卷二九《溝洫志》　（武帝曰）左、右内史地，名山川原甚衆，細民未知其利，故爲通溝瀆，畜陂澤，所以備旱也。今内史稻田租挈重，不與郡同，其議減。令吏民勉農，盡地利，平繇行水，勿使失時。

又　卷七二《貢禹傳》　（貢）禹以爲古民亡賦算口錢，起武帝征伐四夷，重賦於民，民産子三歲則出口錢，故民重困，至於生子輒殺，甚可悲痛。宜令兒七歲去齒乃出口錢，年二十乃算。

又　《鮑宣傳》　（成帝時）凡民有七亡：【略】縣官重責更賦租稅，二亡也。

又　卷八五《谷永傳》　陛下（成帝）大興繇役，重增賦斂，徵發如雨，役百乾谿，費疑驪山，靡敝天下，五年不成而後反故。又廣旰營表，發人冢墓，斷截骸骨，暴揚尸柩。

又　卷九六下《西域傳下》　（武帝輪臺罪己詔：）當今務在禁苛暴，止擅賦，力本農，修馬復令，以補缺，毋乏武備而已。

《後漢書》卷四三《朱暉傳》　唐李賢注曰：武帝作均輸法，謂州郡所出租賦，并雇運之道，官總取之，市其土地所出之物，官自轉輸於京，謂之均輸。

唐·杜佑《通典》卷四《食貨四·賦稅上》　漢高帝接秦之敝，諸侯並起，民失作業而大饑饉，凡米石五千。上於是約法省禁，輕田租，什五而稅一，量吏禄，度官用，以賦於民。纔取足。而山川園池市肆租稅之入，自天子以至封君湯沐邑，皆各爲私奉養，不領於天下之經費。言各收其所賦稅以自供，不入國朝之倉廩府庫也。經，常也。又令賈人不得衣絲、乘車，重租稅以困辱之。四年八月，初爲算賦。《漢儀注》：『人年十五以上至五十六出賦錢，人百二十爲一算，爲治庫兵車馬。』

（孝惠）六年，令女子年十五以上至三十不嫁，五算。《國語》：『越王勾踐令國中女子年十七不嫁，父母有罪，欲人民繁息也。《漢律》：『人出一算，算百二十錢，唯賈人與奴婢倍算。今使五算，罪謫之也。

孝文人賦四十，丁男三年而一事。如淳曰：『常賦歲百二十，歲一事。時天下之人多，故出賦四十，三歲而一事。』【略】

孝景帝二年，令人半出田租，三十而稅一，時上溢而下有餘。又禮高年，九十者一子不事，八十者二算不事。一子不事，蠲其賦役。二算不事，免二口之算賦。令天下男子年二十始傅。舊法二十三，此二十，更爲異制。

孝武即位，董仲舒說上曰：『田租、口賦、鹽鐵之利，二十倍於古。秦賣鹽鐵貴，故下民受其困也。既收田租，又出口賦，而官更奪鹽鐵之利。率計令人一歲之中，失其資產，二十倍多於古。』建元元年，制：八十復二算，九十復甲卒。二算，二口之算也。復甲卒，不在革車之賦。

孝昭始元六年秋七月，罷榷酤官，令民得以律占租。律，諸當占租者，家長身各以其物占，占不以實，家長不身自書，皆罰金二斤，沒入所不自占物及賈錢縣官也。顔師古曰：『占謂自隱度其實，定其辭也。蓋武帝時賦斂繁多。律外而取，今始復舊。』元鳳二年，三輔、太常郡得以菽粟當賦。【略】毋收四年、五年口賦。《漢儀注》：『民年七歲至十四出口賦錢，人二十三。二十錢以食天子，其三錢者，武帝加口錢以補車騎馬。』六年，詔曰：『夫穀賤傷農，今三輔減賤，減，少。其令以菽粟當今年賦。』元平元年，詔曰：『天下以農桑爲本。日者省用，罷不急官，減外繇，耕桑者益衆，而百姓未能家給，朕甚愍焉。其減口賦錢。』有司奏請減什三，上許之。

孝宣帝甘露二年，減民算三十。

孝成建始二年，減天下賦錢算四十。本算百二十，今減四十，爲八十。

王莽篡位，下令曰：『漢氏減輕田租，三十而稅一，常有更賦，罷癃咸出，雖老病者皆復出口算也。而豪民侵陵，分田劫假。』【略】分裂州郡，改職作官。邊兵二十餘萬，仰縣官衣食，用度不足，數橫斂賦。又一切調上公以下諸有奴婢者，率一口出錢三千六百，天下愈愁。

又　卷七《食貨七・歷代盛衰户口》　孝景承平，賦役減省，三十而稅一，人人自愛。

宋・徐天麟《西漢會要》卷五一《食貨二・賜民租賦》　文帝二年，賜天下民今年田租之半。十二年，詔賜農民今年租稅之半。武帝元封四年，祠后土，賜三縣及楊氏，無出今年租賦。

五年，修封禪，所幸縣毋出今年租賦。天漢三年，修封泰山，行所過，毋出田租。昭帝始元二年，詔毋令民出今年田租。宣帝本始元年，鳳皇集膠東千乘，租稅勿收。

三年，郡國傷旱甚者，毋出租賦。四年，詔被地震壞敗甚者，勿收租賦。元康二年，令郡國被灾甚者，毋出今年租賦。神爵元年，幸甘泉所過，毋出田租。

甘露三年，鳳皇集新蔡，毋出今年田租。元帝初元元年，令郡國被灾害甚者，毋出租賦。二年，郡國被地動灾甚者，毋出租賦。永光元年，幸甘泉行所過，毋出租賦。

成帝建始元年，郡國被灾害什四以上，毋收田租。鴻嘉四年，郡國被灾害什四以上，民貲不滿三萬，毋收租賦。永始四年，幸甘泉河東所過，無出田租。

哀帝即位，令水所傷縣邑，及他郡國灾害什四以上，民貲不滿十萬，皆無出今年租賦。

平帝元始一年，天下民貲不滿二萬，及被灾之郡不滿十萬，勿租稅。

並本《紀》

又　《算賦》　漢四年，初爲算賦。

孝惠六年，女子年十五以上至三十不嫁，五算。

文帝民賦四十。《賈捐之傳》：常賦百二十。時天下民多，故出賦四十。

武帝下詔曰：前有司奏欲益民賦三十助邊用，是重困老弱孤獨也。《西域傳》。又《蕭望之傳》張敞曰：先帝征行三十餘年，百姓猶不加賦。

武帝建元元年，詔民年八十復二算。《本紀》，復二口之算也。

元封元年，行所巡至縣無出今年算。本《紀》

宣帝地節三年，流民還歸者，且勿算事。本《紀》

宣帝甘露二年，減民算三十。《本紀》，一算減錢三十也。

元帝時，貢禹請民年二十乃算。本《傳》

成帝建始二年，減天下賦錢算四十。《本紀》注云，本算百二十，今減四十爲八十。

又《口賦》 昭帝元鳳四年，詔毋收四年五年口賦。

元平元年，詔減口賦錢，有司奏請減什三，上許之。同上。

宣帝五鳳三年，減天下口錢。本《紀》

元帝時，貢禹以爲古民亡賦，算口錢起武帝征伐四夷，重賦於民，產子三歲，則出口錢，故民重困，至於生子輒殺，宜令兒七歲去齒，乃出口錢，年二十乃算，天子下其議，令民產子七歲乃出口錢，自此始。《貢禹傳》

又《更賦》 漢氏常有更賦，疲癃咸出。《食貨志》

昭帝元鳳四年，詔三年以前逋更賦未入，皆勿收。本《紀》

又《户賦》 秦漢之制，列侯封君食租稅，歲率户二百，千户之君，則二十萬，朝覲聘享出其中。《貨殖傳》

又《軍賦》 惠帝卽位，令吏六百石以上，父母妻子與同居，及故吏嘗佩將軍都尉印將兵，及佩二千石官印者，家唯給軍賦，他無有所與。本《紀》

又《以粟當賦》 昭帝元鳳二年，令三輔太常郡，得以菽粟當賦。《本紀》師古曰：諸應出賦算租稅者，皆聽以菽粟當錢物也。

六年，詔穀賤傷農，今三輔太常穀減賤，其令以菽粟當今年賦。同上。

又《募民入粟》 鼂錯說文帝曰：方今之務，莫若使民務農，欲民務農，在於貴粟，貴粟之道，在於以粟爲賞罰，今募天下入粟縣官，得以拜爵，得以除罪，如此則富人有爵，農民有錢，粟有所渫，夫能入粟以受爵者，皆有餘者也，取於有餘，以供上用，則貧民之賦可損，所謂損有餘補不足，令出而民利者也，粟者王者大用，政之本務，令民入粟受爵，至五大夫乃復一人耳，此其與騎馬之功相去遠矣，爵者，上之所擅，出於口而亡窮，粟者民之所種，生於地而不乏，夫得高爵與免罪，人之所甚欲也，使天下人入粟於邊以受爵免罪，不過三歲，塞下之粟必多矣，於是文帝從錯之言，令民入粟邊，六百石爵上造，稍增至四千石爲五大夫，萬二千石爲大庶長，各以多少級數爲差，錯復奏言，陛下幸使天下入粟塞下以拜爵，甚大惠也，竊恐塞卒之食不足用，大渫天下粟，邊食足以支五歲，可令入粟郡縣矣，足支一歲以上，可時赦勿收農民租，時有軍役，若遭水旱，民不困乏，天下安寧，歲熟且美，則民大富樂矣，上復從其言，乃下詔賜民十二年租稅之半，明年，遂除民田之租稅。《食貨志》

武帝通西南夷道，悉巴蜀租賦不足以更之，乃募豪民田南夷，入粟縣官，而內受錢於都內。

元・馬端臨《文獻通考》卷一〇《户口考一・歷代户口丁中賦役》

漢高祖四年八月，初爲算賦。

十一年，詔曰：『欲省賦甚，今獻未有程，吏或多賦以爲獻，而諸侯王尤多，民疾之。令諸侯王、通侯常以十月朝獻，及郡各以口數率，人歲六十三錢，以給獻費據四年算賦減其半也。』

惠帝六年，令民女子年十五以上至三十不嫁，五算。漢律，人出一算，算百二十錢，唯賈人與奴婢倍算。今使五算，罪謫之也。

文帝偃武修文，丁男三年而一事，民賦四十。常賦，歲一事，每算百二十。時天下民多，故三歲一事，賦四十也。

吳以銅鹽，故百姓無賦，卒、踐更，輒予平賈。

景帝二年，令天下男子年二十始傅。傅，著也。言著名籍，給公家徭役。

武帝建元元年，詔民年八十復二算。二口之算也。

元封元年，行所巡縣，無出今年算。

昭帝元鳳四年，詔毋收四年、五年口賦。《漢儀注》：民年七歲至十四出口賦錢，人二十三。二十錢以食天子；其三錢，武帝加口錢，以補車騎馬。三年以前逋更賦未入者，勿收更賦注見上。

元平元年，詔減口賦錢。有司奏請減什三，上許之。

宣帝地節三年，流民還歸者且勿算事。

甘露元年，減民算三十。一算減錢三十也。

五鳳三年，減天下口錢。

元帝時，貢禹請民年二十乃算。

禹以爲古民亡賦算口錢，起武帝征伐四夷，重賦於民。民產子三歲則出口錢，故民重困，至於生子輒殺。宜令民七歲去齒乃出口錢，年二十乃算。天子下其議，令民產子七歲乃出口錢自此始。

成帝建始元年，減天下賦錢，算四十。

惠帝卽位，令吏六百石以上父母妻子與同居，及故吏嘗佩將軍、都尉印將兵及佩二千石官印者，家唯給軍賦，他無所與。同居，謂同籍同財也。

又　卷二二《土貢考一・歷代土貢》　漢高帝十一年，詔諸侯王、通侯常以十月朝獻，及郡各以人口數率，人歲六十三錢，以給獻費。

文帝後六年，大旱蝗，令諸侯毋入貢，弛山澤。

時有獻千里馬者，詔曰：『鸞旗在前，屬車在後，吉行日五十里，師行日三十里，朕乘千里馬，獨先安之？』於是還馬，與道里費。

元帝初元五年，罷齊三服官。齊國舊有三服之官，春獻冠幘縰爲首服，紈素爲冬服，輕綃爲夏服。

《後漢書》卷一下《光武帝紀下》（建武六年十二月）癸巳，詔曰：『頃者師旅未解，用度不足，故行什一之稅。今軍士屯田，糧儲差積。其令郡國收見田租三十稅一，如舊制。』

又　卷五《安帝紀》（安帝元初元年十月）乙卯，詔除三輔三歲田租、更賦、口算。

又　卷七《桓帝紀》（桓帝延熹八年）八月戊辰，初令郡國有田者畝斂稅錢。唐李賢注：畝十錢也。

又　卷八《靈帝紀》（靈帝中平二年）稅天下田，畝十錢。以修宮室。

又　卷二一《任光傳》　晉司馬彪《續漢志》曰：『三老、游徼，郡所署也，秩百石，掌一鄉人。其鄉小者，縣署嗇夫一人，主知人善惡，爲役先後；知人貧富，爲賦多少。』

又　卷三一《陸康傳》　時靈帝欲鑄銅人，而國用不足，乃詔調民田，畝斂十錢。

又　卷四三《朱暉傳》（肅宗）時穀貴，縣官經用不足，朝廷憂之。尚書張林上言：『穀所以貴，由錢賤故也。可盡封錢，一取布帛爲租，以通天下之用。又鹽，食之急者，雖貴，人不得不須，官可自鬻。又宜因交阯、益州上計吏往來，市珍寶，收采其利，武帝時所謂均輸者也。』武帝作均輸法，謂州郡所出租賦，并雇運之直，官總取之，市其土地所出之物，官自轉輸於京，謂之均輸。於是詔諸尚書通議。暉奏據林言不可施行，事遂寢。

唐・杜佑《通典》卷四《食貨四・賦稅上》　後漢光武建武中，田租三十稅一。有產子者復以三年之算也。明帝即位，人無横徭，天下安寧。時穀貴，尚書張林上言：『穀所以貴，由錢賤故也。可盡封錢，一取布帛爲租，以通天下之用。』從之。

宋・徐天麟《東漢會要》卷三一《食貨・算賦》　漢法常以八月算人。見《皇后紀》。按西都之制，民年十五至五十六出賦錢，人百二十爲一算。高祖四年八月初爲算賦，故兩漢率用八月算人也。

明帝永平九年，徙朔方復口算。

章帝元和元年，人無田徙他界者除算三年。

二年正月，詔曰：『令云「人有產子者復，勿算三歲」。今諸懷妊者，賜胎養穀人三斛，復其夫，勿算一歲，著以爲令。』

安帝永初四年，除三年過更、口算。

元初元年，詔除三輔更賦、口算。

桓帝永壽元年，復泰山、琅邪更、算。

又　《口賦》　漢儀注：民年七歲至十四出口賦錢，人二十三，二十錢以供天子，其三錢，武帝加口錢，以補車騎馬。《光武紀》注。

建武二十二年，地震，壓死者其口賦逋稅勿收。《紀》下同

安帝元初六年，會稽大疫，除田租、口賦。

建光元年，郡國被灾甚者，勿收口賦。

順帝永建二年，勿收漢陽田租、口賦。

陽嘉元年，勿收冀州更租、口賦。

永和三年，金城、隴西地震，被害尤甚者，勿收口賦。

又　《更賦》　更有三品：有卒更，有踐更，有過更。古者正卒無常，人皆當迭爲之。一月一更，是爲卒更。貧者欲得雇更錢，次直者出錢雇之。月二千，是謂踐更也。天下人皆當戍邊三日，亦名爲更，律所謂繇戍也。雖丞相子，亦在戍邊之調。不可人人自行三日戍，又行者當自戍三日，不可往便還，因便住一歲一更，諸不行者出錢三百入官，官以給戍者，是爲過更也。《明帝紀》注。

明帝即位，九月，發天水三千人討叛羌，復是歲更賦。

永平五年，復元氏田租，更賦六歲。

和帝永元六年，流民就賤還歸者，復一歲田租、更賦。

十四年，詔復象林縣更賦、田租二歲。

安帝永初四年，除三年過更、口算。

元初元年，詔除三輔更賦、口算。

順帝永建五年，郡國貧人被灾者，勿收責今年過更。

陽嘉元年，勿收冀州更租、口賦。

永和四年，除太原民更賦。【略】

永平五年，復元氏田租、更賦。

又《罷貢獻》 建武十三年正月戊子，詔曰：『往年已敕郡國，異味不得有所獻御，今猶未止，非徒有豫養導擇之勞，至乃煩擾道上，疲費過所。其令官勿復受。明敕下以遠方口實所以薦宗廟，自如舊制。』《紀》

異國有獻名馬者，日行千里，又進寶劍，價兼百金，詔以馬駕鼓車，劍賜騎士。《循吏序》

野王歲獻甘醪、膏餳，每輒擾人，吏以爲市。樊儵臨終奏乞罷之，明帝從之。本《傳》。

章帝建初二年，詔齊相省冰紈、方空縠、吹綸絮。舊齊有三服官，今省。

舊南海獻龍眼、荔枝，十里一置，五里一候，奔騰阻險，死者繼路。時臨武長汝南唐羌縣接南海，乃上書陳狀。和帝詔曰：『遠國珍羞，本以薦奉宗廟。苟有傷害，豈愛民之本。其敕大官勿復受獻。』由是遂省焉。

安帝永初五年二月丁卯，詔省減郡國貢獻大官口食。並《紀》。

順帝永建四年五月壬辰，詔曰：『海内頗有灾異，朝廷修政，大官減膳，珍玩不御。而桂陽太守文礱，不惟竭忠，宣暢本朝，而遠獻大珠，以求幸媚，今封以還之。本《紀》、《袁紀》作『漢陽都尉』。

元·馬端臨《文獻通考》卷二《田賦考二·歷代田賦之制》 建武六年十二月，詔曰：『頃者師旅未解，用度不足，故行什一之稅。今軍士屯田，糧儲差積，其令郡國收見田租，三十而稅一如舊制。』

建武十五年，詔州郡檢覆墾田。

帝以天下墾田多不以實自占，又户口年紀互相增減，乃下詔州郡檢覆。於是刺史、太守多爲詐巧，苟以度田爲名，聚民田中，并度廬屋里落，民遮道啼呼，或優饒豪右，侵刻羸弱。時諸郡各遣使奏事，帝見陳留吏牘上有書，視之云：『潁川、弘農可問，河南、南陽不可問。』帝詰吏由趣，吏不肯伏，抵言於長壽街得之。帝怒。時東海公陽年十二侍側，曰：『吏受郡敕，當欲以墾田相方耳。河南帝城多近臣，南陽帝鄉多近親，田宅踰制，不可爲準。』帝令虎賁將詰問吏，吏乃首服。十六年，河南尹張伋及諸郡守十餘人坐度田不實，下獄死。

章帝建初三年，詔度田爲三品。

秦彭爲山陽太守，興起稻田數千頃，每於農月親度頃畝，分別肥瘠，差爲三品，各立文簿，藏之鄉縣。於是姦吏跼蹐，無所容詐。乃上言：宜令天下齊同其制。詔書以其所立條式頒令三府，並下州縣。

詔以布帛爲租。

時穀貴，縣官給用不足。尚書張林上言：『穀所以貴，由錢賤故也。可盡封錢，一取布帛爲租，以通天下之用。』從之。

元初元年，詔除三輔三歲田租、更賦、口算。

桓帝延熹八年，初令郡國有田者，畝稅斂錢。畝十錢也。

靈帝中平二年，稅天下田，畝十錢，又名修宫錢。

帝欲鑄銅人，而國用不足，乃詔調民田畝，稅十錢。陸康上疏曰：『哀公增賦而孔子非之，豈有取奪民物以營無用之銅人，捐捨聖戒，自蹈亡國之法哉！』

魏武初平袁氏，以定鄴都，令收田租畝粟四升，户絹二疋而綿二斤，餘皆不得擅興，藏强賦弱。

吴孫權黄武五年，陸遜以所在少穀，表令諸將增廣農畝。權報曰：『甚善。今孤父子親自受田，車中八牛以爲四耦，雖未及古人，亦欲與衆均等其勞也。』

又 卷一〇《户口考一·歷代户口丁中賦役》 世祖建武二十二年，地震，壓死者其口賦逋稅勿收。

明帝即位九月，發天水三千人討叛羌，後是歲更賦。

永平五年，復元氏田租、更賦六歲。

永平九年，徙朔方者復口算。

章帝元和元年，人無田徙他界者，除算三年。

二年，詔曰：『令人之有產子者，復勿算三歲』。令諸懷妊者賜胎養穀，人三斛，復其夫勿算一歲，著以爲令。』

和帝永元五年，流民就賤還歸者，復一歲田租、更賦。

安帝元初四年，除三年過更、口算。

元初元年，除三輔三歲更賦、口算。

順帝永建五年，郡國貧人被災傷者，勿收責今年過更。

陽嘉元年，勿收更、租、口賦。

永和四年，除太原民更賦，金城、隴西地震災甚者，勿收口賦。

桓帝永壽元年，復泰山、琅琊更、算。

又　卷二二《土貢考一・歷代土貢》　東漢世祖建武十三年，詔曰：『往年已敕郡國，異味不得有獻御，今猶未止，非徒有豫養導澤之勞，至乃煩擾道上，疲費過所。其令官勿復受。明敕下以遠方口實所以薦宗廟者，自如舊制。』

異國有獻名馬者，日行千里，又進寶劍，價兼百金。詔以馬駕鼓車，劍賜騎士。

野王歲獻甘醪、膏餳，每輒擾人，吏以爲市。樊儵臨終，奏乞罷之，明帝從之。

明帝永平十一年，漅湖出黃金，廬江太守取以獻。

章帝建初二年，詔齊相省冰紈、方空縠、吹綸絮。

和帝詔太官勿受遠國珍羞。

舊南海獻龍眼、荔枝，十里一置，五里一候，奔騰險阻，死者繼路。時臨武長汝南唐羌，縣接南海，乃上書陳狀。詔曰：『遠國珍羞，本以奉宗廟，苟有傷害，豈愛民之本！其敕太官勿復受獻。』

安帝永初五年，詔省減郡國貢獻太官口食。

和熹鄧后詔蜀、漢釦器凡帶佩刀並不復調。

論說

唐・杜佑《通典》卷四《食貨四・賦稅上》　夫夏之貢，殷之助，周之藉，皆十而取一，蓋因地而稅。秦則不然，舍地而稅人，故地數未盈，其稅必備。是以貧者避賦役而逃逸，富者務兼并而自若。加之以內興工作，外攘夷狄，收泰半之賦，發閭左之戍，竭天下之資財以奉其政，猶未足以贍其欲也。二世承之，不變其失，反更益之。海內愁怨，遂用潰畔。

元・馬端臨《文獻通考》卷一《田賦考一・歷代田賦之制》　（馬端臨）按：秦壞井田之後，任民所耕，不計多少，已無所稽考，以爲賦斂之厚薄。其後遂舍地而稅人，則其繆尤甚矣。是年，始令黔首自實田以定賦，《通典》所言，其是年以前所行歟？

秦田租、口賦、鹽鐵之利二十倍於官，或耕豪民之田，見稅十五言貧人無田，而耕墾豪富家之田，十分之中以五輸田主也。

又　卷一〇《戶口考一・歷代戶口丁中賦役》　《食貨志》曰：『月爲更卒，已復爲正，一歲屯戍，一歲力役，三十倍於古。』此漢初因秦法而行，後遂改易，有謫乃戍邊一歲耳。

《貨殖傳》：秦、漢之制，列侯封君食租稅，歲率戶二百，千戶之君則二十萬，朝覲聘享出其中。庶民農工商賈，率一歲萬息二千戶，百萬之家卽二十萬，而更繇租賦出其中，衣食好美矣。

按：漢法有口賦、有戶賦。口賦，則算賦是也。戶賦，見於史者惟此二條。

《貨殖傳》所言，則是封君食邑戶所賦。然則地土之不以封者，縣官別賦之歟？抑無此賦也？庶民農工商賈以下，似是百戶賦二十，與上懸絕，殊不可曉，又謂之息二千，豈官每戶貸以一文，而萬戶取其息二千乎？當考。

明・張溥《漢魏六朝百三家集》卷一七《荀悅集・除田租》　古者什一而稅，以爲天下之中正也。今漢氏或百一而稅，可謂鮮矣。然豪強富人，占田逾侈，輸其賦太半，官收百一之稅，民收太半之賦，官家之惠，優於三代，豪強之暴，酷於亡秦。是上惠不通，威福分於豪強也。今不正其本，而務除租稅，適足以資富強。夫土地者，天下之本也。春秋之義，諸侯不得專封，大夫不得專地，今豪民占田，或至數百千頃，富過王侯，是自專封也。買賣繇己，是自專地也。孝武時，董仲舒嘗言宜限民占田，至哀帝時乃限民占田，不得過三十頃，雖有其制，卒不得施行。然三十頃

有不平矣，且夫井田之制，宜於民衆之時，地廣民稀，勿爲可也。然欲廢之於寡，立之於衆，土地既富，列在豪强，卒而規之，並有怨心，則生紛亂，制度難行，繇是觀之，若高帝初定天下，及光武中興之後，民人稀少，立之易矣，就未悉備，井田之法，宜以口數占田，爲立科限，民得耕種，不得買賣，以贍民弱，以防兼并，且爲制度張本，不亦宜乎？雖古今異制，損益隨時，然紀綱大略，其致一也。

元·馬端臨《文獻通考》卷一〇《户口考一·歷代户口丁中賦役》

漢高祖四年八月，初爲算賦

按：户口之賦始於此。古之治民者，有田則稅之，有身則役之，未有稅其身者也。漢法：民年十五而算，出口賦，至五十六而除；二十而傅，給徭役，亦五十六而除。是且稅之且役之也。

景帝二年，令天下男子年二十始傅傅，著也。言著名籍，給公家徭役。

徐氏曰：『按《高紀》：發關中老弱未傅者悉詣軍。』如淳曰：『律，年二十三傅之疇官，高不滿六尺二寸以下爲疲癃。』《漢儀注》：『民年二十三爲正，一歲爲衛士，一歲爲材官、騎士，習射御，馳戰陳，年五十六乃免爲庶民，就田里。』則知漢初民在官三十有三年也。今景帝更爲異制，令男子年二十始傅，則在官三十有六年矣。

昭帝元鳳四年，詔毋收四年、五年口賦《漢儀注》：民年七歲至十四出口賦錢，人二十三。二十錢以食天子；其三錢，武帝加口錢，以補車騎馬。三年以前逋更賦未入者，勿收更賦注見上。

按算賦十五歲以上方出，此口賦則十五歲以前未算時所賦也。

甘露元年，減民算三十一算減錢三十也。

五鳳三年，減天下口錢。

按：漢始有口賦，然頗輕於後代。至昭、宣時又時有減免，且令流民還歸者勿算。故其時膠東相王成遂僞增上流民自占八萬餘口，以蒙顯賞。則以流徙者算數既除，州郡無逋負之責，可以容僞故也。

《貨殖傳》：秦、漢之制，列侯封君食租稅，歲率户二百，千户之君則二十萬，朝覲聘享出其中。庶民農工商賈，率一歲萬息二千，户百萬之家即二十萬，而更繇租賦出其中，衣食好美矣。

按：漢法有口賦、有户賦。口賦，則算賦是也。户賦，見於史者惟此二條。《貨殖傳》所言，則是封君食邑户所賦。然則地土之不以封者，縣官别賦之歟？抑無此賦也？庶民農工商賈以下，似是百户賦二十，與上懸絕，殊不可曉，又謂之息二千，豈官每户貸以一文，而萬户取其息二千乎？當考。

清·王夫之《讀通鑑論》卷二《文帝》 自秦而降，罷侯置守矣。漢初封建，其提封之廣，蓋有倍蓰於古王畿者，而其官屬典禮又極簡略，率天下以守邊，而中邦無會盟侵伐之事。若郡有守，縣有令，非其伯叔甥舅之交，而饋問各以其私。社稷粗立，而祀典不繁。一郡之地，廣於公侯之國，而掾史郵徼，曾不足以當一鄉一遂之長。合天下以贍九卿羣司之内臣，而不逮周禮六官之半。是古取之一圻而用豐，今取之九州而用儉，其視三代之經費，百不得一也。什一而徵，將以厚藏而導人主之宣欲乎？不然，亦奚用此厚斂爲也！

文帝十三年，除田租稅；景帝元年，復收半租，三十而稅一；施及光武之世，兵革既解，復損十一之稅，如景帝之制；誠有餘而可以裕民也。封建不可復行於後世，民力之所不堪，而勢在必革也。

又《景帝》 算資十而得官，景帝減而爲四，爭之於銖兩之間，亦惡足以善風俗乎！應劭曰：『古者疾吏之貪，衣食足，知榮辱，貲盈十萬，乃得爲吏。』劭所云古者何古也，殆秦人之法也。舉富人子而官之，以謂其家足而可無貪，畏刑罰而自保，然則畏人之酗飲，而延醉者以當筵乎？富而可爲吏，吏而益富，富而可貽其吏於子孫。毁廉恥，奔貨賄，薄親戚，獵貧弱，幸而有貲，遂居人上，民之不相率以攘奪者無幾也。自非嬴氏爲君、商鞅爲政，未有念及此以爲得計者也。

嗚呼！亦有自來矣。世之亂也，一策行而取卿相，一戰勝而有封邑。故草野貧寒之子，忘軀命，遊於刀鋸鼎鑊之下，以弋獲官邑。於是而如餒者之得食焉，快貪饕而忘哽噎。於是天下苦之，人主厭之，而矯之以任富人之子，以是爲愈於彼也。雖然，豈必無以養天下之廉恥而需此哉？矯枉者之枉甚於所矯，而天下之枉不可復伸。爲君子者，清品類，慎交遊，遠挾策趨風之賤士，以使人主知所重輕焉。何至貽朝廷以菲薄賢智、輕側陋之心，問居贏而揖進之哉？

清·王鳴盛《十七史商榷》卷九《漢書三·口賦》 《昭紀》：

『元鳳四年，詔毋收四年，五年口賦。』如淳曰：『《漢儀注》民年七歲至十四出口賦錢，人二十三，二十錢以食天子，其三錢者，武帝加口錢以補車騎馬。』何氏云：『貢禹上書言古民無賦算口錢，起武帝征伐四夷，重賦于民，民產子三歲則出口錢，故民重困，至於生子輒殺，宜令兒七歲去齒乃出口錢，年二十乃算。如淳所引《漢儀注》乃元帝以後之制也。』

又　卷一一《漢書五·有税有賦》　《刑法志》：『因井田而制軍賦，有税有租。』案下文卽云『税以足食，賦以足兵』，師古曰：『税，田税。賦發斂財也。』則合作『有税有賦』。又食貸志前一段語意與此正同亦云『有賦有税』若作『租』，租卽税也，不可通矣。

又　卷二六《漢書二十·口錢》　《貢禹傳》禹上書以爲古民亡賦算口錢，起武帝府藏耗竭，重賦於民，民產子三歲則出口錢，故民重困，宜令兒七歲去齒乃出口錢，年二十乃算。案《食貨志》田租口賦二十倍于古，漢取民所以比古若是之重者，半由增加口賦故也。若古之制，孟子謂『有布縷之征，有粟米之征，有力役之征』三句盡之，安有口賦？《周禮·天官·太宰》『九賦』鄭康成注：『賦，口率出泉也。今之算泉，民或謂之賦，此其舊名與？』《疏》引漢法民年二十五已上至六十，出口賦錢人百二十以算。其實康成意不過因漢謂口錢爲口賦，故援以以解『賦』字之義，見此九賦亦錢穀並出，非謂口錢三代已有也。口錢實始于漢耳。

元·馬端臨《文獻通考》卷二《田賦考二·歷代田賦之制》　（馬端臨）按：章帝時，以穀貴，乃封錢以布帛爲租，則錢帛蓋嘗迭用矣。此所謂畝税斂錢，乃出於常賦三十取一之外，今所謂税錢始此。

按：兩漢之制，三十而税一者，田賦也；二十始傅，人出一算者，户口之賦也。

起役興作

綜　述

《睡虎地秦墓竹簡·秦律十八種·工人程》　隸臣、下吏、城旦與工從事者冬作，爲矢程，賦之三日而當夏二日。　工人程冗隸妾二人當工一人，更隸妾四人當工一人，小隸臣妾可使者五人當工一人。工人程隸妾及女子用箴（針）爲緡綉它物，女子一人當男子一人。工人程新工初工事，一歲半紅（功），其後歲賦紅（功）與故等。工師善教之，故工一歲而成，新工二歲而成。能先期成學者謁上，上且有以賞之。盈期不成學者，籍書而上内史。

又　《徭律》　御中發徵，乏弗行，貲二甲。失期三日到五日，誶；六日到旬，貲一盾；過旬，貲一甲。其得殹（也），及詣。水雨，除興。興徒以爲邑中之紅（功）者，令結（嫴）堵卒歲。未卒堵壞，司空將紅（功）及君子主堵者有罪，令其徒復垣之，勿計爲繇（徭）。縣葆禁苑、公馬牛苑，興徒以斬（塹）垣離（籬）散及補繕之，輒以效苑吏，苑吏循之。未卒歲或壞陝（決），令縣復興徒爲之，而勿計爲繇（徭）。卒歲而或陝（決）壞，過三堵以上，縣葆者補繕之；三堵以下，及雖未盈卒歲而或陝（決）道出入，令苑輒自補繕之。縣所葆禁苑之傅山、遠山，其土惡不能雨，夏有壞者，勿稍補繕，至秋毋（無）雨時而以繇（徭）爲之。其近田恐獸及馬牛出食稼者，縣嗇夫材興有田其旁者，無貴賤，以田少多出人，以垣繕之，不得爲繇（徭）。縣毋敢擅壞更公舍官府及廷，其有欲壞更殹（也），必灋之。欲以城旦舂益爲公舍官府及補繕之，爲之，勿灋。縣爲恆事及灋有爲殹（也），吏程攻（功），贏員及減員自二日以上，爲不察。上之所興，其程攻（功）而不當者，如縣然。度攻（功）必令司空與匠度之，毋獨令匠。其不審，以律論度者，而以其實爲繇（徭）徒計。繇（徭）律。

《史記》卷六《秦始皇本紀》　（始皇二十八年，始皇）過彭城，齋戒禱祠，欲出周鼎泗水。使千人没水求之，弗得。乃西南渡淮水，之衡山、南郡。浮江，至湘山祠。逢大風，幾不得渡。上問博士曰：『湘君神？』博士對曰：『聞之，堯女，舜之妻，而葬此。』於是始皇大怒，使刑徒三千人皆伐湘山樹，赭其山。【略】

（三十二年）始皇乃使將軍蒙恬發兵三十萬人北擊胡，略取河南地。

三十三年，發諸嘗逋亡人、贅婿、賈人略取陸梁地，爲桂林、象郡、南海，以適遣戍。晉徐廣曰：『五十萬人守五嶺。』西北斥逐匈奴。自榆中

並河以東，屬之陰山，以爲十四縣，城河上爲塞。又使蒙恬渡河取高闕、陽山、北假中，築亭障以逐戎人。徙謫，實之初縣。

三十四年，適治獄吏不直者，築長城及南越地。【略】

三十五年，除道，道九原抵雲陽，塹山堙谷，直通之。於是始皇以爲咸陽人多，先王之宫廷小，吾聞周文王都豐，武王都鎬，豐鎬之間，帝王之都也。乃營作朝宫渭南上林苑中。

公卿希得朝見（二世），盜賊益多，而關中卒發東擊盜者毋已。右丞相去疾、左丞相斯、將軍馮劫進諫曰：『關東羣盜並起，秦發兵誅擊，所殺亡甚衆，然猶不止。盜多，皆以戍漕轉作事苦，賦稅大也。請且止阿房宫作者，減省四邊戍轉。』

更始作阿房宫，繁刑嚴誅，吏治刻深，賞罰不當，賦斂無度，天下多事，吏弗能紀，百姓困窮而主弗收恤。

又　卷二五《律書》　秦二世宿軍無用之地，唐司馬貞《索隱》曰：謂常擁兵於郊野之外也。唐張守節《正義》曰：謂三十萬備北邊，五十萬守五嶺也。云連兵於邊陲，即是宿兵無用之地也。連兵於邊陲，力非弱也；結怨匈奴，絓禍於越，勢非寡也。及其威盡勢極，閭巷之人爲敵國。咎生窮武之不知足，甘得之心不息也。

又　卷四八《陳涉世家》　二世元年七月，發閭左適戍漁陽，九百人屯大澤鄉。徐廣曰：『在沛郡蘄縣。』《索隱》曰：閭左，謂居閭里之左也。秦時復除者居閭左。今力役凡在閭左者盡發之也。又云，凡居以富强爲右，貧弱爲左。秦役戍多，富者役盡，兼取貧弱者也。

又　卷八七《李斯列傳》　（趙）高聞李斯以爲言，乃見丞相曰：『關東羣盜多，今上急益發繇治阿房宫，聚狗馬無用之物。臣欲諫，爲位賤。此眞君侯之事，君何不諫？』

《漢書》卷一上《高帝紀上》　高祖常繇咸陽。

又　卷二四上《食貨志第四》　（秦）月爲更卒，已復爲正，一歲屯戍，一歲力役，三十倍於古。

又　卷三一《項籍傳》　（項）梁嘗殺人，與籍避仇吳中。吳中賢士大夫皆出梁下。每有大繇役及喪，梁常主辦，陰以兵法部勒賓客子弟，以知其能。

《後漢書》卷四八《楊終傳》　秦築長城，功役繁興，胡亥不革，卒亡四海。

北魏・酈道元《水經注》卷三《河水》　始皇三十三年，起自臨洮，東暨遼海，西並陰山，築長城及開南越地，晝警夜作，民勞怨苦。故楊泉《物理論》曰：『秦始皇使蒙恬築長城，死者相屬，民歌曰：「生男慎勿舉，生女哺用餔。不見長城下，尸骸相支拄。」』其寃痛如此矣。蒙恬臨死曰：『夫起臨洮，屬遼東，城塹萬餘里，不能不絕地脉，此固當死也。』

唐・杜佑《通典》卷七《食貨七・歷代盛衰户口》　秦兼諸侯，所殺三分居二，猶以餘力北築長城四十餘萬，南戍五嶺五十餘萬，阿房、驪山七十餘萬。十餘年間，百姓死没，相踵于路。

元・馬端臨《文獻通考》卷一四九《兵考一・兵制・秦兵制》　民年二十三，附之疇官，給郡縣一月而更謂卒，復給中都一歲謂正卒，復屯邊一歲謂戍卒。

清・張澍《三秦記・始皇修建驪山陵》　運石甘泉口，渭水不敢流，千人唱，萬人謳，金陵餘石大如塸。

《史記》卷一八《高祖功臣侯者年表》　（武帝）元封四年，侯相夫坐爲太常與樂令無可當鄭舞人擅繇不如令，闌出函谷關，國除。

又　卷二五《律書》　（文帝時）百姓無内外之繇，得息肩於田畝，天下殷富，粟至十餘錢，鳴雞吠狗，煙火萬里，可謂和樂者乎！

又　卷一一一《衛將軍驃騎列傳》　（武帝）減隴西、北地、上郡戍卒之半，以寬天下之繇。

漢・桓寬《鹽鐵論》卷一〇《徭役》　文學曰：『周道衰，王迹熄，諸侯爭强，大小相凌。是以强國務侵，弱國設備。甲士勞戰陣，役於兵革，故君勞而民困苦也。今中國爲一統，而方内不安，繇役遠而外内煩也。古者，無過年之繇，無踰時之役。今近者數千里，遠者過萬里，歷二期。長子不還，父母愁憂，妻子詠歎，憤懣之恨發動於心，慕思之積痛於骨髓。此《杕杜》、《采薇》之所爲作也。』

《漢書》卷一上《高帝紀上》　（漢二年）五月，漢王屯滎陽，蕭何發關中老弱未傅者悉詣軍。三國魏孟康曰：『古者二十而傅，三年耕有一年

儲，故二十三而後役之。』如淳曰：『律，年二十三傅之疇官，各從其父疇學之，高不滿六尺二寸以下爲罷癃。《漢儀注》云民年二十三爲正，一歲爲衞士，一歲爲材官騎士，習射御、騎馳、戰陳；又曰年五十六衰老，乃得免爲庶民，就田里。今老弱未嘗傅者皆發之。未二十三爲弱，過五十六爲老。』師古曰：『傅，著也。言著名籍，給公家徭役也。服音是。』

又　卷二《惠帝紀》　（惠帝六年）起長安西市，修敖倉。

又　卷五《景帝紀》　（景帝二年）令天下男子年二十始傅。顏師古曰：『舊法二十三，今此二十，更爲異制也。傅讀曰附。解在高紀。』

（後元二年）夏四月，詔曰：『雕文刻鏤，傷農事者也；錦繡纂組，害女紅者也。農事傷則饑之本也，女紅害則寒之原也。夫飢寒並至，而能亡爲非者寡矣。朕親耕，后親桑，以奉宗廟粢盛祭服，爲天下先；不受獻，減太官，省繇賦，欲天下務農蠶，素有畜積，以備災害。』

又　卷八《宣帝紀》　（地節三年冬十月）郡國宮館，勿復修治。流民還歸者，假公田，貸種、食，且勿算事。』師古曰：『不出算賦及給徭役。』

（四年）夏五月，詔曰：『吏務平法。或擅興繇役，飾廚、傳，稱過使客，越職踰法，以取名譽，譬猶踐薄冰以待白日，豈不殆哉！』

又　卷一〇《成帝紀》　（永始二年）十二月，詔曰：『前將作大匠萬年知昌陵卑下，不可爲萬歲居，奏請營作，建置郭邑，妄爲巧作，積土增高，多賦斂繇役，興卒暴之作。卒徒蒙辜，死者連屬，百姓罷極，天下匱竭。常侍閎前爲大司農中丞，數奏昌陵不可成。侍中衞尉長數白宜早止，徙家反故處。朕以長言下閎章，公卿議者皆合長計。長首建至策，閎典主省大費，民以康寧。閎前賜爵關內侯，黃金百斤。其賜長爵關內侯，食邑千户，閎五百户。萬年佞邪不忠，毒流衆庶，海內怨望，至今不息，雖蒙赦令，不宜居京師。其徙萬年敦煌郡。』

又　卷一九下《百官公卿表下》　平曲侯周建德爲太常。陽平侯杜相爲太常，五年坐擅繇大樂令論。師古曰：『擅役使人也。』

又　卷二四上《食貨志上》　（文帝時）農夫五口之家，其服役者不下二人，其能耕者不過百畮，百畮之收不過百石。春耕夏耘，秋穫冬臧，伐薪樵，治官府，給繇役；春不得避風塵，夏不得避暑熱，秋不得避陰雨，冬不得避寒凍，四時之間亡日休息；又私自送往迎來，弔死問疾，養孤長幼在其中。勤苦如此，尚復被水旱之災，急政暴賦，賦斂不時，朝令而暮改。

（武帝）外事四夷，內興功利，役費並興，而民去本。【略】（董仲舒）言：『古者稅民不過什一，其求易共；使民不過三日，其力易足。民財內足以養老盡孝，外足以事上共稅，下足以畜妻子極愛，故民說從上。至秦則不然，用商鞅之法，改帝王之制，除井田，民得賣買，富者田連阡陌，貧者無立錐之地。又顓川澤之利，管山林之饒，荒淫越制，踰侈以相高；邑有人君之尊，里有公侯之富，小民安得不困？又加月爲更卒，已復爲正，一歲屯戍，一歲力役，三十倍于古；田租口賦，鹽鐵之利，二十倍於古。或耕豪民之田，見稅什五。故貧民常衣牛馬之衣，而食犬彘之食。重以貪暴之吏，刑戮妄加，民愁亡聊，亡逃山林，轉爲盜賊，赭衣半道，斷獄歲以千萬數。漢興，循而未改。古井田法雖難卒行，宜少近古，限民名田，以澹不足，塞并兼之路。鹽鐵皆歸於民。去奴婢，除專殺之威。薄賦斂，省繇役，以寬民力。然後可善治也。』仲舒死後，功費愈甚，天下虛耗，人復相食。

又　卷二四下《食貨志下》　武帝因文、景之畜，忿胡、粤之害，即位數年，嚴助、朱買臣等招徠東甌，事兩粤，江、淮之間蕭然煩費矣。唐蒙、司馬相如始開西南夷，鑿山通道千餘里，以廣巴蜀，巴蜀之民罷焉。彭吳穿穢貊、朝鮮，置滄海郡，則燕、齊之間靡然發動。及王恢謀馬邑，匈奴絕和親，侵擾北邊，兵連而不解，天下共其勞。干戈日滋，行者齎，居者送，中外騷擾相奉，百姓抏敝以巧法，財賂衰耗而不澹。入物者補官，出貨者除罪，選舉陵夷，廉恥相冒，武力進用，法嚴令具。興利之臣自此而始。

其後，衞青歲以數萬騎出擊匈奴，遂取河南地，築朔方。時又通西南夷道，作者數萬人，千里負擔餽饟，率十餘鍾致一石，散幣於邛、僰以輯之。數歲而道不通，蠻夷因以數攻，吏發兵誅之。悉巴、蜀租賦不足以更之，乃募豪民田南夷，入粟縣官，而內受錢於都內。東置滄海郡，人徒之費疑於南夷。又興十餘萬人築衞朔方，轉漕甚遠，自山東咸被其勞，費數十百鉅萬，府庫並虛。乃募民能人奴婢得以終身復，爲郎增秩，及入羊爲郎，始於此。

此後四年，衛青比歲十餘萬衆擊胡，斬捕首虜之士受賜黃金二十餘萬斤，而漢軍士馬死者十餘萬，兵甲轉漕之費不與焉。於是大司農陳臧錢經用，賦稅既竭，不足以奉戰士。有司請令民得買爵及贖禁錮免減罪；請置賞官，名曰武功爵，級十七萬，凡直三十餘萬金。諸買武功爵官首者試補吏，先除；千夫如五大夫；師古曰：『五大夫，舊二十等爵之第九級也。至此以上，始免徭役，故每先選以爲吏。千夫者，武功十一等爵之第七也，亦得免役，今則先除爲吏，比於五大夫也。』；其有罪又減二等；爵得至樂卿。以顯軍功。軍功多用超等，大者封侯、卿大夫，小者郎。吏道雜而多端，則官職秏廢。【略】

河決，灌梁、楚地，固已數困，而緣河之郡隄塞河，輒壞決，費不可勝計。其後番係欲省底柱之漕，穿汾、河渠以爲溉田；鄭當時爲渭漕回遠，鑿漕直渠自長安至華陰；而朔方亦穿溉渠。作者各數萬人，歷二三期而功未就，費亦各以鉅萬十數。

（王莽）令公卿以下至郡縣黃綬吏，皆保養軍馬，吏盡復以與民。民搖手觸禁，不得耕桑，繇役煩劇，而枯、旱、蝗蟲相因。

又　卷二五上《郊祀志上》　（武帝）方憂河決而黃金不就，乃拜大爲五利將軍。居月餘，得四印，得天士將軍、地士將軍、大通將軍印。制詔御史：『昔禹疏九河，決四瀆。間者，河溢皋陸，隄繇不息。師古曰：『皋，水旁地。廣平曰陸。言水汎溢，自皋及陸，而築作隄防，徭役甚多，不暇休息。』

又　卷四八《賈誼傳》　（文帝時）淮南地遠者或數千里，越兩諸侯，而縣屬於漢。其吏民繇役往來長安者，自悉而補，中道衣敝，漢應劭曰：『自悉其家資財，補縫作衣。』錢用諸費稱此，其苦屬漢而欲得王至甚，逋逃而歸諸侯者已不少矣。其勢不可久。

又　卷六九《趙充國傳》　兵者，所以明德除害也，故舉得於外，則福生於內，不可不慎。臣所將吏士馬牛食，月用糧穀十九萬九千六百三十斛，鹽千六百九十三斛，茭藁二十五萬二百八十六石。難久不解，繇役不息，又恐它夷卒有不虞之變，相因並起，爲明主憂，誠非素定廟勝之册。

又　卷七二《鮑宣傳》　（成帝時）苛吏繇役，失農桑時。

又　卷七五《翼奉傳》　漢德隆盛，在於孝文皇帝躬行節儉，外省繇役。其時未有甘泉、建章及上林中諸離宮館也。未央宮又無高門、武臺、麒麟、鳳皇、白虎、玉堂、金華之殿，獨有前殿、曲臺、漸臺、宣室、溫室、承明耳。孝文欲作一臺，度用百金，重民之財，廢而不爲，其積土基，至今猶存，又下遺詔，不起山墳。故其時天下大和，百姓洽足，德流後嗣。

又　卷八五《谷永傳》　陛下（成帝）輕奪民財，不愛民力，聽邪臣之計，去高敞初陵，捐十年功緒，改作昌陵，反天地之性，因下爲高，積土爲山，發徒起邑，並治宮館，大興繇役，重增賦斂，徵發如雨，役百乾谿，費疑驪山，靡敝天下，五年不成而後反故。又廣旴營表，發人塚墓，斷截骸骨，暴揚尸柩。

又　卷九五《匈奴傳上》　（匈奴言文帝時，中國）禮義之敝，上下交怨，而室屋之極，生力屈焉。師古曰：『言忠信衰薄，强爲禮義，故其末流，怨恨彌起。棟宇之作，土木競勝，勞役既重，所以力屈。屈，盡也，音其勿反。』夫力耕桑以求衣食，築城郭以自備，故其民急則不習戰攻，緩則罷於作業。嗟土室之人，顧無喋喋佔佔，冠固何當！

漢・應劭《風俗通義》卷二《正失・孝文帝》　匈奴數犯塞，侵擾邊境，單于深入寇掠，賊害北地都尉，殺略吏民，係虜老弱，驅畜産，燒積聚，候騎至甘泉，烽火通長安，京師震動，無不憂懣。是時，大發興材官騎士十餘萬軍長安，帝遣丞相灌嬰擊匈奴，文帝自勞兵至太原、代郡，由是北邊置屯待戰，設備備胡，兵連不解，轉輸駱驛，費損虛耗，因以年歲穀不登，百姓飢乏，穀糴常至石五百，時不昇一錢。

《後漢書》卷三四《梁統傳》　武帝值中國隆盛，財力有餘，征伐遠方，軍役數興。

又　卷七六《循吏傳・衛颯》　含洭、湞陽、曲江三縣，越之故地，武帝平之，內屬桂陽。民居深山，濱溪谷，習其風土，不出田租。去郡遠者，或且千里。吏事往來，輒發民乘船，名曰『傳役』。每一吏出，徭及數家，百姓苦之。颯乃鑿山通道五百餘里，列亭傳，置郵驛。於是役省勞息，姦吏杜絶。流民稍還，漸成聚邑，使輸租賦，同之平民。

唐・杜佑《通典》卷七《食貨七・歷代盛衰户口》　孝文偃武修文，

與人休息，嘗欲作露臺，召工計之，直百金，曰：『百金，中人十家之產。吾奉先帝宮室，常恐羞之。』乃止。孝景承平，賦役減省，三十而稅一，人人自愛。每有詔命頒下鄉閭，垂白戴老扶疾策杖以聽之，思一見太平。【略】

孝武帝乘其資稿，乃厲兵馬以攘戎狄，廓地遐廣，征伐不休，十數年閒，天下之衆，亦減半矣。

又 卷一〇《食貨十・漕運》 漢興，高皇帝時，漕轉山東之粟，以給中都官，歲不過數十萬石。謂京師之官府。【略】

孝文時，賈誼上疏曰：『天子都長安，而以淮南東道爲奉地，鐖道數千，不輕致輸，郡或乃越諸侯而遠調均發徵，至無狀也。古者天子之地方千里，中之而爲都，輸將繇使，其遠者不在五百里而至。公侯地百里，中之而爲都，輸將繇使，遠者不在五十里而至。輸者不苦其繇，繇者不傷其費，故遠方人安。及秦，不能分人寸地，欲自有之，輸將起海上而來，一錢之賦，數十錢之費，不輕而致也。上之所得甚少，而人之苦甚多也。』帝不能用。

孝武建元中，通西南夷，作者數萬人，千里負擔饋糧，率十餘鍾致一石。其後東滅朝鮮，置滄海郡，人徒之費，擬西南夷。又衛青擊匈奴，取河南地，今朔方之地。復興十餘萬人築衛朔方，轉漕甚遠，自山東咸被其勞。【略】

（元光中）人有上書，欲通褒斜道褒、斜，二水名。褒水東流南入沔，今漢中郡褒城縣。斜水北流入渭，今武功縣及扶風郡。及漕，事下御史大夫張湯。湯聞其事，因言『抵蜀從故道，多坂回遠，今穿褒斜道，少坂，近四百里。而褒水通沔，斜水通渭，皆可以行船漕。漕從南陽上沔入褒，褒絕水至斜，閒百餘里，以車轉，從斜入渭。如此漢中之穀可致，山東從沔無限，便於底柱之漕。且褒、斜材木竹箭之饒，擬於巴蜀。』天子然之，拜湯子昂爲漢中守，發數萬人作褒斜道五百餘里。道果便近，而水多湍石，不可漕。

孝宣卽位，百姓安土，歲數豐穰，穀石五錢，農人少利。時耿壽昌以善爲算，能商功利，得幸於上。商，度也。五鳳中，奏言：『故事，歲漕關東穀四百萬斛以給京師，用卒六萬人。宜糴三輔、弘農、河東、上黨、太原等郡穀，三輔，今京兆、扶風、馮翊郡地。弘農，今陝郡地。河東，今河東絳郡、平陽郡地。上黨，今高平、上黨、樂平、平陽、燕城。太原，今太原、西河郡地。足供京師，可以省關東漕卒過半。』天子從其計。御史大夫蕭望之奏言：『壽昌欲近糴漕關內之穀，築倉理船，費直二萬萬餘，萬萬，億也。有動衆之功，恐生旱氣，人被其災。壽昌習於商功分銖之事，其深計遠慮，誠未足任，宜且如故。』帝不聽，漕事果便。

宋・徐天麟《西漢會要》卷四七《民政・傅籍》 景帝二年，令天下男子年二十始傅。

又《更役》 秦用商鞅之法，月爲更卒，已復爲正，一歲屯戍，一歲力役，三十倍於古。師古曰：更卒，謂給郡縣一月而更者，正卒，爲給中都官者也，率計今人一歲之中，屯戍及力役之事三十倍多於古也，更，音工衡反。漢興，循而未改。《食貨志・董仲舒疏》。

又《鄉役》 十里一亭，亭有長，十亭一鄉，鄉有三老，有秩嗇夫，游徼，三老掌教化，嗇夫職聽訟，收賦稅，游徼循禁賊盜，縣大率方百里，其民稠則減，稀則曠，鄉亭亦如之，皆秦制也。《百官表》。《漢官儀》曰：游徼亭長，皆習設備五兵弓弩，戟盾，刀劍，甲鎧，鼓吏，赤幘，行縢，帶劍，佩刀，持盾，被甲，設矛戟，習射，十里一亭，亭長亭候五里一郵，郵間相去二里半，司姦盜，亭長持二尺板以劾賊，索繩以收執賊。

又《泛役》 惠帝三年，發長安六百里內男女十四萬六千人城長安，三十日罷，五年復發長安六百里內男女十四萬五千人城長安，三十日罷。本《紀》下同。

武帝元狩三年，發謫吏穿昆明池。師古曰：吏有罪者，罰而役之。

成帝河平元年，卒治河者爲著外繇六月。《溝洫志》師古曰：以卒治河有勞，雖執役日近，皆得比繇戍六月也，著謂著于簿籍。

後二歲，河復決，作治六月乃成，治河卒非受平賈者，爲著外繇六月。《溝洫志》平賈謂顧也，其受平賈者，不在著外繇之數。

哀帝建平二年，葬帝太后定陶，發陳留濟陰近郡國五萬人穿復土。《本紀》按漢世力役非一，姑舉此數條，以見役法之例。

又《雜録》 文帝時，鼂錯說上曰：今農夫五口之家，其服役者不下二人，其能耕者不過百畮，百畮之收不過百石，春耕夏耘，秋穫冬藏，伐薪樵，治官府，給繇役，春不得避風塵，夏不得避暑熱，秋不得避

陰雨，冬不得避寒凍，四時之間，亡日，又私自送往迎來，弔死問疾，養孤長幼在其中，勤苦如此。《食貨志上》。

西邊北邊之郡，雖有長爵，不輕得復，五尺以上，不輕得息。《賈誼傳》。

信武侯靳歙坐事國人過律免。《功臣表》師古曰：事，謂役使之也。

又《復除從軍》　漢二年，蜀漢民給軍事勞苦，復勿租稅二歲，關中卒從軍者，復家一歲。《高紀》下同。

五年，詔諸侯子在關中者，復之十二歲，其歸者半之，軍吏卒賜爵，非七大夫以下，皆復其身及户勿事。八年，令吏卒從軍至平城及守城邑者，皆復終身勿事。

十一年，諸縣堅守不降反寇者，復租賦三歲。六月，令士卒從入蜀漢關中者，皆復終身。十二年，詔吏二千石入蜀漢定三秦者，皆世世復豐沛。

高祖十一年四月，令豐人徙關中者，皆復終身。

十二年，以沛爲湯沐邑，復其民，世世無有所與，沛父兄請復豐，乃並復豐比沛。並本《紀》。

又《民産子》　高祖七年，民産子，復勿事二歲。本《紀》。

又《三老》　漢二年，置鄉三老，擇鄉三老爲縣三老，復勿繇戍。本《紀》。

孝弟力田。惠帝四年，舉民孝弟力田者復其身。本《紀》。

武帝元朔元年，詔曰：朕旅耆老復孝敬。本《紀》。

又《高年》　文帝禮高年，九十者一子不事，八十者二算不事。《賈山傳》。

武帝建元元年，民年八十復二算，九十復甲卒。本《紀》。

四月，詔民年九十以上，已有受鬻法，爲復子若孫，令得身帥妻妾，遂其供養之事。本《紀》

又《邊郡》　鼂錯説文帝募民守塞，皆賜高爵，復其家。本《傳》。

西邊北邊之郡，雖有長爵，不輕得復。《賈誼傳》

又《舊都》　文帝三年，幸太原，復晉陽中都民三歲租。本《紀》。

又《守冢》　高祖十二年，詔與秦始皇帝守冢二十家，楚魏齊各十家，趙及魏公子亡忌各五家，令視其家，復亡與它事。本《紀》。

又《給祠》　武帝登禮中嶽，以山下户凡三百，封崈高，爲之奉邑，獨給祠，復無有所與。《郊祀志》。

又《宗室》　文帝四年，復諸劉有屬籍者家無所與。本《紀》。

又《功臣後》　宣帝地節二年，詔曰：博陸侯功德茂盛，復其後世，疇其爵邑，世世無有所與。

元康元年，復高皇帝功臣絳侯周勃等百三十六人家子孫，令奉祭祀，世世勿絶，其毋嗣者復其次。並本《紀》。

又《博士弟子》　武帝爲博士官置弟子五十人，復其身。《儒林傳序》。

又《通經》　元帝好儒，能通一經者復，數年以用度不足，更爲設員千人。《儒林傳》。

又《車騎馬》　鼂錯疏曰：令民有車騎馬一匹者，復卒三人。《食貨志》。

又《入奴婢》　武帝府庫並虚，乃募民能入奴婢者，得以終身復。《食貨志》。

又《買復》　鼂錯疏曰：令民入粟至五大夫，乃復一人耳。

桑宏羊請令民入粟甘泉各有差，以復終身。

武帝兵革數動，民多買復及五大夫千夫，徵發之士益鮮。以上並《食貨志》。

元帝永光三年，用度不足，民多復除，無以給中外繇役。本《紀》。

又《流民》　宣帝地節三年，詔流民還歸者，且勿算事。本《紀》下同。

本始三年，大旱，三輔民就賤者且毋收事。

元·馬端臨《文獻通考》卷一二《職役考一·職役一》　漢高祖二年，舉民年五十以上，有修行，能帥衆爲善，置以爲三老，鄉一人；擇鄉三老一人爲縣三老，與縣令、丞、尉以事相教，復勿繇戍，以十月賜酒肉。十里一亭，亭有長。十亭一鄉，鄉有三老、有秩、嗇夫、游徼。三老掌教化，嗇夫職聽訟、收賦税，游徼徼循禁賊盜。縣大率方百里，其民稠則減，稀則曠，鄉、亭亦如之。皆秦制也。《漢官儀》曰：『游徼、亭長皆習設備五兵：弓弩、戟、楯、刀劍、甲鎧。鼓吏赤幘行縢，帶劍佩刀，持盾被

甲，設矛戟，習射。設十里一亭，亭長，亭候。五里一郵，郵間相去二里半，司姦盜。亭長持二尺版以劾賊，執繩以收執賊。』

《後漢書》卷一下《光武帝紀下》（建武七年）三月丁酉，詔曰：『今國有衆軍，並多精勇，宜且罷輕車、騎士、材官、樓船士及軍假吏，唐李賢注：《漢官儀》曰：『高祖命天下郡國選能引關蹶張、材力武猛者，以爲輕車、騎士、材官、樓船，常以立秋後講肄課試，各有員數。平地用車騎，山阻用材官，水泉用樓船。』軍假吏，謂軍中權置吏也。今悉罷之。』令還復民伍。

又 卷七《桓帝紀》（建和元年四月）詔曰：『比起陵塋，作靜陵也。彌歷時歲，力役既廣，徒隸尤勤。頃雨澤不沾，密雲復散，儻或在茲。其令徒作陵者減刑各六月。』

又 卷一二《盧芳傳》初，安定屬國胡與（盧）芳爲寇，及芳敗，胡人還鄉里，積苦縣官徭役。其中有駮馬少伯者，素剛壯，二十一年，遂率種人反叛，與匈奴連和，屯聚青山。

又 卷一四《城陽恭王祉傳》（建武）十八年，立考侯、康侯廟，比園陵，置嗇夫。嗇夫本鄉官，主知賦役多少，平其差品。園陵置之，知祭祀、徵求諸事。

又 卷一六《鄧訓傳》永平中，理乎沱、石臼河，從都慮至羊腸倉，欲令通漕。太原吏人苦役，連年無成，轉運所經三百八十九隘，前後没溺死者不可勝算。建初三年，拜（鄧）訓謁者，使監領其事。訓考量隱括，知大功難立，具以上言。肅宗從之，遂罷其役，更用驢輦，歲省費億萬計，全活徒士數千人。

又 卷二一《任光傳》《續漢志》曰：『三老、游徼，郡所署也，秩百石，掌一鄉人。其鄉小者，縣署嗇夫一人，主知人善惡，爲役先後；知人貧富，爲賦多少。』

又 卷二九《郅壽傳》（竇）憲征匈奴，海内供其役費，而憲及其弟篤、景並起第宅，驕奢非法，百姓苦之。

又 卷四三《何敞傳》竇憲爲車騎將軍，大發軍擊匈奴，而詔使者爲憲弟篤、景並起邸第，興造勞役，百姓愁苦。

又 卷四八《楊終傳》（東漢建初）北征匈奴，西開三十六國，頻年服役，轉輸煩費。

又 卷六二《荀爽傳》（延熹九年，荀對策陳便宜曰）寬役賦，安黎民。

又 卷六九《竇武傳》桓帝巡狩南陽，以（竇）騰爲護駕從事。公卿貴戚車騎萬計，徵求費役，不可勝極。

又 卷七九上《儒林傳》順帝感翟酺之言，乃更修黌宇，凡所造構二百四十房，千八百五十室。

又 卷八七《西羌傳》任尚爲中郎將，將羽林、緹騎、五營子弟三千五百人，代班雄屯三輔。（任）尚臨行，懷令虞詡説尚曰：『使君頻奉國命討逐寇賊，三州屯兵二十餘萬人，棄農桑，疲苦徭役，而未有功效，勞費日滋。若此出不克，誠爲使君危之。』

又 卷一〇三《五行志一》張角作亂稱黄巾，遂破壞。四方疲於賦役，多叛者。

又 卷一〇七《五行志五》延熹四年正月，大疫。《太公六韜》曰：『人主好重賦役，大宮室，多臺遊，則民多病温也。』

又 卷一一八《百官志五》中興建武六年，省諸郡都尉，并職太守，無都試之役。

宋・徐天麟《東漢會要》卷二九《民政中・復除》建武五年，詔復濟陽二年徭役。帝生於濟陽，故復之。

十九年，幸汝南南頓縣舍，置酒會，賜吏人，復南頓田租歲。父老前叩頭言：『願賜復十年。』帝曰：『天下重器，常恐不任，日復一日，安敢遠期十歲乎？』吏人又言：『陛下實惜之，何言謙也？』帝大笑，復增一歲。

二十年，復濟陽縣徭役六歲。

三十年，復濟陽縣是年徭役。

明帝永平五年，常山三老言：『上生於元氏，願蒙優復。』詔曰：『豐、沛、濟陽，受命所由，加恩報德，適其宜也。今永平之政，百姓怨結，而吏人求復，令人愧笑。重逆此縣之拳拳，其復元氏田租更賦六歲，勞賜縣掾史，及門闌走卒。』桓帝永康元年，復博陵、河間二郡，比豐、沛。

靈帝光和六年，復長陵縣，比豐、沛。並《紀》。

臣天麟按：漢之有復除，猶周官之有施舍。皆除其賦役之謂也。然西京時，或以從軍，或以三老，或以孝悌、力田，或以明經，或以博士弟

子，或以功臣，後以至民產子者，大父母、父母之年高者，給崇高之祠者，莫不得復，其間美意至多。至東都所復，不過濟陽、南頓、元氏數邑，蓋專爲天子之私恩矣。

元·馬端臨《文獻通考》卷一二《職役考一·職役一》 東漢鄉置三老，掌教化，凡有孝子順孫、正女義婦，遜財救患，及學士爲民法式者，皆扁表其門閭，以興善行。鄉置有秩、游徼、有秩，郡所置，秩百石，掌一鄉人；其鄉小者，縣置嗇夫一人。皆主知民善惡，爲役先後，知民貧富，爲賦多少，平其差品。游徼掌徼循，禁司姦盜。又有鄉佐，屬鄉，王民收賦稅。亭有長，以禁盜賊。里有里魁，民有什伍，善惡以告。本注曰：『里魁掌一里百家。什主十家，伍主五家，以相檢察。有善事、惡事，以告監官。』《漢官儀》曰：『鄉户五千則有秩。』

明帝即位，賜爵三老、孝弟、力田人三級。注云：『三老、孝弟、力田，皆鄉官之名。三老，高帝置，孝弟、力田，高后置，所以勸導鄉里，助成風化。』

今考西漢《高后紀》，元年，初置孝弟、力田二千石者一人。師古曰：『特置孝弟、力田官而尊其秩，欲以勸厲天下，令各敦行務本。』然則三老鄉各一人，孝弟、力田既禄秩如許尊，未必各鄉皆設，有其人則置之耳。孝文、武、宣、成、哀紀，各有賜孝弟、力田金帛爵級事。

論說

《史記》卷二五《律書》 秦二世宿軍無用之地，《索隱》曰：謂常擁兵於郊野之外也。《正義》曰：謂三十萬備北邊，五十萬守五嶺也。云連兵於邊陲，即是宿兵無用之地也。連兵於邊陲，力非弱也；結怨匈奴，絓禍於越，勢非寡也。及其威盡勢極，閭巷之人爲敵國。咎生窮武之不知足，甘得之心不息也。

又 卷八七《李斯列傳》 李斯拘執束縛，居囹圄中，仰天而歎曰：『日者夷其兄弟而自立也，殺忠臣而貴賤人，作爲阿房之宮，賦斂天下。吾非不諫也，而不吾聽也。凡古聖王，飲食有節，車器有數，宮室有度，出令造事，加費而無益於民利者禁，故能長久治安。今行逆於昆弟，不顧其咎；侵殺忠臣，不思其殃；大爲宮室，厚賦天下，不愛其費：三者已行，天下不聽。今反者已有天下之半矣，而心尚未寤也，而以趙高爲佐，吾必見寇至咸陽，麋鹿游於朝也。』

又 卷八九《張耳陳餘列傳》 武臣等從白馬渡河，至諸縣，說其豪桀曰：『秦爲亂政虐刑以殘賊天下，數十年矣。北有長城之役，南有五嶺之戍，外内騷動，百姓罷敝，頭會箕斂，以供軍費，財匱力盡，民不聊生。』

又 卷一一二《平津侯主父列傳》 地固澤鹵，不生五穀。然後發天下丁男以守北河。暴兵露師十有餘年，死者不可勝數，終不能踰河而北。是豈人衆不足，兵革不備哉？其勢不可也。又使天下蜚芻輓粟，起於黄、腄、琅邪負海之郡，轉輸北河，率三十鍾而致一石。男子疾耕不足於糧饟，女子紡績不足於帷幕。百姓靡敝，孤寡老弱不能相養，道路死者相望，蓋天下始畔秦也。

又 卷一一八《淮南衡山列傳》 往者秦爲無道，殘賊天下。興萬乘之駕，作阿房之宮，收太半之賦，發閭左之戍，《正義》曰：閭左邊不役之民，秦則役之也。父不寧子，兄不便弟，政苛刑峻，天下敖然若焦，民皆引領而望，傾耳而聽，悲號仰天，叩心而怨上，故陳勝大呼天下響應。

《漢書》卷二七下《五行志下》 （秦）宮三百，復起阿房，未成而亡。一曰：牛以力爲人用，足所以行也。其後，秦大用民力轉輸，起負海至北邊，天下叛之。京房《易傳》曰：『興繇役，奪民時，厥妖牛生五足。』

又 卷五一《賈山傳》 （秦）賦斂重數，百姓任罷，赭衣半道，羣盜滿山，使天下之人戴目而視，傾耳而聽。一夫大謼，天下嚮應者，陳勝是也。秦非徒如此也，起咸陽而西至雍，離宮三百，鐘鼓帷帳，不移而具。又爲阿房之殿，殿高數十仞，東西五里，南北千步，從車羅騎，四馬騖馳，旌旗不橈。爲宮室之麗至於此，使其後世曾不得聚廬而託處焉。爲馳道於天下，東窮燕齊，南極吳楚，江湖之上，瀕海之觀畢至。道廣五十步，三丈而樹，厚築其外，隱以金椎，樹以青松。爲馳道之麗至於此，使其後世曾不得邪徑而託足焉。死葬乎驪山，吏徒數十萬人，曠日十年。唐顔師古曰：『曠，空也，廢也。言爲重役，空廢時日，積年歲也。』下徹三泉，

合采金石，冶銅錮其內，桼塗其外，被以珠玉，飾以翡翠，中成觀游，上成山林。爲葬薶之侈至於此，使其後世曾不得蓬顆蔽冢而託葬焉。秦以熊羆之力，虎狼之心，蠶食諸侯，并吞海內，而不篤禮義，故天殃已加矣。

又 卷六四上《嚴助傳》 秦之時嘗使尉屠睢擊越，又使監祿鑿渠通道。越人逃入深山林叢，不可得攻。留軍屯守空地，曠日引久，士卒勞倦，越出擊之。秦兵大破，乃發適戍以備之。當此之時，外內騷動，百姓靡敝，行者不還，往者莫反，皆不聊生，亡逃相從，羣爲盜賊，於是山東之難始興。

又 卷二四上《食貨志上》 至於始皇，遂并天下，內興功作，外攘夷狄，收泰半之賦，發閭左之戍。男子力耕不足糧饟，女子紡績不足衣服。竭天下之資財以奉其政，猶未足以澹其欲也。海內愁怨，遂用潰畔。

又 卷六四下《嚴安傳》 （始皇）欲威海外，使蒙恬將兵以北攻彊胡，辟地進境，戍於北河，飛芻輓粟以隨其後。又使尉屠睢將樓船之士攻越，使監祿鑿渠運糧，深入越地，越人遁逃。曠日持久，糧食乏絕，越人擊之，秦兵大敗。秦乃使尉佗將卒以戍越。當是時，秦禍北構於胡，南挂於越，宿兵於無用之地，進而不得退。行十餘年，丁男被甲，丁女轉輸，苦不聊生，自經於道樹，死者相望。及秦皇帝崩，天下大畔。

唐・杜佑《通典》卷四《食貨四・賦稅上》 始皇建守，罷侯，貴以自奉。提封之內，撮粟尺布，一夫之役，盡專於己。徂春歷秋，往還萬里，是所得者至寡，所苦者至大。人用無聊，海內咸怨。

元・馬端臨《文獻通考》卷一〇《戶口考一・歷代戶口丁中賦役》 戰國之時，考蘇、張之說，計秦及山東六國戎卒，尚踰五百餘萬，推人口數尚當千餘萬。秦兼諸侯，所殺三分居二，猶以餘力北築長城四十餘萬，南戍五嶺五十餘萬，阿房、驪山七十餘萬，三十年間，百姓死沒，相踵於路。

《漢書》卷七《昭帝紀》 贊曰：（昭帝）承孝武奢侈餘敝師旅之後，海內虛耗，戶口減半，（霍）光知時務之要，輕繇薄賦，與民休息。至始元、元鳳之間，匈奴和親，百姓充實。

宋・徐天麟《西漢會要》卷四七《民政・傅籍》 景帝二年，令天下男子年二十始傅。《本紀》師古曰：傅，著也，言著名籍，給公家徭役也。天麟按：高紀發關中老弱未傅者悉詣軍。如淳曰：律年二十三傅之疇官，高不滿六尺二寸以下爲疲癃，漢儀注，民年二十三爲正，一歲爲衛士，一歲爲材官騎士，習射御，馳戰陳，年五十六乃免爲庶民，就田里，則知漢初民在官三十有三年也，今景帝更爲異制，令男子年二十始傅，則在官三十有六年矣。

又《更役》 《昭紀》如淳曰：更有三品，有卒更，有踐更，有過更，古者正卒無常人，皆當迭爲之，一月一更，是爲卒更也，貧者欲得顧更錢者，次直者出錢顧之，月二千，是謂踐更也，天下人皆直戍邊三日，亦名爲更，律所謂繇戍也，雖丞相子亦在戍邊之調，不可人人自行，三日戍，又行者，當自戍三日，不可往便還，因便住一歲一更，諸不行者，出錢三百入官，官以給戍者，是爲過更也，律說卒踐更者居也，居更縣中五月乃更也，後從尉律，卒踐更一月休十一月也。《食貨志》：日月爲更卒，已復爲正，一歲屯戍，一歲力役，三十倍於古，此漢初因秦法而行之也，後遂改易，有讁乃戍邊一歲耳。

三國吳・薛瑩《後漢記・章帝紀》 贊曰：章帝以繼世承平，天下無事，敬奉神明，友于兄弟，息省徭賦，綏靜兆民，除苛法，蠲禁錮，抑有仁賢之風矣。是以陰陽協和而百姓安樂，衆瑞並集，不可勝載，考之圖籍，有徵雲雨。

《後漢書》卷五一《龐參傳》 （永初）四年，羌寇轉盛，兵費日廣，且連年不登，穀石萬餘。（龐）參奏記於鄧騭曰：『比年羌寇特困隴右，供徭賦役爲損日滋，官負人責數十億萬。今復募發百姓，調取穀帛，衒賣什物，以應吏求。外傷羌虜，內困徵賦。遂乃千里轉糧，遠給武都西郡。塗路傾阻，難勞百端，疾行則鈔暴爲害，遲進則穀食稍損，運糧散於曠野，牛馬死於山澤。縣官不足，輒貸於民。民已窮矣，將從誰求？名救金城，而實困三輔。三輔既困，還復爲金城之禍矣。參前數言宜棄西域，乃爲西州士大夫所笑。今苟貪不毛之地，營恤不使之民，暴軍伊吾之野，以慮三族之外，果破涼州，禍亂至今。夫拓境不寧，無益於強；多田不耕，何救飢敝！故善爲國者，務懷其內，不求外利；務富其民，不貪廣土。三輔山原曠遠，民庶稀疏，故縣丘城，可居者多。今宜徙邊郡不能自存者，入居諸陵，田戍故縣。孤城絕郡，以權徙之；轉運遠費，聚而近之；徭役煩數，休而息之。此善之善者也。』騭及公卿以國用不足，

欲從參議，衆多不同，乃止。

又 卷五四《楊震傳》 時詔遣使者大爲阿母脩第，中常侍樊豐及侍中周廣、謝惲等更相扇動，傾搖朝庭。（楊）震復上疏曰：『臣聞古者九年耕必有三年之儲，故堯遭洪水，人無菜色。臣伏念方今灾害發起，彌彌滋甚，百姓空虛，不能自贍。重以螟蝗，羌虜鈔掠，三邊震擾，戰鬪之役，至今未息，兵甲軍糧，不能復給。大司農帑藏匱乏，殆非社稷安寧之時。伏見詔書爲阿母興起津城門内第舍，合兩爲一，連里竟街，雕修繕飾，窮極巧伎。今盛夏土王，而攻山採石，其大匠左校别部將作合數十處，轉相迫促，爲費巨億。周廣、謝惲兄弟，與國無肺腑枝葉之屬，依倚近幸奸佞之人，與樊豐、王永等分威共權，屬託州郡，傾動大臣。宰司辟召，承望旨意，招來海内貪汙之人，受其貨賂，至有臧錮棄世之徒復得顯用。白黑溷淆，清濁同源，天下讙譁，咸曰財貨上流，爲朝結譏。臣聞師言：「上之所取，財盡則怨，力盡則叛。」怨叛之人，不可復使，故曰：「百姓不足，君誰與足？」惟陛下度之。』豐、惲等見震連切諫不從，無所顧忌，遂詐作詔書，調發司農錢穀、大匠見徒材木，各起家舍、園池、廬觀，役費無數。

適己自奉

綜　述

《史記》卷六《秦始皇本紀》 秦每破諸侯，寫放其宮室，作之咸陽北阪上，南臨渭，自雍門以東至涇、渭，殿屋複道周閣相屬。所得諸侯美人鐘鼓，以充入之。

二十七年，（始皇）作信宮渭南，已更命信宮爲極廟，象天極。自極廟道通酈山，作甘泉前殿。築甬道，自咸陽屬之。【略】

（二十八年）齊人徐市等上書，言海中有三神山，名曰蓬萊、方丈、瀛洲，僊人居之。請得齋戒，與童男女求之。於是遣徐市發童男女數千人，入海求僊人。【略】

（三十五年）始皇以爲咸陽人多，先王之宮廷小，吾聞周文王都豐，武王都鎬，豐鎬之間，帝王之都也。乃營作朝宮渭南上林苑中。先作前殿阿房，東西五百步，南北五十丈，上可以坐萬人，下可以建五丈旗。周馳爲閣道，自殿下直抵南山。表南山之巔以爲闕。爲複道，自阿房渡渭，屬之咸陽，以象天極閣道絶漢抵營室也。阿房宮未成；成，欲更擇令名名之。作宮阿房，故天下謂之阿房宮。隱宮徒刑者七十餘萬人，乃分作阿房宮，或作麗山。發北山石椁，乃寫蜀、荆地材皆至。關中計宮三百，關外四百餘。於是立石東海上朐界中，以爲秦東門。

乃令咸陽之旁二百里内宮觀二百七十複道甬道相連，帷帳鐘鼓美人充之，各案署不移徙。【略】

始皇初卽位，穿治酈山，及并天下，天下徒送詣七十餘萬人，穿三泉，下銅而致椁，宮觀百官奇器珍怪徙臧滿之。令匠作機弩矢，有所穿近者輒射之。以水銀爲百川江河大海，機相灌輸，上具天文，下具地理。以人魚膏爲燭，度不滅者久之。二世曰：『先帝後宮非有子者，出焉不宜。』皆令從死，死者甚衆。葬既已下，或言工匠爲機，臧皆知之，臧重卽泄。大事畢，已臧，閉中羨，下外羨門，盡閉工匠臧者，無復出者。樹草木以象山。【略】

（二世元年）四月，二世還至咸陽，曰：『先帝爲咸陽朝廷小，故營阿房宮爲室堂。未就，會上崩，罷其作者，復土酈山。酈山事大畢，今釋阿房宮弗就，則是章先帝舉事過也。』復作阿房宮。【略】

二世曰：『吾聞之韓子曰：「堯舜采椽不刮，茅茨不翦，飯土塯，啜土形，雖監門之養，不觳於此。禹鑿龍門，通大夏，決河亭水，放之海，身自持築臿，脛毋毛，臣虜之勞不烈於此矣。」凡所爲貴有天下者，得肆意極欲，主重明法，下不敢爲非，以制御海内矣。夫虞、夏之主，貴爲天子，親處窮苦之實，以徇百姓，尚何於法？朕尊萬乘，毋其實，吾欲造千乘之駕，萬乘之屬，充吾號名。且先帝起諸侯，兼天下，天下已定，外攘四夷以安邊竟，作宮室以章得意，而君觀先帝功業有緒。今朕卽位二年之間，羣盜並起，君不能禁，又欲罷先帝之所爲，是上毋以報先帝，次不爲朕盡忠力，何以在位？』【略】更始作阿房宮，繁刑嚴誅，吏治刻深，賞罰不當，賦斂無度，天下多事，吏弗能紀，百姓困窮而主弗收恤。

漢・劉歆《西京雜記》卷三《咸陽宮異寶》　高祖初入咸陽宮，周行庫府，金玉珍寶，不可稱言。其尤驚異者，有青玉五枝燈，高七尺五寸，作蟠螭，以口銜燈，燈燃，鱗甲皆動，煥炳若列星而盈室焉。復鑄銅人十二枚，坐皆高三尺，列在一筵上，琴筑笙竽，各有所執，皆綴花彩，儼若生人。筵下有二銅管，上口高數尺，出筵後，其一管空，一管內有繩，大如指，使一人吹空管，一人紐繩，則衆樂皆作，與眞樂不異焉。有琴長六尺，安十三絃，二十六徽，皆用七寶飾之，銘曰『璠璵之樂』。玉管長二尺三寸，二十六孔，吹之則見車馬山林，隱轔相次，吹息，亦不復見，銘曰：『昭華之琯』。有方鏡，廣四尺，高五尺九寸，表裏有明，人直來照之，影則倒見，以手捫心而來，則見腸胃五臟，歷然無硋。人有疾病在內，則掩心而照之，則知病之所在。又女子有邪心，則膽張心動。秦始皇常以照宮人，膽張心動者則殺之。

《漢書》卷一九上《百官公卿表上》　少府，秦官，掌山海池澤之稅，以給共養，漢應劭曰：『名曰禁錢，以給私養，自別爲藏。少者，小也，故稱少府。』師古曰：『大司農供軍國之用，少府以養天子也。供，音居用反。養，音弋亮反。』有六丞。

將作少府，秦官，掌治宮室，有兩丞、左右中候。

又　卷三六《楚元王傳》　秦始皇帝葬於驪山之阿，下錮三泉，上崇山墳，其高五十餘丈，周回五里有餘；石槨爲游館，人膏爲燈燭，水銀爲江海，黃金爲鳧雁，珍寶之臧，機械之變，棺槨之麗，宮館之盛，不可勝原。又多殺宮人，生薶工匠，計以萬數。天下苦其役而反之，驪山之作未成，而周章百萬之師至其下矣。項籍燔其宮室營宇，往者咸見發掘。其後牧兒亡羊，羊入其鑿，牧者持火照求羊，失火燒其臧槨。自古至今，葬未有盛如始皇者也，數年之間，外被項籍之災，內離牧豎之禍，豈不哀哉！

《後漢書》卷一〇上《皇后紀上》　秦幷天下，多自驕大，宮備七國，爵列八品。

漢・佚名《三輔黃圖・序》　始皇幷滅六國，憑藉富强，益爲驕侈，殫天下財，力以事營繕。項羽入關，燒宮闕，三月火不滅。

北魏・酈道元《水經注》卷一九《渭水下》　秦始皇大興厚葬，營建冢壙於麗戎之山，一名藍田，其陰多金，其陽多玉。始皇貪其美名，因而葬焉。斬山鑿石，下錮三泉，以銅爲槨，旁行周迴三十餘里。上畫天文星宿之象，下以水銀爲四瀆、百川、五嶽、九州，具地理之勢。宮觀百官，奇器珍寶，充滿其中。令匠作機弩，有所穿近，輒射之。以人魚膏爲燈燭，取其不滅者久之，後宮無子者，皆使殉葬甚衆。墳高五丈，周迴五里餘。作者七十萬人，積年方成。而周章百萬之師，已至其下，乃使章邯領作者以禦難，弗能禁。項羽入關，發之，以三十萬人三十日，運物不能窮。關東盜賊，銷槨取銅。牧人尋羊，燒之，火延九十日，不能滅。

後唐・馮贄《記事珠・自然簾》　徐福爲始皇作自然之簾，懸于宮門。始皇抱女珠置膝上，其簾便下，去之則簾自捲。不事鉤，故又名『不鉤』。

唐・杜佑《通典》卷四《食貨四・賦稅上》　秦孝公十二年，初爲賦。納商鞅說，開阡陌，制貢賦之法。始皇建守，罷侯，貴以自奉。提封之內，撮粟尺布，一夫之役，盡專於己。徂春歷秋，往還萬里，是所得者至寡，所苦者至大。人用無聊，海內咸怨。夫夏之貢，殷之助，周之藉，皆十而取一，蓋因地而稅。秦則不然，舍地而稅人，故地數未盈，其稅必備。是以貧者避賦役而逃逸，富者務兼幷而自若。加之以內興工作，外攘夷狄，收泰半之賦，發閭左之戍，竭天下之資財以奉其政，猶未足以贍其欲也。二世承之，不變其失，反更益之。海內愁怨，遂用潰畔。

唐・李吉甫《元和郡縣誌》卷一《關內道・京兆府》　秦慈石門，在縣東南十五里。東南有閣道，卽阿房宮之北門也。累慈石爲之，著鐵甲入者，慈石吸之不得過，羌胡以爲神。

蘭池陂，卽秦之蘭池也。在縣東二十五里。初始皇引渭水爲池，東西二百里，南北二十里，築爲蓬萊山，刻石爲鯨魚，長二百丈。

清・張澍《三秦記・始皇修建驪山陵》　長樂宮有有魚池酒池，池上有肉炙樹，秦始皇造。

始皇帝卽位，在渭南作長樂宮，橋通二宮，表河目爲秦東門，表汧目爲秦西門。

始皇表河目爲秦東門，表汧目爲秦西門，中外殿觀百四十五。

秦始皇葬驪山，起高陵五十丈，下目水銀爲泉，目明珠爲月，中多

文貝。

秦始皇上林苑中作離宫別館一百四十六所，不足目大羣臣。二世胡亥起阿房殿，東西三里，南北三百步，下可建五丈旗，在山之阿，故號阿房也。

始皇后葬用大蠶二十箔。

宋・李昉等《太平御覽》卷四四《地部九・關中蜀漢諸山・驪山》 《三輔故事》曰：始皇葬驪山，起陵高五十丈，下錮三泉，周迴七百步，以明珠爲日月，魚膏爲脂燭，金銀爲鳧雁，金蠶三十箔，四門施徼，奢侈太過。六年之間，爲項籍所發。放羊兒墜羊塚中，燃火求羊，燒其槨藏。

《史記》卷一二《孝武本紀》 （武帝）作建章宫，度爲千門萬户。前殿度高未央，其東則鳳闕，高二十餘丈。其西則唐中，數十里虎圈。其北治大池，漸臺高二十餘丈，名曰泰液池，中有蓬萊、方丈、瀛洲、壺梁，象海中神山龜魚之屬。其南有玉堂、璧門、大鳥之屬。乃立神明臺、井幹樓，度五十餘丈，輦道相屬焉。

又　卷二八《封禪書》 公孫卿（言于武帝）曰：『仙人可見，而上往常遽，以故不見。今陛下可爲觀，如緱城，置脯棗，神人宜可致也。且僊人好樓居。』於是上令長安則作蜚廉桂觀，甘泉則作益延壽觀，使卿持節設具而候神人。乃作通天莖臺，置祠具其下，將招來僊神人之屬。於是甘泉更置前殿，始廣諸宫室。

又　卷三〇《平準書》 初，大農筦鹽鐵官布多，置水衡，欲以主鹽鐵。及楊可告緡錢，上林財物衆，乃令水衡主上林。上林既充滿，益廣。是時越欲與漢用船戰逐，乃大修昆明池，列觀環之。治樓船，高十餘丈，旗幟加其上，甚壯。於是天子感之，乃作柏梁臺，高數十丈。宫室之修，由此日麗。

漢・劉歆《西京雜記》卷一《送葬田珠襦玉匣》 漢帝送死皆珠襦玉匣，匣形如鎧甲，連以金縷。武帝匣上皆鏤爲蛟、龍、鸞、鳳、龜、龍麟之象，世謂爲蛟龍玉匣。

又　《昭陽殿》 趙飛燕女弟居昭陽殿，中庭彤朱，而殿上丹漆，砌皆銅沓，黄金塗白玉階，壁帶往往爲黄金釭，含藍田璧，明珠翠羽飾之，上設九金龍，皆銜九子金鈴，五色流蘇，帶以緑文紫綬，金銀花鑷。每好風日，幡旄光影，照耀一殿，鈴鑷之聲，驚動左右。中設木畫屏風，文如蜘蛛絲，縷。玉几玉牀，白象牙簟。緑熊席，席毛長二尺餘，人眠而擁毛自蔽，望之不能見，坐則没膝。其中雜熏諸香，一坐此席，餘香百日不歇。有四玉鎮，皆達照無瑕缺。窗扉多是緑琉璃，亦皆達照，毛髮不得藏焉。椽桷皆刻作龍蛇縈繞其間，鱗甲分明，見者莫不兢慄。匠人丁緩、李菊，巧爲天下第一。締構既成，向其姊子樊延年説之，而外人稀知，莫能傳者。

又　《上林名果異樹》 初修上林苑，羣臣遠方，各獻名果異樹，亦有製爲美名，以標奇麗。

梨十：紫梨、青梨、芳梨、大谷梨、細葉梨、縹葉梨、金葉梨、瀚海梨、東王梨、紫條梨。

棗七：弱枝棗、玉門棗、棠棗、青華棗、梬棗、赤心棗、西王棗。

栗四：侯栗、榛栗、瑰栗、嶧陽栗。

桃十：秦桃、榹桃、緗核桃、金城桃、綺葉桃、紫文桃、霜桃、胡桃、櫻桃、含桃。

李十五：紫李、緑李、朱李、黄李、青綺李、青房李、同心李、車下李、含枝李、金枝李、顔淵李、羌李、燕李、蠻李、侯李。

柰三：白柰、紫柰、緑柰。

查三，蠻查、羌查、猴查。

椑三：青椑、赤葉椑、烏椑。

棠四：赤棠、白棠、青棠、沙棠。

梅七：朱梅、紫葉梅、紫華梅、紫花梅、同心梅、麗枝梅、燕梅、猴梅。

杏二：文杏、蓬萊杏。

桐三：椅桐、梧桐、荆桐。

林檎十株，枇杷十株，橙十株，安石榴一株，楟十株，白銀樹十株，黄銀樹十株，槐六百四十株，千年長生樹十株，萬年長生樹十株，扶老木十株，守宫槐十株，金明樹二十株，摇風樹十株，鳴風樹十株，琉璃樹七株，池離樹十株，離婁樹十株，楠四株，樅七株，白俞梅、杜梅桂、蜀漆樹十株，栝十株，楔四株，楓四株。

余就上林令虞淵得朝臣所上草木名二千餘種。鄰人石瓊就余求借，一皆遺棄，今以所記憶，列於篇右。

又《趙昭儀遺飛燕書》 趙飛燕爲皇后，其女弟在昭陽殿，遺飛燕書曰：『今日嘉辰，貴姊懋膺洪册，謹上襚三十五條，以陳踴躍之心：金華紫輪帽，金華紫羅面衣，織成上襦，織成下裳，五色文綬，鴛鴦襦，鴛鴦被，鴛鴦褥，金錯繡襠，七寶綦履，五色文玉環，同心七寶釵，黄金步摇，合歡圓璫，琥珀枕，龜文枕，珊瑚玦，馬瑙彄，雲母扇，孔雀扇，翠羽扇，九華扇，五明扇，雲母屏風，琉璃屏風，五層金博山香爐，迴風扇，椰葉席，同心梅，含枝李，青木香，沈水香，香螺巵，九眞雄麝香，七枝鐙。』

漢·衞宏《漢舊儀》卷下 算民，案：《後漢書·皇后紀》注引『八月初爲算賦，故曰算民』。疑此注文。年七歲以至十四歲出口錢，人二十三。二十錢，以食天子。案：『二十錢』三字從《漢書·昭帝紀》如淳注引補。《高帝紀》如淳注、《後漢書·光武紀》注引作『出口錢，人二十，以供天子』。其三錢者，武帝加口錢，以補車騎馬。案：《高帝紀》注、《光武紀》注引作『至武帝時，又口加三錢，以補車騎馬』。舊本『馬』下本有『逋稅』二字，是後人因《光武紀》注誤敍加，今刪。又令民男女年十五以上至五十六出賦錢，案：『出』字從《高帝紀》如淳注、《光武紀》注引補。人百二十爲一算，以給車馬。案：《高帝紀》如淳注引爲『治庫兵車馬』。民田租芻稾，案：『租』本作『積』，從《文選·天監三年策秀才文》注引改。以給經用，備凶年。山澤魚鹽市稅，以給私用。

漢·應劭《漢官儀》卷上 少府掌山澤陂池之稅，名曰禁錢，以給私養，自別爲藏。少者，小也，故稱少府。秩中二千石。大用由司農，小用由少府，故曰小藏。

少者，小也，小故稱少府。王者以租稅爲公用，山澤陂池之稅以供王之私用。古皆作小府。

漢·應劭《風俗通義》卷二《正失·孝文帝》 文帝雖節儉，未央前殿至奢，雕文五采，畫華榱壁璫，軒檻皆飾以黄金，其勢不可以書囊爲帷，奢儉好醜，不相副侔。

漢·荀悦《前漢紀》卷二二《孝元二》 上留射獵，御史大夫薛廣德上書言：『竊見關東困極，民人流移。陛下日日撞亡秦之鐘，聽鄭、衞之樂，馳騁干戈，縱姿於野，不卹百姓，臣誠悼之。今士卒暴露，從官勞倦，願陛下亟反宮，與天下同憂樂。』

《漢書》卷九《元帝紀》 諸陵分屬三輔。以渭城壽陵亭部原上爲初陵。

（永光四年）詔曰：『安土重遷，黎民之性；骨肉相附，人情所願也。頃者有司緣臣子之義，奏徙郡國民以奉園陵，令百姓遠棄先祖墳墓，破業失産，親戚别離，人懷思慕之心，家有不安之意。是以東垂被虚耗之害，關中有無聊之民，非久長之策也。《詩》不云乎？「民亦勞止，迄可小康，惠此中國，以綏四方。」今所爲初陵者，勿置縣邑，使天下咸安土樂業，亡有動搖之心。布告天下，令明知之。』又罷先后父母奉邑。

又 卷一〇《成帝紀》 （永始元年）秋七月，詔曰：『朕執德不固，謀不盡下，過聽將作大匠萬年言昌陵三年可成。作治五年，中陵、司馬殿門内尚未加功。天下虚耗，百姓罷勞，客土疏惡，終不可成。朕惟其難，怛然傷心。夫「過而不改，是謂過矣」。其罷昌陵，及故陵勿徙吏民，令天下毋有動搖之心。』立城陽孝王子俚爲王。【略】

（二年）十二月，詔曰：『前將作大匠萬年知昌陵卑下，不可爲萬歲居，奏請營作，建置郭邑，妄爲巧詐，積土增高，多賦斂繇役，興卒暴之作。卒徒蒙辜，死者連屬，百姓罷極，天下匱竭。常侍閎前爲大司農中丞，數奏昌陵不可成。侍中衞尉長數白宜早止，徙家反故處。朕以長言下閎章，公卿議者皆合長計。長首建至策，閎典主省大費，民以康寧。閎前賜爵關内侯，黄金百斤。其賜長爵關内侯，食邑千户，閎五百户。萬年佞邪不忠，毒流衆庶，海内怨望，至今不息，雖蒙赦令，不宜居京師。其徙萬年敦煌郡。』

又 卷一九上《百官公卿表上》 少府，秦官，掌山海池澤之稅，以給共養，漢應劭曰：『名曰禁錢，以給私養，自別爲藏。少者，小也，故稱少府。』顔師古曰：『大司農供軍國之用，少府以養天子也。共，音居用反。養，音弋亮反。』有六丞。屬官有尚書、符節、太醫、太官、湯官、導官、樂府、若盧、考工室、左弋、居室、甘泉居室、左右司空、東織、西織、東園匠十六官令丞，師古曰：『太官主膳食，湯官主餅餌，導官主擇米。若盧，如說是

也。左弋，地名。東園匠，主作陵内器物者也。』又胞人、都水、均官三長丞，師古曰：『胞人，主掌宰割者也。胞，與庖同。』又上林中十池監，又中書謁者、黄門、鉤盾、尚方、御府、永巷、内者、宦者八官令丞。師古曰：『鉤盾主近苑囿，尚方主作禁器物，御府主天子衣服也。』諸僕射、署長、中黄門皆屬焉。師古曰：『中黄門，謂奄人居禁中在黄門之内給事者也。』武帝太初元年更名考工室爲考工，左弋爲佽飛，居室爲保宫，甘泉居室爲昆臺，永巷爲掖廷。佽飛掌弋射，有九丞兩尉，太官七丞，昆臺五丞，樂府三丞，掖廷八丞，宦者七丞，鉤盾五丞兩尉。成帝建始四年更名中書謁者令爲中謁者令，初置尚書，員五人，有四丞。河平元年省東織，更名西織爲織室。綏和二年，哀帝省樂府。王莽改少府曰共工。【略】

將作少府，秦官，掌治宫室，有兩丞、左右中候。景帝中六年更名將作大匠。屬官有石庫、東園主章、左右前後中校七令丞，又主章長丞。武帝太初元年更名東園主章爲木工。成帝陽朔三年省中候及左右前後中校五丞。【略】

水衡都尉，應劭曰：『古山林之官曰衡。掌諸池苑，故稱水衡。』張晏曰：『主都水及上林苑，故曰水衡。主諸官，故曰都。有卒徒武事，故曰尉。』師古曰：『衡，平也，主平其税入。』武帝元鼎二年初置，掌上林苑，有五丞。屬官有上林、均輸、御羞、禁圃、輯濯、鍾官、技巧、六廄、辯銅九官令丞。又衡官、水司空、都水、農倉，又甘泉上林、都水七官長丞皆屬焉。上林有八丞十二尉，均輸四丞，御羞兩丞，都水三丞，禁圃兩尉，甘泉上林四丞。成帝建始二年省技巧、六廄官。王莽改水衡都尉曰予虞。初，御羞、上林、衡官及鑄錢皆屬少府。

又 卷二五上《郊祀志上》（元鼎二年春）作柏梁、銅柱、承露僊人掌之屬矣。師古曰：『《三輔故事》云：建章宫承露盤高二十丈，大七圍，以銅爲之，上有仙人掌承露，和玉屑飲之。蓋張衡《西京賦》所云「立修莖之仙掌，承雲表之清露，屑瓊蕊以朝餐，必性命之可度」也。』

又 卷二五下《郊祀志下》（元封二年）公孫卿曰：『僊人可見，上往常遽，以故不見。今陛下可爲館如緱氏城，置脯棗，神人宜可致。且僊人好樓居。』於是上令長安則作飛廉、桂館，甘泉則作益壽、延壽館，使卿持節設具而候神人。乃作通天臺，師古曰：『《漢舊儀》云：臺高三十丈，望見長安城。』置祠具其下，將招來神僊之屬。於是甘泉更置前殿，始廣諸宫室。

又 卷七〇《陳湯傳》湯與將作大匠解萬年相善。自元帝時，渭陵不復徙民起邑。成帝起初陵，數年後，樂霸陵曲亭南，更營之。萬年與湯議，以爲：『武帝時工楊光以所作數可意，自致將作大匠，及大司農、中丞耿壽昌造杜陵賜爵關内侯，將作大匠乘馬延年以勞苦秩中二千石；今作初陵而營起邑居，成大功，萬年亦當蒙重賞。子公妻家在長安，兒子生長長安，不樂東方，宜求徙，可得賜田宅，俱善。』湯心利之，即上封事言：『初陵，京師之地，最爲肥美，可立一縣。天下民不徙諸陵三十餘歲矣，關東富人益衆，多規良田，役使貧民，可徙初陵，以强京師，衰弱諸侯，又使中家以下得均貧富，湯願與妻子家屬徙初陵，爲天下先。』於是天子從其計，果起昌陵邑，後徙内郡國民。萬年自詭三年可成，後卒不就，羣臣多言其不便者。下有司議，皆曰：『昌陵因卑爲高，積土爲山，度便房猶在平地上，客土之中不保幽冥之靈，淺外不固，卒徒工庸以鉅萬數，至爇脂火夜作，取土東山，且與穀同賈。作治數年，天下徧被其勞，國家罷敝，府臧空虚，下至衆庶，熬熬苦之。故陵因天性，據眞土，處勢高敞，旁近祖考，前又已有十年功緒，宜還復故陵，勿徙民。』上乃下詔罷昌陵。

又 卷七二《龔勝傳》（龔）勝居諫官，數上書求見，言百姓貧，盜賊多，吏不良，風俗薄，灾異數見，不可不憂。制度泰奢，刑罰泰深，賦斂泰重，宜以儉約先下。

又《貢禹傳》古者宫室有制，宫女不過九人，秣馬不過八匹；牆塗而不琱，木摩而不刻，車輿器物皆不文畫，苑囿不過數十里，與民共之；賢使能，什一而税，亡它賦斂繇戍之役，使民歲不過三日，千里之内自給，千里之外各置貢職而已。師古曰：『言天子以畿内賦斂自供，千里之外令其以時入貢，不欲煩勞也。』故天下家給人足，頌聲並作。

至高祖、孝文、孝景皇帝，循古節儉，宫女不過十餘，廄馬百餘匹。孝文皇帝衣綈履革，器亡塒文，金銀之飾。後世爭爲奢侈，轉轉益甚，臣下亦相放效，衣服履絝刀劍亂於主上，主上時臨朝入廟，衆人不能別異，甚非其宜。然非自知奢僭也，猶魯昭公曰：『吾何僭矣？』

今大夫僭諸侯，諸侯僭天子，天子過天道，其日久矣。承衰救亂，矯復古化，在於陛下。臣愚以爲盡如太古難，宜少放古以自節焉。《論語》曰：『君子樂節禮樂。』方今宫室已定，亡可奈何矣，其餘盡可減損。故時齊三服官輸物不過十笥，方今齊三服官作工各數千人，一歲費數鉅萬。蜀廣漢主金銀器，歲各用五百萬。三工官官費五千萬，東西織室亦然。廄馬食粟將萬匹。臣禹嘗從之東宫，見賜杯案，盡文畫金銀飾，非當所以賜食臣下也。東宫之費亦不可勝計。天下之民所爲大飢餓死者，是也。今民大飢而死，死又不葬，爲犬豬食。人至相食，而廄馬食粟，苦其大肥，氣盛怒至，乃日步作之。王者受命於天，爲民父母，固當若此乎！天不見邪？武帝時，又多取好女至數千人，以填後宫。及棄天下，昭帝幼弱，霍光專事，不知禮正，妄多臧金錢財物，鳥獸魚鼈牛馬虎豹生禽，凡百九十物，盡瘗臧之，又皆以後宫女置於園陵，大失禮，逆天心，又未必稱武帝意也。昭帝晏駕，光復行之。至孝宣皇帝時，陛下惡有所言，羣臣亦隨故事，甚可痛也！故使天下承化，取女皆大過度，諸侯妻妾或至數百人，豪富吏民畜歌者至數十人，是以内多怨女，外多曠夫。及衆庶葬埋，皆虚地上以實地下。其過自上生，在大臣循故事之辠也。

又　卷七五《翼奉傳》　漢德隆盛，在於孝文皇帝躬行節儉，外省繇役。其時未有甘泉、建章及上林中諸離宫館也。未央宫又無高門、武臺、麒麟、鳳皇、白虎、玉堂、金華之殿，獨有前殿、曲臺、漸臺、宣室、温室、承明耳。孝文欲作一臺，度用百金，重民之財，廢而不爲，其積土基，至今猶存，又下遺詔，不起山墳。故其時天下大和，百姓洽足，德流後嗣。

又　卷八五《谷永傳》　（成帝）棄萬乘之至貴，樂家人之賤事，厭高美之尊號，好匹夫之卑字，崇聚僄輕無義小人以爲私客，數離深宫之固，挺身晨夜，與羣小相隨，烏集雜會，飲醉吏民之家，亂服共坐，流湎媟嫚，混殽無別，閔免遁樂，晝夜在路。典門户奉宿衛之臣執干戈而守空宫，公卿百僚不知陛下所在，積數年矣。

王者以民爲基，民以財爲本，財竭則下畔，下畔則上亡。是以明王愛養基本，不敢窮極，使民如承大祭。今陛下輕奪民財，不愛民力，聽邪臣之計，去高敞初陵，捐十年功緒，改作昌陵，反天地之性，因下爲高，積土爲山，發徒起邑，並治宫館，大興繇役，重增賦斂，徵發如雨，役百乾谿，費疑驪山，靡敝天下，五年不成而後反故。又廣盱營表，發人冢墓，斷截骸骨，暴揚尸柩，百姓財竭力盡，愁恨感天，灾異屢降，饑饉仍臻。流散冗食，餧死於道，以百萬數。公家無一年之畜，百姓無旬日之儲，上下俱匱，無以相救。

又　卷八七上《揚雄傳》　（成帝）將大誇胡人以多禽獸，秋，命右扶風發民入南山，西自褒斜，東至弘農，南驅漢中，張羅罔羆罘，捕熊羆、豪豬、虎豹、狖玃、狐菟、麋鹿，載以檻車，輸長楊射熊館。以罔爲周阹，縱禽獸其中，令胡人手搏之，自取其獲，上親臨觀焉。是時，農民不得收斂。雄從至射熊館，還，上《長楊賦》，聊因筆墨之成文章，故藉翰林以爲主人，子墨爲客卿以風。

（成帝）羽獵，雄從。以爲昔在二帝、三王，宫館、臺榭、沼池、苑囿、林麓、藪澤，財足以奉郊廟、御賓客、充庖廚而已，不奪百姓膏腴穀土桑柘之地。女有餘布，男有餘粟，國家殷富，上下交足，故甘露零其庭，醴泉流其唐，鳳皇巢其樹，黄龍游其沼，麒麟臻其囿，神爵棲其林。昔者禹任益虞而上下和，草木茂；成湯好田而天下用足；文王囿百里，民以爲尚小；齊宣王囿四十里，民以爲大；裕民之與奪民也。武帝廣開上林，南至宜春、鼎胡、御宿、昆吾，旁南山而西，至長楊、五柞，北繞黄山，瀕渭而東，周袤數百里，穿昆明池象滇河，營建章、鳳闕、神明、馺娑，漸臺、泰液象海水周流方丈、瀛洲、蓬萊。游觀侈靡，窮妙極麗。雖頗割其三垂以贍齊民，然至羽獵、田車、戎馬、器械、儲偫、禁禦所營，尚泰奢麗誇詡，非堯、舜、成湯、文王三驅之意也。又恐後世復修前好，不折中以泉臺，故聊因《校獵賦》以風。

《後漢書》卷一〇上《皇后紀上》　秦并天下，多自驕大，宫備七國，爵列八品。漢興，因循其號，而婦制莫釐。高祖帷薄不修，孝文衽席無辯。然而選納尚簡，飾翫少華。自武、元之後，世增淫費，至乃掖庭三千，增級十四。妖倖毁政之符，外姻亂邦之迹，前史載之詳矣。

漢・佚名《三輔黄圖・序》　漢高祖有天下，始都長安，寔曰西京，欲其子孫長安都於此也。長安本秦之鄉名，高祖作都。

至孝武皇帝，承文、景菲薄之餘，恃邦國阜繁之資，土木之役，倍秦

越舊，斤斧之聲，畚鍤之勞，歲月不息，蓋騁其邪心以誇天下也。

《晉書》卷六〇《索綝傳》　帝問綝曰：『漢陵中物何乃多邪？』綝對曰：『漢天子即位一年而爲陵，天下貢賦，三分之一供宗廟，一供賓客，一充山陵。漢武帝饗年久長，比崩而茂陵不復容物，其樹皆已可拱。赤眉取陵中物不能減半，於今猶有朽帛委積，珠玉未盡。此二陵是儉者耳，亦百世之誡也。』

清·張澍《三秦記·始皇修建驪山陵》　長樂宮中有魚池酒池，池上有肉炙樹，秦始皇造，漢武行舟於池中。酒池北起臺，天子於上觀牛飲者三千人。又曰武帝作目夸羌胡，飲目鐵盃，重不能舉，皆抵牛飲。《西征賦》云：『酒池監於商辛，追覆車而不悟。』

元·馬端臨《文獻通考》卷二三《國用考一·漢》　漢接秦之弊，民失作業，而大饑饉。天下既定，民亡蓋藏，自天子不能具醇駟。醇，不雜也，而將相或乘牛車。上於是約法省禁，輕田租，而山川園池市肆租稅之入，自天子以至封君湯沐邑，皆各有私奉養，不領於天子之經費。

武帝時，太倉之米紅腐而不可食，都内之錢貫朽而不可授，乃外事四夷，内興功利。用度不足，乃募民入奴婢得以終身復，及入羊爲郎，又令民買爵，置武功爵，見《鬻爵門》。造皮幣、白金，見《錢幣門》。置鹽、鐵，均輸官。

晉·華嶠《漢後書·靈帝紀》　靈帝於平樂觀下起大壇，上建十二重五彩華蓋，高十丈，【略】列奇兵騎士數萬人。天子住大蓋下。禮畢，天子躬擐甲，稱無上將軍，行陣三帀而還。股秘戲以示遠人。

晉·司馬彪《續漢書·靈帝紀》　（中平）二年，收天下田，畝十錢，以治宮殿。發太原、河東諸道材木，黄門常侍斷截州郡送（林）［材木］、文石，掌主史譴呼不中，退賣之，貴戚因緣賤買，十倍入官，其貴戚所入者，然後得中，宮室連年不成。州郡因增加調發，刺史、二千石遷除，皆責助治宮錢，大郡至二千萬。諸詔所徵，皆令西園騶密約敕，號曰『中使』，恐動州郡，多受財賂，天下騷動，起爲盜賊矣。

是歲，又於西園造黄金堂，以爲私藏，別司農金錢繒帛，積之於中。又還河間買田業，起第觀。上本侯家，居貧，即位常曰：『桓帝不能作官家，曾無私錢。』故爲私藏。復寄小黄門常侍家錢至數千萬。又云『張常侍是我翁，趙常侍是我母』。由是宦官專朝日盛，奢僭無度，各起第宅，擬則宮室。上嘗登永安候臺，黄門常侍惡其登高臺，見居處樓殿，乃使中大夫尚坦諫曰：『天子不當登高，登高則百姓虚。』自後遂不復登臺榭矣。

四年，又募買關内侯，假金紫，入錢五百萬。

靈帝時，講武平樂觀，建十重五彩華蓋，高十丈，復建九重華蓋，高九丈。

《後漢書》卷八《靈帝紀》　（靈帝中平二年）二月己酉，南宮大灾，火半月乃滅。癸亥，廣陽門外屋自壞。稅天下田，畝十錢。以修宮室。

是歲，造萬金堂於西園。

（光和五年）八月，起四百尺觀于阿亭道。

又　卷一〇上《皇后紀上》　光武中興，斲彫爲朴，六宮稱號，唯皇后、貴人。貴人金印紫綬，奉不過粟數十斛。又置美人、宮人、采女三等，並無爵秩，歲時賞賜充給而已。漢法常因八月筭人，遣中大夫與掖庭丞及相工，於雒陽鄉中閱視良家童女，年十三以上，二十已下，姿色端麗，合法相者，載還後宮，擇視可否，乃用登御。所以明慎聘納，詳求淑哲。明帝聿遵先旨，宮教頗修，登建嬪后，必先令德，内無出閫之言，權無私溺之授，可謂矯其敝矣。向使國設外戚之禁，編著《甲令》，改正后妃之制，貽厥方來，豈不休哉！雖御己有度，而防閑未篤，故孝章以下，漸用色授，恩隆好合，遂忘淄蠹。

舊太官湯官經用歲且二萬萬，（陰）太后敕止，日殺省珍費，自是裁數千萬。

又　卷二七《趙典傳》　（桓）帝欲廣開鴻池，典諫曰：『鴻池泛溉，已且百頃，猶復增而深之，非所以崇唐、虞之約己，遵孝文之愛人也。』

又　卷三〇下《郎顗傳》　（順帝陽嘉元年，郎顗上書曰：）自頃繕理西苑，修復太學，宮殿官府，多所構飾。昔盤庚遷殷，去奢即儉，夏后卑室，盡力致美。又魯人爲長府，閔子騫曰：『仍舊貫，何必改作？』臣愚以爲諸所繕修，事可省減，稟卹貧人，賑贍孤寡，此天之意也，人之

慶也，仁之本也，儉之要也。焉有應天養人，爲仁爲儉，而不降福者哉？

又　卷三一《陸康傳》　靈帝欲鑄銅人，而國用不足，乃詔調民田，畝斂十錢。而比水旱傷稼，百姓貧苦。

又　卷四一《鍾離意傳》　（永平三年，尚書鍾離意上書曰：）竊見北宮大作，人失農時，此所謂宮室榮也。自古非苦宮室小狹，但患人不安寧。宜且罷止，以應天心。臣意以匹夫之才，無有行能，久食重禄，擢備近臣，比受厚賜，喜懼相并，不勝愚戇征營，罪當萬死。』帝策詔報曰：『湯引六事，咎在一人。其冠履，勿謝。比上天降旱，密雲數會，朕戚然慙懼，思獲嘉應，故分布禱請，闚候風雲，北祈明堂，南設雩場。今又敕大匠止作諸宮，減省不急，庶消灾譴。』詔因謝公卿百僚，遂應時澍雨焉。

又　卷四三《何敞傳》　（何敞）以高第拜侍御史。時遂以竇憲爲車騎將軍，大發軍擊匈奴，而詔使者爲憲弟篤、景並起邸第，興造勞役，百姓愁苦。

又　卷六二《荀爽傳》　（桓帝九年）後宮采女五六千人，從官侍使復在其外。冬夏衣服，朝夕稟糧，耗費縑帛，空竭府藏，徵調增倍，十而稅一，空賦不辜之民，以供無用之女，百姓窮困於外，陰陽隔塞于內。故感動和氣，灾異屢臻。

又　卷六六《陳蕃傳》　（桓帝二年）比年收斂，十傷五六，萬人飢寒，不卿生活，而采女數千，食肉衣綺，脂油粉黛，不可貲計。鄙諺言『盜不過五女門』，以女貧家也。今後宮之女，豈不貧國乎！是以傾宮嫁而天下化，楚女悲而西宮灾。且聚而不御，必生憂悲之感，以致并隔水旱之困。

又　卷七八《宦者傳·呂强》　（靈帝）後宮彩女數千餘人，衣食之費，日數百金。比穀雖賤，而户有飢色。

（靈）帝多稸私臧，收天下之珍，每郡國貢獻，先輸中署，名爲『導行費』。中署，內署也。導，引也。貢獻外別有所入，以爲所獻希之導引也。

又　《張讓趙忠傳》　（靈帝時）南宮灾。（張）讓、（趙）忠等説帝令斂天下田畝稅十錢，以修宮室，發太原、河東、狄道諸郡材木及文石，每州郡部送至京師，黄門常侍輒令譴呵不中者，因强折賤買，十分雇一，因復貨之於宦官，復不爲即受，材木遂至腐積，宮室連年不成。刺史、太守復增私調，百姓呼嗟。凡詔所徵求，皆令西園騶密約敕，號曰『中使』，恐動州郡，多受賕賂。刺史、二千石及茂才孝廉遷除，皆責助軍修宮錢，大郡至二三千萬，餘各有差。當之官者，皆先至西園諧價，然後得去。有錢不畢者，或至自殺。其守清者，乞不之官，皆迫遣之。

時鉅鹿太守河內司馬直新除，以有清名，減責三百萬。直被詔，悵然曰：『爲民父母，而反割剝百姓，以稱時求，吾不忍也。』辭疾，不聽。行至孟津，上書極陳當世之失，古今禍敗之戒，即吞藥自殺。書奏，帝爲暫絶修宮錢。

又造萬金堂於西園，引司農金錢繒帛，仞積其中。又還河間買田宅，起第觀。帝本侯家，宿貧，每歎桓帝不能作家居，故聚爲私臧，復臧寄小黄門常侍錢各數千萬。

又　卷七九上《儒林傳》　順帝感翟酺之言，乃更修黌宇，凡所造構二百四十房，千八百五十室。

又　《百官志四》　將作大匠一人，二千石。本注曰：承秦，曰將作少府，景帝改爲將作大匠。掌修作宗廟、路寢、宮室、陵園木土之功，并樹桐梓之類列於道側。丞一人，六百石。

左校令一人，六百石。本注曰：掌左工徒。丞一人。

右校令一人，六百石，本注曰：掌右工徒，丞一人。

晉·袁宏《後漢紀》卷一一《章帝紀》　（建初五年）是時承平久，宮室臺榭漸爲壯麗，扶風梁鴻作《五噫歌》曰：『陟彼北邙兮，噫！覽觀帝京兮，噫！宮室崔嵬兮，噫！民之劬勞兮，噫！尞尞未央兮，噫！』上聞而非之求索不得。

元·馬端臨《文獻通考》卷二三《國用考一·東漢》　東漢大司農掌諸錢穀金帛諸貨幣，四時上月旦見錢穀簿，其逋未了，各具別之。

中常侍張讓、趙忠説帝斂天下田畮稅十錢，以修宮室。又令西園騶分道督趣，恐動州郡，多受賕賂。刺史、二千石及茂才、孝廉遷除，皆責助軍、修宮錢，大郡至二三十萬，餘各有差。當之官者，皆先至西園諧價，然後得去，其守清者乞不之官，皆迫遣之。時鉅鹿太守司馬直新除，以有

清名，減責三百萬。直被詔，悵然曰：『爲民父母，而反割剝百姓，以稱時求，吾不忍也。』辭疾，不聽。行至孟津，上書極諫當世之失，卽吞藥自殺。書奏，帝爲暫絕修宫錢。又造萬金堂於西園，引司農金錢繒帛，仞積其中。又還河間買田宅，起第觀。帝本侯家，宿貧，每歎桓帝不能作家居，故聚爲私藏，復藏寄小黄門、常侍錢各數千萬。

帝多蓄私藏，收天下之珍，每郡國貢獻，先輸中府，名爲『導行費』。中府，内府也。導，引也，貢獻外别有所入，以爲所獻希之引導也。

呂强上疏諫曰：『天下之財，莫不生之陰陽，歸之陛下。歸之陛下，豈有公私？而尚方斂諸郡之寶，中御府積天下之繒，西園引司農之藏，中廄聚太僕之馬，而所輸之府，輒有導行之財。調廣民困，費多獻少，姦吏因其利，百姓受其弊。』書奏不省。

論　説

《史記》卷八七《李斯列傳》　李斯拘執束縛，居囹圄中，仰天而歎曰：『凡古聖王，飲食有節，車器有數，宫室有度，出令造事，加費而無益於民利者禁，故能長久治安。今行逆於昆弟，不顧其咎；侵殺忠臣，不思其殃；大爲宫室，厚賦天下，不愛其費：三者已行，天下不聽。今反者已有天下之半矣，而心尚未寤也，而以趙高爲佐，吾必見寇至咸陽，麋鹿游於朝也。』

《漢書》卷五一《賈山傳》　周蓋千八百國，以九州之民養千八百國之君，用民之力不過歲三日，什一而籍，君有餘財，民有餘力，而頌聲作。秦皇帝以千八百國之民自養，力罷而不能勝其役，財盡而不能勝其求。一君之身耳，所以自養者馳騁弋獵之娱，天下弗能供也。

又　卷八五《谷永傳》　秦所以二世十六年而亡者，養生泰奢，奉終泰厚也。

元·馬端臨《文獻通考·自序》　秦始以宇内自私，一人獨運於其上，而守宰之任驟更數易，視其地如傳舍，而閭里之情僞，雖賢且智者不能周知也。守宰之遷除，其歲月有限，而田土之還受，其姦敝無窮，故秦漢以來，官不復可授田，遂爲庶人之私有，亦其勢然也。

《漢書》卷三六《楚元王傳》　營起昌陵，數年不成，復還歸延陵，制度泰奢。（劉）向上疏諫曰：

臣聞《易》曰：『安不忘危，存不忘亡，是以身安而國家可保也。』故賢聖之君，博觀終始，窮極事情，而是非分明。王者必通三統，明天命所授者博，非獨一姓也。孔子論《詩》，至於『殷士膚敏，祼將于京』，喟然歎曰：『大哉天命！』善不可不傳于子孫，是以富貴無常；不如是，則王公其何以戒慎，民萌何以勸勉？』蓋傷微子之事周，而痛殷之亡也。雖有堯、舜之聖，不能化丹朱之子；雖有禹、湯之德，不能訓末孫之桀、紂。自古及今，未有不亡之國也。昔高皇帝既滅秦，將都雒陽，感寤劉敬之言，自以德不及周，而賢於秦，遂徙都關中，依周之德，因秦之阻。世之長短，以德爲效，故常戰栗，不敢諱亡。孔子所謂『富貴無常』，蓋謂此也。

孝文皇帝居霸陵，北臨廁，意悽愴悲懷，顧謂羣臣曰：『嗟乎！以北山石爲椁，用紵絮斮陳漆其間，豈可動哉！』張釋之進曰：『使其中有可欲，雖錮南山猶有隙；使其中無可欲，雖無石椁，又何慼焉？』夫死者無終極，而國家有廢興，故釋之之言，爲無窮計也。孝文寤焉，遂薄葬，不起山墳。

《易》曰：『古之葬者，厚衣之以薪，臧之中野，不封不樹。後世聖人易之以棺椁。』棺椁之作，自黄帝始。黄帝葬於橋山，堯葬濟陰，丘壠皆小，葬具甚微。舜葬蒼梧，二妃不從。禹葬會稽，不改其列。殷湯無葬處。文、武、周公葬於畢，秦穆公葬於雍橐泉宫祈年館下，樗里子葬於武庫，皆無丘隴之處。此聖帝明王賢君智士遠覽獨慮無窮之計也。其賢臣孝子亦承命順意而薄葬之，此誠奉安君父，忠孝之至也。

夫周公，武王弟也，葬兄甚微。孔子葬母於防，稱古墓而不墳，曰：『丘，東西南北之人也，不可不識也。』爲四尺墳，遇雨而崩。弟子修之，以告孔子，孔子流涕曰：『吾聞之，古者不修墓。』蓋非之也。延陵季子適齊而反，其子死，葬於嬴、博之間，穿不及泉，斂以時服，封墳掩坎，其高可隱，而號曰：『骨肉歸復於土，命也，魂氣則無不之也。』夫嬴、博去吴千有餘里，季子不歸葬。孔子往觀曰：『延陵季子於禮合矣。』故仲尼孝子，而延陵慈父，舜、禹忠臣，周公弟弟，其葬君親骨肉，皆微薄

矣；非苟爲儉，誠便於體也。宋桓司馬爲石槨，仲尼曰『不如速朽。』秦相呂不韋集知略之士而造《春秋》，亦言薄葬之義，皆明於事情者也。逮至吳王闔閭，違禮厚葬，十有餘年，越人發之。及秦惠文、武、昭、孝文、嚴襄五王，皆大作丘隴，多其瘞臧，咸盡發掘暴露，甚足悲也。秦始皇帝葬於驪山之阿，下錮三泉，上崇山墳，其高五十餘丈，周回五里有餘；石槨爲游館，人膏爲燈燭，水銀爲江海，黄金爲鳧雁。珍寶之臧，機械之變，棺槨之麗，宮館之盛，不可勝原。又多殺官人，生薶工匠，計以萬數。天下苦其役而反之，驪山之作未成，而周章百萬之師至其下矣。項籍燔其宮室營宇，往者咸見發掘。其後牧兒亡羊，羊入其鑿，牧者持火照求羊，失火燒其臧槨。自古至今，葬未有盛如始皇者也，數年之間，外被項籍之災，內離牧豎之禍，豈不哀哉！

是故德彌厚者葬彌薄，知愈深者葬愈微。無德寡知，其葬愈厚，丘隴彌高，宮廟甚麗，發掘必速。由是觀之，明暗之效，葬之吉凶，昭然可見矣。周德既衰而奢侈，宣王賢而中興，更爲儉宮室，小寢廟。詩人美之，《斯干》之詩是也，上章道宮室之如制，下章言子孫之衆多也。及魯嚴公刻飾宗廟，多築臺囿，後嗣再絕，《春秋》刺焉。周宣如彼而昌，魯、秦如此而絕，是則奢儉之得失也。

陛下即位，躬親節儉，始營初陵，其制約小，天下莫不稱賢明。及徙昌陵，增埤爲高，積土爲山，發民墳墓，積以萬數，營起邑居，期日迫卒，功費大萬百餘。死者恨於下，生者愁於上，怨氣感動陰陽，因之以饑饉，物故流離以十萬數，臣甚惑焉。以死者爲有知，發人之墓，其害多矣；若其無知，又安用大？謀之賢知則不説，以示衆庶則苦之；若苟以説愚夫淫侈之人，又何爲哉！陛下仁慈篤美甚厚，聰明疏達蓋世，宜弘漢家之德，崇劉氏之美，光昭五帝、三王，而顧與暴秦亂君競爲奢侈，比方丘隴，説愚夫之目，隆一時之觀，違賢知之心，亡萬世之安，臣竊爲陛下羞之。唯陛下上覽明聖黄帝、堯、舜、禹、湯、文、武、周公、仲尼之制，下觀賢知穆公、延陵、樗里、張釋之之意。孝文皇帝去墳薄葬，以儉安神，可以爲則；秦昭、始皇增山厚臧，以侈生害，足以爲戒。初陵之橅，宜從公卿大臣之議，以息衆庶。

書奏，上甚感向言，而不能從其計。

又 卷六五《東方朔傳》 建元三年，微行始出，北至池陽，西至黄山，南獵長楊，東游宜春。微行常用飲酎已。八九月中，與侍中常侍武騎及待詔隴西北地良家子能騎射者期諸殿門，故有『期門』之號自此始。微行以夜漏下十刻乃出，常稱平陽侯。旦明，入山下馳射鹿豕狐兔，手格熊羆，馳騖禾稼稻秔之地。民皆號呼罵詈，相聚會，自言鄠杜令。令往，欲謁平陽侯，諸騎欲擊鞭之。令大怒，使吏呵止，獵者數騎見留，乃示以乘輿物，久之乃得去。時夜出夕還，後齎五日糧，會朝長信宮，上大驩樂之。是後，南山下乃知微行數出也，然尚迫於太后，未敢遠出。丞相御史知指，乃使右輔都尉徼循長楊以東，右內史發小民共待會所。後乃私置更衣，從宣曲以南十二所，中休更衣，投宿諸宮，長楊、五柞、倍陽、宣曲尤幸。於是上以爲道遠勞苦，又爲百姓所患，乃使太中大夫吾丘壽王與待詔能用算者二人，舉籍阿城以南，盩厔以東，宜春以西，提封頃畝，及其賈直，欲除以爲上林苑，屬之南山。又詔中尉、左右內史表屬縣草田，欲以償鄠杜之民。吾丘壽王奏事，上大説稱善。時朔在傍，進諫曰：

臣聞謙遜靜愨，天表之應，應之以福；驕溢靡麗，天表之應，應之以異。今陛下累郎臺，恐其不高也；弋獵之處，恐其不廣也。如天不爲變，則三輔之地盡可以爲苑，何必盩厔、鄠、杜乎！奢侈越制，天爲之變，上林雖小，臣尚以爲大也。

夫南山，天下之阻也，南有江、淮，北有河、渭，其地從汧、隴以東，商、雒以西，厥壤肥饒。漢興，去三河之地，止霸、產以西，都涇、渭之南，此所謂天下陸海之地，秦之所以虜西戎兼山東者也。其山出玉石，金、銀、銅、鐵，豫章、檀、柘，異類之物，不可勝原，此百工所取給，萬民所卬足也。又有秔稻、梨、栗、桑、麻、竹箭之饒，土宜薑芋，水多䵷魚，貧者得以人給家足，無飢寒之憂。故酆、鎬之間號爲土膏，其賈畝一金。今規以爲苑，絕陂池水澤之利，而取民膏腴之地，上乏國家之用，下奪農桑之業，棄成功，就敗事，損耗五穀，是其不可一也。且盛荆棘之林，而長養麋鹿，廣狐兔之苑，大虎狼之虛，又壞人冢墓，發人室廬，令幼弱懷土而思，耆老泣涕而悲，是其不可二也。斥而營之，垣而囿之，騎馳東西，車騖南北，又有深溝大渠，夫一日之樂不足以危無隄之輿，是其不可三也。故務苑囿之大，不恤農時，非所以强國富人也。

夫殷作九市之宮而諸侯畔，靈王起章華之臺而楚民散，秦興阿房之殿而天下亂。糞土愚臣，忘生觸死，逆盛意，犯隆指，罪當萬死，不勝大願，願陳《泰階六符》，以觀天變，不可不省。

是日因奏《泰階》之事，上乃拜朔爲太中大夫給事中，賜黄金百斤。然遂起上林苑，如壽王所奏云。

元・馬端臨《文獻通考》卷二三《國用考一・漢》　西漢財用之司凡三所：大司農官庫，少府、水衡二者天子之私藏。故桑弘羊言『山海天地之藏，宜屬少府，陛下勿私，以屬大農』，毋將隆言『大司農錢自乘輿不以給供養供養，勞賜一出少府』。蓋不以本藏給末用，不以民力供浮費，别公私，示正路也。又宣帝本始二年，以水衡錢爲平陵民起第宅。應劭注：『縣官公作當仰司農，今出水衡錢，宣帝即位爲異政也。』

藝文

《全漢賦・揚雄〈羽獵賦〉》　（孝成帝）時羽獵，雄從。以爲昔在二帝、三王，宫館臺榭沼池苑囿，林麓藪澤，財足以奉郊廟，御賓客，充庖廚而已，不奪百姓膏腴穀土，桑柘之地。女有餘布，男有餘粟，國家殷富，上下交足，故甘露零其庭，醴泉流其唐，鳳皇巢其樹，黄龍游其沼，麒麟臻其囿，神爵棲其林。昔者禹任益、虞而上下和，草木茂；成湯好田，而天下用足；文王囿百里，民以爲尚小；齊宣王囿四十里，民以爲大：裕民之與奪民也。武帝廣開上林，南至宜春、鼎胡、御宿、昆吾，旁南山而西，至長楊、五柞，北繞黄山，瀕渭而東，周袤數百里。穿昆明池象滇河，營建章、鳳闕、神明、馺娑，漸臺、泰液象海水，周流方丈、瀛洲、蓬萊。游觀侈靡，窮妙極麗。雖頗割其三垂，以贍齊民，然至羽獵、田車、戎馬、器械、儲偫、禁禦所營，尚泰奢，麗誇詡，非堯、舜、成湯、文王三驅之意也。又恐後世復修前好，不折中以泉臺，故聊因《校獵賦》以風，其辭曰：

或稱戲農，豈或帝王之彌文哉？論者云否，各亦並時而得宜，奚必同條而共貫？則泰山之封，焉得七十而有二儀？是以創業垂統者，俱不見其爽，遐邇五三，孰知其是非？遂作頌曰：麗哉神聖，處於玄宮。富既與地乎侔訾，貴正與天乎比崇。齊桓曾不足使扶轂，楚嚴未足以爲驂乘；陋三王之阸薜，嶠高舉而大興；歷五帝之寥廓，涉三皇之登閎；建道德以爲師，友仁義與爲朋。於是玄冬季月，天地隆烈，萬物權輿於内，徂落於外，帝將惟田于靈之囿，開北垠，受不周之制，以終始顓頊、玄冥之統。乃詔虞人典澤，東延昆鄰，西馳閶闔，儲積共偫，戍卒夾道，斬叢棘，夷野草，御自汧、渭，經營酆、鎬，章皇周流，出入日月，天與地沓。爾乃虎路三嵏以爲司馬，圍經百里而爲殿門。外則正南極海，邪界虞淵，鴻蒙沆茫，揭以崇山。營合圍會，然後先置乎白楊之南，昆明靈沼之東。賁育之倫，蒙盾負羽，杖鏌邪而羅者以萬計。其餘荷垂天之畢，張竟壄之罘。靡日月之朱竿，曳彗星之飛旗。青雲爲紛，紅蜺爲繯，屬之乎昆侖之虚，涣若天星之羅，浩如濤水之波，淫淫與與，前後要遮。欃槍爲闉，明月爲候，熒惑司命，天弧發射，鮮扁陸離，駢衍佖路。徽車輕武，鴻絧緁獵，殷殷軫軫，被陵緣阪，窮冥極遠者，相與列乎高原之上；羽騎營營，昈分殊事，繽紛往來，轠轤不絶，若光若滅者，布乎青林之下。

於是天子乃以陽鼂始出乎玄宫，撞鴻御，建九旒，六白虎，載靈輿，蚩尤並轂，蒙公先驅。立歷天之旂，曳捎星之旃，辟列缺，吐火施鞭。萃從允溶，淋離廓落，戲八鎮而開關；飛廉、雲師，吸嚊潚率，鱗羅布列，攢以龍翰。秋秋蹌蹌，入西園，切神光；望平樂，徑竹林，蹂蕙圃，踐蘭唐。舉烽烈火，轡者施技，方馳千駟，校騎萬師，虓虎之陳，從横膠輵，猋泣雷厲，驞駍駖磕，洶洶旭旭，天動地岋。羨漫半散，蕭條數千萬里外。

若夫壯士忼慨，殊鄉别趣，東西南北，騁耆奔欲。拕蒼豨，跋犀犛，蹶浮麋。斮巨狿，搏玄猿，騰空虚，距連卷。踔夭蟜，娭澗門，莫莫紛紛，山谷爲之風猋，林叢爲之生塵。及至獲夷之徒，蹶松柏，掌疾黎，獵蒙蘢，轔輕飛；履般首，帶修蛇，鉤赤豹，摼象犀；跇巒阬，超唐陂。車騎雲會，登降闇藹，泰華爲旒，熊耳爲綴。木僕山還，漫若天外，儲與乎大浦，聊浪乎宇内。

於是天清日晏，逢蒙列眥，羿氏控弦。皇車幽輵，光純天地，望舒彌轡，翼乎徐至於上蘭。移圍徙陳，浸淫蹵部，曲隊堅重，各按行伍。壁壘天旋，神抶電擊，逢之則碎，近之則破。鳥不及飛，獸不得過。軍驚師

駭，刮野掃地。及至罕車飛揚，武騎聿皇；蹈飛豹，絹嘄陽；追天寶，出一方；應駍聲，擊流光。壄盡山窮。囊括其雌雄，沈沈容容，遥噱乎紭中。三軍芒然，窮冗閼與，亶觀夫票禽之紲隃，犀兕之抵觸，熊羆之獲，虎豹之淩遽，徒角搶題注，蹶竦讋怖，魂亡魄失，觸輻關脰。妄發期中，進退履獲。創淫輪夷，丘累陵聚。

於是禽殫中衰，相與集於靖冥之館，以臨珍池。灌以岐梁，溢以江河，東瞰目盡，西暢亡崖，隨珠和氏，焯爍其陂。玉石嶜崟，眩耀青熒。漢女水潛，怪物暗冥，不可殫形。玄鸞孔雀，翡翠乘榮。王雎關關，鴻雁嚶嚶。羣娱乎其中，噍噍昆鳴；鳧鷖振鷺，上下砰磕，聲若雷霆。乃使文身之技，水格鱗蟲，淩堅冰，犯嚴淵，探巖排碕，薄索蛟螭，蹈獱獺，據黿鼉，抾靈蠵，入洞穴，出蒼梧，乘鉅鱗，騎京魚。浮彭蠡，目有虞。方椎夜光之流離，剖明月之珠胎，鞭雒水之虙妃，餉屈原與彭胥。

於兹乎鴻生鉅儒，俄軒冕，雜衣裳，修唐典，匡《雅》、《頌》，揖讓於前。昭光振耀，蠁曶如神。仁聲惠於北狄，武誼動於南鄰。是以旃裘之王，胡貉之長，移珍來享，抗手稱臣。前入圍口，後陳盧山。羣公常伯、陽朱、墨翟之徒，喟然並稱曰：『崇哉乎德，雖有唐、虞、大夏、成周之隆，何以侈兹！夫古之觀東嶽，禪梁基，舍此世也，其誰與哉？』

上猶謙讓而未俞也，方將上獵三靈之流，下決醴泉之滋，發黃龍之穴，窺鳳皇之巢，臨麒麟之囿，幸神雀之林，奢雲夢，侈孟諸，非章華，是靈臺，罕徂離宮而輟觀游，土事不飾，木功不彫，承民乎農桑，勸之以弗迨，儕男女，使莫違，恐貧窮者不偏被洋溢之饒，開禁苑，散公儲，創道德之囿，弘仁惠之虞，馳弋乎神明之囿，覽觀乎羣臣之有亡；放雉兔，收罝罘，麋鹿芻蕘，與百姓共之，蓋所以臻兹也。於是醇洪鬯之德，豐茂世之規，加勞三皇，勖勤五帝，不亦至乎！乃祇莊雍穆之徒，立君臣之節，崇賢聖之業，未皇苑囿之麗，游獵之靡也，因回軫還衡，背阿房，反未央。

又　《**長揚賦並序**》　明年，上將大誇胡人以多禽獸。秋，命右扶風發民入南山。西自褒斜，東至弘農，南敺漢中，張羅罔罝罘，捕熊羆豪豬，虎豹、狖玃、狐兔、麋鹿，載以檻車，輸長楊射熊館。以罔爲周阹，縱禽獸其中，令胡人手搏之，自取其獲，上親臨觀焉。是時，農民不得收斂。雄從至射熊館，還，上《長楊賦》。聊因筆墨之成文章，故藉翰林以爲主人，子墨爲客卿以風。其辭曰：

子墨客卿問於翰林主人曰：『蓋聞聖主之養民也，仁霑而恩洽，動不爲身。今年獵長楊，先命右扶風，左太華而右褒斜，椓巀薛而爲弋，紆南山以爲罝，羅千乘於林莽，列萬騎於山隅，帥軍踤阹，錫戎獲胡。搤熊羆，拕豪豬，木雍槍纍，以爲儲胥，此天下之窮覽極觀也。雖然，亦頗擾于農民。三旬有餘，其廑至矣，而功不圖，恐不識者，外之則以爲娱樂之遊，內之則不以爲乾豆之事，豈爲民乎哉！且人君以玄默爲神，淡泊爲德，今樂遠出以露威靈，數摇動以罷車甲，本非人主之急務也，蒙竊或焉。』

翰林主人曰：『吁，謂之兹邪！若客，所謂知其一未睹其二，見其外不識其內者也。僕嘗倦談，不能一二其詳，請略舉凡，而客自覽其切焉。』

客曰：『唯，唯。』

主人曰：『昔有强秦，封豕其士，窫窳其民，鑿齒之徒相與摩牙而爭之，豪俊麋沸雲擾，羣黎爲之不康。於是上帝眷顧高祖，高祖奉命，順斗極，運天關，横鉅海，票昆侖，提劍而叱之，所麾城摲邑，下將降旗，一日之戰，不可殫記。當此之勤，頭蓬不暇疏，飢不及餐，鞮鍪生蟣蝨，介胄被霑汗，以爲萬姓請命乎皇天。乃展民之所詘，振民之所乏，規億載，恢帝業，七年之間而天下密如也。

『逮至聖文，隨風乘流，方垂意於至寧，躬服節儉，綈衣不敝，革鞜不穿，大夏不居，木器無文。於是後宮賤瑇瑁而疏珠璣，卻翡翠之飾，除彫瑑之巧，惡麗靡而不近，斥芬芳而不御，抑止絲竹晏衍之樂，憎聞鄭、衛幼眇之聲，是以玉衡正而太階平也。

『其後熏鬻作虐，東夷横畔，羌戎睚眦，閩越相亂，遐萌爲之不安，中國蒙被其難。於是聖武勃怒，爰整其旅，乃命票、衛，汾沄沸渭，雲合電發，猋騰波流，機駭蠭軼，疾如奔星，擊如震霆，砰轒輼，破穹廬，破沙幕，髓余吾。遂獵乎王廷。敺橐它，燒熐蠡，分梨單于，磔裂屬國，夷阬谷，拔鹵莽，刊山石，蹂屍輿廝，係累老弱，兗鋋瘢耆、金鏃淫夷者數十萬人，皆稽顙樹頷，扶服蛾伏，二十餘年矣，尚不敢惕息。夫天兵四

臨，幽都先加，回戈邪指，南越相夷，靡節西征，羌僰東馳。是以遐方疏俗殊鄰絶黨之域，自上仁所不化，茂德所不綏，莫不蹻足抗手，請獻厥珍，使海內澹然，永亡邊城之災，金革之患。

『今朝廷純仁，遵道顯義，并包書林，聖風雲靡；英華沈浮，洋溢八區，普天所覆，莫不沾濡；士有不談王道者，則樵夫笑之。故意者以爲事罔隆而不殺，物靡盛而不虧，故平不肆險，安不忘危。乃時以有年出兵，整輿竦戎，振師五莋，習馬長楊，簡力狡獸，校武票禽。乃萃然登南山，瞰烏弋，西厭月蜡，東震日域。又恐後世迷於一時之事，常以此爲國家之大務，淫荒田獵，陵夷而不御也，是以車不安軔，日未靡旃，從者仿佛，骫屬而還；亦所以奉太宗之烈，遵文、武之度，復三王之田，反五帝之虞；使農不輟耰，工不下機，婚姻以時，男女莫違；出愷弟，行簡易，矜劬勞，休力役；見百年，存孤弱，帥與之，同苦樂。然後陳鐘鼓之樂，鳴鞀磬之和，建碣磍之，拮隔鳴球，掉八列之舞；酌允鑠，肴樂胥，聽廟中之雍雍，受神人之福祜；歌投《頌》，吹合《雅》。其勤若此，故真神之所勞也。方將俟元符，以禪梁甫之基，增泰山之高，延光于將來，比榮乎往號，豈徒欲淫覽浮觀，馳騁秔稻之地，周流梨栗之林，蹂踐芻蕘，誇詡衆庶，盛狖玃之收，多麋鹿之獲哉！且盲不見咫尺，而離婁燭千里之隅；客徒愛胡人之獲我禽獸，曾不知我亦已獲其王侯。』

言未卒，墨客降席，再拜稽首曰：『大哉體乎！允非小子之所能及也。乃今日發矇，廓然已昭矣！』

又《解嘲》 哀帝時，丁、傅、董賢用事，諸附離之者，或起家至二千石。時，雄方草《太玄》，有以自守，泊如也。或嘲雄以玄尚白，而雄解之，號曰《解嘲》。其辭曰：

客嘲揚子曰：『吾聞上世之士，人綱人紀，不生則已，生則上尊人君，下榮父母。析人之圭，儋人之爵，懷人之符，分人之祿，紆青拕紫，朱丹其轂。今子幸得遭明盛之世，處不諱之朝，與羣賢同行，歷金門上玉堂有日矣，曾不能畫一奇，出一策，上説人主，下談公卿。目如耀星，舌如電光，壹從壹衡，論者莫當，顧而作《太玄》五千文，支葉扶疏，獨説十餘萬言，深者入黄泉，高者出蒼天，大者含元氣，纖者入無倫，然而位不過侍郎，擢才給事黄門。意者玄得毋尚白乎？何爲官之拓落也？』

揚子笑而應之曰：『客徒欲朱丹吾轂，不知一跌將赤吾之族也！往者周罔解結，羣鹿爭逸，離爲十二，合爲六七，四分五剖，並爲戰國。士無常君，國亡定臣，得士者富，失士者貧，矯翼厲翮，恣意所存，考士或自盛以橐，或鑿壞以遁。是故騶衍以頡亢而取世資，孟軻雖連蹇，猶爲萬乘師。

『今大漢左東海，右渠搜，前番禺，後陶塗。東南一尉，西北一候。徽以糾墨，製以質鈇，散以禮樂，風以《詩》、《書》，曠以歲月，結以倚廬。天下之士，雷動雲合，魚鱗雜襲，咸營于八區，家家自以爲稷、契，人人自以爲咎繇，戴縰垂纓而談者皆擬於阿衡，五尺童子，羞比晏嬰與夷吾，當塗者入青雲，失路者委溝渠，旦握權則爲卿相，夕失勢則爲匹夫；譬若江湖之雀，勃解之鳥，乘雁集不爲之多，雙鳧飛不爲之少。昔三仁去而殷虚，二老歸而周熾，子胥死而吳亡，種、蠡存而粤伯，五羖入而秦喜，樂毅出而燕懼，范雎以折摺而危穰侯，蔡澤雖噤吟而笑唐舉。故當其有事也，非蕭、曹、子房、平、勃、樊、霍則不能安；當其亡事也，章句之徒，相與坐而守之，亦亡所患。故世亂，則聖哲馳騖而不足；世治，則庸夫高枕而有餘。

『夫上世之士，或解縛而相，或釋褐而傅；或倚夷門而笑，或横江潭而漁；或七十説而不遇，或立談間而封侯；或枉千乘於陋巷，或擁彗而先驅。是以士頗得信其舌而奮其筆，窒隙蹈瑕而無所詘也。當今縣令不請士，郡守不迎師，羣卿不揖客，將相不俛眉；言奇者見疑，行殊者得辟，是以欲談者宛舌而固聲，欲行者擬足而投迹。鄉使上世之士處乎今，策非甲科，行非孝廉，舉非方正，獨可抗疏，時道是非，高得待詔，下觸聞罷，又安得青紫？

『且吾聞之，炎炎者滅，隆隆者絶；觀雷觀火，爲盈爲實，天收其聲，地藏其熱。高明之家，鬼瞰其室。攫拏者亡，默默者存；位極者宗危，自守者身全。是故知玄知默，守道之極；爰清爰静，游神之廷；惟寂惟莫，守德之宅。世異事變，人道不殊，彼我易時，未知何如。今子乃以鴟梟而笑鳳皇，執蝘蜓而嘲龜龍，不亦病乎！子徒笑我玄之尚白，吾亦笑子之病甚，不遭臾跗、扁鵲，悲夫！』

客曰：『然則靡《玄》無所成名乎？范、蔡以下何必《玄》哉？』

揚子曰：『范雎，魏之亡命也，折脅拉髂，免於徽索，翕肩蹈背，扶服入橐，激卬萬乘之主，界涇陽抵穰侯而代之，當也。蔡澤，山東之匹夫也，顉頤折頞，涕涶流沫，西揖强秦之相，搤其咽，炕其氣，附其背而奪其位，時也。天下已定，金革已平，都於雒陽，婁敬委輅脱輓，掉三寸之舌，建不拔之策，舉中國徙之長安，適也。五帝垂典，三王傳禮，百世不易，叔孫通起於枹鼓之間，解甲投戈，遂作君臣之儀，得也。《甫刑》靡敝，秦法酷烈，聖漢權制，而蕭何造律，宜也。故有造蕭何律於唐、虞之世，則誖矣；有作叔孫通儀於夏、殷之時，則惑矣；有建婁敬之策於成周之世，則繆矣；有談范、蔡之説於金、張、許、史之間，則狂矣。夫蕭規曹隨，留侯畫策，陳平出奇，功若泰山，響若阺隤，唯其人之贍知哉，亦會其時之可爲也。故爲可爲於可爲之時，則從；爲不可爲於不可爲之時，則凶。夫藺先生收功於章臺，四皓采榮於南山，公孫創業於金馬，票騎發迹於祁連，司馬長卿竊訾於卓氏，東方朔割炙於細君。僕誠不能與此數公者，故默然獨守吾《太玄》。』

雜録

《漢書》卷八七下《揚雄傳》 雄以爲賦者，將以風也，必推類而言，極麗靡之辭，閎侈鉅衍，競於使人不能加也，既乃歸之於正，然覽者已過矣。往時武帝好神仙，相如上《大人賦》，欲以風，帝反縹縹有陵雲之志。繇是言之，賦勸而不止，明矣。又頗似俳優淳于髡、優孟之徒，非法度所存，賢人君子詩賦之正也，於是輟不復爲。而大潭思渾天，參摹而四分之，極於八十一。旁則三摹九據，極之七百二十九贊，亦自然之道也。故觀《易》者，見其卦而名之；觀《玄》者，數其畫而定之。《玄》首四重者，非卦也，數也。其用自天元推一晝一夜陰陽數度律曆之紀，九九大運，與天終始。故《玄》三方、九州、二十七部、八十一家、二百四十三表、七百二十九贊，分爲三卷，曰一二三，與《泰初曆》相應，亦有顓頊之曆焉。揲之以三策，關之以休咎，絣之以象類，播之以人事，文之以五行，擬之以道德仁義禮知。無主無名，要合《五經》，苟非其事，文不虚生。爲其泰曼漶而不可知，故有《首》、《衝》、《錯》、《測》、《攡》、《瑩》、《數》、《文》、《掜》、《圖》、《告》十一篇，皆以解剝《玄》體，離散其文，章句尚不存焉。《玄》文多，故不著，觀之者難知，學之者難成。客有難《玄》大深，衆人之不好也，雄解之，號曰《解難》。其辭曰：

客難揚子曰：『凡著書者，爲衆人之所好也，美味期乎合口，工聲調於比耳。今吾子乃抗辭幽説，閎意眇指，獨馳騁於有亡之際，而陶冶大鑪，旁薄羣生，歷覽者茲年矣，而殊不寤。亶費精神於此，而煩學者於彼，譬畫者畫於無形，弦者放於無聲，殆不可乎？』

揚子曰：『俞。若夫閎言崇議，幽微之塗，蓋難與覽者同也。昔人有觀象於天，視度於地，察法於人者，天麗且彌，地普而深，昔人之辭，乃玉乃金。彼豈好爲艱難哉？勢不得已也。獨不見夫翠虯絳螭之將登乎天，必聳身於倉梧之淵；不階浮雲，翼疾風，虚舉而上升，則不能膠葛，騰九閎。日月之經不千里，則不能燭六合，耀八紘；泰山之高不嶕嶢，則不能浡滃雲而散歊烝。是以宓犧氏之作《易》也，綿絡天地，經以八卦，文王附六爻，孔子錯其象而彖其辭，然後發天地之臧，定萬物之基。《典》、《謨》之篇，《雅》、《頌》之聲，不温純深潤，則不足以揚鴻烈而章緝熙。蓋胥靡爲宰，寂寞爲尸；大味必淡，大音必希；大語叫叫，大道低回。是以聲之眇者不可同於衆人之耳，形之美者不可棍於世俗之目，辭之衍者不可齊於庸人之聽。今夫弦者，高張急徽，追趨逐耆，則坐者不期而附矣；試爲之施《咸池》，揄《六莖》，發《簫韶》，詠《九成》，則莫有和也。是故鍾期死，伯牙絶弦破琴而不肯與衆鼓；人亡，則匠石輟斤而不敢妄斫。師曠之調鐘，俟知音者之在後也；孔子作《春秋》，幾君子之前睹也。老聃有遺言，貴知我者希，此非其操與！』

漢・班固《漢武故事》 上起明光宫，發燕趙美女二千人充之，率皆十五以上二十以下。年滿三十者出嫁之。掖庭總籍，凡諸宫美女萬有八千。建章、未央、長安三宫，皆輦道相屬。率使宦者婦人分屬。或以爲僕射。大者領四五百人，小者領一二百人。常被幸御者，輒注其籍，增其俸秩，比六百石。宫人既多極，被幸者數年一再遇。挾婦人媚術者甚衆，選二百人常從幸郡國，載之後車。與上同輩者，十六人充數，恆使滿，皆自然美麗。不假粉白黛緣。侍尚衣軒者亦如之。嘗自言：『能三日不食，不能一日無婦人。』

皇位繼承部

太子繼承分部

漢惠帝

綜　述

《史記》卷八《高祖本紀》（漢高祖十二年四月）丙寅，葬（高祖）。己巳，立太子，至太上皇廟。【略】太子襲號爲皇帝，孝惠帝也。

高帝八男：長庶齊悼惠王肥；次孝惠，呂后子；次戚夫人子趙隱王如意；次代王恒，已立爲孝文帝，薄太后子；次梁王恢，呂太后時徙爲趙共王；次淮陽王友，呂太后時徙爲趙幽王；次淮南厲王長；次燕王建。

又　卷九《呂太后本紀》　呂太后者，高祖微時妃也，生孝惠帝、女魯元太后。及高祖爲漢王，得定陶戚姬，愛幸，生趙隱王如意。孝惠爲人仁弱，高祖以爲不類我，常欲廢太子，立戚姬子如意，如意類我。戚姬幸，常從上之關東，日夜啼泣，欲立其子代太子。呂后年長，常留守，希見上，益疏。如意立爲趙王後，幾代太子者數矣，賴大臣爭之，及留侯策，《索隱》曰：謂張良、叔孫通等。令太子卑詞安車，以迎四皓也。太子得毋廢。

高祖十二年四月甲辰，崩長樂宮，太子襲號爲帝。是時高祖八子：長男肥，孝惠兄也，異母，肥爲齊王；餘皆孝惠弟，戚姬子如意爲趙王，薄夫人子恒爲代王，諸姬子子恢爲梁王，子友爲淮陽王，子長爲淮南王，子建爲燕王。

又　卷五五《留侯世家》　上欲廢太子，立戚夫人子趙王如意。大臣多諫爭，未能得堅決者也。呂后恐，不知所爲。人或謂呂后曰：『留侯善畫計策，上信用之。』呂后乃使建成侯呂澤劫留侯，曰：『君常爲上謀臣，今上欲易太子，君安得高枕而臥乎？』留侯曰：『始上數在困急之中，幸用臣策。今天下安定，以愛欲易太子，骨肉之間，雖臣等百餘人何益。』呂澤强要曰：『爲我畫計。』留侯曰：『此難以口舌爭也。顧上有不能致者，天下有四人。《索隱》曰：四人，四皓也，謂東園公、綺里季、夏黄公、角里先生。按：《陳留志》云『園公姓庾，字宣明，居園中，因以爲號。夏黄公姓崔名廣，字少通，齊人，隱居夏里修道，故號曰夏黄公。角里先生，河內軹人，太伯之後，姓周名術，字元道，京師號曰霸上先生，一曰角里先生。』又孔安國《秘記》作『禄里』。皆王劭據崔氏、周氏系譜及陶元亮《四八目》而爲此說。四人者年老矣，皆以爲上慢侮人，故逃匿山中，義不爲漢臣。然上高此四人。今公誠能無愛金玉璧帛，令太子爲書，卑辭安車，因使辯士固請，宜來。來，以爲客，時時從入朝，令上見之，則必異而問之。問之，上知此四人賢，則一助也。』於是呂后令呂澤使人奉太子書，卑辭厚禮，迎此四人。四人至，客建成侯所。

漢十一年，黥布反，上病，欲使太子將，往擊之。四人相謂曰：『凡來者，將以存太子。太子將兵，事危矣。』乃說建成侯曰：『太子將兵，有功則位不益太子；無功還，則從此受禍矣。且太子所與俱諸將，皆嘗與上定天下梟將也，今使太子將之，此無異使羊將狼也，皆不肯爲盡力，其無功必矣。臣聞「母愛者子抱」，今戚夫人日夜侍御，趙王如意常抱居前，上曰「終不使不肖子居愛子之上」，明乎其代太子位必矣。君何不急請呂后承間爲上泣言：「黥布，天下猛將也，善用兵，今諸將皆陛下故等夷，乃令太子將此屬，無異使羊將狼，莫肯爲用，有使布聞之，則鼓行而西耳。上雖病，强載輜車，臥而護之，諸將不敢不盡力。上雖苦，爲妻子自强。」』於是呂澤立夜見呂后，呂后承間爲上泣涕而言，如四人意。上曰：『吾惟豎子固不足遣，而公自行耳。』於是上自將兵而東，羣臣居守，皆送至灞上。留侯病，自强起，至曲郵。見上曰：『臣宜從，病甚。楚人剽疾，願上無與楚人爭鋒。』因說上曰：『令太子爲將軍，監關中兵。』上曰：『子房雖病，强臥而傅太子。』是時叔孫通爲太傅，留侯行少傅事。

漢十二年，上從擊破布軍歸，疾益甚，愈欲易太子。留侯諫，不聽，

因疾不視事。叔孫太傅稱説引古今，以死爭太子。上詳許之，猶欲易之。及燕，置酒，太子侍。四人從太子，年皆八十有餘，鬚眉皓白，衣冠甚偉。上怪之，問曰：『彼何爲者？』四人前對，各言名姓，曰東園公，角里先生，綺里季，夏黄公。上乃大驚，曰：『吾求公數歲，公辟逃我，今公何自從吾兒游乎？』四人皆曰：『陛下輕士善罵，臣等義不受辱，故恐而亡匿。竊聞太子爲人仁孝，恭敬愛士，天下莫不延頸欲爲太子死者，故臣等來耳。』上曰：『煩公幸卒調護太子。』四人爲壽已畢，趨去。上目送之，召戚夫人指示四人者曰：『我欲易之，彼四人輔之，羽翼已成，難動矣。吕后眞而主矣。』戚夫人泣，上曰：『爲我楚舞，吾爲若楚歌。』歌曰：『鴻鵠高飛，一舉千里。羽翮已就，横絶四海。横絶四海，當可奈何！雖有矰繳，尚安所施！』歌數闋，戚夫人嘘唏流涕。上起去，罷酒。竟不易太子者，留侯本招此四人之力也。

《漢書》卷二《惠帝紀》 孝惠皇帝，高祖太子也，母曰吕皇后。帝年五歲，高祖初爲漢王。二年，立爲太子。十二年四月，高祖崩。五月丙寅，太子即皇帝位。

又 卷四二《周昌傳》 高帝欲廢太子，而立戚姬子如意爲太子，大臣固爭莫能得，上以留侯策止。而昌庭爭之强，上問其説，昌爲人吃，又盛怒，曰：『臣口不能言，然臣期期知其不可。陛下欲廢太子，臣期期不奉詔。』上欣然而笑，即罷。吕后側耳於東箱聽，見昌，爲跪謝曰：『微君，太子幾廢。』

又 卷四三《叔孫通傳》 （漢）九年，高帝徙叔孫通爲太子太傅。十二年，高祖欲以趙王如意易太子，通諫上曰：『昔者晉獻公以驪姬故，廢太子，立奚齊，晉國亂者數十年，爲天下笑。秦以不早定扶蘇，胡亥詐立，自使滅祀，此陛下所親見。今太子仁孝，天下皆聞之。吕后與陛下攻苦食啖，其可背哉？陛下必欲廢適而立少，臣願先伏誅，以頸血汙地！』高帝曰：『公罷矣，吾特戲耳。』通曰：『太子天下本，本壹摇天下震動，奈何以天下戲！』高帝曰：『吾聽公。』及上置酒，見留侯所招客從太子入見，上乃遂無易太子志矣。

又 卷三八《高五王傳》 高皇帝八男：吕后生孝惠帝，曹夫人生齊悼惠王肥，薄姬生孝文帝，戚夫人生趙隱王如意，趙姬生淮南厲王長，諸姬生趙幽王友、趙共王恢、燕靈王建。

齊悼惠王肥，其母高祖微時外婦也。

宋·鄭樵《通志》卷五上《前漢紀上》 孝惠皇帝名盈之，字曰滿。高祖八子，孝惠其次也，實嫡。故漢王二年年五歲，立爲太子。高祖十二年四月崩，崩二十有三日，太子乃即皇帝位。

漢景帝

綜述

《史記》卷一一《孝景本紀》 孝景皇帝者，孝文之中子也。母竇太后。孝文在代時，前后有三男，及竇太后得幸，前后死，及三子更死，故孝景得立。

又 卷四九《外戚世家》 孝文帝立數月，公卿請立太子，而竇姬長男最長，立爲太子。立竇姬爲皇后，女嫖爲長公主。

《漢書》卷五《景帝紀》 孝景皇帝，文帝太子也。

又 卷四七《文三王傳》 （文帝）未置太子，與孝王宴飲，從容言曰：『千秋萬歲後傳於王。』王辭謝。雖知非至言，然心内喜。太后亦然。明年，漢立太子。梁最親，有功，又爲大國，居天下膏腴地，北界泰山，西至高陽，四十餘城，多大縣。

論説

《史記》卷一〇《孝文本紀》 有司言曰：『蚤建太子，所以尊宗廟。請立太子。』上（文帝）曰：『朕既不德，上帝神明未歆享，天下人民未有嗛志。今縱不能博求天下賢聖有德之人而禪天下焉，而曰豫建太子，是重吾不德也。謂天下何？其安之。』有司曰：『豫建太子，所以重宗廟社稷，不忘天下也。』上曰：『楚王，季父也，春秋高，閲天下之義理多矣，明於國家之大體。吴王於朕，兄也，惠仁以好德。淮南王，弟也。秉德以陪朕，豈爲不豫哉！諸侯王宗室昆弟有功臣，多賢及有德義

者，若舉有德以陪朕之不能終，是社稷之靈，天下之福也。今不選舉焉，而曰必子，人其以朕爲忘賢有德者而專於子，非所以憂天下也。朕甚不取也。』有司皆固請曰：『古者殷周有國，治安皆千餘歲，古之有天下者莫長焉，用此道也。《索隱》曰：言古之有天下者，無長於立子，故云『莫長焉』。用此道者，用殷周立子之道，故安治千有餘歲也。立嗣必子，所從來遠矣。高帝親率士大夫，始平天下，建諸侯，爲帝者太祖。諸侯王及列侯始受國者，皆亦爲其國祖。子孫繼嗣，世世弗絶，天下之大義也。故高帝設之，以撫海内。今釋宜建，而更選於諸侯及宗室，非高帝之志也。更議，不宜。子某最長，純厚慈仁，請建以爲太子。』上乃許之。

清·王夫之《讀通鑑論》卷二《漢文帝》 有司請建太子，文帝詔曰：『楚王，季父也；吳王，兄也；淮南王，弟也。』諸父昆弟之懿親，宜無所施其僞者。而以觀其後，吳濞、楚戊、淮南長無一全其軀命者。尺布斗粟之謡，取疚於天下而不救。然則詔之所云，以欲翕固張之術，處於謙以利用其忍，亦險矣哉！且夫言者，機之所自動也。吳、楚、淮南聞斯語而歆動其妄心，則雖欲撲之而不得。故曰『火生於木而焚生火之木』，自生而自剋也。文帝亦何利焉？至於侵伐而天下亦殆矣。君子立誠以修辭，言其所可行，行焉而無所避，使天下洞見其心，而鬼神孚之；兵革之萌銷於心，而機不復作；則或任焉而無所用謙，或讓焉而固誠也，非有僞而託於『嗚』者也。

漢武帝

綜　述

《史記》卷一二《孝武本紀》 孝武皇帝者，孝景中子也。母曰王太后。孝景四年，以皇子爲膠東王。孝景七年，栗太子廢爲臨江王，以膠東王爲太子。孝景十六年崩，太子卽位，爲孝武皇帝。

又 卷四九《外戚世家》 景帝長男榮，其母栗姬。栗姬，齊人也。立榮爲太子。長公主嫖有女，欲予爲妃。栗姬妒，而景帝諸美人皆因長公主見景帝，得貴幸，皆過栗姬，栗姬日怨怒，謝長公主，不許。長公主欲予王夫人，王夫人許之。長公主怒，而日讒栗姬短於景帝曰：『栗姬與諸貴夫人幸姬會，常使侍者祝唾其背，挾邪媚道。』景帝以故望之。

景帝嘗體不安，心不樂，屬諸子爲王者於栗姬，曰：『百歲後，善視之。』栗姬怒，不肯應，言不遜。景帝恚，心嗛之而未發也。

長公主日譽王夫人男之美，景帝亦賢之，又有曩者所夢日符，計未有所定。王夫人知帝望栗姬，因怒未解，陰使人趣大臣立栗姬爲皇后。大行奏事畢，曰：『「子以母貴，母以子貴」，今太子母無號，宜立爲皇后。』景帝怒曰：『是而所宜言邪！』遂案誅大行，而廢太子爲臨江王。栗姬愈恚恨，不得見，以憂死。卒立王夫人爲皇后，其男爲太子，封皇后兄信爲蓋侯。

景帝崩，太子襲號爲皇帝。

《漢書》卷六《武帝紀》 孝武皇帝，景帝中子也，母曰王美人。年四歲立爲膠東王。七歲爲皇太子，母爲皇后。十六歲，後三年正月，景帝崩。甲子，太子卽皇帝位

又 卷四七《文三王傳》 （景帝二十九年）十一月，上廢栗太子，太后心欲以梁王爲嗣。大臣及爰盎等有所關説於帝，太后議格，孝王不敢復言太后以嗣事。事秘，世莫知，乃辭歸國。

其夏，上立膠東王爲太子。梁王怨爰盎及議臣，乃與羊勝、公孫詭之屬謀，陰使人刺殺爰盎及他議臣十餘人。賊未得也。於是天子意梁，逐賊，果梁使之。遣使冠蓋相望於道，覆案梁事。捕公孫詭、羊勝，皆匿王後宫。使者責二千石急，梁相軒丘豹及内史安國皆泣諫王，王乃令勝、詭皆自殺，出之。上由此怨望於梁王。梁王恐，乃使韓安國因長公主謝罪太后，然後得釋。

上怒稍解，因上書請朝。既至關，茅蘭説王，使乘布車，從兩騎入，匿於長公主園。漢使迎王，王已入關，車騎盡居外，外不知王處。太后泣曰：『帝殺吾子！』帝憂恐。於是梁王伏斧質，之闕下謝罪。然後太后、帝皆大喜，相與泣，復如故。悉召王從官入關。然帝益疏王，不與同車輦矣。

又 卷五二《竇嬰傳》 （景）帝弟梁孝王，母竇太后愛之。孝王朝，因燕昆弟飲。是時上未立太子，酒酣，上從容曰：『千秋萬歲後傳王。』太后驩。嬰引卮酒進上曰：『天下者，高祖天下，父子相傳，漢之

約也，上何以得傳梁王！』太后由此憎嬰。嬰亦薄其官，因病免。太后除嬰門籍，不得朝請。

（景帝）四年，立栗太子，以嬰爲傅。七年，栗太子廢，嬰爭，弗能得，謝病，屏居藍田南山下。

又 卷五三《景十三王傳》 孝景皇帝十四男。王皇后生孝武皇帝。栗姬生臨江閔王榮、河間獻王德、臨江哀王閼。程姬生魯共王餘、江都易王非、膠西於王端。賈夫人生趙敬肅王彭祖、中山靖王勝。唐姬生長沙定王發。王夫人生廣川惠王越、膠東康王寄、清河哀王乘、常山憲王舜。

臨江閔王榮以孝景前四年爲皇太子，四歲廢爲臨江王。

論 說

清·王夫之《讀通鑑論》卷二《景帝》 帝初立，年三十有二，太子榮已長，而太后欲傳位於梁王。景帝曰：『千秋萬歲後傳于王。』探太后之旨而姑爲之言也。竇嬰正辭而太后怒，則景帝之惎梁久矣。亞夫委之敝而弗救，與帝有密約矣。不然，兄弟垂危，詔人往援，不應而不罪，景帝能審固持重如此其定哉？后愈私之，帝愈惎之，梁其不爲叔段、公子偃者，幸也。

故兄弟之際，非父母所得而與。親者自親，愛者自愛，信者自信，猜者自猜。全中人於不相激，而使賢者得自伸其恩義，則以養子孫於和平坦易之中，而無隱情以相傾。太后婦人，不足以知此，爲君子者，尚其鑑諸！

漢昭帝

綜 述

《漢書》卷七《昭帝紀》 昭皇帝，武帝少子也。母曰趙倢伃，本以有奇異得幸，及生帝，亦奇異。語在《外戚傳》。

武帝末，戾太子敗，燕王旦、廣陵王胥行驕嫚，後元二年二月上疾病，遂立昭帝爲太子，年八歲。以侍中奉車都尉霍光爲大司馬大將軍，受遺詔輔少主。明日，武帝崩。戊辰，太子即皇帝位。

又 卷六三《戾太子據傳》 孝武皇帝六男。衛皇后生戾太子，趙倢伃生孝昭帝，王夫人生齊懷王閎，李姬生燕刺王旦、廣陵厲王胥，李夫人生昌邑哀王髆。

戾太子據，元狩元年立爲皇太子，年七歲矣。初，上年二十九乃得太子，甚喜，爲立禖，使東方朔、枚皋作禖祝。少壯，詔受《公羊春秋》，又從瑕丘江公受《穀梁》。及冠就宮，上爲立博望苑，使通賓客，從其所好，故多以異端進者。元鼎四年，納史良娣，產子男進，號曰史皇孫。

武帝末，衛后寵衰，江充用事。充與太子及衛氏有隙，恐上晏駕後爲太子所誅，會巫蠱事起，充因此爲姦。是時，上春秋高，意多所惡，以爲左右皆爲蠱道祝詛，窮治其事。丞相公孫賀父子，陽石、諸邑公主，及皇后弟子長平侯衛伉皆坐誅。語在《公孫賀》、《江充傳》。

充典治巫蠱，既知上意，白言宮中有蠱氣，入宮至省中，壞御座掘地。上使按道侯韓説、御史章贛、黄門蘇文等助充。充遂至太子宮掘蠱，得桐木人。時上疾，辟暑甘泉宮，獨皇后、太子在。太子召問少傅石德，德懼爲師傅并誅，因謂太子曰：『前丞相父子、兩公主及衛氏皆坐此，今巫與使者掘地得徵驗，不知巫置之邪，將實有也，無以自明，可矯以節收捕充等繫獄，窮治其姦詐。且上疾在甘泉，皇后及家吏請問皆不報，上存亡未可知，而姦臣如此，太子將不念秦扶蘇事耶？』太子急，然德言。

征和二年七月壬午，乃使客爲使者收捕充等。按道侯説疑使者有詐，不肯受詔，客格殺説。御史章贛被創突亡，自歸甘泉。太子使舍人無且持節夜入未央宮殿長秋門，因長御倚華具白皇后，發中廄車載射士，出武庫兵，發長樂宮衛，告令百官曰江充反。乃斬充以徇，炙胡巫上林中。遂部賓客爲將率，與丞相劉屈氂等戰。長安中擾亂，言太子反，以故衆不附。太子兵敗，亡，不得。

上怒甚，羣下憂懼，不知所出。壺關三老茂上書曰：『臣聞父者猶天，母者猶地，子猶萬物也。故天平地安，陰陽和調，物乃茂成；父慈母愛，室家之中，子乃孝順。陰陽不和，則萬物夭傷；父子不和，則室家喪亡。故父不父則子不子，君不君則臣不臣，雖有粟，吾豈得而

食諸！昔者虞舜，孝之至也，而不中於瞽叟；孝已被謗，伯奇放流，骨肉至親，父子相疑。何者？積毁之所生也。由是觀之，子無不孝，而父有不察，今皇太子爲漢適嗣，承萬世之業，體祖宗之重，親則皇帝之宗子也。江充，布衣之人，閭閻之隸臣耳，陛下顯而用之，銜至尊之命以迫蹵皇太子，造飾姦詐，羣邪錯謬，是以親戚之路鬲塞而不通。太子進則不得上見，退則困於亂臣，獨冤結而亡告，不忍忿忿之心，起而殺充，恐懼逋逃，子盜父兵以救難自免耳，臣竊以爲無邪心。《詩》曰：「營營青蠅，止于藩；愷悌君子，無信讒言；讒言罔極，交亂四國。」往者江充讒殺趙太子，天下莫不聞，其罪固宜。陛下不省察，深過太子，發盛怒，舉大兵而求之，三公自將，智者不敢言，辯士不敢説，臣竊痛之。臣聞子胥盡忠而忘其號，比干盡仁而遺其身，忠臣竭誠不顧鈇鉞之誅以陳其愚，志在匡君安社稷也。《詩》云：「取彼譖人，投界豺虎。」唯陛下寬心慰意，少察所親，毋患太子之非，亟罷甲兵，無令太子久亡。臣不勝惓惓，出一旦之命，待罪建章闕下。」書奏，天子感寤。

太子之亡也，東至湖，臧匿泉鳩里。主人家貧，常賣屨以給太子。太子有故人在湖，聞其富贍，使人呼之而發覺。吏圍捕太子，太子自度不得脱，即入室距户自經。山陽男子張富昌爲卒，足蹋開户，新安令史李壽趨抱解太子，主人公遂格鬬死，皇孫二人皆并遇害。上既傷太子，乃下詔曰：「蓋行疑賞，所以申信也。其封李壽爲邘侯，張富昌爲題侯。」

久之，巫蠱事多不信。上知太子惶恐無他意，而車千秋復訟太子冤，上遂擢千秋爲丞相，而族滅江充家，焚蘇文於横橋上，及泉鳩里加兵刃於太子者，初爲北地太守，後族。上憐太子無辜，乃作思子宮，爲歸來望思之臺於湖。天下聞而悲之。

又　卷六八《霍光傳》　（武帝）年老，寵姬鉤弋趙倢伃有男，上心欲以爲嗣，命大臣輔之。察羣臣唯光任大重，可屬社稷。上乃使黄門畫者畫周公負成王朝諸侯以賜光。後元二年春，上游五柞宮，病篤，光涕泣問曰：「如有不諱，誰當嗣者？」上曰：「君未諭前畫意邪？立少子，君行周公之事。」光頓首讓曰：「臣不如金日磾。」日磾亦曰：

「臣外國人，不如光。」上以光爲大司馬大將軍，日磾爲車騎將軍，及太僕上官桀爲左將軍，搜粟都尉桑弘羊爲御史大夫，皆拜臥内牀下，受遺詔輔少主。明日，武帝崩，太子襲尊號，是爲孝昭皇帝。帝年八歲，政事壹決於光。

漢元帝

綜　述

《漢書》卷九《元帝紀》　孝元皇帝，宣帝太子也。母曰共哀許皇后，宣帝微時生民間。年二歲，宣帝即位。八歲，立爲太子。壯大，柔仁好儒。見宣帝所用多文法吏，以刑名繩下，大臣楊惲、蓋寬饒等坐刺譏辭語爲罪而誅，嘗侍燕從容言：「陛下持刑太深，宜用儒生。」宣帝作色曰：「漢家自有制度，本以霸王道雜之，奈何純任德教，用周政乎！且俗儒不達時宜，好是古非今，使人眩於名實，不知所守，何足委任？」乃歎曰：「亂我家者，太子也！」繇是疏太子而愛淮陽王，曰：「淮陽王明察好法，宜爲吾子。」而王母張倢伃尤幸。上有意欲用淮陽王代太子，然以少依許氏，俱從微起，故終不背焉。

黄龍元年十二月，宣帝崩。癸巳，太子即皇帝位，謁高廟。

又　卷八〇《宣元六王傳》　孝宣皇帝五男。許皇后生孝元帝，張倢伃生淮陽憲王欽，衞倢伃生楚孝王囂，公孫倢伃生東平思王宇，戎倢伃生中山哀王竟。

淮陽憲王欽，元康三年立，母張倢伃有寵於宣帝。霍皇后廢後，上欲立張倢伃爲后。久之，懲艾霍氏欲害皇太子，乃更選後宮無子而謹慎者，乃立長陵王倢伃爲后，令母養太子。后無寵，希御見，唯張倢伃最幸。而憲王壯大，好經書、法律，聰達有材，帝甚愛之。太子寬仁，喜儒術，上數嗟歎憲王，曰：「眞我子也！」常有意欲立張倢伃與憲王，然用太子起於微細，上少依倚許氏，及即位而許后以殺死，太子蚤失母，故弗忍也。久之，上以故丞相韋賢子玄成陽狂讓侯兄，經明行高，稱於朝廷，乃召拜玄成爲淮陽中尉，欲感諭憲王，輔以推讓之臣，由是太子遂安。宣帝

崩，元帝即位，乃遣憲王之國。

漢成帝

綜　述

《漢書》卷一〇《成帝紀》　孝成皇帝，元帝太子也。母曰王皇后。元帝在太子宫生甲觀畫堂，爲世嫡皇孫。宣帝愛之，字曰太孫，常置左右。年三歲而宣帝崩，元帝即位，帝爲太子。

又　卷八〇《宣元六王傳》　孝元皇帝三男。王皇后生孝成帝，傅昭儀生定陶共王康，馮昭儀生中山孝王興。

又　卷八一《孔光傳》　（元帝）綏和中，上即位二十五年，無繼嗣，至親有同産弟中山孝王及同産弟子定陶王在。定陶王好學多材，於帝子行。而王祖母傅太后陰爲王求漢嗣，私事趙皇后、昭儀及帝舅大司馬驃騎將軍王根，故皆勸上。上於是召丞相翟方進、御史大夫光、右將軍廉褒、後將軍朱博，皆引入禁中，議中山、定陶王誰宜爲嗣者。方進、根以爲：『定陶王帝弟之子，《禮》曰：「昆弟之子猶子也」，「爲其後者爲之子也」，定陶王宜爲嗣。』褒、傅皆如方進、根議。光獨以爲禮立嗣以親，中山王先帝之子，帝親弟也，以《尚書·盤庚》殷之及王爲比，中山王宜爲嗣。上以《禮》兄弟不相入廟，又皇后、昭儀欲立定陶王，故遂立爲太子。

又　卷八二《史丹傳》　元帝即位，爲駙馬都尉侍中，出常驂乘，甚有寵。上以丹舊臣，皇考外屬，親信之，詔丹護太子家。是時，傅昭儀子定陶共王有材藝，子母俱愛幸，而太子頗有酒色之失，母王皇后無寵。

竟寧元年，上寢疾，傅昭儀及定陶王常在左右，而皇后、太子希得進見。上疾稍侵，意忽忽不平，數問尚書以景帝時立膠東王故事。是時，太子長舅陽平侯王鳳爲衛尉侍中，與皇后、太子皆憂，不知所出。丹以親密臣得侍視疾，候上間獨寢時，丹直入卧內，頓首伏青蒲上，涕泣言曰：『皇太子以適長立，積十餘年，名號繫於百姓，天下莫不歸心臣子。見定陶王雅素愛幸，今者道路流言，爲國生意，以爲太子有動搖之議。審若此，公卿以下必以死爭，不奉詔。臣願先賜死以示羣臣！』天子素仁，不忍見丹涕泣，言又切至，上意大感，喟然太息曰：『吾日困劣，而太子、兩王幼少，意中戀戀，亦何不念乎！然無有此議。且皇后謹慎，先帝又愛太子，吾豈可違指！駙馬都尉安所受此語？』丹即卻，頓首曰：『愚臣妾聞，罪當死！』上因納，謂丹曰：『吾病寖加，恐不能自還。善輔道太子，毋違我意！』丹嘘唏而起。太子由是遂爲嗣矣。

又　卷八九《元后傳》　甘露三年，（元后）生成帝於甲館畫堂，爲世適皇孫。

皇后自有子後，希復進見。太子壯大，寬博恭慎，語在《成紀》。其後幸酒，樂燕樂，元帝不以爲能。而傅昭儀有寵於上，生定陶共王。王多材藝，上甚愛之，坐則側席，行則同輦，常有意欲廢太子而立共王。時鳳在位，與皇后、太子同心憂懼，賴侍中史丹擁右太子，語在《丹傳》。上亦以皇后素謹慎，而太子先帝所常留意，故得不廢。

元帝崩，太子立，是爲孝成帝。

漢哀帝

綜　述

《漢書》卷一一《哀帝紀》　孝哀皇帝，元帝庶孫，定陶恭王子也。母曰丁姬。年三歲嗣立爲王，長好文辭法律。元延四年入朝，盡從傅、相、中尉。時成帝少弟中山孝王亦來朝，獨從傅。上怪之，以問定陶王，對曰：『令，諸侯王朝，得從其國二千石。傅、相、中尉皆國二千石，故盡從之。』上令誦《詩》，通習，能説。他日問中山王：『獨從傅在何法令？』不能對。令誦《尚書》，又廢。及賜食於前，後飽；起下，襪係解。成帝由此以爲不能，而賢定陶王，數稱其材。

時王祖母傅太后隨王來朝，私賂遺上所幸趙昭儀及帝舅驃騎將軍曲陽侯王根。昭儀及根見上亡子，亦欲豫自結爲長久計，皆更稱定陶王，勸帝以爲嗣。成帝亦自美其材，爲加元服而遣之，時年十七矣。

明年，使執金吾任宏守大鴻臚，持節徵定陶王，立爲皇太子。謝曰：

『臣幸得繼父守藩爲諸侯王，材質不足以假充太子之宮。陛下聖德寬仁，敬承祖宗，奉順神祇，宜蒙福祐子孫千億之報。臣願且得留國邸，旦夕奉問起居，俟有聖嗣，歸國守藩。』書奏，天子報聞。後月餘，立楚孝王孫景爲定陶王，奉恭王祀，所以奬厲太子專爲後之誼。

綏和二年三月，成帝崩。四月丙午，太子卽皇帝位，謁高廟。

又　卷八〇《宣元六王傳》　孝元皇帝三男。王皇后生孝成帝，傅昭儀生定陶共王康，馮昭儀生中山孝王興。

定陶共王康，永光三年立爲濟陽王。八年，徙爲山陽王。八年，徙定陶。王少而愛，長多材藝，習知音聲，上奇器之。母昭儀又幸，幾代皇后太子。語在《元后》及《史丹傳》。

成帝卽位，緣先帝意，厚遇異於它王。十九年薨，子欣嗣。十五年，成帝無子，徵入爲皇太子。上以太子奉大宗後，不得顧私親，乃立楚思王子景爲定陶王，奉共王後。成帝崩，太子卽位，是爲孝哀帝。卽位二年，追尊共王爲共皇，置寢廟京師，序昭穆，儀如孝元帝。徙定陶王景爲信都王云。

漢明帝

綜　述

《後漢書》卷三《明帝紀》　顯宗孝明皇帝諱莊，光武第四子也。母陰皇后。帝生而豐下，十歲能通《春秋》，光武奇之。建武十五年封東海公，十七年進爵爲王，十九年立爲皇太子。

中元二年二月戊戌，卽皇帝位。

又　卷一〇《皇后紀》　光武郭皇后諱聖通，眞定槀人也。爲郡著姓。【略】更始二年春，光武擊王郎，至眞定，因納后，有寵。及卽位，以爲貴人。

建武元年，生皇子强。【略】后以寵稍衰，數懷怨懟。十七年，遂廢爲中山王太后。

光烈陰皇后諱麗華，南陽新野人。初，光武適新野，聞后美，心悅之。後至長安，見執金吾車騎甚盛，因歎曰：『仕宦當作執金吾，娶妻當得陰麗華。』更始元年六月，遂納后於宛當成里，時年十九。及光武爲司隸校尉，方西之雒陽，令后歸新野。及鄧奉起兵，后兄識爲之將，后隨家屬徙淯陽，止於奉舍。

光武卽位，令侍中傅俊迎后，與胡陽、寧平主諸宮人俱到雒陽，以后爲貴人。帝以后雅性寬仁，欲崇以尊位，后固辭，以郭氏有子，終不肯當，故遂立郭皇后。建武四年，從征彭寵，生顯宗於元氏。

十七年，廢皇后郭氏而立貴人。

又　卷四二《光武十王傳》　光武皇帝十一子：郭皇后生東海恭王强、沛獻王輔、濟南安王康、阜陵質王延、中山簡王焉，許美人生楚王英，光烈皇后生顯宗、東平憲王蒼、廣陵思王荆、臨淮懷公衡、琅邪孝王京。

東海恭王强。建武二年，立母郭氏爲皇后，强爲皇太子。十七年而郭后廢，强常慼慼不自安，數因左右及諸王陳其懇誠，願備蕃國。光武不忍，遲回者數歲，乃許焉。十九年，封爲東海王，二十八年，就國。

論　説

晉·袁宏《後漢紀》卷七《光武帝紀七》　袁宏曰：夫建太子以爲儲貳，所以重宗統，一民心也。非有大惡於天下，不可移也。世祖中興，後漢之業宜遵統一之道，以爲後嗣之法。今太子之德未虧於外，內寵既多，嫡子退遷位，可謂失矣。然東海歸藩，謙恭之心彌亮；明帝承統，友于之情愈篤。雖長幼易位，興廢不同，父子兄弟，至性無間。夫以三代之道處之，亦何以過乎！

漢章帝

綜　述

《後漢書》卷三《章帝紀》　肅宗孝章皇帝諱炟，顯宗第五子也。母

賈貴人。永平三年，立爲皇太子。少寬容，好儒術，顯宗器重之。十八年八月壬子，即皇帝位，年十九。

又　卷一〇《皇后紀》　明德馬皇后諱某，伏波將軍援之小女也。【略】選后入太子宮。時年十三。奉承陰后，傍接同列，禮則脩備，上下安之。遂見寵異，常居後堂。顯宗即位，以后爲貴人。時后前母姊女賈氏亦以選入，生肅宗。帝以后無子，命令養之。【略】永平三年春，有司奏立長秋宮，帝未有所言。皇太后曰：『馬貴人德冠後宮，即其人也。』遂立爲皇后。

及帝崩，肅宗即位，尊后曰皇太后。【略】

賈貴人，南陽人。建武末選入太子宮，中元二年生肅宗，而顯宗以爲貴人。帝既爲太后所養，專以馬氏爲外家，故貴人不登極位，賈氏親族無受寵榮者。

又　卷五〇《孝明八王傳》　孝明皇帝九子：賈貴人生章帝；陰貴人生梁節王暢；餘七王本書不載母氏。

論說

清·王夫之《讀通鑑論》卷七《漢章帝》　與賢者在於得人，與子者定於立嫡，立嫡者，家天下一定之法也。雖然，嫡子不必賢，則無以君天下而保其宗祐，故必有豫教之道，以維持而不即於咎。太甲顛覆典刑，而終遷仁義，以伊尹也。乃夫人氣質之不齊，則固有左伊尹右周公而不能革其惡者。和嶠困於晉惠帝之愚；而教且窮，故漢元、晉武守立適之法，卒以亡國。則知適子之不可教，而易之以安宗社，亦詎不可，古之人何弗慮而守一成之例以不逼其變乎？君子所垂法以與萬世同守者，大經而已。天下雖危，宗社雖亡，亦可聽之天命而安之。何也？擇子之說行，則後世暱寵嬖而易元良，爲亡國敗家之本，皆託之以濟其私。君子不敢以一時之利害，啓無窮之亂萌，道盡而固可無憂也。

光武以郭后失寵而廢太子彊，羣臣莫敢爭者。幸而明帝之賢，得以掩光武之過。而法之不臧，禍發於異世，故章帝廢慶立肇，而羣臣亦無敢爭焉。嗚呼！肇之賢不肖且勿論也，章帝崩，肇甫十歲，而嗣大位，欲不倒太阿以授之婦人而不能。終漢之世，沖、質、蠡吾、解瀆皆以童昏嗣立，權臣哲婦貪幼少之尸位，以唯其所爲，而東漢無一日之治。此其禍章帝始之，而實光武貽之也。故立適與豫教並行，而君父之道盡。過此以往，天也，非人之所能爲也，而又奚容億計哉！

漢和帝

綜述

《後漢書》卷四《和帝紀》　孝和皇帝諱肇，肅宗第四子也。母梁貴人，爲竇皇后所譖，憂卒，竇后養帝以爲己子。建初七年，立爲皇太子。章和二年一月壬辰，即皇帝位，年十歲。尊皇后曰皇太后，太后臨朝。

又　卷一〇《皇后紀》　章德竇皇后諱某，扶風平陵人，大司空融之曾孫也。【略】宋貴人生皇太子慶，梁貴人生和帝。后既無子，並疾忌之，數間於帝，漸致疏嫌。因誣宋貴人挾邪媚道，遂自殺，廢慶爲清河王，語在《慶傳》。

梁貴人者，褒親愍侯梁竦之女也。少失母，爲伯母舞陰長公主所養。年十六，亦以建初二年與中姊俱選入掖庭爲貴人。四年，生和帝。后養爲己子。欲專名外家而忌梁氏。八年，乃作飛書以陷竦，竦坐誅，貴人姊妹以憂卒。

又　卷五五《清河孝王慶傳》　清河孝王慶，母宋貴人。貴人，宋昌八世孫，扶風平陵人也。父楊，以恭孝稱於鄉閭，不應州郡之命。楊姑即明德馬后之外祖母也。馬后聞楊二女皆有才色，迎而訓之。永平末，選入太子宮，甚有寵。肅宗即位，並爲貴人。建初三年，大貴人生慶，明年立爲皇太子，徵楊爲議郎，褒賜甚渥。貴人長於人事，供奉長樂宮，身執饋饌，太后憐之。太后崩後，竇皇后寵盛，以貴人姊妹並幸，慶爲太子，心內惡之，與母比陽主謀陷宋氏。外令兄弟求其纖過，內使御者偵伺得失。後於掖庭門邀遮得貴人書，云：『病思生菟，令家求之』，因誣言欲

作蠱道祝詛，以菟爲厭勝之術，日夜毀譖，貴人母子遂漸見疏。

慶出居承禄觀，數月，竇后諷掖庭令誣奏前事，請加驗實。七年，帝遂廢太子慶而立皇太子肇。肇，梁貴人子也。乃下詔曰：『皇太子有失惑無常之性，爰自孩乳，至今益章，恐襲其母凶惡之風，不可以奉宗廟，爲天下主。大義滅親，況降退乎！今廢慶爲清河王。皇子肇保育皇后，承訓懷衽，導達善性，將成其器。蓋庶子慈母，尚有終身之恩，豈若嫡后事正義明哉！今以肇爲皇太子。』遂出貴人姊妹置丙舍，使小黄門蔡倫考實之，皆承諷旨傅致其事，乃載送暴室。二貴人同時飲藥自殺。帝猶傷之，敕掖庭令葬於樊濯聚。於是免楊歸本郡。郡縣因事復捕繫之，楊友人前懷令山陽張峻、左馮翊沛國劉均等奔走解釋，得以免罪。楊失志憔悴，卒于家。慶時雖幼，而知避嫌畏禍，言不敢及宋氏，帝更憐之，敕皇后令衣服與太子齊等。太子特親愛慶，入則共室，出則同輿。及太子即位，是爲和帝，待慶尤渥，諸王莫得爲比，常共議私事。

漢沖帝

綜　述

《後漢書》卷六《沖帝紀》　孝沖皇帝諱炳，順帝之子也。母曰虞貴人。建康元年立爲皇太子，其年八月庚午，即皇帝位，年二歲。

永憙元年春正月戊戌，帝崩于玉堂前殿，年三歲。清河王蒜徵至京師。

又　卷一〇下《皇后紀下·順帝梁皇后》　建康元年，帝崩。后無子，美人虞氏子炳立，是爲沖帝。尊（順烈梁皇后）后爲皇太后，太后臨朝。沖帝尋崩，復立質帝，猶秉朝政。

（皇后）兄大將軍（梁）冀鴆殺質帝，專權暴濫，忌害忠良，數以邪説疑誤太后，遂立桓帝而誅李固。

又　卷三四《梁冀傳》　沖帝始在繈褓，太后臨朝，詔冀與太傅趙峻、太尉李固參録尚書事。冀雖辭不肯當，而侈暴滋甚。

沖帝又崩，冀立質帝。帝少而聰慧，知冀驕横，嘗朝羣臣，目冀曰：『此跋扈將軍也。』冀聞，深惡之，遂令左右進鴆加煮餅，帝即日崩。

復立桓帝，而枉害李固及前太尉杜喬，海内嗟懼，語在《李固傳》。

又　卷六三《李固傳》　沖帝即位，以固爲太尉，與梁冀參録尚書事。明年帝崩，梁太后以楊、徐盜賊盛强，恐驚擾致亂，使中常侍詔固等，欲須所徵諸王侯到乃發喪。固對曰：『帝雖幼少，猶天下之父。今日崩亡，人神感動，豈有臣子反共掩匿乎？昔秦皇亡於沙丘，胡亥、趙高隱而不發，卒害扶蘇，以至亡國。近北鄉侯薨，閻后兄弟及江京等亦共掩秘，遂有孫程手刃之事。此天下大忌，不可之甚者也。』太后從之，即暮發喪。

固以清河王蒜年長有德，欲立之，謂梁冀曰：『今當立帝，宜擇長年高明有德，任親政事者，願將軍審詳大計，察周、霍之立文、宣，戒鄧、閻之利幼弱。』冀不從，乃立樂安王子纘，年八歲，是爲質帝。

太后策立分部

漢殤帝

綜　述

《後漢書》卷四《殤帝紀》　孝殤皇帝諱隆，和帝少子也。元興元年十二月辛未夜，即皇帝位，時誕育百餘日。尊皇后曰皇太后，太后臨朝。

又　卷一〇上《皇后紀上·光武陰皇后》　元興元年，帝崩，長子平原王有疾，而諸皇子夭没，前後十數，後生者輒隱秘養於人間。殤帝生始百日，（陰）后乃迎立之。

漢安帝

綜　述

《後漢書》卷五《安帝紀》　恭宗孝安皇帝諱祜，肅宗孫也。父清河孝王慶，母左姬。帝自在邸第，數有神光照室，又有赤蛇盤於牀第之間。年十歲，好學《史書》，和帝稱之，數見禁中。

延平元年，慶始就國，鄧太后特詔留帝清河邸。八月，殤帝崩，太后與兄車騎將軍鄧騭定策禁中。其夜，使騭持節，以王青蓋車迎帝，齋于殿中。皇太后御崇德殿，百官皆吉服，羣臣陪位，引拜帝爲長安侯。皇太后詔曰：『【略】其以祜爲孝和皇帝嗣，奉承祖宗，案禮儀奏。』又作策命曰：『惟延平元年秋八月癸丑，皇太后曰：咨長安侯祜：孝和皇帝懿德巍巍，光于四海；大行皇帝不永天年。朕惟侯孝章帝世嫡皇孫，謙恭慈順，在孺而勤，宜奉郊廟，承統大業。今以侯嗣孝和皇帝後。其審君漢國，允執其中。一人有慶，萬民賴之。皇帝其勉之哉！』讀策畢，太尉奉上璽綬，即皇帝位，年十三。

又　卷七八《宦者傳・蔡倫》　（蔡）倫初受竇后諷旨，誣陷安帝祖母宋貴人。及太后崩，安帝始親萬機，敕使自致廷尉。倫恥受辱，乃沐浴整衣冠，飲藥而死。

漢靈帝

綜　述

《後漢書》卷八《靈帝紀》　孝靈皇帝諱宏，肅宗玄孫也。曾祖河間孝王開，祖淑，父萇。世封解瀆亭侯，帝襲侯爵。母董夫人。桓帝崩，無子，皇太后與父城門校尉竇武定策禁中，使守光祿大夫劉儵持節，將左右羽林至河間奉迎。

建寧元年春正月壬午，城門校尉竇武爲大將軍。己亥，帝到夏門亭，使竇武持節，以王青蓋車迎入殿中。庚子，即皇帝位，年十二。

又　卷六九《竇武傳》　（桓）帝崩，無嗣。武召侍御史河間劉儵，參問其國中王子侯之賢者，儵稱解瀆亭侯宏。武入白太后，遂徵立之，是爲靈帝。

論　說

三國吳・薛瑩《後漢記・靈帝紀》　贊曰：漢世中興，至於延平而世業損矣。沖、質短祚，孝桓無嗣。母后稱制，姦臣執政。孝靈以支庶而登至尊，由藩侯而紹皇統，不恤宗緒，不祗天命，上虧三光之明，下傷億兆之望。于時爵服橫流，官以賄成，自公侯卿士，降於皂隸，遷官襲級，無不以貨。刑戮無辜，摧仆忠賢，佞諛在側，直言不聞，是以賢智退而窮處，忠良擯於下位。遂至姦邪蜂起，法防隳壞，夷狄並侵，盜賊糜沸，小者帶城邑，大者連州郡，編户騷動，人人思亂。當斯之時，已無天子矣。會靈帝即世，則禍尋其後，宮室焚滅，郊社無主，危自上起，覃及華夏，使京室爲墟，海内蕭條，豈不痛哉！

清・王夫之《讀通鑑論》卷八《漢靈帝》　桓帝淫於色，而繼嗣不立，漢之大事，孰有切於此者！竇武任社稷之重，陳蕃以番番元老佐之，而不謀及此。桓帝崩，大位未定，乃就劉儵而問宗室之賢者，何其晚也！況天位之重，元后之德，豈區區一劉儵寡昧之識片言可決邪？持建置天子之大權，唯其意以爲取捨，得則爲霍光，失則爲梁冀矣。武以光之不學、冀之不軌者爲道，社稷幾何而不危，欲自免於赤族之禍，詎將能乎哉！

武也，一城門校尉也，非受託孤之命如霍光之於武帝也。所憑藉以唯意而立君者太后耳。宮闈外戚之禍，梁氏之覆車不遠，宦官安得不挾以爲名哉？夫武也，既不能及桓帝之時諫帝以立儲之大義；抑不於帝崩之後，集廷臣於朝堂，辨昭穆、別親疏、序長幼、審賢否，以與大臣公聽上天之命。儵以爲賢而賢之，武謂可立而立之，天子之尊，若其分田圃以授亞旅而使治。則立之唯己，廢之唯己，朱瑀惡得不大呼曰：『武將廢帝爲

大逆。』而靈帝能弗信哉？漢之亡也，亡於置君，而置君者先族，武不早死，吾不保其終也。獲誅奄之名，以使天下冤之，猶武之幸也夫！

漢之將亡也，天子之廢立，操於宮闈，外戚宦寺，迭相爭勝，孫程廢而梁氏興，梁冀誅而單超起，漢安得有天子哉！而蕃所託者猶然外戚也，則授宦者以梁冀復起之名，既無以正天誅而服受戮者之心，且天下亦疑外戚宦寺之互相起滅而不適有正。故張奐亦爲王甫、曹節所惑，欲自祓濯而終不免。蕃之託武，非所託也明甚。然且以老成之識，昧焉而不察者，時之所趨，舍是而無能爲也。

雜録

清·趙翼《廿二史劄記》卷四《後漢書·東漢多母后臨朝外藩入繼》 范《書·后妃紀序》謂：『東京皇統屢絕，權歸女主。外立者四帝，臨朝者六后。』章懷注：『四帝，安、質、桓、靈也。六后，竇、鄧、閻、梁、竇、何也。』

按章帝時，竇后專寵，有梁貴人生和帝，竇后養爲己子，而陷貴人以憂死。章帝崩，和帝卽位，竇爲太后稱制。

和帝崩，皇后鄧氏爲太后，立殤帝嗣位；殤帝殂，太后又立安帝，終身稱制。

安帝崩，皇后閻氏爲太后，立北鄉侯懿嗣位，身自臨朝。未幾懿殂。宦官孫程等迎立順帝，太后乃歸政。

順帝崩，皇后梁氏爲太后，立沖帝，身自臨朝。沖帝殂酖，太后又立質帝，猶秉朝政。質帝爲梁冀所酖，太后又立桓帝，數年歸政。

桓帝崩，皇后竇氏爲太后，立靈帝，仍自臨朝。後其父武爲宦官所害，太后亦遷于南宮。

靈帝崩，皇后何氏爲太后，立子辯嗣位，身自臨朝。尋爲董卓廢弒，此六后也。

其外藩入繼者，安帝由清河王子入繼，質帝由千乘王子入繼，桓帝由蠡吾侯子入繼，靈帝由解瀆亭侯子入繼，此四帝也。

然安帝崩，閻太后立北鄉侯懿嗣位，當時稱少帝。是四帝之外，尚有一帝，而范書專指安、質、桓、靈四君。蓋以北鄉侯立未逾年卽殂，生前既未改元，殂後又無謚號，故獨遺之耳。其實外立者，共五帝也。

又《外藩入繼追尊本生》 當成帝無子，立弟定陶共王子欣爲皇太子，帝以太子既奉大宗，不得復顧私親，乃立楚王子景爲定陶王，奉共王後。帝崩，太子卽位，是爲哀帝。是時成帝母稱太皇太后，成帝趙后稱皇太后，而帝祖母傅太后與母丁后，自以定陶爲稱。

有董宏上書，言『秦莊襄王母本夏氏，而爲華陽夫人所子，養以爲子。及卽位後，俱稱太后。宜立定陶共王后爲皇太后。』師丹等劾奏宏大不道，免爲庶人。傅太后大怒。於是追尊定陶共王爲共皇，傅太后爲共皇太后。

又有段猶等奏：『不宜引定陶藩國之名以冠大號。』於是直稱共皇，幷徙定陶王景爲信都王，不復爲定陶王立後，欲以己爲定陶王後也。其時師丹議曰：『冠以定陶者，母從子、妻從夫之義也。爲人後者爲之子，故爲所後服斬衰三年，而降其父母期，所以重正統也。陛下既繼體先帝，奉大宗，不得奉定陶共皇』云云。《師丹傳》此固禮之正也。然身爲帝王追尊本生父母，亦情理所必至。

自哀帝尊其本生父爲共皇之後，遂爲故事。

東漢安帝入繼時，其本生父清河王慶尚在，未加尊稱。及薨，葬以龍旗虎賁之禮，追謚爲孝德皇，妣左氏爲孝德皇后，祖妣宋貴人爲敬隱皇后祖卽章帝，故不必追謚。桓帝入繼時，追尊其祖曰孝穆皇，夫人趙氏曰孝穆皇后，考蠡吾侯曰孝崇皇，夫人馬氏曰孝崇園貴人，生母貴人爲孝崇皇后。

靈帝入繼時，追尊祖曰孝元皇，夫人夏氏曰孝元皇后，考曰孝仁皇，夫人董氏爲慎園貴人。

蓋當時論者，以爲三皇無爲，五帝有事。故身有天下者稱帝，身未有天下而追尊者稱皇。說見太上皇帝條內。哀帝又尊祖母曰帝太太后，母曰帝太后，不曰皇而曰帝，亦以身自爲帝，故后號冠以帝稱，以協母從子之義。所以示區別，而立廟京師，既足伸人子之情，兼不紊昭穆之序，此理之得者也。

前明世宗入繼大統，其初亦祗欲不没其本生父母之稱，尚未有意過爲

崇奉。使當日議禮諸臣援此例奏請，追稱爲興獻皇，立廟京師，則世宗之意亦塞矣。乃舉朝不聞援引及此，但力爭不許其追尊，爭之不得，反議尊以帝稱，而靳一皇字，卒至激而成稱皇稱帝，并入廟稱宗，立主于武宗之上。此則明臣不讀書之陋也。

大臣擁立分部

漢文帝

綜　述

《史記》卷九《呂太后本紀》（惠帝）七年秋八月戊寅，孝惠帝崩。【略】九月辛丑，葬。太子卽位爲帝，謁高廟。元年，號令一出太后。【略】

宣平侯女爲孝惠皇后時，無子，詳爲有身，取美人子名之，殺其母，立所名子爲太子。孝惠崩，太子立爲帝（少帝）。帝壯，或聞其母死，非眞皇后子，乃出言曰：『后安能殺吾母而名我？我未壯，壯卽爲變。』太后聞而患之，恐其爲亂，乃幽之永巷中，言帝病甚，左右莫得見。太后曰：『凡有天下治爲萬民命者，蓋之如天，容之如地，上有歡心以安百姓，百姓欣然以事其上，歡欣交通而天下治。今皇帝病久不已，乃失惑惛亂，不能繼嗣奉宗廟祭祀，不可屬天下，其代之。』羣臣皆頓首言：『皇太后爲天下齊民計所以安宗廟社稷甚深，羣臣頓首奉詔。』帝廢位，太后幽殺之。

（少帝四年）五月丙辰，立常山王義爲帝，更名曰弘。不稱元年者，以太后制天下事也。

（既誅諸呂）諸大臣相與陰謀曰：『少帝及梁、淮陽、常山王，皆非眞孝惠子也。呂后以計詐名他人子，殺其母，養後宮，令孝惠子之，立以爲後，及諸王，以强呂氏。今皆已夷滅諸呂，而置所立，卽長用事，吾屬無類矣。不如視諸王最賢者立之。』或言『齊悼惠王高帝長子，今其適子爲齊王，推本言之，高帝適長孫，可立也』。大臣皆曰：『呂氏以外家惡而幾危宗廟，亂功臣。今齊王母家駟，駟鈞，惡人也。卽立齊王，則復爲呂氏。』欲立淮南王，以爲少，母家又惡。乃曰：『代王方今高帝見子，最長，仁孝寬厚。太后家薄氏謹良。且立長故順，以仁孝聞於天下，便。』乃相與共陰使人召代王。代王使人辭謝。再反，然後乘六乘傳。後九月晦日己酉，至長安，舍代邸。大臣皆往謁，奉天子璽上代王，共尊立爲天子。代王數讓，羣臣固請，然後聽。

東牟侯興居曰：『誅呂氏吾無功，請得除宮。』乃與太僕汝陰侯滕公入宮，前謂少帝曰：『足下非劉氏，不當立。』乃顧麾左右執戟者掊兵罷去。有數人不肯去兵，宦者令張澤諭告，亦去兵。滕公乃召乘輿車載少帝出。少帝曰：『欲將我安之乎？』滕公曰：『出就舍。』舍少府。乃奉天子法駕，迎代王於邸。報曰：『宮謹除。』代王卽夕入未央宮。有謁者十人持戟衛端門，曰：『天子在也，足下何爲者而入？』代王乃謂太尉。太尉往諭，謁者十人皆掊兵而去。代王遂入而聽政。夜，有司分部誅滅梁、淮陽、常山王及少帝於邸。代王立爲天子。

又　卷一〇《孝文本紀》　高后八年七月，高后崩。九月，諸呂呂產等欲爲亂，以危劉氏，大臣共誅之，謀召立代王，事在呂后語中。

丞相陳平、太尉周勃等使人迎代王。代王問左右郎中令張武等。張武等議曰：『漢大臣皆故高帝時大將，習兵，多謀詐，此其屬意非止此也，特畏高帝、呂太后威耳。今已誅諸呂，新啑血京師，此以迎大王爲名，實不可信。願大王稱疾毋往，以觀其變。』中尉宋昌進曰：『羣臣之議皆非也。夫秦失其政，諸侯豪桀並起，人人自以爲得之者以萬數，然卒踐天子之位者，劉氏也，天下絕望，一矣。高帝封王子弟，地犬牙相制，此所謂磐石之宗也，天下服其强，二矣。漢興，除秦苛政，約法令，施德惠，人人自安，難動搖，三矣。夫以呂太后之嚴，立諸呂爲三王，擅權專制，然而太尉以一節入北軍，一呼士皆左袒，爲劉氏，叛諸呂，卒以滅之。此乃天授，非人力也。今大臣雖欲爲變，百姓弗爲使，其黨寧能專一邪？方今內有朱虛、東牟之親，外畏吳、楚、淮南、琅邪、齊、代之强。方今高帝子獨淮南王與大王，大王又長，賢聖仁孝，聞於天下，故大臣因天下之心而欲迎立大王，大王勿疑也。』代王報太后計之，猶與未定。卜之龜，

卦兆得大横。占曰：『大横庚庚，余爲天王，夏啓以光。』代王曰：『寡人固已爲王矣，又何王？』卜人曰：『所謂天王者乃天子。』於是代王乃遣太后弟薄昭往見絳侯，絳侯等具爲昭言所以迎立王意。薄昭還報曰：『信矣，毋可疑者。』代王乃笑謂宋昌曰：『果如公言。』乃命宋昌參乘，張武等六人乘傳詣長安。至高陵休止，而使宋昌先馳之長安觀變。

昌至渭橋，丞相以下皆迎。宋昌還報。代王馳至渭橋，羣臣拜謁稱臣。代王下車拜。太尉勃進曰：『願請間言。』宋昌曰：『所言公，公言之。所言私，王者不受私。』太尉乃跪上天子璽符。代王謝曰：『至代邸而議之。』遂馳入代邸。羣臣從至。丞相陳平、太尉周勃、大將軍陳武、御史大夫張蒼、宗正劉郢、朱虚侯劉章、東牟侯劉興居、典客劉揭皆再拜言曰：『子弘等皆非孝惠帝子，不當奉宗廟。臣謹請陰安侯列侯頃王后與琅邪王、宗室、大臣、列侯、吏二千石議曰：「大王高帝長子，宜爲高帝嗣。」原大王卽天子位。』代王曰：『奉高帝宗廟，重事也。寡人不佞，不足以稱宗廟。願請楚王計宜者，寡人不敢當。』羣臣皆伏固請。代王西鄉讓者三，南鄉讓者再。丞相平等皆曰：『臣伏計之，大王奉高帝宗廟最宜稱，雖天下諸侯萬民以爲宜。臣等爲宗廟社稷計，不敢忽。願大王幸聽臣等。臣謹奉天子璽符再拜上。』代王曰：『宗室將相王列侯以爲莫宜寡人，寡人不敢辭。』遂卽天子位。

又　卷四九《外戚世家》　呂后長女爲宣平侯張敖妻，敖女爲孝惠皇后。呂太后以重親故，欲其生子萬方，終無子，詐取後宮人子爲子。及孝惠帝崩，天下初定未久，繼嗣不明。於是貴外家，王諸呂以爲輔，而以呂禄女爲少帝后，欲連固根本牢甚，然無益也。

高后崩，合葬長陵。禄、産等懼誅，謀作亂。大臣征之，天誘其統，卒滅呂氏。唯獨置孝惠皇后居北宫。迎立代王，是爲孝文帝，奉漢宗廟。

【略】

高祖崩，諸御幸姬戚夫人之屬，呂太后怒，皆幽之，不得出宫。而薄姬以希見故，得出，從子之代，爲代王太后。太后弟薄昭從如代。

代王立十七年，高后崩。大臣議立後，疾外家呂氏强，皆稱薄氏仁善，故迎代王，立爲孝文皇帝，而太后改號曰皇太后，弟薄昭封爲軹侯。

《漢書》卷四《文帝紀》　孝文皇帝，高祖中子也，母曰薄姬。高祖十一年，誅陳豨，定代地，立爲代王，都中都。十七年秋，高后崩，諸呂謀爲亂，欲危劉氏。丞相陳平、太尉周勃、朱虚侯劉章等共誅之，謀立代王。

又　卷四〇《陳平傳》　呂太后多立諸呂爲王，平僞聽之。及呂太后崩，平與太尉勃合謀，卒誅諸呂，立文帝，平本謀也。

又　《周勃傳》　惠帝六年，置太尉官，以勃爲太尉。十年，高后崩。呂禄以趙王爲漢上將軍，呂産以呂王爲相國，秉權，欲危劉氏。勃與丞相平、朱虚侯章共誅諸呂。語在《高后紀》。

又　卷四七《文三王傳》　孝文皇帝四男：竇皇后生孝景帝、梁孝王武，諸姬生代孝王參、梁懷王揖。

論説

清・王夫之《讀通鑑論》卷二《漢文帝》　誠以安君之謂忠，直以正友之謂信，忠信爲周。君子周而上下睦，天下寧矣。周勃平諸呂，迎立文帝，而有德色；非有罔上行私之慝也，不學無術而忘其驕耳。

漢宣帝

綜述

《漢書》卷八《宣帝紀》　孝宣皇帝，武帝曾孫，戾太子孫也。太子納史良娣，生史皇孫。皇孫納王夫人，生宣帝，號曰皇曾孫。生數月，遭巫蠱事，太子、良娣、皇孫、王夫人皆遇害。語在《太子傳》。曾孫雖在繈褓，猶坐收繫郡邸獄。而邴吉爲廷尉監，治巫蠱於郡邸，憐曾孫之亡辜，使女徒復作淮陽趙徵卿、渭城胡組更乳養，私給衣食，視遇甚有恩。

巫蠱事連歲不決。至後元二年，武帝疾，往來長楊、五柞宫，望氣者言長安獄中有天子氣，上遣使者分條中都官獄繫者，輕、重皆殺之。内謁者令郭穰夜至郡邸獄，吉拒閉，使者不得入，曾孫賴吉得全。因遭大赦，吉乃載曾孫送祖母史良娣家。語在《吉》及《外戚傳》。

後有詔掖庭養視，上屬籍宗正。時掖庭令張賀嘗事戾太子，思顧舊恩，哀曾孫，奉養甚謹，以私錢供給教書。既壯，爲取暴室嗇夫許廣漢女。曾孫因依倚廣漢兄弟及祖母家史氏。受《詩》於東海澓中翁，高材好學，然亦喜游俠，鬬雞走馬，具知閭里姦邪，吏治得失。數上下諸陵，周徧三輔，常困於蓮勺鹵中。尤樂杜、鄠之間，率常在下杜。時會朝請，舍長安尚冠里，身足下有毛，臥居數有光耀。每買餅，所從買家輒大讎，亦以是自怪。

元平元年四月，昭帝崩，毋嗣。大將軍霍光請皇后徵昌邑王。六月丙寅，王受皇帝璽、綬，尊皇后曰皇太后。癸巳，光奏王賀淫亂，請廢。語在《賀》及《光傳》。

秋七月，光奏議曰：『禮，人道親親故尊祖，尊祖故敬宗。大宗毋嗣，擇支子孫賢者爲嗣。孝武皇帝曾孫病已，有詔掖庭養視，至今年十八，師受《詩》、《論語》、《孝經》，操行節儉，慈仁愛人，可以嗣孝昭皇帝後，奉承祖宗，子萬姓。』奏可。遣宗正德至曾孫尚冠里舍，洗沐，賜御府衣。太僕以軨獵車奉迎曾孫，就齊宗正府。庚申，入未央宮，見皇太后，封爲陽武侯。已而羣臣奉上璽、綬，即皇帝位，謁高廟。

又　卷六八《霍光傳》　元平元年，昭帝崩，亡嗣。武帝六男獨有廣陵王胥在，羣臣議所立，咸持廣陵王。王本以行失道，先帝所不用。光內不自安。郎有上書言：『周太王廢太伯立王季，文王舍伯邑考立武王，唯在所宜，雖廢長立少可也。廣陵王不可以承宗廟。』言合光意。光以其書視丞相敞等，擢郎爲九江太守，即日承皇太后詔，遣行大鴻臚事少府樂成、宗正德、光祿大夫吉、中郎將利漢迎昌邑王賀。

賀者，武帝孫，昌邑哀王子也。既至，即位，行淫亂。光憂懣，獨以問所親故吏大司農田延年。延年曰：『將軍爲國柱石，審此人不可，何不建白太后，更選賢而立之？』光曰：『今欲如是，於古嘗有此否？』延年曰：『伊尹相殷，廢太甲以安宗廟，後世稱其忠。將軍若能行此，亦漢之伊尹也。』光乃引延年給事中，陰與車騎將軍張安世圖計，遂召丞相、御史、將軍、列侯、中二千石、大夫、博士會議未央宮。光曰：『昌邑王行昏亂，恐危社稷，如何？』羣臣皆驚鄂失色，莫敢發言，但唯唯而已。田延年前，離席按劍，曰：『先帝屬將軍以幼孤，寄將軍以天下，以將軍忠賢能安劉氏也。今羣下鼎沸，社稷將傾，且漢之傳謚常爲孝者，以長有天下，令宗廟血食也。如令漢家絕祀，將軍雖死，何面目見先帝於地下乎？今日之議，不得旋踵。羣臣後應者，臣請劍斬之。』光謝曰：『九卿責光是也。天下匈匈不安，光當受難。』於是議者皆叩頭，曰：『萬姓之命在於將軍，唯大將軍令。』

光即與羣臣俱見白太后，具陳昌邑王不可以承宗廟狀。皇太后乃車駕幸未央承明殿，詔諸禁門毋內昌邑羣臣。王入朝太后還，乘輦欲歸溫室，中黃門宦者各持門扇，王入，門閉，昌邑羣臣不得入。王曰：『何爲？』大將軍跪曰：『有皇太后詔，毋內昌邑羣臣。』王曰：『徐之，何乃驚人如是！』光使盡驅出昌邑羣臣，置金馬門外。車騎將軍安世將羽林騎收縛二百餘人，皆送廷尉詔獄。令故昭帝侍中中臣侍守王。光敕左右：『謹宿衛，卒有物故自裁，令我負天下，有殺主名。』王尚未自知當廢，謂左右：『我故羣臣從官安得罪，而大將軍盡繫之乎？』頃之，有太后詔召王，王聞召，意恐，乃曰：『我安得罪而召我哉！』太后被珠襦，盛服坐武帳中，侍御數百人皆持兵，期門武士陛戟，陳列殿下。羣臣以次上殿，召昌邑王伏前聽詔。光與羣臣連名奏王，尚書令讀奏曰：

丞相臣敞、大司馬大將軍臣光、車騎將軍臣安世、度遼將軍臣明友、前將軍臣增、後將軍臣充國、御史大夫臣誼、宜春侯臣譚、當塗侯臣聖、隨桃侯臣昌樂、杜侯臣屠耆堂、太僕臣延年、太常臣昌、大司農臣延年、宗正臣德、少府臣樂成、廷尉臣光、執金吾臣延壽、大鴻臚臣賢、左馮翊臣廣明、右扶風臣德、長信少府臣嘉、典屬國臣武、京輔都尉臣廣漢、司隸校尉臣辟兵、諸吏文學光祿大夫臣遷、臣畸、臣吉、臣賜、臣管、臣勝、臣梁、臣長幸、臣夏侯勝、太中大夫臣德、臣卬昧死言皇太后陛下：臣敞等頓首死罪。天子所以永保宗廟總壹海內者，以慈孝、禮誼、賞罰爲本。孝昭皇帝早棄天下，亡嗣，臣敞等議，禮曰『爲人後者爲之子也』，昌邑王宜嗣後，遣宗正、大鴻臚、光祿大夫奉節使徵昌邑王典喪。服斬縗，亡悲哀之心，廢禮誼，居道上不素食，使從官略女子載衣車，內所居傳舍。始至謁見，立爲皇太子，常私買雞豚以食。受皇帝信璽、行璽大行前，就次發璽不封。從官更持節，引內昌邑從官騶宰官奴二百餘人，常與居禁闥內敖戲。自之符璽取節十六，朝暮臨，令從官更持節從。爲書曰：

「皇帝問侍中君卿：使中御府令高昌奉黃金千斤，賜君卿取十妻。』大行在前殿，發樂府樂器，引內昌邑樂人，擊鼓歌吹作俳倡。會下還，上前殿，擊鐘磬，召內泰壹宗廟樂人輦道牟首，鼓吹歌舞，悉奏衆樂。發長安廚三太牢具祠閣室中，祀已，與從官飲啗。駕法駕，皮軒鸞旗，驅馳北宮、桂宮，弄彘鬬虎。召皇太后御小馬車，使官奴騎乘，遊戲掖庭中。與孝昭皇帝宮人蒙等淫亂，詔掖庭令敢泄言要斬。

太后曰：『止！爲人臣子當悖亂如是邪！』王離席伏。尚書令復讀曰：

取諸侯王、列侯、二千石綬及墨綬、黃綬以并佩昌邑郎官者免奴。變易節上黃旄以赤。發御府金錢、刀劍、玉器、采繒，賞賜所與遊戲者。與從官官奴夜飲，湛沔於酒。詔太官上乘輿食如故。食監奏未釋服未可御故食，復詔太官趣具，無關食監。太官不敢具，即使從官出買雞豚，詔殿門內，以爲常。獨夜設九賓溫室，延見姊夫昌邑關內侯。祖宗廟祠未舉，爲璽書使使者持節，以三太牢祠昌邑哀王園廟，稱嗣子皇帝。受璽以來二十七日，使者旁午，持節詔諸官署徵發，凡一千一百二十七事。文學、光祿大夫夏侯勝等及侍中傅嘉數進諫以過失，使人簿責勝，縛嘉繫獄。荒淫迷惑，失帝王禮誼，亂漢制度。臣敞等數進諫，不變更，日以益甚，恐危社稷，天下不安。

臣敞等謹與博士臣霸、臣雋舍、臣德、臣虞舍、臣射、臣倉議，皆曰：『高皇帝建功業爲漢太祖，孝文皇帝慈仁節儉爲太宗，今陛下嗣孝昭皇帝後，行淫辟不軌。《詩》云：「籍曰未知，亦既抱子。」五辟之屬，莫大不孝。周襄王不能事母，《春秋》曰「天王出居于鄭」，繇不孝出之，絕之於天下也。宗廟重於君，陛下未見命高廟，不可以承天序，奉祖宗廟，子萬姓，當廢。』臣請有司御史大夫臣誼、宗正臣德、太常臣昌與太祝以一太牢具，告祠高廟。臣敞等昧死以聞。

皇太后詔曰：『可。』光令王起拜受詔，王曰：『聞天子有爭臣七人，雖亡道不失天下。』光曰：『皇太后詔廢，安得天子！』乃即持其手，解脫其璽組，奉上太后，扶王下殿，出金馬門，羣臣隨送。王西面拜，曰：『愚戇不任漢事。』起就乘輿副車。大將軍光送至昌邑邸，光謝曰：『王行自絕於天，臣等駑怯，不能殺身報德。臣寧負王，不敢負社稷。願王自愛，臣長不復見左右。』光涕泣而去。羣臣奏言：『古者廢放之人屏於遠方，不及以政，請徙王賀漢中房陵縣。』太后詔歸賀昌邑，賜湯沐邑二千戶。昌邑羣臣坐亡輔導之誼，陷王於惡，光悉誅殺二百餘人。出死，號呼市中曰：『當斷不斷，反受其亂。』

光坐庭中，會丞相以下議定所立。廣陵王已前不用，及燕刺王反誅，其子不在議中。近親唯有衛太子孫號皇曾孫在民間，咸稱述焉。光遂復與丞相敞等上奏曰：『《禮》曰：「人道親親故尊祖，尊祖故敬宗。」大宗亡嗣，擇支子孫賢者爲嗣。孝武皇帝曾孫病已，武帝時有詔掖庭養視，至今年十八，師受《詩》、《論語》、《孝經》，躬行節儉，慈仁愛人，可以嗣孝昭皇帝後，奉承祖宗廟，子萬姓。臣昧死以聞。』皇太后詔曰：『可。』光遣宗正劉德至曾孫家尚冠里，洗沐賜御衣，太僕以軨獵車迎曾孫就齋宗正府，入未央宮見皇太后，封爲陽武侯。已而光奉上皇帝璽綬，謁于高廟，是爲孝宣皇帝。

論說

《漢書》卷六八《霍光傳贊》 霍光以結髮內侍，起於階闥之間，確然秉志，誼形於主。受襁褓之託，任漢室之寄，當廟堂，擁幼君，摧燕王，僕上官，因權制敵，以成其忠。處廢置之際，臨大節而不可奪，遂匡國家，安社稷，擁昭立宣，光爲師保，雖周公、阿衡，何以加此！

清・王夫之《讀通鑑論》卷四《漢昭帝》 嚴延年劾奏霍光擅廢立無人臣禮，其言甚危，其義甚正，若有敢死之氣而不畏强禦。或曰：光行權，而延年守天下之大經，爲萬世防。延年安得此不虞之譽哉！其後霍氏鴆皇后，謀大逆，以視光所行爲何如，延年何以噤不復鳴邪？光之必有所顧忌而不怨延年，宣帝有畏於霍氏，必心利延年之説而不責延年，延年皆慮之熟矣。犯天下之至險而固非險也，則乘之以沽直作威，而庸人遂敬憚之。既熟慮誅戮之不加，而抑爲庸人之所敬憚，延年之計得矣。前乎上官桀之亂，後乎霍禹之逆，使延年一訐其姦，而刀鋸且加乎身，固延年所弗敢問也。矯詭之士，每翹君與大臣危疑不自信之過，言之無諱以立名，而早計不逢其禍，此所謂『言辟而辨，行僞而堅』者也。有所擊必

有所避，觀其避以知其擊，君子豈爲其所罔哉？【略】

宣帝爵賞者，人君馭下之柄，而非但以馭下也，卽以正位而凝命也。辭受者，人臣自靖之節，而非但以自靖也，卽以安上而遠咎也。故賞有所不行，爵有所不受，而國家以寧。帥昧之始，君與開國之臣，爲天下而已亂。迨其中葉，外寇內姦，不逞於宗社，而殃及兆民，大臣代君行討，底定以綏之，而天下蒙安。斯二者，君爵之而非私，下受之而無慚，霍光豈其然哉！

昌邑之廢，光之不幸也。始者廢長立少，不擇而立昌邑，光之罪也。始不愼而輕以天下授不肖，已而創非常之舉，以臣廢君，而行震世之威。若夫迎立宣帝，固以親以賢，行其所無事者，非其論功之地也。宣帝紀定策功，加封光以二萬户，侯者五人，關內侯者八人。宣帝之爲此，失君道矣。已爲武帝曾孫，遭家不造，以賢而立乎？其位所固有也。震矜以爲非望之福，德戴己者而酬之，然則覬非望者，可縣爵賞以貿天下之歸，而天位亦危矣。爵賞行，而宣帝之立亦不正矣，以爵賞貿而得之者也。光不引咎以謝嚴延年之責，晏然受之而不辭，他日且爲霍山請五等之榮，則光之廢主，乃以邀功而貿賞，又何怪其妻之鴆后而子之謀逆乎？則抑何異司馬昭、蕭道成之因以簒，苗傅、劉正彥之敢於行險以徼幸乎？

論者曰：『光不學無術。』學何爲者也？非攬古今之成敗而審趨避之術也。諸葛公有云：『非澹泊無以明志。』又云：『學須靜也。』惟澹與靜，以養廉恥之心，以明取捨之節，以昭忠孝之志，純一於天性，終遠於利名。故可貴、可賤、可履虎尾而不咥、可乘高墉而射隼，居震世之功，而不媿於屋漏。無他，無欲故靜。皎然白其志於天下，流俗不能移，妻子不能亂。君以順天休命而無私，臣以致命遂志而不困。光之不學，未能學乎此也。非此之學，而學於術，以巧爲避就。曹操蓋嘗自言老而好學矣，曾不如金日磾之顓愚，暗合乎道也。

漢平帝

綜　述

《漢書》卷一二《平帝紀》　孝平皇帝，元帝庶孫，中山孝王子也。母曰衛姬。年三歲嗣立爲王。元壽二年六月，哀帝崩，太皇太后詔曰：『大司馬賢年少，不合衆心。其上印、綬，罷。』賢卽日自殺。新都侯王莽爲大司馬，領尚書事。秋七月，遣車騎將軍王舜、大鴻臚左咸使持節迎中山王。辛卯，貶皇太后趙氏爲孝成皇后，退居北宮，哀帝皇后傅氏退居桂宮。孔鄉侯傅晏、少府董恭等皆免官爵，徙合浦。九月辛酒，中山王卽皇帝位，謁高廟，大赦天下。

帝年九歲，太皇太后臨朝，大司馬莽秉政，百官總己以聽於莽。

又　卷八〇《宣元六王傳》　中山孝王興，建昭二年立爲信都王。十四年，徙中山。成帝之議立太子也，御史大夫孔光以爲《尚書》有殷及王，兄終弟及，中山王元帝之子，宜爲後。成帝以中山王不材，又兄弟，不得相入廟。外家王氏與趙昭儀皆欲用哀帝爲太子，故遂立焉。上乃封孝王舅馮參爲宜鄉侯，而益封孝王萬户，以尉其意。三十年，薨，子衎嗣。七年，哀帝崩，無子，徵中山王衎入卽位，是爲平帝。太皇太后以帝爲成帝後，故立東平思王孫桃鄉頃侯子成都爲中山王，奉孝王後。王莽時絕。

漢質帝

綜　述

《後漢書》卷六《質帝紀》　孝質皇帝諱纘，肅宗玄孫。曾祖父千乘貞王伉，祖父樂安夷王寵，父勃海孝王鴻，母陳夫人。沖帝不豫，大將軍梁冀徵帝到雒陽都亭。及沖帝崩，皇太后與冀定策禁中，丙辰，使冀持

節，以王青蓋車迎帝入南宮。丁巳，封爲建平侯，其日卽皇帝位，年八歲。

（本初元年）閏月甲申，大將軍梁冀潛行鴆弑，帝崩于玉堂前殿，年九歲。

漢桓帝

綜述

《後漢書》卷七《桓帝紀》 孝桓皇帝諱志，肅宗曾孫也。祖父河間孝王開，父蠡吾侯翼，母匽氏。翼卒，帝襲爵爲侯。

本初元年，梁太后徵帝到夏門亭，將妻以女弟。會質帝崩，太后遂與兄大將軍（梁）冀定策禁中，閏月庚寅，使冀持節，以王青蓋車迎帝入南宮，其日卽皇帝位，時年十五。

又 卷一〇下《皇后紀下·桓帝梁皇后》 桓帝懿獻梁皇后諱女瑩，順烈皇后之女弟也。帝初爲蠡吾侯，梁太后徵，欲與后爲婚，未及嘉禮，會質帝崩，因以立帝。

論説

清·王夫之《讀通鑑論》卷八《漢桓帝》 漢之亡也，母后、外戚、宦豎操立主之權，以持國柄而亂之；其所立者，感立己者之德而捐社稷以徇之；夫其漸積使然，豈一朝一夕之故哉？諸呂誅，惠帝子廢，舍齊王而迎立代王者，周勃也。昭帝無後，昌邑廢，迎立宣帝於民閒者，霍光也。夫二子所擇者賢，而二子無姦心，則得矣，然此豈可以爲後世法哉？且勃立文帝，而帝目送之曰：『鞅鞅非少主臣。』光立宣帝，而驂乘之日，帝若芒刺。則二子危而漢以安。非然者，跋扈之言出諸口，而鴆毒已入其咽。故爲人臣而以爲天下得人爲己任，雖伊尹、周公弗敢任焉，而況李固乎？

自禹以後，傳子之法定。無子而以次相繼，爲母后者不敢擇也，爲大

臣者不敢擇也。庶支無覬覦之心，外戚奄人無扳援之望，則雖得之不令，而亦唯天所授，非臣子所敢以意爲從違。故劉子業之凶淫，而沈慶之有死而不敢廢。忠者無所容其忠，姦者無所容其姦，然後權臣不能操天位之取捨以與人主市。宋仁宗之立英宗，高宗之立孝宗，人主自擇之，此則可謂爲天下得人爾。先君無前定之命，嗣子無豫建之實，則如楊廷和之迎興邸，順次而無敢擇焉可也。廷和行其所無事，而世宗曰：『以門生天子待朕。』亦鞅鞅芒刺之謂矣。然廷和危而天下安。固欲爲天下得人，而有擇焉，惡足以敵梁冀之結奄人、挾母后、以讎其邪心哉？漢法不善，而固無能自審於人臣之義；固爭愈力，則桓帝之感冀愈深，而冀之惡愈稔。卒與蒜而俱斃也，哀哉！

漢獻帝

綜述

《後漢書》卷九《獻帝紀》 孝獻皇帝諱協，靈帝中子也。母王美人，爲何皇后所害。中平六年四月，少帝卽位，封帝爲勃海王，徙封陳留王。

九月甲戌，卽皇帝位，年九歲。遷皇太后於永安宮。大赦天下。改昭寧爲永漢。丙子，董卓殺皇太后何氏。

又 卷一〇《皇后紀·靈帝何皇后》 中平六年，帝崩，皇子辯卽位，尊后爲皇太后。太后臨朝。后兄大將軍（何）進欲誅宦官，反爲所害；舞陽君亦爲亂兵所殺。并州牧董卓被徵，將兵入雒陽，陵虐朝庭，遂廢少帝爲弘農王而立協，是爲獻帝。

又 卷七二《董卓傳》 （靈）帝崩，大將軍何進、司隸校尉袁紹謀誅閹宦，而太后不許，乃私呼卓將兵入朝，以脅太后。卓得召，卽時就道。並上書曰：『中常侍張讓等竊倖承寵，濁亂海內。臣聞揚湯止沸，莫若去薪；潰癰雖痛，勝於內食。昔趙鞅興晉陽之甲，以逐君側之惡人。今臣輒鳴鐘鼓如雒陽，請收讓等，以清姦穢。』卓未至而何進敗，虎賁中郎將袁術乃燒南宮，欲討宦官，而中常侍段珪等劫少帝及陳留王夜走小平

津。卓遠見火起，引兵急進，未明到城西，聞少帝在北芒，因往奉迎。帝見卓將兵卒至，恐怖涕泣。卓與言，不能辭對；與陳留王語，遂及禍亂之事。卓以王爲賢，且爲董太后所養，卓自以與太后同族，有廢立意。

初，卓之入也，步騎不過三千，自嫌兵少，恐不爲遠近所服，率四五日輒夜潛出軍近營，明旦乃大陳旌鼓而還，以爲西兵復至，雒中無知者。尋而何進及弟苗先所領部曲皆歸於卓，卓又使呂布殺執金吾丁原而并其衆，卓兵士大盛。乃諷朝廷策免司空劉弘而自代之。因集議廢立。百僚大會，卓乃奮首而言曰：『大者天地，其次君臣，所以爲政。皇帝暗弱，不可以奉宗廟，爲天下主。今欲依伊尹、霍光故事，更立陳留王，何如？』公卿以下莫敢對。卓又抗言曰：『昔霍光定策，延年按劍。有敢沮大議，皆以軍法從之。』坐者震動。尚書盧植獨曰：『昔太甲既立不明，昌邑罪過千餘，故有廢立之事。今上富於春秋，行無失德，非前事之比也。』卓大怒，罷坐。明日復集羣僚於崇德前殿，遂脅太后，策廢少帝。曰：『皇帝在喪，無人子之心，威儀不類人君，今廢爲弘農王。』乃立陳留王，是爲獻帝。

宦官謀立分部

秦二世

綜述

《史記》卷六《秦始皇本紀》 （始皇）使御史悉案問諸生，諸生傳相告引，乃自除。犯禁者四百六十餘人，皆阬之咸陽，使天下知之，以懲後。益發謫徙邊。始皇長子扶蘇諫曰：『天下初定，遠方黔首未集，諸生皆誦法孔子，今上皆重法繩之。臣恐天下不安。唯上察之。』始皇怒，使扶蘇北監蒙恬於上郡。

（始皇）三十七年十月癸丑，始皇出游。左丞相（李）斯從，右丞相（馮）去疾守。少子胡亥愛慕請從，上許之。【略】至平原津而病。始皇惡言死，羣臣莫敢言死事。上病益甚，乃爲璽書賜公子扶蘇曰：『與喪會咸陽而葬。』書已封，在中車府令趙高行符璽事所，未授使者。七月丙寅，始皇崩於沙丘平臺。丞相斯爲上崩在外，恐諸公子及天下有變，乃秘之，不發喪。棺載轀涼車中，故幸宦者參乘，所至上食。百官奏事如故，宦者輒從轀涼車中可其奏事。獨子胡亥、趙高及所幸宦者五六人知上死。趙高故嘗教胡亥書及獄律令法事，胡亥私幸之。高乃與公子胡亥、丞相斯陰謀破去始皇所封書賜公子扶蘇者，而更詐爲丞相斯受始皇遺詔沙丘，立子胡亥爲太子。更爲書賜公子扶蘇、蒙恬，數以罪，賜死。語具在《李斯傳》中。行，遂從井陘抵九原。

又 卷四八《陳涉世家》 （二世元年七月）陳勝曰：『天下苦秦久矣！吾聞二世少子也，唐司馬貞《索隱》曰：姚氏按：隱士遺章邯書云『李斯爲二世廢十七兄而立今王』，則二世是始皇第十八子也。不當立，當立者乃公子扶蘇。扶蘇以數諫故，上使外將兵。今或聞無罪，二世殺之。百姓多聞其賢，未知其死也。項燕爲楚將，數有功，愛士卒，楚人憐之。或以爲死，或以爲亡。今誠以吾衆詐自稱公子扶蘇、項燕，爲天下唱，宜多應者。』

（陳勝起兵）乃詐稱公子扶蘇、項燕，從民欲也。

又 卷八七《李斯列傳》 始皇帝至沙丘，病甚，令趙高爲書賜公子扶蘇曰：『以兵屬蒙恬，與喪會咸陽而葬。』書已封，未授使者，始皇崩。書及璽皆在趙高所，獨子胡亥、丞相李斯、趙高及幸宦者五六人知始皇崩，餘羣臣皆莫知也。李斯以爲上在外崩，無眞太子，故祕之。置始皇居轀輬車中，百官奏事上食如故，宦者輒從轀輬車中可諸奏事。

趙高因留所賜扶蘇璽書，而謂公子胡亥曰：『上崩，無詔封王諸子而獨賜長子書。長子至，卽立爲皇帝，而子無尺寸之地，爲之奈何？』胡亥曰：『固也。吾聞之，明君知臣，明父知子。父捐命，不封諸子，何可言者！』趙高曰：『不然。方今天下之權，存亡在子與高及丞相耳，願子圖之。且夫臣人與見臣於人，制人與見制於人，豈可同日道哉！』胡亥曰：『廢兄而立弟，是不義也；不奉父詔而畏死，是不孝也；能薄而材譾，强因人之功，是不能也：三者逆德，天下不服，身殆傾危，社稷不血食。』高曰：『臣聞湯、武殺其主，天下稱義焉，不爲不忠。衛君殺其

父，而衛國載其德，孔子著之，不爲不孝。夫大行不小謹，盛德不辭讓，鄉曲各有宜而百官不同功。故顧小而忘大，後必有害；狐疑猶豫，後必有悔。斷而敢行，鬼神避之，後有成功。願子遂之！』胡亥喟然歎曰：『今大行未發，喪禮未終，豈宜以此事干丞相哉！』趙高曰：『時乎時乎，間不及謀！贏糧躍馬，唯恐後時！』

胡亥既然高之言，高曰：『不與丞相謀，恐事不能成，臣請爲子與丞相謀之。』高乃謂丞相斯曰：『上崩，賜長子書，與喪會咸陽而立爲嗣。書未行，今上崩，未有知者也。所賜長子書及符璽皆在胡亥所，定太子在君侯與高之口耳。事將何如？』斯曰：『安得亡國之言！此非人臣所當議也！』高曰：『君侯自料能孰與蒙恬？功高孰與蒙恬？謀遠不失孰與蒙恬？無怨於天下孰與蒙恬？長子舊而信之孰與蒙恬？』斯曰：『此五者皆不及蒙恬，而君責之何深也？』高曰：『高固內官之廝役也，幸得以刀筆之文進入秦宮，管事二十餘年，未嘗見秦免罷丞相功臣有封及二世者也，卒皆以誅亡。皇帝二十餘子，皆君之所知。長子剛毅而武勇，信人而奮士，卽位必用蒙恬爲丞相，君侯終不懷通侯之印歸於鄉里，明矣。高受詔教習胡亥，使學以法事數年矣，未嘗見過失。慈仁篤厚，輕財重士，辯於心而詘於口，盡禮敬士，秦之諸子未有及此者，可以爲嗣。君計而定之。』斯曰：『君其反位！斯奉主之詔，聽天之命，何慮之可定也？』高曰：『安可危也，危可安也。安危不定，何以貴聖？』斯曰：『斯，上蔡閭巷布衣也，上幸擢爲丞相，封爲通侯，子孫皆至尊位重祿者，故將以存亡安危屬臣也。豈可負哉！夫忠臣不避死而庶幾，孝子不勤勞而見危，人臣各守其職而已矣。君其勿復言，將令斯得罪。』高曰：『蓋聞聖人遷徙無常，就變而從時，見末而知本，觀指而覩歸。物固有之，安得常法哉！方今天下之權命懸於胡亥，高能得志焉。且夫從外制中謂之惑，從下制上謂之賊。故秋霜降者草花落，水搖動者萬物作，此必然之效也。君何見之晚？』斯曰：『吾聞晉易太子，三世不安；齊桓兄弟爭位，身死爲戮；紂殺親戚，不聽諫者，國爲丘墟，遂危社稷：三者逆天，宗廟不血食。斯其猶人哉，安足爲謀！』高曰：『上下合同，可以長久；中外若一，事無表裏。君聽臣之計，卽長有封侯，世世稱孤，必有喬松之壽，孔、墨之智。今釋此而不從，禍及子孫，足以爲寒心。善者因禍爲福，君何處焉？』斯乃仰天而歎，垂淚太息曰：『嗟乎！獨遭亂世，既以不能死，安託命哉！』於是斯乃聽高。高乃報胡亥曰：『臣請奉太子之明命以報丞相，丞相斯敢不奉令！』

於是乃相與謀，詐爲受始皇詔丞相，立子胡亥爲太子。更爲書賜長子扶蘇曰：『朕巡天下，禱祠名山諸神以延壽命。今扶蘇與將軍蒙恬將師數十萬以屯邊，十有餘年矣，不能進而前，士卒多秏，無尺寸之功，乃反數上書直言誹謗我所爲，以不得罷歸爲太子，日夜怨望。扶蘇爲人子不孝，其賜劍以自裁！將軍恬與扶蘇居外，不匡正，宜知其謀。爲人臣不忠，其賜死，以兵屬裨將王離。』封其書以皇帝璽，遣胡亥客奉書賜扶蘇於上郡。

使者至，發書，扶蘇泣，入內舍，欲自殺。蒙恬止扶蘇曰：『陛下居外，未立太子，使臣將三十萬衆守邊，公子爲監，此天下重任也。今一使者來，卽自殺，安知其非詐？請復請，復請而後死，未暮也。』使者數趣之。扶蘇爲人仁，謂蒙恬曰：『父而賜子死，尚安復請！』卽自殺。蒙恬不肯死，使者卽以屬吏，繫於陽周。使者還報，胡亥、斯、高大喜。至咸陽，發喪，太子立爲二世皇帝。以趙高爲郎中令，常侍中用事。

二世燕居，乃召高與謀事，謂曰：『夫人生居世間也，譬猶騁六驥過決隙也。吾既已臨天下矣，欲悉耳目之所好，窮心志之所樂，以安宗廟而樂萬姓，長有天下，終吾年壽，其道可乎？』高曰：『此賢主之所能行也，而昏亂主之所禁也。臣請言之，不敢避斧鉞之誅，願陛下少留意焉。夫沙丘之謀，諸公子及大臣皆疑焉，而諸公子盡帝兄，大臣又先帝之所置也。今陛下初立，此其屬意怏怏皆不服，恐爲變。且蒙恬已死，蒙毅將兵居外，臣戰戰栗栗，唯恐不終。且陛下安得爲此樂乎？』二世曰：『爲之奈何？』趙高曰：『嚴法而刻刑，令有罪者相坐誅，至收族，滅大臣而遠骨肉；貧者富之，賤者貴之。盡除去先帝之故臣，更置陛下之所親信者近之。此則陰德歸陛下，害除而姦謀塞，羣臣莫不被潤澤，蒙厚德，陛下則高枕肆志寵樂矣。計莫出於此。』二世然高之言，乃更爲法律。於是羣臣諸公子有罪，輒下高，令鞠治之。殺大臣蒙毅等，公子十二人僇死咸陽市，十公主矺死於杜，財物入於縣官，相連坐者不可勝數。

又 卷八八《蒙恬列傳》 始皇至沙丘崩，祕之，羣臣莫知。是時，

丞相李斯、公子胡亥、中車府令趙高常從。高雅得幸於胡亥，欲立之，又怨蒙毅法治之而不爲己也，因有賊心，乃與丞相李斯、公子胡亥陰謀，立胡亥爲太子。太子已立，遣使者以罪賜公子扶蘇、蒙恬死。扶蘇已死，蒙恬疑而復請之，使者以蒙恬屬吏，更置，胡亥以李斯舍人爲護軍。使者還報，胡亥已聞扶蘇死，卽欲釋蒙恬。趙高恐蒙氏復貴而用事，怨之。毅還至，趙高因爲胡亥忠計，欲以滅蒙氏，乃言曰：『臣聞先帝欲舉賢立太子久矣，而毅諫曰「不可」，若知賢而俞不立，則是不忠而惑主也。以臣愚意，不若誅之。』胡亥聽而繫蒙毅於代。前已囚蒙恬于陽周，喪至咸陽，已葬，太子立爲二世皇帝，而趙高親近，日夜毀惡蒙氏，求其罪過，舉劾之。

宋·鄭樵《通志》卷四《秦紀》 二世皇帝，始皇第十八子也。

論　說

《史記》卷八七《李斯列傳》 太史公曰：李斯以閭閻歷諸侯，入事秦，因以瑕釁，以輔始皇，卒成帝業，斯爲三公，可謂尊用矣。斯知六藝之歸，不務明政以補主上之缺，持爵祿之重，阿順苟合，嚴威酷刑，聽高邪說，廢適立庶。諸侯已畔，斯乃欲諫爭，不亦末乎！人皆以斯極忠而被五刑死，察其本，乃與俗議之異。不然，斯之功且與周、召列矣。

《索隱》述贊曰：鼠在所居，人固擇地。斯效智力，功立名遂。置酒咸陽，人臣極位。一夫誑惑，變易神器。國喪身誅，本同末異。

《漢書》卷四八《賈誼傳》 夫三代之所以長久者，以其輔翼太子有此具也。及秦而不然。其俗固非貴辭讓也，所上者告訐也；固非貴禮義也，所上者刑罰也。使趙高傅胡亥而教之獄，所習者非斬劓人，則夷人之三族也。故胡亥今日卽位而明日射人，忠諫者謂之誹謗，深計者謂之妖言，其視殺人若艾草菅然。豈惟胡亥之性惡哉？彼其所以道之者非其理故也。

又　卷九九《叔孫通傳》 （叔孫通）曰：『昔者晉獻公以驪姬之故廢太子，立奚齊，晉國亂者數十年，爲天下笑。秦以不蚤定扶蘇，令趙高得以詐立胡亥，自使滅祀，此陛下所親見。

《後漢書》卷六三《李固傳》 昔秦皇亡於沙丘，胡亥、趙高隱而不發，卒害扶蘇，以至亡國。

宋·余靖《武溪集》卷四《秦論下》 世言秦所以亡者，趙高譖邪，胡亥蔽愚，毒痡齊民，四海瓦解而宗社墟矣。愚嘗以爲亡秦而賊天下者，李斯也。【略】世子者，所以接統而著代，君行則守，有守，則從古之制也。故曰太子，天下之本，本根一搖，天下必蕩。安有著名儲貳，而握兵邊徼廢弦誦之大業，習鼓旂之末節，衣裳顛倒，莫甚於玆。默而不言，焉用彼相？及沙邱之變，趙高以褻近之資，啓亡國之言。丞相當於此時正人臣無將之誅，以視天下，召扶蘇而立之，從先帝之約。扶蘇仁明，備嘗險阻，輔以治道，可致太平。若剗去嚴刑，罷遣謫戍，民無怨讟，則秦之社稷，未可量也。斯惑趙高之詞，越録而拔，胡亥小人在位，兵徭並起，使四海之人，血膏邊城，骨填驪山，比屋嗸嗸，半爲盜賊，尚乃建言督責以固恩寵，豈不愚哉！

明·楊慎《升菴集》卷七〇《擬過秦》 夫秦自始皇二十六年庚辰，六王初畢，四海始一，雄圖既溢，武力未畢，方架黿鼉以爲梁，巡海右以送日，俄而祖龍魂斷于沙丘，鮑魚腥聞乎四極矣。胡亥越十七兄而篡立，方欲極耳目、窮心志，而閻樂之戈，已及于望夷矣。

藝　文

唐·胡曾《詠史詩》卷下《殺子谷》 舉國賢良盡淚垂，扶蘇屈死樹邊時。至今谷口泉嗚咽，猶似當時恨李斯。

唐·殷璠《河岳英靈集》卷上《〔唐〕陶翰〈經殺子谷〉》 扶蘇秦帝子，舉代稱其賢。百萬猶在握，可爭天下權。束身就一劍，壯志皆棄捐。塞下有遺迹，千齡人共傳。疏蕪盡荒草，寂歷空寒煙。到此盡垂淚，非我獨潛然。

清·彭定求等《全唐詩》卷五〇八《韋楚老〈祖龍行〉》 黑雲兵氣射天裂，壯士朝眠夢冤結。祖龍一夜死沙丘，胡亥空隨鮑魚轍。腐肉偷生三千里，偽書先賜扶蘇死。墓接驪山土未乾，瑞光已向芒碭起。陳勝城中鼓三下，秦家天地如崩瓦。龍蛇撩亂入咸陽，少帝空隨漢家馬。

又 卷七二九《周壘〈秦門・胡亥〉》 鹿馬何難辨是非，寧勞卜筮問安危。權臣爲亂多如此，亡國時君不自知。

又 《周壘〈秦門・趙高〉》 趙高胡亥速天誅，率土興兵怨毒痡。豐沛見機羣小吏，功成兒戲亦何殊。

宋・孔文仲等《清江三孔集》卷二五《［宋］孔平仲〈扶蘇〉》 天下精兵掌握間，便宜長嘯入秦關。奈何伏劍區區死，不辨書從趙李姦。

宋・王十朋《梅溪集》卷一〇《二世》 始皇一怒逐扶蘇，天欲亡秦果在胡。翻被四方黔首笑，不分鹿馬是誰愚。

宋・陸游《劍南詩稿》卷二八《古築城曲四首・其二》 長城高際天，三十萬人守。一日詔書來，扶蘇先授首。

宋・劉克莊《後村集》卷一四《詩・雜詠一百首・扶蘇》 詔自沙丘至，如何便釋兵。君王令賜死，公子不求生。

又 卷一五《詩・雜詠一百首・趙高》 歸自沙丘後，因專定策功。國由中府令，帝在望夷宮。

宋・林同《孝詩・扶蘇》 父賜子以死，君侯安所疑。忍哉指鹿相，無復祖龍知。

宋・陳普《石堂先生遺集》卷二〇《詠史上・李斯》 李斯何敢安坑儒，但作逢君固位圖。造物欲爲儒報德，故教草草殺扶蘇。

宋・徐鈞《史詠詩集》卷上《人臣・趙高》 閹奴久矣擅秦權，鹿馬欺君亦勢然。輒向望夷行弑逆，此身不殺是無天。

明・趙撝謙《趙考古文集》卷二《詠懷次倪安道》 蜩蟬本無患，悠然亭柯上。飲露吟清風，飛禽忽來往。扶蘇在邊垂，趙李起姦想。世無少康闕，千載爲怏怏。

明・徐熥《幔亭集》卷三七《言古詩・築城詞》 丁夫抱杵城頭築，朱顏少婦城邊哭。哭聲未絕城已崩，無數丁夫遭殺戮。殺戮丁夫就此埋，半爲黃土半人骸。長城未畢山東亂，四海紛紛歸楚漢。吁嗟呂政胡爲乎，亡秦乃在廢扶蘇。

清・屈大均《翁山詩外》卷二《詠古》 陳涉奮布衣，遂成士崩勢。偏袒一大呼，秦已無二世。匹夫舉大名，湯武若符契。扶蘇雖當立，詐稱亦非計。將誅無道秦，師行宜大誓。成敗在上天，西向乘鋒銳。毋示天下私，自王以微細。爲秦多益敵，六國蒙嘉惠。入關令諸侯，功德可爲帝。

又 卷三七《言古・博浪行》 一聲震動驚秦始，猛過當年椎晉鄙。山東豪俊盡生心，圯上老人應不喜。英雄堅忍事方成，徼幸何須學慶卿。副車誤敍中知天意，要使沙丘載臭行。扶蘇不得作天子，總在沙丘龍一死。可憐百萬死秦孤，祇有趙高能雪恥。趙高生長趙王家，淚灑長平作血花。報趙盡傾秦郡縣，報韓秪得博狼沙。

清・徐世昌《晚晴簃詩匯》卷一八五《［清］李含章〈秦始皇〉》 金虎宮鄰事可憐，慢疑鶉首賜鈞天。終令六國還三户，空使諸生笑九泉。車載轀輬山有鬼，舟行縹緲海無仙。傷心萬里長城在，依舊扶蘇伏劍年。

漢順帝

綜　述

《後漢書》卷六《順帝紀》 孝順皇帝諱保，安帝之子也。母李氏，爲閻皇后所害。永寧元年，立爲皇太子。延光三年，安帝乳母王聖、大長秋江京、中常侍樊豐譖太子乳母王男、廚監邴吉，殺之，太子數爲歎息。王聖等懼有後禍，遂與豐、京共構陷太子，太子坐廢爲濟陰王。明年三月，安帝崩，北鄉侯立，濟陰王以廢黜，不得上殿親臨梓宮，悲號不食，內外羣僚莫不哀之。及北鄉侯薨，車騎將軍閻顯及江京，與中常侍劉安、陳達等白太后，祕不發喪，而更徵立諸國王子，乃閉宮門，屯兵自守。十一月丁巳，京師及郡國十六地震。是夜，中黃門孫程等十九人共斬江京、劉安、陳達等，迎濟陰王於德陽殿西鐘下，即皇帝位，年十一。

又 卷一〇《皇后紀上・安帝閻皇后》 （建光）四年春，（安思閻皇）后從（安）帝幸章陵，帝道疾，崩於葉縣。后、（閻）顯兄弟及江京、樊豐等謀曰：『今晏駕道次，濟陰王在內，邂逅公卿立之，還爲大害。』乃僞云帝疾甚，徙御臥車。行四日，驅馳還宮。明日，詐遣司徒劉熹詣郊廟社稷，告天請命。其夕，乃發喪。尊后曰皇太后。皇太后臨朝，

以顯爲車騎將軍儀同三司。

太后欲久專國政，貪立幼年，與顯等定策禁中，迎濟北惠王子北鄉侯懿，立爲皇帝。

少帝立二百餘日而疾篤，顯兄弟及江京等皆在左右。京引顯屏語曰：『北鄉侯病不解，國嗣宜時有定。前不用濟陰王，今若立之，後必當怨，又何不早徵諸王子，簡所置乎？』顯以爲然。及少帝薨，京白太后，徵濟北、河間王子。未至，而中黃門孫程合謀殺江京等，立濟陰王，是爲順帝。

又 卷一五《來歷傳》 （安帝）時皇太子驚病不安，避幸安帝乳母野王君王聖舍。太子乳母王男、廚監邴吉等以爲聖舍新繕修，犯土禁，不可久御。聖及其女永與大長秋江京及中常侍樊豐、王男、邴吉等互相是非，聖、永遂誣譖男、吉，皆幽囚死，家屬徙比景。太子思男等，數爲歎息。京、豐懼有後害，妄造虛無，構讒太子及東宮官屬。帝怒，召公卿以下會議廢立。耿寶等承旨，皆以爲太子當廢。歷與太常桓焉、廷尉張皓議曰：『經說，年未滿十五，過惡不在其身。且男、吉之謀，皇太子容有不知，宜選忠良保傅，輔以禮義。廢置事重，此誠聖恩所宜宿留。』帝不從，是日遂廢太子爲濟陰王。時監太子家小黃門籍建、中傅高梵等，皆以無罪徙朔方。歷乃要結光祿勳祋諷、宗正劉瑋、將作大匠薛皓、侍中閭丘弘、陳光、趙代、施延，太中大夫朱倀、第五頡，中散大夫曹成，諫議大夫李尤，符節令張敬，持書侍御史龔調，羽林右監孔顯，城門司馬徐崇，衛尉守丞樂闓，長樂、未央廄令鄭安世等十餘人，俱詣鴻都門證太子無過。帝與左右患之，乃使中常侍奉詔脅羣臣曰：『父子一體，天性自然。以義割恩，爲天下也。歷、諷等不識大典，而與羣小共爲讙譁，外見忠直而內希後福，飾邪違義，豈事君之禮？朝廷廣開言事之路，故且一切假貸；若懷迷不反，當顯明刑書。』諫者莫不失色。薛皓先頓首曰：『固宜如明詔。』歷怫然，廷詰皓曰：『屬通諫何言，而今復背之？大臣乘朝車，處國事，固得輾轉若此乎！』乃各稍自引起，歷獨守闕，連日不肯去。帝大怒，乃免歷兄弟官，削國租，黜公主不得會見。歷遂杜門不與親戚通，時人爲之震栗。

及帝崩，閻太后起歷爲將作大匠。順帝卽位，朝廷咸稱社稷臣，於是遷爲衛尉。

又 卷五六《張皓傳》 （張）皓雖非法家，而留心刑斷，數與尚書辯正疑獄，多以詳當見從。時安帝廢皇太子爲濟陰王，皓與太常桓焉、太僕來歷廷爭之，不能得。事已具《來歷傳》。退而上疏曰：『昔賊臣江充，造構讒逆，至令戾園興兵，終及禍難。後壺關三老一言，上乃覺悟，雖追前失，悔之何逮！今皇太子春秋方始十歲，未見保傅九德之義，宜簡賢輔，就成聖質。』書奏不省。

又 卷七八《宦者傳·孫程》 孫程字稚卿，涿郡新城人也。安帝時，爲中黃門，給事長樂宮。

時鄧太后臨朝，帝不親政事。小黃門李閏與帝乳母王聖常共譖太后兄執金吾悝等，言欲廢帝，立平原王翼，帝每忿懼。及太后崩，遂誅鄧氏而廢平原王，封閏雍鄉侯；又小黃門江京以讒諂進，初迎帝於邸，以功封都鄉侯，食邑各三百户。閏、京並遷中常侍，江京兼大長秋，與中常侍樊豐、黃門令劉安、鉤盾令陳達及王聖、聖女伯榮扇動內外，競爲侈虐。又帝舅大將軍耿寶、皇后兄大鴻臚閻顯更相阿黨，遂枉殺太尉楊震，廢皇太子爲濟陰王。

明年帝崩，立北鄉侯爲天子。顯等遂專朝爭權，乃諷有司奏誅樊豐，廢耿寶、王聖，及黨與皆見死徙。

十月，北鄉侯病篤。程謂濟陰王謁者長興渠曰：『王以嫡統，本無失德，先帝用讒，遂至廢黜。若北鄉疾不起，共斷江京、閻顯，事乃可成。』渠等然之。又中黃門南陽王康，先爲太子府史，自太子之廢，常懷歎憤。又長樂太官丞京兆王國，並附同於程。至二十七日，北鄉侯薨。閻顯白太后，徵諸王子簡爲帝嗣。未及至，十一月二日，程遂與王康等十八人，聚謀於西鐘下，皆截單衣爲誓。四日夜，程等共會崇德殿上，因入章臺門。時江京、劉安及李閏、陳達等俱坐省門下，程與王康共就斬京、安、達，以李閏權勢積爲省內所服，欲引爲主，因舉刃脅閏曰：『今當立濟陰王，無得搖動。』閏曰：『諾。』於是扶閏起，俱於西鐘下迎濟陰王立之，是爲順帝。召尚書令、僕射以下，從輦幸南宮雲臺，程等留守省門，遮扞內外。

閻顯時在禁中，憂迫不知所爲，小黃門樊登勸顯發兵，以太后詔召越

騎校尉馮詩、虎賁中郎將閻崇，屯朔平門，以御程等。誘詩入省，太后使授之印，曰：『能得濟陰王者封萬户侯，得李閏者五千户侯。』顯以詩所將衆少，使與登迎吏士于左掖門外。詩因格殺登，歸營屯守。顯弟衛尉景遽從省中還外府，收兵至盛德門。程傳召諸尚書使收景。尚書郭鎮時臥病，聞之，即率直宿羽林出南止車門，逢景從吏士，拔白刃，呼曰：『無干兵。』鎮即下車，持節詔之。景曰：『何等詔？』因斫鎮，不中。鎮引劍擊景墮車，左右以戟叉其匈，遂禽之，送廷尉獄，即夜死。旦日，令侍御史收顯等送獄，於是遂定。

太子制度部

册立太子儀分部

綜述

《漢書》卷六《武帝紀》（元狩元年四月）丁卯，立皇太子。賜中二千石爵右庶長，民爲父後者一級。

又 卷八《宣帝紀》（地節三年）夏四月戊申，立皇太子，大赦天下。賜御史大夫爵關内侯，中二千石爵右庶長，天下當爲父後者爵一級。賜廣陵王黄金千斤，諸侯王十五人黄金各百斤，列侯在國者八十七人黄金各二十斤。

又 卷九《元帝紀》（初元二年）夏四月丁巳，立皇太子。賜御史大夫爵關内侯，中二千石右庶長，天下當爲父後者爵一級，列侯錢各二十萬，五大夫十萬。

晉・司馬彪《續漢書・禮儀志中》 拜皇太子之儀：百官會，位定，謁者引皇太子當御坐殿下，北面；司空當太子西北，東面立。讀策書畢，中常侍持皇太子璽綬東向授太子。太子再拜，三稽首。謁者贊皇太子臣某，中謁者稱制曰『可』。三公升階上殿，賀壽萬歲。因大赦天下。供賜禮畢，罷。

漢・衛宏《漢官舊儀》卷下 立皇后、太子，大赦天下，賜天下男子爵，女子牛酒繒帛，夫增秩。

論說

《漢書》卷四《文帝紀》（元年）正月，有司請蚤建太子，所以尊宗廟也。詔曰：『朕既不德，上帝神明未歆饗也，天下人民未有慊志。今縱不能博求天下賢聖有德之人而嬗天下焉，而曰豫建太子，是重吾不德也。謂天下何？其安之。』有司曰：『豫建太子，所以重宗廟、社稷，不忘天下也。』上曰：『楚王，季父也，春秋高，閲天下之義理多矣，明於國家之體。吳王於朕，兄也；淮南王，弟也：皆秉德以陪朕，豈爲不豫哉！諸侯王、宗室昆弟有功臣，多賢及有德義者，若舉有德以陪朕之不能終，是社稷之靈，天下之福也。今不選舉焉，而曰必子，人其以朕爲忘賢有德者而專於子，非所以憂天下也。朕甚不取。』有司固請曰：『古者殷、周有國，治安皆且千歲，有天下者莫長焉，用此道也。立嗣必子，所從來遠矣。高帝始平天下，建諸侯，爲帝者太祖。諸侯王、列侯始受國者亦皆爲其國祖。子孫繼嗣，世世不絶，天下之大義也。故高帝設之以撫海内。今釋宜建而更選於諸侯宗室，非高帝之志也。更議不宜。子啓最長，敦厚慈仁，請建以爲太子。』上乃許之。因賜天下民當爲父後者爵一級。

《後漢書》卷二九《郅惲傳》 后既廢，而太子意不自安，惲乃説太子曰：『久處疑位，上違孝道，下近危殆。昔高宗明君，吉甫賢臣，及有纖介，放逐孝子。《春秋》之義，母以子貴。太子宜因左右及諸皇子引愆退身，奉養母氏，以明聖教，不背所生。』太子從之，帝竟聽許。

又 卷五五《清河孝王慶傳》（建初）七年，帝遂廢太子慶而立皇太子肇。肇，梁貴人子也。乃下詔曰：『皇太子有失惑無常之性，爰自孩乳，至今益章，恐襲其母凶惡之風，不可以奉宗廟，爲天下主。大義滅

親，況降退乎！今廢慶爲清河王。皇子肇保育皇后，承訓懷衽，導達善性，將成其器。蓋庶子慈母，尚有終身之恩，豈若嫡后事正義明哉！今以肇爲皇太子。』

《晉書》卷二一《禮志下》 漢魏故事，皇太子稱臣。新禮以太子既以子爲名，而又稱臣，臣子兼稱，於義不通，除太子稱臣之制。摯虞以爲：《孝經》『資於事父以事君』，義兼臣子，則不嫌稱臣，宜定新禮皇太子稱臣如舊。詔從之。

冠服璽綬分部

綜述

晉·司馬彪《續漢書·禮儀志上》 正月甲子若丙子爲吉日，可加元服，儀從《冠禮》。乘輿初加緇布進賢，次爵弁，次武弁，次通天。冠訖，皆於高祖廟如禮謁。王公以下，初加進賢而已。【略】

又《輿服志上》 皇太子、皇子皆安車，朱班輪，青蓋，金華蚤，黑櫖文，畫轓文輈，金塗五末。【略】

諸車之文：乘輿，倚龍伏虎，櫖文畫輈，龍首鸞衡，重牙班輪，升龍飛軨。皇太子、諸侯王，倚虎伏鹿，櫖文畫輈轓，吉陽筩，朱班輪，鹿文飛軨，旂旗九降龍。【略】

諸馬之文：案乘輿，金（鍐）［錽］方釳，插翟象鑣，龍畫總，沫升龍，赤扇汗，青兩翅，鸛尾。駙馬，左右赤珥流蘇，飛鳥節，赤膺兼。皇太子或亦如之。

又《輿服志下》 天子、三公、九卿、特進侯、侍祠侯，祀天地明堂，皆冠旒冕，衣裳玄上纁下。乘輿備文，日月星辰十二章，三公、諸侯用山龍九章，九卿以下用華蟲七章，皆備五采，大佩，赤舄絇履，以承大祭。百官執事者，冠長冠，皆祗服。五嶽、四瀆、山川、宗廟、社稷諸沾秩祠，皆袀玄長冠，五郊各如方色云。百官不執事，各服常冠袀玄以從。

冕冠，垂旒，前後邃延，玉藻。孝明皇帝永平二年，初詔有司采《周官》、《禮記》、《尚書·臯陶篇》，乘輿服從歐陽氏説，公卿以下從大小夏侯氏説。冕皆廣七寸，長尺二寸，前圓後方，朱綠裏，玄上，前垂四寸，後垂三寸，係白玉珠爲十二旒，以其綬采色爲組纓。三公諸侯七旒，青玉爲珠；卿大夫五旒，黑玉爲珠。皆有前無後，各以其綬采色爲組纓，旁垂黈纊。郊天地，宗祀，明堂，則冠之。衣裳玉佩備章采，乘輿刺繡，公侯九卿以下皆織成，陳留襄邑獻之云。

長冠，一曰齋冠，高七寸，廣三寸，促漆纚爲之，制如板，以竹爲裏。初，高祖微時，以竹皮爲之，謂之劉氏冠，楚冠制也。民謂之鵲尾冠，非也。祀宗廟諸祀則冠之。皆服袀玄，絳緣領袖爲中衣，絳絝絑，示其赤心奉神也。五郊，衣幘絝絑各如其色。此冠高祖所造，故以爲祭服，尊敬之至也。

委貌冠、皮弁冠同制，長七寸，高四寸，制如覆杯，前高廣，後卑鋭，所謂夏之毋追，殷之章甫者也。委貌以皁絹爲之，皮弁以鹿皮爲之。行大射禮於辟雍，公卿諸侯大夫行禮者，冠委貌，衣玄端素裳。執事者冠皮弁，衣緇麻衣，皁領袖，下素裳，所謂皮弁素積者也。

爵弁，一名冕。廣八寸，長尺二寸，如爵形，前小後大，繒其上似爵頭色，有收持笄，所謂夏收殷冔者也。祠天地五郊明堂，《雲翹舞》樂人服之。《禮》曰：『朱干玉鏚，冕而舞《大夏》。』此之謂也。

通天冠，高九寸，正豎，頂少邪卻，乃直下爲鐵卷梁，前有山，展筩爲述，乘輿所常服。服衣，深衣制，有袍，隨五時色。袍者，或曰周公抱成王宴居，故施袍。《禮記》『孔子衣逢掖之衣。』縫掖其袖，合而縫大之，近今袍者也。今下至賤更小史，皆通制袍，單衣，皁緣領袖中衣，爲朝服云。

遠遊冠，制如通天，有展筩横之於前，無山述，諸王所服也。

高山冠，一曰側注。制如通天，頂不邪卻，直豎，無山述展筩，中外官、謁者、僕射所服。太傅胡廣説曰：『高山冠，蓋齊王冠也。秦滅齊，以其君冠賜近臣謁者服之。』

進賢冠，古緇布冠也，文儒者之服也。前高七寸，後高三寸，長八寸。公侯三梁，中二千石以下至博士兩梁，自博士以下至小史私學弟子，

皆一梁。宗室劉氏亦兩梁冠，示加服也。【略】

諸冠皆有纓緌，執事及武吏皆縮纓，垂五寸。【略】

安帝立皇太子，太子謁高祖廟、世祖廟，門大夫從，冠兩梁進賢；洗馬冠高山。罷廟，侍御史任方奏請非乘從時，皆冠一梁，不宜以爲常服。事下有司。尚書陳忠奏：『門大夫職如諫大夫，洗馬職如謁者，故皆服其服，先帝之舊也。方言可寢。』奏可。謁者，古者一名洗馬。【略】

古者有冠無幘，其戴也，加首有頍，所以安物。故《詩》曰：『有頍者弁』，此之謂也。三代之世，法制滋彰，下至戰國，文武並用。秦雄諸侯，乃加其武將首飾爲絳袙，以表貴賤，其後稍稍作顔題。漢興，續其顔，卻摞之，施巾連題，卻覆之，今喪幘是其制也。名之曰幘。幘者，賾也，頭首嚴賾也。至孝文乃高顔題，續之爲耳，崇其巾爲屋，合後施收，上下羣臣貴賤皆服之。文者長耳，武者短耳，稱其冠也。尚書幘收，方三寸，名曰納言，示以忠正，顯近職也。迎氣五郊，各如其色，從章服也。皁衣羣吏春服青幘，立夏乃止，助微順氣，尊其方也。武吏常赤幘，成其威也。未冠童子幘無屋者，示未成人也。入學小童幘也句卷屋者，示尚幼少，未遠冒也。喪幘卻摞，反本禮也，升數如冠，與冠偕也。期喪起耳有收，素幘亦如之，禮輕重有制，變除從漸，文也。

古者君臣佩玉，尊卑有度；上有韍，貴賤有殊。佩，所以章德，服之衷也。韍，所以執事，禮之共也。故禮有其度，威儀之制，三代同之。五霸迭興，戰兵不息，佩非戰器，韍非兵旗，於是解去韍佩，留其係璲，以爲章表。故《詩》曰『鞙鞙佩璲』，此之謂也。韍佩既廢，秦乃以采組連結於璲，光明章表，轉相結受，故謂之綬。漢承秦制，用而弗改，故加之以雙印佩刀之飾。至孝明皇帝，乃爲大佩，衝牙雙瑀璜，皆以白玉。乘輿落以白珠，公卿諸侯以采絲，其玉視冕旒，爲祭服云。

佩刀，乘輿黄金通身貂錯，半鮫魚鱗，金漆錯，雌黄室，五色罽隱室華。諸侯王黄金錯，環挾半鮫，黑室。公卿百官皆純黑，不半鮫。小黄門雌黄室，中黄門朱室，童子皆虎爪文，虎賁黄室虎文，其將白虎文，皆以白珠鮫爲鏢口之飾。乘輿者，加翡翠山，紆嬰其側。

佩雙印，長寸二分，方六分。乘輿、諸侯王、公、列侯以白玉，中二千石以下至四百石皆以黑犀，二百石以至私學弟子皆以象牙。上合絲，乘輿以縢貫白珠，赤罽蕤，諸侯王以下以綔赤絲蕤，縢綔各如其印質。刻書文曰：『正月剛卯既決，靈殳四方，赤青白黄，四色是當。帝令祝融，以教夔龍，庶疫剛癉，莫我敢當。疾日嚴卯，帝令夔化，慎爾周伏，化茲靈殳。既正既直，既觚既方，庶疫剛癉，莫我敢當。』凡六十六字。

乘輿黄赤綬，四采，黄赤縹紺，淳黄圭，長二丈九尺九寸，五百首。

諸侯王赤綬，四采，赤黄縹紺，淳赤圭，長二丈一尺，三百首。

《晉書》卷二五《輿服志》 漢制，自天子至於百官，無不佩劍，其後惟朝帶劍。晉世始代之以木，貴者猶用玉首，賤者亦用蚌、金銀、玳瑁爲雕飾。

漢·衛宏《漢官舊儀》卷下 皇太子黄金印，龜紐，印文曰章。下至二百石，皆爲通官印。

論說

《晉書》卷二一《禮志下》 《周禮》雖有服冕之數，而無天子冠文。又《儀禮》云，公侯之有冠禮，夏之末造也。王、鄭皆以爲夏末上下相亂，篡弑由生，故作公侯冠禮，則明無天子冠禮之審也。大夫又無冠禮，古者五十而後爵，何大夫冠禮之有。周人年五十而有賢才，則試以大夫之事，猶行士禮也。故筮日筮賓，冠於阼以著代，醮於客位，三加彌尊，皆士禮耳。

然漢代以來，天子諸侯頗採其儀。正月甲子若丙子爲吉日，可加元服，儀從冠禮是也。漢順帝冠，又兼用曹褒新禮，乘輿初加緇布進賢，次爵弁、武弁，次通天，皆於高廟，以禮謁見世祖廟。王公已下，初加進賢而已。案此文，始冠緇布，從古制也，冠於宗廟是也。

雜録

《晉書》卷二五《輿服志》 皇太子金璽龜鈕，朱黄綬，四采：赤、黄、縹、紺。給五時朝服、遠遊冠，介幘、翠綏。佩瑜玉，垂組。朱衣絳紗襮，皁緣白紗，其中衣白曲領。帶劍，火珠素首。革帶，玉鉤燮獸頭鞶

囊。其大小會、祠宗廟、朔望、五日還朝皆朝服，常還上宮則朱服，預上宮正會則於殿下脱劍舄。又有三梁進賢冠。其侍祀則平冕九旒，衮衣九章，白紗絳緣中單，絳繒韠，采畫織成衮帶，金辟邪首，紫緑二色帶，采畫廣領、曲領各一，赤舄絳袜。若講，則著介幘單衣。釋奠，則遠遊冠，玄朝服，絳緣中單，絳袴袜，玄舄。若未加元服，則中舍人執冕從，介幘單衣玄服。

太子官屬分部

綜述

《漢書》卷一九上《百官公卿表上》 太子太傅、少傅，古官。屬官有太子門大夫、庶子、先馬、舍人。【略】

詹事，秦官，掌皇后、太子家，有丞。屬官有太子率更、家令丞，僕、中盾、衛率、廚廄長丞。【略】

自太子太傅至右扶風，皆秩二千石，丞六百石。

又 卷九七下《外戚傳下》 明年，遂徵定陶王立爲太子，語在《哀紀》。月餘，天子立楚孝王孫景爲定陶王，奉恭王後。太子議欲謝，少傅閻崇以爲：『《春秋》不以父命廢王父命，爲人後之禮不得顧私親，不當謝。』太傅趙玄以爲當謝，太子從之。詔問所以謝狀，尚書劾奏玄，左遷少府，以光禄勳師丹爲太傅。

晉・司馬彪《續漢書・百官志四》 太子太傅一人，中二千石。本注曰：職掌輔導太子。禮如師，不領官屬。【略】

太子少傅，二千石。本注曰：亦以輔導爲職，悉主太子官屬。

太子率更令一人，千石。本注曰：主庶子、舍人更直，職似光禄。

太子庶子，四百石。本注曰：無員，如三署中郎。

太子舍人，二百石。本注曰：無員，更直宿衛，如三署郎中。

太子家令一人，千石。本注曰：主倉穀飲食，職似司農、少府。

太子倉令一人，六百石。本注曰：主倉穀。

太子食官令一人，六百石。本注曰：主飲食。

太子僕一人，千石。本注曰：主車馬，職如太僕。

太子廄長一人，四百石。本注曰：主車馬。

太子門大夫，六百石。』本注曰：《舊注》云職比郎將。舊有左右户將，別主左右户直郎，建武郎武建以來省之。

太子中庶子，六百石。本注曰：員五人，職如侍中。

太子洗馬，比六百石。本注曰：《舊注》云員十六人，職如謁者。太子出，則當直者在前導威儀。

太子中盾一人，四百石。本注曰：主周衛徼循。

太子衛率一人，四百石。本注曰：主門衛士。

右屬太子少傅。本注曰：凡初即位，未有太子，官屬皆罷，唯舍人不省，領屬少府。

《後漢書》卷三七《桓榮傳》 （建武）二十八年，大會百官，詔問誰可傅太子者，羣臣承望上意，皆言太子舅執金吾原鹿侯陰識可。博士張佚正色曰：『今陛下立太子，爲陰氏乎？爲天下乎？即爲陰氏，則陰侯可；爲天下，則固宜用天下之賢才。』帝稱善，曰：『欲置傅者，以輔太子也。今博士不難正朕，況太子乎？』即拜佚爲太子太傅，而以榮爲少傅，賜以輜車、乘馬。榮大會諸生，陳其車馬、印綬，曰：『今日所蒙，稽古之力也，可不勉哉！』

又 卷四〇上《班彪傳上》注引《漢官儀》 皇太子五日一至臺，因坐東箱，省視膳食，以法制勑太官尚食宰吏，其非朝日，使僕、中允旦旦請問，明不媟黷，所以廣敬也。太子僕一人，秩千石；中允一人，四百石，主門衛徼巡。

《宋書》卷四〇《百官志下》 太子太傅，一人。丞一人。太子少傅，一人。丞一人。傅，古官也。文王世子曰：『凡三王教世子，太傅在前，少傅在後，並以輔導爲職。』漢高帝九年，以叔孫通爲太子太傅，位次太常。二漢並無丞。魏世無東宮，然則晉氏置丞也。晉武帝泰始五年，詔太子拜太傅、少傅，如弟子事師之禮；二傅不得上疏曲敬。二傅並有功曹、主簿、五官。太傅中二千石，少傅二千石。

太子詹事，一人。丞一人。職比臺尚書令，領軍將軍。詹，省也。漢

西京則太子門大夫、庶子、洗馬、舍人屬二傅，率更令、家令、僕、衛率屬詹事。皆秦官也。後漢省詹事，太子官屬悉屬少傅，而太傅不復領官屬。晉初太子官屬通屬二傅。咸寧元年，復置詹事，二傅不復領官屬。詹事二千石。

唐·虞世南《北堂書鈔》卷六五《設官部十七·太子太傅》引《漢官解詁》 《漢官解詁》云：太子太傅，日就月將，琢磨玉質。言太子有玉之質，琢磨以道也。位次太師，職掌輔導。

又《太子少傅》引《漢官解詁》 少傅，琢磨玉質，永承無疆。言太子者，珪玉也。輔導東宮。

唐·杜佑《通典》卷三〇《職官十二·東宮官》 漢高帝以叔孫通爲太子太傅，位次太常後，亦有少傅。初，叔孫通爲太子太傅。高帝欲立趙王，廢太子，通諫曰：『昔晉獻公以驪姬故廢太子，晉國亂者數十年。秦不早定扶蘇，終使滅祀。今太子仁孝，陛下必廢嫡立庶，臣願先伏誅，以頸血汙地。』上曰：『公罷，吾戲耳。』通曰：『太子天下本，本一搖，天下振動，奈何以天下戲乎！』又高帝東征，留太子監關中兵，謂張良曰：『子房雖病，强臥而傅太子。』時叔孫通爲太傅，留侯行少傅事。後太子幾廢，良立策，召四皓以免。又竇嬰爲太傅，景帝欲廢太子，嬰數爭不得，因謝病屏居，田南山下。又疏廣字仲翁，爲太傅，兄子受爲少傅，父子並爲師傅，朝廷以爲榮。後皆請免，歸鄉里，公卿祖餞東都門外。百姓觀者歎曰：『賢哉二大夫。』初太子外祖許伯，以太子少，請使其弟舜監護太子家。廣曰：『太子國儲副君，師友必天下英俊，不宜獨親外家。今官屬已備，若親暱外家，非所以廣太子德於天下也。』上善之。又夏侯勝字長公，爲太傅，卒官，太后以嘗受尚書於勝，素服五日，以報師傅之恩，儒者以爲榮。又萬石君石奮、韋玄成、丙吉並爲太傅。又匡衡、王丹並爲少傅。後漢太傅禮如師，不領官屬，而少傅主太子官屬。光武大會百官曰：『誰可傅太子者？』羣臣承意，皆言太子舅執金吾陰識可。博士張佚曰：『今陛下立太子，爲陰氏乎？爲天下乎？即爲陰氏，則陰侯可。爲天下，則宜用天下賢才。』上曰：『欲署者，以輔太子也。今博士不難正朕，況太子乎！』即拜佚爲太傅，桓榮爲少傅。又明帝以鄧禹先帝名臣，拜太子太傅。漢魏故事，太子於二傅執弟子禮，皆爲書不曰令。少傅稱臣，而太傅不臣。【略】

太子賓客。

漢高帝時，有四人年老，以上慢侮，逃匿山中，義不爲漢臣，謂之四皓。東園公、綺里季、夏黄公、角里先生。高帝不能致。及將廢太子，太子迎四人至，侍從太子，鬚眉皓白，衣冠甚偉。高帝既見，曰：『煩公幸卒護太子。』太子由是不廢。至孝武帝，又爲太子立博望苑，使通賓客。晉元康元年，愍懷太子始之東宮，惠帝詔曰：『遹幼蒙，今出止東宮，雖賴師傅羣賢之訓，其遊處左右，宜得正人，能相長益者。太保衛瓘息庭，司空隴西王泰息略，太子太傅楊濟息毖，太子少師裴楷息憲，太子少傅華廙息恒，各道義之門，有不肅之訓。其令五人更往來與太子習數，備賓友也。』其時雖非官，而謂之東宮賓客，皆選文義之士，以侍儲皇。其後無聞。

漢·衛宏《漢官舊儀》卷下 太傅一人，眞二千石，禮如師。亡新更爲太子師，中庶子五人，職如侍中，秩六百石。

中尚翼中涓，如中黄門，皆宦者。

門大夫比郎將。

洗馬職如謁者，十六人，選郎中補也。

庶子舍人，按：《續漢書·百官志》，太子庶子、太子舍人爲兩官。此書庶子已別見後條，此條『庶子』二字疑當作『太子』。四百人，按：『四百人』三字疑衍。如郎中，秩比二百石，無員，多至四百人。亡新改名爲翼子。

率更令，秩千石，主庶子舍人更直。亡新改爲中更。丞一人，秩四百石。

家令，秩千石，主倉獄。亡新改爲中更。

家府，比二千石。

僕，秩千石，主馬。

庶子，秩比四百石，如中郎，無員。亡新改爲中翼子。

衛率，秩比千石。丞一人，主門衛。

食官令，秩六百石。丞一人。

中盾，秩四百石，主周衛徼循。

庶子舍人五日一移，主率更長三不會輒斥。官奴擇給書計，從侍中以

下爲倉頭，青幘，與百官從事從入殿中。省中待使令者，皆官婢，擇年八歲以上衣緣，按：『緣』字疑『緑』字之訛。曰宦人，不得出省門。置都監。老者曰婢，婢教宦人給使尚書。侍中皆使官婢，不得使宦人。奴婢欲自贖，錢千萬，免爲庶人。宮殿中宦者署、郎署，皆官奴婢。傳言曰作者，歌傳以呼召侍中以下署長。本注曰：宦者及郎署長各顧門户，擇官奴赤幘，部領作者，掃除曰正。本注曰：歌傳取於雒陽。古周時傳呼聲法。按：此注當在『歌傳以呼召』句下。

論　說

《漢書》卷四八《賈誼傳》　古之王者，太子乃生，固舉以禮，使士負之，有司齊肅端冕，見之南郊，見于天也。過闕則下，過廟則趨，孝子之道也。故自爲赤子而教固已行矣。昔者成王幼在繈抱之中，召公爲太保，周公爲太傅，太公爲太師。保，保其身體；傅，傅之德義；師，道之教訓：此三公之職也。於是爲置三少，皆上大夫也，曰少保、少傅、少師，是與太子宴者也。故乃孩提有識，三公、三少固明孝仁禮義以道習之，逐去邪人，不使見惡行。於是皆選天下之端士孝悌博聞有道術者以衛翼之，使與太子居處出入。故太子乃生而見正事，聞正言，行正道，左右前後皆正人也。夫習與正人居之，不能毋正，猶生長於齊不能不齊言也；習與不正人居之，不能毋不正，猶生長於楚之地不能不楚言也。故擇其所耆，必先受業，乃得嘗之；擇其所樂，必先有習，乃得爲之。孔子曰：『少成若天性，習慣如自然。』及太子少長，知妃色，則入于學。學者，所學之官也。《學禮》曰：『帝入東學，上親而貴仁，則親疏有序而恩相及矣；帝入南學，上齒而貴信，則長幼有差而民不誣矣；帝入西學，上賢而貴德，則聖智在位而功不遺矣；帝入北學，上貴而尊爵，則貴賤有等而下不踰矣；帝入太學，承師問道，退習而考於太傅，太傅罰其不則而匡其不及，則德智長而治道得矣。此五學者既成於上，則百姓黎民化輯於下矣。』及太子既冠成人，免於保傅之嚴，則有記過之史，徹膳之宰，進善之旌，誹謗之木，敢諫之鼓。瞽史誦詩，工誦箴諫，大夫進謀，士傳民語。習與智長，故切而不媿；化與心成，故中道若性。三代之禮：春朝朝日，秋暮夕月，所以明有敬也；春秋入學，坐國老，執醬而親饋之，所以明有孝也；行以鸞和，步中《采齊》，趣中《肆夏》，所以明有度也；其於禽獸，見其生不食其死，聞其聲不食其肉，故遠庖廚，所以長恩，且明有仁也。

夫三代之所以長久者，以其輔翼太子有此具也。及秦而不然。其俗固非貴辭讓也，所上者告訐也；固非貴禮義也，所上者刑罰也。使趙高傅胡亥而教之獄，所習者非斬劓人，則夷人之三族也。故胡亥今日即位而明日射人，忠諫者謂之誹謗，深計者謂之妖言，其視殺人若艾草菅然。豈惟胡亥之性惡哉？彼其所以道之者非其理故也。

鄙諺曰：『不習爲吏，視已成事。』又曰：『前車覆，後車誡。』夫三代之所以長久者，其已事可知也；然而不能從者，是不法聖智也。秦世之所以亟絶者，其轍迹可見也；然而不避，是後車又將覆也。夫存亡之變，治亂之機，其要在是矣。天下之命，縣於太子；太子之善，在於早諭教與選左右。夫心未濫而先諭教，則化易成也；開於道術智誼之指，則教之力也。若其服習積貫，則左右而已。夫胡、粤之人，生而同聲，耆欲不異，及其長而成俗，累數譯而不能相通，行者有雖死而不相爲者，則教習然也。臣故曰選左右早諭教最急。夫教得而左右正，則太子正矣，太子正而天下定矣。

又　卷四九《鼂錯傳》　詔以爲太子舍人，門大夫，遷博士。又上書言：『人主所以尊顯功名揚於萬世之後者，以知術數也。故人主知所以臨制臣下而治其衆，則羣臣畏服矣；知所以聽言受事，則不欺蔽矣；知所以安利萬民，則海内必從矣；知所以忠孝事上，則臣子之行備矣：此四者，臣竊爲皇太子急之。人臣之議或曰皇太子亡以知事爲也，臣之愚，誠以爲不然。竊觀上世之君，不能奉其宗廟而劫殺於其臣者，皆不知術數者也。皇太子所讀書多矣，而未深知術數者也。【略】夫多誦而不知其説，所謂勞苦而不爲功。臣竊觀皇太子材智高奇，馭射技藝過人絶遠，然於術數未有所守者，以陛下爲心也。竊願陛下幸擇聖人之術可用今世者，以賜皇太子，因時使太子陳明於前。唯陛下裁察。』上善之，於是拜錯爲太子家令。以其辯得幸太子，太子家號曰『智囊』。

又　卷七一《疏廣傳》　疏廣字仲翁，東海蘭陵人也。少好學，明

《春秋》，家居教授，學者自遠方至。徵爲博士、太中大夫。地節三年，立皇太子，選丙吉爲太傅，廣爲少傅，數月，吉遷御史大夫，廣徙爲太傅。

廣兄子受字公子，亦以賢良舉爲太子家令。受好禮恭謹，敏而有辭。宣帝幸太子宮，受迎謁應對，及置酒宴，奉觴上壽，辭禮閒雅，上甚讙說。頃之，拜受爲少傅。

太子外祖父特進平恩侯許伯以爲太子少，白使其弟中郎將舜監護太子家。上以問廣，廣對曰：『太子國儲副君，師友必於天下英俊，不宜獨親外家許氏。且太子自有太傅、少傅，官屬已備，今復使舜護太子家，視陋，非所以廣太子德於天下也。』上善其言，以語丞相魏相，相免冠謝曰：『此非臣等所能及。』廣繇是見器重，數受賞賜。太子每朝，因進見，太傅在前，少傅在後。父子並爲師傅，朝廷以爲榮。

晉·袁宏《後漢紀》卷九《明帝紀》　永平十五年，上使越騎校尉桓郁、郎中張酺授太子經。二人朝夕侍講，勸以經學。是時太子家頗爲奢侈，酺每正諫，甚見嚴憚。會平陽公主薨，太子同生也，哀戚過禮。酺以爲太子舉措，宜動合禮度，於是上疏曰：『臣伏見皇太子仁厚寬明，發言高遠，卓然絶異，非人所能及也。今平陽公主薨，悲哀發中，形體骨立，恩愛惻隱，世希似是。臣愚淺不識大體，以爲宜選名儒高行，以充師傅。問訊起居之日，太傅時賜譏，所以宣德音，以成聖德也。侍中丁鴻仁而有讓，達於從政。謁者費惲，資性敦篤，遵令法度。如並侍左右，必能發起微意，增廣徽猷者也。』

《後漢書》卷四〇上《班彪傳上》　漢興，太宗使晁錯導太子以法術，賈誼教梁王以《詩》、《書》。及至中宗，亦令劉向、王褒、蕭望之、周堪之徒，以文章儒學保訓東宮以下，莫不崇簡其人，就成德器。今皇太子諸王，雖結髮學問，修習禮樂，而傅相未值賢才，官屬多闕舊典。宜博選名儒有威重明通政事者，以爲太子太傅，東宮及諸王國，備置官屬。又舊制，太子食湯沐十縣，設周衛交戟，五日一朝，因坐東箱，省視膳食，其非朝日，使僕、中允旦旦請問而已，明不媟黷，廣其敬也。

書奏，帝納之。

太子習政監國分部

綜述

《史記》卷八《高祖本紀》　（漢二年）漢王之敗彭城而西，行使人求家室，家室亦亡，不相得。敗後乃獨得孝惠，六月，立爲太子，大赦罪人。令太子守櫟陽，諸侯子在關中者皆集櫟陽爲衛。

又　卷五五《留侯世家》　（漢十一年）於是上自將兵而東，羣臣居守，皆送至灞上。留侯病，自强起，至曲郵，見上曰：『臣宜從，病甚。楚人剽疾，願上無與楚人爭鋒。』因説上曰：『令太子爲將軍，監關中兵。』上曰：『子房雖病，强臥而傅太子。』是時叔孫通爲太傅，留侯行少傅事。

《漢書》卷六三《戾太子據傳》　時上疾，辟暑甘泉宮，獨皇后、太子在。太子召問少傅石德，德懼爲師傅并誅，因謂太子曰：『前丞相父子、兩公主及衛氏皆坐此，今巫與使者掘地得徵驗，不知巫置之邪，將實有也，無以自明，可矯以節收捕充等繫獄，窮治其姦詐。且上疾在甘泉，皇后及家吏請問皆不報，上存亡未可知，而姦臣如此，太子將不念秦扶蘇事耶？』太子急，然德言。

征和二年七月壬午，乃使客爲使者收捕充等。按道侯説疑使者有（詔）［詐］，不肯受詔，客格殺説。御史章贛被創突亡，自歸甘泉。太子使舍人無且持節夜入未央宮殿長秋門，因長御倚華具白皇后，發中廄車載射士，出武庫兵，發長樂宮衛，告令百官曰江充反。乃斬充以徇，炙胡巫上林中。遂部賓客爲將率，與丞相劉屈等戰。長安中擾亂，言太子反，以故衆不附。太子兵敗，亡，不得。

雜録

三國魏·曹植《曹子建集》卷一《離思賦·序》　建安十六年，大軍西討馬超，太子留監國。植時從焉，意有憶戀，遂作《離思賦》云。

后妃制度部

位號等級分部

綜述

《漢書》卷九七上《外戚傳上》 漢興，因秦之稱號，帝母稱皇太后，祖母稱太皇太后，適稱皇后，妾皆稱夫人。又有美人、良人、八子、七子、長使、少使之號焉。至武帝制倢伃、娙娥、傛華、充依，各有爵位，而元帝加昭儀之號，凡十四等云。昭儀位視丞相，爵比諸侯王。倢伃視上卿，比列侯。娙娥視中二千石，比關内侯。傛華視眞二千石，比大上造。美人視二千石，比少上造。八子視千石，比中更。充依視千石，比左更。七子視八百石，比右庶長。良人視八百石，比左庶長。長使視六百石，比五大夫。少使視四百石，比公乘。五官視三百石。順常視二百石。無涓、共和、娛靈、保林、良使、夜者皆視百石。上家人子、中家人子視有秩斗食云。五官以下，葬司馬門外。【略】

太子有妃，有良娣，有孺子，妻、妾凡三等，子皆稱皇孫。【略】皇孫妻、妾無號位，皆稱家人子。

又 卷九七下《外戚傳下》 孝成班倢伃。帝初卽位選入後宮。始爲少使，蛾而大幸，爲倢伃，居增成舍。【略】

許后之廢也，上欲立趙倢伃。皇太后嫌其所出微甚，難之。太后姊子淳于長爲侍中，數往來傳語，得太后指，上立封趙倢伃父臨爲成陽侯。後月餘，乃立倢伃爲皇后。【略】

孝元傅昭儀，哀帝祖母也。父河内温人，蚤卒，母更嫁爲魏郡鄭翁妻，生男惲。昭儀少爲上官太后才人，自元帝爲太子，得進幸。元帝卽位，立爲倢伃，甚有寵。爲人有材略，善事人，下至宮人左右，飲酒酹地，皆祝延之。產一男一女，女爲平都公主，男爲定陶恭王。恭王有材藝，尤愛於上。元帝既重傅倢伃，及馮倢伃亦幸，生中山孝王，上欲殊之於後宮，以二人皆有子爲王，上尚在，未得稱太后，乃更號曰昭儀，賜以印綬，在倢伃上。昭其儀，尊之也。至成、哀時，趙昭儀、董昭儀皆無子，猶稱焉。【略】

孝元馮昭儀，平帝祖母也。元帝卽位二年，以選入後宮。時父奉世爲執金吾。昭儀始爲長使，數月至美人，後五年就館生男，拜爲倢伃。時父奉世爲右將軍光祿勳，奉世長男野王爲左馮翊，父子並居朝廷，議者以爲器能當其位，非用女寵故也。而馮倢伃内寵與傅昭儀等。

又 卷九八《元后傳》 五鳳中，獻政君，年十八矣，入掖庭爲家人子。歲餘，會皇太子所愛幸司馬良娣病，且死，謂太子曰：『妾死非天命，乃諸娣妾良人更祝詛殺我。』太子憐之，且以爲然。及司馬良娣死，太子悲恚發病，忽忽不樂，因以過怒諸娣妾，莫得進見者。久之，宣帝聞太子恨過諸娣妾，欲順適其意，乃令皇后擇後宮家人子可以虞侍太子者，政君與在其中。及太子朝，皇后乃見政君等五人，微令旁長御問知太子所欲。太子殊無意於五人者，不得已於皇后，强應曰：『此中一人可。』是時政君坐近太子，又獨衣絳緣諸于，長御卽以爲［是］。皇后使侍中杜輔、掖庭令濁賢交送政君太子宮，見丙殿。得御幸，有身。先是者，太子後宮娣妾以十數，御幸久者七八年，莫有子，及王妃一幸而有身。甘露三年，生成帝於中館畫堂，爲世適皇孫。宣帝愛之，自名曰驁，字太孫，常置左右。

後三年，宣帝崩，太子卽位，是爲孝元帝。立太孫爲太子，以母王妃爲倢伃，封父禁爲陽平侯。後三日，倢伃立爲皇后，禁位特進，禁弟弘至長樂衞尉。【略】

莽既外壹羣臣，令稱已功德，又内媚事旁側長御以下，賂遺以千萬數。

《後漢書》卷一〇上《皇后紀上》 秦并天下，多自驕大，宮備七國，爵列八品。漢興，因循其號，而婦制莫釐。高祖帷薄不修，孝文衽席無辯。然而選納尚簡，飾翫少華。自武、元之後，世增淫費，至乃掖庭三

千，增級十四。妖倖毀政之符，外姻亂邦之迹，前史載之詳矣。

及光武中興，斲雕爲朴，六宮稱號，唯皇后、貴人。貴人金印紫綬，奉不過粟數十斛。又置美人、宮人、采女三等，並無爵秩，歲時賞賜充給而已。漢法常因八月筭人，遣中大夫與掖庭丞及相工，於雒陽鄉中閱視良家童女，年十三以上，二十已下，姿色端麗，合法相者，載還後宮，擇視可否，乃用登御。所以明慎聘納，詳求淑哲。明帝聿遵先旨，宮教頗修，登建嬪后，必先令德，內無出閫之言，權無私溺之授，可謂矯其敝矣。向使因設外戚之禁，編著《甲令》，改正后妃之制，貽厥方來，豈不休哉！雖御己有度，而防開［閑］未篤，故孝章以下，漸用色授，恩隆好合，遂忘淄蠹。

又 卷一〇下《皇后紀下》 （桓）帝多內幸，博採宮女至五六千人，及驅役從使，復兼倍於此。

又 卷四〇上《班固傳》 後宮之號，十有四位，窈窕繁華，更盛迭貴，處乎斯列者，蓋以百數。前書曰：『漢興，因秦之稱號，正嫡稱皇后，妾皆稱夫人。凡十四等，有昭儀、倢伃、娙娥、傛華、美人、八子、充衣、七子、良人、長使、少使、五官、順常，是爲十三等；又有無涓、共和、娛靈、保林、良使、夜者，秩祿同，共爲一等，合十四位也。』窈窕，幽閑也。繁華，美麗也。百數謂以百而數之也。

漢・衛宏《漢官舊儀》卷下 皇后稱中宮。

倢伃見，大長秋稱『皇后爲倢伃下輿』，坐稱『起』，禮比丞相。娙娥見，女御長稱『謝』，禮比將軍、御史大夫。昭儀見，稱『謝』，比中二千石。貴人見，稱『皇后詔曰可』，禮比二千石。美人無數。倢伃以下皆居掖庭，置令、丞、廬監，宦者。女御長如侍中。

皇后一人。倢伃以至貴人，皆至十數。美人比待詔，無數，元帝、成帝皆且千人。

侍中左右近臣見皇后，如見倢伃，行則對璧，坐則伏茵。皇后、倢伃乘輦，餘皆以茵，四人輿以行。

漢・應劭《漢官儀》卷下 皇后稱椒房，取其蕃實之義也。《詩》云：『椒聊之實，蕃衍盈升。』以椒塗室，取溫煖除惡氣也。猶天子朱泥殿上，曰丹墀也。

倢伃以下，皆居掖庭。

掖庭，後宮所處。中宮，謂諸中人。

姬，內官也，秩比二千石，位次倢伃下，在八子上。

論說

《漢書》卷六〇《杜欽傳》 自上爲太子時，以好色聞，及卽位，皇太后詔采良家女。欽因是說大將軍鳳曰：『禮壹娶九女，所以極陽數，廣嗣重祖也；必鄉舉求窈窕，不問華色，所以助德理內也；娣姪雖缺不復補，所以養壽塞爭也。故后妃有貞淑之行，則胤嗣有賢聖之君；制度有威儀之節，則人君有壽考之福。廢而不由，則女德不厭；女德不厭，則壽命不究於高年。《書》云：「或四三年」，言失欲之生害也。男子五十，好色未衰；婦人四十，容貌改前。以改前之容侍於未衰之年，而不以禮爲制，則其原不可救而後徠異態；後徠異態，則正后自疑而支庶有間適之心。是以晉獻被納讒之謗，申生蒙無罪之辜。今聖主富於春秋，未有適嗣，方鄉術入學，未親后妃之議。將軍輔政，宜因始初之隆，建九女之制，詳擇有行義之家，求淑女之質，毋必有色聲音技能，爲萬世大法。夫少，戒之在色，《小卞》之作，可爲寒心。唯將軍常以爲憂。』

鳳白之太后，太后以爲故事無有。欽復重言：『《詩》云：「殷監不遠，在夏后氏之世。」刺戒者至迫近，而省聽者常怠忽，可不慎哉！前言九女，略陳其禍福，甚可悼懼，竊恐將軍不深留意。后妃之制，夭壽治亂存亡之端也。迹三代之季世，覽宗、宣之饗國，察近屬之符驗，禍敗曷常不由女德？是以佩玉晏鳴，《關雎》歎之，知好色之伐性短年，離制度之生無厭，天下將蒙化，陵夷而成俗也。故詠淑女，幾以配上，忠孝之篤，仁厚之作也。夫君親壽尊，國家治安，誠臣子至願，所當勉之也。《易》曰：「正其本，萬物理。」凡事論有疑未可立行者，求之往古則典刑無，考之來今則吉凶同，卒搖易之則民心惑，若是者誠難施也。今九女之制，合於往古，無害於今，不逆於民心，至易行也，行之至有福也，將軍輔政而不蚤定，非天下之所望也。唯將軍信臣子之願，念《關雎》之思，逮委政之隆，及始初清明，爲漢家建無窮之基，誠難以忽，不可以

遴。』鳳不能自立法度，循故事而已。

又　卷七二《貢禹傳》　元帝初即位，徵禹爲諫大夫，數虚己問以政事。是時，年歲不登，郡國多困，禹奏言：

古者宫室有制，宫女不過九人，秣馬不過八匹；牆塗而不雕，木摩而不刻，車輿器物皆不文畫，苑囿不過數十里，與民共之；任賢使能，什一而税，亡它賦斂繇戍之役，使民歲不過三日，千里之内自給，千里之外各置貢職而已。故天下家給人足，頌聲並作。

至高祖、孝文、孝景皇帝，循古節儉，宫女不過十餘，廄馬百餘匹。孝文皇帝衣綈履革，器亡雕文金銀之飾。後世爭爲奢侈，轉轉益（盛）[甚]，臣下亦相放效，衣服履絝刀劍亂於主上，主上時臨潮入廟，衆人不能別異，甚非其宜。然非自知奢僭也，猶魯昭公曰：『吾何僭矣？』

今大夫僭諸侯，諸侯僭天子，天子過天道，其日久矣。承衰救亂，矯復古化，在於陛下。臣愚以爲盡如太古難，宜少放古以自節焉。《論語》曰：『君子樂節禮樂。』方今宫室已定，亡可奈何矣，其餘盡可減損。故時齊三服官輸物不過十笥，方今齊三服官作工各數千人，一歲費數鉅萬。蜀廣漢主金銀器，歲各用五百萬。三工官官費五千萬，東西織室亦然。廄馬食粟將萬匹。臣禹嘗從之東宫，見賜杯案，盡文畫金銀飾，非當所以賜食臣下也。東宫之費亦不可勝計。天下之民所爲大飢餓死者，是也。今民大飢而死，死又不葬，爲犬豬（所）食。人至相食，而廄馬食粟，苦其大肥，氣甚怒至，乃日步作之。王者受命於天，爲民父母，固當若此乎！天不見耶？武帝時，又多取好女至數千人，以填後宫。及棄天下，昭帝幼弱，霍光專事，不知禮正，妄多臧金錢財物，鳥獸魚鱉牛馬虎豹生禽，凡百九十物，盡瘞臧之，又皆以後宫女置於園陵，大失禮，逆天心，又未必稱武帝意也。昭帝晏駕，光復行之。至孝宣皇帝時，陛下惡有所言，羣臣亦隨故事，甚可痛也！故使天下承化，取女皆大過度，諸侯妻妾或至數百人，豪富吏民畜歌者至數十人，是以内多怨女，外多曠夫。及衆庶葬埋，皆虚地上以實地下。其過自上生，皆在大臣循故事之罪也。

唯陛下深察古道，從其儉者，大減損乘輿服御器物，三分去二。子產多少有命，審察後宫，擇其賢者留二十人，餘悉歸之。及諸陵園女亡子者，宜悉遣。獨杜陵宫人數百，誠可哀憐也。

又　卷七五《翼奉傳》　臣又聞未央、建章、甘泉宫才人各以百數，皆不得天性。若杜陵園，其已御見者，臣子不敢有言，雖然，太皇太后之事也。及諸侯王園，與其後宫，宜爲設員，出其過制者，此損陰氣應天救邪之道也。

《後漢書》卷一〇下《皇后紀論》　漢世皇后無謚，皆因帝謚以爲稱。雖呂氏專政，上官臨制，亦無殊號。中興，明帝始建光烈之稱，其後並以德爲配，至於賢愚優劣，混同一貫，故馬、竇二后俱稱德焉。其餘唯帝之庶母及蕃王承統，以追尊之重，特爲其號，如恭懷、孝崇之比是也。初平中，蔡邕始追正和熹之謚，其安思、順烈以下，皆依而加焉。

又　卷四四《胡廣傳》　順帝欲立皇后，而貴人有寵者四人，莫知所建，議欲探籌，以神定選。廣與尚書郭虔、史敞上疏諫曰：『竊見詔書以立后事大，謙不自專，欲假之籌策，決疑靈神。篇籍所記，祖宗典故，未嘗有也。恃神任筮，既不必當賢；就值其人，猶非德選。夫岐嶷形于自然，俔天必有異表。宜參良家，簡求有德，德同以年，年鈞以貌，稽之典經，斷之聖慮。政令猶汗，往而不反。詔文一下，形之四方。臣職在拾遺，憂深責重，是以焦心，冒昧陳聞。』帝從之，以梁貴人良家子，定立爲皇后。

又　卷四八《應奉傳》　及鄧皇后敗，而田貴人見幸，桓帝有建立之議。奉以田氏微賤，不宜超登后位，上書諫曰：『臣聞周納狄女，襄王出居于鄭；漢立飛燕，成帝胤嗣泯絶。母后之重，興廢所因。宜思《關雎》之所求，遠五禁之所忌。』帝納其言，竟立竇皇后。

又　卷七八《宦者傳·呂强》　臣又聞後宫綵女數千餘人，衣食之費，日數百金。比穀雖賤，而户有飢色。案法當貴而今更賤者，由賦發繁數，以解縣官，寒不敢衣，飢不敢食。民有斯戹，而莫之卹。宫女無用，填積後庭，天下雖復盡力耕桑，猶不能供。昔楚女悲愁，則西宫致灾，況終年積聚，豈無憂怨乎！夫天生蒸民，立君以牧之。君道得，則民戴之如父母，仰之猶日月，雖時有征税，猶望其仁恩之惠。《易》曰：『悦以使民，民忘其勞；悦以犯難，民忘其死。』儲君副主，宜諷誦斯言；南面當國，宜履行其事。

册立皇后儀分部

綜　述

《漢書》卷四《文帝紀》（元年）三月，有司請立皇后。皇太后曰：『立太子母竇氏爲皇后。』

又　卷七《昭帝紀》（始元）四年春三月甲寅，立皇后上官氏。赦天下。辭訟在後二年前，皆勿聽治。夏六月，皇后見高廟。賜長公主、丞相、將軍、列侯、中二千石以下及郎吏宗室錢帛各有差。

又　卷八《宣帝紀》（元平元年）十一月壬子，立皇后許氏。賜諸侯王以下金錢，至吏民鰥寡孤獨各有差。皇太后歸長樂宫。初置屯衛。【略】

（本始四年）三月乙卯，立皇后霍氏。賜丞相以下至郎吏從官金錢帛各有差。赦天下。【略】

（元康二年）二月乙丑，立皇后王氏。賜丞相以下至郎從官錢帛各有差。

又　卷九《元帝紀》（初元元年三月）丙午，立皇后王氏。以三輔、太常、郡國公田及苑可省者振業貧民，貲不滿千錢者賦貸種、食。

又　卷一〇《成帝紀》（永始元年）六月丙寅，立皇后趙氏。大赦天下。

又　卷一二《平帝紀》（元始四年）二月丁未，立皇后王氏，大赦天下。

又　卷九七上《外戚傳上》　武帝擇宫人不中用者斥出之，子夫得見，涕泣請出。上憐之，復幸。遂有身，尊寵。召其兄衛長君、弟青侍中。而子夫生三女，元朔元年生男據，遂立爲皇后。

又　卷九七下《外戚傳下》　孝平王皇后，安漢公太傅大司馬莽女也。平帝卽位，年九歲，成帝母太皇太后稱制，而莽秉政。莽欲依霍光故事，以女配帝，太后意不欲也。莽設變詐，令女必入，因以自重，事在《莽傳》。太后不得已而許之，遣長樂少府夏侯藩、宗正劉宏、少府宗伯鳳、尚書令平晏納采，太師光、大司徒馬宫、大司空甄豐、左將軍孫建、執金吾尹賞、行太常事太中大夫劉歆及太卜、太史令以下四十九人賜皮弁素績，以禮雜卜筮，太牢祠宗廟，待吉月日。明年春，遣大司徒宫、大司空豐、左將軍建、右將軍甄邯、光禄大夫歆奉乘輿法駕，迎皇后于安漢公第。宫、豐、歆授皇后璽紱，登車稱警蹕，便時上林延壽門，入未央宫前殿。羣臣就位行禮，大赦天下。益封父安漢公地滿百里，賜迎皇后及行禮者，自三公以下至騶宰執事長樂、未央宫、安漢公第者，皆增秩，賜金帛各有差。皇后立三月，以禮見高廟。尊父安漢公號曰宰衡，位在諸侯王上。賜公夫人號曰功顯君，食邑。封公子安爲褒新侯，臨爲賞都侯。

晉·司馬彪《續漢書·禮儀志中》劉昭注　臣昭曰：漢立皇后，國禮之大，而志無其儀，良未可了。案蔡質所記立宋皇后儀，今取以備闕。云：『尚書令臣囂、僕射臣鼎、尚書臣旭、臣乘、臣滂、臣謨、臣詣稽首言：「伏惟陛下履乾則坤，動合陰陽。羣臣大小咸以長秋宫未定，遵舊依典，章表仍聞，歷時乃聽。令月吉日，以宋貴人爲皇后，應期正位，羣生兆庶莫不式舞。易稱『受兹介祉』，《詩》云『干禄百福，子孫千億』，萬方幸甚。今吉日以定，臣請太傅、太尉、司徒、司空、太常條列禮儀正處上，羣臣妾無得上壽，如故事。臣囂、臣鼎、臣旭、臣乘、臣滂、臣謨、臣詣愚闇不達大義，誠惶誠恐，頓首死罪，稽首再拜以聞。」制曰：「可。」維建寧四年七月乙未，制詔：「皇后之尊，與帝齊體，供奉天地，祗承宗廟，母臨天下。故有莘興殷，姜任母周，二代之隆，蓋有内德。長秋宫闕，中宫曠位，宋貴人（乘）［秉］淑媛之懿，體河山之儀，威容昭曜，德冠後庭。羣寮所咨，（人）［僉］曰宜哉。卜之蓍龜，卦得承乾。有司奏議，宜稱紱組，以（監）［母］兆民。今使太尉襲使持節奉璽綬，宗正祖爲副，立貴人爲皇后。后其往踐爾位，敬宗禮典，肅慎中饋，無替朕命，永終天禄。」

皇后初卽位章德殿，太尉使持節奉璽綬，天子臨軒，百官陪位。皇后北面，太尉住蓋下，東向，宗正、大長秋西向。宗正讀策文畢，皇后拜，稱臣妾，畢，住位。太尉襲授璽綬，中常侍長（樂）［秋］太僕高鄉侯覽長跪受璽綬，奏於殿前，女史授倢伃，倢伃長跪受，以授昭儀，昭儀受，

長跪以帶皇后。皇后伏，起拜，稱臣妾。訖，黃門鼓吹三通。鳴鼓畢，羣臣以次出。后卽位，大赦天下。皇后秩比國王，卽位威儀，赤紱玉璽。』

《後漢書》卷六《順帝紀》 陽嘉元年春正月乙巳，立皇后梁氏。賜爵，人二級，三老、孝悌、力田三級，爵過公乘，得移與子若同產、同產子，民無名數及流民欲占著者人一級；鰥、寡、孤、獨、篤癃、貧不能自存者粟，人五斛。

又 卷一〇下《皇后紀下・桓帝梁皇后》 桓帝懿獻梁皇后諱女瑩，順烈皇后之女弟也。帝初爲蠡吾侯，梁太后徵，欲與后爲婚，未及嘉禮，會質帝崩，因以立帝。明年，有司奏太后曰：『《春秋》迎王后于紀，在塗則稱后。今大將軍冀女弟，膺紹聖善。結婚之際，有命既集，宜備禮章，時進徵幣。請下三公、太常案禮儀。』奏可。於是悉依孝惠皇帝納后故事，聘黃金二萬斤，納采雁璧乘馬束帛，一如舊典。建和元年六月始入掖庭，八月立爲皇后。【略】

獻穆曹皇后諱節，魏公曹操之中女也。建安十八年，操進三女憲、節、華爲夫人，聘以束帛玄纁五萬匹，小者待年於國。十九年，並拜爲貴人。及伏皇后被弒，明年，立節爲皇后。魏受禪，遣使求璽綬，后怒不與。如此數輩，后乃呼使者人，親數讓之，以璽抵軒下，因涕泣橫流曰：『天不祚爾！』左右皆莫能仰視。后在位七年。魏氏既立，以后爲山陽公夫人。自後四十一年，魏景（初）［元］元年薨，合葬禪陵，車服禮儀皆依漢制。

唐・杜佑《通典》卷五八《禮十八・皇太子納妃》 漢制，皇太子納妃，奉常迎。時叔孫通定禮，以天子無親迎之義，皇太子以奉常迎也。

論説

《漢書》卷九九上《王莽傳上》 莽既尊重，欲以女配帝爲皇后，以固其權，奏言：『皇帝卽位三年，長秋宮未建，液廷媵未充。乃者，國家之難，本從亡嗣，配取不正。請考論《五經》，定取禮，正十二女之義，以廣繼嗣。博采二王後及周公孔子世列侯在長安者適子女。』事下有司，上衆女名，王氏女多在選中者。莽恐其與己女爭，卽上言：『身亡德，子材下，不宜與衆女並采。』太后以爲至誠，乃下詔曰：『王氏女，朕之外家，其勿采。』庶民、諸生、郎吏以上守闕上書者日千餘人，公卿大夫或詣廷中，或伏省户下，咸言：『明詔聖德巍巍如彼，安漢公盛勳堂堂若此，今當立后，獨奈何廢公女？天下安所歸命！願得公女爲天下母。』莽遣長安以下分部曉止公卿及諸生，而上書者愈甚。太后不得已，聽公卿采莽女。莽復自白：『宜博選衆女。』公卿爭曰：『不宜采諸女以貳正統。』莽白：『願見女。』太后遣長樂少府、宗正、尚書令納采見女，還奏言：『公女漸漬德化，有窈窕之容，宜承（大）［天］序，奉祭祀。』有詔遣大司徒、大司空策告宗廟，雜加卜筮，皆曰：『兆遇金水王相，封遇父母得位，所謂「康强」之占，「逢吉」之符也。』信鄉侯佟上言：『《春秋》，天子將娶於紀，則褒紀子稱侯，安漢公國未稱古制。』事下有司，皆曰：『古者天子封后父百里，尊而不臣，以重宗廟，孝之至也。佟言應禮，可許。請以新野田二萬五千六百頃益封莽，滿百里。』莽謝曰：『臣莽子女誠不足以配至尊，復聽衆議，益封臣莽。伏自惟念，得託肺腑，獲爵土，如使子女誠能奉稱聖德，臣莽國邑足以共朝貢，不須復加益地之寵。願歸所益。』太后許之。有司奏：『故事，聘皇后黃金二萬斤，爲錢二萬萬。』莽深辭讓，受四千萬，而以其三千三百萬予十一媵家。羣臣復言：『今皇后受聘，逾羣妾亡幾。』有詔，復益二千三百萬，合爲三千萬。莽復以其千萬分予九族貧者。

《後漢書》卷一〇上《皇后紀上》 （建武）十七年，廢皇后郭氏而立貴人。制詔三公曰：『皇后懷執怨懟，數違教令，不能撫循它子，訓長異室。宮闈之內，若見鷹鸇。既無《關雎》之德，而有呂、霍之風，豈可託以幼孤，恭承明祀。今遣大司徒涉、宗正吉持節，其上皇后璽綬。陰貴人鄉里良家，歸自微賤。「自我不見，於今三年。」宜奉宗廟，爲天下母。主者詳案舊典，時上尊號。異常之事，非國休福，不得上壽稱慶。』

【略】

乃上書曰：『臣叔父援孤恩不報，而妻子特獲恩全，戴仰陛下，爲天爲父。人情既得不死，便欲求福。竊聞太子、諸王妃匹未備，援有三女，大者十五，次者十四，小者十三，儀狀髮膚，上中以上。皆孝順小心，婉靜有禮。願下相工，簡其可否。如有萬一，援不朽於黃泉矣。又援姑姊妹

並爲成帝倢伃，葬於延陵。臣嚴幸得蒙恩更生，冀因緣先姑，當充後宮。」由是選后入太子宮。時年十三。

又 卷四四《胡廣傳》 順帝欲立皇后，而貴人有寵者四人，莫知所建，議欲探籌，以神定選。廣與尚書郭虔、史敞上疏諫曰：『竊見詔書以立后事大，謙不自專，欲假之籌策，決疑靈神。篇籍所記，祖宗典故，未嘗有也。恃神任筮，既不必當賢；就值其人，猶非德選。夫岐嶷形于自然，俔天必有異表。宜參良家，簡求有德，德同以年，年鈞以貌，稽之典經，斷之聖慮。政令猶汗，往而不反。詔文一下，形之四方。臣職在拾遺，憂深責重，是以焦心，冒昧陳聞。』帝從之，以梁貴人良家子，定立爲皇后。

冠服璽綬分部

綜述

《漢書》卷九七上《外戚傳上》 皇后立七年，而男立爲太子。後色衰，趙之王夫人、中山李夫人有寵，皆蚤卒。後有尹倢伃、鉤弋夫人更幸。衛后立三十八年，遭巫蠱事起，江充爲姦，太子懼不能自明，遂與皇后共誅充，發兵，兵敗，太子亡走。詔遣宗正劉長樂、執金吾劉敢奉策收皇后璽綬，自殺。

又 卷九七下《外戚傳下》 元始五年，莽復言：『共王母、丁姬前不臣妾，至葬渭陵，冢高與元帝山齊，懷帝太后、皇太太后璽綬以葬，不應禮。禮有改葬，請發共王母及丁姬冢，取其璽綬消滅，徙共王母及丁姬歸定陶，葬共王冢次，而葬丁姬復其故。』太后以爲既已之事，不須復發。莽固爭之，太后詔曰：『因故棺爲致椁作冢，祠以太牢。』

又 卷九八《元后傳》 莽又欲改太后漢家舊號，易其璽綬，恐不見聽，而莽疏屬王諫欲諂莽，上書言：『皇天廢去漢而命立新室，太皇太后不宜稱尊號，當隨漢廢，以奉天命』。莽乃車駕至東宮，親以其書白太后。太后曰：『此言是也！』莽因曰：『此誖德之臣也，罪當誅！』於是冠軍張永獻符命銅璧，文言『太皇太后當爲新室文母太皇太后。』莽乃下詔曰：『予視羣公，咸曰「休哉！其文字非刻非畫，厥性自然」。予伏念皇天命予爲子，更命太皇太后爲「新室文母太皇太后」，協于新（室）故交代之際，信於漢氏。哀帝之代，世傳行詔籌，爲西王母共具之祥，當爲歷代（爲）母，昭然著明。予祗畏天命，敢不欽承！謹以令月吉日，親率羣公諸侯卿士，奉上皇太后璽紱，以當順天心，光于四海焉。』太后聽許。莽於是鴆殺王諫，而封張永爲貢符子。

《後漢書》卷一二〇《輿服志下》 佩雙印，長寸二分，方六分。乘輿、諸侯王、公、列侯以白玉，中二千石以下至四百石皆以黑犀，二百石以至私學弟子皆以象牙。上合絲，乘輿以縢貫白珠，赤罽蕤，諸侯王以下以綔赤絲蕤，縢綔各如其印質。刻書文曰：『正月剛卯既決，靈殳四方，赤青白黃，四色是當。帝令祝融，以教夔龍，庶疫剛癉，莫我敢當。疾日嚴卯，帝令夔化，慎爾周伏，化茲靈殳。既正既直，既觚既方，庶疫剛癉，莫我敢當。』凡六十六字。

乘輿黃赤綬，四采，黃赤（紺）縹［紺］，淳黃圭，長二丈九尺九寸，五百首。

諸侯王赤綬，四采，赤黃縹紺，淳赤圭，長二丈一尺，三百首。

太皇太后、皇太后，其綬皆與乘輿同，皇后亦如之。

長公主、天子貴人與諸侯王同綬者，加特也。

諸國貴人、相國皆綠綬，三采，綠紫紺，淳綠圭，長二丈一尺，二百四十首。【略】

太皇太后、皇太后入廟服，紺上皁下，蠶，青上縹下，皆深衣制，隱領袖緣以絛。剪氂蔮，簪珥。珥。耳璫垂珠也。簪以玳瑁爲擿，長一尺，端爲華勝，上爲鳳皇爵，以翡翠爲毛羽，下有白珠，垂黃金鑷。左右一橫簪之，以安蔮結。諸簪珥皆同制，其擿有等級焉。

皇后謁廟服，紺上皁下，蠶，青上縹下，皆深衣制，隱領袖緣以絛。假結。步搖，簪珥。步搖以黃金爲山題，貫白珠爲桂枝相繆，一爵九華，熊、虎、赤羆、天鹿、辟邪、南山豐大特六獸，《詩》所謂『副笄六珈』者。諸爵獸皆以翡翠爲毛羽。金題，白珠璫繞，以翡翠爲華云。

貴人助蠶服，純縹上下，深衣制。大手結，墨玳瑁，又加簪珥。長公

主見會衣服，加步摇，公主大手結，皆有簪珥，衣服同制。自公主封君以上皆帶綬，以采組爲緄帶，各如其綬色。黄金辟邪，首爲帶鐍，飾以白珠。

公、卿、列侯、中二千石、二千石夫人，紺繒幗，黄金龍首銜白珠，魚須擿，長一尺，爲簪珥，入廟佐祭者皁絹上下，助蠶者縹絹上下，皆深衣制，緣自二千石夫人以上至皇后，皆以蠶衣爲朝服。

公主、貴人、妃以上，嫁娶得服錦綺羅縠繒，采十二色，重緣袍。特進、列侯以上錦繒，采十二色。六百石以上重練，采九色，禁丹紫紺。三百石以上五色采，青絳黄紅緑。二百石以上四采，青黄紅緑。賈人，緗縹而已。

公、列侯以下皆單緣襈，制文繡爲祭服，自皇后以下，皆不得服諸古麗圭襂閨緣加上之服。建武、永平禁絶之，建初、永元又復中重，於是世莫能有制其裁者，乃遂絶矣。

漢·衛宏《漢官舊儀》卷下　皇后玉璽，文與帝同。皇后之璽，金螭虎紐。本注曰：一本無此條。

《後漢書》卷一〇上《皇后紀上》　又賜馮貴人王赤綬，以未有頭上步摇、環佩，加賜各一具。

又　卷一〇下《皇后紀下》　熹平四年，小黄門趙祐、議郎卑整上言：「《春秋》之義，母以子貴。隆漢盛典，尊崇母氏，凡在外戚，莫不加寵。今沖帝母虞大家，質帝母陳夫人，皆誕生聖皇，而未有稱號。夫臣子雖賤，尚有追贈之典，況二母見在，不蒙崇顯之次，無以述尊先世，垂示後世也。」帝感其言，乃拜虞大家爲憲陵貴人，陳夫人爲渤海孝王妃，使中常侍持節授印綬，遣太常以三牲告憲陵、懷陵、靜陵焉。

孝崇匽皇后諱明，爲蠡吾侯翼媵妾，生桓帝。桓帝即位，明年，追尊翼爲孝崇皇，陵曰博陵，以后爲博園貴人。和平元年，梁太后崩，乃就博陵尊后爲孝崇皇后。遣司徒持節奉策授璽綬，齋乘輿器服，備法物，宮曰永樂。置太僕、少府以下，皆如長樂宮故事。又置虎賁、羽林衛士，起宮室，分鉅鹿九縣爲后湯沐邑。【略】

操追大怒，遂逼帝廢后，假爲策曰：「皇后壽，得由卑賤，登顯尊極，自處椒房，二紀于茲。既無任、姒徽音之美，又乏謹身養己之福，而陰懷妒害，苞藏禍心，弗可以承天命，奉祖宗。今使御史大夫郗慮持節策詔，其上皇后璽綬，退避中宮，遷于它館。嗚呼傷哉！自壽取之，未致于理，爲幸多焉。」

論　説

《漢書》卷九七上《外戚傳上》　元光五年，上遂窮治之，女子楚服等坐爲皇后巫蠱祠祭祝詛，大逆無道，相連及誅者三百餘人，楚服梟首於市。使有司賜皇后策曰：「皇后失序，惑於巫祝，不可以承天命。其上璽綬，罷退居長門宮。」【略】

後殺許后事頗泄，顯遂與諸婿昆弟謀反，發覺，皆誅滅。使有司賜皇后策曰：「皇后熒惑失道，懷不德，挾毒與母博陸宣成侯夫人顯謀欲危太子，無人母之恩，不宜奉宗廟衣服，不可以承天命。嗚呼傷哉！其退避宮，上璽綬有司。」霍后立五年，廢處昭臺宮。後十二歲，徙雲林館，乃自殺，葬昆吾亭東。

宫官分部

綜　述

《漢書》卷六三《戾太子據傳》　征和二年七月壬午，乃使客爲使者收捕充等。按道侯説疑使者有（詔）［詐］，不肯受詔，客格殺説。御史章贛被創突亡，自歸甘泉。太子使舍人無且持節夜入未央宮殿長秋門，因長御倚華鄭氏曰：「長音長者。」如淳曰：「《漢儀注》女長御比侍中，皇后見娙娥以下，長御稱謝。倚華，字也。」師古曰：「倚音於綺反。」具白皇后，發中廄車載射士，出武庫兵，發長樂宮衛，告令百官曰江充反。乃斬充以徇，炙胡巫上林中。

又　卷九七下《外戚傳下》　臣聞許美人及故中宮史曹宮皆御幸孝成皇帝，産子，子隱不見。

臣遣從事掾業、史望驗問知狀者掖庭獄丞籍武，故中黄門王舜、吴恭、靳嚴，官婢曹曉、道房、張棄，故趙昭儀御者于客子、王偏、臧兼等，皆曰宮卽曉子女，前屬中宮，爲學事史，通《詩》，授皇后。【略】棄所養兒十一日，宮長李南以詔書取兒去，晉灼曰：『《漢儀注》有女長御，比侍中。宮長豈此邪？』不知所置。

漢·衛宏《漢官舊儀》卷下 掖庭令晝漏未盡八刻，廬監以茵次上倢伃以下至後庭，訪白録所録，所推當御見。刻盡，去簪珥，蒙被入禁中，五刻罷，卽留。女御長入，扶以出。御幸賜銀鐶，令書得鐶數，計月日無子，罷廢不得復御。

宮人擇官婢年八歲以上，侍皇后以下，年三十五出嫁。乳母取官婢。

《後漢書》卷一〇上《皇后紀上》 （鄧）康以太后久臨朝政，心懷畏懼，託病不朝。太后使内人問之。時宮婢出入，多能有所毁譽，其耆宿者皆稱中大人，所使者乃康家先婢，亦自通中大人。康聞，詬之曰：『汝我家出，爾敢爾鴉！』婢怒，還説康詐疾而言不遜。太后遂免康官，遣歸國，絶屬籍。

又 卷六六《陳蕃傳》 今京師囂囂，道路諠譁，言侯覽、曹節、公乘昕、王甫、鄭颯等與趙夫人諸女尚書並亂天下。趙夫人卽趙嬈也，女尚書，宮内官也。

又 卷六九《竇武傳》 又趙夫人及女尚書，旦夕亂太后，女尚書，内官也。夫人卽趙嬈。急宜退絶。

論 説

《後漢書》卷六二《荀爽傳》 臣竊聞後宮采女五六千人，從官侍使復在其外。冬夏衣服，朝夕稟糧，耗費縑帛，空竭府藏，徵調增倍，十而税一，空賦不辜之民，以供無用之女，百姓窮困於外，陰陽隔塞於内。故感動和氣，灾異屢臻。臣愚以爲諸非禮聘未曾幸御者，一皆遣出，使成妃合。一曰通怨曠，和陰陽。二曰省財用，實府藏。三曰脩禮制，綏眉壽。四曰配陽施，祈螽斯。五曰寬役賦，安黎民。此誠國家之弘利，天人之大福也。

外戚制度部

外戚加封分部

綜 述

《漢書》卷九七上《外戚傳上》 乃立孝惠後宮子爲帝，太后臨朝稱制。復殺高祖子趙幽王友、共王恢及燕（靈）王建［子］。遂立周呂侯子台爲呂王，台弟産爲梁王，建城侯釋之子禄爲趙王，台子通爲燕王，又封諸呂凡六人皆爲列侯，追尊父呂公爲呂宣王，兄周呂侯爲悼武王。

太后持天下八年，病犬禍而崩，語在《五行志》。病困，以趙王禄爲上將軍居北軍，梁王産爲相國居南軍，戒産、禄曰：『高祖與大臣約，非劉氏王者天下共擊之。今王呂氏，大臣不平。我卽崩，恐其爲變，必據兵衛宮，慎毋送喪，爲人所制。』太后崩，太尉周勃、丞相陳平、朱虚侯劉章等共誅産、禄，悉捕諸呂男女，無少長皆斬之。而迎立代王，是爲孝文皇帝。【略】

代王立十七年，高后崩。大臣議立後，疾外家呂氏强暴，皆稱薄氏仁善，故迎立代王爲皇帝，尊太后爲皇太后，封弟昭爲軹侯。太后母亦前死，葬櫟陽北，乃追尊太后父爲靈文侯，會稽郡致園邑三百家，長丞以下使奉守寢廟，上食祠如法。櫟陽亦置靈文夫人園，令如靈文侯園儀。太后蚤失父，其奉太后外家魏氏有力，乃召復魏氏，賞賜各以親疏受之。薄氏侯者一人。【略】

竇皇后親蚤卒，葬觀津。於是薄太后乃詔有司追封竇后父爲安成侯，母曰安成夫人，令清河置園邑二百家，長丞奉守，比靈文園法。【略】

文帝崩，景帝位，皇后爲皇太后，乃封廣國爲章武侯。長君先死，封

其子彭祖爲南皮侯。吳楚反時，太后從昆弟子竇嬰俠，喜士，爲大將軍，破吳楚，封魏其侯。竇氏侯者凡三人。【略】

武帝即位，爲皇太后，尊太后母臧兒爲平原君，封田蚡爲武安侯，勝爲周陽侯。王氏、田氏侯者凡三人。蓋侯信好酒，田蚡、勝貪，巧於文辭。蚡至丞相，追尊王仲爲共侯，槐里起園邑二百家，長丞奉守。及平原君薨，從田氏葬長陵，亦置園邑如共侯法。【略】

先是衞長君死，乃以青爲將軍，擊匈奴有功，封長平侯。青三子（皆）［在］繈褓中，皆爲列侯。及皇后姊子霍去病亦以軍功爲冠軍侯，至大司馬驃騎將軍。青爲大司馬大將軍。衞氏支屬侯者五人。青還，尚平陽主。【略】

及夫人卒，上以后禮葬焉。其後，上以夫人兄李廣利爲貳師將軍，封海西侯，延年爲協律都尉。【略】

昭帝即位，追尊鉤弋倢伃爲皇太后，發卒二萬人起雲陵，邑三千户。追尊外祖趙父爲順成侯，詔右扶風置園邑二百家，長丞奉守如法。順成侯有姊君姁，賜錢二百萬，奴婢第宅以充實焉。諸昆弟各以親疏受賞賜。趙氏無在位者，唯趙父追封。【略】

（上官）安以后父封桑樂侯，食邑千五百户，遷車騎將軍，日以驕淫。【略】

後曾孫收養於掖庭，遂登至尊位，是爲宣帝。而貞君及恭已死，恭三子皆以舊恩封。長子高爲樂陵侯，曾爲將陵侯，玄爲平臺侯，及高子丹以功德封武陽侯，侯者凡四人。高至大司馬車騎將軍，丹左將軍，自有傳。【略】

上皆召見，賜無故、武爵關内侯，旬月間，賞賜以巨萬計。頃之，制詔御史賜外祖母號爲博平君，以博平、蠡吾兩縣户萬一千爲湯沐邑。封舅無故爲平昌侯，武爲樂昌侯，食邑各六千户。

初，乃始以本始四年病死，後三歲，家乃富貴，追賜謚曰思成侯。詔涿郡治冢室，置園邑四百家，長丞奉守如法。歲餘，博平君薨，謚曰思成夫人，詔徙思成侯合葬奉明顧成廟南，置園邑長丞，罷涿郡思成園。王氏侯者二人，無故子接爲大司馬車騎將軍，而武子商至丞相，自有傳。【略】

上乃詔求微時故劍，大臣知指，白立許倢伃爲皇后。既立，霍光以后父廣漢刑人不宜君國，歲餘乃封爲昌成君。【略】

許后立三年而崩，謚曰恭哀皇后，葬杜南，是爲杜陵南園。後五年，立皇太子，乃封太子外祖父昌成君廣漢爲平恩侯，位特進。後四年，復封廣漢兩弟，舜爲博望侯，延壽爲樂成侯。許氏侯者凡三人。廣漢薨，謚曰戴侯，無子，絶。葬南園旁，置邑三百家，長丞奉守如法。宣帝以延壽爲大司馬車騎將軍，輔政。元帝即位，復封延壽中子嘉爲平恩侯，奉戴侯後，亦爲大司馬車騎將軍。【略】

初，霍光及兄驃騎將軍去病皆自以功伐封侯居位，宣帝以光故，封去病孫山、山弟雲皆爲列侯，侯者前後四人。【略】

霍皇后廢後，上憐許太子蚤失母，幾爲霍氏所害，於是乃選後宮素謹慎而無子者，遂立王倢伃爲皇后，令母養太子。自爲后後，希見無寵。封父奉光爲邛成侯。立十六年，宣帝崩，元帝即位，爲皇太后。封太后兄舜爲安平侯。後二年，奉光薨，謚曰共侯，葬長門南，置園邑二百家，長丞奉守如法。元帝崩，成帝即位，爲太皇太后。復爵太皇太后弟駿爲關内侯，食邑千户。王氏列侯二人，關内侯一人。舜子章，章從弟咸，皆至左右將軍。時成帝母亦姓王氏，故世號太皇太后爲邛成太后。

邛成太后凡立四十九年，年七十餘，永始元年崩，合葬杜陵，稱東園。奉光孫勳坐法免。元始中，成帝太后下詔曰：『孝宣王皇后，朕之姑，深念奉質共修之義，恩結于心。惟邛成共侯國廢祀絶，朕甚閔焉。其封共侯曾孫堅固爲邛成侯。』至王莽乃絶。【略】

又 卷九七下《外戚傳下》 孝元王皇后，成帝母也。家凡十侯，五大司馬，外戚莫盛焉。自有傳。【略】

初后父嘉自元帝時爲大司馬車騎將軍輔政，已八九年矣。及成帝立，復以元舅陽平侯王鳳爲大司馬大將軍，與嘉並。杜欽以爲故事后父重於帝舅，乃説鳳曰：『車騎將軍至貴，將軍宜尊（重）之敬之，無失其意。蓋輕細微眇之漸，必生乖忤之患，不可不慎。衞將軍之日盛於蓋侯，近世之事，語尚在於長老之耳，唯將軍察焉。』久之，上欲專委任鳳，乃策嘉曰：『將軍家重身尊，不宜以吏職自累。賜黄金二百斤，以特進侯就朝位。』後歲餘薨，謚曰恭侯。【略】

哀帝既立，尊趙皇后爲皇太后，封太后弟侍中駙馬都尉欽爲新成侯。趙氏侯者凡二人。【略】

哀帝於是免新成侯趙欽、欽兄子成陽侯訢，皆爲庶人，將家屬徙遼西郡。【略】

傅太后父同産弟四人，曰子孟、中叔、子元、幼君。子孟子喜至大司馬，封高武侯。中叔子晏亦大司馬，封孔鄉侯。幼君子商封汝昌侯，爲太后父崇祖侯後，更號崇祖曰汝昌哀侯。太后同母弟鄭惲前死，以惲子業爲陽信侯，追尊惲爲陽信節侯。鄭氏、傅氏侯者凡六人，大司馬二人，九卿二千石六人，侍中諸曹十餘人。

傅太后既尊，后尤驕，與成帝母語，至謂之嫗。與中山孝王母馮太后並事元帝，追怨之，陷以祝詛罪，令自殺。元壽元年崩，合葬渭陵，稱孝元傅皇后云。【略】

丁姬爲帝太后，兩兄忠、明。明以帝舅封陽安侯。忠蚤死，封忠子滿爲平周侯。太后叔父憲、望，望爲左將軍，憲爲太僕。明爲大司馬票騎將軍輔政。丁氏侯者凡二人，大司馬一人，將軍、九卿、二千石六人，侍中諸曹亦十餘人。丁、傅以一二年間暴興尤盛。然哀帝不甚假以權勢，權勢不如王氏在成帝世也。【略】

馮倢伃男立爲信都王，尊倢伃爲昭儀。元帝崩，爲信都太后，與王俱居儲元宮。河平中，隨王之國。後徙中山，是爲孝王。

後徵定陶王爲太子，封中山王舅參爲宜鄉侯。參，馮太后少弟也。

《後漢書》卷一下《光武帝紀下》（建武十三年）夏四月，大司馬吳漢自蜀還京師，於是大饗將士，班勞策勳。功臣增邑更封，凡三百六十五人。其外戚恩澤封者四十五人。

又　卷一〇上《皇后紀上》（建武）二年，貴人立爲皇后，强爲皇太子，封況綿蠻侯。以后弟貴重，賓客輻湊。況恭謙下士，頗得聲譽。十四年，遷城門校尉。其後，后以寵稍衰，數懷怨懟。十七年，遂廢爲中山王太后，進后中子右翊公輔爲中山王，以常山郡益中山國。徙封況大國，爲陽安侯。后從兄竟，以騎都尉從征伐有功，封爲新郪侯，官至東海相。竟弟匡爲發干侯，官至太中大夫。后叔父梁，早終，無子。其婿南陽陳茂，以恩澤封南侯。【略】

（建初）四年，天下豐稔，方垂無事，帝遂封三舅廖、防、光爲列侯。【略】

（建初）七年，追爵謚后父勳爲安成思侯。

又　卷一〇下《皇后紀下》（元初）三年，以后父侍中暢爲長水校尉，封北宜春侯，食邑五千户。四年，暢卒，謚曰文侯，子顯嗣。【略】

永興中進入掖庭，爲采女，絕幸。明年，封兄鄧演爲南頓侯，位特進。演卒，子康嗣。及懿獻后崩，梁冀誅，立后爲皇后。帝惡梁氏，改姓爲薄，封后母宣爲長安君。四年，有司奏后本郎中鄧香之女，不宜改易它姓，於是復爲鄧氏。追封贈香車騎將軍安陽侯印綬，更封宣、康大縣，宣爲昆陽君，康爲沘陽侯，賞賜巨萬計。宣卒，賵贈葬禮，皆依后母舊儀。以康弟統襲封昆陽侯，位侍中；統從兄會襲安陽侯，爲虎賁中郎將；又封統弟秉爲淯陽侯。宗族皆列校、郎將。【略】

靈帝宋皇后諱某，扶風平陵人也，肅宗宋貴人之從曾孫也。建寧三年，選入掖庭爲貴人。明年，立爲皇后。父酆，執金吾，封不其鄉侯。【略】

光和三年，立爲皇后。明年，追號后父眞爲車騎將軍、舞陽宣德侯，因封后母興爲舞陽君。

又　卷二三《竇憲傳》『大將軍憲，前歲出征，克滅北狄，朝加封賞，固讓不受。舅氏舊典，並蒙爵土。其封憲冠軍侯，邑二萬户；篤郾侯，景汝陽侯，瓌夏陽侯，各六千户。』

又　卷三四《梁竦傳》　徵還竦妻子，封子棠爲樂平侯，棠弟雍乘氏侯，雍弟翟單父侯，邑各五千户，位皆特進，賞賜第宅奴卑車馬兵弩什物以巨萬計，寵遇光於當世。諸梁內外以親疏並補郎、謁者。【略】

建和元年，益封冀萬三千户，增大將軍府舉高第茂才，官屬倍於三公。又封不疑爲潁陽侯，不疑弟蒙西平侯，冀子胤襄邑侯，各萬户。和平元年，重增封冀萬户，並前所襲合三萬户。

弘農人宰宣素性佞邪，欲取媚於冀，乃上言大將軍有周公之功，今既封諸子，則其妻宜爲邑君。詔遂封冀妻孫壽爲襄城君，兼食陽翟租，歲入五千萬，加賜赤紱，比長公主。【略】

永興二年，封不疑子馬爲潁陰侯，胤子桃爲城父侯。冀一門前後七封

侯，三皇后，六貴人，二大將軍，夫人、女食邑稱君者七人，尚公主者三人，其餘卿、將、尹、校五十七人。在位二十餘年，窮極滿盛，威行內外，百僚側目，莫敢違命，天子恭己而不得有所親豫。

又 卷六九《竇武傳》 拜武爲大將軍，常居禁中。帝既立，論定策功，更封武爲聞喜侯；子機渭陽侯，拜侍中；兄子紹鄠侯，遷步兵校尉；紹弟靖西鄉侯，爲侍中，監羽林左騎。

又《何進傳》 中平元年，黄巾賊張角等起，以進爲大將軍，率左右羽林五營士屯都亭，修理器械，以鎮京師。張角別黨馬元義謀起雒陽，進發其姦，以功封慎侯。

四年，滎陽賊數千人羣起，攻燒郡縣，殺中牟縣令，詔使進弟河南尹苗出擊之。苗攻破羣賊，平定而還。詔遣使者迎於成皋，拜苗爲車騎將軍，封濟陽侯。

論說

《漢書》卷一八《外戚恩澤侯表·序》 漢興，外戚與定天下，侯者二人。故誓曰：『非劉氏不王，若有亡功非上所置而侯者，天下共誅之。』是以高后欲王諸呂，王陵廷爭；孝景將侯王氏，修侯犯色。卒用廢黜。是後薄昭、竇嬰、上官、衛、霍之侯，以功受爵。其餘后父據《春秋》褒紀之義，帝舅緣《大雅》申伯之意，浸廣博矣。

《後漢書》卷一〇上《皇后紀上·光武馬皇后》 （建武）九年，有盜劫殺后母鄧氏及弟訢，帝甚傷之，乃詔大司空曰：『吾微賤之時，娶於陰氏，因將兵征伐，遂各別離。幸得安全，俱脱虎口。以貴人有母儀之美，宜立爲后，而固辭弗敢當，列於媵妾。朕嘉其義讓，許封諸弟。未及爵士，而遭患逢禍，母子同命，愍傷于懷。《小雅》曰：「將恐將懼，惟予與汝。將安將樂，汝轉棄予。」風人之戒，可不慎乎？其追爵謚貴人父陸爲宣恩哀侯，弟訢爲宣義恭侯，以弟就嗣哀侯後。及尸柩在堂，使太中大夫拜授印綬，如在國列侯禮。魂而有靈，嘉其寵榮！』【略】

建初元年，[帝]欲封爵諸舅，太后不聽。明年夏，大旱，言事者以爲不封外戚之故，有司因此上奏，宜依舊典。太后詔曰：『凡言事者皆欲媚朕以要福耳。昔王氏五侯同日俱封，其時黄霧四塞，不聞澍雨之應。又田蚡、竇嬰，寵貴横恣，傾覆之禍，爲世所傳。故先帝防慎舅氏，不令在樞機之位。諸子之封，裁令半楚、淮陽諸國，常謂「我子不當與先帝子等」。今有司奈何欲以馬氏比陰氏乎！吾爲天下母，而身服大練，食不求甘，左右但著帛布，無香薰之飾者，欲身率下也。以爲外親見之，當傷心自勑，但笑言太后素好儉。前過濯龍門上，見外家問起居者，車如流水，馬如游龍，倉頭衣緑褠，領袖正白，顧視御者，不及遠矣。故不加譴怒，但絶歲用而已，冀以默愧其心，而猶懈怠，無憂國忘家之慮。知臣莫若君，況親屬乎？吾豈可上負先帝之旨，下虧先人之德，重襲西京敗亡之禍哉！』固不許。

帝省詔悲歎，復重請曰：『漢興，舅氏之封侯，猶皇子之爲王也。太后誠存謙虚，奈何令臣獨不加恩三舅乎？且衛尉年尊，兩校尉有大病，如令不諱，使臣長抱刻骨之恨。宜及吉時，不可稽留。』

太后報曰：『吾反復念之，思令兩善。豈徒欲獲謙讓之名，而使帝受不外施之嫌哉！昔竇太后欲封王皇后之兄，丞相條侯言受高祖約，無軍功，非劉氏不侯。今馬氏無功於國，豈得與陰、郭中興之后等邪？常觀富貴之家，禄位重疊，猶再實之木，其根必傷。且人所以願封侯者，欲上奉祭祀，下求温飽耳。今祭祀則受四方之珍，衣食則蒙御府餘資，斯豈不足，而必當得一縣乎？吾計之孰矣，勿有疑也。夫至孝之行，安親爲上。今數遭變異，穀價數倍，憂惶晝夜，不安坐臥，而欲先營外封，違慈母之拳拳乎！吾素剛急，有匈中氣，不可不順也。若陰陽調和，邊境清靜，然後行子之志。吾但當含飴弄孫，不能復關政矣。』

又 卷一六《鄧騭傳》 永初元年，封騭上蔡侯，悝葉侯，弘西平侯，閶西華侯，食邑各萬户。騭以定策功，增邑三千户。騭等辭讓不獲，遂逃避使者，間關詣闕，上疏自陳曰：『臣兄弟汙濊，無分可採，過以外戚，遭值明時，托日月之末光，被雲雨之渥澤，並統列位，光昭當世。不能宣贊風美，補助清化，誠慚誠懼，無以處心。陛下躬天然之姿，體仁聖之德，遭國不造，仍離大憂，開日月之明，運獨斷之慮，援立皇統，奉承大宗。聖策定於神心，休烈垂於不朽，本非臣等所能萬一，而猥推嘉美，並享大封，伏聞詔書，驚惶慙怖。追覩前世傾覆之誡，退自惟念，不寒而

慄。臣等雖無逮及遠見之慮，猶有庶幾戒懼之情。常母子兄弟，內相敕厲，冀以端慤畏慎，一心奉戴，上全天恩，下完性命。刻骨定分，有死無二。終不敢横受爵士，以增罪累。惶窘征營，昧死陳乞。』太后不聽。騭頻上疏，至於五六，乃許之。【略】

論曰：漢世外戚，自東、西京十有餘族，非徒豪横盈極，自取灾故，必於貽釁後主，以至顛敗者，其數有可言焉。何則？恩非己結，而權已先之；情疏禮重，而枉性圖之；來寵方授，地既害之；隙開埶謝，讒亦勝之。悲哉！騭、悝兄弟，季遠時柄，忠勞王室，而終莫之免，斯樂生所以泣而辭燕也！

又　卷三四《梁竦傳》　酺對曰：『《春秋》之義，母以子貴。漢興以來，母氏莫不降顯，臣愚以爲宜上尊號，追慰聖靈，存録諸舅，以明親親。』

外戚與政分部

綜　述

《漢書》卷三《高后紀》　（七年）以梁王呂産爲相國，趙王禄爲上將軍。【略】

（八年）上將軍禄、相國産顓兵秉政，自知背高皇帝約，恐爲大臣諸侯王所誅，因謀作亂。時齊悼惠王子朱虚侯章在京師，以禄女爲婦，知其謀，乃使人告兄齊王，令發兵西。章欲與太尉勃、丞相平爲內應，以誅諸呂。齊王遂發兵，又詐琅邪王澤發其國兵，並將而西。産、禄等遣大將軍灌嬰將兵擊之。嬰至滎陽，使人諭齊王與連和，待呂氏變而共誅之。

太尉勃與丞相平謀，以曲周侯酈商子寄與禄善，使人劫商令寄紿説禄曰：『高帝與呂后共定天下，劉氏所立九王，呂氏所立三王，皆大臣之議。事（以）〔已〕佈告諸侯王，諸侯王以爲宜。今太后崩，帝少，足下不急之國守藩，乃爲上將將兵留此，爲大臣諸侯所疑。何不速歸將軍印，以兵屬太尉，請梁王亦歸相國印，與大臣盟而之國？齊兵必罷，大臣得安，足下高枕而王千里，此萬世之利也。』禄然其計，使人報産及諸呂老人。或以爲不便，計猶豫未有所決。禄信寄，與俱出遊，過其姑呂嬃。嬃怒曰：『汝爲將而棄軍，呂氏今無處矣！』乃悉出珠玉寶器散堂下，曰：『無爲它人守也！』

八月庚申，平陽侯窋行御史大夫事，見相國産計事。郎中令賈壽使從齊來，因數産曰：『王不早之國，今雖欲行，尚可得邪？』具以灌嬰與齊楚合從狀告産。平陽侯窋聞其語，馳告丞相平、太尉勃。勃欲入北軍，不得入。襄平侯紀通尚符節，乃令持節矯內勃北軍。勃復令酈寄、典客劉揭説禄，曰：『帝使太尉守北軍，欲令足下之國，急歸將印辭去。不然，禍且起。』禄遂解印屬典客，而以兵授太尉勃。勃入軍門，行令軍中曰：『爲呂氏右袒，爲劉氏左袒。』軍皆左袒。勃遂將北軍。然尚有南軍，丞相平召朱虚侯章佐勃。勃令章監軍門，令平陽侯告衛尉，毋內相國産殿門。産不知禄已去北軍，入未央宫欲爲亂。殿門弗內，徘徊往來。平陽侯馳語太尉勃，勃尚恐不勝，未敢誦言誅之，乃謂朱虚侯章曰：『急入宫衛帝。』章從勃請卒千人，入未央宫掖門，見産廷中。日餔時，遂擊産。産走。天大風，從官亂，莫敢鬭者。逐産，殺之郎中府吏舍廁中。

章已殺産，帝令謁者持節勞章。章欲奪節，謁者不肯，章乃從與載，因節信馳斬長樂衛尉呂更始。還入北軍，復報太尉勃。勃起拜賀章，曰：『所患獨産，今已誅，天下定矣。』辛酉，（殺）〔斬〕呂禄，笞殺呂嬃。分部悉捕呂男女，無少長皆斬之。

又　卷二二《禮樂志二·樂·郊祀歌·赤蛟》　是時，鄭聲尤甚。黄門名倡丙强、景武之屬富顯於世，貴戚五侯定陵、富平外戚之家淫侈過度，至與人主爭女樂。

又　卷五二《竇嬰傳》　七國破，封爲魏其侯。游士賓客爭歸之。每朝議大事，條侯、魏其，列侯莫敢與亢禮。【略】

嬰、蚡俱好儒術，推轂趙綰爲御史大夫，王臧爲郎中令。迎魯申公，欲設明堂，令列侯就國，除關，以禮爲服制，以興太平。舉謫諸竇宗室無行者，除其屬籍。諸外家爲列侯，列侯多尚公主，皆不欲就國，以故毁日至竇太后。太后好黄老言，而嬰、蚡、趙綰等務隆推儒術，貶道家言，是以竇太后滋不説。二年，御史大夫趙綰請毋奏事東宫。竇太后大怒，曰：

『此欲復爲新垣平邪！』乃罷逐趙綰、王臧，而免丞相嬰、太尉蚡，以柏至侯許昌爲丞相，武强侯莊青翟爲御史大夫。嬰、蚡以侯家居。

蚡雖不任職，以王太后故親幸，數言事，多效，士吏趨勢利者皆去嬰而歸蚡。蚡日益横。六年，竇太后崩，丞相昌、御史大夫青翟坐喪事不辦，免。上以蚡爲丞相，大司農韓安國爲御史大夫。天下士郡諸侯愈益附蚡。

蚡爲人貌侵，生貴甚。又以爲諸侯王多長，上初卽位，富於春秋，蚡以肺附爲相，非痛折節以禮屈之，天下不肅。當是時，丞相入奏事，語移日，所言皆聽。薦人或起家至二千石，權移主上。上乃曰：『君除吏盡未？吾亦欲除吏。』嘗請考工地益宅，上怒曰：『遂取武庫！』是後乃退。

又 卷六八《霍光傳》 自先帝時，桀已爲九卿，位在光右。及父子並爲將軍，有椒房中宮之重，皇后親安女，光乃其外祖，而顧專制朝事，繇是與光爭權。

又 卷八二《王商傳》 元帝時，商至右將軍、光禄大夫。是時，定陶共王愛幸，幾代太子。商爲外戚重臣輔政，擁佑太子，頗有力焉。

元帝崩，成帝卽位，甚敬重商，徙爲左將軍。而帝元舅大司馬大將軍王鳳顓權，行多驕僭。商論議不能平鳳，鳳知之，亦疏商。建始三年秋，京師民無故相驚，言大水至，百姓奔走相蹂躪，［老弱號呼］，長安中大亂。天子親御前殿，召公卿議。大將軍鳳以爲太后與上及後宮可御船，令吏民上長安城以避水。羣臣皆從鳳議。左將軍商獨曰：『自古無道之國，水猶不冒城郭。今政治和平，世無兵革，上下相安，何因當有大水一日暴至？此必訛言也，不宜令上城，重驚百姓。』上乃止。有頃，長安中稍定，問之，果訛言。上於是美壯商之固守，數稱其議。而鳳大慚，自恨失言。

明年，商代匡衡爲丞相，益封千户，天子甚尊任之。

又 《史丹傳》 宣帝疾病，拜高爲大司馬車騎將軍，領尚書事。帝崩，太子襲尊號，是爲孝元帝。高輔政五年，乞骸骨，賜安車駟馬黄金，罷就第。薨，謚曰安侯。

自元帝爲太子時，丹以父高任爲中庶子，侍從十餘年。元帝卽位，爲駙馬都尉侍中，出常驂乘，甚有寵。上以丹舊臣，皇考外屬，親信之，詔丹護太子家。

又 卷九七下《外戚傳下》 是時大將軍鳳用事，威權尤盛。其後，比三年日蝕，言事者頗歸咎於鳳矣。而谷永等遂著之許氏，許氏自知爲鳳所不佑。

又 卷九八《元后傳》 元帝崩，太子立，是爲孝成帝。尊皇后爲皇太后，以鳳爲大司馬大將軍領尚書事，益封五千户。王氏之興自鳳始。又封太后同母弟崇爲安成侯，食邑萬户。鳳庶弟譚等皆賜爵關内侯，食邑。【略】

大將軍鳳用事，上遂謙讓無所顓。左右常薦光禄大夫劉向少子歆通達有異材。上召見歆，誦讀詩賦，甚説之，欲以爲中常侍，召取衣冠。臨當拜，左右皆曰：『未曉大將軍。』上曰：『此小事，何須關大將軍？』左右叩頭爭之。上於是語鳳，鳳以爲不可，乃止。其見憚如此。【略】

御史大夫音竟代鳳爲大司馬車騎將軍，而平阿侯譚位特進，領城門兵。谷永説譚，令讓不受城門職，由是與音不平，語在《永傳》。音既以從舅越親用事，小心親職，歲餘，上下詔曰：『車騎將軍音宿衛忠正，勤勞國家，前爲御史大夫，以外親宜典兵馬，入爲將軍，不獲宰相之封，朕甚慊焉！其封音爲安陽侯，食邑與五侯等，俱三千户。』【略】

特進成都侯商代音爲大司馬衛將軍，而紅陽侯立位特進，領城門兵。商輔政四歲，病乞骸骨，天子憫之，更以爲大將軍，益封二千户，賜錢百萬。商薨，弔贈如大將軍故事，謚曰景成侯，子況嗣侯。紅陽侯立次當輔政，有罪過，語在《孫寶傳》。上乃廢立，而用光禄勳曲陽侯根爲大司馬票騎將軍，歲餘益封千七百户。【略】

先是（常）［當］定陵侯淳于長以外屬能謀議，爲衛尉侍中，在輔政之次。是歲，新都侯莽告長伏罪與紅陽侯立相連，長下獄死，立就國，語在《長傳》。故曲陽侯根薦莽以自代，上亦以爲莽有忠直節，遂擢莽從侍中騎都尉光禄大夫爲大司馬。

歲餘，成帝崩，哀帝卽位。太后詔莽就第，避帝外家。哀帝初優莽，不聽。莽上書固乞骸骨而退。【略】

明年，哀帝崩，無子，太皇太后以莽爲大司馬，與共徵立中山王奉哀帝後，是爲平帝。帝年九歲，（常）［當］年被疾，太后臨朝，委政於莽，莽顓威福。紅陽侯立莽諸父，平阿侯仁素剛直，莽內憚之，令大臣以罪過奏遣立、仁就國。莽日誑燿太后，言輔政致太平，羣臣奏請尊莽爲安漢公。後遂遣使者迫守立、仁令自殺。賜立謚曰荒侯，子柱嗣，仁謚曰刺侯，子術嗣。是歲，元始三年也。

明年，莽風羣臣奏立莽女爲皇后。又奏尊莽爲宰衡，莽母及兩太子皆封爲列侯，語在《莽傳》。

《後漢書》卷一〇上《皇后紀上・章帝竇皇后》 和帝卽位，尊后爲皇太后。皇太后臨朝，尊母沘陽公主爲長公主，益湯沐邑三千户。兄憲，弟篤、景，並顯貴，擅威權，後遂密謀不軌，永元四年，發覺被誅。

又 卷一〇下《皇后紀下・安帝閻皇后》 建光元年，鄧太后崩，帝始親政事。顯及弟景、耀、晏並爲卿校，典禁兵。延光元年，更封顯長社（縣）侯，食邑萬三千五百户，追尊后母宗爲滎陽君。顯、景諸子年皆童齔，並爲黄門侍郎。后寵既盛，而兄弟頗與朝權，后遂與大長秋江京、中常侍樊豐等共譖皇太子保，廢爲濟陰王。

四年春，后從帝幸章陵，帝道疾，崩於葉縣。后、顯兄弟及江京、樊豐等謀曰：『今晏駕道次，濟陰王在內，邂逅公卿立之，還爲大害。』乃僞云帝疾甚，徙御臥車。行四日，驅馳還宮。明日，詐遣司徒劉（喜）［熹］詣郊廟社稷，告天請命。其夕，乃發喪。尊后曰皇太后。皇太后臨朝，以顯爲車騎將軍儀同三司。

太后欲久專國政，貪立幼年，與顯等定策禁中，迎濟北惠王子北鄉侯懿，立爲皇帝。顯忌大將軍耿寶位尊權重，威行前朝，乃風有司奏寶及其黨與中常侍樊豐、虎賁中郎將謝惲、惲弟侍中篤、篤弟大將軍長史宓、侍中周廣、阿母野王君王聖、聖女永、永婿黄門侍郎樊嚴等，更相阿黨，互作威福，探刺禁省，更爲唱和，皆大不道。豐、惲、廣皆下獄死，家屬徙比景；宓、嚴減死，髡鉗；貶寶爲則亭侯，遣就國，自殺；王聖母子徙雁門。於是景爲衛尉，耀城門校尉，晏執金吾，兄弟權要，威福自由。

少帝立二百餘日而疾篤，顯兄弟及江京等皆在左右。京引顯屏語曰：『北鄉侯病不解，國嗣宜時有定。前不用濟陰王，今若立之，後必當怨，又何不早徵諸王子，簡所置乎？』顯以爲然。及少帝薨，京白太后，徵濟北、河間王子。未至，而中黄門孫程合謀殺江京等，立濟陰王，是爲順帝。顯、景、晏及黨與皆伏誅，遷太后于離宮，家屬徙比景。明年，太后崩。在位十二年，合葬恭陵。【略】

而兄大將軍冀鴆殺質帝，專權暴濫，忌害忠良，數以邪説疑誤太后，遂立桓帝而誅李固。太后又溺於宦官，多所封寵，以此天下失望。【略】

中平五年，以后兄子衛尉脩侯重爲票騎將軍，領兵千餘人。初，后自養皇子協，數勸帝立爲太子，而何皇后恨之，議未及定而帝崩。何太后臨朝，重與太后兄大將軍進權勢相害，后每欲參干政事，太后輒相禁塞。后忿恚詈言曰：『汝今輈張，怙汝兄耶？當敕票騎斷何進頭來。』何太后聞，以告進。進與三公及弟車騎將軍苗等奏：『孝仁皇后使故中常侍夏惲、永樂太僕封諝等交通州郡，辜較在所珍寶貨賂，悉入西省。蕃后故事不得留京師，輿服有章，膳羞有品。請永樂后遷宮本國。』奏可。何進遂舉兵圍驃騎府，收重，［重］免官自殺。【略】

又 卷二三《竇憲傳》 舊大將軍位在三公下，置官屬依太尉。憲威權震朝庭，公卿希旨，奏憲位次太傅下，三公上；長史、司馬秩中二千石，從事中郎二人六百石，自下各有增。【略】

憲既平匈奴，威名大盛，以耿夔、任尚等爲爪牙，鄧疊、郭璜爲心腹。班固、傅毅之徒，皆置幕府，以典文章。刺史、守令多出其門。尚書僕射郅壽、樂恢並以忤意，相繼自殺。由是朝臣震懾，望風承旨。而篤進位特進，得舉吏，見禮依三公。景爲執金吾，瓌光禄勳，權貴顯赫，傾動京都。雖俱驕縱，而景爲尤甚，奴客緹騎依倚形勢，侵陵小人，强奪財貨，篡取罪人，妻略婦女。商賈閉塞，如避寇讎。有司畏懦，莫敢舉奏。太后聞之，使謁者策免景官，以特進就朝位。瓌少好經書，節約自修，出爲魏郡，遷潁川太守。竇氏父子兄弟並居列位，充滿朝廷。叔父霸爲城門校尉，霸弟褒將作大匠，褒弟嘉少府，其爲侍中、將、大夫、郎吏十餘人。

又 卷二九《郅壽傳》 復徵爲尚書僕射。是時大將軍竇憲以外戚之寵，威傾天下。憲嘗使門生齎書詣壽，有所請託，壽卽送詔獄。前後上

書陳憲驕恣，引王莽以誡國家。是時憲征匈奴，海内供其役費，而憲及其弟篤、景並起第宅，驕奢非法，百姓苦之。壽以府臧空虚，軍旅未休，遂因朝會譏刺憲等，厲音正色，辭旨甚切。憲怒，陷壽以買公田誹謗，下吏當誅。

又 卷三三《虞延傳》 遷雒陽令。是時陰氏有客馬成者，常爲姦盜，延收考之。陰氏屢請，獲一書輒加篣二百。信陽侯陰就乃訴帝，譖延多所寃枉。帝乃臨御道之館，親録囚徒。延陳其獄狀可論者在東，無理者居西。成乃回欲趨東，延前執之，謂曰：『爾人之巨蠹，久依城社，不畏熏燒。今考實未竟，宜當盡法！』成大呼稱枉，陛戟郎以戟刺延，叱使置之。帝知延不私，謂成曰：『汝犯王法，身自取之！』呵使速去。後數日伏誅，於是外戚斂手，莫敢干法。在縣三年，遷南陽太守。

又 卷三四《梁冀傳》 冀用壽言，多斥奪諸梁在位者，外以謙讓，而實崇孫氏宗親。冒名而爲侍中、卿、校尉、郡守、長吏者十餘人，皆貪叨凶淫，各遣私客籍屬縣富人，被以它罪，閉獄掠拷，使出錢自贖，貲物少者至於死徙。扶風人士孫奮居富而性吝，冀因以馬乘遺之，從貸錢五千萬，奮以三千萬與之，冀大怒，乃告郡縣，認奮母爲其守臧婢，云盜白珠十斛、紫金千斤以叛，遂收考奮兄弟，死於獄中，悉没貲財億七千餘萬。

其四方調發，歲時貢獻，皆先輸上第於冀，乘輿乃其次焉。吏人齎貨求官請罪者，道路相望。冀又遣客出塞，交通外國，廣求異物。因行道路，發取（妓）［伎］女御者，而使人復乘勢横暴，妻略婦女，歐擊吏卒，所在怨毒。【略】

元嘉元年，帝以冀有援立之功，欲崇殊典，乃大會公卿，共議其禮。於是有司奏冀入朝不趨，劍履上殿，謁贊不名，禮儀比蕭何；悉以定陶、成（陽）［陽］餘户增封爲四縣，比鄧禹；賞賜金錢、奴婢、綵帛、車馬、衣服、甲第，比霍光；以殊元勳。每朝會，與三公絶席。十日一入，平尚書事。宣布天下，爲萬世法。冀猶以所奏禮薄，意不悦。專擅威柄，凶恣日積，機事大小，莫不咨決之。宫衛近侍，並所親樹，禁省起居，纖微必知。百官遷召，皆先到冀門牋檄謝恩，然後敢詣尚書。下邳人吴樹爲宛令，之官辭冀，冀賓客布在縣界，以情託樹。樹對曰：『小人姦蠹，比屋可誅。明將軍以椒房之重，處上將之位，宜崇賢善，以補朝闕。宛爲大都，士之淵藪，自侍坐以來，未聞稱一長者，而多託非人，誠非敢聞！』冀嘿然不悦。樹到縣，遂誅殺冀客爲人害者數十人，由是深怨之。樹後爲荆州刺史，臨去辭冀，冀爲設酒，因鴆之，樹出，死車上。又遼東太守侯猛，初拜不謁，冀託以它事，乃腰斬之。

又 卷四五《袁安傳》 安以天子幼弱，外戚擅權，每朝會進見，及與公卿言國家事，未嘗不噫嗚流涕。

又 卷五七《杜根傳》 時和熹鄧后臨朝，權在外戚。根以安帝年長，宜親政事，乃與同時郎上書直諫。太后大怒，收執根等。

又 卷六九《竇武傳》 武既輔朝政，常有誅剪宦官之意，太傅陳蕃亦素有謀。時共會朝堂，蕃私謂武曰：『中常侍曹節、王甫等，自先帝時操弄國權，濁亂海内，百姓匈匈，歸咎於此。今不誅節等，後必難圖。』武深然之。蕃大喜，以手推席而起。武於是引同志尹勳爲尚書令，劉瑜爲侍中，馮述爲屯騎校尉；又徵天下名士廢黜者前司隸李膺、宗正劉猛、太僕杜密、廬江太守朱寓等，列於朝廷；請前越巂太守荀翌爲從事中郎，辟潁川陳寔爲屬，共定計策。於是天下雄俊，知其風旨，莫不延頸企踵，思奮其智力。

又 《何進傳》 何進字遂高，南陽宛人也。異母女弟選入掖庭爲貴人，有寵於靈帝，拜進郎中，再遷虎賁中郎將，出爲潁川太守。光和三年，貴人立爲皇后，徵進入，拜侍中、將作大匠、河南尹。

中平元年，黄巾賊張角等起，以進爲大將軍，率左右羽林五營士屯都亭，修理器械，以鎮京師。張角别黨馬元義謀起雒陽，進發其姦，以功封慎侯。

四年，滎陽賊數千人羣起，攻燒郡縣，殺中牟縣令，詔使進弟河南尹苗出擊之。苗攻破羣賊，平定而還。詔遣使者迎於成皐，拜苗爲車騎將軍，封濟陽侯。

論　説

《史記》卷一〇七《魏其武安侯列傳論》 魏其、武安皆以外戚重，灌夫用一時決筴而名顯。魏其之舉以吴楚，武安之貴在日月之際。然魏其

誠不知時變，灌夫無術而不遜，兩人相翼，乃成禍亂。武安負貴而好權，杯酒責望，陷彼兩賢。嗚呼哀哉！遷怒及人，命亦不延。衆庶不載，竟被惡言。嗚呼哀哉！禍所從來矣！

《漢書》卷三六《劉向傳》 時上無繼嗣，政由王氏出，災異浸甚。向雅奇陳湯智謀，與相親友，獨謂湯曰：『災異如此，而外家日［盛］，其漸必危劉氏。吾幸得同姓末屬，累世蒙漢厚恩，身爲宗室遺老，歷事三主。上以我先帝舊臣，每進見常加優禮，吾而不言，孰當言者？』向遂上封事極諫曰：

臣聞人君莫不欲安，然而常危，莫不欲存，然而常亡，失御臣之術也。夫大臣操權柄，持國政，未有不爲害者也。昔晉有六卿，齊有田、崔，衛有孫、寧，魯有季、孟，常掌國事，世執朝柄。終後田氏取齊；六卿分晉；崔杼弑其君光；孫林父、寧殖出其君衎，弑其君剽；季氏八佾舞於庭，三家者以《雍》徹，並專國政，卒逐昭公。周大夫尹氏筦朝事，濁亂王室，子朝、子猛更立，連年乃定。故經曰『王室亂』，又曰『君氏殺王子克』，甚之也。《春秋》舉成敗，録禍福，如此類甚衆，皆陰盛而陽微，下失臣道之所致也。故《書》曰：『臣之有作威作福，害于而家，凶于而國。』孔子曰『禄去公室，政逮大夫』，危亡之兆。秦昭王舅穰侯及涇陽、葉陽君專國擅勢，上假太后之威，三人者權重於昭王，家富於秦國，國甚危殆，賴寤范睢之言，而秦復存。二世委任趙高，專權自恣，壅蔽大臣，終有閻樂望夷之禍，秦遂以亡。近事不遠，卽漢所代也。

漢興，諸呂無道，擅相尊王。呂產、呂禄席太后之寵，據將相之位，兼南北軍之衆，擁梁、趙王之尊，驕盈無厭，欲危劉氏。賴忠正大臣絳侯、朱虛侯等竭誠盡節以誅滅之，然後劉氏復安。今王氏一姓乘朱輪華轂者二十三人，青紫貂蟬充盈幄內，魚鱗左右。大將軍秉事用權，五侯驕奢僭盛，並作威福，擊斷自恣，行汙而寄治，身私而托公，依東宮之尊，假甥舅之親，以爲威重。尚書九卿州牧郡守皆出其門，管執樞機，朋黨比周。稱譽者登進，忤恨者誅傷；游談者助之説，執政者爲之言。排擯宗室，孤弱公族，其有智能者，尤非毁而不進。遠絶宗室之任，不令得給事朝省，恐其與已分權；數稱燕王、蓋主以疑上心，避諱呂、霍而弗肯稱。內有管、蔡之萌，外假周公之論，兄弟據重，宗族磐互。歷上古至秦漢，外戚僭貴未有如王氏者也。雖周皇甫、秦穰侯、漢武安、呂、霍、上官之屬，皆不及也。

物盛必有非常之變先見，爲其人微象。孝昭帝時，冠石立於泰山，仆柳起於上林。而孝宣帝卽位，今王氏先祖墳墓在濟南者，其梓柱生枝葉，扶疏上出屋，根臿地中，雖立石起柳，無以過此之明也。事勢不兩大，王氏與劉氏亦且不並立，如下有泰山之安，則上有累卵之危。陛下爲人子孫，守持宗廟，而令國祚移於外親，降爲皂隸，縱不爲身，奈宗廟何！婦人內夫家，外父母家，此亦非皇太后之福也。孝宣皇帝不與舅平昌、樂昌侯權，所以安全之也。

夫明者起福於無形，銷患於未然。宜發明詔，吐德音，援近宗室，親而納信，黜遠外戚，毋授以政，皆罷令就第，以則效先帝之所行，厚安外戚，全其宗族，誠東宮之意，外家之福也。王氏永存，保其爵禄，劉氏長安，不失社稷，所以褒睦外內之姓，子子孫孫無疆之計也。如不行此策，田氏復見於今，六卿必起於漢，爲後嗣憂，昭昭甚明，不可不深圖，不可不蚤慮。《易》曰：『君不密，則失臣；臣不密，則失身；幾事不密，則害成。』唯陛下深留聖思，審固幾密，覽往事之戒，以折中取信，居萬安之實，用保宗廟，久承皇太后，天下幸甚。

書奏，天子召見向，歎息悲傷其意，謂曰：『君且休矣，吾將思之。』以向爲中壘校尉。

又 卷六七《梅福傳》 是時成帝委任大將軍王鳳，鳳專勢擅朝，而京兆尹王章素忠直，譏刺鳳，爲鳳所誅。王氏浸盛，災異數見，羣下莫敢正言。福復上書曰：

臣聞箕子佯狂於殷，而爲周陳《洪範》；叔孫通遁秦歸漢，制作儀品。夫叔孫先非不忠也，箕子非疏其家而畔親也，不可爲言也。昔高祖納善若不及，從諫若轉圜，聽言不求其能，舉功不考其素。陳平起於亡命而爲謀主，韓信拔於行陳而建上將。故天下之士雲合歸漢，爭進奇異，知者竭其策，愚者盡其慮，勇士極其節，怯夫勉其死。合天下之知，并天下之威，是以舉秦如鴻毛，取楚若拾遺，此高祖所以亡敵於天下也。孝文皇帝起於代谷，非有周召之師、伊呂之佐也，循高祖之法，加以恭儉。當此之時，天下幾平。繇是言之，循高祖之法則治，不循則亂。何者？秦爲亡

道，削仲尼之迹，滅周公之軌，壞井田，除五等，禮廢樂崩，王道不通，故欲行王道者莫能致其功也。孝（文）［武］皇帝好忠諫，說至言，出爵不待廉茂，慶賜不須顯功，是以天下布衣各厲志竭精以赴闕廷自衒鬻者不可勝數。漢家得賢，於此爲盛。使孝武皇帝聽用其計，升平可致。於是積尸暴骨，快心胡越，故淮南（安王）［王安］緣間而起。所以計慮不成而謀議泄者，以衆賢聚於本朝，故其大臣勢陵不敢和從也。方今布衣乃窺國家之隙，見間而起者，蜀郡是也。及山陽亡徒蘇令之羣，蹈藉名都大郡，求黨與，索隨和，而亡逃匿之意。此皆輕量大臣，亡所畏忌，國家之權輕，故匹夫欲與上爭衡也。

士者，國之重器；得士則重，失士則輕。《詩》云：『濟濟多士，文王以寧。』廟堂之議，非草茅所當言也。臣誠恐身塗野草，尸并卒伍，故數上書求見，輒報罷。臣聞齊桓之時有以九九見者，桓公不逆，欲以致大也。今臣所言非特九九也，陛下距臣者三矣，此天下士所以不至也。昔秦武王好力，任鄙叩關自鬻；繆公行伯，繇余歸德。今欲致天下之士，民有上書求見者，輒使詣尚書問其所言，言可採取者，秩以升斗之禄，賜以一束之帛。若此，則天下之士發憤懣，吐忠言，嘉謀日聞於上，天下條貫，國家表裏，爛然可睹矣。夫以四海之廣，士民之數，能言之類至衆多也。然其俊傑指世陳政，言成文章，質之先聖而不繆，施之當世合時務，若此者，亦亡幾人。故爵禄束帛者，天下之氐石，高祖所以厲世摩鈍也。孔子曰：『工欲善其事，必先利其器。』至秦則不然，張誹謗之罔，以爲漢驅除，倒持泰阿，授楚其柄。故誠能勿失其柄，天下雖有不順，莫敢觸其鋒，此孝武皇帝所以辟地建功爲漢世宗也。今不循伯者之道，乃欲以三代選舉之法取當時之士，猶察伯樂之圖，求騏驥於市，而不可得，亦已明矣。故高祖棄陳平之過而獲其謀，晉文召天王，齊桓用其讎，（亡）［有］益於時，不顧逆順，此所謂伯道者也。一色成體謂之醇，白黑雜合謂之駁。欲以承平之法治暴秦之緒，猶以鄉飲酒之禮理軍市也。

今陛下既不納天下之言，又加戮焉。夫鵲遭害，則仁鳥增逝；愚者蒙戮，則知士深退。間者愚民上疏，多觸不急之法，或下廷尉，而死者衆。自陽朔以來，天下以言爲諱，朝廷尤甚，羣臣皆承順上指，莫有執正。何以明其然也？取民所上書，陛下之所善，試下之廷尉，廷尉必曰『非所宜言，大不敬。』以此卜之，一矣。故京兆尹王章資質忠直，敢面引廷爭，孝元皇帝擢之，以厲具臣而矯曲朝。及至陛下，戮及妻子。且惡惡止其身，王章非有反畔之辜，而殃及家。折直士之節，結諫臣之舌，羣臣皆知其非，然不敢爭，天下以言爲戒，最國家之大患也。願陛下循高祖之軌，杜亡秦之路，數御《十月》之歌，留意《亡逸》之戒，除不急之法，下亡諱之詔，博覽兼聽，謀及疏賤，令深者不隱，遠者不塞，所謂『辟四門，明四目』也。且不急之法，誹謗之微者也。『往者不可及，來者猶可追。』方今君命犯而主威奪，外戚之權日以益隆，陛下不見其形，願察其景。建始以來，日食地震，以率言之，三倍春秋，水灾亡與比數。陰盛陽微，金鐵爲飛，此何景也！漢興以來，社稷三危。呂、霍、上官皆母后之家也，親親之道，全之爲右，當與之賢師良傅，教以忠孝之道。今乃尊寵其位，授以魁柄，使之驕逆，至於夷滅，此失親親之大者也。自霍光之賢，不能爲子孫慮，故權臣易世則危。《書》曰：『毋若火，始庸庸。』勢陵於君，權隆於主，然後防之，亦亡及已。

上遂不納。

又 卷七二《王吉傳》 宜明選求賢，除任子之令。外家及故人可厚以財，不宜居位。

又 卷七五《翼奉傳》 古者朝廷必有同姓以明親親，必有異姓以明賢賢，此聖王之所以大通天下也。同姓親而易進，異姓疏而難通，故同姓一，異姓五，乃爲平均。今左右亡同姓，獨以舅后之家爲親，異姓之臣又疏。二后之黨滿朝，非特處位，勢尤奢僭過度，呂、霍、上官足以卜之，甚非愛人之道，又非後嗣之長策也。陰氣之盛，不亦宜乎！

又 《李尋傳》 夫士者，國家之大寶，功名之本也。將軍一門九候，二十朱輪，漢興以來，臣子貴盛，未嘗至此。夫物盛必衰，自然之理，唯有賢友強輔，庶幾可以保身命，全子孫，安國家。【略】

如近世貢禹，以言事忠切蒙尊榮，當此之時，士厲身立名者多。禹死之後，日日以衰。及京兆尹王章坐言事誅滅，智者結舌，邪偽並興，外戚顓命，君臣隔塞，至絕繼嗣，女宮作亂。此行事之敗，誠可畏而悲也。

本在積任母后之家，非一日之漸，往者不可及，來者猶可追也。先帝大聖，深見天意昭然，使陛下奉承天統，欲矯正之也。宜少抑外親，選練

左右，舉有德行道術通明之士充備天官，然後可以輔聖德，保帝位，承大宗。下至郎吏從官，行能亡以異，又不通一藝，及博士無文雅者，宜皆使就南畝，以視天下，明朝廷皆賢材君子，于以重朝尊君，滅凶致安，此其本也。臣自知所言害身，不辟死亡之誅，唯財留神，反覆覆愚臣之言。

是時哀帝初立，成帝外家王氏未甚抑黜，而帝外家丁、傅新貴，祖母傅太后尤驕恣，欲稱尊號。

又 卷八二《王商等傳贊》 自宜、元、成、哀外戚興者，許、史、三王、丁、傅之家，皆重侯累將，窮貴極富，見其位矣，未見其人也。陽平之王多有材能，好事慕名，其勢尤盛，曠貴最久。然至於莽，亦以覆國。王商有剛毅節，廢黜以憂死，非其罪也。史丹父子相繼，高以重厚，位至三公。丹之輔道副主，掩惡揚美，傅會善意，雖宿儒達士無以加焉。及其歷房闥，入臥內，推至誠，犯顔色，動寤萬乘，轉移大謀，卒成太子，安母后之位。『無言不讎』，終獲忠貞之報。傅喜守節不傾，亦蒙後凋之賞。哀、平際會，禍福速哉！

又 卷八五《谷永傳》 夫妻之際，王事綱紀，安危之機，聖王所致慎也。昔舜飭正二女，以崇至德；楚莊忍絶丹姬，以成伯功；幽王惑於褒姒，周德降亡；魯桓脅於齊女，社稷以傾。誠修後宮之政，明尊卑之序，貴者不得嫉妬專寵，以絶驕嫚之端，抑褒、閻之亂，賤者咸得秩進，各得厥職，以廣繼嗣之統，息《白華》之怨，後宮親屬，饒之以財，勿與政事，以遠皇父之類，損妻黨之權，未有閨門治而天下亂者也。【略】

音用從舅越親輔政，威權損於鳳時，永復説音曰：『將軍覆上將之位，食豪腴之都，任周召之職，擁天下之樞，可謂富貴之極，人臣無二，天下之責四面至矣，將何以居之？宜夙夜孳孳，執伊尹之强德，以守職匡上，誅惡不避親愛，舉善不避仇讎，以章至公，立信四方。篤行三者，乃可以長堪重任，久享盛寵。太白出西方六十日，法當參天，今已過期，尚在桑榆之間，質弱而行遲，形小而光微。熒惑角怒明大，逆行守尾。其逆，常也；守尾，變也。意豈將軍忘湛漸之義，委曲從順，所執不强，不廣用士，尚有好惡之忌，蕩蕩之德未純，方與將相大臣乖離之萌也？何故始襲司馬之號，俄而金火拼有此變？上天至明，不虛見異，唯將軍畏之慎之，深思其故，改求其路，以享天意。』音猶不平，薦永爲護菀使者。

又 《杜鄴傳》 諸外家昆弟無賢不肖，並侍帷幄，布在列位，或典兵衛，或將軍屯，寵意并於一家，積貴之勢，世所稀見所稀聞也。至乃並置大司馬將軍之官。皇甫雖盛，三桓雖隆，魯爲作三軍，無以甚此。當拜之日，晻然日食。不在前後，臨事而發者，明陛下謙遜無專，承指非一，所言輒聽，所欲輒隨，有罪惡者不坐辜罰，無功能者畢受官爵，流漸積猥，正尤在是，欲令昭昭以覺聖朝。【略】

贊曰：孝成之世，委政外家，諸舅持權，重于丁、傅在孝哀時。故杜鄴敢譏丁、傅，而欽、永不敢言王氏，其勢然也。及欽欲挹損鳳權，而鄴附會音、商。永陳三七之戒，斯爲忠焉，至其引申伯以阿鳳，隙平阿於車騎，指金火以求合，可謂諒不足而談有餘者。孔子稱『友多聞』，三人近之矣。

又 卷八六《何武傳》 哀帝崩，太后即日引莽入，收大司馬董賢印綬，詔有司舉可大司馬者。莽故大司馬，辭位辟丁、傅，衆庶稱以爲賢，又太后近親，自大司徒孔光以下舉朝皆舉莽。武爲前將軍，素與左將軍公孫禄相善，二人獨謀，以爲往時孝惠、孝昭少主之世，外戚呂、霍、上官持權，幾危社稷，今孝成、孝哀比世無嗣，方當選立親近輔幼主，不宜令異姓大臣持權，親疏相錯，爲國計便。於是武舉公孫禄可大司馬，而禄亦舉武。太后竟自用莽爲大司馬。莽風有司劾奏武、公孫禄互相稱舉，皆免。

又 卷九七下《外戚傳贊》 《易》著吉凶而言謙盈之效，天地鬼神至于人道靡不同之。夫女寵之興，繇至微而體至尊，窮富貴而不以功，此固道家所畏，禍福之宗也。序自漢興，終于孝平，外戚後庭色寵著聞二十有餘人，然其保位全家者，唯文、景、武帝太后及邛成後四人而已。至如史良娣、王悼后、許恭哀后身皆夭折不辜，而家依託舊恩，不敢縱恣，是以能全。其餘大者夷滅，小者放流，嗚呼！鑑茲行事，變亦備矣。

又 卷九八《元后傳》 京兆尹王章素剛直敢言，以爲鳳建遣共王之國非是，乃奏封事言日蝕之咎矣。天子召見章，延問以事，章對曰：『天道聰明，（佐）〔佑〕善而灾惡，以瑞異爲符效。今陛下以未有繼嗣，

引近定陶王，所以承宗廟，重社稷，上順天心，下安百姓。此正義善事，當有祥瑞，何故致灾異？灾異之發，爲大臣顓政者也。今聞大將軍猥歸日蝕之咎於定陶王，建遣之國，苟欲使天子孤立於上，顓擅朝事以便其私，非忠臣也。且日蝕，陰侵陽臣顓君之咎，今政事大小皆自鳳出，天子曾不一舉手，鳳不內省責，反歸咎善人，推遠定陶王。且鳳誣罔不忠，非一事也。前丞相樂昌侯商本以先帝外屬，內行篤，有威重，位歷將相，國家柱石臣也，其人守正，不肯詘節隨鳳委曲，卒用閨門之事爲鳳所罷，身以憂死，衆庶愍之。又鳳知其小婦弟張美人已嘗適人，於禮不宜配御至尊，託以爲宜子，內之後宮，苟以私其妻弟。聞張美人未嘗任身就館也。且羌胡尚殺首子以蕩腸正世，況於天子而近已出之女也！此三者皆大事，陛下所自見，足以知其餘，及它所不見者。鳳不可令久典事，宜退使就第，選忠賢以代之。』

自鳳之白罷商後遣定陶王也，上不能平。及聞章言，天子感寤，納之，謂章曰：『微京兆尹直言，吾不聞社稷計！且唯賢知賢，君試爲朕求可以自輔者。』於是章奏封事，薦中山孝王舅琅邪太守馮野王『先帝時歷二卿，忠信質直，知謀有餘。野王以王舅出，以賢復入，明聖主樂進賢也。』上自爲太子時數聞野王先帝名卿，聲譽出鳳遠甚，方倚欲以代鳳。

【略】

歲餘，成帝崩，哀帝即位。太后詔莽就第，避帝外家。哀帝初優莽，不聽。莽上書固乞骸骨而退。上乃下詔曰：『曲陽侯根前在位，建社稷策。侍中太僕安陽侯舜往時護太子家，導朕，忠誠專一，有舊恩。新都侯莽憂勞國家，執義堅固，庶幾與爲治，太皇太后詔休就第，朕甚閔焉。其益封根二千户，舜五百户，莽三百五十户。以莽爲特進，朝朔望。』又還紅陽侯立京師。哀帝少而聞知五氏驕盛，心不能善，以初立，故優之。

後月餘，司隸校尉解光奏：『曲陽侯根宗重身尊，三世據權，五將秉政，天下輻湊自效。根行貪邪，臧累鉅萬，縱橫恣意，大治（第宅）［室第］，第中起土山，立兩市，殿上赤墀，户青瑣；遊觀射獵，使奴從者被甲持弓弩，陳爲步兵；止宿離宮，水衡共張，發民治道，百姓苦其役。內懷姦邪，欲筦朝政，推親近吏主簿張業以爲尚書，蔽上壅下，內塞王路，外交藩臣，驕奢僭上，壞亂制度，案根骨肉至親，社稷大臣，先帝棄天下，根不悲哀思慕，山陵未成，公聘取故掖庭女樂五官殷嚴、王飛君等，置酒歌舞，捐忘先帝厚恩，背臣子義。及根兄子成都侯況幸得以外親繼父爲列侯侍中，不思報厚恩，亦聘取故掖庭貴人以爲妻，皆無人臣禮，大不敬不道。』於是天子曰：『先帝遇根、況父子，至厚也，今乃背忘恩義！』以根嘗建社稷之策，遣就國。免況爲庶人，歸故郡。根及況父商所薦舉爲官者，皆罷。【略】

司徒掾班彪曰：三代以來，《春秋》所記，王公國君，與其失世，稀不以女寵。漢興，后妃之家呂、霍、上官，幾危國者數矣。及王莽之興，由孝元后歷漢四世爲天下母，饗國六十餘載，羣弟世權，更持國柄，五將十侯，卒成新都。位號已移於天下，而元后卷卷猶握一璽，不欲以授莽，婦人之仁，悲夫！

又　卷九九下《王莽傳贊》　王莽始起外戚，折節力行，以要名譽，宗族稱孝，師友歸仁。及其居位輔政，成、哀之際，勤勞國家，直道而行，動見稱述。豈所謂『在家必聞，在國必聞』，『色取仁而行違』者邪？莽既不仁而有佞邪之材，又乘四父歷世之權，遭漢中微，國統三絕，而太后壽考爲之宗主，故得肆其姦慝，以成篡盜之禍。推是言之，亦天時，非人力之致矣。及其竊位南面，處非所據，顛覆之勢險於桀、紂，而莽晏然自以黃、虞復出也。乃始恣睢，奮其威詐，滔天虐民，窮凶極惡，流毒諸夏，亂延蠻貉，猶未足逞其欲焉。是以四海之內，囂然喪其樂生之心，中外憤怨，遠近俱發，城池不守，支體分裂，遂令天下城邑爲虛，丘壟發掘，害徧生民，辜及朽骨，自書傳所載亂臣賊子無道之人，考其禍敗，未有如莽之甚者也。昔秦燔《詩》、《書》以立私議，莽誦《六藝》以文姦言，同歸殊途，俱用滅亡，皆炕龍絕氣，非命之運，紫色蠅聲，餘分閏位，聖王之驅除云爾！

《後漢書》卷一〇上《皇后紀上》　自古雖主幼時艱，王家多釁，必委成冢宰，簡求忠賢，未有專任婦人，斷割重器。唯秦芈太后始攝政事，故穰侯權重於昭王，家富於嬴國。漢仍其謬，知患莫改。東京皇統屢絕，權歸女主，外立者四帝，臨朝者六后，莫不定策帷帝，委事父兄，貪孩童以久其政，抑明賢以專其威。任重道悠，利深禍速。身犯霧露於雲臺之上，家嬰縲紲於囹圄之下。湮滅連踵，傾輈繼路。而赴蹈不息，燋爛爲

期，終於陵夷大運，淪亡神寶。《詩》、《書》所歎，略同一揆。

又 卷二三《竇憲傳論》 衛青、霍去病資强漢之衆，連年以事匈奴，國耗太半矣，而猾虜未之勝，所世猶傳其良將，豈非以身名自終邪！竇憲率羌胡邊雜之師，一舉而空朔庭，至乃追奔稽落之表，飲馬比鞮之曲，銘石負鼎，薦告清廟。列其功庸，兼茂於前多矣，而後世莫稱者，章末釁以降其實也。是以下流，君子所甚惡焉。夫二三子是之不過房幄之間，非復搜揚仄陋，選舉而登也。當青病奴僕之時，竇將軍念咎之日，乃庸力之不暇，思鳴之無晨，何意裂膏腴，享崇號乎？東方朔稱『用之則爲虎，不用則爲鼠』，信矣。以此言之，士有懷琬琰以就煨塵者，亦何可支哉！

又 卷二九《申屠剛傳》 平帝時，王莽專政，朝多猜忌，遂隔絕帝外家馮衛二族，不得交宦，剛常疾之。及舉賢良方正，因對策曰：

臣聞王事失則神祇怨怒，姦邪亂正，故陰陽謬錯，此天所以譴告王者，欲令失道之君，曠然覺悟，懷邪之臣，懼然自刻者也。今朝廷不考功校德，而虛納毁譽，數下詔書，張設重法，抑斷誹謗，禁割論議，罪之重者，乃至腰斬。傷忠臣之情，挫直士之鋭，殆乖建進善之旌，縣敢諫之鼓，辟四門之路，明四目之義也。

臣聞成王幼少，周公攝政，聽言不賢，均權市寵，無舊無新，唯仁是親，動順天地，舉措不失。然近則召公不悦，遠則四國流言。夫子母之性，天道至親。今聖主幼少，始免繈緥，即位以來，至親分離，外戚杜隔，恩不得通。且漢家之制，雖任英賢，猶援姻戚。親疏相錯，杜塞間隙，誠所以安宗廟，重社稷也。今馮、衛無罪，久廢不録，或處窮僻，不若民庶，誠非慈愛忠孝承上之意。夫爲人後者，自有正義，至尊至卑，其勢不嫌，是以人無賢愚，莫不爲怨，姦臣賊子，以之爲便，不諱之變，誠難其慮。今之保傅，非古之周公。周公至聖，猶尚有累，何況事失其衷，不合天心者哉？

昔周公先遣伯禽守封於魯，以義寒恩，寵不加後，故配天郊祀，三十餘世。霍光秉政，輔翼少主，修善進士，名爲忠直，而尊［崇］其宗黨，摧抑外戚，結貴據權，至堅至固，終没之後，受禍滅門。方今師傅皆以伊、周之位，據賢保之任，以此思化，則功何不至？不思其危，則禍何不到？損益之際，孔父攸歎，持滿之戒，老氏所慎。蓋功冠天下者不安，威震人主者不全。今承衰亂之後，繼重敝之世，公家屈竭，賦斂重數，苛吏奪其時，貪夫侵其財，百姓困乏，疾疫夭命。盜賊羣輩，且以萬數，軍行衆止，竊號自立，攻犯京師，燔燒縣邑，至乃訛言積弩入宫，宿衛驚懼。自漢興以來，誠未有也。國家微弱，姦謀不禁，六極之效，危於累卵。王者承天順地，典爵主刑，不敢以天官私其宗，不敢以天罰輕其親。陛下宜遂聖明之德，昭然覺悟，遠述帝王之迹，近遵孝文之業，差五品之屬，納至親之序，亟遣使者徵中山太后，置之别官，令時朝見。又召馮衛二族，裁與冗職，使得執戟，親奉宿衛，以防未然之符，以抑患禍之端，上安社稷，下全保傅，内和親戚，外絶邪謀。

書奏，莽令元后下詔曰：『剛聽言僻經妄説，違背大義。其罷歸田里。』

又 卷三四《梁冀傳論》 順帝之世，梁商稱爲賢輔，豈以其地居亢滿，而能以愿謹自終者乎？夫宰相運動樞極，感會天人，中於道則易以興政，乖於務則難乎御物。商協回天之勢，屬雕弱之期，而匡朝卹患，未聞上術，憔悴之音，載謠人口。雖輿粟盈門，何救阻飢之戹；永言終制，未解尸官之尤。況乃傾側孽臣，傳寵凶嗣，以致破家傷國，而豈徒然哉！【略】

贊曰：河西佐漢，統亦定算。褒親幽憤，升高累歎。商恨善柔。冀遂貪亂。

又 卷四一《第五倫傳》 肅宗初立，擢自遠郡，代牟融爲司空。帝以明德太后故，尊崇舅氏馬廖，兄弟並居職任。廖等傾身交結，冠蓋之士爭赴趣之。倫以后族過盛，欲令朝廷抑損其權，上疏曰：臣聞忠不隱諱，直不避害。不勝愚狷，昧死自表。《書》曰：『臣無作威作福，其害於而家，凶于而國。』傳曰：『大夫無境外之交，束修之饋。』近代光烈皇后，雖友愛天至，而卒使陰就歸國，徙廢陰興賓客；其後梁、竇之家，互有非法，明帝即位，竟多誅之。自是雒中無復權威，書記請託一皆斷絶。又譬諸外戚曰：『苦身待士，不如爲國，戴盆望天，事不兩施。』臣常刻著五藏，書諸紳帶。而今之議者，復以馬氏爲言。竊聞衛尉廖以布三千匹，城門校尉防以錢三百萬，私贍三輔衣冠，知與不知，莫不畢給。又

聞臘日亦遺其在雒中者錢各五千，越騎校尉光，臘用羊三百頭，米四百斛，肉五千斤。臣愚以爲不應經義，惶恐不敢不以聞。陛下情欲厚之，亦宜所以安之。臣今言此，誠欲上忠陛下，下全后家，裁蒙省察。』及馬防爲車騎將軍，當出征西羌，倫又上疏曰：『臣愚以爲貴戚可封侯以富之，不當職事以任之。何者？繩以法則傷恩，私以親則違憲。伏聞馬防今當西征，臣以太后恩仁，陛下至孝，恐卒有纖介，難爲意愛。聞防請杜篤爲從事中郎，多賜財帛。篤爲鄉里所廢，客居美陽，女弟爲馬氏妻，恃此交通，在所縣令苦其不法，收繫論之。今來防所，議者咸致疑怪，況乃以爲從事，將恐議及朝廷。今宜爲選賢能以輔助之，不可復令防自請人，有損事望。苟有所懷，敢不自聞。』並不見省用。

又　卷四三《樂恢傳》　後徵拜議郎。會車騎將軍竇憲出征匈奴，恢數上書諫爭，朝廷稱其忠。入爲尚書僕射。是時河南尹王調、雒陽令李阜與竇憲厚善，縱舍自由。恢劾奏調、阜，并及司隸校尉。諸所刺舉，無所回避，貴戚惡之。憲弟夏陽侯瓌欲往候恢，恢謝不與通。憲兄弟放縱，而忿其不附己。妻每諫恢曰：『昔人有容身避害，何必以言取怨？』恢漢曰：『吾何忍素餐立人之朝乎！』遂上疏諫曰：『臣聞百王之失，皆由權移於下。大臣持國，常以勢盛爲咎。伏念先帝，聖德未永，早棄萬國。陛下富於春秋，纂承大業，諸舅不宜幹正王室，以示天下之私。經曰：「天地乖互，衆物夭傷。君臣失序，萬人受殃。」政失不救，其極不測。方今之宜，上以義自割，下以謙自引。四舅可長保爵土之榮，皇太后永無慚負宗廟之憂，誠策之上者也。』書奏不省。時竇太后臨朝，和帝未親萬機，恢以意不得行，乃稱疾乞骸骨。詔賜錢，太醫視疾。恢薦任城郭均、成陽高鳳，而遂稱篤。拜騎都尉，上書辭謝曰：『仍受厚恩，無以報效。夫政在大夫，孔子所疾；世卿持權，《春秋》以戒。聖人懇惻，不虛言也。近世外戚富貴，必有驕溢之敗。今陛下思慕山陵，未遑政事；諸舅寵盛，權行四方。若不能自損，誅罰必加。臣壽命垂盡，臨死竭愚，惟蒙留神。』詔聽上印綬，乃歸鄉里。竇憲因是風厲州郡迫脅，恢遂飲藥死。

又　卷四三《何敞傳》　時竇氏專政，外戚奢侈，賞賜過制，倉帑爲虛。敞奏記由曰：『敞聞事君之義，進思盡忠，退思補過。歷觀世主時臣，無不各欲爲化，垂之無窮，然而平和之政萬無一者，蓋以聖主賢臣不能相遭故也。今國家秉聰明之弘道，明公履晏晏之純德，君臣相合，天下翕然，治平之化，有望於今。孔子曰：『如有用我者，三年有成。』今明公視事，出入再期，宜當克己，以酬四海之心。《禮》，一穀不升，則損服徹膳。天下不足，若己使然。而比年水旱，人不收穫，涼州緣邊，家被凶害，男子疲於戰陳，妻女勞於轉運，老幼孤寡，歎息相依，又中州內郡，公私屈竭，此實損膳節用之時，國恩覆載，賞賚過度，但聞臘賜，自郎官以上，公卿王侯以下，至於空竭帑藏，損耗國資。尋公家之用，皆百姓之力。明君賜賚，宜有品制，忠臣受賞，亦應有度，是以夏禹玄圭，周公束帛。今明公位尊任重，責深負大，上當匡正綱紀，下當濟安元元，豈但空空無違而已哉！宜先正己以率羣下，還所得賜，因陳得失，奏王侯就國，除苑囿之禁，節省浮費，賑恤窮孤，則恩澤下暢，黎庶悅豫，上天聰明，必有立應。使百姓歌誦，史官紀德，豈但子文逃祿，公儀退食之比哉！』由不能用。【略】

論曰：永元之際，天子幼弱，太后臨朝，竇氏憑盛戚之權，將有呂、霍之變。幸漢德未衰，大臣方忠，袁、任二公正色立朝，樂、何之徒抗議柱下，故能挾幼主［之］斷，剿姦回之福。不然，國家危矣。夫竇氏之間，惟何敞可以免，而特以子失交之故廢黜，不顯大位。惜乎，過矣哉！

又　卷四五《翟酺傳》　時安帝始親政事，追感祖母宋貴人，悉封其家。又元舅耿寶及皇后兄弟閻顯等並用威權。酺上疏諫曰：

臣聞微子佯狂而去殷，叔孫通背秦而歸漢，彼非自疏其君，時不可也。臣荷殊絕之恩，蒙值不諱之政，豈敢雷同受寵，而以戴天履地。伏惟陛下應天履祚，歷值中興，當建太平之功，而未聞致化之道。蓋遠者難明，請以近事徵之。昔竇、鄧之寵，傾動四方，兼官重紱，盈金積貨，至使議弄神器，改更社稷。豈不以勢尊威廣，以致斯患乎？及其破壞，頭顙墮地，願爲孤豚，豈可得哉！未致貴無漸失必暴，受爵非道殃必疾。今外戚寵倖，功均造化，漢元以來，未有等比。陛下誠仁恩周洽，以親九族。然祿去公室，政移私門，覆車重尋，寧無摧折。而朝臣在位，莫肯正議，翕翕呰呰，更相佐附。臣恐威權外假，歸之良難，虎翼一奮，卒不可制。故孔子曰：『吐珠於澤，誰能不含』；老子稱『國之利器，不可以示人』。此最安危之［極戒］，社稷之深計也。

又　卷四九《仲長統傳》《法誡篇》曰：

《周禮》六典，冢宰貳王而理天下。春秋之時，諸侯明德者，皆一卿爲政。爰及戰國，亦皆然也。秦兼天下，則置丞相，而貳之以御史大夫。自高帝逮于孝成，因而不改，多終其身。漢之隆盛，是惟在焉。夫任一人則政專，任數人則相倚。政專則和諧，相倚則違戾。和諧則太平之所興也，違戾則荒亂之所起也。光武皇帝愠數世之失權，忿强臣之竊命，矯枉過直，政不任下，雖置三公，事歸臺閣。自此以來，三公之職，備員而已；然政有不理，猶加譴責。而權移外戚之家，寵被近習之豎，親其黨類，用其私人，內充京師，外布列郡，顛倒賢愚，貿易選舉，疲駑守境，貪殘牧民，撓擾百姓，忿怒四夷，招致乖叛，亂離斯瘼，怨氣並作，陰陽失和，三光虧缺，怪異數至，蟲螟食稼，水旱爲灾，此皆戚宦之臣所致然也。反以策讓三公，至於死免，乃足爲叫呼蒼天，號咷泣血者也。又中世之選三公也，務於清慤謹慎。循常習故者。是婦女之檢柙，鄉曲之常人耳，惡足以居斯位邪？勢既如彼，選又如此，而欲望三公勳立於國家，績加於生民，不亦遠乎？

昔文帝之於鄧通，可謂至愛，而猶展申徒嘉之志。夫見任如此，則何患於左右小臣哉？至如近世，外戚宦豎請託不行，意氣不滿，立能陷入於不測之禍，惡可得彈正者哉！曩者任之重而責之輕，今者任之輕而責之重。昔賈誼感絳侯之困辱，因陳大臣廉恥之分，開引自裁之端。自此以來，遂以成俗。繼世之主，生而見之，習其所常，曾莫之悟。嗚呼，可悲夫！左手據天下之圖，右手刎其喉，愚者猶知難之，況明哲君子哉！光武奪三公之重，至今而加甚，不假后黨以權，數世而不行，蓋親疏之埶異地。母后之黨，左右之人，有此至親之勢，故其貴任萬世。常然之敗，無世而無之，莫之斯鑑，亦可痛矣。未若置丞相自總之。若委三公，則宜分任責成。夫使爲政者，不當與之婚姻；婚姻者，不當使之爲政也。如此，在位病人，舉用失賢，百姓不安，爭訟不息，天地多變，人物多妖，然後可以分此罪矣。

或曰：政在一人，權甚重也。曰：人實難得，何重之嫌？昔者霍禹、竇憲、鄧騭、梁冀之徒，籍外戚之權，管國家之柄；及其伏誅，以一言之詔，詰朝而決，何重之畏乎？今夫國家漏神明於媟近，輸權重於婦黨，算十世而爲之者八九焉。不此之罪而彼之疑，何其詭邪！

又　卷五二《崔駰傳》　竇太后臨朝，憲以重戚出內詔命。駰獻書誡之曰：

駰聞交淺而言深者，愚也；在賤而望貴者，惑也；未信而納忠者，謗也。三者皆所不宜，而或蹈之者，思效其區區，憤盈而不能已也。竊見足下體淳淑之姿，躬高明之量，意美志厲，有上賢之風。駰幸得充下館，序後陳，是以竭其拳拳，敢進一言。傳曰：『生而富者驕，生而貴者傲。』生富貴而能不驕傲者，未之有也。今寵祿初隆，百僚觀行，當堯舜之盛世，處光華之顯時，豈可不庶幾夙夜，以永衆譽，弘申伯之美，致周邵之事乎？語曰：『不患無位，患所以立。』昔馮野王以外戚居位，稱爲賢臣；近陰衛尉克己復禮，終受多福。郯氏之宗，非不尊也；陽（侯）［平］之族，非不盛也。重侯累將，建天樞，執斗柄。其所以獲譏於時，垂愆於後者，何也？蓋在滿而不挹，位有餘而仁不足也。漢興以後，迄于哀、平，外家二十，保族全身，四人而已。《書》曰：『鑑于有殷。』可不慎哉！

竇氏之興，肇自孝文。二君以淳淑守道，成名先日；安豐以佐命著德，顯自中興。內以忠誠自固，外以法度自守，卒享祚國，垂祉於今。夫謙德之光，《周易》所美；滿溢之位，道家所戒。故君子福大而愈懼，爵隆而益恭。遠察近覽，俯仰有則，銘諸几杖，刻諸盤杅。矜矜業業，無殆無荒。如此，則百福是荷，慶流無窮矣。

及憲爲車騎將軍，辟駰爲掾。憲府貴重，掾屬三十人，皆故刺史、二千石，唯駰以處士年少，擢在其間。憲擅權驕恣，駰數諫之，及出擊匈奴，道路愈多不法，駰爲主簿，前後奏記數十，指切長短。憲不能容，稍疏之，因察駰高第，出爲長岑長。駰自以遠去，不得意，遂不之官而歸。

又　卷五六《張綱傳》　漢安元年，選遣八使徇行風俗，皆耆儒知名，多歷顯位，唯綱年少，官次最微。餘人受命之部，而綱獨埋其車輪於雒陽都亭，曰：『豺狼當路，安問狐狸！』遂奏曰：『大將軍冀，河南尹不疑，蒙外戚之援，荷國厚恩，以芻蕘之資，居阿衡之任，不能敷揚五教，翼讚日月，而專爲封豕長蛇，肆其食叨，甘心好貨，縱恣無底，多樹諂諛，以害忠良。誠天威所不赦，大辟所宜加也。謹條其無君之心十五

事，斯皆臣子所切齒者也。』書御，京師震竦。時冀妹爲皇后，內寵方盛，諸梁姻族滿朝，帝雖知綱言直，終不忍用。

又 卷六一《黄瓊傳》 至於哀、平，而帝道不綱，秕政日亂，遂使姦佞擅朝，外戚專恣。所冠不以仁義爲冕，所蹈不以賢佐爲力，終至顛蹶，滅絕漢祚。天絕陵弛，民鬼慘愴，賴皇乾眷命，炎德復輝。光武以聖武天挺，繼統興業，創基冰泮之上，立足枳棘之林。擢賢於衆愚之中，畫功於無形之世。崇禮義於交爭，循道化於亂離。是自歷高而不傾，任力危而不跌，興復洪祚，開建中興，光被八極，垂名無窮。至於中葉，盛業漸衰。陛下初從藩國，爰升帝位，天下拭目，謂見太平。而即位以來，未有勝政。諸梁秉權，竪宦充朝，重封累積，傾動朝廷，卿校牧守之選，皆出其門，羽毛齒革、明珠南金之寶，殷滿其室，富擬王府，勢回天地。言之者必族，附之者必榮。忠臣懼死而杜口，萬夫怖禍而木舌，塞陛下耳目之明，更爲聾瞽之主。故太尉李固、杜喬，忠以直言，德以輔政，念國妄身，隕歿爲報，而坐陳國議，遂見殘滅。

又 卷六三《李固傳》 夫妃后之家所以少完全者，豈天性當然？但以爵位尊顯，專總權柄，天道惡盈，不知自損，故至顛仆。先帝寵遇閻氏，位號太疾，故其受禍，曾不旋時。《老子》曰：『其進鋭，其退速也。』今梁氏戚爲椒房，禮所不臣，尊以高爵，尚可然也。而子弟羣從，榮顯兼加，永平、建初故事，殆不如此。宜令步兵校尉冀及諸侍中還居黄門之官，使權去外戚，政歸國家，豈不休乎！

又 卷六九《竇武何進傳論》 竇武、何進藉元舅之資，據輔政之權，內倚太后臨朝之威，外迎羣英乘風之勢，卒而事敗閹竪，身死功積，爲世所悲，豈智不足而權有餘乎？《傳》曰：『天之廢商久矣，君將興之。』斯宋襄公所以敗於泓也。

武生蛇祥，進自屠羊。惟女惟弟，來儀紫房。上惛下嬖，人靈動怨。將糾邪慝，以合人願。道之屈矣，代離凶困。

又 卷七八《宦者傳論》 自古喪大業絕宗禋者，其所漸有由矣。三（世）［代］以嬖色取禍，嬴氏以奢虐致灾，西京自外戚失祚，東都緣閹尹傾國。成敗之來，先史商之久矣。

宋·司馬光《稽古録》卷一三 及孝和以降，政令寖弛，外戚專權，近習放恣，然猶有骨鯁忠烈之臣忘身以狥國，故雖衰而不亡，豈非建武永平之餘烈歟？

宋·李綱《梁谿集》卷一四五《論天人之理》 西漢之末，天將以王氏間漢，故使以外戚輔政而假之權，其梓柱生枝葉扶疏之祥，與夫漢二百年當再受命知數者類能言之，豈非天哉？然而王氏在位，劉向上疏，反覆指明，其言痛切，發於至誠，雖結怨而不恤。其後京兆尹王章因日食之變奏封事，極論王鳳，遂死獄中。更哀平之世，而王莽因以簒漢。方李唐之初，天將以武氏間唐，故使之蓄于宫中而爲之兆，其祕讖之所載，李淳風嘗言于太宗，而濫李君羨之誅，豈非天哉？然而武后之立，褚遂良叩頭流涕力爭，長孫無忌、郝處俊之屬和之，皆坐竄徙。其後上官儀因高宗之怒，復深論之，將使之草廢詔而不果，竟以斥死。中宗既廢，而武后因以革唐。向使成帝感悟劉向、王章之言，抑退外戚而進用宗室，必無王莽簒弑之禍；高宗感悟褚遂良、上官儀之言，不立后，雖已立而廢之，必無武氏革命之事。言雖切，至于得罪以死而卒不能止者，天也！數子者，其言如此，雖死而不悔者，不以天廢人也，君子以謂知所守焉。今不盡人事而一切歸于天，曰時數當爾，天實使然，聞數子之言則笑之曰：『是將以一簣而障江河之潰，以一木而支大廈之傾，多見其不知量也。』是果足以知天人之理哉？悲夫！此後世之所以人事每每不脩，而悉委之於天也，欲無危亂得乎？

宋·李昭玘《樂靜集》卷五《記劉向家》 元帝懦昏，小人比德，許、史以外戚干政，恭、顯以近倖盜權，向肺腑之親，乃心王室，抗危言吐孤憤，必欲推拉小人，拔天下正直之士在帝左右，以清天憲，方羣邪側目，相與攻詆，勢不能支，初下獄，再免爲庶人，終十年見廢。蕭望之、周堪皆被誣自殺，向獨得不死，而志亦不少衰，可謂忠矣。惜乎既以身當怨，毅然特立，不能暴小人之惡揚於王庭，以動天下之公義，及使外親上變，而戒帝無漏言，彼所以揣其不足畏而又欲擠之者也。當是時，韋玄成、貢禹以經術位大臣，不能助善排惡，爲向明區區之義，指以爲罔上不道。由此觀之，爲向之言者，果亦難矣。厥後成帝沈於內嬖，王氏專制威福，上下之勢將轉衣爲裳，忠臣良士惴惴懼禍，向引《春秋》變異，欲以劫其心，而終不省其一二，豈言有所未中歟？趙氏殺太子，國嗣屢絕，

當此之時，因以天性不忍之愛、父子之至情，引諭禍福，指明治亂之漸，庶幾惻然知悔焉。夫震雷變色，作於須臾；蜂蠆螫手，終身戒之，何則？遠於人者，不必甚畏，而迫於所愛，則惟恐傷之也。若向之博極羣書，議論不詭，與董仲舒、揚雄、司馬遷相先後，可謂命世之才矣。於今洙泗之上，士多博洽廉靖樂道者，蓋向之遺風云。

明・張寧《方洲集》卷三〇《讀史録・哀帝綏和二年》 凡國家之所以積衰亂而至於敗亡者，其患必有所本，不先其本而欲扶衰救亂，雖有願治之主，其道無繇也。孝惠之時，患在外戚擅權，於是有諸呂之變，故文帝教飭竇、薄二家，不任以政。景帝承恭仁之後，患在武備不預，於是有七國之亂，故武帝張皇六師，以威四海，雖其後不輯自焚，民窮財匱，而昭宣二君乃能賑貸困窮，矜恤刑罰，此皆能救其本，是以雖危復安，將亂復治也。自元帝委政二豎，成帝寵任五王，漢之國勢泮渙杌者垂四十年，外戚之患至於今極矣。哀帝以親藩繼統，初政自躬，救亂扶衰，爲力甚便，使其能信孔光之正言，斥董宏之阿議，傅后雖有請求，尤當斷以大義，起敬不從，后雖不悦，苟見其家富貴，將亦無復過望矣。乃不能謹微慮始，依違遷就，以私親而加尊號，以末屬而受侯封，自是威福浸淫，政權交錯，比之前事，相去不能以寸，顧其初所以罷黜王氏，殆若爲丁、傅掃除地位者，遂使元后蓄憤於上，賊莽積謀於下，一旦政柄復歸，果於篡逆，若其素有良由，哀帝不能均戒顯絶，盡收外戚之權，一用一舍，反有以養其僞望而結於人心者久也。

明・周琦《東溪日談録》卷一三《東漢》 章帝雖寬厚而平徭薄賦，然寵任竇憲以啓外戚專權，東漢之禍在外戚宦官者，此其漸也。章帝後和帝之世，竇后臨朝，宦官外戚迭爲消長。殤帝之世，鄧后臨朝，帝立八月而崩。安帝之世，亦鄧后臨朝，后崩而後，親嗣順帝爲宦官迎立，實閻后爲之作俑，故宦官外戚倚此而强，賢人君子不能以救漢祚之衰也。沖帝之世，梁后臨朝，有外戚梁冀之秉政。質帝爲梁后所立，梁冀惡其聰慧而鴆殺。桓帝之世，亦梁后臨朝，后崩，冀暴，故帝與宦官謀誅之，則宦官逞惡而黨錮之禍起矣。靈帝之世，竇后臨朝，宦官權盛，致殺陳蕃諸人數百，召外兵以滌內難，則壞垣入室，而董卓之亂興矣。故獻帝之時，卓廢皇子而立之，天下討卓，卓脇遷長安，卓死曹操迎於許，曹丕廢爲公，天下於是乎三分焉。然則女主臨朝、外戚專政、宦官弄權，此三者，致亂之端也，漢之祚安得而不傾乎？東漢都雒陽，不爲外戚宦官所制者，惟光武、明帝而已。章帝其漸，和帝以後，其禍迭興，至獻帝而亡，傳十二主，共一百九十五年，雖劉備起於蜀，終不能大恢復也。

清・王夫之《讀通鑑論》卷二《漢惠帝二》 漢聚勁兵於南北軍，而兵積强於天子之肘腋，以是爲競王室、鞏邦畿、戒不虞之計焉。然天子豈能自將之哉，必委之人。而人不易信，則委之外戚，委之中官，以爲暱我而可無虞者。乃呂禄掌北軍，呂產掌南軍，呂后死，且令據兵衛宫以遂其狂逞，而劉氏幾移於呂。其後竇、梁、何進與中官迭相握符，而恣誅殺以脅天子者，喋血相仍。即其未亂也，人主之廢立，國事之措置，一聽命於大將軍，而丞相若其府史。使利器不操於其手，則三公九卿持清議於法宫之上，而孰敢恣睢以逞乎？天下散處而可以指臂使者也。兵者，衛四夷而聽命於帥者也，近在肘腋而或制之矣。周勃倖得而成，竇武倖失而敗，人主贅立於上，而莫必其操縱，則亦危矣。

又 卷四《漢宣帝三》 霍光死而魏相興，此後世大臣興廢，而國政變更、人材進退之始也。霍光非盡不可與言者也，嚴延年廷劾之而勿罪，田延年所與共廢立者而不阿，悍妻行弑，欲自舉發，特荏苒而不能自勝耳。上書者以副封先達領尚書者而後奏，光亦懲昌邑之失而正少主之視聽，特未深知宣帝之明而持之太過耳。相當光之時，奏記於光，俾去副封可也；昌言於廷，俾宣帝敕光去之可也。爲人臣者，言苟當於紀綱之大，雖有所不避，況光之猶可與言而無挾以不相聽從者乎！待光之死而後言之，相之心不純乎忠。而後世翹故相以樹新黨者，相實爲之倡。是殆授興革之權於大臣，而人主幸大臣之死以行己意。上下睽，朋黨興，國事數變。至於宋，而宰相易，天子爲之改元。因是而權臣有感於此，則戀位以免禍，樹黨以支亡，迭虚迭盈而國爲之敝。斯其爲害，三代亡有也；高、文、景、武之世，亦亡有也。故曰：自相始也。

抑相之進也，言正而心詖，迹貞而行詭，所因者許廣漢也，聽起伏於外戚而莫能自遂也。司馬温公奉宣仁太后改新法，而章惇、邢恕猶指宫闈以爲口實，況緣外戚以取相乎？君子之慎始進也，枉尺而直尋不爲也。春秋之世，不因大夫而立功名者，顔、曾、冉、閔而已。漢之不因外戚，

後世之不因宦寺者，鮮矣。此風俗邪正、國事治亂之大辨也。

又 卷五《漢成帝一》 讀杜欽進諫之章，與其奏記王鳳之書，及論王章之事，竟以王氏之篡，歸禍始於欽之黨姦，非平情之論也。成帝之無道也，足以亡國。王鳳初起，猶修飾而有類於社稷之臣；其視張放、淳于長、史育之導欲以宣淫者，不若也。五侯之專，莽之篡，豈欽之所能前知哉？士志於有爲，而際昏庸之主，思有所造於國家，不得自達於上，不獲已而見大臣之可與言者，因之以效『納約自牖』，而『遇主於巷』，所謂救失火而不暇問主人者也。故以陳蕃之剛正，而依竇武以行其志，能早知自別以遠嫌者鮮矣。至於鳳已成乎專倨，心知其誤敍，而卒不能自拔，欽固有無可如何者，而其情亦可愍矣。

故君子之愛身也，甚於愛天下；忘身以憂天下，則禍未發於天下而先伏於吾之所憂也。外戚也，宦寺也，女主也，[夷狄也，]一失其身，雖有扶危定傾之雅志，不得自救其陷溺；未有身自溺而能拯人之溺者也。孔子行乎季孫而魯幾治，非孔子固弗敢也。聖人之大用，中材所不敢效也。雖然，聖人豈有不測之術哉？齊人服，郈、費墮，季斯一受女樂，而卽決於行，無所凝滯，而必不與之推移。則一旦釋然忘前此之功業，而逌然以去，無他，純乎道而無私焉耳。聖人不可學而可學者，此也。鳳之專，王氏之盛，成帝之終不足與有爲，威福下移，形勢已成，欽胡爲其荏苒而不去也？能去則去，雖因季斯而不損其聖。事已不可，而尚惜其位，則欽雖持義之正，而不免於黨姦。雖然，若欽者，固未易言去也；諫鳳不聽而去之，且無名而爲其所忌，故非聖人不能去，不能去而可不早慎擇所從哉？君子度德以自處。女主也，外戚也，宦寺也，[夷狄也，]卽可與有爲，而必遠之夙，人道之大戒也。賈捐之、楊興、[崔浩、]婁師德、張說、[許衡，]一失其身，而後世之譏評，無爲之原情以貸者，皆欽之類也。可勿戒乎！

又 《漢成帝二》 亡西漢者，元后之罪通於天矣。論者徒見其吝璽不予、流涕漢廟、用漢伏臘而憐之，婦人小不忍之仁，惡足以蓋其亡漢之大憝哉！今有殺人者，流涕袒免而撫其尸曰：吾弗忍也，而孰聽之？漢懲呂氏之禍，不舉國柄而授之外戚久矣。霍氏之持權，武帝拔霍光於下僚，與降胡應吏等，非緣后族也；其既也，則以廢閻立明安社稷之功也。宣帝之於史氏，元帝之於許氏，以恩澤侯而已矣。成帝年已二十，元帝未有屬王氏之遺命焉；王鳳起自衛尉，一旦而持天下之柄，孰爲之邪？五侯並日而封，楊興、駟勝爭之而不得；苟參以異父弟强成帝以封侯，帝不聽，而猶寵以侍中；劉向諫而不聽，王章爭而見殺，垂涕不食，以激成帝之誅章；劉向抗疏不已，成帝歎息悲傷，卒受制而不能決。鳳死而音代，音死而商代，商死而根代，根死而莽代，一以世及之法取漢之天下，而使相嗣以興，非后之内主於宫中，亦豈能蔓引綿延之如此哉？

且夫王氏之横，未嘗不可撲也。成帝察其奢僭不軌，而音、商、立、根藉稾負斧鑕以待罪；王立結淳于長之姦露，成帝下有司按治，而立殺其子以滅口；計其爲人，非能險鷙於呂之產、禄，武之三思、懿宗也。乃呂氏私其族而終以國事付平、勃，武氏私其姪而終以國事付狄、婁，元后則寵劉氏之宗社于其鞶帨，而以授之私親。逮乎哀帝之立，姑退莽以脅哀帝，而蠱在廷之心，縱董賢之不逞，乘其敗以進莽，使恣行其鴆主之毒，晏然處之而不一詰。攝則使之攝矣，假則使之假矣，豈徒莽之姦足以恣行無忌哉？老妖不死，日蝕月虧，以殄漢而必亡之，久矣。故曰：罪通於天也。

婦人之道柔道也，反其德而爲剛，雖惡易折。《大畜》之五曰：『豶豕之牙，吉。』牙可豶也，而呂、武以之，周勃、狄仁傑豶之而吉矣。姤之初曰：『羸豕孚蹢躅。』羸云者，不壯而柔者也，以柔而結人心者也，而蹢躅之凶不可禁，元后以之，雖劉向痛哭以陳言，成帝悲傷而懼禍，而無如后之涕泣者何也！莽已篡，漢已滅，姑以一泣逃天下後世之誅，而誰信之？不然，莽之甚毒，無有於其子，后果有思漢之心，莽其能戴之沒世而生榮死哀以相報哉？女禍之烈，莫如王氏，而論者猶寛之，蹢躅之孚，且以孚後世而免於史氏之誅，亦險矣哉！

又 《漢哀帝九》 何武以忤王莽而死，可以爲社稷之臣乎？未也。武與公孫禄謀云：『呂、霍、上官幾危社稷，不宜外戚大臣持權。』此漢室存亡之紐也。乃當其時，内而元后爲伏莽之戎，外而孔光爲翼戴之姦，武僅以孤立之勢撲始然之火，既處於不敵之數矣。國之安危，身之生死，徒藉於一言，而言非可恃也，所恃者浩然之氣勝之耳。公孫禄豈可終保者哉？而與之更相稱説，武舉禄，禄卽舉武，標榜以示私，授巨姦以

朋黨之譏，則氣先餒而惡足以勝之！祿惟詭隨，乃以幸免；武不欲爲祿之詭隨矣，則足以殺其軀而已矣。心不可質鬼神，道不可服小人，出没於寵辱之中，而欲援己傾之天下，以水溉沸膏，欲息其燄而燄愈烈，非直亡身，國因以喪，悲夫！

清·趙翼《廿二史劄記》卷三《漢書·漢外戚輔政》 漢自呂后王諸呂，使產、祿掌兵，幾致奪國。故諸大臣以薄太后家仁善，遂立文帝，固有鑑於外戚之禍矣。

乃武帝又以祖母竇太后弟子竇嬰爲丞相，母王太后之同母弟田蚡亦爲丞相。已而衛后弟青爲大司馬大將軍。后姊子霍去病爲大司馬驃騎將軍。於是外戚又日以寵貴。其後去病之弟光，遂以大司馬大將軍受遺詔輔政。自此大司馬兼將軍一官，遂永爲外戚輔政之職。

宣帝祖母史良娣死巫蠱之禍，帝乃以良娣弟高爲大司馬車騎將軍領尚書事。又許后爲霍氏毒死，乃以后叔父延壽爲大司馬車騎將軍輔政。

然武宣二帝皆英斷，不假以權，故劉向謂『正所以安全之也。』

元帝又以延壽子嘉爲大司馬車騎將軍輔政。嘉女爲成帝后，成帝又以嘉輔政。後又以母王太后弟鳳爲大司馬大將軍輔政。鳳卒，從弟音爲大司馬車騎將軍輔政。音卒，又以其弟根爲大司馬驃騎將軍輔政。根薦兄子莽自代。會成帝崩，哀帝即位，莽避帝外家，退就國。哀帝以祖母傅太后從弟喜爲大司馬輔政。尋罷。又以母丁太后兄明爲大司馬驃騎將軍輔政。然帝亦不假以權，不如王氏在成帝時也。

哀帝崩，成帝母王太后仍詔莽爲大司馬，立平帝，莽輔政，遂以篡漢。

又《兩漢外戚之禍》 兩漢以外戚輔政，國家既受其禍，而外戚之受禍，亦莫如兩漢者。崔駰疏言『漢興以後，至於哀平。外家二十餘，保全者四家而已。』

章懷注『高帝呂后，產、祿謀反，誅；惠帝張后廢；文帝母薄太后弟昭被殺；文帝竇后弟子嬰誅；景帝薄后、武帝陳后俱廢；武帝衛后自殺；昭帝母趙太后賜死；昭帝上官后家族誅；宣帝祖母史良娣以巫蠱死；宣帝母王夫人弟子商下獄死；霍后廢，家亦破；元帝王后弟子莽篡位伏誅；成帝許后賜死、趙后廢自殺；哀帝祖母傅太后家屬徙合浦；平帝母衛姬家屬誅。其四家者，景帝王后，宣帝許后、王后，哀帝母丁姬家，皆保全也。』案章懷此注亦有誤敘，史良娣死時，衛太子未爲帝，史氏並未以外戚干政致禍也。惟哀帝后傅氏，帝崩後，爲王莽所廢自殺，此當在駰所言二十餘家之内耳。

東漢后家，惟光武郭后、陰后家皆無禍。郭后雖廢，帝待郭后恩禮無替。明帝即位，待陰、郭二家亦均。

明帝馬后戒飭外家，以王氏五侯及田蚡、竇嬰爲戒。故馬、廖兄弟雖封侯，而退居私第，迄無禍敗。

章帝竇后，其兄憲以謀不軌誅。

和帝陰后被廢，其父綱自殺，家屬徙日南。鄧后終身稱制，亦約束外家，兄騭等忠謹無過。然后崩後，騭等俱被讒死。一門七人，皆死非其罪。

安帝閻后兄顯及弟景、耀、晏俱以謀立外藩誅。后亦遷離宮。

順帝梁后兄冀以弑逆誅桓帝，梁后以憂死。鄧后被廢，從父萬世、從兄會皆下獄死。竇后以父武謀誅宦官，爲宦官所害，后亦遷南宮。

靈帝母董后兄子重，爲何進所收，自殺。靈帝宋后廢，以憂死。父兄皆誅。何后兄進謀誅宦官，亦爲宦官所害，后又爲董卓所弑。

獻帝伏后爲曹操所弑。曹后隨帝廢爲山陽公夫人。

計東京后族，亦祇陰、郭、馬三家保全，其餘皆無不敗者。推原禍本，總由於柄用輔政，故權重而禍亦隨之。西漢武、宣諸帝，東漢光武、明、章諸帝，皆無外戚之禍，由於不假以權也。成帝柔仁，專任王氏而國祚遂移。東漢多女主臨朝，不得不用其父兄子弟以寄腹心。於是權勢太盛，不肖者輒縱恣不軌，其賢者亦爲衆忌所歸，遂至覆轍相尋，國家俱敝，此國運使然也。至伏后之死，不關母家輔政，然猶爲曹操所忌，外戚之危如此。

藝文

漢·蔡邕《蔡中郎集》卷六《汝南周巨勝碑》 故大將軍梁冀，專國作威，海内從風，世之雄才優逸之徒，莫不委質，從命而顛覆者，蓋亦

多矣。

清・彭定求《全唐詩》卷一四五《李嶷〈讀前漢外戚傳〉》 人録尚書事，家臨御路傍。鑿池通渭水，避暑借明光。印綬妻封邑，軒車子拜郎。寵因宮掖裹，勢極必先亡。

又 卷五二三《杜牧〈題商山四皓廟一絶〉》 吕氏强梁嗣子柔，我於天性豈恩讎。南軍不袒左邊袖，四老安劉是滅劉。

又 卷七二九《周曇〈前漢門・王莽〉》 權歸諸吕牝雞鳴，殷鑑昭然詎可輕。新室不因崇外戚，水中安敢寄生營。

宋・劉敞《公是集》卷一七《朱雲》 志士不忘棄溝壑，勇士不忘喪其元。伏雞搏狸狗襲虎，感激只在精神存。漢朝陵替外戚盛，五岳振蕩三辰昏。臣强主弱上不悟，庭中唯唯誰能言。朱生節義邁金石，面刻不避師傅尊。願求上方斬馬劍，誅一厲百清其源。天威震怒不我受，利刃接頸雷霆奔。當前折檻色不變，命在頃刻誰扳援。昔時仲尼魯司寇，七日行戮端乾坤。嗟我此生心不就，冥冥后土埋其冤。漢家社稷變王氏，張禹虛蒙師保恩。卓然先見在物表，佞臣敗國誰復論。我願乘雲款天閽，巫陽掌夢招其魂。立朝蹇蹇辨邪正，無復姦諛開倖門。

宋・宋庠《元憲集》卷一四《梁冀二首》 狐尾單衣漢綬長，歸來珍館看啼粧。將軍幸有封侯力，忍使秦宮令太倉。

外戚豪華善意錢，折巾平幘映鳶肩。支期一世惟偷寵，虛秉東京跋扈權。

宋・陸遊《劍南詩稿》卷四一《冬日讀白集愛其貧堅志士節病長高人情之句作古風十首 其三》 漢禍始外戚，唐亂基宦寺。小人計已私，頗復指他事。公卿恬駭機，關河入危涕。草茅豈無人，死抱經世志。

宋・于石《紫巖詩選》卷三《高帝》 吕氏强梁劉氏危，宮中枕臥復誰知。釀成外戚中官禍，興漢已開亡漢基。

元・胡助《純白齋類稿》卷一九《古賢贊・袁安》 大雪天寒，高眠閉户。蟄居俟時，憂民疾苦。外戚擅權，天子幼沖。漢廷特賴，司徒袁公。

明・王世貞《弇州四部稿・續稿》卷四《五言古詩其三十六》 仲舉誅左鐺，謀恭聞喜席。其人雖可言，其地終外戚。何進屠酤兒，一死媒漢賊。揚湯而息沸，焉能令沸息。新莽盜漢炎，隋堅成鼎革。赫赫我皇猷，萬世垂内則。

外戚賦閑分部

綜述

《漢書》卷五二《竇嬰傳》 竇嬰字王孫，孝文皇后從兄子也。父世觀津人也。喜賓客。孝文時爲吴相，病免。孝景即位，爲詹事。

帝弟梁孝王，母竇太后愛之。孝王朝，因燕昆弟飲。是時上未立太子，酒酣，上從容曰：『千秋萬歲後傳王。』太后驩。嬰引卮酒進上曰：『天下者，高祖天下，父子相傳，漢之約也，上何以得傳梁王！』太后由此憎嬰。嬰亦薄其官，因病免。太后除嬰門籍，不得朝請。【略】

四年，立栗太子，以嬰爲傅。七年，栗太子廢，嬰爭弗能得，謝病，屏居藍田南山下數月，諸竇賓客辯士説，莫能來。梁人高遂乃説嬰曰：『能富貴將軍者，上也；能親將軍者，太后也。今將軍傅太子，太子廢，爭不能拔，又不能死，自引謝病，擁趙女屏閑處而不朝，祇加懟自明，揚主之過。有如兩宮奭將軍，則妻子無類矣。』嬰然之，乃起，朝請如故。

【略】

而嬰失竇太后，益疏不用，無勢，諸公稍自引而怠驁，唯灌夫獨否。故嬰墨墨不得意，而厚遇夫也。

又 卷八二《傅喜傳》 哀帝立爲太子，成帝選喜爲太子庶子。哀帝初即位，以喜爲衛尉，遷右將軍。是時，王莽爲大司馬，乞骸骨，避帝外家。上既聽莽退，衆庶歸望於喜。喜從弟孔鄉侯晏親與喜等，而女爲皇后。又帝舅陽安侯丁明，皆親以外屬封。喜執謙稱疾。傅太后始與政事，喜數諫之，由是傅太后不欲令喜輔政。上於是用左將軍師丹代王莽爲大司馬，賜喜黄金百斤、上將軍印綬，以光禄大夫養病。

《後漢書》卷三二《樊儵傳》 服闋，就侍中丁恭受《公羊嚴氏春秋》。建武中，禁網尚闊，諸王既長，各招引賓客，以儵外戚，爭遣致之，

而翛清靜自保，無所交結。及沛王輔事發，貴戚子弟多見收捕，翛以不豫得免。

論說

《漢書》卷九八《元后傳》 成帝崩，哀帝卽位。太后詔莽就第，避帝外家。哀帝初優莽，不聽。莽上書固乞骸骨而退。上乃下詔曰：『曲陽侯根前在位，建社稷策。侍中太僕安陽侯舜往時護太子家，導朕，忠誠專壹，有舊恩。新都侯莽憂勞國家，執義堅固，庶幾與爲治，太皇太后詔休就第，朕甚閔焉。其益封根二千户，舜五百户，莽三百五十户。以莽爲特進，朝朔望。』

外戚賞賜分部

綜述

《史記》卷一二五《佞倖列傳》 自是之後，內寵嬖臣大底外戚之家，然不足數也。衛青、霍去病亦以外戚貴幸，然頗用材能自進。

《漢書》卷五五《衛青傳》 上聞，乃召青爲建章監，侍中。及母昆弟貴，賞賜數日間累千金。君孺爲太僕公孫賀妻。少兒故與陳掌通，上召貴掌。【略】

青賜千金。是時王夫人方幸于上，寧乘說青曰：『將軍所以功未甚多，身食萬户，三子皆爲侯者，以皇后故也。今王夫人幸而家族未富貴，願將軍奉所賜千金爲王夫人親壽。』青以五百金爲王夫人親壽。

又《霍去病傳》 乃置大司馬位，大將軍、票騎將軍皆爲大司馬。定令，令票騎將軍秩禄與大將軍等。自是後，青日衰而去病日益貴。

《後漢書》卷一〇上《皇后紀上·光武郭皇后》 帝憐郭氏，詔況子璜尚淯陽公主，除璜爲郎。顯宗卽位，況與帝舅陰識、陰就並爲特進，數授賞賜，恩寵俱渥。禮待陰、郭，每事必均。永平二年，況卒，贈賜甚厚，帝親自臨喪，謚曰節侯，子璜嗣。

元和三年，肅宗北巡狩，過眞定，會諸郭，朝見上壽，引入倡飲甚歡。以太牢具上郭主冢，賜粟萬斛，錢五十萬。永元初，璜爲長樂少府，子舉爲侍中，兼射聲校尉。【略】

顯宗卽位，尊后爲皇太后。永平三年冬，帝從太后幸章陵，置酒舊宅，會陰、鄧故人諸家子孫，並受賞賜。

又 卷二三《竇憲傳》 建初二年，女弟立爲皇后，拜憲爲郎，稍遷侍中、虎賁中郎將；弟篤，爲黄門侍郎。兄弟親幸，並侍宮省，賞賜累積，寵貴日盛，自王、主及陰、馬諸家，莫不畏憚。

又 卷三四《梁商傳》 及薨，帝親臨喪，諸子欲從其誨，朝廷不聽，賜以東園朱壽（之）器、銀鏤、黄腸、玉匣、什物二十八種，錢二百萬，布三千匹。皇后錢五百萬，布萬匹。及葬，贈輕車介士，賜謚忠侯。中宮親送，帝幸宣陽亭，瞻望車騎。

又 卷六九《竇武傳》 延熹八年，長女選入掖庭，桓帝以爲貴人，拜武郎中。其冬，貴人立爲皇后，武遷越騎校尉，封槐里侯，五千户。明年冬，拜城門校尉。在位多辟名士，清身疾惡，禮賂不通，妻子衣食裁充足而已。是時羌蠻寇難，歲儉民飢，武得兩宮賞賜，悉散與太學諸生，及載肴糧於路，匄施貧民。

論說

《漢書》卷八六《王嘉傳》 孝元皇帝奉承大業，温恭少欲，都內錢四十萬萬，水衡錢二十五萬萬，少府錢十八萬萬。嘗幸上林，後宮馮貴人從臨獸圈，猛獸驚出，貴人前當之，元帝嘉美其義，賜錢五萬。掖庭見親，有加賞賜，屬其人勿衆謝。示平惡偏，重失人心，賞賜節約。是時外戚貲千萬者少耳，故少府水衡見錢多也。雖遭初元、永光凶年饑饉，加有西羌之變，外奉師旅，內振貧民，終無傾危之憂，以府臧內充實也。孝成皇帝時，諫臣多言燕出之害，及女寵專愛，躭於酒色，損德傷年，其言甚切，然終不怨怒也。寵臣淳于長、張放、史育，育數貶退，家貲不滿千萬，放斥逐就國，長榜死於獄。不以私愛害公義，故雖多內譏，朝廷安

平，傳業陛下。

又 卷九七下《外戚傳下》 皇太后及帝諸舅憂上無繼嗣，時又數有灾異，劉向、谷永等皆陳其咎在於後宮。上然其言，於是省減椒房掖廷用度。皇后及上疏曰：妾誇布服糲食，加以幼稚愚惑，不明義理，幸得免離茅屋之下，備後宮掃除。蒙過誤敍之寵，居非命所當託，洿穢不修，曠職尸官，數逆至法，逾越制度，當伏放流之誅，不足以塞責。乃壬寅日大長秋受詔：『椒房儀法，御服輿駕，所發諸官署，及所造作，遺賜外家羣臣妾，皆如竟寧以前故事。』妾伏自念，入椒房以來，遺賜外家未嘗逾故事，每輒決上，可復問也。今誠時世異制，長短相補，不出漢制而已，纖微之間，未必可同。若竟寧前與黃龍前，豈相放哉？家吏不曉，今一受詔如此，且使妾搖手不得。今言無得發取諸官，殆謂未央官不屬妾，不宜獨取也。言妾家府亦不當得，妾竊惑焉。幸得賜湯沐邑以自奉養，亦小發取其中，何害於誼而不可哉？又詔書言服御所造，皆如竟寧前，吏誠不能揆其意，即且令妾被服所爲不得不如前。設妾欲作某屏風張於某所，曰故事無有，或不能得，則必繩妾以詔書矣。此二事誠不可行，唯陛下省察。（官）［宦］吏忮佷，必欲自勝。幸妾尚貴時，猶以不急事操人，況今日日益侵，又獲此詔，其操約人，豈有所訴？陛下見妾在椒房，終不肯給妾纖微內邪？若不私府小取，將安所仰乎？舊故，中官乃私奪左右之賤繒，乃發乘輿服繒，言爲待詔補，已而貿易其中。左右多竊怨者，甚恥爲之。又故事以特牛祠大父母，戴侯、敬侯皆得蒙恩以太牢祠，今當率如故事，唯陛下哀之！

今吏甫受詔讀記，直豫言使后知之，非可復若私府有所取也。其萌牙所以約制妾者，恐失人理。今但損車駕，及毋若未央官有所發，遺賜衣服如故事，則可矣。其餘誠太迫急，奈何？妾薄命，端遇竟寧前，竟寧前於今世而比之，豈可邪？故時酒肉有所賜外家，輒上表乃決。又故杜陵梁美人歲時遺酒一石，肉百斤耳。妾甚少之，遺田八子誠不可若是。事率衆多，不可勝以文陳。俟自見，索言之，唯陛下深察焉！

《後漢書》卷一〇上《皇后紀上》 論曰：物之興衰，情之起伏，理有固然矣。而崇替去來之甚者，必唯寵惑乎？當其接牀第，承恩色，雖險情贅行，莫不德焉。及至移意愛，析嫵私，雖惠心妍狀，愈獻醜焉。愛升，則天下不足容其高；歡隊，故九服無所逃其命。斯誠志士之所沈溺，君人之所抑揚，未或違之者也。郭后以衰離見貶，恚怨成尤，而猶恩加別館，增寵黨戚。至乎東海逡巡，去就以禮，使後世不見隆薄進退之隙，不亦光於古乎！

又 卷四九《仲長統傳》 彼後嗣之愚主，見天下莫敢與之違，自謂若天地之不可亡也，乃奔其私嗜，騁其邪欲，君臣宣淫，上下同惡。目極角觝之觀，耳窮鄭衛之聲。入則耽於婦人，出則馳於田獵。荒廢庶政，棄亡人物，澶漫彌流，無所底極。信任親愛者，盡佞諂容説之人也；寵貴隆豐者，盡后妃姬妾之家也。使餓狼守庖廚，飢虎牧牢豚，遂至熬天下之脂膏，斲生人之骨髓。怨毒無聊，禍亂並起，中國擾攘，四夷侵叛，土崩瓦解，一朝而去。昔之爲我哺乳之子孫者，今盡是我飲血之寇讎也。至於運徙埶去，猶不覺悟者，豈非富貴生不仁，沈溺致愚疾邪？存亡以之迭代，政亂從此周復，天道常然之大數也。

外戚禁令分部

綜　述

《漢書》卷九七下《外戚傳下》 哀帝崩，無嗣，太皇太后與新都侯莽迎中山王立爲帝。莽欲顓國權，懲丁、傅行事，以帝爲成帝後，母衛姬及外家不當得至京師。乃更立宗室桃鄉侯子成都爲中山王，奉孝王後，遣少傅左將軍甄豐賜衛姬璽綬，即拜爲中山孝王后，以苦陘縣爲湯沐邑。

《後漢書》卷二《明帝紀》 帝遵奉建武制度，無敢違者。後宮之家，不得封侯與政。東觀記曰：『光武閔傷前代權臣太盛，外戚與政，上濁明主，下危臣子，后族陰、郭之家不過九卿，親屬榮位不能及許、史、王氏之半耳。』

又 卷一〇上《皇后紀上》 （鄧太后）詔告司隸校尉、河南尹、南陽太守曰：『每覽前代外戚賓客，假借威權，輕薄謥詷，至有濁亂奉公，爲人患苦。咎在執法怠懈，不輒行其罰故也。今車騎將軍騭等雖懷敬順之志，而宗門廣大，姻戚不少，賓客姦猾，多干禁憲。其明加檢敕，勿

相容護。』自是親屬犯罪，無所假貸。

又 卷二三《竇憲傳》 帝大怒，召憲切責曰：『深思前過，奪主田園過，何用愈趙高指鹿爲馬？久念使人驚怖。昔永平中，常令陰黨、陰博、鄧疊三人更相糾察，故諸豪戚莫敢犯法者，而詔書切切，猶以舅氏田宅爲言。今貴主尚見枉奪，何況小人哉！國家棄憲如孤雛腐鼠耳。』

又 卷二四《馬防傳》 （建初）八年，因兄子豫怨謗事，有司奏防、光兄弟奢侈逾僭，濁亂聖化，悉免就國。

又 卷二八上《馮衍傳上》 後衛尉陰興、新陽侯陰就以外戚貴顯，深敬重衍，衍遂與之交結，是由爲諸王所聘請，尋爲司隸從事。帝懲西京外戚賓客，故皆以法繩之，大者抵死徙，其餘至貶黜。衍由此得罪，嘗自詣獄，有詔赦不問。西歸故郡，閉門自保，不敢復與親故通。

論　說

《後漢書》卷二六《蔡茂傳》 茂喜宣剛正，欲令朝廷禁制貴戚，乃上書曰：『臣聞興化致教，必由進善；康國寧人，莫大理惡。陛下聖德係興，再隆大命，即位以來，四海晏然。誠宜夙興夜寐，雖休勿休。然頃者貴戚椒房之家，數因恩勢，干犯吏禁，殺人不死，傷人不論。臣恐繩墨棄而不用，斧斤廢而不舉。近湖陽公主奴殺人西市，而與主共輿，出入宮省，逋罪積日，冤魂不報。雒陽令董宣，直道不顧，干主討姦。陛下不先澄審，召欲加箠。當宣受怒之初，京師側耳；及其蒙宥，天下拭目。今者，外戚憍逸，賓客放濫，宜敕有司案理姦罪，使執平之吏永申其用，以厭遠近不緝之情。』光武納之。

又 卷二七《吳良傳》 永平中，車駕近出，而信陽侯陰就干突禁衛，車府令徐匡鉤就車，收御者送獄。詔書譴匡，匡乃自繫。良上言曰：『信陽侯就倚恃外戚，干犯乘輿，無人臣禮，爲大不敬。匡執法守正，反下于理，臣恐聖化由是而弛。』帝雖赦匡，猶左轉良爲即丘長。

雜　録

《後漢書》卷八〇上《文苑傳上・崔琦》 琦數引古今成敗以戒之，

冀不能受。乃作《外戚箴》。其辭曰：赫赫外戚，華寵煌煌。昔在帝舜，德隆英、皇。周興三母，有莘崇湯。宣王晏起，姜后脫簪。齊桓好樂，衛姬不音。皆輔主以禮，扶君以仁，達才進善，以義濟身。爰暨末葉，漸已頽虧。貫魚不敘，九御差池。晉國之難，禍起於麗。惟家之索，牝雞之晨。專權檀愛，顯己蔽人。陵長間舊，圮剝至親。並后匹嫡，淫女斃陳。匪賢是上，番爲司徒。荷爵負乘，採食名都。詩人是刺，德用不憮。暴辛惑婦，拒諫自孤。蝠蛇其心，從毒不辜。諸父是殺，孕子是刳。天怒地忿，人謀鬼圖。甲子昧爽，身首分離。初爲天子，後爲人螭。

非但耽色，母后尤然。不相率以禮，而競獎以權，先笑後號，卒以辱殘。家國泯絕，宗廟燒燔，末嬉喪夏，褒姒斃周，妲己亡殷，趙靈沙丘。戚姬人豕，呂宗以敗。陳后作巫，卒死於外。霍欲鴆子，身乃罹廢。

故曰：無謂我貴，天將爾摧；無恃常好，色有歇微；無怙常幸，爰有陵遲；無曰我能，天人爾違。患生不德，福有慎機。日不常中，月盈有虧。履道者固，杖執者危。微臣司戚，敢告在斯。

宦官制度部

宦官機構分部

綜　述

《漢書》卷六《武帝紀》 （建元三年）濟川王明坐殺太傅、中傅廢遷防陵。應劭曰：『中傅，宦者也。』師古曰：『防陵，漢中縣也，今謂之房州。』

又 卷一〇《成帝紀》 （建始）四年春，罷中書宦官。臣瓚曰：『漢初中人有中謁者令。孝武加中謁者令爲中書謁者令，置僕射。宣帝時，

任中書官弘恭爲令，石顯爲僕射。元帝卽位數年，恭死，顯代爲中書令，專權用事。至成帝乃罷其官。』

又　卷一九上《百官公卿表上》　少府，秦官，掌山海池澤之稅，以給共養，有六丞。【略】又中書謁者、黄門、鉤盾、尚方、御府、永巷、内者、宦者（七）［八］官令丞。諸僕射、署長、中黄門皆屬焉。武帝太初元年更名考工室爲考工，左弋爲佽飛，居室爲保宮，甘泉居室爲昆臺，永巷爲掖廷。佽飛掌弋射，有九丞兩尉，太官七丞，昆臺五丞，樂府三丞，掖廷八丞，宦者七丞，鉤盾五丞兩尉。成帝建始四年更名中書謁者令爲中謁者令，初置尚書，員五人，有四丞。河平元年省東織，更名西織爲織室。綏和二年，哀帝省樂府。王莽改少府曰共工。

詹事，秦官，掌皇后、太子家，有丞。屬官有太子率更、家令丞，僕、中盾、衛率、廚廄長丞，又中長秋、私府、永巷、倉、廄、祠祀、食官令長丞。諸宦官皆屬焉。成帝鴻嘉三年省詹事官，并屬大長秋。長信詹事掌皇太后宮，景帝中六年更名長信少府，平帝元始四年更名長樂少府。

將行，秦官，景帝中六年更名大長秋，或用中人，或用士人。

又　卷七七《劉輔傳》　書奏，上使侍御史收縛輔，繫掖庭祕獄，師古曰：『《漢書》《舊儀》掖庭詔獄令丞宦者爲之，主理婦人女官也。』羣臣莫知其故。

又　卷七八《蕭望之傳》　初，宣帝不甚從儒術，任用法律，而中書宦官用事。中書令弘恭、石顯久典樞機，明習文法，亦與車騎將軍高爲表裏，論議常獨持故事，不從望之等。恭、顯又時傾仄見詘。望之以爲中書政本，宜以賢明之選，自武帝遊宴後庭，故用宦者，非國舊制，又違古不近刑人之義，白欲更置士人，繇是大與高、恭、顯忤。

晉·司馬彪《續漢書·百官志三》　中常侍，千石。［本注曰］：宦者，無員。後增秩比二千石。掌侍左右，從入内宮，贊導内衆事，顧問應對給事。

小黄門，六百石。本注曰：宦者，無員。掌侍左右，受尚書事。上在内宮，關通中外及中宮已下衆事。諸公主及王太妃等有疾苦，則使問之。

黄門令一人，六百石。本注曰：宦者。主省中諸宦者。丞、從丞各一人。本注曰：宦者。從丞主出入從。

黄門署長、畫室署長、玉堂署長各一人。丙署長七人。皆四百石，黄綬。本注曰：宦者。各主中宮別處。

中黄門冗從僕射一人，六百石。本注曰：宦者。主中黄門冗從。居則宿衛，直守門户；出則騎從，夾乘輿車。

中黄門，比百石。本注曰：宦者，無員。後增比三百石。掌給事禁中。

掖庭令一人，六百石。本注曰：宦者。掌後宮貴人采女事。左右丞、暴室丞各一人。本注曰：宦者。暴室丞主中婦人疾病者，就此室治；其皇后、貴人有罪，亦就此室。

永巷令一人，六百石。本注曰：宦者。典官婢侍使。丞一人。本注曰：宦者。

御府令一人，六百石。本注曰：宦者。典官婢作中衣服及補浣之屬。丞、織室丞各一人。本注曰：宦者。

祠祀令一人，六百石。本注曰：典中諸小祠祀。丞一人。本注曰：宦者。

鉤盾令一人，六百石。本注曰：宦者。典諸近池苑囿遊觀之處。丞、永安丞各一人，三百石。本注曰：宦者。永安，北宮東北別小宮名，有園觀。苑中丞、果丞、鴻池丞、南園丞各一人，二百石。本注曰：苑中丞主苑中離宮。果丞主果園。鴻池，池名，在雒陽東二十里。南園在雒水南。濯龍監、直里監各一人，四百石。本注曰：濯龍亦園名，近北宮。直里亦園名也，在雒陽城西南角。【略】

尚書令一人，千石。本注曰：承秦所置，武帝用宦者，更爲中書謁者令，成帝用士人，復故。掌凡選署及奏下尚書曹文書衆事。

章和以下，中官稍廣，加嘗藥、太官、御者、鉤盾、尚方、考工、別作監，皆六百石，宦者爲之，轉爲兼副，或省，故録本官。

又　《百官志四》　大長秋一人，二千石。本注曰：承秦將行，宦者。景帝更爲大長秋，或用士人。中興常用宦者，職掌奉宣中宮命。凡給賜宗親，及宗親當謁見者關通之，中宮出則從。丞一人，六百石。本注曰：宦者。

中宮僕一人，千石。本注曰：宦者。主馭。本注曰：太僕，秩二千石，中興省『太』，減秩千石，以屬長秋。

中宮謁者令一人，六百石。本注曰：宦者。中宮謁者三人，四百石。本注曰：宦者。主報中章。

中宮尚書五人，六百石。本注曰：宦者。主中文書。

中宮私府令一人，六百石。本注曰：宦者。主中藏幣帛諸物，裁衣被補浣者皆主之。丞一人。本注曰：宦者。

中宮永巷令一人，六百石。本注曰：宦者。主宮人。丞一人。本注曰：宦者。

中宮黃門冗從僕射一人，六百石。本注曰：宦者。主中黃門冗從。

中宮署令一人，六百石。本注曰：宦者。主中宮請署天子數。女騎六人，丞、復道丞各一人。本注曰：宦者。復道丞主中閣道。

中宮藥長一人，四百石。本注曰：宦者。

右屬大長秋。本注曰：承秦，有詹事一人，位在長秋上，亦宦者，主中諸官。成帝省之，以其職幷長秋。是後皇后當法駕出，則中謁、中宦者職吏權兼詹事奉引，訖罷。宦者誅後，尚書選兼職吏一人奉引云。其中長信、長樂宮者，置少府一人，職如長秋，及餘吏皆以宮名爲號，員數秩次如中宮。本注曰：帝祖母稱長信宮，故有長信少府，長樂少府，位在長秋上，及職吏皆宦者，秩次如中宮。長樂又有衛尉，僕爲太僕，皆二千石，在少府上。其崩則省，不常置。

又《百官志五》 永巷長。本注曰：宦者，主宮中婢使。

漢·衛宏《漢官舊儀》卷上 中官、小兒官及門户四尚、中黃門持兵，三百人侍宿。

中常侍，宦者，秩千石。得出入臥内禁中諸宮。

中臣在省中皆白請，其宦者不白請。尚書郎宿留臺，中官給青縑白綾被或錦被、帷帳、毡褥、通中枕，太官供食，湯官供餠餌果實，下天子一等。

黃門冗從持兵，無數，宣通内外。宦者署、尚書皆屬少府。

曰宦人，不得出省門。置都監。老者曰婢，婢教宦人給使尚書。侍中皆使宦婢，不得使宦人。奴婢欲自贖，錢千萬，免爲庶人。宮殿中宦者署、郎署，皆官奴婢。傳言曰作者，歌傳以呼召侍中以下署長。本注曰：宦者及郎署長各顧門户，擇官奴赤幘，部領作者，掃除曰正。

漢·應劭《漢官儀》卷上 中常侍，秦官也。漢興，或用士人，銀璫左貂。光武以後，專任宦者，右貂金璫。

永巷令一人，宦者爲之，秩六百石，掌宮婢侍使。

帝祖母稱長信宮，帝母稱長樂宮，故有長信少府、長樂少府及職吏，皆宦者爲之。

永樂太僕，用中人爲之。

《後漢書》卷八《靈帝紀》 （熹平四年）改平準爲中準，使宦者爲令，列於内署。自是諸署悉以閹人爲丞、令。**【略】**

（光和六年）始置圃囿署，以宦者爲令。

又 卷九《獻帝紀》 （中平六年）初令侍中、給事黃門侍郎員各六人。《續漢志》曰：『侍中，比二千石，無員。』《漢官儀》曰：『侍中，左蟬右貂，本秦丞相史，往來殿内，故謂之侍中。分掌乘輿服物，下至褻器虎子之屬。武帝時，孔安國爲侍中，以其儒者，特聽掌御唾壺，朝廷榮之。至東京時，屬少府，亦無員。駕出，則一人負傳國璽，操斬蛇劍，［參］乘。（輿）［與］中官俱止禁中。』又曰：『給事黃門侍郎，六百石，無員。掌侍從左右，給事中使，關通中外。』應劭曰：『黃門侍郎，每日暮向青瑣門拜，謂之夕郎。』《輿服志》曰：『禁門曰黃闥，以中人主之，故號曰黃門令。』然則黃門郎給事黃闥之内，故曰黃門郎。本既無員，於此各置六人也。《獻帝起居注》曰：『自誅黃門後，侍中、侍郎出入禁中，機事頗露，由是王允乃奏侍中、黃門不得出入，不通賓客，自此始也。』賜公卿以下至黃門侍郎家一人爲郎，以補宦官所領諸署，侍於殿上。靈帝（建元）［熹平］四年，改平準爲中準，使宦者爲令。自是諸内署令、丞悉以閹人爲之，故今並令士人代領之。

又 卷七八《宦者傳》 漢興，仍襲秦制，置中常侍官。然亦引用士人，以參其選，皆銀璫左貂，給事殿省。及高后稱制，乃以張卿爲大謁者，出入臥内，受宣詔命。文帝時，有趙談、北宮伯子，頗見親幸。至於孝武，亦愛李延年。帝數宴後庭，或潛游離館，故請奏機事，多以宦人主之。至元帝之世，史游爲黃門令，勤心納忠，有所補益。其後弘恭、石顯以佞險自進，卒有蕭、周之禍，損穢帝德焉。

中興之初，宦官悉用閹人，不復雜調他士。至永平中，始置員數，中

常侍四人，小黄門十人。和帝卽祚幼弱，而竇憲兄弟專總權威，内外臣僚，莫由親接，所與居者，唯奄宦而已。故鄭衆得專謀禁中，終除大憝，遂享分土之封，超登宮卿之位。於是中官始盛焉。

自明帝以後，迄乎延平，委用漸大，而其員稍增，中常侍至有十人，小黄門二十人，改以金璫右貂，兼領卿署之職。

宋·李昉等《太平御覽》卷二三〇《職官部二十八》 董巴《漢中宮傳》曰：守宮，禁内署，令，秩千石，在省内用中人，省外士人。

論　説

清·顧炎武《日知録》卷二八《寺》 『寺』字自古至今凡三變。三代以上，凡言寺者皆奄豎之名，《周禮》『寺人』人注：『寺之言，侍也。』《詩》云『寺人孟子』，《易》之『閽寺』，《詩》之『婦寺』，《左傳》寺人貂、寺人披、寺人孟張、寺人惠牆伊戾、寺人柳、寺人羅，皆此也。崔杼使圉人駕、寺人御而出。自秦以宦者任外廷之職，而官舍通謂之寺。《説文》：『寺，廷也。有法度者也。』此亦是漢時解耳。

清·趙翼《陔餘叢考》卷二六《中書》 中書之名，漢武初以宦者爲之。司馬遷被刑後，亦爲中書令。蓋主傳宣詔命者也。《成帝紀》『罷中書宦官』注：臣瓚曰：漢初，中人有謁者令。孝武加中謁者令爲中書謁者令，置僕射。宣帝時任中書官宏恭爲令，石顯爲僕射。元帝時恭死，顯代爲中書令，專權用事。成帝時因蕭望之言，乃罷其官，更名爲中謁者令云。自是以訖東漢，皆無中書之官。《後漢書·朱暉傳》：漢家舊典，置侍中、中常侍各一人，省尚書事。黄門侍郎一人，傳達書奏。皆用姓族士人。和熹太后以女主稱制，乃以閹人爲常侍小黄門通命。自此以來，權過人主。然則東漢雖無中書之官，侍中、中常侍卽其職也。

又《尚書》 尚書本秦官少府之屬，在内掌文書者。漢因之。武帝增用宦官爲中書謁者令，於是尚書與中書職事多相連。其時中書如唐之樞密使，明之司禮監。而尚書通章奏，出詔命，參決衆事，如唐之中書、門下，明之内閣也。宣帝時又有中尚書，見蓋寬饒及石顯傳，則并用宦者兼之。元帝時，石顯爲中書令，五鹿充宗爲尚書令。成帝之初，蕭望之領尚書事，嫉顯等姦邪，乃奏以爲『尚書百官之本，國家樞機，宜以通明公正處之。』乃定置尚書員，常侍曹尚書主公卿事，二千石曹尚書主郡國二千石事，民曹尚書主吏民上書事，客曹尚書主外國事光武分二千石曹爲二，又分客曹爲二，其所不掌者，惟刑罰有廷尉，禮儀有太常，軍馬有大司馬，賦税有大司農，糾劾有御史而已。而尤以職掌樞機爲清切。《霍光傳》：光死之後，其家恣横，事漸露。霍山猶領尚書，宣帝乃命吏民上書者不關尚書，輒使中書令取之。《魏相傳》：霍光時，諸上書者皆二封，署其一曰副。領尚書者先發副封，所言不善，則屏去不奏。相因請去副封，以防壅蔽。宣帝從之。《董賢傳》：賢雖爲三公，常給事中，領尚書事，百官皆因賢奏事。《王莽傳》：莽懼臣下擅權，凡吏民上封事，令宦官左右開發，尚書不得知。此可見平時章奏必經尚書也。《竇武傳》：武謀誅宦官，事泄，中官曹德請帝出德陽殿，召尚書官屬，脅以白刃，使作詔版。可見詔命亦自尚書出，《文心雕龍》所謂兩漢詔命出自尚書也。王允以宦官誅後，侍中等出入禁近，機事頗泄，乃奏尚書不得出入及通賓客。又可見尚書職在禁近，故秩不高而權甚重。

清·趙翼《廿二史劄記》卷五《後漢書·東漢宦官》 漢承秦制，以奄人爲中常侍，然亦參用士人。武帝數宴後庭，故奏請機事，常以宦者主之。至元帝時，則宏恭、石顯已竊權干政，蕭望之、周堪俱被其害，然猶未大肆也。案班固《敍傳》：彪之父穉爲中常侍，是成帝時中常侍尚兼用士人。光武中興，悉用奄人，不復參用士流。

宦官選用分部

綜　述

《史記》卷六《秦始皇本紀》 （秦始皇三十七年）七月丙寅，始皇崩於沙丘平臺。丞相斯爲上崩在外，恐諸公子及天下有變，乃祕之，不發喪。棺載轀涼車中，故幸宦者參乘，所至上食。百官奏事如故，宦者輒從轀涼車中可其奏事。獨子胡亥、趙高及所幸宦者五六人知上死。

《漢書》卷九三《佞倖傳》　漢興，佞幸寵臣，高祖時則有籍孺，孝惠有閎孺。此兩人非有材能，但以婉媚貴幸，與上臥起，公卿皆因關說。故孝惠時，郎侍中皆冠鵔鸃，貝帶，傅脂粉，化閎、籍之屬也。兩人徙家安陵。其後寵臣，孝文時士人則鄧通，宦者則趙談、北宫伯子；孝武時士人則韓嫣，宦者則李延年；孝元時宦者則弘恭、石顯。

又　卷九九中《王莽傳中》　莽自見前顓權以得漢政，故務自攬衆事，有司受成苟免。諸寶物名、帑藏、錢穀官，皆宦者領之；吏民上封事書，宦官左右開發，尚書不得知。其畏備臣下如此。

《後漢書》卷一〇上《皇后紀上·和帝鄧皇后》（永初三年）又詔中官近臣於東觀受讀經傳，以教授宫人，左右習誦，朝夕濟濟。

又　卷二六《侯霸傳》　侯霸字君房，河南密人也。族父淵，以宦者有才辯，任職元帝時，佐石顯等領中書，號曰大常侍。

又　卷五八《蓋勳傳》　後去官，徵拜討虜校尉。靈帝召見，問：『天下何苦而反亂如此？』勳曰：『倖臣子弟擾之。』時宦者上軍校尉蹇碩在坐，帝顧問碩，碩懼，不知所對，而以此恨勳。

又　卷六九《何進傳》　遂與紹定籌策，而以其計白太后。太后不聽，曰：『中官統領禁省，自古及今，漢家故事，不可廢也。且先帝新棄天下，我奈何楚楚與士人對共事乎？』進難違太后意，且欲誅其放縱者。紹以爲中官親近至尊，出入號令，今不悉廢，後必爲患。而太后母舞陽君及苗數受諸宦官賂遺，知進欲誅之。數白太后，爲其障蔽。又言：『大將軍專殺左右，擅權以弱社稷。』太后疑以爲然。中官在省闥者或數十年，封侯貴寵，膠固内外。進新當重任，素敬憚之，雖外收大名而内不能斷，故事久不決。

論説

《後漢書》卷三〇下《襄楷傳》　今黄門常侍，天刑之人，陛下愛待，兼倍常寵，係嗣未兆，豈不爲此？天官宦者星不在紫宫而在天市，明當給使主市里也。今乃反處常伯之位，實非天意。【略】

書上，即召（詔）［詣］尚書問狀。楷曰：『臣聞古者本無宦臣，武帝末，春秋高，數遊後宫，始置之耳。後稍見任，至於順帝，遂益繁熾。今陛下爵之，十倍於前，至今無繼嗣者，豈獨好之而使之然乎？』尚書上其對，詔下有司處正，尚書承旨奏曰：『其宦者之官，非近世所置。漢初張澤爲大謁者，佐絳侯誅諸吕；孝文使趙談參乘，而子孫昌盛。楷不正辭理，指陳要務，而析言破律，違背經蓺，假借星宿，僞託神靈，造合私意，誣上罔事。請下司隸，正楷罪法，收送雒陽獄。』帝以楷言雖激切，然皆天文恒象之數，故不誅，猶司寇論刑。

又　卷四三《朱穆傳》　穆居家數年，在朝諸公多有相推薦者，於是徵拜尚書。穆既深疾宦官，及在臺閣，旦夕共事，志欲除之。乃上疏曰：『案漢故事，中常侍參選士人。建武以後，乃悉用宦者。自延平以來，浸益貴盛，假貂璫之飾，處常伯之任。天朝政事，一更其手，灌傾海内，寵貴無極，子弟親戚，並荷榮任，故放濫驕溢，莫能禁禦。凶狡無行之徒，媚以求官，恃執怙寵之輩，漁食百姓，窮破天下，空竭小人。愚臣以爲可悉罷省，遵復往初，率由舊章，更選海内清淳之士，明達國體者，以補其處。即陛下可爲堯舜之君，衆僚皆爲稷契之臣，兆庶黎萌蒙被聖化矣。』帝不納。後穆因進見，口復陳曰：『臣聞漢家舊典，置侍中、中常侍各一人，省尚書事，黄門侍郎一人，傳發書奏，皆用姓族。自和熹太后以女主稱制，不接公卿，乃以閹人爲常侍，小黄門通命兩宫。自此以來，權傾人主，窮困天下。宜皆罷遣，博選耆儒宿德，與參政事。』帝怒，不應。穆伏不肯起。左右傳出，良久乃趨而去。自此中官數因事稱詔詆毁之。

又　卷五六《張綱傳》　時順帝委縱宦官，有識危心。綱常感激，慨然歎曰：『穢惡滿朝，不能奮身出命埽國家之難，雖生吾不願也。』退而上書曰：『《詩》曰：「不愆不忘，率由舊章。」尋大漢初隆，及中興之世，文、明二帝，德化尤盛。觀其理爲，易循易見，但恭儉守節，約身尚德而已。中官常侍不過兩人，近倖賞賜裁滿數金，惜費重人，故家給人足。夷狄聞中國優富，任通道德，所以姦謀自消而和氣感應。而頃者以來，不遵舊典，無功小人皆有官爵，富之驕之而復害之，非愛人重器，承天順道者也。伏願陛下少留聖思，割損左右，以奉天心。』書奏不省。

又　卷六五《張奂傳·論》　論曰：自鄛鄉之封，中官世盛，暴恣

數十年閒，四海之內，莫不切齒憤盈，願投兵於其族。陳蕃、竇武奮義草謀，徵會天下，名士有識所共聞也，而張奐見欺豎子，揚戈以斷忠烈。雖恨毒在心，辭爵謝咎。詩云：『啜其泣矣，何嗟及矣！』

宦官遷除分部

綜　述

《史記》卷六《秦始皇本紀》　（三十七年）上病益甚，乃爲璽書賜公子扶蘇曰：『與喪會咸陽而葬。』書已封，在中車府令趙高行符璽事所，未授使者。【略】

二世皇帝元年，年二十一。趙高爲郎中令，任用事。【略】

（二世）三年，章邯等將其卒圍鉅鹿，楚上將軍項羽將楚卒往救鉅鹿。冬，趙高爲丞相，竟案李斯殺之。

《漢書》卷九三《佞倖傳》　石顯字君房，濟南人；弘恭，沛人也。皆少坐法腐刑，爲中黃門，以選爲中尚書。宣帝時任中書官，恭明習法令故事，善爲請奏，能稱其職。恭爲令，顯爲僕射。元帝即位數年，恭死，顯代爲中書令。

是時，元帝被疾，不親政事，方隆好於音樂，以顯久典事，中人無外黨，精專可信任，遂委以政。事無小大，因顯白決，貴幸傾朝，百僚皆敬事顯。【略】

元帝崩，成帝初即位，遷顯爲長信中太僕，秩中二千石。顯失倚，離權數月，丞相御史條奏顯舊惡，及其黨牢梁、陳順皆免官。顯與妻子徙歸故郡，憂滿不食，道病死。

《後漢書》卷五七《欒巴傳》　順帝世，以宦者給事掖庭，補黃門令，非其好也。性質直，學覽經典，雖在中官，不與諸常侍交接。後陽氣通暢，白上乞退，擢拜郎中，四遷桂陽太守。

又　卷七八《宦者傳·鄭衆》　永平中，（鄭衆）初給事太子家。肅宗即位，拜小黃門，遷中常侍。和帝初，加位鉤盾令。

時竇太后秉政，后兄大將軍憲等並竊威權，朝臣上下莫不附之，而衆獨一心王室，不事豪黨，帝親信焉。及憲兄弟圖作不軌，衆遂首謀誅之，以功遷大長秋。策勳班賞，每辭多受少，由是常與議事。中官用權，自衆始焉。十四年，帝念衆功美，封爲鄛鄉侯，食邑千五百户。永初元年，和熹皇后益封三百户。

又《蔡倫傳》　蔡倫字敬仲，桂陽人也。以永平末始給事宮掖，建初中，爲小黃門。及和帝即位，轉中常侍，豫參帷幄。【略】

元初元年，鄧太后以倫久宿衛，封爲龍亭侯，邑三百户。後爲長樂太僕。

又《孫程傳》　孫程字稚卿，涿郡新城人也。安帝時，爲中黃門，給事長樂宮。

時鄧太后臨朝，帝不親政事。小黃門李閏與帝乳母王聖常共譖太后兄執金吾悝等，言欲廢帝，立平原王（德）［翼］，帝每忿懼。及太后崩，遂誅鄧氏而廢平原王，封閏雍鄉侯；又小黃門江京以讒諂進，初迎帝於邸，以功封都鄉侯，食邑各三百户。閏、京並遷中常侍，江京兼大長秋，與中常侍樊豐、黃門令劉安、鉤盾令陳達及王聖、聖女伯榮扇動內外，競爲侈虐。

又《曹騰傳》　曹騰字季興，沛國譙人也。安帝時，除黃門從官。順帝在東宮，鄧太后以騰年少謹厚，使侍皇太子書，特見親愛。及帝即位，騰爲小黃門，遷中常侍。桓帝得立，騰與長樂太僕州輔等七人，以定策功，皆封亭侯，騰爲費亭侯，遷大長秋，加位特進。

又《呂强傳》　呂强字漢盛，河南成皋人也。少以宦者爲小黃門，再遷中常侍。爲人清忠奉公。靈帝時，例封宦者，以强爲都鄉侯。强辭讓懇惻，固不敢當，帝乃聽之。

又《張讓傳》　張讓者，潁川人；趙忠者，安平人也。少皆給事省中，桓帝時爲小黃門。忠以與誅梁冀功封都鄉侯。延熹八年，黜爲關內（中）［內］侯，食本縣租千斛。

靈帝時，讓、忠並遷中常侍，封列侯，與曹節、王甫等相爲表裏。節死後，忠領大長秋。

論說

《史記》卷六《秦始皇本紀》　於是二世乃遵用趙高，申法令。乃陰與趙高謀曰：『大臣不服，官吏尚强，及諸公子必與我爭，爲之奈何？』高曰：『臣固原言而未敢也。先帝之大臣，皆天下累世名貴人也，積功勞世以相傳久矣。今高素小賤，陛下幸稱舉，令在上位，管中事。大臣鞅鞅，特以貌從臣，其心實不服。今上出，不因此時案郡縣守尉有罪者誅之，上以振威天下，下以除去上生平所不可者。今時不師文而決於武力，原陛下遂從時毋疑，卽羣臣不及謀。明主收舉餘民，賤者貴之，貧者富之，遠者近之，則上下集而國安矣。』二世曰：『善。』

清·王夫之《讀通鑑論》卷八《桓帝八》　中人監軍，自馮緄之請始也。夫緄亦惡知蟻穴之決而氾濫迄於千載乎？緄之請也，以將帥出師，宦官多陷以折耗軍資，而誣抵乎罪；使與焉，則以箝其口，而無辭以相傾。然未幾而緄竟以軍還盜復起，免官。則其爲此也，何救於禍。而徒決裂防閑，使內豎操閫外之權，魚朝恩、童貫、盧受、張彝憲，小以敗而大以亡，緄之貽害烈矣哉！

漢至此已無可爲矣，無往而非宦官之挾持也。南北軍之唯其頤指，所僅存者疆埸之軍政，皇甫規、張奐幾倬幾詘於宦官之手，而猶自行其權藉於師中，緄更引而受之以利器；蹇碩之爲八校尉魁也，孰嘗其肯綮，而取必於人主以威中外，循故事以行之而逌然矣。

夫漢事不可爲矣，竭其忠貞，繼之以死，亦何懼於謗讟。不然，引身而退耳。防之愈密，縱之愈甚，業已假監軍之權，而生死成敗且唯其意旨，他日者，忠臣元老欲去之而不得。緄胡弗思，而懼禍之情長，以倒行至是乎！推禍原而定罪首，緄不得辭矣。

宦官奬懲分部

綜述

《史記》卷九《呂太后本紀》　諸中宦者令丞皆爲關內侯，食邑五百户。

《漢書》卷三《高后紀》　八年春，封中謁者張釋卿爲列侯。孟康曰：『宦官也。』如淳曰：『《百官表》謁者掌賓贊受事。灌嬰爲中謁者，後常以閹人爲之。諸官加中者，多閹人也。』諸中官、宦者令丞皆賜爵關內侯，食邑。

《後漢書》卷六《順帝紀》　（陽嘉）四年春二月丙子，初聽中官得以養子爲後，世襲封爵。

又　卷七《桓帝紀》　（永壽）二年春正月，初聽中官得行三年服。【略】

（延熹二年八月）詔曰：『梁冀姦暴，濁亂王室。孝質皇帝聰敏早茂，冀心懷忌畏，私行殺毒。永樂太后親尊莫二，冀又遏絶，禁還京師，使朕離母子之愛，隔顧復之恩。禍害深大，罪釁日滋。賴宗廟之靈，及中常侍單超、徐璜、具瑗、左悺、唐衡、尚書令尹勛等激憤建策，內外協同，漏刻之閒，桀逆梟夷。斯誠社稷之佑，臣下之力，宜班慶賞，以酬忠勛。其封超等五人爲縣侯，勛等七人爲亭侯。』於是舊故恩私，多受封爵。

又　卷七八《宦者傳·單超》　單超，河南人；徐璜，下邳良城人；具瑗，魏郡元城人；左悺，河南平陰人；唐衡，潁川郾人也。桓帝初，超、璜、瑗爲中常侍，悺、衡爲小黄門史。【略】

於是更召璜、瑗等五人，遂定其議，帝齧超臂出血爲盟，於是超收冀及宗親黨與悉誅之。悺、衡遷中常侍。封超新豐侯，二萬户，璜武原侯，瑗東武陽侯，各萬五千户，賜錢各千五百萬；悺上蔡侯，衡汝陽侯，各萬三千户，賜錢各千三百萬。五人同日封，故世謂之『五侯』。又封小黄門劉普、趙忠等八人爲鄉侯。自是權歸宦官，朝廷日亂矣。

超病，帝遣使者就拜車騎將軍。明年薨，賜東園秘器，棺中玉具，贈侯將軍印綬，使者理喪。及葬，發五營騎士，（將軍）侍御史護喪，將作大匠起塚塋。

其後四侯轉橫，天下爲之語曰：『左回天，具獨坐，徐臥虎，唐兩墮。』皆競起第宅，樓觀壯麗，窮極伎巧。金銀罽毦，施於犬馬。多取良人美女以爲姬妾，皆珍飾華侈，擬則宮人，其僕從皆乘牛車而從列騎。又養其疏屬，或乞嗣異姓，或買蒼頭爲子，並以傳國襲封。兄弟姻戚皆宰州臨郡，辜較百姓，與盜賊無異。

超弟安爲河東太守，弟子匡爲濟陰太守，璜弟盛爲河内太守，悺弟敏爲陳留太守，瑗兄恭爲沛相，皆爲所在蠹害。

璜兄子宣爲下邳令，暴虐尤甚。先是求故汝南太守下邳李暠女不能得，及到縣，遂將吏卒至暠家，載其女歸，戲射殺之，埋著寺内。時下邳縣屬東海，汝南黄浮爲東海相，有告言宣者，浮乃收宣家屬，無少長悉考之。掾史以下固諫爭。浮曰：『徐宣國賊，今日殺之，明日坐死，足以瞑目矣。』即案宣罪棄市，暴其尸以示百姓，郡中震栗。璜於是訴怨於帝，帝大怒，浮坐髡鉗，輸作右校。五侯宗族賓客虐遍天下，民不堪命，起爲寇賊。七年，衡卒，亦贈車騎將軍，如超故事。璜卒，賻贈錢布，賜冢塋地。

明年，司隸校尉韓演因奏悺罪惡，及其兄太僕南鄉侯稱請託州郡，聚斂爲姦，賓客放縱，侵犯吏民。悺、稱皆自殺。演又奏瑗兄沛相恭臧罪，徵詣廷尉。瑗詣獄謝，上還東武侯印綬，詔貶爲都鄉侯，卒於家。超及璜、衡襲封者，並降爲鄉侯，租入歲皆三百萬，子弟分封者，悉奪爵土。劉普等貶爲關内侯。

又《侯覽傳》 侯覽者，山陽防東人。桓帝初爲中常侍，以佞猾進，倚勢貪放，受納貨遺以巨萬計。延熹中，連歲征伐，府帑空虚，乃假百官奉禄，王侯租鋭。覽亦上縑五千匹，賜爵關内侯。又托以與議誅梁冀功，進封高鄉侯。【略】

又《曹節傳》 曹節字漢豐，南陽新野人也。其本魏郡人，世吏二千石。順帝初，以西園騎遷小黄門。桓帝時，遷中常侍，奉車都尉。建寧元年，持節將中黄門虎賁羽林千人，北迎靈帝，陪乘入宮。及即位，以定策封長安鄉侯，六百户。

論　説

《後漢書》卷五七《劉瑜傳》 今中官邪孽，比肩裂土，皆競立胤嗣，繼體傳爵，或乞子疏屬，或買兒市道，殆乖開國承家之義。

清·趙翼《廿二史劄記》卷五《後漢書·漢末諸臣劾治宦官》 東漢末，宦官之惡遍天下，然臣僚中尚有能秉正嫉邪，力與之爲難者。

楊秉爲太尉時，宦官任人及子弟爲官，佈滿天下，競爲貪淫，朝野嗟怨。秉與司空周景劾奏牧守以下：匈奴中郎將燕瑗、青州刺史羊亮、遼東太守孫諠等五丨餘人，或死或免，遂連及中常侍侯覽、具瑗等皆坐黜，天下肅然。秉及景《傳》。

秉又奏侯覽弟參爲益州刺史，暴虐一州，乃檻車徵參詣廷尉，參懼自殺。秉并劾奏覽，桓帝詔問：『公府外職而奏劾近官，有何典故？』秉以申屠嘉召詰鄧通事爲對，帝不得已，乃免覽官。《秉傳》。

李膺爲司隸校尉，中常侍張讓弟朔爲野王令，貪殘無道，懼膺按問，逃還京師，匿讓家，藏於合柱中。膺知狀，率將吏破柱取朔，付雒陽獄，受辭畢，即殺之。《膺傳》。

韓演爲司隸校尉，奏中常侍左悺罪並及其兄太僕稱，請托州郡，賓客放縱，侵犯吏民。悺、稱皆自殺。《演傳》。

陽球爲司隸校尉，奏中常侍王甫、淳于登及子弟爲守令者，姦猾縱恣，罪合滅族。太尉段熲阿附佞幸，宜並誅。乃悉收甫、熲等及甫子永樂少府萌、沛相吉，球自臨考，五毒備至，萌曰：『父子既當並誅，乞少寬楚毒，假借老父。』球曰：『死不塞責，乃欲求假借耶？』萌乃大罵，球使窒萌口，捶撲交下，父子悉死杖下。熲亦自殺。球乃磔甫屍於城門，盡沒入其財産。妻子皆徙比景。《球傳》。

此廷臣之劾治宦官者也。

杜密爲太山太守北海相，凡宦官子弟爲令長有姦惡者，輒案捕之。《密傳》。

劉佑爲河東太守，屬縣令長率多中官子弟，佑黜其權，强平理冤結。

中常侍管霸用事於內，占天下良田美宅，佑悉没入之。《佑傳》。

蔡衍爲冀州刺史，中常侍具瑗托其弟恭舉茂才，衍收其齎書人案之。又劾奏河閑相曹鼎臧罪，鼎乃中常侍曹騰之弟也。《衍傳》。

朱穆爲冀州刺史，宦官趙忠葬父，僭用璠璵玉匣，穆聞之，下郡案驗，吏畏穆，乃發墓剖棺，陳尸出之而收其家屬。《穆傳》。

山陽太守翟超，没入中常侍侯覽財產。小黄門趙津及南陽大猾張泛等，恃中官勢，犯法二郡，太守劉質、成晉考案其罪，雖經赦令，竟考殺之。

王宏爲弘農太守，郡中有事宦官買爵位者，雖二千石，亦考殺之，凡數十人。《陳蕃傳》。

陳翔爲揚州刺史，劾奏豫章太守王永、吴郡太守徐參，在職貪穢，皆中官親黨也。《翔傳》。

范康爲太山太守時，張儉殺侯覽母，案其宗黨賓客，或有逃入太山界者，康皆收捕無遺脱。《康傳》。

黄浮爲東海相，有中常侍徐璜兄子宣爲下邳令，肆貪暴，浮乃收宣及家屬，無少長皆考之，掾吏固爭，浮曰：『宣，國賊，今日殺之，明日坐死不恨。』即殺宣，暴其尸於市。《浮傳》。

荀昱爲沛相，荀曇爲廣陵太守，志除宦官，其支黨有在二郡者，纖罪必誅。《昱傳》。

史弼爲平原相，當舉孝廉，侯覽遣諸生齎書請之，弼即箠殺齎書者。《弼傳》。

此外僚之劾治宦官也。

張儉爲東部督郵，奏侯覽及其母罪惡，覽遮截其章不得上，儉遂破覽家，籍没貲財，具奏其罪狀。儉及覽《傳》。

此又小臣劾治宦官者也。

蓋其時宦官之爲民害最烈，天下無不欲食其肉，而東漢士大夫以氣節相尚，故各奮死與之搘拄，雖湛宗滅族，有不顧焉。至唐則僅有一劉蕡對策，懇切言之。明則劉瑾時，僅有韓文、蔣欽等數人，魏忠賢時，僅有楊漣、左光斗、魏大中、繆昌期、李應昇、周順昌等數人，其餘乾兒義子建生祠、頌九千歲者，且遍於搢紳，此亦可以觀世變也。

宦官禁令分部

綜述

《漢書》卷六四下《賈捐之傳》 捐之曰：『令我得代充宗，君蘭爲京兆，京兆郡國首，尚書百官本，天下眞大治，士則不隔矣。捐之前言平恩侯可爲將軍，期思侯並可爲諸曹，皆如言；又薦謁者滿宣，立爲冀州刺史；言中謁者不宜受事，宦者不宜入宗廟，立止。相薦之信，不當如是乎！』

《後漢書》卷三八《馮緄傳》 頃之，拜將作大匠，轉河南尹。上言『舊典，中官子弟不得爲牧人職』，帝不納。

論説

《後漢書》卷七八《宦者傳·呂强》 臣聞諸侯上象四七，下裂王土，高祖重約非功臣不侯，所以重天爵明勸戒也。伏聞中常侍曹節、王甫、張讓等，及侍中許相，並爲列侯。節等宦官祐薄，品卑人賤，讒諂媚主，佞邪徼寵，放毒人物，疾妒忠良，有趙高之禍，未被轘裂之誅，掩朝廷之明，成私樹之黨。而陛下不悟，妄授茅土，開國承家，小人是用。又并及家人，重金兼紫，相繼爲蕃輔。受國重恩，不念爾祖，述修厥德，而交結邪黨，下比羣佞。陛下或其瑣才，特蒙恩澤。又授位乖越，賢才不升，素餐私倖，必加榮擢。陰陽乖剌，稼穡荒蔬，人用不康，罔不由茲。臣誠知封事已行，言之無逮，所以冒死干觸陳愚忠者，實願陛下損改既謬，從此一止。

官制總部

通紀概説部

綜　述

《史記》卷一七《漢興以來諸侯王臣年表》　漢定百年之間，親屬益疏，諸侯或驕奢，忕邪臣計謀爲淫亂，大者叛逆，小者不軌于法，以危其命，殞身亡國。天子觀於上古，然後加惠，使諸侯得推恩分子弟國邑，故齊分爲七，趙分爲六，梁分爲五，淮南分三，及天子支庶子爲王，王子支庶爲侯，百有餘焉。吳楚時，前後諸侯或以適削地，是以燕、代無北邊郡，吳、淮南、長沙無南邊郡，齊、趙、梁、楚支郡名山陂海咸納於漢。諸侯稍微，大國不過十餘城，小侯不過數十里，上足以奉貢職，下足以供養祭祀，以蕃輔京師。而漢郡八九十，形錯諸侯間，犬牙相臨，秉其阸塞地利，强本幹，弱枝葉之勢，尊卑明而萬事各得其所矣。

《漢書》卷一九上《百官公卿表》　自周衰，官失而百職亂，戰國並爭，各變異。秦兼天下，建皇帝之號，立百官之職。漢因循而不革，明簡易，隨時宜也。其後頗有所改。王莽簒位，慕從古官，而吏民弗安，亦多虐政，遂以亂亡。

晋·司馬彪《續漢書·百官志一·序》　漢之初興，承繼大亂，兵不及戢，法度草創，略依秦制，後嗣因循。至景帝，感吳楚之難，始抑損諸侯王。及至武帝，多所改作，然而奢廣，民用匱乏。世祖中興，務從節約，并官省職，費減億計，所以補復殘缺，及身未改，而四海從風，中國安樂者也。

昔周公作《周官》，分職著明，法度相持，王室雖微，猶能久存。今其遺書，所以觀周室牧民之德既至，又其有益來事之範，殆未有所窮也。故新汲令王隆作《小學漢官篇》，諸文倜説，較略不究。唯班固著《百官公卿表》，記漢承秦置官本末，訖于王莽，差有條貫；然皆孝武奢廣之事，又職分未悉。世祖節約之制，宜爲常憲，故依其官簿，粗注職分，以爲《百官志》。凡置官之本，及中興所省，無因復見者，既在《漢書·百官表》，不復悉載。

《隋書》卷二六《百官志》　秦始皇廢先王之典，焚百家之言，創立朝儀，事不師古，始罷封侯之制，立郡縣之官。太尉主五兵，丞相總百揆，又置御史大夫，以貳於相。自餘衆職，各有司存。漢高祖除暴寧亂，輕刑約法，而職官之制，因於嬴氏，其間同異，抑亦可知。光武中興，聿遵前緒，唯廢丞相與御史大夫，而以三司綜理衆務。洎于叔世，事歸臺閣，論道之官，備員而已。魏、晋繼及，大抵略同，爰及宋、齊，亦無改作。

唐·杜佑《通典》卷一九《職官一》　自周衰，官失而百職亂，戰國並爭，各有變易。暨秦兼天下，建皇帝之號，立百官之職，不師古。始罷侯置守，太尉主五兵，丞相總百揆。又置御史大夫，以貳於相。

漢初因循而不革，隨時宜也。其後頗有所改。王莽簒立，慕從古官，而吏民弗安，亦多虐政，遂以亂亡。光武中興，務從節約，并官省職，費減億計。廢丞相與御史大夫，而以三司綜理衆務，洎於叔世，事歸臺閣，論道之官，備員而已。

又　卷一四八《兵》　秦氏削平，罷侯置守，歷代因襲，委政郡縣。緬尋制度可采，唯有漢氏足徵：重兵悉在京師，四邊但設亭障；又移天下豪族，辏居三輔陵邑，以爲强幹弱枝之勢也。或有四夷侵軼，則從中命將，發五營騎士，六郡良家。貳師、樓船、伏波、下瀨，咸因事立稱，畢事則省。雖衞、霍之勳高績重，身奉朝請，兵皆散歸。斯誠得其宜也。

宋·王欽若等《册府元龜》卷三〇八《宰輔部·總序》　秦氏之霸，始置左右丞相，御史大夫副之。後復有丞相、相國、中丞相之名。漢室之興，置一丞相，亦有左右丞相之名，而御史大夫實亞其任，兼置太尉，仍用秦制。後以蕭何爲相國。孝惠、高后復置左右丞相，亦置太傅之官。未幾而罷太尉之職，蓋不嘗置一丞相。武帝兼置太尉，數年而廢。元狩中置大司馬以代太尉之職。征和二年置左丞相，分長史以備兩府。成帝綏和元年改御史大夫爲大司空，并大司馬、丞相爲三公。哀帝復以大司空爲御史大夫，復置太傅在三公之上，俄改丞相爲大司徒，御史大夫復爲大司空，并大司馬以備三公之位。平帝增置太師，王莽居攝又置四輔之官。世祖中興，但存三公之號，有太傅而不嘗置。建武末改大司馬爲太尉，二府並去

太字，是爲宰相總治衆務。中平之後，事歸臺閣，選舉誅賞一繇尚書，機衡所總不在公府，蓋有其名而無其實矣。建安之世，始罷三公官，復置丞相以曹公居之，又有相國之號。

宋・王應麟《玉海》卷一二六《官制・漢官拾遺》　漢依秦官，簡易隨時，後頗改作，制度奢廣。世祖中興，并官省職，補復殘缺，四海從風，前表後志有弗載者，紀傳餘書或可攷焉。

清・紀昀等《歷代職官表》卷首《提要》　迨秦漢，內設九卿，外制列郡，而官制一變。東京以後，事歸臺閣，雖分置尚書六部，而政在中書，其權獨重。

論說

《漢書》卷八三《朱博傳》　初，漢興襲秦官，置丞相、御史大夫、太尉。至武帝罷太尉，始置大司馬以冠將軍之號，非有印綬官屬也。及成帝時，何武爲九卿，建言：『古者民樸事約，國之輔佐必得賢聖，然猶則天三光，備三公官，各有分職。今末俗（文）〔之〕之弊，政事煩多，宰相之材不能及古，而丞相獨兼三公之事，所以久廢而不治也。宜建三公官，定卿大夫之任，分職授政，以考功效。』其後上以問師安昌侯張禹，禹以爲然。時曲陽侯王根爲大司馬票騎將軍，而何武爲御史大夫。於是上賜曲陽侯根大司馬印綬，置官屬，罷票騎將軍官，以御史大夫何武爲大司空，封列侯，皆增奉如丞相，以備三公官焉。議者多以爲古今異制，漢自天子之號下至佐史皆不同於古，而獨改三公，職事難分明，無益於治亂。【略】

後二歲餘，朱博爲大司空，奏言：『帝王之道不必相襲，各繇時務。高皇帝以聖德受命，建立鴻業，置御史大夫，位次丞相，典正法度，以職相參，總領百官，上下相監臨，歷載二百年，天下安寧。今更爲大司空，與丞相同位，未獲嘉祐。故事，選郡國守相高第爲中二千石，選中二千石爲御史大夫，任職者爲丞相，位次有序，所以尊聖德，重國相也。今中二千石未更御史大夫而爲丞相，權輕，非所以重國政也。臣愚以爲大司空官可罷，復置御史大夫，遵奉舊制。臣願盡力，以御史大夫爲百僚率。』哀帝從之，乃更拜博爲御史大夫。會大司馬喜免，以陽安侯丁明爲大司馬衛將軍，置官屬，大司馬冠號如故事。後四歲，哀帝遂改丞相爲大司徒，復置大司空、大司馬焉。

初，何武爲大司空，又與丞相方進共奏言：『古選諸侯賢者以爲州伯，《書》曰「咨十有二牧」，所以廣聰明，燭幽隱也。今部刺史居牧伯之位，秉一州之統，選第大吏，所薦位高至九卿，所惡立退，任重職大。《春秋》之義，用貴治賤，不以卑臨尊。刺史位下大夫，而臨二千石，輕重不相準，失位次之序。臣請罷刺史，更置州牧，以應古制。』奏可。及博奏復御史大夫官，又奏言：『漢家至德溥大，宇內萬里，立置郡縣。部刺史奉使典州，督察郡國吏民安寧。故事居部九歲舉爲守相，其有異材功效著者輒登擢，秩卑而賞厚，咸勸功樂進。前丞相方進奏罷刺史，更置州牧，秩眞二千石，位次九卿。九卿缺，以高第補，其中材則苟自守而已，恐功效陵夷，姦軌不禁。臣請罷州牧，置刺史如故。』奏可。

中央決策機構部

丞相分部

綜述

《張家山漢墓竹簡・二年律令・津關令》　□、制詔相國、御史，諸不幸死，家在關外者，關發索之，不宜，其令勿索，具爲令。相國、御史請關外人宦爲吏若徭使，有事關中，□□□，縣道若屬所官謹視收斂，毋禁物，以令若丞印封櫝槥，以印章告關，關完封出，勿索。

《漢書》卷一九上《百官公卿表》　相國、丞相皆秦官，金印紫綬，掌丞天子助理萬機。秦有左右，高帝卽位，置一丞相，十一年更名相國，綠綬。孝惠、高后置左右丞相，文帝二年復置一丞相。【略】哀帝元壽二年更名大司徒。

晉・司馬彪《續漢書・百官志一・司徒》　司徒，公一人。本注曰：掌人民事。凡教民孝悌、遜順、謙儉，養生送死之事，則議其制，建其度。凡四方民事功課，歲盡則奏其殿最而行賞罰。凡郊祀之事，掌省牲視濯，大喪則掌奉安梓宮。凡國有大疑大事，與太尉同。世祖卽位，爲大司徒，建武二十七年，去『大』。

長史一人，千石。掾屬三十一人。令史及御屬三十六人。本注曰：世祖卽位，以武帝故事，置司直，居丞相府，助督録諸州，建武十八年省也。

唐・李林甫等《唐六典》卷一《尚書都省》　初，秦變周法，天下之事皆決丞相府，置尚書於禁中，有令、丞，掌通章奏而已。漢初因之。

唐・杜佑《通典》卷一九《職官一・宰相》　秦悼武王始置左右丞相，始皇又始置相國。【略】

漢置丞相，嘗置相國，或左右丞相，尋復舊。成帝改御史大夫爲司空，與大司馬、丞相是爲三公，皆宰相也。哀帝改丞相爲大司徒，亦爲宰相。

後漢以太尉、司徒、司空爲宰相，獻帝復置丞相。

又　卷二一《職官三・宰相并官屬》　秦悼武王二年，始置丞相官，以樗里疾、甘茂爲左右丞相。莊襄王又以吕不韋爲丞相。及始皇立，尊不韋爲相國，則相國、丞相皆秦官。金印紫綬，掌丞天子，助理萬機。秦初有左右，至二世，復有中丞相。

漢高帝卽位，一丞相，緑綬，以蕭何爲之。及誅韓信，乃拜何爲相國。何薨，以曹參爲之。孝惠、高后置左右丞相。文帝二年，復置一丞相，丞相月俸錢六萬。成帝綏和元年，御史大夫何武建言：『古者民謹事約，國之輔佐，必得賢聖，然猶則天三光，備三公官，各有分職。今末俗之弊，政事煩多，宰相之才不能及古，而今丞相獨兼三公之事，所以大化久未洽也。宜建三公官，定卿大夫之任，分職授政，以考功效。』於是上拜曲陽侯王根爲大司馬，而何武自御史大夫改爲大司空，皆金印紫綬，比丞相，則三公俱爲宰相。至哀帝，復罷大司空。元壽二年，更名丞相爲大司徒。初，漢制常以列侯爲相，唯公孫弘布衣，數年登相位，武帝乃封爲平津侯，其後爲故事。至丞相而封，自弘始也。白事教令，稱曰君侯。春秋之義，尊上公謂之宰，言海内無不統焉。故丞相進，天子御座爲起，在輿爲下。丞相有病，皇帝法駕親至問疾，從西門入。及瘳視事，尚書令若光禄大夫賜以養牛、上尊酒。凡丞相府，門無闌，不設鈴鼓，言其大開，無節限。

後漢廢丞相及御史大夫，而以三公綜理衆務，則三公復爲宰相矣。至於中年以後，事歸臺閣，則尚書官爲機衡之任。至獻帝建安十三年，復置丞相，而以曹公居之。又有相國。

宋・徐天麟《西漢會要》卷三七《職官七》　班序：【略】諸侯王、相國、太師、太傅、太保、丞相。

清・紀昀等《歷代職官表》卷二《漢》　謹案：丞相之名始於秦，而始皇尊吕不韋，爲特置相國，則相國在丞相之上，蓋猶後世之平章軍國重事也。漢初丞相與相國迭爲廢置，則不過一官異名，與秦制少異。迨魏既置丞相，而司馬師兄弟復爲相國，則仍尊於丞相矣。又漢自文帝時，周勃罷免，陳平獨相，遂專置一相。武帝征和二年，雖以劉屈氂爲左丞相，分丞相長史爲兩府，以待天下遠方之選，然右相實未嘗授也。

論說

宋・章樵《古文苑》卷一〇《董仲舒〈詣丞相公孫弘記室書〉》　仲舒竊見宰職任天下之重，羣心所歸，推須賢佐，以成聖化。願君侯大開蕭相國求賢之路，廣選舉之門。既得其人，接以周公下士之義，卽奇偉隱世異倫之人，各思竭愚，歸往盛德，英俊滿朝，百能備具。

《史記》卷六《秦始皇本紀》　（始皇）作琅琊臺，立石刻，頌秦德，明得意。曰：『【略】维秦王有天下，立名爲皇帝，乃撫東土，至于琅邪。列侯武城侯王離、列侯通武侯王賁、倫侯建成侯趙亥、倫侯昌武侯成、倫侯武信侯馮毋擇、丞相隗林、丞相王綰、卿李斯、卿王戊、五大夫趙嬰、五大夫楊樛從，與議於海上。』【略】

侯生盧生相與謀曰：『始皇爲人，天性剛戾自用，起諸侯，并天下，意得欲從，以爲自古莫及己。專任獄吏，獄吏得親幸。博士雖七十人，特備員弗用。丞相諸大臣皆受成事，倚辨於上。【略】天下之事無大小皆決

於上。」【略】

（始皇）三十七年十月癸丑，始皇出游，左丞相斯從，右丞相去疾守。【略】

（秦二世元年）春，二世東行郡縣，李斯從。到碣石，並海，南至會稽，而盡刻始皇所立刻石，石旁著大臣從者名，以章先帝成功盛德焉。皇帝曰：『金石刻盡始皇帝所爲也。今襲號而金石刻辭不稱始皇帝，其於久遠也如後嗣爲之者，不稱成功盛德。』丞相臣斯、臣去疾、御史大夫臣德昧死言：『臣請具刻詔書刻石，因明白矣。臣昧死請。』制曰：『可。』

又　卷五三《蕭相國世家》　（漢十一年）上已聞淮陰侯誅，使使拜丞相何爲相國，益封五千户，令卒五百人一都尉爲相國衛。

又　卷五六《陳丞相世家》　呂太后立諸呂爲王，陳平偽聽之。及呂太后崩，平與太尉勃合謀，卒誅諸呂，立孝文皇帝，陳平本謀也。【略】

孝文帝立，以爲太尉勃親以兵誅呂氏，功多；陳平欲讓勃尊位，乃病謝。孝文帝初立，怪平病，問之。平曰：『高祖時，勃功不如臣平。及誅諸呂，臣功亦不如勃。願以右丞相讓勃。』於是孝文帝乃以絳侯勃爲右丞相，位次第一；平徙爲左丞相，位次第二。賜平金千斤，益封三千户。

居頃之，孝文皇帝既益明習國家事，朝而問右丞相勃曰：『天下一歲決獄幾何？』勃謝曰：『不知。』問：『天下一歲錢穀出入幾何？』勃又謝不知，汗出沾背，愧不能對。於是上亦問左丞相平。平曰：『有主者。』上曰：『主者謂誰？』平曰：『陛下卽問決獄，責廷尉；問錢穀，責治粟内史。』上曰：『苟各有主者，而君所主者何事也？』平謝曰：『主臣！陛下不知其駑下，使待罪宰相。宰相者，上佐天子理陰陽，順四時，下育萬物之宜，外鎮撫四夷諸侯，内親附百姓，使卿大夫各得任其職焉。』孝文帝乃稱善。右丞相大慙，出而讓陳平曰：『君獨不素教我對！』陳平笑曰：『君居其位，不知其任邪？且陛下卽問長安中盜賊數，君欲强對邪？』於是絳侯自知其能不如平遠矣。居頃之，絳侯謝病請免相，陳平專爲一丞相。

又　卷八七《李斯列傳》　李斯已死，二世拜趙高爲中丞相，事無大小，輒決於高。

《漢書》卷四《文帝紀》　（孝文元年）閏月己酉，入代邸。羣臣從至，上議曰：『丞相臣平、太尉臣勃、大將軍臣武、御史大夫臣蒼、宗正臣郢、朱虚侯臣章、東牟侯臣興居、典客臣揭再拜言大王足下：子弘等皆非孝惠皇帝子，不當奉宗廟。臣謹請陰安侯、頃王后、琅邪王、列侯、吏二千石議，大王高皇帝子，宜爲嗣。願大王卽天子位。』代王曰：『奉高帝宗廟，重事也。寡人不佞，不足以稱。願請楚王計宜者，寡人弗敢當。』羣臣皆伏，固請。代王西鄉讓者三，南鄉讓者再。丞相平等皆曰：『臣伏計之，大王奉高祖宗廟最宜稱，雖天下諸侯萬民皆以爲宜。臣等爲宗廟社稷計，不敢忽。願大王幸聽臣等。臣謹奉天子璽符再拜上。』代王曰：『宗室將相王列侯以爲（其）［莫］宜寡人，寡人不敢辭。』遂卽天子位。

又　卷六八《霍光傳》　太后被珠襦，盛服坐武帳中，侍御數百人皆持兵，期門武士陛戟，陳列殿下。羣臣以次上殿，召昌邑王伏前聽詔。光與羣臣連名奏王，尚書令讀奏曰：『丞相臣敞、大司馬大將軍臣光、車騎將軍臣安世、度遼將軍臣明友、前將軍臣增、後將軍臣充國、御史大夫臣誼、宜春侯臣譚、當塗侯臣聖、隨桃侯臣昌樂、杜侯臣屠耆堂、太僕臣延年、太常臣昌、大司農臣延年、宗正臣德、少府臣樂成、廷尉臣光、執金吾臣延壽、大鴻臚臣賢、左馮翊臣廣明、右扶風臣德、長信少府臣嘉、典屬國臣武、京輔都尉臣廣漢、司隸校尉臣辟兵、諸吏文學光禄大夫臣遷、臣畸、臣吉、臣賜、臣管、臣勝、臣梁、臣長幸、臣夏侯勝、大中大夫臣德、臣卬昧死言皇太后陛下：臣敞等頓首死罪。（大）［天］子所以永保宗廟總壹海内者，以慈孝禮誼賞罰爲本。孝昭皇帝早棄天下，亡嗣，臣敞等議，禮曰「爲人後者爲之子也」，昌邑王宜嗣後，遣宗正、大鴻臚、光禄大夫奉節使徵昌邑王典喪。服斬縗，亡悲哀之心，廢禮誼，居道上不素食，使從官略女子載衣車，内所居傳舍。始至謁見，立爲皇太子，常私買雞豚以食。受皇帝信璽、行璽大行前，就次發璽不封。從官更持節，引内昌邑從官騶宰官奴二百餘人，常與居禁闥内敖戲。自之符璽取節十六，朝暮臨，令從官更持節從。爲書曰：「皇帝問侍中君卿：使中御府令高昌奉黃金千斤，賜君卿取十妻。」大行在前殿，發樂府樂器，引内

昌邑樂人，擊鼓歌吹作俳倡。會下還，上前殿，擊鐘磬，召內泰壹宗廟樂人輦道牟首，鼓吹歌舞，悉奏衆樂。發長安廚三太牢具祠閣室中，祀已，與從官飲啗。駕法駕，皮軒鸞旗，驅馳北宮、桂宮，弄彘鬭虎。召皇太后御小馬車，使官奴騎乘，遊戲掖庭中。與孝昭皇帝宮人蒙等淫亂，詔掖庭令敢泄言要斬。』

又 卷八二《王商傳》 （王）商代匡衡爲丞相，益封千户，天子甚尊任之。**【略】**左將軍丹等奏：『商位三公，爵列侯，親受詔策爲天下師，不遵法度以翼國家，而回辟下媚以進其私，執左道以亂政，爲臣不忠，罔上不道，《甫刑》之辟，皆爲上戮，罪名明白。臣請詔謁者召商詣若盧詔獄。』上素重商，知匡言多險，制曰『勿治』。鳳固爭之，於是制詔御史：『蓋丞相以德輔翼國家，典領百寮，協和萬國，爲職任莫重焉。今樂昌侯商爲丞相，出入五年，未聞忠言嘉謀，而有不忠執左道之辜，陷于大辟。前商女弟內行不脩，奴賊殺人，疑商教使，爲商重臣，故抑而不窮。今或言商不以自悔而反怨懟，朕甚傷之。惟商與先帝有外親，未忍致于理。其赦商罪。使者收丞相印綬。』

《後漢書》卷四六《陳忠傳》 （陳忠）上疏諫曰：『臣聞「君使臣以禮，臣事君以忠」。故三公稱曰冢宰，王者待以殊敬，在輿爲下，御坐爲起，入則參對而議政事，出則監察而董是非。漢典舊事，丞相所請，靡有不聽。今之三公，雖當其名而無其實，選舉誅賞，一由尚書，尚書見任，重於三公，陵遲以來，其漸久矣。臣忠心常獨不安，是故臨事戰懼，不敢穴見有所興造，又不敢希意同僚，以謬平典，而謗讟日聞，罪足萬死。近以地震策免司空陳褒，今者灾異，復欲切讓三公。昔孝成皇帝以妖星守心，移咎丞相，使賁麗納説方進，方進自引，卒不蒙上天之福，徒乖宋景之誠。故知是非之分，較然有歸矣。又尚書決事，多違故典，罪法無例，詆欺爲先，文慘言醜，有乖章憲。宜責求其意，割而勿聽。上順國典，下防威福，置方員於規矩，審輕重於衡石，誠國家之典，萬世之法也。』

雜録

《史記》卷八《高祖本紀》 呂后問：『陛下百歲後，蕭相國卽死，令誰代之？』上曰：『曹參可。』問其次，上曰：『王陵可。然陵少戇，陳平可以助之。陳平智有餘，然難以獨任。周勃重厚少文，然安劉氏者必勃也，可令爲太尉。』呂后復問其次，上曰：『此後亦非而所知也。』

唐·顏師古《漢書注》卷一九上《百官公卿表》 應劭曰：『丞者，承也；相者，助也。』

荀悅曰：『秦本次國，命卿二人，是以置左右丞相，無三公官。』

御史大夫分部

綜述

《張家山漢墓竹簡·二年律令·秩律》 御史大夫，廷尉，**【略】**秩各二千石。

《漢書》卷一九上《百官公卿表》顏師古注引《茂陵書》 御史大夫，秩中二千石。**【略】**

御史大夫，秦官，位上卿，銀印青綬，掌副丞相。**【略】**成帝綏和元年更名大司空，金印紫綬，祿比丞相，置長史如中丞，官職如故。哀帝建平二年復爲御史大夫。元壽二年復爲大司空，御史中丞更名御史長史。

晉·司馬彪《續漢書·百官志一·司空》注引《漢舊儀》 御史大夫敕上計丞長史曰：『詔書殿下佈告郡國：臣下承宣無狀，多不究，百姓不蒙恩被化，守長史到郡，與二千石同力爲民興利除害，務有以安之，稱詔書。郡國有茂才不顯者言〔上〕，殘民貪汙煩擾之吏，百姓所苦，務勿任用。方察不稱者，刑罰務於得中，惡惡止其身。選舉民侈過度，務有以化之。問今歲善惡孰與往年，對上。問今年盜賊孰與往年，得無有羣輩大賊，對上。』

又 注引《漢官儀》 綏和元年，罷御史大夫官，法周制。議者又以縣道官獄司空，故覆加『大』，爲大司空，亦所以別大小之文。

《三國志》卷一《魏志·武帝紀》裴松之注引《獻帝起居注》

（獻帝時）御史大夫不領中丞，置長史一人。

晉・司馬彪《續漢書・百官志一・司空》注引臣昭案　獻帝建安十三年，又罷司空，置御史大夫。

宋・李昉等《太平御覽》卷二二六《職官部二四・御史中丞下》引謝靈運《晉書》　漢官尚書爲中臺，御史爲憲臺，謁者爲外臺，是爲三臺。自漢罷御史大夫而憲臺猶置，以丞爲臺主，中丞是也。

晉・司馬彪《續漢書・百官志一・司空》注引荀綽《晉百官表注》　獻帝置御史大夫，職如司空，不領侍御史。

《隋書》卷二六《百官志上》　（秦始皇）又置御史大夫，以貳於相。

唐・杜佑《通典》卷二四《職官六・御史臺》　御史之名，周官有之，蓋掌贊書而授法令，非今任也。戰國時亦有御史，秦趙澠池之會，各命書其事，又淳于髡謂齊王曰『御史在後』，則皆記事之職也。至秦漢，爲糾察之任。所居之署，漢謂之御史府，亦謂之御史大夫寺，亦謂之憲臺。成帝時，御史府吏舍百餘區，井水皆竭，又其府中列柏樹，常有野烏數千棲宿其上，晨去暮來，號曰『朝夕烏』，烏去不來者數月，長老異之，後果廢御史大夫爲大司空，是其徵也。後漢以來，謂之御史臺，亦謂之蘭臺寺。【略】

御史大夫，秦官。漢因之，位上卿，銀印青綬，掌副丞相。故事，選郡守相高第爲御史大夫，任職者爲丞相。成帝綏和元年，更名大司空。金印紫綬，秩比丞相。哀帝建平二年，朱博奏請罷大司空，以御史大夫爲百僚帥，帝從之，遂復爲御史大夫，皆宰相之任。元壽二年，復爲大司空。凡爲御史大夫，而丞相次也，其心冀幸丞相物故，或乃陰私相毀害，欲代之。後漢初，廢御史大夫。至建安十三年，罷三公官，始復置之，以郗慮居焉，不領中丞，置長史一人。

宋・王欽若等《册府元龜》卷三〇八《宰輔部・總序》　秦氏之霸，始置左、右丞相，御史大夫副之，後復有丞相、相國、中丞相之名。漢室之興，置一丞相，亦有左右丞相之名，而御史大夫實亞其任，兼置太尉，仍用秦制。後以蕭何爲相國，孝惠、高后復置左、右丞相，亦置太傅之官。未幾而罷太尉之職，蓋不嘗置一丞相。武帝兼置太尉，數年而廢。元狩中，置大司馬以代太尉之職。征和二年，置左丞相，分長史以備兩府。成帝綏和元年改御史大夫爲大司空，并大司馬、丞相爲三公。哀帝復以大司空爲御史大夫，復置太傅，在三公之上，俄改丞相爲大司徒，御史大夫復爲大司空，并大司馬以備三公之位。平帝增置太師。王莽居攝又置四輔之官。世祖中興，但存三公之號，有太傅而不嘗置。建武末改大司馬爲太尉，二府並去太字，是爲宰相總治衆務。中平之後，事歸臺閣，選舉誅賞，一繇尚書，機衡所總，不在公府，蓋有其名而無其實矣。建安之世，始罷三公官，復置丞相，以曹公居之。又有相國之號。

論　説

《史記》卷六《秦始皇本紀》　秦初并天下，令丞相、御史曰：『【略】寡人以眇眇之身，興兵誅暴亂，賴宗廟之靈，六王咸伏其辜，天下大定。今名號不更，無以稱成功，傳後世。其議帝號。』丞相綰、御史大夫劫、廷尉斯等皆曰：『【略】臣等昧死上尊號，王爲「泰皇」，命爲「制」，令爲「詔」，天子自稱曰「朕」。』【略】

（秦二世）皇帝曰：『金石刻盡始皇帝所爲也。今襲號而金石刻辭不稱始皇帝，其於久遠也如後嗣爲之者，不稱成功盛德。』丞相臣斯、臣去疾、御史大夫臣德昧死言：『臣請具刻詔書刻石，因明白矣。臣昧死請。』

又　卷九六《張丞相列傳》　張丞相蒼者，陽武人也，好書律曆，秦時爲御史，主柱下方書。【略】而張蒼乃自秦時爲柱下史，明習天下圖書計籍。蒼又善用算律曆，故令蒼以列侯居相府，領主郡國上計者。黥布反亡，漢立皇子長爲淮南王，而張蒼相之。十四年，遷爲御史大夫。【略】

御史大夫鄭弘坐事免，而匡君爲御史大夫。歲餘，韋丞相死，匡君代爲丞相，封樂安侯。以十年之間，不出長安城門而至丞相，豈非遇時而命也哉！

《漢書》卷一下《高帝紀》　（高帝十一年）二月詔曰：『【略】賢士大夫有肯從我遊者，吾能尊顯之。布告天下，使明知朕意。御史大夫昌

下相國，相國酇侯下諸侯王，御史中執法下郡守，其有意稱明德者，必身勸，爲之駕，遣詣相國府，署行、義、年。有而弗言，覺，免。年老癃病，勿遣。』

又　卷八《宣帝紀》（地節四年詔）曰：『【略】其令郡國歲上繫囚以掠笞若瘐死者所坐名、縣、爵、里，丞相御史課殿最以聞。』

又　卷一一《哀帝紀》（建平）二年三月，罷大司空，復御史大夫。

又　卷五九《張湯傳》（張湯）遷御史大夫。【略】湯每朝奏事，語國家用，日旰，天子忘食。丞相取充位，天下事皆決湯。

又　卷六〇《三王世家》（元狩六年）四月戊寅朔，癸卯，御史大夫湯下丞相，丞相下中二千石，二千石下郡太守、諸侯相，丞書從事下當用者。如律令。

又　卷六七《朱雲傳》　元帝時，琅邪貢禹爲御史大夫，而華陰守丞嘉上封事，言『治道在於得賢，御史之官，宰相之副，九卿之右，不可不選。平陵朱雲，兼資文武，忠正有智略，可使以六百石秩試守御史大夫，以盡其能。』上乃下其事問公卿。太子少傅匡衡對，以爲：『大臣者，國家之股肱，萬姓所瞻仰，明王所慎擇也。傳曰下輕其上爵，賤人圖柄臣，則國家搖動而民不靜矣。今嘉從守丞而圖大臣之位，欲以匹夫徒（走）［步］之人而超九卿之右，非所以重國家而尊社稷也。自堯之用舜，文王於太公，猶試然後爵之，又況朱雲者乎？雲素好勇，數犯法亡命，受《易》頗有師道，其行義未有以異。今御史大夫禹絜白廉正，經術通明，有伯夷、史魚之風，海內莫不聞知，而嘉（佷）［猥］稱雲，欲令爲御史大夫，妄相稱舉，疑有姦心，漸不可長，宜下有司案驗以明好惡。』嘉竟坐之。

又　卷七八《蕭望之傳》（蕭望之）代丙吉爲御史大夫。【略】是時，大司農中丞耿壽昌奏設常平倉，上善之，望之非壽昌。丞相丙吉年老，上重焉，望之又奏言：『百姓或乏困，盜賊未止，二千石多材下不任職。三公非其人，則三光爲之不明，今首歲日月少光，咎在臣等。』上以望之意輕丞相，乃下侍中建章衛尉金安上、光祿勳楊惲、御史中丞王忠，并詰問望之。望之免冠置對，天子繇是不說。

後丞相司直緐延壽奏：『侍中謁者良使（丞）［承］制詔望之，望之再拜已。良與望之言，望之不起，因故下手，而謂御史曰「良禮不備」。故事丞相病，明日御史大夫輒問病；朝奏事會庭中，差居丞相後，丞相謝，大夫少進，揖。今丞相數病，望之不問病；會庭中，與丞相鈞禮。時議事不合意，望之曰：「侯年寧能父我邪！」知御史有令不得擅使，望之多使守史自給車馬，之杜陵護視家事。少史冠法冠，爲妻先引，又使賣買，私所附益凡十萬三千。案望之大臣，通經術，居九卿之右，本朝所仰，至不奉法自修，踞慢不遜攘，受所監臧二百五十以上，請逮捕繫治。』上於是策望之曰：『有司奏君責使者禮，遇丞相亡禮，廉聲不聞，敖慢不遜，亡以扶政，帥先百僚。君不深思，陷于茲穢，朕不忍致君于理，使光祿勳惲策詔，左遷君爲太子太傅，授印。其上故印使者，便道之官。君其秉道明孝，正直是與，帥意亡諐，靡有後言。』

又　卷八三《薛宣傳》（薛宣遷爲少府）月餘，御史大夫于永卒。谷永上疏曰：『【略】御史大夫內承本朝之風化，外佐丞相統理天下，任重職大，非庸材所能堪。今當選於羣卿，以充其缺。得其人則萬姓欣喜，百僚説服；不得其人則大職墮斁，王功不興。虞帝之明，在茲壹舉，可不致詳！竊見少府宣，材茂行絜，達於從政，前爲御史中丞，執憲轂下，不吐剛茹柔，舉錯時當；出守臨淮、陳留，二郡稱治；爲左馮翊，崇教養善，威德並行，衆職脩理，姦軌絕息，辭訟者歷年不至丞相府，赦後餘盜賊什分三輔之一。功效卓爾，自左內史初置以來未嘗有也。孔子曰：「如有所譽，其有所試。」宣考績功課，簡在兩府，不敢過稱以奸欺誣之罪。臣聞賢材莫大於治人，宣已有效。其法律任廷尉有餘，經術文雅足以謀王體，斷國論；身兼數器，有「退食自公」之節。宣無私黨遊説之助，臣恐陛下忽於《羔羊》之詩，舍公實之臣，任華虛之譽，是用越職，陳宣行能，唯陛下留神考察。』上然之，遂以宣爲御史大夫。

又　《朱博傳》　初，漢興襲秦官，置丞相、御史大夫、太尉。至武帝罷太尉，始置大司馬以冠將軍之號，非有印綬官屬也。及成帝時，何武爲九卿，建言：『古者民樸事約，國之輔佐必得賢聖，然猶則天三光，備三公官，各有分職。今末俗（文）［之］弊，政事煩多，宰相之材不能及古，而丞相獨兼三公之事，所以久廢而不治也。宜建三公官，定卿大夫

之任，分職授政，以考功效。』其後上以問師安昌侯張禹，禹以爲然。時曲陽侯王根爲大司馬票騎將軍，而何武爲御史大夫。於是上賜曲陽侯根大司馬印綬，置官屬，罷票騎將軍官，以御史大夫何武爲大司空，封列侯，皆增奉如丞相，以備三公官焉。議者多以爲古今異制，漢自天子之號下至佐史皆不同於古，而獨改三公，職事難分明，無益於治亂。是時御史府吏舍百餘區井水皆竭；又其府中列柏樹，常有野烏數千棲宿其上，晨去暮來，號曰『朝夕烏』，烏去不來者數月，長老異之。後二歲餘，朱博爲大司空，奏言：『帝王之道不必相襲，各繇時務。高皇帝以聖德受命，建立鴻業，置御史大夫，位次丞相，典正法度，以職相參，總領百官，上下相監臨，歷載二百年，天下安寧。今更爲大司空，與丞相同位，未獲嘉祐。故事，選郡國守相高第爲中二千石，選中二千石爲御史大夫，任職者爲丞相，位次有序，所以尊聖德，重國相也。今中二千石未更御史大夫而爲丞相，權輕，非所以重國政也。臣愚以爲大司空官可罷，復置御史大夫，遵奉舊制。臣願盡力，以御史大夫爲百僚率。』哀帝從之，乃更拜博爲御史大夫。會大司馬喜免，以陽安侯丁明爲大司馬衛將軍，置官屬，大司馬冠號如故事。後四歲，哀帝遂改丞相爲大司徒，復置大司空、大司馬焉。

又　卷八五《谷永傳》　（谷永）少爲長安小史，後博學經書。建昭中，御史大夫繁延壽聞其有茂材，除補屬，舉爲太常丞，數上疏言得失。

又　卷九四上《匈奴傳》　（征和三年）御史大夫商丘成將三萬餘人出西河。【略】

（本始二年）遣御史大夫田廣明爲祁連將軍，四萬餘騎，出西河。

雜　録

漢·衛宏《漢官舊儀》　御史大夫寺在司馬門內，門無塾，門署用梓板，不起郭邑，題曰御史大夫寺。

《漢書》卷一九上《百官公卿表》顔師古注引　應劭《漢官儀》　侍御史之率，故稱大夫云臣。

唐·杜佑《通典》卷二四《職官六·御史大夫》　御史大夫，秦官，侍御史之率，故稱大夫。

清·紀昀等《歷代職官表》卷一八《都察院表》　謹案：【略】《漢書》所云丞相御史及制詔御史者，皆指御史大夫，史家省文往往如是耳。

太尉分部

綜　述

《漢書》卷一九上《百官公卿表》　太尉，秦官，金印紫綬，掌武事。武帝建元二年省。元狩四年初置大司馬，以冠將軍之號。宣帝地節三年置大司馬，不冠將軍，亦無印綬官屬。成帝綏和元年初賜大司馬金印紫綬，置官屬，禄比丞相，去將軍。哀帝建平二年復去大司馬印綬、官屬，冠將軍如故。元壽二年復賜大司馬印綬，置官屬，去將軍，位在司徒上。

《後漢書》卷一上《光武帝紀》注引《漢官儀》　太尉，秦官也，武帝更名大司馬。

宋·李昉等《太平御覽》卷二〇七《職官部五·太尉》引《漢官典職》　太尉，孝文三年置，七年省。武帝建元二年置，五年復省，更名大司馬。建武二十七年復置太尉。

晉·司馬彪《續漢書·百官志一·太尉》　太尉，公一人。本注曰：掌四方兵事功課，歲盡卽奏其殿最而行賞罰。凡郊祀之事，掌亞獻；大喪則告謚南郊。凡國有大造大疑，則與司徒、司空通而論之。國有過事，則與二公通諫爭之。世祖卽位，爲大司馬。建武二十七年，改爲太尉。

唐·杜佑《通典》卷二〇《職官二·太尉》　太尉，秦官。漢因之。金印紫綬，掌武事。漢文三年省，景帝三年復置，其尊與丞相等。五年，又省。元狩四年，更名大司馬。

後漢建武二十七年，復舊名爲太尉公。每帝初卽位，多與太傅同録尚書事，府門無闕。掌四方兵事功課，歲盡，則奏其殿最而行賞罰。凡郊祀

之事，常亞獻；大喪則告謚南郊。凡國有大造大疑，則與司徒、司空通而論之。國有過事，與二公通諫諍之。靈帝末，以劉虞爲大司馬，而太尉如故。自此則大司馬與太尉始並置矣。

論說

《史記》卷九《呂太后本紀》（高后四年）置太尉官，絳侯勃爲太尉。

又 卷一〇《孝文本紀》（孝文皇帝三年十一月）絳侯勃免丞相就國，以太尉潁陰侯嬰爲丞相，罷太尉官，屬丞相。

又 卷一一《孝景本紀》（孝景皇帝三年正月）吴王濞、楚王戊、趙王遂、膠西王卬、濟南王辟光、菑川王賢、膠東王雄渠反。【略】上乃遣大將軍竇嬰、太尉周亞夫將兵誅之。

又 卷二二《漢興以來將相名臣年表》（建元元年）置太尉。【略】（建元二年）罷太尉官。

又 卷五七《絳侯周勃世家》 孝惠帝六年，置太尉官，以勃爲太尉。

又 卷九五《樊酈滕灌列傳》（灌嬰）爲太尉。三歲，絳侯勃免相就國，嬰爲丞相，罷太尉官。

又 卷一一一《驃騎列傳》（元狩四年）乃益置大司馬位，大將軍、驃騎將軍皆爲大司馬。

《漢書》卷五《景帝紀》（景帝七年）二月，罷太尉官。

又 卷八三《朱博傳》 初，漢興襲秦官，置丞相、御史大夫、太尉。至武帝罷太尉，始置大司馬以冠將軍之號，非有印綬官屬也。

《後漢書》卷一下《光武帝紀》（建武二十七年）五月丁丑，詔曰：「昔契作司徒，禹作司空，皆無『大』名，其令二府去『大』，又改大司馬爲太尉，驃騎大將軍行大司馬劉隆即日罷，以太僕趙憙爲太尉。」

尚書分部

綜述

晉·司馬彪《續漢書·百官志三·少府》注引蔡質《漢儀》（尚書）典天下歲盡集課事。三公尚書二人，典三公文書。吏曹尚書典選舉齋祀，屬三公曹。

《後漢書》卷一上《光武帝紀》注引《漢官儀》 尚書四員，武帝置，成帝加一爲五。【略】成帝加三公尚書，主斷獄事。僕射，秦官也。僕，主也。古者重武事，每官必有主射以督課之。

《晉書》卷二四《職官志》 列曹尚書，案尚書本漢承秦置，及武帝遊宴後庭，始用宦者主中書，以司馬遷爲之，中間遂罷其官，以爲中書之職。至成帝建始四年，罷中書宦者，又置尚書五人，一人爲僕射，而四人分爲四曹，通掌圖書秘記章奏之事，各有其任。【略】後成帝又置三公曹，主斷獄，是爲五曹。後漢光武以三公曹主歲盡考課諸州郡事，改常侍曹爲吏部曹，主選舉祠祀事，民曹主繕修功作鹽池園苑事，客曹主護駕羌胡朝賀事，二千石曹主辭訟事，中都官曹主水火盜賊事，合爲六曹。并令僕二人，謂之八座。尚書雖有曹名，不以爲號。靈帝以侍中梁鵠爲選部尚書，於此始見曹名。

論說

《漢書》卷一二《平帝紀》 宗正劉不惡、執金吾任岑、中郎將孔永、尚書令姚恂、沛郡太守石詡，皆以前與建策，東迎即位，奉事周密勤勞，賜爵關内侯，食邑各有差。

又 卷二七中之上《五行志》 元帝崩，皇太子立，是爲成帝。尊皇后爲皇太后，以后弟鳳爲大司馬大將軍，領尚書事，上委政，無所與。

又 卷三六《劉向傳》 元帝初即位，太傅蕭望之爲前將軍，少傅周堪爲諸吏光禄大夫，皆領尚書事，甚見尊任。

又　卷七一《于定國傳》　（于定國）遷御史中丞。會昭帝崩，昌邑王徵即位，行淫亂，定國上書諫。後王廢，宣帝立，大將軍光領尚書事，條奏羣臣諫昌邑王者皆超遷。定國繇是爲光禄大夫，平尚書事，甚見任用。

又　卷七二《龔勝傳》　丞相王嘉上書薦故廷尉梁相等，尚書劾奏嘉『言事恣意，迷國罔上，不道』。

又　卷八一《孔光傳》　（孔）光以高第爲尚書，觀故事品式，數歲明習漢制及法令。上甚信任之，轉爲僕射、尚書令。有詔光周密謹慎，未嘗有過，加諸吏官，以子男放爲侍郎，給事黄門。數年，遷諸吏光禄大夫，秩中二千石，給事中，賜黄金百斤，領尚書事。後爲光禄勳，復領尚書，諸吏給事中如故。凡典樞機十餘年，守法度，修故事。上有所問，據經法以心所安而對，不希指苟合。如或不從，不敢强諫爭，以是久而安。

又　卷八六《師丹傳》　尚書令唐林上疏曰：『竊見免大司空丹策書，泰深痛切，君子作文，爲賢者諱。丹經爲世儒宗，德爲國黄耇，親傅聖躬，位在三公，所坐者微，海内未見其大過，事既已往，免爵大重，京師識者咸以爲宜復丹邑爵，使奉朝請，四方所瞻卬也。唯陛下財覽衆心，有以尉復師傅之臣。』上從林言，下詔賜丹爵關内侯，食邑三百户。

晉·司馬彪《續漢書·百官志一·太傅》　太傅，上公一人。本注曰：掌以善導，無常職。世祖以卓茂爲太傅，薨，因省。其後每帝初即位，輒置太傅録尚書事，薨，輒省。

《後漢書》卷二六《牟融傳》　（牟）融經明才高，善論議，朝廷皆服其能，帝數嗟歎，以爲才堪宰相。明年，代伏恭爲司空，舉動方重，甚得大臣節。肅宗即位，以融先朝名臣，代趙憙爲太尉，與憙參録尚書事。

又　卷二九《郅壽傳》　（郅壽）三遷尚書令。朝廷每有疑議，常獨進見。肅宗奇其智策，擢爲京兆尹。

又　卷三九《劉愷傳》　（劉愷）爲司徒。【略】時征西校尉任尚以姦利被徵抵罪。尚曾副大將軍鄧騭，騭黨護之，而太尉馬英、司空李郃承望騭旨，不復先請，即獨解尚臧錮，愷不肯與議。後尚書案其事，二府並受譴咎，朝廷以此稱之。

又　卷四六《陳忠傳》　（陳）忠字伯始，永初中辟司徒府，三遷廷尉正，才能有聲稱。司徒劉愷舉忠明習法律，宜備機密，於是擢拜尚書，使居三公曹。忠自以世典刑法，用心務在寬詳。初，父寵在廷尉，上除漢法溢於甫刑者，未施行，及寵免後遂。而苛法稍繁，人不堪之。忠畧依寵意，奏上二十三條，爲《決事比》，以省請讞之敝。又上除蠶室刑；解臧吏三世禁錮；狂易殺人，得減重論；母子兄弟相代死，聽，赦所代者。事皆施行。【略】

（陳忠）陳上疏諫曰：『【略】又尚書決事，多違故典，罪法無例，詆欺爲先，文慘言醜，有乖章憲。宜責求其意，割而勿聽。』

又　卷五一《龐參傳》　（龐參）入爲大鴻臚。尚書僕射虞詡薦參有宰相器能，（順帝時）以爲太尉，録尚書事。

又　卷八六《南蠻傳》　順帝永和元年，武陵太守上書，以蠻夷率服，可比漢人，增其租賦。議者皆以爲可。尚書令虞詡獨奏曰：『自古聖王不臣異俗，非德不能及，威不能加，知其獸心貪婪，難率以禮。是故羈縻而綏撫之，附則受而不逆，叛則棄而不追。先帝舊典，貢税多少，所由來久矣。今猥增之，必有怨叛。計其所得，不償所費，必有後悔。』帝不從。

中央政務機構部

丞相府分部

丞相

綜述

《張家山漢墓竹簡·二年律令·津關令》　□、制詔相國、御史，諸不幸死，家在關外者，關發索之，不宜，其令勿索，具爲令。相國、御史

請關外人宦爲吏若徭使，有事關中，□□□，縣道若屬所官謹視收斂，毋禁物，以令若丞印封櫝槥，以印章告關，關完封出，勿索。

《漢書》卷一九上《百官公卿表》 相國、丞相皆秦官，金印紫綬，掌丞天子助理萬機。秦有左右，高帝即位，置一丞相，十一年更名相國，綠綬。孝惠、高后置左右丞相，文帝二年復置一丞相。【略】哀帝元壽二年更名大司徒。

晉·司馬彪《續漢書·百官志一·司徒》 司徒，公一人。本注曰：掌人民事。凡教民孝悌、遜順、謙儉，養生送死之事，則議其制，建其度。凡四方民事功課，歲盡則奏其殿最而行賞罰。凡郊祀之事，掌省牲視濯，大喪則掌奉安梓宮。凡國有大疑大事，與太尉同。世祖即位，爲大司徒，建武二十七年，去『大』。長史一人，千石。掾屬三十一人。令史及御屬三十六人。本注曰：世祖即位，以武帝故事，置司直，居丞相府，助督録諸州，建武十八年省也。

唐·杜佑《通典》卷一九《職官一·宰相》 秦悼武王始置左右丞相，始皇又始置相國。【略】

漢置丞相，嘗置相國，或左右丞相，尋復舊。成帝改御史大夫爲司空，與大司馬、丞相是爲三公，皆宰相也。哀帝改丞相爲大司徒，亦爲宰相。【略】

後漢以太尉、司徒、司空爲宰相，獻帝復置丞相。

又 卷二一《職官三·宰相并官屬》 秦悼武王二年，始置丞相官，以樗里疾、甘茂爲左右丞相。莊襄王又以吕不韋爲丞相。及始皇立，尊不韋爲相國，則相國、丞相皆秦官。金印紫綬，掌丞天子，助理萬機。秦初有左右，至二世，復有中丞相。

漢高帝即位，一丞相，綠綬，以蕭何爲之。及誅韓信，乃拜何爲相國。何薨，以曹參爲之。孝惠、高后置左右丞相。文帝二年，復置一丞相，丞相月俸錢六萬。成帝綏和元年，御史大夫何武建言：『古者民謹事約，國之輔佐，必得賢聖，然猶則天三光，備三公官，各有分職。今末俗之弊，政事煩多，宰相之才不能及古，而今丞相獨兼三公之事，所以大化久未洽也。宜建三公官，定卿大夫之任，分職授政，以考功效。』於是上拜曲陽侯王根爲大司馬，而何武自御史大夫改爲大司空，皆金印紫綬，比丞相，則三公俱爲宰相。至哀帝，復罷大司空。元壽二年，更名丞相爲大司徒。初，漢制常以列侯爲相，唯公孫弘布衣，數年登相位，武帝乃封爲平津侯，其後爲故事。至丞相而封，自弘始也。白事教令，稱曰君侯。春秋之義，尊上公謂之宰，言海内無不統焉。故丞相進，天子御座爲起，在輿爲下。丞相有病，皇帝法駕親至問疾，從西門入。及瘳視事，尚書令若光禄大夫賜以養牛、上尊酒。凡丞相府，門無闌，不設鈴鼓，言其大開，無節限。

後漢廢丞相及御史大夫，而以三公綜理衆務，則三公復爲宰相矣。至於中年以後，事歸臺閣，則尚書官爲機衡之任。至獻帝建安十三年，復置丞相，而以曹公居之。又有相國。

宋·徐天麟《西漢會要》卷三七《職官七》 班序：【略】諸侯王、相國、太師、太傅、太保、丞相。

清·紀昀等《歷代職官表》卷二《漢》 謹案：丞相之名始於秦，而始皇尊吕不韋，爲特置相國，則相國在丞相之上，蓋猶後世之平章軍國重事也。漢初丞相與相國迭爲廢置，則不過一官異名，與秦制少異。迨魏既置丞相，而司馬師兄弟復爲相國，則仍尊於丞相矣。又漢自文帝時，周勃罷免，陳平獨相，遂專置一相。武帝征和二年，雖以劉屈氂爲左丞相，分丞相長史爲兩府，以待天下遠方之選，然右相實未嘗授也。

論説

宋·章樵《古文苑》卷一〇《董仲舒〈詣丞相公孫弘記室書〉》 仲舒竊見宰職任天下之重，羣心所歸，推須賢佐，以成聖化。願君侯大開蕭相國求賢之路，廣選舉之門。既得其人，接以周公下士之義，即奇偉隱世異倫之人，各思竭愚，歸往盛德，英俊滿朝，百能備具。

《史記》卷六《秦始皇本紀》 （始皇）作琅琊臺，立石刻，頌秦德，明得意。曰：『【略】維秦王有天下，立名爲皇帝，乃撫東土，至于琅邪。列侯武城侯王離、列侯通武侯王賁、倫侯建成侯趙亥、倫侯昌武侯成、倫侯武信侯馮毋擇、丞相隗林、丞相王綰、卿李斯、卿王戊、五大夫趙嬰、五大夫楊樛從，與議於海上。』【略】

侯生盧生相與謀曰：『始皇爲人，天性剛戾自用，起諸侯，并天下，意得欲從，以爲自古莫及己。專任獄吏，獄吏得親幸。博士雖七十人，特備員弗用。丞相諸大臣皆受成事，倚辦於上。【略】天下之事無大小皆決於上。』【略】

（始皇）三十七年十月癸丑，始皇出游，左丞相斯從，右丞相去疾守。【略】

（秦二世元年）春，二世東行郡縣，李斯從。到碣石，並海，南至會稽，而盡刻始皇所立刻石，石旁著大臣從者名，以章先帝成功盛德焉。

皇帝曰：『金石刻盡始皇帝所爲也。今襲號而金石刻辭不稱始皇帝，其於久遠也如後嗣爲之者，不稱成功盛德。』丞相臣斯、臣去疾、御史大夫臣德昧死言：『臣請具刻詔書刻石，因明白矣。臣昧死請。』制曰：『可。』

又　卷五三《蕭相國世家》　（漢十一年）上已聞淮陰侯誅，使使拜丞相何爲相國，益封五千户，令卒五百人一都尉爲相國衛。

又　卷五六《陳丞相世家》　孝文帝立，以爲太尉勃親以兵誅吕氏，功多；陳平欲讓勃尊位，乃病謝。孝文帝初立，怪平病，問之。平曰：『高祖時，勃功不如臣平。及誅諸吕，臣功亦不如勃。願以右丞相讓勃。』於是孝文帝乃以絳侯勃爲右丞相，位次第一；平徙爲左丞相，位次第二。賜平金千斤，益封三千户。

居頃之，孝文皇帝既益明習國家事，朝而問右丞相勃曰：『天下一歲決獄幾何？』勃謝曰：『不知。』問：『天下一歲錢穀出入幾何？』勃又謝不知，汗出沾背，愧不能對。於是上亦問左丞相平。平曰：『有主者。』上曰：『主者謂誰？』平曰：『陛下卽問決獄，責廷尉；問錢穀，責治粟内史。』上曰：『苟各有主者，而君所主者何事也？』平謝曰：『主臣！陛下不知其駑下，使待罪宰相。宰相者，上佐天子理陰陽，順四時，下育萬物之宜，外鎮撫四夷諸侯，内親附百姓，使卿大夫各得任其職焉。』孝文帝乃稱善。右丞相大慙，出而讓陳平曰：『君獨不素教我對！』陳平笑曰：『君居其位，不知其任邪？且陛下卽問長安中盜賊數，君欲强對邪？』於是絳侯自知其能不如平遠矣。居頃之，絳侯謝病請免相，陳平專爲一丞相。

《漢書》卷八二《王商傳》　（王）商代匡衡爲丞相，益封千户，天子甚尊任之。【略】左將軍丹等奏：『商位三公，爵列侯，親受詔策爲天下師，不遵法度以翼國家，而回辟下媚以進其私，執左道以亂政，爲臣不忠，罔上不道，《甫刑》之辟，皆爲上戮，罪名明白。臣請詔謁者召商詣若盧詔獄。』上素重商，知匡言多險，制曰『勿治』。鳳固爭之，於是制詔御史：『蓋丞相以德輔翼國家，典領百寮，協和萬國，爲職任莫重焉。今樂昌侯商爲丞相，出入五年，未聞忠言嘉謀，而有不忠執左道之辜，陷于大辟。前商女弟内行不脩，奴賊殺人，疑商教使，爲商重臣，故抑而不窮。今或言商不以自悔而反怨懟，朕甚傷之。惟商與先帝有外親，未忍致于理。其赦商罪。使者收丞相印綬。』

《史記》卷八七《李斯列傳》　李斯已死，二世拜趙高爲中丞相，事無大小，輒決於高。

雜　録

《史記》卷八《高祖本紀》　吕后問：『陛下百歲後，蕭相國卽死，令誰代之？』上曰：『曹參可。』問其次，上曰：『王陵可。然陵少戇，陳平可以助之。陳平智有餘，然難以獨任。周勃重厚少文，然安劉氏者必勃也，可令爲太尉。』吕后復問其次，上曰：『此後亦非而所知也。』

唐・顔師古《漢書注》卷一九上《百官公卿表》　應劭曰：『丞者，承也；相者，助也。』

荀悅曰：『秦本次國，命卿二人，是以置左右丞相，無三公官。』

丞相府佐官（司直、長史）

综　述

《張家山漢墓竹簡・二年律令・秩律》　丞相、相國長史，秩各千石。

《漢書》卷一九上《百官公卿表》　武帝元狩五年初置司直，秩比二千石，掌佐丞相舉不法。

《後漢書》卷一下《光武帝紀》注引《漢官儀》　武帝置丞相司直，元壽二年改丞相爲大司徒，司直仍舊。【略】

（建武十一年）夏四月丁卯，省大司徒司直官。

又　卷九下《獻帝紀》　（建安八年）初置司直官，督中都官。

晉·司馬彪《續漢書·百官志一·司徒》　世祖卽位，以武帝故事，置司直，居丞相府，助督録諸州，建武十八年省也。

唐·杜佑《通典》卷二一《職官》三《宰相并官屬》　丞相長史。漢文帝二年置，一丞相有兩長史。蓋衆史之長也，職無不監。介幘，進賢一梁冠，朱衣，銅印黄綬。劉屈氂爲左丞相，分丞相長史爲兩府，以待天下遠方之選。後漢建武中，省司直，有長史一人。魏武爲丞相以來，置左右二長史而已。【略】

丞相司直，漢武元狩五年置，掌佐丞相舉不法，位在司隸校尉上。翟方進爲司直，旬歲間免兩司隸。後漢罷丞相，光武以武帝故事，置司徒司直，居司徒府，助司徒督録諸州郡所舉上奏，司直考察能否，以徵虚實。建武十一年省。獻帝建安八年，復置司直，不屬司徒，掌督中都官，不領諸州。九年，詔司直皆比司隸校尉，坐同席，在上，假傳置也。

論　説

《史記》卷二〇《建元以來侯者年表》　黄霸，家在陽夏，以役使徙雲陽。以廉吏爲河内守丞，遷爲廷尉監，行丞相長史事。

又　卷九六《張丞相列傳》　丞相司直繁君奏京兆尹趙君迫脅丞相，誣以夫人賊殺婢，發吏卒圍捕丞相舍，不道；又得擅屏騎士事，趙京兆坐要斬。又有使掾陳平等劾中尚書，疑以獨擅劫事而坐之，大不敬，長史以下皆坐死，或下蠶室。

又　卷一〇四《田叔列傳》　（田）仁已刺三河，三河太守皆下吏誅死。仁還奏事，武帝説，以仁爲能不畏强禦，拜仁爲丞相司直，威振天下。

《漢書》卷一〇《成帝紀》　（陽朔三年）夏六月，潁川鐵官徒申屠聖等百八十人殺長吏，盜庫兵，自稱將軍，經歷九郡。遣丞相長史、御史中丞逐捕，以軍興從事，皆伏辜。【略】

（永始三年）十二月，山陽鐵官徒蘇令等二百二十八人攻殺長吏，盜庫兵，自稱將軍，經歷郡國十九，殺東郡太守、汝南都尉。遣丞相長史、御史中丞持節督趣逐捕。

又　卷三七《田叔列傳》　（田）仁以壯勇爲衛將軍舍人，數從擊匈奴。衛將軍進言仁爲郎中，至二千石、丞相長史，失官。

又　卷五三《江都易王劉非傳》　（劉）建時佩其父所賜將軍印，載天子旗出。積數歲，事發覺，漢遣丞相長史與江都相雜案，索得兵器璽綬節反具，有司請捕誅建。

又　《廣川惠王劉越傳》　（本始三年）天子遣大鴻臚、丞相長史、御史丞、廷尉正雜治鉅鹿詔獄。

又　卷六六《劉屈氂傳》　征和二年春，制詔御史：『【略】其以涿郡太守屈氂爲左丞相，分丞相長史爲兩府，以待天下遠方之選。』

又　卷七二《龔勝傳》　（龔勝）爲大夫二歲餘，遷丞相司直，徙光禄大夫，守右扶風。

又　《鮑宣傳》　始隃麋郭欽，哀帝時爲丞相司直，奏免豫州牧鮑宣、京兆尹薛修等，又奏董賢，左遷盧奴令。

又　卷七七《孫寶傳》　（孫寶）遷丞相司直。時帝舅紅陽侯立使客因南郡太守李尚占墾草田數百頃，頗有民所假少府陂澤，略皆開發，上書願以入縣官。有詔郡平田予直，錢有貴一萬萬以上。寶聞之，遣丞相史按驗，發其姦，劾奏立、尚懷姦罔上，狡猾不道。

又　卷七八《蕭望之傳》　（蕭望之）累遷諫大夫，丞相司直，歲中三遷，官至二千石。

又　卷八六《王嘉傳》　初，廷尉梁相與丞相長史、御史中丞及五二千石雜治東平王雲獄，時冬月未盡二旬，而相心疑雲冤，獄有餙辭，奏欲傳之長安，更下公卿覆治。

又　《師丹傳》　（師丹）出爲東平王太傅。丞相方進、御史大夫孔光舉丹議論深博，廉正守道，徵入爲光禄大夫、丞相司直。數月，復以

光禄大夫給事中，由是爲少府、光禄勳、侍中，甚見尊重。

又 卷八九《黄霸傳》 （黄霸）守丞相長史，坐公卿大議庭中知長信少府夏侯勝非議詔書大不敬，霸阿從不舉劾，皆下廷尉，繫獄當死。

又 卷九〇《咸宣傳》 （武帝末）吏民益輕犯法，盜賊滋起。【略】於是上始使御史中丞、丞相長史使督之，猶弗能禁。

丞相府屬吏

綜述

《後漢書》卷九《獻帝紀》注引《漢官儀》 侍中，左蟬右貂，本秦丞相史，往來殿中，故謂之侍中。

晉・司馬彪《續漢書・百官志五・州郡》 外十二州，每州刺史一人，六百石。本注曰：秦有監御史，監諸郡，漢興省之，但遣丞相史分刺諸州，無常官。

唐・杜佑《通典》卷二一《職官三・宰相并官屬》 丞相諸曹史。掾屬三十，御屬一。魏武爲丞相，置徵事二人。舊有東西曹，自魏武大軍還鄴，乃省西曹。

論説

《史記》卷五四《曹相國世家》 （相國曹參）擇郡國吏木詘於文辭，重厚長者，即召除爲丞相史。

又 卷一二二《酷吏列傳》 趙禹者，斄人。以佐史補中都官，用廉爲令史，事太尉亞夫。亞夫爲丞相，禹爲丞相史，府中皆稱其廉平。然亞夫弗任，曰：『極知禹無害，然文深，不可以居大府。』今上時，禹以刀筆吏積勞，稍遷爲御史。

《漢書》卷二一上《律曆志》 丞相屬寶、長安單安國、安陵栝育治《終始》，言黄帝以來三千六百二十九歲。

又 卷七八《蕭咸傳》 （蕭）咸字仲，爲丞相史，舉茂材，好畤令，遷淮陽、泗水内史，張掖、弘農、河東太守。

又 卷八一《馬宮傳》 （馬宮）後爲丞相史司直。師丹薦宮行能高絜，遷廷尉平，青州刺史，汝南、九江太守，所在見稱。

又 卷八三《薛宣傳》 薛宣字贛君，東海郯人也。少爲廷尉書佐都船獄吏。後以大司農斗食屬察廉，補不其丞。琅邪太守趙貢行縣，見宣，甚説其能。從宣歷行屬縣，還至府，令妻子與相見，戒曰：『贛君至丞相，我兩子亦中丞相史。』

御史府分部

御史大夫

綜述

《張家山漢墓竹簡・二年律令・秩律》 御史大夫，廷尉，【略】秩各二千石。

《漢書》卷一九上《百官公卿表》顔師古注引《茂陵書》 御史大夫，秩中二千石。【略】

御史大夫，秦官，位上卿，銀印青綬，掌副丞相。【略】成帝綏和元年更名大司空，金印紫綬，禄比丞相，置長史如中丞，官職如故。哀帝建平二年復爲御史大夫。元壽二年復爲大司空，御史中丞更名御史長史。

晉・司馬彪《續漢書・百官志一・司空》注引《漢舊儀》 御史大夫敕上計丞長史曰：『詔書殿下佈告郡國：臣下承宣無狀，多不究，百姓不蒙恩被化，守長史到郡，與二千石同力爲民興利除害，務有以安之，稱詔書。郡國有茂才不顯者言［上］，殘民貪汙煩擾之吏，百姓所苦，務勿任用。方察不稱者，刑罰務於得中，惡惡止其身。選舉民侈過度，務有以化之。問今歲善惡孰與往年，對上。問今年盜賊孰與往年，得無有羣輩

大賊，對上。」

又　注引《漢官儀》　綏和元年，罷御史大夫官，法周制。議者又以縣道官獄司空，故覆加『大』，爲大司空，亦所以別大小之文。

《三國志》卷一《魏志・武帝紀》裴松之注引《獻帝起居注》　御史大夫不領中丞，置長史一人。

晉・司馬彪《續漢書・百官志一・司空》注引臣昭案　獻帝建安十三年，又罷司空，置御史大夫。

宋・李昉等《太平御覽》卷二二六《職官部二四・御史中丞下》引謝靈運《晉書》　漢官尚書爲中臺，御史爲憲臺，謁者爲外臺，是爲三臺。自漢罷御史大夫而憲臺猶置，以丞爲臺主，中丞是也。

晉・司馬彪《續漢書・百官志一・司空》注引荀綽《晉百官表注》　獻帝置御史大夫，職如司空，不領侍御史。

《隋書》卷二六《百官志上》　（秦始皇）又置御史大夫，以貳於相。

唐・杜佑《通典》卷二四《職官六・御史臺》　御史之名，周官有之，蓋掌贊書而授法令，非今任也。戰國時亦有御史，秦趙澠池之會，各命書其事，又淳于髡謂齊王曰『御史在後』，則皆記事之職也。至秦漢，爲糾察之任。所居之署，漢謂之御史府，亦謂之御史大夫寺，亦謂之憲臺。成帝時，御史府吏舍百餘區，井水皆竭，又其府中列柏樹，常有野烏數千棲宿其上，晨去暮來，號曰『朝夕烏』，烏去不來者數月，長老異之，後果廢御史大夫爲大司空，是其徵也。後漢以來，謂之御史臺，亦謂之蘭臺寺。【略】

御史大夫，秦官。漢因之，位上卿，銀印青綬，掌副丞相。故事，選郡守相高第爲御史大夫，任職者爲丞相。成帝綏和元年，更名大司空。金印紫綬，秩比丞相。哀帝建平二年，朱博奏請罷大司空，以御史大夫爲百僚帥，帝從之，遂復爲御史大夫，皆宰相之任。元壽二年，復爲大司空。凡爲御史大夫，而丞相次也，其心冀幸丞相物故，或乃陰私相毀害，欲代之。後漢初，廢御史大夫。至建安十三年，罷三公官，始復置之，以郗慮居焉，不領中丞，置長史一人。

宋・王欽若等《冊府元龜》卷三〇八《宰輔部・總序》　秦氏之霸，始置左、右丞相，御史大夫副之，後復有丞相、相國、中丞相之名。漢室之興，置一丞相，亦有左右丞相之名，而御史大夫實亞其任，兼置太尉，仍用秦制。後以蕭何爲相國，孝惠、高后復置左、右丞相，亦置太傅之官。未幾而罷太尉之職，蓋不嘗置一丞相。武帝兼置太尉，數年而廢。元狩中，置大司馬以代太尉之職。征和二年，置左丞相，分長史以備兩府。成帝綏和元年改御史大夫爲大司空，幷大司馬、丞相爲三公。哀帝復以大司空爲御史大夫，復置太傅，在三公之上，俄改丞相爲大司徒，御史大夫復爲大司空，幷大司馬以備三公之位。平帝增置太師。王莽居攝又置四輔之官。世祖中興，但存三公之號，有太傅而不嘗置。建武末改大司馬爲太尉，二府並去太字，是爲宰相總治衆務。中平之後，事歸臺閣，選舉誅賞，一繇尚書，機衡所總，不在公府，蓋有其名而無其實矣。建安之世，始罷三公官，復置丞相，以曹公居之。又有相國之號。

論說

《史記》卷六《秦始皇本紀》　秦初幷天下，令丞相、御史曰：『【略】寡人以眇眇之身，興兵誅暴亂，賴宗廟之靈，六王咸伏其辜，天下大定。今名號不更，無以稱成功，傳後世。其議帝號。』丞相綰、御史大夫劫、廷尉斯等皆曰：『【略】臣等昧死上尊號，王爲「泰皇」，命爲「制」，令爲「詔」，天子自稱曰「朕」。』【略】

（秦二世）皇帝曰：『金石刻盡始皇帝所爲也。今襲號而金石刻辭不稱始皇帝，其於久遠也如後嗣爲之者，不稱成功盛德。』丞相臣斯、臣去疾、御史大夫臣德昧死言：『臣請具刻詔書刻石，因明白矣。臣昧死請。』

又　卷九六《張丞相列傳》　張丞相蒼者，陽武人也，好書律曆，秦時爲御史，主柱下方書。【略】而張蒼乃自秦時爲柱下史，明習天下圖書計籍。蒼又善用算律曆，故令蒼以列侯居相府，領主郡國上計者。黥布反亡，漢立皇子長爲淮南王，而張蒼相之十四年，遷爲御史大夫。【略】

御史大夫鄭弘坐事免，而匡君爲御史大夫。歲餘，韋丞相死，匡君代爲丞相，封樂安侯。以十年之間，不出長安城門而至丞相，豈非遇時而命

也哉！

《漢書》卷一下《高帝紀》（高帝十一年）二月詔曰：『【略】賢士大夫有肯從我遊者，吾能尊顯之。布告天下，使明知朕意。御史大夫昌下相國，相國酇侯下諸侯王，御史中執法下郡守，其有意稱明德者，必身勸，爲之駕，遣詣相國府，署行、義、年。有而弗言，覺，免年老癃病，勿遣。』

又 卷八《宣帝紀》（地節四年詔）曰：『【略】其令郡國歲上繫囚以掠笞若瘐死者所坐名、縣、爵、里，丞相御史課殿最以聞。』

又 卷一一《哀帝紀》（建平）二年三月，罷大司空，復御史大夫。

又 卷五九《張湯傳》（張湯）遷御史大夫。【略】湯每朝奏事，語國家用，日旰，天子忘食。丞相取充位，天下事皆決湯。

又 卷六〇《三王世家》（元狩六年）四月戊寅朔，癸卯，御史大夫湯下丞相，丞相下中二千石，二千石下郡太守、諸侯相，丞書從事下當用者。如律令。

又 卷六七《朱雲傳》 元帝時，琅邪貢禹爲御史大夫，而華陰守丞嘉上封事，言『治道在於得賢，御史之官，宰相之副，九卿之右，不可不選。平陵朱雲，兼資文武，忠正有智畧，可使以六百石秩試守御史大夫，以盡其能。』上乃下其事問公卿。太子少傅匡衡對，以爲：『大臣者，國家之股肱，萬姓所瞻仰，明王所慎擇也。傳曰下輕其上爵，賤人圖柄臣，則國家搖動而民不靜矣。今嘉從守丞而圖大臣之位，欲以匹夫徒步之人而超九卿之右，非所以重國家而尊社稷也。自堯之用舜，文王於太公，猶試然後爵之，又況朱雲者乎？雲素好勇，數犯法亡命，受《易》頗有師道，其行義未有以異。今御史大夫禹絜白廉正，經術通明，有伯夷、史魚之風，海内莫不聞知，而嘉（佷）［狠］稱雲，欲令爲御史大夫，妄相稱舉，疑有姦心，漸不可長，宜下有司案驗，以明好惡。』嘉竟坐之。

又 卷七八《蕭望之傳》（蕭望之）代丙吉爲御史大夫。是時，大司農中丞耿壽昌奏設常平倉。上善之。望之非壽昌，丞相丙吉年老。上重焉，望之又奏言：『百姓或乏困，盜賊未止，二千石多材下不任職。三公非其人，則三光爲之不明，今首歲日月少光，咎在臣等。』上以望之意輕丞相，乃下侍中建章衛尉金安上、光禄勳楊惲、御史中丞王忠，并詰問望之。望之免冠置對，天子繇是不説。

後丞相司直緐延壽奏：『侍中謁者良使（丞）［承］制詔望之，望之再拜已。良與望之言，望之不起，因故下手，而謂御史曰「良禮不備」。故事丞相病，明日御史大夫輒問病；朝奏事會庭中，差居丞相後，丞相謝，大夫少進，揖。今丞相數病，望之不問病；會庭中，與丞相鈞禮。時議事不合意，望之曰：「侯年寧能父我邪！」知御史有令不得擅使，望之多使守史自給車馬，之杜陵護視家事。少史冠法冠，爲妻先引，又使賣買，私所附益凡十萬三千。案望之大臣，通經術，居九卿之右，本朝所仰，至不奉法自修，踞慢不遜攘，受所監臧二百五十以上，請逮捕繫治。』上於是策望之曰：『有司奏君責使者禮，遇丞相亡禮，廉聲不聞，敖慢不遜，亡以扶政，帥先百僚。君不深思，陷于兹穢，朕不忍致君于理，使光禄勳惲策詔，左遷君爲太子太傅，授印。其上故印使者，便道之官。君其秉道明孝，正直是與，帥意亡諐，靡有後言。』

又 卷八三《薛宣傳》（薛宣遷爲少府）月餘，御史大夫于永卒。谷永上疏曰：『【略】御史大夫内承本朝之風化，外佐丞相統理天下，任重職大，非庸材所能堪。今當選於羣卿，以充其缺。得其人則萬姓欣喜，百僚説服；不得其人則大職墮斁，王功不興。虞帝之明，在兹壹舉，可不致詳！竊見少府宣，材茂行絜，達於從政，前爲御史中丞，執憲轂下，不吐剛茹柔，舉錯時當；出守臨淮、陳留，二郡稱治；爲左馮翊，崇教養善，威德並行，衆職脩理，姦軌絶息，辭訟者歷年不至丞相府，赦後餘盜賊什分三輔之一。功效卓爾，自左内史初置以來未嘗有也。孔子曰：「如有所譽，其有所試。」宣考績功課，簡在兩府，不敢過稱以奸欺誣之罪。臣聞賢材莫大於治人，宣已有效。其法律任廷尉有餘，經術文雅足以謀王體，斷國論；身兼數器，有「退食自公」之節。宣無私黨遊説之助，臣恐陛下忽於《羔羊》之詩，舍公實之臣，任華虛之譽，是用越職，陳宣行能，唯陛下留神考察。』上然之，遂以宣爲御史大夫。

又 《朱博傳》 初，漢興襲秦官，置丞相、御史大夫、太尉。至武帝罷太尉，始置大司馬以冠將軍之號，非有印綬官屬也。及成帝時，何

武爲九卿，建言：『古者民樸事約，國之輔佐必得賢聖，然猶則天三光，備三公官，各有分職。今末俗（文）［之］弊，政事煩多，宰相之材不能及古，而丞相獨兼三公之事，所以久廢而不治也。宜建三公官，定卿大夫之任，分職授政，以考功效。』其後上以問師安昌侯張禹，禹以爲然。時曲陽侯王根爲大司馬票騎將軍，而何武爲御史大夫。於是上賜曲陽侯根大司馬印綬，置官屬，罷票騎將軍官，以御史大夫何武爲大司空，封列侯，皆增奉如丞相，以備三公官焉。議者多以爲古今異制，漢自天子之號下至佐史皆不同於古，而獨改三公，職事難分明，無益於治亂。是時御史府吏舍百餘區井水皆竭；又其府中列柏樹，常有野烏數千棲宿其上，晨去暮來，號曰『朝夕烏』，烏去不來者數月，長老異之。後二歲餘，朱博爲大司空，奏言：『帝王之道不必相襲，各繇時務。高皇帝以聖德受命，建立鴻業，置御史大夫，位次丞相，典正法度，以職相參，總領百官，上下相監臨，歷載二百年，天下安寧。今更爲大司空，與丞相同位，未獲嘉祐。故事，選郡國守相高第爲中二千石，選中二千石爲御史大夫，任職者爲丞相，位次有序，所以尊聖德，重國相也。今中二千石未更御史大夫而爲丞相，權輕，非所以重國政也。臣愚以爲大司空官可罷，復置御史大夫，遵奉舊制。臣願盡力，以御史大夫爲百僚率。』哀帝從之，乃更拜博爲御史大夫。會大司馬喜免，以陽安侯丁明爲大司馬衛將軍，置官屬，大司馬冠號如故事。後四歲，哀帝遂改丞相爲大司徒，復置大司空、大司馬焉。

又　卷八五《谷永傳》　（谷永）少爲長安小史，後博學經書。建昭中，御史大夫繁延壽聞其有茂材，除補屬，舉爲太常丞，數上疏言得失。

又　卷九四上《匈奴傳》　（征和三年）御史大夫商丘成將三萬餘人出西河。【略】

（本始二年）遣御史大夫田廣明爲祁連將軍，四萬餘騎，出西河。

雜　録

漢・衛宏《漢官舊儀》　御史大夫寺在司馬門内，門無塾，門署用梓板，不起郭邑，題曰御史大夫寺。

《漢書》卷一九上《百官公卿表》顔師古注引應劭《漢官儀》　侍御史之率，故稱大夫云臣。

唐・杜佑《通典》卷二四《職官六》　御史大夫，秦官。侍御史之率，故稱大夫。

清・紀昀等《歷代職官表》卷一八《都察院表》　謹案：【略】《漢書》所云丞相御史及制詔御史者，皆指御史大夫，史家省文往往如是耳。

御史大夫佐官

綜　述

《漢書》卷一九上《百官公卿表》　（御史大夫）有兩丞，秩千石。一曰中丞，在殿中蘭臺，掌圖籍秘書，外督部刺史，内領侍御史員十五人，受公卿奏事，舉劾按章。成帝綏和元年【略】置長史如中丞，官職如故。【略】元壽二年【略】御史中丞更名御史長史。

唐・虞世南《北堂書鈔》引衛宏《漢官舊儀》　武帝時，御史中丞督司隸，司隸督丞相，丞相督司直，司直督刺史，刺史督二千石至黑綬。

宋・李昉等《太平御覽》卷二二五《職官部二三・御史中丞上》條注引《漢官解詁注》　建武以來，省御史大夫，官屬入侍蘭臺。蘭臺有十五人，特置中丞一人，以總之。此官得舉非法，其權次尚書。

又　引應劭《漢官儀》　御史中丞二人，本御史大夫之丞，其一别在殿中，兼典蘭臺秘書，外督部刺史，内領侍御史，受公卿章奏，糾察百僚。

清・紀昀等《歷代職官表》卷一八《都察院表》引應劭《風俗通》　御史中丞，舊治書侍御史也。

晉・司馬彪《續漢書・百官志・少府》注引蔡質《漢儀》　（御史大夫）丞，故二千石爲之，或遷侍御史高第，執憲中司，朝會獨坐，内掌蘭臺，督諸州刺史，糾察百寮，出爲二千石。

又《輿服志下》注引《東觀書》 御史中丞，治書侍御史，公、將軍長史，中二千石丞、正、平，諸司馬，中官王家僕，雒陽令秩皆千石。

漢·荀悅《漢紀》卷五《孝惠一》 御史大夫，置兩丞：一曰中丞，外督部刺史；一曰內史，掌秘書，受公卿奏事，舉掌劾章。秩皆千石。

宋·李昉等《太平御覽》卷二二五《職官部二三·御史中丞上》引韋昭《辨釋名》 御史中丞，居中丞相者也。辨云：此中丞自御史大夫下丞有二，其一別居殿中，舉不法，故曰中丞。【略】

凡吏秩比二千石以上，皆銀印青綬，光禄大夫無。秩比六百石以上，皆銅印黑綬，大夫、博士、御史、謁者、郎無。其僕射、御史治書、尚符璽者，有印綬。比二百石以上，皆銅印黃綬。

《漢書》卷一下《高祖紀》注引晉灼曰 （御史）中執法，中丞也。

晉·司馬彪《續漢書·百官志三·少府》 御史中丞一人，千石。本注曰：御史大夫之丞也。舊別監御史在殿中，密舉非法。及御史大夫轉爲司空，因別留中，爲御史臺率。後又屬少府。

《宋書》卷四〇《百官志下》 御史丞，一人，掌奏劾不法。時御史大夫有二丞，其一曰御史丞，其二曰御史中丞。殿中蘭臺秘書圖籍在焉，而中丞居之。外督部刺史，內領侍御史，受公卿奏事，舉劾按章。時中丞亦受奏事，然則分有所掌也。成帝綏和元年，更名御史大夫爲大司空，置長史，而中丞官職如故。哀帝建平二年，復爲御史大夫。元壽二年，復爲大司空，而中丞出外爲御史臺主，名御史長史。光武還曰中丞，又屬少府。獻帝時，更置御史大夫，自置長史一人，不復領中丞也。漢東京御史中丞遇尚書丞郎，則中丞止車執版揖，而丞郎坐車舉手禮之而已。不知此制何時省。中丞每月二十五日，繞行宮垣白壁。史臣按《漢志》執金吾每月三繞行宮城，疑是省金吾，以此事併中丞。中丞秩千石。

《晉書》卷二四《職官志》 御史中丞，本秦官也。秦時，御史大夫有二丞，其一御史丞，其一爲中丞。中丞外督部刺史，內領侍御史，受公卿奏事，舉劾按章。漢因之，及成帝綏和元年，更名御史大夫爲大司空，置長史，而中丞官職如故。哀帝建平二年，復爲御史大夫。元壽二年，又爲大司空，而中丞出外爲御史臺主。歷漢東京至晉因其制，以中丞爲臺主。

唐·徐堅《初學記》卷一二《職官部下》 按御史中丞，秦官也，掌貳大夫，漢因之。御史大夫本有兩丞，其一曰御史丞，一曰御史中丞。謂之中者，以其別在殿中，掌蘭臺秘書，外督部刺史，內領侍御史，受公卿章奏，糾察百僚，休有光烈。至成哀間，改大夫爲大司空，而中丞更名御史長史，出外爲臺主。光武復曰中丞，與尚書令、司隸校尉專席而坐，京師號曰『三獨坐』。獻帝權置大夫，而中丞不省。

唐·杜佑《通典》卷二四《職官六·御史臺》 御史中丞，舊持書侍御史也。初，漢宣帝元鳳，中感路温舒尚德緩刑之言，季秋後請讞。時帝幸宣室齋居而決事，令侍御史二人持書，持書御史起於此也。後因別置，冠法冠，有印綬，與符節郎共平廷尉奏事，罪當輕重。後漢亦一人，銅印青綬，選明法律者爲之。凡天下諸讞疑事，掌以法律當其是非。自桓帝之後，無所平理，苟充其位而已。

宋·李昉等《文苑英華》卷七九八《廳壁記二·御史臺·御史中丞廳壁記》 御史亞長曰中丞，二大夫以領其屬。【略】漢儀：大夫副丞相，以備其闕，參惟國綱，鮮臨府事，故中丞專焉。

宋·章如愚《羣書考索續集》卷三六《官制》 漢初，中丞在殿中蘭臺，受公卿奏事，舉劾按章，外督部刺史，內領侍御史。是時，尚書、諸吏等官未置，所謂親近天子而疏決內外以助人主聽斷者，惟此一人而已。武帝以中丞之官不甚周密，於是始置中書，居中受事，又置諸吏居中舉不法。又每詔下，自兩府下九卿，自九卿下郡國，而不由中丞。於是，中丞之官不得居中制事，特不過爲掌治刑獄等官而已，杜周、咸、宣是也。中丞之權既分，則內而侍御史，外而部刺史，其職皆弛而不振，是以武帝末年公卿守令多爲奸猾而皆不能制，於是內置司隸，外置繡衣直指，皆厚其禄，重其權，使之持節擊斷於中都郡縣之間，猶不能勝。蓋不知中丞之職廢而刺史奏尚書事多羣蔽，故侍御史、部刺史皆不得舉其職耳。宣帝懲武帝末年遣使縱橫之弊，一切罷之，復還漢初之制，令丞相遣掾史按事郡國。每事奏上，丞相一一爲披陳之，雖刺史亦不廢，但丞相史之上尤專，是以政事修舉而內外咸稱其職。然猶不知復中丞之權。及元帝

時，石顯用事，而丞相之權去，雖時遣刺史亦無益於治。刺史奏事京師，皆爲石顯壅蔽，於是陳咸爲御史中丞，總領州郡奏事，課第諸刺史，內執法殿中，欲申行總領部刺史奏事之職，卒爲石顯所排，以此見中丞之職久廢而移於中書，一旦欲舉之難矣。成帝欲罷中尚書之職，是時薛宣爲中丞，於是舉奏刺二千石所貶退稱進白黑分明，則中丞居職，其效如此。是以繼此之後，部刺史之權亦行於外，如薛宣所奏其任頗已振矣。

明·彭大翼《山堂肆考》卷六二《臣職·御史大夫·歷代沿革》

《周官》小宰之職，掌建邦之宮刑，即御史中丞之任也。秦時，御史大夫有兩丞，一曰御史丞，一曰中丞，在殿中蘭臺，掌圖籍秘書。漢因之，謂中丞爲中執法。

清·紀昀等《歷代職官表》卷一八《都察院表》 謹案：漢自成帝以後，中丞爲御史臺率，其職實如今之都御史。而治書侍御史二人，掌以法律，當天下奏讞，定其是非，參主臺事，猶其初之有兩丞，則亦當如今副都御史之職也。至御史在漢雖有殿中及留寺之分，然皆歸大夫及中丞統屬，故《尹齊傳》稱齊爲御史事張湯，《董賢傳》稱孔光爲御史大夫時賢父恭爲御史事光，蕭望之至使守史護視家事，而《鮑宣傳》稱宣摧辱丞相，事下御史中丞，侍御史至司隸官欲捕從事云云，蓋亦因中丞承詔治宣獄，故使侍御史往捕，則侍御史之得聽中丞差委，亦槩可見矣。【略】

謹案：《後漢書·馬援傳》稱，馬嚴拜侍御史中丞，當以其爲侍御史之長，故又有此稱也。至中丞督兵討捕盜賊，已見於前漢成帝時。迨東京而其事尤多。范史所載，如馮緄以御史中丞將兵督揚州、九江諸郡軍事；盛修以御史中丞募兵討長沙、零陵賊，不一而足。今督撫之兼都御史、副都御史銜，其制蓋權輿於此矣。

論說

《史記》卷九九《叔孫通傳》（長樂宮置酒）御史執法舉不如儀者輒引去。竟朝置酒，無敢讙譁失禮者。

又 卷一二二《酷吏列傳》（減宣）稍遷至御史及中丞。使治主父偃及治淮南反獄，所以微文深詆，殺者甚衆，稱爲敢決疑。數廢數起，爲御史及中丞者幾二十歲。

《漢書》卷一下《高祖紀》（高祖十一年詔）曰：「【略】賢士大夫有肯從我遊者，吾能尊顯之。布告天下，使明知朕意。御史大夫昌下相國，相國酇侯下諸侯王，御史中執法下郡守，其有意稱明德者，必身勸，爲之駕，遣詣相國府，署行、義、年。有而弗言，覺，免。年老癃病，勿遣。」

又 卷六〇《杜業傳》（孫）宏前爲中丞時，方進爲御史大夫，舉掾隆可侍御史。宏奏隆前奉使欺謾，不宜執法近侍，方進以此怨宏。

又 卷六六《陳咸傳》（陳）萬年死後，元帝擢咸爲御史中丞，總領州郡奏事，課第諸刺史，內執法殿中，公卿以下皆敬憚之。

又 卷七二《龔勝傳》（龔勝）自劾奏與常爭言，洿辱朝廷。事下御史中丞，召詰問，劾奏：「勝吏二千石，常位大夫，皆幸得給事中，與論，議不崇禮，義而居公門下相非恨，疾言辨訟，媠謾亡狀，皆不敬。」制曰：「貶秩各一等。」

又 卷七五《李尋傳》（哀帝）下詔曰：「【略】（夏）賀良等反道惑衆，姦態當窮竟。」皆下獄，光祿勳平當、光祿大夫毛莫如與御史中丞、廷尉雜治，當賀良等執左道，亂朝政，傾覆國家，誣罔主上，不道。賀良等皆伏誅，尋及解光減死一等，徙敦煌郡。

又 卷八三《薛宣傳》（薛宣）以明習文法詔補御史中丞。是時，成帝初即位，宣爲中丞，執法殿中，外總部刺史。【略】宣數言政事便宜，舉奏部刺史郡國二千石，所貶退稱進，白黑分明，繇是知名。

又 卷九〇《酷吏傳·嚴延年》（嚴）延年後復劾大司農田延年持兵干屬車，大司農自訟不干屬車。事下御史中丞，譴責延年何以不移書宮殿門禁止大司農，而令得出入宮。於是覆劾延年闌內罪人，法至死。

宋·李昉等《太平御覽》卷二二五《職官部二三·御史中丞上》引《東觀漢記》 宣秉，建武元年拜御史中丞。上特詔御史中丞與司隸校尉、尚書令會同並專席而坐，故京師號曰「三獨坐」。【略】

樊準字幼陵，爲御史中丞，舉止正法，百僚震悚。

又 引謝承《後漢書》 陳謙字伯讓，拜御史丞，執憲奉法，多所糾正，爲百僚所敬。

又　引《續漢書》　馬嚴字威卿，拜御史中丞，賜冠、幘、衣服、車馬。嚴舉劾案章，申明舊典，奉法案舉，無所迴避，百寮憚之。

《後漢書》卷五《安帝紀》　（永初四年春正月）海賊張伯路復與勃海、平原劇賊劉文河、周文光等攻厭次，殺縣令，遣御史中丞王宗督青州刺史法雄討破之。

又　卷二七《宣秉傳》　（宣秉）拜御史中丞。光武特詔御史中丞與司隸校尉、尚書令會同並專席而坐，京師號曰『三獨坐』。

又　卷七七《酷吏傳・周紆》　（周紆）後爲御史中丞。和帝即位，太傅鄧彪奏紆在任過酷，不宜典司京輦。免歸田里。

又　卷八六《南蠻西南夷傳・板楯蠻夷》　靈帝光和（三）〔二〕年，巴郡板楯復叛，寇掠三蜀及漢中諸郡。靈帝遣御史中丞蕭瑗督益州兵討之，連年不能剋。

御史大夫屬史

綜述

《漢書》卷一九上《百官公卿表》　侍御史有繡衣直指，出討姦猾，治大獄，武帝所制，不常置。【略】監御史，秦官，掌監郡。漢省，丞相遣史分刺州，不常置。【略】秩比六百石以上，皆銅印黑綬，大夫、博士、御史、謁者、郎無。其僕射、御史治書尚符璽者，有印綬。

漢・衛宏《漢官舊儀》卷上　丞相、刺史、侍御史皆稱卿，不得言君。【略】

廷尉正、監、平物故，以御史高第補之。御史少史行事如御史，少史有所爲，卽少史屬得守御史行事如少史，少史秩比六百石。御史少史物故，以功次徵丞相史守。御史少史所代到官視事，得留，罷中二千石詹事、水衡都尉。【略】

丞相史物故，調御史少史守丞相史，若御史少史。監祠寢園廟，調御史少史屬守，不足，丞相少史屬爲倅，事已罷。【略】

元封元年，御史止不復監。後御史職與丞相參增吏員，凡三百四十一人，分爲吏，少史屬亦從同秩補，率取文法吏。【略】

御史，員四十五人，皆六百石。其十五人衣絳，給事殿中爲侍御史。宿廬左右渠門外。二人尚璽，四人持書給事，二人侍前，中丞一人領。餘三十人留寺，理百官也。【略】

大夫初拜，策曰：『惟五鳳三年正月乙巳，御史大夫之官，皇帝延登，親詔之曰：『御史大夫其進，虛受朕言。朕鬱于大道，獲保宗廟，兢兢師師，夙夜思已失，不遑康寧，晝思百姓未能綏。於戲御史大夫，其帥意盡心，以補朕闕。於戲九卿、羣大夫，百官慎哉！不勗於厥職，厥有常辟，往悉乃心，和裕開賢，俾賢能反本乂民，靡諱朕躬。天下之衆，受制於朕，以法爲命，可不慎歟？於戲御史大夫，其誡之。』敕上計丞、長史曰：『詔書數下，佈告郡國，臣下承宣無狀，多不究，百姓不蒙恩被化，守、丞、長史到郡，與二千石力爲民興利除害，務有以安之，稱詔書。有郡國茂材不顯者言上，殘民貪汙煩擾之吏，百姓所苦，務勿任用。方察不稱者也。』

唐・虞世南《北堂書鈔》卷七九《設官部三一・孝廉一百七十七》引《漢舊儀》　武帝元年，令郡國舉孝廉各一人，詣御史。

《漢書》卷六《武帝紀》注引《漢儀注》　御史亦有屬。

又　卷七八《蕭望之傳》注引《漢儀注》　御史大夫史員四十五人，皆六百石，其十五人給事殿中，其餘三十人留守治百事，皆冠法冠。

晉・司馬彪《續漢書・百官志三・少府》注引胡廣曰　孝宣感路温舒言，秋季後請讞。時帝幸宣室，齋居而決事，令侍御史二人治書，御史起此。後因別置，冠法冠，秩百石，有印綬，與符節郎共平廷尉奏事，罪當輕重。

又　注引應劭《風俗通》　尚書、御史臺，皆以官倉頭爲吏，主賦舍。凡守其門户。

唐・杜佑《通典》卷二四《職官六》注引《漢官儀》　侍御史出督州郡盜賊，運漕軍糧，言督糧侍御史。

宋·李昉等《太平御覽》卷二二七《職官部二五·侍御史》引應劭《漢官儀》　侍御史，周官也。爲柱下史，冠一名曰『柱後』，以鐵爲之，言其審固不撓也。或説古有獬豸獸，主觸邪佞，故執憲者以其角形爲冠耳。余覽《秦事》云：『始秦滅楚，以其君冠賜御史。』漢興襲秦，因而不改。

又　引《侍臣下》　侍御史，秦官也。案問有御史，掌邦國都鄙及萬民之治，令以贊冢宰。

晉·司馬彪《續漢書·百官志三·少府》注引蔡質《漢儀》　（侍御史）其二人者更直。執法省中者，皆糾察百官，督州郡。公法府掾屬高第補之。初稱守，滿歲拜眞，出治劇爲刺史、二千石，平遷補令。見中丞，執板揖。【略】

（御史）丞，故二千石爲之，或選侍御史高第，執憲中司，朝會獨坐，內掌蘭臺，督諸州刺史，糾察百僚，出爲二千石。

漢·荀悦《漢紀》卷五《孝惠皇帝紀》　御史大夫，置兩丞：一曰中丞，外督部刺史；一曰內史，掌秘書，受公卿奏事，舉掌劾章。秩皆千石。

晉·司馬彪《續漢書·百官志三·少府》　治書侍御史二人，六百石。本注曰：掌選明法律者爲之。凡天下諸讞疑事，掌以法律當其是非。侍御史十五人，六百石。本注曰：掌察舉非法，受公卿郡吏奏事，有違失舉劾之。凡郊廟之祠及大朝、大封拜，則二人監威儀，有違失則劾奏。【略】

蘭臺令史，六百石。本注曰：掌奏及印工文書。

又　《禮儀志中·拜王公》　拜諸侯王公之儀：百官會，位定，謁者引光祿勳前。謁者引當拜〔者〕前，當坐伏殿下。光祿勳前，一拜，舉手曰：『制詔其以某爲某。』讀策書畢，謁者稱臣某再拜。尚書郎以璽印綬付侍御史。侍御史前，東面立，授璽印綬。王公再拜頓首三下。贊謁者曰：『某王臣某新封，某公某初〔除〕，謝。』中謁者報謹謝。贊者立曰：『謝皇帝爲公興。』〔重坐，受策者拜謝，〕起就位。供賜禮畢。罷。

《宋書》卷四〇《百官志下》　漢宣帝齋居決事，令御史二人治書，因謂之治書御史。漢東京使明法律者爲之，天下讞疑事，則以法律當其是非。【略】

秦置侍御史，漢因之。二漢員並十五人。掌察舉非法，受公卿奏事，有違失者舉劾之。凡有五曹，一曰令曹，掌律令；二曰印曹，掌刻印；三曰供曹，掌齋祠；四曰尉馬曹，掌官廄馬；五曰乘曹，掌護駕。

《晉書》卷二四《職官志》　治書侍御史，案漢宣帝幸宣室齋居而決事，令侍御史二人治書侍側，後因別置，謂之治書侍御史，蓋其始也。【略】

符節御史，秦符璽令之職也。漢因之，位次御史中丞。

唐·李林甫等《唐六典》卷一三《御史臺》　侍御史掌糾舉百寮，推鞫獄訟。【略】凡有制敕付臺推者，則按其實狀以奏；若尋常之獄，推訖，斷於大理。凡事非大夫、中丞所劾而合彈奏者，則具其事爲狀，大夫、中丞押奏。大事則冠法冠，衣朱衣，纁裳，白紗中單以彈之，小事，常服而已。

唐·杜佑《通典》卷二四《職官六·御史臺》　惠帝初遣御史監三輔郡，其後又置監御史。【略】

侍御史，於周爲柱下史，老聃嘗爲之。秦時，張蒼爲御史，主柱下方書，亦其任也。又云蒼爲柱下御史，明習天下圖書計籍。一名柱後史，謂以鐵爲柱，言其審固不橈也。亦爲侍御史。漢因之，凡十五員。侍御史，御史大夫自調更告入歸官，比丞相掾史，史白録。惠帝初，遣御史監三輔郡，其後又置監御史。其舉郡國孝廉第四科云：『有能按章覆問，文中御史。』武帝時，侍御史又有繡衣直指者，出討姦猾，理大獄，而不常置。後漢亦有侍御史員，察舉非法，受公卿郡吏奏事，有違失舉劾之。凡郊廟之祀及大朝會、大封拜，則一人監威儀，有違失則劾奏。以公府掾屬高第補之，或故牧守、議郎、郎中爲之，唯德所在。初上稱守，滿歲拜眞，出劇爲刺史、二千石，平遷補縣令。見中丞，執板揖。順帝復絶他選，專用宰士，有三缺，三府各一，舉劾案章，事無大小，尚書受成而已，威烈赫奕，莫之敢犯。眞御史守中丞、持書，服其冠紱，上事言守，關移稱眞。又按二漢侍御史所掌凡有五曹：一曰令曹，二曰印曹，三曰供曹，四曰尉馬曹，五曰乘曹。豹尾之內，便爲禁省。【略】

漢有御史主簿。

又 卷二六《職官八・秘書監》 漢之蘭臺及後漢東觀，皆藏書之室，亦著述之所。多當時文學之士，使讐校於其中，故有校書之職。後於蘭臺置令史十八人，又選他官入東觀，皆令典校秘書，或撰述傳記，蓋有校書之任，而未爲官也。

明・彭大翼《山堂肆考》卷六二《臣職・御史大夫・歷代沿革》 御史大夫，秦官也，爲御史之率，故稱大夫。漢因之，掌副丞相，九卿高第者拜之。成帝改曰大司空。哀帝復爲御史大夫，尋復改爲大司空。

清・顧炎武《日知録》卷二四《主簿》 《周禮》『司會』註：『主計會之簿書。』疏云：『簿書者，古有簡策以記事，若在君前，以笏記事。後代用簿，簿，今手版。故云吏當持簿，簿則簿書也。』漢御史臺有此官，御史大夫張忠署孫寶爲主簿。而魏、晉以下，則寺監以及州郡並多有之。杜氏《通典》『州佐』條下云：『主簿一人，録門下衆事，省署文書，漢制也。歷代至隋皆有。』又引『晉習鑿齒爲桓温荆州主簿，親遇深密，時人語曰：「徒三十年看儒書，不如一詣習主簿。」』在當時爲要職。

清・紀昀等《歷代職官表》卷一八《都察院表》 謹案：御史出使，至西漢而漸多，如繡衣直指監郡、督運、監軍之類，皆以事專行，正如今巡漕、巡察諸差之比。其他隨時奉遣者，尚屢見於史，如：《食貨志》載，分遣御史，即治郡國緡錢；《宣帝紀》載，黄龍元年，詔御史察計簿；《霍光傳》載，侍御史五人持節護喪事，皆非常例。而收縛罪人，亦多以侍御史爲之。蓋因其給事殿中，職居親近，故事之重且急者，往往使之銜命耳。又：《叔孫通傳》載，長樂宮置酒，御史執法舉不如儀者輒引去，無敢讙譁失禮者，則又今糾儀之職所自始矣。

論　説

《史記》卷九六《張丞相列傳》 張丞相蒼者，陽武人也。好書律曆。秦時爲御史，主柱下方書。**【略】**

趙堯年少，爲符璽御史。**【略】**

（匡衡）補平原文學卒史。數年，郡不尊敬。御史徵之，以補百石屬

薦爲郎，而補博士，拜爲太子少傅，而事孝元帝。

又 卷一二二《酷吏列傳》 趙禹者，斄人。**【略】** 今上時，禹以刀筆吏積勞，稍遷爲御史。上以爲能，至太中大夫。

《漢書》卷六《武帝紀》 （元封元年春正月）詔曰：『**【略】** 翌日親登崇嵩，御史乘屬、在廟旁吏卒咸聞呼萬歲者三。』

又 卷八《宣帝紀》 （五鳳四年）夏四月辛丑晦，日有蝕之。詔曰：『皇天見異，以戒朕躬，是朕之不逮，吏之不稱也。以前使者問民所疾苦，復遣丞相、御史掾二十四人循行天下，舉冤獄，察擅爲苛禁深刻不改者。』

又 卷一九下《百官公卿表》 符璽御史趙堯爲御史大夫，十年免。

又 卷二四上《食貨志》 御史大夫蕭望之奏言：『故御史屬徐宫家在東萊，言往年加海租，魚不出。』

又 卷四五《江充傳》 （江充）爲直指繡衣使者，督三輔盜賊，禁察踰侈，貴戚近臣多奢僭，充皆舉劾，奏請没入車馬，令身待北軍擊匈奴。

又 卷六七《胡建傳》 時監軍御史爲姦，穿北軍壘垣以爲賈區，建欲誅之，乃約其走卒曰：『我欲與公有所誅，吾言取之則取，斬之則斬。』於是當選士馬日，監御史與護軍諸校列坐堂皇上。

又 卷七一《于定國傳》 （于）定國少學法於父，父死，後定國亦爲獄史，郡決曹，補廷尉史，以選與御史中丞從事治反者獄，以材高舉侍御史，遷御史中丞。

又 卷七二《鮑宣傳》 （鮑宣）爲議郎，後以病去。哀帝初，大司空何武除宣爲西曹掾，甚敬重焉，薦宣爲諫大夫，遷豫州牧。

又 卷七七《孫寶傳》 孫寶字子嚴，潁川鄢陵人也，以明經爲郡吏。御史大夫張忠辟寶爲屬，欲令授子經，更爲除舍，設儲偫。寶自劾去，忠固還之，心内不平。後署寶主簿，寶徙入舍，祭竈請比鄰。忠陰察，怪之，使所親問寶：『前大夫爲君設除大舍，子自劾去者，欲爲高節也。今兩府高士俗不爲主簿，子既爲之，徙舍甚説，何前後不相副也？』寶曰：『高士不爲主簿，而大夫君以寶爲可，一府莫言非，士安得獨自高？前日君男欲學文，而移寶自近。禮有來學，義無往教；道不可詘，

身詘何傷？且不遭者可無不爲，況主簿乎！忠聞之，甚慙，上書薦寶經明質直，宜備近臣。

又　卷九四上《匈奴傳》　祁連將軍出塞千六百里，至雞秩山，斬首捕虜十九級，獲牛馬羊百餘。逢漢使匈奴還者冉弘等，言雞秩山西有虜衆，祁連卽戒弘，使言無虜，欲還兵。御史屬公孫益壽諫，以爲不可。

又　卷九八《元后傳》　（王）賀，字翁孺。爲武帝繡衣御史，逐捕魏郡羣盜堅盧等黨與，及吏畏懦逗遛當坐者，翁孺皆縱不誅。它部御史暴勝之等奏殺二千石，誅千石以下，及通行飲食坐連及者，大部至斬萬餘人。

宋·李昉等《太平御覽》卷二二七《職官部二五·侍御史》引《東觀漢記》　陳寵，曾祖父咸哀平間以明律爲侍御史。王莽篡位，與子相將歸鄉里，閉門不出，乃收家中律令、文書壁藏之，以俟聖王。咸常戒子孫爲人議法當依輕，雖有百金之利，無與人重。

又　引《續後漢書》　种暠字景伯。順帝時爲侍御史。監護太子承光宮。中常侍高梵受敕迎太子。不齎詔書。以衣車載太子欲出。太子太傅高褒不知所以。力不能止。開門臨去、暠至，橫劍當車曰：『御史受詔監護太子。太子國之儲副，人命所繫。常侍來，無一尺詔書，安知非挾姦耶？今日之事，有死而已。』梵不敢爭。【略】

張綱字文紀，遷侍御史。漢初，遣八使巡行風俗，八使同日拜，謂之八彦，皆宿儒要位，唯綱年少官微，受命各之所部，而綱獨埋車輪於洛陽都亭，曰：『豺狼當路，安問狐狸？』遂奏大將軍梁冀兄弟罪惡，京師震悚。

《後漢書》卷二一《李恂傳》　（李恂）拜侍御史，持節使幽州，宣布恩澤，慰撫北狄，所過皆圖寫山川、屯田、聚落百餘卷，悉封奏上，肅宗嘉之。拜兖州刺史。

又　卷二七《杜林傳》　（杜林）初爲郡吏。王莽敗，盜賊起，林與弟成及同郡范逡、孟冀等，將細弱俱客河西。【略】光武聞林已還三輔，乃徵拜侍御史，引見，問以經書、故舊及西州事，甚悅之，賜車馬衣被。

又　卷三一《杜詩傳》　（杜詩）爲侍御史，安集洛陽。時將軍蕭廣放縱兵士，暴橫民間，百姓惶擾，詩敕曉不改，遂格殺廣，還以狀聞。世祖召見，賜以棨戟，復使之河東，誅降逆賊楊異等。詩到大陽，聞賊規欲北度，乃與長史急焚其船，部勒郡兵，將突騎趁擊，斬異等，賊遂翦滅。拜成皋令。

又　卷三七《桓典傳》　（桓典）拜侍御史。是時宦官秉權，典執政無所回避。常乘驄馬，京師畏憚，爲之語曰：『行行且止，避驄馬御史。』及黄巾賊起滎陽，典奉使督軍。賊破，還，以牾宦官賞不行。在御史七年不調，後出爲郎。

又　卷五四《楊秉傳》　（楊）秉字叔節，少傳父業，兼明《京氏易》，博通書傳，常隱居教授。年四十餘，乃應司空辟，拜侍御史。頻出爲豫、荆、徐、兖四州刺史，遷任城相。

又　卷六七《陳翔傳》　（陳翔）拜侍御史。時正旦朝賀，大將軍梁冀威儀不整，翔奏冀恃貴不敬，請收案罪，時人奇之。

又　卷八一《獨行傳·譙玄》　（譙玄）爲繡衣使者，持節，與太僕任惲等分行天下，觀覽風俗，所至專行誅賞。

雜録

漢·衛宏《漢官舊儀》　大夫見孝廉、上計丞、長史，皆放官司馬門外，比丞相掾史白録。【略】

御史、衛尉寺在宫中，亦不鼓。【略】

丞相、刺史、侍御史，皆稱卿，不得言君。

南朝宋·裴駰《史記集解》卷一一八《淮南衡山列傳》引蔡邕曰：　法冠，楚王冠也。秦滅楚，以其君冠賜御史。

清·紀昀等《歷代職官表》卷一八《都察院表》　謹案：漢御史臺主簿及掾，當如今之經歷都事等官，而御史屬獨不詳其秩位。考《匈奴傳》載祁連欲引兵還，御史屬公孫益壽諫以爲不可，擢益壽侍御史，是其職亦當與掾相近。蓋是時田廣明以御史大夫爲祁連將軍，故得以其屬行，其言御史屬者，乃御史大夫之屬，非侍御史也。《漢書》所云丞相御史及制詔御史者，皆指御史大夫，史家省文往往如是耳。【略】

謹案：漢自成帝以後，中丞爲御史臺率，其職實如今之都御史。而治書侍御史二人，掌以法律，當天下奏讞，定其是非，參主臺事，猶其初之有兩丞，則亦當如今副都御史之職也。至御史在漢，雖有殿中及留寺之分，然皆歸大夫及中丞統屬，故《尹齊傳》稱齊爲御史事張湯，《董賢傳》稱孔光爲御史大夫時賢父恭爲御史事光，蕭望之至使守史護視家事，而《鮑宣傳》稱宣摧辱丞相，事下御史中丞，侍御史至司隸官，欲捕從事云云，蓋亦因中丞承詔治宣獄，故使侍御史往捕，則侍御史之得聽中丞差委，亦槩可見矣。

中央事務機構部

宗正分部

綜　述

《漢書》卷一九上《百官公卿表》　宗正，秦官，掌親屬，有丞。平帝元始四年更名宗伯，屬官有都司空令丞，內官長丞。又諸公主家令、門尉皆屬焉。王莽并其官於秩宗。初，內官屬少府，中屬主爵，後屬宗正。

《後漢書》卷五《安帝紀》注引《漢官儀》　宗正卿，秩中二千石。

晉・司馬彪《續漢書・百官志三・宗正》注引《漢官》　（宗正）員吏四十一人，其六人四科，一人二百石，四人百石，三人佐，六人騎吏，二人法家，十八人學事，一人官醫。

又　《百官志一》　宗正，卿一人，中二千石。本注曰：掌序録王國嫡庶之次，及諸宗室親屬遠近，郡國歲因計上宗室名籍。若有犯法當髡以上，先上諸宗正，宗正以聞，乃報決。

論　說

《漢書》卷一下《高帝紀》　（高帝七年）置宗正（宮）〔官〕以序九族。

又　卷一九上《百官公卿表》　宗正，秦官，掌親屬，有丞。平帝元始四年更名宗伯，屬官有都司空令丞，內官長丞。又諸公主家令、門尉皆屬焉。王莽并其官於秩宗。初，內官屬少府，中屬主爵，後屬宗正。

又　卷二七中之下《五行志》　鴻嘉二年三月，博士行大射禮，有飛雉集於庭，歷階登堂而雊。後雉又集太常、宗正、丞相、御史大夫、大司馬車騎將軍之府。

又　卷三六《楚元王傳》　高后時，以元王子郢客爲宗正，封上邳侯。元王立二十三年薨，太子辟非先卒，文帝乃以宗正上邳侯郢客嗣，是爲夷王。【略】

（劉）辟强爲光禄大夫，守長樂衛尉，時年已八十矣。徙爲宗正，數月卒。【略】

（劉）德字路叔（少），修黄老術，有智略。【略】昭帝初，爲宗正丞，雜治劉澤詔獄。父爲宗正，徙大鴻臚丞，遷太中大夫，後復爲宗正，雜案上官氏、蓋主事。德常持《老子》『知足』之計。【略】歲餘，復爲宗正，與立宣帝，以定策賜爵關内侯。地節中，以親親行謹厚封爲陽城侯。【略】

元帝初即位，太傅蕭望之爲前將軍，少傅周堪爲諸吏光禄大夫，皆領尚書事，甚見尊任，更生年少於望之、堪，然二人重之，薦更生宗室忠直，明經有行，擢爲散騎宗正給事中，與侍中金敞拾遺於左右。

又　卷四四《衡山王劉賜傳》　衡山王賜，淮南王弟，當坐收。【略】丞相弘、廷尉湯等以聞，上使宗正以符節治王。【略】

元狩元年冬，有司求捕與淮南王謀反者，得陳喜於孝家。【略】公卿請遣宗正、大行與沛郡雜治王。

唐・虞世南《北堂書鈔》卷五三《設官部五・宗正一八》引《東觀漢記・劉平傳》　劉平，字公子，以仁孝著聞，永平三年爲宗正。

宋・李昉等《太平御覽》卷二三〇《職官部二八・宗正卿》引《東觀漢記・劉般傳》　劉般字伯興，遣宗正，在朝廷竭忠盡節，勤身憂國，夙夜不怠，數納嘉謀，州郡便宜，清淨畏慎，受職修治，振施宗族。

《後漢書》卷四《和帝紀》　（永元四年）冬十月己亥，宗正劉方爲司空。

又　卷五《安帝紀》　（延光元年）五月庚戌，宗正彭城劉授爲司空。

又　卷六《順帝紀》　（永建四年）十二月乙卯，宗正劉崎爲司徒。

又　卷八《靈帝紀》　（建寧元年）八月，司空王暢免，宗正劉寵爲司空。

又　卷二五《劉寬傳》　劉寬字文饒，弘農華陰人也。【略】靈帝初，徵拜太中大夫，侍講華光殿。遷侍中，賜衣一襲。轉屯騎校尉，遷宗正，轉光禄勳。

又　卷三七《桓榮傳》　劉猛，琅邪人。桓帝時爲宗正，直道不容，自免歸家。靈帝即位，太傅陳蕃、大將軍竇武輔政，復徵用之。

又　卷六七《黨錮傳・劉祐》　（劉祐）爲河南尹，轉司隸校尉。【略】拜宗正，三轉大司農。

又　卷七三《劉虞傳》　（幽州刺史劉虞）公事去官。中平初，黄巾作亂，攻破冀州諸郡，拜虞甘陵相，綏撫荒餘，以蔬儉率下。遷宗正。

又　卷七五《劉焉傳》　（劉）焉少任州郡，以宗室拜郎中。【略】舉賢良方正，稍遷南陽太守、宗正、太常。

又　卷七六《循吏傳・劉矩》　（劉矩）爲尚書令，遷宗正、太常。

又　《劉寵傳》　劉寵字祖榮，東萊牟平人，齊悼惠王之後也。【略】轉爲宗正、大鴻臚。延熹四年，代黄瓊爲司空，以陰霧愆陽免。頃之，拜將作大匠，復爲宗正。建寧元年，代王暢爲司空，頻遷司徒、太尉。

又　卷七九上《儒林傳・劉昆》　（劉昆）子軼，字君文，傳昆業，門徒亦盛。【略】建初中，稍遷宗正，卒官，遂世掌宗正焉。

又　卷八〇上《文苑傳・劉珍》　（劉珍）遷侍中、越騎校尉。延光四年，拜宗正。明年，轉衛尉，卒官。

唐・司馬貞《史記索隱》卷六〇《三王世家》　宗正，官名，必以宗室有德者爲之。

唐・張守節《史記正義》卷一〇《孝文本紀》　漢置九卿，【略】七曰宗正，八曰大司農，九曰少府，是爲九卿也。

唐・李林甫等《唐六典》卷一六《宗正寺》　宗正卿之職，掌皇九族、六親之屬籍，以別昭穆之序，紀親疏之列，并領崇玄署；少卿爲之貳。

太僕分部

綜述

《漢書》卷一九上《百官公卿表》　太僕，秦官，掌輿馬，有兩丞。屬官有大廄、未央、家馬三令，各五丞一尉。又車府、路軨、騎馬、駿馬四令丞；又龍馬、閑駒、橐泉、騊駼、承華五監長丞；又邊郡六牧師菀令，各三丞；又牧橐、昆蹏令丞皆屬焉。中太僕掌皇太后輿馬，不常置也。武帝太初元年更名家馬爲挏馬，初置路軨。

晉・司馬彪《續漢書・百官志二・太僕》引《漢官》　（太僕）員吏七十人，其七人四科，一人二百石，文學八人百石，六人斗食，七人佐，六人騎吏，三人假佐，三十一人學事，一人官醫。【略】

太僕，卿一人，中二千石。本注曰：掌車馬。天子每出，奏駕上鹵簿，用大駕則執馭。丞一人，比千石。

論説

《漢書》卷四一《夏侯嬰傳》　（夏侯）嬰自上初起沛，常爲太僕從，竟高祖崩。以太僕事惠帝。惠帝及高后德嬰之脱孝惠、魯元於下邑間也，乃賜嬰北第第一，曰『近我』，以尊異之。惠帝崩，以太僕事高后。

高后崩，代王之來，嬰以太僕與東牟侯入清宮，廢少帝，以天子法駕迎代王代邸，與大臣共立文帝，復爲太僕。八歲薨，謚曰文侯。

又　卷四六《石奮傳》　（石）慶爲太僕，御出，上問車中幾馬，慶以策數馬畢，舉手曰：『六馬。』慶於兄弟最爲簡易矣，然猶如此。出爲齊相，齊國慕其家行，不治而齊國大治，爲立石相祠。

又　卷六六《公孫敬聲傳》　（公孫）代石慶爲丞相，封葛繹侯。【略】賀子敬聲，代賀爲太僕，父子並居公卿位。

又　卷五《景帝紀》注引《漢儀注》　太僕牧師諸苑三十六所，分布北邊、西邊。以郎爲苑監，官奴婢三萬人，養馬三十萬匹。

宋·李昉等《太平御覽》卷二三〇《職官二八·太僕卿》引《東觀漢記》　祭彤膂力過人，常貫三百斤弓，馬爲太僕；從帝過孔子講堂，帝指子路室曰：『太僕，吾之禦侮也。』

又　引《續漢書》　趙岐字臺卿，獻帝以爲太僕，持節安慰天下。

《後漢書》卷二〇《祭彤傳》　（祭彤）爲太僕。彤在遼東幾三十年，衣無兼副。顯宗既嘉其功，又美彤清約，拜日，賜錢一百萬，馬三匹，衣被刀劍下至居屋什物，大小無不悉備。

唐·李林甫等《唐六典》卷一七《太僕寺》　太僕卿之職，掌邦國廄牧、車輿之政令，總乘黃、典廄、典牧、車府四署及諸監、牧之官屬；少卿爲之貳。凡國有大禮、大駕行幸，則供其五輅屬車之屬。

太常分部

綜述

《張家山漢墓竹簡·二年律令·秩律》　漢郎中、奉常，秩各二千石。

《漢書》卷一九上《百官公卿表》　奉常，秦官，掌宗廟禮儀，有丞。景帝中六年更名太常。【略】王莽改太常曰秩宗。

唐·虞世南《北堂書鈔》卷五三《設官部》引《漢官解詁》　太常，社稷郊畤，事重職尊，故在九卿之首。

《漢書》卷七《昭帝紀》注引應劭曰　太常掌諸陵園，皆徙天下豪富民以充實之，後悉爲縣，故與三輔同賦。

《後漢書》卷一上《光武帝紀》注引應劭《漢官儀》　欲令國家盛大，社稷常存，故稱太常。

唐·歐陽詢等《藝文類聚》卷四九《職官部五》注引《漢官典職》　惠帝政太常爲奉常，景帝復爲太常，蓋周官宗伯也。

《漢書》卷二四《食貨志》注引蘇林曰　太常主諸陵，有民，故亦課田種也。

又　卷七《昭帝紀》注引如淳曰　《百官表》太常主諸陵，別治其縣，爵秩如三輔郡矣。元帝永光五年，令各屬在所郡也。

又　卷一九上《百官公卿表》注　太常，王者旌旗也，畫日月焉，王有大事則建以行，禮官主奉持之，故曰奉常也。後改曰太常，尊大之（儀）［義］也。

唐·張守節《史記正義》卷一〇《孝文本紀》　漢置九卿，一曰太常。

論說

《史記》卷九九《劉敬叔孫通傳》　（高帝）拜叔孫通爲太常，賜金五百斤。【略】

高帝崩，孝惠卽位，乃謂叔孫生曰：『先帝園陵寢廟，羣臣莫（能）習。』徙爲太常，定宗廟儀法。及稍定漢諸儀法，皆叔孫生爲太常所論著也。

《漢書》卷三六《楚元王傳》　（劉德）傳至孫慶忌，復爲宗正太常。薨，子岑嗣，爲諸曹中郎將，列校尉，至太常。

又　卷六〇《杜緩傳》　（杜緩）父延年薨，徵視喪事，拜爲太常，治諸陵縣。

《後漢書》卷六三《李固傳》注引《謝承書》　（趙戒）徵拜爲尚書令，出爲河南尹，轉拜太常。永和六年特拜司空。

又　卷一四《城陽恭王祉傳》　更始立，以（劉）祉爲太常將軍，紹封春陵侯。

又　卷一八《陳俊傳》　更始立，以宗室劉嘉爲太常將軍。

又　卷二一《邳彤傳》　（邳彤）行大司空事。帝入洛陽，拜彤太常，月餘日轉少府，是年免。

又　卷二六《韋彪傳》　（韋）彪孝行純至，父母卒，哀毁三年，不出廬寢。服竟，羸瘠骨立異形，醫療數年乃起。好學洽聞，雅稱儒宗。建武末，舉孝廉，除郎中，以病免，復歸教授。安貧樂道，恬於進趣，三輔諸儒莫不慕仰之。

顯宗聞彪名，永平六年，召拜謁者，賜以車馬衣服，三遷魏郡太守。肅宗即位，以病免。徵爲左中郎將、長樂衛尉，數陳政術，每歸寬厚。比上疏乞骸骨，拜爲奉車都尉，秩中二千石，賞賜恩寵，侔於親戚。

建初七年，車駕西巡狩，以彪行太常從，數召入，問以三輔舊事，禮儀風俗。

又　卷二七《趙典傳》　（趙典）轉太僕，遷太常。

又　三一《羊續傳》　（中平）六年，靈帝欲以續爲太尉。時拜三公者，皆輸東園禮錢千萬，令中使督之，名爲『左騶』。其所之往，輒迎致禮敬，厚加贈賂。續乃坐使人於單席，舉緼袍以示之，曰：『臣之所資，惟斯而已。』左騶白之，帝不悦，以此故不登公位。而徵爲太常。

又　卷三七《桓焉傳》　（桓焉）拜光禄大夫，遷太常。【略】

（桓焉）代來歷爲大鴻臚，數日，遷爲太常。

又　卷三八《馮緄傳》　（馮緄）徵拜京兆尹，轉司隸校尉，所在立威刑。遷廷尉、太常。

又　卷四四《胡廣傳》　（胡廣）以特進徵拜太常，遷太尉，以日食免。復爲太常，拜太尉。【略】

（胡廣）拜太中大夫、太常。（延熹）九年，復拜司徒。

又　卷四八《徐璆傳》　（徐璆）拜太常，使持節拜曹操爲丞相。

又　卷五四《楊秉傳》　（楊秉）拜太僕，遷太常。

又　《楊彪傳》　（楊彪）拜光禄大夫。十餘日，遷大鴻臚。從入關，轉少府、太常，以病免。復爲京兆尹、光禄勳，再遷光禄大夫。三年秋，代淳于嘉爲司空，以地震免。復拜太常。

又　卷五六《种拂傳》　（种拂）代荀爽爲司空。明年，以地震策免，復爲太常。

又　卷六一《黄瓊傳》　（黄瓊）出爲魏郡太守，稍遷太常。

又　卷七五《劉焉傳》　（劉焉）遷南陽太守、宗正、太常。

又　卷七六《循吏傳·劉矩》　（劉矩）補從事中郎，復爲尚書令，遷宗正、太常。

又　卷八二上《方術傳·李郃》　（李）郃歲中舉孝廉，五遷尚書令，又拜太常。

雜録

《漢書》卷一九上《百官公卿表》　自太常至執金吾，秩皆中二千石，丞皆千石。

《史記》卷一〇一《袁盎鼂錯傳》　（鼂錯）以文學爲太常掌故。

又　卷一一二《平津侯主父傳》　國人固推弘，弘至太常。太常令所徵儒士各對策，百餘人，弘第居下。

宋·李昉等《太平御覽》卷二二八卷《職官部二六·太常卿》引衛宏曰　太常主導贊助祭，皆平冕七旒，玄上纁下，華蟲七章。漢陵屬三輔，太常月一行。

《漢書》卷一九上《百官公卿表》　（奉常）屬官有太樂、太祝、太宰、太史、太卜、太醫六令丞，又均官、都水兩長丞，又諸廟寢園食官令長丞，有雍太宰、太祝令丞，五畤各一尉。又博士及諸陵縣皆屬焉。

又　卷六四《終軍傳》　元鼎中，博士徐偃使行風俗。偃矯制，使膠東、魯國鼓鑄鹽鐵，還，奏事，徙爲太常丞。

又　卷七九《馮奉世傳》　奉世長子譚，太常舉孝廉爲郎，功次補天水司馬。【略】

太常察孝廉爲郎，補謁者。

又　卷八一《匡衡傳》　（匡）衡射策甲科，以不應令除爲太常掌故，調補平原文學。

又　卷八三《朱博傳》　時諸陵縣屬太常，博乙太常掾察廉，補安陵丞。

又　卷八五《谷永傳》　建昭中，御史大夫繁延壽聞其有茂材，除補屬，舉爲太常丞，數上疏言得失。【略】

建始三年冬，日食地震同日俱發，詔舉方正直言極諫之士，太常陽城侯劉慶忌舉永待詔公車。

又　卷七八《蕭望之傳》注引如淳曰　令郡國官有好文學敬長肅政教者，二千石奏上，與計偕，詣太常受業如弟子也。

《後漢書》卷四四《徐防傳》注引《漢官》　太常差選有聰明威重一人爲祭酒，總領綱紀也。

又　卷二五《百官志二·太常》注引《漢官》　太常員吏八十五人，其十二人四科，十五人佐，五人假佐，十三人百石，十五人騎吏，九人學事，十六人守學事。

《後漢書》卷九五《禮儀志中·請雨》注引《漢舊儀》　求雨，太常禱天地、宗廟、社稷、山川以賽，各如其常牢，禮也。

南朝宋·裴駰《史記集解》卷一〇一引《漢舊儀》　太常博士弟子試射策，中甲科補郎，中乙科補掌故。

唐·李林甫等《唐六典》卷一四《太常寺》引《漢官儀鹵簿篇》　太常駕四馬，主簿前車八乘，有鈴下、侍閤、辟車、騎吏、五百等員。

《後漢書》卷三《章帝紀》　（建初四年）下太常，將、大夫、博士、議郎、郎官及諸生、諸儒會白虎觀，講議《五經》同異。

又　卷一〇下《皇后紀·靈思何皇后紀》　董卓令帝出奉常亭舉哀，公卿皆白衣會，不成喪也。

又　卷七九上《儒林傳·序》　於是立《五經》博士，各以家法教授，【略】凡十四博士，太常差次總領焉。

《漢書》卷九《元帝紀》注　先是諸陵總屬太常，今各依其地界屬三輔。

《後漢書》卷四《和帝紀》注　武帝時置博士弟子，太常擇人年十八以上，儀狀端正者補焉。

唐·司馬貞《史記索隱》卷一八《高祖功臣侯者年表》　孔藂云：

『臧歷位九卿，爲御史大夫，辭曰：「臣經學，乞爲太常典禮。臣家業與安國，綱紀古訓。」武帝難違其意，遂拜太常典禮，賜如三公。』

又　卷六〇《三王世家》　太常具禮，請立齊燕，閎國負海，旦社惟玄。

將作大匠分部

綜　述

《漢書》卷一九上《百官公卿表》　將作少府，秦官，掌治宮室，有兩丞、左右中侯。景帝中六年更名將作大匠。屬官有石庫、東園主章、左右前後中校七令丞，主章長丞。武帝太初元年更名東園主章爲木工。成帝陽朔三年省中候及左右前後中校五丞。

晉·司馬彪《續漢書·百官志四·將作大匠》注引蔡質《漢儀》　（將作大匠）位次河南尹，光武中元二年省，謁者領之，章帝建初元年復置。

又　注引《東觀書》　大長秋、將作大匠、度遼諸將軍、郡太守、國傅相皆秩二千石。【略】

將作大匠一人，二千石。本注曰：承秦，曰將作少府，景帝改爲將作大匠。掌修作宗廟、路寢、宮室、陵園木土之功，并樹桐梓之類列于道側。丞一人，六百石。

宋·李昉等《太平御覽》卷二二八《職官部》二六《敘卿》引韋昭《辨釋名》　漢置十二卿：【略】十二曰將作大匠。

《宋書》卷三九《百官志上》　將作大匠，一人。丞一人。掌土木之役。秦世置將作少府，漢因之。景帝中六年，更名將作大匠。光武二年省，以謁者領之。章帝建初元年復置。

雜録

《史記》卷一一《孝景本紀》（孝景中六年）更命廷尉爲大理，將作少府爲將作大匠。

《漢書》卷七〇《陳湯傳》（陳）湯與將作大匠解萬年相善。【略】成帝起初陵，數年後，樂霸陵曲亭南，更營之。萬年與湯議，以爲『武帝時工楊光以所作數可意自致將作大匠，及大司農中丞耿壽昌造杜陵賜爵關内侯，將作大匠乘馬延年以勞苦秩中二千石。今作初陵而營起邑居，成大功，萬年亦當蒙重賞。』

《後漢書》卷二一《任隗傳》（任）隗字仲和，少好黄老，清靜寡欲，所得奉秩，常以賑卹宗族，收養孤寡。顯宗聞之，擢奉朝請，遷羽林左監、虎賁中郎將，又遷長水校尉。肅宗即位，雅相敬愛，數稱其行，以爲將作大匠。將作大匠自建武以來常謁者兼之，至隗乃置真焉。建初五年，遷太僕，八年，代竇固爲光禄勳，所歷皆有稱。

又　卷二三《竇融傳》（竇融）代陰興行衛尉事，特進如故，又兼領將作大匠。

顧問諮詢機構部

諸大夫分部

綜述

《漢書》卷一九上《百官公卿表》（光禄勳）屬官有大夫、郎、謁者，皆秦官。【略】

大夫掌論議，有太中大夫、中大夫、諫大夫，皆無員，多至數十人。武帝元狩五年初置諫大夫，秩比八百石，太初元年更名中大夫爲光禄大夫，秩比二千石，太中大夫秩比千石如故。【略】

凡吏秩比二千石以上，皆銀印青綬，光禄大夫無。秩比六百石以上，皆銅印黑綬，大夫、博士、御史、謁者、郎無。其僕射、御史治書、尚符璽者，有印綬。

漢・王符《潛夫論》卷二《考績第七》（大夫）以言語爲職，諫諍爲官。

宋・李昉等《太平御覽》卷二四三《職官部》四一《光禄大夫》引《漢官解詁》　武帝以中大夫爲光禄大夫，與博士俱以儒雅之選。

晉・司馬彪《續漢書・百官志二・光禄勳》劉昭注引胡廣曰　光禄大夫本爲中大夫，武帝元狩五年置諫大夫爲光禄大夫，世祖中興，以爲諫議大夫。又有太中、中散大夫。此四等於古皆爲天子之下大夫，視列國之上卿。

唐・杜佑《通典》卷三四《職官》一六《文散官・光禄大夫以下》引胡廣云　諫議、光禄、太中、中散大夫，此四等於古禮皆天子之下大夫、列國之上卿。

晉・司馬彪《續漢書・百官志二・光禄勳》劉昭注引《漢官》（光禄大夫）三人。【略】

（太中大夫）二十人，秩比二千石。【略】

（中散大夫）二十人，秩比二千石。【略】

（諫議大夫）三十人。

唐・虞世南《北堂書鈔》卷五六《設官部八・大夫總》引《漢官儀》　天子廿七大夫，職在言議，毗亮九卿。【略】

登高能作賦者，可以爲大夫。【略】

感物造端，才知深美，可與國事，故舉爲列大夫。

晉・司馬彪《續漢書・百官志二・光禄勳》　光禄大夫，比二千石。本注曰：無員。凡大夫、議郎皆掌顧問應對，無常事，唯詔令所使。凡諸國嗣之喪，則光禄大夫掌弔。

太中大夫，千石。本注曰：無員。

中散大夫，六百石。本注曰：無員。

諫議大夫，六百石。本注曰：無員。

唐・杜佑《通典》卷三四《職官》一六《文散官・光禄大夫以下》

秦時，光禄勳屬官有中大夫。漢武帝太初元年，更名光禄大夫。銀章青綬。掌議論，屬光禄勳。門外特施行馬，以旌别之。無常事，唯顧問應對，詔命所使，無員。後漢光禄大夫三人。【略】

太中大夫，秦官，亦掌論議。漢因之。後漢置二十人。【略】

中散大夫，王莽所置。後漢因之，後置三十人。

元・王惲《玉堂嘉話》卷六《漢集議》 漢置大夫專掌議論事，苟疑似未決，合中朝之士雜議之。自兩府大臣以下至博士、議郎，皆得議之，不嫌於卑抗尊也。如呼韓邪單于款塞卒用郎中侯應之策，朱博得罪議獄者五十八人，王嘉得罪議獄者六十人，故曰：漢集議有公天下之心。

論 説

《漢書》卷九《元帝紀》 （初元元年）夏四月，詔曰：『【略】方田作時，朕憂蒸庶之失業，臨遣光禄大夫褒等十二人循行天下，存問耆老鰥寡孤獨困乏失職之民，延登賢俊，招顯側陋，因覽風俗之化。』

又 卷一〇《成帝紀》 （河平四年）三月癸丑朔，日有蝕之。遣光禄大夫博士嘉等十一人行舉瀕河之郡，水所毁傷困乏不能自存者，財振貸。

又 卷一一《哀帝紀》 （哀帝即位之年）詔曰：『【略】乃者河南、潁川郡水出，流殺人民，壞敗廬舍。朕之不德，民反蒙辜，朕甚懼焉。已遣光禄大夫循行舉籍，賜死者棺錢，人三千。其令水所傷縣邑及他郡國災害什四以上，民貲不滿十萬，皆無出今年租賦。』

又 卷四八《賈誼傳》 （太中大夫賈誼）以爲漢興二十餘年，天下和洽，宜當改正朔，易服色制度，定官名，興禮樂。乃草具其儀法，色上黄，數用五，爲官名悉更，奏之。文帝謙讓未皇也。然諸法令所更定，及列侯就國，其説皆誼發之。於是天子議以誼任公卿之位。

又 卷六四上《主父偃傳》 （主父）偃數上疏言事，遷謁者，中郎、中大夫。歲中四遷。【略】偃盛言朔方地肥饒，外阻河，蒙恬築城以逐匈奴，内省轉輸戍漕，廣中國，滅胡之本也。上覽其説，下公卿議，皆言不便。公孫弘曰：『秦時嘗發三十萬衆築北河，終不可就，已而棄之。』朱買臣難詘弘，遂置朔方，本偃計也。

又 卷七〇《陳湯傳》 （陳）湯下獄當死，太中大夫谷永上疏訟湯【略】書奏，天子出湯，奪爵爲士伍。

又 卷七二《貢禹傳》 （貢禹）舉賢良爲河南令。歲餘，以職事爲府官所責，免冠謝。遂去官【略】。元帝初即位，徵禹爲諫大夫，數虚己問以政事。

又 《龔勝傳》 （龔勝）爲諫大夫。【略】勝居諫官，數上書求見，言百姓貧，盜賊多，吏不良，風俗薄，災異數見，不可不憂。制度泰奢，刑罰泰深，賦斂泰重，宜以儉約先下。其言祖述王吉、貢禹之意。爲大夫二歲餘，遷丞相司直，徙光禄大夫，守右扶風。數月，上知勝非撥煩吏，乃復還勝光禄大夫、諸吏給事中。

又 《鮑宣傳》 （鮑宣）爲諫大夫。宣每居位，常上書諫爭，其言少文多實。

又 卷七三《韋賢傳》 至元帝時，貢禹奏言：『古者天子七廟，今孝惠、孝景廟皆親盡，宜毁。及郡國廟不應古禮，宜正定。』天子是其議，未及施行而禹卒。永光四年，乃下詔先議罷郡國廟，曰：『朕聞明王之御世也，遭時爲法，因事制宜。往者天下初定，遠方未賓，因嘗所親以立宗廟，蓋建威銷萌，一民之至權也。今賴天地之靈，宗廟之福，四方同軌，蠻貊貢職，久遵而不定，令疏遠卑賤共承尊祀，殆非皇天祖宗之意，朕甚懼焉。傳不云乎？「吾不與祭，如不祭。」其與將軍、列侯、中二千石、諸大夫、博士、議郎議。』

又 卷七五《夏侯勝傳》 （夏侯勝）爲博士、光禄大夫。會昭帝崩，昌邑王嗣立，數出。勝當乘輿前諫曰：『天久陰而不雨，臣下有謀上者，陛下出欲何之？』

又 卷八一《孔光傳》 （孔光）爲議郎。光禄勳匡衡舉光方正，爲諫議大夫。

又 卷八五《谷永傳》 （谷）永既陰爲大將軍鳳説矣，能實最高，由是擢爲光禄大夫。永奏書謝鳳曰：『永斗筲之材，質薄學朽，無一日之雅，左右之介，將軍説其狂言，擢之皂衣之吏，厠之爭臣之末，不聽浸潤

之譖，不食膚受之愬，雖齊桓、晉文用士篤密，父悊兄覆育子弟，誠無以加！』【略】

（谷永）爲北地太守。時灾異尤數，永當之官，上使衛尉淳于長受永所欲言。永對曰：『臣永幸得以愚朽之材爲大中大夫，備拾遺之臣，從朝者之後，進不能盡思納忠輔宣聖德，退無被堅執鋭討不義之功，猥蒙厚恩，仍遷至北地太守。【略】臣聞事君之義，有言責者盡其忠，有官守者脩其職。臣永幸得免於言責之辜，有官守之任，當畢力遵職，養綏百姓而已，不宜復關得失之辭。』

又　卷八六《王嘉傳》　（王）嘉爲人剛直嚴毅有威重，上甚敬之。哀帝初立，欲匡成帝之政，多所變動，嘉上疏曰：『【略】前蘇令發，欲遣大夫使逐問狀，時見大夫無可使者，召盩厔令尹逢拜爲諫大夫遣之。今諸大夫有材能者甚少，宜豫畜養可成就者，則士赴難不愛其死；臨事倉卒乃求，非所以明朝廷也。』

又　卷八八《儒林傳·王式》　張生兄子游卿爲諫大夫，以《詩》授元帝。

《後漢書》卷一上《光武帝紀》　（建武二年）三月乙未，大赦天下，詔曰：『頃獄多冤人，用刑深刻，朕甚愍之。孔子云：「刑罰不中，則民無所措手足。」其與中二千石、諸大夫、博士、議郎議省刑法。』

又　卷一五《來歙傳》　（來歙）爲太中大夫。是時方以隴、蜀爲憂，獨謂歙曰：『今西州未附，子陽稱帝，道里阻遠，諸將方務關東，思西州方略，未知所任，其謀若何？』

又　卷二六《韋彪傳》　（韋彪）上疏諫曰：『【略】又諫議之職，應用公直之士，通才謇正，有補益於朝者，今或從徵試輩爲大夫。【略】』書奏，帝納之。

又　卷二七《張湛傳》　（張湛）拜太中大夫，居中東門候舍，故人號曰『中東門君』。

又　卷三六《鄭興傳》　（隗囂）廣置職位，以自尊高。興復止囂曰：『夫中郎將、太中大夫、使持節官，皆王者之器，非人臣所當制也。』【略】

（鄭興）爲太中大夫。明年三月晦，日食。興因上疏曰：『【略】今公卿大夫多舉漁陽太守郭伋可大司空者，而不以時定，道路流言，咸曰「朝廷若用功臣」，功臣用則人位謬矣。願陛下上師唐、虞，下覽齊、晉，以成屈已從衆之德，以濟羣臣讓善之功。【略】今陛下高明而羣臣惶促，宜留思柔剋之政，垂意《洪範》之法，博採廣謀，納羣下之策。』書奏，多有所納。

又　卷四八《李法傳》　（李法）除博士，遷侍中、光禄大夫。歲餘，上疏以爲朝政苛碎，違永平、建初故事；宦官權重，椒房寵盛。又譏史官記事不實，後世有識，尋功計德，必不明信。坐失旨，下有司，免爲庶人【略】在家八年，徵拜議郎、諫議大夫，正言極辭，無改於舊。

又　卷五四《楊賜傳》　（楊賜）復拜光禄大夫。光和元年，有虹蜺晝降於嘉德殿前，帝惡之，引賜及議郎蔡邕等入金商門崇德署，使中常侍曹節、王甫問以祥異禍福所在。

又　卷六一《周舉傳》　（周舉）遷河内太守，徵爲大鴻臚。及梁太后臨朝，詔以殤帝幼崩，廟次宜在順帝下。太常馬訪奏宜如詔書，諫議大夫呂勃以爲應依昭穆之序，先殤帝，後順帝。詔下公卿。舉議曰：『《春秋》魯閔公無子，庶兄僖公代立，其子文公遂躋僖於閔上。孔子譏之，書曰：「有事于太廟，躋僖公。」《傳》曰：「逆祀也。」及定公正其序，經曰「從祀先公」，爲萬世法也。今殤帝在先，於秩爲父，順帝在後，於親爲子，先後之義不可改，昭穆之序不可亂。呂勃議是也。』太后下詔從之。

又　卷七九《儒林傳·歐陽歙》　濟陰曹曾字伯山，從歙受《尚書》，門徒三千人，位至諫議大夫。

又　《尹敏傳》　（尹敏）少爲諸生，初習《歐陽尚書》，後受《古文》兼善《毛詩》《穀梁》《左氏春秋》。【略】除郎中，遷諫議大夫。

諸常侍分部

綜　述

《漢書》卷一九上《百官公卿表》　侍中、左右曹、諸吏、散騎、中常侍，皆加官，所加或列侯、將軍、卿大夫、將、都尉、尚書、太醫、太官令至郎中，亡員。多至數十人。侍中、中常侍得入禁中，諸曹受尚書事，諸吏得舉法，散騎騎並乘輿車。給事中亦加官，所加或大夫、博士、議郎，掌顧問應對，位次中常侍。中黄門有給事黄門，位從將大夫。皆秦制。

宋・李昉等《太平御覽》卷二一九《職官部》一七《侍中》引《漢舊儀》　侍中無員，或列侯、將軍、衛尉、光禄大夫爲之，得舉非法。【略】

侍中，左右近臣，見皇后如見帝，見婕妤，行則對壁，坐則伏茵。

又　引《漢官》　侍中，殿下稱制，出則參乘，佩璽抱劍。【略】史丹爲侍中。元帝寢疾，丹以親密近臣得視疾。候上間獨寢時，丹直入卧内，頓首伏青蒲上。

漢・王符《潛夫論》卷二《明闇第六》　侍中、博士、諫議之官，或處位歷年，終無進賢嫉惡、拾遺補闕之語。

晉・司馬彪《續漢書・百官志三・少府》引蔡質《漢儀》　侍中、常伯，選舊儒高德，博學淵懿。仰占俯視，切問近對，喻旨公卿，上殿稱制，參乘佩璽秉劍。員本八人，陪見舊在尚書令、僕射下，尚書上。今官出入禁中，更在尚書下。司隸校尉見侍中，執板揖，河南尹亦如之。又侍中舊與中官俱止禁中，武帝時，侍中莽何羅挾刃謀逆，由是侍中出禁外，有事乃入，畢即出。王莽秉政，侍中復入，與中官共止。章帝元和中，侍中郭舉與後宮通，拔佩刀驚上，舉伏誅，侍中由是復出外。

唐・徐堅《初學記》卷一二《職官部下》引應劭《漢官儀》　侍中，周官也。金蟬右貂，金取堅剛，百鍊不耗，蟬居高食潔，目在掖下，貂内勁悍而外温潤。侍中便蕃左右，與帝外降，卒思近對，拾遺補闕，百僚之中，莫密於茲。秦始皇破趙，得其冠以賜侍中。

宋・李昉等《太平御覽》卷二一九《職官部》一七《侍中》引《漢官儀》　侍中，秩千石。黄門有畫室署、玉堂署，各有長一人。

晉・司馬彪《續漢書・百官志三・少府》注引《獻帝起居注》　帝初即位，初置侍中、給事黄門侍郎，員各六人。出入禁中，近侍帷幄，省尚書事。改給事黄門侍郎爲侍中侍郎，去給事黄門之號，旋復復故。舊侍中、黄門侍郎以在中宫者，不與近密交政。誅黄門後，侍中、侍郎出入禁闈，機事頗露，由是王允乃奏比尚書，不得出入，不通賓客，自此始也。諸奄人官，悉以議郎、郎中稱，秩如故。諸署令兩梁冠，陛殿上，得召都官從事以下。

宋・李昉等《太平御覽》卷二一九《職官部》一七《侍中》引《漢書典職》　侍中常伯選舊儒高德、博學洞達、仰瞻俯視、切問近對、喻指公卿，員八人，在尚書僕射下，尚書上。

又　引《漢雜事》　金敞爲元帝侍中，帝崩，故事，近臣皆隨陵爲園。敞世名忠孝，太后使侍成帝。

晉・司馬彪《續漢書・百官志三・少府》　侍中，比二千石。本注曰：無員。掌侍左右，贊導衆事，顧問應對。法駕出，則多識者一人參乘，餘皆騎在乘輿車後。本有僕射一人，中興轉爲祭酒，或置或否。【略】

中常侍，千石。本注曰：宦者，無員。後增秩比二千石。掌侍左右，從入内宫，贊導内衆事，顧問應對給事。

論　說

《漢書》卷五九《張湯傳》　（張）安世子孫相繼，自宣、元以來爲侍中、中常侍、諸曹散騎、列校尉者凡十餘人，功臣之世，唯有金氏、張氏，親近寵貴，比於外戚。

又　卷九三《佞幸傳・董賢》　上置酒麒麟殿，賢父子親屬宴飲，王閎兄弟侍中中常侍皆在側。上有酒所，從容視賢笑，曰：『吾欲法堯禪舜，何如？』閎進曰：『天下乃高皇帝天下，非陛下之有也。陛下承宗

廟，當傳子孫於亡窮。統業至重，天子亡戲言！』上默然不説，左右皆恐。

宋·李昉等《太平御覽》卷二一九《職官部十七·侍中》引謝承《後漢書》 公孫曄拜博士侍中，國有疑事，常使進見。問其得失，所陳皆據經依義，補益國家，深見省納。【略】

劉淑爲侍中，朝夕建議，竭忠於朝，補政二百餘事，悉有篇章，朝廷有疑事，密詔問焉。【略】

周舉字宣光。時詔遣八使巡行風俗，皆選有威名者，乃拜舉侍中，與杜喬、周詡、馮羨、欒巴、張綱、郭遵、太尉長史劉班分行天下，使同日而拜，號曰八俊。

《後漢書》卷六《順帝紀》 （漢安元年八月）丁卯，遣侍中杜喬、光禄大夫周舉、守光禄大夫郭遵、馮羨、欒巴、張綱、周栩、劉班等八人分行州、郡，班宣風化，舉實臧否。

又 卷四八《李法傳》 （李法）博通羣書，性剛而有節。和帝永元九年，應賢良方正對策。除博士，遷侍中、光禄大夫。歲餘，上疏以爲朝政苛碎，違永平、建初故事；宦官權重，椒房寵盛，又譏史官記事不實，後世有識，尋功計德，必不明信。

又 卷六三《李固傳》 （李固）上疏陳事曰：『【略】陛下撥亂龍飛，初登大位，聘南陽樊英、江夏黄瓊、廣漢楊厚、會稽賀純，策書嗟歎，待以大夫之位。是以巖穴幽人，智術之士，彈冠振衣，樂欲爲用，四海欣然，歸服聖德。厚等在職，雖無奇卓，然夕惕孳孳，志在憂國。臣前在荆州，聞厚、純等以病免歸，誠以悵然，爲時惜之。一日朝會，見諸侍中並皆年少，無一宿儒大人可顧問者，誠可歎息。宜徵還厚等，以副羣望。瓊久處議郎，已且十年，衆人皆怪始隆崇，今更滯也。光禄大夫周舉，才謨高正，宜在常伯，訪以言議。侍中杜喬，學深行直，當世良臣，久託疾病，可敕令起。』

又 卷六四《延篤傳》 （延篤）稍遷侍中。帝數問政事。篤詭辭密對。動依典義。

又 卷六七《黨錮傳·劉儒》 劉儒字叔林，東郡陽平人也。郭林宗常謂儒口訥心辯，有珪璋之質。察孝廉，舉高第，三遷侍中。桓帝時，數有災異，下策博求直言，儒上封事十條，極言得失，辭甚忠切。

又 卷七九上《儒林傳·戴憑》 （戴憑）年十六，郡舉明經，徵試博士，拜郎中。時，詔公卿大會，羣臣皆就席，憑獨立。光武問其意。憑對曰：『博士説經皆不如臣，而坐居臣上，是以不得就席。』帝卽召上殿，令與諸儒難説，憑多所解釋。帝善之，拜爲侍中，數進見問得失。帝謂憑曰：『侍中當匡補國政，勿有隱情。』

又 卷七九下《儒林傳·丁恭》 （丁恭）拜侍中祭酒、騎都尉，與侍中劉昆俱在光武左右，每事諮訪焉。

唐·徐堅《初學記》卷一二《職官部下》引《齊職儀》 東漢侍中便蕃左右，與帝升降，法駕出，多識者一人參乘，兼負傳國璽，操斬白蛇劍。

《晉書》卷二四《職官志》 侍中，案黄帝時風后爲侍中，於周爲常伯之任，秦取古名置侍中，漢因之。秦漢俱無定員，以功高者一人爲僕射。

雜録

清·嚴可均《全後漢文》卷四五《崔寔》 《諫大夫箴》：於昭上帝，迪茲既哲。匪于水鑑，惟人是察。處有誦訓，出則旅賁。木鐸之求，爰納遒人。各有攸訊，政以不紛。昔在大禹，拜承昌言。癸辛暴戾，虐及于天。逮于周厲，慢德不蠲。煦煦胥讒，人謗乃作。不顧厥愆，是討是格。庶類不堪，流之彘宅。防人之口，譬諸防川。豈不速止，潰乃潺湲。潺湲尚塞，言擁爲賊。默默之患，用顛厥國。諫臣司議，敢告執翼。

又 卷五六《胡廣》 《侍中箴》：皇矣聖上，神居天處，勤求俊良，是弼是輔，匪懈於位，庶工以序。昔在周文，創德西鄰，勗聞上帝，賴茲四臣。辛尹是訪，八虞是詢。濟濟多士，乂用有勳。文公欽若，越興周道，亦惟先正，克慎左右。常伯常任，寔爲政首。降及厲王，不祇不恪，暱彼宗夷，用肆其虐，惟敗天命，寇戎並作。圮墜宗緒，寢廟靡託，無曰我賢，不選至親，無曰我仁，妄用嬖人，籍閎飾顔，穢我神武，鄧通擅鑄，不終厥後。中書竊命，石弘作戾，高安斷袂，哀用無主，侍中司

中，敢告執矩。

議郎分部

綜　述

《漢書》卷一九上《百官公卿表》　郎掌守門户，出充車騎，有議郎、中郎、侍郎、郎中，皆無員，多至千人，議郎、中郎秩比六百石，侍郎比四百石，郎中比三百石。【略】

給事中亦加官，所加或大夫、博士、議郎，掌顧問應對，位次中常侍。中黄門有給事黄門，位從將大夫。皆秦制。

漢・王符《潛夫論》卷二《考績第七》　（議郎）以言語爲職，諫諍爲官。

唐・虞世南《北堂書鈔》卷五六《設官部八・議郎》引《漢舊儀》　議郎、中郎，秦官也。議郎秩比六百石，特徵賢良方正敦樸有道第。公府掾試博士者，拜郎中也。【略】

議郎十二人，秩比六百石，不屬署，不直事，侍御史遷補博士、諸侯王郎中令。

晉・司馬彪《續漢書・百官志二・光禄勳》劉昭注引《漢官》　（議郎）五十人，無常員。

唐・虞世南《北堂書鈔》卷五六《設官部八・議郎》引《漢官儀》　議郎、郎中，秦官也。議郎秩比六百石，特徵賢良方正敦樸有道第。公府掾試博士者，拜郎中也。

晉・司馬彪《續漢書・百官志二・光禄勳》　議郎，六百石。本注曰：無員。

論　說

《漢書》卷八一《孔光傳》　（孔光）經學尤明，年未二十，舉爲議郎。光禄勳匡衡舉光方正，爲諫議大夫。

唐・虞世南《北堂書鈔》卷五六《設官部八・議郎》引《東觀記》　甄宇以儒學拜議郎。【略】

召馴以志義聞鄉里，號之曰『德行恂恂』，召伯春以明經，有志行，能講論，拜議郎。【略】

黄瓊以德行高妙，公車徵拜議郎。

又　引《謝後漢書》　石苞爲諸生，篤行清苦，徵拜議郎。【略】

劉淑舉賢良方正，對策十二科，爲天下諸儒之表，擢爲議郎。

又　引《續漢書》　桓榮少學長安，習《歐陽尚書》。上召榮令説《尚書》，甚善之，拜爲議郎，賜錢十萬，入使授太子。每朝會，輒令榮于公卿前敷奏經書，帝稱善曰：『得生幾晚。』

又　引《益部耆舊傳》　李尤字伯仁，爲議郎。安帝寢疾，使尤祠陵廟，肅慎齊潔，辭祝俱美，上疾有瘳也。

宋・李昉等《太平御覽》卷二一九《職官部一七・侍中》引《後漢書》　桓帝末，侍中皇禪參乘，上問：『貂璫何法？』不知所出，又問地震，云：『不爲灾。』還宫，乃左遷議郎。

《後漢書》卷九《靈帝紀》　（光和三年）六月，詔公卿舉能通《尚書》《毛詩》《左氏》《穀梁春秋》各一人，悉除議郎。

又　卷二六《宋弘傳》　（宋弘）代王梁爲大司空。【略】帝嘗問弘通博之士，弘乃薦沛國桓譚才學洽聞，幾能及楊雄、劉向父子。於是召譚拜議郎、給事中。帝每讌，輒令鼓琴，好其繁聲。弘聞之不悦，悔於薦舉，伺譚内出，正朝服坐府上，遣吏召之。譚至，不與席而讓之曰：『吾所以薦子者，欲令輔國家以道德也，而今數進鄭聲以亂《雅》《頌》，非忠正者也。能自改邪？將令相舉以法乎？』譚頓首辭謝，良久乃遣之。後大會羣臣，帝使譚鼓琴，譚見弘，失其常度。帝怪而問之。弘乃離席免冠謝曰：『臣所以薦桓譚者，望能以忠正導主，而令朝廷耽悦鄭聲，臣之罪也。』帝改容謝，使反服，其後遂不復令譚給事中。

又　卷二七《吴良傳》　（趙）吴良字大儀，齊國臨淄人也。初爲郡吏。【略】驃騎將軍東平王蒼聞而辟之，署爲西曹。蒼甚相敬愛，上疏薦良曰：『【略】竊見臣府西曹掾齊國吴良，資質敦固，公方廉恪，躬儉

安貧，白首一節；又治《尚書》，學通師法，經任博士，行中表儀。宜備宿衛，以輔聖政。臣蒼榮寵絶矣，憂責深大，私慕公叔同升之義，懼於臧文竊位之罪，敢秉愚瞽，犯冒嚴禁。』顯宗以示公卿曰：『前以事見良，鬚髮皓然，衣冠甚偉。夫薦賢助國，宰相之職，蕭何舉韓信，設壇而拜，不復考試。今以良爲議郎。』

又《趙典傳》（趙）典少篤行隱約，博學經書，弟子自遠方至。建和初，四府表薦，徵拜議郎，侍講禁内，再遷爲侍中。時帝欲廣開鴻池，典諫曰：『鴻池汎溉，已且百頃，猶復增而深之，非所以崇唐、虞之約己，遵孝文之愛人也。』帝納其言而止。

又 卷三一《蘇章傳》（蘇）章少博學，能屬文。安帝時，舉賢良方正，對策高第，爲議郎。數陳得失，其言甚直。出爲武原令。

又 卷四三《樂恢傳》（樂恢）後徵拜議郎。會車騎將軍竇憲出征匈奴，恢數上書諫爭，朝廷稱其忠。

又 卷五八《傅燮傳》（傅燮）後拜議郎。會西羌反，邊章、韓遂作亂隴右，徵發天下，役賦無已。司徒崔烈以爲宜棄涼州。詔會公卿百官，烈堅執先議。燮厲言曰：『斬司徒，天下乃安。』尚書郎楊贊奏燮廷辱大臣。帝以問燮。燮對曰：『昔冒頓至逆也，樊噲爲上將，願得十萬衆横行匈奴中，憤激思奮，未失人臣之節，顧計當從與不耳，季布猶曰「噲可斬也」。今涼州天下要衝，國家藩衛。高祖初興，使酈商别定隴右；世宗拓境，列置四郡，議者以爲斷匈奴右臂。今牧御失和，使一州叛逆，海内爲之騷動，陛下臥不安寢。烈爲宰相，不念爲國思所以弭之之策，乃欲割棄一方萬里之土，臣竊惑之。若使左衽之虜得居此地，士勁甲堅，因以爲亂，此天下之至慮，社稷之深憂也。若烈不知之，是極蔽也；知而故言，是不忠也。』帝從燮議。由是朝廷重其方格。每公卿有缺，爲衆議所歸。

又 卷六〇《蔡邕傳》（蔡邕）辟司徒橋玄府，玄甚敬待之。出補河平長。召拜郎中，校書東觀。遷議郎。邕以經籍去聖久遠，文字多謬，俗儒穿鑿，疑誤後學，熹平四年，乃與五官中郎將堂谿典，光禄大夫楊賜，諫議大夫馬日磾，議郎張馴、韓説，太史令單颺等，奏求正定《六經》文字，靈帝許之。邕乃自書册於碑，使工鐫刻立於太學門外。

又 卷六四《延篤傳》（延篤）爲平陽侯相。【略】以師喪棄官奔赴，五府並辟不就。桓帝以博士徵，拜議郎，與朱穆、邊韶共著作東觀。稍遷侍中。

謁者分部

綜述

《漢書》卷一九上《百官公卿表》謁者掌賓讚受事，員七十人，秩比六百石，有僕射，秩比千石。

論説

《漢書》卷四九《晁錯傳》（晁）錯已死，謁者僕射鄧公爲校尉，擊吳楚爲將。

又 卷五〇《張釋之傳》張釋之字季，南陽堵陽人也。與兄仲同居，以貲爲騎郎，事文帝，十年不得調，亡所知名。釋之曰：『久宦減仲之産，不遂。』欲免歸。中郎將爰盎知其賢，惜其去，乃請徙釋之補謁者。釋之既朝畢，因前言便宜事。文帝曰：『卑之，毋甚高論，令今可行也。』於是釋之言秦、漢之間事，秦所以失，漢所以興者。文帝稱善，拜釋之爲謁者僕射。

晉・司馬彪《續漢書・百官志二》劉昭注引蔡質《漢儀》（謁者僕射）見尚書令，對揖無敬。謁者見，執板拜之。【略】

（謁者）出府丞、長史、陵令，皆選儀容端正，任奉使者。

又 注引《漢官》謁者三十人，其二人公府掾，六百石持使也。

【略】

謁者僕射一人，比千石。本注曰：爲謁者臺率，主謁者，天子出，奉引。古重習武，有主射以督録之，故曰僕射。常侍謁者五人，比六百石。本注曰：主殿上時節威儀。謁者三十人。其給事謁者，四百石。其

灌謁者郎中，比三百石。本注曰：掌賓贊受事，及上章報問。將、大夫以下之喪，掌使弔。本員七十人，中興但三十人。初爲灌謁者，滿歲爲給事謁者。

《後漢書》卷四《和帝紀》 （永元四年六月）丙辰，郡國十三地震。竇憲潛圖弒逆。庚申，幸北宮。詔收捕憲黨射聲校尉郭璜，璜子侍中舉，衛尉鄧疊，疊弟步兵校尉磊，皆下獄死。使謁者僕射收憲大將軍印綬，遣憲及弟篤、景就國，到皆自殺。

又 注引《續漢書》 謁者僕射一人，秩千石，爲謁者臺率，主謁者。天子出，奉引。

又 卷一四《北海靖王興傳》 （臨邑侯劉復）與班固、賈逵共述漢史，傅毅等皆宗事之。復子騊駼及從兄平望侯毅，並有才學。永寧中，鄧太后召毅及騊駼入東觀，與謁者僕射劉珍著中興以下名臣列士傳。

又 卷一九《耿秉傳》 （耿秉）以父任爲郎，數上言兵事。常以中國虛費，邊陲不寧，其患專在匈奴。以戰去戰，盛王之道。顯宗既有志北伐，陰然其言。永平中，召詣省闥，問前後所上便宜方略，拜謁者僕射，遂見親幸。

又 卷五四《楊震傳》 （楊）震少子奉，奉子敷，篤志博聞，議者以爲能世其家。敷早卒，子衆，亦傳先業，以謁者僕射從獻帝入關，累遷御史中丞。

又 卷五五《清河孝王慶傳》 （清河孝王慶）薨，年二十九。遣司空持節與宗正奉弔祭。又使長樂謁者僕射、中謁者二人副護喪事。

又 卷五九《張衡傳》 永初中，謁者僕射劉珍、校書郎劉騊駼等著作東觀，撰集《漢記》，因定漢家禮儀。

晉・司馬彪《續漢書・百官志二》劉昭注引荀綽《晉百官表注》 漢皆用孝廉年五十，威容嚴恪能賓者爲之。明帝詔曰：『謁者乃堯之尊官，所以試舜賓于四門，四門穆穆者也。』昔燕太子使荆軻劫始皇，變起兩楹之間，其後謁者持匕首刺腋，高祖偃武行文，故易之以板。

博士分部

綜述

《漢書》卷一九上《百官公卿表》 博士，秦官，掌通古今，秩比六百石，員多至數十人。武帝建元五年初置《五經》博士，宣帝黄龍元年稍增員十二人。【略】

僕射，秦官，自侍中、尚書、博士、郎皆有。古者重武官，有主射以督課之。【略】取其領事之號。【略】

給事中亦加官，所加或大夫、博士、議郎，掌顧問應對，位次中常侍。中黄門有給事黄門，位從將大夫。皆秦制。

漢・王符《潛夫論》卷二《考績第七》 （博士）以言語爲職，諫諍爲官。【略】

侍中、博士諫議之官，或處位歷年，終無進賢嫉惡拾遺補闕之語，而貶黜之憂。

晉・司馬彪《續漢書・百官志二・太常》 博士祭酒一人，六百石，本僕射，中興轉爲祭酒。【略】國有疑事，掌承問對。本四百石，宣帝增秩。

論説

《史記》卷六《秦始皇本紀》 秦初并天下，令丞相、御史曰：『【略】寡人以眇眇之身，興兵誅暴亂，賴宗廟之靈，六王咸伏其辜，天下大定。今名號不更，無以稱成功，傳後世。其議帝號。』丞相綰、御史大夫劫、廷尉斯等皆曰：『【略】臣等謹與博士議曰：「古有天皇，有地皇，有泰皇，泰皇最貴。」臣等昧死上尊號，王爲「泰皇」，命爲「制」，令爲「詔」，天子自稱曰「朕」。』王曰：『去「泰」，著「皇」，采上古「帝」位號，號曰「皇帝」。他如議。』制曰：『可。』【略】

丞相李斯曰：『【略】臣請史官非秦記皆燒之。非博士官所職，天下

敢有藏《詩》、《書》、百家語者，悉詣守、尉雜燒之。』

又　卷一〇《孝文本紀》　（孝文帝）十五年，黄龍見成紀，天子乃復召魯公孫臣，以爲博士，申明土德事。

又　卷二八《封禪書》　魯人公孫臣上書曰：『始秦得水德，今漢受之，推終始傳，則漢當土德，土德之應黄龍見。宜改正朔，易服色，色尚黄。』是時丞相張蒼好律曆，以爲漢乃水德之始，故河決金隄，其符也。年始冬十月，色外黑内赤，與德相應。如公孫臣言，非也。罷之。後三歲，黄龍見成紀。文帝乃召公孫臣，拜爲博士，與諸生草改曆服色事。

又　卷八七《李斯列傳》　始皇三十四年，置酒咸陽宫，博士僕射周青臣等頌稱始皇威德。

又　卷一二一《儒林列傳》　及至孝景，不任儒者，而竇太后又好黄老之術，故諸博士具官待問，未有進者。及今上即位，趙綰、王臧之屬明儒學，而上亦鄉之，於是招方正賢良文學之士。自是之後，言《詩》於魯則申培公，於齊則轅固生，於燕則韓太傅。言《尚書》自濟南伏生。言《禮》自魯高堂生。言《易》自菑川田生。言《春秋》於齊魯自胡毋生，於趙自董仲舒。及竇太后崩，武安侯田蚡爲丞相，絀黄老、刑名百家之言，延文學儒者數百人，而公孫弘以《春秋》白衣爲天子三公，封以平津侯。天下之學士靡然鄉風矣。

《漢書》卷一〇《成帝紀》　（陽朔二年）九月，奉使者不稱。詔曰：『古之立太學，將以傳先王之業，流化於天下也。儒林之官，四海淵原，宜皆明於古今，温故知新，通達國體，故謂之博士。否則學者無述焉，爲下所輕，非所以尊道德也。「工欲善其事，必先利其器。」丞相、御史其與中二千石、二千石雜舉可充博士位者，使卓然可觀。』【略】

（元延元年）秋七月，有星孛于東井。詔曰：『乃者，日蝕星隕，謫見于天，大異重仍。在位默然，罕有忠言。今孛星見于東井，朕甚懼焉。公卿大夫、博士、議郎其各悉心，惟思變意，明以經對，無有所諱。』

又　卷二一上《律曆志》　至武帝元封七年，漢興百二歲矣，大中大夫公孫卿、壺遂、太史令司馬遷等言『曆紀壞廢，宜改正朔』。是時御史大夫兒寬明經術，上乃詔寬曰：『與博士共議，今宜何以爲正朔？服色何上？』寬與博士賜等議，皆曰：『帝王必改正朔，易服色，所以明受命於天也。創業變改，制不相復，推傳序文，則今夏時也。臣等聞學褊陋，不能明。陛下躬聖發憤，昭配天地，臣愚以爲三統之制，後聖復前聖者，二代在前也。今二代之統絶而不序矣，唯陛下發聖德，宣考天地四時之極，則順陰陽以定大明之制，爲萬世則。』

又　卷二五上《郊祀志》　（文帝）使博士諸生刺《六經》中作《王制》，謀議巡狩封禪事。

又　卷二七中之下《五行志》　鴻嘉二年三月，博士行大射禮，有飛雉集于庭，歷階登堂而雊。後雉又集太常、宗正、丞相、御史大夫、大司馬、車騎將軍之府，又集未央宫承明殿屋上。時大司馬車騎將軍王音、待詔寵等上言：『天地之氣，以類相應，譴告人君，甚微而著。雉者聽察，先聞雷聲，故《月令》以紀氣。經載高宗雊雉之異，以明轉禍爲福之驗。今雉以博士行禮之日大衆聚會，飛集于庭，歷階登堂，萬衆睢睢，驚怪連日。徑歷三公之府，太常宗正典宗廟骨肉之官，然後入宫。其宿留告曉人，具備深切，雖人道相戒，何以過是！』後帝使中常侍鼂閎詔音曰：『聞捕得雉，毛羽頗摧折，類拘執者，得無人爲之？』音復對曰：『陛下安得亡國之語？不知誰主爲佞讇之計，誣亂聖德如此者！左右阿諛甚衆，不待臣音復讇而足。公卿以下，保位自守，莫有正言。如令陛下覺寤，懼大禍且至身，深責臣下，繩以聖法，臣音當先受誅，豈有以自解哉！今即位十五年，繼嗣不立，日日駕車而出，泆行流聞，海内傳之，甚於京師。外有微行之害，内有疾病之憂，皇天數見災異，欲人變更，終已不改。天尚不能感動陛下，臣子何望？獨有極言待死，命在朝暮而已。如有不然，老母安得處所，尚何皇太后之有！高祖天下當以誰屬乎！宜謀於賢知，克己復禮，以求天意，繼嗣可立，災變尚可銷也。』

又　卷四八《賈誼傳》　賈誼，雒陽人也，年十八，以能誦詩書屬文稱於郡中。河南守吴公聞其秀材，召置門下，甚幸愛。文帝初立，聞河南守吴公治平爲天下第一，故與李斯同邑，而嘗學事焉，徵以爲廷尉。廷尉乃言誼年少，頗通諸家之書。文帝召以爲博士。是時，誼年二十餘，最爲少。每詔令議下，諸老先生未能言，誼盡爲之對，人人各如其意所出。諸生於是以爲能。文帝説之，超遷，歲中至太中大夫。

又　卷七二《貢禹傳》　貢禹字少翁，琅邪人也。以明經絜行著聞，

徵爲博士、涼州刺史，病去官。

又 卷八一《張禹傳》 （張禹）試爲博士。初元中，立皇太子，而博士鄭寬中以《尚書》授太子，薦言禹善《論語》。詔令禹授太子《論語》，由是遷光禄大夫。

又 《孔光傳》 （孔光）爲諫議大夫。坐議有不合，左遷虹長，自免歸教授。成帝初卽位，舉爲博士，數使録冤獄，行風俗，振贍流民，奉使稱旨，由是知名。是時，博士選三科，高爲尚書，次爲刺史，其不通政事，以久次補諸侯太傅。光以高第爲尚書，觀故事品式，數歲明習漢制及法令。上甚信任之，轉爲僕射、尚書令。

《後漢書》卷四八《翟酺傳》 （翟）酺之爲大匠，上言：『孝文皇帝始置一經博士，武帝大合天下之書，而孝宣論《六經》於石渠，學者滋盛，弟子萬數。光武初興，愍其荒廢，起太學博士舍、內外講堂，諸生横巷，爲海内所集。明帝時辟雍始成，欲毁太學，太尉趙憙以爲太學、辟雍皆宜兼存，故並傳至今。而頃者頽廢，至爲園採芻牧之處。宜更修繕，誘進後學。』帝從之。酺免後，遂起太學，更開拓房室，學者爲酺立碑銘於學云。

財政機構部

少府分部

綜　述

《張家山漢墓竹簡·二年律令·秩律》 長信詹事，少府令【略】秩各二千石。

《後漢書·禮儀志》注引《漢律金布令》 皇帝齋宿，親帥羣臣承祠宗廟，羣臣宜分奉請。諸侯、列侯各以民口數，率千口奉金四兩，奇不滿千口至五百口亦四兩，皆會酎，少府受。

《漢書》卷一九上《百官公卿表》 少府，秦官，掌山海池澤之稅，以給共養，有六丞。屬官有尚書、符節、太醫、太官、湯官、導官、樂府、若盧、考工室、左弋、居室、甘泉居室、左右司空、東織、西織、東園匠十［六］官令丞，又胞人、都水、均官三長丞，又上林中十池監，又中書謁者、黄門、鉤盾、尚方、御府、永巷、内者、宦者（七）［八］官令丞。諸僕射、署長、中黄門皆屬焉。武帝太初元年更名考工室爲考工，左弋爲佽飛，居室爲保宮，甘泉居室爲昆臺，永巷爲掖廷。佽飛掌弋射，有九丞兩尉，太官七丞，昆臺五丞，樂府三丞，掖廷八丞，宦者七丞，鉤盾五丞兩尉。成帝建始四年更名中書謁者令爲中謁者令，初置尚書，員五人，有四丞。河平元年省東織，更名西織爲織室。綏和二年，哀帝省樂府。王莽改少府曰共工。

又 卷八《宣帝紀》注引應劭曰 水衡與少府皆天子私藏耳。縣官公作，當仰給司農，今出水衡錢，言宣帝卽位爲異政也。

晉·司馬彪《續漢志·百官志三·少府》注引《漢官》 （少府）員吏三十四人，其一人四科，一人二百石，五人百石，四人斗（石）［食］，三人佐，六人騎吏，十三人學事，一人官醫。少者小也，小故稱少府。王者以租稅爲公用，山澤陂池之稅以供王之私用。古皆作小府。

又 注引《漢官儀》 田租、芻槀以給經用，凶年，山澤魚鹽市稅少府以給私用也。

南朝宋·裴駰《史記集解》卷六《秦始皇本紀》引應劭曰 （少府）掌山海池澤之稅，名曰禁錢，以給私養，自別爲藏。少者小也，故稱少府。

宋·李昉等《太平御覽》卷二二八《職官部》二六《敍卿》引韋昭《辨釋名》 漢置十二卿：【略】八曰少府。

晉·司馬彪《續漢志·百官志三·少府》 少府，卿一人，中二千石。本注曰：掌中服御諸物，衣服寶貨珍膳之屬。丞一人，比千石。

太醫令一人，六百石。本注曰：掌諸醫。藥丞、方丞各一人。本注曰：藥丞主藥。方丞主藥方。

太官令一人，六百石。本注曰：掌御飲食。左丞、甘丞、湯官丞、果丞各一人。注曰：左丞主飲食。甘丞主膳具。湯官丞主酒。果丞主果。

守宮令一人，六百石。本注曰：主御紙筆墨，及尚書財用諸物及封泥。丞一人。

上林苑令一人，六百石。本注曰：主苑中禽獸。頗有民居，皆主之。捕得其獸送太官。丞、尉各一人。【略】

鉤盾令一人，六百石。本注曰：宦者。典諸近池苑囿遊觀之處。丞、永安丞各一人，三百石。本注曰：宦者。永安，北宮東北別小宮名，有園觀。苑中丞、果丞、鴻池丞、南園丞各一人，二百石。本注曰：苑中丞主苑中離宮。果丞主果園。鴻池，池名，在雒陽東二十里。南園在雒水南。濯龍監、直里監各一人，四百石。本注曰：濯龍亦園名，近北宮。直里亦園名也，在雒陽城西南角。

中藏府令一人，六百石。本注曰：掌中幣帛金銀諸貨物。丞一人。

內者令一人，六百石。本注曰：掌［宮］中布張諸（衣）［褻］物。左右丞各一人。

尚方令一人，六百石。本注曰：掌上手工作御刀劍諸好器物。丞一人。【略】

右屬少府。本注曰：職屬少府者，自太醫、上林凡四官。自侍中至御史，皆以文屬焉。承秦，凡山澤陂池之稅，名曰禁錢，屬少府。世祖改屬司農，考工轉屬太僕，都水屬郡國。孝武帝初置水衡都尉，秩比二千石，別主上林苑有離宮燕休之處，世祖省之，并其職於少府。每立秋貙劉之日，輒暫置水衡都尉，事訖乃罷之。少府本六丞，省五。又省湯官、織室令，置丞。又省上林十池監，胞人長丞，宦者、昆臺、佽飛三令，二十一丞。又省水衡屬官令、長、丞、尉二十餘人。章和以下，中官稍廣，加嘗藥、太官、御者、鉤盾、尚方、考工、別作監，皆六百石，宦者爲之，轉爲兼副，或省，故録本官。

《宋書》卷三九《百官志上》 少府，一人。丞一人。掌市服御之物。秦官也，漢因之。掌禁錢以給私養，故曰少府。

平准令，一人。丞一人。掌染。秦官也，漢因之。漢隸司農，不知何世隸少府。

唐·杜佑《通典》卷二五《職官七》 後漢九卿而分屬三司，【略】宗正、大司農，少府三卿并司空所部。

元·王惲《玉堂嘉話》卷五 漢少府，掌山海陂澤之稅，以備天子私奉。

論說

漢·劉安《淮南子》卷一三《氾論訓》 秦之時高爲臺榭，大爲苑囿，遠爲馳道，鑄金人，發適戍，入芻稾，頭會箕賦，輸於少府。

《史記》卷一〇《孝文本紀》 羣臣如張武等受賂遺金錢，覺，上乃發御府金錢賜之，以愧其心，弗下吏。

又 卷一一《孝景本紀》 （孝景中六年）以大內爲二千石，置左右內官，屬大內。

又 卷一九《惠景閒侯者年表》 （梧侯陽城延）以軍匠從起郟，入漢，後爲少府，作長樂、未央宮，築長安城，先就，功侯，五百户。

又 卷四八《陳涉世家》 秦令少府章邯免驪山徒、人奴產子生，悉發以擊楚軍，盡敗之。

《漢書》卷六四下《賈捐之傳》 （賈捐之）曰：『【略】臣竊以往者羌軍言之，暴師曾未一年，兵出不踰千里，費四十餘萬萬，大司農錢盡，乃以少府禁錢續之。』

又 卷六九《趙充國傳》 （趙充國）爲蒲類將軍征匈奴，斬虜數百級，還爲後將軍、少府。

又 卷七七《毋將隆傳》 （毋將）隆奏言：『【略】大司農錢自乘輿不以給共養，共養勞賜，壹出少府。』

又 卷八六《王嘉傳》 孝元皇帝奉承大業，温恭少欲，都内錢四十萬萬，水衡錢二十五萬萬，少府錢十八萬萬。嘗幸上林，後宮馮貴人從臨獸圈，猛獸驚出，貴人前當之，元帝嘉美其義，賜錢五萬。掖庭見親，有加賞賜，屬其人勿衆謝。示平惡偏，重失人心，賞賜節約。是時外戚貲千萬者少耳，故少府水衡見錢多也。

又 卷八八《儒林傳·林尊》 （博士林尊）後至少府、太子太傅。

又 《嚴彭祖傳》 （嚴彭祖）授琅邪王中，爲元帝少府，家世傳業。

《後漢書》卷一七《岑彭傳》（平狄將軍朱鮪）後爲少府，傳封累代。

又 卷二三《竇章傳》（竇章）遷少府。漢安二年，轉大鴻臚。

又 卷二七《趙典傳》（趙典）拜城門校尉，轉將作大匠，遷少府，又轉大鴻臚。

又 卷四八《霍諝傳》（霍諝）爲河南尹，遷司隸校尉，轉少府、廷尉，卒官。

又 卷六一《黄琬傳》（黄琬）爲右扶風，徵拜將作大匠、少府、太僕。

又 卷五一《橋玄傳》（橋玄）爲河南尹，轉少府、大鴻臚。

又 卷六五《張奂傳》（張奂）遷少府，又拜大司農，以功封侯。

又 卷七〇《孔融傳》（孔融）爲將作大匠，遷少府。

又 卷七一《朱儁傳》（朱儁）復爲將作大匠，轉少府、太僕。

南朝宋·裴駰《史記集解》卷二九《河渠書》引如淳曰 時越人有徙者，以田與之，其租税入少府。

《漢書》卷一九上《百官公卿表》注 少府以養天子也。

唐·司馬貞《史記索隱》卷一一《孝景本紀》 主天子之私財曰小内。小内屬大内也。

唐·張守節《史記正義》卷一〇《孝文本紀》 漢置九卿，【略】九曰少府。

水衡都尉分部

綜述

《漢書》卷一九上《百官公卿表》 水衡都尉，武帝元鼎二年初置，掌上林苑，有五丞。屬官有上林、均輸、御羞、禁圃、輯濯、鍾官、技巧、六廄、辯銅九官令丞。又衡官、水司空、都水、農倉，又甘泉上林、都水七官長丞皆屬焉。上林有八丞十二尉，均輸四丞，御羞兩丞，都水三丞，禁圃兩尉，甘泉上林四丞。成帝建始二年省技巧、六廄官。王莽改水衡都尉曰予虞。初，御羞、上林、衡官及鑄錢皆屬少府。

又 卷二四下《食貨志》 初，大農（斡）鹽鐵官布多，置水衡，欲以主鹽鐵；及楊可告緡，上林財物衆，乃令水衡主上林。

又 卷八《宣帝紀》注引應劭曰 水衡與少府皆天子私藏耳。

又 卷六五《東方朔傳》注引應劭曰 水衡主池苑。

晉·司馬彪《續漢書·百官志三·少府》 孝武帝初置水衡都尉，秩比二千石，别主上林苑有離宫燕休之處，世祖省之，并其職於少府。每立秋貙劉之日，輒暫置水衡都尉，事訖乃罷之。

《宋書》卷三九《百官志上》 上林令，一人。丞一人。漢西京上林中有八丞、十二尉、十池監。丞、尉屬水衡都尉。池監隸少府。漢東京曰上林苑令及丞各一人，隸少府。

論説

《漢書》卷八《宣帝紀》（本始）二年春，以水衡錢爲平陵，徙民起第宅。

又 卷八九《循吏傳·龔遂》（龔遂）爲渤海太守。【略】數年，上遣使者徵遂，議曹王生願從。功曹以爲王生素耆酒，亡節度，不可使。遂不忍逆，從至京師。【略】上以遂年老不任公卿，拜爲水衡都尉，議曹王生爲水衡丞，以褒顯遂云。水衡典上林禁苑，共張宫館，爲宗廟取牲，官職親近，上甚重之，以官壽卒。

大司農分部

綜述

《漢書》卷一九上《百官公卿表》 治粟内史，秦官，掌穀貨，有兩丞。景帝後元年更名大農令，武帝太初元年更名大司農。屬官有太倉、均輸、平準、都内、籍田五令丞，斡官、鐵市兩長丞。又郡國諸

倉農監、都水六十五官長丞皆屬焉。騪粟都尉，武帝軍官，不常置。王莽改大司農曰羲和，後更爲納言。初，斡官屬少府，中屬主爵，後屬大司農。

晉・司馬彪《續漢書・百官志三・大司農》劉昭注引《漢官》 （大司農）員吏百六十四人，其十八人四科，九人斗食，十六人二百石，文學二十人百石，二十五人佐，七十五人學事，一人官醫。

《漢書》卷八《宣帝紀》注引應劭曰 縣官公作當仰給司農。

又 卷六四上《嚴助傳》注引應劭曰 大內，都內也，國家寶藏也。

宋・李昉等《太平御覽》卷二二八《職官部二六・敍卿》引韋昭《辨釋名》 漢置十二卿：【略】七曰大司農。

晉・司馬彪《續漢書・百官志三・大司農》 大司農，卿一人，中二千石。本注曰：掌諸錢穀金帛諸貨幣。郡國四時上月旦見錢穀簿，其逋未畢，各具別之。邊郡諸官請調度者，皆爲報給，損多益寡，取相給足。丞一人，比千石。部丞一人，六百石。本注曰：部丞主帑藏。

太倉令一人，六百石。本注曰：主受郡國傳漕穀。丞一人。

平準令一人，六百石。本注曰：掌知物賈，主練染，作采色。丞一人。

導官令一人，六百石。本注曰：主舂御米，及作乾精。導，擇也。丞一人。

右屬大司農。本注曰：郡國鹽官、鐵官本屬司農，中興皆屬郡縣。又有廩犧令，六百石，掌祭祀犧牲鴈鶩之屬。及雒陽市長、滎陽敖倉官，中興皆屬河南尹。餘均輸等皆省。

《宋書》卷三九《百官志上》 大司農【略】周則爲太府，秦治粟內史，漢景帝後元年，更名大農令，武帝太初元年，更名曰大司農。

晉・司馬彪《續漢書・百官志三・大司農》劉昭注 《古今注》曰「建初七年七月，爲大司農置丞一人，秩千石，別主帑藏」，則部丞應是而秩不同。應劭《漢官秩》亦云二千石。

元・王惲《玉堂嘉話》卷五 大司農掌國貨，以供軍國之需。

論説

漢・桓寬《鹽鐵論》卷三《輕重篇》 御史曰：「【略】上大夫君與治粟都尉管領大農事，灸刺稽滯，開利百脉，是以萬物流通，而縣官富實。當此之時，四方征暴亂，車甲之費，克獲之賞，以億萬計，皆贍大司農。此者扁鵲之力，而鹽、鐵之福也。」

《漢書》卷二四下《食貨志》 大農上鹽鐵丞孔僅、咸陽言：「山海，天地之臧，宜屬少府，陛下弗私，以屬大農佐賦。」【略】

初置張掖、酒泉郡，而上郡、朔方、西河、河西開田官，斥塞卒六十萬人戍田之。中國繕道餽糧，遠者三千，近者千餘里，皆仰給大農。【略】

漢連出兵三歲，誅羌，滅兩粵，番禺以西至蜀南者置初郡十七，且以其故俗治，無賦稅。南陽、漢中以往，各以地比給初郡吏卒奉食幣物，傳車馬被具。而初郡又時時小反，殺吏，漢發南方吏卒往誅之，間歲萬餘人，費皆仰大農。大農以均輸調鹽鐵助賦，故能澹之。然兵所過縣，縣以爲訾給毋乏而已，不敢言輕賦法矣。【略】

（元封元年）桑弘羊爲治粟都尉，領大農，盡代僅斡天下鹽鐵。弘羊以諸官各自市相爭，物以故騰躍，而天下賦輸或不償其僦費，乃請置大農部丞數十人，分部主郡國，各往往置均輸鹽鐵官，令遠方各以其物如異時商賈所轉（眅）〔販〕者爲賦，而相灌輸。置平準於京師，都受天下委輸。召工官治車諸器，皆仰給大農。大農諸官盡籠天下之貨物，貴則賣之，賤則買之。如此，富商大賈亡所牟大利，則反本，而萬物不得騰躍。故抑天下之物，名曰「平準」。天子以爲然而許之。於是天子北至朔方，東封泰山，巡海上，旁北邊以歸。所過賞賜，用帛百餘萬匹，錢金以鉅萬計，皆取足大農。【略】

（桑）弘羊又請令民得入粟補吏，及罪以贖。令民入粟甘泉各有差，以復終身，不復告緡。它郡各輸急處，而諸農各致粟，山東漕益歲六百萬石。一歲之中，太倉、甘泉倉滿。邊餘穀，諸均輸帛五百萬匹。民不益賦而天下用饒。

又　卷六四上《嚴助傳》　淮南王安上書諫曰：『【略】越人名爲藩臣，貢酎之奉，不輸大内，一卒之用不給上事。』

又　卷七七《毋將隆傳》　（毋將隆）爲京兆尹，遷執金吾。時侍中董賢方貴，上使中黄門發武庫兵，前後十輩，送董賢及上乳母王阿舍。隆奏言：『武庫兵器，天下公用，國家武備，繕治造作，皆度大司農錢。大司農錢自乘輿不以給共養，共養勞賜，壹出少府。蓋不以本臧給末用，不以民力共浮費，别公私，示正路也。』

又　卷七八《蕭望之傳》　（張）敞曰：『【略】昔先帝征四夷，兵行三十餘年，百姓猶不加賦，而軍用給。』

又　卷八六《王嘉傳》　孝元皇帝奉承大業，温恭少欲，都内錢四十萬萬【略】雖遭初元、永光凶年饑饉，加有西羌之變，外奉師旅，内振貧民，終無傾危之憂，以府臧内充實也。

又　卷八九《循吏傳·朱邑》　（大司農朱邑）遷補太守卒史，舉賢良爲大司農丞，遷北海太守，以治行第一入爲大司農。爲人淳厚，篤於故舊，然性公正，不可交以私。天子器之，朝廷敬焉。【略】身爲列卿，居處儉節，禄賜以共九族鄉黨，家亡餘財。

《後漢書》卷七《桓帝紀》　（延熹九年春正月）己酉，詔曰：『【略】其令大司農絶今歲調度徵求，及前年所調未畢者，勿復收責。其灾旱盜賊之郡，勿收租，餘郡悉半入。』

又　卷二〇《祭遵傳》　（祭）遵爲人廉約小心，克己奉公，賞賜輒盡與士卒，家無私財，身衣韋絝，布被，夫人裳不加緣，帝以是重焉。及卒，愍悼之尤甚。【略】喪禮成，復親祠以太牢，如宣帝臨霍光故事。詔大長秋、謁者、河南尹護喪事，大司農給費。

又　卷三三《鄭弘傳》　（鄭弘）代鄭衆爲大司農。舊交阯七郡貢獻運轉，皆從東冶汎海而至，風波艱阻，沈溺相係。弘奏開零陵、桂陽嶠道，於是夷通，至今遂爲常路。在職二年，所息省三億萬計。

又　卷四一《鍾離意傳》　交阯太守張恢，坐臧千金，徵還伏法，以資物簿入大司農，詔班賜羣臣。

又　卷四八《徐璆傳》　（徐璆）稍遷荆州刺史。時董太后姊子張忠爲南陽太守，因埶放濫，臧罪數億。璆臨當之部，太后遣中常侍以忠屬璆。璆對曰：『臣身爲國，不敢聞命。』太后怒，遽徵忠爲司隸校尉，以相威臨。璆到州，舉奏忠臧餘一億，使冠軍縣上簿詣大司農，以彰暴其事。

文化教育機構部

文化機構分部

太史

綜述

《漢書》卷一九上《百官公卿表》　（太常）屬官有太樂、太祝、太宰、太史、太卜、太醫六令丞。

《後漢書》卷五九《張衡傳》注引《漢官儀》　太史令屬太常，秩六百石。

晉·司馬彪《續漢書·百官志二·太常》注引《漢官》　太史待詔三十七人，其六人治曆，三人龜卜，三人廬宅，四人日時，三人《易》筮，二人典禳，九人籍氏、許氏、典昌氏，各三人，嘉法、請雨、解事各二人，醫二人。【略】

靈臺待詔四十（二）［一］人，其十四人候星，二人候日，三人候風，十二人候氣，三人候晷景，七人候鍾律。一人舍人。

又　《青紺綬條》注引《東觀書》　靈臺丞、諸陵校長秩二百石。

南朝宋·裴駰《史記集解》卷一一七《司馬相如列傳》注引《漢書音義》　掌故，太史官屬。主故事也。

晉·司馬彪《續漢書·百官志二·太常》　太史令一人，六百石。本注曰：掌天時、星曆。凡歲將終，奏新年曆。凡國祭祀、喪、娶之事，掌奏良日及時節禁忌。凡國有瑞應、灾異，掌記之。丞一人。明堂及靈臺

丞一人。二百石。本注曰：二丞，掌守明堂、靈臺。靈臺掌候日月星氣，皆屬太史。【略】

太卜令，六百石，後省并太史。

論　說

《史記》卷六《秦始皇本紀》　丞相李斯曰：『【略】臣請史官非秦紀皆燒之。非博士官所職，天下敢有藏《詩》、《書》、百家語者，悉詣守、尉雜燒之。【略】令下三十日不燒，黥爲城旦。所不去者，醫藥卜筮種樹之書。』

又　卷一三〇《太史公自序》　（司馬談）卒三歲而遷爲太史令，紬史記石室金匱之書。

《漢書》卷三〇《藝文志》　《博學》七章，太史令胡母敬所作。

晉·司馬彪《續漢書·律曆志中·賈逵論曆》　永元中，復令史官以《九道法》候弦望，驗無有差跌。【略】

（賈）逵論曰：『臣前上傅安等用黄道度日月弦望多近。史官一以赤道度之。不與日月同。於今曆弦望至差一日以上，輒奏以爲變，至以爲日卻縮退行。於黄道，自得行度，不爲變。願請太史官日月宿簿及星度課，與待詔星象考校。奏可。【略】』

案史官舊有《九道術》，廢而不修。熹平中，故治曆郎梁國宗整《上九道》術，詔書下太史，以參舊術，相應。部太子舍人馮恂課校，恂亦復作《九道術》，增損其分，與整術並校，差爲近。太史令颺上以恂術參弦、望。

《後漢書》卷一下《光武帝紀》　羣臣奏言：『【略】今天下清寧，靈物仍降。陛下情存損挹，推而不居，豈可使祥符顯慶，没而無聞？宜令太史撰集，以傳來世。』帝不納。常自謙無德，每郡國所上，輒抑而不當，故史官罕得記焉。

又　卷六《順帝紀》　（陽嘉元年）秋七月，史官始作候風地動銅儀。

又　卷四〇下《班固傳》　論曰：司馬遷、班固父子，其言史官載籍之作，大義粲然著矣。

又　卷四二《光武十王傳·琅邪孝王京》　（琅邪孝王劉京）數上詩賦頌德，帝嘉美，下之史官。

又　卷四八《李法傳》　（李法）又譏史官記事不實，後世有識，尋功計德，必不明信。

又　卷六二《荀悦傳》　（荀悦）又言：『尚主之制非古也。釐降二女，陶唐之典。歸妹元吉，帝乙之訓。王姬歸齊，宗周之禮。以陰乘陽違天，以婦陵夫違人。違天不祥，違人不義。又古者天子諸侯有事，必告于廟。朝有二史，左史記言，右史書事。事爲《春秋》，言爲《尚書》。君舉必記，善惡成敗，無不存焉。下及士庶，苟有茂異，咸在載籍。或欲顯而不得，或欲隱而名章。得失一朝，而榮辱千載。善人勸焉，淫人懼焉。宜於今者備置史官，掌其典文，紀其行事。每於歲盡，舉之尚書。以助賞罰，以弘法教。』

石渠閣

綜　述

《後漢書》卷三《章帝紀》注引《三輔故事》　石渠閣在未央殿北，藏秘書之所。

論　說

《漢書》卷七一《薛廣德傳》　（薛廣德）爲博士，論石渠，遷諫大夫，代貢禹爲長信少府、御史大夫。

又　卷七三《韋玄成傳》　（韋）玄成受詔，與太子太傅蕭望之及《五經》諸儒雜論同異於石渠閣，條奏其對。

又　卷八八《儒林傳·施讎》　（施讎）甘露中與《五經》諸儒雜論同異於石渠閣。

又《林尊傳》 林尊字長賓，濟南人也。事歐陽高，爲博士，論石渠。

又《周堪傳》 周堪字少卿，齊人也。與孔霸俱事大夏侯勝。霸爲博士。堪譯官令，論於石渠，經爲最高，後爲太子少傅，而孔霸以太中大夫授太子。

又《張山傳》 張山拊字長賓，平陵人也。事小夏侯建，爲博士，論石渠，至少府。

又《王式傳》 張生論石渠，至淮陽中尉。

又《孟卿傳》 （戴）聖號小戴，以博士論石渠，至九江太守。【略】通漢以太子舍人論石渠，至中山中尉。

藝文

《後漢書》卷四〇上《班固傳》 （班固）乃上《兩都賦》，盛稱洛邑制度之美，以折西賓淫侈之論。其辭曰：『【略】又有天禄石渠，典籍之府，命夫諄誨故老，名儒師傅，講論乎《六藝》，稽合乎同異。又有承明金馬，著作之庭，大雅宏達，於茲爲羣，元元本本，周見洽聞，啓發篇章，校理秘文。』

蘭臺

綜述

《漢書》卷一九上《百官公卿表》 （御史）中丞，在殿中蘭臺，掌圖籍秘書。

晉・司馬彪《續漢書・百官志三・少府》注引蔡質《漢儀》 （御史）丞，故二千石爲之，或遷侍御史高第，執憲中司，朝會獨坐，內掌蘭臺，督諸州刺史，糾察百寮，出爲二千石。

《後漢書》卷四〇上《班固傳》注引《漢官儀》 蘭臺令史六人，秩百石，掌書劾奏。

晉・司馬彪《續漢書・百官志三・少府》 蘭臺令史，六百石。本注曰：掌奏及印工文書。

論說

《漢書》卷九九上《王莽傳》 （王）莽上奏太后曰：『【略】及前孝哀皇帝建平二年六月甲子下詔書，更爲太初元將元年，案其本事，甘忠可、夏賀良讖書臧蘭臺。』

《後漢書》卷四八《楊終傳》 楊終字子山，蜀郡成都人也。年十三，爲郡小吏，太守奇其才，遣詣京師受業，習《春秋》。顯宗時，徵詣蘭臺，拜校書郎。

又卷六六《王允傳》 （王允）代楊彪爲司徒，守尚書令如故。及董卓遷都關中，允悉收斂蘭臺、石室圖書秘緯要者以從。既至長安，皆分別條上。又集漢朝舊事所當施用者，一皆奏之。經籍具存，允有力焉。

又卷七八《宦者傳・呂強》 （李）巡以爲諸博士試甲乙科，爭弟高下，更相告言，至有行賂定蘭臺漆書經字，以合其私文者，乃白帝，與諸儒共刻《五經》文於石，於是詔蔡邕等正其文字。自後《五經》一定，爭者用息。

又卷八〇上《文苑傳・李尤》 （李尤）少以文章顯。和帝時，侍中賈逵薦尤有相如、楊雄之風，召詣東觀，受詔作賦，拜蘭臺令史。

東觀

綜述

《宋書》卷四〇《百官志下》 漢東京圖籍在東觀，故使名儒碩學，著作東觀，撰述國史。

《晉書》卷二四《職官志》 漢東京圖籍在東觀，故使名儒著作東

觀，有其名，尚未有官。

論　説

《後漢書》卷五四《楊彪傳》注引《华嶠書》　（楊彪）與馬日磾、盧植、蔡邕等著作東觀。

晉・司馬彪《續漢書・律曆志上》　熹平六年，東觀召典律者太子舍人張光等問準意。

《後漢書》卷四《和帝紀》　（永元）十三年春正月丁丑，帝幸東觀，覽書林，閲篇籍，博選術蓺之士以充其官。

又　卷五《安帝紀》　（永初四年）詔謁者劉珍及《五經》博士，校定東觀《五經》、諸子、傳記、百家蓺術，整齊脱誤，是正文字。

又　卷一〇上《皇后紀・和熹鄧皇后》　（鄧）太后自入宫掖，從曹大家受經書，兼天文、算數。晝省王政，夜則誦讀，而患其謬誤，懼乖典章，乃博選諸儒劉珍等及博士、議郎、四府掾史五十餘人，詣東觀讎校傳記。事畢奏御，賜葛布各有差。又詔中官近臣於東觀受讀經傳，以教授宫人，左右習誦，朝夕濟濟。

又　卷一四《北海靖王興傳》　（劉）復子騊駼及從兄平望侯毅，並有才學。永寧中，鄧太后召毅及騊駼入東觀，與謁者僕射劉珍著中興以下名臣列士傳。

又　卷一六《鄧騭傳》　閶妻耿氏有節操，痛鄧氏誅廢，子忠早卒，乃養河南尹豹子嗣爲閶後。耿氏教之書學，遂以通博稱。永壽中，與伏無忌、延篤著書東觀，官至屯騎校尉。

又　卷二三《竇章傳》　（竇章）家於外黄。居貧，蓬户蔬食，躬勤孝養，然講讀不輟。太僕鄧康聞其名，請欲與交，章不肯往，康以此益重焉。是時學者稱東觀爲老氏臧室，道家蓬萊山，康遂薦章入東觀爲校書郎。

又　卷三五《曹襃傳》　（曹襃）拜博士。【略】章和元年正月，乃召襃詣嘉德門，令小黄門持班固所上叔孫通《漢儀》十二篇，敕襃曰：『此制散略，多不合經，今宜依禮條正，使可施行。於南宫、東觀盡心集作。』

又　卷五二《崔寔傳》　（崔寔）其後辟太尉袁湯、大將軍梁冀府，並不應。大司農羊傅、少府何豹上書薦寔才美能高，宜在朝廷。召拜議郎，遷大將軍冀司馬，與邊韶、延篤等著作東觀。

又　卷五九《張衡傳》　（張衡）所著詩、賦、銘、七言、《靈憲》、《應閒》、《七辯》、《巡誥》、《懸圖》凡三十二篇。

永初中，謁者僕射劉珍、校書郎劉騊駼等著作東觀，撰集《漢記》，因定漢家禮儀，上言請衡參論其事，會並卒，而衡常歎息，欲終成之。及爲侍中，上疏請得專事東觀，收檢遺文，畢力補綴。

又　卷六〇上《馬融傳》　（馬融）拜爲校書郎中，詣東觀典校秘書。【略】

忤鄧氏，滯於東觀，十年不得調。【略】

桓帝時爲南郡太守。先是融有事忤大將軍梁冀旨，冀諷有司奏融在郡貪濁，免官，髡徙朔方。自刺不殊，得赦還，復拜議郎，重在東觀著述，以病去官。

又　卷六〇下《蔡邕傳》　（蔡邕）出補河平長。召拜郎中，校書東觀。遷議郎。【略】邕前在東觀，與盧植、韓説等撰補《後漢記》。

又　卷六四《盧植傳》　（盧植）徵拜議郎，與諫議大夫馬日磾、議郎蔡邕、楊彪、韓説等並在東觀，校中書《五經》記傳，補續《漢記》。

又　卷六五《張奂傳》　（張奂）後辟大將軍梁冀府，乃上書桓帝，奏其《章句》，詔下東觀。

又　卷七七《酷吏傳・陽球》　（陽球）拜尚書令。奏罷鴻都文學，曰：『【略】今太學、東觀足以宣明聖化。願罷鴻都之選，以消天下之謗。』書奏不省。

又　卷七八《宦者傳・蔡倫》　（蔡倫）後爲長樂太僕。【略】帝以經傳之文多不正定，乃選通儒謁者劉珍及博士良史詣東觀，各讎校（漢）家法，令倫監典其事。

又　卷七九上《儒林傳・序》　初，光武遷還洛陽，其經牒秘書載之二千餘兩，自此以後，參倍於前。及董卓移都之際，吏民擾亂，自辟

雍、東觀、蘭臺、石室、宣明、鴻都諸藏典策文章，競共剖散，其縑帛圖書，大則連爲帷蓋，小乃制爲縢囊。及王允所收而西者，裁七十餘乘，道路艱遠，復棄其半矣。後長安之亂，一時焚蕩，莫不泯盡焉。

又《儒林傳·孔僖》 孔僖字仲和，魯國魯人也。【略】元和二年春，帝東巡狩，還過魯，幸闕里，以太牢祠孔子及七十二弟子，作六代之樂，大會孔氏男子二十以上者六十三人，命儒者講《論語》。僖因自陳謝。【略】遂拜僖郎中，賜褒成侯損及孔氏男女錢帛，詔僖從還京師，使校書東觀。

又 卷八〇上《文苑傳·黄香》 （黄香）博學經典，究精道術，能文章，京師號曰『天下無雙江夏黄童』。初除郎中，元和元年，肅宗詔香詣東觀，讀所未嘗見書。

又《李尤傳》 （李尤）少以文章顯。和帝時，侍中賈逵薦尤有相如、楊雄之風，召詣東觀，受詔作賦，拜蘭臺令史。【略】尤同郡李勝，亦有文才，爲東觀郎，著詩、誄、頌、論數十篇。

又《劉珍傳》 （劉珍）少好學。永初中，爲謁者僕射。鄧太后詔使與校書劉騊駼、馬融及《五經》博士，校定東觀《五經》、諸子傳記、百家藝術，整齊脱誤，是正文字。永寧元年，太后又詔珍與騊駼作建武已來名臣傳，遷侍中、越騎校尉。

又《邊韶傳》 邊韶字孝先，陳留浚儀人也。以文章知名，教授數百人。桓帝時，爲臨潁侯相，徵拜太中大夫，著作東觀。

又 卷八〇下《文苑傳·高彪傳》 高彪字義方，吴郡無錫人也。【略】後郡舉孝廉，試經第一，除郎中，校書東觀，數奏賦、頌、奇文，因事諷諫，靈帝異之。【略】後遷（內）［外］黄令，帝敕同僚臨送，祖於上東門，詔東觀畫彪像以勸學者。

又 卷八四《列女傳·曹世叔妻》 （曹世叔妻班昭）博學高才。世叔早卒，有節行法度。兄固著《漢書》，其八表及《天文志》未及竟而卒，和帝詔昭就東觀臧書閣踵而成之。【略】時《漢書》始出，多未能通者，同郡馬融伏於閣下，從昭受讀，後又詔融兄續繼昭成之。

太樂

綜述

《漢書》卷一九上《百官公卿表》 （太常）屬官有太樂、太祝、太宰、太史、太卜、太醫六令丞。

《後漢書》卷二《明帝紀》注引《漢官儀》 大予樂令一人，秩六百石。

晉·司馬彪《續漢書·百官志二·太常》 大（子）［予］樂令一人，六百石。本注曰：掌伎樂。凡國祭祀，掌請奏樂，及大饗用樂，掌其陳序。丞一人。

《宋書》卷一九《樂志一》 太樂，漢舊名，後漢依讖改太予樂官。

又 卷三九《百官志上》 太樂令，一人。丞一人。掌凡諸樂事。周時爲大司樂。漢西京曰太樂令。漢東京曰大予樂令。

論說

《後漢書》卷二《明帝紀》 （永平三年）秋八月戊辰，改大樂爲大予樂。

又 卷二八上《桓譚傳》 桓譚字君山，沛國相人也。父成帝時爲太樂令。

又 卷三五《曹褒傳》 （曹充）建武中爲博士，從巡狩岱宗，定封禪禮，還，受詔議立七郊、三雍、大射、養老禮儀。顯宗即位，充上言：『漢再受命，仍有封禪之事，而禮樂崩闕，不可爲後嗣法。五帝不相沿樂，三王不相襲禮，大漢［當］自制禮，以示百世。』帝問：『制禮樂云何？』充對曰：『《河圖括地象》曰：「有漢世禮樂文雅出。」《尚書璇機鈐》曰：「有帝漢出，德洽作樂，名予。」』帝善之，下詔曰：『今且改太樂官曰太予樂，歌詩曲操，以俟君子。』

樂府

綜述

《漢書》卷一九上《百官公卿表》（少府）屬官有尚書、符節、太醫、太官、湯官、導官、樂府、若盧、考工室、左弋、居室、甘泉居室、左右司空、東織、西織、東園匠十六官令丞。【略】樂府三丞。【略】綏和二年，哀帝省樂府。

論説

《漢書》卷二二《禮樂志》 孝惠二年，使樂府令夏侯寬備其簫管，更名曰《安世樂》。

又 卷八《宣帝紀》（本始）四年春正月，詔曰：「【略】其令太官損膳省宰，樂府減樂人，使歸就農業。」

又 卷九《元帝紀》（初元元年）六月，以民疾疫，令大官損膳，減樂府員，省苑馬，以振困乏。

又 卷一一《哀帝紀》（綏和二年）六月，詔曰：「鄭聲淫而亂樂，聖王所放，其罷樂府。」

又 卷五九《張延壽傳》 丞相宣、御史大夫方進奏：「放驕蹇縱恣，奢淫不制。【略】知男子李游君欲獻女，使樂府音監景武强求不得，使奴康等之其家，賊傷三人。又以縣官事怨樂府游徼莽，而使大奴駿等四十餘人羣黨盛兵弩，白晝入樂府攻射官寺，縛束長吏子弟，斫破器物，宮中皆犇走伏匿。」

博士官

綜述

《史記》卷六《秦始皇本紀》 丞相臣斯昧死言：「古者天下散亂，莫之能一，是以諸侯並作，語皆道古以害今，飾虛言以亂實，人善其所私學，以非上之所建立。今皇帝并有天下，别黑白而定一尊。私學而相與非法教，人聞令下，則各以其學議之，入則心非，出則巷議，夸主以爲名，異取以爲高，率羣下以造謗。如此弗禁，則主勢降乎上，黨與成乎下。禁之便。臣請史官非秦記皆燒之。非博士官所職，天下敢有藏《詩》、《書》、百家語者，悉詣守、尉雜燒之。有敢偶語《詩》、《書》棄市。以古非今者族。吏見知不舉者與同罪。令下三十日不燒，黥爲城旦。所不去者，醫藥卜筮種樹之書。若欲有學法令，以吏爲師。」制曰：「可。」

又 卷一二一《儒林列傳》 公孫弘爲學官，悼道之鬱滯，乃請曰：「丞相御史言：制曰『蓋聞導民以禮，風之以樂。婚姻者，居室之大倫也。今禮廢樂崩，朕甚愍焉。故詳延天下方正博聞之士，咸登諸朝。其令禮官勸學，講議洽聞興禮，以爲天下先。太常議，與博士弟子，崇鄉里之化，以廣賢材焉』。謹與太常臧、博士平等議曰：聞三代之道，鄉里有教，夏曰校，殷曰序，周曰庠。其勸善也，顯之朝廷；其懲惡也，加之刑罰。故教化之行也，建首善自京師始，由内及外。今陛下昭至德，開大明，配天地，本人倫，勸學修禮，崇化厲賢，以風四方，太平之原也。古者政教未洽，不備其禮。請因舊官而興焉。爲博士官置弟子五十人，復其身。太常擇民年十八已上，儀狀端正者，補博士弟子。郡國縣道邑有好文學，敬長上，肅政教，順鄉里，出入不悖所聞者，令相長丞上屬所二千石，二千石謹察可者，當與計偕，詣太常，得受業如弟子。」

《漢書》卷一九上《百官公卿表》 景帝中五年令諸侯王不得復治國，天子爲置吏，改丞相曰相，省御史大夫、廷尉、少府、宗正、博士官。

白虎觀

綜述

《後漢書》卷三《章帝紀》（建初四年）十一月壬戌，詔曰：『蓋三代導人，教學爲本。漢承暴秦，褒顯儒術，建立《五經》，爲置博士。其後學者精進，雖曰承師，亦別名家。孝宣皇帝以爲去聖久遠，學不厭博，故遂立《大、小夏侯尚書》，後又立《京氏易》。至建武中，復置《顔氏》、《嚴氏春秋》，《大、小戴禮》博士。此皆所以扶進微學，尊廣道蓺也。中元元年詔書，《五經》章句煩多，議欲減省。至永平元年，長水校尉儵奏言，先帝大業，當以時施行。欲使諸儒共正經義，頗令學者得以自助。孔子曰：「學之不講，是吾憂也。」又曰：「博學而篤志，切問而近思，仁在其中矣。」於戲，其勉之哉！』於是下太常，將、大夫、博士、議郎、郎官及諸生、諸儒會白虎觀，講議《五經》同異，使五官中郎將魏應承制問，侍中淳于恭奏，帝親稱制臨決，如孝宣甘露石渠故事，作《白虎議奏》。

論說

《後漢書》卷三六《賈逵傳》 建初元年，詔逵入講北宮白虎觀、南宮雲臺。

又 卷三七《丁鴻傳》（建初四年）肅宗詔鴻與廣平王羨及諸儒樓望、成封、桓郁、賈逵等，論定《五經》同異於北宮白虎觀，使五官中郎將魏應主承制問難，侍中淳于恭奏上，帝親稱制臨決。鴻以才高，論難最明，諸儒稱之。

又 卷四八《楊終傳》（楊）終又言：『宣帝博徵羣儒，論定《五經》於石渠閣。方今天下少事，學者得成其業，而章句之徒，破壞大體。宜如石渠故事，永爲後世則。』於是詔諸儒於白虎觀論考同異焉。會終坐事繫獄，博士趙博、校書郎班固、賈逵等，以終深曉《春秋》，學多異聞，表請之，終又上書自訟，卽日貰出，乃得與於白虎觀焉。

又 卷五五《清河孝王慶傳》（劉）慶以長，別居丙舍。永元四年，帝移幸北宮章德殿，講於白虎觀，慶得入省宿止。

又 卷七九上《儒林傳·序》 建初中，大會諸儒於白虎觀，考詳同異，連月乃罷。肅宗親臨稱制，如石渠故事，顧命史臣，著爲通義。

又 卷七九下《儒林傳·魏應》（魏）應經明行修，弟子自遠方至，著録數千人。肅宗甚重之，數進見，論難於前，特受賞賜。時會京師諸儒於白虎觀，講論《五經》同異，使應專掌難問，侍中淳于恭奏之，帝親臨稱制，如石渠故事。

又 《李育傳》（李育）後拜博士。四年，詔與諸儒論《五經》於白虎觀，育以《公羊》義難賈逵，往返皆有理證，最爲通儒。

教育機構分部

太學

綜述

《漢書》卷六《武帝紀贊》（武帝）興太學。

宋·李昉等《太平御覽》卷五三四《禮儀部一三·學校》引《東觀漢記》 光武建平五年，初起太學宮。諸生吏子弟及民以義助作。上自齊歸，幸太學，賜博士弟子有差。

論說

《漢書》卷八《宣帝紀》（本始二年）夏五月，詔曰：『朕以眇身奉承祖宗，夙夜惟念孝武皇帝躬履仁義，選明將，討不服，匈奴遠遁，平

氏、羌、昆明、南越，百蠻鄉風，款塞來享；建太學，修郊祀，定正朔，協音律；封泰山，塞宣房，符瑞應，寶鼎出，白麟獲。功德茂盛，不能盡宣，而廟樂未稱，其議奏。』有司奏請宜加尊號。

又　卷五一《賈山傳》　賈山曰：『【略】臣不勝大願，願少衰射獵，以夏歲二月，定明堂，造太學，修先王之道。』

又　卷五六《董仲舒傳》　（董仲舒）曰：『【略】陛下親耕藉田以爲農先，夙寤晨興，憂勞萬民，思惟往古，而務以求賢，此亦堯舜之用心也，然而未云獲者，士素不厲也。夫不素養士而欲求賢，譬猶不琢玉而求文采也。故養士之大者，莫大虖太學；太學者，賢士之所關也，教化之本原也。今以一郡一國之衆，對亡應書者，是王道往往而絶也。臣願陛下興太學，置明師，以養天下之士，數考問以盡其材，則英俊宜可得矣。今之郡守、縣令，民之師帥，所使承流而宣化也；故師帥不賢，則主德不宣，恩澤不流。今吏既亡教訓於下，或不承用主上之法，暴虐百姓，與姦爲市，貧窮孤弱，冤苦失職，甚不稱陛下之意，是以陰陽錯繆，氛氣充塞，羣生寡遂，黎民未濟，皆長吏不明，使至於此也。』【略】

自武帝初立，魏其、武安侯爲相而隆儒矣。及仲舒對册，推明孔氏，抑黜百家。立學校之官，州郡舉茂材孝廉，皆自仲舒發之。

又　卷六四下《王褒傳》　益州刺史王襄欲宣風化於衆庶，聞王褒有俊材，請與相見，使褒作《中和》、《樂職》、《宣布詩》，選好事者令依《鹿鳴》之聲習而歌之。時氾鄉侯何武爲僮子，選在歌中。久之，武等學長安，歌太學下，轉而上聞。宣帝召見武等觀之，皆賜帛，謂曰：『此盛德之事，吾何足以當之！』

又　卷七二《鮑宣傳》　（鮑宣）下廷尉獄。博士弟子濟南王咸舉幡太學下，曰：『欲救鮑司隸者會此下。』

又　卷八八《儒林傳・序》　成帝末，或言孔子布衣養徒三千人，今天子太學弟子少，於是增弟子員三千人。歲餘，復如故。

宋・李昉等《太平御覽》卷五三四《禮儀部一三・學校》引《東觀漢記》　光武建平五年，初起太學宮。諸生吏子弟及民以義助作。上自齊歸，幸太學，賜博士弟子有差。

《後漢書》卷三三《朱浮傳》　（朱）浮又以國學既興，宜廣博士之選，乃上書曰：『夫太學者，禮義之宮，教化所由興也。陛下尊敬先聖，垂意古典，宮室未飾，干戈未休，而先建太學，進立橫舍，比日車駕親臨觀饗，將以弘時雍之化，顯勉進之功也。尋博士之官，爲天下宗師，使孔聖之言傳而不絶。』

又　卷三五《鄭玄傳》　（鄭）玄少爲鄉嗇夫，得休歸，常詣學官，不樂爲吏，父數怒之，不能禁。遂造太學受業，師事京兆第五元先，始通《京氏易》、《公羊春秋》、《三統曆》、《九章算術》。

又　卷三七《桓榮傳》　車駕幸太學，會諸博士論難於前，榮被服儒衣，温恭有藴藉，辯明經義，每以禮讓相厭，不以辭長勝人，儒者莫之及，特加賞賜。又詔諸生雅吹擊磬，盡日乃罷。

雜　録

宋・李昉等《太平御覽》卷五三四《禮儀部一三・學校》引《三輔舊事》　漢太學在長安門東書社門，立五經博士員弟子萬餘人。學中有市有獄。光武東遷，學乃廢。

鴻都門學

綜　述

《後漢書》卷八《靈帝紀》注　鴻都，門名也，於内置學。

元・馬端臨《文獻通考》卷四〇《學校考一・太學》　先公曰：鴻都門，漢宮門也。【略】鴻都學，私學也。

論　説

《後漢書》卷八《靈帝紀》　（光和元年二月）始置鴻都門學生。

又　卷五四《楊賜傳》　（楊賜）曰：『【略】又鴻都門下，招會羣

小，造作賦說，以蟲篆小技見寵於時，如驩兜、共工更相薦說，旬月之間，並各拔擢，樂松處常伯，任芝居納言。郄儉、梁鵠俱以便辟之性，佞辯之心，各受豐爵不次之寵，而令搢紳之徒委伏畎畝，口誦堯舜之言，身蹈絶俗之行，棄捐溝壑，不見逮及。冠履倒易，陵谷代處，從小人之邪意，順無知之私欲，不念《板》、《蕩》之作，虺蜴之誡。殆哉之危，莫過於今。』

又　卷六〇下《蔡邕傳》　初，帝好學，自造《皇羲篇》五十章，因引諸生能爲文賦者。本頗以經學相招，後諸爲尺牘及工書鳥篆者，皆加引召，遂至數十人。侍中祭酒樂松、賈護，多引無行趣埶之徒，並待制鴻都門下，憙陳方俗閭里小事，帝甚悅之，待以不次之位。【略】

光和元年，遂置鴻都門學，畫孔子及七十二弟子像。其諸生皆敕州郡三公舉用辟召，或出爲刺史、太守，入爲尚書、侍中，乃有封侯賜爵者，士君子皆恥與爲列焉。

又　卷七七《酷吏傳·陽球》　（陽球）拜尚書令。奏罷鴻都文學，曰：『伏承有詔敕中尚方爲鴻都文學樂松、江覽等三十二人圖象立贊，以勸學者。臣聞《傳》曰：「君舉必書。書而不法，後嗣何觀！」案松、覽等皆出於微蔑，斗筲小人，依憑世戚，附託權豪，俛眉承睫，徼進明時。或獻賦一篇，或鳥篆盈簡，而位升郎中，形圖丹青。亦有筆不點牘，辭不辯心，假手請字，妖僞百品，莫不被蒙殊恩，蟬蛻滓濁。是以有識掩口，天下嗟歎。臣聞圖象之設，以昭勸戒，欲令人君動鑑得失，未聞豎子小人，詐作文頌，而可妄竊天官，垂象圖素者也。今太學、東觀足以宣明聖化。願罷鴻都之選，以消天下之謗。』書奏不省。

郡國學校官

綜　述

《漢書》卷一二《平帝紀》　（元始三年）立官稷及學官。郡國曰學，縣、道、邑、侯國曰校。校、學置經師一人。鄉曰庠，聚曰序。序、庠置《孝經》師一人。

論　說

《漢書》卷八六《何武傳》　（何武）行部必先即學官見諸生，試其誦論，問以得失。

又　卷八八《儒林傳·序》　（元帝時）郡國置《五經》百石卒史。

又　卷八九《循吏傳·文翁》　至武帝時，乃令天下郡國皆立學校官，自文翁爲之始云。

晉·司馬彪《續漢書·禮儀志上·高禖》　明帝永平二年三月，上始帥羣臣躬養三老、五更于辟雍。行大射之禮。郡、縣、道行鄉飲酒于學校，皆祀聖師周公、孔子，牲以犬。

《後漢書》卷二《明帝紀》　（永平十年）閏月甲午，南巡狩，幸南陽，祠章陵。日北至，又祠舊宅。禮畢，召校官弟子作雅樂，奏《鹿鳴》，帝自御塤篪和之，以娛嘉賓。

又　卷二五《劉寬傳》　（南陽太守劉寬）每行縣止息亭傳，輒引學官祭酒及處士諸生執經對講。

又　卷三五《鄭玄傳》　（鄭）玄少爲鄉嗇夫，得休歸，常詣學官，不樂爲吏，父數怒之，不能禁。

又　卷七六《循吏傳·任延》　（任延）又造立校官，自掾（吏）［史］子孫，皆令詣學受業，復其徭役。章句既通，悉顯拔榮進之。郡遂有儒雅之士。

宗教事務管理機構部

太常分部

綜述

《張家山漢墓竹簡·二年律令·秩律》　漢郎中、奉常，秩各二千石。

《漢書》卷一九上《百官公卿表》　奉常，秦官，掌宗廟禮儀，有丞。景帝中六年更名太常。【略】王莽改太常曰秩宗。

唐·虞世南《北堂書鈔》卷五三《設官部》引《漢官解詁》　太常，掌社稷郊時，事重職尊，故在九卿之首。

晉·司馬彪《續漢書·禮儀志中·請雨》注引《漢舊儀》　求雨，太常禱天地、宗廟、社稷、山川以賽，各如其常牢，禮也。

宋·李昉等《太平御覽》卷二二八《職官部》二六《太常卿》引衛宏曰　太常主導贊助祭，皆平冕七旒，玄上纁下，華蟲七章。漢陵屬三輔，太常月一行。

《漢書》卷七《昭帝紀》注引應劭曰　太常掌諸陵園，皆徙天下豪富民以充實之，後悉爲縣，故與三輔同賦。

《後漢書》卷一上《光武帝紀》注引應劭《漢官儀》　欲令國家盛大，社稷常存，故稱太常。

唐·李林甫等《唐六典》卷一四《太常寺》引《漢官儀鹵簿篇》　太常駕四馬，主簿前車八乘，有鈴下、侍閣、辟車、騎吏、五伯等員。

唐·歐陽詢等《藝文類聚》卷四九《職官部五》注引《漢官典職》　惠帝改太常爲奉常，景帝復太常，蓋周官宗伯也。

晉·司馬彪《續漢書·百官志二·太常》　太常，卿一人，中二千石。本注曰：掌禮儀祭祀。每祭祀，先奏其禮儀；及行事，常贊天子。【略】大射、養老、大喪，皆奏其禮儀。每月前晦，察行陵廟。

《漢書》卷二四《食貨志》注引蘇林曰　太常主諸陵，有民，故亦課田種也。

又　卷七《昭帝紀》注引如淳曰　《百官表》太常主諸陵，別治其縣，爵秩如三輔郡矣。元帝永光五年，令各屬在所郡也。

又　卷一九上《百官公卿表》注　太常，王者旌旗也，畫日月焉，王有大事則建以行，禮官主奉持之，故曰奉常也。後改曰太常，尊大之義也。

唐·張守節《史記正義》卷一〇《孝文本紀》　漢置九卿，一曰太常。

論說

《史記》卷九九《劉敬叔孫通傳》　（高帝）乃拜叔孫通爲太常，賜金五百斤。【略】

高帝崩，孝惠即位，乃謂叔孫生曰：『先帝園陵寢廟，羣臣莫習。』徙爲太常，定宗廟儀法。及稍定漢諸儀法，皆叔孫生爲太常所論著也。

《漢書》卷三六《楚元王劉交傳》　（劉德）傳至孫慶忌，復爲宗正、太常。薨，子岑嗣，爲諸曹中郎將，列校尉，至太常。

又　卷六〇《杜緩傳》　（杜緩）父延年薨，徵視喪事，拜爲太常，治諸陵縣。

《後漢書》卷六三《李固傳》注引《謝承書》　（趙戒）徵拜爲尚書令，出爲河南尹，轉拜太常。永和六年特拜司空也。

又　卷一四《城陽恭王祉傳》　更始立，以（劉）祉爲太常將軍，紹封舂陵侯。

又　卷一八《陳俊傳》　更始立，以宗室劉嘉爲太常將軍。

又　卷二一《邳彤傳》　（邳彤）行大司空事。帝入洛陽，拜彤太常，月餘日轉少府，是年免。

又　卷二六《韋彪傳》　（韋）彪孝行純至，父母卒，哀毁三年，

不出廬寢。服竟，羸瘠骨立異形，醫療數年乃起。好學洽聞，雅稱儒宗。建武末，舉孝廉，除郎中，以病免，復歸教授。安貧樂道，恬於進趣，三輔諸儒莫不慕仰之。顯宗聞彪名，永平六年，召拜謁者，賜以車馬衣服，三遷魏郡太守。肅宗即位，以病免。徵爲左中郎將、長樂衛尉，數陳政術，每歸寬厚。比上疏乞骸骨，拜爲奉車都尉，秩中二千石，賞賜恩寵，侔於親戚。建初七年，車駕西巡狩，以彪行太常從，數召入，問以三輔舊事，禮儀風俗。

又　卷二七《趙典傳》（趙典）轉太僕，遷太常。

又　卷三一《羊續傳》（中平）六年，靈帝欲以續爲太尉。時拜三公者，皆輸東園禮錢千萬，令中使督之，名爲『左騶』。其所之往，輒迎致禮敬，厚加贈賂。續乃坐使人於單席，舉緼袍以示之，曰：『臣之所資，惟斯而已。』左騶白之，帝不悦，以此故不登公位。而徵爲太常。

又　卷三七《桓焉傳》（桓焉）拜光禄大夫，遷太常。

（桓焉）代來歷爲大鴻臚，數日，遷爲太常。

又　卷三八《馮緄傳》（馮緄）徵拜京兆尹，轉司隸校尉，所在立威刑。遷廷尉、太常。

又　卷四四《胡廣傳》（胡廣）特進徵拜太常，遷太尉，以日食免。復爲太常，拜太尉。【略】

（胡廣）後拜太中大夫、太常。（延熹）九年，復拜司徒。

又　卷四八《徐璆傳》（徐璆）拜太常，使持節拜曹操爲丞相。

又　卷五四《楊秉傳》（楊秉）拜太僕，遷太常。

又《楊彪傳》（楊彪）拜光禄大夫。十餘日，遷大鴻臚。從入關，轉少府、太常，以病免。復爲京兆尹、光禄勳，再遷光禄大夫。三年秋，代淳于嘉爲司空，以地震免。復拜太常。

又　卷五六《种拂傳》（种拂）代荀爽爲司空。明年，以地震策免，復爲太常。

又　卷六一《黄瓊傳》（黄瓊）出爲魏郡太守，稍遷太常。

又　卷七五《劉焉傳》（劉焉）稍遷南陽太守、宗正、太常。

又　卷七六《循吏傳・劉矩》（劉矩）補從事中郎，復爲尚書令，遷宗正、太常。

又　卷八二上《方術傳・李郃》（李）郃歲中舉孝廉，五遷尚書令，又拜太常。

雜録

《漢書》卷一九上《百官公卿表》自太常至執金吾，秩皆中二千石，丞皆千石。

太常佐官屬吏分部

綜述

《漢書》卷一九上《百官公卿表》（奉常）屬官有太樂、太祝、太宰、太史、太卜、太醫六令丞，又均官、都水兩長丞，又諸廟寢園食官令長丞，有雍太宰、太祝令丞，五畤各一尉。【略】景帝中六年更名太祝爲祠祀，武帝太初元年更曰廟祀，初置太卜。

晉・司馬彪《續漢書・百官志二・太常》注引《漢舊儀》（太常）丞舉廟中非法者。【略】

廟祭，太祝令主席酒。【略】

贊饗一人，秩六百石，掌贊天子。

又　注引《漢官》（太常）員吏八十五人，其十二人四科，十五人佐，五人假佐，十三人百石，十五人騎吏，九人學事，十六人守學事。【略】

太史待詔三十七人，其六人治曆，三人龜卜，三人廬宅，四人日時，三人《易》筮，二人典禳，九人籍氏、許氏、典昌氏，各三人，嘉法、請雨、解事各二人，醫一人。【略】

靈臺待詔四十二人，其十四人候星，二人候日，三人候風，十二人候氣，三人候晷景，七人候鍾律。一人舍人。

《後漢書》卷四四《徐防傳》注引《漢官》太常差選有聰明威重一

宗教事務管理機構部

太常分部

綜述

《張家山漢墓竹簡·二年律令·秩律》 漢郎中、奉常，秩各二千石。

《漢書》卷一九上《百官公卿表》 奉常，秦官，掌宗廟禮儀，有丞。景帝中六年更名太常。【略】王莽改太常曰秩宗。

人爲祭酒，總領綱紀也。

晉・司馬彪《續漢書・禮儀志上・夕牲》　正月，天郊，夕牲。晝漏未盡十八刻初納，夜漏未盡八刻初納，進熟獻，太祝送，旋，皆就燎位，宰祝舉火燔柴，火然，天子再拜，興，有司告事畢也。明堂、五郊、宗廟、太社稷、六宗夕牲，皆以晝漏未盡十四刻初納，夜漏未盡七刻初納，進熟獻，送神，還，有司告事畢。六宗燔燎，火大然，有司告事畢。

又　《百官志二・太常》注引《東觀書》　章帝又置祀令、丞，延平元年省。【略】

（太常）丞一人，比千石。本注曰：掌凡行禮及祭祀小事，總署曹事。其署曹掾史，隨事爲員，諸卿皆然。

太史令一人，六百石。本注曰：掌天時、星曆。凡歲將終，奏新年曆。凡國祭祀、喪、娶之事，掌奏良日及時節禁忌。凡國有瑞應、災異，掌記之。丞一人。明堂及靈臺丞一人，二百石。本注曰：二丞，掌守明堂、靈臺。靈臺掌候日月星氣，皆屬太史。【略】

太祝令一人，六百石。本注曰：凡國祭祀，掌讀祝，及迎送神。丞一人。本注曰：掌祝小神事。

太宰令一人，六百石。本注曰：掌宰工鼎俎饌具之物。凡國祭祀，掌陳饌具。

大予樂令一人，六百石。本注曰：掌伎樂。凡國祭祀，掌請奏樂，及大饗用樂，掌其陳序。【略】

先帝陵，每陵食官令各一人，六百石。本注曰：掌望晦時節祭祀。

右屬太常。本注曰：有祠祀令一人，後轉屬少府。有太卜令，六百石，後省并太史。

雜　録

《史記》卷二八《封禪書》　（漢二年）悉召故秦祝官，復置太祝、太宰，如其故儀禮。【略】

始名山大川在諸侯，諸侯祝各自奉祠，天子官不領。及齊、淮南國廢，令太祝盡以歲時致禮如故。【略】

亳人謬忌奏祠太一方，曰：『天神貴者太一，太一佐曰五帝。古者天子以春秋祭太一東南郊，用太牢，七日，爲壇開八通之鬼道。』於是天子令太祝立其祠長安東南郊，常奉祠如忌方。其後人有上書，言『古者天子三年一用太牢祠神三一：天一、地一、太一。』天子許之，令太祝領祠之於忌太一壇上，如其方。後人復有上書，言『古者天子常以春解祠，祠黄帝用一梟破鏡。冥羊用羊祠。馬行用一青牡馬。太一、澤山君地長用牛。武夷君用乾魚。陰陽使者以一牛』。令祠官領之如其方，而祠於忌太一壇旁。【略】

（元鼎六年）十一月辛巳朔旦冬至，昧爽，天子始郊拜太一。朝朝日，夕夕月，則揖。而見太一如雍郊禮。其贊饗曰：『天始以寶鼎神策授皇帝，朔而又朔，終而復始，皇帝敬拜見焉。』而衣上黄。其祠列火滿壇，壇旁亨炊具。有司云『祠上有光焉』。公卿言『皇帝始郊見太一雲陽，有司奉瑄玉嘉牲薦饗。是夜有美光，及晝，黄氣上屬天。』太史公、祠官寬舒等曰：『神靈之休，祐福兆祥，宜因此地光域立太畤壇以明應。令太祝領，秋及臘間祠。三歲天子一郊見。』【略】

今天子所興祠，太一、后土，三年親郊祠，建漢家封禪，五年一脩封。薄忌太一及三一、冥羊、馬行、赤星，五，寬舒之祠官以歲時致禮。凡六祠，皆太祝領之。

又　卷八七《李斯列傳》　李斯已死，二世拜趙高爲中丞相，事無大小輒決於高。高自知權重，乃獻鹿，謂之馬。二世問左右：『此乃鹿也？』左右皆曰『馬也』。二世驚，自以爲惑，乃召太卜，令卦之。太卜曰：『陛下春秋郊祀，奉宗廟鬼神，齋戒不明，故至于此。可依盛德而明齋戒。』於是乃入上林齋戒。

又　卷一二八《龜策列傳》　至高祖時，因秦太卜官。天下始定，兵革未息。及孝惠享國日少，呂后女主，孝文、孝景因襲掌故，未遑講試，雖父子疇官，世世相傳，其精微深妙，多所遺失。至今上即位，博開藝能之路，悉延百端之學，通一伎之士咸得自效，絶倫超奇者爲右，無所阿私，數年之間，太卜大集。【略】

能得百莖蓍，并得其下龜以卜者，百言百當，足以決吉凶。神龜出於江水中，廬江郡常歲時生龜長尺二寸者二十枚輸太卜官，太卜官因以吉日

剔取其腹下甲。龜千歲乃滿尺二寸。王者發軍行將，必鑽龜廟堂之上，以決吉凶。

又 卷一三〇《太史公自序》注引《茂陵中書》 司馬談以太史丞爲太史令。

《漢書》卷六四《終軍傳》 元鼎中，博士徐偃使行風俗。偃矯制，使膠東、魯國鼓鑄鹽鐵，還，奏事，徙爲太常丞。

又 卷八五《谷永傳》 （谷永）爲太常丞，數上疏言得失。建始三年冬，日食地震同日俱發，詔舉方正直言極諫之士，太常陽城侯劉慶忌舉永待詔公車。

又 卷九六下《西域傳·渠犁》 上乃下詔，深陳既往之悔，曰：「【略】曩者，朕之不明，以軍候弘上書言「匈奴縛馬前後足，置城下，馳言『秦人，我匄若馬』」，又漢使者久留不還，故興師遣貳師將軍，欲以爲使者威重也。古者卿大夫與謀，參以蓍龜，不吉不行。乃者以縛馬書徧視丞相御史二千石諸大夫郎爲文學者，乃至郡屬國都尉成忠、趙破奴等，皆以「虜自縛其馬，不祥甚哉」，或以爲「欲以見强，夫不足者視人有餘」。《易》之，卦得《大過》，爻在九五，匈奴困敗。公車方士、太史治星望氣，及太卜龜蓍，皆以爲吉，匈奴必破，時不可再得也。又曰「北伐行將，於鬴山必克」。卦諸將，貳師最吉。故朕親發貳師下鬴山，詔之必毋深入。今計謀卦兆皆反繆。重合侯得虜候者，言「聞漢軍當來，匈奴使巫埋羊牛所出諸道及水上以詛軍。單于遺天子馬裘，常使巫祝之。縛馬者，詛軍事也。」又卜「漢軍一將不吉」。匈奴常言「漢極大，然不能饑渴，失一狼，走千羊。」乃者貳師敗，軍士死略離散，悲痛常在朕心。」

宋·李昉等《太平御覽》卷二二九《職官部》二七《東觀漢記》 陰猛好學温良，稱于儒林，以郎遷爲太祝令。

《後漢書》卷四八《爰延傳》 （爰延）遷魏郡太守，徵拜大鴻臚。帝以延儒生，常特宴見。時，太史令上言客星經帝坐，帝密以問延。

民族及對外事務管理機構部

中央民族及對外事務管理機構分部

大鴻臚

綜　述

《張家山漢墓竹簡·二年律令·秩律》 典客，中尉，【略】秩各二千石。

《漢書》卷一九上《百官公卿表》 典客，秦官，掌諸歸義蠻夷，有丞。景帝中六年更名大行令，武帝太初元年更名大鴻臚。屬官有行人、譯官、別火三令丞及郡邸長丞。武帝太初元年更名行人爲大行令，初置別火。王莽改大鴻臚曰典樂。初，置郡國邸屬少府，中屬中尉，後屬大鴻臚。

又 卷八《宣帝紀》注引衛宏《漢舊儀》 郡邸獄治天下郡國上計者，屬大鴻臚。

晉·司馬彪《續漢書·百官志二·大鴻臚》注引《漢官》 （大鴻臚）員吏五十五人，其六人四科，二人二百石，文學六人百石，一人斗食，十四人佐，六人騎吏，十五人學事，五人官醫。【略】

（大行令）員吏四十人。【略】

（治禮郎）其四人四科，五人二百石，文學五人百石，九人斗食，六人佐，六人學事，十二人守學事。

又 注引《東觀書》 （治禮郎）主齋祠儐贊九賓。又有公室，主調中都官斗食以下，功次相補。案盧植《禮》注曰：「大行郎亦如謁者，兼舉形貌。」

宋・李昉等《太平御覽》卷二二八《職官部二六・敍卿》引韋昭《辨釋名》　漢置十二卿：【略】九曰大鴻臚。

晉・司馬彪《續漢書・百官志二・大鴻臚》　大鴻臚，卿一人，中二千石。本注曰：掌諸侯及四方歸義蠻夷。其郊廟行禮，贊導，請行事，既可，以命羣司。諸王入朝，當郊迎，典其禮儀。及郡國上計，匡四方來，亦屬焉。皇子拜王，贊授印綬。及拜諸侯、諸侯嗣子及四方夷狄封者，臺下鴻臚召拜之。王薨則使弔之，及拜王嗣。丞一人，比千石。

大行令一人，六百石。本注曰：主諸郎。丞一人。治禮郎四十七人。

右屬大鴻臚。本注曰：承秦有典屬國，別主四方夷狄朝貢侍子，成帝時省幷大鴻臚。中興省驛官、別火二令、丞，及郡邸長、丞，但令郎治郡邸。

《宋書》卷三九《百官志上》　大鴻臚，掌贊導拜授諸王。秦世爲典客，漢景帝中六年，更名大行令，武帝太初元年，更名大鴻臚。鴻，大也。臚，陳也。

《漢書》卷五《景帝紀注》　大鴻臚者，本名典客，後改曰大鴻臚。大行令者，本名行人，即典客之屬官也，後改曰大行令。故事之尊重者遣大鴻臚，而輕賤者遣大行也。

雜録

《史記》卷一〇《孝文本紀》　（孝文皇帝元年十月）皇帝曰：『【略】典客劉揭身奪趙王呂禄印。【略】封典客揭爲陽信侯，賜金千斤。』

《漢書》卷七《昭帝紀》　（元鳳元年）武都氐人反，遣執金吾馬適建、龍頟侯韓增、大鴻臚廣明將三輔、太常徒，皆免刑，擊之。

又　卷三六《楚元王劉交傳》　（劉德）父爲宗正，徙大鴻臚丞，遷太中大夫，後復爲宗正，雜案上官氏、蓋主事。

又　卷六六《車千秋傳》　（車千秋）爲大鴻臚。數月，遂代劉屈氂爲丞相，封富民侯。

又　卷七一《平當傳》　（平當）復徵入爲太中大夫給事中，參遷長信少府、大鴻臚、光禄勳。

又　卷七三《韋玄成傳》　（韋安）世歷郡守，大鴻臚，長樂衛尉，朝廷稱有宰相之器，會其病終。

又　卷七八《蕭望之傳》　（蕭）望之爲左馮翊三年，京師稱之，遷大鴻臚。

又　《蕭育傳》　（蕭育）復爲中郎將使匈奴。歷冀州、青州兩郡刺史，長水校尉，泰山太守，入守大鴻臚。

又　《蕭由傳》　（蕭）由爲大鴻臚，會病，不及賓贊，還歸故官，病免。復爲中散大夫，終官。

又　卷八六《王嘉傳》　（王嘉）徵入爲大鴻臚，徙京兆尹，遷御史大夫。

又　卷八八《儒林傳・孟卿》　（橋）仁爲大鴻臚，家世傳業，榮琅邪太守。【略】

周堪字少卿，齊人也。與孔霸俱事大夏侯勝。霸爲博士。堪譯官令，論於石渠，經爲最高，後爲太子少傅，而孔霸以太中大夫授太子。

《後漢書》卷二三《竇章傳》　（竇章）遷少府。漢安二年，轉大鴻臚。

又　卷二六《牟融傳》　（牟融）入代鮑昱爲司隸校尉，多所舉正，百僚敬憚之。八年，代包咸爲大鴻臚。

又　《韋彪傳》　（韋）彪行太常從，數召入，問以三輔舊事，禮儀風俗。【略】還，拜大鴻臚。

又　卷二七《趙典傳》　（趙典）公事去官，徵拜城門校尉，轉將作大匠，遷少府，又轉大鴻臚。

又　卷三二《樊儵傳》　（樊）梵字文高，爲郎二十餘年，三署服其重慎。悉推財物二千餘萬與孤兄子，官至大鴻臚。

又　卷三七《桓焉傳》　（桓焉）拜光禄大夫。陽嘉二年，代來歷爲大鴻臚，數日，遷爲太常。

又　卷四六《陳寵傳》　（陳寵）拜爲尚書。遷大鴻臚。

又　卷四八《爰延傳》　（爰延）拜五官中郎將，轉長水校尉，遷魏郡太守，徵拜大鴻臚。

又　卷五一《龐參傳》　（龐）參爲遼東太守。永建元年，遷度遼將軍。四年，入爲大鴻臚。

又《橋玄傳》（橋玄）爲河南尹，轉少府、大鴻臚。

又卷五四《楊彪傳》（楊彪）卽拜光禄大夫。十餘日，遷大鴻臚。

又卷六一《周舉傳》（周舉）遷河内太守，徵爲大鴻臚。

又卷七六《循吏傳·劉寵》（劉寵）徵爲將作大匠。【略】轉爲宗正、大鴻臚。

又卷七九上《儒林傳·窪丹》（窪丹）爲博士，稍遷，十一年，爲大鴻臚。

又卷七九下《儒林傳·包咸》（包咸）拜諫議大夫、侍中、右中郎將。永平五年，遷大鴻臚。

又《魏應傳》（魏應）爲博士，再遷侍中。十三年，遷大鴻臚。十八年，拜光禄大夫。

《漢書》卷五《景帝紀注》大鴻臚者，本名典客，後改曰大鴻臚。大行令者，本名行人，卽典客之屬官也，後改曰大行令。故事之尊重者遣大鴻臚，而輕賤者遣大行也。

唐·張守節《史記正義》卷一〇《孝文本紀》漢置九卿：【略】六曰大鴻臚。

唐·杜佑《通典》卷二五《職官七》後漢九卿而分屬三司：【略】太僕卿、廷尉、大鴻臚，三卿並司徒所部。

典屬國

综述

《漢書》卷一九上《百官公卿表》典屬國，秦官，掌蠻夷降者。武帝元狩三年昆邪王降，復增屬國，置都尉、丞、候、千人。屬官，九譯令。成帝河平元年省并大鴻臚。

晋·司馬彪《續漢書·百官志二·大鴻臚》（大鴻臚）本注曰：承秦有典屬國，别主四方夷狄朝貢侍子，成帝時省并大鴻臚。中興省驛官、别火二令、丞，及郡邸長、丞，但令郎治郡邸。

《後漢書》卷四《和帝紀》注引《十三州志》典屬國，武帝置，掌納匈奴降者也。哀帝省并大鴻臚。

《漢書》卷七《昭帝紀注》典屬國，本秦官，漢因之，掌歸義蠻夷，屬官有九譯令。後省，并大鴻臚。

雜録

《史記》卷一〇九《李將軍列傳》（李將軍）『李廣才氣，天下無雙，自負其能，數與虜敵戰，恐亡之。』於是乃徙爲上郡太守。徙爲上谷太守，匈奴日以合戰。

《漢書》卷四《文帝紀》（文帝七年夏六月遺詔）令中尉亞夫爲車騎將軍，屬國悍爲將屯將軍，郎中令張武爲復土將軍，發近縣卒萬六千人，發内史卒萬五千人，藏郭穿復土屬將軍武。

又卷七《昭帝紀》（始元六年）栘中監蘇武前使匈奴，留單于庭十九歲乃還，奉使全節，以武爲典屬國，賜錢百萬。

又卷一〇《成帝紀》（河平元年）六月，罷典屬國并大鴻臚。

又卷五四《李廣傳》（李廣）爲上谷太守，數與匈奴戰。典屬國公孫昆邪爲上泣曰：『李廣材氣，天下亡雙，自負其能，數與虜确，恐亡之。』上乃徙廣爲上郡太守。

又《蘇武傳》（蘇）武以（元始）〔始元〕六年春至京師。詔武奉一太牢謁武帝園廟，拜爲典屬國，秩中二千石，賜錢二百萬，公田二頃，宅一區。【略】數年，昭帝崩，武以故二千石與計謀立宣帝，賜爵關内侯，食邑三百户。久之，衞將軍張安世薦武明習故事，奉使不辱命，先帝以爲遺言。宣帝卽時召武待詔宦者署，數進見，復爲右曹典屬國。

又卷七〇《常惠傳》（常惠）後代蘇武爲典屬國，明習外國事，勤勞數有功。甘露中，後將軍趙充國薨，天子遂以惠爲右將軍，典屬國如故。

又卷七九《馮奉世傳》（馮奉世）爲執金吾。上郡屬國歸義降胡萬餘人反去。初，昭帝末，西河屬國胡伊酋若王亦將衆數千人畔，奉世輒持節將兵追擊。右將軍典屬國常惠薨，奉世代爲右將軍典屬國，加諸吏

之號。數歲，爲光禄勳。【略】

（馮）奉世將萬二千人騎，以將屯爲名。典屬國任立、護軍都尉韓昌爲偏裨，到隴西，分屯三處。

主客尚書

綜述

《漢書》卷一〇《成帝紀》注引《漢舊儀》　尚書四人爲四曹：【略】主客尚書主外國事。

晉·司馬彪《續漢書·百官志三·少府》注引蔡質《漢儀》　客曹郎主治羌胡事，劇遷二千石或刺史，其公遷爲縣令，秩滿自占縣去，詔書賜錢三萬與三臺祖餞，餘官則否。治嚴一月，準謁公卿陵廟乃發。

《宋書》卷三九《百官志上》引應劭《漢官》　客曹掌羌、胡朝會，法駕出，護駕。

《後漢書》卷一上《光武帝紀》注引《漢官儀》　尚書四員，武帝置，成帝加一爲五。【略】主客尚書，主外國四夷事。

晉·司馬彪《續漢書·百官志二·大鴻臚》　及拜諸侯、諸侯嗣子及四方夷狄封者，臺下鴻臚召拜之。

又《百官志三·少府》　尚書六人，六百石。本注曰：成帝初置尚書四人，分爲四曹：【略】客曹尚書，主外國夷狄事。世祖承遵，後分二千石曹，又分客曹爲南主客曹、北主客曹，凡六曹。

《宋書》卷三九《百官志上》　漢成帝建始四年，初置尚書，員四人，增丞亦爲四人。曹尚書【略】其四曰客曹，主外國夷狄事。光武分二千石曹爲二，又分客曹爲南主客曹、北主客曹，改常侍曹爲吏曹，凡六尚書，減二丞，唯置左右二丞而已。

《晉書》卷二四《職官志》　成帝建始四年，罷中書宦者，又置尚書五人，一人爲僕射，而四人分爲四曹，通掌圖書秘記章奏之事，各有其任。【略】其四曰主客曹，主外國夷狄事。【略】後漢光武以三公曹主歲盡考課諸州郡事，改常侍曹爲吏部曹，主選舉祠祀事，民曹主繕修功作鹽池園苑事，客曹主護駕羌胡朝賀事。

雜録

又　卷九四上《匈奴傳》　天子巡邊，親至朔方，勒兵十八萬騎以見武節，而使郭吉風告單于。既至匈奴，匈奴主客問所使，郭吉卑體好言曰：『吾見單于而口言。』單于見吉，吉曰：『南越王頭已縣於漢北闕下。今單于即能前與漢戰，天子自將兵待邊；即不能，亟南面而臣於漢。何但遠走，亡匿於幕北寒苦無水草之地爲？』語卒，單于大怒，立斬主客見者，而留郭吉不歸，遷辱之北海上。

《漢書》卷六八《金安上傳》　（金）敞爲人正直，敢犯顔色，左右憚之，唯上亦難焉。病甚，上使使者問所欲，以弟岑爲託，上詔岑，拜爲（郎）使主客。

《後漢書》卷八九《南匈奴傳》　（永元）六年春，皇甫稜免，以執金吾朱徽行度遼將軍。時單于與中郎將杜崇不相平，乃上書告崇，崇諷西河太守令斷單于章，無由自聞。而崇因與朱徽上言：『南單于安國疏遠故胡，親近新降，欲殺左賢王師子及左臺且渠劉利等。又右部降者謀共迫脇安國，起兵背畔，請西河、上郡、安定爲之儆備。』和帝下公卿議，皆以爲『蠻夷反覆，雖難測知，然大兵聚會，必未敢動摇。今宜遣有方略使者之單于庭，與杜崇、朱徽及西河太守幷力，觀其動静。如無它變，可令崇等就安國會其左右大臣，責其部衆横暴爲邊害者，共平罪誅。若不從命，令爲權時方略，事畢之後，裁行客賜，亦足以威示百蠻』。帝從之。

宋·李昉等《太平御覽》卷二一八《職官部一六·主客郎中·主客員外郎》引《後漢書》　（何遠）起家爲尚書主客郎。

地方民族事務管理機構分部

屬國都尉

綜述

《漢書》卷一九上《百官公卿表》 武帝元狩三年昆邪王降，復增屬國，置都尉、丞、候、千人。屬官，九譯令。【略】

農都尉、屬國都尉，皆武帝初置。

晉·司馬彪《續漢書·百官志五》 每屬國置都尉一人，比二千石，丞一人。【略】

（武帝）又置屬國都尉，主蠻夷降者。【略】

（建武年間）唯邊郡往往置都尉及屬國都尉，稍有分縣，治民比郡。

《晉書》卷一四《地理志·益州》 （安帝）又以諸道置蜀、廣漢、犍爲三郡屬國都尉。

《漢書》卷六《武帝紀注》 凡言屬國者，存其國號而屬漢朝，故曰屬國。

《後漢書》卷二三《竇融傳注》 漢邊郡皆置屬國。

雜録

《漢書》卷六《武帝紀》 秋，匈奴昆邪王殺休屠王，并將其衆合四萬餘人來降，置五屬國以處之。

又 卷八《宣帝紀》 （神爵二年）夏五月，羌虜降服，斬其首惡大豪楊玉、酋非首。置金城屬國以處降羌。【略】

（五鳳三年）置西河、北地屬國以處匈奴降者。

又 卷二八下《地理志》 天水郡，武帝元鼎三年置。【略】勇士，屬國都尉治滿福。【略】

安定郡，武帝元鼎三年置。【略】三水，屬國都尉治。【略】

上郡，秦置，高帝元年更爲翟國，七月復故。【略】雕陰道，龜茲，屬國都尉治。【略】

西河郡，武帝元朔四年置。【略】美稷，屬國都尉治。【略】

五原郡，秦九原郡，武帝元朔二年更名。【略】河陰，蒲澤，屬國都尉治。

又 卷三六《劉歆傳》 （劉歆）求出補吏，爲河内太守。以宗室不宜典三河，徙守五原，後復轉在涿郡，歷三郡守。數年，以病免官，起家復爲安定屬國都尉。

又 卷五九《張放傳》 （張）左遷放爲北地都尉。數月，復徵入侍中。太后以放爲言，出放爲天水屬國都尉。

又 卷七九《馮奉世傳》 （馮）奉世爲光禄大夫、水衡都尉。元帝卽位，爲執金吾。

上郡屬國歸義降胡萬餘人反去。初，昭帝末，西河屬國胡伊酋若王亦將衆數千人畔，奉世輒持節將兵追擊。

又 《馮立傳》 （馮）立字聖卿，通《春秋》。以父任爲郎，稍遷諸曹。竟寧中，以王舅出爲五原屬國都尉。數年，遷五原太守，徙西河、上郡。

又 卷八六《何武傳》 （王）莽從弟成都侯王邑爲侍中，矯稱太皇太后指白哀帝，爲莽求特進給事中。哀帝復請之，事發覺。太后爲謝，上以太后故不忍誅之，左遷邑爲西河屬國都尉，削千户。

又 卷九四上《匈奴傳》 （壺衍鞮單于立後數年）右賢王、犁汙王四千騎分三隊，入日勒、屋蘭、番和。張掖太守、屬國都尉發兵擊，大破之，得脱者數百人。屬國千長義渠王騎士射殺犁汙王，賜黄金二百斤，馬二百匹，因封爲犁汙王。屬國都尉郭忠封成安侯。自是後，匈奴不敢入張掖。

又 卷九六下《西域傳》 （征和中）上乃下詔，深陳既往之悔，曰：「【略】曩者，朕之不明，以軍候弘上書言『匈奴縛馬前後足，置城

下，馳言『秦人，我匄若馬』」，又漢使者久留不還，故興師遣貳師將軍，欲以爲使者威重也。古者卿大夫與謀，參以蓍龜，不吉不行。乃者以縛馬書徧視丞相御史二千石諸大夫郎爲文學者，乃至郡屬國都尉成忠、趙破奴等，皆以「虜自縛其馬，不祥甚哉」，或以爲「欲以見强，夫不足者視人有餘」。【略】故朕親發貳師下鬴山，詔之必毋深入。』

又　卷一〇〇《敍傳》（班）穉少爲黄門郎中常侍，方直自守。成帝季年，立定陶王爲太子，數遣中盾請問近臣，穉獨不敢答。哀帝卽位，出穉爲西河屬國都尉，遷廣平相。

晉・司馬彪《續漢書・郡國志五》　廣漢屬國：（都尉）故北部都尉，屬（蜀）［廣漢］郡，安帝時以爲屬國都尉，別領三城。【略】

蜀郡屬國：故屬西部都尉，延光元年以爲屬國都尉，別領四城。【略】

犍爲屬國：故郡南部都尉，永初元年以爲屬國都尉，別領二城。【略】

張掖屬國：武帝置屬國都尉，以主蠻夷降者，安帝時，別領五城。【略】

張掖居延屬國：故郡都尉，安帝別領一（郡）［城］。【略】

龜茲屬國【略】

遼東屬國：故邯鄉，西部都尉，安帝時以爲屬國都尉，別領六城。洛陽東北三千二百六十里。

《後漢書》卷一下《光武帝紀》（建武二十一年）夏四月，安定屬國胡叛，屯聚青山，遣將兵長史陳訢討平之。

又　卷四《和帝紀》（永元二年二月）己亥，復置西河、上郡屬國都尉官。

又　卷五《安帝紀》（永初元年春正月）戊寅，分犍爲南部爲屬國都尉。【略】

（永初二年）廣漢塞外參狼羌降，分廣漢北部爲屬國都尉。

（延光二年）分蜀郡西部爲屬國都尉。【略】

（建光元年四月）甲戌，遼東屬國都尉龐奮，承僞璽書殺玄菟太守姚光。

又　卷七《桓帝紀》（永壽元年）南匈奴左［薁鞬］臺［耆］、且渠伯德等叛，寇美稷，安定屬國都尉張奐討除之。

又　卷二三《竇融傳》（竇）融以軍降更始大司馬趙萌，萌以爲校尉，甚重之，薦融爲鉅鹿太守。融見更始新立，東方尚擾，不欲出關，而高祖父嘗爲張掖太守，從祖父爲護羌校尉，從弟亦爲武威太守，累世在河西，知其土俗，獨謂兄弟曰：『天下安危未可知，河西殷富，帶河爲固，張掖屬國精兵萬騎，一旦緩急，杜絶河津，足以自守，此遺種處也。』兄弟皆然之。融於是日往守萌，辭讓鉅鹿，圖出河西。萌爲言更始，乃得爲張掖屬國都尉。

又　卷二六《馮勤傳》（馮宗）至張掖屬國都尉。

又　卷三三《鄭弘傳》注引《謝承書》（鄭弘）其曾祖父本齊國臨淄人，官至蜀郡屬國都尉。

又　卷三八《馮緄傳》（馮緄）初舉孝廉，七遷爲廣漢屬國都尉，徵拜御史中丞。

又　卷六五《張奐傳》（張奐）拜議郎。永壽元年，遷安定屬國都尉。

又　《段熲傳》段熲字紀明，武威姑臧人也。【略】初舉孝廉，爲憲陵園丞、陽陵令，所在［有］能政。遷遼東屬國都尉。

又　卷七九上《儒林傳・張興》（張興）子魴，傳興業，位至張掖屬國都尉。

又　卷八二下《方術傳・公沙穆》公沙穆字文乂，北海膠東人也。【略】遷弘農令。【略】永壽元年，霖雨大水，三輔以東莫不湮没。穆明曉占候，乃豫告令百姓徙居高地，故弘農人獨得免害。遷遼東屬國都尉，善得吏人歡心。

又　《董扶傳》（董）扶私謂太常劉焉曰：『京師將亂，益州分野有天子氣。』焉信之，遂求爲益州牧，扶亦爲蜀郡屬國都尉，相與入蜀。

又　卷八六《西南夷傳・莋都》延光二年春，旄牛夷叛，攻零關，殺長吏，益州刺史張喬與西部都尉擊破之。於是分置蜀郡屬國都尉，領四縣，如太守。

又　卷八八《西域傳》延光二年，敦煌太守張璫上書陳三策，以

爲：『北虜呼衍王常展轉蒲類、秦海之間，專制西域，共爲寇鈔。今以酒泉屬國吏士二千餘人集昆侖塞，先擊呼衍王，絶其根本，因發鄯善兵五千人脅車師後部，此上計也。若不能出兵，可置軍司馬，將士五百人，四郡供其犂牛、穀食，出據柳中，此中計也。如又不能，則宜棄交河城，收鄯善等悉使入塞，此下計也。』

《晉書》卷一四《地理志上》 昌黎郡：漢屬遼東屬國都尉，魏置郡。

道

綜述

《漢書》卷一九上《百官公卿表》 縣大率方百里**【略】**有蠻夷曰道。

又 注引《漢舊儀》 内郡爲縣，三邊爲道。

晉・司馬彪《續漢書・百官志五・州郡條》 （郡）屬官，每縣、邑、道，大者置令一人，千石；其次置長，四百石；小者置長，三百石；**【略】**本注曰：皆掌治民，顯善勸義，禁姦罰惡，理訟平賊，恤民時務，秋冬集課，上計於所屬郡國。

又 《縣鄉條》 凡縣主蠻夷曰道。**【略】**秦制也。

雜録

《張家山漢墓竹簡・奏讞書》 令曰：諸無名數者，皆令自占書名數，令到縣道官，盈卅日，不自占書名數，皆耐爲隸臣妾，錮，勿令以爵、賞免，舍匿者與同罪。

《史記》卷一一七《司馬相如列傳》 相如爲郎數歲，會唐蒙使略通夜郎西僰中，發巴蜀吏卒千人，郡又多爲發轉漕萬餘人，用興法誅其渠帥，巴蜀民大驚恐。上聞之，乃使相如責唐蒙，因喻告巴蜀民以非上意。檄曰：『**【略】**方今田時，重煩百姓，已親見近縣，恐遠所谿谷山澤之民不偏聞，檄到，亟下縣道，使咸知陛下之意，唯毋忽也。』

又 卷一二一《儒林列傳》 公孫弘爲學官，悼道之鬱滯，乃請曰：『**【略】**郡國縣道邑有好文學，敬長上，肅政教，順鄉里，出入不悖所聞者，令相長丞上屬所二千石。二千石謹察可者，當與計偕，詣太常，得受業如弟子。』

《漢書》卷一一《哀帝紀》 有司條奏：『諸王、列侯得名田國中，列侯在長安及公主名田縣道，關内侯、吏民名田，皆無得過三十頃。』

又 卷二三《刑法志》 高皇帝七年，制詔御史：『獄之疑者，吏或不敢決，有罪者久而不論，無罪久繫不決。自今以來，縣道官獄疑者，各讞所屬二千石官，二千石官以其罪名當報之。』

又 卷六七《梅福傳》 （梅福）爲郡文學，補南昌尉。後去官歸壽春，數因縣道上言變事，求假軺傳，詣行在所條對急政，輒報罷。

晉・司馬彪《續漢書・禮儀志上・立春》 立春之日，夜漏未盡五刻，京師百官皆衣青衣，郡國縣道官下至斗食令史皆服青幘，立青旛，施土牛耕人于門外，以示兆民，至立夏。

又 《禮儀志中・案户》 仲秋之月，縣道皆案户比民。

又 《郡國志五・犍爲屬國》 益州刺史部，郡、國十二，縣、道一百一十八。

司法機構部

中央司法機構分部

丞相府

綜述

《漢書》卷一九上《百官公卿表》 武帝元狩五年初置司直，秩比二

千石，掌佐丞相舉不法。

晉・司馬彪《續漢書・百官志一・司徒》注引《獻帝起居注》 建安八年十二月，復置司直，不屬司徒，掌督中都官，不領諸州。九年十二月，詔司直比司隸校尉，坐同席在上，假傳置，從事三人，書佐四人。【略】

（司徒）長史一人，千石。掾屬三十一人，令史及御屬三十六人。本注曰：世祖即位，以武帝故事，置司直，居丞相府，助督録諸州，建武十八年省也。

雜　録

《史記》卷九六《張丞相列傳》 （申屠）嘉爲人廉直，門不受私謁。是時太中大夫鄧通方隆愛幸，賞賜累巨萬。文帝嘗燕飲通家，其寵如是。是時丞相入朝，而通居上傍，有怠慢之禮。丞相奏事畢，因言曰：『陛下愛幸臣，則富貴之；至於朝廷之禮，不可以不肅！』上曰：『君勿言，吾私之。』罷朝坐府中，嘉爲檄召鄧通詣丞相府，不來，且斬通。通恐，入言文帝。文帝曰：『汝第往，吾今使人召若。』通至丞相府，免冠，徒跣，頓首謝。嘉坐自如，故不爲禮，責曰：『夫朝廷者，高皇帝之朝廷也。通小臣，戲殿上，大不敬，當斬。吏今行斬之！』通頓首，首盡出血，不解。文帝度丞相已困通，使使者持節召通，而謝丞相曰：『此吾弄臣，君釋之。』鄧通既至，爲文帝泣曰：『丞相幾殺臣。』【略】

（申屠）嘉爲丞相五歲，孝文帝崩，孝景帝即位。二年，鼂錯爲内史，貴幸用事，諸法令多所請變更，議以讁罰侵削諸侯，而丞相嘉自絀所言不用，疾錯。錯爲内史，門東出，不便，更穿一門南出。南出者，太上皇廟堧垣。嘉聞之，欲因此以法錯擅穿宗廟垣爲門，奏請誅錯。錯客有語錯，錯恐，夜入宮上謁，自歸景帝。至朝，丞相奏請誅内史錯。景帝曰：『錯所穿非眞廟垣，乃外堧垣，故他官居其中，且又我使爲之，錯無罪。』罷朝，嘉謂長史曰：『吾悔不先斬錯，乃先請之，爲錯所賣。』

又　卷一〇七《魏其武安侯列傳》 元光四年春，丞相言灌夫家在潁川，橫甚，民苦之。請案。上曰：『此丞相事，何請。』

《漢書》卷一〇《成帝紀》 （陽朔三年）夏六月，潁川鐵官徒申屠聖等百八十人殺長吏，盜庫兵，自稱將軍，經歷九郡。遣丞相長史、御史中丞逐捕，以軍興從事，皆伏辜。【略】

（永始三年）十二月，山陽鐵官徒蘇令等二百二十八人攻殺長吏，盜庫兵，自稱將軍，經歷郡國十九，殺東郡太守、汝南都尉。遣丞相長史、御史中丞持節督趣逐捕。

又　卷四六《衛綰傳》 （衛綰）爲丞相三歲，景帝崩，武帝立。建元中，丞相以景帝病時諸官囚多坐不辜者，而君不任職，免之。

又　卷四七《梁懷王劉揖傳》 （梁王）立復殺人。天子遣廷尉賞、大鴻臚由持節即訊。至，移書傅、相、中尉曰：『王背策戒，誖暴妄行，連犯大辟，毒流吏民。比比蒙恩，不伏重誅，不思改過，復賊殺人。幸得蒙恩，丞相長史、大鴻臚丞即問。王陽病抵讕，置辭驕嫚，不首主令，與背畔亡異。丞相、御史請收王璽綬，送陳留獄。明詔加恩，復遣廷尉、大鴻臚雜問。今王當受詔置辭，恐復不首實對。』

又　卷五三《廣川惠王劉越傳》 （廣川王）去年十四五，事師受《易》，師數諫正去，去益大，逐之。内史請以爲掾，師數令内史禁切王家。去使奴殺師父子，不發覺。後去數置酒，令倡俳贏戲坐中以爲樂。相彊劾繫倡，闌入殿門，奏狀。事下考案，倡辭，本爲王教脩靡夫人望卿弟都歌舞。使者召望卿、都，去對皆淫亂自殺。會赦不治。望卿前亨煮，即取他死人與都死幷付其母。母曰：『都是，望卿非也。』數號哭求死，昭信令奴殺之。奴得，辭服。本始三年，相内史奏狀，具言赦前所犯。天子遣大鴻臚、丞相長史、御史丞、廷尉正雜治鉅鹿詔獄，奏請逮捕去及后昭信。

又　卷六七《朱雲傳》 （朱雲）爲槐里令。時中書令石顯用事，與充宗爲黨，百僚畏之。唯御史中丞陳咸年少抗節，不附顯等，而與雲相結。雲數上疏，言丞相韋玄成容身保位，亡能往來，而咸數毀石顯。久之，有司考雲，疑風吏殺人。羣臣朝見，上問丞相以雲治行。丞相玄成言雲暴虐亡狀。時陳咸在前，聞之，以語雲。雲上書自訟，咸爲定奏草，求下御史中丞。事下丞相，丞相部吏考立其殺人罪。雲亡入長安，復與咸計議。丞相具發其事，奏：『咸宿衛執法之臣，幸得進見，漏泄所聞，以私

語雲，爲定奏草，欲令自下治，後知雲亡命罪人，而與交通，雲以故不得。』上於是下咸、雲獄，減死爲城旦。咸、雲遂廢錮，終元帝之世。

又　卷七六《趙廣漢傳》（趙）廣漢客私酤酒長安市，丞相吏逐去，客疑男子蘇賢言之，以語廣漢。廣漢使長安丞按賢，尉史禹故劾賢爲騎士屯霸上，不詣屯所，乏軍興。賢父上書訟罪，告廣漢，事下有司覆治。禹坐要斬，請逮捕廣漢。有詔卽訊，辭服，會赦，貶秩一等。廣漢疑其邑子榮畜教令，後以他法論殺畜。人上書言之，事下丞相御史，案驗甚急。廣漢使所親信長安人爲丞相府門卒，令微司丞相門内不法事。地節三年七月中，丞相傅婢有過，自絞死。廣漢聞之，疑丞相夫人妬殺之府舍。而丞相奉齋酎入廟祠，廣漢得此，使中郎趙奉壽風曉丞相，欲以脅之，毋令窮正已事。丞相不聽，案驗愈急。廣漢欲告之，先問太史知星氣者，言今年當有戮死大臣，廣漢卽上書告丞相罪。制曰：『下京兆尹治。』廣漢知事迫切，遂自將吏卒突入丞相府，召其夫人跪庭下受辭，收奴婢十餘人去，責以殺婢事。丞相魏相上書自陳：『妻實不殺婢。廣漢數犯罪法不伏辜，以詐巧迫脅臣相，幸臣相寬不奏。願下明使者治廣漢所驗臣相家事。』事下廷尉治罪，實丞相自以過譴笞傅婢，出至外弟乃死，不如廣漢言。司直蕭望之劾奏：『廣漢摧辱大臣，欲以劫持奉公，逆節傷化，不道。』宣帝惡之，下廣漢廷尉獄，又坐賊殺不辜，鞫獄故不以實，擅斥除騎士乏軍興數罪。天子可其奏。【略】廣漢竟坐要斬。廣漢雖坐法誅，爲京兆尹廉明，威制豪强，小民得職。

又　卷八三《薛宣傳》谷永上疏曰：『（薛宣）爲左馮翊，崇教養善，威德並行，衆職脩理，姦軌絕息，辭訟者歷年不至丞相府。』

又　卷八六《王嘉傳》初，廷尉梁相與丞相長史，御史中丞及五二千石雜治東平王雲獄。

又　卷九〇《酷吏傳·嚴延年》（嚴延年）其父爲丞相掾，延年少學法律丞相府，歸爲郡吏。

又　卷九七下《外戚傳·孝元馮昭儀》哀帝卽位，遣中郎謁者張由將醫治中山小王。由素有狂易病，病發怒去，西歸長安。尚書簿責擅去狀，由恐，因誣言中山太后祝詛上及太后。太后卽傅昭儀也，素常怨馮太后，因是遣御史丁玄案驗，盡收御者官吏及馮氏昆弟在國者百餘人，分繫雒陽、魏郡、鉅鹿。數十日無所得，更使中謁者令史立與丞相長史大鴻臚丞雜治。

《後漢書》卷四六《陳寵傳》（陳寵）辟司徒鮑昱府。是時三府掾屬專尚交遊，以不肯視事爲高。寵常非之，獨勤心物務，數爲昱陳當世便宜。昱高其能，轉爲辭曹，掌天下獄訟。其所平決，無不厭服衆心。時司徒辭訟久者數十年，事類溷錯，易爲輕重，不良吏得生因緣，寵爲昱撰《辭訟比》七卷，決事科條，皆以事類相從。昱奏上之，其後公府奉以爲法。

御史府

綜述

《張家山漢墓竹簡·二年律令·秩律》御史大夫，廷尉，內史【略】秩各二千石。御史，丞相、相國長史，秩各千石。

《漢書》卷一九上《百官公卿表》御史大夫，秦官，位上卿，銀印青綬，掌副丞相。有兩丞，秩千石。一曰中丞，在殿中蘭臺，掌圖籍秘書，外督部刺史，内領侍御史員十五人，受公卿奏事，舉劾按章。成帝綏和元年更名大司空，金印紫綬，禄比丞相，置長史如中丞，官職如故。哀帝建平二年復爲御史大夫，元壽二年復爲大司空，御史中丞更名御史長史。侍御史有繡衣直指，出討姦猾，治大獄，武帝所制，不常置。

《後漢書》卷四四《胡廣傳》注引《漢雜事》凡羣臣之書，通於天子者四品：一曰章，二曰奏，三曰表，四曰駮議。章者需頭，稱『稽首上以聞』，謝恩陳事，詣闕通者也。奏者亦需頭，其京師官但言『稽首言』，下『稽首以聞』，其中有所請，若罪法劾案，公府送御史臺，卿校送謁者臺也。

晉·司馬彪《續漢書·百官志三·少府》劉昭注引胡廣曰　孝宣感路温舒言，秋季後請讞。時帝幸宣室，齋居而決事，令侍御史二人治書，御史起此。後因別置，冠法冠，秩百石，有印綬，與符節郎共平廷尉奏事，罪當輕重。

又　引蔡質《漢儀》（御史大夫）丞，故二千石爲之，或選侍御

史高第，執憲中司，朝會獨坐，內掌蘭臺，督諸州刺史，糾察百寮，出爲二千石。【略】

（侍御史）其二人者更直，執法省中者，皆糾察百官，督州郡。公法府掾屬高第補之。初稱守，滿歲拜眞，出治劇爲刺史、二千石，平遷補令。見中丞，執板揖。

唐・徐堅《初學記》卷一二《職官部下》引《漢官儀》 御史中丞二人，本御史大夫之丞。其一別在殿中，兼典蘭臺秘書，外督部刺史，內領侍御史，受公卿章奏，糾察百僚，休有烈光。

《後漢書》卷二七《酷吏傳・周紆》注引《漢官儀》 御史中丞，外督部刺史，內領侍御史，糾察百官。

晉・司馬彪《續漢書・百官志三・少府》 御史中丞一人，千石。本注曰：御史大夫之丞也。舊別監御史在殿中，密舉非法。及御史大夫轉爲司空，因別留中，爲御史臺率，後又屬少府。治書侍御史二人，六百石。本注曰：掌選明法律者爲之。凡天下諸讞疑事，掌以法律當其是非。侍御史十五人，六百石。本注曰：掌察舉非法，受公卿羣吏奏事，有違失舉劾之。凡郊廟之祠及大朝會、大封拜，則二人監威儀，有違失則劾奏。

雜録

《張家山漢墓竹簡・奏讞書》 御史書以廿七年二月壬辰到南郡守府，即下，甲午到蓋廬治所。其壬寅補益從治，上治它獄。

《史記》卷一二二《酷吏列傳》 （張湯）爲茂陵尉，治方中。武安侯爲丞相，徵湯爲史，時薦言之天子，補御史，使案事。治陳皇后蠱獄，深竟黨與。於是上以爲能，稍遷至太中大夫。與趙禹共定諸律令，務在深文，拘守職之吏。

《漢書》卷八三《朱博傳》 朱博爲大司空，奏言：『【略】高皇帝以聖德受命，建立鴻業，置御史大夫，位次丞相，典正法度，以職相參，總領百官，上下相監臨，歷載二百年，天下安寧。』

又 卷九〇《酷吏傳・嚴延年》 （嚴延年）歸爲郡吏。以選除補御史掾，舉侍御史。是時大將軍霍光廢昌邑王，尊立宣帝。宣帝初即位，延年劾奏光『擅廢立，亡人臣禮，不道』。奏雖寢，然朝廷肅焉敬憚。延年後復劾大司農田延年持兵干屬車，大司農自訟不干屬車。事下御史中丞，譴責延年何以不移書宮殿門禁止大司農，而令得出入宮。於是覆劾延年闌內罪人，法至死。延年亡命。會赦出，丞相御史府徵書同日到，延年以御史書先至，詣御史府，復爲掾。

《後漢書》卷二四《馬嚴傳》 （馬）嚴字威卿。【略】肅宗即位，徵拜侍御史中丞【略】其冬，有日食之灾，嚴上封事曰：『臣聞日者衆陽之長，食者陰侵之徵。《書》曰：「無曠庶官，天工人其代之。」言王者代天官人也。故考績黜陟，以明褒貶。無功不黜，明陰盛陵陽。臣伏見方今刺史太守專州典郡，不務奉事盡心爲國，而司察偏阿，取與自己，同則舉爲尤異，異則中以刑法，不即垂頭塞耳，採求財賂。今益州刺史朱酺、揚州刺史倪説、涼州刺史尹業等，每行考事，輒有物故，又選舉不實，曾無貶坐，是使臣下得作威福也。故事，州郡所舉上奏，司直察能否以懲虛實。今宜加防檢，式遵前制。舊丞相、御史親治職事，唯丙吉以年老優游，不案吏罪，於是宰府習爲常俗，更共罔養，以崇虛名，或未曉其職，便復遷徙，誠非建官賦禄之意。宜敕正百司，各責以事，州郡所舉，必得其人。若不如言，裁以法令。《傳》曰：「上德以寬服民，其次莫如猛。故火烈則人望而畏之，水懦則人狎而翫之。爲政者寬以濟猛，猛以濟寬。」如此，綏御有體，灾眚消矣。』書奏，帝納其言而免酺等官。

尚書

綜述

《漢書》卷一〇《成帝紀》注引《漢舊儀》 尚書四人爲四曹：【略】成帝置五人，有三公曹，主斷獄事。

晉・司馬彪《續漢書・百官志三・少府》注引《漢舊儀》 初置五曹，有三公曹，主斷獄。

又 注引蔡質《漢儀》 典天下歲盡集課事。三公尚書二人，典三

公文書。吏曹尚書典選舉齋祀，屬三公曹。【略】

又（二千石曹尚書）掌中郎官水火、盗賊、辭訟、罪眚。

《後漢書》卷一上《光武帝紀》注引《漢官儀》　尚書四員，武帝置，成帝加一爲五。【略】成帝加三公尚書，主斷獄事。僕射，秦官也。僕，主也。古者重武事，每官必有主射以督課之。

《晉書》卷二四《職官志》　列曹尚書，案尚書本漢承秦置，及武帝遊宴後庭，始用宦者主中書，以司馬遷爲之，中間遂罷其官，以爲中書之職。至成帝建始四年，罷中書宦者，又置尚書五人，一人爲僕射，而四人分爲四曹，通掌圖書秘記章奏之事，各有其任。【略】後成帝又置三公曹，主斷獄，是爲五曹。後漢光武以三公曹主歲盡考課諸州郡事，改常侍曹爲吏部曹，主選舉祠祀事，民曹主繕修功作鹽池園苑事，客曹主護駕羌胡朝賀事，二千石曹主辭訟事，中都官曹主水火盗賊事，合爲六曹。并令僕二人，謂之八座。尚書雖有曹名，不以爲號。靈帝以侍中梁鵠爲選部尚書，於此始見曹名。

雜録

《漢書》卷七《成帝紀》　（建始）四年春，罷中書宦官，初置尚書員五人。

又　卷六〇《杜欽傳》　上令尚書劾奏京兆尹章，章死詔獄。

又　卷七二《龔勝傳》　丞相王嘉上書薦故廷尉梁相等，尚書劾奏嘉「言事恣意，迷國罔上，不道。」

《後漢書》卷三九《劉愷傳》　（劉愷）爲司徒。【略】時征西校尉任尚以姦利被徵抵罪。尚曾副大將軍鄧騭，騭黨護之，而太尉馬英、司空李郃承望騭旨，不復先請，即獨解尚臧錮，愷不肯與議。後尚書案其事，二府並受譴咎，朝廷以此稱之。

又　卷四六《陳忠傳》　（陳）忠字伯始，永初中辟司徒府，三遷廷尉正，以才能有聲稱。司徒劉愷舉忠明習法律，宜備機密，於是擢拜尚書，使居三公曹。忠自以世典刑法，用心務在寬詳。初，父寵在廷尉，上除漢法溢於《甫刑》者，未施行，及寵免後遂寢。而苛法稍繁，人不堪

之。忠略依寵意，奏上二十三條，爲《決事比》，以省請讞之敝。又上除蠶室刑；解臧吏三世禁錮；狂易殺人，得減重論；母子兄弟相代死，聽，赦所代者。事皆施行。【略】

（陳忠）上疏諫曰：「【略】又尚書決事，多違故典，罪法無例，詆欺爲先，文慘言醜，有乖章憲。宜責求其意，割而勿聽。」

又　卷四九《王符傳》　《述赦篇》曰：「【略】善人君子，被侵怨而能至闕庭自明者，萬無數人；數人之中得省問者，百不過一；既對尚書而空遣去者，復什六七矣。」

又　卷五六《張皓傳》　（廷尉張皓）雖非法家，而留心刑斷，數與尚書辯正疑獄，多以詳當見從。

又　卷六一《左雄傳》　大司農劉據以職事被譴，召詣尚書，傳呼促步，又加以捶撲。

廷尉府

綜述

《張家山漢墓竹簡·二年律令·秩律》　御史大夫，廷尉【略】秩各二千石。

《漢書》卷一九上《百官公卿表》　廷尉，秦官，掌刑辟，有正、左右監，秩皆千石。景帝中六年更名大理，武帝建元四年復爲廷尉。宣帝地節三年初置左右平，秩皆六百石。哀帝元壽二年復爲大理。王莽改曰作士。

晉·司馬彪《續漢書·百官志二·廷尉》注引《漢官》　（廷尉）員吏百四十人，其十一人四科，十六人二百石廷吏，文學十六人百石，十三人獄史，二十七人佐，二十六人騎吏，三十人假佐，一人官醫。

南朝宋·裴駰《史記集解》卷六《秦始皇本紀》注引應劭曰　聽獄必質諸朝廷，與衆共之，兵獄同制，故稱廷尉。

晉·司馬彪《續漢書·百官志二》　廷尉，卿一人，中二千石。本注曰：掌平獄，奏當所應。凡郡國讞疑罪，皆處當以報。正、左監各一

人。左平一人，六百石。本注曰：掌平決詔獄。

雜録

《漢書》卷四《文帝紀》　（文帝四年）絳侯周勃有罪，逮詣廷尉詔獄。

又　卷五《景帝紀》　（景帝）後元年春正月，詔曰：『獄，重事也。人有智愚，官有上下。獄疑者讞有司。有司所不能決，移廷尉。』

又　卷八《宣帝紀》　（地節四年）夏五月，詔曰：『【略】其父母匿子，夫匿妻，大父母匿孫，罪殊死，皆上請廷尉以聞。』

又　卷二三《刑法志》　高皇帝七年，制詔御史：『獄之疑者，吏或不敢決，有罪者久而不論，無罪者久繫不決。自今以來，縣道官獄疑者，各讞所屬二千石官，二千石官以其罪名當報之。所不能決者，皆移廷尉，廷尉亦當報之。廷尉所不能決，謹具爲奏，傅所當比律令以聞。』【略】

至成帝鴻嘉元年，定令：『年未滿七歲，賊鬬殺人及犯殊死者，上請廷尉以聞，得減死。』

又　卷四八《賈誼傳》　河南守吳公治平爲天下第一，故與李斯同邑，而嘗學事焉，徵以爲廷尉。

又　卷七〇《陳湯傳》　後東萊郡黑龍冬出，人以問湯，湯曰：『是所謂玄門開。微行數出，出入不時，故龍以非時出也。』又言當復發徙，傳相語者十餘人。丞相御史奏『湯惑衆不道，妄稱詐歸異於上，非所宜言，大不敬。』廷尉增壽議，以爲『不道無正法，以所犯劇易爲罪，臣下承用失其中，故移獄廷尉，無比者先以聞，所以正刑罰，重人命也。』

又　卷七一《于定國傳》　（于）定國少學法于父，父死，後定國亦爲獄史，郡決曹，補廷尉史，以選與御史中丞從事治反者獄，以材高舉侍御史，遷御史中丞。會昭帝崩，昌邑王徵即位，行淫亂，定國上書諫。後王廢，宣帝立，大將軍光領尚書事，條奏羣臣諫昌邑王者皆超遷。定國繇是爲光禄大夫，平尚書事，甚見任用。數年，遷水衡都尉，超爲廷尉。【略】其決疑平法，務在哀鰥寡，罪疑從輕，加審慎之心。朝廷稱之曰：『張釋之爲廷尉，天下無冤民；于定國爲廷尉，民自以不冤。』【略】爲廷尉十八歲，遷御史大夫。

又　卷八九《循吏傳·黄霸》　（黄霸）爲丞，處議當於法，合人心，太守甚任之，吏民愛敬焉。

自武帝末，用法深。昭帝立，幼，大將軍霍光秉政，大臣爭權，上官桀等與燕王謀作亂，光既誅之，遂遵武帝法度，以刑罰痛繩羣下，繇是俗吏尚嚴酷以爲能，而霸獨用寬和爲名。會宣帝即位，在民間時知百姓苦吏急也，聞霸持法平，召以爲廷尉正，數決疑獄，庭中稱平。

又　卷九〇《酷吏傳·王温舒》　（王温舒）數爲吏，以治獄至廷尉史。事張湯，遷爲御史。

《後漢書》卷一上《光武帝紀》　（建武二年）冬十一月，以廷尉岑彭爲征南大將軍，率八將軍討鄧奉於堵鄉。

又　卷六《順帝紀》　（永建元年冬十月）壬寅，廷尉張皓爲司空。

又　卷八《靈帝紀》　（中平二年）三月，廷尉崔烈爲司徒。

又　卷一五《王常傳》　王常字顔卿，潁川舞陽人也。【略】及更始立，以常爲廷尉、大將軍，封知命侯。【略】更始西都長安，以常行南陽太守事，令專命誅賞，封爲鄧王，食八縣，賜姓劉氏。

又　卷三八《馮緄傳》　（馮緄）徵拜京兆尹，轉司隸校尉，所在立威刑。遷廷尉、太常。【略】

（馮緄）後拜屯騎校尉，復爲廷尉。

又　卷四六《郭躬傳》　（郭躬）爲廷尉。躬家世掌法，務在寬平，及典理官，決獄斷刑，多依矜恕，乃條諸重文可從輕者四十一事奏之，事皆施行，著于令。

又　《郭鎮傳》　（郭鎮）拜河南尹，轉廷尉。【略】

（郭禎）以能法律至廷尉。【略】

順帝時，廷尉河南吳雄季高，以明法律，斷獄平，起自孤宦，致位司徒。

又　卷四六《陳寵傳》　（陳）寵代郭躬爲廷尉。性仁矜。及爲理官，數議疑獄，常親自爲奏，每附經典，務從寬恕，帝輒從之，濟活者甚衆。其深文刻敝，於此少衰。寵又鉤校律令條法，溢於《甫刑》者除之。

又《陳忠傳》（陳）忠字伯始，永初中辟司徒府，三遷廷尉正，以才能有聲稱。司徒劉愷舉忠明習法律，宜備機密，於是擢拜尚書，使居三公曹。忠自以世典刑法，用心務在寬詳。初，父寵在廷尉，上除漢法溢於《甫刑》者，未施行，及寵免後遂寢。而苛法稍繁，人不堪之。忠略依寵意，奏上二十三條，爲《決事比》，以省請讞之敝。又上除蠶室刑；解臧吏三世禁錮；狂易殺人，得減重論；母子兄弟相代死，聽，赦所代者。事皆施行。

又 卷四八《霍諝傳》（霍諝）出爲河南尹，遷司隸校尉，轉少府、廷尉。

又 卷五六《張晧傳》（張晧）拜廷尉。晧雖非法家，而留心刑斷，數與尚書辯正疑獄，多以詳當見從。

又《陳球傳》（陳球）拜光禄大夫，復爲廷尉、太常。

唐・張守節《史記正義》卷一〇《孝文本紀》 漢置九卿，【略】五曰廷尉。

宗正府

綜述

《漢書》卷一九上《百官公卿表》 宗正，秦官，掌親屬，有丞。平帝元始四年更名宗伯。屬官有都司空令丞，內官長丞。又諸公主家令、門尉皆屬焉。王莽并其官於秩宗。初，內官屬少府，中屬主爵，後屬宗正。

《後漢書》卷五《安帝紀》注引《漢官儀》 宗正卿，秩中二千石。

《漢書》卷一九上《百官公卿表》注引如淳曰 律，司空主水及罪人。賈誼曰『輸之司空，編之徒官』。

晉・司馬彪《續漢書・百官志三・宗正》 宗正，卿一人，中二千石。本注曰：掌序録王國嫡庶之次，及諸宗室親屬遠近，郡國歲因計上宗室名籍。若有犯法當髡以上，先上諸宗正，宗正以聞，乃報決。

唐・杜佑《通典》卷二五《職官七・諸卿上・宗正卿》 秦置宗正，掌親屬。漢因之，更以敍九族。平帝元始四年，更名宗伯。五年，又於郡國置宗師，以糾皇室親族世氏，致教訓焉，選有德義者爲之。有冤失職者，宗師得因郵亭上書宗伯，請以聞。常以正月賜宗伯帛十疋。王莽併宗伯於秩宗。後漢曰宗正，卿一人，掌序録王國嫡庶之次，及諸皇室親屬遠近，郡國歲因計上皇族名籍。若有犯法當髡以上，先上諸宗正，宗正以聞，乃報決。兩漢皆以皇族爲之，不以他族。

雜録

《漢書》卷一下《高祖紀》（高祖七年）置宗正官以序九族。

又 卷三六《楚元王劉交傳》（劉）德字路叔，修黄老術，有智略。少時數言事，召見甘泉宮，武帝謂之『千里駒』。昭帝初，爲宗正丞，雜治劉澤詔獄。父爲宗正，徙大鴻臚丞，遷太中大夫，後復爲宗正，雜案上官氏、蓋主事。

又 卷四四《淮南厲王劉長傳》（文帝）六年，令男子但等七十人與棘蒲侯柴武太子奇謀，以輂車四十乘反谷口，令人使閩越、匈奴。事覺，治之，乃使使召淮南王。

王至長安，丞相張蒼，典客馮敬行御史大夫事，與宗正、廷尉雜奏：『長廢先帝法，不聽天子詔，居處無度，爲黄屋蓋儗天子，擅爲法令，不用漢法。及所置吏，以其郎中春爲丞相，收聚漢諸侯人及有罪亡者，匿與居，爲治家室，賜與財物爵禄田宅，爵或至關內侯，奉以二千石所不當得。大夫但、士伍開章等七十人與棘蒲侯太子奇謀反，欲以危宗廟社稷，謀使閩越及匈奴發其兵。事覺，長安尉奇等往捕開章，長匿不予，與故中尉蕑忌謀，殺以閉口，爲棺槨衣衾，葬之肥陵，謾吏曰「不知安在」。又陽聚土，樹表其上曰「開章死，葬此下」。及長身自賊殺無罪者一人；令吏論殺無罪者六人；爲亡命棄市詐捕命者以除罪；擅罪人，無告劾繫治城旦以上十四人；赦免罪人死罪十八人，城旦舂以下五十八人；賜人爵關內侯以下九十四人。前日長病，陛下心憂之，使使者賜棗脯，長不肯見拜使者。南海民處廬江界中者反，淮南吏卒擊之。陛下遣使者齎帛五十

四，以賜吏卒勞苦者。長不欲受賜，謾曰「無勞苦者」。南海王織上書獻璧帛皇帝，忌擅燔其書，不以聞。吏請召治忌，長不遣，謾曰「忌病」。長所犯不軌，當棄市，臣請論如法。」【略】

衡山王賜，淮南王弟，當坐收。有司請逮捕衡山王。【略】上使宗正以符節治王。

《後漢書》卷五五《千乘貞王伉傳》 太后立桓帝弟蠡吾侯悝爲勃海王，奉鴻祀。延熹八年，悝謀爲不道，有司請廢之。帝不忍，乃貶爲癭陶王，食一縣。

悝後因悝中常侍王甫求復國，許謝錢五千萬。帝臨崩，遺詔復爲勃海王。悝知非甫功，不肯還謝錢。甫怒，陰求其過。初，迎立靈帝，道路流言悝恨不得立，欲鈔徵書，而中常侍鄭颯、中黄門董騰並任俠通剽輕，數與悝交通。王甫司察，以爲有姦，密告司隸校尉段熲。熹平元年，遂收颯送北寺獄。使尚書令廉忠誣奏颯等謀迎立悝，大逆不道。遂詔冀州刺史收悝考實，又遣大鴻臚持節與宗正、廷尉之勃海，迫責悝。

又 卷七九上《儒林傳・劉昆》 （劉昆）子軼，字君文，傳昆業，門徒亦盛。永平中，爲太子中庶子。建初中，稍遷宗正，卒官，遂世掌宗正焉。

地方司法機構分部

郡級司法機構

綜述

《張家山漢墓竹簡・二年律令・置吏律》 郡守二千石官、縣道官言邊變事急者，及吏遷徙、新爲官、屬尉、佐以上毋乘馬者，皆得爲駕傳。縣道官之計，各關屬所二千石官。其受恆秩氣廩，及求財用年輸，郡關其守，中關內史。受（授）爵及除人關於尉。都官自尉、內史以下毋治獄，獄無輕重關於正；郡關於守。

《後漢書》卷二〇《王霸傳》注引《漢官儀》 （郡）決曹，主罪法事。

晉・司馬彪《續漢書・百官志一・司徒》劉昭注引《漢舊儀》（哀帝元壽二年）郡國守長史上計事竟，遣公出庭，上親問百姓所疾苦。記室掾史一人大音讀敕畢，遣敕曰：「詔書殿下禁吏無苛暴。丞史歸告二千石。【略】治獄決訟，務得其中。」

又 《百官志五・州郡》 凡郡國皆掌治民，進賢勸功，決訟檢姦。常以春行所主縣，勸民農桑，振救乏絶。秋冬遣無害吏案訊諸囚，平其罪法，論課殿最。

雜録

《漢書》卷二三《刑法志》 高皇帝七年，制詔御史：「獄之疑者，吏或不敢決，有罪者久而不論，無罪久繫不決。自今以來，縣道官獄疑者，各讞所屬二千石官，二千石官以其罪名當報之。」【略】

（宣帝）乃下詔曰：「【略】今遣廷史與郡鞠獄，任輕祿薄，其爲置廷平，秩六百石，員四人。其務平之，以稱朕意。」

又 卷五一《路温舒傳》 （路温舒）求爲獄小吏，因學律令，轉爲獄史，縣中疑事皆問焉。太守行縣，見而異之，署決曹史。又受《春秋》，通大義。舉孝廉，爲山邑丞。

又 卷七一《于定國傳》 （于定國）父于公爲縣獄史，郡決曹，決獄平，羅文法者于公所決皆不恨。【略】東海有孝婦，少寡，亡子，養姑甚謹，姑欲嫁之，終不肯。姑謂鄰人曰：「孝婦事我勤苦，哀其亡子守寡。我老，久參丁壯，奈何？」其後姑自經死，姑女告吏：「婦殺我母。」吏捕孝婦，孝婦辭不殺姑。吏驗治，孝婦自誣服。具獄上府，于公以爲此婦養姑十餘年，以孝聞，必不殺也。太守不聽，于公爭之，弗能得，乃抱其具獄，哭於府上，因辭疾去。太守竟論殺孝婦。郡中枯旱三年。後太守至，卜筮其故，于公曰：「孝婦不當死，前太守强斷之，咎黨在是乎？」於是殺牛自祭孝婦冢，因表其墓，天立大雨，歲熟。郡中以此大敬重于公。【略】

（于）定國少學法于父，父死，後定國亦爲獄史，郡決曹，補廷尉

史，以選與御史中丞從事治反者獄，以材高舉侍御史，遷御史中丞。

又　卷七六《韓延壽傳》（韓延壽）守左馮翊，滿歲稱職爲眞。【略】行縣至高陵，民有昆弟相與訟田自言，延壽大傷之，曰：『幸得備位，爲郡表率，不能宣明教化，至令民有骨肉爭訟，既傷風化，重使賢長吏、嗇夫、三老、孝弟受其恥，咎在馮翊，當先退。』是日移病不聽事，因入臥傳舍，閉閤思過。一縣莫知所爲，令丞、嗇夫、三老亦皆自繫待罪。於是訟者宗族傳相責讓，此兩昆弟深自悔，皆自髡肉袒謝，願以田相移，終死不敢復爭。延壽大喜，開閤延見，内酒肉與相對飲食，厲勉以意告鄉部，有以表勸悔過從善之民。延壽乃起聽事，勞謝令丞以下，引見尉薦。郡中歙然，莫不傳相敕厲，不敢犯。延壽恩信周徧二十四縣，莫復以辭訟自言者。推其至誠，吏民不忍欺紿。

又　《張敞傳》（張）敞使（卒）［賊］捕掾絮舜有所案驗。舜以敞劾奏當免，不肯爲敞竟事，私歸其家。人或諫舜，舜曰：『吾爲是公盡力多矣，今五日京兆耳，安能復案事？』敞聞舜語，即部吏收舜繫獄。是時冬月未盡數日，案事吏晝夜驗治舜，竟致其死事。舜當出死，敞使主簿持教告舜曰：『五日京兆竟何如？冬月已盡，延命乎？』乃棄舜市。

又　《王尊傳》（王尊）年十三，求爲獄小吏。數歲，給事太守府，問詔書行事，尊無不對。太守奇之，除補書佐，署守屬監獄。久之，尊稱病去，事師郡文學官，治《尚書》《論語》，略通大義。復召署守屬治獄，爲郡決曹史。數歲，以令舉幽州刺史從事。而太守察尊廉，補遼西鹽官長。【略】

（王尊）守京兆尹，后爲眞，凡三岁。【略】尊出行縣，男子郭賜自言尊：『許仲家十餘人共殺賜兄賞，公歸舍。』

又　卷八六《何武傳》（何武）遷揚州刺史。所舉奏二千石長吏必先露章，服罪者爲虧除，免之而已；不服，極法奏之，抵罪或至死。九江太守戴聖，《禮經》號小戴者也，行治多不法，前刺史以其大儒，優容之。及武爲刺史，行部録囚徒，有所舉以屬郡。聖曰：『後進生何知，乃欲亂人治。』皆無所決。

又　卷八九《循吏傳·黄霸》（黄霸）爲河南太守丞。霸爲人明察内敏，又習文法，然温良有讓，足知，善御衆。爲丞，處議當於法，合人心，太守甚任之，吏民愛敬焉。

《後漢書》卷二〇《王霸傳》注引《東觀記》（王霸）祖父爲詔獄丞。

宋·李昉等《太平御覽》卷二四八《職官部四六·郡國相》引《東觀漢記》吴祐字季英，陳留人。遷膠東相，政唯仁簡，以身率物，民有相爭訴者，輒閉閤自責，然後科其所訟，以道譬之。或身到閭里，重相和解。自是之後，爭隟省息，吏民不欺。

又　卷三八四《人事部二十五·幼智上》引《續漢書》樂恢字伯奇，京兆長陵人。父爲縣吏，得罪，令收將殺之。恢時年十一，常于府寺門晝夜號泣。令聞之，即解其父。

又　卷四八一《人事部一二二·仇讎上》引謝承《後漢書》橋玄遷齊國相。郡有孝子爲父報讎，繫臨淄獄，玄愍其至孝，欲上讞減罪。縣令路芝酷烈苛暴，因殺之，懼玄收録，佩印綬欲走。玄自以爲深負孝子，捕得芝，束縛藉械以還，笞殺以謝孝子冤魂。

《後漢書》卷二〇《王霸傳》（王霸）父爲郡決曹掾，霸亦少爲獄吏。

又　卷四六《郭躬傳》（郭躬）父弘，習《小杜律》。太守寇恂以弘爲決曹掾，斷獄至三十年，用法平。諸爲弘所決者，退無怨情，郡内比之東海于公。

又　《陳寵傳》（陳寵）爲太山太守。後轉廣漢太守。西州豪右并兼，吏多姦貪，訴訟日百數。寵到，顯用良吏王渙、鐔顯等，以爲腹心，訟者日減，郡中清肅。

又　卷四八《應奉傳》（應奉）爲郡決曹史，行部四十二縣，録囚徒數百千人。及還，太守備問之，奉口説罪繫姓名，坐狀輕重，無所遺脱，時人奇之。

又　卷六四《吴祐傳》（吴）祐以光禄四行遷膠東侯相。【略】祐政唯仁簡，以身率物，民有爭訴者，輒閉閤自責，然後斷其訟，以道譬之。或身到閭里，重相和解。自是之後，爭隙省息，吏人懷而不欺。嗇夫孫性私賦民錢，市衣以進其父，父得而怒曰：『有君如是，何忍欺之！』促歸伏罪。性慙懼，詣閤持衣自首。祐屛左右問其故，性具談父言。祐

曰：『掾以親故，受汙穢之名，所謂「觀過斯知人矣」。』使歸謝其父，還以衣遺之。又安丘男子毋丘長與母俱行市，道遇醉客辱其母，長殺之而亡，安丘追蹤於膠東得之。祐呼長謂曰：『子母見辱，人情所恥。然孝子忿必慮難，動不累親。今若背親逞怒，白日殺人，赦若非義，刑若不忍，將如之何？』長以械自繫，曰：『國家制法，囚身犯之。明府雖加哀矜，恩無所施。』祐問長有妻子乎？對曰：『有妻未有子也。』卽移安丘逮長妻，妻到，解其桎梏，使同宿獄中，妻遂懷孕。至冬盡行刑，長泣謂母曰：『負母應死，當何以報吳君乎？』乃齧指而吞之，含血言曰：『妻若生子，名之「吳生」，言我臨死吞指爲誓，屬兒以報吳君。』因投繯而死。

又　卷七六《循吏傳·孟嘗》　（孟）嘗少脩操行，仕郡爲户曹史。上虞有寡婦至孝養姑。姑年老壽終，夫女弟先懷嫌忌，乃誣婦厭苦供養，加鴆其母，列訟縣庭。郡不加尋察，遂結竟其罪。嘗先知枉狀，備言之於太守，太守不爲理。嘗哀泣外門，因謝病去，婦竟冤死。自是郡中連旱二年，禱請無所獲。後太守殷丹到官，訪問其故，嘗詣府具陳寡婦冤誣之事。因曰：『昔東海孝婦，感天致旱，于公一言，甘澤時降。宜戮訟者，以謝冤魂，庶幽枉獲申，時雨可期。』丹從之，卽刑訟女而祭婦墓，天應澍雨，穀稼以登。嘗後策孝廉，舉茂才，拜徐令。州郡表其能，遷合浦太守。

又　卷七七《酷吏傳·周紆》　（周紆）爲勃海太守。每赦令到郡，輒隱閉不出，先遣使屬縣盡決刑罪，乃出詔書。

又《黄昌傳》　（黄昌）本出孤微。居近學宫，數見諸生修庠序之禮，因好之，遂就經學。又曉習文法，仕郡爲決曹。刺史行部，見昌，甚奇之，辟從事。

又　卷八一《獨行傳·周嘉》　（周嘉）高祖父燕，宣帝時爲郡決曹掾。太守欲枉殺人，燕諫不聽，遂殺囚而黜燕。因家守闕稱冤。詔遣覆考，燕見太守曰：『願謹定文書，皆著燕名，府君但言時病而已。』出謂掾史曰：『諸君被問，悉當以罪推燕。如有一言及於府君，燕手劍相刃。』使者乃收燕繫獄。屢被掠楚，辭無屈撓。當下蠶室，乃嘆曰：『我平王之後，正公玄孫，豈可以刀鋸之餘下見先君？』遂不食而死。

縣級司法機構

綜　述

《張家山漢墓竹簡·二年律令·具律》　獄事當治論者，其令、長、丞或行鄉官視它事，不存，及病，而非出縣道界也，及諸都官令、長、丞行離官有它事，而皆其官之事也，及病，非出官在所縣道界也，其守丞及令、長若眞丞存者所獨斷治論有不當者，令眞令、長、丞不存及病者皆共坐之，如身斷治論及存者之罪。

《漢書》卷二三《刑法志》　高皇帝七年，制詔御史：『獄之疑者，吏或不敢決，有辠者久而不論，無罪久繫不決。自今以來，縣道官獄疑者，各讞所屬二千石官。』

雜　録

《史記》卷五七《絳侯周勃世家》　（周勃）免相就國。【略】其後人有上書告勃欲反，下廷尉。廷尉下其事長安，逮捕勃治之。

《漢書》卷七六《趙廣漢傳》　初，廣漢客私酤酒長安市，丞相（史）［吏］逐去（客）。客疑男子蘇賢言之，以語廣漢。廣漢使長安丞按賢，尉史禹故劾賢爲騎士屯霸上，不詣屯所，乏軍興。

又《王尊傳》　（王尊）遷虢令，轉守槐里，兼行美陽令事。春正月，美陽女子告假子不孝，曰：『兒常以我爲妻，妒笞我。』尊聞之，遣吏收捕驗問，辭服。尊曰：『律無妻母之法，聖人所不忍書，此經所謂造獄者也。』尊於是出坐廷上，取不孝子縣磔著樹，使騎吏五人張弓射殺之，吏民驚駭。

又　卷八三《薛宣傳》　薛宣字贛君，東海郯人也。少爲廷尉書佐都船獄吏。後以大司農斗食屬察廉，補不其丞。【略】谷永上疏曰：『【略】竊見少府宣，材茂行絜，達於從政，前爲御史

中丞，執憲轂下，不吐剛茹柔，舉錯時當。【略】爲左馮翊，崇教養善，威德並行，衆職脩理，姦軌絶息，辭訟者歷年不至丞相府，赦後餘盜賊什分三輔之一。功效卓爾，自左内史初置以來未嘗有也。』

宋・李昉等《太平御覽》卷四八一《人事部一二二・仇讎上》引**《東觀漢記》** 海曲有吕母者，子爲縣吏，犯小罪，宰論殺之。吕母怨宰，密聚客，規以報仇。母家素豐，貲産數百萬，乃益釀醇酒，買刀劍衣服。少年來沽者，皆貰與之，視其乏者，輒假衣裘，不問多少。少年欲相與償之，吕母泣曰：『縣宰枉殺吾子，欲爲報怨耳，諸君寧肯哀之乎？』少年許諾，相聚得數千百人。因與吕母入海，自稱將軍，遂破海曲，執縣宰殺之，以祭其冢也。【略】

申屠蟠同郡緱氏女玉爲父報讎，殺夫氏之黨，吏執玉以告外黄令梁配，欲論殺玉。蟠時年十五，爲書生，進諫曰：『玉之節義足以感無恥之孫，激忍辱之子。遭明時，當表旌廬墓，況在清聽，而不加哀矜！』配善其言，乃爲讞得減死論。鄉人稱美之。【略】

酒泉龐淯母者，趙氏之女，字娥。父爲同縣人所殺，而娥兄弟三人，俱疾物故。讎乃喜而自賀，以爲莫已報也。娥陰懷感憤，乃潛備刀兵，常推車以候讎家，十餘年不能得。後遇於都亭，刺殺之，因詣縣自首，曰：『父仇已報，請就刑戮。』福富長尹喜義之，解印綬欲與俱亡。娥不肯去，曰：『怨塞身死，妾之明分。詰罪治獄，君之常理。何敢苟生，以枉公法！』後遇赦得免。州郡表其閭。太常張奐嘉歎，以束帛禮之。【略】

郅惲友人董子張病，將終，惲候之。子張視惲，歔欷不能言。惲曰：『吾知子不悲天命，痛讎不復也。』惲即起將客遮仇人，取其頭以示子張。子張見而氣絶。惲即詣縣，以狀自首。

《後漢書》卷四《和帝紀》 （永元六年秋七月）丁巳，幸洛陽寺，録囚徒，舉冤獄。收洛陽令下獄抵罪，司隸校尉、河南尹皆左降。

又 卷一四《北海靜靖王興傳》 （劉興）試守緱氏令。爲人有明略，善聽訟，甚得名稱。

又 卷二五《魯恭傳》 （魯恭）拜中牟令。恭專以德化爲理，不任刑罰。訟人許伯等爭田，累守令不能決，恭爲平理曲直，皆退而自責，輟耕相讓。亭長從人借牛而不肯還之，牛主訟於恭。恭召亭長，敕令歸牛者再三，猶不從。恭歎曰：『是教化不行也。』欲解印綬去。掾史泣涕共留之。亭長乃慙悔。還牛，詣獄受罪，恭貰不問。於是吏人信服。

又 卷二六《牟融傳》 （牟融）以司徒茂才爲豐令，視事三年，縣無獄訟，爲州郡最。

又 《韋義傳》 （韋義）爲廣都長，甘陵、陳二縣令，政甚有績，官曹無事，牢獄空虚。【略】廣都爲生立廟。及卒，三縣吏民爲義舉哀，若喪考妣。

又 卷五八《虞詡傳》 （虞詡）祖父經，爲郡縣獄吏，案法平允，務存寬恕，每冬月上其狀，恆流涕隨之。

又 卷六七《黨錮傳・張儉》 （張儉）爲東部督郵。時中常侍侯覽家在防東，殘暴百姓，所爲不軌。儉舉劾覽及其母罪惡，請誅之。覽遏絶章表，並不得通，由是結仇。鄉人朱並，素性佞邪，爲儉所棄，並懷怨恚，遂上書告儉與同郡二十四人爲黨，於是刊章討捕。儉得亡命，困迫遁走，望門投止，莫不重其名行，破家相容。後流轉東萊，止李篤家。外黄令毛欽操兵到門，篤引欽謂曰：『張儉知名天下，而亡非其罪。縱儉可得，寧忍執之乎？』欽因起撫篤曰：『蘧伯玉恥獨爲君子，足下如何自專仁義？』篤曰：『篤雖好義，明廷今日載其半矣。』欽歎息而去。

又 《賈彪傳》 （賈彪）補新息長。小民困貧，多不養子，彪嚴爲其制，與殺人同罪。城南有盜劫害人者，北有婦人殺子者，彪出案發，而掾吏欲引南。彪怒曰：『賊寇害人，此則常理，母子相殘，逆天違道。』遂驅車北行，案驗其罪。城南賊聞之，亦面縛自首。數年間，人養子者千數，僉曰『賈父所長』，生男名爲『賈子』，生女名爲『賈女』。

又 卷七六《循吏傳・王渙》 （洛陽令王渙）以平正居身，得寬猛之宜。其冤嫌久訟，歷政所不斷，法理所難平者，莫不曲盡情詐，壓塞羣疑。又能以譎數發擿姦伏。京師稱歎，以爲渙有神算。

又 《孟嘗傳》 上虞有寡婦至孝養姑。姑年老壽終，夫女弟先懷嫌忌，乃誣婦厭苦供養，加鴆其母，列訟縣庭。

又 卷七七《酷吏傳・董宣》 （董宣）爲洛陽令。時湖陽公主蒼頭白日殺人，因匿主家，吏不能得。及主出行，而以奴驂乘宣於夏門亭候之，乃駐車叩馬，以刀畫地，大言數主之失，叱奴下車，因格殺之。

又《周紂傳》（周紂）補南行唐長。到官，曉吏人曰：『朝廷不以長不肖，使牧黎民，而性雠位猾吏，志除豪賊，且勿相試！』遂殺縣中尤無狀者數十人，吏人大震。遷博平令，收考姦臧，無出獄者。【略】

（周紂）遷召陵侯相。廷掾憚紂嚴明，欲損其威，乃晨取死人斷手足，立寺門。紂聞，便往至死人邊，若與死人共語狀。陰察視口眼有稻芒，乃密問守門人曰：『悉誰載藁入城者？』門者對：『唯有廷掾耳。』又問鈴下：『外頗有疑令與死人語者不？』對曰：『廷掾疑君。』乃收廷掾考問，具服『不殺人，取道邊死人』。後人莫敢欺者。

鄉亭

綜述

《漢書》卷一九上《百官公卿表》（鄉）嗇夫職聽訟。

唐·張守節《史記正義》卷八《高祖本紀》 秦法，十里一亭，十亭一鄉。亭長，主亭之吏。【略】民有訟諍，吏留平辨，得成其政。

雜録

《後漢書》卷三三《虞延傳》（虞延）少爲户牖亭長。時王莽貴人魏氏賓客放從，延率吏卒突入其家捕之。

又 卷四九《王符傳》《愛日篇》曰：『【略】中才以上，足議曲直，鄉亭部吏，亦有任決斷者，而類多枉曲，蓋有故焉。夫理直則恃正而不橈，事曲則諂意以行賕。不橈故無恩於吏，行賕故見私於法。若事有反覆，吏應坐之，吏以應坐之故，不得不枉之於庭。以羸民之少黨，而與豪吏對訟，其勢得無屈乎？縣承吏言，故與之同。若事有反覆，縣亦應坐之，縣以應坐之故，而排之於郡。以一民之輕，而與一縣爲訟，其理豈得申乎？事有反覆，郡亦坐之，郡以共坐之故，而排之於州。以一民之輕，與一郡爲訟，其事豈獲勝乎？既不肯理，故乃遠詣公府，公府復不能察，而當延以日月。貧弱者無以曠旬，強富者可盈千日。理訟若此，何枉之能理乎？正士懷怨結而不見信，猾吏崇姦軌而不被坐，此小民所以易侵苦，而天下所以多困窮也。』

監察機構部

中央監察機構分部

諫官

綜述

《漢書》卷一九上《百官公卿表》 大夫掌論議，有太中大夫、中大夫、諫大夫，皆無員，多至數十人。武帝元狩五年初置諫大夫，秩比八百石，太初元年更名中大夫爲光禄大夫，秩比二千石，太中大夫秩比千石如故。【略】

凡吏秩比二千石以上，皆銀印青綬，光禄大夫無。秩比六百石以上，皆銅印黑綬，大夫、博士、御史、謁者、郎無。其僕射、御史治書尚符璽者，有印綬。

漢·王符《潛夫論》卷二《考績第七》（大夫）以言語爲職，諫諍爲官。

宋·李昉等《太平御覽》卷二四三《職官部四十一·光禄大夫》引《漢官解詁》 武帝以中大夫，爲光禄大夫，與博士俱以儒雅之選。

晉·司馬彪《續漢書·百官志二·光禄勳》劉昭注引胡廣曰 光禄大夫，本爲中大夫，武帝元狩五年置諫大夫爲光禄大夫，世祖中興，以爲諫議大夫。又有太中、中散大夫。此四等於古皆爲天子之下大夫，視列國之上卿。

唐・杜佑《通典》卷三四《職官一六・文散官・光禄大夫以下》引**胡廣云** 諫議、光禄、太中、中散大夫，此四等於古禮皆天子之下大夫、列國之上卿。

晉・司馬彪《續漢書・百官志二・光禄勳》劉昭注引《漢官》

（光禄大夫）三人。【略】

（太中大夫）二十人，秩比二千石。【略】

（中散大夫）二十人，秩比二千石。【略】

（諫議大夫）三十人。

唐・虞世南《北堂書鈔》卷五六《設官部八・大夫總》引《漢官儀》

天子廿七大夫，職在言議，毗亮九卿。【略】

登高能作賦者，可以爲大夫。【略】

感物造端，才知深美，可與國事，故舉爲列大夫。

晉・司馬彪《續漢書・百官志二・光禄勳》 光禄大夫，比二千石。本注曰：無員。凡大夫、議郎皆掌顧問應對，無常事，唯詔令所使。凡諸國嗣之喪，則光禄大夫掌弔。

太中大夫，千石。本注曰：無員。

中散大夫，六百石。本注曰：無員。

諫議大夫，六百石。本注曰：無員。

唐・杜佑《通典》卷三四《職官一六・文散官・光禄大夫以下》 秦時，光禄勳屬官有中大夫。漢武帝太初元年，更名光禄大夫。銀章青綬。掌議論，屬光禄勳。門外特施行馬，以旌别之。無常事，唯顧問應對，詔命所使，無員。後漢光禄大夫三人。【略】

太中大夫，秦官，亦掌論議。漢因之。後漢置二十人。【略】

中散大夫，王莽所置。後漢因之，後置三十人。

元・王惲《玉堂嘉話》卷六《漢集議》 漢置大夫專掌議論事，苟疑似未決，合中朝之士雜議之。自兩府大臣以下至博士、議郎，皆得議之，不嫌於卑抗尊也。如呼韓邪單于款塞卒用郎中侯應之策，朱博得罪議獄者五十八人，王嘉得罪議獄者六十人，故曰：漢集議有公天下之心。

雜録

《漢書》卷九《元帝紀》（初元元年）夏四月，詔曰：『【略】方田作時，朕憂蒸庶之失業，臨遣光禄大夫褒等十二人循行天下，存問耆老鰥寡孤獨困乏失職之民，延登賢俊，招顯側陋，因覽風俗之化。』

又 卷一〇《成帝紀》（河平四年）三月癸丑朔，日有蝕之。遣光禄大夫博士嘉等十一人行舉瀕河之郡，水所毀傷困乏不能自存者，財振貸。

又 卷一一《哀帝紀》（哀帝即位之年）詔曰：『【略】乃者河南、潁川郡水出，流殺人民，壞敗廬舍。朕之不德，民反蒙辜，朕甚懼焉。已遣光禄大夫循行舉籍，賜死者棺錢，人三千。其令水所傷縣邑及他郡國灾害什四以上，民貲不滿十萬，皆無出今年租賦。』

又 卷四八《賈誼傳》（太中大夫賈誼）以爲漢興二十餘年，天下和洽，宜當改正朔，易服色制度，定官名，興禮樂。乃草具其儀法，色上黄，數用五，爲官名悉更，奏之。文帝謙讓未皇也。然諸法令所更定，及列侯就國，其説皆誼發之。於是天子議以誼任公卿之位。

又 卷六四上《主父偃傳》（主父）偃數上疏言事，遷謁者，中郎，中大夫。歲中四遷。【略】偃盛言朔方地肥饒，外阻河，蒙恬築城以逐匈奴，内省轉輸戍漕，廣中國，滅胡之本也。上覽其説，下公卿議，皆言不便。公孫弘曰：『秦時嘗發三十萬衆築北河，終不可就，已而棄之。』朱買臣難詘弘，遂置朔方，本偃計也。

又 卷七〇《陳湯傳》（陳）湯下獄當死，太中大夫谷永上疏訟湯【略】書奏，天子出湯，奪爵爲士伍。

又 卷七二《貢禹傳》（貢禹）舉賢良爲河南令。歲餘，以職事爲府官所責，免冠謝。遂去官。【略】元帝初即位，徵禹爲諫大夫，數虚己問以政事。

又 《龔勝傳》（龔勝）爲諫大夫。【略】勝居諫官，數上書求見，言百姓貧，盜賊多，吏不良，風俗薄，灾異數見，不可不憂。制度泰奢，刑罰泰深，賦斂泰重，宜以儉約先下。其言祖述王吉、貢禹之意。爲大夫二歲餘，遷丞相司直，徙光禄大夫，守右扶風。數月，上知勝非撥煩

吏，乃復還勝光祿大夫、諸吏給事中。

又《鮑宣傳》（鮑宣）爲諫大夫。宣每居位，常上書諫爭，其言少文多實。是時，帝祖母傅太后欲與帝母俱稱尊號，封爵親屬，丞相孔光、大司空師丹、何武、大司馬傅喜始執正議，失傅太后指，皆免官。丁、傅子弟並進，董賢貴幸，宣以諫大夫從其後，上書諫曰：『【略】治天下者當用天下之心爲心，不得自專快意而已也。上之皇天見譴，下之黎庶怨恨，次有諫爭之臣，陛下苟欲自薄而厚惡臣，天下猶不聽也。臣雖愚戇，獨不知多受祿賜，美食太官，廣田宅，厚妻子，不與惡人結仇怨以安身邪？誠迫大義，官以諫爭爲職，不敢不竭愚。惟陛下少留神明，覽《五經》之文，原聖人之至意，深思天地之戒。臣宣吶鈍於辭，不勝惓惓，盡死節而已。』

又卷七三《韋賢傳》至元帝時，貢禹奏言：『古者天子七廟，今孝惠、孝景廟皆親盡，宜毀。及郡國廟不應古禮，宜正定。』天子是其議，未及施行而禹卒。永光四年，乃下詔先議罷郡國廟，曰：『朕聞明王之御世也，遭時爲法，因事制宜。往者天下初定，遠方未賓，因嘗所親以立宗廟，蓋建威銷萌，一民之至權也。今賴天地之靈，宗廟之福，四方同軌，蠻貊貢職，久遵而不定，令疏遠卑賤共承尊祀，殆非皇天祖宗之意，朕甚懼焉。傳不云乎？「吾不與祭，如不祭。」其與將軍、列侯、中二千石、諸大夫、博士、議郎議。』

又卷七五《夏侯勝傳》（夏侯勝）爲博士、光祿大夫。會昭帝崩，昌邑王嗣立，數出。勝當乘輿前諫曰：『天久陰而不雨，臣下有謀上者，陛下出欲何之？』

又卷七七《劉輔傳》劉輔，河間宗室也。舉孝廉，爲襄賁令。上書言得失，召見，上美其材，擢爲諫大夫。會成帝欲立趙倢伃爲皇后，先下詔封倢伃父臨爲列侯。輔上書。【略】書奏，上使侍御史收縛輔，繫掖庭秘獄，羣臣莫知其故。於是中朝左將軍辛慶忌、右將軍廉褒、光祿勳師丹、太中大夫谷永俱上書曰：『臣聞明王垂寬容之聽，崇諫爭之官，廣開忠直之路，不罪狂狷之言，然後百僚在位，竭忠盡謀，不懼後患，朝廷無讇諛之士，元首無失道之諐。竊見諫大夫劉輔，前以縣令求見，擢爲諫大夫，此其言必有卓詭切至，當聖心者，故得拔至於此。旬日之間，收下秘獄，臣等愚，以爲輔幸得託公族之親，在諫臣之列，新從下土來，未知朝廷體，獨觸忌諱，不足深過。小罪宜隱忍而已，如有大惡，宜暴治理官，與衆共之。昔趙簡子殺其大夫鳴犢，孔子臨河而還。今天心未豫，災異屢降，水旱迭臻，方當隆寬廣問，褒直盡下之時也。而行慘急之誅於諫爭之臣，震驚羣下，失忠直心。假令輔不坐直言，所坐不著，天下不可戶曉。同姓近臣本以言顯，其於治親養忠之義誠不宜幽囚于掖庭獄。公卿以下見陛下進用輔亟，而折傷之暴，人有懼心，精鋭銷耎，莫敢盡節正言，非所以昭有虞之聽，廣德美之風也。臣等竊深傷之，唯陛下留神省察。』上乃徙繫輔共工獄，減死罪一等，論爲鬼薪，終於家。

又卷七八《蕭望之傳》（蕭望之）累遷諫大夫、丞相司直，歲中三遷，官至二千石。其後霍氏竟謀反誅，望之寖益任用。是時，選博士諫大夫通政事者補郡國守、相，以望之爲平原太守。望之雅意在本朝，遠爲郡守，內不自得，乃上疏曰：『陛下哀愍百姓，恐德化之不究，悉出諫官以補郡吏，所謂憂其末而忘其本者也。朝無爭臣則不知過，國無達士則不聞善。願陛下選明經術，温故知新，通於幾微謀慮之士以爲內臣，與參政事。諸侯聞之，則知國家納諫憂政，亡有闕遺。若此不怠，成、康之道其庶幾乎！外郡不治，豈足憂哉？』書聞，徵入守少府。

又卷八一《孔光傳》（孔光）爲議郎。光祿勳匡衡舉光方正，爲諫議大夫。

又卷八五《谷永傳》（谷）永既陰爲大將軍鳳説矣，能實最高，由是擢爲光祿大夫。永奏書謝鳳曰：『永斗筲之材，質薄學朽，無一日之雅，左右之介，將軍説其狂言，擢之皂衣之吏，厠之爭臣之末，不聽浸潤之譖，不食膚受之愬，雖齊桓、晉文用士篤密，父悊兄覆育子弟，誠無以加！』【略】

（谷永）爲北地太守。時災異尤數，永當之官，上使衛尉淳于長受永所欲言。永對曰：『臣永幸得以愚朽之材爲太中大夫，備拾遺之臣，從朝者之後，進不能盡思納忠輔宣聖德，退無被堅執鋭討不義之功，猥蒙厚恩，仍遷至北地太守。【略】臣聞事君之義，有言責者盡其忠，有官守者修其職。臣永幸得免於言責之辜，有官守之任，當畢力遵職，養綏百姓而已，不宜復關得失之辭。』

又　卷八六《王嘉傳》　（王）嘉爲人剛直嚴毅有威重，上甚敬之。哀帝初立，欲匡成帝之政，多所變動，嘉上疏曰：「【略】前蘇令發，欲遣大使逐問狀，時見大夫無可使者，召盩厔令尹逢拜爲諫大夫遣之。今諸大夫有材能者甚少，宜豫畜養可成就者，則士赴難不愛其死；臨事倉卒乃求，非所以明朝廷也。」

《後漢書》卷二六《韋彪傳》　（韋彪）上疏諫曰：「【略】又諫議之職，應用公直之士，通才謇正，有補益於朝者，今或從徵試輩爲大夫。【略】」書奏，帝納之。

又　卷三六《鄭興傳》　（鄭興）爲太中大夫。明年三月晦，日食。興因上疏曰：「【略】今公卿大夫多舉漁陽太守郭伋可大司空者，而不以時定，道路流言，咸曰「朝廷若用功臣」，功臣用則人位謬矣。願陛下上師唐、虞，下覽齊、晉，以成屈己從衆之德，以濟羣臣讓善之功。【略】今陛下高明而羣臣惶促，宜留思柔剋之政，垂意《洪範》之法，博採廣謀，納羣下之策。」書奏，多有所納。

又　卷四三《樂恢傳》　（樂恢）後徵拜議郎。會車騎將軍竇憲出征匈奴，恢數上書諫爭，朝廷稱其忠。

又　卷四八《李法傳》　（李法）除博士，遷侍中、光禄大夫。歲餘，上疏以爲朝政苛碎，違永平、建初故事；宦官權重，椒房寵盛。又譏史官記事不實，後世有識，尋功計德，必不明信。坐失旨，下有司，免爲庶人。【略】在家八年，徵拜議郎、諫議大夫，正言極辭，無改於舊。

又　卷五四《楊賜傳》　（楊賜）復拜光禄大夫。光和元年，有虹蜺晝降於嘉德殿前，帝惡之，引賜及議郎蔡邕等入金商門崇德署，使中常侍曹節、王甫問以祥異禍福所在。

又　卷五七《劉瑜傳》　（劉瑜）上書陳事曰：「【略】陛下以北辰之尊，神器之寶，而微行近習之家，私幸宦官之舍，賓客市買，熏灼道路，因此暴縱，無所不容。今三公在位，皆博達道蓺，而各正諸己，莫或匡益者，非不智也，畏死罰也。惟陛下設置七臣，以廣諫道，及開東序金縢史官之書，從堯、舜、禹、湯、文、武致興之道，遠佞邪之人，放鄭、衛之聲，則政致和平，德感祥風矣。臣悾悾推情，言不足採，懼以觸忤，征營慴悸。」於是特詔召瑜問災咎之徵，指事案經讖以對。執政者欲令瑜依違其辭，而更策以它事。瑜復悉心以對，八千餘言，有切於前，帝竟不能用。拜爲議郎。

又　卷六一《周舉傳》　（周舉）遷河内太守，徵爲大鴻臚。及梁太后臨朝，詔以殤帝幼崩，廟次宜在順帝下。太常馬訪奏宜如詔書，諫議大夫呂勃以爲應依昭穆之序，先殤帝，後順帝。詔下公卿。舉議曰：「《春秋》魯閔公無子，庶兄僖公代立，其子文公遂躋僖於閔上。孔子譏之，書曰：「有事于太廟，躋僖公。」《傳》曰：「逆祀也。」及定公正其序，經曰「從祀先公」，爲萬世法也。今殤帝在先，於秩爲父，順帝在後，於親爲子，先後之義不可改，昭穆之序不可亂。呂勃議是也。」太后下詔從之。

又　卷七九《儒林傳·歐陽歙》　濟陰曹曾字伯山，從歙受《尚書》，門徒三千人，位至諫議大夫。

又　卷八〇上《文苑傳·李尤》　（李尤）安帝時爲諫議大夫，受詔與謁者僕射劉珍等俱撰《漢記》。後帝廢太子爲濟陰王，尤上書諫爭。

御史府

綜　述

《張家山漢墓竹簡·二年律令·秩律》　御史大夫，廷尉，内史。【略】秩各二千石。御史，丞相、相國長史，秩各千石。

《漢書》卷一九上《百官公卿表》　御史大夫，秦官，位上卿，銀印青綬，掌副丞相。有兩丞，秩千石。一曰中丞，在殿中蘭臺，掌圖籍秘書，外督部刺史，内領侍御史員十五人，受公卿奏事，舉劾按章。成帝綏和元年更名大司空，金印紫綬，禄比丞相，置長史如中丞，官職如故。哀帝建平二年復爲御史大夫，元壽二年復爲大司空，御史中丞更名御史長史。侍御史有繡衣直指，出討姦猾，治大獄，武帝所制，不常置。

《後漢書》卷四四《胡廣傳》注引《漢雜事》　凡羣臣之書，通於天子者四品：一曰章，二曰奏，三曰表，四曰駮議。章者需頭，稱「稽首上以聞」，謝恩陳事，詣闕通者也。奏者亦需頭，其京師官但言「稽首言」，下「稽首以聞」，其中有所請，若罪法劾案，公府送御史臺，卿校

送謁者臺也。

晉・司馬彪《續漢書・百官志三・少府》劉昭注引蔡質《漢儀》（御史大夫）丞，故二千石爲之，或遷侍御史高第，執憲中司，朝會獨坐，內掌蘭臺，督諸州刺史，糾察百寮，出爲二千石。【略】（侍御史）其二人者更直，執法省中者，皆糾察百官，督州郡。公法府掾屬高第補之。初稱守，滿歲拜眞，出治劇爲刺史、二千石，平遷補令。見中丞，執板揖。

唐・徐堅《初學記》卷一二《職官部下》引《漢官儀》 御史中丞二人，本御史大夫之丞。其一别在殿中，兼典蘭臺秘書，外督部刺史，內領侍御史，受公卿章奏，糾察百僚，休有烈光。

《後漢書》卷七七《酷吏傳・周紆》注引《漢官儀》 御史中丞，外督部刺史，內領侍御史，糾察百官。

晉・司馬彪《續漢書・百官志三・少府》 御史中丞一人，千石。本注曰：御史大夫之丞也。舊别監御史在殿中，密舉非法。及御史大夫轉爲司空，因别留中，爲御史臺率，後又屬少府。治書侍御史二人，六百石。本注曰：掌選明法律者爲之。凡天下諸讞疑事，掌以法律當其是非。侍御史十五人，六百石。本注曰：掌察舉非法，受公卿郡吏奏事，有違失舉劾之。凡郊廟之祠及大朝會、大封拜，則二人監威儀，有違失則劾奏。

雜録

《張家山漢墓竹簡・奏讞書》 御史書以廿七等年二月壬辰到南郡守府，即下，甲午到蓋廬治所。其壬寅補益從治，上治它獄。

《史記》卷一二二《酷吏列傳》（張湯）爲茂陵尉，治方中。武安侯爲丞相，徵湯爲史，時薦言之天子，補御史，使案事。治陳皇后蠱獄，深竟黨與。於是上以爲能，稍遷至太中大夫。與趙禹共定諸律令，務在深文，拘守職之吏。

《漢書》卷八三《朱博傳》 朱博爲大司空，奏言：『【略】高皇帝以聖德受命，建立鴻業，置御史大夫，位次丞相，典正法度，以職相參，總領百官，上下相監臨，歷載二百年，天下安寧。』

又　卷九〇《酷吏傳・嚴延年》（嚴延年）爲郡吏。以選除補御史掾，舉侍御史。是時大將軍霍光廢昌邑王，尊立宣帝。宣帝初即位，延年劾奏光『擅廢立，亡人臣禮，不道』。奏雖寢，然朝廷肅焉敬憚。延年後復劾大司農田延年持兵干屬車，大司農自訟不干屬車。事下御史中丞，譴責延年何以不移書宫殿門禁止大司農，而令得出入宫。於是覆劾延年闌內罪人，法至死。延年亡命。會赦出，丞相御史府徵書同日到，延年以御史書先至，詣御史府，復爲掾。

《後漢書》卷二四《馬嚴》（馬）嚴字威卿。【略】肅宗即位，徵拜侍御史中丞。【略】其冬，有日食之灾，嚴上封事曰：『臣聞日者衆陽之長，食者陰侵之徵。《書》曰：「無曠庶官，天工人其代之。」言王者代天官人也。故考績黜陟，以明褒貶。無功不黜，明陰盛陵陽。臣伏見方今刺史太守專州典郡，不務奉事盡心爲國，而司察偏阿，取與自己，同則舉爲尤異，異則中以刑法，不即垂頭塞耳，採取財賂。今益州刺史朱酺、揚州刺史倪説、凉州刺史尹業等，每行考事，輒有物故，又選舉不實，曾無貶坐，是使臣下得作威福也。故事，州郡所舉上奏，司直察能否以懲虚實。今宜加防檢，式遵前制。舊丞相、御史親治職事，唯丙吉以年老優游，不案吏罪，於是宰府習爲常俗，更共罔養，以崇虚名，或未曉其職，便復遷徙，誠非建官賦禄之意。宜敕正百司，各責以事，州郡所舉，必得其人。若不如言，裁以法令。《傳》曰：「上德以寬服民，其次莫如猛。故火烈則人望而畏之，水懦則人狎而翫之。爲政者寬以濟猛，猛以濟寬。」如此，綏御有體，灾眚消矣。』書奏，帝納其言而免酺等官。

地方監察機構分部

刺史

綜述

《漢書》卷一九上《百官公卿表》 監御史，秦官，掌監郡。漢省，

丞相遣史分刺州，不常置。武帝元封五年初置部刺史，掌奉詔條察州，秩六百石，員十三人。成帝綏和元年更名牧，秩二千石。哀帝建平二年復爲刺史，元壽二年復爲牧。

又　卷六《武帝紀》注引《漢舊儀》　初分十三州，假刺史印綬，有常治所，治以秋分行部，御史爲駕四封乘傳，到所部，郡國各遣一吏迎之界上，所察六條。

宋·李昉等《太平御覽》卷二六三《職官部六一·別駕》引應劭《漢官儀》　元帝時，丞相于定國條州大小爲設吏員，有治中、別駕、諸郡從事，秩皆百石，同諸郡從事。

《漢書》卷一九上《百官公卿表》注引《漢官典職儀》　刺史班宣，周行郡國，省察治狀，黜涉能否，斷治怨獄，以六條問事，非條所問，即不省。一條，强宗豪右田宅踰制，以强凌弱，以衆暴寡。二條，二千石不奉詔書遵承典制，倍公向私，旁詔守利，侵漁百姓，聚斂爲姦。三條，二千石不恤疑獄，風厲殺人，怒則任刑，喜則淫賞，煩擾刻暴，剝截黎元，爲百姓所疾，山崩石裂，祆祥訛言。四條，二千石選署不平，苟阿所愛，蔽賢寵頑。五條，二千石子弟恃怙榮埶，請託所監。六條，二千石違公下比，阿附豪强，通行貨賂，割損正令也。

又　卷七六《王尊傳》注引《漢儀注》　刺史得擇所部二千石卒史與從事。

晉·司馬彪《續漢書·百官志五·州郡》　外十有二州，每州刺史一，人六百石。本注曰：秦有監御史，監諸郡，漢興省之，但遣丞相史分刺諸州，無常官。孝武帝初置刺史十三人，秩六百石。成帝更爲牧，秩二千石。建武十八年，復爲刺史，十二人各主一州，其一州屬司隸校尉。諸州常以八月巡行所部郡國，録囚徒，考殿最。初歲盡詣京都奏事，中興但因計吏。【略】

（刺史）常以春分行部，郡國各遣一吏迎界上。

唐·杜佑《通典》卷三二《職官一四·總論州佐》引《庾亮集·答郭遜書》　別駕，舊與刺史別乘同流，宣化於萬里。其任居刺史之半，安可任非其人。

《宋書》卷四〇《百官志》　刺史，每州各一人。黄帝立四監以治萬國，唐、虞世十二牧，是其職也。周改曰典，秦曰監御史，而更遣丞相史分刺諸州，謂之刺史。刺之爲言猶參覘也。寫書亦謂之刺。漢制，不得刺尚書事是也。刺史班行六條詔書，其一條曰，强宗豪右，田宅踰制，以强陵弱，以衆暴寡；其二條曰，二千石不奉詔書，遵承典制，背公向私，旁詔守利，侵漁百姓，聚斂爲姦；其三條曰，二千石不恤疑獄，風厲殺人，怒則加罰，喜則任賞，煩擾苛暴，剝戮黎元，爲百姓所疾，山崩石裂，妖祥譌言；其四條曰，二千石選署不平，苟阿所愛，蔽賢寵頑；其五條曰，二千石子弟恃怙榮勢，請託所監；其六條曰，二千石違公下比，阿附豪强，通行貨賂，割損正令。歲終則乘傳詣京師奏事。成帝綏和元年，改爲牧。哀帝建平二年，復爲刺史。前漢世，刺史乘傳，周行郡國，無適所治。後漢世，所治始有定處，止八月行部，不復奏事京師。【略】

官屬有別駕從事史一人，從刺史行部；治中從事史一人，主財穀簿書；兵曹從事史一人，主兵事；部從事史每郡各一人，主察非法；主簿一人，録閤下衆事，省署文書；門亭長一人，主州正門；功曹書佐一人，主選用；《孝經》師一人，主試經；月令師一人，主時節祠祀；律令師一人，平律；簿曹書佐一人，主簿書；典郡書佐每郡各一人，主一郡文書。漢制也。

晉·司馬彪《續漢書·百官志五·州郡》劉昭注　孝武之末，始置刺史，監糾非法，不過六條，傳車周流，匪有定鎮。

唐·杜佑《通典》卷三二《職官》一四《州郡上·州牧刺史》　武帝元封元年，御史止不復監，至五年乃置部刺史，掌奉詔六條察州，凡十二州焉。居部九歲，舉爲守相。成帝綏和元年，以爲刺史位下大夫，而臨二千石，輕重不相準，乃更爲州牧，秩眞二千石，位次九卿。九卿缺以高第補。哀帝建平二年復爲刺史。元壽二年，復爲牧。後漢光武建武十八年復爲刺史，外十二州各一人，其一州屬司隸校尉。漢刺史乘傳，周行郡國，無適所治。中興所治有定處。舊常以八月巡行所部，録囚徒，考殿最。初歲盡詣京都奏事。中興但因計吏，不復自詣京師，雖父母之喪，不得去職。或謂州府爲外臺。靈帝中平五年改刺史，唯置牧。是時天下方亂，豪傑各欲據有州郡，而劉焉、劉虞並自九卿出領州，牧州牧之任，自此重矣。

又《總論州佐》 州之佐吏，漢有別駕，治中、主簿、功曹書佐。簿曹簿曹從事史，主錢穀簿書，兵曹兵曹從事史有軍事則置之以主兵馬、部郡國從事史、典郡書佐等官又有孝經師主監試經。月令師，主時節祠祀。律令師，主平法律，皆州自辟除，通爲百石又《後漢書》或云秩六百石職與司隸官屬同，唯無都官從事。漢魏之際，復增祭酒文學從事員。

治中從事史一人，居中治事，主衆曹文書，漢制也。【略】

清·顾炎武《日知録》卷九《部刺史》 漢武帝遣刺史周行郡國，省察治狀，黜陟能否，斷治冤獄，以六條問事。一條，强宗豪右，田宅踰制，以强淩弱，以衆暴寡。二條，二千石不奉詔書，倍公向私，旁詔牟利，侵漁百姓，聚斂爲奸。三條，二千石不恤疑獄，風厲殺人，怒則任刑，喜則任賞，煩擾刻暴，剥削黎元，爲百姓所疾，山崩石裂，妖祥訛言。四條，二千石選署不平，苟阿所愛，蔽賢寵頑。五條，二千石子弟怙倚榮勢，請託所監。六條，二千石違公下比，阿附豪强，通行貨賂，割損政令。又令歲終得乘傳奏事。夫秩卑而命之尊，官小而權之重，此小大相制，内外相維之意也。《元城語録》：漢元封五年，初置刺史，部十三州，秩分行郡國。秩六百石，而得按二千石不法，其權最重。秩卑則其人激昂，權重則能行志。本自秦時遣御史出監諸郡。《史記》言：『秦始皇分天下以爲三十六郡，郡，置守尉監。』蓋罷侯置守之初，而已設此制矣。成帝末，翟方進、何武乃言《春秋》之義，用貴治賤，不以卑臨尊，刺史位下大夫而臨二千石，輕重不相準，請罷刺史，更置州牧，秩二千石。而朱博以漢家故事，置部刺史，秩卑而賞厚，咸勸功樂進，州牧秩眞二千石，位次九卿，九卿缺，以高第補，其中材則苟自守而已，恐功效陵夷，奸軌不勝，於是罷州牧，復置刺史。劉昭之論，以爲刺史監糾非法，不過六條，傳車周流，匪有定鎮，秩裁六百，未生陵犯之釁。成帝改牧，其萌始大。《後漢書·劉焉傳》靈帝政化衰缺，四方兵寇焉，以刺史威輕，建議改爲牧伯，請選重臣以居其任。從之。州任之重自此而始。合二者之言觀之，則州牧之設，中材僅循資自全，强者至專權裂土，然後知刺史六條，爲百代不易之良法，而今之監察御史巡按地方，爲得古人之意矣。又其善者，在於一年一代。夫守令之官，不可以不久也，監臨之任，不可以久也。久則情親而弊生，望輕而法玩。故一年一代之制。又漢法之所不如，而察吏安民之效，已見於二三百年者也。若夫倚勢作威，受賕不法，此特其人之不稱職耳。不以守令之貪殘而廢郡縣，豈以巡方之濁亂而停御史乎？至於秩止七品，與漢六百石制同，《王制》：天子使其大夫爲三監，監於方伯之國，國三人。金華應氏曰：『方伯者，天子所任以總乎外者也。又有監以臨之，蓋方伯權重則易專，大夫位卑則不敢肆，此大小相維，内外相統之微意也。何病其輕重不相準乎？夫不達前人立法之意，而輕議變更，未有不召亂而生事者。吾於成、哀之際，見漢治之無具矣。

又《六條之外不察》 漢時部刺史之職，不過以六條察郡國而已，不當與守令事。故朱博爲冀州刺史，敕告吏民，欲言縣丞尉者，刺史不察，黄綬各自詣郡。鮑宣爲豫州牧，以聽訟所察過詔條，被劾。而薛宣上疏言：吏多苛政，政教煩碎，大率咎在部刺史。或不循守條職，舉錯各以其意，多與郡縣事。《翟方進傳》，言遷朔方刺史，居官不煩苛，所察應條輒舉。自刺史之職下侵，而守令始不可爲，天下之事，猶治絲而棼之矣。

清·王鳴盛《十七史商榷》卷一四《漢刺史察藩國》 歷考諸傳中，凡居此官者，大率皆以督察藩國爲事。如《高五王傳》，青州刺史奏菑川王終古罪。《文三王傳》，冀州刺史林奏代王年罪。《武五子傳》，青州刺史雋不疑知齊孝王孫劉澤等反謀，收捕澤以聞。又昌邑哀王之子賀既廢，爲宣帝所忌，後復徙封豫章爲海昏侯，揚州刺史柯奏其罪。《張敞傳》，拜冀州刺史，既到部，而廣川王羣輩不道，賊發不得，敞圍王宮搜得之。【略】

因劾奏廣川王，削其户。蓋自賈誼在文帝時已慮諸侯難制，吳楚反後，防禁益嚴，部刺史總率一州，故以爲要務。

雜録

《漢書》卷六《武帝紀》 （元封五年）初置刺史部十三州。名臣文武欲盡，詔曰：『【略】其令州郡察吏民有茂材異等可爲將相及使絶國者。』

又 卷一〇《成帝紀》 （綏和元年）十二月，罷部刺史，更置州

牧，秩二千石。

又　卷一一《哀帝紀》（建平二年）罷州牧，復刺史。

又　卷六〇《杜緩傳》（杜）緩六弟，五人至大官，少弟熊歷五郡二千石，三州牧刺史，有能名，唯中弟欽官不至而最知名。

又　卷七二《鮑宣傳》（鮑宣）後爲都尉太守功曹，舉孝廉爲郎，病去官，復爲州從事。大司馬衛將軍王商辟宣，薦爲議郎，後以病去。哀帝初，大司空何武除宣爲西曹掾，甚敬重焉，薦宣爲諫大夫，遷豫州牧。

又　卷七六《王尊傳》（王尊）爲郡決曹史。數歲，以令舉幽州刺史從事。

又　卷八三《薛宣傳》（薛）宣爲中丞，執法殿中，外總部刺史，上疏曰：『陛下至德仁厚，哀閔元元，躬有日仄之勞，而亡佚豫之樂，允執聖道，刑罰惟中，然而嘉氣尚凝，陰陽不和，是臣下未稱，而聖化獨有不洽者也。臣竊伏思其一端，殆吏多苛政，政教煩碎，大率咎在部刺史，或不循守條職，舉錯各以其意，多與郡縣事，至開私門，聽讒佞，以求吏民過失，譴呵及細微，責義不量力。郡縣相迫促，亦内相刻，流至衆庶。是故鄉黨闕於嘉賓之懽，九族忘其親親之恩，飲食周急之厚彌衰，送往勞來之禮不行。夫人道不通，則陰陽否鬲，和氣不興，未必不由此也。【略】方刺史奏事時，宜明申敕，使昭然知本朝之要務。臣愚不知治道，唯明主察焉。』上嘉納之。宣數言政事便宜，舉奏部刺史郡國二千石，所貶退稱進，白黑分明，繇是知名。

又　《朱博傳》（朱）博本武吏，不更文法，及爲刺史行部，吏民數百人遮道自言，官寺盡滿。從事白請且留此縣録見諸自言者，事畢乃發，欲以觀試博。博心知之，告外趣駕。既白駕辦，博出就車見自言者，使從事明敕告吏民：『欲言縣丞尉者，刺史不察黄綬，各自詣郡。欲言二千石墨綬長吏者，使者行部還，詣治所。其民爲吏所寃，及言盜賊辭訟事，各使屬其部從事。』【略】

初，何武爲大司空，又與丞相方進共奏言：『古選諸侯賢者以爲州伯，《書》曰：「咨十有二牧」，所以廣聰明，燭幽隱也。今部刺史居牧伯之位，秉一州之統，選第大吏，所薦位高至九卿，所惡立退，任重職大。《春秋》之義，用貴治賤，不以卑臨尊。刺史位下大夫，而臨二千

石，輕重不相準，失位次之序。臣請罷刺史，更置州牧，以應古制。』奏可。【略】

（朱博）又奏言：『漢家至德溥大，宇内萬里，立置郡縣。部刺史奉使典州，督察郡國吏民安寧。故事居部九歲舉爲守相，其有異材功效著者輒登擢，秩卑而賞厚，咸勸功樂進。前丞相方進奏罷刺史，更置州牧，秩眞二千石，位次九卿。九卿缺，以高第補，其中材則苟自守而已，恐功效陵夷，姦軌不禁。臣請罷州牧，置刺史如故。』奏可。

又　卷八四《翟方進傳》河平中，方進轉爲博士。數年，遷朔方刺史，居官不煩苛，所察應條輒舉，甚有威名。

又　卷八六《何武傳》（何）武爲刺史，二千石有罪，應時舉奏，其餘賢與不肖敬之如一，是以郡國各重其守相，州中清平。【略】

（何）武曰：『刺史古之方伯，上所委任，一州表率也，職在進善退惡。吏治行有茂異，民有隱逸，乃當召見，不可有所私問。』【略】

（何）武爲九卿時，奏言宜置三公官，又與方進共奏罷刺史，更置州牧，後皆復復故。【略】唯内史事施行。

又　《王嘉傳》（王）嘉上疏曰：『孝文時，吏居官者或長子孫，以官爲氏，倉氏、庫氏則倉庫吏之後也。其二千石長吏亦安官樂職，然後上下相望，莫有苟且之意。其後稍稍變易，公卿以下傳相促急，又數改更政事，司隸、部刺史察過悉劾，發揚陰私，吏或居官數月而退，送故迎新，交錯道路。中材苟容求全，下材懷危内顧，一切營私者多。二千石益輕賤，吏民慢易之。或持其微過，增加成辠，言於刺史、司隸，或至上書章下；衆庶知其易危，小失意則有離畔之心。』

又　卷九九中《王莽傳》（王莽）置州牧、部監二十五人，見禮如三公。監位上大夫，各主五郡。公氏作牧。

《三國志》卷二九《魏志·方技傳·管輅》裴松之注引《管輅別傳》（冀州刺史裴徽）檄召輅爲文學從事【略】再相見，便轉爲鉅鹿從事；三見，轉治中；四見，轉從別駕。至十月，舉爲茂才。

晉·司馬彪《續漢書·輿服志上》注引謝承《後漢書》孔恂字巨卿，新淦人。州別駕從事車前舊有屏星，如刺史車曲翳儀式。是時刺史行部，發去日晏，刺史怒，欲去別駕車屏星。恂諫曰：『明使君傳車自發

晚，而欲徹去屏星，毀國舊儀，此不可行。別駕可去，屏星不可省。』即投傳去。刺史追辭謝請，不肯還，於是遂不去屏星。

《三國志》卷八《魏志·陶謙傳》裴松之注引謝承《後漢書》 會黄巾作亂，陸梁五郡，郡縣發兵，以爲先辦。徐州刺史巴祇表功第一，當受遷賞，昱深以爲恥，委官還家。徐州牧陶謙初辟別駕從事，辭疾遜遁。謙重令揚州從事會稽吳範宣旨，昱守意不移；欲威以刑罰，然後乃起。舉茂才，遷廣陵太守。

唐·杜佑《通典》卷三二《職官一四·州郡》上《司隸校尉》引謝承《後漢書》 周乘爲交趾刺史，舉奏二郡穢濁太守，屬縣解印綬棄官者四十餘城。

宋·李昉等《太平御覽》卷二六三《職官部六一·別駕》引謝承《後漢書》 周景爲豫州刺史，辟陳蕃爲別駕，不就。景題別駕輿曰：『陳仲舉座也。』不復更辟。蕃惶懼，起視職。【略】

陳茂，豫州刺史周敞辟爲別駕從事，與俱行部。

宋·李昉等《太平御覽》卷二六三《職官六一·治中》引謝承《後漢書》 陳禪爲州治中從事，刺史爲人所劾受納贓賂，當傳考，乃至笞掠無筭，五毒畢加。神意自若，辭對無屈事，遂釋。

《後漢書》卷一下《光武帝紀》 （建武十八年）罷州牧，置刺史。

又 卷三《章帝紀》 （章和五年四月）戊寅，詔曰：『【略】其申敕刺史、二千石奉順聖旨，勉弘德化，佈告天下，使明知朕意。』

又 卷四《和帝紀》 （永元五年）三月戊子，詔曰：『選舉良才，爲政之本。科別行能，必由鄉曲。而郡國舉吏，不加簡擇，故先帝明敕在所，令試之以職，乃得充選。又德行尤異，不須經職者，別署狀上。而宣布以來，出入九年，二千石曾不承奉，恣心從好，司隸、刺史訖無糾察。今新蒙赦令，且復申敕，後有犯者，顯明其罰。』【略】

（永元十年）九月，京師蝗。吏民言事者，多歸責有司。詔曰：『【略】百僚師尹，勉修厥職，刺史、二千石詳刑辟，理冤虐，恤鰥寡，矜孤弱，思惟致灾興蝗之咎。』【略】

（永元）十年春三月壬戌，詔曰：『隄防溝渠，所以順助地理，通利壅塞。今廢慢懈弛，不以爲負。刺史、二千石其隨宜疏導。』

又 《殤帝紀》 （延平元年）秋七月庚寅，敕司隸校尉、部刺史曰：『夫天降灾戾，應政而至。間者郡國或有水灾，妨害秋稼。朝廷惟咎，憂惶悼懼。而郡國欲獲豐穰虛飾之譽，遂覆蔽灾害，多張墾田，不揣流亡，競增戶口，掩匿盜賊，令姦惡無懲，署用非次，選舉乖宜，貪苛慘毒，延及平民。刺史垂頭塞耳，阿私下比，「不畏於天，不愧於人」。假貸之恩，不可數恃，自今以後，將糾其罰。二千石長吏其各實覈所傷害，爲除田租、芻稾。』

又 卷五《安帝紀》 （永初元年十一月）戊子，敕司隸校尉、冀并二州刺史：『民訛言相驚，棄捐舊居，老弱相攜，窮困道路。其各敕所部長吏，躬親曉諭。若欲歸本郡，在所爲封長檄。不欲，勿强。』【略】

（延光元年八月）己亥，詔三公、中二千石，舉刺史、二千石、令、長、相，視事一歲已上至十歲，清白愛利，能敕身率下，防姦理煩，有益於人者，無拘官簿。刺史舉所部，郡國太守相舉墨綬，隱親悉心，勿取浮華。

又 卷六《順帝紀》 （延光四年十一月）乙亥，詔益州刺史罷子午道，通褒斜路。【略】

（永建元年）夏五月丁丑，詔幽、并、涼州刺史，使各實二千石以下至黄綬，年老劣弱不任軍事者，上名。

又 卷七《桓帝紀》 （永興二年）詔司隸校尉、部刺史曰：『蝗灾爲害，水變仍至，五穀不登，人無宿儲。其令所傷郡國種蕪菁以助人食。』

又 卷八《靈帝紀》 （中平五年）改刺史，新置牧。

又 卷二四《馬嚴傳》 其冬，有日食之灾，嚴上封事曰：『【略】臣伏見方今刺史太守專州典郡，不務奉事盡心爲國，而司察偏阿，取與自己，同則舉爲尤異，異則中以刑法，不卽垂頭塞耳，採取財賂。今益州刺史朱酺、揚州刺史倪說、涼州刺史尹業等，每行考事，輒有物故。又選舉不實，曾無貶坐，是使臣下得作威福也。故事，州郡所舉上奏，司直察能否以懲虛實，今宜加防檢，式遵前制。舊丞相、御史親治職事，唯丙吉以年老優遊，不案吏罪，於是宰府習爲常俗，更共罔養，以崇虛名，或未曉其職，便復遷徙，誠非建官賦祿之意。宜敕正百司，各責以事，州郡所

舉，必得其人。若不如言，裁以法令。【略】如此，綏御有體，灾眚消矣。』書奏，帝納其言而免酺等官。

又　卷二七《郭丹傳》（郭丹）至京師，常爲都講，諸儒咸敬重之。【略】更始二年，三公舉丹賢能，徵爲諫議大夫，持節使歸南陽，安集受降。【略】更始敗，諸將悉歸光武，並獲封爵；丹獨保平氏不下，爲更始發喪，衰絰盡哀。建武二年，遂潛逃去，敝衣閒行，涉歷險阻，求謁更始妻子，奉還節傳，因歸鄉里。

又　卷三一《郭伋傳》（郭）伋始至行部，到西河美稷，有童兒數百，各騎竹馬，道次迎拜。伋問：『兒曹何自遠來？』對曰：『聞使君到，喜，故來奉迎。』伋辭謝之。及事訖，諸兒復送至郭外，問：『使君何日當還？』伋謂别駕從事，計日當告之。

又　《賈琮傳》（賈琮）爲京兆令，有政理迹。舊交阯土多珍産，明璣、翠羽、犀、象、瑇瑁、異香、美木之屬，莫不自出。前後刺史率多無清行，上承權貴，下積私賂，財計盈給，輒復求見遷代，故吏民怨叛。中平元年，交阯屯兵反，執刺史及合浦太守，自稱『柱天將軍』。靈帝特敕三府精選能吏，有司舉琮爲交阯刺史。琮到部，訊其反狀，咸言賦斂過重，百姓莫不空單，京師遙遠，告冤無所，民不聊生自活，故聚爲盜賊。琮卽移書告示，各使安其資業，招撫荒散，蠲復傜役，誅斬渠帥爲大害者，簡選良吏試守諸縣，歲閒蕩定，百姓以安。巷路爲之歌曰：『賈父來晚，使我先反；今見清平，吏不敢飯。』在事三年，爲十三州最。徵拜議郎。

又　卷四八《徐璆傳》（徐璆）稍遷荊州刺史。時董太后姊子張忠爲南陽太守，因埶放濫，臧罪數億。璆臨當之部，太后遣中常侍以忠屬璆。璆對曰：『臣身爲國，不敢聞命。』太后怒，遽徵忠爲司隸校尉，以相威臨。璆到州，舉奏忠臧餘一億，使冠軍縣上簿詣大司農，以彰暴其事。又奏五郡太守及屬縣有臧汙者，悉徵案罪，威風大行。

又　卷四九《王充傳》王充字仲任，會稽上虞人也。【略】刺史董勤辟爲從事，轉治中，自免還家。

又　卷五一《陳禪傳》（陳）禪曾孫寶，亦剛壯有禪風，爲州别駕從事，顯名州里。

又　卷五六《王龔傳》（王龔）稍遷青州刺史，劾奏貪濁二千石數人，安帝嘉之，徵拜尚書。

又　卷五八《傅燮傳》刺史耿鄙委任治中程球，球爲通姦利，士人怨之。

又　卷六六《王允傳》（王仕）復還仕，郡人有路佛者，少無名行，而太守王球召以補吏，允犯顔固爭，球怒，收允欲殺之。刺史鄧盛聞而馳傳，辟爲别駕從事，允由是知名，而路佛以之廢棄。

又　卷六七《黨錮傳·李膺》（李膺）再遷青州刺史，守令畏威明，多望風棄官。

又　卷七四上《袁紹傳》魏郡審配、鉅鹿田豐，並以正直不得志於韓馥。紹乃以豐爲别駕，配爲治中，甚見器任。

又　卷七八《宦者傳·侯覽》（侯）覽兄參爲益州刺史，民有豐富者，輒誣以大逆，皆誅滅之，没入財物，前後累億計。太尉楊秉奏參，檻車徵，於道自殺。京兆尹袁逢於旅舍閲參車三百餘兩，皆金銀錦帛珍玩，不可勝數。

又　卷八一《獨行傳·陸續》（陸）續幼孤，仕郡户曹史。時歲荒民飢，太守尹興使續於都亭賦民饘粥。續悉簡閲其民，訊以名氏。事畢，興問所食幾何？續因口説六百餘人，皆分别姓字，無有差謬。興異之。刺史行部，見續，辟爲别駕從事。

又　《王忳傳》（王忳）仕郡功曹、州治中從事。舉茂才，除郿令。

司隸校尉

綜　述

《漢書》卷一〇《成帝紀》（元延四年）二月，罷司隸校尉官。

又　卷一九上《百官公卿表》司隸校尉，周官，武帝征和四年初置。持節，從中都官徒千二百人，捕巫蠱，督大姦猾。後罷其兵。察三輔、三河、弘農。元帝初元四年去節。成帝元延四年省。綏和二年，哀帝

復置，但爲司隸，冠進賢冠，屬大司空，比司直。【略】自司隸至虎賁校尉，秩皆二千石。

又　卷七二《鮑宣傳》　（鮑）宣爲司隸。時哀帝改司隸校尉但爲司隸，官比司直。丞相孔光行園陵，官屬以令行馳道中，宣出逢之，使吏鉤止丞相掾史，没入其車馬，摧辱宰相。事下御史，中丞侍御史至司隸官，欲捕從事，閉門不肯納。宣坐距閉使者，【略】下廷尉獄。博士弟子濟南王咸舉幡太學下，曰：『欲救鮑司隸者會此下。』諸生會者千餘人。朝日，遮丞相孔光自言，丞相車不得行，又守闕上書。上遂抵宣罪減死一等，髡鉗。宣既被刑，乃徙之上黨，以爲其地宜田牧，又少豪俊，易長雄，遂家於長子。

又　卷七七《蓋寬饒傳》　（蓋）寬饒初拜爲司馬，未出殿門，斷其襌衣，令短離地，冠大冠，帶長劍，躬案行士卒廬室，視其飲食居處，有疾病者身自撫循臨問，加致醫藥，遇之甚有恩。及歲盡交代，上臨饗罷衛卒，衛卒數千人皆叩頭自請，願復留共更一年，以報寬饒厚德。宣帝嘉之，以寬饒爲太中大夫，使行風俗，多所稱舉貶黜，奉使稱意。擢爲司隸校尉，刺舉無所迴避，小大輒舉，所劾奏衆多，廷尉處其法，半用半不用，公卿貴戚及郡國吏繇使至長安，皆恐懼莫敢犯禁，京師爲清。

又　《諸葛豐傳》　諸葛豐字少季，琅邪人也。以明經爲郡文學。名特立剛直。貢禹爲御史大夫，除豐爲屬舉侍御史。元帝擢爲司隸校尉，刺舉無所避，京師爲之語曰：『間何闊，逢諸葛。』上嘉其節，加豐秩光禄大夫。時侍中許章以外屬貴幸，奢淫不奉法度，賓客犯事，與章相連。豐案劾章，欲奏其事。適逢許侍中私出，豐駐車舉節詔章曰：『下！』欲收之。章迫窘，馳車去。豐追之，許侍中因得入宮門，自歸上。豐亦上奏。於是收豐節。司隸去節自豐始。

又　卷八四《翟方進傳》　故事，司隸校尉位在司直下，初除，謁兩府，其有所會，居中二千石前，與司直並迎丞相、御史。

《全後漢文》卷四五《司隸校尉箴》　江充作亂，辱於戾園，率隸掘蠱，以詰其姦。既定既寧，爰遂其官。俾督京甸，時惟鷹鸇。

《後漢書》卷五八《傅燮傳》注引《漢官》　司隸功曹從事，即持中也。

又　卷一下《光武帝紀》注引應劭《漢官儀》　司隸校尉部河南、河内、右扶風、左馮翊、京兆、河東、弘農七郡於河南洛陽，故謂東京爲『司隸。』

宋·李昉等《太平御覽》卷二五〇《職官部》四八《司隸校尉》引應劭《漢官儀》　司隸校尉，糾皇太子、三公以下及旁州郡國無不統，陛坐見諸卿，皆獨席。

晉·司馬彪《續漢書·百官志三·少府》注引蔡質《漢儀》　司隸校尉見侍中，執板揖，河南尹亦如之。【略】

（司隸校尉）職在典京師，外部諸郡，無所不糾。封侯、外戚、三公以下，無尊卑。入宫，開中道稱使者，每會，後到先去。【略】

司隸詣臺廷議，處九卿上，朝賀處公卿下陪卿上。初除，謁大將軍、三公，通謁持板揖。公儀、朝賀無敬。臺召入宫對。見尚書持板，朝賀揖。

又　《州郡》注引《獻帝起居注》　建安十八年三月庚寅，省州并郡，復《禹貢》之九州。【略】省司隸校尉，以司隸部分屬豫州、冀州、雍州。

又　《司隸校尉》　司隸校尉一人，比二千石。本注曰：孝武初置，持節，常察舉百官以下，及京師近郡犯法者。元帝去節，成帝省，建武中復置，并領一州。假佐二十五人。本注曰：主簿録閣下事，省文書。門亭長主州正。門功曹書佐主選用。《孝經》師主監試經。《月令》師主時節祠祀。律令師主平法律。簿曹書佐主簿書。其餘都官書佐及每郡國，各有典郡書佐一人，各主一郡文書，以郡吏補，歲滿一更。司隸所部郡七。

又　《州郡》　建安十八年，復爲刺史，十二人各主一州，其一州屬司隸校尉。諸州常以八月巡行所部郡國，録囚徒，考殿最。初歲盡詣京都奏事，中興但因計吏。

雜録

《漢書》卷四五《張酺傳》　郡人鄭據時爲司隸校尉，奏免執金吾竇景。

又　卷七二《王駿傳》　（王駿）起家復爲幽州刺史，遷司隸校尉，奏免丞相匡衡，遷少府，八歲，成帝欲大用之，出駿爲京兆尹，試以政事。

又　《鮑宣傳》　丞相孔光四時行園陵，官屬以令行馳道中，（鮑）宣出逢之，使吏鉤止丞相掾史，没入其車馬，摧辱宰相。事下御史，中丞侍御史至司隸官，欲捕從事，閉門不肯内。宣坐距閉使者，亡人臣禮，大不敬，不道，下廷尉獄。

又　卷七六《王尊傳》　初，中書謁者令石顯貴幸，專權爲姦邪。丞相匡衡、御史大夫張譚皆阿附畏事顯，不敢言。久之，元帝崩，成帝初即位，顯徙爲中太僕，不復典權。衡、譚乃奏顯舊惡，請免顯等。尊於是劾奏：『丞相衡、御史大夫譚位三公，典五常九德，以總方略，壹統類，廣教化，美風俗爲職。知中書謁者令顯等專權擅埶，大作威福，縱恣不制，無所畏忌，爲海内患害，不以時白奏行罰，而阿諛曲從，附下罔上，懷邪迷國，無大臣輔政之義，皆不道，在赦令前。赦後，衡、譚舉奏顯，不自陳不忠之罪，而反揚著先帝任用傾覆之徒，妄言百官畏之。甚於主上。卑君尊臣，非所宜稱，失大臣體。又正月行幸曲臺，臨饗罷衛士，衡與中二千石大鴻臚賞等會坐殿門下，衡南鄉，賞等西鄉。衡更爲賞布東鄉席，起立延賞坐，私語如食頃。衡知行臨，百官共職，萬衆會聚，而設不正之席，使下坐上，相比爲小惠於公門之下，動不中禮，亂朝廷爵秩之位。衡又使官大奴入殿中，問行起居，還言漏上十四刻行。臨到，衡安坐，不變色改容。無怵惕肅敬之心，驕慢不謹，皆不敬。』有詔勿治。於是衡慙懼，免冠謝罪，上丞相、侯印綬。天子以新即位，重傷大臣，乃下御史丞問狀。劾奏尊：『妄詆欺非謗赦前事，猥歷奏大臣，無正法，飾成小過，以塗汙宰相，摧辱公卿，輕薄國家，奉使不敬。』有詔左遷尊爲高陵令，數月，以病免。【略】

司隸遣假佐放，奉詔書白尊發吏捕人。

又　卷七七《孫寶傳》　哀帝即位，徵寶爲諫大夫，遷司隸。初，傅太后與中山孝王母馮太后俱事元帝，有郤，傅太后使有司考馮太后，令自殺，衆庶冤之。寶奏請覆治，傅太后大怒曰：『帝置司隸，主使察我。馮氏反事明白，故欲擿觖以揚我惡。我當坐之。』上乃順指下寶獄。尚書僕射唐林爭之，上以林朋黨比周，左遷敦煌魚澤障候。大司馬傅喜、光禄大夫龔勝固爭，上爲言太后，出寶復官。

又　卷八一《匡衡傳》　司隸校尉駿、少府忠行廷尉事劾奏：『（匡）衡監臨盜所主守直十金以上。《春秋》之義，諸侯不得專地，所以壹統，尊法制也。衡位三公，輔國政，領計簿，知郡實，正國界，計簿已定而背法制，專地盜土以自益，及賜、明阿承衡意，猥舉郡計，亂減縣界，附下罔上，擅以地附益大臣，皆不道。』於是上可其奏，勿治，丞相免爲庶人，終於家。

又　卷九七下《外戚傳·孝成趙皇后》　後數月，司隸解光奏言：『臣聞許美人及故中宮史曹宫皆御幸孝成皇帝，産子，子隱不見。臣遣從事掾業、史望驗問知狀者。』

宋·李昉《太平御覽》卷二二五《職官部二三·御史中丞上》引《東觀漢記》　宣秉，建武元年拜御史中丞，上特詔：御史中丞與司隸校尉、尚書令會同並專席而坐，故京師號曰『三獨坐』。

又　卷二五〇《職官部四八·司隸校尉》引《東觀漢記》　鮑永爲司隸校尉。時趙王良從上送中郎將來歙喪還，入夏城門中，與五官將車相逢，道迫，良怒，召門候岑尊，叩頭馬前。永劾奏良曰：『今月二十七日，車駕臨故中郎將來歙喪還，車駕過，須臾趙王良從後到，與右中郎將張邯相逢城門中，道迫狹，叱邯旋車，又召門候岑遵詰責，使前走數十步。按良諸侯藩臣，蒙恩入侍，知遵帝城門候吏六百石，而肆意加怒，令叩頭都道，走馬頭前。無藩臣之禮，大不敬也。』

又　引謝承《後漢書》　華松擢爲司隸校尉。是時貴戚專勢，有司軟弱，莫敢糾罰。松下車閉閤，不通私書，不與豪右相見，姦慝犯者輒死，奏馬氏三侯，羣豪斂手。

又　卷二六五《職官部六三·從事》引《東觀漢記》　鮑永爲司隸校尉，矜嚴公正，平陵鮑恢爲從事，恢亦抗直。詔曰：『貴戚且斂手，以避二鮑。』

唐·虞世南《北堂書鈔》卷六一《设官部一三》引謝承《後漢書》　任防，爲司隸校尉，下車，嘗食乾飯，十日一炊，閉閤不通豪。【略】

公孫曄字春光，爲司隸校尉。下車減損隨車，坐席不遷，豪傑貴戚賓

客絶其書疏，按法捕治，無所迴避，京師宴然，强族由是斂手。【略】

許永，爲司隸校尉。是時奄寺在内，貴幸用勢，永舉法無所迴避。

宋・李昉等《太平御覽》卷二五〇《職官部四八・司隸校尉》引《續漢書》　陽球，字方正，漁陽人也。少有勇氣，尚書令中常侍王甫、曹節等秉權勢，球常唾手拊髀曰：『陽球作司隸，此曹子何得爾耶！』尋爲司隸，明日詣闕謝恩。甫時休下在舍，球報甫罪，收至洛陽詔獄，自臨拷之。甫子萌亦見收。【略】

牟融拜司隸校尉，典司京都，執憲持平，多所舉正。百僚莫不敬憚。

晉・司馬彪《續漢書・五行志一》　（延熹）八年，桓帝因日蝕之變，乃拜故司徒韓寅爲司隸校尉，以次誅鉏，京都正清。

晉・常璩《華陽國志》卷一〇《先賢士女總贊中・犍爲士女》　趙旂字子鸞，資中人也。初臨甘陵弘農郡，甚善治民，徵尚書，遷司隸校尉。時梁冀子弟放恣，旂以法繩之，不敢爲非，京師肅清，桴鼓不鳴。【略】

楊渙字孟文，武陽人也。以清秀博雅，歷臺郎相，稍遷尚書、中郎、司隸校尉，甚有嘉聲美稱。【略】

楊準字伯邳，漢安縣人也。初，爲郡守。太尉李固薦準累世忠直，拜尚書，太傅陳蕃表爲河東。入爲尚書，令奏書治。南陽太守曹麻、潁川太守曹騰、濟南太守孫訓等子弟，依託形勢，淫縱。徵廷尉治罪。訓，梁冀婦家子也，於是憚之。又薦朱禹、盛精、滕延爲尚書，陸稠爲郡守，皆名士也。桓帝即位，拜河南尹，遷司隸校尉。冀叔父梁忠爲執金吾，不朝正初，劾奏之。朝士服其公亮，徙將作大匠。

《後漢書》卷二《明帝紀》　（永平九年）令司隸校尉、部刺史歲上墨綬長吏視事三歲以上理狀尤異者各一人，與計偕上，及尤不政理者，亦以聞。

又　卷四《殤帝紀》　（延平元年）秋七月庚寅，敕司隸校尉、部刺史曰：『夫天降灾戾，應政而至。間者郡國或有水灾，妨害秋稼。朝廷惟咎，憂惶悼懼。而郡國欲獲豐穰虚飾之譽，遂覆蔽灾害，多張墾田，不揣流亡，競增户口，掩匿盜賊，令姦惡無懲，署用非次，選舉乖宜，貪苛慘毒，延及平民。刺史垂頭塞耳，阿私下比，「不畏於天，不愧于人」。假貸之恩，不可數恃，自今以後，將糾其罰。二千石長吏其各實覈所傷害，爲除田租、芻藳。』

又　卷六《順帝紀》　（延光三年十一月）壬戌，詔司隸校尉：『惟閻顯、江京近親當伏辜誅，其餘務崇寬貸。』

又　卷七《桓帝紀》　（延熹二年）八月丁丑，帝御前殿，詔司隸校尉張彪將兵圍冀第，收大將軍印綬，冀與妻皆自殺。

又　卷一〇上《皇后紀・和熹鄧皇后》　（鄧太后）詔告司隸校尉、河南尹、南陽太守曰：『每覽前代，外戚賓客，假借威權，輕薄謥詷，至有濁亂奉公，爲人患苦，咎在執法怠懈，不輒行其罰故也。今車騎將軍騭等雖懷敬順之志，而宗門廣大，姻戚不少，賓客姦猾，多干禁憲，其明加檢敕，勿相容護。』自是親屬犯罪，無所假貸。

又　卷二六《牟融傳》　（牟融）以司徒茂才爲豐令，視事三年，縣無獄訟，爲州郡最。司徒范遷薦融忠正公方，經行純備，宜在本朝，并上其理狀。永平五年，入代鮑昱爲司隸校尉，多所舉正，百僚敬憚之。八年，代包咸爲大鴻臚。

又　卷二七《宣秉傳》　（宣秉）建武元年拜御史中丞。光武特詔御史中丞與司隸校尉、尚書令會同並專席而坐，故京師號曰『三獨坐』。明年遷司隸校尉，務舉大綱，簡略苛細，百僚敬之。

又　卷二八上《馮衍傳》　後衛尉陰興、新陽侯陰就以外戚貴顯，深敬重衍，衍遂與之交結，由是爲諸王所聘請，尋爲司隸從事。

又　卷二九《鮑昱傳》　（鮑昱）後爲沘陽長，政化仁愛，境内清淨。荆州刺史表上之，再遷，中元元年，拜司隸校尉，詔昱詣尚書，使封胡降檄。光武遣小黄門問昱有所怪不？對曰：『臣聞故事通官文書不著姓，又當司徒露布，怪使司隸下書而著姓也。』帝報曰：『吾故欲令天下知忠臣之子復爲司隸也。』昱在職，奉法守正，有父風。【略】

鮑永爲司隸，鮑恢爲都官從事，並不避强禦。詔策曰：『貴戚且當斂手，以避二鮑。』其見憚如此。永子昱，復爲司隸，初拜使封胡降檄。世祖遣問昱曰：『有所怪否？』對曰：『臣聞故事，通官文書不著姓名。又當司徒露布，怪使司隸下書而著姓也。』上曰：『吾故欲令天下知忠臣之子復爲司隸。』

又　卷三一《蘇不韋傳》　（段熲）令長安男子告，【蘇】不韋多將

賓客奪舅財物，遂使從事張賢等就家殺之。

又　卷三六《陳元傳》（陳）元以才高著名，辟司空李通府。時大司農江馮上言，宜令司隸校尉督察三公。事下三府。元上疏曰：『臣聞師臣者帝，賓臣者霸。故武王以太公爲師，齊桓以夷吾爲仲父。孔子曰：「百官總己聽於冢宰。」近則高帝優相國之禮，太宗假宰輔之權。及亡新王莽，遭漢中衰，專操國柄，以偷天下，況已自喻，不信羣臣。奪公輔之任，損宰相之威，以刺舉爲明，徼訐爲直。至乃陪僕告其君長，子弟變其父兄，罔密法峻，大臣無所措手足。然不能禁董忠之謀，身爲世戮。故人君患在自驕，不患驕臣；失在自任，不在任人。是以文王有日昃之勞，周公執吐握之恭，不聞其崇刺舉，務督察也。方今四方尚擾，天下未一，百姓觀聽，咸張耳目。陛下宜修文武之聖典，襲祖宗之遺德，勞心下士，屈節待賢，誠不宜使有司察公輔之名。』帝從之，宣下其議。李通罷，元後復辟司徒歐陽歙府，數陳當世便事、郊廟之禮，帝不能用。以病去，年老，卒於家。

又　卷三八《馮緄傳》（馮緄）徵拜京兆尹，轉司隸校尉，所在立威刑。遷廷尉、太常。

又　卷四〇《班固傳》（班固）與前睢陽令陳宗、長陵令尹敏、司隸從事孟異共成《世祖本紀》。

又　卷四一《宋意傳》（宋意）遷司隸校尉。永元初，大將軍竇憲兄弟貴盛，步兵校尉鄧疊、河南尹王調、故蜀郡太守廉范等羣黨，出入憲門，負埶縱放。意隨違舉奏，無所回避，由是與竇氏有隙。

又　卷四六《郭鎮傳》初，肅宗時，司隸校尉下邳趙興亦不卹諱忌，每入官舍，輒更繕修館宇，移穿改築，故犯妖禁，而家人爵祿，益用豐熾，官至潁川太守。子峻，太傅，以才器稱。孫安世，魯相。三葉皆爲司隸，時稱其盛。

又　卷四八《應奉傳》（應奉）爲司隸校尉。糾舉姦違，不避豪戚，以嚴厲爲名。

又　《徐璆傳》（徐）璆少博學，辟公府，舉高第，稍遷荊州刺史。時，董太后姊子張忠爲南陽太守，因埶放濫，臧罪數億。璆臨當之部，太后遣中常侍以忠屬璆。璆對曰：『臣身爲國，不敢聞命。』太后怒，遽徵忠爲司隸校尉，以相威臨。璆到州，舉奏忠臧餘一億，使冠軍縣上簿詣大司農，以彰暴其事。又奏五郡太守及屬縣有臧汙者，悉徵案罪，威風大行。

又　卷五三《申屠蟠傳》（申屠蟠）始與濟陰王子居同在太學，子居臨歿，以身託蟠，蟠乃躬推輦車，送喪歸鄉里。遇司隸從事於河鞏之閒，從事義之，爲封傳護送，蟠不肯受，投傳於地而去。

又　卷五六《王暢傳》（王暢）四遷尚書令，出爲齊相。徵拜司隸校尉，轉漁陽太守。所在以嚴明爲稱。

又　《种拂傳》拂字潁伯。初爲司隸從事，拜宛令。

又　卷五八《虞詡傳》（虞詡）代陳禪爲司隸校尉，數月閒，奏太傅馮石、太尉劉熹、中常侍程璜、陳秉、孟生、李閏等，百官側目，號爲苛刻。三公劾奏詡盛夏多拘繫無辜，爲吏人患。詡上書自訟曰：『法禁者俗之堤防，刑罰者人之銜轡。今州曰任郡，郡曰任縣，更相委遠，百姓怨窮，以苟容爲賢，盡節爲愚。臣所發舉，臧罪非一，二府恐爲臣所奏，遂加誣罪。臣將從史魚死，即以尸諫耳。』順帝省其章，乃爲免司空陶敦。

又　卷六〇《蔡邕傳》蔡邕上封事曰：『【略】夫司隸校尉、諸州刺史，所以督察姦枉分別白黑者也。』

又　卷六七《黨錮傳·李膺》（李膺）復拜司隸校尉。時，張讓弟朔爲野王令，貪殘無道，至乃殺孕婦，聞膺厲威嚴，懼罪逃還京師，因匿兄讓弟舍，藏於合柱中。膺知其狀，率將吏卒破柱取朔，付洛陽獄。受辭畢，即殺之。讓訴冤於帝，詔膺入殿，御親臨軒，詰以不先請便加誅辟之意。膺對曰：『昔晉文公執衛成公歸于京師，《春秋》是焉。《禮》云公族有罪，雖曰宥之，有司執憲不從。昔仲尼爲魯司寇，七日而誅少正卯。今臣到官已積一旬，私懼以稽留爲愆，不意獲速疾之罪。誠自知釁責，死不旋踵，特乞留五日，克殄元惡，退就鼎鑊，始生之意也。』帝無復言，顧謂讓曰：『此汝弟之罪，司隸何愆？』乃遣出之。自此諸黃門常侍皆鞠躬屏氣，休沐不敢復出宮省。帝怪問其故，並叩頭泣曰：『畏李校尉。』

又　卷六七《劉祐傳》（劉祐）又出爲河南尹，轉司隸校尉。時權貴子弟罷州郡還入京師者，每至界首，輒改易輿服，隱匿財寶。威行朝廷。拜宗正，三轉大司農。

又　卷七七《循吏傳・陽球》　（陽球）拜尚書令。【略】時中常侍王甫、曹節等姦虐弄權，扇動外内。球嘗拊髀發憤曰：『若陽球作司隸，此曹子安得容乎？』光和二年遷爲司隸校尉。王甫休沐里舍，球詣闕謝恩，奏收甫及中常侍淳于登、袁赦、封𩑶、中黄門劉毅、小黄門龐訓、朱禹、齊盛等，及子弟爲守令者，姦猾縱恣，罪合滅族。太尉段熲諂附佞倖，宜並誅戮。於是悉收甫、熲等送洛陽獄。球既誅甫，復欲以次表曹節等，乃敕中都官從事曰：『且先去大猾，當次案豪右。』權門聞之，莫不屏氣。諸奢飾之物，皆各緘縢，不敢陳設。京師畏震。

晉・司馬彪《續漢書・百官志四・司隸校尉》注引荀綽《晉百官表注》　司隸校尉，周官也。征和中，陽石公主巫蠱之獄起，乃依周置司隸。

唐・杜佑《通典》卷三二《職官一四・州郡上・司隸校尉》　司隸，周官也。掌五隸之法。辨其物而掌其政令。五隸，謂罪隸、蠻隸、閩隸、夷隸、貉隸也。物謂衣服、兵器之屬。帥其民而捕其盜賊。

督郵

綜述

《張家山漢墓竹簡・二年律令・具律》　（乞）〔乞〕鞫者各辭在所縣道，縣道官令、長、丞謹聽，書其（乞）〔乞〕鞫，上獄屬所二千石官，二千石官令都吏覆之。都吏所覆治，廷及郡各移旁近郡，御史、丞相所覆治移廷。

又《效律》　縣道官令、長及官□比□長而有丞者□免徙，二千石官遣都吏效代者。雖不免、送（徙），居官盈三歲，亦輒遣都吏案效之。效案官而不備，其故吏不效新吏，新吏罪之；不盈歲，新吏弗坐。

又《興律》　縣道官所治死罪及過失、戲而殺人，獄已具，毋庸論，上獄屬所二千石官。二千石官令毋害都吏復案，問（聞）二千石官，二千石官（丞）謹録，當論，乃告縣道官以從事。徹侯邑上在所郡守。

《後漢書》卷四五《張酺傳》注引《漢官儀》　督郵、功曹，郡之極位。

晉・司馬彪《續漢書・百官志五・州郡》　（郡）其監屬縣，有五部督郵，曹掾一人。

雜録

《漢書》卷四《文帝紀》　有司請令縣道，年八十已上，賜米人月一石，肉二十斤，酒五斗。其九十已上，又賜帛人二疋、絮三斤。賜物及當稟鬻米者，長吏閲視，丞若尉致。不滿九十，嗇夫、令史致。二千石遣都吏循行，不稱者督之。

又　卷七六《尹翁歸傳》　（尹翁歸）徙署督郵。河東二十八縣，分爲兩部，閎孺部汾北，翁歸部汾南。所舉應法，得其罪辜，屬縣長吏雖中傷，莫有怨者。

又《韓延壽傳》　（韓延壽）入守左馮翊，滿歲稱職爲眞。歲餘，不肯出行縣。丞掾數白：『宜循行郡中，覽觀民俗，考長吏治迹。』延壽曰：『縣皆有賢令長，督郵分明善惡於外，行縣恐無所益，重爲煩擾。

又　卷七七《孫寶傳》　（孫寶）徵爲京兆尹。故吏侯文以剛直不苟合常稱疾不肯仕，寶以恩禮請文，欲爲布衣友。日設酒食，妻子相對。文求受署爲掾，進見如賓禮。數月，以立秋日署文東部督郵。

又　卷七九《馮野王傳》　（馮野王）爲左馮翊。歲餘，而池陽令並素行貪汙，輕野王外戚年少，治行不改。野王部督郵掾祋祤趙都案驗，得其主守盜十金罪，收捕。

又　卷八三《朱博傳》　（朱）博以太常掾察廉，補安陵丞。後去官入京兆，歷曹史列掾，出爲督郵書掾，所部職辦，郡中稱之。

晉・袁宏《後漢紀》卷一二《孝章皇帝紀下》　太守第五倫行部見弘，問民得失，弘對甚明，倫甚奇之，擢爲督郵。

《後漢書》卷二四《馬援傳》　（馬援）後爲郡督郵，送囚至司命府，囚有重罪，援哀而縱之，遂亡命北地。

又　卷二六《伏隆傳》　（伏）隆字伯文，少以節操立名，仕郡督郵。

又　卷二九《郅惲傳》　郅惲字君章，汝南西平人也。【略】久之，

太守歐陽歙請爲功曹。汝南舊俗，十月亨會，百里内縣皆齎牛酒到府讌飲。時臨亨禮訖，歙教曰：『西部督郵繇延，天資忠貞，禀性公方，摧破姦凶，不嚴而理。今與衆儒共論延功，顯之于朝。太守敬嘉厥休，牛酒養德。』

又《郅壽傳》（郅）壽字伯考，善文章，以廉能稱。舉孝廉，稍遷冀州刺史。時冀部屬郡多封諸王。賓客放縱，類不檢節，壽案察之，無所容貸。乃使部從事專住王國，又徙督郵舍王宮外，動静失得，即時騎驛言上奏王罪及劾傅相，於是藩國畏懼，並爲遵節。

又卷三一《蘇不韋傳》（蘇不韋）父謙，初爲郡督。郵。時魏郡李暠爲美陽令，與中常侍具瑗交通，貪暴爲民患，前後監司畏其埶援，莫敢糾問。及謙至，部案得其臧，論輸左校。

又卷四〇上《班固傳》（班固）奏記説蒼曰：『【略】京兆督郵郭基，孝行著於州里，經學稱於師門，政務之績，有絶異之效，如得及明時，秉事下僚，進有羽翮奮翔之用，退有杞梁一介之死。』

又卷四一《鍾離意傳》（鍾離意）少爲郡督郵。時部縣亭長有受人酒禮者，府下記案考之。意封還記，入言於太守曰：『《春秋》先内後外，《詩》云「刑于寡妻，以御于家邦」，明政化之本，由近及遠。今宜先清府内，且闊略遠縣細微之愆。』太守甚賢之，遂任以縣事。

又卷四三《何敞傳》（何敞）遷汝南太守。敞疾文俗吏以苛刻求當時名譽，故在職以寬和爲政。立春日，常召督郵還府，分遣儒術大吏案行屬縣，顯孝悌有義行者。

又卷五一《橋玄傳》（橋玄）爲漢陽太守。【略】郡人上邽姜岐，守道隱居，名聞西州。玄召以爲吏，稱疾不就。玄怒，敕督郵尹益逼致之，曰：『岐若不至，趣嫁其母。』益固爭不能得，遽曉譬岐。岐堅臥不起。郡内士大夫亦競往諫，玄乃止。

又卷五六《陳球傳》（陳）球少涉儒學，善律令。陽嘉中，舉孝廉，稍遷繁陽令。時魏郡太守諷縣求納貨賄，球不與之，太守怒而撾督郵，欲令逐球。督郵不肯，曰：『魏郡十五城，獨繁陽有異政，今受命逐之，將致議於天下矣。』太守乃止。

又卷七八《侯覽傳》（侯覽）喪母還家，大起塋冢。督郵張儉因舉

奏覽貪侈奢縱，前後請奪人宅三百八十一所，田百一十八頃。起立第宅十有六區，皆有高樓池苑，堂閣相望，飾以綺畫丹漆之屬，制度重深，僭類宫省。又豫作壽冢，石椁雙闕，高廡百尺，破人居室，發掘墳墓。虜奪良人，妻略婦子，及諸罪釁，請誅之。而覽伺候遮截，章竟不上。儉遂破覽冢宅，籍没資財，具言罪狀。又奏覽母生時交通賓客，干亂郡國。復不得御。

廷掾

综述

晉·司馬彪《續漢書·百官志五·縣鄉條》（縣）各署諸曹掾史。本注曰：諸曹略如郡員，五官爲廷掾，監鄉五部，春夏爲勸農掾，秋冬爲制度掾。

雜録

《後漢書》卷二一《任光傳》任光字伯卿，南陽宛人也。【略】更始至洛陽，以光爲信都太守。及王郎起，郡國皆降之，光獨不肯，遂與都尉李忠、令萬脩、功曹阮況、五官掾郭唐等同心固守。廷掾持王郎檄詣府白光，光斬之於市，以狥百姓，發精兵四千人城守。

又卷四八《爰延傳》爰延字季平，陳留外黄人也。清苦好學，能通經教授。性質慤，少言辭。縣令隴西牛述好士知人，乃禮請延爲廷掾，范丹爲功曹，濮陽潛爲主簿，常共言談而已。

又卷七七《酷吏傳·周紆》（周）紆廉潔無資，常築墼以自給。肅宗聞而憐之，復以爲郎，再遷召陵侯相。廷掾憚紆嚴明，欲損其威，乃晨取死人斷手足，立寺門。紆聞，便往至死人邊，若與死人共語狀。陰察視口眼有稻芒，乃密問守門人曰：『悉誰載藁入城者？』門者對：『唯有廷掾耳。』又問鈴下：『外頗有疑令與死人語者不？』對曰：『廷掾疑君。』乃收廷掾考問，具服『不殺人，取道邊死人』。後人莫敢欺者。

軍事機構部

軍事領導機構分部

中央軍領導機構

太尉（大司馬）

綜　述

《漢書》卷一九上《百官公卿表》　太尉，秦官，金印紫綬，掌武事。武帝建元二年省。元狩四年初置大司馬，以冠將軍之號。宣帝地節三年置大司馬，不冠將軍，亦無印綬官屬。成帝綏和元年初賜大司馬金印紫綬，置官屬，禄比丞相，去將軍。哀帝建平二年復去大司馬印綬、官屬，冠將軍如故。元壽二年復賜大司馬印綬，置官屬，去將軍，位在司徒上。

《後漢書》卷一上《光武帝紀》注引《漢官儀》　太尉，秦官也，武帝更名大司馬。

宋·李昉等《太平御覽》卷二〇七《職官部五·太尉》引《漢官典職》　太尉，孝文三年置，七年省。武帝建元二年置，五年復省，更名大司馬。建武二十七年復置太尉。

晉·司馬彪《續漢書·百官志一·太尉》　太尉，公一人。本注曰：掌四方兵事功課，歲盡卽奏其殿最而行賞罰。凡郊祀之事，掌亞獻；大喪則告謚南郊。凡國有大造大疑，則與司徒、司空通而論之。國有過事，則與二公通諫爭之。世祖卽位，爲大司馬。建武二十七年，改爲太尉。

雜　録

《史記》卷九《呂太后本紀》　（高后四年）置太尉官，絳侯勃爲太尉。

又　卷一一《孝景本紀》　（孝景皇帝三年正月）吴王濞、楚王戊、趙王遂、膠西王卬、濟南王辟光、菑川王賢、膠東王雄渠反。【略】上乃遣大將軍竇嬰、太尉周亞夫將兵誅之。

又　卷一〇《孝文本紀》　（孝文三年十一月）絳侯勃免丞相就國，以太尉潁陰侯嬰爲丞相。罷太尉官，屬丞相。

又　卷二二《漢興以來將相名臣年表》　（建元元年）置太尉。【略】

（建元二年）罷太尉官。

又　卷五七《絳侯周勃世家》　孝惠帝六年，置太尉官，以勃爲太尉。

又　卷九五《樊酈滕灌列傳》　（灌嬰）爲太尉。三歲，絳侯勃免相就國，嬰爲丞相，罷太尉官。

又　卷一一一《驃騎列傳》　（元狩四年）乃益置大司馬位，大將軍、驃騎將軍皆爲大司馬。

《漢書》卷五《景帝紀》　（景帝七年）二月，罷太尉官。

又　卷八三《朱博傳》　初，漢興襲秦官，置丞相、御史大夫、太尉。至武帝罷太尉，始置大司馬以冠將軍之號，非有印綬官屬也。

《後漢書》卷一下《光武帝紀》　（建武二十七年）五月丁丑，詔曰：昔契作司徒，禹作司空，皆無『大』名，其令二府去『大』，又改大司馬爲太尉。驃騎大將軍行大司馬劉隆卽日罷，以太僕趙憙爲太尉。

唐·杜佑《通典》卷二〇《職官二·太尉》　太尉，秦官。漢因之。金印紫綬，掌武事。漢文三年省，景帝三年復置，其尊與丞相等。五年，又省。元狩四年，更名大司馬。後漢建武二十七年，復舊名爲太尉公。每

帝初即位，多與太傅同録尚書事，府門無闕。掌四方兵事功課，歲盡，則奏其殿最而行賞罰。凡郊祀之事，常亞獻；大喪則告謚南郊。凡國有大造大疑，則與司徒、司空通而論之。國有過事，與二公通諫諍之。靈帝末，以劉虞爲大司馬，而太尉如故。自此則大司馬與太尉始並置矣。

京師兵領導與指揮機構

郎中令（光禄勳）

綜　述

《漢書》卷一九上《百官公卿表上》　郎中令，秦官，掌宫殿掖門户，有丞。武帝太初元年更名光禄勳。屬官有大夫、郎、謁者，皆秦官。又期門、羽林皆屬焉。【略】郎掌守門户，出充車騎，有議郎、中郎、侍郎、郎中，皆無員，多至千人。議郎、中郎秩比六百石，侍郎比四百石，郎中比三百石。中郎有五官、左、右三將，秩皆比二千石。郎中有車、户、騎三將，秩皆比千石。謁者掌賓讚受事，員七十人，秩比六百石，有僕射，秩比千石。期門掌執兵送從，武帝建元三年初置，比郎，無員，多至千人，有僕射，秩比千石。平帝元始元年更名虎賁郎，置中郎將，秩比二千石。羽林掌送從，次期門，武帝太初元年初置，名曰建章營騎，後更名羽林騎。又取從軍死事之子孫養羽林，官教以五兵，號曰羽林孤兒。羽林有令丞。宣帝令中郎將、騎都尉監羽林，秩比二千石。僕射，秦官，自侍中、尚書、博士、郎皆有。古者重武官，有主射以督課之，軍屯吏、騶、宰、永巷宫人皆有，取其領事之號。

漢·衛宏《漢舊儀》卷上　五官中郎將，秩比二千石，主五官郎中。左、右中郎將，秩比二千石，主謁者、常侍侍郎，以貲進。本注曰：左主謁者，右主常侍侍郎。

五官屬光禄勳，不得上朝謁。兼左、右曹諸吏，得上朝謁。

郎中令主郎中。左車將主左車郎，右車將主右車郎，左户將主左户郎，右户將主右户郎，秩皆比千石，獨郎中令比二千石。

黄門冗從持兵，無數，宣通内外。宦者署、尚書皆屬少府。殿中諸署、五郎將屬光禄勳。宫司馬、諸隊都候領督盗賊，屬執金吾。司馬掖門殿門屯衛士，皆屬衛尉。

《漢書》卷一九上《百官公卿表上》注引《漢儀注》　郎中令主郎中，左、右車將主左、右車郎，左、右户將主左、右户郎也。

晉·司馬彪《續漢書·百官志二》注引蔡質《漢儀》　三署郎見光禄勳，執板拜；見五官左右將，執板不拜。於三公諸卿無敬。

宋·李昉等《太平御覽》卷二四一《職官部三九·五官中郎將》引應劭《漢官儀》　五官中郎將，秦官也。秩比二千石，三署，郎屬焉。

晉·司馬彪《續漢書·百官志二·光禄勳》　光禄勳，卿一人，中二千石。本注曰：掌宿衛宫殿門户，典謁署郎更直執戟，宿衛門户，考其德行而進退之。郊祀之事，掌三獻。丞一人，比千石。

五官中郎將一人，比二千石。本注曰：主五官郎。五官中郎，比六百石。本注曰：無員。五官侍郎，比四百石。本注曰：無員。五官郎中，比三百石。本注曰：無員。凡郎官皆主更直執戟，宿衛諸殿門，出充車騎。唯議郎不在直中。

左中郎將，比二千石。本注曰：主左署郎。中郎，比六百石。侍郎，比四百石。郎中，比三百石。本注曰：皆無員。

右中郎將，比二千石。本注曰：主右署郎。中郎，比六百石。侍郎，比四百石。郎中，比三百石。本注曰：皆無員。

虎賁中郎將，比二千石。本注曰：主虎賁宿衛。左右僕射、左右陛長各一人，比六百石。本注曰：僕射，主虎賁郎習射。陛長，主直虎賁，朝會在殿中。虎賁中郎，比六百石。虎賁侍郎，比四百石。虎賁郎中，比三百石。節從虎賁，比二百石。本注曰：皆無員。掌宿衛侍從。自節從虎賁久者轉遷，才能差高至中郎。

羽林中郎將，比二千石。本注曰：主羽林郎。羽林郎，比三百石。本注曰：無員。掌宿衛侍從。常選漢陽、隴西、安定、北地、上郡、西河凡六郡良家補。本武帝以便馬從獵，還宿殿陛巖下室中，故號巖郎。

羽林左監一人，六百石。本注曰：主羽林左騎。丞一人。

羽林右監一人，六百石。本注曰：主羽林右騎。丞一人。【略】

右屬光禄勳。本注曰：職屬光禄者，自五官將至羽林右監，凡七署。【略】舊有左右曹，秩以二千石，上殿中，主受尚書奏事，平省之。世祖省，使小黄門郎受事，車駕出，給黄門郎兼。有請室令，車駕出，在前請所幸，徼車迎白，示重慎。中興但以郎兼，事訖罷，又省車、户、騎凡三將，及羽林令。

雜録

《史記》卷六《秦始皇本紀》（秦）二世皇帝元年，年二十一。趙高爲郎中令，任用事。

又　卷九《吕太后本紀》（高后元年）四月，太后欲侯諸吕，乃先封高祖之功臣郎中令無擇爲博城侯。

又　卷一〇《孝文本紀》（孝文帝）以張武爲郎中令，行殿中。還坐前殿。

《漢書》卷六《武帝紀》（元鼎）六年冬十月，發隴西、天水、安定騎士及中尉，河南、河内卒十萬人，遣將軍李息、郎中令徐自爲征西羌，平之。

又　卷五九《張安世傳》　大將軍光薨後數月，御史大夫魏相上封事曰：『【略】車騎將軍安世事孝武皇帝三十餘年，忠信謹厚，勤勞政事，夙夜不怠，與大將軍定策，天下受其福，國家重臣也，宜尊其位，以爲大將軍，毋令領光禄勳事，使專精神，憂念天下，思惟得失。安世子延壽重厚，可以爲光禄勳，領宿衛臣。』

《後漢書》卷四《和帝紀》（永元六年）南單于安國從弟子逢侯率叛胡亡出塞。九月癸丑，以光禄勳鄧鴻行車騎將軍事，與越騎校尉馮柱、行度遼將軍朱徽、使匈奴中郎將杜崇討之。

衛尉

綜述

《漢書》卷一九上《百官公卿表》　衛尉，秦官，掌宫門衛屯兵，有丞。景帝初更名中大夫令，後元年復爲衛尉。屬官有公車司馬、衛士、旅賁三令丞。衛士三丞。又諸屯衛侯、司馬二十二官皆屬焉。長樂、建章、甘泉衛尉，皆掌其宫，職略同，不常置。

又　注引《漢舊儀》　衛尉寺在宫内。

又　注引胡廣云　（衛尉）主宫闕之門内衛士，於周垣下爲區廬。區廬者，若今之伏宿屋矣。

又　注引《漢官儀》　公車司馬掌殿司馬門，夜徼宫中，天下上事及闕下凡所徵召皆總領之，令秩六百石。

晉・司馬彪《續漢書・百官志二》　衛尉，卿一人，中二千石。本注曰：掌宫門衛士，宫中徼循事。丞一人，比千石。

公車司馬令一人，六百石。本注曰：掌宫南闕門，凡吏民上章，四方貢獻，及徵詣公車者。丞、尉各一人。本注曰：丞選曉諱，掌知非法。尉主闕門兵禁，戒非常。

南宫衛士令一人，六百石。本注曰：掌南宫衛士。丞一人。

北宫衛士令一人，六百石。本注曰：掌北宫衛士。丞一人。

左右都候各一人，六百石。本注曰：主劍戟士，徼循宫，及天子有所收考。丞各一人。

宫掖門，每門司馬一人，比千石。本注曰：南宫南屯司馬，主平城門；北宫門蒼龍司馬，主東門；玄武司馬，主玄武門。北屯司馬，主北門；北宫朱爵司馬，主南掖門；東明司馬，主東門。朔平司馬，主北門：凡七門。凡居宫中者，皆有口籍於門之所屬。宫名兩字，爲鐵印文符，案省符乃内之。若外人以事當入，本官長史爲封棨傳。其有官位，出入令御者言其官。

右屬衛尉。本注曰：中興省旅賁令，衛士一人丞。

雜録

《史記》卷一〇《孝文本紀》（孝文帝）後六年冬，匈奴三萬人入上郡，三萬人入雲中。以中大夫令勉爲車騎將軍，軍飛狐。

又　卷一一《孝景本紀》（孝景帝）後元年冬，更命中大夫令爲衛尉。

《漢書》卷八《宣帝紀》（元康元年）冬，置建章衛尉。

又　卷一〇《成帝紀》（元延三年）二月，封侍中衛尉淳于長爲定陵侯。

《後漢書》卷一五《來歷傳》（來）歷爲將作大匠。順帝即位，朝廷咸稱社稷臣，於是遷爲衛尉。

又　卷三七《丁鴻傳》（丁）鴻引日食，上封事。【略】書奏十餘日，帝以鴻行太尉兼衛尉，屯南、北宮。

執金吾（中尉）

綜述

《漢書》卷一九上《百官公卿表》中尉，秦官，掌徼循京師，有兩丞、候、司馬、千人。武帝太初元年更名執金吾。屬官有中壘、寺互、武庫、都船四令丞。都船、武庫有三丞，中壘兩尉。又式道左右中候、候丞及左右京輔都尉、尉丞兵卒皆屬焉。初，寺互屬少府，中屬主爵，後屬中尉。

晉・司馬彪《續漢書・百官志四》執金吾一人，中二千石。本注曰：掌宮外戒司非常水火之事。月三繞行宮外，及主兵器。吾猶禦也。丞一人，比千石。緹騎二百人。本注曰：無秩，比吏食奉。

武庫令一人，六百石。本注曰：主兵器。丞一人。

右屬執金吾。本注曰：本有式道、左右中候三人，六百石。車駕出，掌在前清道，還持麾至宮門，宮門乃開。中興但一人，又不常置，每出，

以郎兼式道候，事已罷，不復屬執金吾。又省中壘、寺互、都船令、丞、尉及左右京輔都尉。

雜録

《史記》卷一〇《孝文本紀》（文帝）令中尉亞夫爲車騎將軍，屬國悍爲將屯將軍，郎中令武爲復土將軍，發近縣見卒萬六千人，發内史卒萬五千人，藏郭穿復土屬將軍武。

《漢書》卷六《武帝紀》（元鼎）六年冬十月，發隴西、天水、安定騎士及中尉，河南、河内卒十萬人，遣將軍李息、郎中令徐自爲征西羌，平之。

又　卷七《昭帝紀》（元鳳元年春）武都氐人反，遣執金吾馬適建、龍頟侯韓增、大鴻臚廣明將三輔、太常徒，皆免刑擊之。

又　卷六〇《杜周傳》（杜）後爲執金吾，逐捕桑弘羊、衛皇后昆弟子刻深，上以爲盡力無私，遷爲御史大夫。

又　卷六九《辛慶忌傳》（辛慶忌）爲光禄大夫，遷左曹中郎將，至執金吾。始武賢與趙充國有隙，後充國家殺辛氏，至慶忌爲執金吾，坐子殺趙氏，左遷酒泉太守。歲餘，大將軍王鳳薦慶忌『前在兩郡著功迹，徵入，歷位朝廷，莫不信鄉。質行正直，仁勇得衆心，通於兵事，明略威重，任國柱石。父破羌將軍武賢顯名前世，有威西夷。臣鳳不能久居慶忌之右。』乃復徵爲光禄大夫、執金吾。

又　卷九〇《酷吏傳・尹賞》（尹）賞爲江夏太守，捕格江賊及所誅吏民甚多，坐殘賊免。南山羣盜起，以賞爲右輔都尉，遷執金吾，督大姦猾。

《後漢書》卷一〇上《皇后紀・光烈陰皇后》初，光武適新野，聞后美，心悦之。後至長安，見執金吾車騎甚盛，因歎曰：『仕宦當作執金吾，娶妻當得陰麗華。』

又　卷二三《竇憲傳》（竇）憲懼誅，自求擊匈奴以贖死。會南單于請兵北伐，乃拜憲車騎將軍，金印紫綬，官屬依司空，以執金吾耿秉爲副，發北軍五校、黎陽、雍營、緣邊十二郡騎士，及羌胡兵出塞。

【略】

（竇）憲既負重勞，陵肆滋甚。四年，封鄧疊爲穰侯。疊與其弟步兵校尉磊及母元，又憲女壻射聲校尉郭舉，舉父長樂少府璜，皆相交結。元、舉並出入禁中，舉得幸太后，遂共圖爲殺害。帝陰知其謀，乃與近幸中常侍鄭衆定議誅之，以憲在外，慮其懼禍爲亂，忍而未發。會憲及鄧疊班師還京師，詔使大鴻臚持節郊迎，賜軍吏各有差。憲等既至，帝乃幸北宮，詔執金吾、五校尉勒兵屯衞南、北宮，閉城門，收捕疊、磊、璜、舉，皆下獄誅，家屬徙合浦。

城門校尉、八校尉

綜　述

《漢書》卷一九上《百官公卿表》　城門校尉掌京師城門屯兵，有司馬、十二城門候。中壘校尉掌北軍壘門内，外掌西域。屯騎校尉掌騎士。步兵校尉掌上林苑門屯兵。越騎校尉掌越騎。長水校尉掌長水宣曲胡騎。又有胡騎校尉，掌池陽胡騎，不常置。射聲校尉掌待詔射聲士。虎賁校尉掌輕車。凡八校尉，皆武帝初置，有丞、司馬。自司隸至虎賁校尉，秩皆二千石。

晉·司馬彪《續漢書·百官志四·城門校尉》　城門校尉一人，比二千石。本注曰：掌雒陽城門十二所。司馬一人，千石。本注曰：主兵。城門每門候一人，六百石。本注曰：雒陽城十二門，其正南一門曰平城門，北宮門，屬衞尉。其餘上西門，雍門，廣陽門，津門，小苑門，開陽門，耗門，中東門，上東門，穀門，夏門，凡十二門。

又《北軍中候》　北軍中候一人，六百石。本注曰：掌監五營。

屯騎校尉一人，比二千石。本注曰：掌宿衞兵。司馬一人，千石。

越騎校尉一人，比二千石。本注曰：掌宿衞兵。司馬一人，千石。

步兵校尉一人，比二千石。本注曰：掌宿衞兵。司馬一人，千石。

長水校尉一人，比二千石。本注曰：掌宿衞兵。司馬、胡騎司馬各一人，千石。本注曰：掌宿衞，主烏桓騎。

射聲校尉一人，比二千石。本注曰：掌宿衞兵。司馬一人，千石。

右屬北軍中候。本注曰：舊有中壘，領北軍營壘之事。有胡騎、虎賁校尉，皆武帝置。中興省中壘，但置中候以監五營。胡騎并長水。虎賁主輕車，并射聲。【略】

凡中二千石，丞比千石。眞二千石，丞、長史六百石。比二千石，丞比六百石。令、相千石，丞、尉四百石。其六百石，丞、尉三百石。長、相四百石及三百石，丞、尉皆二百石。諸侯、公主家丞，秩皆比百石。諸邊鄣塞尉、諸陵校尉長，皆二百石。有常例者不署秩。

地方軍領導機構

郡太守、都尉

綜　述

《漢書》卷一九上《百官公卿表》　郡守，秦官，掌治其郡，秩二千石。【略】景帝中二年更名太守。【略】

郡尉，秦官，掌佐守典武職甲卒，秩比二千石。有丞，秩皆六百石。景帝中二年更名都尉。

晉·司馬彪《續漢書·百官志五·州郡》劉昭注引應劭曰　每有劇職，郡臨時置都尉，事訖罷之。

《後漢書》卷七《桓帝紀》注引《漢官儀》　秦郡有尉一人，典兵禁，捕盜賊，景帝更名都尉，建武七年省。

又　卷八一《彭修傳》注引應劭《漢官》　都尉，秦官也。本名郡尉。掌佐太守典其武職，秩比二千石。孝景時更名都尉。

晉·司馬彪《續漢書·百官志五·州郡條》　（郡）尉一人，典兵禁，備盜賊，景帝更名都尉。【略】中興建武六年，省諸郡都尉，并職太守，無都試之役。省關都尉，唯邊郡往往置都尉及屬國都尉，稍有分縣，治民比郡。安帝以羌犯法，三輔有陵園之守，乃復置右扶風都尉、京兆虎牙都尉。

雜録

《史記》卷六《秦始皇本紀》 （秦始皇二十六年）分天下以爲三十六郡，郡置守、尉、監。【略】收天下兵，聚之咸陽，銷以爲鍾鐻，金人十二，重各千石，置廷宮中。【略】地東至海暨朝鮮，西至臨洮、羌中，南至北嚮户，北據河爲塞，並陰山至遼東。

《漢書》卷五《景帝紀》 （景帝中二年）秋七月，更郡守爲太守，郡尉爲都尉。

又 卷六《武帝紀》 （太初三年）强弩都尉路博德築居延。【略】（天漢二年）又遣因杅將軍出西河，騎都尉李陵將步兵五千人出居延北，與單于戰，斬首虜萬餘級。【略】（武帝後元元年夏六月）侍中僕射莽何羅與弟重合侯通謀反，侍中駙馬都尉金日磾、奉車都尉霍光、騎都尉上官桀討之。

又 卷八《宣帝紀》 （甘露元年）夏四月，遣護軍都尉禄將兵擊珠崖。

又 卷五四《李廣傳》 李廣，隴西成紀人也。【略】景帝即位，爲騎郎將。吴楚反時，爲驍騎都尉，從太尉亞夫戰昌邑下，顯名。

《後漢書》卷一下《光武帝紀》 （建武六年）初罷郡國都尉官。

又 卷七《桓帝紀》 （永壽元年）秋七月，初置泰山、琅琊都尉官。（延熹五年八月）己卯，罷琅琊都尉官。

縣令長尉

綜述

《漢書》卷一九上《百官公卿表》 縣令、長，皆秦官，掌治其縣。【略】皆有丞、尉，秩四百石至二百石，是爲長吏。

漢・衛宏《漢舊儀》卷上 長安城方六十里，中，皆屬長安令，置左、右尉。城東、城南置廣部尉，城西、城北置明部尉。凡四尉。

晋・司馬彪《續漢書・百官志五・州郡條》 屬官，每縣、邑、道，大者置令一人，千石；其次置長，四百石；小者置長，三百石；侯國之相，秩次亦如之。

又 《縣鄉條》 凡縣主蠻夷曰道。公主所食湯沐曰國。縣萬户以上爲令，不滿爲長。侯國爲相。皆秦制也。【略】尉大縣二人，小縣一人。本注曰：【略】尉主盜賊。凡有賊發，主名不立，則推索行尋，案察姦宄，以起端緒。

雜録

《史記》卷四八《陳涉世家》 吴廣素愛人，士卒多爲用者。將尉醉，廣故數言欲亡，忿恚尉，令辱之，以激怒其衆。尉果笞廣。尉劍挺，廣起，奪而殺尉。陳勝佐之，并殺兩尉。

《漢書》卷五七下《司馬相如傳》 （司馬相如）至蜀，蜀太守以下郊迎，縣令負弩矢先驅，蜀人以爲寵。

《後漢書》卷一六《鄧禹傳》 （鄧禹）定河東。承制拜李文爲河東太守，悉更置屬縣令長以鎮撫之。

又 卷一七《岑彭傳》 岑彭字君然，南陽棘陽人也。王莽時，守本縣長。漢兵起，攻拔棘陽，彭將家屬奔前隊大夫甄阜。阜怒彭不能固守，拘彭母妻，令效功自補。彭將賓客戰鬬甚力。及甄阜死，彭被創，亡歸宛，與前隊貳嚴説共城守。漢兵攻之數月，城中糧盡，人相食，彭乃與説舉城降。

又 卷八一《獨行傳・劉茂》 永初二年，劇賊畢豪等入平原界，縣令劉雄將吏士乘船追之。至厭次河，與賊合戰。

邊郡兵領導機構

長史

綜述

《漢書》卷一九上《百官公卿表》（郡）有丞，邊郡又有長史，掌兵馬，秩皆六百石。

晉·司馬彪《續漢書·百官志五·州郡條》 郡當邊戍者，丞爲長史。

又 注引《古今注》 （建武）十四年，罷邊郡太守丞，長史領丞職。

雜録

《漢書》卷六九《辛慶忌傳》 （辛慶忌）爲謁者，尚未知名。元帝初，補金城長史，舉茂材，遷郎中車騎將軍。

《後漢書》卷二四《馬防傳》 （建初二年）十二月，羌又敗耿恭司馬及隴西長史於和羅谷，死者數百人。

又 卷四七《班勇傳》 元初六年，敦煌太守曹宗遣長史索班將千餘人屯伊吾，車師前王及鄯善王皆來降班。

又 卷八九《南匈奴傳》 （建武二十六年冬）令西河長史歲將騎二千，弛刑五百人，助中郎將衛護單于，冬屯夏罷。【略】

（永和）五年夏，南匈奴左部句龍王吾斯、車紐等背畔，率三千餘騎寇西河，因復招誘右賢王，合七八千騎圍美稷，殺朔方、代郡長史。

部都尉

綜述

《漢書》卷四一《靳歙傳》注引《漢儀注》 邊郡置部都尉、千人、司馬、候也。

晉·司馬彪《續漢書·百官志五》劉昭注引《漢官儀》 （邊郡）置部都尉、千人、司馬、候、農都尉，皆不治民，不給衛士。

《宋書》卷四〇《百官志下》 光武省都尉，後又往往置東部西部都尉。【略】漢末及三國，多以諸部都尉爲郡。

雜録

《漢書》卷九四上《匈奴傳》 單于既立六年，而匈奴入上谷、五原殺略吏民。其年，匈奴復入五原、酒泉，殺兩部都尉。

《後漢書》卷二《明帝紀》 （永平）十二年春正月，益州徼外夷哀牢王相率内屬，於是置永昌郡，罷益州西部都尉。

又 卷四《和帝紀》 （永元十四年春二月）繕修故西海郡，徙金城西部都尉以戍之。【略】

（永元十七年）十二月，復置遼東西部都尉官。

《後漢書》卷五《安帝紀》 （延光）二年春正月，旄牛夷叛，寇靈關，殺縣令。益州刺史蜀郡西部都尉討之。

又 卷六《順帝紀》 （陽嘉元年春）二月，海賊曾旌等寇會稽，殺句章、鄞、鄮三縣長，攻會稽東部都尉。詔緣海縣各屯兵戍。

又 卷八五《東夷傳·東沃沮》 武帝滅朝鮮，以沃沮地爲玄菟郡。後爲夷貊所侵，徙郡於高句驪西北，更以沃沮爲縣，屬樂浪東部都尉。【略】

又 《濊傳》 至元封三年，滅朝鮮，分置樂浪、臨屯、玄菟、眞番四郡。至昭帝始元五年，罷臨屯、眞番，以并樂浪、玄菟。玄菟復徙居

句驪。自單大領已東，沃沮、濊貊悉屬樂浪。後以境土廣遠，復分領東七縣，置樂浪東部都尉。自内屬已後，風俗稍薄，法禁亦浸多，至有六十餘條。建武六年，省都尉官，遂棄領東地，悉封其渠帥爲縣侯，皆歲時朝賀。

又　卷八六《西南夷傳·哀牢》　（永平十二年）割益州郡西部都尉所領六縣，合爲永昌郡。

又　《莋都傳》　延光二年春，旄牛夷叛，攻零關，殺長吏，益州刺史張喬與西部都尉擊破之。

又　《冉駹傳》　冉駹夷者，武帝所開。元鼎六年，以爲汶山郡。至地節三年，夷人以立郡賦重，宣帝乃省幷蜀郡爲北部都尉。

又　《西羌傳·滇良》　（曹）鳳爲金城西部都尉，將徙士屯龍耆。

又　《東號子麻奴傳》　當煎、勒姐種攻没破羌縣，鍾羌又没臨洮縣，生得隴西南部都尉。【略】

（陽嘉）二年夏，復置隴西南部都尉如舊制。

軍事指揮系統分部

皇帝集中軍權

皇帝親征與遣將

綜　述

《史記》卷六《秦始皇本紀》　盧生相與謀曰：『【略】天下之事，無大小皆決於上。』【略】

（秦始皇三十二年）始皇乃使將軍蒙恬發兵三十萬人北擊胡，畧取河南地。

又　卷五三《蕭相國世家》　漢十二年秋，黥布反，上自將擊之。

《漢書》卷一下《高祖紀》　（高帝五年）秋七月，燕王臧荼反，上自將征之。【略】

（高帝）七年冬十月，上自將擊韓王信於銅鞮，斬其將。

《漢書》卷四《文帝紀》　（文帝）十四年冬，匈奴寇邊，殺北地都尉卬。遣三將軍軍隴西、北地、上郡，中尉周舍爲衛將軍，郎中令張武爲車騎將軍，軍渭北，車千乘，騎卒十萬人。上親勞軍，勒兵，申教令，賜吏卒。自欲征匈奴，羣臣諫，不聽。皇太后固要上，乃止。

又　卷五四《李陵傳》　（李）陵字少卿，少爲侍中建章監。善騎射，愛人，謙讓下士，甚得名譽。武帝以爲有廣之風，使將八百騎，深入匈奴二千餘里，過居延視地形，不見虜，還。拜爲騎都尉，將勇敢五千人，教射酒泉、張掖以備胡。數年，漢遣貳師將軍伐大宛，使陵將五校兵隨後。行至塞，會貳師還。上賜陵書，陵留吏士，與輕騎五百出敦煌，至鹽水，迎貳師還，復留屯張掖。

天漢二年，貳師將三萬騎出酒泉，擊左賢王於天山。召陵，欲使爲貳師將輜重。陵召見武臺，叩頭自請曰：『臣所將屯邊者，皆荆楚勇士奇材劍客也，力扼虎，射命中，願得自當一隊，到蘭干山南以分單于兵，毋令專鄉貳師軍。』上曰：『將惡相屬邪！吾發軍多，毋騎予女。』陵對：『無所事騎，臣願以少擊衆，步兵五千人涉單于庭。』上壯而許之，因詔强弩都尉路博德將兵半道迎陵軍。博德故伏波將軍，亦羞爲陵後距，奏言：『方秋匈奴馬肥，未可與戰，臣願留陵至春，俱將酒泉、張掖騎各五千人並擊東西浚稽，可必禽也。』書奏，上怒，疑陵悔不欲出而教博德上書，乃詔博德：『吾欲予李陵騎，云「欲以少擊衆」。今虜入西河，其引兵走西河，遮鉤營之道。』詔陵：『以九月發，出遮虜鄣，至東浚稽山南龍勒水上，徘徊觀虜，即亡所見，從浞野侯趙破奴故道抵受降城休士，因騎置以聞。所與博德言者云何？具以書對。』陵於是將其步卒五千人出居延，北行三十日，至浚稽山止營，舉圖所過山川地形，使麾下騎陳步樂還以聞。步樂召見，道陵將率得士死力，上甚説，拜步樂爲郎。

璽符調兵

綜　述

《漢書》卷四《文帝紀》注引應劭曰　銅虎符第一至第五，國家當發兵遣使者，至郡合符，符合乃聽受之。

《後漢書》卷九六《禮儀下》注引應劭曰　凡與郡國守相竹使符，皆以竹箭五枚，長五寸，鐫刻篆書第一至第五。

雜　録

《史記》卷五六《陳丞相世家》　燕王盧綰反，上使樊噲以相國將兵攻之。

又　卷一一四《東越列傳》　至建元三年，閩越發兵圍東甌。東甌食盡，困，且降，乃使人告急天子。【略】上曰：「【略】吾初卽位，不欲出虎符發兵郡國。」乃遣莊助以節發兵會稽。會稽太守欲距不爲發兵，助乃斬一司馬，諭意指，遂發兵浮海救東甌。

《漢書》卷一下《高祖紀》　（高帝）曰：「【略】吾以羽檄徵天下兵，未有至者，今計唯獨邯鄲中兵耳。」【略】

（高帝十二年）三月，詔曰：「【略】其有不義背天子擅起兵者，與天下共伐誅之。」

又　卷四《文帝紀》　（文帝二年）九月，初與郡守爲銅虎符、竹使符。

又　卷六《武帝紀》　（征和二年）秋七月，按道侯韓說、使者江充等掘蠱太子宮。壬午，太子與皇后謀斬充，以節發兵與丞相劉屈氂大戰長安，死者數萬人。庚寅，太子亡，皇后自殺。初置城門屯兵。更節加黄旄。

又　卷九六上《西域傳》　武帝遣從票侯趙破奴將屬國騎及郡兵數萬擊姑師。王恢數爲樓蘭所苦，上令恢佐破奴將兵。

《後漢書》卷一三《公孫述傳》　（建武）八年，帝使諸將攻隗囂。

置監軍

綜　述

《漢書》卷一九上《百官公卿表》　宣帝令中郎將騎都尉監羽林，秩比二千石。

《後漢書》卷八九《南匈奴傳》引《漢官儀》　光武以幽、冀、幷州兵騎克定天下，故於黎陽立營，以謁者監領兵騎千人。

晉・司馬彪《續漢書・百官志四・北軍中候條》　北軍中候一人，六百石。本注曰：掌監五營。

雜　録

《史記》卷六《秦始皇本紀》　始皇怒，使扶蘇北監蒙恬於上郡。

又　卷五五《留侯世家》　（張良）説上曰：「令太子爲將軍，監關中兵。」

又　卷一〇九《李將軍列傳》　李陵既壯，選爲建章監，監諸騎。

又　卷一一一《衛將軍驃騎列傳》　（衛）青時爲給事建章，未知名。上聞，乃召青爲建章監，侍中。

《漢書》卷六六《劉屈氂傳》　太子召監北軍使者任安發北軍兵，安受節已閉軍門，不肯應太子。

又　卷九九中《王莽傳》　（王）莽令七公六卿號皆兼稱將軍，遣著武將軍逯並等填名都，中郎將、繡衣執法各五十五人，分鎮緣邊大郡，督大姦猾擅弄兵者，皆便爲姦於外，撓亂州郡，貨賂爲市，侵漁百姓。莽下書曰：「虜知罪當夷滅，故遣猛將分十二部，將同時出，一舉而決絶之矣。內置司命軍正，外設軍監十有二人，誠欲以司不奉命，令軍人咸正也。」【略】

募天下囚徒、丁男、甲卒三十萬人，轉衆郡委輸五大夫衣裘、兵器、

糧食，長吏送自負海江淮至北邊，使者馳傳督趣，以軍興法從事。

《後漢書》卷一下《光武帝紀》（建武九年）秋八月，遣中郎將來歙監征西大將軍馮異等五將軍討隗純於天水。驃騎大將軍杜茂與賈覽戰於繁時。

又 卷二《明帝紀》（中元二年）冬十一月，遣中郎將竇固監捕虜將軍馬武等二將軍討燒當羌。

又 卷五《安帝紀》（永初三年）秋七月，海賊張伯路等寇略緣海九郡，遣侍御史龐雄督州郡兵討破之。

又 卷六《順帝紀》（建康元年）八月，揚、徐盜賊范容、周生等寇掠城邑，遣御史中丞馮赦督州郡兵討之。

又 卷一三《隗囂傳》（光武帝）使王遵持節監大司馬吳漢，留屯於長安。

又 卷一五《鄧晨傳》（鄧晨）從幸章陵，拜光禄大夫，使持節監執金吾賈復等擊平邵陵、新息賊。

又 卷一九《耿恭傳》（耿）恭將五校士三千人，副車騎將軍馬防討西羌。【略】及防還，監營謁者李譚承旨奏恭不憂軍事，被詔怨望。坐徵下獄，免官歸本郡，卒於家。

又 卷二二《馬成傳》（馬成）拜揚武將軍，督誅虜將軍劉隆、振威將軍宋登、射聲校尉王賞，發會稽、丹陽、九江、六安四郡兵擊李憲。

又 《馬武傳》 顯宗初，西羌寇隴右，覆軍殺將，朝廷患之，復拜武捕虜將軍，以中郎將王豐副，與監軍使者竇固、右輔都尉陳訢，將烏桓、黎陽營、三輔募士、涼州諸郡羌胡兵及弛刑，合四萬人擊之。

又 卷二四《馬援傳》 帝乃使虎賁中郎將梁松乘驛責問援，因代監軍。【略】

交阯女子徵側及女弟徵貳反，攻没其郡，九眞、日南、合浦蠻夷皆應之，寇略嶺外六十餘城，側自立爲王。於是璽書拜援伏波將軍，以扶樂侯劉隆爲副，督樓船將軍段志等南擊交阯。

又 卷三六《鄭興傳》（鄭興）徵爲太中大夫。【略】九年，使監征南、積弩營於津鄉，會征南將軍岑彭爲刺客所殺，興領其營，遂與大司馬吳漢俱擊公孫述。

又 卷三七《桓郁傳》（桓郁）以侍中監虎賁中郎將。

又 《桓典傳》 （桓）典奉使督軍。

又 卷三八《法雄傳》 永初三年，海賊張伯路等三千餘人，冠赤幘，服絳衣，自稱『將軍』，寇濱海九郡，殺二千石令長。初，遣侍御史龐雄督州郡兵擊之，伯路等乞降，尋復屯聚。

又 《滕撫傳》 建康元年，九江范容、周生等相聚反亂，屯據歷陽，爲江淮巨患，遣御史中丞馮緄將兵督揚州刺史尹耀、九江太守鄧顯討之。【略】

（馮緄）拜御史中丞。順帝末，以緄持節督揚州諸郡軍事。

又 卷五一《龐參傳》（龐）參於徒中使其子俊上書。【略】鄧太后納其言，即擢參於徒中，召拜謁者，使西督三輔諸軍屯，而徵鄧騭還。

又 卷六五《皇甫規傳》（中郎將皇甫規）持節監關西兵，討零吾等，破之，斬首八百級。

又 《張奐傳》 （張）奐爲護匈奴中郎將，以九卿秩督幽、并、涼三州及度遼、烏桓二營，兼察刺史、二千石能否。

又 卷七五《劉焉傳》（劉）焉爲監軍使者，領益州牧，太僕黄琬爲豫州牧，宗正劉虞爲幽州牧，皆以本秩居職。州任之重，自此而始。

又 卷八〇下《文苑傳·高彪》 時京兆第五永爲督軍御史，使督幽州，百官大會，祖餞於長樂觀。

又 卷八七《西羌傳》（永和）五年夏，且凍、傅難種羌等遂反叛，攻金城，與西塞及湟中雜種羌胡大寇三輔，殺害長吏。【略】且凍分遣種人寇武都，燒隴關，掠苑馬。六年春，馬賢將五六千騎擊之，到射姑山，賢軍敗，賢及二子皆戰殁。順帝愍之，賜布三千匹，穀千斛，封賢孫光爲舞陽亭侯，租入歲百萬。遣侍御史督録征西營兵，存恤死傷。

諸將軍與將軍幕府

綜述

《張家山漢墓竹簡・二年律令・秩律》　衛將軍，衛尉，漢中大夫令，漢郎中、奉常，秩各二千石。

《漢書》卷一九上《百官公卿表》　前後左右將軍，皆周末官，秦因之，位上卿，金印紫綬。漢不常置，或有前後，或有左右，皆掌兵及四夷。

晉・司馬彪《續漢書・百官志一》劉昭注引蔡質《漢儀》　『漢興，置大將軍、驃騎，位次丞相，車騎、衛將軍、左、右、前、後，皆金紫，位次上卿。典京師兵衛，四夷屯警。』

又《太尉條》注引《漢官儀》　元狩六年罷太尉，法周制置司馬。時議者以爲漢軍中候有官候千人、司馬，故加之『大』司馬，所以別异大小司馬之號。

又《將軍》　將軍，不常置。本注曰：掌征伐背叛。比公者四，第一大將軍，次驃騎將軍，次車騎將軍，次衛將軍。

雜録

《史記》卷九《呂太后本紀》　太后女弟呂嬃有女爲營陵侯劉澤妻，澤爲大將軍。【略】

（高后七年）七月中，高后病甚，迺令趙王呂禄爲上將軍，軍北軍。

又　卷一〇《文帝本紀》　皇帝即日夕入未央宮。乃夜拜宋昌爲衛將軍，鎮撫南北軍。【略】

上曰：『方大臣之誅諸呂，迎朕，朕狐疑，皆止朕，唯中尉宋昌勸朕，朕以得保奉宗廟。已尊昌爲衛將軍，其封昌爲壯武侯。』【略】

（孝文皇帝元年十月）大將軍灌嬰爲太尉。【略】

濟北王興居聞帝之代，欲往擊胡，乃反，發兵欲襲滎陽。於是詔罷丞相兵，遣棘蒲侯陳武爲大將軍，將十萬往擊之。祁侯賀爲將軍，軍滎陽。

又　卷一一《孝景本紀》　（孝景皇帝三年六月）封大將軍竇嬰爲魏其侯。

又　卷四九《外戚世家》　衛子夫立爲皇后，后弟衛青字仲卿，以大將軍封爲長平侯。

又　卷一〇八《韓長孺列傳》　衛尉李廣爲驍騎將軍，太僕公孫賀爲輕車將軍，大行王恢爲將屯將軍，太中大夫李息爲材官將軍，御史大夫韓安國爲護軍將軍，諸將皆屬護軍。

又　卷一一一《衛將軍驃騎列傳》　元朔之五年春，漢令車騎將軍青將三萬騎，出高闕；衛尉蘇建爲游擊將軍，左内史李沮爲强弩將軍，太僕公孫賀爲騎將軍，代相李蔡爲輕車將軍，皆領屬車騎將軍，俱出朔方；大行李息、岸頭侯張次公爲將軍，出右北平；咸擊匈奴。【略】

（元朔五年春）天子使使者持大將軍印，即軍中拜車騎將軍青爲大將軍，諸將皆以兵屬大將軍，大將軍立號而歸。

（元狩四年）定令，令驃騎將軍秩禄與大將軍等。

又　卷一一三《南越列傳》　元鼎五年秋，衛尉路博德爲伏波將軍，出桂陽，下匯水；主爵都尉楊僕爲樓船將軍，出豫章，下横浦；故歸義越侯二人爲戈船、下厲將軍，出零陵，或下離水，或抵蒼梧。使馳義侯因巴蜀罪人，發夜郎兵，下牂牁江：咸會番禺。

又　卷一一四《東越列傳》　餘善刻『武帝』璽自立，詐其民，爲妄言。天子遣横海將軍韓説出句章，浮海從東方往；樓船將軍楊僕出武林；中尉王温舒出梅嶺；越侯爲戈船、下瀨將軍，出若邪、白沙。元封元年冬，咸入東越。

《漢書》卷四《文帝紀》　令中尉亞夫爲車騎將軍，屬國悍爲將屯將軍，郎中令張武爲復土將軍，發近縣卒萬六千人，發内史卒萬五千人，藏郭穿復土屬將軍武。

又　卷六《武帝紀》　（元光元年冬十一月）衛尉李廣爲驍騎將軍屯雲中，中尉程不識爲車騎將軍屯鴈門，六月罷。

（元鼎六年）秋，東越王餘善反，攻殺漢將吏。遣横海將軍韓説、中尉王温舒出會稽，樓船將軍楊僕出豫章，擊之。又遣浮沮將軍公孫賀出九

原，匈河將軍趙破奴出令居，皆二千餘里，不見虜而還。

元封元年冬十月，詔曰：『南越、東甌咸伏其辜，西蠻北夷頗未輯睦，朕將巡邊垂，擇兵振旅，躬秉武節，置十二部將軍，親帥師焉。』

（元封四年秋）匈奴寇邊，遣拔胡將軍郭昌屯朔方。

（元封六年秋）益州、昆明反，赦京師亡命令從軍，遣拔胡將軍郭昌將以擊之。

（太初元年）遣因杅將軍公孫敖築塞外受降城。秋八月，行幸安定。遣貳師將軍李廣利發天下讁民西征大宛。

（太初二年秋）遣浚稽將軍趙破奴二萬騎出朔方擊匈奴，不還。

（天漢四年春）遣貳師將軍李廣利將六萬騎、步兵七萬人出朔方，因杅將軍公孫敖萬騎、步兵一萬人出鴈門，游擊將軍韓說步兵三萬人出五原，强弩都尉路博德步兵萬餘人與貳師會。

又　卷七《昭帝紀》（孝武皇帝後元二年二月）戊辰，太子即皇帝位【略】大將軍光秉政，領尚書事，車騎將軍金日磾、左將軍上官桀副焉。【略】

（元鳳元年）九月，鄂邑長公主、燕王旦與左將軍上官桀、桀子票騎將軍安、御史大夫桑弘羊皆謀反，伏誅。

《漢書》卷八《宣帝紀》（本始二年）秋，大發興調關東輕車鋭卒，選郡國吏三百石伉健習騎射者，皆從軍。御史大夫田廣明爲祁連將軍，後將軍趙充國爲蒲類將軍，雲中太守田順爲虎牙將軍，及度遼將軍范明友、前將軍韓增，凡五將軍，兵十五萬騎，校尉常惠持節護烏孫兵，咸擊匈奴。【略】

（神爵元年）夏四月，遣後將軍趙充國、强弩將軍許延壽擊西羌。六月，有星孛于東方。即拜酒泉太守辛武賢爲破羌將軍，與兩將軍並進。

又　卷九《元帝紀》（永光二年）秋七月，西羌反，遣右將軍馮奉世擊之。八月，以太常任千秋爲奮威將軍，別將五校並進。

又　卷一一《哀帝紀》（元壽二年）五月，正三公官分職。大司馬衛將軍董賢爲大司馬。

又　卷一二《平帝紀》（元壽二年）秋七月，遣車騎將軍王舜、大鴻臚左咸使持節迎中山王。

又　卷四〇《周亞夫傳》文帝崩，亞夫爲車騎將軍。

又　卷四一《灌嬰傳》（灌嬰）以車騎將軍從擊破燕王臧荼。【略】黥布反，以車騎將軍先出，攻布別將於相，破之，斬亞將樓煩將三人。

又　《靳歙傳》（靳歙）以騎都尉從擊代，攻韓信平城下，還軍東垣。有功，遷爲車騎將軍，并將梁、趙、齊、燕、楚車騎，別擊陳豨丞相敞，破之，因降曲逆。

又　卷四五《息夫躬傳》孔鄉侯傅晏爲大司馬衛將軍。【略】後數日，收晏衛將軍印綬。

又　卷五五《霍去病傳》（霍）去病侯三歲，元狩三年春爲票騎將軍，將萬騎出隴西，有功。

又　卷五九《張安世傳》明年，昭帝崩，未葬，大將軍光白太后，徙安世爲車騎將軍，與共徵立昌邑王。【略】

（地節三年）大將軍光薨後數月，御史大夫魏相上封事曰：『【略】車騎將軍安世事孝武皇帝三十餘年，忠信謹厚，勤勞政事，夙夜不怠，與大將軍定策，天下受其福，國家重臣也，宜尊其位，以爲大將軍，毋令領光禄勳事，使專精神，憂念天下，思惟得失。【略】』上亦欲用之。【略】安世深辭弗能得。後數日，竟拜爲大司馬車騎將軍，領尚書事。數月，罷車騎將軍屯兵，更爲衛將軍，兩宮衛尉、城門、北軍兵屬焉。【略】

（張安世）拜爲大司馬車騎將軍，領尚書事。數月，罷車騎將軍屯兵，更爲衛將軍，兩宮衛尉、城門、北軍兵屬焉。【略】

元康四年春，安世病，上疏歸侯，乞骸骨。天子報曰：『將軍年老被病，朕甚閔之。雖不能視事，折衝萬里，君先帝大臣，明於治亂，朕所不及，得數問焉，何感而上書歸衛將軍富平侯印？』

又　卷七一《彭宣傳》（彭宣）復入爲大司農、光禄勳、右將軍。哀帝即位，徙爲左將軍。歲餘，上欲令丁、傅處爪牙官，乃策宣曰：『有司數奏言諸侯國人不得宿衛，將軍不宜典兵馬，處大位。朕唯將軍任漢將之重，而子又前取淮陽王女，婚姻不絶，非國之制。使光禄大夫曼賜將軍黄金五十斤、安車駟馬，其上左將軍印綬，以關内侯歸家。』

又　卷七三《韋玄成傳》孝武皇帝愍中國罷勞無安寧之時，乃遣

大將軍、驃騎、伏波、樓船之屬，南滅百粵，起七郡；北攘匈奴，降昆邪十萬之衆，置五屬國，起朔方，以奪其肥饒之地；東伐朝鮮，起玄菟、樂浪，以斷匈奴之左臂；西伐大宛，並三十六國，結烏孫，起敦煌、酒泉、張掖，以鬲婼羌，裂匈奴之右臂。

又 卷七九《馮奉世傳》（永光二年十一月）拜定襄太守韓安國爲建威將軍。

又 卷八四《翟義傳》（王莽）拜其黨親輕車將軍成武侯孫建爲奮武將軍，光禄勳成都侯王邑爲虎牙將軍，明義侯王駿爲强弩將軍，春王城門校尉王況爲震威將軍，宗伯忠孝侯劉宏爲奮衝將軍，中少府建威侯王昌爲中堅將軍，中郎將震羌侯竇兄爲奮威將軍，凡七人，自擇除關西人爲校尉軍吏，將關東甲卒，發奔命以擊義焉。復以太僕武讓爲積弩將軍屯函谷關，將作大匠蒙鄉侯逯並爲横壄將軍屯武關，羲和紅休侯劉歆爲揚武將軍屯宛，大保後丞丞陽侯甄邯爲大將軍屯霸上，常鄉侯王惲爲車騎將軍屯平樂館，騎都尉王晏爲建威將軍屯城北，城門校尉趙恢爲城門將軍，皆勒兵自備。

又 卷九八《元后傳》（王）音既以從舅越親用事，小心親職，歲餘，上下詔曰：『車騎將軍音宿衛忠正，勤勞國家，前爲御史大夫，以外親宜典兵馬，入爲將軍，不獲宰相之封，朕甚慊焉！其封音爲安陽侯，食邑與五侯等，俱三千户。』

晉·司馬彪《續漢書·百官志一·將軍》 初，武帝以衛青數征伐有功，以爲大將軍，欲尊寵之。以古尊官唯有三公，皆將軍始自秦、晉，以爲卿號，故置大司馬官號以冠之。其後霍光、王鳳等皆然。成帝綏和元年，賜大司馬印綬，罷將軍官。世祖中興，吴漢以大將軍爲大司馬，景丹爲驃騎大將軍，位在公下，及前、後、左、右雜號將軍衆多，皆主征伐，事訖皆罷。明帝初即位，以弟東平王蒼有賢才，以爲驃騎將軍；以王故，位在公上，數年後罷。章帝即位，西羌反，故以舅馬防行車騎將軍征之，還後罷。和帝即位，以舅竇憲爲車騎將軍，征匈奴，位在公下；還復有功，遷大將軍，位在公上。復征西羌，還免官，罷。安帝即位，西羌寇亂，復以舅鄧騭爲車騎將軍征之，還遷大將軍，位如憲，數年復罷。自安帝政治衰缺，始以嫡舅耿寳爲大將軍，常在京都。順帝即位，又以皇后父、兄、弟相繼爲大將軍，如三公焉。

《後漢書》卷一上《光武帝紀》（更始元年正月）伯升又破王莽納言將軍嚴尤、秩宗將軍陳茂於淯陽，進圍宛城。【略】

及更始至洛陽，乃遣光武以破虜將軍行大司馬事。【略】

（建武元年春）朱鮪遣討難將軍蘇茂攻温，馮異、寇恂與戰，大破之，斬其將賈彊。【略】

（建武元年七月）壬午，以大將軍吴漢爲大司馬，偏將軍景丹爲驃騎大將軍，大將軍耿弇爲建威大將軍，偏將軍蓋延爲虎牙大將軍，偏將軍朱祐爲建義大將軍，中堅將軍杜茂爲大將軍。時宗室劉茂自號『厭新將軍』，率衆降，封爲中山王。【略】

（建武元年秋七月）己亥，幸懷。遣耿弇率强弩將軍陳俊軍五社津，備滎陽以東。使吴漢率朱祐及廷尉岑彭、執金吾賈復、揚化將軍堅鐔等十一將軍圍朱鮪於洛陽。【略】

（建武二年春正月）壬午，更始復漢將軍鄧曄、輔漢將軍于匡降，皆復爵位。【略】

（建武二年八月）遣游擊將軍鄧隆救朱浮，與彭寵戰於潞，隆軍敗績。【略】

（建武四年）七月丁亥，幸譙。遣捕虜將軍馬武、偏將軍王霸圍劉紆於垂惠。董憲將賁休以蘭陵城降，憲圍之。虎牙大將軍蓋延率平狄將軍龐萌救賁休，不克，蘭陵爲憲所陷。【略】

（建武四年八月）遣揚武將軍馬成率三將軍伐李憲。【略】

（建武五年二月）捕虜將軍馬武、偏將軍王霸拔垂惠。【略】

（建武七年夏）漢忠將軍王常爲横野大將軍。【略】

（建武七年）隗囂寇安定，征西大將軍馮異、征虜將軍祭遵擊卻之。【略】

（建武十一年八月）輔威將軍臧宫與公孫述將延岑戰於沈水，大破之。

（建武十二年）秋七月，威虜將軍馮駿拔江州，獲田戎。九月，【略】輔威將軍臧宫拔涪城，斬公孫恢。【略】十二月辛卯，揚武將軍馬成行大司空事。【略】

（建武）二十一年春正月，武威將軍劉尚破益州夷，平之。

又　卷一下《光武帝紀》　（建武十七年）秋七月，妖巫李廣等羣起據皖城，遣虎賁中郎將馬援、驃騎將軍段志討之。

又　卷九《獻帝紀》　（興平二年八月）秋七月甲子，車駕東歸。郭汜自爲車騎將軍，楊定爲後將軍，楊奉爲興義將軍，董承爲安集將軍，並侍送乘輿。張濟爲票騎將軍，還屯陜。

又　卷一五《來歙傳》　（來）歙率征西大將軍馮異、建威大將軍耿弇、虎牙大將軍蓋延、揚武將軍馬成、武威將軍劉尚入天水，擊破公孫述將田弇、趙匡。

又　卷一六《鄧禹傳》　及赤眉西入關，更始使定國上公王匡、襄邑王成丹、抗威將軍劉均及諸將，分據河東、弘農以拒之。赤眉衆大集，王匡等莫能當。光武籌赤眉必破長安，欲乘釁幷關中，而方有事山東，未知所寄，以禹沈深有大度，故授以西討之略。乃拜爲前將軍持節，中分麾下精兵二萬人，遣西入關，令自選偏裨以下可與俱者。於是以韓歆爲軍師，李文、李春、程慮爲祭酒，馮愔爲積弩將軍，樊崇爲驍騎將軍，宗歆爲車騎將軍，鄧尋爲建威將軍，耿訢爲赤眉將軍，左于爲軍師將軍，引而西。

又　卷一七《馮異傳》　（馮）異爲孟津將軍。

又　《岑彭傳》　（岑彭）與大司馬吳漢，大司空王梁，建義大將軍朱祐，右將軍萬脩，執金吾賈復，驍騎將軍劉植，揚化將軍堅鐔，積射將軍侯進，偏將軍馮異、祭遵、王霸等圍洛陽數月。【略】

（建武）十一年春，彭與吳漢及誅虜將軍劉隆、輔威將軍臧宮、驍騎將軍劉歆，發南陽、武陵、南郡兵。

又　《賈復傳》　（賈）復爲偏將軍。及拔邯鄲，遷都護將軍。

又　卷二〇《祭遵傳》　（祭遵）爲門下史。從征河北，爲軍市令。舍中兒犯法，遵格殺之。光武怒，命收遵。時主簿陳副諫曰：『明公常欲衆軍整齊，今遵奉法不避，是教令所行也。』光武乃貰之，以爲刺姦將軍。

又　卷二一《耿純傳》　（耿）植後爲輔威將軍，封武邑侯。【略】

（耿）訢爲赤眉將軍，封著武侯，從鄧禹西征，戰死雲陽。

又　卷二二《朱祐傳》　（朱祐）與諸將擊鄧奉於淯陽，祐軍敗，爲奉所獲。明年，奉破，乃肉袒因祐降。帝復祐位而厚加慰賜。遣擊新野、隨，皆平之。延岑自敗於穰，遂與秦豐將張成合，祐率征虜將軍祭遵與戰於東陽，大破之，臨陣斬成，延岑敗走歸豐。祐收得印綬九十七。進擊黃郵，降之，賜祐黃金三十斤。四年，率破姦將軍侯進、輔威將軍耿植代征南大將軍岑彭圍秦豐於黎丘，破其將張康於蔡陽，斬之。

又　《景丹傳》　世祖卽位，以讖文用平狄將軍孫咸行大司馬，衆咸不悅。詔舉可爲大司馬者，羣臣所推唯吳漢及丹。帝曰：『景將軍北州大將，是其人也。然吳將軍有建大策之勳，又誅苗幽州、謝尚書，其功大。舊制驃騎將軍官與大司馬相兼也。』乃以吳漢爲大司馬，而拜丹爲驃騎大將軍。

又　《杜茂傳》　杜茂字諸公，南陽冠軍人也。初歸光武於河北，爲中堅將軍，常從征伐。

又　《馬成傳》　（馬成）再遷護軍都尉。建武四年，拜揚武將軍，督誅虜將軍劉隆、振威將軍宋登、射聲校尉王賞，發會稽、丹陽、九江、六安四郡兵擊李憲。

又　卷二三《竇融傳》　（建武）七年夏，酒泉太守竺曾以弟報怨殺人而去郡，融承制拜曾爲武鋒將軍，更以辛肜代之。

又　卷三一《陸康傳》　（陸）康蒙險遣孝廉計吏奉貢朝廷，詔書策勞，加忠義將軍，秩中二千石。

又　卷三八《楊璿傳》　（楊璿）高祖父茂，本河東人，從光武征伐，封爲威寇將軍，封烏傷新陽鄉侯。

雜號校尉與都尉

綜　述

《張家山漢墓竹簡・二年律令・秩律》　備塞都尉，郡守、尉，衛將軍，衛尉，漢中大夫令，漢郎中，奉常，秩各二千石。

《漢書》卷一九上《百官公卿表》　宣帝令中郎將、騎都尉監羽林，秩比二千石。【略】

護軍都尉，秦官，武帝元狩四年屬大司馬，成帝綏和元年居大司馬府比司直，哀帝元壽元年更名司寇，平帝元始元年更名護軍。

晉·司馬彪《續漢書·百官志一·將軍》 大將軍營五部，部校尉一人，比二千石。

又 《百官志二·光禄勳》 騎都尉，比二千石。本注曰：無員。本監羽林騎。

雜録

《史記》卷一〇二《馮唐傳》 （文帝）令馮唐持節赦魏尚，復以爲雲中守，而拜唐爲車騎都尉，主中尉及郡國車士。

又 卷一一一《衛將軍傳》 （漢兵）圍右賢王，右賢王驚，夜逃，獨與其愛妾一人騎數百馳，潰圍北去。漢輕騎校尉郭成等追數百里。【略】

（武帝）乃詔御史曰：『護軍都尉公孫敖三從大將軍擊匈奴，常護軍，傅校獲王，以千五百户封敖爲合騎侯。』

又 卷一一四《東越列傳》 （元封元年）封横海校尉福爲繚嫈侯。

《漢書》卷六《武帝紀》 （太初四年春正月）强弩都尉路博德。築居延。【略】

（武帝後元元年夏六月）侍中僕射莽何羅與弟重合侯通謀反，侍中駙馬都尉金日磾、奉車都尉霍光、騎都尉上官桀討之。

又 卷七《昭帝紀》 （元鳳四年）夏四月，詔曰：『度遼將軍明友前以羌騎校尉將羌王侯君長以下擊益州反虜，後復率擊武都反氐，今破烏桓，斬虜獲生，有功。』

又 卷二二《禮樂志》 （武帝）以李延年爲協律都尉，多舉司馬相如等數十人造爲詩賦，略論律吕，以合八音之調，作十九章之歌。

又 卷六一《李廣利傳》 （太初三年）拜習馬者二人爲執驅馬校尉，備破宛擇取其善馬云。

又 卷七九《馮逡傳》 （馮）逡字子産，通《易》。太常察孝廉爲郎，補謁者。建昭中，選爲復土校尉。光禄勳于永舉茂材，爲美陽令。功次遷長樂屯衛司馬，清河都尉，隴西太守。

又 卷九四下《匈奴傳》 （甘露二年）呼韓邪單于款五原塞，願朝三年正月。漢遣車騎都尉韓昌迎，發過所七郡郡二千騎，爲陳道上。

又 卷九六上《西域傳·序》 自貳師將軍伐大宛之後，西域震懼，多遣使來貢獻，漢使西域者益得職。於是自敦煌西至鹽澤，往往起亭，而輪臺、渠犂皆有田卒數百人，置使者校尉領護，以給使外國者。【略】至元帝時，復置戊己校尉，屯田車師前王庭。

《後漢書》卷一下《光武帝紀下》 （建武七年）二月辛巳，罷護漕都尉官。

又 卷二《明帝紀》 （永平）十六年春二月，遣太僕祭彤出高闕，奉車都尉竇固出酒泉，駙馬都尉耿秉出居延，騎都尉來苗出平城，伐北匈奴。

又 卷九《獻帝紀》 （初平元年二月）庚辰，董卓殺城門校尉伍瓊、督軍校尉周珌。

又 卷六九《何進傳》 （中平五年）置西園八校尉，以小黄門蹇碩爲上軍校尉，虎賁中郎將袁紹爲中軍校尉，屯騎都尉鮑鴻爲下軍校尉，議郎曹操爲典軍校尉，趙融爲助軍校尉，淳于瓊爲佐軍校尉，又有左右校尉。帝以蹇碩壯健而有武略，特親任之，以爲元帥，督司隸校尉以下，雖大將軍亦領屬焉。

又 卷八七《西羌傳·滇良》 『舊制益州部置蠻夷騎都尉，幽州部置領烏桓校尉，涼州部置護羌校尉，皆持節領護，理其怨結，歲時循行，問所疾苦。』

又 卷八八《西域傳》 （永平）十六年，明帝乃命將帥，北征匈奴，取伊吾盧地，置宜禾都尉以屯田，遂通西域，于窴諸國皆遣子入侍。西域自絶六十五載，乃復通焉。明年，始置都護、戊己校尉。

州牧部

州牧分部

綜述

《漢書》卷一〇《成帝紀》（綏和元年）十二月，罷部刺史，更置州牧，秩二千石。

又 卷一一《哀帝紀》（建平二年）罷州牧，復刺史。

又 卷一九上《百官公卿表》 武帝元封五年初置部刺史，掌奉詔條察州，秩六百石，員十三人。成帝綏和元年更名牧，秩二千石。哀帝建平二年復爲刺史，元壽二年復爲牧。

雜録

《漢書》卷一九下《百官公卿表》（孝成綏和二年）故太僕范隆爲右扶風，八月爲冀州牧。【略】

（孝平元始二年）大司馬司直沛武襄君孟爲右扶風，三年爲冀州牧。

又 卷一一《哀帝紀》（建平元年）二月，詔曰：『蓋聞聖王之治，以得賢爲首。其與大司馬、列侯、將軍、中二千石、州牧、守、相舉孝弟惇厚能直言通政事，延于側陋可親民者，各一人。』

又 卷六〇《杜緩傳》（杜）緩六弟，五人至大官，少弟熊歷五郡二千石，三州牧刺史，有能名，唯中弟欽官不至而最知名。

又 卷七二《鮑宣傳》（鮑）宣爲諫大夫，遷豫州牧。歲餘，丞相司直郭欽奏『宣舉錯煩苛，代二千石署吏聽訟，所察過詔條。行部乘傳去法駕，駕一馬，舍宿鄉亭，爲衆所非。』宣坐免。歸家數月，復徵爲諫大夫。

又 卷七七《毋將隆傳》（毋將隆）遷諫大夫。成帝末，隆奏封事言：『古者選諸侯入爲公卿，以褒功德，宜徵定陶王使在國邸，以填萬方。』其後上竟立定陶王爲太子，隆遷冀州牧、潁川太守。

又 卷八三《朱博傳》 初，何武爲大司空，又與丞相方進共奏言：『古選諸侯賢者以爲州伯，《書》曰：「咨十有二牧」，所以廣聰明，燭幽隱也。今部刺史居牧伯之位，秉一州之統，選第大吏，所薦位高至九卿，所惡立退，任重職大。《春秋》之義，用貴治賤，不以卑臨尊。刺史位下大夫，而臨二千石，輕重不相準，失位次之序。臣請罷刺史，更置州牧，以應古制。』奏可。【略】

及博奏復御史大夫官，又奏言：『漢家至德溥大，宇内萬里，立置郡縣。部刺史奉使典州，督察郡國，吏民安寧。故事居部九歲舉爲守相，其有異材功效著者輒登擢，秩卑而賞厚，咸勸功樂進。前丞相方進奏罷刺史，更置州牧，秩眞二千石，位次九卿。九卿缺，以高第補，其中材則苟自守而已，恐功效陵夷，姦軌不禁。臣請罷州牧，置刺史如故。』奏可。

又 卷八四《翟義傳》（翟）義坐法免，起家而爲弘農太守，遷河内太守、青州牧。所居著名，有父風烈，徙爲東郡太守。

又 卷八六《何武傳》（何）武爲九卿時，奏言宜置三公官，又與方進共奏罷刺史，更置州牧，後皆復故。【略】唯内史事施行。

又 卷九二《游俠傳·陳遵》（陳）遵爲河南太守，而弟級爲荆州牧，當之官，俱過長安富人故淮陽王外家左氏飲食作樂。後司直陳崇聞之，劾奏『遵兄弟幸得蒙恩超等歷位，遵爵列侯，備郡守，級州牧奉使，皆以舉直察枉宣揚聖化爲職，不正身自慎。始遵初除，乘藩車入閭巷，過寡婦左阿君置酒歌謳，遵起舞跳梁，頓仆坐上，暮因留宿，爲侍婢扶臥。遵知飲酒飫宴有節，禮不入寡婦之門，而湛酒溷肴，亂男女之別，輕辱爵位，羞汙印韍，惡不可忍聞。臣請皆免。』遵既免，歸長安，賓客愈盛，飲食自若。

久之，復爲九江及河内都尉，凡三爲二千石。而張竦亦至丹陽太守，封淑德侯。後俱免官，以列侯歸長安。竦居貧，無賓客時時好事者從之質疑問事，論道經書而已。而遵晝夜呼號，車騎滿門，酒肉相屬。

又 卷九九上《王莽傳》（王）莽復奏曰：『【略】臣又聞聖王

序天文，定地理，因山川民俗以制州界。漢家地廣二帝三王，凡十二州，州名及界多不應經。《堯典》十有二州，後定爲九州。漢家廓地遼遠，州牧行部，遠者三萬餘里，不可爲九。謹以經義正十二州名分界，以應正始。』奏可。

又　卷九九中《王莽傳》　（王莽）置州牧、部監二十五人，見禮如三公。監位上大夫，各主五郡。公氏作牧。

又　卷九九下《王莽傳》　（王莽）以大司馬司允費興爲荆州牧，見，問到部方略，興對曰：『荆、揚之民率依阻山澤，以漁采爲業。間者，國張六筦，稅山澤，妨奪民之利，連年久旱，百姓飢窮，故爲盜賊。興到部，欲令明曉告盜賊歸田里，假貸犂牛種食，闊其租賦，幾可以解釋安集。』莽怒，免興官。

又　卷六《武帝紀》注引《漢舊儀》　初分十三州，假刺史印綬，有常治所，常以秋分行部，御史爲駕四封乘傳，到所部，郡國各遣一吏迎之界上，所察六條。

晉・司馬彪《續漢書・百官志一》注引《漢官目録》　建武十二年八月乙未詔書：【略】監察御史、司隸、州牧歲舉茂才各一人。

又　注引《東觀漢記》　和帝初，張酺上言：『臣聞王者法天，熒惑奏事太微，故州牧刺史入奏事，所以通下問知外事也。數十年以來，重其道歸煩擾，故時止勿奏事，今因以爲故事。臣愚以爲刺史視事滿歲，可令奏事如舊典，問州中風俗，恐好惡過所道，事所聞見，考課衆職，下章所告，及所自舉有意者賞異之，其尤無狀，逆詔書，行罪法，冀敕戒其餘，令各敬慎所職，於以衰滅貪邪便佞。《韓詩外傳》曰：「王者必立牧，方三人，所以使窺遠牧衆也。遠方之民，有飢寒而不得衣食，獄訟而冤失，職賢而不舉者，入告天子。天子於其君之朝也，揖而進之曰：意朕之政教，有不得爾者邪？如何乃有飢寒而不得衣食，獄訟而冤失，職賢而不舉？」然後其君退而與其卿大夫謀之。遠方之民聞，皆曰誠天子也。夫我居之辟，見我之近也；我居之幽，見我之明也。可欺乎哉？故牧者所以開四目，通四聰。』

又　《百官志五・州郡》　外十有二州，每州刺史一人，六百石。本注曰：秦有監御史，監諸郡，漢興省之，但遣丞相史分刺諸州，無常官。孝武帝初置刺史十三人，秩六百石。成帝更爲牧，秩二千石。建武十八年，復爲刺史，十二人各主一州，其一州屬司隸校尉。諸州常以八月巡行所部郡國，録囚徒，考殿最。初歲盡詣京都奏事，中興但因計吏。

《後漢書》卷一下《光武帝紀》　（建武十一年）省朔方牧，并并州。初斷州牧自還奏事。【略】

（建武十八年）罷州牧，置刺史。

又　卷八《靈帝紀》　（中平五年）改刺史，新置牧。【略】

（中平六年夏四月）太尉馬日磾免，幽州牧劉虞爲太尉。

又　卷九《獻帝紀》　（永漢元年九月）甲午，豫州牧黄琬爲司徒。【略】

（建安）九年秋八月戊寅，曹操大破袁尚，平冀州，自領冀州牧。

又　卷一〇下《皇后紀・靈思何皇后紀》　中平六年，帝崩，皇子辯即位，尊後爲皇太后。太后臨朝，后兄大將軍進欲誅宦官，反爲所害；舞陽君亦爲亂兵所殺。并州牧董卓被徵，將兵入洛陽，淩虐朝廷，遂廢少帝爲弘農王而立協，是爲獻帝。

又　卷二三《竇融傳》　及隴、蜀平，詔融與五郡太守奏事京師，官屬賓客相隨，駕乘千餘兩，馬牛羊被野。融到，詣洛陽城門，上涼州牧、張掖屬國都尉、安豐侯印綬，詔遣使者還侯印綬。引見，就諸侯位，賞賜恩寵，傾動京師。數月，拜爲冀州牧，十餘日，又遷大司空。

又　卷二七《郭丹傳》　（郭丹）既至京師，常爲都講，諸儒咸敬重之。大司馬嚴尤請丹，辭病不就。王莽又徵之，遂與諸生逃於北地。更始二年，三公舉丹賢能，徵爲諫議大夫，持節使歸南陽，安集受降。【略】

更始敗，諸將悉歸光武，並獲封爵；丹獨保平氏不下，爲更始發喪，衰絰盡哀。建武二年，遂潛逃去，敝衣閒行，涉歷險阻，求謁更始妻子，奉還節傳，因歸鄉里。太守杜詩請爲功曹，丹薦鄉人長者自代而去。【略】十三年，大司馬吳漢辟舉高第，再遷并州牧，有清平稱。

又　卷二九《鮑永傳》　時董憲裨將屯兵於魯，侵害百姓，乃拜永爲魯郡太守。永到，擊討，大破之，降者數千人。唯別帥彭豐、虞休、皮常等各千餘人，稱『將軍』，不肯下。頃之，孔子闕里無故荆棘自除，從

講堂至於里門。永異之，謂府丞及魯令曰：『方今危急而闕里自開，斯豈夫子欲令太守行禮，助吾誅無道邪？』乃會人衆，修鄉射之禮，請豐等共會觀視，欲因此禽之。豐等亦欲圖永，乃持牛酒勞饗，而潛挾兵器。永覺之，手格殺豐等，禽破黨與。帝嘉其略，封爲關内侯，遷揚州牧。時南土尚多寇暴，永以吏人痍傷之後，乃綏其銜轡，示誅强横而鎮撫其餘，百姓安之。

（鮑永）出爲東海相。坐度田事不實，被徵，諸郡守多下獄。永至城皋，詔書逆拜爲兗州牧，便道之官。視事三年，病卒。

又　卷三一《郭伋傳》　（郭伋）三遷爲漁陽都尉。王莽時爲上谷大尹，遷并州牧。更始新立，三輔連被兵寇，百姓震駭，强宗右姓各擁衆保營，莫肯先附。更始素聞伋名，徵拜左馮翊，使鎮撫百姓。世祖卽位，拜雍州牧，再轉爲尚書令，數納忠諫爭。【略】

（建武）十一年，省朔方刺史屬并州。帝以盧芳據北土，乃調伋爲并州牧。

又　卷三三《朱浮傳》　朱浮字叔元，沛國蕭人也。初從光武爲大司馬主簿，遷偏將軍，從破邯鄲。光武遣吳漢誅更始幽州牧苗曾，乃拜浮爲大將軍幽州牧，守薊城，遂討定北邊。建武二年，封舞陽侯，食三縣。【略】

舊制，州牧奏二千石長吏不任位者，事皆先下三公，三公遣掾史案驗，然後黜退。帝時用明察，不復委任三府，而權歸刺舉之吏。

又　卷四〇下《班勇傳》　（班勇）曰：『今中國置州牧者，以禁郡縣姦猾盜賊也。』

又　卷六一《黄琬傳》　（黄琬）出爲右扶風，徵拜將作大匠、少府、太僕。又爲豫州牧。時寇賊陸梁，州境彫殘，琬討擊平之，威聲大震。政績爲天下表，封關内侯。

又　卷七〇《荀彧傳》　（曹）操拔鄴，自領冀州牧。

又　卷七三《劉虞傳》　（張）純又使烏桓峭王等步騎五萬，入青、冀二州，攻破清河、平原，殺害吏民。朝廷以虞威信素著，恩積北方，明年，復拜幽州牧。虞到薊，罷省屯兵，務廣恩信，遣使告峭王等以朝恩寬弘，開許善路。又設賞購舉、純。舉、純走出塞，餘皆降散。純爲其客王政所殺，送首詣虞。靈帝遣使者就拜太尉，封容丘侯。

又　卷七五《劉焉傳》　（劉）焉少任州郡，以宗室拜郎中。去官居陽城山，精學教授。舉賢良方正，稍遷南陽太守、宗正、太常。時靈帝政化衰缺，四方兵寇，焉以爲刺史威輕，既不能禁，且用非其人，輒增暴亂，乃建議改置牧伯，鎮安方夏，清選重臣，以居其任。焉乃陰求爲交阯，以避時難。議未卽行，會益州刺史郤儉在政煩擾，謡言遠聞，而并州刺史張懿、涼州刺史耿鄙並爲寇賊所害，故焉議得用。出焉爲監軍使者，領益州牧，太僕黄琬爲豫州牧，宗正劉虞爲幽州牧，皆以本秩居職。州任之重，自此而始。

晉·司馬彪《續漢書·百官志五》劉昭注　故焉牧益土，造帝服於岷、峨；袁紹取冀，下制書於燕、朔；劉表荆南，郊天祀地；魏祖據兗，遂搆皇業；漢之殄滅，禍源乎此。

唐·杜佑《通典》卷三二《職官一四·州郡上·州牧刺史》　武帝元封元年，御史止不復監，至五年，乃置部刺史，掌奉詔六條察州，凡十二州焉。居部九歲，舉爲守相。成帝綏和元年，以爲刺史位下大夫而臨二千石，輕重不相準，乃更爲州牧，秩眞二千石，位次九卿。九卿缺以高第補。哀帝建平二年復爲刺史。元壽二年復爲牧。後漢光武建武十八年復爲刺史，外十二州各一人，其一州屬司隸校尉。漢刺史乘傳，周行郡國，無適所治。中興所治有定處。舊常以八月巡行所部，録囚徒，考殿最。初，歲盡詣京都奏事。中興但因計吏，不復自詣京師，雖父母之喪，不得去職。或謂州府爲外臺。靈帝中平五年改刺史，唯置牧。是時天下方亂，豪傑各欲據有州郡，而劉焉、劉虞並自九卿出領州牧，州牧之任，自此重矣。

清·顧炎武《日知録》卷九《部刺史》　漢武帝遣刺史周行郡國，省察治狀，黜陟能否，斷治冤獄，以六條問事。一條，强宗豪右田宅逾制，以强陵弱，以衆暴寡。二條，二千石不奉詔書，倍公向私，旁詔牟利，侵漁百姓，聚斂爲奸。三條，二千石不恤疑獄，風厲殺人，怒則任刑，喜則任賞，煩擾刻暴，剥削黎元，爲百姓所疾，山崩石裂，妖祥訛言。四條，二千石選署不平，苟阿所愛，蔽賢寵頑。五條，二千石子弟怙倚榮勢，請託所監。六條，二千石違公下比，阿附豪强，通行貨賂，割損

政令。又令歲終得乘傳奏事。夫秩卑而命之尊，官小而權之重，此小大相制内外相維之意也。本自秦時遣御史出監諸郡。《史記》『言秦始皇分天下以爲三十六郡，郡置守、尉、監』，蓋罷侯置守之初，而已設此制矣。

成帝末，翟方進、何武乃言：『《春秋》之義，用貴治賤，不以卑臨尊，刺史位下大夫而臨二千石，輕重不相準，請罷刺史，更置州牧，秩二千石。』而朱博以漢家故事置部刺史，『秩卑而賞厚，咸勸功樂進，州牧秩眞二千石，位次九卿，九卿缺以高第補，其中材則苟自守而已，恐功效陵夷，姦軌不勝』。於是罷州牧，復置刺史。劉昭之論以爲，『刺史監糾非法不過六條，傳車周流，匪有定鎮，秩裁六百，未生陵犯之釁。成帝改牧，其萌始大。』合二者之言觀之，則州牧之設，中材僅循資自全，强者至專權裂土，然後知刺史六條爲百代不易之良法，而今之監察御史巡按地方，爲得古人之意矣。又其善者，在於一年一代。

夫守令之官不可以不久也，監臨之任不可以久也。久則情親而弊生，望輕而法玩，故一年一代之制。又漢法之所不如，而察吏安民之效已見於二三百年者也。若夫倚勢作威，受賕不法，此特其人之不稱職耳。不以守令之貪殘而廢郡縣，豈以巡方之濁亂而停御史乎！至於秩止七品，與漢六百石制同，《王制》『天子使其大夫爲三監，監於方伯之國，國三人。』金華應氏曰：『方伯者，天子所任以總乎外者也，又有監以臨之，蓋方伯權重則易專，大夫位卑則不敢肆，此大小相維，内外相統之微意也。何病其輕重不相準乎？夫不達前人立法之意，而輕議變更，未有不召亂而生事者。吾於成、哀之際，見漢治之無具矣。』

州牧屬史分部

綜　述

《漢書》卷七二《鮑宣傳》（鮑宣）後爲都尉太守功，曹，舉孝廉爲郎，病去官，復爲州從事。大司馬衛將軍王商辟宣，薦爲議郎，後以病去。

《三國志》卷六《魏志・袁紹傳》裴松之注引《先賢行狀》（審）配字正南，魏郡人。少忠烈慷慨，有不可犯之節。袁紹領冀州，委以腹心之任，以爲治中別駕，并總幕府。

又　卷三八《蜀志・秦宓傳》裴松之注引《益部耆舊傳》（任）安，廣漢人。少事聘士楊厚，究極圖籍，游覽京師，還家講授，與董扶俱以學行齊聲。郡請功曹，州辟治中別駕，終不久居。舉孝廉茂才，太尉載辟，除博士，公車徵，皆稱疾不就。州牧劉焉表薦安味精道度，厲節高邈，揆其器量，國之元寶，宜處弼疑之輔，以消非常之咎。玄纁之禮，所宜招命。王塗隔塞，遂無聘命。年七十九，建安七年卒，門人慕仰，爲之碑銘。後丞相亮問秦宓以安所長，宓曰：『記人之善，忘人之過。』

晉・司馬彪《續漢書・天文志下・獻九》（建安）十二年十月辛卯，有星孛于鶉尾。荆州分也，時荆州牧劉表據荆州，時益州從事周羣以荆州牧將死而失土。明年秋，表卒，以小子琮自代。曹公將伐荆州，琮懼，舉軍詣公降。

《後漢書》卷七三《陶謙傳》陶謙字恭祖，丹陽人也。【略】詔遷爲徐州牧，加安東將軍，封溧陽侯。是時徐方百姓殷盛，穀實甚豐，流民多歸之。而謙信用非所，刑政不理。別駕從事趙昱，知名士也，而以忠直見疏，出爲廣陵太守。

又　卷八一《獨行傳・王忳》（王忳）仕郡功曹、州治中從事。舉茂才，除郿令。

首都地方政府機構部

内史分部

綜　述

《漢書》卷一九上《百官公卿表》内史，周官，秦因之，掌治京

師。景帝二年，分置左［右］內史。

又　卷二八上《地理志》　京兆尹，故秦內史，高帝元年屬塞國，二年更爲渭南郡，九年罷，復爲內史。武帝建元六年分爲右內史，太初元年更爲京兆尹。

《漢書》卷一九上《百官公卿表》注引服虔曰　（三輔）皆治在長安中。

《宋書》卷四〇《百官志》　漢初王國置太傅，掌輔導；內史主治民；丞相統衆官；中尉掌武職。分官置職，略同京師。【略】後改漢內史爲京兆尹，中尉爲執金吾，郎中令爲光禄勳，而王國如故。

《漢書》卷一九上《百官公卿表》注引《三輔黄圖》　京兆在尚冠前街東入，故中尉府，馮翊在太上皇廟西入，右扶風在夕陰街北入，故主爵府。長安以東爲京兆，長陵以北爲左馮翊，渭城以西爲右扶風也。

又　卷一九上《百官公卿表》師古注　《地理志》云武帝建元六年置左右內史，而此《表》云景帝二年分置，表志不同。又據《史記》，知志誤矣。

又　卷二八上《地理志》師古注　主爵都尉，本秦之主爵中尉，掌列侯，至太初元年更名右扶風，而治於內史右地。故此志追書建元六年分爲右內史，又云更名主爵都尉爲右扶風。

又　卷二八下《地理志》師古注　京師，天子所都畿內也。秦并天下，改立郡縣，而京畿所統，特號內史，言其在內，以別於諸郡守也。

雜　録

《史記》卷一〇《孝文本紀》　（文帝十四年冬）帝欲自將擊匈奴，羣臣諫，皆不聽。皇太后固要帝，帝乃止。於是以東陽侯張相如爲大將軍，成侯赤爲內史，欒布爲將軍，擊匈奴。

又　卷一一《孝景本紀》　（景帝二年）置南陵及內史、祋祤爲縣。【略】

（景帝後二年）令內史郡不得食馬粟，没入縣官。

又　卷一七《漢興以來諸侯年表》　漢有三河、東郡、潁川、南陽，自江陵以西至蜀，北自雲中至隴西，與內史凡十五郡，而公主列侯頗食邑其中。

又　卷一八《高祖功臣侯者年表》　（汾陰侯周昌）初起以職志擊破秦，入漢，出關，以內史堅守敖倉，以御史大夫定諸侯，比清陽侯，二千八百户。【略】

（高京侯）周苛起兵，以內史從，擊破秦，爲御史大夫，入漢，圍取諸侯，堅守滎陽，功比辟陽侯。【略】

（長修侯杜恬）以漢二年用御史初出關，以內史擊諸侯，功比須昌侯，以廷尉死事，千九百户。

又　卷一〇一《鼂錯列傳》　（鼂錯）遷爲中大夫。【略】景帝卽位，以錯爲內史。錯數請間言事，輒聽，幸幸傾九卿，法令多所更定。

又　卷一一一《衛將軍驃騎列傳》　將軍李沮，雲中人。事景帝。武帝立十七歲，以左內史爲强弩將軍。

又　卷一二〇《汲黯傳》　（公孫）弘爲丞相，乃言上曰：『右內史界部中多貴人宗室，難治，非素重臣不能任，請徙黯爲右內史。』爲右內史數歲，官事不廢。【略】

（鄭）莊稍遷爲魯中尉、濟南太守、江都相，至九卿爲右內史。

又　卷一二二《酷吏列傳》　（王）温舒擊東越還，議有不中意者，坐小法抵罪免。是時天子方欲作通天臺而未有人，温舒請覆中尉脱卒，得數萬人作。上説，拜爲少府。徙爲右內史，治如其故，姦邪少禁。

《漢書》卷二九《溝洫志》　自鄭國渠起，至元鼎六年，百三十六歲，而兒寬爲左內史，奏請穿鑿六輔渠，以益溉鄭國傍高卬之田。

又　卷五〇《汲黯傳》　（公孫）弘爲丞相，乃言上曰：『右內史界部中多貴人宗室，難治，非素重臣弗能任，請徙黯爲右內史。』

又　卷五八《公孫弘傳》　（公孫弘）爲內史數年，遷御史大夫。見上，語經學，上説之，從問《尚書》一篇。擢爲中大夫，遷左內史。

又　卷六〇《杜周傳》　（杜）周少言重遲，而內深次骨。宣爲左內史，周爲廷尉，其治大抵放張湯，而善候司。

又　卷六五《東方朔傳》　初，建元三年，微行始出，北至池陽，西至黄山，南獵長楊，東游宜春。【略】是後，南山下乃知微行數出也，

然尚迫於太后，未敢遠出。丞相御史知指，乃使右輔都尉徼循長楊以東，右內史發小民共待會所。後乃私置更衣，從宣曲以南十二所，中休更衣，投宿諸宮，長楊、五柞、倍陽、宣曲尤幸。於是上以爲道遠勞苦，又爲百姓所患，乃使太中大夫吾丘壽王與待詔能用算者二人，舉籍阿城以南，盩屋以東，宜春以西，提封頃畝，及其賈直，欲除以爲上林苑，屬之南山。又詔中尉、左右內史表屬縣草田，欲以償鄠杜之民。吾丘壽王奏事，上大説稱善。

三輔分部

綜述

《漢書》卷一九上《百官公卿表》　右內史武帝太初元年更名京兆尹，**【略】**左內史更名左馮翊。**【略】**

主爵中尉，秦官，掌列侯。景帝中六年更名都尉。武帝太初元年更名右扶風，治內史右地。**【略】**與左馮翊、京兆尹是爲三輔。

又　卷二八上《地理志》　京兆尹，故秦內史，高帝元年屬塞國，二年更爲渭南郡，九年罷，復爲內史。武帝建元六年分爲右內史，太初元年更爲京兆尹。**【略】**

左馮翊，故秦內史，高帝元年屬塞國，二年更名河上郡，九年罷，復爲內史。武帝建元六年分爲左內史，太初元年更名左馮翊。**【略】**

右扶風，故秦內史，高帝元年屬雍國，二年更爲中地郡。九年罷，復爲內史。武帝建元六年分爲右內史，太初元年更名主爵都尉爲右扶風。

唐·虞世南《北堂書鈔》卷五八《設官部一〇·奉朝請》引《漢官解詁》　三輔職如郡守，獨奉朝請。成帝丞相張禹避位，位特進，奉朝請。

又　卷七六《設官部二八·京尹》引《漢官解詁》　武帝太初元年，左內史爲左馮翊，主爵都尉、右內史爲右扶風、京兆尹，治京師，以爲三輔，職皆如郡。主爵列侯，其職並鴻臚。

晉·司馬彪《續漢書·百官志四·司隸校尉條》　其京兆尹、左馮翊、右扶風三人，漢初都長安，皆秩中二千石，謂之三輔。中興都雒陽，更以河南郡爲尹，以三輔陵廟所在，不改其號，但減其秩。

漢·佚名《三輔黄圖》卷一《三輔沿革》　武帝太初元年改內史爲京兆尹，與左馮翊、右扶風，謂之三輔，其理俱在長安城中。

又　《三輔治所》　三輔者，謂主爵中尉及左、右內史。漢武帝改曰京兆尹、左馮翊、右扶風，共治長安城中，是爲三輔。

《漢書》卷一九上《百官公卿表》注引《三輔黄圖》　京兆在尚冠前街東入，故中尉府，馮翊在太上皇廟西入，右扶風在夕陰街北入，故主爵府。長安以東爲京兆，長陵以北爲左馮翊，渭城以西爲右扶風也。

雜録

《漢書》卷五四《蘇武傳》　自丞相黄霸、廷尉于定國、大司農朱邑、京兆尹張敞、右扶風尹翁歸及儒者夏侯勝等，皆以善終，著名宣帝之世。

又　卷六四下《賈捐之傳》　（賈）捐之數召見，言多納用。時中書令石顯用事，捐之數短顯，以故不得官，後稀復見。而長安令楊興新以材能得幸，與捐之相善。**【略】**捐之即與興共爲薦顯奏曰：『竊見石顯本山東名族，有禮義之家也。持正六年，未嘗有過，明習於事，敏而疾見，出公門，入私門。宜賜爵關內侯，引其兄弟以爲諸曹。』又共爲薦興奏，曰：『竊見長安令興，幸得以知名數召見。興事父母有曾氏之孝，事師有顔閔之材，榮名聞於四方。明詔舉茂材，列侯以爲首。爲長安令，吏民敬鄉，道路皆稱能。觀其下筆屬文，則董仲舒；進談動辭，則東方生；置之争臣，則汲直；用之介胄，則冠軍侯；施之治民，則趙廣漢；抱公絶私，則尹翁歸。興兼此六人而有之，守道堅固，執義不回，臨大節而不可奪，國之良臣也，可試守京兆尹。』

又　卷六六《陳萬年傳》　（陳萬年）遷廣陵太守，以高第入爲右扶風。

又　卷七四《丙吉傳》　（丙）吉又嘗出，逢清道羣鬬者，死傷横

道，吉過之不問，掾史獨怪之。【略】吉曰：『民鬭相殺傷，長安令、京兆尹職所當禁備逐捕，歲竟丞相課其殿最，奏行賞罰而已。』

又　卷七六《張敞傳》　京兆典京師，長安中浩穰，於三輔尤爲劇。郡國二千石以高弟入守，及爲眞，久者不過二三年，近者數月一歲，輒毀傷失名，以罪過罷。唯廣漢及敞爲久任職。敞爲京兆，朝廷每有大議，引古今，處便宜，公卿皆服，天子數從之。

又　卷七九《馮野王傳》　（馮野王）遷隴西太守，以治行高，入爲左馮翊。

又　卷八三《薛宣傳》　月餘，御史大夫于永卒，谷永上疏曰：『（薛宣）爲左馮翊，崇教養善，威德並行，衆職脩理，姦軌絶息，辭訟者歷年不至丞相府，赦後餘盜賊什分三輔之一。功效卓爾，自左內史初置以來未嘗有也。【略】』上然之，遂以宣爲御史大夫。

又　卷八四《翟方進傳》　（丞相司直翟方進）旬歲間免兩司隸，朝廷由是憚之。丞相宣甚器重焉，常誡掾史：『謹事司直，翟君必在相位，不久。』是時起昌陵，營作陵邑，貴戚近臣子弟賓客多辜榷爲姦利者，方進部掾史覆案，發大姦臧數千萬。上以爲任公卿，欲試以治民，徙方進爲京兆尹，搏擊豪强，京師畏之。【略】居官三歲，永始二年遷御史大夫。數月，會丞相薛宣坐廣漢盜賊羣起及太皇太后喪時三輔吏並徵發爲姦，免爲庶人。方進亦坐爲京兆尹時奉喪事煩擾百姓，左遷執金吾。二十餘日，丞相官缺，羣臣多舉方進，上亦器其能，遂擢方進爲丞相，封高陵侯，食邑千户。

河南尹分部

綜　述

晉·司馬彪《續漢書·百官志五·州郡條》注引《漢官》　河南尹員吏九百二十七人，十二人百石。諸縣有秩三十五人，官屬掾史五人，四部督郵吏部掾二十六人，案獄仁恕三人，監津渠漕水掾二十五人，百石卒吏二百五十人，文學守助掾六十人，書佐五十人，脩循行二百三十人，幹小史二百三十一人。

又《百官志三·大司農條》　（原大司農）又有廩犧令，六百石，掌祭祀犧牲鴈鶩之屬。及雒陽市長、滎陽敖倉官，中興皆屬河南尹。

又《百官志》注引《古今注》　永和三年，初與河南尹及雒陽員吏四百二十七人奉，月四十五斛。

《後漢書》卷二五《魯恭傳》注引《漢官儀》　仁恕掾，主獄，屬河南尹。

晉·司馬彪《續漢書·百官志五》注引蔡質《漢儀》　河南尹掾出考案，與從事同。

又《郡國志一》劉昭注引應劭《漢官儀》　尹，正也。郡府聽事壁諸尹畫贊，肇自建武，訖於陽嘉，注其清濁進退，所謂不隱過，不虛譽，甚得述事之實。後人是瞻，足以勸懼，雖《春秋》采毫毛之善，罰纖釐之惡，不避王公，無以過此，尤著明也。

又《禮儀志上》注引蔡質劉昭《漢儀》　十二陵令見河南尹，無敬也。

又《百官志二》注引蔡質劉昭《漢儀》　正月旦，百官朝賀，光祿勳劉嘉、廷尉趙世各辭不能朝，高賜舉奏：『皆以被病篤困，空文武之位，闕上卿之贊，既無忠信斷金之用，而有敗禮傷化之尤，不謹不敬！請廷尉治嘉罪，河南尹治世罪。』議以世掌廷尉，故轉屬他官。

又《百官志三》劉昭注引蔡質《漢儀》　司隸校尉見侍中，執板揖，河南尹亦如之。

又《禮儀志上》劉昭注引丁孚《漢儀》　皇后出，乘鸞輅，青羽蓋，駕駟馬，龍旂九旒，大將軍妻參乘，太僕妻御，前鸞旂車，皮軒闟戟，雒陽令奉引，亦千乘萬騎。車府令設鹵簿駕，公、卿、五營校尉、司隸校尉、河南尹妻皆乘其官車，帶夫本官綬，從其官屬導從皇后。置虎賁、羽林騎，戎頭、黃門鼓吹，五帝車，女騎夾轂，執法御史在前後，亦有金鉦黃鉞，五將導。桑于蠶宮，手三盆于繭館，畢，還宮。

又《郡國志一·河南條》　（河南尹）秦三川郡，高帝更名。世祖都雒陽，建武十五年改曰河南尹。

又《輿服志上》乘輿法駕，公卿不在鹵簿中。河南尹、執金吾、雒陽令奉引，奉車郎御，侍中參乘。

雜録

《後漢書》卷四三《樂恢傳》注引《決録注》（王）調字叔和，爲河南尹。永和二年，坐買洛陽令同郡任稜竹田及上罷城東漕渠免官。

又　卷七九上《儒林傳·序》注引胡廣《漢制度》天子出，有大駕、法駕、小駕。【略】法駕，公不在鹵簿，唯河南尹、執金吾、洛陽令奉引，侍中驂乘，奉車郎御，屬車三十六乘。

宋·李昉等《太平御覽》卷二五二《職官部五〇·尹》引應劭《漢官儀》河南尹，所治周地也。洛陽本成周，周之衰微，分爲東西周。秦兼天下，置三川洛河伊也。漢更名河南。孝武皇帝增守曰太守。世祖中興，徙都洛陽，改號爲尹。尹，正也，《詩》云：『赫赫師尹。』

晉·司馬彪《續漢書·百官志》劉昭注引《東觀書》建武元年，復設諸侯王金璽綟綬，公侯金印紫綬。九卿、執金吾、河南尹秩皆中二千石【略】以上皆銀印青綬。

又《百官志四·司隸校尉條》河南尹一人，主京都，特奉朝請。其京兆尹、左馮翊、右扶風三人，漢初都長安，皆秩中二千石，謂之三輔。中興都雒陽，更以河南郡爲尹，以三輔陵廟所在，不改其號，但減其秩。

《宋書》卷三七《州郡志三》河南太守，故秦三川郡，漢高帝更名。光武都雒陽，建武十五年，改曰河南尹。

《後漢書》卷六三《李固傳》注引謝承《後漢書》（趙戒）拜爲尚書令，出爲河南尹，轉拜太常。

唐·虞世南《北堂書鈔》卷七六引謝承《後漢書》華松爲河南尹，優賢養民，興教崇化。至其剪治强宗，威烈不虧，遂見譖毁。

宋·李昉等《太平御覽》卷二五二《職官部五〇·尹》引謝承《後漢書》周暢，字伯時。性仁慈，爲河南尹。永初二年夏，旱，久禱無應，暢因收葬洛城旁客死骸骨，凡萬餘人，應時澍雨，歲乃豐稔。

唐·虞世南《北堂書鈔》卷七六引司馬彪《續漢書》（李膺）爲河南尹。陽翟令張興，黄門張讓，政治殘虐。膺上十日，收興等考殺之。

宋·李昉等《太平御覽》卷二六七《職官部六五·良令長上》引司馬彪《續漢書》魯恭爲中牟令，導民以孝，推誠而治。建初中，郡國螟傷稼，犬牙緣界，不入中牟。河南尹袁安疑其不實，遣仁恕掾肥親往察廉之。

又　卷六四六《刑部一二·梟首》引司馬彪《續漢書》張濟爲河南令尹。中常侍段珪奴乘犢車於道，濟即收捕，梟首懸尸珪門也。

晉·袁宏《後漢紀》卷七《光武皇帝紀》（建武十四年九月）濟南太守王梁薨。初，梁爲河南尹，穿渠引穀水以注洛陽城下，渠成而不流。有司奏劾梁，梁慚懼，上書乞骸骨。上乃徙梁爲濟南相，更封阜城侯。

又　卷一〇《孝明皇帝紀》（袁）安爲河南尹十年，號爲嚴明，然未嘗加罪鞠人。常稱曰：『凡士學問，上欲望宰相，下則牧守。錮人於聖代，尹所不爲也。』其下聞之，皆自激厲，名重朝廷。

又　卷二二《孝桓皇帝紀下》初，陽翟令張興，黄門張讓弟也，多殺無辜，贓餘千金。李膺初爲河南尹，收興考殺之。

《後漢書》卷二一《任隗傳》阮況爲南陽太守，郭唐至河南尹，皆有能名。

又　卷二二《王梁傳》（王梁）代歐陽歙爲河南尹。梁穿渠引穀水注洛陽城下，東寫鞏川，及渠成而水不流。七年，有司劾奏之，梁慙懼，上書乞骸骨。乃下詔曰：『梁前將兵征伐，衆人稱賢，故擢典京師。建義開渠，爲人興利，旅力既愆，迄無成功，百姓怨讟，談者讙譁。雖蒙寬宥，猶執謙退，「君子成人之美」，其以梁爲濟南太守。』

又　卷二六《宋弘傳》（宋）弘弟嵩，以剛强孝烈著名，官至河南尹。

又《郭賀傳》（郭賀）拜荆州刺史，引見賞賜，恩寵隆異，及到官，有殊政。百姓便之，歌曰：『厥德仁明郭喬卿，忠正朝廷上下平。』顯宗巡狩到南陽，特見嗟歎，賜以三公之服，黼黻冕旒。敕行部去襜帷，使百姓見其容服，以章有德。每所經過，吏人指以相示，莫不榮

之。永平四年，徵拜河南尹，以清靜稱。

又 卷三八《馮緄傳》 （馮緄）拜將作大匠，轉河南尹。上言：『舊典，中官子弟不得爲牧人職。』帝不納。復爲廷尉。

又 卷四三《朱穆傳》 （朱）穆字野，少有名節，仕至河南尹。

又 卷四五《袁安傳》 （袁安）爲河南尹。政號嚴明，然未嘗以臧罪鞫人。常稱曰：『凡學仕者，高則望宰相，下則希牧守。錮人於聖世，尹所不忍爲也。』聞之者皆感激自勵。在職十年，京師肅然，名重朝廷。建初八年，遷太僕。

又 卷四六《郭鎮傳》 （郭鎮）再遷尚書令。太傅、三公奏鎮冒犯白刃，手劍賊臣，姦黨殄滅，宗廟以寧，功比劉章，宜顯爵土，以勵忠貞。乃封鎮爲定潁侯，食邑二千户。拜河南尹，轉廷尉，免。

又 《霍諝傳》 （霍諝）爲尚書僕射。是時大將軍梁冀貴戚秉權，自公卿以下莫敢違牾。諝與尚書令尹勳數奏其事，又因陛見陳聞罪失。及冀誅後，桓帝嘉其忠節，封鄴都亭侯。前後固讓，不許。出爲河南尹，遷司隸校尉，轉少府、廷尉，卒官。

又 卷五一《橋玄傳》 （橋玄）拜將作大匠。桓帝末，鮮卑、南匈奴及高句驪嗣子伯固並畔，爲寇鈔，四府舉玄爲度遼將軍，假黄鉞。玄至鎮，休兵養士，然後督諸將守討擊胡虜及伯固等，皆破散退走。在職三年，邊境安静。靈帝初，徵入爲河南尹，轉少府、大鴻臚。

又 卷六七《黨錮傳·序》 初，桓帝爲蠡吾侯，受學於甘陵周福，及即帝位，擢福爲尚書。時同郡河南尹房植有名當朝，鄉人爲之謡曰：『天下規矩房伯武，因師獲印周仲進。』

又 《劉祐傳》 劉祐字伯祖，中山安國人也。【略】延熹四年，拜尚書令，又出爲河南尹，轉司隸校尉。

又 《羊陟傳》 （羊陟）三遷尚書令。時大尉張顥、司徒樊陵、大鴻臚郭防、太僕曹陵、大司農馮方並與宦豎相姻私，公行貨賂，並奏罷黜之，不納。以前太尉劉寵、司隸校尉許永、幽州刺史楊熙、涼州刺史劉恭、益州刺史龐艾清亮在公，薦舉升進。帝嘉之，拜陟河南尹。計日受奉，常食乾飯茹菜，禁制豪右，京師憚之。

又 卷八一《獨行傳·周嘉》 （周）嘉從弟暢，字伯持，性仁慈，爲河南尹。永初二年，夏旱，久禱無應，暢因收葬洛城傍客死骸骨凡萬餘人，應時澍雨，歲乃豐稔。位至光禄勳。

郡府組織機構部

太守分部

綜述

《張家山漢墓竹簡·二年律令·秩律》 郡守、尉，衛將軍，衛尉，漢中大夫令，漢郎中、奉常，秩各二千石。

《漢書》卷一九上《百官公卿表》 郡守，秦官，掌治其郡，秩二千石。【略】景帝中二年更名太守。

唐·虞世南《北堂書鈔》卷六三《設官部十五·都尉》引《漢書解詁》 都尉一人，副佐太守。言與太守俱受銀印剖符之任，爲一郡副將；然僅主其武職，不預民事。

宋·李昉等《太平御覽》卷二五九《職官部五十七·太守》引《漢書解詁》 太守專郡，信理庶績，勸農賑貧，決訟斷辟，興利除害，檢能察姦，舉善黜惡，誅殺暴殘。

晉·司馬彪《續漢書·百官志一·太尉》引應劭《漢官儀》 世祖詔：『方今選舉，賢佞朱紫錯用。丞相故事，四科取士。一曰德行高妙，志節清白；二曰學通行脩，經中博士；三曰明達法令，足以決疑，能案章覆問，文中御史；四曰剛毅多略，遭事不惑，明足以決，才任三輔令：皆有孝悌廉公之行。自今以後，審四科辟召，及刺史、二千石察茂才尤異孝廉之吏，務盡實覈，選擇英俊、賢行、廉潔、平端於縣邑，務授試以職。有非其人，臨計過署，不便習官事，書疏不端正，不如詔書，有司奏罪名，并正舉者。』

又 《百官志五·亭里》注引《漢官儀》 民年二十三爲正，一歲

而以爲衛士，一歲爲材官騎士，習射御騎馳戰陣。八月，太守、都尉、令、長、相、丞、尉會都試，課殿最。

又《百官志三・大司農》　郡國鹽官、鐵官本屬司農，中興皆屬郡縣。

又《百官志五・州郡》　凡州所監都爲京都，置尹一人，二千石，丞一人。每郡置太守一人，二千石。【略】本注曰：凡郡國皆掌治民，進賢勸功，決訟檢姦。常以春行所主縣，勸民農桑，振救乏絶，秋冬遣無害吏案訊諸囚，平其罪法，論課殿最。歲盡遣吏上計。並舉孝廉，郡口二十萬舉一人。【略】中興建武六年，省諸郡都尉，并職太守，無都試之役。

《宋書》卷四〇《百官志下》　郡守，秦官。秦滅諸侯，隨以其地爲郡，置守、丞、尉各一人。守治民，丞佐之，郡當邊戍者，丞爲長史。【略】漢景帝中二年更名守曰太守，尉爲都尉。

雜録

《里耶秦簡》　洞庭泰守府，時守府快以來。【略】

廿七年二月丙子朔庚寅，洞庭守禮謂縣嗇夫卒史嘉、段卒史谷、屬尉【略】當坐者言名史泰守府。

《史記》卷六《秦始皇本紀》　（始皇二十六年）分天下以爲三十六郡，郡置守、尉、監。【略】

（秦二世元年）七月，戍卒陳勝等反故荆地，爲『張楚』。勝自立爲楚王，居陳，遣諸將徇地。山東郡縣少年苦秦吏，皆殺其守尉令丞反，以應陳涉，相立爲侯王，合從西鄉，名爲伐秦，不可勝數也。謁者使東方來，以反者聞二世。二世怒，下吏。後使者至，上問，對曰：『羣盜，郡守尉方逐捕，今盡得，不足憂。』上悦。

又　卷八《高祖本紀》　秦二世二年，陳涉之將周章軍西至戲而還。燕、趙、齊、魏皆自立爲王。項氏起吴。秦泗川監平將兵圍豐，二日，出與戰，破之。命雍齒守豐，引兵之薛。泗川守壯敗於薛，走至戚，沛公左司馬得泗川守壯，殺之。

又　卷三〇《平準書》　（元狩四年）有司言三銖錢輕，易姦詐，乃更請諸郡國鑄五銖錢，周郭其下，令不可磨取鋊焉。

又　卷五七《絳侯周勃世家》　（周勃）乃免相就國。歲餘，每河東守尉行縣至絳，絳侯勃自畏恐誅，常被甲，令家人持兵以見之。

又　卷八七《李斯列傳》　（李）斯長男由爲三川守，諸男皆尚秦公主，女悉嫁秦諸公子。三川守李由告歸咸陽，李斯置酒於家，百官長皆前爲壽，門廷車騎以千數。【略】李斯子由爲三川守，羣盜吴廣等西略地，過去弗能禁。【略】趙高因曰：『如此殆矣！夫沙丘之謀，丞相與焉。今陛下已立爲帝，而丞相貴不益，此其意亦望裂地而王矣。且陛下不問臣，臣不敢言。丞相長男李由爲三川守，楚盜陳勝等皆丞相傍縣之子，以故楚盜公行，過三川，城守不肯擊。高聞其文書相往來，未得其審，故未敢以聞。且丞相居外，權重於陛下。』二世以爲然。欲案丞相，恐其不審，乃使人案驗三川守與盜通狀。

《尹灣漢墓簡牘・東海郡吏員簿》　（東海郡）太守一人，秩中二千石。

漢・王充《論衡》卷一二《程材》　東海相宗叔犀。犀廣召幽隱，春秋會饗，設置三科，以第補吏，一府員吏，儒生什九。陳留太守陳子瑀，開廣儒路，列曹掾史，皆能教授；簿書之吏，什置一二。兩將知道事之理，曉多少之量，故世稱褒其名，書記紀累其行也。

《漢書》卷一下《高祖紀》　（高帝十一年二月詔）又曰：『【略】御史中執法下郡守，其有意稱明德者，必身勸，爲之駕，遣詣相國府，署行、義、年。有而弗言，覺，免。年老癃病，勿遣。』

又　卷五《景帝紀》　（中元二年）秋七月，更郡守爲太守。

又　卷六《武帝紀》　元朔元年冬十一月，詔曰：『公卿大夫，所使總方略，壹統類，廣教化，美風俗也。夫本仁祖義，褒德録賢，勸善刑暴，五帝三王所繇昌也。朕夙興夜寐，嘉與宇内之士臻於斯路。故旅耆老，復孝敬，選豪俊，講文學，稽參政事，祈進民心，深詔執事，興廉舉孝，庶幾成風，紹休聖緒。夫十室之邑，必有忠信；三人並行，厥有我師。今或至闔郡而不薦一人，是化不下究，而積行之君子雍於上聞也。二千石官長紀綱人倫，將何以佐朕燭幽隱，勸元元，厲蒸庶，崇鄉黨之訓

哉？且進賢受上賞，蔽賢蒙顯戮，古之道也。其與中二千石、禮官、博士議不舉者罪。』有司奏議曰：『古者，諸侯貢士，壹適謂之好德，再適謂之賢賢，三適謂之有功，乃加九錫；不貢士，壹則黜爵，再則黜地，三而黜爵地畢矣。夫附下罔上者死，附上罔下者刑，與聞國政而無益於民者斥；在上位而不能進賢者退，此所以勸善黜惡也。今詔書昭先帝聖緒，令二千石舉孝廉，所以化元元，移風易俗也。不舉孝，不奉詔，當以不敬論。不察廉，不勝任也，當免。』奏可。

又　卷八《宣帝紀》（黃龍元年）夏四月，詔曰：『舉廉吏，誠欲得其眞也。吏六百石位大夫，有罪先請，秩禄上通，足以效其賢材，自今以來毋得舉。』

又　卷五〇《馮唐傳》（馮唐對文帝）曰：『【略】今臣竊聞魏尚爲雲中守，軍市租盡以給士卒，出私養錢，五日壹殺牛，以饗賓客軍吏舍人，是以匈奴遠避，不近雲中之塞。虜嘗一入，尚帥車騎擊之，所殺甚衆。夫士卒盡家人子，起田中從軍，安知尺籍伍符？終日力戰，斬首捕虜，上功莫府，一言不相應，文吏以法繩之。其賞不行，吏奉法必用。愚以爲陛下法太明，賞太輕，罰太重。且雲中守尚坐上功首虜差六級，陛下下之吏，削其爵，罰作之。繇此言之，陛下雖得李牧，不能用也。』【略】文帝説。是日，令唐持節赦魏尚，復以爲雲中守，而拜唐爲車騎都尉，主中尉及郡國車士。

初，四方皆以飢寒窮愁起爲盜賊，稍稍羣聚，常思歲孰得歸鄉里。（王莽下書責七公）曰：『【略】七公其嚴敕卿大夫、卒正、連率、庶尹，謹牧養善民，急捕殄盜賊。有不同心并力，疾惡黜賊，而妄曰飢寒所爲，輒捕繫，請其罪。』於是羣下愈恐，莫敢言賊情者，亦不得擅發兵，賊由是遂不制。唯翼平連率田況素果敢，發民年十八以上四萬餘人，授以庫兵，與刻石爲約。赤糜聞之，不敢入界。況自劾奏，莽讓況：『未賜虎符而擅發兵，此弄兵也，厥辠乏興。以況自詭必禽滅賊，故且勿治。』

又　卷五一《路温舒傳》（路温舒）爲獄小吏，因學律令，轉爲獄史，縣中疑事皆問焉。太守行縣，見而異之，署決曹史。

又　卷五六《董仲舒傳》（董仲舒對武帝册）曰：『【略】今之郡守、縣令，民之師帥，所使承流而宣化也；故師帥不賢，則主德不宣，恩澤不流。今吏既亡教訓於下，或不承用主上之法，暴虐百姓，與姦爲市，貧窮孤弱，冤苦失職，甚不稱陛下之意。是以陰陽錯繆，氛氣充塞，羣生寡遂，黎民未濟，皆長吏不明，使至於此也。』【略】

（董仲舒）凡相兩國，輒事驕王，正身以率下，數上疏諫爭，教令國中，所居而治。

又　卷五八《公孫弘傳》（公孫）弘子度嗣侯，爲山陽太守十餘歲，詔徵鉅野令史成詣公車，度留不遣，坐論爲城旦。

又　卷七一《雋不疑傳》（京兆尹雋不疑）每行縣録囚徒還，其母輒問不疑：『有所平反，活幾何人？』

又　卷七六《尹翁歸傳》會田延年爲河東太守，行縣至平陽，悉召故吏五六十人，延年親臨見，令有文者東，有武者西。閱數十人，次到翁歸，獨伏不肯起，對曰：『翁歸文武兼備，唯所施設。』功曹以爲此吏倨敖不遜，延年曰：『何傷？』遂召上辭問，甚奇其對，除補卒史，便從歸府。案事發姦，窮竟事情，延年大重之，自以能不及翁歸，徙署督郵。【略】

（尹）翁歸治東海明察，郡中吏民賢不肖，及姦邪罪名盡知之，縣縣各有記籍。自聽其政，有急名則少緩之，吏民小解，輒披籍。縣縣收取黠吏豪民，案致其罪，高至於死。收取人必於秋冬課吏大會中，及出行縣，不以無事時。其有所取也，以一警百，吏民皆服，恐懼改行自新。東海大豪郯許仲孫爲姦猾，亂吏治，郡中苦之。二千石欲捕者，輒以力執變詐自解，終莫能制。翁歸至，論棄仲孫市，一郡怖栗，莫敢犯禁。東海大治。

以高第入守右扶風，滿歲爲眞。選用廉平疾姦吏以爲右職，接待以禮，好惡與同之；其負翁歸，罰亦必行。治如在東海故迹，姦邪罪名亦縣縣有名籍。盜賊發其比伍中，翁歸輒召其縣長吏，曉告以姦黠主名，教使用類推迹盜賊所過抵，類常如翁歸言，無有遺脱。緩於小弱，急於豪强。豪强有論罪，輸掌畜官，使斫莝，責以員程，不得取代。不中程，輒笞督，極者至以鈇自剄而死。京師畏其威嚴，扶風大治，盜賊課常爲三輔最。

又　《韓延壽傳》（韓延壽）入守左馮翊，滿歲稱職爲眞。歲餘，不肯出行縣。丞掾數白：『宜循行郡中，覽觀民俗，考長吏治迹。』延壽

曰：『縣皆有賢令長，督郵分明善惡於外，行縣恐無所益，重爲煩擾。』丞掾皆以爲方春月，可壹出勸耕桑。延壽不得已，行縣至高陵，民有昆弟相與訟田自言，延壽大傷之，曰：『幸得備位，爲郡表率，不能宣明教化，至令民有骨肉爭訟，既傷風化，重使賢長吏、嗇夫、三老、孝弟受其恥，咎在馮翊，當先退。』

又《張敞傳》（張）敞爲山陽太守。【略】久之，勃海、膠東盜賊並起。敞上書自請治之，曰：『【略】伏聞膠東、勃海左右郡歲數不登，盜賊並起，至攻官寺，篡囚徒，搜市朝，劫列侯。吏失綱紀，姦軌不禁。臣敞不敢愛身避死，唯明詔之所處，願盡力摧挫其暴虐，存撫其孤弱。事即有業，所至郡條奏其所由廢及所以興之狀。』書奏，天子徵敞，拜膠東相，賜黄金三十斤。敞辭之官，自請治劇郡非賞罰無以勸善懲惡，吏追捕有功效者，願得壹切比三輔尤異。天子許之。

敞到膠東，明設購賞，開羣盜令相捕斬除罪。吏追捕有功，上名尚書調補縣令者數十人。由是盜賊解散，傳相捕斬。吏民歙然，國中遂平。

又《王尊傳》（王尊）爲安定太守。到官，出教告屬縣曰：『令長丞尉奉法守城，爲民父母，抑强扶弱，宣恩廣澤，甚勞苦矣。太守以今日至府，願諸君卿勉力正身以率下。故行貪鄙，能變更者與爲治。明慎所職，毋以身試法。』又出教敕掾功曹：『各自底厲，助太守爲治。其不中用，趣自避退，毋久妨賢。夫羽翮不修，則不可以致千里；閫內不理，無以整外。府丞悉署吏行能，分別白之。賢爲上，毋以富。賈人百萬，不足與計事。昔孔子治魯，七日誅少正卯。今太守視事已一月矣，五官掾張輔懷虎狼之心，貪汙不軌，一郡之錢盡入輔家，然適足以葬矣。今將輔送獄，直符史詣閤下，從太守受其事。丞戒之戒之！相隨入獄矣！』輔繫獄數日死，盡得其狡猾不道，百萬姦臧。威震郡中，盜賊分散，入傍郡界。豪强多誅傷伏辜者。坐殘賊免。

又 卷七七《毋將隆傳》（毋將）隆奏曰：『【略】漢家邊吏，職在距寇，亦賜武庫兵，皆任其事然後蒙之。』

又 卷七九《馮立傳》（馮）立字聖卿，通春秋。以父任爲郎，稍遷諸曹。竟寧中，以王舅出爲五原屬國都尉。數年，遷五原太守，徙西河、上郡。立居職公廉，治行略與野王相似，而多知有恩貸，好爲條教。

又 卷八三《薛宣傳》（薛宣）出爲臨淮太守，政教大行。會陳留郡有大賊廢亂，上徙宣爲陳留太守，盜賊禁止，吏民敬其威信。入守左馮翊，滿歲稱職爲眞。始高陵令（陽）楊湛、櫟陽令謝游皆貪猾不遜，持郡短長，前二千石數案不能竟。及宣視事，詣府謁，宣設酒飯與相對，接待甚備。已而陰求其罪臧，具得所受取。宣察湛有改節敬宣之效，乃手自牒書，條其姦臧，封與湛曰：『吏民條言君如牒，或議以爲疑於主守盜。馮翊敬重令，又念十金法重，不忍相暴章。故密以手書相曉，欲君自圖進退，可復伸眉於後。即無其事，復封還記，得爲君分明之。』湛自知罪臧皆應記，而宣辭語温潤，無傷害意。湛即時解印綬付吏，爲記謝宣，終無怨言。而櫟陽令游自以大儒有名，輕宣。宣獨移書顯，責之曰：『告櫟陽令：吏民言令治行煩苛，適罰作使千人以上；賊取錢財數十萬，給爲非法；賣買聽任富吏，賈數不可知。證驗以明白，欲遣吏考案，恐負舉者，恥辱儒士，故使掾平鐫令。孔子曰：「陳力就列，不能者止。」令詳思之，方調守。』游得檄，亦解印綬去。【略】

（薛）宣得郡中吏民罪名，輒召告其縣長吏，使自行罰。曉曰：『府所以不自發舉者，不欲代縣治，奪賢令長名也。』長吏莫不喜懼，免冠謝宣歸恩受戒者。宣爲吏賞罰明，用法平而必行，所居皆有條教可紀，多仁恕愛利。【略】

久之，廣漢郡盜賊羣起，丞相、御史遣掾史逐捕不能克。上乃拜河東都尉趙護爲廣漢太守，以軍法從事。

又《朱博傳》（朱博）遷琅邪太守。齊郡舒緩養名，博新視事，右曹掾史皆移病卧。博問其故，對言惶恐！故事：二千石新到，輒遣吏存問致意，乃敢起就職。博奮髯抵几曰：『觀齊兒欲以此爲俗邪！』乃召見諸曹史書佐及縣大吏，選視其可用者，出教置之。皆斥罷諸病吏，白巾走出府門。郡中大驚。【略】博尤不愛諸生，所至郡輒罷去議曹，曰：『豈可復置謀曹邪！』文學儒吏時有奏記稱説云云，博見謂曰：『如太守漢吏，奉三尺律令以從事耳，亡奈生所言聖人道何也！且持此道歸，堯、舜君出，爲陳説之。』其折逆人如此。視事數年，大改其俗，掾史禮節如楚、趙吏。

博治郡，常令屬縣各用其豪桀以爲大吏，文武從宜。縣有劇賊及它非

常，博輒移書以詭責之。其盡力有效，必加厚賞；懷詐不稱，誅罰輒行。以是豪强慹服。姑幕縣有羣輩八人報仇廷中，皆不得。長吏自繫書言府，賊曹掾史自白請至姑幕。事留不出，功曹諸掾卽皆自白，復不出。於是府丞詣閣，博乃見丞掾曰：『以爲縣自有長吏，府未嘗與也，丞掾謂府當與之邪？』閣下書佐入，博口占檄文曰：『府告姑幕令丞：言賊發不得，有書。檄到，令丞就職，游徼王卿力有餘，如律令！』王卿得敕惶怖，親屬失色，晝夜馳騖，十餘日間捕得五人。博復移書曰：『王卿憂公甚效！檄到，齎伐閱詣府。部掾以下亦可用，漸盡其餘矣。』其操持下，皆此類也。

以高第入守左馮翊，滿歲爲眞。其治左馮翊，文理聰明殊不及薛宣，而多武譎，網絡張設，少愛利，敢誅殺。然亦縱舍，時有大貸，下吏以此爲盡力。

長陵大姓尚方禁，少時嘗盜人妻，見斫，創著其頰。府功曹受賂，白除禁調守尉。博聞知，以它事召見，視其面，果有瘢。博辟左右問禁：『是何等創也？』禁自知情得，叩頭服狀。博笑曰：『大丈夫固時有是。馮翊欲洒卿恥，抆拭用禁。能自效不？』禁且喜且懼，對曰：『必死！』博因敕禁：『毋得泄語，有便宜，輒記言。』因親信之以爲耳目。禁晨夜發起部中盜賊及它伏姦，有功效。博擢禁連守縣令。久之，召見功曹，閉閤數責以禁等事，與筆札使自記，『積受取一錢以上，無得有所匿。欺謾半言，斷頭矣！』功曹惶怖，具自疏姦臧，大小不敢隱。博知其對以實，乃令就席，受敕自改而已。投刀使削所記，遣出就職。功曹後常戰栗，不敢蹉跌，博遂成就之。

又 八六《何武傳》 （何武）徙京兆尹二歲，坐舉方正所舉者召見槃辟雅拜，有司以爲詭衆虛偽。武坐左遷楚內史。

又 卷八九《循吏傳・序》 （漢宣帝）常稱曰：『庶民所以安其田里而亡歎息愁恨之心者，政平訟理也。與我共此者，其唯良二千石乎！』以爲太守，吏民之本也，數變易則下不安，民知其將久，不可欺罔，乃服從其教化。故二千石有治理效，輒以璽書勉厲，增秩賜金，或爵至關內侯，公卿缺則選諸所表以次用之。

又 《文翁傳》 文翁，廬江舒人也。少好學，通《春秋》，以郡縣吏察舉。景帝末，爲蜀郡守，仁愛好教化。見蜀地辟陋有蠻夷風，文翁欲誘進之，乃選郡縣小吏開敏有材者張叔等十餘人親自飭厲，遣詣京師，受業博士，或學律令。減省少府用度，買刀布蜀物，齎計吏以遺博士。數歲，蜀生皆成就還歸，文翁以爲右職，用次察舉，官有至郡守刺史者。又修起學官於成都市中，招下縣子弟以爲學官弟子，爲除更繇，高者以補郡縣吏，次爲孝弟力田。【略】繇是大化，蜀地學於京師者比齊魯焉。至武帝時，乃令天下郡國皆立學校官，自文翁爲之始云。

又 《黃霸傳》 （潁川太守黃霸）使郵亭鄉官皆畜雞豚，以贍鰥寡貧窮者。然後爲條教，置父老師帥伍長，班行之於民間，勸以爲善防姦之意，及務耕桑，節用殖財，種樹畜養，去食穀馬。米鹽靡密，初若煩碎，然霸精力能推行之。【略】

（黃）霸材長於治民，及爲丞相，總綱紀號令，風采不及丙、魏、于定國，功名損於治郡。時京兆尹張敞舍鶡雀飛集丞相府，霸以爲神雀，議欲以聞。敞奏霸曰：『竊見丞相請與中二千石博士雜問郡國上計長吏、守丞爲民興利除害成大化條其對，有耕者讓畔，男女異路，道不拾遺，及舉孝子弟貞婦者爲一輩，先上殿，舉而不知其人數者次之，不爲條教者在後叩頭謝。丞相雖口不言，而心欲其爲之也。【略】臣敞非敢毀丞相也，誠恐羣臣莫白，而長吏守丞畏丞相指，歸舍法令，各爲私教，務相增加，澆淳散樸，並行偽貌，有名亡實，傾搖解怠，甚者爲妖。【略】漢家承敝通變，造起律令，所以勸善禁姦，條貫詳備，不可復加。宜令貴臣明飭長吏守丞，歸告二千石，舉三老、孝弟、力田、孝廉、廉吏務得其人，郡事皆以義法令檢式，毋得擅爲條教；敢挾詐偽以奸名譽者，必先受戮，以正明好惡。』天子嘉納敞言，召上計吏，使侍中臨飭如敞指意，霸甚慙。

又 《龔遂傳》 宣帝卽位，久之，勃海左右郡歲饑，盜賊並起，二千石不能禽制。上選能治者，丞相、御史舉遂可用，上以爲勃海太守。【略】謂遂曰：『勃海廢亂，朕甚憂之。君欲何以息其盜賊，以稱朕意？』遂對曰：『海瀕遐遠，不霑聖化，其民困於飢寒而吏不恤，故使陛下赤子盜弄陛下之兵於潢池中耳。今欲使臣勝之邪，將安之也？』上聞遂對，甚說，答曰：『選用賢良，固欲安之也。』遂曰：『臣聞治亂民猶治亂繩，不可急也；唯緩之，然後可治。臣願丞相、御史且無拘臣以文

法，得一切便宜從事。』上許焉，加賜黄金，贈遣乘傳。至勃海界，郡聞新太守至，發兵以迎，遂皆遣還，移書敕屬縣悉罷逐捕盜賊吏。諸持鉏鉤田器者皆爲良民，吏毋得問，持兵者乃爲盜賊。遂單車獨行至府，郡中翕然，盜賊亦皆罷。勃海又多劫略相隨，聞遂教令，即時解散，棄其兵弩而持鉤鉏。盜賊於是悉平，民安土樂業。

又《酷吏傳·周陽由》（周陽）由爲郡守。武帝即位，吏治尚脩謹，然由居二千石中最爲暴酷驕恣。所愛者，撓法活之；所憎者，曲法滅之。

又《義縱傳》（義）縱爲定襄太守。縱至，掩定襄獄中重罪二百餘人，及賓客昆弟私入相視者亦二百餘人。縱壹切捕鞠，曰：『爲死罪解脱』。是日皆報殺四百餘人。郡中不寒而栗，猾民佐吏爲治。

又《王温舒傳》（王温舒）遷爲河内太守。素居廣平時，皆知河内豪姦之家。及往，以九月至，令郡具私馬五十疋，爲驛自河内至長安，部吏如居廣平時方略，捕郡中豪猾，相連坐千餘家。上書請，大者至族，小者乃死，家盡没入償臧。奏行不過二日，得可，事論報，至流血十餘里。河内皆怪其奏，以爲神速。盡十二月，郡中無犬吠之盜。其頗不得，失之旁郡，追求，會春，温舒頓足歎曰：『嗟乎，令冬月益展一月，卒吾事矣！』其好殺行威不愛人如此。上聞之，以爲能，遷爲中尉。

又《嚴延年傳》（嚴延年）爲涿郡太守。時郡比得不能太守，涿人畢野白等由是廢亂。大姓西高氏、東高氏，自郡吏以下皆畏避之，莫敢與牾，咸曰：『寧負二千石，無負豪大家。』【略】延年至，遣掾蠡吾趙繡桉高氏得其死罪。繡見延年新將，心内懼，即爲兩劾，欲先白其輕者，觀延年意，怒，乃出其重劾。延年已知其如此矣。趙掾至，果白其輕者，延年索懷中，得重劾，即收送獄。夜入，晨將至市論殺之，先所桉者死，吏皆股弁。更遣吏分考兩高，窮竟其姦，誅殺各數十人。郡中震恐，道不拾遺。

延年爲人短小精悍，敏捷於事，雖子貢、冉有通藝於政事，不能絶也。吏忠盡節者，厚遇之如骨肉，皆親鄉之，出身不顧，以是治下無隱情。然疾惡泰甚，中傷者多，尤巧爲獄文，善史書，所欲誅殺，奏成於手，中主簿親近史不得聞知。奏可論死，奄忽如神。冬月，傳屬縣囚，會論府上，流血數里，河南號曰『屠伯』。

又 卷九九上《王莽傳》 始莽就國，南陽太守以莽貴，重選門下掾宛孔休守新都相。

漢·崔寔《政論》 今長吏下車百日，無他先請，守相不得擅治；而事實上，守相權重，往往自專，不但擅治其罪，且有驅逐者矣。

宋·李昉等《太平御覽》卷二六四《職官部六二·功曹參軍》引《東觀漢記》 趙勤，南陽人。太守桓虞召爲功曹，委以郡事。【略】

汝南太守歐陽歙召郅惲爲功曹。

又 引謝承《後漢書》 范滂，字孟博，汝南人。太守宗資署功曹。【略】

李壽聰明智遠，有俊才。太守黄讜高其名德，召署功曹。每進見，常薦達郡中善人有異行者，讜輒序用。【略】

鍾皓字季明，潁川長社人。同郡陳寔，年不及皓，引與爲友。皓爲郡功曹，會辟司徒府，臨辭，太守問：『誰可代卿者？』皓曰：『明府必欲得其人，西門亭長陳寔。』聞之曰：『鍾君似不察人，不知何由識我。』【略】

廬江毛義，家貧，以孝行稱。南陽張奉慕其名，往候之，坐定，而府檄適至，以義守令。義捧檄而入，喜動顔色。

《三國志》卷一二《魏志·孔融傳》裴松之注引司馬彪《九州春秋》（孔）融在北海，自以智能優贍，溢才命世，當時豪俊皆不能及。亦自許大志，且欲舉軍曜甲，與羣賢要功，自於海岱結殖根本，不肯碌碌如平居郡守，事方伯、赴期會而已。然其所任用，好奇取異，皆輕剽之才。至於稽古之士，謬爲恭敬，禮之雖備，不與論國事也。高密鄭玄，稱之鄭公，執子孫禮。及高談教令，盈溢官曹，辭氣温雅，可玩而誦。論事考實，難可悉行。但能張磔網羅，其自理甚疏。租賦少稽，一朝殺五部督郵。姦民汙吏，猾亂朝市，亦不能治。

宋·李昉等《太平御覽》卷二六六《職官部六十四·令長》引華嶠《後漢書》 周規除臨湘令。長沙太守程徐二月行縣，敕諸縣治道。規以方春向農，民多劇務，不欲奪人良時。徐出督郵，規即委官而去。徐憮然有媿色，遣功曹賫印綬檄書謝請還，規謂功曹曰：『程府君愛馬蹄，不重

民力。』徑逝不顧。

又　引袁山松《後漢書》　岑晊字公孝，高才絶人，五經六藝無不通貫，太守成瑨請爲功曹。

又　引張璠《漢記》　陳寵爲廣漢太守，風聲大行，徵爲大司農，帝問何以爲治，寵曰：『臣任功曹王渙。』渙由是知名。

晉·袁宏《後漢紀》卷六《光武皇帝紀》　（馬）援以郡新復，務開寬信，舉大體而已。賓客故人滿門下。諸曹時白事，輒曰：『此丞、掾之任，何足相煩。若大姓侵小民，黠羌不從令，此乃太守事耳。』

又　卷七《光武皇帝紀》　（郅惲）爲郡功曹。汝南舊事：冬饗，百里内縣皆持牛酒到府讌飲。時太守歐陽歙饗禮訖，教曰：『西部督郵繇延，天資忠貞，稟性公方，典部折衝，摧破姦雄。《書》曰：「安民則惠，黎民懷之。」蓋舉善以教，則不能者勸。今與衆儒共論延功，顯之於朝。太守敬嘉厥休，牛酒以養德。』主簿讀教，户曹引延受賜。惲前跪曰：『司正舉觥，以君之罪，告謝于天。明府有言而誤，不可掩覆。按延質性貪邪，所在荒亂，虐而不治，冤慝並作，百姓怨之。而明府以惡爲善，股肱莫爭，此既無君，又復無臣，君臣俱喪，孰舉有罪？君雖顛危，臣子扶持，不至於亡。惲敢再拜奉觥。』歙甚慙。門下掾鄭次都曰：『君明臣直，功曹言切，明府之德也，可無受觥哉？太守曰：『實歙罪也。』

《後漢書》卷一上《光武帝紀》　庚辰，詔曰：『吏不滿六百石，下至墨綬長、相，有罪先請。』

又　卷三《章帝紀》　（建初元年三月）己巳，詔曰：『【略】又選舉乖實，俗吏傷人，官職耗亂，刑罰不中，可不憂與！【略】明政無大小，以得人爲本。夫鄉舉里選，必累功勞。今刺史、守相不明眞僞，茂才、孝廉歲以百數，既非能顯，而當授之政事，甚無謂也。【略】其令太傅、三公、中二千石、二千石、郡國守相舉賢良方正、能直言極諫之士各一人。』

又　卷四《和帝紀》　（永元六年）武陵漊中蠻叛，郡兵討平之。【略】

（永元十二年）夏四月，日南象林蠻夷反，郡兵討破之。【略】

（永元五年）三月戊子，詔曰：『選舉良才，爲政之本。科别行能，必由鄉曲。而郡國舉吏，不加簡擇，故先帝明敕在所，令試之以職，乃得充選。又德行尤異，不須經職者，别署狀上。而宣布以來，出入九年。二千石曾不承奉，恣心從好。司隸、刺史訖無糾察。今新蒙赦令，且復申敕，後有犯者，顯明其罰。在位不以選舉爲憂，督察不以發覺爲負，非獨州郡也。是以庶官多非其人。』

又　卷六《順帝紀》　（延光四年十二月甲申）其令郡國守、相視事未滿歲者，一切得舉孝廉吏。【略】

（延光四年十二月）辛亥，詔公卿、郡守、國相，舉賢良方正、能直言極諫之士各一人。

又　《質帝紀》　本初元年春正月丙申，詔曰：『【略】頃者，州郡輕慢憲防，競逞殘暴，造設科條，陷入無罪。或以喜怒驅逐長吏，恩阿所私，罰枉仇隙，至令守闕訴訟，前後不絶。【略】

（建和元年夏四月）壬辰，詔州郡不得迫脅驅逐長吏。長吏臧滿三十萬而不糾舉者，刺史、二千石以縱避爲罪。若有擅相假印綬者，與殺人同棄市論。

又　卷七《桓帝紀》　（延熹五年秋七月）鳥吾羌寇漢陽、隴西、金城，諸郡兵討破之。

又　卷八《靈帝紀》　（中平三年）冬十月，武陵蠻叛，寇郡界，郡兵討破之。【略】

（中平四年）冬十月，零陵人觀鵠自稱『平天將軍』，寇桂陽，長沙太守孫堅擊斬之。

又　卷一三《公孫述傳》　（公孫述）以父任爲郎，後父仁爲河南都尉，而述補清水長。【略】後太守以其能，使兼攝五縣，政事修理，姦盜不發，郡中謂有鬼神。

又　卷一七《岑熙傳》　（岑熙）遷魏郡太守，招聘隱逸，與參政事，無爲而化。

又　卷二一《李忠傳》　（李忠）遷丹陽太守。【略】忠以丹陽越俗不好學，嫁娶禮儀，衰於中國，乃爲起學校，習禮容，春秋鄉飲，選用明經，郡中向慕之。

又　卷二二《王梁傳》　王梁字君嚴，漁陽安陽人也。爲郡吏，太

守彭寵以梁守狐奴令，與蓋延、吳漢俱將兵南及世祖於廣阿，拜偏將軍。

又　卷二四《馬嚴傳》　（馬）嚴下車，明賞罰，發姦慝，郡界清靜。

又　卷二五《卓茂傳》　（卓茂）後以儒術舉爲侍郎，給事黃門，遷密令。【略】初，茂到縣，有所廢置，吏人笑之，鄰城聞者皆嗤其不能。河南郡爲置守令，茂不爲嫌，理事自若。數年，教化大行，道不拾遺。

又　《劉寬傳》　（劉寬）遷南陽太守。典歷三郡，溫仁多恕，雖在倉卒，未嘗疾言遽色。【略】每行縣止息亭傳，輒引學官祭酒及處士諸生執經對講。見父老慰以農里之言，少年勉以孝悌之訓。人感德興行，日有所化。

又　卷二六《伏湛傳》　（伏湛）爲大司徒，封陽都侯。時彭寵反於漁陽，帝欲自征之，湛上疏諫曰：『【略】漁陽以東，本備邊塞，地接外虜，貢稅微薄。安平之時，尚資內郡，況今荒耗，豈足先圖？』

又　《韋彪傳》　（章帝）是時，陳事者多言郡國貢舉率非功次，故守職益懈而吏事寖疏，咎在州郡。

又　卷二七《張湛傳》　（張湛）爲左馮翊，在郡修典禮，設條教，政化大行。

又　《鄭均傳》　（鄭均）常稱疾家廷，不應州郡辟召。郡將欲必致之，使縣令譎將詣門，既至，卒不能屈。

又　卷二九《鮑昱傳》　（鮑）昱字文泉，少傳父學。客授於東平。建武初，太行山中有劇賊，太守戴涉聞昱鮑永子，有智略，乃就謁，請署守高都長。

又　卷三一《杜詩傳》　初，禁網尚簡，但以璽書發兵，未有虎符之信。（杜）詩上疏曰：『臣聞兵者國之凶器，聖人所慎。舊制發兵，皆以虎符，其餘徵調，竹使而已。符策合會，取爲大信，所以明著國命，斂持威重也。間者發兵，但用璽書，或以詔令，如有姦人詐僞，無由知覺。愚以爲軍旅尚興，賊虜未殄，徵兵郡國，宜有重慎，可立虎符，以絕姦端。【略】』書奏，從之。

又　《廉范傳》　（廉范）詣京師受業，事博士薛漢。京兆、隴西二郡更請召，皆不應漢。永平初，隴西太守鄧融備禮謁范爲功曹，會融爲州所舉案，范知事譴難解，欲以權相濟，乃託病求去，融不達其意，大恨之。【略】後辟公府，會薛漢坐楚王事誅，故人門生莫敢視，范獨往收斂之。【略】舉茂才，數月，再遷爲雲中太守。會匈奴大入塞，烽火日通。故事，虜入過五千人，移書傍郡。吏欲傳檄求救，范不聽，自率士卒拒之。

又　《羊續傳》　（羊續）四遷爲廬江太守。【略】中平三年，江夏兵趙慈反叛，殺南陽太守秦頡，攻沒六縣，拜續爲南陽太守。當入郡界，乃羸服間行，侍童子一人，觀歷縣邑，採問風謠，然後乃進。其令長貪絜，吏民良猾，悉逆知其狀，郡內驚竦，莫不震懾。乃發兵與荊州刺史王敏共擊慈，斬之，獲首五千餘級。屬縣餘賊並詣續降。續爲上言，宥其枝附。

又　卷三三《虞延傳》　（虞延）去官還鄉里，太守富宗聞延名，召署功曹。

又　卷三九《劉平傳》　（劉平）王莽時爲郡吏，守菑丘長，政教大行。其後每屬縣有劇賊，輒令平守之，所至皆理，由是一郡稱其能。

又　卷四一《第五倫傳》　（第五倫）追拜會稽太守。【略】會稽俗多淫祀，好卜筮。民常以牛祭神，百姓財產以之困匱，其自食牛肉而不以薦祠者，發病且死先爲牛鳴，前後郡將莫敢禁。倫到官，移書屬縣，曉告百姓，其巫祝有依託鬼神詐怖愚民，皆案論之。有妄屠牛者，吏輒行罰。

又　卷四三《何進傳》　（何進）遷汝南太守。敞疾文俗吏以苛刻求當時名譽，故在職以寬和爲政。立春日，常召督郵還府，分遣儒術大吏案行屬縣，顯孝悌有義行者。及舉冤獄，以《春秋》義斷之。是以郡中無怨聲，百姓化其恩禮。

又　卷四五《韓棱傳》　（韓棱）初爲郡功曹，太守葛興中風，病不能聽政，棱陰代興視事，出入二年，令無違者。興子嘗發教欲署吏，棱拒執不從，因令怨者章之。事下案驗，吏以棱掩蔽興病，專典郡職，遂致禁錮。顯宗知其忠，後詔特原之。

又　卷四六《陳寵傳》　（陳寵）後轉廣漢太守。西州豪右并兼，吏多姦貪，訴訟日百數。寵到，顯用良吏王渙、鐔顯等，以爲腹心，訟者

日減，郡中清肅。

又 卷五一《李恂傳》 李恂字叔英，安定臨涇人也。少習《韓詩》，教授諸生常數百人。太守潁川李鴻請署功曹，未及到，而州辟爲從事。

又 《橋玄傳》 （橋玄）爲漢陽太守。時上邽令皇甫禎有臧罪，玄收考髡笞，死于冀市，一境皆震。

又 卷五三《徐穉傳》 徐穉字孺子，豫章南昌人也。【略】屢辟公府，不起。時陳蕃爲太守，以禮請署功曹，穉不免之，既謁而退。

又 卷五八《傅燮傳》 （傅燮）少師事太尉劉寬。再舉孝廉。聞所舉郡將喪，乃棄官行服。

又 卷六一《周勰傳》 （周）勰字巨勝，少尚玄虚，以父任爲郎，自免歸家。父故吏河南召夔爲郡將，卑身降禮，致敬於勰。

又 卷六四《史弼傳》 （史弼）遷河東太守，被一切詔書當舉孝廉。弼知多權貴請託，乃豫敕斷絶書屬。中常侍侯覽果遣諸生齎書請之，并求假鹽税，積日不得通。

又 卷六五《皇甫規傳》 皇甫規字威明，安定朝那人也。【略】永和六年，西羌大寇三輔，圍安定，征西將軍馬賢將諸郡兵擊之，不能克。規雖在布衣，見賢不卹軍事，審其必敗，乃上書言狀。尋而賢果爲羌所没。郡將知規有兵略，乃命爲功曹，使率甲士八百，與羌交戰，斬首數級，賊遂退卻。

又 卷六六《王允傳》 （王宏）初爲弘農太守，考案郡中有事宦官買爵位者，雖位至二千石，皆掠考收捕，遂殺數十人，威動鄰界。

又 卷六七《黨錮傳・范滂》 范滂字孟博，汝南征羌人也。少厲清節，爲州里所服，舉孝廉，光禄四行。時冀州饑荒，盜賊羣起，乃以滂爲清詔使，案察之。【略】復爲太尉黄瓊所辟。【略】滂覩時方艱，知意不行，因投劾去。太守宗資先聞其名，請署功曹，委任政事。

又 卷七六《循吏傳・許荆》 （許荆）遷桂陽太守。郡濱南州，風俗脆薄，不識學義。荆爲設喪紀婚姻制度，使知禮禁。

又 《秦彭傳》 （秦彭）遷山陽太守。以禮訓人，不任刑罰。崇好儒雅，敦明庠序。每春秋饗射，輒修升降揖讓之儀。乃爲人設四誡，以定六親長幼之禮。有遵奉教化者，擢爲鄉三老，常以八月致酒肉以勸勉之。吏有過咎，罷遣而已，不加恥辱。百姓懷愛，莫有欺犯。興起稻田數千頃，每於農月，親度頃畝，分別肥塉，差爲三品，各立文簿，藏之鄉縣。於是姦吏跼蹐，無所容詐。彭乃上言，宜令天下齊同其制。詔書以其所立條式，班令三府，並下州郡。

又 《許荆傳》 （許荆）遷桂陽太守。郡濱南州，風俗脆薄，不識學義。荆爲設喪紀婚姻制度，使知禮禁。

又 《第五訪傳》 （第五訪）遷張掖太守。歲饑，粟石數千，訪乃開倉賑給以救其敝。吏懼譴，爭欲上言。訪曰：『若上須報，是棄民也。太守樂以一身救百姓！』遂出穀賦人。順帝璽書嘉之，由是一郡得全。

又 卷七七《酷吏傳・董宣》 （董宣）遷北海相。到官，以大姓公孫丹爲五官掾。丹新造居宅，而卜工以爲當有死者，丹乃令其子殺道行人，置尸舍內，以塞其咎。宣知，即收丹父子殺之，丹宗族親黨三十餘人，操兵詣府，稱冤叫號。宣以丹前附王莽，慮交通海賊，乃悉收繫劇獄，使門下書佐水丘岑盡殺之。青州以其多濫，奏宣考岑，宣坐徵詣廷尉。在獄，晨夜諷誦，無憂色。及當出刑，官屬具饌送之，宣乃厲色曰：『董宣生平未曾食人之食，況死乎！』升車而去。時同刑九人，次應及宣。光武馳使騶騎特原宣刑。且令還獄。遣使者詰宣多殺無辜，宣具以狀對，言水丘岑受臣旨意，罪不由之，願殺臣活岑。使者以聞，有詔左轉宣懷令，令青州勿案岑罪。

又 卷八〇上《文苑傳・黄香》 （黄香）遷魏郡太守。郡舊有內外園田，常與人分種，收穀歲數千斛。香曰：『【略】伐冰食禄之人，不與百姓爭利。』乃悉以賦人，課令耕種。

又 卷八一《獨行傳・彭脩》 （彭脩）後仕郡爲功曹。時，西部都尉宰鼂行太守事，以微過收吳縣獄吏，將殺之。主簿鍾離意爭諫甚切，鼂怒，使收縛意，欲案之，掾史莫敢諫。脩排閤直入，拜於庭，曰：『明府發雷霆於主簿，請聞其過。』鼂曰：『受教三日，初不奉行，廢命不忠，豈非過邪？』脩因拜曰：『昔任座面折文侯，朱雲攀毁欄檻，自非賢君，焉得忠臣？今慶明府爲賢君，主簿爲忠臣。』鼂遂原意罰，貰獄

吏罪。

又《李充傳》 李充字大遜，陳留人也。【略】太守魯平請署功曹，不就。平怒，乃援充以捐溝中，因謫署縣都亭長。不得已，起親職役。

又 卷八七《西羌傳》 （武威太守傅育）上請發隴西、張掖、酒泉各五千人，諸郡太守將之，育自領漢陽、金城五千人，合二萬兵，與諸郡剋期擊之。

又 卷七六《循吏傳·劉寵》 （劉寵）三遷拜會稽太守。山民愿朴，乃有白首不入市井者，頗爲官吏所擾。寵簡除煩苛，禁察非法，郡中大化。徵爲將作大匠。山陰縣有五六老叟，尨眉皓髮，自若邪山谷間出，人齎百錢以送寵。寵勞之曰：『父老何自苦？』對曰：『山谷鄙生，未嘗識郡朝。它守時吏發求民間，至夜不絶，或狗吠竟夕，民不得安。自明府下車以來，狗不夜吠，民不見吏。年老遭值聖明，今聞當見棄去，故自扶奉送。』

又 卷八三《逸民傳·法眞》 （法眞）性恬静寡欲，不交人間事。太守請見之，眞乃幅巾詣謁。太守曰：『昔魯哀公雖爲不肖，而仲尼稱臣。太守虚薄，欲以功曹相屈，光贊本朝，何如？』眞曰：『以明府見待有禮，故敢自同賓末。若欲吏之，眞將在北山之北，南山之南矣。』太守懼然，不敢復言。

清·顧炎武《日知録》卷二四《上下通稱》 漢人有以郡守之尊，稱爲『本朝』者。《司隸從事郭究碑》云『本朝察孝，貢器帝庭』，《豫州從事尹宙碑》云『綱紀本朝』是也。亦謂之郡朝。《後漢書·劉寵傳》『山谷鄙生，未嘗識郡朝』是也。

郡國佐官分部

綜 述

《里耶秦簡》 尉曹書二封，丞印。

一封詣零阳。

一封詣昆阳邑。九月己亥，水下八，走印（□）以□。【略】

三月丙辰，遷陵丞歐敢告尉，告鄉司空、倉主，前書已下，重聽書從事。

《尹灣漢墓簡牘·集簿》 （東海郡府）卒史九人，屬五人，書佐十人，嗇夫一人。

又《東海郡吏員簿》 （東海郡）太守丞一人，秩六百石。

《張家山漢墓竹簡·二年律令·秩律》 郡發弩、司空、輕車，秩各八百石，有丞者二百石。

《漢書》卷一九上《百官公卿表》 （郡）有丞，邊郡又有長史，掌兵馬，秩皆六百石。

宋·錢文子《補漢兵制》引《漢舊儀》 邊郡太守置長史一人，丞一人，治兵民。當兵行長領。

晉·司馬彪《續漢書·百官志五·亭里》劉昭注引《漢官儀》 （邊郡）置長史一人，丞一人，治兵民。當兵行，長史領。

唐·虞世南《北堂書鈔》卷七七《設官部二九·郡丞》引《漢官儀》 大府秩二千石，有丞一人。邊郡稱長史，皆六百石。

晉·司馬彪《續漢書·百官志五·州郡》 凡州所監都爲京都，置尹一人，二千石，丞一人。每郡置太守一人，二千石，丞一人。郡當邊戍者，丞爲長史。

又《王國》 （王國）有長史，如郡丞。

又《州郡》劉昭注引《古今注》 建武六年三月，令郡太守、諸侯相病，丞、長史行事。十四年，罷邊郡太守丞，長史領丞職。

唐·杜佑《通典》卷三三《職官一五·州郡下》 郡丞：秦置之以佐守。漢因而不改。【略】

長史：秦置郡丞，其郡當邊戍者，丞爲長史，掌兵馬。漢因而不改。

雜 録

《居延漢簡》 三月丙午，張掖長史延行太守事、肩水倉長湯兼行丞

事下屬國、農、部都尉、小府、縣官承書從事下當用者，如詔書。守屬宗、助府佐定。【略】

十一月丁卯，張掖太守奉世，守郡司馬行長史事，庫令行丞事，下居延都尉□□酒泉太守□□。

《漢書》卷六六《鄭弘傳》 至宣帝時，汝南桓寬次公，治《公羊春秋》，舉爲郎，至廬江太守丞，博通善屬文，推衍鹽鐵之議，增廣條目，極其論難，著數萬言，亦欲以究治亂，成一家之法焉。

又 卷七六《王尊傳》 （王尊）爲安定太守。【略】又出教敕掾功曹：『【略】府丞悉署吏行能，分別白之。賢爲上，毋以富。賈人百萬，不足與計事。昔孔子治魯，七日誅少正卯，今太守視事已一月矣，五官掾張輔懷虎狼之心，貪汙不軌，一郡之錢盡入輔家，然適足以葬矣。今將輔送獄，直符史詣閤下，從太守受其事。丞戒之戒之！相隨入獄矣！』

又 卷八八《儒林傳·顏安樂》 顏安樂字公孫，魯國薛人，眭孟姊子也。家貧，爲學精力，官至齊郡太守丞，後爲仇家所殺。

又 卷八九《循吏傳·黃霸》 （黃霸）爲河南太守丞。【略】霸爲人明察內敏，又習文法，然溫良有讓，足知，善御衆。爲丞，處議當於法，合人心，太守甚任之，吏民愛敬焉。

又 卷九〇《酷吏傳·嚴延年》 （嚴延年）遷河南太守。【略】丞義年老頗悖，素畏延年，恐見中傷。延年本嘗與義俱爲丞相史，實親厚之，無意毀傷也，饋遺之甚厚。義愈益恐，自筮得死卦，忽忽不樂，取告至長安，上書言延年罪名十事。已拜奏，因飲藥自殺，以明不欺。

宋·李昉等《太平御覽》卷二五三《職官部五一·郡丞》引《東觀漢記》 光武議靈臺所處，上謂桓譚曰：『吾欲讖決之，何如？』譚默然，曰：『臣不讀讖。』上問其故，譚復言讖非經。上大怒曰：『桓譚非聖無法，將下斬之！』譚叩頭流血，良久乃得解，出爲六安郡丞。【略】

趙典兄子溫，初爲京兆郡丞，歎曰：『大丈夫生當雄飛，安能雌伏？』遂棄官而去，後官至三公。

又 引謝承《後漢書》 劉平爲濟陽郡丞，太守劉育甚重之，任以郡職。

晉·司馬彪《續漢書·天文志》 （永元八年）將兵長史吳棽坐事徵下獄誅。

《後漢書》卷一下《光武帝紀》 （建武二十一年）夏四月，安定屬國胡叛，屯聚青山，遣將兵長史陳訢討平之。

又 卷四《和帝紀》 （永元十四年）五月丁未，初置象林將兵長史官。

又 卷一二《盧芳傳》 （建武）二十一年，遂率種人反叛，與匈奴連和，屯聚青山。乃遣將兵長史陳訢，率三千騎擊之，少伯乃降。徙於冀縣。

又 卷一六《鄧禹傳》 （鄧）禹少子鴻，好籌策。永平中，以爲小侯。引入與議邊事，帝以爲能，拜將兵長史，率五營士屯鴈門。

又 卷二四《馬防傳》 （馬）防字江平，永平十二年，與弟光俱爲黃門侍郎。肅宗即位，拜防中郎將，稍遷城門校尉。建初二年，金城、隴西保塞羌皆反，拜防行車騎將軍事，以長水校尉耿恭副，將北軍五校兵及諸郡積射士三萬人擊之。十二月，羌又敗耿恭司馬及隴西長史於和羅谷，死者數百人。明年春，防遣司馬夏駿將五千人從大道向其前，潛遣司馬馬彭將五千人從間道衝其心腹，又令將兵長史李調等將四千人繞其西，三道俱擊，復破之，斬獲千餘人，得牛、羊十餘萬頭。

又 卷三一《孔奮傳》 （孔奮）除武都郡丞。時隴西餘賊隗茂等夜攻府舍，殘殺郡守，賊畏奮追急，乃執其妻子，欲以爲質。奮年已五十，唯有一子，終不顧望，遂窮力討之，吏民感義，莫不倍用命焉。【略】遂禽滅茂等，奮妻子亦爲所殺。世祖下詔褒美，拜爲武都太守。奮自爲府丞，已見敬重，及拜太守，舉郡莫不改操。

又 卷三九《劉平傳》 （劉平）拜濟陰郡丞，太守劉育甚重之，任以郡職，上書薦平。

又 卷七九上《儒林傳·周防》 （周）防年十六，仕郡小吏。世祖巡狩汝南，召掾史試經，防尤能誦讀，拜爲守丞。防以未冠，謁去。

又 卷四《和帝紀》注引闞駰《十三州志》 將兵長史居在日南郡，又有將兵司馬，去雒陽九千六百三十里。

郡府屬吏分部

綜　述

漢・衛宏《漢官舊儀》　郡國百石，二千石調。

《後漢書》卷四五《張酺傳》注引《漢官儀》　督郵、功曹，郡之極位。

晉・司馬彪《續漢書・百官志・州郡》引《漢官》　河南尹員吏九百二十七人，十二人百石。【略】諸縣有秩三十五人，官屬掾史五人，四部督郵（吏）［吏］部掾二十六人，案獄仁恕三人，監津渠漕水掾二十五人，百石卒吏二百五十人，文學守助掾六十人，書佐五十人，脩行二百三十人，幹小史二百三十一人。

《漢書》卷四《文帝紀》注引如淳曰　律説，都吏今督郵是也。閑惠曉事，卽爲文無害都吏。

南朝宋・裴駰《史記集解》卷五三《汲鄭列傳》引如淳曰　律，太守、都尉、諸侯内史，史各一人，卒史、書佐各十人。

唐・司馬貞《史記索隱》卷五三《蕭相國世家》引如淳曰　律，郡卒史、書佐各十人也。

《三國志》卷四二《蜀志・杜瓊傳》　（杜）瓊又曰：『古者名官職不言曹；始自漢已來，名官盡言曹，吏言屬曹，卒言侍曹，此殆天意也。』

晉・司馬彪《續漢書・百官志・州郡》　凡郡國，【略】皆置諸曹掾史。本注曰：諸曹略如公府曹，無東西曹。有功曹史，主選署功勞。有五官掾，署功曹及諸曹事。其監屬縣，有五部督郵，曹掾一人。正門有亭長一人。主記室史，主録記書，催期會。無令史。閤下及諸曹各有書佐，幹主文書。

《後漢書》卷二五《卓茂傳》引《續漢志》　郡監縣有五部，部有督郵掾，以察諸縣也。

宋・李昉等《太平御覽》卷二六四《職官部六二・功曹參軍》引韋昭《辯釋名》　曹，羣也。功曹，吏所羣聚；户曹，民所羣聚也。其他皆然。

隋・蕭吉《五行大義》引劉向《洪範五行傳》　甲爲倉曹，共農賦。乙爲户曹，共口數。丙爲辭曹，共訴訟。丁爲賊曹，共獄捕。戊爲功曹，共除吏。己爲田曹，共羣畜。庚爲金曹，共錢布。辛爲尉曹，共車使。壬爲時曹，共政教。癸爲集曹，共納輸。

又　引翼奉曰　肝之官尉曹。【略】功曹有二府，所以爲五官六府。

雜　録

《里耶秦簡（一）》　笥牌：四年十月以盡四月吏曹以事笥。【略】

尉曹書二封，丞印。

一封詣零阳。

一封詣昆阳邑。九月己亥，水下八，走印以□。

《史記》卷四八《陳涉世家》　（趙王）遣故上谷卒史韓廣將兵北徇燕地。

又　卷五三《蕭相國世家》　秦御史監郡者與從事，常辨之。何乃給泗水卒史事，第一。秦御史欲入言徵何，何固請，得毋行。

又　卷九六《張丞相列傳》　周昌者，沛人也。其從兄曰周苛，秦時皆爲泗水卒史。及高祖起沛，擊破泗水守監，於是周昌、周苛自卒史從沛公。【略】

丞相匡衡者，東海人也。好讀書，從博士受詩。家貧，衡傭作以給食飲，才下，數射策不中，至九，乃中丙科。其經以不中科故明習。補平原文學卒史。

又　卷一二一《儒林列傳》　公孫弘爲學官，悼道之鬱滯，乃請曰：『【略】治禮次治掌故，以文學禮義爲官，遷留滯。請選擇其秩比二百石以上，及吏百石通一藝以上，補左右内史、大行卒史；比百石已下，補郡太守卒史；皆各二人，邊郡一人。先用誦多者，若不足，乃擇掌故補中二千石屬，文學掌故補郡屬，備員。請著功令。佗如律令。』制曰：『可。』自此以來，則公卿大夫士吏斌斌多文學之士矣。

《尹灣漢墓簡牘·集簿》（東海郡）吏員二千二百三人。太守一人，丞一人。

又《東海郡吏員簿》（東海郡）太守吏員廿七人：【略】卒史九人，屬五人，書佐九人，用筭佐一人，小府嗇夫一人。

漢·王充《論衡》卷三〇《自紀篇》在縣位至掾功曹，在都尉府位亦掾功曹，在太守爲列掾五官功曹行事，入州爲從事。【略】在朝廷，貪史子魚之行。

《漢書》卷四《文帝紀》有司請令縣道，年八十已上，賜米人月一石，肉二十斤，酒五斗。其九十已上，又賜帛人二疋，絮三斤。賜物及當稟鬻米者，長吏閲視，丞若尉致。不滿九十，嗇夫、令史致。二千石遣都吏循行，不稱者督之。刑者及有罪耐以上，不用此令。

又卷七二《薛方傳》薛方嘗爲郡掾祭酒，嘗徵不至，及莽以安車迎方，方因使者辭謝曰：『堯舜在上，下有巢由，今明主方隆唐虞之德，小臣欲守箕山之節也。』使者以聞，莽説其言，不强致。

又卷七四《魏相傳》（魏相）少學《易》，爲郡卒史，舉賢良，以對策高第，爲茂陵令。

又卷七六《尹翁歸傳》（尹翁歸）後去吏居家。會田延年爲河東太守，行縣至平陽，悉召故吏五六十人，延年親臨見，令有文者東，有武者西。閲數十人，次到翁歸，獨伏不肯起，對曰：『翁歸文武兼備，唯所施設。』功曹以爲此吏倨敖不遜，延年曰：『何傷？』遂召上辭問，甚奇其對，除補卒史，便從歸府。案事發姦，窮竟事情，延年大重之，自以能不及翁歸，徙署督郵。河東二十八縣，分爲兩部，閎孺部汾北，翁歸部汾南。所舉應法，得其罪辜，屬縣長吏雖中傷，莫有怨者。舉廉爲緱氏尉，歷守郡中，所居治理，遷補都内令，舉廉爲弘農都尉。

又《韓延壽傳》（韓延壽）入守左馮翊，滿歲稱職爲眞。歲餘，不肯出行縣。丞掾數白：『宜循行郡中，覽觀民俗，考長吏治迹。』延壽曰：『縣皆有賢令長，督郵分明善惡於外，行縣恐無所益，重爲煩擾。』

又《張敞傳》（張）敞本以鄉有秩補太守卒史，察廉爲甘泉倉長，稍遷太僕丞，杜延年甚奇之。

又《王尊傳》（王）尊竊學問，能史書。年十三，求爲獄小吏。數歲，給事太守府，問詔書行事，尊無不對。太守奇之，除補書佐，署守屬監獄。久之，尊稱病去，事師郡文學官，治《尚書》《論語》，略通大義。復召署守屬治獄，爲郡決曹史。數歲，以令舉幽州刺史從事。【略】

（王尊）以高第擢爲安定太守。【略】出教敕掾功曹：『各自底厲，助太守爲治。其不中用，趣自避退，毋久妨賢。夫羽翮不修，則不可以致千里；闑内不理，無以整外。府丞悉署吏行能，分別白之。賢爲上，毋以富。賈人百萬，不足與計事。【略】五官掾張輔懷虎狼之心，貪汙不軌，一郡之錢盡入輔家，然適足以葬矣。今將輔送獄，直符史詣閤下，從太守受其事。』

又卷七七《孫寶傳》（孫寶）徵爲京兆尹。故吏侯文以剛直不苟合常稱疾不肯仕，寶以恩禮請文，欲爲布衣友。日設酒食，妻子相對。文求受署爲掾，進見如賓禮。數月，以立秋日署文東部督郵。入見，敕曰：『今日鷹隼始擊，當順天氣取姦惡，以成嚴霜之誅，掾部渠有其人乎？』文卬曰：『無其人不敢空受職。』

又卷七九《馮野王傳》（馮野王）入爲左馮翊。歲餘，而池陽令並素行貪汙，輕野王外戚年少，治行不改。野王部督郵掾祋祤趙都案驗，得其主守盗十金罪，收捕。

《漢書》卷八三《朱博傳》（朱博）後去官入京兆，歷曹史列掾，出爲督郵書掾，所部職辦，郡中稱之。【略】

（朱博）遷琅琊太守。齊舒緩養名，博新視事，右曹掾史皆移病臥。博問其故，對言：『惶恐！故事二千石新到，輒遣吏存問致意，乃敢起就職。』博奮髯抵几曰：『觀齊兒欲以此爲俗邪！』乃召見諸曹史書佐及縣大吏，選視其可用者，出教置之。皆斥罷諸病吏，白巾走出府門。郡中大驚。頃之，門下掾贛遂耆老大儒，教授數百人，拜起舒遲。博出教主簿：『贛老生不習吏禮，主簿且教拜起，閑習乃止。』又敕功曹：『官屬多褒衣大袑，不中節度，自今掾史衣皆令去地三寸。』博尤不愛諸生，所至郡輒罷去議曹，曰：『豈可復置謀曹邪！』文學儒吏時有奏記稱説云云，博見謂曰：『如太守漢吏，奉三尺律令以從事耳，亡奈生所言聖人道何也！且持此道歸，堯舜君出，爲陳説之。』其折逆人如此。視事數年，大改其俗，掾史禮節如楚、趙吏。

博治郡，常令屬縣各用其豪桀以爲大吏，文武從宜。縣有劇賊及它非常，博輒移書以詭責之。其盡力有效，必加厚賞；懷詐不稱，誅罰輒行。以是豪强慹服。姑幕縣有羣輩八人報仇廷中，皆不得。長吏自繫書言府，賊曹掾史自白請至姑幕。事留不出。功曹諸掾卽皆自白，復不出。於是府丞詣閤，博乃見丞掾曰：『以爲縣自有長吏，府未嘗與也，丞掾謂府當與之邪？』閤下書佐入，博口占檄文曰：『府告姑幕令丞：言賊發不得，有書。檄到，令丞就職，游徼王卿力有餘，如律令！』王卿得敕惶怖，親屬失色，晝夜馳鶩，十餘日間捕得五人。【略】

（朱博）以高第入守左馮翊，滿歲爲眞。長陵大姓尚方禁少時嘗盜人妻，見斫，創著其頰。府功曹受賂，白除禁調守尉。博聞知，以它事召見，視其面，果有瘢。博辟左右問禁：『是何等創也？』禁自知情得，叩頭服狀。博笑曰：『大丈夫固時有是。馮翊欲洒卿恥，拔拭用禁，能自效不？』禁且喜且懼，對曰：『必死！』博因敕禁：『毋得泄語，有便宜，輒記言。』因親信之以爲耳目。禁晨夜發起部中盜賊及它伏姦，有功效。博擢禁連守縣令。久之，召見功曹，閉閤數責以禁等事，與筆札使自記，『積受取一錢以上，無得有所匿。欺謾半言，斷頭矣！』功曹惶怖，具自疏姦臧，大小不敢隱。博知其對以實，乃令就席，受敕自改而已。投刀使削所記，遣出就職。功曹後常戰栗，不敢蹉跌，博遂成就之。

又 卷八四《翟方進傳》 （翟）方進年十二三，失父孤學，給事太守府爲小史，號遲頓不及事，數爲掾史所詈辱。方進自傷，乃從汝南蔡父相問己能所宜。蔡父大奇其形貌，謂曰：『小史有封侯骨，當以經術進，努力爲諸生學問。』方進既厭爲小史，聞蔡父言，心喜，因病歸家，辭其後母，欲西至京師受經。

又 卷八八《儒林傳·序》 （公孫）弘爲學官，悼道之鬱滯，乃請曰：『【略】請選擇其秩比二百石以上及吏百石通一蓺以上補左右内史、大行卒史，比百石以下補郡太守卒史，皆各二人，邊郡一人。先用誦多者，不足，擇掌故以補中二千石屬，文學掌故補郡屬，備員。請著功令。它如律令。』【略】

元帝好儒，能通一經者皆復。數年，以用度不足，更爲設員千人，郡國置五經百石卒史。

又 卷八九《循吏傳·黄霸》 （黄霸）入穀沈黎郡，補左馮翊二百石卒史。【略】

（黄）霸力行教化而後誅罰，務在成就全安長吏。許丞老，病聾，督郵白欲逐之，霸曰：『許丞廉吏，雖老，尚能拜起送迎，正頗重聽，何傷？且善助之，毋失賢者意。』

又 《朱邑傳》 朱邑字仲卿，廬江舒人也。少時爲舒桐鄉嗇夫，廉平不苛，以愛利爲行，未嘗笞辱人，存問耆老孤寡，遇之有恩，所部吏民愛敬焉。遷補太守卒史，舉賢良爲大司農丞，遷北海太守，以治行第一入爲大司農。

又 《龔遂傳》 （龔遂）爲渤海太守。【略】數年，上遣使者徵遂，議曹王生願從。功曹以馬王生素耆酒，亡節度，不可使。遂不忍逆，從至京師。王生日飲酒，不視太守。會遂引入宫，王生醉，從後呼，曰：『明府且止，願有所白。』遂還問其故，王生曰：『天子卽問君何以治勃海，君不可有所陳對，宜曰「皆聖主之德，非小臣之力也」。』遂受其言。既至前，上果問以治狀。遂對如王生言。天子説其有讓，笑曰：『君安得長者之言而稱之？』遂因前曰：『臣非知此，乃臣議曹教戒臣也。』上以遂年老不任公卿，拜爲水衡都尉，議曹王生爲水衡丞，以襃顯遂云。

宋·洪適《隸釋》卷七《豫州從事尹宙碑》 （尹宙）仕郡，歷主簿、督郵、五官掾、功曹、守昆陽令。

又 卷八《淳于長夏承碑》 （夏承）爲主簿、督郵、五官掾、功曹、上計掾、守令、冀州從事。

又 卷一〇《司隸從事郭究碑》 （郭究）弱冠踐郡，歷主薄、督郵、五官掾、功曹、守令長。

《後漢書》卷一五《鄧晨傳》注引《東觀漢記》 （鄧）晨與上共載出，逢使者不下車，使者怒，頗加恥辱。上稱江夏卒史，晨更名侯家丞。使者以其詐，將至亭，欲罪之，新野宰潘叔爲請，得免。

宋·李昉等《太平御覽》卷二六四《職官部六二·功曹參軍》引《東觀漢記》 趙勤，南陽人。太守桓虞召爲功曹，委以郡事。嘗有重客過，欲託一士，令爲曹吏。虞曰：『我有賢功曹趙勤，當與議之。』潛於内中聽，虞乃問勤，勤對曰：『恐未合，衆客曰止，止，弗復道。』【略】

楊正爲京兆功曹，光武崩，京兆尹出西域，賈胡共起帷帳設祭，尹車過帳，胡牽車令拜。尹疑止車，正在前導曰：『禮，天子不食支庶，況夷狄乎！』敕壞祭，乃去。【略】

鮑永爲郡功曹，時有稱侍中止傳舍者，太守趙興欲出謁。永以不宜出，當車拔佩刀，興因還。後數日，詔書下捕之，果矯稱使者，由是知名。【略】

郭丹爲郡功曹，薦陰亶、程胡、魯歆自代。太守杜詩曰：『古者卿士讓位，今功曹稽古經，可爲至德，編署黄堂，以爲後法。』【略】

吴良，字大儀，齊國臨淄人，初爲郡吏歲旦與掾史入賀，門下掾王望言曰：『齊郡敗亂，遭離盜賊，人民飢餓，不聞鷄鳴犬吠之音。明府視事五年，土地開闢，盜賊息滅，五穀豐登，家給人足。今日歲首，請上雅壽。』掾吏皆稱萬歲。良時跪曰：『門下掾諂佞，明府勿受其觴。盜賊未盡，人庶因乏，不能家給人足。今良曹掾尚無袴，寧爲家給人足耶？』望曰：『議曹惰窳，自無袴，寧足爲不家給人足耶？』太守斂容而止曰：『此生言是。』遂不舉觴，賜良鰒魚百枚，轉良爲功曹，良恥以言受進，終不肯謁。【略】

汝南太守歐陽歙召郅惲爲功曹。汝南舊俗，十月饗會，百里内皆賫牛酒到府飲讌。時臨饗禮畢，歙教曰：『西部督郵繇延天資忠，貞不嚴而治，今與衆儒共論，延功顯之於朝。』惲於下座愀然前曰：『案延資性貪邪，外方内員，朋黨搆奸，罔上害民。明府以惡爲善，以直從曲，此既無君，又復無臣，惲敢奉觥。』歙色慚，不知所爲，門下掾鄭敬進曰：『君明臣直，功曹言切，明府德也。』歙意少解，曰：『實歙罪也。』【略】

虞延字子大，陳留人。孝明帝時，有新野功曹鄧寅，以外戚小侯每預朝會，而容姿趁步，有出於衆。上目之，顧左右曰：『朕之儀貌，豈若此人！』特賜輿馬之服。延以寅無實行，未嘗加禮。上乃詔令自稱南陽功曹詣闕。寅在職不服父喪，帝聞乃歎曰：『「知人則哲，惟帝難之。」信哉斯言！』以延爲明。

又　卷八四七《飲食部五·食上》引《東觀漢記》　漢末，中常侍唐衡弟爲京兆虎牙都尉，入謁尹。尹欲修主人，禮敕外爲市買。功曹趙息啓云：『左悺子弟來爲虎牙，非德選！不足爲持酤買，宜隨中舍菜食而已。』

《後漢書》卷六四《吴祐傳》注引《濟北先賢》　（戴）宏字元襄，剛縣人也。年二十二，爲郡督郵，曾以職事見詰，府君欲撻之。宏曰：『今鄙郡遭明府，咸以爲仲尼之君，國小人少，以宏爲顔回，豈聞仲尼有撻顔回之義？』府君異其對，即日教署主簿。

《三國志》卷六《魏志·董卓傳》裴松之注引謝承《後漢書》　伍孚字德瑜，少有大節，爲郡門下書佐。其本邑長有罪，太守使孚出教，敕曹下督郵收之。孚不肯受教，伏地仰諫曰：『君雖不君，臣不可不臣，明府奈何令孚受教，敕外收本邑長乎？更乞授他吏。』太守奇而聽之。

又　卷一三《魏志·鍾繇傳》裴松之注引謝承《後漢書》　南陽陰修爲潁川太守，以旌賢擢俊爲務，舉五官掾張仲方正，察功曹鍾繇、主簿荀彧、主記掾張禮、賊曹掾杜祐、孝廉荀攸、計吏郭圖爲吏，以光國朝。

《後漢書》卷三八《度尚傳》注引《謝承書》　尚進善愛人，坐以待旦，擢門下書佐朱俊，恆歎述之，以爲有不凡之操。俊後官至車騎將軍，遠近奇尚有知人之鑑。

又　卷四三《朱穆傳》注引《謝承書》　（朱）穆少有英才，學明《五經》。性矜嚴疾惡，不交非類。年二十爲郡督郵，迎新太守，見穆曰：『君年少爲督郵，因族埶？爲有令德？』穆答曰：『郡中瞻望明府如仲尼，謂非顔回不敢以迎孔子。』更問風俗人物。太守甚奇之，曰：『僕非仲尼，督郵可謂顔回也。』遂歷職股肱，舉孝廉。

又　卷四八《應奉傳》注引《謝承書》　（應）奉少爲上計吏，許訓爲計掾，俱到京師。訓自發鄉里，在路晝頓暮宿，所見長吏、賓客、亭長、吏卒、奴僕，訓皆密疏姓名，欲試奉。還郡，出疏示奉。奉云：『前食潁川綸氏都亭，亭長胡奴名禄，以飲漿來，何不在疏？』坐中皆驚。

又　卷六八《符融傳》注引《謝承書》　馮岱字德山。性慷慨，有文武異才。既到官，融往相見，薦范冉爲功曹，韓卓爲主簿，孔伷爲上計吏。

宋·李昉等《太平御覽》卷二六四《職官部六二·功曹參軍》引謝承《後漢書》　范滂字孟博，汝南人。太守宗資署功曹。滂外甥西平李頌，公族子孫，頑嚚穢濁，爲鄉曲所棄。常侍唐衡屬其事資，敕曹召署文

學史。滂不肯聽，資怒，召功曹書佐朱零，問不召頌意狀。零以告滂，滂曰：『答教當言：頌則滂之姊子，豈不樂其升進。但頌洿穢小人，不宜染汙朝廷，不敢以位私人，是以不召。』零具答教如此。零入聞，資使五伯亂捶困杖，言辭不懾，仰疾言曰：『范滂清議，猶利刃截腐肉，願爲明府所笞殺，不爲滂所廢問。今日之死，當受忠名，爲滂所廢，永成惡人。』滂正直謇諤皆此類也。【略】

許劭仕郡爲功曹，抗忠舉義，進善黜惡，正機執衡，允齊風俗，所稱如龍之升，所貶如墮於淵，清論風行，所吹草偃，爲衆所服。【略】

李壽聰明智遠，有俊才，太守黃讜高其名德，召署功曹。每進見，常薦達郡中善人有異行者，讜輒序用。壽雖見優，禮愈隆，壽意益下，其所致達未嘗伐其功美。【略】

羊定字世德，爲郡功曹。病困，被不覆軀，衣不周身。郡將賜大布被及襦袴，皆不受，執志而終。【略】

鍾皓字季明，潁川長社人。同郡陳寔年不及皓，引與爲友。皓爲郡功曹，會辟，司徒府臨辭太守問誰可代卿者，皓曰：『明府必欲得其人，西門亭長陳。』寔聞之曰：『鍾君似不察人，不知何由識我？』【略】

彭修，會稽人，仕郡爲功曹。時西部都尉宰晁行太守事，以微過收吳縣獄吏，將殺之。主簿鍾離意諍諫甚切，晁怒，使收縛意。脩排閤直入，升於庭曰：『明府發雷霆於主簿，請聞其過。』晁曰：『受教三日，初不奉行。廢命不忠，豈非過耶？』脩因拜曰：『昔任座面折文侯，朱雲攀毀欄檻，自非賢君，焉得忠臣！』遂原意，罰貸獄吏。

晉·司馬彪《續漢書·禮儀志·上陵》 西都舊有上陵。東都之儀，百官、四姓親家婦女、公主、諸王大夫、外國朝者侍子、郡國計吏會陵。晝漏上水，大鴻臚設九賓，隨立寢殿前。鍾鳴，謁者治禮引客，羣臣就位如儀。乘輿自東廂下，太常導出，西向拜，止旋升阼階，拜神坐。退坐東廂，西向。侍中、尚書、陛者皆神坐後。公卿羣臣謁神坐，太官上食，太常樂奏食，舉《文始》《五行》之舞。禮樂闋，君臣受賜食畢，郡國上計吏以次前，當神軒占其郡穀價，民所疾苦，欲神知其動靜。孝子事親盡禮，敬愛之心也。周徧如禮。最後親陵，遣計吏，賜之帶佩。八月飲酎，上陵，禮亦如之。

宋·李昉等《太平御覽》卷二六四《職官部六二·功曹參軍》引《續漢書》 汝南太守宗資以事委任功曹范滂，時人謡曰：『汝南太守范孟博，南陽宗資主畫諾。』

李恂字叔英，安定臨涇人。太守李鴻請署功曹，未及到而州辟爲從事。會鴻卒，恂不應州命而送鴻喪，還鄉里。既葬，留起冢墳，治喪三年。【略】

李充爲太守，魯平請署功曹，不就。平怒，乃投充以捐溝中，因謫署縣都亭長不得已起親職役。

又 引袁山松《後漢書》 岑晊字公孝，高才絶人，五經六藝無不通貫。太守成瑨請爲功曹。時謡曰：『南陽太守岑公孝，弘農成瑨但坐嘯。』

又 引張璠《後漢記》 陳寵爲廣漢太守，風聲大行，徵爲大司農。帝問何以爲治，寵曰：『臣任功曹王渙。』渙由是知名。【略】

臧洪字子原。太守張超請洪爲功曹。董卓圖危社稷，洪説超曰：『明府歷世受恩，兄弟並據大郡，今王室將危，賊臣未梟，此誠天下義烈報恩效命之秋也。今郡境尚全，吏民殷富，若動桴鼓，可得二萬，以此誅除國賊，爲天下倡先義之大者也。』超然其言。【略】

袁渙字曜卿。當時諸公子多越法度，而渙清靜，舉動必以禮。郡命爲功曹，郡中姦吏皆去。【略】

陳矯字季弼，廣陵人。太守陳登請爲功曹，使矯詣許，謂曰：『許下議論，待吾不足者，相爲觀察，還以見誨。』矯還曰：『聞遠近之論，頗言明府驕而自矜。』使過泰山，泰山太守東郡薛悌異之，結爲親友。戲矯曰：『以郡吏而交二千石，鄰國君從陪臣遊，不亦可乎！』【略】

杜畿字伯侯，京兆杜陵人。年二十爲郡功曹。鄭縣內繫囚數百，畿親臨獄，裁其輕重，盡決遣之。郡中奇其年少而有大志。

《後漢書》卷二一《任光傳》 （任光）初爲鄉嗇夫、郡縣吏。漢兵至宛，軍人見光冠服鮮明，令解衣，將殺而奪之。會光禄勳劉賜適至，視光容貌長者，乃救全之。光因率黨與從賜，爲安集掾，拜偏將軍，與世祖破王尋、王邑。更始至洛陽，以光爲信都太守。及王郎起，郡國皆降之，光獨不肯，遂與都尉李忠、令萬脩、功曹阮況、五官掾郭唐等同心固守。

又《邳彤傳》 邳彤字偉君，信都人也。父吉，爲遼西太守。彤初爲王莽和成卒正。世祖徇河北，至下曲陽，彤舉城降，復以爲太守，留止數日。世祖北至薊，會王郎兵起，使其將徇地，所到縣莫不奉迎，唯和成、信都堅守不下。彤聞世祖從薊還，失軍，欲至信都，乃先使五官掾張萬、督郵尹綏選精騎二千餘匹，緣路迎世祖軍。

又 卷二四《馬援傳》 （馬援）後爲郡督郵，送囚至司命府，囚有重罪，援哀而縱之，遂亡命北地。

又 卷二五《卓茂傳》 （卓茂）後以儒術舉爲侍郎，給事黄門，遷密令。**【略】** 是時王莽秉政，置大司農六部丞，勸課農桑，遷茂爲京部丞，密人老少皆涕泣隨送。及莽居攝，以病免歸郡，常爲門下掾祭酒，不肯作職吏。

又 卷二九《郅惲傳》 郅惲字君章，汝南西平人也。**【略】** 建武三年，又至廬江，因遇積弩將軍傅俊東徇揚州。俊素聞惲名，乃禮請之上爲將兵長史，授以軍政。**【略】** 惲耻以軍功取位，遂辭歸鄉里。縣令卑身崇禮，請以爲門下掾。**【略】**

久之，太守歐陽歙請爲功曹。汝南舊俗，十月享會，百里内縣皆齎牛酒到府讌飲。時臨享禮訖，歙教曰：『西部督郵繇延，天資忠貞，稟性公方，摧破姦凶，不嚴而理。今與衆儒共論延功，顯之于朝。太守敬嘉厥休，牛酒養德。』主簿讀書教，户曹引延受賜。惲於下坐愀然前曰：『司正舉觥，以君之罪，告謝於天。按延資性貪邪，外方内員，朋黨搆姦，罔上害人，所在荒亂，怨慝並作。明府以惡爲善，股肱以直從曲，此既無君，又復無臣，惲敢再拜奉觥。』歙色慙動不知所言。門下掾鄭敬進曰：『君明臣直，功曹言切，明府德也，可無受觥哉？』歙意少解，曰：『實歙罪也，敬奉觥。』惲乃免冠謝曰：『昔虞舜輔堯，四罪咸服，讒言弗庸，孔任不行，故能作股肱，帝用有歌。惲不忠，孔任是昭，豺虎從政，既陷誹謗，又露所言，罪莫重焉。請收惲、延，以明好惡。』歙曰：『是重吾過也。』遂不讌而罷。惲歸府，稱病，延亦自退。

又 卷三一《廉范傳》 廉范字叔度，京兆杜陵人，趙將廉頗之後也。**【略】** 永平初，隴西太守鄧融備禮請范爲功曹，會融爲州所舉案，范知事譴難解，欲以權相濟，託病求去，融不達其意，大恨之。范於是東至洛陽，變名姓，求代廷尉獄卒。居無幾，融果徵下獄，范遂得衛侍左右，盡心勤勞。融怪其貌類范而殊不意，乃請曰：『卿何似我故功曹邪？』范訶之曰：『君困厄瞀亂耶！』語遂絶。融繫出困病，范隨而養視，及死，竟不言，身自將車送喪至南陽，葬畢乃去。

又《蘇不韋傳》 （蘇不韋）父謙，初爲郡督郵。時魏郡李暠爲美陽令，與中常侍具瑗交通，貪暴爲民患，前後監司畏其執援，莫敢糾問。及謙至，部案得其臧，論輸左校。

又 卷三二《樊準傳》 （樊）準字幼陵，宏之族曾孫也。**【略】** 永元十五年，和帝幸南陽，準爲郡功曹，召見，帝器之，拜郎中，從車駕還宫，特補尚書郎。

又 卷三三《虞延傳》 （虞延）去官還鄉里，太守富宗聞延名，召署功曹。宗性奢靡，車服器物，多不中節。延諫曰：『昔晏嬰輔齊，鹿裘不完，季文子相魯，妾不衣帛，以約失之者鮮矣。』宗不悦，延即辭退。居有頃，宗果以侈從被誅，臨當伏刑，擥涕而歎曰：『恨不用功曹虞延之諫！』

又《周章傳》 （周章）初仕郡爲功曹。時大將軍竇憲免，封冠軍侯就國。章從太守行春到冠軍，太守猶欲謁之。章進諫曰：『今日公行春，豈可越儀私交。且憲椒房之親，勢傾王室，而退就蕃國，禍福難量。明府剖符大臣，千里重任，舉止進退，其可輕乎！』太守不聽，遂便升車，章前拔佩刀絶馬鞅，於是乃止。及憲被誅，公卿以下多以交關得罪，太守幸免，以此重章。

又 卷三八《法雄傳》 （法）雄初仕郡功曹，辟太傅張禹府，舉雄高第，除平氏長。

又《度尚傳》 （度尚）度尚字博平，山陽湖陸人也。家貧，不修學行，不爲鄉里所推舉。積困窮，乃爲宦者同郡侯覽視田，得爲郡上計吏，拜郎中，除上虞長。

又 卷三九《周磐傳》 （周）磐同郡蔡順，字君仲，亦以至孝稱。**【略】** 太守韓崇召爲東閤祭酒。

又 卷四〇上《班固傳》 （班固）曰：『**【略】** 京兆祭酒晉馮，結髮脩身，白首無違，好古樂道，玄默自守，古人之美行，時俗所莫及。

【略】扶風掾李育，經明行著，教授百人，客居杜陵，茅室土階。【略】京兆督郵郭基，孝行著於州里，經學稱於師門，政務之績，有絶異之效。【略】弘農功曹史殷肅，達學洽聞，才能絶倫，誦《詩》三百，奉使專對。』

又 **卷四一《鍾離意傳》** 鍾離意字子阿，會稽山陰人也。少爲郡督郵。時部縣亭長有受人酒禮者，府下記案考之。意封還記，入言於太守曰：『《春秋》先内後外，《詩》云「刑於寡妻，以御于家邦」，明政化之本，由近及遠。今宜先清府内，且闊畧遠縣細微之愆。』太守甚賢之，遂任以縣事。

又 **卷四三《何敞傳》** （何敞）遷汝南太守。敞疾文俗吏以苛刻求當時名譽，故在職以寬和爲政。立春日，常召督郵還府，分遣儒術大吏案行屬縣，顯孝悌有義行者。

又 **卷四五《張酺傳》** 郡吏王青者，祖父翁，與前太守翟義起兵攻王莽，及義敗，餘衆悉降，翁獨守節力戰，莽遂燔燒之。父隆，建武初爲都尉功曹，青爲小史。與父俱從都尉行縣，道遇賊，隆以身衛全都尉，遂死於難。青亦被矢貫咽，音聲流喝。前郡守以青身有金夷，竟不能舉。酺見之，歎息曰：『豈有一門忠義而爵賞不及乎？』遂擢用極右曹。乃上疏薦青三世死節，宜蒙顯異。奏下三公，由此爲司空所辟。

又 **《韓棱傳》** （韓棱）初爲郡功曹，太守葛興中風，病不能聽政，棱陰代興視事，出入二年，令無違者。

又 **卷四八《應奉傳》** （應奉）爲郡決曹史，行部四十二縣，録囚徒數百千人。及還，太守備問之，奉口説罪繫姓名，坐狀輕重，無所遺脱，時人奇之。

又 **卷四九《王充傳》** 字仲任，會稽上虞人也。【略】仕郡爲功曹，以數諫爭不合去。

又 **卷五三《徐穉傳》** 徐穉字孺子，豫章南昌人也。家貧，常自耕稼，非其力不食。恭儉義讓，所居服其德。屢辟公府，不起。時陳蕃爲太守，以禮請署功曹，穉不免之，既謁而退。蕃在郡不接賓客，唯穉來特設一榻，去則縣之。後舉有道，家拜太原太守，皆不就。

又 **卷五七《欒巴傳》** （欒巴）遷桂陽太守。以郡處南垂，不閑典訓，爲吏人定婚姻喪紀之禮，興立校學，以奬進之。雖幹吏卑末，皆課令習讀，程試殿最，隨能升授。

又 **卷六四《吳祐傳》** （吳祐）後舉孝廉，將行，郡中爲祖道，祐越壇共小史雍丘黄眞歡語移時，與結友而別。功曹以祐倨，請黜之。太守曰：『吳季英有知人之明，卿且勿言。』

又 **卷七一《朱俊傳》** （朱）俊以孝養致名，爲縣門下書佐，好義輕財，鄉閭敬之。【略】本縣長山陽度尚見而奇之，薦於太守韋毅，稍歷郡職。後太守尹端以俊爲主簿。

又 **卷七六《循吏傳·第五訪》** （第五訪）少孤貧，常傭耕以養兄嫂。有閒暇，則以學文。仕郡爲功曹，察孝廉，補新都令。

又 **卷七七《酷吏傳·董宣》** （董宣）遷北海相。到官以大姓公孫丹爲五官掾。丹新造居宅，而卜工以爲當有死者，丹乃令其子殺道行人，置尸舍内，以塞其咎。宣知，卽收丹父子殺之。丹宗族親黨三十餘人，操兵詣府，稱冤叫號。宣以丹前附王莽，慮交通海賊，乃悉收繫劇獄，使門下書佐水丘岑盡殺之。

又 **卷七九下《儒林傳·任末》** 任末字叔本，蜀郡繁人也。少習齊詩，遊京師，教授十餘年。友人董奉德於洛陽，病亡，末乃躬推鹿車載奉德喪致其墓所，由是知名。爲郡功曹，辭以病免。

又 **《楊仁傳》** 楊仁字文義，巴郡閬中人也。建武中，詣師學習《韓詩》，數年歸，靜居教授。仕郡爲功曹，舉孝廉，除郎。

又 **《樓望傳》** 樓望字次子，陳留雍丘人也。少習《嚴氏春秋》。操節清白，有稱鄉閭。建武中，趙節王栩聞其高名，遣使齎玉帛請以爲師，望不受。後仕郡功曹。

又 **《張玄傳》** （張玄）初爲縣丞，嘗以職事對府，不知官曹處，吏白門下責之。

又 **《許愼傳》** 許愼字叔重，汝南召陵人也，性淳篤，少博學經籍，馬融常推敬之。時人爲之語曰：『五經無雙許叔重。』爲郡功曹，舉孝廉，再遷除洨長，卒於家。

又 **卷八〇下《文苑傳·張升》** （張升）仕郡爲綱紀，以能出守外黄令。

又　卷八一《獨行傳·彭修》　彭脩字子陽，會稽毘陵人也。年十五時，父爲郡吏，得休，與脩俱歸，道爲盜所劫。脩困迫，乃拔佩刀前持盜帥曰：『父辱子死，卿不顧死邪？』盜相謂曰：『此童子義士也，不宜逼之。』遂辭謝而去。鄉黨稱其名。後仕郡爲功曹。

又　《索盧放傳》　索盧放字君陽，東郡人也。以《尚書》教授千餘人。初署郡門下掾、更始時，使者督行郡國，太守有事，當就斬刑。放前言曰：『今天下所以苦毒王氏，歸心皇漢者，實以聖政寬仁故也。而傳車所過，未聞恩澤。太守受誅，誠不敢言，但恐天下惶懼，各生疑變。夫使功者不如使過，願以身代太守之命。』遂前就斬。使者義而赦之，由是顯名。

又　《戴就傳》　周嘉字惠文，汝南安城人也。高祖父燕，宣帝時爲郡決曹掾。太守欲枉殺人，燕諫不聽，遂殺囚而黜燕。因家守闕稱寃，詔遣覆考。燕見太守曰：『願謹定文書，皆著燕名，府君但言時病而已。』出謂掾史曰：『諸君被問，悉當以罪推燕。如有一言及於府君，燕手劍相刃。』使［者］乃收燕繫獄。屢被掠楚，辭無屈撓。

又　《陸續傳》　（陸）續幼孤，仕郡户曹史。時歲荒民飢，太守尹興使續於都亭賦民饘粥。續悉簡閱其民，訊以名氏。事畢，興問所食幾何？續因幾説六百餘人，皆分别姓名，無有差謬。興異之。刺史行部，見續，辟爲别駕從事。以病去，還爲郡門下掾。

又　《雷義傳》　雷義字仲公，豫章鄱陽人也。初爲郡功曹，嘗擢舉善人，不伐其功。義嘗濟人死罪，罪者後以金二斤謝之，義不受。

又　《戴就傳》　戴就字景成，會稽上虞人也。仕郡倉曹掾。揚州刺史歐陽參奏太守成公浮臧罪，遣部從事薛安案倉庫簿領，收就於錢塘縣獄。

又　《諒輔傳》　諒輔字漢儒，廣漢新都人也。仕郡爲五官掾。時夏大旱，太守自出祈禱山川，連日而無所降。輔乃自暴庭中，慷慨呪曰：『輔爲股肱，不能進諫納忠，薦賢退惡，和調陰陽，承順天意，至令天地否隔，萬物焦枯，百姓喁喁，無所訴告，咎盡在輔。今郡太守改服責己，爲民祈福，精誠懇到，未有感徹。輔今敢自祈請，若至日中不雨，乞以身塞無狀。』於是積薪柴聚茭茅以自環，搆火其旁，將自焚焉。未及日中時，而天雲晦合，須臾澍雨，一郡沾潤，世以此稱其志。

又　卷八二《方術傳·高獲》　高獲字敬公，汝南新息人也。**【略】**三公爭辟，不應。後太守鮑昱請獲，既至門，令主簿就迎，主簿曰但使騎吏迎之，獲聞之，卽去。昱遣追請獲，獲顧曰：『府君但爲主簿所欺，不足與談。』遂不留。時郡境大旱。獲素善天文，曉遁甲，能役使鬼神。昱自往問何以致雨，獲曰：『急罷三部督郵，明府當自北出，到三十里亭，雨可致也。』昱從之，果得大雨。

又　卷八三《逸民傳·法眞》　法眞字高卿，扶風郿人，南郡太守雄之子也。好學而無常家，博通内外圖典，爲關西大儒。弟子自遠方至者，陳留范冉等數百人。性恬靜寡欲，不交人間事。太守請見之，眞乃幅巾詣謁。太守曰：『昔魯哀公雖爲不肖，而仲尼稱臣。太守虚薄，欲以功曹相屈，光贊本朝，何如？』眞曰：『以明府見待有禮，故敢自同賓末。若欲吏之，眞將在北山之北，南山之南矣》』太守戄然，不敢復言。

又　卷八四《列女傳·王霸妻》　（王）霸與同郡令狐子伯爲友，後子伯爲楚相，而其子爲郡功曹。

又　卷八六《西南夷傳·夜郎》　公孫述時，大姓龍、傅、尹、董氏與郡功曹謝暹保境爲漢，乃遣使從番禺江奉貢。

又　卷九〇《鮮卑傳》　建光元年秋，其至鞬復畔，寇居庸，雲中太守成嚴擊之，兵敗散，功曹楊穆以身捍嚴，與俱戰歿。

《三國志》卷一八《魏志·龐淯傳》裴松之注引魚豢《典略》　張猛字叔威，燉煌人也。猛父奂，桓帝時仕歷郡守、中郎將、太常，遂居華陰，終因葬焉。建安初，猛仕郡爲功曹，時河西四郡以去涼州治遠，隔以河寇，上書求别置州。

縣廷組織機構部

縣、邑、道長官分部

綜　述

《張家山漢墓竹簡·二年律令·秩律》　陰平道、蜀（甸）氏道、縣（緜）遞道、湔氏道長，秩各五百石，丞、尉三百石。

《漢書》卷一九上《百官公卿表》　縣令、長，皆秦官，掌治其縣。萬户以上爲令，秩千石至六百石。減萬户爲長，秩五百石至三百石。【略】列侯所食縣曰國，皇太后、皇后、公主所食曰邑，有蠻夷曰道。

漢·衛宏《漢官舊儀》　縣户口滿萬，置六百石令，多者千石。户口不滿萬，置四百石、三百石長。【略】三百石丞、縣長黄綬，皆大冠。亡新令長爲宰，皆小冠，號曰夫子。亡新時有五百石，八百石。

晋·司馬彪《續漢書·百官志五·州郡條》劉昭注引胡廣曰　秋冬歲盡，各計縣户口墾田，錢穀出入，盗賊多少，上其集簿。丞尉以下，歲詣郡，課校其功。功多尤爲最者，於廷尉勞勉之，以勸其後。負多尤爲殿者，於後曹別責，以糾怠慢也。諸對辭窮尤困，收主者，掾史關白太守，使取法。丞尉縛責，以明下轉相督敕，爲民除害也。明帝詔書不得僇辱黄綬，以別小人吏也。

又　注引《漢官》　《前書·百官表》云，萬户以上爲令，萬户以下爲長。三邊始孝武皇帝所開，縣户數百而或爲令。荆陽江南七郡，唯有臨湘、南昌、吴三令爾。及南陽穰中，土沃民稠，四五萬户而爲長。桓帝時，以江南陽安爲女公主邑，改號爲令，主薨復復其故。若此爲繫其本。俗説令長以水土爲之，及秩高下，皆無明文。班固通儒，述一代之書，斯近其眞。【略】

每縣、邑、道大者置令一人，千石；其次置長，四百石；小者置長，三百石。【略】本注曰：皆掌治民，顯善勸義，禁姦罰惡，理訟平賊，恤民時務，秋冬集課，上計於所屬郡國。凡縣主蠻夷曰道，公主所食湯沐曰國。縣萬户以上爲令，不滿爲長，侯國爲相，皆秦制也。

雜　録

《張家山漢墓竹簡·奏讞書》　七年八月己未江陵忠言：醴陵令恢盗縣官米二百六丨三石八斗。恢秩六百石，爵左庶長□□□□。

《史記》卷一二四《游俠列傳》　（郭）解執恭敬，不敢乘車入其縣廷。

《尹灣漢墓簡牘·東海郡吏員簿》　海西吏員百七人：令一人，秩千石。

下邳吏員百七人：令一人，秩千石。

郯吏員九十五人：令一人，秩千石。

蘭陵吏員八丨八人：令一人，秩千石。

朐吏員八十二人：令一人，秩六百石。

襄賁吏員六丨四人：令一人，秩六百石。

戚吏員六十人：令一人，秩六石。

費吏員八十六人：長一人，秩四百石。

即丘吏員六十八人：長一人，秩四百石。

厚丘吏員六十七人：長一人，秩四百石。

利成吏員六十五人：長一人，秩四百石。

況其吏員五十五人：長一人，秩四百石。

開陽吏員五十二人：長一人，秩四百石。

繒吏員五十人：長一人，秩四百石。

司吾吏員廿廿一人：長一人，秩四百石。

平曲吏員廿七人：長一人，秩四百石。

臨沂吏員六十六人：長一人，秩三百石

曲陽吏員廿八人：長一人，秩三百石。

合鄉吏員廿五人：長一人，秩三百石。

承吏員廿二人：長一人，秩三百石。

昌慮吏員六十五人：相一人，秩四百石。

蘭旗吏員五十九人：相一人，秩四百石。

容丘吏員五十三人：相一人，秩四百石。

良成吏員五十人：相一人，秩四百石。

南城吏員五十六人：相一人，秩三百石。

陰平吏員五十四人：相一人，秩三百石。

新陽吏員廿廿七人：相一人，秩三百石。

東安吏員廿廿四人：相一人，秩三百石。

平曲侯國吏員廿廿二人：相一人，秩三百石。

建陵吏員卅九人：相一人，秩三百石。

山鄉吏員卅七人：相一人，秩三百石。

武陽吏員卅三人：相一人，秩三百石。

都平吏員卅一人：相一人，秩三百石。

郚鄉吏員廿廿一人：相一人，秩三百石。

建鄉吏員廿廿人：相一人，秩三百石。

□□吏員卅七人：相一人，秩三百石。

建陽吏員廿廿一人：相一人，秩三百石。

拔都陽侯國吏員卅二人：相一人，秩三百石。

《漢書》卷七七《何並傳》 林卿既去，北度涇橋，令騎奴還至寺門，拔刀剝其建鼓。

又 卷七八《蕭育傳》 （蕭育）爲茂陵令。會課，育第六。而漆令郭舜殿，見責問。育爲之請，扶風怒曰：『君課第六，裁自脱，何暇欲爲左右言？』及罷出，傳召茂陵令詣後曹，當以職事對。育徑出曹，書佐隨牽育，育案佩刀曰：『蕭育杜陵男子，何詣曹也！』遂趨出，欲去官。

又 卷八三《薛宣傳》 （薛）宣子惠亦至二千石。始惠爲彭城令，宣從臨淮遷至陳留，過其縣，橋梁、郵亭不脩。宣心知惠不能，留彭城數日，案行舍中，處置什器，觀視園菜，終不問惠以吏事。惠自知治縣不稱宣意，遣門下掾送宣至陳留，令掾進見，自從其所問宣不教戒惠吏職之意。宣笑曰：『吏道以法令爲師，可問而知。及能與不能，自有資材，何可學也？』衆人傳稱，以宣言爲然。

又 《朱博傳》 姑幕縣有羣輩八人報仇廷中，皆不得。

又 卷八九《循吏傳·召信臣》 （召信臣）以明經甲科爲郎，出補穀陽長，舉高第，遷上蔡長。其治，視民如子，所居見稱。

又 卷九〇《循吏傳·尹賞》 （尹賞）以郡吏察廉爲樓煩長，舉茂材，粟邑令。左馮翊薛宣奏賞能治劇，徙爲頻陽令。

又 卷九二《游俠傳·原涉》 原涉字巨先。祖父武帝時以豪桀自陽翟徙茂陵。【略】涉欲上冢，不欲會賓客，密獨與故人期會。涉單車驅上茂陵，投暮，入其里宅，因自匿不見人。遣奴至市買肉，奴乘涉氣與屠爭言，斫傷屠者，亡。是時，茂陵守令尹公新視事，涉未謁也，聞之大怒。知涉名豪，欲以示衆厲俗，遣兩吏脅守涉。至日中，奴不出，吏欲便殺涉去。涉迫窘不知所爲。會涉所與期上冢者車數十乘到，皆諸豪也，共説尹公。尹公不聽，諸豪則曰：『原巨先奴犯法不得，使肉袒自縛，箭貫耳，詣廷門謝辠，於君威亦足矣。』尹公許之。涉如言謝，復服遣去。涉與新豐富人祁太伯爲友，太伯同母弟王游公素嫉涉，時爲縣門下掾，説尹公曰：『君以守令辱原涉如是，一旦眞令至，君復單車歸爲府吏，涉刺客如雲，殺人皆不知主名，可爲寒心。涉治冢舍，奢僭踰制，辠惡暴著，主上知之。今爲君計，莫若墮壞涉冢舍，條奏其舊惡，君必得眞令。如此，涉亦不敢怨矣。』尹公如其計，莽果以爲眞令。

宋·洪適《隸釋》卷七《竹邑侯相張壽碑》 （張壽）遷竹邑侯相。【略】君下車，崇尚儉節，躬自菲薄。儲偫非法，悉無所留，並官相領，省倉□小府御史，朝無姦官。

宋·李昉等《太平御覽》卷二六六《職官部六四·令長》引《東觀漢記》 張歆守皋長。有報父仇賊自出，歆召，因詣閤，曰：『欲自受其辭。』既入，解械，飲食，使發遣，遂棄官亡命。逢赦出，由是鄉里服其高義。

又 卷二六七《職官部六五·良令長上》引《東觀漢記》 鍾離意爲堂邑令。初到，市無屋，意乃出俸錢作屋，民齎茅竹或持材木，爭赴趣作，不日而成。既畢，爲解土，祝曰：『興工役者令也，如有禍祟，令自當之。』民皆大悦。

又　卷二六八《職官部六六・良令長下》引《陳留風俗傳》　昭帝時，蒙人焦貢爲小黄令，路不拾遺，囹圄空虚，詔遷貢。百姓揮涕守闕，求索還貢，天子聽，增貢之秩千石。

又　卷二六七《職官部六五・良令長上》引謝承《後漢書》　方儲字聖明，曉風角占候，爲句章長。時人田還，置餘粟一石及刀鋤于田陌，明日求，亡去，疑其旁家。儲曰：『此人非偷。』自呼縣功曹謂曰：『君何取人粟置家後積茭中？』功曹款服。後爲洛陽令。功曹是憲客，爲憲所諷，夜殺人斷頭着奩中置廐門下，欲令儲去官。儲摩死者耳邊問：『誰所殺？』有頃曰，死人言爲功曹所殺。收功曹，拷竟具服。【略】

（賈彪）補新息長。政多奇異。小人迫困貧，産子不能舉養。彪禁有犯者，以殺人罪罪之，縣境震慄。人養子僉曰：『賈父所長。』男女皆以賈爲名。

又　卷二六六《職官部六四・令長》引《續漢書》　董宣爲雒陽令。寧平公主乳母子白日殺人，因匿主家，吏不能得。及主出行，以奴驂乘，宣於大夏門亭候之，乃駐車叩馬，以刀畫地，數主之失者三，叱奴下車，格殺之。

又　卷二六七《職官部六五・良令長上》引《續漢書》　劉寵除東平陵令。是時民俗奢泰，寵到官，躬儉訓民以禮，上下有序，都鄙有章。【略】

祭肜除偃師長，視事五年，縣無盜賊，州課第一，遷襄賁令。時盜賊鈔掠，肜到官，誅鉏姦猾，縣界清静，詔書增秩一等，賜縑百疋，册書勉勵。【略】

胡紹爲河内懷令，三日一視事，十日一詣倉。俸米於閤外炊作乾飯食之，不設釜竈。得一强盜，問其黨與，得數百人皆誅之。政教清平，爲三河表。

又　《良令長上》引華嶠《後漢書》　劉平爲全椒令。掾吏五日一朝，罷門闌，卒署各遣就農。人感懷，至或增貲就賦，或減年從役。刺史行部，獄無囚徒，民各自以爲職，不知所問，唯班詔書而去。【略】先是，縣多虎爲害。平到，脩政選，進儒良，黜貪殘，視事三月，虎皆渡江而去。

又　卷二六六《職官部六四・令長》引《後漢書》　宋翻字飛烏，廣平列人也。爲河陰令，順陽公主家奴爲劫，攝而不送。翻將兵圍主宅，執主聟馮穆步驅向縣。時正炎暑，立之日中，流汗沾地，於是威振京師。

《後漢書》卷五《安帝紀》　（永初元年九月）丁丑，詔曰：『自今長吏被考竟未報，自非父母喪無故輒去職者，劇縣十歲，平縣五歲以上，乃得次用。』

又　卷二〇《祭肜傳》　（祭）肜爲偃師長。【略】視事五歲，縣無盜賊，課爲第一，遷襄賁令。【略】數年，襄賁政清，璽書勉勵，增秩一等，賜縑百匹。

又　卷二三《竇融傳》　（竇）憲及篤、景、瓌皆遣就國。帝以太后故，不欲名誅憲，爲選嚴能相督察之。憲、篤、景到國，皆迫令自殺，宗族、賓客以憲爲官者，皆免歸。

又　卷二四《馬援傳》　（馬）援奏言西于縣户有三萬二千，遠界去庭千餘里，請分爲封溪、望海二縣，許之。

又　卷二五《魯恭傳》　（魯恭）拜中牟令。恭專以德化爲理，不任刑罰。訟人許伯等爭田，累守令不能決，恭爲平理曲直，皆退而自責，輟耕相讓。亭長從人借牛而不肯還之，牛主訟於恭。恭召亭長，敕令歸牛者再三，猶不從。恭歎曰：『是教化不行也。』欲解印綬去。掾史泣涕共留之，亭長乃慙悔，還牛，詣獄受罪，恭貰不問。於是吏人信服。【略】會詔百官舉賢良方正，恭薦中牟名士王方，帝即徵方詣公車，禮之與公卿所舉同，方致位侍中。

又　卷二六《趙熹傳》　（趙熹）後拜懷令。大姓李子春先爲琅邪相，豪猾并兼，爲人所患。熹下車，聞其二孫殺人事未發覺，即窮詰其姦，收考子春，二孫自殺。

又　《韋義傳》　（韋）義少與二兄齊名，初仕州郡。太傅桓焉辟舉理劇，爲廣都長，甘陵、陳二縣令，政甚有績，官曹無事，牢獄空虚。

又　卷三〇《郎顗傳》　（郎顗）父宗恥以占驗見知，聞徵書到，夜縣印綬於縣廷而遁去，遂終身不仕。

又　卷三三《虞延傳》　（虞延）除細陽令。每至歲時伏臘，輒休遣徒繫，各使歸家，並感其恩德，應期而還。有因於家被病，自載詣獄，

既至而死，延率掾吏，殯於門外，百姓咸悅之。【略】

（虞延）遷洛陽令。是時陰氏有客馬成者，常爲姦盜，延收考之。

又　卷四三《樂恢傳》　（樂恢）父親，爲縣吏，得罪於令，收將殺之。恢年十一，常俯伏寺門，晝夜號泣。令聞而矜之，卽解出親。

又　卷五八《虞詡傳》　（虞詡）早孤，孝養祖母。縣舉順孫，國相奇之，欲以爲吏。詡辭曰：『祖母九十，非詡不養。』相乃止。後祖母終，服闋，辟太尉李修府，拜郎中。【略】詡爲朝歌長。【略】及到官，設令三科以募求壯士，自掾史以下各舉所知，其攻劫者爲上，傷人偷盜者次之，帶喪服而不事家業爲下。收得百餘人，詡爲饗會，悉貰其罪，使入賊中，誘令劫掠，乃伏兵以待之，遂殺賊數百人。又潛遣貧人能縫者，傭作賊衣，以采綖縫其裾爲幟，有出市里者，吏輒禽之。賊由是駭散，咸稱神明。【略】臨終，謂其子恭曰：『吾事君直道，行己無愧，所悔者爲朝歌長時殺賊數百人，其中何能不有冤者。』

又　卷六三《馮魴傳》　（馮魴）遷郟令。後車駕西征隗囂，潁川盜賊羣起，郟賊延褒等衆三千餘人，攻圍縣舍，魴率吏士七十許人，力戰連日，弩矢盡，城陷，魴乃遁去。帝聞其反，卽馳赴潁川，魴詣行在所。帝案行鬬處，知魴力戰，乃嘉之曰：『此健令也。所當討擊，勿拘州郡。』

又　卷七六《循吏傳・童恢》　（童恢）除不其令。吏人有犯違禁法，輒隨方曉示。若吏稱其職，人行善事者，皆賜以酒肴之禮，以勸勵之。【略】耕織種收，皆有條章。

又　《劉矩傳》　（劉矩）遷雍丘令，以禮讓化之，其無孝義者，皆感悟自革。民有爭訟，矩常引之於前，提耳訓告，以爲忿恚可忍，縣官不可入。使歸更尋思，訟者感之，輒各罷去。

又　卷七七《酷吏傳・李章》　（李章）拜陽平令。時趙、魏豪右往往屯聚，清河大姓趙綱遂於縣界起塢壁，繕甲兵，爲在所害。章到，乃設饗會，而延謁綱。綱帶文劍，被羽衣，從士百餘人來到。章與對讌飲，有頃，手劍斬綱，伏兵亦悉殺其從者，因馳詣塢壁，掩擊破之，吏人遂安。

又　卷八一《獨行傳・繆彤》　（繆彤）遷中牟令。縣近京師，多權豪。彤到，誅諸姦吏及託名貴戚賓客者百有餘人，威名遂行。

又　卷八二下《方術傳・公沙穆》　（公沙穆）遷繒相。時繒侯劉敞【略】所爲多不法，廢嫡立庶，傲狠放恣。穆到官。【略】乃上没敞所侵官民田地，廢其庶子，還立嫡嗣。其蒼頭、兒客犯法，皆收考之。因苦辭諫敞，敞涕泣爲謝，多從其所規。

宋・李昉等《太平御覽》卷二六八《職官部六六・良令長下》引《鍾離意別傳》　（東平瑕丘令鍾離意）復召直子涉署門下，將游徼私出入寺門，無所關白，收涉鞭之。直走之寺門，吹氣大言，言無上下。

縣廷佐官分部

綜述

漢・衛宏《漢舊儀》下　長安城方六十里中，皆屬長安令，置左、右尉；城東、城南置廣部尉；城西、城北置明部尉；凡四尉。

晉・司馬彪《續漢書・百官志・州郡條》劉昭注引《漢官》　大縣丞、左右尉，所謂命卿三人。小縣一尉一丞，命卿二人。【略】（雒陽）丞三人四百石，孝廉左尉四百石，孝廉右尉四百石。

又　《百官志五・州郡條》　（縣、邑、道、侯國）丞各一人。尉，大縣二人，小縣一人。本注曰：丞署文書，典知倉獄。尉主盜賊。凡有賊發，主名不立，則推索行尋，案察姦宄，以起端緒。

雜録

《張家山漢墓竹簡・奏讞書》　十一年八月甲申朔丙戌，江陵丞驁敢□（讞）之。【略】

十年七月辛卯朔癸巳，胡狀、丞憙敢□（讞）之。

《史記》卷六《秦始皇本紀》　（陳）勝自立爲楚王，居陳，遣諸將徇地。山東郡縣少年苦秦吏，皆殺其守尉令丞反，以應陳涉。

又　卷五七《周勃世家》　漢王賜勃爵爲威武侯。從入漢中拜爲將軍。還定三秦，【略】圍章邯廢丘，破西丞。

《尹灣漢墓簡牘・東海郡吏員簿》　海西吏員百七人：【略】丞一人，秩四百石。尉二人，秩四百石。

下邳吏員百七人：【略】丞一人，秩四百石。尉二人，秩四百石。

郯吏員九十五人：【略】丞一人，秩四百石。尉二人，秩四百石。獄丞一人，秩二百石。

蘭陵吏員八十八人：【略】丞一人，秩四百石。尉二人，秩四百石。

胊吏員八十二人：【略】丞一人，秩三百石。尉二人，秩三百石。

襄賁吏員六十四人：【略】丞一人，秩三百石。尉二人，秩三百石。

戚吏員六十人：【略】丞一人，秩三百石。尉二人，秩三百石。

費吏員八十六人：【略】丞一人，秩二百石。尉二人，秩二百石。

卽丘吏員六十八人：【略】丞一人，秩二百石。尉二人，秩二百石。

厚丘吏員六十七人：【略】丞一人，秩二百石。尉二人，秩二百石。

利成吏員六十五人：【略】丞一人，秩二百石。尉二人，秩二百石。

況其吏員五十五人：【略】丞一人，秩二百石。尉二人，秩二百石。

開陽吏員五十二人：【略】丞一人，秩二百石。尉二人，秩二百石。

繒吏員五十人：【略】丞一人，秩二百石。尉二人，秩二百石。

司吾吏員廿廿一人：【略】丞一人，秩二百石。尉二人，秩二百石。

平曲吏員廿七人：【略】丞一人，秩二百石。尉一人，秩二百石。

臨沂吏員六十六人：【略】丞一人，秩二百石。尉二人，秩二百石。

曲陽吏員廿八人：【略】丞一人，秩二百石。尉一人，秩二百石。

合鄉吏員廿五人：【略】丞一人，秩二百石。

承吏員廿二人：【略】丞一人，秩二百石。

昌慮吏員六十五人：【略】丞一人，秩二百石。尉二人，秩二百石。

蘭旗吏員五十九人：【略】丞一人，秩二百石。尉二人，秩二百石。

容丘吏員五十三人：【略】丞一人，秩二百石。尉一人，秩二百石。

良成吏員五十人：【略】丞一人，秩二百石。尉一人，秩二百石。

南城吏員五十六人：【略】丞一人，秩二百石。尉一人，秩二百石。

陰平吏員五十四人：【略】丞一人，秩二百石。尉一人，秩二百石。

新陽吏員廿廿七人：【略】丞一人，秩二百石。

東安吏員廿廿四人：【略】丞一人，秩二百石。

平曲侯國吏員廿廿二人：【略】丞一人，秩二百石。尉一人，秩二百石。

建陵吏員卅九人：【略】丞一人，秩二百石。

山鄉吏員卅七人：【略】丞一人，秩二百石。

武陽吏員卅三人：【略】丞一人，秩二百石。

都平吏員卅一人：【略】丞一人，秩二百石。

郚鄉吏員廿廿一人：【略】丞一人，秩二百石。

建鄉吏員廿廿人：【略】丞一人，秩二百石。

□□吏員卅七人：【略】丞一人，秩二百石。

建陽吏員廿廿一人：【略】丞一人，秩二百石。

都陽侯國吏員卅二人：【略】丞一人，秩二百石。

《漢書》卷四《文帝紀》　有司請令縣道，年八十已上，賜米人月一石，肉二十斤，酒五斗。其九十已上，又賜帛人二疋，絮三斤。賜物及當稟鬻米者，長吏閱視，丞若尉致。

又　卷五一《李廣傳》　（李廣）屏野居藍田南山中射獵。嘗夜從一騎出，從人田間飲。還至亭，霸陵尉醉，呵止廣，廣騎曰：『故李將軍。』尉曰：『今將軍尚不得夜行，何乃故也！』止廣宿亭下。

又　卷七六《趙廣漢傳》　（趙廣漢）從軍還，復用守京兆尹，滿歲爲眞。【略】初，廣漢客私酤酒長安市，丞相史逐去，客疑男子蘇賢言之，以語廣漢。廣漢使長安丞案賢，尉史禹故劾賢爲騎士屯霸上，不詣屯所，乏軍興。

又　卷八四《翟方進傳》　北地浩商爲義渠長所捕，亡，長取其母，與豭豬連繫都亭下。商兄弟會賓客，自稱司隸掾、長安縣尉，殺義渠長妻子六人，亡。

又　卷九〇《酷吏傳・田廣明》　（田廣明）爲淮陽太守。歲餘，故城父令公孫勇與客胡倩等謀反，倩詐稱光禄大夫，從車騎數十，言使督盜賊，止陳留傳舍，太守謁見，欲收取之。廣明覺知，發兵皆捕斬焉。而公孫勇衣繡衣，乘駟馬車至圉，圉使小史侍之，亦知其非是，守尉魏不害

與廐嗇夫江德、尉史蘇昌共收捕之。上封不害爲當塗侯，德轑陽侯，昌蒲侯。

《後漢書》卷一上《光武帝紀》　光武初騎牛，殺新野尉乃得馬。進屠唐子鄉，又殺湖陽尉。

又　卷五一《橋玄傳》　（橋玄）舉孝廉，補洛陽左尉。

唐・李林甫等《唐六典》卷三〇《京兆河南太原三府官吏》　漢氏長安有四尉，分爲左、右部：城東、南置廣部尉，是爲左部；城西、北置明部尉，是爲右部。並四百石，黃綬、大冠。主追捕盜賊，伺察姦非。後漢洛陽置四尉，皆孝廉作，有東部、南部、西部、北部尉。

縣屬吏分部

綜　述

《漢書》卷一九上《百官公卿表》　百石以下有斗食、佐史之秩，是爲少史。

漢・衛宏《漢官舊儀》　舊制：尉皆居官署，有尉曹，官中領平鎖署。【略】

更令吏曰令史，丞吏曰丞史，尉吏曰尉史，捕盜賊，得捕格。

南朝宋・裴駰《史記集解》卷七《項羽本紀》晉灼引《漢儀注》　令吏曰令史，丞吏曰丞史。

《漢書》卷一九上《百官公卿表》師古注引《漢官名秩簿》　斗食月俸十一斛，佐史月俸八斛也。一説斗食者，歲俸不滿百石，計日而食，一斗二升，故云斗食也。

晉・司馬彪《續漢書・百官志一・司空》注引應劭《漢官儀》　綏和元年，罷御史大夫官，法周制，初置司空。議者又以縣道官獄司空，故覆加『大』，爲大司空，亦所以別大小之文。

又　《百官志五・縣鄉》劉昭注引《漢官》　洛陽令秩千石，丞三人四百石，孝廉左尉四百石，孝廉右尉四百石。員吏七百九十六人，十三人四百石。鄉有秩、獄史五十六人，佐史、鄉佐七十七人。斗食、令史、嗇夫、假五十人，官掾史、幹小史二百五十人，書佐九十人，循行二百六十人。

《後漢書》卷七七《酷吏傳・周紆》注引應劭《漢官儀》　鈴下、侍閤、辟車，此皆以名自定者也。

《漢書》卷三一《項籍傳》注引蘇林曰　（令史）曹史也。

又　卷二《惠帝紀》注引如淳曰　律有斗食佐史。

又　引韋昭曰　（佐史）若今曹史書佐也。

晉・司馬彪《續漢書・百官志五・縣鄉》　（縣）各署諸曹掾史。本注曰：諸曹略如郡員，五官爲廷掾，監鄉五部，春夏爲勸農掾，秋冬爲制度掾。

《宋書》卷四〇《百官志下》　（漢縣）諸曹，畧同郡職。以五官爲廷掾，後則無復丞，唯建康有獄丞，其餘衆職，或此縣有而彼縣無，各有舊俗，無定制也。

雜　録

《史記》卷七《項羽本紀》　陳嬰者，故東陽令史，居縣中，素信謹，稱爲長者。【略】

（項羽）擊陳留、外黃，外黃不下。數日已降，項王怒，悉令男子年十五已上詣城東，欲阬之。外黃令舍人兒年十三，往説項王。

又　卷八《高祖本紀》　秦二世元年秋，陳勝等起蘄，至陳而王，號爲『張楚』。諸郡縣皆多殺其長吏以應陳涉。沛令恐，欲以沛應涉。掾、主吏蕭何、曹參乃曰：『君爲秦吏，今欲背之，率沛子弟，恐不聽。願君召諸亡在外者，可得數百人，因劫衆，衆不敢不聽。』乃令樊噲召劉季。

又　卷二〇《建元以來侯者年表》　（宜春侯）王訢家在齊，本小吏佐史，稍遷至右輔都尉。

又　卷五三《蕭相國世家》　蕭相國何者，沛豐人也。以文無害，爲沛主吏掾。

又　卷五四《曹相國世家》　平陽侯曹參者，沛人也。秦時爲沛獄掾，而蕭何爲主吏，居縣爲豪吏矣。

又　卷九五《樊酈滕灌列傳》　汝陰侯夏侯嬰，沛人也，爲沛廄司御。【略】嬰已而試補縣吏，與高祖相愛。【略】高祖之初與徒屬欲攻沛也，嬰時以縣令史爲高祖使。

《尹灣漢墓簡牘·東海郡吏員簿》　海西吏員百七人：【略】官有秩一人，鄉有秩四人，令史四人，獄史三人，官嗇夫三人，鄉嗇夫十人，游徼四人，牢監一人，尉史三人，官佐七人，鄉佐九人，亭長五十四人。【略】

下邳吏員百七人：【略】官有秩二人，鄉有秩一人，令史六人，獄史四人，官嗇夫三人，鄉嗇夫十二人，游徼六人，牢監一人，尉史四人，官佐七人，鄉佐九人，郵佐二人，亭長卌六人。【略】

郯吏員九十五人：【略】鄉有秩五人，臨令史五人，獄史五人，官嗇夫三人，鄉嗇夫六人，游徼三人，牢監一人，尉史三人，官佐九人，鄉佐七人，郵佐二人，亭長□一人。【略】

蘭陵吏員八十八人：【略】官有秩一人，令史六人，獄史四人，官嗇夫四人，鄉嗇夫十三人，游徼四人，牢監一人，尉史四人，官佐八人，鄉佐四人，亭長卅五人。【略】

朐吏員八十二人：【略】鄉有秩一人，令史三人，獄史二人，官嗇夫四人，鄉嗇夫六人，游徼二人，牢監一人，尉史二人，官佐四人，鄉佐六人，亭長卌七人，凡八十二人。【略】

襄賁吏員六十四人：【略】官有秩一人，鄉有秩二人，令史六人，獄史三人，官嗇夫三人，鄉嗇夫五人，游徼四人，牢監一人，尉史三人，官佐七人，鄉佐四人，亭長廿一人。【略】

戚吏員六十人：【略】鄉有秩二人，令史四人，獄史二人，官嗇夫三人，鄉嗇夫三人，游徼一人，牢監一人，尉史三人，官佐五人，鄉佐五人，亭長廿七人。【略】

費吏員八十六人：【略】鄉有秩二人，令史四人，獄史二人，官嗇夫三人，鄉嗇夫五人，游徼五人，牢監一人，尉史三人，官佐八人，鄉佐四人，郵佐二人，亭長卌三人。【略】

即丘吏員六十八人：【略】令史四人，獄史二人，官嗇夫二人，鄉嗇夫八人，游徼四人，尉史二人，官佐六人，鄉佐四人，亭長卅二人。【略】

厚丘吏員六十七人：【略】令史四人，獄史一人，官嗇夫二人，鄉嗇夫九人，游徼二人，牢監一人，尉史三人，官佐四人，鄉佐一人，亭長卅六人。【略】

利成吏員六十五人：【略】鄉有秩一人，令史三人，獄史三人，官嗇夫二人，鄉嗇夫三人，游徼三人，尉史三人，官佐五人，鄉佐五人，郵佐一人，亭長卅二人。【略】

況其吏員五十五人：【略】令史四人，獄史二人，官嗇夫二人，鄉嗇夫五人，游徼三人，牢監一人，尉史三人，官佐六人，鄉佐二人，亭長廿三人。【略】

開陽吏員五十二人：【略】鄉有秩一人，令史四人，獄史三人，官嗇夫二人，鄉嗇夫四人，游徼三人，牢監一人，尉史三人，官佐六人，鄉佐二人，亭長十九人。【略】

繒吏員五十人：【略】鄉有秩一人，令史四人，獄史二人，官嗇夫二人，鄉嗇夫三人，游徼二人，牢監一人，尉史二人，官佐四人，鄉佐二人，亭長廿三人。

司吾吏員卌一人：【略】令史三人，獄史二人，官嗇夫二人，鄉嗇夫七人，游徼二人，牢監一人，尉史二人，官佐六人，鄉佐二人，亭長二十八人。【略】

平曲吏員廿七人：【略】鄉有秩一人，令史四人，獄史二人，官嗇夫二人，游徼二人，尉史三人，官佐四人，鄉佐二人，亭長四人。【略】

臨沂吏員六十六人：【略】令史四人，獄史一人，鄉嗇夫七人，游徼三人，牢監一人，尉史二人，官佐四人，郵佐二人，鄉佐二人，亭長卌六人。【略】

曲陽吏員廿八人：【略】鄉有秩□人，官嗇夫二人，游徼二人，牢監一人，尉史二人，官佐六人，鄉佐一人，亭長五人。【略】

合鄉（吏）員廿五人：【略】令史三人，獄史二人，鄉嗇夫二人，游徼一人，牢監一人，尉史二人，官佐五人，亭長七人。【略】

承吏員廿二人：【略】令史三人，獄史二人，鄉嗇夫一人，游徼一人，牢監一人，尉史一人，官佐四人，鄉佐一人，亭長六人。【略】

昌慮吏員六十五人：【略】鄉有秩一人，令史四人，獄史二人，官嗇夫二人，鄉嗇夫二人，游徼二人，牢監一人，尉史二人，官佐七人，鄉佐一人，亭長十九人。【略】

蘭旗吏員五十九人：【略】令史三人，獄史二人，官嗇夫一人，鄉嗇夫四人，游徼二人，牢監一人，尉史二人，官佐七人，郵佐一人，鄉佐二人，亭長十二人。【略】

容丘吏員五十三人：【略】鄉有秩一人，令史四人，獄史二人，鄉嗇夫二人，游徼二人，牢監一人，尉史二人，官佐五人，鄉佐二人，亭長十一人。【略】

良成吏員五十人：【略】鄉有秩一人，令史四人，獄史二人，官嗇夫一人，鄉嗇夫一人，游徼二人，牢監一人，尉史二人，官佐五人，鄉佐三人，亭長七人。【略】

南城吏員五十六人：【略】令史四人，獄史二人，鄉嗇夫二人，游徼一人，牢監一人，尉史二人，官佐三人，鄉佐二人，亭長十八人。【略】

陰平吏員五十四人：【略】令史四人，獄史二人，官嗇夫一人，鄉嗇夫三人，游徼二人，牢監一人，尉史二人，官佐四人，鄉佐三人，亭長十一人。【略】

新陽吏員卌七人：【略】令史三人，獄史二人，鄉嗇夫二人，游徼二人，牢監一人，尉史一人，官佐四人，亭長十二人。【略】

東安吏員卌四人：【略】令史三人，獄史二人，鄉嗇夫一人，游徼一人，牢監一人，尉史二人，官佐五人，亭長九人。【略】

平曲侯國吏員卌二人：【略】令史三人，獄史二人，鄉嗇夫二人，游徼二人，牢監一人，尉史一人，官佐五人，亭長五人。【略】

建陵吏員卌九人：【略】令史三人，獄史二人，鄉嗇夫一人，游徼一人，牢監一人，尉史一人，官佐四人，亭長六人。【略】

山鄉吏員卅七人：【略】令史三人，獄史二人，鄉嗇夫一人，游徼一人，牢監一人，尉史一人，官佐四人，亭長四人。【略】

武陽吏員卅三人：【略】令史二人，獄史一人，鄉嗇夫一人，游徼一人，牢監一人，尉史一人，官佐三人，亭長三人。【略】

都平吏員卅一人：【略】令史二人，令史一人，鄉嗇夫一人，游徼一人，尉史一人，官佐三人，亭長三人。【略】

部鄉吏員卌一人：【略】令史三人，獄史二人，鄉嗇夫一人，游徼一人，牢監一人，尉史二人，官佐五人，鄉佐一人，亭長五人。【略】

建鄉吏員卌人：【略】令史三人，獄史二人，鄉嗇夫一人，游徼一人，牢監一人，尉史二人，官佐五人，鄉佐一人，亭長四人。【略】

□□吏員卅七人：【略】令史三人，獄史一人，鄉嗇夫一人，游徼一人，牢監一人，尉史一人，官佐六人，鄉佐一人，亭長二人。【略】

建陽吏員卌一人：【略】令史三人，獄史一人，鄉嗇夫一人，游徼一人，牢監一人，尉史一人，官佐六人，鄉佐二人，亭長五人。【略】

都陽侯國吏員卅二人：【略】令史二人，鄉嗇夫一人，游徼一人，尉史一人，官佐四人，亭長三人。

《漢書》卷四《文帝紀》（孝文元年）有司請令縣道，年八十已上，賜米人月一石，肉二十斤，酒五斗。其九十已上，又賜帛人二疋，絮三斤。賜物及當稟鬻米者，長吏閱視，丞若尉致。不滿九十，嗇夫、令史致。

又　卷八《宣帝紀》（元康元年）三月，詔曰：『【略】賜勤事吏中二千石以下至六百石爵，自中郎吏至五大夫，佐史以上二級。』

又　卷一二《平帝紀》　賜帝徵即位前所過縣邑吏二千石以下至佐史爵，各有差。

又　卷三一《項籍傳》　項梁嘗有櫟陽逮捕，乃請蘄獄掾曹咎書抵櫟陽獄掾司馬欣，以故事皆已。

又　卷五一《路温舒傳》（路温舒）求爲獄小吏，因學律令，轉爲獄史，縣中疑事皆問焉。

又　卷五八《公孫弘傳》（公孫）弘子度嗣侯，爲山陽太守十餘歲，詔徵鉅野令史成詣公車，度留不遣，坐論爲城旦。

又　卷六三《戾太子據傳》（戾）太子之亡也，東至湖，臧匿泉鳩里。主人家貧，常賣屨以給太子。太子有故人在湖，聞其富贍，使人呼

之而發覺。吏圍捕太子，太子自度不得脫，卽入室距户自經。山陽男子張富昌爲卒，足蹋開户，新安令史李壽趨抱解太子，主人公遂格鬭死，皇孫二人皆并遇害。上旣傷太子，乃下詔曰：『蓋行疑賞，所以申信也。其封李壽爲邘侯，張富昌爲題侯。

又　卷六七《胡建傳》　（胡建）後爲渭城令，治甚有聲。值昭帝幼，皇后父上官將軍安與帝姊蓋主私夫丁外人相善。外人驕恣，怨故京兆尹樊福，使客射殺之。客臧公主廬，吏不敢捕。渭城令建將吏卒圍捕。蓋主聞之，與外人、上官將軍多從奴客往，犇射追吏，吏散走。主使僕射劾渭城令游徼傷主家奴。建報亡它坐。

又　卷七一《于定國傳》　（于定國）父于公爲縣獄史、郡決曹，決獄平，羅文法者於公所決皆不恨。【略】後定國亦爲獄史、郡決曹。

又　卷七六《趙廣漢傳》　（趙）廣漢奏請，令長安游徼獄吏秩百石，其後百石吏皆差自重，不敢枉法妄繫留人。京兆政清，吏民稱之不容口。

又　《尹翁歸傳》　（尹翁歸）少孤，與季父居。爲獄小吏，曉習文法。喜擊劍，人莫能當。是時，大將軍霍光秉政，諸霍在平陽，奴客持刀兵入市鬭變，吏不能禁，及翁歸爲市吏，莫敢犯者。公廉不受餽，百賈畏之。

又　卷八三《薛宣傳》　池陽令舉廉吏獄掾王立，府未及召，聞立受囚家錢。宣責讓縣，縣案驗獄掾，乃其妻獨受繫者錢萬六千，受之再宿，獄掾實不知。掾慙恐自殺。宣聞之，移書池陽曰：『縣所舉廉吏獄掾王立，家私受賕，而立不知，殺身以自明，立誠廉士，甚可閔惜！其以府決曹掾書立之柩，以顯其魂。』

又　《朱博傳》　（朱博）少時給事縣爲亭長，好客少年，捕搏敢行。稍遷爲功曹。【略】

（朱）博治郡，常令屬縣各用其豪桀以爲大吏，文武從宜。縣有劇賊及它非常，博輒移書以詭責之。其盡力有效，必加厚賞；懷詐不稱，誅罰輒行。以是豪强慹服，姑幕縣有羣輩八人報仇廷中，皆不得。長吏自繫書言府，賊曹掾史自白請至姑幕。事留不出。功曹諸掾卽皆自白，復不出。於是府丞詣閤，博乃見丞掾曰：『以爲縣自有長吏，府未嘗與也，丞掾謂府當與之邪？』閤下書佐入，博口占檄文曰：『府告姑幕令丞：言賊發不得，有書。檄到，令丞就職，游徼王卿力有餘，如律令！』王卿得敕惶怖，親屬失色，晝夜馳騖，十餘日間捕得五人，博復移書曰：『王卿憂公甚效！檄到，齎伐閱詣府。部掾以下亦可用，漸盡其餘矣。』其操持下，皆此類也。

又　卷八五《谷永傳》　（谷）永少爲長安小史，後博學經書。

又　卷八六《何武傳》　（何）武弟顯家有市籍，租常不入，縣數負其課。市嗇夫求商捕辱顯家，顯怒，欲以吏事中商。武曰：『以吾家租賦、繇役不爲衆先，奉公吏不亦宜乎！』武卒白太守，召商爲卒吏。

又　卷八九《循吏傳·黄霸》　（黄）霸少學律令，喜爲吏，武帝末以待詔入錢賞官，補侍郎謁者，坐同産有罪劾免。【略】始，霸少爲陽夏游徼。

又　卷九〇《酷吏傳·田廣明》　（田）廣明爲淮陽太守。歲餘，故城父令公孫勇與客胡倩等謀反，倩詐稱光禄大夫，從車騎數十，言使督盜賊，止陳留傳舍，太守謁見，欲收取之。廣明覺知，發兵皆捕斬焉。而公孫勇衣繡衣，乘駟馬車至圉，圉使小史侍之，亦知其非是，守尉魏不害與廄嗇夫江德、尉史蘇昌共收捕之。上封不害爲當塗侯，德轑陽侯，昌蒲侯。初四人俱拜於前，小史竊言。武帝問：『言何？』對曰：『爲侯者得東歸不？』上曰：『女欲不？貴矣。女鄉名爲何？』對曰：『名遺鄉。』上曰：『用遺汝矣。』於是賜小史爵關内侯，食遺鄉六百户。

又　卷九二《游俠列傳》　（郭）解出，人皆避，有一人獨箕倨視之。解問其姓名。客欲殺之。解曰：『居邑屋不見敬，是吾德不脩也，彼何罪！』乃陰請尉史曰：『是人吾所重，至踐更時脫之。』

又　卷九五《南粤傳》　蒼梧王趙光與粤王同姓，聞漢兵至，降爲隨桃侯。及粤揭陽令史定降漢，爲安道侯。

晉·司馬彪《續漢書·五行志》注引蔡邕《伯夷叔齊碑》　熹平五年，天下大旱。【略】天子開三府請雨使者，與郡縣户曹掾史登山升祠。

《後漢書》卷一八《陳俊傳》注引《東觀記》　（陳）俊初調補曲陽長。上曰：『欲與君爲左右，小縣何足貪乎？』俊卽拜，解印綬，上以爲安集掾。

又　卷二七《鄭均傳》注引《東觀記》　（鄭均）兄仲，爲縣游徼。

宋·李昉等《太平御覽》卷二六七《職官部六五·良令長上》引《東觀漢記》　王阜，字世公。爲重泉令，吏民向化。鸞鳥集止學宮，阜使校官掾長涉疊，爲張雅樂擊磬。

北魏·酈道元《水經注》卷二九《沔水》引《神異傳》　忽有大水，長欲没縣，主簿令幹入白令，令見幹曰：『何忽作魚？』幹又曰：『明府亦作魚。』遂乃淪陷爲穀矣。因目長水城水曰谷水也。

《三國志》卷一三《魏志·鍾繇傳》裴松之注引謝承《後漢書》　南陽陰脩爲潁川太守，以旌賢擢俊爲務，舉五官掾張仲方正，察功曹鍾繇、主簿荀彧、主記掾張禮、賊曹掾杜祐、孝廉荀攸、計吏郭圖爲吏，以光國朝。

晉·司馬彪《續漢書·禮儀志·立春》　立春之日，夜漏未盡五刻，京師百官皆衣青衣，郡國縣道官下至斗食令史皆服青幘，立青旛，施土牛耕人於門外，以示兆民，至立夏。

又　《輿服志上·導從卒》　公卿以下至縣三百石長導從，置門下五吏、賊曹、督盜賊、功曹，皆帶劍，三車從導；主簿、主記，兩車爲從。縣令以上，加導斧車。公乘安車，則前從幷馬立乘。長安、雒陽令及王國都縣加前後兵車，亭長，設右騑，駕兩。璅弩車前伍伯，公八人，中二千石、二千石、六百石皆四人，自四百石以下至二百石皆二人。黄綬，武官伍伯，文官辟車。鈴下、侍閤、門蘭、部署、街里走卒，皆有程品，多少隨所典領。

《後漢書》卷一八《臧宫傳》　臧宫字君翁，潁川郟人也。少爲縣亭長、游徼，後率賓客入下江兵中爲校尉，因從光武征戰，諸將多稱其勇。

又　卷二一《任光傳》　（任光）少忠厚，爲鄉里所愛。初爲鄉嗇夫、郡縣吏。【略】更始至洛陽，以光爲信都太守。及王郎起，郡國皆降之，光獨不肯，遂與都尉李忠、令萬脩、功曹阮況、五官掾郭唐等同心固守。廷掾持王郎檄詣府白光，光斬之於市，以狗百姓，發精兵四千人城守。

又　卷三三《虞延傳》　永平初，有新野功曹鄧衍，以外戚小侯每豫朝會。

又　《鄭弘傳》　舊制，尚書郎限滿補縣長令史丞尉。弘奏以爲臺職雖尊，而酬賞甚薄，至於開選，多無樂者，請使郎補千石令，令史爲長。帝從其議。

又　卷三八《度尚傳》注引《謝承書》　尚進善愛人，坐以待旦，擢門下書佐朱俊，恆歎述之，以爲有不凡之操。俊後官至車騎將軍，遠近奇尚有知人之鑑。

又　卷四一《第五倫傳》引華嶠《後漢書》　上復曰：『聞卿爲市掾，人有遺母一笥餅者。卿從外來見之，奪母笥，探口中餅，信乎？』倫對曰：『實無此。衆人以臣愚蔽，故爲生是語也。』

又　卷四五《袁安傳》　（袁）安少傳良學。爲人嚴重有威，見敬於州里。初爲縣功曹，奉檄詣從事，從事因安致書於令。安曰：『公事自有郵驛，私請則非功曹所持。』辭不肯受，從事懼然而止。後舉孝廉，除陰平長、任城令，所在吏人畏而愛之。

又　卷四六《郭躬傳論》　郭躬起自佐史，小大之獄必察焉。

又　卷四八《爰延傳》　爰延字季平，陳留外黄人也。清苦好學，能通經教授。性質慤，少言辭。縣令隴西牛述好士知人，乃禮請延爲廷掾，范丹爲功曹，濮陽潛爲主簿，常共言談而已。後令史昭以爲鄉嗇夫，仁化大行，人但聞嗇夫，不知郡縣。

又　卷五一《橋玄傳》　（橋）玄少爲縣功曹。時豫州刺史周景行部到梁國，玄謁景，因伏地言陳相羊昌罪惡，乞爲部陳從事，窮案其姦。景壯玄意，署而遣之。

又　卷五三《周燮傳》　（馮良）少作縣吏。年三十，爲尉從佐。

又　卷五八《虞詡傳》　先是，寧陽主簿詣闕，訴其縣令之枉，積六七歲不省。主簿乃上書曰：『臣爲陛下子，陛下爲臣父。臣章百上，終不見省，臣豈可北詣單于以告怨乎？』帝大怒，持章示尚書，尚書遂劾以大逆。（虞）詡駮之曰：『主簿所訟，乃君父之怨；百上不達，是有司之過。愚惷之人，不足多誅。』帝納詡言，笞之而已。

又　卷六八《郭太傳》　（郭太）家世貧賤，早孤，母欲使給事縣廷。【略】

庾乘字世遊，潁川鄢陵人也。少給事縣廷爲門士。

又 卷七一《朱俊傳》 （朱俊）少孤，母常販繒爲業。俊以孝養致名，爲縣門下書佐，好義輕財，鄉閭敬之。【略】本縣長山陽度尚見而奇之，薦於太守韋毅，稍歷郡職。後太守尹端以俊爲主簿。

又 卷七六《循吏傳·仇覽》 （仇覽）爲蒲亭長。【略】時考城令河内王涣，政尚嚴猛，聞覽以德化人，署爲主簿。謂覽曰：『主簿聞陳元之過，不罪而化之，得無少鷹鸇之志邪？』覽曰：『以爲鷹鸇，不若鸞鳳。』涣謝遣曰：『枳棘非鸞鳳所棲，百里豈大賢之路？今日太學曳長裾，飛名譽，皆主簿後耳。以一月奉爲資，勉卒景行。』

又 卷七七《酷吏傳·樊曄》 初，光武微時，嘗以事拘於新野，曄爲市吏，餽餌一笥，帝德之不忘，仍賜曄御食，及乘輿服物。

又 《周紆傳》 （周）紆廉潔無資，常築墼以自給，肅宗聞而憐之，復以爲郎，再遷召陵侯相。廷掾憚紆嚴明，欲損其威，乃晨取死人斷手足，立寺門。紆聞，便往至死人邊。若與死人共語狀。陰察視口眼有稻芒，乃密問守門人曰：『悉誰載槁入城者？』門者對：『唯有廷掾耳。』又問鈴下：『外頗有疑令與死人語者不？』對曰：『廷掾疑君。』乃收廷掾考問，具服『不殺人，取道邊死人』。後人莫敢欺者。

又 卷八一《獨行傳·王忳》 （王忳）仕郡功曹，州治中從事。舉茂才，除郿令。到官，至斄亭。亭長曰：『亭有鬼，數殺過客，不可宿也。』忳曰：『仁勝凶邪，德除不祥，何鬼之避！』即入亭止宿。夜中聞有女子稱冤之聲。忳咒曰：『有何枉狀，可前求理乎？』【略】女子乃前訴曰：『妾夫爲涪令，之官過宿此亭，亭長無狀，枉殺妾家十餘口，埋在樓下，悉盗取財貨。』忳問亭長姓名，女子曰：『即今門下游徼者也。』忳曰：『汝何故數殺過客？』對曰：『妾不得白日自訴，每夜陳冤，客輒眠不見應，不勝感恚，故殺之。』忳曰：『當爲汝理此冤，勿復殺良善也。』因解衣於地，忽然不見。明旦召游徼詰問，具服罪，即收繫，及同謀十餘人悉伏辜。遣吏送其喪歸鄉里，於是亭遂清安。

又 《繆肜傳》 （繆肜）仕縣爲主簿。時縣令被章見考，吏皆畏懼自誣，而肜獨證據其事，掠考苦毒，至乃體生蟲蛆，因復傳換五獄，踰涉四年，令卒以自免。

又 卷八二上《方術傳·李郃》 （李郃）襲父業，遊太學，通《五經》，善河洛風星，外質朴，人莫之識。縣召署幕門候吏。和帝即位，分遣使者，皆微服單行，各至州縣，觀採風謡。使者二人當到益部，投郃候舍。

又 《段翳傳》 （段翳）習《易經》，明風角。時有就其學者，雖未至，必豫知其姓名。嘗告守津吏曰：『某日當有諸生二人，荷擔問翳舍處者，幸爲告之。』後竟如其言。

又 卷八二下《方術傳·費長房》 （費長房）曾爲市掾。

又 卷八四《列女傳·孝女叔先雄》 （孝女叔先雄）父泥和，永建初爲縣功曹。縣長遣泥和拜檄謁巴郡太守，乘船墮湍水物故，尸喪不歸。

宋·李昉等《太平御覽》卷二六八《職官部六六·良令長下》引《鍾離意别傳》 （鍾離）意别傳曰意遷東平瑕丘令。男子兒直勇悍有力，便弓弩，飛射走獸，百不脱一，桀悖好犯長吏。意到官，召署捕盗掾，敕謂之云：『令昔嘗破三軍之衆，不用尺兵，嘗縛暴虎，不用尺繩，但以良謀爲之耳。掾之氣勢安若？宜慎之。』因復召直子涉署門下。將游徼私出入寺門。無所關白。收涉鞭之。直走之寺門，吹氣大言，言無上下。意敕直，能爲子屈者，自縛詣令，不則鞭殺其子。直果自縛，意告曰：『令前告汝，嘗縛暴虎，不用尺繩。汝自視何如，虎自縛耶？』敕獄械直父子，結連其頭，對榜欲死。掾吏陳諫乃貸之，由是相率爲善。所謂上德之政，鷹化爲鳩，暴虎成狸，此之謂也。

《後漢書》卷四三《何敞傳》注引《何氏家傳》 （何敞）六世祖父比干，字少卿，經明行修，兼通法律，爲汝陰縣獄吏決曹掾，平活數千人。

《晉書》卷九七《四夷傳·林邑》 林邑國本漢時象林縣，則馬援鑄柱之處也，去南海三千里。後漢末，縣功曹姓區，有子曰連，殺令自立爲王。

基層行政組織部

鄉吏分部

三老

綜述

《漢書》卷一九上《百官公卿表》 鄉有三老、有秩、嗇夫、游徼。三老掌教化。【略】皆秦制也。

晉·司馬彪《續漢書·百官志五·縣鄉》 鄉置有秩、三老、游徼。本注曰：【略】三老掌教化，凡有孝子順孫，貞女義婦，讓財救患，及學士爲民法式者，皆扁表其門，以興善行。

《宋書》卷四〇《百官志》 十亭爲鄉，鄉有鄉佐、三老、有秩、嗇夫、游徼各一人。【略】三老主教化。

雜録

《史記》卷三〇《平準書》 公卿言：『【略】非吏比者三老、北邊騎士，軺車以一算。』

又 卷四八《陳涉世家》 （陳涉）乃入據陳。數日，號令召三老、豪桀與皆來會計事。【略】當此時，諸郡縣苦秦吏者，皆刑其長吏，殺之以應陳涉。

《漢書》卷一上《高祖紀上》 舉民年五十以上，有脩行，能帥衆爲善，置以爲三老，鄉一人。擇鄉三老一人爲縣三老，與縣令丞尉以事相教，復勿繇戍。

又 卷二《惠帝紀》 （惠帝四年）春正月，舉民孝弟力田者復其身。

又 卷三《高后紀》 （高后元年二月）初置孝弟力田二千石者一人。

又 卷四《文帝紀》 （孝文帝十二年三月詔）曰：『孝悌，天下之大順也。力田，爲生之本也。三老，衆民之師也。廉吏，民之表也。朕甚嘉此二三大夫之行。今萬家之縣，云無應令，豈實人情？是吏舉賢之道未備也。其遣謁者勞賜三老、孝者帛人五匹，悌者、力田二匹，廉吏二百石以上率百石者三匹。及問民所不便安，而以户口率置三老孝悌力田常員，令各率其意以道民焉。』

又 卷二四上《食貨志》 （趙）過使教田太常、三輔，大農置工巧奴與從事，爲作田器。二千石遣令長、三老、力田及里父老善田者受田器，學耕種養苗狀。

又 卷五七下《司馬相如傳》 （司馬）相如爲郎數歲，會唐蒙使略通夜郎、僰中，發巴蜀吏卒千人，郡又多爲發轉漕萬餘人，用軍興法誅其渠率。巴蜀民大驚恐。上聞之，乃遣相如責唐蒙等，因諭告巴蜀民以非上意。檄曰：『【略】陛下患使者有司之若彼，悼不肖愚民之如此，故遣信使，曉諭百姓以發卒之事，因數之以不忠死亡之罪，讓三老孝弟以不教誨之過。方今田時，重煩百姓，已親見近縣，恐遠所谿谷山澤之民不徧聞，檄到，亟下縣道，咸諭陛下意，毋忽！』

又 卷七五《京房傳》 （焦延壽）爲郡史，察舉補小黄令。以候司先知姦邪，盜賊不得發。愛養吏民，化行縣中。舉最當遷，三老官屬上書願留贛，有詔許增秩留，卒於小黄。

又 卷七六《王尊傳》 （王尊）遷東郡太守。久之，河水盛溢，泛浸瓠子金隄，老弱奔走，恐水大決爲害。尊躬率吏民，投沈白馬，祀水神河伯。尊親執圭璧，使巫策祝，請以身填金隄，因止宿，廬居隄上。吏民數千萬人爭叩頭救止尊，尊終不肯去。及水盛隄壞，吏民皆奔走，唯一主簿泣在尊旁，立不動。而水波稍卻迴還。吏民嘉壯尊之勇節，白馬三老朱英等奏其狀。下有司考，皆如言。

又 卷九九上《王莽傳》 居攝元年正月，莽祀上帝於南郊，迎春於東郊，行大射禮于明堂，養三老五更，成禮而去。

宋・李昉等《太平御覽》卷二六〇《職官部五八・良太守上》引《東觀記》 秦彭遷山陽太守。【略】擇民能率衆以爲鄉三老，選鄉三老爲縣三老，令與長吏參職。

晉・司馬彪《續漢書・百官志五》注引《風俗通》 國家制度，大率十里一鄉。

《後漢書》卷一一《劉盆子傳》 後數歲，琅邪人樊崇起兵於莒，衆百餘人，轉入太山，自號三老。【略】初，崇等以困窮爲寇，無攻城徇地之計。衆既寖盛，乃相與爲約：殺人者死，傷人者償創。以言辭爲約束，無文書、旌旗、部曲、號令。其中最尊者號三老。

又《秦彭傳》 （秦彭）遷山陽太守。【略】有遵奉教化者，擢爲鄉三老，常以八月致酒肉以勸勉之。

又卷七九下《儒林傳・伏恭》 （司空伏恭）在位九年，以病乞骸骨罷，詔賜千石奉以終其身。十五年，行幸琅邪，引遇如三公儀。建初二年冬，肅宗行饗禮，以恭爲三老。

嗇夫（附：鄉守）

綜述

《張家山漢墓竹簡・二年律令・賊律》 以縣官事毆若詈吏，耐。所毆詈有秩以上，及吏以縣官事毆詈五大夫以上，皆黥爲城旦舂。

又《田律》 恆以秋七月除千（阡）佰（陌）之大草；九月大除道□阪險；十月爲橋，修波（陂）堤，利津梁。雖非除道之時而有陷敗不可行，輒爲之。鄉部主邑中道，田主田道。道有陷敗不可行者，罰其嗇夫、吏主者黄金各二兩。

又《賜律》 賜不爲吏及宦皇帝者，【略】不更比有秩，簪裹比斗食，上造、公士比佐史。

又《户律》 民欲先令相分田宅、奴婢、財物，鄉部嗇夫身聽其令，皆參辨券書之，輒上如户籍。【略】

恆以八月令鄉部嗇夫、吏、令史相雜案户籍，副臧（藏）其廷。有移徙者，輒移户及年籍爵細徙所，并封。留弗移，移不并封，及實不徙數盈十日，皆罰金四兩；數在所正、典弗告，與同罪。鄉部嗇夫、吏主及案户者弗得，罰金各一兩。

又《秩律》 秩各八百石，有丞、尉者半之，司空、田、鄉部二百石。【略】

秩各六百石，有丞、尉者半之，田、鄉部二百石。【略】

黄（廣）鄉長，萬年邑長，長安廚長，秩各三百石，有丞、尉者二百石，鄉部百六十石。【略】

田、鄉部二百石，司空二百五十石。

《漢書》卷一九上《百官公卿表》 鄉有三老、有秩、嗇夫、游徼。【略】嗇夫職聽訟，收賦稅。

晉・司馬彪《續漢書・百官志五・縣鄉》注引《漢官》 鄉户五千，則置有秩。

又注引《風俗通》 秩則田間大夫，言其官裁有秩耳。【略】

鄉置有秩、三老、游徼。本注曰：有秩，郡所署，秩百石，掌一鄉人；其鄉小者，縣置嗇夫一人。皆主知民善惡，爲役先後，知民貧富，爲賦多少，平其差品。

《宋書》卷四〇《百官志》 十亭爲鄉，鄉有鄉佐、三老、有秩、嗇夫、游徼各一人。鄉佐、有秩主賦税【略】嗇夫主爭訟。

雜録

《里耶秦簡（一）》 （秦始皇）廿六年五月辛巳朔庚子，啓陵鄉庫敢言之：都鄉守嘉言，渚里【略】。

劾等十七户徙都鄉，皆不移年籍。令曰：移言。今問之，劾等徙。【略】

書告都鄉曰：啓陵鄉未有枼（牒），毋以智（知）劾等初産至今年數。【略】

□□□，謁令都鄉具問劾等年數，敢言之。

□□遷陵守丞敦狐告都鄉主：以律令從事/逐手。【略】

甲辰水十一刻下者十刻，不更成里午以來。肆手。

《居延漢簡釋文合校》 建平五年八月戊□□□□廣明鄉嗇夫宏、假佐玄敢言之：善居里男子丘張自言與家買客田居延都亭部，欲取檢謹。案張等更賦皆給，當得取檢謁移居延，如律令，敢言之。

《漢書》卷七六《張敞傳》 （張）敞本以鄉有秩，補太守卒史。

又 卷八九《朱邑傳》 朱邑字仲卿，廬江舒人也。少時爲舒桐鄉嗇夫，廉平不苛，以愛利爲行，未嘗笞辱人，存問耆老孤寡，遇之有恩，所部吏民愛敬焉。遷補太守卒史。

《後漢書》卷四一《第五倫傳》 （第五）倫後爲鄉嗇夫，平徭賦，理怨結，得人歡心。

又 卷四八《爰延傳》 爰延字季平，陳留外黄人也。【略】令史昭以爲鄉嗇夫，仁化大行，人但聞嗇夫，不知郡縣。

宋·李昉等《太平御覽》卷一五七《州郡部三·敍縣》引《零陵先賢傳》 鄭產，泉陵人，爲白土嗇夫。漢末，產子一歲，輒出口錢，民多不舉。產乃敕民勿得殺子，口錢自當代出。因名其鄉曰『更生鄉』。

《後漢書》卷四九《仲長統傳》注引闞駰《十三州志》 有秩、嗇夫，得假半章印。

游徼

綜述

《漢書》卷一九上《百官公卿表》 鄉有三老、有秩、嗇夫、游徼。【略】游徼徼循禁賊盜。

晉·司馬彪《續漢書·百官志五·縣鄉》 鄉置有秩、三老、游徼。本注曰：游徼掌徼循，禁司姦盜。

《宋書》卷四〇《百官志》 鄉有鄉佐、三老、有秩、嗇夫、游徼各一人。【略】游徼主姦非。

雜録

《漢書》卷六七《蘇建傳》 （蘇建）後爲渭城令，治甚有聲。值昭帝幼，皇后父上官將軍安與帝姊蓋主私夫丁外人相善。外人（矯）［驕］恣，怨故京兆尹樊福，使客射殺之。客臧公主廬，吏不敢捕。渭城令建將吏卒圍捕。蓋主聞之，與外人、上官將軍多從奴客往，犇射追吏，吏散走。主使僕射劾渭城令游徼傷主家奴。建報亡它坐。

又 卷七六《趙廣漢傳》 （趙）廣漢奏請，令長安游徼獄吏秩百石，其後百石吏皆差自重，不敢枉法妄繫留人。

又 卷八三《朱博傳》 （朱）博治郡，常令屬縣各用其豪桀以爲大吏，文武從宜。縣有劇賊及它非常，博輒移書以詭責之。【略】姑幕縣有羣輩八人報仇廷中，皆不得。長吏自繫書言府，賊曹掾史自白請至姑幕。事留不出。功曹諸掾即皆自白，復不出。於是府丞詣閤，博乃見丞掾曰：『以爲縣自有長吏，府未嘗與也，丞掾謂府當與之邪？』閤下書佐入，博口占檄文曰：『府告姑幕令丞：言賊發不得，有書。檄到，令丞就職，游徼王卿力有餘，如律令！』王卿得敕惶怖，親屬失色。晝夜馳騖，十餘日間捕得五人。

又 卷八九《黄霸傳》 （黄）霸少爲陽夏游徼。

《後漢書》卷二七《鄭均傳》注引《東觀漢記》 （鄭均）兄仲，爲縣游徼，頗受禮遺。

又 卷一八《臧宫傳》 臧宫字君翁，潁川郟人也。少爲縣亭長、游徼。

又 卷八一《獨行傳·王忳》 （王忳）除郿令。到官，至斄亭。【略】女子乃前訴曰：『妾夫爲涪令，之官過宿此亭，亭長無狀，賊殺妾家十餘口，埋在樓下，悉取財貨。』忳問亭長姓名。女子曰：『即今門下游徼者也。』【略】明旦召游徼詰問，具服罪，即收繫，及同謀十餘人悉伏辜。

鄉佐

綜述

晉・司馬彪《續漢書・百官志五・縣鄉》　鄉置有秩、三老、游徼。【略】又有鄉佐，屬鄉，主民收賦稅。

《後漢書》卷三八《張宗傳》注引《續漢書》　鄉佐，主佐鄉收稅賦。

《宋書》卷四〇《百官志》　鄉有鄉佐、三老、有秩、嗇夫、游徼各一人。鄉佐、有秩主賦稅。

雜録

《後漢書》卷三八《張宗傳》　張宗字諸君，南陽魯陽人也。王莽時，爲縣陽泉鄉佐。會莽敗，義兵起，宗乃率陽泉民三四百人起兵略地，西至長安。

又　卷四一《第五倫傳》　（第五倫）爲宕渠令，顯拔鄉佐玄賀，賀後爲九江、沛二郡守。

又　卷六七《黨錮傳・杜密》　（杜密）行春到高密縣，見鄭玄爲鄉佐，知其異器，即召署郡職，遂遣就學。

又　卷八三《逸民傳・周黨》　（周黨）家産千金。少孤，爲宗人所養，而遇之不以理，及長，又不還其財。黨詣鄉縣訟，主乃歸之。既而散與宗族，悉免遺奴婢，遂至長安遊學。

初，鄉佐嘗衆中辱黨，黨久懷之。後讀《春秋》，聞復讎之義，便輟講而還，與鄉佐相聞，期剋鬬日。既交刃，而黨爲鄉佐所傷，困頓。鄉佐服其義，輿歸養之，數日方蘇，既悟而去。自此敕身脩志，州里稱其高。

里職分部

里正（附：里監門）

綜述

《張家山漢墓竹簡・二年律令・户律》　自五大夫以下，比地爲伍，以辨券爲信，居處相察，出入相司。有爲盜賊及亡者，輒謁吏、典。田典更挾里門籥（鑰），以時開；伏閉門，止行及作田者。

晉・司馬彪《續漢書・百官志五・亭里》　里有里魁，民有什伍，善惡以告。本注曰：里魁掌一里百家。

又　注引《風俗通》　《周禮》五家爲鄰，四鄰爲里，里者，止也。里有司，司五十家，共居止，同事舊欣，通其所也。

《宋書》卷四〇下《百官志》　十什爲里，里魁主之。

雜録

《史記》卷八九《張耳陳餘列傳》　張耳、陳餘乃變名姓，俱之陳，爲里監門以自食。兩人相對。里吏嘗有過笞陳餘，陳餘欲起，張耳躡之，使受笞。吏去，張耳乃引陳餘之桑下而數之曰：『始吾與公言何如？今見小辱而欲死一吏乎？』陳餘然之。秦詔書購求兩人，兩人亦反用門者以令里中。

又　卷九七《酈生陸賈列傳》　酈生食其者，陳留高陽人也。好讀書，家貧落魄，無以爲衣食業，爲里監門吏。

《漢書》卷五一《路温舒傳》　路温舒字長君，鉅鹿東里人也。父爲里監門。

又　卷七六《韓延壽傳》　（韓）延壽爲吏。【略】又置正、五長，相率以孝弟，不得舍姦人。閭里阡陌有非常，吏輒聞知，姦人莫敢入界。其始若煩，後吏無追捕之苦，民無箠楚之憂，皆便安之。

又　卷九〇《酷吏傳・尹賞》　（尹）賞以三輔高第選守長安令，得壹切便宜從事。【略】乃部户曹掾史，與鄉吏、亭長、里正、父老、伍人，雜舉長安中輕薄少年惡子，無市籍商販作務，而鮮衣凶服被鎧扞持刀兵者，悉籍記之，得數百人。

什、伍長（附：父老）

綜述

《張家山漢墓竹簡・二年律令・户律》　自五大夫以下，比地爲伍，以辨券爲信，居處相察，出入相司。有爲盜賊及亡者，輒謁吏、典。田典更挾里門籥（鑰），以時開；伏閉門，止行及作田者。

漢・衛宏《漢官舊儀》卷下　五人爲伍，伍長一人；十人爲什，什長一人。

晉・司馬彪《續漢書・百官志五・亭里》　里有里魁，民有什伍，善惡以告。本注曰：里魁掌一里百家，什主十家，伍主五家，以相檢察，民有善事惡事，以告監官。

《宋書》卷四〇下《百官志》　五家爲伍，伍長主之。二五爲什，什長主之。

雜録

《史記》卷八《高祖本紀》　秦二世元年秋，陳勝等起蘄，至陳而王，號爲『張楚』。諸郡縣皆多殺其長吏以應陳涉。沛令恐，欲以沛應陳涉。沛公恐，欲以沛應涉。掾、主吏蕭何、曹參乃曰：『君爲秦吏，今欲背之，率沛子弟，恐不聽。願君召諸亡在外者，可得數百人，因劫衆，衆不敢不聽。』乃令樊噲召劉季。劉季之衆已數十百人矣。於是樊噲從劉季來。沛令後悔，恐其有變，乃閉城城守，欲誅蕭、曹。蕭、曹恐，踰城保劉季。劉季乃書帛射城上，謂沛父老曰：『天下苦秦久矣。今父老雖爲沛令守，諸侯並起，今屠沛。沛今共誅令，擇子弟可立者立之，以應諸侯，則家室完。不然，父子俱屠，無爲也。』父老乃率子弟共殺沛令，開城門迎劉季，欲以爲沛令。劉季曰：『天下方擾，諸侯並起，今置將不善，壹敗塗地。吾非敢自愛，恐能薄，不能完父兄子弟。此大事，願更相推擇可者。』蕭、曹等皆文吏，自愛，恐事不就，後秦種族其家，盡讓劉季。諸父老皆曰：『平生所聞劉季諸珍怪，當貴，且卜筮之，莫如劉季最吉。』於是劉季數讓。衆莫敢爲，乃立季爲沛公。

又　卷五六《陳丞相世家》　（陳）平既娶張氏女，齎用益饒，游道日廣。里中社，平爲宰，分肉食甚均。父老曰：『善，陳孺子之爲宰！』平曰：『嗟乎！使平得宰天下，亦如是肉矣！』

《後漢書》卷四九《仲長統傳》《損益篇》曰：『【略】向者，天下户過千萬，除其老弱，但户一丁壯，則千萬人也。遺漏既多。又蠻夷戎狄居漢地者尚不在焉。丁壯十人之中，必有堪爲其什伍之長，推什長已上，則百萬人也。』

封國職官部

王國職官分部

綜述

《史記》卷五九《五宗世家》　太史公曰：高祖時諸侯皆賦，得自除内史以下，漢獨爲置丞相，黄金印。諸侯自除御史、廷尉正、博士，擬於天子。自吳楚反後，五宗王世，漢爲置二千石，去『丞相』曰『相』，銀印。諸侯獨得食租稅，奪之權。

《漢書》卷九《元帝紀》　（初元）三年春，令諸侯相位在郡守下。

又　卷一四《諸侯王表序》　藩國大者夸州兼郡，連城數十，宮室百官同制京師，可謂撟枉過其正矣。

又　卷一九上《百官公卿表》　諸侯王，高帝初置，金璽盭綬，掌治其國。有太傅輔王，內史治國民，中尉掌武職，丞相統衆官，羣卿大夫都官如漢朝。景帝中五年令諸侯王不得復治國，天子爲置吏，改丞相曰相，省御史大夫、廷尉、少府、宗正、博士官、大夫、謁者、郎諸官長丞皆損其員。武帝改漢內史爲京兆尹，中尉爲執金吾，郎中令爲光禄勳，故王國如故。損其郎中令，秩千石；改太僕曰僕，秩亦千石。成帝綏和元年省內史，更令相治民，如郡太守，中尉如郡都尉。

又　注引《漢舊儀》　諸侯王黄金璽，橐佗鈕，文曰璽，謂刻云某王之璽。

晉·司馬彪《續漢書·百官志五·王國》劉昭注引《漢舊儀》　帝子爲王。王國置太傅、相、中尉各一人，秩二千石，以輔王。僕一人，秩千石。郎中令，秩六百石，置官如漢官官吏。郎、大夫四百石以下自調除。國中漢置內史一人，秩二千石，治國如郡太守、都尉職事，調除吏屬。相、中尉、傅不得與國政，輔王而已。當有爲，移書告內史。內史見傅、相、中尉，禮如都尉。太（守）［傅］、相置長史，中尉及內史令置丞一人，皆六百石。成帝時，大司空何武奏罷內史，相如太守，中尉如都尉，參職。是後相、中尉爭權，與王遞相奏，常不和。

唐·歐陽詢等《藝文類聚》卷四五《職官部一·總載職官·諸王》引蔡邕《獨斷》　漢制，皇子封爲王，其實諸侯也。周末諸侯或稱王，而漢天子自以皇帝爲稱，故以王號加之，總名諸侯王，法律家皆曰列侯。天子太社以五色土爲壇，皇子封爲王者受天子太社之土，以所封之方色：東方受青，南方受赤，他如其方色，藉以白茅，歸國以立社，故謂之茅土。

晉·司馬彪《續漢書·百官志五·王國》　皇子封王，其郡爲國，每置傅一人，相一人，皆二千石。本注曰：傅主導王以善，禮如師，不臣也。相如太守，有長史，如郡丞。

漢初立諸王，因項羽所立諸王之制，地既廣大，且至千里。又其官職傅爲太傅，相爲丞相，又有御史大夫及諸卿，皆秩二千石，百官皆如朝廷。國家唯爲置丞相，其御史大夫以下皆自置之。至景帝時，吳、楚七國恃其國大，遂以作亂，幾危漢室。及其誅滅，景帝懲之，遂令諸王不得治民，令內史主治民，改丞相曰相，省御史大夫、廷尉、少府、宗正、博士官。武帝改漢內史、中尉、郎中令之名，而王國如故，員職皆朝廷爲署，不得自置。至漢成帝省內史治民，更令相治民，太傅但曰傅。

唐·杜佑《通典》卷三一《職官十三·歷代封侯王爵》　凡諸侯王皆金璽盭綬，掌治其國。王常冠遠遊冠，綬五采而多朱。自稱曰寡人，教曰令。凡諸侯王官，其傅爲太傅，相爲丞相，又有御史大夫、諸卿，皆秩二千石，百官皆如漢朝。漢朝惟爲置丞相，其御史大夫以下皆自置之。及七國作亂之後，景帝懲之，遂令諸侯王不得治民，令內史治之，改丞相曰相，省御史大夫、廷尉、少府、宗正、博士官。武帝改漢內史、中尉、郎中令之名，而王國如故，員職皆不得自置。又令諸王得推恩封子弟爲列侯，於是齊分爲七，趙分爲六，梁分爲五，淮南分爲三。又令諸侯十月獻酎金，不如法者，國除。其縣邑皆別屬他郡。千户置家丞，不欲者聽之。作左官之律，附益之法。自後諸侯王唯得衣食租稅。至成帝綏和元年，省內史，更令相治民，太傅但曰傅。

論　說

《史記》卷一一《孝景本紀》　（景帝）中三年冬，罷諸侯御史中丞。

《漢書》卷四《文帝紀》　（漢大臣）使人迎代王。郎中令張武等議，皆曰：『漢大臣皆故高帝時將，習兵事，多謀詐，其屬意非止此也，特畏高帝、呂太后威耳。今已誅諸呂，新喋血京師，以迎大王爲名，實不可信。願稱疾無往，以觀其變。』中尉宋昌進曰：『羣臣之議皆非也。【略】方今高帝子獨淮南王與大王，大王又長，賢聖仁孝，聞於天下，故大臣因天下之心而欲迎立大王，大王勿疑也。』

《漢書》卷五《景帝紀》　（景帝五年）秋八月己酉，【略】更名諸侯丞相爲相。【略】

（景帝中元三年）罷諸侯御史大夫官。

又　卷八《宣帝紀》　（地節）三年春三月，詔曰：『蓋聞有功不賞，有罪不誅，雖唐虞猶不能以化天下。今膠東相成勞來不怠，流民自占

八萬餘口，治有異等，其秩成中二千石，賜爵關内侯。』

又　卷九《元帝紀》（初元）三年春，令諸侯相位在郡守下。

又　卷三五《吳王劉濞傳》　吳王之初發也，吳臣田禄伯爲大將軍。【略】王專并將其兵，未度淮，諸賓客皆得爲將、校尉、行間候、司馬，獨周丘不用。

又　卷三六《楚元王劉交傳》（楚）王戊稍淫暴，二十年，爲薄太后服私姦，削東海、薛郡，乃與吳通謀。【略】二十一年春，景帝之三年也，削書到，遂應吳王反。其相張尚、太傅趙夷吾諫，不聽。遂殺尚、夷吾，起兵會吳西攻梁。

又　卷三七《田叔傳》（田叔）爲魯相。相初至官，民以王取其財物自言者百餘人。叔取其渠率二（千）［十］人笞，怒之曰：『王非汝主邪？何敢自言主！』魯王聞之，大慚，發中府錢，使相償之。相曰：『王自使人償之，不爾，是王爲惡而相爲善也。』

魯王好獵，相常從入苑中，王輒休相就館。相常暴坐苑外，終不休，曰：『吾王暴露，獨何爲舍？』王以故不大出遊。

又　卷三八《趙幽王劉友傳》　趙王遂立二十六年，孝景時鼂錯以過削趙常山郡，諸侯怨，吳楚反，遂與合謀起兵。其相建德、内史王悍諫，不聽。遂燒殺德、悍。

又　《燕靈王劉建傳》（齊相曹參以魏勃）言之悼惠王。王召見，拜爲内史。始悼惠王得自置二千石。及悼惠王薨，哀王嗣，勃用事重於相。【略】

悼惠之王齊，最爲大國，以海内初定，子弟少，激秦孤立亡藩輔，故大封同姓，以填天下。時諸侯得自除御史大夫羣卿以下衆官，如漢朝，漢獨爲置丞相。自吳楚誅後，稍奪諸侯權，左官附益阿黨之法設。其後諸侯唯得衣食租税，貧者或乘牛車。

又　卷三九《曹參傳》　高祖以長子肥爲齊王，而以參爲相國。【略】孝惠元年，除諸侯相國法，更以參爲齊丞相。

又　卷四四《淮南厲王劉長傳》　上令昭予厲王書諫數之，曰：『【略】法，二千石缺，輒言漢補，大王逐漢所置，而請自置相、二千石，皇帝骫天下正法而許大王，甚厚。』

又　《衡山王劉賜傳》（衡山王劉賜）元光六年入朝，謁者衛慶有方術，欲上書事天子，王怒，故劾慶死罪，强榜服之。内史以爲非是，卻其獄。王使人上書告内史，内史治，言王不直。又數侵奪人田，壞人冢以爲田，有司請逮治衡山王，上不許，爲置吏二百石以上。

又　《梁孝王劉武傳》（梁孝王劉武）以太后故，入則侍帝同輦，出則同車遊獵上林中。梁之侍中、郎、謁者著引籍出入天子殿門，與漢宦官亡異。

又　《梁懷王劉揖傳》（荒王嘉）薨，子立嗣。鴻嘉中，太傅輔奏：『立一日至十一犯法，臣下愁苦，莫敢親近，不可諫止。願令王，非耕、祠，法駕毋得出宫，盡出馬置外苑，收兵杖藏私府，毋得以金錢財物假賜人。』事下丞相、御史，請許。奏可。後數復驅傷郎，夜私出宫。傅相連奏，坐削或千户或五百户，如是者數焉。【略】積數歲，永始中，相禹奏立對外家怨望，有惡言。【略】居數歲，元延中，立復以公事怨相掾及睢陽丞，使奴殺之，殺奴以滅口。凡殺三人，傷五人，手驅郎吏二十餘人。上書不拜奏。謀篡死罪囚。有司請誅，上不忍，削立五縣。

哀帝建平中，立復殺人。天子遣廷尉賞、大鴻臚由持節即訊。至，移書傅、相、中尉曰：『王背策戒，誖暴妄行，連犯大辟，毒流吏民。比比蒙恩，不伏重誅，不思改過，復賊殺人。幸得蒙恩，丞相長史、大鴻臚丞即問。王陽病抵讕，置辭驕嫚，不首主令，與背畔亡異。丞相、御史請收王璽綬，送陳留獄。明詔加恩。復遣廷尉、大鴻臚雜問。今王當受詔置辭。恐復不首實對。《書》曰：「至于再三，有不用，我降爾命。」傅、相、中尉皆以輔正爲職，「虎兕出於匣，龜玉毁於匵中，是誰之過也？」書到，明以誼曉王。敢復懷詐，罪過益深。傅、相以下，不能輔導，有正法。』

又　卷四八《賈誼傳》（文帝）乃拜誼爲梁懷王太傅。懷王，上少子，愛而好書，故令誼傳之，數問以得失。【略】

賈誼曰：『【略】大國之王幼弱未壯，漢之所置傅相方握其事。』

又　卷五二《韓安國傳》　梁王以至親故，得自置相、二千石，出入遊戲，僭於天子。

又　卷五六《董仲舒傳》　天子以仲舒爲江都相，事易王。易王，

帝兄，素驕，好勇。仲舒以禮誼匡正，王敬重焉。

又　卷六三《燕刺王劉旦傳》（燕刺王劉旦）郎中侍從者著貂羽，黄金附蟬，皆號侍中。

又　卷七六《王尊傳》（王尊）遷爲東平相。是時，東平王以至親驕奢不奉法度，傅相連坐。

又　卷八〇《宣元六王傳》　上以故丞相韋賢子玄成陽狂讓侯兄，經明行高，稱於朝廷，乃召拜玄成爲淮陽中尉，欲感諭憲王，輔以推讓之臣，由是太子遂安。

又　卷八一《孔光傳》（孔光）宣帝時爲太中大夫，以選授皇太子經，遷詹事，高密相。是時，諸侯王相在郡守上。

又　《馬宫傳》（馬宫）治《春秋》嚴氏，以射策甲科爲郎，遷楚長史。

又　卷八六《何武傳》（何武）爲御史大夫司空，與丞相方進共奏言：『往者諸侯王斷獄治政，内史典獄事，相總綱紀輔王，中尉備盜賊。今王不斷獄與政，中尉官罷，職并内史，郡國守相委任，所以壹統信，安百姓也。今内史位卑而權重，威職相踰，不統尊者，難以爲治。臣請相如太守，内史如都尉，以順尊卑之序，平輕重之權。』制曰：『可。』以内史爲中尉。

《史記》卷一〇一《袁盎傳》　袁盎自其爲吴相時，（嘗）有從史嘗盜愛盎侍兒，盎知之，弗泄，遇之如故。人有告從史，言：『君知爾與侍者通』，乃亡歸。袁盎驅自追之，遂以侍者賜之，復爲從史。

又　卷一二〇《汲黯傳》注引如淳曰　諸侯王相在郡守上，秩眞二千石。律，眞二千石俸月二萬，二千石月萬六千。

雜　録

《漢書》卷四八《賈誼傳》　高皇帝以明聖威武即天子位，割膏腴之地以王諸公，多者百餘城，少者乃三、四十縣。

《史記》卷一八《漢興以來諸侯年表序》　高祖子弟同姓爲王者九國，唯獨長沙異姓【略】。自鴈門、太原以東至遼陽，爲燕、代國；常山以南，太行左轉，度河、濟，阿、甄以東薄海，爲齊、趙國；自陳以西，南至九疑，東帶江、淮、穀、泗，薄會稽，爲梁、楚、淮南、長沙國：皆外接於胡、越。而内地北距山以東盡諸侯地，大者或五六郡，連城數十，置百官宫觀，僭於天子。漢獨有三河、東郡、潁川、南陽，自江陵以西至蜀，北自雲中至隴西，與内史凡十五郡，而公主列侯頗食邑其中。何者？天下初定，骨肉同姓少，故廣强庶孽，以鎮撫四海，用承衛天子也。

漢定百年之間，親屬益疏，諸侯或驕奢，忕邪臣計謀爲淫亂，大者叛逆，小者不軌於法，以危其命，殞身亡國。天子觀於上古，然後加惠，使諸侯得推恩分子弟國邑，故齊分爲七，趙分爲六，梁分爲五，淮南分三，及天子支庶子爲王，王子支庶爲侯，百有餘焉。吴楚時，前後諸侯或以適削地，是以燕、代無北邊郡，吴、淮南、長沙無南邊郡，齊、趙、梁、楚支郡名山陂海咸納於漢。諸侯稍微，大國不過十餘城，小侯不過數十里，上足以奉貢職，下足以供養祭祀，以蕃輔京師。而漢郡八九十，形錯諸侯間，犬牙相臨，秉其阸塞地利，强本幹，弱枝葉之勢也，尊卑明而萬事各得其所矣。

《漢書》卷一四《諸侯王表第二》　高祖創業，日不暇給，孝惠享國又淺，高后女主攝位，而海内晏如，亡狂狡之憂，卒折諸呂之難，成太宗之業者，亦賴之於諸侯也。

然諸侯原本以大，末流濫以致溢，小者淫荒越法，大者睽孤横逆，以害身喪國。故文帝采賈生之議分齊、趙，景帝用鼂錯之計削吴、楚。武帝施主父之册，下推恩之令，使諸侯王得分户邑以封子弟，不行黜陟。而藩國自析。自此以來，齊分爲七，趙分爲六，梁分爲五，淮南分爲三。皇子始立者，大國不過十餘城，長沙、燕、代雖有舊名，皆亡南北邊矣。景遭七國之難，抑損諸侯，減黜其官。武有衡山、淮南之謀，作左官之律，設附益之法，諸侯惟得衣食税租，不與政事。

至於哀、平之際，皆繼體苗裔，親屬疏遠，生於帷墻之中，不爲士民所尊，勢與富室亡異。而本朝短世，國統三絶，是故王莽知漢中外殫微，本末俱弱，亡所忌憚，生其姦心；因母后之權，假伊周之稱，顓作威福廟堂之上，不降階序而運天下。作謀既成，遂據南面之尊，分遣五威之

吏，馳傳天下，班行符命。漢諸侯王厥角稽首，奉上璽韍，惟恐在後，或乃稱美頌德，以求容媚，豈不哀哉！是以究其終始强弱之變，明監戒焉。

《後漢書》卷一四《孝明八王傳論》引《東觀漢記》　皇子之封，皆減舊制。嘗案輿地圖，皇后在旁，言鉅鹿、樂成、廣平各數縣，租穀百萬，帝令滿二千萬止。諸小王皆當略與楚、淮陽相比，什減三四。曰：『我子不當與先帝子等』者也。

又　卷六一《黄瓊傳》　今諸侯以户邑爲制，不以里數爲限。

《晉書》卷一四《地理志》　光武中興，不踰前制，東海王强以去就有禮，故優以大封，兼食魯郡二十九縣，其餘稱爲寵錫者，兼一郡而已。

侯國職官分部

綜　述

《漢書》卷一九上《百官公卿表》　徹侯金印紫綬，避武帝諱，曰通侯，或曰列侯，改所食國令長名相，又有家丞、門大夫、庶子。【略】

列侯所食縣曰國。

晉・司馬彪《續漢書・百官志五・列侯》　列侯，所食縣爲侯國。本注曰：承秦爵二十等，爲徹侯，金印紫綬，以賞有功。功大者食縣，小者食鄉、亭，得臣其所食吏民。後避武帝諱，爲列侯。武帝元朔二年，令諸王得推恩分衆子土，國家爲封，亦爲列侯。舊列侯奉朝請在長安者，位次三公。中興以來，唯以功德賜位特進者，次車騎將軍；賜位朝侯，次五校尉；賜位侍祠侯，次大夫。其餘以肺附及公主子孫奉墳墓於京都者，亦隨時見會，位在博士、議郎下。【略】

每國置相一人，其秩各如本縣。本注曰：主治民。如令、長，不臣也，但納租於侯，以户數爲限。其家臣，置家丞、庶子各一人。本注曰：主侍侯，使理家事。列侯舊有行人、洗馬、門大夫，凡五官。中興以來，食邑千户已上置家丞、庶子各一人，不滿千户不置家丞，又悉省行人、洗馬、門大夫。

《後漢書》卷四三《朱暉傳》引《續漢書・百官志》　諸侯家丞，秩三百石。

晉・司馬彪《續漢書・輿服志・車馬飾》　列侯，家丞、庶子導從。

唐・杜佑《通典》卷三一《職官十三・歷代封侯王爵》　漢興，設爵二等，曰王，曰侯。皇子而封爲王者，其實古諸侯也，故謂之諸侯王。王子封爲侯者，謂之諸侯。羣臣異姓以功封者，謂之徹侯。大者不過萬家，小者五六百户，以爲差降。古分土而無分民，自漢始分民，而諸王國皆連城數十，踰於古制。其諸侯功德優盛，朝廷所敬異，有賜特進者，其位在三公下。其次，列侯有功德，天子命爲諸侯者，謂之朝侯，其位次九卿下。皆平冕文衣，侍祠郊廟。其稱侍祠侯者，但侍祠而無朝位。其非朝侯、侍祠，而以下土小國，或以肺腑宿親若公主子孫或奉先侯墳墓在京師者，亦隨時見會，謂之猥諸侯。【略】

漢初，論功封列侯者，凡百四十有三人。外戚與定天下，侯者二人。凡列侯，金印紫綬，大者食縣，小者食鄉、亭，得臣其所食吏民。【略】

後漢爵亦二等。皇子封王，其郡爲國。其列侯，雖鄧、寇元勳，所食不過四縣，爲侯國。舊制，列侯奉朝請在長安者，皆位次三公。中興以來，唯以功德賜位特進者，次車騎將軍；賜位朝侯，次五校尉；賜位侍祠侯，次大夫。其餘以肺腑及公主子孫或奉墳墓，亦爲猥諸侯。明帝爲四姓小侯開立學校，置《五經》師。諸王封者，受茅土，歸以立社。罷侯歸國，不得臣吏民。

至獻帝建安初，封曹操爲費亭侯，亭侯之制，自此始也。二十年，曹公始置名號侯，至五大夫，與舊列侯、關内侯，凡六等，以賞軍功。

宋・徐天麟《東漢會要》卷一八《封建下・王侯號》　臣天麟按：漢世封侯，皆以縣邑。其後或以鄉亭，皆視其所食之邑而名之。至于功名顯著，則有特加美名者，西都信武、冠軍、富民、博陸之類是也。東漢因之，時有美號。至於彭寵蒼頭，以奴弑主，而封之不義侯。夫果不義，則不應封爵，使其功可封，則非可言不義矣。光武於是失之。

又　《位次》　列侯封邑，小大不同，而其位序，則與公卿相配。按《靈思何后紀》注：大縣侯位視三公，小縣侯位視上卿，鄉亭侯視中二千石，蓋中二千石卽九卿秩耳。然《百官志》云：舊列侯奉朝請在長

安者，位次三公。中興以來，惟以功德賜位特進者，次車騎將軍；賜位朝侯，次五校尉；賜位侍祠侯，次大夫；其餘以肺附及公主子孫，奉墳墓於京師者，亦隨時見會，位在博士、議郎下。而《鄧禹傳》注復云：諸侯功德優盛，朝廷所敬者，位特進，在三公下；其次朝侯，在九卿下。是三者前後參錯，未知孰正也。

又 《户邑》 臣天麟按：西都之制，列侯封君食租稅，歲率户二百，千户之君則二十萬。至封户多寡之目，則初無定制，特視其功之大小以加之。霍光封博陸侯，所食纔二萬。霍去病封冠軍侯，所食萬七千七百餘。至後漢梁冀所食至三萬户，視西都爲益廣矣。

論説

《張家山漢墓竹簡·二年律令·秩律》 縣道官所治死罪，【略】徹侯邑上所在郡守。

《史記》卷六《秦始皇本紀》 丞相綰等言：『諸侯初破，燕、齊、荆地遠，不爲置王，毋以填之。請立諸子，唯上幸許。』始皇下其議於羣臣，羣臣皆以爲便。廷尉李斯議曰：『周文武所封子弟同姓甚衆，然後屬疏遠，相攻擊如仇讎，諸侯更相誅伐，周天子弗能禁止。今海内賴陛下神靈一統，皆爲郡縣，諸子功臣以公賦稅重賞賜之，甚足易制。天下無異意，則安寧之術也。置諸侯不便。』始皇曰：『天下共苦戰鬭不休，以有侯王。賴宗廟，天下初定，又復立國，是樹兵也，而求其寧息，豈不難哉！廷尉議是。』分天下以爲三十六郡。

又 卷一〇《孝文本紀》 （文帝）二年十月，丞相平卒，復以絳侯勃爲丞相。上曰：『朕聞古者諸侯建國千餘（歲），各守其地，以時入貢，民不勞苦，上下驩欣，靡有遺德。今列侯多居長安，邑遠，吏卒給輸費苦，而列侯亦無由教馴其民。其令列侯之國，爲吏及詔所止者，遣太子。』【略】

（文帝三年）十一月，上曰：『前日（計）〔詔〕遣列侯之國，或辭未行。丞相朕之所重，其爲朕率列侯之國。』絳侯勃免丞相就國。

又 卷五七《絳侯周勃世家》 （周勃）乃免相就國。歲餘，每河東守尉行縣至絳，絳侯勃自畏恐誅，常被甲，令家人持兵以見之。

又 卷九五《樊酈滕灌列傳》 孝文帝既立，乃復封噲他庶子市人爲舞陽侯，復故爵邑。市人立二十九歲卒，謚爲荒侯。子他廣代侯。六歲，侯家舍人得罪他廣，怨之，乃上書曰：『荒侯市人病不能爲人，令其夫人與其弟亂而生他廣，他廣實非荒侯子，不當代後。』詔下吏。孝景中六年，他廣奪侯爲庶人，國除。

又 卷一〇五《扁鵲倉公列傳》 （淳于意）曰：『【略】高永侯家丞杜信，喜脉，來學，臣意教以上下經脉五診，二歲餘。』

又 卷一〇七《魏其武安侯列傳》 孝景時，魏其常受遺詔，曰『事有不便，以便宜論上』。及繫，灌夫罪至族，事日急，諸公莫敢復明言於上。魏其乃使昆弟子上書言之，幸得復召見。書奏上，而案尚書大行無遺詔。詔書獨藏魏其家，家丞封。乃劾魏其矯先帝詔，罪當棄市。

又 卷一二九《貨殖列傳》 封者食租稅，歲率户二百。千户之君則二十萬，朝覲聘享出其中。

《尹灣漢墓簡牘》 （東海郡下屬）侯國十八，【略】相十八，【略】侯家丞十八人，僕、行人、門大夫五十四人，先馬、中庶子二百五十二人，凡三百廿四人。

《漢書》卷一下《高祖紀》 （高祖十二年）三月，詔曰：『吾立爲天子，帝有天下，十二年於今矣。與天下之豪士賢大夫共定天下，同安輯之。其有功者上致之王，次爲列侯，下乃食邑。而重臣之親，或爲列侯，皆令自置吏，得賦斂。女子公主。爲列侯食邑者，皆佩之印，賜大第室。吏二千石，徙之長安，受小第室。入蜀漢定三秦者，皆世世復。吾於天下賢士功臣，可謂亡負矣。其有不義背天子擅起兵者，與天下共伐誅之。布告天下，使明知朕意。』

又 卷一六《高惠高后文功臣表》 （高祖）即皇帝位。八載而天下乃平，始論功而定封。訖十二年，侯者百四十有三人。時大城名都民人散亡，户口可得而數裁什二三，是以大侯不過萬家，小者五六百户。封爵之誓曰：『使黄河如帶，泰山若厲，國以永存，爰及苗裔。』於是申以丹書之信，重以白馬之盟，又作十八侯之位次。高后二年，復詔丞相陳平盡差列侯之功，録第下竟，臧諸宗廟，副在有司。始未嘗不欲固根本，而枝

葉稍落也。

故逮文、景四五世間，流民既歸，户口亦息，列侯大者至三四萬户，小國自倍，富厚如之。子孫驕逸，忘其先祖之艱難，多陷法禁，隕命亡國，或云亡子孫。訖於孝武後元之年，靡有孑遺，耗矣。罔亦少密焉。故孝宣皇帝愍而録之，乃開廟臧，覽舊籍，詔令有司求其子孫，咸出庸保之中，並受復除，或加以金帛，用章中興之德。

降及孝成，復加卹問，稍益衰微，不絶如綫。善乎，杜業之納説也！曰：『昔唐以萬國致時雍之政，虞、夏以之多羣后饗共己之治。湯法三聖，殷氏太平。周封八百，重譯來賀，是以内恕之君樂繼絶世，隆名之主安立亡國。至於不及下車，德念深矣。成王察牧野之克，顧羣后之勤，知其恩結於民心，功光於王府也。故追述先父之志，録遺老之策，高其位，大其寓，愛敬飭盡，命賜備厚，大孝之隆，於是爲至。至其没也，世主歎其功，無民而不思。所息之樹且猶不伐，況其廟乎？是以燕、齊之祀與周並傳，子繼弟及，歷載不墮。豈無刑辟，繇祖之竭力，故支庶賴焉。迹漢功臣，亦皆割符世爵，受山河之誓，存以著其號，亡以顯其魂，賞亦不細矣。百餘年間而襲封者盡，或絶失姓，或乏無主，朽骨孤於墓，苗裔流於道，生爲愍隸，死爲轉屍。以往況今，甚可悲傷。聖朝憐閔，詔求其後，四方忻忻，靡不歸心。出入數年而不省察，恐議者不思大義，設言虛亡，則厚德掩息，遴柬布章，非所以視化勸後也。三人爲衆，雖難盡繼，宜從尤功。』於是成帝復紹蕭何。

哀、平之世，增修曹參、周勃之屬，得其宜矣。以綴續前記，究其本末，并序位次，盡于孝文，以昭元功之侯籍云。

又 卷一八《外戚恩澤侯表》 漢興，外戚與定天下，侯者二人。故誓曰：『非劉氏不王，若有亡功非上所置而侯者，天下共誅之。』是以高后欲王諸吕，王陵廷爭；孝景將侯王氏，修侯犯色。卒用廢黜。是後薄昭、竇嬰、上官、衞、霍之侯，以功受爵。其餘后父據《春秋》褒紀之義，帝舅緣《大雅》申伯之意，浸廣博矣。

又 卷七三《韋玄成傳》 （韋）玄成兄弘爲太常丞，職奉宗廟，典諸陵邑，煩劇多罪過。父賢以弘當爲嗣，故敕令自免。弘懷謙，不去官。及賢病篤，弘竟坐宗廟事繫獄，罪未決。室家問賢當爲後者，賢恚恨不肯言。於是賢門下生博士義倩等與宗家計議，共矯賢令，使家丞上書言大行，以大河都尉玄成爲後。

又 卷七七《鄭崇傳》 上欲封祖母傅太后從弟商，崇諫曰『孝成皇帝封親舅五侯，天爲赤黄晝昏，日中有黑氣。今祖母從昆弟二人已侯。孔鄉侯，皇后父；高武侯以三公封，尚有因緣。今無故欲復封商，壞亂制度，逆天人心，非傅氏之福也。【略】臣願以身命當國咎。』崇因持詔書案起。傅太后大怒曰：『何有爲天子乃反爲一臣所顓制邪！』上遂下詔曰：『【略】侍中光禄大夫商，皇太太后父同産子，小自保大，恩義最親，其封商爲汝昌侯。爲崇祖侯後，更號崇祖侯爲汝昌哀侯。』

又 卷九八《元后傳》 河平二年，上悉封舅譚爲平阿侯，商成都侯，立紅陽侯，根曲陽侯，逢時高平侯。五人同日封，故世謂之『五侯』。太后同産唯曼蚤卒，餘畢侯矣。

《後漢書》卷一五《鄧晨傳》注引《東觀漢記》 （鄧）晨與上共載出，逢使者不下車，使者怒，頗加恥辱。上稱江夏卒史，晨更名侯家丞。使者以其詐，將至亭，欲罪之，新野宰潘叔爲請，得免。

又 卷五〇《孝明八王傳·濟陰悼王長傳》注引《東觀漢記》 （明帝時）自皇子之封，皆減舊制。嘗案輿地圖，皇后在旁，言鉅鹿、樂成、廣平各數縣，租穀百萬，帝令滿二千萬止。諸小王皆當略與楚、淮陽相比，什減三四。曰：『我子不當與先帝子等。』者也。又國遠而小於王，善節約謙儉如此。

宋·李昉等《太平御覽》卷九〇《皇王部一五·光武皇帝》引《東觀漢記》 更始立，以上爲太常偏將軍。時無印，得定武侯家丞印，佩之。

《後漢書》卷二《明帝紀》 帝遵奉建武制度，無敢違者。後宮之家，不得封侯與政。

又 卷五《安帝紀》 （延光元年八月）己亥，詔三公、中二千石，舉刺史、二千石、令、長、相，視事一歲已上至十歲，清白愛利，能敕身率下、防姦理煩，有益於人者，無拘官簿。

又 卷一〇《皇后紀下·孝崇匽皇后》 孝崇匽皇后諱明，【略】元嘉二年崩。【略】詔安平王豹、河間王建、渤海王悝，長社、益陽二長公

主，與諸國侯三百里內者，及中二千石、二千石、令、長、相，皆會葬。

又 卷一六《鄧禹傳》 永初六年，紹封康爲夷安侯。時諸紹封者，皆食故國半租，康以皇太后戚屬，獨三分食二，以侍祠侯爲越騎校尉。

又 卷三五《張奮傳》 （張）奮字穉通。父純，臨終敕家丞曰：『司空無功於時，猥蒙爵土，身死之後，勿議傳國。』

又 卷四三《朱暉傳》 永平初，顯宗舅新陽侯陰就慕暉賢，自往候之，暉避不見。復遣家丞致禮。

特設職官部

通紀概說分部

綜 述

《漢書》卷九六下《西域傳·贊》 西域諸國，各有君長，兵衆分弱，無所統一，雖屬匈奴，不相親附。匈奴能得其馬畜旃罽，而不能統率與之進退。與漢隔絕，道里又遠，得之不爲益，棄之不爲損。盛德在我，無取於彼。故自建武以來，西域思漢威德，咸樂內屬。唯其小邑鄯善、車師，界迫匈奴，尚爲所拘。而其大國莎車、于闐之屬，數遣使置質於漢，願請屬都護。

又 卷八七《西羌傳》 及秦始皇時，務并六國，以諸侯爲事，兵不西行，故種人得以繁息。秦既兼天下，使蒙恬將兵略地，西逐諸戎，北卻衆狄，築長城以界之，衆羌不復南度。

至于漢興，匈奴冒頓兵强，破東胡，走月氏，威震百蠻，臣服諸羌。景帝時，研種留何率種人求守隴西塞，於是徙留何等於狄道、安故，至臨洮、氐道、羌道縣。及武帝征伐四夷，開地廣境，北卻匈奴，西逐諸羌，乃度河、湟，築令居塞；初開河西，列置四郡，通道玉門，隔絕羌胡，使南北不得交關。於是障塞亭燧出長城外數千里。時先零羌與封養牢姐種解仇結盟，與匈奴通，合兵十餘萬，共攻令居、安故，遂圍枹罕。漢遣將軍李息、郎中令徐自爲將兵十萬人擊平之。始置護羌校尉，持節統領焉。

又 卷八八《西域傳》 武帝時，西域內屬，有三十六國。漢爲置使者、校尉領護之。宣帝改曰都護。【略】哀平間，自相分割爲五十五國。王莽篡位，貶易侯王，由是西域怨叛，與中國遂絕，並復役屬匈奴。匈奴斂稅重刻，諸國不堪命，建武中，皆遣使求內屬，願請都護。光武以天下初定，未遑外事，竟不許之。會匈奴衰弱，莎車王賢誅滅諸國，賢死之後，遂更相攻伐。小宛、精絕、戎盧、且末爲鄯善所并。渠勒、皮山爲于寘所統，悉有其地。郁立、單桓、孤胡、烏貪訾離爲車師所滅。後其國並復立。永平中，北虜乃脅諸國共寇河西郡縣，城門晝閉。十六年，明帝乃命將帥，北征匈奴，取伊吾盧地，置宜禾都尉以屯田，遂通西域，于寘諸國皆遣子入侍。西域自絕六十五載，乃復通焉。明年，始置都護、戊己校尉。及明帝崩，焉耆、龜茲攻沒都護陳睦，悉覆其衆，匈奴、車師圍戊己校尉。

建初元年春，酒泉太守段彭大破車師於交河城。章帝不欲疲敝中國以事夷狄，乃迎還戊己校尉，不復遣都護。二年，復罷屯田伊吾，匈奴因遣兵守伊吾地。時軍司馬班超留于寘，綏集諸國。和帝永元元年，大將軍竇憲大破匈奴。二年，憲因遣副校尉閻槃將二千餘騎掩擊伊吾，破之。三年，班超遂定西域，因以超爲都護，居龜茲。復置戊己校尉，領兵五百人，居車師前部高昌壁，又置戊部候，居車師後部候城，相去五百里。六年，班超復擊破焉耆，於是五十餘國悉納質內屬。其條支、安息諸國至於海瀕四萬里外，皆重譯貢獻。九年，班超遣掾甘英窮臨西海而還。皆前世所不至，《山經》所未詳，莫不備其風土，傳其珍怪焉。於是遠國蒙奇、兜勒皆來歸服，遣使貢獻。

及孝和晏駕，西域背畔。安帝永初元年，頻攻圍都護任尚、段禧等，朝廷以其險遠，難相應赴，詔罷都護。自此遂棄西域。北匈奴即復收屬諸國，共爲邊寇十餘歲。敦煌太守曹宗患其暴害，元初六年，乃上遣行長史索班，將千餘人屯伊吾以招撫之，於是車師前王及鄯善王來降。數月，北匈奴復率車師後部王共攻沒班等，遂擊走其前王。鄯善逼急，求救於曹宗，宗因此請出兵擊匈奴，報索班之恥，復欲進取西域。鄧太后不許，但

令置護西域副校尉，居敦煌，復部營兵三百人，羈縻而已。其後北虜連與車師入寇河西，朝廷不能禁，議者因欲閉玉門、陽關，以絶其患。

論　説

《後漢書》卷八七《西羌傳・滇良傳》　建武九年，隗囂死，司徒掾班彪上言：「【略】舊制益州部置蠻夷騎都尉，幽州部置領烏桓校尉，涼州部置護羌校尉，皆持節領護，理其怨結，歲時循行，問所疾苦。又數遣使譯通動靜，使塞外羌夷爲吏耳目，州郡因此可得儆備。」

邊區監臨鎮戍官分部

戊己校尉

綜　述

《漢書》卷一九上《百官公卿表》　戊己校尉，元帝初元元年置，有丞、司馬各一人，候五人，秩比六百石。

又　卷九《元帝紀》注　戊己校尉者，鎮安西域，無常治處，亦猶甲乙等各有方位，而戊與己四季寄王，故以名官也。時有戊校尉，又有己校尉。一説，戊己位在中央，今所置校尉處三十六國之中，故曰戊己也。

論　説

《漢書》卷九六上《西域傳・序》　至元帝時，復置戊己校尉，屯田車師前王庭。

又　卷九六下《烏孫國傳》　小昆彌烏就屠死，子拊離代立，爲弟日貳所殺。漢遣使者立拊離子安日爲小昆彌。日貳亡，阻康居。漢徙己校屯姑墨，欲候便討焉。

又　《車師後國傳》　是歲，元康四年也。其後置戊己校尉屯田，居車師故地。

又　卷一九《耿恭傳》　（永平十七年）始置西域都護、戊己校尉，乃以恭爲戊己校尉，屯後王部金蒲城，謁者關寵爲戊己校尉，屯前王柳中城，屯各置數百人。

《後漢書》卷八八《西域傳・序》　武帝時，西域内屬，有三十六國。漢爲置使者、校尉領護之。【略】元帝又置戊己二校尉，屯田於車師前王庭。【略】

（永平十七年）始置都護、戊己校尉。及明帝崩，焉耆、龜茲攻没都護陳睦，悉覆其衆，匈奴、車師圍戊己校尉。建初元年春，酒泉太守段彭大破車師於交河城。章帝不欲疲敝中國以事夷狄，乃迎還戊己校尉，不復遣都護。【略】

（永元）三年，班超遂定西域，因以超爲都護，居龜兹。復置戊己校尉，領兵五百人，居車師前部高昌壁，又置戊部候，居車師後部候城，相去五百里。【略】

自敦煌西出玉門、陽關，涉鄯善，北通伊吾千餘里，自伊吾北通車師前部高昌壁千二百里，自高昌壁北通後部金滿城五百里。此其西域之門戶也，故戊己校尉更互屯焉。

又　《車師傳》　（永元）八年，戊己校尉索頵欲廢後部王涿鞮，立破虜侯細致。

將兵長史

綜　述

宋・司馬光《資治通鑑》卷四六《漢紀三八・章帝建初八年》胡三省注　大將軍置長史、司馬；其不置將軍而長史特將者爲將兵長史。

論說

《後漢書》卷一下《光武帝紀》（建武二十一年）夏四月，安定屬國胡叛，屯聚青山，遣將兵長史陳訢討平之。

又 卷三《章帝紀》（元和三年）西域長史班超擊斬疏勒王。**【略】**

（章和元年）西域長史班超擊莎車，大破之。

又 卷四《和帝紀》（永元二年）月氏國遣兵攻西域長史班超，超擊降之。**【略】**

（永元九年）西域長史王林擊車師後王，斬之。**【略】**

（永元十四年）五月丁未，初置象林將兵長史官。

又 卷五《安帝紀》（延光四年）秋七月，西域長史班勇擊車師後王，斬之。

又 卷六《順帝紀》（永建二年）西域長史班勇、敦煌太守張朗討焉耆、尉犂、危須三國，破之；並遣子貢獻。

又 卷一六《鄧禹傳》（鄧）禹少子鴻，好籌策。永平中，以爲小侯。引入與議邊事，帝以爲能，拜將兵長史，率五營士屯鴈門。

又 卷二九《郅惲傳》郅惲字君章，汝南西平人也。**【略】**至廬江，因遇積弩將軍傅俊東徇揚州，俊素聞惲名，乃禮請之，上爲將兵長史，授以軍政。

又 卷四七《班超傳》（建初）八年，拜超爲將兵長史，假鼓吹幢麾。

又 《班勇傳》（班）勇上议曰：『**【略】**舊敦煌郡有營兵三百人，今宜復之，復置護西域副校尉，居於敦煌，如永元故事。又宜遣西域長史將五百人屯樓蘭，西當焉耆、龜茲徑路，南强鄯善、于寘心膽，北扞匈奴，東近敦煌。如此誠便。』**【略】**

（班勇）曰：『**【略】**今置校尉以扞撫西域，設長史以招懷諸國，若弃而不立，則西域望絶。望絶之後，屈就北虜，緣邊之郡將受困害，恐河西城門必復有晝閉之儆矣。』**【略】**

延光二年夏，復以勇爲西域長史，將兵五百人出屯柳中。

又 卷八六《南蠻傳·序》和帝永元十二年夏四月，日南、象林蠻夷二千餘人寇掠百姓，燔燒官寺，郡縣發兵討擊，斬其渠帥，餘衆乃降。於是置象林將兵長史，以防其患。

又 卷八八《西域傳·序》班勇爲西域長史，將弛刑士五百人，西屯柳中。

又 《拘彌傳》至靈帝熹平四年，于寘王安國攻拘彌，大破之，殺其王，死者甚衆。戊己校尉、西域長史各發兵輔立拘彌侍子定興爲王。

又 《莎車傳》（章帝元和三年）長史班超發諸國兵擊莎車，大破之，由是遂降漢。

又 《疏勒傳》三年，涼州刺史孟佗遣從事任涉將敦煌兵五百人，與戊己司馬曹寬、西域長史張晏，將焉耆、龜茲、車師前後部，合三萬餘人，討疏勒。

又 《車師傳》（永元九年）漢遣將兵長史王林，發涼州六郡兵及羌（虜）胡二萬餘人，以討涿鞮，獲首虜千餘人。

又 卷八九《南匈奴傳》（永建）五年，於除鞬自畔還北，帝遣將兵長史王輔以千餘騎與任尚共追誘將還斬之，破滅其衆。

度遼將軍

綜述

晉·司馬彪《續漢書·百官志一·將軍》劉昭注引應劭《漢官儀》度遼將軍，孝武皇帝初用范明友。明帝（十）［永平］十八年，行度遼將軍事；安帝元初元年，置眞。銀印青綬，秩二千石。長史、司馬六百石。**【略】**

明帝初置度遼將軍，以衛南單于衆新降有二心者，後數有不安，遂爲常守。

論説

《漢書》卷七《昭帝紀》（元鳳三年）冬，遼東烏桓反，以中郎將范明友爲度遼將軍，將北邊七郡郡二千騎擊之。【略】

（元鳳六年二月）烏桓復犯塞，遣度遼將軍范明友擊之。

《後漢書》卷二《明帝紀》（永平六年）初置度遼將軍，屯五原曼柏。

又　卷四《和帝紀》（永元元年）夏六月，車騎將軍竇憲出雞鹿塞，度遼將軍鄧鴻出棝楊塞，南單于出滿夷谷，與北匈奴戰于稽落山，大破之，追至（和）［私］渠（北）［比］鞮海。竇憲遂登燕然山，刻石勒功而還。【略】

（永元六年）南單于安國從弟子逢侯率叛胡亡出塞。九月癸丑，以光禄勳鄧鴻行車騎將軍事，與越騎校尉馮柱、行度遼將軍朱徽、使匈奴中郎將杜崇討之。【略】

（永元八年）南匈奴右温禺犢王叛，爲寇。秋七月，行度遼將軍龐奮、越騎校尉馮柱追討之，斬右温禺犢王。

又　卷五《安帝紀》（永初四年）度遼將軍梁慬、遼東太守耿夔討破南單于於屬國故城。【略】

（元初三年五月）癸酉，度遼將軍鄧遵率南匈奴擊先零羌於靈州，破之。【略】

（建光元年九月）鮮卑圍烏桓校尉於馬城，度遼將軍耿夔救之。

又　卷六《順帝紀》（陽嘉四年）冬十月，烏桓寇雲中。十一月，圍度遼將軍耿曄於蘭池，發諸郡兵救之，烏桓退走。【略】

（永和五年）五月，度遼將軍馬續討吾斯、車紐，破之，使匈奴中郎將陳龜迫殺南單于。

又　卷一六《鄧禹傳》（鄧）禹少子鴻，好籌策。永平中，以爲小侯。引入與議邊事，帝以爲能，拜將兵長史，率五營士屯鴈門。肅宗時，爲度遼將軍。永元中，與大將軍竇憲俱出擊匈奴，有功，徵行車騎將軍。

又　卷一九《耿國傳》（耿國）代馮勤爲大司（馬）［農］。又上言宜置度遼將軍，左右校尉，屯五原以防逃亡。永平元年卒官。顯宗追思國言，後遂置度遼將軍，左右校尉，如其議焉。

又　《耿秉傳》（耿秉）以父任爲郎，數上言兵事。【略】永平中，召詣省闥，問前後所上便宜方略，拜謁者僕射，遂見親幸。每公卿會議，常引秉上殿，訪以邊事，多簡帝心。

十五年，拜駙馬都尉。十六年，以騎都尉秦彭爲副，與奉車都尉竇固等俱北伐匈奴。虜皆奔走，不戰而還。

十七年夏，詔秉與固合兵萬四千騎，復出白山擊車師。

明年秋，肅宗即位，拜秉征西將軍。遣案行涼州邊境，勞賜保塞羌胡，進屯酒泉，救戊己校尉。

建初元年，拜度遼將軍。視事七年，匈奴懷其恩信，徵爲執金吾，甚見親重。

又　卷二四《馬續傳》（馬續）爲護羌校尉，遷度遼將軍，所在有威恩稱。

又　卷二六《宋漢傳》（宋）漢字仲和，以經行著名，舉茂才，四遷西河太守。永建元年，爲東平相、度遼將軍，立名節，以威恩著稱。遷太僕，上病自乞，拜太中大夫。

又　卷四八《徐璆傳》徐璆字孟玉，廣陵海西人也。父淑，度遼將軍，有名於邊。

又　卷五一《龐參傳》（龐）參爲遼東太守。永建元年，遷度遼將軍。四年，入爲大鴻臚。

又　《橋玄傳》（橋玄）拜將作大匠。桓帝末，鮮卑、南匈奴及高句驪嗣子伯固並畔，爲寇鈔，四府舉玄爲度遼將軍，假黄鉞。玄至鎮，休兵養士，然後督諸將守討擊胡虜及伯固等，皆破散退走。在職三年，邊境安静。

靈帝初，徵入爲河南尹，轉少府、大鴻臚。建寧三年，遷司空，轉司徒。

又　卷六五《皇甫規傳》皇甫規字威明，安定朝那人也。祖父棱，度遼將軍。

又　卷八九《南匈奴傳》　（永平十六年）以騎都尉來苗行度遼將軍。

建初元年，來苗遷濟陰太守，以征西（大）將軍耿秉行度遼將軍。【略】

（建初）七年，耿秉遷執金吾，以張掖太守鄧鴻行度遼將軍。【略】

（永元）二年春，鄧鴻遷大鴻臚，以定襄太守皇甫稜行度遼將軍。【略】

（永元）六年春，皇甫稜免，以執金吾朱徽行度遼將軍。【略】

（永元七年）以鴈門太守龐奮行度遼將軍。【略】

（永元）十二年，龐奮遷河南尹，以朔方太守王彪行度遼將軍。【略】

（永初）四年春，檀遣千餘騎寇常山、中山，以西域校尉梁慬行度遼將軍。【略】

（永初）五年，梁慬免，以雲中太守耿夔行度遼將軍。【略】

元初元年，夔免，以烏桓校尉鄧遵爲度遼將軍。

又　卷九〇《烏桓鮮卑傳》　順帝陽嘉四年冬，烏桓寇雲中，遮截道上商賈車牛千餘兩，度遼將軍耿曄率二千餘人追擊，不利，又戰於沙南，斬首五百級。【略】

（元初）六年秋，鮮卑入馬城塞，殺長吏。度遼將軍鄧遵發積射士三千人，及中郎將馬續率南單于，與遼西、右北平兵馬會，出塞追擊鮮卑，大破之，獲生口及牛羊財物甚衆。

使職分部

使匈奴中郎將

綜　述

晉・司馬彪《續漢書・百官志・州郡》劉昭注引應劭《漢官儀》

（使匈奴中郎將）擁節，屯中步南，設官府掾（吏）。單于歲遣侍子來朝，謁者常送迎焉，得賂弓馬氈罽他物百餘萬。謁者事訖，還具表付帑藏，詔書敕自受。

《後漢書》卷一下《光武帝紀》注引《漢官儀》　使匈奴中郎將，擁節，秩比二千石。《匈奴傳》云：『令中郎將韓統報命，賂遺金幣。』【略】

使匈奴中郎將屯西河美稷縣。

晉・司馬彪《續漢書・百官志・州郡》　使匈奴中郎將一人，比二千石。本注曰：主護南單于。

論　説

《漢書》卷六八《金日磾傳》　（金）參使匈奴，拜匈奴中郎將。

晉・司馬彪《續漢書・五行志》　靈帝熹平六年夏，七州蝗。先是鮮卑前後三十餘犯塞，是歲護烏桓校尉夏育、破鮮卑中郎將田晏、使匈奴中郎將臧旻將南單于以下，三道並出討鮮卑。

《後漢書》卷一下《光武帝紀》　（建武六年）匈奴遣使來獻，使中郎將報命。【略】

（建武二十六年）遣中郎將段郴授南單于璽綬，令入居雲中。始置使匈奴中郎將，將兵衛護之。

又　卷四《和帝紀》　（永元六年）南單于安國從弟子逢侯率叛胡亡出塞。九月癸丑，以光祿勳鄧鴻行車騎將軍事，與越騎校尉馮柱、行度遼將軍朱徽、使匈奴中郎將杜崇討之。

又　卷五《安帝紀》　（延光三年）五月，南匈奴左日逐王叛，使匈奴中郎將馬翼討破之。

又　卷六《順帝紀》　（陽嘉二年）三月，使匈奴中郎將王稠率左骨都侯等擊鮮卑，破之。

（永和五年夏四月）南匈奴左部句龍大人吾斯、車紐等叛，圍美稷。五月，度遼將軍馬續討吾斯、車紐，破之，使匈奴中郎將陳龜迫殺南單于。【略】

（永和五年九月）句龍吾期等東引烏桓，西收羌胡，寇上郡，立車紐

爲單于。冬十一月辛巳，遣使匈奴中郎將張耽擊破之，車紐降。【略】

（永和六年夏五月）使匈奴中郎將張耽大破烏桓、羌胡於天山。【略】

（漢安二年）十一月，使匈奴中郎將馬寔遣人刺殺句龍吾斯。【略】

（建康元年）夏四月，使匈奴中郎將馬寔擊南匈奴左部，破之，於是胡羌、烏桓悉詣寔降。

又　卷七《桓帝紀》　（延熹元年）十二月，鮮卑寇邊，使匈奴中郎將張奐率南單于擊破之。【略】

（延熹九年秋七月）遣使匈奴中郎將張奐擊南匈奴、烏桓、鮮卑。【略】

（永康元年）冬十月，先零羌寇三輔，使匈奴中郎將張奐擊破之。

又　卷八《靈帝紀》　（熹平六年）八月，遣破鮮卑中郎將田晏出雲中，使匈奴中郎將臧旻與南單于出鴈門，護烏桓校尉夏育出高柳，並伐鮮卑，晏等大敗。【略】

（光和二年）秋七月，使匈奴中郎將張修有罪，下獄死。

又　卷一九《耿弇傳》　（耿）夔勇而有氣，數侵陵使匈奴中郎將鄭戩。

又　卷二七《郭丹傳》　郭丹字少卿，南陽穰人也。（建武）十三年大司馬吳漢辟舉高第，再遷并州牧，有清平稱。轉使匈奴中郎將，遷左馮翊。

又　卷五一《陳龜傳》　陳龜字叔珍，上黨泫氏人也。家世邊將，便習弓馬，雄於北州。龜少有志氣，永建中，舉孝廉，五遷五原太守。永和五年，拜使匈奴中郎將。時南匈奴左部反亂，龜以單于不能制下，外順內畔，促令自殺。坐徵下獄免。後再遷拜京兆尹。

又　卷五六《种暠傳》　（种暠）遷使匈奴中郎將。時遼東烏桓反叛，復轉遼東太守。

又　卷五八《臧洪傳》　（臧洪）父旻有幹事才。熹平元年，會稽妖賊許昭起兵句章，自稱『大將軍』，立其父生爲越王，攻破城邑，衆以萬數。拜旻揚州刺史。旻率丹陽太守陳夤擊昭，破之。昭遂復更屯結，大爲人患。旻等進兵。連戰三年，破平之，獲昭父子，斬首數千級。遷旻爲使匈奴中郎將。

又　卷六五《皇甫規傳》　（皇甫規）拜度遼將軍，至營數月，上書薦中郎將張奐以自代。曰：『臣聞人無常俗，而政有治亂；兵無強弱，而將有能否。伏見中郎將張奐，才畧兼優，宜正元帥，以從衆望。若猶謂愚臣宜充軍事者，願乞冗官，以爲奐副。』朝廷從之，以奐代爲度遼將軍，規爲使匈奴中郎。

又　《張奐傳》　（張奐）遷使匈奴中郎將。時休屠各及朔方烏桓並同反叛，燒度遼將軍門，引屯赤阬，煙火相望。兵衆大恐，各欲亡去，奐安坐帷中，與弟子講誦自若，軍士稍安。乃潛誘烏桓陰與和通，遂使斬屠各渠帥，襲破其衆。諸胡悉降。延熹元年，鮮卑寇邊，奐率南單于襲之，斬首數百級。【略】

秋，鮮卑復率八九千騎入塞，誘引東羌與共盟詛。於是上郡沈氐、安定先零諸種共寇武威、張掖，緣邊大被其毒。朝廷以爲憂，復拜奐爲護匈奴中郎將，以九卿秩督幽、并、涼三州及度遼、烏桓二營，兼察刺史、二千石能否，賞賜甚厚。匈奴、烏桓聞奐至，因相率還降，凡二十萬口。奐但誅其首惡，餘皆慰納之。唯鮮卑出塞去。

又　卷六八《郭太傳》　王柔字叔優，弟澤，字季道，林宗同郡晉陽縣人也。兄弟總角共候林宗，以訪才行所宜。林宗曰：『叔優當以仕進顯，季道當以經術通，然違方改務，亦不能至也。』後果如所言，柔爲護匈奴中郎將，澤爲代郡太守。

又　卷八九《南匈奴傳》　光武初，方平諸夏，未遑外事。至六年，始令歸德侯劉颯使匈奴，匈奴亦遣使來獻，漢復令中郎將韓統報命，賂遺金幣，以通舊好。

又　卷九〇《鮮卑傳》　延熹元年，鮮卑寇北邊。冬，使匈奴中郎將張奐率南單于出塞擊之，斬首二百級。

西域都護

綜　述

《漢書》卷一九上《百官公卿表》　西域都護加官，宣帝地節二年初

置，以騎都尉、諫大夫使護西域三十六國，有副校尉，秩比二千石。

論　説

《漢書》卷八《宣帝紀》（神爵二年）秋，匈奴日逐王先賢撣將人衆萬餘來降。使都護西域騎都尉鄭吉迎日逐，破車師，皆封列侯。

又　卷九《元帝紀》（建昭三年）秋，使護西域騎都尉甘延壽、副校尉陳湯撟發戊己校尉屯田吏士及西域胡兵攻郅支單于。冬，斬其首，傳詣京師，縣蠻夷邸門。

又　卷七〇《鄭吉傳》　上嘉其功效，乃下詔曰：『都護西域騎都尉鄭吉，拊循外蠻，宣明威信，迎匈奴單于從兄日逐王衆，擊破車師兜訾城，功效茂著。其封吉爲安遠侯，食邑千户。』吉於是中西域則立莫府，治烏壘城，鎮撫諸國，誅伐懷集之。漢之號令班西域矣，始自張騫而成于鄭吉。【略】

（鄭）吉既破車師，降日逐，威震西域，遂并護車師以西北道，故號都護。都護之置自吉始焉。』【略】

自元狩之際，張騫始通西域，至於地節，鄭吉建都護之號，【略】

贊曰：自元狩之際，張騫始通西域，至於地節，鄭吉建都護之號，訖王莽世，凡十八人，皆以勇略選，然其有功迹者具此。廉褒以恩信稱，郭舜以廉平著，孫建用威重顯，其餘無稱焉。【略】

神爵中，匈奴乖亂，日逐王先賢撣欲降漢，使人與吉相聞，吉發渠黎、龜兹諸國五萬人迎日逐王，口萬二千人，小王將十二人隨吉至河曲，頗有亡者，吉追斬之，遂將詣京師。漢封日逐王爲歸德侯。吉既破車師，降日逐，威震西域，遂并護車師以西北道，故號都護。都護之置自吉始焉。上嘉其功效，乃下詔曰：『都護西域騎都尉鄭吉拊循外蠻，宣明威信，迎匈奴單于從兄日逐王衆，擊破車師兜訾城，功效茂著，其封吉爲安遠侯，食邑千户。』吉於是中西域而立莫府，治烏壘城，鎮撫諸國，誅伐懷集之。漢之號令班西域矣。

又　《甘延壽傳》　車騎將軍許嘉薦延壽爲郎中諫大夫，使西域都護騎都尉，與副校尉陳湯共誅斬郅支單于，封義成侯。

又　《陳湯傳》　漢遣使三輩至康居求谷吉等死，郅支困辱使者，不肯奉詔，而因都護上書言：『居困戹，願歸計彊漢，遣子入侍。』其驕嫚如此。

（陳）湯與延壽出西域。【略】湯獨矯制發城郭諸國兵、車師戊己校尉屯田吏士。延壽聞之，驚起，欲止焉。湯怒，按劍叱延壽曰：『大衆已集會，豎子欲沮衆邪？』延壽遂從之，部勒行陳，益置揚威、白虎、合騎之校，漢兵、胡兵合四萬餘人，延壽、湯上疏自劾奏矯制，陳言兵狀。即日引軍分行，别爲六校，其三校從南道踰葱領徑大宛，其三校都護自將，發温宿國，從北道入赤谷，過烏孫，涉康居界，至闐池西。而康居副王抱闐將數千騎，寇赤谷城東，殺略大昆彌千餘人，敺畜産甚多，從後與漢軍相及，頗寇寇後重。湯縱胡兵擊之，殺四百六十人，得其所略民四百七十人，還付大昆彌，其馬、牛、羊以給軍食。又捕得抱闐貴人伊奴毒。【略】

故宗正劉向上疏曰：『郅支單于囚殺使者吏士以百數，事暴揚外國，傷威毁重，羣臣皆閔焉。陛下赫然欲誅之，意未嘗有忘。西域都護延壽、副校尉湯承聖指，倚神靈，總百蠻之君，擥城郭之兵，出百死，入絶域，遂蹈康居，屠五重城，搴歙侯之旗，斬郅支之首，縣旌萬里之外，揚威昆山之西，掃谷吉之恥，立昭明之功，萬夷慴伏，莫不懼震。』【略】

湯下獄當死。太中大夫谷永上疏訟湯曰：『【略】竊見關内侯陳湯，前使副西域都護，忿郅支之無道，閔王誅之不加，策慮愊億，義勇奮發，卒興師奔逝，横厲烏孫，踰集都賴，屠三重城，斬郅支首，報十年之逋誅，雪邊吏之宿恥，威震百蠻，武暢西海，漢元以來，征伐方外之將，未嘗有也。』【略】

後數歲，西域都護段會宗爲烏孫兵所圍，馳驛上書，願發城郭敦煌兵以自救。

又　《段會宗傳》　段會宗字子松，天水上邽人也。竟寧中，以杜陵令五府舉爲西域都護、騎都尉、光禄大夫，西域敬其威信。三歲，更盡還，拜爲沛郡太守。以單于當朝，徙爲鴈門太守。數年，坐法免。西域諸國上書願得會宗，陽朔中復爲都護。【略】谷永閔其老復遠出，予書戒曰：『足下以柔遠之令德，復典都護之重職，甚休，甚休！若子之材，

可優都都城而取卿相，何必勒功昆山之仄，總領百蠻，懷柔殊俗？子之所長，愚無以喻。雖然，朋友以言贈行，敢不略意。方今漢德隆盛，遠人賓服，傅、鄭、甘、陳之功沒齒不可復見，願吾子因循舊貫，毋求奇功，終更亟還，亦足以復鴈門之跱，萬里之外以身爲本。願詳思愚言。』會宗既出，諸國遣子弟郊迎。【略】

是時，小昆彌季父卑爰疐擁衆欲害昆彌，漢復遣會宗使安輯，與都護孫建并力。明年，會宗病死烏孫中，年七十五矣。城郭諸國爲發喪立祠焉。【略】

自元狩之際，張騫始通西域，至於地節鄭吉建都護之號，訖於莽世，凡十八人，皆以勇畧選，然其有功迹者具此。廉褒以恩信稱，郭舜以廉平著，孫建用威重顯，其餘無稱焉。【略】

先是時，漢數出使西域，多辱命不稱，或貪汙，爲外國所苦。是時，烏孫大有擊匈奴之功而，西域諸國新輯，漢方善遇，欲以安之，選可使外國者。前將軍增舉奉世以衛候使持節送大宛諸國客。至伊修城，都尉宋將言莎車與旁國共攻殺漢所置莎車王萬年，並殺漢使者奚充國。時，匈奴又發兵攻車師城，不能下而去。莎車遣使揚言北道諸國已屬匈奴矣，於是攻劫南道，與歃盟畔漢，從鄯善以西皆絶不通。都護鄭吉校尉、司馬意皆在北道諸國間。奉世與其副嚴昌計，以爲不亟擊之則莎車日强，其埶難制，必危西域。遂以節諭告諸國王，因發其兵，南北道合萬五千人進擊莎車，攻拔其城。莎車王自殺，傳其首詣長安。諸國悉平，威振西域。

又 卷七九《馮奉世傳》 （馮）奉世死後二年，西域都護甘延壽以誅郅支單于封爲列侯。時丞相匡衡亦用延壽矯制生事，據蕭望之前議，以爲不當封，而議者咸美其功，上從衆而侯之。於是杜欽上疏，追訟奉世前功曰：『前莎車王殺漢使者，約諸國背畔。左將軍奉世以衛候便宜發兵誅莎車王，策定城郭，功施邊境。議者以奉世奉使有指，《春秋》之義亡遂事，漢家之法有矯制，故不得侯。今匈奴郅支單于殺漢使者，亡保康居，都護延壽發城郭兵屯田吏士四萬餘人以誅斬之，封爲列侯。臣愚以爲比罪則郅支薄，量敵則莎車衆，用師則奉世寡，計勝則奉世爲功於邊境安，慮敗則延壽爲禍於國家深。其違命而擅生事同，延壽割地封，而奉世獨不録。臣聞功同賞異則勞臣疑，罪鈞刑殊則百姓惑；疑生無常，惑生不知所從；亡常則節趨不立，不知所從則百姓無所錯手足。奉世圖難忘死，信命殊俗，威功白著，爲世使表，獨抑厭而不揚，非聖主所以塞疑厲節之意也。願下有司議。』上以先帝時事，不復録。

又 卷九四下《匈奴傳》 烏就屠見呼韓邪爲漢所擁，郅支亡虜，欲攻之以稱漢，乃殺郅支使，持頭送都護在所，發八千騎迎郅支。郅支見烏孫兵多，其使又不反，勒兵逢擊烏孫，破之。【略】

黄門郎揚雄上諫曰：『【略】往者圖西域，制車師，置城郭都護三十六國，費歲以大萬計者，豈爲康居、烏孫能踰白龍堆而寇西邊哉？乃以制匈奴也。夫百年勞之，一日失之，費十而愛一，臣竊爲國家不安也。唯陛下少留意于未亂未戰，以遏邊萌之禍。』【略】

明年，西域車師後王須置離謀降匈奴，都護但欽誅斬之。【略】

西域都護但欽上書言匈奴南將軍右伊秩訾將人衆寇擊諸國。

又 卷九六上《西域傳・序》 其後日逐王畔單于，將衆來降，護鄯善以西使者鄭吉迎之。既至漢，封日逐王爲歸德侯，吉爲安遠侯。是歲，神爵三年也。乃因使吉并護北道，故號曰都護。都護之起，自吉置也。僮僕都尉由此罷，匈奴益弱，不得近西域。於是徙屯田，田於北胥鞬，披莎車之地，屯田校尉始屬都護。都護督察烏孫、康居諸外國，動靜，有變以聞。可安輯，安輯之；可擊，擊之。都護治烏壘城，去陽關二千七百三十八里，與渠犂田官相近，土地肥饒，於西域爲中，故都護治焉。至元帝時，復置戊己校尉，屯田車師前王庭。是時匈奴東蒲類王茲力支將人衆千七百餘人降都護，都護分車師後王之西爲烏貪訾離地以處之。自宣元後，單于稱藩臣，西域服從，其土地山川王侯户數道里遠近翔實矣。

又 卷九六下《西域傳・烏孫傳》 狂王復尚楚主解憂，生一男鴟靡，不與主和，又暴惡失衆。漢使衛司馬魏和意、副候任昌送侍子，公主言狂王爲烏孫所患苦，易誅也。遂謀置酒會，罷使士拔劍擊之。劍旁下，狂王傷，上馬馳去。其子細沈瘦會兵圍和意、昌及公主於赤穀城。數月，都護鄭吉發諸國兵救之，乃解去。【略】

初，楚主侍者馮嫽能史書，習事，嘗持漢節爲公主使行賞賜於城郭，諸國敬信之，號曰馮夫人。爲烏孫右大將妻，右大將與烏就屠相愛，都護

鄭吉使馮夫人説烏就屠，以漢兵方出，必見滅，不如降。烏就屠恐曰：『願得小號。』【略】

都護韓宣奏烏孫大吏、大祿、大監賜金印紫綬，以尊輔大昆彌，漢許之。後都護韓宣復奏，星靡怯弱，可免，更以季父左大將樂代爲昆彌，漢不許。後段會宗爲都護，招還亡畔，安定之。星靡死，子雌栗靡代。小昆彌烏就屠死，子拊離代立，爲弟日貳所殺。漢遣使者立拊離子安日爲小昆彌。日貳亡，阻康居。漢徙已校屯姑墨，欲候便討焉。安日使貴人姑莫匿等三人詐亡從日貳，刺殺之。都護廉褒賜姑莫匿等金人二十斤，繒三百匹。【略】

後安日爲降民所殺，漢立其弟末振將代。時大昆彌雌栗靡健，翖侯皆畏服之，告民牧馬畜無使入牧，國中大安和翁歸靡時。小昆彌末振將恐爲所幷，使貴人烏日領詐降刺殺雌栗靡。漢欲以兵討之而未能，遣中郎將段會宗持金幣與都護圖方略，立雌栗靡季父公主孫伊秩靡爲大昆彌。【略】

哀帝元壽二年，大昆彌伊秩靡與單于並入朝，漢以爲榮。至元始中，卑爰疐殺烏日領以自效，漢封爲歸義侯。兩昆彌皆弱，卑爰疐侵陵，都護孫建襲殺之。

又 《車師後國傳》 姑句家矛端生火，其妻股紫陬謂姑句曰：『矛端生火，此兵氣也，利以用兵。前車師前王爲都護司馬所殺，今久繫必死，不如降匈奴。』卽馳突出高昌壁，入匈奴。又去胡來王唐兜，國比大種赤水羌，數相寇，不勝，告急都護。都護但欽不以時救助，唐兜困急，怨欽，東守玉門關。玉門關不內，卽將妻子人民千餘人亡降匈奴。【略】

（車師後王須置離）欲亡入匈奴。戊己校尉刀護聞之，召置離驗問，辭服，乃械致都護但欽在所埒婁城。【略】

是時，莽易單于璽，單于恨怒，遂受狐蘭支降，遣兵與共寇擊車師，殺後城長，傷都護司馬，及狐蘭兵復還入匈奴。【略】

其後莽復欺詐單于，和親遂絶。匈奴大擊北邊，而西域亦瓦解。焉耆國近匈奴，先叛，殺都護但欽，莽不能討。天鳳三年，乃遣五威將王駿、西域都護李崇將戊己校尉出西域，諸國皆郊迎，送兵穀。

又 卷九九中《王莽傳》 西域諸國以莽積失恩信，焉耆先畔，殺都護但欽。【略】

是歲，遣大使五威將王駿、西域都護李崇將戊己校尉出西域，諸國皆郊迎貢獻焉。諸國前殺都護但欽，駿欲襲之，命佐帥何封、戊己校尉郭欽別將。

又 卷一〇〇下《敘傳》 昭宣承業，都護是立，總督城郭，三十有六，修奉朝貢，各以其職。

晉・司馬彪《續漢書・五行志》 （明帝永平十八年）遣竇固等征西域，置都護、戊己校尉。固等適還而西域叛，殺都護陳睦、戊己校尉關寵。

《後漢書》卷一下《光武帝紀》 （建武二十一年）冬，鄯善王、車師王等十六國皆遣子入侍，奉獻，願請都護。帝以中國初定，未遑外事，乃還其侍子，厚加賞賜。

又 卷二《明帝紀》 （永平十七年冬十一月）初置西域都護、戊己校尉。【略】

（永平十八年六月）焉耆、龜茲攻西域都護陳睦，悉沒其衆。

又 卷四《和帝紀》 （永元三年）十二月，復置西域都護、騎都尉、戊己校尉官。

（永元六年）西域都護班超大破焉耆、尉犂，斬其王。

又 卷五《安帝紀》 （延平元年九月）西域諸國叛，攻都護任尚，遣副校尉梁慬救尚，擊破之。

（永初元年六月）壬戌，罷西域都護。

又 卷一九《耿恭傳》 永平十七年冬，騎都尉劉張出擊車師，請恭爲司馬，與奉車都尉竇固及從弟駙馬都尉秉破降之。始置西域都護。

又 卷四七《班超傳》 （永平十八年）焉耆以中國大喪，遂攻没都護陳睦。【略】

明年，龜茲、姑墨、溫宿皆降，乃以超爲都護，徐幹爲長史。【略】

超居龜茲它乾城，徐幹屯疏勒。西域唯焉耆、危須、尉犂以前没都護，懷二心，其餘悉定。

（班）超妹同郡曹壽妻昭亦上書請超曰：『妾同産兄西域都護定遠侯超，幸得以微功特蒙重賞，爵列通侯，位二千石。』【略】

（班）超被徵，以戊己校尉任尚爲都護。【略】

永初元年，西域反叛。以勇爲軍司馬。與兄雄俱出敦煌，迎都護及西域甲卒而還，因罷都護。後西域絶無漢吏十餘年。

又　《梁慬傳》　（梁慬）延平元年拜西域副校尉。慬行至河西，會西域諸國反叛，攻都護任尚於疏勒。尚上書求救，詔慬將河西四郡羌胡五千騎馳赴之，慬未至而尚已得解。會徵尚還，以騎都尉段禧爲都護，西域長史趙博爲騎都尉。【略】

永初元年，遂罷都護，遣騎都尉王弘發關中兵迎慬、禧、博及伊吾盧、柳中屯田吏士。

又　卷四八《楊終傳》　（建武）十一年，鄯善、車師王等十六國皆遣子入侍，請都護。

又　卷八七《西羌傳·東號子麻奴》　校尉侯霸坐衆羌反叛徵免，以西域都護段禧代爲校尉。

又　卷八八《西域傳·莎車》　（建武）十七年，賢復遣使奉獻，請都護。天子以問大司空竇融，以爲賢父子兄弟相約事漢，款誠又至，宜加號位以鎮安之。帝乃因其使，賜賢西域都護印綬，及車旗黄金錦繡。敦煌太守裴遵上言：『夷狄不可假以大權，又令諸國失望。』詔書收還都護印綬，更賜賢以漢大將軍印綬。其使不肯易，遵迫奪之，賢由是始恨。而猶詐稱大都護，移書諸國，諸國悉服屬焉，號賢爲單于。

護烏桓校尉

綜　述

晉·司馬彪《續漢書·百官志五·護烏桓校尉》注引應劭《漢官》　（護烏桓校尉）擁節，長史一人，司馬二人，皆六百石。並領鮮卑。客賜質子，歲時胡市焉。【略】

護烏桓校尉一人，比二千石。本注曰：主烏桓胡。

《後漢書》卷六七《黨錮傳·李膺》注引謝承《後漢書》　（李膺）出補蜀郡太守，脩庠序，設條教，明法令，恩威並行，蜀之珍玩不入於門，益州紀其政化，朝廷舉能理劇，轉烏桓校尉。

晉·司馬彪《續漢書·五行志》　（靈帝熹平六年）烏桓校尉夏育、破鮮卑中郎將田晏、使匈奴中郎將臧旻將南單于以下，三道並出討鮮卑。

《後漢書》卷四《和帝紀》　（永元六年）冬十一月，護烏桓校尉任尚率烏桓、鮮卑，大破逢侯，馮柱遣兵追擊，復破之。

又　卷六《順帝紀》　（永建二年）二月，鮮卑寇遼東、玄菟，【略】護烏桓校尉耿曄率南單于擊鮮卑，破之。

又　卷八《靈帝紀》　（熹平六年）八月，遣破鮮卑中郎將田晏出雲中，使匈奴中郎將臧旻與南單于出鴈門，護烏桓校尉夏育出高柳，並伐鮮卑，晏等大敗。

又　卷一六《鄧訓傳》　會上谷太守任興欲誅赤沙烏桓，烏桓怨恨謀反，詔訓將黎陽營兵屯狐奴，以防其變。訓撫接邊民，爲幽部所歸。（永平）六年，遷護烏桓校尉，黎陽故人多攜將老幼，樂隨訓徙邊。鮮卑聞其威恩，皆不敢南近塞下。

又　卷一九《耿曄傳》　（耿）曄字季遇。順帝初，爲烏桓校尉。時，鮮卑寇緣邊，殺代郡太守。曄率烏桓及諸郡卒出塞討擊，大破之。鮮卑震怖，數萬人詣遼東降。自後頻出輒克獲，威振北方。還度遼將軍。

又　卷四八《應劭傳》　往者匈奴反叛，度遼將軍馬續、烏桓校尉王元發鮮卑五千餘騎，又武威太守趙沖亦率鮮卑征討叛羌。

又　卷七三《公孫瓚傳》　閻柔將部曲，從曹操擊烏桓，拜護烏桓校尉，封關内侯。

又　卷八七《西羌傳·滇良》　（建武九年）司徒掾班彪上言：『【略】舊制益州部置蠻夷騎都尉，幽州部置領烏桓校尉，涼州部置護羌校尉，皆持節領護，理其怨結，歲時循行，問所疾苦。又數遣使驛通動静，使塞外羌夷爲吏耳目，州郡因此可得儆備。今宜復如舊，以明威防。』

又　卷八九《南匈奴傳》　（元初元年）以烏桓校尉鄧遵爲度遼將軍。【略】

陽嘉二年，漢遷太僕，以烏桓校尉耿曄代爲度遼將軍。

又　卷九〇《烏桓傳》　烏桓自爲冒頓所破，衆遂孤弱，常臣伏匈

奴，歲輸牛馬羊皮，過時不具，輒没其妻子。及武帝遣驃騎將軍霍去病擊破匈奴左地，因徙烏桓於上谷、漁陽、右北平、遼西、遼東五郡塞外，爲漢偵察匈奴動靜。其大人歲一朝見，於是始置護烏桓校尉，秩二千石，擁節監領之，使不得與匈奴交通。【略】

（建武）二十五年，遼西烏桓大人郝旦等九百二十二人率衆向化，詣闕朝貢，獻奴婢牛馬及弓虎豹貂皮。是時四夷朝賀，絡驛而至，天子乃命大會勞饗，賜以珍寶。烏桓或願留宿衛，於是封其渠帥爲侯王君長者八十一人，皆居塞内，布於緣邊諸郡，令招來種人，給其衣食，遂爲漢偵候，助擊匈奴、鮮卑。時，司徒掾班彪上言：『烏桓天性輕黠，好爲寇賊，若久放縱而無總領者，必復侵掠居人，但委主降掾史，恐非所能制。臣愚以爲宜復置烏桓校尉，誠有益於附集，省國家之邊慮。』帝從之，於是始復置校尉於上谷甯城，開營府，並領鮮卑，賞賜質子，歲時互市焉。

又《鮮卑傳》 安帝永初中，鮮卑大人燕荔陽詣闕朝賀，鄧太后賜燕荔陽王印綬，赤車參駕，令止烏桓校尉所居甯城下，通胡市，因築南北兩部質館。鮮卑邑落百二十部，各遣入質。【略】

順帝永建元年秋，鮮卑其至鞬寇代郡，太守李超戰死。明年春，中郎將張國遣從事將南單于兵步騎萬餘人出塞，擊破之，獲其資重二千餘種。時遼東鮮卑六千餘騎亦寇遼東玄菟，烏桓校尉耿曄發緣邊諸郡兵及烏桓率衆王出塞擊之，斬首數百級，大獲其生口牛馬什物，鮮卑乃率種衆三萬人詣遼東乞降。【略】

熹平三年冬，鮮卑入北地，太守夏育率休著屠各追擊破之。遷育爲護烏桓校尉。

又 卷四《和帝紀》注引闞駰《十三州志》 烏桓，擁節，秩比二千石。武帝置，以護内附烏桓，既而并於匈奴中郎將。中興初，班彪上言，宜復此官，以招附東胡，乃復更置焉。

晉·司馬彪《續漢書·百官志五·護烏桓校尉》注引《晉書》 漢置東夷校尉，以撫鮮卑。

護羌校尉

綜述

晉·司馬彪《續漢書·百官志五·護羌校尉》劉昭注引應劭《漢官儀》 （護羌校尉）擁節，長史、司馬二人，皆六百石。

《後漢書》卷一下《光武帝紀》注引《漢官儀》 （護羌校尉）武帝置，秩比二千石，持節，以護西羌。王莽亂，遂罷。時班彪議，宜復其官，以理冤結。帝從之，以牛邯爲護羌校尉，都於隴西令居縣。

晉·司馬彪《續漢書·百官志五·護羌校尉》 護羌校尉一人，比二千石。本注曰：主西羌。

論説

《漢書》卷六九《趙充國傳》 詔舉可護羌校尉者，時充國病，四府舉辛武賢小弟湯。（趙）充國遽起奏：『湯使酒，不可典蠻夷。不如湯兄臨衆。』時湯已拜受節，有詔更用臨衆。後臨衆病免，五府復舉湯，湯數醉酗羌人，羌人反畔，卒如充國之言。

又《辛慶忌傳》 （辛慶忌）長子通爲護羌校尉。

又 卷九九上《王莽傳》 是歲，西羌龐恬、傅幡等怨莽奪其地作西海郡，反攻西海太守程永，永奔走。莽誅永，遣護羌校尉竇況擊之。

《後漢書》卷一下《光武帝紀》 （建武九年）復置護羌校尉官。

又 卷三《章帝紀》 章和元年春三月，護羌校尉傅育追擊叛羌，戰歿。【略】

（章和元年秋七月）燒當羌寇金城，護羌校尉劉盱討之，斬其渠帥。

又 卷四《和帝紀》 （永元五年）護羌校尉貫友擊燒當羌，羌乃遁去。【略】

（永元十三年）九月，護羌校尉周鮪擊燒當羌，破之。

又 卷五《安帝紀》 （永初七年）秋，護羌校尉侯霸、騎都尉馬

賢破先零羌。【略】

（元初四年）九月，護羌校尉任尚使客刺殺叛羌零昌。【略】

（永寧元年）六月，沈氏種羌叛，寇張掖，護羌校尉馬賢討沈氏羌，破之。【略】

（建光元年）八月，護羌校尉馬賢討燒當羌於金城，不利。

又　卷六《順帝紀》　（永建元年）隴西鍾羌叛，護羌校尉馬賢討破之。【略】

（陽嘉三年）秋七月庚戌，鍾羌寇隴西、漢陽。冬十月，護羌校尉馬續擊破之。【略】

（永和三年）冬十月，燒當羌寇金城，護羌校尉馬賢擊破之，羌遂相招而叛。【略】

（永和四年）夏四月癸卯，護羌校尉馬賢討燒當羌，大破之。【略】

（漢安二年）夏四月庚戌，護羌校尉趙沖與漢陽太守張貢擊燒當羌於參巒，破之。【略】

（建康元年三月）領護羌校尉衛琚追討叛羌，破之。

又　《沖帝紀》　（建康元年）護羌校尉趙沖追擊叛羌於鸇陰河，戰歿。

又　《桓帝紀》　（延熹二年）燒當等八種羌叛，寇隴右，護羌校尉段熲追擊於羅亭，破之。【略】

（延熹三年）閏月燒當羌叛，寇張掖，護羌校尉段熲追擊於積石，大破之。【略】

（延熹七年）護羌校尉段熲擊當煎羌，破之。【略】

（延熹八年）護羌校尉段熲擊罕姐羌，破之。【略】

永康元年春正月，先零羌寇三輔，中郎將張奐破平之。當煎羌寇武威，護羌校尉段熲追擊於鸞鳥，大破之。西羌悉平。

又　卷八《靈帝紀》　（建寧元年）使護羌校尉段熲討先零羌。

【略】

（中元元年十一月）湟中義從胡北宮伯玉與先零羌叛，以金城人邊章、韓遂爲軍帥，攻殺護羌校尉伶徵、金城太守陳懿。

又　卷一〇上《皇后紀·和熹鄧皇后》　和熹鄧皇后諱綏，太傅禹之孫也。父訓，護羌校尉；母陰氏，光烈皇后從弟女也。

又　卷一三《隗囂公孫述傳》　牛邯字孺卿，狄道人。有勇力才氣，雄於邊垂。及降，大司（空）［徒］司直杜林、太中大夫馬援並薦之，以爲護羌校尉，與來歙平隴右。

又　卷一六《鄧寇傳》　章和二年，護羌校尉張紆誘誅燒當種羌迷吾等，由是諸羌大怒，謀欲報怨，朝廷憂之。公卿舉訓代紆爲校尉。諸羌激忿，遂相與解仇結婚，交質盟詛，衆四萬餘人期冰合渡河攻訓。

又　卷一九《耿弇傳》　耿氏自中興已後迄建安之末，大將軍二人，將軍九人，卿十三人，尚公主三人，列侯十九人，中郎將、護羌校尉及刺史、二千石數十百人，遂與漢興衰云。

又　卷二三《竇融傳》　（竇融）從祖父爲護羌校尉。

（竇）融從兄子林爲護羌校尉。

又　卷二四《馬續傳》　（馬續）順帝時爲護羌校尉，遷度遼將軍，所在有威恩稱。

又　卷五一《龐參傳》　（龐）參在職，果能抑强助弱，以惠政得民。元初元年，遷護羌校尉，畔羌懷其恩信。明年，燒當羌種號多等皆降，始復得還都令居，通河西路。

校書郎中馬融上書請之曰：『【略】竊見前護羌校尉龐參，文武昭備，智略弘遠，既有義勇果毅之節，兼以博雅深謀之姿。』

又　卷六〇《馬融傳》　時西羌反叛，征西將軍馬賢與護羌校尉胡疇征之，而稽久不進。

又　卷六五《段熲傳》　（段熲）遷護羌校尉。會燒當、燒何、當煎、勒姐等八種羌寇隴西、金城塞，熲將兵及湟中義從羌萬二千騎出湟谷，擊破之。

又　卷七六《循吏傳·第五防》　（第五防）遷南阳太守，去官。拜護羌校尉，邊境服其威信。

又　卷八一《獨行傳·温序》　（温序）遷武陵都尉，病免官。六年，拜謁者，遷護羌校尉。

又　卷八七《西羌傳·羌無弋爰劍》　漢遣將軍李息、郎中令徐自爲將兵十萬人擊平之。始置護羌校尉，持節統領焉。

又《滇良傳》 建武九年，隗囂死，司徒掾班彪上言曰：『今涼州部皆有降羌，羌胡被髮左衽，而與漢人雜處，習俗既異，言語不通，數爲小吏黠人所見侵奪，窮恚無聊，故致反叛。夫蠻夷寇亂，皆爲此也。舊制益州部置蠻夷騎都尉，幽州部置領烏桓校尉，涼州部置護羌校尉，皆持節領護，理其怨結，歲時循行，問所疾苦。又數遣使驛通動靜，使塞外羌夷爲吏耳目，州郡因此可得儆備。今宜復如舊，以明威防。』光武從之，卽以牛邯爲護羌校尉，持節如舊。【略】

（永平元年）以謁者竇林領護羌校尉，居狄道。林爲諸羌所信，而滇岸遂詣林降。【略】

肅宗建初元年，安夷縣吏略妻卑湳種羌婦，吏爲其夫所殺，安夷長宗延追之出塞，種人恐見誅，遂共殺延，而與勒姐及吾良二種相結爲寇。隴西太守孫純遣從事李睦及金城兵會和羅谷，與卑湳等戰，斬首虜數百人。後拜故度遼將軍吳棠領護羌校尉，居安夷。

又《東號子麻奴》 漢安元年，以趙沖爲護羌校尉。沖招懷叛羌，罕種乃率邑落五千餘户詣沖降。【略】

建康元年春，護羌從事馬玄爲諸羌所誘，將羌衆亡出塞。領護羌校尉衛琚追擊玄等，斬首八百餘級，得牛馬羊二十餘萬頭。

又 卷九〇《鮮卑傳》 先是，護羌校尉田晏坐事論刑被原，欲立功自效，乃請中常侍王甫求得爲將，甫因此議遣兵與育并力討賊。帝乃拜晏爲破鮮卑中郎將。大臣多有不同，乃召百官議朝堂。

民族特有職官分部

匈奴職官

綜　述

《漢書》卷九四上《匈奴傳》 單于姓攣鞮氏，其國稱之曰『撑犁孤塗單于』。匈奴謂天爲『撑犁』，謂子爲『孤塗』，單于者，廣大之貌也，言其象天單于然也。置左右賢王，左右谷蠡，左右大將，左右大都尉，左右大當户，左右骨都侯。匈奴謂賢曰『屠耆』，故常以太子爲左屠耆王。自左右賢王以下至當户，大者萬餘騎，小者數千，凡二十四長，立號曰『萬騎』。其大臣皆世官。呼衍氏，蘭氏，其後有須卜氏，此三姓，其貴種也。諸左王將居東方，直上谷以東，接穢貉、朝鮮；右王將居西方，直上郡以西，接氐、羌；而單于庭直代、雲中。各有分地，逐水草移徙。而左右賢王、左右谷蠡最大國，左右骨都侯輔政。諸二十四長，亦各自置千長、百長、什長、裨小王、相、都尉、當户、且渠之屬。

論　說

《漢書》卷四三《婁敬傳》 （婁）敬曰：『陛下誠能以適長公主妻單于，厚奉遺之，彼知漢女送厚，蠻夷必慕，以爲閼氏，生子必爲太子，代單于。』

又 卷九四上《匈奴傳》 （始元二年）壺衍鞮單于既立，風謂漢使者，言欲和親。左賢王、右谷蠡王以不得立怨望，率其衆欲南歸漢。恐不能自致，卽脅盧屠王，欲與西降烏孫，謀擊匈奴。盧屠王告之，單于使人驗問，右谷蠡王不服，反以其罪罪盧屠王，國人皆寃之。於是二王去居其所，未嘗肯會龍城。

又 卷九四下《匈奴傳》 （甘露二年）上登長平，詔單于毋謁，其左右當户之羣臣皆得列觀，及諸蠻夷君長王侯數萬，咸迎於渭橋下，夾道陳。

南方和西南少數民族職官

綜　述

《漢書》卷九五《西南夷傳》 南夷君長以十數，夜郎最大。其西，靡莫之屬以十數，滇最大。自滇以北，君長以十數，邛都最大。此皆椎結，耕田，有邑聚。其外，西自桐師以東，北至葉榆，名爲巂、昆明，編髮，隨畜移徙，亡常處，亡君長，地方可數千里。自巂以東北，君長以十

數，徙、莋都最大。自莋以東北，君長以十數，冉駹最大。其俗，或土著，或移徙。在蜀之西。自駹以東北，君長以十數，白馬最大，皆氐類也。此皆巴蜀西南外蠻夷也。【略】

滇王者，其衆數萬人，其旁東北勞深、靡莫皆同姓相仗，未肯聽。勞、莫數侵犯使者吏卒。元封二年，天子發巴蜀兵擊滅勞深、靡莫，以兵臨滇。滇王始首善，以故弗誅。滇王離西夷，滇舉國降，請置吏入朝。於是以爲益州郡，賜滇王王印，復長其民。西南夷君長以百數，獨夜郎、滇受王印。

又 **《閩粵傳》** 閩粵王無諸及粵東海王搖，其先皆粵王句踐之後也，姓騶氏。秦并天下，廢爲君長，以其地爲閩中郡。及諸侯畔秦，無諸、搖率粵歸番陽令吳芮，所謂番君者也，從諸侯滅秦。當是時，項王主命，不王也，以故不佐楚。漢擊項籍，無諸、搖帥粵人佐漢。漢五年，復立無諸爲閩粵王，王閩中故地，都冶。孝惠三年，舉高帝時粵功，曰閩君搖功多，其民便附，乃立搖爲東海王，都東甌，世號曰東甌王。

《後漢書》卷八六《西南夷傳・序》 西南夷者，在蜀郡徼外。有夜郎國，東接交阯，西有滇國，北有邛都國，各立君長。【略】其外又有嶲、昆明諸落，西極同師，東北至葉榆，地方數千里。無君長，辮髮，隨畜遷徙無常。自嶲東北有莋都國，東北有冉駹國，或土著，或隨畜遷徙。自冉駹東北有白馬國，氐種是也。此三國亦有君長。

論說

《後漢書》卷八六《南蠻傳・巴郡南郡蠻》 巴郡南郡蠻，本有五姓：巴氏，樊氏，瞫氏，相氏，鄭氏。皆出於武落鍾離山。其山有赤黑二穴，巴氏之子生於赤穴，四姓之子皆生黑穴。未有君長，俱事鬼神，乃共擲劍於石穴，約能中者，奉以爲君。巴氏子務相乃獨中之，衆皆歎。又令各乘土船，約能浮者，當以爲君。餘姓悉沈，唯務相獨浮。因共立之，是爲廩君。

又 **《西南夷傳・夜郎》** 夜郎者，初有女子浣於遯水，有三節大竹流入足間，聞其中有號聲，剖竹視之，得一男兒，歸而養之。及長，有才武，自立爲夜郎侯，以竹爲姓。武帝元鼎六年，平南夷爲牂柯郡，夜郎侯迎降，天子賜其王印綬。後遂殺之。夷獠咸以竹王非血氣所生，甚重之，求爲立後。牂柯太守吳霸以聞，天子乃封其三子爲侯，死，配食其父。今夜郎縣有竹王三郎神是也。

又 **《哀牢傳》** （哀牢王）九隆死，世世相繼。乃分置小王，往往邑居，散在谿谷。絶域荒外，山川阻深，生人以來，未嘗交通中國。建武二十三年，其王賢栗遣兵乘箄船，南下江、漢，擊附塞夷鹿茤，鹿茤人弱，爲所禽獲。於是震雷疾雨，南風飄起，水爲逆流，翻涌二百餘里，箄船沈没，哀牢之衆，溺死數千人。賢栗復遣其六王將萬人以攻鹿茤，鹿茤王與戰，殺其六王。哀牢耆老共埋六王，夜虎復出其尸而食之，餘衆驚怖引去。賢栗惶恐，謂其耆老曰：『我曹入邊塞，自古有之，今攻鹿茤，輒被天誅，中國其有聖帝乎？天祐助之，何其明也！』二十七年，賢栗等遂率種人户二千七百七十，口萬七千六百五十九，詣越嶲太守鄭鴻降，求内屬。光武封賢栗等爲君長。自是歲來朝貢。永平十二年，哀牢王柳貌遣子率種人内屬，其稱邑王者七十七人，户五萬一千八百九十，口五十五萬三千七百一十一。西南去洛陽七千里，顯宗以其地置哀牢、博南二縣，割益州郡西部都尉所領六縣，合爲永昌郡。

西羌職官

綜述

《後漢書》卷八七《西羌傳・序》 （西羌）不立君臣，無相長一，强則分種爲酋豪，弱則爲人附落，更相抄暴，以力爲雄。

論說

《後漢書》卷八七《西羌傳・滇良》 滇良者，當之玄孫也。時王莽末，四夷内侵，及莽敗，衆羌遂還據西海爲寇。更始、赤眉之際，羌遂放縱，寇金城、隴西。隗囂雖擁兵而不能討之。乃就慰納，因發其衆與漢相

拒。建武九年，隗囂死，司徒掾班彪上言：『今涼州部皆有降羌，羌胡被髮左衽，而與漢人雜處，習俗既異，言語不通，數爲小吏黠人所見侵奪，窮恚無聊，故致反叛。夫蠻夷寇亂，皆爲此也。』

又《東號子麻奴傳》 建武十三年，廣漢塞外白馬羌豪樓登等率種人五千餘户内屬，光武封樓登爲歸義君長。至和帝永元六年，蜀郡徼外大牂夷種羌豪造頭等率種人五十餘萬口内屬，拜造頭爲邑君長，賜印綬。

西域諸國職官

綜述

《漢書》卷九六上《西域傳·于闐國》 于闐國，王治西城。【略】輔國侯、左右將、左右騎君、東西城長、譯長各一人。

又卷九六下《西域傳·烏孫國》 烏孫國，大昆彌治赤谷城。【略】相大禄，左右大將二人，侯三人，大將、都尉各一人，大監二人，大吏一人，舍中大吏二人，騎君一人。

又《車師後國傳》 （西域）最凡國五十。自譯長、城長、君、監、吏、大禄、百長、千長、都尉、且渠、當户、將、相至侯、王，皆佩漢印綬，凡三百七十六人。

晉·司馬彪《續漢書·百官志五·四夷國》 四夷國王，率衆王，歸義侯，邑君，邑長，皆有丞，比郡、縣。

《後漢書》卷八七《西羌傳·序》 （西羌）不立君臣，無相長一，强則分種爲酋豪，弱則爲人附落，更相抄暴，以力爲雄。【略】

建武十三年，廣漢塞外白馬羌豪樓登等率種人五千餘户内屬，光武封樓登爲歸義君長。至和帝永元六年，蜀郡徼外大牂夷種羌豪造頭等率種人五十餘萬口内屬，拜造頭爲邑君長，賜印綬。

論說

《敦煌懸泉漢簡釋粹》 鴻嘉三年三月癸酉，遣守屬單彭，送自來烏孫大昆彌副使者簿侯、左大將掾使敞單，皆奉獻詣行在所，以令爲駕一乘傳，凡二人。

《漢書》卷八《宣帝紀》 （神爵元年）詔曰：『軍旅暴露，轉輸煩勞，其令諸侯王、列侯、蠻夷王侯君長當朝二年者，皆毋朝。』

又卷九六下《西域傳·烏孫國》 元康二年，烏孫昆彌因惠上書：『願以漢外孫元貴靡爲嗣，得令復尚漢公主，結婚重親，畔絶匈奴，願聘馬贏各千匹。』【略】上美烏孫新立大功，又重絶故業，遣使者至烏孫，先迎取聘。昆彌及太子、左右大將、都尉皆遣使，凡三百餘人，入漢迎取少主。

東方諸國職官

綜述

《後漢書》卷八五《東夷傳·夫餘》 （夫餘國）以員柵爲城，有宫室、倉庫、牢獄。【略】以六畜名官，有馬加、牛加、狗加，其邑落皆主屬諸加。

又《挹婁傳》 挹婁，古肅慎之國也。【略】無君長，其邑落各有大人。

又《高句驪傳》 高句驪，在遼東之東千里，南與朝鮮、濊貊，東與沃沮，北與夫餘接。【略】凡有五族，有消奴部、絶奴部、順奴部、灌奴部、桂婁部。本消奴部爲王，稍微弱，後桂婁部代之。其置官，有相加、對盧、沛者、古鄒大加、主簿、優台、使者、帛衣先人。

又《東沃沮傳》 東沃沮在高句驪蓋馬大山之東，東濱大海，北與挹婁、夫餘，南與濊貊接。【略】有邑落長帥。

又《濊傳》 （濊）無大君長，其官有侯、邑君、三老。

又《三韓傳》 韓有三種：一曰馬韓，二曰辰韓，三曰弁辰。（馬韓）諸國邑各以一人主祭天神，號爲『天君』。【略】辰韓，耆老自言秦之亡人，避苦役，適韓國，馬韓割東界地與之。其名國爲邦，弓爲弧，賊爲寇，行酒爲行觴，相呼爲徒，有似秦語，故或名之爲秦韓。有城柵屋

室。諸小別邑，各有渠帥，大者名臣智，次有儉側，次有樊秖，次有殺奚，次有邑借。

烏桓、鮮卑職官

綜　述

《後漢書》卷九〇《烏桓傳》　（烏桓）有勇健能理決闘訟者，推爲大人，無世業相繼。邑落各有小帥，數百千落自爲一部。大人有所召呼，則刻木爲信，雖無文字，而部衆不敢違犯。

又《鮮卑傳》　鮮卑者，亦東胡之支也，別依鮮卑山，故因號焉。其言語習俗與烏桓同。

論　説

《後漢書》卷九〇《烏桓傳》　安帝永初三年夏，漁陽烏桓與右北平胡千餘寇代郡、上谷。秋，鴈門烏桓率衆王無何，與鮮卑大人丘倫等，及南匈奴骨都侯，合七千騎寇五原，與太守戰於九原高渠谷，漢兵大敗，殺郡長吏。乃遣車騎將軍何熙、度遼將軍梁慬等擊，大破之。無何乞降，鮮卑走還塞外。是後烏桓稍復親附，拜其大人戎朱廆爲親漢都尉。

又《鮮卑傳》　陽嘉元年冬，耿曄遣烏桓親漢都尉戎朱廆率衆王侯咄歸等，出塞抄擊鮮卑，大斬獲而還，賜咄歸等已下爲率衆王、侯、長，賜綵繒各有差。鮮卑後寇遼東屬國，於是曄乃移屯遼東無慮城拒之。二年春，匈奴中郎將趙稠遣從事將南匈奴骨都侯夫沈等，出塞擊鮮卑，破之，斬獲甚衆，詔賜夫沈金印紫綬及縑綵各有差。

散階勳爵官部

勳爵官分部

勳　官

綜　述

《漢書》卷一九上《百官公卿表》　護軍都尉，秦官，武帝元狩四年屬大司馬，成帝綏和元年居大司馬府比司直，哀帝元壽元年更名司寇，平帝元始元年更名護軍。【略】

宣帝令中郎將、騎都尉監羽林，秩比二千石。

論　説

《漢書》卷四〇《陳平傳》　（陳）平自初從，至天下定後，常以護軍中尉從擊臧荼、陳豨、黥布。

又　卷五二《韓安國傳》　單于穿塞，將十萬騎入武州塞。當是時，漢伏兵車騎材官三十餘萬，匿馬邑旁谷中。衛尉李廣爲驍騎將軍，太僕公孫賀爲輕車將軍，大行王恢爲將屯將軍，太中大夫李息爲材官將軍。御史大夫安國爲護軍將軍，諸將皆屬。

又　卷五四《李陵傳》　（李）陵字少卿，少爲侍中建章監。【略】武帝以爲有廣之風，使將八百騎，深入匈奴二千餘里，過居延視地形，不見虜，還。拜爲騎都尉，將勇敢五千人，教射酒泉、張掖以備胡。

又　卷六九《趙充國傳》　昭帝時，武都氐人反，充國以大將軍護軍都尉將兵擊定之，遷中郎將，將屯上谷，還爲水衡都尉。

《後漢書》卷一一《劉玄劉盆子傳》　（更始）時李軼、朱鮪擅命

山東，王匡、張印橫暴三輔。其所授官爵者，皆羣小賈豎，或有膳夫庖人，多著繡面衣、錦袴、襜褕、諸于，罵詈道中。長安爲之語曰：『竈下養，中郎將。爛羊胃，騎都尉。爛羊頭，關内侯。』

封爵官

綜　述

《漢書》卷一下《高祖紀》（漢五年）夏五月，兵皆罷歸家。詔曰：「【略】軍吏卒會赦，其亡罪而亡爵及不滿大夫者，皆賜爵爲大夫。故大夫以上賜爵各一級，其七大夫以上，皆令食邑，非七大夫以下，皆復其身及户，勿事。」又曰：「七大夫、公乘以上，皆高爵也。諸侯子及從軍歸者，甚多高爵，吾數詔吏先與田宅，及所當求於吏者，亟與。爵或人君，上所尊禮，久立吏前，曾不爲決，甚亡謂也。異日秦民爵公大夫以上，令丞與亢禮。今吾於爵非輕也，吏獨安取此！且法以有功勞行田宅，今小吏未嘗從軍者多滿，而有功者顧不得，背公立私，守尉長吏教訓甚不善。其令諸吏善遇高爵，稱吾意。且廉問，有不如吾詔者，以重論之。」

又　卷二《惠帝紀》（高祖十二年）五月丙寅，太子即皇帝位，尊皇后曰皇太后。賜民爵一級。中郎、郎中滿六歲爵三級，四歲二級。外郎滿六歲二級。中郎不滿一歲一級。外郎不滿二歲賜錢萬。宦官尚食比郎中。謁者、執楯、執戟、武士、騶比外郎。太子御驂乘賜爵五大夫，舍人滿五歲二級。

又　卷三《高后紀》（高后）八年春，封中謁者張釋卿爲列侯。諸中官、宦者令丞皆賜爵關内侯，食邑。

又　卷五《景帝紀》（孝景後元年）三月，赦天下，賜民爵一級，中二千石諸侯相爵右庶長。

又　卷六《武帝紀》（元狩元年夏四月）丁卯，立皇太子。賜中二千石爵右庶長，民爲父後者一級。

又　卷七《昭帝紀》（始元五年六月）賜中二千石以下至吏民爵各有差。【略】

（元鳳四年）賜中二千石以下及天下民爵。

又　卷八《宣帝紀》（本始元年五月）賜吏二千石、諸侯相、下至中都官、宦吏、六百石爵，各有差，自左更至五大夫。

（地節三年）夏四月戊申，立皇太子，大赦天下。賜御史大夫爵關内侯，中二千石爵右庶長。【略】

（元康四年）三月，詔曰：「【略】賜天下吏爵二級。」

（神爵元年）詔曰：「【略】賜天下勤事吏爵二級。」

又　卷九《元帝紀》（初元二年）夏四月丁巳，立皇太子。賜御史大夫爵關内侯，中二千石右庶長。【略】

（永光元年）三月，詔曰：「【略】賜吏六百石以上爵五大夫，勤事吏二級。」【略】

（永光二年二月）又賜諸侯王、公主、列侯黄金，中二千石以下至中都官長吏各有差，吏六百石以上爵五大夫，勤事吏各二級。

又　卷一〇《成帝紀》（鴻嘉三年夏四月）令吏民得買爵，賈級千錢。

又　卷一九上《百官公卿表》爵：一級曰公士，二上造，三簪裊，四不更，五大夫，六官大夫，七公大夫，八公乘，九五大夫，十左庶長，十一右庶長，十二左更，十三中更，十四右更，十五少上造，十六大上造，十七駟車庶長，十八大庶長，十九關内侯，二十徹侯。皆秦制，以賞功勞。徹侯金印紫綬，避武帝諱，曰通侯，或曰列侯。

又　卷二四上《食貨志》（孝景二年）後，上郡以西旱，復修賣爵令，而裁其賈以招民。

又　卷二四下《食貨志》有司請令民得買爵及贖禁錮免（臧）[減]罪；請置賞官，名曰武功爵。級十七萬，凡直三十餘萬金。諸買武功爵官首者試補吏，先除；千夫如五大夫；其有罪又減二等；爵得至樂卿，以顯軍功。軍功多用超等，大者封侯卿大夫，小者郎。

又　卷九九中《王莽傳》（始建國元年）賜吏爵人二級。

《後漢書》卷三《章帝紀》（永平十八年）冬十月丁未，大赦天下。賜民爵，人二級，爲父後及孝悌、力田人三級，脫無名數及流人欲占者人一級，爵過公乘得移與子若同產子。

又　卷五《安帝紀》　元初元年春正月甲子，改元元初。賜民爵，人二級，孝悌、力田人三級，爵過公乘，得移與子若同産、同産子，民脱無名數及流民欲占者人一級。

《漢書》卷二四下《食貨志》注引臣瓚曰　《茂陵中書》有武功爵，一級曰造士，二級曰閑輿衛，三級曰良士，四級曰元戎士，五級曰官首，六級曰秉鐸，七級曰千夫，八級曰樂卿，九級曰執戎，十級曰政戻庶長，十一級曰軍衛。此武帝所制，以寵軍功。

論説

漢·王充《論衡》卷一二《謝短篇》　賜民爵八級，何法？名曰簪裹、上造，何謂？

唐·歐陽詢等《藝文類聚》卷五一《封爵部》引王粲《爵論》　古者爵行之時，民賜爵則喜，奪爵則懼，故可以奪賜而法也。今爵事廢矣，民不知爵者何也，奪之，民亦不懼，賜之，民亦不喜，是空設文書而無用也。今誠循爵，則上下不失實，而功勞者勸。得古之道，合漢之法，以貨財爲賞者不可供，以復除爲賞者租税損，減以爵爲賞者民勸而費省者，故古人重爵也。

宋·李昉等《太平御覽》卷一九八《封建部一·爵》引王粲《爵論》　爵自一級轉登十級而爲列侯，譬猶秩自百石轉遷而至於公也。而近世賞人，皆不由等級，從無爵封無列侯，原其所以，爵廢故也。

晉·司馬彪《續漢書·百官志五·關内侯》注引劉劭《爵制》　秦依古制，其在軍賜爵爲等級，其帥人皆更卒也，有功賜爵，則在軍吏之例。自一爵以上至不更四等，皆士也。大夫以上至五大夫五等，比大夫也。九等，依九命之義也。自左庶長以上至大庶長，九卿之義也。關内侯者，依古圻内子男之義也。秦都山西，以關内爲王畿，故曰關内侯也。列侯者，依古列國諸侯之義也。然則卿大夫士下之品，皆放古，比朝之制而異其名，亦所以殊軍國也。古者以車戰，兵車一乘，步卒七十二人，分翼左右。車，大夫在左，御者處中，勇士居右，凡七十五人。一爵曰公士者，步卒之有爵爲公士者。二爵曰上造。造，成也。古者成士升於司徒曰造士，雖依此名，皆步卒也。三爵曰簪裹，御駟馬者。要裹，古之名馬也。駕駟馬者其形似簪，故曰簪裹也。四爵曰不更。不更者，爲車右，不復與凡更卒同也。五爵曰大夫。大夫者，在車左者也。六爵爲官大夫，七爵爲公大夫，八爵爲公乘，九爵爲五大夫，皆軍吏也。吏民爵不得過公乘者，得貰與子若同産。然則公乘者，軍吏之爵最高者也。雖非臨戰，得公卒車，故曰公乘也。十爵爲左庶長，十一爵爲右庶長，十二爵爲左更，十三爵爲中更，十四爵爲右更，十五爵爲少上造，十六爵爲大上造，十七爵爲駟車庶長，十八爵爲大庶長，十九爵爲關内侯，二十爵爲列侯。自左庶長已上至大庶長，皆卿大夫，皆軍將也。所將皆庶人、更卒也，故以庶更爲名。大庶長卽大將軍也，左右庶長卽左右偏裨將軍也。

散官分部

特進

綜述

晉·司馬彪《續漢書·百官志五·列侯》注引胡廣《漢制度》　（諸侯）功德優盛，朝廷所敬異者，賜特進，在三公下，不在車騎下。

《後漢書》卷四《和帝紀》注引《漢官儀》　諸侯功德優盛，朝廷所敬異者，賜位特進，在三公下。

晉·司馬彪《續漢書·百官志五·列侯》　舊列侯奉朝請在長安者，位次三公。中興以來，唯以功德賜位特進者，次車騎將軍。

論説

《漢書》卷二七中之上《五行志》　（初元元年）三月癸卯制書曰：「其封婕妤父丞相少史王禁爲陽平侯，位特進。」

又　卷六七《朱雲傳》　至成帝時，丞相故安昌侯張禹以帝師位特

進，甚尊重。

又　卷八一《張禹傳》　（張禹）爲相六歲，鴻嘉元年以老病乞骸骨，上加優再三，乃聽許。賜安車駟馬，黄金百斤，罷就第，以列侯朝朔望，位特進，見禮如丞相，置從事史五人，益封四百户。【略】

（張）禹雖家居，以特進爲天子師，國家每有大政，必與定議。

又　卷九八《元后傳》　上悔廢平阿侯譚不輔政而薨也，乃復進成都侯商以特進，領城門兵，置幕府，得舉吏如將軍。杜鄴説車騎將軍音令親附商，【略】王氏爵位日盛，唯音爲修整，數諫正，有忠節，輔政八年，薨。【略】特進成都侯商代音爲大司馬衛將軍，而紅陽侯立位特進，領城門兵。

驃騎將軍

綜　述

《漢書》卷五五《霍去病傳》　（元狩二年）乃置大司馬位，大將軍、票騎將軍皆爲大司馬。定令，令票騎將軍秩禄與大將軍等。

論　説

《漢書》卷五五《霍去病傳》　（霍）去病侯三歲，元狩〔三〕〔二〕年春爲票騎將軍，將萬騎出隴西，有功。

晉·司馬彪《續漢書·百官志一·將軍》　明帝初卽位，以弟東平王蒼有賢才，以爲驃騎將軍；以王故，位在公上，數年後罷。

《後漢書》卷一上《光武帝紀》　（建武元年秋七月）壬午，以大將軍吳漢爲大司馬，偏將軍景丹爲驃騎大將軍。

班位分部

綜　述

《史記》卷六《秦始皇本紀》　維秦王兼有天下，立名爲皇帝，乃撫東土，至于琅邪。列侯武城侯王離、列侯通武侯王賁、倫侯建成侯趙亥、倫侯昌武侯成、倫侯武信侯馮毋擇、丞相隗林、丞相王綰、卿李斯、卿王戊、五大夫趙嬰、五大夫楊樛從，與議於海上。

《漢書》卷三《高后紀》　（高后）二年春，詔曰：『高皇帝匡飭天下，諸有功者皆受分地爲列侯，萬民大安，莫不受休德。朕思念至於久遠而功名不著，亡以尊大誼，施後世。今欲差次列侯功以定朝位，臧于高廟，世世勿絶，嗣子各襲其功位。其與列侯議定奏之。』丞相臣平言：『謹與絳侯臣勃、曲周侯臣商、潁陰侯臣嬰、安國侯臣陵等議，列侯幸得賜餐錢奉邑，陛下加惠，以功次定朝位，臣請臧高廟。』奏可。

又　卷四三《叔孫通傳》　漢王已并天下，諸侯共尊爲皇帝於定陶，通就其儀號。高帝悉去秦儀法，爲簡易。羣臣飲爭功，醉或妄呼，拔劍擊柱，上患之。通知上益饜之，説上曰：『夫儒者難與進取，可與守成。臣願徵魯諸生，與臣弟子共起朝儀。』【略】上曰：『可試爲之，令易知，度吾所能行爲之。』【略】漢七年，長樂宮成，諸侯羣臣朝十月。儀：先平明，謁者治禮，引以次入殿門，廷中陳車騎戍卒衛官，設兵，張旗志。傳曰：『趨』。殿下郎中（俠）〔挾〕陛，陛數百人。功臣列侯諸將軍軍吏以次陳西方，東鄉；文官丞相以下陳東方，西鄉。大行設九賓，臚句傳。於是皇帝輦出房，百官執戟傳警，引諸侯王以下至吏六百石以次奉賀。自諸侯王以下莫不震恐肅敬。至禮畢，盡伏，置法酒。諸侍坐殿上皆伏抑首，以尊卑次起上壽。觴九行，謁者言『罷酒』。御史執法舉不如儀者輒引去。竟朝置酒，無敢讙譁失禮者。於是高帝曰：『吾乃今日知爲皇帝之貴也。』

晉·司馬彪《續漢書·百官志五·列侯》注引胡廣《漢制度》　功德優盛，朝廷所敬異者，賜特進，在三公下，不在車騎下。

又《百官志一·將軍》注引蔡質《漢儀》 漢興，置大將軍、驃騎，位次丞相，車騎、衛將軍、左、右、前、後，皆金紫，位次上卿。典京師兵衛，四夷屯警。

又《百官志五·列侯》 舊列侯奉朝請在長安者，位次三公。中興以來，唯以功德賜位特進者，次車騎將軍；賜位朝侯，次五校尉；賜位侍祠侯，次大夫。其餘以胏附及公主子孫奉墳墓於京都者，亦隨時見會，位在博士、議郎下。

雜錄

《史記》卷五三《蕭相國世家》 列侯畢已受封，及奏位次，皆曰：『平陽侯曹參身被七十創，攻城略地，功最多，宜第一。』上已橈功臣，多封蕭何，至位次未有以復難之，然心欲何第一。關内侯鄂君進曰：『羣臣議皆誤。夫曹參雖有野戰略地之功，此特一時之事。夫上與楚相距五歲，常失軍亡衆，逃身遁者數矣。然蕭何常從關中遣軍補其處，非上所詔令召，而數萬衆會上之乏絶者數矣。夫漢與楚相守滎陽數年，軍無見糧，蕭何轉漕關中，給食不乏。陛下雖數亡山東，蕭何常全關中以待陛下，此萬世之功也。今雖亡曹參等百數，何缺於漢？漢得之不必待以全。奈何欲以一旦之功而加萬世之功哉！蕭何第一，曹參次之。』高祖曰：『善。』於是乃令蕭何第一，賜帶劍履上殿，入朝不趨。

《漢書》卷九《元帝紀》 （初元）三年春，令諸侯相位在郡守下。

又 卷七八《蕭望之傳》 初，匈奴呼韓邪單于來朝，詔公卿議其儀，丞相霸、御史大夫定國議曰：『聖王之制，施德行禮，先京師而後諸夏，先諸夏而後夷狄。《詩》云：「率禮不越，遂視既發；相土烈烈，海外有截。」陛下聖德充塞天地，光被四表，匈奴單于鄉風慕化，奉珍朝賀，自古未之有也。其禮儀宜如諸侯王，位次在下。』望之以爲『單于非正朔所加，故稱敵國，宜待以不臣之禮，位在諸侯王上。外夷稽首稱藩，中國讓而不臣，此則羈縻之誼，謙亨之福也。《書》曰「戎狄荒服」，言其來服，荒忽亡常。如使匈奴後嗣卒有鳥竄鼠伏，闕於朝享，不爲畔臣。信讓行乎蠻貉，福祚流于亡窮，萬世之長策也。』天子采之，下詔曰：『蓋聞五帝三王教化所不施，不及以政。今匈奴單于稱北藩，朝正朔，朕之不逮，德不能弘覆。其以客禮待之，令單于位在諸侯王上，贊謁稱臣而不名。』【略】

（元帝即位）後數月，制詔御史：『國之將興，尊師而重傅。故前將軍望之傅朕八年，道以經術，厥功茂焉。其賜望之爵關内侯，食邑六百户，給事中，朝朔望，坐次將軍。』

又 卷八一《張禹傳》 （張禹）以列侯朝朔望，位特進，見禮如丞相。

又 《孔光傳》 （孔光）爲光禄大夫，秩中二千石，給事中，位次丞相。

大臣謚號分部

綜述

《史記》卷六《秦始皇本紀》 制曰：『朕聞太古有號毋謚，中古有號，死而以行爲謚。如此，則子議父，臣議君也，甚無謂，朕弗取焉。自今已來，除謚法。』

論説

《漢書》卷四一《樊噲傳》 （樊）噲薨，謚曰武侯。【略】

（樊市人）薨，謚曰荒侯。

又 卷四六《石奮傳》 （石）慶爲丞相，文深審謹，無他大略。後三歲餘薨，謚曰恬侯。

又 《衛綰傳》 （衛綰）薨，謚曰哀侯。

又 《直不疑傳》 （直）不疑學《老子》言。其所臨，爲官如故，唯恐人之知其爲吏迹也。不好立名，稱爲長者。薨，謚曰信侯。

又 卷五一《賈山傳》 （賈山）曰：『【略】古者聖王作謚，三

四十世耳，雖堯舜禹湯文武絫世廣德以爲子孫基業，無過二三十世者也。秦皇帝曰死而以謚法，是父子名號有時相襲也，以一至萬，則世世不相復也，故死而號曰始皇帝，其次曰二世皇帝者，欲以一至萬也。秦皇帝計其功德，度其後嗣，世世無窮，然身死纔數月耳，天下四面而攻之，宗廟滅絶矣。』

又　**卷五五《霍去病傳》**　（卫青）薨，謚曰烈侯。

又　**卷五九《張安世傳》**　（張安世）薨。天子贈印綬，送以輕車介士，謚曰敬侯。

又　**《張延壽傳》**　（張延壽）薨，謚曰愛侯。

又　**卷六六《車千秋傳》**　（車）千秋爲相十二年，薨，謚曰定侯。

又　**《楊敞傳》**　（楊）敞薨，謚曰敬侯。

又　**《蔡義傳》**　（蔡）義爲相四歲，薨，謚曰節侯。

又　**卷六八《霍光傳》**　（霍光）謚曰宣成侯。

又　**《金日磾傳》**　（金日磾）薨，賜葬具冢地，送以輕車介士，軍陳至茂陵，謚曰敬侯。

又　**《金安上傳》**　（金安上）薨，賜冢塋杜陵，謚曰敬侯。

又　**卷七三《韋玄成傳》**　（韋）玄成爲相七年，守正持重不及父賢，而文采過之。建昭三年薨，謚曰共侯。

又　**卷七四《魏相傳》**　（魏）相爲人嚴毅，不如吉寬。視事九歲，神爵三年薨，謚曰憲侯。

又　**卷八四《翟方進傳》**　（翟方進）謚曰恭侯。

又　**卷八六《師丹傳》**　（師丹）薨，謚曰節侯。

又　**卷八九《循吏傳・黄霸》**　（黄霸）爲丞相五歲，甘露三年薨，謚曰定侯。

《後漢書》卷一六《鄧禹傳》　（太傅鄧禹）年五十七薨，謚曰元侯。

又　**卷一七《馮異傳》**　（馮異）與諸將攻落門，未拔，病發，薨于軍，謚曰節侯。

又　**卷一八《臧宫傳》**　（臧）宫永平元年卒，謚曰愍侯。

又　**卷二〇《祭遵傳》**　（祭）遵爲人廉約小心，克己奉公，賞賜輒盡與士卒，家無私財，身衣韋絝，布被，夫人裳不加緣，帝以是重焉。及卒，愍悼之尤甚。【略】博士范升上疏，追稱遵曰：『臣聞先王崇政，尊美屏惡。昔高祖大聖，深見遠慮，班爵割地，與下分功，著録勳臣，頌其德美。生則寵以殊禮，奏事不名，入門不趨。死則疇其爵邑，世無絶嗣，丹書鐵券，傳於無窮。斯誠大漢厚下安人長久之德，所以累世十餘，歷載數百，廢而復興，絶而復續者也。陛下以至德受命，先明漢道，褒序輔佐，封賞功臣，同符祖宗。征虜將軍潁陽侯遵，不幸早薨。陛下仁恩，爲之感傷，遠迎河南，惻怛之慟，形於聖躬，喪事用度，仰給縣官，重賜妻子，不可勝數。送死有以加生，厚亡有以過存，矯俗厲化，卓如日月。古者臣疾君視，臣卒君弔，德之厚者也。陵遲已來久矣。及至陛下，復興斯禮，羣下感動，莫不自勵。臣竊見遵脩行積善，竭忠於國，北平漁陽，西拒隴、蜀，先登坻上，深取略陽。衆兵既退，獨守衝難。制御士心，不越法度。所在吏人，不知有軍。清名聞於海内，廉白著於當世。所得賞賜，輒盡與吏士，身無奇衣，家無私財。同産兄午以遵無子，娶妾送之，遵乃使人逆而不受，自以身任於國，不敢圖生慮繼嗣之計。臨死遺誡牛車載喪，薄葬洛陽。問以家事，終無所言。任重道遠，死而後已。遵爲將軍，取士皆用儒術，對酒設樂，必雅歌投壺。又建爲孔子立後，奏置《五經》大夫。雖在軍旅，不忘俎豆，可（爲）［謂］謂好禮悦樂，守死善道者也。禮，生有爵，死有謚，爵以殊尊卑，謚以明善惡。臣愚以爲宜因遵薨，論敘衆功，詳案《謚法》，以禮成之。顯章國家篤古之制，爲後嗣法。』帝乃下升章以示公卿。至葬，車駕復臨，贈以將軍、侯印綬，朱輪容車，介士軍陳送葬，謚曰成侯。

又　**卷二三《竇融傳》**　（竇）融卒，時年七十八，謚曰戴侯，賻送甚厚。

又　**卷二四《馬廖傳》**　（馬廖）卒。和帝以廖先帝之舅，厚加賵賻，使者弔祭，王主會喪，謚曰安侯。

又　**卷二五《劉寬傳》**　（劉寬）中平二年卒，時年六十六。贈車騎將軍印綬，位特進，謚曰昭列侯。

又　**卷三二《陰識傳》**　（陰識）爲執金吾，位特進。永平二年，卒，贈以本官印綬，謚曰貞侯。

又　卷六一《黃瓊傳》（黃瓊）卒，時年七十九。贈車騎將軍，謚曰忠侯。

又　卷八〇上《文苑傳・夏恭》（夏恭）遷太山都尉。和集百姓，甚得其歡心。恭善爲文，著賦、頌、詩、《勵學》凡二十篇。年四十九卒官，諸儒共謚曰宣明君。

又　卷八八《西域傳・莎車》匈奴單于因王莽之亂，略有西域，唯莎車王延最强，不肯附屬。元帝時，嘗爲侍子，長於京師，慕樂中國，亦復參其典法。常敕諸子，當世奉漢家，不可負也。天鳳五年，延死，謚忠武王，子康代立。

圖畫臺閣分部

綜　述

《漢書》卷五四《蘇武傳》甘露三年，單于始入朝。上思股肱之美，乃圖畫其人於麒麟閣，法其形貌，署其官爵姓名。唯霍光不名，曰大司馬大將軍博陸侯姓霍氏，次曰衛將軍富平侯張安世，次曰車騎將軍龍額侯韓增，次曰後將軍營平侯趙充國，次曰丞相高平侯魏相，次曰丞相博陽侯丙吉，次曰御史大夫建平侯杜延年，次曰宗正陽城侯劉德，次曰少府梁丘賀，次曰太子太傅蕭望之，次曰典屬國蘇武。皆有功德，知名當世，是以表而揚之，明著中興輔佐，列於方叔、召虎、仲山甫焉。凡十一人，皆有傳。自丞相黃霸、廷尉于定國、大司農朱邑、京兆尹張敞、右扶風尹翁歸及儒者夏侯勝等，皆以善終，著名宣帝之世，然不得列於名臣之圖，以此知其選矣。

又　《趙充國傳》初，充國以功德與霍光等列，畫未央宮。成帝時，西羌嘗有警，上思將帥之臣，追美充國，乃召黃門郎楊雄即充國圖畫而頌之，曰：明靈惟宣，戎有先零。先零昌狂，侵漢西疆。漢命虎臣，惟後將軍，整我六師，是討是震。既臨其域，諭以威德，有守矜功，謂之弗克。請奮其旅，于罕之羌，天子命我，從之鮮陽。營平守節，婁奏封章，料敵制勝，威謀靡亢。遂克西戎，還師於京，鬼方賓服，罔有不庭。昔周之宣，有方有虎，詩人歌功，乃列于《雅》。在漢中興，充國作武，赳赳桓桓，亦紹厥後。

又　卷六八《金日磾傳》（金）日磾母教誨兩子，甚有法度，上聞而嘉之。病死，詔圖畫於甘泉宮，署曰『休屠王閼氏。』日磾每見畫常拜，鄉之涕泣，然後乃去。

又　卷八九《循吏傳・召信臣》元始四年，詔書祀百辟卿士有益於民者，蜀郡以文翁，九江以召父應詔書。歲時郡二千石率官屬行禮，奉祠信臣冢，而南陽亦爲立祠。

《後漢書》卷二二《馬武傳》永平中，顯宗追感前世功臣，乃圖畫二十八將於南宮雲臺，其外又有王常、李通、竇融、卓茂，合三十二人。故依其本弟係之篇末，以志功臣之次云爾。

太傅高密侯鄧禹	中山太守全椒侯馬成
大司馬廣平侯吳漢	河南尹阜成侯王梁
左將軍膠東侯賈復	琅邪太守祝阿侯陳俊
建威大將軍好畤侯耿弇	驃騎大將軍參蘧侯杜茂
執金吾雍奴侯寇恂	積弩將軍昆陽侯傅俊
征南大將軍舞陽侯岑彭	左曹合肥侯堅鐔
征西大將軍陽夏侯馮異	上谷太守淮陵侯王霸
建義大將軍鬲侯朱祐	信都太守阿陵侯任光
征虜將軍潁陽侯祭遵	豫章太守中水侯李忠
驃騎大將軍櫟陽侯景丹	右將軍槐里侯萬脩
虎牙大將軍安平侯蓋延	太常靈壽侯邳彤
衛尉安成侯銚期	驍騎將軍昌成侯劉植
東郡太守東光侯耿純	橫野大將軍山桑侯王常
城門校尉朗陵侯臧宮	大司空固始侯李通
捕虜將軍楊虛侯馬武	大司空安豐侯竇融
驃騎將軍慎侯劉隆	太傅宣德侯卓茂

又　卷二四《馬援傳》永平初，援女立爲皇后。顯宗圖畫建武中名臣、列將於雲臺，以椒房故，獨不及援。東平王蒼觀圖，言於帝曰：

『何故不畫伏波將軍像？』帝笑而不言。至十七年，援夫人卒，乃更修封樹，起祠堂。

又　卷四四《胡廣傳》　熹平六年，靈帝思感舊德，乃圖畫廣及太尉黄瓊於省内，詔議郎蔡邕爲其頌云。

追贈官爵印綬分部

綜　述

《後漢書》卷一〇下《皇后紀·陳夫人》　熹平四年，小黄門趙祐、議郎卑整上言：『《春秋》之義，母以子貴。隆漢盛典，尊崇母氏，凡在外戚，莫不加寵。今沖帝母虞大家，質帝母陳夫人，皆誕生聖皇，而未有稱號。夫臣子雖賤，尚有追贈之典，況二母見在，不蒙崇顯之次，無以述遵先世，垂示後世也。』

雜　録

《漢書》卷五九《張安世傳》　（張安世）薨。天子贈印綬，送以輕車介士，謚曰敬侯。

又　卷八四《翟方進傳》　（翟方進）自殺。上秘之，遣九卿册贈以丞相高陵侯印綬，賜乘輿秘器，少府供張，柱檻皆衣素。

《後漢書》卷一〇下《皇后紀·靈思何皇后》　（何斌）病卒，贈前將軍印綬，謁者監護喪事。

又　卷一三《公孫述傳》　初，常少、張隆勸述降，不從，並以憂死。帝下詔追贈少爲太常，隆爲光禄勳，以禮改葬之。

又　卷二〇《銚期傳》　（銚期）卒，帝親臨襚斂，贈以衞尉、安成侯印綬，謚曰忠侯。

又　卷二五《劉寬傳》　（劉寬）卒，時年六十六。贈車騎將軍印綬，位特進，謚曰昭烈侯。

又　卷二六《趙憙傳》　（趙憙）子代嗣，官至越騎校尉。永元中，副行征西將軍劉尚征羌，坐事下獄，疾病物故。和帝憐之，賜秘器錢布，贈越騎校尉、節鄉侯印綬。

又　卷三二《陰識傳》　（陰識）爲執金吾，位特進。永平二年，卒，贈以本官印綬，謚曰貞侯。

又　卷三四《梁商傳》　（梁商）夫人陰氏薨，追號開封君，贈印綬。

又　卷四三《朱穆傳》　（朱穆）卒，時年六十四。禄仕數十年，蔬食布衣，家無餘財。公卿共表穆立節忠清，虔恭機密，守死善道，宜蒙旌寵。策詔褒述，追贈益州太守。

又　卷四五《袁京傳》　（袁逢）卒於執金吾。朝廷以逢嘗爲三老，特優禮之，賜以珠畫特詔秘器，飯含珠玉二十六品，使五官中郎將持節奉策，贈以車騎將軍印綬，加號特進，謚曰宣文侯。

又　卷七一《皇甫嵩傳》　（皇甫嵩）遷太常。尋李傕作亂，嵩亦病卒，贈驃騎將軍印綬，拜家一人爲郎。

又　卷七八《宦官傳·孫程》　（孫）程爲宜城侯。程既到國，怨恨恚懟，封還印綬、符策，亡歸京師，往來山中。詔書追求，復故爵土，賜車馬衣物，遣還國。三年，帝念程等功勳，悉徵還京師。程與王道、李元皆拜騎都尉，餘悉奉朝請。陽嘉元年，程病甚，即拜奉車都尉，位特進。及卒，使五官中郎將追贈車騎將軍印綬，賜謚剛侯。

特殊禮遇分部

綜　述

《漢書》卷一下《高祖紀》　（高祖）與功臣剖符作誓，丹書鐵契，金匱石室，藏之宗廟。雖日不暇給，規摹弘遠矣。

《後漢書》卷二〇《祭遵傳》　（博士范升上疏）曰：『臣聞先王崇政，尊美屏惡。昔高祖大聖，深見遠慮，班爵割地，與下分功，著録勳

臣，頌其德美。生則寵以殊禮，奏事不名，入門不趨。死則疇其爵邑，世無絶嗣，丹書鐵券，傳於無窮。斯誠大漢厚下安人長久之德，所以累世十餘，歷載數百，廢而復興，絶而復續者也。陛下以至德受命，先明漢道，褒序輔佐，封賞功臣，同符祖宗。』

雜録

《漢書》卷三九《蕭何傳》 列侯畢已受封，奏位次。【略】關内侯鄂（千）秋時爲謁者，進曰：『【略】蕭何當第一，曹參次之。』上曰：『善。』於是乃令何第一，賜帶劍履上殿，入朝不趨。

又 卷四一《周緤傳》 周緤，沛人也。以舍人從高祖起沛。至霸上，西入蜀漢，還定三秦，常爲參乘，賜食邑池陽。從東擊項羽滎陽，絶甬道，從出度平陰，遇韓信軍襄國，戰有利不利，終亡離上心。【略】上欲自擊陳豨，緤泣曰：『始秦攻破天下，未曾自行，今上常自行，是亡人可使者乎？』上以爲『愛我』，賜入殿門不趨。

又 卷六六《車千秋傳》 （車）千秋年老，上優之，朝見，得乘小車入宫殿中，故因號曰『車丞相』。

又 卷六七《朱雲傳》 至成帝時，丞相故安昌侯張禹以帝師位特進，甚尊重。

又 卷九四下《匈奴傳》 （甘露二年）呼韓邪單于款五原塞，願朝三年正月。漢遣車騎都尉韓昌迎，發過所七郡郡二千騎，爲陳道上。單于正月朝天子于甘泉宫，漢寵以殊禮，位在諸侯王上，贊謁稱臣而不名。

又 卷九九上《王莽傳》 陳崇時爲大司徒司直，與張敞孫竦相善。竦者博通士，爲崇草奏，稱莽功德，崇奏之，曰：『【略】高皇帝褒賞元功，相國蕭何邑户既倍，又蒙殊禮，奏事不名，入殿不趨，封其親屬十有餘人。』

《後漢書》卷二六《郭賀傳》 （郭）建武中爲尚書令，在職六年，曉習故事，多所匡益。拜荆州刺史，引見賞賜，恩寵隆異。及到官，有殊政。【略】顯宗巡狩到南陽，特見嗟歎，賜以三公之服，黼黻冕旒。敕行部去襜帷，使百姓見其容服，以章有德。每所經過，吏人指以相示，莫不榮之。

又 《馮勤傳》 （馮）勤母年八十，每會見，詔敕勿拜，令御者扶上殿，顧謂諸王主曰：『使勤貴寵者，此母也。』其見親重如此。

又 卷三〇上《楊厚傳》 （楊）統作《家法章句》及《内讖》二卷解説，位至光禄大夫，爲國三老。

又 卷三四《梁冀傳》 元嘉元年，帝以冀有援立之功，欲崇殊典，乃大會公卿，共議其禮。於是有司奏冀入朝不趨，劍履上殿，謁讚不名，禮儀比蕭何；悉以定陶、（陽）成［陽］餘户增封爲四縣，比鄧禹；賞賜金錢、奴婢、綵帛、車馬、衣服、甲第，比霍光；以殊元勳。每朝會，與三公絶席。十日一入，平尚書事。宣布天下，爲萬世法。

又 卷三六《陳元傳》 （陳）元以才高著名，辟司空李通府。時大司農江馮上言，宜令司隸校尉督察三公。事下三府。元上疏曰：『臣聞師臣者帝，賓臣者霸。故武王以太公爲師，齊桓以夷吾爲仲父。孔子曰：「百官總己聽於冢宰。」近則高帝優相國之禮，太宗假宰輔之權。及亡新王莽，遭漢中衰，專操國柄，以偷天下，況己自喻，不信羣臣。奪公輔之任，損宰相之威，以刺舉爲明，徼訐爲直。至乃陪僕告其君長，子弟變其父兄，罔密法峻，大臣無所措手足。然不能禁董忠之謀，身爲世戮。故人君患在自驕，不患驕臣；失在自任，不在任人。是以文王有日昊之勞，周公執吐握之恭，不聞其崇刺舉，務督察也。方今四方尚擾，天下未一，百姓觀聽，咸張耳目。陛下宜脩文武之聖典，襲祖宗之遺德，勞心下士，屈節待賢，誠不宜使有司察公輔之名。』帝從之，宣下其議。

又 卷三七《桓榮傳》 （桓榮）爲太常。【略】顯宗卽位，尊以師禮，甚見親重，拜二子爲郎。榮年踰八十，自以衰老，數上書乞身，輒加賞賜。乘輿嘗幸太常府，令榮坐東面，設几杖，會百官驃騎將軍東平王蒼以下及榮門生數百人，天子親自執業，每言輒曰『大師在是』。既罷，悉以太官供具賜太常家。其恩禮若此。

又 《桓郁傳》 （桓）郁經授二帝，恩寵甚篤，賞賜前後數百千萬，顯於當世。

又 卷三九《江革傳》 （江革）遷司空長史。肅宗甚崇禮之，遷五官中郎將。每朝會，帝常使虎賁扶侍，及進拜，恆目禮焉。時有疾不

會，輒太官送醪膳，恩寵有殊。

又 **卷六六《王允傳》**（士孫瑞）後爲國三老、光禄大夫。每三公缺，楊彪、皇甫嵩皆讓位於瑞。

又 **卷七二《董卓傳》**（董）卓遷太尉，領前將軍事，加節傳斧鉞虎賁，更封郿侯。**【略】**尋進卓爲相國，入朝不趨，劍履上殿。

又 **卷七六《循吏傳・秦彭》**（山陽太守秦彭）在職六年，轉潁川太守，仍有鳳凰、麒麟、嘉禾、甘露之瑞，集其郡境。肅宗巡行，再幸潁川，輒賞賜錢穀，恩寵甚異。

又 **卷七九下《儒林傳・包咸》**（包咸）遷大鴻臚。每進見，錫以几杖，入屏不趨，贊事不名。

又 **卷八一《獨行傳・李充》**（李充）遷左中郎將，年八十八，爲國三老。安帝常特進見，賜以几杖。

行政運行機制部

行政決策分部

御前會議

綜　述

《史記》卷六《秦始皇本紀》（秦始皇）二十八年，始皇東行郡縣，上鄒嶧山。立石，與魯諸儒生議，刻石頌秦德，議封禪望祭山川之事。**【略】**

（始皇）作琅琊臺，立刻石，頌秦德，明得意。曰：**【略】**維秦王兼有天下，立名爲皇帝，乃撫東土，至于琅邪。列侯武城侯王離、列侯通武侯王賁、倫侯建成侯趙亥、倫侯昌武侯成、倫侯武信侯馮毋擇、丞相隗林、丞相王綰、卿李斯、卿王戊、五大夫趙嬰、五大夫楊樛從，與議於海上。曰：『古之帝者，地不過千里，諸侯各守其封域，或朝或否，相侵暴亂，殘伐不止，猶刻金石，以自爲紀。古之五帝三王，知教不同，法度不明，假威鬼神，以欺遠方，實不稱名，故不久長。其身未殁，諸侯倍叛，法令不行。今皇帝并一海内，以爲郡縣，天下和平。昭明宗廟，體道行德，尊號大成。羣臣相與誦皇帝功德，刻於金石，以爲表經。』

又 **卷五三《蕭相國世家》**漢五年，既殺項羽，定天下，論功行封。羣臣爭功，歲餘功不決。高祖以蕭何功最盛，封爲酇侯，所食邑多，功臣皆曰：『臣等身被堅執鋭，多者百餘戰，少者數十合，攻城略地，大小各有差。今蕭何未嘗有汗馬之勞，徒持文墨議論，不戰，顧反居臣等上，何也？』高帝曰：『諸君知獵乎？』曰：『知之。』『知獵狗乎？』曰：『知之。』高帝曰：『夫獵，追殺獸兔者狗也，而發蹤指示獸處者人也。今諸君徒能得走獸耳，功狗也。至如蕭何，發蹤指示，功人也。且諸君獨以身隨我，多者兩三人。今蕭何舉宗數十人皆隨我，功不可忘也。』羣臣皆莫敢言。

列侯畢已受封，及奏位次，皆曰：『平陽侯曹參身被七十創，攻城略地，功最多，宜第一。』上已橈功臣，多封蕭何，至位次未有以復難之，然心欲何第一。關内侯鄂君進曰：『羣臣議皆誤。夫曹參雖有野戰略地之功，此特一時之事。夫上與楚相距五歲，常失軍亡衆，逃身遁者數矣。然蕭何常從關中遣軍補其處，非上所詔令召，而數萬衆會上之乏絶者數矣。夫漢與楚相守滎陽數年，軍無見糧，蕭何轉漕關中，給食不乏。陛下雖數亡山東，蕭何常全關中以待陛下，此萬世之功也。今雖亡曹參等百數，何缺於漢？漢得之不必待以全。奈何欲以一旦之功而加萬世之功哉！蕭何[第一]，曹參次之。』高祖曰：『善。』於是乃令蕭何第一，賜帶劍履上殿，入朝不趨。

上曰：『吾聞進賢受上賞。蕭何功雖高，得鄂君乃益明。』於是因鄂君故所食關内侯邑封爲安平侯。是日，悉封何父子兄弟十餘人，皆有食邑。乃益封何二千户，以帝嘗繇咸陽時何送我獨贏奉錢二也。

又 **卷三〇《平準書》**既得寶鼎，立后土、太一祠，公卿議封禪事，而天下郡國皆豫治道橋，繕故宮，及當馳道縣，縣治官儲，設供具，

而望以待幸。

又 卷一二二《酷吏列傳》 匈奴來請和親，羣臣議上前。博士狄山曰：『和親便。』上問其便，山曰：『兵者凶器，未易數動。高帝欲伐匈奴，大困平城，乃遂結和親。孝惠、高后時，天下安樂。及孝文帝欲事匈奴，北邊蕭然苦兵矣。孝景時，吳楚七國反，景帝往來兩宮間，寒心者數月，吳楚已破，竟景帝不言兵，天下富實。今自陛下舉兵擊匈奴，中國已空虛，邊民大困貧。由此觀之，不如和親。』上問湯，湯曰：『此愚儒，無知。』

又 卷二五上《郊祀志》 自得寶鼎，上與公卿諸生議封禪。封禪用希曠絶，莫知其儀禮，而羣儒采封禪《尚書》、《周官》、《王制》之望祀射牛事。齊人丁公年九十餘，曰：『封禪者，古不死之名也。秦皇帝不得上封。陛下必欲上，稍上卽無風雨，遂上封矣。』上於是乃令諸儒習射牛，草封禪儀。數年，至且行。天子既聞公孫卿及方士之言，黄帝以上封禪皆致怪物與神通，欲放黄帝以接神人蓬萊，高世比德於九皇，而頗采儒術以文之。羣儒既已不能辯明封禪事，又拘於《詩》《書》古文而不敢騁。上爲封祠器視羣儒，羣儒或曰『不與古同』，徐偃又曰『太常諸生行禮不如魯善』，周霸屬圖封事，於是上絀偃、霸，盡罷諸儒弗用。

又 卷五八《兒寬傳》 及議欲放古巡狩封禪之事，諸儒對者五十餘人，未能有所定。先是，司馬相如病死，有遺書，頌功德，言符瑞，足以封泰山。上奇其書，以問寬，寬對曰：『陛下躬發聖德，統楫羣元，宗祀天地，薦禮百神，精神所鄉，徵兆必報，天地並應，符瑞昭明。其封泰山，禪梁父，昭姓考瑞，帝王之盛節也。然享薦之義，不著于經，以爲封禪告成，合袪於天地神祇，祇戒精專以接神明。總百官之職，各稱事宜而爲之節文。唯聖主所由，制定其當，非羣臣之所能列。今將舉大事，優游數年，使羣臣得人自盡，終莫能成。唯天子建中和之極，兼總條貫，金聲而玉振之，以順成天慶，垂萬世之基。』上然之，乃自制儀，采儒術以文焉。【略】

初，梁相褚大通《五經》，爲博士，時寬爲弟子。及御史大夫缺，徵褚大，大自以得爲御史大夫。至洛陽，聞兒寬爲之，褚大笑。及至，與寬議封禪於上前，大不能及，退而服曰：『上誠知人。』

又 卷七九《馮奉世傳》 永光二年秋，隴西羌彡姐旁種反，詔召丞相韋玄成、御史大夫鄭弘、大司馬車騎將軍王接、左將軍許嘉、右將軍奉世入議。是時，歲比不登，京師穀石二百餘，邊郡四百，關東五百。四方饑饉，朝廷方以爲憂，而遭羌變。玄成等漠然莫有對者。奉世曰：『羌虜近在竟内背畔，不以時誅，亡以威制遠蠻。臣願帥師討之。』上問用兵之數，對曰：『臣聞善用兵者，役不再興，糧不三載，故師不久暴而天誅亟決。往者數不料敵，而師至於折傷；再三發軵，則曠日煩費，威武虧矣。今反虜無慮三萬人，法當倍用六萬人。然羌戎弓矛之兵耳，器不犀利，可用四萬人，一月足以決。』丞相、御史、兩將軍皆以爲民方收斂時，未可多發；萬人屯守之，且足。奉世曰：『不可。天下被饑饉，士馬羸耗，守戰之備久廢不簡，夷狄皆有輕邊吏之心，而羌首難。今以萬人分屯數處，虜見兵少，必不畏懼，戰則挫兵病師，守則百姓不救。如此，怯弱之形見，羌人乘利，諸種並和，相扇而起，臣恐中國之役不得止於四萬，非財幣所能解也。故少發師而曠日，與一舉而疾決，利害相萬也。』固爭之，不能得。有詔益二千人。

又 卷八一《孔光傳》 綏和中，上卽位二十五年，無繼嗣，至親有同産弟中山孝王及同産弟子定陶王在。定陶王好學多材，於帝子行。而王祖母傅太后陰爲王求漢嗣，私事趙皇后、昭儀及帝舅大司馬票騎將軍王根，故皆勸上。上於是召丞相翟方進、御史大夫光、右將軍廉褒、後將軍朱博，皆引入禁中，議中山、定陶王誰宜爲嗣者。方進、根以爲定陶王帝弟之子，《禮》曰『昆弟之子猶子』，『爲其後者爲之子也』，定陶王宜爲嗣。褒、博皆如方進、根議。光獨以爲禮立嗣以親，中山王先帝之子，帝親弟也，以《尚書·盤庚》殷之及王爲比，中山王宜爲嗣。上以《禮》兄弟不相入廟，又皇后、昭儀欲立定陶王，故遂立爲太子。

又 卷八二《王商傳》 元帝崩，成帝卽位，甚敬重商，徙爲左將軍。而帝元舅大司馬大將軍王鳳顓權，行多驕僭。商論議不能平鳳，鳳知之，亦疏商。建始三年秋，京師民無故相驚，言大水至，百姓奔走相蹂躪，老弱號呼，長安中大亂。天子親御前殿，召公卿議。大將軍鳳以爲太后與上及後宮可御船，令吏民上長安城以避水。羣臣皆從鳳議。左將軍商獨曰：『自古無道之國，水猶不冒城郭。今政治和平，世無兵革，上下相

安，何因當有大水一日暴至？此必訛言也，不宜令上城，重驚百姓。』上乃止。有頃，長安中稍定，問之，果訛言。上於是美壯商之固守，數稱其議。而鳳大慙，自恨失言。

宰輔會議

綜　述

《史記》卷六《秦始皇本紀》　秦初并天下，令丞相、御史曰：「【略】寡人以眇眇之身，興兵誅暴亂，賴宗廟之靈，六王咸伏其辜，天下大定。今名號不更，無以稱成功，傳後世。其議帝號。』丞相綰、御史大夫劫、廷尉斯等皆曰：『昔者五帝地方千里，其外侯服夷服，諸侯或朝或否，天子不能制。今陛下興義兵，誅殘賊，平定天下，海内爲郡縣，法令由一統，自上古以來未嘗有，五帝所不及。臣等謹與博士議曰：「古有天皇，有地皇，有泰皇，泰皇最貴。」臣等昧死上尊號，王爲「泰皇」，命爲「制」，令爲「詔」，天子自稱曰「朕」。』王曰：『去「泰」，著「皇」，采上古「帝」位號，號曰「皇帝」。他如議。』制曰：『可。』

又　卷一〇《孝文本紀》　孝景皇帝元年十月，制詔御史：『蓋聞古者祖有功而宗有德，制禮樂各有由。聞歌者，所以發德也；舞者，所以明功也。高廟酎，奏《武德》、《文始》、《五行》之舞。孝惠廟酎，《奏文始》、《五行》之舞。孝文皇帝臨天下，通關梁，不異遠方。除誹謗，去肉刑，賞賜長老，收恤孤獨，以育羣生。減嗜欲，不受獻，不私其利也。罪人不帑，不誅無罪。除肉刑，出美人，重絶人之世。朕既不敏，不能識。此皆上古之所不及，而孝文皇帝親行之。德厚侔天地，利澤施四海，靡不獲福焉。明象乎日月，而廟樂不稱，朕甚懼焉。其爲孝文皇帝廟爲《昭德》之舞，以明休德。然後祖宗之功德著於竹帛，施於萬世，永永無窮，朕甚嘉之。其與丞相、列侯、中二千石、禮官具爲禮儀奏。』丞相臣嘉等言：『陛下永思孝道，立《昭德》之舞以明孝文皇帝之盛德，皆臣嘉等愚所不及。臣謹議：世功莫大於高皇帝，德莫盛於孝文皇帝，高皇廟宜爲帝者太祖之廟，孝文皇帝廟宜爲帝者太宗之廟。天子宜世世獻祖宗之廟。郡國諸侯宜各爲孝文皇帝立太宗之廟。諸侯王列侯使者侍祠天子，歲獻祖宗之廟。請著之竹帛，宣佈天下。』制曰：『可。』

又　卷六〇《三王世家》　『大司馬臣去病昧死再拜上疏皇帝陛下：陛下過聽，使臣去病待罪行間。宜專邊塞之思慮，暴骸中野無以報，乃敢惟他議以干用事者，誠見陛下憂勞天下，哀憐百姓以自忘，虧膳貶樂，損郎員。皇子賴天，能勝衣趨拜，至今無號位師傅官。陛下恭讓不恤，羣臣私望，不敢越職而言。臣竊不勝犬馬心，昧死願陛下詔有司，因盛夏吉時定皇子位。唯陛下幸察。臣去病昧死再拜以聞皇帝陛下。』三月乙亥，御史臣光守尚書令奏未央宮。制曰：『下御史。』

六年三月戊申朔，乙亥，御史臣光守尚書令、丞非，下御史書到，言：『丞相臣青翟、御史大夫臣湯、太常臣充、大行令臣息、太子少傅臣安行宗正事昧死上言：大司馬去病上疏曰：「陛下過聽，使臣去病待罪行間。宜專邊塞之思慮，暴骸中野無以報，乃敢惟他議以干用事者，誠見陛下憂勞天下，哀憐百姓以自忘，虧膳貶樂，損郎員。皇子賴天，能勝衣趨拜，至今無號位師傅官。陛下恭讓不恤，羣臣私望，不敢越職而言。臣竊不勝犬馬心，昧死願陛下詔有司，因盛夏吉時定皇子位。唯願陛下幸察。」制曰「下御史」。臣謹與中二千石、二千石臣賀等議：古者裂地立國，並建諸侯以承天子，所以尊宗廟重社稷也。今臣去病上疏，不忘其職，因以宣恩，乃道天子卑讓自貶以勞天下，慮皇子未有號位。臣青翟、臣湯等宜奉義遵職，愚憧而不逮事。方今盛夏吉時，臣青翟、臣湯等昧死請立皇子臣閎、臣旦、臣胥爲諸侯王。昧死請所立國名。』

制曰：『蓋聞周封八百，姬姓並列，或子、男、附庸。《禮》「支子不祭」。云並建諸侯所以重社稷，朕無聞焉。且天非爲君生民也。朕之不德，海内未洽，乃以未教成者强君連城，卽股肱何勸？其更議以列侯家之。』

三月丙子，奏未央宮。『丞相臣青翟、御史大夫臣湯昧死言：臣謹與列侯臣嬰齊、中二千石二千石臣賀、諫大夫博士臣安等議曰：伏聞周封八百，姬姓並列，奉承天子。康叔以祖考顯，而伯禽以周公立，咸爲建國諸侯，以相傳爲輔。百官奉憲，各遵其職，而國統備矣。竊以爲並建諸侯

所以重社稷者，四海諸侯各以其職奉貢祭。支子不得奉祭宗祖，禮也。封建使守藩國，帝王所以扶德施化。陛下奉承天統，明開聖緒，尊賢顯功，興滅繼絶。續蕭文終之後於酇，褒厲羣臣平津侯等。昭六親之序，明天施之屬，使諸侯王封君得推私恩分子弟户邑，錫號尊建百有餘國。而家皇子爲列侯，則尊卑相踰，列位失序，不可以垂統於萬世。臣請立臣閎、臣旦、臣胥爲諸侯王。』三月丙子，奏未央宮。

制曰：『康叔親屬有十而獨尊者，褒有德也。周公祭天命郊，故魯有白牡、騂剛之牲。羣公不毛，賢不肖差也。「高山仰止，景行嚮之」，朕甚慕焉。所以抑未成，家以列侯可。』

四月戊寅，奏未央宮。『丞相臣青翟、御史大夫臣湯昧死言：臣青翟等與列侯、吏二千石、諫大夫博士臣慶等議：昧死奏請立皇子爲諸侯王。制曰：「康叔親屬有十而獨尊者，褒有德也。周公祭天命郊，故魯有白牡、騂剛之牲。羣公不毛，賢不肖差也。『高山仰之，景行嚮之』，朕甚慕焉。所以抑未成，家以列侯可。」臣青翟、臣湯、博士臣將行等伏聞康叔親屬有十，武王繼體，周公輔成王，其八人皆以祖考之尊建爲大國。康叔之年幼，周公在三公之位，而伯禽據國於魯，蓋爵命之時，未至成人。康叔後扞禄父之難，伯禽殄淮夷之亂。昔五帝異制，周爵五等，春秋三等，皆因時而序尊卑。高皇帝撥亂世反諸正，昭至德，定海内，封建諸侯，爵位二等。皇子或在繦緥而立爲諸侯王，奉承天子，爲萬世法則，不可易。陛下躬親仁義，體行聖德，表裏文武。顯慈孝之行，廣賢能之路。内褒有德，外討强暴。極臨北海，西溱月氏，匈奴、西域，舉國奉師。輿械之費，不賦於民。虛御府之藏以賞元戎，開禁倉以賑貧窮，減戍卒之半。百蠻之君，靡不鄉風，承流稱意。遠方殊俗，重譯而朝，澤及方外。故珍獸至，嘉穀興，天應甚彰。今諸侯支子封至諸侯王，而家皇子爲列侯，臣青翟、臣湯等竊伏熟計之，皆以爲尊卑失序，使天下失望，不可。臣請立臣閎、臣旦、臣胥爲諸侯王。』四月癸未，奏未央宮，留中不下。

『丞相臣青翟、太僕臣賀、行御史大夫事太常臣充、太子少傅臣安行宗正事昧死言：臣青翟等前奏大司馬臣去病上疏言，皇子未有號位，臣謹與御史大夫臣湯、中二千石、二千石、諫大夫、博士臣慶等昧死請立皇子臣閎等爲諸侯王。陛下讓文武，躬自切，及皇子未教。羣臣之議，儒者稱其術，或誖其心。陛下固辭弗許，家皇子爲列侯。臣青翟等竊與列侯臣壽成等二十七人議，皆曰以爲尊卑失序。高皇帝建天下，爲漢太祖，王子孫，廣支輔。先帝法則弗改，所以宣至尊也。臣請令史官擇吉日，具禮儀上，御史奏輿地圖，他皆如前故事。』制曰：『可。』

《漢書》卷三《高后紀》　（呂后七年）夏五月辛未，詔曰：『昭靈夫人，太上皇妃也；武哀侯、宣夫人，高皇帝兄姊也。號謚不稱，其議尊號。』丞相臣平等請尊昭靈夫人曰昭靈后，武哀侯曰武哀王，宣夫人曰昭哀后。

又　卷二三《刑法志》　孝文二年，又詔丞相、太尉、御史：『法者，治之正，所以禁暴而衛善人也。今犯法者已論，而使無罪之父、母、妻、子、同產坐之及收，朕甚弗取。其議。』左、右丞相周勃、陳平奏言：『父、母、妻、子、同產相坐及收，所以累其心，使重犯法也。收之之道，所由來久矣。臣之愚計，以爲如其故便。』文帝復曰：『朕聞之，法正則民慤，罪當則民從。且夫牧民而道之以善者，吏也；既不能道，又以不正之法罪之，是法反害於民，爲暴者也。朕未見其便，宜孰計之。』平、勃乃曰：『陛下幸加大惠於天下，使有罪不收，無罪不相坐，甚盛德，臣等所不及也。臣等謹奉詔，盡除收律、相坐法。』

又　卷二五下《郊祀志》　成帝初卽位，丞相衡、御史大夫譚奏言：『帝王之事莫大乎承天之序，承天之序莫重於郊祀，故聖王盡心極慮以建其制。祭天於南郊，就陽之義也；瘞地於北郊，卽陰之象也。天之於天子也，因其所都而各饗焉。往者，孝武皇帝居甘泉宮，卽於雲陽立泰時，祭於宮南。今行常幸長安，郊見皇天，反北之泰陰，祠后土，反東之少陽，事與古制殊。又至雲陽，行谿谷中，阸陝且百里，汾陰則渡大川，有風波舟楫之危，皆非聖主所宜數乘，郡、縣治道共張，吏民困苦，百官煩費。勞所保之民，行危險之地，難以奉神靈而祈福祐，殆未合於承天子民之意。昔者周文、武郊於豐、鄗，成王郊於雒邑。由此觀之，天隨王者所居而饗之，可見也。甘泉泰時、河東后土之祠宜可徙置長安，合於古帝王。願與羣臣議定。』奏可。大司馬車騎將軍許嘉等八人以爲所從來久遠，宜如故。右將軍王商、博士師丹、議郎翟方進等五十人以爲《禮記》曰『燔柴於太壇，祭天也；瘞薶於太折，祭地也。』兆於南郊，所以定天位

也。祭地於大折，在北郊，就陰位也。郊處各在聖王所都之南、北。《書》曰『越三日丁巳，用牲于郊，牛二。』周公加牲，告徙新邑，定郊禮於雒。明王聖主，事天明，事地察。天地明察，神明章矣。天地以王者爲主，故聖王制祭天地之禮必於國郊。長安，聖主之居，皇天所觀視也。甘泉、河東之祠非神靈所饗，宜徙就正陽、大陰之處。違俗復古，循聖制，定天位，如禮便。於是衡、譚奏議曰：『陛下聖德，悤明上通，承天之大，典覽羣下，使各悉心盡慮，議郊祀之處，天下幸甚。臣聞廣謀從衆，則合於天心，故《洪範》曰「三人占，則從二人言」，言少從多之義也。論當往古，宜於萬民，則依而從之；違道寡與，則廢而不行。今議者五十八人，其五十人言當徙之義，皆著於經傳，同於上世，便於吏民；八人不按經藝，考古制，而以爲不宜，無法之議，難以定吉凶。《太誓》曰：「正稽古立功立事，可以永年，丕天之大律。」《詩》曰「毋曰高高在上，陟降厥士，日監在茲」，言天之日監王者之處也。又曰「乃眷西顧，此維予宅」，言天以文王之都爲居也。於長安定南、北郊，爲萬世基。』天子從之。

又　卷六三《武五子傳》　（昌邑）王受皇帝璽綬，襲尊號。即位二十七日，行淫亂。大將軍光與羣臣議，白孝昭皇后，廢賀歸故國，賜湯沐邑二千户，故王家財物皆與賀。

又　卷六八《霍光傳》　元平元年，昭帝崩，亡嗣。武帝六男獨有廣陵王胥在，羣臣議所立，咸持廣陵王。王本以行失道，先帝所不用。光内不自安。郎有上書言『周太王廢太伯立王季，文王舍伯邑考立武王，唯在所宜，雖廢長立少可也。廣陵王不可以承宗廟。』言合光意。光以其書視丞相敞等，擢郎爲九江太守，即日承皇太后詔，遣行大鴻臚事少府樂成、宗正德、光禄大夫吉、中郎將利漢迎昌邑王賀。

賀者，武帝孫，昌邑哀王子也。既至，即位，行淫亂。光憂懣，獨以問所親故吏大司農田延年。延年曰：『將軍爲國柱石，審此人不可，何不建白太后，更選賢而立之？』【略】光乃引延年給事中，陰與車騎將軍張安世圖計，遂召丞相、御史、將軍、列侯、中二千石、大夫、博士會議未央宫。

又　卷七二《龔勝傳》　後歲餘，丞相王嘉上書薦故廷尉梁相等，尚書劾奏嘉『言事恣意，迷國罔上，不道。』下將軍中朝者議，左將軍公孫禄、司隸鮑宣、光禄大夫孔光等十四人皆以爲嘉應迷國不道法。

又　卷七五《夏侯勝傳》　宣帝初即位，欲襃先帝，詔丞相御史曰：『朕以眇身，蒙遺德，承聖業，奉宗廟，夙夜惟念。孝武皇帝躬仁誼，厲威武，北征匈奴，單于遠遁，南平氐羌、昆明、甌駱兩越，東定薉、貉、朝鮮，廓地斥境，立郡縣，百蠻率服，款塞自至，珍貢陳於宗廟；協音律，造樂歌，薦上帝，封太山，立明堂，改正朔，易服色；明開聖緒，尊賢顯功，興滅繼絶，襃周之後；備天地之禮，廣道術之路。上天報況，符瑞並應，寶鼎出，白麟獲，海效鉅魚，神人並見，山稱萬歲。功德茂盛，不能盡宣，而廟樂未稱，朕甚悼焉。其與列侯、二千石、博士議。』於是羣臣大議廷中，皆曰：『宜如詔書。』

又　卷七六《韓延壽傳》　（蕭）望之劾奏延壽上僭不道，又自陳：『前爲延壽所奏，今復舉延壽罪，衆庶皆以臣懷不正之心，侵冤延壽。願下丞相、中二千石、博士議其罪。』事下公卿，皆以延壽前既無狀，後復誣愬典法大臣，欲以解罪，狡猾不道。天子惡之，延壽竟坐棄市。

百官會議

綜　述

《史記》卷六《秦始皇本紀》　丞相綰等言：『諸侯初破，燕、齊、荆地遠，不爲置王，毋以填之。請立諸子，唯上幸許。』始皇下其議於羣臣，羣臣皆以爲便。廷尉李斯議曰：『周文武所封子弟同姓甚衆，然後屬疏遠，相攻擊如仇讎，諸侯更相誅伐，周天子弗能禁止。今海内賴陛下神靈一統，皆爲郡縣，諸子功臣以公賦稅重賞賜之，甚足易制。天下無異意，則安寧之術也。置諸侯不便。』始皇曰：『天下共苦戰鬬不休，以有侯王。賴宗廟，天下初定，又復立國，是樹兵也，而求其寧息，豈不難哉！廷尉議是。』

《漢書》卷四《文帝紀》　（文帝後元年春三月）詔曰：『間者數

年比不登，又有水旱疾疫之灾，朕甚憂之。愚而不明，未達其咎。意者朕之政有所失而行有過與？乃天道有不順，地利或不得，人事多失和，鬼神廢不享與？何以致此？將百官之奉養或費，無用之事或多與？何其民食之寡乏也！夫度田非益寡，而計民未加益，以口量地，其於古猶有餘，而食之甚不足者，其咎安在？無乃百姓之從事於末以害農者蕃，爲酒醪以靡穀者多，六畜之食焉者衆與？細大之義，吾未能得其中。其與丞相、列侯、吏二千石、博士議之，有可以佐百姓者，率意遠思，無有所隱。』

又　卷六《武帝紀》　元朔元年冬十一月，詔曰：『公卿大夫，所使總方略，壹統類，廣教化，美風俗也。夫本仁祖義，褒德祿賢，勸善刑暴，五帝、三王所繇昌也。朕夙興夜寐，嘉與宇內之士臻於斯路。故旅耆老，復孝敬，選豪俊，講文學，稽參政事，祈進民心，深詔執事，興廉舉孝，庶幾成風，紹休聖緒。夫十室之邑，必有忠信；三人並行，厥有我師。今或至闔郡而不薦一人，是化不下究，而積行之君子雍於上聞也。二千石官長紀綱人倫，將何以佐朕燭幽隱，勸元元，厲蒸庶，崇鄉黨之訓哉？且進賢受上賞，蔽賢蒙顯戮，古之道也。其與中二千石、禮官、博士議不舉者罪。』有司奏議曰：『古者，諸侯貢士，壹適謂之好德，再適謂之賢賢，三適謂之有功，乃加九錫；不貢士，壹則黜爵，再則黜地，三則黜爵地畢矣。夫附下罔上者死，附上罔下者刑；與聞國政而無益於民者斥，在上位而不能進賢者退，此所以勸善黜惡也。今詔書昭先帝聖緒，令二千石舉孝廉，所以化元元，移風易俗也。不舉孝，不奉詔，當以不敬論。不察廉，不勝任也，當免。』奏可。

又　卷五三《景十三王傳·江都易王劉非傳》　（劉）建時佩其父所賜將軍印，載天子旗出。積數歲，事發覺，漢遣丞相長史與江都相雜案，索得兵器、璽、綬、節反具，有司請捕誅建。制曰：『與列侯、吏二千石、博士議。』議皆曰：『建失臣子道，積久，輒蒙不忍，遂謀反逆。所行無道，雖桀、紂惡不至於此。天誅所不赦，當以謀反法誅。』

又　《廣川惠王劉越傳》　本始三年，相內史奏狀，具言赦前所犯。天子遣大鴻臚、丞相長史、御史丞、廷尉正雜治鉅鹿詔獄，奏請逮捕去及后昭信。制曰：『王后昭信、諸姬奴婢證者皆下獄。』辭服。有司復請誅王。制曰：『與列侯、中二千石、二千石、博士議。』議者皆以爲去悖虐，聽后昭信讒言，燔燒亨煮，生割剝人，距師之諫，殺其父子。凡殺無辜十六人，至一家母子三人，逆節絕理。其十五人在赦前，大惡仍重，當伏顯戮以示衆。制曰：『朕不忍致王於法，議其罰。』有司請廢勿王，與妻子徙上庸。奏可。與湯沐邑百户。去道自殺，昭信棄市。

又　卷五二《韓安國傳》　匈奴來請和親，上下其議。大行王恢，燕人，數爲邊吏，習胡事，議曰：『漢與匈奴和親，率不過數歲即背約。不如勿許，舉兵擊之。』安國曰：『千里而戰，即兵不獲利。今匈奴負戎馬足，懷鳥獸心，遷徙鳥集，難得而制。得其地不足爲廣，有其衆不足爲强，自上古弗屬。漢數千里爭利，則人馬罷，虜以全制其敝，勢必危殆。臣故以爲不如和親。』羣臣議多附安國，於是上許和親。

又　卷七三《韋玄成傳》　至元帝時，貢禹奏言：『古者，天子七廟。今孝惠、孝景廟皆親盡，宜毀。及郡國廟，不應古禮，宜正定。』天子是其議，未及施行，而禹卒。永光四年，乃下詔先議罷郡國廟，曰：『朕聞明王之御世也，遭時爲法，因事制宜。往者天下初定，遠方未賓，因嘗所親以立宗廟，蓋建威銷萌，一民之至權也。今賴天地之靈，宗廟之福，四方同軌，蠻貊貢職，久遵而不定，令疏遠卑賤共承尊祀，殆非皇天祖宗之意，朕甚懼焉。傳不云乎？「吾不與祭，如不祭。」其與將軍、列侯、中二千石、諸大夫、博士、議郎議。』丞相玄成、御史大夫鄭弘、太子太傅嚴彭祖、少府歐陽地餘、諫大夫尹更始等七十人皆曰：『臣聞祭，非自外至者也，繇中出，生於心也。故唯聖人爲能饗帝，孝子爲能饗親。立廟京師之居，躬親承事，四海之內各以其職來助祭，尊親之大義，五帝、三王所共，不易之道也。《詩》云：「有來雍雍，至止肅肅，相維辟公，天子穆穆。」《春秋》之義，父不祭於支庶之宅，君不祭於臣僕之家，王不祭於下土諸侯。臣等愚以爲宗廟在郡國，宜無修，臣請勿復修。』奏可。因罷昭靈后、武哀王、昭哀后、衛思后、戾太子、戾后園，皆不奉祠，裁置吏卒守焉。

罷郡國廟後月餘，復下詔曰：『蓋聞明王制禮，立親廟四，祖宗之廟，萬世不毀，所以明尊祖敬宗，著親親也。朕獲承祖宗之重，惟大禮未備，戰栗恐懼，不敢自顓，其與將軍、列侯、中二千石、二千石、諸大

夫、博士議。』玄成等四十四人奏議曰：『《禮》，王者始受命，諸侯始封之君，皆爲太祖。以下，五廟而迭毁，毁廟之主臧乎太祖，五年而再殷祭，言壹禘壹祫也。祫祭者，毁廟與未毁廟之主皆合食於太祖，父爲昭，子爲穆，孫復爲昭，古之正禮也。《祭義》曰：「王者禘其祖自出，以其祖配之，而立四廟。」言始受命而王，祭天以其祖配，而不爲立廟，親盡也。立親廟四，親親也。親盡而迭毁，親疏之殺，示有終也。周之所以七廟者，以后稷始封，文王、武王受命而王，是以三廟不毁，與親廟四而七。非有后稷始封，文、武受命之功者，皆當親盡而毁。成王成二聖之業，制禮作樂，功德茂盛，廟猶不世，以行爲謚而已。《禮》，廟在大門之內，不敢遠親也。臣愚以爲高帝受命定天下，宜爲帝者太祖之廟，世世不毁，承後屬盡者宜毁。今宗廟異處，昭穆不序，宜入就太祖廟而序昭穆如禮。太上皇、孝惠、孝文、孝景廟皆親盡宜毁，皇考廟親未盡，如故。』大司馬車騎將軍許嘉等二十九人以爲，孝文皇帝除誹謗，去肉刑，躬節儉，不受獻，罪人不帑，不私其利，出美人，重絶人類，賓賜長老，收恤孤獨，德厚侔天地，利澤施四海，宜爲帝者太宗之廟。廷尉忠以爲，孝武皇帝改正朔，易服色，攘四夷，宜爲世宗之廟。諫大夫尹更始等十八人以爲，皇考廟上序於昭穆，非正禮，宜毁。

又　卷八三《朱博傳》　初，哀帝祖母定陶太后欲求稱尊號，太后從弟高武侯傅喜爲大司馬，與丞相孔光、大司空師丹共持正議。孔鄉侯傅晏亦太后從弟，諂諛欲順指，會博新徵用爲京兆尹，與交結，謀成尊號，以廣孝道。繇是師丹先免，博代爲大司空，數燕見奏封事，言『丞相光志在自守，不能憂國；大司馬喜至尊至親，阿黨大臣，無益政治。』上遂罷喜遣就國，免光爲庶人，以博代光爲丞相，封陽鄉侯，食邑二千户。【略】傅太后怨傅喜不已，使孔鄉侯晏風丞相，令奏免喜侯。博受詔，與御史大夫趙玄議，玄言『事已前決，得無不宜？』博曰：『已許孔鄉侯有指。匹夫相要，尚相得死，何況至尊？博唯有死耳！』玄即許可。博惡獨斥奏喜，以故大司空氾鄉侯何武前亦坐過免就國，事與喜相似，即并奏：『喜、武前在位，皆無益於治，雖已退免，爵土之封非所當得也。請皆免爲庶人。』上知傅太后素常怨喜，疑博、玄承指，即召玄詣尚書問狀。玄辭服，有詔左將軍彭宣與中朝者雜問。宣等劾奏：『博宰相，玄上卿，晏以外親封位特進，股肱大臣，上所信任，不思竭誠奉公，務廣恩化，爲百寮先，皆知喜、武前已蒙恩詔決，事更三赦，博執左道，虧損上恩，以結信貴戚，背君鄉臣，傾亂政治，姦人之雄，附下罔上，爲臣不忠不道；玄知博所言非法，枉義附從，大不敬；晏與博議免喜，失禮不敬。臣請詔謁者召博、玄、晏詣廷尉詔獄。』

制曰：『將軍、中二千石、二千石、諸大夫、博士、議郎議。』右將軍蟜望等四十四人以爲『如宣等言，可許。』諫大夫龔勝等十四人以爲：『《春秋》之義，姦以事君，常刑不舍。魯大夫叔孫僑如欲顓公室，譖其族兄季孫行父於晉，晉執囚行父以亂魯國，《春秋》重而書之。今晏放命圮族，干亂朝政，要大臣以罔上，本造計謀，職爲亂階，宜與博、玄同罪，罪皆不道。』上減玄死罪三等，削晏户四分之一，假謁者節召丞相詣廷尉詔獄。博自殺，國除。

晉·司馬彪《續漢書·祭祀志上·封禪》　至七年五月，詔三公曰：『漢當郊堯。其與卿大夫、博士議。』時侍御史杜林上疏，以爲『漢起不因緣堯，與殷、周異宜，而舊制以高帝配。方軍師在外，且可如元年郊祀故事』。上從之。

《後漢書》卷一九《耿國傳》　（耿國）爲五官中郎將。是時，烏桓、鮮卑屢寇外境，國素有籌策，數言邊事，帝器之。及匈奴薁鞬日逐王比自立爲呼韓邪單于，款塞稱藩，願扞禦北虜。事下公卿，議者皆以爲天下初定，中國空虚，夷狄情僞難知，不可許。國獨曰：『臣以爲宜如孝宣故事受之，令東扞鮮卑，北拒匈奴，率厲四夷，完復邊郡，使塞下無晏開之警，萬世有安寧之策也。』帝從其議，遂立比爲南單于。

又　卷四五《袁安傳》　元和二年，武威太守孟雲上書：『北虜既已和親，而南部復往抄掠，北單于謂漢欺之，謀欲犯邊。宜還其生口，以安慰之。』詔百官議朝堂，公卿皆言夷狄譎詐，求欲無厭，既得生口，當復妄自誇大，不可開許。安獨曰：『北虜遣使奉獻和親，有得邊生口者，輒以歸漢，此明其畏威，而非先違約也。雲以大臣典邊，不宜負信於戎狄，還之足示中國優貸，而使邊人得安，誠便。』司徒桓虞改議從安。太尉鄭弘、司空第五倫皆恨之。弘因大言激勵虞曰：『諸言當還生口者，皆爲不忠。』虞廷叱之，倫及大鴻臚韋彪各作色變容，司隸校尉舉奏，安等

皆上印綬謝。肅宗詔報曰：『久議沈滯，各有所志。蓋事以議從，策由衆定，誾誾衎衎，得禮之容，寢嘿抑心，更非朝廷之福。君何尤而深謝？其各冠履。』帝竟從安議。

內侍參與決策

綜　述

《後漢書》卷五六《陳球傳》　熹平元年，竇太后崩。太后本遷南宮雲臺，宦者積怨竇氏，遂以衣車載后尸，置城南市舍數日。中常侍曹節、王甫欲用貴人禮殯，帝曰：『太后親立朕躬，統承大業。《詩》云：「無德不報，無言不酬。」豈宜以貴人終乎？』於是發喪成禮。及將葬，節等復欲別葬太后，而以馮貴人配祔。詔公卿大會朝堂，令中常侍趙忠監議。太尉李咸時病，乃扶輿而起，擣椒自隨，謂妻子曰：『若皇太后不得配食桓帝，吾不生還矣。』既議，坐者數百人，各瞻望中宮，良久莫肯先言。趙忠曰：『議當時定。』怪公卿以下各相顧望。球曰：『皇太后以盛德良家，母臨天下，宜配先帝，是無所疑。』忠笑而言曰：『陳廷尉宜便操筆。』球卽下議曰：『皇太后自在椒房，有聰明母儀之德。遭時不造，援立聖明，承繼宗廟，功烈至重。先帝晏駕，因遇大獄，遷居空宮，不幸早世，家雖獲罪，事非太后。今若別葬，誠失天下之望。且馮貴人冢墓被發，骸骨暴露，與賊併尸，魂靈汙染，且無功於國，何宜上配至尊？』忠省球議，作色俛仰，蚩球曰：『陳廷尉建此議甚健！』球曰：『陳、竇既冤，皇太后無故幽閉，臣常痛心，天下憤歎。今日言之，退而受罪，宿昔之願。』公卿以下，皆從球議。

又　卷六三《李固傳》　（梁冀）召三公、中二千石、列侯大議所立。固、廣、戒及大鴻臚杜喬皆以爲清河王蒜明德著聞，又屬最尊親，宜立爲嗣。先是蠡吾侯志當取冀妹，時在京師，冀欲立之。衆論既異，憤憤不得意，而未有以相奪，中常侍曹騰等聞而夜往說冀曰：『將軍累世有椒房之親，秉攝萬機，賓客縱橫，多有過差。清河王嚴明，若果立，則將軍受禍不久矣。不如立蠡吾侯，富貴可長保也。』冀然其言。明日重會公卿，冀意氣凶凶，而言辭激切。自胡廣、趙戒以下，莫不懾憚之。皆曰：『惟大將軍令。』而固獨與杜喬堅守本議。冀厲聲曰：『罷會。』固意既不從，猶望衆心可立，復以書勸冀。冀愈激怒，乃說太后先策免固，竟立蠡吾侯，是爲桓帝。

行政實施分部

詔告天下

綜　述

求言求賢

《漢書》卷一下《高帝紀》　（高帝十一年二月詔）曰：『蓋聞王者莫高於周文，伯者莫高於齊桓，皆待賢人而成名。今天下賢者智能，豈特古之人乎？患在人主不交故也，士奚由進！今吾以天之靈、賢士大夫定有天下，以爲一家，欲其長久，世世奉宗廟亡絶也。賢人已與我共平之矣，而不與吾共安利之，可乎？賢士大夫有肯從我遊者，吾能尊顯之。布告天下，使明知朕意。御史大夫昌下相國，相國酇侯下諸侯王，御史中執法下郡守，其有意稱明德者，必身勸，爲之駕，遣詣相國府，署行、義、年。有而弗言，覺，免。年老癃病，勿遣。』

又　卷四《文帝紀》　（孝文皇帝十五年）九月，詔諸侯王、公卿、郡守舉賢良能直言極諫者，上親策之，傅納以言。

又　卷六《武帝紀》　建元元年冬十月，詔丞相、御史、列侯、中二千石、二千石、諸侯相舉賢良方正直言極諫之士。丞相綰奏：『所舉賢良，或治申、商、韓非、蘇秦、張儀之言，亂國政，請皆罷。』奏可。

元光元年冬十一月，初令郡國舉孝廉各一人。【略】

（元光五年八月）徵吏民有明當時之務、習先聖之術者，縣次續食，

令與計偕。【略】

元朔元年冬十一月，詔曰：『公卿大夫，所使總方略，壹統類，廣教化，美風俗也。夫本仁祖義，褒德禄賢，勸善刑暴，五帝、三王所繇昌也。朕夙興夜寐，嘉與宇内之士臻於斯路。故旅耆老，復孝敬，選豪俊，講文學，稽參政事，祈進民心，深詔執事，興廉舉孝，庶幾成風，紹休聖緒。夫十室之邑，必有忠信；三人並行，厥有我師。今或至闔郡而不薦一人，是化不下究，而積行之君子雍於上聞也。二千石官長紀綱人倫，將何以佐朕燭幽隱，勸元元，厲蒸庶，崇鄉黨之訓哉？且進賢受上賞，蔽賢蒙顯戮，古之道也。其與中二千石、禮官、博士議不舉者罪。』有司奏議曰：『古者，諸侯貢士，壹適謂之好德，再適謂之賢賢，三適謂之有功，乃加九錫；不貢士，壹則黜爵，再則黜地，三而黜爵地畢矣。夫附下罔上者死，附上罔下者刑；與聞國政而無益於民者斥，在上位而不能進賢者退，此所以勸善黜惡也。今詔書昭先帝聖緒，令二千石舉孝廉，所以化元元，移風易俗也。不舉孝，不奉詔，當以不敬論。不察廉，不勝任也，當免。』奏可。【略】

（元封五年四月）詔曰：『蓋有非常之功，必待非常之人，故馬或奔踶而致千里，士或有負俗之累而立功名。夫泛駕之馬，跅弛之士，亦在御之而已。其令州、郡察吏、民有茂材、異等可爲將、相及使絶國者。』

又　卷七《昭帝紀》　（始元五年六月）詔曰：『【略】其令三輔、太常舉賢良各二人，郡國文學高第各一人。賜中二千石以下至吏、民爵，各有差。』

又　卷八《宣帝紀》　（本始元年）夏四月庚午，地震。詔内郡國舉文學高第各一人。【略】

（本始四年）夏四月壬寅，郡國四十九地震，或山崩水出。詔曰：『【略】丞相、御史其與列侯、中二千石博問經學之士，有以應變，輔朕之不逮，毋有所諱。令三輔、太常、内郡國舉賢良方正各一人。【略】』

（地節三年）令郡國舉孝弟有行義聞於鄉里者各一人。【略】

（神爵四年）令内郡國舉賢良可親民者各一人。

又　卷一〇《成帝紀》　（建始二年）二月，詔三輔内郡舉賢良方正各一人。

（建始三年）冬十二月戊申朔，日有蝕之。夜，地震未央宫殿中。詔曰：『蓋聞天生衆民，不能相治，爲之立君以統理之。君道得，則草木、昆蟲咸得其所；人君不德，謫見天地，災異婁發，以告不治。朕涉道日寡，舉錯不中，乃戊申日蝕、地震，朕甚懼焉。公卿其各思朕過失，明白陳之。「女無面從，退有後言。」丞相、御史與將軍、列侯、中二千石及内郡國舉賢良方正能直言極諫之士，詣公車，朕將覽焉。』

（元延元年）秋七月，有星孛于東井。詔曰：『乃者，日蝕、星隕，謫見于天，大異重仍。在位默然，罕有忠言。今孛星見于東井，朕甚懼焉。公卿大夫、博士、議郎其各悉心，惟思變意，明以經對，無有所諱；與内郡國舉方正能直言極諫者各一人，北邊二十二郡舉勇猛知兵法者各一人。』

又　卷一一《哀帝紀》　（建平元年）二月，詔曰：『蓋聞聖王之治，以得賢爲首。其與大司馬、列侯、將軍、中二千石、州牧、守、相舉孝弟惇厚能直言通政事，延于側陋可親民者，各一人。』【略】

（建平四年）冬，詔將軍、中二千石舉明兵法有大慮者。【略】

元壽元年春正月辛丑朔，日有蝕之。詔曰：『朕獲保宗廟，不明不敏，宿夜憂勞，未皇寧息。惟陰陽不調，元元不贍，未睹厥咎。婁敕公卿，庶幾有望。至今有司執法，未得其中，或上暴虐，假勢獲名，温良寬柔，陷於亡滅。是故殘賊彌長，和睦日衰，百姓愁怨，靡所錯躬。乃正月朔，日有蝕之，厥咎不遠，在余一人。公卿大夫其各悉心勉帥百寮，敦任仁人，黜遠殘賊，期於安民。陳朕之過失，無有所諱。其與將軍、列侯、中二千石舉賢良方正能直言者各一人。大赦天下。』

又　卷一二《平帝紀》　（元始二年）秋，舉勇武有節明兵法，郡一人詣公車。【略】冬，中二千石舉治獄平，歲一人。

又　卷六五《東方朔傳》　武帝初即位，徵天下舉方正賢良文學材力之士，待以不次之位，四方士多上書言得失，自衒鬻者以千數，其不足采者輒報聞罷。

《後漢書》卷一下《光武帝紀》　（建武七年）夏四月壬午，詔曰：『比陰陽錯謬，日月薄食。百姓有過，在予一人，大赦天下。公、卿、司隸、州牧舉賢良、方正各一人，遣詣公車，朕將覽試焉。』

又　卷三《章帝紀》（建初元年）三月甲寅，山陽、東平地震。己巳，詔曰：『朕以無德，奉承大業，夙夜慄慄，不敢荒寧。而災異仍見，與政相應。朕既不明，涉道日寡；又選舉乖實，俗吏傷人，官職秏亂，刑罰不中，可不憂與！昔仲弓季氏之家臣，子游武城之小宰，孔子猶誨以賢才，問以得人。明政無大小，以得人爲本。夫鄉舉里選，必累功勞。今刺史、守相不明眞僞，茂才、孝廉歲以百數，既非能顯，而當授之政事，甚無謂也。每尋前世舉人貢士，或起甽畝，不繫閥閱。敷奏以言，則文章可採；明試以功，則政有異迹。文質彬彬，朕甚嘉之。其令太傅、三公、中二千石、二千石、郡國守相舉賢良方正、能直言極諫之士各一人。』【略】

（建初元年）夏五月辛酉，初舉孝廉、郎中寬博有謀，任典城者，以補長、相。

又　卷四《和帝紀》（永元六年三月）丙寅，詔曰：『【略】其令三公、中二千石、二千石、內郡守相舉賢良方正、能直言極諫之士各一人。昭巖穴，披幽隱，遣詣公車，朕將悉聽焉。』帝乃親臨策問，選補郎吏。

又　卷五《安帝紀》（永初元年）三月癸酉，日有食之。詔公卿內外衆官、郡國守、相，舉賢良方正、有道術之士，明政術，達古今，能直言極諫者，各一人。【略】

（永初五年閏三月）戊戌，詔曰：『朕以不德，奉郊廟，承大業，不能興和降善，爲人祈福。災異蜂起，寇賊縱橫，夷狄猾夏，戎事不息，百姓匱乏，疲於徵發。重以蝗蟲滋生，害及成麥，秋稼方收，甚可悼也。朕以不明，統理失中，亦未獲忠良以毗闕政。傳曰：「顚而不扶，危而不持，則將焉用彼相矣。」公卿大夫將何以匡救，濟斯艱戹，承天誡哉？蓋爲政之本，莫若得人，褒賢顯善，聖制所先。「濟濟多士，文王以寧。」思得忠良正直之臣，以輔不逮。其令三公、特進、侯、中二千石、二千石、郡守、諸侯相舉賢良方正、有道術、達於政化、能直言極諫之士各一人，及至孝與衆卓異者，并遣詣公車，朕將親覽焉。』【略】

（永初五年）秋七月己巳，詔三公、特進、九卿、校尉，舉列將子孫明曉戰陣任將帥者。【略】

（元初元年夏四月）詔三公、特進、列侯、中二千石、二千石、郡守舉敦厚質直者各一人。【略】

（建光元年三月）己巳，令公、卿、特進、侯、中二千、石二千石、郡國守相，舉有道之士各一人。【略】

（建光元年十一月）癸卯，詔三公、特進、侯、卿、校尉舉武猛堪將帥者各五人。【略】

（延光元年八月）己亥，詔三公、中二千石，舉刺史、二千石、令、長、相，視事一歲已上至十歲，清白愛利，能敕身率下，防姦理煩，有益於人者，無拘官簿。刺史舉所部，郡國太守相舉墨綬，隱親悉心，勿取浮華。

又　卷六《順帝紀》（延光三年九月）辛亥，詔公卿、郡守、國相，舉賢良方正、能直言極諫之士各一人。【略】

（永和三年九月）丙戌，令大將軍、三公各舉故刺史、二千石及見令、長、郎、謁者，四府掾屬剛毅武猛有謀謨任將帥者各二人，特進、卿、校尉各一人。【略】

（漢安元年）二月丙辰，詔大將軍、公卿舉賢良方正、能探賾索隱者各一人。【略】

（漢安元年十一月）癸卯，詔大將軍、三公選武猛試用有效驗任爲將校者各一人。

又　《沖帝紀》（永嘉元年九月）庚戌，詔三公、特進、侯、卿、校尉舉賢良方正、幽逸修道之士各一人，百僚皆上封事。

又　卷七《桓帝紀》（建和元年）夏四月庚寅，京師地震。詔大將軍、公、卿、校尉舉賢良方正、能直言極諫者各一人。又命列侯、將、大夫、御史、謁者、千石、六百石、博士、議郎、郎官各上封事，指陳得失。又詔大將軍、公、卿、郡、國舉至孝篤行之士各一人。【略】

（建和三年）六月庚子，詔大將軍、三公、特進、侯，其與卿、校尉舉賢良方正、能直言極諫之士各一人。【略】

（永興二年二月）癸卯，京師地震，詔公、卿、校尉舉賢良方正、能直言極諫者各一人。【略】

（延熹八年正月）詔公卿、校尉舉賢良方正。【略】

（延熹九年）詔舉武猛，三公各二人，卿、校尉各一人。【略】

（永興元年二月）癸卯，京師地震，詔公、卿、校尉舉賢良方正、能直言極諫者各一人。

又　卷八《靈帝紀》（建寧元年）詔公、卿以下各上封事，及郡國守、相舉有道之士各一人；又故刺史、二千石清高有遺惠、爲衆所歸者，皆詣公車。【略】

（中平元年三月）詔公、卿出馬、弩，舉列將子孫及吏民有明戰陣之略者，詣公車。

又　卷八一《獨行傳・李充》　延平中，詔公卿、中二千石各舉隱士大儒，務取高行，以勸後進，特徵充爲博士。

革弊糾偏

《漢書》卷九《元帝紀》（初元五年夏四月）詔曰：『【略】罷角抵、上林宮館希御幸者、齊三服官【略】』

又　卷一〇《成帝紀》（建始二年）罷六廄、技巧官。

《後漢書》卷二《明帝紀》（永平十二年）詔曰：『昔曾、閔奉親，竭歡致養；仲尼葬子，有棺無椁。喪貴致哀，禮存寧儉。今百姓送終之制，競爲奢靡。生者無擔石之儲，而財力盡於墳土。伏臘無糟糠，而牲牢兼於一奠。糜破積世之業，以供終朝之費，子孫飢寒，絕命於此，豈祖考之意哉！又車服制度，恣極耳目。田荒不耕，游食者衆。有司其申明科禁，宜於今者，宣下郡國。』

又　卷四《和帝紀》（永元十一年）秋七月辛卯，詔曰：『吏民踰僭，厚死傷生，是以舊令節之制度。頃者貴戚近親，百僚師尹，莫肯率從，有司不舉，怠放日甚。又商賈小民，或忘法禁，奇巧靡貨，流積公行。其在位犯者，當先舉正。市道小民，但且申明憲綱，勿因科令，加虐羸弱。』【略】

又　卷五《安帝紀》（延平元年十二月）乙酉，罷魚龍曼延百戲。

（永初元年）秋九月庚午，詔三公明申舊令，禁奢侈，無作浮巧之物，殫財厚葬。

又　卷七《桓帝紀》（延熹八年夏四月）丁巳，壞郡國諸房祀。

又　卷六一《左雄傳》（陽嘉中）大司農劉據以職事被譴，召詣尚書，傳呼促步，又加以捶撲。雄上言：『九卿位亞三事，班在大臣，行有佩玉之節，動有庠序之儀。孝明皇帝始有撲罰，皆非古典。』帝從而改之，其後九卿無復捶撲者。

罪己更始

《史記》卷一〇《文本紀》（孝文皇帝二年）十一月晦，日有食之。十二月望，日又食。上曰：『朕聞之，天生蒸民，爲之置君以養治之。人主不德，布政不均，則天示之以菑，以誡不治。乃十一月晦，日有食之，適見于天，菑孰大焉！朕獲保宗廟，以微眇之身託于兆民君王之上，天下治亂，在朕一人，唯二三執政猶吾股肱也。朕下不能理育羣生，上以累三光之明，其不德大矣。令至，其悉思朕之過失，及知見思之所不及，匄以告朕。及舉賢良方正能直言極諫者，以匡朕之不逮。因各飭其任職，務省繇費以便民。朕既不能遠德，故憪然念外人之有非，是以設備未息。今縱不能罷邊屯戍，而又飭兵厚衛，其罷衛將軍軍。太僕見馬遺財足，餘皆以給傳置。』

《漢書》卷六《武帝紀》（元狩元年夏四月）詔曰：『朕聞咎繇對禹，曰在知人，知人則哲，惟帝難之。蓋君者，心也，民猶支體，支體傷則心憯怛。日者淮南、衡山脩文學，流貨賂，兩國接壤，怵於邪説，而造篡弒，此朕之不德。《詩》云：「憂心慘慘，念國之爲虐。」已赦天下，滌除與之更始。朕嘉孝弟、力田，哀夫老眊、孤、寡、鰥、獨或匱於衣食，甚憐愍焉。其遣謁者巡行天下，存問致賜。曰「皇帝使謁者賜縣三老、孝者帛，人五匹；鄉三老、弟者、力田帛，人三匹；年九十以上及鰥、寡、孤、獨帛，人二匹，絮三斤；八十以上米，人三石。有冤失職，使者以聞。縣、鄉即賜，毋贅聚。」』

又　卷八《宣帝紀》（本始四年）夏四月壬寅，郡國四十九地震，或山崩水出。詔曰：『蓋災異者，天地之戒也。朕承洪業，奉宗廟，託于士民之上，未能和羣生。乃者地震北海、琅邪，壞祖宗廟，朕甚懼焉。丞相、御史其與列侯、中二千石博問經學之士，有以應變，輔朕之不逮，毋有所諱。令三輔、太常、内郡國舉賢良方正各一人。律令有可蠲除以安百

姓，條奏。被地震壞敗甚者，勿收租賦。』大赦天下。上以宗廟墮，素服，避正殿五日。【略】

（地節三年）冬十月，詔曰：『乃者九月壬申地震，朕甚懼焉。有能箴朕過失，及賢良方正直言極諫之士以匡朕之不逮，毋諱有司。朕既不德，不能附遠，是以邊境屯戍未息。今復飭兵重屯，久勞百姓，非所以綏天下也。其罷車騎將軍、右將軍屯兵。』又詔：『池籞未御幸者，假與貧民。郡國宮、館，勿復修治。流民還歸者，假公田，貸種、食，且勿算事。』【略】

（元康元年）秋八月，詔曰：『朕不明六藝，鬱于大道，是以陰陽風雨未時。其博舉吏民，厥身修正，通文學，明於先王之術，宣究其意者，各二人，中二千石各一人。』【略】

（元康二年）夏五月，詔曰：『獄者，萬民之命，所以禁暴止邪，養育羣生也。能使生者不怨，死者不恨，則可謂文吏矣。今則不然。用法或持巧心，析律貳端，深淺不平，增辭飾非，以成其罪。奏不如實，上亦亡繇知。此朕之不明，吏之不稱，四方黎民將何仰哉！二千石各察官屬，勿用此人。吏務平法。或擅興繇役，飾廚、傳稱過使客，越職踰法，以取名譽，譬猶踐薄冰以待白日，豈不殆哉！今天下頗被疾疫之災，朕甚愍之。其令郡國被災甚者，毋出今年租賦。』

又　卷九《元帝紀》　（初元三年）夏四月乙未晦，茂陵白鶴館災。詔曰：『乃者火災降於孝武園館，朕戰栗恐懼。不燭變異，咎在朕躬。羣司又未肯極言朕過，以至於斯，將何以寤焉！百姓仍遭凶阨，無以相振，加以煩擾虖苛吏，拘牽乎微文，不得永終性命，朕甚閔焉。其赦天下。』【略】

（初元五年）夏四月，有星孛于參。詔曰：『朕之不逮，序位不明，衆僚久懬，未得其人。元元失望，上感皇天，陰陽爲變，咎流萬民，朕甚懼之。乃者關東連遭災害，饑寒疾疫，夭不終命。《詩》不云乎，「凡民有喪，匍匐救之。」其令大官毋日殺，所具各減半。乘輿秣馬，無乏正事而已。罷角抵、上林宮、館希御幸者，齊三服官、北假田官、鹽鐵官、常平倉。博士弟子毋置員，以廣學者。賜宗室子有屬籍者馬一匹至二駟，三老、孝者帛，人五匹，弟者、力田三匹，鰥、寡、孤、獨二匹，吏民五十户牛、酒。』省刑罰七十餘事。除光禄大夫以下至郎中保父母同產之令。令從官給事宮司馬中者，得爲大父母、父母、兄弟通籍。【略】

（永光元年）三月，詔曰：『五帝、三王任賢使能，以登至平，而今不治者，豈斯民異哉？咎在朕之不明，亡以知賢也。是故壬人在位，而吉士雍蔽。重以周、秦之敝，民漸薄俗，去禮義，觸刑法，豈不哀哉！繇此觀之，元元何辜？其赦天下，令厲精自新，各務農畝。無田者皆假之，貸種、食如貧民。賜吏六百石以上爵五大夫，勤事吏二級，爲父後者民一級，女子百户牛、酒，鰥、寡、孤、獨、高年帛。』【略】

（永光）二年春二月，詔曰：『蓋聞唐、虞象刑而民不犯，殷、周法行而姦軌服。今朕獲承高祖之洪業，託位公侯之上，夙夜戰栗，永惟百姓之急，未嘗有忘焉。然而陰陽未調，三光晻昧，元元大困，流散道路，盜賊並興。有司又長殘賊，失牧民之術。是皆朕之不明，政有所虧。咎至於此，朕甚自恥。爲民父母，若是之薄，謂百姓何！其大赦天下，賜民爵一級，女子百户牛、酒，鰥、寡、孤、獨、高年、三老、孝弟、力田帛。』又賜諸侯王、公主、列侯黄金，中二千石以下至中都官長吏各有差，吏六百石以上爵五大夫，勤事吏二級。【略】

（永光四年夏六月）戊寅晦，日有蝕之。詔曰：『蓋聞明王在上，忠賢布職，則羣生和樂，方外蒙澤。今朕晻于王道，夙夜憂勞，不通其理，靡瞻不眩，靡聽不惑，是以政令多還，民心未得，邪說空進，事亡成功。此天下所著聞也。公卿大夫好惡不同，或緣姦作邪，侵削細民，元元安所歸命哉。乃六月晦，日有蝕之，《詩》不云乎？「今此下民，亦孔之哀。」自今以來，公卿大夫其勉思天戒，慎身脩永，以輔朕之不逮。直言盡意，無有所諱。』

又　卷一〇《成帝紀》　（建始三年冬十二月戊申朔）詔曰：『蓋聞天生衆民，不能相治，爲之立君以統理之。君道得，則草木、昆蟲咸得其所；人君不德，謫見天地，災異婁發，以告不治。朕涉道日寡，舉錯不中，乃戊申日蝕、地震，朕甚懼焉。公卿其各思朕過失，明白陳之。【略】』

（河平元年）夏四月己亥晦，日有蝕之，既。詔曰：『朕獲保宗廟，戰戰栗栗，未能奉稱。傳曰：「男教不修，陽事不得，則日爲之蝕。」天

著厥異，辜在朕躬。公卿大夫其勉悉心，以輔不逮。百寮各修其職，惇任仁人，退遠殘賊。陳朕過失，無有所諱。』大赦天下。

又 卷一一《哀帝紀》 元壽元年春正月辛丑朔，日有蝕之。詔曰：『朕獲保宗廟，不明不敏，宿夜憂勞，未皇寧息。惟陰陽不調，元元不贍，未睹厥咎。婁敕公卿，庶幾有望。至今有司執法，未得其中，或上暴虐，假埶獲名，溫良寬柔，陷於亡滅。是故殘賊彌長，和睦日衰，百姓愁怨，靡所錯躬。乃正月朔，日有蝕之，厥咎不遠，在余一人。公卿大夫其各悉心勉帥百寮，敦任仁人，黜遠殘賊，期於安民。陳朕之過失，無有所諱。其與將軍、列侯、中二千石舉賢良方正能直言者各一人。大赦天下。』

又 卷二三《刑法志》 （宣帝）下詔曰：『間者吏用法，巧文寖深，是朕之不德也。夫決獄不當，使有罪興邪，不辜蒙戮，父子悲恨，朕甚傷之。今遣廷史與郡鞠獄，任輕祿薄，其爲置廷平，秩六百石，員四人。其務平之，以稱朕意。』於是選于定國爲廷尉，求明察寬恕黄霸等以爲廷平，季秋後請讞。時上常幸宣室，齋居而決事，獄刑號爲平矣。

又 卷九六下《西域傳》 自武帝初通西域，置校尉，屯田渠犂。是時，軍旅連出，師行三十二年，海内虚耗。征和中，貳師將軍李廣利以軍降匈奴。上既悔遠征伐，而搜粟都尉桑弘羊與丞相御史奏言：『故輪臺以東置枝、渠犂皆故國，地廣，饒水草，有溉田五千頃以上，處溫和，田美，可益通溝渠，種五穀，與中國同時孰。其旁國少錐刀，貴黄金采繒，可以易穀食，宜給足不乏。臣愚以爲可遣屯田卒詣故輪臺以東，置校尉三人分護，各舉圖地形，通利溝渠，務使以時益種五穀。張掖、酒泉遣騎假司馬爲斥候，屬校尉，事有便宜，因騎置以聞。田一歲，有積穀，募民壯健有累重敢徙者詣田所，就畜積爲本業，益墾溉田，稍築列亭，連城而西，以威西國，輔烏孫，爲便。臣謹遣徵事臣昌分部行邊，嚴敕太守、都尉明𤇾火，選士馬，謹斥候，蓄茭草。願陛下遣使使西國，以安其意。臣昧死請。』

上乃下詔，深陳既往之悔，曰：『前有司奏，欲益民賦三十助邊用，是重困老弱孤獨也。而今又請遣卒田輪臺。輪臺西於車師千餘里，前開陵侯擊車師時，危須、尉犂、樓蘭六國子弟在京師者皆先歸，發畜食迎漢軍，又自發兵，凡數萬人，王各自將，共圍車師，降其王。諸國兵便罷，力不能復至道上食漢軍。漢軍破城，食至多，然士自載不足以竟師，强者盡食畜産，羸者道死數千人。朕發酒泉驢、橐駝負食，出玉門迎軍。吏卒起張掖，不甚遠，然尚廝留甚衆。曩者，朕之不明，以軍候弘上書言「匈奴縛馬前後足，置城下，馳言『秦人，我匄若馬』」又漢使者久留不還，故興師遣貳師將軍，欲以爲使者威重也。古者卿大夫與謀，參以蓍龜，不吉不行。乃者以縛馬書徧視丞相、御史、二千石、諸大夫、郎爲文學者，乃至郡屬國都尉成忠、趙破奴等，皆以「虜自縛其馬，不祥甚哉！」或以爲「欲以見强，夫不足者視人有餘。」《易》之，卦得《大過》，爻在九五，匈奴困敗。公車方士、太史治星望氣，及太卜龜蓍，皆以爲吉，匈奴必破，時不可再得也。又曰「北伐行將，於鬴山必克。」卦諸將，貳師最吉。故朕親發貳師下鬴山，詔之必毋深入。今計謀卦兆皆反繆。重合侯得虜候者，言「聞漢軍當來，匈奴使巫埋羊牛所出諸道及水上以詛軍。單于遺天子馬裘。常使巫祝之。縛馬者，詛軍事也。」又卜「漢軍一將不吉」。匈奴常言「漢極大，然不能饑渴，失一狼，走千羊。」

乃者貳師敗，軍士死略離散，悲痛常在朕心。今請遠田輪臺，欲起亭隧，是擾勞天下，非所以優民也。今朕不忍聞。大鴻臚等又議，欲募囚徒送匈奴使者，明封侯之賞以報忿，五伯所弗能爲也。且匈奴得漢降者，常提掖搜索，問以所聞。今邊塞未正，闌出不禁，障候長吏使卒獵獸，以皮肉爲利，卒苦而𤇾火乏，失亦上集不得，後降者來，若捕生口虜，乃知之。當今務在禁苛暴，止擅賦，力本農，修馬復令，以補缺，毋乏武備而已。郡國二千石各上進畜馬方略補邊狀，與計對。』

由是不復出軍。而封丞相車千秋爲富民侯，以明休息，思富養民也。

《後漢書》卷二《明帝紀》 （永平三年秋八月）壬申晦，日有食之。詔曰：『朕奉承祖業，無有善政。日月薄蝕，彗孛見天，水旱不節，稼穡不成，人無宿儲，下生愁墊。雖夙夜勤思，而智能不逮。昔楚莊無灾，以致戒懼；魯哀禍大，天不降譴。今之動變，儻尚可救。有司勉思厥職，以匡無德。古者卿士獻詩，百工箴諫。其言事者，靡有所諱。』

【略】

（永平八年十月）壬寅晦，日有食之，既。詔曰：『朕以無德，奉承

大業，而下貽人怨，上動三光。日食之變，其灾尤大，《春秋》圖讖所爲至譴。永思厥咎，在予一人。羣司勉修職事，極言無諱。』於是在位者皆上封事，各言得失。帝覽章，深自引咎，乃以所上班示百官。詔曰：『羣僚所言，皆朕之過。人冤不能理，吏黠不能禁；而輕用人力，繕修宫宇，出入無節，喜怒過差。昔應門失守，《關雎》刺世；飛蓬隨風，微子所歎。永覽前戒，竦然兢懼。徒恐薄德，久而致怠耳。』【略】

（永平十三年）冬十月壬辰晦，日有食之。三公免冠自劾。制曰：『冠履勿劾。灾異屢見，咎在朕躬，憂懼遑遑，未知其方。將有司陳事，多所隱諱，使君上壅蔽，下有不暢乎？昔衛有忠臣，靈公得守其位。今何以和穆陰陽，消伏灾譴？刺史、太守詳刑理冤，存恤鰥孤，勉思職焉。』

又　卷三《章帝紀》　（建初元年）三月甲寅，山陽、東平地震。己巳，詔曰：『朕以無德，奉承大業，夙夜慄慄，不敢荒寧。而灾異仍見，與政相應。朕既不明，涉道日寡；又選舉乖實，俗吏傷人，官職耗亂，刑罰不中，可不憂與！昔仲弓季氏之家臣，子游武城之小宰，孔子猶誨以賢才，問以得人。明政無大小，以得人爲本。夫鄉舉里選，必累功勞。今刺史、守相不明眞僞，茂才、孝廉歲以百數，既非能顯，而當授之政事，甚無謂也。每尋前世舉人貢士，或起甽畝，不繫閥閱。敷奏以言，則文章可採；明試以功，則政有異迹。文質彬彬，朕甚嘉之。其令太傅、三公、中二千石、二千石、郡國守相，舉賢良方正、能直言極諫之士各一人。』【略】

（建初）五年春二月庚辰朔，日有食之。詔曰：『朕新離供養，愆咎衆著，上天降異，大變隨之。《詩》不云乎：「亦孔之醜。」又久旱傷麥，憂心慘切。公卿已下，其舉直言極諫、能指朕過失者各一人，遣詣公車，將親覽問焉。其以巖穴爲先，勿取浮華。』

又　卷四《和帝紀》　（永元八年）九月，京師蝗。吏民言事者，多歸責有司。詔曰：『蝗蟲之異，殆不虚生，萬方有罪，在予一人，而言事者專咎自下，非助我者也。朕寤寐恫矜，思弭憂釁。昔楚嚴無灾而懼，成王出郊而反風。將何以匡朕不逮，以塞灾變？百僚師尹，勉修厥職，刺史、二千石詳刑辟，理冤虐，恤鰥寡，矜孤弱，思惟致灾興蝗之咎。』

又　卷五《安帝紀》　（延平元年六月）丁卯，詔司徒、大司農、長樂少府曰：『朕以無德，佐助統政，夙夜經營，懼失厥衷。思惟治道，由近及遠，先内後外。自建武之初以至於今，八十餘年，宫人歲增，房御彌廣。又宗室坐事没入者，猶託名公族，甚可愍焉。今悉免遣，及掖庭宫人，皆爲庶民，以抒幽隔鬱滯之情。諸官府、郡國王侯家奴婢姓劉及疲癃羸老，皆上其名，務令實悉。』

又　卷六《順帝紀》　（永初三年）三月，京師大饑，民相食。壬辰，公卿詣闕謝。詔曰：『朕以幼沖，奉承鴻業，不能宣流風化，而感逆陰陽，至令百姓饑荒，更相噉食。永懷悼歎，若墜淵水。咎在朕躬，非羣司之責，而過自貶引，重朝廷之不德。其務思變復，以助不逮。』癸巳，詔以鴻池假與貧民。

又　卷七《桓帝紀》　（阳嘉二年夏四月）己亥，京師地震。五月庚子，詔曰：『朕以不德，統奉鴻業，無以奉順乾坤，協序陰陽，灾眚屢見，咎徵仍臻。地動之異，發自京師，矜矜祇畏，不知所裁。羣公卿士將何以匡輔不逮，奉答戒異？異不空設，必有所應，其各悉心直言厥咎，靡有所諱。』

又　（延熹九年春正月）己酉，詔曰：『比歲不登，人多飢窮，又有水旱疾疫之困。盜賊徵發，南州尤甚。灾異日食，譴告累至。政亂在予，仍獲咎徵。其令大司農絶今歲調度徵求，及前年所調未畢者，勿復收責。其灾旱盜賊之郡，勿收租，餘郡悉半入。』

發布政令

《漢書》卷一下《高帝紀》　（高祖）六年冬十月，令天下縣邑城。【略】

（高祖十一年冬）豨將趙利守東垣，高祖攻之不下。卒罵，上怒。城降，卒罵者斬之。諸縣堅守不降反寇者，復租賦三歲。【略】

（高祖十二年）三月，詔曰：『吾立爲天子，帝有天下，十二年于今矣。與天下之豪士賢大夫共定天下，同安輯之。其有功者上致之王，次爲列侯，下乃食邑。而重臣之親，或爲列侯，皆令自置吏，得賦斂，女子公主。爲列侯食邑者，皆佩之印，賜大第室。吏二千石，徙之長安，受小第

室。入蜀、漢定三秦者，皆世世復。吾於天下賢士功臣，可謂亡負矣。其有不義背天子擅起兵者，與天下共伐誅之。布告天下，使明知朕意。』

又 卷四《文帝紀》（文帝）七年冬十月，令列侯太夫人、夫人、諸侯王子及吏二千石無得擅徵捕。

又 卷五《景帝紀》（景帝後）二年冬十月，省徹侯之國。

又 卷六十六《劉屈氂紀》（征和二年）秋，戾太子爲江充所譖，殺充，發兵入丞相府，屈氂挺身逃，亡其印綬。【略】乃賜丞相璽書曰：『捕斬反者，自有賞罰。以牛車爲櫓，毋接短兵，多殺傷士衆。堅閉城門，毋令反者得出。』

又 卷八《宣帝紀》（本始四年）夏四月壬寅，郡國四十九地震，或山崩水出。詔曰：『【略】律令有可蠲除以安百姓，條奏。【略】』

又 卷一〇《成帝紀》（陽朔）二年春，寒。詔曰：『昔在帝堯，立羲、和之官，命以四時之事，令不失其序。故《書》云「黎民於蕃時雍」，明以陰陽爲本也。今公卿大夫或不信陰陽，薄而小之。所奏請多違時政。傳以不知，周行天下，而欲望陰陽和調，豈不謬哉！其務順四時月令。』【略】

（永始四年六月詔）曰：『聖王明禮制以序尊卑，異車服以章有德，雖有其財，而無其尊，不得踰制，故民興行，上義而下利。方今世俗奢僭罔極，靡有厭足。公卿列侯親屬近臣，四方所則，未聞修身遵禮，同心憂國者也。或乃奢侈逸豫，務廣第宅，治園池，多畜奴婢，被服綺縠，設鐘鼓，備女樂，車服、嫁娶、葬埋過制。吏民慕效，寖以成俗，而欲望百姓儉節，家給人足，豈不難哉！《詩》不云乎？「赫赫師尹，民具爾瞻。」其申敕有司，以漸禁之。青、綠民所常服，且勿止。列侯近臣，各自省改。司隸校尉察不變者。』

又 卷一下《光武帝紀》（建武六年）六月辛卯，詔曰：『夫張官置吏，所以爲人也。今百姓遭難，户口耗少，而縣官吏職所置尚繁，其令司隸、州牧各實所部，省減吏員。縣國不足置長吏可并合者，上大司徒、大司空二府。』於是條奏并省四百餘縣，吏職減損，十置其一。【略】

（建武七年正月）詔曰：『世以厚葬爲德，薄終爲鄙，至于富者奢僭，貧者單財，法令不能禁，禮義不能止，倉卒乃知其咎。其布告天下，令知忠臣、孝子、慈兄、悌弟薄葬送終之義。』

又 卷二《明帝紀》（永平十二年五月）詔曰：『昔曾、閔奉親，竭歡致養；仲尼葬子，有棺無槨。喪貴致哀，禮存寧儉。今百姓送終之制，競爲奢靡。生者無擔石之儲，而財力盡於墳土。伏臘無糟糠，而牲牢兼於一奠。糜破積世之業，以供終朝之費，子孫飢寒，絕命於此，豈祖考之意哉！又車服制度，恣極耳目。田荒不耕，游食者衆。有司其申明科禁，宜於今者，宣下郡國。』

又 卷三《章帝紀》（建初七年九月甲戌）下詔曰：『車駕行秋稼，觀收穫，因涉郡界。皆精騎輕行，無它輜重。不得輒修橋道，遠離城郭，遣吏逢迎，刺探起居，出入前後，以爲煩擾。動務省約，但患不能脫粟瓢飲耳。所過欲令貧弱有利，無違詔書。』【略】

（元和二年春正月）詔三公曰：『方春生養，萬物莩甲，宜助萌陽，以育時物。其令有司，罪非殊死，且勿案驗，及吏人條書相告，不得聽受，冀以息事寧人，敬奉天氣。立秋如故。夫俗吏矯飾外貌，似是而非，揆之人事則悅耳，論之陰陽則傷化，朕甚饜之，甚苦之。安靜之吏，悃愊無華，日計不足，月計有餘。如襄城令劉方，吏人同聲謂之不煩，雖未有它異，斯亦殆近之矣。間敕二千石各尚寬明，而今富姦行賂於下，貪吏枉法於上，使有罪不論而無過被刑，甚大逆也。夫以苛爲察，以刻爲明，以輕爲德，以重爲威，四者或興，則下有怨心。吾詔書數下，冠蓋接道，而吏不加理，人或失職，其咎安在？勉思舊令，稱朕意焉。』

又 卷六《順帝紀》（永建二年）二月戊戌，詔以民入山鑿石，發洩藏氣，敕有司檢察所當禁絕，如建武、永平故事。

行政信息溝通分部

百官奏事

《漢書》卷五《景帝紀》（景帝中元）四年春三月，起德陽宮。御史大夫綰奏禁馬高五尺九寸以上，齒未平，不得出關。

又 卷六《武帝紀》元朔元年冬十一月，詔曰：『公卿大夫，所使總方略，壹統類，廣教化，美風俗也。夫本仁祖義，褒德祿賢，勸善刑暴，五帝、三王所繇昌也。朕夙興夜寐，嘉與宇內之士臻于斯路。故旅耆

老，復孝敬，選豪俊，講文學，稽參政事，祈進民心，深詔執事，興廉舉孝，庶幾成風，紹休聖緒。夫十室之邑，必有忠信；三人並行，厥有我師。今或至闔郡而不薦一人，是化不下究，而積行之君子雍于上聞也。二千石官長紀綱人倫，將何以佐朕燭幽隱，勸元元，厲蒸庶，崇鄉黨之訓哉？且進賢受上賞，蔽賢蒙顯戮，古之道也。其與中二千石、禮官、博士議不舉者罪。』有司奏議曰：『古者，諸侯貢士，壹適謂之好德，再適謂之賢賢，三適謂之有功，乃加九錫；不貢士，壹則黜爵，再則黜地，三而黜爵地畢矣。夫附下罔上者死，附上罔下者刑，與聞國政而無益於民者斥，在上位而不能進賢者退，此所以勸善黜惡也。今詔書昭先帝聖緒，令二千石舉孝廉，所以化元元，移風易俗也。不舉孝，不奉詔，當以不敬論。不察廉，不勝任也，當免。』奏可。

又　卷八《宣帝紀》　元平元年四月，昭帝崩，毋嗣。大將軍霍光請皇后徵昌邑王。六月丙寅，王受皇帝璽、綬，尊皇后曰皇太后。癸巳，光奏王賀淫亂，請廢。【略】

秋七月，光奏議曰：『禮，人道親親故尊祖，尊祖故敬宗。大宗毋嗣，擇支子孫賢者爲嗣。孝武皇帝曾孫病已，有詔掖庭養視，至今年十八，師受《詩》、《論語》、《孝經》，操行節儉，慈仁愛人，可以嗣孝昭皇帝後，奉承祖宗，子萬姓。』奏可。遣宗正德至曾孫尚冠里舍，洗沐，賜御府衣。太僕以軨獵車奉迎曾孫，就齊宗正府。庚申，入未央宮，見皇太后，封爲陽武侯。已而羣臣奉上璽、綬，即皇帝位，謁高廟。【略】

（地節二年）上始親政事，又思報大將軍功德，乃復使樂平侯山領尚書事，而令羣臣得奏封事，以知下情。五日一聽事，自丞相以下各奉職奏事，以傅奏其言，考試功能。【略】

（五鳳）四年春正月，廣陵王胥有罪，自殺。匈奴單于稱臣，遣弟谷蠡王入侍。以邊塞亡寇，減戍卒什二。大司農中丞耿壽昌奏設常平倉，以給北邊，省轉漕。賜爵關內侯。

又　卷二三《刑法志》　丞相張倉、御史大夫馮敬奏言：『肉刑所以禁姦，所由來者久矣。陛下下明詔，憐萬民之一有過被刑者終身不息，及罪人欲改行爲善而道亡繇至，於盛德，臣等所不及也。臣謹議請定律曰：諸當完者，完爲城旦舂；當黥者，髡鉗爲城旦舂；當劓者，笞三百；當斬左止者，笞五百；當斬右止，及殺人先自告，及吏坐受賕枉法，守縣官財物而即盜之，已論命復有笞罪者，皆棄市。罪人獄已決，如完爲城旦舂，滿三歲爲鬼薪、白粲。鬼薪、白粲一歲，爲隸臣妾。隸臣妾一歲，免爲庶人。隸臣妾滿二歲，爲司寇。司寇一歲，及作如司寇二歲，皆免爲庶人。其亡逃及有罪耐以上，不用此令。前令之刑城旦舂歲而非禁錮者，完爲城旦舂歲數以免。臣昧死請。』制曰：『可。』

又　卷二四《食貨志》　宣帝即位，用吏多選賢良，百姓安土，歲數豐穰，穀至石五錢，農人少利。時大司農中丞耿壽昌以善爲算能商功利，得幸於上，五鳳中奏言：『故事，歲漕關東穀四百萬斛以給京師，用卒六萬人。宜糴三輔、弘農、河東、上黨、太原郡穀，足供京師，可以省關東漕卒過半。』又白增海租三倍，天子皆從其計。御史大夫蕭望之奏言：『故御史屬徐宮家在東萊，言往年加海租，魚不出。長老皆言武帝時縣官嘗自漁，海魚不出，後復予民，魚乃出。夫陰陽之感，物類相應，萬事盡然。今壽昌欲近糴漕關內之穀，築倉治船，費值二萬萬餘，有動衆之功，恐生旱氣，民被其災。壽昌習于商功分銖之事，其深計遠慮，誠未足任，宜且如故。』上不聽。漕事果便，壽昌遂白令邊郡皆築倉，以穀賤時增其賈而糴，以利農，穀貴時減賈而糶，名曰常平倉。民便之。上乃下詔，賜壽昌爵關內侯。

又　卷三七《田叔仁傳》　（田叔）仁以壯勇爲衛將軍舍人，數從擊匈奴。衛將軍進言仁爲郎中，至二千石、丞相長史，失官。後使刺三河，還，奏事稱意，拜爲京輔都尉。

又　卷四二《申屠嘉傳》　（申屠嘉）爲丞相。【略】是時，太中大夫鄧通方愛幸，賞賜累鉅萬。文帝常燕飲通家，其寵如是。是時嘉入朝，而通居上旁，有怠慢之禮。嘉奏事畢，因言曰：『陛下幸愛羣臣則富貴之，至於朝廷之禮，不可以不肅！』

又　卷四三《叔孫通傳》　（叔孫）高帝崩，孝惠即位，及謂通曰：『先帝園陵寢廟，羣臣莫習。』徙通爲奉常，定宗廟儀法。乃稍定漢諸儀法，皆通所論著也。惠帝爲東朝長樂宮，及間往，數蹕煩民，作複道，方築武庫南，通奏事，因請間，曰：『陛下何自築複道高帝寢，衣冠月出游高廟？子孫奈何乘宗廟道上行哉！』惠帝懼，曰：『急壞之。』

通曰：『人主無過擧。今已作，百姓皆知之矣。願陛下爲原廟渭北，衣冠月出游之，益廣宗廟，大孝之本。』上乃詔有司立原廟。

又　卷四六《衛綰傳》（衛綰）代桃侯舍爲丞相，朝奏事如職所奏。然自初宦以至相，終無可言。上以爲敦厚可相少主，尊寵之，賞賜甚多。

又　卷五二《田蚡傳》（建元）二年，御史大夫趙綰請毋奏事東宫。竇太后大怒，曰：『此欲復爲新垣平邪。』【略】

（田）蚡爲人貌侵，生貴甚。又以爲諸侯王多長，上初卽位，富於春秋，蚡以肺附爲相，非痛折節以禮屈之，天下不肅。當是時，丞相入奏事，語移日，所言皆聽。薦人或起家至二千石，權移主上。

又　卷五八《公孫弘傳》（公孫弘）爲博士，待詔金馬門。【略】時方通西南夷，巴蜀苦之，詔使弘視焉。還奏事，盛毁西南夷無所用，上不聽。

又　卷五九《張湯傳》（張湯）遷御史大夫。會渾邪等降漢，大興兵伐匈奴，山東水旱，貧民流徙，皆卬給縣官，縣官空虚。湯承上指，請造白金及五銖錢，籠天下鹽鐵，排富商大賈，出告緡令，鉏豪强幷兼之家，舞文巧詆以輔法。湯每朝奏事，語國家用，日旰，天子忘食。

又　卷六四下《終軍傳》　元鼎中，博士徐偃使行風俗。偃矯制，使膠東、魯國鼓鑄鹽鐵。還，奏事，徙爲太常丞。

又　卷六六《陳萬年傳》（陳）咸爲御史中丞，總領州郡奏事，課第諸刺史，内執法殿中，公卿以下皆敬憚之。

又　卷七三《韋玄成傳》　至元帝時，貢禹奏言：『古者天子七廟，今孝惠、孝景廟皆親盡，宜毁。及郡國廟不應古禮，宜正定。』天子是其議，未及施行而禹卒。光永四年，乃下詔先議罷郡國廟，曰：『朕聞明王之御世也，遭時爲法，因事制宜。往者天下初定，遠方未賓，因嘗所親以立宗廟，蓋建威銷萌，一民之至權也。今賴天地之靈，宗廟之福，四方同軌，蠻貊貢職，久遵而不定，令疏遠卑賤共承尊祀，殆非皇天祖宗之意，朕甚懼焉。傳不云乎？「吾不與祭，如不祭。」其與將軍、列侯、中二千石、二千石、諸大夫、博士、議郎議。』丞相玄成、御史大夫鄭弘、太子太傅嚴彭祖、少府歐陽地餘、諫大夫尹更始等七十人皆曰：『臣聞祭，非自外至者也，繇中出，生於心也。故唯聖人爲能饗帝，孝子爲能饗親。立廟京師之居，躬親承事，四海之内各以其職來助祭，尊親之大義，五帝、三王所共，不易之道也。《詩》云：「有來雍雍，至止肅肅，相維辟公，天子穆穆。」《春秋》之義，父不祭于支庶之宅，君不祭於臣僕之家，王不祭于下土諸侯。臣等愚以爲宗廟在郡國，宜無修，臣請勿復修。』奏可。因罷昭靈后、武哀王、昭哀后、衛思后、戾太子、戾后園，皆不奉祠，裁置吏卒守焉。

罷郡國廟後月餘，復下詔曰：『蓋聞明王制禮，立親廟四，祖宗之廟，萬世不毁，所以明尊祖敬宗，著親親也。朕獲承祖宗之重，惟大禮未備，戰慄恐懼，不敢自顓，其與將軍、列侯、中二千石、二千石、諸大夫、博士議。』玄成等四十四人奏議曰：『《禮》，王者始受命，諸侯始封之君，皆爲太祖。以下，五廟而迭毁，毁廟之主臧乎太祖，五年而再殷祭，言禘壹祫也。祫祭者，毁廟與未毁廟之主皆合食于太祖，父爲昭，子爲穆，孫復爲昭，古之正禮也。《祭義》曰：「王者禘其祖自出，以其祖配之，而立四廟。」言始受命而王，祭天以其祖配，而不爲立廟，親盡也。立親廟四，親親也。親盡而迭毁，親疏之殺，示有終也。周之所以七廟者，以后稷始封，文王、武王受命而王，是以三廟不毁，與親廟四而七。非有后稷始封，文、武受命之功者，皆當親盡而毁。成王成二聖之業，制禮作樂，功德茂盛，廟猶不世，以行爲謚而已。《禮》，廟在大門之内，不敢遠親也。臣愚以爲高帝受命定天下，宜爲帝者太祖之廟，世世不毁，承後屬盡者宜毁。今宗廟異處，昭穆不序，宜入就太祖廟而序昭穆如禮。太上皇、孝惠、孝文、孝景廟皆親盡宜毁，皇考廟親未盡，如故。』大司馬車騎將軍許嘉等二十九人以爲，孝文皇帝除誹謗，去肉刑，躬節儉，不受獻，罪人不帑，不私其利，出美人，重絶人類，賓賜長老，收恤孤獨，德厚侔天地，利澤施四海，宜爲帝者太宗之廟。廷尉忠以爲，孝武皇帝改正朔，易服色，攘四夷，宜爲世宗之廟。諫大夫尹更始等十八人以爲，皇考廟上序于昭穆，非正禮，宜毁。

於是上重其事，依違者一年，乃下詔曰：『蓋聞王者祖有功而宗有德，尊尊之大義也；存親廟四，親親之至恩也。高皇帝爲天下誅暴除亂，受命而帝，功莫大焉。孝文皇帝國爲代王，諸呂作亂，海内摇動，然羣臣

黎庶靡不壹意，北面而歸心，猶謙辭固讓而後即位，削亂秦之迹，興三代之風，是以百姓晏然，咸獲嘉福，德莫盛焉。高皇帝爲漢太祖，孝文皇帝爲太宗，世世承祀，傳之無窮，朕甚樂之。孝宣皇帝爲孝昭皇帝後，于義壹體。孝景皇帝廟及皇考廟皆親盡，其正禮儀。』玄成等奏曰：『祖宗之廟世世不毁，繼祖以下，五廟而迭毁。今高皇帝爲太祖，孝文皇帝爲太宗，孝景皇帝爲昭，孝武皇帝爲穆，孝昭皇帝與孝宣皇帝俱爲昭。皇考廟親未盡。太上、孝惠廟皆親盡，宜毁。太上廟主宜瘞園，孝惠皇帝爲穆，主遷于太祖廟，寢園皆無復修。』奏可。

又 卷七四《魏相傳》 （魏相）爲丞相，封高平侯，食邑八百户。【略】相敕掾史案事郡國及休告從家還至府，輒白四方異聞，或有逆賊風雨災變，郡不上，相輒奏言之。

又 卷八一《匡衡傳》 （匡）衡子昌爲越騎校尉，醉殺人，繫詔獄。越騎官屬與昌弟且謀篡昌。事發覺，衡免冠徒跣待罪，天子使謁者詔衡冠履。而有司奏衡專地盜土，衡竟坐免。

又 卷八三《薛宣傳》 （薛）宣爲中丞，執法殿中，外總部刺史，上疏曰：『陛下至德仁厚，哀閔元元，躬有日仄之勞，而亡佚豫之樂，允執聖道，刑罰惟中，然而嘉氣尚凝，陰陽不和，是臣下未稱，而聖化獨有不洽者也。臣竊伏思其一端，殆吏多苛政，政教煩碎，大率咎在部刺史，或不循守條職，舉錯各以其意，多與郡縣事，至開私門，聽讒佞，以求吏民過失，譴呵及細微，責義不量力。郡縣相迫促，亦内相刻，流至衆庶。是故鄉黨闕于嘉賓之懽，九族忘其親親之恩，飲食周急之厚彌衰，送往勞來之禮不行。夫人道不通，則陰陽否隔，和氣不興，未必不由此也。《詩》云：「民之失德，乾餱以愆。」鄙語曰：「苛政不親，煩苦傷恩。」方刺史奏事時，宜明申敕，使昭然知本朝之要務。臣愚不知治道，唯明主察焉。』上嘉納之。

宣數言政事便宜，舉奏部刺史郡國二千石，所貶退稱進，白黑分明，繇是知名。

又 《朱博傳》 初，何武爲大司空，又與丞相方進共奏言：『古選諸侯賢者以爲州伯，《書》曰「咨十有二牧」，所以廣聰明，燭幽隱也。今部刺史居牧伯之位，秉一州之統，選第大吏，所薦位高至九卿，所惡立退，任重職大。《春秋》之義，用貴治賤，不以卑臨尊。刺史位下大夫，而臨二千石，輕重不相準，失位次之序。臣請罷刺史，更置州牧，以應古制。』奏可。及博奏復御史大夫官，又奏言：『漢家至德溥大，宇内萬里，立置郡縣。部刺史奉使典州，督察郡國，吏民安寧。故事，居部九歲舉爲守相，其有異材功效著者輒登擢，秩卑而賞厚，咸勸功樂進。前丞相方進奏罷刺史，更置州牧，秩眞二千石，位次九卿。九卿缺，以高第補，其中材則苟自守而已，恐功效陵夷，姦軌不禁。臣請罷州牧，置刺史如故。』奏可。

又 卷八四《翟方進傳》 （翟方進）遷朔方刺史，居官不煩苛，所察應條輒舉，甚有威名。再三奏事，遷爲丞相司直。【略】

（翟）方進知能有餘，兼通文法吏事，以儒雅緣飭法律，號爲通明相，天子甚器重之，奏事亡不當意，内求人主微指以固其位。

又 卷八九《召信臣傳》 （召信臣）爲少府，列於九卿，奏請上林諸離遠宮館稀幸御者，勿復繕治共張，又奏省樂府黄門倡優諸戲，及宮館兵弩什器減過泰半。太官園種冬生葱韭菜茹，覆以屋廡，晝夜然薀火，待温氣乃生，信臣以爲此皆不時之物，有傷於人，不宜以奉供養，及它非法食物，悉奏罷，省費歲數千萬。

又 卷九九下《王莽傳》 翼平連率田況奏郡縣訾民不實，莽復三十稅一。

《後漢書》卷一下《光武帝紀》 （建武十一年） 初斷州牧自還奏事。【略】

初，巴蜀既平，大司馬吳漢上書請封皇子，不許，重奏連歲。三月，乃詔羣臣議。大司空融、固始侯通、膠東侯復、高密侯禹、太常登等奏議曰：『古者封建諸侯，以藩屏京師。周封八百，同姓諸姬並爲建國，夾輔王室，尊事天子，享國永長，爲後世法。故《詩》云：「大啓爾宇，爲周室輔。」高祖聖德，光有天下，亦務親親，封立兄弟諸子，不違舊章。陛下德横天地，興復宗統，襃德賞勳，親睦九族，功臣宗室，咸蒙封爵，多受廣地，或連屬縣。今皇子賴天，能勝衣趨拜，陛下恭謙克讓，抑而未議，羣臣百姓，莫不失望。宜因盛夏吉時，定號位，以廣藩輔，明親親，尊宗廟，重社稷，應古合舊，厭塞衆心。臣請大司空上輿地圖，太常擇吉

日，具禮儀。』制曰：『可。』

又 卷三《章帝紀》 肅宗孝章皇帝諱炟，顯宗第五子也。【略】永平三年，立爲皇太子。【略】

十八年八月壬子，卽皇帝位，年十九。尊皇后曰皇太后。壬戌，葬孝明皇帝于顯節陵。

冬十月丁未，大赦天下。賜民爵，人二級，爲父後及孝悌、力田人三級，脱無名數及流人欲占者人一級，爵過公乘得移與子若同産子；鰥、寡、孤、獨、篤癃、貧不能自存者粟，人三斛。詔曰：『朕以眇身，托于王侯之上，統理萬機，懼失厥中，兢兢業業，未知所濟。深惟守文之主，必建師傅之官。《詩》不云乎：「不愆不忘，率由舊章。」行太尉事節鄉侯憙，三世在位，爲國元老；司空融，典職六年，勤勞不怠。其以憙爲太傅，融爲太尉，並録尚書事。「三事大夫，莫肯夙夜」，《小雅》之所傷也。「予違汝弼，汝無面從」，股肱之正義也。羣后百僚，勉思厥職，各貢忠誠，以輔不逮。申敕四方，稱朕意焉。』

十一月戊戌，蜀郡太守第五倫爲司空。

詔征西將軍耿秉屯酒泉。遣酒泉太守段彭救戊己校尉耿恭。

甲辰晦，日有食之。於是避正殿，寢兵，不聽事五日。詔有司各上封事。

十二月癸巳，有司奏言：『孝明皇帝聖德淳茂，劬勞日昃，身御浣衣，食無兼珍。澤臻四表，遠人慕化，僬僥、儋耳，款塞自至。克伐鬼方，開道西域，威靈廣被，無思不服。以烝庶爲憂，不以天下爲樂。備三雍之教，躬養老之禮。作登歌，正予樂，博貫六藝，不舍晝夜。聰明淵塞，著在圖讖。至德所感，通於神明。功烈光于四海，仁風行於千載。而深執謙謙，自稱不德，無起寢廟，掃地而祭，除日祀之法，省送終之禮。遂藏主於光烈皇后更衣別室。天下聞之，莫不悽愴。陛下至孝烝烝，奉順聖德。臣愚以爲更衣在中門之外，處所殊別，宜尊廟曰顯宗，其四時禘祫，于光武之堂，間祀悉還更衣，共進《武德》之舞，如孝文皇帝祫祭高廟故事。』制曰：『可。』

又 卷四《和帝紀》 自竇憲誅後，帝躬親萬機。每有災異，輒延問公卿，極言得失。前後符瑞八十一所，自稱德薄，皆抑而不宣。舊南海獻龍眼、荔支，十里一置，五里一候，奔騰阻險，死者繼路。時臨武長汝南唐羌，縣接南海，乃上書陳狀。帝下詔曰：『遠國珍羞，本以薦奉宗廟，苟有傷害，豈愛民之本。其敕太官勿復受獻。』由是遂省焉。

又 卷六《順帝紀》 （永建元年）九月辛亥，初令三公、尚書入奏事。

又 卷二四《馬援傳》 （馬）援奏言西於縣户有三萬二千，遠界去庭千餘里，請分爲封溪、望海二縣，許之。

又 卷三三《鄭弘傳》 （鄭弘）奏以爲臺職雖尊，而酬賞甚薄，至於開選，多無樂者，請使郎補千石，令史爲長。帝從其議。

又 卷五一《李恂傳》 （李恂）辟司徒桓虞府。後拜侍御史，持節使幽州，宣佈恩澤，慰撫北狄，所過皆圖寫山川、屯田、聚落百餘卷，悉封奏上，肅宗嘉之。

又 卷五六《王龔傳》 王龔字伯宗，山陽高平人也。世爲豪族。初舉孝廉，稍遷青州刺史，劾奏貪濁二千石數人，安帝嘉之，徵拜尚書。

又 卷七六《循吏傳・許荆》 （許）荆少爲郡吏。【略】名譽益著。太守黄兢舉孝廉。和帝時，稍遷桂陽太守。郡濱南州，風俗脆薄，不識學義。荆爲設喪紀婚姻制度，使知禮禁。嘗行春到耒陽縣，人有蔣均者，兄弟爭財，互相言訟。荆對之歎曰：『吾荷國重任，而教化不行，咎在太守。』乃顧使吏上書陳狀，乞詣廷尉。

民間上書

《史記》卷八《高祖本紀》 （漢二年）三月，漢王從臨晉渡，魏王豹將兵從。下河內，虜殷王，置河內郡。南渡平陰津，至雒陽。新城三老董公遮説漢王以義帝死故。漢王聞之，袒而大哭。遂爲義帝發喪，臨三日。

又 卷一〇《孝文本紀》 魯人公孫臣上書陳終始傳五德事，言方今土德時，土德應黄龍見，當改正朔服色制度。天子下其事與丞相議，丞相推以爲今水德，始明正十月上黑事，以爲其言非是，請罷之。【略】

上曰：『古之治天下，朝有進善之旌，誹謗之木，所以通治道而來諫者。今法有誹謗妖言之罪，是使衆臣不敢盡情，而上無由聞過失也。將何

以來遠方之賢良？其除之。民或祝詛上以相約結而後相謾，吏以爲大逆，其有他言，而吏又以爲誹謗。此細民之愚無知抵死，朕甚不取。自今以來，有犯此者勿聽治。』

又　卷二八《封禪書》（孝文帝十三年）魯人公孫臣上書曰：『始秦得水德，今漢受之，推終始傳，則漢當土德，土德之應黄龍見。宜改正朔，易服色，色上黄。』是時丞相張蒼好律曆，以爲漢乃水德之始，故河決金隄，其符也。年始冬十月，色外黑内赤，與德相應。如公孫臣言，非也。罷之。後三歲，黄龍見成紀。文帝乃召公孫臣，拜爲博士，與諸生草改曆服色事。其夏，下詔曰：『異物之神見於成紀，無害於民，歲以有年。朕祈郊上帝諸神，禮官議，無諱以勞朕。』有司皆曰『古者天子夏親郊，祀上帝於郊，故曰郊』。於是夏四月，文帝始郊見雍五時祠，衣皆上赤。

其明年，趙人新垣平以望氣見上，言『長安東北有神氣，成五采，若人冠絻焉。或曰東北神明之舍，西方神明之墓也。天瑞下，宜立祠上帝，以合符應』。於是作渭陽五帝廟，同宇，帝一殿，面各五門，各如其帝色。祠所用及儀亦如雍五時。

又　卷五三《蕭相國世家》（高帝十二年）上罷布軍歸，民道遮行上書，言相國賤强買民田宅數千萬。上至，相國謁。上笑曰：『夫相國乃利民！』民所上書皆以與相國，曰：『君自謝民。』相國因爲民請曰：『長安地狹，上林中多空地，棄，願令民得入田，毋收稿爲禽獸食。』上大怒曰：『相國多受賈人財物，乃爲請吾苑！』乃下相國廷尉，械繫之。

又　卷九九《劉敬叔孫通列傳》　劉敬者，齊人也。漢五年，戍隴西，過洛陽，高帝在焉。婁敬脱輓輅，衣其羊裘，見齊人虞將軍曰：『臣願見上言便事。』虞將軍欲與之鮮衣，婁敬曰：『臣衣帛，衣帛見；衣褐，衣褐見：終不敢易衣。』於是虞將軍入言上。上召入見，賜食。

已而問婁敬，婁敬説曰：『陛下都洛陽，豈欲與周室比靈斯哉？』上曰：『然。』婁敬曰：『陛下取天下與周室異。周之先自后稷，堯封之邰，積德累善十有餘世。公劉避桀居豳。太王以狄伐故，去豳，杖馬箠居岐，國人爭隨之。及文王爲西伯，斷虞芮之訟，始受命，呂望、伯夷自海濱來歸之。武王伐紂，不期而會孟津之上八百諸侯，皆曰紂可伐矣，遂滅殷。成王即位，周公之屬傅相焉，乃營成周洛邑，以此爲天下之中也，諸侯四方納貢職，道里均矣，有德則易以王，無德則易以亡。凡居此者，欲令周務以德致人，不欲依阻險，令後世驕奢以虐民也。及周之盛時，天下和洽，四夷鄉風，慕義懷德，附離而並事天子，不屯一卒，不戰一士，八夷大國之民莫不賓服，效其貢職。及周之衰也，分而爲兩，天下莫朝，周不能制也。非其德薄也，而形勢弱也。今陛下起豐沛，收卒三千人，以之徑往而卷蜀漢，定三秦，與項羽戰滎陽，爭成皋之口，大戰七十，小戰四十，使天下之民肝腦塗地，父子暴骨中野，不可勝數，哭泣之聲未絶，傷痍者未起，而欲比靈斯於成康之時，臣竊以爲不侔也。且夫秦地被山帶河，四塞以爲固，卒然有急，百萬之衆可具也。因秦之故，資甚美膏腴之地，此所謂天府者也。陛下入關而都之，山東雖亂，秦之故地可全而有也。夫與人鬬，不搤其亢，拊其背，未能全其勝也。今陛下入關而都，案秦之故地，此亦搤天下之亢而拊其背也。』

高帝問羣臣，羣臣皆山東人，爭言周王數百年，秦二世即亡，不如都周。上疑未能決。及留侯明言入關便，即日車駕西都關中。

於是上曰：『本言都秦地者婁敬，「婁」者乃「劉」也。』賜姓劉氏，拜爲郎中，號爲奉春君。

又　卷一〇五《扁鵲倉公列傳》（淳于意）少女緹縈傷父之言，乃隨父西。上書曰：『妾父爲吏，齊中稱其廉平，今坐法當刑。妾切痛死者不可復生而刑者不可復續，雖欲改過自新，其道莫由，終不可得。妾願入身爲官婢，以贖父刑罪，使得改行自新也。』書聞，上悲其意，此歲中亦除肉刑法。

又　卷一一二《平津侯主父列傳》　主父偃者，齊臨菑人也。學長短縱横之術，晚乃《學易》、《春秋》、百家言。游齊諸生間，莫能厚遇也。齊諸儒生相與排擯，不容於齊。家貧，假貸無所得，乃北游燕、趙、中山，皆莫能厚遇，爲客甚困。孝武元光元年中，以爲諸侯莫足游者，乃西入關見衛將軍。衛將軍數言上，上不召。資用乏，留久，諸公賓客多厭之，乃上書闕下。朝奏，暮召入見。所言九事，其八事爲律令，一事諫伐匈奴。其辭曰：

臣聞明主不惡切諫以博觀，忠臣不敢避重誅以直諫，是故事無遺策而

功流萬世。今臣不敢隱忠避死以效愚計，願陛下幸赦而少察之。

司馬法曰：『國雖大，好戰必亡；天下雖平，忘戰必危。』天下既平，天子大凱，春蒐秋獮，諸侯春振旅，秋治兵，所以不忘戰也。且夫怒者逆德也，兵者凶器也，爭者末節也。古之人君一怒必伏屍流血，故聖王重行之。夫務戰勝窮武事者，未有不悔者也。昔秦皇帝任戰勝之威，蠶食天下，并吞戰國，海内爲一，功齊三代。務勝不休，欲攻匈奴，李斯諫曰：『不可。夫匈奴無城郭之居，委積之守，遷徙鳥舉，難得而制也。輕兵深入，糧食必絶；踵糧以行，重不及事。得其地不足以爲利也，遇其民不可役而守也。勝必殺之，非民父母也。靡弊中國，快心匈奴，非長策也。』秦皇帝不聽，遂使蒙恬將兵攻胡，辟地千里，以河爲境。地固澤鹵，不生五穀。然後發天下丁男以守北河。暴兵露師十有餘年，死者不可勝數，終不能逾河而北。是豈人衆不足，兵革不備哉？其勢不可也。又使天下蜚芻輓粟，起於黄、腄、琅邪負海之郡，轉輸北河，率三十鍾而致一石。男子疾耕不足於糧饟，女子紡績不足於帷幕。百姓靡敝，孤寡老弱不能相養，道路死者相望，蓋天下始畔秦也。

及至高皇帝定天下，略地於邊，聞匈奴聚於代谷之外而欲擊之。御史成進諫曰：『不可。夫匈奴之性，獸聚而鳥散，從之如搏影。今以陛下盛德攻匈奴，臣竊危之。』高帝不聽，遂北至於代谷，果有平城之圍。高皇帝蓋悔之甚，乃使劉敬往結和親之約，然後天下忘干戈之事。故兵法曰『興師十萬，日費千金』。夫秦常積衆暴兵數十萬人，雖有覆軍殺將係虜單于之功，亦適足以結怨深讎，不足以償天下之費。夫上虚府庫，下敝百姓，甘心於外國，非完事也。夫匈奴難得而制，非一世也。行盜侵敺，所以爲業也，天性固然。上及虞夏殷周，固弗程督，禽獸畜之，不屬爲人。夫上不觀虞夏殷周之統，而下循近世之失，此臣之所大憂，百姓之所疾苦也。且夫兵久則變生，事苦則慮易。乃使邊境之民弊靡愁苦而有離心，將吏相疑而外市，故尉佗、章邯得以成其私也。夫秦政之所以不行者，權分乎二子，此得失之效也。故《周書》曰『安危在出令，存亡在所用』。願陛下詳察之，少加意而熟慮焉。

是時趙人徐樂、齊人嚴安俱上書言世務，各一事。徐樂曰：

臣聞天下之患在於土崩，不在於瓦解，古今一也。何謂土崩？秦之末世是也。陳涉無千乘之尊，尺土之地，身非王公大人名族之後，無鄉曲之譽，非有孔、墨、曾子之賢，陶朱、猗頓之富也，然起窮巷，奮棘矜，偏袒大呼而天下從風，此其故何也？由民困而主不恤，下怨而上不知，俗已亂而政不修，此三者陳涉之所以爲資也。是之謂土崩。故曰天下之患在於土崩。何謂瓦解？吴、楚、齊、趙之兵是也。七國謀爲大逆，號皆稱萬乘之君，帶甲數十萬，威足以嚴其境内，財足以勸其士民，然不能西攘尺寸之地而身爲禽於中原者，此其故何也？非權輕於匹夫而兵弱於陳涉也，當是之時，先帝之德澤未衰而安土樂俗之民衆，故諸侯無境外之助。此之謂瓦解，故曰天下之患不在瓦解。由是觀之，天下誠有土崩之勢，雖布衣窮處之士或首惡而危海内，陳涉是也。況三晉之君或存乎！天下雖未有大治也，誠能無土崩之勢，雖有强國勁兵不得旋踵而身爲禽矣，吴、楚、齊、趙是也。況羣臣百姓能爲亂乎哉！此二體者，安危之明要也，賢主所留意而深察也。

間者關東五穀不登，年歲未復，民多窮困，重之以邊境之事，推數循理而觀之，則民且有不安其處者矣。不安故易動。易動者，土崩之勢也。故賢主獨觀萬化之原，明於安危之機，修之廟堂之上，而銷未形之患。其要，期使天下無土崩之勢而已矣。故雖有强國勁兵，陛下逐走獸，射蜚鳥，弘游燕之囿，淫縱恣之觀，極馳騁之樂，自若也。金石絲竹之聲不絶於耳，帷帳之私俳優侏儒之笑不乏於前，而天下無宿憂。名何必湯武，俗何必成康！雖然，臣竊以爲陛下天然之聖，寬仁之資，而誠以天下爲務，則湯武之名不難侔，而成康之俗可復興也。此二體者立，然後處尊安之實，揚名廣譽於當世，親天下而服四夷，餘恩遺德爲數世隆，南面負扆攝袂而揖王公，此陛下之所服也。臣聞圖王不成，其敝足以安。安則陛下何求而不得，何爲而不成，何征而不服乎哉！

嚴安上書曰：

臣聞周有天下，其治三百餘歲，成康其隆也，刑錯四十餘年而不用。及其衰也，亦三百餘歲，故五伯更起。五伯者，常佐天子興利除害，誅暴禁邪，匡正海内，以尊天子。五伯既没，賢聖莫續，天子孤弱，號令不行。諸侯恣行，强陵弱，衆暴寡，田常簒齊，六卿分晉，並爲戰國，此民之始苦也。於是强國務攻，弱國備守，合從連横，馳車擊轂，介冑生蟣

虱，民無所告愬。

及至秦王，蠶食天下，并吞戰國，稱號曰皇帝，主海內之政，壞諸侯之城，銷其兵，鑄以爲鍾虡，示不復用。元元黎民得免於戰國，逢明天子，人人自以爲更生。鄉使秦緩其刑罰，薄賦斂，省繇役，貴仁義，賤權利，上篤厚，下智巧，變風易俗，化於海內，則世世必安矣。秦不行是風而循其故俗，爲智巧權利者進，篤厚忠信者退；法嚴政峻，諂諛者衆，日聞其美，意廣心軼。欲肆威海外，乃使蒙恬將兵以北攻胡，辟地進境，戍於北河，蜚芻輓粟以隨其後。又使尉屠睢將樓船之士南攻百越，使監禄鑿渠運糧，深入越，越人遁逃。曠日持久，糧食絕乏，越人擊之，秦兵大敗。秦乃使尉佗將卒以戍越。當是時，秦禍北構於胡，南掛於越，宿兵無用之地，進而不得退。行十餘年，丁男被甲，丁女轉輸，苦不聊生，自經於道樹，死者相望。及秦皇帝崩，天下大叛。陳勝、吳廣舉陳，武臣、張耳舉趙，項梁舉吳，田儋舉齊，景駒舉郢，周市舉魏，韓廣舉燕，窮山通谷豪士並起，不可勝載也。然皆非公侯之後，非長官之吏也。無尺寸之勢，起閭巷，杖棘矜，應時而皆動，不謀而俱起，不約而同會，壤長地進，至於霸王，時教使然也。秦貴爲天子，富有天下，滅世絕祀者，窮兵之禍也。故周失之弱，秦失之强，不變之患也。

今欲招南夷，朝夜郎，降羌僰，略濊州，建城邑，深入匈奴，燔其蘢城，議者美之。此人臣之利也，非天下之長策也。今中國無狗吠之驚，而外累於遠方之備，靡敝國家，非所以子民也。行無窮之欲，甘心快意，結怨於匈奴，非所以安邊也。禍結而不解，兵休而復起，近者愁苦，遠者驚駭，非所以持久也。今天下鍛甲砥劍，橋箭累弦，轉輸運糧，未見休時，此天下之所共憂也。夫兵久而變起，事煩而慮生。今外郡之地或幾千里，列城數十，形束壤制，旁脅諸侯，非公室之利也。上觀齊晉之所以亡者，公室卑削，六卿大盛也；下觀秦之所以滅者，嚴法刻深，欲大無窮也。今郡守之權，非特六卿之重也；地幾千里，非特閭巷之資也；甲兵器械，非特棘矜之用也：以遭萬世之變，則不可稱諱也。

書奏天子，天子召見三人，謂曰：『公等皆安在？何相見之晚也！』於是上乃拜主父偃、徐樂、嚴安爲郎中。偃數見，上疏言事，詔拜偃爲謁者，遷爲中大夫。

《漢書》卷八《宣帝紀》（元康二年夏五月詔）曰：『聞古天子之名，難知而易諱也。今百姓多上書觸諱以犯罪者，朕甚憐之。其更諱詢。諸觸諱在令前者，赦之。』

又 卷一〇《成帝紀》 鴻嘉元年春二月，詔曰：『朕承天地，獲保宗廟，明有所蔽，德不能綏，刑罰不中，衆冤失職，趨闕告訴者不絕。是以陰陽錯謬，寒暑失序，日月不光，百姓蒙辜，朕甚閔焉。《書》不云乎？「即我御事，罔克耆壽，咎在厥躬。」方春生長時，臨遣諫大夫理等舉三輔、三河、弘農冤獄。公卿大夫、部刺史明申敕守、相，稱朕意焉。其賜天下民爵一級，女子百户牛、酒，加賜鰥、寡、孤、獨、高年帛。逋貸未入者勿收。師古曰：『序，次也。』師古曰：『蒙，被也。』文穎曰：『此《尚書.文侯之命》篇中辭也。言我周家用事者，無能有耆老賢者，使國之危亡，罪咎在其用事者也。』師古曰：『「咎在厥躬」，平王自謂，故帝引之以自責耳。文氏乃云咎在用事，斯失之矣。』師古曰：『天子自臨敕而遣。』

又 卷二九《溝洫志》【略】太始二年，趙中大夫白公復奏穿渠。引涇水，首起谷口，尾入櫟陽，注渭中，袤二百里，溉田四千五百餘頃，因名曰白渠。民得其饒，歌之曰：『田于何所？池陽、谷口。鄭國在前，白渠起後。舉臿爲雲，決渠爲雨。涇水一石，其泥數斗。且溉且糞，長我禾黍。衣食京師，億萬之口。』言此兩渠饒也。

是時，方事匈奴，興功利，言便宜者甚衆。齊人延年上書言：『河出昆侖，經中國，注勃海。是其地勢西北高而東南下也。可案圖書，觀地形，令水工準高下，開大河上領，出之胡中，東注之海。如此，關東長無水灾，北邊不憂匈奴，可以省堤防備塞，士卒轉輸，胡寇侵盜，覆軍殺將，暴骨原野之患。天下常備匈奴而不憂百越者，以其水絕壤斷也。此功壹成，萬世大利。』書奏，上壯之，報曰：『延年計議甚深。然河乃大禹之所道也，聖人作事，爲萬世功，通於神明，恐難改更。』

又 卷三〇《藝文志》 漢興，蕭何草律，亦著其法，曰：『太史試學童。能諷書九千字以上，乃得爲史。又以六體試之，課最者以爲尚書御史史書令史。吏民上書，字或不正，輒舉劾。』六體者，古文、奇字、篆書、隸書、繆篆、蟲書，皆所以通知古今文字，摹印章，書幡信也。師

古曰：『草，創造之。』韋昭曰：『若今尚書蘭臺令史也。』臣瓚曰：『書史，今之太史書。』劉奉世曰：『史與書令史二名，今有書令史。』師古曰：『古文謂孔子壁中書。奇字卽古文而異者也。篆書謂小篆，蓋秦始皇使程邈所作也。隸書亦程邈所獻，主於徒隸，從簡易也。繆篆謂其文屈曲纏繞，所以摹印章也。蟲書謂爲蟲鳥之形，所以書幡信也。』

又　卷六三《武五子傳》　武帝末，衛后寵衰，江充用事充與太子及衛氏有隙，恐上晏駕後爲太子所誅，會巫蠱事起，充因此爲姦。是時，上春秋高，意多所惡，以爲左右皆爲蠱道祝詛，窮治其事。【略】

充典治巫蠱，既知上意，白言宮中有蠱氣，入宮至省中，壞御座掘地。上使按道侯韓説、御史章贛、黄門蘇文等助充。充遂至太子宮掘蠱，得桐木人。時上疾，辟暑甘泉宮，獨皇后、太子在。太子召問少傅石德，德懼爲師傅并誅，因謂太子曰：『前丞相父子、兩公主及衛氏皆坐此，今巫與使者掘地得徵驗，不知巫置之邪，將實有也，無以自明，可矯以節收捕充等繫獄，窮治其姦詐。且上疾在甘泉，皇后及家吏請問皆不報，上存亡未可知，而姦臣如此，太子將不念秦扶蘇事耶？』太子急，然德言。

征和二年七月壬午，乃使客爲使者收捕充等。按道侯説疑使者有詐，不肯受詔，客格殺説。御史章贛被創突亡。自歸甘泉。太子使舍人無且持節夜入未央宮殿長秋門，因長御倚華具白皇后，發中廄車載射士，出武庫兵，發長樂宮衛，告令百官曰江充反。乃斬充以徇，炙胡巫上林中。遂部賓客爲將率，與丞相劉屈氂等戰。長安中擾亂，言太子反，以故衆不肯附。太子兵敗，亡，不得。

上怒甚，羣下憂懼，不知所出。壺關三老茂上書曰：『臣聞父者猶天，母者猶地，子猶萬物也。故天平地安，陰陽和調，物乃茂成；父慈母愛室家之中，子乃孝順。陰陽不和則萬物夭傷，父子不和則室家喪亡。故父不父則子不子，君不君則臣不臣，雖有粟，吾豈得而食諸！昔者虞舜，孝之至也，而不中於瞽叟；孝已被謗，伯奇放流，骨肉至親，父子相疑。何者？積毀之所生也。由是觀之，子無不孝，而父有不察，今皇太子爲漢適嗣，承萬世之業，體祖宗之重，親則皇帝之宗子也。江充，布衣之人，閭閻之隸臣耳，陛下顯而用之，銜至尊之命以迫蹴皇太子，造飾奸詐，羣邪錯謬，是以親戚之路隔塞而不通。太子進則不得上見，退則困於亂臣，獨冤結而亡告，不忍忿忿之心，起而殺充，恐懼逋逃，子盜父兵以救難自免耳，臣竊以爲無邪心。《詩》云：「營營青蠅，止於藩；愷悌君子，無信讒言；讒言罔極，交亂四國。」往者江充讒殺趙太子，天下莫不聞，其罪固宜。陛下不省察，深過太子，發盛怒，舉大兵而求之，三公自將，智者不敢言，辯士不敢説，臣竊痛之。臣聞子胥盡忠而忘其號，比干盡仁而遺其身，忠臣竭誠不顧鈇鉞之誅以陳其愚，志在匡君安社稷也。《詩》云：「取彼譖人，投畀豺虎。」唯陛下寬心慰意，少察所親，毋患太子之非，亟罷甲兵，無令太子久亡。臣不勝惓惓，出一旦之命，待罪建章闕下。』書奏，天子感寤。

又　卷六四上《主父偃傳》　主父偃，齊國臨菑人也。學長短從橫術，晚乃學《易》、《春秋》、百家之言。游齊諸子間，諸儒生相與排儐，不容於齊。家貧，假貸無所得，北游燕、趙、中山，皆莫能厚，客甚困。以諸侯莫足游者，元光元年，乃西入關見衛將軍。衛將軍數言上，上不省。資用乏，留久，諸侯賓客多厭之，乃上書闕下。朝奏，暮召入見。所言九事，其八事爲律令，一事諫伐匈奴，曰：

臣聞明主不惡切諫以博觀，忠臣不避重誅以直諫，是故事無遺策而功流萬世。今臣不敢隱忠避死，以效愚計，願陛下幸赦而少察之。

《司馬法》曰：『國雖大，好戰必亡；天下雖平，忘戰必危。』天下既平，天子大愷，春蒐秋獮，諸侯春振旅，秋治兵，所以不忘戰也。且怒者逆德也，兵者凶器也，爭者末節也。古之人君一怒必伏屍流血，故聖王重行之。夫務戰勝，窮武事，未有不悔者也。

昔秦皇帝任戰勝之威，蠶食天下，并吞戰國，海內爲一，功齊三代。務勝不休，欲攻匈奴，李斯諫曰：『不可。夫匈奴無城郭之居，委積之守，遷徙鳥舉，難得而制。輕兵深入，糧食必絶；運糧以行，重不及事。得其地，不足以爲利；得其民，不可調而守也。勝必棄之，非民父母，靡敝中國，甘心匈奴，非完計也。』秦皇帝不聽，遂使蒙恬將兵而攻胡，卻地千里，以河爲境。地固澤鹵，不生五穀，然後發天下丁男以守北河。暴兵露師十有餘年，死者不可勝數，終不能逾河而北。是豈人衆之不足，兵革之不備哉？其勢不可也。又使天下飛芻挽粟，起于黄、腄、琅邪負海之郡，轉輪北河，率三十鍾而致一石。男子疾耕不足於糧餉，女子紡績

不足於帷幕。百姓靡敝，孤寡老弱不能相養，道死者相望，蓋天下始叛也。

及至高皇帝定天下，略地于邊，聞匈奴聚代谷之外而欲擊之。御史成諫曰：『不可。夫匈奴，獸聚而鳥散，從之如搏景，今以陛下盛德攻匈奴，臣竊危之。』高帝不聽，遂至代谷，果有平城之圍。高帝悔之，乃使劉敬往結和親，然後天下亡干戈之事。

故兵法曰：『興師十萬，日費千金。』秦常積衆數十萬人，雖有覆軍殺將，係虜單于，適足以結怨深讎，不足以償天下之費。夫匈奴行盜侵驅，所以爲業，天性固然。上自虞、夏、殷、周，固不程督，禽獸畜之，不比爲人。夫不上觀虞、夏、殷、周之統，而下循近世之失，此臣之所以大恐，百姓所疾苦也。且夫兵久則變生，事苦則慮易。使邊境之民靡敝愁苦，將吏相疑而外市，故尉佗、章邯得成其私，而秦政不行，權分二子，此得失之效也。故《周書》曰：『安危在出令，存亡在所用。』願陛下孰計之而加察焉。

是時，徐樂、嚴安亦俱上書言世務。書奏，上召見三人，謂曰：『公皆安在？何相見之晚也！』乃拜偃、樂、安皆爲郎中。

又 卷六四下《終軍傳》 （終軍）至長安上書言事，武帝異其文，拜軍爲謁者給事中。

又 卷六七《梅福傳》 梅福字子眞，九江壽春人也。少學長安，明《尚書》、《穀梁春秋》，爲郡文學，補南昌尉。後去官歸壽春，數因縣道上言變事，求假軺傳，詣行在所條對急政，輒報罷。

是時，成帝委任大將軍王鳳，鳳專勢擅朝，而京兆尹王章素忠直，譏刺鳳，爲鳳所誅。王氏浸盛，災異數見，羣下莫敢正言。福復上書曰：

臣聞箕子佯狂于殷，而爲周陳《洪範》；叔孫通遁秦歸漢，制作儀品。夫叔孫先非不忠也，箕子非疏其家而畔親也，不可爲言也。昔高祖納善若不及，從諫若轉圜，聽言不求其能，舉功不考其素。陳平起於亡命而爲謀主，韓信拔于行陳而建上將。故天下之士雲合歸漢，爭進奇異，知者竭其策，愚者盡其慮，勇士極其節，怯夫勉其死。合天下之知，幷天下之威，是以舉秦如鴻毛，取楚若拾遺，此高祖所以亡敵於天下也。孝文皇帝起于代谷，非有周、召之師，伊、呂之佐也，循高祖之法，加以恭儉。當此之時，天下幾平。繇是言之，循高祖之法則治，不循則亂。何者？秦爲亡道，削仲尼之迹，滅周公之軌，壞井田，除五等，禮廢樂崩，王道不通，故欲行王道者莫能致其功也。孝武皇帝好忠諫，說至言，出爵不待廉茂，慶賜不須顯功，是以天下布衣各厲志竭精以赴闕廷自衒鬻者不可勝數。漢家得賢，於此爲盛。使孝武皇帝聽用其計，升平可致。於是積屍暴骨，快心胡、越，故淮南王安緣間而起。所以計慮不成而謀議泄者，以衆賢聚於本朝，故其大臣勢陵不敢和從也。方今布衣乃窺國家之隙，見間而起者，蜀郡是也。及山陽亡徒蘇令之羣，蹈藉名都大郡，求黨與，索隨和，而亡逃匿之意。此皆輕量大臣，亡所畏忌，國家之權輕，故匹夫欲與上爭衡也。

士者，國之重器；得士則重，失士則輕。《詩》云：『濟濟多士，文王以寧。』廟堂之議，非草茅所當言也。臣誠恐身塗野草，屍幷卒伍，故數上書求見，輒報罷。臣聞齊桓之時有以九九見者，桓公不逆，欲以致大也。今臣所言非特九九也，陛下距臣者三矣，此天下士所以不至也。昔秦武王好力，任鄙叩關自鬻；繆公行伯，繇余歸德。今欲致天下之士，民有上書求見者，輒使詣尚書問其所言，言可採取者，秩以升斗之祿，賜以一束之帛。若此，則天下之士發憤懣，吐忠言，嘉謀日聞於上，天下條貫，國家表裏，爛然可睹矣。夫以四海之廣，士民之數，能言之類至衆多也。然其俊傑指世陳政，言成文章，質之先聖而不繆，施之當世合時務，若此者，亦亡幾人。故爵祿束帛者，天下之底石，高祖所以厲世摩鈍也。孔子曰：『工欲善其事，必先利其器。』至秦則不然，張誹謗之罔，以爲漢敺除，倒持泰阿，授楚其柄。故誠能勿失其柄，天下雖有不順，莫敢觸其鋒，此孝武皇帝所以辟地建功爲漢世宗也。今不循伯者之道，乃欲以三代選舉之法取當時之士，猶察伯樂之圖，求騏驥於市，而不可得，亦已明矣。故高祖棄陳平之過而獲其謀，晉文召天王，齊桓用其讎，有益於時，不顧逆順，此所謂伯道者也。一色成體謂之醇，白黑雜合謂之駁。欲以承平之法治暴秦之緒，猶以鄉飲酒之禮理軍市也。

今陛下既不納天下之言，又加戮焉。夫鳶鵲遭害，則仁鳥增逝；愚者蒙戮，則知士深退。間者愚民上疏，多觸不急之法，或下廷尉，而死者衆。自陽朔以來，天下以言爲諱，朝廷尤甚，羣臣皆承順上指，莫有執

正。何以明其然也？取民所上書，陛下之所善，試下之廷尉，廷尉必曰『非所宜言，大不敬。』以此卜之，一矣。故京兆尹王章資質忠直，敢面引廷爭，孝元皇帝擢之，以厲具臣而矯曲朝。及至陛下，戮及妻子。且惡惡止其身，王章非有反畔之辜，而殃及家。折直士之節，結諫臣之舌，羣臣皆知其非，然不敢爭，天下以言爲戒，最國家之大患也。願陛下循高祖之軌，杜亡秦之路，數御《十月》之歌，留意《亡逸》之戒，除不急之法，下亡諱之詔，博鑒兼聽，謀及疏賤，令深者不隱，遠者不塞，所謂『辟四門，明四目』也。且不急之法，誹謗之微者也。『往者不可及，來者猶可追。』方今君命犯而主威奪，外戚之權日以益隆，陛下不見其形，願察其景。建始以來，日食地震，以率言之，三倍春秋，水灾亡與比數。陰盛陽微，金鐵爲飛，此何景也！漢興以來，社稷三危。呂、霍、上官皆母后之家也，親親之道，全之爲右，當與之賢師良傅，教以忠孝之道。今乃尊寵其位，授以魁柄，使之驕逆，至於夷滅，此失親親之大者也。自霍光之賢，不能爲子孫慮，故權臣易世則危。《書》曰：『毋若火，始庸庸。』勢陵于君，權隆於主，然後防之，亦亡及已。上遂不納。

又　卷七八《蕭望之傳》　（蕭望之）爲大行治禮丞。【略】時，上初即位，思進賢良，多上書言便宜，輒下望之問狀，高者請丞相御史，次者中二千石試事，滿歲以狀聞，下者報聞，或罷歸田里，所白處奏皆可。

又　卷九九上《王莽傳》　庶民、諸生、郎吏以上守闕上書者日千餘人，公卿大夫或詣廷中，或伏省户下，咸言：『明詔聖德巍巍如彼，安漢公盛勳堂堂若此，今當立後，獨奈何廢公女？天下安所歸命！願得公女爲天下母。』莽遣長史以下分部曉止公卿及諸生，而上書者愈甚。太后不得已，聽公卿采莽女。莽復自白：『宜博選衆女。』公卿爭曰：『不宜采諸女以貳正統。』【略】

請以新野田二萬五千六百頃益封莽，滿百里。』莽謝曰：『臣莽子女誠不足以配至尊，復聽衆議，益封臣莽。伏自惟念，得托肺腑，獲爵士，如使子女誠能奉稱聖德，臣莽國邑足以共朝貢，不須復加益地之寵。願歸所益。』太后許之。有司奏：『故事，聘皇后黄金二萬斤，爲錢二萬萬。』莽深辭讓，受四千萬，而以其三千三百萬予十一媵家。羣臣復言：『今皇后受聘，逾羣妾亡幾。』有詔，復益二千三百萬，合爲三千萬。莽復以其千萬分予九族貧者。

陳崇時爲大司徒司直，與張敞孫竦相善。竦者博通士，爲崇草奏，稱莽功德，崇奏之，曰：『竊見安漢公自初束脩，值世俗隆奢麗之時，蒙兩宮厚骨肉之寵，被諸父赫赫之光，財饒勢足，亡所牾意，然而折節行仁，克心履禮，拂世矯俗，確然特立；惡衣惡食，陋車駑馬，妃匹無二，閨門之內，孝友之德，衆莫不聞；清靜樂道，溫良下士，惠于故舊，篤于師友。孔子曰：「未若貧而樂，富而好禮」，公之謂矣。

及爲侍中，故定陵侯淳于長有大逆罪，公不敢私，建白誅討。

漢・王符《潛夫論》卷四《愛日第十八》　孝明皇帝嘗問：『今旦何得無上書者？』左右對曰：『反支故。』帝曰：『民既廢農遠來詣闕，而復使避反支，是則又奪其日而冤之也。』乃敕公車受章，無避反支。

《後漢書》卷三〇下《郎顗傳》　郎顗字雅光，北海安丘人也。父宗，字仲綏，學《京氏易》，善風角、星算、六日七分，能望氣占候吉凶，常賣卜自奉。安帝征之，對策爲諸儒表，後拜吳令。時卒有暴風，宗占知京師當有大火，記識時日，遣人參候，果如其言。諸公聞而表上，以博士徵之。宗恥以占驗見知，聞徵書到，夜縣印綬於縣廷而遁去，遂終身不仕。

顗少傳父業，兼明經典，隱居海畔，延致學徒常數百人。晝研精義，夜占象度，勤心鋭思，朝夕無倦。州郡辟召，舉有道、方正，不就。

順帝時，灾異屢見，陽嘉二年正月，公車徵，顗乃詣闕拜章曰：

臣聞天垂妖象，地見灾符，所以譴告人主，責躬修德，使正機平衡，流化興政也。《易內傳》曰：『凡灾異所生，各以其政。變之則除，消之亦除。』伏惟陛下躬日吳之聽，溫三省之勤，思過念咎，務消祇悔。

方今時俗奢佚，淺恩薄義。夫救奢必於儉約，拯薄無若敦厚，安上理人，莫善於禮。修禮遵約，蓋惟上興，革文變薄，事不在下。故《周南》之德，《關雎》政本。本立道生，風行草從，澄其源者流清，溷其本者末濁。天地之道，其猶鼓籥，以虛爲德，自近及遠者也。伏見往年以來，園陵數灾，炎光熾猛，驚動神靈。《易天人應》曰：『君子不思遵利，茲謂無澤，厥灾孽火燒其宮。』又曰：『君高臺府，犯陰侵陽，厥灾火。』又曰：『上不儉，下不節，炎火並作燒君室。』自頃繕理西蒼，修復太學，

宮殿官府，多所構飾。昔盤庚遷殷，去奢卽儉，夏后卑室，盡力致美。又魯人爲長府，閔子騫曰：『仍舊貫，何必改作。』臣愚以爲諸所繕修，事可省減，稟恤貧人，賑贍孤寡，此天之意也，人之慶也，仁之本也，儉之要也。焉有應天養人，爲仁爲儉，而不降福者哉？

土者地祇，陰性澄靜，宜以施化之時，敬而勿擾。竊見正月以來，陰闇連日。《易內傳》曰：『久陰不雨，亂氣也，《蒙》之《比》也。蒙者，君臣上下相冒亂也。』又曰：『欲德不用，厥異常陰。』夫賢者化之本，雲者雨之具也。得賢而不用，猶久陰而不雨也。又頃前數日，寒過其節，冰澌解釋，還復凝合。夫寒往則暑來，暑往則寒來，此言日月相推，寒暑相避，以成物也。今立春之後，火卦用事，當温而寒，違反時節，由功賞不至，而刑罰必加也。宜須立秋，順氣行罰。

臣伏案《飛侯》，參察衆政，以爲立夏之後，當有震裂涌水之害。又比熒惑失度，盈縮往來，涉歷輿鬼，環繞軒轅。火精南方，夏之政也。政有失禮，不從夏令，則熒惑失行。正月三日至乎九日，三公卦也。三公上應台階，下同元首。政失其道，則寒陰反節。『節彼南山』，詠自《周詩》；『股肱良哉』，著于《虞典》。而今之在位，競托高虛，納累鐘之奉，忘天下之憂，棲遲偃仰，寢疾自逸，被策文，得賜錢，卽復起矣。何疾之易而愈之速？以此消伏灾眚，興致升平，其可得乎？今選舉牧守，委任三府。長吏不良，既咎州郡，州郡有失，豈得不歸責舉者？而陛下崇之彌優，自下慢事愈甚，所謂大網疏，小網數。三公非臣之仇，臣非狂夫之作，所以發憤忘食，懇懇不已者，誠念朝廷欲致興平，非不能面譽也。

臣生長草野，不曉禁忌，披露肝膽，書不擇言。伏鑕鼎鑊，死不敢恨。謹詣闕奉章，伏待重誅。

書奏，帝復使對尚書。顗對曰：

臣聞明王聖主好聞其過，忠臣孝子言無隱情。臣備生人倫視聽之類，而稟性愚慤，不識忌諱，故出死忘命，懇懇重言。誠欲陛下修乾坤之德，開日月之明，披圖籍，案經典，覽帝王之務，識先後之政。如有闕遺，退而自改。本文、武之業，擬堯、舜之道，攘灾延慶，號令天下。此誠臣顗區區之願，夙夜夢寤，盡心所計。謹條序前章，暢其旨趣，條便宜七事，具如狀對：

一事：陵園至重，聖神攸馮，而灾火炎赫，迫近寢殿，魂而有靈，猶將驚動。尋宮殿官府，近始永平，歲時未積，便更修造。又西苑之設，禽畜是處，離房別觀，本不常居，而皆務精土木，營建無已，消功單賄，巨億爲計。《易內傳》曰：『人君奢侈，多飾宮室，其時旱，其灾火。』是故魯僖遭旱，修政自敕，下鐘鼓之縣，休繕治之官，雖則不寧，而時雨自降。由此言之，天之應人，敏于景響。今月十七日戊午，徵日也，日加申，風從寅來，丑時而止。丑、寅、申皆徵也，不有火灾，必當爲旱。願陛下校計繕修之費，永念百姓之勞，罷將作之官，減雕文之飾，損庖廚之饌，退宴私之樂。《易中孚傳》曰：『陽感天，不旋日。』如是，則景雲降集，眚沴息矣。

二事：去年以來，《兌卦》用事，類多不效。《易傳》曰：『有貌無實，佞人也；有實無貌，道人也。』寒温爲實，清濁爲貌。今三公皆令色足恭，外厲內荏，以虛事上，無佐國之實，故清濁效而寒温不效也，是以陰寒侵犯消息。占曰：『日乘則有妖風，日蒙則有地裂。』如是三年，則致日食，陰侵其陽，漸積所致。立春前後温氣應節者，詔令寬也。其後復寒者，無寬之實也。夫十室之邑，必有忠信，率土之人，豈無貞賢，未聞朝廷有所賞拔，非所以求善贊務，弘濟元元。宜採納良臣，以助聖化。

三事：臣聞天道不遠，三五復反。今年少陽之歲，法當乘起，恐後年已往，將遂驚動，涉歷天門，灾成戊己。今春當旱，夏必有水，臣以六日七分候之可知。未灾眚之來，緣類而應。行有玷缺，則氣逆於天，精感變出，以戒人君。王者之義，時有不登，則損滋徹膳。數年以來，穀收稍減，家貧户饉，歲不如昔。百姓不足，君誰與足？水旱之灾，雖尚未至，然君子遠覽，防微慮萌。《老子》曰：『人之飢也，以其上食稅之多也。』故孝文皇帝綈袍革舄，木器無文，約身薄賦，時致升平。今陛下聖德中興，宜遵前典，惟節惟約，天下幸甚。《易》曰：『天道無親，常與善人。』是故高宗以享福，宋景以延年。

四事：臣竊見皇子未立，儲宮無主，仰觀天文，太子不明。熒惑以去年春分後十六日在婁五度，推步《三統》，熒惑今當在翼九度，今反在柳三度，則不及五十餘度。去年八月二十四日戊辰，熒惑歷輿鬼東入軒

轅，出後星北，東去四度，北旋復還。軒轅者，後宮也。熒惑者，至陽之精也，天之使也，而出入軒轅，繞還往來。《易》曰：『天垂象，見吉凶。』其意昭然可見矣。禮，天子一娶九女，嫡媵畢具。今宮人侍御，動以千計，或生而幽隔，人道不通，鬱積之氣，上感皇天，故遣熒惑入軒轅，理人倫，垂象見異，以悟主上。昔武王下車，出傾宮之女，表商容之間，以理人倫，以表賢德，故天授以聖子，成王是也。今陛下多積宮人，以違天意，故皇胤多夭，嗣體莫寄。《詩》云：『敬天之怒，不敢戲豫。』方今之福，莫若廣嗣，廣嗣之術，可不深思？宜簡出宮女，恣其姻嫁，則天自降福，子孫千億。惟陛下丁寧再三，留神於此。左右貴倖，亦宜惟臣之言，以悟陛下。蓋善言古者合於今，善言天者合於人。願訪問百僚，有違臣言者，臣當受苟言之罪。

五事：臣竊見去年閏月十七日已丑夜，有白氣從西方天苑趨左足，入玉井，數日乃滅。《春秋》曰：『有星孛於大辰。』大辰者何？大火也。大火爲大辰，伐又爲大辰，北極亦爲大辰。』所以孛一宿而連三宿者，言北辰王者之宮也。凡中宮無節，政教亂逆，威武衰微，則此三星以應之也。罰者白虎，其宿主兵，其國趙、魏，變見西方，亦應三輔。凡金氣爲變，發在秋節。臣恐立秋以後，趙、魏、關西將有羌寇畔戾之患。宜豫宣告諸郡，使敬授人時，輕徭役，薄賦斂，勿妄繕起，堅倉獄，備守衛，回選賢能，以鎮撫之。金精之變，責歸上司。宜以五月丙午，遣太尉服干戚，建井旟，書玉板之策，引白氣之異，於西郊責躬求愆，謝咎皇天，消滅妖氣。蓋以火勝金，轉禍爲福也。

六事：臣竊見今月十四日乙卯已時，白虹貫日。凡日傍氣色白而純者名爲虹。貫日中者，侵太陽也；見於春者，政變常也。方今中官外司，各各考事，其所考者，或非急務。又恭陵火灾，主名未立，多所收捕，備經考毒。尋火爲天戒，以悟人君，可順而不可違，可敬而不可慢。陛下宜恭已內省，以備後灾。凡諸考察，並須立秋。又《易傳》曰：『公能其事，序賢進士，後必有喜。』反之，則白虹貫日。以甲乙見者，則譴在中台。自司徒居位，陰陽多謬，久無虚已進賢之策，天下興議，異人同咨。且立春以來，金氣再見，金能勝木，必有兵氣，宜黜司徒以應天意。陛下不早攘之，將負臣言，遺患百姓。

七事：臣伏惟漢興以來三百三十九歲。於《詩三基》，高祖起亥仲二年，今在戌仲十年。《詩汜歷樞》曰：『卯酉爲革政，午亥爲革命，神在天門，出入候聽。』言神在戌亥，司候帝王興衰得失，厥善則昌，厥惡則亡。于《易雄雌秘歷》，今值困乏。凡九二困者，衆小人欲共困害君子也。《經》曰：『困而不失其所，其唯君子乎！』唯獨賢聖之君，遭困遇險，能致命遂志，不去其道。陛下乃者潛龍養德，幽隱屈戹，卽位之元，紫宮驚動，歷運之會，時氣已應。然猶恐妖祥未盡，君子思患而豫防之。臣以爲戌仲已竟，來年入季，文帝改法，除肉刑之罪，至今適三百載。宜因斯際，大蠲法令，官名稱號，輿服器械，事有所更，變大爲小，去奢就儉，機衡之政，除煩爲簡。改元更始，招求幽隱，舉方正，徵有道，博采異謀，開不諱之路。

臣陳引際會，恐犯忌諱，書不盡言，未敢究暢。

臺詰顗曰：「對云「白虹貫日，政變常也。」朝廷率由舊章，何所變易而言變常？又言「當大蠲法令，革易官號」。或云變常以致灾，或改舊以除異，何也？又陽嘉初建，復欲改元，據何經典？其以實對。』顗對曰：

方春東作，布德之元，陽氣開發，養導萬物。王者因天視聽，奉順時氣，宜務崇温柔，尊其行令。而今立春之後，考事不息，秋冬之政，行乎春夏，故白虹春見，掩蔽日曜。凡邪氣乘陽，則虹霓在日，斯皆臣下執事刻急所致。殆非朝廷優寬之本。此其變常之咎也。又今選舉皆歸三司，非有周、召之才，而當則哲之重，每有選用，輒參之掾屬，公府門巷，賓客填集，送去迎來，財貨無已。其當遷者，競相薦謁，各遣子弟，充塞道路，開長奸門，興致浮僞，非所謂率由舊章也。尚書職在機衡，宮禁嚴密，私曲之意，羌不得通，偏黨之恩，或無所用。選舉之任，不如還在機密。臣誠愚贛，不知折中，斯固遠近之論，當今之宜。又孔子曰：『漢三百載，斗歷改憲。』三百四歲爲一德，五德千五百二十歲，五行更用。王者隨天，譬猶自春徂夏，改青服絳者也。自文帝省刑，適三百年，而輕微之禁，漸已殷積。王者之法，譬猶江河，當使易避而難犯也。故《易》曰：『易則易知，簡則易從，易簡而天下之理得矣。』今去奢卽儉，以先天下，改易名號，隨事稱謂。《易》曰：『君子之道，或出或處，同歸殊

塗，一致百慮。』是知變常而善，可以除灾，變常而惡，必致於異。今年仲竟，來年入季，仲終季始，歷運變改，故可改元，所以順天道也。

臣顗愚蔽，不足以答聖問。

顗又上書薦黄瓊、李固，並陳消灾之術曰：

臣前對七事，要政急務，宜於今者，所當施用。誠知愚淺，不合聖聽，人賤言廢，當受誅罰，征營惶怖，靡知厝身。

臣聞刳舟剡楫，將欲濟江海也；聘賢選佐，將以安天下也。昔唐堯在上，羣龍爲用，文、武創德，周、召作輔，是以能建天地之功，增日月之耀者也。《詩》云：『赫赫王命，仲山甫將之。邦國若否，仲山甫明之。』宣王是賴，以致雍熙。陛下踐祚以來，勤心庶政，而三九之位，未見其人，是以灾害屢臻，四國未寧。臣考之國典，驗之聞見，莫不以得賢爲功，失士爲敗。且賢者出處，翔而後集，爵以德進，則其情不苟，然後使君子恥貧賤而樂富貴矣。若有德不報，有言不酬，來無所樂，進無所趨，則皆懷歸藪澤，修其故志矣。夫求賢者，上以承天，下以爲人。不用之，則逆天統，違人望。逆天統則灾眚降，違人望則化不行。灾眚降則下呼嗟，化不行則君道虧。四始之缺，五際之厄，其咎由此。豈可不剛健篤實，矜矜栗栗，以守天功盛德大業乎？

臣伏見光禄大夫江夏黄瓊，耽道樂術，清亮自然，被褐懷寶，含味經籍，又果于從政，明達變復。朝廷前加優寵，賓於上位。瓊入朝日淺，謀謨未就，因以喪病，致命遂志。《老子》曰：『大音希聲，大器晚成。』善人爲固，三年乃立。天下莫不嘉朝廷有此良人，而復怪其不時還任。陛下宜加降崇之恩，極養賢之禮，徵反京師，以慰天下。又處士漢中李固，年四十，通游、夏之藝，履顔、閔之仁。潔白之節，情同皦日，忠貞之操，好是正直，卓冠古人，當世莫及。元精所生，王之佐臣，天之生固，必爲聖漢，宜蒙特徵，以示四方。夫有出倫之才，不應限以官次。昔顔子十八，天下歸仁；子奇稚齒，化阿有聲。若還瓊徵固，任以時政，伊尹、傅説，不足爲此，則可垂景光，致休祥矣。臣顗明不知人，伏聽衆言，百姓所歸，臧否共歎。願汎問百僚，核其名行，有一不合，則臣爲欺國。惟留聖神，不以人廢言。

謹復條便宜四事，附奏于左：

一事：孔子作《春秋》，書『正月』者，敬歲之始也。王者則天之象，因時之序，宜開發德號，爵賢命士，流寬大之澤，垂仁厚之德，順助元氣，含養庶類。如此，則天文昭爛，星辰顯列，五緯循軌，四時和睦。不則太陽不光，天地混濁，時氣錯逆，霾霧蔽日。自立春以來，累經旬朔，未見仁德有所施布，但聞罪罰考掠之聲。夫天之應人，疾如景響，而自從入歲，常有蒙氣，月不舒光，日不宣曜。日者太陽，以象人君，政變於下，日應於天。清濁之占，隨政抑揚。天之見異，事無虚作。豈獨陛下倦于萬機，帷幄之政有所闕歟？何天戒之數見也！臣願陛下發揚乾剛，援引賢能，勤求機衡之寄，以獲斷金之利。臣之所陳，輒以太陽爲先者，明其不可久暗，急當改正。其異雖微，其事甚重。臣言雖約，其旨甚廣。惟陛下乃眷臣章，深留明思。

二事：孔子曰：『雷之始發《大壯》始，君弱臣强從《解》起。』今月九日至十四日，《大壯》用事，消息之卦也。于此六日之中，雷當發聲，發聲則歲氣和，王道興也。《易》曰：『雷出地奮，豫，先王以作樂崇德，殷薦之上帝。』雷者，所以開發萌牙，辟陰除害。萬物須雷而解，資雨而潤。故《經》曰：『雷以動之，雨以潤之。』王者崇寬大，順春令，則雷應節，不則發動於冬，當震反潛。故《易傳》曰：『當雷不雷，太陽弱也。』今蒙氣不除，日月變色，則其效也。天網恢恢，疏而不失，隨時進退，應政得失。大人者，與天地合其德，與日月合其明，璿璣動作，與天相應。雷者號令，其德生養。號令殆廢，當生而殺，則雷反作，其時無歲。陛下若欲除灾昭祉，順天致和，宜察臣下尤酷害者，亟加斥黜，以安黎元，則太皓悦和，雷聲乃發。

三事：去年十月二十日癸亥，太白與歲星合于房、心。太白在北，歲星在南，相離數寸，光芒交接。房、心者，天帝明堂布政之宫。《孝經鉤命決》曰：『歲星守心年穀豐。』《尚書洪範記》曰：『月行中道，移節應期，德厚受福，重華留之。』重華者，謂歲星在心也。今太白從之，交合明堂，金木相賊，而反同合，此以陰陵陽，臣下專權之異也。房、心俱東，歲星在南，是爲出右，恐年穀不成，宋人飢也。陛下宜審詳明堂布政之務，然後妖異可消，五緯順序矣。

四事：《易傳》曰：『陽無德則旱，陰僭陽亦旱。』陽無德者，人君恩澤不施於人也。陰僭陽者，禄去公室，臣下專權也。自冬涉春，訖無嘉澤，數有西風，反逆時節。朝廷勞心，廣爲禱祈，薦祭山川，暴龍移市。臣聞皇天感物，不爲僞動，灾變應人，要在責已。若令雨可請降，水可攘止，則歲無隔并，太平可待。然而灾害不息者，患不在此也。立春以來，未見朝廷賞録有功，表顯有德，存問孤寡，賑恤貧弱，而但見洛陽都官奔車東西，收繫纖介，牢獄充盈。臣聞恭陵火處，比有光曜，明此天灾，非人之咎。丁丑大風，掩蔽天地。風者號令，天之威怒，皆所以感悟人君忠厚之戒。又連月無雨，將害宿麥。若一穀不登，則飢者十三四矣。陛下誠宜廣被恩澤，貸贍元元。昔堯遭九年之水，人有十載之蓄者，簡稅防灾，爲其方也。願陛下早宣德澤，以應天功。若臣言不用，朝政不改者，立夏之後乃有澍雨，於今之際未可望也。若政變於朝而天不雨，則臣爲誣上，愚不知量，分當鼎鑊。

書奏，特詔拜郎中，辭病不就，即去歸家。至四月京師地震，遂陷。

《後漢書》卷三六《陳元傳》　陳元字長孫，蒼梧廣信人也。【略】建武初，元與桓譚、杜林、鄭興俱爲學者所宗。時議欲立《左氏傳》博士，范升奏以爲《左氏》淺末，不宜立。元聞之，乃詣闕上疏曰：

陛下撥亂反正，文武並用，深愍經藝謬雜，眞僞錯亂，每臨朝日，輒延羣臣講論聖道。知丘明至賢，親受孔子，而《公羊》、《穀梁》傳聞於後世，故詔立《左氏》，博詢可否，示不專已，盡之羣下也。今論者沈溺所習，翫守舊聞，固執虛言傳受之辭，以非親見實事之道。《左氏》孤學少與，遂爲異家之所覆冒。夫至音不合衆聽，故伯牙絶弦；至寶不同衆好，故卞和泣血。仲尼聖德，而不容於世，況于竹帛餘文，其爲雷同者所排，固其宜也。非陛下至明，孰能察之！

臣元竊見博士范升等所議奏《左氏春秋》不可立，及太史公違戾凡四十五事。案升等所言，前後相違，皆斷截小文，媟黷微辭，以年數小差，掇爲巨謬，遺脱纖微，指爲大尤。抉瑕擿釁，掩其弘美，所謂『小辯破言，小言破道』者也。升等又曰：『先帝不以《左氏》爲經，故不置博士，後主所宜因襲。』臣愚以爲若先帝所行而後主必行者，則盤庚不當遷于殷，周公不當營洛邑，陛下不當都山東也。往者，孝武皇帝好《公羊》，衛太子好《穀梁》，有詔詔太子受《公羊》，不得受《穀梁》，孝宣皇帝在人間時，聞衛太子好《穀梁》，於是獨學之。及即位，爲石渠論而《穀梁氏》興，至今與《公羊》並存。此先帝後帝各有所立，不必其相因也。孔子曰，純，儉，吾從衆；至於拜下，則違之。夫明者獨見，不惑于朱紫，聽者獨聞，不謬於清濁，故離朱不爲巧眩移目，師曠不爲新聲易耳。方今干戈少弭，戎事略戢，留思聖藝，眷顧儒雅，採孔子拜下之義，卒淵聖獨見之旨，分明白黑，建立《左氏》，解釋先聖之積結，洮汰學者之累惑，使基業垂于萬世，後進無復狐疑，則天下幸甚。

臣元愚鄙，嘗傳師言。如得以褐衣召見，俯伏庭下，誦孔氏之正道，理丘明之宿冤；若辭不合經，事不稽古，退就重誅，雖死之日，生之年也。

書奏，下其議，范升復與元相辯難，凡十餘上。帝卒立《左氏》學。

又　卷四一《寒朗傳》　（寒朗）爲易長。歲餘，遷濟陽令，以母喪去官，百姓追思之。章和元年，上行東巡狩，過濟陽，三老吏人上書陳朗前政治狀。帝至梁，召見朗，詔三府爲辟首，由是辟司徒府。

又　卷五四《楊震傳》　河間男子趙騰詣闕上書，指陳得失。帝發怒，遂收考詔獄，結以罔上不道。

又　卷五七《劉陶傳》　（劉）陶爲人居簡，不修小節。所與交友，必也同志。好尚或殊，富貴不求合；情趣苟同，貧賤不易意。同宗劉愷，以雅德知名，獨深器陶。

時，大將軍梁冀專朝，而桓帝無子，連歲荒饑，灾異數見。陶時遊太學，乃上疏陳事曰：

臣聞人非天地無以爲生，天地非人無以爲靈，是故帝非人不立，人非帝不寧。夫天之與帝，帝之與人，猶頭之與足，相須而行也。伏惟陛下年隆德茂，中天稱號，襲常存之慶，循不易之制，目不視鳴條之事，耳不聞檀車之聲，天灾不有痛於肌膚，震食不即損於聖體，故蔑三光之謬，輕上天之怒。伏念高祖之起，始自布衣，拾暴秦之敝，追亡周之鹿，合散扶傷，克成帝業。功既顯矣，勤亦至矣。流福遺祚，至於陛下。陛下既不能增明烈考之軌，而忽高祖之勤，妄假利器，委授國柄，使羣醜刑隸，芟刈小民，雕敝諸夏，虐流遠近，故天降衆異，以戒陛下。陛下不悟，而競令

虎豹窟於麑場，豺狼乳於春囿。斯豈唐咨禹、稷，益典朕虞，議物賦土蒸民之意哉？又今牧守長吏，上下交競；封豕長蛇，蠶食天下；貨殖者爲窮冤之魂，貧餒者作飢寒之鬼；高門獲東觀之幸，豐室羅妖叛之罪；死者悲于窀穸，生者戚於朝野：是愚臣所爲咨嗟長懷歎息者也。且秦之將亡，正諫者誅，諛進者賞，嘉言結於忠舌，國命出於讒口，擅閻樂於咸陽，授趙高以車府。權去已而不知，威離身而不顧。古今一揆，成敗同執。原陛下遠覽强秦之傾，近察哀、平之變，得失昭然，禍福可見。

臣又聞危非仁不扶，亂非智不救，故武丁得傅說，以消鼎雉之灾，周宣用申、甫，以濟夷、厲之荒。竊見故冀州刺史南陽朱穆，前烏桓校尉臣同郡李膺，皆履正清平，貞高絕俗。穆前在冀州，奉憲操平，摧破姦黨，掃清萬里。膺歷典牧守，正身率下，及掌戎馬，威揚朔北。斯實中興之良佐，國家之柱臣也。宜還本朝，挾輔王室，上齊七燿，下鎮萬國。臣敢吐不時之義於諱言之朝，猶冰霜見日，必至消滅。臣始悲天下之可悲，今天下亦悲臣之愚惑也。

書奏不省。

時，有上書言人以貨輕錢薄，故致貧困，宜改鑄大錢。事下四府羣僚及太學能言之士。陶上議曰：

聖王承天制物，與人行止，建功則衆悅其事，興戎而師樂其旅。是故靈臺有子來之人，武旅有鳧藻之士，皆舉合時宜，動順人道也。臣伏讀鑄錢之詔，平輕重之議，訪覃幽微，不遺窮賤，是以藿食之人，謬延逮及。

蓋以爲當今之憂，不在於貨，在乎民飢。夫生養之道，先食後貨。是以先王觀象育物，敬授民時，使男不逋畝，女不下機。故君臣之道行，王路之教通。由是言之，食者乃有國之所寶，生民之至貴也。竊見比年已來，良苗盡於蝗螟之口，杼柚空於公私之求，所急朝夕之餐，所患靡鹽之事，豈謂錢貨之厚薄，銖兩之輕重哉？就使當今沙礫化爲南金，瓦石變爲和玉，使百姓渴無所飲，飢無所食，雖皇、羲之純德，唐、虞之文明，猶不能以保蕭牆之内也。蓋民可百年無貨，不可一朝有飢，故食爲至急也。議者不達農殖之本，多言鑄冶之便，或欲因緣行詐，以賈國利。國利將盡，取者爭競，造鑄之端於是乎生。蓋萬人鑄之，一人奪之，猶不能給；況今一人鑄之，則萬人奪之乎？雖以陰陽爲炭，萬物爲銅，役不食之民，使不飢之士，猶不能足無猒之求也。夫欲民殷財阜，要在上役禁奪，則百姓不勞而足。陛下聖燈，愍海内之憂戚，傷天下之艱難，欲鑄錢齊貨以救其敝，此猶養魚沸鼎之中，棲鳥烈火之上。水木本魚鳥之所生也，用之不時，必至焦爛。願陛下寬鍥薄之禁，後冶鑄之議，聽民庶之謠吟，問路叟之所憂，瞰三光之文耀，視山河之分流。天下之心，國家大事，粲然皆見，無有遺惑者矣。

臣嘗誦《詩》，至於鴻雁于野之勞，哀勤百堵之事，每喟爾長懷，中篇而歎。近聽征夫飢勞之聲，甚於斯歌。是以追悟匹婦吟魯之憂，始於此乎？見白駒之意，屏營傍徨，不能監寐。伏念當今地廣而不得耕，民衆而無所食。羣小競進，秉國之位，鷹揚天下，烏抄求飽，吞肌及骨，並噬無猒。誠恐卒有役夫窮匠，起於板築之間，投斤攘臂，登高遠呼，使愁怨之民，響應雲合，八方分崩，中夏魚潰。雖方尺之錢，何能有救！其危猶舉函牛之鼎，絓纖枯之末，詩人所以眷然顧之，潸焉出涕者也。

臣東野狂闇，不達大義，緣廣及之時，對過所問，知必以身脂鼎鑊，爲天下笑。

帝竟不鑄錢。

行政制衡分部

職權交叉與相互制約

綜　述

《漢書》卷八《宣帝紀》（五鳳四年）夏四月辛丑晦，日有蝕之。詔曰：『皇天見異，以戒朕躬，是朕之不逮，吏之不稱也。以前使使者問民所疾苦，復遣丞相、御史掾二十四人循行天下，舉冤獄，察擅爲苛禁深刻不改者。』

又　卷一〇《成帝紀》（永始三年）十二月，山陽鐵官徒蘇令等

二百二十八人攻殺長吏，盜庫兵，自稱將軍，經歷郡國十九，殺東郡太守、汝南都尉。遣丞相長史、御史中丞持節督趣逐捕。

又　卷四四《衡山王劉賜傳》　元狩元年冬，有司求捕與淮南王謀反者，得陳喜於孝家。吏劾孝首匿喜。孝以爲陳喜雅數與王計反，恐其發之，聞律先自告除其罪，又疑太子使白嬴上書發其事，即先自告所與謀反者枚赫、陳喜等。廷尉治，事驗，請逮捕衡山王治。上曰：『勿捕。』遣中尉安、大行息即問王，王具以情實對。吏皆圍王宮守之。中尉、大行還，以聞。公卿請遣宗正、大行與沛郡雜治王。王聞，即自殺。

又　卷四五《江充傳》　（江充）詣闕告太子丹與同産姊及王後宮姦亂，交通郡國豪猾，攻剽爲姦，吏不能禁。書奏，天子怒，遣使者詔郡發吏卒圍趙王宮，收捕太子丹，移繫魏郡詔獄，與廷尉雜治，法至死。

又　卷五三《廣川王傳》　（本始三年）天子遣大鴻臚、丞相長史、御史丞、廷尉正雜治鉅鹿詔獄，奏請逮捕去及后昭信。

又　卷六〇《杜延年傳》　（杜）延年本大將軍霍光吏，首發大姦，有忠節，由是擢爲太僕、右曹、給事中。【略】治燕王獄時，御史大夫桑弘羊子遷亡，過父故吏侯史吳。後遷捕得，伏法。會赦，侯史吳自出繫獄，廷尉王平與少府徐仁雜治反事，皆以爲桑遷坐父謀反而侯史吳藏之，非匿反者，乃匿爲隨者也。即以赦令除吳罪。

又　卷八六《王嘉傳》　初，廷尉梁相與丞相長史、御史中丞及五二千石雜治東平王雲獄，時冬月未盡二旬，而相心疑雲冤，獄有飾辭，奏欲傳之長安，更下公卿覆治。尚書令鞫譚、僕射宗伯鳳以爲可許。

又　卷九〇《咸宣傳》　是時，郡守尉、諸侯相、二千石欲爲治者，大抵盡效王溫舒等，而吏民益輕犯法，盜賊滋起。【略】於是上始使御史中丞、丞相長史使督之，猶弗能禁，乃使光祿大夫范昆、諸部都尉及故九卿張德等衣繡衣，持節、虎符，發兵以興擊，斬首大部或至萬餘級。

《後漢書》卷六《孝桓帝紀》　（延熹三年）九月，太山、琅邪賊勞丙等復叛，寇掠百姓，遣御史中丞趙某持節督州郡討之。

官職共舉與相互督促

綜　述

《漢書》卷六九《趙充國傳》　詔舉可護羌校尉者，時充國病，四府舉辛武賢小弟湯。充國遽起奏：『湯使酒，不可典蠻夷。不如湯兄臨衆。』時，湯已拜受節，有詔更用臨衆。後臨衆病免，五府復舉湯，湯數醉酗羌人，羌人反畔，卒如充國之言。

又　卷七〇《段會宗傳》　段會宗字子松，天水上邽人也。竟寧中，以杜陵令五府舉爲西域都護，騎都尉、光祿大夫。

又　卷三三《朱浮傳》　舊制，州牧奏二千石長吏不任位者，事皆先下三公，三公遣掾史案驗，然後黜退。

又　卷三六《張楷傳》　（張楷）隱居弘農山中，學者隨之，所居成市，後華陰山南遂有公超市。五府連辟，舉賢良方正，不就。

又　卷四一《寒朗傳》　（寒朗）舉孝廉。永平中，以謁者守侍御史，與三府掾屬共考案楚獄顔忠、王平等，辭連及隧鄉侯耿建、朗陵侯臧信、護澤侯鄧鯉、曲成侯劉建。

又　卷四八《应奉傳》　（应奉）舉茂才。先是，武陵蠻詹山等四千餘人反叛，執縣令，屯結連年。詔下公卿議，四府舉奉才堪將帥。

又　卷五一《橋玄傳》　（橋玄）拜將作大匠。桓帝末，鮮卑、南匈奴及高句驪嗣子伯固並畔，爲寇鈔。四府舉玄爲度遼將軍，假黄鉞。

又　卷六二《荀爽傳》　（荀爽）後遭黨錮，隱於海上，又南遁漢濱，積十餘年，以著述爲事，遂稱爲碩儒。黨禁解，五府並辟，司空袁逢舉有道，不應。

又　卷六四《盧植傳》　（盧植）還尚書。【略】中平元年，黄巾賊起，四府舉植，拜北中郎將，持節，以護烏桓中郎將宗員副，將北軍五校士，發天下諸郡兵征之。

又　《趙岐傳》　（趙岐）爲皮氏長。會河東太守劉祐去郡，而中

常侍左悺兄勝代之，岐耻疾宦官，即日西歸。京兆尹延篤復以爲功曹。先是中常侍唐衡兄玹爲京兆虎牙都尉，郡人以玹進不由德，皆輕侮之。岐及從兄襲又數爲貶議，玹深毒恨。延熹元年，玹爲京兆尹，岐懼禍及，乃與從子戩逃避之。玹果收岐家屬宗親，陷以重法，盡殺之。岐遂逃難四方，江、淮、海、岱，靡所不歷。【略】後諸唐死滅，因赦乃出。三府聞之，同時並辟。

又 卷六七《黨錮傳·劉淑》（劉）淑少學明《五經》，遂隱居，立精舍講授，諸生常數百人。州郡禮請，五府連辟，並不就。

又 卷七八《宦者傳·呂强傳》（呂）强上書諫曰：『【略】舊典選舉委任三府，三府有選，參議掾屬，咨其行狀，度其器能，受試任用，責以成功。若無可察，然後付之尚書。尚書舉劾，請下廷尉，覆案虛實，行其誅罰。今但任尚書，或復敕用。如是，三公得免選舉之負，尚書亦復不坐，責賞無歸，豈肯空自苦勞乎。』

又 卷八一《獨行傳·雷義傳》（雷義）舉茂才，讓於陳重，刺史不聽，義遂陰狂被髮走，不應命。鄉里爲之語曰：『膠漆自謂堅，不如雷與陳。』三府同時俱辟二人。義遂爲守灌謁者。

行政監控分部

誠勵褒責

綜 述

《漢書》卷一下《高祖紀》（高祖五年）帝置酒雒陽南宮。上曰：『通侯諸將毋敢隱朕，皆言其情。吾所以有天下者何？項氏之所以失天下者何？』高起、王陵對曰：『陛下嫚而侮人，項羽仁而敬人。然陛下使人攻城略地，所降下者，因以與之，與天下同利也。項羽妬賢嫉能，有功者害之，賢者疑之，戰勝而不與人功，得地而不與人利，此其所以失天下也。』上曰：『公知其一，未知其二。夫運籌帷幄之中，決勝千里之外，吾不如子房；填國家，撫百姓，給餉餽，不絶糧道，吾不如蕭何；連百萬之衆，戰必勝，攻必取，吾不如韓信。三者皆人傑，吾能用之，此吾所以取天下者也。項羽有一范增而不能用，此所以爲我禽也。』羣臣説服。

又 卷五《景帝紀》（景帝後二年）夏四月，詔曰：『雕文刻鏤，傷農事者也；錦繡纂組，害女紅者也。農事傷則饑之本也，女紅害則寒之原也。夫飢寒並至，而能亡爲非者寡矣。朕親耕，后親桑，以奉宗廟粢盛祭服，爲天下先；不受獻，減太官，省繇賦，欲天下務農蠶，素有畜積，以備災害。强毋攘弱，衆毋暴寡，老耆以壽終，幼孤得遂長。今歲或不登，民食頗寡，其咎安在？或詐僞爲吏，吏以貨賂爲市，漁奪百姓，侵牟萬民。縣丞，長吏也，姦法與盜盜，甚無謂也。其令二千石各修其職；不事官職耗亂者，丞相以聞，請其罪。布告天下，使明知朕意。』

又 卷八《宣帝紀》（地節）三年春三月，詔曰：『蓋聞有功不賞，有罪不誅，雖唐、虞猶不能以化天下。今膠東相成勞來不怠，流民自占八萬餘口，治有異等，其秩成中二千石，賜爵關内侯。』

又曰：『鰥、寡、孤、獨、高年、貧困之民，朕所憐也。前下詔假公田，貸種、食。其加賜鰥、寡、孤、獨、高年帛。二千石嚴教吏謹視遇，毋令失職。【略】』

（元康二年）夏五月，詔曰：『獄者，萬民之命，所以禁暴止邪，養育羣生也。能使生者不怨，死者不恨，則可謂文吏矣。今則不然。用法或持巧心，析律貳端，深淺不平，增辭飾非，以成其罪。奏不如實，上亦亡繇知。此朕之不明，吏之不稱，四方黎民將何仰哉！二千石各察官屬，勿用此人。吏務平法。或擅興繇役，飾廚、傳，稱過使客，越職踰法，以取名譽，譬猶踐薄冰以待白日，豈不殆哉！【略】』

（黄龍元年二月）詔曰：『蓋聞上古之治，君臣同心，舉措曲直，各得其所。是以上下和洽，海内康平，其德弗可及已。朕既不明，數申詔公卿、大夫務行寬大，順民所疾苦，將欲配三王之隆，明先帝之德也。今吏或以不禁姦邪爲寬大，縱釋有罪爲不苛，或以酷惡爲賢，皆失其中。奉詔宣化如此，豈不繆哉！方今天下少事，繇役省減，兵革不動，而民多貧，盜賊不止，其咎安在？上計簿，具文而已，務爲欺謾，以避其課。三公

不以爲意，朕將何任？諸請詔省卒徒自給者皆止。御史察計簿，疑非實者，按之，使眞僞毋相亂。』

又 卷一〇《成帝紀》 （建始元年二月）詔曰：『乃者火灾降於祖廟，有星孛于東方，始正而虧，咎孰大焉！《書》云：「惟先假王正厥事。」羣公孜孜，帥先百寮，輔朕不逮。崇寬大，長和睦，凡事恕己，毋行苛刻，其大赦天下，使得自新。』

又 卷二九《溝洫志》 （建始四年）河果決於館陶及東郡金隄，泛濫兗、豫，入平原、千乘、濟南，凡灌四郡三十二縣，水居地十五萬餘頃，深者三丈，壞敗官亭室廬且四萬所。御史大夫尹忠對方略疏闊，上切責之，忠自殺。遣大司農非調調均錢穀河決所灌之郡，謁者二人發河南以東漕船五百艘，徙民避水居丘陵，九萬七千餘口。河隄使者王延世使塞，以竹落長四丈，大九圍，盛以小石，兩船夾載而下之。三十六日，河隄成。上曰：『東郡河決，流漂二州，校尉延世隄防三旬立塞。其以五年爲河平元年。卒治河者爲著外繇六月。惟延世長於計策，功費約省，用力日寡，朕甚嘉之。其以延世爲光祿大夫，秩中二千石，賜爵關內侯，黄金百斤。』

又 卷五四《蘇武傳》 甘露三年，單于始入朝。上思股肱之美，乃圖畫其人於麒麟閣，法其形貌，署其官爵、姓名。唯霍光不名，曰大司馬大將軍博陸侯姓霍氏，次曰衛將軍富平侯張安世，次曰車騎將軍龍額侯韓增，次曰後將軍營平侯趙充國，次曰丞相高平侯魏相，次曰丞相博陽侯丙吉，次曰御史大夫建平侯杜延年，次曰宗正陽城侯劉德，次曰少府梁丘賀，次曰太子太傅蕭望之，次曰典屬國蘇武。皆有功德，知名當世，是以表而揚之，明著中興輔佐，列於方叔、召虎、仲山甫焉。凡十一人，皆有傳。自丞相黄霸、廷尉于定國、大司農朱邑、京兆尹張敞、右扶風尹翁歸及儒者夏侯勝等，皆以善終，著名宣帝之世，然不得列於名臣之圖，以此知其選矣。

又 卷五九《張湯傳》 帝初卽位，褒賞大臣，下詔曰：『夫褒有德，賞有功，古今之通義也。車騎將軍光祿勳富平侯安世，宿衛忠正，宣德明恩，勤勞國家，守職秉義，以安宗廟，其益封萬六百户，功次大將軍光。

又 卷六〇《杜延年傳》 （杜延年）爲北地太守。延年以故九卿外爲邊吏，治郡不進，上以璽書讓延年。延年乃選用良吏，捕繫豪强，郡中清靜。居歲餘，上使謁者賜延年璽書，黄金二十斤，徙爲西河太守，治甚有名。

又 卷九〇《酷吏傳·咸宣》 （武帝）時，郡守尉、諸侯相、二千石欲爲治者，大抵盡效王温舒等，而吏民益輕犯法，盜賊滋起。【略】於是作沈命法，曰：『羣盜起不發覺，發覺而弗捕滿品者，二千石以下至小吏主者皆死。』

又 卷一下《光武帝紀》 （建武十五年）詔下州郡檢覈墾田頃畝及户口年紀，又考實二千石長吏阿枉不平者。

又 卷二《明帝紀》 （中元二年）十二月甲寅詔曰：『【略】今選舉不實，邪佞不去，權門請託，殘吏放手，百姓愁怨，情無告訴。有司明奏罪名，并正舉者。又郡縣每因徵發，輕爲姦利，詭責羸弱，先急下貧。其務在均平，無令枉刻。』

又 卷三《章帝紀》 （永平十八年）詔曰：『朕以眇身，託于王侯之上，統理萬機，懼失厥中，兢兢業業，未知所濟。深惟守文之主，必建師傅之官。《詩》不云乎：「不愆不忘，率由舊章。」行太尉事節鄉侯憙三世在位，爲國元老；司空融典職六年，勤勞不怠。其以憙爲太傅，融爲太尉，並録尚書事。「三事大夫，莫肯夙夜」，《小雅》之所傷也。「予違汝弼，汝無面從」，股肱之正義也。羣后百僚勉思厥職，各貢忠誠，以輔不逮。申敕四方，稱朕意焉。』【略】

（建初元年）詔曰：『比年牛多疾疫，墾田減少，穀價頗貴，人以流亡。方春東作，宜及時務。二千石勉勸農桑，弘致勞來。羣公庶尹，各推精誠，專急人事。罪非殊死，須立秋案驗。有司明慎選舉，進柔良，退貪猾，順時令，理冤獄。「五教在寬」，帝《典》所美。「愷悌君子」，《大雅》所歎。布告天下，使明知朕意。』【略】

（建初）二年春三月辛丑，詔曰：『比年陰陽不調，饑饉屢臻，深惟先帝憂人之本，詔書曰「不傷財，不害人」，誠欲元元去末歸本。而今貴戚近親，奢縱無度，嫁娶送終，尤爲僭侈。有司廢典，莫肯舉察。《春秋》之義，以貴理賤。今自三公，並宜明糾非法，宣振威風。朕在弱冠，

未知稼穡之艱難，區區管窺，豈能照一隅哉！其科條制度所宜施行，在事者備爲之禁，先京師而後諸夏。』

又　卷四《和帝紀》（永元五年）三月戊子，詔曰：『選舉良才，爲政之本。科别行能，必由鄉曲。而郡國舉吏，不加簡擇，故先帝明敕在所，令試之以職，乃得充選。又德行尤異，不須經職者，别署狀上。而宣布以來，出入九年，二千石曾不承奉，恣心從好，司隸、刺史訖無糾察。今新蒙赦令，且復申敕，後有犯者，顯明其罰。在位不以選舉爲憂，督察不以發覺爲負，非獨州郡也。是以庶官多非其人。下民被姦邪之傷，由法不行故也。』【略】

（永元八年）九月，京師蝗。吏民言事者，多歸責有司。詔曰：『蝗蟲之異，殆不虚生，萬方有罪，在予一人，而言事者專咎自下，非助我者也。朕寤寐恫矜，思弭憂釁。昔楚嚴無灾而懼，成王出郊而反風。將何以匡朕不逮，以塞灾變？百僚師尹勉修厥職，刺史、二千石詳刑辟，理冤虐，恤鰥寡，矜孤弱，思惟致灾興蝗之咎。』【略】

（永元十二年）三月丙申，詔曰：『比年不登，百姓虚匱。京師去冬無宿雪，今春無澍雨，黎民流離，困於道路。朕痛心疾首，靡知所濟。「瞻仰昊天，何辜今人？」三公朕之腹心，而未獲承天安民之策。數詔有司，務擇良吏。今猶不改，競爲苛暴，侵愁小民，以求虚名，委任下吏，假執行邪。是以令下而姦生，禁至而詐起。巧法析律，飾文增辭，貨行於言，罪成乎手，朕甚病焉。公卿不思助明好惡，將何以救其咎罰？咎罰既至，復令灾及小民。若上下同心，庶或有瘳。【略】』

又　卷五《安帝紀》（元初四年秋七月）京師及郡國十雨水。詔曰：『今年秋稼茂好，垂可收穫，而連雨未霽，懼必淹傷。夕惕惟憂，思念厥咎。夫霖雨者，人怨之所致。其武吏以威暴下，文吏妄行苛刻，鄉吏因公生姦，爲百姓所患苦者，有司顯明其罰。又《月令》「仲秋養衰老，授几杖，行糜粥」。方今案比之時，郡、縣多不奉行。雖有糜粥，糠粃相半，長吏怠事，莫有躬親，甚違詔書養老之意。其務崇仁恕，賑護寡獨，稱朕意焉。』【略】

（元初五年七月）丙子，詔曰：『舊令制度，各有科品，欲令百姓務崇節約。遭永初之際，人離荒戹，朝廷躬自菲薄，去絶奢飾，食不兼味，衣無二綵。比年雖獲豐穰，尚乏儲積，而小人無慮，不久長，嫁娶送終，紛華靡麗，至有走卒奴婢被綺縠，著珠璣。京師尚若斯，何以示四遠？張法禁，懇惻分明，而有司惰任，訖不奉行。秋節既立，鷙鳥將用，且復重申，以觀後效。』

又　卷七《桓帝紀》（永興二年二月）詔曰：『比者星辰謬越，坤靈震動，灾異之降，必不空發。敕己修政，庶望有補。其輿服制度有踰侈長飾者，皆宜損省。郡縣務存儉約，申明舊令，如永平故事。』

又　卷一七《馮異傳》（馮）異朝京師。引見，帝謂公卿曰：『是我起兵時主簿也。爲吾披荆棘，定關中。』既罷，使中黄門賜以珍寶、衣服、錢帛。詔曰：『倉卒無蔞亭豆粥，虖沱河麥飯，厚意久不報。』

又　卷一八《陳俊傳》（陳俊）拜强弩將軍，與五校戰於安次。俊下馬，手接短兵，所向必破，追奔二十餘里，斬其渠帥而還。光武望而歎曰：『戰將盡如是，豈有憂哉！』【略】

（陳俊）與建威大將軍耿弇共破張步。【略】時，琅邪未平，乃徙俊爲琅邪太守，領將軍如故。齊地素聞俊名，入界，盜賊皆解散。俊將兵擊董憲於贛榆，進破朐賊孫陽，平之。八年，張步畔，還琅邪，俊追討，斬之。帝美其功，詔俊得專征青、徐。俊得撫貧弱，表有義，檢制軍吏，不得與郡縣相干，百姓歌之。數上書自請，願奮擊隴、蜀。詔報曰：『東州新平，大將軍之功也。負海猾夏，盜賊之處，國家以爲重憂，且勉鎮撫之。』

又　卷一九《耿弇傳》後數日，車駕至臨淄自勞軍，羣臣大會。帝謂弇曰：『昔韓信破歷下以開基，今將軍攻祝阿以發迹，此皆齊之西界，功足相方。而韓信襲擊已降，將軍獨拔勍敵，其功乃難於信也。』【略】

又　卷二六《馮勤傳》（馮勤）遷司徒。先是，三公多見罪退，帝賢勤，欲令以善自終，乃因讌見從容戒之曰：『朱浮上不忠於君，下陵轢同列，竟以中傷至今，死生吉凶未可知，豈不惜哉！人臣放逐受誅，雖復追加賞賜賻祭，不足以償不訾之身。忠臣孝子，覽照前世，以爲鏡誡。能盡忠於國，事君無二，則爵賞光乎當世，功名列於不朽，可不勉哉！』勤愈恭約盡忠，號稱任職。

又　卷二二《朱景王杜馬劉傅堅馬列傳》　永平中，顯宗追感前世功臣，乃圖畫二十八將於南宮雲臺，其外又有王常、李通、竇融、卓茂，合三十二人。故依其本弟係之篇末，以志功臣之次云爾。

又　卷二三《竇融傳》　（永元元年）詔使中郎將持節即五原拜憲大將軍，封武陽侯，食邑二萬户。憲固辭封，賜策許焉。舊大將軍位在三公下，置官屬依太尉。憲威權震朝廷，公卿希旨，奏憲位次太傅下，三公上；長史、司馬秩中二千石，從事中郎二人六百石，自下各有增。振旅還京師。於是大開倉府，勞賜士吏，其所將諸郡二千石子弟從征者，悉除太子舍人。

又　卷八七《西羌傳》　（傅）育，北地人也。顯宗初，爲臨羌長，與捕虜將軍馬武等擊羌滇吾，功冠諸軍；及在武威，威聲聞於匈奴。食禄數十年，秩奉盡贍給知友，妻子不免操井臼。肅宗下詔追褒美之，封其子毅爲明進侯，七百户。

特遣專使巡察

綜述

《漢書》卷六《武帝紀》　（元狩元年四月）詔曰：『【略】朕嘉孝弟、力田，哀夫老眊、孤、寡、鰥、獨或匱於衣食，甚憐愍焉。其遣謁者巡行天下，存問致賜。【略】有冤失職，使者以聞。』【略】

（元狩六年六月）詔曰：『【略】今遣博士大等六人分循行天下，存問鰥寡廢疾，無以自振業者貸與之。』

又　卷八《宣帝紀》　（元康四年春正月）遣太中大夫强等十二人循行天下，存問鰥、寡，覽觀風俗，察吏治得失，舉茂材異倫之士。【略】

（五鳳四年）夏四月辛丑晦，日有蝕之。詔曰：『【略】皇天見異，以戒朕躬，是朕之不逮，吏之不稱也。以前使使者問民所疾苦，復遣丞相、御史掾二十四人循行天下，舉冤獄，察擅爲苛禁深刻不改者。』

又　卷九《元帝紀》　（建昭四年）夏四月，詔曰：『朕承先帝之休烈，夙夜栗栗，懼不克任。間者陰陽不調，五行失序，百姓饑饉。惟烝庶之失業，臨遣諫大夫博士賞等二十一人循行天下，存問耆老、鰥、寡、孤、獨、乏困失職之人，舉茂材特立之士。相將九卿，其帥意毋怠，使朕獲觀教化之流焉。』

又　卷一〇《成帝紀》　（建始三年）九月，詔曰：『乃者郡國被水灾，流殺人民，多至千數。京師無故訛言大水至，吏民驚恐，奔走乘城，殆苛暴深刻之吏未息，元元冤失職者衆。遣諫大夫林等循行天下。』

又　卷一一《哀帝紀》　（綏和二年秋哀帝）詔曰：『朕承宗廟之重，戰戰兢兢，懼失天心。間者日月亡光，五星失行，郡國比比地動。乃者河南、潁川郡水出，流殺人民，壞敗廬舍。朕之不德，民反蒙辜，朕甚懼焉。已遣光禄大夫循行舉籍，賜死者棺錢，人三千。其令水所傷縣邑及他郡國灾害什四以上，民貲不滿十萬，皆無出今年租賦。』

又　卷一二《平帝紀》　（元始元年正月）遣諫大夫行三輔，舉籍吏民，以元壽二年倉卒時横賦斂者，償其直。

又　卷九九上《王莽傳》　（元始四年四月）遣大司徒司直陳崇等八人分行天下，覽觀風俗。【略】

（元始五年秋）風俗使者八人還，言天下風俗齊同，詐爲郡國造歌謡，頌功德，凡三萬言。

《後漢書》卷一下《光武帝紀》　（建武）二十九年春二月丁巳朔，日有食之。遣使者舉冤獄，出繫囚。

又　卷五《安帝紀》　（延光三年六月）辛巳，遣侍御史分行青、冀二州灾害，督録盜賊。

又　卷六《順帝紀》　（漢安元年八月）丁卯，遣侍中杜喬、光禄大夫周舉、守光禄大夫郭遵、馮羡、欒巴、張綱、周栩、劉班等八人分行州郡，班宣風化，舉實臧否。

又　卷六一《周舉傳》　（周舉任諫議大夫）時，詔遣八使巡行風俗，皆選素有威名者，乃拜舉爲侍中，與侍中杜喬、守光禄大夫周栩、前青州刺史馮羡、尚書欒巴、侍御史張綱、兖州刺史郭遵、大尉長史劉班並守光禄大夫分行天下。其刺史、二千石有臧罪顯明者，驛馬上之；墨綬

以下，便輒收舉。其有清忠惠利，爲百姓所安，宜表異者，皆以狀上。於是八使同時俱拜，天下號曰『八俊』。舉於是劾奏貪猾，表薦公清，朝廷稱之。

責任追究

綜述

《漢書》卷二九《溝洫志》 後三歲，河果決於館陶及東郡金隄，泛濫兗、豫，入平原、千乘、濟南，凡灌四郡三十二縣，水居地十五萬餘頃，深者三丈，壞敗官亭室廬且四萬所。御史大夫尹忠對方略疏闊，上切責之，忠自殺。

又 卷四六《衛綰傳》 （衛綰）爲丞相三歲，景帝崩，武帝立。建元中，丞相以景帝病時諸官囚多坐不辜者，而君不任職，免之。

又 卷五二《田蚡傳》 （建元）二年，御史大夫趙綰請毋奏事東宫。竇太后大怒，曰：『此欲復爲新垣平邪！』乃罷逐趙綰、王臧，而免丞相嬰、太尉蚡。**【略】**

（建元）六年，竇太后崩。丞相昌、御史大夫青翟坐喪事不辦，免。

又 卷六〇《杜業傳》 （杜）業又言宜爲恭王立廟京師，以章孝道。時高昌侯董宏亦言宜尊帝母定陶王丁后爲帝太后。大司空師丹等劾宏誤朝不道，坐免爲庶人，業復上書訟宏。前後所言皆合指施行，朱博果見拔用。業由是徵，復爲太常。歲餘，左遷上黨都尉。會司隸奏業爲太常選舉不實，業坐免官，復就國。

又 卷六六《楊惲傳》 （楊）惲兄子安平侯譚爲典屬國，謂惲曰：『西河太守建平杜侯，前以罪過出，今徵爲御史大夫。侯罪薄，又有功，且復用。』惲曰：『有功何益？縣官不足爲盡力。』惲素與蓋寬饒、韓延壽善，譚即曰：『縣官實然，蓋司隸、韓馮翊皆盡力吏也，俱坐事誅。』會有日食變，騶馬猥佐成上書告惲『驕奢不悔過，日食之咎，此人所致』。章下廷尉按驗，得所予會宗書，宣帝見而惡之。廷尉當惲大逆無

道，要斬。妻子徙酒泉郡。譚坐不諫正惲，與相應，有怨望語，免爲庶人。召拜成爲郎，諸在位與惲厚善者，未央衛尉韋玄成、京兆尹張敞及孫會宗等，皆免官。

又 卷八一《匡衡傳》 （匡）衡子昌爲越騎校尉，醉殺人，繫詔獄。越騎官屬與昌弟且謀篡昌。事發覺，衡免冠徒跣待罪，天子使謁者詔衡冠履。而有司奏衡專地盗土衡，竟坐免。

又 《孔光傳》 （孔光）爲御史大夫。綏和中，上即位二十五年，無繼嗣，至親有同産弟中山孝王及同産弟子定陶王在。定陶王好學多材，於帝子行。而王祖母傅太后陰爲王求漢嗣，私事趙皇后、昭儀及帝舅大司馬票騎將軍王根，故皆勸上。上於是召丞相翟方進、御史大夫光、右將軍廉褒、後將軍朱博，皆引入禁中，議中山、定陶王誰可爲嗣者。方進、根以爲定陶王帝弟之子，《禮》曰『昆弟之子，猶子也』，『爲其後者爲之子也』，定陶王宜爲嗣。褒、博皆如方進、根議。光獨以爲禮立嗣以親，中山王先帝之子，帝親弟也，以《尚書》《盤庚》殷之及王爲比，中山王宜爲嗣。上以《禮》兄弟不相入廟，又皇后、昭儀欲立定陶王，故遂立爲太子。光以議不中意，左遷廷尉。**【略】**

又傅太后欲與成帝母俱稱尊號，羣下多順指，言母以子貴，宜立尊號以厚孝道。唯師丹與光持不可。上重違大臣正議，又内迫傅太后，猗違者連歲。丹以罪免，而朱博代爲大司空。光自先帝時議繼嗣有持異之隙矣，又重忤傅太后指，由是傅氏在位者與朱博爲表裏，共毁譖光。後數月遂策免光曰：『丞相者，朕之股肱，所與共承宗廟，統理海内，輔朕之不逮以治天下也。朕既不明，灾異重仍，日月無光，山崩河決，五星失行，是章朕之不德而股肱之不良也。君前爲御史大夫，輔翼先帝，出入八年，卒無忠言嘉謀，今相朕，出入三年，憂國之風復無聞焉。陰陽錯謬，歲比不登，天下空虚，百姓飢饉，父子分散，流離道路，以十萬數。而百官羣職曠廢，姦軌放縱，盗賊並起，或攻官寺，殺長吏。數以問君，君無怵惕憂懼之意，對毋能爲。是以羣卿大夫咸惰哉莫以爲意，咎由君焉。君秉社稷之重，總百僚之任，上無以匡朕之闕，下不能綏安百姓。《書》不云乎？「毋曠庶官，天工人其代之。」於虖。君其上丞相博山侯印綬，罷歸。』

又 卷八三《薛宣傳》 （薛宣）爲丞相，封高陽侯，食邑千户。

【略】久之，廣漢郡盜賊羣起，丞相、御史遣掾史逐捕不能克。上乃拜河東都尉趙護爲廣漢太守，以軍法從事。數月，斬其渠帥鄭躬，降者數千人，乃平。會卬成太后崩，喪事倉卒，吏賦斂以趨辦。其後上聞之，以過丞相、御史，遂冊免宣曰：『君爲丞相，出入六年，忠孝之行，率先百僚，朕無聞焉。朕既不明，變異數見，歲比不登，倉廩空虛，百姓飢饉，流離道路，疾疫死者以萬數，人至相食，盜賊並興，羣職曠廢，是朕之不德而股肱不良也。乃者廣漢羣盜横恣，殘賊吏民，朕惻然傷之，數以問君，君對輒不如其實。西州鬲絶，幾不爲郡。三輔賦斂無度，酷吏並緣爲姦，侵擾百姓，詔君案驗，復無欲得事實之意。九卿以下，咸承風指，同時陷于謾欺之辜，咎繇君焉！有司法君領職解嫚，開謾欺之路，傷薄風化，無以帥示四方。不忍致君于理，其上丞相、高陽侯印綬，罷歸。』

又　卷八六《何武傳》　（何武）多所舉奏，號爲煩碎，不稱賢公。功名略比薛宣，其材不及也，而經術正直過之。武後母在郡，遣吏歸迎。會成帝崩，吏恐道路有盜賊，後母留止，左右或譏武事親不篤。哀帝亦欲改易大臣，遂策免武曰：『君舉錯煩苛，不合衆心，孝聲不聞，惡名流行，無以率示四方，其上大司空印綬，罷歸就國。』

《後漢書》卷一六《鄧禹傳》　（鄧）禹引兵與延岑戰於藍田，不克，復就穀雲陽。漢中王劉嘉詣禹降。嘉相李寶倨慢無禮，禹斬之。寶弟收寶部曲擊禹，殺將軍耿訢。自馮愔反後，禹威稍損，又乏食，歸附者離散。而赤眉復還入長安，禹與戰，敗走，至高陵，軍士飢餓者，皆食棗菜。帝乃徵禹還，敕曰：『赤眉無穀，自當來東，吾折箠笞之，非諸將憂也。無得復妄進兵。』禹慙於受任而功不遂，數以飢卒徼戰，輒不利。三年春，與車騎將軍鄧弘擊赤眉，遂爲所敗，衆皆死散。事在《馮異傳》。獨與二十四騎還詣宜陽，謝上大司徒、梁侯印綬。有詔歸侯印綬。數月，拜右將軍。

又　卷二六《趙憙傳》　（太尉趙憙）永平元年，封節鄉侯。三年春，坐考中山相薛修事不實免。

又　卷二八上《馮衍傳》　（馮）衍爲曲陽令，誅斬劇賊郭勝等，降五千餘人，論功當封，以讒毁，故賞不行。

又　卷三三《朱浮傳》　（朱浮）代竇融爲大司空。二十二年，坐賣弄國恩免。

又　卷三七《傅焉傳》　（傅焉）坐辟召禁錮者爲吏免。【略】（傅焉）代王龔爲太尉。漢安元年，以日食免。

又　卷五一《龐參傳》　（龐參）爲太尉，録尚書事。【略】後參夫人疾前妻子，投於井而殺之。參素與洛陽令祝良不平，良聞之，率吏卒入太尉府案實其事，乃上參罪，遂因灾異策免。有司以良不先聞奏，輒折辱宰相，坐繫詔獄。

整肅吏治

綜　述

主父偃受賄案

《史記》卷一一二《平津侯主父列傳》　主父始爲布衣時，嘗游燕、趙，及其貴，發燕事。趙王恐其爲國患，欲上書言其陰事，爲偃居中，不敢發。及爲齊相，出關，卽使人上書，告言主父偃受諸侯金，以故諸侯子弟多以得封者。及齊王自殺，上聞大怒，以爲主父劫其王令自殺，乃徵下吏治。主父服受諸侯金，實不劫王令自殺。上欲勿誅，是時公孫弘爲御史大夫，乃言曰：『齊王自殺無後，國除爲郡，入漢，主父偃本首惡，陛下不誅主父偃，無以謝天下。』乃遂族主父偃。

匡衡專地盜土案

《漢書》卷八一《匡衡傳》　（匡衡）爲丞相，封樂安侯，食邑六百户。【略】久之，衡子昌爲越騎校尉，醉殺人，繫詔獄。越騎官屬與昌弟且謀篡昌。事發覺，衡免冠徒跣待罪，天子使謁者詔衡冠履。而有司奏衡專地盜土，衡竟坐免。初，衡封僮之樂安鄉，鄉本田提封三千一百頃，南以閩佰爲界。初元元年，郡圖誤以閩佰爲平陵佰。積十餘歲，衡封臨淮郡，遂封眞平陵佰以爲界，多四百頃。至建始元年，郡乃定國界，上計簿，更定圖，言丞相府。衡謂所親吏趙殷曰：『主簿陸賜故居奏曹，習事

曉知國界，署集曹掾。』明年治計時，衡問殷國界事：『曹欲奈何？』殷曰：『賜以爲舉計，令郡實之。恐郡不肯從實，可令家丞上書。』衡曰：『顧當得不耳，何至上書？』亦不告曹使舉也，聽曹爲之。後賜與屬明舉計曰：『案故圖，樂安鄉南以平陵佰爲界，不足故而以閩佰爲界，解何？』郡卽復以四百頃付樂安國。衡遣從史之僮，收取所還田租穀千餘石入衡家。司隸校尉駿、少府忠行廷尉事劾奏『衡監臨盜所主守直十金以上。《春秋》之義，諸侯不得專地，所以一統尊法制也。衡位三公，輔國政，領計簿，知郡實，正國界，計簿已定而背法制，專地盜土以自益，及賜、明阿承衡意，猥舉郡計，亂減縣界，附下罔上，擅以地附益大臣，皆不道。』於是上可其奏，勿治，丞相免爲庶人，終於家。

夏賀良等罔上惑衆案

《漢書》卷七五《李尋傳》（李尋）爲騎都尉，使護河隄。初，成帝時，齊人甘忠可詐造《天官曆》、《包元太平經》十二卷，以言『漢家逢天地之大終，當更受命於天，天帝使眞人赤精子，下教我此道。』忠可以教重平夏賀良、容丘丁廣世、東郡郭昌等，中壘校尉劉向奏忠可假鬼神罔上惑衆，下獄治服，未斷病死。賀良等坐挾學忠可書以不敬論，後賀良等復私以相教。哀帝初立，司隸校尉解光亦以明經通災異得幸，白賀良等所挾忠可書。事下奉車都尉劉歆，歆以爲不合《五經》，不可施行。而李尋亦好之。光曰：『前歆父向奏忠可下獄，歆安肯通此道？』時郭昌爲長安令，勸尋宜助賀良等。尋遂白賀良等皆待詔黃門，數召見，陳說『漢曆中衰，當更受命。成帝不應天命，故絕嗣。今陛下久疾，變異屢數，天所以譴告人也。宜急改元易號，乃得延年益壽，皇子生，災異息矣。得道不得行，咎殃且亡，不有洪水將出，災火且起，滌盪民人。』哀帝久寢疾，幾其有益，遂從賀良等議。於是詔制丞相御史：『蓋聞《尚書》「五曰考終命」，言大運壹終，更紀天元人元，考文正理，推曆定紀，數如甲子也。朕以眇身入繼太祖，承皇天，總百僚，子元元，未有應天心之效。卽位出入三年，災變數降，日月失度，星辰錯謬，高下貿易，大異連仍，盜賊並起。朕甚懼焉，戰戰兢兢，唯恐陵夷。惟漢，至今二百載，曆紀開元，皇天降非材之右，漢國再獲受命之符，朕之不德，曷敢不通夫受天之元命，必與天下自新。其大赦天下，以建平二年爲太初元年，號曰陳聖劉太平皇帝。漏刻以百二十爲度。布告天下，使明知之。』後月餘，上疾自若。賀良等復欲妄變政事，大臣爭以爲不可許。賀良等奏言大臣皆不知天命，宜退丞相御史，以解光、李尋輔政。上以其言亡驗，遂下賀良等吏，而下詔曰：『朕獲保宗廟，爲政不德，變異屢仍，恐懼戰栗，未知所繇。待詔賀良等建言改元易號，增益漏刻，可以永安國家。朕信道不篤，過聽其言，幾爲百姓獲福。卒無嘉應，久旱爲災。以問賀良等，對當復改制度，皆背經誼，違聖制，不合時宜。夫過而不改，是爲過矣。六月甲子詔書，非赦令也，皆蠲除之。賀良等反道惑衆，姦態當窮竟。』皆下獄，光祿勳平當、光祿大夫毛莫如與御史中丞、廷尉雜治，當賀良等執左道，亂朝政，傾覆國家，誣罔主上，不道。賀良等皆伏誅。尋及解光減死一等，徙敦煌郡。

趙廣漢鞫獄不實案

《漢書》卷七六《趙廣漢傳》（趙廣漢）爲陽翟令。以治行尤異，遷京輔都尉，守京兆尹。【略】本始二年，漢發五將軍擊匈奴，徵廣漢以太守將兵，屬蒲類將軍趙充國。從軍還，復用守京兆尹，滿歲爲眞。

【略】

初，大將軍霍光秉政，廣漢事光。及光薨後，廣漢心知微指，發長安吏自將，與俱至光子博陸侯禹第，直突入其門，廋索私屠酤，椎破盧罌，斧斬其門關而去。時，光女爲皇后，聞之，對帝涕泣。帝心善之，以召問廣漢。廣漢由是侵犯貴戚大臣。所居好用世吏子孫新進年少者，專厲强壯蠭氣，見事風生，無所回避，率多果敢之計，莫爲持難。廣漢終以此敗。

初，廣漢客私酤酒長安市，丞相史逐去，客疑男子蘇賢言之，以語廣漢。廣漢使長安丞案賢，尉史禹故劾賢爲騎士屯霸上，不詣屯所，乏軍興。賢父上書訟罪，告廣漢，事下有司覆治，禹坐要斬，請逮捕廣漢。有詔卽訊，辭服，會赦，貶秩一等。廣漢疑其邑子榮畜教令，後以他法論殺畜。人上書言之，事下丞相御史，案驗甚急。廣漢使所親信長安人爲丞相府門卒，令微司丞相門內不法事。地節三年七月中，丞相傅婢有過，自絞死。廣漢聞之，疑丞相夫人妬殺之府舍。而丞相奉齋酎入廟祠，廣漢得此，使中郎趙奉壽風曉丞相，欲以脅之，毋令窮正己事。丞相不聽，案驗

愈急。廣漢欲告之，先問太史知星氣者，言今年當有戮死大臣，廣漢卽上書告丞相罪。制曰：『下京兆尹治。』廣漢知事迫切，遂自將吏卒突入丞相府，召其夫人跪庭下受辭，收奴婢十餘人去，責以殺婢事。丞相魏相上書自陳：『妻實不殺婢，廣漢數犯罪法不伏辜，以詐巧迫脅臣相，幸臣相寬不奏。願下明使者治廣漢所驗臣相家事。』事下廷尉治罪，實丞相自以過譴笞傅婢，出至外第乃死，不如廣漢言。司直蕭望之劾奏：『廣漢摧辱大臣，欲以劫持奉公，逆節傷化，不道。』宣帝惡之。下廣漢廷尉獄，又坐賊殺不辜，鞠獄故不以實，擅斥除騎士乏軍興數罪。天子可其奏。吏民守闕號泣者數萬人，或言『臣生無益縣官，願代趙京兆死，使得牧養小民。』廣漢竟坐要斬。

梁氏外戚專權案

《後漢書》卷三四《孫冀傳》 （梁）冀一門前後七封侯，三皇后，六貴人，二大將軍，夫人、女食邑稱君者七人，尚公主三人，其餘卿、將、尹、校五十七人。在位二十餘年，窮極滿盛，威行內外，百僚側目，莫敢違命，天子恭已而不得有所親豫。

帝既不平之。延熹二年，太史令陳授因小黃門徐璜，陳災異日食之變，咎在大將軍，冀聞之，諷洛陽令收考授，死於獄。帝由此發怒。

初，掖庭人鄧香妻宣生女猛，香卒，宣更適梁紀。梁紀者，冀妻壽之舅也。壽引進猛入掖庭，見幸，爲貴人，冀因欲認猛爲其女以自固，乃易猛姓爲梁。時猛姊婿邴尊爲議郎，冀恐尊沮敗宣意，乃結刺客於偃城，刺殺尊，而又欲殺宣。宣家在延熹里，與中常侍袁赦相比，冀使刺客登赦屋，欲入宣家。赦覺之，鳴鼓會衆以告宣。宣馳入以白帝，帝大怒，遂與中常侍單超、具瑗、唐衡、左悺、徐璜等五人成謀誅冀。【略】

冀心疑超等，乃使中黃門張惲入省宿，以防其變。具瑗敕吏收惲，以輒從外入，欲圖不軌。帝因是御前殿，召諸尚書入，發其事，使尚書令尹勳持節勒丞郎以下皆操兵守省閤，斂諸符節送省中。使黃門令具瑗將左右廐騶、虎賁、羽林、都候劍戟士，合千餘人，與司隸校尉張彪共圍冀第。使光祿勳袁盱持節收冀大將軍印綬，徙封比景都鄉侯。冀及妻壽卽日皆自殺。悉收子河南尹胤、叔父屯騎校尉讓，及親從衛尉淑、越騎校尉忠、長水校尉胤等，諸梁及孫氏中外宗親送詔獄，無長少皆棄市。不疑、蒙先卒。其它所連及公卿、列校、刺史、二千石死者數十人，故吏賓客免黜者三百餘人，朝廷爲空，唯尹勳、袁盱及廷尉邯鄲義在焉。是時事卒從中發，使者交馳，公卿失其度，官府市里鼎沸，數日乃定，百姓莫不稱慶。

收冀財貨，縣官斥賣，合三十餘萬萬，以充王府，用減天下稅租之半。散其苑囿，以業窮民。録誅冀功者，封尚書令尹勳以下數十人。

清議與民聲

《史記》卷四九《外戚世家》 衛子夫立爲皇后，后弟衛青字仲卿，以大將軍封爲長平侯。四子，長子伉爲侯世子，侯世子常侍中，貴幸。其三弟皆封爲侯，各千三百户，一曰陰安侯，二曰發干侯，三曰宜春侯，貴震天下。天下歌之曰：『生男無喜，生女無怒，獨不見衛子夫霸天下！』

又 卷五四《曹相國世家》 （曹）參爲漢相國，出入三年。卒，謚懿侯。子窋代侯。百姓歌之曰：『蕭何爲法，顜若畫一。曹參代之，守而勿失。載其清淨，民以寧一。』

又 卷一〇七《魏其武安侯列傳》 （灌）夫不喜文學，好任俠，已然諾。諸所與交通，無非豪桀大猾。家累數千萬，食客日數十百人。陂池田園，宗族賓客爲權利，橫於潁川。潁川兒乃歌之曰：『潁水清，灌氏寧。潁水濁，灌氏族。』

又 卷七二《貢禹傳》 （貢）禹又曰：『【略】武帝始臨天下，尊賢用士，闢地廣境數千里，自見功大威行，遂從耆欲，用度不足，乃行壹切之變，使犯法者贖罪，入穀者補吏，是以天下奢侈，官亂民貧，盜賊並起，亡命者衆。郡國恐伏其誅，則擇便巧史書習於計簿能欺上府者，以爲右職；姦軌不勝，則取勇猛能操切百姓者，以苛暴威服下者，使居大位。故亡義而有財者顯於世，欺謾而善書者尊於朝，誖逆而勇猛者貴於官。故俗皆曰：「何以孝弟爲？財多而光榮。何以禮義爲？史書而仕宦。何以謹慎爲？勇猛而臨官。」【略】故謂居官而置富者爲雄桀，處姦而得利者爲壯士，兄勸其弟，父勉其子，俗之壞敗，乃至於是！察其所以然者，皆以犯法得贖罪，求士不得眞賢，相、守崇財利，誅不行之所致也。【略】』

又　卷七九《馮立傳》　（馮）立字聖卿，通《春秋》。以父任爲郎，稍遷諸曹。竟寧中，以王舅出爲五原屬國都尉。數年，遷五原太守，徙西河、上郡。立居職公廉，治行略與野王相似，而多知有恩貸，好爲條教。吏民嘉美野王、立相代爲太守，歌之曰：『大馮君，小馮君，兄弟繼踵相因循，聰明賢知惠吏民，政如魯、衛德化鈞，周公、康叔猶二君。』

又　卷九〇《酷吏傳・尹賞》　（尹）賞以三輔高第選守長安令，得壹切便宜從事。賞至，修治長安獄，穿地方深各數丈，致令辟爲郭，以大石覆其口，名爲『虎穴』。乃部户曹掾史，與鄉吏、亭長、里正、父老、伍人，雜舉長安中輕薄少年惡子，無市籍商販作務，而鮮衣凶服被鎧扞持刀兵者，悉籍記之，得數百人。賞一朝會長安吏，車數百兩，分行收捕，皆劾以爲通行飲食羣盜。賞親閲，見十置一，其餘盡以次内虎穴中，百人爲輩，覆以大石。數日壹發視，皆相枕籍死，便輿出，瘞寺門桓東，楬著其姓名，百日後，乃令死者家各自發取其尸。親屬號哭，道路皆歔欷。長安中歌之曰：『安所求子死？桓東少年場。生時諒不謹，枯骨後何葬？』

又　卷九二《游俠傳・樓護》　（樓護）爲京兆吏數年，甚得名譽。是時王氏方盛，賓客滿門，五侯兄弟爭名，其客各有所厚，不得左右，唯護盡入其門，咸得其驩心。結士大夫，無所不傾，其交長者，尤見親而敬，衆以是服。爲人短小精辯，論議常依名節，聽之者皆竦。與谷永俱爲五侯上客，長安號曰：『谷子雲筆札，樓君卿脣舌』，言其見信用也。母死，送葬者致車二三千兩，閭里歌之曰：『五侯治喪樓君卿。』

又　卷九三《佞幸傳・石顯》　（石）顯與中書僕射牢梁、少府五鹿充宗結爲黨友，諸附倚者皆得寵位。民歌之曰：『牢邪石邪，五鹿客邪！印何纍纍，綬若若邪！』言其兼官據勢也。

又　卷九八《元后傳》　（王）鳳起視事。【略】自是公卿見鳳，側目而視，郡國守相刺史皆出其門。又以侍中太僕音爲御史大夫，列於三公。而五侯羣弟，爭爲奢侈，賂遺珍寶，四面而至；後庭姬妾，各數十人，僮奴以千百數，羅鐘磬，舞鄭女，作倡優，狗馬馳逐；大治第室，起土山漸臺，洞門高廊閣道，連屬彌望。百姓歌之曰：『五侯初起，曲陽最怒，壞決高都，連竟外杜，土山漸臺西白虎。』其奢侈如此。

又　卷一一《劉玄傳》　（更始）時，李軼、朱鮪擅命山東，王匡、張卬横暴三輔。其所授官爵者，皆羣小賈豎，或有膳夫庖人，多著繡面衣、錦袴、襜褕、諸于，罵詈道中。長安爲之語曰：『竈下養，中郎將。爛羊胃，騎都尉。爛羊頭，關内侯。』

又　卷一七《岑彭傳》　（岑熙）遷魏郡太守，招聘隱逸，與參政事，無爲而化。視事二年，輿人歌之曰：『我有枳棘，岑君伐之。我有蟊賊，岑君遏之。狗吠不驚，足下生氂。含哺鼓腹，焉知凶灾？我喜我生，獨丁斯時。美矣岑君，於戲休兹。』

又　卷三一《張堪傳》　（張堪）拜漁陽太守。捕擊姦猾，賞罰必信，吏民皆樂爲用。匈奴嘗以萬騎入漁陽，堪率數千騎奔擊，大破之，郡界以靜。乃於狐奴開稻田八千餘頃，勸民耕種，以致殷富。百姓歌曰：『桑無附枝，麥穗兩岐。張君爲政，樂不可支。』視事八年，匈奴不敢犯塞。

又　卷五七《劉陶傳》　（劉）陶舉孝廉，除順陽長。縣多姦猾，陶到官，宣募吏民有氣力勇猛，能以死易生者，不拘亡命姦臧，於是剽輕劍客之徒過晏等十餘人，皆來應募，陶責其先過，要以後效，使各結所厚少年，得數百人，皆嚴兵待命。於是覆案姦軌，所發若神。以病免，吏民思而歌之曰：『邑然不樂，思我劉君，何時復來，安此下民。』

又　卷六七《黨錮傳・序》　逮桓、靈之間，主荒政謬，國命委於閹寺，士子羞與爲伍，故匹夫抗憤，處士横議，遂乃激揚名聲，互相題拂，品覈公卿，裁量執政，婞直之風，於斯行矣。【略】

初，桓帝爲蠡吾侯，受學於甘陵周福，及卽帝位，擢福爲尚書。時同郡河南尹房植有名當朝，鄉人爲之謠曰：『天下規矩房伯武，因師獲印周仲進。』二家賓客，互相譏揣，遂各樹朋徒，漸成尤隙，由是甘陵有南北部，黨人之議，自此始矣。後汝南太守宗資任功曹范滂，南陽太守成瑨亦委功曹岑晊，二郡又爲謡曰：『汝南太守范孟博，南陽宗資主畫諾。南陽太守岑公孝，弘農成瑨但坐嘯。』因此流言轉入太學，諸生三萬餘人，郭林宗、賈偉節爲其冠，並與李膺、陳蕃、王暢更相褒重。學中語曰：『天下模楷李元禮，不畏强禦陳仲舉，天下俊秀王叔茂。』又渤海公族進階、扶風魏齊卿，並危言深論，不隱豪强。自公卿以下，莫不畏其貶議，屣履

到門。

又　卷六八《許劭傳》　曹操微時，常卑辭厚禮，求爲己目。劭鄙其人而不肯對，操乃伺隙脅劭，劭不得已，曰：「君清平之姦賊，亂世之英雄。」操大悦而去。【略】

（許）劭邑人李逵，壯直有高氣，劭初善之，而後爲隙，又與從兄靖不睦，時議以此少之。初，劭與靖俱有高名，好共覈論鄉黨人物，每月輒更其品題，故汝南俗有「月旦評」焉。

又　卷七〇《荀彧傳》　（荀）彧比至冀州，而袁紹已奪馥位，紹待彧以上賓之禮。彧明有意數，見漢室崩亂，每懷匡佐之義。時，曹操在東郡，彧聞操有雄略，而度紹終不能定大業。初平二年，乃去紹從操。操與語大悦，曰：「吾子房也。」

又　卷七七《酷吏傳·董宣》　（董宣）爲洛陽令。時湖陽公主蒼頭白日殺人，因匿主家，吏不能得。及主出行，而以奴驂乘，宣於夏門亭候之，乃駐車叩馬，以刀畫地，大言數主之失，叱奴下車，因格殺之。主即還宮訴帝，帝大怒，召宣，欲箠殺之。宣叩頭曰：「願乞一言而死。」帝曰：「欲何言？」宣曰：「陛下聖德中興，而縱奴殺良人，將何以理天下乎？臣不須箠，請得自殺。」即以頭擊楹，流血被面。帝令小黄門持之，使宣叩頭謝主，宣不從，强使頓之，宣兩手據地，終不肯俯。主曰：「文叔爲白衣時，藏亡匿死，吏不敢至門。今爲天子，威不能行一令乎？」帝笑曰：「天子不與白衣同。」因敕强項令出。賜錢三十萬，宣悉以班諸吏。由是搏擊豪强，莫不震慄。京師號爲「臥虎」。歌之曰：「枹鼓不鳴董少平。」

又　卷八一《獨行傳·范冉》　（范冉）遭黨人禁錮，遂推鹿車，載妻子，捃拾自資，或寓息客廬，或依宿樹蔭。如此十餘年，乃結草室而居焉。所止單陋，有時絶粒，窮居自若，言貌無改，閭里歌之曰：「甑中生塵范史雲，釜中生魚范萊蕪。」

宋·李昉等《太平御覽》卷五七一《樂部》九《歌》二引楊泉《物理》　始皇起驪山之冢，使蒙恬築長城，死者相屬。民歌曰：「生男慎勿舉，生女哺用餔。不見長城下，尸屍相支柱。」

公文制度部

通紀概説分部

綜述

漢·蔡邕《獨斷》上　漢天子正號曰皇帝，自稱曰朕，臣民稱之曰陛下。其言曰制詔，史官記事曰上。【略】其命令，一曰策書，二曰制書，三曰詔書，四曰戒書。

《後漢書》卷一上《光武帝紀》注引《漢制度》　帝之下書有四：一曰策書，二曰制書，三曰詔書，四曰誡敕。

南朝梁·劉勰《文心雕龍》卷四《詔策第一九》　秦并天下，改命曰制。漢初定儀則，則命有四品：一曰策書，二曰制書，三曰詔書，四曰戒敕。敕戒州部，詔誥百官，制施赦命，策封王侯。策者，簡也。制者，裁也。詔者，告也。敕者，正也。《詩》云「畏此簡書」，《易》稱「君子以制數度」，《禮》稱「明君之詔」，《書》稱「敕天之命」。並本經典以立名目。遠詔近命，習秦制也。記稱絲綸，所以應接羣后。虞重納言，周貴喉舌，故兩漢詔誥，職在尚書。王言之大，動入史策，其出如綍，不反若汗。是以淮南有英才，武帝使相如視草；隴右多文士，光武加意於書辭；豈直取美當時，亦敬慎來葉矣。觀文景以前，詔體浮新；武帝崇儒，選言弘奥。策封三王，文同訓典；勸戒淵雅，垂範後代。及制誥嚴助，即云厭承明廬，蓋寵才之恩也。孝宣璽書，賜太守陳遂，亦故舊之厚也。逮光武撥亂，留意斯文，而造次喜怒，時或偏濫。詔賜鄧禹，稱司徒爲堯；敕責侯霸，稱黄鉞一下；若斯之類，實乖憲章。暨明帝崇學，雅詔間出。安和政弛，禮閣鮮才，每爲詔敕，假手外請。建安之末，文理代興，潘勗九錫，典雅逸羣；衛覬禪誥，符命炳燿，弗可加也。

論說

《漢書》卷九〇《酷吏傳·嚴延年》（嚴延年）按其獄，皆文致不可得反。【略】尤巧爲獄文，善史書，所欲誅殺，奏成於手，中主簿親近史不得聞知。奏可論死，奄忽如神。

漢·王充《論衡》卷一二《程材篇》【略】世俗學問者，不肯竟經明學，深知古今，急欲成一家章句。義理略具，同超學史書，讀律諷令，治作情奏，習對向，滑習跪拜，家成室就，召署輒能。

宋·李昉等《太平御覽》卷二〇九《職官部》七《大司馬·三公掾屬》引《漢襍事》 陳寵爲司徒掾。先是，公府掾多不親事，但以交接爲務。寵常獨親事。

魏·徐幹《中論·譴交》（桓靈之世）文書委於官曹，繫囚積於囹圄，而不遑省也。

詔令分部

策書

綜述

《後漢書》卷一上《光武帝紀》注引《漢制度》 策書者，編簡也，其制長二尺，短者半之，篆書，起年月日，稱皇帝，以命諸侯王。三公以罪免亦賜策，而以隸書，用尺一木，兩行，唯此爲異也。

漢·蔡邕《獨斷》卷上 策書。策者，簡也。《禮》曰：『不滿百丈，不書於策。』其制長二尺，短者半之。其次，一長一短，兩編，下附篆書。起年月日，稱『皇帝曰』，以命諸侯王、三公。其諸侯王、三公之薨於位者，亦以策書誄謚其行而賜之，如諸侯之策。三公以罪免，亦賜策，文體如上策而隸書，以一尺木兩行，唯此爲異者也。

論說

《史記》卷六〇《三王世家》褚先生曰 竊從長老好故事者取其封策書，編列其事而傳之，令後世得觀賢主之指意。

蓋聞孝武帝之時，同日而俱拜三子爲王：封一子於齊，一子於廣陵，一子於燕。各因子才力智能，及土地之剛柔，人民之輕重，爲作策以申戒之。謂王：『世爲漢藩輔，保國治民，可不敬與！王其戒之。』夫賢主所作，固非淺聞者所能知，非博聞强記君子者所不能究竟其意。至其次序分絶，文字之上下，簡之參差長短，皆有意，人莫之能知。謹論次其眞草詔書，編於左方。令覽者自通其意而解説之。

又 卷一〇三《萬石張叔列傳》（御史大夫張叔）老病篤，請免。於是天子亦策罷，以上大夫禄歸老於家。

《漢書》卷五《景帝紀》（景帝）二年春二月，令諸侯王薨、列侯初封及之國，大鴻臚奏謚、誄、策。列侯薨及諸侯太傅初除之官，大行奏謚、誄、策。

又 卷七二《龔勝傳》（龔勝）爲光禄大夫，勝常稱疾卧，數使子上書乞骸骨，會哀帝崩。初，琅邪邴漢亦以清行徵用，至京兆尹，後爲太中大夫。王莽秉政，勝與漢俱乞骸骨。自昭帝時，涿郡韓福以德行徵至京師，賜策書束帛遣歸。詔曰：『朕閔勞以官職之事，其務修孝弟以教鄉里。行道舍傳舍，縣次具酒肉，食從者及馬。長吏以時存問，常以歲八月賜羊壹頭，酒二斛。不幸死者，賜複衾一，祠以中牢。』於是王莽依故事，白遣勝、漢。策曰：『惟元始二年六月庚寅，光禄大夫、太中大夫耆艾二人以老病罷。太皇太后使謁者僕射策詔之曰：蓋聞古者有司年至則致仕，所以恭讓而不盡其力也。今大夫年至矣，朕愍以官職之事煩大夫，其上子若孫若同產、同產子一人。大夫其修身守道，以終高年。賜帛及行道舍宿，歲時羊酒衣衾，皆如韓福故事。所上子男皆除爲郎。』於是勝、漢遂歸老於鄉里。

又 卷八三《朱博傳》（朱）博以御史爲丞相，封陽鄉侯，玄以少府爲御史大夫，並拜於前殿，延登受策，有音如鐘聲。

又　卷八四《翟方進傳》　（翟）方進憂之，不知所出。會郎賁麗善爲星，言大臣宜當之。上乃召見方進。還歸，未及引決，上遂賜册曰：『皇帝問丞相：君有孔子之慮，孟賁之勇，朕嘉與君同心一意，庶幾有成。惟君登位，於今十年，灾害並臻，民被飢餓，加以疾疫溺死，關門牡開，失國守備，盜賊黨輩。吏民殘賊，毆殺良民，斷獄歲歲多前。上書言事，交錯道路，懷姦朋黨，相爲隱蔽，皆亡忠慮，羣下凶凶，更相嫉妒，其咎安在？觀君之治，無欲輔朕富民便安元元之念。間者郡國穀雖頗孰，百姓不足者尚衆，前去城郭，未能盡還，夙夜未嘗忘焉。朕惟往時之用，與今一也，百僚用度各有數。君不量多少，一聽羣下言，用度不足，奏請一切增賦，稅城郭堧及園田，過更，算馬牛羊，增益鹽鐵，變更無常。朕既不明，隨奏許可，後議者以爲不便，制詔下君，君云賣酒醪。後請止，未盡月復奏議令賣酒醪。朕誠怪君，何持容容之計，無忠固意，將何以輔朕帥道羣下？而欲久蒙顯尊之位，豈不難哉！傳曰：「高而不危，所以長守貴也。」欲退君位，尚未忍。君其孰念詳計，塞絶姦原，憂國如家，務便百姓以輔朕。朕既已改，君其自思，强食慎職。使尚書令賜君上尊酒十石，養牛一，君審處焉。』方進卽日自殺。上秘之，遣九卿册贈以丞相、高陵侯印綬，賜乘輿秘器，少府供張，柱檻皆衣素。天子親臨弔者數至，禮賜異於它相故事。謚曰恭侯，長子宣嗣。

又　卷九七上《外戚傳・孝武衛皇后》　衛后立三十八年，遭巫蠱事起，江充爲姦，太子懼不能自明，遂與皇后共誅充，發兵，兵敗，太子亡走。詔遣宗正劉長樂、執金吾劉敢奉策收皇后璽綬，自殺。

《後漢書》卷一〇下《皇后紀下・孝崇匽皇后》　孝崇匽皇后諱明，爲蠡吾侯翼媵妾，生桓帝。桓帝卽位，明年，追尊翼爲孝崇皇，陵曰博陵，以后爲博園貴人。和平元年，梁太后崩，乃就博陵尊后爲孝崇皇后。遣司徒持節奉策授璽綬，齋乘輿器服，備法物。

又　卷一五《來歙傳》　（來）歙與蓋延、馬成進攻公孫述將王元、環安於河池、下辯，陷之，乘勝遂進。蜀人大懼，使刺客刺歙【略】歙自書表曰：『臣夜人定後，爲何人所賊傷，中臣要害。臣不敢自惜，誠恨奉職不稱，以爲朝廷羞！【略】』投筆抽刃而絶。帝聞大驚，省書覽涕，乃賜策曰：『中郎將來歙，攻戰連年，平定羌、隴，憂國忘家，忠孝彰著。遭命遇害，嗚呼哀哉。』

又　卷二三《竇憲傳》　（執金吾竇景）奴客緹騎依倚形執，侵陵小人，强奪財貨，篡取罪人，妻略婦女。商賈閉塞，如避寇讎。有司畏懦，莫敢舉奏。太后聞之，使謁者策免景官，以特進就朝位。

又　卷四一《第五倫傳》　（司空第五倫）連以老病上疏乞身。元和三年，賜策罷，以二千石奉終其身，加賜錢五十萬，公宅一區。

又　卷四四《胡廣傳》　（胡廣）年八十二，熹平元年薨。使五官中郎將持節奉策贈太傅、安樂鄉侯印綬，給東園梓器，謁者護喪，賜冢塋于原陵，謚文恭侯，拜家一人爲郎中。

又　卷四五《袁京傳》　（袁逢）爲司空，卒於執金吾。朝廷以逢嘗爲三老，特優禮之，賜以珠畫特詔秘器，飯含珠玉二十六品，使五官中郎將持節奉策，贈以車騎將軍印綬，加號特進，謚曰宣文侯。

又　卷五一《橋玄傳》　（橋玄）遷司空，轉司徒。【略】玄以國家方弱，自度力無所用，乃稱疾上疏，引衆灾以自劾。遂策罷。

又　卷五五《河間孝王開傳》　梁太后詔追尊河間孝王爲孝穆皇，夫人趙氏曰孝穆后，廟曰清廟，陵曰樂成陵；蠡吾先侯曰孝崇皇，廟曰烈廟，陵曰博陵。皆置令、丞，使司徒持節奉策書、璽綬，祠以太牢。【略】

（劉宏）爲大將軍竇武所立，是爲靈帝。建寧元年，竇太后詔追尊皇祖淑爲孝元皇，夫人夏氏曰孝元后，陵曰敦陵，廟曰靖廟；皇考長爲孝仁皇，夫人董氏爲慎園貴人，陵曰慎陵，廟曰奐廟。皆置令、丞，使司徒持節之河間奉策書、璽綬，祠以太牢，常以歲時遣中常侍持節之河間奉祠。

制書

綜述

《後漢書》卷一上《光武帝紀》注引《漢制度》　制書者，帝者制度之命，其文曰『制詔三公』，皆璽封，尚書令印重封，露布州郡也。

《漢書》卷二九《鮑昱傳》注引《漢官儀》　凡制書皆璽封，尚書令重封。唯赦贖令司徒印，露布州郡。

晉・司馬彪《續漢書・禮儀志上・立春條》　立春之日，下寬大書曰：『制詔三公：方春東作，敬始慎微，動作從之。罪非殊死，且勿案驗，皆須麥秋。退貪殘，進柔良，下當用者，如故事。』

論說

《史記》卷一〇《孝文本紀》　孝景皇帝元年十月，制詔御史：『蓋聞古者祖有功而宗有德，制禮樂各有由。聞歌者，所以發德也；舞者，所以明功也。高廟酎，奏《武德》、《文始》、《五行》之舞。孝惠廟酎，奏《文始》、《五行》之舞。孝文皇帝臨天下，通關梁，不異遠方。除誹謗，去肉刑，賞賜長老，收恤孤獨，以育羣生。減嗜欲，不受獻，不私其利也。罪人不帑，不誅無罪。除肉刑，出美人，重絶人之世。朕既不敏，不能識。此皆上古之所不及，而孝文皇帝親行之。德厚侔天地，利澤施四海，靡不獲福焉。明象乎日月，而廟樂不稱。朕甚懼焉。其爲孝文皇帝廟爲《昭德》之舞，以明休德。然後祖宗之功德著於竹帛，施於萬世，永永無窮，朕甚嘉之。其與丞相、列侯、中二千石、禮官具爲禮儀奏。』

又　卷二一《建元以來王子年表》　制詔御史：『諸侯王或欲推私恩分子弟邑者，令各條上，朕且臨定其號名。』

又　卷二三《禮書》　今上即位，招致儒術之士，令共定儀，十餘年不就。或言古者太平，萬民和喜，瑞應辨至，乃采風俗，定制作。上聞之，制詔御史曰：『蓋受命而王，各有所由興，殊路而同歸，謂因民而作，追俗爲制也。議者咸稱太古，百姓何望？漢亦一家之事，典法不傳，謂子孫何？化隆者閎博，治淺者褊狹，可不勉與！』乃以太初之元改正朔，易服色，封泰山，定宗廟百官之儀，以爲典常，垂之於後云。

又　卷一〇三《萬石張叔列傳》　元鼎五年秋，丞相有罪，罷。制詔御史：『萬石君先帝尊之，子孫孝，其以御史大夫慶爲丞相，封爲牧丘侯。』

又　卷一一〇《匈奴列傳》　單于既約和親，於是制詔御史曰：

『匈奴大單于遺朕書，言和親已定，亡人不足以益衆廣地，匈奴無入塞，漢無出塞，犯令約者殺之，可以久親，後無咎，俱便。朕已許之。其佈告天下，使明知之。』

《漢書》卷四《文帝紀》　（文帝）下詔曰：『制詔丞相、太尉、御史大夫：間者諸呂用事擅權，謀爲大逆，欲危劉氏宗廟，賴將、相、列侯、宗室、大臣誅之，皆伏其辜。朕初即位，其赦天下，賜民爵一級，女子百户牛、酒，酺五日。』

又　卷三九《蕭何傳》　景帝二年，制詔御史：『故相國蕭何，高皇帝大功臣，所與爲天下也。今其祀絶，朕甚憐之，其以武陽縣户二千封何孫嘉爲列侯。』

《史記》卷六〇《三王世家》　『大司馬臣去病昧死再拜上疏皇帝陛下：陛下過聽，使臣去病待罪行間。宜專邊塞之思慮，暴骸中野無以報，乃敢惟他議以干用事者，誠見陛下憂勞天下，哀憐百姓以自忘，虧膳貶樂，損郎員。皇子賴天，能勝衣趨拜，至今無號位師傅官。陛下恭讓不恤，羣臣私望，不敢越職而言。臣竊不勝犬馬心，昧死願陛下詔有司，因盛夏吉時定皇子位。唯陛下幸察。臣去病昧死再拜以聞皇帝陛下。』三月乙亥，御史臣光守尚書令奏未央宫。制曰：『下御史。』【略】

『丞相臣青翟、太僕臣賀、行御史大夫事太常臣充、太子太傅臣安行宗正事昧死言：臣青翟等前奏大司馬臣去病上疏言，皇子未有號位，臣謹與御史大夫臣湯、中二千石、二千石、諫大夫、博士臣慶等昧死請立皇子臣閎等爲諸侯王。陛下讓文武，躬自切，及皇子未教。羣臣之議，儒者稱其術，或誖其心。陛下固辭弗許，家皇子爲列侯。臣青翟等竊與列侯臣壽成等二十七人議，皆曰以爲尊卑失序。高皇帝建天下，爲漢太祖，王子孫，廣支輔。先帝法則弗改，所以宣至尊也。臣請令史官擇吉日，具禮儀上，御史奏輿地圖，他皆如前故事。』制曰：『可。』

又　卷六六《劉屈氂傳》　征和二年春，制詔御史：『【略】其以涿郡太守屈氂爲左丞相【略】以澎户二千二百封左丞相爲澎侯。』

又　卷七四《丙吉傳》　上親見問，然後知吉有舊恩，而終不言。上大賢之，制詔丞相：『朕微眇時，御史大夫吉與朕有舊恩，厥德茂焉。《詩》不云虖？「亡德不報」。其封吉爲博陽侯，邑千三百户。』【略】

成帝時，修廢功，以吉舊恩尤重，鴻嘉元年制詔丞相御史：『蓋聞褒功德，繼絶統，所以重宗廟，廣賢聖之路也。故博陽侯吉以舊恩有功而封，今其祀絶，朕甚憐之。夫善善及子孫，古今之通誼也，其封吉孫中郎將關内侯昌爲博陽侯，奉吉後。』

又　卷七六《循吏傳·黄霸》　是時，潁川太守黄霸以治行第一入守京兆尹。霸視事數月，不稱，罷歸潁川。於是制詔御史：『其以膠東相敞守京兆尹。』

又　卷七七《諸葛豐傳》　（諸葛）豐以春夏繫治人，在位多言其短。上徙豐爲城門校尉，豐上書告光禄勳周堪、光禄大夫張猛。上不直豐，乃制詔御史：『城門校尉豐，前與光禄勳堪、光禄大夫猛在朝之時，數稱言堪、猛之美。豐前爲司隷校尉，不順四時，修法度，專作苛暴，以獲虚威，朕不忍下吏，以爲城門校尉。不内省諸已，而反怨堪、猛，以求報舉，告案無證之辭，暴揚難驗之罪，毁譽恣意，不顧前言，不信之大者也。朕憐豐之耆老，不忍加刑，其免爲庶人。』

又　《孫寶傳》　（天子）以寶名臣不忍誅，乃制詔丞相、大司空：『司隷寶奏故尚書僕射崇冤，請獄治尚書令昌。案崇近臣，罪惡暴著，而寶懷邪，附下罔上，以春月作詆欺，遂其姦心，蓋國之賊也。傳不云乎？「惡利口之覆國家。」其免寶爲庶人。』

又　《毋將隆傳》　（毋將隆）以高第入爲京兆尹，遷執金吾。【略】頃之，傅太后使謁者買諸官婢，賤取之，復取執金吾官婢八人。隆奏言賈賤，請更平直。上於是制詔丞相、御史大夫：『交讓之禮興，則虞、芮之訟息。隆位九卿，既無以匡朝廷之不逮，而反奏請與永信宫爭貴賤之賈，程奏顯言，衆莫不聞。舉錯不由誼理，爭求之名自此始，無以示百僚，傷化失俗。』以隆前有安國之言，左遷爲沛郡都尉，遷南郡太守。

又　卷七八《蕭望之傳》　恭、顯奏：『望之、堪、更生朋黨相稱舉，數譖訴大臣，毁離親戚，欲以專擅權勢，爲臣不忠，誣上不道，請謁者召致廷尉。』時上初即位，不省『謁者召致廷尉』爲下獄也，可其奏。後上召堪、更生，曰繫獄。上大驚曰：『非但廷尉問邪？』以責恭、顯，皆叩頭謝。上曰：『令出視事。』恭、顯因使高言：『上新即位，未以德化聞於天下，而先驗師傅，既下九卿大夫獄，宜因決免。』於是制詔丞相御史：『前將軍望之傅朕八年，亡它罪過，今事久遠，識忘難明。其赦望之罪，收前將軍光禄勳印綬，及堪、更生皆免爲庶人。』

又　卷八三《朱博傳》　（彭）宣等劾奏：『博宰相，玄上卿，晏以外親封位特進，股肱大臣，上所信任，不思竭誠奉公，務廣恩化，爲百寮先，皆知喜、武前已蒙恩詔決，事更三赦，博執左道，虧損上恩，以結信貴戚，背君鄉臣，傾亂政治，姦人之雄，附下罔上，爲臣不忠不道；玄知博所言非法，枉義附從，大不敬；晏與博議免喜，失禮不敬。臣請詔謁者召博、玄、晏詣廷尉詔獄。』制曰：『將軍、中二千石、二千石、諸大夫、博士、議郎議。』

又　卷八六《何武傳》　（何武）及爲御史大夫司空，與丞相方進共奏言：『往者諸侯王斷獄治政，内史典獄事，相總綱紀輔王，中尉備盜賊。今王不斷獄與政，中尉官罷，職幷内史，郡國守相委任，所以壹統信，安百姓也。今内史位卑而權重，威職相踰，不統尊者，難以爲治。臣請相如太守，内史如都尉，以順尊卑之序，平輕重之權。』制曰：『可。』以内史爲中尉。

又　《王嘉傳》　初，廷尉梁相與丞相長史、御史中丞及五二千石雜治東平王雲獄，時冬月未盡二旬，而相心疑雲冤，獄有飾辭，奏欲傳之長安，更下公卿覆治。尚書令鞫譚、僕射宗伯鳳以爲可許。天子以相等皆見上體不平，外内顧望，操持兩心，幸雲踰冬，無討賊疾惡主讎之意，制詔免相等皆爲庶人。

又　卷八九《循吏傳·黄霸》　（黄）霸爲揚州刺史。三歲，宣帝下詔曰：『制詔御史：其以賢良高第揚州刺史霸爲潁川太守，秩比二千石，居官賜車蓋，特高一丈，別駕主簿車，緹油屏泥於軾前，以章有德。』

又　卷九二《遊俠傳·陳遵》　（陳遵）祖父遂，字長子，宣帝微時與有故，相隨博奕，數負進。及宣帝即位，用遂，稍遷至太原太守，乃賜遂璽書曰：『制詔太原太守：官尊禄厚，可以償博進矣。妻君寧時在旁，知狀。』【略】其見厚如此。

晉·司馬彪《續漢書·禮儀志中》注引蔡質《漢官典職儀式選用·立宋皇后儀》　尚書令臣囂、僕射臣鼎、尚書臣旭、臣乘、臣滂、臣謨、臣詣稽首言：『伏惟陛下履乾則坤，動合陰陽。羣臣大小咸以長秋宮未

定，遵舊依典，章表仍聞，歷時乃聽。令月吉日，以宋貴人爲皇后，應期正位，羣生兆庶莫不式舞。《易》稱「受茲介祉」，《詩》云「干禄百福，子孫千億」，萬方幸甚。今吉日以定，臣請太傅、太尉、司徒、司空、太常條列禮儀正處上，羣臣妾無得上壽，如故事。臣囂、臣鼎、臣旭、臣乘、臣滂、臣謨、臣詣愚闇不達大義，誠惶誠恐，頓首死罪，稽首再拜以聞。」制曰：「可。」維建寧四年七月乙未，制詔：「皇后之尊，與帝齊體，供奉天地，祗承宗廟，母臨天下。故有莘興殷，姜任母周，二代之隆，蓋有内德。長秋宫闕，中宫曠位，宋貴人乘淑媛之懿體山河之儀，威容昭曜，德冠後庭。羣寮所咨，人曰宜哉。卜之蓍龜，卦得承乾。有司奏議，宜稱紱組，以臨兆民。今使太尉襲使持節奉璽綬，宗正祖爲副，立貴人爲皇后。其往踐爾位，敬宗禮典，肅慎中饋，無替朕命，永終天禄。」

《後漢書》卷一〇上《皇后紀·光烈陰皇后》 十七年，廢皇后郭氏而立貴人。制詔三公曰：「皇后懷執怨懟，數違教令，不能撫循它子，訓長異室。宫闈之内，若見鷹鸇。既無《關雎》之德，而有呂、霍之風，豈可託以幼孤，恭承明祀。今遣大司徒涉、宗正吉持節，其上皇后璽綬。陰貴人鄉里良家，歸自微賤。「自我不見，於今三年。」宜奉宗廟，爲天下母。主者詳案舊典，時上尊號。異常之事，非國休福，不得上壽稱慶。」

又 卷三四《梁統傳》 （永元九年）冬，制詔三公、大鴻臚曰：「夫孝莫大於尊尊親親，其義一也。《詩》云：『父兮生我，母兮鞠我，撫我畜我，長我育我，顧我復我，出入腹我。欲報之德，昊天罔極。』朕不敢興事，覽於前世，太宗、中宗，寔有舊典，追命外祖，以篤親親。其追封謚皇太后父竦爲褒親愍侯，比靈文、順成、恩成侯。魂而有靈，嘉斯寵榮，好爵顯服，以慰母心。」

詔書

綜述

《後漢書》卷一上《光武帝紀》注引《漢制度》 詔書者，詔，告也，其文曰告某官云，如故事。

漢·蔡邕《獨斷》上 詔書者，詔誥也。有三品，其文曰：告某官。官如故事，是爲詔書。羣臣有所奏請，尚書令奏之，下有制曰，天子答之曰可。若下某官云云。亦曰詔書，羣臣有所奏請，無尚書令奏制之字，則答曰已奏。如書本官下所當至，亦曰詔。

論說

《漢書》卷一二《平帝紀》 （元始五年）冬十二月丙午，帝崩於未央宫。大赦天下。有司議曰：「禮，臣不殤君。皇帝年十有四歲，宜以禮斂，加元服。」奏可。葬康陵。詔曰：「皇帝仁惠，無不顧哀，每疾一發，氣輒上逆，害於言語，故不及有遺詔。其出媵妾，皆歸家得嫁，如孝文時故事。」

又 卷四九《鼂錯傳》 文帝嘉之，乃賜錯璽書寵答焉，曰：「皇帝問太子家令：上書言兵體三章，聞之。書言『狂夫之言而明主擇焉』。今則不然。言者不狂，而擇者不明，國之大患，故在於此。使夫不明擇於不狂，是以萬聽而萬不當也。」

又 卷六八《霍光傳》 （霍）山又坐寫秘書，顯爲上書獻城西第，入馬千匹，以贖山罪。書報聞。【略】

（茂陵徐生）上疏言：「霍氏泰盛，陛下卽愛厚之，宜以時抑制，無使至亡。」書三上，輒報聞。

《後漢書》卷二四《馬援傳》注引《東觀記》 章帝下詔曰：「告平陵令、丞：縣人故雲陽令朱勃，建武中以伏波將軍爵土不傳，上書陳狀，不顧罪戾，懷旌善之志，有烈士之風。《詩》云：『無言不讎，無德不報。』其以縣見穀二千斛賜勃子若孫，勿令遠詣闕謝。」

又 卷七《桓帝紀》 （永興二年春二月）癸卯，京師地震，詔公、卿、校尉舉賢良方正、能直言極諫者各一人。詔曰：「比者星辰繆越，坤靈震動，灾異之降，必不空發。敕已修政，庶望有補。其輿服制度有踰侈長飾者，皆宜損省。郡縣務存儉約，申明舊令，如永平故事。」

戒敕

綜述

《後漢書》卷一上《光武帝紀》注引《漢制度》　誡敕者，謂敕刺史、太守，其文曰有詔敕某官。它皆倣此。

漢·蔡邕《獨斷》上　戒書戒敕，刺史、太守及三邊營官被敕文曰有詔敕某官，是爲戒敕也。世皆名此爲策書，失之遠矣。

論説

《漢書》卷九《元帝紀》　（永光二年）三月壬戌朔，日有蝕之。詔曰：『朕戰戰栗栗，夙夜思過失，不敢荒寧。惟陰陽不調，未燭其咎，屢敕公卿，日望有效。至今有司執政，未得其中，施與禁切，未合民心，暴猛之俗彌長，和睦之道日衰，百姓愁苦，靡所錯躬。是以氛邪歲增，侵犯太陽，正氣湛掩，日久奪光。乃壬戌，日有蝕之，天見大異，以戒朕躬，朕甚悼焉。其令內郡國舉茂材異等、賢良直言之士各一人。』

又　卷一一《哀帝紀》　元壽元年春正月辛丑朔，日有蝕之。詔曰：『朕獲保宗廟，不明不敏，宿夜憂勞，未皇寧息。惟陰陽不調，元元不贍，未睹厥咎。婁敕公卿，庶幾有望。至今有司執法，未得其中，或上暴虐，假埶獲名，溫良寬柔，陷於亡滅。是故殘賊彌長，和睦日衰，百姓愁怨，靡所錯躬。乃正月朔，日有蝕之，厥咎不遠，在余一人。公卿大夫其各悉心勉帥百寮，敦任仁人，黜遠殘賊，期於安民。陳朕之過失，無有所諱。其與將軍、列侯、中二千石舉賢良方正能直言者各一人，大赦天下。』

又　卷六九《趙充國傳》　（上）以書敕讓充國曰：『皇帝問後將軍，甚苦暴露，將軍計欲至正月乃擊罕羌，羌人當獲麥，已遠其妻子，精兵萬人欲爲酒泉、敦煌寇。邊兵少，民守保不得田作。今張掖以東粟石百餘，芻稾束數十。轉輸並起，百姓煩擾。將軍將萬餘之衆，不早及秋共水草之利爭其畜食，欲至冬，虜皆當畜食，多藏匿山中依險阻，將軍士寒，手足皸瘃，寧有利哉？將軍不念中國之費，欲以歲數而勝微，將軍誰不樂此者！今詔破羌將軍武賢將兵六千一百人，敦煌太守快將二千人，長水校尉富昌、酒泉侯奉世將婼、月氏兵四千人，亡慮萬二千人。齎三十日食，以七月二十二日擊罕羌，入鮮水北句廉上，去酒泉八百里，去將軍可千二百里。將軍其引兵便道西並進，雖不相及，使虜聞東方北方兵並來，分散其心意，離其黨與，雖不能殄滅，當有瓦解者。已詔中郎將卬將胡越佽飛射士步兵二校，益將軍兵。今五星出東方，中國大利，蠻夷大敗。太白出高，用兵深入敢戰者吉，弗敢戰者凶。將軍急裝，因天時，誅不義，萬下必全，勿復有疑。』

又　卷八〇《東平思王劉宇傳》　東平思王宇，甘露二年立，元帝即位。就國。壯大，通姦犯法。上以至親貰弗罪，傅相連坐。久之，事太后，內不相得，太后上書言之，求守杜陵園。上於是遣太中大夫張子蟜奉璽書敕諭之，曰：『皇帝問東平王。蓋聞親親之恩莫重於孝，尊尊之義莫大於忠，故諸侯在位不驕以致孝道，制節謹度以翼天子，然後富貴不離於身，而社稷可保。今聞王自修有闕，本朝不和，流言紛紛，謗自內興，朕甚憯焉，爲王懼之。《詩》不云乎？「毋念爾祖，述修厥德，永言配命，自求多福」。朕惟王之春秋方剛，忽於道德，意有所移，忠言未納，故臨遣太中大夫子蟜諭王朕意。孔子曰：「過而不改，是謂過矣。」王其深惟孰思之，無違朕意。』

晉·司馬彪《續漢書·百官志一·司徒條》注引《漢舊儀》　哀帝元壽二年，以丞相爲大司徒。郡國守丞長史上計事竟，遣公出庭，上親問百姓所疾苦。記室掾史一人大音者讀敕畢，遣敕曰：『詔書數下禁吏無苛暴。丞史歸告二千石，罷民所疾苦、急去殘賊，審擇良吏，無任苛刻。治獄決訟，務得其中。明詔憂百姓困於衣食，二千石帥勸農桑，思稱厚恩，有以賑贍之，無煩擾奪民時。今日公卿以下，務飭儉恪，奓過制度以益甚，二千石身帥有以化之。民冗食者謹以法，養視疾病，致醫藥務活之。詔書無飾廚養，至今未變，又更過度，甚不稱。歸告二千石，務省約如法。且案不改者，長吏以聞。官寺鄉亭漏敗，墻垣阤壞所治，無辨護者，

不稱任，先自劾不應法。歸告二千石聽。」

《後漢書》卷一下《光武帝紀》（建武十三年春正月）戊子，詔曰：『往年已敕郡國，異味不得有所獻御，今猶未止，非徒有豫養導擇之勞，至乃煩擾道上，疲費過所。其令太官勿復受。明敕下以遠方口實所以薦宗廟，自如舊制。』

又 卷三《章帝紀》（元和三年二月）乙丑，敕侍御史、司空曰：『方春，所過無得有所伐殺。車可以引避，引避之；騑馬可輟解，輟解之。《詩》云：「敦彼行葦，牛羊勿踐履。」《禮》，人君伐一草木不時，謂之不孝。俗知順人，莫知順天。其明稱朕意。』

又 卷六《順帝紀》（阳嘉元年二月）京師旱。庚申，敕郡國二千石各禱名山嶽瀆，遣大夫、謁者詣嵩高、首陽山，并祠河、洛，請雨。

又 卷一六《鄧寇傳》（鄧禹）引軍北至栒邑。禹所到，擊破赤眉別將諸營保，郡邑皆開門歸附。【略】帝以關中未定，而禹久不進兵，下敕曰：『司徒，堯也；亡賊，桀也。長安吏人，遑遑無所依歸。宜以時進討，鎮慰西京，繫百姓之心。』

又 卷二二《王梁傳》（王）梁爲大司空，封武强侯。建武二年，與大司馬吳漢等俱擊檀鄉，有詔軍事一屬大司馬，而梁輒發野王兵，帝以其不奉詔敕，令止在所縣，而梁復以便宜進軍。

又 卷三二《樊儵傳》（長水校尉樊儵）上言郡國舉孝廉，率取年少能報恩者，耆宿大賢多見廢棄，宜敕郡國簡用良俊。

又 卷七一《皇甫嵩傳》（光和七年）詔敕州郡脩理攻守，簡練器械，自函谷、大谷、廣城、伊闕、轘轅、旋門、孟津、小平津諸關，並置都尉。

奏疏分部

章

綜述

《後漢書》卷四四《胡廣傳》注引《漢雜事》 章者，需頭，稱『稽首上以聞』謝恩陳事，詣闕通者也。

《漢書》卷二九《鮑昱傳》注引《漢官儀》 羣臣上書，公卿校尉諸將不言姓。

論說

晉・司馬彪《續漢書・律曆志下》劉昭補注 蔡邕戍邊上章曰：『朔方髡鉗徒臣邕稽首再拜上書皇帝陛下：臣邕被受陛下尤異大恩，初由宰府備數典城，以叔父故衛尉質時爲尚書，召拜郎中，受詔詣東觀著作，遂與羣儒並拜議郎。沐浴恩澤，承荅聖問，前後六年。質奉機密，趨走目下，遂竟端右，出相好藩，還尹輦轂，旬日之中，登躡上列。父子一門兼受恩寵，不能輸寫心力，以效絲髮之功，一旦被章，陷没辜戮。陛下天地之德，不忍刀鋸截臣首領，得就平罪，父子家屬徒充邊方，完全軀命，喘息相隨。非臣無狀所敢復望，非臣罪惡所當復蒙，非臣辭筆所能復陳。臣初決罪雒陽詔獄，生出牢户，顧念元初中故尚書郎張俊，坐漏泄事，當伏重刑，已出谷門，復聽讀鞫，詔書馳救，減罪一等，輸作左校。俊上書謝恩，遂以轉徙。邕爲郡縣促遣，偏於吏手，不得頃息，含辭抱悲，無由上達。既到徙所，乘塞守烽，職在候望，憂怖焦灼，無心復能操筆成草，致章闕庭。誠知聖朝不責臣謝，但懷愚心，有所不竟。臣自在布衣，常以爲《漢書》十志，下盡王莽，而世祖以來，唯有紀傳，無續志者。臣所師事故太傅胡廣，知臣頗識其門户，略以所有舊事與臣，雖未備悉，粗見首尾，積累思惟，二十餘年。不在其位，非外吏庶人所得擅述。天誘其衷，

得備著作郎，建言十志皆當撰録，遂與議郎張華等分受之，所使元順難者皆以付臣。先治律曆，以籌算爲本，天文爲驗，請太師舊注，考校連年，往往頗有差舛，當有增損，乃可施行，爲無窮法。道至深微，不敢獨議。郎中劉洪，密於用算，故臣表上洪，與共參思圖牒。尋繹適有頭角，會臣被罪，遂放邊野。臣竊自痛，一爲不善，使史籍所闕，胡廣所校，二十年之思，中道廢絶，不得究竟。慺慺之情，猶以結心，不能違望。臣初欲須刑竟，乃因縣道，具以狀聞。今年七月九日，匈奴始攻郡鹽池縣，其時鮮卑連犯雲中、五原，一月之中，烽火不絶。不意四夷相與合謀，所圖廣遠，恐遂爲變，不知所濟。郡縣咸懼，不守朝旦。臣所在孤危，懸命鋒鏑，湮滅土灰，呼吸無期。誠恐所懷隨軀腐朽，抱恨黄泉，遂不設施，謹先顛踣。科條諸志，臣欲删定者一，所當接續者四，《前志》所無，臣欲著者五，及經典羣書所宜捃摭，本奏詔書所當依據，分别首目，并書章左。臣初被考，妻子迸竄，亡失文書，無所案請。加以惶怖愁恐，思念荒散，十分不得識一，所識者又恐謬誤。觸冒死罪，披散愚情，願下東觀，推求諸奏，參以璽書，以補綴遺闕，昭明國體。章聞之後，雖肝腦流離，白骨剖破，無所復恨。惟陛下省察。謹因臨戎長霍圉封上。臣頓首死罪稽首再拜以聞。」

《後漢書》卷三三《鄭弘傳》 （鄭弘）師同郡河東太守焦貺。楚王英謀反發覺，以疏引貺，貺被收捕，疾病於道亡没，妻子閉繫詔獄，掠考連年。諸生故人懼相連及，皆改變名姓，以逃其禍，弘獨髡頭負鈇鑕，詣闕上章，爲貺訟罪。【略】

（竇）憲奏弘大臣漏泄密事。帝詰讓弘，收上印綬。弘自詣廷尉，詔敕出之，因乞骸骨歸，未許。病篤，上書陳謝，並言竇憲之短。帝省章，遣醫占弘病，比至已卒。

又 卷六〇下《蔡邕傳》 （蔡）邕前在東觀，與盧植、韓説等撰補《後漢記》，會遭事流離，不及得成，因上書自陳，奏其所著十意，分别首目，連置章左。帝嘉其才高，會明年大赦，乃有邕還本郡。

又 卷六七《黨錮傳·張儉》 時，中常侍侯覽家在防東，殘暴百姓，所爲不軌。儉舉劾覽及其母罪惡，請誅之。覽遏絶章表，並不得通，由是結仇。鄉人朱並，素性佞邪，爲儉所棄，並懷怨恚，遂上書告儉與同郡二十四人爲黨，於是刊章討捕。

又 卷七〇《孔融傳》 初，太傅馬日磾奉使山東，及至淮南，數有意於袁術。術輕侮之。遂奪取其節，求去又不聽，因欲逼爲軍師。日磾深自恨，遂嘔血而斃。還朝，朝廷議欲加禮。融乃獨議曰：『日磾以上公之尊，秉髦節之使，銜命直指，寧輯東夏，而曲媚姦臣，爲所牽率，章表署用，輒使首名，附下罔上，姦以事君。』

又 卷八六《王嘉傳》 （王）嘉上疏曰：『【略】二千石益輕賤，吏民慢易之。或持其微過，增加成辠，言於刺史、司隸，或至上書章下；衆庶知其易危，小失意則有離畔之心。【略】孝宣皇帝愛其良民吏，有章劾，事留中，會赦壹解。故事，尚書希下章，爲煩擾百姓，證驗繫治，或死獄中，章文必有「敢告之」字乃下。』

南朝梁·劉勰《文心雕龍》卷五《章表》 章者，明也。《詩》云『爲章于天』，謂文明也。其在文物，赤白曰章。

奏

綜　述

《後漢書》卷七四《胡廣傳》注引《漢雜事》 奏者亦需頭，其京師官但『稽首言』，卜『稽首以聞』其中有所請，若罪法劾案，公府送御史臺，卿校送謁者臺也。

漢·蔡邕《獨斷》卷上 奏者，亦需頭，其京師官但言『稽首』，下言『稽首』以聞。其中者所請，若罪法劾案公府送御史臺，公卿校尉送謁者臺也。

南朝梁·劉勰《文心雕龍》卷五《奏啓》 昔唐虞之臣，敷奏以言；秦漢之輔，上書稱奏，陳政事，獻典儀，上急變，劾愆謬，總謂之奏。奏者，進也。言敷于下，情進於上也。秦始立奏，而法家少文。觀王綰之奏勳德，辭質而義近；李斯之奏驪山，事略而意逕；政無膏潤，形於篇章矣。自漢以來，奏事或稱上疏，儒雅繼踵，殊采可觀。若夫賈誼之務農，晁錯之兵事，匡衡之定郊，王吉之觀禮，温舒之緩獄，谷永之諫

仙，理既切至，辭亦通暢，可謂識大體矣。後漢羣賢，嘉言罔伏，楊秉耿介於灾異，陳蕃憤懣於尺一，骨鯁得焉。張衡指摘於史職，蔡邕銓列於朝儀，博雅明焉。

論説

《史記》卷六〇《三王世家》　『大司馬臣去病昧死再拜上疏皇帝陛下：陛下過聽，使臣去病待罪行間。宜專邊塞之思慮，暴骸中野無以報，乃敢惟他議以干用事者，誠見陛下憂勞天下，哀憐百姓以自忘，虧膳貶樂，損郎員。皇子賴天，能勝衣趨拜，至今無號位師傅官。陛下恭讓不恤，羣臣私望，不敢越職而言。臣竊不勝犬馬心，昧死願陛下詔有司，因盛夏吉時定皇子位。唯陛下幸察。臣去病昧死再拜以聞皇帝陛下。』三月乙亥，御史臣光守尚書令奏未央宮。制曰：『下御史』

《漢書》卷四八《賈誼傳》　（賈）誼數上疏陳政事，多所欲匡建**【略】**

又　卷七〇《陳湯傳》　後數歲，西域都護段會宗爲烏孫兵所圍，驛騎上書，願發城郭、敦煌兵以自救。丞相王商、大將軍王鳳及百僚議數日不決。鳳言：『湯多籌策，習外國事，可問。』上召湯見宣室。湯擊郅支時中寒病，兩臂不詘申。湯入見，有詔毋拜，示以會宗奏。

晉·司馬彪《續漢書·禮儀志中》補注引蔡質《漢官典職儀式選用》　尚書令臣囂、僕射臣鼎、尚書臣旭、臣乘、臣滂、臣謨、臣詣稽首言：『伏惟陛下履乾則坤，動合陰陽。羣臣大小咸以長秋宮未定，遵舊依典，章表仍聞，歷時乃聽。令月吉日，以宋貴人爲皇后，應期正位，羣生兆庶莫不式舞。《易》稱「受茲介福」，《詩》云「干禄百福，子孫千億」，萬方幸甚。今吉日以定，臣請太傅、太尉、司徒、司空、太常條列禮儀正處上，羣臣妾無得上壽，如故事。臣囂、臣鼎、臣旭、臣滂、臣乘、臣謨、臣詣愚闇不達大義，誠惶誠恐，頓首死罪，稽首再拜以聞。』制曰：『可。』

《後漢書》卷二六《伏湛傳》　（伏湛）爲大司徒，封陽都侯。時，彭寵反於漁陽，帝欲自征之，湛上疏諫**【略】**帝覽其奏，竟不親征。

又　卷五四《楊秉傳》　七年，南巡園陵，特詔秉從。**【略】**及行至南陽，左右並通姦利，詔書多所除拜。秉復上疏諫曰：『臣聞先王建國，順天制官。太微積星，名爲郎位，入奉宿衛，出牧百姓。皋陶誡虞，在於官人。頃者道路拜除，恩加豎隸，爵以貨成，化由此敗，所以俗夫巷議，白喜遠逝，穆穆清朝，遠近莫觀。宜割不忍之恩，以斷求欲之路。』於是詔除乃止。

《漢書》卷八六《何武傳》　（何武）爲諫大夫，遷揚州刺史。所舉奏二千石長吏必先露章，服罪者爲虧除，免之而已；不服，極法奏之，抵罪或至死。

表

綜述

《後漢書》卷七四《胡廣傳》注引《漢雜事》　表者不需頭，上言『臣某言』，下言『誠惶誠恐，頓首頓首，死罪』，左方下附曰『某官臣甲乙上』。

漢·蔡邕《獨斷》卷上　表者，不需頭，上言『臣某言』，下言『臣某誠惶誠恐，稽首頓首，死罪死罪』，左方下附曰『某官臣某甲上』。文多，用編兩行；文少，以五行。詣尚書通者也，公卿校尉諸將不言姓，大夫以下有同姓官別者言。姓章口報聞公卿，使謁者將大夫以下至吏民，尚書左丞奏聞報可，表文報已奏如書。凡章表皆啓封，其言密事得帛囊盛。

南朝梁·劉勰《文心雕龍》卷五《章表》　表者，標也。《禮》有《表記》，謂德見於儀。其在器式，揆景曰表。

南朝梁·蕭統《文選》卷三七《表》李善注　表者，明也，標也，如物之標表。言標著事序，使之明白，以曉主上，得盡其忠，曰表。三王已前，謂之敷奏，故尚書云敷奏以言，是也。至秦并天下，改爲表。

論說

《漢書》卷七四《魏相傳》　（魏相）又數表采《易陰陽》及《明堂月令》奏之，曰：『臣相幸得備員，奉職不修，不能宣廣教化。陰陽未和，灾害未息，咎在臣等。臣聞《易》曰：「天地以順動，故日月不過，四時不忒；聖王以順動，故刑罰清而民服。」天地變化，必繇陰陽，陰陽之分，以日爲紀。日冬夏至，則八風之序立，萬物之性成，各有常職，不得相干。東方之神太昊，乘《震》執規司春；南方之神炎帝，乘《離》執衡司夏；西方之神少昊，乘《兌》執矩司秋；北方之神顓頊，乘《坎》執權司冬；中央之神黄帝，乘《坤》、《艮》執繩司下土。茲五帝所司，各有時也。東方之卦不可以治西方，南方之卦不可以治北方。春興《兌》治則饑，秋興《震》治則華，冬興《離》治則泄，夏興《坎》治則雹。明王謹于尊天，慎于養人，故立羲和之官以乘四時，節授民事。君動静以道，奉順陰陽，則日月光明，風雨時節，寒暑調和。三者得敘，則灾害不生，五穀熟，絲麻遂，草木茂，鳥獸蕃，民不夭疾，衣食有餘。若是，則君尊民説，上下亡怨，政教不違，禮讓可興。夫風雨不時，則傷農桑；農桑傷，則民飢寒；飢寒在身，則亡廉恥，寇賊姦宄所繇生也。臣愚以爲陰陽者，王事之本，羣生之命，自古賢聖未有不繇者也。天子之義，必純取法天地，而觀於先聖。高皇帝所述書《天子所服第八》曰：「大謁者臣章受詔長樂宫，曰：『令羣臣議天子所服，以安治天下。』相國臣何、御史大夫臣昌謹與將軍臣陵、太子太傅臣通等議：『春夏秋冬天子所服，當法天地之數，中得人和。故自天子王侯有土之君，下及兆民，能法天地，順四時，以治國家，身亡禍殃，年壽永究，是奉宗廟安天下之大禮也。臣請法之。中謁者趙堯舉春，李舜舉夏，兒湯舉秋，貢禹舉冬，四人各職一時。』大謁者襄章奏，制曰：『可。』」孝文皇帝時，以二月施恩惠於天下，賜孝弟力田及罷軍卒，祠死事者，頗非時節。御史大夫鼂錯時爲太子家令，奏言其狀。臣相伏念陛下恩澤甚厚，然而灾氣未息，竊恐詔令有未合當時者也。願陛下選明經通知陰陽者四人，各主一時，時至明言所職，以和陰陽，天下幸甚！』

《後漢書》卷二四《馬援傳》　（馬）援在隴西上書，言宜如舊鑄五銖錢。事下三府，三府奏以爲未可許，事遂寢。及援還，從公府求得前奏，難十餘條，乃隨牒解釋，更具表言。帝從之，天下賴其便。

議

綜述

漢·蔡邕《獨斷》卷上　其有疑事，公卿百官會議，若臺閣有所正處，而獨執異議者，曰駮議。駮議曰：『某官某甲議以爲如是』，下言『臣愚戇議異』。其非駮議，不言『議異』。其合於上意者，文報曰：『某官某甲議可』。

論說

《漢書》卷七〇《張湯傳》　（張湯）常受人金錢作章奏卒以此敗。【略】湯前爲騎都尉王莽上書言：『父早死，獨不封，母明君共養皇太后，尤勞苦，宜封。竟爲新都侯。』後皇太后同母弟苟參爲水衡都尉，死，子伋爲侍中，參妻欲爲伋求封，湯受其金五十斤，許爲求比上奏。弘農太守張匡坐臧百萬以上，狡猾不道，有詔卽訊，恐下獄，使人報湯。湯爲訟罪，得踰冬月，許謝錢二百萬，皆此類也。事在赦前。後東萊郡黑龍冬出，人以問湯，湯曰：『是所謂玄門開。微行數出，出入不時，故龍以非時出也。』又言當復發徙，傳相語者十餘人。丞相御史奏『湯惑衆不道，妄稱詐歸異於上，非所宜言，大不敬。』廷尉增壽議，以爲『不道無正法，以所犯劇易爲罪，臣下承用失其中，故移獄廷尉，無比者先以聞，所以正刑罰，重人命也。明主哀憫百姓，下制書罷昌陵勿徙吏民，已申布。湯妄以意相謂且復發徙，雖頗驚動，所流行者少，百姓不爲變，不可謂惑衆。湯稱詐，虚設不然之事，非所宜言，大不敬也。』制曰：『廷尉增壽當是。【略】』

又　卷七一《于定國傳》　（于定國）代黄霸爲丞相，封西平侯。

三年，宣帝崩，元帝立，以定國任職舊臣，敬重之。時陳萬年爲御史大夫，與定國並位八年，論議無所拂。後貢禹代爲御史大夫，數處駁議，定國明習政事，率當丞相議可。

又　卷七三《韋玄成傳》　成帝崩，哀帝即位。丞相孔光、大司空何武奏言：『永光五年制書，高皇帝爲漢太祖，孝文皇帝爲太宗。建昭五年制書，孝武皇帝爲世宗。損益之禮，不敢有與。臣愚以爲迭毀之次，當以時定，非令所爲擅議宗廟之意也。臣請與羣臣雜議。』奏可。於是，光禄勳彭宣、詹事滿昌、博士左咸等五十三人皆以爲繼祖宗以下，五廟而迭毀，後雖有賢君，猶不得與祖宗並列。子孫雖欲褒大顯揚而立之，鬼神不饗也。孝武皇帝雖有功烈，親盡宜毀。太僕王舜、中壘校尉劉歆議曰：『【略】高帝建大業，爲太祖；孝文皇帝德至厚也，爲文太宗；孝武皇帝功至著也，爲武世宗，此孝宣帝所以發德音也。【略】孝宣皇帝舉公卿之議，用衆儒之謀，既以爲世宗之廟，建之萬世，宣佈天下。臣愚以爲孝武皇帝功烈如彼，孝宣皇帝崇立之如此，不宜毀。』上覽其議而從之。制曰：『太僕舜、中壘校尉歆議可。』

《後漢書》卷二九《鮑昱傳》　（鮑昱）爲泚陽長，政化仁愛，境内清淨。荆州刺史表上之，再遷，中元元年，拜司隸校尉。詔昱詣尚書，使封胡降檄。光武遣小黄門問昱有所怪不？對曰：『臣聞故事通官文書不著姓，又當司徒露布，怪使司隸下書而著姓也。』帝報曰：『吾固欲令天下知忠臣之子復爲司隸也。』

又　卷四一《宋均傳》　（宋均）拜尚書令。每有駁議，多合上旨。

又　卷四四《張敏傳》　（張敏）爲尚書。建初中，有人侮辱人父者，而其子殺之。肅宗貰其死刑而降宥之，自後因以爲比。是時遂定其議，以爲《輕侮法》。敏駁議曰：『夫《輕侮》之法，先帝一切之恩，不有成科班之律令也。夫死生之決，宜從上下，猶天之四時，有生有殺。若開相容恕，著爲定法者，則是故設姦萌，生長罪隙。孔子曰：「民可使由之，不可使知之。」《春秋》之義，子不報讎，非子也。而法令不爲之減者，以相殺之路不可開故也。今託義者得減，妄殺者有差，使執憲之吏得設巧詐，非所以導「在醜不爭」之義。又《輕侮》之比，寖以繁滋，至有四五百科，轉相顧望，彌復增甚，難以垂之萬載。臣聞師言：「救文莫如質。」故高帝去煩苛之法，爲三章之約。建初詔書，有改於古者，可下三公、廷尉蠲除其敝。』議寢不省導。

又　卷六一《黄琬傳》　（黄琬）遷太尉，更封陽泉鄉侯。卓議遷都長安，琬與司徒楊彪同諫不從。琬退而駁議之曰：『昔周公營洛邑以寧姬，光武卜東都以隆漢，天之所啓，神之所安。大業既定，豈宜妄有遷動，以虧四海之望？』

官府往來文書分部

奏記、牋記

綜述

漢·王充《論衡》卷一二《謝短篇》　郡移書曰『敢告卒人』，兩縣不言，何解？郡言事二府曰『敢言之』，司空曰『上』，何狀？

又　卷二九《對作篇》　上書奏記，陳列便宜，皆欲輔政。今作書者，猶書奏記，説發胸臆，文成手中，其實一也。夫上書謂之奏，奏記轉易其名謂之書。建初孟年，中州頗歉，潁川、汝南民流四散，聖主憂懷，詔書數至。論衡之人，奏記郡守，宜禁奢侈，以備困乏。言不納用，退題記草，名曰備乏。酒縻五穀，生起盜賊，沈湎飲酒，盜賊不絶，奏記郡守，禁民酒。退題記草，名曰禁酒。由此言之，夫作書者，上書奏記之文也。記謂之造作上書，上書奏記是作也。

《後漢書》卷七一《朱俊傳》注引蔡質《漢官典職儀式選用》　諸州刺史上郡並列卿府，言『敢言之』。

論説

《漢書》卷六〇《杜延年傳》　（杜延年）爲太僕、右曹、給事中。光持刑罰嚴，延年輔之以寬。治燕王獄時，御史大夫桑弘羊子遷亡，過父

故吏侯史吳。後還捕得，伏法。會赦，侯史吳自出繫獄，廷尉王平與少府徐仁雜治反事，皆以爲桑遷坐父謀反而侯史吳藏之，非匿反者，乃匿爲隨者也。即以赦令除吳罪。後侍御史治實，以桑遷通經術，知父謀反而不諫爭，與反者身無異；侯史吳故三百石吏，首匿遷，不與庶人匿隨從者等，吳不得赦。奏請覆治，劾廷尉、少府縱反者。【略】遂下廷尉平、少府仁獄。【略】延年乃奏記光爭，以爲「吏縱罪人，有常法，今更詆吳爲不道，恐於法深。」

又　卷七四《丙吉傳》　（丙吉）爲光禄大夫給事中。昭帝崩，亡嗣，大將軍光遣吉迎昌邑王賀。賀即位，以行淫亂廢，光與車騎將軍張安世諸大臣議所立，未定。吉奏記光曰：「將軍事孝武皇帝，受繈褓之屬，任天下之寄，孝昭皇帝早崩亡嗣，海內憂懼，欲亟聞嗣主，發喪之日以大誼立後，所立非其人，復以大誼廢之，天下莫不服焉。方今社稷宗廟羣生之命在將軍之壹舉。竊伏聽於衆庶，察其所言，諸侯宗室在位列者，未有所聞於民間也。而遺詔所養武帝曾孫名病已在掖庭外家者，吉前使居郡邸時見其幼少，至今十八九矣，通經術，有美材，行安而節和。願將軍詳大議，參以蓍龜，豈宜褒顯，先使入侍，令天下昭然知之，然後決定大策，天下幸甚！」光覽其議，遂尊立皇曾孫，遣宗正劉德與吉迎曾孫於掖庭。

又　卷七八《蕭望之傳》　（鄭）朋奏記望之曰：「將軍體周、召之德，秉公綽之質，有卞莊之威。至乎耳順之年，履折衝之位，號至將軍，誠士之高致也。窟穴黎庶莫不懽喜，咸曰將軍其人也。今將軍規橅云若管、晏而休，遂行日仄至周、召乃留乎？若管、晏而休，則下走將歸延陵之皐，修農圃之疇，畜雞種黍，竢見二子，没齒而已矣。如將軍昭然度行，積思塞邪枉之險蹊，宣中庸之常政，興周、召之遺業，親日仄之兼聽，則下走其庶幾願竭區區，底厲鋒鍔，奉萬分之一。」

又　卷七九《馮奉世傳》　（馮野王）病，滿三月賜告，與妻子歸杜陵就醫藥。大將軍鳳風御史中丞劾奏野王賜告養病而私自便，持虎符出界歸家，奉詔不敬。杜欽時在大將軍莫府，欽素高野王父子行能，奏記於鳳，爲野王言曰：「竊見令曰，吏二千石告，過長安謁，不分別予賜。今有司以爲予告得歸，賜告不得，是一律兩科，失省刑之意。夫三最予告，令也；病滿三月賜告，詔恩也。令告則得，詔恩則不得，失輕重之差。又二千石病賜告得歸有故事，不得去郡亡著令。傳曰：『賞疑從予，所以廣恩勸功也；罰疑從去，所以慎刑，闕難知也。』今釋令與故事而假不敬之法，甚違闕疑從去之意。即以二千石守千里之地，任兵馬之重，不宜去郡，將以制刑爲後法者，則野王之罪，在未制令前也。刑賞大信，不可不慎。」鳳不聽，竟免野王。

又　卷八三《朱博傳》　（朱）博尤不愛諸生，所至郡輒罷去議曹，曰：「豈可復置謀曹邪！」文學儒吏時有奏記稱説云云，博見謂曰：「如太守漢吏，奉三尺律令以從事耳，亡奈生所言聖人道何也！且持此道歸，堯、舜君出，爲陳説之。」【略】

長陵大姓尚方禁少時嘗盜人妻，見斫，創著其頰。府功曹受賂，白除禁調守尉。博聞知，以他事召見，視其面，果有瘢。博辟左右問禁：「是何等創也？」禁自知情得，叩頭服狀。博笑曰：「大丈夫固時有是。馮翊欲灑卿恥，抆拭用禁，能自效不？」禁且喜且懼，對曰：「必死！」博因敕禁：「毋得泄語，有便宜，輒記言。」

《漢書》卷八四《翟方進傳》　（翟方進）厚李尋，以爲議曹。爲相九歲，綏和二年春熒惑守心，尋奏記言：「應變之權，君侯所自明。往者數白，三光垂象，變動見端，山川水泉，反理視患，民人訛謠，斥事感名。三者既效，可爲寒心。今提揚眉，矢貫中，狼奮角，弓且張，金歷庫，土逆度，輔湛没，火守舍，萬歲之期，近慎朝暮。上無惻怛濟世之功，下無推讓避賢之效，欲當大位，爲具臣以全身，難矣！大責日加，安得但保斥逐之勠？闔府三百餘人，唯君侯擇其中，與盡節轉凶。」

又　卷九九上《王莽傳》　三公言事，稱「敢言之」。

宋・洪適《隸釋》卷一《孔廟置守廟百石孔龢碑》　永興元年六月甲辰朔十八日辛酉，魯相平、行長史事卞、守長擅叩頭死罪，敢言之：司徒、司空府：壬寅詔書，爲孔子廟置百石卒史一人，掌主禮器，選年卌以上，經通一蓺，雜試能奉弘先聖之禮，爲宗所歸者，平叩頭叩頭死罪死罪，謹案文書，守文學掾魯孔龢，師孔憲，户曹史孔覽等雜試，龢修《春秋嚴氏經》，通，高第，事親至孝，能奉先聖之禮，爲宗所歸，除龢，補名狀如牒，平惶恐叩頭，死罪死罪，上司空府。

《後漢書》卷二八上《馮衍傳》注引《東觀記》　（馮）衍更始時

爲偏將軍，與鮑永相善。更始既敗，固守不以時下。建武初，爲揚化大將軍掾，辟鄧禹府，數奏記於禹，陳政言事。

又　卷三四《梁松傳》　永元九年，竇太后崩，松子扈遣從兄檀奏記三府，以爲漢家舊典，崇貴母氏，而梁貴人親育聖躬，不蒙尊號，求得申議。太尉張酺引檀訊問事理，會后召見，因白檀奏記之狀。

又　《梁冀傳》　（郝）絜等連名奏記三府，薦海内高士。

又　卷四一《第五倫傳》　（第五）倫奉公盡節，言事無所依違。諸子或時諫止，輒叱遣之，吏人奏記及便宜者，亦並封上，其無私若此。

又　卷四四《胡廣傳》注引謝承《後漢書》　（李咸）自在相位，約身率下，常食脱粟飯、醬菜而已。不與州郡交通。刺史、二千石牋記，非公事不發省。

又　卷五二《崔駰傳》　（崔駰）與班固、傅毅同時齊名。憲爲車騎將軍，辟駰爲掾。憲府貴重，掾屬三十人，皆故刺史、二千石，唯駰以處士年少，擢在其間。憲擅權驕恣，駰數諫之，及出征匈奴，道路愈多不法，駰爲主簿，前後奏記數十，指切長短。

又　卷七一《朱儁傳》　（朱）儁時猶在中牟。陶謙以儁名臣，數有戰功，可委以大事，乃與諸豪傑共推儁爲太師，因移檄牧伯，同討李傕等，奉迎天子。乃奏記於儁曰：『徐州刺史陶謙、前揚州刺史周乾、琅邪相陰德、東海相劉馗、彭城相汲廉、北海相孔融、沛相袁忠、太山太守應劭、汝南太守徐璆、前九江太守服虔、博士鄭玄等，敢言之行車騎將軍河南尹莫府：國家既遭董卓，重以李傕、郭汜之禍，幼主劫執，忠良殘敝，長安隔絶，不知吉凶，是以臨官尹人，搢紳有識，莫不憂懼，以爲自非明哲雄霸之士，曷能剋濟禍亂！自起兵已來，于兹三年，州郡轉相顧望，未有奮擊之功，而互爭私變，更相疑惑。謙等並共諮諏，議消國難。僉曰：「將軍君侯，既文且武，應運而出，凡百君子，靡不顒顒。」故相率厲，簡選精悍，堪能深入，直指咸陽，多持資糧，足支半歲，謹同心腹，委之元帥。』

又　卷七九下《儒林傳·李育傳》　（李育）深爲同郡班固所重。固奏記薦育於驃騎將軍東平王蒼，由是京師貴戚爭往交之。

南朝梁·劉勰《文心雕龍》卷《書記》　迄至後漢，稍有名品，公府奏記，而郡將奏牋。記之言志，進已志也。牋者，表也，表識其情也。

記、教、舉書

綜述

《漢書》卷七六《張敞傳》注　記，書也，若今之州縣爲符教也。

又　卷八六《何武傳》注　記謂教命之書。

論説

《漢書》卷七六《趙廣漢傳》　（趙廣漢）遷潁川太守。郡大姓原、褚宗族横恣，賓客犯爲盜賊，前二千石莫能禽制。廣漢既至數月，誅原、褚首惡，郡中震栗。先是，潁川豪桀大姓相與爲婚姻，吏俗朋黨。廣漢患之，厲使其中可用者受記，出有案問，既得罪名，行法罰之。【略】

（趙）廣漢嘗記召湖都亭長。

又　《張敞傳》　（張敞）爲京兆九歲，坐與光禄勳楊惲厚善，後惲坐大逆誅，公卿奏惲黨友，不宜處位，等比皆免，而敞奏獨寢不下。敞使賊捕掾絮舜有所案驗。舜以敞劾奏當免，不肯爲敞竟事，私歸其家。人或諫舜，舜曰：『吾爲是公盡力多矣，今五日京兆耳，安能復案事。』敞聞舜語，卽部吏收舜繫獄。是時，冬月未盡數日，案事吏晝夜驗治舜，竟致其死事。舜當出死，敞使主簿持教告舜曰：『五日京兆竟何如？冬月已盡，延命乎？』乃棄舜市。

又　《王尊傳》　（王尊）爲安定太守。到官，出教告屬縣曰：『令長丞尉奉法守城，爲民父母，抑强扶弱，宣恩廣澤，甚勞苦矣。太守以今日至府，願諸君卿勉力正身以率下。故行貪鄙，能變更者與爲治。明慎所職，毋以身試法。』又出教敕掾功曹『各自底厲，助太守爲治。』

又　卷八一《匡衡傳》　（匡）衡子昌爲越騎校尉，醉殺人，繫詔獄。越騎官屬與昌弟且謀篡昌，事發覺，衡免冠徒跣待罪，天子使謁者詔衡冠履，而有司奏衡專地盜土。衡竟坐免。初，衡封僮之樂安鄉，鄉本田

提封三千一百頃，南以閩佰爲界。初元元年，郡圖誤以閩佰爲平陵佰。積十餘歲，衡封臨淮郡，遂封眞平陵佰以爲界，多四百頃。至建始元年，郡乃定國界，上計簿，更定圖，言丞相府。衡謂所親吏趙殷曰：『主簿陸賜故居奏曹，習事曉知國界，署集曹掾。』明年治計時，衡問殷國界事：『曹欲奈何？』殷曰：『賜以爲舉計，令郡實之。恐郡不肯從實，可令家丞上書。』衡曰：『顧當得不耳，何至上書？』亦不告曹使舉也，聽曹爲之。後賜與屬明舉計曰：『案故圖，樂安鄉南以平陵佰爲界，不足故而以閩佰爲界，解何？』郡卽復以四百頃付樂安國。衡遣從史之僮，收取所還田租穀千餘石入衡家。司隸校尉駿、少府忠行廷尉事劾奏『衡監臨盜所主守直十金以上。《春秋》之義，諸侯不得專地，所以一統尊法制也。衡位三公，輔國政，領計簿，知郡實，正國界，計簿已定而背法制，專地盜土以自益，及賜、明阿承衡意，猥舉郡計，亂減縣界，附下罔上，擅以地附益大臣，皆不道。』於是上可其奏，勿治，丞相免爲庶人，終於家。

《漢書》卷八三《薛宣傳》　及日至休吏，賊曹掾張扶獨不肯休，坐曹治事。宣出教曰：『蓋禮貴和，人道尚通。日至，吏以令休，所繇來久。曹雖有公職事，家亦望私恩意。掾宜從衆，歸對妻子，設酒肴，請鄰里，壹關相樂，斯亦可矣！』扶慙愧。官屬善之。

又　《朱博傳》　（朱）博治郡，常令屬縣各用其豪桀以爲大吏，文武從宜。縣有劇賊及它非常，博輒移書以詭責之。其盡力有效，必加厚賞；懷詐不稱，誅罰輒行。以是豪强慹服。姑幕縣有羣輩八人報仇廷中，皆不得。長吏自繫書言府，賊曹掾史自白請至姑幕。事留不出。功曹諸掾卽皆自白，復不出。於是府丞詣閤，博乃見丞掾曰：『以爲縣自有長吏，府未嘗與也，丞掾謂府當與之邪？』閤下書佐入，博口占檄文曰：『府告姑幕令丞：言賊發不得，有書。檄到，令丞就職，游徼王卿力有餘，如律令！』王卿得敕惶怖，親屬失色，晝夜馳騖，十餘日間捕得五人。博復移書曰：『王卿憂公甚效！檄到，齎伐閱詣府。部掾以下亦可用，漸盡其餘矣。』其操持下，皆此類也。

又　卷八六《何武傳》　（刺史何武）行部必先卽學宮見諸生，試其誦論，問以得失，然後入傳舍，出記問墾田頃畝，五穀美惡，已乃見二千石，以爲常。

《後漢書》卷四一《鍾離意傳》　（鍾離意）少爲郡督郵。時部縣亭長有受人酒禮者，府下記案考之。意封還記，入言於太守曰：『【略】今宜先清府內，且闊略遠縣細微之愆。』太守甚賢之，遂任以縣事。

檄書

綜述

《漢書》卷一下《高祖紀》注　檄者，以木簡爲書，長尺二寸，用徵召也。其有急事，則加以鳥羽插之，示速疾也。《魏武奏事》云今邊有警，輒露檄插羽。

論說

《史記》卷九二《淮陰侯列傳》　（韓信）曰：『【略】今大王舉而東，三秦可傳檄而定也。』

又　卷九六《張丞相列傳》　（申屠）嘉爲檄召鄧通詣丞相府，不來，且斬通。

又　卷一下《高祖紀》　上曰：『【略】陳豨反，趙、代地皆豨有。吾以羽檄徵天下兵，未有至者，今計唯獨邯鄲中兵耳。』

又　卷四四《淮南厲王劉長傳》　（淮南厲王劉長）又欲令人衣求盜衣，持羽檄從南方來，呼言曰『南越兵入』，欲因以發兵。

又　卷八三《朱博傳》　（朱）博口占檄文曰：『府告姑幕令丞：言賊發不得，有書。檄到，令丞就職，游徼王卿力有餘，如律令！』

又　卷八四《翟義傳》　（翟義）立信爲天子。義自號大司馬柱天大將軍，以東平王傅蘇隆爲丞相，中尉皐丹爲御史大夫，移檄郡國，言莽鴆殺孝平皇帝，矯攝尊號，今天子已立，共行天罰。

《後漢書》卷一上《光武帝紀》　（建武）二年正月，光武以王郎新盛，乃北徇薊。王郎移檄購光武十萬户，而故廣陽王子劉接起兵薊中以應郎，城內擾亂，轉相驚恐，言邯鄲使者方到，二千石以下皆出迎。

又 卷五《安帝紀》 （永初元年十一月）戊子，敕司隸校尉、冀并二州刺史：『民訛言相驚，棄損舊居，老弱相攜，窮困道路。其各敕所部長吏，躬親曉諭。若欲歸本郡，在所爲封長檄。不欲，勿强。』

又 卷一二《彭寵傳》 （建武二年）秋，帝使遊擊將軍鄧隆救薊。隆軍潞南，浮軍雍奴，遣吏奏狀。帝讀檄，怒謂使吏曰：『營相去百里，其勢豈可得相及？比若還，北軍必敗矣。』

又 卷一三《隗囂傳》 （隗囂）移檄告郡國曰：『漢復元年七月己酉朔。己巳，上將軍隗囂、白虎將軍隗崔、左將軍隗義、右將軍楊廣、明威將軍王遵、雲旗將軍周宗等，告州牧、部監、郡卒正、連率、大尹、尹、尉隊大夫、屬正、屬令：故新都侯王莽，慢侮天地，悖道逆理。鴆殺孝平皇帝，篡奪其位。矯託天命，僞作符書，欺惑衆庶，震怒上帝。反戾飾文，以爲祥瑞。戲弄神祇，歌頌禍殃。楚、越之竹，不足以書其惡。天下昭然，所共聞見。今略舉大端，以喻吏民。

蓋天爲父，地爲母，禍福之應，各以事降。莽明知之，而冥昧觸冒，不顧大忌，詭亂天術，援引史傳。昔秦始皇毁壞謚法，以一二數欲至萬世，而莽下三萬六千歲之曆，言身當盡此度。循亡秦之軌，推無窮之數。是其逆天之大罪也。

分裂郡國，斷絶地絡。田爲王田，賣買不得。規錮山澤，奪民本業。造起九廟，窮極土作。發冢河東，攻劫丘壟。此其逆地之大罪也。

尊任殘賊，信用姦佞，誅戮忠正，覆按口語，赤車奔馳，法冠晨夜，冤繫無辜，妄族衆庶。行炮烙之刑，除順時之法，灌以醇醯，裂以五毒。政令日變，官名月易，貨幣歲改，吏民昏亂，不知所從，商旅窮窘，號泣市道。設爲六管，增重賦斂，刻剝百姓，厚自奉養，苞苴流行，財入公輔，上下貪賄，莫相檢考，民坐挾銅炭，没入鍾官，徒隸殷積，數十萬人，工匠飢死，長安皆臭。既亂諸夏，狂心益悖，北攻强胡，南擾勁越，西侵羌戎，東摘濊貊。使四境之外，並入爲害，緣邊之郡，江海之瀕，滌地無類。故攻戰之所敗，苛法之所陷，饑饉之所夭，疾疫之所及，以萬萬計。其死者則露屍不掩，生者則奔亡流散，幼孤婦女，流離係虜。此其逆人之大罪也。

是故上帝哀矜，降罰于莽，妻子顛殞，還自誅刈。大臣反據，亡形已成。大司馬董忠、國師劉歆、衛將軍王涉，皆結謀内潰，司命孔仁、納言嚴尤、秩宗陳茂，舉衆外降。今山東之兵二百餘萬，已平齊、楚，下蜀、漢，定宛、洛，據敖倉，守函谷，威命四布，宣風中嶽。興滅繼絶，封定萬國，遵高祖之舊制，修孝文之遺德，有不從命，武軍平之。馳使四夷，復其爵號。然後還師振旅，橐弓卧鼓。申命百姓，各安其所，庶無負子之責。

又 卷一九《耿弇傳》 時，光武居邯鄲宮，晝卧温明殿。【耿】弇入造牀下請間，因説曰：『【略】公首事南陽，破百萬之軍；今定河北，據天府之地。以義征伐，發號響應，天下可傳檄而定。』

又 卷二六《伏隆傳》 （伏）隆字伯文，少以節操立名，仕郡督郵。建武二年，詣懷宮，光武甚親接之。時，張步兄弟各擁强兵，據有齊地，拜隆爲太中大夫，持節使青、徐二州，招降郡國。隆移檄告曰：『乃者，猾臣王莽，弑帝盜位。宗室興兵，除亂誅莽，故羣下推立聖公，以主宗廟。而任用賊臣，殺戮賢良，三王作亂，盜賊從横，忤逆天心，卒爲赤眉所害。皇天祐漢，聖哲應期，陛下神武奮發，以少制衆。故尋、邑以百萬之軍，潰散於昆陽，王郎以全趙之師，土崩於邯鄲，大彤、高胡望旗消靡，鐵脛、五校莫不摧破。梁王劉永，幸以宗室屬籍，爵爲侯王，不知厭足，自求禍棄，遂封爵牧守，造爲詐逆。今虎牙大將軍屯營十萬，已拔睢陽，劉永奔迸，家已族矣。此諸君所聞也。不先自圖，後悔何及！』青、徐羣盜得此惶怖，獲索賊右師郎等六校即時皆降。

又 卷二九《鮑昱傳》 （鮑昱）爲沘陽長，政化仁愛，境内清淨。荆州刺史表上之，再遷，中元元年，拜司隸校尉。詔昱詣尚書，使封胡降檄。光武遣小黄門問昱有所怪不？對曰：『臣聞故事通官文書不著姓，又當司徒露布，怪使司隸下書而著姓也。』帝報曰：『吾固欲令天下知忠臣之子復爲司隸也。』

又 卷三一《廉范傳》 （廉范）爲雲中太守。會匈奴大入塞，烽火日通。故事，虜人過五千人，移書傍郡。吏欲傳檄求救，范不聽，自率士卒拒之。

又 卷八八《西域傳》 光武初，康率傍國拒匈奴，擁衛故都護吏士妻子千餘口，檄書河西，問中國動靜，自陳思慕漢家。

公文管理制度分部

公文保密

綜　述

《宋書》卷四〇《百官志》　漢制不得刺尚書事是也。

論　說

《漢書》卷八《宣帝紀》　上始親政事，又思報大將軍功德，乃復使樂平侯山領尚書事，而令羣臣得奏封事，以知下情。五日一聽事，自丞相以下各奉職奏事，以傅奏其言，考試功能。侍中尚書功勞當遷及有異善，厚加賞賜，至於子孫，終不改易。樞機周密，品式備具，上下相安，莫有苟且之意也。

又　卷六三《昌邑哀王劉髆傳》　（宣帝）即位，心内忌賀，元康二年遣使者賜山陽太守張敞璽書曰：『制詔山陽太守：其謹備盜賊，察往來過客。毋下所賜書。』

又　卷六八《霍光傳》　（霍）顯及禹、山、雲自見日侵削，數相對啼泣，自怨。【略】山又坐寫秘書，顯爲上書獻城西第，入馬千匹，以贖山罪。

又　卷六九《辛慶忌傳》　（辛慶忌）爲光禄勳。時，數有灾異。丞相司直何武上封事曰：『虞有宫之奇，晋獻不寐；衛青在位，淮南寢謀。故賢人立朝，折衝厭難，勝於亡形。《司馬法》曰：「天下雖安，忘戰必危。」夫將不豫設，則亡以應卒；士不素厲，則難使死敵。是以先帝建列將之官，近戚主内，異姓距外，故姦軌不得萌動而破滅，誠萬世之長册也。光禄勳慶忌行義修正，柔毅敦厚，謀慮深遠。前在邊郡，數破敵獲虜，外夷莫不聞。乃者大異並見，未有其應。加以兵革久寢。《春秋》大灾未至而豫禦之，慶忌宜在爪牙官以備不虞。』其後拜爲右將軍、諸吏、散騎，給事中，歲餘徙爲左將軍。

又　卷七五《京房傳》　（京）房爲魏郡太守，秩八百石，居得以考功法治郡。房自請，願無屬刺史，得除用他郡人，自第吏千石以下，歲竟乘傳奏事。天子許焉。

房自知數以論議爲大臣所非，内與石顯、五鹿充宗有隙，不欲遠離左右，及爲太守，憂懼。房以建昭二年二月朔拜，上封事曰：『辛酉以來，蒙氣衰去，太陽精明，臣獨欣然，以爲陛下有所定也。然少陰倍力而乘消息。臣疑陛下雖行此道，猶不得如意，臣竊悼懼。守陽平侯鳳欲見未得，至己卯，臣拜爲太守，此言上雖明下猶勝之效也。臣出之後，恐必爲用事所蔽，身死而功不成，故願歲盡乘傳奏事，蒙哀見許。乃辛巳，蒙氣復乘卦，太陽侵色，此上大夫覆陽而上意疑也。己卯、庚辰之間，必有欲隔絶臣令不得乘傳奏事者。』

房未發，上令陽平侯鳳承制詔房，止無乘傳奏事。房意愈恐，去至新豐，因郵上封事曰：『臣前以六月中言《遯卦》不效，法曰：「道人始去，寒，涌水爲灾。」至其七月，涌水出。臣弟子姚平謂臣曰：「房可謂知道，未可謂信道也。房言灾異，未嘗不中，今涌水已出，道人當逐死，尚復何言？」臣曰：「陛下至仁，於臣尤厚，雖言而死，臣猶言也。」平又曰：「房可謂小忠，未可謂大忠也。昔秦時趙高用事，有正先者，非刺高而死，高威自此成，故秦之亂，正先趣之。」今臣得出守郡，自詭效功，恐未效而死。惟陛下毋使臣塞涌水之異，當正先之死，爲姚平所笑。』

房至陝，復上封事曰：『乃丙戌小雨，丁亥蒙氣去，然少陰并力而乘消息，戊子益甚，到五十分，蒙氣復起。此陛下欲正消息，雜卦之黨并力而爭，消息之氣不勝。强弱安危之機不可不察。己丑夜，有還風，盡辛卯，太陽復侵色，至癸巳，日月相薄，此邪陰同力而太陽爲之疑也。臣前白九年不改，必有星亡之異。臣願出任良試考功，臣得居内，星亡之異可去。議者知如此於身不利，臣不可蔽，故云使弟子不若試師。臣爲刺史又當奏事，故復云爲刺史恐太守不與同心，不若以爲太守，此其所以隔絶臣也。陛下不違其言而遂聽之，此乃蒙氣所以不解，太陽亡色者也。臣去朝稍遠，太陽侵色益甚，唯陛下毋難還臣而易逆天意。邪説雖安于人，天氣必變，故人可欺，天不可欺也，願陛下察焉。』房去月餘，竟徵下獄。

又　卷七六《王商傳》　（王）商死後，連年日蝕、地震，直臣京兆尹王章上封事召見，訟商忠直無罪，言鳳顓權蔽主。

又　卷八六《師丹傳》　會有上書言古者以龜貝爲貨，今以錢易之，民以故貧，宜可改幣。上以問丹，丹對言可改。章下有司議，皆以爲行錢以來久，難卒變易。丹老人，忘其前語，後從公卿議。又丹使吏書奏，吏私寫其草，丁、傅子弟聞之，使人上書告丹上封事行道人徧持其書。上以問將軍中朝臣，皆對曰：『忠臣不顯諫，大臣奏事不宜漏泄，令吏民傳寫流聞四方。「臣不密則失身」，宜下廷尉治。』事下廷尉，廷尉劾丹大不敬。事未決，給事中博士申咸、炔欽上書言：『丹經行無比，自近世大臣能若丹者少。發憤懣，奏封事，不及深思遠慮，使主簿書，漏泄之過不在丹。以此貶黜，恐不厭衆心。』尚書劾咸、欽：『幸得以儒官選擢備腹心，上所折中定疑，知丹社稷重臣，議罪處罰，國之所慎，咸、欽初傳經義以爲當治，事以暴列，乃復上書妄稱譽丹，前後相違，不敬。』上貶咸、欽秩各二等，遂策免丹曰：『【略】及君奏封事，傳於道路，布聞朝市，言事者以爲大臣不忠，辜陷重辟，獲虚采名，謗譏匈匈，流於四方。腹心如此，謂疏者何？殆謬於二人同心之利焉，將何以率示羣下，附親遠方？【略】以君嘗託傅位，未忍考於理，已詔有司赦君勿治。其上大司空高樂侯印綬，罷歸。』

又　卷九九中《王莽傳》　（王莽）策命統睦侯陳崇曰：『【略】漏泄省中及尚書事者，「機事不密則害成」也。』

晋・司馬彪《續漢書・律曆志下》補注引蔡邕曰　顧念元初中故尚書郎張俊，坐漏泄事，當伏重刑，已出谷門，復聽讀鞠，詔書馳救，減罪一等，輸作左校。

《後漢書》卷一下《光武帝紀》　（建武七年三月）癸亥晦，日有食之，避正殿，寢兵，不聽事五日。詔曰：『吾德薄致灾，謫見日月，戰慄恐懼，夫何言哉！今方念愆，庶消厥咎。其令有司各修職任，奉遵法度，惠茲元元。百僚各上封事，無有所諱。』

又　卷五《安帝紀》　（建光元年）冬十一月己丑，郡國三十五地震，或坼裂。詔三公已下，各上封事陳得失。

又　卷五七《李雲傳》　（李）雲素剛，憂國將危，心不能忍，乃露布上書，移副三府【略】帝得奏震怒，下有司逮雲，詔尚書都護劍戟送黄門北寺獄，使中常侍管霸與御史廷尉雜考之。

又　卷七九上《儒林傳・楊倫》　（楊倫）拜侍中。是時，邵陵令任嘉在職貪穢，因遷武威太守，後有人奏嘉臧罪千萬，徵考廷尉，其所牽染將相大臣百有餘人。倫乃上書曰：『臣聞《春秋》誅惡及本，本誅則惡消；振裘持領，領正則毛理。今任嘉所坐狼籍，未受辜戮，猥以垢身，改典大郡，自非案坐舉者，無以禁絶姦萌。往者湖陸令張疊、蕭令駟賢、徐州刺史劉福等，釁穢既章，咸伏其誅，而豺狼之吏至今不絶者，豈非本舉之主不加之罪乎？昔齊威之霸，殺姦臣五人，并及舉者，以弭謗讟。當斷不斷，《黄石》所戒。夫聖王所以聽僮夫匹婦之言者，猶塵加嵩岱，霧集淮海，雖未有益，不爲損也。惟陛下留神省察。』奏御，有司以倫言切直，辭不遜順，下之。尚書奏倫探知密事，徼以求直。坐不敬，結鬼薪。詔書以倫數進忠言，特原之，免歸田里。

《宋書》卷四〇《百官志下》　刺之爲言猶參覘也。寫書亦謂之刺。漢制不得刺尚書事是也。

漢・應劭《風俗通義》卷九九中《窮通篇》　司徒潁川韓演伯南爲丹陽太守，坐從兄季朝爲南陽太守刺探尚書，演法車徵。

禁僞作公文

綜述

《張家山漢墓竹簡・二年律令・賊律》　僞寫皇帝信璽、皇帝行璽，要斬以匀。【略】

僞寫徹侯印，棄市；小官印，完爲城旦舂。【略】

矯制，害者，棄市；不害，罰金四兩。【略】

諸上書及有言也而謾，完爲城旦舂。其誤、不審，罰金四兩。【略】

爲僞書者，黥完爲城旦舂。【略】

諸詐增減券書，及爲書故詐、弗副，其以避負償，若受賞賜財物，皆

坐臧爲盜。其以避論，及所不當（得爲），以所避罪罪之。所避毋罪名，罪名不盈四兩，及毋避也，皆罰金四兩。

論　說

《史記》卷一九《惠景間侯者年表》　元光四年，侯嬰坐爭灌夫事上書稱爲先帝詔，矯制害，棄市，國除。

又　卷二〇《建元以來侯者年表》　（元鼎）元年，侯伉坐矯制不害，國除。【略】

（元封）四年四月，侯恢坐使酒泉矯制害，當死，贖，國除。

又　卷一〇七《魏其武安侯列傳》　孝景時，魏其常受遺詔，曰『事有不便，以便宜論上』。及繫，灌夫罪至族，事日急，諸公莫敢復明言於上。魏其乃使昆弟子上書言之，幸得復召見。書奏上，而案尚書大行無遺詔。詔書獨藏魏其家，家丞封。乃劾魏其矯先帝詔，罪當棄市。五年十月，悉論灌夫及家屬。魏其良久乃聞，聞即恚，病痱，不食欲死。或聞上無意殺魏其，魏其復食，治病，議定不死矣。乃有蜚語爲惡言聞上，故以十二月晦論棄市渭城。

又　卷一二〇《汲鄭列傳》　河內失火，延燒千餘家，上遣黯往視之。還報曰：『家人失火，屋比延燒，不足憂也。臣過河南，河南貧人傷水旱萬餘家，或父子相食，臣謹以便宜，持節發河南倉粟以振貧民。臣請歸節，伏矯制之罪。』上賢而釋之，遷爲滎陽令。

又　卷一二九《貨殖列傳》　吏士舞文弄法，刻章僞書，不避刀鋸之誅者，沒於賂遺也。

《漢書》卷八《宣帝紀》　詔曰：『【略】方今天下少事，繇役省減，兵革不動，而民多貧，盜賊不止，其咎安在？上計簿，具文而已，務爲欺謾，以避其課。三公不以爲意，朕將何任？諸請詔省卒徒自給者皆止。御史察計簿，疑非實者，按之，使眞僞毋相亂。』

又　卷一五上《王子侯表》　（平城侯禮）坐恐猲取雞以令買償免，復謾，完爲城旦。【略】

（涉侯綰）離石上書謾，耐爲鬼薪。

又　卷一五下《王子侯表》　（新利侯偃）坐上書謾，免，復更封户都侯，建始三年又上書謾，免。

又　卷一七《景武昭宣元成功臣表》　（衆利侯郝賢）坐爲上谷太守入戍卒財物，上計謾，免。

又　卷六四《終軍傳》　元鼎中，博士徐偃使行風俗。偃矯制，使膠東、魯國鼓鑄鹽鐵，還，奏事，徙爲太常丞。御史大夫張湯劾偃矯制大害，法至死。偃以爲《春秋》之義，大夫出疆，有可以安社稷，存萬民，顓之可也。湯以致其法，不能詘其義，有詔下軍問狀，軍詰偃曰：『古者諸侯國異俗分，百里不通，時有聘會之事，安危之勢，呼吸成變，故有不受辭造命顓己之宜；今天下爲一，萬里同風，故《春秋》「王者無外」。偃巡封域之中，稱以出疆何也？且鹽鐵，郡有餘臧，正二國廢，國家不足以爲利害，而以安社稷存萬民爲辭，何也？』又詰偃：『膠東南近琅邪，北接北海，魯國西枕泰山，東有東海，受其鹽鐵。偃度四郡口數、田地，率其用器食鹽，不足以並給二郡邪？將勢宜有餘，而吏不能也？何以言之？偃矯制而鼓鑄者，欲及春耕種贍民器也。今魯國之鼓，當先具其備，至秋乃能舉火。此言與實反者非？偃已前三奏，無詔，不惟所爲不許，而直矯作威福，以從民望，干名采譽，此明聖所必加誅也。「枉尺直尋」，孟子稱其不可；今所犯罪重，所就者小，偃自予必死而爲之邪？將幸誅不加，欲以采名也？』偃窮詘，服罪當死。軍奏『偃矯制顓行，非奉使體，請下御史徵偃即罪』。奏可。

又　卷七〇《陳湯傳》　初，中書令石顯嘗欲以姊妻延壽，延壽不取。及丞相、御史亦惡其矯制，皆不與湯。湯素貪，所鹵獲財物入塞多不法。司隸校尉移書道上，繫吏士按驗之。湯上疏言：『臣與吏士共誅郅支單于，幸得禽滅，萬里振旅，宜有使者迎勞道路。今司隸反逆收繫按驗，是爲郅支報讎也』！上立出吏士，令縣道具酒食以過軍。既至，論功，石顯、匡衡以爲『延壽、湯擅興師矯制，幸得不誅，如復加爵土，則後奉使者爭欲乘危徼幸，生事於蠻夷，爲國招難，漸不可開。』元帝內嘉延壽、湯功，而重違衡、顯之議，議久不決。

又　卷七二《貢禹傳》　（貢）禹又言：『（武帝）自見功大威行，遂從耆欲，用度不足，乃行壹切之變，使犯法者贖罪，入穀者補吏，是以

天下奢侈，官亂民貧，盜賊並起，亡命者衆。郡國恐伏其誅，則擇便巧史書習於計簿能欺上府者，以爲右職；姦軌不勝，則取勇猛能操切百姓者，以苛暴威服下者，使居大位。故亡義而有財者顯於世，欺謾而善書者尊於朝，誖逆而勇猛者貴於官。故俗皆曰：「何以孝弟？爲財多而光榮。何以禮義爲？史書而仕宦。何以謹慎爲？勇猛而臨官。」』

又　卷七七《孫寶傳》　（孫寶）遷諫大夫。鴻嘉中，廣漢羣盜起，選爲益州刺史。廣漢太守扈商者，大司馬車騎將軍王音姊子，軟弱不任職。寶到部，親入山谷，諭告羣盜，非本造意。渠率皆得悔過自出，遣歸田里。自劾矯制，奏商爲亂首，《春秋》之義，誅首惡而已。商亦奏寶所縱或有渠率當坐者。商徵下獄，寶坐失死罪免。

又　卷七九《馮奉世傳》　先是時，漢數出使西域，多辱命不稱，或貪汙，爲外國所苦。是時，烏孫大有擊匈奴之功，而西域諸國新輯，漢方善遇，欲以安之，選可使外國者。前將軍增舉奉世以衛候使持節送大宛諸國客。至伊修城，都尉宋將言莎車與旁國共攻殺漢所置莎車王萬年，並殺漢使者奚充國。時匈奴又發兵攻車師城，不能下而去。莎車遣使揚言北道諸國已屬匈奴矣，於是攻劫南道，與歃盟畔漢，從鄯善以西皆絶不通。都護鄭吉、校尉司馬意皆在北道諸國間。奉世與其副嚴昌計，以爲不亟擊之則莎車日强，其勢難制，必危西域。遂以節諭告諸國王，因發其兵，南北道合萬五千人進擊莎車，攻□其城。莎車王自殺，傳其首詣長安。諸國悉平，威振西域。奉世乃罷兵以聞。【略】奉世遂西至大宛。大宛聞其斬莎車王，敬之異於他使。得其名馬象龍而還。上甚說，下議封奉世。丞相、將軍皆曰：『《春秋》之義，大夫出疆，有可以安國家，則顓之可也。奉世功效尤著，宜加爵土之賞。』少府蕭望之獨以奉世奉使有指，而擅矯制違命，發諸國兵，雖有功效，不可以爲後法。即封奉世，開後奉使者利，以奉世爲比，爭逐發兵，要功萬里之外，爲國家生事於夷狄。漸不可長，奉世不宜受封。上善望之議，以奉世爲光禄大夫、水衡都尉。【略】

（馮）奉世死後二年，西域都護甘延壽以誅郅支單于封爲列侯。時，丞相匡衡亦用延壽矯制生事，據蕭望之前議，以爲不當封，而議者咸美其功，上從衆而侯之。於是杜欽上疏，追訟奉世前功曰：『前莎車王殺漢使者，約諸國背畔。左將軍奉世以衛候便宜發兵誅莎車王，策定城郭，功施邊境。議者以奉世奉使有指，《春秋》之義亡遂事，漢家之法有矯制，故不得侯。今匈奴郅支單于殺漢使者，亡保康居，都護延壽發城郭兵屯田吏士四萬餘人以誅斬之，封爲列侯。臣愚以爲比罪則郅支薄，量敵則莎車衆，用師則奉世寡，計勝則奉世爲功於邊境安，慮敗則延壽爲禍於國家深。其違命而擅生事同，延壽割地封，而奉世獨不録。臣聞功同賞異則勞臣疑，罪鈞刑殊則百姓惑；疑生無常，惑生不知所從；亡常則節趨不立，不知所從則百姓無所錯手足。奉世圖難忘死，信命殊俗，威功白著，爲世使表，獨抑厭而不揚，非聖主所以塞疑厲節之意也。願下有司議。』上以先帝時事，不復録。

又　卷九三《佞幸傳·石顯》　（石）顯内自知擅權事柄在掌握，恐天子一旦納用左右耳目，有以間己，乃時歸誠，取一言以爲驗。顯嘗使至諸官有所徵發，顯先自白，恐後漏盡宮門閉，請使詔吏開門。上許之。顯故投夜還，稱詔開門入。後果有人上書告顯顓命矯詔開宮門，天子聞之，笑以其書示顯。

《後漢書》卷四六《郭躬傳》　有兄弟共殺人者，而罪未有所歸。帝以兄不訓弟，故報兄重而減弟死。中常侍孫章宣詔，誤言兩報重，尚書奏章矯制，罪當腰斬。帝復召躬問之，躬對『章應罰金』。帝曰：『章矯詔殺人，何謂罰金？』躬曰：『法令有故、誤，章傳命之繆，於事爲誤，誤者其文則輕。』帝曰：『章與囚同縣，疑其故也。』躬曰：『「周道如砥，其直如矢。」「君子不逆詐。」君王法天，刑不可以委曲生意。』帝曰：『善。』

又　卷六五《段熲傳》　（段熲）遷遼東屬國都尉。時鮮卑犯塞，熲即率所領馳赴之。既而恐賊驚去，乃使驛騎詐齎璽書詔熲，熲於道僞退，潛於還路設伏。虜以爲信然，乃入追熲。熲因大縱兵，悉斬獲之。坐詐璽書伏重刑，以有功論司寇。刑竟，徵拜議郎。

公文存檔

綜　述

《漢書》卷一九上《百官公卿表》　（御史）中丞，在殿中蘭臺，掌圖籍秘書

南朝梁·蕭統《文選》卷二四《答賈謐詩》李善注引謝承《後漢書》　【略】高祖及光武之後，將相名臣策文通訓，條在南宮，秘于省閣，唯臺郎升複道取急，因得開覽。

論　説

《漢書》卷二三《刑法志》　張湯、趙禹之屬，條定法令，作見知故縱、監臨部主之法，緩深故之罪，急縱出之誅。其後姦猾巧法，轉相比況，禁罔寖密。律、令凡三百五十九章，大辟四百九條，千八百八十二事，死罪決事比萬三千四百七十二事。文書盈於几閣，典者不能徧睹。是以郡國承用者駮，或罪同而論異。姦吏因緣爲市，所欲活則傅生議，所欲陷則予死比，議者咸冤傷之。

又　卷七四《魏相傳》　（魏）相明《易經》，有師法，好觀漢故事及便宜章奏，以爲古今異制，方今務在奉行故事而已。數條漢興已來國家便宜行事，及賢臣賈誼、鼂錯、董仲舒等所言，奏請施行之，曰：『【略】竊伏觀先帝聖德仁恩之厚，勤勞天下，垂意黎庶，憂水旱之灾，爲民貧窮發倉廩，振乏餧；遣諫大夫博士巡行天下，察風俗，舉賢良，平冤獄，冠蓋交道；省諸用，寬租賦，弛山澤波池，禁秣馬酤酒貯積，所以周急繼困，慰安元元，便利百姓之道甚備。臣相不能悉陳，昧死奏故事詔書凡二十三事。』

又　卷八一《孔光傳》　（孔）光以高第爲尚書，觀故事品式，數歲明習漢制及法令。上甚信任之，轉爲僕射、尚書令。【略】數年，遷諸吏光禄大夫，秩中二千石，給事中，賜黃金百斤，領尚書事。後爲光禄勳，復領尚書，諸吏給事中如故，凡典樞機十餘年，守法度，修故事。

又　卷八二《史丹傳》　竟寧元年，上寢疾，傅昭儀及定陶王常在左右，而皇后、太子希得進見。上疾稍侵，意忽忽不平，數問尚書以景帝時立膠東王故事。

又　卷九八《元后傳》　是日，詔尚書奏文帝時誅將軍薄昭故事。

南朝梁·蕭統《文選》卷二四陸士衡《答賈長淵一首》李善注引謝承《後漢書》　（謝煚）爲尚書侍郎，每讀高祖及光武之後將相名臣策文通訓，條在南宮，秘於省閣，唯臺郎升複道取急，因得開覽。

《後漢書》卷四七《班超傳》注引《續漢志》　蘭臺令史六人，秩百石，掌書劾奏及印，主文書。

晉·司馬彪《續漢書·律曆志下》補注引蔡邕曰　願下東觀，推求諸奏，參以璽書，以補綴遺闕，昭明國體。

《後漢書》卷二四《馬援傳》　（馬）援在隴西上書，言宜如舊鑄五銖錢。事下三府，三府奏以爲未可許，事遂寢。及援還，從公府求得前奏【略】

又　卷二六《侯霸傳》　（侯霸）拜尚書令。時無故典，朝廷又少舊臣，霸明習故事，收録遺文，條奏前世善政法度有益於時者，皆施行之。

又　卷三二《樊準傳》　永初之初，連年水旱灾異，郡國多被饑困，準上疏曰：『【略】伏見被灾之郡，百姓彫殘，恐非賑給所能勝贍，雖有其名，終無其實。可依征和元年故事，遣使持節慰安。』【略】（樊準）視事三年，以疾徵，三轉爲尚書令，明習故事，遂見任用。

又　卷三三《鄭弘傳》　（鄭弘）前後所陳有補益王政者，皆著之南宮，以爲故事。

又　卷五四《楊賜傳》　中平元年，黄巾賊起，賜被召會議詣省閣，切諫忤旨，因以寇賊免。先是，黄巾帥張角等執左道，稱大賢，以誑耀百姓，天下繦負歸之。賜時在司徒，召掾劉陶告曰：『張角等遭赦不悔，而稍益滋蔓，今若下州郡捕討，恐更騷擾，速成其患。且欲切敕刺史、二千石，簡別流人，各護歸本郡，以孤弱其黨，然後誅其渠帥，可不勞而定，何如？』陶對曰：『此孫子所謂不戰而屈人之兵，

廟勝之術也。』賜遂上書言之。會去位，事留中。後帝徙南宫。閲録故事，得賜所上張角奏及前侍講注籍，乃感悟，下詔封賜臨晉侯，邑千五百户。

又 卷六一《黄瓊傳》 （黄）瓊隨父在臺閣，習見故事。及後居職，達練官曹，爭議朝堂，莫能抗奪。時連有灾異，瓊上疏順帝曰：『【略】陛下宜開石室，案《河》《洛》，外命史官，悉條上永建以前至漢初灾異，與永建以後訖於今日，孰爲多少。又使近臣儒者參考政事，數見公卿，察問得失。【略】』

又 卷六一《左雄傳》 （左）雄復諫曰：『【略】臣伏見詔書顧念阿母舊德宿恩，欲特加顯賞。案尚書故事，無乳母爵邑之制，唯先帝時阿母王聖爲野王君。【略】』

自雄掌納言，多所匡肅，每有章表奏議，臺閣以爲故事。

又 卷六五《段熲傳》 （段熲）遷遼東屬國都尉。時鮮卑犯塞，熲即率所領馳赴之。既而恐賊驚去，乃使驛騎詐齎璽書詔熲，熲於道偽退，潛於還路設伏。虜以爲信然，乃入追熲。熲因大縱兵，悉斬獲之。坐詐璽書伏重刑，以有功論司寇。刑竟，徵拜議郎。

又 卷六六《王允傳》 （王允）爲司徒，守尚書令如故。及董卓遷都關中，允悉收斂蘭臺、石室圖書秘緯要者以從。既至長安，皆分別條上，又集漢朝舊事所當施用者，一皆奏之。經籍具存，允有力焉。

南朝梁·劉勰《文心雕龍》卷五《章表》 按《七略》《藝文》，謡詠必録，章表奏議，經國之樞機，然闕而不纂者，乃各有故事而在職司也。

人事制度部

行政編制分部

行政編制制定原則

綜述

《漢書》卷一九上《百官公卿表》 相國、丞相，皆秦官，金印紫綬，掌丞天子，助理萬機。秦有左右，高帝即位，置一丞相，十一年更名相國，緑綬。孝惠、高后置左右丞相，文帝二年復置一丞相。

太尉，秦官，金印紫綬，掌武事。武帝建元二年省。元狩四年初置大司馬，以冠將軍之號。宣帝地節三年置大司馬，不冠將軍，亦無印綬官屬。成帝綏和元年初賜大司馬金印紫綬，置官屬，禄比丞相，去將軍。哀帝建平二年復去大司馬印綬、官屬，冠將軍如故。元壽二年復賜大司馬印綬，置官屬，去將軍，位在司徒上。

御史大夫，秦官，位上卿，銀印青綬，掌副丞相。【略】成帝綏和元年更名大司空，金印紫綬，禄比丞相，置長史如中丞，官職如故。

太傅，古官，高后元年初置，金印紫綬。後省，八年復置。後省，哀帝元壽二年復置。位在三公上。

太師、太保，皆古官，平帝元始元年皆初置，金印紫綬。太師位在太傅上，太保次太傅。

前後左右將軍，皆周末官，秦因之，位上卿，金印紫綬。漢不常置，或有前後，或有左，右皆掌兵及四夷。

徹侯金印紫綬，避武帝諱，曰通侯，或曰列侯【略】

縣令、長，皆秦官，掌治其縣。萬户以上爲令，秩千石至六百石。減萬户爲長秩，五百石至三百石。皆有丞、尉，秩四百石至二百石，是爲長

吏。百石以下有斗食、佐史之秩，是爲少吏。

凡吏秩比二千石以上，皆銀印青綬，光禄大夫無。秩比六百石以上，皆銅印黑綬，大夫、博士、御史、謁者、郎無。其僕射、御史治書尚符璽者，有印綬。比二百石以上，皆銅印黄綬。成帝陽朔二年除八百石、五百石秩。綏和元年，長、相皆黑綬。哀帝建平二年，復黄綬。

晉·司馬彪《續漢書·百官志一·太尉條》引《漢舊儀》 或曰：漢初掾史辟，皆上言之，故有秩比命士，其所不言，則爲百石屬。其後皆自辟除，故通爲百石云。

宋·李昉等《太平御覽》卷二六三《職官部》六一《别駕》引應劭《漢官儀》 元帝時，丞相于定國條州大小，爲設吏員，治中别駕、諸部從事秩皆百石。

内外官總額統計

《漢書》卷一九上《百官公卿表》 （哀帝建平二年）自佐史至丞相，十二萬二百八十五人。

唐·杜佑《通典》卷三六《職官》一八《秩品》 （後漢）内外文武官七千五百六十七人，一千五十五人内，六千五百一十二人外。内外諸色職掌人一十四萬五千四百一十九人，一萬四千二百二十五人内職掌：令史、御屬、從事、職佐、員吏、待詔、卒騎、治禮郎、假佐、官騎及鼓吹、宰者、屠者、士衛、緹騎、導從、領士、烏桓騎等。一十三萬一千一百九十四人外職掌：員吏、書佐、假佐、亭長、鄉有秩、三老、游徼、家什等。都計内外官及職掌人十五萬二千九百八十六人。其鄉有里魁，里數及命數未詳。

精簡機構與裁汰冗員

《史記》卷六〇《三王世家》 『大司馬臣去病昧死再拜上疏皇帝陛下：陛下過聽，使臣去病待罪行間。宜專邊塞之思慮，暴骸中野無以報，乃敢惟他議以干用事者，誠見陛下憂勞天下，哀憐百姓以自忘，虧膳貶樂，損郎員。【略】』三月乙亥，御史臣光守尚書令奏未央宫。制曰：『下御史。』

又 卷四《文帝紀》 （文帝六年）夏四月，大旱，蝗。令諸侯無入貢，弛山澤，減諸服御，損郎吏員，發倉庾以振民，民得賣爵。

又 卷五《景帝紀》 （景帝）三年冬十一月，罷諸侯御史大夫官。

又 卷七《昭帝紀》 （始元六年）秋七月，罷榷酤官，令民得以律占租，賣酒升四錢。【略】

元平元年春二月，詔曰：『天下以農桑爲本，日者省用，罷不急官。』

又 卷一〇《成帝紀》 （建始二年）罷六廐、技巧官。【略】

（建始）四年春，罷中書宦官，初置尚書員五人。【略】

（元延四年）二月，罷司隸校尉官。

《後漢書》卷一下《光武帝紀》 （建武六年）六月辛卯，詔曰：『夫張官置吏，所以爲人也。今百姓遭難，户口耗少，而縣官吏職所置尚繁，其令司隸、州牧各實所部，省減吏員。縣國不足置長吏可并合者，上大司徒、大司空二府。』於是條奏并省四百餘，縣吏職減損，十置其一。

（建武六年）初罷郡縣都尉官。

（建武七年）二月辛巳，罷護漕都尉官。

（建武七年）省長水、射聲二校尉官。

（建武九年）省關都尉，復置護羌校尉官。

（建武十一年）夏四月丁卯，省大司徒司直官。

（建武十一年）省朔方牧，并并州。

（建武十三年）夏四月）罷左右將軍官。

又 卷二《明帝紀》 （永平）十二年春正月，益州徼外夷哀牢王相率内屬，於是置永昌郡，罷益州西部都尉。

又 卷三《章帝紀》 （建初元年春正月）罷戊己校尉官。

又 卷四《和帝紀》 （永元四年）二月戊戌，詔有司省減内外廐及涼州諸苑馬。

又 卷七《桓帝紀》 （延熹四年）三月，省冗從右僕射官。【略】

（延熹）五年春正月，省太官右監丞。【略】

（延熹五年八月）己卯，罷琅邪都尉官。【略】

（延熹八年）五月壬申，罷太山都尉官。

培養制度分部

培養目標

綜　述

《史記》卷八七《李斯列傳》（李斯）上書曰：『古者天下散亂，莫能相一，是以諸侯並作，語皆道古以害今，飾虚言以亂實，人善其所私學，以非上所建立。今陛下并有天下，辯白黑而定一尊；而私學乃相與非法教之制，聞令下，卽各以其私學議之，入則心非，出則巷議，非主以爲名，異趣以爲高，率羣下以造謗。如此不禁，則主勢降乎上，黨與成乎下。禁之便。臣請諸有文學《詩》《書》百家語者，蠲除去之。令到滿三十日弗去，黥爲城旦。所不去者，醫藥卜筮種樹之書。若有欲學者，以吏爲師。』始皇可其議，收去《詩》《書》百家之語以愚百姓，使天下無以古非今，明法度，定律令，皆以始皇起。

《漢書》卷七五《夏侯勝傳》（夏侯）勝每講授，常謂諸生曰：『士病不明經術，經術苟明，其取青紫如俛拾地芥耳。學經不明，不如歸耕。』

又　卷八八《儒林傳贊》　自武帝立《五經》博士，開弟子員，設科射策，勸以官禄，訖於元始，百有餘年，傳業者寖盛，支葉蕃滋，一經説至百餘萬言，大師衆至千餘人，蓋禄利之路然也。

論　説

《後漢書》卷七六《任延傳》（武威太守任延）又造立校官，自掾吏子孫，皆令詣學受業，復其徭役。章句既通，悉顯拔榮進之。郡遂有儒雅之士。

又　卷七九下《儒林傳·楊仁》（楊仁）拜什邡令。寬惠爲政，勸課掾史弟子，悉令就學。其有通明經術者，顯之右署，或貢之朝，由是義學大興。

培養方式

綜　述

太　學

漢·董仲舒《春秋繁露》卷一《玉杯第二》　君子知在位者之不能以惡服人也，是故簡六藝以贍養之。《詩》《書》序其志，《禮》《樂》純其美，《易》《春秋》明其知。六學皆大，而各有所長。《詩》道志，故長於質；《禮》制節，故長於文；《樂》詠德，故長於風；《書》著功，故長於事；《易》本天地，故長於數；《春秋》是非，故長於治人。能兼得其所長，而不能偏舉其詳也。

《史記》卷六《秦始皇本紀》　始皇置酒咸陽宫，博士七十人前爲壽。僕射周青臣進頌曰：『他時秦地不過千里，賴陛下神靈明聖，平定海内，放逐蠻夷，日月所照，莫不賓服。以諸侯爲郡縣，人人自安樂，無戰爭之患，傳之萬世。自上古不及陛下威德。』始皇悦。博士齊人淳于越進曰：『臣聞殷周之王千餘歲，封子弟功臣，自爲枝輔。今陛下有海内，而子弟爲匹夫，卒有田常、六卿之臣，無輔拂，何以相救哉？事不師古而能長久者，非所聞也。今青臣又面諛以重陛下之過，非忠臣。』始皇下其議。丞相李斯曰：『五帝不相復，三代不相襲，各以治，非其相反，時變異也。今陛下創大業，建萬世之功，固非愚儒所知。且越言乃三代之事，何足法也？異時諸侯並爭，厚招游學。今天下已定，法令出一，百姓當家則力農工，士則學習法令辟禁。今諸生不師今而學古，以非當世，惑亂黔首。丞相臣斯昧死言：古者天下散亂，莫之能一，是以諸侯並作，語皆道古以害今，飾虚言以亂實，人善其所私學，以非上之所建立。今皇帝并有天下，別黑白而定一尊。私學而相與非法教，人聞令下，則各以其學議之，入則心非，出則巷議，夸主以爲名，異取以爲高，率羣下以造謗。如此弗禁，則主勢降乎上，黨與成乎下。禁之便。臣請史官非秦紀皆燒之。非博士官所職，天下敢有藏詩、書、百家語者，悉詣守、尉雜燒之。

有敢偶語詩書棄市。以古非今者族。吏見知不舉者與同罪。令下三十日不燒，黥爲城旦。所不去者，醫藥卜筮種樹之書。若欲有學法令，以吏爲師。』制曰：『可。』

又　卷九九《劉敬叔孫通列傳》　叔孫通者，薛人也。秦時以文學徵，待詔博士。

又　卷一二一《儒林列傳》　太史公曰：余讀功令，至於廣厲學官之路，未嘗不廢書而歎也。【略】

及至秦之季世，焚詩書，阬術士，六藝從此缺焉。陳涉之王也，而魯諸儒持孔氏之禮器往歸陳王。於是孔甲爲陳涉博士，卒與涉俱死。陳涉起匹夫，驅瓦合適戍，旬月以王楚，不滿半歲竟滅亡，其事至微淺，然而縉紳先生之徒負孔子禮器往委質爲臣者，何也？以秦焚其業，積怨而發憤于陳王也。

及高皇帝誅項籍，舉兵圍魯，魯中諸儒尚講誦習禮樂，弦歌之音不絶，豈非聖人之遺化，好禮樂之國哉？故孔子在陳，曰『歸與歸與！吾黨之小子狂簡，斐然成章，不知所以裁之』。夫齊魯之間於文學，自古以來，其天性也。故漢興，然後諸儒始得修其經藝，講習大射鄉飲之禮。叔孫通作漢禮儀，因爲太常，諸生弟子共定者，咸爲選首，於是喟然歎興於學。然尚有干戈，平定四海，亦未暇遑庠序之事也。孝惠、呂后時，公卿皆武力有功之臣。孝文時頗徵用，然孝文帝本好刑名之言。及至孝景，不任儒者，而竇太后又好黄老之術，故諸博士具官待問，未有進者。

及今上卽位，趙綰、王臧之屬明儒學，而上亦鄉之，於是招方正賢良文學之士。自是之後，言《詩》於魯則申培公，於齊則轅固生，於燕則韓太傅。言《尚書》自濟南伏生。言《禮》自魯高堂生。言《易》自菑川田生。言《春秋》於齊魯自胡毋生，於趙自董仲舒。及竇太后崩，武安侯田蚡爲丞相，絀黄老、刑名百家之言，延文學儒者數百人，而公孫弘以《春秋》白衣爲天子三公，封以平津侯。天下之學士靡然鄉風矣。

公孫弘爲學官，悼道之鬱滯，乃請曰：『丞相御史言：制曰「蓋聞導民以禮，風之以樂。婚姻者，居室之大倫也。今禮廢樂崩，朕甚愍焉。故詳延天下方正博聞之士，咸登諸朝。其令禮官勸學，講議洽聞興禮，以爲天下先。太常議，與博士弟子，崇鄉里之化，以廣賢材焉」。謹與太常臧、博士平等議曰：聞三代之道，鄉里有教，夏曰校，殷曰序，周曰庠。其勸善也，顯之朝廷；其懲惡也，加之刑罰。故教化之行也，建首善自京師始，由内及外。今陛下昭至德，開大明，配天地，本人倫，勸學修禮，崇化厲賢，以風四方，太平之原也。古者政教未洽，不備其禮，請因舊官而興焉。爲博士官置弟子五十人，復其身。太常擇民年十八以上，儀狀端正者，補博士弟子。郡國縣道邑有好文學，敬長上，肅政教，順鄉里，出入不悖所聞者，令相長丞上屬所二千石，二千石謹察可者，當與計偕，詣太常，得受業如弟子。一歲皆輒試，能通一藝以上，補文學掌故缺；其高第可以爲郎中者，太常籍奏。卽有秀才異等，輒以名聞。其不事學若下材及不能通一藝，輒罷之，而請諸不稱者罰。臣謹案詔書律令下者，明天人分際，通古今之義，文章爾雅，訓辭深厚，恩施甚美。小吏淺聞，不能究宣，無以明布諭下。治禮次治掌故，以文學禮義爲官，遷留滯。請選擇其秩比二百石以上，及吏百石通一藝以上，補左右内史、大行卒史；比百石以下，補郡太守卒史：皆各二人，邊郡一人。先用誦多者，若不足，乃擇掌故補中二千石屬，文學掌故補郡屬，備員。請著功令。佗如律令。』制曰：『可。』自此以來，則公卿大夫士吏斌斌多文學之士矣。

《漢書》卷五六《董仲舒傳》　（董仲舒對策）曰：『【略】陛下親耕藉田以爲農先，夙寤晨興，憂勞萬民，思惟往古，而務以求賢，此亦堯、舜之用心也，然而未云獲者，士素不厲也。夫不素養士而欲求賢，譬猶不琢玉而求文采也。故養士之大者，莫大虖太學；太學者，賢士之所關也，教化之本原也。今以一郡一國之衆，對亡應書者，是王道往往而絶也。臣願陛下興太學，置明師，以養天下之士，數考問以盡其材，則英俊宜可得矣。今之郡守、縣令，民之師帥，所使承流而宣化也；故師帥不賢，則主德不宣，恩澤不流。今吏既亡教訓於下，或不承用主上之法，暴虐百姓，與姦爲市，貧窮孤弱，冤苦失職，甚不稱陛下之意。是以陰陽錯繆，氛氣充塞，羣生寡遂，黎民未濟，皆長吏不明，使至於此也。

又　卷八八《儒林傳》　初，《書》唯有歐陽，《禮》后，《易》楊，《春秋》公羊而已。至孝宣世，復立《大小夏侯尚書》，《大小戴禮》、《施》、《孟》、《梁丘易》、《穀梁春秋》。至元帝世，復立《京氏易》。平

帝時，又立《左氏春秋》、《毛詩》、逸《禮》、古文《尚書》，所以罔羅遺失，兼而存之，是在其中矣。【略】

贊曰：自武帝立《五經》博士，開弟子員，設科射策，勸以官禄，訖於元始，百有餘年，傳業者寖盛，支葉蕃滋，一經説至百餘萬言，大師衆至千餘人，蓋禄利之路然也。

《後漢書》卷一上《光武帝紀》　光武年九歲而孤，養於叔父良。【略】王莽天鳳中，乃之長安，受《尚書》，略通大義。

又　卷六《順帝紀》　（陽嘉元年）丙辰，以太學新成，試明經下第者補弟子，增甲、乙科員各十人。

又　卷六《質帝紀》　（本初元年）夏四月庚辰，令郡國舉明經，年五十以上、七十以下詣太學。自大將軍至六百石，皆遣子受業，歲滿課試，以高第五人補郎中，次五人太子舍人。又千石、六百石、四府掾屬、三署郎、四姓小侯先能通經者，各令隨家法，其高第者上名牒，當以次賞進。

又　卷三〇下《襄楷傳》　襄楷字公矩，平原隰陰人也。好學博古，善天文陰陽之術。【略】延熹九年，楷自家詣闕上疏曰：「【略】太學，天子教化之宫，其門無故自壞者，言文德將喪，教化廢也。」

又　卷三二《樊準傳》　及光武皇帝受命中興，羣雄雲擾，旌旗亂野，東西誅戰，不遑啓處，然猶投戈講藝，息馬論道。至孝明皇帝，兼天地之姿，用日月之明，庶政萬幾，無不簡心，而垂情古典，游意經蓺，每饗射禮畢，正坐自講，諸儒並聽，四方欣欣。雖闕里之化，矍相之事，誠不足言。又多召名儒，以充禮官，如沛國趙孝、琅邪承宫等，或安車結駟，告歸鄉里；或豐衣博帶，從見宗廟。其餘以經術見優者，布在廊廟。故朝多皤皤之良，華首之老。每讌會，則論難衎衎，共求政化。詳覽羣言，響如振玉。朝者進而思政，罷者退而備問。小大隨化，雍雍可嘉。期門羽林介胄之士，悉通《孝經》。博士議郎，一人開門，徒衆百數。化自聖躬，流及蠻荒，匈奴遣伊秩訾王大車且渠來入就學。八方肅清，上下無事。是以議者每稱盛時，咸言永平。

又　卷三七《丁鴻傳》　（丁鴻）拜侍中。十三年，兼射聲校尉。建初四年，徙封魯陽鄉侯。肅宗詔鴻與廣平王羨及諸儒樓望、成封、桓郁、賈逵等，論定《五經》同異於北宫白虎觀，使五官中郎將魏應主承制問難，侍中淳于恭奏上，帝親稱制臨決。鴻以才高，論難最明，諸儒稱之，帝數嗟美焉。時人歎曰：『殿中無雙丁孝公。』

又　卷四四《徐防傳》　（司空徐防）以《五經》久遠，聖意難明，宜爲章句，以悟後學。上疏曰：「臣聞《詩》《書》《禮》《樂》，定自孔子；發明章句，始於子夏。其後諸家分析，各有異説。漢承亂秦，經典廢絶，本文略存，或無章句。收拾缺遺，建立明經，博徵儒術，開置太學。孔聖既遠，微旨將絶，故立博士十有四家，設甲乙之科，以勉勸學者，所以示人好惡，改敝就善者也。伏見太學試博士弟子，皆以意説，不修家法，私相容隱，開生姦路。每有策試，輒興諍訟，論議紛錯，互相是非。孔子稱「述而不作」，又曰「吾猶及史之闕文」，疾史有所不知而不肯闕也。今不依章句，妄生穿鑿，以遵師爲非義，意説爲得理，輕侮道術，寖以成俗，誠非詔書實選本意。改薄從忠，三世常道，專精務本，儒學所先。臣以爲博士及甲乙策試，宜從其家章句，開五十難以試之。解釋多者爲上第，引文明者爲高説；若不依先師，義有相伐，皆正以爲非。《五經》各取上第六人，《論語》不宜射策。雖所失或久，差可矯革。」詔書下公卿，皆從防言。

又　卷六一《左雄傳》　（左）雄又奏徵海内名儒爲博士，使公卿子弟爲諸生。有志操者，加其俸禄。及汝南謝廉、河南趙建，年始十二，各能通經，雄並奏拜童子郎。於是負書來學，雲集京師。

又　卷七九上《儒林傳》　《前書》云：濟南伏生傳《尚書》，授濟南張生及千乘歐陽生，歐陽生授同郡兒寬，寬授歐陽生之子，世世相傳，至曾孫歐陽高，爲《尚書》歐陽氏學；張生授夏侯都尉，都尉授族子始昌，始昌傳族子勝，爲大夏侯氏學；勝傳從兄子建，建别爲小夏侯氏學；三家皆立博士。又魯人孔安國傳《古文尚書》，授都尉朝，朝授膠東庸譚，爲《尚書》古文學，未得立。

又　卷七九下《儒林傳·魏應》　魏應字君伯，任城人也。少好學。建武初，詣博士受業，習《魯詩》。

又　《張訓傳》　（張訓）少遊太學，能誦《春秋左氏傳》，以《大夏侯尚書》教授。

又《尹敏傳》　尹敏字幼季，南陽堵陽人也。少爲諸生，初習《歐陽尚書》，後受《古文》，兼善《毛詩》、《穀梁》、《左氏春秋》。

又　卷八三《逸民傳・井丹傳》　井丹字大春，扶風郿人也。少受業太學，通《五經》，善談論，故京師爲之語曰：『《五經》紛綸井大春。』

四姓小侯學

《後漢書》卷二《明帝紀》　（永平九年）爲四姓小侯開立學校，置《五經》師。

又　卷一〇上《皇后紀》　（元初）六年，太后詔徵和帝弟濟北、河間王子男女年五歲以上四十餘人，又鄧氏近親子孫三十餘人，並爲開邸第，教學經書，躬自監試。尚幼者，使置師保，朝夕入宫，撫循詔導，恩愛甚渥。乃詔從兄河南尹豹、越騎校尉康等曰：『吾所以引納羣子，置之學官者，實以方今承百王之敝，時俗淺薄，巧僞滋生，《五經》衰缺，不有化導，將遂陵遲，故欲褒崇聖道，以匡失俗。傳不云乎：「飽食終日，無所用心，難矣哉！」今末世貴戚食禄之家，温衣美飯，乘堅驅良，而面牆術學，不識臧否，斯故禍敗所從來也。永平中，四姓小侯皆令入學，所以矯俗厲薄，反之忠孝。先公既以武功書之竹帛，兼以文德教化子孫，故能束修，不觸羅網。誠令兒曹上述祖考休烈，下念詔書本意，則足矣。其勉之哉！』

又　卷四五《張酺傳》　張酺字孟侯，汝南細陽人，趙王張敖之後也。敖子壽，封細陽之池陽鄉，後廢，因家焉。酺少從祖父充受《尚書》，能傳其業。又事太常桓榮。勤力不怠，聚徒以百數。永平九年，顯宗爲四姓小侯開學於南宫，置《五經》師，酺以《尚書》教授，數講於御前，以論難當意，除爲郎，賜車馬衣裳，遂令入授皇太子。

又　卷六〇下《蔡邕傳》　光和元年，遂置鴻都門學，畫孔子及七十二弟子像。其諸生皆敕州郡三公舉用辟召，或出爲刺史、太守，入爲尚書、侍中，乃有封侯賜爵者，士君子皆恥與爲列焉。

郡縣官學

《漢書》卷一二《平帝紀》　（元始三年）立官稷及學官：郡國曰學，縣、道、邑、侯國曰校，校、學置經師一人。鄉曰庠，聚曰序，序、庠置《孝經》師一人。

又　卷八九《文翁傳》　文翁，廬江舒人也。少好學，通《春秋》，以郡縣吏察舉。景帝末，爲蜀郡守，仁愛好教化。見蜀地辟陋有蠻夷風，文翁欲誘進之，乃選郡縣小吏開敏有材者張叔等十餘人親自飭厲，遣詣京師，受業博士，或學律令。減省少府用度，買刀布蜀物，齎計吏以遺博士。數歲，蜀生皆成就還歸，文翁以爲右職，用次察舉，官有至郡守刺史者。

又修起學官於成都市中，招下縣子弟以爲學官弟子，爲除更繇，高者以補郡縣吏，次爲孝弟力田。常選學官僮子，使在便坐受事。每出行縣，益從學官諸生明經飭行者與俱，使傳教令，出入閨閤。縣邑吏民見而榮之，數年，爭欲爲學官弟子，富人至出錢以求之。繇是大化，蜀地學於京師者比齊魯焉。至武帝時，乃令天下郡國皆立學校官，自文翁爲之始云。

《後漢書》卷七六《循吏傳・任延傳》　（武威太守任延）又造立校官，自掾吏子孫，皆令詣學受業，復其徭役。章句既通，悉顯拔榮進之，郡遂有儒雅之士。

又　《秦彭傳》　（秦彭）遷山陽太守。以禮訓人，不任刑罰。崇好儒雅，敦明庠序。每春秋饗射，輒修升降揖讓之儀。乃爲人設四誡，以定六親長幼之禮。有遵奉教化者，擢爲鄉三老，常以八月致酒肉以勸勉之。吏有過咎，罷遣而已，不加耻辱。百姓懷愛，莫有欺犯。

書館

漢・王充《論衡》卷三〇《自紀篇》　建武三年，充生。爲小兒，與儕倫遨戲，不好狎侮。儕倫好掩雀、捕蟬、戲錢、林熙，充獨不肯。誧奇之。六歲教書，恭愿仁順，禮敬具備，矜莊寂寥，有巨人之志。父未嘗笞，母未嘗非，閭里未嘗讓。八歲出於書館，書館小僮百人以上，皆以過失袒謫，或以書醜得鞭。充書日進，又無過失。手書既成，辭師受《論語》、《尚書》，日諷千字。經明德就，謝師而專門，援筆而衆奇。所讀文書，亦日博多。才高而不尚苟作；口辯而不好談對；非其人終日不言。其論説始若詭於衆，極聽其終，衆乃是之。以筆著文，亦如此焉；操行

事上，亦如此焉。

《漢書》卷八四《翟方進傳》 （翟方進）積十餘年，經學明習，徒衆日廣，諸儒稱之。以射策甲科爲郎。二三歲，舉明經，遷議郎。是時，宿儒有清河胡常，與方進同經，常爲先進，名譽出方進下，心害其能，論議不右方進。方進知之，候伺常大都授時，遣門下諸生至常所問大義疑難，因記其説。如是者久之，常知方進之宗讓己，內不自得，其後居士大夫之間未嘗不稱述方進，遂相親友。

又 卷八八《施讎傳》 施讎字長卿，沛人也。沛與碭相近，讎爲童子，從田王孫受《易》。後讎徒長陵，田王孫爲博士，復從卒業，與孟喜、梁丘賀並爲門人。謙讓，常稱學廢，不教授。及梁丘賀爲少府，事多，乃遣子臨分將門人張禹等從讎問。讎自匿不肯見，賀固請，不得已乃授臨等。於是賀薦讎：『結髮事師數十年，賀不能及。』詔拜讎爲博士。甘露中與《五經》諸儒雜論同異於石渠閣。讎授張禹、琅邪魯伯。伯爲會稽太守，禹至丞相。禹授淮陽彭宣、沛戴崇子平。崇爲九卿，宣大司空。【略】魯伯授太山毛莫如少路、琅邪邴丹曼容，著清名。莫如至常山太守。此其知名者也。繇是施家有張、彭之學。

宋・李昉等《太平御覽》卷九〇三《獸部》一五《豕》引《東觀漢記》 承宮，琅邪姑幕人，少孤，年八歲人令牧豕。鄉里徐子盛明《春秋經》，授諸生數百人。宮過其廬下，見諸生講誦，好之，因弃其豬而聽經。豬主怪不還，行求索，見宮欲笞。門下生共禁止，因留精舍門下，拾薪，執苦數十年間，遂通經。

漢・應劭《風俗通義》卷九《神怪》 陳國張漢直，到南陽從京兆尹延叔堅讀《左氏傳》。【略】父母諸弟，衰絰到來迎喪，去精舍數里，遇漢直與諸生十餘人相追。

《後漢書》卷九《黨錮傳・劉祐》注引《謝承書》 （劉）祐，宗室胤緒，代有名位。少修操行，學《嚴氏春秋》、《小戴禮》《古文尚書》，仕郡爲主簿。郡將少子嘗出錢付之，令市買果實，祐悉以買筆書具與之，因白郡將，言『郎君年可入小學，而但傲很，遠近謂明府無過庭之教，請出授書』。郡將爲使子就祐受經，五日一試，不滿呈限，白決罰，遂成學業也。

宋・李昉等《太平御覽》卷一八一《居處部》九《舍》引謝承《後漢書》 趙昱請處士綦母君公立精舍，受《公羊傳》。【略】

張涣字然明，弘農華陰人。詣太學受業，博通《五經》。隱處在扶風郿縣界中，立精舍，斟酌法喬卿之雅訓，晝誦書傳，暮習弓馬。

又 卷四〇四《人事部》四五《師》引謝承《後漢書》 董春字紀陽，會稽餘姚人。少好學，師事侍中祭酒王君仲，受古文《尚書》，後詣京房授《易》，究極聖旨，條列科義，後還爲師，立精舍，遠方門徒學者常數百人。

《後漢書》卷六〇上《馬融傳》 （馬融）復拜議郎，重在東觀著述，以病去官。融才高博洽，爲世通儒，教養諸生，常有千數。涿郡盧植、北海鄭玄，皆其徒也。善鼓琴，好吹笛，達生任性，不拘儒者之節。居宇器服，多存侈飾。常坐高堂，施絳紗帳，前授生徒，後列女樂，弟子以次相傳，鮮有入其室者。

又 卷六七《黨錮傳・劉淑》 （劉）淑少學明《五經》，遂隱居，立精舍講授，諸生常數百人。

又 《包咸傳》 包咸字子良，會稽曲阿人也。少爲諸生，受業長安，師事博士右師細君，習《魯詩》《論語》。王莽末，去歸鄉里，於東海界爲赤眉賊所得，遂見拘執。十餘日，咸晨夜誦經自若，賊異而遣之。因住東海，立精舍講授。光武卽位，乃歸鄉里。太守黄讜署户曹史，欲召咸入授其子。咸曰：『禮有來學，而無往教。』讜遂遣子師之。

又 卷七九下《儒林傳・杜撫》 杜撫字叔和，犍爲武陽人也。少有高才。受業於薛漢，定《韓詩章句》。後歸鄉里教授。沈靜樂道，舉動必以禮。弟子千餘人。

又 《丁恭傳》 丁恭字子然，山陽東緡人也。習《公羊嚴氏春秋》。恭學義精明，教授常數百人，州郡請召不應。

又 《周澤傳》 周澤字穉都，北海安丘人也。少習《公羊嚴氏春秋》，隱居教授，門徒常數百人。

又 《甄宇傳》 甄宇字長文，北海安丘人也。清靜少欲。習《嚴氏春秋》，教授常數百人。

家學

《漢書》卷七一《于定國傳》　（于）定國少學法於父，父死，後定國亦爲獄史、郡決曹，補廷尉史，以選與御史中丞從事治反者獄，以材高舉侍御史，遷御史中丞。

又　卷七三《韋賢傳》　（韋賢）少子玄成，復以明經歷位至丞相。故鄒魯諺曰：『遺子黄金滿籯，不如一經。』

又　《孔僖傳》　孔僖字仲和，魯國魯人也。自安國以下，世傳《古文尚書》《毛詩》。【略】僖與崔篆孫駰復相友善，同遊太學，習《春秋》。

又　卷九二《遊俠傳・樓護》　樓護字君卿，齊人。父世醫也，護少隨父爲醫長安，出入貴戚家。護誦醫經、本草、方術數十萬言，長者咸愛重之，共謂曰：『以君卿之材，何不宦學乎？』繇是辭其父，學經傳，爲京兆吏數年，甚得名譽。

《後漢書》卷二六《伏湛傳》　伏湛字惠公，琅邪東武人也。九世祖勝，字子賤，所謂濟南伏生者也。湛高祖父孺，武帝時，客授東武，因家焉。父理，爲當世名儒，以《詩》授成帝，爲高密太傅，別自名學。湛性孝友，少傳父業，教授數百人。【略】十三年夏，徵敕尚書擇拜吏日，未及就位，因讌見中暑，病卒。【略】翕嗣爵，卒，子光嗣。光卒，子晨嗣。晨謙敬博愛，好學尤篤，以女孫爲順帝貴人，奉朝請，位特進。卒，子無忌嗣，亦傳家學，博物多識，順帝時，爲侍中屯騎校尉。永和元年，詔無忌與議郎黄景校定中書《五經》、諸子百家、藝術。元嘉中，桓帝復詔無忌與黄景、崔寔等共撰《漢記》。又自采集古今，刪著事要，號曰《伏侯注》。

又　卷二七《杜林傳》　杜林字伯山，扶風茂陵人也。父鄴，成、哀間爲涼州刺史。林少好學沈深，家既多書，又外氏張竦父子喜文采，林從竦受學，博洽多聞，時稱通儒。

又　卷二九《鮑昱傳》　（鮑）昱字文泉，少傳父學，客授於東平。

又　卷三〇下《郎顗傳》　（郎）顗少傳父業，兼明經典，隱居海畔，延致學徒常數百人。晝研精義，夜占象度，勤心銳思，朝夕無倦。州郡辟召，舉有道、方正，不就。

又　卷三六《陳元傳》　陳元字長孫，蒼梧廣信人也。父欽，習《左氏春秋》，事黎陽賈護，與劉歆同時而別自名家。王莽從欽受《左氏》學，以欽爲猒難將軍。元少傳父業，爲之訓詁，鋭精覃思，至不與鄉里通。以父任爲郎。建武初，元與桓譚、杜林、鄭興俱爲學者所宗。

又　《賈逵傳》　（賈逵）父徽，從劉歆受《左氏春秋》，兼習《國語》《周官》，又受《古文尚書》於塗惲，學《毛詩》於謝曼卿，作《左氏條例》二十一篇。逵悉傳父業，弱冠能誦《左氏傳》及《五經》本文，以《大夏侯尚書》教授，雖爲古學，兼通五家《穀梁》之説。

又　卷三七《桓榮傳》　（桓榮）年六十餘，始辟大司徒府。時顯宗始立爲皇太子，選求明經，乃擢桓榮弟子豫章何湯爲虎賁中郎將，以《尚書》授太子。世祖從容問湯本師爲誰，湯對曰：『事沛國桓榮。』帝即召榮，令説《尚書》，甚善之。

又　《桓郁傳》　（桓）郁字仲恩，少以父任爲郎。敦厚篤學，傳父業，以《尚書》教授，門徒常數百人。【略】

和帝即位，富於春秋，侍中竇憲自以外戚之重，欲令少主頗涉經學，上疏皇太后曰：『【略】臣伏惟皇帝陛下，躬天然之姿，宜漸教學，而獨對左右小臣，未聞典義。昔五更桓榮，親爲帝師，子郁，結髮敦尚，繼傳父業，故再以校尉入授先帝，父子給事禁省，更歷四世，今白首好禮，經行篤備。又宗正劉方，宗室之表，善爲《詩經》，先帝所褒。宜令郁、方並入教授，以崇本朝，光示大化。』

又　卷三九《鮑昱傳》　（鮑）昱字文泉，少傳父學，客授於東平。

又　卷四〇上《班固傳》　（班）固字孟堅。年九歲，能屬文誦詩書，及長，遂博貫載籍，九流百家之言，無不窮究。所學無常師，不爲章句，舉大義而已。性寬和容衆，不以才能高人，諸儒以此慕之。

又　卷四六《郭躬傳》　郭躬字仲孫，潁川陽翟人也。家世衣冠。父弘，習《小杜律》。太守寇恂以弘爲決曹掾，斷獄至三十年，用法平。諸爲弘所決者，退無怨情，郡内比之東海于公。年九十五卒。躬少傳父業，講授徒衆常數百人。

又　卷五四《楊秉傳》　（楊）秉字叔節，少傳父業，兼明《京氏

易》，博通書傳，常隱居教授。

又 卷六七《黨錮傳・孔昱》 孔昱字元世，魯國魯人也。七世祖霸，成帝時歷九卿，封褒成侯。自霸至昱，爵位相係，其卿相牧守五十三人，列侯七人。昱少習家學，大將軍梁冀辟，不應。

又 卷七九上《儒林傳・歐陽歙》 濟陰曹曾字伯山，從歙受《尚書》，門徒三千人，位至諫議大夫。子祉，河南尹，傳父業教授。

又 卷七九下《儒林傳・薛漢》 薛漢字公。淮陽人也。世習《韓詩》，父子以章句著名。漢少傳父業，尤善説灾異讖緯，教授常數百人。

又 卷八一《譙玄傳》 譙玄字君黃，巴郡閬中人也。少好學，能説《易》、《春秋》。【略】時，兵戈累年，莫能修尚學業。玄獨訓諸子勤習經書。

自學

《後漢書》卷二四《馬續傳》 （馬）續字季則，七歲能通《論語》，十三明《尚書》，十六治《詩》，博觀羣籍，善《九章算術》。

又 卷三三《周燮傳》 （周燮）十歲就學，能通《詩》、《論》。及長，專精《禮》、《易》，不讀非聖之書，不修賀問之好。

又 卷三六《張霸傳》 （張霸）七歲通《春秋》，復欲進餘經。【略】後就長水校尉樊儵受《嚴氏公羊春秋》，遂博覽《五經》。諸生孫林、劉固、段著等慕之，各市宅其傍，以就學焉。

又 卷三六《范升傳》 范升字辯卿，代郡人也。少孤，依外家居。九歲通《論語》、《孝經》，及長，習《梁丘易》、《老子》，教授後生。

又 卷六二《荀爽傳》 （荀）爽字慈明，一名諝，幼而好學，年十二能通《春秋》、《論語》。

又 卷七九上《儒林傳・歐陽歙》 歐陽歙字正思，樂安千乘人也。自歐陽生傳伏生《尚書》，至歙八世，皆爲博士。【略】濟陰曹曾字伯山，從歙受《尚書》，門徒三千人，位至諫議大夫。子祉，河南尹，傳父業教授。

又 《牟長傳》 （牟）長少習《歐陽尚書》，不仕王莽世。建武二年，大司空弘特辟，拜博士，稍遷河內太守，坐墾田不實免。長自爲博士及在河內，諸生講學者常有千餘人，著録前後萬人。著《尚書章句》，皆本之歐陽氏，俗號爲《牟氏章句》。

培養內容

綜述

《史記》卷六《秦始皇本紀》 丞相李斯曰：『【略】今天下已定，法令出一，百姓當家則力農工，士則學習法令辟禁。今諸生不師今而學古，以非當世，惑亂黔首。丞相臣斯昧死言：古者天下散亂，莫之能一，是以諸侯並作，語皆道古以害今，飾虛言以亂實，人善其所私學，以非上之所建立。今皇帝并有天下，別黑白而定一尊。私學而相與非法教，人聞令下，則各以其學議之，入則心非，出則巷議，夸主以爲名，異取以爲高，率羣下以造謗。如此弗禁，則主勢降乎上，黨與成乎下。禁之便。臣請史官非秦紀皆燒之。非博士官所職，天下敢有藏《詩》、《書》、百家語者，悉詣守、尉雜燒之。有敢偶語《詩》、《書》棄市。以古非今者族。吏見知不舉者與同罪。令下三十日不燒，黥爲城旦。所不去者，醫藥卜筮種樹之書。若欲有學法令，以吏爲師。』制曰：『可。』

《漢書》卷三〇《藝文志》 漢興，蕭何草律，亦著其法，曰：『太史試學童，能諷書九千字以上，乃得爲史。又以六體試之，課最者，以爲尚書、御史、史書令史。』

又 卷八八《儒林傳贊》 自武帝立《五經》博士，開弟子員，設科射策，勸以官祿，訖於元始，百有餘年，傳業者寖盛，支葉蕃滋，一經説至百餘萬言，大師衆至千餘人，蓋祿利之路然也。初，《書》唯有歐陽，《禮》后，《易》楊，《春秋》公羊而已。至孝宣世，復立大小《夏侯尚書》，大小《戴禮》，《施》、《孟》、《梁丘易》，《穀梁春秋》。至元帝世，復立《京氏易》。平帝時，又立《左氏春秋》、《毛詩》，逸《禮》、古文《尚書》，所以罔羅遺失，兼而存之，是在其中矣。

《後漢書》卷七九上《儒林傳序》 及光武中興，愛好經術，未及下

車，而先訪儒雅，採求闕文，補綴漏逸。先是四方學士多懷協圖書，遁逃林藪。自是莫不抱負墳策，雲會京師，范升、陳元、鄭興、杜林、衛宏、劉昆、桓榮之徒，繼踵而集。於是立《五經》博士，各以家法教授，《易》有施、孟、梁丘、京氏，《尚書》歐陽、大小夏侯，《詩》齊、魯、韓，《禮》大小戴，《春秋》嚴、顏，凡十四博士，太常差次總領焉。

論　說

《漢書》卷六七《梅福傳》　（梅福）少學長安，明《尚書》、《穀梁春秋》，爲郡文學，補南昌尉。

又　卷七一《于定國傳》　（于）定國少學法於父，父死，後定國亦爲獄史，郡決曹，補廷尉史，以選與御史中丞從事治反者獄，以材高舉侍御史，遷御史中丞。

又　卷七四《魏相傳》　（魏相）少學《易》，爲郡卒史，舉賢良，以對策高第，爲茂陵令。

又　卷七七《蓋寬饒傳》　（蓋寬饒）數上疏諫爭。太子庶子王生高寬饒節，而非其如此，予書曰：『【略】方今用事之人皆明習法令，言足以飾君之辭，文足以成君之過，君不惟蘧氏之高蹤，而慕子胥之末行，用不訾之軀，臨不測之險，竊爲君痛之。』

又　卷八九《循吏傳・王霸傳》　（王）霸少學律令，喜爲吏，武帝末以待詔入錢賞官，補侍郎謁者，坐同産有罪，劾免。

又　卷九〇《酷吏傳・嚴延年傳》　嚴延年字次卿，東海下邳人也。其父爲丞相掾，延年少學法律丞相府，歸爲郡吏。以選除補御史掾，舉侍御史。

又　卷九八《元后傳》　（王）翁孺生禁，字稚君，少學法律長安，爲廷尉史。

《後漢書》卷一七《岑彭傳》注引《東觀書》　（秦）豐，邔縣人，少學長安，受律令，歸爲縣吏。

又　卷二二《景丹傳》　景丹字孫卿，馮翊櫟陽人也。少學長安。王莽時舉四科，丹以言語爲固德侯相，有幹事稱，遷朔調連率副貳。

又　卷四四《徐防傳》　徐防字謁卿，沛國銍人也。祖父宣，爲講學大夫，以《易》教授王莽。父憲，亦傳宣業。防少習父祖學，永平中，舉孝廉，除爲郎。【略】永元十年，遷少府、大司農。【略】十四年，拜司空。防以《五經》久遠，聖意難明，宜爲章句，以悟後學。【略】詔書下公卿，皆從防言。

又　卷七六《循吏傳・王景》　（王）景少學《易》，遂廣闚衆書，又好天文術數之事，沈深多伎藝。辟司空伏恭府。

又　卷七九下《儒林傳・包咸》　包咸字子良，會稽曲阿人也。少爲諸生，受業長安，師事博士右師細君，習《魯詩》、《論語》。【略】光武即位，乃歸鄉里。太守黄讜署户曹史，欲召咸入授其子。咸曰：『禮有來學，而無往教。』讜遂遣子師之。舉孝廉，除郎中。建武中，入授皇太子《論語》，又爲其章句。拜諫議大夫、侍中、右中郎將。永平五年，遷大鴻臚。每進見，錫以几杖，入屏不趨，贊事不名。經傳有疑，輒遣小黄門就舍即問。【略】子福，拜郎中，亦以《論語》入授和帝。

選拔制度分部

察　舉

綜　述

晉・司馬彪《續漢書・百官志》注引應劭《漢官儀》　世祖詔：『方今選舉，賢佞朱紫錯用。丞相故事，四科取士。一曰德行高妙，志節清白；二曰學通行修，經中博士；三曰明達法令，足以決疑，能案章覆問，文中御史；四曰剛毅多略，遭事不惑，明足以決，才任三輔令；皆有孝悌、廉公之行。自今以後，審四科辟召，及刺史、二千石察茂才尤異孝廉之吏，務盡實覈，選擇英俊、賢行、廉潔、平端於縣邑，務授試以職。有非其人，臨計過署，不便習官事，書疏不端正，不如詔書，有司奏

罪名，幷正舉者。』

又　注引《漢官目録》　建武十二年八月乙未詔書，三公舉茂才各一人，廉吏各二人。光禄歲舉茂才四行各一人，察廉吏三人；中二千石歲察廉吏各一人，廷尉、大司農各二人；將兵將軍歲察廉吏各二人；監察御史、司隸、州牧歲舉茂才各一人。

《漢書》卷八《宣帝紀》注引韋昭曰　吏六百石者，不得復舉爲廉吏也。

論　說

《史記》卷一〇《孝文本紀》　上曰：『【略】舉賢良方正能直言極諫者，以匡朕之不逮。【略】』

又　卷九二《淮陰侯列傳》　（韓信）始爲布衣時，貧無行，不得推擇爲吏。

《漢書》卷一下《高祖紀》　（高祖十一年詔）曰：『蓋聞王者莫高於周文，伯者莫高於齊桓，皆待賢人而成名。今天下賢者智能豈特古之人乎？患在人主不交故也，士奚由進！今吾以天之靈，賢士大夫定有天下，以爲一家，欲其長久，世世奉宗廟亡絶也。賢人已與我共平之矣，而不與吾共安利之，可乎？賢士大夫有肯從我游者，吾能尊顯之。布告天下，使明知朕意。御史大夫昌下相國，相國酇侯下諸侯王，御史中執法下郡守，其有意稱明德者，必身勸，爲之駕，遣詣相國府，署行、義、年。有而弗言，覺，免。年老癃病，勿遣。』

又　卷四《文帝紀》　（文帝十二年詔）曰：『孝悌，天下之大順也。力田，爲生之本也。三老，衆民之師也。廉吏，民之表也。朕甚嘉此二三大夫之行。今萬家之縣，云無應令，豈實人情？是吏舉賢之道未備也。其遣謁者勞賜三老、孝者帛人五匹，悌者、力田二匹，廉吏二百石以上率百石者三匹。及問民所不便安，而以户口率置三老孝悌力田常員，令各率其意以道民焉。【略】

（孝文帝十五年）九月，詔諸侯王、公卿、郡守舉賢良能直言極諫者，上親策之，傅納以言。

卷六《武帝紀》　元光元年冬十一月，初令郡國舉孝廉各一人。【略】

建元元年冬十月，詔丞相、御史、列侯、中二千石、二千石、諸侯相舉賢良方正直言極諫之士。丞相綰奏：『所舉賢良，或治申、商、韓非、蘇秦、張儀之言，亂國政，請皆罷。』奏可。【略】

（元封五年）詔曰：『【略】其令州郡察吏民有茂材異等可爲將相及使絶國者。』

又　卷八《宣帝紀》　（地節三年）十一月，詔曰：『【略】其令郡國舉孝弟有行義聞於鄉里者各一人。』【略】

（元康四年春正月）遣太中大夫强等十二人循行天下，存問鰥寡，覽觀風俗，察吏治得失，舉茂材異倫之士。』

又　卷九《元帝紀》　（初元二年）詔曰：『【略】丞相、御史、中二千石舉茂材異等、直言極諫之士，朕將親覽焉。』【略】

（永光二年）詔曰：『【略】其令内郡國舉茂材異等、賢良、直言之士各一人。』【略】

（永光四年）夏四月詔曰：『【略】臨遣諫大夫博士賞等二十一人循行天下，存問耆老、鰥、寡、孤、獨、乏困失職之人，舉茂材特立之士。』

又　卷一〇《成帝紀》　（元延元年秋七月）詔曰：『【略】公卿大夫、博士、議郎其各悉心，惟思變意，明以經對，無有所諱；與内郡國舉方正能直言極諫者各一人，北邊二十二郡舉勇猛知兵法者各一人。』

又　卷一二《平帝紀》　（元始元年）宗室屬未盡而以罪絶者，復其屬。其爲吏舉廉佐史，補四百石。

又　卷五六《董仲舒傳》　自武帝初立，魏其、武安侯爲相而隆儒矣。及仲舒對册，推明孔氏，抑黜百家。立學校之官，州郡舉茂材孝廉，皆自仲舒發之。

又　卷七二《王吉傳》　是時宣帝頗修武帝故事【略】躬親政事，任用能吏。（王）吉上疏言得失，曰：『【略】今俗吏所以牧民者，非有禮義科指可世世通行者也，獨設刑法以守之。其欲治者，不知所繇，以意穿鑿，各取一切，權譎自在，故一變之後不可復修也。【略】臣願陛下承天心，發大業，與公卿大臣延及儒生，述舊禮，明王制。【略】』又言

『今使俗吏得任子弟，率多驕驁，不通古今，至於積功治人，亡益於民，此《伐檀》所爲作也。宜明選求賢，除任子之令。外家及故人可厚以財，不宜居位。【略】』其指如此，上以其言迂闊，不甚寵異也。吉遂謝病歸琅邪。

又《龔勝傳》（龔勝）乞骸骨。上乃復加賞賜，以子博爲侍郎，出勝爲渤海太守。

《後漢書》卷五《安帝紀》（永初五年）安詔曰：『【略】其令三公、特進、侯、中二千石、二千石、郡守、諸侯相舉賢良方正、有道術、達於政化、能直言極諫之士各一人，及至孝與衆卓異者，并遣詣公車，朕將親覽焉。』

又卷七《桓帝紀》（建和元年）又詔大將軍、公、卿、郡、國舉至孝篤行之士各一人。【略】

（延熹九年）詔公、卿、校尉、郡國舉至孝。

又卷九《獻帝紀》（建安五年）詔三公舉至孝二人，九卿、校尉、郡國守相各一人。

又卷三七《丁鴻傳》時大郡口五六十萬舉孝廉二人，小郡口二十萬并有蠻夷者亦舉二人，帝以爲不均，下公卿會議。（丁）鴻與司空劉方上言：『凡口率之科，宜有階品，蠻夷錯雜，不得爲數。自今郡國率二十萬口，歲舉孝廉一人，四十萬二人，六十萬三人，八十萬四人，百萬五人，百二十萬六人。不滿二十萬，二歲一人，不滿十萬，三歲一人。』帝從之。

徵聘

綜述

《史記》卷九九《劉敬叔孫通列傳》叔孫通者，薛人也。秦時以文學徵，待詔博士。

《漢書》卷六《武帝紀》（建元元年）遣使者安車蒲輪，束帛加璧，徵魯申公。

又卷一二《平帝紀》（元始五年）徵天下通知逸經、古記、天文、曆算、鍾律、小學、《史篇》、方術、《本草》及以《五經》、《論語》、《孝經》、《爾雅》教授者，在所爲駕一封軺傳，遣詣京師。至者數千人。

又卷一八《外戚恩澤侯表》高帝撥亂誅暴，庶事草創，日不暇給，然猶修祀六國，求聘四皓。

又卷三六《楚元王劉交傳》文帝時，聞申公爲《詩》最精，以爲博士。

又卷五一《枚乘傳》（枚乘）復游梁，梁客皆善屬辭賦，乘尤高。孝王薨，乘歸淮陰。武帝自爲太子聞乘名，及即位，乘年老，乃以安車蒲輪徵乘，道死。

又卷八九《循吏傳・黃霸傳》（黃）霸以外寬内明得吏民心，户口歲增，治爲天下第一。徵守京兆尹，秩二千石。

《後漢書》卷六三《李固傳》注引《謝承書》（賀）純字仲真，會稽山陰人。少爲諸生，博極羣藝。十辟公府，三舉賢良方正，五徵博士，四公車徵，皆不就。後徵拜議郎，數陳灾異，上便宜數百事，多見省納。遷江夏太守。

又卷二七《王良傳》王良字仲子，東海蘭陵人也。少好學，習《小夏侯尚書》。【略】建武二年，大司馬吴漢辟，不應。三年，徵拜諫議大夫，數有忠言，以禮進止，朝廷敬之。遷沛郡太守。至蘄縣，稱病不之府，官屬皆隨就之，良遂上疾篤，乞骸骨，徵拜太中大夫。六年，代宣秉爲大司徒司直。【略】後以病歸，一歲復徵，至滎陽，疾篤不任進道，乃過其友人。友人不肯見，曰：『不有忠言奇謀而取大位，何其往來屑屑不憚煩也？』遂拒之。良慚，自後連徵，輒稱病。詔以玄纁聘之，遂不應。

又《承宫傳》承宫字少子，琅邪姑幕人也。【略】永平中，徵詣公車。

又《鄭均傳》鄭均字仲虞，東平任城人也。【略】建初三年，司徒鮑昱辟之，後舉直言，並不詣。六年，公車特徵。再遷尚書，數納忠言，肅宗敬重之。

又卷三〇上《楊厚傳》（楊厚）復習業犍爲，不應州郡、三公

之命，方正、有道、公車特徵，皆不就。永建二年，順帝特徵，詔告郡縣督促發遣。【略】本初元年，梁太后詔備古禮以聘厚，遂辭疾不就。建和三年，太后復詔徵之，經四年不至。

又 **卷三一《蘇不韋傳》**（蘇）不韋時年十八，徵詣公車【略】

又 **卷三七《桓鸞傳》**（桓鸞）後爲已吾、汲二縣令，甚有名迹。諸公並薦，復徵辟拜議郎。

又 **卷三九《劉趙淳于江劉周趙傳·序》** 安帝時，汝南薛包孟嘗，好學篤行，喪母，以至孝聞。【略】建光中，公車特徵，至，拜侍中。

又 **卷四一《寒郎傳》** 寒朗字伯奇，魯國薛人也。【略】永初三年，太尉張禹薦朗爲博士，徵詣公車，會卒，時年八十四。

又 **卷四五《袁閎傳》**（袁）弘字邵甫，耻其門族貴執，乃變姓名，徒步師門，不應徵辟，終於家。

又 **卷四六《陳忠傳》**（陳）忠以爲臨政之初，宜徵聘賢才，以宣助風化，數上薦隱逸及直道之士馮良、周燮、杜根、成翊世之徒。於是公車禮聘良，燮等。

又 **卷四九《王充傳》**（王充）友人同郡謝夷吾上書薦充才學，肅宗特詔公車徵，病不行。

又 **卷五二《崔駰傳》**（崔）舒小子篆，王莽時爲郡文學，以明經徵詣公車。

又 **《崔寔傳》**（崔）寔以郡舉，徵詣公車，病不對策，除爲郎。

《後漢書》卷五三《周燮傳》（周燮）舉孝廉、賢良方正，特徵，皆以疾辭。延光二年，安帝以玄纁羔幣聘燮，及南陽馮良，二郡各遣丞掾致禮。【略】因自載到潁川陽城，遣門生送敬，遂辭疾而歸。良亦載病到近縣，送禮而還。詔書告二郡，歲以羊酒養病。

又 **《徐穉傳》** 延熹二年，尚書令陳蕃、僕射胡廣等上疏薦穉等曰：『【略】伏見處士豫章徐穉、彭城姜肱、汝南袁閎、京兆韋著、潁川李曇，德行純備，著于人聽。若使擢登三事，協亮天工，必能翼宣盛美，增光日月矣。』桓帝乃以安車玄纁，備禮徵之，並不至。

又 **《申屠蟠傳》** 申屠蟠字子龍，陳留外黄人也。【略】太尉黄瓊辟，不就。及瓊卒，歸葬江夏，四方名豪會帳下者六七千人，互相談論，莫有及蟠者。唯南郡一生與相酬對，既別，執蟠手曰：『君非聘則徵，如是相見於上京矣。』

又 **卷五七《杜根傳》**（杜）根方歸鄉里，徵詣公車，拜侍御史。

又 **卷六〇上《馬融傳》** 馬融字季長，扶風茂陵人也。【略】初，京兆摯恂以儒術教授，隱於南山，不應徵聘，名重關西，融從其遊學，博通經籍。【略】陽嘉二年，詔舉敦樸，城門校尉岑起舉融，徵詣公車，對策，拜議郎。

又 **卷六一《黄瓊傳》**（黄）瓊初以父任爲太子舍人，辭病不就。遭父憂，服闋，五府俱辟，連年不應。永建中，公卿多薦瓊者，於是會稽賀純、廣漢楊厚俱公車徵。

又 **卷六三《李固傳》**（李固）上疏陳事曰：『【略】陛下撥亂龍飛，初登大位，聘南陽樊英、江夏黄瓊、廣漢楊厚、會稽賀純，策書嗟歎，待以大夫之位。是以巖穴幽人，智術之士，彈冠振衣，樂欲爲用，四海欣然，歸服聖德。』

又 **卷六七《黨錮傳·岑晊》**（岑）晊年少未知名，往候同郡宗慈，慈方以有道見徵，賓客滿門，以晊非良家子，不肯見。

又 **卷七九《儒林傳下·蔡玄》** 蔡玄字叔陵，汝南南頓人也。學通《五經》，門徒常千人，其著録者萬六千人。徵辟並不就。順帝特詔徵拜議郎，講論《五經》異同，甚合帝意。

又 **卷八二《方術傳上·李郃》**（馮）胄字世威，奉世之後也。常慕周伯況、閔仲叔之爲人，隱處山澤，不應徵辟。

又 **《方術傳下·董扶》**（董扶）少遊太學，與鄉人任安齊名，俱事同郡楊厚，學圖讖。還家講授，弟子自遠而至。前後宰府十辟，公車三徵，再舉賢良方正、博士、有道，皆稱疾不就。

又 **卷八三《逸民傳·嚴光》**（嚴光）少有高名，與光武同遊學。及光武即位，光乃變名姓，隱身不見。帝思其賢，乃令以物色訪之。後齊國上言：『有一男子，披羊裘釣澤中。』帝疑其光，乃備安車玄纁，遣使聘之。

又 **《韓康傳》** 韓康字伯休，一名恬休，京兆霸陵人。家世著姓。【略】博士公車連徵，不至。桓帝乃備玄纁之禮，以安車聘之。使者奉詔

造康，康不得已，乃許諾。

辟除

綜述

晉·司馬彪《續漢書·百官志一·太尉條》 或曰，漢初掾史辟，皆上言之，故有秩比命士。其所不言，則爲百石屬。其後皆自辟除。故通爲百石云。

論説

《漢書》卷七七《諸葛豐傳》 諸葛豐字少季，琅邪人也。以明經爲郡文學，名特立剛直。貢禹爲御史大夫，除豐爲屬，舉侍御史。

又 《孫寶傳》 孫寶字子嚴，潁川鄢陵人也，以明經爲郡吏。御史大夫張忠辟寶爲屬。

又 卷七八《蕭育傳》 （蕭）育字次君。少以父任爲太子庶子。元帝即位，爲郎，病免，後爲御史。大將軍王鳳以育名父子，著材能，除爲功曹，遷謁者，使匈奴副校尉。

又 卷八一《匡衡傳》 （匡）衡射策甲科，以不應令除爲太常掌故，調補平原文學。【略】會宣帝崩，元帝初即位，樂陵侯史高以外屬爲大司馬車騎將軍，領尚書事【略】辟衡爲議曹史，薦衡於上，上以爲郎中，遷博士、給事中。

《後漢書》卷三一《羊續傳》 （羊）續以忠臣子孫拜郎中，去官後，辟大將軍竇武府。及武敗，坐黨事，禁錮十餘年，幽居守静。及黨禁解，復辟太尉府，四遷爲廬江太守。

又 卷三九《趙咨傳》 （趙咨）少孤，有孝行，州郡召舉孝廉，並不就。延熹元年，大司農陳豨舉咨至孝有道，仍遷博士。靈帝初，太傅陳蕃、大將軍竇武爲宦者所誅，咨乃謝病去。太尉楊賜特辟，使飾巾出入，請與講議。舉高第，累遷敦煌太守。

又 卷四一《寒朗傳》 寒朗字伯奇，魯國薛人也。【略】好經學，博通書傳，以《尚書》教授。舉孝廉。永平中，以謁者守侍御史【略】免官。復舉孝廉。建初中，肅宗大會羣臣，朗前謝恩，詔以朗納忠先帝，拜爲易長。歲餘，遷濟陽令，以母喪去官，百姓追思之。章和元年，上行東巡狩，過濟陽，三老吏人上書陳朗前政治狀。帝至梁，召見朗，詔三府爲辟首，由是辟司徒府。

又 卷五四《楊震傳》 （楊震）年五十，乃始仕州郡。大將軍鄧隲聞其賢而辟之，舉茂才，四遷荆州刺史、東萊太守。【略】延光二年，代劉愷爲太尉。帝舅大鴻臚耿寶薦中常侍李閏兄於震，震不從。寶乃自往候震曰：『李常侍國家所重，欲令公辟其兄，寶唯傳上意耳。』震曰：『如朝廷欲令三府辟召，故宜有尚書敕。』遂拒不許，寶大恨而去。皇后兄執金吾閻顯亦薦所親厚於震，震又不從。司空劉授聞之，即辟此二人，旬日中皆見拔擢。

又 《楊秉傳》 （楊）秉字叔節，少傳父業，兼明《京氏易》，博通書傳，常隱居教授。年四十餘，乃應司空辟，拜侍御史，頻出爲豫、荆、徐、兖四州刺史，遷任城相。

又 《楊賜傳》 （楊）賜字伯獻。少傳家學，篤志博聞。常退居隱約，教授門徒，不荅州郡禮命。後辟大將軍梁冀府，非其好也。出除陳倉令，因病不行。公車徵不至，連辭三公之命。後以司空高第，再遷侍中、越騎校尉。

又 卷五六《王暢傳》 （王）暢字叔茂。少以清實爲稱，無所交黨。初舉孝廉，辭病不就。大將軍梁商特辟舉茂才，四遷尚書令，出爲齊相。

又 卷六七《黨錮傳·李膺》 （李膺）初舉孝廉，爲司徒胡廣所辟，舉高第，再遷青州刺史。守令畏威明，多望風棄官。復徵，再遷漁陽太守。尋轉蜀郡太守，以母老乞不之官。轉烏桓校尉。

對策考試

綜　述

《漢書》卷八八《儒林傳》　平帝時王莽秉政，增元士之子得受業如弟子，勿以爲員，歲課甲科四十人爲郎中，乙科二十人爲太子舍人，丙科四十人補文學掌故云。

晉·司馬彪《續漢書·百官志二》　太常，卿一人，中二千石。本注曰：【略】每選試博士，奏其能否。

論　説

《史記》卷六一《儒林列傳》　公孫弘爲學官，悼道之鬱滯，乃請曰：『丞相御史言：制曰「蓋聞導民以禮，風之以樂。婚姻者，居室之大倫也。今禮廢樂崩，朕甚愍焉，故詳延天下方正博聞之士，咸登諸朝。其令禮官勸學，講議洽聞興禮，以爲天下先。太常議，與博士弟子，崇鄉里之化，以廣賢材焉」。謹與太常臧、博士平等議曰：聞三代之道，鄉里有教，夏曰校，殷曰序，周曰庠。其勸善也，顯之朝廷；其懲惡也，加之刑罰。故教化之行也，建首善自京師始，由内及外。今陛下昭至德，開大明，配天地，本人倫，勸學修禮，崇化厲賢，以風四方，太平之原也。古者政教未洽，不備其禮，請因舊官而興焉。爲博士官置弟子五十人，復其身。太常擇民年十八以上，儀狀端正者，補博士弟子。郡國縣道邑有好文學，敬長上，肅政教，順鄉里，出入不悖所聞者，令相長丞上屬所二千石，二千石謹察可者，當與計偕，詣太常，得受業如弟子。一歲皆輒試，能通一藝以上補文學掌故缺；其高第可以爲郎中者，太常籍奏。即有秀才異等，輒以名聞。其不事學若下材及不能通一藝，輒罷之，而請諸不稱者罰。臣謹案詔書律令下者，明天人分際，通古今之義，文章爾雅，訓辭深厚，恩施甚美。小吏淺聞，不能究宣，無以明布諭下。治禮次治掌故，以文學禮義爲官，遷留滯。請選擇其秩比二百石以上，及吏百石通一藝以上，補左右内史、大行卒史；比百石以下，補郡太守卒史：皆各二人，邊郡一人。先用誦多者，若不足，乃擇掌故補中二千石屬，文學掌故補郡屬，備員。請著功令。佗如律令。』制曰：『可。』自此以來，則公卿大夫士吏斌斌多文學之士矣。

又　卷一一二《平津侯主父傳》　元光五年，有詔徵文學，菑川國復推上公孫弘。【略】弘至太常。太常令所徵儒士各對策，百餘人，弘第居下。策奏，天子擢弘對爲第一。召入見，狀貌甚麗，拜爲博士。

《漢書》卷四九《晁錯傳》　鼂錯，潁川人也，學申商刑名於軹張恢生所，與雒陽宋孟及劉帶同師。以文學爲太常掌故。【略】後詔有司舉賢良文學士，錯在選中。上親策詔之【略】時賈誼已死，對策者百餘人，唯錯爲高第，繇是遷中大夫。

又　卷五八《兒寬傳》　（兒寬）以射策爲掌故，功次，補廷尉文學卒史。

又　卷七八《蕭望之傳》　（蕭）望之以射策甲科爲郎。

又　卷八四《翟方進傳》　（翟方進）以射策甲科爲郎。

又　卷八六《何武傳》　（何武）以射策甲科爲郎。

又　卷八一《孔光傳》　（成帝初即位）時，博士選三科：高第爲尚書，次爲刺史，其不通政事以，久次補諸侯太傅。

又　卷八八《儒林傳》　（房鳳）以射策乙科爲太史掌故。

《後漢書》卷六《順帝紀》　（陽嘉元年秋七月）丙辰，以太學新成，試明經下第者補弟子，增甲、乙科員各十人。

又　《質帝紀》　（本初元年）夏四月庚辰，令郡國舉明經，年五十以上、七十以下詣太學。自大將軍至六百石，皆遣子受業，歲滿課試，以高第五人補郎中，次五人太子舍人。又千石、六百石、四府掾屬、三署郎、四姓小侯先能通經者，各令隨家法，其高第者上名牒，當以次賞進。

又　卷八《靈帝紀》　（熹平五年十二月）試太學生年六十以上百餘人，除郎中、太子舍人至王家郎、郡國文學吏。

又　卷二五《魯丕傳》　（魯丕）兼通《五經》，以《魯詩》、《尚書》教授，爲當世名儒。後歸郡，爲督郵功曹。【略】建初元年，肅宗詔舉賢良方正，大司農劉寬舉丕。時對策者百有餘人，唯丕在高第，除爲議

郎，遷新野令。

又　卷三〇下《郎顗傳》（郎）宗，字仲綏，學《京氏易》，善風角、星算、六日七分，能望氣占候吉凶，常賣卜自奉。安帝徵之，對策爲諸儒表，後拜吳令。

又　卷六一《左雄傳》　論曰：【略】漢初詔舉賢良、方正，州郡察孝廉、秀才，斯亦貢士之方也。中興以後，復增敦朴、有道、賢能、直言、獨行、高節、質直、清白、敦厚之屬。榮路既廣，觖望難裁，自是竊名僞服，浸以流競。權門貴仕，請謁繁興。自左雄任事，限年試才，雖頗有不密，固亦因識時宜。而黄瓊、胡廣、張衡、崔瑗之徒，泥滯舊方，互相詭駮，循名者屈其短，算實者挺其效。故雄在尚書，天下不敢妄選，十餘年間，稱爲得人，斯亦效實之徵乎？順帝始以童弱反政，而號令自出，知能任使，故士得用情，天下喁喁仰其風采。遂乃備玄纁玉帛，以聘南陽樊英，天子降寢殿，設壇席，尚書奉引，延問失得。急登賢之舉，虚降己之禮，於是處士鄙生，忘其拘儒，拂巾衽褐，以企旌車之招矣。至乃英能承風，俊乂咸事，若李固、周舉之淵謨弘深，左雄、黄瓊之政事貞固，桓焉，楊厚以儒學進，崔瑗、馬融以文章顯，吳祐、蘇章、种暠、欒巴牧民之良幹，龐參、虞詡將帥之宏規，王龔、張晧虚心以推士，張綱、杜喬直道以糾違，郎顗陰陽詳密，張衡機術特妙，東京之士，於茲盛焉。向使廟堂納其高謀，疆埸宣其智力，帷幄容其謇辭，舉厝稟其成式，則武、宣之軌，豈其遠而？《詩》云：『靡不有初，鮮克有終。』可爲恨哉！及孝桓之時，碩德繼興，陳蕃、楊秉處稱賢宰，皇甫、張、段出號名將，王暢、李膺彌縫衮闕，朱穆、劉陶獻替匡時，郭有道獎鑑人倫，陳仲弓弘道下邑。其餘宏儒遠智，高心絜行，激揚風流者，不可勝言。而斯道莫振，文武陵隊，在朝者以正議嬰戮，謝事者以黨錮致灾。往車雖折，而來軫方遒。所以傾而未顚，決而未潰，豈非仁人君子心力之爲乎？嗚呼！

又　卷七八《宦者傳·呂强》（李）巡以爲諸博士試甲乙科，爭第高下，更相告言，至有行賂定蘭臺漆書經字，以合其私文者，乃白帝，與諸儒共刻《五經》文於石，於是詔蔡邕等正其文字。自後《五經》一定，爭者用息。

任子

綜述

《漢書》卷一一《哀帝紀》注引應劭曰　任子令者，《漢儀注》吏二千石以上視事滿三年，得任同産若子一人爲郎。

論説

《史記》卷一二二《酷吏列傳》　周陽由者，其父趙兼，以淮南王舅父侯周陽，故因姓周陽氏。由以宗家任爲郎。

《漢書》卷一一《哀帝紀》（哀帝）除任子令。

又　卷五六《董仲舒傳》　董仲舒曰：『【略】臣願陛下興太學，置明師，以養天下之士，數考問以盡其材，則英俊宜可得矣。今之郡守、縣令，民之師帥，所使承流而宣化也；故師帥不賢，則主德不宣，恩澤不流。今吏既亡教訓於下，或不承用主上之法，暴虐百姓，與姦爲市，貧窮孤弱，冤苦失職，甚不稱陛下之意。是以陰陽錯繆，氛氣充塞，羣生寡遂，黎民未濟，皆長吏不明，使至於此也。夫長吏多出於郎中、中郎，吏二千石子弟選郎吏，又以富訾，未必賢也。且古所謂功者，以任官稱職爲差，非所謂積日絫久也。故小材雖絫日，不離於小官；賢材雖未久，不害爲輔佐。是以有司竭力盡知，務治其業而以赴功。今則不然。絫日以取貴，積久以致官，是以廉恥貿亂，賢不肖渾殽，未得其眞。臣愚以爲使諸列侯、郡守、二千石各擇其吏民之賢者，歲貢各二人以給宿衛，且以觀大臣之能；所貢賢者有賞，所貢不肖者有罰。夫如是，諸侯、吏二千石皆盡心於求賢，天下之士可得而官使也。』

又　卷五九《張安世傳》（張）安世字子孺，少以父任爲郎。

又　卷六九《辛慶忌傳》　辛慶忌字子眞，少以父任爲右校丞。

又　卷七八《蕭育傳》（蕭）育字子眞，少以父任爲太子庶子。

又　卷七九《馮野王傳》（馮野王）少以父任爲太子庶子。

又　卷八二《史丹傳》（史丹）有子男女二十人，九男皆以丹任並爲侍中諸曹，親近在左右。

又　卷八四《翟義傳》（翟）義字文仲，少以父任爲郎。

又　卷九〇《酷吏傳·義縱》（義）縱有姊，以醫幸王太后。太后問：『有子、兄弟爲官者乎？』姊曰：『有弟無行，不可。』太后乃告上，上拜義姁弟縱爲中郎，補上黨郡中令。

又　卷九三《佞幸傳·淳于長》（淳于長）少以太后姊子爲黄門郎。

《後漢書》卷五《安帝紀》（建光元年）以公、卿、校尉、尚書子弟一人爲郎、舍人。

又　卷九《獻帝紀》（永漢元年）賜公卿以下至黄門侍郎家一人爲郎，以補宦官所領諸署，侍於殿上。

又　卷二四《馬廖傳》（馬）廖字敬平，少以父任爲郎。

又　卷二六《侯霸傳》侯霸字君房，河南密人也。族父淵，以宦者有才辯，任職元帝時，佐石顯等領中書，號曰大常侍。成帝時，任霸爲太子舍人。

又　卷三一《陸康傳》陸康字季寧，吴郡吴人也。【略】會廬江賊黄穰等與江夏蠻連結十餘萬人，攻没四縣，拜康廬江太守。康申明賞罰，擊破穰等，餘黨悉降。帝嘉其功，拜康孫尚爲郎中。

又　卷三四《梁統傳》（梁統）以列侯奉朝請，更封高山侯，拜太中大夫，除四子爲郎。

又　卷三七《桓郁傳》（桓）郁字仲恩，少以父任爲郎。

又　《桓焉傳》（桓）焉字叔元，少以父任爲郎。

又　卷四五《周景傳》（周景）代劉寵爲司空。是時宦官任人及子弟充塞列位。

又　卷五四《楊秉傳》（楊秉）代劉矩爲太尉。是時宦官方熾，任人及子弟爲官，布滿天下，競爲貪淫，朝野嗟怨。秉與司空周景上言：『内外吏職，多非其人，自頃所徵，皆特拜不試，致盗竊縱恣，怨訟紛錯。舊典，中臣子弟不得居位秉埶，而今枝葉賓客布列職署，或年少庸人，典據守宰，上下忿患，四方愁毒。可遵用舊章，退貪殘，塞災謗。請下司隸校尉、中二千石、城門五營校尉、北軍中候，各實覈所部，應當斥罷，自以狀言，三府廉察有遺漏，續上。』帝從之。於是秉條奏牧守以下匈奴中郎將燕瑗、青州刺史羊亮、遼東太守孫諠等五十餘人，或死或免，天下莫不肅然。

又　卷六一《黄琬傳》（黄）瓊爲司徒，琬以公孫拜童子郎，辭病不就，知名京師。

舉薦

綜述

《漢書》卷三六《劉向傳》（劉更生）復拜爲郎中給事黄門，遷散騎、諫大夫、給事中。元帝初即位，太傅蕭望之爲前將軍，少傅周堪爲諸吏光禄大夫，皆領尚書事，甚見尊任，更生年少於望之、堪，然二人重之，薦更生宗室忠直，明經有行，擢爲散騎、宗正給事中，與侍中金敞拾遺於左右。

又　卷七一《平當傳》（平當）以明經爲博士，公卿薦當論議通明，給事中。

又　《彭宣傳》（彭宣）治《易》，事張禹，舉爲博士，遷東平太傅。禹以帝師見尊信，薦宣經明有威重，可任政事，繇是入爲右扶風，遷廷尉，以王國人出爲太原太守。

又　卷七五《翼奉傳》翼奉字少君，東海下邳人也。治《齊詩》，與蕭望之、匡衡同師。【略】奉惇學不仕，好律曆陰陽之占。元帝初即位，諸儒薦之，徵待詔宦者署。

又　卷七六《王尊傳》（王尊）坐擅離部署。會赦，免歸家。涿郡太守徐明薦尊不宜久在閭巷，上以尊爲郿令，遷益州刺史。

又　卷七九《馮野王傳》朔方刺史蕭育奏封事，薦言『野王行能高妙，内足與圖身，外足以慮化。竊惜野王懷國之寶，而不得陪朝廷與朝者並。野王前以王舅出，以賢復入，明國家樂進賢也。』上自爲太子時聞

知野王。會其病免，復以故二千石使行河隄，因拜爲琅邪太守。

又　卷八三《薛宣傳》　（薛宣）舉茂材，爲宛句令。大將軍王鳳聞其能，薦宣爲長安令，治果有名，以明習文法詔補御史中丞。

又　卷八八《儒林傳·房鳳》　（張）禹與蕭望之同時爲御史，數爲望之言《左氏》，望之善之，上書數以稱説。後望之爲太子太傅，薦禹於宣帝，徵禹待詔。

又　卷九八《皇后傳》　左右常薦光禄大夫劉向少子歆通達有異材。上召見歆，誦讀詩賦，甚説之，欲以爲中常侍，召取衣冠。

《後漢書》卷一三《隗囂傳》　（牛邯）有勇力才氣，雄於邊垂。及降，大司空司直杜林、太中大夫馬援並薦之，以爲護羌校尉，與來歙平隴右。

又　卷二三《竇章傳》　（竇章）少好學，有文章，與馬融、崔瑗同好，更相推薦。【略】太僕鄧康聞其名【略】遂薦章入東觀爲校書郎。

又　卷三一《張堪傳》　張堪字君游，南陽宛人也，爲郡族姓。【略】世祖徵時，見堪志操，常嘉焉。及即位，中郎將來歙薦堪，召拜郎中，三遷爲謁者。

又　卷三六《鄭興傳》　侍御史杜林先與興同寓隴右，乃薦之曰：『竊見河南鄭興，執義堅固，敦悦《詩》、《書》，好古博物，見疑不惑，有公孫僑、觀射父之德，宜侍帷幄，典職機密。昔張仲在周，燕翼宣王，而詩人悦喜。惟陛下留聽少察，以助萬分。』乃徵爲太中大夫。

又　卷五四《楊震傳》　（楊震）年五十，乃始仕州郡。大將軍鄧隲聞其賢而辟之，舉茂才，四遷荆州刺史、東萊太守。【略】元初四年，徵入爲太僕，遷太常。先是博士選舉多不以實，震舉薦明經名士陳留楊倫等，顯傳學業，諸儒稱之。

又　卷六三《李固傳》　初，順帝時諸所除官，多不以次，及固在事，奏免百餘人。此等既怨，又希望冀旨，遂共作飛章虚誣固罪曰：『【略】太尉李固，因公假私，依正行邪，離間近戚，自隆支黨。至於表舉薦達，例皆門徒。及所辟召，靡非先舊。或富室財賂，或子壻婚屬，其列在官牒者凡四十九人。』

又　卷七九《儒林傳·謝該》　（謝該）仕爲公車司馬令，以父母老，託疾去官。欲歸鄉里，會荆州道斷，不得去。少府孔融上書薦之【略】書奏，詔即徵還，拜議郎。

又　卷八〇《文苑傳上·李尤》　李尤字伯仁，廣漢雒人也。少以文章顯。和帝時，侍中賈逵薦尤有相如、揚雄之風，召詣東觀，受詔作賦，拜蘭臺令史。

又　卷八一《獨行傳·李善》　李善字次孫，南陽淯陽人，本同縣李元蒼頭也。建武中疫疾，元家相繼死没，唯孤兒續始生數旬，而貲財千萬，諸奴婢私共計議，欲謀殺續，分其財産。善深傷李氏而力不能制，乃潛負續逃亡，隱山陽瑕丘界中，親自哺養，乳爲生湩。推燥居濕，備嘗艱勤。續雖在孩抱，奉之不異長君，有事輒長跪請白，然後行之。閭里感其行，皆相率修義。續年十歲，善與歸本縣，修理舊業。告奴婢於長吏，悉收殺之。時鍾離意爲瑕丘令，上書薦善行狀。光武詔拜善及續並爲太子舍人。

鬻官爵

綜　述

《史記》卷一一七《司馬相如列傳》　（司馬相如）以貲爲郎，事孝景帝，爲武騎常侍，非其好也。

《漢書》卷二《惠帝紀》　（惠帝元年）民有罪，得買爵三十級以免死罪。【略】

（惠帝六年）令民得賣爵。

又　卷四《文帝紀》　（文帝後元六年）民得賣爵。

又　卷一〇《成帝紀》　（鴻嘉三年）令吏民得買爵，賈級千錢。【略】

（永始二年二月詔）又曰：『關東比歲不登，吏民以義收食貧民、入穀物助縣官振贍者，已賜直，其百萬以上，加賜爵右更，欲爲吏，補三百石，其吏也，遷二等。三十萬以上，賜爵五大夫，吏亦遷二等，民

補郎。』

又 卷二四上《食貨志》 文帝從錯之言，令民入粟邊，六百石爵上造，稍增至四千石爲五大夫，萬二千石爲大庶長，各以多少級數爲差。

又 卷五〇《張釋之傳》 （張釋之）以貲爲騎郎，事文帝，十年不得調，亡所知名。

又 卷八九《循吏傳·黃霸》 （黃）霸少學律令，喜爲吏，武帝末以待詔入錢賞官，補侍郎謁者，坐同産有罪劾免。後復入穀沈黎郡，補左馮翊二百石卒史。馮翊以霸入財爲官，不署右職，使領郡錢穀計。

又 卷九九下《王莽傳》 （地皇元年）令民入米六百斛爲郎，其郎吏增秩賜爵至附城。

《後漢書》卷五《安帝紀》 （永初三年）三公以國用不足，奏令吏人入錢穀，得爲關内侯、虎賁羽林郎、五大夫、官府吏、緹騎、營士各有差。

又 卷七《桓帝紀》 （延熹四年秋七月）占賣關内侯、虎賁、羽林、緹騎營士、五大夫錢各有差。

又 卷八《靈帝紀》 （光和元年）初開西邸賣官，自關内侯、虎賁、羽林，入錢各有差。私令左右賣公卿，公千萬，卿五百萬。【略】（中平四年）賣關内侯，假金印紫綬，傳世，入錢五百萬。

又 卷三一《羊續傳》 （中平）六年，帝欲以羊續爲太尉。時拜三公者，皆輸東園禮錢千萬，中使督之，名爲『左騶』。其所之往，輒迎致禮敬，厚加贈賂。續乃坐使人於單席，舉緼袍以示之，曰：『臣之所資，唯斯而已。』左騶白之，帝不悦，以此故不登公位。

又 卷五二《崔寔傳》 （崔）寔從兄烈，有重名於北州，歷位郡守、九卿。靈帝時，開鴻都門榜賣官爵，公卿州郡下至黃綬各有差。其富者則先入錢，貧者到官而後倍輸，或因常侍、阿保别自通達。是時段熲、樊陵、張温等雖有功勤名譽，然皆先輸貨財而後登公位。烈時因傅母入錢五百萬，得爲司徒。及拜日，天子臨軒，百僚畢會。帝顧謂親倖者曰：『悔不小靳，可至千萬。』程夫人於傍應曰：『崔公冀州名士，豈肯買官？賴我得是，反不知姝邪？』烈於是聲譽衰減。久之不自安，從容問其子鈞曰：『吾居三公，於議者何如？』鈞曰：『大人少有英稱，歷位卿守，論者不謂不當爲三公；而今登其位，天下失望。』烈曰：『何爲然也？』鈞曰：『論者嫌其銅臭。』

又 卷五七《劉陶傳》 （劉陶）爲京兆尹。到職，當出修宫錢直千萬，陶既清貧，而恥以錢買職，稱疾不聽政。帝宿重陶才，原其罪，徵拜諫議大夫。

又 卷一〇《皇后紀下·孝仁董皇后》 （董皇后）始與朝政，使帝賣官求貨，自納金錢，盈滿堂室。

自薦

綜述

《漢書》卷四五《息夫躬傳》 （息夫躬）少爲博士弟子，受《春秋》，通覽記書。容貌壯麗，爲衆所異。哀帝初即位，皇后父特進孔鄉侯傅晏與躬同郡，相友善，躬繇是以爲援，交游日廣。先是，長安孫寵亦以游説顯名，免汝南太守，與躬相結，俱上書，召待詔。

又 卷六四下《賈捐之傳》 賈捐之字君房，賈誼之曾孫也。元帝初即位，上疏言得失，召待詔金馬門。

又 卷六五《東方朔傳》 武帝初即位，徵天下舉方正賢良文學材力之士，待以不次之位，四方士多上書言得失，自衒鬻者以千數，其不足采者輒報聞罷。

又 卷六七《梅福傳》 孝武皇帝好忠諫，説至言，出爵不待廉茂，慶賜不須顯功，是以天下布衣各厲志竭精以赴闕廷自衒鬻者不可勝數。漢家得賢，於此爲盛。

又 卷七八《蕭望之傳》 上初即位，思進賢良，多上書言便宜，輒下望之問狀，高者請丞相御史，次者中二千石試事，滿歲以狀聞，下者報聞，或罷歸田里，所白處奏皆可。

又 卷八七下《揚雄傳》 （揚雄）曰：『【略】當今縣令不請士，郡守不迎師，羣卿不揖客，將相不俛眉；言奇者見疑，行殊者得辟，是

以欲談者宛舌而固聲，欲行者擬足而投迹。鄉使上世之士處虖今，策非甲科，行非孝廉，擧非方正，獨可抗疏，時道是非，高得待詔，下觸聞罷，又安得青紫？』

任用制度分部

任用期限

綜述

《漢書》卷八九《循吏傳序》　及至孝宣，繇仄陋而登至尊，興于閭閻，知民事之艱難。自霍光薨後始躬萬機，厲精爲治，五日一聽事，自丞相已下各奉職而進。及拜刺史守相，輒親見問，觀其所繇，退而考察所行以質其言，有名實不相應，必知其所以然。常稱曰：『庶民所以安其田里而亡歎息愁恨之心者，政平訟理也。與我共此者，其唯良二千石乎！』以爲太守，吏民之本也，數變易則下不安，民知其將久，不可欺罔，乃服從其教化。故二千石有治理效，輒以璽書勉厲，增秩賜金，或爵至關内侯，公卿缺則選諸所表以次用之。是故漢世良吏，於是爲盛，稱中興焉。

《後漢書》卷三三《朱浮傳》　帝以二千石長吏多不勝任，時有纖微之過者，必見斥罷，交易紛擾，百姓不寧。六年，有日食之異，浮因上疏曰：『臣聞日者衆陽之所宗，君上之位也。凡居官治民，據郡典縣皆爲陽爲上，爲尊爲長。若陽上不明，尊長不足，則干動三光，垂示王者。五典紀國家之政，《鴻範》别災異之文，皆宣明天道，以徵來事者也。陛下哀愍海内新離禍毒，保宥生人，使得蘇息。而今牧人之吏，多未稱職，小違理實，輒見斥罷，豈不粲然黑白分明哉！然以堯舜之盛，猶加三考。大漢之興，亦累功效，吏皆積久，養老於官，至名子孫，因爲氏姓。當時吏職，何能悉理。論議之徒，豈不諠譁。蓋以爲天地之功不可倉卒，艱難之業當累日也。而間者守宰數見換易，迎新相代，疲勞道路。尋其視事日淺，未足昭見其職，既加嚴切，人不自保，各相顧望，無自安之心。有司或因睚眦以騁私怨，苟求長短，求媚上意。二千石及長吏迫於擧劾，懼於刺譏，故争飾詐僞，以希虚譽。斯皆羣陽騷動，日月失行之應。夫物暴長者必夭折，功卒成者必亟壞，如摧長久之業，而造速成之功，非陛下之福也。天下非一時之用也，海内非一旦之功也。願陛下游意於經年之外，望化於一世之後。天下幸甚。』帝下其議，羣臣多同於浮，自是牧守易代頗簡。

又　卷六一《左雄傳》　（尚書令左雄）上疏陳事曰：『漢初至今，三百餘載，俗浸彫敝，巧僞滋萌，下飾其詐，上肆其殘。典城百里，轉動無常，各懷一切，莫慮長久。謂殺害不辜爲威風，聚斂整辨爲賢能，以理己安民爲劣弱，以奉法循理爲不化。髡鉗之戮，生於睚眦；覆尸之禍，成於喜怒。視民如寇讎，稅之如豺虎。監司項背相望，與同疾疢，見非不擧，聞惡不察，觀政於亭傳，責成於期月，言善不稱德，論功不據實，虚誕者獲譽，拘檢者離毁。或因罪而引高，或色斯以求名。州宰不覆，競共辟召，踴躍升騰，超等踰匹。或考奏捕案，而亡不受罪，會赦行賂，復見洗滌。朱紫同色，清濁不分。故使姦猾枉濫，輕忽去就，拜除如流，缺動百數。鄉官部吏，職斯禄薄，車馬衣服，一出於民，廉者取足，貪者充家，特選横調，紛紛不絶，送迎煩費，損政傷民。和氣未洽，災眚不消，咎皆在此。今之墨綬，猶古之諸侯，拜爵王庭，輿服有庸，而齊於匹豎，叛命避負，非所以崇憲明理，惠育元元也。臣愚以爲守相長吏，惠和有顯效者，可就增秩，勿使移徙，非父母喪不得去官。其不從法禁，不式王命，錮之終身，雖會赦令，不得齒列。若被劾奏，亡不就法者，徙家邊郡，以懲其後。鄉部親民之吏，皆用儒生清白任從政者，寬其負筭，增其秩禄，吏職滿歲，宰府州郡乃得辟擧。如此，威福之路塞，虚僞之端絶，送迎之役損，賦斂之源息。循理之吏，得成其化；率土之民，各寧其所。追配文、宣中興之軌，流光垂祚，永世不刊。』帝感其言，申下有司，考其眞僞，詳所施行。雄之所言，皆明達政體，而宦豎擅權，終不能用。自是選代交互，令長月易，迎新送舊，勞擾無已，或官寺空曠，無人案事，每選部劇，乃至逃亡。

任用類別

守、眞

綜　述

漢·衛宏《漢舊儀》　丞相考召，取明經一科，明律令一科，能治劇一科，各一人。詔選諫大夫、議郎、博士、諸侯王傅、僕射、郎中令，取明經。選廷尉正、監、平，案章取明律令。選能治劇長安、三輔令，取治劇。皆試守，小冠，滿歲爲眞。【略】

官事至重，古法雖聖猶試，故令丞相設四科之辟，以博選異德名士，稱才量能，不宜者還故官。【略】皆試以能信然後官之。【略】

丞相史物故，調御史少史守丞相史，若御史少史。監祠寢園廟，調御史少史屬守，不足，丞相少史屬爲倅，事已罷。

《漢書》卷一二《平帝紀》注引如淳曰　諸官初除，皆試守一歲乃爲眞，食全俸。

清·趙翼《陔餘叢考》卷二六《假守》　其官吏試職者則曰守。【略】凡試職皆曰守。

論　說

《漢書》卷一一《哀帝紀》　明年，使執金吾任宏守大鴻臚，持節徵定陶王，立爲皇太子。

又　卷七六《趙廣漢傳》　（趙廣漢）以治行尤異，遷京輔都尉，守京兆尹。【略】從軍還，復用守京兆尹，滿歲爲眞。

又《尹翁歸傳》　（尹翁歸）以高第入守右扶風，滿歲爲眞。

又《韓延壽傳》　（韓延壽）入守左馮翊，滿歲稱職爲眞。

又《張敞傳》　潁川太守黃霸以治行第一，入守京兆尹，霸視事數月，不稱，罷歸潁川。於是制詔御史：『其以膠東相敞守京兆尹。』自趙廣漢誅後，比更守尹，如霸等數人，皆不稱職。【略】

京兆典京師，長安中浩穰，於三輔尤爲劇。郡國二千石以高第入守，及爲眞，久者不過二三年，近者數月一歲，輒毀傷失名，以罪過罷。唯廣漢及敞爲久任職。【略】

（張敞）守太原太守，滿歲爲眞，太原郡清。

又《王尊傳》　（王尊）遷光祿大夫，守京兆尹，後爲眞，凡三歲。

又　卷八三《薛宣傳》　（薛宣）入守左馮翊，滿歲稱職爲眞。

又　卷七八《蕭育傳》　（蕭育）歷冀州、青州兩郡刺史，長水校尉，泰山太守，入守大鴻臚。

《後漢書》卷一七《馮異傳》　（建武）九年春，祭遵卒，詔（馮）異守征虜將軍，并將其營。

又　卷六三《李固傳》　（陽嘉二年）詔又特問當世之敝，爲政所宜。（李）固對曰：『【略】竊聞長水司馬武宣、開陽城門候羊迪等，無他功德，初拜便眞。此雖小失，而漸壞舊章。先聖法度，所宜堅守，政教一跌，百年不復。』

又　卷六六《王允傳》　（王允）爲從事中郎，轉河南尹。獻帝卽位，拜太僕，再遷守尚書令。初平元年，代楊彪爲司徒，守尚書令如故。

假

綜　述

清·趙翼《陔餘叢考》卷二六《假守》　秦漢時官吏攝事者皆曰假，蓋言借也。

論　說

《史記》卷五四《曹相國世家》　（曹）參自漢中爲將軍中尉，從擊

諸侯，及項羽敗，還至滎陽，凡二歲。高祖二年，拜爲假左丞相，入屯兵關中。月餘，魏王豹反，以假左丞相別與韓信東攻魏將軍孫遬軍東張，大破之。

《漢書》卷三一《項籍傳》 秦二世元年，陳勝起。九月，會稽假守通素賢梁，乃召與計事。

又 卷六九《趙充國傳》 （趙充國）爲人沈勇有大略，少好將帥之節，而學兵法，通知四夷事。武帝時，以假司馬從貳師將軍擊匈奴，大爲虜所圍。

又 卷七〇《陳湯傳》 軍候假丞杜勳斬單于首，得漢使節二及谷吉等所齎帛書。

又 卷七六《韓延壽傳》 五騎爲伍，分左右部，軍假司馬、千人持幢旁轂。

又 卷九六下《西域傳·渠犁》 上既悔遠征伐，而搜粟都尉桑弘羊與丞相御史奏言：『【略】張掖、酒泉遣騎假司馬爲斥候，屬校尉，事有便宜，因騎置以聞。』

晉·司馬彪《續漢書·百官志一·將軍條》 大將軍營五部，部校尉一人，比二千石。【略】其不置校尉部，但軍司馬一人。又有軍假司馬、假候，皆爲副貳。

《後漢書》卷三《章帝紀》 （建初三年）閏月，西域假司馬班超擊姑墨，大破之。

又 卷一九《耿夔傳》 （耿）夔字定公，少有氣決。永元初，爲車騎將軍竇憲假司馬，北擊匈奴，轉車騎都尉。

又 卷四七《班超傳》 （永平）十六年，奉車都尉竇固出擊匈奴，以超爲假司馬，將兵別擊伊吾，戰於蒲類海，多斬首虜而還。

又 卷六九《何進傳》 大將軍司馬許涼、假司馬伍宕說進曰：『《太公六韜》有天子將兵事，可以威厭四方。』

又 卷八七《西羌傳·東號子麻奴》 任尚又遣假司馬募陷陳士，擊零昌於北地，殺其妻子，得牛馬羊二萬頭，燒其廬落，斬首七百餘級，得僭號文書及所沒諸將印綬。

平

綜述

《後漢書》卷三四《梁冀傳》注 平，謂平議也。

論說

《漢書》卷七一《于定國傳》 後王廢，宣帝立，大將軍光領尚書事，條奏羣臣諫昌邑王者皆超遷。（于）定國繇是爲光祿大夫，平尚書事，甚見任用。

又 卷七六《張敞傳》 宣帝徵（張）敞爲太中大夫，與于定國並平尚書事。

又 卷七六《梁冀傳》 （大將軍梁冀）每朝會，與三公絶席。十日一入，平尚書事。

晉·司馬彪《續漢書·百官志三·少府條》注引胡廣曰 孝宣感路溫舒言，秋季後請讞。時帝幸宣室，齋居而決事，令侍御史二人治書，御史起此。後因別置，冠法冠，秩百石，有印綬，與符節郎共平廷尉奏事，罪當輕重。

領

綜述

《史記》卷三〇《平準書》 東郭咸陽、孔僅爲大農丞，領鹽鐵事。**【略】**

桑弘羊爲治粟都尉，領大農，盡代僅筦天下鹽鐵。

《漢書》卷三六《劉向傳》 元帝初卽位，太傅蕭望之爲前將軍，少傅周堪爲諸吏光祿大夫，皆領尚書事，甚見尊任。**【略】**

成帝卽位，顯等伏辜，更生乃復進用，更名向。向以故九卿召拜爲中郎，使領護三輔都水。數奏封事，遷光禄大夫。【略】上方精於《詩》、《書》，觀古文，詔向領校中《五經》秘書。

又　卷五九《張安世傳》　（張安世）爲大司馬車騎將軍，領尚書事。【略】

大將軍光薨後數月，御史大夫魏相上封事曰：『【略】安世子延壽重厚，可以爲光禄勳，領宿衛臣。』

又　卷六八《金安上傳》　（金涉）爲侍中騎都尉，領三輔胡越騎。

又　卷七七《毋將隆傳》　毋將隆字君房，東海蘭陵人也。大司馬車騎將軍王音内領尚書，外典兵馬，踵故選置從事中郎與參謀議，奏請隆爲從事中郎，遷諫大夫。

又　《何並傳》　潁川鍾元爲尚書令，領廷尉，用事有權。

又　卷八一《匡衡傳》　元帝初卽位，樂陵侯史高以外屬爲大司馬車騎將軍，領尚書事，前將軍蕭望之爲副。

又　《孔光傳》　（孔）光爲帝太傅，位四輔，給事中，領宿衛供養，行内署門户，省服御食物。

《後漢書》卷一八《陳俊傳》　（建武四年）太山豪傑多擁衆與張步連兵，吳漢言於帝曰：『非陳俊莫能定此郡。』於是拜俊太山太守，行大將軍事。（五年）時，琅邪未平，乃徙俊爲琅邪太守，領將軍如故。

又　卷二七《王丹傳》　王丹字仲回，京兆下邽人也。哀平時，仕州郡。王莽時，連徵不至。家累千金，隱居養志，好施周急。【略】前將軍鄧禹西征關中，軍糧乏，丹率宗族上麥二千斛。禹表丹領左馮翊，稱疾不視事，免歸。

又　卷二八《蓋勳傳》　蓋勳字元固，敦煌廣至人也。家世二千石。初舉孝廉，爲漢陽長史。【略】後刺史楊雍卽表勳領漢陽太守。

視、録、兼、行、督

綜　述

《漢書》卷一上《高帝紀》注　督謂視責也。

《後漢書》卷四《和帝紀》注　録謂總領之也。

唐・杜佑《通典》卷三二《職官》十四《都督》　後漢光武建武初，征伐四方，始權置督軍御史，事竟罷。

論　説

《史記》卷八七《李斯列傳》　始皇三十七年十月，行出游會稽，並海上，北抵琅邪。丞相斯、中車府令趙高兼行符璽令事，皆從。

又　卷一〇八《韓長孺列傳》　（韓）安國爲御史大夫四歲餘，丞相田蚡死，安國行丞相事，奉引墮車蹇。

又　卷七六《王尊傳》　（王尊）遷虢令，轉守槐里，兼行美陽令事。

又　卷七七《蓋寬饒傳》　（蓋寬饒）遷諫大夫，行郎中户將事。

又　卷八三《薛宣傳》　上徵宣，復爵高陽侯，加寵特進，位次師安昌侯，給事中，視尚書事。

又　卷八四《翟義傳》　（翟義）年二十出爲南陽都尉。【略】義行太守事，行縣至宛。

又　卷八七《趙充國傳》　（趙充國）遷中郎將，將屯上谷，還爲水衡都尉。擊匈奴，獲西祁王，擢爲後將軍，兼水衡如故。

晉・司馬彪《續漢書・百官志一・太傅》　太傅，上公一人。本注曰：掌以善導，無常職。世祖以卓茂爲太傅，薨，因省。其後每帝初卽位，輒置太傅録尚書事，薨，輒省。

《後漢書》卷一下《光武帝紀》　（建武十二年）十二月辛卯，揚武將軍馬成行大司空事。（建武十三年三月）丙子，行大司空馬成罷。

又　卷四《和帝紀》　（章和二年三月）庚戌，皇太后詔曰：『【略】彪聰明康强，可謂老成黄耇矣。其以彪爲太傅，賜爵關内侯，録尚書事，百官總已以聽，朕庶幾得專心内位。』大司農尹睦爲太尉，録尚書事。

又　卷四《殤帝紀》　司徒徐防爲太尉，參録尚書事，百官總已以聽。

又 卷五《安帝紀》 （延光四年三月）辛酉，令大將軍耿寶行太尉事。【略】

（延光四年夏四月丁酉）司徒劉熹爲太尉，參録尚書事。

又 卷六《順帝紀》 （永建元年二月）丙戌，太常桓焉爲太傅，大鴻臚朱寵爲太尉，參録尚書事。

又 卷八《靈帝紀》 （建寧元年九月辛亥）司徒胡廣爲太傅，録尚書事。

又 卷九《獻帝紀》 （初平三年九月）甲申，司空淳于嘉爲司徒，光禄大夫楊彪爲司空，並録尚書事。

又 卷一六《寇恂傳》 （鄧）禹曰：『【略】寇恂文武備足，有牧人御衆之才，非此子莫可使也。』乃拜恂河内太守，行大將軍事。

又 卷二六《伏湛傳》 （伏湛）爲司直，行大司徒事。車駕每出征伐，常留鎮守，總攝羣司。

又 卷三八《張宗傳》 青、冀盜賊屯聚山澤，（張）宗以謁者督諸郡兵討平之。

又 《滕撫傳》 （滕撫）初仕州郡，稍遷爲涿令，有文武才用。太守以其能，委任郡職，兼領六縣。

又 《度尚傳》 豫章艾縣人六百餘人【略】焚燒長沙郡縣，寇益陽，殺縣令，衆漸盛。又遣謁者馬睦，督荆州刺史劉度擊之，軍敗，睦、度奔走。

又 卷六五《皇甫規傳》 先是安定太守孫儁受取狼籍，屬國都尉李翕、督軍御史張禀多殺降羌。

又 《張奐傳》 （張）奐爲護匈奴中郎將，以九卿秩督幽、并、涼三州及度遼、烏桓二營。

又 卷八〇下《文苑傳·高彪》 時，京兆第五永爲督軍御史，使督幽州。

待詔

綜述

《漢書》卷一一《哀帝紀》注引應劭曰 諸以材技徵召，未有正官，故曰待詔。

晉·司馬彪《續漢書·百官志三·太常條》注引《漢官儀》 太史待詔三十七人，其六人治曆，三人龜卜，三人廬宅，四人日時，三人《易》筮，二人典禳，九人籍氏、許氏、典昌氏，各三人，嘉法、請雨、解事各二人，醫二人。

又 注引《漢官》 靈臺待詔四十二人，其十四人候星，二人候日，三人候風，十二人候氣，三人候晷景，七人候鍾律。一人舍人。【略】

（掖庭）吏從官百六十七人，待詔五人，吏員十人。

論説

《史記》卷九九《劉敬叔孫通列傳》 叔孫通者，薛人也。秦時以文學徵，待詔博士。

又 卷一一一《衛將軍驃騎列傳》 （韓説）以待詔爲横海將軍，擊東越有功，爲按道侯。

又 卷一二六《滑稽列傳》 將軍出宫門，齊人東郭先生以方士待詔公車，當道遮衛將軍車，拜謁曰：『願白事。』將軍止車前，東郭先生旁車言曰：『王夫人新得幸於上，家貧。今將軍得金千斤，誠以其半賜王夫人之親，人主聞之必喜。此所謂奇策便計也。』衛將軍謝之曰：『先生幸告之以便計，請奉教。』於是衛將軍乃以五百金爲王夫人之親壽。王夫人以聞武帝。帝曰：『大將軍不知爲此。』問之安所受計策，對曰：『受之待詔者東郭先生。』詔召東郭先生，拜以爲郡都尉。東郭先生久待詔公車，貧困飢寒，衣敝，履不完。【略】及其拜爲二千石，佩青緺出宫門，行謝主人。故所以同官待詔者，等比祖道於都門外。榮華道路，立名當

世。此所謂衣褐懷寶者也。

《漢書》卷一九上《百官公卿表》 射聲校尉掌待詔射聲士。

又 卷三六《劉歆傳》（劉）歆字子駿，少以通《詩》《書》能屬文召，見成帝，待詔宦者署，爲黄門郎。

又 卷五四《蘇武傳》（蘇）武以故二千石與計謀立宣帝，賜爵關内侯，食邑三百户。久之，衛將軍張安世薦武明習故事，奉使不辱命，先帝以爲遺言。宣帝即時召武待詔宦者署，數進見，復爲右曹典屬國。

又 卷六四下《王褒傳》 宣帝時修武帝故事，講論六藝羣書，博盡奇異之好，徵能爲《楚辭》九江被公，召見誦讀，益召高材劉向、張子僑、華龍、柳褒等待詔金馬門。神爵、五鳳之間，天下殷富，數有嘉應。上頗作歌詩，欲興協律之事，丞相魏相奏言知音善鼓雅琴者勃海趙定、梁國龔德，皆召見待詔。

又 《賈捐之傳》 賈捐之字君房，賈誼之曾孫也。元帝初即位，上疏言得失，召待詔金馬門。

又 卷六五《東方朔傳》（東方）朔文辭不遜，高自稱譽，上偉之，令待詔公車。【略】久之【略】使待詔金馬門，稍得親近。【略】朔嘗醉入殿中，小遺殿上，劾不敬。有詔免爲庶人，待詔宦者署。

又 卷八七上《揚雄傳》 揚雄字子雲，蜀郡成都人也。【略】孝成帝時，客有薦雄文似相如者，上方郊祠甘泉泰畤、汾陰后土，以求繼嗣，召雄待詔承明之庭。

又 卷八九《循吏傳·黄霸》（黄）霸少學律令，喜爲吏，武帝末以待詔入錢賞官，補侍郎謁者，坐同産有罪劾免。

《後漢書》卷三《章帝紀》注引《續漢書》（章帝）時待詔張盛、京房、鮑業等以《四分曆》請與待詔楊岑等共課歲餘，盛等所中多，《四分》之曆始頗施行。

又 卷一六《寇恂傳》 初，隗囂將安定高峻，擁兵萬人，據高平第一，帝使待詔馬援招降峻，由是河西道開。

又 卷二八上《桓譚傳》（桓譚）莽時爲掌樂大夫，更始立，召拜太中大夫。世祖即位，徵待詔，上書言事失旨，不用。

又 卷三七《丁鴻傳》 丁鴻字孝公，潁川定陵人也。【略】永平十年詔徵，鴻至即召見，説《文侯之命篇》，賜御衣及綬，稟食公車，與博士同禮。頃之，拜侍中。

任用限制

綜述

晋·司馬彪《續漢書·百官志一》注引應劭《漢官儀》 世祖詔：『方今選舉，賢佞朱紫錯用。丞相故事，四科取士。一曰德行高妙，志節清白；二曰學通行修，經中博士；三曰明達法令，足以決疑，能案章覆問，文中御史；四曰剛毅多略，遭事不惑，明足以決，才任三輔令：皆有孝悌廉公之行。自今以後，審四科辟召，及刺史、二千石察茂才尤異孝廉之吏，務盡實覈，選擇英俊、賢行、廉潔、平端於縣邑，務授試以職。有非其人，臨計過署，不便習官事，書疏不端正，不如詔書，有司奏罪名，并正舉者。』又舊河隄謁者，世祖改以三府掾屬爲謁者領之，遷超御史中丞、刺史，或爲小郡。監察黎陽謁者，世祖以幽、并州兵騎定天下，故於黎陽立營，以謁者監之，兵騎千人，復除甚重。謁者任輕，多放情態，順帝改用公解府掾有清名威重者，遷超牧守焉。

論説

《史記》卷三〇《平準書》 孝惠、高后時，爲天下初定，復弛商賈之律，然市井之子孫亦不得仕宦爲吏。

又 卷九二《淮陰侯列傳》 淮陰侯韓信者，淮陰人也。始爲布衣時，貧無行，不得推擇爲吏。

《漢書》卷五《景帝紀》（景帝後二年）五月，詔曰：『【略】今訾算十以上乃得宦，廉士算不必衆。有市籍不得宦，無訾又不得宦，朕甚愍之。訾算四得宦，亡令廉士久失職，貪夫長利。』

又 卷一一《哀帝紀》 有司條奏：『【略】賈人皆不得名田、爲

吏，犯者以律論。』

又　卷三〇《藝文志》　漢興，蕭何草律，亦著其法，曰：『太史試學童，能諷書九千字以上，乃得爲史。又以六體試之，課最者以爲尚書御史史書令史。【略】』

又　卷三六《劉歆傳》　（劉歆）爲河内太守。以宗室不宜典三河，徙守五原，後復轉在涿郡，歷三郡守。

又　卷七一《彭宣傳》　（彭宣）遷東平太傅。（張）禹以帝師見尊信，薦宣經明有威重，可任政事，繇是入爲右扶風，遷廷尉，以王國人出爲太原太守。

又　卷七二《貢禹傳》　（貢）禹又言：『孝文皇帝時，貴廉絜，賤貪汙，賈人贅壻及吏坐臧者皆禁錮不得爲吏。』

又　卷七九《馮野王傳》　成帝立，有司奏野王王舅，不宜備九卿。以秩出爲上郡太守，加賜黄金百斤。

《後漢書》卷六《順帝紀》　（陽嘉元年十二月）辛卯，初令郡國舉孝廉，限年四十以上，諸生通章句，文史能牋奏，乃得應選；其有茂才異行，若顔淵、子奇，不拘年齒。

又　卷七《桓帝紀》　（本初元年）詔曰：『【略】其令秩滿百石，十歲以上，有殊才異行，乃得參選。臧吏子孫，不得察舉。』

又　卷三八《馮緄傳》　（馮緄）上言『舊典，中官子弟不得爲牧人職』，帝不納。

又　卷五四《楊秉傳》　（楊）秉與司空周景上言：『内外吏職，多非其人，自頃所徵，皆特拜不試，致盜竊縱恣，怨訟紛錯。舊典，中臣子弟不得居位秉執，而今枝葉賓客布列職署，或年少庸人，典據守宰，上下忿患，四方愁毒。可遵用舊章，退貪殘，塞灾謗。請下司隸校尉、中二千石、城門五營校尉、北軍中候，各實覈所部，應當斥罷，自以狀言，三府廉察有遺漏，續上。』帝從之。

任用回避

綜　述

《後漢書》卷六〇下《蔡邕傳》注　三互謂婚姻之家及兩州人不得交互爲官也。

唐・杜佑《通典》卷三三《職官》一五《總論縣佐》　漢縣有丞、尉及諸曹掾。多以本郡人爲之，三輔則兼用他郡。

論　説

《漢書》卷七一《彭宣傳》　（彭宣）爲左將軍。歲餘，上欲令丁、傅處爪牙官，乃策宣曰：『有司數奏言諸侯國人不得宿衛，將軍不宜典兵馬，處大位。朕唯將軍任漢將之重，而子又前取淮陽王女，婚姻不絶，非國之制。使光禄大夫曼賜將軍黄金五十斤、安車駟馬，其上左將軍印綬，以關内侯歸家。』

又　卷七五《京房傳》　（京）房罷出，後上令房上弟子曉知考功課吏事者，欲試用之。房上中郎任良、姚平，『願以爲刺史，試考功法，臣得通籍殿中，爲奏事，以防雍塞。』石顯、五鹿充宗皆疾房，欲遠之，建言宜試以房爲郡守。元帝於是以房爲魏郡太守，秩八百石，居得以考功法治郡。房自請，願無屬刺史，得除用他郡人，自第吏千石以下，歲竟乘傳奏事。天子許焉。

又　卷七九《馮野王傳》　（馮野王）遷爲大鴻臚。數年，御史大夫李延壽病卒，在位多舉野王。上使尚書選第中二千石，而野王行能第一。上曰：『吾用野王爲三公，後世必謂我私後宮親屬，以野王爲比。』乃下詔曰：『剛强堅固，確然亡欲，大鴻臚野王是也。心辨善辭，可使四方，少府五鹿充宗是也。廉絜節儉，太子少傅張譚是也。其以少傅爲御史大夫。』上繇下第而用譚，越次避嫌不用野王，以昭儀兄故也。野王乃歎

曰：『人皆以女寵貴，我兄弟獨以賤！』野王雖不爲三公，甚見器重，有名當世。成帝立，有司奏野王王舅，不宜備九卿。以秩出爲上郡太守，加賜黃金百斤。

《後漢書》卷六〇下《蔡邕傳》注引《謝承書》 史弼遷山陽太守，其妻鉅野薛氏女，以三互自上，轉拜平原相。

又《蔡邕傳》 初，朝議以州郡相黨，人情比周，乃制婚姻之家及兩州人士不得對相監臨。至是復有三互法，禁忌轉密，選用艱難。幽、冀二州，久缺不補。邕上疏曰：『伏見幽、冀舊壤，鎧馬所出，比年兵飢，漸至空耗。今者百姓虛縣，萬里蕭條，闕職經時，吏人延屬，而三府選舉，踰月不定。臣經怪其事，而論者云「避三互」。十一州有禁，當取二州而已。又二州之士，或復限以歲月，狐疑遲淹，以失事會。愚以爲三互之禁，禁之薄者，今但申以威靈，明其憲令，在任之人豈不戒懼，而當坐設三互，自生留閡邪？昔韓安國起自徒中，朱買臣出於幽賤，並以才宜，還守本邦。又張敞亡命，擢授劇州。豈復顧循三互，繼以末制乎？三公明知二州之要，所宜速定，當越禁取能，以救時敝；而不顧爭臣之義，苟避輕微之科，選用稽滯，以失其人。臣願陛下上則先帝，蠲除近禁，其諸州刺史器用可换者，無拘日月三互，以差厥中。』書奏不省。

考核制度分部

考核規制

綜　述

晉·司馬彪《續漢書·百官志五·州郡條》劉昭注引盧植《禮注》 計斷九月，因秦以十月爲正故。

晉·司馬彪《續漢書·百官志五·州郡條》 凡郡國皆掌治民，進賢勸功，決訟檢姦。常以春行所主縣，勸民農桑，振救乏絕。秋冬遣無害吏案訊諸囚，平其罪法，論課殿最。歲盡遣吏上計。

《宋書》卷四〇《百官志》 漢制歲遣上計掾史各一人，條上郡內衆事，謂之階簿，至今行之。

唐·杜佑《通典》卷三三《職官》 漢制，歲盡，遣上計掾史各一人，條上郡内衆事，謂之計偕簿。

論　説

《史記》卷五三《蕭相國世家》 （蕭何）以文無害爲沛主吏掾。秦御史監郡者與從事，常辨之。何乃給泗水卒史事，第一。秦御史欲入言徵何，何固請，得毋行。

又卷九六《張丞相列傳》 （張蒼）遷爲計相，一月，更以列侯爲主計四歲。是時蕭何爲相國，而張蒼乃自秦時爲柱下史，明習天下圖書計籍。蒼又善用算律曆，故令蒼以列侯居相府，領主郡國上計者。

《漢書》卷六《武帝紀》 （元光五年）徵吏民有明當時之務，習先聖之術者，縣次續食，令與計偕。

又卷八《宣帝紀》 （宣帝）又曰：『令甲，死者不可生，刑者不可息。此先帝之所重，而吏未稱。今繫者或以掠辜若飢寒瘐死獄中，何用心逆人道也！朕甚痛之。其令郡國歲上繫囚以掠笞若瘐死者所坐名、縣、爵、里，丞相御史課殿最以聞。』

考核内容

綜　述

漢·王符《潛夫論》卷二《考績》 （今）令長守相不思立功，貪殘專恣，不奉法令，侵冤小民。州司不治，令遠詣闕上書訟訴。尚書不以責三公，三公不以讓州郡，州郡不以討縣邑，是以凶惡狡猾易相冤也。

晉·司馬彪《續漢書·百官志五·州郡條》劉昭注引胡廣曰 秋冬歲盡，各計縣户口墾田，錢穀出入，盜賊多少，上其集簿。丞尉以下，歲詣郡，課校其功。功多尤爲最者，於廷尉勞勉之，以勸其後。負多尤爲殿

者，於後曹別責，以糾怠慢也。諸對辭窮尤困，收主者，掾史關白太守，使取法。丞尉縛責，以明下轉相督敕，爲民除害也。明帝詔書不得僇辱黄綬，以別小人吏也。

又 注引《漢官儀》 八月，太守、都尉、令、長、丞、尉會都試，課殿最。

又 注引蔡質《漢儀》 詔書舊典，刺史班宣，周行郡國，省察治政，黜陟能否，斷理冤獄，以六條問事，非條所問，即不省。【略】二條，二千石不奉詔書，遵承典制，倍公向私，旁詔守利，侵漁百姓，聚斂爲姦。三條，二千石不卹疑獄，風厲殺人，怒則任刑，喜則任賞，煩擾苛暴，剝戮黎元，爲百姓所疾，山崩石裂，妖祥訛言。四條，二千石選署不平，苟阿所愛，蔽賢寵頑。五條，二千石子弟怙恃榮勢，請託所監。六條，二千石違公下比，阿附豪强，通行貨賂，割損政令。

晉·司馬彪《續漢書·百官志五·州郡條》 凡郡國皆掌治民，進賢勸功，決訟檢姦。常以春行所主縣，勸民農桑，振救乏絶。秋冬遣無害吏案訊諸囚，平其罪法，論課殿最。歲盡遣吏上計。

《漢書》卷七五《京房傳》注引晉灼曰 令丞尉治一縣，崇教化亡犯法者輒遷。有盜賊，滿三日不覺者則尉事也。令覺之，自除，二尉負其辠。率相准如此法。

《後漢書》卷六一《黄琬傳》 舊制，光禄舉三署郎，以高功久次才德尤異者爲茂才四行。

論　說

《尹灣漢墓簡牘·集簿》 縣、邑、侯國卌八；縣十八，侯國十八，邑二。其廿四有堠（？），都官二。

鄉百七十，□百六，里二千五百卌四，正二千五百卌二人。

亭六百八十八，卒二千九百七十二人；郵卅四，人四百八；如前。

界東西五百五十一里，南北四百八十八里，如前。

縣三老卅八人，鄉三老百七十人，孝、弟、力田各百廿人，凡五百六十八人。

吏員二千二百三人：（大）（太）守一人，丞一人，卒史九人，屬五人，書佐十人，嗇夫一人，凡廿七人。

都尉一人，丞一人，卒史二人，屬三人，書佐五人，凡十二人。

令七人，長十五人，相十八人，丞卌人，尉卌三人，有秩卅人，斗食五百一人，佐（使）（史）、亭長千一百八十二人，凡千八百卌人。

侯家丞十八人，僕、行人、門大夫五十四人，（先）（洗）馬、中庶子二百五十二人，凡三百廿四人。

户廿六萬六千二百九十，多前二千六百廿九，其户萬一千六百六十二獲流。

口百卅九萬七千三百卌三，其（？）四萬二千七百五十二獲流。

提封五十一萬二千九十二頃八十五畝二□【略】人。如前。

□國邑居園田廿一萬一千六百五十二□□十九萬百卅二【略】卅五（？）萬九千六【略】長生。

種宿麥十萬七千三百□十□頃，多前千九百廿頃八十二畝。

男子七十萬六千六十四（？）人，女子六十八萬八千一百卅二人，女子多前七千九百廿六。

年八十以上三萬三千八百七十一，六歲以下廿六萬二千五百八十八，凡廿九萬六千四百五十九。

年九十以上萬一千六百七十人，年七十以上受杖二千八百廿三人，凡萬四千四百九十二，多前七百一十八。

春種樹六十五萬六千七百九十四畝，多前四萬六千三百廿畝。

以春令成户七千卅九，口二萬七千九百廿六。用穀七千九百五十一石八（？）斗卌升半升，率口二斗八升有奇。

一歲諸錢入二萬萬六千六百六十四萬二千五百六錢。

一歲諸錢出一萬萬四千五百八十三萬四千三百九十一。

一歲諸穀入五十萬六千六百卅七石二斗二升少□升，出□一萬二千五百八十一石四斗□□升。

《漢書》卷八《宣帝紀》 （宣帝）曰：『【略】其令郡國歲上繫囚以掠笞若瘐死者所坐名、縣、爵、里，丞相御史課殿最以聞。』【略】（黄龍元年）詔曰：『【略】方今天下少事，繇役省減，兵革不動，

而民多貧，盜賊不止，其咎安在？上計簿，具文而已，務爲欺謾，以避其課。【略】御史察計簿，疑非實者，按之，使眞僞毋相亂。』

《漢書》卷一七《景武昭宣元成功臣表》（衆利侯郝賢）坐爲上谷太守入戍卒財物，上計謾，免。

又 卷二四上《食貨志》（董仲舒）又言：『古者稅民不過什一，其求易共，使民不過三日，其力易足。民財內足以養老盡孝，外足以事上共稅，下足以畜妻子極愛，故民説從上。至秦則不然，用商鞅之法，改帝王之制，除井田，民得賣買，富者田連阡陌，貧者亡立錐之地。又顓川澤之利，管山林之饒，荒淫越制，踰侈以相高；邑有人君之尊，里有公侯之富，小民安得不困？又加月爲更卒，已，復爲正，一歲屯戍，一歲力役，三十倍於古；田租口賦，鹽鐵之利，二十倍於古。或耕豪民之田，見稅什五。故貧民常衣牛馬之衣，而食犬彘之食。重以貪暴之吏，刑戮妄加，民愁亡聊，亡逃山林，轉爲盜賊，赭衣半道，斷獄歲以千萬數。漢興，循而未改。古井田法雖難卒行，宜少近古，限民名田，以澹不足，塞并兼之路。鹽鐵皆歸於民。去奴婢，除專殺之威。薄賦斂，省繇役，以寬民力，然後可善治也。』

又 卷二三《刑法志》 今漢道至盛，歷世二百餘載，考自昭、宣、元、成、哀、平六世之閒，斷獄殊死，率歲千餘口而一人，耐罪上至右止，三倍有餘。【略】今郡國被刑而死者歲以萬數，天下獄二千餘所，其冤死者多少相覆，獄不減一人，此和氣所以未洽者也。

又 卷二八下《地理志》 宣帝時，鄭弘、召信臣爲南陽太守，治皆見紀。信臣勸民農桑，去末歸本，郡以殷富。

又 卷五八《兒寬傳》 （兒寬）遷左內史。寬既治民，勸農業，緩刑罰，理獄訟，卑體下士，務在於得人心；擇用仁厚士，推情與下，不求聲名，吏民大信愛之。寬表奏開六輔渠，定水令以廣溉田。收租稅，時裁闊狹，與民相假貸，以故租多不入。後有軍發，左內史以負租課殿，當免。民聞當免，皆恐失之，大家牛車，小家擔負，輸租繦屬不絕，課更以最。上由此愈奇寬。

又 卷七二《貢禹傳》 （貢）禹又言：『孝文皇帝時，貴廉絜，賤貪汙，賈人贅壻及吏坐臧者皆禁錮不得爲吏，賞善罰惡，不阿親戚，罪白者伏其誅，疑者以與民，亡贖罪之法，故令行禁止，海內大化，天下斷獄四百，與刑錯亡異。武帝始臨天，下尊賢用士，闢地廣境數千里，自見功大威行，遂從耆欲，用度不足，乃行壹切之變，使犯法者贖罪，入穀者補吏，是以天下奢侈，官亂民貧，盜賊並起，亡命者衆。郡國恐伏其誅，則擇便巧史書習於計簿能欺上府者，以爲右職；姦軌不勝，則取勇猛能操切百姓者，以苛暴威服下者，使居大位。故亡義而有財者顯於世，欺謾而善書者尊於朝，誖逆而勇猛者貴於官。』

又 卷七四《魏相傳》 （魏）相上書諫曰：『【略】今郡國守相多不實選，風俗尤薄，水旱不時。案今年計，子弟殺父兄、妻殺夫者，凡二百二十二人，臣愚以爲此非小變也。』

又 《丙吉傳》 （丙）吉又嘗出，逢清道羣鬭者，死傷橫道，吉過之不問，掾史獨怪之。吉前行，逢人逐牛，牛喘吐舌，吉止駐，使騎吏問：『逐牛行幾里矣？』掾史獨謂丞相前後失問，或以譏吉，吉曰：『民鬭相殺傷，長安令、京兆尹職所當禁備逐捕，歲竟丞相課其殿最，奏行賞罰而已。宰相不親小事，非所當於道路問也。方春少陽用事，未可大熱，恐牛近行用暑故喘，此時氣失節，恐有所傷害也。三公典調和陰陽，職當憂，是以問之。』掾史乃服，以吉知大體。

又 卷七六《尹翁歸傳》 （尹翁歸）守右扶風，滿歲爲眞。【略】扶風大治，盜賊課常爲三輔最。

又 《韓延壽傳》 （太守韓延壽）在東郡三歲，令行禁止，斷獄大減，爲天下最。入守左馮翊，滿歲稱職爲眞。

又 卷八六《何武傳》 （何）武弟顯家有市籍，租常不入，縣數負其課。

又 卷八九《循吏傳·王成》 （王成）爲膠東相，治甚有聲。宣帝最先褒之，地節三年下詔曰：『蓋聞有功不賞，有罪不誅，雖唐虞不能以化天下。今膠東相成，勞來不怠，流民自占八萬餘口，治有異等之效。其賜成爵關內侯，秩中二千石。』未及徵用，會病卒官。後詔使丞相、史問郡國上計長吏守丞以政令得失，或對言前膠東相成僞自增加，以蒙顯賞，是後俗吏多爲虛名云。

又 《黃霸傳》 （潁川太守黃霸）以外寬內明，得吏民心，戶口

歲增，治爲天下第一。

又《召信臣傳》（召信臣）遷南陽太守，其治如上蔡。信臣爲人勤力有方略，好爲民興利，務在富之。躬勸耕農，出入阡陌，止舍離鄉亭，稀有安居時。行視郡中水泉，開通溝瀆，起水門提閼凡數十處，以廣溉灌，歲歲增加，多至三萬頃。民得其利，畜積有餘。信臣爲民作均水約束，刻石立於田畔，以防分爭。禁止嫁娶送終奢靡，務出於儉約。府縣吏家子弟好游敖，不以田作爲事，輒斥罷之，甚者案其不法，以視好惡。其化大行，郡中莫不耕稼力田，百姓歸之，戶口增倍，盜賊獄訟衰止。吏民親愛信臣，號之曰召父。荆州刺史奏信臣爲百姓興利，郡以殷富，賜黄金四十斤。遷河南太守，治行常爲第一，復數增秩賜金。竟寧中，徵爲少府，列於九卿。

又 卷九〇《酷吏傳・義縱》（義縱）補上黨郡中令。治敢往，少温籍，縣無逋事，舉第一。

《後漢書》卷二一《李忠傳》（李忠）遷丹陽太守。是時海内新定，南方海濱江淮，多擁兵據土。忠到郡，招懷降附，其不服者悉誅之，旬月皆平。忠以丹陽越俗不好學，嫁娶禮儀，衰於中國，乃爲起學校，習禮容，春秋鄉飲，選用明經，郡中向慕之。墾田增多，三歲間流民占著者五萬餘口。十四年，三公奏課爲天下第一，遷豫章太守。

又 卷七六《循吏傳・王涣》（王涣）遷兗州刺史，繩正部郡，風威大行。後坐考妖言不實論。

考核方式

上計

綜述

晉・司馬彪《續漢書・百官志一・司徒》劉昭注引《漢舊儀》 哀帝元壽二年，以丞相爲大司徒。郡國守丞長史上計事竟，遣公出庭，上親問百姓所疾苦。記室掾史一人大音者讀敕畢，遣敕曰：『詔書殿下禁吏無苛暴。丞史歸告二千石，順民所疾苦。急去殘賊，審擇良吏，無任苛刻。治獄決訟，務得其中。明詔憂百姓困於衣食，二千石帥勸農桑，思稱厚恩，有以賑贍之，無煩擾奪民時。今日公卿以下，務飭儉恪，奢侈過制度日以益甚，二千石身帥有以化之。民冗食者請謹以法，養視疾病，致醫藥務治之。詔書無飾廚養，至今未變，又更過度，甚不稱。歸告二千石，務省約如法。且案不改者，長吏以聞。官寺鄉亭漏敗，垣墻阤壞不治，無辨護者，不勝任，先自劾不應法。歸告二千石聽。』十年，更名相國。

又《司空條》劉昭注引《漢舊儀》 御史大夫敕上計丞長史曰：『詔書殿下佈告郡國：臣下承宣無狀，多不究，百姓不蒙恩被化，守長史到郡，與二千石同力爲民興利除害，務有以安之，稱詔書。郡國有茂才不顯者言上。殘民貪汙煩擾之吏，百姓所苦，務勿任用。方察不稱者，刑罰務於得中，惡惡止其身。選舉民侈過度，務有以化之。問今歲善惡孰與往年，對上。問今年盜賊孰與往年，得無有羣輩大賊，對上。』

《宋書》卷三九《百官志上》引應劭《漢官》 尚書令、左丞，總領綱紀，無所不統。【略】三公尚書二人，掌天下歲盡集課。

南朝宋・裴駰《史記集解》卷七九《范雎蔡澤列傳》引司馬彪曰 凡郡掌治民，進賢，勸功，決訟，檢姦。常以春行所至縣，勸民農桑，振救乏絶；秋冬遣無害吏案訊問諸囚，平其罪法，論課殿最。歲盡遣吏上計。

晉・司馬彪《續漢書・百官志一・太尉條》 太尉，公一人。本注曰：掌四方兵事功課，歲盡卽奏其殿最而行賞罰。

又《司徒條》 司徒，公一人。本注曰：掌人民事。【略】凡四方民事功課，歲盡則奏其殿最而行賞罰。

又《司空條》 司空，公一人。本注曰：掌水土事。【略】凡四方水土功課，歲盡則奏其殿最而行賞罰。

又《百官志三・宗正條》 宗正，卿一人，中二千石。本注曰：掌序録王國嫡庶之次，及諸宗室親屬遠近，郡國歲因計上宗室名籍。若有犯法當髡以上，先上諸宗正，宗正以聞，乃報決。

又《百官志五・州郡條》 諸州常以八月巡行所部郡國，録囚徒，

考殿最。初歲盡詣京都奏事，中興但因計吏。【略】

每縣、邑、道，大者置令一人，千石；其次置長，四百石；小者置長，三百石；侯國之相，秩次亦如之。本注曰：皆掌治民，顯善勸義，禁姦罰惡，理訟平賊，恤民時務，秋冬集課，上計於所屬郡國。

論　說

《漢書》卷六《武帝紀》（元封五年春）三月，還至太山，增封。【略】因朝諸侯王列侯，受郡國計。【略】

（太初元年）春還，受計於甘泉。【略】

（天漢三年）三月，行幸泰山，修封，祀明堂，因受計。

又　卷六六《陳咸傳》（陳）咸爲御史中丞，總領州郡奏事，課第諸刺史。

又　卷八一《匡衡傳》（匡）衡封僮之樂安鄉，鄉本田隄封三千一百頃，南以閩佰爲界。初元元年，郡圖誤以閩佰爲平陵佰，積十餘歲，衡封臨淮郡，遂封眞平陵佰以爲界，多四百頃。至建始元年，郡乃定國界，上計簿，更定圖，言丞相府。衡謂所親吏趙殷曰：「主簿陸賜故居奏曹，習事曉知國界，署集曹掾。」明年治計時，衡問殷國界事：「曹欲奈何？」殷曰：「賜以爲舉計，令郡實之。恐郡不肯從實，可令家丞上書。」衡曰：「顧當得不耳，何至上書？」亦不告曹使舉也，聽曹爲之。後賜與屬明舉計曰：「案故圖，樂安鄉南以平陵佰爲界，不足故而以閩佰爲界，解何？」郡即復以四百頃付樂安國。衡遣從史之僮，收取所還田租穀千餘石入衡家。司隸校尉駿、少府忠行廷尉事劾奏「衡監臨盜所主守直十金以上。《春秋》之義，諸侯不得專地，所以壹統尊法制也。衡位三公，輔國政，領計簿，知郡實，正國界，計簿已定而背法制，專地盜土以自益，及賜、明阿承衡意，猥舉郡計，亂減縣界，附下罔上，擅以地附益大臣，皆不道。」於是上可其奏，勿治，丞相免爲庶人，終於家。

又　卷八三《薛宣傳》谷永上疏曰：「【略】宣考績功課，簡在兩府，不敢過稱以奸欺誣之辠。臣聞賢材莫大於治人，宣已有效。其法律任廷尉有餘，經術文雅足以謀王體，斷國論，身兼數器，有「退食自公」之節。宣無私黨遊說之罪，臣恐陛下忽於《羔羊》之詩，舍公實之臣，任華虛之譽，是用越職，陳宣行能，唯陛下留神考察。」上然之，遂以宣爲御史大夫。

又　卷八九《循吏傳·黃霸》（黃霸）代丙吉爲丞相，封建成侯，食邑六百户。霸材長於治民，及爲丞相，總綱紀號令，風采不及丙、魏、于定國，功名損於治郡。時京兆尹張敞舍鶡雀飛集丞相府，霸以爲神雀，議欲以聞。敞奏霸曰：「竊見丞相請與中二千石博士雜問郡國上計長吏守丞，爲民興利除害成大化條其對，有耕者讓畔，男女異路，道不拾遺，及舉孝子弟弟貞婦者爲一輩，先上殿，舉而不知其人數者次之，不爲條教者在後叩頭謝。丞相雖口不言，而心欲其爲之也。長吏守丞對時，臣敞舍有鶡雀飛止丞相府屋上，丞相以下見者數百人。邊吏多知鶡雀者，問之，皆陽不知。丞相圖議上奏曰：「臣聞上計長吏守丞以興化條，皇天報下神雀。」後知從臣敞舍來，乃止。」

又　卷八八《儒林傳序》公孫弘爲學官，悼道之鬱滯，乃請曰：「【略】郡國縣官有好文學、敬長上，肅政教，順鄉里，出入不悖，所聞，令相長丞上屬所二千石。二千石謹察可者，常與計偕，詣太常，得受業如弟子。」

《後漢書》卷七八《應奉傳》注引《謝承書》（應）奉少爲上計吏，許訓爲計掾，俱到京師。

又　卷二《明帝紀》（永平九年夏四月詔）令司隸校尉、部刺史歲上墨綬長吏視事三歲以上理狀尤異者各一人，與計偕上。及尤不政理者，亦以聞。

又　卷四《和帝紀》（永元十四年）初復郡國上計補郎官。

又　卷二一《李忠傳》（李忠）遷丹陽太守。是時海内新定，南方海濱江淮，多擁兵據土。忠到郡，招懷降附，其不服者悉誅之，旬月皆平。忠以丹陽越俗不好學，嫁娶禮儀，衰於中國，乃爲起學校，習禮容，春秋鄉飲，選用明經，郡中向慕之。墾田增多，三歲間流民占著者五萬餘口。十四年，三公奏課爲天下第一，遷豫章太守。

又　卷二六《宋弘傳》（大司空宋弘）在位五年，坐考上黨太守無所據，免歸第。

又　卷二七《郭丹傳》　（司徒郭丹）坐考隴西太守鄧融事無所據，策免。

又　卷三一《張堪傳》　帝嘗召見諸郡計吏，問其風土及前後守令能否。蜀郡計掾樊顯進曰：『漁陽太守張堪昔在蜀漢，其仁以惠下，威能討姦。前公孫述破時，珍寶山積，捲握之物，足富十世，而堪去職之日，乘折轅車，布被囊而已。』帝聞，良久歎息，拜顯爲魚復長。

又　卷三三《馮魴傳》　（馮魴）爲司空，賜爵關内侯。【略】坐考隴西太守鄧融，聽任奸吏，策免，削爵土。

又　卷六〇下《蔡邕傳》　蔡邕上封事曰：『【略】墨綬長吏，職典理人，皆當以惠利爲績，日月爲勞。褒責之科，所宜分明。而今在任無復能省，及其還者，多召拜議郎、郎中。若器用優美，不宜處之冗散。如有釁故，自當極其刑誅。豈有伏罪懼考，反求遷轉，更相放效，臧否無章？先帝舊典，未嘗有此。可皆斷絶，以覈眞僞。』

又　卷六三《杜喬傳》　（杜喬）爲南郡太守，轉東海相，入拜侍中。漢安元年，以喬守光禄大夫，使徇察兗州。表奏太山太守李固政爲天下第一；陳留太守梁讓、濟陰太守氾宮、濟北相崔瑗等臧罪千萬以上。【略】還，拜太子太傅，遷大司農。

又　卷八〇上《文苑傳·王逸》　王逸字叔師，南郡宜城人也。元初中，舉上計吏，爲校書郎。

又　卷八〇下《文苑傳·趙壹》　光和元年，舉郡上計到京師。是時司徒袁逢受計，計吏數百人皆拜伏庭中，莫敢仰視。

考課

綜述

《漢書》卷七四《丙吉傳》　（丙）吉又嘗出，逢清道羣鬬者，死傷横道，吉過之不問，掾史獨怪之。吉前行，逢人逐牛，牛喘吐舌。吉止駐，使騎吏問：『逐牛行幾里矣？』掾史獨謂丞相前後失問，或以譏吉，吉曰：『民鬬相殺傷，長安令、京兆尹職所當禁備逐捕，歲竟丞相課其殿最，奏行賞罰而已。宰相不親小事，非所當於道路問也。』

又　卷七五《京房傳》　（京房）以孝廉爲郎。永光、建昭間，西羌反，日蝕，又久青亡光，陰霧不精。房數上疏，先言其將然，近數月，遠一歲，所言屢中，天子説之。數召見問，房對曰：『古帝王以功舉賢，則萬化成，瑞應著，末世以毁譽取人，故功業廢而致災異。宜令百官各試其功，災異可息。』詔使房作其事，房奏考功課吏法。上令公卿朝臣與房會議温室，皆以房言煩碎，令上下相司，不可許。上意鄉之。時部刺史奏事京師，上召見諸刺史，令房曉以課事，刺史復以爲不可行。唯御史大夫鄭弘、光禄大夫周堪初言不可，後善之。【略】

（京）房罷出，後上令房上弟子曉知考功課吏事者，欲試用之。房上中郎任良、姚平，「願以爲刺史，試考功法，臣得通籍殿中，爲奏事，以防雍塞」。石顯、五鹿充宗皆疾房，欲遠之，建言宜試以房爲郡守。元帝於是以房爲魏郡太守，秩八百石，居得以考功法治郡。房自請，願無屬刺史，得除用它郡人，自第吏千石以下，歲竟乘傳奏事。天子許焉。【略】

初，淮陽憲王舅張博從房受學，以女妻房。房與相親，每朝見，輒爲博道其語，以爲上意欲用房議，而羣臣惡其害己，故爲衆所排。博曰：『淮陽王上親弟，敏達好政，欲爲國忠。今欲令王上書求入朝，得佐助房。』房曰：『得無不可？』博曰：『前楚王朝薦士，何爲不可？』房曰：『中書令石顯、尚書令五鹿君相與合同，巧佞之人也，事縣官十餘年；及丞相韋侯，皆久亡補於民，可謂亡功矣。此尤不欲行考功者也。淮陽王即朝見，勸上行考功，事善；不然，但言丞相、中書令任事久而不治，可休丞相，以御史大夫鄭弘代之，遷中書令置他官，以鉤盾令徐立代之，如此，房考功事得施行矣。』博具從房記諸所説災異事，因令房爲淮陽王作求朝奏草，皆持柬與淮陽王。石顯微司具知之，以房親近，未敢言。及房出守郡，顯告房與張博通謀，非謗政治，歸惡天子，詿誤諸侯王，【略】初，房見道幽厲事，出爲御史大夫鄭弘言之。房、博皆棄市，弘坐免爲庶人。

論說

《漢書》卷七六《尹翁歸傳》（尹翁歸）以高第入守右扶風，滿歲爲眞。【略】京師畏其威嚴，扶風大治，盜賊課常爲三輔最。

又 卷一〇〇上《敍傳》（班）回生況，舉孝廉爲郎，積功勞，至上河農都尉，大司農奏課連最，入爲左曹越騎校尉。【略】

賓戲主人曰：『【略】然而器不賈於當已，用不效於一世，雖馳辯如濤波，摛藻如春華，猶無益於殿最。』

《後漢書》卷五七《欒巴傳》（欒巴）遷桂陽太守。以郡處南垂，不閑典訓，爲吏人定婚姻喪紀之禮，興立校學，以奬進之。雖幹吏卑末，皆課令習讀，程試殿最，隨能升授。政事明察。

考核處置

升賞

綜述

《漢書》卷八三《朱博傳》（朱博）又奏言：『漢家至德溥大，宇內萬里，立置郡縣。部刺史奉使典州，督察郡國吏民安寧，故事居部九歲舉爲守相，其有異材功效著者輒登擢，秩卑而賞厚，咸勸功樂進。』

又 卷八九《循吏傳·序》（宣帝）以爲太守，吏民之本也，數變易則下不安，民知其將久，不可欺罔，乃服從其教化。故二千石有治理效，輒以璽書勉厲，增秩賜金，或爵至關內侯，公卿缺則選諸所表以次用之。是故漢世良吏，於是爲盛，稱中興焉。若趙廣漢、韓延壽、尹翁歸、嚴延年、張敞之屬，皆稱其位，然任刑罰，或抵罪誅。王成、黃霸、朱邑、龔遂、鄭弘、召信臣等，所居民富，所去見思，生有榮號，死見奉祀，此廩廩庶幾德讓君子之遺風矣。

論說

《史記》卷五三《蕭相國世家》列侯畢已受封，及奏位次，皆曰：『平陽侯曹參身被七十創，攻城略地，功最多，宜第一。』上已撓功臣，多封蕭何，至位次未有以復難之，然心欲何第一。關內侯鄂君進曰：『羣臣議皆誤。夫曹參雖有野戰畧地之功，此特一時之事。夫上與楚相距五歲，常失軍亡衆，逃身遁者數矣。然蕭何常從關中遣軍補其處，非上所詔令召，而數萬衆會上之絕者數矣。夫漢與楚相守滎陽數年，軍無見糧，蕭何轉漕關中，給食不乏。陛下雖數亡山東，蕭何常全關中以待陛下，此萬世之功也。今雖亡曹參等百數，何缺於漢？漢得之不必待以全。奈何欲以一旦之功而加萬世之功哉！蕭何第一，曹參次之。』高祖曰：『善。』於是乃令蕭何第一，賜帶劍履上殿，入朝不趨。

《漢書》卷八《宣帝紀》（地節）三年春三月，詔曰：『蓋聞有功不賞，有罪不誅，雖唐、虞猶不能以化天下。今膠東相成勞來不怠，流民自占八萬餘口，治有異等，其秩成中二千石，賜爵關內侯。』潁川太守黃霸以治行尤異秩中二千石，賜爵關內侯，黃金百斤。

又 卷四六《石奮傳》（石）奮積功勞，孝文時官至大中大夫。

又 《周仁傳》 周仁，其先任城人也。【略】景帝爲太子時，爲舍人，積功遷至大中大夫。

又 卷四八《賈誼傳》 文帝初立，聞河南守吳公治平爲天下第一，故與李斯同邑，而常學事焉，徵爲廷尉。

又 卷五八《卜式傳》（卜式）遷成皋令，將漕最。上以式朴忠，拜爲齊王太傅，轉爲相。

又 《兒寬傳》（兒寬）遷左內史。寬既治民，勸農業，緩刑罰，理獄訟，卑體下士，務在於得人心；擇用仁厚士，推情與下，不求聲名，吏民大信愛之。寬表奏開六輔渠，定水令以廣溉田。收租稅，時裁闊狹，與民相假貸，以故租多不入。後有軍發，左內史以負租課殿，當免。民聞當免，皆恐失之，大家牛車，小家擔負，輸租繦屬不絕，課更以最。

又 卷六六《王訢傳》（王訢）以郡縣吏積功，稍遷爲被陽令。

又《鄭弘傳》鄭弘字穉卿，泰山剛人也。兄昌字次卿，亦好學，皆明經，通法律政事。次卿爲太原、涿郡太守，弘爲南陽太守，皆著治迹，條教法度，爲後所述。次卿用刑罰深，不如弘平，遷淮陽相，以高第入爲右扶風，京師稱之。

又　卷七一《平當傳》（平）當少爲大行治禮丞，功次補大鴻臚文學，察廉爲順陽長、栒邑令，以明經爲博士，公卿薦當論議通明，給事中。

又　卷七四《丙吉傳》（丙吉）爲魯獄史。積功勞，稍遷至廷尉右監。

又　卷七六《趙廣漢傳》（趙廣漢）察廉爲陽翟令，以治行尤異，遷京輔都尉，守京兆尹。

又《韓延壽傳》（韓延壽）在東郡三歲，令行禁止，斷獄大減，爲天下最。入守左馮翊，滿歲稱職爲眞。

又《張敞傳》潁川太守黃霸以治行第一入守京兆尹。

又　卷七八《蕭咸傳》（蕭咸）爲丞相史。舉茂材，好畤令，遷淮陽、泗水內史，張掖、弘農、河東太守。所居有迹，數增秩賜金。

又《蕭由傳》（蕭由）遷江夏太守。平江賊成重等有功，增秩爲陳留太守。

又　卷七九《馮奉世傳》（馮）奉世以良家子選爲郎。昭帝時，以功次補武安長。【略】

（馮）奉世長子譚，太常舉孝廉爲郎，功次補天水司馬。【略】

（馮野王）少以父任爲太子中庶子。年十八，上書願試守長安令。宣帝奇其志，問丞相魏相，相以爲不可許。後以功次補當陽長，遷爲櫟陽令，徙夏陽令。元帝時，遷隴西太守，以治行高，入爲左馮翊。【略】

（馮逡）爲美陽令，功次遷長樂屯衛司馬，清河都尉，隴西太守。

又　卷八三《朱博傳》（朱博）遷爲京兆尹，數月超爲大司空。【略】後二歲餘，朱博爲大司空，奏言：『【略】故事，選郡國守相高第爲中二千石，選中二千石爲御史大夫，任職者爲丞相，位次有序，所以尊聖德，重國相也。今中二千石未更御史大夫而爲丞相，權輕，非所以重國政也。臣愚以爲大司空官可罷，復置御史大夫，遵奉舊制。臣願盡力以御史大夫爲百僚率。』帝從之，乃更拜博爲御史大夫。

又　卷八五《杜鄴傳》（杜鄴）祖父及父積功勞皆至郡守，武帝時徙茂陵。

又　卷八九《循吏傳・黃霸》（黃）霸爲揚州刺史。三歲，宣帝下詔曰：『制詔御史：其以賢良高第揚州刺史霸爲潁川太守，秩比二千石，居官賜車蓋，特高一丈，別駕主簿車，緹油屏泥於軾前，以章有德。』

又《朱邑傳》（朱邑）舉賢良爲大司農丞，遷北海太守，以治行第一入爲大司農。

又《召信臣傳》召信臣字翁卿，九江壽春人也。以明經甲科爲郎，出補穀陽長。舉高第，遷上蔡長。其治視民如子，所居見稱述，超爲零陵太守。【略】

（召信臣）遷河南太守，治行常第一，復數增秩賜金。

又　卷九〇《酷吏傳・趙禹》（趙）禹以刀筆吏積勞遷爲御史。

又　卷九五《西南夷傳》（陳立）徙爲天水太守，勸民農桑爲天下最，賜金四十斤。入爲左曹衛將軍、護軍都尉，卒官。

晉・司馬彪《續漢書・百官志三・少府條》劉昭注引《古今注》永元三年七月，增尚書令史員。功滿未嘗犯禁者，以補小縣，墨綬。

《後漢書》卷五《安帝紀》（元初六年春二月）壬子，詔三府選掾屬高第，能惠利牧養者各五人，光祿勳與中郎將選孝廉郎寬博有謀，清白行高者五十人，出補令、長、丞、尉。

又　卷二五《魯丕傳》（魯丕）遷新野令。視事朞年，州課第一，擢拜青州刺史。

又　卷二六《郭賀傳》（郭賀）爲尚書令，在職六年，曉習故事，多所匡益。拜荆州刺史，引見賞賜，恩寵隆異。及到官，有殊政。百姓便之，歌曰：『厥德仁明郭喬卿，忠正朝廷上下平。』顯宗巡狩至南陽，特見嗟歎，賜以三公之服，黼黻冕旒。敕行部去襜帷，使百姓見其容服，以章有德。每所經過，吏人指以相示，莫不榮之。

又　卷三一《杜詩傳》（杜詩）拜成皋令，視事三歲，舉政尤異。再遷爲沛郡都尉，轉汝南都尉，所在稱治。

又　卷三三《鄭弘傳》（鄭弘）爲尚書令。舊制，尚書郎限滿補

縣長令史丞尉。弘奏以爲臺職雖尊，而酬賞甚薄，至於開選，多無樂者，請使郎補千石令，令史爲長。帝從其議。

又　卷四四《胡廣傳》　（胡廣）既到京師，試以章奏，安帝以廣爲天下第一。旬月拜尚書郎，五遷尚書僕射。

又　卷六二《荀爽傳》　（荀爽）拜平原相。行至宛陵，復追爲光禄勳。視事三日，進拜司空。爽自被徵命及登臺司，九十五日。

降　罰

綜　述

《張家山漢墓竹簡・二年律令・田律》　道有陷敗不可行者，罰其嗇夫、吏主者黄金各二兩。

《漢書》卷五《景帝紀》　（景帝後二年）夏四月，詔曰：「【略】今，歲或不登，民食頗寡，其咎安在？或詐僞爲吏，吏以貨賂爲市，漁奪百姓，侵牟萬民。縣丞，長吏也，姦法與盜盜，甚無謂也。其令二千石各修其職；不事官職耗亂者，丞相以聞，請其罪。【略】」

（景帝後）三年春正月，詔曰：「【略】吏發民若取庸采黄金珠玉者，坐臧爲盜。二千石聽者，與同罪。」

論　說

《居延漢簡》　候長王彊、王霸坐毋辯護，不勝任，免。

《漢書》卷七六《王尊傳》　（王）尊子伯亦爲京兆尹，坐耎弱不勝任免。

又　卷八九《循吏傳・黄霸》　（黄霸）徵守京兆尹，秩二千石。坐發民治馳道不先以聞，又發騎士詣北軍馬不適士，劾乏軍興，連貶秩。有詔歸潁川太守官，以八百石居治如其前。

又　卷九〇《酷吏傳・尹賞》　（尹賞）疾病且死，戒其諸子曰：「丈夫爲吏，正坐殘賊免，追思其功效，則復進用矣。一坐軟弱不勝任免，終身廢弃無有赦時，其羞辱甚於貪汙坐臧。慎毋然！」

《後漢書》卷一下《光武帝紀》　（建武十六年秋九月）郡國大姓及兵長、羣盜處處並起【略】吏雖逗留廻避故縱者，皆勿問，聽以禽討爲效。其牧守令長坐界内盜賊而不收捕者，又以畏愞捐城委守者，皆不以爲負，但取獲賊多少爲殿最，唯蔽匿者乃罪之。

又　卷四《殤帝紀》　（延平元年）秋七月庚寅，敕司隸校尉、部刺史曰：「夫天降灾戾，應政而至。間者郡國或有水灾，妨害秋稼。朝廷惟咎，憂惶悼懼。而郡國欲獲豐穰虚飾之譽，遂覆蔽灾害，多張墾田，不揣流亡，競增户口，掩匿盜賊，令姦惡無懲，署用非次，選舉乖宜，貪苛慘毒，延及平民。刺史垂頭塞耳，阿私下比，『不畏于天，不愧於人』。假貸之恩，不可數恃，自今以後，將糾其罰。」

又　卷七《桓帝紀》　（建和元年夏四月）壬辰，詔州郡不得迫脅驅逐長吏。長吏臧滿三十萬而不糾舉者，刺史、二千石以縱避爲罪。若有擅相假印綬者，與殺人同棄市論。

又　卷二六《宋弘傳》　（宋弘）代王梁爲大司空【略】在位五年，坐考上黨太守無所據，免歸第。

又　卷二七《郭丹傳》　（司徒郭丹）坐考隴西太守鄧融事無所據，策免。

又　卷四六《陳忠傳》　自帝即位以後，頻遭元二之厄，百姓流亡，盜賊並起，郡縣更相飾匿，莫肯糾發。（陳）忠獨以爲憂，上疏曰：「【略】宜糺增舊科，以防來事。自今强盜爲上官若它郡縣所糺覺，一發，部吏皆正法，尉貶秩一等，令長三月奉贖罪；二發，尉免官，令長貶秩一等；三發以上，令長免官。便可撰立科條，處爲詔文，切敕刺史，嚴加糾罰。冀以猛濟寬，驚懼姦慝。」

又　卷七六《循吏傳・任延》　（武威太守任延）坐擅誅羌不先上，左轉召陵令。

又　卷七七《酷吏傳・周紆》　（周紆）遷博平令。收考姦臧，無出獄者。以威名遷齊相，亦頗嚴酷，專任刑法，而善爲辭案條教，爲州内所則。後坐殺無辜，復左轉博平令。

考核效應

綜　述

《漢書》卷八《宣帝紀》（地節二年五月）上始親政事，又思報大將軍功德，乃復使樂平侯山領尚書事，而令羣臣得奏封事，以知下情。五日一聽事，自丞相以下各奉職奏事，以（傅）（敷）奏其言，考試功能。樞機周密，品式備具，上下相安，莫有苟且之意也。【略】

（黄龍元年二月）詔曰：『【略】方今天下少事，繇役省減，兵革不動，而民多貧，盜賊不止，其咎安在？上計簿，具文而已，務爲欺謾，以避其課。三公不以爲意，朕將何任？諸請詔省卒徒自給者皆止。御史察計簿，疑非實者，按之，使眞偽毋相亂。』

論　説

《漢書》卷七二《貢禹傳》（貢禹）言：『【略】武帝始臨天下，尊賢用士，闢地廣境數千里，自見功大威行，遂從耆欲，用度不足，乃行壹切之變，使犯法者贖罪，入穀者補吏，是以天下奢侈，官亂民貧，盜賊並起，亡命者衆。郡國恐伏其誅，則擇便巧史書習於計簿能欺上府者，以爲右職；姦軌不勝，則取勇猛能操切百姓者，以苛暴威服下者，使居大位。故亡義而有財者顯於世，欺謾而善書者尊於朝，誖逆而勇猛者貴於官。』

又　卷八九《循吏傳・王成》　王成，不知何郡人也。爲膠東相，治甚有聲。宣帝最先襃之，地節三年下詔曰：『蓋聞有功不賞，有罪不誅，雖唐虞不能以化天下。今膠東相成，勞來不怠，流民自占八萬餘口，治有異等之效。其賜成爵關内侯，秩中二千石。』未及徵用，會病卒官。後詔使丞相御史問郡國上計長史守丞以政令得失，或對言前膠東相成偽自增加，以蒙顯賞，是後俗吏多爲虛名云。

又　卷九〇《酷吏傳・咸宣》（武帝時）於是作沈命法，曰：『羣盜起不發覺，發覺而弗捕滿品者，二千石以下至小吏主者皆死。』其後小吏畏誅，雖有盜弗敢發，恐不能得，坐課累府，府亦使不言。故盜賊寖多，上下相爲匿，以避文法焉。

《後漢書》卷一下《光武帝紀》（建武十六年）冬十月，遣使者下郡國，聽羣盜自相糾擿，五人共斬一人者，除其罪。吏雖逗留回避故縱者，皆勿問。聽以禽討爲效。其牧守令長坐界内盜賊而不收捕者，又以畏愞捐城委守者，皆不以爲負，但取獲賊多少爲殿最，唯蔽匿者乃罪之。於是更相追捕，賊並解散。徙其魁帥於它郡，賦田受稟，使安生業。自是牛馬放牧，邑門不閉。

又　卷六一《左雄傳》（左雄）上言：『宜崇經術，繕脩太學。』帝從之。陽嘉元年，太學新成，詔試明經者補弟子，增甲乙之科，員各十人。除京師及郡國耆儒年六十以上爲郎、舍人、諸王國郎者百三十八人。雄又上言：『郡國孝廉，古之貢士，出則宰民，宣協風教。若其面墻，則無所施用。【略】請自今孝廉年不滿四十，不得察舉，皆先詣公府，諸生試家法，文吏課牋奏，副之端門，練其虛實，以觀異能，以美風俗。有不承科令者，正其罪法。若有茂才異行，自可不拘年齒。』帝從之，於是班下郡國。明年，有廣陵孝廉徐淑，年未及舉，臺郎疑而詰之。對曰：『詔書曰「有如顔回、子奇，不拘年齒」，是故本郡以臣充選。』郎不能屈。雄詰之曰：『昔顔回聞一知十，孝廉聞一知幾邪？』淑無以對，乃譴卻郡。於是濟陰太守胡廣等十餘人皆坐謬舉免黜，唯汝南陳蕃、潁川李膺、下邳陳球等三十餘人得拜郎中。自是牧守畏慄，莫敢輕舉。迄於永熹，察選清平，多得其人。

俸禄制度分部

俸禄標準及類别

綜　述

《張家山漢墓竹簡・二年律令・秩律》 御史大夫，廷尉，内史，典客，中尉，車騎尉，大僕，長信詹事，少府令，備塞都尉，郡守、尉，衛將軍，衛尉，漢中大夫令，流郎中，奉常，秩各二千石。御史，丞相、相國長史，秩各千石。

《漢書》卷八《宣帝紀》 （神爵三年）秋八月，詔曰：『【略】其益吏百石以下奉十五。』

又 卷一〇《成帝紀》 （綏和元年夏四月）益大司馬、大司空奉如丞相。【略】

（綏和元年）十二月，罷部刺史，更置州牧，秩二千石。

又 卷一一《哀帝紀》 綏和二年三月，成帝崩。四月丙午，太子卽皇帝位，謁高廟。詔曰：『【略】益吏三百石以下奉。』

《漢書》卷一二《平帝紀》 （元年春正月）賜帝徵卽位前所過縣邑吏二千石以下至佐史爵，各有差。【略】其爲吏舉廉佐史，補四百石。天下吏比二千石以上年老致仕者，參分故禄，以一與之，終其身。【略】

（元始元年）二月，置羲和官，秩二千石；外史、閭師，秩六百石。

又 卷一九上《百官公卿表》 相國、丞相，皆秦官，金印紫綬，掌丞天子助理萬機。秦有左右，高帝卽位，置一丞相，十一年更名相國，緑綬。孝惠、高后置左右丞相，文帝二年復置一丞相。有兩長史，秩千石。哀帝元壽二年更名大司徒。武帝元狩五年初置司直，秩比二千石，掌佐丞相舉不法。

太尉，秦官，金印紫綬，掌武事。武帝建元二年省。元狩四年初置大司馬，以冠將軍之號。宣帝地節三年置大司馬，不冠將軍，亦無印綬官屬。成帝綏和元年初賜大司馬金印紫綬，置官屬，禄比丞相，去將軍。哀帝建平二年復去大司馬印綬官屬，冠將軍如故。元壽二年復賜大司馬印綬，置官屬，去將軍，位在司徒上。有長史，秩千石。

御史大夫，秦官，位上卿，銀印青綬，掌副丞相。有兩丞，秩千石。一曰中丞，在殿中蘭臺，掌圖籍秘書，外督部刺史，内領侍御史員十五人，受公卿奏事，舉劾按章。成帝綏和元年更名大司空，金印紫綬，禄比丞相，置長史如中丞，官職如故。哀帝建平二年復爲御史大夫，元壽二年復爲大司空，御史中丞更名御史長史。【略】

前後左右將軍，皆周末官，秦因之，位上卿，金印紫綬。漢不常置，或有前後，或有左右，皆掌兵及四夷。有長史，秩千石。

奉常，秦官，掌宗廟禮儀，有丞。景帝中六年更名太常。屬官有太樂、太祝、太宰、太史、太卜、太醫六令丞，又均官、都水兩長丞，又諸廟寢園食官令長丞，又廱太宰、太祝令丞，五畤各一尉。又博士及諸陵縣皆屬焉。景帝中六年更名太祝爲祠祀，武帝太初元年更曰廟祀，初置太卜。博士，秦官，掌通古今，秩比六百石，員多至數十人。武帝建元五年初置《五經》博士，宣帝黄龍元年稍增員十二人。元帝永光元年分諸陵邑屬三輔。王莽改太常曰秩宗。

郎中令，秦官，掌宫殿掖門户，有丞。武帝太初元年更名光禄勳。屬官有大夫、郎、謁者，皆秦官。又期門、羽林皆屬焉。大夫掌論議，有太中大夫、中大夫、諫大夫，皆無員，多至數十人。武帝元狩五年初置諫大夫，秩比八百石，太初元年更名中大夫爲光禄大夫，秩比二千石，太中大夫秩比千石如故。郎掌守門户，出充車騎，有議郎、中郎、侍郎、郎中，皆無員，多至千人。議郎、中郎秩比六百石，侍郎比四百石，郎中比三百石。中郎有五官、左、右三將，秩皆比二千石。郎中有車、户、騎三將，秩皆比千石。謁者掌賓讚受事，員七十人，秩比六百石，有僕射，秩比千石。期門掌執兵送從，武帝建元三年初置，比郎，無員，多至千人，有僕射，秩比千石。平帝元始元年更名虎賁郎，置中郎將，秩比二千石。羽林掌送從，次期門，武帝太初元年初置，名曰建章營騎，後更名羽林騎。又取從軍死事之子孫養羽林，官教以五兵，號曰羽林孤兒。羽林有令丞。宣帝令中郎將、騎都尉監羽林，秩比二千石。僕射，秦官，自侍中、尚書、博士、郎皆有。【略】

衛尉，秦官，掌宮門衛屯兵，有丞。景帝初更名中大夫令，後元年復爲衛尉。【略】長樂、建章、甘泉衛尉皆掌其宮，職略同，不常置。

太僕，秦官，掌輿馬，有兩丞。【略】

廷尉，秦官，掌刑辟，有正、左右監，秩皆千石。景帝中六年更名大理，武帝建元四年復爲廷尉。宣帝地節三年初置左右平，秩皆六百石。哀帝元壽二年復爲大理。王莽改曰作士。

典客，秦官，掌諸歸義蠻夷，有丞。景帝中六年更名大行令，武帝太初元年更名大鴻臚。【略】王莽改大鴻臚曰典樂。【略】

宗正，秦官，掌親屬，有丞。平帝元始四年更名宗伯。【略】王莽幷其官於秩宗。【略】

治粟内史，秦官，掌穀貨，有兩丞。景帝後元年更名大農令，武帝太初元年更名大司農。【略】王莽改大司農曰羲和，後更爲納言。【略】

少府，秦官，掌山海池澤之稅，以給共養，有六丞。【略】王莽改少府曰共工。

中尉，秦官，掌徼循京師，有兩丞、候、司馬、千人。武帝太初元年更名執金吾。【略】

自太常至執金吾，秩皆中二千石，丞皆千石。

太子太傅、少傅，古官。【略】

將作少府，秦官，掌治宮室，有兩丞、左右中候。景帝中六年更名將作大匠。【略】

詹事，秦官，掌皇后、太子家，有丞。【略】成帝鴻嘉三年省詹事官，幷屬大長秋。長信詹事掌皇太后宮，景帝中六年更名長信少府，平帝元始四年更名長樂少府。

將行，秦官，景帝中六年更名大長秋【略】

典屬國，秦官，掌蠻夷降者。【略】成帝河平元年省幷大鴻臚。

水衡都尉，武帝元鼎二年初置，掌上林苑，有五丞。【略】王莽改水衡都尉曰予虞。【略】

内史，周官，秦因之，掌治京師。景帝二年分置左内史。右内史武帝太初元年更名京兆尹【略】左内史更名左馮翊【略】

主爵中尉，秦官，掌列侯。景帝中六年更名都尉，武帝太初元年更名右扶風，治内史右地。【略】與左馮翊、京兆尹是爲三輔，皆有兩丞。【略】

自太子太傅至右扶風，皆秩二千石，丞六百石。【略】

司隸校尉，周官，武帝征和四年初置。持節，從中都官徒千二百人，捕巫蠱，督大姦猾。後罷其兵。察三輔、三河、弘農。元帝初元四年去節。成帝元延四年省。綏和二年，哀帝復置，但爲司隸，冠進賢冠，屬大司空，比司直。

城門校尉掌京師城門屯兵，有司馬、十二城門候。中壘校尉掌北軍壘門内，外掌西域。屯騎校尉掌騎士。步兵校尉掌上林苑門屯兵。越騎校尉掌越騎。長水校尉掌長水宣曲胡騎。又有胡騎校尉，掌池陽胡騎，不常置。射聲校尉掌待詔射聲士。虎賁校尉掌輕車。凡八校尉，皆武帝初置，有丞、司馬。自司隸至虎賁校尉，秩皆二千石。西域都護加官，宣帝地節二年初置，以騎都尉、諫大夫使護西域三十六國，有副校尉，秩比二千石【略】戊己校尉，元帝初元元年置，有丞、司馬各一人，候五人，秩比六百石。

奉車都尉掌御乘輿車，駙馬都尉掌駙馬，皆武帝初置，秩比二千石。【略】

諸侯王，高帝初置，金璽盭綬，掌治其國。有太傅輔王，内史治國民，中尉掌武職，丞相統衆官，羣卿大夫都官如漢朝。景帝中五年令諸侯王不得復治國，天子爲置吏，改丞相曰相，省御史大夫、廷尉、少府、宗正、博士官，大夫、謁者、郎諸官長丞皆損其員。武帝改漢内史爲京兆尹，中尉爲執金吾，郎中令爲光祿勳，故王國如故。損其郎中令，秩千石；改太僕曰僕，秩亦千石。成帝綏和元年省内史，更令相治民，如郡太守，中尉如郡都尉。

監御史，秦官，掌監郡。漢省，丞相遣史分刺州，不常置。武帝元封五年初置部刺史，掌奉詔條察州，秩六百石，員十三人。成帝綏和元年更名牧，秩二千石。哀帝建平二年復爲刺史，元壽二年復爲牧。

郡守，秦官，掌治其郡，秩二千石。有丞，邊郡又有長史，掌兵馬，秩皆六百石。景帝中二年更名太守。

郡尉，秦官，掌佐守典武職甲卒，秩比二千石。有丞，秩皆六百石。

景帝中二年更名都尉。【略】

縣令、長，皆秦官，掌治其縣。萬户以上爲令，秩千石至六百石。減萬户爲長，秩五百石至三百石。皆有丞、尉，秩四百石至二百石，是爲長吏。百石以下有斗食、佐史之秩，是爲少吏。大率十里一亭，亭有長。十亭一鄉，鄉有三老、有秩、嗇夫、游徼。【略】列侯所食縣曰國，皇太后、皇后、公主所食曰邑，有蠻夷曰道。【略】

成帝陽朔二年除八百石、五百石秩。

晉·司馬彪《續漢書·百官志一·太尉條》 太尉，公一人。【略】世祖即位，爲大司馬。建武二十七年，改爲太尉。

長史一人，千石。【略】

掾史屬二十四人。本注曰：《漢舊注》東西曹掾比四百石，餘掾比三百石，屬比二百石，故曰公府掾，比古元士三命者也。或曰，漢初掾史辟，皆上言之，故有秩比命士。其所不言，則爲百石屬。其後皆自辟除，故通爲百石云。【略】

令史及御屬二十三人。本注曰：《漢舊注》公令史百石，自中興以後，注不説石數。

又《司徒條》 司徒，公一人。本注曰：【略】世祖即位，爲大司徒，建武二十七年去「大」。

長史一人，千石。

又《司空條》 司空，公一人。【略】世祖即位爲大司空，建武二十七年去「大」。

屬長史一人，千石。

又《將軍條》 將軍，不常置。本注曰：【略】比公者四：第一大將軍，次驃騎將軍，次車騎將軍，次衛將軍。又有前、後、左、右將軍。【略】

長史、司馬皆一人，千石。本注曰：司馬主兵，如太尉。從事中郎二人，六百石。【略】

其領軍皆有部曲。大將軍營五部，部校尉一人，比二千石；軍司馬一人，比千石。部下有曲，曲有軍候一人，比六百石。曲下有屯，屯長一人，比二百石。

又《太常條》 太常，卿一人，中二千石。【略】丞一人，比千石。【略】

太史令一人，六百石。【略】丞一人。明堂及靈臺丞一人，二百石。【略】

博士祭酒一人，六百石。本僕射，中興轉爲祭酒。博士十四人，比六百石。【略】本四百石，宣帝增秩。

太祝令一人，六百石。【略】

太宰令一人，六百石。【略】

大予樂令一人，六百石。【略】

高廟令一人，六百石。【略】

世祖廟令一人，六百石。【略】

先帝陵，每陵園令各一人，六百石。【略】

右屬太常。本注曰：有祠祀令一人，後轉屬少府。有太卜令，六百石，後省并太史。中興以來，省前凡十官。

又《光禄勳條》 光禄勳，卿一人，中二千石。【略】丞一人，比千石。

五官中郎將一人，比二千石。【略】五官中郎，比六百石。【略】五官侍郎，比四百石。【略】五官郎中，比三百石。

左中郎將，比二千石。【略】中郎，比六百石。侍郎，比四百石。郎中比三百石。【略】

右中郎將，比二千石。【略】中郎，比六百石。侍郎，比四百石。郎中，比三百石。【略】

虎賁中郎將，比二千石。【略】左右僕射、左右陛長各一人，比六百石。【略】虎賁中郎，比六百石。虎賁侍郎，比四百石。虎賁郎中，比三百石。節從虎賁，比二百石。【略】

羽林中郎將，比二千石。【略】羽林郎，比三百石。【略】

羽林左監一人，六百石。【略】

羽林右監一人，六百石。【略】

奉車都尉，比二千石。【略】

駙馬都尉，比二千石。【略】

騎都尉，比二千石。【略】

光禄大夫，比二千石。【略】

太中大夫，千石。【略】

中散大夫，六百石。【略】

諫議大夫，六百石。【略】

議郎，六百石。【略】

謁者僕射一人，比千石。【略】常侍謁者五人，比六百石。【略】其給事謁者，四百石。其灌謁者郎中，比三百石。

又《衛尉條》 衛尉，卿一人，中二千石。【略】丞一人，比千石。【略】

公車司馬令一人，六百石。【略】

南宮衛士令一人，六百石。【略】

北宮衛士令一人，六百石。【略】

左右都候各一人，六百石。【略】

宮掖門，每門司馬一人，比千石。

又《太僕條》 太僕，卿一人，中二千石。【略】丞一人，比千石。

考工令一人，六百石。【略】

車府令一人，六百石。【略】

未央廄令一人，六百石。【略】

右屬太僕。本注曰：舊有六廄，皆六百石令，中興省約，但置一廄。後置左駿令、廄，別主乘輿御馬，後或并省。又有牧師苑，皆令官，主養馬，分在河西六郡界中，中興皆省，唯漢陽有流馬苑，但以羽林郎監領。

又《廷尉條》 廷尉，卿一人，中二千石。【略】正、左監各一人。左平一人，六百石。

又《大鴻臚條》 大鴻臚，卿一人，中二千石。【略】丞一人，比千石。

大行令一人，六百石。

又《三官志三・宗正條》 宗正，卿一人，中二千石。【略】丞一人，比千石。

諸公主，每主家令一人，六百石。丞一人，三百石。本注曰：其餘屬吏增減無常。

又《大司農條》 大司農，卿一人，中二千石。【略】丞一人，比千石。部丞一人，六百石。【略】

太倉令一人，六百石。【略】

平準令一人，六百石。【略】

導官令一人，六百石。

又《少府條》 少府，卿一人，中二千石。【略】丞一人，比千石。太醫令一人，六百石。【略】太官令一人，六百石。【略】

守宮令一人，六百石。【略】

上林苑令一人，六百石。【略】

侍中，比二千石。【略】

中常侍，千石。本注曰：宦者，無員。後增秩比二千石。【略】

黄門侍郎，六百石。【略】

小黄門，六百石。【略】

黄門令一人，六百石。【略】

黄門署長、畫室署長、玉堂署長各一人。丙署長七人。皆四百石【略】

中黄門冗從僕射一人，六百石。【略】

中黄門，比百石。本注曰：宦者，無員。後增比三百石。【略】

掖庭令一人，六百石。【略】

永巷令一人，六百石。【略】

御府令一人，六百石。【略】

祠祀令一人，六百石。【略】

鉤盾令一人，六百石。【略】丞、永安丞各一人，三百石。【略】苑中丞、果丞、鴻池丞、南園丞各一人，二百石。【略】濯龍監、直里監各一人，四百石。【略】

中藏府令一人，六百石。【略】

内者令一人，六百石。【略】

尚方令一人，六百石。【略】

尚書令一人，千石。【略】

尚書僕射一人，六百石。【略】

尚書六人，六百石。【略】

左右丞各一人，四百石。【略】

侍郎三十六人，四百石。【略】令史十八人，二百石。【略】

符節令一人，六百石。【略】符節令史，二百石。【略】

御史中丞一人，千石。【略】治書侍御史二人，六百石。【略】侍御史十五人，六百石。【略】

蘭臺令史，六百石。【略】

孝武帝初置水衡都尉，秩比二千石，別主上林苑有離宮燕休之處，世祖省之，并其職於少府。【略】章和以下，中官稍廣，加嘗藥、太官、御者、鉤盾、尚方、考工、別作監，皆六百石。

又《百官志四・執金吾條》 執金吾一人，中二千石。【略】丞一人，比千石。緹騎二百人。本注曰：無秩，比吏食奉。

武庫令一人，六百石。【略】

右屬執金吾。本注曰：本有式道、左右中候三人，六百石。

又《太子太傅條》 太子太傅一人，中二千石。

又《大長秋條》 大長秋一人，二千石。【略】丞一人，六百石。【略】

中宮僕一人，千石。【略】主馭。本注曰：太僕，秩二千石，中興省「太」，減秩千石，以屬長秋。

中宮謁者令一人，六百石。【略】中宮謁者三人，四百石。【略】

中宮尚書五人，六百石。【略】

中宮私府令一人，六百石。【略】

中宮永巷令一人，六百石。【略】

中宮黃門冗從僕射一人，六百石。【略】

中宮署令一人，六百石。【略】

中宮藥長一人，四百石。【略】

右屬大長秋。【略】其中長信、長樂宮者，署少府一人，職如長秋，及餘吏皆以宮名爲號，員數秩次如中宮。本注曰：帝祖母稱長信宮，故有長信少府，長樂少府，位在長秋上，及職吏皆宦者，秩次如中宮。長樂又有衛尉，僕爲太僕，皆二千石，在少府上。其崩則省，不常置。

又《太子少傅條》 太子少傅，二千石。【略】

太子率更令一人，千石。【略】

太子庶子，四百石。【略】

太子舍人，二百石。【略】

太子家令一人，千石。【略】

太子倉令一人，六百石。【略】

太子食官令一人，六百石。【略】

太子僕一人，千石。【略】

太子廄長一人，四百石。【略】

太子門大夫，六百石。【略】

太子中庶子，六百石。【略】

太子洗馬，比六百石。【略】

太子中盾一人，四百石。【略】

太子衛率一人，四百石。【略】

右屬太子少傅。本注曰：凡初即位，未有太子，官屬皆罷，唯舍人不省，領屬少府。

又《將作大匠條》 將作大匠一人，二千石。【略】丞一人，六百石。

左校令一人，六百石。【略】右校令一人，六百石。【略】

城門校尉一人，比二千石。【略】

司馬一人，千石。【略】每門候一人，六百石。【略】

北軍中候一人，六百石。【略】

屯騎校尉一人，比二千石。【略】司馬一人，千石。【略】

越騎校尉一人，比二千石。【略】司馬一人，千石。【略】

步兵校尉一人，比二千石。【略】司馬一人，千石。【略】

長水校尉一人，比二千石。【略】司馬、胡騎司馬各一人，千石。【略】

射聲校尉一人，比二千石。【略】司馬一人，千石。【略】

凡中二千石，丞比千石。眞二千石，丞、長史六百石。比二千石，丞比六百石。令、相千石，丞、尉四百石；其六百石，丞、尉三百石。長、相四百石及三百石，丞、尉皆二百石。諸侯、公主家丞，秩皆比百石。諸邊鄣塞尉、諸陵校尉長，皆二百石。有常例者不署秩。

司隸校尉一人，比二千石。【略】

其京兆尹、左馮翊、右扶風三人，漢初都長安，皆秩中二千石，謂之三輔。中興都雒陽，更以河南郡爲尹，以三輔陵廟所在，不改其號，但減其秩。

又《百官志五·州郡條》 外十有二州，每州刺史一人，六百石。【略】孝武帝初置刺史十三人，秩六百石。成帝更爲牧，秩二千石。建武十八年，復爲刺史，十二人各主一州，其一州屬司隸校尉。

凡州所監都爲京都，置尹一人，二千石，丞一人，每郡置太守一人，二千石，丞一人。郡當邊戍者，丞爲長史。王國之相亦如之。每屬國置都尉一人，比二千石，丞一人。【略】

屬官，每縣、邑、道，大者置令一人，千石；其次置長，四百石；小者置長，三百石；侯國之相，秩次亦如之。

又《縣鄉條》 鄉置有秩、三老、游徼。本注曰：有秩，郡所署，秩百石，掌一鄉人；其鄉小者，縣置嗇夫一人。【略】

其郡有鹽官、鐵官、工官、都水官者，隨事廣狹置令、長及丞，秩次皆如縣、道，無分士，給均本吏。

又《使匈奴中郎將條》 使匈奴中郎將一人，比二千石。【略】護羌、烏桓校尉所置亦然。

又《護烏桓校尉條》 護烏桓校尉一人，比二千石。

又《護羌校尉條》 護羌校尉一人，比二千石。

又《王國條》 皇子封王，其郡爲國，每置傅一人，相一人，皆二千石。【略】相如太守。有長史，如郡丞。漢初立諸王，因項羽所立諸王之制，地既廣大，且至千里。又其官職傅爲太傅，相爲丞相，又有御史大夫及諸卿，皆秩二千石，百官皆如朝廷。國家唯爲置丞相，其御史大夫以下皆自置之。【略】中尉一人，比二千石。【略】郎中令一人，僕一人，皆千石。【略】僕主車及馭，如太僕。本曰太僕，比二千石，武帝改，但曰僕，又皆減其秩。治書，比六百石。【略】大夫，比六百石。【略】謁者，比四百石。【略】禮樂長。本注曰：主樂人。衛士長。本注曰：主衛士。醫工長。本注曰：主醫藥。永巷長。本注曰：宦者，主宮中婢使。祠祀長。本注曰：主祠祀。皆比四百石。郎中，二百石。

又《列侯條》 列侯，所食縣爲侯國。【略】每國置相一人，其秩各如本縣。

又《四夷國條》 四夷國王，率衆王，歸義侯，邑君，邑長，皆有丞，比郡、縣。

《後漢書》卷一下《光武帝紀》 二十六年春正月，詔有司增百官奉，其千石已上，減於西京舊制，六百石已下，增於舊秩。

增減秩俸

綜述

《漢書》卷一二《平帝紀》 （元始元年春正月）賜天下民爵一級，吏在位二百石以上，一切滿秩如眞。

又 卷二《明帝紀》 （永平）四年春二月辛亥，詔曰：『【略】京師冬無宿雪，春不燠沐，煩勞羣司，積精禱求。而比再得時雨，宿麥潤澤。其賜公卿半奉。』

又 卷五《安帝紀》 （永初四年春正月）丙午詔減百官及州郡縣奉各有差。

又 卷六《順帝紀》 （漢安二年冬十月）甲辰，減百官奉。

又 卷七《桓帝紀》 （延熹二年九月）丁亥，詔無事之官權絕奉，豐年如故。【略】

（延熹四年七月）減公卿以下奉。【略】

（延熹五年）八月庚子，詔減虎賁、羽林住寺不任事者半奉，勿與冬衣；其公卿以下給冬衣之半。【略】

（延熹五年冬十月）假公卿以下奉。

論説

《漢書》卷三六《楚元王傳》（周堪）爲光禄大夫，秩中二千石，領尚書事。

又 卷五〇《汲黯傳》 上以爲淮陽，楚地之郊也，召黯拜爲淮陽太守。【略】令黯以諸侯相秩居淮陽。

又 卷六八《霍光傳》（霍）光召尚符璽郎，郎不肯授光。光欲奪之，郎按劍曰：『臣頭可得，璽不可得也！』光甚誼之。明日，詔增此郎秩二等。

又 卷七五《京房傳》（小黄令焦延壽字贛）舉最當遷，三老官屬上書願留贛，有詔許增秩留，卒於小黄。

又 卷七八《蕭咸傳》（蕭咸）遷淮陽、泗水内史，張掖弘農、河東太守。所居有迹，數增秩賜金。

又《蕭由傳》（蕭由）遷江夏太守。平江賊成重等有功，增秩爲陳留太守。

又 卷七九《馮野王傳》（大鴻臚馮野王）雖不爲三公，甚見器重，有名當世。成帝立，有司奏野王王舅，不宜備九卿，以秩出爲上郡太守，賜黄金百斤。

又 卷八九《循吏傳・序》（宣帝時）故二千石有治理效，輒以璽書勉厲，增秩賜金，或爵至關内侯，公卿缺則選諸所表以次用之。

又《王成傳》 王成，不知何郡人也。爲膠東相，治甚有聲。宣帝最先褒之，地節三年下詔曰：『蓋聞有功不賞，有罪不誅，雖唐虞不能以化天下。今膠東相成，勞來不怠，流民自占八萬餘口，治有異等之效。其賜成爵關内侯，秩中二千石。』

又《黄霸傳》（黄）霸以外寬内明得吏民心，户口歲增，治爲天下第一。徵守京兆尹，秩二千石。

又《召信臣傳》（召信臣）遷河南太守，治行常爲第一，復數增秩賜金。

又 卷九五《西南夷傳》（陳）立已平定西夷，徵詣京師。會巴郡有盜賊，復以立爲巴郡太守，秩中二千石居，賜爵左庶長。

又 卷一〇〇《敘傳》（班）伯遷水衡都尉，與兩師並侍中，皆秩中二千石。

《後漢書》卷四九《仲長統傳》 夫選用必取善士。善士富者少而貧者多，禄不足以供養，安能不少營私門乎？從而罪之，是設機置穽以待天下之君子也。盜賊凶荒，九州代作，饑饉暴至，軍旅卒發，横税弱人，割奪吏禄【略】夫薄吏禄以豐軍用，緣於秦征諸侯，續以四夷，漢承其業，遂不改更，危國亂家，此之由也。

俸禄給付方式

綜述

《漢書》卷一二《平帝紀》（元始元年春正月）賜天下民爵一級，吏在位二百石以上，一切滿秩如眞。

晉・司馬彪《續漢書・百官志五・百官奉條》 百官受奉例：大將軍、三公奉，月三百五十斛。中二千石奉，月百八十斛。二千石奉，月百二十斛。比二千石奉，月百斛。千石奉，月八十斛。六百石奉，月七十斛。比六百石奉，月五十斛。四百石奉，月四十五斛。比四百石奉，月四十斛。三百石奉，月四十斛。比三百石奉，月三十七斛。二百石奉，月三十斛。比二百石奉，月二十七斛。一百石奉，月十六斛。斗食奉，月十一斛。佐史奉，月八斛。凡諸受奉，皆半錢半穀。

又 注引《漢書音義》 斗食禄，日以斗爲計。

《漢書》卷一〇《成帝紀》注引如淳曰 律，丞相、大司馬大將軍奉錢月六萬，御史大夫奉月四萬也。

又 卷一二《平帝紀》注引如淳曰 諸官吏初除，皆試守一歲乃爲眞，食全奉。平帝即位故賜眞。

又 注引《古今注》 永和三年，初與河南尹及雒陽員吏四百二十七人奉，月四十五斛。

晉・司馬彪《續漢書・百官志五・百官奉條》注引荀綽《晉百官表注》 漢延平中，中二千石奉錢九千，米七十二斛。眞二千石月錢六千五百，米三十六斛。比二千石月錢五千，米三十四斛。一千石月錢四千，米三十斛。六百石月錢三千五百，米二十一斛。四百石月錢二千五百，米十五斛。三百石月錢二千，米十二斛。二百石月錢一千，米九斛。百石月錢八百，米四斛八斗。

《漢書》卷一二《平帝紀》注 時諸官有試守者，特加非常之恩，令如眞耳。非凡除吏皆當試守也。一切者，權時之事，非經常也。猶如以刀切物，苟取整齊，不顧長短縱橫，故言一切。他皆放此。

又 卷一九上《百官公卿表》注 漢制，三公號稱萬石，其俸月各三百五十斛穀。其稱中二千石者月各百八十斛，二千石者百二十斛，比二千石者百斛，千石者九十斛，比千石者八十斛，六百石者七十斛，比六百石者六十斛，四百石者五十斛，比四百石者四十五斛，三百石者四十斛，比三百石者三十七斛，二百石者三十斛，比二百石者二十七斛，一百石者十六斛。

論説

《漢書》卷六五《東方朔傳》 （東方）朔文辭不遜，高自稱譽，上偉之，令待詔公車，奉禄薄，未得省見。

久之，朔紿騶朱儒，曰：『上以若曹無益於縣官，耕田力作固不及人，臨衆處官不能治民，從軍擊虜不任兵事，無益於國用，徒索衣食，今欲盡殺若曹。』朱儒大恐，啼泣。朔教曰：『上卽過，叩頭請罪。』居有頃，聞上過，朱儒皆號泣頓首。上問：『何爲？』對曰：『東方朔言上欲盡誅臣等。』上知朔多端，召問朔：『何恐朱儒爲？』對曰：『臣朔生亦言，死亦言。朱儒長三尺餘，奉一囊粟，錢二百四十。臣朔長九尺餘，亦奉一囊粟，錢二百四十。朱儒飽欲死，臣朔飢欲死。臣言可用，幸異其禮；不可用，罷之，無令但索長安米。』

又 卷七二《貢禹傳》 （貢）禹上書曰：『臣禹【略】至，拜爲諫大夫，秩八百石，奉錢月九千二百。【略】又拜爲光禄大夫，秩二千石，奉錢月萬二千。』

又 卷七七《蓋寬饒傳》 （蓋）寬饒爲人剛直高節，志在奉公。家貧，奉錢月數千，半以給吏民爲耳目言事者。身爲司隸，子常步行自戍北邊，公廉如此。

漢・衛宏《漢舊儀》 元朔三年，以上郡、西河爲萬騎太守，月奉二萬。

俸禄制度影響

綜述

宋・李昉等《太平御覽》卷六二七《治道部》八《賦斂》引桓譚《新論》 漢定以來，百姓賦歛，一歲爲四十餘萬萬。吏俸用其半，餘二十萬萬，藏于都内爲禁錢。少府所領園地作務之八十三萬萬，以給宮室供養諸賞賜。

論説

《漢書》卷九九中《王莽傳》 （王）莽至明堂，授諸侯茅土。【略】以圖簿未定，未授國邑，且令受奉都内，月錢數千。【略】

（天鳳三年）五月，莽下吏禄制度，曰：『予遭陽九之阸，百六之會，國用不足，民人騷動，自公卿以下，一月之禄十緵布二匹，或帛一匹。予每念之，未嘗不戚焉。今阸會已度，府帑雖未能充，略頗稍給，其以六月朔庚寅始，賦吏禄皆如制度。』四輔公卿大夫士，下至輿僚，凡十五等。僚禄一歲六十六斛，稍以差增，上至四輔而爲萬斛云。莽又曰：『【略】東嶽太師立國將軍保東方三州一部二十五郡；南嶽太傅前將軍保南方二州一部二十五郡；西嶽國師寧始將軍保西方一州二部二十五郡；北嶽國將衛將軍保北方二州一部二十五郡；大司馬保納卿、言卿、仕卿、作卿、京尉、扶尉、兆隊、右隊、中部左洎前七部；大司徒保樂卿、典卿、宗卿、秩卿、翼尉、光尉、左隊、前隊、中部、右部，有五郡；大

司空保予卿、虞卿、共卿、工卿、師尉、列尉、祈隊、後隊、中部洎後十郡；及六司、六卿，皆隨所屬之公保其灾害，亦以十率多少而損其禄。郎、從官、中都官吏食禄都内之委者，以大官膳羞備損而爲節。諸侯、辟、任、附城、羣吏亦各保其灾害。幾上下同心，勸進農業，安元元焉。』莽之制度煩碎如此，課計不可理，吏終不得禄，各因官職爲姦，受取賕賂以自共給。

又　卷九九下《王莽傳》　天下吏以不得奉禄，並爲姦利，郡尹縣宰家累千金。莽下詔曰：『詳考始建國二年胡虜猾夏以來，諸軍吏及緣邊吏大夫以上爲姦利增産致富者，收其家所有財産五分之四，以助邊急。』公府士馳傳天下，考覆貪饕，開吏告其將，奴婢告其主，幾以禁姦，姦愈甚。

休致優恤制度分部

休沐

綜述

漢・衛宏《漢官舊儀》卷上　侍中，無員。或列侯、將軍、衛尉、光禄、（將）大夫、郎爲之，得舉非法，白請及出省户休沐，往來過直事。

《後漢書》卷四《和帝紀》注引《漢官舊儀》　伏日萬鬼行，故盡日閉，不干它事。

漢・班固《白虎通義》卷上《德論上・誅伐》　冬至所以休兵不舉事，閉關商旅不行何？此日陰陽氣微，王者承天理物，故率天下静，不復行役，以扶助微氣，成萬物也。《故孝經讖》曰：『夏至陰氣始動，冬至陽氣始萌。』《易》曰：『先王以至日閉關，商旅不行。』

晉・司馬彪注引蔡邕《獨斷》　夏至陰氣始起，麋鹿解角，故寢兵鼓。身欲寧，志欲静，故不聽事，迎送五日。臘者，歲終大祭，縱吏民宴飲。非迎氣，故但送不迎。正月歲首，亦如臘儀。冬至陽氣起，君道長，故賀。夏至陰氣起，君道衰，故不賀。

晉・司馬彪《續漢書・禮儀志中・冬至條》　冬至前後，君子安身静體，百官絶事，不聽政，擇吉辰而後省事。【略】

故事：百官五日一會臨，故吏二千石、刺史、在京都郡國上計掾史，皆五日一會。

唐・徐堅《初學記》卷二〇《政理部》　休假亦曰休沐。漢律，吏五日得一下沐，言休息以洗沐也。

論説

《史記》卷五四《曹相國世家》　（曹窋）爲中大夫。惠帝怪相國不治事，以爲『豈少朕與』？乃謂窋曰：『若歸，試私從容問而父曰：「高帝新棄羣臣，帝富於春秋，君爲相，日飲，無所請事，何以憂天下乎？」然無言吾告若也。』窋既洗沐歸，間侍，自從其所諫參。

又　卷九六《張丞相列傳》　張蒼德王陵。王陵者，安國侯也。及蒼貴，常父事王陵。陵死後，蒼爲丞相，洗沐，常先朝陵夫人上食，然後敢歸家。

又　卷一〇三《萬石張叔列傳》　（石）建爲郎中令，每五日洗沐歸謁親，入子舍，竊問侍者，取親中裙厠牏，身自浣滌，復與侍者，不敢令萬石君知，以爲常。

又　卷一二〇《汲鄭列傳》　（太子舍人鄭莊）每五日洗沐，常置驛馬長安諸郊，存諸故人，請謝賓客，夜以繼日，至其明旦，常恐不徧。

又　卷一二五《佞幸列傳》　（鄧）通亦愿謹，不好外交，雖賜洗沐，不欲出。

又　卷一二七《日者列傳》　宋忠爲中大夫，賈誼爲博士，同日俱出洗沐，相從論議，誦易先王聖人之道術，究徧人情，相視而嘆。

《居延漢簡釋文合校》　御史大夫吉昧死，【略】抒別火，【略】官先夏至【略】昧死以聞。

《漢書》卷五九《張安世傳》　（張安世）少以父任爲郎。用善書給事尚書，精力於職，休沐未嘗出。

又　卷六六《楊惲傳》　郎官故事，令郎出錢市財用，給文書，乃得出，名曰『山郎』。移病盡一日，輒償一沐，或至歲餘不得沐。【略】惲爲中郎將，罷山郎，移長度大司農，以給財用。其疾病休謁洗沐，皆以法令從事。

又　卷六八《霍光傳》　蓋主、上官桀、安及弘羊皆與燕王旦通謀，詐令人爲燕王上書【略】候司光出沐日奏之。桀欲從中下其事，桑弘羊當與諸大臣共執退光。書奏，帝不肯下。

又　卷七八《蕭望之傳》　（弘）恭、（石）顯令二人告望之等謀欲罷車騎將軍疏退許、史狀，候望之出休日，令朋、龍上之。

又　卷八一《孔光傳》　（孔光）沐日歸休，兄弟妻子燕語，終不及朝省政事。

又　卷八三《薛宣傳》　及日至休吏，賊曹掾張扶獨不肯休，坐曹治事。宣出教曰：『蓋禮貴和，人道尚通。日至，吏以令休，所繇來久。曹雖有公職事，家亦望私恩意。掾宜從衆，歸對妻子，設酒肴，請鄰里，壹關相樂，斯亦可矣！』扶慙愧，官屬善之。

又　卷九三《佞幸傳·董賢》　（董賢）爲駙馬都尉侍中，出則參乘，入御左右【略】善爲媚以自固。每賜洗沐，不肯出，常留中視醫藥。

又　卷九七上《外戚傳·孝昭上官皇后》　（上官）桀子安取霍光女，結婚相親，光每休沐出，桀嘗代光入決事。

又　卷九九上《王莽傳》　（王）莽兄永爲諸曹，蚤死，有子光，莽使學博士門下。莽休沐出，振車騎，奉羊酒，勞遺其師，恩施下竟同學。

《後漢書》卷四四《胡廣傳》注引盛弘之《荆州記》　菊水出穰縣。芳菊被涯，水極甘香。谷中皆飲此水，上壽百二十，七八十者猶以爲夭。太尉胡廣所患風疾，休沐南歸，恆飲此水，後疾遂瘳，年八十二薨。

又　卷四《和帝紀》　（永元六年）六月己酉，初令伏閉盡日。

又　卷四一《宋均傳》　（宋）均以父任爲郎，時年十五，好經書，每休沐日，輒受業博士，通《詩》《禮》，善論難。

又　卷四四《張禹傳》　（張禹）遷爲太傅，録尚書事。鄧太后以殤帝初育，欲令重臣居禁內，乃詔禹舍宮中。給帷帳牀褥，太官朝夕進食，五日一歸府。每朝見，特贊，與三公絶席。

又　卷四五《韓棱傳》　（韓）棱在朝數薦舉良吏應順、呂昌、周紆等，皆有名當時。及竇氏敗，棱典案其事，深竟黨與，數月不休沐。

又　卷五六《种拂傳》　（种）拂字穎伯。初爲司隸從事，拜宛令。時南陽郡吏好因休沐，遊戲市里，爲百姓所患。拂出逢之，必下車公謁，以愧其心，自是莫敢出者。

又　卷六七《黨錮傳·李膺》　（李膺）復拜司隸校尉。時，張讓弟朔爲野王令，貪殘無道，至乃殺孕婦，聞膺厲威嚴，懼罪逃還京師，因匿兄讓第舍，藏於合柱中。膺知其狀，率將吏卒破柱取朔，付洛陽獄。受辭畢，即殺之。讓訴冤於帝，詔膺入殿，御親臨軒，詰以不先請便加誅辟之意。膺對曰：『【略】今臣到官已積一旬，私懼以稽留爲愆，不意獲速疾之罪。誠自知釁責，死不旋踵，特乞留五日，尅殄元惡，退就鼎鑊，始生之願也。』帝無復言，顧謂讓曰：『此汝弟之罪，司隸何愆？』乃遣出之。自此諸黄門常侍皆鞠躬屏氣，休沐不敢復出宮省。帝怪問其故，並叩頭泣曰：『畏李校尉。』

又　卷七七《酷吏傳·陽球》　（陽球）爲司隸校尉。王甫休沐里舍，球詣闕謝恩，奏收甫【略】送洛陽獄。

又　卷七八《宦者傳·蔡倫》　（中常侍蔡倫）每至休沐，輒閉門絶賓，暴體田野。

《三國志》卷一三《魏志·華歆傳》　（華）歆爲吏，休沐出府，則歸家闔門。

《漢書》卷八三《薛宣傳》注　冬夏至之日，不省官事，故休吏。

告寧

綜述

《漢書》卷八七下《揚雄傳》注引應劭曰　《漢律》以不爲親行三年服不得選舉。

晉・司馬彪《續漢書・禮儀志中》 故事：【略】天下吏民發喪臨三日。先葬二日，皆旦晡臨。既葬，釋服，無禁嫁娶、祠祀。

論　說

漢・賈誼《新書》卷三《屬遠》 竊以所聞縣令丞相歸休者，慮非甚强也，不見得從者。

《史記》卷八《高祖本紀》 高祖爲亭長時，常告歸之田。【略】（漢）三年，魏王豹謁歸視親疾，至卽絶河津，反爲楚。

又 卷八七《李斯列傳》 三川守李由告歸咸陽，李斯置酒於家，百官長皆前爲壽，門廷車騎以千數。

又 卷一〇三《萬石君傳》 元封四年中，關東流民二百萬口，無名數者四十萬，公卿議欲請徙流民於邊以適之。上以爲丞相老謹，不能與其議，乃賜丞相告歸，而案御史大夫以下議爲請者。

又 《衛綰傳》 孝景前六年中封綰爲建陵侯。其明年，上廢太子，誅栗卿之屬，上以爲綰長者，不忍，乃賜綰告歸，而使郅都治捕栗氏。

又 《直不疑傳》 （直不疑）爲郎，事文帝。其同舍有告歸，誤持同舍郎金去，已而金主覺，妄意不疑，不疑謝有之，買金償。而告歸者來而歸金，而前郎亡金者大慙，以此稱爲長者。

又 卷一一二《平津侯主父列傳》 淮南、衡山謀反，治黨與方急。（公孫）弘病甚，自以爲無功而封，位至丞相，宜佐明主塡撫國家，使人由臣子之道。今諸侯有畔逆之計，此皆宰相奉職不稱，恐竊病死，無以塞責。乃上書曰：『【略】今臣弘罷駑之質，無汗馬之勞，陛下過意擢臣弘卒伍之中，封爲列侯，致位三公。臣弘行能不足以稱，素有負薪之疾，恐先狗馬塡溝壑，終無以報德塞責。願歸侯印，乞骸骨，避賢者路。』天子報曰：『古者賞有功，襃有德，守成尚文，遭遇右武，未有易此者也。朕宿昔庶幾獲承尊位，懼不能寧，惟所與共爲治者，君宜知之。蓋君子善善惡惡，君宜知之，君若謹行，常在朕躬。君不幸罹霜露之病，何恙不已，乃上書歸侯，乞骸骨，是章朕之不德也。今事少間，君其省思慮，一精神，輔以醫藥。』因賜告牛酒雜帛。居數月，病有瘳，視事。

又 卷一二〇《汲黯傳》 （主爵都尉汲黯）多病，病且滿三月，上常賜告者數，終不愈，最後病，莊助爲請告。

漢・桓寬《鹽鐵論》卷二《復古第六》 大夫曰：『故（扇）〔肩〕水都尉彭祖寧歸』，言：『鹽鐵令品。』

《漢書》卷四《文帝紀》 （文帝）七年夏六月己亥，帝崩於未央宮。遺詔曰：『朕聞之，蓋天下萬物之萌生，靡不有死。死者，天地之理，物之自然，奚可甚哀！當今之世，咸嘉生而惡死，厚葬以破業，重服以傷生，吾甚不取。【略】其令天下吏民，令到出臨三日，皆釋服。無禁取婦嫁女祠祀飲酒食肉。自當給喪事服臨者，皆無踐。經帶無過三寸。無布車及兵器。無發民哭臨宮殿中。殿中當臨者，皆以旦夕各十五舉音，禮畢罷，非旦夕臨時，禁無得擅哭臨。以下，服大紅十五日，小紅十四日，纖七日，釋服。它不在令中者，皆以此令比類從事。佈告天下，使明知朕意。』

又 卷一一《哀帝紀》 （綏和二年六月詔）又曰：『【略】博士弟子父母死，予寧三年。』

又 卷五九《張安世傳》 （張安世）職典樞機，以謹愼周密自著，外內無間。每定大政，已決，輒移病出，聞有詔令，乃驚，使吏之丞相府問焉。自朝廷大臣，莫知其與議也。

又 卷七一《疏廣傳》 （疏廣、疏受）父子並爲師傅，朝廷以爲榮。【略】廣謂受曰：『吾聞「知足不辱，知止不殆」，「功遂身退，天之道」也。今仕官至二千石，宦成名立，如此不去，懼有後悔，豈如父子相隨出關，歸老故鄉，以壽命終，不亦善乎？』受叩頭曰：『從大人議。』卽日父子俱移病。滿三月賜告，廣遂稱篤，上疏乞骸骨。

又 卷七二《龔舍傳》 初，龔舍以龔勝薦，徵爲諫大夫，病免。復徵爲博士，又病去。頃之，哀帝遣使者卽楚拜舍爲太山太守。舍家居在武原，使者至縣請舍，欲令至廷拜授印綬。舍曰：『王者以天下爲家，何必縣官？』遂於家受詔，便道之官。既至數月，上書乞骸骨。上徵舍，至京兆東湖界，固稱病篤。天子使使者收印綬，拜舍爲光禄大夫。數賜告，舍終不肯起，乃遺歸。

又 卷七六《張敞傳》 自趙廣漢誅後，比更守尹，如霸等數人，

皆不稱職。京師浸廢，長安市偷盜尤多，百賈苦之。上以問敞，敞以爲可禁。敞既視事，求問長安父老，偷盜酋長數人【略】敞皆召見責問，因貰其罪，把其宿負，令致諸偷以自贖。偷長曰：『今一旦召詣府，恐諸偷驚駭，願壹切受署。』敞皆以爲吏，遣歸休。

又　**卷七九《馮野王傳》**　（馮野王）爲琅邪太守。是時，成帝長舅陽平侯王鳳爲大司馬大將軍，輔政八九年矣，時數有灾異，京兆尹王章譏鳳顓權不可任用，薦野王代鳳。上初納其言，而後誅章【略】於是野王懼不自安，遂病，滿三月賜告，與妻子歸杜陵就醫藥。大將軍鳳風御史中丞劾奏野王賜告養病而私自便。持虎符出界歸家，奉詔不敬。杜欽時在大將軍莫府，欽素高野王父子行能，奏記於鳳，爲野王言曰：『竊見令曰，吏二千石告，過長安謁，不分別予賜。今有司以爲予告得歸，賜告不得，是一律兩科，失省刑之意。夫三最予告，令也；病滿三月賜告，詔恩也。令告則得，詔恩則不得，失輕重之差。又二千石病賜告得歸有故事，不得去郡亡著令。傳曰：「賞疑從予，所以廣恩勸功也；罰疑從去，所以慎刑，闕難知也。」今釋令與故事而假不敬之法，甚違闕疑從去之意。即以二千石守千里之地，任兵馬之重，不宜去郡，將以制刑爲後法者，則野王之罪，在未制令前也。刑賞大信，不可不慎。』鳳不聽，竟免野王。郡國二千石病賜告不得歸家，自此始。

又　**卷八三《薛宣傳》**　（薛）宣有兩弟，明、修。明至南陽太守；修歷郡守、京兆尹、少府，善交接，得州里之稱。後母常從修居官。宣爲丞相時，修爲臨菑令，宣迎後母，修不遣。後母病死，修去官持服。宣謂修三年服少能行之者，兄弟相駮不可，修遂竟服，繇是兄弟不和。

又　**卷八四《翟方進傳》**　（丞相翟方進）身既富貴，而後母尚在，方進内行修飭，供養甚篤。及後母終，既葬三十六日，除服起視事，以爲身備漢相，不敢踰國家之制。

又　**卷八五《谷永傳》**　（谷永）爲大司農。歲餘，永病，三月，有司奏請免。故事，公卿病，輒賜告，至永獨卽時免。

又　**九二《遊俠傳·原涉》**　（原）涉父哀帝時爲南陽太守。天下殷富，大郡二千石死官，賦斂送葬皆千萬以上，妻子通共受之，以定産業。時又少行三年喪者。及涉父死，讓還南陽賻送，行喪冢廬三年，繇是顯名京師。

《居延漢簡釋文合校》　第卅八燧長蒲母死詣官寧三月□　（五十九．三十九）【略】

元年七月己丑父死取寧【略】　（一百．十）【略】

□取宁□六十二日不到官移居延亟遣　（一百八十五．二十九）

【略】

第廿一燧長尊母不幸死詣官取急三月癸巳食時入　（二百六十四．十）

《居延新簡》　重追木中隊長徐忠同産姊不幸死寧日盡移居延一事一封正月丙戌尉史忠封

唐·司馬貞《史記索隱》《卷八《高祖本紀》引《東觀漢記·田邑傳》　（田）邑年三十，歷卿大夫，號歸罷，厭事，少所嗜欲。

《後漢書》卷五《安帝紀》　（元初三年十一月）丙戌，初聽大臣、二千石、刺史行三年喪。【略】

（建光元年十一月）復斷大臣二千石以上服三年喪。

又　**卷七《桓帝紀》**　（永興二年）二月辛丑，初聽刺史、二千石行三年喪服。【略】

（延熹二年）三月，復斷刺史、二千石行三年喪。

又　**卷一九《耿恭傳》**　（耿）恭母先卒，及還，追行喪制，有詔使五官中郎將齎牛酒釋服。

又　**卷二六《趙憙傳》**　（行太尉事趙憙）後遭母憂，上疏乞身行喪禮，顯宗不許，遣使者爲釋服，賞賜恩寵甚渥。

又　**卷三二《樊準傳》**　（樊）準乃上疏曰：『【略】至孝明皇帝【略】又多徵名儒，以充禮官，如沛國趙孝、琅邪承宫等，或安車結駟告歸鄉里；或豐衣博帶，從見宗廟。』

又　**卷三七《桓焉傳》**　（桓）焉爲太子少傅，月餘，遷太傅，以母憂自乞，聽以大夫行喪。踰年，詔使者賜牛酒，奪服，卽拜光禄大夫，遷太常。

又　**卷三九《劉愷傳》**　舊制，公卿、二千石、刺史不得行三年喪，由是内外衆職並廢喪禮。元初中，鄧太后詔長吏以下不爲親行服者，不得

典城選舉。時有上言牧守宜同此制，詔下公卿，議者以爲不便。（劉）愷獨議曰：『詔書所以爲制服之科者，蓋崇化厲俗，以弘孝道也。今刺史一州之表，二千石千里之師，職在辯章百姓，宣美風俗，尤宜尊重典禮，以身先之。而議者不尋其端，至於牧守則云不宜，是猶濁其源而望流清，曲其形而欲景直，不可得也。』太后從之。

又 卷四一《鍾離意傳》 （鍾離意）後除瑕丘令。吏有檀建者，盜竊縣内，意屏人問狀，建叩頭服罪，不忍加刑，遣令長休。

又 卷四五《張酺傳》 （太尉張酺）及父卒，既葬，詔遣使齎牛酒爲釋服。

又 卷四六《陳忠傳》 元初三年有詔，大臣得行三年喪，服闋還職。忠因此上言：『孝宣皇帝舊令，人從軍屯及給事縣官者，大父母死未滿三月，皆勿徭，令得葬送。請依此制。』太后從之。至建光中，尚書令祝諷、尚書孟布等奏，以爲『孝文皇帝定約禮之制，光武皇帝絶告寧之典，貽則萬世，誠不可改。宜復建武故事。』忠上疏曰：『臣聞之《孝經》，始於愛親，終於哀戚。上自天子，下至庶人，尊卑貴賤，其義一也。夫父母於子，同氣異息，一體而分，三年乃免於懷抱。先聖緣人情而著其節，制服二十五月，是以《春秋》臣有大喪，君三年不呼其門，閔子雖要絰服事，以赴公難，退而致位，以究私恩，故稱「君使之非也，臣行之禮也」。周室陵遲，禮制不序，《蓼莪》之人作詩自傷曰：「瓶之罄矣，惟罍之恥。」言己不得終竟子道者，亦上之恥也。高祖受命，蕭何創制，大臣有寧告之科，合於致憂之義。建武之初，新承大亂，凡諸國政，多趣簡易，大臣既不得告寧，而羣司營禄念私，鮮循三年之喪，以報顧復之恩者。禮義之方，實爲彫損。大漢之興，雖承衰敝，而先王之制，稍以施行。故籍田之耕，起於孝文；孝廉之貢，發於孝武；郊祀之禮，定於元、成；三雍之序，備於顯宗；大臣終喪，成乎陛下。聖功美業，靡以尚兹。孟子有言：「老吾老以及人之老，幼吾幼以及人之幼，天下可運於掌。」臣願陛下登高北望，以甘陵之思，揆度臣子之心，則海内咸得其所。』宦豎不便之，竟寢忠奏而從諷、布議，遂著于令。

又 卷六四《趙岐傳》 永興二年，辟司空掾，議二千石得去官爲親行服，朝廷從之。

又 卷七九下《儒林傳・牟長》 （牟）長自爲博士及在河内，諸生講學者常有千餘人，著録前後萬人。著《尚書章句》，皆本之歐陽氏，俗號爲《牟氏章句》。復徵爲中散大夫，賜告一歲，卒於家。

又 卷八一《陳重傳》 （陳重）同舍郎有告歸寧者，誤持鄰舍郎絝以去。主疑重所取，重不自申説，而市絝以償之。後寧喪者歸，以絝還主，其事乃顯。

又 卷八二上《方術傳・樊英》 樊英字季齊，南陽魯陽人也。少受業三輔，習《京氏易》，兼明《五經》。又善風角、星算、《河》《洛》七緯，推步災異。【略】至四年三月，天子乃爲英設壇席，令公車令導，尚書奉引，賜几杖，待以師傅之禮，延問得失。英不敢辭，拜五官中郎將。數月，英稱疾篤，詔以爲光禄大夫，賜告歸。令在所送穀千斛，常以八月致牛一頭，酒三斛；如有不幸，祠以中牢。英辭位不受，有詔譬旨勿聽。

又 卷四六《陳忠傳》注引《前書音義》 告寧，休謁之名。吉曰告，凶曰寧。古者名吏休假曰告，吏二千石有予告、賜告。予告，在官有功，法所當得也。賜告，病三月當免，天子優賜其告，使帶印綬，將官屬歸家養疾也。

《三國志》卷一《魏志・武帝紀》裴松之注引《魏書》 （曹操）拜議郎，常托疾病，輒告歸鄉里；築室城外，春夏習讀書傳，秋冬弋獵，以自娱樂。

南朝宋・裴駰《史記集解》卷八《高祖本紀》 服虔曰：『告音如「嗥呼」之「嗥」。』李斐曰：『休謁之名也。吉曰告，凶曰寧。』孟康曰：『古者名吏休假曰告。告又音嚳。《漢律》，吏二千石有予告、賜告。予告者，在官有功最，法所當得者也。賜告者，病滿三月當免，天子優賜，復其告，使得帶印紱，將官屬，歸家治疾也。』

唐・司馬貞《史記索隱》卷八《高祖本紀》 韋昭云：『告，請歸乞假也。音「告語」之「告」。故《戰國策》曰「商君告歸」，延篤以爲告歸，今之歸寧也。』劉伯莊、顔師古並音古篤反，非號嚳兩音也。按：《東觀漢記・田邑傳》云『邑年三十，歷卿大夫，號歸罷，厭事，少所嗜欲。』尋號與嗥同，古者當有此語，故服氏云『如號呼之號』，音豪。今

以服虔雖據田邑『號歸』，亦恐未得。然此『告』字當音誥，誥號聲相近，故後『告歸』『號歸』遂變耳。

清・趙翼《廿二史劄記》卷三《西漢喪服無定制》 終漢之世，行喪不行喪迄無定制。

終養

綜述

《漢書》卷一二《平帝紀》（元始元年詔令）天下吏比二千石以上年老致仕者，參分故禄，以一與之，終其身。

論說

《漢書》卷四六《萬石君傳》 孝景季年，萬石君以上大夫禄歸老于家，以歲時爲朝臣。

又《周仁傳》（郎中令周仁）爲人陰重不泄。【略】武帝立，爲先帝臣重之。仁乃病免，以二千石禄歸老，子孫咸至大官。

又《張歐傳》（御史大夫張歐）老篤，請免，天子亦寵以上大夫禄歸老于家。家陽陵。子孫咸至大官。

又卷六〇《杜延年傳》（杜延年）爲諫大夫。【略】是時，四夷和，海内平，延年視事三歲，以老病乞骸骨，天子優之，使光禄大夫持節賜延年黄金百斤、酒，加致醫藥，延年遂稱病篤。賜安車駟馬，罷就第。

又卷六九《趙充國傳》（趙）充國乞骸骨，賜安車駟馬、黄金六十斤，罷就第。朝庭每有四夷大議，常與參兵謀，問籌策焉。

又卷七一《疏廣傳》（疏廣、疏受）父子並爲師傅，朝廷以爲榮。在位五歲，皇太子年十二，通《論語》《孝經》。廣謂受曰：『吾聞「知足不辱，知止不殆」，「功遂身退，天之道」也。今仕官至二千石，宦成名立，如此不去，懼有後悔，豈如父子相隨出關，歸老故鄉，以壽命終，不亦善乎？』受叩頭曰：「從大人議。」即日父子俱移病。滿三月賜告，廣遂稱篤，上疏乞骸骨。上以其年篤老，皆許之，加賜黄金二十斤，皇太子贈以五十斤。公卿大夫故人邑子設祖道，供張東都門外，送者車數百兩，辭決而去。

又《于定國傳》（于定國）上書自劾，歸侯印，乞骸骨。【略】上乃賜安車駟馬、黄金六十斤，罷就第。

又《薛廣德傳》（御史大夫薛廣德）與丞相定國、大司馬車騎將軍史高俱乞骸骨，皆賜安車駟馬、黄金六十斤，罷。

又卷七二《龔勝傳》（光禄大夫龔勝）常稱疾卧，數使子上書乞骸骨，會哀帝崩。初，琅邪邴漢亦以清行徵用，至京兆尹，後爲太中大夫。王莽秉政，勝與漢俱乞骸骨。自昭帝時，涿郡韓福以德行徵至京師，賜策書束帛遣歸。詔曰：『朕閔勞以官職之事，其務修孝弟以教鄉里。行道舍傳舍，縣次具酒肉，食從者及馬。長吏以時存問，常以歲八月賜羊壹頭，酒二斛。不幸死者，賜複衾一，祠以中牢。』於是王莽依故事，白遣勝、漢。策曰：『惟元始二年六月庚寅，光禄大夫、太中大夫耆艾二人以老病罷。太皇太后使謁者僕射策詔之曰：蓋聞古者有司年至則致仕，所以恭讓而不盡其力也。今大夫年至矣，朕愍以官職之事煩大夫，其上子若孫若同産、同産子一人。大夫其修身守道，以終高年。賜帛及行道舍宿，歲時羊酒衣衾，皆如韓福故事。所上子男皆除爲郎。』於是勝、漢遂歸老于鄉里。

又卷七三《韋賢傳》（韋賢）爲丞相，封扶陽侯，食邑七百户。時賢七十餘，爲相五歲，地節三年以老病乞骸骨，賜黄金百斤，罷歸，加賜弟一區。丞相致仕自賢始。

又卷八二《史丹傳》（史丹）爲將軍前後十六年，永始中病乞骸骨，上賜策曰：『左將軍寢病不衰，願歸治疾，朕愍以官職之事久留將軍，使躬不瘳。使光禄勳賜將軍黄金五十斤，安車駟馬，其上將軍印綬。宜專精神，務近醫藥，以輔不衰。』

《後漢書》卷一五《李通傳》（大司空李通）布衣唱義，助成大業，重以寧平公主故，特見親重。然性謙恭，常欲避權執。素有消疾，自爲宰相，謝病不視事，連年乞骸骨，帝每優寵之。令以公位歸第養疾，通

復固辭。積二歲，乃聽上大司空印綬，以特進奉朝請。

又 卷二二《朱祐傳》（朱祐）從征河北，常力戰陷陣，以爲偏將軍，封安陽侯。世祖卽位，拜爲建義大將軍。建武二年，更封堵陽侯。【略】十三年，增邑，定封鬲侯，食邑七千三百户。十五年，朝京師，上大將軍印綬，因留奉朝請。

又 《劉隆傳》（劉隆）爲長平侯。及大司馬吳漢薨，隆爲驃騎將軍，行大司馬事。隆奉法自守，視事八歲，上將軍印綬，罷，賜養牛，上樽酒十斛，以列侯奉朝請。

又 卷二三《竇融傳》（竇融）乞骸骨。詔令歸第養病。歲餘，聽上衛尉印綬，賜養牛，上樽酒。

又 卷二七《鄭均傳》（尚書鄭均）後以病乞骸骨，拜議郎，告歸，因稱病篤，帝賜以衣冠。元和元年，詔告廬江太守、東平相曰：『議郎鄭均，束脩安貧，恭儉節整，前在機密，以病致仕，守善貞固，黄髮不怠。又前安邑令毛義，躬履遜讓，比徵辭病，淳潔之風，東州稱仁。書不云乎：「章厥有常，吉哉！」其賜均、義穀各千斛，常以八月長吏存問，賜羊酒，顯茲異行。』明年，帝東巡過任城，乃幸均舍，敕賜尚書禄以終其身。

又 卷三六《賈逵傳》（司馬均）位至侍中，以老病乞身，帝賜以大夫禄，歸鄉里。

又 卷三九《劉趙淳于江劉周趙列傳序》 安帝時，汝南薛包孟嘗，好學篤行，喪母，以至孝聞。【略】建光中，公車特徵，至，拜侍中。包性恬虚，稱疾不起，以死自乞。有詔賜告歸，加禮如毛義，年八十餘，以壽終。

又 《趙孝傳》 趙孝字長平，沛國蘄人也。【略】永平中，辟太尉府，顯宗素聞其行，詔拜諫議大夫，遷侍中，又遷長樂衛尉。復徵弟禮爲御史中丞。禮亦恭謙行已，類於孝。帝嘉其兄弟篤行，欲寵異之，詔禮十日一就衛尉府，大官送供具，令共相對盡歡。數年，禮卒，帝令孝從官屬送喪歸葬。後歲餘，復以衛尉賜告歸，卒於家。

又 《江革傳》 江革字次翁，齊國臨淄人也。【略】建初初，太尉牟融舉賢良方正，再遷司空長史。肅宗甚崇禮之，遷五官中郎將。【略】後上書乞骸骨，轉拜諫議大夫，賜告歸，因謝病稱篤。元和中，天子思革至行，制詔齊相曰：『諫議大夫江革，前以病歸，今起居何如？夫孝，百行之冠，衆善之始也。國家每惟志士，未嘗不及革。縣以見穀千斛賜「巨孝」，常以八月長吏存問，致羊酒，以終厥身。如有不幸，祠以中牢。』由是『巨孝』之稱，行於天下。

又 《劉愷傳》（司徒劉愷）視事五歲，永寧元年，稱病上書致仕，有詔優許焉，加賜錢三十萬，以千石禄歸養，河南尹常以歲八月致羊酒。

又 卷四四《鄧彪傳》（太尉鄧彪）視事四歲，以疾乞骸骨。元和元年，賜策罷，贈錢三十萬，在所以二千石奉終其身。又詔太常四時致宗廟之胙，河南尹遣丞存問，常以八月旦奉羊、酒。

又 卷四六《陳忠傳》（陳）忠意常在褒崇大臣，待下以禮。其九卿有疾，使者臨問，加賜錢布，皆忠所建奏。

又 卷七九上《儒林傳·劉昆》 劉昆字桓公，陳留東昏人，梁孝王之胤也。少習容禮。平帝時，受《施氏易》於沛人戴賓。【略】二十二年，徵代杜林爲光禄勳。【略】顧命書諸策。乃令入授皇太子及諸王小侯五十餘人。二十七年，拜騎都尉。三十年，以老乞骸骨，詔賜洛陽第舍，以千石禄終其身。中元二年卒。

又 卷七九下《儒林傳·伏恭》（伏恭）遷常山太守。敦修學校，教授不輟，由是北州多爲伏氏學。永平二年，代梁松爲太僕。四年，帝臨辟雍，於行禮中拜恭爲司空，儒者以爲榮。【略】在位九年，以病乞骸骨罷，詔賜千石奉以終其身。

致仕

綜述

漢·何休《春秋公羊傳注·宣公十五年》 致仕，還禄位於君。

《史記》卷九六《張丞相列傳》（韋玄成）爲御史大夫。于丞相乞骸骨免，而爲丞相，因封故邑爲扶陽侯。

又 卷一〇三《萬石張叔列傳》 元封四年中，關東流民二百萬口，無名數者四十萬，公卿議欲請徙流民於邊以適之。上以爲丞相老謹，不能與其議，乃賜丞相告歸，而案御史大夫以下議爲請者。丞相慙不任職，乃上書曰：『慶幸得待罪丞相，罷駑無以輔治，城郭倉庫空虛，民多流亡，罪當伏斧質，上不忍致法。願歸丞相侯印，乞骸骨歸，避賢者路。』天子曰：『倉廩既空，民食流亡，而君欲請徙之，搖蕩不安，動危之，而辭位，君欲安歸難乎？』以書讓慶，慶甚慙，遂復視事。

又 卷一二一《儒林列傳》 公孫弘治《春秋》不如董仲舒，而弘希世用事，位至公卿。董仲舒以弘爲從諛。弘疾之，乃言上曰：『獨董仲舒可使相膠西王。』膠西王素聞董仲舒有行，亦善待之。董仲舒恐久獲罪，疾免居家。至卒，終不治產業，以修學著書爲事。

《漢書》卷四三《陸賈傳贊》 陸賈位止大夫，致仕諸呂，不受憂責，從容平、勃之間，附會將相以强社稷，身名俱榮，其最優乎！

又 卷七一《平當傳》 （平當）爲騎都尉，領河隄。哀帝即位，徵當爲光禄大夫諸吏散騎，復爲光禄勳，御史大夫，至丞相。以冬月，賜爵關內侯。明年春，上使使者召，欲封當。當病篤，不應召。室家或謂當：『不可强起受侯印爲子孫邪？』當曰：『吾居大位，已負素餐之責矣，起受侯印，還臥而死，死有餘罪。今不起者，所以爲子孫也。』遂上書乞骸骨。上報曰：『朕選於衆，以君爲相，視事日寡，輔政未久，陰陽不調，冬無大雪，旱氣爲灾，朕之不德，何必君罪？君何疑而上書乞骸骨，歸關內侯爵邑？使尚書令譚賜君養牛一，上尊酒十石。君其勉致醫藥以自持。』

又 《彭宣傳》 （彭）宣爲光禄大夫，遷御史大夫，轉爲大司空，封長平侯。會哀帝崩，新都侯王莽爲大司馬，秉政專權。宣上書言：『【略】臣資性淺薄，年齒老眊，數伏疾病，昏亂遺忘，願上大司空、長平侯印綬，乞骸骨歸鄉里，竢寘溝壑。』莽白太后，策宣曰：『惟君視事日寡，功德未效，迫於老眊昏亂，非所以輔國家，綏海內也。使光禄勳豐册詔君，其上大司空印綬，便就國。』莽恨宣求退，故不賜黃金安車駟馬。

又 卷七二《王崇傳》 （王崇）左遷爲大司農，後徙衛尉左將軍。平帝即位，王莽秉政，大司空彭宣乞骸骨罷，崇代爲大司空，封扶平侯。歲餘，崇復謝病乞骸骨，皆避王莽，莽遣就國。

又 《貢禹傳》 （貢）禹上書曰：『【略】臣禹犬馬之齒八十一，血氣衰竭，耳目不聰明，非復能有補益，所謂素餐尸禄洿朝之臣也。【略】不勝私願，願乞骸骨，及身生歸鄉里，死亡所恨。』

又 《龔勝傳》 （光禄大夫龔勝）常稱疾臥，數使子上書乞骸骨，會哀帝崩。初，琅邪邴漢亦以清行徵用，至京兆尹，後爲太中大夫。王莽秉政，勝與漢俱乞骸骨。自昭帝時，涿郡韓福以德行徵至京師，賜策書束帛遣歸。詔曰：『朕閔勞以官職之事，其務修孝弟以教鄉里。行道舍傳舍，縣次具酒肉，食從者及馬。長吏以時存問，常以歲八月賜羊一頭，酒二斛。不幸死者，賜複衾一，祠以中牢。』於是王莽依故事，白遣勝、漢。策曰：『惟元始二年六月庚寅，光禄大夫、太中大夫耆艾二人以老病罷。太皇太后使謁者僕射策詔之曰：蓋聞古者有司年至則致仕，所以恭讓而不盡其力也。今大夫年至矣，朕愍以官職之事煩大夫，其上子若孫若同產、同產子一人。大夫其修身守道，以終高年。賜帛及行道舍宿，歲時羊酒衣衾，皆如韓福故事。所上子男皆除爲郎。』於是勝、漢遂歸老于鄉里。

又 《龔舍傳》 初，龔舍以龔勝薦，徵爲諫大夫，病免。復徵爲博士，又病去。頃之，哀帝遣使者即楚拜舍爲太山太守。舍家居在武原，使者至縣請舍，欲令至廷拜授印綬。舍曰：『王者以天下爲家，何必縣官？』遂於家受詔，便道之官。既至數月，上書乞骸骨。上徵舍，至京兆東湖界，固稱病篤。天子使使者收印綬，拜舍爲光禄大夫，數賜告，舍終不肯起，乃遣歸。

又 卷七三《韋賢傳》 （韋賢）爲相五歲，地節三年以老病乞骸骨，賜黃金百斤，罷歸，加賜弟一區。丞相致仕自賢始。

又 《韋玄成傳》 （韋）玄成爲相七年，守正持重不及父賢，而文采過之。建昭二年薨，謚曰共侯。初，賢以昭帝時徙平陵，玄成別徙杜

陵，病且死，因使者自白曰：『不勝父子恩，願乞骸骨，歸葬父墓。』上許焉。

又　卷七四《丙吉傳》　及吉薨，御史大夫黄霸爲丞相，徵西河太守杜延年爲御史大夫，會其年老，乞骸骨，病免。

又　卷八一《匡衡傳》　（匡衡）每有水旱，風雨不時，連乞骸骨讓位。

又　《張禹傳》　（張禹）與鳳並領尚書，内不自安，數病上書乞骸骨，欲退避鳳。上報曰：『朕以幼年執政，萬機懼失其中，君以道德爲師，故委國政。君何疑而數乞骸骨，忽忘雅素，欲避流言？朕無聞焉。君其固心致思，總秉諸事，推以孶孶，無違朕意。』加賜黄金百斤、養牛、上尊酒，太官致餐，侍醫視疾，使者臨問。禹惶恐，復起視事。河平四年代王商爲丞相，封安昌侯。爲相六歲，鴻嘉元年以老病乞骸骨，上加優再三，乃聽許。賜安車駟馬，黄金百斤，罷就第，以列侯朝朔望，位特進，見禮如丞相，置從事史五人，益封四百户。天子數加賞賜，前後數千萬。

又　《孔光傳》　（孔光）爲大司徒。【略】　莽權日盛，光憂懼不知所出，上書乞骸骨。

又　《馬宫傳》　（馬）宫哀帝時與丞相御史雜議帝祖母傅太后謚，及元始中，王莽發傅太后陵徙歸定陶，以民葬之，追誅前議者。宫爲莽所厚，獨不及，内慚懼，上書謝罪乞骸骨。莽以太皇太后詔賜宫策曰：『太師大司徒扶德侯上書言「前以光禄勳議故定陶共王母謚，曰：『婦人以夫爵尊爲號，謚宜曰孝元傅皇后，稱渭陵東園。』臣知妾不得體君，卑不得敵尊，而希指雷同，詭經辟説，以惑誤上。爲臣不忠，當伏斧鉞之誅，幸蒙洒心自新，又令得保首領。伏自惟念，入稱四輔，出備三公，爵爲列侯，誠無顔復望闕廷，無心復居官府，無宜復食國邑。願上太師大司徒扶德侯印綬，避賢者路。」下君章有司，皆以爲四輔之職爲國維綱，三公之任鼎足承君，不有鮮明固守，無以居位。如君言至誠可聽，惟君之惡在灑心前，不敢文過，朕甚多之，不奪君之爵邑，以著「自古皆有死」之義。其上太師大司徒印綬使者，以侯就第。』

又　卷八四《翟方進傳》　（翟方進）號爲通明相，天子甚器重之，奏事亡不當意，内求人主微指以固其位。初，定陵侯淳于長雖外戚，然以能謀議爲九卿，新用事，方進獨與長交，稱薦之。及長坐大逆誅，諸所厚善皆坐長免，上以方進大臣，又素重之，爲隱諱。方進内慚，上疏謝罪乞骸骨。上報曰：『定陵侯長已伏其辜，君雖交通，傳不云乎？朝過夕改，君子與之，君何疑焉？其專心壹意毋怠，近醫藥以自持。』方進乃起視事，條奏長所厚善京兆尹孫寶、右扶風蕭育，刺史二千石以上免二十餘人，其見任如此。

又　卷一〇〇上《敘傳》　（班）回生況，舉孝廉爲郎，積功勞，至上河農都尉，大司農奏課連最，入爲左曹越騎校尉。成帝之初，女爲倢伃，致仕就第，貲累千金，徙昌陵。

又　卷一〇〇下《敘傳》　抑抑仲舒，再相諸侯，身修國治，致仕縣車，下惟覃思，論道屬書，讜言訪對，爲世純儒。【略】

不疑膚敏，應變當理，辭霍不婚，逡遁致仕。疏克有終，散金娱老。

漢・班固《白虎通義》卷上《致仕》　臣年七十，懸車致仕者，臣以執事趨走爲職，七十陽道極，耳目不聰明，跂踦之屬，是以退老去，避賢者路，所以長廉遠恥也。懸車，示不用也。致事者，致其事於君，君不使自去者，尊賢者也。故《曲禮》曰：『大夫七十而致仕。』《王制》曰：『七十致政。』

鄉大夫老，有盛德者留，賜之几杖，不備之以筋力之禮。在家者三分其禄，以一與之，所以厚賢也。人年七十，卧非人不温，適四方，乘安車，與婦人俱，自稱曰老夫。《曲禮》曰：『大夫致仕，若不得謝，則必賜之几杖。』《王度記》曰：『臣致仕於君者，養之以其禄之半。』几杖所以扶助衰也，故《王制》曰：『五十杖於家，六十杖於鄉，七十杖於國，八十杖於朝。』臣老歸，年九十，君欲有問，則就其室，以珍從，明尊賢也。故《禮祭義》曰：『八十不俟朝，於君問就之。』大夫老，歸死以大夫禮葬，車馬衣服如之何？曰：盡如故也。

漢・王充《論衡》卷三〇《自紀篇》　充以元和三年徙家辟，詣楊州部丹陽、九江、廬江後入爲治中，材小任大，職在刺割，筆劄之思，歷年寢廢。章和二年，罷州家居。年漸七十，時可懸輿。仕路隔絶，志窮無如。事有否然，身有利害。髮白齒落，日月踰邁。

漢・蔡邕《蔡中郎集》卷五《陳太丘廟碑》　先生諱寔，字仲弓，

潁川許昌人也。【略】時年已七十，遂隱丘山，懸車告老，四門備禮，閑心静居。

《後漢書》卷四四《張禹傳》注引《東觀漢記》（張）況遷涿郡太守，時年八十，不任兵馬，上疏乞身，詔許之。

又 卷五《安帝紀》注引謝承《後漢書》（司馬）苞爲太尉，常食粗飯，著布衣。麥子不歷官舍會司徒楊震爲樊豐等所譖，連及苞，苞乞骸骨，未見聽，以疾薨。

又 卷四四《胡廣傳》注引謝承《後漢書》（李咸）在相位，約身率下，常食脱粟飯、醬菜而已。【略】以老乞骸骨，見許，悉還所賜物，乘敝牛車，使子男御。晨發京師，百僚追送盈塗，不能得見。家舊貧狹，庇蔭草廬。

又 卷二五《魏霸傳》（太常魏霸）以病致仕，爲光禄大夫。永初五年，拜長樂衛尉，以病乞身，復爲光禄大夫，卒於官。

又 卷二六《韋彪傳》 元和二年春，東巡狩，以（韋）彪行司徒事從行。還，以病乞身，帝遣小黄門、太醫問病，賜以食物。彪遂稱困篤。章和二年夏，使謁者策詔曰：『彪以將相之裔，勤身飭行，出自州里，在位歷載。中被篤疾，連上求退。君年在耆艾，不可復以加增，恐職事煩碎，重有損焉。其上大鴻臚印綬。其遣太子舍人詣中臧府，受賜錢二十萬。』

又 卷二七《張湛傳》（張湛）爲左馮翊。在郡修典禮，設條教，政化大行。【略】七年，以病乞身，拜光禄大夫，代王丹爲太子太傅。及郭后廢，因稱疾不朝，拜太中大夫，居中東門候舍，故時人號曰中東門君。帝數存問賞賜。後大司徒戴涉被誅，帝强起湛以代之。湛至朝堂，遺失溲便，因自陳疾篤，不能復任朝事，遂罷之。

又 《王良傳》（大司徒司直王良）後以病歸。一歲復徵，至滎陽，疾篤不任進道【略】自後連徵，輒稱病。詔以玄纁聘之，遂不應。後光武幸蘭陵，遣使者問良所疾苦，不能言對。詔復其子孫邑中徭役，卒於家。

又 卷三〇上《楊厚傳》（侍中楊厚）固稱病求退。帝許之，賜車馬錢帛歸家。

又 卷三三《馮魴傳》（馮魴）爲執金吾。【略】建初三年，以老病乞身，肅宗許之。

又 卷三八《楊琁傳》（楊琁）爲渤海太守，所在有異政，以事免。後尚書令張温特表薦之，徵拜尚書僕射。以病乞骸骨，卒於家。

又 卷三九《劉平傳》（劉平）拜宗正。【略】在位八年，以老病上疏乞骸骨，卒於家。

又 卷四一《第五倫傳》（司空第五倫）連以老病上疏乞身。元和三年，賜策罷，以二千石奉終其身，加賜錢五十萬，公宅一區。

又 卷四三《朱暉傳》（朱暉）後遷爲尚書令，以老病乞身，拜騎都尉，賜錢二十萬。

又 《樂恢傳》（樂恢）稱疾乞骸骨。詔賜錢，太醫視疾。恢薦任城郭均、成陽高鳳，而遂稱篤。拜騎都尉，上書辭謝曰：『仍受厚恩，無以報效。夫政在大夫，孔子所疾；世卿持權，《春秋》以戒。聖人懇惻，不虚言也。近世外戚富貴，必有驕溢之敗。今陛下思慕山陵，未遑政事；諸舅寵盛，權行四方。若不能自損，誅罰必加。臣壽命垂盡，臨死竭愚，惟蒙留神。』詔聽上印綬，乃歸鄉里。

又 卷四四《胡廣傳》（胡廣）爲太尉，録尚書事。以定策立桓帝，封育陽安樂鄉侯。以病遜位。又拜司空，告老致仕。

又 卷四六《陳寵傳》（陳咸）成哀間以律令爲尚書。平帝時，王莽輔政，多改漢制，咸心非之。及莽因呂寬事誅不附已者何武、鮑宣等，咸乃歎曰：『《易》稱「君子見幾而作，不俟終日」，吾可以逝矣！』即乞骸骨去職。

又 卷七九下《儒林傳·周澤》（周澤）性簡，忽威儀，頗失宰相之望。數月，復爲太常。清絜循行，盡敬宗廟。常卧病齋宮【略】十八年，拜侍中騎都尉。後數爲三老五更。建初中致仕，卒於家。

恤典

綜述

宋·徐天麟《東漢會要》卷二五引袁夢麒曰　漢自公薨，或追爵，或賜謚，或贈之印綬，以示褒寵之恩，未有以官追贈者。至賜印綬，亦不過即其生之官爵以贈之焉。翟方進薨，贈以丞相、高陵侯印綬；孔光薨，贈以丞相博山侯印綬。此舊典。二千石卒，官賻百萬，皆即其生之官爵以贈而已。世祖中興，鮮以印綬褒寵功臣，獨祭遵薨，博士范升上疏追頌遵功德，贈以將軍侯印綬，亦不過即其生之官爵以贈之，無加於舊典也。逮桓、靈之世，劉寬以太尉薨，袁逢以司空薨，皆贈車騎將軍印綬，加號特進，以至朱穆卒，以尚書而追贈益州太守，悉非先朝舊典。至于後世大臣有加贈之恩，蓋出諸此。

論說

《史記》卷六《秦始皇本紀》　制曰：『朕聞太古有號毋謚，中古有號，死而以行爲謚。如此，則子議父，臣議君也，甚無謂，朕弗取焉。自今已來，除謚法。』

又　卷九《呂太后本紀》　（孝惠元年）夏，詔賜酈侯父，追謚爲令武侯。【略】

魯元公主薨，賜謚爲魯元太后。【略】

宣平侯張敖卒，以子偃爲魯王，故賜謚爲魯元王。

又　卷五三《蕭相國世家》　（蕭）何卒，謚爲文終侯。

又　卷五四《曹相國世家》　（曹）參爲漢相國，出入三年。卒，謚懿侯。

又　卷五五《留侯世家》　（張良）卒，謚爲文成侯。

又　卷五六《陳丞相世家》　孝文帝二年，丞相陳平卒，謚爲獻侯。

又　卷五七《絳侯周勃世家》　（周勃）孝文帝十一年卒，謚爲武侯。

又　卷五八《梁孝王世家》　（劉）參立十七年，孝文後二年卒，謚爲孝王。【略】

梁王勝卒，謚爲孝懷王。【略】

（劉）襄立十九年卒，謚爲平王。

又　卷五九《五宗世家》　膠東王賢立十四年卒，謚爲哀王。

又　卷八九《張耳陳餘列傳》　漢五年，張耳薨，謚爲景王。

又　卷九五《樊酈滕灌列傳》　孝惠六年，樊噲卒，謚爲武侯。【略】

（酈）商卒，謚爲景侯。【略】

（夏侯嬰）卒，謚爲文侯。【略】

（灌）嬰以丞相卒，謚曰懿侯。

又　卷九六《張丞相列傳》　（張）蒼卒，謚爲文侯。【略】

（申屠嘉）死，謚爲節侯。

又　卷九八《傅靳蒯成列傳》　（傅寬）卒，謚爲景侯。【略】

（靳）歙卒，謚爲肅侯。【略】

（周）緤以壽終，謚爲貞侯。

又　卷一〇三《傅靳蒯成列傳》　（石）慶卒，謚爲恬侯。

又　卷一一一《衛將軍驃騎列傳》　驃騎將軍自四年軍後三年，元狩六年而卒。天子悼之，發屬國玄甲軍，陳自長安至茂陵，爲冢像祁連山。謚之，并武與廣地曰景桓侯。【略】

（衛）青卒，謚爲烈侯。

又　卷一一八《淮南衡山列傳》　（孝景四年）徙衡山王王濟北，所以褒之。及薨，遂賜謚爲貞王。

《漢書》卷三《高后紀》　（高后七年）夏五月辛未，詔曰：『昭靈夫人，太上皇妃也；武哀侯、宣夫人，高皇帝兄姊也。號謚不稱，其議尊號。』丞相臣平等請尊昭靈夫人曰昭靈后，武哀侯曰武哀王，宣夫人曰昭哀后。

又　卷四二《趙堯傳》　（周昌）薨，謚曰悼侯。

又　《任敖傳》　（任敖）孝文元年薨，謚曰懿侯。

又　**卷四六《直不疑傳》**（直不疑）薨，謚曰信侯。

又　**卷六〇《杜延年傳》**（杜延年）薨，謚曰敬侯。

又　**卷六六《車千秋傳》**（田）千秋爲相十二年，薨，謚曰定侯。

又　**《王訢傳》**（王訢）薨，謚曰敬侯。

又　**《楊敞傳》**（楊）敞薨，謚曰敬侯。

又　**《蔡義傳》**（蔡）義爲相四歲，薨，謚曰節侯。

又　**卷六八《霍光傳》**（霍）光薨，上及皇太后親臨光喪。太中大夫任宣與侍御史五人持節護喪事。中二千石治莫府冢上。賜金錢、繒絮、繡被百領，衣五十篋，璧珠璣玉衣，梓宮、便房、黄腸題湊各一具，樅木外臧椁十五具。東園温明，皆如乘輿制度。載光尸柩以輼輬車，黄屋左纛，發材官輕車北軍五校士軍陳至茂陵，以送其葬。謚曰宣成侯。發三河卒穿復土，起冢祠堂。置園邑三百家，長丞奉守如舊法。既葬，封山爲樂平侯，以奉車都尉領尚書事。天子思光功德，下詔曰：『故大司馬大將軍博陸侯宿衛孝武皇帝三十有餘年，輔孝昭皇帝十有餘年，遭大難，躬秉誼，率三公九卿大夫定萬世册以安社稷，天下蒸庶咸以康寧。功德茂盛，朕甚嘉之。復其後世，疇其爵邑，世世無有所與，功如蕭相國。』明年夏【略】復下詔曰：『宣成侯光宿衛忠正，勤勞國家。善善及後世，其封光兄孫中郎將雲爲冠陽侯。』

又　**《金日磾傳》**（金日磾）薨，賜葬具冢地，送以輕車介士，軍陳至茂陵，謚曰敬侯。

又　**《金安上傳》**（建章衛尉金安上）薨，賜冢塋杜陵，謚曰敬侯。

又　**卷六九《趙充國傳》**（趙充國）年八十六，甘露二年薨，謚曰壯侯。

又　**卷七〇《常惠傳》**（常惠）薨，謚曰壯武侯。

又　**《鄭吉傳》**（鄭吉）薨，謚曰繆侯。

又　**《甘延壽傳》**（甘延壽）薨，謚曰壯侯。

又　**《陳湯傳》**（陳湯）死後數年，王莽爲安漢公秉政，既內德湯舊恩，又欲諂皇太后，以討郅支功尊元帝廟稱高宗。以湯、延壽前功大賞薄，及候丞杜勳不賞，乃益封延壽孫遷千六百户，追謚湯曰破胡壯侯，封湯子馮爲破胡侯，勳爲討狄侯。

又　**卷七一《于定國傳》**（于定國）七十餘薨，謚曰安侯。

又　**《彭宣傳》**（彭宣）薨，謚曰頃侯。

又　**卷七二《貢禹傳》**（貢禹）爲御史大夫數月卒，天子賜錢百萬，以其子爲郎，官至東郡都尉。

又　**卷七三《韋賢傳》**（韋賢）八十二薨，謚曰節侯。

又　**《韋玄成傳》**（韋玄成）建昭三年薨，謚曰共侯。

又　**卷七四《魏相傳》**（魏相）視事九歲，神爵三年薨，謚曰憲侯。

又　**卷七五《夏侯勝傳》**（太子太傅夏侯勝）年九十卒官，賜冢塋，葬平陵。太后賜錢二百萬，爲勝素服五日，以報師傅之恩，儒者以爲榮。

又　**卷八〇《宣元六王傳楚孝王劉囂傳》**廣戚侯勳薨，謚曰煬侯。

又　**卷八一《張禹傳》**（張禹）建平二年薨，謚曰節侯。

又　**《孔光傳》**（孔）霸薨，上素服臨弔者再，至賜東園秘器錢帛，策贈以列侯禮，謚曰烈君。【略】

（孔）光年七十，元始五年薨。莽白太后，使九卿策贈以太師博山侯印綬，賜乘輿秘器，金錢雜帛。少府供張，諫大夫持節與謁者二人使護喪事，博士護行禮。太后亦遣中謁者持節視喪。公卿百官會弔送葬。載以乘輿輼輬及副各一乘，羽林孤兒諸生合四百人輓送。車萬餘兩，道路皆舉音以過喪。將作穿復土，可甲卒五百人，起墳如大將軍王鳳制度。謚曰簡烈侯。

又　**卷八二《王商傳》**（王）商免相三日，發病歐血薨，謚曰戾侯。

又　**《史丹傳》**（史高）薨，謚曰安侯。【略】

（史）丹歸第數月薨，謚曰頃侯。

又　**卷八四《翟方進傳》**（翟）方進即日自殺。上秘之，遣九卿册贈以丞相高陵侯印綬，賜乘輿秘器，少府供張，柱檻皆衣素。天子親臨弔者數至，禮賜異於它相故事。謚曰恭侯。

又　**卷八九《循吏傳·黄霸傳》**（黄霸）爲丞相五歲，甘露三年薨，

謚曰定侯。

又 卷九七上《外戚傳・史皇孫王夫人》 （王）乃始以本始四年病死，後三歲，家乃富貴，追賜謚曰思成侯。詔涿郡治冢室，置園邑四百家，長丞奉守如法。歲餘，博平君薨，謚曰思成夫人，詔徙思成侯合葬奉明顧成廟南，置園邑長丞

又 卷九八《元后傳》 （王）商薨，弔贈如大將軍故事，謚曰景成侯。

晉・袁宏《後漢紀》卷二一《桓帝紀》 太尉袁湯致仕。【略】數年薨，追贈特進，謚曰康侯。

《後漢書》卷二《明帝紀》 （永平元年夏五月）戊寅，東海王強薨，遣司空馮魴持節視喪事，賜升龍旄頭、鑾輅、龍旂。

又 卷一五《李通傳》 （李通）卒，謚曰恭侯。帝及皇后親臨弔，送葬。

又 《來歙傳》 （來）歙與蓋延、馬成進攻公孫述將王元、環安於河池、下辯，陷之，乘勝遂進。蜀人大懼，使刺客刺歙，未殊，馳召蓋延。【略】歙自書表曰：『臣夜人定後，爲何人所賊傷，中臣要害。臣不敢自惜，誠恨奉職不稱，以爲朝廷羞。【略】』投筆抽刃而絕。帝聞大驚，省書覽涕，乃賜策曰：『中郎將來歙，攻戰連年，平定羌、隴，憂國忘家，忠孝彰著。遭命遇害，嗚呼哀哉！』使太中大夫贈歙中郎將、征羌侯印綬，謚曰節侯，謁者護喪事。喪還洛陽，乘輿縞素臨弔送葬。以歙有平羌、隴之功，故改汝南之當鄉縣爲征羌國焉。

又 卷一六《鄧訓傳》 （鄧訓）病卒官，時年五十三。【略】元興元年，和帝以訓皇后之父，使謁者持節至訓墓，賜策追封，謚曰平壽敬侯。中宮自臨，百官大會。

又 卷一七《岑彭傳》 （岑）彭首破荊門，長驅武陽，持軍整齊，秋豪無犯。邛穀王任貴聞彭威信，數千里遣使迎降。會彭已薨，帝盡以任貴所獻賜彭妻子，謚曰壯侯。蜀人憐之，爲立廟武陽，歲時祠焉。子遵嗣，徙封細陽侯。十三年，帝思彭功，復封遵弟淮爲穀陽侯。

又 卷一八《吳漢傳》 （吳漢）薨，有詔悼愍，賜謚曰忠侯。發北軍五校、輕車、介士送葬，如大將軍霍光故事。

又 卷一九《耿秉傳》 （耿秉）卒，時年五十餘。賜以朱棺、玉衣，將作大匠穿冢，假鼓吹，五營騎士三百餘人送葬。謚曰桓侯。

又 卷二〇《銚期傳》 （銚期）卒，帝親臨襚斂，贈以衛尉、安成侯印綬，謚曰忠侯。

又 《祭遵傳》 （祭）遵爲人廉約小心，克己奉公，賞賜輒盡與士卒，家無私財，身衣韋絝，布被，夫人裳不加緣，帝以是重焉。及卒，愍悼之尤甚。遵喪至河南縣，詔遣百官先會喪所，車駕素服臨之，望哭哀慟。還幸城門，過其車騎，涕泣不能已。喪禮成，復親祠以太牢，如宣帝臨霍光故事。詔大長秋、謁者、河南尹護喪事，大司農給費。博士范升上疏，追稱遵曰：『臣聞先王崇政，尊美屏惡。昔高祖大聖，深見遠慮，班爵割地，與下分功；著錄勳臣，頌其德美。生則寵以殊禮，奏事不名，入門不趨。死則疇其爵邑，世無絕嗣，丹書鐵券，傳於無窮。斯誠大漢厚下安人長久之德，所以累世十餘，歷載數百，廢而復興，絕而復續者也。陛下以至德受命，先明漢道，褒序輔佐，封賞功臣，同符祖宗。征虜將軍潁陽侯遵，不幸早薨。陛下仁恩，爲之感傷，遠近河南，惻怛之慟，形於聖躬，喪事用度，仰給縣官，重賜妻子，不可勝數。送死有以加生，厚亡有以過存，矯俗厲化，卓如日月。古者臣疾君視，臣卒君弔，德之厚者也。陵遲已來久矣。及至陛下，復興斯禮，羣下感動，莫不自勵。臣竊見遵修行積善，竭忠於國，北平漁陽，西拒隴、蜀，先登坻上，深取略陽。衆兵既退，獨守衝難，制御士心，不越法度。所在吏人，不知有軍。清名聞於海內，廉白著於當世。所得賞賜，輒盡與吏士，身無奇衣，家無私財。同産兄午以遵無子，娶妾送之，遵乃使人逆而不受，自以身任於國，不敢圖生慮繼嗣之計。臨死遺誡牛車載喪，薄葬洛陽。問以家事，終無所言。任重道遠，死而後已。遵爲將軍，取士皆用儒術，對酒設樂，必雅歌投壺。又建爲孔子立後，奏置《五經》大夫。雖在軍旅，不忘俎豆，可謂好禮悅樂，守死善道者也。禮，生有爵，死有謚，爵以殊尊卑，謚以明善惡。臣愚以爲宜因遵薨，論敘衆功，詳案《謚法》，以禮成之。顯章國家篤古之制，爲後嗣法。』帝乃下升章以示公卿。至葬，車駕復臨，贈以將軍、侯印綬，朱輪容車，介士軍陳送葬，謚曰成侯。既葬，車駕復臨其墳，存見夫人室家。其後會朝，帝每歎曰：『安得憂國奉公之臣如祭征

虜者乎！』遵之見思如此。

又 卷二三《竇融傳》 （竇）融卒，時年七十八，謚曰戴侯，賻送甚厚。

又 卷二四《馬廖傳》 （馬廖）卒。和帝以廖先帝之舅，厚加賵賻，使者弔祭，王主會喪，謚曰哀侯。

又 卷二五《劉寬傳》 （劉寬）卒，時年六十六。贈車騎將軍印綬，位特進，謚曰昭列侯。

又 卷二六《宋漢傳》 （宋漢）卒。策曰：『太中大夫宋漢，清修雪白，正直無邪。前在方外，仍統軍實，懷柔異類，莫匪嘉績，戎車載戢，邊人用寧。予録乃勳，引登九列。因病退讓，守約彌堅，將授三事，未剋而終。朝廷愍悼，怛其愴然。《詩》不云乎：「肇敏戎功，用錫爾祉。」其令將相大夫會葬，加賜錢十萬，及其在殯，以全素絲羔羊之潔焉。』

又 《馮勤傳》 （馮勤）中元元年，薨。帝悼惜之，使者弔祠，賜東園秘器，賵贈有加。

又 《趙憙傳》 （趙憙）薨，車駕往臨弔。時年八十四，謚曰正侯。

又 《牟融傳》 （牟融）建初四年薨，車駕親臨其喪。時融長子麟歸鄉里，帝以其餘子幼弱，敕太尉掾史教其威儀進止，贈賵恩寵篤密焉。又賜冢塋地於顯節陵下，除麟爲郎。

又 《韋彪傳》 （韋彪）卒，詔尚書：『故大鴻臚韋彪，在位無愆，方欲録用，奄忽而卒。其賜錢二十萬，布百匹，穀三千斛。』

又 卷二七《趙典傳》 （衛尉趙典）病卒，使者弔祠。竇太后復遣使兼贈印綬，謚曰獻侯。

又 卷三一《郭伋傳》 （郭伋）卒，時年八十六。帝親臨弔，賜冢塋地。

又 卷三二《樊宏傳》 （樊宏）卒。遺敕薄葬，一無所用，以爲棺柩一臧，不宜復見，如有腐敗，傷孝子之心，使與夫人同墳異臧。帝善其令，以書示百官，因曰：『今不順壽張侯意，無以彰其德。且吾萬歲之後，欲以爲式。』賻錢千萬，布萬匹，謚曰恭侯，贈以印綬，車駕親送葬。子儵嗣。帝悼宏不已，復封少子茂爲平望侯。樊氏侯者凡五國。明年，賜儵弟鮪及從昆弟七人合錢五千萬。

又 《樊儵傳》 （樊）儵卒，賵贈甚厚，謚曰哀侯。

又 《陰識傳》 （陰識）卒，贈以本官印綬，謚曰貞侯。子躬嗣。躬卒，子璜嗣。

又 卷三四《梁竦傳》 （梁竦）改殯，賜東園畫棺、玉匣、衣衾，建塋於恭懷皇后陵傍。

又 《梁商傳》 （梁商）薨，帝親臨喪。【略】賜以東園朱壽之器、銀鏤、黄腸、玉匣、什物二十八種，錢二百萬，布三千匹。皇后錢五百萬，布萬匹。及葬，贈輕車介士，賜謚忠侯。中宫親送，帝幸宣陽亭，瞻望車騎。

又 卷三七《桓榮傳》 （桓）榮卒，帝親自變服，臨喪送葬，賜冢塋于首山之陽。

又 卷三九《劉愷傳》 （劉愷）卒於家。詔使者護喪事，賜東園秘器，錢五十萬，布千匹。

又 卷四一《第五倫傳》 （第五倫）卒，時年八十餘，詔賜秘器、衣衾、錢布。少子頡嗣。

又 卷四二《光武十王傳・東平憲王蒼》 （東平王劉蒼）薨，詔告中傳，封上蒼自建武以來章奏及所作書、記、賦、頌、七言、別字、歌詩，並集覽焉。遣大鴻臚持節，五官中郎將副監喪，及將作使者凡六人，令四姓小侯諸國王主悉會詣東平奔喪。賜錢前後一億，布九萬匹。及葬，策曰：『惟建初八年三月己卯，皇帝曰：咨王丕顯，勤勞王室，親受策命，昭於前世。出作蕃輔，克慎明德，率禮不越，傅聞在下。昊天不弔，不報上仁，俾屏余一人，夙夜煢煢，靡有所終。今詔有司加賜鸞輅乘馬，龍旂九旒，虎賁百人，奉送王行。匪我憲王，其孰離之！魂而有靈，保茲寵榮。嗚呼哀哉！』立四十五年。子懷王忠嗣。

又 卷四四《胡廣傳》 （胡廣）年八十二，熹平元年薨。使五官中郎將持節奉策贈太傅、安樂鄉侯印綬，給東園梓器，謁者護喪事，賜冢塋于原陵，謚文恭侯，拜家一人爲郎中。故吏自公、卿、大夫、博士、議郎以下數百人，皆縗絰殯位，自終及葬。漢興以來，人臣之盛，未嘗有也。

又　卷四五《袁逢傳》　（袁逢）卒於執金吾。朝廷以逢嘗爲三老，特優禮之，賜以珠畫特詔秘器，飯含珠玉二十六品，使五官中郎將持節奉策，贈以車騎將軍印綬，加號特進，謚曰宣文侯。

又　《張酺傳》　（司徒張酺）薨。乘輿縞素臨弔，賜冢塋地，賵贈恩寵異於它相。

又　卷四六《郭鎮傳》　（郭镇）卒於家。詔賜冢塋地。

又　卷五四《楊賜傳》　（司空楊賜）薨。天子素服，三日不臨朝，贈東園梓器襚服，賜錢三百萬，布五百匹。策曰：『故司空臨晉侯賜，華嶽所挺，九德純備，三葉宰相，輔國以忠。朕昔初載，授道帷幄，遂階成勳，以陟大猷。師範之功，昭於内外，庶官之務，勞亦勤止。七在卿校，殊位特進，五登袞職，弭難乂寧。雖受茅土，未荅厥勳，哲人其萎，將誰諮度！朕甚懼焉。禮設殊等，物有服章。今使左中郎將郭儀持節追位特進，贈司空驃騎將軍印綬。』及葬，又使侍御史持節送喪，蘭臺令史十人發羽林騎輕車介士，前後部鼓吹，又敕驃騎將軍官屬司空法駕，送至舊塋。公卿已下會葬。謚文烈侯。及小祥，又會焉。子彪嗣。

又　卷五六《張晧傳》　（張晧）復爲廷尉。其年卒官，時年八十三。遣使者弔祭，賜葬地於河南縣。

又　卷五八《蓋勳傳》　（蓋勳）卒，時年五十一。遺令勿受卓賻贈，卓欲外示寬容，表賜東園秘器賵襚，送之如禮。葬于安陵。

又　卷六一《周舉傳》　（光禄大夫周舉）卒。朝廷以舉清公亮直，方欲以爲宰相，深痛惜之。乃詔告光禄勳、汝南太守曰：『【略】其令將大夫以下到喪發日復會弔。加賜錢十萬，以旌委蛇素絲之節焉。』

《後漢書》卷七八《宦者傳·孫程》　（孫）程病甚，即拜奉車都尉，位特進。及卒，使五官中郎將追贈車騎將軍印綬，賜謚剛侯。侍御史持節監護喪事，乘輿幸北部尉傳，瞻望車騎。

又　《單超傳》　（單超）薨，賜東園秘器，棺中玉具，贈侯將軍印綬，使者理喪。及葬，發五營騎士，（將軍）侍御史會喪，將作大匠起冢塋。

又　卷七九下《儒林傳·伏恭》　（伏恭）年九十，元和元年卒，賜葬顯節陵下。

又　《召馴傳》　（召馴）爲光禄勳，卒於官，賜冢塋陪園陵。

輿服印信制度部

輿服分部

車輿

綜述

晉·司馬彪《續漢書·輿服志上》　公、列侯安車，朱班輪，倚鹿較，伏熊軾，皁繒蓋，黑轓，右騑。

中二千石、二千石皆皁蓋，朱兩轓。其千石、六百石，朱左轓。轓長六尺，下屈廣八寸，上業廣尺二寸，九文，十二初，後謙一寸，若月初生，示不敢自滿也。景帝中元五年，始詔六百石以上施車轓，得銅五末，軛有吉陽筩。中二千石以上右騑，三百石以上皁布蓋，千石以上皁繒覆蓋，二百石以下白布蓋，皆有四維杠衣。賈人不得乘馬車。除吏赤畫杠，其餘皆青云。

公、列侯、中二千石、二千石夫人，會朝若蠶，各乘其夫之安車，右騑，加交路帷裳，皆皁。非公會，不得乘朝車，得乘漆布輜軿車，銅五末。

乘輿大駕，公卿奉引，太僕御，大將軍參乘。屬車八十一乘，備千乘萬騎。西都行祠天郊，甘泉備之。官有其注，名曰甘泉鹵簿。東都唯大行乃大駕。大駕，太僕校駕；法駕，黄門令校駕。

乘輿法駕，八卿不在鹵簿中。河南尹、執金吾、雒陽令奉引，奉車郎御，侍中參乘。屬車四十六乘。前驅有九斿雲罕，鳳凰闟戟，皮軒鸞旗，皆大夫載。鸞旗者，編羽旄，列繫幢旁。民或謂之雞翹，非也。後有金鉦黄鉞，黄門鼓車。

古者諸侯貳車九乘。秦滅九國，兼其車服，故大駕屬車八十一乘。法駕半之。屬車皆皁蓋赤裏，木轓，戈矛弩箙，尚書、御史所載。最後一車懸豹尾，豹尾以前比省中。

行祠天郊以法駕，祠地、明堂省什三，祠宗廟尤省，謂之小駕。每出，太僕奉駕上鹵簿，中常侍、小黄門副；尚書主者，郎令史副；侍御史，蘭臺令史副。皆執注，以督整車騎，謂之護駕。春秋上陵，尤省於小駕，直事尚書一人從，其餘令以下，皆先行後罷。

輕車，古之戰車也。洞朱輪輿，不巾不蓋，建矛戟幢麾，轓輒弩服。藏在武庫。大駕、法駕出，射聲校尉、司馬吏士載，以次屬車，在鹵簿中。諸車有矛戟，其飾幡斿旗幟皆五采，制度從《周禮》。孫、吳《兵法》云：『有巾有蓋，謂之武剛車。』武剛車者，爲先驅。又爲屬車輕車，爲後殿焉。

大使車，立乘，駕駟，赤帷。持節者，重導從：賊曹車、斧車、督車、功曹車皆兩；大車，伍百璅弩十二人；辟車四人；從車四乘。無節，單導從，減半。

小使車，不立乘，有騑，赤屏泥油，重絳帷。導無斧車。

近小使車，蘭輿赤轂，白蓋赤帷。從騶騎四十人。此謂追捕考案，有所敕取者之所乘也。

諸使車皆朱班輪，四輻，赤衡軶。其送葬，白堊已下，洒車而後還。公、卿、中二千石、二千石，郊廟、明堂、祠陵，法出，皆大車，立乘、駕駟。他出，乘安車。

大行載車，其飾如金根車，加施組連璧交絡四角，金龍首銜璧，垂五采，析羽流蘇前後，雲氣畫帷裳，槴文畫曲轓，長懸車等。太僕御，駕六布施馬。布施馬者，淳白駱馬也，以黑藥灼其身爲虎文。既下，馬斥賣，車藏城北秘宮，皆不得入城門。當用，太僕考工乃内飾治，禮吉凶不相干也。

公卿以下至縣三百石長導從，置門下五吏、賊曹、督盜賊功曹，皆帶劍，三車導；主簿、主記，兩車爲從。縣令以上，加導斧車。公乘安車，則前後并馬立乘。長安、雒陽令及王國都縣加前後兵車，亭長，設右騑，駕兩。璅弩車前伍伯，公八人，中二千石、二千石、六百石皆四人，自四百石以下至二百石皆二人。黄綬，武官伍伯，文官辟車。鈴下、侍閤、門蘭、部署、街里走卒，皆有程品，多少隨所典領。驛馬三十里一置，卒皆赤幘絳韝云。

古者軍出，師旅皆從；秦省其卒，取其師旅之名焉。公以下至二千石，騎吏四人，千石以下至三百石，縣長二人，皆帶劍，持棨戟爲前列，揵弓韣九鞬。諸侯王法駕，官屬傅相以下，皆備鹵簿，似京都官騎，張弓帶鞬，遮迾出入稱課促，列侯，家丞、庶子導從。若會耕祠，主縣假給辟車鮮明卒，備其威儀。導從事畢，皆罷所假。

諸車之文：乘輿，倚龍伏虎，機文畫輈，龍首鸞衡，重牙班輪，升龍飛軨。皇太子、諸侯王，倚虎伏鹿，機文畫輈轓，吉陽筩，朱班輪，鹿文飛軨，旂旗九斿降龍。公、列侯，倚鹿伏熊，黑轓，朱班輪，鹿文飛軨，九斿降龍。卿，朱兩輪，五斿降龍。二千石以下各從科品。諸轓車以上，軶皆有吉陽筩。

諸馬之文：案乘輿，金鍐方釳，插翟象鑣，龍畫總，洙升龍，赤扇汗，青兩翍，鸗尾。附馬，左右赤珥流蘇，飛鳥節，赤膺兼。皇太子或亦如之。王、公、列侯，鏤錫文髦，朱鑣朱鹿，朱文，絳扇汗，青翅鸗尾。卿以下有騑者，緹扇汗，青翅尾，當盧文髦，上下皆通。中二千石以上及使者，乃有騑駕云。

論　説

《史記》卷三〇《平準書》　漢興，接秦之弊，丈夫從軍旅，老弱轉糧饟，作業劇而財匱，自天子不能具鈞駟，而將相或乘牛車，齊民無藏蓋。

又　《五宗世家》　太史公曰：自吳楚反後【略】諸侯貧者或乘牛車也。

《漢書》卷五《景帝紀》（景帝中六年）五月，詔曰：『夫吏者，民之師也。車駕、衣服宜稱。吏六百石以上，皆長吏也。亡度者或不吏服，出入閭里，與民亡異。令長吏二千石車朱兩轓，千石至六百石朱左轓。車騎從者不稱其官衣服，下吏出入閭巷亡吏體者，二千石上其官屬，

三輔舉不如法令者，皆上丞相御史請之。』先是吏多軍功，車服尚輕，故爲設禁。

又　卷六《武帝紀》（武帝）遣使者安車蒲輪，束帛加璧，徵魯申公。

又　卷一二《平帝紀》（元始三年）夏，安漢公奏車服制度，吏民養生、送終、嫁娶、奴婢、田宅、器械之品。

又　卷五一《枚乘傳》（枚乘）復游梁，梁客皆善屬辭賦，乘尤高。孝王薨，乘歸淮陰。武帝自爲太子聞乘名，及即位，乘年老，乃以安車蒲輪徵乘，道死。

又　卷六〇《杜延年傳》（御史大夫杜延年）視事三歲，以老病乞骸骨，天子優之，使光禄大夫持節賜延年黄金百斤、酒，加致醫藥，延年遂稱病篤。賜安車駟馬，罷就第。

又　卷六四上《朱買臣傳》（朱買臣）拜爲太守，衣故衣，懷其印綬，步歸郡邸。【略】有頃，長安廐吏乘駟馬車來迎，買臣遂乘傳去。

又　卷六六《車千秋傳》初，千秋年老，上優之，朝見，得乘小車入宫殿中，故因號曰『車丞相』。

又　卷七一《薛廣德傳》（薛廣德）與丞相定國、大司馬車騎將軍史高俱乞骸骨，皆賜安車駟馬、黄金六十斤，罷。廣德爲御史大夫，凡十月免。東歸沛，太守迎之界上。沛以爲榮，縣其安車傳子孫。

又　卷八九《循吏傳・黄霸》（黄）霸爲揚州刺史。三歲，宣帝下詔曰：『制詔御史：其以賢良高第揚州刺史霸爲潁川太守，秩比二千石居官，賜車蓋，特高一丈，别駕主簿車，緹油屏泥於軾前，以章有德。』

冠服

綜述

晉・司馬彪《續漢書・輿服志下》　秦以戰國即天子位，滅去禮學，郊祀之服皆以袀玄。漢承秦故。至世祖踐祚，都于土中，始修三雍，正兆七郊。顯宗遂就大業，初服旒冕，衣裳文章，赤舄絇屨，以祠天地，養三老五更於三雍，于時致治平矣。

天子、三公、九卿、特進侯、侍祠侯，祀天地明堂，皆冠旒冕，衣裳玄上纁下。乘輿備文，日月星辰十二章，三公、諸侯用山龍九章，九卿以下用華蟲七章，皆備五采，大佩，赤舄絇履，以承大祭。百官執事者，冠長冠，皆祗服。五嶽、四瀆、山川、宗廟、社稷諸沾秩祠，皆袀玄長冠，五郊各如方色云。百官不執事，各服常冠袀玄以從。

冕冠，垂旒，前後邃延，玉藻。孝明皇帝永平二年，初詔有司采《周官》、《禮記》、《尚書・皋陶篇》，乘輿服從歐陽氏説，公卿以下從大小夏侯氏説。冕皆廣七寸，長尺二寸，前圓後方，朱緑裏，玄上，前垂四寸，後垂三寸，係白玉珠爲十二旒，以其綬采色爲組纓。三公諸侯七旒，青玉爲珠；卿大夫五旒，黑玉爲珠。皆有前無後，各以其綬采色爲組纓，旁垂黈纊。郊天地，宗祀，明堂，則冠之。衣裳玉佩備章采，乘輿刺繡，公侯九卿以下皆織成，陳留襄邑獻之云。

長冠，一曰齋冠，高七寸，廣三寸，促漆纚爲之，制如板，以竹爲裏。初，高祖微時，以竹皮爲之，謂之劉氏冠，楚冠制也。民謂之鵲尾冠，非也。祀宗廟諸祀則冠之。皆服袀玄，絳緣領袖爲中衣，絳絝絑，示其赤心奉神也。五郊，衣幘絝絑各如其色。此冠高祖所造，故以爲祭服，尊敬之至也。

委貌冠，皮弁冠同制，長七寸，高四寸，制如覆杯，前高廣，後卑鋭，所謂夏之毋追，殷之章甫也。委貌以皁絹爲之，皮弁以鹿皮爲之。行大射禮於辟雍，公卿諸侯大夫行禮者，冠委貌，衣玄端素裳。執事者冠皮弁，衣緇麻衣，皁領袖，下素裳，所謂皮弁素積者也。

爵弁，一名冕。廣八寸，長尺二寸，如爵形，前小後大，繒其上似爵頭色，有收持笄，所謂夏收殷冔者也。祠天地五郊明堂，《雲翹舞》樂人服之。《禮》曰：『朱干玉鏚，冕而舞《大夏》。』此之謂也。

通天冠，高九寸，正豎，頂少邪卻，乃直下爲鐵卷梁，前有山，展筩爲述，乘輿所常服。服衣，深衣制，有袍，隨五時色。袍者，或曰周公抱成王宴居，故施袍。《禮記》『孔子衣縫掖之衣。』縫掖其袖，合而縫大之，近今袍者也。今下至賤吏小史，皆通制袍，單衣，皁緣領袖中衣，爲朝服云。

遠遊冠，制如通天，有展筩橫之於前，無山述，諸王所服也。

高山冠，一曰側注。制如通天，不邪卻，直豎，無山述展筩，中外官、謁者、僕射所服。太傅胡廣説曰：『高山冠，蓋齊王冠也。秦滅齊，以其君冠賜近臣謁者服之。』

進賢冠，古緇布冠也，文儒者之服也。前高七寸，後高三寸，長八寸。公侯三梁，中二千石以下至博士兩梁，自博士以下至小史私學弟子，皆一梁。宗室劉氏亦兩梁冠，示加服也。

法冠，一曰柱後。高五寸，以纚爲展筩，鐵柱卷，執法者服之，侍御史，廷尉正監平也。或謂之獬豸冠。獬豸神羊，能別曲直，楚王嘗獲之，故以爲冠。胡廣説曰：『《春秋左氏傳》有南冠而縶者，則楚冠也。秦滅楚，以其君服賜執法近臣御史服之。』

武冠，一曰武弁大冠，諸武官冠之。侍中、中常侍加黄金璫，附蟬爲文，貂尾爲飾，謂之『趙惠文冠』。胡廣説曰：『趙武靈王效胡服，以金璫飾首，前插貂尾，爲貴職。秦滅趙，以其君冠賜近臣。』建武時，匈奴內屬，世祖賜南單于衣服，以中常侍惠文冠，中黄門童子佩刀云。

建華冠，以鐵爲柱卷，貫大銅珠九枚，制似縷鹿。記曰：『知天者冠述，知地者履約。』《春秋左傳》曰：『鄭子臧好鷸冠。』前圓，以爲此則是也。天地、五郊、明堂，《育命舞》樂人服之。

方山冠，似進賢，以五采縠爲之。祠宗廟《大予》、《八佾》、《四時》、《五行》樂人服之，冠衣各如其行方之色而舞焉。

巧士冠，高七寸，要後相通，直豎。不常服，唯郊天，黄門從官四人冠之，在鹵簿中，次乘輿車前，以備宦者四星云。

卻非冠，制似長冠，下促。宮殿門吏僕射冠之。負赤幡，青翅燕尾，諸僕射幡皆如之。

卻敵冠，前高四寸，通長四寸，後高三寸，制似進賢，衛士服之。

樊噲冠，漢將樊噲造次所冠，以入項羽軍。廣九寸，高七寸，前後出各四寸，制似冕。司馬殿門大難，衛士服之。或曰，樊噲常持鐵楯，聞項羽有意殺漢王，噲裂裳以裹楯，冠之入軍門，立漢王旁，視項羽。

術氏冠，前圓，吴制，差池邐迆四重，趙武靈王好服之。今不施用，官有其圖注。

諸冠皆有纓蕤，執事及武吏皆縮纓，垂五寸。

武冠，俗謂之大冠，環纓無蕤，以青系爲緄，加雙鶡尾，豎左右，爲鶡冠云。五官、左右虎賁、羽林、五中郎將、羽林左右監皆冠鶡冠，紗縠單衣。虎賁將虎文絝，白虎文劍佩刀。虎賁武騎皆鶡冠，虎文單衣。襄邑歲獻織成虎文云。鶡者，勇雉也，其鬭對一死乃止，故趙武靈王以表武士，秦施之焉。【略】

古者有冠無幘，其戴也，加首有頍，所以安物。故《詩》曰『有頍者弁』，此之謂也。三代之世，法制滋彰，下至戰國，文武並用。秦雄諸侯，乃加其武將首飾爲絳袙，以表貴賤，其後稍稍作顔題。漢興，續其顔，卻摞之，施巾連題，卻覆之，今喪幘是其制也。名之曰幘。幘者，賾也，頭首嚴賾也。至孝文乃高顔題，續之爲耳，崇其巾爲屋，合後施收，上下羣臣貴賤皆服之。文者長耳，武者短耳，稱其冠也。尚書幘收，方三寸，名曰納言，示以忠正，顯近職也。迎氣五郊，各如其色，從章服也。皁衣羣吏春服青幘，立夏乃止，助微順氣，尊其方也。武吏常赤幘，成其威也。未冠童子幘無屋者，示未成人也。入學小童幘也句卷屋者，示尚幼少，未遠冒也。喪幘卻摞，反本禮也。升數如冠，與冠偕也。期喪起耳有收，素幘亦如之，禮輕重有制，變除從漸，文也。

古者君臣佩玉，尊卑有度；上有韍，貴賤有殊。佩，所以章德，服之衷也。韍，所以執事，禮之共也。故禮有其度，威儀之制，三代同之。五伯迭興，戰兵不息，佩非戰器，韍非兵旗，於是解去韍佩，留其係璲，以爲章表。故《詩》曰『鞙鞙佩璲』，此之謂也。韍佩既廢，秦乃以采組連結於璲，光明章表，轉相結受，故謂之綬。漢承秦制，用而弗改，故加之以雙印佩刀之飾。至孝明皇帝，乃爲大佩，衝牙雙瑀璜，皆以白玉。乘輿落以白珠，公卿諸侯以采絲，其玉視冕旒，爲祭服云。

佩刀，乘輿黄金通身貂錯，半鮫魚鱗，金漆錯，雌黄室，五色罽隱室華。諸侯王黄金錯，環挾半鮫，黑室。公卿百官皆純黑，不半鮫。小黄門雌黄室，中黄門朱室，童子皆虎爪文，虎賁黄室虎文，其將白虎文，皆以白珠鮫爲鐔口之飾。乘輿者，加翡翠山，紆嬰其側。

佩雙印，長寸二分，方六分。乘輿、諸侯王、公、列侯以白玉，中二千石以下至四百石皆以黑犀，二百石以至私學弟子皆以象牙。上合絲，乘

輿以縢貫白珠，赤罽蕤，諸侯王以下以綔赤絲蕤，縢綔各如其印質。刻書文曰：『正月剛卯既決，靈殳四方，赤青白黄，四色是當。帝令祝融，以教夔龍，庶疫剛癉，莫我敢當。疾日嚴卯，帝令夔化，慎爾周伏，化茲靈殳。既正既直，既觚既方，庶疫剛癉，莫我敢當。』凡六十六字。

乘輿黄赤綬，四采，黄赤紺縹，淳黄圭，長丈九尺九寸，五百首。

諸侯王赤綬，四采，赤黄縹紺，淳赤圭，長二丈一尺，三百首。

太皇太后、皇太后，其綬皆與乘輿同，皇后亦如之。

長公主、天子貴人與諸侯王同綬者，加特也。

諸國貴人、相國皆緑綬，三采，緑紫紺，淳緑圭，長二丈一尺，二百四十首。

公、侯、將軍紫綬，二采，紫白，淳紫圭，長丈七尺，百八十首。公主封君服紫綬。

九卿、中二千石、二千石青綬，三采，青白紅，淳青圭，長丈七尺，百二十首。自青綬以上，縌皆長三尺二寸，與綬同采而首半之。縌者，古佩璲也。佩綬相迎受，故曰縌。紫綬以上，縌綬之間得施玉環鐍云。

千石、六百石黑綬，三采，青赤紺，淳青圭，長丈六尺，八十首。四百石、三百石長同。

四百石、三百石、二百石黄綬，淳黄圭，一采，長丈五尺，六十首。自黑綬以下，縌綬皆長三尺，與綬同采而首半之。

百石青紺綬，一采，宛轉繆織圭，長丈二尺。

凡先合單紡爲一系，四系爲一扶，五扶爲一首，五首爲一文，文采淳爲一圭。首多者系細，少者系麤，皆廣尺六寸。【略】

公、卿、列侯、中二千石、二千石夫人，紺繒蔮，黄金龍首銜白珠，魚須擿，長一尺，爲簪珥，入廟佐祭者皁絹上下，助蠶者縹絹上下，皆深衣制，緣。自二千石夫人以上至皇后，皆以蠶衣爲朝服。

公主、貴人、妃以上，嫁娶得服錦綺羅縠繒，采十二色，重緣袍。特進、列侯以上錦繒，采十二色。六百石以上重練，采九色，禁丹紫紺。三百石以上五色采，青絳黄紅緑。二百石以上四采，青黄紅緑。賈人，緗縹而已。

公、列侯以下皆單緑襈，制文繡爲祭服，自皇后以下，皆不得服諸古麗圭襂閨緣加上之服。建武、永平禁絶之，建初、永元又復中重，於是世莫能有制其裁者，乃遂絶矣。

論說

《史記》卷八《高祖本紀》 高祖爲亭長，乃以竹皮爲冠，令求盜之薛治之，時時冠之，及貴常冠，所謂『劉氏冠』乃是也。

《漢書》卷一下《高祖紀》 爵非公乘以上毋得冠劉氏冠。

又 卷五《景帝紀》 （景帝中六年）五月，詔曰：『夫吏者，民之師也。車駕衣服宜稱。吏六百石以上，皆長吏也。亡度者或不吏服，出入閭里，與民亡異。令長吏二千石車朱兩轓，千石至六百石朱左轓。車騎從者不稱其官衣服，下吏出入閭巷亡吏體者，二千石上其官屬，三輔舉不如法令者，皆上丞相御史請之。』先是吏多軍功，車服尚輕，故爲設禁。

又 卷一〇《成帝紀》 （成帝）又曰：『聖王明禮制以序尊卑，異車服以章有德，雖有其財，而無其尊，不得踰制，故民興行，上義而下利。方今世俗奢僭罔極，靡有厭足。公卿列侯親屬近臣，四方所則，未聞修身遵禮，同心憂國者也。或奢侈逸豫，務廣第宅，治園池，多畜奴婢，被服綺縠，設鐘鼓，備女樂，車服嫁娶葬埋過制。吏民慕效，浸以成俗，而欲望百姓儉節，家給人足，豈不難哉！《詩》不云乎？「赫赫師尹，民具爾瞻。」其申敕有司，以漸禁之。青緑民所常服，且勿止。列侯近臣，各自省改。司隸校尉察不變者。』

又 卷一九上《百官公卿表》 （司隸）冠進賢冠，屬大司空，比司直。

又 卷二七中之上《五行志》 昭帝時，昌邑王賀遣中大夫之長安，多治仄注冠，以賜大臣，又以冠奴。【略】

（劉）賀爲王時，又見大白狗冠方山冠而無尾，此服妖亦，犬禍也。

又 卷六三《武五子傳》 （燕王劉旦）招來郡國姦人，賦斂銅鐵作甲兵，數閲其車騎材官卒，建旌旗鼓車，旄頭先驅，郎中侍從者著貂羽，黄金附蟬，皆號侍中。

又 卷七一《雋不疑傳》 武帝末，郡國盜賊羣起，暴勝之爲直指

使者，衣繡衣，持斧，逐捕盜賊，督課郡國。

又 卷七六《張敞傳》 初，敞爲京兆尹，而敞弟武拜爲梁相。是時梁王驕貴，民多豪强，號爲難治。敞問武：「欲何以治梁？」武敬憚兄，謙不肯言。敞使吏送至關，戒吏自問武。武應曰：「馭黠馬者利其銜策，梁國大都，吏民凋敝，且當以柱後惠文彈治之耳。」秦時獄法吏冠柱後惠文，武意欲以刑法治梁。

又 卷七八《蕭望之傳》 （張）敞曰：「【略】敞備皁衣二十餘年，嘗聞罪人贖矣，未聞盜賊起也。」

又 卷八五《谷永傳》 光禄大夫谷永奏書謝鳳曰：「永斗筲之材，質薄學朽，無一日之雅，左右之介，將軍説其狂言，擢之皂衣之吏，厠之爭臣之末，不聽浸潤之譖，不食膚受之愬，雖齊桓、晉文用士篤密，察父悊兄覆育子弟，誠無以加！」

又 卷九三《佞幸傳・序》 漢興，佞幸寵臣，高祖時則有籍孺，孝惠有閎孺。此兩人非有材能，但以婉媚貴幸，與上卧起，公卿皆因關説。故孝惠時，郎侍中皆冠鵔鸃，貝帶，傅脂粉，化閎、籍之屬也。

又 卷九七下《外戚傳》 （王）莽欲依霍光故事，以女配帝，太后意不欲也。莽設變詐，令女必入，因以自重。【略】太后不得已而許之，遣長樂少府夏侯藩、宗正劉宏、少府宗伯鳳、尚書令平晏納采，太師光、大司徒馬宫、大司空甄豐、左將軍孫建、執金吾尹賞、行太常事大中大夫劉歆及太卜、太史令以下四十九人賜皮弁素績，以禮雜卜筮，太牢祠宗廟，待吉月日。

輿服

綜述

《漢書》卷三六《劉向傳》 （劉向）曰：「【略】今王氏一姓乘朱輪華轂者二十三人，青紫貂蟬充盈幄内，魚鱗左右。」

又 卷六六《楊惲傳》 （楊惲）報會宗曰：「【略】惲家方隆盛時，乘朱輪者十人，位在列卿，爵爲通侯，總領從官，與聞政事。」

又 《蔡義傳》 （蔡義）以明經給事大將軍莫府。家貧，常步行，資禮不逮衆門下，好事者相合爲義買犢車，令乘之。

又 卷七二《龔勝傳》 （龔勝）爲重泉令，病去官。大司空何武、執金吾閻崇薦勝，哀帝自爲定陶王固已聞其名，徵爲諫大夫，引見，勝薦龔舍及亢父甯壽、濟陰侯嘉，有詔皆徵。勝曰：「竊見國家徵醫巫，常爲駕，徵賢者宜駕。」上曰：「大夫乘私車來邪？」勝曰：「唯唯。」有詔爲駕。

又 《鮑宣傳》 （鮑）宣爲諫大夫，遷豫州牧。歲餘，丞相司直郭欽奏「宣舉錯煩苛，代二千石署吏聽訟，所察過詔條。行部乘傳去法駕，駕一馬，舍宿鄉亭，爲衆所非。」宣坐免。

又 卷七三《韋玄成傳》 （韋玄成）後以列侯侍祀孝惠廟，當晨入廟，天雨淖，不駕駟馬車而騎至廟下。有司劾奏，等輩數人皆削爵爲關内侯。

又 卷七六《韓延壽傳》 （韓）延壽在東郡時，試騎士，治飾兵車，畫龍虎朱爵。延壽衣黄紈方領，駕四馬，傅總，建幢棨，植羽葆，鼓車歌車，功曹引車，皆駕四馬，載棨戟。五騎爲伍，分左右部，軍假司馬、千人持幢旁轂。歌者先居射室，望見延壽車，噭咷楚歌。延壽坐射室，騎吏持戟夾陛列立，騎士從者帶弓鞬羅後。令騎士兵車四面營陳，被甲鞮鞪居馬上，抱弩負籣。又使騎士戲車弄馬盜驂。延壽又取官銅物，候月蝕鑄作刀劍鉤鐔，放效尚方事。及取官錢帛，私假繇使吏。及治飾車甲三百萬以上。於是望之劾奏延壽上僭不道

又 《王尊傳》 （王尊）遷爲東平相。【略】先是王數私出入，驅馳國中，與後姬家交通。尊到官，召敕廄長：「大王當從官屬，鳴和鸞乃出，自今有令駕小車，叩頭爭之，言相教不得。」

又 卷九九下《王莽傳》 （地皇）三年正月，九廟蓋構成，納神主。（王）莽謁見，大駕乘六馬，以五采毛爲龍文衣，著角，長三尺。華蓋車，元戎十乘在前。

又 卷三七《季布傳》注引服虔曰 東郡謂廣轍車爲廣柳車。

《後漢書》卷一上《光武帝紀》 更始將北都洛陽，以光武行司隸校

尉，使前整修宮府。於是置僚屬，作文移，從事司察，一如舊章。時三輔吏士東迎更始，見諸將過，皆冠幘，而服婦人衣，諸于繡裾，莫不笑之，或有畏而走者。及見司隸僚屬，皆歡喜不自勝。老吏或垂涕曰：『不圖今日復見漢官威儀！』由是識者皆屬心焉。

晉·司馬彪《續漢書·輿服志下》　安帝立皇太子，太子謁高祖廟、世祖廟，門大夫從，冠兩梁進賢；洗馬冠高山。罷廟，侍御史任方奏請非乘從時，皆冠一梁，不宜以爲常服。事下有司。尚書陳忠奏：『門大夫職如諫大夫，洗馬職如謁者，故皆服其服，先帝之舊也。方言可寢。』奏可。謁者，古者一名洗馬。**【略】**

凡冠衣諸服，旒冕、長冠、委貌、皮弁、爵弁、建華、方山、巧士，衣裳文繡，赤舄，服絢履，大佩，皆爲祭服，其餘悉爲常用朝服。唯長冠，諸王國謁者以爲常朝服云。宗廟以下，祠祀皆冠長冠，皁繒袍單衣，絳緣領袖中衣，絳絝袜，五郊各從其色焉。

《後漢書》卷一下《光武帝紀》　（建武二十八年春正月己巳）賜東海王彊虎賁旄頭、鍾虡之樂。

又　卷二〇《祭遵傳》　（祭遵）至葬，車駕復臨，贈以將軍、侯印綬，朱輪容車，介士軍陳送葬，謚曰成侯。

又　卷二四《馬援傳》　（馬援）從容謂官屬曰：『吾從弟少游常哀吾慷慨多大志，曰：「士生一世，但取衣食裁足，乘下澤車，御款段馬，爲郡掾吏，守墳墓，鄉里稱善人，斯可矣。」』

又　卷二六《蔡茂傳》　（郭賀）拜荆州刺史，引見賞賜，恩寵隆異，及到官，有殊政。**【略】**顯宗巡狩至南陽，特見嗟歎，賜以三公之服，黼黻冕旒。敕行部去襜帷，使百姓見其容服，以章有德。

又　卷三一《賈琮傳》　（賈）琮爲冀州刺史。舊典，傳車驂駕，垂赤帷裳，迎於州界。及琮之部，升車言曰：『刺史當遠視廣聽，糾察美惡，何有反垂帷裳以自掩塞乎？』乃命御者褰之。

又　卷三三《馮魴傳》　（馮定）爲安帝所寵。帝嘗幸其府，留飲十許日，賜駁犀具劍、佩刀、紫艾綬、玉玦各一。

又　卷五四《楊秉傳》　（楊秉）曰：『**【略】**王者至尊，出入有常，警蹕而行，靜室而止。』

又　卷六〇下《蔡邕傳》　（蔡邕對董卓）曰：『**【略】**前春郊天，公奉引車駕，乘金華青蓋，爪畫兩轓，遠近以爲非宜。』卓於是改乘皁蓋車。

《漢書》卷四〇《張良傳》注　輜車，衣車也。

宋·徐天麟《東漢會要》卷一〇《輿服下》　上天下澤，而尊卑之分以明；觀象審數，而輿服之儀以備。古先聖王所以制爲車蓋旂常之文，冕弁采章之飾者，豈徒以備一代之制，彰斧藻之美而已，所以明尊卑，辨等列，使之不得以相踰者也。故五車之制一定，則乘墨棧者不得擬於篆縵；五冕之制一立，則服希玄者不得僭於鷩毳。所以檢攝人心，維持名分者，蓋於此乎寓焉。三代既衰，六籍焚蕩，秦人徒知尊君卑臣，而不知有禮制，是以古人輿服制度，浸以弗存。西京禮文，本與秦儀雜就，而車服之制因陋就簡，是以班史無傳焉。東京自顯宗致意於明堂、辟雍、靈臺之事，而輅車袞冕，其制始備。故范蔚宗序次《本紀》載永平二年宗祀明堂，帝及公卿列侯始服冠冕衣裳，玉佩絢屨以行事。其序《儒林傳》曰：『光武初建三雍，明帝卽位，親行其禮。天子始冠通天，衣日月，備法物之駕，盛清道之儀。』蓋自周衰，歷數百年之後，東京之制，始彷彿乎三代之舊。史氏嚴而志之，蓋亦幸其能復古矣。然其間名物度數，或仍秦、漢之舊，而未能盡加釐正，君子亦不能無遺憾也。

印信分部

百官印

綜　述

《漢書》卷六《武帝紀》　（太初元年）夏五月，正曆，以正月爲歲首，色上黄，數用五。

《漢書》卷一九上《百官公卿表》　相國、丞相，皆秦官，金印紫

綬，掌丞天子助理萬機。秦有左右，高帝即位，置一丞相，十一年更名相國，綠綬。【略】

太尉，秦官，金印紫綬，掌武事。武帝建元二年省。元狩四年初置大司馬，以冠將軍之號。宣帝地節三年置大司馬，不冠將軍，亦無印綬官屬。成帝綏和元年初賜大司馬金印紫綬，置官屬，禄比丞相，去將軍。哀帝建平二年復去大司馬印綬、官屬，冠將軍如故。元壽二年復賜大司馬印綬，置官屬，去將軍，位在司徒上。【略】

御史大夫，秦官，位上卿，銀印青綬，掌副丞相。【略】成帝綏和元年更名大司空，金印紫綬，禄比丞相，置長史如中丞，官職如故。【略】

太傅，古官，高后元年初置，金印紫綬。【略】

太師、太保，皆古官，平帝元始元年皆初置，金印紫綬。【略】

前後左右將軍，皆周末官，秦因之，位上卿，金印紫綬。【略】

凡吏秩比二千石以上，皆銀印青綬，光禄大夫無。秩比六百石以上，皆銅印黑綬，大夫、博士、御史、謁者、郎無。其僕射、御史治書尚符璽者，有印綬。比二百石以上，皆銅印黃綬。【略】綏和元年，長、相皆黑綬。哀帝建平二年，復黃綬。

晉·司馬彪《續漢書·輿服志下》注引《東觀書》　建武元年，復設諸侯王金璽綟綬。公侯金印紫綬。九卿、執金吾、河南尹秩皆中二千石，大長秋、將作大匠、度遼諸將軍、郡太守、國傅相皆秩二千石，校尉、中郎將、諸郡都尉、諸國行相、中尉、內史、中護軍、司直秩皆比二千石，以上皆銀印青綬。中外官尚書令、御史中丞、治書侍御史、公將軍長史、中二千石丞、正、平、諸司馬、中官王家僕、雒陽令秩皆千石，尚書、中謁者、黃門冗從、四僕射、諸都監、中外諸都官令、都候、司農部丞、郡國長史、丞、候、司馬、千人秩皆六百石，家令、侍、僕秩皆六百石，雒陽市長秩四百石，主家長秩皆四百石，以上皆銅印黑綬。諸署長楫櫂丞秩三百石，諸秩千石者，其丞、尉皆秩四百石，秩六百石者，丞、尉秩三百相石，四百石者，其丞、尉秩二百石，縣國丞、尉亦如之，縣、國三百石長，丞、尉亦二百石，明堂、靈臺丞、諸陵校長秩二百石，丞、尉、校長以上皆銅印黃綬。縣國守宮令、相或千石或六百石，長相或四百石或三百石，長相皆以銅印黃綬。

《後漢書》卷四七《班超傳》注引《漢官儀》　蘭臺令史，六人，秩百石，掌書劾奏及印主文書。

論　說

《漢書》卷二四上《食貨志》　．宣帝始賜單于印璽，與天子同，而西南夷鉤町稱王。莽乃遣使易單于印，貶鉤町王爲侯。

又　卷四四《淮南厲王劉長傳》　王乃令官奴入宮，作皇帝璽，丞相、御史大夫、將軍、吏中二千石、都官令、丞印，及旁近郡太守、都尉印

又　卷六四上《嚴助傳》　淮南王安上書諫曰：『【略】方寸之印，丈二之組，填撫方外』

又　《朱買臣傳》　初，買臣免，待詔，常從會稽守邸者寄居飯食。拜爲太守，買臣衣故衣，懷其印綬，步歸郡邸。直上計時，會稽吏方相與羣飲，不視買臣。買臣入室中，守邸與共食，食且飽，少見其綬，守邸怪之，前引其綬，視其印，會稽太守章也。

又　卷九〇《酷吏傳·楊僕》　楊僕，宜陽人也。【略】以書敕責之曰：『【略】懷銀黃，垂三組，誇鄉里，是三過也。』

又　卷九六下《西域傳》　都護韓宣奏，烏孫大吏、大禄、大監皆可以賜金印紫綬，以尊輔大昆彌，漢許之。

又　卷九九上《王莽傳》　（王莽）上書言：『【略】臣愚以爲，宰衡官以正百僚平海內爲職，而無印信，名實不副。臣莽無兼官之材，今聖朝既過誤而用之，臣請御史刻宰衡印章曰「宰衡太傅大司馬印」，成，授臣莽，上太傅與大司馬之印。』太后詔曰：『可。韍如相國，朕親臨授焉。』

《後漢書》卷二四《馬援傳》注引《東觀漢記》　（馬）援上書：『臣所假伏波將軍印，書「伏」字，「犬」外嚮。城皋令印，「皋」字爲「白」下「羊」；丞印「四」下「羊」；尉印「白」下「人」，「人」下「羊」。即一縣長吏，印文不同，恐天下不正者多。符印所以爲信也，所宜齊同。』薦曉古文字者，事下大司空，正郡國印章。奏可。

雜録

《漢書》卷六《武帝紀》注引張晏曰　漢據土德，上數五，故用五，謂印文也。若丞相曰『丞相之印章』，諸卿及守相印文不足五字者，以『之』足之。

《晉書》卷三〇《刑法志》引陳羣《魏新律序》　舊【略】《賊律》有賊伐樹木、殺傷人畜産及諸亡印，《金布律》有毁傷亡失縣官財物，故分爲《毁亡律》。

《宋書》卷四〇《百官志下》　秦置侍御史，漢因之。二漢員並十五人【略】凡有五曹：【略】二曰印曹，掌刻印。

符

綜述

唐・司馬貞《史記索隱》卷一〇《孝文本紀》引《漢舊儀》　銅虎符發兵，長六寸。竹使符出入徵發。

南朝宋・裴駰《史記集解》卷一〇《孝文本紀》引應劭曰　銅虎符第一至第五，國家當發兵，遣使者至郡合符，符合乃聽受之。竹使符皆以竹箭五枚，長五寸，鐫刻篆書，第一至第五。

論説

《史記》卷八《高祖本紀》　（高祖）乃論功，與諸列侯剖符行封。

又　卷五二《齊悼惠王世家》　（齊王）乃與其舅父駟鈞、郎中令祝午、中尉魏勃陰謀發兵。齊相召平聞之，乃發卒衛王宮。魏勃紿召平曰：『王欲發兵，非有漢虎符驗也。而相君圍王，固善。勃請爲君將兵衛衛王。』召平信之，乃使魏勃將兵圍王宮。

又　卷一〇六《吴王濞列傳》　三王之圍齊臨菑也，三月不能下。漢兵至，膠西、膠東、菑川王各引兵歸國。【略】漢將弓高侯頽當遺王書曰：『奉詔誅不義，降者赦其罪，復故；不降者滅之。王何處，須以從事。』王肉袒叩頭漢軍壁，謁曰：『臣卬奉法不謹，驚駭百姓，乃苦將軍遠道至于窮國，敢請葅醢之罪。』弓高侯執金鼓見之，曰：『王苦軍事，願聞王發兵狀。』王頓首膝行對曰：『今者，鼂錯天子用事臣，變更高皇帝法令，侵奪諸侯地。卬等以爲不義，恐其敗亂天下，七國發兵，且以誅錯。今聞錯已誅，卬等謹以罷兵歸。』將軍曰：『王苟以錯不善，何不以聞？及未有詔虎符，擅發兵擊義國。以此觀之，意非欲誅錯也。』乃出詔書爲王讀之。讀之訖，曰：『王其自圖。』

《漢書》卷六四下《賈捐之傳》　（賈捐之）曰：『【略】淮南王盜寫虎符，陰聘名士，關東公孫勇等詐爲使者，是皆廓地泰大，征伐不休之故也。』

又　卷七九《馮野王傳》　（大將軍王鳳）風御史中丞劾奏野王賜告養病而私自便，持虎符出界歸家，奉詔不敬。

又　卷九九上《王莽傳》　翼平連率田況素果敢，發民年十八以上四萬餘人，授以庫兵，與刻石爲約。赤糜聞之，不敢入界。況自劾奏，莽讓況：『未賜虎符而擅發兵，此弄兵也，厥辠乏興。以況自詭必禽滅賊，故且勿治。』

晉・司馬彪《續漢書・天文志下》　（延熹）五年十月，南郡太守李肅坐蠻夷賊攻盜郡縣，取財物一億以上，入府取銅虎符，肅背敵走，不救城郭。

《後漢書》卷三一《杜詩傳》　初，禁網尚簡，但以璽書發兵，未有虎符之信，詩上疏曰：『臣聞兵者國之凶器，聖人所慎。舊制發兵，皆以虎符，其餘徵調，竹使而已。符策合會，取爲大信，所以明著國命，斂持威重也。間者發兵，但用璽書，或以詔令，如有姦人詐偽，無由知覺。愚以爲軍旅尚興，賊虜未殄，徵兵郡國，宜有重慎，可立虎符，以絶姦端。昔魏之公子，威傾鄰國，猶假兵符，以解趙圍，若無如姬之仇，則其功不顯。事有煩而不可省，費而不得已，蓋謂此也。』書奏，從之。

又　卷五六《陳球傳》　（陳球）曰：『太守分國虎符，受任一邦，豈顧妻孥而沮國威重乎？』

南朝宋·裴駰《史記集解》卷一〇《孝文本紀》引張晏曰 符以代古之珪璋，從簡易也。

晉·司馬彪《續漢書·禮儀志下》補注 漢舊制，發兵皆以銅虎符，其餘徵調，竹使而已。

唐·司馬貞《史記索隱》卷一〇《孝文本紀》引《古今註》 銅虎符銀錯書之。

《漢書》卷四《文帝紀》注 與郡守爲符者，謂各分其半，右留京師，左以與之。

節

綜述

《漢書》卷一九上《百官公卿表》 （少府）屬官有尚書、符節【略】令丞。

晉·司馬彪《續漢書·百官志三》 符節令一人，六百石。本注曰：爲符節臺率，主符節事。凡遣使掌授節。尚符璽郎中四人。本注曰：舊二人在中，主璽及虎符、竹符之半者。符節令史，二百石。本注曰：掌書。

論說

《史記》卷九《呂太后本紀》 （襄平侯紀通）尚符節。

又 卷一〇《孝文本紀》 （文帝二年）九月，初與郡國守相爲銅虎符、竹使符。

《漢書》卷一七《景武昭宣元成功臣表》 元光六年，侯賀嗣，三十九年，延和二年，坐受衛太子節，掠死。

又 卷六四上《嚴助傳》 上曰：『太尉不足與計。吾新即位，不欲出虎符發兵郡國。』乃遣助以節發兵會稽。會稽守欲距法，不爲發。助乃斬一司馬，諭意指，遂發兵浮海救東甌。【略】

（嚴）助諭意曰：『【略】閩王以八月舉兵於冶南，士卒罷倦，三王之衆相與攻之，因其弱弟餘善以成其誅，至今國空虛，遣使者上符節，請所立，不敢自立，以待天子之明詔。』

又 卷六六《劉屈氂傳》 初，漢節純赤，以太子持赤節，故更爲黄旄加上以相別。太子召監北軍使者任安發北軍兵，安受節已閉軍門，不肯應太子。【略】

北軍使者任安，坐受太子節，懷二心，司直田仁縱太子，皆要斬。

又 卷六八《霍光傳》 尚書令讀奏曰：『（昌邑王）受皇帝信璽、行璽大行前，就次發璽不封。從官更持節，引內昌邑從官騶宰官奴二百餘人，常與居禁闥內敖戲。自之符璽取節十六，朝暮臨，令從官更持節從。』

又 卷七五《眭弘傳》 （眭弘）以明經爲議郎，至符節令。

又 卷九〇《酷吏傳·咸宣》 是時郡守尉諸侯相二千石欲爲治者，大抵盡效王温舒等，而吏民益輕犯法，盜賊滋起。【略】於是上始使御史中丞、丞相長史使督之，猶弗能禁，乃使光禄大夫范昆、諸部都尉及故九卿張德等衣繡衣持節，虎符發兵以興擊，斬首大部或至萬餘級。

宋·徐天麟《東漢會要》卷九《輿服上》 臣天麟按：漢初節旄純赤，武帝以衛太子持赤節，乃更節加黄旄。東都因之。中平六年，董卓議廢立，袁紹掛節於上東門而去，卓以紹棄節，乃改第一葆爲赤旄也。

關傳

綜述

《漢書》卷四《文帝紀》 （文帝十二年）三月，除關無用傳。

又 卷五《景帝紀》 （景帝）四年春，復置諸關用傳出入。

又 卷八《宣帝紀》 （本始）四年春正月，詔曰：『【略】民以車船載穀入關者，得毋用傳。』

論　説

《漢書》卷九〇《酷吏傳・甯成》（甯成）詐刻傳出關歸家。

又　卷六四下《終軍傳》（終）軍從濟南當詣博士，步入關，關吏予軍繻。軍問：「以此何爲？」吏曰：「爲復傳，還當以合符。」軍曰：「大丈夫西游，終不復傳還。」棄繻而去。軍爲謁者，使行郡國，建節東出關，關吏識之，曰：「此使者迺前棄繻生也。」

《後漢書》卷二七《郭丹傳》（郭丹）後從師長安，買符入函谷關，乃慨然歎曰：「丹不乘使者車，終不出關。」

又　《郭丹傳》注引《前書音義》舊出入關皆用傳。傳煩，因裂繻帛分持，後復出，合之以爲符信。買符，非眞符也。

棨

綜　述

《後漢書》卷三一《杜詩傳》注引《漢雜事》漢制假棨戟以代斧鉞。

又　《杜詩傳》注引崔豹《古今注》棨戟，前驅之器也，以木爲之。後代刻僞，無復典刑，以赤油韜之，亦謂之油戟，亦曰棨戟，王公已下通用之以前驅也。

晉・司馬彪《續漢書・百官志二・衛尉條》凡居宮中者，皆有口籍於門之所屬。宮名兩字，爲鐵印文符，案省符乃内之。若外人以事當入，本宮長史爲封棨傳，其有官位，出入令御者言其官。

論　説

《後漢書》卷三一《杜詩傳》（杜詩）遷爲侍御史，安集洛陽。時將軍蕭廣放縱兵士，暴橫民間，百姓惶擾，詩敕曉不改，遂格殺廣，還以

狀聞。世祖召見，賜以棨戟，復使之河東，誅降逆賊楊異等。

又　卷四六《郭躬傳》躬少傳父業，講授徒衆常數百人。後爲郡吏，辟公府。永平中，奉車都尉竇固出擊匈奴，騎都尉秦彭爲副。彭在別屯而輒以法斬人，固奏彭專擅，請誅之。顯宗乃引公卿朝臣平其罪科。躬以明法律，召入議。議者皆然固奏，躬獨曰：「於法，彭得斬之。」帝曰：「軍征，校尉一統於督。彭既無斧鉞，可得專殺人乎？」躬對曰：「一統於督者，謂在部曲也。今彭專軍別將，有異於此。兵事呼吸，不容先關督帥。且漢制棨戟卽爲斧鉞，於法不合罪。」帝從躬議。

又　卷六九《竇武傳》（竇）武出宿歸府，典中書者先以告長樂五官史朱瑀。**【略】**（朱瑀）乃夜召素所親壯健者長樂從官史共普、張亮等十七人，喢血共盟誅武等。曹節聞之，驚起，白帝曰：「外間切切，請出御德陽前殿。」令帝拔劍踊躍，使乳母趙嬈等擁衞左右，取棨信，閉諸禁門。

又　卷八九《南匈奴傳》（建武二十六年）秋，南單于遣子入侍，奉奏詣闕。詔賜單于冠帶、衣裳、黄金璽、盭緺綬、安車羽蓋、華藻駕駟、寶劍弓箭、黑節三、駙馬二、黄金、錦繡、繒布萬匹、絮萬斤，樂器鼓車，棨戟甲兵，飲食什器。

監察制度部

監察規則分部

綜　述

《漢書》卷一九上《百官公卿表》監御史，秦官，掌監郡。漢省，丞相遣史分刺州，不常置。武帝元封五年初置部刺史，掌奉詔條察州，秩六百石，員十三人。

《漢書》卷一九上《百官公卿表》注引《漢官典職儀》刺史班宣，

周行郡國，省察治狀，黜陟能否，斷治冤獄，以六條問事，非條所問，即不省。一條，强宗豪右田宅踰制，以强陵弱，以衆暴寡。二條，二千石不奉詔書遵承典制，倍公向私，旁詔守利，侵漁百姓，聚斂爲姦。三條，二千石不恤疑獄，風厲殺人，怒則任刑，喜則淫賞，煩擾刻暴，剥截黎元，爲百姓所疾，山崩石裂，訞祥訛言。四條，二千石選署不平，苟阿所愛，蔽賢寵頑。五條，二千石子弟恃怙榮勢，請託所監。六條，二千石違公下比，阿附豪强，通行貨賂，割損正令也。

唐・李林甫等《唐六典》卷一三《御史臺》 漢因秦，置侍御史，秩六百石，員十五人。惠帝三年，相國奏遣御史監三輔不法事，有：辭訟者，盜賊者，鑄偽錢者，獄不直者，繇賦不平者，吏不廉者，吏苛刻者，踰侈及弩力十石以上者，作非所當服者，凡九條。監者每二歲一更，常十一月奏事，三月還監焉。侍御史有綉衣直指，出討姦猾，治大獄；武帝制，不常置。後漢皆公府掾屬高第者爲之，所掌有五曹，曰令曹，掌律令；印曹，掌刻印；供曹，掌齋祠之事；尉馬曹，掌廄馬之事；乘曹，掌護駕。

《漢書》卷七七《諸葛豐傳》 （諸葛豐）爲司隸校尉。【略】時侍中許章以外屬貴幸，奢淫不奉法度，賓客犯事，與章相連。豐案劾章，欲奏其事。適逢許侍中私出，豐駐車舉節詔章曰：『下！』欲收之。章迫窘，馳車去。豐追之。許侍中因得入宮門，自歸上。豐亦上奏，於是收豐節，司隸去節自豐始。

晉・司馬彪《續漢書・百官志五・州郡條》引蔡質《漢儀》 詔書舊典：刺史班宣，周行郡國，省察治政，黜陟能否，斷理冤獄。以六條問事，非條所問，即不省。一條，强宗豪右田宅踰制，以强凌弱，以衆暴寡。二條，二千石不奉詔書，遵承典制，倍公向私，旁詔守利，侵漁百姓，聚歛爲姦。三條，二千石不卹疑獄，風厲殺人，怒則任刑，喜則任賞，煩擾苛暴，剝戮黎元，爲百姓所疾，山崩石裂，妖祥訛言。四條，二千石選署不平，苟阿所愛，蔽賢寵頑。五條，二千石子弟怙恃榮勢，請託所監。六條，二千石違公下比，阿附豪强，通行貨賂，割損政令。

宋・王益之《西漢年紀》卷三《惠帝》注引《漢儀》 惠帝三年，相國奏遣御史監三輔郡，察以九條：察有詞訟者，盜賊者，鑄偽錢者，恣爲姦詐者，論獄不直者，擅興徭賦不平者，吏不廉者，吏以苛刻故劾無罪者，敢爲踰侈及弩力十石以上者，作非所當服者，凡九條。

晉・司馬彪《續漢書・百官志一・司徒條》 世祖即位，以武帝故事，置司直，居丞相府，助督録諸州，建武十八年省也。

又《百官志四・司隸校尉條》 司隸校尉一人，比二千石。本注曰：孝武帝初置，持節，掌察舉百官以下，及京師近郡犯法者。元帝去節，成帝省，建武中復置，并領一州。從事史十二人。本注曰：都官從事，主察舉百官犯法者。功曹從事，主州選署及衆事。別駕從事，校尉行部則奉引，録衆事。簿曹從事，主財穀簿書。其有軍事，則置兵曹從事，主兵事。其餘部郡國從事，每郡國各一人，主督促文書，察舉非法，皆州自辟除，故通爲百石云。假佐二十五人。本注曰：主簿録閣下事，省文書。門亭長主州正。門功曹書佐主選用。《孝經》師主監試經。《月令》師主時節祠祀。律令師主平法律。簿曹書佐主簿書。其餘都官書佐及每郡國，各有典郡書佐一人，各主一郡文書，以郡吏補，歲滿一更。司隸所部郡七。

又《百官志五・州郡條》 外十二州，每州刺史一人，六百石。本注曰：秦有監御史，監諸郡，漢興省之，但遣丞相史分刺諸州，無常官。孝武帝初置刺史十三人，秩六百石。成帝更爲牧，秩二千石。建武十八年，復爲刺史，十二人各主一州，其一州屬司隸校尉。諸州常以八月巡行所部郡國，録囚徒，考殿最，初歲盡詣京都奏事。中興但因計吏。

又《縣鄉條》 （縣、道、邑、侯國）各署諸曹掾史。本注曰：諸曹略如郡員，五官爲廷掾，監鄉五部，春夏爲勸農掾，秋冬爲制度掾。

《三國志》卷九《魏志・夏侯玄傳》 始自秦世，不師聖道，私以御職，姦以待下，懼宰官之不修，立監牧以董之，畏督監之容曲，設司察以糾之；宰牧相累，監察相司，人懷異心，上下殊務。漢承其緒，莫能匡改。

《後漢書》卷五七《李雲傳》 論曰：禮有五諫，諷爲上。若夫託物見情，因文載旨，使言之者無罪，聞之者足以自戒，貴在於意達言從，理歸乎正。曷其絞訐摩上，以衒沽成名哉？李雲草茅之生，不識失身之義，遂乃露布帝者，班檄三公，至於誅死而不顧，斯豈古之狂也！夫未

信而諫，則以爲謗己，故説者識其難焉。

唐·杜佑《通典》卷二四《職官》六《御史臺》 御史之名，《周官》有之，蓋掌贊書而授法令，非今任也。戰國時亦有御史，秦、趙澠池之會，各命書其事。又淳于髡謂齊王曰『御史在後』，則皆記事之職也。至秦漢，爲糾察之任。所居之署，漢謂之御史府，亦謂之御史大夫寺，亦謂之憲臺。成帝時，御史府吏舍百餘區，井水皆竭，又其府中列柏樹，常有野烏數千棲宿其上，晨去暮來，號曰『朝夕烏』。烏去不來者數月，長老異之，後果廢御史大夫爲大司空，是其徵也。後漢以來，謂之御史臺，亦謂之蘭臺寺。

又《御史大夫》 御史大夫，秦官。漢因之，位上卿，銀印青綬，掌副丞相。故事，選郡守相高第爲御史大夫，任職者爲丞相。成帝綏和元年，更名大司空，金印紫綬，秩比丞相。哀帝建平二年，朱博奏請罷大司空，以御史大夫爲百僚師，帝從之，遂復爲御史大夫，皆宰相之任。元壽二年，復爲大司空。凡爲御史大夫，而丞相次也，其心冀幸丞相物故，或乃陰私相毁害，欲代之。後漢初，廢御史大夫。至建安十三年，罷三公官，始復置之，以郗慮居焉，不領中丞，置長史一人。

又《御史中丞》 初，漢御史大夫有兩丞：一曰御史丞，一曰中丞，亦謂中丞爲御史中執法。中丞在殿中蘭臺，掌圖籍秘書，外督部刺史，内領侍御史十五員，受公卿奏事，舉劾案章，蓋居殿中，察舉非法也。及御史大夫轉爲大司空，而中丞出外爲御史臺率，即今之御史大夫任也。《周官》小宰之職，掌建邦之宫刑，以治王宫之政令，凡宫之糾禁，又其任也。初，御史大夫更名大司空，置長吏，而中丞官職如故。武帝時，以中丞督司隸，司隸督丞相，丞相督司直，司直督刺史，刺史督二千石下至黑綬。哀帝元壽二年，御史中丞更名御史長史。後漢光武復改爲中丞，兩梁冠，銅印青綬。與尚書令、司隸校尉朝會，皆專席而坐，京師號爲『三獨坐』，言其尊也。凡中丞以下，並文官，屬少府。

又《侍御史》 侍御史，於周爲柱下史，老聃嘗爲之。秦時，張蒼爲御史，主柱下方書，亦其任也。又云蒼爲柱下御史，明習天下圖書計籍。一名柱後史，謂以鐵爲柱，言其審固不橈也。亦爲侍御史。漢因之，凡十五員。侍御史，御史大夫自調更告入歸官，比丞相掾史，史白録。惠帝初，遣御史監三輔郡，其後又置監御史。其舉郡國孝廉第四科云：『有能按章覆問，文中御史。』武帝時，侍御史又有繡衣直指者，出討姦猾，理大獄，而不常置。後漢亦有侍御史員，察舉非法，受公卿郡吏奏事，有違失舉劾之。凡郊廟之祀及大朝會、大封拜，則二人監威儀，有違失則劾奏。以公府掾屬高第補之，或故牧守、議郎、郎中爲之，唯德所在。初上稱守，滿歲拜眞，出劇爲刺史、二千石，平遷補縣令。見中丞，執板揖。順帝復絶他選，專用宰士，有三缺，三府各一，舉劾案章，事無大小，尚書受成而已，威烈赫奕，莫之敢犯。眞御史守中丞、持書，服其冠紱，上事言守，關移稱眞。又按二漢侍御史所掌凡有五曹：一曰令曹，二曰印曹，三曰供曹，四曰尉馬曹，五曰乘曹，豹尾之内，便爲禁省。

又《監察侍御史》 初，秦以御史監理諸郡，謂之監御史。漢罷其名。

又《主簿》 漢有御史主簿。

論説

《漢書》卷七二《鮑宣傳》 （鮑）宣爲諫大夫，遷豫州牧。歲餘，丞相司直郭欽奏『宣舉錯煩苛，代二千石署吏聽訟，所察過詔條。行部乘傳去法駕，駕一馬，舍宿鄉亭，爲衆所非』。宣坐免。

又卷八三《朱博傳》 （朱博）又奏言：『漢家至德溥大，宇内萬里，立置郡縣。部刺史奉使典州，督察郡國吏民安寧。故事居部九歲舉爲守相，其有異材功效著者輒登擢，秩卑而賞厚，咸勸功樂進。前丞相方進奏罷刺史，更置州牧，秩眞二千石，位次九卿。九卿缺，以高第補，其中材則苟自守而已，恐功效陵夷，姦軌不禁。臣請罷州牧，置刺史如故。』奏可。

又卷八四《翟方進傳》 （翟方進）遷朔方刺史，居官不煩苛，所察應條輒舉，甚有威名。再三奏事，遷爲丞相司直。從上甘泉，行馳道中，司隸校尉陳慶劾奏方進，没入車馬。既至甘泉宫，會殿中，慶與廷尉范延壽語，時慶有章劾，自道：『行事以贖論，今尚書持我事來，當於此決。前我爲尚書時，嘗有所奏事，忽忘之，留月餘。』方進於是舉劾慶

曰：『案慶奉使刺舉大臣，故爲尚書，知機事周密壹統，明主躬親不解。慶有罪未伏誅，無恐懼心，豫自設不坐之比。又暴揚尚書事，言遲疾無所在，虧損聖德之聰明，奉詔不謹，皆不敬，臣謹以劾。』慶坐免官。

又 卷八六《何武傳》 （何武）遷揚州刺史。所舉奏二千石長吏必先露章，服罪者爲虧除，免之而已；不服，極法奏之，抵罪或至死。

又 《王嘉傳》 （王）嘉上疏曰：『【略】孝文時，吏居官者或長子孫，以官爲氏，倉氏、庫氏則倉庫吏之後也。其二千石長吏亦安官樂職，然後上下相望，莫有苟且之意。其後稍稍變易，公卿以下傳相促急，又數改更政事，司隸、部刺史察過悉劾，發揚陰私，吏或居官數月而退，送故迎新，交錯道路。中材苟容求全，下材懷危内顧，壹切營私者多。二千石益輕賤，吏民慢易之。或持其微過，增加成罪，言於刺史、司隸，或至上書章下；衆庶知其易危，小失意則有離畔之心。前山陽亡徒蘇令等從横，吏士臨難，莫肯伏節死義，以守相威權素奪也。孝成皇帝悔之，下詔書，二千石不爲縱，遣使者賜金，尉厚其意，誠以爲國家有急，取辦於二千石，二千石尊重難危，乃能使下。』

《後漢書》卷二四《馬嚴傳》 （馬）嚴上封事曰：『【略】臣伏見方今刺史太守專州典郡，不務奉事盡心爲國，而司察偏阿，取與自己，同則舉爲尤異，異則中以刑法，不即垂頭塞耳，採取財賂。今益州刺史朱酺、揚州刺史倪説、涼州刺史尹業等，每行考事，輒有物故，又選舉不實，曾無貶坐，是使臣下得作威福也。故事，州郡所舉上奏，司直察能否以懲虚實。今宜加防檢，式遵前制。舊丞相、御史親治職事，唯丙吉以年老優游，不案吏罪，於是宰府習爲常俗，更共罔養，以崇虚名，或未曉其職，便復遷徙，誠非建官賦禄之意。宜敕正百司，各責以事，州郡所舉，必得其人。若不如言，裁以法令。【略】』書奏，帝納其言而免酺等官。

又 卷三三《朱浮傳》 舊制，州牧奏二千石長吏不任位者，事皆先下三公，三公遣掾史案驗，然後黜退。帝時用明察，不復委任三府，而權歸刺舉之吏。（朱）浮復上疏曰：『【略】竊見陛下疾往者上威不行，下專國命，即位以來，不用舊典，信刺舉之官，黜鼎輔之任，至於有所劾奏，便加退免，覆案不關三府，罪譴不蒙澄察。陛下以使者爲腹心，而使者以從事爲耳目。是爲尚書之平，決於百石之吏。故羣下苛刻，各自爲能。兼以私情容長，憎愛在職，皆競張空虚，以要時利，故有罪者心不厭服，無咎者坐被空文，不可經盛衰，貽後王也。』

又 卷五八《蓋勳傳》 （董）卓問司徒王允曰：『欲得快司隸校尉，誰可作者？』允曰：『唯有蓋京兆耳。』卓曰：『此人明智有餘，然不可假以雄職。』乃以爲越騎校尉。

監察方式與内容分部

綜述

漢·衛宏《漢官舊儀》卷上 日食，即日下赦曰：『制詔御史：其赦天下，自殊死以下，及吏不奉法，乘公就私，凌暴百姓，行權相放，治不平正，處官不良，細民不通，下失其職，俗不孝弟，不務于本，衣服無度，出入無時，衆强勝寡，盗賊滋彰，丞相以聞。於是乃命刺史出刺，并察監御史。元封元年，御史止不復監。後御史職與丞相參，增吏員凡三百四十一人，分爲吏少史屬亦從同秩補，率取文法吏。

論説

《漢書》卷四七《文三王傳》 地節中，冀州刺史林奏年爲太子時與女弟子私通。

又 卷六三《武五子傳》 數年，揚州刺史柯奏賀與故太守卒史孫萬世交通，萬世問賀：『前見廢時，何不堅守毋出宮，斬大將軍，而聽人奪璽綬乎？』賀曰：『然，失之。』萬世又以賀且王豫章，不久爲列侯。賀曰：『且然，非所宜言。』有司案驗，請逮捕。制曰：『削户三千。』後薨。

又 卷六六《陳咸傳》 （陳）咸爲御史中丞，總領州郡奏事，課第諸刺史，内執法殿中，公卿以下皆敬憚之。是時中書令石顯用事顓權，咸頗言顯短，顯等恨之。

又　卷七二《龔勝傳》（夏侯）常又爲勝道高陵有子殺母者，勝白之，尚書問：『誰受？』對曰：『受夏侯常。』尚書使勝問常，常連恨勝，卽應曰：『聞之白衣，戒君勿言也。奏事不詳，妄作觸罪。』勝窮，亡以對尚書，卽自劾奏與常爭言，洿辱朝廷。事下御史中丞，召詰問，劾奏『勝吏二千石，常位大夫，皆幸得給事中，與論議，不崇禮義，而居公門下相非恨，疾言辨訟，媠謾亡狀，皆不敬。』制曰：『貶秩各一等。』

又《鮑宣傳》（鮑宣）曰：『【略】龔勝爲司直，郡國皆慎選舉，三輔委輸官不敢爲姦，可大委任也。』【略】

（鮑）宣爲司隸。【略】丞相孔光四時行園陵，官屬以令行馳道中，宣出逢之，使吏鉤止丞相掾史，没入其車馬，摧辱宰相。事下御史中丞侍御史至司隸官，欲捕從事，閉門不肯内。宣坐距閉使者，亡人臣禮，大不敬，不道，下廷尉獄。

又　卷七四《魏相傳》（魏相）遷揚州刺史。考案郡國守相，多所貶退。

又　卷七五《京房傳》（京房）曰：『古帝王以功舉賢，則萬化成，瑞應著，末世以毁譽取人，故功業廢而致災異。宜令百官各試其功，災異可息。』詔使房作其事，房奏考功課吏法。上令公卿朝臣與房會議温室，皆以房言煩碎，令上下相司，不可許。上意鄉之。時部刺史奏事京師，上召見諸刺史，令房曉以課事，刺史復以爲不可行，唯御史大夫鄭弘、光禄大夫周堪初言不可，後善之。【略】

（京）房罷出，後上令房上弟子曉知考功課吏事者，欲試用之。房上中郎任良、姚平，『願以爲刺史，試考功法，臣得通籍殿中，爲奏事，以防壅塞。』石顯、五鹿充宗皆疾房，欲遠之，建言宜試以房爲郡守。元帝於是以房爲魏郡太守，秩八百石居，得以考功法治郡。房自請：願無屬刺史，得除用他郡人，自第吏千石以下，歲竟乘傳奏事。天子許焉。

又　卷七六《韓延壽傳》（韓延壽）入守左馮翊，滿歲稱職爲眞。歲餘，不肯出行縣。丞掾數白：『宜循行郡中，覽觀民俗，考長吏治迹。』延壽曰：『縣皆有賢令長，督郵分明善惡於外，行縣恐無所益，重爲煩擾。』丞掾皆以爲方春月，可壹出勸耕桑。延壽不得已，行縣至高陵。

又《張敞傳》（張）敞拜爲冀州刺史。敞起亡命，復奉使典州。既到部，而廣川王國羣輩不道，賊連發，不得。敞以耳目發起賊主名區處，誅其渠帥。廣川王姬昆弟及王同族宗室劉調等通行爲之囊橐，吏逐捕窮窘，蹤迹皆入王宮。敞自將郡國吏，車數百兩，圍守王宮，搜索調等，果得之殿屋重轑中。敞傳吏皆捕格斷頭，縣其頭王宮門外。因劾奏廣川王。天子不忍致法，削其户。敞居部歲餘，冀州盗賊禁止。

又　卷七七《孫寶傳》時帝舅紅陽侯立使客因南郡太守李尚占墾草田數百頃，頗有民所假少府陂澤，略皆開發，上書願以入縣官。有詔郡平田予直，錢有貴一萬萬以上。（孫）寶聞之，遣丞相史按驗，發其姦，劾奏立、尚懷姦罔上，狡猾不道。尚下獄死。【略】

（孫寶）爲京兆尹。故吏侯文以剛直不苟合常稱疾不肯仕，寶以恩禮請文，欲爲布衣友，日設酒食，妻子相對。文求受署爲掾，進見如賓禮。數月，以立秋日署文東部督郵。入見，敕曰：『今日鷹隼始擊，當順天氣取姦惡，以成嚴霜之誅，掾部渠有其人乎？』文卬曰：『無其人不敢空受職。』寶曰：『誰也？』文曰：『霸陵杜穉季。』寶曰：『其次？』文曰：『豺狼横道，不宜復問狐狸。』寶默然。穉季者大俠，與衛尉淳于長、大鴻臚蕭育等皆厚善。寶前失車騎將軍，與紅陽侯有郤，自恐見危，時淳于長方貴幸，友寶，寶亦欲附之，始視事而長以穉季託寶，故寶窮，無以復應文。文怪寶氣索，知其有故，因曰：『明府素著威名，今不敢取穉季，當且闔閤，勿有所問。如此竟歲，吏民未敢誣明府也。卽度穉季而譴它事，衆口讙譁，終身自墮。』寶曰：『受教。』穉季耳目長，聞知之，杜門不通水火，穿舍後牆爲小户，但持鉏自治園，因文所厚自陳如此。文曰：『我與穉季幸同土壤，素無睚眦，顧受將命，分當相直。誠能自改，嚴將不治前事，卽不更心，但更門户，適趣禍耳。』穉季遂不敢犯法，寶亦竟歲無所譴。

又　卷八三《薛宣傳》（薛宣）以明習文法詔補御史中丞。是時，成帝初卽位，宣爲中丞，執法殿中，外總部刺史【略】宣數言政事便宜，舉奏部刺史郡國二千石，所貶退稱進，白黑分明，繇是知名。【略】

（薛宣）入守左馮翊，滿歲稱職爲眞。始高陵令楊湛、櫟陽令謝游皆貪猾不遜，持郡短長，前二千石數案不能竟。及宣視事，詣府謁，宣設酒飯與相對，接待甚備。已而陰求其罪臧，具得所受取。宣察湛有改節敬宣

之效，乃手自牒書，條其姦臧，封與湛曰：『吏民條言君如牒，或議以爲疑於主守盜。馮翊敬重令，又念十金法重，不忍相暴章。故密以手書相曉，欲君自圖進退，可復伸眉於後。卽無其事，復封還記，得爲君分明之。』湛自知罪臧皆應記，而宣辭語温潤，無傷害意。湛卽時解印綬付吏爲記謝宣，終無怨言。而櫟陽令游自以大儒有名，輕宣。宣獨移書顯，責之曰：『告櫟陽令：吏民言令治行煩苛，適罰作使千人以上；賊取錢財數十萬，給爲非法；賣買聽任富吏，賈數不可知。證驗以明白，欲遣吏考案，恐負舉者，恥辱儒士，故使掾平鐫令。孔子曰：「陳力就列，不能者止。」令詳思之，方調守。』游得檄，亦解印綬去。【略】

（鮑）宣得郡中吏民罪名，輒召告其縣長吏，使自行罰。曉曰：『府所以不自發舉者，不欲代縣治，奪賢令長名也。』長吏莫不喜懼，免冠謝宣歸恩受戒者。

又　卷九〇《酷吏傳·嚴延年》　（嚴）延年少學法律丞相府，歸爲郡吏。以選除補御史掾，舉侍御史。是時大將軍霍光廢昌邑王，尊立宣帝。宣帝初卽位，延年劾奏光『擅廢立，亡人臣禮，不道』。奏雖寢，然朝廷肅焉敬憚。延年後復劾大司農田延年持兵干屬車，大司農自訟不干屬車。事下御史中丞，譴責延年何以不移書宮殿門禁止大司農，而令得出入宮。於是覆劾延年闌内罪人，法至死。

宋·李昉《太平御覽》卷二五三《職官部》五一《督郵》引《東觀漢記》　趙勤字孟卿，南陽棘人。明達好學，介然特立。太守駱珎召署曹吏至掾、督郵，太守桓虞下車，葉令雍霸及新野令皆不遵法，乃復勤督郵。到葉，見霸，不問縣事，但高談清論以激勵之，霸卽陳責解印綬去。勤還，入新野界，令聞霸已去，遣吏奏記陳罪，復還印綬去。虞乃歎曰：『善吏加良鷹矣，下韝卽中。』【略】

虞延，陳留人。光武東巡過小黄，高帝母昭靈后園陵在焉。延爲部督郵，詔呼引見，問園陵之事。延占拜可觀，其陵園樹蘗皆諳其數，俎豆犧牲頗曉其禮。帝善之，敕延從駕到魯。還，經封丘城門，下小不容羽蓋，上怒，使撻侍御史。延因陛見，引咎，以爲罪在督郵。上詔曰：『以陳留督郵虞延故，貸御史罪。』

又　引《鍾離意別傳》　汝南黄讜拜會稽太守，召意署北部督郵。時郡中大疫，黄君轉署意中部督郵。意乃露車不冠，身循行病者門，入家賜與醫藥，詣神廟爲民禱，祭其所臨户四千餘人。後日府君出行灾情，百姓攀車言曰：『明府不須出也，但得鍾離督郵，民皆活也。』

又　卷二六四《職官部》十二《功曹參軍》引《鍾離意別傳》　（鍾離）意字子阿，會稽山陰人也。太守竇翔召意署功曹史，意乃爲府立條式，威儀嚴肅，莫不靖恭。後日，竇君與意相見曰：『功曹須立嚴科，太守觀察朝晡。』吏無大小，莫不畏威。

《後漢書》卷二三《竇融傳》　是時，酒泉太守梁統、金城太守庫鈞、張掖都尉史苞、酒泉都尉竺曾、敦煌都尉辛肜，並州郡英俊，融皆與爲厚善。及更始敗，融與梁統等計議曰：『今天下擾亂，未知所歸。河西斗絶在羌胡中，不同心戮力則不能自守；權鈞力齊，復無以相率。當推一人爲大將軍，共全五郡，觀時變動。』議既定，而各謙讓，咸以融世任河西爲吏，人所敬向，乃推融行河西五郡大將軍事。是時武威太守馬期、張掖太守任仲並孤立無黨，乃共移書告示之，二人卽解印綬去。於是以梁統爲武威太守，史苞爲張掖太守，竺曾爲酒泉太守，辛肜爲敦煌太守，庫鈞爲金城太守。融居屬國，領都尉職如故，置從事監察五郡。

又　卷二四《馬援傳》　（馬援）後爲郡督郵，送囚至司命府。囚有重罪，援哀而縱之，遂亡命北地。遇赦，因留牧畜。

又　卷二九《郅壽傳》　（郅壽）舉孝廉，稍遷冀州刺史。時冀部屬郡多封諸王，賓客放縱，類不檢節，壽案察之，無所容貸。乃使部從事專住王國，又徙督郵舍王宮外，動靜失得，卽時騎驛言上奏王罪及劾傅相，於是藩國畏懼，並爲遵節。

又　卷三一《羊續傳》　（羊）續爲南陽太守。當入郡界，乃羸服間行，侍童子一人，觀歷縣邑，採問風謡，然後乃進。其令長貪潔，吏民良猾，悉逆知其狀，郡内驚竦，莫不震懾。

又　卷三一《賈琮傳》　（賈琮）爲京兆令，有政理迹。舊交阯土多珍産，明璣、翠羽、犀、象、瑇瑁、異香、美木之屬，莫不自出。前後刺史率多無清行，上承權貴，下積私賂，財計盈給，輒復求見遷代，故吏民怨叛。中平元年，交阯屯兵反，執刺史及合浦太守，自稱『柱天將軍』。靈帝特敕三府精選能吏，有司舉琮爲交阯刺史。琮到部，訊其反狀，

咸言賦斂過重，百姓莫不空單，京師遥遠，告冤無所，民不聊生自活，故聚爲盗賊。琮即移書告示，各使安其資業，招撫荒散，蠲復傜役，誅斬渠帥爲大害者，簡選良吏試守諸縣，歲間蕩定，百姓以安。巷路爲之歌曰：『賈父來晚，使我先反；今見清平，吏不敢飯。』在事三年，爲十三州最，徵拜議郎。

時黄巾新破，兵凶之後，郡縣重斂，因緣生姦。詔書沙汰刺史、二千石，更選清能吏，乃以琮爲冀州刺史。舊典，傳車驂駕，垂赤帷裳，迎於州界。及琮之部，升車言曰：『刺史當遠視廣聽，糾察美惡，何有反垂帷裳以自掩塞乎？』乃命御者褰之。百城聞風，自然竦震。其諸臧過者，望風解印綬去，唯瘦陶長濟陰董昭、觀津長梁國黄就當官待琮，於是州界翕然。

又 卷五〇《臨湖侯萇傳》 明年，復立濟北惠王子萇爲樂成王後。萇到國數月，驕淫不法，愆過累積，冀州刺史與國相舉奏萇罪至不道。安帝詔曰：『萇有靦其面，而放逸其心。知陵廟至重，承繼有禮，不惟致敬之節，肅穆之慎，乃敢擅損犧牲，不備苾芬。慢易大姬，不震厥教。出入顛覆，風淫于家，娉取人妻，饋遺婢妾。毆擊吏人，專己凶暴。愆罪莫大，甚可恥也。朕覽八辟之議，不忍致之于理。其貶萇爵爲臨湖侯。朕無「則哲」之明，致簡統失序。罔以尉承大姬，增懷永歎。』

又 卷五六《陳球傳》 （陳球）舉孝廉，稍遷繁陽令。時魏郡太守諷縣求納貨賄，球不與之，太守怒而撾督郵，欲令逐球。督郵不肯曰：『魏郡十五城，獨繁陽有異政，今受命逐之，將致議於天下矣。』太守乃止。

又 卷六一《蘇不韋傳》 （蘇不韋）父謙，初爲郡督郵。時魏郡李暠爲美陽令，與中常侍具瑗交通，貪暴爲民患，前後監司畏其埶援，莫敢糾問。及謙至，部案得其臧，論輸左校。

又 卷六七《黨錮傳・范滂》 （建寧二年）詔下急捕滂等。督郵吳導至縣，抱詔書，閉傳舍，伏牀而泣。滂聞之，曰：『必爲我也。』即自詣獄。

又 卷七七《酷吏傳・陽球》 時中常侍王甫、曹節等姦虐弄權，扇動外内，球嘗拊髀發憤曰：『若陽球作司隸，此曹子安得容乎？』光和二年，遷爲司隸校尉。王甫休沐里舍，球詣闕謝恩，奏收甫及中常侍淳于登、袁赦、封昱、中黄門劉毅、小黄門龐訓、朱禹、齊盛等，及子弟爲守令者，姦猾縱恣，罪合滅族。太尉段熲諂附佞倖，宜並誅戮。於是悉收甫、熲等送洛陽獄，及甫子永樂少府萌、沛相吉。球自臨考甫等，五毒備極。萌謂球曰：『父子既當伏誅，少以楚毒假借老父。』球曰：『若罪惡無狀，死不滅責，乃欲球假借邪？』萌乃駡曰：『爾前事吾父子如奴，奴敢反汝主乎！今日困吾，行自及也！』球使以土窒萌口，箠朴交至，父子悉死杖下。熲亦自殺。乃僵磔甫屍於夏城門，大署牓曰『賊臣王甫』。盡没入財産，妻子皆徙比景。

諫諍方式與内容分部

綜述

《史記》卷六《秦始皇本紀》 秦王足已不問，遂過而不變。二世受之，因而不改，暴虐以重禍。子嬰孤立無親，危弱無輔。三主惑而終身不悟，亡，不亦宜乎？當此時也，世非無深慮知化之士也，然所以不敢盡忠拂過者，秦俗多忌諱之禁，忠言未卒於口而身爲戮没矣，故使天下之士，傾耳而聽，重足而立，拑口而不言。是以三主失道，忠臣不敢諫，智士不敢謀，天下已亂，姦不上聞，豈不哀哉！

漢・劉向《説苑》卷九《正諫》 易：『曰王臣蹇蹇，匪躬之故。』人臣之所以蹇蹇爲難而諫其君者，非爲身也，將欲以匡君之過，矯君之失也。君有過失者，危亡之萌也；見君之過失而不諫，是輕君之危亡也。夫輕君之危亡者，忠臣不忍爲也。三諫而不用則去，不去則身亡，身亡者，仁人所不爲也。是故諫有五：一曰正諫，二曰降諫，三曰忠諫，四曰戇諫，五曰諷諫。孔子曰：『吾其從諷諫矣乎！』夫不諫則危君，固諫則危身，與其危君寧危身。危身而終不用，則諫亦無功矣。智者度君權時，調其緩急，而處其宜，上不敢危君，下不以危身。故在國而國不危，在身而身不殆。昔陳靈公不聽泄冶之諫而殺之，曹羈三諫曹君不聽而去，

春秋序義雖俱賢，而曹羈合禮。

漢・班固《白虎通義》卷上《德論上・諫諍》 臣所以有諫君之義何？盡忠納誠也。愛之能無勞乎？忠焉能無誨乎？《孝經》曰：「天子有諍臣七人，雖無道，不失其天下；諸侯有諍臣五人，雖無道，不失其國；大夫有諍臣三人，雖無道，不失其家；士有諍友，則身不離於令名；父有諍子，則身不陷於不義。」

天子置左輔、右弼、前疑、後丞，以順。左輔主修政，刺不法。右弼主糾，周言失傾。前疑主糾，度定德經。後丞主匡正，常考變天。四弼興道，率主行仁。夫陽變於七，以三成，故建三公，序四諍，列七人，雖無道，不失天下，仗羣賢也。

諸侯諍，不從得去何？以屈尊申卑，孤惡君也。去曰：「某質性頑鈍，」言愚不任用，請退避賢。如是之是待以禮，臣待放；如不以禮待，遂去。君待之以禮奈何？曰：「予熟思夫子言，未得其道。今子不且留，聖王之制，無塞賢之路，夫子欲何之？」則遣大夫送至於郊。

必三諫者何？以爲得君臣之義，必待於郊者，忠厚之至也，冀君覺悟能用之。所以必三年，古者臣下有大喪，君三年不呼其門，所以復君恩。今已所言，不合於禮義，君欲罪之，可得也。《援神契》曰：「三諫待放，復三年，盡惓惓也。」所以言放者，臣爲君諱，若言有罪放之也。

所諫事已行者，遂去不留。凡待放，冀君用其言耳，事已行，篡各去無爲留也。《易》曰：「介如石，不終日，貞吉。」《論語》曰：「三日不朝，孔子行。」

臣待於郊者，君絶其祿者，示不欲去也，道不合耳。祿參二與之，一留與其妻、長子，使終祭宗廟。賜之環則反，賜之玦則去，明君子重恥也。《王度記》曰：「反之以玦，其不待放者，亦與之物。明有介主無介民也。」《詩》曰：「逝將去汝，適彼樂土。」

或曰：「天子之臣，不得言放。天子以天下爲家也。親屬諫不得放者，骨肉無相去離之義也。」《春秋傳》曰：「司馬子反曰：「君請處乎此，臣請歸」。」子反者，楚公子也，時不待放。

士不得諫者，士賤，不得預政事，故不得諫也。謀及之，得固盡其忠耳。《禮保傳》：「大夫進諫，士傳民語。」

妻得諫夫者，夫婦榮恥共之。《詩》云：「相鼠有體，人而無禮。人而無禮，胡不遄死？」此妻諫夫之詩也，諫不從不得去之者，本娶妻，非爲諫正也，故一與齊，終身不改，此地無去天之義也。

子諫父，不去者，父子一體而分，無相離之法，猶火去木而滅也。《論語》：「事父母，幾諫。」下言：「又敬不違。」臣之諫君何取法？法金正木也。子之諫父，法火以揉木也。臣諫君以義，故折正之也。子諫父以恩，故但揉之也，木無毀傷也。待放去，取法於水火，無金則相離也。

諫者何？諫間也，因也，更也，是非相間革更其行也。人懷五常，故有五諫：謂諷諫，順諫，窺諫，指諫，伯諫。諷諫者，智也，患禍之萌，深睹其事，未彰而諷告，此智之性也。順諫者，仁也，出辭遜順，不逆君心，仁之性也。窺諫者，禮也，視君顏色，不悅且卻，悅則復前，以禮進退，此禮之性也。指諫者，信也，指質相其事也，此信之性也。伯諫者，義也，惻隱發於中，直言國之害，厲志忘生，爲君不避喪身，義之性也。孔子曰：「諫有五，吾從諷之諫。」事君，進思盡忠，退思補過，去而不訕，諫而不露」。故《曲禮》曰：「爲人臣不顯諫。」纖微未見於外，如詩所刺也。若過惡已著，民蒙毒螫，天見災變，事白異露，作詩以刺之，幸其覺悟也。

明王所以立諫諍者，皆爲重民而求己失也。《禮保傳》曰：「於是立進善之旌，懸誹謗之木，建招諫之鼓。」王法立史記事者，以爲臣下之儀様。人之所取法則也。動則當應禮，是以必有記過之史，徹膳之宰。《禮玉藻》曰：「動則左史書之，言則右史書之。」《禮保傳》曰：「王失度，則史書之，工誦之，三公進讀之，宰夫徹其膳。是以天子不得爲非。故史之義，不書則死，宰不徹膳亦死。

所以謂之史何？明王者使爲之也。謂之宰何？宰，制也，使制法度也。宰所以徹膳何？陰陽不調，五穀不熟，故王者爲不盡味而食之。《禮》曰：「一穀不升，不備鷄鶩；二穀不升，不備三牲。人臣之義，當掩惡揚美，所以記君過何，各有所緣也。掩惡者，謂廣德宣禮之臣。

所以爲君隱惡何？君至尊，故設輔弼、置諫官，本不當有遺失。故《論語》曰：「陳司敗問昭公知禮乎？孔子曰：「知禮」。」此爲君隱也。

君所以不爲臣隱何？以爲君之於臣無適無莫，義之與比，賞一善而

衆臣勸，罰一惡而衆臣懼。若爲皋隱，爲不可殆也。故《尚書》曰：『必力賞罰，以定厥功。』

諸侯臣對天子，亦爲隱乎？然。本諸侯之臣，今來者，爲聘問天子無恙，非爲告君之惡來也。故《孝經》曰：『將順其美，匡救其惡，故上下治，能相親也。』

君不爲臣隱，父獨爲子隱何？以爲父子一體而分，榮耻相及，故《論語》曰：『父爲子隱，子爲父隱，直在其中矣。』

兄弟相爲隱乎？曰：然，與父子同義，故周公誅四國，常以祿甫爲主也。

朋友相爲隱者，人本接朋結友，爲欲立身揚名也。朋友之道四焉，通財不在其中，近則正之，遠則稱之，樂則思之，患則死之。

夫妻相爲隱乎？《傳》曰：『曾去妻，梨蒸不熟。問曰：「婦有七出，不蒸亦預乎？」曰吾聞之也，絶交令可友，棄妻令可嫁也。梨蒸不熟而已。何問其故？』乎此爲隱之也。

論説

規諫

《史記》卷九七《酈生陸賈列傳》 陸生時時前説稱《詩》《書》。高帝罵之曰：『乃公居馬上而得之，安事詩書！』陸生曰：『居馬上得之，寧可以馬上治之乎？且湯武逆取而以順守之，文武並用，長久之術也。昔者吴王夫差、智伯極武而亡；秦任刑法不變，卒滅趙氏。鄉使秦已幷天下，行仁義，法先聖，陛下安得而有之？』高帝不懌而有慚色，乃謂陸生曰：『試爲我著秦所以失天下，吾所以得之者何，及古成敗之國。』陸生乃粗述存亡之徵，凡著十二篇。每奏一篇，高帝未嘗不稱善，左右呼萬歲，號其書曰『新語』。

又 卷一〇二《張廷尉釋之馮唐列傳》 張廷尉釋之者，堵陽人也，字季。**【略】**以訾爲騎郎，事孝文帝，十歲不得調，無所知名。釋之曰：『久宦減仲之産，不遂。』欲自免歸。中郎將袁盎知其賢，惜其去，乃請徙釋之補謁者。釋之既朝畢，因前言便宜事。文帝曰：『卑之，毋甚高論，令今可施行也。』於是釋之言秦漢之間事，秦所以失而漢所以興者久之。文帝稱善，乃拜釋之爲謁者僕射。釋之從行，登虎圈。上問上林尉諸禽獸簿，十餘問，尉左右視，盡不能對。虎圈嗇夫從旁代尉對上所問禽獸簿甚悉，欲以觀其能口對回應無窮者。文帝曰：『吏不當若是邪？尉無賴！』乃詔釋之拜嗇夫爲上林令。釋之久之前曰：『陛下以絳侯周勃何如人也？』上曰：『長者也。』又復問：『東陽侯張相如何如人也？』上復曰：『長者。』釋之曰：『夫絳侯、東陽侯稱爲長者，此兩人言事曾不能出口，豈斅此嗇夫諜諜利口捷給哉！且秦以任刀筆之吏，吏爭以亟疾苛察相高，然其敝徒文具耳，無惻隱之實。以故不聞其過，陵遲而至於二世，天下土崩。今陛下以嗇夫口辯而超遷之，臣恐天下隨風靡靡，爭爲口辯而無其實。且下之化上疾於景響，舉錯不可不審也。』文帝曰：『善。』乃止不拜嗇夫。

又 卷一一二《平津侯主父列傳》 （主父）偃説上曰：『古者諸侯不過百里，强弱之形易制。今諸侯或連城數十，地方千里，緩則驕奢易爲淫亂，急則阻其强而合從以逆京師。今以法割削之，則逆節萌起，前日晁錯是也。今諸侯子弟或十數，而適嗣代立，餘雖骨肉，無尺寸地封，則仁孝之道不宣。願陛下令諸侯得推恩分子弟，以地侯之。彼人人喜得所願，上以德施，實分其國，不削而稍弱矣。』於是上從其計。又説上曰：『茂陵初立，天下豪桀幷兼之家，亂衆之民，皆可徙茂陵，內實京師，外銷奸猾，此所謂不誅而害除。』上又從其計。

《漢書》卷二五下《郊祀志》 大夫劉更生獻淮南枕中洪寶苑秘之方，令尚方鑄作。事不驗，更生坐論。京兆尹張敞上疏諫門：『願明主時忘車馬之好，斥遠方士之虛語，遊心帝王之術，太平庶幾可興也。』後尚方待詔皆罷。**【略】**

成帝末年頗好鬼神，亦以無繼嗣故，多上書言祭祀方術者，皆得待詔，祠祭上林苑中長安城旁，費用甚多，然無大貴盛者。谷永説上曰：『臣聞明於天地之性，不可或以神怪；知萬物之情，不可罔以非類。諸背仁義之正道，不遵《五經》之法言，而盛稱奇怪鬼神，廣崇祭祀之方，求報無福之祠，及言世有仙人，服食不終之藥，遙興輕舉，登遐倒景，覽

觀縣圃，浮游蓬萊，耕耘五德，朝種暮獲，與山石無極，黄冶變化，堅冰淖溺，化色五倉之術者，皆奸人惑衆，挾左道，懷詐偽，以欺罔世主。聽其言，洋洋滿耳，若將可遇；求之，蕩蕩如係風捕景，終不可得。是以明王距而不聽，聖人絶而不語。昔周史萇弘欲以鬼神之術輔尊靈王會朝諸侯，而周愈微，諸侯愈叛。楚懷王隆祭祀，事鬼神，欲以獲福助，卻秦師，而兵挫地削，身辱國危。秦始皇初并天下，甘心于神仙之道，遣徐福、韓終之屬多齎童男童女入海求神采藥，因逃不還，天下怨恨。漢興，新垣平、齊人少翁、公孫卿、欒大等，皆以仙人黄冶祭祠事鬼使物入海求神采藥貴幸，賞賜累千金。大尤尊盛，至妻公主，爵位重累，震動海内。元鼎、元封之際，燕齊之間方士瞋目扼腕，言有神仙祭致福之術者以萬數。其後，平等皆以術窮詐得，誅夷伏辜。至初元中，有天淵玉女、巨鹿神人、轑陽侯師張宗之姦，紛紛復起。夫周、秦之末，三五之隆，已嘗專意散財，厚爵禄，竦精神，舉天下以求之矣。曠日經年，靡有毫氂之驗，足以揆今。《經》曰：「享多儀，儀不及物，惟曰不享。」《論語》説曰：「子不語怪神。」唯陛下距絶此類，毋令姦人有以窺朝者。』上善其言。

又　卷四三《婁敬傳》　婁敬，齊人也。漢五年，戍隴西，過雒阳，高帝在焉。敬脱輓輅，見齊人虞將軍曰：『臣願見上言便宜。』【略】虞將軍入言上，上召見，賜食。

已而問敬，敬説曰：『陛下都雒陽，豈欲與周室比隆哉？』上曰：『然。』敬曰：『陛下取天下與周異。周之先自后稷，堯封之邰，積德累善十餘世。公劉避桀居豳。大王以狄伐故，去豳，杖馬箠去居岐，國人爭歸之。及文王爲西伯，斷虞芮訟，始受命，呂望、伯夷自海濱來歸之。武王伐紂，不期而會孟津上八百諸侯，遂滅殷。成王即位，周公之屬傅相焉，乃營成周都雒，以爲此天下中，諸侯四方納貢職，道里鈞矣，有德則易以王，無德則易以亡。凡居此者，欲令務以德致人，不欲陰險，令後世驕奢以虐民也。及周之衰，分而爲二，天下莫朝周，周不能制。非德薄，形勢弱也。今陛下起豐沛，收卒三千人，以之徑往，卷蜀漢，定三秦，與項籍戰滎陽，大戰七十，小戰四十，使天下之民肝腦塗地，父子暴骸中野，不可勝數，哭泣之聲不絶，傷夷者未起，而欲比隆成康之時，臣竊以爲不侔矣。且夫秦地被山帶河，四塞以爲固，卒然有急，百萬之衆可具。因秦之故，資甚美膏腴之地，此所謂天府。陛下入關而都之，山東雖亂，秦故地可全而有也。夫與人鬬，不搤其亢，拊其背，未能全勝。今陛下入關而都，按秦之故，此亦搤天下之亢而拊其背也。』高帝問羣臣，羣臣皆山東人，爭言周王數百年，秦二世則亡，不如都周。上疑未能決。及留侯明言入關便，即日駕西都關中。

又　卷五一《賈山傳》　賈山，潁川人也。【略】嘗給事潁陰侯爲騎。孝文時，言治亂之道，借秦爲諭，名曰《至言》。其辭曰：「【略】今功業方就，名聞方昭，四方鄉風，今從豪俊之臣，方正之士，直與之日日獵射，擊兔伐狐，以傷大業，絶天下之望，臣竊悼之。《詩》曰：「靡不有初，鮮克有終。」臣不勝大願，願少衰射獵，以夏歲二月，定明堂，造太學，修先王之道。風行俗成，萬世之基定，然後唯陛下所幸耳。

古者大臣不媟，故君子不常見其齊嚴之色、肅敬之容。大臣不得與宴游，方正修潔之士不得從射獵，使皆務其方以高其節，則羣臣莫敢不正身修行，盡心以稱大禮。如此，則陛下之道尊敬，功業施于四海，垂于萬世子孫矣。誠不如此，則行日壞而榮日滅矣。夫士修之於家，而壞之于天子之廷，臣竊愍之。陛下與衆臣宴游，與大臣方正朝廷論議。夫游不失樂，朝不失禮，議不失計，軌事之大者也。

其後，文帝除鑄錢令，山復上書諫，以爲變先帝法，非是。又訟淮南王無大罪，宜急令反國。又言柴唐子爲不善，足以戒。章下詰責，對以爲「錢者，亡用器也，而可以易富貴。富貴者，人主之操柄也，令民爲之，是與人主共操柄，不可長也。」其言多激切，善指事意，然終不加罰，所以廣諫爭之路也。其後復禁鑄錢云。」

又　《路温舒傳》　路温舒字長君，鉅鹿東里人也。【略】元鳳中，廷尉光以治詔獄，請温舒署奏曹掾，守廷尉史。會昭帝崩，昌邑王賀廢，宣帝初即位，温舒上書，言宜尚德緩刑。其辭曰：

臣聞齊有無知之禍，而桓公以興；晉有驪姬之難，而文公用伯。近世趙王不終，諸呂作亂，而孝文爲太宗。繇是觀之，禍亂之作，將以開聖人也。故桓文扶微興壞，尊文武之業，澤加百姓，功潤諸侯，雖不及三王，天下歸仁焉。文帝永思至德，以承天心，崇仁義，省刑罰，通關梁，一遠近，敬賢如大賓，愛民如赤子，內恕情之所安，而施之於海內，是以

囹圄空虛，天下太平。夫繼變化之後，必有異舊之恩，此賢聖所以昭天命也。往者，昭帝即世而無嗣，大臣憂戚，焦心合謀，皆以昌邑尊親，援而立之。然天不授命，淫亂其心，遂以自亡。深察禍變之故，乃皇天之所以開至聖也。故大將軍受命武帝，股肱漢國，披肝膽，決大計，黜亡義，立有德，輔天而行，然後宗廟以安，天下咸寧。

臣聞《春秋》正即位，大一統而慎始也。陛下初登至尊，與天合符，宜改前世之失，正始受之統，滌煩文，除民疾，存亡繼絕，以應天意。

臣聞秦有十失，其一尚存，治獄之吏是也。秦之時，羞文學，好武勇，賤仁義之士，貴治獄之吏；正言者謂之誹謗，遏過者謂之妖言。故盛服先生不用於世，忠良切言皆鬱於胸，譽諛之聲日滿於耳；虛美熏心，實禍蔽塞。此乃秦之所以亡天下也。方今天下賴陛下恩厚，亡金革之危，飢寒之患，父子夫妻戮力安家，然太平未洽者，獄亂之也。夫獄者，天下之大命也，死者不可復生，絕者不可復屬。《書》曰：『與其殺不辜，寧失不經。』今治獄吏則不然，上下相驅，以刻爲明；深者獲公名，平者多後患。故治獄之吏皆欲人死，非憎人也，自安之道在人之死。是以死人之血流離於市，被刑之徒比肩而立，大辟之計歲以萬數，此仁聖之所以傷也。太平之未洽，凡以此也。夫人情安則樂生，痛則思死。棰楚之下，何求而不得？故囚人不勝痛，則飾辭以視之；吏治者利其然，則指道以明之；上奏畏卻，則鍛練而周內之。蓋奏當之成，雖咎繇聽之，猶以爲死有餘辜。何則？成練者衆，文致之罪明也。是以獄吏專爲深刻，殘賊而亡極，偷爲一切，不顧國患，此世之大賊也。故俗語曰：『畫地爲獄，議不入；刻木爲吏，期不對。』此皆疾吏之風，悲痛之辭也。故天下之患，莫深於獄；敗法亂正，離親塞道，莫甚乎治獄之吏。此所謂一尚存者也。

臣聞烏鳶之卵不毀，而後鳳凰集；誹謗之罪不誅，而後良言進。故古人有言：『山藪藏疾，川澤納汙，瑾瑜匿惡，國君含詬。』唯陛下除誹謗以招切言，開天下之口，廣箴諫之路，掃亡秦之失，尊文武之德，省法制，寬刑罰，以廢治獄，則太平之風可興於世，永履和樂，與天亡極，天下幸甚。

上善其言，遷廣陽私府長。

又　卷八一《匡衡傳》　時，上好儒術文辭，頗改宣帝之政，言事者多進見，人人自以爲得上意。又傅昭儀及子定陶王愛幸，寵于皇后、太子。衡復上疏曰：

臣聞治亂安危之機，在乎審所用心。蓋受命之王務在創業垂統傳之無窮，繼體之君心存于承宣先王之德而褒大其功。昔者成王之嗣位，思述文武之道以養其心，休烈盛美皆歸之二后而不敢專其名，是以上天歆享，鬼神祐焉。其《詩》曰：『念我皇祖，陟降廷止。』言成王常思祖考之業，而鬼神祐助其治也。

陛下聖德天覆，子愛海內，然陰陽未和，奸邪未禁者，殆論議者未丕揚先帝之盛功，爭言制度不可用也，務變更之，所更或不可行，而復復之，是以羣下更相是非，吏民無所信。臣竊恨國家釋樂成之業，而虛爲此紛紛也。願陛下詳覽統業之事，留神於遵制揚功，以定羣下之心。《大雅》曰：『無念爾祖，聿修厥德。』孔子著之《孝經》首章，蓋至德之本也。傳曰：『審好惡，理情性，而王道畢矣。』能盡其性，然後能盡人物之性；能盡人物之性，可以贊天地之化。治性之道，必審己之所有餘，而强其所不足。蓋聰明疏通者戒於大察，寡聞少見者戒於壅蔽，勇猛剛强者戒於大暴，仁愛溫良者戒於無斷，湛靜安舒者戒於後時，廣心浩大者戒於遺忘。必審己之所當戒，而齊之以義，然後中和之化應，而巧偽之徒不敢比周而望進。唯陛下戒所以崇聖德。

臣又聞室家之道修，則天下之理得，故《詩》始《國風》，《禮》本《冠》《婚》。始乎《國風》，原情性而明人倫也；本乎《冠》《婚》，正基兆而防未然也。福之興莫不本乎室家，道之衰莫不始乎閫內。故聖王必慎妃后之際，別適長之位。禮之於內也，卑不逾尊，新不先故，所以統人情而理陰氣也。其尊適而卑庶也，適子冠乎阼，禮之用醴，衆子不得與列，所以貴正體而明嫌疑也。非虛加其禮文而已，乃中心與之殊異，故禮探其情而見之外也。聖人動靜游燕，所親物得其序；得其序，則海內自修，百姓從化。如當親者疏，當尊者卑，則佞巧之奸因時而動，以亂國家。故聖人慎防其端，禁於未然，不以私恩害公義。陛下聖德純備，莫不修正，則天下無爲而治。《詩》云：『于以四方，克定厥家。』傳曰：『正家而天下定矣。』

衡爲少傅數年，數上疏陳便宜，及朝廷有政議，傅經以對，言多法

義。【略】

元帝崩，成帝即位，衡上疏戒妃匹，勸經學威儀之則，曰：

陛下秉至考，哀傷思慕不絕於心，未有游虞弋射之宴，誠隆於慎終追遠，無窮已也。竊願陛下雖聖性得之，猶復加聖心焉。《詩》云『煢煢在疚』，言成王喪畢思慕，意氣未能平也，蓋所以就文武之業，崇大化之本也。

臣又聞之師曰：『妃匹之際，生民之始，萬福之原。』婚姻之禮正，然後品物遂而天命全。孔子論《詩》以《關雎》爲始，言太上者民之父母，后夫人之行不侔乎天地，則無以奉神靈之統而理萬物之宜。故《詩》曰：『窈窕淑女，君子好仇。』言能致其貞淑，不貳其操，情欲之感無介乎容儀，宴私之意不形乎動靜，夫然後可以配至尊而爲宗廟主。此綱紀之首，王教之端也，自上世已來，三代興廢，未有不由此者也。願陛下詳覽得失盛衰之效以定大基，采有德，戒聲色，近嚴敬，遠技能。

竊見聖德純茂，專精《詩》《書》，好樂無厭。臣衡材駑，無以輔相善義，宣揚德音。臣聞《六經》者，聖人所以統天地之心，著善惡之歸，明吉凶之分，通人道之正，使不悖于其本性者也。故審《六藝》之指，則天人之理可得而和，草木昆蟲可得而育，此永永不易之道也。及《論語》、《孝經》，聖人言行之要，宜究其意。

臣又聞聖王之自爲動靜周旋，奉天承親，臨朝享臣，物有節文，以章人倫。蓋欽翼祗栗，事天之容也；溫恭敬遜，承親之禮也；正躬嚴恪，臨衆之儀也；嘉惠和說，饗下之顔也。舉錯動作，物遵其儀，故形爲仁義，動爲法則。孔子曰：『德義可尊，容止可觀，進退可度，以臨其民，是以其民畏而愛之，則而象之。』《大雅》云：『敬慎威儀，惟民之則。』諸侯正月朝覲天子，天子惟道德，昭穆穆以視之，又觀以禮樂，饗醴乃歸。故萬國莫不獲賜祉福，蒙化而成俗。今正月初幸路寢，臨朝賀，置酒以饗萬方，傳曰『君子慎始』，願陛下留神動靜之節，使羣下得望盛德休光，以立基楨，天下幸甚！

上敬納其言。

《後漢書》卷五一《龐參傳》 龐參字仲達，河南緱氏人也。初仕郡，未知名，河南尹龐奮見而奇之，舉爲孝廉，拜左校令。坐法輸作若盧。

永初元年，涼州先零種羌反畔，遣車騎將軍鄧騭討之。參於徒中使其子俊上書曰：

『方今西州流民擾動，而徵發不絕，水潦不休，地力不復。重之以大軍，疲之以遠戍，農功消於轉運，資財竭于徵發。田疇不得墾辟，禾稼不得收入，搏手困窮，無望來秋。百姓力屈，不復堪命。臣愚以爲萬里運糧，遠就羌戎，不若總兵養衆，以待其疲。車騎將軍騭宜且振旅，留征西校尉任尚使督涼州士民，轉居三輔。休徭役以助其時，止煩賦以益其財，令男得耕種，女得織紝，然後畜精銳，乘懈沮，出其不意，攻其不備，則邊人之仇報，奔北之恥雪矣。』

書奏，會御史中丞樊準上疏薦參曰：

『臣聞鷙鳥累百，不如一鶚。昔孝文皇帝悟馮唐之言，而赦魏尚之罪，使爲邊守，匈奴不敢南向。夫以一臣之身，折方面之難者，選用得也。臣伏見故左校令河南龐參，勇謀不測，卓爾奇偉，高才武略，有魏尚之風。前坐微法，輸作經時。今羌戎爲患，大軍西屯，臣以爲如參之人，宜在行伍。惟明詔采前世之舉，觀魏尚之功，免赦參刑，以爲軍鋒，必有成效，宣助國威。』

鄧太后納其言，即擢參於徒中，召拜謁者，使西督三輔諸軍屯，而徵鄧騭還。

又 卷六〇下《蔡邕傳》 初，帝好學，自造《皇羲篇》五十章，因引諸生能爲文賦者。本頗以經學相招，後諸爲尺牘及工書鳥篆者，皆加引召，遂至數十人。侍中祭酒樂松、賈護，多引無行趣勢之徒，並待制鴻都門下，熹陳方俗閭里小事，帝甚悅之，待以不次之位。又市賈小民，爲宣陵孝子者，復數十人，悉除爲郎中、太子舍人。時頻有雷霆疾風，傷樹拔木，地震、隕雹、蝗蟲之害。又鮮卑犯境，役賦及民。六年七月，制書引咎，誥羣臣各陳政要所當施行。邕上封事曰：

臣伏讀聖旨，雖周成遇風，訊諸執事，宣王遭旱，密勿祗畏，無以或加。臣聞天降灾異，緣象而至。辟歷數發，殆刑誅繁多之所生也。風者天之號令，所從教人也。夫昭事上帝，則自懷多福；宗廟致敬，則鬼神以著。國之大事，實先祀典，天子聖躬所當恭事。臣自在宰府，及備朱衣，

迎氣五郊，而車駕稀出，四時至敬，屢委有司，雖有解除，猶爲疏廢。故皇天不悦，顯此諸異。《鴻範傳》曰：『政悖德隱，厥風發屋折木。』《坤》爲地道，《易》稱安貞。陰氣憤盛，則當靜反動，法爲下叛。夫權不在上，則雹傷物；政有苛暴，則虎狼食人；貪利傷民，則蝗蟲損稼。去六月二十八日，太白與月相迫，兵事惡之。鮮卑犯塞，所從來遠，今之出師，未見其利。上違天文，下逆人事。誠當博覽衆議，從其安者。臣不勝憤滿，謹條宜所施行七事表左：

一事：明堂月令，天子以四立及季夏之節，迎五帝於郊，所以導致神氣，祈福豐年。清廟祭祀，追往孝敬，養老辟雍，示人禮化，皆帝者之大業，祖宗所祇奉也。而有司數以蕃國疏喪，宮内産生，及吏卒小汙，屢生忌故。竊見南郊齋戒，未嘗有廢，至於它祀，輒興異議。豈南郊卑而它祀尊哉？孝元皇帝策書曰：『禮之至敬，莫重於祭，所以竭心親奉，以致肅祗者也。』又元和故事，復申先典。前後制書，推心懇惻。而近者以來，更任太史。忘禮敬之大，任禁忌之書，拘信小故，以虧大典。《禮》，妻妾産者，齋則不入側室之門，無廢祭之文也。所謂宮中有卒，三月不祭者，謂士庶人數堵之室，共處其中耳，豈謂皇居之曠，臣妾之衆哉？自今齋制宜如故典，庶荅風霆灾妖之異。

二事：臣聞國之將興，至言數聞，内知己政，外見民情。是故先帝雖有聖明之姿，而猶廣求得失。又因灾異，援引幽隱，重賢良、方正、敦朴、有道之選，危言極諫，不絶於朝。陛下親政以來，頻年灾異，而未聞特舉博選之旨。誠當思省述修舊事，使抱忠之臣展其狂直，以解《易傳》『政悖德隱』之言。

三事：夫求賢之道，未必一塗。或以德顯，或以言揚。頃者，立朝之士，曾不以忠信見賞，恆被謗訕之誅，遂使羣下結口，莫圖正辭。郎中張文，前獨盡狂言，聖聽納受，以責三司。臣子曠然，衆庶解悦。臣愚以爲宜擢文右職，以勸忠謇，宣聲海内，博開政路。

四事：夫司隸校尉、諸州刺史，所以督察奸枉，分別白黑者也。伏見幽州刺史楊憙、益州刺史龐芝、涼州刺史劉虔，各有奉公疾奸之心，憙等所糾，其效尤多。餘皆枉橈，不能稱職。或有抱罪懷瑕，與下同疾，綱網弛縱，莫相舉察，公府臺閣亦復默然。五年制書，議遣八使，又令三公謠言奏事。是時奉公者欣然得志，邪枉者憂悸失色。未詳斯議，所因寢息。昔劉向奏曰：『夫執狐疑之計者，開羣枉之門；養不斷之慮者，來讒邪之口。』今始聞善政，旋復變易，足令海内測度朝政。宜追定八使，糾舉非法，更選忠清，平章賞罰。三公歲盡，差其殿最，使吏知奉公之福，營私之禍，則衆灾之原庶可塞矣。

五事：臣聞古者取士，必使諸侯歲貢。孝武之世，郡舉孝廉，又有賢良、文學之選，於是名臣輩出，文武並興。漢之得人，數路而已。夫書畫辭賦，才之小者，匡國理政，未有其能。陛下即位之初，先涉經術，聽政餘日，觀省篇章，聊以遊意，當代博弈，非以教化取士之本。而諸生競利，作者鼎沸。其高者頗引經訓風喻之言，下則連偶俗語，有類俳優；或竊成文，虚冒名氏。臣每受詔于盛化門，差次録第，其未及者，亦復隨輩皆見拜擢。既加之恩，難復收改，但守奉禄，於義已弘，不可復使理人及仕州郡。昔孝宣會諸儒于石渠，章帝集學士于白虎，通經釋義，其事優大，文、武之道，所宜從之。若乃小能小善，雖有可觀，孔子以爲『致遠則泥』，君子故當志其大者。

六事：墨綬長吏，職典理人，皆當以惠利爲績，日月爲勞。褒責之科，所宜分明。而今在任無復能省，及其還者，多召拜議郎、郎中。若器用優美，不宜處之冗散。如有釁故，自當極其刑誅。豈有伏罪懼考，反求遷轉，更相放效，臧否無章？先帝舊典，未嘗有此。可皆斷絶，以覆眞僞。

七事：伏見前一切以宣陵孝子爲太子舍人。臣聞孝文皇帝制喪服三十六日，雖繼體之君，父子至親，公卿列臣，受恩之重，皆屈情從制，不敢踰越。今虚僞小人，本非骨肉，既無幸私之恩，又無禄仕之實，惻隱思慕，情何緣生？而羣聚山陵，假名稱孝，行不隱心，義無所依，至有奸軌之人，通容其中。桓思皇后祖載之時，東郡有盜人妻者亡在孝中，本縣追捕，乃伏其辜。虚僞雜穢，難得勝言。又前至得拜，後輩被遺；或經年陵次，以暫歸見漏；或以人自代，亦蒙寵榮。爭訟怨恨，凶凶道路。太子官屬，宜搜選令德，豈有但取丘墓凶醜之人？其爲不祥，莫與大焉。宜遣歸田里，以明詐僞。

書奏，帝乃親迎氣北郊，及行辟雍之禮。又詔宣陵孝子爲舍人者，悉

改爲丞尉焉。光和元年，遂置鴻都門學，畫孔子及七十二弟子像。其諸生皆敕州郡三公舉用辟召，或出爲刺史、太守，入爲尚書、侍中，乃有封侯賜爵者，士君子皆恥與爲列焉。

直　諫

《史記》卷六《秦始皇本紀》（始皇三十四年）始皇置酒咸陽宮，博士七十人前爲壽。僕射周青臣進頌曰：『他時秦地不過千里，賴陛下神靈明聖，平定海內，放逐蠻夷，日月所照，莫不賓服。以諸侯爲郡縣，人人自安樂，無戰爭之患，傳之萬世。自上古不及陛下威德。』始皇悅。博士齊人淳于越進曰：『臣聞殷周之王千餘歲，封子弟功臣，自爲枝輔。今陛下有海內，而子弟爲匹夫，卒有田常、六卿之臣，無輔拂，何以相救哉？事不師古而能長久者，非所聞也。今青臣又面諛以重陛下之過，非忠臣。』始皇下其議。丞相李斯曰：『五帝不相復，三代不相襲，各以治，非其相反，時變異也。今陛下創大業，建萬世之功，固非愚儒所知。且越言乃三代之事，何足法也？異時諸侯並爭，厚招遊學。今天下已定，法令出一，百姓當家則力農工，士則學習法令辟禁。今諸生不師今而學古，以非當世，惑亂黔首。丞相臣斯昧死言：古者天下散亂，莫之能一，是以諸侯並作，語皆道古以害今，飾虛言以亂實，人善其所私學，以非上之所建立。今皇帝并有天下，別黑白而定一尊。私學而相與非法教，人聞令下，則各以其學議之，入則心非，出則巷議，夸主以爲名，異取以爲高，率羣下以造謗。如此弗禁，則主勢降乎上，黨與成乎下。禁之便。臣請史官非秦記皆燒之。非博士官所職，天下敢有藏《詩》、《書》、百家語者，悉詣守、尉雜燒之。有敢偶語《詩》《書》者棄市。以古非今者族。吏見知不舉者與同罪。令下三十日不燒，黥爲城旦。所不去者，醫藥卜筮種樹之書。若欲有學法令，以吏爲師。』制曰：『可。』

又　卷一一二《平津侯主父列傳》　主父偃者，齊臨菑人也。學長短縱横之術，晚乃學《易》、《春秋》、百家言。游齊諸生間，莫能厚遇也。齊諸儒生相與排擯，不容於齊。家貧，假貸無所得，乃北游燕、趙、中山，皆莫能厚遇，爲客甚困。孝武元光元年中，以爲諸侯莫足游者，乃西入關見衛將軍。衛將軍數言上，上不召。資用乏，留久，諸公賓客多厭之，乃上書闕下。朝奏，暮召入見。所言九事，其八事爲律令，一事諫伐匈奴。其辭曰：

臣聞明主不惡切諫以博觀，忠臣不敢避重誅以直諫，是故事無遺策而功流萬世。今臣不敢隱忠避死以效愚計，願陛下幸赦而少察之。

司馬法曰：『國雖大，好戰必亡；天下雖平，忘戰必危。』天下既平，天子大凱，春蒐秋獮，諸侯春振旅，秋治兵，所以不忘戰也。且夫怒者逆德也，兵者凶器也，爭者末節也。古之人君一怒必伏屍流血，故聖王重行之。夫務戰勝窮武事者，未有不悔者也。昔秦皇帝任戰勝之威，蠶食天下，并吞戰國，海內爲一，功齊三代。務勝不休，欲攻匈奴，李斯諫曰：『不可。夫匈奴無城郭之居，委積之守，遷徙鳥舉，難得而制也。輕兵深入，糧食必絕；踵糧以行，重不及事。得其地不足以爲利也，遇其民不可役而守也。勝必殺之，非民父母也。靡弊中國，快心匈奴，非長策也。』秦皇帝不聽，遂使蒙恬將兵攻胡，辟地千里，以河爲境。地固澤鹵，不生五穀。然後發天下丁男以守北河。暴兵露師十有餘年，死者不可勝數，終不能逾河而北。是豈人衆不足，兵革不備哉？其勢不可也。又使天下蜚芻輓粟，起於黄、腄、琅邪負海之郡，轉輸北河，率三十鍾而致一石。男子疾耕不足於糧饟，女子紡績不足於帷幕。百姓靡敝，孤寡老弱不能相養，道路死者相望，蓋天下始畔秦也。

及至高皇帝定天下，略地於邊，聞匈奴聚於代谷之外而欲擊之。御史成進諫曰：『不可。夫匈奴之性，獸聚而鳥散，從之如搏影。今以陛下盛德攻匈奴，臣竊危之。』高帝不聽，遂北至於代谷，果有平城之圍。高皇帝蓋悔之甚，乃使劉敬往結和親之約，然後天下忘干戈之事。故兵法曰『興師十萬，日費千金』。夫秦常積衆暴兵數十萬人，雖有覆軍殺將係虜單于之功，亦適足以結怨深讎，不足以償天下之費。夫上虛府庫，下敝百姓，甘心於外國，非完事也。夫匈奴難得而制，非一世也。行盜侵驅，所以爲業也，天性固然。上及虞夏殷周，固弗程督，禽獸畜之，不屬爲人。夫上不觀虞夏殷周之統，而下循近世之失，此臣之所大憂，百姓之所疾苦也。且夫兵久則變生，事苦則慮易。乃使邊境之民弊靡愁苦而有離心，將吏相疑而外市，故尉佗、章邯得以成其私也。夫秦政之所以不行者，權分乎二子，此得失之效也。故《周書》曰『安危在出令，存亡在所用』。願

陛下詳察之，少加意而熟慮焉。

《漢書》卷四八《賈誼傳》 （賈）誼爲梁懷王太傅。【略】是時，匈奴强，侵邊。天下初定，制度疏闊。諸侯王僭擬，地過古制，淮南、濟北王皆爲逆誅。誼數上疏陳政事，多所欲匡建，其大略曰：

臣竊惟事勢，可爲痛哭者一，可爲流涕者二，可爲長太息者六，若其它背理而傷道者，難遍以疏舉。進言者皆曰天下已安已治矣，臣獨以爲未也。曰安且治者，非愚則諛，皆非事實知治亂之體者也。夫抱火厝之積薪之下而寢其上，火未及燃，因謂之安，方今之勢，何以異此！本末舛逆，首尾衡決，國制搶攘，非甚有紀，胡可謂治！陛下何不壹令臣得孰數之於前，因陳治安之策，試詳擇焉！

夫射獵之娛，與安危之機孰急？使爲治，勞智慮，苦身體，乏鐘鼓之樂，勿爲可也。樂與今同，而加之諸侯軌道，兵革不動，民保首領，匈奴賓服，四荒鄉風，百姓素朴，獄訟衰息，大數既得，則天下順治，海内之氣清和咸理，生爲明帝，没爲明神，名譽之美，垂於無窮《禮》祖有功而宗有德，使顧成之廟稱爲太宗，上配太祖，與漢亡極。建久安之勢，成長治之業，以承祖廟，以奉六親，至孝也；以幸天下，以育羣生，至仁也；立經陳紀，輕重同得，後可以爲萬世法程，雖有愚幼不肖之嗣，猶得蒙業而安，至明也。以陛下之明達，因使少知治體者得佐下風，致此非難也。其具可素陳於前，願幸無忽。臣謹稽之天地，驗之往古，按之當今之務，日夜念此至孰也，雖使禹舜復生，爲陛下計，亡以易此。

夫樹國固必相疑之勢，下數被其殃，上數爽其憂，甚非所以安上而全下也。今或親弟謀爲東帝，親兄之子西鄉而擊，今吴又見告矣。天子春秋鼎盛，行義未過，德澤有加焉，猶尚如是，況莫大諸侯，權力且十此者乎！

然而天下少安，何也？大國之王幼弱未壯，漢之所置傅、相方握其事。數年之後，諸侯之王大抵皆冠，血氣方剛，漢之傅相稱病而賜罷，彼自丞尉以上偏置私人，如此，有異淮南、濟北之爲邪！此時而欲爲治安，雖堯舜不治。

黄帝曰：『日中必熭，操刀必割。』今令此道順而全安，甚易，不肯早爲，已乃墮骨肉之屬而抗剄之，豈有異秦之季世乎！夫以天子之位，乘今之時，因天之助，尚憚以危爲安，以亂爲治，假設陛下居齊桓之處，將不合諸侯而匡天下乎？臣又知陛下有所必不能矣。假設天下如曩時，淮陰侯尚王楚，黥布王淮南，彭越王梁，韓信王韓，張敖王趙，貫高爲相，盧綰王燕，陳豨在代，令此六七公者皆亡恙，當是時而陛下即天子位，能自安乎？臣有以知陛下之不能也。天下淆亂，高皇帝與諸公併起，非有仄室之勢以豫席之也。諸公幸者，乃爲中涓，其次廑得舍人，材之不逮至遠也。高皇帝以明聖威武即天子位，割膏腴之地以王諸公，多者百餘城，少者乃三四十縣，德至渥也，然其後十年之間，反者九起。陛下之與諸公，非親角材而臣之也，又非身封王之也，自高皇帝不能以是一歲爲安，故臣知陛下之不能也。然尚有可諉者，曰疏，臣請試言其親者。假令悼惠王王齊，元王王楚，中子王趙，幽王王淮陽，共王王梁，靈王王燕，厲王王淮南，六七貴人皆亡恙，當是時陛下即位，能爲治乎？臣又知陛下之不能也。若此諸王，雖名爲臣，實皆有布衣昆弟之心，慮亡不帝制而天子自爲者。擅爵人，赦死罪，甚者或戴黄屋，漢法令非行也。雖行不軌如厲王者，令之不肯聽，召之安可致乎！幸而來至，法安可得加！動一親戚，天下圜視而起，陛下之臣雖有悍如馮敬者，適啓其口，匕首已陷其匈矣。陛下雖賢，誰與領此？故疏者必危，親者必亂，已然之效也。其異姓負强而動者，漢已幸勝之矣，又不易其所以然。同姓襲是迹而動，既有徵矣，其勢盡又復然。殃禍之變，未知後移，明帝處之尚不能以安，後世將如之何！

屠牛坦一朝解十二牛，而芒刃不頓者，所排擊剥割，皆衆理解也。至於髖髀之所，非斤則斧。夫仁義恩厚，人主之芒刃也；權勢法制，人主之斤斧也。今諸侯王皆衆髖髀也，釋斤斧之用，而欲嬰以芒刃，臣以爲不缺則折。胡不用之淮南、濟北？勢不可也。

臣竊迹前事，大抵强者先反。淮陰王楚最强，則最先反；韓信倚胡，則又反；貫高因趙資，則又反；陳豨兵精，則又反；彭越用梁，則又反；黥布用淮南，則又反；盧綰最弱，最後反。長沙乃在二萬五千户耳，功少而最完，勢疏而最忠，非獨性異人也，亦形勢然也。曩令樊、酈、絳、灌據數十城而王，今雖以殘亡可也；令信、越之倫列爲徹侯而居，雖至今存可也。然則天下之大計可知已。欲諸王之皆忠附，則莫若令

如長沙王；欲臣子之勿菹醢，則莫若令如樊、酈等；欲天下之治安，莫若衆建諸侯而少其力。力少則易使以義，國小則亡邪心。令海內之勢如身之使臂，臂之使指，莫不制從，諸侯之君不敢有異心，輻湊並進而歸命天子，雖在細民，且知其安，故天下咸知陛下之明。割地定制，令齊、趙、楚各爲若干國，使悼惠王、幽王、元王之子孫畢以次各受祖之分地，地盡而止，及燕、梁它國皆然。其分地衆而子孫少者，建以爲國，空而置之，須其子孫生者，舉使君之。諸侯之地其削頗入漢者，爲徙其侯國及封其子孫也，所以數償之；一寸之地，一人之衆，天子亡所利焉，誠以定治而已，故天下咸知陛下之廉。地制壹定，宗室子孫莫慮不王，下無倍畔之心，上無誅伐之志，故天下咸知陛下之仁。法立而不犯，令和而不逆，貫高、利幾之謀不生，柴奇、開章之計不萌，細民鄉善，大臣致順，故天下咸知陛下之義。卧赤子天下之上而安，植遺腹，朝委裘，而天下不亂，當時大治，後世誦聖。壹動而五業附，陛下誰憚而久不爲此？

天下之勢方病大瘇。一脛之大幾如要，一指之大幾如股，平居不可屈信，一二指搐，身慮亡聊。失今不治，必爲錮疾，後雖有扁鵲，不能爲已。病非徒瘇也，又苦𨂂盭。元王之子，帝之從弟也；今之王者，從弟之子也。惠王，親兄子也；今之王者，兄子之子也。親者或亡分地以安天下，疏者或制大權以逼天子，臣故曰非徒病瘇也，又苦𨂂盭。可痛哭者，此病是也。

天下之勢方倒縣。凡天子者，天下之首，何也？上也。蠻夷者，天下之足，何也？下也。今匈奴嫚侮侵掠，至不敬也，爲天下患，至亡已也，而漢歲致金絮采繒以奉之。夷狄徵令，是主上之操也；天子共貢，是臣下之禮也。足反居上，首顧居下，倒縣如此，莫之能解，猶爲國有人乎？非亶倒縣而已，又類辟，且病痱。夫辟者一面病，痱者一方痛。今西邊北邊之郡，雖有長爵不輕得復，五尺以上不輕得息，斥候望烽燧不得卧，將吏被介冑而睡，臣故曰一方病矣。醫能治之，而上不使，可爲流涕者此也。

陛下何忍以帝皇之號爲戎人諸侯，勢既卑辱，而旤不息，長此安窮！進謀者率以爲是，固不可解也，亡具甚矣。臣竊料匈奴之衆不過漢一大縣，以天下之大困於一縣之衆，甚爲執事者羞之。陛下何不試以臣爲屬國之官以主匈奴？行臣之計，請必係單于之頸而制其命，伏中行説而笞其背，舉匈奴之衆唯上之令。今不獵猛敵而獵田彘，不搏反寇而搏畜菟，翫細娛而不圖大患，非所以爲安也。德可遠施，威可遠加，而直數百里外威令不信，可爲流涕者此也。

今民賣僮者，爲之繡衣絲履偏諸緣，內之閑中，是古天子后服，所以廟而不宴者也，而庶人得以衣婢妾。白縠之表，薄紈之裏，緁以偏諸，美者黼繡，是古天子之服，今富人大賈嘉會召客者以被牆。古者以奉一帝一后而節適，今庶人屋壁得爲帝服，倡優下賤得爲后飾，然而天下不屈者，殆未有也。且帝之身自衣皁綈，而富民牆屋被文繡；天子之后以緣其領，庶人孽妾緣其履：此臣所謂舛也。夫百人作之不能衣一人，欲天下亡寒，胡可得也？一人耕之，十人聚而食之，欲天下亡飢，不可得也。飢寒切於民之肌膚，欲其亡爲奸邪，不可得也。國已屈矣，盜賊直須時耳，然而獻計者曰『毋動』爲大耳。夫俗至大不敬也，至亡等也，至冒上也，進計者猶曰『毋爲』，可爲長太息者此也。

商君遺禮義，棄仁恩，并心於進取，行之二歲，秦俗日敗。故秦人家富子壯則出分，家貧子壯則出贅。借父耰鉏，慮有德色；毋取箕帚，立而誶語。抱哺其子，與公並倨；婦姑不相説，則反脣而相稽。其慈子耆利，不同禽獸者亡幾耳。然并心而赴時，猶曰蹶六國，兼天下。功成求得矣，終不知反廉愧之節，仁義之厚。信并兼之法，遂進取之業，天下大敗；衆掩寡，智欺愚，勇威怯，壯陵衰，其亂至矣。是以大賢起之，威震海內，德從天下。曩之爲秦者，今轉而爲漢矣。然其遺風餘俗，猶尚未改。今世以侈靡相競，而上亡制度，棄禮誼，捐廉恥，日甚，可謂月異而歲不同矣。逐利不耳，慮非顧行也，今其甚者殺父兄矣。盜者剟寢户之簾，搴兩廟之器，白晝大都之中剽吏而奪之金。矯僞者出幾十萬石粟，賦六百餘萬錢，乘傳而行郡國，此其亡行義之尤至者也。而大臣特以簿書不報，期會之間，以爲大故。至於俗流失，世壞敗，因恬而不知怪，慮不動於耳目，以爲是適然耳。夫移風易俗，使天下回心而鄉道，類非俗吏之所能爲也。俗吏之所務，在於刀筆筐篋，而不知大體。陛下又不自憂，竊爲陛下惜之。

夫立君臣，等上下，使父子有禮，六親有紀，此非天之所爲，人之所

設也。夫人之所設，不爲不立，不植則僵，不修則壞。《管子》曰：『禮義廉恥，是謂四維；四維不張，國乃滅亡。』使管子愚人也則可，管子而少知治體，則是豈可不爲寒心哉！秦滅四維而不張，故君臣乖亂，六親殃戮，奸人並起，萬民離叛，凡十三歲，而社稷爲虛。今四維猶未備也，故奸人幾幸，而衆心疑惑。豈如今定經制，令君君臣臣，上下有差，父子六親各得其宜，姦人亡所幾幸，而羣臣衆信，上不疑惑！此業壹定，世世常安，而後有所持循矣。若夫經制不定，是猶度江河亡維楫，中流而遇風波，船必覆矣。可爲長歎息者此也。

夏爲天子，十有餘世，而殷受之。殷爲天子，二十餘世，而周受之。周爲天子，三十餘世，而秦受之。秦爲天子，二世而亡。人性不甚相遠也，何三代之君有道之長，而秦無道之暴也？其故可知也。古之王者，太子乃生，固舉以禮，使士負之，有司齊肅端冕，見之南郊，見於天也。過闕則下，過廟則趨，孝子之道也。故自爲赤子而教固已行矣。昔者成王幼在繈抱之中，召公爲太保，周公爲太傅，太公爲太師。保，保其身體；傅，傅之德義；師，道之教訓：此三公之職也。於是爲置三少，皆上大夫也，曰少保、少傅、少師，是與太子宴者也。故乃孩提有識，三公、三少固明孝仁禮義以道習之，逐去邪人，不使見惡行。於是皆選天下之端士孝悌博聞有道術者以衛翼之，使與太子居處出入。故太子乃生而見正事，聞正言，行正道，左右前後皆正人也。夫習與正人居之，不能毋正，猶生長于齊不能不齊言也；習與不正人居之，不能毋不正，猶生長于楚之地不能不楚言也。故擇其所耆，必先受業，乃得嘗之；擇其所樂，必先有習，乃得爲之。孔子曰：『少成若天性，習慣如自然。』及太子少長，知妃色，則入於學。學者，所學之官也。《學禮》曰：『帝入東學，上親而貴仁，則親疏有序而恩相及矣；帝入南學，上齒而貴信，則長幼有差而民不誣矣；帝入西學，上賢而貴德，則聖智在位而功不遺矣；帝入北學，上貴而尊爵，則貴賤有等而下不逾矣；帝入太學，承師問道，退習而考于太傅，太傅罰其不則而匡其不及，則德智長而治道得矣。此五學者既成于上，則百姓黎民化輯於下矣。』及太子既冠成人，免于保傅之嚴，則有記過之史，徹膳之宰，進善之旌，誹謗之木，敢諫之鼓。瞽史誦詩，工誦箴諫，大夫進謀，士傳民語。習與智長，故切而不愧；化與心成，故中道若性。三代之禮：春朝朝日，秋暮夕月，所以明有敬也；春秋入學，坐國老，執醬而親饋之，所以明有孝也；行以鸞和，步中《采齊》，趣中《肆夏》，所以明有度也；其於禽獸，見其生不食其死，聞其聲不食其肉，故遠庖廚，所以長恩，且明有仁也。

夫三代之所以長久者，以其輔翼太子有此具也。及秦而不然。其俗固非貴辭讓也，所上者告訐也；固非貴禮義也，所上者刑罰也。使趙高傅胡亥而教之獄，所習者非斬劓人，則夷人之三族也。故胡亥今日卽位而明日射人，忠諫者謂之誹謗，深計者謂之妖言，其視殺人若艾草菅然。豈惟胡亥之性惡哉？彼其所以道之者非其理故也。

鄙諺曰：『不習爲吏，視已成事。』又曰：『前車覆，後車誡。』夫三代之所以長久者，其已事可知也；然而不能從者，是不法聖智也。秦世之所以亟絶者，其轍迹可見也；然而不避，是後車又將覆也。夫存亡之變，治亂之機，其要在是矣。天下之命，縣于太子；太子之善，在於早諭教與選左右。夫心未濫而先諭教，則化易成也；開于道術智誼之指，則教之力也。若其服習積貫，則左右而已。夫胡、粤之人，生而同聲，耆欲不異，及其長而成俗，累數譯而不能相通，行者有雖死而不相爲者，則教習然也。臣故曰選左右早諭教最急。夫教得而左右正，則太子正矣，太子正而天下定矣。《書》曰：『一人有慶，兆民賴之。』此時務也。

凡人之智，能見已然，不能見將然。夫禮者禁於將然之前，而法者禁於已然之後，是故法之所用易見，而禮之所爲生難知也。若夫慶賞以勸善，刑罰以懲惡，先王執此之政，堅如金石，行此之令，信如四時，據此之公，無私如天地耳，豈顧不用哉？然而曰禮云禮云者，貴絶惡於未萌，而起教於微眇，使民日遷善遠辠而不自知也。孔子曰：『聽訟，吾猶人也，必也使毋訟乎！』爲人主計者，莫如先審取舍；取捨之極定於內，而安危之萌應於外矣。安者非一日而安也，危者非一日而危也，皆以積漸然，不可不察也。人主之所積，在其取舍。以禮義治之者，積禮義；以刑罰治之者，積刑罰。刑罰積而民怨背，禮義積而民和親。故世主欲民之善同，而所以使民善者或異。或道之以德教，或驅之以法令。道之以德教者，德教洽而民氣樂；驅之以法令者，法令極而民風哀。哀樂之感，禍福之應也。秦王之欲尊宗廟而安子孫，與湯武同，然而湯武廣大其德行，

六七百歲而弗失，秦王治天下，十餘歲則大敗。此亡它故矣，湯武之定取舍審而秦王之定取舍不審矣。夫天下，大器也。今人之置器，置諸安處則安，置諸危處則危。天下之情與器亡以異，在天子之所置之。湯武置天下于仁義禮樂，而德澤洽，禽獸草木廣裕，德被蠻貊四夷，累子孫數十世，此天下所共聞也。秦王置天下於法令刑罰，德澤亡一有，而怨毒盈於世，下憎惡之如仇讎，禍幾及身，子孫誅絕，此天下之所共見也。是非其明效大驗邪！人之言曰：『聽言之道，必以其事觀之，則言者莫敢妄言。』今或言禮誼之不如法令，教化之不如刑罰，人主胡不引殷、周、秦事以觀之也？

人主之尊譬如堂，羣臣如陛，衆庶如地。故陛九級上，廉遠地，則堂高；陛亡級，廉近地，則堂卑。高者難攀，卑者易陵，理勢然也。故古者聖王制爲等列，內有公卿大夫士，外有公侯伯子男，然後有官師小吏，延及庶人，等級分明，而天子加焉，故其尊不可及也。里諺曰：『欲投鼠而忌器。』此善諭也。鼠近于器，尚憚不投，恐傷其器，況於貴臣之近主乎！廉恥節禮以治君子，故有賜死而亡戮辱。是以黥劓之罪不及大夫，以其離主上不遠也。禮不敢齒君之路馬，蹴其芻者有罰；見君之几杖則起，遭君之乘車則下，入正門則趨；君之寵臣雖或有過，刑戮之罪不加其身者，尊君之故也。此所以爲主上豫遠不敬也，所以體貌大臣而厲其節也。今自王侯三公之貴，皆天子之所改容而禮之也，古天子之所謂伯父、伯舅也，而令與衆庶同黥劓髡刖笞傌棄市之法，然則堂不亡陛乎？被戮辱者不泰迫乎？廉恥不行，大臣無乃握重權，大官而有徒隸亡恥之心乎？夫望夷之事，二世見當以重法者，投鼠而不忌器之習也。

臣聞之，履雖鮮不加於枕，冠雖敝不以苴履。夫嘗已在貴寵之位，天子改容而體貌之矣，吏民嘗俯伏以敬畏之矣，今而有過，帝令廢之可也，退之可也，賜之死可也，滅之可也；若夫束縛之，係緤之，輸之司寇，編之徒官，司寇小吏詈罵而榜笞之，殆非所以令衆庶見也。夫卑賤者習知尊貴者之一旦吾亦乃可以加此也，非所以習天下也，非尊尊貴貴之化也。夫天子之所嘗敬，衆庶之所嘗寵，死而死耳，賤人安宜得如此而頓辱之哉！

豫讓事中行之君，智伯伐而滅之，移事智伯。及趙滅智伯，豫讓釁面吞炭，必報襄子，五起而不中。人問豫子，豫子曰：『中行衆人畜我，我故衆人事之；智伯國士遇我，我故國士報之。』故此一豫讓也，反君事仇，行若狗彘，已而抗節致忠，行出虖列士，人主使然也。故主上遇其大臣如遇犬馬，彼將犬馬自爲也；如遇官徒，彼將官徒自爲也。頑頓亡恥，奊詬亡節，廉恥不立，且不自好，苟若而可，故見利則逝，見便則奪。主上有敗，則因而挻之矣；主上有患，則吾苟免而已，立而觀之耳；有便吾身者，則欺賣而利之耳。人主將何便於此？羣下至衆，而主上至少也，所托財器職業者粹於羣下也。俱亡恥，俱苟妄，則主上最病。故古者禮不及庶人，刑不至大夫，所以厲寵臣之節也。古者大臣有坐不廉而廢者，不謂不廉，曰『簠簋不飾』；坐汙穢淫亂男女亡別者，不曰汙穢，曰『帷薄不修』；坐罷軟不勝任者，不謂罷軟，曰『下官不職』。故貴大臣定有其罪矣，猶未斥然正以呼之也，尚遷就而爲之諱也。故其在大譴大何之域者，聞譴何則白冠氂纓，盤水加劍，造請室而請辠耳，上不執縛係引而行也。其有中罪者，聞命而自弛，上不使人頸盭而加也。其有大辠者，聞命則北面再拜，跪而自裁，上不使捽抑而刑之也，曰：『子大夫自有過耳！吾遇子有禮矣。』遇之有禮，故羣臣自憙；嬰以廉恥，故人矜節行。上設廉恥禮義以遇其臣，而臣不以節行報其上者，則非人類也。故化成俗定，則爲人臣者主耳忘身，國耳忘家，公耳忘私，利不苟就，害不苟去，唯義所在。上之化也，故父兄之臣誠死宗廟，法度之臣誠死社稷，輔翼之臣誠死君上，守圄扞敵之臣誠死城郭封疆。故曰聖人有金誠者，比物此志也。彼且爲我死，故吾得與之俱生；彼且爲我亡，故吾得與之俱存；夫將爲我危，故吾得與之皆安。顧行而忘利，守節而仗義，故可以托不御之權，可以寄六尺之孤。此厲廉恥行禮誼之所致也，主上何喪焉！此之不爲，而顧彼之久行，故曰可爲長歎息者此也。

是時丞相絳侯周勃免就國，人有告勃謀反，逮繫長安獄治，卒亡事，復爵邑，故賈誼以此譏上。上深納其言，養臣下有節。是後大臣有罪，皆自殺，不受刑。至武帝時，稍復入獄，自甯成始。

又　卷五七下《司馬相如傳》（司馬相如）嘗從上至長楊獵。是時天子方好自擊熊豕，馳逐野獸，相如因上疏諫。其辭曰：

臣聞物有同類而殊能者，故力稱烏獲，捷言慶忌，勇其賁育。臣之

患，竊以爲人誠有之，獸亦宜然。今陛下好陵阻險，射猛獸，卒然遇逸材之獸，駭不存之地，犯屬車之清塵，輿不及還轅，人不暇施巧，雖有烏獲、逢蒙之技不能用，枯木朽株盡爲難矣。是胡越起於轂下，而羌夷接軫也，豈不殆哉！雖萬全而無患，然本非天子之所宜近也。

且夫清道而後行，中路而馳，猶時有銜橛之變。況乎涉豐草，騁丘虛，前有利獸之樂，而內無存變之意，其爲害也不亦難矣！夫輕萬乘之重不以爲安，樂出萬有一危之塗以爲娛，臣竊爲陛下不取。

蓋明者遠見於未萌，而知者避危於無形，禍固多藏於隱微而發於人之所忽者也。故鄙諺曰：『家累千金，坐不垂堂。』此言雖小，可以諭大。臣願陛下留意幸察。

上善之。

又　卷六〇《杜業傳》　（杜）業有材能，以列侯選，復爲太常。數言得失，不事權貴，與丞相翟方進、衛尉定陵侯淳于長不平。後業坐法免官，復爲函谷關都尉。會定陵侯長有罪，當就國，長舅紅陽侯立與業書曰：『誠哀老姊垂白，隨無狀子出關，願勿復用前事相侵。』定陵侯既出關，伏罪復發，下雒陽獄。丞相史搜得紅陽侯書，奏業聽請，不敬，坐免就國。【略】

會成帝崩，哀帝即位，業復上書言：『王氏世權日久，朝無骨鯁之臣，宗室諸侯微弱，與繫囚無異，自佐史以上至於大吏皆權臣之黨。曲陽侯根前爲三公輔政，知趙昭儀殺皇子，不輒白奏，反與趙氏比周，恣意妄行，譖訴故許后，被加以非罪，誅破諸許族，敗元帝外家。內嫉妒同產兄姊紅陽侯立及淳于氏，皆老被放棄。新喋血京師，威權可畏。高陽侯薛宣有不養母之名，安昌侯張禹奸人之雄，惑亂朝廷，使先帝負謗于海內，尤不可不慎。陛下初即位，謙讓未皇，孤獨特立，莫可據杖，權臣易世，意若探湯。宜蚤以義割恩，安百姓心。竊見朱博忠信勇猛，材略不世出，誠國家雄俊之寶臣也，宜徵博置左右，以填天下。此人在朝，則陛下可高枕而卧矣。昔諸呂欲危劉氏，賴有高祖遺臣周勃、陳平尚存，不者，幾爲奸臣笑。』

又　卷六三《戾太子劉據傳》　武帝末，衛后寵衰，江充用事。充與太子及衛氏有隙，恐上晏駕後爲太子所誅，會巫蠱事起，充因此爲奸。

是時，上春秋高，意多所惡，以爲左右皆爲蠱道祝詛，窮治其事。丞相公孫賀父子，陽石、諸邑公主，及皇后弟子長平侯衛伉皆坐誅。語在《公孫賀》、《江充傳》。

充典治巫蠱，既知上意，白言宮中有蠱氣，入宮至省中，壞御座掘地。上使按道侯韓說、御史章贛、黃門蘇文等助充。充遂至太子宮掘蠱，得桐木人。時上疾，辟暑甘泉宮，獨皇后、太子在。太子召問少傅石德，德懼爲師傅并誅，因謂太子曰：『前丞相父子、兩公主及衛氏皆坐此，今巫與使者掘地得徵驗，不知巫置之邪，將實有也，無以自明，可矯以節收捕充等繫獄，窮治其奸詐。且上疾在甘泉，皇后及家吏請問皆不報，上存亡未可知，而奸臣如此，太子將不念秦扶蘇事耶？』太子急，然德言。

征和二年七月壬午，乃使客爲使者收捕充等。按道侯說疑使者有詐，不肯受詔，客格殺說。御史章贛被創突亡，自歸甘泉。太子使舍人無且持節夜入未央宮殿長秋門，因長御倚華具白皇后，發中廄車載射士，出武庫兵，發長樂宮衛，告令百官曰江充反。乃斬充以徇，炙胡巫上林中。遂部賓客爲將率，與丞相劉屈氂等戰。長安中擾亂，言太子反，以故衆不附。太子兵敗，亡，不得。

上怒甚，羣下憂懼，不知所出。壺關三老茂上書曰：『臣聞父者猶天，母者猶地，子猶萬物也。故天平地安，陰陽和調，物乃茂成；父慈母愛室家之中，子乃孝順。陰陽不和則萬物夭傷，父子不和則室家喪亡。故父不父則子不子，君不君則臣不臣，雖有粟，吾豈得而食諸！昔者虞舜，孝之至也，而不中於瞽叟；孝已被謗，伯奇放流，骨肉至親，父子相疑。何者？積毀之所生也。由是觀之，子無不孝，而父有不察，今皇太子爲漢適嗣，承萬世之業，體祖宗之重，親則皇帝之宗子也。江充，布衣之人，閭閻之隸臣耳，陛下顯而用之，銜至尊之命以迫蹴皇太子，造飾奸詐，羣邪錯謬，是以親戚之路隔塞而不通。太子進則不得上見，退則困於亂臣，獨冤結而亡告，不忍忿忿之心，起而殺充，恐懼逋逃，子盜父兵以救難自免耳，臣竊以爲無邪心。《詩》曰：「營營青蠅，止於藩；愷悌君子，無信讒言；讒言罔極，交亂四國。」往者江充讒殺趙太子，天下莫不聞，其罪固宜。陛下不省察，深過太子，發盛怒，舉大兵而求之，三公自將，智者不敢言，辯士不敢說，臣竊痛之。臣聞子胥盡忠而忘其號，

比干盡仁而遺其身，忠臣竭誠不顧鈇鉞之誅以陳其愚，志在匡君安社稷也。《詩》云：「取彼譖人，投畀豺虎。」唯陛下寬心慰意，少察所親，毋患太子之非，亟罷甲兵，無令太子久亡。臣不勝惓惓，出一旦之命，待罪建章闕下。』書奏，天子感寤。

又　卷六五《東方朔傳》　東方朔字曼倩，平原厭次人。【略】上以朔爲常侍郎。【略】初，建元三年，微行始出，北至池陽，西至黄山，南獵長楊，東遊宜春。微行常用飲酎已。八九月中，與侍中常侍武騎及待詔隴西北地良家子能騎射者期諸殿門，故有『期門』之號自此始。微行以夜漏下十刻乃出，常稱平陽侯。旦明，入山下馳射鹿豕狐兔，手格熊羆，馳騖禾稼稻粳之地。民皆號呼罵詈，相聚會，自言鄠杜令。令往，欲謁平陽侯，諸騎欲擊鞭之。令大怒，使吏呵止，獵者數騎見留，乃示以乘輿物，久之乃得去。時夜出夕還，後齎五日糧，會朝長信宫，上大驩樂之。是後，南山下乃知微行數出也，然尚迫于太后，未敢遠出。丞相御史知指，乃使右輔都尉徼循長楊以東，右内史發小民共待會所。後乃私置更衣，從宣曲以南十二所，中休更衣，投宿諸宫，長楊、五柞、倍陽、宣曲尤幸。於是上以爲道遠勞苦，又爲百姓所患，乃使太中大夫吾丘壽王與待詔能用算者二人，舉籍阿城以南，盩厔以東，宜春以西，提封頃畝，乃其賈直，欲除以爲上林苑，屬之南山。又詔中尉、左右内史表屬縣草田，欲以償鄠杜之民。吾丘壽王奏事，上大説稱善。時朔在傍，進諫曰：

臣聞謙遜静慤，天表之應，應之以福；驕溢靡麗，天表之應，應之以異。今陛下累郎臺，恐其不高也；弋獵之處，恐其不廣也。如天不爲變，則三輔之地盡可以爲苑，何必盩厔、鄠、杜乎！奢侈越制，天爲之變，上林雖小，臣尚以爲大也。

夫南山，天下之阻也，南有江淮，北有河渭，其地從汧隴以東，商雒以西，厥壤肥饒。漢興，去三河之地，止霸産以西，都涇渭之南，此所謂天下陸海之地，秦之所以虜西戎兼山東者也。其山出玉石，金、銀、銅、鐵，豫章、檀、柘，異類之物，不可勝原，此百工所取給，萬民所卬足也。又有粳稻梨栗桑麻竹箭之饒，土宜薑芋，水多蛙魚，貧者得以人給家足，無飢寒之憂。故酆鎬之間號爲土膏，其賈畝一金。今規以爲苑，絶陂池水澤之利，而取民膏腴之地，上乏國家之用，下奪農桑之業，棄成功，就敗事，損耗五穀，是其不可一也。且盛荆棘之林，而長養麋鹿，廣狐兔之苑，大虎狼之虚，又壞人塚墓，發人室廬，令幼弱懷土而思，耆老泣涕而悲，是其不可二也。斥而營之，垣而囿之，騎馳東西，車騖南北，又有深溝大渠，夫一日之樂不足以危無堤之輿，是其不可三也。故務苑囿之大，不恤農時，非所以强國富人也。

夫殷作九市之宫而諸侯畔，靈王起章華之臺而楚民散，秦興阿房之殿而天下亂。糞土愚臣，忘生觸死，逆盛意，犯隆指，罪當萬死，不勝大願，願陳《泰階六符》，以觀天變，不可不省。

是日因奏《泰階》之事，上乃拜朔爲太中大夫給事中，賜黄金百斤。然遂起上林苑，如壽王所奏云。

久之，隆慮公主子昭平君尚帝女夷安公主，隆慮主病困，以金千斤錢千萬爲昭平君豫贖死罪，上許之。隆慮主卒，昭平君日驕，醉殺主傅，獄繫内宫。以公主子，廷尉上請請論。左右人人爲言：『前又入贖，陛下許之。』上曰：『吾弟老有是一子，死以屬我。』於是爲之垂涕歎息，良久曰：『法令者，先帝所造也，用弟故而誣先帝之法，吾何面目入高廟乎！又下負萬民。』乃可其奏，哀不能自止，左右盡悲。朔前上壽，曰：『臣聞聖王爲政，賞不避仇讎，誅不擇骨肉。《書》曰：「不偏不黨，王道蕩蕩。」此二者，五帝所重，三王所難也。陛下行之，是以四海之内元元之民各得其所，天下幸甚！臣朔奉觴，昧死再拜上萬歲壽。』上乃起，入省中，夕時召讓朔，曰：『傳曰「時然後言，人不厭其言」。今先生上壽，時乎？』朔免冠頓首曰：『臣聞樂太盛則陽溢，哀太盛則陰損，陰陽變則心氣動，心氣動則精神散，精神散而邪氣及。銷憂者莫若酒，臣朔所以上壽者，明陛下正而不阿，因以止哀也。愚不知忌諱，當死。』先是，朔嘗醉入殿中，小遺殿上，劾不敬。有詔免爲庶人，待詔宦者署。因此對復爲中郎，賜帛百匹。

初，帝姑館陶公主號竇太主，堂邑侯陳午尚之。午死，主寡居，年五十餘矣，近幸董偃。始偃與母以賣珠爲事，偃年十三，隨母出入主家。左右言其姣好，主召見，曰；『吾爲母養之。』因留第中，教書計相馬御射，頗讀傳記。至年十八而冠，出則執轡，入則侍内。爲人温柔愛人，以主故，諸公接之，名稱城中，號曰董君。主因推令散財交士，令中府曰：

『董君所發，一日金滿百斤，錢滿百萬，帛滿千匹，乃白之。』安陵爰叔者，爰盎兄子也，與偃善，謂偃曰：『足下私侍漢主，挾不測之罪，將欲安處乎？』偃懼曰：『憂之久矣，不知所以。』爰叔曰：『顧城廟遠無宿宮，又有萩竹籍田，足下何不白主獻長門園？此上所欲也。如是，上知計出於足下也，則安枕而卧，長無慘怛之憂。久之不然，上且請之，於足下何如？』偃頓首曰：『敬奉教。』入言之主，主立奏書獻之。上大説，更名竇大主園爲長門宮。主大喜，使偃以黃金百斤爲爰叔壽。

叔因是爲董君畫求見上之策，令主稱疾不朝。上往臨疾，問所欲，主辭謝曰：『妾幸蒙陛下厚恩，先帝遺德，奉朝請之禮，備臣妾之儀，列爲公主，賞賜邑入，隆天重地，死無以塞責。一日卒有不勝灑掃之職，先狗馬填溝壑，竊有所恨，不勝大願，願陛下時忘萬事，養精游神，從中掖庭回輿，枉路臨妾山林，得獻觴上壽，娛樂左右。如是而死，何恨之有！』上曰：『主何憂？幸得愈。恐羣臣從官多，大爲主費。』上還，有頃，主疾愈，起謁，上以錢千萬從主飲。後數日，上臨山林，主自執宰敝膝，道入登階就坐。坐未定，上曰：『願謁主人翁。』主乃下殿，去簪珥，徒跣頓首謝曰：『妾無狀，負陛下，身當伏誅。陛下不致之法，頓首死罪。』有詔謝。主簪履起，之東廂自引董君。董君綠幘傅韝，隨主前，伏殿下。主乃贊：『館陶公主胞人臣偃昧死再拜謁。』因叩頭謝，上爲之起。有詔賜衣冠上。偃起，走就衣冠。主自奉食進觴。當是時，董君見尊不名，稱爲『主人翁』，飲大歡樂。主乃請賜將軍列侯從官金錢雜繒各有數。於是董君貴寵，天下莫不聞。郡國狗馬蹴鞠劍客輻湊董氏。常從遊戲北宮，馳逐平樂，觀雞鞠之會，角狗馬之足，上大歡樂之。於是上爲竇太主置酒宣室，使謁者引内董君。

是時，朔陛戟殿下，辟戟而前曰：『董偃有斬罪三，安得入乎？』上曰：『何謂也？』朔曰：『偃以人臣私侍公主，其罪一也。敗男女之化，而亂婚姻之禮，傷王制，其罪二也。陛下富於春秋，方積思於《六經》，留神於王事，馳騖于唐虞，折節於三代，偃不遵經勸學，反以靡麗爲右，奢侈爲務，盡狗馬之樂，極耳目之欲，行邪枉之道，徑淫辟之路，是乃國家之大賊，人主之大蜮。偃爲淫首，其罪三也。昔伯姬燔而諸侯憚，奈何乎陛下？』上默然不應，良久曰：『吾業以設飲，後而自改。』朔曰：『不可。夫宣室者，先帝之正處也，非法度之政不得入焉。故淫亂之漸，其變爲篡，是以豎貂爲淫而易牙作患，慶父死而魯國全，管蔡誅而周室安。』上曰：『善。』有詔止，更置酒北宮，引董君從東司馬門。東司馬門更名東交門。賜朔黃金三十斤。董君之寵由是日衰，至年三十而終。後數歲，竇太主卒，與董君會葬於霸陵。是後，公主貴人多逾禮制，自董偃始。

又　卷六七《梅福傳》　梅福字子眞，九江壽春人也。【略】數因縣道上言變事，求假軺傳，詣行在所條對急政，輒報罷。

是時成帝委任大將軍王鳳，鳳專勢擅朝，而京兆尹王章素忠直，譏刺鳳，爲鳳所誅。王氏浸盛，災異數見，羣下莫敢正言。福復上書曰：

臣聞箕子佯狂于殷，而爲周陳《洪範》；叔孫通遁秦歸漢，制作儀品。夫叔孫先非不忠也，箕子非疏其家而畔親也，不可爲言也。昔高祖納善若不及，從諫若轉圜，聽言不求其能，舉功不考其素。陳平起於亡命而爲謀主，韓信拔于行陳而建上將。故天下之士雲合歸漢，爭進奇異，知者竭其策，愚者盡其慮，勇士極其節，怯夫勉其死。合天下之知，并天下之威，是以舉秦如鴻毛，取楚若拾遺，此高祖所以亡敵於天下也。孝文皇帝起于代谷，非有周召之師，伊呂之佐也，循高祖之法，加以恭儉。當此之時，天下幾平。繇是言之，循高祖之法則治，不循則亂。何者？秦爲亡道，削仲尼之迹，滅周公之軌，壞井田，除五等，禮廢樂崩，王道不通，故欲行王道者莫能致其功也。孝武皇帝好忠諫，説至言，出爵不待廉茂，慶賜不須顯功，是以天下布衣各厲志竭精以赴闕廷自衒鬻者不可勝數。漢家得賢，於此爲盛。使孝武皇帝聽用其計，升平可致。於是積屍暴骨，快心胡越，故淮南王安緣間而起。所以計慮不成而謀議泄者，以衆賢聚於本朝，故其大臣勢陵不敢和從也。方今布衣乃窺國家之隙，見間而起者，蜀郡是也。及山陽亡徒蘇令之羣，蹈藉名都大郡，求黨與，索隨和，而亡逃匿之意。此皆輕量大臣，亡所畏忌，國家之權輕，故匹夫欲與上爭衡也。

士者，國之重器；得士則重，失士則輕。《詩》云：『濟濟多士，文王以寧。』廟堂之議，非草茅所當言也。臣誠恐身塗野草，屍并卒伍，故數上書求見，輒報罷。臣聞齊桓之時有以九九見者，桓公不逆，欲以致大也。今臣所言非特九九也，陛下距臣者三矣，此天下士所以不至也。昔

秦武王好力，任鄙叩關自鬻；繆公行伯，繇余歸德。今欲致天下之士，民有上書求見者，輒使詣尚書問其所言，言可採取者，秩以升斗之禄，賜以一束之帛。若此，則天下之士發憤懣，吐忠言，嘉謀日聞於上，天下條貫，國家表裏，爛然可睹矣。夫以四海之廣，士民之數，能言之類至衆多也。然其俊傑指世陳政，言成文章，質之先聖而不繆，施之當世合時務，若此者，亦亡幾人。故爵禄束帛者，天下之底石，高祖所以厲世摩鈍也。孔子曰：『工欲善其事，必先利其器。』至秦則不然，張誹謗之罔，以爲漢驅除，倒持泰阿，授楚其柄。故誠能勿失其柄，天下雖有不順，莫敢觸其鋒，此孝武皇帝所以辟地建功爲漢世宗也。今不循伯者之道，乃欲以三代選舉之法取當時之士，猶察伯樂之圖，求騏驥於市，而不可得，亦已明矣。故高祖棄陳平之過而獲其謀，晉文召天王，齊桓用其讎，有益於時，不顧逆順，此所謂伯道者也。一色成體謂之醇，白黑雜合謂之駁。欲以承平之法治暴秦之緒，猶以鄉飲酒之禮理軍市也。

今陛下既不納天下之言，又加戮焉。夫鳶鵲遭害，則仁鳥增逝；愚者蒙戮，則知士深退。間者愚民上疏，多觸不急之法，或下廷尉，而死者衆。自陽朔以來，天下以言爲諱，朝廷尤甚，羣臣皆承順上指，莫有執正。何以明其然也？取民所上書，陛下之所善，試下之廷尉，廷尉必曰『非所宜言，大不敬。』以此卜之，一矣。故京兆尹王章資質忠直，敢面引廷爭，孝元皇帝擢之，以厲具臣而矯曲朝。及至陛下，戮及妻子。且惡惡止其身，王章非有反畔之辜，而殃及家。折直士之節，結諫臣之舌，羣臣皆知其非，然不敢爭，天下以言爲戒，最國家之大患也。願陛下循高祖之軌，杜亡秦之路，數御《十月》之歌，留意《亡逸》之戒，除不急之法，下亡諱之詔，博鑒兼聽，謀及疏賤，令深者不隱，遠者不塞，所謂『辟四門，明四目』也。且不急之法，誹謗之微者也。『往者不可及，來者猶可追。』方今君命犯而主威奪，外戚之權日以益隆，陛下不見其形，願察其景。建始以來，日食地震，以率言之，三倍春秋，水灾亡與比數。陰盛陽微，金鐵爲飛，此何景也！漢興以來，社稷三危。呂、霍、上官皆母后之家也，親親之道，全之爲右，當與之賢師良傅，教以忠孝之道。今乃尊寵其位，授以魁柄，使之驕逆，至於夷滅，此失親親之大者也。自霍光之賢，不能爲子孫慮，故權臣易世則危。《書》曰：『毋若火，始庸庸。』勢陵于君，權隆於主，然後防之，亦亡及已。

上遂不納。成帝久亡繼嗣，福以爲宜建三統，封孔子之世以爲殷後，復上書曰：

臣聞『不在其位，不謀其政』。政者職也，位卑而言高者罪也。越職觸罪，危言世患，雖伏質横分，臣之願也。守職不言，没齒身全，死之日，屍未腐而名滅，雖有景公之位，伏歷千駟，臣不貪也。故願一登文石之陛，涉赤墀之途，當户牖之法坐，盡平生之愚慮。亡益于時，有遺於世，此臣寢所以不安，食所以忘味也。願陛下深省臣言。

臣聞存人所以自立也，壅人所以自塞也。善惡之報，各如其事。昔者秦滅二周，夷六國，隱士不顯，逸民不舉，絶三統，滅天道，是以身危子殺，厥孫不嗣，所謂壅人以自塞者也。故武王克殷，未下車，存五帝之後，封殷于宋，紹夏於杞，明著三統，示不獨有也。是以姬姓半天下，遷廟之主，流出於户，所謂存人以自立者也。今成湯不祀，殷人亡後，陛下繼嗣久微，殆爲此也。《春秋經》曰：『宋殺其大夫。』《穀梁傳》曰：『其不稱名姓，以其在祖位，尊之也。』此言孔子故殷之後也，雖不正統，封其子孫以爲殷後，禮亦宜之。何者？諸侯奪宗，聖庶奪適。傳曰『賢者子孫宜有土』而況聖人，又殷之後哉！昔成王以諸侯禮葬周公，而皇天動威，雷風著灾。今仲尼之廟不出闕里，孔氏子孫不免編户，以聖人而歆匹夫之祀，非皇天之意也。今陛下誠能據仲尼之素功，以封其子孫，則國家必獲其福，又陛下之名與天亡極。何者？追聖人素功，封其子孫，未有法也，後聖必以爲則。不滅之名，可不勉哉！

福孤遠，又譏切王氏，故終不見納。

又　卷七一《薛廣德傳》　（薛）廣德爲人温雅有醞藉。及爲三公，直言諫爭。始拜旬日間，上幸甘泉，郊泰畤，禮畢，因留射獵。廣德上書曰：『竊見關東困極，人民流離。陛下日撞亡秦之鐘，聽鄭、衛之樂，臣誠悼之。今士卒暴露，從官勞倦，願陛下亟反宫，思與百姓同憂樂，天下幸甚。』上即日還。

又　卷七二《王吉傳》　王吉字子陽，琅邪皋虞人也。少好學明經，以郡吏舉孝廉爲郎，補若盧右丞，遷雲陽令。舉賢良爲昌邑中尉，而王好遊獵，驅馳國中，動作亡節，吉上疏諫，曰：

臣聞古者師日行三十里，吉行五十里，《詩》云：『匪風發兮，匪車揭兮，顧瞻周道，中心怛兮。』説曰：是非古之風也，發發者；是非古之車也，揭揭者。蓋傷之也。今者大王幸方與，曾不半日而馳二百里，百姓頗廢耕桑，治道牽馬，臣愚以爲民不可數變也。昔召公述職，當民事時，舍於棠下而聽斷焉。是時人皆得其所，後世思其仁恩，至乎不伐甘棠，《甘棠》之詩是也。

大王不好書術而樂逸游，馮式撙銜，馳騁不止，口倦乎叱咤，手苦於箠轡，身勞乎車輿；朝則冒霧露，晝則被塵埃，夏則爲大暑之所暴炙，冬則爲風寒之所偃薄。數以耎脆之玉體犯勤勞之煩毒，非所以全壽命之宗也，又非所以進仁義之隆也。

夫廣夏之下，細旃之上，明師居前，勸誦在後，上論唐虞之際，下及殷周之盛，考仁聖之風，習治國之道，訢訢焉發憤忘食，日新厥德，其樂豈徒銜橛之間哉！休則俛仰詘信以利形，進退步趨以實下，吸新吐故以練臧，專意積精以適神，於以養生，豈不長哉！大王誠留意如此，則心有堯舜之志，體有喬松之壽，美聲廣譽登而上聞，則福禄其轃而社稷安矣。

皇帝仁聖，至今思慕未怠，於宫館囿池弋獵之樂未有所幸，大王宜夙夜念此，以承聖意。諸侯骨肉，莫親大王，大王于屬則子也，於位則臣也，一身而二任之責加焉，恩愛行義孅介有不具者，於以上聞，非饗國之福也。臣吉愚戇，願大王察之。

王賀雖不遵道，然猶知敬禮吉，乃下令曰：『寡人造行不能無惰，中尉甚忠，數輔吾過。使謁者千秋賜中尉牛肉五百斤，酒五石，脯五束。』其後復放從自若。吉輒諫爭，甚得輔弼之義，雖不治民，國中莫不敬重焉。

久之，昭帝崩，亡嗣，大將軍霍光秉政，遣大鴻臚宗正迎昌邑王。吉即奏書戒王曰：『臣聞高宗諒闇，三年不言。今大王以喪事徵，宜日夜哭泣悲哀而已，慎毋有所發。且何獨喪事，凡南面之君何言哉？天不言，四時行焉，百物生焉，願大王察之。大將軍仁愛勇智，忠信之德天下莫不聞，事孝武皇帝二十餘年未嘗有過。先帝棄羣臣，屬以天下，寄幼孤焉，大將軍抱持幼君繈褓之中，布政施教，海内晏然，雖周公、伊尹亡以加也。今帝崩亡嗣，大將軍惟思可以奉宗廟者，攀援而立大王，其仁厚豈有量哉！臣願大王事之敬之，政事一聽之，大王垂拱南面而已。願留意，常以爲念。』

王既到，即位二十餘日以行淫亂廢。昌邑羣臣坐在國時不舉奏王罪過，令漢朝不聞知，又不能輔道，陷王大惡，皆下獄誅。唯吉與郎中令龔遂以忠直數諫正得減死，髡爲城旦。

起家復爲益州刺史，病去官，復徵爲博士諫大夫。是時宣帝頗修武帝故事，宫室車服盛於昭帝。時外戚許、史、王氏貴寵，而上躬親政事，任用能吏。吉上疏言得失，曰：

陛下躬聖質，總萬方，帝王圖籍日陳於前，惟思世務，將興太平。詔書每下，民欣然若更生。臣伏而思之，可謂至恩，未可謂本務也。

欲治之主不世出，公卿幸得遭遇其時，言聽諫從，然未有建萬世之長策，舉明主於三代之隆者也。其務在於期會簿書，斷獄聽訟而已，此非太平之基也。

臣聞聖王宣德流化，必自近始。朝廷不備，難以言治；左右不正，難以化遠。民者，弱而不可勝，愚而不可欺也。聖主獨行于深宫，得則天下稱誦之，失則天下咸言之。行發於近，必見於遠，故謹選左右，審擇所使。左右所以正身也，所使所以宣德也。《詩》云：『濟濟多士，文王以寧。』此其本也。

《春秋》所以大一統者，六合同風，九州共貫也。今俗吏所以牧民者，非有禮義科指可世世通行者也，獨設刑法以守之。其欲治者，不知所繇，以意穿鑿，各取一切，權譎自在，故一變之後不可復修也。是以百里不同風，千里不同俗，户異政，人殊服，詐僞萌生，刑罰亡極，質樸日銷，恩愛浸薄。孔子曰『安上治民，莫善於禮』，非空言也。王者未制禮之時，引先王禮宜於今者而用之。臣願陛下承天心，發大業，與公卿大臣延及儒生，述舊禮，明王制，驅一世之民濟之仁壽之域，則俗何以不若成康，壽何以不若高宗？竊見當世趨務不合於道者，謹條奏，唯陛下財擇焉。

吉意以爲：『夫婦，人倫大綱，夭壽之萌也。世俗嫁娶太早，未知爲人父母之道而有子，是以教化不明而民多夭。聘妻送女亡節，則貧人不

及，故不舉子。又漢家列侯尚公主，諸侯則國人承翁主，使男事女，夫詘於婦，逆陰陽之位，故多女亂。古者衣服車馬貴賤有章，以褒有德而別尊卑，今上下僭差，人人自制，是以貪財誅利，不畏死亡。周之所以能致治，刑措而不用者，以其禁邪於冥冥，絕惡於未萌也。』又言：『舜、湯不用三公九卿之世而舉皋陶、伊尹，不仁者遠。今使俗吏得任子弟，率多驕驁，不通古今，至於積功治人，亡益於民，此《伐檀》所爲作也。宜明選求賢，除任子之令。外家及故人可厚以財，不宜居位。去角抵，減樂府，省尚方，明視天下以儉。古者工不造琱瑑，商不通侈靡，非工商之獨賢，政教使之然也。民見儉則歸本，本立而末成。』其指如此，上以其言迂闊，不甚寵異也。吉遂謝病歸琅邪。

又《貢禹傳》 貢禹字少翁，琅邪人也。以明經潔行著聞，徵爲博士，涼州刺史，病去官。復舉賢良爲河南令。歲餘，以職事爲府官所責，免冠謝。禹曰：『冠壹免，安復可冠也！』遂去官。

元帝初卽位，徵禹爲諫大夫，數虛己問以政事。是時，年歲不登，郡國多困，禹奏言：

古者宮室有制，宮女不過九人，秣馬不過八匹；牆塗而不琱，木摩而不刻，車輿器物皆不文畫，苑囿不過數十里，與民共之；任賢使能，什一而稅，亡它賦斂繇戍之役，使民歲不過三日，千里之內自給，千里之外各置貢職而已。故天下家給人足，頌聲並作。

至高祖、孝文、孝景皇帝，循古節儉，宮女不過十餘，廏馬百餘匹。孝文皇帝衣綈履革，器亡琱文金銀之飾。後世爭爲奢侈，轉轉益甚，臣下亦相放效，衣服履絝刀劍亂於主上，主上時臨朝入廟，衆人不能別異，甚非其宜。然非自知奢僭也，猶魯昭公曰：『吾何僭矣？』

今大夫僭諸侯，諸侯僭天子，天子過天道，其日久矣。承衰救亂，矯復古化，在於陛下。臣愚以爲盡如太古難，宜少放古以自節焉。《論語》曰：『君子樂節禮樂。』方今宮室已定，亡可奈何矣，其餘盡可減損。故時齊三服官輸物不過十笥，方今齊三服官作工各數千人，一歲費數巨萬。蜀廣漢主金銀器，歲各用五百萬。三工官官費五千萬，東西織室亦然。廏馬食粟將萬匹。臣禹嘗從之東宮，見賜懷案，盡文畫金銀飾，非當所以賜食臣下也。東宮之費亦不可勝計。天下之民所爲大飢餓死者，是也。今民大飢而死，死又不葬，爲犬豬食。人至相食，而廏馬食粟，苦其大肥，氣甚怒至，乃日步作之。王者受命於天，爲民父母，固當若此乎！天不見邪？武帝時，又多取好女至數千人，以填後宮。及棄天下，昭帝幼弱，霍光專事，不知禮正，妄多臧金錢財物，鳥獸魚鱉牛馬虎豹生禽，凡百九十物，盡瘞臧之，又皆以後宮女置於園陵，大失禮，逆天心，又未必稱武帝意也。昭帝晏駕，光復行之。至孝宣皇帝時，陛下惡有所言，羣臣亦隨故事，甚可痛也！故使天下承化，取女皆大過度，諸侯妻妾或至數百人，豪富吏民畜歌者至數十人，是以內多怨女，外多曠夫。及衆庶葬埋，皆虛地上以實地下。其過自上生，皆在大臣循故事之罪也。

唯陛下深察古道，從其儉者，大減損乘輿服御器物，三分去二。子產多少有命，審察後宮，擇其賢者留二十人，餘悉歸之。及諸陵園女亡子者，宜悉遣。獨杜陵宮人數百，誠可哀憐也。廏馬可亡過數十匹。獨舍長安城南苑地以爲田獵之囿，自城西南至山西至鄠皆復其田，以與貧民。方今天下饑饉，可亡大自損減以救之，稱天意乎？天生聖人，蓋爲萬民，非獨使自娛樂而已也。故《詩》曰：『天難諶斯，不易爲王。』『上帝臨女，毋貳爾心。』『當仁不讓』，獨可以聖心參諸天地，揆之往古，不可與臣下議也。若其阿意順指，隨君上下，臣禹不勝拳拳，不敢不盡愚心。

天子納善其忠，乃下詔令太僕減食穀馬，水衡減食肉獸，省宜春下苑以與貧民，又罷角抵諸戲及齊三服官。遷禹爲光祿大夫。

又《鮑宣傳》 鮑宣字子都，渤海高城人也。【略】大司馬衛將軍王商辟宣，薦爲議郎，後以病去。哀帝初，大司空何武除宣爲西曹掾，甚敬重焉，薦宣爲諫大夫，遷豫州牧。歲餘，丞相司直郭欽奏『宣舉錯煩苛，代二千石署吏聽訟，所察過詔條。行部乘傳去法駕，駕一馬，舍宿鄉亭，爲衆所非。』宣坐免。歸家數月，復徵爲諫大夫。

宣每居位，常上書諫爭，其言少文多實。是時帝祖母傅太后欲與成帝母俱稱尊號，封爵親屬，丞相孔光、大司空師丹、何武、大司馬傅喜始執正議，失傅太后指，皆免官。丁、傅子弟並進，董賢貴幸，宣以諫大夫從其後，上書諫曰：

竊見孝成皇帝時，外親持權，人人牽引所私以充塞朝廷，妨賢人路，濁亂天下，奢泰亡度，窮困百姓，是以日蝕且十，彗星四起。危亡之徵，

陛下所親見也，今奈何反覆劇於前乎！朝臣亡有大儒骨鯁，白首耆艾，魁壘之士；論議通古今，喟然動衆心，憂國如飢渴者，臣未見也。敦外親小童及幸臣董賢等在公門省户下，陛下欲與此共承天地，安海内，甚難。今世俗謂不智者爲能，謂智者爲不能。昔堯放四罪而天下服，今除一吏而衆皆惑；古刑人尚服，今賞人反惑。請寄爲姦，羣小日進。國家空虛，用度不足。民流亡，去城郭，盜賊並起，吏爲殘賊，歲增於前。

凡民有七亡：陰陽不和，水旱爲灾，一亡也；縣官重責更賦租稅，二亡也；貪吏並公，受取不已，三亡也；豪强大姓蠶食亡厭，四亡也；苛吏徭役，失農桑時，五亡也；部落鼓鳴，男女遮列，六亡也；盜賊劫略，取民財物，七亡也。七亡尚可，又有七死：酷吏毆殺，一死也；治獄深刻，二死也；冤陷亡辜，三死也；盜賊横發，四死也；怨讎相殘，五死也；歲惡飢餓，六死也；時氣疾疫，七死也。民有七亡而無一得，欲望國安，誠難；民有七死而無一生，欲望刑措，誠難。此非公卿守相貪殘成化之所致邪？羣臣幸得居尊官，食重禄，豈有肯加惻隱於細民，助陛下流教化者邪？志但在營私家，稱賓客，爲姦利而已。以苟容曲從爲賢，以拱默尸禄爲智，謂如臣宣等爲愚。陛下擢臣巖穴，誠冀有益毫毛，豈徒欲使臣美食大官，重高門之地哉！

天下乃皇天之天下也，陛下上爲皇太子，下爲黎庶父母，爲天牧養元元，視之當如一，合《尸鳩》之詩。今貧民菜食不厭，衣又穿空，父子夫婦不能相保，誠可爲酸鼻。陛下不救，將安所歸命乎？奈何獨私養外親與幸臣董賢，多賞賜以大萬數，使奴從賓客漿酒霍肉，蒼頭廬兒皆用致富！非天意也。及汝昌侯傅商亡功而封。夫官爵非陛下之官爵，乃天下之官爵也。陛下取非其官，官非其人，而望天説民服，豈不難哉！

方陽侯孫寵、宜陵侯息夫躬辯足以移衆，彊可用獨立，姦人之雄，或世尤劇者也，宜以時罷退。及外親幼童未通經術者，皆宜令休就師傅。急徵故大司馬傅喜使領外親。故大司空何武、師丹、故丞相孔光、故左將軍彭宣，經皆更博士，位皆歷三公，智謀威信，可與建教化，圖安危。龔勝爲司直，郡國皆慎選舉，三輔委輸官不敢爲姦，可大委任也。陛下前以小不忍退武等，海内失望。陛下尚能容亡功德者甚衆，曾不能忍武等邪！治天下者當用天下之心爲心，不得自專快意而已也。上之皇天見譴，下之黎庶怨恨，次有諫爭之臣，陛下苟欲自薄而厚惡臣，天下猶不聽也。臣雖愚戇，獨不知多受禄賜，美食太官，廣田宅，厚妻子，不與惡人結讎怨以安身邪？誠迫大義，官以諫爭爲職，不敢不竭愚。惟陛下少留神明，覽《五經》之文，原聖人之至意，深思天地之戒。臣宣呐鈍於辭，不勝惓惓，盡死節而已。

上以宣名儒，優容之。

又　卷七五《夏侯勝傳》　（夏侯）勝少孤，好學，從始昌受《尚書》及《洪範五行傳》，説灾異。後事蕑卿，又從歐陽氏問。爲學精孰，所問非一師也。善説禮服。徵爲博士、光禄大夫。會昭帝崩，昌邑王嗣立，數出。勝當乘輿前諫曰：『天久陰而不雨，臣下有謀上者，陛下出欲何之？』王怒，謂勝爲祅言，縛以屬吏。吏白大將軍霍光，光不舉法。是時，光與車騎將軍張安世謀欲廢昌邑王。光讓安世以爲泄語，安世實不言。乃召問勝，勝對言：『在《洪範傳》曰「皇之不極，厥罰常陰，時則下人有伐上者」，惡察察言，故云臣下有謀。』光、安世大驚，以此益重經術士。後十餘日，光卒與安世白太后，廢昌邑王，尊立宣帝。光以爲羣臣奏事東宮，太后省政，宜知經術，白令勝用《尚書》授太后。遷長信少府，賜爵關内侯，以與謀廢立，定策安宗廟，益千户。

又　《翼奉傳》　翼奉字少君，東海下邳人也。治《齊詩》，與蕭望之、匡衡同師。三人經術皆明，衡爲後進，望之施之政事，而奉惇學不仕，好律曆陰陽之占。元帝初即位，諸儒薦之，徵待詔宦者署，數言事宴見，天子敬焉。

時，平昌侯王臨以宣帝外屬侍中，稱詔欲從奉學其術。奉不肯與言，而上封事曰：『臣聞之于師，治道要務，在知下之邪正。人誠鄉正，雖愚爲用；若乃懷邪，知益爲害。知下之術，在於六情十二律而已。北方之情，好也；好行貪狼，申子主之。東方之情，怒也；怒行陰賊，亥卯主之。貪狼必待陰賊而後動，陰賊必待貪狼而後用，二陰並行，是以王者忌子卯也。《禮經》避之，《春秋》諱焉。南方之情，惡也；惡行廉貞，寅午主之。西方之情，喜也；喜行寬大，巳酉主之。二陽並行，是以王者吉午酉也。《詩》曰：「吉日庚午。」上方之情，樂也；樂行姦邪，辰未主之。下方之情，哀也；哀行公正，戌丑主之。辰未屬陰，戌丑屬陽，

萬物各以其類應。今陛下明聖虛靜以待物至，萬事雖衆，何聞而不諭，豈況乎執十二律而御六情！於以知下參實，亦甚優矣，萬不失一，自然之道也。乃正月癸未日加申，有暴風從西南來。未主姦邪，申主貪狼，風以大陰下抵建前，是人主左右邪臣之氣也。平昌侯比三來見臣，皆以正辰加邪時。辰爲客，時爲主人。以律知人情，王者之秘道也，愚臣誠不敢以語邪人。』

上以奉爲中郎，召問奉：『來者以善日邪時，孰與邪日善時？』奉對曰：『師法用辰不用日。辰爲客，時爲主人。見於明主，侍者爲主人。辰正時邪，見者正，侍者邪；辰邪時正，見者邪，侍者正。忠正之見，侍者雖邪，辰時俱正；大邪之見，侍者雖正，辰時俱邪。卽以自知侍者之邪，而時邪辰正，見者反邪；卽以自知侍者之正，而時正辰邪，見者反正。辰爲常事，時爲一行。辰疏而時精，其效同功，必參五觀之，然後可知。故曰：察其所繇，省其進退，參之六合五行，則可以見人性，知人情。難用外察，從中甚明，故詩之爲學，情性而已。五性不相害，六情更興廢。觀性以曆，觀情以律，明主所宜獨用，難與二人共也。故曰：「顯諸仁，臧諸用。」露之則不神，獨行則自然矣，唯奉能用之，學者莫能行。』

是歲，關東大水，郡國十一饑，疫尤甚。上乃下詔江海陂湖園池屬少府者以假貧民，勿租稅；損大官膳，減樂府員，損苑馬，諸官館稀御幸者勿繕治；太僕、少府減食穀馬，水衡省食肉獸。明年二月戊午，地震。其夏，劉地人相食。七月己酉，地復震。上曰：『蓋聞賢聖在位，陰陽和，風雨時，日月光，星辰靜，黎庶康寧，考終厥命。今朕共承天地，托于公侯之上，明不能燭，德不能綏，灾異並臻，連年不息。乃二月戊午，地大震於隴西郡，毀落太上皇廟殿壁木飾，壞敗豲道縣城郭官寺及民室屋，壓殺人衆，山崩地裂，水泉湧出。一年地再動，天惟降灾，震驚朕躬。治有大虧，咎至於此。夙夜兢兢，不通大變，深懷鬱悼，未知其序。比年不登，元元因乏，不勝飢寒，以陷刑辟，朕甚閔焉，憯怛於心。已詔吏虛倉廩，開府臧，振救貧民。羣司其茂思天地之戒，有可蠲除減省以便萬姓者，各條奏。悉意陳朕過失，靡有所諱。』因赦天下，舉直言極諫之士。奉奏封事曰：

臣聞之于師曰，天地設位，懸日月，布星辰，分陰陽，定四時，列五行，以視聖人，名之曰道。聖人見道，然後知王治之象，故畫州土，建君臣，立律曆，陳成敗，以視賢者，名之曰經。賢者見經，然後知人道之務，則《詩》、《書》、《易》、《春秋》、《禮》、《樂》是也。《易》有陰陽，《詩》有五際，《春秋》有灾異，皆列終始，推得失，考天心，以言王道之安危。至秦乃不説，傷之以法，是以大道不通，至於滅亡。今陛下明聖，深懷要道，燭臨萬方，布德流惠，靡有闕遺。罷省不急之用，振救困貧，賦醫藥，賜棺錢，恩澤甚厚。又舉直言，求過失，盛德純備，天下幸甚。

臣奉竊學《齊詩》，聞五際之要《十月之交》篇，知日蝕地震之效昭然可明，猶巢居知風，穴處知雨，亦不足多，適所習耳。臣聞人氣內逆，則感動天地；天變見於星氣日蝕，地變見於奇物震動。所以然者，陽用其精，陰用其形，猶人之有五藏六體，五藏象天，六體象地。故藏病則氣色發於面，體病則欠申動於貌。今年太陰建於甲戌，律以庚寅初用事，曆以甲午從春。曆中甲庚，律得參陽，性中仁義，情得公正貞廉，百年之精歲也。正以精歲，本首王位，日臨中時接律而地大震，其後連月久陰，雖有大令，猶不能復，陰氣盛矣。古者朝廷必有同姓以明親親，必有異姓以明賢賢，此聖王之所以大通天下也。同姓親而易進，異姓疏而難通，故同姓一，異姓五，乃爲平均。今左右亡同姓，獨以舅后之家爲親，異姓之臣又疏。二后之黨滿朝，非特處位，勢尤奢僭過度，呂、霍、上官足以卜之，甚非愛人之道，又非後嗣之長策也。陰氣之盛，不亦宜乎！

臣又聞未央、建章、甘泉宮才人各以百數，皆不得天性。若杜陵園，其已御見者，臣子不敢有言，雖然，太皇太后之事也。及諸侯王園，與其後宮，宜爲設員，出其過制者，此損陰氣應天救邪之道也。今異至不應，灾將隨之。其法大水，極陰生陽，反爲大旱，甚則有火灾，春秋宋伯姬是矣。唯陛下財察。

明年夏四月乙未，孝武園白鶴館灾。奉自以爲中，上疏曰：『臣前上五際地震之效，曰極陰生陽，恐有火灾。不合明聽，未見省荅，臣竊內不自信。今白鶴館以四月乙未，時加於卯，月宿亢灾，與前地震同法。臣奉乃深知道之可信也。不勝拳拳，願復賜間，卒其終始。』

上復延問以得失。奉以爲祭天地于雲陽汾陰，及諸寢廟不以親疏迭毁，皆煩費，違古制。又宮室苑囿，奢泰難供，以故民困國虛，亡累年之畜。所繇來久，不改其本，難以末正，乃上疏曰：

臣聞昔者盤庚改邑以興殷道，聖人美之。竊聞漢德隆盛，在於孝文皇帝躬行節儉，外省繇役。其時未有甘泉、建章及上林中諸離宮館也。未央宮又無高門、武臺、麒麟、鳳皇、白虎、玉堂、金華之殿，獨有前殿、曲臺、漸臺、宣室、溫室、承明耳。孝文欲作一臺，度用百金，重民之財，廢而不爲，其積土基，至今猶存，又下遺詔，不起山墳。故其時天下大和，百姓洽足，德流後嗣。

如令處於當今，因此制度，必不能成功名。天道有常，王道亡常，亡常者所以應有常也。必有非常之主，然後能立非常之功。臣願陛下徙都于成周，左據成皋，右阻黽池，前鄉崧高，後介大河，建滎陽，扶河東，南北千里以爲關，而入敖倉；地方百里者八九，足以自娛；東厭諸侯之權，西遠羌胡之難，陛下共已亡爲，按成周之居，兼盤庚之德，萬歲之後，長爲高宗。漢家郊兆寢廟祭祀之禮多不應古，臣奉誠難亶居而改作，故願陛下遷都正本。衆制皆定，亡復繕治宮館不急之費，歲可餘一年之畜。

臣聞三代之祖積德以王，然皆不過數百年而絕。周至成王，有上賢之材，因文武之業，以周召爲輔，有司各敬其事，在位莫非其人。天下甫二世耳，然周公猶作詩書深戒成王，以恐失天下。《書》則曰：『王毋若殷王紂。』其《詩》則曰：『殷之未喪師，克配上帝；宜監於殷，駿命不易。』今漢初取天下，起于豐沛，以兵征伐，德化未洽，後世奢侈，國家之費當數代之用，非直費財，又乃費士。孝武之世，暴骨四夷，不可勝數。有天下雖未久，至於陛下八世九主矣，雖有成王之明，然亡周召之佐。今東方連年饑饉，加之以疾疫，百姓菜色，或至相食。地比震動，天氣混濁，日光侵奪。繇此言之，執國政者豈可以不懷怵惕而戒萬分之一乎！故臣願陛下因天變而徙都，所謂與天下更始者也。天道終而復始，窮則反本，故能延長而亡窮也。今漢道未終，陛下本而始之，於以永世延祚，不亦優乎！如因丙子之孟夏，順太陰以東行，到後七年之明歲，必有五年之餘蓄，然後大行考室之禮，雖周之隆盛，亡以加此。唯陛下留神，詳察萬世之策。

書奏，天子異其意，答曰：『問奉：今園廟有七，云東徙，狀何如？』奉對曰『昔成王徙洛，般庚遷殷，其所避就，皆陛下所明知也。非有聖明，不能一變天下之道。臣奉愚戇狂惑，唯陛下裁赦。』其後，貢禹亦言當定迭毁禮，上遂從之。及匡衡爲丞相，奏徙南北郊，其議皆自奉發之。

又　卷七七《蓋寬饒傳》　（蓋）寬饒爲人剛直高節，志在奉公。家貧，奉錢月數千，半以給吏民爲耳目言事者。身爲司隸，子常步行自戍北邊，公廉如此。然深刻喜陷害人，在位及貴戚人與爲怨，又好言事刺譏，奸犯上意。上以其儒者，優容之，然亦不得遷。同列後進或至九卿，寬饒自以行清能高，有益於國，而爲凡庸所越，愈失意不快，數上疏諫爭。【略】

是時上方用刑法，信任中尚書宦官，寬饒奏封事曰：『方今聖道寖廢，儒術不行，以刑餘爲周召，以法律爲《詩》《書》。』又引《韓氏易傳》言：『五帝官天下，三王家天下，家以傳子，官以傳賢，若四時之運，功成者去，不得其人則不居其位。』書奏，上以寬饒怨謗終不改，下其書中二千石。時執金吾議，以爲寬饒指意欲求禪，大逆不道。諫大夫鄭昌愍傷寬饒忠直憂國，以言事不當意而爲文吏所詆挫，上書頌寬饒曰：『臣聞山有猛獸，藜藿爲之不采；國有忠臣，奸邪爲之不起。司隸校尉寬饒居不求安，食不球飽，進有憂國之心，退有死節之義，上無許、史之屬，下無金、張之托，職在司察，直道而行，多仇少與，上書陳國事，有司劾以大辟，臣幸得從大夫之後，官以諫爲名，不敢不言。』上不聽，遂下寬饒吏。寬饒引佩刀自剄北闕下，衆莫不憐之。

又　《毋將隆傳》　（毋將）隆遷冀州牧、潁川太守。哀帝即位，以高第入爲京兆尹，遷執金吾。時侍中董賢方貴，上使中黃門發武庫兵，前後十輩，送董賢及上乳母王阿舍。隆奏曰：『武庫兵器，天下公用，國家武備，繕治造作，皆度大司農錢。大司農錢自乘輿不以給共養，共養勞賜，壹出少府。蓋不以本臧給末用，不以民力共浮費，別公私，示正路也。古者諸侯方伯得顓征伐，乃賜斧鉞，漢家邊吏，職在距寇，亦賜武庫兵，皆任其事然後蒙之。《春秋》之誼，家不臧甲，所以抑臣威，損私力

也。今賢等便僻弄臣，私恩微妾，而以天下公用給其私門，契國威器共其家備。民力分于弄臣，武兵設於微妾，建立非宜，以廣驕僭，非所以示四方也。孔子曰：「奚取於三家之堂！」臣請收還武庫。』上不説。

又　卷七八《蕭望之傳》　時大將軍光薨，子禹復爲大司馬，兄子山領尚書，親屬皆宿衛内侍。地節三年夏，京師雨雹，望之因是上疏，願賜清閒之宴，口陳灾異之意。宣帝自在民間聞望之名，曰：『此東海蕭生邪？下少府宋畸問狀，無有所諱。』望之對，以爲：『《春秋》昭公三年大雨雹，是時季氏專權，卒逐昭公。鄉使魯君察於天變，宜無此害。今陛下以聖德居位，思政求賢，堯舜之用心也。然而善祥未臻，陰陽不和，是大臣任政，一姓擅勢之所致也。附枝大者賊本心，私家盛者公室危。唯明主躬萬機，選同姓，舉賢材，以爲腹心，與參政謀，令公卿大臣朝見奏事，明陳其職，以考功能。如是，則庶事理，公道立，奸邪塞，私權廢矣。』對奏，天子拜望之爲謁者。

又　卷八一《匡衡傳》　（匡衡）遷博士，給事中。是時，有日蝕地震之變，上問以政治得失，衡上疏曰：

臣聞五帝不同禮，三王各異教，民俗殊務，所遇之時異也。陛下躬聖德，開太平之路，閔愚吏民觸法抵禁，比年大赦，使百姓得改行自新，天下幸甚。臣竊見大赦之後，姦邪不爲衰止，今日大赦，明日犯法，相隨入獄，此殆導之未得其務也。蓋保民者，『陳之以德義』，『示之以好惡』，觀其失而制其宜，故動之而和，綏之而安。今天下俗貪財賤義，好聲色，上侈靡，廉恥之節薄，淫辟之意縱，綱紀失序，疏者逾内，親戚之恩薄，婚姻之黨隆，苟合徼倖，以身設利。不改其原，雖歲赦之，刑猶難使錯而不用也。

臣愚以爲宜壹曠然大變其俗。孔子曰：『能以禮讓爲國乎，何有？』朝廷者，天下之楨幹也。公卿大夫相與循禮恭讓，則民不爭；好仁樂施，則下不暴；上義高節，則民興行；寬柔和惠，則衆相愛。四者，明王之所以不嚴而成化也。何者？朝有變色之言，則下有爭鬬之患；上有自專之士，則下有不讓之人；上有克勝之佐，則下有傷害之心；上有好利之臣，則下有盜竊之民：此其本也。今俗吏之治，皆不本禮讓，而上克暴，或忮害好陷人於罪，貪財而慕勢，故犯法者衆，姦邪不止，雖嚴刑峻法，猶不爲變。此非其天性，有由然也。

臣竊考《國風》之詩，《周南》、《召南》被賢聖之化深，故篤于行而廉於色。鄭伯好勇，而國人暴虎；秦穆貴信，而士多從死；陳夫人好巫，而民淫祀；晉侯好儉，而民畜聚；太王躬仁，邠國貴恕。由此觀之，治天下者審所上而已。今之僞薄忮害，不讓極矣。臣聞教化之流，非家至而人説之也。賢者在位，能者布職，朝廷崇禮，百僚敬讓，道德之行，由内及外，自近者始，然後民知所法，遷善日進而不自知。是以百姓安，陰陽和，神靈應，而嘉祥見。《詩》曰：『商邑翼翼，四方之極；壽考且寧，以保我後生。』此成湯所以建至治，保子孫，化異俗而懷鬼方也。今長安天子之都，親承聖化，然其習俗無以異于遠方，郡國來者無所法則，或見侈靡而放效之。此教化之原本，風俗之樞機，宜先正者也。

臣聞天人之際，精祲有以相盪，善惡有以相推，事作乎下者象動乎上，陰陽之理各應其感，陰變則靜者動，陽蔽則明者暗，水旱之灾隨類而至。今關東連年饑饉，百姓乏困，或至相食，此皆生於賦斂多，民所共者大，而吏安集之不稱之效也。陛下祗畏天戒，哀閔元元，大自減損，省甘泉、建章宫衛，罷珠崖，偃武行文，將欲度唐虞之隆，絶殷周之衰也。諸見罷珠崖詔書者，莫不欣欣，人自以將見太平也。宜遂減宫室之度，省靡麗之飾，考制度，修外内，近忠正，遠巧佞，放鄭衛，進《雅》《頌》，舉異材，開直言，任温良之人，退刻薄之吏，顯潔白之士，昭無欲之路，覽《六藝》之意，察上世之務，明自然之道，博和睦之化，以崇至仁，匡失俗，易民視，令海内昭然咸見本朝之所貴，道德弘于京師，淑問揚乎疆外，然後大化可成，禮讓可興也。

上説其言，遷衡爲光禄大夫、太子少傅。

又　卷八五《谷永傳》　谷永字子雲，長安人也。【略】永少爲長安小史，後博學經書。建昭中，御史大夫繁延壽聞其有茂材，除補屬，舉爲太常丞，數上疏言得失。

建始三年冬，日食地震同日俱發，詔舉方正直言極諫之士，太常陽城侯劉慶忌舉永待詔公車。【略】

音薨，成都侯商代爲大司馬衛將軍，永乃遷爲涼州刺史。奏事京師訖，當之部，時有黑龍見東萊，上使尚書問永，受所欲言。永對曰：

臣聞王天下有國家者，患在上有危亡之事，而危亡之言不得上聞；如使危亡之言輒上聞，則商、周不易姓而迭興，三正不變改而更用。夏商之將亡也，行道之人皆知之，晏然自以若天有日莫能危，是故惡日廣而不自知，大命傾而不寤。《易》曰：『危者有其安者也，亡者保其存者也。』陛下誠垂寬明之聽，無忌諱之誅，使芻蕘之臣得盡所聞於前，不懼于後患，直言之路開，則四方衆賢不遠千里，輻湊陳忠，羣臣之上願，社稷之長福也。

漢家行夏正，夏正色黑，黑龍，同姓之象也。龍陽德，由小之大，故爲王者瑞應。未知同姓有見本朝無繼嗣之慶，多危殆之隙，欲因擾亂舉兵而起者邪？將動心冀爲後者，殘賊不仁，若廣陵、昌邑之類？臣愚不能處也。元年九月黑龍見，其晦，日有食之。今年二月己未夜星隕，乙酉，日有食之。六月之間，大異四發，二而同月，三代之末，春秋之亂，未嘗有也。臣聞三代所以隕社稷喪宗廟者，皆由婦人與羣惡沈湎於酒。《書》曰：『乃用婦人之言，自絶於天』；『四方之逋逃多罪，是宗是長，是信是使』。《詩》云：『燎之方陽，寧或滅之？赫赫宗周，褒姒威之！』《易》曰：『濡其首，有孚失是。』秦所以二世十六年而亡者，養生泰奢，奉終泰厚也。二者陛下兼而有之，臣請略陳其效。

《易》曰：『在中饋，無攸遂』，言婦人不得與事也。《詩》曰：『懿厥悊婦，爲梟爲鴟；』『匪降自天，生自婦人』。建始、河平之際，許、班之貴，頃動前朝，熏灼四方，賞賜無量，空虛內臧，女寵至極，不可上矣；今之後起，天所不饗，什倍於前。廢先帝法度，聽用其言，官秩不當，縱釋王誅，驕其親屬，假之威權，從横亂政，刺舉之吏，莫敢奉憲。又以掖庭獄大爲亂阱，榜棰於炮格，絶滅人命，主爲趙、李報德復怨，反除白罪，建治正吏，多繫無辜，掠立迫恐，至爲人起責，分利受謝。生入死出者，不可勝數。是以日食再既，以昭其辜。

王者必先自絶，然後天絶之。陛下棄萬乘之至貴，樂家人之賤事，厭高美之尊號，好匹夫之卑字，崇聚僄輕無義小人以爲私客，數離深宮之固，挺身晨夜，與羣小相隨，烏集雜會，飲醉吏民之家，亂服共坐，流面媟嫚，混淆無別，閔免遁樂，晝夜在路。典門户奉宿衛之臣執干戈而守空宮，公卿百僚不知陛下所在，積數年矣。

王者以民爲基，民以財爲本，財竭則下畔，下畔則下亡。是以明王愛養基本，不敢窮極，使民如承大祭。今陛下輕奪民財，不愛民力，聽邪臣之計，去高敞初陵，捐十年功緒，改作昌陵，反天地之性，因下爲高，積土爲山，發徒起邑，並治宮館，大興繇役，重增賦斂，徵發如雨，役百乾谿，費疑驪山，靡敝天下，五年不成而後反故。又廣旴營表，發人塚墓，斷截骸骨，暴揚屍柩，百姓財竭力盡，愁恨感天，災異屢降，饑饉仍臻。流散冗食，餧死於道，以百萬數。公家無一年之畜，百姓無旬日之儲，上下俱匱，無以相救。《詩》云：『殷監不遠，在夏后之世。』願陛下追觀夏、商、周、秦所以失之，以鏡考己行。有不合者，臣當伏妄言之誅！

漢興九世，百九十餘載，繼體之主七，皆承天順道，遵先祖法度，或以中興，或以治安。至於陛下，獨違道縱欲，輕身妄行，當盛壯之隆，無繼嗣之福，有危亡之憂，積失君道，不合天意，亦已多矣。爲人後嗣，守人功業，如此，豈不負哉！方今社稷宗廟禍福安危之機在於陛下，陛下誠肯發明聖之德，昭然遠寤，畏此上天之威怒，深懼危亡之徵兆，蕩滌邪辟之惡志，厲精致政，專心反道，絶羣小之私客，免不正之詔除，悉罷北宮私奴車馬媠出之具，克己復禮，毋貳微行出飲之過，以防迫切之禍，深惟日食再既之意，抑損椒房玉堂之盛寵，毋聽後宮之請謁，除掖庭之亂獄，出炮格之陷阱，誅戮邪佞之臣及左右執左道以事上者以塞天下之望，且寢初陵之作，止諸繕治宮室，闕更減賦，盡休力役，存恤振救困乏之人以弭遠方，厲崇忠直，放退殘賊，無使素餐之吏久屍厚禄，以次貫行，固執無違，夙夜孳孳，屢省無怠，舊愆畢改，新德既章，纖介之邪不覆載心，則赫赫大異庶幾可銷，天命去就庶幾可復，社稷宗廟庶幾可保。唯陛下留神反復，熟省臣言。臣幸得備邊部之吏，不知本朝失得，瞽言觸忌諱，罪當萬死。

成帝性寬而好文辭，又久無繼嗣，數爲微行，多近幸小臣，趙、李從微賤專寵，皆皇太后與諸舅夙夜所常憂。至親難數言，故推永等使因天變而切諫，勸上納用之。永自知有內應，展意無所依違，每言事輒見答禮。至上此對，上大怒。衛將軍商密擿永令發去。上使侍御史收永，敕過交道廄者勿追，御史不及永，還，上意亦解，自悔。明年，徵永爲太中大夫，遷光禄大夫給事中。

元延元年，爲此地太守。時災異尤數，永當之官，上使衛尉淳于長受永所欲言。永對曰：

臣永幸得以愚朽之材爲太中大夫，備拾遺之臣，從朝者之後，進不能盡思納忠輔宣聖德，退無被堅執鋭討不義之功，猥蒙厚恩，仍遷至北地太守。絶命隕首，身膏野草，不足以報塞萬分。陛下聖德寬仁，不遺易忘之臣，垂周文之聽，下及芻蕘之愚，有詔使衛尉受臣永所欲言。臣聞事君之義，有言責者盡其忠，有官守者修其職。臣永幸得免於言責之辜，有官守之任，當畢力遵職，養綏百姓而已，不宜復關得失之辭。忠臣之于上，志在過厚，是故遠不違君，死不忘國。昔史魚既没，餘忠未訖，委柩後寢，以屍達誠；汲黯身外思内，發憤舒憂，遺言李息。經曰：『雖爾身在外，乃心無不在王室。』臣永幸得給事中出入三年，雖執干戈守邊垂，思慕之心常存於省闥，是以敢越郡吏之職，陳累年之憂。

臣聞天生蒸民，不能相治，爲立王者以統理之，方制海内非爲天子，列土封疆非爲諸侯，皆以爲民也。垂三統，列三正，去無道，開有德，不私一姓，明天下乃天下之天下，非一人之天下也。王者躬行道德，承順天地，博愛仁恕，恩及行葦，籍税取民不過常法，宫室車服不逾制度，事節財足，黎庶和睦，則卦氣理效，五徵時序，百姓壽考，庶草蕃滋，符瑞並降，以昭保右。失道妄行，逆天暴物，窮奢極欲，湛湎荒淫，婦言是從，誅逐仁賢，離逖骨肉，羣小用事，峻刑重賦，百姓愁怨，則卦氣悖亂，咎徵著郵，上天震怒，災異婁降，日月薄食，五星失行，山崩川潰，水泉踊出，妖孽並見，茀星耀光，饑饉薦臻，百姓短折，萬物夭傷。終不改寤，惡洽變備，不復譴告，更命有德。《詩》云：『乃眷四顧，此惟予宅。』

夫去惡奪弱，遷命賢聖，天地之常經，百王之所同也。加以功德有厚薄，期質有修短，時世有中季，天道有盛衰。陛下承八世之功業，當陽數之標季，涉三七之節紀，遭《无妄》之卦運，直百六之災阸。三難異科，雜焉同會。建始元年以來二十載間，羣災大異，交錯鋒起，多於《春秋》所書。八世著記，久不塞除，重以今年正月己亥朔日有食之，三朝之會，四月丁酉四方衆星白晝流隕，七月辛未彗星横天。乘三難之際會，畜衆多之災異，因之以饑饉，接之以不贍。彗星，極異也，土精所生，流隕之應出於饑變之後，兵亂作矣，厥期不久，隆德積善，懼不克濟。内則爲深宫後庭將有驕臣悍妾醉酒狂悖卒起之敗，北宫苑囿街巷之中臣妾之家幽閒之處徵舒、崔杼之亂；外則爲諸夏下土將有樊並、蘇令、陳勝、項梁奮臂之禍。内亂朝暮，日戒諸夏，舉兵以火角爲期。安危之分界，宗廟之至憂，臣永所以破膽寒心，豫言之累年。下有其萌，然後變見於上，可不致慎！

禍起細微，姦生所易。願陛下正君臣之義，無復與羣小媟黷燕飲；中黄門後庭素驕慢不謹嘗以醉酒失臣禮者，悉出勿留。勤三綱之寵，修後宫之政，抑遠驕妒之憲，崇近婉順之行，加惠失志之人，懷柔怨恨之心。保至尊之重，秉帝王之威，朝覲法出而後駕，陳兵清道而後行，無復輕身獨出，飲食臣妾之家。三者既除，内亂之路塞矣。

諸夏舉兵，萌在民飢饉而吏不卹，興于百姓困而賦斂重，發於下怨離而上不知。《易》曰：『屯其膏，小貞吉，大貞凶。』傳曰：『饑而不損兹謂泰，厥災水，厥咎亡。』《訞辭》曰：『關動牡飛，辟爲無道，臣爲非，厥咎亂臣謀篡。』王者遭衰難之世，有饑饉之災，不損用而大自潤，故凶；百姓困貧無以共求，愁悲怨恨，故水；城關守國之固，固將去焉，故牡飛。往年郡國二十一傷于水災禾黍不入。今年蠶麥咸惡。百川沸騰，江河溢决，大水汎濫郡國五十有餘。比年喪稼，時過無宿麥。百姓失業流散，羣輩守關。大異較炳如彼，水災浩浩，黎庶窮困如此，宜損常税小自潤之時，而有司奏請加賦，甚繆經義，逆於民心，布怨趨禍之道也。牡飛之狀，殆爲此發。古者穀不登虧膳，災婁至損服，凶年不塈塗，明王之制也。《詩》云：『凡民有喪，扶服捄之。』《論語》曰：『百姓不足，君孰予足？』臣願陛下勿許加賦之奏，益減大官、導官、中御府、均官、掌畜、廪犧用度，止尚方、織室、京師郡國工服官發輸造作，以助大司農。流恩廣施，振贍困乏，開關梁，内流民，恣所欲之，以救基急。立春，遣使者循行風俗，宣布聖德，存卹孤寡，問民所苦，勞二千石，敕勸耕桑，毋奪農時，以慰綏元元之心，防塞大姦之隙，諸夏之亂，庶幾可息。

臣聞上主可與爲善而不可與爲惡，下主可與爲惡而不可與爲善。陛下天然之性，疏通聰敏，上主之姿也。少省愚臣之言，感寤三難，深畏大異，定心爲善，捐忘邪志，毋貳舊愆，厲精致政，至誠應天，則積異塞於

上，禍亂伏于下，何憂患之有？竊恐陛下公志未專，私好頗存，尚愛羣小，不肯爲耳！對奏，天子甚感其言。

又　卷九八《元后傳》　京兆尹王章素剛直敢言，以爲鳳建遣共王之國非是，乃奏封事言日蝕之咎矣。天子召見章，延問以事，章對曰：『天道聰明，佑善而灾惡，以瑞異爲符效。今陛下以未有繼嗣，引近定陶王，所以承宗廟，重社稷，上順天心，下安百姓。此正義善事，當有祥瑞，何故致灾異？灾異之發，爲大臣顓政者也。今聞大將軍猥歸日蝕之咎于定陶王，建遣之國，苟欲使天子孤立于上，顓擅朝事以便其私，非忠臣也。且日蝕，陰侵陽臣顓君之咎，今政事大小皆自鳳出，天子曾不一舉手，鳳不內省責，反歸咎善人，推遠定陶王。且鳳誣罔不忠，非一事也。前丞相樂昌侯商本以先帝外屬，內行篤，有威重，位歷將相，國家柱石臣也，其人守正，不肯詘節隨鳳委曲，卒用閨門之事爲鳳所罷，身以憂死，衆庶愍之。又鳳知其小婦弟張美人已嘗適人，於禮不宜配御至尊，托以爲宜子，內之後宮，苟以私其妻弟。聞張美人未嘗任身就館也。且羌胡尚殺首子以蕩腸正世，况于天子而近已出之女也！此三者皆大事，陛下所自見，足以知其餘，及它所不見者。鳳不可令久典事，宜退使就第，選忠賢以代之。』

自鳳之白罷商後遣定陶王也，上不能平。及聞章言，天子感寤，納之，謂章曰：『微京兆尹直言，吾不聞社稷計！且唯賢知賢，君試爲朕求可以自輔者。』於是章奏封事，薦中山孝王舅琅邪太守馮野王『先帝時歷二卿，忠信質直，知謀有餘。野王以王舅出，以賢復入，明聖主樂進賢也。』上自爲太子時數聞野王先帝名卿，聲譽出鳳遠甚，方倚欲以代鳳。

初，章每召見，上輒辟左右。時太后從弟長樂衛尉弘子侍中音獨側聽，具知章言，以語鳳。鳳聞之，稱病出就第，上疏乞骸骨。【略】其辭指甚哀，太后聞之爲垂涕，不御食。

上少而親倚鳳，弗忍廢，乃報鳳曰：『朕秉事不明，政事多闕，故天變婁臻，咸在朕躬。將軍乃深引過自予，欲乞骸骨而退，則朕將何向焉！《書》不云乎？「公毋困我。」務專精神，安心自持，期於亟瘳，稱朕意焉。』於是鳳起視事。上使尚書劾奏章：『知野王前以王舅出補吏，而私薦之，欲令在朝阿附諸侯；又知張美人體御至尊，而妄稱引羌胡殺子蕩腸，非所宜言。』遂下章吏。廷尉致其大逆罪，以爲『比上夷狄，欲絕繼嗣之端；背畔天子，私爲定陶王。』章死獄中，妻子徙合浦。

《後漢書》卷四《和帝紀》注引《謝承書》　唐羌字伯游，辟公府，補臨武長。縣接交州，舊獻龍眼、荔枝及生鮮，獻之，驛馬晝夜傳送之，至有遭虎狼毒害，頓仆死亡不絕。道經臨武，羌乃上書諫曰：『臣聞上不以滋味爲德，下不以貢膳爲功，故天子食太牢爲尊，不以果實爲珍。伏見交趾七郡獻生龍眼等，鳥驚風發。南州土地，惡蟲猛獸不絕于路，至於觸犯死亡之害。死者不可復生，來者猶可以救也。此二物升殿，未必延年益壽。』帝從之。

又　卷二〇《銚期傳》　銚期字次況，潁川郟人也。【略】建武五年，行幸魏郡，以期爲太中大夫。從還洛陽，又拜衛尉。

期重于信義，自爲將，有所降下，未嘗虜掠。及在朝廷，憂國愛主，其有不得於心，必犯顏諫諍。帝嘗輕與期門近出，期頓首車前曰：『臣聞古今之戒，變生不意，誠不願陛下微行數出。』帝爲之回輿而還。

又　卷二五《魯恭傳》　魯恭字仲康，扶風平陵人也。【略】後拜侍御史。和帝初立，議遣車騎將軍竇憲與征西將軍耿秉擊匈奴，恭上疏諫曰：

陛下親勞聖思，日昃不食，憂在軍役，誠欲以安定北垂，爲人除患，定萬世之計也。臣伏獨思之，未見其便。社稷之計，萬人之命，在於一舉。數年以來，秋稼不熟，人食不足，倉庫空虛，國無畜積。會新遭大憂，人懷恐懼。陛下躬大聖之德，履至孝之行，盡諒陰三年，聽於冢宰。百姓闕然，三時不聞警蹕之音，莫不懷思皇皇，若有求而不得。今乃以盛春之月，興發軍役，擾動天下，以事戎夷，誠非所以垂恩中國，改元正時，由內及外也。

萬民者，天之所生。天愛其所生，猶父母愛其子。一物有不得其所者，則天氣爲之舛錯，况於人乎？故愛人者必有天報。昔太王重人命而去邠，故獲上天之祐。夫戎狄者，四方之異氣也。蹲夷踞肆，與鳥獸無別。若雜居中國，則錯亂天氣，汙辱善人，是以聖王之制，羈縻不絕而已。

今邊境無事，宜當修仁行義，尚于無爲，令家給人足，安業樂產。夫

人道乂于下，則陰陽和於上，祥風時雨，覆被遠方，夷狄重譯而至矣。《易》曰：『有孚盈缶，終來有它吉。』言甘雨滿我之缶，誠來有我而吉已。夫以德勝人者昌，以力勝人者亡。今匈奴爲鮮卑所殺，遠臧于史侯河西，去塞數千里，而欲乘其虚耗，利其微弱，是非義之所出也。前太僕祭肜遠出塞外，卒不見一胡而兵已困矣。自山之難，不絕如綖，都護陷没，士卒死者如積，迄今被其辜毒。孤寡哀思之心未弭，仁者念之，以爲累息，奈何復欲襲其迹，不顧患難乎？今始徵發，而大司農調度不足，使者在道，分部督趣，上下相迫，民間之急亦已甚矣。三輔、幷、涼少雨，麥根枯焦，牛死日甚，此其不合天心之效也。羣僚百姓，咸曰不可，陛下獨奈何以一人之計，棄萬人之命，不卹其言乎？上觀天心，下察人志，足以知事之得失。臣恐中國不爲中國，豈徒匈奴而已哉！惟陛下留聖恩，休罷士卒，以順天心。

書奏，不從。

又　卷二七《趙典傳》　（趙典）遷少府，又轉大鴻臚。時，恩澤諸侯以無勞受封，羣臣不悦而莫敢諫，典獨奏曰：『夫無功而賞，勞者不勸，上忝下辱，亂象干度。且高祖之誓，非功臣不封。宜一切削免爵士，以存舊典。』帝不從。

又　卷二八上《桓譚傳》　桓譚字君山，沛國相人也。【略】世祖卽位，徵待詔，上書言事失旨，不用。後大司空宋弘薦譚，拜議郎給事中，因上疏陳時政所宜。【略】是時帝方信讖，多以決定嫌疑。又酬賞少薄，天下不時安定。譚復上疏曰：

臣前獻瞽言，未蒙詔報，不勝憤懣，冒死復陳。愚夫策謀，有益於政道者，以合人心而得事理也。凡人情忽於見事而貴于異聞，觀先王之所記述，咸以仁義正道爲本，非有奇怪虚誕之事。蓋天道性命，聖人所難言也。自子貢以下，不得而聞，況後世淺儒，能通之乎！今諸巧慧小才伎數之人，增益圖書，矯稱讖記，以欺惑貪邪，詿誤人主，焉可不抑遠之哉！臣譚伏聞陛下窮折方士黄白之術，甚爲明矣；而乃欲聽納讖記，又何誤也！其事雖有時合，譬猶卜數隻偶之類。陛下宜垂明聽，發聖意，屏羣小之曲說，述《五經》之正義，略靁同之俗語，詳通人之雅謀。

又臣聞安平則尊道術之士，有難則貴介胄之臣。今聖朝興復祖統，爲人臣主，而四方盜賊未盡歸伏者，此權謀未得也。臣譚伏觀陛下用兵，諸所降下，既無重賞以相恩誘，或至虜掠奪其財物，是以兵長渠率，各生孤疑，黨輩連結，歲月不解。古人有言曰：『天下皆知取之爲取，而莫知與之爲取。』陛下誠能輕爵重賞，與士共之，則何招而不至，何説而不釋，何向而不開，何征而不克！如此，則能以狹爲廣，以遲爲速，亡者復存，失者復得矣。

帝省奏，愈不悦。

又　卷二九《郅惲傳》　（郅惲）爲上東城門候。帝嘗出獵，車駕夜還，惲拒關不開。帝令從者見面於門間。惲曰：『火明遼遠』。遂不受詔。帝乃回從東中門入。明日，惲上書諫曰：『昔文王不敢槃于游田，以萬人惟憂。而陛下遠獵山林，夜以繼晝，其于社稷宗廟何？暴虎馮河，未至之戒，誠小臣所竊憂也。』書奏，賜布百匹，貶東中門候爲參封尉。後令惲授皇太子《韓詩》，侍講殿中。及郭皇后廢，惲乃言於帝曰：『臣聞夫婦之好，父不能得之於子，況臣能得之於君乎？是臣所不敢言。雖然，願陛下念其可否之計，無令天下有議社稷而已。』帝曰：『惲善恕己量主，知我必不有所左右而輕天也。』后既廢，而太子意不自安，惲乃說太子曰：『久處疑位，上違孝道，下近危殆。昔高宗明君，吉甫賢臣，及有纖介，放逐孝子。《春秋》之義，母以子貴。太子宜因左右及諸皇子引愆退身，奉養母氏，以明聖教，不背所生。』太子從之，帝竟聽許。

又　卷三〇下《郎顗傳》　（郎）顗少傳父業，兼明經典，隱居海畔，延致學徒常數百人。晝研精義，夜占象度，勤心鋭思，朝夕無倦。【略】順帝時，災異屢見，陽嘉二年正月，公車徵，顗乃詣闕拜章曰：

臣聞天垂妖象，地見灾符，所以譴告人主，責躬修德，使正機平衡，流化興政也。《易内傳》曰：『凡灾異所生，各以其政。變之則除，消之亦除。』伏惟陛下躬日昃之聽，温三省之勤，思過念咎，務消祇悔。

方今時俗奢佚，淺恩薄義。夫救奢必於儉約，拯薄無若敦厚，安上理人，莫善於禮。修禮遵約，蓋惟上興，革文變薄，事不在下。故《周南》之德，《關雎》政本。本立道生，風行草從，澄其源者流清，溷其本者末濁。天地之道，其猶鼓籥，以虚爲德，自近及遠者也。伏見往年以來，園陵數灾，炎光熾猛，驚動神靈。《易天人應》曰：『君子不思遵利，茲謂

無澤，厥灾孽火燒其宫。』又曰：『君高臺府，犯陰侵陽，厥灾火。』又曰：『上不儉，下不節，炎火並作燒君室。』自頃繕理西蒼，修復太學，宫殿官府，多所構飾。昔盤庚遷殷，去奢卽儉，夏后卑室，盡力致美。又魯人爲長府，閔子騫曰：『仍舊貫，何必改作。』臣愚以爲諸所繕修，事可省減，稟卹貧人，賑贍孤寡，此天之意也，人之慶也，仁之本也，儉之要也。焉有應天養人，爲仁爲儉，而不降福者哉？

土者地祇，陰性澄靜，宜以施化之時，敬而勿擾。竊見正月以來，陰闇連日。《易内傳》曰：『久陰不雨，亂氣也，《蒙》之《比》也。蒙者，君臣上下相冒亂也。』又曰：『欲德不用，厥異常陰。』夫賢者化之本，雲者雨之具也。得賢而不用，猶久陰而不雨也。又頃前數日，寒過其節，冰既解釋，還復凝合。夫寒往則暑來，暑往則寒來，此言日月相推，寒暑相避，以成物也。今立春之後，火卦用事，當温而寒，違反時節，由功賞不至，而刑罰必加也。宜須立秋，順氣行罰。

臣伏案《飛侯》，參察衆政，以爲立夏之後，當有震裂涌水之害。又比熒惑失度，盈縮往來，涉歷輿鬼，環繞軒轅。火精南方，夏之政也。政有失禮，不從夏令，則熒惑失行。正月三日至乎九日，三公卦也。三公上應台階，下同元首。政失其道，則寒陰反節。『節彼南山』，詠自《周詩》；『股肱良哉』，著于《虞典》。而今之在位，競托高虚，納累鐘之奉，忘天下之憂，棲遲偃仰，寢疾自逸，被策文，得賜錢，卽復起矣。何疾之易而愈之速？以此消伏灾眚，興致升平，其可得乎？今選舉牧守，委任三府。長吏不良，既咎州郡，州郡有失，豈得不歸責舉者？而陛下崇之彌優，自下慢事愈甚，所謂大網疏，小網數。三公非臣之仇，臣非狂夫之作，所以發憤忘食，懇懇不已者，誠念朝廷欲致興平，非不能面譽也。

臣生長草野，不曉禁忌，披露肝膽，書不擇言。伏鑕鼎鑊，死不敢恨。謹詣闕奉章，伏待重誅。

書奏，帝復使對尚書。顗對曰：

臣聞明王聖主好聞其過，忠臣孝子言無隱情。臣備生人倫視聽之類，而稟性愚慤，不識忌諱，故出死亡命，懇懇重言。誠欲陛下修乾坤之德，開日月之明，披圖籍，案經典，覽帝王之務，識先後之政。如有闕遺，退而自改。本文武之業，擬堯舜之道，攘灾延慶，號令天下。此誠臣顗區區之願，夙夜夢寤，盡心所計。謹條序前章，暢其旨趣，條便宜七事，具如狀對：

一事：陵園至重，聖神攸馮，而灾火炎赫，迫近寢殿，魂而有靈，猶將驚動。尋宫殿官府，近始永平，歲時未積，便更修造。又西苑之設，禽畜是處，離房別觀，本不常居，而皆條精土木，營建無已，消功單賄，巨億爲計。《易内傳》曰：『人君奢侈，多飾宫室，其時旱，其灾火。』是故魯僖遭旱，修政自敕，下鐘鼓之縣，休繕治之官，雖則不寧，而時雨自降。由此言之，天之應人，敏于景響。今月十七日戊午，徵日也，日加申，風從寅來，丑時而止。丑、寅、申皆徵也，不有火灾，必當爲旱。願陛下校計繕修之費，永念百姓之勞，罷將作之官，減彫文之飾，損炮廚之饌，退宴私之樂。《易中孚傳》曰：『陽感天，不旋日。』如是，則景雲降集，眚沴息矣。

二事：去年以來，《兌卦》用事，類多不效。《易傳》曰：『有貌無實，佞人也；有實無貌，道人也。』寒温爲實，清濁爲貌。今三公皆令色足恭，外厲内荏，以虚事上，無佐國之實，故清濁效而寒温不效也，是以陰寒侵犯消息。占曰：『日乘則有妖風，日蒙則有地裂。』如是三年，則致日食，陰侵其陽，漸積所致。立春前後温氣應節者，詔令寬也。其後復寒者，無寬之實也。夫十室之邑，必有忠信，率土之人，豈無貞賢，未聞朝廷有所賞拔，非所以求善贊務，弘濟元元。宜採納良臣，以助聖化。

三事：臣聞天道不遠，三五復反。今年少陽之歲，法當乘起，恐後年已往，將遂驚動，涉歷天門，灾成戊己。今春當旱，夏必有水，臣以六日七分候之可知。未灾眚之來，緣類而應。行有玷缺，則氣逆於天，精感變出，以戒人君。王者之義，時有不登，則損滋徹膳。數年以來，穀收稍減，家貧户饉，歲不如昔。百姓不足，君誰與足？水旱之灾，雖尚未至，然君子遠覽，防微慮萌。《老子》曰：『人之飢也，以其上食税之多也。』故孝文皇帝綈袍革舄，木器無文，約身薄賦，時致升平。今陛下聖德中興，宜遵前典，惟節惟約，天下幸甚。《易》曰：『天道無親，常與善人。』是故高宗以享福，宋景以延年。

四事：臣竊見皇子未立，儲宫無主，仰觀天文，太子不明。熒惑以

去年春分後十六日在婁五度，推步《三統》，熒惑今當在翼九度，今反在柳三度，則不及五十餘度。去年八月二十四日戊辰，熒惑歷輿鬼東入軒轅，出後星北，東去四度，北旋復還。軒轅者，後宮也。熒惑者，至陽之精也，天之使也，而出入軒轅，繞還往來。《易》曰：『天垂象，見吉凶。』其意昭然可見矣。禮，天子一娶九女，嫡媵畢具。今宮人侍御，動以千計，或生而幽隔，人道不通，鬱積之氣，上感皇天，故遣熒惑入軒轅，理人倫，垂象見異，以悟主上。昔武王下車，出傾宮之女，表商容之間，以理人倫，以表賢德，故天授以聖子，成王是也。今陛下多積宮人，以違天意，故皇胤多夭，嗣體莫寄。《詩》云：『敬天之怒，不敢戲豫。』方今之福，莫若廣嗣，廣嗣之術，可不深思？宜簡出宮女恣其姻嫁，則天自降福，子孫千億。惟陛下丁寧再三，留神於此。左右貴幸，亦宜惟臣之言，以悟陛下。蓋善言古者合於今，善言天者合於人。願訪問百僚，有違臣言者，臣當受苟言之罪。

五事：臣竊見去年閏月十七日己丑夜，有白氣從西方天苑趨左足，入玉井，數日乃滅。《春秋》曰：『有星孛於大辰。大辰者何？大火也。大火爲大辰，伐又爲大辰，北極亦爲大辰。』所以孛一宿而連三宿者，言北辰王者之宮也。凡中宮無節，政教亂逆，威武衰微，則此三星以應之也。罰者白虎，其宿主兵，其國趙、魏，變見西方，亦應三輔。凡金氣爲變，發在秋節。臣恐立秋以後，趙、魏、關西將有羌寇畔戾之患。宜豫宣告諸郡，使敬授人時，輕徭役，薄賦斂，勿妄繕起，堅倉獄，備守衛，回選賢能，以鎮撫之。金精之變，責歸上司。宜以五月丙午，遣太尉服干戚，建井旟，書玉板之策，引白氣之異，於西郊責躬求愆，謝咎皇天，消滅妖氣。蓋以火勝金，轉禍爲福也。

六事：臣竊見今月十四日乙卯巳時，白虹貫日。凡日傍氣色白而純者名爲虹。貫日中者，侵太陽也；見於春者，政變常也。方今中官外司，各各考事，其所考者，或非急務。又恭陵火災，主名未立，多所收捕，備經考毒。尋火爲天戒，以悟人君，可順而不可違，可敬而不可慢。陛下宜恭己內省，以備後灾。凡諸考察，並須立秋。又《易傳》曰：『公能其事，序賢進士，後必有喜。』反之，則白虹貫日。以甲乙見者，則譴在中台。自司徒居位，陰陽多謬，久無虛己進賢之策，天下興議，異人同諮。且立春以來，金氣再見，金能勝木，必有兵氣，宜黜司徒以應天意。陛下不早攘之，將負臣言，遺患百姓。

七事：臣伏惟漢興以來三百三十九歲。於《詩三基》，高祖起亥仲二年，今在戌仲十年。《詩氾歷樞》曰：『卯酉爲革政，午亥爲革命，神在天門，出入候聽。』言神在戌亥，司候帝王興衰得失，厥善則昌，厥惡則亡。于《易雄雌秘歷》，今值困乏。凡九二困者，衆小人欲共困害君子也。《經》曰：『困而不失其所，其唯君子乎！』唯獨賢聖之君，遭困遇險，能致命遂志，不去其道。陛下乃者潛龍養德，幽隱屈厄，即位之元，紫宮驚動，歷運之會，時氣已應。然猶恐妖祥未盡，君子思患而豫防之。臣以爲戌仲已竟，來年入季，文帝改法，除肉刑之罪，至今適三百載。宜因斯際，大蠲法令，官名稱號，輿服器械，事有所更，變大爲小，去奢就儉，機衡之政，除煩爲簡。改元更始，招求幽隱，舉方正，徵有道，博采異謀，開不諱之路。

臣陳引際會，恐犯忌諱，書不盡言，未敢究暢。

臺詰顗曰：『對云「白虹貫日，政變常也。」朝廷率由舊章，何所變易而言變常？又言「當大蠲法令，革易官號」。或云變常以致灾，或改舊以除異，何也？又陽嘉初建，復欲改元，據何經典？其以實對。』顗對曰：

方春東作，布德之元，陽氣開發，養導萬物。王者因天視聽，奉順時氣，宜務崇温柔，尊其行令。而今立春之後，考事不息，秋冬之政，行乎春夏，故白虹春見，掩蔽日曜。凡邪氣乘陽，則虹蜺在日，斯皆臣下執事刻急所致。殆非朝廷優寬之本。此其變常之咎也。又今選舉皆歸三司，非有周召之才，而當則哲之重，每有選用，輒參之掾屬，公府門巷，賓客填集，送去迎來，財貨無已。其當遷者，競相薦謁，各遺子弟，充塞道路，開長姦門，興致浮僞，非所謂率由舊章也。尚書職在機衡，宮禁嚴密，私曲之意，羌不得通，偏黨之恩，或無所用。選舉之任，不如還在機密。臣誠愚戇，不知折中，斯固遠近之論，當今之宜。又孔子曰：『漢三百載，斗歷改憲。』三百四歲爲一德，五德千五百二十歲，五行更用。王者隨天，譬猶自春徂夏，改青服絳者也。自文帝省刑，適三百年，而輕微之禁，漸已殷積。王者之法，譬猶江河，當使易避而難犯也。故《易》曰：『易

則易知，簡則易從，易簡而天下之理得矣。』今去奢卽儉，以先天下，改易名號，隨事稱謂。《易》曰：『君子之道，或出或處，同歸殊塗，一致百慮。』是知變常而善，可以除灾，變常而惡，必致於異。今年仲竟，來年入季，仲終季始，歷運變改，故可改元，所以順天道也。

臣顗愚蔽，不足以答聖問。

顗又上書薦黄瓊、李固，並陳消灾之術曰：

臣前對七事，要政急務，宜於今者，所當施用。誠知愚淺，不合聖聽，人賤言廢，當受誅罰，征營惶怖，靡知厝身。

臣聞刳舟剡楫，將欲濟江海也；聘賢選佐，將以安天下也。昔唐堯在上，羣龍爲用，文武創德，周召作輔，是以能建天地之功，增日月之耀者也。《詩》云：『赫赫王命，仲山甫將之。邦國若否，仲山甫明之。』宣王是賴，以致雍熙。陛下踐祚以來，勤心庶政，而三九之位，未見其人，是以灾害屢臻，四國未寧。臣考之國典，驗之聞見，莫不以得賢爲功，失士爲敗。且賢者出處，翔而後集，爵以德進，則其情不苟，然後使君子恥貧賤而樂富貴矣。若有德不報，有言不讎，來無所樂，進無所趨，則皆懷歸藪澤，修其故志矣。夫求賢者，上以承天，下以爲人。不用之，則逆天統，違人望。逆天統則灾眚降，違人望則化不行。灾眚降則下呼嗟，化不行則君道虧。四始之缺，五際之戹，其咎由此。豈可不剛健篤實，矜矜栗栗，以守天功盛德大業乎？

臣伏見光禄大夫江夏黄瓊，耽道樂術，清亮自然，被褐懷寶，含味經籍，又果于從政，明達變復。朝廷前加優寵，賓於上位。瓊入朝日淺，謀謨未就，因以喪病，致命遂志。《老子》曰：『大音希聲，大器晚成。』善人爲國，三年乃立。天下莫不嘉朝廷有此良人，而復怪其不時還任。陛下宜加降崇之恩，極養賢之禮，徵反京師，以慰天下。又處士漢中李固，年四十，通游夏之藝，履顔閔之仁。潔白之節，情同皦日，忠貞之操，好是正直，卓冠古人，當世莫及。元精所生，王之佐臣，天之生固，必爲聖漢，宜蒙特徵，以示四方。夫有出倫之才，不應限以官次。昔顔子十八，天下歸仁；子奇穉齒，化阿有聲。若還瓊徵固，任以時政，伊尹、傅說，不足爲此，則可垂景光，致休祥矣。臣顗明不知人，伏聽衆言，百姓所歸，臧否共歎。願泛問百僚，覈其名行，有一不合，則臣爲欺國。惟留聖神，不以人廢言。

謹復條便宜四事，附奏于左：

一事：孔子作《春秋》，書『正月』者，敬歲之始也。王者則天之象，因時之序，宜開發德號，爵賢命士，流寬大之澤，垂仁厚之德，順助元氣，含養庶類。如此，則天文昭爛，星辰顯列，五緯循軌，四時和睦。不則太陽不光，天地溷濁，時氣錯逆，霾霧蔽日。自立春以來，累經旬朔，未見仁德有所施布，但聞罪罰考掠之聲。夫天之應人，疾如景響，而自從入歲，常有蒙氣，月不舒光，日不宣曜。日者太陽，以象人君，政變於下，日應於天。清濁之占，隨政抑揚。天之見異，事無虛作。豈獨陛下倦于萬機，帷幄之政有所闕歟？何天戒之數見也！臣願陛下發揚乾剛，援引賢能，勤求機衡之寄，以獲斷金之利。臣之所陳，輒以太陽爲先者，明其不可久闇，急當改正。其異雖微，其事甚重。臣言雖約，其旨甚廣。惟陛下乃眷臣章，深留明思。

二事：孔子曰：『靁之始發《大壯》始，君弱臣强從《解》起。』今月九日至十四日，《大壯》用事，消息之卦也。于此六日之中，靁當發聲，發聲則歲氣和，王道興也。《易》曰：『靁出地奮，豫，先王以作樂崇德，殷薦之上帝。』靁者，所以開發萌牙，辟陰除害。萬物須靁而解，資雨而潤。故《經》曰：『靁以動之，雨以潤之。』王者崇寬大，順春令，則靁應節，不則發動於冬，當震反潛。故《易傳》曰：『當靁不靁，太陽弱也。』今蒙氣不除，日月變色，則其效也。天網恢恢，疏而不失，隨時進退，應政得失。大人者，與天地合其德，與日月合其明，琁璣動作，與天相應。靁者號令，其德生養。號令殆廢，當生而殺，則靁反作，其時無歲。陛下若欲除灾昭祉，順天致和，宜察臣下尤酷害者，亟加斥黜，以安黎元，則太皓悅和，靁聲乃發。

三事：去年十月二十日癸亥，太白與歲星合于房、心。太白在北，歲星在南，相離數寸，光芒交接。房、心者，天帝明堂布政之宫。《孝經鉤命決》曰：『歲星守心年穀豐。』《尚書洪範記》曰：『月行中道，移節應期，德厚受福，重華留之。』重華者，謂歲星在心也。今太白從之，交合明堂，金木相賊，而反同合，此以陰陵陽，臣下專權之異也。房、心東方，其國主宋。《石氏經》曰：『歲星出左有年，出右無年。』今金木

俱東，歲星在南，是爲出右，恐年穀不成，宋人飢也。陛下宜審詳明堂布政之務，然後妖異可消，五緯順序矣。

四事：《易傳》曰：『陽無德則旱，陰僭陽亦旱。』陽無德者，人君恩澤不施於人也。陰僭陽者，禄去公室，臣下專權也。自冬涉春，訖無嘉澤，數有西風，反逆時節。朝廷勞心，廣爲禱祈，薦祭山川，暴龍移市。臣聞皇天感物，不爲僞動，災變應人，要在責己。若令雨可請降，水可攘止，則歲無隔并，太平可待。然而災害不息者，患不在此也。立春以來，未見朝廷賞録有功，表顯有德，存問孤寡，賑恤貧弱，而但見洛陽都官奔車東西，收繫纖介，牢獄充盈。臣聞恭陵火處，比有光曜，明此天災，非人之咎。丁丑大風，掩蔽天地。風者號令，天之威怒，皆所以感悟人君忠厚之戒。又連月無雨，將害宿麥。若一穀不登，則飢者十三四矣。陛下誠宜廣被恩澤，貸贍元元。昔堯遭九年之水，人有十載之蓄者，簡稅防災，爲其方也。願陛下早宣德澤，以應天功。若臣言不用，朝政不改者，立夏之後乃有澍雨，於今之際未可望也。若政變於朝而天不雨，則臣爲誣上，愚不知量，分當鼎鑊。

書奏，特詔拜郎中，辭病不就，即去歸家。至四月京師地震，遂陷。其夏大旱。秋，鮮卑入馬邑城，破代郡兵。明年，西羌寇隴右。皆略如顗言。

又《襄楷傳》 襄楷字公矩，平原隰陰人也。好學博古，善天文陰陽之術。

桓帝時，宦官專朝，政刑暴濫，又比失皇子，災異尤數。延熹九年，楷自家詣闕上疏曰：

臣聞皇天不言，以文象設教。堯舜雖聖，必歷象日月星辰，察五緯所在，故能享百年之壽，爲萬世之法。臣竊見去歲五月，熒惑入太微，犯帝座，出端門，不軌常道。其閏月良辰，太白入房，犯心小星，震動中耀。中耀，天王也；傍小星者，天王子也。夫太微天廷，五帝之坐，而金火罰星揚光其中，於占，天子凶；又俱入房、心，法無繼嗣。今年歲星久守太微，逆行西至掖門，還切執漢。歲爲木精，好生惡殺，而淹留不去者，咎在仁德不修，誅罰太酷。前七年十二月，熒惑與歲星俱入軒轅，逆行四十餘日，而鄧皇后誅。其冬大寒，殺鳥獸，害魚鱉，城傍竹柏之葉有傷枯者。臣聞于師曰：『柏傷竹枯，不出三年，天子當之。』今洛陽城中人夜無故叫呼，云有火光，人聲正喧，於占亦與竹柏枯同。自春夏以來，連有霜雹及大雨雷，而臣作威作福，刑罰急刻之所感也。

太原太守劉瓆、南陽太守成瑨，志除姦邪，其所誅翦，皆合人望，而陛下受閹豎之譖，乃遠加考逮。三公上書乞哀瓆等，不見采察，而嚴被譴讓。憂國之臣，將遂杜口矣。

臣聞殺無罪，誅賢者，禍及三世。自陛下即位以來，頻行誅伐，梁、寇、孫、鄧，並見族滅，其從坐者，又非其數。李雲上書，明主所不當諱，杜衆乞死，諒以感悟聖朝，曾無赦宥，而並被殘戮，天下之人，咸知其冤。漢興以來，未有拒諫誅賢，用刑太深如今者也。

永平舊典，諸當重論皆須冬獄，先請後刑，所以重人命也。頃數十歲以來，州郡翫習，又欲避請讞之煩，輒托疾病，多死牢獄。長吏殺生自己，死者多非其罪，魂神冤結，無所歸訴，淫厲疾疫，自此而起。昔文王一妻，誕至十子，今宮女數千，未聞慶育。宜修德省刑，以廣《螽斯》之祚。

又七年六月十三日，河內野王山上有龍死，長可數十丈。扶風有星隕爲石，聲聞三郡。夫龍形狀不一，小大無常，故《周易》況之大人，帝王以爲符瑞。或聞河內龍死，諱以爲蛇。夫龍能變化，蛇亦有神，皆不當死。昔秦之將衰，華山神操璧以授鄭客，曰『今年祖龍死』，始皇逃之，死於沙丘。王莽天鳳二年，訛言黃山宮有死龍之異，後漢誅莽，光武復興。虛言猶然，況於實邪？夫星辰麗天，猶萬國之附王者也。下將畔上，故星亦畔天。石者安類，墜者失勢。春秋五石隕宋，其後襄公爲楚所執，秦之亡也，石隕東郡。今損扶風，與先帝園陵相近，不有大喪，必有畔逆。

案春秋以來及古帝王，未有河清及學門自壞者也。臣以爲河者，諸侯位也，清者屬陽，濁者屬陰。河當濁而反清者，陰欲爲陽，諸侯欲爲帝也。太學，天子教化之宮，其門無故自壞者，言文德將喪，教化廢也。京房《易傳》曰：『河水清，天下平。』今天垂盡，地吐妖，人厲疫，三者並時而有河清，猶春秋麟不當見而見，孔子書之以爲異也。

臣前上琅邪宮崇受干吉神書，不合明聽。臣聞布穀鳴孟夏，蟋蟀吟

於始秋，物有微而志信，人有賤而言忠。臣雖至賤，誠願賜清閒，極盡所言。

書奏不省。

十餘日，復上書曰：

臣伏見太白北入數日，復出東方，其占當有大兵，中國弱，四夷强。臣又推步，熒惑今當出而潛，必有陰謀。皆由獄多冤結，忠臣被戮。德星所以久守執法，亦爲此也。陛下宜承天意，理察冤獄，爲劉瓆、成瑨虧除罪辟，追録李雲、杜衆等子孫。

夫天子事天不孝，則日食星斗。比年日食於正朔，三光不明，五緯錯戾。前者宮崇所獻神書，專以奉天地順五行爲本，亦有興國廣嗣之術。其文易曉，參同經典，而順帝不行，故國胤不興，孝沖、孝質頻世短祚。

臣又聞之，得主所好，自非正道，神爲生虐。故周衰，諸侯以力征相尚，於是夏育、申休、宋萬、彭生、任鄙之徒生於其時。殷紂好色，妲己是出。葉公好龍，眞龍遊廷。今黄門常侍，天刑之人，陛下愛待，兼倍常寵，係嗣未兆，豈不爲此？天官宦者星不在紫宮而在天市，明當給使主市里也。今乃反處常伯之位，實非天意。

又聞宮中立黄老、浮屠之祠。此道清虚，貴尚無爲，好生惡殺，省欲去奢。今陛下嗜欲不去，殺罰過理，既乖其道，豈獲其祚哉！或言老子入夷狄爲浮屠。浮屠不三宿桑下，不欲久生恩愛，精之至也。天神遺以好女，浮屠曰：『此但革囊盛血。』遂不眄之。其守一如此，乃能成道。今陛下淫女豔婦，極天下之麗，甘肥飲美，單天下之味，奈何欲如黄老乎？

書上，卽召詣尚書問狀。楷曰：『臣聞古者本無宦臣，武帝末，春秋高，數游後宮，始置之耳。後稍見任，至於順帝，遂益繁熾。今陛下爵之，十倍於前。至今無繼嗣者，豈獨好之而使之然乎？』尚書上其對，詔下有司處正。尚書承旨奏曰：『其宦者之官，非近世所置。漢初張澤爲大謁者，佐絳侯誅諸呂；孝文使趙談參乘，而子孫昌盛。楷不正辭理，指陳要務，而析言破律，違背經藝，假借星宿，僞託神靈，造合私意，誣上罔事。請下司隸，正楷罪法，收送洛陽獄。』帝以楷言雖激切，然皆天文恆象之數，故不誅，猶司寇論刑。

又　卷三一《陸康傳》　（陸康）遷武陵太守，轉守桂陽、樂安二郡，所在稱之。

時靈帝欲鑄銅人，而國用不足，乃詔調民田，畝斂十錢。而比水旱傷稼，百姓貧苦。康上疏諫曰：『臣聞先王治世，貴在愛民。省徭輕賦，以寧天下，除煩就約，以崇簡易，故萬姓從化，靈物應德。末世衰主，窮奢極侈，造作無端，興制非一，勞割自下，以從苟欲，故黎民吁嗟，陰陽感動。陛下聖德承天，當隆盛化，而卒被詔書，畝斂田錢，鑄作銅人，伏讀惆悵，悼心失圖。夫十一而稅，周謂之徹。徹者通也，言其法度可通萬世而行也。故魯宣稅畝，而蝝灾自生；哀公增賦，而孔子非之。豈有聚奪民物，以營無用之銅人；捐舍聖戒，自蹈亡王之法哉！傳曰：「君舉必書，書而不法，後世何述焉？」陛下宜留神省察，改敝從善，以塞兆民怨恨之望。』書奏，內倖因此譖康援引亡國，以譬聖明，大不敬，檻車徵詣廷尉。待御史劉岱典考其事，岱爲表陳解釋，免歸田里。復徵拜議郎。

又　卷三四《玄孫冀傳》　郎中汝南袁著，年十九，見冀凶縱，不勝其憤，乃詣闕上書曰：

『臣聞仲尼歎鳳鳥不至，河不出圖，自傷卑賤，不能致也。今陛下居得致之位，又有能致之資，而和氣未應，賢愚失序者，執分權臣，上下壅隔之故也。夫四時之運，功成則退，高爵厚寵，鮮不致灾。今大將軍位極功成，可爲至戒，宜遵懸車之禮，高枕頤神。傳曰：「木實繁者，披枝害心。」若不抑損權盛，將無以全其身矣。左右聞臣言，將側目切齒，臣特以童蒙見拔，故敢忘忌諱。昔舜、禹相戒無若丹朱，周公戒成王無如殷王紂，願除誹謗之罪，以開天下之口。』

書得奏御，冀聞而密遣掩捕著。著乃變易姓名，後託病僞死，結蒲爲人，市棺殯送。冀廉問知其詐，陰求得，笞殺之，隱蔽其事。

又　卷三六《鄭興傳》　（鄭興）爲太中大夫。明年三月晦，日食。興因上疏曰：

《春秋》以天反時爲灾，地反物爲妖，人反德爲亂，亂則妖灾生。往年以來，謫咎連見，意者執事頗有闕焉。案《春秋》「昭公十七年夏六月甲戌朔，日有食之」。傳曰：「日過分而未至，三辰有灾，於是百官降物，君不舉，避移時，樂奏鼓，祝用幣，史用辭。」今孟夏，純乾用事，陰氣未作，其灾尤重。夫國無善政，則謫見日月，變咎之來，不可不慎，

其要在因人之心，擇人處位也。堯知鯀不可用而用之者，是屈己之明，因人之心也。齊桓反政而相管仲，晉文歸國而任郤縠者，是不私其私，擇人處位也。今公卿大夫多舉漁陽太守郭伋可大司空者，而不以時定，道路流言，咸曰『朝廷欲用功臣』，功臣用則人位謬矣。願陛下上師唐、虞，下覽齊、晉，以成屈己從衆之德，以濟羣臣讓善之功。

夫日月交會，數應在朔，而頃年日食，每多在晦。先時而合，皆月行疾也。日君象而月臣象，君亢急則臣下促迫，故行疾也。今年正月繁霜，自爾以來，率多寒日，此亦急咎之罰。天子賢聖之君，猶慈父之于孝子也。丁寧申戒，欲其反政，故灾變仍見，此乃國之福也。今陛下高明而羣臣惶促，宜留思柔剋之政，垂意《洪範》之法，博采廣謀，納羣下之策。

書奏，多有所納。

又《陳元傳》 （陳）元以才高著名，辟司空李通府。時大司農江馮上言，宜令司隸校尉督察三公。事下三府。元上疏曰：『臣聞師臣者帝，賓臣者霸。故武王以太公爲師，齊桓以夷吾爲仲父。孔子曰：「百官總己聽於冢宰。」近則高帝優相國之禮，太宗假宰輔之權。及亡新王莽，遭漢中衰，專操國柄，以偷天下，況已自喻，不信羣臣。奪公輔之任，損宰相之威，以刺舉爲明，徼訐爲直。至乃陪僕告其君長，子弟變其父兄，罔密法峻，大臣無所措手足。然不能禁董忠之謀，身爲世戮。故人君患在自驕，不患驕臣；失在自任，不在任人。是以文王有日昊之勞，周公執吐握之恭，不聞其崇刺舉，務督察也。方今四方尚擾，天下未一，百姓觀聽，咸張耳目。陛下宜修文武之聖典，襲祖宗之遺德，勞心下士，屈節待賢，誠不宜使有司察公輔之名。』

帝從之，宣下其議。

又 卷三九《劉般傳》 劉般字伯興，宣帝之玄孫也。【略】

帝曾欲置常平倉，公卿議者多以爲便。般對以『常平倉外有利民之名，而內實侵刻百姓，豪右因緣爲姦，小民不能得其平，置之不便』。帝乃止。是時下令禁民二業，又以郡國牛疫，通使區種增耕，而吏下檢結，多失其實，百姓患之。般上言：『郡國以官禁二業，至有田者不得漁捕。今濱江湖郡率少蠶桑，民資漁采以助口實，且以冬春閑月，不妨農事。夫漁獵之利，爲田除害，有助穀食，無關二業也。又郡國以牛疫、水旱，墾田多減，故詔敕區種，增進頃畝，以爲民也。而吏舉度田，欲令多前，至於不種之處，亦通爲租。可申敕刺史、二千石，務令實覈，其有增加，皆使與奪田同罪。』帝悉從之。

又 卷四一《宋意傳》 （宋）意字伯志。父京，以《大夏侯尚書》教授，至遼東太守。意少傳父業，顯宗時舉孝廉，以召對合旨，擢拜阿陽侯相。建初中，徵爲尚書。

肅宗性寬仁，而親親之恩篤，故叔父濟南、中山二王每數入朝，特加恩寵，及諸昆弟並留京師，不遣就國。意以爲人臣有節，不宜逾禮過恩，乃上疏諫曰：『陛下至孝烝烝，恩受隆深，以濟南王康、中山王焉先帝昆弟，特蒙禮寵，聖情戀戀，不忍遠離，比年朝見，久留京師，崇以叔父之尊，同之家人之禮，車入殿門，即席不拜，分甘損膳，賞賜優渥。昔周公懷聖人之德，有致太平之功，然後王曰叔父，加以錫幣。今康、焉幸以支庶享食大國，陛下即位，竊除前過，還所削黜，衍食他縣，男女少長，並受爵邑，恩寵逾制，禮敬過度。《春秋》之義，諸父昆弟無所不臣，所以尊尊卑卑，强幹弱枝者也。陛下德業隆盛，當爲萬世典法，不宜以私恩損上下之序，失君臣之正。又西平王羨等六王，皆妻子成家，官屬備具，當早就蕃國，爲子孫基阯。而室第相望，久磐京邑，婚姻之盛，過於本朝，僕馬之衆，充塞城郭，驕奢僭擬，寵禄隆過。今諸國之封，並皆豪腴，風氣平調，道路夷近，朝聘有期，行來不難。宜割情不忍，以義斷恩，發遣康、焉各歸蕃國，令羨等速就便時，以塞衆望。』帝納之。

又 卷四三《朱穆傳》 （朱）穆居家數年，在朝諸公多有相推薦者，於是徵拜尚書。穆既深疾宦官，及在臺閣，旦夕共事，志欲除之。乃上疏曰：『案漢故事，中常侍參選士人。建武以後，乃悉用宦者。自延平以來，浸益貴盛，假貂璫之飾，處常伯之任，天朝政事，一更其手，權傾海內，寵貴無極，子弟親戚，並荷榮任，故放濫驕溢，莫能禁禦。凶狡無行之徒，媚以求官，恃勢怙寵之輩，漁食百姓，窮破天下，空竭小人。愚臣以爲可悉罷省，遵復往初，率由舊章，更選海內清淳之士，明達國體者，以補其處。即陛下可爲堯舜之君，衆僚皆爲稷契之臣，兆庶黎萌蒙被聖化矣。』帝不納。後穆因進見，口復陳曰：『臣聞漢家舊典，置侍中、中常侍各一人，省尚書事，黃門侍郎一人，傳發書奏，皆用姓族。自和熹

太后以女主稱制，不接公卿，乃以閹人爲常侍，小黄門通命兩宫。自此以來，權傾人主，窮困天下。宜皆罷遣，博選耆儒宿德，與參政事。』帝怒，不應。穆伏不肯起。左右傳出，良久乃趨而去。自此中官數因事稱詔詆毁之。

穆素剛，不得意，居無幾，憤懣發疽。延熹六年，卒，時年六十四。

又《樂恢傳》 樂恢字伯奇，京兆長陵人也。【略】

後徵拜議郎。會車騎將軍竇憲出征匈奴，恢數上書諫爭，朝廷稱其忠。入爲尚書僕射。是時河南尹王調、洛陽令李阜與竇憲厚善，縱舍自由。恢劾奏調、阜，並及司隸校尉。諸所刺舉，無所回避，貴戚惡之。憲弟夏陽侯瓌欲往候恢，恢謝不與通。憲兄弟放縱，而忿其不附己。妻每諫恢曰：『昔人有容身避害，何必以言取怨？』恢歎曰：『吾何忍素餐立人之朝乎！』遂上疏諫曰：『臣聞百王之失，皆由權移於下。大臣持國，常以執盛爲咎。伏念先帝，聖德未永，早棄萬國。陛下富於春秋，纂承大業，諸舅不宜幹正王室，以示天下之私。經曰：「天地乖互，衆物夭傷。君臣失序，萬人受殃。」政失不救，其極不測。方今之宜，上以義自割，下以謙自引。四舅可長保爵土之榮，皇太后永無慚負宗廟之憂，誠策之上者也。』書奏不省。

時竇太后臨朝，和帝未親萬機，恢以意不得行，乃稱疾氣骸骨。詔賜錢，太醫視疾。恢薦任城郭均、成陽高鳳，而遂稱篤。拜騎都尉，上書辭謝曰：『仍受厚恩，無以報效。夫政在大夫，孔子所疾；世卿持權，《春秋》以戒。聖人懇惻，不虚言也。近世外戚富貴，必有驕溢之敗。今陛下思慕山陵，未遑政事；諸舅寵盛，權行四方。若不能自損，誅罰必加。臣壽命垂盡，臨死竭愚，惟蒙留神。』詔聽上印綬，乃歸鄉里。竇憲因是風厲州郡迫脅，恢遂飲藥死。

又《何敞傳》 （何敞）以高第拜侍御史。時遂以竇憲爲車騎將軍，大發軍擊匈奴，而詔使者爲憲弟篤、景並起邸第，興造勞役，百姓愁苦。敞上疏諫曰：『臣聞匈奴之爲桀逆久矣。平城之圍，嫚書之耻，此二辱者，臣子所爲捐軀而必死，高祖、吕后忍怒還忿，舍而不誅。伏惟皇太后秉文母之操，陛下履晏晏之姿，匈奴無逆節之罪，漢朝無可慙之耻，而盛春東作，興動大役，元元怨恨，咸懷不悦。而猥復爲衛尉篤、奉車都尉景繕修館第，彌街絶里，臣雖斗筲之人，誠竊懷怪，以爲篤、景親近貴臣，當爲百僚表儀。今衆軍在道，朝廷焦脣，百姓愁苦，縣官無用，而遽起大第，崇飾玩好，非所以垂令德，示無窮也。宜且罷工匠，專憂北邊，恤人之困。』書奏不省。

拜爲尚書，復上封事曰：

『夫忠臣憂世，犯主嚴顔，譏刺貴臣，至以殺身滅家而猶爲之者，何邪？君臣義重，有不得已也。臣伏見往事，國之危亂，家之將凶，皆有所由，較然易知。昔鄭武姜之幸叔段，衛莊公之寵州吁，愛而不教，終至凶戾。由是觀之，愛子若此，猶飢而食之以毒，適所以害之也。伏見大將軍憲，始遭大憂，公卿比奏，欲令典幹國事。憲深執謙退，固辭盛位，懇懇勤勤，言之深至，天下聞之，莫不悦喜。今逾年無幾，大禮未終，卒然中改，兄弟專朝。憲秉三軍之重，篤、景總宫衛之權，而虐用百姓，奢侈僭逼，誅戮無罪，肆心自快。今者論議凶凶，咸謂叔段、州吁復生於漢。

臣觀公卿懷持兩端，不肯極言者，以爲憲等若有匪懈之志，則已受吉甫褒申伯之功，如憲等陷於罪辜，則自取陳平、周勃順吕后之權，終不以憲等吉凶爲憂也。臣敞區區，誠欲計策兩安，絶其緜緜，塞其涓涓，上不欲令皇太后損文母之號，陛下有誓泉之譏，下使憲等得長保其福祐。然臧獲之謀，上安主父，下存主母，猶不免于嚴怒。臣伏惟累祖蒙恩，至臣八世，復以愚陋，旬年之間，歷顯位，備機近，每念厚德，忽然忘生。雖知言必夷滅，而冒死自盡者，誠不忍目見其禍而懷默苟全。駙馬都尉瓌，雖在弱冠，有不隱之忠，比請退身，願抑家權。可與參謀，聽順其意，誠宗廟至計，竇氏之福。』

敞數切諫，言諸竇罪過，憲等深怨之。

又 卷四四《胡廣傳》 （胡廣）五遷尚書僕射。順帝欲立皇后，而貴人有寵者四人，莫知所建，議欲探籌，以神定選。廣與尚書郭虔、史敞上疏諫曰：『竊見詔書以立后事大，謙不自專，欲假之籌策，決疑靈神。篇籍所記，祖宗典故，未嘗有也。恃神任筮，既不必當賢；就值其人，猶非德選。夫岐嶷形于自然，俔天必有異表。宜參良家，簡求有德，德同以年，年鈞以貌，稽之典經，斷之聖慮。政令猶汗，往而不反。詔文一下，形之四方。臣職在拾遺，憂深責重，是以焦心，冒昧陳聞。』帝從

之，以梁貴人良家子，定立爲皇后。

又 卷四六《陳寵傳》 （陳）寵以帝新即位，宜改前世苛俗。乃上疏曰：『臣聞先王之政，賞不僭，刑不濫，與其不得，已寧僭不濫。故唐堯著典，「眚災肆赦」。周公作戒，「勿誤庶獄」。伯夷之典，「惟敬五刑，以成三德」。由此言之，聖賢之政，以刑罰爲首。往者斷獄嚴明，所以威懲姦慝，姦慝既平，必宜濟之以寬。陛下即位，率由此義，數詔羣僚，弘崇晏晏。而有司執事，未悉奉承，典刑用法，猶尚深刻。斷獄者急於榜格酷烈之痛，執憲者煩於詆欺放濫之文，或因公行私，逞縱威福。夫爲政猶張琴瑟，大弦急者小弦絶。故子貢非臧孫之猛法，而美鄭喬之仁政。《詩》云：「不剛不柔，布政優優。」方今聖德充塞，假於上下，宜隆先王之道，蕩滌煩苛之法。輕薄箠楚，以濟羣生；全廣至德，以奉天心。』帝敬納寵言，每事務於寬厚。其後遂詔有司，絶鉆鑽諸慘酷之科，解妖惡之禁，除文致之請讞五十餘事，定著於令。是後人俗和平，屢有嘉瑞。

又 《陳忠傳》 （陳）忠以久次，轉爲僕射。時帝數遣黄門常侍及中使伯榮往來甘陵，而伯榮負寵驕蹇，所經郡國莫不迎爲禮謁。又霖雨積時，河水涌溢，百姓騷動。忠上疏曰：

『臣聞位非其人，則庶事不敍；庶事不敍，則政有得失；政有得失，則感動陰陽，妖變爲應。陛下每引灾自厚，不責臣司，臣司狃恩，莫以爲負。故天心未得，隔並屢臻，青、冀之域淫雨漏河，徐、岱之濱海水盆溢，兖、豫蝗蝝滋生，荆、楊稻收儉薄，并、涼二州羌戎叛戾。加以百姓不足，府帑虚匱，自西徂東，杼柚將空。臣聞《洪範》五事，一曰貌，貌以恭，恭作肅，貌傷則狂，而致常雨。春秋大水，皆爲君上威儀不穆，臨莅不嚴，臣下輕慢，貴幸擅權，陰氣盛强，陽不能禁，故爲淫雨。陛下以不得親奉孝德皇園廟，比遣中使致敬甘陵，朱軒軿馬，相望道路，可謂孝至矣。然臣竊聞使者所過，威權翕赫，震動郡縣，王侯二千石至爲伯榮獨拜車下，儀體上僭，侔於人主。長吏惶怖譴責，或邪諂自媚，發人修道，繕理亭傳，多設儲跱，徵役無度，老弱相隨，動有萬計，賄遺僕從，人數百匹，頓踣呼嗟，莫不叩心。河間托叔父之屬，清河有陵廟之尊，及剖符大臣，皆猥爲伯榮屈節車下。陛下不問，必以陛下欲其然也。伯榮之威重于陛下，陛下之柄在於臣妾。水灾之發，必起於此。昔韓嫣托副車之乘，受馳視之使；江都誤爲一拜，而嫣受歐刀之誅。臣願明主嚴天元之尊，正乾剛之位，職事巨細，皆任賢能，不宜復令女使干錯萬機。重察左右，得無石顯洩漏之奸；尚書納言，得無趙昌譖崇之詐；公卿大臣，得無朱博阿傅之援；外屬近戚，得無王鳳害商之謀。若國政一由帝命，王事每決於已，則下不得逼上，臣不得干君，常雨大水必當霽止，四方衆異不能爲害。』

書奏不省。時三府任輕，機事專委尚書，而灾眚變咎，輒切免公台。忠以爲非國舊體，上疏諫曰：

『臣聞「君使臣以禮，臣事君以忠」。故三公稱曰冢宰，王者待以殊敬，在輿爲下，御坐爲起，入則參對而議政事，出則監察而董是非。漢典舊事，丞相所請，靡有不聽。今之三公，雖當其名而無其實，選舉誅賞，一由尚書，尚書見任，重於三公，陵遲以來，其漸久矣。臣忠心常獨不安，是故臨事戰懼，不敢穴見有所興造，又不敢殺意同僚，以謬平典，而謗讀言日聞，罪足萬死。近以地震策免司空陳褒，今者灾異，復欲切讓三公。昔孝成皇帝以妖星守心，移咎丞相，使賁麗納説方進，方進自引，卒不蒙上天之福，徒乖宋景之誠。故知是非之分，較然有歸矣。又尚書決事，多違故典，罪法無例，詆欺爲先，文慘言醜，有乖章憲。宜責求其意，害而勿聽。上順國典，下防威福，置方員於規矩，審輕重于衡石，誠國家之典，萬世之法也。』

又 卷四八《楊終傳》 （楊終）習《春秋》，顯宗時，徵詣蘭臺，拜校書郎。建初元年，大旱穀貴，終以爲廣陵、楚、淮陽、濟南之獄，徙者萬數，又遠屯絶域，吏民怨曠，乃上疏曰：

『臣聞「善善及子孫，惡惡止其身」，百王常典，不易之道也。秦政酷烈，違悟天心，一人有罪，延及三族。高祖平亂，約法三章。太宗至仁，除去收孥。萬姓廓然，蒙被更生，澤及昆蟲，功垂萬世。陛下聖明，德被四表。今以比年久旱，灾疫未息，躬自菲薄，廣訪失得，三代之隆，無以加焉。臣竊桉《春秋》水旱之變，皆應暴急，惠不下流。自永平以來，仍連大獄，有司窮考，轉相牽引，掠考寃濫，家屬徒邊。加以北征匈奴，西開三十六國，頻年服役，轉輸煩費。又遠屯伊吾，樓蘭、車師、戊

己，民懷土思，怨結邊域。傳曰：「安土重居，謂之衆庶。」昔殷民近遷洛邑，且猶怨望，何況去中土之肥饒，寄不毛之荒極乎？且南方暑濕，障毒互生。愁困之民，足以感動天地，移變陰陽矣。陛下留念省察，以濟元元。』

書奏，肅宗下其章。司空第五倫亦同終議。太尉牟融、司徒鮑昱、校書郎班固等難倫，以施行既久，孝子無改父之道，先帝所建，不宜回異。終復上書曰：『秦築長城，功役繁興，胡亥不革，卒亡四海。故孝元棄珠崖之郡，光武絕西域之國，不以介鱗易我衣裳。魯文公毀泉臺，《春秋》譏之曰「先祖爲之而己毀之，不如勿居而已」，以其無妨害於民也。襄公作三軍。昭公舍之，君子大其復古，以爲不舍則有害於民也。今伊吾之役，樓蘭之屯，久而未還，非天意也。』帝從之，聽還徙者，悉罷邊屯。

又《翟酺傳》（翟酺）拜尚書。時安帝始親政事，追感祖母宋貴人，悉封其家。又元舅耿寶及皇后兄弟閻顯等並用威權。酺上疏諫曰：

臣聞微子佯狂而去殷，叔孫通背秦而歸漢，彼非自疏其君，時不可也。臣何殊絕之恩，蒙值不諱之政，豈敢雷同受寵，而以戴天履地。伏惟陛下應天履祚，歷值中興，當建太平之功，而未聞致化之道。蓋遠者難明，請以近事徵之。昔竇、鄧之寵，傾動四方，兼官重紱，盈金積貨，至使議弄神器，改更社稷。豈不以勢尊威廣，以致斯患乎？及其破壞，頭顙墮地，願爲孤豚，豈可得哉！夫致貴無漸失必暴，受爵非道殃必疾。今外戚寵倖，功均造化，漢元以來，未有等比。陛下誠仁恩周洽，以親九族。然祿去公室，政移私門，覆車重尋，寧無摧折。而朝臣在位，莫肯正議，翕翕訾訾，更相佐附。臣恐威權外假，歸之良難，虎翼一奮，卒不可制。故孔子曰：『吐珠於澤，誰能不含』；老子稱『國之利器，不可以示人』。此最安危之極戒，社稷之深計也。

夫儉德之恭，政存約節。故文帝愛百金於露臺，飾帷帳於皂囊。或有譏其儉者，上曰：『朕爲天下守財耳，豈得妄用之哉！』至倉穀腐而不可食，錢貫朽而不可校。今自初政已來，日月未久，費用賞賜已不可算。斂天下之財，積無功之家，帑藏單盡，民物凋傷，卒有不虞，復當重賦百姓，怨叛既生，危亂可待也。

昔成王之政，周公在前，邵公在後，畢公在左，史佚在右，四子挾而維之。目見正容，耳聞正言，一日即位，天下曠然，言其法度素定也。今陛下有成王之尊而無數子之佐，雖欲崇雍熙，致太平，其可得乎？

自去年已來，灾譴頻數，地坼天崩，高岸爲谷。修身恐懼，則轉禍爲福；輕慢天戒，則其害彌深。願陛下親自勞恤，研精致思，勉求忠貞之臣，誅遠佞諂之黨，損玉堂之盛，尊天爵之重，割情慾之歡，罷宴私之好。帝王圖籍，陳列左右，心存亡國所以失之，鑑觀興王所以得之，庶灾害可息，豐年可招矣。

書奏不省，而外戚寵臣咸畏惡之。

又《應奉傳》應奉字世叔，汝南南頓人也。【略】永興元年拜武陵太守。【略】坐公事免。

延熹中，武陵蠻復寇亂荆州，車騎將軍馮緄以奉有威恩，爲蠻夷所服，上請與俱征。拜從事中郎。奉勤設方略，賊破軍罷，緄推功於奉，薦爲司隸校尉。糾舉奸違，不避豪威，以嚴厲爲名。

及鄧皇后敗，而田貴人見幸，桓帝有建立之議。奉以田氏微賤，不宜超登后位，上書諫曰：『臣聞周納狄女，襄王出居於鄭；漢立飛燕，成帝胤嗣泯絕。母后之重，興廢所因。宜思《關雎》之所求，遠五禁之所忌。』帝納其言，竟立竇皇后。

又《爰延傳》爰延字季平，陳留外黃人也。【略】遷魏郡太守，徵拜大鴻臚。帝以延儒生，常特宴見。時太史令上言客星經帝坐，帝密以問延。延因上封事曰：

『臣聞天子尊無爲上，故天以爲子，位臨臣庶，威重四海。動靜以禮，則星辰順序；意有邪僻，則晷度錯違。陛下以河南尹鄧萬有龍潛之舊，封爲通侯，恩重公卿，惠豐宗室。加頃引見，與之對博，上下媟黷，有虧尊嚴。臣聞之，帝左右者，所以咨政德也。故周公戒成王曰『其朋其朋』，言慎所與也。昔宋閔公與强臣共博，列婦人於側，積此無禮，以致大灾。武帝與幸臣李延年、韓嫣同卧起，尊爵重賜，情欲無厭，遂生驕淫之心，行不義之事，卒延年被戮，嫣伏其事。夫愛之則不覺其過，惡之則不知其善，所以事多放濫，物情生怨。故王者賞人必酬其功，爵人必甄其德。善人同處，則日聞嘉訓；惡人從游，則日生邪情。孔子曰：「益者三友，損者三友。」邪臣惑君，亂妾危主，以非所言則悅於耳，以非所行

則翫於目，故令人君不能遠之。仲尼曰：「惟女子與小人爲難養，近之則不遜，遠之則怨。」蓋聖人之明戒也！昔光武皇帝與嚴光俱寢，上天之異，其夕即見。夫以光武之聖德，嚴光之高賢，君臣合道，尚降此變，豈況陛下今所親幸，以賤爲貴，以卑爲尊哉？惟陛下遠讒諛之人，納謇謇之士，除左右之權，寤宦官之敝。使積善日熙，佞惡消殄，則乾灾可除。』

帝省其奏。因以病自上，乞骸骨還家。靈帝復特徵，不行，病卒。

《後漢書》卷五四《楊秉傳》（楊秉）年四十餘，乃應司空辟，拜侍御史，頻出爲豫、荆、徐、兗四州刺史，遷任城相。【略】以廉潔稱。

桓帝即位，以明《尚書》徵入勸講，拜太中大夫、左中郎將，遷侍中、尚書。帝時微行，私過幸河南尹梁胤府舍。是日大風拔樹，晝昏，秉因上疏諫曰：

『臣聞瑞由德至，灾應事生。傳曰：「禍福無門，唯人所召。」天不言語，以灾異譴告，是以孔子迅雷風烈必有變動。《詩》云：「敬天之威，不敢驅馳。」王者至尊，出入有常，警蹕而行，靜室而止，自非郊廟之事，則鑾旗不駕。故《詩》稱「自郊徂宫」，《易》曰「王假有廟，致孝享也」。諸侯如臣之家，《春秋》尚列其誡，況以先王法服而私出槃遊！降亂尊卑，等威無序，侍衛守空宫，紱璽委女妾，設有非常之變，任章之謀，上負先帝，下悔靡及。臣奕世受恩，得備納言，又以薄學，充在講勸，特蒙哀識，見照日月，恩重命輕，義使士死，敢憚摧折，略陳其愚。』

帝不納。

又《孫賜傳》 遷少府、光禄勳。

熹平元年，青虵見御坐，帝以問賜，賜上封事曰：

『臣聞和氣致祥，乖氣致灾，休徵則五福應，咎徵則六極至。夫善不妄來，灾不空發。王者心有所惟，意有所想，雖未形顔色，而五星以之推移，陰陽爲其變度。以此而觀，天之與人，豈不符哉？《尚書》曰：「天齊乎人，假我一日。」是其明徵也。夫皇極不建，則有蛇龍之孽。《詩》云：「惟虺惟蛇，女子之祥。」故《春秋》兩蛇鬬于鄭門，昭公殆以女敗；康王一朝晏起，《關雎》見幾而作。夫女謁行則讒夫昌，讒夫昌則苞苴通，故殷湯以之自戒，終濟亢旱之灾。惟陛下思乾剛之道，別內外之宜，崇帝乙之制，受元吉之祉，抑皇甫之權，割豔妻之愛，則蛇變可消，禎祥立應。殷戊、宋景，其事甚明。』

二年，代唐珍爲司空，以灾異免。復拜光禄大夫，秩中二千石。五年，代袁隗爲司徒。是時朝廷爵授，多不以次，而帝好微行，游幸外苑。賜復上疏曰：

『臣聞天生蒸民，不能自理，故立君長使司牧之，是以唐虞兢兢業業，周文日昃不暇，明慎庶官，俊乂在職，三載考績，以觀厥成。而今所序用無佗德，有形勢者，旬日累遷，守眞之徒，歷載不轉，勞逸無別，善惡同流，《北山》之詩，所爲訓作。又聞數微行出幸苑囿，觀鷹犬之勢，極槃遊之荒，政事日墮，大化陵遲。陛下不顧二祖之勤止，追慕五宗之美蹤，而欲以望太平，是由曲表而欲直景，卻行而求及前人也。宜絕慢傲之戲，念官人之重，割用板之恩，慎貫魚之次，無令醜女有四殆之歎，遐邇有憤怨之聲。臣受恩偏特，忝任師傅，不敢自同凡臣，括囊避咎，謹自手書密上。』

後坐辟黨人免。復拜光禄大夫。光和元年，有虹蜺晝降於嘉德殿前，帝惡之，引賜及議郎蔡邕等入金商門崇德署，使中常侍曹節、王甫問以祥異禍福所在。賜仰天而歎，謂節等曰：『吾每讀《張禹傳》，未嘗不憤恚歎息，既不能竭忠盡情，極言其要，而反留意少子，乞還女婿。朱游欲得尚方斬馬劍以埋之，固其宜也。吾以微薄之學，充先師之末，累世見寵，無以報國。猥當大問，死而後已。』乃書對曰：

『臣聞之經傳，或得神以昌，或得神以亡。國家休明，則鑑其德；邪辟昏亂，則視其禍。今殿前之氣，應爲虹蜺，皆妖邪所生，不正之象，詩人所謂蝃蝀者也。於《中孚經》曰：「蜺之比，無德以色親。」方今內多嬖幸，外任小臣，上下並怨，諠譁盈路，是以灾異屢見，前後丁寧。今復投蜺，可謂孰矣。案《春秋讖》曰：「天投蜺，天下怨，海內亂。」加四百之期，亦復垂及。昔虹貫牛山，管仲諫桓公無近妃宫。《易》曰：「天垂象，見吉凶，聖人則之。」今妾媵嬖人閹尹之徒，共專國朝，欺罔日月，又鴻都門下，招會羣小，造作賦說，以蟲篆小技見寵于時，如驩兜、共工更相薦說，旬月之間，並各拔擢，樂松處常伯，任芝居納言。郄儉、梁鵠俱以便辟之性，佞辨之心，各受豐爵不次之寵，而令搢紳之徒委伏田畝，

口誦堯舜之言，身蹈絕俗之行，棄捐溝壑，不見逮及。冠履倒易，陵穀代處，從小人之邪意，順無知之私欲，不念《板》、《蕩》之作，虺蜴之誡。殆哉之危，莫過於今。幸賴皇天垂象譴告。《周書》曰：「天子見怪則修德，諸侯見怪則修政，卿大夫見怪則修職，士庶人見怪則修身。」惟陛下慎經典之誡，圖變復之道，斥遠佞巧之臣，速徵鶴鳴之士，內親張仲，外任山甫，斷絕尺一，抑止槃遊，留思庶政，無敢怠遑。冀上天還威，衆變可弭。老臣過受師傅之任，數蒙寵異之恩，豈敢愛惜垂没之年，而不盡其其慺慺之心哉！』

書奏，甚忤曹節等。蔡邕坐直對抵罪，徙朔方。賜以師傅之恩，故得免咎。

又　卷五六《張晧傳》　（張晧）爲彭城相。

永甯元年，徵拜廷尉。晧雖非法家，而留心刑斷，數與尚書辯正疑獄，多以詳當見從。時安帝廢皇太子爲濟陰王，晧與太常桓焉、太僕來歷廷爭之，不能得。事已具《來歷傳》。退而上疏曰：『昔賊臣江充，造構讒逆，至令戾園興兵，終及禍難。後壺關三老一言，上乃覺悟，雖追前失，悔之何逮！今皇太子春秋方始十歲，未見保傅九德之義，宜簡賢輔，就成聖質。』書奏不省。

又《張綱傳》　（張）綱字文紀。少明經學。雖爲公子，而厲布衣之節。舉孝廉不就，司徒辟高第爲侍御史。時順帝委縱宦官，有識危心。綱常感激，慨然歎曰：『穢惡滿朝，不能奮身出命埽國家之難，雖生吾不願也。』退而上書曰：

『《詩》曰：「不愆不忘，率由舊章。」尋大漢初隆，及中興之世，文、明二帝，德化尤盛。觀其禮爲，易循易見，但恭儉守節，約身尚德而已。中官常侍不過兩人，近幸賞賜裁滿數金，惜費重人，故家給人足。夷狄聞中國優富，任通道德，所以姦謀自消而和氣感應。而頃者以來，不遵舊典，無功小人皆有官爵，富之驕之而復害之，非愛人重器，承天順道者也。伏願陛下少留聖思，割損左右，以奉天心。』

書奏不省。

又　卷五七《劉陶傳》　（劉）陶爲人居簡，不修小節。所與交友，必也同志。好尚或殊，富貴不求合；情趣苟同，貧賤不易意。同宗劉愷，以雅德知名，獨深器陶。

時大將軍梁冀專朝，而桓帝無子，連歲荒饑，灾異數見。陶時遊太學，乃上疏陳事曰：

臣聞人非天地無以爲生，天地非人無以爲靈，是故帝非人不立，人非帝不寧。夫天之與帝，帝之與人，猶頭之與足，相須而行也。伏惟陛下年隆德茂，中天稱號，襲常存之慶，循不易之制，目不視鳴條之事，耳不聞檀車之聲，天灾不有痛於肌膚，震食不即損於聖體，故蔑三光之謬，輕上天之怒。伏念高祖之起，始自布衣，拾暴秦之敝，追亡周之鹿，合散扶傷，克成帝業。功既顯矣，勤亦至矣。流福遺祚，至於陛下。陛下既不能增明烈考之軌，而忽高祖之勤，妄假利器，委授國柄，使羣醜刑隸，芟刈小民，彫敝諸夏，虐流遠近，故天降衆異，以戒陛下。陛下不悟，而競令虎豹窟於麑場，豺狼乳於春囿。斯豈唐咨禹、稷，益典朕虞，議物賦土蒸民之意哉？又今牧守長吏，上下交競；封豕長蛇，蠶食天下；貨殖者爲窮冤之魂，貧餒者作飢寒之鬼；高門獲東觀之辜，豐室羅妖叛之罪；死者悲于窀穸，生者戚於朝野：是愚臣所爲咨嗟長懷歎息者也。且秦之將亡，正諫者誅，諛進者賞，嘉言結於忠舌，國命出於讒口，擅閻樂於咸陽，授趙高以車府。權去己而不知，威離身而不顧。古今一揆，成敗同執。原陛下遠覽强秦之傾，近察哀、平之變，得失昭然，禍福可見。

臣又聞危非仁不扶，亂非智不救，故武丁得傅説，以消鼎雉之灾，周宣用申、甫，以濟夷、厲之荒。竊見故冀州刺史南陽朱穆，前烏桓校尉臣同郡李膺，皆履正清平，貞高絕俗。穆前在冀州，奉憲操平，摧破奸黨，掃清萬里。膺歷典牧守，正身率下，及掌戎馬，威揚朔北。斯實中興之良佐，國家之柱臣也。宜還本朝，挾輔王室，上齊七燿，下鎮萬國。臣敢吐不時之義於諱言之朝，猶冰霜見日，必至消滅。臣始悲天下之可悲，今天下亦悲臣之愚惑也。

書奏不省。

（劉陶）拜侍御史。靈帝宿聞其名，數引納之。時巨鹿張角僞託大道，妖惑小民，陶與奉車都尉樂松、議郎袁貢連名上疏言之，曰：

『聖王以天下耳目爲視聽，故能無不聞見。今張角支黨不可勝計。前司徒楊賜奏下詔書，切敕州郡，護送流民，會賜去位，不復捕録。雖會赦

令，而謀不解散。四方私言，云角等竊入京師，覘視朝政，鳥聲獸心，私共鳴呼。州郡忌諱，不欲聞之，但更相告語，莫肯公文。宜下明詔，重募角等，賞以國土。有敢回避，與之同罪。』

帝殊不悟，方詔陶次第《春秋》條例。明年，張角反亂，海內鼎沸，帝思陶言，封中陵鄉侯，三遷尚書令。以所舉將爲尚書，難與齊列，乞從冗散，拜侍中。以數切諫，以權臣所憚，徙爲京兆尹。到職，當出修宮錢直千萬，陶既清貧，而恥以錢買職，稱疾不聽政。帝宿重陶才，原其罪，徵拜諫議大夫。

是時天下日危，寇賊方熾，陶憂致崩亂，復上疏曰：

『臣聞事之急者不能安言，心之痛者不能緩聲。竊見天下前遇張角之亂，後遭邊章之寇，每聞羽書告急之聲，心灼內熱，四體驚竦。今西羌逆類，私署將帥，皆多段熲時吏，曉習戰陳，識知山川，變詐萬端。臣常懼其輕出河東、馮翊，抄西軍之後，東之函谷，據阨高望。今果已攻河東，恐遂轉更豕突上京。如是則南道斷絕，車騎之軍孤立，關東破膽，四方動搖，威之不來，叫之不應，雖有田單、陳平之策，計無所用。臣前驛馬上便宜，急絕諸郡賦調，冀尚可安。事付主者，留連至今，莫肯求問。今三郡之民皆以奔亡，南出武關，北徙壺谷，冰解風散，唯恐在後。今其存者尚十三四，軍吏士民悲愁相守，民有百走退死之心，而無一前鬬生之計。西寇浸前，去營咫尺，胡騎分布，已至諸陵。將軍張温，天性精勇，而主者旦夕迫促，軍無後殿，假令失利，其敗不救。臣自知言數見厭，而言不自裁者，以爲國安則臣蒙其慶，國危則臣亦先亡也。謹復陳當今要急八事，乞須臾之間，深垂納省。』

其八事，大較言天下大亂，皆由宦官。宦官事急，共讒陶曰：『前張角事發，詔書示以威恩，自此以來，各各改悔。今者四方安靜，而陶疾害聖政，專言妖孽。州郡不上，陶何緣知？疑陶與賊通情。』於是收陶，下黃門北寺獄，掠按日急。陶自知必死，對使者曰：『朝廷前封臣云何？今反受邪譖，恨不與伊、呂同疇，而以三仁爲輩。』遂閉氣而死，天下莫不痛之。

又《李雲傳》（李雲）初舉孝廉，再遷白馬令。桓帝延熹二年，誅大將軍梁冀，而中常侍單超等五人皆以誅冀功並封列侯，專權選舉。又立掖庭民女亳氏爲皇后，數月間，后家封者四人，賞賜巨萬。是時，地數震裂，衆災頻降。雲素剛，憂國將危，心不能忍，乃露布上書，移副三府，曰：

『臣聞皇后天下母，德配坤靈，得其人則五氏來備，不得其人則地動搖宮。比年灾異，可謂多矣，皇天之戒，可謂至矣。高祖受命，至今三百六十四歲，君期一周，當有黃精代見，姓陳、項、虞、田、許氏，不可令此人居太尉、太傅典兵之官。舉厝至重，不可不慎。班功行賞，宜應其實。梁冀雖持權專擅，糯流天下，今以罪行誅，猶召家臣搤殺之耳。而猥封謀臣萬户以上，高祖聞之，得無見非？西北列將，得無解體？孔子曰：「帝者，諦也。」今官位錯亂，小人諂進，財貨公行，政化日損，尺一拜用不經御省。是帝欲不諦乎？』

帝得奏震怒，下有司逮雲，詔尚書都護劍戟送黃門北寺獄，使中常侍管霸與御史廷尉雜考之。時弘農五官掾杜衆傷雲以忠諫獲罪，上書願與雲同日死。帝愈怒，遂並下廷尉。大鴻臚陳蕃上疏救雲曰：『李雲所言，雖不識禁忌，干上逆旨，其意歸於忠國而已。昔高祖忍周昌不諱之諫，成帝赦朱雲腰領之誅。今日殺雲，臣恐剖心之譏卽議於世矣。故敢觸龍鱗，冒昧以請。』太常楊秉、洛陽市長沐茂、郎中上官資並上疏請雲。帝恚甚，有司奏以爲大不敬。詔切責蕃、秉，免歸田里；茂、資貶秩二等。時，帝在濯龍池，管霸奏雲等事。霸跪言曰：『李雲野澤愚儒，杜衆郡中小吏，出於狂戇，不足加罪。』帝謂霸曰：『帝欲不諦，是何等語，而常侍欲原之邪？』顧使小黃門可其奏，雲、衆皆死獄中。

又《劉瑜傳》劉瑜字季節，廣陵人也。高祖父廣陵靖王。父辯，清河太守。瑜少好經學，尤善圖讖、天文、曆算之術。州郡禮請不就。

延熹八年，太尉楊秉舉賢良方正，及到京師，上書陳事曰：

臣瑜自念東國鄙陋，得以豐沛枝胤，被蒙復除，不給卒伍。故太尉楊秉知臣竊窺典籍，猥見顯舉，誠冀臣愚直，有補萬一。而秉忠謨不遂，命先朝露。臣在卜土，聽聞歌謠，驕臣虐政之事，遠近呼嗟之音，竊爲辛楚，泣血漣如。幸得引録，備答聖問，泄寫至情，不敢庸回。誠願陛下且以須臾之慮，覽今往之事，人何爲咨嗟，天曷爲動變。

蓋諸侯之位，上法四七，垂文炳燿，關之盛衰者也。今中官邪孽，比

肩裂土，皆競立胤嗣，繼體傳爵，或乞子疏屬，或買兒市道，殆乖開國承家之義。

古者天子一娶九女，娣侄有序，《河圖》授嗣，正在九房。今女嬖令色，充積閨帷，皆當盛其玩飾，冗食空宮，勞散精神，生長六疾。此國之費也，生之傷也。且天地之性，陰陽正紀，隔絶其道，則水旱爲並。《詩》云：『五日爲期，六日不詹』。怨曠作歌，仲尼所録。況從幼至長，幽藏歿身。及常侍、黄門，亦廣妻娶。怨毒之氣，結成妖眚。行路之言，官發略人女，取而瑜置，轉相驚懼。孰不悉然，無緣空生此謗。鄒衍匹夫，杞氏匹婦，尚有城崩霜隕之異，況乃羣輩咨怨，能無感乎！

昔秦作阿房，國多刑人。今第舍增多，窮極奇巧，掘山攻石，不避時令。促以嚴刑，威以正法。民無罪而復入之，民有田而覆奪之。州郡官府，各自考事，姦情賕賂，皆爲吏餌。民愁鬱結，起入賊黨，官輒興兵，誅討其罪。貧困之民，或有賣其首級以要酬賞，父兄相代殘身，妻孥相視分裂。窮之如彼，伐之如此，豈不痛哉！

又陛下以北辰之尊，神器之寶，而微行近習之家，私幸宦者之舍，賓客市買，熏灼道路，因此暴縱，無所不容。今三公在位，皆博達道藝，而各正諸己，莫或匡益者，非不智也，畏死罰也。惟陛下設置七臣，以廣諫道，及開東序金縢史官之書，從堯舜禹湯文武致興之道，遠佞邪之人，放鄭衛之聲，則政致和平，德感祥風矣。臣悾悾推情，言不足採，懼以觸忤，征營懾悸。

於是特詔召瑜問灾咎之徵，指事案經讖以對。執政者欲令瑜依違其辭，而更策以它事。瑜復悉心以對，八千餘言，有切於前，帝竟不能用。拜爲議郎。

及帝崩，大將軍竇武欲大誅宦官，乃引瑜爲侍中，又以侍中尹勳爲尚書令，共同謀畫。及武敗，瑜、勳並被誅。事在《武傳》。

勳字伯元，河南人。從祖睦爲太尉，睦孫頌爲司徒。勳爲人剛毅直方。少時每讀書，得忠臣義士之事，未嘗不投書而仰歎。自以行不合於當時，不應州郡公府禮命。桓帝時，以有道徵，四遷尚書令。延熹中，誅大將軍梁冀，帝召勳部分衆職，甚有方略，封宜陽鄉侯。僕射霍諝，尚書張敬、歐陽參、李偉、虞放、周永，並封亭侯。勳後再遷至九卿，以病免，拜爲侍中。八年，中常侍具瑗、左悺等有罪免，奪封邑，因黜勳等爵。

瑜誅後，宦官悉焚其上書，以爲訛言。

又《謝弼傳》 謝弼字輔宣，東郡武陽人也。中直方正，爲鄉邑所宗師。建寧二年，詔舉有道之士，弼與東海陳敦、玄菟公孫度俱對策，皆除郎中。

時青蛇見前殿，大風拔木，詔公卿以下陳得失。弼上封事曰：

臣聞和氣應於有德，妖異生乎失政。上天告譴，則王者思其愆；政道或虧，則姦臣當其罰。夫蛇者，陰氣所生；鱗者，甲兵之符也。《鴻範傳》曰：『厥極弱，時則有蛇龍之孽。』又熒惑守亢，裴回不去，法有近臣謀亂，發於左右。不知陛下所與從容帷幄之内，親信者爲誰。宜急斥黜，以消天戒。臣又聞『惟虺惟蛇，女子之祥』。伏惟皇太后定策宫闈，援立聖明，《書》云：『父子兄弟，罪不相及。』竇氏之誅，豈宜咎延太后？幽隔空宫，愁感天心，有如霧露之疾，陛下當何面目以見天下？昔周襄王不能敬事其母，戎狄遂至交侵。孝和皇帝不絶竇后之恩，前世以爲美談。禮爲人後者爲之子，今以桓帝爲父，豈得不以太后爲母哉？《援神契》曰：『天子行孝，四夷和平。』方今邊境日蹙，兵革蜂起，自非孝道，何以濟之！願陛下仰慕有虞蒸蒸之化，俯思《凱風》慰母之念。

臣又聞爵賞之設，必酬庸勳；開國承家，小人勿用。今功臣久外，未蒙爵秩，阿母寵私，乃享大封，大風雨雹，亦由於茲。又故太傅陳蕃，輔相陛下，勤身王室，夙夜匪懈，而見陷羣邪，一旦誅滅。其爲酷濫，駭動天下，而門生故吏，並離徙錮。蕃身已往，人百何贖！宜還其家屬，解除禁網。夫台宰重器，國命所繼。今之四公，唯司空劉寵斷斷守善，餘皆素餐致寇之人，必有折足覆餗之凶。可因灾異，並加罷黜。徵故司空王暢、長樂少府李膺並居政事，庶灾變可消，國祚惟永。臣山藪頑闇，未達國典。策曰『無有所隱』，敢不盡愚，用忘諱忌。伏惟陛下裁其誅罰。

左右惡其言，出爲廣陵府丞。去官歸家。

又 卷六〇下《蔡邕傳》 使中常侍曹節、王甫就問灾異及消改變故所宜施行。邕悉心以對，事在《五行》、《天文志》。

又特詔問曰：『比灾變互生，未知厥咎，朝廷焦心，載懷恐懼。每訪羣公卿士，庶聞忠言，而各存括囊，莫肯盡心。以邕經學深奥，故密特稽

問，宜披露失得，指陳政要，勿有依違，自生疑諱。具對經術，以皂囊封上。』邕對曰：

臣伏惟陛下聖德允明，深悼灾咎，褒臣末學，特垂訪及，非臣螻蟻所能堪副。斯誠輸寫肝膽出命之秋，豈可以顧患避害，使陛下不聞至戒哉！臣伏思諸異，皆亡國之怪也。天于大漢，殷勤不已，故屢出祆變，以當譴責，欲令人君感悟，改危即安。今灾眚之發，不於它所，遠則門垣，近在寺署，其爲監戒，可謂至切。蜺墯鷄化，皆婦人干政之所致也。前者乳母趙嬈，貴重天下，生則貲藏侔於天府，死則丘墓踰於園陵，兩子受封，兄弟典郡；續以永樂門史霍玉，依阻城社，又爲姦邪。今者道路紛紛，復云有程大人者，察其風聲，將爲國患。宜高爲堤防，明設禁令，深惟趙、霍，以爲至戒。今聖意勤勤，思明邪正。而聞太尉張顥，爲玉所進；光禄勳姓璋，有名貪濁；又長水校尉趙玹、屯騎校尉蓋升，並叨時幸，榮富優足。宜念小人在位之咎，退思引身避賢之福。伏見廷尉郭禧，純厚老成；光禄大夫橋玄，聰達方直；故太尉劉寵，忠實守正：並宜爲謀主，數見訪問。夫宰相大臣，君之四體，委任責成，優劣已分，不宜聽納小吏，雕琢大臣也。又尚方工技之作，鴻都篇賦之文，可且消息，以示惟憂。《詩》云：「畏天之怒，不敢戲豫。」天戒誠不可戲也。宰府孝廉，士之高選。近者以辟召不慎，切責三公，而今並以小文超取選舉，開請托之門，違明王之典，衆心不厭，莫之敢言。臣願陛下忍而絶之，思惟萬機，以答天望。聖朝既自約厲，左右近臣亦宜從化。人自抑損，以塞咎戒，則天道虧滿，鬼神福謙矣。臣以愚贛，感激忘身，敢觸忌諱，手書具對。夫君臣不密，上有漏言之戒，下有失身之禍。願寢臣表，無使盡忠之吏，受怨姦仇。』

章奏，帝覽而歎息，因起更衣，曹節於後竊視之，悉宣語左右，事遂漏露。其爲邕所裁黜者，皆側目思報。

初，邕與司徒劉郃素不相平，叔父衛尉質又與將作大匠陽球有隙。球即中常侍程璜女夫也，璜遂使人飛章言邕、質數以私事請托於郃，郃不聽，邕含隱切，志欲相中。於是詔下尚書，召邕詰狀。邕上書自陳曰：

『臣被召，問以大鴻臚劉郃前爲濟陰太守，臣屬吏張宛長休百日，郃爲司隷，又托河内郡吏李奇爲州書佐，及營護故河南尹羊陟、侍御史胡母班，郃不爲用致怨之狀。臣征營怖悸，肝膽塗地，不知死命所在。竊自尋案，實屬宛、奇，不及陟、班。凡休假小吏，非結恨之本。與陟姻家，豈敢申助私黨？如臣父子欲相傷陷，當明言臺閣，具陳恨狀所緣。内無寸事，而謗書外發，宜以臣對與郃參驗。臣得以學問特蒙褒異，執事秘館，操管御前，姓名貌狀，微簡聖心。今年七月，召詣金商門，問以灾異，齎詔申旨，誘臣使言。臣實愚贛，唯識忠盡，出命忘軀，不顧後害，遂譏刺公卿，内及寵臣。實欲以上對聖問，救消灾異，規爲陛下建康寧之計。陛下不念忠臣直言，宜加掩蔽，誹謗卒至，便用疑怪。盡心之吏，豈得容哉？詔書每下，百官各上封事，欲以改政思譴，除凶致吉，而言者不蒙延納之福，旋被陷破之禍。今皆杜口結舌，以臣爲戒，誰敢爲陛下盡忠孝乎？臣季父質，連見拔擢，位在上列。臣被蒙恩渥，數見訪逮。言事者因此欲陷臣父子，破臣門户，非復發糾姦伏，補益國家者也。臣年四十有六，孤特一身，得託名忠臣，死有餘榮，恐陛下于此不復聞至言矣。臣之愚冗，職當咎患，但前者所對，質不及聞，而衰老白首，横見引逮，隨臣摧設，並入坑埳，誠寃誠痛。臣一入牢獄，當爲楚毒所迫，趣以飲章，辭情何緣復聞？死期垂至，冒昧自陳。願身當辜戮，匄質不并坐，則身死之日，更生之年也。惟陛下加餐，爲萬姓自愛。』

於是下邕、質於洛陽獄，劾以仇怨奉公，議害大臣，大不敬，棄市。事奏，中常侍吕强愍邕無罪，請之，帝亦更思其章，有詔減死一等，與家屬髡鉗徙朔方，不得以赦令除。

又　卷六一《左雄傳》　左雄字伯豪，南郡涅陽人也。【略】永建初，公車徵拜議郎。【略】再遷尚書令。【略】

初，帝廢爲濟陰王，乳母宋娥與黄門孫程等共議立帝，帝后以娥前有謀，遂封爲山陽君，邑五千户。又封大將軍梁商子冀襄邑侯。雄上封事曰：『夫裂土封侯，王制所重。高皇帝約，非劉氏不王，非有功不侯。孝安皇帝封江京、王聖等，遂致地震之異。永建二年，封陰謀之功，又有日食之變。數術之士，咸歸咎于封爵。今青州饑虚，盜賊未息，民有乏絶，上求稟貸。陛下乾乾勞思，以濟民爲務。宜循古法，寧靜無爲，以求天意，以消灾異。誠不宜追録小恩，虧失大典。』帝不聽。雄復諫曰：

『臣聞人君莫不好忠正而惡讒諛，然而歷世之患，莫不以忠正得罪，

讒諛蒙幸者，蓋聽忠難，從諛易也。夫刑罪，人情之所甚惡；貴寵，人情之所甚欲。是以時俗爲忠者少，而習諛者多。故令人主數聞其美，稀知其過，迷而不悟，至於危亡。臣伏見詔書顧念阿母舊德宿恩，欲特加顯賞。案尚書故事，無乳母爵邑之制，唯先帝時阿母王聖爲野王君。聖造生讒賊廢立之禍，生爲天下所咀嚼，死爲海内所歡快。桀、紂貴爲天子，而庸僕羞與爲比者，以其無義也。夷、齊賤爲匹夫，而王侯爭與爲伍者，以其有德也。今阿母躬蹈約儉，以身率下，羣僚蒸庶，莫不向風，而與王聖並同爵號，懼違本操，失其常願。臣愚以爲凡人之心，理不相遠，其所不安，古今一也。百姓深懲王聖傾覆之禍，民萌之命，危於累卵，常懼時世復有此類。怵惕之念，未離於心；恐懼之言，未絶乎口。乞如前議，歲以千萬給奉阿母，内足以盡恩愛之歡，外可不爲吏民所怪。梁冀之封，事非機急，宜過灾厄之運，然後平議可否。』

會復有地震、緱氏山崩之異，雄復上疏諫曰：『先帝封野王君，漢陽地震，今封山陽君而京城復震，專政在陰，其灾尤大。臣前後瞽言封爵至重，王者可私人以財，不可以官，宜還阿母之封，以塞灾異。今冀已高讓，山陽君亦宜崇其本節。』雄言數切至，娥亦畏懼辭讓，而帝戀戀不能已，卒封之。後阿母遂以交遘失爵。

是時大司農劉據以職事被譴，召詣尚書，傳呼促步，又加以捶撲。雄上言：『九卿位亞三事，班在大臣，行有佩玉之節，動有癢序之儀。孝明皇帝始有撲罰，皆非古典。』帝從而改之，其後九卿無復捶撲者。自雄掌納言，多所匡肅，每有章表奏議，臺閣以爲故事。遷司隸校尉。

又《周舉傳》（王）商疾篤，帝親臨幸，問以遺言。對曰：『人之將死，其言也善。臣從事中郎周舉，清高忠正，可重任也。』由是拜舉諫議大夫。

時連有灾異，帝思商言，召舉於顯親殿，問以變眚。舉對曰：『陛下初立，遵修舊典，興化致政，遠近肅然。頃年以來，稍違於前，朝多寵倖，禄不序德。觀天察人，準今方古，誠可危懼。《書》曰：「僭恆暘若。」夫僭差無度，則言不從而下不正；陽無以制，則上擾下竭。宜密嚴敕州郡，察彊宗大姦，以時禽討。』其後江淮猾賊周生、徐鳳等處處並起，如舉所陳。

又《黄瓊傳》（黄瓊）拜議郎，稍遷尚書僕射。

初，瓊隨父在臺閣，習見故事。及後居職，達練官曹，爭議朝堂，莫能抗奪。時連有灾異，瓊上疏順帝曰：『間者以來，卦位錯謬，寒燠相干，蒙氣數興，日闇月散。原之天意，殆不虚然。陛下宜開石室，案《河》《洛》，外命史官，悉條上永建以前至漢初灾異，與永建以後訖於今日，孰爲多少。又使近臣儒者參考政事，數見公卿，察問得失。諸無功德者，宜皆斥黜。臣前頗陳灾眚，並薦光禄大夫樊英、太中大夫薛包及會稽賀純、廣漢楊厚，未蒙御省。伏見處士巴郡黄錯、漢陽任棠，年皆耆耋，有作者七人之志。宜更見引致，助崇大化。』於是有詔公車徵錯等。

又卷六三《杜喬傳》（杜喬）遷大司農。

時，梁冀子弟五人及中常侍等以無功並封，喬上書諫曰：『陛下越從藩臣，龍飛即位，天人屬心，萬邦攸賴。不急忠賢之禮，而先左右之封，傷善害德，興長佞諛。臣聞古之明君，褒罰必以功過；末世闇主，誅賞各緣其私。今梁氏一門，宦者微孽，並帶無功之紱，裂勞臣之土，其爲乖濫，胡可勝言！夫有功不賞，爲善失其望；姦回不詰，爲惡肆其凶。故陳資斧而人靡畏，班爵位而物無勸。苟遂斯道，豈伊傷政，爲亂而已，喪身亡國，可不慎哉！』書奏不省。

又卷六五《張奂傳》（張）奂遷少府，又拜大司農，以功封侯。奂深病爲節所賣，上書固讓，封還印綬，卒不肯當。

明年夏，青蛇見於御坐軒前，又大風雨雹，霹靂拔樹，詔使百僚各言灾應。奂上疏曰：

『臣聞風爲號令，動物通氣。木生於火，相須乃明。蛇能屈申，配龍騰蟄。順至爲休徵，逆來爲殃咎。陰氣專用，則凝精爲雹。故大將軍竇武、太傅陳蕃，或志寧社稷，或方直不回，前以讒勝，並伏誅戮，海内默默，人懷震憤。昔周公葬不如禮，天乃動威。今武、蕃忠貞，未被明宥，妖眚之來，皆爲此也。宜急爲改葬，徙還家屬。其從坐禁錮，一切蠲除。又皇太后雖居南宮，而恩禮不接，朝臣莫言，遠近失望。宜思大義顧復之報。』

天子深納奂言，以問諸黄門常侍，左右皆惡之，帝不得自從。

又卷六六《陳蕃傳》（陳蕃）遷光禄勳。時封賞踰制，内寵猥

盛，蕃乃上疏諫曰：

『臣聞有事社稷者，社稷是爲；有事人君者，容悦是爲。今臣蒙恩聖朝，備位九列，見非不諫，則容悦也。夫諸侯上象四七，垂耀在天，下應分土，藩屏上國。高祖之約，非功臣不侯。而聞追録河南尹鄧萬世父遵之微功，更爵尚書令黄俊先人之絶封，近習以非義授邑，左右以無功傳賞，授位不料其任，裂土莫紀其功，至乃一門之内，侯者數人，故緯象失度，陰陽謬序，稼用不成，民用不康。臣知封事已行，言之無及，誠欲陛下從是而止。又比年收斂，十傷五六，萬人飢寒，不聊生活，而采女數千，食肉衣綺，脂油粉黛，不可貲計。鄙諺言「盗不過五女門」，以女貧家也。今後宫之女，豈不貧國乎！是以傾宫嫁而天下化，楚女悲而西宫灾。且聚而不御，必生憂悲之感，以致并隔水旱之困。夫獄以禁止奸違，官以稱才理物。若法虧于平，官失其人，則王道有缺。而令天下之論，皆謂獄由怨起，爵以賄成。夫不有臭穢，則蒼蠅不飛。陛下宜采求失得，擇從忠善。尺一選舉，委尚書三公，使褒責誅賞，各有所歸，豈不幸甚！』

帝頗納其言，爲出宫女五百餘人，但賜俊爵關内侯，則萬世南鄉侯。

延熹六年，車駕幸廣成校獵。蕃上疏諫曰：

『臣聞人君有事于苑囿，唯仲秋西郊，順時講武，殺禽助祭，以敦孝敬。如或違此，則爲肆縱。故皋陶戒舜「無教逸游」，周公戒成王「無槃于游田」。虞舜、成王猶有此戒，况德不及二主者乎！夫安平之時，尚宜有節，况當今之世，有三空之厄哉！田野空，朝廷空，倉庫空，是謂三空。加兵戎未戢，四方離散，是陛下焦心毁顔，坐以待旦之時也。豈宜揚旗曜武，騁心輿馬之觀乎！又秋前多雨，民始種麥。今失其勸種之時，而令給驅禽除路之役，非賢聖恤民之意也。齊景公欲觀於海，放乎琅邪，晏子爲陳百姓惡聞旌旗輿馬之音，舉首嚬眉之感，景公爲之不行。周穆王欲肆車轍馬迹，祭公謀父爲誦《祈招》之詩，以止其心。誠惡逸遊之害人也。』

書奏不納。

又　卷六七《和海傳》　熹平五年，永昌太守曹鸞上書大訟黨人，言甚方切。帝省奏大怒，即詔司隸、益州檻車收鸞，送槐里獄掠殺之。於是又詔州郡更考黨人門生故吏父子兄弟，其在位者，免官禁錮，爰及五屬。

光和二年，上禄長和海上言：『禮，從祖兄弟别居異財，恩義已輕，服屬疏末。而今黨人錮及五族，既乖典訓之文，有謬經常之法。』帝覽而悟之，黨錮自從祖以下，皆得解釋。

又　卷七八《宦者傳・曹節》　光和二年，司隸校尉陽球奏誅王甫及子長樂少府萌、沛相吉，皆死獄中。時連有灾異，郎中梁人審忠以爲朱瑀等罪惡所感，乃上書曰：

『臣聞理國得賢則安，失賢則危，故舜有臣五人而天下理，湯舉伊尹不仁者遠。陛下即位之初，未能萬機，皇太后念在撫育，權時攝政，故中常侍蘇康、管霸應時誅殄。太傅陳蕃、大將軍竇武考其黨與，志清朝政。華容侯朱瑀知事覺露，禍及其身，遂興造逆謀，作亂王室，撞蹋省闥，執奪璽綬，迫脅陛下，聚會羣臣，離間骨肉母子之恩，遂誅蕃、武及尹勳等。因共割裂城社，自相封賞。父子兄弟被蒙尊榮，素所親厚布在州郡，或登九列，或據三司。不惟禄重位尊之責，而苟營私門，多蓄財貨，繕修第舍，連里竟巷。盗取御水以作魚釣，車馬服玩擬於天家。羣公卿士杜口吞聲，莫敢有言。州牧郡守承順風旨，辟召選舉，釋賢取愚。故蟲蝗爲之生，夷寇爲之起。天意憤盈，積十餘年。故頻歲日食於上，地震於下，所以譴戒人主，欲令覺悟，誅鉏無狀。昔高宗以雉雊之變，故獲中興之功。近者神祇啓悟陛下，發赫斯之怒，故王甫父子應時馘截，路人士女莫不稱善，若除父母之讎。誠怪陛下復忍孽臣之類，不悉殄滅。昔秦信趙高，以危其國；吳使刑人，身遘其禍。虞公抱寶牽馬，魯昭見逐乾侯，以不用宫之奇、子家駒以至滅辱。今以不忍之恩，赦夷族之罪，姦謀一成，悔亦何及！臣爲郎十五年，皆耳目聞見，瑀之所爲，誠皇后所不復赦。願陛下留漏刻之聽，裁省臣表，埽滅醜類，以答天怒。與瑀考驗，有不如言，願受湯鑊之誅，妻子並徙，以絶妄言之路。』章寢不報。

又　《張讓傳》　張讓者，潁川人；趙忠者，安平人也。少皆給事省中，桓帝時爲小黄門。忠以與誅梁冀功封都鄉侯。延熹八年，黜爲關内侯，食本縣租千斛。

靈帝時，讓、忠並遷中常侍，封列侯，與曹節、王甫等相爲表裏。節死後，忠領大長秋。讓有監奴典任家事，交通貨賂，威形喧赫。【略】

是時，讓、忠及夏惲、郭勝、孫璋、畢嵐、栗嵩、段珪、高望、張恭、韓悝、宋典十二人，皆爲中常侍，封侯貴寵，父兄子弟布列州郡，所在貪殘，爲人蠹害。黄巾既作，盗賊糜沸，郎中中山張鈞上書曰：『竊惟張角所以能興兵作亂，萬人所以樂附之者，其源皆由十常侍多放父兄、子弟、婚親、賓客典據州郡，辜榷財利，侵掠百姓，百姓之寃無所告訴，故謀議不軌，聚爲盗賊。宜斬十常侍，縣頭南郊，以謝百姓，又遣使者布告天下，可不須師旅，而大寇自消。』天子以鈞章示讓等，皆免冠徒跣頓首，乞自致洛陽詔獄，並出家財以助軍費。有詔皆冠履視事如故。帝怒鈞曰：『此眞狂子也。十常侍固當有一人善者不？』鈞復重上，猶如前章，輒寢不報。詔使廷尉、侍御史考爲張角道者，御史承讓等旨，遂誣奏鈞學黄巾道，收掠死獄中。而讓等實多與張角交通。

又　卷七九《儒林傳·楊倫》　（楊倫）後特徵博士，爲清河王傅。是歲，安帝崩，倫輒棄官奔喪，號泣闕下不絶聲。閻太后以其專擅去職，坐抵罪。

順帝即位，詔免倫刑，遂留行喪於恭陵。服闋，徵拜侍中。是時邵陵令任嘉在職貪穢，因遷武威太守，後有司奏嘉臧罪千萬，徵考廷尉，其所牽染將相大臣百有餘人。倫乃上書曰：『臣聞《春秋》誅惡及本，本誅則惡消；振裘持領，領正則毛理。今任嘉所坐狼藉，未受辜戮，猥以垢身，改典大郡，自非案坐舉者，無以禁絶姦萌。往者湖陸令張疊、蕭令駟賢、徐州刺史劉福等，釁穢既章，咸伏其誅，而豺狼之吏至今不絶者，豈非本舉之主不加之罪乎？昔齊威之霸，殺姦臣五人，並及舉者，以弭謗讟。當斷不斷，《黄石》所戒。夫聖王所以聽僮夫匹婦之言者，猶塵加嵩岱，霧集淮海，雖未有益，不爲損也。惟陛下留神省察。』奏御，有司以倫言切直，辭不遜順，下之。尚書奏倫探知密事，激以求直。坐不敬，結鬼薪。詔書以倫數進忠言，特原之，免歸田里。

又　卷八一《獨行傳·譙玄》　譙玄字君黄，巴郡閬中人也。少好學，能説《易》、《春秋》。仕於州郡。成帝永始二年，有日食之災，乃詔舉敦樸遜讓有行義者各一人。州舉玄，詣公車，對策高第，拜議郎。

帝始作期門，數爲微行。立趙飛燕爲皇后，后專寵懷忌，皇子多横夭。玄上書諫曰：『臣聞王者承天，繼宗統極，保業延祚，莫急胤嗣。故《易》有幹蠱之義，《詩》詠衆多之福。今陛下聖嗣未立，天下屬望，而不惟社稷之計，專念微行之事，愛幸用於所惑，曲意留於非正。竊聞後宫皇子産而不育。臣聞之怛然，痛心傷剝，竊懷憂國，不忘須臾。夫警衛不修，則患生非常。忽有醉酒狂夫，分爭道路，既無尊嚴之儀，豈識上下之別。此爲胡狄起於轂下，而賊亂發於左右也。願陛下念天下之至重，愛金玉之身，均九女之施，存無窮之福，天下幸甚。』

時數有災異，玄輒陳其變。既不省納，故久稽郎官。

强諫

《史記》卷九五《樊噲傳》　（樊）噲以呂后女弟呂須爲婦，生子伉，故其比諸將最親。

先黥布反時，高祖嘗病甚，惡見人，卧禁中，詔户者無得入羣臣。羣臣絳、灌等莫敢入。十餘日，噲乃排闥直入，大臣隨之。上獨枕一宦者卧。噲等見上流涕曰：『始陛下與臣等起豐沛，定天下，何其壯也！今天下已定，又何憊也！且陛下病甚，大臣震恐，不見臣等計事，顧獨與一宦者絶乎？且陛下獨不見趙高之事乎？』高帝笑而起。

又　卷九六《張丞相列傳》　（周）昌爲人强力，敢直言，自蕭、曹等皆卑下之。昌嘗燕時入奏事，高帝方擁戚姬，昌還走，高帝逐得，騎周昌項，問曰：『我何如主也？』昌仰曰：『陛下即桀紂之主也。』於是上笑之，然尤憚周昌。及帝欲廢太子，而立戚姬子如意爲太子，大臣固爭之，莫能得；上以留侯策即止。而周昌廷爭之强，上問其説，昌爲人吃，又盛怒，曰：『臣口不能言，然臣期期知其不可。陛下雖欲廢太子，臣期期不奉詔。』上欣然而笑。既罷，呂后側耳於東箱聽，見周昌，爲跪謝曰：『微君，太子幾廢。』

又　卷一〇一《袁盎晁錯列傳》　文帝從霸陵上，欲西馳下峻阪。袁盎騎，並車攬轡。上曰：『將軍怯邪？』盎曰：『臣聞千金之子坐不垂堂，百金之子不騎衡，聖主不乘危而徼幸。今陛下騁六騑，馳下峻山，如有馬驚車敗，陛下縱自輕，奈高廟、太后何？』上乃止。

又　卷一〇二《張釋之馮唐列傳》　（張）釋之爲廷尉。頃之，上行出中渭橋，有一人從橋下走出，乘輿馬驚。於是使騎捕，屬之廷尉。釋

之治問。曰：『縣人來，聞蹕，匿橋下。久之，以爲行已過，即出，見乘輿車騎，即走耳。』廷尉奏當，一人犯蹕，當罰金。文帝怒曰：『此人親驚吾馬，吾馬賴柔和，令他馬，固不敗傷我乎？而廷尉乃當之罰金！』釋之曰：『法者天子所與天下公共也。今法如此而更重之，是法不信於民也。且方其時，上使立誅之則已。今既下廷尉，廷尉天下之平也，一傾而天下用法皆爲輕重，民安所錯其手足？唯陛下察之。』良久，上曰：『廷尉當是也。』

其後有人盜高廟坐前玉環，捕得，文帝怒，下廷尉治。釋之案律盜宗廟服御物者爲奏，奏當棄市。上大怒曰：『人之無道，乃盜先帝廟器，吾屬廷尉者，欲致族之，而君以法奏之，非吾所以共承宗廟意也。』釋之免冠頓首謝曰：『法如是足也。且罪等，然以逆順爲差。今盜宗廟器而族之，有如萬分之一，假令愚民取長陵一抔土，陛下何以加其法乎？』久之，文帝與太后言之，乃許廷尉當。

《漢書》卷六七《朱雲傳》 朱雲字游，魯人也，徙平陵。**【略】**遷杜陵令，坐故縱亡命，會赦，舉方正，爲槐里令。時中書令石顯用事，與充宗爲黨，百僚畏之。唯御史中丞陳咸年少抗節，不附顯等，而與雲相結。雲數上疏，言丞相韋玄成容身保位，亡能往來，而咸數毀石顯。久之，有司考雲，疑風吏殺人。羣臣朝見，上問丞相以雲治行。丞相玄成言雲暴虐亡狀。時陳咸在前，聞之，以語雲。雲上書自訟，咸爲定奏草，求下御史中丞。事下丞相，丞相部吏考立其殺人罪。雲亡入長安，復與咸計議。丞相具發其事，奏：『咸宿衞執法之臣，幸得進見，漏泄所聞，以私語雲，爲定奏草，欲令自下治，後知雲亡命罪人，而與交通，雲以故不得。』上於是下咸、雲獄，減死爲城旦。咸、雲遂廢錮，終元帝世。

至成帝時，丞相故安昌侯張禹以帝師位特進，甚尊重。雲上書求見，公卿在前。雲曰：『今朝廷大臣上不能匡主，下亡以益民，皆尸位素餐，孔子所謂「鄙夫不可與事君」，「苟患失之，亡所不至」者也。臣願賜尚方斬馬劍，斷佞臣一人以厲其餘。』上問：『誰也？』對曰：『安昌侯張禹。』上大怒，曰：『小臣居下訕上，廷辱師傅，罪死不赦。』御史將雲下，雲攀殿檻，檻折。雲呼曰：『臣得下從龍逢、比干游於地下，足矣！未知聖朝何如耳？』御史遂將雲去。於是左將軍辛慶忌免冠解印綬，叩頭殿下曰：『此臣素著狂直於世。使其言是，不可誅；其言非，固當容之。臣敢以死爭。』慶忌叩頭流血。上意解，然後得已。及後當治檻，上曰：『勿易！因而輯之，以旌直臣。』

又 卷七一《薛廣德傳》 薛廣德字長卿，沛郡相人也。以《魯詩》教授楚國，龔勝、舍師事焉。蕭望之爲御史大夫，除廣德爲屬，數與論議，器之，薦廣德經行宜充本朝。爲博士，論石渠，遷諫大夫，代貢禹爲長信少府、御史大夫。

廣德爲人溫雅有醞藉。及爲三公，直言諫爭。始拜旬日間，上幸甘泉，郊泰畤，禮畢，因留射獵。廣德上書曰：『竊見關東困極，人民流離。陛下日撞亡秦之鐘，聽鄭衞之樂，臣誠悼之。今士卒暴露，從官勞倦，願陛下亟反宫，思與百姓同憂樂，天下幸甚。』上即日還。其秋，上酎祭宗廟，出便門，欲御樓船，廣德當乘輿車，免冠頓首曰：『宜從橋。』詔曰：『大夫冠。』廣德曰：『陛下不聽臣，臣自刎，以血汙車輪，陛下不得入廟矣！』上不說。先驅光禄大夫張猛進曰：『臣聞主聖臣直。乘船危，就橋安，聖主不乘危。御史大夫言可聽。』上曰：『曉人不當如是邪！』乃從橋。

《後漢書》卷八二上《方術傳·郭憲》 郭憲字子横，汝南宋人也。**【略】**光武即位，求天下有道之人，乃徵憲拜博士。再遷，建武七年，代張堪爲光禄勳。**【略】**八年，車駕西征隗囂。憲諫曰：『天下初定，車駕未可以動。』憲乃當車拔佩刀以斷車靷。帝不從，遂上隴。其後潁川兵起，乃回駕而還。帝歎曰：『恨不用子横之言。』

時匈奴數犯塞，帝患之，乃召百僚廷議。憲以爲天下疲敝，不宜動衆。諫爭不合，乃伏地稱眩瞀，不復言。帝令兩郎扶下殿，憲亦不拜。帝曰：『常聞「關東觥觥郭子横」，竟不虛也。』憲遂以病辭退，卒於家。

諷諫

《史記》卷一一七《司馬相如列傳》 司馬相如者，蜀郡成都人也，字長卿。**【略】**以貲爲郎，事孝景帝，爲武騎常侍。**【略】**是時梁孝王來朝，從遊説之士齊人鄒陽、淮陰枚乘、吳莊忌夫子之徒，相如見而説之，因病免，客游梁。梁孝王令與諸生同舍，相如得與諸生游士居數歲，乃著

《子虛之賦》。【略】

蜀人楊得意爲狗監，侍上。上讀子虛賦而善之，曰：『朕獨不得與此人同時哉！』得意曰：『臣邑人司馬相如自言爲此賦。』上驚，乃召問相如。相如曰：『有是。然此乃諸侯之事，未足觀也。請爲天子游獵賦，賦成奏之。』上許，令尚書給筆札。相如以『子虛』，虛言也，爲楚稱；『烏有先生』者，烏有此事也，爲齊難；『無是公』者，無是人也，明天子之義。故空藉此三人爲辭，以推天子諸侯之苑囿。其卒章歸之於節儉，因以風諫。奏之天子，天子大說。其辭曰：

楚使子虛使於齊，齊王悉發境内之士，備車騎之衆，與使者出田。田罷，子虛過詫烏有先生，而無是公在焉。坐定，烏有先生問曰：『今日田樂乎？』子虛曰：『樂。』『獲多乎？』曰：『少。』『然則何樂？』曰：『僕樂齊王之欲夸僕以車騎之衆，而僕對以雲夢之事也。』曰：『可得聞乎？』

子虛曰：『可。王駕車千乘，選徒萬騎，田於海濱。列卒滿澤，罘罔彌山，揜兔轔鹿，射麋腳麟。騖於鹽浦，割鮮染輪。射中獲多，矜而自功。顧謂僕曰：「楚亦有平原廣澤遊獵之地饒樂若此者乎？楚王之獵何與寡人？」僕下車對曰：「臣，楚國之鄙人也，幸得宿衛十有餘年，時從出游，遊於後園，覽於有無，然猶未能徧覩也，又惡足以言其外澤者乎！」齊王曰：「雖然，略以子之所聞見而言之。」

『僕對曰：「唯唯。臣聞楚有七澤，嘗見其一，未覩其餘也。臣之所見，蓋特其小小者耳，名曰雲夢。雲夢者，方九百里，其中有山焉。其山則盤紆岪鬱，隆崇嵂崒；岑巖參差，日月蔽虧；交錯糾紛，上干青雲；罷池陂陁，下屬江河。其土則丹青赭堊，雌黃白坿，錫碧金銀，衆色炫燿，照爛龍鱗。其石則赤玉玫瑰，琳瑉琨珸，瑊玏玄厲，碝石武夫。其東則有蕙圃衡蘭，芷若射干，穹窮昌蒲。

又 卷一二六《滑稽列傳》 優旃者，秦倡侏儒也。善爲笑言，然合於大道。秦始皇時，置酒而天雨，陛楯者皆沾寒。優旃見而哀之，謂之曰：『汝欲休乎？』陛楯者皆曰：『幸甚。』優旃曰：『我即呼汝，汝疾應曰諾。』居有頃，殿上上壽呼萬歲。優旃臨檻大呼曰：『陛楯郎！』郎曰：『諾。』優旃曰：『汝雖長，何益，幸雨立。我雖短也，幸休居。』於是始皇使陛楯者得半相代。

始皇嘗議欲大苑囿，東至函谷關，西至雍、陳倉。優旃曰：『善。多縱禽獸於其中，寇從東方來，令麋鹿觸之足矣。』始皇以故輟止。

二世立，又欲漆其城。優旃曰：『善。主上雖無言，臣固將請之。漆城雖於百姓愁費，然佳哉！漆城蕩蕩，寇來不能上。即欲就之，易爲漆耳，顧難爲蔭室。』於是二世笑之，以其故止。居無何，二世殺死，優旃歸漢，數年而卒。

《漢書》卷三六《劉向傳》 成帝即位，顯等伏辜，更生乃復進用，更名向。向以故九卿召拜爲中郎，使護三輔都水。數奏封事，遷光祿大夫。是時帝元舅陽平侯王鳳爲大將軍秉政，倚太后，專國權，兄弟七人皆封爲列侯。時數有大異，向以爲外戚貴盛，鳳兄弟用事之咎。而上方精於《詩》、《書》，觀古文，詔向領校中《五經》秘書。向見《尚書》《洪範》，箕子爲武王陳五行陰陽休咎之應。向乃集合上古以來歷春秋六國至秦漢符瑞灾異之記，推迹行事，連傳禍福，著其占驗，比類相從，各有條目，凡十一篇，號曰《洪範五行傳論》，奏之。天子心知向忠精，故爲鳳兄弟起此論也，然終不能奪王氏權。【略】

（劉）向睹俗彌奢淫，而趙、衛之屬起微賤，逾禮制。向以爲王教由内及外，自近者始。故採取《詩》、《書》所載賢妃貞婦，興國顯家可法則，及孽嬖亂亡者，序次爲《列女傳》，凡八篇，以戒天子。

又 卷六四下《王褒傳》 王褒字子淵，蜀人也。宣帝時修武帝故事，講論六藝羣書，博盡奇異之好，徵能爲《楚辭》九江被公，召見誦讀，益召高材劉向、張子僑、華龍、柳褒等待詔金馬門。神爵、五鳳之間，天下殷富，數有嘉應。上頗作歌詩，欲興協律之事，丞相魏相奏言知音善鼓雅琴者渤海趙定、梁國龔德，皆召見待詔。於是益州刺史王襄欲宣風化於衆庶，聞王褒有俊材，請與相見，使褒作《中和》、《樂職》、《宣佈》詩，選好事者令依《鹿鳴》之聲習而歌之。時汜鄉侯何武爲僮子，選在歌中。久之，武等學長安，歌太學下，轉而上聞。宣帝召見武等觀之，皆賜帛，謂曰：『此盛德之事，吾何足以當之！』

褒既爲刺史作頌，又作其傳，益州刺史因奏褒有軼材。上乃徵褒。既至，詔褒爲聖主得賢臣頌其意。褒對曰：

夫荷旃被毳者，難與道純綿之麗密；羹藜含糗者，不足與論太牢之滋味。今臣辟在西蜀，生於窮巷之中，長於蓬茨之下，無有游觀廣覽之知，顧有至愚極陋之累，不足以塞厚望，應明指。雖然，敢不略陳愚而抒情素！

記曰：共惟《春秋》法五始之要，在乎審已正統而已。夫賢者，國家之器用也。所任賢，則趨舍省而功施普；器用利，則用力少而就效衆。故工人之用鈍器也，勞筋苦骨，終日矻矻。及至巧冶鑄干將之樸，清水焠其鋒，越砥斂其咢，水斷蛟龍，陸剸犀革，忽若彗氾畫塗。如此，則使離婁督繩，公輸削墨，雖崇臺五增，延袤百丈，而不溷者，工用相得也。庸人之御駑馬，亦傷吻敝策而不進於行，匈喘膚汗，人極馬倦。及至駕齧鄒，驂乘旦，王良執靶，韓哀附輿，縱馳騁騖，忽如景靡，過都越國，蹶如歷塊；追奔電，逐遺風，周流八極，萬里壹息。何其遼哉？人馬相得也。故服絺綌之涼者，不苦盛暑之鬱燠；襲貂狐之煖者，不憂至寒之悽愴。何則？有其具者易其備。賢人君子，亦［聖］王之所以易海内也。是以嘔喻受之，開寬裕之路，以延天下英俊也。夫竭知附賢者，必建仁策；索人求士者，必樹伯迹。昔周公躬吐捉之勞，故有圄空之隆；齊桓設庭燎之禮，故有匡合之功。由此觀之，君人者勤於求賢而逸於得人。

人臣亦然。昔賢者之未遭遇也，圖事揆策則君不用其謀，陳見悃誠則上不然其信，進仕不得施效，斥逐又非其愆。是故伊尹勤於鼎俎，太公困於鼓刀，百里自鬻，甯子飯牛，離此患也。及其遇明君遭聖主也，運籌合上意，諫諍卽見聽，進退得關其忠，任職得行其術，去卑辱奥渫而升本朝，離疏釋蹻而享膏粱，剖符錫壤而光祖考，傳之子孫，以資説士。故世必有聖知之君，而後有賢明之臣。故虎嘯而［風冽］，龍興而致雲，蟋蟀俟秋唫，蜉蝣出以陰。《易》曰：『飛龍在天，利見大人。』《詩》曰：『思皇多士，生此王國。』故世平主聖，俊艾將自至，若堯、舜、禹、湯、文、武之君，獲稷、契、皋陶、伊尹、呂望，明明在朝，穆穆列布，聚精會神，相得益章。雖伯牙操遞鐘，逢門子彎烏號，猶未足以喻其意也。

故聖主必待賢臣而弘功業，俊士亦俟明主以顯其德。上下俱欲，驩然交欣，千載壹合，論説無疑，翼乎如鴻毛過順風，沛乎如巨魚縱大壑。其得意若此，則胡禁不止，曷令不行？化溢四表，橫被無窮，遐夷貢獻，萬祥畢溱。是以聖王不徧窺望而視已明，不單頃耳而聽已聰；恩從祥風翱，德與和氣游，太平之責塞，優游之望得；遵游自然之勢，恬淡無爲之場，休徵自至，壽考無疆，雍容垂拱，永永萬年，何必偃卬詘信若彭祖，呴噓呼吸如僑、松，眇然絶俗離世哉！《詩》云『濟濟多士，文王以寧』，蓋信乎其以寧也！

是時，上頗好神僊，故褒對及之。

上令褒與張子僑等並待詔，數從褒等放獵，所幸宫館，輒爲歌頌，第其高下，以差賜帛。議者多以爲淫靡不急，上曰：「『不有博弈者乎，爲之猶賢乎已！』辭賦大者與古詩同義，小者辯麗可喜。辟如女工有綺縠，音樂有鄭、衛，今世俗猶皆以此虞説耳目，辭賦比之，尚有仁義風諭，鳥獸草木多聞之觀，賢於倡優博弈遠矣。」頃之，擢褒爲諫大夫。

其後太子體不安，苦忽忽善忘，不樂。詔使褒等皆之太子宫虞侍太子，朝夕誦讀奇文及所自造作。疾平復，乃歸。太子喜褒所爲《甘泉》及《洞簫頌》，令後宫貴人左右皆誦讀之。

後方士言益州有金馬碧雞之寶，可祭祀致也，宣帝使褒往祀焉。褒於道病死，上閔惜之。

又　卷八七上《揚雄傳》　［揚］雄字子雲，蜀郡成都人也。其先出自有周伯僑者，以支庶初食采於晉之，揚因氏焉，不知伯僑周何別也。揚在河、汾之間，周衰而揚氏或稱侯，號曰揚侯。會晉六卿爭權，韓、魏、趙興而范中行、知伯弊。當是時，逼揚侯，揚侯逃於楚巫山，因家焉。楚漢之興也，揚氏遡江上，處巴江州。而揚季官至廬江太守。漢元鼎間避仇復遡江上，處岷山之陽曰郫，有田一廛，有宅一區，世世以農桑爲業。自季至雄，五世而傳一子，故雄亡它揚於蜀。

雄少而好學，不爲章句，訓詁通而已，博覽無所不見。爲人簡易佚蕩，口吃不能劇談，默而好深湛之思，清靜亡爲，少若欲，不汲汲於富貴，不戚戚於貧賤，不修廉隅以徼名當世。家産不過十金，乏無儋石之儲，晏如也。自有下度，非聖哲之書不好也；非其意，雖富貴不事也。顧嘗好辭賦。

先是時，蜀有司馬相如，作賦甚弘麗温雅，雄心壯之，每作賦，常擬之以爲式。又怪屈原文過相如，至不容，作《離騷》，自投江而死，悲其

文，讀之未嘗不流涕也。以爲君子得時則大行，不得時則龍蛇，遇不遇命也，何必湛身哉！乃作書，往往摭《離騷》文而反之，自岷山投諸江流以弔屈原，名曰《反離騷》；又旁《離騷》作重一篇，名曰《廣騷》；又旁《惜誦》以下至《懷沙》一卷，名曰《畔牢愁》。《畔牢愁》、《廣騷》文多不載，獨載《反離騷》，其辭曰：

有周氏之蟬嫣兮，或鼻祖於汾隅，靈宗初諜伯僑兮，流于末之揚侯。淑周楚之豐烈兮，超既離乎皇波，因江潭而往記兮，欽弔楚之湘累。

惟天軏之不辟兮，何純絜而離紛！紛累以其淟涊兮，暗累以其繽紛。

漢十世之陽朔兮，招搖紀于周正，正皇天之清則兮，度后土之方貞。圖累承彼洪族兮，又覽累之昌辭，帶鉤矩而佩衡兮，履欃槍以爲綦。素初貯厥麗服兮，何文肆而質！資娵娃珍髢兮，鬻九戎而索賴。

鳳皇翔於蓬陼兮，豈駕鵝之能捷！騁驊騮以曲艱兮，驢騾連蹇而齊足。枳棘之榛榛兮，蝯貁穴擬而不敢下，靈修既信椒、蘭之唼佞兮，吾累忽焉而不蚤睹？

衿芰茄之綠衣兮，被夫容之朱裳，芳酷烈而莫聞兮，不如襞而幽之離房。閨中容競淖約兮，相態以麗佳，知衆嫭之嫉妒兮，何必揚累之蛾眉？

懿神龍之淵潛，俟慶雲而將舉，亡春風之被離兮，孰焉知龍之所處？湣吾累之衆芬兮，揚燁燁之芳苓，遭季夏之凝霜兮，慶夭顇而喪榮。

橫江、湘以南往兮，云走乎彼蒼吾，馳江潭之汎溢兮，將折衷乎重華。舒中情之煩或兮，恐重華之不累與，陵陽侯之素波兮，豈吾累之獨見許？

精瓊靡與秋菊兮，將以延夫天年；臨汨羅而自隕兮，恐日薄於西山。解扶桑之總轡兮，縱令之遂賓馳，鸞皇騰而不屬兮，豈獨飛廉與雲師！

卷薜芷與若蕙兮，臨湘淵而投之；棍申椒與菌桂兮，赴江湖而漚之。費椒稰以要神兮，又勤索彼瓊茅，違靈氛而不從兮，反湛身于江皋！

累既攀夫傅說兮，奚不信而遂行？徒恐鷤鴂之將鳴兮，顧先百草爲不芳！

初累棄彼虙妃兮，更思瑤臺之逸女，抨雄鴆以作媒兮，何百離而曾不壹耦！乘雲蜺之旖柅兮，望昆侖以樛流，覽四荒而顧懷兮，奚必云女彼高丘？

既亡鸞車之幽藹兮，駕八龍之委蛇？臨江瀕而掩涕兮，何有《九招》與《九歌》？夫聖哲之遭兮，固時命之所有；雖增欷以於邑兮，吾恐靈修之不累改。昔仲尼之去魯兮，斐斐遲遲而周邁，終回復於舊都兮，何必湘淵與濤瀨！混漁父之餔歠兮，絜沐浴之振衣，棄由、聃之所珍兮，蹠彭咸之所遺！

孝成帝時，客有薦雄文似相如者，上方郊祠甘泉泰畤、汾陰后土，以求繼嗣，召雄待詔承明之庭。正月，從上甘泉，還奏《甘泉賦》以風。其辭曰：

惟漢十世，將郊上玄，定泰畤，雍神休，尊明號，同符三皇，録功五帝，卹胤錫羨，拓迹開統。於是乃命羣僚，歷吉日，協靈辰，星陳而天行。詔招搖與泰陰兮，伏鉤陳使當兵，屬堪輿以壁壘兮，梢夔魖而抶獝狂。八神奔而警蹕兮，振殷轔而軍裝，蚩尤之倫帶干將而秉玉戚兮，飛蒙茸而走陸梁。齊總總撙撙，其相膠葛兮，猋駭雲訊，奮以方攘；駢羅列布，鱗以雜沓兮，柴虒參差，魚頡而鳥昕；翕赫曶霍，霧集蒙合兮，半散照爛，粲以成章。

於是乘輿乃登夫鳳皇兮翳華芝，駟蒼螭兮六素虯，蠖略蕤綏，灕乎幓纚。帥爾陰閉，霅然陽開，騰清霄而軼浮景兮，夫何旟旐郅偈之旖柅也！流星旄以電燭兮，咸翠蓋而鸞旗。敦萬騎於中營兮，方玉車之千乘。聲駍隱以陸離兮，輕先疾雷而馺遺風。陵高衍之嵱嵷兮，超紆譎之清澄。登椽欒而羾天門兮，馳閶闔而入凌兢。

是時未轃夫甘泉也，乃望通天之繹繹。下陰潛以慘廩兮，上洪紛而相錯；直嶢嶢以造天兮，厥高慶而不可乎彊度。平原唐其壇曼兮，列新雉于林薄；攢幷閭與茇葀兮，紛被麗其亡鄂。崇丘陵之駊騀兮，深溝嶔巖而爲谷；迶迶離宮般以相燭兮，封巒石關施靡乎延屬。

於是大夏雲譎波詭，摧嗺而成觀，仰撟首以高視兮，目冥眴而亡見。正瀏濫以弘惝兮，指東西之漫漫，徒回回以徨徨兮，魂固眇眇而昏亂。據軨軒而周流兮，忽軮軋而亡垠。翠玉樹之青葱兮，壁馬犀之瞵。金人仡仡其承鍾虡兮，嵌巖巖其龍鱗，揚光曜之燎燭兮，乘景炎之炘炘，配帝居之縣圃兮，象泰壹之威神。洪臺掘其獨出兮，𢺋北極之嶟嶟，列宿乃施於上，日月纔經於柍桭，雷鬱律而巖突兮，電倏忽於牆藩。鬼魅不能自還

兮，半長途而下顛。歷倒景而絕飛梁兮，浮蔑蠓而撇天。

左欃槍右玄冥兮，前熛闕後應門；陰西海與幽都兮，湧醴汩以生川。蛟龍連蜷於東厓兮，白虎敦圉虖昆侖。覽樛流於高光兮，溶方皇於西清。前殿崔巍兮，和氏瓏玲，炕浮柱之飛榱兮，神莫莫而扶傾，閌閬閬其寥廓兮，似紫宮之崢嶸。駢交錯而曼衍兮，峖嵲虖其相嬰。乘雲閣而上下兮，紛蒙籠以掍成。曳紅采之流離兮，颺翠氣之冤延。襲琁室與傾宮兮，若登高妙遠，肅虖臨淵。

回猋肆其碭駭兮，翍桂椒，鬱栘楊。香芬茀以穹隆兮，擊薄櫨而將榮。薌呹肸以棍根兮，聲駍隱而歷鍾，排玉戶而揚金鋪兮，發蘭惠與穹窮。惟弸彋其拂汨兮，稍暗暗而靚深。陰陽清濁穆羽相和兮，若夔、牙之調琴。般、倕棄其剞劂兮，王爾投其鉤繩。雖方征僑與偓佺兮，猶仿佛其若夢。

於是事變物化，目駭耳回，蓋天子穆然珍臺閑館琁題玉英蜵蜎蠖濩之中，惟夫所以澄心清魂，儲精垂思，感動天地，逆釐三神者。乃搜逑索耦皋、伊之徒，冠倫魁能，函甘棠之惠，挾東征之意，相與齊乎陽靈之宮。靡薜荔而爲席兮，折瓊枝以爲芳，噏清雲之流瑕兮，飲若木之露英，集虖禮神之囿，登乎頌祇之堂。［建光］耀之長旓兮，昭華覆之威威，攀琁璣而下視兮，行遊目乎三危，陳衆車於東坑兮，肆玉釱而下馳，漂龍淵而還九垠兮，窺地底而上回。風傱傱而扶轄兮，鸞鳳紛其御蕤，梁弱水之濎濙兮，躡不周之逶蛇，想西王母欣然而上壽兮，屏玉女而卻虙妃。玉女無所眺其清盧兮，虙妃曾不得施其蛾眉。方攬道德之精剛兮，［侔］神明與之爲資。

於是欽柴宗祈。燎熏皇天，招繇泰壹。舉洪頤，樹靈旗。樵蒸昆上，配藜四施，東燭倉海，西耀流沙，北熿幽都，南煬丹厓。玄瓚觩䚢，秬鬯泔淡，肸蠁豐融，懿懿芬芬。炎感黃龍兮，熛訛碩麟，選巫咸兮叫帝閽，開天庭兮延羣神。儐暗藹兮降清壇，瑞穰穰兮委如山。

於是事畢功弘，回車而歸，度三巒兮偈棠梨。天閫決兮地垠開，八荒協兮萬國諧。登長平兮雷鼓磕，天聲起兮勇士厲，雲飛揚兮雨滂沛，於胥德兮麗萬世。

亂曰：崇崇圜丘，隆隱天兮，登降峛崺，單埢垣兮。增宮參差，駢嵯峨兮，嶺巆嶙峋，洞亡厓兮。上天之縡，杳旭卉兮，聖皇穆穆，信厥對兮。徠祇效禋，神所依兮，徘徊招搖，靈遲遲兮。輝光眩耀，隆厥福兮，子子孫孫，長亡極兮。

甘泉本因秦離宮，既奢泰，而武帝復增通天、高光、迎風。宮外近則洪厓、旁皇、儲胥、弩陆，遠則石關、封巒、枝鵲、露寒、棠梨、師得，游觀屈奇瑰瑋，非木摩而不彫，牆塗而不畫，周宣所考，般庚所遷，夏卑宮室，唐虞棌椽三等之制也。且其爲已久矣，非成帝所造，欲諫則非時，欲默則不能已，故遂推而隆之，乃上比於帝室紫宮，若曰此非人力之所，爲黨鬼神可也。又是時趙昭儀方大幸，每上甘泉，常法從，在屬車間豹尾中。故雄聊盛言車騎之衆，參麗之駕，非所以感動天地，逆釐三神。又言『屏玉女，卻虙妃』，以微戒齊肅之事。賦成奏之，天子異焉。

其三月，將祭后土，上乃帥羣臣橫大河，湊汾陰。既祭，行遊介山，回安邑，顧龍門，覽鹽池，登歷觀，陟西岳以望八荒，迹殷周之虛，眇然以思唐虞之風。雄以爲臨川羡魚不如歸而結罔，還，上《河東賦》以勸，其辭曰：

伊年暮春，將瘞后土，禮靈祇，謁汾陰于東郊，因茲以勒崇垂鴻，發祥隤祉，飲若神明者，盛哉鑠乎，越不可載已！於是命羣臣，齊法服，整靈輿，乃撫翠鳳之駕，六先景之乘，掉犇星之流旃，彏天狼之威弧。張耀日之玄旄，揚左纛，被雲梢。奮電鞭，驂雷輜，鳴洪鐘，建五旗。《羲》和司日，顏倫奉輿，風發飆拂，神騰鬼趡；千乘霆亂，萬騎屈橋，嘻嘻旭旭，天地稠崱。簸丘跳巒，湧渭躍涇。秦神下讋，蹠魂負沴；河靈矍踢，掌華蹈衰。遂臻陰宮，穆穆肅肅，蹲蹲如也。

靈祇既鄉，五位時敘，絪縕玄黃，將紹厥後。於是靈輿安步，周流容與，以覽乎介山。嗟文公而愍推兮，勤大禹於龍門，灑沈［灾］於豁瀆兮，播九河於東瀕。登歷觀而遙望兮，聊浮游以經營。樂往昔之遺風兮，喜虞氏之所耕。瞰帝唐之嵩高兮，脈隆周之大寧。汨低回而不能去兮，行睨陔下與彭城。濊南巢之坎坷兮，易豳岐之夷平。乘翠龍而超河兮，陟西岳之嶢崝。雲霏霏而來迎兮，澤滲灕而下降，鬱蕭條其幽藹兮，滃泛沛以豐隆。叱風伯於南北兮，呵雨師於西東，參天地而獨立兮，廓蕩蕩其亡雙。

遵逝乎歸來，以函夏之大漢兮，彼曾何足與比功？建《乾》《坤》之貞兆兮，將悉總之以羣龍。麗鉤芒與驂蓐收兮，服玄冥及祝融。敦衆神使式道兮，奮《六經》以攄頌。隃於穆之緝熙兮，過《清廟》之雝雝；軼五帝之遐迹兮，躡三皇之高蹤。既發軔於平盈兮，誰謂路遠而不能從？

其十二月羽獵，雄從。以爲昔在二帝三王，宫館榭沼池苑囿林麓藪澤財足以奉郊廟，御賓客，充庖廚而已，不奪百姓膏腴穀土桑柘之地。女有餘布，男有餘粟，國家殷富，上下交足，故甘露零其庭，醴泉流其唐，鳳皇巢其樹，黄龍遊其沼，麒麟臻其囿，神爵棲其林。昔者禹任益虞而上下和，屮草木茂；成湯好田而天下用足；文王囿百里，民以爲尚小；齊宣王囿四十里，民以爲大；裕民之與奪民也。武帝廣開上林，南至宜春、鼎胡、御宿、昆吾，旁南山而西，至長楊、五柞，北繞黄山，瀕渭而東，周袤數百里，穿昆明池象滇河，營建章、鳳闕、神明、馺娑，漸臺、泰液象海水周流方丈、瀛洲、蓬萊。遊觀侈靡，窮妙極麗。雖頗割其三垂以贍齊民，然至羽獵、田車、戎馬、器械、儲偫、禁禦所營，尚泰奢麗誇詡，非堯、舜、成湯、文王三驅之意也。又恐後世復修前好，不折中以泉臺，故聊因《校獵賦》以風，其辭曰：

或稱戲農，豈或帝王之彌文哉？論者云否，各亦並時而得宜，奚必同條而共貫？則泰山之封，烏得七十而有二儀？是以創業垂統者俱不見其爽，遐邇五三孰知其是非？遂作頌曰：麗哉神聖，處於玄宫，富既與地乎侔訾，貴正與天乎比崇。齊桓曾不足使扶轂，楚嚴未足以爲驂乘；陿三王之阨薜，嶠高舉而大興；歷五帝之寥郭，涉三皇之登閎；建道德以爲師，友仁義與爲朋。

於是玄冬季月，天地隆烈，萬物權輿於內，徂落於外，帝將惟田于靈之囿，開北垠，受不周之制，以終始顓頊、玄冥之統。乃詔虞人典澤，東延昆鄰，西馳闛闔。儲積共偫，戍卒夾道，斬叢棘，夷野草，御自汧、渭，經營酆、鎬，章皇周流，出入日月，天與地沓。爾乃虎路三嵕以爲司馬，圍經百里而爲殿門。外則正南極海，邪界虞淵，鴻濛沆茫，碣以崇山。營合圍會，然後先置乎白楊之南，昆明靈沼之東。賁育之倫，蒙盾負羽，杖鏌邪而羅者以萬計，其餘荷垂天之畢，張竟野之罘，靡日月之朱竿，曳彗星之飛旗。青雲爲紛，紅蜺爲繯，屬之乎昆侖之虚，涣若天星之羅，浩如濤水之波，淫淫與與，前後要遮。欃槍爲闉，明月爲候，熒惑司命，天弧發射，鮮扁陸離，駢衍佖路。徽車輕武，鴻絧緁獵，殷殷軫軫，被陵緣阪，窮冥極遠者，相與迾乎高原之上；羽騎營營，昈分殊事，繽紛往來，轠轤不絕，若光若滅者，布乎青林之下。

於是天子乃以陽晁始出乎玄宫，撞鴻鍾，建九旒，六白虎，載靈輿，蚩尤並轂，蒙公先驅。立歷天之旂，曳捎星之旃，［辟］歷列缺，吐火施鞭。萃傱允溶，淋離廓落，戲八鎮而開關；飛廉、雲師，吸嚊潚率，鱗羅布列，攢以龍翰。秋秋蹌蹌，入西園，切神光；望平樂，徑竹林，蹂蕙圃，踐蘭唐。舉烽烈火，轡者施披，方馳千駟，校騎萬師。虓虎之陳，從横膠輵，猋泣雷厲，驞駍駖磕，洶洶旭旭，天動地岋。羨漫半散，蕭條數千萬里外。

若夫壯士忼慨，殊鄉別趣，東西南北，騁耆奔欲。拖蒼豨，跋犀犛，蹶浮麋。斮巨狿，搏玄蝯，騰空虚，歫連卷。踔夭蟜，娭澗門，莫莫紛紛，山谷爲之風猋，林叢爲之生塵。及至獲夷之徒，蹶松柏，掌疾梨；獵蒙蘢，轔輕飛；履般首，帶修蛇；鉤赤豹，摼象犀；跇巒坑，超唐陂。車騎雲會，登降闇藹，泰華爲旒，熊耳爲綴。木仆山還，漫若天外，儲與乎大溥，聊浪乎宇內。

於是天清日晏。逢蒙列訾，羿氏控弦，皇車幽輵，光純天地，望舒彌轡，翼乎徐至於上蘭。移圍徙陳，浸淫蹵部，曲隊堅重，各按行伍。壁壘天旋，神抶電擊，逢之則碎，近之則破，鳥不及飛，獸不得過，軍驚師駭，刮野埽地。乃至罕車飛揚，武騎聿皇；蹈飛豹，絹嘄陽；追天寶，出一方；應駍聲，擊流光。壄盡山窮，囊括其雌雄，沈沈容容，遥噱乎紭中。三軍芒然，窮尢閼與，亶觀夫票禽之紲隃，犀兕之抵觸，熊羆之拏攫，虎豹之淩遽，徒角搶題注，蹙竦讋怖，魂亡魄失，觸輻關脰。妄發期中，進退履獲，創淫輪夷，丘累陵聚。

於是禽殫中衰，相與集於靖冥之館，以臨珍池。灌以岐梁，溢以江河，東瞰目盡，西暢亡厓，隨珠和氏，焯爍其陂。玉石嶜崟，眩耀青熒，漢女水潛，怪物暗冥，不可殫形。玄鸞孔雀，翡翠垂榮，王雎關關，鴻雁嚶嚶，羣娭乎其中，噍噍昆鳴；鳧鷖振鷺，上下砰磕，聲若雷霆。乃使文身之技，水格鱗蟲，淩堅冰，犯嚴淵，探巖排碕，薄索蛟螭，蹈獱獺，

據黿鼉，扶靈蠵。入洞穴，出蒼梧，乘巨鱗，騎京魚。浮彭蠡，目有虞，方椎夜光之流離，剖明月之珠胎，鞭洛水之虙妃，餉屈原與彭胥。

於茲乎鴻生鉅儒，俄軒冕，雜衣裳，修唐典，匡《雅》《頌》，揖讓於前。昭光振耀，蠁曶如神，仁聲惠于北狄，武義動于南鄰。是以旃裘之王，胡貉之長，移珍來享，抗手稱臣。前入圍口，後陳盧山。羣公常伯楊朱、墨翟之徒喟然稱曰：『崇哉乎德，雖有唐、虞、大廈、成周之隆，何以侈茲！太古之覲東嶽，禪梁基，舍此世也，其誰與哉？』

上猶謙讓而未俞也，方將上獵三靈之流，下決醴泉之滋，發黃龍之穴，窺鳳皇之巢，臨麒麟之囿，幸神雀之林；奢雲夢，侈孟諸，非章華，是靈臺，罕徂離宮而輟觀游，土事不飾，木功不彫，承民乎農桑，勸之以弗迨，儕男女使莫違；恐貧窮者不遍被洋溢之饒，開禁苑，散公儲，創道德之囿，弘仁惠之虞，馳弋乎神明之囿，覽觀乎羣臣之有亡；放雉菟，收罝罘，麋鹿芻蕘與百姓共之，蓋所以臻茲也。於是醇洪鬯之德，豐茂世之規，加勞三皇，勖勤五帝，不亦至乎！乃祇莊雍穆之徒，立君臣之節，崇賢聖之業，未皇苑囿之麗，游獵之靡也，因回軫還衡，背阿房，反未央。

又　卷八七下《揚雄傳》　明年，上將大誇胡人以多禽獸，秋，命右扶風發民入南山，西自褒斜，東至弘農，南驅漢中，張羅罔罝罘，捕熊羆豪豬虎豹狖玃狐菟麋鹿，載以檻車，輸長楊射熊館。以罔爲周阹，[縱]禽獸其中，令胡人手搏之，自取其獲，上親臨觀焉。是時，農民不得收斂。雄從至射熊館，還，上《長楊賦》，聊因筆墨之成文章，故藉翰林以爲主人，子墨爲客卿以風。其辭曰：

子墨客卿問於翰林主人曰：『蓋聞聖主之養民也，仁沾而恩洽，動不爲身。今年獵長楊，先命右扶風，左太華而右褒斜，椓[巀]嶭而爲弋，紆南山以爲罝，羅千乘于林莽，列萬騎於山隅，帥軍踤阹，錫戎獲胡。扼熊羆，拖豪豬，木雍槍累，以爲儲胥，此天下之窮覽極觀也。雖然，亦頗擾于農民。三旬有餘，其廑至矣，而功不圖，恐不識者，外之則以爲娛樂之遊，內之則不以爲乾豆之事，豈爲民乎哉！且人君以玄默爲神，澹泊爲德，今樂遠出以露威靈，數搖動以罷車甲，本非人主之急務也，蒙竊或焉。』

翰林主人曰：『吁，謂之茲邪！若客，所謂知其一未睹其二，見其外不識其內者也。僕嘗倦談，不能一二其詳，請略舉凡，而客自覽其切焉。』

客曰：『唯，唯。』

主人曰：『昔有強秦，封豕其士，窫窳其民，鑿齒之徒相與摩牙而爭之，豪俊麋沸雲擾，羣黎爲之不康。於是上帝眷顧高祖，高祖奉命，順斗極，運天關，橫鉅海，票昆侖，提劍而叱之，所麾城撕邑，下將降旗，一日之戰，不可殫記。當此之勤，頭蓬不暇疏，飢不及餐，鞮鍪生蟣虱，介胄被霑汗，以爲萬姓請命乎皇天。乃展民之所詘，振民之所乏，規億載，恢帝業，七年之間而天下密如也。

『逮至聖文，隨風乘流，方垂意於至寧，躬服節儉，綈衣不敝，革鞜不穿，大夏不居，木器無文。於是後宮賤玳瑁而疏珠璣，卻翡翠之飾，除彫瑑之巧，惡麗靡而不近，斥芬芳而不御，抑止絲竹晏衍之樂，憎聞鄭衛幼眇之聲，是以玉衡正而太階平也。

『其後熏鬻作虐，東夷橫畔，羌戎睚眦，閩越相亂，遐萌爲之不安，中國蒙被其難。於是聖武勃怒，爰整其旅，乃命票、衛，汾沄沸渭，雲合電發，猋騰波流，機駭蜂軼，疾如奔星，擊如震霆，砰轒輼，破穹廬，腦沙幕，髓余吾。遂獵乎王延。驅橐它，燒熐蠡，分梨單于，磔裂屬國，夷阬谷，拔鹵莽，刊山石，蹂尸輿廝，係累老弱，吮鋋瘢耆、金鏃淫夷者數十萬人，皆稽顙樹頷，扶服蛾伏，二十餘年矣，尚不敢惕息。夫天兵四臨，幽都先加，回戈邪指，南越相夷，靡節西征，羌僰東馳。是以遐方疏俗殊鄰絕黨之域，自上仁所不化，茂德所不綏，莫不蹻足抗手，請獻厥珍，使海內澹然，永亡邊城之災，金革之患。

『今朝廷純仁，遵道顯義，并包書林，聖風雲靡；英華沈浮，洋溢八區，普天所覆，莫不沾濡；士有不談王道者則樵夫笑之。故意者以爲事罔隆而不殺，物靡盛而不虧，故平不肆險，安不忘危。乃時以有年出兵，整輿竦戎，振師五莋，習馬長楊，簡力狡獸，校武票禽。乃萃然登南山，瞰烏弋，西厭月嵴，東震日域。又恐後世迷於一時之事，常以此取國家之大務，淫荒田獵，陵夷而不禦也，是以車不安軔，日未靡旃，從者仿佛，骫屬而還；亦所以奉太宗之烈，遵文武之度，復三王之田，反五帝之

虞；使農不輟耰，工不下機，婚姻以時，男女莫違；出愷弟，行簡易，矜劬勞，休力役；見百年，存孤弱，帥與之，同苦樂。然後陳鐘鼓之樂，鳴鞀磬之和，建碣磍之虡，拮隔鳴球，掉八列之舞；酌允鑠，肴樂胥，聽廟中之雍雍，受神人之福祜；歌投頌，吹合雅。其勤若此，故眞神之所勞也。方將俟元符，以禪梁甫之基，增泰山之高，延光于將來，比榮乎往號，豈徒欲淫覽浮觀，馳騁秔稻之地，周流梨栗之林，蹂踐芻蕘，誇詡衆庶，盛狖玃之收，多麋鹿之獲哉！且盲不見咫尺，而離婁燭千里之隅；客徒愛胡人之獲我禽獸，曾不知我亦已獲其王侯。』

言未卒，墨客降席再拜稽首曰：『大哉體乎！允非小子之所能及也。乃今日發矇，廓然已昭矣！』

哀帝時丁、傅、董賢用事，諸附離之者或起家至二千石。時雄方草《太玄》，有以自守，泊如也。或謿雄以玄尚白，而雄解之，號曰《解謿》。其辭曰：

客嘲揚子曰：『吾聞上世之士，人綱人紀，不生則已，生則上尊人君，下榮父母，析人之圭，儋人之爵，懷人之符，分人之祿，紆青拖紫，朱丹其轂。今子幸得遭明盛之世，處不諱之朝，與羣賢同行，歷金門上玉堂有日矣，曾不能畫一奇，出一策，上說人主，下談公卿。目如耀星，舌如電光，壹從壹衡，論者莫當，顧而作《太玄》五千文，支葉扶疏，獨說十餘萬言，深者入黃泉，高者出蒼天，大者含元氣，纖者入無倫，然而位不過侍郎，擢才給事黃門。意者玄得毋尚白乎？何爲官之拓落也？』

揚子笑而應之曰：『客徒欲朱丹吾轂，不知一跌將赤吾之族也！往者周罔解結，羣鹿爭逸，離爲十二，合爲六七，四分五剖，並爲戰國。士無常君，國亡定臣，得士者富，失士者貧，矯翼厲翮，恣意所存，故士或自盛以橐，或鑿壞以遁。是故騶衍以頡亢而取世資，孟軻雖連蹇，猶爲萬乘師。

『今大漢左東海，右渠搜，前番禺，後陶㙻。東南一尉，西北一候。徽以糾墨，製以質鈇，散以禮樂，風以《詩》《書》，曠以歲月，結以倚廬。天下之士，雷動雲合，魚鱗雜襲，咸營于八區，家家自以爲稷契，人人自以爲咎繇，戴縰垂纓而談者皆擬於阿衡，五尺童子羞比晏嬰與夷吾，當塗者入青雲，失路者委溝渠，旦握權則爲卿相，夕失勢則爲匹夫；譬若江湖之雀，勃解之鳥，乘雁集不爲之多，雙鳧飛不爲之少。昔三仁去而殷虛，二老歸而周熾，子胥死而吳亡，種、蠡存而粤伯，五羖入而秦喜，樂毅出而燕懼，范睢以折摺而危穰侯，蔡澤雖噤吟而笑唐舉。故當其有事也，非蕭、曹、子房、平、勃、樊、霍則不能安；當其亡事也，章句之徒相與坐而守之，亦亡所患。故世亂，則聖哲馳騖而不足；世治，則庸夫高枕而有餘。

『夫上世之士，或解縛而相，或釋褐而傅；或倚夷門而笑，或橫江潭而漁；或七十說而不遇，或立談間而封侯；或枉千乘於陋巷，或擁帚彗而先驅。是以士頗得信其舌而奮其筆，窒隙蹈瑕而無所詘也。當今縣令不請士，郡守不迎師，羣卿不揖客，將相不俛眉；言奇者見疑，行殊者得辟，是以欲談者宛舌而固聲，欲行者擬足而投迹。鄉使上世之士處乎今，策非甲科，行非孝廉，舉非方正，獨可抗疏，時道是非，高得待詔，下觸聞罷，又安得青紫？

『且吾聞之，炎炎者滅，隆隆者絕；觀雷觀火，爲盈爲實，天收其聲，地藏其熱。高明之家，鬼瞰其室。攫挐者亡，默默者存；位極者宗危，自守者身全。是故知玄知默，守道之極；爰清爰靜，游神之廷；惟寂惟莫，守德之宅。世異事變，人道不殊，彼我易時，未知何如。今子乃以鴟梟而笑鳳皇，執蝘蜓而謿龜龍，不亦病乎！子徒笑我玄之尚白，吾亦笑子之病甚，不遭臾跗、扁鵲，悲夫！』

客曰：『然則靡《玄》無所成名乎？范、蔡以下何必《玄》哉？』

揚子曰：『范睢，魏之亡命也，折脅拉髂，免於微索，翕肩蹈背，扶服入橐，激卬萬乘之主，界涇陽抵穰侯而代之，當也。蔡澤，山東之匹夫也，顉頤折頞，涕涶流沫，西揖强秦之相，搤其咽，炕其氣，附其背而奪其位，時也。天下已定，金革已平，都于雒陽，婁敬委輅脫輓，掉三寸之舌，建不拔之策，舉中國徙之長安，適也。五帝垂典，三王傳禮，百世不易，叔孫通起於枹鼓之間，解甲投戈，遂作君臣之儀，得也。《甫刑》靡敝，秦法酷烈，聖漢權制，而蕭何造律，宜也。故有造蕭何律於唐虞之世，則詩矣；有作叔孫通儀於夏殷之時，則惑矣；有建婁敬之策於成周之世，則繆矣；有談范、蔡之說于金、張、許、史之間，則狂矣。夫蕭規曹隨，留侯畫策，陳平出奇，功若泰山，嚮若阺隤，唯其人之瞻知哉，

亦會其時之可爲也。故爲可爲於可爲之時，則從；爲不可爲於不可爲之時，則凶。夫藺先生收功於章臺，四皓采榮於南山，公孫創業于金馬，票騎發迹於祁連，司馬長卿竊訾于卓氏，東方朔割［炙］於細君。僕誠不能與此數公者並，故默然獨守吾《太玄》。』

雄以爲賦者，將以風之也，必推類而言，極麗靡之辭，閎侈鉅衍，競於使人不能加也，既乃歸之於正，然覽者已過矣。往時武帝好神仙，相如上《大人賦》，欲以風，帝反縹縹有陵雲之志。由是言之，賦勸而不止，明矣。又頗似俳優淳于髡、優孟之徒，非法度所存，賢人君子詩賦之正也，於是輟不復爲。而大潭思渾天，參摹而四分之，極於八十一。旁則三摹九据，極之七百二十九贊，亦自然之道也。故觀《易》者，見其卦而名之；觀《玄》者，數其畫而定之。《玄》首四重者，非卦也，數也。其用自天元推一晝一夜陰陽數度律曆之紀，九九大運，與天終始。故《玄》三方、九州、二十七部、八十一家、二百四十三表、七百二十九贊，分爲三卷，曰一二三，與《泰初曆》相應，亦有顓頊之曆焉。揲之以三策，關之以休咎，絣之以象類，播之以人事，文之以五行，擬之以道德仁義禮知。無主無名，要合《五經》，苟非其事，文不虛生。爲其泰曼漶而不可知，故有《首》、《衝》、《錯》、《測》、《攡》、《瑩》、《數》、《文》、《掜》、《圖》、《告》十一篇，皆以解剝《玄》體，離散其文，章句尚不存焉。《玄》文多，故不著；觀之者難知，學之者難成。客有難《玄》大深，衆人之不好也，雄解之，號曰《解難》。其辭曰：

客難揚子曰：『凡著書者，爲衆人之所好也，美味期乎合口，工聲調於比耳。今吾子乃抗辭幽説，閎意眇指，獨馳騁於有亡之際，而陶冶大爐，旁薄羣生，歷覽者兹年矣，而殊不寤。亶費精神於此，而煩學者於彼，譬畫者畫於無形，弦者放於無聲，殆不可乎？』

揚子曰：『俞。若夫閎言崇議，幽微之塗，蓋難與覽者同也。昔人有觀象於天，視度於地，察法於人者，天麗且彌，地普而深，昔人之辭，乃玉乃金。彼豈好爲艱難哉？勢不得已也。獨不見夫翠虯絳螭之將登虖天，必聳身於倉梧之淵；不階浮雲，翼疾風，虛舉而上升，則不能撠膠葛，騰九閎。日月之經不千里，則不能燭六合，耀八紘；泰山之高不嶕嶢，則不能浡滃雲而散歊烝。是以宓犧氏之作《易》也，緜絡天地，經以八卦，文王附六爻，孔子錯其象而彖其辭，然後發天地之臧，定萬物之基。《典》《謨》之篇，《雅》《頌》之聲，不温純深潤，則不足以揚鴻烈而章緝熙。蓋胥靡爲宰，寂寞爲尸；大味必淡，大音必希；大語叫叫，大道低回。是以聲之眇者不可同於衆人之耳，形之美者不可棍於世俗之目，辭之衍者不可齊於庸人之聽。今夫弦者，高張急徽，追趨逐耆，則坐者不期而附矣；試爲之施《咸池》，揄《六莖》，發《［簫］韶》，詠《九成》，則莫有和也。是故鍾期死，伯牙絶弦破琴而不肯與衆鼓；獿人亡，則匠石輟斤而不敢妄斲。師曠之調鐘，俟知音者之在後也；孔子作《春秋》，幾君子之前睹也。老聃有遺言，貴知我者希，此非其操與！』

雄見諸子各以其知舛馳，大氐詆訾聖人，即爲怪迂，析辯詭辭，以撓世事，雖小辯，終破大道而或衆，使溺于所聞而不自知其非也。及太史公記六國，歷楚漢，［訖］麟止，不與聖人同，是非頗謬於經。故人時有問雄者，常用法應之，譔以爲十三卷，象《論語》，號曰《法言》。《法言》文多不著，獨著其目：

天降生民，倥侗顓蒙，恣於情性，聰明不開，訓諸理。譔《學行》第一。

降周迄孔，成于王道，終後誕章乖離，諸子圖微。譔《吾子》第二。

事有本眞，陳施於億，動不克咸，本諸身。譔《修身》第三。

芒芒天道，在昔聖考，過則失中，不及則不至，不可姦罔。撰《問道》第四。

神心曶怳，經緯萬方，事繫諸道德仁誼禮。譔《問神》第五。

明哲煌煌，旁燭亡疆，遜於不虞，以保天命。譔《問明》第六。

假言周于天地，贊於神明，幽弘橫廣，絶于邇言。譔《寡見》第七。

聖人聰明淵懿，繼天測靈，冠於羣倫，經諸范。譔《五百》第八。

立政鼓衆，動化天下，莫上於中和，中和之發，在於哲民情。譔《先知》第九。

仲尼以來，國君將相卿士、名臣參差不齊，壹槩諸聖。譔《重黎》第十。

仲尼之後，訖于漢道，德行顏、閔、股肱蕭、曹，爰及名將尊卑之條，稱述品藻。譔《淵騫》第十一。

君子純終領聞，蠢迪檢押，旁開聖則。譔《君子》第十二。

孝莫大于甯親，甯親莫大于甯神，甯神莫大於四表之歡心。譔《孝至》第十三。

贊曰：雄之自序云爾。初，雄年四十餘，自蜀來至游京師，大司馬車騎將軍王音奇其文雅，召以爲門下史，薦雄待詔，歲餘，奏《羽獵賦》，除爲郎，給事黄門，與王莽、劉歆並。哀帝之初，又與董賢同官。當成、哀、平間，莽、賢皆爲三公，權傾人主，所薦莫不拔擢，而雄三世不徙官。及莽簒位，談説之士用符命稱功德獲封爵者甚衆，雄復不侯，以耆老久次轉爲大夫，恬於勢利乃如是。實好古而樂道，其意欲求文章成名於後世，以爲經莫大於《易》，故作《太玄》；傳莫大於《論語》，作《法言》；史篇莫善於《倉頡》，作《訓纂》；箴莫善於《虞箴》，作《州箴》；賦莫深於《離騷》，反而廣之；辭莫麗於相如，作四賦；皆斟酌其本，相與放依而馳騁云。用心於内，不求於外，於時人皆曶之；唯劉歆及范逡敬焉，而桓譚以爲絶倫。

王莽時，劉歆、甄豐皆爲上公，莽既以符命自立，即位之後欲絶其原以神前事，而豐子尋、歆子棻復之。莽誅豐父子，投棻四裔，辭所連及，便收不請。時雄校書天禄閣上，治獄使者來，欲收雄，雄恐不能自免，乃從閣上自投下，幾死。莽聞之曰：『雄素不與事，何故在此？』間請問其故，乃劉棻嘗從雄學作奇字，雄不知情。有詔勿問。然京師爲之語曰：『惟寂寞，自投閣；爰清靜，作符命。』

雄以病免，復召爲大夫。家素貧，耆酒，人希至其門。時有好事者載酒肴從游學，而鉅鹿侯芭常從雄居，受其《太玄》、《法言》焉。劉歆亦嘗觀之，謂雄曰：『空自苦！今學者有禄利，然向不能明《易》，又如《玄》何？吾恐後人用覆醬瓿也。』雄笑而不應。年七十一，天鳳五年卒，侯芭爲起墳，喪之三年。

時，大司空王邑、納言嚴尤聞雄死，謂桓譚曰：『子常稱揚雄書，豈能傳於後世乎？』譚曰：『必傳。顧君與譚不及見也。凡人賤近而貴遠，親見揚子雲禄位容貌不能動人，故輕其書。昔老聃著虚無之言兩篇，薄仁義，非禮學，然後世好之者尚以爲過於《五經》，自漢文景之君及司馬遷皆有是言。今診子之書文義至深，而論於詭于聖人，若使遭遇時君，更閲賢知，爲所稱善，則必度越諸子矣。』諸儒或譏以爲雄非聖人而作經，猶春秋吴楚之君僭號稱王，蓋誅絶之罪也。自雄之没至今四十餘年，其《法言》大行，而《玄》終不顯，然篇籍具存。

又　卷六四《趙岐傳》注引《決録注》　是時綱維不攝，閹豎專權，岐擬前代連珠之書四十章上之，留中不出。

又　卷四〇上《班固傳》　自爲郎後，遂見親近。時京師脩起宫室，濬繕城隍，而關中耆老猶望朝廷西顧。固感前世相如、壽王、東方之徒，造搆文辭，終以諷勸，乃上《兩都賦》，盛稱洛邑制度之美，以折西賓淫侈之論。

又　卷五九《張衡傳》　張衡字平子，南陽西鄂人也。【略】永元中，舉孝廉不行，連辟公府不就。時天下承平日久，自王侯以下，莫不踰侈。衡乃擬班固《兩都》，作二京賦，因以諷諫。

又　卷六〇上《馬融傳》　馬融字季長，扶風茂陵人也，永初二年，大將軍鄧騭聞融名，召爲舍人。【略】四年，拜爲校書郎中，詣東觀典校秘書。是時鄧太后監朝，騭兄弟輔政。而俗儒世士，以爲文德可興，武功宜廢，遂寝蒐狩之禮，息戰陳之法，故猾賊從横，乘此無備。融乃感激，以爲文武之道，聖賢不墜，五才之用，無或可廢。元初二年，上《廣成頌》以諷諫。

又　卷八〇上《文苑傳·杜篤》　杜篤字季雅，京兆杜陵人也。高祖延年，宣帝時爲御史大夫。篤少博學，不修小節，不爲鄉人所禮。居美陽，與美陽令遊，數從請託，不諧，頗相恨。令怒，收篤送京師。會大司馬吴漢薨，光武詔諸儒誄之，篤於獄中爲誄，辭最高，帝美之，賜帛免刑。

篤以關中表裏山河，先帝舊京，不宜改營洛邑，乃上奏《論都賦》曰：

臣聞知而復知，是爲重知。臣所欲言，陛下已知，故略其梗概，不敢具陳。昔殷庚去奢，行儉於亳，成周之隆，乃即中洛。遭時制都，不常厥邑。賢聖之慮，蓋有優劣；霸王之姿，明知相絶。守國之勢，同歸異術；或棄去阻孩阸，務處平易；或據山帶河，并吞六國；或富貴思歸，不顧見襲；或掩空擊虚，自蜀漢出，即日車駕，策由一卒；或知而不

從，久都墝埆。臣不敢有所據。竊見司馬相如、楊子雲作辭賦以諷主上，臣誠慕之，伏作書一篇，名曰《論都》，謹幷封奏如左。

皇帝以建武十八年二月甲辰，升輿洛邑，巡于西岳。推天時，順斗極，排閶闔，入函谷，觀阸於崤、黽，圖險於隴、蜀。其三月丁酉，行至長安。經營宮室，傷愍舊京，即詔京兆，迺命扶風，齋肅致敬，告覲園陵。悽然有懷祖之思，喟乎以思諸夏之隆。遂天旋雲遊，造舟于渭，北斻涇流。千乘方轂，萬騎騈羅，衍陳於岐、梁，東横乎大河。瘞后土，禮邠郊。其歲四月，反于洛都。明年，有詔復函谷關，作大駕宮、六王邸、高車廄於長安。修理東都城門，橋涇、渭。往往繕離觀，東臨霸、滻，西望昆明，北登長平，規龍首，撫未央，覛平樂，儀建章。

是時山東翕然狐疑，意聖朝之西都，懼關門之反拒也。客有爲篤言：『彼埳井之潢汙，固不容夫吞舟；且洛邑之渟瀯，曷足以居乎萬乘哉？咸陽守國利器，不可久虛，以示姦萌。』篤未甚然其言也，故因爲述大漢之崇，世據雍州之利，而今國家未暇之故，以喻客意。曰：

昔在强秦，爰初開畔，霸自岐、雍，國富人衍，卒以幷兼，桀虐作亂。天命有聖，託之大漢。大漢開基，高祖有勳，斬白蛇，屯黑雲，聚五星於東井，提干將而呵暴秦。蹈滄海，跨崑崙，奮彗光，埽項軍，遂濟人難，蕩滌於泗、沂。劉敬建策，初都長安。太宗承流，守之以文。躬履節儉，側身行仁，食不二味，衣無異采。賑人以農桑，率下以約已，曼麗之容不悅於目，鄭衛之聲不過於耳，佞邪之臣不列於朝，巧僞之物不鬻於市，故能理升平而刑幾措。富衍於孝景，功傳於後嗣。

是時，孝武因其餘財府帑之蓄，始有鉤深圖遠之意，探冒頓之罪，校平城之讎。遂命票騎，勤任衛青，勇惟鷹揚，軍如流星，深之匈奴，割裂王庭，席卷漠北，叩勒祁連，横分單于，屠裂百蠻。燒罽帳，繫閼氏，燔康居，灰珍奇，椎鳴鏑，釘鹿蠡，馳阬岸，獲昆彌，虜傲侲，驅騾驢，馭宛馬，鞭駃騠。拓地萬里，威震八荒。肇置四郡，據守敦煌。幷域屬國，一郡領方。立侯隅北，建護西羌。捶驅氏、僰，寥狼邛、莋。東攠烏桓，蹂轔濊貊。南羈鉤町，水劍强越。殘夷文身，海波沫血。郡縣日南，漂槩朱崖。部尉東南，兼有黃支。連緩耳，瑣雕題，摧天督，牽象犀，椎蚌蛤，碎琉璃，甲瑇瑁，戕觜觿。於是同穴裘褐之域，共川鼻飲之國，莫不祖跣稽顙，失氣虜伏。非夫大漢之盛，世藉雍土之饒，得御外理內之術，孰能致功若斯！故創業於高祖，嗣傳於孝惠，德隆於太宗，財衍於孝景，威盛於聖武，政行於宣、元，侈極於成、哀，祚缺於孝平。傳世十一，歷載三百，德衰而復盈，道微而復章，皆莫能遷於雍州，而背於咸陽。宮室寢廟，山陵相望，高顯弘麗，可思可榮，羲、農已來，無兹著明。

夫雍州本帝皇所以育業霸王所以衍功，戰士角難之場也。《禹貢》所載，厥田惟上。沃野千里，原隰彌望。保殖五穀，桑麻條暢。濱據南山，帶以涇、渭，號曰陸海，蠢生萬類。楩柟檀柘，蔬果成實。畎瀆潤淤，水泉灌溉，漸澤成川，粳稻陶遂。厥土之膏，畝價一金。田田相如，鐇钁株林。火耕流種，功淺得深。既有蓄積，阸塞四臨：四被隴、蜀，南通漢中，北據谷口，東阻嶔巖。關函守嶢，山東道窮；置列汧、隴，壅偃西戎；拒守褒斜，嶺南不通；杜口絕津，朔方無從。鴻、渭之流，徑入於河；大船萬艘，轉漕相過；東綜滄海，西綱流沙；朔南暨聲，諸夏是和。城池百尺，阸塞要害。關梁之險，多所衿帶。一卒舉礧，千夫沈滯；一人奮戟，三軍沮敗。地埶便利，介胄剽悍，可與守近，利以攻遠。士卒易保，人不肉袒。肇十有二，是爲贍腴。用霸則兼幷，先據則功殊；修文則財衍，行武則士要；爲政則化上，篡逆則難誅；進攻則百剋，退守則有餘：斯固帝王之淵囿，而守國之利器也。

逮及亡新，時漢之衰，偷忍淵囿，篡器慢違，徒以勢便，莫能卒危。假之十八，誅自京師。天畀更始，不能引維。慢藏招寇，復致赤眉。海內雲擾，諸夏滅微；羣龍並戰，未知是非。于時聖帝，赫然申威，荷天人之符，兼不世之姿。受命於皇上，獲助於靈祇。立號高邑，搴旗四麾。首策之臣，運籌出奇；虓怒之旅，如虎如螭。師之攸向，無不靡披。蓋夫燔魚剸蛇，莫之方斯。大呼山東，響動流沙。要龍淵，首鏌鋣，命騰太白，親發狼、弧。南禽公孫，北背强胡，西平隴、冀，東據洛都。乃廓平帝宇，濟蒸人於塗炭，成兆庶之亹亹，遂興復乎大漢。

今天下新定，矢石之勤始瘳，而主上方以邊垂爲憂，忿葭萌之不柔，未遑於論都而遺思雍州也。方躬勞聖思，以率海內，厲撫名將，略地疆外，信威於征伐，展武乎荒裔。若夫文身鼻飲緩耳之主，椎結左衽鐻鍝之君，東南殊俗不羈之國，西北絕域難制之鄰，靡不重譯納貢，請爲藩臣。

上猶謙讓而不伐勤。意以爲獲無用之虜，不如安有益之民；略荒裔之地，不如保殖五穀之淵；遠救於已亡，不若近而存存也。今國家躬脩道德，吐惠含仁，湛恩沾洽，時風顯宣。徒垂意於持平守實，務在愛育元元，苟有便於王政者，聖主納焉。何則？物罔挹而不損，道無隆而不移，陽盛則運，陰滿則虧，故存不忘亡，安不諱危，雖有仁義，猶設城池也。

客以利器不可久虛，而國家亦不忘乎西都，何必去洛邑之渟瀯與？

篤後仕郡文學掾。以目疾，二十餘年不闚京師。

篤之外高祖破羌將軍辛武賢，以武略稱。篤常歎曰：『杜氏文明善政，而篤不任爲吏；辛氏秉義經武，而篤又怯於事。外內五世，至篤衰矣！』

女弟適扶風馬氏。建初三年，車騎將軍馬防擊西羌，請篤爲從事中郎，戰没於射姑山。

所著賦、誄、弔、書、讚、《七言》、《女誡》及雜文，凡十八篇。又著《明世論》十五篇。

又 《傅毅傳》 （傅）毅以顯宗求賢不篤，士多隱處，故作《七激》以爲諷。

又 卷八〇下《文苑傳・高彪》 高彪字義方，吳郡無錫人也。**【略】**後郡舉孝廉，試經第一，除郎中，校書東觀，數奏賦、頌、奇文，因事諷諫，靈帝異之。

政治嬗變總部

通紀概説部

綜　述

唐・魏徵等《羣書治要》卷五〇《袁子正書・經國》　先王之制，立爵五等，所以立蕃屏、利後嗣者也，是故國治而萬世安。秦以列國之勢而并天下，於是去五等之爵而置郡縣，雖有親子母弟，皆爲匹夫。及其衰，一夫大呼而天下去。及至漢家見亡秦之以孤特亡也，於是大封子弟，或連城數十，廓地千里，自關已東，皆爲王國，力多而權重，故亦有七國之難。

又《設官》　古者三公論王職，六卿典事業。事大者官大，事小者官小。【略】秦漢置丞相九卿之官，以治萬機。其後天子不能與公卿造事，外之而置尚書，又外之而置中書。轉相重累，稍執機事，制百官之本，公卿之職，遂輕則失體矣，又有兵士而封侯者。古之尊貴者，以職大故貴。今列侯無事，未有無職而空貴者也。世衰禮廢，五等散亡，故有賜爵封侯之賞。既公且侯，失其制。今有卿相之才，居三公之位，修其治政，以安寧國家，未必封侯也。

論　説

三國魏・曹植《曹子建集》卷一〇《漢二祖優劣論》　有客問予曰：『夫漢二帝，高祖、光武，俱爲授命撥亂之君，比時事之難易，論其人之優劣，孰者爲先？』

予應之曰：『昔漢之初興，高祖因暴秦而起，官由亭長，身自亡徒，招集英雄，遂誅强楚，光有天下。功齊湯武，業流後嗣，誠帝王之元勳，人君之盛事也！然而名不繼德，行不純道，身殁之後，崩亡之際，果令凶婦肆鴆酷之心，嬖妾被人豕之刑，亡趙幽囚，禍殃骨肉，諸吕專權，社稷幾移。凡此諸事，豈非高祖寡計淺慮以致！然彼之雄材大略，倜儻之節，信當世至豪健壯傑士也。又其梟將晝臣，皆古今之鮮有，歷世之希睹。彼能任其才而用之，聽其言而察之，故兼天下有帝位，流巨功而遺元勳也。

『世祖體乾靈之休德，稟貞和之純精，通黄鐘之妙理，韜亞聖之懿才。其爲德也，通達而多識，仁智而明恕，重慎周密，樂施而愛人。值陽九無妄之世，遭炎光厄會之運，殷爾雷發，赫然神舉。用武略以攘暴，興義兵以殘賊。神光前驅，威風先逝。軍未出於南京，莽已斃於西都。夫其蕩滌凶穢，剿除醜類，若順迅風而縱烈火，曬白日而掃朝雲也。爾乃廟謀而後動衆，計定而後行師，故攻無不陷之壘，戰無奔北之卒。是以羣下欣欣，歸心聖德。宣仁以和衆，邁德以來遠。故竇融聞聲而影附，馬援一見而嘆息。股肱有濟濟之美，元首有穆穆之容。敦睦九族，有唐虞之稱；高尚純樸，有羲皇之素；謙虚納下，有吐握之勞；留心庶事，有日昃之勤。乃規弘迹而造皇極，創帝道而立德基。是以計功則業殊，比隆則事異，旌得則靡愆，言行則無穢，量力則勢微，論輔則力劣。卒能握乾坤之休徵，應五百之顯期，立不刊之遐迹，建不朽之元功。金石播其休烈，詩書載其勳懿。故曰，光武其優也。』

唐・吴兢《貞觀政要》卷八　近代平一天下，拓定邊方者，惟秦皇、漢武。

唐・柳宗元《增廣註釋音辯唐柳先生集》卷三《封建論》　天地果無初乎？吾不得而知之也。生人果有初乎？吾不得而知之也。然則孰爲近？曰，有初爲近。孰明之？由封建而明之也。彼封建者，更古聖王堯、舜、禹、湯、文、武而莫能去之。蓋非不欲去之也，勢不可也。勢之來，其生人之初乎？不初，無以有封建。封建，非聖人意也。

彼其初與萬物皆生，草木榛，鹿豕狉，人不能搏噬，而且無毛羽，莫克自奉自衛。荀卿有言：『必將假物以爲用者也。』夫假物者必爭，爭而不已，必就其能斷曲直者而聽命焉。其智而明者，所伏必衆，告之以直而不改，必痛之而後畏，由是君長刑政生焉。故近者聚而爲羣，羣之分，其爭必大，大而後有兵有德。又有大者，衆羣之長又就而聽命焉，以安其屬，於是有諸侯之列，則其爭又有大者焉。德又大者，諸侯之列又就而聽

命焉，以安其封。於是有方伯、連帥之類，則其爭又有大者焉。德又大者，方伯、連帥之類，又就而聽命，以安其人，然後天下會於一。是故有里胥而後有縣大夫，有縣大夫而後有諸侯，有諸侯而後有方伯、連帥，有方伯、連帥而後有天子。自天子至於里胥，其德在人者，死必求其嗣而奉之。故封建非聖人意也，勢也。【略】

秦有天下，裂都會而爲之郡邑，廢侯衛而爲之守宰，據天下之雄圖，都六合之上游，攝制四海，運於掌握之内，此其所以爲得也。不數載而天下大壞，其有由矣。亟役萬人，暴其威刑，竭其貨賄，負鋤梃謫戍之徒，圜視而合從，大呼而成羣。時則有叛人而無叛吏，人怨於下而吏畏於上，天下相合，殺守劫令而並起。咎在人怨，非郡邑之制失也。

漢有天下，矯秦之枉，徇周之制，剖海内而立宗子，封功臣。數年之間，奔命扶傷而不暇，困平城，病流矢，陵遲不救者三代。後乃謀臣獻畫，而離削自守矣。然而封建之始，郡國居半，時則有叛國而無叛郡，秦制之得亦以明矣。繼漢而帝者，雖百代可知也。【略】

或者曰：『封建者，必私其土，子其人，適其俗，修其理，施化易也。守宰者，苟其心，恩遷其秩而已，何能理乎？』余又非之。周之事迹，斷可見矣。列侯驕盈，黷貨事戎。大凡亂國多，理國寡。侯伯不得變其政，天子不得變其君。私土子人者，百不有一。失在於制，不在於政，周事然也。秦之事迹，亦斷可見矣。有理人之制，而不委郡邑，是矣。有理人之臣，而不使守宰，是矣。郡邑不得正其制，守宰不得行其理。酷刑苦役，而萬人側目。失在於政，不在於制，秦事然也。漢興，天子之政行於郡，不行於國；制其守宰，不制其侯王。侯王雖亂，不可變也；國人雖病，不可除也。及夫大逆不道，然後掩捕而遷之，勒兵而夷之耳。大逆未彰，姦利浚財，怙勢作威，大刻于民者，無如之何。及夫郡邑，可謂理且安矣。何以言之？且漢知孟舒於田叔，得魏尚於馮唐，聞黄霸之明審，睹汲黯之簡靖，拜之可也，復其位可也，卧而委之以輯一方可也。有罪得以黜，有能得以賞。朝拜而不道，夕斥之矣；夕受而不法，朝斥之矣。設使漢室盡城邑而侯王之，縱令其亂人，戚之而已。孟舒、魏尚之術，莫得而施；黄霸、汲黯之化，莫得而行。明譴而導之，拜受而退已違矣。下令而削之，締交合從之謀，周于同列，則相顧裂眦，勃然而起。幸而不起，則削其半。削其半，民猶瘁矣，曷若舉而移之以全其人乎？漢事然也。今國家盡制郡邑，連置守宰，其不可變也固矣。善制兵，謹擇守，則理平矣。

或者又曰：『夏、商、周、漢封建而延，秦郡邑而促。』尤非所謂知理者也。【略】

或者又以爲『殷、周，聖王也，而不革其制，固不當復議也。』是大不然。夫殷、周之不革者，是不得已也。蓋以諸侯歸殷者三千焉，資以黜夏，湯不得而廢，歸周者八百焉，資以勝殷，武王不得而易。徇之以爲安，仍之以爲俗，湯、武之所不得已也。夫不得已，非公之大者也，私其力於己也，私其衛於子孫也。秦之所以革之者，其爲制，公之大者也。其情，私也，私其一己之威也，私其盡臣畜於我也。然而公天下之端自秦始。

夫天下之道，理安，斯得人者也。使賢者居上，不肖者居下，而後可以理安。今夫封建者，繼世而理。繼世而理者，上果賢乎？下果不肖乎？則生人之理亂未可知也。將欲利其社稷，以一其人之視聽，則又有世大夫世食禄邑，以盡其封略，聖賢生于其時，亦無以立於天下，封建有爲之也。豈聖人之制使至於是乎？吾固曰：『非聖人之意也，勢也。』

宋・姚鉉《唐文粹》卷三四《李德裕〈荀悦論高祖武宣論〉》 荀悦論略曰：高祖天下初定，庶事草創。文帝躬行玄默，遂至升平。而古典未備，制度多闕。武帝内修文學，外耀武威，而不盡其術，不克其終。宣帝任法審刑，採覈名實，而不用儒術，理化不成。歷數三代，以及元帝，曰『崇尚儒學，從諫如流』，引班固《贊》『賓禮故老，優游亮直』。又曰：『貢、薛、韋、匡，迭爲宰相。』其旨以爲專用儒術，莫盛於此。班固、荀悦，皆文雅之士，以元帝好儒，徵用儒生，故以茲爲美，而深罪石顯，痛心泣血，稱詩人『投畀豺虎』，嫉之甚也，異乎余之所聞矣。任恭、顯始於宣帝。當宣帝之世，石顯豈能隳其大業哉，則知惡不在於顯矣。蕭望之、周堪，皆廊廟之器，有師傅之恩，石顯所忌，廢而不用。朋龍上書，遂致于理。其後劉向禁錮，張猛自殺，豈得謂之優游亮直乎？賈捐之、京房，雖不忠其身，亦皆英特儁才，道術奇士，於元帝可謂忠矣，亦因譖而死。惑於讒邪則不斷，疑於髦儁則用法，亦不得謂之優游

矣。貢、薛雖能忠諫，止於諷諭恭儉，未嘗御姦觸邪矣。韋、匡從容守位，未曾犯顏干色矣。所以得乘時而進，久安其位。昔桀紂殺一龍逄比干，而天下之惡歸焉。桀紂以拒諫自殺，其悖已甚，元帝以信讒而殺，抑又甚焉！王業既衰，至成、哀凌替，纔三世而王莽簒奪。宣帝稱『亂吾家者太子也』，知子莫若父，信哉是言！

宋·司馬光《司馬温公稽古録》卷一二　臣光曰：高祖奮布衣，提三尺劍，八年而成帝業。其收功之速如是，何哉？惟其知人善任使而已。故高祖自謂：『鎮國家、撫百姓，不如蕭何；運籌策、決成敗，不如子房；戰必勝、攻必取，不如韓信。三者皆人傑，吾能用之，所以取天下。』韓信亦曰：『陛下不善將兵，而善將將。』斯言盡之矣！呂氏之亂，漢氏不絶如綫，然而卒不能爲患者，外有宗藩之强，内有絳、灌之忠也。文、景之時，天下家給人足，幾致刑措，後世皆知稱慕，莫能及之；夫民之情，何嘗不欲安樂而富壽哉，文、景能勿擾而已矣。孝武喜淫侈，慕神仙，宫室無度，巡游不息，窮兵於四夷，嚴刑而重賦；迹其行事，視秦皇何遠哉？止以崇儒重道，求賢納諫，故其成敗若此之殊也。孝昭以童稚之年，辨霍光之忠，確然不可動，何天資之明也！然光猶專政而不歸，此則光之罪矣。孝宣綜覈名實，信賞必罰，使吏稱其職、民安其業；方之孝武，功烈優焉。孝元優游不斷，漢業始衰。孝成荒於酒色，委政外家。孝哀狠愎不明，嬖幸盈朝。陵夷至於孝平，以幼沖嗣位，王莽因之，遂移漢祚。莽恃其詐慝，煩民玩兵，罪盈怨積，而天下叛之矣。

宋·秦觀《淮海集》卷一二《國論》　秦皇、漢武皆以蓋世之氣，闢闔宇宙之材，并吞諸侯，攘卻胡粵。若以功業言之，則始皇之英偉傑特，又非武帝之可比也。然而萬世之下，號始皇爲暴主，稱武帝爲賢君，秦祚遽傾，漢基益大者何哉？二世不變始皇之事，孝昭能改武帝之法故也。

宋·錢時《兩漢筆記》卷四《武帝》　漢家寬厚之風始於高而成於文，而刻薄之禍則兆於景而成於武。高帝以寬大長者扶義而西。入關之初，定三章之約。文帝尚愷弟，除肉刑，一時將相莫不務爲寬厚，恥言人過，禁罔疏闊，幾至刑錯。景帝繼之，雖減笞法，而刻薄之禍則已兆矣。何者？景帝之刻薄兆於晁錯之術數也。至於武帝，遂極慘酷，而數十年寬厚之風無復影響。宣帝中興，踵武相繼，刑名繩下，守爲家法，滔滔焰焰，降以不返。嗚呼！一代之風俗有一人焉。成之必有一人焉，壞之成壞之變，雖係乎君德之隆汙，而成壞之機則關乎君子小人之用，舍吁甚可懼也。愚是以觀稍禹之始末，上下世變而爲之重歎云。

元·鄭玉《春秋闕疑》卷一一　高氏曰：以此爲防，而後世猶有開邊拓境，好大喜功，如秦皇漢武，甘心徼外者，實萬世之龜鑑也。

明·楊士奇等《歷代名臣奏議》卷一五九　眞宗時，右正言夏竦進《策》曰：臣聞古爵五等，裂地受封，各命陪臣，咸思俾乂。秦滅六國，分爲郡縣，百世因仍，遂廢古制。天下之治歸州縣，州縣之治歸庶官。歷代以來，所難其選。【略】

竦又進《策》曰：張官設吏，求材審能，官職攸叙，百姓允治，古者旁求雋彦。周制論辨材能，六國談説授官，嬴秦農戰入仕，漢則孝廉有道之舉，方正秀茂之科，上計之制，任子之令。魏晉而降，取士多門，制度云繁，官途益雜。

明·楊爵《楊忠介集》卷六《漫録》　聞近士大夫言，自古人主有本事者，惟秦皇、漢武兩君而已。予應之曰：『否。自古人主有本事者，惟堯、舜、文王而已。【略】秦皇剪除六國，焚棄詩書，掃滅先王之迹，而惟任一己之私，一夫作難，而七廟隳，身死人手，爲天下笑。漢武承文景之富庶，若委任賢俊，取法先王，則禮樂可興，顧以多欲亂政，窮兵黷武，至於海内虚耗，幾致顛覆，非有昭宣繼之，則漢之天下未可知也。若二君之所爲，適足覆宗絶祀而已，烏在其所謂有本事哉！且使人主不法堯、舜、文王，而法秦皇漢武，是啓其殺伐之心，而欲以亂天下也，其所言謬妄亦甚矣。』

清·秦蕙田《五禮通考》卷五二《明成祖論封禪》　昔舜巡狩至泰山，舉祀禮，覲諸侯，一正朔，考制度而已，蓋欲使天下同風。後來，秦皇漢武皆有侈心，登封泰山，薦道德功，以誇示後世，終不免後世之非議。

藝　文

唐・李白《分類補注李太白詩》卷四《登高丘而望遠海》　登高丘，望遠海。六鼇骨已霜，三山流安在？扶桑半摧折，白日沈光彩。銀臺金闕如夢中，秦皇、漢武空相待。精衛費木石，黿鼉無所憑。君不見驪山、茂陵盡灰滅，牧羊之子來攀登。盜賊劫寶玉，精靈竟何能。窮兵黷武今如此，鼎湖飛龍安可乘？

唐・徐寅《徐正字詩賦》卷一《人生幾何賦》　葉落辭柯，人生幾何。六國戰而漫爲流血，三神山而杳隔鯨波。任誇百斛明珠，奚容遐壽。或有一卮芳酒，且共高歌。豈不以天地爲爐，日星爲紀。雖有聖與有智，不無生而無死。生卽浮萍，没爲流水。七十戰爭如虎豹，竟到烏江。三千賓客若鴛鴻，難尋珠履。擾擾匆匆，晨雞暮鐘。命靡常兮霜與露，年罔禁兮椿與松。問青天兮何慘何舒，拘人否泰。歎白日兮東升西落，奪我顔容。可惜繁華，堪驚倚伏。有寒暑兮逼君壽，有鬼神兮蠹君福。不覺南陵公子，緣鬢改而華髮生。北里豪家，昨日歌而今日哭。夢幻吞侵，朝浮夕沈。三光有影遣誰繫，萬事無根何處尋。易服猛獸，難降寸心。眼看西晉之荆榛，猶經白刃。身屬北邙之狐兔，尚惜黄金。奈何荒色嗜音，雕墻峻宇。君不見，息夫人兮悄長默，金谷園兮闃無睹。香閣之羅紈未脱，别已承恩。春風之桃李方開，早聞移主。丘塚纍纍，金章布衣。白羊青草祇堪恨，逐利爭名何太非。嘗聞蕭史王喬，長生孰見。任是秦皇漢武，不死何歸。

又《過驪山賦》　六國血於秦，秦王還化塵。塵驚而爲楚爲漢，路在而今人古人，但見愁雲黯慘，叠嶂嶙峋。時遷而金石非固，地改而荆榛旋新。愚聞周衰則避債登臺，秦暴則焚書建國。貴螻蟻於人命，法豺狼於帝德。兩曜昏翳，九圍傾側。扶桑幾里，我鞭石以期通。渤海幾重，我驅山而要塞。慘慘九穹，峨峨七雄。三農百穀以休務，淬鐵磨金而獻功。九州病，萬室空。韓趙魏以火滅，楚燕齊而坐窮。家有子兮誰得孝？國有臣兮孰效忠？九野分將，焉作兆民之主？諸侯吞盡，方行天子之風。星隕九霄，城長萬里。血染草木，肉肥蛇豕。將欲手挂天刃，足跳地紀。拙虞帝而短唐堯，污殷辛而長夏癸。禍從殃催，川搖嶽摧。金陵之王氣頓起，蓬島之宫娥不來。黔首求主，蒼昊降灾。天漢之龍髯倏斷，沙丘之鮑臭誰猜？魑魅諸夏，腥膻九垓。於是宅彼岡巒，兆斯陵闕。猶驅六宫以殉葬，豈言蔓草之縈骨？嫌示儉於當時，更窮奢於既殁。融銀液雪，疏下地之江河。帖玉懸珠，皎窮泉之日月。嵽嵲層層，不騫不崩。斯高之喉舌方滑，劉項之雲雷忽興。軹道一朝，璽獻漢家之主。驪山三月，火燒秦帝之陵。今則草接平原，煙蒙翠嶺。想秦史以神竦，弔秦陵而恨永。華清宫觀鎖雲霓，作皇唐之勝景。

宋・邵雍《擊壤集》卷一五《觀兩漢吟》　秦破河山舊戰場，豈期民復見耕桑。九千來里開封域，四百餘年號帝王。剥喪既而遭莽卓，經營殊不念高光。當時文物如斯盛，城復何由更在隍。

宋・劉子翬《屏山集》卷一一《弔史》　禽殫繁弱棄，兔盡韓盧烹。英雄起乘時，時徂力難爭。精魂閉尺穴，壯骨飈飛塵。凄涼千載下，間氣凜如生。嬴秦失其鹿，圖王各峥嶸。斯人顧盼間，漢楚分重輕。臣雖替末路，君亦寒初盟。豈不念疇昔，百戰同艱辛。誰云漢網疏，豪俊屢拂縈。高蹈欣縶鮮，括囊聞飲醇。

宋・陳普《石堂先生遺集》卷一《歷代傳授歌》　戰國七雄莫如秦，韓趙魏燕齊楚起。秦滅六國吞二周，周祚至於赧王止。天王三十有七傳，八百餘年屬周紀。秦帝始皇太暴虐，位傳二世而已矣。漢室龍興滅秦項，高祖劉邦赤帝子。末年國本幾動搖，四皓一出回孝惠。吕后臨朝諸吕反，賴有平勃植赤幟。文景之世比成康，武帝好大功伐喜。霍光擁昭而立宣，江充誣譖太子戾。厥後外戚多擅權，平帝新室莽篡位。光武誅莽復中興，漢爲東漢炎運熾。明章二帝世所稱，至于靈獻漢祚替。前漢高文武宣朝，後漢光明章七制。

元・耶律楚材《湛然居士集》卷一二《懷古一百韻寄張敏之》　興亡千古事，勝負一枰棋。感恨空興歎，悲吟乃賦詩。三皇崇道德，五帝重仁慈。禮廢三王謝，權興五伯漓。焚書嫌孔孟，峻法用高斯。政出人思亂，身亡國亦隨。阿房修象魏，徐福覓靈芝。偶語眞虛禁，長城信謾爲。祇知秦失鹿，不覺楚亡騅。約法三章日，恩垂四百基。漢興學校啓，文作典章施。黷武疲中夏，窮兵攘四夷。嗣君恩稍失，劉氏德難衰。新室雖興

難，眞人已御期。魏吳將奮起，靈獻自荒嬉。賊子權移漢，奸臣塢築郿。

元・宋無《翠寒集・海上自之罘至成山覽秦皇漢武遺迹》 霧氣沈坤極，濤聲撼北溟。雲霞五色水，丹碧萬重屏。脉絡華夷秀，并吞宇宙青。石梁横地户，洞構壓風霆。砰磕紛鳴鼓，湍洶疾建瓴。提封思霸主，巡狩陟遐垧。黔首何多難，皇居不少寧。山驅麟避藪，海塞蜃遷庭。鹵簿周荒服，鱗蟲畏典刑。天吳驚象駕，精衛泣鑾鈴。浪激秦嬴怒，崖崩漢武靈。空悲祖龍死，但覺鮑魚腥。采藥終驕妄，求仙竟杳冥。惟聞傳二世，無復享千齡。古昔飛騰客，能存變化形。解交烏兔髓，定翳鳳凰翎。玉檢微藏旨，金丹別有經。東華司笇曆，南岳考功銘。億劫開玄閟，三宫護紫扃。睿仁斯可冀，淫暴詎堪聽。漫致安期舄，虚邀阿母軿。昆池波鼎沸，阿閣土花零。夜雨虵升樹，春潮蛤上汀。茂陵迷亂草，禁苑暗流螢。奢侈如飄電，危亡若炳星。明君當至治，方士或來停。火宅休生棘，情河易轉萍。願逢清静化，昌運幾時丁。

明・曹學佺《石倉歷代詩選》卷三一二《讀史二首》 趙高利少主，矯制誅扶蘇。一念誤國人，三説感李斯。望夷眩鹿馬，赤族誠天誅。吾聞金日磾，出身本降俘。霍光受遺詔，共負成王圖。大哉社稷臣，戒之用小夫。

雜録

漢・劉熙《釋名》卷二《釋州國第七》 越，夷蠻之國也，度越禮義無所拘也。此十二國上應列宿，各以其地及於事宜制此名也。至秦改諸侯，置郡縣，隨其所在山川土形而立其名，漢就而因之也。

《舊唐書》卷一八《宣宗紀》 詔曰：【略】朕每覩前史，見秦皇漢武爲方士所惑，常以之爲誡。

又 卷八五《張文瓘傳》 秦皇漢武廣事四夷，多造宫室，使土崩瓦解，户口減半。

宋・程頤《伊川易傳》卷一《坎下艮上》 剛極而不中，故戒『不利爲寇』。治人之蒙，乃『禦寇』也。肆爲剛暴，乃『爲寇』也。若舜之征有苗、周公之誅三監，『禦寇』也。秦皇漢武窮兵誅伐，『爲寇』也。

宋・李光《讀易詳説》卷四 《象》曰：『風行地上，觀；先王以省方觀民設教。』風行天上，則庸有不及物者；風行地上，則物無不鼓動者。聖人體此象以制巡狩之禮，省觀萬方以察民俗，因其土風而設爲教化。一遊一豫爲諸侯度，則事無不順乎民心者，此堯舜三代之禮。至秦皇漢武，巡游無度，縱其侈心，適所以擾天下而啓英雄窺覬之端，失先王所以省方觀民之意，由上之人事繁文而不務簡易之過也。

明・朱朝瑛《讀春秋略記》卷一〇 吳以罪人三千，先犯胡、沈與陳，知其可誘，以是爲餌也。秦皇漢武之用罪人蓋始于此。

秦朝多民族統一大國創建部

綜述

《史記》卷五《秦本紀》 昭襄王元年，嚴君疾爲相。甘茂出之魏。二年，彗星見。庶長壯與大臣、諸侯、公子爲逆，皆誅，及惠文后皆不得良死。悼武王后出歸魏。三年，王冠。與楚王會黄棘，與楚上庸。四年，取蒲阪。彗星見。五年，魏王來朝應亭，復與魏蒲阪。六年，蜀侯煇反，司馬錯定蜀。庶長奂伐楚，斬首二萬。涇陽君質於齊。日食，晝晦。七年，拔新城。樗里子卒。八年，使將軍芈戎攻楚，取新市。齊使章子，魏使公孫喜，韓使暴鳶共攻楚方城，取唐眛。趙破中山，其君亡，竟死齊。魏公子勁、韓公子長爲諸侯。九年，孟嘗君薛文來相秦。奂攻楚，取八城，殺其將景快。十年，楚懷王入朝秦，秦留之。薛文以金受免。樓緩爲丞相。十一年，齊、韓、魏、趙、宋、中山五國共攻秦，至鹽氏而還。秦與韓、魏河北及封陵以和。彗星見。楚懷王走之趙，趙不受，還之秦，卽死，歸葬。十二年，樓緩免，穰侯魏冉爲相。予楚粟五萬石。

十三年，向壽伐韓，取武始。左更白起攻新城。五大夫禮出亡奔魏。任鄙爲漢中守。十四年，左更白起攻韓、魏於伊闕，斬首二十四萬，虜公孫喜，拔五城。十五年，大良造白起攻魏，取垣，復予之。攻楚，取宛。

十六年，左更錯取軹及鄧。冉免，封公子市宛，公子悝鄧，魏冉陶，爲諸侯。十七年，城陽君入朝，及東周君來朝。秦以垣爲蒲阪、皮氏。王之宜陽。十八年，錯攻垣、河雍，決橋取之。十九年，王爲西帝，齊爲東帝，皆復去之。呂禮來自歸。齊破宋，宋王在魏，死温。任鄙卒。二十年，王之漢中，又之上郡、北河。二十一年，錯攻魏河内。魏獻安邑，秦出其人，募徙河東賜爵，赦罪人遷之。涇陽君封宛。二十二年，蒙武伐齊。河東爲九縣。與楚王會宛。與趙王會中陽。二十三年，尉斯離與三晉、燕伐齊，破之濟西。王與魏王會宜陽，與韓王會新城。二十四年，與楚王會鄢，又會穰。秦取魏安城，至大梁，燕、趙救之，秦軍去。魏冉免相。二十五年，拔趙二城。與韓王會新城，與魏王會新明邑。二十六年，赦罪人遷之穰。侯冉復相。二十七年，錯攻楚。赦罪人遷之南陽。白起攻趙，取代光狼城。又使司馬錯發隴西，因蜀攻楚黔中，拔之。二十八年，大良造白起攻楚，取鄢、鄧，赦罪人遷之。二十九年，大良造白起攻楚，取郢爲南郡，楚王走。周君來。王與楚王會襄陵。白起爲武安君。三十年，蜀守若伐楚，取巫郡，及江南爲黔中郡。三十一年，白起伐魏，取兩城。楚人反我江南。三十二年，相穰侯攻魏，至大梁，破暴鳶，斬首四萬，鳶走，魏入三縣請和。三十三年，客卿胡（傷）〔陽〕攻魏卷、蔡陽、長社，取之。擊芒卯華陽，破之，斬首十五萬。魏入南陽以和。三十四年，秦與魏、韓上庸地爲一郡，南陽免臣遷居之。三十五年，佐韓、魏、楚伐燕。初置南陽郡。三十六年，客卿竈攻齊，取剛、壽，予穰侯。三十八年，中更胡（傷）〔陽〕攻趙閼與，不能取。四十年，悼太子死魏，歸葬芷陽。四十一年夏，攻魏，取邢丘、懷。四十二年，安國君爲太子。十月，宣太后薨，葬芷陽酈山。九月，穰侯出之陶。四十三年，武安君白起攻韓，拔九城，斬首五萬。四十四年，攻韓南（郡）〔陽〕，取之。四十五年，五大夫賁攻韓，取十城。葉陽君悝出之國，未至而死。四十七年，秦攻韓上黨，上黨降趙，秦因攻趙，趙發兵擊秦，相距。秦使武安君白起擊，大破趙於長平，四十餘萬盡殺之。四十八年十月，韓獻垣雍。秦軍分爲三軍。武安君歸。王齕將伐趙（武安）皮牢，拔之。司馬梗北定太原，盡有韓上黨。正月，兵罷，復守上黨。其十月，五大夫陵攻趙邯鄲。四十九年正月，益發卒佐陵。陵戰不善，免，王齕代將。其十月，將軍張唐攻魏，爲蔡尉捐弗守，還斬之。五十年十月，武安君白起有罪，爲士伍，遷陰密。張唐攻鄭，拔之。十二月，益發卒軍汾城旁。武安君白起有罪，死。齕攻邯鄲，不拔，去，還奔汾軍。二月餘攻晉軍，斬首六千，晉楚流死河二萬人。攻汾城，即從唐拔寧新中，寧新中更名安陽。初作河橋。

五十一年，將軍摎攻韓，取陽城、負黍，斬首四萬。攻趙，取二十餘縣，首虜九萬。西周君背秦，與諸侯約從，將天下鋭兵出伊闕攻秦，令秦毋得通陽城。於是秦使將軍摎攻西周。西周君走來自歸，頓首受罪，盡獻其邑三十六城，口三萬。秦王受獻，歸其君於周。五十二年，周民東亡，其器九鼎入秦。周初亡。

五十三年，天下來賓。魏後，秦使摎伐魏，取吴城。韓王入朝，魏委國聽令。五十四年，王郊見上帝於雍。五十六年秋，昭襄王卒，子孝文王立。尊唐八子爲唐太后，而合其葬於先王。韓王衰絰入弔祠，諸侯皆使其將相來弔祠，視喪事。【略】

秦王政立二十六年，初并天下爲三十六郡，號爲始皇帝。始皇帝五十一年而崩，子胡亥立，是爲二世皇帝。

又 卷六《秦始皇本紀》 秦始皇帝者，秦莊襄王子也。莊襄王爲秦質子於趙，見呂不韋姬，悦而取之，生始皇。以秦昭王四十八年正月生於邯鄲。及生，名爲政，姓趙氏。年十三歲，莊襄王死，政代立爲秦王。當是之時，秦地已并巴、蜀、漢中，越宛有郢，置南郡矣北收上郡以東，有河東、太原、上黨郡；東至滎陽，滅二周，置三川郡。呂不韋爲相，封十萬户，號曰文信侯。招致賓客游士，欲以并天下。李斯爲舍人。蒙驁、王齮、麃公等爲將軍。王年少，初即位，委國事大臣。

晉陽反，元年，將軍蒙驁擊定之。二年，麃公將卒攻卷，斬首三萬。三年，蒙驁攻韓，取十三城。王齮死。十月，將軍蒙驁攻魏氏暘、有詭。歲大饑。四年，拔暘、有詭。三月，軍罷。秦質子歸自趙，趙太子出歸國。十月庚寅，蝗蟲從東方來，蔽天。天下疫。百姓内粟千石，拜爵一級。五年，將軍驁攻魏，定酸棗、燕、虛、長平、雍丘、山陽城，皆拔之，取二十城。初置東郡。冬雷。六年，韓、魏、趙、衛、楚共擊秦，取壽陵。秦出兵，五國兵罷。拔衛，迫東郡，其君角率其支屬徙居野王，阻其山以保魏之河内。七年，彗星先出東方，見北方，五月見西方。將軍驁

死。以攻龍、孤、慶都，還兵攻汲。彗星復見西方十六日。夏太后死。八年，王弟長安君成蟜將軍擊趙，反，死屯留，軍吏皆斬死，遷其民於臨洮。將軍壁死，卒屯留、蒲鶮反，戮其屍。河魚大上，輕車重馬東就食。【略】

十一年，王翦、桓齮、楊端和攻鄴，取九城。王翦攻閼與、橑楊，皆并爲一軍。翦將十八日，軍歸斗食以下，什推二人從軍。取鄴安陽，桓齮將。十二年，文信侯不韋死，竊葬。其舍人臨者，晉人也逐出之；秦人六百石以上奪爵，遷；五百石以下不臨，遷，勿奪爵。自今以來，操國事不道如嫪毐、不韋者籍其門，視此。秋，復嫪毐舍人遷蜀者。當是之時，天下大旱，六月至八月乃雨。

十三年，桓齮攻趙平陽，殺趙將扈輒，斬首十萬。王之河南。正月，彗星見東方。十月，桓齮攻趙。十四年，攻趙軍於平陽，取宜安，破之，殺其將軍。桓齮定平陽、武城。韓非使秦，秦用李斯謀，留非，非死雲陽。韓王請爲臣。

十五年，大興兵，一軍至鄴，一軍至太原，取狼孟。地動。十六年九月，發卒受地韓南陽假守騰。初令男子書年。魏獻地於秦。秦置麗邑。十七年，內史騰攻韓，得韓王安，盡納其地，以其地爲郡，命曰潁川。地動。華陽太后卒。民大飢。

十八年，大興兵攻趙，王翦將上地，下井陘，端和將河內，羌瘣伐趙，端和圍邯鄲城。十九年，王翦、羌瘣盡定取趙地東陽，得趙王。引兵欲攻燕，屯中山。秦王之邯鄲，諸嘗與王生趙時母家有仇怨，皆阬之。秦王還，從太原、上郡歸。始皇帝母太后崩。趙公子嘉率其宗數百人之代，自立爲代王，東與燕合兵，軍上谷。大饑。【略】

二十二年，王賁攻魏，引河溝灌大梁，大梁城壞，其王請降，盡取其地。二十三年，秦王復召王翦，彊起之，使將擊荊。取陳以南至平輿，虜荊王。秦王游至郢陳。荊將項燕立昌平君爲荊王，反秦於淮南。二十四年，王翦、蒙武攻荊，破荊軍，昌平君死，項燕遂自殺。

二十五年，大興兵，使王賁將，攻燕遼東，得燕王喜。還攻代，虜代王嘉。王翦遂定荊江南地；降越君，置會稽郡。五月，天下大酺。

二十六年，齊王建與其相后勝發兵守其西界，不通秦。秦使將軍王賁從燕南攻齊，得齊王建。

秦王初并天下，令丞相、御史曰：『異日韓王納地效璽，請爲藩臣，已而倍約，與趙、魏合從畔秦，故興兵誅之，虜其王。寡人以爲善，庶幾息兵革。趙王使其相李牧來約盟，故歸其質子。已而倍盟，反我太原，故興兵誅之，得其王。趙公子嘉乃自立爲代王，故舉兵擊滅之。魏王始約服入秦，已而與韓、趙謀襲秦，秦兵吏誅，遂破之。荊王獻青陽以西，已而畔約，擊我南郡，故發兵誅，得其王，遂定其荊地。燕王昏亂，其太子丹乃陰令荊軻爲賊，兵吏誅，滅其國。齊王用后勝計，絕秦使，欲爲亂，兵吏誅，虜其王，平齊地。寡人以眇眇之身，興兵誅暴亂，賴宗廟之靈，六王咸伏其辜，天下大定。今名號不更，無以稱成功，傳後世。其議帝號。』丞相綰、御史大夫劫、廷尉斯等皆曰：『昔者五帝地方千里，其外侯服夷服諸侯或朝或否，天子不能制。今陛下興義兵，誅殘賊，平定天下，海內爲郡縣，法令由一統，自上古以來未嘗有，五帝所不及。臣等謹與博士議曰：「古有天皇，有地皇，有泰皇，泰皇最貴。」臣等昧死上尊號，王爲「泰皇」。命爲「制」，令爲「詔」，天子自稱曰「朕」。』王曰：『去「泰」，著「皇」，采上古「帝」位號，號曰「皇帝」。他如議。』制曰：『可。』追尊莊襄王爲太上皇。制曰：『朕聞太古有號毋謚，中古有號，死而以行爲謚。如此，則子議父，臣議君也，甚無謂，朕弗取焉。自今已來，除謚法。朕爲始皇帝。後世以計數，二世三世至于萬世，傳之無窮。』【略】

丞相綰等言：『諸侯初破，燕、齊、荊地遠，不爲置王，毋以填之。請立諸子，唯上幸許。』始皇下其議於羣臣，羣臣皆以爲便。廷尉李斯議曰：『周文武所封子弟同姓甚衆，然後屬疏遠，相攻擊如仇讎，諸侯更相誅伐，周天子弗能禁止。今海內賴陛下神靈一統，皆爲郡縣，諸子功臣以公賦稅重賞賜之，甚足易制。天下無異意，則安寧之術也。置諸侯不便。』始皇曰：『天下共苦戰鬬不休，以有侯王。賴宗廟，天下初定，又復立國，是樹兵也，而求其寧息，豈不難哉！廷尉議是。』

分天下以爲三十六郡，郡置守、尉、監。更名民曰『黔首』。大酺。收天下兵，聚之咸陽，銷以爲鍾鐻，金人十二，重各千石，置廷宮中。一法度衡石丈尺。車同軌。書同文字。地東至海暨朝鮮，西至臨洮、羌中，

南至北嚮户，北據河爲塞，並陰山至遼東。徙天下豪富於咸陽十二萬户。諸廟及章臺、上林皆在渭南。秦每破諸侯，寫放其宫室，作之咸陽北阪上，南臨渭，自雍門以東至涇、渭，殿屋複道周閣相屬。所得諸侯美人鐘鼓，以充入之。

二十七年，始皇巡隴西、北地，出雞頭山，過回中。焉作信宫渭南，已更命信宫爲極廟，象天極。自極廟道通酈山，作甘泉前殿。築甬道，自咸陽屬之。是歲，賜爵一級。治馳道。【略】

因使韓終、侯公、石生求仙人不死之藥。始皇巡北邊，從上郡入。燕人盧生使入海還，以鬼神事，因奏録圖書，曰『亡秦者胡也』。始皇乃使將軍蒙恬發兵三十萬人北擊胡，略取河南地。

三十三年，發諸嘗逋亡人、贅婿、賈人略取陸梁地，爲桂林、象郡、南海，以適遣戍。西北斥逐匈奴。自榆中並河以東，屬之陰山，以爲十四縣，城河上爲塞。又使蒙恬渡河取高闕、（陶）〔陽〕山、北假中，築亭障以逐戎人。徙謫，實之初縣。禁不得祠。明星出西方。三十四年，適治獄吏不直者，築長城及南越地。

始皇置酒咸陽宫，博士七十人前爲壽。僕射周青臣進頌曰：『他時秦地不過千里，賴陛下神靈明聖，平定海内，放逐蠻夷，日月所照，莫不賓服。以諸侯爲郡縣，人人自安樂，無戰爭之患，傳之萬世。自上古不及陛下威德。』始皇悦。博士齊人淳于越進曰：『臣聞殷周之王千餘歲，封子弟功臣，自爲枝輔。今陛下有海内，而子弟爲匹夫，卒有田常、六卿之臣，無輔拂，何以相救哉？事不師古而能長久者，非所聞也。今青臣又面諛以重陛下之過，非忠臣。』始皇下其議。丞相李斯曰：『五帝不相復，三代不相襲，各以治，非其相反，時變異也。今陛下創大業，建萬世之功，固非愚儒所知。且越言乃三代之事，何足法也？異時諸侯並爭，厚招游學。今天下已定，法令出一，百姓當家則力農工，士則學習法令辟禁。今諸生不師今而學古，以非當世，惑亂黔首。丞相臣斯昧死言：古者天下散亂，莫之能一，是以諸侯並作，語皆道古以害今，飾虚言以亂實，人善其所私學，以非上之所建立。今皇帝并有天下，別黑白而定一尊。私學而相與非法教，人聞令下，則各以其學議之，入則心非，出則巷議，夸主以爲名，異取以爲高，率羣下以造謗。如此弗禁，則主勢降乎上，黨與成乎下。禁之便。臣請史官非秦記皆燒之。非博士官所職，天下敢有藏《詩》、《書》、百家語者，悉詣守、尉雜燒之。有敢偶語《詩》、《書》者棄市。以古非今者族。吏見知不舉者與同罪。令下三十日不燒，黥爲城旦。所不去者，醫藥卜筮種樹之書。若欲有學法令，以吏爲師。』制曰：『可。』【略】

侯生盧生相與謀曰：『始皇爲人，天性剛戾自用，起諸侯，并天下，意得欲從，以爲自古莫及己。專任獄吏，獄吏得親幸。博士雖七十人，特備員弗用。丞相諸大臣皆受成事，倚辨於上。上樂以刑殺爲威，天下畏罪持禄，莫敢盡忠。上不聞過而日驕，下懾伏謾欺以取容。秦法，不得兼方不驗，輒死。然候星氣者至三百人，皆良士，畏忌諱諛，不敢端言其過。天下之事無小大皆決於上，上至以衡石量書，日夜有呈，不中呈不得休息。貪於權勢至如此，未可爲求仙藥。』於是乃亡去。始皇聞亡，乃大怒曰：『吾前收天下書不中用者盡去之。悉召文學方術士甚衆，欲以興太平，方士欲練以求奇藥。今聞韓衆去不報，徐市等費以巨萬計，終不得藥，徒姦利相告日聞。盧生等吾尊賜之甚厚，今乃誹謗我，以重吾不德也。諸生在咸陽者，吾使人廉問，或爲訞言以亂黔首。』於是使御史悉案問諸生，諸生傳相告引，乃自除犯禁者四百六十餘人，皆阬之咸陽，使天下知之，以懲後。益發謫徙邊。始皇長子扶蘇諫曰：『天下初定，遠方黔首未集，諸生皆誦法孔子，今上皆重法繩之，臣恐天下不安。唯上察之。』始皇怒，使扶蘇北監蒙恬於上郡。

宋·司馬光《資治通鑑》卷七《秦紀二》 王初并天下，自以爲德兼三皇，功過五帝，伏羲、神農、黄帝爲三皇。少昊、顓頊、高辛、唐堯、虞舜爲五帝。宋均注《援神契》引《甄耀度》曰：伏羲、神農、燧人爲三皇。黄帝、顓頊、帝嚳、唐堯、虞舜爲五帝。孔穎達曰：鄭玄注《中候敕省圖》引《運斗樞》：伏羲、女媧、神農爲三皇。五帝者，德合五帝座星者稱帝，則黄帝、金天氏、高陽氏、高辛氏、陶唐氏、有虞氏是也；實六人而稱五者，以其俱合五帝座星也。《白虎通》取伏羲、神農、祝融爲三皇。帝者，天之一名，所以名帝。帝號者，諦也，言天蕩然無心，忘於物我，公平通遠，舉事審諦，故謂之帝也。帝號同天，名所莫加，而稱皇者，以皇是美大之名，言大於帝也。乃更號曰『皇帝』，命爲『制』，令爲『詔』，師古曰：天子之言，一曰制書，二曰詔書。制書，謂其制度之命也。如淳曰：詔，告也。自秦、漢以上，唯天子得稱之。自

稱曰『朕』。古者君臣之間通稱曰朕；自秦定制，唯天子獨稱之。追尊莊襄王爲太上皇。太上者，極尊之稱也。始皇自號曰始皇帝，故追尊莊襄王爲太上皇。自漢高帝以尊太公，此後不復爲追號。制曰：『死而以行爲謚，則是子議父，臣議君也，甚無謂。自今以來，除謚法。周公作《謚法》，緣行之美惡以立謚。如幽、厲之君，雖孝子、慈孫，百世不能改也。今秦除之，畏後人加己以惡謚也。朕爲始皇帝，後世以計數，二世、三世至於萬世，傳之無窮。』

初，齊威、宣之時，鄒衍論著終始五德之運；所謂終始五德之運者：伏羲以木德王；木生火，故神農以火德王；火生土，故黄帝以土德王；土生金，故少昊以金德王；金生水，故顓頊以水德王；水生木，故帝嚳又以木德王；木又生火，故帝堯以火德王；火又生土，故帝舜以土德王；土又生金，故夏以金德王；金又生水，故商以水德王；水又生木，故周以木德王：此五德之終而復始也。鄒衍以爲周得火德，蓋以火流王屋爲周受命之符，且服色尚赤故也。就衍之説以爲終始，秦當以土爲行。今始皇以水勝火，自以水爲行，所謂推五勝也。漢初以土爲行，蓋亦祖衍之説也。及始皇并天下，齊人奏之。始皇採用其説，以爲周得火德，秦代周，從所不勝，爲水德。始改年，朝賀皆自十月朔；衣服、旌旄、節旗皆尚黑；數以六爲紀。改年句斷。夏以建寅之月爲歲首，殷以建醜之月爲歲首，周以建子之月爲歲首；今始皇以建亥之月爲歲首，是改年也。自此紀年皆以十月爲歲首，朝賀以十月朔。以水爲行，故色尚黑。水成數六，故以六爲紀。

丞相綰言：『燕、齊、荆地遠，避莊襄王諱，故以楚爲荆。《索隱》曰：丞相綰，姓王。不爲置王，無以鎮之。請立諸子。』始皇下其議。下，遐嫁翻；凡自上而下之下皆同音。廷尉斯曰：班《書百官表》：廷尉，秦官。應劭曰：聽獄必質諸朝廷，與衆共之；兵獄同制，故稱廷尉。師古曰：廷，平也；治獄貴平，故以爲號。『周文武所封子弟同姓甚衆，然後屬疏遠，相攻擊如仇讎，周天子弗能禁止。今海内賴陛下神靈一統，皆爲郡、縣，諸子功臣以公賦稅重賞賜之，甚足易制，《史記正義》音以職翻，非也。天下無異意，則安寧之術也。置諸侯不便。』始皇曰：『天下共苦戰鬬不休，以有侯王。賴宗廟，天下初定，又復立國，是樹兵也；而求其寧息，豈不難哉！廷尉議是。』

分天下爲三十六郡，郡置守、尉、監。裴駰曰：三川、河東、南陽、南郡、九江、鄣郡、會稽、潁川、碭郡、泗水、薛郡、東郡、琅邪、齊郡、上谷、漁陽、右北平、遼西、遼東、代郡、巨鹿、邯鄲、上黨、太原、雲中、九原、雁門、上郡、隴西、北地、漢中、巴郡、蜀郡、黔中、長沙，凡三十五郡，與内史爲三十六郡。班《書·百官表》：郡守掌治其郡；郡尉掌佐守典武職、甲卒；監御史掌監郡。余謂守、尉、監，官名也，當從去聲；若監郡之監則從平聲。《記·王制》：天子使其大夫爲三監，監于方伯之國。

收天下兵聚咸陽，銷以爲鐘鐻，鐻與虡同，音巨。虡者所以懸鐘，横曰筍，植曰虡。金人十二，重各千石，置宫庭中。《史記正義》曰：《漢書·五行志》：時大人見臨洮，長五丈，足履六尺，皆夷狄服，凡十二人；故銷兵器，鑄而象之，所謂『金狄』也。一法度、衡、石、丈尺。徙天下豪桀於咸陽十二萬户。

諸廟及章臺、上林皆在渭南。上林在漢長安縣西南。秦始起上林苑，至漢武帝又增而廣之。每破諸侯，寫放其宫室，作之咸陽北阪上，程大昌《雍録》曰：咸陽北阪，漢武帝別名渭城。阪，即九嵕諸山麓也。南臨渭，自雍門以東至涇、渭，殿屋、復道、周閣相屬，徐廣曰：雍門在高陵縣。《史記正義》曰：在今岐州雍縣東。余按班《志》，高陵縣屬左馮翊，左輔都尉治焉；雍縣屬右扶風。二説相去何遠也？《三輔黄圖》曰：長安城西出北頭第一門曰雍門，本名西城門。但長安本秦離宫，秦之咸陽則漢扶風之渭城也。渭城與長安相去雖不遠，然秦時長安未有十二門也。豈作史者因漢之雍門而書之歟！涇、渭，言涇、渭之交也。復，與複同，複道，閣道也；上下有道，故謂之複。所得諸侯美人、鐘鼓以充入之。

二十七年

始皇巡隴西、北地，至雞頭山，過回中焉。范史《隗囂傳》：王孟塞雞頭道。賢《注》曰：在原州高平縣西。《括地志》：成州上禄縣東北二十里有雞頭山。應劭曰：回中在安定高平。孟康曰：回中在北地。賢曰：回中在汧。《括地志》：回中宫在雍西四十里。《史記正義》曰：言始皇西巡，出隴右，向西北，出寧州，西南行至成州，出雞頭山，東還過岐州之回中宫也。余謂上書巡隴西、北地，則先至原州之雞頭山而還過回中，道里爲順。若出成州之雞頭，則須先過回中而後至雞頭。以書法之前後觀之，居然可見。

作信宫渭南，已，更命曰極廟。作宫已成而更名也。《索隱》曰：言爲宫廟象天極，故曰極廟；《天官書》：中宫曰天極，是也。自極廟道通驪山，作甘泉前殿，築甬道自咸陽屬之，治馳道於天下。《三輔黄圖》曰：甘泉

宮，一名雲陽宮。《關輔記》曰：林光宮，一曰甘泉宮，始皇造，在今池陽縣西。故甘泉山宮周匝十餘里，漢武帝廣之，周十九里。又《黄圖》曰：咸陽北至九嵕、甘泉，南至鄠、杜，東至河，西至汧、渭之交；東西八百里，南北四百里，離宮、别館，聯望相屬。甬道，唐夾城之類也。應劭曰：築垣牆如街巷。賈山曰：秦爲馳道於天下，東窮燕、齊，南極吴、楚，江湖之上，瀕海之觀畢至。道廣五十步，三丈而樹，厚築其外，隱以金椎，樹以青松。應劭曰：馳道，天子所行道也，若今之中道。孔穎達曰：馳道，如今御路也；是君馳走車馬之處，故曰馳道。屬，之欲翻。

二十八年

始皇東行郡、縣，上鄒嶧山，立石頌功業。班《志》：魯國鄒縣，嶧山在北。應劭曰：邾文公遷於繹，即此。《括地志》：鄒嶧山在兖州鄒縣南二十二里。嶧，音亦。於是召集魯儒生七十人，孔穎達曰：儒之言優也，柔也，能安人，能服人。又，儒者，濡也，以先王之道能濡其身。至泰山下，議封禪。諸儒或曰：「古者封禪，爲蒲車，惡傷山之土石、草木；掃地而祭，席用葅秸。」議各乖異。始皇以其難施用，由此絀儒生。《括地志》：泰山在兖州博城縣西北三十里，一曰岱宗。服虔曰：封者，增山之高；禪，廣地也。張晏曰：天高不可及，於泰山上立封禪以祭之，冀近神靈也。項威曰：封泰山，告太平，升中和之氣於天。祭土爲封，謂負土于泰山爲壇而祭也。除地爲墠，後改「墠」爲「禪」。晉《太康地記》曰：爲壇于泰山以祭天，示增高也；爲墠于梁父以祭地，示廣也。《白虎通》曰：王者易姓而起，必升封於泰山之上者何？因高告高，順其類，故升封者增高也。下禪梁父之基，廣厚也。刻石紀號者，著己之功迹以自勸也。增太山之高以報天，附梁父之基以報地。惡，烏路翻。師古曰：蒲車，以蒲裹輪。「葅秸」，班《志》作「苴稭」。如淳曰：苴，讀如租；稭，讀曰戛。晉灼曰：苴，藉也；師古曰：茅藉也。「苴」，本作「葅」，假借用。應劭曰：稭，槁本，去皮以爲席。絀，與黜同，黜退也。而遂除車道，上自太山陽至顛，立石頌德；從陰道下，禪於梁父。師古曰：山南曰陽，山北曰陰。班《志》，泰山郡有梁父縣。師古《注》曰：以山名縣。《括地志》：梁父山在兖州泗水縣北八十里。父，音甫。其禮頗采太祝之祀雍上帝所用，班《表》：奉常之屬有雍太祝令、丞，蓋漢仍秦制也。秦作畤於雍以祀上帝，今采其禮以爲封禪禮。而封藏皆秘之，世不得而記也。

於是始皇遂東遊海上，行禮祠名山、大川及八神。《封禪書》：八神：一曰天主，祠天齊淵水；二曰地主，祠太山、梁父；三曰兵主，祠蚩尤；四曰陰主，祠三山；五曰陽主，祠之罘山；六曰月主，祠之萊山；七曰日主，祠成山；八曰四時主，祠琅邪。或曰：八神，齊自太公以來祠之。始皇南登琅邪，大樂之，留三月，作琅邪臺，立石頌德，明得意。班《志》，琅邪郡有琅邪縣。《山海經》：琅邪臺在勃海間，琅邪之東。郭璞曰：琅邪臨海邊，有山曰琅邪臺。越王句踐徙琅邪，作觀臺以望東海。《史記》曰：始皇徙三萬家於臺下。是其所作因越之舊也。《括地志》：琅邪山在密州諸城縣東南百四十里；始皇立層臺於山上，謂之琅邪臺。大樂之，樂琅邪之風景也。

初，燕人宋毋忌、羨門子高之徒稱有仙道、形解銷化之術，燕、齊迂怪之士皆爭傳習之。《道經》：月中仙人宋毋忌。《白澤圖》云：火之精曰宋毋忌。蓋其人火仙也。張曰：羨門子高，仙人，居碣石山上。服虔曰：形解，屍解也。張晏曰：人老而解去，故骨如變化也。今山中有龍骨，世謂之龍解骨化去。迂，羽俱翻，又憂俱翻。自齊威王、宣王、燕昭王皆信其言，使人入海求蓬萊、方丈、瀛洲，云此三神山在勃海中，去人不遠。患且至，則風引船去。嘗有至者，諸仙人及不死之藥皆在焉。及始皇至海上，諸方士齊人徐市等爭上書言之，太史公曰：嬴姓分封者爲徐氏。《姓譜》曰：臯陶子伯益佐禹有功，封其子若木於徐。請得齊戒與童男女求之。齊戒之齊，讀曰齋。於是遣徐市發童男女數千人入海求之。船交海中，皆以風爲解，師古曰：自解説云「爲風不得而至」。自解，猶今言分疏。曰：「未能至，望見之焉。」

始皇還，過彭城，班《志》，楚國有彭城縣，古彭祖國。齋戒禱祠，欲出周鼎泗水。《水經》：泗水出魯國卞縣北山，東南過彭城縣，又東過下邳縣入淮。時人相傳以爲宋太丘社亡而周鼎没於泗水中，故祠泗水，欲出周鼎。使千人没水求之，弗得。乃西南渡淮水，《水經》：淮水出南陽郡平氏縣桐柏山，東南至淮陵入海，行三千餘里。之衡山、南郡。班《志》，衡山在長沙國湘南縣之東南。《括地志》：衡山，一名岣嶁山，在衡州湘潭縣西四十一里。漢衡山國在江北；秦拔楚郢，置南郡；唐爲荆州江陵府。之，往也。浮江至湘山祠，逢大風，幾不能渡。上問博士曰：「湘君何神？」對曰：「聞之：堯女，舜之妻，葬此。」班《志》：湘水出零陵郡零陵縣陽朔山，北至酃入江。《括地志》：黄陵廟在岳州湘陰縣北五十七里，舜二妃之神。二妃冢在湘陰縣一百六十里青草山上。盛弘之《荆州記》：青草湖，南有青草山，湖因山而名。舜陟方死於蒼梧，二妃死於江、湘之間，因葬焉。博士以儒學爲官。漢成帝詔曰：儒林之官，四海淵源。宜皆明於古今，温故知新，通達國體，故謂之博士。始皇大怒，

使刑徒三千人皆伐湘山樹，赭其山。赭，音者，赤也。遂自南郡由武關歸。

初，韓人張良，其父、祖以上五世相韓。張良大父開地，相韓昭侯、宣惠王、襄哀王，父平，相釐王、悼惠王，凡五世。及韓亡，良散千金之產，欲爲韓報仇。

二十九年

始皇東游，至陽武博浪沙中，班《志》，陽武縣屬河南郡，有博浪沙。《索隱》曰：今浚儀西北四十里有博浪城。《史記正義》曰：鄭州陽武縣有博浪沙，當官道。師古曰：『狼』，音浪，《史記》作『浪』，《正義》音狼。張良令力士操鐵椎狙擊始皇，誤中副車。狙，玃屬。狙之伺物，必伏，乘其便而擊之。狙擊者，謂伏其旁而狙伺以擊之也。《索隱》曰：《漢官儀》：天子有屬車，即副車，奉車郎御而從後。余謂副，貳也；漢有五時副車，又在屬車之外。始皇驚，求，弗得；令天下大索十日。

始皇遂登之罘，班《志》：之罘山在東萊縣。《括地志》：之罘山在萊州文登縣東北一百八十里。罘，音浮。刻石；旋，之琅邪，道上黨入。旋，即還字。之，往也。

三十一年

使黔首自實田。二十六年，更名民曰黔首。孔穎達曰：黔，黑也。凡民以黑巾覆頭，故謂之黔首。

三十二年

始皇之碣石，班《志》：大碣石山在右北平郡驪成縣西南。文穎曰：碣石在遼西郡絫縣。酈道元曰：濡水至絫縣碣石山。今［於此］枕海有石如埇道，數十里，當山頂有大石如柱形，往往而見，立於鉅海之中，名天橋柱。碣，音桀。使燕人盧生求羨門，《姓譜》：姜姓之後，封于盧，以國爲氏。刻碣石門。壞城郭，決通堤坊。壞，音怪。坊，讀曰防。始皇巡北邊，從上郡入，盧生使入海還，因奏《録圖書》曰：『亡秦者胡也。』《録圖書》，如後世讖緯之書。鄭玄曰：胡，胡亥，秦二世名也。秦見圖書而不知此爲人名，反備北胡。始皇乃遣將軍蒙恬發兵三十萬人，北伐匈奴。

三十三年

發諸嘗逋亡人、贅婿、賈人爲兵，賈誼曰：秦人家貧子壯則出贅。師古曰：謂之贅婿，言其不當出在妻家，猶人身之有肬贅也。轉貨販易者爲商，坐市販賣者爲賈。略取南越陸梁地，《索隱》曰：謂南方之人，其性陸梁，故曰陸梁地。班《表》，漢高帝功臣有陸量侯須無，詔以爲列諸侯，自置吏令、長，受令長沙王。如淳曰：陸量，《秦始皇本紀》所謂陸梁地也。置桂林、南海、象郡；桂林因產桂而名。合浦以南，山間無雜木，冬夏長青，葉長尺餘。文穎曰：桂林，今鬱林。師古曰：桂林，今桂州界是其地，非鬱林也。南海郡，今廣州。《茂陵書》曰：象郡治臨塵，去長安萬七千五百里。韋昭曰：今日南是也。以謫徙民五十萬人戍五嶺，與越雜處。所謂謫戍也。《晉志》曰：自北徂南，入越之道，必由嶺嶠；時有五處，故曰五嶺。師古曰：嶺者，西自衡山之南，東窮于海，一山之限耳，而別標名，則有五焉。裴氏《廣州記》曰：大庾、始安、臨賀、桂陽、揭陽爲五嶺。鄧德明《南康記》曰：大庾嶺，一也；桂陽騎田嶺，二也；九眞都龐嶺，三也；臨賀萌渚嶺，四也；始安越城嶺，五也。師古以裴説爲是。《蜀注》曰：大庾嶺在虔州；永明嶺、白芒嶺在道州；臘嶺在郴州；臨源嶺在桂州。

蒙恬斥逐匈奴，收河南地爲四十四縣。築長城，因地形，用制險塞；起臨洮至遼東，延袤萬餘里。於是渡河，據陽山，逶迤而北。師古曰：河南地當北地之北，黄河之南。余按，河出積石，過金城、隴西、安定、北地郡界，皆東北流，北過朔方、窳渾間，方屈而東南流，逕高闕南；又自臨河縣東逕陽山南，徐廣所謂陽山在河北、陰山在河南者。劉昭曰：二山皆屬五原郡西安陽縣。班《志》，臨洮縣屬隴西郡。洮水出西羌中，北至枹罕東入河。縣臨洮水，因以爲名。延，長行也。南北曰袤。袤，音茂。暴師於外十餘年，蒙恬常居上郡統治之；威振匈奴。暴，讀如字；劉伯莊音僕。《括地志》：上郡故城在綏州上縣東南五十里。

三十四年

謫治獄吏不直及覆獄故、失者，覆獄者，奏當已成而覆按之也。故者，知其當罪與不當罪而故出入之；失者，誤出入也。築長城及處南越地。

丞相李斯上書曰：『異時諸侯並爭，厚招遊學。今天下已定，法令出一，百姓當家則力農工，士則學習法令。今諸生不師今而學古，以非當世，惑亂黔首。相與非法教人；聞令下，則各以其學議之，入則心非，出則巷議，夸主以爲名，異趣以爲高，率羣下以造謗。如此弗禁，則主勢降乎上，黨與成乎下。禁之便！臣請史官非秦記皆燒之；此燒列國史記也。非博士官所職，天下有藏《詩》、《書》、百家語者，皆詣守、尉雜燒之。秦之焚書，焚天下之人所藏之書耳，其博士官所藏則故在；項羽燒秦宮室，

始併博士所藏者焚之。此所以後之學者咎蕭何不能於收秦圖書之日併收之也。有敢偶語《詩》、《書》棄市；以古非今者族；吏見知不舉，與同罪。令下三十日，不燒，黥爲城旦。應劭曰：城旦，旦起行治城；四歲刑也。所不去者，醫藥、人筮、種樹之書。若有欲學法令者，以吏爲師。』制曰：『可。』

魏人陳餘謂孔鮒曰：『秦將滅先王之籍，而子爲書籍之主，其危哉！』子魚曰：『吾爲無用之學，知吾者惟友。秦非吾友，吾何危哉！吾將藏之以待其求；求至，無患矣。』孔鮒，孔子八世孫，字子魚。鮒，音附。

三十五年

使蒙恬除直道，道九原，抵雲陽。班志，雲陽縣屬馮翊。塹山堙谷，千八百里；數年不就。

始皇以爲咸陽人多，先王之宮庭小，乃營作朝宮渭南上林苑中，先作前殿阿房，師古曰：阿，近也；以其去咸陽近，且號阿房。《索隱》曰：此以形名宮也；言其宮曰阿房廣也。《三輔黄圖》曰：作宮阿基旁，天下謂之阿房。《括地志》：秦阿房宮亦曰阿城，在雍州長安縣西一十四里。《史記正義》曰：按宮在上林苑中；雍州郭城西南面，卽阿房宮城東南面也。東西五百步，南北五十丈，上可以坐萬人，下可以建五丈旗，周馳爲閣道，自殿下直抵南山，關中有南山、北山；自甘泉連延至巀嶭、九嵕爲北山；自終南、太白連延至商嶺爲南山。表南山之顛以爲闕。爲複道，自阿房度渭，屬之咸陽，以象天極閣道、絕漢抵營室也。《天官書》曰：天極後十七星，絕漢抵營室，曰閣道。北辰爲天極。營室二星，天子之宮也。隱宮、徒刑者七十萬人，《史記正義》曰：餘刑見於市朝；宮刑，一百日隱於蔭室養之乃可，故曰隱宮，下蠶室是也。徒刑者，有罪既加刑，復罰作之也。乃分作阿房宮或作驪山。發北山石椁，寫蜀、荆地材，康曰：舍車解馬爲寫，或作『卸』。余謂此非舍車解馬之『卸』，卽前寫放宮室之『寫』，讀如字。皆至；關中計宮三百，或曰：『皆至』當屬上句。《關中記》云：東自函關弘農郡靈寶縣界，西至隴關汧陽郡汧源縣界，二關之間，謂之關中，東西千餘里。關外四百餘。於是立石東海上朐界中，以爲秦東門。班《志》：東海郡朐縣，始皇立石海上，以爲東門闕。因徙三萬家驪邑，五萬家雲陽，皆復不事十歲。復，除也。不事者，不供征役之事。

盧生説始皇曰：『方中：人主時爲微行以辟惡鬼。惡鬼辟，眞人至。願上所居宮毋令人知，然後不死之藥殆可得也。』始皇曰：『吾慕眞人，自謂「眞人」，不稱「朕」。』康曰：稱，去聲；不稱，不愜意也。余謂康説非也。始皇初幷天下，自稱曰朕，至此不稱朕耳。乃令咸陽之旁二百里內宮觀二百七十，複道、甬道相連，帷帳、鐘鼓、美人充之，各案署不移徙。行所幸，有言其處者，罪死。始皇幸梁山宮，班《志》：梁山宮在扶風好畤縣。《括地志》：俗名望宮山，在雍州好畤縣西十二里，北去梁山九里。《雍録》曰：唐奉天縣有梁山，秦之梁山宮正在其地。從山上見丞相車騎衆，弗善也。中人或告丞相，丞相後損車騎。始皇怒曰：『此中人泄吾語！』案問，莫服，捕時在旁者，盡殺之。自是後，莫知行之所在。羣臣受決事者，悉於咸陽宮。

論説

漢·賈誼《新書》卷一《過秦上》 秦孝公據崤函之固，擁雍州之地，君臣固守以窺周室，有席卷天下，包舉宇內，囊括四海之意，幷吞八荒之心。當是時也，商君佐之，內立法度，務耕織，修守戰之具；外連衡而鬬諸侯。於是秦人拱手而取西河之外。

孝公既沒，惠文、武、昭襄蒙故業，因遺策，南取漢中，西舉巴蜀，東割膏腴之地，北收要害之郡。諸侯恐懼，會盟而謀弱秦，不愛珍器重寶肥饒之地，以致天下之士，合從締交，相與爲一。當此之時，齊有孟嘗，趙有平原，楚有春申，魏有信陵。此四君者，皆明智而忠信，寬厚而愛人，尊賢而重士，約從離衡，兼韓、魏、燕、趙、宋、衛、中山之衆。於是六國之士，有寧越、徐尚、蘇秦、杜赫之屬爲之謀，齊明、周最、陳軫、召滑、樓緩、翟景、蘇厲、樂毅之徒通其意，吳起、孫臏、帶佗、倪良、王廖、田忌、廉頗、趙奢之朋制其兵。嘗以十倍之地，百萬之師，仰關而攻秦。秦人開關延敵，九國之師逡巡而不敢進。秦無亡矢遺鏃之費，而天下已困矣。於是從散約敗，爭割地而賂秦。秦有餘力而制其弊，追亡逐北，伏尸百萬，流血漂櫓，因利乘便，宰割天下，分裂山河，彊國請服，弱國入朝。

施及孝文王、莊襄王，享國之日淺，國家無事。

及至始皇，奮六世之餘烈，振長策而御宇內，吞二周而亡諸侯，履至尊而制六合，執敲朴而鞭笞天下，威振四海。南取百越之地，以爲桂林、象郡；百越之君，俛首係頸，委命下吏，乃使蒙恬北築長城而守藩籬，卻匈奴七百餘里，胡人不敢南下而牧馬，士不敢彎弓而報怨。於是廢先王之道，焚百家之言，以愚黔首。墮名城，殺豪傑，收天下之兵，聚之咸陽，銷鋒鏑，鑄以爲金人十二，以弱天下之民。然後踐華爲城，因河爲池，據億丈之高，臨不測之淵以爲固。良將勁弩，守要害之處；信臣精卒，陳利兵而誰何。天下已定，始皇之心，自以爲關中之固，金城千里，子孫帝王萬世之業也。

宋·袁樞《通鑑紀事本末》卷一《秦并六國》 臣光曰：夫信者，人君之大寶也。國保於民，民保於信。非信無以使民，非民無以守國。是故古之王者不欺四海，霸者不欺四鄰。善爲國者不欺其民，善爲家者不欺其親。不善者反之，欺其鄰國，欺其百姓，甚者欺其兄弟，欺其父子。上不信下，下不信上，上下離心，以至於敗。所利不能藥其所傷，所獲不能補其所亡，豈不哀哉！昔齊桓公不背曹沫之盟，晉文公不貪伐原之利，魏文侯不棄虞人之期，秦孝公不廢徙木之賞。此四君者道非粹白，而商君尤稱刻薄，又處戰攻之世，天下趨於詐力，猶且不敢忘信以畜其民，況爲四海治平之政者哉！韓懿侯薨，子昭侯立。

宋·錢時《兩漢筆記》卷一《高祖》 湯伐夏曰『與爾有衆請命』，武王伐商曰『元后作民父母』，此萬世君人之大法，弔民伐罪之深旨。秦爲無道，羣雄並逐，徯后來蘇，此其時也，如避水火，益深益熱，烏在其爲民父母哉！愚觀項羽，盜賊之雄耳，凡其失人心處，全在殘忍。沛公脱秦民於水火者也，凡其得人心處，全在寬大。獨遣長者，扶義而西，而不許項羽，非懷王之賢不至是。然亦當時親被苦禍，與秦民同在水火之中，故其推擇權量的當如是。向使從羽之請，與沛公俱遣慓悍猾賊，如虎狼之求逞，必悶悶不快於長者之事，而卿子冠軍之劍且轉而之沛公矣。其禍可勝言乎？沛公入關，秦民大喜，而漢氏四百年之祚，卒定於此日有以也夫。

宋·佚名《歷代名賢確論》卷三三《始皇·罷封建》 朱敬則曰：昔秦廢五等，崔寔、仲長統、王朗、曹冏等皆以爲秦之失，余竊異之，誠通其志云。蓋明王之理天下也，先之以博愛，本之以仁義，張四維，尊五美，懸禮樂於庭宇，置軌範於中衢。然復決玄波使橫流，揚薰風以高扇，浮愷悌之甘澤，浸曠蕩之膏腴，正理革其淫邪，淳風柔其骨髓。使天下之人，心醉而神足。其於忠義也，立則見其參於前；其於進趨也，皎若章程之在目。《禮經》所及，等日月之難踰；聲教所行，雖風雨之不輟。聖人知俗之漸化也，王道之已行也，於是體國經野，庸功勳親。分山裂河，設磐石之固，內守外禦，有維城之基。連結徧於域中，膠葛盡於封內。雖道昏時喪，澤竭政塞，鄭伯逐王，申侯殺主，魯不供物，宋不城周，吳徵百牢，楚問九鼎，小白之一匡天下，重耳之一戰諸侯，無君之迹顯然，篡奪之謀中寢者，直以周禮尚存，簡書不隕。故曰：『不敢失墜，天威在顏。』

自春秋之後，禮義漸頽，風俗塵昏，愧耻心盡，疾走先得者爲上，奪攘知命者爲能。加以八世專齊，三家分晉，子貢之亂五國，蘇秦之鬬七雄，苛刻繁與，經籍道息，莫不長詐術，貴攻戰，萬姓皆戴爪牙，無人不屬觜距。所以商鞅欺故友，李斯囚舊交，孫臏喪足於龐涓，張儀得志于陳軫。一旅之衆，便欲稱王；再戰之雄，爭來奉帝。先王會盟之禮，昔時樽俎之容，三代之風，掃地盡矣。況始皇削平區宇，殊非至公，李斯之作股肱，罕循大道，人無見德，唯虐是聞。當此時也，主猜於上，人駭於下，父不能保之於子，君不能得之於臣。欲使始皇分土姦雄，建侯薄俗，若喻晉、鄭之可依，便借賊兵而資盜糧，寄龍魚而助風雨，不可行也。是以秦鑑周德之繇深，懼已圖之不遠，罷侯置守，高下在心，天下制在一人，百姓不聞二主。直是不得行其世封，非薄功臣而賤骨肉也。高皇帝揭日月之明，懷天地之量，算財不足以分賞，論功不足以受封。邑皆百城，土有千里，人殷國富，地廣兵強。五十年間，七國同反，賈誼憂其國失，鼂錯請削其地。若言由大而反也，不若召陵之師、踐土之衆也；若言有材而起也，劉濞非王霸之材，田祿無先、管之略也。且齊、晉以逆禮爲慚，吳、楚以犯上非媿，釁由教起，其所由來遠矣。自此之後，雜霸又衰，中興不能改物創圖，黃初不能深謀遠慮。緬乎漢魏之際，尋其經緯之初，未有積德重光，澤及萬物。觀其教，偷薄於秦風；察其人，豺狼於

漢日。故魏太祖曰：『若使無孤，天下幾人稱帝，幾人稱王！』明竊號議者，觸目皆是。欲以此時開賜履之祚，垂萬代之封，必有通車三川以闚周室，介馬汾、隰而逐翼侯。王司徒屢請於當時，曹元首又勤於宗室，皆不知時也。【略】

曾子固曰，周之初，天下列爲諸侯而居者以千數，力小易使也，勢便易治也，此所以不惟承號令、奉職貢而已，固實有以翼戴天子也。及其衰也，大國或兼數千里而王，令之不能，誅之不能，加之并爲六國，合爲秦，而周亡矣。非封建罪也，地過王制也。漢興，襲其衰制，尋亦大亂。

秦人壞列國而郡縣之，其勢誠小而易使也，尺兵不得制，斗粟不得專，眡徙置守宰若奕碁然爾。勢豈便，而治豈得行也？上之與吏，吏之與民，不異於燕越之相觀，一有變則翻而從寇爾，而能有以翼戴天子乎？故一夫唱叛而秦滅矣，非郡縣罪也，守宰亡具甚耳。

今病封建者必曰用秦法，病郡縣者必曰用周制，皆不得其理也。且從而更其事，以爲天下可得更乎？否也。天下之存亡，祇其大倫大法之治亂爾。其次惟其所制，制之使力小而易使，勢便而易治，皆善也。地過王制，勢奪於下，皆害也。借使韓、魏、燕、趙列爲百里之國而侯，雖至今猶可也。秦之郡縣，勢足以自治，力足以自衛，雖以萬世無患可也。天下之勢豈不誠易知哉？後世矯前之敝法，寢藩鎮權，功成求遂矣。然而尚未及守宰之分職，伸州縣之幹翼，豈計之善也？萬一水旱疾疫，其或有覬倖之人出者，州縣其胡以備之？徐樂、山濤之論，可不念耶？誠念之，不難擇人而任之，分勢而使之，如斯而已矣。

明·馮從吾《少墟集》卷一四《天道説》 董子有言，天人相與之際可畏也。嘗以秦論始皇自知天下雖爲己有而法令太酷，人心含怨，終夜皇皇，計無所出，於是不得已爲焚書坑儒之舉。若曰聖賢載籍能發人聰明，英雄豪傑能議人是非，從古國家搖亂不能長久，皆始於此焚書坑儒。自以爲天下無復有書，無復有儒，黔首可愚，而我可無恙矣。此與鑄金人十二於咸陽意同。然能焚書而不能焚黄石之書，能坑儒而不能坑子房之儒，圯上之遇老人，從何處來？十日之索，子房從何處去？當斯時也，秦之鹿已出柙矣，黔首果可愚，而一世、二世果得宴然無恙也邪？夫以始皇之雄而無如天意何？何世人恃其聰明才辨敢于與造物者爭衡也？豈未睹秦事也乎哉？吁！亦愚矣！

藝　文

唐·杜牧《樊川文集》卷一《阿房宫賦》 六王畢，四海一，蜀山兀，阿房出。覆壓三百餘里，隔離天日。驪山北構而西折，直走咸陽。二川溶溶，流入宫牆。五步一樓，十步一閣，廊腰縵迴，簷牙高啄，各抱地勢，鉤心鬬角。盤盤焉，囷囷焉，蜂房水渦，矗不知其幾千萬落。長橋臥波，未雲何龍？複道行空，不霽何虹？高低冥迷，不知西東。歌臺暖響，春光融融；舞殿冷袖，風雨淒淒。一日之内，一宫之間，而氣候不齊。

妃嬪媵嬙，王子皇孫，辭樓下殿，輦來于秦，朝歌夜弦，爲秦宫人。明星熒熒，開妝鏡也；綠雲擾擾，梳曉鬟也；渭流漲膩，棄脂水也；煙斜霧横，焚椒蘭也；雷霆乍驚，宫車過也；轆轆遠聽，杳不知其所之也。一肌一容，盡態極妍，縵立遠視，而望幸焉。有不得見者，三十六年。

燕、趙之收藏，韓魏之經營，齊楚之精英，幾世幾年，取掠其人，倚疊如山。一旦不能有，輸來其間。鼎鐺玉石，金塊珠礫，棄擲邐迤，秦人視之，亦不甚惜。

嗟乎！一人之心，千萬人之心也。秦愛紛奢，人亦念其家，奈何取之盡錙銖，用之如泥沙？使負棟之柱，多於南畝之農夫；架梁之椽，多於機上之工女；釘頭磷磷，多於在庾之粟粒；瓦縫參差，多於周身之帛縷；直欄横檻，多於九土之城郭；管弦嘔啞，多於市人之言語。使天下之人，不敢言而敢怒。獨夫之心，日益驕固。戍卒叫，函谷舉，楚人一炬，可憐焦土。嗚呼！滅六國者，六國也，非秦也。族秦者，秦也，非天下也。嗟夫！使六國各愛其人，則足以拒秦；秦復愛六國之人，則遞三世可至萬世而爲君，誰得而族滅也？秦人不暇自哀，而後人哀之；後人哀之而不鑑之，亦使後人而復哀後人也。

唐·李商隱《唐李義山詩集》卷四《贈送前劉五經映三十四韻》

屋壁餘無幾，焚坑逮可傷。挾書秦二世，壞宅漢諸王。

唐・胡曾《詠史詩》卷上《長平》　長平瓦解武安初，趙卒俄成戲鼎魚。四十萬人俱下世，元戎何用讀兵書。

後蜀・韋縠《才調集》卷八《焚書坑》　竹帛煙銷帝業虛，關河空鎖祖龍居。坑灰未冷山東亂，劉項元來不讀書。

宋・于石《紫巖詩選》卷三《始皇》　萬世綱常具六經，天應未遽喪斯文。焚書欲滅先王道，道在人心不可焚。

明・曹學佺《石倉歷代詩選》卷三六七《函谷關》　嬴秦烈焰掩全齊，誰遣君侯更向西。關上月明關下路，英雄千古怨晨雞。

清・愛新覺羅・弘曆《御製詩四集》卷四九《全韻詩上去入聲七十六首古體詩一首・秦始皇》　奮六代之餘業，吞二周而王。八表執捶拊以臨天下，如雄風之振孤篠。銷兵器，徙豪傑，燔詩書，阬諸生，恣意所爲而無不了。然其分郡縣，去封建，後世從之則安，違之亦擾。於是遊海上，求神仙，乎杳渺，豈知一夫作難，二世而亡，爲天下笑。賈誼所謂『仁義不施，攻守勢异』，非惟嬴秦興亡之運，即萬世治亂之機，亦於是乎可曉。

雜録

宋・袁樞《通鑑紀事本末》卷一《秦幷六國》　周顯王七年，秦獻公薨，子孝公立。孝公生二十一年矣。是時河、山以東强國六，淮、泗之間小國十餘。楚、魏與秦接界。魏築長城，自鄭濱洛以北有上郡；楚自漢中，南有巴、黔中。皆以夷翟遇秦，擯斥之，不得與中國之會盟。於是孝公發憤，布德修政，欲以强秦。

八年，孝公令國中曰：『昔我穆公，自岐、雍之間修德行武，東平晉亂，以河爲界，西霸戎翟，廣地千里，天子致伯，諸侯畢賀，爲後世開業甚光美。會往者厲、躁、簡公、出子之不寧，國家內憂，未遑外事。三晉攻奪我先君河西地，醜莫大焉。獻公卽位，鎮撫邊境，徙治櫟陽，且欲東伐，復穆公之故地，修穆公之政令。寡人思念先君之意，常痛於心。賓客羣臣有能出奇計强秦者，吾且尊官，與之分土。』於是衛公孫鞅聞是令下，乃西入秦。

公孫鞅者，衛之庶孫也，好刑名之學。事魏相公叔痤，痤知其賢，未及進。會病，魏惠王往問之曰：『公叔病如有不可諱，將奈社稷何？』公叔曰：『痤之中庶子衛鞅，年雖少，有奇才，願君舉國而聽之！』王嘿然。公叔曰：『君卽不聽用鞅，必殺之，無令出境。』王許諾而去。公叔召鞅謝曰：『吾先君而後臣，故先爲君謀，後以告子。子必速行矣！』鞅曰：『君不能用子之言任臣，又安能用子之言殺臣乎？』卒不去。王出，謂左右曰：『公叔病甚，悲乎！欲令寡人以國聽衛鞅也，既又勸寡人殺之，豈不悖哉！』衛鞅既至秦，因嬖臣景監以求見孝公，說以富國强兵之術。公大悅，與議國事。

十年，衛鞅欲變法，秦人不悅。衛鞅言於秦孝公曰：『夫民不可與慮始，而可與樂成。論至德者不和於俗，成大功者不謀於衆。是以聖人苟可以强國，不法其故。』甘龍曰：『不然。緣法而治者，吏習而民安之。』衛鞅曰：『常人安於故俗，學者溺於所聞，以此兩者，居官守法可也，非所與論於法之外也。智者作法，愚者制焉；賢者更禮，不肖者拘焉。』公曰：『善。』以衛鞅爲左庶長，卒定變法之令。令民爲什伍而相收司、連坐，告姦者與斬敵首同賞，不告姦者與降敵同罰。有軍功者各以率受上爵；爲私鬬者各以輕重被刑大小。僇力本業，耕織致粟帛多者復其身。事末利及怠而貧者，舉以爲收孥。宗室非有軍功論，不得爲屬籍。明尊卑爵秩等級，各以差次名田宅、臣妾、衣服。有功者顯榮，無功者雖富無所芬華。

令既具，未布，恐民之不信，乃立三丈之木於國都市南門，募民有能徙置北門者予十金。民怪之，莫敢徙。復曰：『能徙者予五十金！』有一人徙之，輒予五十金。乃下令。

令行期年，秦民之國都言新令之不便者以千數。於是太子犯法。衛鞅曰：『法之不行，自上犯之。太子，君嗣也，不可施刑。刑其傅公子虔，黥其師公孫賈。』明日，秦人皆趨令。行之十年，秦國道不拾遺，山無盜賊，民勇於公戰，怯於私鬬，鄉邑大治。秦民初言令不便者，有來言令便。衛鞅曰：『此皆亂法之民也！』盡遷之於邊。其後民莫敢議令。

西漢多民族統一大國確立部

秦政暴虐而亡分部

綜述

《史記》卷六《秦始皇本紀》 行從直道至咸陽，發喪。太子胡亥襲位，爲二世皇帝。九月，葬始皇酈山。始皇初即位，穿治酈山，及并天下，天下徒送詣七十餘萬人，穿三泉，下銅而致槨，宫觀百官奇器珍怪徙臧滿之。令匠作機弩矢，有所穿近者輒射之。以水銀爲百川江河大海，機相灌輸，上具天文，下具地理。以人魚膏爲燭，度不滅者久之。二世曰：『先帝後宫非有子者，出焉不宜。』皆令從死，死者甚衆。葬既已下，或言工匠爲機，臧皆知之，臧重即泄。大事畢，已臧，閉中羡，下外羡門，盡閉工匠臧者，無復出者。樹草木以象山。【略】

四月，二世還至咸陽，曰：『先帝爲咸陽朝廷小，故營阿房宫爲室堂。未就，會上崩，罷其作者，復土酈山。酈山事大畢，今釋阿房宫弗就，則是章先帝舉事過也。』復作阿房宫。外撫四夷，如始皇計。盡徵其材士五萬人爲屯衛咸陽，令教射狗馬禽獸。當食者多，度不足，下調郡縣轉輸菽粟芻稾，皆令自齎糧食，咸陽三百里内不得食其穀。用法益刻深。

七月，戍卒陳勝等反故荆地，爲『張楚』。勝自立爲楚王，居陳，遣諸將徇地。山東郡縣少年苦秦吏，皆殺其守尉令丞反，以應陳涉，相立爲侯王，合從西鄉，名爲伐秦，不可勝數也。謁者使東方來，以反者聞二世。二世怒，下吏。後使者至，上問，對曰：『羣盜，郡守尉方逐捕，今盡得，不足憂。』上悦。武臣自立爲趙王，魏咎爲魏王，田儋爲齊王。沛公起沛。項梁舉兵會稽郡。

二年冬，陳涉所遣周章等將西至戲，兵數十萬。二世大驚，與羣臣謀曰：『奈何？』少府章邯曰：『盜已至，衆强，今發近縣不及矣。酈山徒多，請赦之，授兵以擊之。』二世乃大赦天下，使章邯將，擊破周章軍而走，遂殺章曹陽。二世益遣長史司馬欣、董翳佐章邯擊盜，殺陳勝城父，破項梁定陶，滅魏咎臨濟。楚地盜名將已死，章邯乃北渡河，擊趙王歇等於鉅鹿。【略】

三年，章邯等將其卒圍鉅鹿，楚上將軍項羽將楚卒往救鉅鹿。冬，趙高爲丞相，竟案李斯殺之。夏，章邯等戰數卻，二世使人讓邯，邯恐，使長史欣請事。趙高弗見，又弗信。欣恐，亡去，高使人捕追不及。欣見邯曰：『趙高用事於中，將軍有功亦誅，無功亦誅。』項羽急擊秦軍，虜王離，邯等遂以兵降諸侯。八月己亥，趙高欲爲亂，恐羣臣不聽，乃先設驗，持鹿獻於二世，曰：『馬也。』二世笑曰：『丞相誤邪？謂鹿爲馬。』問左右，左右或默，或言馬以阿順趙高。或言鹿（者），高因陰中諸言鹿者以法。後羣臣皆畏高。

高前數言『關東盜毋能爲也』，及項羽虜秦將王離等鉅鹿下而前，章邯等軍數卻，上書請益助，燕、趙、齊、楚、韓、魏皆立爲王，自關以東，大氐盡畔秦吏應諸侯，諸侯咸率其衆西鄉。沛公將數萬人已屠武關，使人私於高，高恐二世怒，誅及其身，乃謝病不朝見。二世夢白虎齧其左驂馬，殺之，心不樂，怪問占夢。卜曰：『涇水爲祟。』二世乃齋於望夷宫，欲祠涇，沈四白馬。使使責讓高以盜賊事。高懼，乃陰與其婿咸陽令閻樂、其弟趙成謀曰：『上不聽諫，今事急，欲歸禍於吾宗。吾欲易置上，更立公子嬰。子嬰仁儉，百姓皆載其言。』使郎中令爲内應，詐爲有大賊，令樂召吏發卒，追劫樂母置高舍。遣樂將吏卒千餘人至望夷宫殿門，縛衛令僕射，曰：『賊入此，何不止？』衛令曰：『周廬設卒甚謹，安得賊敢入宫？』樂遂斬衛令，直將吏入行射，郎宦者大驚，或走或格，格者輒死，死者數十人。郎中令與樂俱入，射上幄坐幃。二世怒，召左右，左右皆惶擾不鬭。旁有宦者一人，侍不敢去。二世入内，謂曰：『公何不蚤告我？乃至於此！』宦者曰：『臣不敢言，故得全。使臣蚤言，皆已誅，安得至今？』閻樂前即二世數曰：『足下驕恣，誅殺無道，天下共畔足下，足下其自爲計。』二世曰：『丞相可得見否？』樂曰：『不可。』二世曰：『吾願得一郡爲王。』弗許。又曰：『願爲萬户侯。』弗

許。曰：『願與妻子爲黔首，比諸公子。』閻樂曰：『臣受命於丞相，爲天下誅足下，足下雖多言，臣不敢報。』麾其兵進。二世自殺。

又　卷四八《陳涉世家》　二世元年七月，發閭左適戍漁陽，九百人屯大澤鄉。陳勝、吳廣皆次當行，爲屯長。會天大雨，道不通，度已失期。失期，法皆斬。陳勝、吳廣乃謀曰：『今亡亦死，舉大計亦死，等死，死國可乎？』陳勝曰：『天下苦秦久矣。吾聞二世少子也，不當立，當立者乃公子扶蘇。扶蘇以數諫故，上使外將兵。今或聞無罪，二世殺之。百姓多聞其賢，未知其死也。項燕爲楚將，數有功，愛士卒，楚人憐之。或以爲死，或以爲亡。今誠以吾衆詐自稱公子扶蘇、項燕，爲天下唱，宜多應者。』吳廣以爲然。乃行卜。卜者知其指意，曰：『足下事皆成，有功。然足下卜之鬼乎！』陳勝、吳廣喜，念鬼，曰：『此教我先威衆耳。』乃丹書帛曰『陳勝王』，置人所罾魚腹中。卒買魚烹食，得魚腹中書，固以怪之矣。又閒令吳廣之次所旁叢祠中，夜篝火，狐鳴呼曰『大楚興，陳勝王』。卒皆夜驚恐。旦日，卒中往往語，皆指目陳勝。

宋·司馬光《資治通鑑》卷七《秦紀二·二世皇帝上》　元年冬，十月，戊寅，大赦。

春，二世東行郡縣，李斯從；到碣石，並海，南至會稽；而盡刻始皇所立刻石，旁著大臣從者名，以章先帝成功盛德而還。

夏，四月，二世至咸陽，謂趙高曰：『夫人生居世間也，譬猶騁六驥過決隙也。康曰：上音缺，下丘逆翻。余謂決，如字。決，裂也；裂開之隙，其間不能以寸，喻狹小也。吾既已臨天下矣，欲悉耳目之所好，窮心志之所樂，以終吾年壽，可乎？』高曰：『此賢主之所能行而昏亂主之所禁也。雖然，有所未可，臣請言之：夫沙丘之謀，諸公子及大臣皆疑焉；而諸公子盡帝兄，大臣又先帝之所置也。今陛下初立，此其屬意怏怏皆不服，恐爲變；臣戰戰栗栗，唯恐不終，陛下安得爲此樂乎！』二世曰：『爲之奈何？』趙高曰：『陛下嚴法而刻刑，令有罪者相坐，誅滅大臣及宗室；然後收舉遺民，貧者富之，賤者貴之。盡除先帝之故臣，更置陛下之所親信者，此則陰德歸陛下，害除而奸謀塞，羣臣莫不被潤澤，蒙厚德，陛下則高枕肆志寵樂矣。計莫出於此！』二世然之。乃更爲法律，務益刻深，大臣、諸公子有罪，輒下高鞫治之。於是公子十二人僇死咸陽市，十公主矺死於杜，《史記正義》音宅，與磔同，謂磔裂支體而殺之；溫公《類篇》碓也。杜，故周之杜伯國。班《志》，杜縣屬京兆，宣帝改曰杜陵。財物入於縣官，漢謂天子爲縣官。此縣官，猶言公家也。相連逮者不可勝數。言事相連及皆逮之。貢父曰：其人存，直追取之曰逮；其人亡，則討而捕之。逮，易辭；捕，加力也。

公子將閭昆弟三人囚於內宮，議其罪獨後。二世使使令將閭曰：『公子不臣，罪當死！吏致法焉。』將閭曰：『闕廷之禮，吾未嘗敢不從賓贊也；廊廟之位，吾未嘗敢失節也；受命應對，吾未嘗敢失辭也；何謂不臣？言不敢挾親親之恩廢爲臣之節，何得以此罪加之！願聞罪而死！』使者曰：『臣不得與謀，與，讀曰預。奉書從事！』將閭乃仰天大呼『天』者三，曰：『吾無罪！』昆弟三人皆流涕，拔劍自殺。宗室振恐。公子高欲奔，恐收族，乃上書曰：『先帝無恙時，臣入門賜食，出則乘輿，御府之衣，臣得賜之，中廐之寶馬，臣得賜之。臣當從死而不能，爲人子不孝，爲人臣不忠。不孝不忠者，無名以立於世，臣請從死，願葬驪山之足，唯上幸哀憐之！』書上，二世大說，說，讀曰悅。召趙高而示之，曰：『此可謂急乎？』趙高曰：『人臣當憂死不暇，何變之得謀！』二世可其書，賜錢十萬以葬。

復作阿房宮。盡徵材士五萬人爲屯衞咸陽，令教射。狗馬禽獸當食者多，度不足，下調郡縣，《史記正義》曰：謂下郡縣而調發之也。余謂下，讀如字亦通。轉輸菽粟、芻稾，皆令自齎糧食，咸陽三百里內不得食其穀。

又　卷八《秦紀三·二世皇帝下》　二世數誚讓李斯：『居三公位，如何令盜如此！』秦以丞相、太尉、御史大夫爲三公，漢因之。李斯恐懼，重爵祿，不知所出，乃阿二世意，以書對曰：『夫賢主者，必能行督責之術者也。《索隱》曰：督者，察也；察其罪，責之以刑罰也。故申子曰：「有天下而不恣睢，謂肆情放縱也。命之曰『以天下爲桎梏』者，無他焉，不能督責，而顧以其身勞於天下之民，若堯、禹然，故謂之桎梏也。」桎梏，械也；在足曰桎，在手曰梏。夫不能修申、韓之明術，行督責之道，專以天下自適也；而徒務苦形勞神，以身徇百姓，則是黔首之役，非畜天下者也，何足貴哉！故明主能行督責之術以獨斷於上，則權不在臣下，然後能滅仁義之塗，絶諫説之辯，犖然行恣睢之心而莫之敢逆。如此，羣

臣、百姓救過不給，何變之敢圖！』二世說，說，讀曰悅。於是行督責益嚴，稅民深者爲明吏，殺人衆者爲忠臣，刑者相半於道，而死人日成積於市；秦民益駭懼思亂。

論說

漢·賈誼《新書》卷一《過秦下》 秦滅周祀，并海內，兼諸侯，南面稱帝，以四海養。天下之士，斐然向風。若是，何也？曰：近古而無王者久矣。周室卑微，五霸既滅，令不行於天下，是以諸侯力正，强淩弱，衆暴寡，兵革不休，士民罷弊。今秦南面而王天下，是上有天子也。卽元元之民冀得安其性命，莫不虚心而仰上。當此之時，專威定功，安危之本，在於此矣。

秦王懷貪鄙之心，行自奮之智，不信功臣，不親士民，廢王道而立私愛，焚文書而酷刑法，先詐力而後仁義，以暴虐爲天下始。夫并兼者高詐力，安危者貴順權，以此言之，取與攻守不同術也。秦雖離戰國而王天下，其道不易，其政不改，是其所以取之也，孤獨而有之，故其亡可立而待也。借使秦王論上世之事，並殷周之迹，以制御其政，後雖有淫驕之主，猶未有傾危之患也。故三王之建天下，名號顯美，功業長久。

今秦二世立，天下莫不引領而觀其政。夫寒者利裋褐，而飢者甘糟糠。天下囂囂，新主之資也。此言勞民之易爲仁也。鄉使二世有庸主之行而任忠賢，臣主一心而憂海內之患，縞素而正先帝之過，裂地分民以封功臣之後，建國立君以禮天下；虛囹圄而免刑戮，去收孥汙穢之罪，使各反其鄉里；發倉廩，散財幣，以振孤獨窮困之士；輕賦少事，以佐百姓之急；約法省刑，以持其後，使天下之人皆得自新，更節修行，各慎其身；塞萬民之望，而以盛德與天下，天下息矣。卽四海之內皆讙然各自安樂其處，惟恐有變。雖有狡害之民，無離上之心，則不軌之臣無以飾其智，而暴亂之奸弭矣。二世不行此術，而重以無道：壞宗廟與民，更始作阿房之宮；繁刑嚴誅，吏治刻深；賞罰不當，賦斂無度。天下多事，吏不能紀；百姓困窮而主不收恤。然後奸僞並起，而上下相遁，蒙罪者衆，刑僇相望於道，而天下苦之。自羣卿以下至於衆庶，人懷自危之心，親處窮苦之實，咸不安其位，故易動也。是以陳涉不用湯、武之賢，不藉公侯之尊，奮臂於大澤而天下回應者，其民危也。

故先王者，見終始之變，知存亡之由，是以牧民之道，務在安之而已矣。下雖有逆行之臣，必無回應之助，故曰『安民可與爲義，而危民易與爲非』，此之謂也。貴爲天子，富有四海，身在於戮者，正之非也，是二世之過也。

秦兼諸侯山東三十餘郡，修津關，據險塞，繕甲兵而守之。然陳涉率散亂之衆數百，奮臂大呼，不用弓戟之兵，鉏櫌白梃，望屋而食，橫行天下。秦人阻險不守，關梁不閉，長戟不刺，强弩不射。楚師深入，戰於鴻門，曾無藩籬之難。於是山東諸侯並起，豪俊相立。秦使章邯將而東征，章邯因其三軍之衆要市於外，以謀其上。羣臣之不相信，可見於此矣。

子嬰立，而遂不悟。借使子嬰有庸主之材而僅得中佐，山東雖亂，三秦之地可全而有，宗廟之祀宜未絕也。秦地被山帶河以爲固，四塞之國也。自繆公以來至於秦王二十餘君，常爲諸侯雄。此豈世賢哉？其勢居然也。且天下嘗昔日同心并力攻秦矣，然困於險阻而不能進，豈勇力智慧不足哉？形不利，勢不便也。秦離小邑，伐并大城，守險塞而軍，高壘毋戰，閉關據阸，荷戟而守之。諸侯起於匹夫，以利會，非有素王之行也。其交未親，其民未附，名曰亡秦，其實利之也。彼見秦阻之難犯，必退師。案土息民以待其弊，承解誅罷以令國君，不患不得意於海內。貴爲天子，富有四海，而身爲禽者，其救敗非也。

秦王足己而不問，遂過而不變。二世受之，因而不改，暴虐以重禍。子嬰孤立無親，危弱無輔。三主之惑，終身不悟，亡不宜亦宜乎？當此時也，世非無深謀遠慮知化之士也，然所不敢盡忠拂過者，秦俗多忌諱之禁也，忠言未卒於口，而身糜没矣。故使天下之士傾耳而聽，重足而立，闔口而不言。是以三主失道，而忠臣不諫，智士不謀也。天下已亂，奸臣不上聞，豈不悲哉！先王知壅蔽之傷國也，故置公卿、大夫、士，以飾法設刑而天下治。其强也，禁暴誅亂而天下服；其弱也，五霸征而諸侯從；其削也，內守外附而社稷存。故秦之盛也，繁法嚴刑而天下震；及其衰也，百姓怨而海內叛矣。故周王序得其道，千餘載不絕；秦本末並失，故不能長。由是觀之，安危之統相去遠矣。

鄙諺曰：『前事之不忘，後事之師也。』是以君子爲國，觀之上古，驗之當世，參之人事，察盛衰之理，審權勢之宜，去就有序，變化應時，故曠日長久而社稷安矣。

宋・李昉等《太平御覽》卷八六《皇王部一一・秦始皇帝》 桓譚《新語》曰：秦始皇見周室失統，自以當保有九州，見萬民碌碌，猶羣羊聚猪，皆可以竿而驅之，故遂以敗也。

宋・佚名《歷代名賢確論》卷三四《始皇・焚書坑儒》 司空圖《銘秦坑》曰，秦術戾儒，厥民斯酷。秦儒既坑，厥祀隨覆。天復儒讎，儒祀而家。秦坑儒耶，儒坑秦耶？【略】

劉蛻曰，無有天下而不知秦之焚書也，無世而不謂不用聖人之道所以亡也。嗚呼！秦亡自亡也，安能焚書爲秦亡耳。天下不用秦如聖人之道，故秦不得其道而用也。當其時，天下一家而尊已，外無非心之人，故深法禁人之惡也，則不當去法以禁人之善。是則果習天下之離心而背已也，豈秦區區之心歟？蓋天必以秦之强暴，非大敗無以叛其四海之心，故先絶其事君敬長之術，而後從天下以亡其天下焉。夫天與秦則書存，不與秦則書焚，而秦終無自焚之心也。且聖人宮先自藏其書，是秦未始有焚書之心，聖人之家先有其心矣，故曰秦亡其自亡矣。且聖人之道，與天地合其久，與鬼神合其微，則不得毁置之在秦也然矣。陶唐氏之水，前有聖人之化，後有聖人之覩，而後民知事君敬長之術。自秦之火，前聖已遠，後聖不作，而其術不數世亦已成矣。豈非天之欲有絶而先絶其術，欲有立而先立歟？今或怨秦之火不全其道也，不如秦火息矣。

又《長城》 陸參《賦》曰，千城絶，長城列。秦民竭，秦君滅。嗚呼悲夫！可得而説。原夫恣無道，戮無辜。帝謂其朕，亡秦者胡。不可知也，疑是匈奴。於是先蒙恬，次扶蘇。帥兵伍，役刑徒。千里萬里，雨驟而雲趨。入胡之鄉，郤胡之王。比胡之黨，削胡之疆。然後自于洮至於遼，江漢湯湯，將池焉而共浚；太山巍巍，將城焉而共高。欲限華夷，決安危。一世萬世，有中原而稱大帝。想其初也，闢遐荒，窮下土。極九泉而深，望九霄而樹。千夫力殫，目不暇睹。有力如虎，亦不暇努。咫尺之間，或什而伍。離婁瞠瞠，亦不暇數。人氣氤氳，成一方之雲；灑汗蕭蕭，成半空之雨。駕肩而趨，踵步而履。紛紛囂囂，如日中之市。國不得而寧，役不得而停。伊朝繼夕，自昏達明。時若炎風熾烈，川源盡竭。枯肌外焚，肉火中竭。是民呻呻，憂秦未拔。至若苦雪初霽，陰風雨霜。凍折髭鬢，冰寒腋腸。是民惶惶，憂秦未亡。民之既酷，載僵載仆。飢兮不粟，寒兮不服。病不暇休，蟣不暇沐。基人之骸，壓人之肉。少者不遑，老者不復。秦民嗚嗚，向城而哭。邊雪夜明，列雲鏵也。白日晝黑，揚塵沙也。築之登登，約之閣閣。遠而聽也，如長空散雹，蟄蟄而征，沓沓而營。遠而望也，如大江流萍。其呼號也，怒風匉訇。其鞭撲也，血流縱横。地祇業業，終朝忽讋。星辰悠悠，畏其相接。而況於夷狄，而況於臣妾。其運輸也，巷無居人，田無稼民。牛首濈濈，大車轔轔。輪不暇徙，蹄不暇奔。其傷財也，極民之賦。虐民之賂，糊口而供，赤立而赴。餓殍塞路，亦不我顧。其民呶呶，面天而訴。將以宏其基，恢其堵。盡韓齊之土，固其壁，崇其飾，竭億兆之力。太華方城，乃一卷之石。既而岌業崢嶸，向秦而横。如山之成，如雲之平。繚繞之際，亘如長鯨。豎亥汲汲，步不可及；掩映天漢，勢不可算。丘陵峩峩，不及其半。影入沙磧，勢侵西域。殘陽不來，未昏而夕。其堅如金，其峻如淋。崇高不可以目辨，遠大不可以數尋。鳥飛不前，其歸翩翩。雲不得施，其陰綿綿。風不得馳，其聲喧喧。下視關塞，蝸牛蟬聯。回顧宮闕，壯如微烟。胡人駢連，望之巍然。如登青天，如臨深淵。不敢久視，梟趨而旋。嗟乎！城卽高大，民惟艱難。聞之者攘臂而切齒，睹之者泣涕而長歎。夫如是，刑不得不暴，政不得不煩。國不得不亂，民不得不殘。謂其城可以固宗社，謂其暴可以定人寰。奈何敵不在遠，憂不在胡。城未畢也，而秦已無。殊不知棄秦者身，寇秦者臣。喪秦者嗣，敵秦者民。而怨秦者鬼神，此可憂也，而秦弗憂，徒欲竭生民，壘胡塵。萬里而塗炭，十年而苦辛。然且喪其民，亡厥身，非城也；去仁義，積土石，非城也。是曰禍之門，是曰滅之根。安得而爲防，安得而稱長。嗚呼！謂險之可恃，城之可保，則右彭蠡，左洞庭，不爲堯之征。面伊闕，背羊腸，不爲湯之亡。是以處堯之宮，行堯之風。雖無是城也，不可得而亂，不可得而攻。用秦之威，布秦之非。雖有是城也，如藩垣之微，如闌閾之卑，無以防其患，扞其師。不然者，秦無得而殃，城無得而荒，本以爲禦，而反以爲亡者哉。

元・吴師道《敬鄉録》卷六《擬上高宗皇帝書》 苟以强弱小大衆

寡而言，則秦幷六國而强，胡爲而喪？苻堅舉百萬之衆，胡爲而敗？不知天下之理『大則易危，小則難傾；强則易挫，弱則難折』；是故取大國易，取小國難，滅强敵易，滅小敵難。向使嬴秦不幷天下而獨據殽關之險，劉項雖强能夷而滅之乎？

藝文

唐・胡曾《詠史詩》卷上《長城》 祖舜宗堯自太平，秦皇何用苦蒼生。不知禍起蕭墻内，虚築防胡萬里城。

又《阿房宫》 新建阿房壁未乾，沛公兵已入長安。帝王苦竭生靈力，大業沙崩固不難。

又 卷下《咸陽》 一朝閻樂統羣凶，二世朝廷掃地空。唯有渭川流不盡，至今猶遶望夷宫。

宋・邵雍《擊壤集》卷一五《觀嬴秦吟》 轟轟七國正爭籌，利害相磨未便休。比至一雄心底定，其如四海血横流。三千賓客方成夢，百二山河又變秋。謾説羅侯能置守，趙高元不是封侯。

宋・張耒《柯山集》卷二二《讀史二首》 嬴秦餘祚已蛇分，車府凶高尚畏人。安有區區猶指鹿，從來菽麥不會分。

明・林鴻《鳴盛集》卷一《飲馬長城窟》 嬴秦亂天紀，紫塞徒經營。千秋扶蘇血，脉脉流泉聲。吾聞渥洼龍，中天應房星。所以千里駒，翩然來漢庭。

雜録

《漢書》卷二七《五行志》 《史記》秦二世元年，天無雲而雷。劉向以爲雷當託於雲，猶君託於臣，陰陽之合也。二世不恤天下，萬民有怨畔之心。是歲陳勝起，天下亂畔，趙高作亂，秦遂以亡。

宋・李昉等《太平御覽》卷八六《皇王部一一・秦始皇帝》 《古文奇字》曰，秦改古文以爲大篆及隸字，國人多誹謗怨恨，秦苦天下不從而召諸生，到者拜爲郎，凡七百人。又密冬月種瓜於驪山硎谷之中温處，瓜實成，乃使人上書曰：『瓜冬有實。』有詔下博士、諸生説之，人人各異説，則皆使往視之，而爲伏機。諸生賢儒皆至焉，方相難不能決，因發機從上填之以土，皆壓死。【略】

《異苑》曰，秦世有謡云：『秦始皇奄僵。開吾户，據吾牀。飲吾酒，唾吾漿。餐吾飯，以爲糧。張吾弓，射東牆。前至沙丘當滅亡。』始皇既坑儒焚典，乃發孔子墓，欲取諸《經》、《傳》。壙既啓，於是悉如謡者之言。又言謡文刋在塚壁，政甚惡之。及達沙丘，而修别路。見一羣小兒輩沙爲阜，問云沙丘，從此得病。

《淮南子》曰，秦之時，高爲臺榭，大爲苑囿，造馳道數千里，鑄金人，發邊戍，入芻藁，頭會箕斂，輸於少府。丁壯丈夫，西至臨洮狄道，東至會稽浮石，南至象郡桂林，北至飛狐陽原，道路死人以溝量。當此之時，有忠諫者謂之不祥，道仁義者謂之狂。

楚漢相爭分部

綜述

《史記》卷七《項羽本紀》 行略定秦地。函谷關有兵守關，不得入。又聞沛公已破咸陽，項羽大怒，使當陽君等擊關。項羽遂入，至于戲西。沛公軍霸上，未得與項羽相見。沛公左司馬曹無傷使人言於項羽曰：『沛公欲王關中，使子嬰爲相，珍寶盡有之。』項羽大怒，曰：『旦日饗士卒，爲擊破沛公軍！』當是時，項羽兵四十萬，在新豐鴻門，沛公兵十萬，在霸上。范增説項羽曰：『沛公居山東時，貪於財貨，好美姬。今入關，財物無所取，婦女無所幸，此其志不在小。吾令人望其氣，皆爲龍虎，成五采，此天子氣也。急擊勿失。』

楚左尹項伯者，項羽季父也，素善留侯張良。張良是時從沛公，項伯乃夜馳之沛公軍，私見張良，具告以事，欲呼張良與俱去。曰：『毋從俱死也。』張良曰：『臣爲韓王送沛公，沛公今事有急，亡去不義，不可不語。』良乃入，具告沛公。沛公大驚，曰：『爲之奈何？』張良曰：『誰

爲大王爲此計者？」曰：「鯫生説我曰『距關，毋內諸侯，秦地可盡王也』。故聽之。」良曰：「料大王士卒足以當項王乎？」沛公默然，曰：「固不如也，且爲之奈何？」張良曰：「請往謂項伯，言沛公不敢背項王也。」沛公曰：「君安與項伯有故？」張良曰：「秦時與臣游，項伯殺人，臣活之。今事有急，故幸來告良。」沛公曰：「孰與君少長？」良曰：「長於臣。」沛公曰：「君爲我呼入，吾得兄事之。」張良出，要項伯。項伯卽入見沛公。沛公奉卮酒爲壽，約爲婚姻，曰：「吾入關，秋豪不敢有所近，籍吏民，封府庫，而待將軍。所以遣將守關者，備他盜之出入與非常也。日夜望將軍至，豈敢反乎！願伯具言臣之不敢倍德也。」項伯許諾。謂沛公曰：「旦日不可不蚤自來謝項王。」沛公曰：「諾。」於是項伯復夜去，至軍中，具以沛公言報項王。因言曰：「沛公不先破關中，公豈敢入乎？今人有大功而擊之，不義也，不如因善遇之。」項王許諾。

沛公旦日從百餘騎來見項王，至鴻門，謝曰：「臣與將軍戮力而攻秦，將軍戰河北，臣戰河南，然不自意能先入關破秦，得復見將軍於此。今者有小人之言，令將軍與臣有郤。」項王曰：「此沛公左司馬曹無傷言之；不然，籍何以至此。」項王卽日因留沛公與飲。項王、項伯東嚮坐。亞父南嚮坐。亞父者，范增也。沛公北嚮坐，張良西嚮侍。范增數目項王，舉所佩玉玦以示之者三，項王默然不應。范增起，出召項莊，謂曰：「君王爲人不忍，若入前爲壽，壽畢，請以劍舞，因擊沛公於坐，殺之。不者，若屬皆且爲所虜。」莊則入爲壽，壽畢，曰：「君王與沛公飲，軍中無以爲樂，請以劍舞。」項王曰：「諾。」項莊拔劍起舞，項伯亦拔劍起舞，常以身翼蔽沛公，莊不得擊。於是張良至軍門，見樊噲。樊噲曰：「今日之事何如？」良曰：「甚急。今者項莊拔劍舞，其意常在沛公也。」噲曰：「此迫矣，臣請入，與之同命。」噲卽帶劍擁盾入軍門。交戟之衛士欲止不內，樊噲側其盾以撞，衛士仆地，噲遂入，披帷西嚮立，瞋目視項王，頭髮上指，目眥盡裂。項王按劍而跽曰：「客何爲者？」張良曰：「沛公之參乘樊噲者也。」項王曰：「壯士，賜之卮酒。」則與斗卮酒。噲拜謝，起，立而飲之。項王曰：「賜之彘肩。」則與一生彘肩。樊噲覆其盾於地，加彘肩上，拔劍切而啗之。項王曰：「壯士，能復飲乎？」樊噲曰：「臣死且不避，卮酒安足辭！夫秦王有虎狼之心，殺人如不能舉，刑人如恐不勝，天下皆叛之。懷王與諸將約曰『先破秦入咸陽者王之』。今沛公先破秦入咸陽，毫毛不敢有所近，封閉宮室，還軍霸上，以待大王來。故遣將守關者，備他盜出入與非常也。勞苦而功高如此，未有封侯之賞，而聽細説，欲誅有功之人。此亡秦之續耳，竊爲大王不取也。」項王未有以應，曰：「坐。」樊噲從良坐。坐須臾，沛公起如廁，因招樊噲出。

沛公已出，項王使都尉陳平召沛公。沛公曰：「今者出，未辭也，爲之奈何？」樊噲曰：「大行不顧細謹，大禮不辭小讓。如今人方爲刀俎，我爲魚肉，何辭爲。」於是遂去。乃令張良留謝。良問曰：「大王來何操？」曰：「我持白璧一雙，欲獻項王，玉斗一雙，欲與亞父，會其怒，不敢獻。公爲我獻之。」張良曰：「謹諾。」當是時，項王軍在鴻門下，沛公軍在霸上，相去四十里。沛公則置車騎，脱身獨騎，與樊噲、夏侯嬰、靳强、紀信等四人持劍盾步走，從酈山下，道芷陽閒行。沛公謂張良曰：「從此道至吾軍，不過二十里耳。度我至軍中，公乃入。」沛公已去，閒至軍中，張良入謝，曰：「沛公不勝桮杓，不能辭。謹使臣良奉白璧一雙，再拜獻大王足下；玉斗一雙，再拜奉大將軍足下。」項王曰：「沛公安在？」良曰：「聞大王有意督過之，脱身獨去，已至軍矣。」項王則受璧，置之坐上。亞父受玉斗，置之地，拔劍撞而破之，曰：「唉！豎子不足與謀。奪項王天下者，必沛公也，吾屬今爲之虜矣。」沛公至軍，立誅殺曹無傷。【略】

項王使人致命懷王。懷王曰：「如約。」乃尊懷王爲義帝。項王欲自王，先王諸將相。謂曰：「天下初發難時，假立諸侯後以伐秦。然身被堅執鋭首事，暴露於野三年，滅秦定天下者，皆將相諸君與籍之力也。義帝雖無功，故當分其地而王之。」諸將皆曰：「善。」乃分天下，立諸將爲侯王。項王、范增疑沛公之有天下，業已講解，又惡負約，恐諸侯叛之，乃陰謀曰：「巴、蜀道險，秦之遷人皆居蜀。」乃曰：「巴、蜀亦關中地也。」故立沛公爲漢王，王巴、蜀、漢中，都南鄭。而三分關中，王秦降將以距塞漢王。項王乃立章邯爲雍王，王咸陽以西，都廢丘。長史欣者，故爲櫟陽獄掾，嘗有德於項梁；都尉董翳者，本勸章邯降楚。故立司馬

欣爲塞王，王咸陽以東至河，都櫟陽；立董翳爲翟王，王上郡，都高奴。徙魏王豹爲西魏王，王河東，都平陽。瑕丘申陽者，張耳嬖臣也，先下河南［郡］，迎楚河上，故立申陽爲河南王，都雒陽。韓王成因故都，都陽翟。趙將司馬卬定河內，數有功，故立卬爲殷王，王河內，都朝歌。徙趙王歇爲代王。趙相張耳素賢，又從入關，故立耳爲常山王，王趙地，都襄國。當陽君黥布爲楚將，常冠軍，故立布爲九江王，都六。鄱君吳芮率百越佐諸侯，又從入關，故立芮爲衡山王，都邾。義帝柱國共敖將兵擊南郡，功多，因立敖爲臨江王，都江陵。徙燕王韓廣爲遼東王。燕將臧荼從楚救趙，因從入關，故立荼爲燕王，都薊。徙齊王田市爲膠東王。齊將田都從共救趙，因從入關，故立都爲齊王，都臨菑。故秦所滅齊王建孫田安，項羽方渡河救趙，田安下濟北數城，引其兵降項羽，故立安爲濟北王，都博陽。田榮者，數負項梁，又不肯將兵從楚擊秦，以故不封。成安君陳餘棄將印去，不從入關，然素聞其賢，有功於趙，聞其在南皮，故因環封三縣。番君將梅鋗功多，故封十萬户侯。項王自立爲西楚霸王，王九郡，都彭城。【略】

田榮聞項羽徙齊王市膠東，而立齊將田都爲齊王，乃大怒，不肯遣齊王之膠東，因以齊反，迎擊田都。田都走楚。齊王市畏項王，乃亡之膠東就國。田榮怒，追擊殺之卽墨。榮因自立爲齊王，而西殺擊濟北王田安，并王三齊。榮與彭越將軍印，令反梁地。陳餘陰使張同、夏説説齊王田榮曰：『項羽爲天下宰，不平。今盡王故王於醜地，而王其羣臣諸將善地，逐其故主趙王，乃北居代，餘以爲不可。聞大王起兵，且不聽不義，願大王資餘兵，請以擊常山，以復趙王，請以國爲扞蔽。』齊王許之，因遣兵之趙。陳餘悉發三縣兵，與齊并力擊常山，大破之。張耳走歸漢。陳餘迎故趙王歇於代，反之趙。趙王因立陳餘爲代王。

是時，漢還定三秦。項羽聞漢王皆已并關中，且東，齊、趙叛之，大怒。乃以故吳令鄭昌爲韓王，以距漢。令蕭公角等擊彭越。彭越敗蕭公角等。漢使張良徇韓，乃遺項王書曰：『漢王失職，欲得關中，如約卽止，不敢東。』又以齊、梁反書遺項王曰：『齊欲與趙并滅楚。』楚以此故無西意，而北擊齊。徵兵九江王布。布稱疾不往，使將將數千人行。項王由此怨布也。漢之二年冬，項羽遂北至城陽，田榮亦將兵會戰。田榮不勝，走至平原，平原民殺之。遂北燒夷齊城郭室屋，皆阬田榮降卒，係虜其老弱婦女。徇齊至北海，多所殘滅。齊人相聚而叛之。於是田榮弟田橫收齊亡卒得數萬人，反城陽。項王因留，連戰未能下。

春，漢王部五諸侯兵，凡五十六萬人，東伐楚。項王聞之，卽令諸將擊齊，而自以精兵三萬人南從魯出胡陵。四月，漢皆已入彭城，收其貨寶美人，日置酒高會。項王乃西從蕭，晨擊漢軍而東，至彭城，日中，大破漢軍。漢軍皆走，相隨入谷、泗水，殺漢卒十餘萬人。漢卒皆南走山，楚又追擊至靈壁東睢水上。漢軍卻，爲楚所擠，多殺，漢卒十餘萬人皆入睢水，睢水爲之不流。圍漢王三匝。於是大風從西北而起，折木發屋，揚沙石，窈冥晝晦，逢迎楚軍。楚軍大亂，壞散，而漢王乃得與數十騎遁去，欲過沛，收家室而西；楚亦使人追之沛，取漢王家；家皆亡，不與漢王相見。漢王道逢得孝惠、魯元，乃載行。楚騎追漢王，漢王急，推墮孝惠、魯元車下，滕公常下收載之。如是者三。曰：『雖急不可以驅，奈何棄之？』於是遂得脱。求太公、呂后不相遇。審食其從太公、呂后閒行，求漢王，反遇楚軍。楚軍遂與歸，報項王，項王常置軍中。

是時呂后兄周呂侯爲漢將兵居下邑，漢王閒往從之，稍稍收其士卒。至滎陽，諸敗軍皆會，蕭何亦發關中老弱未傅悉詣滎陽，復大振。楚起於彭城，常乘勝逐北，與漢戰滎陽南京、索閒，漢敗楚，楚以故不能過滎陽而西。

項王之救彭城，追漢王至滎陽，田橫亦得收齊，立田榮子廣爲齊王。漢王之敗彭城，諸侯皆復與楚而背漢。漢軍滎陽，築甬道屬之河，以取敖倉粟。漢之三年，項王數侵奪漢甬道，漢王食乏，恐，請和，割滎陽以西爲漢。

項王欲聽之。歷陽侯范增曰：『漢易與耳，今釋弗取，後必悔之。』項王乃與范增急圍滎陽。漢王患之，乃用陳平計閒項王。項王使者來，爲太牢具，舉欲進之。見使者，詳驚愕曰：『吾以爲亞父使者，乃反項王使者。』更持去，以惡食食項王使者。使者歸報項王，項王乃疑范增與漢有私，稍奪之權。范增大怒，曰：『天下事大定矣，君王自爲之。願賜骸骨歸卒伍。』項王許之。行未至彭城，疽發背而死。

漢將紀信説漢王曰：『事已急矣，請爲王誑楚爲王，王可以閒出。』

於是漢王夜出女子滎陽東門被甲二千人，楚兵四面擊之。紀信乘黃屋車，傅左纛，曰：『城中食盡，漢王降。』楚軍皆呼萬歲。漢王亦與數十騎從城西門出，走成皋。項王見紀信，問：『漢王安在？』曰：『漢王已出矣。』項王燒殺紀信。

漢王使御史大夫周苛、樅公、魏豹守滎陽。周苛、樅公謀曰：『反國之王，難與守城。』乃共殺魏豹。楚下滎陽城，生得周苛。項王謂周苛曰：『爲我將，我以公爲上將軍，封三萬户。』周苛罵曰：『若不趣降漢，漢今虜若，若非漢敵也。』項王怒，烹周苛，并殺樅公。

漢王之出滎陽，南走宛、葉，得九江王布，行收兵，復入保成皋。漢之四年，項王進兵圍成皋。漢王逃，獨與滕公出成皋北門，渡河走脩武，從張耳、韓信軍。諸將稍稍得出成皋，從漢王。楚遂拔成皋，欲西。漢使兵距之鞏，令其不得西。

是時，彭越渡河擊楚東阿，殺楚將軍薛公。項王乃自東擊彭越。漢王得淮陰侯兵，欲渡河南。鄭忠説漢王，乃止壁河內。使劉賈將兵佐彭越，燒楚積聚。項王東擊破之，走彭越。漢王則引兵渡河，復取成皋，軍廣武，就敖倉食。項王已定東海來，西，與漢俱臨廣武而軍，相守數月。

當此時，彭越數反梁地，絕楚糧食，項王患之。爲高俎，置太公其上，告漢王曰：『今不急下，吾烹太公。』漢王曰：『吾與項羽俱北面受命懷王，曰「約爲兄弟」，吾翁卽若翁，必欲烹而翁，則幸分我一桮羹。』項王怒，欲殺之。項伯曰：『天下事未可知，且爲天下者不顧家，雖殺之無益，祇益禍耳。』項王從之。

楚漢久相持未決，丁壯苦軍旅，老弱罷轉漕。項王謂漢王曰：『天下匈匈數歲者，徒以吾兩人耳，願與漢王挑戰決雌雄，毋徒苦天下之民父子爲也。』漢王笑謝曰：『吾寧鬭智，不能鬭力。』項王令壯士出挑戰。漢有善騎射者樓煩，楚挑戰三合，樓煩輒射殺之。項王大怒，乃自被甲持戟挑戰。樓煩欲射之，項王瞋目叱之，樓煩目不敢視，手不敢發，遂走還入壁，不敢復出。漢王使人閒問之，乃項王也。漢王大驚。於是項王乃卽漢王相與臨廣武閒而語。漢王數之，項王怒，欲一戰。漢王不聽，項王伏弩射中漢王。漢王傷，走入成皋。

項王聞淮陰侯已舉河北，破齊、趙，且欲擊楚，乃使龍且往擊之。淮陰侯與戰，騎將灌嬰擊之，大破楚軍，殺龍且。韓信因自立爲齊王。項王聞龍且軍破，則恐，使盱台人武涉往説淮陰侯。淮陰侯弗聽。是時，彭越復反，下梁地，絕楚糧。項王乃謂海春侯大司馬曹咎等曰：『謹守成皋，則漢欲挑戰，慎勿與戰，毋令得東而已。我十五日必誅彭越，定梁地，復從將軍。』乃東，行擊陳留、外黄。

外黄不下。數日，已降，項王怒，悉令男子年十五已上詣城東，欲阬之。外黄令舍人兒年十三，往説項王曰：『彭越强劫外黄，外黄恐，故且降，待大王。大王至，又皆阬之，百姓豈有歸心？從此以東，梁地十餘城皆恐，莫肯下矣。』項王然其言，乃赦外黄當阬者。東至睢陽，聞之皆爭下項王。

漢果數挑楚軍戰，楚軍不出。使人辱之，五六日，大司馬怒，渡兵汜水。士卒半渡，漢擊之，大破楚軍，盡得楚國貨賂。大司馬咎、長史翳、塞王欣皆自剄汜水上。大司馬咎者，故蘄獄掾，長史欣亦故櫟陽獄吏，兩人嘗有德於項梁，是以項王信任之。當是時，項王在睢陽，聞海春侯軍敗，則引兵還。漢軍方圍鍾離眛於滎陽東，項王至，漢軍畏楚，盡走險阻。

是時，漢兵盛食多，項王兵罷食絕。漢遣陸賈説項王，請太公，項王弗聽。漢王復使侯公往説項王，項王乃與漢約，中分天下，割鴻溝以西者爲漢，鴻溝而東者爲楚。項王許之，卽歸漢王父母妻子。軍皆呼萬歲。漢王乃封侯公爲平國君。匿弗肯復見。曰：『此天下辯士，所居傾國，故號爲平國君。』項王已約，乃引兵解而東歸。

漢欲西歸，張良、陳平説曰：『漢有天下太半，而諸侯皆附之。楚兵罷食盡，此天亡楚之時也，不如因其機而遂取之。今釋弗擊，此所謂「養虎自遺患」也。』漢王聽之。漢五年，漢王乃追項王至陽夏南，止軍，與淮陰侯韓信、建成侯彭越期會而擊楚軍。至固陵，而信、越之兵不會。楚擊漢軍，大破之。漢王復入壁，深塹而自守。謂張子房曰：『諸侯不從約，爲之奈何？』對曰：『楚兵且破，信、越未有分地，其不至固宜。君王能與共分天下，今可立致也。卽不能，事未可知也。君王能自陳以東傅海，盡與韓信；睢陽以北至穀城，以與彭越：使各自爲戰，則楚易敗也。』漢王曰：『善。』於是乃發使者告韓信、彭越曰：『并力擊楚。楚

破，自陳以東傅海與齊王，睢陽以北至穀城與彭相國。』使者至，韓信、彭越皆報曰：『請今進兵。』韓信乃從齊往，劉賈軍從壽春並行，屠城父，至垓下。大司馬周殷叛楚，以舒屠六，舉九江兵，隨劉賈、彭越皆會垓下，詣項王。

項王軍壁垓下，兵少食盡，漢軍及諸侯兵圍之數重。夜聞漢軍四面皆楚歌，項王乃大驚曰：『漢皆已得楚乎？是何楚人之多也！』項王則夜起，飲帳中。有美人名虞，常幸從；駿馬名騅，常騎之。於是項王乃悲歌慷慨，自爲詩曰：『力拔山兮氣蓋世，時不利兮騅不逝。騅不逝兮可奈何，虞兮虞兮奈若何！』歌數闋，美人和之。項王泣數行下，左右皆泣，莫能仰視。

於是項王乃上馬騎，麾下壯士騎從者八百餘人，直夜潰圍南出，馳走。平明，漢軍乃覺之，令騎將灌嬰以五千騎追之。項王渡淮，騎能屬者百餘人耳。項王至陰陵，迷失道，問一田父，田父紿曰『左』。左，乃陷大澤中。以故漢追及之。項王乃復引兵而東，至東城，乃有二十八騎。漢騎追者數千人。項王自度不得脱。謂其騎曰：『吾起兵至今八歲矣，身七十餘戰，所當者破，所擊者服，未嘗敗北，遂霸有天下。然今卒困於此，此天之亡我，非戰之罪也。今日固決死，願爲諸君快戰，必三勝之，爲諸君潰圍，斬將，刈旗，令諸君知天亡我，非戰之罪也。』乃分其騎以爲四隊，四嚮。漢軍圍之數重。項王謂其騎曰：『吾爲公取彼一將。』令四面騎馳下，期山東爲三處。於是項王大呼馳下，漢軍皆披靡，遂斬漢一將。是時，赤泉侯爲騎將，追項王，項王瞋目而叱之，赤泉侯人馬俱驚，辟易數里與其騎會爲三處。漢軍不知項王所在，乃分軍爲三，復圍之。項王乃馳，復斬漢一都尉，殺數十百人，復聚其騎，亡其兩騎耳。乃謂其騎曰：『何如？』騎皆伏曰：『如大王言。』

於是項王乃欲東渡烏江。烏江亭長檥船待，謂項王曰：『江東雖小，地方千里，衆數十萬人，亦足王也。願大王急渡。今獨臣有船，漢軍至，無以渡。』項王笑曰：『天之亡我，我何渡爲！且籍與江東子弟八千人渡江而西，今無一人還，縱江東父兄憐而王我，我何面目見之？縱彼不言，籍獨不愧於心乎？』乃謂亭長曰：『吾知公長者。吾騎此馬五歲，所當無敵，嘗一日行千里，不忍殺之，以賜公。』乃令騎皆下馬步行，持短兵接戰。獨籍所殺漢軍數百人。項王身亦被十餘創。顧見漢騎司馬呂馬童，曰：『若非吾故人乎？』馬童面之，指王翳曰：『此項王也。』項王乃曰：『吾聞漢購我頭千金，邑萬户，吾爲若德。』乃自刎而死。王翳取其頭，餘騎相蹂踐爭項王，相殺者數十人。最其後，郎中騎楊喜，騎司馬呂馬童，郎中呂勝、楊武各得其一體。五人共會其體，皆是。故分其地爲五：封呂馬童爲中水侯，封王翳爲杜衍侯，封楊喜爲赤泉侯，封楊武爲吳防侯，封呂勝爲涅陽侯。

項王已死，楚地皆降漢，獨魯不下。漢乃引天下兵欲屠之，爲其守禮義，爲主死節，乃持項王頭視魯，魯父兄乃降。始，楚懷王初封項籍爲魯公，及其死，魯最後下，故以魯公禮葬項王穀城。漢王爲發哀，泣之而去。

又 卷八《高祖本紀》 秦二世三年，楚懷王見項梁軍破，恐，徙盱台都彭城，并呂臣、項羽軍自將之。以沛公爲碭郡長，封爲武安侯，將碭郡兵。封項羽爲長安侯，號爲魯公。呂臣爲司徒，其父呂青爲令尹。趙數請救，懷王乃以宋義爲上將軍，項羽爲次將，范增爲末將，北救趙。令沛公西略地入關。與諸將約，先入定關中者王之。

當是時，秦兵强，常乘勝逐北，諸將莫利先入關。獨項羽怨秦破項梁軍，奮，願與沛公西入關。懷王諸老將皆曰：『項羽爲人僄悍猾賊。項羽嘗攻襄城，襄城無遺類，皆阬之，諸所過無不殘滅。且楚數進取，前陳王、項梁皆敗。不如更遣長者扶義而西，告諭秦父兄。秦父兄苦其主久矣，今誠得長者往，毋侵暴，宜可下。今項羽僄悍，今不可遣。獨沛公素寬大長者，可遣。』卒不許項羽，而遣沛公西略地，收陳王、項梁散卒。乃道碭至成陽，與杠里秦軍夾壁，破（魏）［秦］二軍。楚軍出兵擊王離，大破之。

沛公引兵西，遇彭越昌邑，因與俱攻秦軍，戰不利。還至栗，遇剛武侯，奪其軍，可四千餘人，并之。與魏將皇欣、魏申徒武蒲之軍并攻昌邑，昌邑未拔。西過高陽。酈食其（謂）［爲］監門，曰：『諸將過此者多，吾視沛公大人長者。』乃求見説沛公。沛公方踞牀，使兩女子洗足。酈生不拜，長揖，曰：『足下必欲誅無道秦，不宜踞見長者。』於是沛公起，攝衣謝之，延上坐。食其説沛公襲陳留，得秦積粟。乃以酈食其爲廣

野君，酈商爲將，將陳留兵，與偕攻開封，開封未拔。西與秦將楊熊戰白馬，又戰曲遇東，大破之。楊熊走之滎陽，二世使使者斬以徇。南攻潁陽，屠之。因張良遂略韓地轘轅。

當是時，趙別將司馬卬方欲渡河入關，沛公乃北攻平陰，絶河津。南，戰雒陽東，軍不利，還至陽城，收軍中馬騎，與南陽守齮戰犨東，破之。略南陽郡，南陽守齮走，保城守宛。沛公引兵過而西。張良諫曰：『沛公雖欲急入關，秦兵尚衆，距險。今不下宛，宛從後擊，强秦在前，此危道也。』於是沛公乃夜引兵從他道還，更旗幟，黎明，圍宛城三匝。南陽守欲自剄。其舍人陳恢曰：『死未晚也。』乃踰城見沛公，曰：『臣聞足下約，先入咸陽者王之。今足下留守宛。宛，大郡之都也，連城數十，人民衆，積蓄多，吏人自以爲降必死，故皆堅守乘城。今足下盡日止攻，士死傷者必多；引兵去宛，宛必隨足下後：足下前則失咸陽之約，後又有强宛之患。爲足下計，莫若約降，封其守，因使止守，引其甲卒與之西。諸城未下者，聞聲爭開門而待，足下通行無所累。』沛公曰：『善。』乃以宛守爲殷侯，封陳恢千户。引兵西，無不下者。至丹水，高武侯鰓、襄侯王陵降西陵。還攻胡陽，遇番君別將梅鋗，與皆，降析、酈。遣魏人寧昌使秦，使者未來。是時章邯已以軍降項羽於趙矣。

初，項羽與宋義北救趙，及項羽殺宋義，代爲上將軍，諸將黥布皆屬，破秦將王離軍，降章邯，諸侯皆附。及趙高已殺二世，使人來，欲約分王關中。沛公以爲詐，乃用張良計，使酈生、陸賈往説秦將，啗以利，因襲攻武關，破之。又與秦軍戰於藍田南，益張疑兵旗幟，諸所過毋得掠鹵，秦人憙，秦軍解，因大破之。又戰其北，大破之。乘勝，遂破之。

漢元年十月，沛公兵遂先諸侯至霸上。秦王子嬰素車白馬，係頸以組，封皇帝璽符節，降軹道旁。諸將或言誅秦王。沛公曰：『始懷王遣我，固以能寬容；且人已服降，又殺之，不祥。』乃以秦王屬吏，遂西入咸陽。欲止宮休舍，樊噲、張良諫，乃封秦重寶財物府庫，還軍霸上。召諸縣父老豪桀曰：『父老苦秦苛法久矣，誹謗者族，偶語者棄市。吾與諸侯約，先入關者王之，吾當王關中。與父老約，法三章耳：殺人者死，傷人及盜抵罪。餘悉除去秦法。諸吏人皆案堵如故。凡吾所以來，爲父老除害，非有所侵暴，無恐！且吾所以還軍霸上，待諸侯至而定約束耳。』乃使人與秦吏行縣鄉邑，告諭之。秦人大喜，爭持牛羊酒食獻饗軍士。沛公又讓不受，曰：『倉粟多，非乏，不欲費人。』人又益喜，唯恐沛公不爲秦王。

或説沛公曰：『秦富十倍天下，地形强。今聞章邯降項羽，項羽乃號爲雍王，王關中。今則來，沛公恐不得有此。可急使兵守函谷關，無内諸侯軍，稍徵關中兵以自益，距之。』沛公然其計，從之。十一月中，項羽果率諸侯兵西，欲入關，關門閉。聞沛公已定關中，大怒，使黥布等攻破函谷關。十二月中，遂至戲。沛公左司馬曹無傷聞項王怒，欲攻沛公，使人言項羽曰：『沛公欲王關中，令子嬰爲相，珍寶盡有之。』欲以求封。亞父勸項羽擊沛公。方饗士，旦日合戰。是時項羽兵四十萬，號百萬。沛公兵十萬，號二十萬，力不敵。會項伯欲活張良，夜往見良，因以文諭項羽，項羽乃止。沛公從百餘騎，驅之鴻門，見謝項羽。項羽曰：『此沛公左司馬曹無傷言之。不然，籍何以生此！』沛公以樊噲、張良故，得解歸。歸，立誅曹無傷。

項羽遂西，屠燒咸陽秦宮室，所過無不殘破。秦人大失望，然恐，不敢不服耳。

項羽使人還報懷王。懷王曰：『如約。』項羽怨懷王不肯令與沛公俱西入關，而北救趙，後天下約。乃曰：『懷王者，吾家項梁所立耳，非有功伐，何以得主約！本定天下，諸將及籍也。』乃詳尊懷王爲義帝，實不用其命。

正月，項羽自立爲西楚霸王，王梁、楚地九郡，都彭城。負約，更立沛公爲漢王，王巴、蜀、漢中，都南鄭。三分關中，立秦三將：章邯爲雍王，都廢丘；司馬欣爲塞王，都櫟陽；董翳爲翟王，都高奴。楚將瑕丘申陽爲河南王，都洛陽。趙將司馬卬爲殷王，都朝歌。趙王歇徙王代。趙相張耳爲常山王，都襄國。當陽君黥布爲九江王，都六。懷王柱國共敖爲臨江王，都江陵。番君吳芮爲衡山王，都邾。燕將臧荼爲燕王，都薊。故燕王韓廣徙王遼東。廣不聽，臧荼攻殺之無終。封成安君陳餘河閒三縣，居南皮。封梅鋗十萬户。

四月，兵罷戲下，諸侯各就國。漢王之國，項王使卒三萬人從，楚與諸侯之慕從者數萬人，從杜南入蝕中。去輒燒絶棧道，以備諸侯盜兵襲

之，亦示項羽無東意。至南鄭，諸將及士卒多道亡歸，士卒皆歌思東歸。韓信説漢王曰：『項羽王諸將之有功者，而王獨居南鄭，是遷也。軍吏士卒皆山東之人也，日夜跂而望歸，及其鋒而用之，可以有大功。天下已定，人皆自寧，不可復用。不如決策東鄉，爭權天下。』

項羽出關，使人徙義帝。曰：『古之帝者地方千里，必居上游。』乃使使徙義帝長沙郴縣，趣義帝行，羣臣稍倍叛之，乃陰令衡山王、臨江王擊之，殺義帝江南。項羽怨田榮，立齊將田都爲齊王。田榮怒，因自立爲齊王，殺田都而反楚；予彭越將軍印，令反梁地。楚令蕭公角擊彭越，彭越大破之。陳餘怨項羽之弗王己也，令夏説説田榮，請兵擊張耳。齊予陳餘兵，擊破常山王張耳，張耳亡歸漢。迎趙王歇於代，復立爲趙王。趙王因立陳餘爲代王。項羽大怒，北擊齊。

八月，漢王用韓信之計，從故道還，襲雍王章邯。邯迎擊漢陳倉，雍兵敗，還走；止戰好畤，又復敗，走廢丘。漢王遂定雍地。東至咸陽，引兵圍雍王廢丘，而遣諸將略定隴西、北地、上郡。令將軍薛歐、王吸出武關，因王陵兵南陽，以迎太公、呂后於沛。楚聞之，發兵距之陽夏，不得前。令故吳令鄭昌爲韓王，距漢兵。

二年，漢王東略地，塞王欣、翟王翳、河南王申陽皆降。韓王昌不聽，使韓信擊破之。於是置隴西、北地、上郡、渭南、河上、中地郡；關外置河南郡。更立韓太尉信爲韓王。諸將以萬人若以一郡降者，封萬户。繕治河上塞。諸故秦苑囿園池，皆令人得田之，正月，虜雍王弟章平。大赦罪人。

漢王之出關至陜，撫關外父老，還，張耳來見，漢王厚遇之。

二月，令除秦社稷，更立漢社稷。

三月，漢王從臨晉渡，魏王豹將兵從。下河内，虜殷王，置河内郡。南渡平陰津，至雒陽。新城三老董公遮説漢王以義帝死故。漢王聞之，袒而大哭。遂爲義帝發喪，臨三日。發使者告諸侯曰：『天下共立義帝，北面事之。今項羽放殺義帝於江南，大逆無道。寡人親爲發喪，諸侯皆縞素。悉發關内兵，收三河士，南浮江漢以下，願從諸侯王擊楚之殺義帝者。』

是時項王北擊齊，田榮與戰城陽。田榮敗，走平原，平原民殺之。齊皆降楚。楚因焚燒其城郭，係虜其子女。齊人叛之。田榮弟橫立榮子廣爲齊王，齊王反楚城陽。項羽雖聞漢東，既已連齊兵，欲遂破之而擊漢。漢王以故得劫五諸侯兵，遂入彭城。項羽聞之，乃引兵去齊，從魯出胡陵，至蕭，與漢大戰彭城靈壁東睢水上，大破漢軍，多殺士卒，睢水爲之不流。乃取漢王父母妻子於沛，置之軍中以爲質。當是時，諸侯見楚强漢敗，還皆去漢復爲楚。塞王欣亡入楚。

呂后兄周呂侯爲漢將兵，居下邑。漢王從之，稍收士卒，軍碭。漢王乃西過梁地，至虞。使謁者隨何之九江王布所，曰：『公能令布舉兵叛楚，項羽必留擊之。得留數月，吾取天下必矣。』隨何往説九江王布，布果背楚。楚使龍且往擊之。

漢王之敗彭城而西，行使人求家室，家室亦亡，不相得。敗後乃獨得孝惠，六月，立爲太子，大赦罪人。令太子守櫟陽，諸侯子在關中者皆集櫟陽爲衛。引水灌廢丘，廢丘降，章邯自殺。更名廢丘爲槐里。於是令祠官祀天地四方上帝山川，以時祀之。興關内卒乘塞。

是時九江王布與龍且戰，不勝，與隨何閒行歸漢。漢王稍收士卒，與諸將及關中卒益出，是以兵大振滎陽，破楚京、索閒。

三年，魏王豹謁歸視親疾，至卽絶河津，反爲楚。漢王使酈生説豹，豹不聽。漢王遣將軍韓信擊，大破之，虜豹。遂定魏地，置三郡，曰河東、太原、上黨。漢王乃令張耳與韓信遂東下井陘擊趙，斬陳餘、趙王歇。其明年，立張耳爲趙王。

漢王軍滎陽南，築甬道屬之河，以取敖倉。與項羽相距歲餘。項羽數侵奪漢甬道，漢軍乏食，遂圍漢王。漢王請和，割滎陽以西者爲漢。項王不聽。漢王患之，乃用陳平之計，予陳平金四萬斤，以閒疏楚君臣。於是項羽乃疑亞父。亞父是時勸項羽遂下滎陽，及其見疑，乃怒，辭老，願賜骸骨歸卒伍，未至彭城而死。

漢軍絶食，乃夜出女子東門二千餘人，被甲，楚因四面擊之。將軍紀信乃乘王駕，詐爲漢王，誑楚，楚皆呼萬歲，之城東觀，以故漢王得與數十騎出西門遁。令御史大夫周苛、魏豹、樅公守滎陽。諸將卒不能從者，盡在城中。周苛、樅公相謂曰：『反國之王，難與守城。』因殺魏豹。

漢王之出滎陽入關，收兵欲復東。袁生説漢王曰：『漢與楚相距滎陽

數歲，漢常困。願君王出武關，項羽必引兵南走，王深壁，令滎陽成皋閒且得休。使韓信等輯河北趙地，連燕齊，君王乃復走滎陽，未晚也。如此，則楚所備者多，力分，漢得休，復與之戰，破楚必矣。』漢王從其計，出軍宛葉閒，與黥布行收兵。

項羽聞漢王在宛，果引兵南。漢王堅壁不與戰。是時彭越渡睢水，與項聲、薛公戰下邳，彭越大破楚軍。項羽乃引兵東擊彭越。漢王亦引兵北軍成皋。項羽已破走彭越，聞漢王復軍成皋，乃復引兵西，拔滎陽，誅周苛、樅公，而虜韓王信，遂圍成皋。漢王跳，獨與滕公共車出成皋玉門，北渡河，馳宿脩武。自稱使者，晨馳入張耳、韓信壁，而奪之軍。乃使張耳北益收兵趙地，使韓信東擊齊。漢王得韓信軍，則復振。引兵臨河，南饗軍小脩武南，欲復戰。郎中鄭忠乃說止漢王，使高壘深塹，勿與戰。漢王聽其計，使盧綰、劉賈將卒二萬人，騎數百，渡白馬津，入楚地，與彭越復擊破楚軍燕郭西，遂復下梁地十餘城。

淮陰已受命東，未渡平原。漢王使酈生往說齊王田廣，廣叛楚，與漢和，共擊項羽。韓信用蒯通計，遂襲破齊。齊王烹酈生，東走高密。項羽聞韓信已舉河北兵破齊、趙，且欲擊楚，則使龍且、周蘭往擊之。韓信與戰，騎將灌嬰擊，大破楚軍，殺龍且。齊王廣奔彭越。當此時，彭越將兵居梁地，往來苦楚兵，絕其糧食。

四年，項羽乃謂海春侯大司馬曹咎曰：『謹守成皋。若漢挑戰，慎勿與戰，無令得東而已。我十五日必定梁地，復從將軍。』乃行擊陳留、外黃、睢陽，下之。漢果數挑楚軍，楚軍不出，使人辱之五六日，大司馬怒，度兵汜水。士卒半渡，漢擊之，大破楚軍，盡得楚國金玉貨賂。大司馬咎、長史欣皆自剄汜水上。項羽至睢陽，聞海春侯破，乃引兵還。漢軍方圍鍾離眛於滎陽東，項羽至，盡走險阻。

韓信已破齊，使人言曰：『齊邊楚，權輕，不爲假王，恐不能安齊。』漢王欲攻之。留侯曰：『不如因而立之，使自爲守。』乃遣張良操印綬立韓信爲齊王。

項羽聞龍且軍破，則恐，使盱台人武涉往說韓信。韓信不聽。

楚漢久相持未決，丁壯苦軍旅，老弱罷轉饟。漢王項羽相與臨廣武之閒而語。項羽欲與漢王獨身挑戰。漢王數項羽曰：『始與項羽俱受命懷王，曰先入定關中者王之，項羽負約，王我於蜀漢，罪一。秦項羽矯殺卿子冠軍而自尊，罪二。項羽已救趙，當還報，而擅劫諸侯兵入關，罪三。懷王約入秦無暴掠，項羽燒秦宮室，掘始皇帝冢，私收其財物，罪四。又强殺秦降王子嬰，罪五。詐阬秦子弟新安二十萬，王其將，罪六。項羽皆王諸將善地，而徙逐故主，令臣下爭叛逆，罪七。項羽出逐義帝彭城，自都之，奪韓王地，幷王梁楚，多自予，罪八。項羽使人陰弒義帝江南，罪九。夫爲人臣而弒其主，殺已降，爲政不平，主約不信，天下所不容，大逆無道，罪十也。吾以義兵從諸侯誅殘賊，使刑餘罪人擊殺項羽，何苦乃與公挑戰！』項羽大怒，伏弩射中漢王。漢王傷匈，乃捫足曰：『虜中吾指！』漢王病創臥，張良强請漢王起行勞軍，以安士卒，毋令楚乘勝於漢。漢王出行軍，病甚，因馳入成皋。

病愈，西入關，至櫟陽，存問父老，置酒，梟故塞王欣頭櫟陽市。留四日，復如軍，軍廣武。關中兵益出。

當此時，彭越將兵居梁地，往來苦楚兵，絕其糧食。田横往從之。項羽數擊彭越等，齊王信又進擊楚。項羽恐，乃與漢王約，中分天下，割鴻溝而西者爲漢，鴻溝而東者爲楚。項王歸漢王父母妻子，軍中皆呼萬歲，乃歸而別去。

項羽解而東歸。漢王欲引而西歸，用留侯、陳平計，乃進兵追項羽，至陽夏南止軍，與齊王信、建成侯彭越期會而擊楚軍。至固陵，不會。楚擊漢軍，大破之。漢王復入壁，深塹而守之。用張良計，於是韓信、彭越皆往。及劉賈入楚地，圍壽春，漢王敗固陵，乃使使者召大司馬周殷舉九江兵而迎（之）武王，行屠城父，隨（何）劉賈、齊梁諸侯皆大會垓下。立武王布爲淮南王。

五年，高祖與諸侯兵共擊楚軍，與項羽決勝垓下。淮陰侯將三十萬自當之，孔將軍居左，費將軍居右，皇帝在後，絳侯、柴將軍在皇帝後。項羽之卒可十萬。淮陰先合，不利，卻。孔將軍、費將軍縱，楚兵不利，淮陰侯復乘之，大敗垓下。項羽卒聞漢軍之楚歌，以爲漢盡得楚地，項羽乃敗而走，是以兵大敗。使騎將灌嬰追殺項羽東城，斬首八萬，遂略定楚地。魯爲楚堅守不下。漢王引諸侯兵北，示魯父老項羽頭，魯乃降。遂以魯公號葬項羽穀城。還至定陶，馳入齊王壁，奪其軍。

正月，諸侯及將相相與共請尊漢王爲皇帝。漢王曰：『吾聞帝賢者有也，空言虛語，非所守也，吾不敢當帝位。』羣臣皆曰：『大王起微細，誅暴逆，平定四海，有功者輒裂地而封爲王侯。大王不尊號，皆疑不信。臣等以死守之。』漢王三讓，不得已，曰：『諸君必以爲便，便國家。』甲午，乃卽皇帝位氾水之陽。

又　卷五六《陳丞相世家》　其後，楚急攻，絕漢甬道，圍漢王於滎陽城。久之，漢王患之，請割滎陽以西以和。項王不聽。漢王謂陳平曰：『天下紛紛，何時定乎？』陳平曰：『項王爲人，恭敬愛人，士之廉節好禮者多歸之。至於行功爵邑，重之，士亦以此不附。今大王慢而少禮，士廉節者不來；然大王能饒人以爵邑，士之頑鈍嗜利無恥者亦多歸漢。誠各去其兩短，襲其兩長，天下指麾則定矣。然大王恣侮人，不能得廉節之士。顧楚有可亂者，彼項王骨鯁之臣亞父、鍾離眛、龍且、周殷之屬，不過數人耳。大王誠能出捐數萬斤金，行反閒，閒其君臣，以疑其心，項王爲人意忌信讒，必内相誅。漢因舉兵而攻之，破楚必矣。』漢王以爲然，乃出黄金四萬斤，與陳平，恣所爲，不問其出入。

陳平既多以金縱反閒於楚軍，宣言諸將鍾離眛等爲項王將，功多矣，然而終不得裂地而王，欲與漢爲一，以滅項氏而分王其地。項羽果意不信鍾離眛等。項王既疑之，使使至漢。漢王爲太牢具，舉進。見楚使，卽詳驚曰：『吾以爲亞父使，乃項王使！』復持去，更以惡草具進楚使。楚使歸，具以報項王。項王果大疑亞父。亞父欲急攻下滎陽城，項王不信，不肯聽。亞父聞項王疑之，乃怒曰：『天下事大定矣，君王自爲之！願請骸骨歸！』歸未至彭城，疽發背而死。陳平乃夜出女子二千人滎陽城東門，楚因擊之，陳平乃與漢王從城西門夜出去。遂入關，收散兵復東。

其明年，淮陰侯破齊，自立爲齊王，使使言之漢王。漢王大怒而罵，陳平躡漢王。漢王亦悟，乃厚遇齊使，使張子房卒立信爲齊王。封平以户牖鄉。用其奇計策，卒滅楚。常以護軍中尉從定燕王臧荼。

《漢書》卷一上《高帝紀上》　初，懷王與諸將約，先入定關中者王之。當是時，秦兵强，常乘勝逐北，諸將莫利先入關。獨羽怨秦破項梁，奮勢，願與沛公西入關。懷王諸老將皆曰：『項羽爲人慓悍禍賊，嘗攻襄城，襄城無噍類，所過無不殘滅。且楚數進取，前陳王、項梁皆敗，不如更遣長者扶義而西，告諭秦父兄。秦父兄苦其主久矣，今誠得長者往，毋侵暴，宜可下。項羽不可遣，獨沛公素寬大長者。』卒不許羽，而遣沛公西收陳王、項梁散卒。乃道碭至城陽與杠里，攻秦軍壁，破其二軍。

秦三年十月，齊將田都畔田榮，將兵助項羽救趙。沛公攻破東郡尉於成武。

十一月，項羽殺宋義，并其兵渡河，自立爲上將軍，諸將黥布等皆屬。十二月，沛公引兵至栗，遇剛武侯，奪其軍四千餘人，并之，與魏將皇欣、武滿軍合，攻秦軍，破之。故齊王建孫田安下濟北，從項羽救趙。羽大破秦軍鉅鹿下，虜王離，走章邯。

二月，沛公從碭北攻昌邑，遇彭越。越助攻昌邑，未下。沛公西過高陽，酈食其爲里監門，曰：『諸將過此者多，吾視沛公大度。』乃求見沛公。沛公方踞牀，使兩女子洗。酈生不拜，長揖曰：『足下必欲誅無道秦，不宜踞見長者。』於是沛公起，攝衣謝之，延上坐。食其説沛公襲陳留。沛公以爲廣野君，以其弟商爲將，將陳留兵。

三月，攻開封，未拔。西與秦將楊熊會戰白馬，又戰曲遇東，大破之。楊熊走之滎陽，二世使使斬之以徇。四月，南攻潁川，屠之。因張良遂略韓地。

時趙別將司馬卬方欲渡河入關，沛公乃北攻平陰，絕河津。南，戰雒陽東，軍不利，從轘轅至陽城，收軍中馬騎。

六月，與南陽守齮戰犨東，破之。略南陽郡，南陽守走，保城守宛。沛公引兵過宛西。張良諫曰：『沛公雖欲急入關，秦兵尚衆，距險。今不下宛，宛從後擊，强秦在前，此危道也。』於是沛公乃夜引軍從他道還，偃旗幟，遲明，圍宛城三帀。南陽守欲自剄，其舍人陳恢曰：『死未晚也。』乃逾城見沛公，曰：『臣聞足下約先入咸陽者王之，今足下留守宛。宛郡縣連城數十，其吏民自以爲降必死，故皆堅守乘城。今足下盡日止攻，士死傷者必多；引兵去，宛必隨足下。前則失咸陽之約，後有强宛之患。爲足下計，莫若約降，封其守，因使止守，引其甲卒與之西。諸城未下者，聞聲爭開門而待足下，足下通行無所累。』沛公曰：『善。』七月，南陽守齮降，封爲殷侯，封陳恢千户。引兵西，無不下者。至丹水，高武侯鰓、襄侯王陵降。還攻胡陽，遇番君別將梅鋗，與偕攻析、酈，皆

降。所過毋得鹵掠，秦民喜。遣魏人寧昌使秦。是月，章邯舉軍降項羽，羽以爲雍王。瑕丘申陽下河南。

八月，沛公攻武關，入秦。秦相趙高恐，乃殺二世，使人來，欲約分王關中，沛公不許。九月，趙高立二世兄子子嬰爲秦王。子嬰誅滅趙高，遣將將兵距嶢關。沛公欲擊之，張良曰：『秦兵尚强，未可輕。願先遣人益張旗幟於山上爲疑兵，使酈食其、陸賈往説秦將，啗以利。』秦將果欲連和，沛公欲許之。張良曰：『此獨其將欲叛，恐其士卒不從，不如因其怠懈擊之。』沛公引兵繞嶢關，逾蕢山，擊秦軍，大破之藍田南。遂至藍田，又戰其北，秦兵大敗。

元年冬十月，五星聚于東井。沛公至霸上。秦王子嬰素車白馬，係頸以組，封皇帝璽、符、節，降枳道旁。諸將或言誅秦王，沛公曰：『始懷王遣我，固以能寬容，且人已服降，殺之不祥。』乃以屬吏。遂西入咸陽。欲止宮休舍，樊噲、張良諫，乃封秦重寶財物府庫，還軍霸上。蕭何盡收秦丞相府圖籍文書。十一月，召諸縣豪桀曰：『父老苦秦苛法久矣，誹謗者族，耦語者棄市。吾與諸侯約，先入關者王之，吾當王關中。與父老約法三章耳：殺人者死，傷人及盜抵罪。餘悉除去秦法。吏民皆按堵如故。凡吾所以來，爲父兄除害，非有所侵暴，毋恐！且吾所以軍霸上，待諸侯至而定要束耳。』乃使人與秦吏行至縣、鄉、邑告諭之。秦民大喜，爭持牛、羊、酒食獻享軍士。沛公讓不受，曰：『倉粟多，不欲費民。』民又益喜，唯恐沛公不爲秦王。

或説沛公曰：『秦富十倍天下，地形强。今聞章邯降項羽，羽號曰雍王，王關中。卽來，沛公恐不得有此。可急使守函谷關，毋內諸侯軍，稍徵關中兵以自益，距之。』沛公然其計，從之。十二月，項羽果帥諸侯兵欲西入關，關門閉。聞沛公已定關中，羽大怒，使黥布等攻破函谷關，遂至戲下。沛公左司馬曹毋傷聞羽怒，欲攻沛公，使人言羽曰：『沛公欲王關中，令子嬰相，珍寶盡有之。』欲以求封。亞父范增説羽曰：『沛公居山東時，貪財好色。今聞其入關，珍物無所取，婦女無所幸，此其志不小。吾使人望其氣，皆爲龍，成五色，此天子氣。急擊之，勿失。』於是饗士，旦日合戰。是時，羽兵四十萬，號百萬。沛公兵十萬，號二十萬，力不敵。會羽季父左尹項伯素善張良，夜馳見張良，具告其實，欲與俱去，毋特俱死。良曰：『臣爲韓王送沛公，不可不告，亡去不義。』乃與項伯俱見沛公。沛公與伯約爲婚姻，曰：『吾入關，秋毫無所敢取，籍吏民，封府庫，待將軍。所以守關者，備他盜也。日夜望將軍到，豈敢反邪！願伯明言不敢背德。』項伯許諾，卽夜復去，戒沛公曰：『旦日不可不早自來謝。』項伯還，具以沛公言告羽，因曰：『沛公不先破關中兵，公巨能入乎？且人有大功，擊之不祥，不如因善之。』羽許諾。

沛公旦日從百餘騎見羽鴻門，謝曰：『臣與將軍戮力攻秦，將軍戰河北，臣戰河南，不自意先入關，能破秦，與將軍復相見。今者有小人言，令將軍與臣有隙。』羽曰：『此沛公左司馬曹毋傷言之，不然，籍何以至此？』羽因留沛公飲。范增數目羽擊沛公，羽不應。范增起，出謂項莊曰：『君王爲人不忍，汝入以劍舞，因擊沛公，殺之。不者，汝屬且爲所虜。』莊入爲壽。壽畢，曰：『軍中無以爲樂，請以劍舞。』因拔劍舞。項伯亦起舞，常以身翼蔽沛公。樊噲聞事急，直入，怒甚。羽壯之，賜以酒。噲因譙讓羽。有頃，沛公起如廁，招樊噲出，置車官屬，獨騎，樊噲、靳强、滕公、紀成步，從間道走軍，使張良留謝羽。羽問：『沛公安在？』曰：『聞將軍有意督過之，脱身去，間至軍，故使臣獻璧。』羽受之。又獻玉斗范增。增怒，撞其斗，起曰：『吾屬今爲沛公虜矣！』

沛公歸數日，羽引兵西屠咸陽，殺秦降王子嬰，燒秦宮室，所過殘滅，秦民大失望。羽使人還報懷王，懷王曰：『如約。』羽怨懷王不肯令與沛公俱西入關而北救趙，後天下約。乃曰：『懷王者，吾家所立耳，非有功伐，何以得專主約！本定天下，諸將與籍也。』春正月，陽尊懷王爲義帝，實不用其命。

二月，羽自立爲西楚霸王，王梁、楚地九郡，都彭城。背約，更立沛公爲漢王，王巴、蜀、漢中四十一縣，都南鄭。三分關中，立秦三將，章邯爲雍王，都廢丘；司馬欣爲塞王，都櫟陽；董翳爲翟王，都高奴。楚將瑕丘申陽爲河南王，都洛陽。趙將司馬卬爲殷王，都朝歌。當陽君英布爲九江王，都六。懷王柱國共敖爲臨江王，都江陵。番君吳芮爲衡山王，都邾。故齊王建孫田安爲濟北王。徙魏王豹爲西魏王，都平陽。徙燕王韓廣爲遼東王。燕將臧荼爲燕王，都薊。徙齊王田市爲膠東王。齊將田都爲齊王，都臨菑。徙趙王歇爲代王。趙相張耳爲常山王。漢王怨羽之背約，

欲攻之，丞相蕭何諫，乃止。

夏四月，諸侯罷戲下，各就國。羽使卒三萬人從漢王，楚子、諸侯人之慕從者數萬人，從杜南入蝕中。張良辭歸韓，漢王送至褒中，因説漢王燒絕棧道，以備諸侯盜兵，亦視項羽無東意。

漢王既至南鄭，諸將及士卒皆歌謳思東歸，多道亡還者。韓信爲治粟都尉，亦亡去。蕭何追還之，因薦于漢王，曰：『必欲爭天下，非信無可與計事者。』於是漢王齊戒設壇場，拜信爲大將軍，問以計策。信對曰：『項羽背約而王君王于南鄭，是遷也。吏卒畢山東之人，日夜企而望歸，及其鋒而用之，可以有大功。天下已定，民皆自寧，不可復用。不如決策東向。』因陳羽可圖、三秦易并之計。漢王大説，遂聽信策，部署諸將。留蕭何收巴、蜀租，給軍糧食。

五月，漢王引兵從故道出襲雍。雍王邯迎擊漢陳倉，雍兵敗，還走；戰好時，又大敗，走廢丘。漢王遂定雍地。東如咸陽，引兵圍雍王廢丘，而遣諸將略地。

田榮聞羽徙齊王市于膠東而立田都爲齊王，大怒，以齊兵迎擊田都。都走降楚。六月，田榮殺田市，自立爲齊王。時彭越在鉅野，衆萬餘人，無所屬。榮與越將軍印，因令反梁地。越擊殺濟北王安，榮遂并三齊之地。燕王韓廣亦不肯徙遼東。秋八月，臧荼殺韓廣，并其地。塞王欣、翟王翳皆降漢。

初，項梁立韓後公子成爲韓王，張良爲韓司徒。羽以良從漢王，韓王成又無功，故不遣就國，與俱至彭城，殺之。及聞漢王并關中，而齊、梁畔之，羽大怒，乃以故吴令鄭昌爲韓王，距漢。令蕭公角擊彭越，越敗角兵。時張良徇韓地，遺羽書曰：『漢欲得關中，如約卽止，不敢復東。』羽以故無西意，而北擊齊。

九月，漢王遣將軍薛歐、王吸出武關，因王陵兵，從南陽迎太公、呂后於沛。羽聞之，發兵距之陽夏，不得前。

二年冬十月，項羽使九江王布殺義帝於郴。陳餘亦怨羽獨不王己，從田榮借助兵，以擊常山王張耳。耳敗走降漢，漢王厚遇之。陳餘迎代王歇還趙，歇立餘爲代王。張良自韓間行歸漢，漢王以爲成信侯。

漢王如陝，鎮撫關外父老。河南王申陽降，置河南郡。使韓太尉韓信擊韓，韓王鄭昌降。十一月，立韓太尉信爲韓王。漢王還歸，都櫟陽，使諸將略地，拔隴西。以萬人若一郡降者，封萬户。繕治河上塞。故秦苑囿園池，令民得田之。

春正月，羽擊田榮城陽，榮敗走平原，平原民殺之。齊皆降楚，楚焚其城郭，齊人復畔之。諸將拔北地，虜雍王弟章平。赦罪人。

二月癸未，令民除秦社稷，立漢社稷。施恩德，賜民爵。蜀、漢民給軍事勞苦，復勿租稅二歲。關中卒從軍者，復家一歲。舉民年五十以上，有修行，能帥衆爲善，置以爲三老，鄉一人。擇鄉三老一人爲縣三老，與縣令、丞、尉以事相教，復勿繇戍。以十月賜酒肉。

三月，漢王自臨晉渡河。魏王豹降，將兵從。下河内，虜殷王卬，置河内郡。至脩武，陳平亡楚來降。漢王與語，説之，使參乘，監諸將。南渡平陰津，至洛陽，新城三老董公遮説漢王曰：『臣聞「順德者昌，逆德者亡」，「兵出無名，事故不成」。故曰：「明其爲賊，敵乃可服。」項羽爲無道，放殺其主，天下之賊也。夫仁不以勇，義不以力，三軍之衆爲之素服，以告之諸侯，爲此東伐，四海之内莫不仰德。此三王之舉也。』漢王曰：『善。非夫子無所聞。』於是漢王爲義帝發喪，袒而大哭，哀臨三日。發使告諸侯曰：『天下共立義帝，北面事之。今項羽放殺義帝江南，大逆無道。寡人親爲發喪，兵皆縞素。悉發關中兵，收三河士，南浮江、漢以下，願從諸侯王擊楚之殺義帝者。』

夏四月，田榮弟橫收得數萬人，立榮子廣爲齊王。羽雖聞漢東，既擊齊，欲遂破之而後擊漢，漢王以故得劫五諸侯兵東伐楚。到外黃，彭越將三萬人歸漢。漢王拜越爲魏相國，令定梁地。漢王遂入彭城，收羽美人貨賂，置酒高會。羽聞之，令其將擊齊，而自以精兵三萬人從魯出胡陵，至蕭，晨擊漢軍，大戰彭城靈壁東睢水上，大破漢軍，多殺士卒，睢水爲之不流。圍漢王三匝。大風從西北起，折木發屋，揚砂石，晝晦，楚軍大亂，而漢王得與數十騎遁去。過沛，使人求室家，室家亦已亡，不相得。漢王道逢孝惠、魯元，載行。楚騎追漢王，漢王急，推墮二子。滕公下收載，遂得脱。審食其從太公、呂后間行，反遇楚軍，羽常置軍中以爲質。諸侯見漢敗，皆亡去。塞王欣、翟王翳降楚，殷王卬死。

呂后兄周呂侯將兵居下邑，漢王從之。稍收士卒，軍碭。

漢王西過梁地，至虞，謂謁者隨何曰：『公能説九江王布使舉兵畔楚，項王必留擊之。得留數月，吾取天下必矣。』隨何往説布，果使畔楚。

五月，漢王屯滎陽，蕭何發關中老弱未傅者悉詣軍。韓信亦收兵與漢王會，兵復大振。與楚戰滎陽南京、索間，破之。築甬道屬河，以取敖倉粟。魏王豹謁歸視親疾。至則絶河津，反爲楚。

六月，漢王還櫟陽。壬午，立太子，赦罪人。令諸侯子在關中者皆集櫟陽爲衛。引水灌廢丘，廢丘降，章邯自殺。雍地定，八十餘縣，置河上、渭南、中地、隴西、上郡。令祠官祀天地、四方、上帝、山川，以時祠之。興關中卒乘邊塞。關中大饑，米斛萬錢，人相食。令民就食蜀、漢。

秋八月，漢王如滎陽，謂酈食其曰：『緩頰往説魏王豹，能下之，以魏地萬户封生。』食其往，豹不聽。漢王以韓信爲左丞相，與曹參、灌嬰俱擊魏。食其還，漢王問：『魏大將誰也？』對曰：『柏直。』王曰：『是口尚乳臭，不能當韓信。騎將誰也？』曰：『馮敬。』曰：『是秦將馮無擇子也。雖賢，不能當灌嬰。步卒將誰也？』曰：『項它。』曰：『不能當曹參。吾無患矣。』

九月，信等虜豹，傳詣滎陽。定魏地，置河東、太原、上黨郡。信使人請兵三萬人，願以北舉燕、趙，東擊齊，南絶楚糧道。漢王與之。

三年冬十月，韓信、張耳東下井陘擊趙，斬陳餘，獲趙王歇。置常山、代郡。甲戌晦，日有食之。十一月癸卯晦，日有食之。

隨何既説黥布，布起兵攻楚。楚使項聲、龍且攻布，布戰不勝。十二月，布與隨何間行歸漢。漢王分之兵，與俱收兵至成皋。

項羽數侵奪漢甬道，漢軍乏食，與酈食其謀橈楚權。食其欲立六國後以樹黨，漢王刻印，將遣食其立之。以問張良，良發八難。漢王輟飯吐哺，曰：『豎儒幾敗乃公事！』令趣銷印。又問陳平，乃從其計，與平黄金四萬斤，以間疏楚君臣。

夏四月，項羽圍漢滎陽，漢王請和，割滎陽以西者爲漢。亞父勸項羽急攻滎陽，漢王患之。陳平反間既行，羽果疑亞父。亞父大怒而去，發病死。

五月，將軍紀信曰：『事急矣！臣請誑楚，可以間出。』於是陳平夜出女子東門二千餘人，楚因四面擊之。紀信乃乘王車，黄屋左纛，曰：『食盡，漢王降楚。』楚皆呼萬歲，之城東觀，以故漢王得與數十騎出西門遁。令御史大夫周苛、魏豹、樅公守滎陽。羽見紀信，問：『漢王安在？』曰：『已出去矣。』羽燒殺信。而周苛、樅公相謂曰：『反國之王，難與守城。』因殺魏豹。

漢王出滎陽，至成皋。自成皋入關，收兵欲復東。轅生説漢王曰：『漢與楚相距滎陽數歲，漢常困。願君王出武關，項王必引兵南走，王深壁，令滎陽、成皋間且得休息。使韓信等得輯河北趙地，連燕、齊，君王乃復走滎陽。如此，則楚所備者多，力分。漢得休息，復與之戰，破之必矣。』漢王從其計，出軍宛葉間，與黥布行收兵。

羽聞漢王在宛，果引兵南，漢王堅壁不與戰。是月，彭越渡睢，與項聲、薛公戰下邳，破殺薛公。羽使終公守成皋，而自東擊彭越。漢王引兵北，擊破終公，復軍成皋。

六月，羽已破走彭越，聞漢復軍成皋，乃引兵西拔滎陽城，生得周苛。羽謂苛：『爲我將，以公爲上將軍，封三萬户。』周苛罵曰：『若不趨降漢，今爲虜矣！若非漢王敵也。』羽亨周苛，并殺樅公，而虜韓王信，遂圍成皋。漢王跳，獨與滕公共車出成皋玉門，北渡河，宿小修武。自稱使者，晨馳入張耳、韓信壁而奪之軍。乃使張耳北收兵趙地。

秋七月，有星孛於大角。漢王得韓信軍，復大振。

八月，臨河南鄉，軍小修武，欲復戰。郎中鄭忠説止漢王，高壘深塹勿戰。漢王聽其計，使盧綰、劉賈將卒二萬人，騎數百，渡白馬津入楚地，佐彭越燒楚積聚，復擊破楚軍燕郭西，攻下睢陽、外黄十七城。九月，羽謂海春侯大司馬曹咎曰：『謹守成皋。即漢王欲挑戰，慎勿與戰，勿令得東而已。我十五日必定梁地，復從將軍。』羽引兵東擊彭越。

漢王使酈食其説齊王田廣，罷守兵與漢和。

四年冬十月，韓信用蒯通計，襲破齊。齊王亨酈生，東走高密。項羽聞韓信破齊，且欲擊楚，使龍且救齊。

漢果數挑成皋戰，楚軍不出。使人辱之數日，大司馬咎怒，渡兵汜水。士卒半渡，漢擊之，大破楚軍，盡得楚國金玉貨賂。大司馬咎、長史欣皆自剄汜水上。漢王引兵渡河，復取成皋，軍廣武，就敖倉食。

羽下梁地十餘城，聞海春侯破，乃引兵還。漢軍方圍鍾離于滎陽東，聞羽至，盡走險阻。羽亦軍廣武，與漢相守。丁壯苦軍旅，老弱罷轉餉。漢王、羽相與臨廣武之間而語。羽欲與漢王獨身挑戰，漢王數羽曰：『吾始與羽俱受命懷王，曰先定關中者王之。羽負約，王我於蜀、漢，罪一也。羽矯殺卿子冠軍，自尊，罪二也。羽當以救趙還報，而擅劫諸侯兵入關，罪三也。懷王約，入秦無暴掠，羽燒秦宫室，掘始皇帝塚，收私其財，罪四也。又强殺秦降王子嬰，罪五也。詐坑秦子弟新安二十萬，王其將，罪六也。皆王諸將善地，而徙逐故主，令臣下爭畔逆，罪七也。出逐義帝彭城，自都之，奪韓王地，并王梁、楚，多自與，罪八也。使人陰殺義帝江南，罪九也。夫爲人臣而殺其主，殺其已降，爲政不平，主約不信，天下所不容，大逆無道，罪十也。吾以義兵從諸侯誅殘賊，使刑餘罪人擊公，何苦乃與公挑戰！』羽大怒，伏弩射中漢王。漢王傷胸，乃捫足曰：『虜中吾指！』漢王病創臥，張良强請漢王起行勞軍，以安士卒，毋令楚乘勝。漢王出行軍，疾甚，因馳入成皋。

十一月，韓信與灌嬰擊破楚軍，殺楚將龍且，追至城陽，虜齊王廣。齊相田横自立爲齊王，奔彭越。漢立張耳爲趙王。

漢王疾愈，西入關，至櫟陽，存問父老，置酒。梟故塞王欣頭櫟陽市。留四日，復如軍，軍廣武。關中兵益出，而彭越、田横居梁地，往來苦楚兵，絕其糧食。

韓信已破齊，使人言曰：『齊邊楚，權輕，不爲假王，恐不能安齊。』漢王怒，欲攻之。張良曰：『不如因而立之，使自爲守。』春二月，遣張良操印，立韓信爲齊王。秋七月，立黥布爲淮南王。八月，初爲算賦。北貉、燕人來致梟騎助漢。漢王下令：軍士不幸死者，吏爲衣衾棺斂，轉送其家。四方歸心焉。

項羽自知少助食盡，韓信又進兵擊楚，羽患之。漢遣陸賈説羽，請太公，羽弗聽。漢復使侯公説羽，羽乃與漢約，中分天下，割鴻溝以西爲漢，以東爲楚。九月，歸太公、呂后，軍皆稱萬歲。乃封侯公爲平國君。羽解而東歸。漢王欲西歸，張良、陳平諫曰：『今漢有天下太半，而諸侯皆附，楚兵罷食盡，此天亡之時，不因其幾而遂取之，所謂養虎自遺患也。』漢王從之。

又　卷一下《高帝紀下》　五年冬十月，漢王追項羽至陽夏南，止軍，與齊王信、魏相國越期會擊楚。至固陵，不會。楚擊漢軍，大破之，漢王復入壁，深塹而守。謂張良曰：『諸侯不從，奈何？』良對曰：『楚兵且破，未有分地，其不至固宜。君王能與共天下，可立致也。齊王信之立，非君王意，信亦不自堅。彭越本定梁地，始君王以魏豹故，拜越爲相國。今豹死，越亦望王，而君王不早定。今能取睢陽以北至穀城皆以王彭越，從陳以東傅海與齊王信，信家在楚，其意欲復得故邑。能出捐此地以許兩人，使各自爲戰，則楚易敗也。』於是漢王發使使韓信、彭越。至，皆引兵來。

十一月，劉賈入楚地，圍壽春。漢亦遣人誘楚大司馬周殷。殷畔楚，以舒屠六，舉九江兵迎黥布，並行屠城父，隨劉賈皆會。

十二月，圍羽垓下。羽夜聞漢軍四面皆楚歌，知盡得楚地。羽與數百騎走，是以兵大敗。灌嬰追斬羽東城。

宋·袁樞《通鑑紀事本末》卷二《高帝滅楚》　秦二世二年。初，楚懷王與諸將約，先入定關中者王之。當是時，秦兵强，常乘勝逐北，諸將莫利先入關。獨項羽怨秦之殺項梁，奮，願與沛公西入關。懷王諸老將皆曰：『項羽爲人慓悍猾賊。嘗攻襄城，襄城無遺類，皆坑之，諸所過無不殘滅。且楚數進取，前陳王、項梁皆敗，不如更遣長者，扶義而西，告諭秦父兄。秦父兄苦其主久矣，今誠得長者往，無侵暴，宜可下。項羽不可遣，獨沛公素寬大長者，可遣。』懷王乃不許項羽，而遣沛公西略地，收陳王、項梁散卒以伐秦。

漢高祖元年冬十月，沛公西入咸陽，諸將皆爭走金帛財物之府分之。蕭何獨先入收秦丞相府圖籍藏之，以此沛公得具知天下戹塞、户口多少、强弱之處。沛公見秦宫室、帷帳、狗馬、重寶、婦女以千數，意欲留居之。樊噲諫曰：『沛公欲有天下耶，將爲富家翁耶？凡此奢麗之物，皆秦所以亡也，沛公何用焉！願急還霸上，無留宫中！』沛公不聽。張良曰：『秦爲無道，故沛公得至此。夫爲天下除殘賊，宜縞素爲資。今始入秦，卽安其樂，此所謂「助桀爲虐」。且忠言逆耳利於行，毒藥苦口利於病，願沛公聽樊噲言！』沛公乃還軍霸上。

十一月，沛公悉召諸縣父老、豪桀，謂曰：『父老苦秦苛法久矣！

吾與諸侯約，先入關者王之，吾當王關中。與父老約法三章耳：殺人者死，傷人及盗抵罪。餘悉除去秦法，諸吏民皆案堵如故。凡吾所以來，爲父老除害，非有所侵暴，無恐。且吾所以還軍霸上，待諸侯至而定約束耳。』乃使人與秦吏行縣、鄉、邑，告諭之。秦民大喜，爭持牛、羊、酒食獻饗軍士。沛公又讓不受，曰：『倉粟多，非乏，不欲費民。』民又益喜，唯恐沛公不爲秦王。

項羽既定河北，率諸侯兵欲西入關。先是，諸侯吏卒、繇使、屯戍過秦中者，秦中吏卒遇之多無狀。及章邯以秦軍降諸侯，諸侯吏卒乘勝多奴虜使之，輕折辱秦吏卒。秦吏卒多怨，竊言曰：『章將軍等詐吾屬降諸侯。今能入關破秦，大善；即不能，諸侯虜吾屬而東，秦又盡誅吾父母妻子，奈何？』諸將微聞其計，以告項羽。項羽召黥布、蒲將軍計曰：『秦吏卒尚衆，其心不服，至關不聽，事必危。不如擊殺之，而獨與章邯、長史欣、都尉翳入秦。』於是楚軍夜擊坑秦卒二十餘萬人新安城南。

或說沛公曰：『秦富十倍天下，地形强。聞項羽號章邯爲雍王，王關中，今則來，沛公恐不得有此。可急使兵守函谷關，無内諸侯軍；稍徵關中兵以自益，距之。』沛公然其計，從之。已而項羽至關，關門閉。聞沛公已定關中，大怒，使黥布等攻破函谷關。十二月，項羽進至戲。沛公左司馬曹無傷使人言項羽曰：『沛公欲王關中，令子嬰爲相，珍寶盡有之。』欲以求封。項羽大怒，饗士卒，期旦日擊沛公軍。當是時，項羽兵四十萬，號百萬，在新豐鴻門；沛公兵十萬，號二十萬，在霸上。范增說項羽曰：『沛公居山東時，貪財好色。今入關，財物無所取，婦女無所幸，此其志不在小。吾令人望其氣，皆爲龍虎，成五采，此天子氣也。急擊勿失！』

楚左尹項伯者，項羽季父也，素善張良，乃夜馳之沛公軍，私見張良，具告以事，欲呼與俱去，曰：『毋俱死也！』張良曰：『臣爲韓王送沛公。沛公今有急，亡去不義，不可不語。』良乃入，具告沛公。沛公大驚。良曰：『料公士卒足以當項羽乎？』沛公默然曰：『固不如也。且爲之奈何？』張良曰：『請往謂項伯，言沛公之不敢叛也。』沛公曰：『君安與項伯有故？』張良曰：『秦時與臣遊，嘗殺人，臣活之。今事有急，故幸來告良。』沛公曰：『孰與君少長？』良曰：『長於臣。』沛公曰：『君爲我呼入，吾得兄事之。』張良出，固要項伯；項伯卽入見沛公。沛公奉巵酒爲壽，約爲婚姻，曰：『吾入關，秋毫不敢有所近，籍吏民，封府庫而待將軍。所以遣將守關者，備他盗之出入與非常也。日夜望將軍至，豈敢反乎！願伯具言臣之不敢倍德也。』項伯許諾，謂沛公曰：『旦日不可不蚤自來謝。』沛公曰：『諾。』於是項伯復夜去，至軍中，具以沛公言報項羽，因言曰：『沛公不先破關中，公豈敢入乎！今人有大功而擊之，不義也。不如因善遇之。』項羽許諾。

沛公旦日從百餘騎來見項羽鴻門，謝曰：『臣與將軍戮力而攻秦，將軍戰河北，臣戰河南。不自意能先入關破秦，得復見將軍于此。今者有小人之言，令將軍與臣有隙。』項羽曰：『此沛公左司馬曹無傷言之，不然，籍何以生此！』項羽因留沛公與飲。范增數目項羽，舉所佩玉玦以示之者三。項羽默然不應。范增起，出，召項莊，謂曰：『君王爲人不忍。若入前爲壽，壽畢，以劍舞，因擊沛公於坐，殺之。不者，若屬皆且爲所虜！』莊則入爲壽，壽畢，曰：『軍中無以爲樂，請以劍舞。』項羽曰：『諾。』項莊拔劍起舞。項伯亦拔劍起舞，常以身翼蔽沛公，莊不得擊。於是張良至軍門見樊噲。噲曰：『今日之事何如？』良曰：『今項莊拔劍舞，其意常在沛公也。』噲曰：『此迫矣，臣請入，與之同命！』噲卽帶劍擁盾入。軍門衛士欲止不內，樊噲側其盾以撞，衛士仆地。遂入，披帷立，瞋目視項羽，頭髮上指，目眦盡裂。項羽按劍而跽曰：『客何爲者？』張良曰：『沛公之參乘樊噲也。』項羽曰：『壯士！賜之巵酒！』則與斗巵酒。噲拜謝，起，立而飲之。項羽曰：『賜之彘肩！』則與一生彘肩。樊噲覆其盾於地，加彘肩其上，拔劍切而啖之。項羽曰：『壯士能復飲乎？』樊噲曰：『臣死且不避，巵酒安足辭！夫秦有虎狼之心，殺人如不能舉，刑人如恐不勝；天下皆叛之。懷王與諸將約曰：「先破秦入咸陽者，王之。」今沛公先破秦入咸陽，豪毛不敢有所近，還軍霸上以待將軍。勞苦而功高如此，未有封爵之賞，而聽細人之說，欲誅有功之人，此亡秦之續耳，竊爲將軍不取也！』項羽未有以應，曰：『坐！』樊噲從良坐。

坐須臾，沛公起如廁，因招樊噲出。公曰：『今者出，未辭也，爲之奈何？』樊噲曰：『如今人方爲刀俎，我方爲魚肉，何辭爲！』於是遂

去。鴻門去霸上四十里，沛公則置車騎，脱身獨騎；樊噲、夏侯嬰、靳彊、紀信等四人持劍盾步走，從驪山下道芷陽，間行趣霸上。留張良使謝項羽，以白璧獻羽，玉斗與亞父。沛公謂良曰：『從此道至吾軍，不過二十里耳。度我至軍中，公乃入。』沛公已去，間至軍中，張良入謝曰：『沛公不勝杯杓，不能辭，謹使臣良奉白璧一雙，再拜獻將軍足下；玉斗一雙，再拜奉亞父足下。』項羽曰：『沛公安在？』良曰：『聞將軍有意督過之，脱身獨去，已至軍矣。』項羽則受璧，置之坐上。亞父受玉斗，置之地，拔劍撞而破之，曰：『唉！豎子不足與謀！奪將軍天下者，必沛公也。吾屬今爲之虜矣！』沛公至軍，立誅殺曹無傷。居數日，項羽引兵西，屠咸陽，殺秦降王子嬰，燒秦宮室，火三月不滅。收其貨寶、婦女而東。秦民大失望。韓生説項羽曰：『關中阻山帶河，四塞之地，地肥饒，可都以霸。』項羽見秦宮室皆已燒殘破，又心思東歸，曰：『富貴不歸故鄉，如衣繡夜行，誰知之者！』韓生退曰：『人言楚人沐猴而冠耳，果然！』項羽聞之，烹韓生。

項羽使人致命懷王，懷王曰：『如約。』項羽怒曰：『懷王者，吾家所立耳，非有功伐，何以得專主約！天下初發難時，假立諸侯後以伐秦。然身被堅執鋭首事，暴露於野三年，滅秦定天下者，皆將相諸君與籍之力也。懷王雖無功，固當分其地而王之。』諸將皆曰：『善！』春，正月，羽陽尊懷王爲義帝，曰：『古之帝者，地方千里，必居上游。』乃徙義帝於江南，都郴。

二月，羽分天下王諸將。羽自立爲西楚霸王，王梁、楚地九郡，都彭城。羽與范增疑沛公，而業已講解，又惡負約，乃陰謀曰：『巴、蜀道險，秦之遷人皆居之。』乃曰：『巴、蜀亦關中地也。』故立沛公爲漢王，王巴、蜀、漢中，都南鄭。而三分關中，王秦降將，以距塞漢路。章邯爲雍王，王咸陽以西，都廢丘。長史欣者，故爲櫟陽獄掾，嘗有德于項梁；都尉董翳者，本勸章邯降楚。故立欣爲塞王，王咸陽以東，至河，都櫟陽；立翳爲翟王，王上郡，都高奴。項羽欲自取梁地，乃徙魏王豹爲西魏王，王河東，都平陽。瑕丘申陽者，張耳嬖臣也，先下河南郡，迎楚河上，故立申陽爲河南王，都洛陽。韓王成因故都，都陽翟。趙將司馬卬定河內，數有功，故立卬爲殷王，王河內，都朝歌。徙趙王歇爲代王。趙相張耳素賢，又從入關，故立耳爲常山王，王趙地，治襄國。當陽君黥布爲楚將，常冠軍，故立布爲九江王，都六。番君吳芮率百越佐諸侯，又從入關，故立芮爲衡山王，都邾。義帝柱國共敖將軍擊南郡，功多，因立敖爲臨江王，都江陵。徙燕王韓廣爲遼東王，都無終。燕將臧荼從楚救趙，因從入關，故立荼爲燕王，都薊。徙齊王田市爲膠東王，都卽墨。齊將田都從楚救趙，因從入關，故立都爲齊王，都臨菑。項羽方渡河救趙，田安下濟北數城，引其兵降項羽，故立安爲濟北王，都博陽。田榮數負項梁，又不肯將兵從楚擊秦，以故不封。成安君陳餘棄將印去，不從入關，亦不封。客多説項羽曰：『張耳、陳餘，一體有功于趙，今耳爲王，餘不可以不封。』羽不得已，聞其在南皮，因環封之三縣。番君將梅鋗功多，封十萬户侯。

漢王怒，欲攻項羽，周勃、灌嬰、樊噲皆勸之。蕭何諫曰：『雖王漢中之惡，不猶愈於死乎？』漢王曰：『何爲乃死也？』何曰：『今衆弗如，百戰百敗，不死何爲！夫能詘於一人之下而信于萬乘之上者，湯、武是也。臣願大王王漢中，養其民以致賢人，收用巴、蜀，還定三秦，天下可圖也。』漢王曰：『善！』乃遂就國，以何爲丞相。漢王賜張良金百鎰，珠二斗；良具以獻項伯。漢王亦因令良厚遺項伯，使盡請漢中地，項王許之。

夏，四月，諸侯罷戲下兵，各就國。項王使卒三萬人從漢王之國。楚與諸侯之慕從者數萬人，從杜南入蝕中。張良送至褒中，漢王遣良歸韓；良因説漢王燒絕所過棧道，以備諸侯盜兵，且示項羽無東意。

六月，追擊殺市於卽墨，自立爲齊王。

初，淮陰人韓信，家貧，無行，不得推擇爲吏。及項梁渡淮，信杖劍從之。居麾下，無所知名。項梁敗，又屬項羽，羽以爲郎中。數以策干羽，羽不用。漢王之入蜀，信亡楚歸漢。信數與蕭何語，何奇之。漢王至南鄭，諸將及士卒皆歌謳思東歸，多道亡者。信度何等已數言王，王不我用，卽亡去。何聞信亡，不及以聞，自追之。人有言王曰：『丞相何亡。』王大怒，如失左右手。居一二日，何來謁王。王且怒且喜，罵何曰：『若亡，何也？』何曰：『臣不敢亡也，臣追亡者耳。』王曰：『若所追者誰？』何曰：『韓信也。』王復罵曰：『諸將亡者以十數，公無所

追。追信，詐也！』何曰：『諸將易得耳。至如信者，國士無雙。王必欲長王漢中，無所事信，必欲爭天下，非信無可與計事者。顧王策安所決耳。』王曰：『吾亦欲東耳，安能鬱鬱久居此乎！』何曰：『計必欲東，能用信，信即留；不能用信，終亡耳。』王曰：『吾爲公以爲將。』何曰：『雖爲將，信不留。』王曰：『以爲大將。』何曰：『幸甚！』於是王欲召信拜之。何曰：『王素慢無禮。今拜大將，如呼小兒，此乃信所以去也。王必欲拜之，擇良日，齋戒，設壇場，具禮，乃可耳。』王許之。諸將皆喜，人人各自以爲得大將。至拜大將，乃韓信也，一軍皆驚。

信拜禮畢，上坐。王曰：『丞相數言將軍，將軍何以教寡人計策？』信辭謝，因問王曰：『今東鄉爭權天下，豈非項王耶？』漢王曰：『然。』曰：『大王自料勇悍仁强孰與項王？』漢王默然良久，曰：『不如也。』信再拜賀曰：『惟信亦以爲大王不如也。然臣嘗事之，請言項王之爲人也。項王暗噁叱吒，千人皆廢，然不能任屬賢將，此特匹夫之勇耳。項王見人，恭敬慈愛，言語嘔嘔，人有疾病，涕泣分食飲；至使人，有功當封爵者，印刓敝，忍不能予，此所謂婦人之仁也。項王雖霸天下而臣諸侯，不居關中而都彭城；背義帝之約，而以親愛王諸侯，不平；逐其故主而王其將相，又遷逐義帝置江南；所過無不殘滅，百姓不親附，特劫于威强耳。名雖爲霸，實失天下心，故其强易弱。今大王誠能反其道，任天下武勇，何所不誅！以天下城邑封功臣，何所不服！以義兵從思東歸之士，何所不散！且三秦王爲秦將，將秦子弟數歲矣，所殺亡不可勝計；又欺其衆降諸侯，至新安，項王詐坑秦降卒二十餘萬，唯獨邯、欣、翳得脫。秦父兄怨此三人，痛入骨髓。今楚强以威王此三人，秦民莫愛也。大王之入武關，秋毫無所害，除秦苛法，與秦民約法三章；秦民無不欲得大王王秦者。于諸侯之約，大王當王關中，民咸知之；大王失職入漢中，秦民無不恨者。今大王舉而東，三秦可傳檄而定也。』於是漢王大喜，自以爲得信晚，遂聽信計，部署諸將所擊。留蕭何收巴、蜀租，給軍糧食。

八月，漢王引兵從故道出，襲雍；雍王章邯迎擊漢陳倉。雍兵敗，還走；止，戰好時，又敗，走廢丘。漢王遂定雍地，東至咸陽，引兵圍雍王於廢丘，而遣諸將略地。塞王欣、翟王翳皆降，以其地爲渭南、河上、上郡。將軍薛歐、王吸出武關，因王陵兵以迎太公、呂后。項王聞之，發兵距之陽夏，不得前。王陵者，沛人也，先聚黨數千人，居南陽，至是始以兵屬漢。項王取陵母置軍中，陵使至，則東鄉坐陵母，欲以招陵。陵母私送使者，泣曰：『願爲老妾語陵，善事漢王。漢王長者，終得天下，毋以老妾故持二心。妾以死送使者！』遂伏劍而死。項王怒，烹陵母。

項王以故吳令鄭昌爲韓王，以距漢。

張良遺項王書曰：『漢王失職，欲得關中，如約即止，不敢東。』又以齊、梁反書遺項王曰：『齊欲與趙并滅楚。』項王以此故無西意，而北擊齊。

〔是歲〕，項王使趣義帝行，其羣臣左右稍稍叛之。

二年冬，十月，項王密使九江、衡山、臨江王擊義帝，殺之江中。

陳餘悉三縣兵，與齊兵共襲常山。常山王張耳敗，走漢，謁漢王於廢丘，漢王厚遇之。陳餘迎趙王於代，復爲趙王。趙王德陳餘，立以爲代王。陳餘爲趙王弱，國初定，不之國，留傅趙王；而使夏說以相國守代。

張良自韓間行歸漢，漢王以爲成信侯。良多病，未嘗特將，常爲畫策臣，時時從漢王。

漢王如陝，鎮撫關外父老。

河南王申陽降，置河南郡。

漢王以韓襄王孫信爲韓太尉，將兵略韓地。信急擊韓王昌於陽城，昌降。十一月，立信爲韓王，常將韓兵從漢王。

漢王還都櫟陽。諸將拔隴西。

春，正月，項王北至城陽。齊王榮將兵會戰，敗，走平原，平原民殺之。項王復立田假爲齊王。遂北至北海，燒夷城郭、室屋，坑田榮降卒，係虜其老弱、婦女，所過多所殘滅。齊民相聚叛之。

漢將拔北地，虜雍王弟平。

三月，漢王自臨晉渡河。魏王豹降，將兵從；下河內，虜殷王卬，置河內郡。

初，陽武人陳平，事魏王咎於臨濟，爲太僕，說魏王，不聽。人或讒之，平亡去。後事項羽，賜爵爲卿。殷王反楚，項羽使平擊降之。還，拜

爲都尉，賜金二十鎰。居無何，漢王攻下殷。項王怒，將誅定殷將吏。平懼，乃封其金與印，使使歸項王；而挺身間行，杖劍亡，渡河，歸漢王於脩武，因魏無知求見漢王。漢王召入，賜食，遣罷就舍。平曰：『臣爲事來，所言不可以過今日。』於是漢王與語而説之；問曰：『子之居楚何官？』曰：『爲都尉。』是日卽拜平爲都尉，使爲參乘，典護軍。諸將盡讙曰：『大王一日得楚之亡卒，未知其高下，而卽與同載，反使監護長者！』漢王聞之，愈益幸平。

漢王南渡平陰津，至洛陽新城。三老董公遮説王曰：『臣聞「順德者昌，逆德者亡」；「兵出無名，事故不成」。故曰：「明其爲賊，敵乃可服。」項羽爲無道，放殺其主，天下之賊也。夫仁不以勇，義不以力，大王宜率三軍之衆爲之素服，以告諸侯而伐之，則四海之內莫不仰德，此三王之舉也。』於是漢王爲義帝發喪，袒而大哭，哀臨三日，發使告諸侯曰：『天下共立義帝，北面事之。今項羽放殺義帝江南，大逆無道！寡人悉發關中兵，收三河士，南浮江、漢以下，願從諸侯王擊楚之殺義帝者！』使者至趙，陳餘曰：『漢殺張耳，乃從。』於是漢王求人類張耳者斬之，持其頭遺陳餘；餘乃遣兵助漢。

田榮弟横收散卒，得數萬人，起城陽。夏四月，立榮子廣爲齊王，以拒楚。項王因留，連戰，未能下。雖聞漢東，既擊齊，欲遂破之而後擊漢，漢王以故得率諸侯兵凡五十六萬人伐楚。到外黄，彭越將其兵三萬餘人歸漢。漢王曰：『彭將軍收魏地得十餘城，欲急立魏後。今西魏王豹，眞魏後。』乃拜彭越爲魏相國，擅將其兵略定梁地。漢王遂入城，收其貨寶、美人，日置酒高會。項王聞之，令諸將擊齊，而自以精兵三萬人南，從魯出胡陵至蕭。晨，擊漢軍而東至彭城，日中，大破漢軍。漢軍皆走，相隨入穀、泗水，死者十餘萬人。漢卒皆南走山，楚又追擊至靈壁東睢水上；漢軍卻，爲楚所擠，卒十餘萬人皆入睢水，水爲之不流。圍漢王三匝。會大風從西北起，折木，發屋，揚沙石，窈冥晝晦，逢迎楚軍大亂，壞散，而漢王乃得與數十騎遁去。欲過沛，收家室，而楚亦使人之沛取漢王家。家皆亡，不與漢王相見。漢王道逢孝惠、魯元公主，載以行。楚騎追之，漢王急，推墮二子車下。滕公爲太僕，常下收載之。如是者三。曰：『今雖急，不可以驅，奈何棄之！』故徐行。漢王怒，欲斬之者十餘；滕公卒保護，脱二子。審食其從太公、呂后間行求漢王，不相遇，反遇楚軍。楚軍與歸，項王常置軍中爲質。是時，呂后兄周呂侯爲漢將兵，居下邑。漢王間往從之，稍稍收其士卒。諸侯皆背漢，復與楚。塞王欣、翟王翳亡降楚。

田横進攻田假，假走楚，楚殺之。横遂復定三齊之地。

漢王問羣臣曰：『吾欲捐關以東等棄之，誰可與共功者？』張良曰：『九江王布，楚梟將，與項王有隙，彭越與齊反梁地，此兩人可急使。而漢王之將，獨韓信可屬大事，當一面。卽欲捐之，捐之此三人，則楚可破也。』

初，項王擊齊，徵兵九江，九江王布稱病不在，遣將將軍數千人行。漢之破楚彭城，布又稱病不佐楚。楚王由此怨布，數使使者誚讓，召布。布愈恐，不敢往。項王方北憂齊、趙，西患漢，所與者獨九江王；又多布材，欲親用之，以故未之擊。漢王自下邑徙軍碭，遂至虞，謂左右曰：『如彼等者，無足與計天下事！』謁者隨何進曰：『不審陛下所謂。』漢王曰：『孰能爲我使九江，令之發兵倍楚？留項王數月，我之取天下可以百全。』隨何曰：『臣請使之！』漢王使與二十人俱。

五月，漢王至滎陽，諸敗軍皆會，蕭何亦發關中老弱未傅者悉詣滎陽，漢軍復大振。楚起于彭城，常乘勝逐北，與漢戰滎陽南京、索間。楚騎來衆，漢王擇軍中可爲騎將者，皆推故秦騎士重泉人李必、駱甲。漢王欲拜之，必、甲曰：『臣故秦民，恐軍不信；願得大王左右善騎者傅之。』乃拜灌嬰爲中大夫令，李必、駱甲爲左右校尉，將騎兵擊楚騎於滎陽東，大破之，楚以故不能過滎陽而西。漢王軍滎陽，築甬道屬之河，以取敖倉粟。

魏王豹謁視親疾，至則絶河津，反爲楚。

六月，漢王還櫟陽。

漢兵引水灌廢丘，廢丘降，章邯自殺。盡定雍地，以爲中地、北地、隴西郡。

秋八月，漢王如滎陽，命蕭何守關中侍太子，爲法令約束，立宗廟、社稷、宮室、縣邑，事有不及奏決者輒以便宜施行，上來，以聞。計關中户口，轉漕，調兵以給事，未嘗乏絶。

漢王使酈食其往説魏王豹，且召之。豹不聽，曰：『漢王慢而侮人，罵詈諸侯、羣臣如罵奴耳，吾不忍復見也。』於是漢王以韓信爲左丞相，與灌嬰、曹參俱擊魏。漢王問食其：『魏大將誰也？』對曰：『柏直。』王曰：『是口尚乳臭，安能當韓信！騎將誰也？』曰：『馮敬。』曰：『是秦將馮無擇子也，雖賢，不能當灌嬰。』『步卒將誰也？』曰：『項佗。』曰：『不能當曹參。吾無患矣！』韓信亦問酈生：『魏得無用周叔爲大將乎？』酈生曰：『柏直也。』信曰：『豎子耳。』遂進兵。魏王盛兵蒲阪以塞臨晉。信乃益爲疑兵，陳船欲渡臨晉，而伏兵從夏陽以木罌流軍，襲安邑。魏王豹驚，引兵迎信。九月，信擊虜豹，傳詣滎陽，悉定魏地，置河東、上黨、太原郡。

漢之敗於彭城而西也，陳餘亦覺張耳不死，卽背漢。韓信既定魏，使人請兵三萬人，願以北舉燕、趙，東擊齊，南絕楚糧道。漢王許之，乃遣張耳與俱，引兵東，北擊趙、代。後九月，信破代兵，禽夏説於閼與。信之下魏破代，漢輒使人收其精兵詣滎陽以距楚。

三年冬十月，韓信、張耳以兵數萬東擊趙。趙王及成安君陳餘聞之，聚兵井陘口，號二十萬。廣武君李左車説成安君曰：『韓信、張耳乘勝而去國遠鬬，其鋒不可當。臣聞「千里饋糧，士有飢色；樵蘇後爨，師不宿飽。」今井陘之道，車不得方軌，騎不得成列，行數百里，其勢糧食必在其後。願足下假臣奇兵三萬人，從間路絕其輜重；足下深溝高壘勿與戰。彼前不得鬬，退不得還，野無所掠，不至十日，而兩將之頭可致於麾下；否則必爲二子所擒矣。』成安君嘗自稱義兵，不用詐謀奇計，曰：『韓信兵少而疲，如此避而不擊，則諸侯謂吾怯而輕來伐我矣。』

韓信使人間視，知其不用廣武君策，則大喜，乃敢引兵遂下。未至井陘口三十里，止舍。夜半，傳發，選輕騎二千人，人持一赤幟，從間道草山而望趙軍。誡曰：『趙見我走，必空壁逐我；若疾入趙壁，拔趙幟，立漢赤幟。』令其裨將傳餐，曰：『今日破趙會食！』諸將皆莫信，佯應曰：『諾。』信曰：『趙已先據便地爲壁；且彼未見吾大將旗鼓，未肯擊前行，恐吾至阻險而還也。』乃使萬人先行，出，背水陳。趙軍望見而大笑。平旦，信建大將旗鼓，鼓行出井陘口；趙開壁擊之，大戰良久。於是信與張耳佯棄鼓旗，走水上軍；水上軍開入之，復疾戰。趙果空壁爭漢旗、鼓，逐信、耳。信、耳已入水上軍，軍皆殊死戰，不可敗。信所出奇兵二千騎共候趙空壁逐利，則馳入趙壁，皆拔趙旗，立漢赤幟二千。趙軍已不能得信等，欲還歸壁；壁皆漢赤幟，見而大驚，以爲漢皆已得趙王將矣，兵遂亂，遁走，趙將雖斬之，不能禁也。於是漢兵夾擊，大破趙軍，斬成安君泜水上，禽趙王歇。

諸將效首虜，畢賀，因問信曰：『兵法：「右倍山陵，前左水澤。」今者將軍令臣等反背水陳，曰「破趙會食」，臣等不服，然竟以勝，此何術也？』信曰：『此在兵法，顧諸君不察耳！兵法不曰「陷之死地而後生，置之亡地而後存」？且信非得素拊循士大夫也，此所謂「驅市人而戰之」，其勢非置之死地，使人人自爲戰。今予之生地，皆走，寧尚可得而用之乎？！』諸將皆服，曰：『善！非臣所及也。』

信募生得廣武君者予千金。有縛致麾下者，信解其縛，東鄉坐，師事之。問曰：『僕欲北攻燕，東代齊，何若而有功？』廣武君辭謝曰：『臣敗亡之虜，何足以權大事乎！』信曰：『僕聞之，百里奚居虞而虞亡，在秦而秦霸；非愚於虞而智於秦也，用與不用，聽與不聽也。誠令成安君聽足下計，若信者亦已爲禽矣。以不用足下，故信得侍耳。今僕委心歸計，願足下勿辭。』廣武君曰：『今將軍涉西河，虜魏王，禽夏説；東下井陘，不終朝而破趙二十萬衆，誅成安君；名聞海內，威震天下，農夫莫不輟耕釋耒，褕衣甘食，傾耳以待命者，此將軍之所長也。然而衆勞卒罷，其實難用。今將軍欲舉倦敝之兵，頓之燕堅城之下，欲戰不得，攻之不拔，情見勢屈；曠日持久，糧食單竭。燕既不服，齊必距境以自强。燕、齊相持而不下，則劉、項之權未有所分也，此將軍所短也。善用兵者，不以短擊長而以長擊短。』韓信曰：『然則何由？』廣武君對曰：『方今爲將軍計，莫如按甲休兵，鎮撫趙民，百里之內，牛酒日至，以饗士大夫；北首燕路，而後遣辨士奉咫尺之書，暴其所長於燕，燕必不敢不聽從。燕已從而東臨齊，雖有智者，亦不知爲齊計矣。如是，則天下事皆可圖也。兵固有先聲而後實者，此之謂也。』韓信曰：『善！』從其策，發使使燕，燕從風而靡；遣使報漢，且請以張耳王趙，漢王許之。楚數使奇兵渡河擊趙，張耳、韓信往來救趙，因行定趙城邑，發兵詣漢。

十一月，隨何至九江，九江太宰主之，三日不得見。隨何説太宰曰：

『王之不見何，必以楚爲强，以漢爲弱也。此臣之所以爲使。使何得見，言之而是，大王所欲聞也；言之而非，使何等二十人伏斧質九江市，足以明王倍漢而與楚也。』太宰乃言之王。王見之。隨何曰：『漢王使臣敬進書大王御者，竊怪大王與楚何親也！』九江王曰：『寡人北鄉而臣事之。』隨何曰：『大王與項王俱列爲諸侯，北鄉而臣事之者，必以楚爲强，可以託國也。項王伐齊，身負版築，爲士卒先。大王宜悉九江之衆，身自將之，爲楚前鋒；今乃發四千人以助楚。夫北面而臣事人者，固若是乎？漢王入彭城，項王未出齊也。大王宜悉九江之兵渡淮，日夜會戰彭城下；大王乃撫萬人之衆，無一人渡淮者，垂拱而觀其孰勝。夫託國於人者，固若是乎？大王提空名以鄉楚而欲厚自託，臣竊爲大王不取也！然而大王不背楚者，以漢爲弱也。夫楚兵雖强，天下負之以不義之名，以其背盟約而殺義帝也。漢王收諸侯，還守成皋、滎陽，下蜀、漢之粟，深溝壁壘，分卒守徼乘塞。楚人深入敵國八九百里，老弱轉糧千里之外。漢堅守而不動，楚進則不得攻，退則不能解，故曰楚兵不足恃也。使楚勝漢，則諸侯自危懼而相救。夫楚之强，適足以致天下之兵耳。故楚不如漢，其勢易見也。今大王不與萬全之漢而自託于危亡之楚，臣竊爲大王惑之！臣非以九江之兵足以亡楚也；大王發兵而倍楚，項王必留；留數月，漢之取天下可以萬全。臣請與大王提劍而歸漢，漢王必裂地而封大王；又況九江必大王有也。』九江王曰：『請奉命。』陰許畔楚與漢，未敢泄也。

楚使者在九江，舍傳舍，方急責布發兵。隨何直入，坐楚使者上，曰：『九江王已歸漢，楚何以得發兵？』布愕然。楚使者起。何因說布曰：『事已構，可遂殺楚使者，無使歸，而疾走漢幷力。』布曰：『如使者教。』於是殺楚使者，因起兵而攻楚。使項聲、龍且攻九江，數月，龍且破九江軍。布欲引兵走漢，恐楚兵殺之，乃間行與何俱歸漢。

十二月，九江王至漢。漢王方踞牀洗足，召布入見。布大怒，悔來，欲自殺；及出就舍，帳御、飲食、從官皆如漢王居，布又大喜過望。於是乃使人入九江；楚已使項伯收九江兵，盡殺布妻子，布使者頗得故人幸臣，將衆數千人歸漢。漢益九江王兵，與俱屯成皋。

楚數侵奪漢甬道，漢軍乏食。漢王與酈食其謀橈楚權。食其曰：『昔湯伐桀，封其後於杞；武王伐紂，封其後於宋。今秦失德棄義，侵伐諸侯，滅其社稷，使無立錐之地，陛下誠能復立六國之後，此其君臣、百姓必皆戴陛下之德，莫不鄉風慕義，願爲臣妾。德義已行，陛下南鄉稱霸，楚必斂衽而朝。』漢王曰：『善！趣刻印，先生因行佩之矣。』食其未行，張良從外來謁。漢王方食，曰：『子房前！客有爲我計橈楚權者。』具以酈生語告良，曰：『何如？』良曰：『誰爲陛下畫此計者？陛下事去矣！』漢王曰：『何哉？』對曰：『臣請借前箸，爲大王籌之。昔湯、武封桀、紂之後者，度能制其死生之命也；今陛下能制項籍之死命乎？其不可一也。武王入殷，表商容之閭，釋箕子之囚，封比干之墓，今陛下能乎？其不可二也。發巨橋之粟，散鹿臺之錢，以賜貧窮，今陛下能乎？其不可三也。殷事已畢，偃革爲軒，倒載干戈，示天下不復用兵，今陛下能乎？其不可四也。休馬華山之陽，示以無爲，今陛下能乎？其不可五也。放牛桃林之陰，以示不復輸積，今陛下能乎？其不可六也。天下游士，離其親戚，棄墳墓，去故舊，從陛下游者，徒欲日夜望咫尺之地；今復立六國之後，天下游士各歸事其主，從其親戚，反其故舊墳墓，陛下與誰取天下乎？其不可七也。且夫楚唯無强，六國立者復橈而從之，陛下焉得而臣之？其不可八也。誠用客之謀，陛下事去矣！』漢王輟食，吐哺，罵曰：『豎儒幾敗而公事！』令趣銷印。

論説

宋·司馬光《司馬温公稽古録》卷一二　臣光曰：世稱項王不王秦而歸楚，故失天下。觀其擁百萬之衆，西入函谷，擅天下之勢，裂山河以王諸侯；自謂可以逞其私心而人莫敢違，安行無禮，忍爲不義；欲以一夫之力，服億兆之心；才高者見疑，功大者被絀；推此道以行之，雖得百秦之地，將能免於敗亡乎？

宋·何去非《何博士備論》卷上《楚漢論》　王天下者，其資有三：有以德得之，有以力幷之，有以智取之。得之以德者，三代是也；幷之以力者，秦人是也。取之以智者，劉漢是也。蓋以力則不若智之勝，以智則不若德之全。至於項羽之爭天下也，其所執者爲何資耶？德非羽

之所得言者矣，其於智、力之資又皆兩亡焉。而後世之議乃曰，項羽其亦不幸遇敵於漢而遂失之。嗟夫！雖微漢高帝，則羽之於天下固將失之也。漢王之於智蓋踈矣，以其能得眞智之所在，此所以王。項羽之於力嘗强矣，以其不知眞力之所在，此所以亡。彼項羽以百戰百勝之氣蓋於一時，手裂天下以王豪傑而宰制之，自以天下莫能抗也。觀其所賴以爲資，蓋有類乎力者矣。雖然，彼之所謂力者，內恃其身之勇，叱咤震怒足以威匹夫；外恃其衆之勁，搏捽決戰足以吞敵人而已。至於阻河山，據形便，俯首東瞰，臨制天下，保王業之固，遺後世之强，所謂眞力者，彼固莫之或知也。是以輕捐關中天險之勢，燔燒屠戮以逞其暴，卒舉而遺之二三降將，反懷區區之故楚而甚榮。其歸乃曰：『富貴不歸故鄉，如衣繡夜行，誰能知者？』此特淺丈夫之量，安足爲志天下者道哉！後之數羽之罪者，皆曰，奪漢王之關中，負信義於天下，此所以亡。嗟夫！使項氏無意於王，而徒奪漢王之關中，則謂其得罪於區區之信義可也。如其有意於王而奪之，是得計也。惟其知奪而不知有，此所以亡耳。

古者創業造邦之君而爲是之爲者，可勝罪哉？韓信未釋垓下之甲，而高祖奪其兵，不旋踵而又奪其齊。然而智者不非而義者不罪者，以其爲天下者重，而負人者輕故也。是以不顧意氣之微恩，而全社稷之大計也。漢高帝挾其在己之智術，固無足以定天下而王之。然天下卒歸之者，蓋能收人之智而任之不疑也。夫能因人之智而任之不疑，則天下之智皆其資也，此所謂眞智者也。又其所負者，帝王之度，故于其西遷也則曰：『吾亦欲東耳，安能悒悒久居此乎？』此其與項羽異矣。雖然，使無智術之士以主其謀，則天下之事亦去矣。方其入關，乃封秦府藏，還軍霸上。其畫婉矣。乃怵於妄議，一旦拒關無納東兵以逆其衆集之鋒，幾不免於項氏之暴。使遂卑而驕之，當能舒徐拱揖以得項羽之懽心，奠枕而王關中，撫循其衆，徐爲後圖，則天下不足定矣。幸而猶獲漢中之遷，因思歸之士，并三秦，定齊、趙，收信、越，以與項王親角者數歲，僅乃得之。向使項羽據關而王，驅以東出，使與韓、彭、田、黥之徒分疆錯壤，以弱其勢，則關東之士尚可得兼哉？信乎！王者之興固有所謂驅除者也。

宋・袁樞《通鑑紀事本末》卷二《高帝滅楚》 荀悦論曰：夫立策決勝之術，其要有三：一曰形，二曰勢，三曰情。形者，言其大體得失之數也；勢者，言其臨時之宜、進退之機也；情者，言其心志可否之實也。故策同、事等而功殊者，三術不同也。

初，張耳、陳餘説陳涉以復六國，自爲樹黨；酈生亦説漢王。所以説者同而得失異者，陳涉之起，天下皆欲亡秦；而楚、漢之分未有所定，今天下未必欲亡項也。故立六國，於陳涉，所謂多己之黨而益秦之敵也；且陳涉未能專天下之地也，所謂取非其有以與於人，行虚惠而獲實福也。立六國，於漢王，所謂割己之有而以資敵，設虚名而受實禍也。此同事而異形者也。

及宋義待秦、趙之斃，與昔卞莊刺虎同説者也。施之戰國之時，鄰國相攻，無臨時之急，則可也。戰國之立，其日久矣，一戰勝敗，未必以存亡也；其勢非能急於亡敵國也；進乘利，退自保，故累力待時，承敵之斃，其勢然也。今楚、趙所起，其與秦勢不並立，安危之機，呼吸成變，進則定功，退則受禍。此同事而異勢者也。

伐趙之役，韓信軍於泜水之上而趙不能敗。彭城之難，漢王戰于睢水之上，士卒皆赴入睢水而楚兵大勝。何則？趙兵出國迎戰，見可而進，知難而退，懷内顧之心，無出死之計；韓信軍孤在水上，士卒必死，無有二心，此信之所以勝也。漢王深入敵國，置酒高會，士卒逸豫，戰心不固；楚以强大之威而喪其國都，士卒皆有憤激之氣，救敗赴亡之急，以決一旦之命，此漢之所以敗也。且韓信選精兵以守，而趙以内顧之士攻之；項羽選精兵以攻，而漢以怠惰之卒應之，此同事而異情者也。

故曰：權不可豫設，變不可先圖。與時遷移，應物變化，設策之機也。

宋・錢時《兩漢筆記》卷一《高祖》 使項羽而先入關，則必責懷王以如約矣。關中之地，豈他人所得有哉？蓋其爲人負氣尚勇，不肯出沛公之後，是以屠咸陽，殺子嬰，燒宮室，收貨寶婦女，而動東歸之思，非其本心然也。及聞懷王如約之言，即怒而徙之，如逐奴隸，自王梁楚而遷沛公漢中，一旦發露不可得而掩矣。使沛公不忍小忿，遽起而與之角，其不至於自斃者幾希。是故羽之粗暴每每見容於沛公。凡委靡、退遜斂然而不敢較者，皆沛公之所以勝而項羽之所以敗也。沛公當時亦幾不能忍，賴蕭何以濟，有功多矣。惜乎未免出於詐術，非王者之所尚云。【略】

天無二日，民無二王。王者，天下歸往之謂也。古之封國，公、侯、伯、子、男，凡五等。周衰禮樂，征伐不出於上，而後諸侯强大僭號，此豈天下一家爵命之名也哉。項羽襲戰國之陋，裂地而王諸侯，此其舉措已大可笑，安有人臣奉命出征，得國自請爲王以鎮之而上不疑者。是破趙而請王張耳，此韓信欲王之機也。破齊而請爲假王，此高祖僞遊雲夢之機也。觀書至此，可爲痛心。【略】

項羽可君乎？曰，殘暴忍人也，屠城阬卒如彘狐鼠，安能爲君！可臣乎？曰，從卿子冠軍，則斬卿子冠軍；事義帝，則殺義帝，安能爲臣！然則斯人也，奚施而可？曰，是特助漢平蕩之具耳。春秋而下，用兵爭强，英雄豪傑，不聞義理之訓，而惟富强之是尚，風聲氣習，舉世訌然，皆戰埸也。至秦極殺伐之禍而僅勝之，又不能教化以善其心，而惟束之以法律，忿欝慘毒之氣久遏而不得逞，一旦潰裂，如虎豹脱圈檻，爪牙競奮，所在爲羣，莫不皆有出類之才、絶人之力，自非有大才力者雄於其間，相與收拾而歸諸漢，則天下紛紛，豈一沛公所能獨辦也。是故，有沛公而又不能無項羽，使之百戰百勝而終不使之保有尺寸之地。若羽者，眞助漢平蕩之具也歟？

明・蔡清《虚齋集》卷一《劉項論》　或謂劉、項，雖成敗不同，要皆一時英雄也。愚竊謂不然。夫英雄以識見爲先，項氏當垓下之敗，曰：『此天亡我，非戰之罪。』且羽既以其亡爲非戰之罪，則自古之亡者如桀紂，如幽厲可數也，其果皆戰之罪乎？而帝王之興也，又果皆戰之功乎？此則項氏之識見也，項氏無論矣。高帝《大風之歌》曰：『威加海内兮歸故鄉，安得猛士兮守四方！』嗚呼！王者之守四方也，猛士而已乎？此則漢高之識見也，雖其仁暴興廢不同，要皆未到英雄本色也。

藝文

唐・胡曾《詠史詩》卷下《鴻門》　項籍鷹揚六合晨，鴻門開宴賀亡秦。樽前若取謀臣計，豈作陰陵失路人。

又《垓下》　拔山力盡霸圖隳，倚劍長歌不逝騅。明月滿營天似水，那堪回首别虞姬。

又《烏江》　争帝圖王勢已傾，八千兵散楚歌聲。烏江不是無船渡，耻向東吴再起兵。

宋・陳普《石堂先生遺集》卷四《詠史・漢高帝八首》　金創可愈不容醫，應念丁公相戹時。不賴西風吹楚卒，千龍萬虎亦何爲。

扶創裹血過家鄉，四顧何人守四方。梁楚淮南殘一國，山河爭屬將狼羊。

羽未禽時膽屢寒，羽禽不得一朝閑。卯金四百年天下，卻在雙娥一笑間。

元・張憲《玉笥集》卷一《鴻門會》　雲成龍氣成虎，椎鼓撞鐘宴眞主。披帷壯士髮指冠，側盾當筵請公舞。白髮老臣心獨苦，玉玦三看君不語。五星東井夜聯珠，天狗攙搶落如雨。鴻溝咫尺接鴻門，千里神騅一夜奔。君不見，龍泉影裏重瞳瞽，玉斗聲中五體分。

元・金涓《青村遺稿・戲馬臺》　將軍逐馬關中來，神威掠地風雲摧。鴻門舞劍成敵國，彭城衣錦登空臺。馳下漢軍何披靡，垓下楚歌相應起。山河百二幾諸侯，子弟八千無一騎。古來天下誰英雄，荒臺老樹悲秋風。符命合歸赤帝子，項伯不忠范增死。

明・何景明《大復集》卷一二《鴻門行》　沛公昔日分義軍，旌旗十萬西入秦。山東諸侯皆後至，咸陽萬姓思爲臣。項王東來怒如虎，置酒朝會鴻門下。門前壯士擁盾入，座上小臣拔劍舞。爭雄較勝未可量，相看杯酒成倉皇。揮刀醉擊玉斗碎，攬帶空懸寶玦光。沙丘城邊祖龍死，芒碭山傍匿天子。澤中夜聞白蛇斷，灞上朝看赤雲起。君不見，劉郎供帳出秦宫，宫中火照三月紅。英雄爲謨自有術，亞父徒知殺沛公。

又《垓下行》　咸陽原上失秦鹿，戍夫入關競馳逐。君王自負十尺軀，傍人更訝重瞳目。横行按劍一何威，叱咤四海隨指揮。諸侯西向受金印，壯士東歸盡錦衣。陰陵道中夜失援，垓下孤軍獨迎戰。百萬王師來震天，八千子弟隨飛電。自言百戰當一身，寧知一敗損威神。美人帳下看無主，駿馬江邊棄與人。楚歌聲高暮雲佇，孤燈對酒慘不語。蓋世英雄力拔山，一夕悲哀淚如雨。君不見，三軍縞素行負戈，烏江不渡愁風波。古來失道衆所棄，父老雖憐將奈何。

清·愛新覺羅·弘曆《御製樂善堂全集定本》卷二五《讀項羽紀》　鹿走荒郊壯士追，蛙聲紫色總男兒。拔山扛鼎興何暴，齒劍辭騅志不移。天下不聞歌楚些，帳中惟見歎虞兮。故鄉三户終何在，千載烏江不洗悲。

清·董誥等《全唐文》卷八三〇《徐寅〈樊噲入鴻門賦〉》　沛中之智兮勇鵬翻，舞陽侯兮威曷論。冒死而嘗輕白刃，匡君而直入鴻門。卮酒彘肩，豈讓匹夫之膳。朱輪畫轂，能扶萬乘之尊。當其秦鹿無主，項王赫怒。誇楚將於秋鷹，滅沛公於蹇兔。天地何小，風雲可步。海蕩山振，龍驚虎懼。鳳曆誰傳，鴻門晝關。湯池命酒，歐劍搖環。氣隆準以斯挫，血重瞳而欲殷。鯢浪鯨波，呀呷於斯須之際。禽籠獸穽，炮燔於咫尺之間。洶洶羣心，雄雄壯士。詣閶闔而飛步，怒豺狼而切齒。僕視閽守，掌窺戎壘。嵩衡蓋數撮之塵，溟海乃一泓之水。身輕白羽，蹈烈火以非難。手擘朱扉，信春冰之可履。走雹呀雷，金樞洞開。麇鹿奔而貙虎至，燕雀驚而鷹隼來。愚山可徙，藺柱須摧。引龍躍於洪波，豢人徒爾。送鴻翻於碧落，弋者何哉。

雜録

宋·李昉等《太平御覽》卷八七《皇王部一二·漢高祖皇帝》

《春秋耀鈎》曰，庶人爭權赤帝之精。庶人，項羽、劉季者也。爭權並欲起也。【略】

荀悦《漢紀》曰，項羽自立爲楚王，王梁楚地九郡，都彭城。立沛公爲漢王，王巴蜀、漢中四十一縣，都南鄭。諸侯皆就國。漢王欲攻楚，丞相蕭何諫曰：『雖王漢之惡不猶愈於死乎，且語曰，天漢，其稱甚美，夫能屈於一人之下，則伸於萬人之上，湯、武是也。願大王王漢，撫其民，以致賢人，收用巴蜀，還定三秦，天下可圖也。』乃就國。【略】

《楚漢春秋》曰，項王在鴻門而亞父諫曰：『吾使人望沛公，其氣衝天，五彩相糾，或似雲，或似龍，或似人，此非人臣之氣也。不若殺之。』

定都長安分部

綜述

《史記》卷八《高祖本紀》　（五年）天下大定。高祖都雒陽，諸侯皆臣屬。故臨江王驩爲項羽叛漢，令盧綰、劉賈圍之，不下。數月而降，殺之雒陽。【略】

高祖欲長都雒陽，齊人劉敬説，乃留侯勸上入都關中，高祖是日駕，入都關中。六月，大赦天下。

十月，燕王臧荼反，攻下代地。高祖自將擊之，得燕王臧荼。即立太尉盧綰爲燕王。使丞相噲將兵攻代。

其秋，利幾反，高祖自將兵擊之，利幾走。利幾者，項氏之將。項氏敗，利幾爲陳公，不隨項羽，亡降高祖，高祖侯之潁川。高祖至雒陽，舉通侯籍召之，而利幾恐，故反。【略】

（六年）十二月，人有上變事告楚王信謀反，上問左右，左右爭欲擊之。用陳平計，乃僞遊雲夢，會諸侯於陳，楚王信迎，即因執之。是日，大赦天下。田肯賀，因説高祖曰：『陛下得韓信，又治秦中。秦，形勝之國，帶河山之險，縣隔千里，持戟百萬，秦得百二焉。地埶便利，其以下兵於諸侯，譬猶居高屋之上建瓴水也。夫齊，東有琅邪、即墨之饒，南有泰山之固，西有濁河之限，北有勃海之利。地方二千里，持戟百萬，縣隔千里之外，齊得十二焉。故此東西秦也。非親子弟，莫可使王齊矣。』高祖曰：『善。』賜黄金五百斤。

後十餘日，封韓信爲淮陰侯，分其地爲二國。高祖曰將軍劉賈數有功，以爲荆王，王淮東。弟交爲楚王，王淮西。子肥爲齊王，王七十餘城，民能齊言者皆屬齊。乃論功，與諸列侯剖符行封。徙韓王信太原。

七年，匈奴攻韓王信馬邑，信因與謀反太原。白土曼丘臣、王黄立故趙將趙利爲王以反，高祖自往擊之。會天寒，士卒墮指者什二三，遂至平城。匈奴圍我平城，七日而後罷去。令樊噲止定代地。立兄劉仲爲代王。

二月，高祖自平城過趙、雒陽，至長安。長樂宮成，丞相已下徙治長安。

又　卷五五《留侯世家》　劉敬説高帝曰：『都關中。』上疑之。左右大臣皆山東人，多勸上都雒陽：『雒陽東有成皋，西有殽黽，倍河，向伊雒，其固亦足恃。』留侯曰：『雒陽雖有此固，其中小，不過數百里，田地薄，四面受敵，此非用武之國也。夫關中左殽函，右隴蜀，沃野千里，南有巴蜀之饒，北有胡苑之利，阻三面而守，獨以一面東制諸侯。諸侯安定，河渭漕輓天下，西給京師；諸侯有變，順流而下，足以委輸。此所謂金城千里，天府之國也，劉敬説是也。』於是高帝卽日駕，西都關中。

又　卷九九《劉敬叔孫通列傳》　劉敬者，齊人也。漢五年，戍隴西，過洛陽，高帝在焉。婁敬脱輓輅，衣其羊裘，見齊人虞將軍曰：『臣願見上言便事。』虞將軍欲與之鮮衣，婁敬曰：『臣衣帛，衣帛見；衣褐，衣褐見：終不敢易衣。』於是虞將軍入言上。上召入見，賜食。

已而問婁敬，婁敬説曰：『陛下都洛陽，豈欲與周室比隆哉？』上曰：『然。』婁敬曰：『陛下取天下與周室異。周之先自后稷，堯封之邰，積德累善十有餘世。公劉避桀居豳。太王以狄伐故，去豳，杖馬箠居岐，國人爭隨之。及文王爲西伯，斷虞芮之訟，始受命，呂望、伯夷自海濱來歸之。武王伐紂，不期而會孟津之上八百諸侯，皆曰紂可伐矣，遂滅殷。成王卽位，周公之屬傅相焉，乃營成周洛邑，以此爲天下之中也，諸侯四方納貢職，道里均矣，有德則易以王，無德則易以亡。凡居此者，欲令周務以德致人，不欲依阻險，令後世驕奢以虐民也。及周之盛時，天下和洽，四夷鄉風，慕義懷德，附離而並事天子，不屯一卒，不戰一士，八夷大國之民莫不賓服，效其貢職。及周之衰也，分而爲兩，天下莫朝，周不能制也。非其德薄也，而形勢弱也。今陛下起豐沛，收卒三千人，以之徑往而卷蜀漢，定三秦，與項羽戰滎陽，爭成皋之口，大戰七十，小戰四十，使天下之民肝腦塗地，父子暴骨中野，不可勝數，哭泣之聲未絶，傷痍者未起，而欲比隆於成康之時，臣竊以爲不侔也。且夫秦地被山帶河，四塞以爲固，卒然有急，百萬之衆可具也。因秦之故，資甚美膏腴之地，此所謂天府者也。陛下入關而都之，山東雖亂，秦之故地可全而有也。夫與人鬬，不搤其亢，拊其背，未能全其勝也。今陛下入關而都，案秦之故地，此亦搤天下之亢而拊其背也。』

《漢書》卷一下《高帝紀下》　戍卒婁敬求見，説上曰：『陛下取天下與周異，而都雒陽，不便，不如入關，據秦之固。』上以問張良，良因勸上。是日，車駕西都長安。拜婁敬爲奉春君，賜姓劉氏。六月壬辰，大赦天下。

又　卷三九《蕭何傳》　初，諸侯相與約，先入關破秦者王其地。沛公既先定秦，項羽後至，欲攻沛公，沛公謝之得解。羽遂屠燒咸陽，與范增謀曰：『巴、蜀道險，秦之遷民皆居蜀。』乃曰：『蜀漢亦關中地也。』故立沛公爲漢王，而三分關中地，王秦降將以距漢王。漢王怒，欲謀攻項羽。周勃、灌嬰、樊噲皆勸之，何諫之曰：『雖王漢中之惡，不猶愈於死乎？』漢王曰：『何爲乃死也？』何曰：『今衆弗如，百戰百敗，不死何爲？《周書》曰「天予不取，反受其咎」。語曰「天漢」，其稱甚美。夫能詘於一人之下，而信于萬乘之上者，湯、武是也。臣願大王王漢中，養其民以致賢人，收用巴、蜀，還定三秦，天下可圖也。』漢王曰：『善。』乃遂就國，以何爲丞相。何進韓信，漢王以爲大將軍，説漢王令引兵東定三秦。語在《信傳》。

宋・鄭樵《通志》卷五上《前漢紀・高祖》　戍卒婁敬求見，説上曰：『陛下取天下與周異而都雒陽不便，不如入關據秦之固。』上以問羣臣，羣臣多山東人，皆不欲。惟張良勸從敬説。上卽日車駕，西都長安，治櫟陽宮，拜婁敬爲郎中，號奉春君，賜姓劉氏。

論　説

漢・荀悦《前漢紀》卷二《高祖皇帝紀》　（漢二年）春正月，項羽伐齊，殺田榮，齊降於楚。羽焚其城郭，殺降卒，繫虜老弱，齊復叛楚降漢。漢王立社稷於長安，施恩惠，賜人爵。

宋・錢時《兩漢筆記》卷一《高祖》　孟子曰：『固國不以山谿之險，威天下不以兵革之利。得道者多助，失道者寡助。』此萬世不易之確論也。帝王都邑初無定所，豈專恃險以爲固哉。召公之營洛也，拳拳乎祈

天永命，而自疾敬德之外無他説。夏商歷年，惟不敬厥德乃早墜厥命，媿敬未足多道也，西都長安未爲不可也。張子房佐高帝取天下，最號有識。建都定卜而於我乎問焉，此正開陳敬德祈天之時，乃獨區區以洛陽爲非用武之國，何其與召公之見異也。吳起曰『在德不在險』。起何人？而有是語，爲子房者，寧不愧矣哉！

宋・佚名《歷代名賢確論》卷三六《高祖上・高祖入關》　子由曰，高帝之入秦，一戰於武關，兵不血刃而至咸陽。此天也，非人也。秦之亡也，諸侯並起，爭先入關。秦遣章邯出兵擊之。秦雖無道，而其兵方强。諸侯雖鋭，而皆烏合之衆，其不敵秦明矣。然諸侯皆起於羣盗，不習兵勢，陵籍郡縣，狃於亟勝，不知秦之未可攻也。於是章邯一出而殺周章，破陳涉，降魏咎，斃田儋。兵鋒所至，如獵狐兔，皆不勞而定。後乃與項梁遇，苦戰再三，然後破之。梁雖死，而秦之鋭鋒亦略盡矣。然邯以爲楚地諸將不足復慮，乃渡河北擊趙。邯既北而秦國内空。至是秦始可擊，而高乘之。此正兵法所謂避實而擊虚者。蓋天命，非人謀也。

項梁之死也，楚懷王遣宋義、項羽救趙。羽願與沛公西入關。懷王諸老將皆曰：『項羽爲人慓悍禍賊，嘗攻襄城，襄城無噍類。所過無不殘滅。且楚數進取，前陳王、項梁皆敗，不如更遣長者，扶義而西，告諭秦父兄。秦父兄苦其主久矣。誠得長者往，無侵暴，宜可下。』卒不許項羽而遣沛公。沛公方入關，而項羽已至河北，與章邯相持。邯雖欲還兵救秦，勢不得矣。懷王之遣沛公，固當；然非邯、羽相持於河北，沛公亦不能成功。故曰：『此天命，非人謀也。』

又《還定三秦》　唐子西曰，高祖既破陳豨，還至雒陽。嘆曰：『代居常山北，而趙從山南有之，遠。』乃立子恆爲代王，以代郡雁門屬焉。地固有封境雖接，而形勢非便者矣。荆州在山前，距蜀五千餘里，而蜀從山後有之，其勢實難。非獨不能有荆州也，雖得秦川亦不能守。何者？梁益險絶，蓋自守之國而不可以兼幷，凡物之在山外者，尺寸不能有，此高祖所以棄漢中而取三秦也。

藝　文

唐・胡曾《詠史詩》卷下《長安》　關東新破項王歸，赤幟悠揚日月旗。從此漢家無敵國，爭教彭越受誅夷。

清・顧嗣立《元詩選初集》卷四八《歌風臺》　嬴秦北築聲萬里，芒碭無人識雲氣。鴻門斗碎驪山焚，漢楚殘民半爲鬼。重瞳失道身首分，沛公酒敍還鄉恩。風雲飛動白日永，歌聲激烈悲動親。四方備禦思虎士，進取守成良不易。長陵崇奉四百春，歌臺遺築今荆杞。壯哉一曲《大風歌》，千古英雄盡懷愧。

新莽代漢改制部

王莽代漢分部

綜　述

《漢書》卷六七《雲敞傳》　平帝以中山王卽帝位，年幼，莽秉政，自號安漢公。以平帝爲成帝後，不得顧私親，帝母及外家衛氏皆留中山，不得至京師。莽長子宇，非莽隔絶衛氏，恐帝長大後見怨。宇與吳章謀，夜以血塗莽門，若鬼神之戒，冀以懼莽。章欲因對其咎。事發覺，莽殺宇，誅滅衛氏，謀所聯及，死者百餘人。章坐要斬，磔屍東市門。初，章爲當世名儒，教授尤盛，弟子千餘人，莽以爲惡人黨，皆當禁錮，不得仕宦。門人盡更名他師。敞時爲大司徒掾，自劾吳章弟子，收抱章屍歸，棺斂葬之，京師稱焉。車騎將軍王舜高其志節，比之欒布，表奏以爲掾，薦爲中郎諫大夫。莽篡位，王舜爲太師，復薦敞可輔職。

又　卷八四《翟義傳》　數歲，平帝崩，王莽居攝，義心惡之，【略】義遂與東郡都尉劉宇、嚴鄉侯劉信、信弟武平侯劉璜結謀。及車郡王孫慶素有勇略，以明兵法，徵在京師，義乃詐移書以重罪傳逮慶。於是以九月都試日斬觀令，因勒其車騎材官士，募郡中勇敢，部署將帥。嚴鄉侯信者，東平王雲子也。雲誅死，信兄開明嗣爲王，薨，無子，而信子匡

復立爲王，故義舉兵幷東平，立信爲天子。義自號大司馬柱天大將軍，以東平王傅蘇隆爲丞相，中尉皋丹爲御史大夫，移檄郡國，言莽鴆殺孝平皇帝，矯攝尊號，今天子已立，共行天罰。郡國皆震，比至山陽，衆十餘萬。

莽聞之，大懼，乃拜其黨親輕車將軍成武侯孫建爲奮武將軍，光禄勳成都侯王邑爲虎牙將軍，明義侯王駿爲强弩將軍，春王城門校尉王況爲震威將軍，宗伯忠孝侯劉宏爲奮衝將軍，中少府建威侯王昌爲中堅將軍，中郎將震羌侯竇兄爲奮威將軍，凡七人，自擇除關西人爲校尉軍吏，將關東甲卒，發奔命以擊義焉。復以太僕武讓爲積弩將軍屯函谷關，將作大匠蒙鄉侯逯並爲橫野將軍屯武關，羲和紅休侯劉歆爲揚武將軍屯宛，太保後丞丞陽侯甄邯爲大將軍屯霸上，常鄉侯王惲爲車騎將軍屯平樂館，騎都尉王晏爲建威將軍屯城北，城門校尉趙恢爲城門將軍，皆勒兵自奮。

莽日抱孺子會羣臣而稱曰：『昔成王幼，周公攝政，而管、蔡挾禄父以畔，今翟義亦挾劉信而作亂。自古大聖猶懼此，況臣莽之斗筲！』羣臣皆曰：『不遭此變，不章聖德。』莽於是依《周書》作《大誥》，曰：

惟居攝二年十月甲子，攝皇帝若曰：大誥道諸侯王、三公、列侯於汝卿、大夫、元士御事。不弔，天降喪于趙、傅、丁、董。洪惟我幼沖孺子，當承繼嗣無疆大歷服事，予未遭其明哲能道民于安，況其能往知天命！熙！我念孺子，若涉淵水，予惟往求朕所濟度，奔走以傅近奉承高皇帝所受命，予豈敢自比於前人乎！天降威明，用寧帝室，遺我居攝寶龜。太皇太后以丹石之符，乃紹天明意，詔予卽命居攝踐祚，如周公故事。

反虜故東郡太守翟義擅興師動衆，曰『有大難於西土，西土人亦不靖。』於是動嚴鄉侯信，誕敢犯祖亂宗之序。天降威遺我寶龜，固知我國有呰災，使民不安，是天反復右我漢國也。粤其聞日，宗室之俟有四百人，民獻儀九萬夫，予敬以終於此謀繼嗣圖功。我有大事，休，予卜幷吉，故我出大將告郡太守、諸侯相、令、長曰：『予得吉卜，予惟以汝於伐東郡嚴鄉逋播臣。』爾國君或者無不反曰：『難大，民亦不靜，亦惟在帝官諸侯宗室，于小子族父，敬不可征。』帝不違卜，故予爲沖人長思厥難曰：『嗚呼！義、信所犯，誠動鰥寡，哀哉！』予遭天役遺，大解難於予身，以爲孺子，不身自恤。

予義彼國君泉陵侯上書曰：『成王幼弱，周公踐天子位以治天下，六年，朝諸侯于明堂，制禮樂，班度量，而天下大服。太皇太后承順天心，成居攝之義。皇太子爲孝平皇帝子，年在繈褓，宜且爲子，知爲人子道，令皇太后得加慈母恩。畜養成就，加元服，然後復子明辟。』

熙！爲我孺子之故，予惟趙、傅、丁、董之亂，遏絶繼嗣，變剝適、庶，危亂漢朝，以成三厄，隊極厥命。嗚呼！害其可不旅力同心戒之哉！予不敢僭上帝命。天休于安帝室，興我漢國，惟卜用克綏受茲命。今天其相民，況亦惟卜用！

太皇太后肇有元城沙鹿之右，陰精女主聖明之祥，配元生成，以興我天下之符，遂獲西王母之應，神靈之徵，以祐我帝室，以安我大宗，以紹我後嗣，以繼我漢功。厥害適統不宗元緒者，辟不違親，辜不避戚。夫豈不愛？亦唯帝室。是以廣立王侯，並建曾玄，俾屏我京師，綏撫宇內；博徵儒生，講道於廷，論序乖繆，制禮作樂，同律度量，混一風俗；正天地之位，昭郊宗之禮，定五時廟祧，咸秩亡文；建靈臺，立明堂，設辟雍，張太學，尊中宗、高宗之號。昔我高宗崇德建武，克綏西域，以受白虎威勝之瑞，天地判合，乾坤序德。太皇太后臨政，有龜、龍、麟、鳳之應，五德嘉符，相因而備。河圖、洛書遠自昆侖，出於重野。古讖著言，肆今享實。此乃皇天上帝所以安我帝室，俾我成就洪烈也。嗚呼！天明威輔漢始而大大矣。爾有惟舊人泉陵侯之言，爾不克遠省，爾豈知太皇太后若此勤哉！

天毖勞我成功所，予不敢不極卒安皇帝之所圖事。肆予告我諸侯王公、列侯、卿、大夫、元士御事：天輔誠辭，天其累我以民，予害敢不于祖宗安人圖功所終？天亦惟勞我民，若有疾，予害敢不於祖宗所受休輔？予聞孝子善繼人之意，忠臣善成人之事。予思若考作室，厥子堂而構之；厥父菑，厥子播而獲之。予害敢不於身撫祖宗之所受大命？若祖宗乃有效湯、武伐厥子，民長其勸弗救。嗚呼肆哉！諸侯王公、列侯、卿、大夫、元士御事，其勉助國道明！亦惟宗室之俊，民之表儀，迪知上帝命。粤天輔誠，爾不得易定！況今天降定于漢國，惟大艱人翟義、劉信大逆，欲相伐於厥室，豈亦知命之不易乎？予永念曰天惟喪翟義、

卜陳惟若此。

劉信，若嗇夫，予害敢不終予畝？天亦惟休於祖宗，予害其極卜，害敢不於從？率寧人有旨疆土，況今卜并吉！故予大以爾東征，命不僭差，卜陳惟若此。

乃遣大夫桓譚等班行諭告當反立孺子之意。還，封譚爲明告里附城。諸將東至陳留菑，與義會戰，破之，斬劉璜首。莽大喜，復下詔曰：太皇太后遭家不造，國統三絶，絶輒復續，恩莫厚焉，信莫立焉。孝平皇帝短命蚤崩，幼嗣孺沖，詔予居攝。予承明詔，奉社稷之任，持大宗之重，養六尺之託，受天下之寄，戰戰兢兢，不敢安息。伏念太皇太后惟經藝分析，王道離散，漢家制作之業獨未成就，故博徵儒士，大興典制，備物致用，立功成器，以爲天下利。王道粲然，基業既著，千載之廢，百世之遺，於今乃成，道德庶幾于唐、虞，功烈比齊于殷、周。今翟義、劉信等謀反大逆，流言惑衆，欲以篡位，賊害我孺子，罪深于管、蔡，惡甚於禽獸。信父故東平王雲，不孝不謹，親毒殺其父思王，名曰巨鼠，後雲竟坐大逆誅死。義父故丞相方進，險波陰賊，兄宣靜言令色，外巧內嫉，所殺鄉邑汝南者數十人。今積惡二家，迷惑相得，此時命當殄。天所滅也。義始發兵，上書言宇、信等與東平相輔謀反，執捕械繫，欲以威民，先自相被以反逆大惡，轉相捕械，此其破殄之明證也。已捕斬斷信二子穀鄉侯章、德廣侯鮪，義母練、兄宣、親屬二十四人皆磔暴于長安都市四通之衢。當其斬時，觀者重疊，天氣和清，可謂當矣。命遣大將軍共行皇天之罰，討海內之仇，功效著焉，予甚嘉之。《司馬法》不云乎？『賞不逾時』。欲民速睹爲善之利也。今先封車騎都尉孫賢等五十五人皆爲列侯，户邑之數別下。遣使者持黄金印、赤韍綖、朱輪車，即軍中拜授。

因大赦天下。於是吏士精鋭遂功圍義於圉城，破之，義與劉信棄軍庸亡。至固始界中捕得義，屍磔陳都市。卒不得信。

初，三輔聞翟義起，自茂陵以西至汧二十三縣盜賊併發，趙明、霍鴻等自稱將軍，攻燒官寺，殺右輔都尉及斄令，劫略吏民，衆十餘萬，火見未央宮前殿。莽晝夜抱孺子禱宗廟。復拜衛尉王級爲虎賁將軍，大鴻臚望鄉侯閻遷爲折衝將軍，與甄邯、王晏西擊趙明等。正月，虎牙將軍王邑等自關東還，便引兵西。强弩將軍王駿以無功免，揚武將軍劉歆歸故官。復以邑弟侍中王奇爲揚武將軍，城門將軍趙恢爲强弩將軍，中郎將李棽爲厭難將軍，復將兵西。二月，明等殄滅，諸縣悉平，還師振旅。莽乃置酒白虎殿，勞饗將帥，大封拜。先是，益州蠻夷及金城塞外羌反畔，時州郡擊破之。莽乃并隸，以小大爲差，封侯、伯、子、男凡三百九十五人，曰『皆以奮怒，東指西擊，羌寇蠻盜，反虜逆賊，不得旋踵，應時殄滅，天下咸服』之功封云。莽於是自謂大得天人之助，至其年十二月，遂即眞矣。

初，義所收宛令劉立聞義舉兵，上書願備軍吏爲國討賊，內報私怨。莽擢立爲陳留太守，封明德侯。

始，義兄宣居長安，先義未發，家數有怪，夜聞哭聲，聽之不知所在。宣教授諸生滿堂，有狗從外入，齧其中庭羣雁數十，比驚救之，已皆斷頭。狗走出門，求不知處。宣大惡之，謂後母曰：『東郡太守文仲素俶儻，今數有惡怪，恐有妄爲而大禍至也。大夫人可歸，爲棄去宣家者以避害。』母不肯去，後數月敗。

莽盡壞義第宅，汙池之。發父方進及先祖塚在汝南者，燒其棺柩，夷滅三族，誅及種嗣，至皆同坑，以棘五毒並葬之。

又　卷八六《何武傳》　先是，新都侯王莽就國，數年，上以太皇太后故徵莽還京師。莽從弟成都侯王邑爲侍中，矯稱太皇太后指白哀帝，爲莽求特進給事中。哀帝復請之，事發覺。太后爲謝，上以太后故不忍誅之，左遷邑爲西河屬國都尉，削千户。後有詔舉大常，莽私從武求舉，武不敢舉。後數月，哀帝崩，太后即日引莽入，收大司馬董賢印綬，詔有司舉可大司馬者。莽故大司馬，辭位辟丁、傅，衆庶稱以爲賢，又太后近親，自大司徒孔光以下舉朝皆舉莽。武爲前將軍，素與左將軍公孫禄相善，二人獨謀，以爲往時孝惠、孝昭少主之世，外戚呂、霍、上官持權，幾危社稷，今孝成、孝哀比世無嗣，方當選立親近輔幼主，不宜令異姓大臣持權，親疏相錯，爲國計便。於是武舉公孫禄可大司馬，而禄亦舉武。太后竟自用莽爲大司馬。莽風有司劾奏武、公孫禄互相稱舉，皆免。

武就國後，莽寖盛，爲宰衡，陰誅不附己者。元始三年，呂寛等事起。時大司空甄豐承莽風指，遣使者乘傳案治黨與，連引諸所欲誅，上黨鮑宣，南陽彭偉、杜公子，郡國豪桀坐死者數百人。武在見誣中，大理正檻車徵武，武自殺。衆人多冤武者，莽欲厭衆意，令武子況嗣爲侯，諡武

曰剌侯。莽篡位，免況爲庶人。

又　卷九九上《王莽傳上》（元始五年）冬，熒惑入月中。平帝疾，莽作策，請命於泰畤，戴璧秉圭，願以身代。藏策金縢，置於前殿，敕諸公勿敢言。十二月，平帝崩，大赦天下。莽徵明禮者宗伯鳳等與定天下吏六百石以上皆服喪三年。奏尊孝成廟曰統宗，孝平廟曰元宗。時元帝世絕，而宣帝曾孫有見王五人，列侯廣戚侯顯等四十八人，莽惡其長大，曰：『兄弟不得相爲後。』乃選玄孫中最幼廣戚侯子嬰，年二歲，託以爲卜相最吉。

是月，前輝光謝囂奏武功長孟通浚井得白石，上圓下方，有丹書著石，文曰：『告安漢公莽爲皇帝。』符命之起，自此始矣。莽命羣公以白太后，太后曰：『此誣罔天下，不可施行！』太保舜謂太后：『事已如此，無可奈何，沮之力不能止。又莽非敢有它，但欲稱攝以重其權，填服天下耳。』太后聽許。舜等卽共令太后下詔曰：『蓋聞天生衆民，不能相治，爲之立君以統理之。君年幼稚，必有寄託而居攝焉，然後能奉天施而成地化，羣生茂育。《書》不云乎？「天工，人其代之。」朕以孝平皇帝幼年，且統國政，幾加元服，委政而屬之。今短命而崩，嗚呼哀哉！已使有司徵孝宣皇帝玄孫二十三人，差度宜者，以嗣孝平皇帝之後。玄孫年在繈褓，不得至德君子，孰能安之？安漢公莽輔政三世，比遭際會，安光漢室，遂同殊風，至於制作，與周公異世同符。今前輝光囂、武功長通上言丹石之符，朕深思厥意，云「爲皇帝」者，乃攝行皇帝之事也。夫有法成易，非聖人者亡法。其令安漢公居攝踐祚，如周公故事，以武功縣爲安漢公采地，名曰漢光邑。具禮儀奏。』

於是羣臣奏言：『太后聖德昭然，深見天意，詔令安漢公居攝。臣聞周成王幼少，周道未成，成王不能共事天地，修文、武之烈。周公權而居攝，則周道成，王室安；不居攝，則恐周隊失天命。《書》曰：「我嗣事子孫，大不克共上下，遏失前人光，在家不知命不易。天應棐諶，乃亡隊命。」說曰：周公服天子之冕，南面而朝羣臣，發號施令，常稱王命。召公賢人，不知聖人之意，故不說也。《禮·明堂記》曰「周公朝諸侯于明堂，天子負斧依南面而立。」謂「周公踐天子位，六年朝諸侯，制禮作樂，而天下大服」也。召公不說。時武王崩，縗粗未除。由是言之，周公始攝則居天子之位，非乃六年而踐阼也。《書》逸《嘉禾篇》曰：「周公奉鬯立於阼階，延登，贊曰：假王莅政，勤和天下。」此周公攝政，贊者所稱。成王加元服，周公則致政。《書》曰：「朕復子明辟」，周公常稱王命，專行不報，故言我復子明君也。臣請安漢公居攝踐祚，服天子韍冕，背斧依於戶牖之間，南面朝羣臣，聽政事。車服出入警蹕，民臣稱臣妾，皆如天子之制。郊祀天地，宗祀明堂，共祀宗廟，享祭羣神，贊曰「假皇帝」，民臣謂之「攝皇帝」，自稱曰「予」。平決朝事，常以皇帝之詔稱「制」，以奉順皇天之心，輔翼漢室，保安孝平皇帝之幼嗣，遂寄託之義，隆治平之化。其朝見太皇太后、帝皇后，皆復臣節。自施政教于其宮家國采，如諸侯禮儀故事。臣昧死請。』太后詔曰：『可。』明年，改元曰『居攝』。

居攝元年正月，莽祀上帝于南郊，迎春於東郊，行大射禮於明堂，養三老五更，成禮而去。置柱下五史，秩如御史，聽政事，侍旁記疏言行。

三月己丑，立宣帝玄孫嬰爲皇太子，號曰孺子。以王舜爲太傅左輔，甄豐爲太阿右拂，甄邯爲太保後承。又置四少，秩皆二千石。

四月，安衆侯劉崇與相張紹謀曰：『安漢公莽專制朝政，必危劉氏。天下非之者，乃莫敢先舉，此宗室恥也。吾帥宗族爲先，海內必和。』紹等從者百餘人，遂進攻宛，不得入而敗。紹者，張竦之從兄也。竦與崇族父劉嘉詣闕自歸，莽赦弗罪。竦因爲嘉作奏曰：

建平、元壽之間，大統幾絕，宗室幾棄。賴蒙陛下聖德，扶服振救，遮扞匡衞，國命復延，宗室明目。臨明統政，發號施令，動以宗室爲始，登用九族爲先。並録支親，建立王侯，南面之孤，計以百數。收復絕屬，存亡續廢，得比肩首，復爲人者，嬪然成行，所以藩漢國，輔漢宗也。建辟雍，立明堂，班天法，流聖化，朝羣后，昭文德，宗室諸侯，咸益土地。天下喁喁，引領而歎，頌聲洋洋，滿耳而入。國家所以服此美，膺此名，饗此福，受此榮者，豈非太皇太后日昃之思，陛下夕惕之念哉！何謂？亂則統其理，危則致其安，禍則引其福，絕則繼其統，幼則代其任，晨夜屑屑，寒暑勤勤，無時休息，孳孳不已者，凡以爲天，厚劉氏也。

臣無愚智，民無男女，皆諭至意。而安衆侯崇乃獨懷悖惑之心，操畔逆之慮，興兵動衆，欲危宗廟，惡不忍聞，罪不容誅，誠臣子之仇，宗室

之讎，國家之賊，天下之害也。是故親屬震落而告其罪，民人潰畔而棄其兵，進不跬步，退伏其殃。百歲之母，孩提之子，同時斷斬，懸頭竿杪，珠珥在耳，首飾猶存，爲計若此，豈不悖哉！

臣聞古者畔逆之國，既以誅討，則豬其宮室以爲汙池，納垢濁焉，名曰凶虚，雖生菜茹，而人不食。四牆其社，覆上棧下，示不得通。辨社諸侯，出門見之，著以爲戒。方今天下聞崇之反也，咸欲騫衣手劍而叱之。其先至者，則拂其頸，衝其匈，刃其軀，切其肌；後至者，欲拔其門，僕其牆，夷其屋，焚其器，應聲滌地，則時成創。而宗室尤甚，言必切齒焉。何則？以其背畔恩義，而不知重德之所在也。宗室所居或遠，嘉幸得先聞，不勝憤憤之願，願爲宗室倡始，父子兄弟負籠荷鍤，馳之南陽，豬崇宮室，令如古制。及崇社宜如亳社，以賜諸侯，用永監戒。願下四輔公卿大夫議，以明好惡，視四方。

於是莽大說。公卿曰：『皆宜如嘉言。』莽白太后下詔曰：『惟嘉父子兄弟，雖與崇有屬，不敢阿私，或見萌牙，相率告之，及其禍成，同共讎之，應合古制，忠孝著焉。其以杜衍户千封嘉爲師禮侯，嘉子七人皆賜爵關內侯。』後又封竦爲淑德侯。長安爲之語曰：『欲求封，過張伯松；力戰鬬，不如巧爲奏。』莽又封南陽吏民有功者百餘人，汙池劉崇室宅。後謀反者，皆汙池云。

羣臣復白：『劉崇等謀逆者，以莽權輕也。宜尊重以填海內。』五月甲辰，太后詔莽朝見太后稱『假皇帝』。

冬十月丙辰朔，日有食之。

十二月，羣臣奏請：『益安漢公宮及家吏，置率更令，廟、廄、廚長丞，中庶子，虎賁以下百餘人，又置衛士三百人。安漢公廬爲攝省，府爲攝殿，第爲攝宮。』奏可。

莽白太后下詔曰：『故太師光雖前薨，功效已列。太保舜、大司空豐、輕車將軍邯、步兵將軍建皆爲誘進單于籌策，又典靈臺、明堂、辟雍、四郊，定制度，開子午道，與宰衡同心説德，合意并力，功德茂著。封舜子匡爲同心侯，林爲説德侯，光孫壽爲合意侯，豐孫匡爲并力侯。益邯、建各三千户。』

是歲，西羌龐恬、傅幡等怨莽奪其地作西海郡，反攻西海太守程永，永奔走。莽誅永，遣護羌校尉竇況擊之。

二年春，竇況等擊破西羌。

五月，更造貨：錯刀，一直五千；契刀，一直五百；大錢，一直五十，與五銖錢並行。民多盜鑄者。禁列侯以下不得挾黄金，輸御府受直，然卒不與直。

九月，東郡太守翟義都試，勒車騎，因發奔命，立嚴鄉侯劉信爲天子，移檄郡國，言『莽毒殺平帝，攝天子位，欲絶漢室，今共行天罰誅莽』。郡國疑惑，衆十餘萬。莽惶懼不能食，晝夜抱孺子告禱郊廟，放《大誥》作策，遣諫大夫桓譚等班於天下，諭以攝位當反政孺子之意。遣王邑、孫建等八將軍擊義，分屯諸關，守厄塞。槐里男子趙明、霍鴻等起兵，以和翟義，相與謀曰：『諸將精兵悉東，京師空，可攻長安。』衆稍多，至且十萬人，莽恐，遣將軍王奇、王級將兵拒之。以太保甄邯爲大將軍，受鉞高廟，領天下兵，左杖節，右把鉞，屯城外。王舜、甄豐晝夜循行殿中。

十二月，王邑等破翟義於圉。司威陳崇使監軍上書言：『陛下奉天洪範，心合寶龜，膺受元命，豫知成敗，咸應兆占，是謂配天。配天之主，慮則移氣，言則動物，施則成化。臣崇伏讀詔書下日，竊計其時，聖思始發，而反虜仍破；詔文始書，反虜大敗；制書始下，反虜畢斬，衆將未及齊其鋒芒，臣崇未及盡其愚慮，而事已決矣。』莽大說。

三年春，地震。大赦天下。

王邑等還京師，西與王級等合擊明、鴻，皆破滅，語在《翟義傳》。莽大置酒未央宮白虎殿，勞賜將帥，詔陳崇治校軍功，第其高下。莽乃上奏曰：『明聖之世，國多賢人，故唐、虞之時，可比屋而封，至功成事就，則加賞焉。至於夏后塗山之會，執玉帛者萬國，諸侯執玉，附庸執帛。周武王孟津之上，尚有八百諸侯。周公居攝，郊祀后稷以配天，宗祀文王於明堂以配上帝，是以四海之内各以其職來祭，蓋諸侯千八百矣。《禮記·王制》千七百餘國，是以孔子著《孝經》曰：「不敢遺小國之臣，而況于公、侯、伯、子、男乎？故得萬國之歡心以事其先王。」此天子之孝也。秦爲亡道，殘滅諸侯以爲郡縣，欲擅天下之利，故二世而亡。高皇帝受命除殘，考功施賞，建國數百，後稍衰微，其餘僅存。太皇太后

躬統大綱，廣封功德以勸善，興滅繼絶以永世，是以大化流通，旦暮且成。遭羌寇害西海郡，反虜流言東郡，逆賊惑衆西土，忠臣孝子莫不奮怒，所征殄滅，盡備厥辜，天下咸寧。今制禮作樂，實考周爵五等，地四等，有明文；殷爵三等，有其説，無其文。孔子曰：「周監於二代，郁郁乎文哉！吾從周。」臣請諸將帥當受爵邑者爵五等，地四等。』奏可。於是封者高爲侯、伯，次爲子、男，當賜爵關内侯者更名曰附城，凡數百人。擊西海者以『羌』爲號，槐里以『武』爲號，翟義以『虜』爲號。

羣臣復奏言：『太后修功録德，遠者千載，近者當世，或以文封，或以武爵，深淺大小，靡不畢舉。今攝皇帝背依踐祚，宜異于宰國之時，制作雖未畢已，宜進二子爵皆爲公。《春秋》「善善及子孫」，「賢者之後，宜有土地」。成王廣封周公庶子六人，皆有茅土。及漢家名相大將蕭、霍之屬，咸及支庶。兄子光，可先封爲列侯；諸孫，制度畢已，大司徒、大司空上名，如前詔書。』太后詔曰：『進攝皇帝子褒新侯安爲新舉公，賞都侯臨爲褒新公，封光爲衍功侯。』是時，莽還歸新都國，羣臣復白以封莽孫宗爲新都侯。莽既滅翟義，自謂威德日盛，獲天人助，遂謀即眞之事矣。

九月，莽母功顯君死，意不在哀，令太后詔議其服。少阿、羲和劉歆與博士諸儒七十八人皆曰：『居攝之義，所以統立天功，興崇帝道，成就法度，安輯海内也。昔殷成湯既没，而太子蚤夭，其子太甲幼少不明，伊尹放諸桐宮而居攝，以興殷道。周武王既没，周道未成，成王幼少，周公屏成王而居攝，以成周道。是以殷有翼翼之化，周有刑錯之功。今太皇太后比遭家之不造，委任安漢公宰尹羣僚，衡平天下。遭孺子幼少，未能共上下，皇天降瑞，出丹石之符，是以太皇太后則天明命，詔安漢公居攝踐祚，將以成聖漢之業，與唐、虞三代比靈斯也。攝皇帝遂開秘府，會羣儒，制禮作樂，卒定庶官，茂成天功。聖心周悉，卓爾獨見，發得周禮，以明因監，則天稽古，而損益焉，猶仲尼之聞《韶》，日月之不可階，非聖哲之至，孰能若兹！綱幻咸張，成在一匱，此其所以保佑聖漢，安靖元元之效也。今功顯君薨，《禮》：「庶子爲後，爲其母緦。」《傳》曰：「與尊者爲體，不敢服其私親也。」攝皇帝以聖德承皇天之命，受太后之詔居攝踐祚，奉漢大宗之後，上有天地社稷之重，下有元元萬機之憂，不得顧其私親。故太皇太后建厥元孫，俾侯新都，爲哀侯後。明攝皇帝與尊者爲體，承宗廟之祭，奉共養太皇太后，不得服其私親也。」《周禮》曰「王爲諸侯緦縗」，「弁而加環絰」，同姓則麻，異姓則葛。攝皇帝當爲功顯君緦縗，弁而加麻環絰，如天子弔諸侯服，以應聖制。』莽遂行焉，凡一弔再會，而令新都侯宗爲主，服喪三年云。

司威陳崇奏，衍功侯光私報執金吾竇況，令殺人，況爲收繫，致其法。莽大怒，切責光。光母曰：『女自眡孰與長孫、中孫？』遂母子自殺，及況皆死。初，莽以事母、養嫂、撫兄子爲名，及後悖虐，復以示公義焉。令光子嘉嗣爵爲侯。

莽下書曰：『遏密之義，訖于季冬，正月郊祀，八音當奏。王公卿士，樂凡幾等？五聲八音，條各云何？其與所部儒生各盡精思，悉陳其義。』

是歲，廣饒侯劉京、車騎將軍千人扈雲、太保屬臧鴻奏符命。京言齊郡新井，雲言巴郡石牛，鴻言扶風雍石，莽皆迎受。十一月甲子，莽上奏太后曰：

『陛下至聖，遭家不造，遇漢十二世三七之厄，承天威命，詔臣莽居攝，受孺子之託，任天下之寄。臣莽兢兢業業，懼於不稱。宗室廣饒侯劉京上書言：「七月中，齊郡臨淄縣昌興亭長辛當一暮數夢，曰：『吾，天公使也。天公使我告亭長曰：「攝皇帝當爲眞。」即不信我，此亭中當有新井。』亭長晨起視亭中，誠有新井，入地且百尺。」十一月壬子，直建冬至，巴郡石牛，戊午，雍石文，皆到于未央宮之前殿。臣與太保安陽侯舜等視，天風起，塵冥，風止，得銅符帛圖於右前，文曰：「天告帝符，獻者封侯。承天命，用神令。」騎都尉崔發等視説。及前孝哀皇帝建平二年六月甲子下詔書，更爲太初元將元年，案其本事，甘忠可、夏賀良讖書臧蘭臺。臣莽以爲元將元年者，大將居攝改元之文也。於今信矣。《尚書·康誥》「王若曰：『孟侯，朕其弟，小子封。』」此周公居攝稱王之文也。《春秋》隱公不言即位，攝也。此二經周公、孔子所定，蓋爲後法。孔子曰：「畏天命，畏大人，畏聖人之言。」臣莽敢不承用！臣請共事神祇宗廟，奏言太皇太后、孝平皇后，皆稱假皇帝。其號令天下，天下奏言事，毋言「攝」。以居攝三年爲初始元年，漏刻以百二十爲度，用

應天命。臣莽夙夜養育隆就孺子，令與周之成王比德，宣明太皇太后威德于萬方，期於富而教之。孺子加元服，復子明辟，如周公故事。』奏可。衆庶知其奉符命，指意羣臣博議別奏，以視卽眞之漸矣。

期門郎張充等六人謀共劫莽，立楚王。發覺，誅死。

梓潼人哀章，學問長安，素無行，好爲大言。見莽居攝，卽作銅匱，爲兩檢，置其一曰『天帝行璽金匱圖』，其一署曰『赤帝行璽某傳予黃帝金策書』。某者，高皇帝名也。書言王莽爲眞天子，皇太后如天命。圖書皆書莽大臣八人，又取令名王興、王盛，章因自竄姓名，凡爲十一人，皆署官爵，爲輔佐。章聞齊井、石牛事下，卽日皆時，衣黃衣，持匱至高廟，以付僕射。僕射以聞。戊辰，莽至高廟拜受金匱神嬗。御王冠，謁太后，還坐未央宮前殿，下書曰：『予以不德，託于皇初祖考黃帝之後，皇始祖考虞帝之苗裔，而太皇太后之末屬。皇天上帝隆顯大佑，成命統序，符契圖文，金匱策書，神明詔告，屬予以天下兆民。赤帝漢氏高皇帝之靈，承天命，傳國金策之書，予甚祇畏，敢不欽受！以戊辰直定，御王冠，卽眞天子位，定有天下之號曰「新」。其改正朔，易服色，變犧牲，殊徽幟，異器制。以十二月朔癸酉爲建國元年正月之朔，以雞鳴爲時。服色配德上黃，犧牲應正用白，使節之旄幡皆純黃，其署曰「新使王威節」，以承皇天上帝威命也。』

又 卷九九中《王莽傳中》 始建國元年正月朔，莽帥公侯卿士奉皇太后璽韍，上太皇太后，順符命，去漢號焉。【略】莽乃策命孺子曰：『咨爾嬰，昔皇天右乃太祖，歷世十二，享國二百一十載，曆數在於予躬。《詩》不云乎？「侯服于周，天命靡常。」封爾爲定安公，永爲新室賓。於戲！敬天之休，往踐乃位，毋廢予命。』又曰：『其以平原、安德、漯陰、鬲、重丘，凡户萬，地方百里，爲定安公國。立漢祖宗之廟于其國，與周後並，行其正朔、服色。世世以事其祖宗，永以命德茂功，享歷代之祀焉。以孝平皇后爲定安太后。』讀策畢，莽親執孺子手，流涕歔欷，曰：『昔周公攝位，終得復子明辟，今予獨迫皇天威命，不得如意！』哀歎良久。中傅將孺子下殿，北面而稱臣。百僚陪位，莫不感動。

又按金匱，輔臣皆封拜。以太傅、左輔、驃騎將軍安陽侯王舜爲太師，封安新公；大司徒就德侯平晏爲太傅，就新公；少阿、羲和、京兆尹紅休侯劉歆爲國師，嘉新公；廣漢梓潼哀章爲國將，美新公：是爲四輔，位上公；太保、後承承陽侯甄邯爲大司馬，承新公；丕進侯王尋爲大司徒，章新公；步兵將軍成都侯王邑爲大司空，隆新公：是爲三公。大阿、右拂；大司空、衛將軍廣陽侯甄豐爲更始將軍，廣新公；京兆王興爲衛將軍，奉新公；輕車將軍成武侯孫建爲立國將軍，成新公；京兆王盛爲前將軍，崇新公：是爲四將。凡十一公。王興者，故城門令史。王盛者，賣餅。莽按符命求得此姓名十餘人，兩人容貌應卜相，徑從布衣登用，以視神焉。餘皆拜爲郎。是日，封拜卿大夫、侍中、尚書官凡數百人。諸劉爲郡守，皆徙爲諫大夫。

漢·荀悦《前漢紀》卷三〇《前漢孝平皇帝紀》 符命之興，自此始也。莽遂謀爲居攝，以周公故事皆如天子之制。明年，改元爲居攝元年。莽奏言帝母丁姬、祖母傅太后葬不應禮，皆發其冢。既開，傅太后冢崩，壓殺數百人，臭聞數里。發丁姬冢，有火出四五丈，羣燕銜土投冢上。

居攝元年春二月，立嬰爲皇太子，號曰：孺子。夏四月，安衆侯劉崇，與丞相張紹謀曰：『安漢公必危劉氏，吾帥宗族爲先，海内必和之。』遂合謀萬餘人，攻宛城不能入而敗。紹者，張竦之從弟。竦與崇族父劉嘉詣闕自歸，莽赦之不罪。竦爲嘉作奏曰：建初元壽之間，大統幾絶，陛下聖德拯救，國命復延，臨朝統政，動以宗室爲始，登用九族爲先。故亂則統其理，危則致其安，禍則引其福，絶則接其繼，幼則代其任，夙夜孜孜不已。凡以爲天下，厚劉氏也，建辟雝，立明堂，班大法，流聖化，天下顒顒。引領而歎，頌聲洋洋滿耳。人無愚賢男女，皆喻旨意，而劉崇獨懷悖惑之心，操畔逆之慮，惡不忍聞，罪不容誅。誠子臣之仇，宗室之讎也，是故親屬震落而告其罪，民人潰叛而棄其兵。進不跬步，退不伏殃。臣聞叛逆之國，既以誅討，則豬其宮，以爲汙池，納垢濁焉，名曰凶墟。雖生菜茹而民不食，四牆其社，覆上棧下，著以爲誡。臣不勝憤憤之情，願爲宗室倡始，父子兄弟，持畚荷鍤，馳到南陽，豬崇宮室，令如古制，及崇社宜如亳社，盛稱功德。莽大喜，封爲師禮侯。七日。皆賜爵關内侯，封竦淑德侯，長安爲之語，欲得封，過張伯松，力戰鬭，不如巧作奏。自後反者皆汙池云，羣臣復白太后。劉崇等所以謀反

者，莽權輕也，宜尊莽以鎮海內。五月甲辰，莽稱假皇帝。【略】

其二年，【略】九月，東郡太守翟義立嚴鄉劉信爲天子，東平王雲子也。翟義，方進小子也。義將起兵，謂其姊子上蔡陳豐曰：『莽必代漢，吾父子受國厚恩，當爲國討賊，假令時不成，死國埋名，猶可以不慚先帝，汝其從我乎？』豐年十八，壯勇許諾，遂與東郡劉宇嚴鄉侯劉信信弟璜結謀。初信兄開明立爲王，無子，而信子匡嗣立爲東平王，故義幷東平王而立信。義自爲大司馬柱天大將軍，以東平王傅蘇隆爲丞相，丹爲御史大夫，東平王孫卿素有智略，以明兵法，在京師，義乃詐移書，以重罪傳逮慶。移書郡國，言莽毒殺平帝，攝天子位，欲以絶漢，今天子已立，恭行天罸，郡國振動，比到山陽，衆十餘萬。莽惶恐，抱孺子禱郊廟，作策告。遣諫議大夫桓譚等告諭天下，當反政之意。乃收族義家，後母及兄宣皆死。遣王邑孫建等十八人將兵擊義，又置腹心七將軍，屯關中以自備。冬十有二月，王邑等破翟義，斬劉璜，義與信棄軍亡。義捕得，傳屍長安，磔陳都市，信卒不得。初聞兵，茂陵以西二十三縣賊盡發，趙明、霍鴻等自稱將軍。劫掠吏民，衆十餘萬。火見未央宮殿前。

其三年春，地震，大赦天下，明鴻等皆破。莽自以威德遂盛，獲天人助，乃謀卽眞之事。秋七月，莽母功顯君死，意不在喪，爲緦衰服而加麻環絰，如天子弔諸侯之禮，自以爲攝天子位，不敢服其私親也。凡一弔會葬皆如初，令新都侯崇爲主，服喪三年。廣饒侯劉京上書，言齊郡臨淄縣亭長辛，嘗夢見人曰：天公使我告亭長，居攝皇帝當爲眞。不信我，亭中當有新井。亭長起視，亭中有新井百尺。又太保藏洪奏新井亭長符命，言雍巴郡得銅符帛圖。文曰：天告帝符，獻者封侯。莽於是改居攝三年爲初始元年。期門郎張充等交謀共劫莽，立楚王。發覺，誅死。梓潼人哀章作銅匱，爲兩檢：其一曰『天帝行璽金匱圖』，其二曰『赤帝〔行〕璽某傳與黄帝莽金策書』。某者，高皇帝名也。言莽爲眞天子，圖書莽大臣八人，有王盛、王興，哀章因自竄其名，凡十一人，皆署官爵，爲輔佐。以付高廟僕射以聞。戊辰，莽到高廟，拜受金匱，遂卽天子位，改正朔，易服色，以十二月爲正，以雞鳴時爲朔，色尚黄。初高帝時得秦玉璽，因服命之，名傳國璽。莽令王舜從太后求之，太后怒，罵舜：『汝不顧義，我漢家（寡）老〔寡〕婦，旦暮且死，用此璽俱葬。終不可得！』太后因號泣而言，左右莫不垂涕。舜悲不自勝，良久，乃白太后曰：『臣等已無可言，莽必欲得之，太后寧能終不與邪？』太后恐欲劫之，乃出投之於地，曰：『我老已死矣，知汝兄弟不久滅族矣！』乃尊太后爲新室文母。莽以十月癸酉朔，爲建國元年春，大赦天下。乃策命孺子曰：『咨爾嬰，昔皇天佑乃太祖，歷代十二，享國二百一十載，天之曆數，在於予躬，《詩》不云乎「侯服于周，天命靡常」。封爾爲安定公，永爲新室賓。於戲，敬天之休，往踐乃位，無廢朕命。以平原、安德、漯陰、鬲、重丘合凡萬户，爲安定公國，立漢祖宗之廟于其國。與周後並，行其正朔、服色。』讀策畢。莽親執孺子手，流泣歔欷曰：『昔周公攝位，終得復子明辟。今予獨迫皇天威命，不得如意。』哀歎良久，中傅將太子下殿，北面稱臣，百僚陪位，莫不感動。

論說

《漢書》卷一四《諸侯王表》 至於哀、平之際，皆繼體苗裔，親屬疏遠，生於帷牆之中，不爲士民所尊，勢與富室亡異。而本朝短世，國統三絶，是故王莽知漢中外殫微，本末俱弱，亡所忌憚，生其奸心；因母后之權，假伊、周之稱，顓作威福廟堂之上，不降階序而運天下。詐謀既成，遂據南面之尊，分遣五威之吏，馳傳天下，班行符命。漢諸侯王厥角稽首，奉上璽韍，惟恐在後，或乃稱美頌德，以求容媚，豈不哀哉！是以究其終始强弱之變，明監戒焉。

又 卷一五下《王子侯表下》 孝元之世，亡王子侯者，盛衰終始，豈非命哉！元始之際，王莽擅朝，僞褒宗室，侯及王之孫焉；居攝而愈多，非其正，故弗録。旋踵亦絶，悲夫！

又 卷二一下《律曆志下》 平帝，著《紀》，卽位元始五年，以宣帝玄孫嬰爲嗣，謂之孺子。孺子，著《紀》，新都侯王莽居攝三年，王莽居攝，盜襲帝位，竊號曰『新室』。始建國五年，天鳳六年，地皇三年，著《紀》，盜位十四年。

又 卷八四《翟義傳》 數歲，平帝崩，王莽居攝，義心惡之，【略】乃謂姊子上蔡陳豐曰：『新都侯攝天子位，號令天下，故擇宗室幼

稚者以爲孺子，依託周公輔成王之義，且以觀望，必代漢家，其漸可見。方今宗室衰弱，外無强蕃，天下傾首服從，莫能亢扞國難。吾幸得備宰相子，身守大郡，父子受漢厚恩，義當爲國討賊，以安社稷。欲舉兵西誅不當攝者，選宗室子孫輔而立之。設令時命不成，死國埋名，猶可以不慚於先帝。今欲發之，乃肯從我乎？』

又　卷九二《遊俠傳》　王莽居攝，誅鉏豪俠，名捕漕中叔，不能得。素善强弩將軍孫建，莽疑建藏匿，泛以問建。建曰：『臣名善之，誅臣足以塞責。』莽性果賊，無所容忍，然重建，不竟問，遂不得也。

漢·荀悦《前漢紀》卷三〇《前漢孝平帝紀》　本傳曰，王莽始起外戚，折節力行，以要名譽，宗族稱孝，朋友歸仁，及其居位輔政，成哀之際，勤勞國家，直道而行，動見稱述，豈所謂在家必聞，在國必聞，色取仁而行違者，莽既不仁，而有邪佞之才，又乘四父歷世之權，遭漢中微，國統三絶，而太后壽考，爲之宗主，故得肆其奸慝，而成篡奪之禍，推此言之，亦有天時，非人力也。

《後漢書》卷一三《隗囂傳》　事畢，移檄告郡國曰：　漢復元年七月己酉朔。己巳，上將軍隗囂、白虎將軍隗崔、左將軍隗義、右將軍楊廣、明威將軍王遵、雲旗將軍周宗等，告州牧、部監、郡卒正、連率、大尹、尹、尉隊大夫、屬正、屬令：　故新都侯王莽，慢侮天地，悖道逆理。鴆殺孝平皇帝，篡奪其位。矯託天命，偽作符書，欺惑衆庶，震怒上帝。反戾飾文，以爲祥瑞。戲弄神祇，歌頌禍殃。楚、越之竹，不足以書其惡。天下昭然，所共聞見。今略舉大端，以喻使民。

蓋天爲父，地爲母，禍福之應，各以事降。莽明知之，而冥昧觸冒，不顧大忌，詭亂天術，援引史傳。昔秦始皇毀壞謚法，以一二數欲至萬世，而莽下三萬六千歲之曆，言身當盡此度。循亡秦之軌，推無窮之數。是其逆天之大罪也。

又　卷一五《李通傳》　大司徒侯霸等曰：『王莽篡漢，傾亂天下。』

又　卷五九《張衡傳》　初，光武善讖，及顯宗、肅宗因祖述焉。自中興之後，儒者爭學圖緯，兼復附以訞言。衡以圖緯虚妄，非聖人之法，乃上疏曰：【略】至於王莽篡位，漢世大禍，八十篇何爲不戒？則知圖讖成于哀、平之際也。且《河洛》、《六藝》，篇録已定，後人皮傅，無所容篡。

又　卷六七《黨錮傳》　至王莽專偽，終於篡國，忠義之流，恥見纓紼，遂乃榮華丘壑，甘足枯槁。雖中興在運，漢德重開，而保身懷方，彌相慕襲，去就之節，重于時矣。

晉·葛洪《抱朴子外篇》卷一四《用刑》　《抱朴子》曰：『【略】故明君治難於其易，去惡於其微，不伐善以長亂，不操柯而猶豫焉。然則刑之爲物，國之神器，君所自執，不可假人，猶長劍不可倒捉，巨魚不可脱淵也。【略】王莽之篡漢，履霜逮冰，由來漸矣。或永歎於海濱，或拊心乎望夷，禍延宗祧，作戒將來者，由乎慕虚名於往古，忘實禍於當已也。』

《三國志》卷二〇《魏志·武文世王公傳》裴松之注引《魏氏春秋》　至於哀、平，異姓秉權，假周公之事，而爲田常之亂，高拱而竊天位，一朝而臣四海。漢宗室王侯，解印釋紱，貢奉社稷，猶懼不得爲臣妾，或乃爲之符命，頌莽恩德，豈不哀哉！由斯言之，非宗子獨忠孝於惠、文之間，而叛逆於哀、平之際也，徒權輕勢弱，不能有定耳。賴光武皇帝挺不世之姿，禽王莽於已成，紹漢嗣於既絶，斯豈非宗子之力也？

《晉書》卷四六《劉頌傳》　頌在郡，上疏曰：【略】漢承周、秦之後，雜而用之，前後二代各二百餘年。揆其封建不用，雖强弱不適，制度舛錯，不盡事中，然迹其衰亡，恆在同姓失職，諸侯微時，不在强盛。昔呂氏作亂，幸賴齊、代之援，以寧社稷。七國叛逆，梁王捍之，卒弭其難。自是之後，威權削奪，諸侯止食租奉，甚者至乘牛車。是以王莽得擅本朝，遂其奸謀，傾蕩天下，毒流生靈。光武紹起，雖封樹子弟，而不建成國之制，祚亦不延。

又　卷四八《段灼傳》　武帝即位，灼上疏追理艾曰：【略】逮成帝委政舅家，使權勢外移。安昌侯張禹者，漢之三公，成帝保傅也，帝親幸其家，拜禹牀下，深問天灾人事。禹當惟大臣之節，爲社稷深慮，忠言嘉謀，陳其灾患，則王氏不得專權寵，王莽無緣乘勢位，遂託雲龍而登天衢，令漢祚中絶也。禹佞諂不忠，挾懷私計，徒低仰于五侯之間，苟取容媚而已。是以朱雲抗節求尚方斬馬劍，欲以斬禹，以戒其餘，可謂忠矣。而成帝尚復不寤，乃以爲居下訕上，廷辱保傅，罪死無赦，詔御史將雲

下，欲急烹之。雲攀殿折檻，幸賴左將軍辛慶忌叩頭流血，以死爭之。若不然，則雲已摧碎矣。後雖釋檻不修，欲以彰明直臣，誠足以爲後世之戒，何益於漢室所由亡也哉！然世之論者以爲亂臣賊子無道之甚者莫過於莽，此亦猶紂之不善不如是之甚也。傳稱莽始起外戚，折節力行，以要名譽，宗族稱孝，朋友歸仁。及其輔政成、哀之際，勤勞國家，動見稱述。然于時人士詣闕上書薦莽者不可稱紀，內外羣臣莫不歸莽功德。遭遇漢室中微，國嗣三絕，而太后壽考，爲之宗主，故莽得遂策命孺子而奪其位也。

又　卷六一《周嵩傳》　是時帝以王敦勢盛，漸疏忌王導等。嵩上疏曰：【略】始田氏擅齊，王莽篡漢，皆藉封土之强，假累世之寵，因暗弱之主，資母后之權，樹比周之黨，階絕滅之勢，然後乃能行其私謀，以成篡奪之禍耳。豈遇立功之主，爲天人所相，而能運其奸計，以濟其不軌者哉！

又　卷一〇一《劉元海載記》　永興元年，元海乃爲壇於南郊，僭即漢王位，下令曰：「【略】元成多僻，哀平短祚，賊臣王莽，滔天篡逆。」

又　卷一〇九《慕容皝載記》　皝雖稱燕王，未有朝命，乃遣其長史劉祥獻捷京師，兼言權假之意，並請大舉討平中原。又聞庾亮薨，弟冰、翼繼爲將相，乃表曰：【略】成帝暗弱，不能自立，內惑豔妻，外恣五舅，卒令王莽坐取帝位。

《北史》卷一九《魏清河王懌傳》　清河王懌【略】因愉之逆，又構殺勰。懌恐不免。肇又録囚徒以立私惠。懌因侍宴，酒酣，乃謂肇曰：「天子兄弟，詎有幾人，而炎炎不息？昔王莽頭禿，亦藉渭陽之資，遂篡漢室。今君曲形見矣，恐復終成亂階。」

《舊唐書》卷一五四《德宗順宗諸子傳》　史臣曰：夫聖人君臨宇縣，肇啓邦基，莫不受命上玄，膺名帝籙。【略】及王室浸微，遂有莽、卓之亂。【略】夫帝王居寰宇之尊，撫億兆之衆，但能平一理道，夙夜嚴恭，任賢使能，設官分職，自然四海樂推。天命所祐，縱無封建，亦鴻基永固，安俟嬰孺鎮重哉？

《金史》卷九六《梁襄傳》　世宗將幸金蓮川，有司具辨，襄上疏極諫曰：「【略】臣愚以爲患生於不戒者多矣，西漢崇用外戚，而有王莽之禍。」

清・王夫之《讀通鑑論》卷五《哀帝一》　人之能爲大不韙者，非其能無所懼也，唯其能無所恥也。故血氣之勇不可任，而猶可器使；唯無所恥者，國家用之而必亡。成帝欲用孔光爲丞相，刻侯印書贊而帝崩，是日光於大行前拜受丞相博山侯印綬，汲汲然惟恐緩而改圖，一如乞者之於墦閒，唯恐其餕之不餘，而遽長跽以請也。張放者，幸臣也，帝崩，且思慕哭泣而死，而光矯凶爲吉，犯天下之惡怒；然且卒無惡怒之者，光豈能不懼哉？冥然無恥，而人固容之也。

始爲廷尉，則承王莽之指，鴆殺許后，若無所懼也，而實無可懼也；莽爲內主，天下無有難之者也。既則議爲傅太后築別宮，力請逐傅遷歸故郡，抗定陶王之議，奪其立廟京師，若無所懼也，而非無所懼也；內主有人，羣臣相保，故師丹獲不測之禍，而光自若也。恥心蕩然，而可清可濁，無不可爲，以得寵而避辱。王嘉瀕死，猶對獄吏曰：「賢孔光而不能進。」亦惡知光之譖其迷國罔上，陷嘉於死，機深不測也哉？而嘉云然者，其兩端詭合以誘嘉，抑可知已。

拜謁迎送，執臣主之禮于董賢者，光也；莽既乘權，去賢如敝屣者，光也；拱手以天下授之賊臣，幸早死而不與佐命之賞者，光也；莽既誅，猶無有聲言其惡以殄其世者，光也。嗚呼！人苟自盡喪其恥，則弒父與君而罪不及，亦險矣哉！有國者不辨之於早，徒忌鷙悍之疆臣，而容厚顏之鄙夫，國未有不喪者也。故管子曰：廉恥，國之維也。

又　《哀帝二》　限田之說，董仲舒言之武帝之世，尚可行也，而不可久。師丹乃欲試之哀帝垂亡之日，卒以成王莽之妖妄，而終不可行。武帝之世可行者，去三代未遠，天下怨秦之破法毒民而幸改以復古；且豪强之兼并者猶未盛，而盤據之情尚淺；然不可久者，暫行之而弱者終不能有其田，强者終不能禁其兼也。至於哀帝之世，積習已久，强者怙之，而弱者亦且安之矣；必欲限之，徒以擾之而已矣。

治天下以道，未聞以法也。道也者，導之也，上導之而下遵以爲路也。封建之天下，天子僅有其千里之畿，且縣內之卿士大夫分以爲祿田也；諸侯僅有其國也，且大夫士分以爲祿田也；大夫僅有其采邑，且家

臣還食其中也；士僅有代耕之禄也，則農民亦有其百畝也；皆相若也。天子不獨富，農民不獨貧，相倣相差而各守其疇。其富者必其貴者也，且非能自富，而受之天子、受之先祖者也。上以各足之道導天下，而天下安之。降及于秦，封建廢而富貴擅於一人。其擅之也，以智力屈天下也。智力屈天下而擅天下，智力屈一郡而擅一郡，智力屈一鄉而擅一鄉，莫之教而心自生、習自成；乃欲芟夷天下之智力，均之於柔愚，而獨自擅於九州之上，雖日殺戮而祇以益怨，强豪且詭激以脅愚柔之小民而使困于田。於是限之而可行也，則天下可徒以一切之法治，而王莽之化速於堯、舜矣。

限也者，均也；均也者，公也。天子無大公之德以立於人上，獨滅裂小民而使之公，是仁義中正爲帝王桎梏天下之具，而躬行藏恕爲迂遠之過計矣。況乎賦役繁，有司酷，里胥横，後世願朴之農民，得田而如重禍之加乎身，則疆豪之十取其五而奴隸耕者，農民且甘心焉。所謂『上失其道民散久矣』者也。輕其役，薄其賦，懲有司之貪，寬司農之考，民不畏有田，而疆豪無挾以相并，則不待限而兼并自有所止。若竄惰之民，有田而不能自業，以歸於力有餘者，則斯人之自取，雖聖人亦無如之何也。

又《哀帝三》 成、哀之世，漢豈復有君臣哉！婦人而已矣。彭宣、何武、唐林，皆所謂錚錚者也，而所爭者，僅一傅喜之去留而已。哀帝之初，傅氏與王氏爭而傅氏勝；哀帝之亡，王氏與傅氏爭而王氏勝。勝者乘權，而不勝者憤；二氏之榮枯，舉朝野而相激以相訟，悲夫！

當傅遷之傾邪，而推喜以抑遷，亦何異乎王根、王立之驕横而推莽邪？其言曰：『喜，傅氏賢子，議論不合而退，百寮莫不恨之。』傅氏之賢子，何當於天下之安危、劉宗之存亡，而百寮何所容其恨？又何異乎王莽、王仁之就國，而天下多冤王氏者。傅喜幸而未敗爾。莽之廢，吏民叩闕而訟冤，賢良對策而交奬，僞謙所誘，人心翕歸，而賢者不免，且較喜而彌甚。喜之賢，其孰信之？以四海之大，豈緊無人可託孤寄命者，唯區區王、傅二嫗之愛憎是爭。嗚呼！率天下而奔走於閨房之嚬笑，流俗之溺流而不反如是哉！

故聖王之治，以正俗爲先，以辨男女内外之分爲本。權移於婦人，而天下沈迷而莫能自拔，孰爲爲之而至此極！元后之陰狡，成帝之昏愚，豈徒召漢室之亡哉？數十年中原無丈夫之氣，而王莽之亂，暴骨如山矣。

又《哀帝七》 鮑宣七亡七死之章，陳漢必亡之券以儆哀帝，正本之論也。王莽之奸奸而愚，非有操、懿之才，其于國又未有劉裕之功，輕移于衽席之上而莫之禁，莽其何以得此哉？唯民心先潰於死亡，而莽以私恩市之也。藉非成帝之耽女寵，哀帝之暱頑童，縱其鷙吏賊民而蠱民以寇攘，莽亦上官桀、霍禹之續爾，而漢祚奚其亡？

又《平帝一》 元壽二年六月，哀帝崩，明年正月，益州貢白雉，羣臣陳莽功德，號安漢公，天下即移於莽。以全盛無缺之天下，未浹歲而遷，何其速也！上有闇主而未即亡，故桓、靈相踵而不絕；下有權奸而未即亡，故曹操終於魏王；司馬懿殺曹爽、奪魏權，歷師、昭迄炎而始篡天下者，待一人以安危，而一人又待天下以興廢者也。唯至於天下之風俗波流簧鼓而不可遏，國家之勢，乃如大隄之決，不終旦潰以無餘。故莽之篡如是其速者，合天下奉之以篡，莽且不自意其能然，而早已然也。

莽之初起，人即仰之矣；折于丁、傅，而訟之者滿公車矣；元后拔之廢置之中，而天下翕然戴之矣。固不知莽之何以得此於天下，而天下糜爛而無餘，如疫癘之中人，無能免也。環四海以狂奔，氾濫滔天，而孰從挽之哉？夫失天下之人心者，成、哀之淫悖爲之，而蠱天下之風俗者不在此。宣、元之季，士大夫以鄙夫之心，挾儒術以飾其貪頑。故莽自以爲周公，則周公矣；自以爲舜，則舜矣；周公矣，舜矣，無惑乎其相戴如狂而戴之也。

當僞之初起也，匡衡、貢禹不度德，不相時，捨本逐末，興明堂辟雍，仿周官飾學校於哀淫之世；孔光繼起爲僞之魁，而劉歆諸人鼓吹以播其淫響。而且經術之變，溢爲五行灾祥之説；陽九百六之數，易姓受命之符，甘忠可雖死而言傳，天下翕然信天命而廢人事，乃至走傳王母之籌而禁不能止。故莽可以白雉、黄龍、哀章銅匱惑天下，而愚民畏天以媚莽。則劉向實爲之俑，而京房、李尋益導之以浸灌人心，使疾化於妖也。子曰：『無爲小人儒。』儒而小人，則天下無君子；故龔勝、邴漢、梅福之貞，而無能以死衛社稷，非畏禍也，畏公議之以悖道違天加已也。小人而儒，則有所緣飾以無忌憚；故孔光諸奸，施施於明堂辟雍之上而不慚。莽之將授首於漢兵，且以孔子自擬，愚昧以爲萬世笑而不疑。傳曰：

『國有道，聽於人；國無道，聽於神。』古之聖人，絶地天通以立經世之大法，而後儒稱天稱鬼以疑天下，雖警世主以矯之使正，而人氣迷於恍惚有無之中以自亂。卽令上無闇主，下無奸邪，人免於飢寒死亡，而大亂必起。風俗淫，則禍眚生於不測，亦孰察其所自始哉？

漢之僞儒，詭其文而昧其眞，其淫於異端也，巫史也，其效亦既章章矣。近世小人之竊儒者，不淫於鬼而淫於釋，釋者，鬼之精者也。以良知爲門庭，以無忌憚爲蹊徑，以墮廉恥、捐君親爲大公無我。故上鮮失德，下無權奸，而萍散波靡，不數月而奉宗社以貽人，較漢之亡爲尤亟焉。小人無憚之儒，害風俗以陸沈天下，禍烈于蛇龍猛獸，而幸逸其誅。有心者，能勿伸斧鉞於定論乎？

又　《平帝二》　君子之道以經世者，唯小人之不可竊者而已；卽不必允協于先王之常道而可以經世，亦唯小人之所不可竊者而已。君子經世之道，有質有文。其文者，情之已深，自然而昭其美者也。抑忠信已浹於天下，天佑而人順之，固可以緣飾而增其華者也。是則皆質之餘，而君子不恃之以爲經世之本。於是而小人竊之，情隱而不可見，天命人心不能自顯，則竊而效之，亦遂以爲君子之道在於此而無慚。然則小人之所可竊者，非君子之尚，明矣。

封建、井田、肉刑，三代久安長治，用此三者，然而小人無能竊也。何也？三者皆因天因人，以趣時而立本者也。千八百國各制其國，而漢之王侯僅食租税；五刑之屬三千，而漢高約法三章；田畝之税十一，而漢文二十税一，復盡免之；小人無能竊也。何也？雖非君子之常道，然率其情而不恤其文，小人且惡其害已而不欲效也，非文也。七月之詩，勸農之事也，而王莽竊之，命大司農部丞十三人、人部一州，以勸農桑，似矣。養生、送死、嫁娶、宮室、器服之有制，禮之等也，而王莽竊之，定制度吏民之品，似矣。若此類，君子之道蓋有出於是者；而小人不損其欲，不勞其力，不妨其惡，持空文，立苛禁，一旦以君子之道自居而無難。則以此思之，君子經世之大猷不在此，明矣。何也？農桑者，小民所自勸也，非待法而驅也。制度者，士大夫遵焉，庶人所弗能喻，惟國無異政，家無殊俗，行之以自然耳，非一切之法限之不得而繼之以刑者也。然而竊仿之而卽似，雖不效而可以自欺，遂以施施於天下曰：吾既以行君子之道矣。故文者，先王不容已，而世有損益，初不使後世效之者也。承百王之敝，而仍有首出庶物之功名，乃能立高明闊遠之崖宇，而小人望之如天之不可企及。無他，誠而已矣。誠則未有可竊者也。

又　《平帝三》　天下相師於僞，不但僞以迹也，並其心亦移而誠於僞，故小人之誠，不如其無誠也。誠者，虛位也；知、仁、勇，實以行乎虛者也。故善言誠者，必曰誠仁、誠知、誠勇，而不但言誠。陵陽嚴詡，當王莽之世，以孝行爲官，任潁川守，謂掾史爲師友，有過不責，郡事大亂。王莽徵爲美俗使者，詡去郡時，據地而哭，謂已以柔徵，必代以剛吏，哀潁川之士類必罹於法。此其呴沫之仁，蓋亦非僞託其迹也。始於欲得人之歡心，而與人相暱，爲之熟，習之久，流於輭媚者浸淫已深而不自覺。蓋習於莽之僞俗，日蒸月變，其羞惡是非之心，迷復而不返。乃試思其泣也，涕淚何從而隕？則詰之以僞，而詡不服；欲謂之非僞，而詡其能自信乎？

嗚呼！僞以迹，而公論自伸於迹露之日；僞以誠，而舉天下以如狂，莫有能自信其哀樂喜怒者，於是而天理、民彝澌滅盡矣。故天下數萬蚩蚩之衆，奔走以訟莽稱莽而翕然不異，夫豈盡無其情而俱爲利誘威脅哉？僞中於心腎肺腸，則且有前刀鋸、後鼎鑊而不恤者。蔡邕之歡董卓，姚崇之泣武曌，發於中而不能自已。甚哉，誠於僞之害人心，膏肓之病，非藥石之所能攻也。

又　《平帝四》　陳涉、吳廣敗死而後胡亥亡；劉崇、翟義、劉快敗死而後王莽亡；楊玄感敗死而後楊廣亡；徐壽輝、韓山童敗死而後蒙古亡；犯天下之險以首事，未有不先自敗者也。亂人不恤其死亡，貞士知死亡而不畏，其死亡也，乃暴君篡主相滅之先徵也，先死以殉之可矣。勝、廣、玄感、壽輝、山童，皆挾徼幸之心以求逞其志，非其能犯難以死爭天下者也；天將亡秦、隋、蒙古而適承其動機也。二劉、翟義不忍國讎，而奮不顧身，以與逆賊爭存亡之命，非天也，其志然也；而義尤烈矣。義知事不成而忘其死，智不逮子房而勇倍之矣。

當莽之篡，天下如狂而奔赴之，孔光、劉歆之徒，援經術以導諛，上天之神，虞舜之聖，周公之忠，且爲羣不逞所誣而不能白。義正名其賊、以號召天下於魔魅之中，故南陽諸劉一起，而莽之首早隕於漸臺。然則

勝、廣、玄感、山童、壽輝者，天貿其死以亡秦、隋；而義也、崇也、快也，自輸其肝腦以拯天之衰而伸莽之誅者也。不走而死，義尤烈哉！

又《王莽三》　西漢之亡也，龔勝、薛方、郭欽、蔣詡、陳咸，皎然不辱，行迹相侔，而未可等也。薛方詭辭以免，何以處夫嚴光、周黨際盛世而隱者乎？君子名之必可言也，言可孫而不可誣。謂王莽爲唐、虞，則唐、虞矣，謀諸心，出諸口，方亦何以自安乎？莽之逆以僞，而不足以延，苟有識者，無不知也，知之則必避之矣。避臣莽之誅於他日，抑避忤莽之禍于當時，方之工於術也，其得與龔勝齒哉？視紀逡、兩唐而慧焉者爾。欽、詡則可謂自好矣。咸謝病不應，辭亦孫矣，而悉收漢之律令書文壁藏之，豈徒以俟漢氏中興之求哉？誠有不忍者矣。子之慕親也，愛其手澤；臣之戀主也，閔其典章；典章者，即先王神爽之所在也，故以知咸有不忍之心也。嗚呼！勝以死自靖，咸以生存漢，惻怛之生心一也。微二子，吾孰與歸？

又《王莽七》　盜賊之興，始于王莽之世。莽篡，天下相師以寇攘，而抑劉崇、翟義以草澤起義先之，未足開盜賊窺天之徑也。

清・趙翼《廿二史劄記》卷三《漢書・王莽引經義以文其奸》　王莽僭竊，動引經義以文其奸。

居攝時，使羣臣奏曰：『周成王幼小，不能修文武之烈，周公攝政，則周道成，不攝則恐失墜天命。』故《君奭篇》曰『我嗣子孫，大不克共上下，遏失前人光，在家不知命不易，天應棐諶，乃亡隊命。』召公爲保，周公爲師，相成王爲左右。召公不悦，周公作君奭以告之。奭，召公名也。尊而呼之，故曰君也。言我恐後嗣子孫大不能恭承天地，絕失先王光大之道，而不知受命之難。天所應輔，唯在有誠，所以毋失其命也。棐，輔也。諶，誠信也。隊，墜也。此言周公服天子衮冕，南面朝羣臣，發號施令，常稱王命。召公不知其意，故不悦也。《書》逸《嘉禾篇》曰：『周公奉鬯祭祀用酒立於阼階，延登，贊曰祭祝之辭：「假王蒞政，勤和天下。」』此周公攝政，贊者所稱也。

又《康誥篇》：『王若曰：「孟侯，朕其弟，小子封。」孟侯者，言爲諸侯之長也。封者，衛康叔名。卽諸侯之長者，卽朕之弟，康叔也。此周公居攝稱王之文也。』

平帝疾，莽又作策，請於泰畤，戴璧秉圭，願以身代，藏策金縢，置於前殿，敕諸公勿敢言。《尚書》：武王病，周公祝于三王，願以身代，祝文爲史官收于金匱。

又以漢高廟爲文祖廟，取虞書受終文祖之意。

此皆援《尚書》以行事也。

又引《禮記・明堂位》曰：『周公朝諸侯于明堂，天子負斧扆南面而立。』諸侯朝見，天子背窗南面而立，以示君位。此言周公踐天子位，朝諸侯，制禮作樂，而天下大服也。

莽又欲定封建之制，引《禮記・王制》千七百餘國，是以孔子《孝經》曰：『不敢遺小國之臣，而況于公侯伯子男乎。』於是封爵，高者爲侯伯，次爲子男。

此引《禮記》、《孝經》以文其奸也。

又引孔子作《春秋》，至於哀公十四年而一代畢，協之於今，亦哀之十四也。謂哀帝六年，平帝五年，至莽居攝三年，共年十四。

此引《春秋》以文其奸也。

其侮聖言以濟其私也如此。

又《漢外戚輔政》　哀帝崩，成帝母王太后仍詔莽爲大司馬，立平帝，莽輔政，遂以篡漢。

又《兩漢外戚之禍》　兩漢以外戚輔政，國家既受其禍，而外戚之受禍，亦莫如兩漢者。崔駰疏言『漢興以後，至於哀平。外家二十餘，保全者四家而已。』【略】章懷註『【略】元帝王后弟子莽篡位伏誅；成帝許后賜死、趙后廢自殺；哀帝祖母傅太后家屬徙合浦；平帝母衛姬家屬誅。其四家者，景帝王后，宣帝許后、王后，哀帝母丁姬家，皆保全也。』

又《王莽之敗》　漢祚中衰，元后長壽。王莽藉其勢以輔政，援立幼弱，手握大權。詭託周公輔成王，由安漢公而宰衡，而居攝，而卽眞。權勢所劫，始則頌功德者八千餘人，繼則諸王公侯議加九錫者九百二人，又吏民上書者，前後四十八萬七千五百七十二人。

又　卷七《三國志・禪代》　古來只有禪讓、征誅二局，其權臣奪國，則名篡弒，常相戒而不敢犯。王莽不得已，託於周公輔成王，以攝政

踐阼，然周公未嘗有天下也。

又 卷二九《元史·元建國號始用文義》 三代以下，建國號者多以國邑舊名，王莽建號曰新，亦以初封新都侯故也。

雜録

《漢書》卷一二《平帝紀》 羣臣奏言大司馬莽功德比周公，賜號安漢公，及太師孔光等皆益封。語在《莽傳》。賜天下民爵一級，吏在位二百石以上，一切滿秩如眞。

又 卷二二《禮樂志》 及王莽爲宰衡，欲耀衆庶，遂興辟雍，因以篡位，海内畔之。

又 卷二四上《食貨志上》 平帝崩，王莽居攝，遂篡位。

又 卷二六《天文志》 元延元年四月丁酉日餔時，天暒晏，殷殷如雷聲，有流星頭大如缶，長十餘丈，皎然赤白色，從日下東南去。四面或大如盂，或如雞子，耀耀如雨下，至昏止。郡國皆言星隕。《春秋》星隕如雨爲王者失勢諸侯起伯之異也。其後王莽遂顓國柄。王氏之興萌于成帝時，是以有星隕之變，後莽遂篡國。【略】

（哀帝建平）二年二月，彗星出牽牛七十餘日。傳曰：『彗所以除舊佈新也。』牽牛，日、月、五星所從起，曆數之元，三正之始。彗而出之，改更之象也。其出久者，爲其事大也。』其六月甲子，夏賀良等建言當改元易號，增漏刻。詔書改建平二年爲太初元年，號曰陳聖劉太平皇帝，刻漏以百二十爲度。八月丁巳，悉復蠲除之，賀良及黨與皆伏誅流放。其後卒有王莽篡國之禍。

又 卷二七上《五行志上》 永始四年四月癸未，長樂宮臨華殿及未央宮東司馬門灾。六月甲午，孝文霸陵園東闕南方灾。長樂宮，成帝母王太后之所居也。未央宮，帝所居也。霸陵，太宗盛德園也。是時，太后三弟相續秉政，舉宗居位，充塞朝廷，兩宮親屬將害國家，故天象仍見。明年，成都侯商薨，弟曲陽侯根代爲大司馬秉政。後四年，根乞骸骨，薦兄子新都侯莽自代，遂覆國焉。【略】

平帝元始五年七月己亥，高皇帝原廟殿門灾盡。高皇帝廟在長安城中，後以叔孫通譏複道，故復起原廟於渭北，非正也。是時，平帝幼，成帝母王太后臨朝，委任王莽，將篡絶漢，墮高祖宗廟，故天象見也。其冬，平帝崩。明年，莽居攝，因以篡國，後卒夷滅。

又 卷二七中之上《五行志中之上》 元帝初元中，丞相府史家雌雞伏子，漸化爲雄，冠距鳴將。永光中，有獻雄雞生角者。京房《易傳》曰：『雞知時，知時者當死。』房以爲己知時，恐當之。劉向以爲房失雞占。雞者，小畜，主司時，起居人，小臣執事爲政之象也。言小臣將秉君威，以害正事，猶石顯也。竟寧元年，石顯伏辜，此其效也。一曰，石顯何足以當此？【略】元帝崩，皇太子立，是爲成帝。尊皇后爲皇太后，以后弟鳳爲大司馬、大將軍，領尚書事，上委政，無所與。王氏之權自鳳起，故於鳳始受爵位時，雄雞有角，明視作威顓君害上危國者，從此人始也。其後羣弟世權，以至於莽，遂篡天下。卽位五年，王太后乃崩，此其效也。京房《易傳》曰：『賢者居明夷之世，知時而傷，或衆在位，厥妖雞生角。雞生角，時主獨。』又曰：『婦人顓政，國不靜；牝雞雄鳴，主不榮。』故房以爲己亦在占中矣。【略】

成帝建始四年九月，長安城南有鼠銜黄蒿、柏葉，上民家柏及榆樹上爲巢，桐柏尤多。巢中無子，皆有乾鼠矢數十。時議臣以爲恐有水灾。鼠，盜竊小蟲，夜出晝匿；今晝去穴而登木，象賤人將居顯貴之位也。桐柏，衛思后園所在也。其後，趙皇后自微賤登至尊，與衛后同類。趙后終無子而爲害。明年，有鳶焚巢，殺子之異也。天象仍見，甚可畏也。一曰，皆王莽竊位之象云。京房《易傳》曰：『臣私禄罔辟，厥妖鼠巢。』【略】

元帝時童謠曰：『井水溢，滅竈煙，灌玉堂，流金門。』至成帝建始二年三月戊子，北宮中井泉稍上，溢出南流，象春秋時先有鴝鵒之謠，而後有來巢之驗。井水，陰也；竈煙，陽也；玉堂、金門，至尊之居，象陰盛而滅陽，竊有宮室之應也。王莽生於元帝初元四年，至成帝封侯，爲三公輔政，因以篡位。【略】

成帝時歌謠又曰：『邪徑敗良田，讒口亂善人。桂樹華不實，黄爵巢其顛。故爲人所羨，今爲人所憐。』桂，赤色，漢家象。華不實，無繼嗣也。王莽自謂黄象，黄爵巢其顛也。

又　卷二七中之下《五行志中之下》　元帝初元四年，皇后曾祖父濟南東平陵王伯墓門梓柱卒生枝葉，上出屋。劉向以爲王氏貴盛，將代漢家之象也。後王莽簒位，自説之曰：『初元四年，莽生之歲也，當漢九世火德之厄，而有此祥興于高祖考之門。門爲開通，梓猶子也，言王氏當有賢子開通祖統，起于柱石大臣之位，受命而王之符也。』【略】

成帝河平元年二月庚子，泰山山桑穀有觀焚其巢。男子孫通等聞山中羣鳥觀鵲聲，往視，見巢然，盡墮地中，有三觀鷇燒死。樹大四圍，巢去地五丈五尺。太守平以聞。觀色黑，近黑祥，貪虐之類也。《易》曰：『鳥焚其巢，旅人先笑後號咷。』泰山，岱宗，五嶽之長，王者易姓告代之處也。天戒若曰，勿近貪虐之人，聽其賊謀，將生焚巢自害其子絶世易姓之禍。其後，趙蜚燕得幸，立爲皇后，弟爲昭儀，姊妹專寵，聞後宮許美人、曹偉能生皇子也，昭儀大怒，令上奪取而殺之，皆並殺其母。成帝崩，昭儀自殺，事乃發覺，趙后坐誅。此焚巢殺子後號咷之應也。一曰，王莽貪虐而任社稷之重，卒成易姓之禍云。京房《易傳》曰：『人君暴虐，鳥焚其舍。』【略】

哀帝建平四年四月，山陽湖陵雨血，廣三尺，長五尺，大者如錢，小者如麻子。後二年，帝崩。王莽擅朝，誅貴戚丁、傅，大臣董賢等皆放徙遠方，與諸吕同象，誅死者少，雨血亦少。【略】

平帝元始二年秋，蝗，徧天下。是時，王莽秉政。

又　卷二七下之上《五行志下之上》　成帝河平三年二月丙戌，犍爲柏江山崩，捐江山崩，皆廱江水，江水逆流壞城，殺十三人，地震積二十一日，百二十四動。元延三年正月丙寅，蜀郡岷山崩，廱江，江水逆流，三日乃通。劉向以爲，周時岐山崩，三川竭，而幽王亡。岐山者，周所興也。漢家本起於蜀、漢，今所起之地山崩川竭，星孛又及攝提、大角，從參至辰，殆必亡矣。其後，三世亡嗣，王莽簒位。【略】

成帝綏和二年二月，大廄馬生角，在左耳前，圍長各二寸。是時，王莽爲大司馬，害上之萌自此始矣。哀帝建平二年，定襄牡馬生駒，三足，隨君飲食，太守以聞。馬，國之武用，三足，不任用之象也。後侍中董賢年二十二爲大司馬，居上公之位，天下不宗。哀帝暴崩，成帝母王太后召弟子新都侯王莽入，收賢印綬，賢恐，自殺，莽因代之，並誅外家丁、傅。又廢哀帝傅皇后，令自殺，發掘帝祖母傅太后、母丁太后陵，更以庶人葬之。辜及至尊，大臣微弱之禍也。【略】

成帝建始三年十月丁未，京師相驚，言大水至。渭水虒上小女陳持弓年九歲，走入横城門，入未央宫尚方掖門，殿門門衛户者莫見，至句盾禁中而覺得。民以水相驚者，陰氣盛也。小女而入宫殿中者，下人將因女寵而居有宫室之象也。名曰持弓，有似周家檿弧之祥。《易》曰：『弧矢之利，以威天下。』是時，帝母王太后弟鳳始爲上將，秉國政，天知其後將威天下而入宫室，故象先見也。其後，王氏兄弟父子五侯秉權，至莽卒簒天下，蓋陳氏之後云。京房《易傳》曰：『妖言動衆，茲謂不信，路將亡人，司馬死。』【略】

成帝綏和二年八月庚申，鄭通里男子王褒，衣絳衣小冠，帶劍入北司馬門殿東門，上前殿，入非常室中，解帷組結佩之，招前殿署長業等曰：『天帝令我居此。』業等收縛考問，褒故公車大誰卒，病狂易，不自知入宫狀，下獄死。是時，王莽爲大司馬，哀帝即位，莽乞骸骨就第，天知其必不退，故因是而見象也。姓名章服甚明，徑上前殿路寢，入室取組而佩之，稱天帝命，然時人莫察。後莽就國，天下寃之，哀帝徵莽還京師。明年，帝崩，莽復爲大司馬，因是而簒國。

又　卷二七下之下《五行志下之下》　元延元年七月辛未，有星孛于東井，踐五諸侯，出河戍北率行軒轅、太微，後日六度有餘，晨出東方。十三日夕見西方，犯次妃、長秋、斗、填，蠭炎再貫紫宫中。大火當後，達天河，除於妃后之域。南逝度犯大角、攝提，至天市而按節徐行，炎入市，中旬而後西去，五十六日與倉龍俱伏。谷永對曰：『上古以來，大亂之極，所稀有也。察其馳騁驟步，芒炎或長或短，所歷奸犯，内爲後宫女妾之害，外爲諸夏叛逆之禍。』劉向亦曰：『三代之亡，攝提易方；秦、項之滅，星孛大角。』是歲，趙昭儀害兩皇子。後五年，成帝崩，昭儀自殺。哀帝即位，趙氏皆免官爵，徙遼西。哀帝亡嗣。平帝即位，王莽用事，追廢成帝趙皇后、哀帝傅皇后，皆自殺。外家丁、傅皆免官爵，徙合浦，歸故郡。平帝亡嗣，莽遂簒國。

又　卷七二《鮑宣傳》　平帝即位，王莽秉政，陰有簒國之心，乃風州郡以罪法案誅諸豪桀，及漢忠直臣不附己者，宣及何武等皆死。時名

捕隴西辛興，興與宣女婿許紺俱過宣，一飯去，宣不知情，坐繫獄，自殺。

又 卷八〇《楚孝王劉囂傳》 平帝崩，無子，王莽立顯子嬰爲孺子，奉平帝後。莽篡位，以嬰爲定安公。漢既誅莽，更始時嬰在長安，平陵方望等頗知天文，以爲更始必敗，嬰本統當立者也，共起兵將嬰至臨涇，立爲天子。更始遣丞相李松擊破殺嬰云。

又 《東平思王劉宇傳》 元始元年，王莽欲反哀帝政，白太皇太后，立雲太子開明爲東平王，又立思王孫成都爲中山王。開明立三年，薨，無子。復立開明兄嚴鄉侯信子匡爲東平王，奉開明後。王莽居攝，東郡太守翟義與嚴鄉侯信謀舉兵誅莽，立信爲天子。兵敗，皆爲莽所滅。

又 卷八一《孔光傳》 （元壽元年）、【略】明年，定三公官，光更爲大司徒。會哀帝崩，太皇太后以新都侯王莽爲大司馬，徵立中山王，是爲平帝。帝年幼，太后稱制，委政於莽。初，哀帝罷黜王氏，故太后與莽怨丁、傅、董賢之黨。莽以光爲舊相名儒，天下所信，太后敬之，備禮事光。所欲搏擊，輒爲草，以太后指風光令上之，睚眥莫不誅傷。莽權日盛，光憂懼不知所出，上書乞骸骨。莽白太后：『帝幼少，宜置師傅。』徙光爲帝太傅，位四輔，給事中，領宿衛供養，行内署門户，省服御食物。明年，徙爲太師，而莽爲太傅。光常稱疾，不敢與莽並。有詔朝朔望，領城門兵。莽又風羣臣奏莽功德，稱宰衡，位在諸侯王上，百官統焉。光愈恐，固稱疾辭位。

又 卷八八《儒林傳·高相》 及王莽居攝，東郡太守翟誼謀舉兵誅莽，事未發，康候知東郡有兵，私語門認，門人上書言之。後數月，翟誼兵起，莽召問，對『受師高康鸎。』莽惡之，以爲惑衆，斬康。

又 卷九四下《匈奴傳下》 王莽之篡位也，建國元年，遣五威將王駿率甄阜、王颯、陳饒、帛敞、丁業六人，多齎金帛，重遺單于，諭曉以受命代漢狀，因易單于故印。故印文曰『匈奴單于璽』，莽更曰『新匈奴單于章』。將率既至，授單于印紱，詔令上故印拔。單于再拜受詔。

《後漢書》卷一二《王昌傳》 初，王莽篡位，長安中或自稱成帝子子輿者，莽殺之。

晉·司馬彪《續漢書·祭祀志上》 王莽以舅后之家、三司鼎足塚宰之權勢，依託周公、霍光輔幼歸政之義，遂以篡叛，僭號自立。宗廟墮壞，社稷喪亡，不得血食，十有八年。

又 《五行志一》 靈帝光和元年，南宮侍中寺雌雞欲化雄，一身毛皆似雄，但頭冠尚未變。詔以問議郎蔡邕。邕對曰：『貌之不恭，則有雞禍。宣帝黄龍元年，未央宮雌雞化爲雄，不鳴無距。是歲元帝初即位，立王皇后。至初元元年，丞相史家雌雞化爲雄，冠距鳴將。是歲後父禁爲陽平侯，女立爲皇后。至哀帝晏駕，後攝政，王莽以后兄子爲大司馬，由是爲亂。臣竊推之：頭，元首，人君之象。今雞一身已變，未至於頭，而上知之，是將有其事而不遂成之象也。若應之不精，政無所改，頭冠或成，爲患茲大。』是後張角作亂稱黄巾，遂破壞。四方疲於賦役，多叛者。上不改政，遂至天下大亂。

又 《五行志五》 光和元年五月壬午，何人白衣欲入德陽門，辭『我梁伯夏，教我上殿爲天子』。中黄門桓賢等呼門吏僕射，欲收縛何人。吏未到，須臾還走，求索不得，不知姓名。時蔡邕以成帝時男子王褒絳衣入宮，上前殿非常室，曰『天帝令我居此』，後王莽篡位。

《宋書》卷二五《天文志三》 昔漢平帝元始四年，四星聚柳、張，各五日。柳、張，三河分。後有王莽、赤眉之亂，而光武興復於洛。

北魏·酈道元《水經注》卷二《河水》 漢平帝時，王莽秉政，欲耀威德，以服遠方，諷羌獻西海之地，置西海郡，而築五縣焉，周海亭隧相望。莽篡政紛亂，郡亦棄廢。

《南齊書》卷九《禮志上》 平帝元始五年，王莽奏依匡衡議還復長安南北二郊。

《晉書》卷二九《五行志下》 明帝太和三年，曹休部曲丘奚農女死復生。時又有開周世塚，得殉葬女子，數日而有氣，數月而不能言，郭太后愛養之。又，太原人發塚破棺，棺中有一生婦人，問其本事，不知也，視其墓木，可三十歲。案京房《易傳》曰：『至陰爲陽，下人爲上。』宣帝起之象也。漢平帝、獻帝並有此異，占以爲王莽、曹操之徵。

《北史》卷九七《西域傳》 《夏書》稱：『西戎即序。』班固云：『就而序之，非盛威武致其貢物也。』漢氏初開西域，有三十六國。其後，分立五十五王，置校尉、都護以撫之。王莽篡位，西域遂絕。

《後漢書》卷一上《光武帝紀上》李賢注　建武元年春正月，平陵人方望立前孺子劉嬰爲天子，更始遣丞相李松擊斬之。平帝崩，王莽立楚孝王孫廣戚侯顯子嬰爲孺子。莽篡位，廢爲定安公。【略】

時宗室劉茂自號『厭新將軍』，率衆降，封爲中山王。王莽號新室，言欲厭勝之。

宋・李昉等《太平御覽》卷三三《時序部・臘》　謝承《後漢書》曰：【略】又曰：沛國陳咸爲廷尉監，王莽篡位，還家杜門不出。莽改易漢法令。及臘日咸常言，我先祖何知王氏之臘乎？

元・馬端臨《文獻通考》卷二九八《物異考四》　平帝元始五年七月己亥，高皇帝原廟殿門灾盡。時平帝幼，王太后臨朝，委政王莽，將篡漢祚，墮高帝宗廟，故天象見也。

又　卷一二一《王禮考十六・國恤》　平帝元始五年，崩於未央宮。大赦天下。有司議曰：『禮，臣不殤君。皇帝年十有四歲，宜以禮斂，加玄服。』奏可。王莽欲眩惑天下，示忠孝，使吏六百石以上皆服喪三年。

王莽新政分部

綜　述

《漢書》卷一九上《百官公卿表上》　奉常，秦官，掌宗廟禮儀，有丞。景帝中六年更名太常。屬官有太樂、太祝、太宰、太史、太卜、太醫六令丞，又均官、都水兩長丞，又諸廟寢園食官令長丞，有雍太宰、太祝令丞，五畤各一尉。又博士及諸陵縣皆屬焉。景帝中六年更名太祝爲祠祀，武帝太初元年更曰廟祀，初置太卜。博士，秦官，掌通古今，秩比六百石，員多至數十人。武帝建元五年初置《五經》博士，宣帝黄龍元年稍增員十二人。元，帝永光元年分諸陵邑屬三輔。王莽改太常曰秩宗。【略】

廷尉，秦官，掌刑辟，有正、左右監，秩皆千石。景帝中六年更名大理，武帝建元四年復爲廷尉。宣帝地節三年初置左右平，秩皆六百石。哀帝元壽二年復爲大理。王莽改曰作士。【略】

典客，秦官，掌諸歸義蠻夷，有丞。景帝中六年更名大行令，武帝太初元年更名大鴻臚。屬官有行人、譯官、别火三令丞及郡邸長丞。武帝太初元年更名行人爲大行令，初置别火。王莽改大鴻臚曰典樂。初，置郡國邸屬少府，中屬中尉，後屬大鴻臚。【略】

宗正，秦官，掌親屬，有丞。平帝元始四年更名宗伯。屬官有都司空令丞，内官長丞。又諸公主家令、門尉皆屬焉。王莽并其官于秩宗。初，内官屬少府，中屬主爵，後屬宗正。【略】

治粟内史，秦官，掌穀貨，有兩丞。景帝後元年更名大農令，武帝太初元年更名大司農。屬官有太倉、均輸、平準、都内、籍田五令丞，斡官、鐵市兩長丞。又郡國諸倉農監、都水六十五官長丞皆屬焉。騪粟都尉，武帝軍官，不常置。王莽改大司農曰羲和，後更爲納言。初，斡官屬少府，中屬主爵，後屬大司農。【略】

少府，秦官，掌山海池澤之稅，以給共養，有六丞。屬官有尚書、符節、太醫、太官、湯官、導官、樂府、若盧、考工室、左弋、居室、甘泉居室、左右司空、東織、西織、東園匠十六官令丞，又胞人、都水、均官三長丞，又上林中十池監，又中書謁者、黄門、鉤盾、尚方、御府、永巷、内者、宦者八官令丞。諸僕射、署長、中黄門皆屬焉。【略】王莽改少府曰共工。【略】

水衡都尉，武帝元鼎二年初置，掌上林苑，有五丞。屬官有上林、均輸、御羞、禁圃、輯濯、鍾官、技巧、六廄、辯銅九官令丞。又衡官、水司空、都水、農倉，又甘泉上林、都水七官長丞皆屬焉。上林有八丞十二尉，均輸四丞，御羞兩丞，都水三丞，禁圃兩尉，甘泉上林四丞。【略】王莽改水衡都尉曰予虞。初，御羞、上林、衡官及鑄錢皆屬少府。

又　卷二一上《律曆志上》　至元始中王莽秉政，欲耀名譽，徵天下通知鐘律者百餘人，使羲和劉歆等典領條奏，言之最詳。故删其僞辭，取正義，著於篇。

又　卷二四上《食貨志上》　平帝崩，王莽居攝，遂篡位。王莽因漢承平之業，匈奴稱藩，百蠻賓服，舟車所通，盡爲臣妾，府庫百官之富，天下晏然。莽一朝有之，其心意未滿，狹小漢家制度，以爲疏闊。宣

帝始賜單于印璽，與天子同，而西南夷鉤町稱王。莽乃遣使易單于印，貶鉤町王爲侯。二方始怨，侵犯邊境。莽遣興師，發三十萬衆，欲同時十道並出，一舉滅匈奴；募發天下囚徒、丁男、甲卒轉委輸兵器，自負海江、淮而至北邊，使者馳傳督趣，海内擾矣。又動欲慕古，不度時宜，分裂州郡，改職作官，下令曰：『漢氏減輕田租，三十而稅一，常有更賦，罷癃咸出，而豪民侵陵，分田刼假，厥名三十，實十稅五也。富者驕而爲邪，貧者窮而爲奸，俱陷於辜，刑用不錯。今更名天下田曰王田，奴婢曰私屬，皆不得賣買。其男口不滿八，而田過一井者，分餘田與九族鄉黨。』犯令，法至死，制度又不定，吏緣爲奸，天下謷謷然，陷刑者衆。

後三年，莽知民愁，下詔諸食王田及私屬皆得賣買，勿拘以法。然刑罰深刻，它政誖亂。邊兵二十餘萬人仰縣官衣食，用度不足，數橫賦斂，民俞貧困。常苦枯旱，亡有平歲，穀賈翔貴。

又　卷二四下《食貨志下》　王莽居攝，變漢制，以周錢有子母相權，於是更造大錢，徑寸二分，重十二銖，文曰『大錢五十』。又造契刀、錯刀。契刀，其環如大錢，身形如刀，長二寸，文曰『契刀五百』。錯刀，以黄金錯其文，曰『一刀直五千』。與五銖錢凡四品，並行。

莽卽眞，以爲書『劉』字有『金』、『刀』，乃罷錯刀、契刀及五銖錢，而更作金、銀、龜、貝、錢、布之品，名曰『寳貨』。【略】

民私以五銖錢市買。莽患之，下詔：『敢非井田、挾五銖錢者爲惑衆，投諸四裔以禦魑魅。』於是農、商失業，食、貨俱廢，民涕泣於市道。坐賣買田、宅、奴婢，鑄錢抵罪者，自公卿大夫至庶人，不可稱數。莽知民愁，乃但行小錢直一，與大錢五十，二品並行，龜、貝、布屬且寢。

莽性躁擾，不能無爲，每有所興造，必欲依古得經文。國師公劉歆言周有泉府之官，收不讎，與欲得，卽《易》所謂『理財正辭，禁民爲非』者也。莽乃下詔曰：『夫《周禮》有賒、貸，《樂語》有五均，傳記各有斡焉。今開賒貸，張五均，設諸斡者，所以齊衆庶，抑并兼也。』遂于長安及五都立五均官，更名長安東、西市令及洛陽、邯鄲、臨菑、宛、成都市長皆爲五均司市師。東市稱京，西市稱畿，洛陽稱中，餘四都各用東、西、南、北爲稱，皆置交易丞五人，錢府丞一人，工商能採金、銀、銅、連錫，登龜、取貝者，皆自占司市錢府，順時氣而取之。【略】

羲和置命士督五均六斡，郡有數人，皆用富賈。落陽薛子仲、張長叔、臨菑姓偉等，乘傳求利，交錯天下，因與郡縣通姦，多張空簿，府臧不實，百姓俞病。莽知民苦之，復下詔曰：『夫鹽，食肴之將；酒，百藥之長，嘉會之好；鐵，田農之本；名山、大澤，饒衍之臧；五均、賒貸，百姓所取平，卬以給澹；鐵布、銅冶，通行有無，備民用也。此六者，非編户齊民所能家作，必卬於市，雖貴數倍，不得不買。豪民富賈，卽要貧弱，先聖知其然也，故斡之。每一斡爲設科條防禁，犯者罪至死。』奸吏猾民並侵，衆庶各不安生。

後五歲，天鳳元年，復申下金、銀、龜、貝之貨，頗增減其賈直。而罷大、小錢，改作貨布，長二寸五分，廣一寸，首長八分有奇，廣八分，其圜好徑二分半，足枝長八分，間廣二分，其文右曰『貨』，左曰『布』，重二十五銖，直貨泉二十五。貨泉徑一寸，重五銖，文右曰『貨』，左曰『泉』，枚直一，與貨布二品並行。又以大錢行久，罷之，恐民挾不止，乃令民且獨行大錢，與新貨泉俱枚直一，並行盡六年，毋得復挾大錢矣。每壹易錢，民用破業，而大陷刑。莽以私鑄錢死，及非沮寳貨投四裔，犯法者多，不可勝行，乃更輕其法：私鑄作泉布者，與妻子没入爲官奴婢；吏及比伍，知而不舉告，與同罪；非沮寳貨，民罰作一歲，吏免官。犯者俞衆，及五人相坐皆没入，郡國檻車鐵鎖，傳送長安鍾官，愁苦死者什六七。

又　卷二五下《郊祀志下》　平帝元始五年，大司馬王莽奏言：『王者父事天，故爵稱天子。孔子曰：「人之行莫大於孝，孝莫大于嚴父，嚴父莫大于配天。」王者尊其考，欲以配天，緣考之意，欲尊祖，推而上之，遂及始祖。是以周公郊祀后稷以配天，宗祀文王於明堂以配上帝。《禮記》：天子祭天地及山川，歲遍。《春秋穀梁傳》以十二月下辛卜。正月上辛郊。高皇帝受命，因雍四時起北時，而備五帝。未共天地之祀。孝文十六年用新垣平初起渭陽五帝廟，祭泰一、地祇，以太祖高皇帝配。日冬至祠泰一，夏至祠地祇，皆並祠五帝，而共一牲，上親郊拜。後平伏誅，乃不復自親，而使有司行事。孝武皇帝祠雍，曰：「今上帝朕親郊，而后土無祠，則禮不答也。」於是元鼎四年十一月甲子始立后土祠于汾陰。或曰，五帝，泰一之佐，宜立泰一。五年十一月癸未始立泰一祠於

甘泉，二歲一郊，與雍更祠，亦以高祖配，不歲事天，皆未應古制。建始元年，徙甘泉泰畤、河東后土于長安南北郊。永始元年三月，以未有皇孫，復甘泉、河東祠。綏和二年，以卒不獲祐，復長安南、北郊。建平三年，懼孝哀皇帝之疾未瘳，復甘泉、汾陰祠，竟復無福。臣謹與太師孔光、長樂少府平晏、大司農左咸、中壘校尉劉歆、太中大夫朱陽、博士薛順、議郎國由等六十七人議，皆曰宜如建始時丞相衡等議，復長安南、北郊如故。」

莽又頗改其祭禮，曰：「《周官》天地之祀，樂有別有合。其合樂曰『以六律、六鐘、五聲、八音、六舞大合樂』，祀天神，祭地祇，祀四望，祭山川，享先妣先祖。凡六樂，奏六歌，而天地神祇之物皆至。四望，蓋謂日、月、星、海也。三光高而不可得親，海廣大無限界，故其樂同。祀天則天文從，祭地則地理從。三光，天文也；山川，地理也。天地合祭，先祖配天，先妣配地，其誼一也。天地合精，夫婦判合。祭天南郊，則以地配，一體之誼也。天地位皆南鄉，同席，地在東，共牢而食。高帝、高后配於壇上，西鄉，后在北，亦同席共牢。牲用繭栗，玄酒陶匏。《禮記》曰天子籍田千畝以事天地，繇是言之，宜有黍、稷。天地用牲一，燔燎，燔燎瘞埋瘞薶用牲一，高帝、高后用牲一。天用牲左，及黍、稷燔燎南郊；地用牲右，及黍、稷瘞於北郊。其旦，東鄉再拜朝日；其夕，西鄉再拜夕月。然後孝弟之道備，而神祇嘉享，萬福降輯。此天地合祀，以祖、妣配者也。其別樂曰『冬日至，於地上之圜丘奏樂六變，則天神皆降；夏日至，於澤中之方丘奏樂八變，則地祇皆出』。天地有常位，不得常合，此其各特祀者也。陰陽之別於日冬、夏至；其會也，以孟春正月上辛若丁，天子親合祀天地於南郊，以高帝、高后配。陰陽有離合，《易》曰『分陰分陽，迭用柔剛』。以日冬至使有司奉祠南郊，高帝配而望羣陽；日夏至使有司奉祭北郊，高后配而望羣陰。皆以助致微氣，通道幽弱。當此之時，後不省方，故天子不親而遣有司，所以正承天順地，復聖王之制，顯太祖之功也。渭陽祠勿復修。羣望未悉定，定復奏。」奏可。三十餘年間，天地之祠五徙焉。

後莽又奏言：「《書》曰『類於上帝，禋于六宗』。歐陽、大、小夏侯三家説六宗，皆曰上不及天，下不及地，旁不及四方，在六者之間，助陰陽變化，實一而名六，名實不相應。《禮記》祀典，功施於民則祀之。天文：日、月、星、辰，所昭仰也；地理：山、川、海、澤，所生殖也。《易》有八卦，『乾』、『坤』六子，水火不相逮，雷風不相誖，山澤通氣，然後能變化，既成萬物也。臣前奏徙甘泉泰畤、汾陰后土皆復于南、北郊。謹案《周官》『兆五帝於四郊』，山川各因其方，今五帝兆居在雍五畤，不合于古。又日、月、雷、風、山、澤，《易》卦六子之尊氣，所謂六宗也。星、辰、水、火、溝、瀆，皆六宗之屬也。今或未特祀，或無兆居。謹與太師光、大司徒宮、羲和歆等八十九人議，皆曰：天子父事天，母事地。今稱天神曰皇天上帝，泰一兆曰泰畤，而稱地祇曰后土，與中央黃靈同，又兆北郊，未有尊稱。宜令地祇稱皇地后祇，兆曰廣畤。《易》曰『方以類聚，物以羣分』。分羣神以類相從爲五部，兆天地之別神：中央帝黃靈后土畤及日廟、北辰、北斗、填星、中宿中宮于長安城之未地兆；東方帝太昊青靈勾芒畤及雷公、風伯廟、歲星、東宿東宮於東郊兆；南方炎帝赤靈祝融畤及熒惑星、南宿南宮於南郊兆；西方帝少皞白靈蓐收畤及太白星、西宿西宮於西郊兆；北方帝顓頊黑靈玄冥畤及月廟、雨師廟、辰星、北宿北宮於北郊兆。」奏可，於是長安旁諸廟兆畤甚盛矣。

莽又言：「帝王建立社稷，百王不易。社者，土也。宗廟，王者所居。稷者，百穀之主，所以奉宗廟，共粢盛，人所食以生活也。王者莫不尊重親祭，自爲之主，禮如宗廟。《詩》曰『乃立冢土』。又曰『以御田祖，以祈甘雨』。《禮記》曰『唯祭宗廟社稷，爲越紼而行事』。聖漢興，禮儀稍定，已有官社，未立官稷。」遂於官社後立官稷，以夏禹配食官社，后稷配食官稷。稷種穀樹。徐州牧歲貢五色土各一斗。

莽篡位二年，興神仙事，以方士蘇樂言，起八風臺于宮中。臺成萬金，作樂其上，順風作液湯。又種五梁禾於殿中，各順色置其方面，先煮鶴髓、毒冒、犀玉二十餘物漬種，計粟斛成一金，言此黃帝穀仙之術也。以樂爲黃門郎，令主之。莽遂崇鬼神淫祀，至其末年，自天地六宗以下至諸小鬼神，凡千七百所，用三牲鳥獸三千餘種。後不能備，乃以雞當鶩雁，犬當麋鹿。數下詔自以當仙，語在其《傳》。

又　卷九九中《王莽傳中》　（始建國元年正月）改明光宮爲定安

館，定安太后居之。以故大鴻臚府爲定安公第，皆置門衛使者監領。敕阿乳母不得與語，常在四壁中，至於長大，不能名六畜。後莽以女孫宇子妻之。

莽策羣司曰：『歲星司肅，東嶽太師典致時雨，青煒登平，考景以晷。熒惑司哲，南嶽太傅典致時奧，赤煒頌平，考聲以律。太白司艾，西嶽國師典致時陽，白煒象平，考量以銓。辰星司謀，北嶽國將典致時寒，玄煒和平，考星以漏。月刑元股左，司馬典致武應，考方法矩，主司天文，欽若昊天，敬授民時，力來農事，以豐年穀。日德元厷右，司徒典致文瑞，考圜合規，主司人道，五教是輔，帥民承上，宣美風俗，五品乃訓。斗平元心中，司空典致物圖，考度以繩，主司地里，平治水土，掌名山川，衆殖鳥獸，蕃茂草木。』各策命以其職，如典誥之文。

置大司馬司允，大司徒司直，大司空司若，位皆孤卿。更名大司農曰羲和，後更爲納言，大理曰作士，太常曰秩宗，大鴻臚曰典樂，少府曰共工，水衡都尉曰予虞，與三公司卿凡九卿，分屬三公。每一卿置大夫三人，一大夫置元士三人，凡二十七大夫，八十一元士，分主中都官諸職。更名光禄勳曰司中，太僕曰太御，衛尉曰太衛，執金吾曰奮武，中尉曰軍正，又置大贅官，主乘輿服御物，後又典兵秩，位皆上卿，號曰六監。改郡太守曰大尹，都尉曰太尉，縣令長曰宰，御史曰執法，公車司馬曰王路四門，長樂宫曰常樂室，未央宫曰壽成室，前殿曰王路堂，長安曰常安。更名秩百石曰庶士，三百石曰下士，四百石曰中士，五百石曰命士，六百石曰元士，千石曰下大夫，比二千石曰中大夫，二千石曰上大夫，中二千石曰卿。車服黻冕，各有差品。又置司恭、司徒、司明、司聰、司中大夫及誦詩工、徹膳宰，以司過。策曰：『予聞上聖欲昭厥德，罔不慎修厥身，用綏於遠，是用建爾司於五事。毋隱尤，毋將虚，好惡不愆，立於厥中。於戲，勖哉！』令王路設進善之旌，非謗之木，敢諫之鼓。諫大夫四人常坐王路門受言事者。

封王氏齊縗之屬爲侯，大功爲伯，小功爲子，緦麻爲男，其女皆爲任。男以『睦』、女以『隆』爲號焉，皆授印韍。令諸侯立太夫人、夫人、世子，亦受印韍。

又曰：『天無二日，土無二王，百王不易之道也。漢氏諸侯或稱王，至於四夷亦如之，違于古典，繆於一統。其定諸侯王之號皆稱公，及四夷僭號稱王者皆更爲侯。』

又曰：『帝王之道，相因而通；盛德之祚，百世享祀。予惟黄帝、帝少昊、帝顓頊、帝嚳、帝堯、帝舜、帝夏禹、皋陶、伊尹咸有聖德，假於皇天，功烈巍巍，光施於遠。予甚嘉之，營求其後，將祚厥祀。』惟王氏，虞帝之後也，出自帝嚳；劉氏，堯之後也，出自顓頊。於是封姚恂爲初睦侯，奉黄帝後；梁護爲修遠伯，奉少昊後；皇孫功隆公千，奉帝嚳後；劉歆爲祁烈伯，奉顓頊後；國師劉歆子曡爲伊休侯，奉堯後；嬀昌爲始睦侯，奉虞帝後；山遵爲褒謀子，奉皋陶後；伊玄爲褒衡子，奉伊尹後。漢後定安公劉嬰，位爲賓。周後衛公姬黨，更封爲章平公，亦爲賓。殷後宋公孔弘，運轉次移，更封爲章昭侯，位爲恪。夏後遼西姒豐，封爲章功侯，亦爲恪。四代古宗，宗祀於明堂，以配皇始祖考虞帝。周公後褒魯子姬就、宣尼公後褒成子孔鈞，已前定焉。

莽又曰：『予前在攝時，建郊宫，定祧廟，立社稷，神祇報況，或光自上復於下，流爲烏，或典氣熏烝，昭耀章明，以著黄、虞之烈焉。自黄帝至於濟南伯王，高祖世氏姓有五矣。黄帝二十五子，分賜厥姓十有二氏。虞帝之先，受姓曰姚，其在陶唐曰嬀，在周曰陳，在齊曰田，在濟南曰王。予伏念皇初祖考黄帝，皇始祖考虞帝，以宗祀於明堂，宜序於祖宗之親廟。其立祖廟五，親廟四，后夫人皆配食。郊祀黄帝以配天，黄后以配地。以新都侯東弟爲大禖，歲時以祀。家之所尚，種祀天下。姚、嬀、陳、田、王氏凡五姓者，皆黄、虞苗裔，予之同族也。《書》不云乎？「惇序九族」。其令天下上此五姓名籍于秩宗，皆以爲宗室。世世復，無有所與。其元城王氏，勿令相嫁娶，以别族理親焉。』封陳崇爲統睦侯，奉胡王後；田豐爲世睦侯，奉敬王後。

天下牧守皆以前有翟義、趙明等領州郡，懷忠孝，封牧爲男，守以附城。又封舊恩戴崇、金涉、箕閎、楊並等子皆爲男。

遣騎都尉囂等分治黄帝園位於上都橋畤，虞帝於零陵九疑，胡王于淮陽陳，敬王于齊臨淄，愍王于城陽莒，伯王于濟南東平陵，孺王于魏郡元城，使者四時致祠。其廟當作者，以天下初定，且袷祭於明堂太廟。

以漢高廟爲文祖廟。莽曰：『予之皇始祖考虞帝受嬗于唐，漢氏初祖

唐帝，世有傳國之象，予復親受金策于漢高皇帝之靈。惟思褒厚前代，何有忘時？漢氏祖宗有七，以禮立廟于定安國。其園寢廟在京師者，勿罷，祠薦如故。予以秋九月親入漢氏高、元、成、平之廟。諸劉更屬籍京兆大尹，勿解其復，各終厥身，州牧數存問，勿令有侵冤。』

又曰：『予前在大麓，至於攝假，深惟漢氏三七之厄，赤德氣盡，思索廣求，所以輔劉延期之術，靡所不用，以故作金刀之利，幾以濟之。然自孔子作《春秋》以爲後王法，至於哀之十四而一代畢，協之於今，亦哀之十四也。赤世計盡，終不可强濟。皇天明威，黄德當興，隆顯大命，屬予以天下。今百姓咸言皇天革漢而立新，廢劉而興王。夫「劉」之爲字「卯、金、刀」也，正月剛卯，金刀之利，皆不得行。博謀卿士，僉曰天人同應，昭然著明。其去剛卯莫以爲佩，除刀錢勿以爲利，承順天心，快百姓意。』乃更作小錢，徑六分，重一銖，文曰『小錢直一』，與前『大錢五十』者爲二品，並行。欲防民盜鑄，乃禁不得挾銅炭。

四月，徐鄉侯劉快結黨數千人起兵于其國。快兄殷，故漢膠東王，時改爲扶崇公。快舉兵攻卽墨，殷閉城門，自繫獄。吏民距快，快敗走，至長廣死。莽曰：『昔予之祖濟南湣王困于燕寇，自齊臨淄出保於莒。宗人田單廣設奇謀，獲殺燕將，復定齊國。今卽墨士大夫復同心殄滅反虜，予甚嘉其忠者，憐其無辜。其赦殷等，非快之妻子它親屬當坐者皆勿治。弔問死傷，賜亡者葬錢，人五萬。殷知大命，深疾惡快，以故輒伏厥辜。其滿殷國户萬，地方百里。』又封符命臣十餘人。

莽曰：『古者，設廬井八家，一夫一婦田百畝，什一而税，則國給民富而頌聲作。此唐、虞之道，三代所遵行也。秦爲無道，厚賦税以自供奉，罷民力以極欲，壞聖制，廢井田，是以兼併起，貪鄙生，强者規田以千數，弱者曾無立錐之居。又置奴婢之市，與牛馬同蘭，制於民臣，顓斷其命。奸虐之人因緣爲利，至略賣人妻子，逆天心，悖人倫，繆於「天地之性人爲貴」之義。《書》曰「予則奴戮女」，唯不用命者，然後被此辜矣。漢氏減輕田租，三十而税一，常有更賦，罷癃咸出，而豪民侵陵，分田劫假。厥名三十税一，實什税五也。父子夫婦終年耕芸，所得不足以自存。故富者犬馬餘菽粟，驕而爲邪；貧者不厭糟糠，窮而爲姦。俱陷於辜，刑用不錯。予前在大麓，始令天下公田口井，時則有嘉禾之祥，遭以虜逆賊且止。今更名天下田曰「王田」，奴婢曰「私屬」，皆不得賣買。其男口不盈八，而田過一井者，分餘田予九族鄰里鄉黨。故無田，今當受田者，如制度。敢有非井田聖制，無法惑衆者，投諸四裔，以禦魑魅，如皇始祖考虞帝故事。』

是時，百姓便安漢五銖錢，以莽錢大小兩行難知，又數變改不信，皆私以五銖錢市買。訛言大錢當罷，莫肯挾。莽患之。復下書：『諸挾五銖錢，言大錢當罷者，比非井田制，投四裔。』於是農商失業，食貨俱廢，民人至涕泣於市道。及坐賣買田宅、奴婢，鑄錢，自諸侯、卿、大夫至於庶民，抵罪者不可勝數。

秋，遣五威將王奇等十二人班《符命》四十二篇於天下。德祥五事，符命二十五，福應十二，凡四十二篇。其德祥言文、宣之世黄龍見於成紀、新都，高祖考王伯墓門梓柱生枝葉之屬。符命言井石、金匱之屬。福應言雌雞化爲雄之屬。其文爾雅依託，皆爲作説，大歸言莽當代漢有天下云。總有説之曰：『帝王受命，必有德祥之符瑞，協成五命，申以福應，然後能立巍巍之功，傳於子孫，永享無窮之祚。故新室之興也，德祥發於漢三七九世之後。肇命於新都，受瑞于黄支，開王於武功，定命於子同，成命于巴宕，申福于十二應，天所以保佑新室者深矣，固矣！武功丹石出於漢氏平帝末年，火德銷盡，土德當代，皇天眷然，去漢與新，以丹石始命于皇帝。皇帝謙讓，以攝居之，未當天意，故其秋七月，天重以三能文馬。皇帝復謙讓，未卽位，故三以鐵契，四以石龜，五以虞符，六以文圭，七以玄印，八以茂陵石書，九以玄龍石，十以神井，十一以大神石，十二以銅符帛圖。申命之瑞，浸以顯著，至於十二，以昭告新皇帝。皇帝深惟上天之威不可不畏，故去攝號，猶尚稱假，改元爲初始，欲以承塞天命，克厭上帝之心。然非皇天所以鄭重降符命之意，故是日天復決以龜書。又侍郎王盱見人衣白布單衣，赤繢方領，冠小冠，立于王路殿前，謂盱曰：「今日天同色，以天下人民屬皇帝。」盱怪之，行十餘步，人忽不見。至丙寅暮，漢氏高廟有金匱圖策：「高帝承天命，以國傳新皇帝。」明旦，宗伯忠孝侯劉宏以聞，乃召公卿議，未決，而大神石人談曰：「趣新皇帝之高廟受命，毋留！」於是新皇帝立登車，之漢氏高廟受命，受命之日，丁卯也。丁，火，漢氏之德也。卯，劉姓所以爲字也。明漢劉火德

盡，而傳於新室也。皇帝謙謙，既備固讓，十二符應迫著，命不可辭，懼然祇畏，葦然閔漢氏之終不可濟，亹亹左右之不得從意，爲之三夜不御寢，三日不復食。延問公侯卿大夫，僉曰：「宜奉如上天威命。」於是乃改元定號，海內更始。新室既定，神祇懽喜，申以福應，吉瑞累仍。《詩》曰：「宜民宜人，受禄於天；保右命之，自天申之。」此之謂也。』五威將奉《符命》，齎印綬，王侯以下及吏官名更者，外及匈奴、西域，徼外蠻夷，皆卽授新室印綬，因收故漢印綬。賜吏爵人二級，民爵人一級，女子百户羊、酒，蠻夷幣、帛各有差。大赦天下。

五威將乘《乾》文車，駕《坤》六馬，背負鷩鳥之毛，服飾甚偉。每一將各置左右前後中帥，凡五帥。衣冠車服駕馬，各如其方面色數。將持節，稱太一之使；帥持幢，稱五帝之使。莽策命曰：『普天之下，迄於四表，靡所不至。』其東出者，至玄菟、樂浪、高句驪、夫餘；南出者，逾徼外，歷益州，貶句町王爲侯；西出者，至西域，盡改其王爲侯；北出者，至匈奴庭，授單于印，改漢印文，去『璽』曰『章』。單于欲求故印，陳饒椎破之。語在《匈奴傳》。單于大怒，而句町、西域後卒以此皆畔。饒還，拜爲大將軍，封威德子。

冬，雷，桐華。

置五威司命，中城四關將軍。司命司上公以下，中城主十二城門。策命統睦侯陳崇曰：『咨爾崇。夫不用命者，亂之原也；大奸猾者，賊之本也；鑄僞金錢者，妨寶貨之道也；驕奢逾制者，凶害之端也；漏泄省中及尚書事者，「機事不密則害成」也；拜爵王庭，謝恩私門者，禄去公室，政從亡矣：凡此六條，國之綱紀。是用建爾作司命，「柔亦不茹，剛亦不吐，不侮鰥寡，不畏强圉」，帝命帥由，統睦於朝。』命説符侯崔發曰：『「重門擊柝，以待暴客。」女作五威中城將軍，中德既成，天下説符。』命明威侯王級曰：『繞霤之固，南當荆楚。女作五威前關將軍，振武奮衞，明威於前。』命尉睦侯王嘉曰：『羊頭之厄，北當燕、趙。女作五威後關將軍，壺口捶抳，尉睦於後。』命掌威侯王奇曰：『肴、黽之險，東當鄭、衞。女作五威左關將軍，函谷批難，掌威于左。』命懷羌子王福曰：『汧隴之阻，西當戎狄。女作五威右關將軍，成固據守地，懷羌於右。』

又遣諫大夫五十人分鑄錢于郡國。

是歲，長安狂女子碧呼道中曰：『高皇帝大怒，趣歸我國。不者，九月必殺汝！』莽收捕殺之。治者掌寇大夫陳咸自免去官。眞定劉都等謀舉兵，發覺，皆誅。眞定、常山大雨雹。

二年二月，赦天下。

五威將帥七十二人還奏事，漢諸侯王爲公者，悉上璽綬爲民，無違命者。封將爲子，帥爲男。

初設六管之令。命縣官酤酒，賣鹽鐵器，鑄錢，諸采取名山大澤衆物者稅之。又令市官收賤賣貴，賒貸予民，收息百月三。犧和置酒士，郡一人，乘傳督酒利，禁民不得挾弩鎧，徙西海。

匈奴單于求故璽，莽不與，遂寇邊郡，殺略吏民。

十一月，立國將軍建奏：『西域將欽上言，九月辛巳，戊己校尉中陳良、終帶共賊殺校尉刁護，劫略吏士，自稱廢漢大將軍，亡入匈奴。又今月癸西，不知何一男子遮臣建車前，自稱「漢氏劉子輿，成帝下妻子也。劉氏當復，趣空宮。」收繫男子，卽常安姓武字仲。皆逆天違命，大逆無道。請論仲及陳良等親屬當坐者。』奏可。漢氏高皇帝比著戒云，罷吏卒，爲賓食，誠欲承天心，全子孫也。其宗廟不當在常安城中，及諸劉爲諸侯者當與漢俱廢。陛下至仁，久未定。前故安衆侯劉崇、徐鄉侯劉快、陵鄉侯劉曾、扶恩侯劉貴等更聚衆謀反。今狂狡之虜或妄自稱亡漢將軍，或稱成帝子子輿，至犯夷滅，連未止者，此聖恩不蚤絕其萌牙故也。芳愚以爲漢高皇帝爲新室賓，享食明堂。成帝，異姓之兄弟；平帝，婿也；皆不宜復入其廟。元帝與皇太后爲體，聖恩所隆，禮亦宜之。臣請漢氏諸廟在京師者皆罷。諸劉爲諸侯者，以户多少就五等之差；其爲吏者皆罷，待除於家。上當天心，稱高皇帝神靈，塞狂狡之萌。』莽曰：『可。嘉新公國師以符命爲予四輔，明務侯劉龔、率禮侯劉嘉等凡三十二人皆知天命，或獻天符，或貢昌言，或捕告反虜，厥功茂焉。諸劉與三十二人同宗共祖者勿罷，賜姓曰王。』唯國師以女配莽子，故不賜姓。改定安太后號曰『黃皇室主』，絕之於漢也。

冬十二月，雷。

更名匈奴單于曰降奴服于。莽曰：『降奴服于知威侮五行，背畔四

條，侵犯西域，延及邊垂，爲元元害，罪當夷滅。命遣立國將軍孫建等凡十二將，十道並出，共行皇天之威，罰於知之身。惟知先祖故呼韓邪單于稽侯犾冊累世忠孝，保塞守徼，不忍以一知之罪，滅稽侯犾冊之世。今分匈奴國土人民以爲十五，立稽侯犾冊子孫十五人爲單于。遣中郎將藺苞、戴級馳塞下，召拜當爲單于者。諸匈奴人當坐虜知之法者，皆赦除之。』遣五威將軍苗訢、虎賁將軍王況出五原，厭難將軍陳欽、震狄將軍王巡出雲中，振武將軍王嘉、平狄將軍王萌出代郡，相威將軍李棽、鎮遠將軍李翁出西河，誅貉將軍陽俊、討穢將軍嚴尤出漁陽，奮武將軍王駿、定胡將軍王晏出張掖，及偏裨以下百八十人。募天下囚徒、丁男、甲卒三十萬人，轉衆郡委輸五大夫衣裘、兵器、糧食，長吏送自負海江淮至北邊，使者馳傳督趣，以軍興法從事，天下騷動。先至者屯邊郡，須皆具乃同時出。

莽以錢幣訖不行，復下書曰：『民以食爲命，以貨爲資，是以八政以食爲首。寶貨皆重則小用不給，皆輕則僦載煩費，輕重大小各有差品，則用便而民樂。』於是造寶貨五品，語在《食貨志》。百姓不從，但行小大錢二品而已。盜鑄錢者不可禁，乃重其法，一家鑄錢，五家坐之，沒入爲奴婢。吏民出入，持布錢以副符傳，不持者，廚傳勿舍，關津苛留。公卿皆持以入宮殿門，欲以重而行之。

是時，爭爲符命封侯，其不爲者相戲曰：『獨無天帝除書乎？』司命陳崇白莽曰：『此開奸臣作福之路而亂天命，宜絕其原。』莽亦厭之，遂使尚書大夫趙並驗治，非五威將率所班，皆下獄。

初，甄豐、劉歆、王舜爲莽腹心，宣導在位，襃揚功德；『安漢』、『宰衡』之號及封莽母、兩子、兄子，皆豐等所共謀，而豐、舜、歆亦受其賜，並富貴矣，非復欲令莽居攝也。居攝之萌，出於泉陵侯劉慶、前煇光謝囂、長安令田終術。莽羽翼已成，意欲稱攝。豐等承順其意，莽輒復封舜、歆兩子及豐孫。豐等爵位已盛，心意既滿，又實畏漢宗室、天下豪桀。而疏遠欲進者，並作符命，莽遂據以即眞，舜、歆內懼而已。豐素剛强，莽覺其不說，故徙大阿、右拂、大司空豐，託符命文，爲更始將軍，與賣餅兒王盛同列。豐父子默默。時子尋爲侍中京兆大尹茂德侯，即作符命，言新室當分陝，立二伯，以豐爲右伯，太傅平晏爲左伯，如周、召故事。莽即從之，拜豐爲右伯。當述職西出，未行，尋復作符命，言故漢氏平帝后黃皇室主爲尋之妻。莽以詐立，心疑大臣怨謗，欲震威以懼下，因是發怒曰：『黃皇室主天下母，此何謂也！』收捕尋。尋亡，豐自殺。尋隨方士入華山，歲餘捕得，辭連國師公歆子侍中東通靈將、五司大夫隆威侯棻，棻弟右曹長水校尉伐虜侯泳，大司空邑弟左關將軍掌威侯奇，及歆門人侍中騎都尉丁隆等，牽引公卿黨親列侯以下，死者數百人。尋手理有『天子』字，莽解其臂入視之，曰：『此一大子也，或曰一六子也。六者，戮也。明尋父子當戮死也。』乃流棻於幽州，放尋于三危，殛隆於羽山，皆驛車載其屍傳致云。

莽爲人侈口蹷顄，露眼赤精，大聲而嘶。長七尺五寸，好厚履高冠，以氂裝衣，反膺高視，瞰臨左右。是時，有用方技待詔黃門者，或問以莽形貌，待詔曰：『莽所謂鴟目虎吻豺狼之聲者也，故能食人，亦當爲人所食。』問者告之，莽誅滅待詔，而封告者。後常翳雲母屛面，非親近莫得見也。

是歲，以初睦侯姚恂爲寧始將軍。

三年，莽曰：『百官改更，職事分移，律令儀法，未及悉定，且因漢律令儀法以從事。令公卿、大夫、諸侯、二千石舉吏民有德行通政事能言語明文學者各一人，詣王路四門。』

遣尚書大夫趙並使勞北邊，還言五原北假膏壤殖穀，異時常置田官。乃以並爲田禾將軍，以戍卒屯田北假，以助軍糧。

是時，諸將在邊，須大衆集，吏士放縱，而內郡愁于徵發，民棄城郭流亡爲盜賊，并州、平州尤甚。莽令七公六卿號皆兼稱將軍，遣著武將軍逯並等填名都，中郎將、繡衣執法各五十五人，分填緣邊大郡，督大奸猾擅弄兵者，皆便爲奸於外，撓亂州郡，貨賂爲市，侵漁百姓。莽下書曰：『虜知罪當夷滅，故遣猛將分十二部，將同時出，一舉而決絕之矣。內置司命軍正，外設軍監十有二人，誠欲以司不奉命，令軍人咸正也。今則不然，各爲權勢，恐猲良民，妄封人頸，得錢者去。毒蠚並作，農民離散。司監若此，可謂稱不？自今以來，敢犯此者，輒捕繫，以名聞。』然猶放縱自若。

而藺苞、戴級到塞下，招誘單于弟咸、咸子登入塞，脅拜咸爲孝單

于，賜黄金千斤，錦繡甚多，遣去；將登至長安，拜爲順單于，留邸。

太師王舜自莽篡位後病悸，浸劇，死。莽曰：『昔齊太公以淑德累世，爲周氏太師，蓋予之所監也。其以舜子延襲父爵，爲安新公，延弟褒新侯匡爲太師將軍，永爲新室輔。』

爲太子置師友各四人，秩以大夫。以故大司徒馬宫爲師疑，故少府宗伯鳳爲傅丞，博士袁聖爲阿輔，京兆尹王嘉爲保拂，是爲四師；故尚書令唐林爲胥附，博士李充爲奔走，諫大夫趙襄爲先後，中郎將廉丹爲禦侮，是爲四友。又置師友祭酒及侍中、諫議、《六經》祭酒各一人，凡九祭酒，秩上卿。琅邪左咸爲講《春秋》、潁川滿昌爲講《詩》、長安國由爲講《易》、平陽唐昌爲講《書》、沛郡陳咸講《禮》、崔發爲講《樂》祭酒。遣謁者持安車印綬，即拜楚國龔勝爲太子師友祭酒，勝不應徵，不食而死。

寧始將軍姚恂免，侍中、崇禄侯孔永爲寧始將軍。

是歲，池陽縣有小人景，長尺餘，或乘車馬，或步行，操持萬物，小大各相稱，三日止。

瀕河郡蝗生。

河決魏郡，泛清河以東數郡。先是，莽恐河決爲元城冢墓害。及決東去，元城不憂水，故遂不堤塞。

四年二月，赦天下。

夏，赤氣出東南，竟天。

厭難將軍陳欽言捕虜生口，虜犯邊者皆孝單于咸子角所爲。莽怒，斬其子登于長安，以視諸蠻夷。

大司馬甄邯死，寧始將軍孔永爲大司馬，侍中大贅侯輔爲寧始將軍。

莽每當出，輒先搜索城中，名曰『横搜』。是月，横搜五日。

莽至明堂，授諸侯茅土。下書曰：『予以不德，襲于聖祖，爲萬國主。思安黎元，在於建侯，分州正域，以美風俗。追監前代，爰綱爰紀。惟在《堯典》，十有二州，衛有五服。《詩》國十五，布遍九州。《殷頌》有「奄有九有」之言。《禹貢》之九州無幷、幽，《周禮·司馬》則無徐、梁。帝王相改，各有云爲。或昭其事，或大其本，厥義著明，其務一矣。昔周二后受命，故有東都、西都之居。予之受命，蓋亦如之。其以洛陽爲新室東都，常安爲新室西都。邦畿連體，各有采任。州從《禹貢》爲九，爵從周氏有五。諸侯之員千有八百，附城之數亦如之，以俟有功。諸公一同，有衆萬户，土方百里。侯伯一國，衆户五千，土方七十里。子男一則，衆户二千有五百，土方五十里。附城大者食邑九成，衆户九百，土方三十里。自九以下，降殺以兩，至於一城。五差備具，合當一則。今已受茅土者，公十四人、侯九十三人、伯二十一人、子百七十一人、男四百九十七人，凡七百九十六人。附城千五百一十一人。九族之女爲任者，八十三人。及漢氏女孫中山承禮君、遵德君、修義君更以爲任。萎有一公，九卿，十二大夫，二十四元士。定諸國邑采之處，使侍中講禮大夫孔秉等與州部衆郡曉知地理圖籍者，共校治于壽成朱鳥堂。予數與羣公祭酒上卿親聽視，咸已通矣。夫褒德賞功，所以顯仁賢也；九族和睦，所以褒親親也。予永惟匪解，思稽前人，將章黜陟，以明好惡，安元元焉。』以圖簿未定，未授國邑，且令受奉都内，月錢數千。諸侯皆困乏，至有庸作者。

中郎區博諫莽曰：『井田雖聖王法，其廢久矣。周道既衰，而民不從。秦知順民之心，可以獲大利也，故滅廬井而置阡陌，遂王諸夏，訖今海内未厭其敝。今欲違民心，追復千載絶迹，雖堯、舜夏起，而無百年之漸，弗能行也。天下初定，萬民新附，誠未可施行。』莽知民怨，乃下書曰：『諸名食王田，皆得賣之，勿拘以法。犯私買賣庶人者，且一切勿治。』

初，五威將帥出，改鉤町王以爲侯，王邯怨怒不附。莽諷牂柯大尹周歆詐殺邯。邯弟承起兵攻殺歆。先是，莽發高句驪兵，當伐胡，不欲行，郡强迫之，皆亡出塞，因犯法爲寇。遼西大尹田譚追擊之，爲所殺。州郡歸咎于高句驪侯騶。嚴尤奏言：『貉人犯法，不從騶起，正有它心，宜令州郡且尉安之。今猥被以大罪，恐其遂畔，夫餘之屬必有和者。匈奴未克，夫餘、穢貉復起，此大憂也。』莽不尉安，穢貉遂反，詔尤擊之。尤誘高句驪侯騶至而斬焉，傳首長安。莽大説，下書曰：『乃者，命遣猛將，共行天罰，誅滅虜知，分爲十二部，或斷其右臂，或斬其左腋，或潰其胸腹，或紬其兩脅。今年刑在東方，誅貉之部先縱焉。捕斬虜騶，平定東域，虜知殄滅，在於漏刻。此乃天地羣神、社稷、宗廟佑助之福，公卿、大夫、士民同心將率虓虎之力也。予甚嘉之。其更名高句驪爲下句

驪，佈告天下，令咸知焉。』於是貉人愈犯邊，東北與西南夷皆亂云。

莽志方盛，以爲四夷不足吞滅，專念稽古之事，復下書曰：『伏念予之皇始祖考虞帝，受終文祖，在璿璣玉衡以齊七政，遂類於上帝，禋于六宗，望秩於山川，遍於羣神，巡狩五嶽，羣后四朝，敷奏以言，明試以功。予之受命即眞，到于建國五年，已五載矣。陽九之厄既度，百霹之會已過。歲在壽星，填在明堂，倉龍癸酉，德在中宮。觀晉掌歲，龜策告從，其以此年二月建寅之節東巡狩，具禮儀調度。』羣公奏請募吏民人馬布帛綿，又請內郡國十二買馬，發帛四十五萬匹，輸常安，前後毋相須。至者過半，莽下書曰：『文母太后體不安，其且止待後。』

是歲，改十一公號，以『新』爲『心』，後又改『心』爲『信』。

五年二月，文母皇太后崩，葬渭陵，與元帝合而溝絕之。立廟于長安，新室世世獻祭。元帝配食，坐於牀下。莽爲太倔服喪三年。

大司馬孔永乞骸骨，賜安車駟馬，以特進就朝位。同風侯逯並爲大司馬。

是時，長安民聞莽欲都雒陽，不肯繕治室宅，或頗徹之。莽曰：『玄龍石文曰「定帝德，國雒陽」。符命著明，敢不欽奉！以始建國八年，歲纏星紀，在雒陽之都。其謹繕修常安之都，勿令壞敗。敢有犯者，輒以名聞，請其罪。』

是歲，烏孫大小昆彌遣使貢獻。大昆彌者，中國外孫也。其胡婦子爲小昆彌，而烏孫歸附之。莽見匈奴諸邊並侵，意欲得烏孫心，乃遣使者引小昆彌使置大昆彌使上。保成師友祭酒滿昌劾奏使者曰：『夷狄以中國有禮誼，故詘而服從。大昆彌，君也。今序臣使於君使之上，非所以有夷狄也。奉使大不敬！』莽怒，免昌官。

西域諸國以莽積失恩信，焉耆先畔，殺都護但欽。

十一月，彗星出，二十餘日，不見。

是歲，以犯挾銅炭者多，除其法。

明年改元曰天鳳。

天鳳元年正月，赦天下。

莽曰：『予以二月建寅之節行巡狩之禮，太官齎糒乾肉，內者行張坐臥，所過毋得有所給。予之東巡，必躬載耒，每縣則耕，以勸東作。予之南巡，必躬載耨，每縣則耨，以勸南偽。予之西巡，必躬載銍，每縣則獲，以勸西成。予之北巡，必躬載拂，每縣則粟，以勸蓋藏。畢北巡狩之禮，即于土中居雒陽之都焉。敢有趨讙犯法，輒以軍法從事。』羣公奏言：『皇帝至考，往年文母聖體不豫，躬親供養，衣冠稀解。因遭棄羣臣悲哀，顏色未復，飲食損少。今一歲四巡，道路萬里，春秋尊，非糒乾肉之所能堪。且無巡狩，須闋大服，以安聖體，臣等盡力養牧兆民，奉稱明詔。』莽曰：『羣公、羣牧、羣司、諸侯、庶尹願盡力相帥養牧兆民，欲以稱予，繇此敬聽，其勖之哉！毋食言焉。更以天鳳七年，歲在大梁，倉龍庚辰，行巡狩之禮。厥明年，歲在實沈，倉龍辛巳，即土之中雒陽之都。』乃遣太傅平晏、大司空王邑之雒陽，營相宅兆，圖起宗廟、社稷、郊兆云。

三月壬申晦，日有食之。大赦天下。策大司馬逯並曰：『日食無光，干戈不戢，其上大司馬印韍，就侯氏朝位。太傅平晏勿領尚書事，省侍中、諸曹兼官者。以利苗男欣爲大司馬。』

莽即眞，尤備大臣，抑奪下權，朝臣有言其過失者，輒拔擢。孔仁、趙博、費興等以敢擊大臣，故見信任，擇名官而居之。公卿入宮，吏有常數，太傅平晏從吏過例，掖門僕射苛差問不遜，戊曹士收繫僕射。莽大怒，使執法發車騎數百圍太傅府，捕士，即時死。大司空士夜過奉常亭，亭長苛之，告以官名，亭長醉曰：『寧有符傳邪？』士以馬棰擊亭長，亭長斬士，亡，郡縣逐之。家上書，莽曰：『亭長奉公，勿逐。』大司空邑斥士以謝。國將哀章頗不清，莽爲選置和叔，敕曰：『非但保國將閨門，當保親屬在西州者。』諸公皆輕賤，而章尤甚。

四月，隕霜，殺草木，海瀕尤甚。六月，黃霧四塞。七月，大風拔樹，飛北闕直城門屋瓦。雨雹，殺牛羊。

莽以《周官》、《王制》之文，置卒正、連率、大尹，職如太守；屬令、屬長，職如都尉。置州牧、部監二十五人，見禮如三公。監位上大夫，各主五郡。公氏作牧，侯氏卒正，伯氏連率，子氏屬令，男氏屬長，皆世其官。其無爵者爲尹。分長安城旁六鄉，置帥各一人。分三輔爲六尉郡，河東、河內、弘農、河南、潁川、南陽爲六隊郡，置大夫，職如太守；屬正，職如都尉。更名河南大尹曰保忠信卿。益河南屬縣滿三十。

置六郊州長各一人，人主五縣。及它官名悉改。大郡至分爲五。郡縣以亭爲名者三百六十，以應符命文也。緣邊又置竟尉，以男爲之。諸侯國閒田，爲黜陟增減云。莽下書曰：『常安西都曰六鄉，衆縣曰六尉。義陽東都曰六州，衆縣曰六隊。粟米之内曰内郡，其外曰近郡。有障徼者曰邊郡。合百二十有五郡。九州之内，縣二千二百有三。公作甸服，是爲惟城；諸在侯服，是爲惟寧；在采、任諸侯，是爲惟翰；在賓服，是爲惟屏；在揆文教，奮武衛，是爲惟垣；在九州之外，是爲惟藩：各以其方爲稱，總爲萬國焉。』其後，歲復變更，一郡至五易名，而還復其故。吏民不能紀，每下詔書，輒繫其故名，曰：『制詔陳留大尹、太尉：其以益歲以南付新平。新平，故淮陽。以雍丘以東付陳定。陳定，故梁郡。以封丘以東付治亭。治亭，故東郡。以陳留以西付祈隧。祈隧，故滎陽。陳留已無復有郡矣。大尹、太尉，皆詣行在所。』其號令變易，皆此類也。

今天下小學，戊子代甲子爲六旬首。冠以戊子爲元日，昏以戊寅之旬爲忌日。百姓多不從者。

匈奴單于知死，弟咸立爲單于，求和親。莽遣使者厚賂之，詐還許其侍子登，因購求陳良、終帶等。單于即執良等付使者，檻車詣長安。莽燔燒良等於城北，令吏民會觀之。

緣邊大饑，人相食。諫大夫如普行邊兵，還言『軍士久屯塞苦，邊郡無以相贍。今單于新和，宜因是罷兵。』校尉韓威進曰：『以新室之威而吞胡虜，無異口中蚤虱。臣願得勇敢之士五千人，不齎斗糧，飢食虜肉，渴飲其血，可以横行。』莽壯其言，以威爲將軍。然采普言，徵還諸將在邊者。免陳欽等十八人，又罷四關填都尉諸屯兵。會匈奴使還，單于知侍子登前誅死，發兵寇邊，莽復發軍屯。於是邊民流入内郡，爲人奴婢，乃禁吏民敢挾邊民者棄市。

益州蠻夷殺大尹程隆，三邊盡反。遣平蠻將軍馮茂將兵擊之。

寧始將軍侯輔免，講《易》祭酒戴參爲寧始將軍。

二年二月，置酒王路堂，公卿、大夫皆佐酒。大赦天下。

是時，日中見星。

大司馬苗訢左遷司命，以延德侯陳茂爲大司馬。

訛言黄龍墮死黄山宫中，百姓奔走往觀者以萬數。莽惡之，捕繫問語所從起，不能得。

單于咸既和親，求其子登屍，莽欲遣使送致，恐咸怨恨害使者，乃收前言當誅侍子者故將軍陳欽，以他罪繫獄。欽曰：『是欲以我爲説於匈奴也。』遂自殺。莽選儒生能顓對者濟南王咸爲大使，五威將琅邪伏黯等爲帥，使送登屍。敕令掘單于知墓，棘鞭其屍。又令匈奴卻塞於漠北，責單于馬萬匹，牛三萬頭，羊十萬頭，及稍所略邊民生口在者皆還之。莽好爲大言如此。咸到單于庭，陳莽威德，責單于背畔之罪，應敵從横，單于不能詘，遂致命而還之。入塞，咸病死，封其子爲伯，伏黯等皆爲子。

莽意以爲制定則天下自平，故鋭思於地理，制禮作樂，講合《六經》之説。公卿旦入暮出，議論連年不決，不暇省獄訟冤結民之急務。縣宰缺者，數年守兼，一切貪殘日甚。中郎將、繡衣執法在郡國者，並乘權勢，傳相舉奏。又十一公士分佈勸農桑，班時令，案諸章，冠蓋相望，交錯道路，召會吏民，逮捕證左，郡縣賦斂，遞相賕賂，白黑紛然，守闕告訴者多。莽自見前顓權以得漢政，故務自攬衆事，有司受成苟免。諸寶物名、帑藏、錢穀官，皆宦者領之；吏民上封事書，宦官左右開發，尚書不得知。其畏備臣下如此。又好變改制度，政令煩多，當奉行者，輒質問乃以從前，前後相乘，憒眊不渫。莽常御燈火至明，猶不能勝。尚書因是爲奸寢事，上書待報者連年不得去，拘繫郡縣者逢赦而後出，衛卒不交代三歲矣。穀常貴，邊兵二十餘萬人仰衣食，縣官愁若。五原、代郡尤被其毒，起爲盜賊，數千人爲輩，轉入旁郡。莽遣捕盜將軍孔仁將與兵郡縣合擊，歲餘乃定，邊郡亦略將盡。

邯鄲以北大雨霧，水出，深者數丈，流殺數千人。

立國將軍孫建死，司命趙閎爲立國將軍。寧始將軍戴參歸故官，南城將軍廉丹爲寧始將軍。

三年二月乙酉，地震，大雨雪，關東尤甚，深者一丈，竹柏或枯。大司空王邑上書言：『視事八年，功業不效，司空之職尤獨廢頓，至乃有地震之變。願乞骸骨。』莽曰：『夫地有動有震，震者有害，動者不害。《春秋》記地震，《易·繫》《坤》動，動靜辟脅，萬物生焉。灾異之變，各有雲爲。天地動威，以戒予躬，公何辜焉，而乞骸骨，非所以助予者也。使諸吏散騎司禄大衛修寧男遵諭予意焉。』

五月，莽下吏祿制度，曰：『予遭陽九之厄，百六之會，國用不足，民人騷動，自公卿以下，一月之祿十緵布二匹，或帛一匹。予每念之，未嘗不戚焉。今厄會已度，府帑雖未能充，略頗稍給，其以六月朔庚寅始，賦吏祿皆如制度。』四輔公、卿、大夫、士，下至輿僚，凡十五等。僚祿一歲六十六斛，稍以差增，上至四輔而爲萬斛云。莽又曰：『普天之下，莫非王土；率土之賓，莫非王臣。蓋以天下養焉。《周禮》膳羞百有二十品，今諸侯各食其同、國、則；辟、任、附城食其邑；公、卿、大夫、元士食其采。多少之差，咸有條品。歲豐穰則充其禮，有災害則有所損，與百姓同憂喜也。其用上計時通計，天下幸無災害者，太官膳羞備其品矣；即有災害，以什率多少而損膳焉。東嶽太師立國將軍保東方三州一部二十五郡；南嶽太傅前將軍保南方二州一部二十五郡；西嶽國師寧始將軍保西方一州二部二十五郡；北嶽國將衛將軍保北方二州一部二十五郡；大司馬保納卿、言卿、仕卿、作卿、京尉、扶尉、兆隊、右隊、中部左洎前七部；大司徒保樂卿、典卿、宗卿、秩卿、翼尉、光尉、左隊、前隊、中部、右部，有五郡；大司空保予卿、虞卿、共卿、工卿、師尉、列尉、祈隊、後隊、中部洎後十郡；及六司，六卿，皆隨所屬之公保其災害，亦以十率多少而損其祿。郎、從官、中都官吏食祿都內之委者，以太官膳羞備損而爲節。諸侯、辟、任、附城、羣吏亦各保其災害。幾上下同心，勸進農業，安元元焉。』莽之制度煩碎如此，課計不可理，吏終不得祿，各因官職爲奸，受取賕賂以自共給。

是月戊辰，長平館西岸崩，邕涇水不流，毁而北行。遣大司空王邑行視，還奏狀，羣臣上壽，以爲《河圖》所謂『以土填水』，匈奴滅亡之祥也。乃遣并州牧宋弘、遊擊都尉任萌等將兵擊匈奴，至邊止屯。

七月辛酉，霸城門災，民間所謂青門也。

戊子晦，日有食之。大赦天下，復令公卿、大夫、諸侯、二千石舉四行各一人。大司馬陳茂以日食免，武建伯嚴尤爲大司馬。

十月戊辰，王路朱鳥門鳴，晝夜不絶，崔發等曰：『虞帝辟四門，通四聰。門鳴者，明當修先聖之禮，招四方之士也。』於是令羣臣皆賀，所舉四行從朱鳥門入而對策焉。

平蠻將軍馮茂擊句町，士卒疾疫，死者什六七，賦斂民財什取五，益州虛耗而不克，徵還下獄死。更遣寧始將軍廉丹與庸部牧史熊擊句町，頗斬首，有勝。莽征丹、熊，丹、熊願益調度，必克乃還。復大賦斂，就都大尹馮英不肯給，上言『自越嶲遂久仇牛、同亭邪豆之屬反畔以來，積且十年，郡縣距擊不已。續用馮茂，苟施一切之政。僰道以南，山險高深，茂多驅衆遠居，費以億計，吏士離毒氣死者什七。今丹、熊懼於自詭期會，調發諸郡兵、穀，復訾民取其十四，空破梁州，功終不遂。宜罷兵屯田，明設購賞。』莽怒，免英官。後頗覺寤，曰：『英亦無可厚非。』復以英爲長沙連率。

翟義黨王孫慶捕得，莽使太醫、尚方與巧屠共刳剝之，量度五藏，以竹筳導其脉，知所終始，云可以治病。

是歲，遣大使五威將王駿、西域都護李崇將戊己校尉出西域，諸國皆郊迎貢獻焉。諸國前殺都護但欽，駿欲襲之，命佐帥何封、戊己校尉郭欽別將。焉耆詐降，伏兵擊駿等，皆死。欽、封後到，襲擊老弱，從車師還入塞。莽拜欽爲填外將軍，封劋胡子。何封爲集胡男。西域自此絶。

又 卷九九下《王莽傳下》（天鳳）四年五月，莽曰：『保成師友祭酒唐林、故諫議祭酒琅邪紀逡，孝弟忠恕，敬上愛下，博通舊聞，德行醇備，至於黃髮，靡有愆失。其封林爲建德侯，逡爲封德侯，位皆特進，見禮如三公。賜弟一區，錢三百萬，授几杖焉。』

六月，更授諸侯茅土于明堂，曰：『予制作地理，建封五等，考之經藝，合之傳記，通于義理，論之思之，至於再三，自始建國之元以來九年於兹，乃今定矣。予親設文石之平，陳菁茅四色之土，欽告于岱宗泰社后土、先祖先妣，以班授之。各就厥國，養牧民人，用成功業。其在緣邊，若江南，非詔所召，遣侍於帝城者，納言掌貨大夫且調都內故錢，予其祿，公歲八十萬，侯、伯四十萬，子、男二十萬。』然復不能盡得。莽好空言，慕古法，多封爵人，性實遴嗇，託以地理未定，故且先賦茅土，用慰喜封者。

是歲，復明六筦之令。每一筦下，爲設科條防禁，犯者罪至死，吏民抵罪者浸衆。又一切調上公以下諸有奴婢者，率一口出錢三千六百，天下愈愁，盜賊起。納言馮常以六筦諫，莽大怒，免常官。置執法左右刺奸。選用能吏侯霸等分督六尉、六隊，如漢刺史，與三公士郡一人從事。

臨淮瓜田儀等爲盜賊，依阻會稽長州，琅邪女子呂母亦起。初，呂母子爲縣吏，爲宰所寃殺。母散家財，以酤酒買兵弩，陰厚貧窮少年，得百餘人，遂攻海曲縣，殺其宰以祭子墓。引兵入海，其衆浸多，後皆萬數。莽遣使者卽赦盜賊，還言『盜賊解，輒復合。問其故，皆曰愁法禁煩苛，不得舉手。力作所得，不足以給貢稅。閉門自守，又坐鄰伍鑄錢挾銅，姦吏因以愁民。民窮，悉起爲盜賊。』莽大怒，免之。其或順指，言『民驕黠當誅』，及言『時運適然，且滅不久』，莽説，輒遷之。

是歲八月，莽親之南郊，鑄作威斗。威斗者，以五石銅爲之，若北斗，長二尺五寸，欲以厭勝衆兵。既成，令司命負之，莽出在前，入在御旁。鑄斗日，大寒，百官人馬有凍死者。

五年正月朔，北軍南門災。

以大司馬允費興爲荆州牧，見，問到部方略，興對曰：『荆、揚之民率依阻山澤，以漁采爲業。間者，國張六筦，稅山澤，妨奪民之利，連年久旱，百姓飢窮，故爲盜賊。興到部，欲令明曉告盜賊歸田里，假貸犂牛種食，闊其租賦，幾可以解釋安集。』莽怒，免興官。

天下吏以不得奉禄，並爲姦利，郡尹縣宰家累千金。莽下詔曰：『詳考始建國二年胡虜猾夏以來，諸軍吏及緣邊吏大夫以上爲姦利增産致富者，收其家所有財産五分之四，以助邊急。』公府士馳傳天下，考覆貪饕，開吏告其將，奴婢告其主，幾以禁姦，姦愈甚。

皇孫功崇公宗坐自畫容貌，被服天子衣冠，刻印三：一曰『維祉冠存己夏處南山臧薄冰』，二曰『肅聖寶繼』，三曰『德封昌圖』。又宗舅呂寬家前徙合浦，私與宗通，發覺按驗，宗自殺。莽曰：『宗屬爲皇孫，爵爲上公，知寬等叛逆族類，而與交通；刻銅印三，文意甚害，不知厭足，窺欲非望。《春秋》之義，「君親毋將，將而誅焉。」迷惑失道，自取此事，烏呼哀哉！宗本名會宗，以制作去二名，今復名會宗。貶厥爵，改厥號，賜謚爲功崇繆伯，以諸伯之禮葬於故同穀城郡。』宗姊妨爲衛將軍王興夫人，祝詛姑，殺婢以絕口。事發覺，莽使中常侍惲䵳責問妨，並以責興，皆自殺。事連及司命孔仁妻，亦自殺。仁見莽免冠謝，莽使尚書劾仁：『乘「乾」車，駕「神」馬，左蒼龍，右白虎，前朱雀，後玄武，右杖威節，左負威斗，號曰赤星，非以驕仁，乃以尊新室之威命也。仁擅免天文冠，大不敬。』有詔勿劾，更易新冠。其好怪如此。

以眞道侯王涉爲衛將軍。涉者，曲陽侯根子也。根，成帝世爲大司馬，薦莽自代，莽恩之，以爲曲陽非令稱，乃追謚根曰直道讓公，涉嗣其爵。【略】

（天鳳六年）初獻《新樂》於明堂、太廟。羣臣始冠麟韋之弁。或聞其樂聲，曰：『清厲而哀，非興國之聲也。』【略】

六年春，莽見盜賊多，乃令太史推三萬六千歲曆紀，六歲一改元，布天下。下書曰：『《紫閣圖》曰「太一、黃帝皆仙上天，張樂昆侖虔山之上。後世聖主得瑞者，當張樂秦終南山之上。」予之不敏，奉行未明，乃今諭矣。復以寧始將軍爲更始將軍，以順符命。《易》不云乎？「日新之謂盛德，生生之謂易。」予其饗哉！』欲以誑耀百姓，銷解盜賊。衆皆笑之。

漢·荀悦《前漢紀》卷三〇《前漢孝平皇帝紀》　莽案金匱，輔臣皆封拜：王舜爲太師，平晏爲太傅，劉歆爲太師，哀章爲國將，是爲四輔；甄邯爲大司馬，王尋爲大司徒，王邑爲大司空，是爲三公；甄豐爲更始將軍，王興爲衛將軍，孫建爲立國將軍，王盛爲前將軍，是爲四輔將軍。凡十一人，以應符命之名。孺子居其邸，使者監護。敕阿保乳母不得與語，至壯大，不能名六畜。莽定諸侯王皆稱公，及四夷皆更爲侯，更作小錢徑六分，文曰小錢，與大錢一直五十者，爲二品並行。夏四月，徐鄉侯劉快結黨千數，起兵于其國，快兄殷，故漢膠東王時改爲扶公，國在卽墨。快攻殷，殷閉城拒，快敗走死。莽增殷國爲萬户，復井田制。遣五威將軍王奇等，班符命四十二篇於天下，以著代漢之符，赦天下。五威將軍皆乘《乾》文車，駕《坤》六馬，背負鷩鳥之毛，服飾甚偉，各置左右前後中帥，凡五帥，衣冠各如其方色，將軍持節，稱太一之使，帥持幢，稱五帝之使。冬雷桐華，眞定劉都等謀起兵，發覺誅。眞定常山大雨雹。【略】

（始建國）二年，莽之九月，戊己校尉史陳良終帶共殺校尉刁護，劫掠吏士，自稱漢大將，亡入匈奴。十有二月雷，更名單于號曰降奴服于知，時多作符命，以得封侯，其不爲者，戲曰獨天帝無除書，自是莽乃禁之。【略】

六年三月壬申晦，日有蝕之，四月，隕霜殺草木，六月黄霧四塞，秋七月，大風拔樹木，北闕城門瓦飛，雨雹，殺牛羊，莽以周官王制之文，置卒正連率，大尹職如太守，屬長職如都尉，置州牧，其禮如三公，郡監二十五人，位上大夫，各主五郡，皆世其官，分長安六卿，置六師，各一人，分三輔爲六尉郡。河東、河南、河内、弘農、潁川、南陽爲六隧郡，置大夫，職如太守，屬正職如都尉，及他官名悉改，大郡至分爲六，郡縣以亭長爲名者三百六十，其後數變更，一郡至五易名，而旋復其故，吏民不能記，每下詔書，輒繫其本名而兼言之，令天下小學，以戊子代甲子爲六旬首。【略】

其七年春，日中星見，民訛言黄龍墜地，死黄山，宫中百姓奔走，觀者萬數。莽制禮作樂，説六經，公卿旦入暮出，連年不決，十一公分布勸農桑，班令於天下，中郎繡衣執法在郡國，乘權勢，更相奏舉，案章交錯道中，召會吏民，逮捕證左，白黑紛亂，貨賂相冒，守宫闕告訴者甚衆。莽自以專權得漢政，故咸自攬衆務，常御燈火，至明不能治，有司受成苟免，因緣爲奸而已，上書者連年不決，縣宰郵者至數年，兼領一切，競爲貪苛。拘繫縣獄者至連年，逢赦乃得出，衛士不交代者數年。冬，以郡縣灾害，率減吏禄，終不得禄者，各因職爲奸利以自給，穀糴常貴，百姓窮困，起爲盜賊，邯鄲以北大雨，水出流殺人。

論説

《漢書》卷一九上《百官公卿表上》　四岳謂四方諸侯。自周衰，官失而百職亂，戰國並争，各變異。秦兼天下，建皇帝之號，立百官之職。漢因循而不革，明簡易，隨時宜也。其後頗有所改。王莽篡位，慕從古官，而吏民弗安，亦多虐政，遂以亂亡。

《後漢書》卷一五《王常傳》　（王常）曰：『往者成、哀衰微無嗣，故王莽得承間篡位。既有天下，而政令苛酷，積失百姓之心。民之謳吟思漢，非一日也。』

《晉書》卷三〇《刑法志》　漢自王莽篡位之後，舊章不存。

清·趙翼《廿二史劄記》卷一九《新舊唐書·改惡人姓名》　惡其人而改其姓名，蓋本於《左傳》所云檮杌、饕餮、渾沌、窮奇之類，然此但加以惡稱，非易其氏名，且非朝制也。其改爲惡姓惡名者，王莽以單于囊知牙斯不順，命改匈奴單于爲降奴單于，此已開其端。

漢自高、惠以後，賢聖之君六七作，深仁厚澤，被於人者深。卽元、成、哀三帝稍劣，亦絶無虐民之政。祇以運祚中衰，國統頻絶，故王莽得乘便竊位。班彪所謂『危自上起，傷不及下。』故雖時代改易，而民心未去。加以莽政愈虐，則思漢之心益堅。

雜録

《漢書》卷五一《路温舒傳》　温舒從祖父受曆數天文，以爲漢厄三七之間，上封事以豫戒。成帝時，谷永亦言如此。及王莽篡位，欲章代漢之符，著其語焉。温舒子及孫皆至牧守大官。

《後漢書》卷一下《光武帝紀下》　初，王莽亂後，貨幣雜用布、帛、金、粟。【略】

及王莽篡位，忌惡劉氏，以錢文有金刀，故改爲貨泉。或以貨泉字文爲『白水眞人』。

又　卷二五《卓茂傳》　王莽秉政，置大司農六部丞，勸課農桑。

又　卷八八《西域傳》　王莽篡位，貶易侯王，由是西域怨叛，與中國遂絶，並復役屬匈奴。

《宋書》卷二七《符瑞志上》　王莽時，善望氣者蘇伯阿望光武所居縣春陵城郭，唶曰：『氣佳哉！鬱鬱葱葱然。』莽忌惡漢，而錢文有金，乃改鑄貨泉以易之。

又　卷三九《百官志上》　大司馬，一人。掌武事。司，主也；馬，武也。堯時棄爲后稷，兼掌司馬。【略】王莽居攝，以漢無小司徒，而定司馬、司徒、司空之號並加大。

北魏·酈道元《水經注》卷二《河水》　河水自河曲，又東徑西海郡南。漢平帝時，王莽秉政，欲耀威德，以服遠方，諷羌獻西海之地，置西海郡，而築五縣焉，周海亭隧相望。莽篡政紛亂，郡亦棄廢。【略】

灕水又東北，臯蘭山水自山左右翼注灕水。灕水又東，白石川水注

之，水出縣西北山下，東南流，枝津東注焉。白石川水又南徑白石城西而注灕水。灕水又東徑白石縣故城南，王莽更曰順礫。【略】

東南流至霧山，注閤門河。閤門河又東徑養女北山東南，左合南流川水，水出北山，南流入於閤門河。閤門河又東徑浩亹縣故城南。王莽改曰興武矣。【略】

東北過天水勇士縣北，《地理志》曰：滿福也，屬國都尉治，王莽更名之曰紀德。【略】

河水東北流徑安定祖厲縣故城西北。漢武帝元鼎三年，幸雍，遂逾隴登空同，西臨祖厲河而還，即於此也。王莽更名之曰鄉禮也。【略】東北流徑高平縣故城東。漢武帝元鼎三年置，安定郡治也。王莽更名其縣曰鋪睦。

又 卷三《河水》 河水又北徑富平縣故城西。秦置北部都尉，治縣城，王莽名郡爲威戎，縣曰持武。【略】

河水又北逥西溢於窳渾縣故城東。漢武帝元朔二年，開朔方郡縣，即西部都尉治。有道，自縣西北出雞鹿塞，王莽更郡曰溝搜，縣曰極武。【略】

河水又東，徑西安陽縣故城南，王莽更之曰漳安矣。【略】河水又東徑成宜縣故城南，王莽更曰文虜也。【略】大河東徑咸陽縣故城南。王莽之賁武也。河水屈而流，白渠水注之。水出塞外，西徑定襄武進縣故城北。西部都尉治，王莽更曰伐蠻。【略】秦始皇十三年，立雲中郡，王莽更郡曰受降，縣曰遠服矣。【略】

南過赤城東，又南過定襄桐過縣西，定襄郡，漢高帝六年置，王莽之得降也。桐過縣，王莽更名椅桐者也。【略】

南過西河圁陽縣東，西河郡，漢武帝元朔四年置，王莽改曰歸新。圁水出上郡白土縣圁穀，東徑其縣南。《地理志》曰：圁水出西，東入河。王莽更曰黃土也。【略】

圁水又東，梁水注之，水出西北梁谷，東南流，注圁水。圁水又東徑圁陰縣北。漢惠帝五年立，王莽改曰方陰矣。東至長城，與神衔水合，水出縣南神衔山，出峽，東至長城，入於圁。圁水又東徑鴻門縣。縣，故鴻門亭。《地理風俗記》曰：圁陰縣西五十里有鴻門亭、天封苑、火井廟，火從地中出。圁水又東，梁水注之，水出西北梁谷，東南流，注圁水。圁水又東徑圁陰縣北。漢惠帝五年立，王莽改曰方陰矣。【略】

水出西南長城北陽周縣故城南橋山，昔二世賜蒙恬死於此。王莽更名上陵畤。

又 卷四《河水》 又南過蒲阪縣西，《地理志》曰：縣，故蒲也。王莽更名蒲城。【略】

漢武帝元鼎四年，徙關於新安縣，以故關爲弘農縣，弘農郡治。王莽更名右隊。【略】

河南即陝城也。昔周、召分伯，以此城爲東、西之別，東城即虢邑之上陽也，虢仲之所都，爲南虢，三虢，此其一焉。其大城中有小城，故焦國也，武王以封神農之後於此。王莽更名黄眉矣。【略】

東過大陽縣南，交澗水出吳山，東南流入河，河水又東。路澗水亦出吳山，東徑大陽城西，西南流入於河。河水又東徑大陽縣故城南。《竹書紀年》曰：晉獻公十有九年，獻公會虞師伐虢，滅下陽；虢公醜奔衛，獻公命瑕父呂甥邑於虢都。《地理志》曰：北虢也，有天子廟，王莽更名勤田。

又 卷五《河水》 河水故瀆東北，逕發干縣故城西，又屈逕其北，王莽之所謂戢楯矣。漢武帝以大將軍衛青破右賢王功，封其子登爲侯國。大河故瀆又東，逕貝丘縣故城南。應劭曰：《左氏傳》齊襄公田于貝丘是也。余按京相璠、杜預並言在博昌，即司馬彪《郡國志》所謂貝中聚者也。應《注》於此事近違矣。大河故瀆又東，逕甘陵縣故城南。《地理志》清河之厝也，王莽改曰厝治者也。【略】

河水故瀆又東，逕鄃縣故城東。呂后四年，以父嬰功，封子佗爲侯國，王莽更名之曰善陸。大河故瀆又東，逕平原縣故城西，而北絕屯氏三瀆。北逕繹幕縣故城東北，西流逕平原鬲縣故城西。《地理志》曰：鬲津也，王莽名之曰河平亭，故有窮后羿國也。【略】

商河又東徑枌縣故城南。高后八年，封齊悼惠王子劉辟光爲侯國，王莽更之曰張鄉。應劭曰：般縣東南六十里有枌鄉城，故縣也。沙溝水注之，水南出大河之陽，泉源之不合河者二百步，其水北流注商河，商河又東北流徑馬嶺城西北，屈而東注南轉，徑城東。城在河曲之中，東海王越

斬汲桑於是城。商河又東北徑富平縣故城北。《地理志》曰：侯國也。王莽曰樂安亭。【略】

河水又北徑平原縣故城東。《地理風俗記》曰：原，博平也，故曰平原矣。縣，故平原郡治矣。漢高帝六年置，王莽改曰河平也。【略】

又東爲白鹿淵水，南北三百步，東西千餘步，深三丈餘。其水冬清而夏濁，渟而不流。若夏水洪泛，水深五丈，方乃通注般瀆。又逕般縣故城北，王莽更之曰分明也。

又　卷六《汾水》　又南過大陵縣東，昔趙武靈王遊大陵，夢處女鼓琴而歌，想見其人，吳廣進孟姚焉，卽於此縣也。王莽改曰大寧矣。【略】又西徑京陵縣故城北。王莽更名曰致城矣。【略】

汾水又南與石桐水合，卽綿水也。水出界休縣之綿山，北流徑石桐寺西。【略】石桐水又西流注于汾水。汾水又西南徑界休縣故城西，王莽更名之曰界美矣。【略】

又南入河東界，又南過永安縣西，故彘縣也，周厲王流於彘，卽此城也。王莽更名黃城。【略】

又南過楊縣東，澗水東出穀遠縣西山，西南徑霍山南，又西徑楊縣故城北。晉大夫僚安之邑也。應劭曰：故楊侯國。王莽更名有年亭也。其水西流入于汾水。【略】

汾水又南歷襄陵縣故城西，晉大夫郤犨之邑也，故其地有犨氏鄉亭矣。西北有晉襄公陵，縣，蓋卽陵以命氏也，王莽更名曰幹昌矣。

又　《涑水》　又西南過安邑縣西。安邑，禹都也。【略】武侯二年，又城安邑，蓋增廣之。秦始皇使左更、白起取安邑，置河東郡。王莽更名兆隊，縣曰河東也。

又　《文水》　文水又南徑平陶縣之故城東，西徑其城內，南流出郭，王莽更曰多穰也。

又　卷七《濟水一》　濟水又東北流，南濟也，徑陽武縣故城南。王莽更名之曰陽桓矣。

又　卷八《濟水二》　北濟又東北，逕冤朐縣故城北。又東北，逕呂都縣故城南，王莽更名之曰祁都也。【略】

又北徑東平陵縣故城西。故陵城也，後乃加平，譚國也。齊桓之出過譚，譚不禮焉，魯莊公九年卽位，又不朝，十年滅之。城東門外有樂安任照先碑，濟南郡治也，漢文帝十六年，置爲王國，景帝二年爲郡，王莽更名樂安。【略】

又東北過臨濟縣南，縣，故狄邑也，王莽更名利居。【略】

黃水又東南徑任城郡之亢父縣故城西，夏后氏之任國也。漢章帝元和元年，別爲任城在北，王莽之延就亭也。縣有詩亭，《春秋》之詩國也，王莽更之曰順父矣。【略】

又東南過徐縣北，《地理志》曰：臨淮郡，漢武帝元狩五年置，治徐縣，王莽更之曰淮平，縣曰徐調，故徐國也。

又　卷九《淇水》　清河又東北，逕東武城縣故城西。《史記》，趙公子勝號平原君，以解邯鄲之功，受封於此。定襄有武城，故加東矣。清河又東北，逕復陽縣故城西。漢高祖七年，封右司馬陳胥爲侯國，王莽更名之曰樂歲。【略】

清河北逕廣川縣故城南。闞駰曰：縣中有長河爲流，故曰廣川也。水側有羌壘，姚氏之故居也，今廣川縣治。清河又東北，逕歷縣故城南。《地理志》，信都之屬縣也，王莽更名曰歷寧也。【略】

清河又東北，左與張甲屯、絳故瀆合。阻深堤高障，無復有水矣。又逕修縣故城南，屈逕其城東。修音條。王莽更名之曰治修。【略】

清河又東北，無棣溝出焉。東逕南皮縣故城南，又東逕樂亭北，《地理志》之臨樂縣故城也，王莽更名樂亭。《晉書・地道志》、《太康地記》，樂陵國有新樂縣，卽此城矣。又東逕新鄉城北，卽《地理志》高樂故城也，王莽更之曰爲鄉矣。【略】

清河東北流，浮水故瀆出焉。按《史記》，趙之南界，有浮水出焉。浮水在南，而此有浮陽之稱者，蓋浮水出入津流，同逆混并，清漳二瀆，河之舊道，浮水故迹，又自斯別，是縣有浮陽之名也。首受清河於縣界，東北逕高城縣之苑鄉城北，又東逕章武縣之故城南。漢文帝後七年，封孝文后弟竇廣國爲侯國。王莽更名桓章。

又　卷一二《聖水》　聖水出上谷，故燕地，秦始皇二十三年，置上谷郡。王隱《晉書地道志》曰：郡在谷之頭，故因以上谷名焉。王莽更名朔調也。【略】

聖水又東南徑陽鄉城西，不徑其北矣。縣，故涿之陽亭也。《地理風俗記》曰：涿縣東五十里有陽鄉亭，後分爲縣。王莽時，更名章武，即長鄉縣也。

又　卷一三《漯水》　漯水出雁門陰館縣，東北過代郡桑乾縣南，漯水出於累頭山，一曰治水。泉發於山側，沿波歷澗，東北流出山，徑陰館縣故城西。縣，故樓煩鄉也。漢景帝後三年置，王莽更名富臧矣。【略】

漯水又東北徑桑乾縣故城西，又屈徑其城北，王莽更名之曰安德也。

又　卷一四《濡水》　又東南流，右與要水合，水出塞外，三川並導，謂之大要水也。東南流徑要陽縣故城東，本都尉治，王莽更之曰要術矣。【略】

濡水又東南至絫縣碣石山，文穎曰：碣石在遼西絫縣，王莽之選武也。絫縣並屬臨渝，王莽更臨渝爲馮德。《地理志》曰：大碣石山在右北平驪成縣西南，王莽改曰揭石也。【略】

又南徑遼隊縣故城西，王莽更名之曰順睦也。【略】

又東南過房縣西，《地理志》：房，故遼東之屬縣也。遼水右會白狼水，水出右北平白狼縣東南，北流西北屈，徑廣成縣故城南，王莽之平虜也，俗謂之廣都城。又西北，石城川水注之，水出西南石城山，東流徑石城縣故城南。【略】其水又東北入廣成縣，東注白狼水。白狼水北徑白狼縣故城東，王莽更名伏狄。

又　卷一七《渭水一》　渭水又東南徑襄武縣東北，荆頭川水入焉，水出襄武西南鳥鼠山荆谷，東北徑襄武縣故城北。王莽更名相桓。【略】

渭水又與扞水合，水出周道谷北，徑武都故道縣之故城西。王莽更名曰善治也。【略】

渭水又東徑郁夷縣故城南。《地理志》曰：有汧水祠。王莽更之曰郁平也。

又　卷一九《渭水三》　渭水又東徑長安城北。漢惠帝元年築，六年成，卽咸陽也。秦離宮無城，故城之。王莽更名常安。十二門，東出北頭第一門，本名宣平門，王莽更名春王門正月亭，一曰東都門，其郭門亦曰東都門，卽逢萌掛冠處也。第二門本名清明門，一曰凱門，王莽更名宣德門布恩亭。內有藉田倉，亦曰藉田門。第三門本名霸城門，王莽更名仁壽門無疆亭。民見門色青，又名青城門，或曰青綺門，亦曰青門。門外舊出好瓜。昔廣陵人邵平爲秦東陵侯，秦破，爲布衣，種瓜此門，瓜美，故世謂之東陵瓜。是以阮籍《詠懷詩》云：昔聞東陵瓜，近在青門外，連畛拒阡陌，子母相鉤帶。指謂此門也。南出東頭第一門，本名覆盎門，王莽更名永清門長茂亭。其南有下杜城。應劭曰：故杜陵之下聚落也，故曰下杜門。又曰端門，北對長樂宮。第二門本名安門，亦曰鼎路門，王莽更名光禮門顯樂亭。北對武庫。第三門本名平門，又曰便門，王莽更名信平門誠正亭。一曰西安門，北對未央宮。西出南頭第一門，本名章門，王莽更名萬秋門億年亭，亦曰光華門也。第二門本名直門，王莽更名直道門端路亭，故龍樓門也。張晏曰：門樓有銅龍。《三輔黃圖》曰：長安西出第二門卽此門也。第三門本名西城門，亦曰雍門，王莽更名章義門著義亭。其水北入，有函里，民名曰函里門，亦曰突門。北出西頭第一門，本名横門，王莽更名霸都門左幽亭。如淳曰：横音光，故曰光門。其外郭有都門，有棘門。徐廣曰：棘門在渭北。孟康曰：在長安北，秦時宮門也。如淳曰：《三輔黃圖》曰棘門，在横門外。按《漢書》，徐厲軍於此，備匈奴。又有通門、亥門也。第二門，本名廚門，又曰朝門，王莽更名建子門廣世亭，一曰高門。蘇林曰：高門，長安城北門也。其內有長安廚官在東，故名曰廚門也。如淳曰：今名廣門也。第三門本名杜門，亦曰利城門，王莽更名進和門臨水亭。其外有客舍，故民曰客舍門，又曰洛門也。

又　卷二一《汝水》　汝南郡，楚之别也。漢高祖四年置，王莽改郡曰汝汾。

又　卷二三《獲水》　獲水又東南徑下邑縣故城北。楚考烈王滅魯，頃公亡，遷下邑。又楚、漢彭城之戰，呂后兄澤，軍於下邑。高祖敗，還從澤軍。子房肇捐地之策，收垓下之師，陸機所謂卽下邑者也。王莽更名下治矣。

又　卷二四《睢水》　睢水又東徑寧陵縣故城南。故葛伯國也，王莽改曰康善矣。【略】

睢水又東南徑竹縣故城南。《地理志》曰：王莽之篤亭也。李奇

曰：今竹邑縣也。睢水又東與滭湖水合，水上承甾丘縣之渒陂，南北百餘里，東西四十里，東至朝解亭，西届彭城甾丘縣之故城東。王莽更名之曰善丘矣。

又《瓠河》 瓠河之北，又有郕都城。《春秋》隱公五年，郕侵衛。京相璠曰：東郡廩丘縣南三十里，故郕都故城。褚先生曰：漢封金安上爲侯國，王莽更名之曰城穀者也。瓠河又東，徑黎縣故城南，王莽改曰黎治矣。

又 卷二五《泗水》 泗水又南徑高平縣故城西。漢宣帝地節三年，封丞相魏相爲侯國。高帝七年，封將軍陳鍇爲槖侯。《地理志》：山陽之屬縣也。王莽改曰高平。應劭曰：章帝改。按本《志》曰王莽改名。

又 卷二六《沭水》 又南逕東海郡即丘縣，故《春秋》之祝丘也。桓公五年，《經》書：齊侯、鄭伯如紀，城祝丘。《左傳》齊、鄭朝紀，欲襲之。漢立爲縣，王莽更之曰就信也。【略】

沭水又南逕東海厚丘縣，王莽更之曰祝其亭也。分爲二瀆：一瀆西南出，今無水，世謂之枯沭。一瀆南逕建陵縣故城東。漢景帝六年封衛綰爲侯國，王莽更之曰付亭也。【略】

其水西南流，逕司吾山東。又逕司吾縣故城西。《春秋左傳》吳執鍾吾子以爲司吾縣，王莽更之曰息吾也。

又《巨洋水》 巨洋水又東北逕益縣故城東。王莽更之曰滃蕩也。

又《淄水》 淄水自山東北流逕牛山西，又東逕臨淄縣故城南，東得天齊水口，水出南郊山下，謂之天齊淵。【略】秦始皇二十六年，滅齊爲郡，治臨淄。漢高帝六年，封子肥于齊，爲王國。王莽更名濟南也。【略】

時水又西北逕西安縣故城南，本渠丘也。齊大夫雝稟之邑矣。王莽更之曰東寧。

又《濰水》 濰水出琅邪箕縣。琅邪，山名也，越王句踐之故國也。【略】漢高帝呂后七年，以爲王國，文帝三年，更名爲郡。王莽改曰填夷矣。【略】又東南逕仲固山，東北流入於濰。《地理志》曰：至箕縣北入濰者也。濰水又東北逕諸縣故城西。《春秋·文公十二年》，季孫行父城諸及鄆。《傳》曰：城其下邑也。王莽更名諸并矣。【略】

東北過東武縣西。縣因岡爲城，城周三十里。漢高帝六年，封郭蒙爲侯國，王莽更名之曰祥善矣。

又《膠水》 北過夷安縣東。縣故王莽更名之原亭也。【略】膠水又東北逕下密縣故城東，又東北逕膠東縣故城西。漢高帝元年別爲國。景帝封子寄爲王國，王莽更之郁秩也，今長廣郡治。【略】又北過當利縣西北，入於海。縣故王莽更名之東萊亭也。又北逕平度縣，漢武帝元朔二年，封菑川懿王子劉衍爲侯國，王莽更名之曰利盧也。

又 卷二八《沔水中》 縣治故城南臨沔水，謂之鄼頭。漢高帝六年，封蕭何爲侯國也。薛瓚曰：今南鄉鄼頭是也。《茂陵書》曰在南陽，王莽更名南庚者也。【略】

沔水又南逕筑陽縣東，又南，筑水注之。【略】筑水又東逕筑陽縣故城南，縣故楚附庸也。秦平鄢郢，立以爲縣。王莽更名之曰宜禾也。

又 卷三一《淯水》 淯水又東南流，逕博望縣故城東。郭仲產曰：在郡東北一百二十里，漢武帝置。校尉張騫，隨大將軍衛青西征，爲軍前導，相望水草，得以不乏。元光六年，封騫爲侯國。《地理志》南陽有博望縣，王莽改之曰宜樂也。【略】

淯水又南，梅溪水注之。【略】梅溪又南逕杜衍縣東，故城在西。漢高帝七年，封郎中王翳爲侯國，王莽更之曰閏衍矣。【略】

又東南徑穰縣故城南，楚別邑也。秦拔鄢郢即以爲縣，秦昭王封相魏冉爲侯邑，王莽更名曰豐穰也。【略】

縣故柏國也。《春秋左傳》所謂江、黄、道、柏，方睦于齊也。漢曰西平。其西呂墟，即西陵亭也。西陵平夷，故曰西平。漢宣帝甘露三年，封丞相于定國爲侯國。王莽更之曰新亭。

又 卷三六《若水》 邛都縣，漢武帝開邛莋置之。縣陷爲池，今因名爲邛池，南人謂之邛河。河中有蜯巂山，有巂水言越此水以章休盛也。後復反叛，元鼎六年，漢兵自越巂水伐之，以爲越巂郡，治邛都縣。王莽遣任貴爲領戎大尹，守之，更名爲集巂也。

又《延江水》 更始水，即延江枝分之始也。延水北入涪陵水，涪陵水出縣東，故巴郡之南鄙，王莽更名巴亭，魏武分巴立爲涪陵郡，張堪爲縣，會公孫述擊堪，同心義士選習水者，筏渡堪于小别江，即此

水也。

又《温水》 温水又東南。逕興古郡之毋棳縣東。王莽更名有棳也，與南橋水合。水出縣之橋山東流，梁水注之。梁水上承河水于俞元縣而東南逕興古之勝休縣，王莽更名勝㯋縣。

又 卷三七《油水》 東過其縣北。縣治故城，王莽更名孱陸也。

又《沅水》 沅水又東逕辰陽縣南，東合辰水。水出縣三山谷，東南流，獨母水注之。水源南出龍門山，歷獨母溪北入辰水。辰水又逕其縣北，舊治在辰水之陽，故卽名焉。《楚辭》所謂夕宿辰陽者也。王莽更名會亭矣。【略】

沅水又東逕沅陵縣北，漢故頃侯吳陽之邑也。王莽改曰沅陸縣。北枕沅水。

又 卷三九《耒水》 耒水出桂陽郴縣南山。【略】郴，舊縣也，桂陽郡治也，漢高帝二年分長沙置。《地理志》曰：桂水所出，因以名也。王莽更名南平，縣曰宣風。【略】又西北過耒陽縣之東。耒陽，舊縣也，蓋因水以制名。王莽更名南平亭。

又《洣水》 洣水出茶陵縣上鄉，西北過其縣西。水出江州安成郡廣興縣太平山西北流，逕茶陵縣之南。漢武帝元朔四年，封長沙定王子節侯訢之邑也。王莽更名聲鄉矣。

又《潤水》 潤水出豫章艾縣。《春秋左氏傳》曰：吳公子慶忌諫夫差，不納，居於艾是也。王莽更名治翰。

又《贛水》 贛水出豫章南野縣西，北過贛縣東。【略】濁水又東逕建成縣，漢武帝元朔四年，封長沙定王子劉拾爲侯國。王莽更名之曰多聚也。【略】

贛水又北逕南昌縣故城西，於《春秋》屬楚，卽令尹子蕩師于豫章者也。秦以爲廬江南部。漢高祖六年，始命灌嬰定豫章置南昌縣。以爲豫章郡治，此卽灌嬰所築也。王莽更名縣曰宜善，郡曰九江焉。劉歆云：湖漢等九水入彭蠡，故言九江矣。【略】

贛水又北逕鄡陽縣，王莽之豫章縣也。餘水注之。水東出餘汗縣，王莽名之曰治幹也。餘水北至鄡陽縣注贛水。【略】

贛水又與鄱水合，水出鄱陽縣東，西逕其縣南武陽鄉也。地有黄金采，王莽改曰鄉亭。【略】繚水東逕新吳縣，漢中平中立。繚水又逕海昏縣，王莽更名宜生。【略】

灘水又東徑白石縣故城南，王莽更曰順礫。

《魏書》卷八二《高謙之傳》 于時朝議鑄錢，以謙之爲鑄錢都將長史。乃上表求鑄三銖錢曰：蓋錢貨之立，本以通有無，便交易。故錢之輕重，世代不同。太公爲周置九府圜法，至景王時更鑄大錢。秦兼海內，錢重半兩。【略】王莽攝政，錢有六等，大錢重十二銖，次九銖，次七銖，次五銖，次三銖，次一銖。

《隋書》卷一六《律曆志上》 及王莽之際，考論音律，劉歆條奏，班固因志之。

《晉書》卷一六《律曆志上》 及王莽際，考論音律，劉歆條奏，大率有五：一曰備數，一、十、百、千、萬也；二曰和聲，宮、商、角、徵、羽也；三曰審度，分、寸、尺、丈、引也；四曰嘉量，龠、合、升、斗、斛也；五曰權衡，銖、兩、斤、鈞、石也。班固因而志之。蔡邕又記建武已後言律呂者，至司馬紹統采而續之。

又 卷一九《禮志上》 前漢但置官社而無官稷，王莽置官稷，後復省。【略】

《尚書》『禋于六宗』，諸儒互説，往往不同。王莽以《易》六子，遂立六宗祠。

又 卷二六《食貨志》 漢錢舊用五銖，自王莽改革，百姓皆不便之。及公孫述僭號於蜀，童謠曰：『黄牛白腹，五銖當復。』好事者竊言，王莽稱黄，述欲繼之，故稱白帝。五銖漢貨，言漢當復并天下也。至光武中興，除莽貨泉。

又 卷三六《衛恆傳》 恆善草隸書，爲《四體書勢》曰：【略】王莽時，使司空甄豐校文字部，改定古文，復有六書。一曰古文，孔氏壁中書也。二曰奇字，卽古文而異者也。三曰篆書，秦篆書也。四曰佐書，卽隸書也。五曰繆篆，所以摹印也。六曰鳥書，所以書幡信也。及許慎撰《説文》，用篆書爲正，以爲體例，最可得而論也。秦時李斯號爲二篆，諸山及銅人銘皆斯書也。

《北史》卷五〇《高謙之傳》 時朝議鑄錢，以謙之爲鑄錢都將長者

史，乃上表求鑄三銖錢，曰：【略】王莽攝政，錢有六等：大錢重十二銖，次九銖，次七銖，次五銖，次三銖，次一銖。

又　卷七二《牛弘傳》　開皇初，授散騎常侍、秘書監。弘以典籍遺逸，上表請開獻書之路，曰：昔周德既衰，舊經紊棄。孔子以大聖之才，開素王之業，憲章祖述，制《禮》刊《詩》，正五始而修《春秋》，闡《十翼》而弘《易》道。【略】及王莽之末，並從焚燼。此則書之二厄也。

又　卷九四《高麗傳》　王莽初，發高句麗兵以伐胡，而不欲行，莽强迫遣之，皆出塞爲寇盜。州郡歸咎于句麗侯騶，嚴尤誘而斬之。莽大悦，更名高句麗，高句麗侯。

《後漢書》卷一上《光武帝紀上》李賢注　王莽置六隊，郡置大夫一人，職如太守。南陽爲前隊，河内爲後隊，潁川爲左隊，弘農爲右隊，河東爲兆隊，滎陽爲祈隊。王莽每隊置屬正一人，職如都尉。

唐・徐堅等《初學記》卷八《州郡部・關内道》　（烏亭昆壤）漢烏氏縣，王莽改爲烏亭。

又　卷一二《職官部下・司農卿》　司農卿，漢官也。《漢官》云：初秦置理粟内史，掌穀貨，漢因之。景帝更名大農令，武帝更名大司農。按：堯命羲和四子敬授人時。舜二十二官，棄爲后稷，播時百穀，蓋其任也。周官冢宰之屬有太府，下大夫。鄭玄注曰：太府，主治藏之長若今時司農也，並司農之任。王莽改大司農曰羲和，後又改爲納言。

又　《鴻臚卿》　鴻臚卿，漢官也。《漢官》云：昔唐虞賓於四門，此則禮賓之制也，與鴻臚之任亦同也。《周禮》：大行人掌賓客及諸侯朝覲事，卽其任也。《漢官》云：秦置典客，掌諸侯及歸義蠻夷。漢因之。景帝更名大行令，武帝改曰大鴻臚。胡廣曰：鴻，聲也；臚，傳也。所以傳聲，贊導九賓。劉熙曰：鴻，大也；腹前曰臚，此言以京師爲心腹，以王侯蕃國爲四體。韋昭曰：鴻，大也；臚，其陳序也，欲以大禮陳序於賓客。初秦，又有典屬國，亦掌蠻夷降者。漢亦因之。成帝併入大鴻臚，王莽改鴻臚爲典樂。

又　《宗正卿》　宗正卿，周官也。宋《百官春秋》云：周受命封建宗盟，周封兄弟之國十有五，同姓之國三十有五。始選其宗中之長而董正之，謂之宗正。成王時，彤伯入爲宗正，掌王親屬是也。秦漢因之。平帝更名宗伯，王莽改爲秩宗。

又　《大理卿》　《齊職儀》云：大理，古官也。唐虞以皋陶作士。士，理官也。《春秋元命苞》曰：堯爲天子，夢馬啄子，得皋陶，聘爲大理。初，秦置廷尉。應劭曰：古官兵獄官多以尉稱。尉者，罻也，言以兵獄羅罻奸非也。古之聽訟，必質於朝廷，與衆共之，故曰廷尉。漢因之。景帝改曰大理，武帝又曰廷尉，哀帝又曰大理；王莽改曰作士。

又　卷二七《寶器部・錢》　武帝建元元年，行三銖錢五年，罷三銖，行半兩。時郡國鑄錢人多，公卿請令京師鑄官赤仄；仄者，以赤銅爲之郭。一當五。賦官用非赤仄不行，禁郡國無得鑄，專令上林三官鑄，而天下非官錢不得行。王莽居攝，變漢制，造大錢，徑寸二分，重十二銖。文曰『大錢五十文』。又造契刀、錯刀。其環如大錢，身形如刀，長二寸，文曰『契刀』。錯刀，以黄金錯，其文曰『一刀直五十』，與五銖錢凡四品並行。莽卽眞，乃罷錯刀、契刀及五銖錢，而更作金銀龜貝錢布之品，名曰寶貨。小錢次七分三銖，曰『公錢一十』，次八分五銖，曰『幼錢二十』，次九分七銖，曰『中錢三十』，次一寸九銖，曰『壯錢四十』。因前大錢五十，是爲錢貨六品。

宋・司馬光《資治通鑑・王莽地皇三年》　宛人李守，好星曆、讖記，爲莽宗卿師，賢曰：平帝五年，王莽攝政，郡國置宗師以主宗室。蓋時尊之，故曰宗卿師之。余按莽置宗師，主漢宗室耳。此宗卿師，莽篡時所置也。【略】

莽改南陽曰前隊，置大夫職如太守，屬正職如都尉。

元・馬端臨《文獻通考》卷四〇《學校考一・太學》　平帝時，王莽秉政，增元士之子得受業如弟子，勿以爲員。常員之外，更開此路。歲課甲科四十人爲郎中，乙科二十人爲太子舍人，兩科四十人補文學掌故云。奏起明堂、辟廱、靈臺，爲學者築舍萬區。【略】

辟廱【略】及王莽爲宰衡，欲耀衆庶，遂興辟廱，因以篡位。按：據此説，則辟廱王莽時方立之。武帝置博士弟子員，不過令其授學，而擇其通藝上第者擢用之，未嘗築宮以居之也。然考兒寬所言與河間獻王對三雍宮之事，則似已立於武帝之時，何也？蓋古者明堂、辟廱共爲一所。蔡邕《明堂論》曰：

『取其宗祀之清貌，則曰清廟。取其正室之貌，則曰太廟。取其尊崇，則曰太室。取其向明，則曰明堂。取其四門之學，則曰太學。取其四面周水圓如璧，則曰辟廱。異名而同事。』武帝時封泰山，濟南人公玉帶上黄帝時《明堂圖》。明堂中有一殿，四面無壁，以茅蓋，通水，水圜宫垣，爲複道，上有樓，從西北入，名曰昆侖，天子從之以入，拜祀上帝。於是上令奉高作明堂汶上，如帶圖，修封時以祠太一、五帝。蓋兒寬時爲御史大夫，從祠東封，還登明堂上壽，所言如此，則所指者疑此明堂耳。意河間獻王所對之地亦是其處，非養士之辟廱也；班固《漢書》、《武帝贊》有『興太學』之説，然《董仲舒傳》只言『後武帝立學校之官，皆自仲舒發之』，明元未嘗有庠序也。至成帝時劉向所言，則專爲庠序而設。然班固《禮樂志》言：『世祖受命中興，乃立明堂、辟廱。顯宗卽位，躬行其禮，宗祀光武皇帝於明堂，養三老、五更於辟廱，威儀既盛美矣。然德化未流洽者，禮樂未興，羣下無所從説，而庠序尚未設之故也。則知東都亦未嘗以辟廱爲庠序。然世祖建武五年已立太學，而固之時尚言庠序未設』，何邪？當考。

又按：徐天麟《西漢會要》言：『《三輔黄圖》：漢辟廱在長安西北七里。』恐卽王莽所立。又言：『太學亦在長安西北七里，有市有獄。』豈卽辟廱邪？或別一所邪；鮑宣得罪下獄，博士弟子王咸舉幡太學下，曰：『欲救鮑司隸者集此下。』諸生會者千餘人。此亦西都已立太學之一證。當考。

又　卷四八《職官考二·三公總序四輔二大附》　王莽居攝，置四輔官。初，王莽爲左輔，甄豐爲右弼，甄邯爲右丞。後又制以太師、太傅、國師、國將爲四輔，位上公；大司馬、大司徒、大司空爲三公。

又　《大司馬》　王莽居攝，以漢乃無小司徒，而定司馬、司空之號並加『大』。

又　卷六六《職官考二十·官品》　周官有九儀之命，正邦國之位。【略】五命賜則。則者，地未成國之名也。凡王之大夫四命，出封加一等，五命，賜之以方百里、二百里之地也。方三百里以上爲成國。王莽時，以二十五成爲則，方五十里，與夏五十里國同。【略】

中二千石。月百八十斛。王莽改曰卿。【略】

二千石。月百二十斛，亦曰眞二千石。王莽改爲上大夫。【略】

比二千石。月百斛。王莽改爲中大夫。【略】

千石。月八十斛。王莽改爲下大夫。【略】

六百石。月七十斛。王莽改曰元士。【略】

五百石。成帝除五百石秩。王莽復置，改爲命士。【略】

四百石。月四十五斛。自四百石至二百石爲長吏。王莽改爲中士。【略】

三百石。月四十斛。王莽改爲下士。【略】

百石。月六十斛。自百石已下，有斗食、佐史之秩，爲尖吏。王莽改百石秩曰庶士。

又　卷一三一《樂考四·歷代製造律呂》　平帝元始中，王莽秉政，徵天下通知鍾律者百餘人，使羲和劉歆典領條奏，言之最詳。一曰備數，二曰和聲，三曰審度，四曰嘉量，五曰權衡。參伍以變，錯綜其數，稽之於古今，效之於氣物，和之於心耳，考之於經傳，咸得其實，靡不協同。數者，一、十、百、千、萬也，所以算數事物，順性命之理也。《書》曰：『先算其命。』師古曰：『《逸書》也。言王者統業，先立算數以命百事也。』本起於黄鍾之數，始於一而三之，三三積之，孟康曰：『黄鍾，子之律也。子數一。太極元氣含三爲一，是以一數變而爲三也。』歷十二辰之數，十有七萬七千一百四十七，而五數備矣。孟康曰：『初以子一乘醜三，餘則轉因其成數以三乘之，歷十二辰，得是積數也。五行陰陽變化之數備於此也。』其演算法用竹，徑一分，長六寸，二百七十一枚而成六觚，爲一握。蘇氏曰：『六觚，六角也。度角至角，其度一寸，面容一分，算九枚，相因之數有十，正面之數實九，其表六九五十四，算中積凡得二百七十一枚。』徑象乾律黄鍾之一，而長象坤呂林鍾之長。張晏曰：『林鍾長六寸。』韋昭曰：『黄鍾管九寸，十分之一，得其一分。』其數以《易》大衍之數五十，其用四十九，成陽六爻，得周流六虛之象。孟康曰：『以四十九成陽六爻爲乾，乾之策數二百一十六，以成六爻，是爲周流六虛之象也。』夫推曆生律張晏曰：『推曆十二辰以生律呂也。』制器，規圜矩方，權重衡平，準繩嘉量，張晏曰：『準，水平。量知多少，故曰嘉。』探賾索隱，鉤深致遠，莫不用焉。師古曰：『賾亦深也。索，亦求也。』度長短者不失毫氂，孟康曰：『毫，兔毫也，十毫爲厘。』師古曰：『度音大角反。』量多少者不失圭撮，應劭曰：『圭，自然之形，陰陽之始也。四圭曰撮，三指撮之也。』孟康曰：『六十四黍爲圭。』師古曰：『撮音倉括反。』權輕重者不失黍累。孟康曰：『絫音壘。』應劭曰：『十黍爲絫，十絫爲

一銖。』師古曰：『絫音來戈反，此字讀亦音累綫之累。』紀於一，協於十，長於百，大於千，衍於萬，其法在算術。宣於天下，小學是則。職在太史，羲和掌之。聲者，宫、商、角、徵、羽也。五聲之本，生於黄鍾之律。詳見後卷《鍾律篇》。律十有二，其法皆用銅。職在太樂，太常掌之。度者，分、寸、尺、丈、引也，所以度長短也。職在内官，內官，署名。《百官表》云：『内官長丞，初屬少府，中屬主爵，後屬宗正。』廷尉掌之。法度所起，故屬廷尉。量者，龠、合、升、斗、斛也，所以量多少也。職在太倉，大司農掌之。權衡者，衡，平也，權，重也。衡所以任權而均物平輕重也。職在大行，鴻臚掌之。平均曲直，齊一遠近，故在鴻臚。度、量、衡，詳見下卷本門。凡律度量衡用銅者，名自名也，取銅之名，以合於同也。所以同天下，齊風俗也。銅爲物之至精，不爲燥濕寒暑變其節，不爲風雨暴露改其形，介然有常，有似於士君子之行，是以用銅也。用竹爲引者，事之宜也。引長十丈，高一分，廣六分，唯竹篾柔而堅爲宜耳。

《宋史》卷七一《律曆志四》　漢初四銖，其文亦曰半兩。孝武之世始行五銖，下暨隋朝，多以五銖爲號，既歷代尺度屢改，故大小輕重鮮有同者，惟劉歆置銅斛。世之所鑄錯刀並大泉五十，王莽天鳳元年改鑄貨布、貨泉之類，不聞後世復有兩者。

新朝滅亡分部

綜　述

《漢書》卷二四上《食貨志上》　平帝崩，王莽居攝，遂篡位。王莽因漢承平之業，匈奴稱藩，百蠻賓服，舟車所通，盡爲臣妾，府庫百官之富，天下晏然。莽一朝有之，其心意未滿，狹小漢家制度，以爲疏闊。宣帝始賜單于印璽，與天子同，而西南夷鉤町稱王。莽乃遣使易單于印，貶鉤町王爲侯。二方始怨，侵犯邊境。莽遣興師，發三十萬衆，欲同時十道並出，一舉滅匈奴；募發天下囚徒、丁男、甲卒轉委輸兵器，自負海江、淮而至北邊，使者馳傳督趣，海内擾矣。又動欲慕古，不度時宜，分裂州郡，改職作官，下令曰：『漢氏減輕田租，三十而稅一，常有更賦，罷癃咸出，而豪民侵陵，分田劫假，厥名三十，實十稅五也。富者驕而爲邪，貧者窮而爲姦，俱陷於辜，刑用不錯。今更名天下田曰王田，奴婢曰私屬，皆不得賣買。其男口不滿八，而田過一井者，分餘田與九族鄉黨。』犯令，法至死。制度又不定，吏緣爲姦，天下謷謷然，陷刑者衆。

後三年，莽知民愁，下詔諸食王田及私屬皆得賣買，勿拘以法。然刑罰深刻，它政誖亂。邊兵二十餘萬人仰縣官衣食，用度不足，數橫賦斂，民俞貧困。常苦枯旱，亡有平歲，穀賈翔貴。末年，盜賊羣起，發軍擊之，將吏放縱於外。北邊及青、徐地人相食，雒陽以東米石二千。莽遣三公將軍開東方諸倉賑貸窮乏，又分遣大夫謁者教民煮木爲酪；酪不可食，重爲煩擾。流民入關者數十萬人，置養澹官以稟之，吏盜其稟，飢死者什七八。莽恥爲政所至，乃下詔曰：『予遭陽九之厄，百六之會，枯、旱、霜、蝗，饑饉薦臻，蠻夷猾夏，寇賊姦軌，百姓流離。予甚悼之，害氣將究矣。』歲爲此言，以至於亡。

又　卷二四下《食貨志下》　百姓憒亂，其貨不行。民私以五銖錢市買。莽患之，下詔：『敢非井田、挾五銖錢者爲惑衆，投諸四裔以禦魑魅。』於是農、商失業，食、貨俱廢，民涕泣於市道。坐賣買田、宅、奴婢、鑄錢抵罪者，自公卿大夫至庶人，不可稱數。莽知民愁，乃但行小錢直一，與大錢五十，二品並行，龜、貝、布屬且寢。【略】

莽以私鑄錢死，及非沮寶貨投四裔，犯法者多，不可勝行，乃更輕其法：私鑄作泉布者，與妻子没入爲官奴婢；吏及比伍，知而不舉告，與同罪；非沮寶貨，民罰作一歲，吏免官。犯者俞衆，及五人相坐皆没入，郡國檻車鐵鎖，傳送長安鍾官，愁苦死者什六七。【略】

作貨布後六年，匈奴侵寇甚，莽大募天下囚徒、人奴，名曰豬突豨勇，壹切稅吏民，訾三十而取一。又令公卿以下至郡縣黄綬吏，皆保養軍馬，吏盡復以與民。民摇手觸禁，不得耕桑，繇役煩劇，而枯、旱、蝗蟲相因。又用制作未定，上自公侯，下至小吏，皆不得奉禄，而私賦斂，貨賂上流，獄訟不決。吏用苛暴立威，旁緣莽禁，侵刻小民。富者不得自保，貧者無以自存，起爲盜賊，依阻山澤，吏不能禽而覆蔽之，浸淫日廣，於是青、徐、荆楚之地往往萬數。戰鬬死亡，緣邊四夷所係虜，陷

罪，饑疫，人相食，及莽未誅，而天下戶口減半矣。自發豬突豨勇後四年，而漢兵誅莽。後二年，世祖受命，蕩滌煩苛，復五銖錢，與天下更始。

又 卷九九下《王莽傳下》 （天鳳五年）五年正月朔，北軍南門災。

以大司馬司允費興爲荆州牧，見，問到部方略，興對曰：『荆、揚之民率依阻山澤，以漁采爲業。間者，國張六筦，稅山澤，妨奪民之利，連年久旱，百姓飢窮，故爲盜賊。興到部，欲令明曉告盜賊歸田里，假貸犂牛種食，闊其租賦，幾可以解釋安集。』莽怒，免興官。

天下吏以不得奉祿，並爲姦利，郡尹縣宰家累千金。莽下詔曰：『詳考始建國二年胡虜猾夏以來，諸軍吏及緣邊吏大夫以上爲姦利增產致富者，收其家所有財產五分之四，以助邊急。』公府士馳傳天下，考覆貪饕，開吏告其將，奴婢告其主，幾以禁姦，姦愈甚。

皇孫功崇公宗坐自畫容貌，被服天子衣冠，刻印三：一曰『維祉冠存己夏處南山臧薄冰』，二曰『肅聖寶繼』，三曰『德封昌圖』。又宗舅呂寬家前徙合浦，私與宗通，發覺按驗，宗自殺。莽曰：『宗屬爲皇孫，爵爲上公，知寬等叛逆族類，而與交通；刻銅印三，文意甚害，不知厭足，窺欲非望。《春秋》之義，「君親毋將，將而誅焉。」迷惑失道，自取此事，烏呼哀哉！宗本名會宗，以制作去二名，今復名會宗。貶厥爵，改厥號，賜謚爲功崇繆伯，以諸伯之禮葬於故同谷城郡。』宗姊妨爲衛將軍王興夫人，祝詛姑，殺婢以絕口。事發覺，莽使中常侍䜛惲責問妨，並以責興，皆自殺。事連及司命孔仁妻，亦自殺。仁見莽免冠謝，莽使尚書劾仁：『乘「乾」車，駕「神」馬，左蒼龍，右白虎，前朱雀，後玄武，右杖威節，左負威斗，號曰赤星，非以驕仁，乃以尊新室之威命也。仁擅免天文冠，大不敬。』有詔勿劾，更易新冠。其好怪如此。

以眞道侯王涉爲衛將軍。涉者，曲陽侯根子也。根，成帝世爲大司馬，薦莽自代，莽恩之，以爲曲陽非令稱，乃追謚根曰直道讓公，涉嗣其爵。

是歲，赤眉力子都、樊崇等以饑饉相聚，起於琅邪，轉抄掠，衆皆萬數。遣使者發郡國兵擊之，不能克。【略】

是時（天鳳六年），關東饑旱數年，力子都等黨衆浸多，更始將軍廉丹擊益州不能克，徵還。更遣復位後大司馬護軍郭興、庸部牧李曄擊蠻夷若豆等，太傅犧叔士孫喜清潔江湖之盜賊。而匈奴寇邊甚。莽乃大募天下丁男及死罪囚、吏民奴，名曰『豬突豨勇』，以爲銳卒。一切稅天下吏民，訾三十取一，縑帛皆輸長安。令公卿以下至郡縣黃綬皆保養軍馬，多少各以秩爲差。又博募有奇技術可以攻匈奴者，將待以不次之位。言便宜者以萬數：或言能度水不用舟楫，連馬接騎，濟百萬師；或言不持斗糧，服食藥物，三軍不飢；或言能飛，一日千里，可窺匈奴。莽輒試之，取大鳥翮爲兩翼，頭與身皆著毛，通引環紐，飛數百步墮。莽知其不可用，苟欲獲其名，皆拜爲理軍，賜以車馬，待發。

初，匈奴右骨都侯須卜當，其妻王昭君女也，嘗內附。莽遣昭君兄子和親侯王歙誘呼當至塞下，脅將詣長安，强立以爲須卜善于後安公。始欲誘迎當，大司馬嚴尤諫曰：『當在匈奴右部，兵不侵邊，單于動靜，輒語中國，此方面之大助也。於今迎當置長安槀街，一胡人耳，不如在匈奴有益。』莽不聽。即得當，欲遣尤與廉丹擊匈奴，皆賜姓徵氏，號二徵將軍，當誅單于輿而立當代之。出車城西橫廄，未發。尤素有智略，非莽攻伐四夷，數諫不從，著古名將樂毅、白起不用之意及言邊事凡三篇，奏以風諫莽。及當出廷議，尤固言匈奴可且以爲後，先憂山東盜賊。莽大怒，乃策尤曰：『視事四年，蠻夷猾夏不能遏絕，寇賊姦宄不能殄滅，不畏天威，不用詔命，皃很自臧，持必不移，懷執異心，非沮軍議。未忍致於理，其上大司馬武建伯印韍，歸故郡。』以降符伯董忠爲大司馬。

翼平連率田況奏郡縣訾民不實，莽復三十稅一。以況忠言憂國，進爵爲伯，賜錢二百萬。衆庶皆詈之。青、徐民多棄鄉里流亡，老弱死道路，壯者入賊中。

夙夜連率韓博上言：『有奇士，長丈，大十圍，來至臣府，曰欲奮擊胡虜。自謂巨毋霸，出於蓬萊東南，五城西北昭如海瀕，軺車不能載，三馬不能勝。即日以大車四馬，建虎旗，載霸詣闕。霸臥則枕鼓，以鐵箸食，此皇天所以輔新室也。願陛下作大甲高車，賁育之衣，遣大將一人與虎賁百人迎之於道。京師門戶不容者，開高大之，以視百蠻，鎮安天下。』博意欲以風莽。莽聞惡之，留霸在所新豐，更其姓曰巨母氏，謂因文母太

后而霸王符也。徵博下獄，以非所宜言，棄市。

明年改元曰地皇，從三萬六千歲曆號也。

地皇元年正月乙未，赦天下。下書曰：『方出軍行師，敢有趨讙犯法者，輒論斬，毋須時，盡歲止。』於是春夏斬人都市，百姓震懼，道路以目。

二月壬申，日正黑。莽惡之，下書曰：『乃者日中見昧，陰薄陽，黑氣爲變，百姓莫不驚怪。兆域大將軍王匡遣吏考問上變事者，欲蔽上之明，是以適見於天，以正於理，塞大異焉。』

莽見四方盜賊多，復欲厭之，又下書曰：『予之皇初祖考黃帝定天下，將兵爲上將軍，建華蓋，立斗獻，內設大將，外置大司馬五人，大將軍二十五人，偏將軍百二十五人，裨將軍千二百五十人，校尉萬二千五百人，司馬三萬七千五百人，候十一萬二千五百人，當百二十二萬五千人，士吏四十五萬人，士千三百五十萬人，應協於《易》「孤矢之利，以威天下」。予受符命之文，稽前人，將條備焉。』於是置前後左右中大司馬之位，賜諸州牧號爲大將軍，郡卒正、連帥、大尹爲偏將軍，屬令長裨將軍，縣宰爲校尉。乘傳使者經歷郡國，日且十輩，倉無見穀以給，傳車馬不能足，賦取道中車馬，取辦於民。

七月，大風毀王路堂。復下書曰：『乃壬午餔時，有列風雷雨發屋折木之變，予甚弁焉，予甚栗焉，予甚恐焉。伏念一旬，迷乃解矣。昔符命文立安爲新遷王，臨國雒陽，爲統義陽王。是時予在攝假，謙不敢當，而以爲公。其後金匱文至，議者皆曰：「臨國雒陽爲統，謂據土中爲新室統也，宜爲皇太子。」自此後，臨久病，雖瘳不平，朝見挈茵輿行。見王路堂者，張於西廂及後閣更衣中，又以皇后被疾，臨且去本就舍，妃妾在東永巷。壬午，烈風毀王路西廂及後閣更衣中室。昭寧堂池東南榆樹大十圍，東僵，擊東閣，閣即東永巷之西垣也。皆破折瓦壞，發屋拔木，予甚驚焉。又侯官奏月犯心前星，厥有占，予甚憂之。優念《紫閣圖》文，太一、黃帝皆得瑞以仙，後世褎主當登終南山。所謂新遷王者，乃太一新遷之後也。統義陽王乃用五統以禮義登陽上遷之後也。臨有兄而稱太子，名不正。宣尼公曰：「名不正，則言不順，至於刑罰不中，民無錯手足。」惟即位以來，陰陽未和，風雨不時，數遇枯旱蝗螟爲災，穀稼鮮耗，百姓苦飢，蠻夷猾夏，寇賊奸宄，人民正營，無所錯手足。深惟厥咎，在名不正焉。其立安爲新遷王，臨爲統義陽王，幾以保全二子，子孫千億，外攘四夷，內安中國焉。』

是月，杜陵便殿乘輿虎文衣廢臧在室匣中者出，自樹立外堂上，良久乃委地。吏卒見者以聞，莽惡之，下書曰：『寶黃廝赤，其令郎從官皆衣絳。』

望氣爲數者多言有土功象，莽又見四方盜賊多，欲視爲自安能建萬世之基者，乃下書曰：『予受命遭陽九之厄，百六之會，府帑空虛，百姓匱乏，宗廟未修，且祫祭於明堂太廟，夙夜永念，非敢寧息。深惟吉昌莫良於今年，予乃卜波水之北，郎池之南，惟玉食。予又卜金水之南，明堂之西，亦惟玉食。予將新築焉。』於是遂營長安城南，提封百頃。九月甲申，莽立載行視，親舉築三下。司徒王尋、大司空王邑持節，及侍中常侍執法杜林等數十人將作。崔發、張邯説莽曰：『德盛者文縟，宜崇其制度，宣視海內，且令萬世之後無以復加也。』莽乃博徵天下工匠諸圖畫，以望法度算，乃吏民以義入錢、穀助作者，駱驛道路。壞徹城西苑中建章、承光、包陽、大臺、儲元宮及平樂、當路、陽祿館，凡十餘所，取其材瓦，以起九廟。是月，大雨六十餘日。令民入米六百斛爲郎，其郎吏增秩賜爵至附城。九廟：一曰黃帝太初祖廟，二曰帝虞始祖昭廟，三曰陳胡王統祖穆廟，四曰齊敬王世祖昭廟，五曰濟北愍王王祖穆廟，凡五廟不墮云；六曰濟南伯王尊禰昭廟，七曰元城孺王尊稱穆廟，八曰陽平頃王戚禰昭廟，九曰新都顯王戚禰穆廟。殿皆重屋。太初祖廟東西南北各四十丈，高十七丈，餘廟半之。爲銅薄櫨，飾以金銀雕文，窮極百工之巧。帶高增下，功費數百巨萬，卒徒死者萬數。

巨鹿男子馬適求等謀舉燕、趙兵以誅莽，大司空士王丹發覺以聞。莽遣三公大夫逮治黨與，連及郡國豪傑數千人，皆誅死。封丹爲輔國侯。

自莽爲不順時令，百姓怨恨，莽猶安之，又下書曰：『惟設此一切之法以來，常安六鄉巨邑之都，枹鼓稀鳴，盜賊衰少，百姓安土，歲以有年，此乃立權之力也。今胡虜未滅誅，蠻僰未絕焚，江湖海澤麻沸，盜賊未盡破殄，又興奉宗廟社稷之大作，民衆動搖。今夏一切行此令，盡二年止之，以全元元，救愚奸。』

是歲，罷大小錢，更行貨布，長二寸五分，廣一寸，貣錢二十五。貨錢徑一寸，重五銖，枚直一。兩品並行。敢盜鑄錢及偏行布貨，伍人知不發舉，皆没入爲官奴婢。

太傅平晏死，以予虞唐尊爲太傅。尊曰：『國虚民貧，咎在奢泰。』乃身短衣小袖，乘牝馬柴車，藉稾，瓦器，又以歷遺公卿。出見男女不異路者，尊自下車，以象刑赭幡汙染其衣。莽聞而説之，下詔申敕公卿思與厥齊。封尊爲平化侯。

是時，南郡張霸、江夏羊牧、王匡等起雲杜綠林，號曰下江兵，衆皆萬餘人。武功中水鄉民三舍墊爲池。

二年正月，以州牧位三公，刺舉怠解，更置牧監副，秩元士，冠法冠，行事如漢刺史。

是月，莽妻死，謚曰孝睦皇后，葬渭陵長壽園西，令永侍文母，名陵曰億年。初莽妻以莽數殺其子，涕泣失明，莽令太子臨居中養焉。莽妻旁侍者原碧，莽幸之。後臨亦通焉，恐事泄，謀共殺莽。臨妻愔，國師公女，能爲星，語臨宮中且有白衣會。臨喜，以爲所謀且成。後貶爲統義陽王，出在外第，愈憂恐。會莽妻病困，臨予書曰：『上于子孫至嚴，前長孫、中孫年俱三十而死。今臣臨復適三十，誠恐一旦不保中室，則不知死命所在！』莽候妻疾，見其書，大怒，疑臨有惡意，不令得會喪。既葬，收原碧等考問，具服姦、謀殺狀。莽欲秘之，使殺案事使者司命從事，埋獄中，家不知所在。賜臨藥，臨不肯飲，自刺死。使侍中票騎將軍同説侯林賜魂衣璽韍，策書曰：『符命文立臨爲統義陽王，此言新室即位三萬六千歲後，爲臨之後者乃當龍陽而起。前過聽議者，以臨爲太子，有烈風之變，輒順符命，立爲統義陽王。在此之前，自此之後，不作信順，弗蒙厥佑，夭年隕命，嗚呼哀哉！迹行賜謚，謚曰繆王。』又詔國師公：『臨本不知星，事從愔起。』愔亦自殺。

是月，新遷王安病死。初，莽爲侯就國時，幸侍者增秩、懷能、開明。懷能生男興，增秩生男匡、女曄，開明生女捷，皆留新都國，以其不明故也。及安疾甚，莽自病無子，爲安作奏，使上言：『興等母雖微賤，屬猶皇子，不可以棄。』章視羣公，皆曰：『安友于兄弟，宜及春夏加封爵。』於是以王車遣使者迎興等，封興爲功脩公，匡爲功建公，曄爲睦脩任，捷爲睦逮任。孫公明公壽病死，旬月四喪焉。莽壞漢孝武、孝昭廟，分葬子孫其中。

魏成大尹李焉與卜者王況謀，況謂焉曰：『新室即位以來，民田奴婢不得賣買，數改錢貨，徵發煩數，軍旅騷動，四夷並侵，百姓怨恨，盜賊並起，漢家當復興。君姓李，李者徵，徵火也，當爲漢輔。』因爲焉作讖書，言『文帝發忿，居地下趣軍，北告匈奴，南告越人。江中劉信，執敵報怨，復續古先，四年當發軍。江湖有盜，自稱樊王，姓爲劉氏，萬人成行，不受赦令，欲動秦、雒陽。十一年當相攻，太白揚光，歲星入東井，其號當行。』又言莽大臣吉凶，各有日期。會合十餘萬言。焉令吏寫其書，吏亡告之。莽遣使者即捕焉，獄治皆死。

三輔盜賊麻起，乃置捕盜都尉官，令執法謁者追擊長安中，建鳴鼓攻賊幡，而使者隨其後。遣太師犧仲景尚、更始將軍護軍王黨將兵擊青、徐，國師和仲曹放助郭興擊句町。轉天下穀、幣詣西河、五原、朔方、漁陽，每一郡以百萬數，欲以擊匈奴。

秋，隕霜殺菽，關東大饑，蝗。

民犯鑄錢，伍人相坐，没入爲官奴婢。其男子檻車，兒女子步，以鐵鎖琅當其頸，傳詣鍾官，以十萬數。到者易其夫婦，愁苦死者什六七。孫喜、景尚、曹放等擊賊不能克，軍師放縱，百姓重困。

莽以王況讖言荆楚當興，李氏爲輔，欲厭之。乃拜侍中掌牧大夫李棽爲大將軍、揚州牧，賜名聖，使將兵奮擊。

上谷儲夏自請願説瓜田儀，莽以爲中郎，使出儀。儀文降，未出而死。莽求其尸葬之，爲起冢、祠室，謚曰瓜寧殤男，幾以招來其餘，然無肯降者。

閏月丙辰，大赦天下，天下大服民私服在詔書前亦釋除。

郎陽成脩獻符命，言繼立民母，又曰：『黄帝以百二十女致神僊。』莽於是遣中散大夫、謁者各四十五人分行天下，博采鄉里所高有淑女者上名。

莽夢長樂宮銅人五枚起立，莽惡之，念銅人銘有『皇帝初兼天下』之文，即使尚方工鐫滅所夢銅人膺文。又感漢高廟神靈，遣虎賁武士入高廟，拔劍四面提擊，斧壞户牖，桃湯赭鞭鞭灑屋壁，令輕車校尉居其中，

又令中軍北壘居高寢。

或言黃帝時建華蓋以登僊，莽乃造華蓋九重，高八丈一尺，金瑵羽葆，載以秘機四輪車，駕六馬，力士三百人黃衣幘，車上人擊鼓，挽者皆呼『登僊』。莽出，令在前。成官竊言：『此似輀車，非仙物也。』

是歲，南郡秦豐衆且萬人。平原女子遲昭平能説博經以八投，亦聚數千人在河阻中。莽召問羣臣禽賊方略，皆曰：『此天囚行尸，命在漏刻。』故左將軍公孫禄徵來與議，禄曰：『太史令宗宣典星曆，候氣變，以凶爲吉，亂天文，誤朝廷。太傅平化侯飾虚僞以媮名位，「賊夫人之子」。國師嘉信公顛倒《五經》，毀師法，令學士疑惑。明學男張邯、地理侯孫陽造井田，使民棄土業。犧和魯匡設六筦，以窮工商。説符侯崔發阿諛取容，令下情不上通。宜誅此數子以慰天下！』又言：『匈奴不可攻，當與和親。臣恐新室憂不在匈奴，而在封域之中也。』莽怒，使虎賁扶禄出。然頗采其言，左遷魯匡爲五原卒正，以百姓怨非故。六筦非匡所獨造，莽厭衆意而出之。

初，四方皆以飢寒窮愁起爲盜賊，稍稍羣聚，常思歲熟得歸鄉里。衆雖萬數，亶稱巨人、從事、三老、祭酒，不敢略有城邑，轉掠求食，日闋而已。諸長吏牧守皆自亂鬭中兵而死，賊非敢欲殺之也，而莽終不諭其故。是歲，大司馬士按章豫州，爲賊所獲，賊送付縣。士還，上書具言狀。莽大怒，下獄以爲誣罔。因下書責七公曰：『夫吏者，理也。宣德明恩，以牧養民，仁之道也。抑强督奸，捕誅盜賊，義之節也。今則不然。盜發不輒得，至成羣黨，遮略乘傳宰士。士得脱者，又妄自言「我責數賊『何故爲是？』賊曰『以貧窮故耳』。賊護出我。」今俗人議者率多若此。惟貧困飢寒，犯法爲非，大者羣盜，小者偷穴，不過二科，今乃結謀連黨以千百數，是逆亂之大者，豈飢寒之謂邪？七公其嚴敕卿大夫、卒正、連率、庶尹，謹牧養善民，急捕殄盜賊。有不同心并力，疾惡黜賊，而妄曰飢寒所爲，輒捕繫，請其罪。』於是羣下愈恐，莫敢言賊情者，亦不得擅發兵，賊由是遂不制。

唯翼平連率田況素果敢，發民年十八以上四萬餘人，授以庫兵，與刻石爲約。赤糜聞之，不敢入界。況自劾奏，莽讓況：『未賜虎符而擅發兵，此弄兵也。厥辠乏興。以況自詭必禽滅賊，故且勿治。』後況自請出界擊賊，所嚮皆破。莽以璽書令況領青、徐二州牧事。況上言：『盜賊始發，其原甚微，非部吏、伍人所能禽也。咎在長吏不爲意，縣欺其郡，郡欺朝廷，實百言十，實千言百。朝廷忽略，不輒督責，遂至延曼連州，乃遣將率，多發使者，傳相監趣。郡縣力事上官，應塞詰對，共酒食，具資用，以救斷斬，不給復憂盜賊治官事。將率又不能躬率吏士，戰則爲賊所破，吏氣浸傷，徒費百姓。前幸蒙赦令，賊欲解散，或反遮擊，恐入山谷轉相告語，故郡縣降賊，皆更驚駭，恐見詐滅，因饑饉易動，旬日之間更十餘萬人，此盜賊所以多之故也。今雒陽以東，米石二千。竊見詔書，欲遣太師、更始將軍，二人爪牙重臣，多從人衆，道上空竭，少則亡以威視遠方。宜急選牧、尹以下，明其賞罰。收合離鄉、小國無城郭者，徙其老弱置大城中，積藏穀食，并力固守。賊來攻城，則不能下，所過無食，勢不得羣聚。如此，招之必降，擊之則滅。今空復多出將率，郡縣苦之，反甚於賊。宜盡徵還乘傳諸使者，以休息郡縣。委任臣況以二州盜賊，必平定之。』莽畏惡況，陰爲發代，遣使者賜況璽書。使者至，見況，因令代監其兵。況隨使者西，到，拜爲師尉大夫。況去，齊地遂敗。

三年正月，九廟蓋構成，納神主。莽謁見，大駕乘六馬，以五采毛爲龍文衣，著角，長三尺。華蓋車，元戎十乘在前。因賜治廟者司徒、大司空錢各千萬，侍中、中常侍以下皆封。封都匠仇延爲邯淡里附城。

二月，霸橋災，數千人以水沃救，不滅。莽惡之，下書曰：『夫三皇象春，五帝象夏，三王象秋，五伯象冬。皇王，德運也；伯者，繼空續乏以成曆數，故其道駁。惟常安御道多以所近爲名。乃二月癸巳之夜，甲午之辰，火燒霸橋，從東方西行，至甲午夕，橋盡火滅。大司空行視考問，或云寒民舍居橋下，疑以火自燎，爲此災也。其明旦即乙未，立春之日也。予以神明聖祖黃虞遺統受命，至於地皇四年爲十五年。正以三年終冬絶滅霸駁之橋，欲以興成新室統一長存之道也。又戒此橋空東方之道。今東方歲荒民飢，道路不通，東岳太師亟科條，開東方諸倉，賑貸窮乏，以施仁道。其更名霸館爲長存館，霸橋爲長存橋。』

是月，赤眉殺太師犧仲景尚。關東人相食。

四月，遣太師王匡、更始將軍廉丹東，祖都門外，天大雨，沾衣止。長老歎曰：『是爲泣車！』莽曰：『惟陽九之厄，與害氣會，究於去年。

枯旱霜蝗，饑饉薦臻，百姓困乏，流離道路，于春尤甚，予甚悼之。今使東嶽太師特進褒新侯開東方諸倉，賑貸窮乏。太師公所不過道，分遣大夫謁者並開諸倉，以全元元。太師公因與廉丹大使五威司命位右大司馬更始將軍平均侯之兗州，填撫所掌，及青、徐故不軌盜賊未盡解散，後復屯聚者，皆清潔之，期於安兆黎矣。』太師、更始合將鋭士十餘萬人，所過放縱。東方爲之語曰：『寧逢赤眉，不逢太師！太師尚可，更始殺我！』卒如田況之言。

莽又多遣大夫謁者分教民煮草木爲酪，酪不可食，重爲煩費。莽下書曰：『惟民困乏，雖溥開諸倉以賑贍之，猶恐未足。其且開天下山澤之防，諸能采取山澤之物而順月令者，其恣聽之，勿令出稅。至地皇三十年如故，是王光上戊之六年也。如令豪吏猾民辜而攉之，小民弗蒙，非予意也。《易》不云乎？「損上益下，民説無疆。」《書》云：「言之不從，是謂不艾。」咨乎羣公，可不憂哉！』

是時，下江兵盛，新市朱鮪、平林陳牧等皆復聚衆，攻擊鄉聚。莽遣司命大將軍孔仁部豫州，納言大將軍嚴尤、秩宗大將軍陳茂擊荆州，各從吏士百餘人，乘船從渭入河，至華陰乃出乘傳，到部募士。尤謂茂曰：『遣將不與兵符，必先請而後動，是猶紲韓盧而責之獲也。』

夏，蝗從東方來，蜚蔽天，至長安，入未央宮，緣殿閣。莽發吏民設購賞捕擊。

莽以天下穀貴，欲厭之，爲大倉，置衛交戟，名曰『政始掖門』。

流民入關者數十萬人，乃置養贍官稟食之。使者監領，與小吏共盜其稟，飢死者十七八。先是，莽使中黄門王業領長安市買，賤取於民，民甚患之。業以省費爲功，賜爵附城。莽聞城中饑饉，以問業，業曰：『皆流民也。』乃市所賣粱飦肉羹，持入視莽，曰：『居民食咸如此。』莽信之。

冬，無鹽索盧恢等舉兵反城。廉丹、王匡攻拔之，斬首萬餘級。莽遣中郎將奉璽書勞丹、匡，進爵爲公，封吏士有功者十餘人。

赤眉別校董憲等衆數萬人在梁郡，王匡欲進擊之，廉丹以爲新拔城罷勞，當且休士養威。匡不聽，引兵獨進，丹隨之。合戰成昌，兵敗，匡走。丹使吏持其印韍符節付匡曰：『小兒可走，吾不可！』遂止，戰死。校尉汝雲、王隆等二十餘人別鬭，聞之，皆曰：『廉公已死，吾誰爲生？』馳奔賊，皆戰死。莽傷之，下書曰：『惟公多擁選士精兵，衆郡駿馬倉穀帑藏皆得自調，忽於詔策，離其威節，騎馬呵噪，爲狂刃所害，烏呼哀哉！賜謚曰果公。』

國將哀章謂莽曰：『皇祖考黄帝之時，中黄直爲將，破殺蚩尤。今臣中黄直之位，願平山東。』莽遣章馳東，與太師匡并力。又遣大將軍陽浚守敖倉，司徒王尋將十餘萬屯雒陽填南宮，大司馬董忠養士習射中軍北壘，大司空王邑兼三公之職。司徒尋初發長安，宿霸昌廄，亡其黄鉞。尋士房揚素狂直，乃哭曰：『此經所謂「喪其齊斧」者也！』自劾去。莽擊殺揚。

四方盜賊往往數萬人攻城邑，殺二千石以下。太師王匡等戰數不利。莽知天下潰畔，事窮計迫，乃議遣風俗大夫司國憲等分行天下，除井田奴婢山澤六筦之禁，即位以來詔令不便於民者皆收還之。待見未發，會世祖與兄齊武王伯升、宛人李通等帥舂陵子弟數千人，招致新市平林朱鮪、陳牧等合攻拔棘陽。是時，嚴尤、陳茂破下江兵，成丹、王常等數千人別走，入南陽界。

十一月，有星孛于張，東南行，五日不見。莽數召問太史令宗宣，諸術數家皆繆對，言天文安善，羣賊且滅。莽差以自安。

四年正月，漢兵得下江王常等以爲助兵，擊前隊大夫甄阜、屬正梁丘賜，皆斬之，殺其衆數萬人。初，京師聞青、徐賊衆數十萬人，訖無文號旌旗表識，咸怪異之。好事者竊言：『此豈如古三皇無文書號謚邪？』莽亦心怪，以問羣臣，羣臣莫對。唯嚴尤曰：『此不足怪也。自黄帝、湯、武行師，必待部曲旌旗號令，今此無有者，直飢寒羣盜，犬羊相聚，不知爲之耳。』莽大説，羣臣盡服。及後漢兵劉伯升起，皆稱將軍，攻城掠地，既殺甄阜，移書稱説。莽聞之憂懼。

漢兵乘勝遂圍宛城。初，世祖族兄聖公先在平林兵中。三月辛巳朔，平林、新市、下江兵將王常、朱鮪等共立聖公爲帝，改年爲更始元年，拜置百官。莽聞之愈恐。欲外視自安，乃染其鬚髮，進所徵天下淑女杜陵史氏女爲皇后，聘黄金三萬斤，車馬、奴婢、雜帛、珍寶以巨萬計。莽親迎於前殿兩階間，成同牢之禮於上西堂。備和嬪、美御、和人三，位視公；嬪人九，視卿；美人二十七，視大夫；御人八十一，視元士：凡百二

十人，皆佩印韍，執弓韣。封皇后父諶爲和平侯，拜爲寧始將軍，諶子二人皆侍中。是日，大風發屋折木。羣臣上壽曰：『乃庚子雨水灑道，辛丑清靚無塵，其夕穀風迅疾，從東北來。辛丑，《巽》之宮日也。《巽》爲風爲順，后誼明，母道得，溫和慈惠之化也。《易》曰：「受茲介福，于其王母。」《禮》曰：「承天之慶，萬福無疆。」諸欲依廢漢火劉，皆沃灌雪除，殄滅無餘雜矣。百穀豐茂，庶草蕃殖，元元歡喜，兆民賴福，天下幸甚！』莽日與方士涿郡昭尹等於後宮考驗方術，縱淫樂焉。大赦天下，然猶曰：『故漢氏舂陵侯羣子劉伯升與其族人婚姻黨與，妄流言惑衆，悖畔天命，及手害更始將軍廉丹、前隊大夫甄阜、屬正梁丘賜，及北狄胡虜逆輿洎南蠻虜若豆、孟遷，不用此書。有能捕得此人者，皆封爲上公，食邑萬户，賜寶貨五千萬。』

又詔：『太師王匡、國將哀章、司命孔仁、兗州牧壽良、卒正王閎、揚州牧李聖亟進所部州郡兵凡三十萬衆，迫措青、徐盜賊。納言將軍嚴尤、秩宗將軍陳茂、車騎將軍王巡、左隊大夫王吳亟進所部州郡兵凡十萬衆，迫措前隊醜虜。明告以生活丹青之信，復迷惑不解散，皆并力合擊，殄滅之矣！大司空隆新公，宗室戚屬，前以虎牙將軍東指則反虜破壞，西擊則逆賊靡碎，此乃新室威寶之臣也。如黠賊不解散，將遣大司空將百萬之師征伐剿絕之矣！』遣七公幹士隗囂等七十二人分下赦令曉諭云。囂等既出，因逃亡矣。

四月，世祖與王常等別攻潁州，下昆陽、郾、定陵。莽聞之愈恐。遣大司空王邑馳傳至雒陽，與司徒王尋發衆郡兵百萬，號曰『虎牙五威兵』，平定山東。得顓封爵，政決於邑，除用徵諸明兵法六十三家術者，各持圖書，受器械，備軍吏。傾府庫以遣邑，多齎珍寶、猛獸，欲視饒富，用怖山東。邑至雒陽，州郡各選精兵，牧守自將，定會者四十二萬人，餘在道不絕，車甲士馬之盛，自古出師未嘗有也。

六月，邑與司徒尋發雒陽，欲至宛，道出潁川，過昆陽。昆陽時已降漢，漢兵守之。嚴尤、陳茂與二公會，二公縱兵圍昆陽。嚴尤曰：『稱尊號者在宛下，宜亟進。彼破，諸城自定矣。』邑曰：『百萬之師，所過當滅，今屠此城，喋血而進，前歌後舞，顧不快邪！』遂圍城數十重。城中請降，不許。嚴尤又曰：『「歸師勿遏，圍城爲之闕」，可如兵法，使得逸出，以怖宛下。』邑又不聽。會世祖悉發郾、定陵兵數千人來救昆陽，尋、邑易之，自將萬餘人行陳，敕諸營皆按部毋得動，獨迎，與漢兵戰，不利。大軍不敢擅相救，漢兵乘勝殺尋。昆陽中兵出並戰，邑走，軍亂。大風飛瓦，雨如注水，大衆崩壞號呼，虎豹股栗，士卒奔走，各還歸其郡。邑獨與所將長安勇敢數千人還雒陽。關中聞之震恐，盜賊並起。

又聞漢兵言，莽鴆殺孝平帝。莽乃會公卿以下于王路堂，開所爲平帝請命金縢之策，泣以視羣臣。命明學男張邯稱説其德及符命事，因曰：『《易》言「伏戎於莽，升其高陵，三歲不興」。「莽」，皇帝之名，「升」謂劉伯升。「高陵」謂高陵侯子翟義也。言劉升、翟義爲伏戎之兵于新皇帝世，猶殄滅不興也。』羣臣皆稱萬歲。又令東方檻車傳送數人，言『劉伯升等皆行大戮』。民知其詐也。

先是，衛將軍王涉素養道士西門君惠。君惠好天文讖記，爲涉言：『星孛埽宮室，劉氏當復興，國師公姓名是也。』涉信其言，以語大司馬董忠，數俱至國師殿中廬道語星宿，國師不應。後涉特往，對歆涕泣言：『誠欲與公共安宗族，奈何不信涉也！』歆因爲言天文人事，東方必成。涉曰：『新都哀侯小被病，功顯君素耆酒，疑帝本非我家子也。董公主中軍精兵，涉領宮衛，伊休侯主殿中，如同心合謀，共劫持帝，東降南陽天子，可以全宗族；不者，俱夷滅矣！』伊休侯者，歆長子也，爲侍中五官中郎將，莽素愛之。歆怨莽殺其三子，又畏大禍至，遂與涉、忠謀，欲發。歆曰：『當待太白星出，乃可。』忠以司中大贅起武侯孫伋亦主兵，復與伋謀。伋歸家，顔色變，不能食。妻怪問之，語其狀。妻以告弟雲陽陳邯，邯欲告之。七月，伋與邯俱告，莽遣使者分召忠等。時忠方進兵都肄，護軍王咸謂忠謀久不發，恐漏泄，不如遂斬使者，勒兵入。忠不聽，遂與歆、涉會省户下。莽令帶惲責問，皆服。中黄門各拔刃將忠等送廬，忠拔劍欲自刎，侍中王望傳言大司馬反，黄門持劍共格殺之。省中相驚傳，勒兵至郎署，皆拔刃張弩。更始將軍史諶行諸署，告郎吏曰：『大司馬有狂病，發，已誅。』皆令馳兵。莽欲以厭凶，使虎賁以斬馬劍挫忠，盛以竹器，傳曰『反虜出』。下書赦大司馬官屬吏士爲忠所詿誤，謀反未發覺者。收忠宗族，以醇醯毒藥、尺白刃叢棘並一坎而埋之。劉歆、王涉皆自殺。莽以二人骨肉舊臣，惡其内潰，故隱其誅。伊休侯疊又以素謹，

歆訖不告，但免侍中中郎將，更爲中散大夫。後日殿中鉤盾土山仙人掌旁有白頭公青衣，郎吏見者私謂之國師公。衍功侯喜素善卦，莽使筮之，曰：『憂兵火。』莽曰：『小兒安得此左道？是乃予之皇祖叔父子僑欲來迎我也。』

莽軍師外破，大臣內畔，左右亡所信，不能復遠念郡國，欲呼邑與計議。崔發曰：『邑素小心，今失大衆而徵，恐其執節引決，宜有以大慰其意。』於是莽遣發馳傳諭邑：『我年老毋適子，欲傳邑以天下。敕亡得謝，見勿復道。』邑到，以爲大司馬。大長秋張邯爲大司徒，崔發爲大司空，司中壽容苗訢爲國師，同説侯林爲衛將軍。莽憂懣不能食，亶飲酒，啗鰒魚。讀軍書倦，因憑几寐，不復就枕矣。性好時日小數，及事迫急，亶爲厭勝。遣使壞渭陵、延陵園門罘罳，曰：『毋使民復思也。』又以墨洿色其周垣。號將至曰『歲宿』，申水爲『助將軍』，右庚『刻木校尉』，前丙『耀金都尉』，又曰『執大斧，伐枯木；流大水，滅發火。』如此屬不可勝記。

秋，太白星流入太微，燭地如月光。

成紀隗崔兄弟共劫大尹李育，以兄子隗囂爲大將軍，攻殺雍州牧陳慶、安定卒正王旬，并其衆，移書郡縣，數莽罪惡萬於桀紂。

是月，析人鄧曄、于匡起兵南鄉百餘人。時析宰將兵數千屯鄡亭，備武關。曄、匡謂宰曰：『劉帝已立，君何不知命也！』宰請降，盡得其衆。曄自稱輔漢左將軍，匡右將軍，拔析、丹水，攻武關，都尉朱萌降。進攻右隊大夫宋綱，殺之，西拔湖。莽愈憂，不知所出。崔發言：『《周禮》及《春秋左氏》，國有大災，則哭以厭之。故《易》稱「先號咷而後笑」。宜呼嗟告天以求救。』莽自知敗，乃率羣臣至南郊，陳其符命本末，仰天曰：『皇天既命授臣莽，何不殄滅衆賊？即令臣莽非是，願下雷霆誅臣莽！』因搏心大哭，氣盡，伏而叩頭。又作告天策，自陳功勞，千餘言。諸生小民會旦夕哭，爲設飧粥，甚悲哀及能誦策文者除以爲郎，至五千餘人。䢵惲將領之。

莽拜將軍九人，皆以虎爲號，號曰『九虎』，將北軍精兵數萬人東，內其妻子宮中以爲質。時省中黃金萬斤者爲一匱，尚有六十匱，黃門、鉤盾、臧府、中尚方處處各有數匱。長樂御府、中御府及都內、平準帑藏錢、帛、珠玉財物甚衆，莽愈愛之，賜九虎士人四千錢。衆重怨，無鬬意。九虎至華陰回溪，距隘，北從河南至山。于匡持數千弩，乘堆挑戰。鄧曄將二萬餘人從閿鄉南出棗街、作姑，破其一部，北出九虎後擊之。六虎敗走。史熊、王況詣闕歸死，莽使使責死者按在，皆自殺；其四虎亡。三虎郭欽、陳翬、成重收散卒，保京師倉。

鄧曄開武關迎漢，丞相司直李松將二千餘人至湖，與曄等共攻京師倉，未下。曄以弘農掾王憲爲校尉，將數百人北度渭，入左馮翊界，降城略地。李松遣偏將軍韓臣等徑西至新豐，與莽波水將軍戰，波水走。韓臣等追奔，遂至長門宮。王憲北至頻陽，所過迎降。大姓櫟陽申碭、下邽王大皆率衆隨憲，屬縣斄嚴春、茂陵董喜、藍田王孟、槐里汝臣、盩厔王扶、陽陵嚴本、杜陵屠門少之屬，衆皆數千人，假號稱漢將。

時李松、鄧曄以爲京師小小倉尚未可下，何況長安城，當須更始帝大兵到。即引軍至華陰，治攻具。而長安旁兵四會城下，聞天水隗氏兵方到，皆爭欲先入城，貪立大功鹵掠之利。

莽遣使者分赦城中諸獄囚徒，皆授兵，殺豨飲其血，與誓曰：『有不爲新室者，社鬼記之！』更始將軍史諶將度渭橋，皆散走。諶空還。衆兵發掘莽妻子父祖冢，燒其棺槨及九廟、明堂、辟雍，火照城中。或謂莽曰：『城門卒，東方人，不可信。』莽更發越騎士爲衛，門置六百人，各一校尉。

十月戊申朔，兵從宣平城門入，民間所謂都門也。張邯行城門，逢兵見殺。王邑、王林、王巡、䢵惲等分將兵距擊北闕下。漢兵貪莽封力戰者七百餘人。會日暮，官府邸第盡奔亡。二日己酉，城中少年朱弟、張魚等恐見鹵掠，趨讙並和，燒作室門，斧敬法闥，譁曰：『反虜王莽，何不出降？』火及掖廷承明，黃皇室主所居也。莽避火宣室前殿，火輒隨之。宮人婦女譊譊曰：『當奈何！』時莽紺袀服，帶璽韍，持虞帝匕首。天文郎桉栻於前，日時加某，莽旋席隨斗柄而坐，曰：『天生德於予，漢兵其如予何！』莽時不食，少氣困矣。

三日庚戌，晨旦明，羣臣扶掖莽，自前殿南下椒除，西出白虎門，和新公王揖奉車待門外，莽就車，之漸臺，欲阻池水，猶抱持符命、威斗，公、卿、大夫、侍中、黃門郎從官尚千餘人隨之。王邑晝夜戰，罷極，士

死傷略盡，馳入宮，間關至漸臺，見其子侍中睦解衣冠欲逃，邑叱之令還，父子共守莽。軍人入殿中，呼曰：『反虜王莽安在？』有美人出房曰：『在漸臺。』衆兵追之，圍數百重。臺上亦弓弩與相射，稍稍落去。矢盡，無以復射，短兵接。王邑父子、𩓰惲、王巡戰死，莽入室。下餔時，衆兵上臺，王揖、趙博、苗訢、唐尊、王盛、中常侍王參等皆死臺上。商人杜吳殺莽，取其綬。校尉東海公賓就，故大行治禮，見吳問：『綬主所在？』曰：『室中西北陬間。』就識，斬莽首。軍人分裂莽身，支節肌骨臠分，爭相殺者數十人。公賓就持莽首詣王憲。憲自稱漢大將軍，城中兵數十萬皆屬焉，舍東宮，妻莽後宮，乘其車服。

六日癸丑，李松、鄧曄入長安，將軍趙萌、申屠建亦至，以王憲得璽綬不輒上，多挾宮女，建天子鼓旗，收斬之。傳莽首詣更始，懸宛市，百姓共提擊之，或切食其舌。

莽揚州牧李聖、司命孔仁兵敗山東，聖格死，仁將其衆降，已而歎曰：『吾聞食人食者死其事。』拔劍自刺死。及曹部監杜普、陳定大尹沈意、九江連率賈萌皆守郡不降，爲漢兵所誅。賞都大尹王欽及郭欽守京師倉，聞莽死，乃降，更始義之，皆封爲侯。太師王匡、國將哀章降雒陽，傳詣宛，斬之。嚴尤、陳茂敗昆陽下，走至沛郡譙，自稱漢將，召會吏民。尤爲稱說王莽篡位天時所亡聖漢復興狀，茂伏而涕泣。聞故漢鍾武侯劉聖聚衆汝南稱尊號，尤、茂降之。以尤爲大司馬，茂爲丞相。十餘日敗，尤、茂並死。郡縣皆舉城降，天下悉歸漢。

初，申屠建嘗事崔發爲《詩》，建至，發降之。後復稱說，建令丞相劉賜斬發以徇。史諶、王延、王林、王吳、趙閎亦降，復見殺。初，諸假號兵人人望封侯。申屠建既斬王憲，又揚言三輔黠共殺其主，吏民惶恐，屬縣屯聚，建等不能下，馳白更始。

二年二月，更始到長安，下詔大赦，非王莽子，他皆除其罪，故王氏宗族得全。三輔悉平，更始都長安，居長樂宮。府藏完具，獨未央宮燒攻莽三日，死則案堵復故。更始至，歲餘政教不行。明年夏，赤眉樊崇等衆數十萬人入關，立劉盆子，稱尊號，攻更始，更始降之。赤眉遂燒長安宮室市里，害更始。民飢餓相食，死者數十萬，長安爲虛，城中無人行。宗廟園陵皆發掘，唯霸陵、杜陵完。

漢·荀悅《前漢紀》卷三〇《前漢孝平皇帝紀》（始建國）四年夏，赤氣出東方竟天，東北西南皆反亂侵邊。

其五年二月，文母皇后崩，葬渭陵，與元帝合而溝水絶之，立廟于長安，新室世世獻祭。元帝配食，坐於牀下。莽爲后服喪三年，西域焉耆國叛，殺都尉。冬十有一月，孛星出。【略】

其八年春二月，大雨雪，深者二丈，柏竹咸枯死，地震。莽詔曰：『地者有動有震，震者爲害，動者不害。故《易》稱曰：「坤動而靜，辟脅萬物，萬物生焉。」』其好自誣飾，皆此類也。長平觀西岸崩壅涇水，涇水不流，郡臣上壽，以爲土填水，匈奴滅亡之兆也，臣下從諛亦如之。秋七月丁酉，霸陵城灾，戊子晦，日有蝕之。翟義黨王孫慶捕得，莽使大醫尚方、巧屠共刳剝之，量度五藏，以竹挺尋脉，知所終始，云可以治病。

其（初始）九年，琅邪女子呂母爲子報仇，黨衆寖多，至數萬人，號曰赤眉。莽親至南郊作威斗。威斗者，以五石銅爲之，形若北斗，長二尺五寸，欲以厭兵，令有司命人負之。

其十年正月朔，北軍南門灾。莽一切收長吏家財五分之四以助邊。令吏得告將，許奴告主，欲禁奸，奸愈甚。樊崇刁子都等，以飢餓相聚於琅邪，衆皆數萬。

其十一年，令太史更推三萬六千歲曆紀，六歲一改元，佈告天下。時匈奴寇邊，莽乃大募發丁男死罪囚吏民奴。一切稅吏民皆三十取一，傳募有伎術者，待以不次之位。上言便宜者以萬數矣，或言能渡水不用舟楫，連馬接車濟百萬之師；或言不持斗儲，食藥物，馬不飢；或言能飛，一日千里。莽輒試之，取大鳥翮作翼，頭與身皆著毛，通引鐶鈕，飛數百步輒墮。莽知其不可用，苟欲獲其名，皆拜大將軍，賜以車馬待詔。發遣大司馬武建伯嚴尤，與將軍廉丹擊匈奴，皆賜姓王。大凡十三部，將四十萬衆，齎三百日糧，欲同時並出塞，追匈奴內之丁零，因分其地，立呼韓邪十五子。嚴尤諫曰：『匈奴爲害久矣，周秦漢皆征之，然皆未得上策者。周得中策，漢得下策，秦無策焉。當周宣王之時，玁狁內侵，命將驅之，盡境而反，其視夷狄之侵，譬猶蚊蝱之害，驅之而已，故天下稱明，是爲中策；漢武帝選將練兵，齎糧深入，雖有克獲之功，胡輒報之，兵連禍

結，四十餘年。中國罷耗，匈奴亦創艾，而天下稱武，是爲下策；始皇不忍小忿，而輕民力，恢長城之固，延袤萬里，轉輸之行，起於負海，疆埸未定，中國內竭，以喪社稷，是爲無策。今天下遭陽九之厄，比年饑饉，而北邊尤甚，今發四十萬衆，齎三百日之糧，東據海岱，南取江淮，然後能備，計其道里，一年尚未集合，兵先至者，聚居暴露，師老械朽，勢不可用，此一難也；邊城空虛，不能奉軍糧，內調郡國，不相及屬，此二難也；計一人三百日食，用米十八斛，非牛力不能勝，牛又當自齎食，加二十四斛，重矣！胡地沙鹵，多乏水草，以往事揆之，軍出不滿百日，牛必死盡，且餘糧尚多，人不能勝，此三難也；秋冬甚寒，春夏則多風，齎釜鍑薪炭，重不可勝，食糒飲水，以歷四時，師有疾疫之憂，勢不能久，此四難也；輜重自隨，則輕鋭者少，不得疾行，虜徑遁逃，勢不相及，幸而逢虜，則累輜重，如遇險阻，銜尾相隨，虜邀遮前後，危殆不測，此五難也；大用民力，功不可必立，臣伏憂之！』莽不聽，又復引古者名將樂毅、白起不用之意，及論邊事凡三篇。及當出師庭議，尤固爭之，宜先憂山東。莽怒，策尤爲庶人。以董忠代之，師久屯不行，運轉不已，天下騷動。翼平連率田況奏，言民資不實，莽復三十稅一，以況忠言憂國，進爵爲伯，衆皆罵之。夙夜連率韓博上言：『有奇士巨毋霸，長一丈六尺，大九圍，來至臣府曰：「欲奮擊匈奴。」出於蓬萊東南五城西北，軺車不能勝，即以大車駟馬，載霸詣闕，願陛下作大甲高車，賁育之衣，遣大將軍一人，虎賁百夫迎之於道，京師門不容者，開大高之，欲以示百蠻。』意欲以諷莽，莽聞而惡之，留霸新豐，更其姓曰巨母霸，謂因文太后霸王符也，博以非所宜言，棄市。

其十二年，大順時之令，春夏斬人都市。二月壬申，日正黑。七月大風，毀玉露臺，杜陵便殿乘虎文衣載在室匣中，自出立於外堂上，良久乃委地。莽欲示萬世之基，乃營長安城南堤封百頃，以起九廟。黃帝、虞舜、陳胡王、齊敬王、濟北愍王凡五廟不毀云，濟南伯王、元城孺王、陽頃王、新都顯王。黃帝廟東西南北各四十丈，高十七丈，餘各半之。金銀雕飾，窮極工巧，費用巨百萬。卒徒死者以萬數。鉅鹿馬適求，舉燕兵以誅莽，發覺誅死。南郡張霸江、夏羊收王匡等起兵于綠林下江，共皆萬餘人，武功中水鄉民舍墊爲池。

其十三年，更州牧爲監，如刺史。莽子臨與莽侍婢通，恐漏泄，乃謀殺莽，發覺自殺。秋，隕霜殺菽，關東大饑。莽問羣臣擒賊方略，故左將軍公孫祿徵來與議，祿曰：『太史令宗宣誣天文，以凶爲吉。太傅唐遵飾虛僞以取名，國師劉歆顛倒五經，毀壞師法，明學男張邯、地理侯孫陽造井田，使民棄業，羲和唐匡設六管以勞工商，説符侯崔發阿諛以取容，令下情不得上通，宜誅此數子以慰天下。』莽怒，令虎賁扶祿出。時民皆飢愁，州縣不能慰安，又不得擅發兵，故盜賊寖多。唯翼平連率田況發四萬人，授以兵車，與刻石爲約，赤眉聞之，不敢入界。況自劾奏，莽切責況擅發兵，赦罪，諭以擒賊，況自請出擊賊，所向皆破。莽使況領青徐二州牧，況請無出大將。選牧尹以下，明其賞罰，收合離散，小國徙其老弱置大城中，積穀，幷力固守，賊攻城不得，勢必不能聚，所過乏食，以此招之則降，擊之則滅，今出大將軍，郡縣苦之，乃甚於賊，宜盡徵還乘傳使者，以休息郡縣，委任臣二州，盜賊必平。莽畏惡況，陰爲發代，賜況書，將代監其兵，況隨使者還，齊地遂敗。

其十四年閏月，霸橋灾，數千人沃之不滅。關東民相食，蝗蟲蔽天。自東來至長安，入未央宮，發吏民，設購賞以捕之。時下江兵盛，新市朱鮪、平林陳收，皆復聚衆，莽遣大將軍孔仁、嚴尤、陳茂擊之，前所遣太師王匡、更始將軍廉丹擊赤眉，匡、丹皆敗。莽知天下潰叛，乃分遣使除六管諸禁，詔令民不便者，皆收還之。時世祖與伯升起兵，與平林合攻棘陽。十有二月，有星孛于張箕。

其十五年二月辛巳，劉聖公立爲更始皇帝，即世祖之族兄也。莽遣大司徒王尋、大司空王邑，將兵號百萬擊更始。二公兵敗于昆陽，關東震恐。道士西門君惠謂莽從兄王涉曰：『讖云：「漢復興，劉秀爲天子。」天子，國師劉歆是也。』先是歆依讖改名秀，涉以語大司馬董忠，共語歆，歆謂天文人事，東方必成，歆亦怨殺其二子，又畏大禍將至，遂謀與忠劫莽東降。忠等誅死，歆、涉以親近，莽惡其人聞，遂隱誅。歆、涉自殺。莽師徒外破，大臣內叛，無所復信，憂懣不能食。性好小數，但爲厭勝之事，遣人壞漢園陵罘罳，云無使民復思漢。皆此類也，崔發言國有大灾，則哭以厭之。莽乃率羣臣至南郊大哭，告天下諸生小民旦夕會哭，甚者除爲吁嗟郎。漢兵至，遂發莽先人墳墓，燒其棺槨，焚其九廟，火照城中。

十一月戊申朔，漢兵入城，城中人皆降，避火前殿。莽猶按式，迴席隨斗柄而坐，曰：『天生德於予，漢兵其如予何？』庚戌，乃升漸臺，執威斗，抱符命，羣臣從者尚千餘人，王邑兵盡乃還。父子守莽，下晡時，兵衆上臺，邑等戰死。邑者，成都王商之子也。莽藏室中地隅間，校尉公孫賓就斬莽頭，軍人爭莽身，支紛節解，肌肉臠切，遂傳首詣更始于宛。孝平后曰：『何面目復見漢家！』遂投火而死。后婉嫕有志操，自劉氏廢，稱疾不朝。會莽欲改嫁之，令立國將軍孫建子將醫問疾。后大怒，鞭其旁侍者，發怒不起，莽遂不敢逼之。鍾武劉望聚衆汝南，稱尊號，嚴尤、陳茂投之，尤爲大司馬，茂爲丞相，十餘日望兵敗，尤、茂並死，司命孔仁以兵降漢，乃歎曰：『吾聞食人食者死其事。』乃自刎死。

漢·劉珍等《東觀漢記》卷一《世祖光武皇帝紀》 王莽時，雒陽以東米石二千，莽遣三公將運關東諸倉賑貸窮乏，又分遣大夫謁者教民煮木爲酪，酪不可食，重爲煩擾，流民入關者數十萬人。置養贍官以稟之，盜發其稟，民餓死者十七八，人民相食。末年，天下大旱，蝗蟲蔽天，盜賊羣起，四方潰畔。荆州下江平林兵起，王匡、王鳳爲之渠率。時南陽旱餓，而上田獨收。宛大姓李伯玉從弟軼數遣客求上，上欲避之。先是時伯玉同母兄公孫臣爲醫，伯升請呼難，伯升殺之。上恐其怨，故避之。使來者言李氏欲相見款誠無他意，上乃見之，懷刀自備，入見。固始侯兄弟爲上言：『天下擾亂飢餓，下江兵盛，南陽豪右雲擾。』因具言讖文事，『劉氏當復起，李氏爲輔。』上殊不意，獨内念李氏富厚，父爲宗卿師，語言譎詭，殊非次第，嘗疾毒諸家子數犯法令，李氏家富厚，何爲如是，不然諾其言。諸李遂與南陽府掾史張順等連謀。上深念良久，天變已成，遂市兵弩，絳衣赤幘。時伯升在舂陵亦已聚會客矣。上歸舊廬，望見廬南若火光，以爲人持火，呼之，光遂盛，赫然屬天，有頃不見，異之。遂從南郭歸宅，乃與伯升相見。初，伯升之起也，諸家子弟皆逃自匿，曰：『伯升殺我。』及聞上至，絳衣大冠，將軍服，乃驚曰：『以爲獨伯升如此也，中謹厚亦如之。』皆合會，共勞饗新市、平林兵王鳳、王匡等，因率舂陵子弟隨之，兵合七八千人。上騎牛與俱，殺新野尉後乃得馬。光武起義兵，暮聞塚上有哭聲，後有人著大冠絳單衣。使劉終詐稱江夏吏，誘殺湖陽尉。五威將軍嚴尤擊下江兵，上奉糗一斛，脯三十朐詣幕府營。進圍宛城。王莽遣大司徒王尋、大司空王邑將兵來征，更始立，以上爲太常偏將軍。時無印，得定武侯家丞印，佩之入朝。二公兵到潁川，嚴尤、陳茂與合。尤問城中出者，言上不敢取財物，但合會諸兵爲之計策。尤笑言曰：『是美眉目者耶？欲何爲乃如此？』初，莽遣二公，欲盛威武，以振山東，甲衝輣，十戈旌旗，戰攻之具甚盛。至驅虎豹犀象，奇偉猛獸，以長人巨無霸爲壘尉，自秦、漢以來師出未曾有也。上邀之於陽關。二公兵盛，漢兵反走，上馳入昆陽，諸將惶恐，各欲散歸。與諸將議：『城中兵穀少，宛城未拔，力不能相救。今昆陽即破，一日之間，諸將亦滅。不同力救之，反欲歸守其妻子財物耶？』諸將怒曰：『劉將軍何以敢如此！』上乃笑，且去，唯王常是上計。會候騎還，言大兵已來，長數百里，望不見其後尾，前已至城北矣。諸將遽請上，上到，爲陳相救之勢。諸將素輕上，及迫急，上爲畫成敗，皆從所言。時漢兵八九千人，留王鳳令守城，夜出城南門。二公兵已五六萬到，遂環昆陽城作營，圍之數重，雲車十餘丈，瞰臨城中，旗幟蔽野，塵熛連雲，金鼓之聲數十里。或爲地突，或爲衝車撞城，積弩射城中，矢下如雨，城中負户而汲。二公自以爲功成漏刻。有流星墜尋營中，正晝有雲氣如壞山，直營而霣，不及地尺而散，吏士皆壓伏。時漢兵在定陵郾者，聞二公兵盛，皆怖。上歷説其意，爲陳大命，請爲前行諸部堅陣。上將步騎千餘，前去大軍四五里。二公遣步騎數千乘合戰，上奔之，斬首數十級。諸部將喜曰：『劉將軍平生見小敵怯，今見大敵勇，甚奇怪也。』上復進，二公兵卻，諸部乘之，斬首數百千級，連勝。遂令輕足將書與城中諸將，言宛下兵復到，而陽墜其書。讀之，恐。上遂選精兵三千人，從城西水上奔陣。二公兵於是大奔北，殺司徒王尋，而昆陽城中兵亦出，中外並擊。會天大雷風，暴雨下如注，水潦成川，滍水盛溢。二公大衆遂潰亂，奔赴水溺死者以數萬，滍水爲之不流。王邑、嚴尤、陳茂輕騎乘死人渡滍水逃去。漢軍盡獲其珍寶輜重車甲，連月不盡。五月，齊武王拔宛城。六月，上破二公於昆陽。破宛後數日，收伯升部將劉稷，而伯升强爭之。更始遂用譖訴，復收伯升，即日皆物故。上降潁陽，雖得入，意不安。門下有擊馬著鼓者，馬驚硠磕。鄧晨起走出視之，乃馬也。上在父城，徵詣宛，拜上爲破虜大將軍，封武信侯。更始害齊武王，光武飲食語笑如平常，獨居輒不御酒肉，枕席有涕泣

處。更始欲北之雒陽，以上爲司隸校尉，先到雒陽整頓官府，文書移與屬縣，三輔官府吏東迎雒陽者見更始諸將過者已數十輩，皆冠幘，衣婦人衣，諸於繡擁裾，大爲長安所笑。知者或畏其衣，奔走入邊郡。見司隸官屬，皆相指視之，極望老吏或垂涕曰：『粲然復見漢官威儀。』賢者蟻附。

《後漢書》卷一上《光武帝紀上》 莽末，天下連歲灾蝗，寇盜鋒起。地皇三年，南陽荒饑，諸家賓客多爲小盜。光武避吏新野，因賣穀于宛。宛人李通等以圖讖説光武云：『劉氏復起，李氏爲輔。』光武初不敢當，然獨念兄伯升素結輕客，必舉大事，且王莽敗亡已兆，天下方亂，遂與定謀，於是乃市兵弩。十月，與李通從弟軼等起于宛，時年二十八。

十一月，有星孛于張。光武遂將賓客還舂陵。時伯升已會衆起兵。初，諸家子弟恐懼，皆亡逃自匿，曰『伯升殺我』。及見光武絳衣大冠，皆驚曰『謹厚者亦復爲之』，乃稍自安。伯升於是招新市、平林兵，與其帥王鳳、陳牧西擊長聚。光武初騎牛，殺新野尉乃得馬。進屠唐子鄉，又殺湖陽尉。軍中分財物不均，衆恚恨，欲反攻諸劉。光武斂宗人所得物，悉以與之，衆乃悦。進拔棘陽，與王莽前隊大夫甄阜、屬正梁丘賜戰于小長安，漢軍大敗，還保棘陽。

更始元年正月甲子朔，漢軍復與甄阜、梁丘賜戰于沘水西，大破之。斬阜、賜。伯升又破王莽納言將軍嚴尤、秩宗將軍陳茂于淯陽，進圍宛城。

二月辛巳，立劉聖公爲天子，以伯升爲大司徒，光武爲太常偏將軍。

三月，光武別與諸將徇昆陽、定陵、郾，皆下之。多得牛、馬、財物，穀數十萬斛，轉以饋宛下。莽聞阜、賜死，漢帝立，大懼，遣大司徒王尋、大司空王邑將兵百萬，其甲士四十二萬人，五月，到潁川，復與嚴尤、陳茂合。初，光武爲舂陵侯家訟逋租于尤，尤見而奇之。及是時，城中出降尤者言光武不取財物，但會兵計策。尤笑曰：『是美鬚眉者邪？何爲乃如是！』

初，王莽徵天下能爲兵法者六十三家數百人，並以爲軍吏；選練武衛，招募猛士，旌旗輜重，千里不絕。時有長人巨無霸，長一丈，大十圍，以爲壘尉；又驅諸猛獸虎豹犀象之屬，以助威武。自秦、漢出師之盛，未嘗有也。光武將數千兵，徼之于陽光。諸將見尋、邑兵盛，反走，馳入昆陽，皆惶怖，憂念妻孥，欲散歸諸城。光武議曰：『今兵穀既少，而外寇强大，并力禦之，功庶可立；如欲分散，勢無俱全。且宛城未拔，不能相救，昆陽卽破，一日之間，諸部亦滅矣。今不同心膽共舉功名，反欲守妻子財物邪？』諸將怒曰：『劉將軍何敢如是！』光武笑而起。會候騎還，言大兵且至城北，軍陳數百里，不見其後。諸將遽相謂曰：『更請劉將軍計之。』光武復爲圖畫成敗。諸將憂迫，皆曰『諾』。時城中唯有八九千人，光武乃使成國上公王鳳、廷尉大將軍王常留守，夜自與驃騎大將軍宗佻、五威將軍李軼等十三騎，出城南門，於外收兵。時莽軍到城下者且十萬，光武幾不得出。既至郾、定陵，悉發諸營兵，而諸將貪惜財貨，欲分留守之。光武曰：『今若破敵，珍珤萬倍，大功可成；如爲所敗，首領無餘，何財物之有！』衆乃從。

嚴尤説王邑曰：『昆陽城小而堅，今假號者在宛，亟進大兵，彼必奔走；宛敗，昆陽自服。』邑曰：『吾昔以虎牙將軍圍翟義，坐不生得，以見責讓。今將百萬之衆，遇城而不能下，何謂邪？』遂圍之數十重，列營百數，雲車十餘丈，瞰臨城中，旗幟蔽野，埃塵連天，鉦鼓之聲聞數百里。或爲地道，衝輣橦城。積弩亂發，矢下如雨，城中負户而汲。王鳳等乞降，不許。尋、邑自以爲功在漏刻，意氣甚逸。夜有流星墜營中，晝有雲如壞山，當營而隕，不及地尺而散，吏士皆厭伏。

六月己卯，光武遂與營部俱進，自將步騎千餘，前去大軍四五里而陳。尋、邑亦遣兵數千合戰。光武奔之，斬首數十級。諸部喜曰：『劉將軍平生見小敵怯，今見大敵勇，甚可怪也，且復居前。請助將軍！』光武復進，尋、邑兵卻，諸部共乘之，斬首數百千級。連勝，遂前。時伯升拔宛已三日，而光武尚未知。乃僞使持書報城中，云『宛下兵到』，而陽墮其書。尋、邑得之，不憙。諸將既經累捷，膽氣益壯，無不一當百。光武乃與敢死者三千人，從城西水上衝其中堅，尋、邑陳亂，乘鋭崩之，遂殺王尋。城中亦鼓噪而出，中外合勢，震呼動天地，莽兵大潰，走者相騰踐，奔殪百餘里間。會大雷風，屋瓦皆飛，雨下如注，滍川盛溢，虎豹皆股戰，士卒爭赴，溺死者以萬數，水爲不流。王邑、嚴尤、陳茂輕騎乘死人度水逃去。盡獲其軍實輜重、車甲珍寶，不可勝算，舉之連月不盡，或

燔燒其餘。

光武因復徇下潁陽。會伯升爲更始所害，光武自父城馳詣宛謝。司徒官屬迎弔光武，光武難交私語，深引過而已。未嘗自伐昆陽之功，又不敢爲伯升服喪，飲食言笑如平常。更始以是慚，拜光武爲破虜大將軍，封武信侯。

九月庚戌，三輔豪傑共誅王莽，傳首詣宛。

又 卷一一《劉玄傳》 王莽末，南方饑饉，人庶羣入野澤，掘鳧茈而食之，更相侵奪。新市人王匡、王鳳爲平理諍訟，遂推爲渠帥，衆數百人。於是諸亡命馬武、王常、成丹等往從之；共攻離鄉聚，臧於綠林中，數月間至七八千人。地皇二年，荆州牧某發奔命二萬人攻之，匡等相率迎擊于雲杜，大破牧軍，殺數千人，盡獲輜重，遂攻拔竟陵。轉擊雲杜、安陸，多略婦女，還入綠林中，至有五萬餘口，州郡不能制。

三年，大疾疫，死者且半，乃各分散引去。王常、成丹西入南郡，號下江兵；王匡、王鳳、馬武及其支黨朱鮪、張卬等北入南陽，號新市兵：皆自稱將軍。七月，匡等進攻隨，未能下。平林人陳牧、廖湛復聚衆千餘人，號平林兵，以應之。聖公因往從牧等，爲其軍安集掾。

是時，光武及兄伯升亦起舂陵，與諸部合兵而進。四年正月，破王莽前隊大夫甄阜、屬正梁丘賜，斬之，號聖公爲更始將軍。衆雖多而無所統一，諸將遂共議立更始爲天子。二月辛巳，設壇場于淯水上沙中，陳兵大會。更始卽帝位，南面立，朝羣臣。素懦弱，羞愧流汗，舉手不能言。於是大赦天下，建元曰更始元年。悉拜置諸將，以族父良爲國三老，王匡爲定國上公，王鳳成國上公，朱鮪大司馬，伯升大司徒，陳牧大司空，餘皆九卿、將軍。五朋，伯升拔宛。六月，更始入都宛城，盡封宗室及諸將，爲列侯者百餘人。

更始忌伯升威名，遂誅之，以光祿勳劉賜爲大司徒。前鍾武侯劉望起兵，略有汝南。時王莽納言將軍嚴尤、秩宗將軍陳茂既敗于昆陽，往歸之。八月，望遂自立爲天子，以尤爲大司馬，茂爲丞相。王莽使太師王匡、國將哀章守洛陽。更始遣定國上公王匡攻洛陽，西屏大將軍申屠建、丞相司直李松攻武關，三輔震動。是時海內豪桀翕然響應，皆殺其牧守，自稱將軍，用漢年號，以待詔命，旬月之間，遍於天下。

長安中起兵攻未央宮。九月，東海人公賓就斬王莽於漸臺，收璽綬，傳首詣宛。更始時在便坐黃堂，取視之，喜曰：『莽不如是，當與霍光等。』寵姬韓夫人笑曰：『若不如是，帝焉得之乎？』更始悅，乃懸莽首于宛城市。是月，拔洛陽，生縛王匡、哀章，至，皆斬之。十月，使奮威大將軍劉信擊殺劉望于汝南，並誅嚴尤、陳茂。更始遂北都洛陽，以劉賜爲丞相。申屠建、李松自長安傳送乘輿服御，又遣中黃門從官奉迎遷都。二年二月，更始自洛陽而西。初發，李松奉引，馬驚奔，觸北宮鐵柱門，三馬皆死。

初，王莽敗，唯未央宮被焚而已，其餘宮館一無所毀。宮女數千，備列後庭，自鐘鼓、帷帳、輿輦、器服、太倉、武庫、官府、市里，不改於舊。更始既至，居長樂宮，升前殿，郎吏以次列庭中。更始羞怍，俯首刮席不敢視。諸將後至者，更始問虜掠得幾何，左右侍官皆宮省久吏，各驚相視。

李松與棘陽人趙萌說更始，宜悉王諸功臣。朱鮪爭之，以爲高祖約，非劉氏不王。更始乃先封宗室太常將軍劉祉爲定陶王，劉賜爲宛王，劉慶爲燕王，劉歙爲元氏王，大將軍劉嘉爲漢中王，劉信爲汝陰王，後遂立王匡爲比陽王，王鳳爲宜城王，朱鮪爲膠東王，衛尉大將軍張卬爲淮陽王，廷尉大將軍王常爲鄧王，執金吾大將軍廖湛爲穰王，申屠建爲平氏王，尚書胡殷爲隨王，柱天大將軍李通爲西平王，五威中郎將李軼爲舞陰王，水衡大將軍成丹爲襄邑王，大司空陳牧爲陰平王，驃騎大將軍宋佻爲潁陰王，尹尊爲郾王。唯朱鮪辭曰：『臣非劉宗，不敢干典。』遂讓不受。乃徙鮪爲左大司馬，劉賜爲前大司馬，使與李軼、李通、王常等鎮撫關東。以李松爲丞相，趙萌爲右大司馬，共秉內任。

更始納趙萌女爲夫人，有寵，遂委政於萌，日夜與婦人飲宴後庭。羣臣欲言事，輒醉不能見，時不得已，乃令侍中坐帷內與語。諸將識非更始聲，出皆怨曰：『成敗未可知，遽自縱放若此！』韓夫人尤嗜酒，每侍飲，見常侍奏事，輒怒曰：『帝方對我飲，正用此時持事來乎！』起，抵破書案。趙萌專權，威福自己。郎吏有說萌放縱者，更始怒，拔劍擊之。自是無復敢言。萌私忿侍中，引下斬之，更始救請，不從。時李軼、朱鮪擅命山東，王匡、張昂橫暴三輔。其所授官爵者，皆羣小賈豎，或有

膳夫庖人，多著繡面衣、錦褲、襜褕、諸于，罵詈道中。長安爲之語曰：『竈下養，中郎將。爛羊胃，騎都尉。爛羊頭，關內侯。』

軍帥將軍豫章李淑上書諫曰：『方今賊寇始誅，王化未行，百官有司宜慎其任。夫三公上應台宿，九卿下括河海，故天工人其代之。陛下定業，雖因下江、平林之勢，斯蓋臨時濟用，不可施之既安。宜釐改制度，更延英俊，因才授爵，以匡王國。今公卿大位莫非戎陳，尚書顯官皆出庸伍，資亭長、賊捕之用，而當輔佐綱維之任。唯名與器，聖人所重。今以所重加非其人，望其毗益萬分，興化致理，譬猶緣木求魚，升山采珠。海內望此，有以窺度漢祚。臣非有憎疾以求進也，但爲陛下惜此舉厝。敗材傷錦，所宜至慮。惟割既往謬妄之失，思隆周文濟濟之美。』更始怒，繫淑詔獄。自是關中離心，四方怨叛。諸將出征，各自專置牧守，州郡交錯，不知所從。

十二月，赤眉西入關。

三年正月，平陵人方望立前孺子劉嬰爲天子。初，望見更始政亂，度其必敗，謂安陵人弓林等曰：『前定安公嬰，平帝之嗣，雖王莽篡奪，而嘗爲漢主。今皆云劉氏眞人，當更受命，欲共定大功，何如？』林等然之，乃于長安求得嬰，將至臨涇立之。聚黨數千人，望爲丞相，林爲大司馬。更始遣李松與討難將軍蘇茂等擊破，皆斬之。又使蘇茂拒赤眉于弘農，茂軍敗，死者千餘人。

三月，遣李松會朱鮪與赤眉戰於蓩鄉，松等大敗，棄軍走，死者三萬餘人。

時王匡、張昂守河東，爲鄧禹所破，還奔長安。昂與諸將議曰：『赤眉近在鄭、華陰間，旦暮且至。今獨有長安，見滅不久，不如勒兵掠城中以自富，轉攻所在，東歸南陽，收宛王等兵。事若不集，復入湖池中爲盜耳。』申屠建、廖湛等皆以爲然，共入説更始。更始怒不應，莫敢復言。及赤眉立劉盆子，更始使王匡、陳牧、成丹、趙萌屯新豐，李松軍掫，以拒之。

張卬、廖湛、胡殷、申屠建等與御史大夫隗囂合謀，欲以立秋日貙膢時共劫更始，俱成前計。侍中劉能卿知其謀，以告之。更始託病不出，召張卬等。卬等皆入，將悉誅之，唯隗囂不至。更始狐疑，使卬等四人且待於外廬。卬與湛、殷疑有變，遂突出，獨申屠建在，更始斬之。卬與湛、殷遂勒兵掠東西市。昏時，燒門入，戰于宮中，更始大敗。明旦，將妻子車騎百餘，東奔趙萌于新豐。

更始復疑王匡、陳牧、成丹與張卬等同謀，乃並召入。牧、丹先至，卽斬之。王匡懼，將兵入長安，與張卬等合。李松還從更始，與趙萌共攻匡、卬於城內。連戰月餘，匡等敗走，更始徙居長信宮。赤眉至高陵，匡等迎降之，遂共連兵而進。更始守城，使李松出戰，敗，死者二千餘人，赤眉生得松。時松弟汎爲城門校尉，赤眉使使謂之曰：『開城門，活汝兄。』汎卽開門。九月，赤眉入城。更始單騎走，從廚城門出，諸婦女從後連呼曰：『陛下，當下謝城！』更始卽下拜，復上馬去。

初，侍中劉恭以赤眉立其弟盆子，自繫詔獄；聞更始敗，乃出，步從至高陵，止傳舍。右輔都尉嚴本恐失更始爲赤眉所誅，將兵在外，號爲屯衛而實囚之。赤眉下書曰：『聖公降者，封長沙王。過二十日，勿受。』更始遣劉恭請降，赤眉使其將謝祿往受之。十月，更始遂隨祿肉袒詣長樂宮，上璽綬於盆子。赤眉坐更始，置庭中，將殺之。劉恭、謝祿爲請，不能得，遂引更始出。劉恭追呼曰：『臣誠力極，請得先死。』拔劍欲自刎，赤眉帥樊崇等遽共救止之，乃赦更始，封爲畏威侯。劉恭復爲固請，竟得封長沙王。更始常依謝祿居，劉恭亦擁護之。

三輔苦赤眉暴虐，皆憐更始，而張卬等以爲慮，謂祿曰：『今諸營長多欲篡聖公者。一旦失之，合兵攻公，自滅之道也。』於是祿使從兵與更始共牧馬於郊下，因令縊殺之。劉恭夜往收臧其屍。光武聞而傷焉。詔大司徒鄧禹葬之於霸陵。

又《劉盆子傳》（天鳳元年）後數歲，琅邪人樊崇起兵於莒，衆百餘人，轉入太山，自號三老。時青、徐大饑，寇賊蜂起，衆盜以崇勇猛，皆附之，一歲間至萬餘人。崇同郡人逄安，東海人徐宣、謝祿、楊音，各起兵，合數萬人，復引從崇。共還攻莒，不能下，轉掠至姑幕，因擊王莽探湯侯田況，大破之，殺萬餘人，遂北入青州，所過虜掠。還至太山，留屯南城。初，崇等以困窮爲寇，無攻城徇地之計。衆既浸盛，乃相與爲約：殺人者死，傷人者償創。以言辭爲約束，無文書、旌旗、部曲、號令。其中最尊者號三老，次從事，次卒史，汎相稱曰巨人。王莽遣平均

公廉丹、太師王匡擊之。崇等欲戰，恐其衆與莽兵亂，乃皆朱其眉以相識別，由是號曰赤眉。赤眉遂大破丹、匡軍，殺萬餘人，追至無鹽，廉丹戰死，王匡走。崇又引其兵十餘萬，復還圍莒，數月。或說崇曰：『莒，父母之國，奈何攻之？』乃解去。時呂母病死，其衆分入赤眉、青犢、銅馬中。赤眉遂寇東海，與王莽沂平大尹戰，敗，死者數千人，乃引去，掠楚、沛、汝南、潁川，還入陳留，攻拔魯城，轉至濮陽。

會更始都洛陽，遣使降崇。崇等聞漢室復興，即留其兵，自將渠帥二十餘人，隨使者至洛陽降更始，皆封爲列侯。崇等既未有國邑，而留衆稍有離叛，乃遂亡歸其營，將兵入潁川，分其衆爲二部，崇與逄安爲一部，徐宣、謝禄、楊音爲一部。崇、安攻拔長社，南擊宛，斬縣令；而宣、禄等亦拔陽翟，引之梁，擊殺河南太守。赤眉衆雖數戰勝，而疲敝厭兵，皆日夜愁泣，思欲東歸。崇等計議，慮衆東向必散，不如西攻長安。更始二年冬，崇、安自武關，宣等從陸渾關，兩道俱入。三年正月，俱至弘農，與更始諸將連戰克勝，衆遂大集。乃分萬人爲一營，凡三十營，營置三老、從事各一人。進至華陰。

軍中常有齊巫鼓舞祠城陽景王，以求福助。巫狂言景王大怒，曰：『當爲縣官，何故爲賊？』有笑巫者輒病，軍中驚動。時方望弟陽怨更始殺其兄，乃逆説崇等曰：『更始荒亂，政令不行，故使將軍得至於此。今將軍擁百萬之衆，西向帝城，而無稱號，名爲羣賊，不可以久。不如立宗室，挾義誅伐。以此號令，誰敢不服？』崇等以爲然，而巫言益盛。前及鄭，乃相與議曰：『今迫近長安，而鬼神如此，當求劉氏共尊立之。』六月，遂立盆子爲帝，自號建世元年。

初，赤眉過式，掠盆子及二兄恭、茂，皆在軍中。恭少習《尚書》，略通大義。及隨崇等降更始，即封爲式侯。以明經數言事，拜侍中，從更始在長安。盆子與茂留軍中，屬右校卒史劉俠卿，主芻牧牛，號曰牛吏。及崇等欲立帝，求軍中景王後者，得七十餘人，唯盆子與茂及前西安侯劉孝最爲近屬。崇等議曰：『聞古天子將兵稱上將軍。』乃書劄爲符曰『上將軍』，又以兩空劄置笥中，遂于鄭北設壇場，祠城陽景王。諸三老、從事皆大會陛下，列盆子等三人居中立，以年次探劄。盆子最幼，後探得符，諸將乃皆稱臣拜。盆子時年十五，被髮徒跣，敝衣赭汗，見衆拜，恐畏欲啼。茂謂曰：『善藏符。』盆子即齧折棄之，復還依俠卿。俠卿爲制絳單衣、半頭赤幘、直綦履，乘軒車大馬，赤屏泥，絳襜絡，而猶從牧兒遨。

崇雖起勇力而爲衆所宗，然不知書數。徐宣故縣獄吏，能通《易經》。遂共推宣爲丞相、崇御史大夫、逄安左大司馬、謝禄右大司馬，自楊音以下皆爲列卿。

軍及高陵，與更始叛將張卬等連和，遂攻東都門，入長安城，更始來降。

盆子居長樂宮，諸將日會論功，爭言讙呼，拔劍擊柱，不能相一。三輔郡縣營長遣使貢獻，兵士輒剽奪之。又數虜暴吏民，百姓保壁，由是皆復固守。至臘日，崇等乃設樂大會，盆子坐正殿，中黄門持兵在後，公卿皆列坐殿上。酒未行，其中一人出刀筆書謁欲賀，其餘不知書者請起之，各各屯聚，更相背向。大司農楊音按劍罵曰：『諸卿皆老傭也！今日設君臣之禮，反更殽亂，兒戲尚不如此，皆可格殺！』更相辯鬭，而兵衆遂各逾宮斬關，入掠酒肉，互相殺傷。衛尉諸葛穉聞之，勒兵入，格殺百餘人，乃定。盆子惶恐，日夜啼泣，獨與中黄門共卧起，唯得上觀閣而不聞外事。

時掖庭中宮女猶有數百千人，自更始敗後，幽閉殿内，掘庭中蘆菔根，捕池魚而食之，死者因相埋于宮中。有故祠甘泉樂人，尚共擊鼓歌舞，衣服鮮明，見盆子叩頭言飢。盆子使中黄門稟之米，人數斗。後盆子去，皆餓死不出。

劉恭見赤眉衆亂，知其必敗，自恐兄弟俱禍，密教盆子歸璽綬，習爲辭讓之言。建武二年正朔，崇等大會，劉恭先曰：『諸君共立恭弟爲帝，德誠深厚。立且一年，肴亂日甚，誠不足以相成。恐死而無所益，願得退爲庶人，更求賢知，唯諸君省察。』崇等謝曰：『此皆崇等罪也。』恭復固請。或曰：『此寧式侯事邪！』恭惶恐起去。盆子乃下牀解璽綬，叩頭曰：『今設置縣官而爲賊如故。吏人貢獻，輒見剽劫，流聞四方，莫不怨恨，不復信向。此皆立非其人所致，願乞骸骨，避賢聖。必欲殺盆子以塞責者，無所離死。誠冀諸君肯哀憐之耳！』因涕泣嘘唏。崇等及會者數百人，莫不哀憐之，乃皆避席頓首曰：『臣無狀，負陛下。請自今已後，

不敢復放縱。』因共抱持盆子，帶以璽綬。盆子號呼不得已。既罷出，各閉營自守，三輔翕然，稱天子聰明。百姓爭還長安，市里且滿。

後二十餘日，赤眉貪財物，復出大掠。城中糧食盡，遂收載珍寶，因大縱火燒宮室，引兵而西。過祠南郊，車甲兵馬最爲猛盛，衆號百萬。盆子乘王車，駕三馬，從數百騎。乃自南山轉掠城邑，與更始將軍嚴春戰於郿，破春，殺之，遂入安定、北地。至陽城、番須中，逢大雪，坑谷皆滿，士多凍死，乃復還，發掘諸陵，取其寶貨，遂汙辱呂后屍，凡賊所發，有玉匣殮者率皆如生，故赤眉得多行淫穢。大司徒鄧禹時在長安，遣兵擊之于郁夷，反爲所敗，禹乃出之雲陽。九月，赤眉復入長安，止桂宮。

時，漢中賊延岑出散關，屯杜陵，逄安將十餘萬人擊之。鄧禹以逄安精兵在外，唯盆子與羸弱居城中，乃自往攻之。會謝祿救至，夜戰槀街中，禹兵敗走。延岑及更始將軍李寶合兵數萬人，與逄安戰于杜陵。岑等大敗，死者萬餘人，寶遂降安，而延岑收散卒走。寶乃密使人謂岑曰：『子努力還戰，吾當於內反之，表裏合勢，可大破也。』岑卽還挑戰，安等空營擊之，寶從後悉拔赤眉旌幟，更立己幡旗。安等戰疲還營，見旗幟皆白，大驚亂走，自投川谷，死者十餘萬，逄安與數千人脫歸長安。時三輔大亂，人相食，城郭皆空，白骨蔽野，遺人往往聚爲營保，各堅守不下。赤眉虜掠無所得，十二月，乃引而東歸，衆尚二十餘萬，隨道復散。

論說

《漢書》卷一五《王常傳》 常心獨歸漢，乃稍曉說其將帥曰：『往者成、哀衰微無嗣，故王莽得承間篡位。既有天下，而政令苛酷，積失百姓之心。民之謳吟思漢，非一日也，故使吾屬因此得起。夫民所怨者，天所去也；民所思者，天所與也。舉大事，必當下順民心，上合天意，功乃可成。若負强恃勇，觸情恣欲，雖得天下，必復失之。以秦、項之勢，尚至夷覆，況今布衣相聚草澤？以此行之，滅亡之道也。今南陽諸劉舉宗起兵，觀其來議事者，皆有深計大慮，王公之才，與之併合，必成大功，此天所以祐吾屬也。』

又 卷一九上《百官公卿表上》 《易》敍宓羲、神農、黃帝作教化民，而《傳》述其官，以爲宓羲龍師名官，神農火師火名，黃帝雲師雲名，少昊鳥師鳥名。自顓頊以來，爲民師而命以民事，有重黎、句芒、祝融、后土、蓐收、玄冥之官，然已上矣。《書》載唐、虞之際，命羲、和四子順天文，授民時；咨四嶽，以舉賢材，揚側陋；十有二牧，柔遠能邇；禹作司空，平水土；棄作后稷，播百穀；卨作司徒，敷五教；咎繇作士，正五刑；垂作共工，利器用；益作朕虞，育草木鳥獸；伯夷作秩宗，典三禮；夔典樂，和神人；龍作納言，出入帝命。夏、殷亡聞焉，周官則備矣。天官冢宰，地官司徒，春官宗伯，夏官司馬，秋官司寇，冬官司空，是爲六卿，各有徒屬職分，用於百事。太師、太傅、太保，是爲三公，蓋參天子，坐而議政，無不總統，故不以一職爲官名。又立三少爲之副，少師、少傅、少保，是爲孤卿，與六卿爲九焉。記曰三公無官，言有其人然後充之，舜之于堯，伊尹于湯，周公、召公于周，是也。或說司馬主天，司徒主人，司空主土，是爲三公。四岳謂四方諸侯。自周衰，官失而百職亂，戰國並爭，各變異。秦兼天下，建皇帝之號，立百官之職。漢因循而不革，明簡易，隨時宜也。其後頗有所改。王莽篡位，慕從古官，而吏民弗安，亦多虐政，遂以亂亡。

又 卷二四上《食貨志上》 贊曰：《易》稱『裒多益寡，稱物平施』，《書》云『茂遷有無』，周有泉府之官，而《孟子》亦非『狗彘食人之食不知斂，野有餓殍而弗知發』。故管氏之輕重，李悝之平糴，弘羊均輸，壽昌常平，亦有從徠。顧古爲之有數，吏良而令行，故民賴其利，萬國作乂。及孝武時，國用饒給，而民不益賦，其次也。至於王莽，制度失中，奸軌弄權，官民俱竭，亡次矣。

又 卷九九下《王莽傳下》 贊曰：王莽始起外戚，折節力行，以要名譽，宗族稱孝，師友歸仁。及其居位輔政，成、哀之際，勤勞國家，直道而行，動見稱述。豈所謂『在家必聞，在國必聞』，『色取仁而行違』者邪？莽既不仁而有佞邪之材，又乘四父歷世之權，遭漢中微，國統三絕，而太后壽考爲之宗主，故得肆其奸慝，以成篡盜之禍。推是言之，亦天時，非人力之致矣。及其竊位南面，處非所據，顛覆之勢險於桀紂，而莽晏然自以黃、虞復出也。乃始恣睢，奮其威詐，滔天虐民，窮凶極惡，

流毒諸夏，亂延蠻貉，猶未足逞其欲焉。是以四海之内，囂然喪其樂生之心，中外憤怨，遠近俱發，城池不守，支體分裂，遂令天下城邑爲虚，丘壟發掘，害遍生民，辜及朽骨，自書傳所載亂臣賊子無道之人，考其禍敗，未有如莽之甚者也。昔秦燔《詩》、《書》以立私議，莽誦《六藝》以文奸言，同歸殊途，俱用滅亡，皆炕龍絶氣，非命之運，紫色蠅聲，餘分閏位，聖王之驅除云爾！

漢・荀悦《前漢紀》卷三〇《前漢孝平帝紀》　及其竊位南面，處非所據，顛覆之勢，險於桀紂，而莽晏然，自謂唐虞復出，乃始恣睢，奮其威焰，滔天虐民，窮凶極惡，毒被諸夏，亂起蠻貊，未足逞其欲焉，故海内囂然喪其樂生之心，内外怨恨，遠近俱發，城池不守，支體分裂，遂令天下城邑爲墟，丘壟發掘，害遍生靈，延及朽骨，書傳所載亂臣賊子無道之人，考其禍敗，未有如莽之甚也，昔秦燔《詩》、《書》以立私議，莽誦《六經》以文奸言，同歸殊塗，俱用亡滅，此皆亢龍之絶氣，非命之運會，紫色蠅聲，餘分閏位，爲聖王之驅除云爾！王莽既敗，天下雲擾，大者建州郡，小者據縣邑。

《後漢書》卷二六《伏隆傳》　建武二年，詣懷宫，光武甚親接之。時張步兄弟各擁强兵，據有齊地，拜隆爲太中大夫，持節使青、徐二州，招降郡國。隆移檄告曰：『乃者，猾臣王莽，殺帝盗位。宗室興兵，除亂誅莽，故羣下推立聖公，以主宗廟。而任用賊臣，殺戮賢良，三王作亂，盗賊從横，忤逆天心，卒爲赤眉所害。』

《宋書》卷一四《禮志一》　夫有國有家者，禮儀之用尚矣。然而歷代損益，每有不同，非務相改，隨時之宜故也。漢文以人情季薄，國喪革三年之紀；光武以中興崇儉，七廟有共堂之制；魏祖以侈惑宜矯，終斂去襲稱之數；晉武以丘郊不異，二至并南北之祀。互相即襲，以訖於今，豈三代之典不存哉，取其應時之變而已。且閔子譏古禮，退而致事；叔孫創漢制，化流後昆。由此言之，任己而不師古，秦氏以之致亡；師古而不適用，王莽所以身滅。

《晉書》卷四八《段灼傳》　武帝即位，灼上疏追理艾曰：【略】昔湯、武之興，亦逆取而順守之耳。向莽深惟殷、周取守之術，崇道德，務仁義，履信實，去華僞，施惠天下，十有八年，恩足以感百姓，義足以結英雄，人懷其德，豪傑並用，如此，宗廟社稷宜未滅也，光武雖復賢才，大業詎可冀哉！莽即位之後，自謂得天人之助，以爲功廣三王，德茂唐、虞，乃自驕矜，奮其威詐，班宣符讖，震暴殘酷，窮凶極惡，人怨神怒，冬雷電以驚其耳目，夏地動以惕其心腹。而莽猶不知覺悟，方復重行不順時之令，竟連伍之刑，佞媚者親幸，忠諫者誅夷。由是天下忿憤，内外俱發，四海分崩，城池不守，身死於匹夫之手，爲天下笑，豈不異哉！其所由然者，非取之過，而守之非道也。莽既屠肌，六合雲擾，劉聖公已立而不辨，盆子承之而覆敗，公孫述又稱帝於蜀漢。如此數子，固非所謂應天順人者，徒爲光武之驅除者耳。夫天下者，蓋亦天下之天下，非一人之天下也。

清・王夫之《讀通鑑論》卷五《王莽二》　嚴尤之諫伐匈奴，爲王莽謀之則得爾，而後世亟稱之爲定論，非也。莽之召亂，自伐匈奴始，欺天罔人，而疲敝中國，禍必於此而發。尤不敢言莽不可伐匈奴，而言匈奴不可伐，避莽之忌而諱之，豈果如蟲蝱之幸不至前，無事求諸水艸之藪以撲之哉。

秦之毒天下而亡，阿房也，驪山也，行遊無度而誅殺不懲也；非築城治障斥遠匈奴之害也。漢武之疲敝天下，建章也，柏梁也，禱祠祈僊而馳驅海嶽也，貪一馬而興萬里之師也；非埽幕南之王庭以翦艾匈奴之害也。秦得天下於力戰，民未休息。而築戍之役暴興，則民怨起。漢承文、景休息之餘，中國無事，而乘之以除外偪之巨猾，故武帝之功，至宣、元而收，垂及哀、平，而單于之臣服不貳。莽之得天下更悖于秦，而亟用其不知兵之赤子，是其爲秦之續也，必劇于秦，尤心知之而不敢訟言耳。豈可以爲定論而廢漢武之功哉？

兵者，毒天下者也，聖王所不忍用也。自非鱗介爪牙與我殊類，而干我藩垣，絶我人極，不容已於用也，則天下可以無兵。故莽之聚兵轉饟以困匈奴，爲久遠計者，未嘗非策。而嚴尤之欲深入霆擊也，亦轉計之謬焉者。莽非其人，莽之世非其時，故用莽之術而召天下之亂。自非莽也，尤之策與趙普之棄燕雲也，均偷安一時，而禍在奕世矣。

又　卷六《後漢更始三》　王莽既誅，更始定都雒陽，赤眉帥樊崇將渠帥二十餘人入見，安危存亡之大機也，於此失之，而更始之亡決矣。

定天下之紛亂者，規模有可素定而未可全定也。莽之未誅，漢之力全注於莽；莽平，羣盜方興而未戢，固其所不豫謀者。一旦而莽誅矣，釋其重憂而相慶以大定，猝然授以赤眉而不容其躊躕以審處，豫謀所不及矣。莽未誅，赤眉者，莽之赤眉也；莽已誅，赤眉者，漢之赤眉也。以新造之邦，代莽而受赤眉之巨難，周章失措而不知所裁；及其算失事敗，而後知前此之疏。當其時，氣乍盈而易弛，機至速而難留，善已亂者，俄頃定之而永靖，將謂其有不測之智勇，而不知非然也。神不偏注於所重，而固有餘力以待變也。故攖大敵，舉大事，謀大功，斂精專氣以求成者之非難；而大敵已滅，大事已決，大功已就，正天人交相責，而艱難萃於一人之身，此則中材以下者所不及謀，而大有爲者立不拔之基，以應萬變之遷流，權不可設而道則不窮也。

更始君臣，惡足以及此哉！其遣使諭降赤眉也，亦憂其不降耳，不知不降之不足憂，而降之之憂更大。然則無前定之道，無抑姑置赤眉而急自治；未能如聖哲之坐制於俄頃也，則無如緩之以俟其定。將天自有不測之吉凶，人自有猝然之離合，可降也而後降之，可討也而後討之，夫亦可謂因天乘時而順俟天命矣。其始也，無餘力以待之；其繼也，又弗能姑置焉；更始之亡，所以決于樊崇之入見也。

又　卷一七《梁武帝四》　天有所不敢，故冬不雷而夏不雪；地有所不敢，故山不流而水不止；聖人有所不敢，故禹、湯不以天下與人，孔子述而不作。人皆有不敢之心，行於惻隱羞惡辭讓是非之中，君子以立誠而居敬。昧其所不敢，而效人之爲以欺天下，則違天而人理絕。王莽自以爲周公，【略】敢也。【略】聞古有之，不揣而倣之，愚夫愚婦所不自欺之心，僻而辨，僞而堅者，無所憚而爲之，皆自絕於天者也。然則有效緹縈、吉翂之爲者，明主執而誅之可也。

又　《梁武帝一二》　人有相殺之具，而天不廢之；天有殺物之用，人不得而用之。虎豹犀象，天之所產，於人爲害者也，紂用之，王莽用之，而皆以速亡。

又　卷一九《煬帝五》　聖人之大寶曰位，非但承天以理民之謂也，天下之民，非恃此一而無以生，聖人之所甚貴者，民之生也，故曰大寶也。秦之亂，天下蠭起，【略】唯王莽之世，【略】民自相殺而不已。王莽之末，赤眉、尤來、銅馬諸賊徧於東方，延於西隴，北極趙、魏，南迤江、淮，而無有覬覦天步僭名號以自雄者，赤眉將敗，乃擁劉盆子以盜名，而盆子不自以爲君，賊衆亦不以盆子爲君也。

清·趙翼《廿二史劄記》卷三《漢書·王莽之敗》　漢祚中衰，元后長壽。王莽藉其勢以輔政，援立幼弱，手握大權。詭託周公輔成王，由安漢公而宰衡，而居攝，而即眞。權勢所劫，始則頌功德者八千餘人，繼則諸王公侯議加九錫者九百二人，又吏民上書者，前後四十八萬七千五百七十二人。雖宗室有安衆侯劉崇、徐鄉侯劉快等，臣僚有東郡太守翟義、期門郎張充等，先後起兵匡復，皆旋即敗滅。其威力所劫，亦已遍天下，靡然從風。使能逆取順守，沛大澤以結人心，則天下雖未忘前朝，而亦且安於新政，未必更有發大難之端起而相抗者。其敗也，一由收天下田，名曰王田，禁之不得買賣。一夫田過一井者，分與里族。敢有非議者，投四裔。又禁積五銖錢，犯者亦投四裔。於是農商皆失業。以賣田積錢坐罪者，不可勝數。繼又設六筦之令，令州縣酤酒賣鹽、鑄造鐵器、諸採取名山大澤衆物者，稅之。此召怨於中國也。莽自以爲北化匈奴，東致海外，南懷黃支，黃支在日南之南，日南在今越南中部。惟西方未廓。乃遣人誘西羌獻地，置西海郡，而西羌以失地遂叛。又改蠻夷諸王皆爲侯。使人授單于新印，收故漢印，改璽爲章。單于欲得故印，使者椎破之。單于大怒，遂寇邊。句町王亦以改王爲侯而叛。此召怨於外夷也。又以匈奴之叛，遣十二將出討之，偏裨以下百八十人，兵三十萬。又擿鑄錢鄰伍坐罪者，男子檻車，兒女步行，鐵鎖琅當其頸，詣軍前以十萬數。到者，易其夫婦。州縣饋運糧餉，自江海至北邊。兵先到者屯駐，候到畢同出。於是將吏在邊者，縱恣爲害，五原代郡，尤被其毒。《漢書·匈奴傳》：北邊自宣帝以來，不見烽火，人民繁盛，牛馬蔽野。及莽撓亂匈奴，與之搆難，邊民亡死相繼。又十二部屯兵久不出，肆行侵暴。於是野多暴骨。其討句町者，士卒死什之五六。此又因用兵而病民，使外夷與中國胥怨者也。於是四海沸騰，寇盜蜂起。更始、赤眉、光武因得以劉宗號召天下。人但知莽之敗，由於人心思漢，而不知人心之所以思漢，實莽之激而成之也。當其始也，詭激立名以濟其闇干之計，似亦姦雄之所爲。及僭逆已成，不知所以撫御，方謂天下盡可欺而肆其毒痛，結怨中外，土崩瓦解，猶不以爲虞。但銳意於稽古之

事，以爲制定則天下自平。乃日夜講求制禮作樂，附會六經之説，不復省政事，制作未畢而身已爲戮矣。此其識眞三尺童子之不若。語云『今之愚也，詐而已矣。』若莽者，其詐也，愚而已矣。

又《王莽時起兵者皆稱漢後》　漢自高、惠以後，賢聖之君六七作，深仁厚澤，被於人者深。即元、成、哀三帝稍劣，亦絶無虐民之政。祇以運祚中衰，國統頻絶，故王莽得乘便竊位。班彪所謂『危自上起，傷不及下。』故雖時代改易，而民心未去。加以莽政愈虐，則思漢之心益堅。

王常曰：『莽政令苛酷，失天下心，民之謳吟思漢，非一日也。』《常傳》

鄭興説更始曰：『天下同苦王氏虐政，而思高祖之舊德。』《興傳》

馮衍説廉丹曰：『海内淆亂，人懷漢德，甚於詩人之思召公也。』《衍傳》

馮異説光武曰：『天下同苦王氏，思漢久矣。』《異傳》

歷觀諸説，可見當日之民心也。故羣雄之起兵者，無不以劉氏舉號。劉聖公在平林羣盜中，爲安集掾，軍雖衆而無所統一，諸將以聖公本漢裔，遂立爲天子，建元曰『更始』。更始初都洛陽，將大封功臣，朱鮪以爲高祖約『非劉氏不王』，是諸將初起事，即守漢祖法也。《更始傳》

赤眉樊崇起兵已屢勝，聞更始立，即往洛陽降。後仍亡歸，因齊巫言城陽景王云：『當爲縣官，何故作賊？』遂奉劉盆子爲帝。《劉盆子傳》

平林人方望謂弓林等曰：『王莽簒奪而孺子嬰尚在，今皆云劉氏更當受命，嬰故漢主也。』乃求得嬰立之。《光武傳》

卜者王郎僞稱成帝子子輿，有趙王子林欲立之，會赤眉將至，林乃宣言：『赤眉來，當立子輿爲帝。』以觀衆心，百姓果信之，遂立郎於邯鄲。於是趙國以北，遼東以西，皆從風而靡。《王郎傳》

盧芳因人心思漢，乃詭自稱武帝曾孫劉文伯，謂曾祖母匈奴谷蠡渾邪王之姊，爲武帝后，生三子。遭江充之亂，小子廖子回卿流出在外，再傳生文伯。以此誑惑人。諸豪傑以其爲劉氏子孫，遂立爲上將軍。使人與匈奴通和。匈奴即立芳爲帝。而是時五原人李興、朔方人田颯、代郡人石鮪等各自起兵者，聞芳係漢後，即迎入塞奉之。《芳傳》

劉永亦漢後，更始封爲梁王。更始敗，永據睢陽起兵，遣使拜董憲、張步爲王。憲、步本特起，不借劉氏爲號者，以永係漢後，遂受其爵命，爲之盡力。永及張步等《傳》

公孫述雖自帝於蜀，然其先亦借輔漢起事。時宗成、王岑皆以應漢爲將軍，述在成都迎之，而成等暴掠，述乃謂少年曰：『天下同苦新室思漢，故聞漢將到，即迎之。今反肆虐，此寇賊，非義兵也。』乃使人詐稱漢使者自東方來，假述輔漢將軍益州牧印綬，遂擊破成等，自立爲蜀王，尋稱帝。《述傳》

隗囂後雖割據天水諸郡，然初起時，亦思奉漢，因王莽尚在長安，隔更始不得通，即立高帝廟，稱臣奉祠。莽死，更始至長安，囂即入謁，見更始政亂，遂逃歸。後又受光武將鄧禹所封官號，並遣子入侍。末年，惑於王元之説，始懷貳志。《囂傳》

歷觀諸起事者，非自稱劉氏子孫，即以輔漢爲名。可見是時人心思漢，舉天下不謀而同。是以光武得天下之易，起兵不三年，遂登帝位，古未有如此之速者，因民心之所願，故易爲力也。

雜録

《後漢書》卷一二《李憲傳》　王莽末，江賊王州公等起衆十餘萬，攻掠郡縣，莽以憲爲偏將軍、廬江連率，擊破州公。

又《盧芳傳》　王莽末，乃與三水屬國羌胡起兵。更始至長安，徵芳爲騎都尉，使鎮撫安定以西。

又卷一四《齊武王縯傳》　莽末，盜賊羣起，南方尤甚。伯升召諸豪傑計議曰：『王莽暴虐，百姓分崩。今枯旱連年，兵革並起。此亦天亡之時，復高祖之業，定萬世之秋也。』衆皆然之。於是分遣親客，使鄧晨起新野，光武與李通、李軼起于宛。伯升自發舂陵子弟，合七八千人，部署賓客，自稱柱天都部。使宗室劉嘉往誘新市、平林兵王匡、陳牧等，合軍而進，屠長聚及唐子鄉，殺湖陽尉，進拔棘陽，因欲攻宛。至小長安，與王莽前隊大夫甄阜、屬正梁丘賜戰。時天密霧，漢軍大敗，姊元弟仲皆遇害，宗從死者數十人。伯升復收會兵衆，還保棘陽。

阜、賜乘勝，留輜重于藍鄉，引精兵十萬南渡黄淳水，臨沘水，阻兩

川間爲營，絕後橋，示無還心。新市、平林見漢兵數敗，阜、賜軍大至，各欲解去，伯升甚患之。會下江兵五千餘人至宜秋，乃往爲説合從之勢，下江從之。語在《王常傳》。伯升於是大饗軍士，設盟約。休卒三日，分爲六部，潛師夜起，襲取藍鄉，盡獲其輜重。明旦，漢軍自西南攻甄阜，下江兵自東南攻梁丘賜。至食時，賜陳潰，阜軍望見散走，漢兵急追之，卻迫黄淳水，斬首溺死者二萬餘人，遂斬阜、賜。

王莽納言將軍嚴尤、秩宗將軍陳茂聞阜、賜軍敗，引欲據宛。伯升乃陳兵誓衆，焚積聚，破釜甑，鼓行而前，與尤、茂遇育陽下，戰，大破之，斬首三千餘級。尤、茂棄軍走，伯升遂進圍宛，自號柱天大將軍。王莽素聞其名，大震懼，購伯升邑五萬户，黄金十萬斤，位上公。使長安中官署及天下鄉亭皆畫伯升像于塾，旦起射之。

自阜、賜死後，百姓日有降者，衆至十餘萬。諸將會議立劉氏以從人望，豪傑咸歸於伯升，而新市、平林將帥樂放縱，憚伯升威明而貪聖公懦弱，先共定策立之，然後使騎召伯升，示其議。伯升曰：『諸將軍幸欲尊立宗室，其德甚厚，然愚鄙之見，竊有未同。今赤眉起青、徐，衆數十萬，聞南陽立宗室，恐赤眉復有所立，如此，必將内爭。今王莽未滅，而宗室相攻，是疑天下而自損權，非所以破莽也。且首兵唱號，鮮有能遂，陳勝、項籍，即其事也。舂陵去宛三百里耳，未足爲功。遽自尊立，爲天下準的，使後人得承吾敝，非計之善者也。今且稱王以號令。若赤眉所立者賢，相率而往從之；若無所立，破莽降赤眉，然後舉尊號，亦未晚也。願各詳思之。』諸將多曰『善』。將軍張卬拔劍擊地曰：『疑事無功。今日之議，不得有二。』衆皆從之。

又 卷二四《馬援傳》 王莽末，四方兵起，莽從弟衛將軍林廣招雄俊，乃辟援及同縣原涉爲掾，薦之於莽。莽以涉爲鎮戎大尹，援爲新成大尹。及莽敗，援兄員時爲增山連率，與援俱去郡，復避地涼州。【略】

自王莽末，西羌寇邊，遂入居塞内，金城屬縣多爲虜有。【略】

及王莽政亂，益州郡夷棟蠶、若豆等起兵殺郡守，越嶲姑復夷人大牟亦皆叛，殺略吏人。

晉·司馬彪《續漢書·天文志上》 王莽地皇三年十一月，有星孛于張，東南行五日不見。孛星者，惡氣所生，爲亂兵，其所以孛德。孛德者，亂之象，不明之表。又參然孛焉，兵之類也，故名之曰孛。孛之爲言，猶有所傷害，有所妨蔽。或謂之彗星，所以除穢而布新也。張爲周地。星孛于張，東南行即翼、軫之分。翼、軫爲楚，是周、楚地將有兵亂。後一年正月，光武起兵舂陵，會下江、新市賊張卬、王常及更始之兵亦至，俱攻破南陽，斬莽前隊大夫甄阜、屬正梁丘賜等，殺其士衆數萬人。更始爲天子，都雒陽，西入長安，敗死。【略】

四年六月，漢兵起南陽，至昆陽。莽使司徒王尋、司空王邑將諸郡兵，號曰百萬衆，已至者四十二萬人；能通兵法者六十三家，皆爲將帥，持其圖書器械。軍出關東，牽從羣象虎狼猛獸，放之道路，以示富強，用怖山東。至昆陽山，作營百餘，圍城數重，或爲衝車以撞城，爲雲車高十丈以瞰城中，弩矢雨集，城中負户而汲。求降不聽，請出不得。二公之兵自以必克，不恤軍事，不恊計慮。莽有覆敗之變見焉。晝有雲氣如壞山，墮軍上，軍人皆厭，所謂營頭之星也。占曰：『營頭之所墮，其下覆軍，流血三千里。』是時，光武將兵數千人赴救昆陽，奔擊二公兵，并力猋發，號呼聲動天地，虎豹驚怖敗振。會天大風，飛屋瓦，雨如注水。二公兵亂敗，自相賊，就死者數萬人。競赴滍水，死者委積，滍水爲之不流。殺司徒王尋。軍皆散走歸本郡。王邑還長安，莽敗，俱誅死。營頭之變，覆軍流血之應也。【略】

四年秋，太白在太微中，燭地如月光。太白爲兵，太微爲天廷。太白贏而北入太微，是大兵將入天子廷也。是時莽遣二公之兵至昆陽，已爲光武所破。莽又拜九人爲將軍，皆以虎爲號。九虎將軍至華陰，皆爲漢將鄧曄、李松所破。進攻京師，倉將軍韓臣至長門。十月戊申，漢兵自宣平城門入。二日己酉，城中少年朱弟、張魚等數千人起兵攻莽，燒作室門，斧敬法闥。商人杜吴殺莽漸臺之上，校尉公賓就斬莽首。大兵蹈藉宮廷之中。仍以更始入長安，赤眉賊立劉盆子爲天子，皆以大兵入宮廷，是其應也。

又 《五行志一》 王莽末，天水童謡曰：『出吴門，望緹羣。見一蹇人，言欲上天；令天可上，地上安得民！』時隗囂初起兵於天水，後意稍廣，欲爲天子，遂破滅，囂少病蹇。吴門，冀郭門名也。緹羣，山名也。

又《五行志五》 桓帝延熹七年六月壬子，河内野王山上有龍死，長可數十丈。襄楷以爲夫龍者爲帝王瑞，《易》論大人。天鳳中，黄山宫有死龍，漢兵誅莽而世祖復興，此易代之徵也。

北魏·酈道元《水經注》卷二一《汝水》 汝水又東南，逕定陵縣故城北。漢成帝元延三年，封侍中、衛尉淳于長爲侯國，王莽更之曰定城矣。《東觀漢記》曰：光武擊王莽二公，還到汝水上，於涯，以手飲水，澡頰塵垢，謂傅俊曰：今日疲倦，諸君寧備也？即是水也。水右則滍水左入焉，左則百尺溝出矣。溝水夾岸層崇，亦謂之爲百尺堤也。自定陵城北，通潁水於襄城縣，潁盛則南播，汝泆則北注，溝之東有澄潭，號曰龍淵，在汝北四里許，南北百步，東西二百步，水至清深，常不耗竭，佳饒魚筍，湖溢，則東注澺水矣。汝水又東南，昆水注之，水出魯陽縣唐山，東南流，逕昆陽縣故城西。更始元年，王莽徵天下能爲兵法者，選練武衛，招募猛士，旌旗輜重，千里不絶。又驅諸獷獸，虎豹犀象之屬，以助威武。自秦、漢出師之盛，未嘗有也。世祖以數千兵徼之陽關，諸將見尋、邑兵盛，反走入昆陽。世祖乃使成國上公王鳳、廷尉大將軍王常留守，夜與十三騎出城南門，收兵於郾。尋、邑圍城數十重，雲車十餘丈，瞰臨城中，積弩亂發，矢下如雨。城中人負户而汲。王鳳請降，不許。世祖帥營部俱進，頻破之。乘勝，以敢死三千人，逕衝尋、邑兵，敗其中堅於是水之上，遂殺王尋。城中亦鼓噪而出，中外合勢，震呼動天地。會大雷風，屋瓦皆飛，莽兵大潰。昆水又屈逕其城南。世祖建武中，封侍中傅俊爲侯國。故《後漢郡國志》有昆陽縣，蓋藉水以氏縣也。

《後漢書》卷一上《光武帝紀上》李賢注 莽末，天下連歲灾蝗，寇盗鋒起。地皇三年，南陽荒饑，諸家賓客多爲小盗。光武避吏新野，因賣穀於宛。宛人李通等以圖讖説光武云：『劉氏復起，李氏爲輔。』光武初不敢當，然獨念兄伯升素結輕客，必舉大事，且王莽敗亡已兆，天下方亂，遂與定謀，於是乃市兵弩。十月，與李通從弟軼等起於宛，時年二十八。言賊鋒鋭競起。字或作『蜂』，諭多也。天鳳六年改爲地皇。《韓詩外傳》曰：『一穀不升曰歉，二穀不升曰饑，三穀不升曰饉，四穀不升曰荒，五穀不升曰大侵。』新野屬南陽郡，今鄧州縣。《續漢書》曰：『伯升賓客劫人，上避吏於新野鄧晨家。』《東觀記》曰：『時南陽旱饑，而上田獨收。』宛，縣，屬南陽郡，故城今鄧州南陽縣也。圖，河圖也。讖，符命之書。讖，驗也。言爲王者受命之徵驗也。《易坤靈圖》曰：『漢之臣李陽也。』

唐·趙蕤《長短經》卷四《霸圖紀上》 王莽末，天下連歲灾蝗，寇盗蜂起。時世祖避吏新野，因賣穀宛，宛人李通以圖讖説世祖。世祖於是與通弟李軼起於宛，兄伯升起於舂陵，鄧晨起新野，會衆兵擊長聚。新市人王匡等立劉聖公爲天子，而害伯升，號更始元年，更始使世祖爲偏將軍，徇昆陽。王莽聞漢帝立，大懼，號大司徒王尋、大司空王邑，將兵百萬，擊世祖於昆陽。世祖破之。三輔豪傑，共誅王莽，傳首詣宛。

唐·徐堅《初學記》卷七《地部下·昆明池》 《三秦記》：秦始皇作長池，張渭水東西二百里，南北二十里，築土爲蓬萊山，刻石爲鯨魚，長二百丈。秦又有蘭池、鎬池。醴有，即明天子璧池。穆天子西征，有玄池、瑶池、樂池，與西王母宴所。漢有建章宫太液池，中築方丈瀛洲，象海中神山。春二月黄鵠下池中。未央宫有滄池，中築漸臺。王莽死其上。

宋·李昉等《太平御覽》卷三五《時序部二十·豐稔》 《東觀漢記》曰：王莽末，南方枯旱，民多飢餓，郡人於野澤掘鳧水草實也。茨而食。【略】

漢《應亨應豫立贊序》曰：王莽居攝，以病告歸，後赤眉賊攻其所居城，粒盡以私穀數千萬斛賑城中，于時粟斛錢數萬，無不稱其仁。

又 卷六三《地部二十八·河南諸水·汝水》 《東觀漢記》曰：傅俊從上迎擊王莽二公于陽關，漢兵反走，還到汝水，上于水岸以手飲水，澡頰塵垢，謂俊等曰：『今日罷倦甚，諸卿寧憊耶？』

又 卷九〇《皇王部十五·更始》 《東觀漢記》曰：【略】王莽末，南方饑饉，人庶羣入野澤，掘鳧茈而食，更相侵奪。新市人王匡、王鳳爲平理諍訟，遂推爲渠帥，衆數百人。諸亡命往從之，數月間至七八千人，號新市兵。平林人陳牧、廖湛復聚千餘人，號平林兵。聖公入平林中與伯升會，遂共圍宛。聖公號更始將軍。自破甄阜等，衆庶來降十餘萬。諸將立劉氏，南陽英雄皆歸望於伯升。然漢兵以新市、平林爲本，其將帥素習聖公，因欲立之。而朱鮪立壇城南淯水上，詣伯升。呂植通《禮經》，爲謁者，將立聖公，爲天子議以示諸將。馬武、王匡以爲王莽未滅，

不如且稱王。張卬拔劍擊地曰：『稱天公尚可，稱天子何謂不可！』於是諸將軍起，於聖公至於壇所，奉通天冠進聖公。於是聖公乃拜，冠，南面而立，改元爲更始元年。上爲太常偏將軍。上破二公於昆陽城，而更始收劉稷及伯升，卽日皆物故。上馳詣宛謝罪，更始大慚。長安中兵攻王莽，斬首，收璽綬詣宛。更始入便坐黄堂上視之，曰：『莽不如此，當與霍光等。』更始韓夫人曰：『莽不如此，帝那爲得之？』更始北都洛陽，李松等自長安傳輿服御物，及中黄門從官至洛陽。關中咸相望天子，更始遂西，居東宮，鼓鐘帷帳，宮人數千，宮府閭里安堵如舊。更始上前殿，郎吏以次侍。更始顧，刮席與小常侍語，郎吏怪之。更始委政於趙萌，日在後庭與婦人耽飲，諸將軍言事，更始醉不能見。韓夫人尤嗜酒，每侍飲，見常侍奏事輒怒曰：『帝方對我飲，正用此時持事來乎？』起，槌書案，破之。所置牧守交錯，州郡不知所從。趙萌以私事捽侍中，侍中曰：『陛下救我。』更始言：『大司馬縱之。』萌曰：『臣不受詔。』遂斬之。又所置官爵皆羣小，被服不似，或繡面衣、錦褲、襜褕，爲百姓之所賤。長安中爲之歌曰：『竈下養，中郎將。爛羊胃，騎都尉。爛羊頭，關內侯。』其冬，赤眉十餘萬人入關，引兵入上林。更始騎出廚城門，諸婦女皆從後車呼更始，當下拜城。更始下馬拜謝城，乃去，至高陵。上聞更始失城，乃下詔封更始爲淮陽王，而赤眉劉盆子亦下詔以聖公爲長沙王。更始仍許赤眉，求降，上璽綬，乃封爲畏威侯。赤眉謝禄曰：『三輔兵多欲得更始，一旦失之，合兵攻公，自滅之道也。』遂害更始。詔鄧禹收葬於霸陵。

又　卷二六五《職官部六十三・州主簿》　《東觀漢記》曰：周喜仕郡爲主簿。王莽末，羣賊入汝陽城，喜從太守何敞討賊，爲流矢所中，謂賊衆曰：『卿曹皆民隸也，豈有還害其君者耶？喜請以死贖君命。』因仰天號泣，賊於是相視曰：『此義士也。』給其車馬遣送之。

又　卷四八六《人事部一百二十七・餓》　《東觀漢記》曰：王莽末，南方枯旱，民多飢餓。羣盜入野澤，掘鳧茨食之。【略】

袁山松《後漢書》曰：赤眉入長安掖庭中，有數百千人。自更始敗，閉殿門不出，掘庭中蘆菔根，捕池中魚食之，死因埋宮中。有故祠甘泉樂人，尚共擊鼓歌舞，衣服鮮明，見盆子叩頭言飢。盆子使中黄門廩之粟數升。後盆子去，皆餓死。

又　卷六四四《刑法部十・械》　謝沈《後漢書》曰：赤眉入長安，時式侯恭以弟盆子爲赤眉所尊，故自繫。赤眉至，更始奔走，式侯從獄中參械出街中。

又　卷八五三《飲食部十一・麩》　劉謙之《晉記》曰：王莽誅，童謠曰：『昔年食麥屑，今年食豆不可食，使我枯嚨喉。』

元・馬端臨《文獻通考》卷二三《國用考一・歷代國用》　王莽末，邊兵二十萬人仰縣官衣食，用度不足，數横賦斂。又一切稅吏民，訾三十而取一。又令公卿以下至郡縣黄綬吏，皆保養軍馬，師古曰：『保者，不許其死傷。』吏盡復以與民。轉令百姓養之。民搖手觸禁，不得耕桑，繇役煩劇，旱蝗相因。上自公侯，下至小吏，皆不得奉禄，而私賦斂，民無以自存，盜賊蜂起。【略】

漢兵攻莽，時省中黄金萬斤者爲一匱，尚有六十匱，黄門、鉤盾、藏府、中尚方處處各有數匱。長樂御府、中御府及都內，平準帑藏錢帛珠玉財物甚衆，莽愈愛之。拜將軍九人，皆『虎』爲號，將精兵而東，納其妻子宮中以爲質。賜九虎士人四千錢，衆重怨，無鬬志。

又　卷二八七《象緯考十》　王莽地皇四年秋，太白在太微中，燭地如月光。太白爲兵，太微爲天庭。太白贏而北入太微，是大兵將入天子廷也。時莽遣兵至昆陽，爲光武所破。漢將鄧曄進攻京師，十月殺莽，大兵蹈藉宮廷之中。

又　卷三一四《物異考二十》　王莽地皇三年夏，蝗從東方來，蜚蔽天，至長安，入未央宮，緣殿合，草木盡。

東漢王朝復興部

光武帝建國分部

綜　述

《漢書》卷九九下《王莽傳下》　（更始）二年二月，更始到長安，下詔大赦，【略】更始都長安，居長樂宮。府藏完具，獨未央宮燒攻莽三日，死則案堵復故。更始至，歲餘政教不行。明年夏，赤眉樊崇等衆數十萬人入關，立劉盆子，稱尊號，攻更始，更始降之。赤眉遂燒長安宮室市里，害更始。民飢餓相食，死者數十萬，長安爲虚，城中無人行。宗廟園陵皆發掘，唯霸陵、杜陵完。六月，世祖即位，然後宗廟社稷復立，天下艾安。

《三國志》卷四二《蜀志·譙周傳》　後主立太子，以周爲僕，轉家令。時後主頗出遊觀，增廣聲樂。周上疏諫曰：『【略】世祖初入河北，馮異等勸之曰：「當行人所不能爲。」遂務理冤獄，節儉飲食，動遵法度，故北州歌歎，聲布四遠。於是鄧禹自南陽追之，吳漢、寇恂未識世祖，遥聞德行，遂以權計舉漁陽、上谷突騎迎于廣阿。其餘望風慕德者邳肜、耿純、劉植之徒，至於輿病齎棺，襁負而至者，不可勝數，故能以弱爲强，屠王郎，吞銅馬，折赤眉而成帝業也。及在洛陽，嘗欲小出，車駕已御，銚期諫曰：「天下未寧，臣誠不願陛下細行數出。」即時還車。及征隗囂，潁川盜起，世祖還洛陽，但遣寇恂往，恂曰：「潁川以陛下遠征，故奸猾起叛，未知陛下還，恐不時降；陛下自臨，潁川賊必即降。」遂至潁川，竟如恂言。故非急務，欲小出不敢，至於急務，欲自安不爲，故帝者之欲善也如此！故傳曰「百姓不徒附」，誠以德先之也。』

《後漢書》卷一上《光武帝紀上》　（更始元年）十月，持節北度河，鎮慰州郡。所到部縣，輒見二千石、長吏、三老、官屬，下至佐史，考察黜陟，如州牧行部事。輒平遣囚徒，除王莽苛政，復漢官名。吏人喜悦，爭持牛、酒迎勞。

進至邯鄲，故趙繆王子林説光武曰：「赤眉今在河東，但決水灌之，百萬之衆可使爲魚。」光武不答，去之真定。林於是乃詐以卜者王郎爲成帝子子輿，十二月，立郎爲天子，都邯鄲，遂遣使者降下郡國。

二年正月，光武以王郎新盛，乃北徇薊。王郎移檄購光武十萬户，而故廣陽王子劉接起兵薊中以應郎，城内擾亂，轉相驚恐，言邯鄲使者方到，二千石以下皆出迎。於是光武趣駕南轅，晨夜不敢入城邑，舍食道傍。至饒陽，官屬皆乏食。光武乃自稱邯鄲使者，入傳舍。傳吏方進食，從者飢，爭奪之。傳吏疑其僞，乃椎鼓數十通，紿言邯鄲將軍至，官屬皆失色。光武升車欲馳，既而懼不免，徐還坐，曰：「請邯鄲將軍入。」久乃駕去。傳中人遥語門者閉之。門長曰：「天下詎可知，而閉長者乎？」遂得南出。晨夜兼行，蒙犯霜雪，天時寒，面皆破裂。至呼沱河，無船，適遇冰合，得過，未畢數車而陷。進至下博城西，遑惑不知所之。有白衣老父在道旁，指曰：「努力！信都郡爲長安守，去此八十里。」光武即馳赴之，信都太守任光開門出迎。世祖因發旁縣，得四千人，先擊堂陽、貰縣，皆降之。王莽和成卒正邳肜亦舉郡降。又昌城人劉植，宋子人耿純，各率宗親子弟，據其縣邑，以奉光武。於是北降下曲陽，衆稍合，樂附者至有數萬人。

復北擊中山，拔盧奴。所過發奔命兵，移檄邊部，共擊邯鄲，郡縣還復回應。南擊新市、真定、元氏、防子，皆下之，因入趙界。

時王郎大將李育屯柏人，漢兵不知而進，前部偏將朱浮、鄧禹爲育所破，亡失輜重。光武在後聞之，收浮、禹散卒，與育戰于郭門，大破之，盡得其所獲。育還保城，攻之不下，於是引兵拔廣阿。會上谷大守耿況、漁陽太守彭寵各遣其將吳漢、寇恂等將突騎來助擊王郎，更始亦遣尚書僕射謝躬討郎，光武因大饗士卒，遂東圍巨鹿。王郎守將王饒堅守，月餘不下。郎遣將倪宏、劉奉率數萬人救鉅鹿，光武逆戰于南䜌，斬首數千級。四月，進圍邯鄲，連戰破之。五月甲辰，拔其城，誅王郎。收文書，得吏人與郎交關謗毁者數千章。光武不省，會諸將軍燒之，曰：「令反側子

自安。』

更始遣侍御史持節立光武爲蕭王，悉令罷兵詣行在所。光武辭以河北未平，不就徵。自是始貳於更始。

是時，長安政亂，四方背叛。梁王劉永擅命睢陽，公孫述稱王巴蜀，李憲自立爲淮南王，秦豐自號楚黎王，張步起琅邪，董憲起東海，延岑起漢中，田戎起夷陵，並置將帥，侵略郡縣。又別號諸賊銅馬、大肜、高湖、重連、鐵脛、大搶、尤來、上江、青犢、五校、檀鄉、五幡、五樓、富平、獲索等，各領部曲，衆合數百萬人，所在寇掠。

光武將擊之，先遣吳漢北發十郡兵。幽州牧苗曾不從，漢遂斬曾而發其衆。秋，光武擊銅馬于鄡，吳漢將突騎來會清陽。賊數挑戰，光武堅營自守；有出鹵掠者，輒擊取之，絶其糧道。積月餘日，賊食盡，夜遁去，追至館陶，大破之。受降未盡，而高湖、重連從東南來，與銅馬餘衆合，光武復與大戰于蒲陽，悉破降之，封其渠帥爲列侯。降者猶不自安，光武知其意，敕令各歸營勒兵，乃自乘輕騎按行部陳。降者更相語曰：『蕭王推赤心置人腹中，安得不投死乎！』由是皆服。悉將降人分配諸將，衆遂數十萬，故關西號光武爲『銅馬帝』。赤眉別帥與大肜、青犢十餘萬衆在射犬，光武進擊，大破之，衆皆散走。使吳漢、岑彭襲殺謝躬於鄴。

青犢、赤眉賊入函谷關，攻更始。光武乃遣鄧禹率六裨將引兵而西，以乘更始、赤眉之亂。時更始使大司馬朱鮪、舞陰王李軼等屯洛陽，光武亦令馮異守孟津以拒之。

建武元年春正月，平陵人方望立前孺子劉嬰爲天子，更始遣丞相李松擊斬之。

光武北擊尤來、大搶、五幡於元氏，追至右北平，連破之。又戰于順水北，乘勝輕進，反爲所敗。賊追急，短兵接，光武自投高岸，遇突騎王豐，下馬授光武，光武撫其肩而上，顧笑謂耿弇曰：『幾爲虜嗤。』弇頻射卻賊，得免。士卒死者數千人，散兵歸保范陽。軍中不見光武，或云已歿，諸將不知所爲。吳漢曰：『卿曹努力！王兄子在南陽，何憂無主？』衆恐懼，數日乃定。賊雖戰勝，而素懾大威，客主不相知，夜遂引去。大軍復進至安交，與戰，破之，斬首三千餘級。賊入漁陽，乃遣吳漢率耿弇、陳俊、馬武等十二將軍追戰于潞東，及平谷，大破滅之。

朱鮪遣討難將軍蘇茂攻温，馮異、寇恂與戰，大破之，斬其將賈强。於是諸將議上尊號。馬武先進曰：『天下無主。如有聖人承敝而起，雖仲尼爲相，孫子爲將，猶恐無能有益。反水不收，後悔無及。大王雖執謙退，奈宗廟社稷何！宜且還薊卽尊位，乃議征伐。今此誰賊而馳鶩擊之乎？』光武驚曰：『何將軍出是言？可斬也！』武曰：『諸將盡然。』光武使出曉之，乃引軍還至薊。

夏四月，公孫述自稱天子。

光武從薊還，過范陽，命收葬吏士。至中山，諸將復上奏曰：『漢遭王莽，宗廟廢絶，豪傑憤怒，兆人塗炭。王與伯升首舉義兵，更始因其資以據帝位，而不能奉承大統，敗亂綱紀，盜賊日多，羣生危蹙。大王初征昆陽，王莽自潰；後拔邯鄲，北州弭定；參分天下而有其二，跨州據土，帶甲百萬。言武力則莫之敢抗，論文德則無所與辭。臣聞帝王不可以久曠，天命不可以謙拒，惟大王以社稷爲計，萬姓爲心。』光武又不聽。

行到南平棘，諸將復固請之。光武曰：『寇賊未平，四面受敵，何遽欲正號位乎？諸將且出。』耿純進曰：『天下士大夫捐親戚，棄土壤，從大王于矢石之間者，其計固望其攀龍鱗，附鳳翼，以成其所志耳。今功業卽定，天人亦應，而大王留時逆衆，不正號位，純恐士大夫望絶計窮，則有去歸之思，無爲久自苦也。大衆一散，難可復合。時不可留，衆不可逆。』純言甚誠切，光武深感，曰：『吾將思之。』

行至鄗，光武先在長安時同舍生强華自關中奉《赤伏符》，曰『劉秀發兵捕不道，四夷雲集龍鬬野，四七之際火爲主』。羣臣因復奏曰：『受命之符，人應爲大，萬里合信，不議同情，周之白魚，曷足比焉？今上無天子，海內淆亂，符瑞之應，昭然著聞，宜答天神，以塞羣望。』光武於是命有司設壇場于鄗南千秋亭五成陌。

六月己未，卽皇帝位。燔燎告天，禋于六宗，望於羣神。其祝文曰：『皇天上帝，后土神祇，眷顧降命，屬秀黎元，爲人父母，秀不敢當。羣下百辟，不謀同辭，咸曰：「王莽篡位，秀發憤興兵，破王尋、王邑于昆陽，誅王郎、銅馬于河北，平定天下，海內蒙恩。上當天地之心，下爲元元所歸。」讖記曰：「劉秀發兵捕不道，卯金修德爲天子。」秀猶固辭，至於再，至於三。羣下僉曰：「皇天大命，不可稽留。」敢不敬承。』於

是建元爲建武，大赦天下，改鄗爲高邑。

是月，赤眉立劉盆子爲天子。

甲子，前將軍鄧禹擊更始定國公王匡于安邑，大破之，斬其將劉均。

秋七月辛未，拜前將軍鄧禹爲大司徒。丁丑，以野王令王梁爲大司空。壬午，以大將軍吴漢爲大司馬，偏將軍景丹爲驃騎大將軍，大將軍耿弇爲建威大將軍，偏將軍蓋延爲虎牙大將軍，偏將軍朱祐爲建義大將軍，中堅將軍杜茂爲大將軍。

時宗室劉茂自號『厭新將軍』，率衆降，封爲中山王。

己亥，幸懷。遣耿弇率强弩將軍陳俊軍五社津，備滎陽以東。使吴漢率朱祐及廷尉岑彭、執金吾賈復、揚化將軍堅鐔等十一將軍圍朱鮪於洛陽。

八月壬子，祭社稷。癸丑，祠高祖、太宗、世宗于懷宫。進幸河陽。更始廩丘王田立降。

九月，赤眉入長安，更始奔高陵。辛未，詔曰：『更始破敗，棄城逃走，妻子裸袒，流冗道路。朕甚湣之。今封更始爲淮陽王。吏人敢有賊害者，罪同大逆。』

甲申，以前密令卓茂爲太傅。

辛卯，朱鮪舉城降。

冬十月癸丑，車駕入洛陽，幸南宫卻非殿，遂定都焉。

又　卷一〇上《光武郭皇后紀上》　光武郭皇后諱聖通，眞定槀人也。爲郡著姓。父昌，讓田宅財産數百萬與異母弟，國人義之。仕郡功曹。娶眞定恭王女，號郭主，生后及子況。昌早卒。郭主雖王家女，而好禮節儉，有母儀之德。更始二年春，光武擊王郎，至眞定，因納后，有寵。及卽位，以爲貴人。

又　卷一一《劉盆子傳》　光武乃遣破奸將軍侯進等屯新安，建威大將軍耿弇等屯宜陽，分爲二道，以要其還路。敕諸將曰：『賊若東走，可引宜陽兵會新安；賊若南走，可引新安兵會宜陽。』明年正月，鄧禹自河北度，擊赤眉于湖，禹復敗走，赤眉遂出關南向。征西大將軍馮異破之於崤底。帝聞，乃自將幸宜陽，盛兵以邀其走路。

赤眉忽遇大軍，驚震不知所爲，乃遣劉恭乞降，曰：『盆子將百萬衆降，陛下何以待之？』帝曰：『待汝以不死耳。』樊崇乃將盆子及丞相徐宣以下三十餘人肉袒降。上所得傳國璽綬，更始七尺寶劍及玉璧各一。積兵甲宜陽城西，與熊耳山齊。帝令縣廚賜食，衆積困餧，十餘萬人皆得飽飫。明旦，大陳兵馬臨洛水，令盆子君臣列而觀之。謂盆子曰：『自知當死不？』對曰：『罪當應死，猶幸上憐赦之耳。』帝笑曰：『兒大黠，宗室無蚩者。』又謂崇等曰：『得無悔降乎？朕今遣卿歸營勒兵，鳴鼓相攻，決其勝負，不欲强相服也。』徐宣等叩頭曰：『臣等出長安東都門，君臣計議，歸命聖德。百姓可與樂成，難與圖始，故不告衆耳。今日得降，猶去虎口歸慈母，誠歡誠喜，無所恨也。』帝曰：『卿所謂鐵中錚錚，庸中佼佼者也。』又曰：『諸卿大爲無道，所過皆夷滅老弱，溺社稷，汙井竈。然猶有三善：攻破城邑，周遍天下，本故妻婦無所改易，是一善也；立君能用宗室，是二善也；餘賊立君，迫急皆持其首降，自以爲功，諸卿獨完全以付朕，是三善也。』乃令各與妻子居洛陽，賜宅人一區，田二頃。

其夏，樊崇、逄安謀反，誅死。楊音在長安時，遇趙王良有恩，賜爵關内侯，與徐宣俱歸鄉里，卒於家。劉恭爲更始報殺謝禄，自繫獄，赦不誅。

帝憐盆子，賞賜甚厚，以爲趙王郎中。後病失明，賜滎陽均輸官地，以爲列肆，使食其税終身。

又　卷一二《王昌傳》　更始元年，【略】明年，光武自薊得郎檄，南走信都，發兵徇旁縣，遂攻柏人，不下。議者以爲守柏人不如定鉅鹿，光武乃引兵東北圍鉅鹿。郎太守王饒據城，數十日連攻不克。耿純説曰：『久守王饒，士衆疲敝，不如及大兵精鋭，進攻邯鄲。若王郎已誅，王饒不戰自服矣。』光武善其計，乃留將軍鄧滿守巨鹿，而進軍邯鄲，屯其郭北門。

郎數出戰不利，乃使其諫議大夫杜威持節請降。威雅稱郎實成帝遺體。光武曰：『設使成帝復生，天下不可得，況詐子輿者乎！』威請求萬户侯。光武曰：『顧得全身可矣。』威曰：『邯鄲雖鄙，并力固守，尚曠日月，終不君臣相率但全身而已。』遂辭而去。因急攻之，二十餘日，郎少傅李立爲反間，開門内漢兵，遂拔邯鄲。郎夜亡走，道死，追斬之。

又《彭寵傳》 及光武鎮慰河北，至薊，以書招寵。寵具牛、酒，將上謁。會王郎詐立，傳檄燕、趙，遣將徇漁陽、上谷，急發其兵，北州衆多疑惑，欲從之。吳漢説寵從光武，語在《漢傳》。會上谷太守耿況亦使功曹寇恂詣寵，結謀共歸光武。寵乃發步騎三千人，以吳漢行長史，及都尉嚴宣、護軍蓋延、狐奴令王梁，與上谷軍合而南，及光武于廣阿。光武承制封寵建忠侯，賜號大將軍。遂圍邯鄲，寵轉糧食，前後不絕。

及王郎死，光武追銅馬，北至薊。

又 卷一三《隗囂傳》 更始二年，【略】明年夏，赤眉入關，三輔擾亂。流聞光武卽位河北，囂卽説更始歸政于光武叔父國三老良，更始不聽。諸將欲劫更始東歸，囂亦與通謀。事發覺，更始使使者召囂，囂稱疾不入，因會客王遵、周宗等勒兵自守。更始使執金吾鄧曄將兵圍囂，囂閉門拒守；至昏時，遂潰圍，與數十騎夜斬平城門關，亡歸天水。復招聚其衆，據故地，自稱西州上將軍。

又 卷一四《趙孝王良傳》 趙孝王良字次伯，光武之叔父也。平帝時舉孝廉，爲蕭令。光武兄弟少孤，良撫循甚篤。及光武起兵，以事告，良大怒，曰：『汝與伯升志操不同，今家欲危亡，而反共謀如是！』既而不得已，從軍至小長安，漢兵大敗，良妻及二子皆被害。更始立，以良爲國三老，從入關。更始敗。良聞光武卽位，乃亡奔洛陽。

又 卷一五《鄧晨傳》 更始北都洛陽，以晨爲常山太守。會王郎反，光武自薊走信都，晨亦間行會于巨鹿下，自請從擊邯鄲。光武曰：『偉卿以一身從我，不如以一郡爲我北道主人。』乃遣晨歸郡。光武追銅馬、高胡羣賊于冀州，晨發積射士千人，又遣委輸給軍不絕。光武卽位，封晨房子侯。

又 卷一六《鄧禹傳》 及漢兵起，更始立，豪傑多薦舉禹，禹不肯從。及聞光武安集河北，卽杖策北渡，追及於鄴。光武見之甚歡，謂曰：『我得專封拜，生遠來，寧欲仕乎？』禹曰：『不願也。』光武曰：『卽如是，何欲爲？』禹曰：『但願明公威德加于四海，禹得效其尺寸，垂功名於竹帛耳。』光武笑，因留宿閑語。禹進説曰：『更始雖都關西，今山東未安，赤眉、青犢之屬，動以萬數，三輔假號，往往羣聚。更始既未有所挫，而不自聽斷，諸將皆庸人屈起，志在財幣，爭用威力，朝夕自快而已，非有忠良明智，深慮遠圖，欲尊主安民者也。四方分崩離析，形勢可見。明公雖建藩輔之功，猶恐無所成立。於今之計，莫如延攬英雄，務悦民心，立高祖之業，救萬民之命。以公而慮天下，不足定也。』光武大悦，因令左右號禹曰鄧將軍。常宿止於中，與定計議。

及王郎起兵，光武自薊至信都，使禹發奔命，得數千人，令自將之，別攻拔樂陽。從至廣阿，光武舍城樓上，披輿地圖，指示禹曰：『天下郡國如是，今始乃得其一。子前言以吾慮天下不足定，何也？』禹曰：『方今海内淆亂，人思明君，猶赤子之慕慈母。古之興者，在德薄厚，不以大小。』光武悦。時任使諸將，多訪于禹，禹每有所舉者，皆當其才，光武以爲知人。使別將騎，與蓋延等擊銅馬于清陽。延等先至，戰不利，還保城，爲賊所圍。禹遂進與戰，破之，生獲其大將。從光武追賊至蒲陽，連大克獲，北州略定。

及赤眉西入關，更始使定國上公王匡、襄邑王成丹、抗威將軍劉均及諸將，分據河東、弘農以拒之。赤眉衆大集，王匡等莫能當。光武籌赤眉必破長安，欲乘釁并關中，而方自事山東，未知所寄，以禹沈深有大度，故授以西討之略。乃拜爲前將軍持節，中分麾下精兵二萬人，遣西入關，令自選偏裨以下可與俱者。於是以韓歆爲軍師，李文、李春、程慮爲祭酒，馮愔爲積弩將軍，樊崇爲驍騎將軍，宗歆爲車騎將軍，鄧尋爲建威將軍，耿訢爲赤眉將軍，左于爲軍師將軍，引而西。

建武元年正月，禹自箕關將入河東，河東都尉守關不開，禹攻十日，破之，獲輜重千餘乘。進圍安邑，數月未能下。更始大將軍樊參將數萬人，度大陽欲攻禹，禹遣諸將逆擊于解南，大破之，斬參首。於是王匡、成丹、劉均等合軍十餘萬，復共擊禹，禹軍不利，樊崇戰死。會日暮，戰罷，軍師韓歆及諸將見兵勢已摧，皆勸禹夜去，禹不聽。明日癸亥，匡等以六甲窮日不出，禹因得更理兵勒衆。明旦，匡悉軍出攻禹，禹令軍中無得妄動；既至營下，因傳發諸將鼓而並進，大破廣。匡等皆棄軍亡走，禹率輕騎急追，獲劉均及河東太守楊寶、持節中郎將弭彊，皆斬之，收得節六，印綬五百，兵器不可勝數，遂定河東。承制拜李文爲河東太守，悉更置屬縣令長以鎮撫之。是月，光武卽位於鄗，使使者持節拜禹爲大司徒。策曰：『制詔前將軍禹：深執忠孝，與朕謀謨帷幄，決勝千里。孔

子曰：「自吾有回，門人日親。」斬將破軍，平定山西，功效尤著。百姓不親，五品不訓，汝作司徒，敬敷五教，五教在寬。今遣奉車都尉授印綬，封爲酇侯，食邑萬户。敬之哉！」禹時年二十四。

遂渡汾陰河，入夏陽。更始中郎將左輔都尉公乘歙，引其衆十萬，與左馮翊兵共拒禹于衙，禹復破走之，而赤眉遂入長安。是時三輔連覆敗，赤眉所過殘賊，百姓不知所歸。聞禹乘勝獨克而師行有紀，皆望風相攜負以迎軍，降者日以千數，衆號百萬。禹所止輒停車住節，以勞來之，父老童穉，垂髮戴白，滿其車下，莫不感悦，於是名震關西。帝嘉之，數賜書褒美。

諸將豪傑皆勸禹徑攻長安。禹曰：「不然。今吾衆雖多，能戰者少，前無可仰之積，後無轉餽之資。赤眉新拔長安，財富充實，鋒鋭未可當也。夫盜賊羣居，無終日之計，財穀雖多，變故萬端，寧能堅守者也？上郡、北地、安定三郡，土廣人稀，饒穀多畜，吾且休兵北道，就糧養士，以觀其弊，乃可圖也。」於是引軍北至栒邑。禹所到，擊破赤眉別將諸營保，郡邑皆開門歸附。西河太守宗育遣子奉檄降，禹遣詣京師。

帝以關中未定，而禹久不進兵，下敕曰：「司徒，堯也；亡賊，桀也。長安吏人，遑遑無所依歸。宜以時進討，鎮慰西京，繫百姓之心。」禹猶執前意，乃分遣將軍別攻上郡諸縣，更徵兵引穀，歸至大要。遣馮愔、宗歆守栒邑。二人爭權相攻，愔遂殺歆，因反擊禹，禹遣使以聞。帝問使人：「愔所親愛爲誰？」對曰：「護軍黄防。」帝度愔、防不能久和，勢必相忤，因報禹曰：「縛馮愔者，必黄防也。」乃遣尚書宗廣持節降之。後月餘，防果執愔，將其衆歸罪。更始諸將王匡、胡殷等皆詣廣降，與共東歸。至安邑，道欲亡，廣悉斬之。愔至洛陽，赦不誅。

二年春，遣使者更封禹爲梁侯，食四縣。時赤眉西走扶風，禹乃南至長安，軍昆明池，大饗士卒。率諸將齋戒，擇吉日，修禮謁祠高廟，收十一帝神主，遣使奉詣洛陽，因循行園陵，爲置吏士奉守焉。

禹引兵與延岑戰于藍田，不克，復就穀雲陽。漢中王劉嘉詣禹降。嘉相李寶倨慢無禮，禹斬之。寶弟收寶部曲擊禹，殺將軍耿欣。自馮愔反後，禹威稍損，又乏食，歸附者離散。而赤眉復還入長安，禹與戰，敗走，至高陵，軍士飢餓，皆食棗菜。帝乃徵禹還，敕曰：「赤眉無穀，自當來東，吾折捶笞之，非諸將憂也。無得復妄進兵。」禹慚于受任而功不遂，數以飢卒徼戰，輒不利。三年春，與車騎將軍鄧弘擊赤眉，遂爲所敗，衆皆死散。事在《馮異傳》。獨與二十四騎還詣宜陽，謝上大司徒、梁侯印綬。有詔歸侯印綬。數月，拜右將軍。

延岑自敗于東陽，遂與秦豐合。四年春，復寇順陽間。遣禹護復漢將軍鄧曄、輔漢將軍于匡，擊破岑于鄧；追至武當，復破之。岑奔漢中，餘黨悉降。

十三年，天下平定，諸功臣皆增户邑，定封禹爲高密侯，食高密、昌安、夷安、淳于四縣。帝以禹功高，封弟寬爲明親侯。

又《寇恂傳》 光武南定河内，而更始大司馬朱鮪等盛兵據洛陽，及并州未定，光武難其守，問于鄧禹曰：「諸將誰可使守河内者？」禹曰：「昔高祖任蕭何於關中，無復西顧之憂，所以得專精山東，終成大業。今河内帶河爲固，户口殷實，北通上黨，南迫洛陽。寇恂文武備足，有牧人御衆之才，非此子莫可使也。」乃拜恂河内太守，行大將軍事。光武謂恂曰：「河内完富，吾將因是而起。昔高祖留蕭何鎮關中，吾今委公以河内，堅守轉運，給足軍糧，率厲士馬，防遏它兵，勿令北度而已。」光武於是復北征燕、代。恂移書屬縣，講兵肄射，伐淇園之竹，爲矢百餘萬，養馬二千匹，收租四百萬斛，轉以給軍。

朱鮪聞光武北而河内孤，使討難將軍蘇茂、副將賈强將兵三萬餘人，度鞏河攻温。檄書至，恂卽勒軍馳出，並移告屬縣發兵，會于温下。軍吏皆諫曰：「今洛陽兵渡河，前後不絶，宜待衆軍畢集，乃可出也。」恂曰：「温，郡之藩蔽，失温則郡不可守。」遂馳赴之。旦日合戰，而偏將軍馮異遣救，及諸縣兵適至，士馬四集，幡旗蔽野。恂乃令士卒乘城，鼓譟大呼，言曰：「劉公兵到！」蘇茂軍聞之，陣動，恂因奔擊，大破之，追至洛陽，遂斬賈强。茂兵自投河死者數千，生獲萬餘人。恂與馮異過河而還。自是，洛陽震恐，城門晝閉。時光武傳聞朱鮪破河内，有頃，恂檄至，大喜曰：「吾知寇子翼可任也！」諸將軍賀，因上尊號，於是卽位。

時軍食急乏，恂以輦車驪駕轉輸，前後不絶，尚書升斗以稟百官。帝數策書勞問，恂同門生茂陵董崇説恂曰：「上新卽位，四方未定，而郡侯以此時據大郡，內得人心，外破蘇茂，威震鄰敵，功名發聞，此讒人側目

怨禍之時也。昔蕭何守關中，悟鮑生之言而高祖悅。今君所將，皆宗族昆弟也，無乃當以前人爲鏡戒。』恂然其言，稱疾不視事。帝將攻洛陽，先至河內，恂求從軍。帝曰：『河內未可離也。』數固請，不聽，乃遣兄子寇張、姊子谷崇將突騎，願爲軍鋒。帝善之，皆以爲偏將軍。

建武二年，恂坐繫考上書者免。是時，潁川人嚴終、趙敦聚衆萬餘，與密人賈期連兵爲寇。恂免數月，復拜潁川太守，與破奸將軍侯進俱擊之。數月，斬期首，郡中悉平定。封恂雍奴侯，邑萬户。

又 卷一七《馮異傳》 更始數欲遣光武徇河北，諸將皆以爲不可。是時，左丞相曹竟子詡爲尚書，父子用事，異勸光武厚結納之。及度河北，詡有力焉。

自伯升之敗，光武不敢顯其悲戚，每獨居，輒不御酒肉，枕席有涕泣處。異獨叩頭寬譬哀情。光武止之曰：『卿勿妄言。』異復因間進説曰：『天下同苦王氏，思漢久矣。今更始諸將從横暴虐，所至虜掠，百姓失望，無所依戴。今公專命方面，施行恩德。夫有桀、紂之亂，乃見湯、武之功；人久飢渴，易爲充飽。宜急分遣官屬，徇行郡縣，理冤結，布惠澤。』光武納之。至邯鄲，遣異與銚期乘傳撫循屬縣，録囚徒，存鰥寡，亡命自詣者除其罪，陰條二千石長吏同心及不附者上之。

及王郎起，光武自薊東南馳，晨夜草舍，至饒陽無蔞亭。時天寒烈，衆皆飢疲，異上豆粥。明旦，光武謂諸將曰：『昨得公孫豆粥，飢寒俱解。』及至南宫，遇大風雨，光武引車入道傍空舍，異抱薪，鄧禹熱火，光武對竈燎衣。異復進麥飯菟肩。因復度虖沱河至信都，使異别收河間兵。還，拜偏將軍。從破王郎，封應侯。

異爲人謙退不伐，行與諸將相逢，輒引車避道。進止皆有表識，軍中號爲整齊。每所止舍，諸將並坐論功，異常獨屏樹下，軍中號曰『大樹將軍』。及破邯鄲，乃更部分諸將，各有配隸。軍士皆言願屬大樹將軍，光武以此多之。别擊破鐵脛于北平，又降匈奴于林闟頓王，因從平河北。

時更始遣舞陰王李軼、廩丘王田立、大司馬朱鮪、白虎公陳僑將兵號三十萬，與河南太守武勃共守洛陽。光武將北徇燕、趙，以魏郡、河內獨不逢兵，而城邑完，倉廩實，乃拜寇恂爲河內太守，異爲孟津將軍，統二郡軍河上，與恂合執，以拒朱鮪等。

異乃遺李軼書曰：『愚聞明鏡所以照形，往事所以知今。昔微子去殷而入周，項伯畔楚而歸漢。周勃迎代王而黜少帝，霍光尊孝宣而廢昌邑。彼皆畏天知命，睹存亡之符，見廢興之事，故能成功于一時，垂業于萬世也。苟令長安尚可扶助，延期歲月，疏不間親，遠不逾近，季文豈能居一隅哉？今長安壞亂，赤眉臨郊，王侯構難，大臣乖離，綱紀已絶，四方分崩，異姓並起，是故蕭王跋涉霜雪，經營河北。方今英俊雲集，百姓風靡，雖邠岐慕周，不足以喻。季文誠能覺悟成敗，亟定大計，論功古人，轉禍爲福，在此時矣。如猛將長驅，嚴兵圍城，雖有悔恨，亦無及已。』

初，軼與光武首結謀約，加相親愛，及更始立，反共陷伯升。雖知長安已危，欲降又不自安。乃報異書曰：『軼本與蕭王首謀造漢，結死生之約，同榮枯之計。今軼守洛陽，將軍鎮孟津，俱據機軸，千載一會，思成斷金。惟深達蕭王，願進愚策，以佐國安人。』軼自通書之後，不復與異爭鋒，故異因此得北攻天井關，拔上黨兩城，又南下河南成皋已東十三縣，及諸屯集，皆平之，降者十餘萬。武勃將萬餘人攻諸畔者，異引軍度河，與勃戰於士鄉下，大破斬勃，獲首五千餘級，軼又閉門不救。異見其信效，具以奏聞。光武故宣露軼書，令朱鮪知之。鮪怒，遂使人刺殺軼。由是城中乖離，多有降者。鮪乃遣討難將軍蘇茂將數萬人攻温，鮪自將數萬人攻平陰以綴異。異遣校尉護軍將兵，與寇恂合擊茂，破之。異因度河擊鮪，鮪走；異追至洛陽，環城一匝而歸。

移檄上伏，諸將皆入賀，並勸光武卽帝位。光武乃召異詣鄗，問四方動靜。異曰：『三王反畔，更始敗亡，天下無主，宗廟之憂，在於大王。宜從衆議，上爲社稷，下爲百姓。』光武曰：『我昨夜夢乘赤龍上天，覺悟，心中動悸。』異因下席再拜賀曰：『此天命發於精神。心中動悸，大王重慎之性也。』異遂與諸將軍議上尊號。

又 《岑彭傳》 會春陵劉茂起兵，略下潁川，彭不得之官，乃與麾下數百人從河內太守邑人韓歆。會光武徇河內，歆議欲城守，彭止不聽。既而光武至懷，歆迫急迎降。光武知其謀，大怒，收歆置鼓下，將斬之。召見彭，彭因進説曰：『今赤眉入關，更始危殆，權臣放縱，矯稱詔制，道路阻塞，四方蜂起，羣雄競逐，百姓無所歸命。竊聞大王平河北，開王業，此誠皇天祐漢，士人之福也。彭幸蒙司徒公所見全濟，未有報

德，旋被禍難，永恨於心。今復遭遇，願出身自效。』光武深接納之。彭因言韓歆南陽大人，可以爲用。乃貰歆，以爲鄧禹軍師。

更始大將軍呂植將兵屯淇園，彭説降之，於是拜彭爲刺奸大將軍，使督察衆營，授以常所持節，從平河北。光武即位，拜彭廷尉，歸德侯如故，行大將軍事。與大司馬吳漢、大司空王梁，建義大將軍朱祐，右將軍萬脩，執金吾賈復，驍騎將軍劉植，楊化將軍堅鐔，積射將軍侯進，偏將軍馮異、祭遵、王霸等，圍洛陽數月。朱鮪等堅守不肯下。帝以彭嘗爲鮪校尉，令往説之。鮪在城上，彭在城下，相勞苦歡語如平生。彭因曰：『彭往者得執鞭侍從，蒙薦舉拔擢，常思有以報恩。今赤眉已得長安，更始爲三王所反，皇帝受命，平定燕、趙，盡有幽、冀之地，百姓歸心，賢俊雲集，親率大兵，來攻洛陽。天下之事，逝其去矣。公雖嬰城固守，將何待乎？』鮪曰：『大司徒被害時，鮪與其謀，又諫更始無遣蕭王北伐，誠自知罪深。』彭還，具言於帝。帝曰：『夫建大事者，不忌小怨。鮪今若降，官爵可保，況誅罰乎？河水在此，吾不食言。』彭復往告鮪，鮪從城上下索曰：『必信，可乘此上。』彭趣索欲上。鮪見其誠，即許降。後五日，鮪將輕騎詣彭。顧敕諸部將曰：『堅守待我。我若不還，諸君徑將大兵上轘轅，歸郾王。』乃面縛，與彭俱詣河陽。帝即解其縛，召見之，復令彭夜送鮪歸城。明旦，悉其衆出降，拜鮪爲平狄將軍，封扶溝侯。鮪，淮陽人，後爲少府，傳封累代。

建武二年，使彭擊荆州，下犨、葉等十餘城。是時，南方尤亂。南郡人秦豐據黎丘，自稱楚黎王，略十有二縣。董訢起堵鄉，許邯起杏。又，更始諸將各擁兵據南陽諸城。帝遣吳漢伐之，漢軍所過多侵暴。時破虜將軍鄧奉謁歸新野，怒吳漢掠其鄉里，遂反，擊破漢軍，獲其輜重，屯據淯陽，與諸賊合從。秋，彭破杏，降許邯，遷征南大將軍。復遣朱祐、賈復及建威大將軍耿弇，漢忠將軍王常，武威將軍郭守，越騎將軍劉宏，偏將軍劉嘉、耿植等，與彭并力討鄧奉。先擊堵鄉，而奉將萬餘人救董訢。訢、奉皆南陽精兵，彭等攻之，連月不克。三年夏，帝自將南征，至葉，董訢別將將數千人遮首，車騎不可得前。彭奔擊，大破之。帝至堵陽，鄧奉夜逃歸淯陽，董訢降。彭復與耿弇、賈復及積弩將軍傅俊、騎都尉臧宮等從追鄧奉于小長安，帝率諸將親戰，大破之。奉迫急，乃降。帝憐奉舊功臣，且釁起吳漢，欲全宥之。彭與耿弇諫曰：『鄧奉背恩反逆，暴師經年，致賈復傷痍，朱祐見獲。陛下既至，不知悔善，而親在行陣，兵敗乃降。若不誅奉，無以懲惡。』於是斬之。奉者，西華侯鄧晨之兄子也。

車駕引還，令彭率傅俊、臧宮、劉宏等三萬餘人南擊秦豐，拔黄郵，豐與其大將蔡宏拒彭等於鄧，數月不得進。帝怪以讓彭，彭懼，於是夜勒兵馬，申令軍中，使明旦西擊山都。乃緩所獲虜，令得逃亡，歸以告豐，豐即悉其軍西邀彭。彭乃潛兵度沔水，擊其將張楊于阿頭山，大破之。從川穀間伐木開道，直襲黎丘，擊破諸屯兵。豐聞大驚，馳歸救之。彭與諸將依東山爲營，豐與蔡宏夜攻彭，彭豫爲之備，出兵逆擊之，豐敗走，追斬蔡宏。更封彭爲舞陰侯。

又 卷一八《吳漢傳》 初，更始遣尚書令謝躬率六將軍攻王郎，不能下。會光武至，共定邯鄲，而躬裨將虜掠不相承稟，光武深忌之。雖俱在邯鄲，遂分城而處，然每有以慰安之。躬勤於職事，光武常稱曰『謝尚書眞吏也』，故不自疑。躬既而率其兵數萬，還屯於鄴。時光武南擊青犢，謂躬曰：『我追賊於射犬，必破之。尤來在山陽者，勢必當驚走。若以君威力，擊此散虜，必成禽也。』躬曰：『善。』及青犢破，而尤來果北走隆慮山，躬乃留大將軍劉慶、魏郡太守陳康守鄴，自率諸將軍擊之。窮寇死戰，其鋒不可當，躬遂大敗，死者數千人。光武因躬在外，乃使漢與岑彭襲其城。漢先令辯士説陳康曰：『蓋聞上智不處危以僥倖，中智能因危以爲功，下愚安于危以自亡。危亡之至，在人所由，不可不察。今京師敗亂，四方雲擾，公所聞也。蕭王兵强士附，河北歸命，公所見也。謝躬內背蕭王，外失衆心，公所知也。公今據孤危之城，待滅亡之禍，義無所立，節無所成。不若開門內軍，轉禍爲福，免下愚之敗，收中智之功，此計之至者也。』康然之。於是康收劉慶及躬妻子，開門內漢等。及躬從隆慮歸鄴，不知康已反之，乃與數百騎輕入城。漢伏兵收之，手擊殺躬，其衆悉降。

又 《蓋延傳》 及王郎起，延與吳漢同謀歸光武。延至廣阿，拜偏將軍，號建功侯，從平河北。光武即位，以延爲虎牙將軍。

又 《陳俊傳》 從擊銅馬于清陽，進至蒲陽，拜强弩將軍。與五校戰于安次，俊下馬，手接短兵，所向必破，追奔二十餘里，斬其渠帥而

還。光武望而歎曰：『戰將盡如是，豈有憂哉！』五校引退入漁陽，所過虜掠。俊言于光武曰：『宜令輕騎出賊前，使百姓各自堅壁，以絕其食，可不戰而殄也。』光武然之，遣俊將輕騎馳出賊前。視人保壁堅完者，敕令固守；放散在野者，因掠取之。賊至無所得，遂散敗。及軍還，光武謂俊曰：『困此虜者，將軍策也。』及即位，封俊爲列侯。

又　卷一九《耿弇傳》　弇道聞光武在盧奴，乃馳北上謁，光武留署門下吏。弇因説護軍朱祐，求歸發兵，以定邯鄲。光武笑曰：『小兒曹乃有大意哉！』因數召見加恩慰。弇因從光武北至薊。聞邯鄲兵方到，光武將欲南歸，召官屬計議。弇曰：『今兵從南來，不可南行。漁陽太守彭寵，公之邑人，上谷太守，即弇父也。發此兩郡，控弦萬騎，邯鄲不足慮也。』光武官屬腹心皆不肯，曰：『死尚南首，奈何北行入囊中？』光武指弇曰：『是我北道主人也。』會薊中亂，光武遂南馳，官屬各分散。弇走昌平就況，因説況使寇恂東約彭寵，各發突騎二千匹，步兵千人。弇與景丹、寇恂及漁陽兵合軍而南，所過擊斬王郎大將、九卿、校尉以下四百餘級，得印綬百二十五，節二，斬首三萬級，定涿郡、中山、巨鹿、清河、河間凡二十二縣，遂及光武于廣阿。是時，光武方攻王郎，傳言二郡兵爲邯鄲來，衆皆恐。既而悉詣營上謁。光武見弇等，説，曰：『當與漁陽、上谷士大夫共此大功。』乃皆以爲偏將軍，使還領其兵。加況大將軍、興義侯，得自置偏裨。弇等遂從拔邯鄲。

時更始徵代郡太守趙永，而況勸永不應召，令詣于光武。光武遣永復郡。永北還，而代令張曄據城反畔，乃招迎匈奴、烏桓以爲援助。光武以弇弟舒爲復胡將軍，使擊曄，破之。永乃得復郡。時五校賊二十餘萬北寇上谷，況與舒連擊破之，賊皆退走。

更始見光武威聲日盛，君臣疑慮，乃遣使立光武爲蕭王，令罷兵與諸將有功者還長安，遣苗曾爲幽州牧，韋順爲上谷太守，蔡充爲漁陽太守，並北之部。時光武居邯鄲宮，晝臥溫明殿。弇入造牀下請間，因説曰：『今更始失政，君臣淫亂，諸將擅命於畿內，貴戚縱横於都內。天子之命，不出城門，所在牧守，輒自遷易，百姓不知所從，士人莫敢自安。虜掠財物，劫掠婦女，懷金玉者，至不生歸。元元叩心，更思莽朝。又銅馬、赤眉之屬數十輩，輩數十百萬，聖公不能辨也。其敗不久，公首事南陽，破百萬之軍，今定河北，據天府之地。以義征伐，發號回應，天下可傳檄而定。天下至重，不可令它姓得之。聞使者從西方來，欲罷兵，不可從也。今吏士死亡者多，弇願歸幽州，益發精兵，以集大計。』光武大説，乃拜弇爲大將軍，與吳漢北發幽州十郡兵。弇到上谷，收韋順、蔡充斬之，漢亦誅苗曾。於是悉發幽州兵，引而南，從光武擊破銅馬、高湖、赤眉、青犢，又追尤來、大槍、五幡於元氏，弇常將精騎爲軍鋒，輒破走之。光武乘勝戰順水上，虜危急，殊死戰。時軍士疲弊，遂大敗奔還，壁范陽，數日乃振，賊亦退去，從追至容城、小廣陽、安次，連戰破之。光武還薊，復遣弇與吳漢、景丹、蓋延、朱祐、邳彤、耿純、劉植、岑彭、祭遵、堅鐔、王霸、陳俊、馬武十三將軍，追賊至潞東，及平谷，再戰，斬首萬三千餘級，遂窮追于右北平無終、土垠之間，至俊靡而還。賊散入遼西、遼東，或爲烏桓、貊人所抄擊，略盡。【略】

光武即位，拜弇爲建威大將軍。

論曰：淮陰延論項王，審料成勢，則知高祖之廟勝矣。耿弇決策河北，定計南陽，亦見光武之業成矣。

又　卷二〇《銚期傳》　光武略地潁川，聞期志義，召署賊曹掾，從徇薊。時王郎檄書到薊，薊中起兵應郎。光武趨駕出，百姓聚觀，喧呼滿道，遮路不得行，期騎馬奮戟，瞋目大呼左右曰『蹕』，衆皆披靡。及至城門，門已閉，攻之得出。行至信都，以期爲裨將，與傅寬、呂晏俱屬鄧禹。徇傍縣，又發房子兵。禹以期爲能，獨拜偏將軍，授兵二千人，寬、晏各數百人。還言其狀，光武甚善之。使期別徇真定宋子，攻拔樂陽、槀、肥累。

從擊王郎將兒宏、劉奉于鉅鹿下，期先登陷陳，手殺五十餘人，被創中額，攝幘復戰，遂大破之。王郎滅，拜期虎牙大將軍。乃因間説光武曰：『河北之地，界接邊塞，人習兵戰，號爲精勇。今更始失政，大統危殆，海內無所歸往。明公據河山之固，擁精鋭之衆，以順萬人思漢之心，則天下誰敢不從？』光武笑曰：『卿欲遂前蹕邪？』時銅馬數十萬衆入清陽、博平，期與諸將迎擊之，連戰不利，期乃更背水而戰，所殺傷甚多。會光武救至，遂大破之，追至館陶，皆降之。從擊青犢、赤眉於射犬，賊襲期輜重，期還擊之，手殺傷數十人，身被三創，而戰方力，遂破

走之。

光武卽位，封安成侯，食邑五千户。

又《王霸傳》 及王郎起，光武在薊，郎移檄購光武。光武令霸至市中募人，將以擊郎。市人皆大笑，舉手邪揄之，霸慚愧而還。光武卽南馳至下曲陽。傳聞王郎兵在後，從者皆恐。及至虖沱河，候吏還白河水流澌，無船，不可濟。官屬大懼。光武令霸往視之。霸恐驚衆，欲且前，阻水，還卽跪曰：『冰堅可度。』官屬皆喜。光武笑曰：『候吏果妄語也。』遂前。比至河，河冰亦合，乃令霸護度，未畢數騎而冰解。光武謂霸曰：『安吾衆得濟免者，卿之力也。』霸謝曰：『此明公至德，神靈之祐，雖武王白魚之應，無以加此。』光武謂官屬曰：『王霸權以濟事，殆天瑞也。』以爲軍正，爵關内侯。既至信都，發兵攻拔邯鄲。霸追斬王郎，得其璽綬。封王鄉侯。

從平河北，常與臧宫、傅俊共營，霸獨善撫士卒，死者脱衣以斂之，傷者躬親以養之。光武卽位，以霸曉兵愛士，可獨任，拜爲偏將軍，并將臧宫、傅俊兵，而以宫、俊爲騎都尉。

又　卷二二《杜茂傳》 初歸光武于河北，爲中堅將軍，常從征伐。世祖卽位，拜大將軍，封樂鄉侯。北擊五校於眞定，進降廣平。

又《傅俊傳》 及世祖討河北，俊與賓客十餘人北追，及於邯鄲，上謁，世祖使將潁川兵，常從征伐。世祖卽位，以俊爲侍中。

又《堅鐔傳》 世祖討河北，或薦鐔者，因得召見。以其吏能，署主簿。又拜偏將軍，從平河北，別擊破大槍于盧奴。世祖卽位，拜鐔揚化將軍，封瀃强侯。

與諸將攻洛陽，而朱鮪別將守東城者爲反間，私約鐔晨開上東門。鐔與建義大將軍朱祐乘朝而入，與鮪大戰武庫下，殺傷甚衆，至旦食乃罷，朱鮪由是遂降。又別擊内黄，平之。

晉·司馬彪《續漢書·天文志上》 王莽地皇三年十一月，有星孛于張，東南行五日不見。孛星者，惡氣所生，爲亂兵，其所以孛德。孛德者，亂之象，不明之表。又參然孛焉，兵之類也，故名之曰孛。孛之爲言，猶有所傷害，有所妨蔽。或謂之彗星，所以除穢而布新也。張爲周地。星孛于張，東南行卽翼、軫之分。翼、軫爲楚，是周、楚地將有兵亂。後一年正月，光武起兵舂陵，會下江、新市賊張卬、王常及更始之兵亦至，俱攻破南陽，斬莽前隊大夫甄阜、屬正梁丘賜等，殺其士衆數萬人。更始爲天子，都雒陽，西入長安，敗死。光武興于河北，復都雒陽，居周地，除穢布新之象。

《後漢書》卷一上《光武帝紀上》唐李賢等注 《前書音義》曰：『孛星光芒短，蓬然。張，南方宿也。』《續漢志》曰：『張爲周地。星孛于張，東南行卽翼、軫之分。翼、軫，楚地，是楚地將有兵亂。後一年正月，光武起兵舂陵，攻南陽，斬阜、賜等，殺其士觽數萬人。光武都雒陽，居周地，除穢布新之象。』【略】

《續漢志》曰：『更始時，南方有童謠云：「諧不諧，在赤眉；得不得，在河北。」後更始爲赤眉所殺，是不諧也；光武由河北而興，是得之也。』【略】

《續漢書》曰：『是時上平河北，過邯鄲，林進見，言赤眉可破。上問其故，對曰：「河水從列人北流，如決河水灌之，皆可令爲魚。」上不然之。』列人，縣，故城在今洺州肥鄉縣東北。【略】

《前書》曰，立國將軍孫建奏云『不知何一男子遮臣車前，自稱漢氏劉子輿，成帝下妻子也，劉氏當復』。故郎因而稱之。【略】

《續漢志》曰：『光武卽位，依武帝故事置司徒司直，建武十一年省。』【略】

《集解》引惠棟説，謂《耿弇傳》光武遣弇與吳漢、景丹、蓋延、朱佑、邳彤、耿純、劉植、岑彭、祭遵、堅鐔、王霸、陳俊、馬武十三將軍，并弇爲十四也。【略】

冬十月癸丑，車駕入洛陽，幸南宫卻非殿，遂定都焉。蔡質《漢典職儀》曰：『南宫至北宫，中央作大屋，複道，三道行，天子從中道，從官夾左右，十步一衞。兩宫相去七里。』又洛陽宫閣名有卻非殿。臣賢案：俗本或作『御北殿』者，誤。

又　卷八〇上《文苑傳上》 篤以關中表裏山河，先帝舊京，不宜改營洛邑，乃上奏《論都賦》曰：【略】逮及亡新，時漢之衰，偷忍淵囿，篡器慢違，偷忍猶盜竊也。淵囿謂秦中也。徒以埶便，莫能卒危。假之十八，誅自京師。莽居攝篡位十八年，公賓就始斬之也。天界更始，不能引

維，畀，與也。言更始不能持其綱維，故致敗亡。慢藏招寇，復致赤眉。《易》曰：『慢藏誨盜。』又曰：『負且乘，致寇至。』言更始爲赤眉所破也。海內雲擾，諸夏滅微；羣龍並戰，未知是非。《赤伏符》曰：『四夷雲擾，龍鬬於野。』《易》曰：『龍戰於野。』謂更始敗後，劉永、張步等重起，未知受命者爲誰也。于時聖帝，赫然申威。荷天人之符，兼不世之姿。聖帝，光武也。天人符謂强華自關中持赤伏符也。《前書》曰王吉上疏曰：『欲化之主不代出。』言有時而出，難常遇也。受命於皇上，獲助於靈祇。皇上謂天也。《尚書》曰：『惟皇上帝降衷於下人。』靈祇謂呼池冰及白衣老父等也。立號高邑，搴旗四麾。搴，拔也。首策之臣，運籌出奇，《前書》高祖曰：『運籌帷幄之中，決勝千里之外，子房是也。』出奇謂陳平從高祖定天下，凡六出奇計，以比鄧禹、馮異、吳漢、耿弇等也。虓怒之旅，如虎如螭。《詩》曰：『闞如虓虎。』注云：『虎之怒虓然也。』《史記》周武王誓衆曰：『如虎如羆，如豺如螭。』杜預注《左傳》曰：『螭，山神，獸形也。』師之攸向，無不靡披。蓋夫燔魚剸蛇，莫之方斯。《尚書·今文太誓篇》曰：『太子發升舟，中流，白魚入于王舟，王跪取出，以燎。羣公咸曰「休哉」。』鄭玄注云：『燔魚以祭，變禮也。』剸，割也，謂高祖斬蛇也。大呼山東，響動流沙。要龍淵，首鏌鎁，龍淵，劍，解見《韓棱傳》。《説文》：『鏌鎁，大戟也。』音莫邪。首謂建之於首也。《吳越春秋》有莫邪劍，義與此不同也。命騰太白，親發狼、弧，騰，馳也。太白，天之將軍。狼、弧，並星名也。《史記》曰：『天苑東有大星曰天狼，下有四星曰弧。』宋均注《演孔圖》曰：『狼爲野將，用兵象也。』《合誠圖》曰：『弧主司兵，兵弩象。』南禽公孫，北背强胡，西平隴、冀，東據洛都。乃廓平帝宇，濟蒸人于塗炭，成兆庶之亹亹，遂興復乎大漢。《爾雅》曰：『亹亹，勉也。』《易》曰：『成天下之亹亹。』

宋·司馬光《資治通鑑·漢光武帝建武元年》

馮異遺李軼書，爲陳禍福，勸令歸附蕭王；軼知長安已危，而以伯升之死，心不自安，事見上卷更始元年。乃報書曰：『軼本與蕭王首謀造漢，事見三十八卷王莽地皇三年。今軼守洛陽，將軍鎮孟津，俱據機軸，賢曰：機，弩牙也。軸，車軸也。皆在物之要，故取喻焉。千載一會，思成斷金。《易》曰：二人同心，其義斷金。唯深達蕭王，願進愚策以佐國安民。』軼自通書之後，不復與異爭鋒，故異得北攻天井關，劉昭《志》曰：上黨高都縣有天井關。賢曰：在今澤州晉城縣南，今太行山上，關南有天井泉三所。拔上黨兩城，又南下河南成皋以東十三縣，降者十餘萬。武勃將萬餘人攻諸畔者，異與戰於士鄉下，劉昭志：河南雒陽縣有士鄉聚。《續漢志》曰：士鄉，亭名，屬河南郡。大破，斬勃，軼閉門不救。異見其信效，具以白王。王報異曰：『季文多詐，李軼字季文。人不能得其要領。今移其書告守、尉當警備者。』衆皆怪王宣露軼書；朱鮪聞之，使人刺殺軼，由是城中乖離，多有降者。

朱鮪聞王北征而河內孤，乃遣其將蘇茂、賈强將兵三萬餘人渡鞏河，攻温，鞏縣屬河南郡，周鞏伯之國也。河水過鞏縣北，謂之鞏河，即五社津也。鮪自將數萬人攻平陰以綴異。賢曰：平陰，縣名，屬河南郡。杜佑曰：漢平陰縣城在今洛陽縣北五十里。《水經注》：平陰，即晉之陰地，故陰戎所居魏文帝改曰河陰。綴，謂連綴也。檄書至河內，寇恂即勒軍馳出，並移告屬縣，發兵會温下。軍吏皆諫曰：『今洛陽兵渡河，前後不絕，宜待衆軍畢集，乃可出也。』恂曰：『温，郡之藩蔽，失温則郡不可守。』遂馳赴之。旦日，合戰，而馮異遣救及諸縣兵適至，恂令士卒乘城鼓噪，大呼言曰：『劉公兵到！』蘇茂軍聞之，陳動，恂因奔擊，大破之。馮異亦渡河擊朱鮪，鮪走，異與恂追至洛陽，環城一閲而歸。自是洛陽震恐，城門晝閉。

異、恂移檄上狀，諸將入賀，因上尊號。將軍南陽馬武先進曰：『大王雖執謙退，奈宗廟社稷何！宜先即尊位，乃議征伐。今此誰賊而馳騖擊之乎？』賢曰：誰，謂未有主也。前書音義曰：直馳曰馳，亂馳曰騖。余謂『誰賊』者，蓋謂位號未正，指誰爲賊也。王驚曰：『何將軍出此言？可斬也！』乃引軍還薊。復遣吳漢率耿弇、景丹等十三將軍追尤來等，斬首萬三千餘級，遂窮追至浚靡而還。賢曰：浚靡，縣名，屬右北平郡，故城在今漁陽縣北。賊散入遼西、遼東，爲烏桓、貊人所鈔擊略盡。

都護將軍賈復，漢宣帝置西域都護，盡護南、北道諸國。甘延壽之擊郅支也，自謂爲都護將軍，漢朝未以爲將軍號也，至光武，乃以命賈復。與五校戰於眞定，復傷創甚，王大驚曰：『我所以不令賈復別將者，爲其輕敵也。果然，失吾名將！聞其婦有孕，生女邪，我子娶之；生男邪，我女嫁之；不令其憂妻子也。』復病尋愈，追及王於薊，相見甚驩。

還至中山，諸將復上尊號，王又不聽。行到南平棘，賢曰：縣名，屬常山郡，今趙州縣，故城在縣南。諸將復固請之，王不許。諸將且出，耿純

進曰：『天下士大夫，捐親戚，棄土壤，從大王於矢石之間者，其計固望攀龍鱗，附鳳翼，以成其所志耳。今大王留時逆衆，不正號位，純恐士大夫望絶計窮，則有去歸之思，無爲久自苦也。大衆一散，難可復合。』純言甚誠切，王深感曰：『吾將思之。』

行至鄗，《續漢志》：鄗縣，屬常山國，帝於此卽位，改曰高邑。召馮異，問四方動靜。異曰：『更始必敗，宗廟之憂在於大王，宜從衆議！』會儒生彊華自關中奉《赤伏符》來詣王曰：『劉秀發兵捕不道，四夷雲集龍鬬野，四七之際火爲主。』賢曰：《風俗通》作『疆華』，系之曰：昔有大夫疆劍。四七，二十八也。自高祖至光武初起，合二百二十八年，卽四七之際也。漢火德，故火爲主也。羣臣因復奏請。六月，己未，王卽皇帝位於鄗南；時設壇於鄗南千秋亭五城陌。賢曰：其地在今趙州柏鄉縣。《考異》曰：《光武本紀》，馮異破蘇茂，諸將上尊號，光武還至薊，皆在四月前。而《馮異傳》，異與《李軼書》云：『長安壞亂，赤眉臨郊，王侯構難，大臣乖離，綱紀已絶。』又勸光武稱尊號，亦曰：『三王反叛，更始敗亡。』按是年六月己未，光武卽位，是月甲子，鄧禹破王匡等於安邑，王匡、張卬等還奔長安，乃謀以立秋貙膢時，共劫更始，然則三王反叛，應在光武卽位之後，夏秋之交，馮異安得於四月之前已言之也！或者史家潤色其言，致此差互耳！改元，大赦。

鄧禹圍安邑，數月未下，更始大將軍樊參將數萬人渡大陽，賢曰：大陽縣，屬河東郡。《前書音義》曰：大河之陽。春秋秦伯伐晉，自茅津濟。杜預曰：河東大陽縣也。欲攻禹，禹逆擊於解南，斬之。賢曰：解縣，屬河東郡，故城在今蒲州桑泉縣東南也。師古曰：解，音蟹。王匡、成丹、劉均合軍十餘萬，復共擊禹，禹軍不利。明日，癸亥，匡等以六甲窮日，不出，禹因得更治兵。甲子，匡悉軍出攻禹，禹令軍中毋得妄動，既至營下，因傳發諸將，孟康曰：傳令軍中使發也。鼓而進，大破之。匡等皆走，禹追斬均及河東太守楊寶，遂定河東，匡等奔還長安。《考異》曰：《劉玄傳》：『王匡、張卬守河東，爲鄧禹所破，奔還長安。』《鄧禹傳》無張卬名。今從之。

論說

《三國志》卷四二《蜀志・譙周傳》 周上疏諫曰：『昔王莽之敗，豪傑並起，跨州據郡，欲弄神器，於是賢才智士思望所歸，未必以其勢之廣狹，惟其德之薄厚也。是故於時更始、公孫述及諸有大衆者多已廣大，然莫不快情恣欲，怠於爲善，遊獵飲食，不恤民物。世祖初入河北，馮異等勸之曰：「當行人所不能爲。」遂務理冤獄，節儉飲食，動遵法度，故北州歌歎，聲布四遠。於是鄧禹自南陽追之，吳漢、寇恂未識世祖，遙聞德行，遂以權計舉漁陽、上谷突騎迎于廣阿。其餘望風慕德者邳彤、耿純、劉植之徒，至於輿病齎棺，繦負而至者，不可勝數，故能以弱爲強，屠王郎，吞銅馬，折赤眉而成帝業也。及在洛陽，嘗欲小出，車駕已御，銚期諫曰：「天下未寧，臣誠不願陛下細行數出。」卽時還車。及征隗囂，潁川盜起，世祖還洛陽，但遣寇恂往，恂曰：「潁川以陛下遠征，故奸猾起叛，未知陛下還，恐不時降；陛下自臨，潁川賊必卽降。」遂至潁川，竟如恂言。故非急務，欲小出不敢，至於急務，欲自安不爲，故帝者之欲善也如此！故《傳》曰「百姓不徒附」，誠以德先之也。』

《後漢書》卷五四《楊彪傳》 中平六年，【略】明年，關東兵起，董卓懼，欲遷都以違其難。乃大會公卿議曰：『高祖都關中十有一世，光武宮洛陽，於今亦十世矣。案《石包讖》，宜徙都長安，以應天人之意。』百官無敢言者。彪曰：『移都改制，天下大事，故盤庚五遷，殷民胥怨。【略】昔關中遭王莽變亂，宮室焚蕩，民庶塗炭，百不一在。光武受命，更都洛邑。今天下無虞，百姓樂安，明公建立聖主，光隆漢祚，無故捐宗廟，棄園陵，恐百姓驚動，必有糜沸之亂。《石包室讖》，妖邪之書，豈可信用？』

《隋書》卷六二《柳彧傳》 于時刺史多任武將，類不稱職。彧上表曰：『方今天下太平，四海清謐，共治百姓，須任其才。昔漢光武一代明哲，起自布衣，備知情僞，與二十八將披荊棘，定天下，及功成之後，無所職任。』

唐・歐陽詢等《藝文類聚》卷一二《帝王部二・後漢光武帝》 薛瑩《漢紀》曰：王莽之際，天下雲亂，英雄併發，其跨州據郡僭制者多矣。大皆冀於非望，然考其聰明仁勇，自無光武儔也。弘寬博納，計慮如神。是以任光、竇融望風景附，馬援一見，睹顔識奇。故能以十數年間掃除羣凶，清復海內，豈非天之所輔贊哉！古者師不內御，而光武命將皆授以方略，使奉圖而進，其違失無不折傷，意豈文史之過乎？不然，雖

聖人其猶病諸！

清·王夫之《讀通鑑論》卷六《後漢更始五》　更始不足以有爲，史極言之，抑有溢惡之辭。欲矜光武之盛而揜其自立之非，故不窮更始之惡，則疑光武之有慚德也。乃若更始之亡也，則舍雒陽而西都長安也。當是時，赤眉在濮陽，城頭子路、力子都在河、濟間，力子都，《後漢書·任光傳》作刁子都。《通鑑》注云：姓譜：力，黄帝佐力牧，漢有力子都。今從之。銅馬、大肜等賊在燕、趙，李憲在淮南，天下所岌岌未定者東方也。而遽避勞趨逸，欲擁關以自固，則天下深見其不可恃，而競扼其虛。顧欲長保故宫之富貴以自封殖，是猶狐兔倚窟以安，而韓盧騰躑於外，甫一出而必不免於獲也。王莽誅，關中無事，隗囂委宗族而從己，于斯時也，得一重臣如寇恂者，鎮撫長安而安集之，爲雒陽之根本，而都雒以彈壓山東，光武卽解體于河北，其能遽收河內、下河東而無所顧畏邪？赤眉已降之餘，不能馳騁任志如踐無人之境，必矣。

蓋更始所任爲大臣者，類皆羣盜之長，貪長安之富盛，而藉口于復高帝之舊業以爲廓清，其錚錚小異如朱鮪、劉嘉、鮑永之流，亦不勝盈廷詘之論，則塞顛當之户，眈燕雀之嬉，固其宜也。光武得士於崛起之中而任之，既無盜賊之習氣，及天下甫定，復不以任三公，而別用深識之士，虛建西都，而定宅雒陽，以靖東方之寇，皆懲更始之失而反其道。老子曰：『不善人，善人之資。』更始之失，光武之資也。

又《光武一》　昆陽之戰，光武威震天下，王業之興肇此矣。王邑、王尋之師，號稱百萬，以臨瓦合之漢兵，存亡生死之界也。諸將欲散歸諸城，光武決迎敵之志，諸將不從，臨敵而撓，傾覆隨之。光武心喻其吉凶，而難以曉譬於羣劣，則固慨慷以爭、痛哭以求必聽之時也。乃微笑而起，俟其請而弗迫與之言，萬一諸將不再問而遽焉駭散，能弗與之俱糜爛乎？嗚呼！此大有爲者所以異於一往之氣矜者也。

尋、邑之衆，且壓其項背，諸將欲散而弗及，光武知之矣。知其欲散而弗及，而又迫與之爭，以引其喧之口，相長而益餒其氣，則不爭而得，爭之而必不得者也。而且不僅然也。藉令敵兵不卽壓境以相迫，諸將驚潰而敵躡之，王邑無謀，嚴尤不決，兵雖衆而無紀，外盛而中枵，則諸將潰敗之餘，敵兵驕懈，我乃徙中起以乘之，夫豈無術以處此？而特不如今此之易耳。諸將自亡，而光武固不可亡，項梁死而高帝自興，其明驗已。一笑之下，綽有餘地，而何暇與碌碌者爭短長邪？

而尤不僅然也。得失者，人也，存亡者，天也。業以其身任漢室之興廢，則尋、邑果可以長驅，諸將無能以再振，事之成敗，身之生死，委之於天，而非人之所能强。苟無其存其亡一笑而聽諸時會之量，則情先靡於軀命，雖慷慨痛哭與諸將競，亦居然一諸將之情也。以偶然億中之一策，懷憤而求逞，尤取敗之道，而何愈于諸將之紛紜乎？

天下之大，死生之故，興廢之幾，非曠然超於其外者，不能入其中而轉其軸。故武王之詩曰：『勿貳爾心。』慎謀於未舉事之前，坦然忘機於已舉事之後，天錫帝王以智，而必錫之以勇。勇者，非氣矜也，泊然於生死存亡而不失其度者也。光武之笑起而不與諸將爭前卻，大有爲者之過人遠也，尤在此矣。

又《光武二》　懷王遣高帝入關，而高帝之王業定，更始遣光武徇河北，而光武之王業定。大有爲者之初起，不欲躬爲戎首，抑必藉人以興，迨其威名已著，而追隨於行隊之間，則得失興喪之樞，不任己而因人，稍欲持權，而禍已發于肘腋，宋義之所以死于項羽，伯升之所以死于李軼、朱鮪也。

然則項羽禁高帝不令入關，更始聽朱鮪而拒劉賜之請，不委河北于光武，羽與更始，可以終保大位而無與爭乎？曰：不能也。禽之相制以氣，人之相役以道，項羽有韓信、陳平而不能禁其不去，更始有隗囂而不能服，無以役之也。藉令置高帝、光武於股掌之上，用之不能，殺之不可，羽與更始且自困於無術。三齊甫受封而旋叛，彭越、陳餘、英布翱翔桀驁以需時，王郎遽起于河北，赤眉反戈而西向，羽與更始終無以固其位，而徒召亂於無已。爾朱兆且不能得之于高歡，況二帝之涵育者深乎！故以范增、朱鮪爲忠謀者，愚也，無救於敗而徒亂天下也。無御豪傑定四海之道，而操疑忌以困人，其亡愈速矣。

又《光武四》　馮異招李軼于雒陽，軼報曰：『千載一會，思成斷金。』異斬武勃，軼閉門不救，是宜受其款而雒陽可速下也。光武則宣露其書，使朱鮪殺軼。軼本與伯升俱起，諂事諸將，忌伯升而譖殺之，光武欲得而甘心久矣。軼死，而雒陽之圍經年始拔，事有寧勞而不貪近功以

申大義者，此是也。乃殺伯升者，朱鮪之本志，軼特徇鮪而從之者爾。帝之於鮪也，使岑彭説之曰：『舉大事者，不忌小怨，鮪降，官爵可保，河水在，吾不食言。』鮪降而拜將軍，封列侯，傳封累世。同怨而異報，達於理者之制恩怨，非常情之所可測也如此。

雖然，亦惡有不可測哉？伯升初起，始發于李軼，迎光武而與建謀，則軼固光武兄弟所倚爲腹心也。更始立，朱鮪、張卬暴貴，軼遽背而即於彼。因勢而遷者，小人之恆也，亦何至反戈推刃而無餘情哉？及光武初定河北，始有入關之志。更始委三十萬之重兵於軼守雒陽，而李松甫敗於赤眉，軼又窺長安之不固而思附光武，覥然納斷金之言而不慚。光武曰：『季文多詐，不能得其要領。』特假手於鮪以殺之，而討猶未伸，非可以鮪例之也。

鮪起于平林，先光武以舉事，與伯升未有交也，奉更始而爲更始謀殺伯升者，亦范增之愚忠耳。更始之諸將，類皆賊也，而鮪獨異。殺伯升，留光武而不遣，知有更始而不恤其他，諸將挾功而欲自王，更始弗能違也，鮪獨守高帝之約，辭膠東之封，受命守雒，百戰以與寇恂、馮異爭死生之命，及長安破，更始降於赤眉，雒陽孤立無援，且堅壁固守，以殺伯升爲慚而不降。故通更始之廷所可與有爲者，唯鮪一人而已。於事君之義，立身之恥，殆庶幾焉。藉令光武以怨軼者怨鮪而拒戮之，則以私怨而廢天下之公，且將奬人臣之操異志以介從違，而何以勸忠乎？子曰：『以直報怨。』直者，理而已矣，于軼何可忘，而于鮪何容芥蔕也。

又《光武八》 光武之得天下，較高帝而尤難矣。建武二年，已定都于雒陽，而天下之亂方興。帝所得資以有爲者，獨河北耳。【略】乃微窺其所以制勝而蕩平之者，豈有他哉？以靜制動，以道制權，以謀制力，以緩制猝，以寬制猛而已。帝之言曰：『吾治天下以柔道行之。』非徒治天下也，其取天下也，亦是而已矣。柔者非弱之謂也，反本自治，順人心以不犯陰陽之忌也。孟子曰：『行法以俟命。』光武其庶幾乎！高帝之興，羣天下而起亡秦，競智競力，名義無所伉，人心無所惑也。光武則乘思漢之民心以興，而玄也、盆子也、孺子嬰也、永也、嘉也，俱爲漢室之胄，未見其分之有所定也。苟有分義以相搖，則智力不足以相屈，故更始亡而故將猶挾以逞志。然則光武所以屈羣策羣力而獨伸焉者，舍道其何以哉？天下方割裂而聚鬭，而光武以道勝焉。即位未久，修郊廟，享宗祖，定制度，行爵賞，舉伏湛，徵卓茂，勉寇恂以綏河內，命馮異使撫關中，一以從容鎮靜結已服之人心，而不迫于爭戰。然而桀驁疆梁之徒，皆自困而瓦解。是則使高帝當之，未必其能著定如此也。而光武之規模弘遠矣。

嗚呼！使得天下者皆如高帝之興，而無光武之大猷承之於後，則天下後世且疑湯、武之誓誥爲虛文，而唯智力之可以起收四海。曹操何所憚而不爲天子，石虎、朱温亦何能寒海內之心而不永戴之哉？三代而下，取天下者，唯光武獨焉，而宋太祖其次也。不無小疵，而大已醇矣。

又《光武九》 赤眉之棄長安、西走安定，非鄧禹之力能驅之也，食盡而旁掠，固不以安定爲終焉之計，而必返乎長安。鄧禹不乘其有可潰之勢，躡其後以蹙之，而入長安晏坐以待其歸，河決癰潰，容可禦乎？於是退之雲陽，士氣已餒，而還攻之於堅城之下，其敗宜矣。故善用兵者，知時而已。赤眉食盡，引兵東歸，時異乎昔，則唯扼之於險而可制其死命。禹乃違光武之令，就關內而與爭，何昔之怯而今之忿也！

然光武終能遏之于宜陽而盡降之，曾不恤歸師勿揜之戒，塞決河而斂潰癰，則又何也？嚴陣以待，求戰不得，求走不能，弗犯其鋒，稍遲之而氣即餒矣。帝以持重而挫其方決之勢，禹以持重而失之方潰之初，相時之變，定幾於頃刻，非智之所能知、勇之所能勝。岳鵬舉曰：『運用之妙，存乎一心。』心不忘而時自應於其會，此未可以一成之論論之也。

又《光武一〇》 所貴乎史者，述往以爲來者師也。爲史者，記載徒繁，而經世之大略不著，後人欲得其得失之樞機以效法之無繇也，則惡用更爲？

光武之始徇河北，銅馬諸賊幾數百萬，及破之也，潰散者有矣，而受其降者數十萬人。斯時也，光武之衆未集，猶資之以爲用也。已而劉茂集衆十餘萬而降之於京、密，朱鮪之衆且三十萬而降之于雒陽，吳漢、王梁擊檀鄉于漳水，降其衆十餘萬於鄴東，五校之衆五萬人降之于羛陽，餘賊之擁立孫登者五萬人，降之于河北，赤眉先後降者無算，其東歸之餘尚十餘萬人，降之于宜陽，吳漢降青犢，馮異降延岑、張邯之衆，蓋延降劉永之餘，王常降青犢四萬餘人，耿弇降張步之卒十餘萬，蓋先後所受降者，

指窮於數。戰勝矣，威立矣，乃幾千萬不逞之徒聽我羈絡，又將何以處之邪？高帝之興也，恆患寡而亟奪人之軍，光武則兵有餘而撫之也不易，此光武之定天下所以難於高帝也。

夫民易動而難靜，而亂世之民爲甚。當其舍耒而操戈，或亦有不得已之情焉，而要皆遊惰驕桀者也。迨乎相習於戎馬之間，掠食而飽，掠婦而妻，馳驟喧呶，行歌坐傲，則雖有不得已之情而亦忘之矣。盡編之于伍，而耕夫之粟不給於養也，織婦之布不給於衣也，縣官宵夜以持等、不給於饋餫也。盡勒之歸農，而田疇已蕪矣，四肢已惰矣，恣睢狂蕩、不能受屈於父兄鄉黨之前矣。故一聚一散，傾耳以聽四方之動而隨風以起，誠無如此已動而不復靜之民氣何矣！而光武處之也，不十年而天下晏然，此必有大用存焉。史不詳其所以安輯而鎮撫之者何若，則班固、荀悦徒爲藻帨之文，而無意於天下之略也，後起者其何徵焉？

無已，而求之遺文以髣髴其大端，則徵伏湛、擢卓茂，奬重厚之吏，以調御其囂張之氣，使惰歸而自得其安全，民無懷怨怒以擯之不齒，吏不吝教導以納之矩矱，日漸月靡而消其形迹，數百萬人之浮情害氣，以一念斂之而有餘矣。蓋其覿文匿武之意，早昭著於戰爭未息之日，潛移默易，相喻於不言，當其從戎之日，已早有歸休之志，而授以田疇廬墓之樂，亦惡有不帖然也？自三代而下，唯光武允冠百王矣。何也？前而高帝，後而唐、宋，皆未有如光武之世，胥天下以稱兵，數盈千萬者也。通其意，思其變，函之以量，貞之以理，豈易言哉！豈易言哉！

又《光武一七》 光武定王莽之亂，繼漢正統，修禮樂，式古典，其或未醇，亦待賢者以道贊襄之，而光何視爲滔滔之天下而亟違之？倘以曾與帝同學而不屑爲之臣邪？禹、皋陶何爲胥北面事堯而安於臣舜邪？

又《光武一九》 光武建武六年，河北初定，江、淮初平，關中初靖，承王莽割裂郡縣、改置百官、苛細之後，抑當四海紛紜、蛇龍競起之餘，儌幸功名之情，中于人心而未易滌，并省四百餘縣，吏職減損，十置其一，斯其時乎！斯其時乎！要之非不易之法也。

又《光武二三》 任爲將帥而明於治道者，古今鮮矣，而光武獨多得之。來歙刺傷，口占遺表，不及軍事，而亟薦段襄，曰：『理國以得賢爲本。』此豈武臣之所及哉？歙也、祭遵也、寇恂也、吳漢也，皆出可爲能吏、人可爲大臣者也。然而光武終不任將帥以宰輔，諸將亦各安於韎韐而不欲與於鼎鉉。嗚呼！意深遠矣。故三代以下，君臣交盡其美，唯東漢爲盛焉。

又《光武二四》 光武以支庶之餘，起於南陽，與其人士周旋辛苦，百戰以定天下，其專用南陽人而失天下之賢俊，雖私而抑不忘故舊之道也。且南陽將吏，功成爵定，亦未聞驕倨侈汰以亂大法，夫豈必斥遠而防制之。乃郭伋以疏遠之臣，外任州郡，慷慨而談，無所避忌。曰：『當簡天下賢俊，不宜專用南陽故舊。』孤立不懼赫奕之閥閱，以昌言於廷，然而帝不怒也。且自鄧禹以降，勳貴盈廷，未有忿疾之者，伋固早知其不足畏而言之無尤。誠若是，士惡有不言，言惡有不敢哉？諸將之賢也，帝有以鎮撫之也，奬遠臣以忠鯁，而化近臣於公坦，帝之恩威，於是而不可及矣。宋祖懷不平于趙普，而雷德驤猶以鼎鐺見責，曲折以全直臣，而天子不能行其意。伋言之也適然，帝聽之也適然，南陽勳舊聞之也適然。嗚呼！是可望之三代以下哉？

又 卷一〇《三國一》 光武之始起也，即正討莽之義，而誓死以挫王邑、王尋百萬之衆于昆陽，及更始之必不可爲君而後自立，正大而無慚于祖考也。

又 卷一二《惠帝一三》 光武所與興者，南陽崛起之流輩，而其收河北以爲根本，則唯得耿弇、寇恂、吳漢而大業定。

又《晉帝二》 天子者，化之原也；大臣者，物之所效也。天子大臣急於功，則人以功爲尚矣；急於位，則人以位爲榮矣。儉者，先自儉也，讓者，先自讓也，非可繩人而卑約之者也。其爲崛起而圖王，則緩稱王、緩稱帝，而衆志不爭。其爲承亂以興復，則緩于監國、緩於繼統，而人心不競。【略】光武聽耿弇而早自立，故赤眉已降，而天下之亂方興。帷幕翼戴之臣，驟起而膺三公之位，其下愈貴，己愈踞其上而益尊，其上益尊，其下愈扳援而上以競貴；更始之廷，人銜王爵，則關內侯、騎都尉之充盈，不可禁也。

又 卷二四《德宗八》 劉盆子請降，光武曰：『待以不死耳。』大哉言乎！理正而法明，量弘而志定，無苟且求安之情，則威信伸而亂賊

之膽已戢，天下之寧也必矣。【略】夫光武初定雒陽，寇盜林立，統孤軍以遏歸寇之衝，則誠難耳；而一言折盆子之覬覦，易且如彼。

又　卷二七《昭宣帝二》　自光武用河北之兵以平寇亂，逐屯兵黎陽，定爲永制，而東漢以疆。故其民習於疆而以弱爲恥，天下資之以備患。

又　卷三〇《五代下八》　兵聚而散之，平天下者之難也。漢光武撫千餘萬之降賊，使各安于井牧，遐哉！

清・王夫之《宋論》卷一〇《高宗》　光武跳身河北，僅有漁陽一旅，而平定天下者，收羣盜之用也，故有銅馬帝之號焉。【略】光武之用羣盜，唯知此也。故用之以轉戰，而不用之以固守。來者受之，去者不追，追其有可歸農之日，則自散歸其田里。是以天下既定，此千餘萬者，不知其何往。用之以轉戰，而不用之以固守者，乘其方新之氣也。來者受之，去者不追，可不重勞吾河內、宛、雒之民，竭貲力以養之也。

雜録

晉・司馬彪《續漢書・天文志上》　王莽地皇三年十一月，有星孛于張，東南行五日不見。孛星者，惡氣所生，爲亂兵，其所以孛德。孛德者，亂之象，不明之表。又參然孛焉，兵之類也，故名之曰孛。孛之爲言，猶有所傷害，有所妨蔽。或謂之彗星，所以除穢而布新也。張爲周地。星孛于張，東南行卽翼、軫之分。翼、軫爲楚，是周、楚地將有兵亂。後一年正月，光武起兵舂陵，會下江、新市賊張卬、王常及更始之兵亦至，俱攻破南陽，斬莽前隊大夫甄阜、屬正梁丘賜等，殺其士衆數萬人。更始爲天子，都雒陽，西入長安，敗死。光武興于河北，復都雒陽，居周地，除穢布新之象。

北魏・酈道元《水經注》卷一〇《濁漳水》　衡漳又徑沙丘臺東。紂所成也，在巨鹿故城東北七十里，趙武靈王與秦始皇並死于此矣。又徑銅馬祠東，漢光武廟也。更始三年秋，光武追銅馬于館陶，大破之，遂降之。賊不自安，世祖令其歸營，乃輕騎行其壘，賊乃相謂曰：蕭王推赤心置人腹中，安得不投死乎？遂將降人分配諸將，衆數十萬人，故關西號世祖曰銅馬帝也，祠取名焉。

又　卷一一《滱水》　其水又東流，漢光武追銅馬、五幡于北平破之于順水北，乘勝追北，爲其所敗，短兵相接，光武自投崖下，遇突騎王豐，於是授馬退保范陽。順水，蓋徐州之別名也。

又　卷一四《鮑丘水》　又東南流，徑薊縣北，又東至潞縣，注于鮑丘水。又南徑潞縣故城西，王莽之通潞亭也。漢光武遣吳漢、耿弇等破銅馬五幡於潞東，謂是縣也。【略】

鮑丘水自雍奴縣故城西北，舊分笥溝水東出，今笥溝水斷，衆川東注，混同一瀆，東徑其縣北，又東與泃河合，水出右北平無終縣西山白楊穀，西北流徑平谷縣，屈西南流，獨樂水入焉。水出北抱犢固南，徑平谷縣故城東。後漢建武元年，光武遣十二將追大槍五幡及平谷，大破之於是縣也。

又　卷一五《洛水》　洛水又東徑宜陽縣故城南。秦武王以甘茂爲左丞相，曰：寡人欲通三川，窺周室，死不朽矣。茂請約魏以攻韓，斬首六萬，遂拔宜陽城，故韓地也，後乃縣之。漢哀帝封息夫躬爲侯國，城之西門，赤眉樊崇與盆子及大將等，奉璽綬劍璧處。世祖不卽見，明日，陳兵于洛水見盆子等，謂盆子丞相徐宣曰：不悔乎？宣曰：不悔。上歎曰：卿庸中皦皦，鐵中錚錚也。

唐・歐陽詢等《藝文類聚》卷一〇《符命部・符命》　《東觀漢記》曰：【略】又曰：光武從邯鄲避王郎兵，至呼沱河，導吏還言，河水流澌，無船，不可濟，左右皆惶，畏爲王郎所及，上命王霸前往視之，實然，霸念還言驚衆，雖不可渡，且臨水止，尚可爲阻，卽白曰：冰堅可渡。士衆大喜，上大笑曰：果安言也。叱至河，流澌冰合可履，以囊盛沙，布冰上，乃渡，渡未畢，而數車冰陷也。

又　卷二九《人部十三・別》　《東觀漢記》曰：【略】又曰：光武遣馮異討赤眉，車駕送至河南，賜以乘輿七尺具劍，敕異曰：念自修整，無爲郡縣所笑。異頓首受命。

又　卷五八《雜文部四・檄》　梁裴子野喻虜檄文曰：【略】王莽偷安，卒成光武之業。

又　卷六一《居處部一・總載居處》　又《東都賦》曰：王莽作

逆，漢祚中缺，於是聖皇握乾符，辟坤珍，披皇圖，稽帝文，赫然發憤，應若興雲，遂超大河，跨北嶽，立號高邑，建都河洛，系唐統，接漢緒，茂育羣生，恢復强宇，若乃順時節而搜狩，簡車徒以講武，歷騶虞，覽駟鐵，嘉車攻，采吉日，禮官整儀，乘輿乃出，於是發鯨魚，鏗華鍾，登玉輅，乘時龍，元戎竟野，戈鋋彗雲，羽毛掃霓，旌旗拂天，然後舉烽伐鼓，申令三驅，輕車霆激，驍騎電騖，指顧倏忽，獲車已實，樂不極般，殺不盡物，於是薦三犧，效五牲，禮神祇，懷百靈，覲明堂，臨辟雍，登靈臺，考休徵，列百僚而贊羣后，究皇儀而展帝容。【略】

後漢崔駰《反都賦》曰：漢曆中絶，京師爲墟，光武受命，始遷洛都，客有陳西土之富，云洛邑褊小，故略陳禍敗之機，不在險也，建武龍興，奮旅西驅，虜赤眉，討高胡，斬銅馬，破骨都，收翡翠之駕，據天下之圖，上聖受命，將昭其烈，潛龍初九，眞人乃發，上貫紫宮，徘徊天闕，握狼狐，蹈參伐，陶以乾坤，始分日月，觀三代之餘烈，察殷夏之遺風，背崤函之固，即周洛之中，興四郊，建三雍，禪梁父，封岱宗。

《晉書》卷一四《地理志上》 司州。案《禹貢》豫州之地。及漢武帝，初置司隸校尉，所部三輔、三河諸郡。其界西得雍州之京兆、馮翊、扶風三郡，北得冀州之河東、河內二郡，東得豫州之弘農、河南二郡，郡凡七。位望隆于牧伯，銀印青綬。及光武都洛陽，司隸所部與前漢不異。【略】

雍州。案《禹貢》黑水、西河之地，舜置十二牧，則其一也。以其四山之地，故以雍名焉。亦謂西北之位，陽所不及，陰氣雍閼也。【略】及武帝置十三州，其地以西偏爲涼州，其餘並屬司隸，不統於州。後漢光武都洛陽，關中復置雍州。後罷，復置司隸校尉，統三輔如舊。

唐・徐堅等《初學記》卷七《地部下・冰》 河流澌海結淩。薛瑩《後漢書》曰：光武至薊上，王郎使兵至。上發薊，晨夜馳騖，至下曲陽滹沱河。導吏還言，河流澌，無船不可渡。遣王霸往視，實然。霸念恐驚衆，即還曰：『冰牢可渡，比至冰可乘。』帝遂得渡滹沱河。王隱《晉書》曰：慕容晃上言：正月十二日，躬征平郭。遠假陛下天地之威，將士竭命，精誠感靈，海爲冰結淩，行海中三百餘里。臣問故老，初無海冰之歲。

又 卷八《州郡部・山南道》 山南道者，《禹貢》荆、梁二州之域。【略】襄州，《禹貢》荆豫二州之界，鄧州，後漢之南都也，光武起焉。

又 卷九《帝王部・總敍帝王》 後漢。《帝王世紀》曰：光武皇帝，出自景帝也。名秀，字文叔。更始元年爲偏將軍，破王邑，殺王尋，誅王郎，更始二年立爲蕭王。建武元年四月更始降赤眉。六月，光武即帝位於常山鄗之陽千秋亭，都洛陽。在位三十三年。中元二年二月崩於洛陽南宫，年六十三。太子莊代立，是爲孝明皇帝。

又 卷一七《人部上・忠》 張飛横矛，銚期奮戟。《蜀志》曰：先主奔荆州，曹公追之。先主棄妻子走，使張飛將二十騎距後。飛據水斷橋，瞋目横矛曰：『身張翼德也，可來共決戰！』無敢近者。《東觀漢記》曰：銚明從光武略地，時王郎檄書到，薊中起兵應王郎。上趨駕出，百姓聚觀，喧呼滿道，遮路不得行。期騎馬奮戟，瞋目大呼左右曰走。衆皆披靡。

又 卷二四《居處部・都邑》 《東觀漢記》曰：光武中興，都洛陽，又于南陽置南都。

南朝梁・蕭統《文選》卷一《賦甲・京都上》李善注 班孟堅《兩都賦》二首，自光武至和帝都洛陽，西京父老有怨。班固恐帝去洛陽，故上此詞以諫。和帝大悦也。班孟堅。范曄《後漢書》曰：班固，字孟堅，北地人也。年九歲能屬文，長遂博貫載籍。顯宗時除蘭臺令史，遷爲郎，乃上兩都賦。大將軍竇憲出征匈奴，以固爲中護軍，憲敗，固坐免官，遂死獄中。

唐・杜佑《通典》卷三三《職官十五・州郡下・京尹》 漢初，三輔治長安。後漢都洛陽，置河南尹，以三輔陵廟所在，不改其號，但減其秩，與太守同。後漢延篤字叔固，及邊鳳皆爲京兆尹，並有雄名。語曰：『前有趙、張，後有邊、延。』趙張謂趙廣漢及張敞。【略】

河南尹，其地在周爲王城。成王命君陳分正東郊成周，曰『尹茲東郊』。蓋今河南牧之任，亦留守之始。秦兼天下，置三川守。三川，河、洛、伊也。秦末李由爲三川守。漢興，更名三川爲河南，後增守爲太守。王莽改太守爲大尹，改河南大尹爲保忠信卿。光武中興，徙都洛陽，改太守爲

尹，章綬服秩與京兆同。主京都，特奉朝請。李膺爲河南尹。

宋·李昉等《太平御覽》卷六八《地部三十三·冰》　薛瑩《後漢書》曰：【略】又曰：光武至薊上，王郎使者至，上發薊，晨夜馳騖，至曲陽呼沱河，道吏還言，河流澌，無船，不可渡。遣王霸往視，實然。霸念恐驚衆，卽還曰：『冰堅可渡。』比至，冰可乘，帝遂得渡。

又　卷九〇《皇王部十五·後漢世祖光武皇帝》　《東觀漢記》曰：【略】更始以上爲大司馬，遣之河北。十月，上持節度孟津，鎮撫河北，安集百姓。趙王庶兄胡子立邯鄲卜者王郎爲天子，移檄購求公十萬户。世祖引兵攻邯鄲，連戰，郎兵挫折。郎遣諫議大夫杜長威持節詣軍門見公，據地曰：『實成帝遺體子輿也。』公曰：『正使成帝復生，天下不可復得也。況詐子輿乎！』長威請降得萬户侯。公曰：『一户不可得。』長威曰：『邯鄲雖鄙，君臣并力城守，尚可支一歲，終不君臣相率而降，但得全身也。』辭去。而郎少傅李立反郎，開城門。漢兵破邯鄲，誅郎。入王宫收文書，得吏民謗毁公言可擊者數千章，公會諸將燒之，曰：『令反側者自安也。』更始遣使者卽立公爲蕭王。諸將議上尊號，上不許。上發薊，至中山，諸將復請上尊號。初，王莽時，上與伯升及姊婿鄧晨、穰人蔡少公燕語，少公道讖言劉秀當爲天子，或曰是國師劉子駿也。上戲言曰：『何知非僕耶？』坐者皆大笑。時傳聞不見《赤伏符》文軍中所，上未信，到鄗，上所與在長安同舍諸生彊華自長安奉《赤伏符》詣鄗與上會，羣臣復固請，乃命有司設壇于鄗南千秋亭。六月己未，卽皇帝位。改元爲建武。十月，帝入雒陽，華南宫。

又　卷一五八《州郡部四·河南道上·西京河南府》　《元和郡縣志》曰：河南府，三代皆爲都邑，周公營之爲成周。秦爲三川郡。漢爲河南郡，後漢光武都之。

又　卷二三八《職官部三十六·左將軍》　《東觀漢記》曰：賈復字君文。治《尚書》，事舞陰李生，李生奇之，謂門人曰：『賈生容貌志意如是，而勤於學，此將相之器。』徵詣洛陽，拜左將軍。南擊赤眉、新城，轉西入關，擊盆子於澠池，破之。

又　卷二四〇《職官部三十八·雜號將軍下·建威將軍》　《東觀漢記》曰：光武以耿弇爲建威大將軍，從攻洛陽。

又　卷三九八《人事部三十九·吉夢下》　《東觀漢記》曰：諸將皆勸光武卽位。乃召馮異。上曰：『我昨夜夢乘赤龍上天，覺悟心中動悸。』異因下席拜賀曰：『此天命發於精神也。』異遂與諸將定議上尊號。

又　卷四四八《人事部八十九·權謀上》　《東觀漢記》曰：光武發邯鄲，晨夜馳騖，傳聞王郎軍在後，吏士惶恐。至下曲陽呼沲河，導吏還，河水流澌，無船，不可渡。官屬亦懼，上不然也，遣王霸往視之，實然。王霸恐驚衆，卽還曰：『冰堅可渡。』士衆大喜。上笑曰：『果妄也。』比至河，河流澌已合。上令霸護渡，以沙土汾冰上，遂得渡。渡未畢軍，冰解。上謂霸曰：『安吾衆能濟者，卿力也。』謂官屬曰：『王霸從我勞苦，前連水變，權時以安吏士，是天瑞也。爲善不費賞，無以勸後。』卽日以霸爲軍正，賜爵關内侯。

又　卷四六一《人事部一百二·遊説中》　《東觀漢記》曰：【略】又曰：更始，大司馬朱鮪守洛陽，吳漢諸將圍守，數月不下。世祖以岑彭嘗爲鮪校尉，令彭説鮪曰：『赤眉已得長安，今公誰爲守乎？蕭王受命，平定燕、趙，百姓安土歸心，賢俊四面雲集。今北方清淨，大兵來攻洛，保一城欲何望乎？不如亟降。』鮪曰：『大司徒公被害時，鮪與其謀，又諫更始無遣上北伐，自知罪深，故不敢降耳。』彭還，詣河陽白上，上謂彭復往曉之：『夫建大事者，不忌小怨。今降，官爵可保，況誅罰乎？』上指水曰：『河水在此，吾不食言。』彭奉上旨，復至城下説鮪，因曰：『彭往者得執鞭侍從，蒙薦舉拔擢，深受厚恩，思以報義，不敢負公。』鮪從城上下索曰：『當如此來。』彭趨索欲上。鮪見其不疑，卽曰：『旦蚤與我會，上東門外。』彭如期往，與鮪交馬語。鮪輕騎詣，降，彭爲殺羊具食。鮪身爲降虜，未見吳公，諸將不敢食。彭卽令鮪自縛，與俱見吳公。將詣行在所河津亭，上卽時解鮪縛，復令彭夜送歸洛陽。

又曰：更始使侍御史黄黨卽封世祖爲蕭王，罷兵，耿弇曰：『今使者來，欲罷兵，不可聽也。兵一罷，不可復會也。』上曰：『國家已都長安，天下大定，何用兵爲？』弇曰：『青、徐之賊，銅馬、赤眉之屬數十輩，輩數十萬衆，皆東至海，所向無前，聖公不能辨也，敗必不久。』帝起坐曰：『卿失言，我擊卿。』弇曰：『大王哀厚如父子，故披赤心爲

大王陳事。』上曰：『我戲卿耳。何以言之？』彝曰：『百姓患苦，王莽苛刻日久，聞劉氏復興，莫不欣喜，望風從化，而去虎口，就慈母，倒戟横矢，不足以喻。明公首事，南破昆陽，敗百萬師；今復定河北，以義征伐，表善懲惡，躬自克薄，以待士民，發號回應，望風而至，天下至重，公可自取，無令他姓得之。』上曰：『卿若東得，無爲人道之。』彝曰：『此重事，不敢爲人道也。』

又曰：馮異因間進説曰：『天下同苦王氏，思漢久矣。更始諸將縱横暴虐，所至虜掠，百姓失望。今公專命方面，施行恩德。夫有桀紂之亂，乃見湯、武之功；民人飢渴，易爲充飽。宜急分遣官屬，徇行郡縣，理冤結，布惠澤。』上納之。

又曰：鄧禹聞上安集河北，即杖策比渡，追及於鄴。上欣其至，禹進説曰：『更始雖都關西，今山東未安，赤眉、青犢之屬，動以萬數，三輔假號，往往羣聚。更始既未有所挫，而自聽斷，諸將皆庸人屈起，志在財幣，爭用威力，朝夕自快，非有忠良明知，深慮遠圖，欲尊主安民者。明公雖建蕃輔之功，猶恐無所成立。於今之計，莫如覽延英雄，務悦民心，立高祖之業，救萬民之命。以公而慮天下，不足定也。』上大悦，因令左右號禹曰鄧將軍，常宿止於中，與定計議。

又曰：光武以寇恂爲河内太守，行大將軍事。恂同門生董崇説恂曰：『上新即位，四方未定，而君以此時據大郡，此讒人所側目，怨禍之府也。宜思功遂身退之計。』恂然其言，因病不視事。

又　卷五三一《禮儀部十·宗廟神主·宗廟》　《三輔故事》曰：光武至長安，宮闕燒盡，徙都洛陽，取十二陵合爲高廟，作十二室。太常卿一人，別治長安，主知齊祠事，謂之高廟。

又　卷五五三《禮儀部三十二·葬送一》　《東觀漢記》曰：光武發薊還，士衆喜樂，鼓聲歌詠，八荒震動。過范陽，命諸將收葬吏士。又東平王蒼葬，章帝訪，詔有司加賜鑾路、乘馬、龍旗、九旒、虎賁百人。

又　卷六八一《儀式部二·節》　《東觀漢記》曰：光武拜岑彭爲刺奸大將軍，督察營衆，授以常所持節，從平河北。

又　卷八七〇《火部三·炬》　《東觀漢記》曰：光武平河北，任光伯卿暮入堂陽縣，騎皆持炬火，天地赫然盡赤。堂陽驚怖，即夜降。

宋·司馬光《資治通鑑·漢光武帝建武元年》　鮑永、馮衍審知更始已亡，乃發喪，出儲大伯等，封上印綬，悉罷兵，幅巾詣河内。杜佑曰：按巾，六國時趙、魏之間通謂之承露，庶人及軍旅皆服之。賢曰：幅巾，謂不著冠，但幅巾束首也。傅玄子曰：漢末，王公卿士多委王服，以幅巾爲雅，是以袁紹、崔鈞之徒雖爲將帥，皆著縑巾。上，時掌翻。《考異》曰：《鮑永傳》稱『永等降於河内時，攻懷未拔，帝謂永曰：「我攻懷三日而城不下，關東畏服卿，可且將故人自往城下譬之。」即拜永諫議大夫。至懷，乃説更始河内太守，於是開城而降。』按光武未都洛陽以前屢幸懷，又祠高祖於懷宮，並無更始河内太守據懷事。本紀亦無攻懷一節。按田邑書稱『主亡一歲，莫知定所。』則永、衍之降必在此年。而帝紀光武此年不曾幸河内，但有幸修武事。然則永、衍實降於修武，修武，亦河内縣也。其稱降懷等事，當是史誤，故皆略之。

又《漢孝獻帝興平二年》　荀彧曰：『昔高祖保關中，光武據河内，高祖取天下，令蕭何守關中，光武經營河北，令寇恂守河内：皆以爲王業根本。皆深根固本以制天下，進足以勝敵，退足以堅守，故雖有困敗而終濟大業。』

元·馬端臨《文獻通考》卷一七一下《刑考十下·赦宥寬恤》　後漢光武建武元年，大赦天下。

又　卷二六九《封建考十·東漢列侯》　河南尹、阜成侯王梁，漁陽安陽人。爲郡吏，與太守彭寵以漁陽歸光武。從平河北，與寇恂南拒洛陽，北守天井關。帝即位，拜大司空，封武强侯。【略】

左將軍、膠東侯賈復，南陽冠軍人。爲縣掾，下江兵起，復亦聚衆數百人歸漢。後北渡河，從光武擊青犢、五校羣盜，破之。帝即位，爲執金吾，封冠軍侯。渡河攻朱鮪，降之。【略】

琅琊太守、祝阿侯陳俊，南陽西鄂人。少爲郡吏，光武徇河北，爲安集掾。從擊銅馬、五校，破之。【略】

建威大將軍、好時侯耿弇，扶風茂陵人。父況，王莽時爲朔調連率莽改上谷郡曰朔調，太守曰連率。。莽敗，更始立，弇奉奏詣長安，至宋子，會王郎起兵，乃馳謁光武，説帝發漁陽、上谷兵攻拔邯鄲，誅王郎。爲大將軍，從擊銅馬、赤眉、青犢、尤來、大槍諸盜，破之。光武即位，拜建威大將軍，封好時侯，食好時、美陽二縣。【略】

驃騎大將軍、參蘧侯杜茂，南陽冠軍人。歸光武於河北，爲中堅將

軍，常從征伐。帝即位，拜大將軍，封樂鄉侯。【略】

積弩將軍、昆陽侯傅俊，潁川襄城人。世祖徇襄城，以縣亭長迎軍，從破王尋等。世祖討河北，從軍。建武二年，封昆陽侯。三年，破秦豐。【略】

征南大將軍、舞陽侯岑彭，南陽棘陽人。王莽時，守本縣長。漢兵起，彭守宛，攻之數月，食盡乃降。大司徒伯升義之，封爲歸德侯。光武徇河内，彭與太守韓歆迎降，拜刺奸大將軍，從平河北。帝即位，圍洛陽，令彭説降朱鮪。建武二年，遷征南大將軍，討鄧奉，擊秦豐，破之，封舞陽侯。【略】

左曹、合肥侯堅鐔，潁川襄城人。世祖討江北，署主簿。從平河北，擊破大槍。帝即位，拜揚化將軍，封濦强侯。與諸將攻洛陽，降朱鮪。【略】

征西大將軍、夏陽侯馮異，潁川父城人。漢兵起，異以郡掾監五縣，城守拒漢，間出行屬縣，爲漢兵所執。光武署爲主簿，從渡河北，從破王郎，封應侯。與寇恂合勢拒朱鮪，擊鮪，破之。建武二年，封夏陽侯。入關，代鄧禹，討赤眉，大破之，定關中。【略】

上谷太守、淮陽侯王霸，潁川潁陽人。漢兵起，霸率賓客從光武，從擊破尋、邑。從渡河北，討王郎，斬之，得其璽綬，封都鄉侯。建武二年，封富波侯。討周建，擊盧芳，破之。十三年，增邑户，更封向侯、上谷太守。三十年，定封淮陽侯。永平二年卒，子符嗣。度、歆。【略】

建義大將軍、鬲侯朱佑，南陽宛人。漢兵起，伯升拜大司徒，以佑爲護軍。從世祖討河北，常力戰陷陣，爲偏將軍，封安陽侯。世祖即位，拜建義大將軍，更封堵陽侯。擊鄧奉、秦豐，降之。十三年，增邑，封鬲侯，食邑七千三百户。二十四年卒，子商嗣。演、沖。【略】

信都太守、阿陵侯任光，南陽宛人。漢兵起，率衆從軍，與世祖破尋、邑。更始至洛陽，以光爲信都太守。王郎起，郡國皆降之，光獨以郡迎世祖，拜左大將軍，封武成侯，共擊郎，滅之。建武元年，更封阿陵侯。【略】

征虜將軍、潁陽侯祭遵，潁川潁陽人。光武破王尋等，署爲門下史。從征河北，以爲刺奸將軍。二年，拜征虜將軍，封潁陽侯。擊張滿、鄧奉、張豐等，破之。【略】

驃騎大將軍、櫟陽侯景丹，馮翊櫟陽人。爲上谷屬令，更始立，遣使者徇上谷，世祖引見丹，拜偏將軍，號奉義侯。從擊王郎，破之，從征河北。帝即位，拜驃騎大將軍，封櫟陽侯。【略】

虎牙大將軍、安平侯蓋延，漁陽要陽人。爲彭寵護軍，王郎起，與吳漢等同歸光武，從平河北。帝即位，以延爲虎牙將軍。【略】

太常、靈壽侯邳彤，信都人。初爲王莽和成卒正莽分鉅鹿爲和成郡，世祖徇河北，彤舉城降。王郎起，彤與信都獨不附郎，以二郡迎世祖軍，拜後大將軍。拔邯鄲，封武義侯。建武元年，更封靈壽侯，行大司空事。帝入洛陽，拜太常。【略】

衛尉、安成侯銚期，潁川郟人。光武略地至潁川，召署賊曹掾，從徇薊，拜偏將軍。從擊王郎，破之，拜虎牙大將軍，擊破銅馬、赤眉、青犢等。帝即位，封安成侯，食邑五千户。【略】

驍騎將軍、昌城侯劉植，鉅鹿昌城人。王郎起，植與宗族聚兵數十人據昌城，迎世祖，以爲驍騎將軍。説降眞定王劉揚，從平河北。【略】

東郡太守、東光侯耿純，鉅鹿騎都尉。世祖渡河，純迎謁。王郎反，純自邯鄲率宗族從帝，封耿鄉侯，從平王郎，破銅馬。帝即位，封高陽侯，拜東郡太守。【略】

城門校尉、朗陵侯臧宫，潁川郟人。少爲亭長、遊徼，率賓客入下江兵中爲校尉，從光武征戰，至河北，以爲偏將軍，從破羣賊，數陷陣卻敵。

清・顧祖禹《讀史方輿紀要》卷二《歷代州域形勢二・兩漢》 時更始已西都長安，政事紊亂，河、濟之間，盜賊縱横有銅馬、大彤、高湖、重連、鐵脛、大搶、尤來、上江、青犢、五校、五幡、五樓、富平、獲索等賊，各領部曲，或以山川土地爲名，或以軍容强盛爲號，衆合數百萬人，所在寇掠。更始方詔光武罷兵詣行在。光武從耿弇計，不就徵，而更發兵擊銅馬諸賊，次第破降之，南徇河内，河内降。時赤眉自潁川而西行入長安，光武將北徇燕、趙。度赤眉必破長安，又欲乘釁幷關中，乃令鄧禹西入關，而命寇恂守河内，使恂繕兵積粟，爲河北根本。恂遂與更始將朱鮪等相持於洛陽。既而燕、趙悉定，乃即位于鄗南。今北直柏鄉縣北二十里故鄗城是。

光武改曰高邑。鄧禹亦略定河東，自汾陰渡河而西。汾陰，見今山西河津縣。吴漢等諸將共圍洛陽，洛陽下，遂定都焉。

又 卷五一《河南六·南陽府》 及光武中興，肇自南陽，於是建爲南都。張衡《賦》曰：爾其地勢，則武關闞其西，桐柏揭其東，流滄浪而爲隍滄浪，卽漢水，在府南界，廓方城以爲墉方城，見裕州，湯穀湧其後府北紫山有湯穀。道元曰：此指梁縣之湯泉。今見汝州，淯水蕩其胸，推淮引湍，三方是通。【略】南陽光武所興，有高山峻嶺，可以控扼，寬城平野，可以屯兵，西鄰關陝，可以召將士，東達江淮，可以運穀粟，南通荆湘、巴蜀，可以取貨財，北距三都開封、河南、歸德也，可以遣救援。暫議駐蹕，乃還汴都。策無出於此。又熊剛大曰：南陽北連中原，東通吴會，西接巴蜀，南控蠻越，故諸葛武侯嘗以爲用武之國。【略】

光武起于宛、鄧，遂收洛陽。既而赤眉以山東之衆，西出陸渾，直走弘農。是時，汝、潁之間，幾于無日不戰也。東京既宅，南梁近在畿甸，路通宛、洛，巡幸屢經，因建爲苑囿。

清·楊守敬《水經注疏》卷五《河水五》 今河北見者，河陽城故縣也，在治阪西北，蓋晉之温地，故羣儒有温之論矣。《魏土地記》曰：治阪城舊名漢祖渡，守敬按：《史記·高祖本紀》，二年，南渡平陰津。治阪在平陰東，相去不遠。又《後漢書·光武帝紀》，更始元年，自治陽北度河。建武元年八月，幸河陽，十月，入洛陽，此正其濟渡處也。城險固，南臨孟津河。朱此下有洛陽西北四十二里故鄧鄉矣十二字，趙同，戴移入上卷末。河水右逕臨平亭北。

又 卷一六《谷水》 谷水又逕河南王城北，戴北上增西字。守敬按：非也。上文逕王城西北，此不得復逕西北。《括地志》，故王城一名河南城，故此連稱河南王城。【略】光武都洛陽，以爲尹。尹，正也，守敬按：《續漢志》，世祖都雒陽，建武十五年改河南郡曰河南尹。劉昭《注》引應劭《漢官》曰，尹，正也。所以董正京畿，率先百郡也。

定都洛陽分部

綜述

漢·劉珍等《東觀漢記》卷一《世祖光武皇帝》 六月己未，卽皇帝位，改元爲建武。【略】十月，帝入雒陽，幸南宫，遂定都焉。

《後漢書》卷一《光武帝紀》 六月己未，卽皇帝位。燔燎告天，禋于六宗，望於羣神。其祝文曰：『皇天上帝，后土神祇，眷顧降命，屬秀黎元，爲人父母，秀不敢當。羣下百辟，不謀同辭，咸曰：「王莽篡位，秀發憤興兵，破王尋、王邑於昆陽，誅王郎、銅馬於河北，平定天下，海内蒙恩。上當天地之心，下爲元元所歸。」讖記曰：「劉秀發兵捕不道，卯金修德爲天子。」秀猶固辭，至于再，至于三。羣下僉曰：「皇天大命，不可稽留。」敢不敬承。』於是建元爲建武，大赦天下，改鄗爲高邑。

【略】

秋七月辛未，拜前將軍鄧禹爲大司徒。丁丑，以野王令王梁爲大司空。壬午，以大將軍吴漢爲大司馬，偏將軍景丹爲驃騎大將軍，大將軍耿弇爲建威大將軍，偏將軍蓋延爲虎牙大將軍，偏將軍朱祐爲建義大將軍，中堅將軍杜茂爲大將軍。

己亥，幸懷。遣耿弇率强弩將軍陳俊軍五社津，備滎陽以東。使吴漢率朱祐及廷尉岑彭、執金吾賈復、揚化將軍堅鐔等十一將軍圍朱鮪於洛陽。

八月壬子，祭社稷。癸丑，祠高祖、太宗、世宗於懷宮。進幸河陽。更始廩丘王田立降。

九月，赤眉入長安，更始奔高陵。辛未，詔曰：『更始破敗，棄城逃走，妻子裸袒，流冗道路。朕甚愍之。今封更始爲淮陽王。吏人敢有賊害者，罪同大逆。』【略】

甲申，以前（高）密令卓茂爲太傅。

辛卯，朱鮪舉城降。

冬十月癸丑，車駕入洛陽，幸南宮卻非殿，遂定都焉。

晉・袁宏《後漢紀》卷四《光武皇帝紀》 二年春正月【略】壬辰，立宗廟社稷于洛陽。

宋・司馬光《司馬温公稽古録》卷一三 漢光武帝秀建武元年漢劉盆子建立世、漢盧芳、成龍興元。

一、夏，帝卽位於鄗。

二、隗囂逃還天水。

三、赤眉立劉盆子爲帝。

四、秋，赤眉克長安，殺更始。

五、冬，帝都洛陽。

宋・袁樞《通鑑紀事本末》卷五《光武中興》 是時，諸賊銅馬、大彤、高湖、重連、鐵脛、大槍、尤來、上江、青犢、五校、五幡、五樓、富平、獲索等各領部曲，衆合數百萬人，所在寇掠。蕭王欲擊之，乃拜吳漢、耿弇俱爲大將軍，持節北發幽州十郡突騎。苗曾聞之，陰敕諸部不得應調。吳漢將二十騎先馳至無終，曾出迎於路，漢卽收曾，斬之。耿弇到上谷，亦收韋順、蔡充斬之。北州震駭，於是悉發其兵。

秋，蕭王擊銅馬於鄡，吳漢將突騎來會清陽，士馬甚盛，漢悉上兵簿於幕府，請所付與，不敢自私，王益重之。王以偏將軍沛國朱浮爲大將軍、幽州牧，使治薊城。銅馬食盡夜遁，蕭王追擊於館陶，大破之。受降未盡，而高湖、重連從東南來與銅馬餘衆合，蕭王復與大戰於蒲陽，悉破降之，封其渠帥爲列侯。諸將未能信賊，降者亦不自安。王知其意，敕令降者各歸營勒兵，自乘輕騎按行部陳。降者更相語曰：『蕭王推赤心置人腹中，安得不投死乎！』由是皆服，悉以降人分配諸將，衆遂數十萬。赤眉别帥與青犢、上江、大彤、鐵脛、五幡十餘萬衆在射犬，蕭王引兵進擊，大破之。南徇河內，河內太守韓歆降。

冬，蕭王將北徇燕、趙，度赤眉必破長安，又欲乘釁幷關中而未知所寄，乃拜鄧禹爲前將軍，中分麾下精兵二萬人，遣西入關，令自選偏裨以下可與俱者。時朱鮪、李軼、田立、陳僑將兵號三十萬，與河南太守武勃共守洛陽，鮑永、田邑在幷州。蕭王以河內險要富實，欲擇諸將守河內者而難其人，問於鄧禹，禹曰：『寇恂文武備足，有牧民御衆之才，非此子莫可使也。』乃拜恂河內太守，行大將軍事。蕭王謂恂曰：『昔高祖留蕭何關中，吾今委公以河內。當給足軍糧，率厲士馬，防遏他兵，勿令北度而已。』拜馮異爲孟津將軍，統魏郡、河內兵於河上，以拒洛陽。蕭王親送鄧禹至野王，禹既西，蕭王乃復引兵而北。寇恂調糇糧，治器械以供軍，軍雖遠征，未嘗乏絶。

漢光武建武元年春正月，鄧禹至箕關，擊破河東都尉，進圍安邑。

夏四月，蕭王北擊尤來、大槍、五幡於元氏，追至北平，連破之；又戰於順水北，乘勝輕進，反爲所敗。王自投高岸，遇突騎王豐下馬授王，王僅而得免，散兵歸保范陽。軍中不見王，或云已歿，諸將不知所爲。吳漢曰：『卿曹努力，王兄子在南陽，何憂無主？』衆恐懼數日乃定。賊雖戰勝，而憚王威名，夜，遂引去。大軍復追至安次，連戰，破之。賊退入漁陽，所過虜掠。强弩將軍陳俊言於王曰：『戰無輜重，宜令輕騎出賊前，使百姓各自堅壁以絶其食，可不戰而殄也。』王然之，遣俊將輕騎馳出賊前，視人保壁堅完者，敕令固守；放散在野者，因掠取之。賊至，無所得，遂散敗。王謂俊曰：『困此虜者，將軍策也。』

馮異遺李軼書，爲陳禍福，勸令歸附蕭王。軼知長安已危，而以伯升之死，心不自安，乃報書曰：『軼本與蕭王首謀造漢，今軼守洛陽，將軍鎮孟津，俱據機軸，千載一會，思成斷金。唯深達蕭王，願進愚策以佐國安民。』軼自通書之後，不復與異爭鋒，故異得天井關，拔上黨兩城，又南下河南城皐已東十三縣，降者十餘萬。武勃將萬餘人攻諸畔者，異與戰於士鄉下，大破，斬勃；軼閉門不救。異見其信效，具以白王。王報異曰：『季文多詐，人不能得其要領。今移其書告守、尉當警備者。』衆皆怪王宣露軼書。朱鮪聞之，使人刺殺軼，由是城中乖離，多有降者。

朱鮪聞王北征而河內孤，乃遣其將蘇茂、校强將兵三萬餘人度鞏河攻温。鮪自將數萬人攻平陰以綴異。檄書至河內，寇恂卽勒軍馳出，並移告屬縣，發兵會温下。軍吏皆諫曰：『今洛陽兵度河，前後不絶，宜待衆軍畢集，乃可出也。』恂曰：『温，郡之藩蔽，失温則郡不自守。』遂馳赴之。旦日，合戰，而馮異遣救及諸縣兵適至，恂令士卒乘城鼓譟，大呼而言曰：『劉公兵到！』蘇茂軍聞之，陳動；恂因奔擊，大破之。馮異亦度河擊朱鮪，鮪走；異與恂追至洛陽，環城一匝而歸。自是洛陽震恐，

城門晝閉。

異、恂移檄上狀，諸將入賀因上尊號。將軍南陽馬武先進曰：『大王執雖謙退，奈宗廟、社稷何！宜先卽尊位，乃議征伐。今此誰賊而馳騖擊之乎？』王驚曰：『何將軍出此言？可斬也！』乃引軍還薊。復遣吳漢率耿弇、景丹等十三將軍追尤來等，斬首萬三千餘級，遂窮追至浚靡而還。賊散入遼西、遼東，爲烏桓、貊人所鈔擊略盡。

都護將軍賈復與五校戰於眞定，復傷瘡甚。王大驚曰：『我所以不令賈復別將者，爲其輕敵也。果然失吾名將！聞其婦有孕，生女耶，我子娶之；生男耶，我女嫁之，不令其憂妻子也。』復病尋愈，追及王於薊，相見甚讙。

還至中山，諸將復上尊號，王又不聽。行到南平棘，諸將復固請之，王不許。諸將且出，耿純進曰：『天下士大夫捐親戚，棄土壤，從大王於矢石之間者，其計固望攀龍鱗，附鳳翼，以成其所志耳。今大王留時逆衆，不正號位，純恐士大夫望絶計窮，則有去歸之思，無爲久自苦也。大衆一散，難可復合。』純言甚誠切，王深感曰：『吾將思之。』

行至鄗，召馮異詣鄗，問四方動靜。異曰：『更始必敗，宗廟之憂在於大王，宜從衆議。』會儒生强華自關中奉赤伏符來詣王，曰：『劉秀發兵捕不道，四夷雲集龍鬬野，四七之際火爲主。』羣臣因復奏請。六月己未，王卽皇帝位於鄗南，改元，大赦。

秋七月己亥，帝使吳漢率建義大將軍朱祐等十一將圍朱鮪於洛陽。

諸將圍洛陽數月，朱鮪堅守不下，帝以廷尉岑彭嘗爲鮪校尉，令往説之。鮪在城上，彭在城下，爲陳成敗。鮪曰：『大司徒被害時，鮪與其謀，又諫更始無遣蕭王北伐，誠自知罪深，不敢降。』彭還，具言於帝。帝曰：『舉大事者不忌小怨，鮪今若降，官爵可保，況誅罰乎？河水在此，吾不食言！』彭復往告鮪，鮪從城上下索曰：『必信，可乘此上。』彭趣索欲上，鮪見其誠，卽許降。辛卯，朱鮪面縛，與岑彭俱詣河陽。帝解其縛，召見之，復令彭夜送鮪歸城。明旦，與蘇茂等悉其衆出降。拜鮪爲平狄將軍，封扶溝侯。冬十月癸丑，車駕入洛陽，幸南宮，遂定都焉。

宋·黃震《古今紀要》卷三　後漢光武昆陽之戰，尋邑兵，號百萬，秀奔之，莽兵大潰。於是四方豪傑響應，秀持節鎮慰河北，除莽虐政，復漢官名，吏民喜悦。北至薊，會王郎據邯鄲，秀欲發還。用邳彤説，進攻邯鄲，拔之；擊銅馬，降之；南徇河北亦降，命寇恂守河内以拒洛陽，遣鄧禹西入關，自引兵北徇燕趙，圍朱鮪，降之，入都洛陽。

藝文

清·愛新覺羅·弘曆《御製詩四集》卷四九《全韻詩上去入聲七十六首古體詩一首·漢光武帝》　白水神徵，赤符天挺。以武開基，以文定鼎。中興稱質，殷中宗並。非退功臣，保全心永。雖進文吏，察政意整。敕幾攬綱，躬勞識迥。神道設教，纖緯是聽。欲罷桓譚，失之悻悻。

雜録

唐·馬總《意林》卷四《風俗通義》　光武車駕都洛陽，載素簡紙經凡二千輛。

宋·李昉等《太平御覽》卷一五五《郡部一·敘京都》　光武以武信侯進封蕭王，在禹、貢、徐州之域，於周以封子姓之別附庸，事在春秋，於漢屬豫州，今沛國蕭是也。及卽位於鄗，更名高邑。建武元年，始都洛陽。故成周之舊基城，東西六里一十步，南北九里一百步，是以時人謂洛陽爲東京，長安爲西京。

宋·沈樞《通鑑總類》卷一《父老見漢世祖喜稱復見漢官威儀》　更始元年冬十月，更始將都洛陽，以劉秀行司隷校尉，使前整修宮府。秀乃置僚屬，作文移，從事司察，一如舊章。時三輔吏士東迎更始，見諸將過，皆冠幘而服婦人衣，莫不笑之。及見司隷僚屬，皆歡喜不自勝。老吏或垂涕曰：『不圖今日復見漢官威儀！』由是識者皆屬心焉。

光武帝平赤眉分部

綜述

《後漢書》卷一上《光武帝紀上》（更始元年十月）進至邯鄲，故趙繆王子林説光武曰：『赤眉今在河東，但決水灌之，百萬之衆可使爲魚。』光武不答，去之眞定。林於是乃詐以卜者王郎爲成帝子子輿，十二月，立郎爲天子，都邯鄲，遂遣使者降下郡國。

二年正月，光武以王郎新盛，乃北徇薊。王郎移檄購光武十萬户，而故廣陽王子劉接起兵薊中以應郎，城内擾亂，轉相驚恐，言邯鄲使者方到，二千石以下皆出迎。於是光武趣駕南轅，晨夜不敢入城邑，舍食道傍。至饒陽，官屬皆乏食。光武乃自稱邯鄲使者，入傳舍。傳吏方進食，從者飢，爭奪之。傳吏疑其僞，乃椎鼓數十通，紿言邯鄲將軍至，官屬皆失色。光武升車欲馳，既而懼不免，徐還坐，曰：『請邯鄲將軍入。』久乃駕去。傳中人遥語門者閉之。門長曰：『天下詎可知，而閉長者乎？』遂得南出。晨夜兼行，蒙犯霜雪，天時寒，面皆破裂。至呼沱河，無船，適遇冰合，得過，未畢數車而陷。進至下博城西，遑惑不知所之。有白衣老父在道旁，指曰：『努力！信都郡爲長安守，去此八十里。』光武卽馳赴之，信都太守任光開門出迎。世祖因發旁縣，得四千人，先擊堂陽、貰縣，皆降之。王莽和成卒正邳彤亦舉郡降。又昌城人劉植，宋子人耿純，各率宗親子弟，據其縣邑，以奉光武。於是北降下曲陽，衆稍合，樂附者至有數萬人。

復北擊中山，拔盧奴。所過發奔命兵，移檄邊部，共擊邯鄲，郡縣還復回應。南擊新市、眞定、元氏、防子，皆下之，因入趙界。

時王郎大將李育屯柏人，漢兵不知而進，前部偏將朱浮、鄧禹爲育所破，亡失輜重。光武在後聞之，收浮、禹散卒，與育戰于郭門，大破之，盡得其所獲。育還保城，攻之不下，於是引兵拔廣阿。會上谷大守耿況、漁陽太守彭寵各遣其將吳漢、寇恂等將突騎來助擊王郎，更始亦遣尚書僕射謝躬討郎，光武因大饗士卒，遂東圍巨鹿。王郎守將王饒堅守，月餘不下。郎遣將倪宏、劉奉率數萬人救鉅鹿，光武逆戰于南䜌，斬首數千級。四月，進圍邯鄲，連戰破之。五月甲辰，拔其城，誅王郎。收文書，得吏人與郎交關謗毁者數千章。光武不省，會諸將軍燒之，曰：『令反側子自安。』

更始遣侍御史持節立光武爲蕭王，悉令罷兵詣行在所。光武辭以河北未平，不就徵。自是始貳於更始。

是時，長安政亂，四方背叛。梁王劉永擅命睢陽，公孫述稱王巴蜀，李憲自立爲淮南王，秦豐自號楚黎王，張步起琅邪，董憲起東海，延岑起漢中，田戎起夷陵，並置將帥，侵略郡縣。又別號諸賊銅馬、大肜、高湖、重連、鐵脛、大搶、尤來、上江、青犢、五校、檀鄉、五幡、五樓、富平、獲索等，各領部曲，衆合數百萬人，所在寇掠。【略】

赤眉別帥與大肜、青犢十餘萬衆在射犬，光武進擊，大破之，衆皆散走。使吳漢、岑彭襲殺謝躬於鄴。青犢、赤眉賊入函谷關，攻更始。光武乃遣鄧禹率六裨將引兵而西，以更始、赤眉之亂。時更始使大司馬朱鮪、舞陰王李軼等屯洛陽，光武亦令馮異守孟津以拒之。【略】

是月（六月），赤眉立劉盆子爲天子。

甲子，前將軍鄧禹擊更始定國公王匡于安邑，大破之，斬其將劉均。

秋七月辛未，拜前將軍鄧禹爲大司徒。丁丑，以野王令王梁爲大司空。壬午，以大將軍吳漢爲大司馬，偏將軍景丹爲驃騎大將軍，大將軍耿弇爲建威大將軍，偏將軍蓋延爲虎牙大將軍，偏將軍朱祐爲建義大將軍，中堅將軍杜茂爲大將軍。

時，宗室劉茂自號『厭新將軍』，率衆降，封爲中山王。

己亥，幸懷。遣耿弇率强弩將軍陳俊軍五社津，備滎陽以東。使吳漢率朱祐及廷尉岑彭、執金吾賈復、揚化將軍堅鐔等十一將軍圍朱鮪於洛陽。

八月壬子，祭社稷。癸丑，祠高祖、太宗、世宗于懷宮。進幸河陽。更始廩丘王田立降。

九月，赤眉入長安，更始奔高陵。辛未，詔曰：『更始破敗，棄城逃走，妻子裸袒，流冗道路。朕甚湣之。今封更始爲淮陽王。吏人敢有賊害

者，罪同大逆。』

甲申，以前密令卓茂爲太傅。

辛卯，朱鮪舉城降。

冬十月癸丑，車駕入洛陽，幸南宮卻非殿，遂定都焉。

遣岑彭擊荆州羣賊。【略】

十二月丙戌，至自懷。

赤眉殺更始，而隗囂據隴右，盧芳起安定。破虜大將軍叔壽擊五校賊于曲梁，戰歿。

二年春正月甲子朔，日有食之。大司馬吴漢率九將軍擊檀鄉賊於鄴東，大破降之。庚辰，封功臣皆爲列侯，大國四縣，餘各有差。下詔曰：『人情得足，苦於放縱，快須臾之欲，忘慎罰之義。惟諸將業遠功大，誠欲傳於無窮，宜如臨深淵，如履薄冰，戰戰慄慄，日慎一日。其顯效未詶，各籍未立者，大鴻臚趣上，朕將差而録之。』博士丁恭議曰：『古帝王封諸侯不過百里，故利以建侯，取法于雷，强幹弱枝，所以爲治也。今封諸侯四縣，不合法制。』帝曰：『古之亡國，皆以無道，未嘗聞功臣地多而滅亡者。』乃遣謁者卽授印綬，策曰：『在上不驕，高而不危；制節謹度，滿而不溢。敬之戒之。傳爾子孫，長爲漢藩。』

壬午，更始復漢將軍鄧曄、輔漢將軍于匡降，皆復爵位。

壬子，起高廟，建社稷於洛陽，立郊兆于城南，始正火德，色尚赤。

是月，赤眉焚西京宮室，發掘園陵，寇掠關中。大司徒鄧禹入長安，遣府掾奉十一帝神主，納于高廟。【略】

（九月）延岑大破赤眉于杜陵。關中饑，民相食。

冬十一月，以廷尉岑彭爲征南大將軍，率八將軍討鄧奉於堵鄉。銅馬、青犢、尤來餘賊共立孫登爲天子于上郡。登將樂玄殺登，以其衆五萬餘人降。遣偏將軍馮異代鄧禹伐赤眉。【略】

（建武）三年春正月甲子，以偏將軍馮異爲征西大將軍，杜茂爲驃騎大將軍。大司徒鄧禹及馮異與赤眉戰於回溪，禹、異敗績。

征虜將軍祭遵破蠻中，斬張滿。辛巳，立皇考南頓君已上四廟。壬午，大赦天下。

閏月乙巳，大司徒鄧禹免。

馮異與赤眉戰於崤底，大破之，餘衆南向宜陽，帝自將征之。己亥，幸宜陽。甲辰，親勒六軍，大陳戎馬，大司馬吴漢精卒當前，中軍次之，驍騎、武衛分陳左右。赤眉望見震怖，遣使乞降。丙午，赤眉君臣面縛，奉高皇帝璽綬，詔以屬城門校尉。戊申，至自宜陽。己酉，詔曰：『羣盗縱横，賊害元元，盆子竊尊號，亂惑天下。朕奮兵討擊，應時崩解，十餘萬衆束手降服，先帝璽綬歸之王府。斯皆祖宗之靈，士人之力，朕曷足以享斯哉！其擇吉日祠高廟，賜天下長子當爲父後者爵，人一級。』

又　卷一一《劉玄傳》　（更始二年）十二月，赤眉西入關。

三年正月，平陵人方望立前孺子劉嬰爲天子。初，望見更始政亂，度其必敗，謂安陵人弓林等曰：『前定安公嬰，平帝之嗣，雖王莽篡奪，而嘗爲漢主。今皆云劉氏眞人，當更受命，欲共定大功，何如？』林等然之，乃于長安求得嬰，將至臨涇立之。聚黨數千人，望爲丞相，林爲大司馬。更始遣李松與討難將軍蘇茂等擊破，皆斬之。又使蘇茂拒赤眉于弘農，茂軍敗，死者千餘人。

三月，遣李松會朱鮪與赤眉戰於蓩鄉，松等大敗，棄軍走，死者三萬餘人。

時王匡、張卬守河東，爲鄧禹所破，還奔長安。卬與諸將議曰：『赤眉近在鄭、華陰間，旦暮且至。今獨有長安，見滅不久，不如勒兵掠城中以自富，轉攻所在，東歸南陽，收宛王等兵。事若不集，復入湖池中爲盗耳。』申屠建、廖湛等皆以爲然，共入説更始。更始怒不應，莫敢復言。及赤眉立劉盆子，更始使王匡、陳牧、成丹、趙萌屯新豐，李松軍掫，以拒之。

張卬、廖湛、胡殷、申屠建等與御史大夫隗囂合謀，欲以立秋日貙膢時共劫更始，俱成前計。侍中劉能卿知其謀，以告之。更始託病不出，召張卬等。卬等皆入，將悉誅之，唯隗囂不至。更始狐疑，使卬等四人且待於外廬。卬與湛、殷疑有變，遂突出，獨申屠建在，更始斬之。卬與湛、殷遂勒兵掠東西市。昏時，燒門入，戰于宮中，更始大敗。明旦，將妻子車騎百餘，東奔趙萌于新豐。

更始復疑王匡、陳牧、成丹與張卬等同謀，乃並召入。牧、丹先至，卽斬之。王匡懼，將兵入長安，與趙萌共攻

匡、卬於城內。連戰月餘，匡等敗走，更始徙居長信宮。赤眉至高陵，匡等迎降之，遂共連兵而進。更始守城，使李松出戰，敗，死者二千餘人，赤眉生得松。時松弟汎爲城門校尉，赤眉使使謂之曰：『開城門，活汝兄。』汎卽開門。九月，赤眉入城。更始單騎走，從廚城門出，諸婦女從後連呼曰：『陛下，當下謝城！』更始卽下拜，復上馬去。

初，侍中劉恭以赤眉立其弟盆子，自繫詔獄；聞更始敗，乃出，步從至高陵，止傳舍。右輔都尉嚴本恐失更始爲赤眉所誅，將兵在外，號爲屯衛而實囚之。赤眉下書曰：『聖公降者，封長沙王。過二十日，勿受。』更始遣劉恭請降，赤眉使其將謝祿往受之。

十月，更始遂隨祿肉袒詣長樂宮，上璽綬於盆子。赤眉坐更始，置庭中，將殺之。劉恭、謝祿爲請，不能得，遂引更始出。劉恭追呼曰：『臣誠力極，請得先死。』拔劍欲自刎，赤眉帥樊崇等遽共救止之，乃赦更始，封爲畏威侯。劉恭復爲固請，竟得封長沙王。更始常依謝祿居，劉恭亦擁護之。

三輔苦赤眉暴虐，皆憐更始，而張卬等以爲慮，謂祿曰：『今諸營長多欲篡聖公者。一旦失之，合兵攻公，自滅之道也。』於是祿使從兵與更始共牧馬於郊下，因令縊殺之。劉恭夜往收臧其屍。光武聞而傷焉。詔大司徒鄧禹葬之於霸陵。

又《劉盆子傳》 後數歲，琅邪人樊崇起兵於莒，衆百餘人，轉入太山，自號三老。時青、徐大饑，寇賊蜂起，衆盜以崇勇猛，皆附之，一歲間至萬餘人。崇同郡人逄安，東海人徐宣、謝祿、楊音，各起兵，合數萬人，復引從崇。共還攻莒，不能下，轉掠至姑幕，因擊王莽探湯侯田況，大破之，殺萬餘人，遂北入青州，所過虜掠。還至太山，留屯南城。初，崇等以困窮爲寇，無攻城徇地之計。衆既浸盛，乃相與爲約：殺人者死，傷人者償創。以言辭爲約束，無文書、旌旗、部曲、號令。其中最尊者號三老，次從事，次卒史，汎相稱曰巨人。王莽遣平均公廉丹、太師王匡擊之。崇等欲戰，恐其衆與莽兵亂，乃皆朱其眉以相識別，由是號曰赤眉。赤眉遂大破丹、匡軍，殺萬餘人，追至無鹽，廉丹戰死，王匡走。崇又引其兵十餘萬，復還圍莒，數月。或說崇曰：『莒，父母之國，奈何攻之？』乃解去。時呂母病死，其衆分入赤眉、青犢、銅馬中。赤眉遂寇東海，與王莽沂平大尹戰，敗，死者數千人，乃引去，掠楚、沛、汝南、潁川，還入陳留，攻拔魯城，轉至濮陽。

會更始都洛陽，遣使降崇。崇等聞漢室復興，卽留其兵，自將渠帥二十餘人，隨使者至洛陽降更始，皆封爲列侯。崇等既未有國邑，而留衆稍有離叛，乃遂亡歸其營，將兵入潁川，分其衆爲二部，崇與逄安爲一部，徐宣、謝祿、楊音爲一部。崇、安攻拔長社，南擊宛，斬縣令，而宣、祿等亦拔陽翟，引之梁，擊殺河南太守。赤眉衆雖數戰勝，而疲敝厭兵，皆日夜愁泣，思欲東歸。崇等計議，慮衆東向必散，不如西攻長安。更始二年冬，崇、安自武關，宣等從陸渾關，兩道俱入。三年正月，俱至弘農，與更始諸將連戰克勝，衆遂大集。乃分萬人爲一營，凡三十營，營置三老、從事各一人。進至華陰。

軍中常有齊巫鼓舞祠城陽景王，以求福助。巫狂言景王大怒，曰：『當爲縣官，何故爲賊？』有笑巫者輒病，軍中驚動。時方望弟陽怨更始殺其兄，乃逆說崇等曰：『更始荒亂，政令不行，故使將軍得至於此。今將軍擁百萬之衆，西向帝城，而無稱號，名爲羣賊，不可以久。不如立宗室，挾義誅伐。以此號令，誰敢不服？』崇等以爲然，而巫言益盛。前及鄭，乃相與議曰：『今迫近長安，而鬼神如此，當求劉氏共尊立之。』六月，遂立盆子爲帝，自號建世元年。

初，赤眉過式，掠盆子及二兄恭、茂，皆在軍中。恭少習《尚書》，略通大義。及隨崇等降更始，卽封爲式侯。以明經數言事，拜侍中，從更始在長安。盆子與茂留軍中，屬右校卒史劉俠卿，主芻牧牛，號曰牛吏。及崇等欲立帝，求軍中景王後者，得七十餘人，唯盆子與茂及前西安侯劉孝最爲近屬。崇等議曰：『聞古天子將兵稱上將軍。』乃書劄爲符曰『上將軍』，又以兩空劄置笥中，遂于鄭北設壇場，祠城陽景王。諸三老、從事皆大會陛下，列盆子等三人居中立，以年次探劄。盆子最幼，後探得符，諸將乃皆稱臣拜。盆子時年十五，被髮徒跣，敝衣赭汗，見衆拜，恐畏欲啼。茂謂曰：『善藏符。』盆子卽齧折棄之，復還依俠卿。俠卿爲制絳單衣、半頭赤幘、直綦履，乘軒車大馬，赤屏泥，絳襜絡，而猶從牧兒遨。

崇雖起勇力而爲衆所宗，然不知書數。徐宣故縣獄吏，能通《易

經》。遂共推宣爲丞相、崇御史大夫、逄安左大司馬、謝禄右大司馬，自楊音以下皆爲列卿。

軍及高陵，與更始叛將張卬等連和，遂攻東都門，入長安城，更始來降。

盆子居長東宮，諸將日會論功，爭言讙呼，拔劍擊柱，不能相一。三輔郡縣營長遣使貢獻，兵士輒剽奪之。又數虜暴吏民，百姓保壁，由是皆復固守。至臘日，崇等乃設樂大會，盆子坐正殿，中黄門持兵在後，公卿皆列坐殿上。酒未行，其中一人出刀筆書謁欲賀，其餘不知書者請起之，各各屯聚，更相背向。大司農楊音按劍罵曰：『諸卿皆老傭也！今日設君臣之禮，反更殽亂，兒戲尚不如此，皆可格殺！』更相辯鬬，而兵衆遂各逾宫斬關，入掠酒肉，互相殺傷。衛尉諸葛稚聞之，勒兵入，格殺百餘人，乃定。盆子惶恐，日夜啼泣，獨與中黄門共臥起，唯得上觀閣而不聞外事。

時掖庭中宫女猶有數百千人，自更始敗後，幽閉殿内，掘庭中蘆菔根，捕池魚而食之，死者因相埋于宫中。有故祠甘泉樂人，尚共擊鼓歌舞，衣服鮮明，見盆子叩頭言飢。盆子使中黄門稟之米，人數斗。後盆子去，皆餓死不出。

劉恭見赤眉衆亂，知其必敗，自恐兄弟俱禍，密教盆子歸璽綬，習爲辭讓之言。建武二年正朔，崇等大會，劉恭先曰：『諸君共立恭弟爲帝，德誠深厚。立且一年，殽亂日甚，誠不足以相成。恐死而無所益，願得退爲庶人，更求賢知，唯諸君省察。』崇等謝曰：『此皆崇等罪也。』恭復固請。或曰：『此寧式侯事邪！』恭惶恐起去。盆子乃下牀解璽綬，叩頭曰：『今設置縣官而爲賊如故。吏人貢獻，輒見剽劫，流聞四方，莫不怨恨，不復信向。此皆立非其人所致，願乞骸骨，避賢聖。必欲殺盆子以塞責者，無所離死。誠冀諸君肯哀憐之耳！』因涕泣噓唏。崇等及會者數百人，莫不哀憐之，乃皆避席頓首曰：『臣無狀，負陛下。請自今已後，不敢復放縱。』因共抱持盆子，帶以璽綬。盆子號呼不得已。既罷出，各閉營自守，三輔翕然，稱天子聰明。百姓爭還長安，市里且滿。

後二十餘日，赤眉貪財物，復出大掠。城中糧食盡，遂收載珍寶，因大縱火燒宫室，引兵而西。過祠南郊，車甲兵馬最爲猛盛，衆號百萬。盆子乘王車，駕三馬，從數百騎。乃自南山轉掠城邑，與更始將軍嚴春戰於郿，破春，殺之，遂入安定、北地。至陽城、番須中，逢大雪，坑谷皆滿，士多凍死，乃復還，發掘諸陵，取其寶貨，遂汙辱呂后屍，凡賊所發，有玉匣殮者率皆如生，故赤眉得多行淫穢。大司徒鄧禹時在長安，遣兵擊之于郁夷，反爲所敗，禹乃出之雲陽。九月，赤眉復入長安，止桂宫。

時漢中賊延岑出散關，屯杜陵，逄安將十餘萬人擊之。鄧禹以逄安精兵在外，唯盆子與羸弱居城中，乃自往攻之。會謝禄救至，夜戰稾街中，禹兵敗走。延岑及更始將軍李寶合兵數萬人，與逄安戰于杜陵。岑等大敗，死者萬餘人，寶遂降安，而延岑收散卒走。寶乃密使人謂岑曰：『子努力還戰，吾當於内反之，表裏合勢，可大破也。』岑卽還挑戰，安等空營擊之，寶從後悉拔赤眉旌幟，更立己幡旗。安等戰疲還營，見旗幟皆白，大驚亂走，自投川谷，死者十餘萬，逄安與數千人脱歸長安。時三輔大亂，人相食，城郭皆空，白骨蔽野，遺人往往聚爲營保，各堅守不下。赤眉虜掠無所得，十二月，乃引而東歸，衆尚二十餘萬，隨道復散。

光武乃遣破姧將軍侯進等屯新安，建威大將軍耿弇等屯宜陽，分爲二道，以要其還路。敕諸將曰：『賊若東走，可引宜陽兵會新安，賊若南走，可引新安兵會宜陽。』明年正月，鄧禹自河北度，擊赤眉于湖，禹復敗走，赤眉遂出關南向。征西大將軍馮異破之於崤底。帝聞，乃自將幸宜陽，盛兵以邀其走路。

赤眉忽遇大軍，驚震不知所爲，乃遣劉恭乞降，曰：『盆子將百萬衆降，陛下何以待之？』帝曰：『待汝以不死耳。』樊崇乃將盆子及丞相徐宣以下三十餘人肉袒降。上所得傳國璽綬，更始七尺寶斂及玉璧各一。積兵甲宜陽城西，與熊耳山齊。帝令縣廚賜食，衆積困餧，十餘萬人皆得飽飫。明旦，大陳兵馬臨洛水，令盆子君臣列而觀之。謂盆子曰：『自知當死不？』對曰：『罪當應死，猶幸上憐赦之耳。』帝笑曰：『兒大黠，宗室無蚩者。』又謂崇等曰：『得無悔降乎？朕今遣卿歸營勒兵，鳴鼓相攻，決其勝負，不欲强相服也。』徐宣等叩頭曰：『臣等出長安東都門，君臣計議，歸命聖德。百姓可與樂成，難與圖始，故不告衆耳。今日得降，猶去虎口歸慈母，誠歡誠喜，無所恨也。』帝曰：『卿所謂鐵中錚

錚，庸中佼佼者也。』又曰：『諸卿大爲無道，所過皆夷滅老弱，溺社稷，汙井竈。然猶有三善：攻破城邑，周遍天下，本故妻婦無所改易，是一善也；立君能用宗室，是二善也；餘賊立君，迫急皆持其首降，自以爲功，諸卿獨完全以付朕，是三善也。』乃令各與妻子居洛陽，賜宅人一區，田二頃。

其夏，樊崇、逄安謀反，誅死。楊音在長安時，遇趙王良有恩，賜爵關内侯，與徐宣俱歸鄉里，卒於家。劉恭爲更始報殺謝禄，自繫獄，赦不誅。

帝憐盆子，賞賜甚厚，以爲趙王郎中。後病失明，賜滎陽均輸官地，以爲列肆，使食其税終身。

又　卷一七《馮異傳》　異乃遺李軼書曰：『愚聞明鏡所以照形，往事所以知今。昔微子去殷而入周，項伯畔楚而歸漢。周勃迎代王而黜少帝，霍光尊孝宣而廢昌邑。彼皆畏天知命，睹存亡之符，見廢興之事，故能成功于一時，垂業于萬世也。苟令長安尚可扶助，延期歲月，疏不間親，遠不逾近，季文豈能居一隅哉？今長安壞亂，赤眉臨郊，王侯構難，大臣乖離，綱紀已絶，四方分崩，異姓並起，是故蕭王跋涉霜雪，經營河北。方今英俊雲集，百姓風靡，雖邠岐慕周，不足以喻。季文誠能覺悟成敗，亟定大計，論功古人，轉禍爲福，在此時矣。如猛將長驅，嚴兵圍城，雖有悔恨，亦無及已。』

初，軼與光武首結謀約，加相親愛，及更始立，反共陷伯升。雖知長安已危，欲降又不自安。乃報異書曰：『軼本與蕭王首謀造漢，結死生之約，同榮枯之計。今軼守洛陽，將軍鎮孟津，俱據機軸，千載一會，思成斷金。惟深達蕭王，願進愚策，以佐國安人。』軼自通書之後，不復與異爭鋒，故異因此得北攻天井關，拔上黨兩城，又南下河南成皋已東十三縣，及諸屯集，皆平之，降者十餘萬。武勃將萬餘人攻諸畔者，異引軍度河，與勃戰於士鄉下，大破斬勃，獲首五千餘級，軼又閉門不救。異見其信效，具以奏聞。光武故宣露軼書，令朱鮪知之。鮪怒，遂使人刺殺軼。由是城中乖離，多有降者。鮪乃遣討難將軍蘇茂將數萬人攻温，鮪自將數萬人攻平陰以綴異。異遣校尉護軍將兵，與寇恂合擊茂，破之。異因度河擊鮪，鮪走，異追至洛陽，環城一匝而歸。

移檄上伏，諸將皆入賀，並勸光武卽帝位。光武乃召異詣鄗，問四方動静。異曰：『三王反畔，更始敗亡，天下無主，宗廟之憂，在於大王。宜從衆議，上爲社稷，下爲百姓。』光武曰：『我昨夜夢乘赤龍上天，覺悟，心中動悸。』異因下席再拜賀曰：『此天命發於精神。心中動悸，大王重慎之性也。』異遂與諸將軍議上尊號。

建武二年春，定封異陽夏侯。引擊陽翟賊嚴終、趙根，破之。詔異歸家上冢，使太中大夫齎牛、酒，令二百里内太守、都尉已下及宗族會焉。

時赤眉、延岑暴亂三輔，郡縣大姓各擁兵衆，大司徒鄧禹不能定，乃遣異代禹討之。車駕送至河南，賜以乘輿七尺具劍。敕異曰：『三輔遭王莽、更始之亂，重以赤眉、延岑之酷，元元塗炭，無所依訴。今之征伐，非必略地屠城，要在平定安集之耳。諸將非不健鬭，然好虜掠。卿本能御吏士，念自修敕，無爲郡縣所苦。』異頓首受命，引而西，所至皆布威信。弘農羣盜稱將軍者十餘輩，皆率衆降異。

異與赤眉遇于華陰，相拒六十餘日，戰數十合，降其將劉始、王宣等五千餘人。三年春，遣使者卽拜異爲征西大將軍。會鄧禹率車騎將軍鄧弘等引歸，與異相遇，禹、弘要異共攻赤眉。異曰：『異與賊相拒且數十日，雖屢獲雄將，餘衆尚多，可稍以恩信傾誘，難卒用兵破也。上今使諸將屯黽池要其東，而異擊其西，一舉取之，此萬成計也。』禹、弘不從。弘遂大戰移日，赤眉陽敗，棄輜重走。車皆載土，以豆覆其上，兵士飢，爭取之。赤眉引還擊弘，弘軍潰亂。異與禹合兵救之，赤眉小卻。異以士卒飢倦，可且休，禹不聽，復戰，大爲所敗，死傷者三千餘人。禹得脱歸宜陽。異棄馬步走上回溪阪，與麾下數人歸營。復堅壁，收其散卒，招集諸營保數萬人，與賊約期會戰。使壯士變服與赤眉同，伏於道側。旦日，赤眉使萬人攻異前部，異裁出兵以救之。賊見勢弱，遂悉衆攻異，異乃縱兵大戰。日昃，賊氣衰，伏兵卒起，衣服相亂，赤眉不復識別，衆遂驚潰。追擊，大破於崤底，降男女八萬人。餘衆尚十餘萬，東走宜陽降。璽書勞異曰：『赤眉破平，士吏勞苦，始雖垂翅回溪，終能奮翼黽池，可謂失之東隅，收之桑榆。方論功賞，以答大勳。』

時赤眉雖降，衆寇猶盛：延岑據藍田，王歆據下邽，芳丹據新豐，蔣震據霸陵，張邯據長安，公孫守據長陵，楊周據谷口，呂鮪據陳倉，角

閎據汧，駱延據盩厔，任良據鄠，汝章據槐里，各稱將軍，擁兵多者萬餘，少者數千人，轉相攻擊。異且戰且行，屯軍上林苑中。延岑既破赤眉，自稱武安王，拜置牧守，欲據關中，引張邯、任良共攻異。異擊破之，斬首千餘級，諸營保守附岑者皆來降歸異。岑走攻析，異遣復漢將軍鄧曄、輔漢將軍于匡要擊岑，大破之，降其將蘇臣等八千餘人。岑遂自武關走南陽。

又《岑彭傳》 會春陵劉茂起兵，略下潁川，彭不得之官，乃與麾下數百人從河內太守邑人韓歆。會光武徇河內，歆議欲城守，彭止不聽。既而光武至懷，歆迫急迎降。光武知其謀，大怒，收歆置鼓下，將斬之。召見彭，彭因進説曰：『今赤眉入關，更始危殆，權臣放縱，矯稱詔制，道路阻塞，四方蜂起，羣雄競逐，百姓無所歸命。竊聞大王平河北，開王業，此誠皇天佑漢，士人之福也。彭幸蒙司徒公所見全濟，未有報德，旋被禍難，永恨於心。今復遭遇，願出身自效。』光武深接納之。彭因言韓歆南陽大人，可以爲用。乃貰歆，以爲鄧禹軍師。

更始大將軍呂植將兵屯淇園，彭説降之，於是拜彭爲刺奸大將軍，使督察衆營，授以常所持節，從平河北。光武即位，拜彭廷尉，歸德侯如故，行大將軍事。與大司馬吳漢，大司空王梁，建義大將軍朱祐，右將軍萬修，執金吾賈復，驍騎將軍劉植，楊化將軍堅鐔，積射將軍侯進，偏將軍馮異、祭遵、王霸等，圍洛陽數月。朱鮪等堅守不肯下。帝以彭嘗爲鮪校尉，令往説之。鮪在城上，彭在城下，相勞苦歡語如平生。彭因曰：『彭往者得執鞭侍從，蒙薦舉拔擢，常思有以報恩。今赤眉已得長安，更始爲三王所反，皇帝受命，平定燕、趙，盡有幽、冀之地，百姓歸心，賢俊雲集，親率大兵，來攻洛陽。天下之事，逝其去矣。公雖嬰城固守，將何待乎？』鮪曰：『大司徒被害時，鮪與其謀，又諫更始無遣蕭王北伐，誠自知罪深。』彭還，具言於帝。帝曰：『夫建大事者，不忌小怨。鮪今若降，官爵可保，況誅罰乎？河水在此，吾不食言。』彭復往告鮪，鮪從城上下索曰：『必信，可乘此上。』彭趣索欲上。鮪見其誠，即許降。後五日，鮪將輕騎詣彭。顧敕諸部將曰：『堅守待我。我若不還，諸君徑將大兵上轘轅，歸郾王。』乃面縛，與彭俱詣河陽。帝即解其縛，召見之，復令彭夜送鮪歸城。明旦，悉其衆出降，拜鮪爲平狄將軍，封扶溝侯。鮪，淮陽人，後爲少府，傳封累代。

又《賈復傳》 光武即位，拜爲執金吾，封冠軍侯。先度河攻朱鮪於洛陽，與白虎公陳僑戰，連破降之。建武二年，益封穰、朝陽二縣。更始郾王尹尊及諸大將在南方未降者尚多，帝召諸將議兵事，未有言，沈吟久之，乃以檄叩地曰：『郾最强，宛爲次，誰當擊之？』復率然對曰：『臣請擊郾。』帝笑曰：『執金吾擊郾，吾復何憂！大司馬當擊宛』。遂遣復與騎都尉陰識、驍騎將軍劉植南度五社津擊郾，連破之。月餘，尹尊降，盡定其地。引東擊更始淮陽太守暴汜，汜降，屬縣悉定。其秋，南擊召陵、新息，平定之。明年春，遷左將軍，別擊赤眉於新城、澠池間，連破之。與帝會宜陽，降赤眉。

又 卷二一《耿純傳》 時赤眉、青犢、上江、大彤、鐵脛、五幡十餘萬衆並在射犬，世祖引兵將擊之。純軍在前，去衆營數里，賊忽夜攻純，雨射營中，士多死傷。純勒部曲，堅守不動。選敢死二千人，俱持强弩，各傅三矢，使銜枚間行，繞出賊後，齊聲呼譟，强弩併發，賊衆驚走，追擊，遂破之。馳騎白世祖。世祖明旦與諸將俱至營，勞純曰：『昨夜困乎？』純曰：『賴明公威德，幸而獲全。』世祖曰：『大兵不可夜動，故不相救耳。軍營進退無常，卿宗族不可悉居軍中。』乃以純族人耿伋爲蒲吾長，悉令將親屬居焉。

又 卷二二《王梁傳》 建武二年，與大司馬吳漢等俱擊檀鄉，有詔軍事一屬大司馬，而梁輒發野王兵，帝以其不奉詔敕，令止在所縣，而梁復以便宜進軍。帝以梁前後違命，大怒，遣尚書宗廣持節軍中斬梁。廣不忍，乃檻車送京師。既至，赦之。月餘，以爲中郎將，行執金吾事。北守箕關，擊赤眉別校，降之。三年春，轉擊五校，追至信都、趙國，破之，悉平諸屯聚。冬，遣使者持節拜梁前將軍。

宋·張預《十七史百將傳》卷三《後漢鄧禹傳》 及赤眉西入關，更始使王匡、成丹、劉均以拒之。光武籌赤眉必破長安，欲乘釁并關中，而方有事山東，未知所寄。以禹沈深有大度，故授以西討之略。乃拜爲前將軍持節，中分麾下精兵二萬人，遣西入關，令自選偏裨以下可與俱者。建武元年，禹自箕關將入河東，河東都尉守關不開。禹攻十日，破之，獲輜重千餘乘。進圍安邑，數月未能下。更始大將軍樊參將數萬人，度大陽

欲攻禹，禹遣諸將逆擊于解南，大破之，斬參首。王匡、成丹、劉均等人合軍十餘萬，復共擊禹。禹軍不利，會日暮，戰罷，諸將見兵勢已摧，皆勸禹夜去，禹不聽。明日癸亥，匡等以六甲窮日不出，禹因得更理兵勒衆。明旦，匡悉軍出攻禹。禹令軍中無得妄動，既至營下，因傳發諸將鼓而並進，大破之。匡等皆棄軍亡走，禹率輕騎急追，獲劉均，遂定河東。光武即位，使使者持節拜禹爲大司徒，封爲酇侯。禹時年二十四。是時，三輔連覆敗，赤眉所過殘賊，百姓不知所歸。聞禹乘勝獨克而師行有紀，皆望風相攜負以迎軍，降者日以千數，衆號百萬。禹所止輒停車駐節，以勞來之。父老童稚，垂髮戴白，滿其車下，莫不感悅，於是名震關西。帝嘉之，數賜書褒美。諸將豪傑皆勸禹徑攻長安，禹曰：『不然。今吾衆雖多，能戰者少。前無可仰之積，後無轉饋之資。赤眉新拔長安，財富充實，鋒銳未可當也。夫盜賊羣居，無終日之計，財穀雖多，變故萬端，寧能堅守者也？上郡、北地、安定三郡，土廣人稀，饒穀多畜，吾且休兵北道，就糧養士，以觀其弊，乃可圖也。』於是引軍北至栒邑。禹所到，擊破赤眉別將諸營保，郡邑皆開門歸附。帝以關中未定，而禹久不進兵，下敕曰：『司徒，堯也；亡賊，桀也。長安吏人，遑遑無所依歸。宜以時進討，鎮慰西京，繫百姓之心。』禹猶執前意，遣馮愔、宗歆守栒邑。二人爭權相攻，愔遂殺歆，因反擊禹，禹遣使以聞帝。帝問使人：『愔所親愛爲誰？』對曰：『護軍黄防。』帝度愔、防不能久和，勢必相忤，因報禹曰：『縛馮愔者，必黄防也。』乃遣尚書宗廣持節降之。後月餘，防果執愔，將其衆歸罪。時赤眉西走扶風，禹乃南至長安，軍昆明池，大饗士卒。率諸將齋戒，擇吉日，修禮謁祠高廟，收十一帝神主，遣使奉詣洛陽，因循行園陵，爲置吏士奉守焉。禹引兵與延岑戰于藍田，不克，復就穀雲陽。自馮愔反後，禹威稍損，又乏食，歸附者離散。而赤眉復還入長安，禹與戰，敗走至高陵，軍士飢餓者，皆食棗菜。帝乃召禹還，敕曰：『赤眉無穀，自當來東，吾折捶笞之，非諸將憂也。無得復妄進兵。』禹慚于受任而功不遂，數以飢卒徼戰，輒不利。後與車騎將軍鄧洪擊赤眉，遂爲所敗，衆皆死散，獨與二十四騎還詣宜陽。延岑與秦豐寇順陽間，遣禹護復漢將軍鄧曄擊破岑于鄧。追至武當，復破之。岑奔漢中，餘黨悉降。十三年，天下平定封禹爲高密侯。薨。

孫子曰：『雜於利而務可伸。』禹因賊不出而更得理兵。又曰：『修道而保法。』禹師行有紀而降者日衆。又曰：『軍有所不擊。』禹不攻長安以避其鋭是也。

又《後漢馮異傳》 時更始遣舞陰王李軼、大司馬朱鮪將兵號三十萬，與河南太守武勃共守洛陽。光武將北徇燕、趙，以魏郡、河內獨不逢兵，而城邑完，倉廩實，乃拜寇恂爲河內太守，異爲孟津將軍，統二郡軍河上，與恂合勢，以拒朱鮪等。異乃遺李軼書曰：『愚聞明鏡所以照形，往事所以知今。昔微子去商而入周，項伯畔楚而歸漢，周勃迎代王而黜少帝，霍光尊孝宣而廢昌邑。彼皆畏天知命，睹存亡之符，見廢興之事，故能成功于一時，垂業于萬世也。苟令長安尚可扶助，延期歲月，疏不間親，遠不逾近，季文豈能居一隅哉？今長安壞亂，赤眉臨郊，大臣乖離，綱紀已絕。蕭王經營河北，英俊雲集，百姓風靡，雖 岐慕周，不足以喻。季文誠能覺悟成敗，亟定大計，轉禍爲福，在此時矣。如猛將長驅嚴兵圍城，雖有悔恨，亦無及已。』軼乃報異書曰：『軼本與蕭王首謀造漢，唯深達蕭王，願進愚策，以佐國安人。』軼自通書之後，不復與異爭鋒，故異因此得北攻天井關，拔上黨兩城，又南下河南成皋已東十三縣。武勃將萬餘人與異戰於士鄉下，異斬勃獲首五千餘級，軼又閉門不救。異見其信效，具以奏聞。光武故宣露軼書，令朱鮪知之。鮪怒，遂使人刺殺軼。由是城中乖離，多有降者。建武二年春，定封異陽夏侯。時赤眉、延岑暴亂三輔，郡縣大姓各擁兵衆，大司徒鄧禹不能定，乃遣異代禹討之。敕異曰：『三輔遭王莽、更始之亂，重以赤眉、延岑之酷，元元塗炭，無所依訴。今之征伐，非必略地屠城，要在平定安集之耳。諸將非不健鬬，然好虜掠。卿本能御吏士，念自修敕，無爲郡縣所苦。』異頓首受命，引而西。異與赤眉遇于華陰，相拒六十餘日，戰數十合，降其將劉始、王宣等五千餘人。三年春，遣使者即拜異爲征西大將軍。會鄧禹率車騎將軍鄧洪等引歸，與異相遇，禹、洪要異共攻赤眉。異曰：『異與賊相拒且數十日，雖屢獲雄將，餘衆尚多，可稍以恩信傾誘，難卒用兵破也。上今使諸將屯黽池要其東，而異擊其西，一舉取之，此萬成計也。』禹、洪不從。洪遂大戰移日，赤眉佯敗，棄輜車走。車皆載土，以豆覆其上，兵士飢，爭取之。赤眉引還擊洪，洪軍潰亂。異與禹合兵救之，赤眉小

卻。異以士卒飢倦，可且休，禹不聽，復戰，大爲所敗，死傷者三千餘人。禹得脱歸宜陽。異棄馬步走上回溪阪，與麾下數人歸營。復壁，收其散卒，招集諸營堡數萬人，與賊約期會戰。使壯士變服與赤眉同，伏於道側。旦日，赤眉使萬人攻異前部，異裁出兵以救之。賊見勢弱，遂悉衆攻異，異乃縱兵大戰。日昃，賊氣衰，伏兵卒起，衣服相亂，赤眉不復識別，衆遂驚潰。追擊，大破之，降男女八萬人。餘衆尚十餘萬，東走宜陽降。璽書勞異曰：『赤眉破平，士吏勞苦，始雖垂翅回溪，終能奮翼黽池，可謂失之東隅收之桑榆。方論功賞，以答大勳。』異自以久在外，不自安，上書思慕闕廷，願親帷幄，帝不許。後人有上章言異專制關中，威權至重，百姓歸心，號爲『咸陽王』。帝使以章示異。異惶懼，上書謝曰：『臣受任方面，以立微功，皆自國家謀慮，愚臣無所能及。臣伏自思：惟以詔敕戰攻，每輒如意；時以私心斷決，未嘗不有悔。臣以遭遇，託身聖明，在傾危溷淆之中尚不敢過差，而况天下平定，上尊下卑，而臣爵位所蒙，巍巍不測乎？誠冀以謹敕，遂自終始。見所示臣章，戰慄怖懼。』詔報曰：『將軍之于國家，義爲君臣，恩猶父子。何嫌何疑，而有懼意？』六年春，異朝京師。引見，帝謂公卿曰：『是我起兵時主簿也。』詔曰：『倉卒，蕪蔞亭豆粥，滹沱河麥飯，厚意久不報。』異稽首謝曰：『臣聞管仲謂桓公曰：願君無忘射鉤，臣無忘檻車，齊國賴之。臣今亦願國家無忘河北之難，小臣不敢忘巾車之恩。』後諸將爲隗囂所敗，乃詔異軍栒邑。未及至，隗囂乘勝使其將王元、行巡將二萬餘人下隴，因分遣巡取栒邑。異卽馳兵，欲先據之。諸將皆曰：『虜兵盛而新乘勝，不可與爭。宜止軍便地，徐思方略。』異曰：『虜兵臨境，忸忕小利，遂欲深入。若得栒邑，三輔動搖，是吾憂也。夫攻者不足，守者有餘。今先據城，以逸待勞，非所以爭也。』潛往閉城，偃旗鼓。行巡不知，馳赴之。異乘其不意，卒擊鼓建旗而出。巡軍驚亂奔走，追擊數十里，大破之。異後病發，薨於軍。

孫子曰：『親而離之。』異致書李軼以間朱鮪。又曰：『亂而取之。』異變服相亂而勝赤眉。又曰：『先處戰地以待敵者，逸。』異先據栒邑以待行巡。又曰：『微乎微乎，至於無形。』異偃旗臥鼓而敵不知是也。

論説

南朝梁·蕭統《文選》卷一〇《潘嶽〈西征賦〉》　當光武之蒙塵，致王誅於赤眉。異奉辭以伐罪，初垂翅於回溪。不尤眚以掩德，終奮翼而高揮。建佐命之元勳，振皇綱而更維。登峭阪之威夷，仰崇嶺之嵯峨。皋託墳於南陵，文違風於北阿。蹇哭孟以審敗，襄墨衰而授戈。曾隻輪不反，統三師以濟何。值庸主之矜愎，殆肆叔於朝市。任好綽其餘裕，獨引過以歸己。明三敗而不黜，卒淩晉以雪恥。豈虛名之可立，良致霸其有以。降曲崤而憐虢，託與國於亡虞。貪誘賂以賣鄰，不及臘而就拘。垂棘反於故府，屈產服於晉輿。德不逮而民無援，仲雍之祀忽諸。

《後漢書》卷一一《劉盆子傳贊》　聖公靡聞，假我風雲，始順歸歷，終然崩分。赤眉阻亂，盆子探符。雖盜皇器，乃食均輸。

又　卷二六《伏湛傳》　時，彭寵反于漁陽，帝欲自征之，湛上疏諫曰：『【略】陛下承大亂之極，受命而帝，興明祖宗，出入四年，而滅檀鄉，制五校，降銅馬，破赤眉，誅鄧奉之屬，不爲無功。』

又　卷二七《杜林傳》　（林）初爲郡吏。王莽敗，盜賊起，林與弟成及同郡范逡、孟冀等，將細弱俱客河西。道逢賊數千人，遂掠取財裝，褫奪衣服，拔刃向林等將欲殺之。冀仰曰：『【略】赤眉兵衆百萬，所向無前，而殘賊不道，卒至破敗。』

宋·司馬光《資治通鑑·漢光武帝建武二年》　臣光曰：昔周人頌武王之德曰：『鋪時繹思，我徂惟求定。』言王者之兵志，在布陳威德安民而已。觀光武之所以取關中，用是道也。豈不美哉！

《宋史》卷三五八《李綱傳上》　班綱議於朝，惟僭逆、僞命二事留中不出。綱言：【略】劉盆子以漢宗室爲赤眉所立，其後以十萬衆降光武，但待之以不死。邦昌以臣易君，罪大於盆子，不得已而自歸，朝廷既不正其罪，又尊崇之，此何理也？陛下欲建中興之業，而尊崇僭逆之臣，以示四方，其誰不解體？又僞命臣僚，一切置而不問，何以厲天下士大夫之節？

清·王夫之《讀通鑑論》卷六《光武四》　馮異招李軼于雒陽，軼

報曰：『千載一會，思成斷金。』異斬武勃，軼閉門不救，是宜受其款而雒陽可速下也。光武則宣露其書，使朱鮪殺軼。軼本與伯升俱起，諂事諸將，忌伯升而譖殺之，光武欲得而甘心久矣。軼死，而雒陽之圍經年始拔，事有寧勞而不貪近功以申大義者，此是也。乃殺伯升者，朱鮪之本志，軼特徇鮪而從之者爾。帝之於鮪也，使岑彭説之曰：『舉大事者，不忌小怨，鮪降，官爵可保，河水在，吾不食言。』鮪降而拜將軍，封列侯，傳封累世。同怨而異報，達於理者之制恩怨，非常情之所可測也如此。

雖然，亦惡有不可測哉？伯升初起，始發于李軼，迎光武而與建謀，則軼固光武兄弟所倚爲腹心也。更始立，朱鮪、張卬暴貴，軼遽背而即於彼。因勢而遷者，小人之恆也，亦何至反戈推刃而無餘情哉？及光武初定河北，始有入關之志。更始委三十萬之重兵於軼守雒陽，而李松甫敗於赤眉，軼又窺長安之不固而思附光武，靦然納斷金之言而不慚。光武曰：『季文多詐，不能得其要領。』特假手於鮪以殺之，而討猶未伸，非可以鮪例之也。

鮪起于平林，先光武以舉事，與伯升未有交也，奉更始而爲更始謀殺伯升者，亦范增之愚忠耳。更始之諸將，類皆賊也，而鮪獨異。殺伯升，留光武而不遣，知有更始而不恤其他，諸將挾功而欲自王，更始弗能違也，鮪獨守高帝之約，辭膠東之封，受命守雒，百戰以與寇恂、馮異爭死生之命，及長安破，更始降於赤眉，雒陽孤立無援，且堅壁固守，以殺伯升爲慚而不降。故通更始之廷所可與有爲者，唯鮪一人而已。於事君之義，立身之恥，殆庶幾焉。藉令光武以怨軼者怨鮪而拒戮之，則以私怨而廢天下之公，且將獎人臣之操異志以介從違，而何以勸忠乎？子曰：『以直報怨。』直者，理而已矣，于軼何可忘，而于鮪何容芥蔕也。

又《光武八》 光武之得天下，較高帝而尤難矣。建武二年，已定都于雒陽，而天下之亂方興。帝所得資以有爲者，獨河北耳。而彭寵抑叛於幽州，五校尚横于内黄。關以西，鄧禹雖入長安，赤眉環繞其外，禹弗能制焉。郾、宛、堵鄉、新野、弘農，近在咽頰之間，寇叛接迹而相爲牽制，不畢更始之在長安時也。劉永、張步、董憲、蘇茂，横亙東方，爲陳、汝眉睫之患，隗囂、公孫述姑置而可徐定者勿論焉。其視高帝出關以後，僅一項羽，夷滅之而天下即定，難易之差，豈不遠哉？

或曰：項羽，勁敵也，赤眉、五校、劉永，【略】皆非羽倫，則光武易。夫寇豈有常哉？項羽之强也而可使弱，弱者亦何不可使强也。【略】時之所興，勢之所湊，人爲之效其羽翼，天爲之長其聰明，燎原之火，一爝未滅，而猝已焚林，詎可量邪？且合力而與爭者一塗，精專志定，無旁撓焉，而惡得不易！分勢而四應者雜起，左伏右起，無寧日焉，而惡得不難！使以高帝滎陽之相持，而遇光武叢生之敵，乘間持虚而掣其後，羽不待約，而人爲之犄角，高帝不能支矣。則甚矣光武之難，而光武之神武不可測也。

乃微窺其所以制勝而蕩平之者，豈有他哉？以靜制動，以道制權，以謀制力，以緩制猝，以寬制猛而已。帝之言曰：『吾治天下以柔道行之。』非徒治天下也，其取天下也，亦是而已矣。柔者非弱之謂也，反本自治，順人心以不犯陰陽之忌也。孟子曰：『行法以俟命。』光武其庶幾乎！高帝之興，羣天下而起亡秦，競智競力，名義無所伉，人心無所惑也。光武則乘思漢之民心以興，而玄也、盆子也、孺子嬰也、永也、嘉也，俱爲漢室之胄，未見其分之有所定也。苟有分義以相搖，則智力不足以相屈，故更始亡而故將猶挾以逞志。然則光武所以屈羣策羣力而獨伸焉者，舍道其何以哉？天下方割裂而聚鬭，而光武以道勝焉。即位未久，修郊廟，享宗祖，定制度，行爵賞，舉伏湛，徵卓茂，勉寇恂以綏河内，命馮異使撫關中，一以從容鎮靜結已服之人心，而不迫于爭戰。然而桀驁彊梁之徒，皆自困而瓦解。是則使高帝當之，未必其能耆定如此也。而光武之規模弘遠矣。

嗚呼！使得天下者皆如高帝之興，而無光武之大猷承之於後，則天下後世且疑湯、武之誓誥爲虚文，而唯智力之可以起收四海。曹操何所憚而不爲天子，石虎、朱温亦何能寒海内之心而不永戴之哉？三代而下，取天下者，唯光武獨焉，而宋太祖其次也。不無小疵，而大已醇矣。

又《光武九》 赤眉之棄長安、西走安定，非鄧禹之力能驅之也，食盡而旁掠，固不以安定爲終焉之計，而必返乎長安。鄧禹不乘其有可潰之勢，躡其後以蹙之，而入長安晏坐以待其歸，河決癰潰，容可禦乎？於是退之雲陽，士氣已餒，而還攻之於堅城之下，其敗宜矣。故善用兵者，知時而已。赤眉食盡，引兵東歸，時畢乎昔，則唯扼之於險而可制其

死命。禹乃違光武之令，就關内而與爭，何昔之怯而今之忿也！

然光武終能遏之于宜陽而盡降之，曾不恤歸師勿掩之戒，塞決河而斂潰癰，則又何也？嚴陳以待，求戰不得，求走不能，弗犯其鋒，稍遲之而氣即餒矣。帝以持重而挫其方決之勢，禹以持重而失之方潰之初，相時之變，定幾於頃刻，非智之所能知、勇之所能勝。岳鵬舉曰：『運用之妙，存乎一心。』心不忘而時自應於其會，此未可以一成之論論之也。

又 卷二四《德宗八》 劉盆子請降，光武曰：『待以不死耳。』大哉言乎！理正而法明，量弘而志定，無苟且求安之情，則威信伸而亂賊之膽已戢，天下之寧也必矣。【略】夫光武初定雒陽，寇盜林立，統孤軍以遏歸寇之衝，則誠難耳，而一言折盆子之覬覦，易且如彼。況朝義、惟岳焚林之浮焰已滅，天下更無餘燼乎？惡已滔天而戮其身，固非不仁也。且使以不死待之，而劉盆子終老於漢，固可貸其生命，則其爲恩也亦厚矣，非若白起、項羽坑殺之慘也。乃唐之君臣，迫于亂之苟定，一聞瓦解，驚喜失措，納蜂蠆於懷中，其愚也足以亡國，不亡者幸爾。

清·王夫之《宋論》卷一〇《高宗一》 光武跳身河北，僅有漁陽一旅，而平定天下者，收羣盜之用也，故有銅馬帝之號焉。【略】考之史册，光武所受羣盜之降，幾二千萬。王莽之季，盜雖起，亦不應如彼其多。蓋降而或復叛，歸於他盜，已而復降，至於三四，以有此數。不然，則建武之初，斥土未廣，何所得粟以飼此衆邪？【略】光武之用羣盜，唯知此也。故用之以轉戰，而不用之以固守。來者受之，去者不追，迨其有可歸農之日，則自散歸其田里。是以天下既定，此千餘萬者，不知其何往。用之以轉戰，而不用之以固守者，乘其方新之氣也。來者受之，去者不追，可不重勞吾河內、宛、雒之民，竭貲力以養之也。

又 《高宗七》 乃考之古今，用羣盜者，大利大害之司也。受其歸者有權，收其用者有制。光武收銅馬而帝，曹操兼黄巾而强，唐昭用朱溫而亡，理宗撫李全而削。盜固未可輕用也。【略】若夫所以用之者，尤有可用不可用之辨焉。【略】盜可用，而渠帥不可用也。【略】

威不足以讋之，恩不足以懷之，非徒唐昭、宋理之無以馭之也，即光武亦奚能洗滌其頑詭，使媚己以共死生哉？故光武於赤眉之帥，誚以『鐵中錚錚』，唯待以不死，曹操收黄巾之衆，終不任以一將之功。而朱溫、李全仍擁部曲，屹爲巨鎮，進則敗而退則逆，爲盜魁者，習與性成，終不能悛也。

雜録

《漢書》卷九九下《王莽傳下》 明年（更始二年）夏，赤眉樊崇等衆數十萬人入關，立劉盆子，稱尊號，攻更始，更始降之。赤眉遂燒長安宫室市里，害更始。民飢餓相食，死者數十萬，長安爲虚，城中無人行。宗廟園陵皆發掘，唯霸陵、杜陵完。

晉·司馬彪《續漢書·五行志六》 （光武帝建武）三年五月乙卯晦，日有蝕之，在柳十四度。柳，河南也。時世祖在雒陽，赤眉降賊樊崇謀作亂，其七月發覺，皆伏誅。《續漢志》曰：『日在柳十四度。柳，河南也。時樊崇謀作亂，其七月伏誅。』

北魏·酈道元《水經注》卷四《河水》 河水又會濝水，水出垣縣王屋山西濝溪，夾山東南流，逕故城東，即濝關也。漢光武建武二年，遣司空王梁北守濝關、天井關，擊赤眉别校，皆降之。

又 卷一五《洛水》 又東北過宜陽縣南，洛水之北有熊耳山，雙巒競舉，狀同熊耳，此自别山，不與《禹貢》導洛自熊耳同也。昔漢光武破赤眉樊崇，積甲仗與熊耳平，即是山也。

又 卷一六《谷水》 谷水又東逕秦、趙二城南。司馬彪《續漢書》曰：赤眉從黽池自利陽南，欲赴宜陽者也。世謂之俱利城。耆彦曰：昔秦、趙之會，各據一城，秦王使趙王鼓瑟。藺相如令秦王擊缶處也。馮異又破赤眉於是川矣，故光武《璽書》曰：始雖垂翅回溪，終能奮翼黽池，可謂失之東嵎，收之桑榆矣。

唐·虞世南《北堂書鈔》卷一五二《天部四·雪篇》 士多凍死。

《東觀記》云：赤眉入安定、北地。至陽城，逢大雪，士多凍死。今案陳本及聚珍本《赤眉傳》：『士下有卒』字將墮指。

《後漢書》卷一上《光武帝紀上》李賢注 赤眉賊帥樊崇等恐其衆與王莽兵亂，皆朱其眉以相别，故曰赤眉。《續漢書》曰：是時上平河北，過邯鄲，林進見，言赤眉可破。上問其故，對曰：『河水從列人北流，如

決河水灌之，皆可令爲魚。』上不然之。林於是乃詐以卜者王郎爲成帝子子輿，十二月，立郎爲天子，都邯鄲，遂遣使者降下郡國。前《書》曰：立國將軍孫建奏云『不知何一男子遮臣車前，自稱漢氏劉子輿，成帝下妻子也，劉氏當復』。故郎因而稱之。

蔡邕《獨斷》曰：【略】高祖至霸上，秦王子嬰獻之。至王莽篡位，就元后求璽，不與。以威逼之，乃出璽，投地，璽上螭一角缺。及莽敗，李松持璽詣宛上更始。更始敗，璽入赤眉。劉盆子既敗，以奉光武。

又 卷七〇《孔融傳》李賢注 鄧禹征赤眉，令宗歆、馮愔守栒邑。二人爭權相攻，遂殺歆，因反擊禹。今流俗本『宗』誤作『宋』也。

南朝梁・蕭統《文選》卷一〇《潘岳〈西征賦〉》李善注 當光武之蒙塵，致王誅於赤眉。異奉辭以伐罪，初垂翅於回溪。不尤眚以掩德，終奮翼而高揮。《東觀漢記》曰：馮異，字公孫，拜爲征西將軍，與赤眉相距。上命諸將士屯澠池。爲赤眉所乘，反走，上回溪阪，異復合兵追擊，大破之淆底。《璽書》勞異曰：垂翅回溪，奮翼澠池。《左氏傳》臧文仲曰：天子蒙塵于外。《東都賦》曰：天人致誅。《尚書》曰：奉辭伐罪。《左傳》秦穆公曰：吾不以一眚掩大德。《西京賦》曰：游鷁高暈。薛綜曰：暈，飛也。揮與暈古字通。建佐命之元勳，振皇綱而更維。佐命，已見《西都賦》。《答賓戲》曰：廓帝紘，恢皇綱。鄭玄《周禮注》曰：維，猶連結也。

又 卷一六《賦辛志下・潘安仁・閒居賦並序》李善注 礮石雷駭，激矢虻飛。【略】《東觀漢記》：光武作飛虻箭以攻赤眉。《廣雅》曰：虻飛，箭名也。《方言》曰：凡箭三鐮，謂之羊頭。三鐮長六尺，謂之飛虻。郭璞曰：此謂今之射箭也。鐮，棱也。

唐・劉知幾《史通・暗惑》 又《東觀漢記》曰：赤眉降後，積甲與熊耳山齊云云。難曰：案盆子既亡，棄甲誠衆。必與山比峻，則未之有也。昔《武成》云：『前徒倒戈』，『血流漂杵』。孔安國曰：蓋言之甚也。『如積甲與熊耳山齊』者，抑亦『血流漂杵』之徒歟？

宋・李昉等《太平御覽》卷一二《天部・雪》 《續漢書》曰：赤眉入安定北地，逢大雪，坑谷皆滿，多凍死。

又 卷三五《時序部二十・豐稔》 《東觀漢記》又曰：赤眉還入長安，鄧禹與敵敗走，至高陵，軍士飢餓，皆食藻菜。帝乃徵禹還。敕曰：『赤眉無穀，自當來降，吾折捶笞之，非諸將憂也。』

又 卷四二《地部七・河南宋鄭齊魯諸山・熊耳山》 《東觀漢記》曰：赤眉初降，輂輪鎧甲兵弩，積與熊耳山等。

又 《崤山》 《三輔舊事》曰：鄧禹敗於潼關，後大破赤眉於崤。

又 卷六四《地部二十九・河北諸水・滹沱》 《隋圖經》曰：滹沱在深澤縣界。光武爲赤眉所追，至滹沱河欲渡，導吏還，乃言水深無船，左右懼。上使王霸陷，霸恐驚衆，乃言冰堅可渡。比至，冰合，囊沙布冰上乃渡，未畢數車，冰陷。今名其處爲危渡口是也。魏改曰清寧河。此水常有蛟，入五月恒暴變爲人，於岸上與人並行，至懸岸處推之與人俱下。

又 卷二〇七《職官部五・司徒上》 《東觀漢記》曰：鄧禹爲司徒，討赤眉不以時進，光武與書曰：司徒，堯也；赤眉，桀也。今長安飢民，孰不延望？

又 卷二三八《職官部三十六・左將軍》 《東觀漢記》曰：賈復【略】徵詣洛陽，拜左將軍。南擊赤眉、新城，轉西入關，擊盆子於澠池，破之。

又 卷二三九《職官部三十七・四征將軍・征西將軍》 《東觀漢記》曰：馮異爲征西將軍，入關征赤眉。

又 卷三〇〇《兵部三十一・騎》 《東觀漢記》曰：鄧禹攻赤眉，輒不利，吏士散已盡，禹獨以二十四騎還詣洛陽。

又 卷三四〇《兵部七十一・幟》 袁山松《後漢書》曰：赤眉復入長安，止桂宮。逢安將千餘人攻延岑于杜陽。鄧禹以赤眉精兵出在外，惟盆子羸弱在長安攻之。與謝禄夜戰街中，鄧禹敗走。逢安西與延牙、蘇茂、李寶戰於杜陽，大破之。寶、茂降，牙收散卒還戰，寶、茂從内拔赤眉旗，自立其幟。赤眉還，驚亂走，自投川死者十餘萬人。

又 卷三四二《兵部七十三・劍上》 《東觀漢記》曰：【略】又曰：建武二年，遣馮異西擊赤眉，平關中，上自河南賜異乘輿、七尺玉具劍。

又 卷三六五《人事部六・眉》 《東觀漢記》曰：王莽天鳳五年，樊崇起兵於莒，恐其衆與莽兵亂，乃皆朱其眉。由是號曰赤眉。

又　卷四六一《人事部一百二·遊説中》　《東觀漢記》曰：【略】

又曰：更始，大司馬朱鮪守洛陽，吳漢諸將圍守，數月不下。世祖以岑彭嘗爲鮪校尉，令彭説鮪曰：『赤眉已得長安，今公誰爲守乎？蕭王受命，平定燕、趙，百姓安土鮪歸心，賢俊四面雲集。今北方清淨，大兵來攻洛，保一城欲何望乎？不如亟降。』鮪曰：『大司徒公被害時，鮪與其謀，又諫更始無遣上北伐，自知罪深，故不敢降耳。』彭還，詣河陽白上，上謂彭復往曉之：『夫建大事者，不忌小怨。今降，官爵可保，況誅罰乎？』上指水曰：『河水在此，吾不食言。』彭奉上旨，復至城下説鮪，因曰：『彭往者得執鞭侍從，蒙薦舉拔擢，深受厚恩，思以報義，不敢負公。』鮪從城上下索曰：『當如此來。』彭趨索欲上。鮪見其不疑，即曰：『旦蚤與我會，上東門外。』彭如期往，與鮪交馬語。鮪輕騎詣降，彭爲殺羊具食。鮪身爲降虜，未見吳公，諸將不敢食。彭即令鮪自縛，與俱見吳公。將詣行在所河津亭，上即時解鮪縛，復令彭夜送歸洛陽。

又　卷四八六《人事部一百二十七·餓》　《東觀漢記》曰：【略】

又曰：鄧禹與赤眉戰，赤眉佯敗，棄輜重走，車皆載土，以豆覆其上。兵士飢，爭取之。赤眉引還擊之，軍潰亂。時百姓飢，人相食，黄金一斤易豆五升，道路斷隔，委輸不至，軍士悉以果實爲糧。

宋·王欽若等《册府元龜》卷一《帝王部·帝系》　光武即皇帝位，平赤眉。

又　卷四一七《將帥部·引咎》　後漢鄧禹，光武時爲大司徒，與車騎將軍鄧宏擊赤眉，遂爲所敗。衆皆死散，禹獨與二十四騎還詣宜陽，謝上大司徒梁侯印綬。

元·馬端臨《文獻通考》卷一一五《王禮考十》　光武建武三年閏月丙午，赤眉君臣面縛，奉高皇帝璽綬。二月乙未，祠高廟、受傳國璽。王莽敗時，仍帶璽，商人杜吳殺莽，不知取璽，公賓就斬莽首，並取璽。更始將李松送上更始，赤眉至高陵，奉璽上赤眉。建武三年，盆子降光武，奉以上之。

清·顧祖禹《讀史方輿紀要》卷二《歷代州域形勢二·兩漢》　赤眉已入長安，更始敗没。鄧禹畏赤眉之强，引軍北至栒邑今陝西三水縣東北二十五里有栒邑城。徇上郡、北地、安定三郡。久之，長安益殘破，赤眉轉掠安定、北地、上隴，爲隗囂所敗，復入長安，大掠而東。帝以鄧禹不能定三輔，遣馮異代禹，西定關中。赤眉東至宜陽，帝親總六軍邀之，赤眉遂降。

又　卷四一《山西三·箕關》　在縣東北七十里。亦曰濝關。《水經注》：濝水出王屋西山濝溪，夾山東南流，經故城東，即濝關也。濝水西屈經關城南，又東流注於河。《後漢書》：建武元年，遣鄧禹入關，至箕關，擊河東都尉。二年，遣司空王梁北守箕關，擊赤眉别校，降之，即此。

又　卷四六《河南一·三崤》　後漢建武三年，赤眉自三輔引而東。帝令諸將屯澠池以要其東，使馮異擊其西，異大破赤眉於崤底。【略】《水經注》：崤有盤崤、石崤、千崤之山是爲三崤。又盤崤之山，崤水出焉，石崤之山，石崤水出焉，千崤之山，千崤水出焉。其水皆北流入河。所謂崤有二陵，則石崤之山也。自漢以前，率多由此。建安中，曹公西侵巴、漢，惡南路之險，更開北山高道，自後行旅皆從之山側附路有石，銘云：晉太康三年，弘農太守梁柳修復舊道。大崤以東，西崤以西，明非一崤也。《括地志》：文王所避風雨，即東崤山，俗亦號爲文王山，在夏后皋墓北可十里許。其山幽深可蔭，有回溪阪亦曰回坑，即馮異與赤眉戰處，行者畏之。

又　卷四八《河南三·熊耳山》　在縣西百里洛水之北。雙峯競舉，狀如熊耳。東漢建武三年，赤眉震驚，乞降，積甲宜陽城西，與熊耳山齊。

又　《回溪阪》　在縣北崤山南。俗名回坑，長四里，闊二丈，深二丈五尺。更始初，王莽遣九虎將東擊漢兵，至華陰回溪，據隘自守，爲漢兵所敗。又建武三年，馮異與赤眉戰，敗，奔上回溪阪。杜佑曰：自漢以前，入崤之道皆由此。曹公西討，惡其險，乃更開北道。鄭康成云洛陽北險，西有降谷者，即回溪也。

又　《崤底》　在縣西北七十里，即崤穀之底也，亦曰崤阪，一名澠池。馮異大破赤眉於此，光武勞之曰：始雖垂翅回溪，終能奮翼澠池，是也。今有崤底關。

又　《新安城》　在今縣西。《括地志》：秦新安故城，在今澠池縣東十二里。【略】後漢建武二年，赤眉自三輔引而東，帝遣軍分屯宜陽、

新安，以要其還路。

又《湖城》 縣東四十里。秦曰湖關。王稽載范雎入秦，至湖關，卽此。漢置胡縣，屬京兆尹。武帝建元元年，更名湖縣，以黄帝鼎湖而名。鄧禹從關中還洛陽，自河北渡，至湖，邀馮異共攻赤眉處也

又 卷四九《河南四・射犬城》 在故武德縣北。亦曰射犬聚。光武初，破赤眉别帥及青犢、上江諸賊於射犬。

又《碗子城關》 見前碗子城山。又大斛關，在府北太行山畔，唐置。大臺，在府城東。光武遣王梁擊赤眉於此。

又 卷五三《陜西二・西安府》 今府城，隋開皇二年所營大興城也。漢都城，在今城西北十三里，本秦離宫。【略】東出中門，曰清明門，亦曰籍田門門内有籍田倉也，或曰凱門。《漢宫殿疏》：第二門名城東門，莽更爲宣德門布恩亭。東出北頭第一門，曰宣平門，亦曰東都門，庾子山云：望宣平之貴里，言貴戚所居也。民間謂之東都門，或曰東城門，其郭門亦曰東都門。景帝三年，以七國反，軍東都門外。又東城門至外郭亭十三里，有廣明亭，在郭門外，又東卽廣明苑也。霍光之廣明，都肄郎羽林，昌邑王賀入承大位，至廣明東都門，龔遂曰：此長安東郭門也。又逢萌掛冠於東都門，卽此矣。王莽改宣平門曰春王門正月亭。更始初，漢兵誅莽，從宣平門入。三年，赤眉自高陵進攻東都門。城門校尉李泥開門納之。【略】

赤眉入長安，更始單騎走，從廚城門出是也。或曰廣門，莽時更爲建子門廣世亭。北出西頭第一門，曰横門，亦曰横城門横，【略】及王莽更壞，赤眉殘破，西京宫闕，半爲禾黍。又變亂迭乘，氐羌竊據，以及西魏後周之際，雖數有增飾，而前規未逮。【略】

昆明池在府西南三十里。地名鸛鵲莊。《漢書》：元狩三年，減隴西、北地、上郡戍卒之半，發謫使穿昆明池。臣瓚曰：西南夷昆明國有滇池，方三百里。漢欲伐之，故作池以習水戰。周回四十里，凡三百二十頃。《三秦記》：池中有靈沼，名神池。堯時治水，嘗停船於此。陸機曰：堯時已有汚池，漢因而深廣之。《水經注》：交水西至石碣，武帝開昆明池所造，有石闥堰，在長安縣西南三十三里。後漢建武二年，赤眉大掠長安，引而西。鄧禹乃南至長安，軍昆明池，謁祠高廟，大饗士卒。

又長樂宫在府西十四里長安故城東隅，週二十里。本秦興樂宫也，始皇時建。漢高帝五年，都長安。九月，治長樂宫。七年，宫成，諸侯皆朝。既而未央宫成，乃以未央宫爲朝會之所。其後，長樂宫每爲太后所居，亦謂之東宫，又謂之東朝。【略】赤眉入長安，劉盆子復居長樂宫。後廢。

雲陽城縣西北五三十里。秦縣。始皇二十五年，使蒙恬通直道，自九原至雲陽。既而徙五萬家于雲陽。漢亦爲雲陽縣，屬左馮翊。後漢建武二年，赤眉自隴坻大略而東。鄧禹拒之，不克，遂棄長安走雲陽。又漢中王嘉敗赤眉于谷口，就穀雲陽，遂詣禹降。

鴻門阪縣東十七里。《水經注》：新豐古城東有阪，長二里餘。塹原通道，南北洞開如門，謂之鴻門。項羽兵四十萬在新豐鴻門，沛公兵十萬在霸上，此卽沛公會項羽處，有鴻門亭。漢神爵元年，從方士言，祠天封苑火井於鴻門。或謂之蘽城。趙悼襄王四年，龐暖將趙、楚、魏、燕之鋭師入函谷，攻秦蘽。徐廣曰：新豐有蘽鄉也，亦謂之掫城。更始以赤眉將入關，使王匡等軍新豐，李松軍掫以拒之。後城廢。

谷口城縣東北七十里。本漢縣。文帝六年，淮南王長遣其黨謀以輂車四十乘反谷口。後漢建武二年，漢中王嘉，大破赤眉于谷口，卽此。縣尋廢。

清・楊守敬《水經注疏》卷四《河水四》 河水又會瀵水，水出垣縣王屋山西瀵溪，夾山東南流，徑故城東，卽瀵關也。漢光武建武二年，遣司空王梁北守瀵關、天井關，會貞按：《東觀漢記》，王梁時爲中郎將。《後漢書》本傳，梁爲中郎將，行執金吾事。其爲大司空在前一年。此稱司空，蓋仍舊號。而《祭遵傳》稱騎都尉，不知何以獨異？又《本傳》云，北守箕關。其北守天井關，在世祖未卽位之先。《東觀漢記》則作守天井關，此言守二關，蓋雜采以示博。天井關詳《沁水》篇。擊赤眉别校，皆降之。

又 卷一六《谷水》 谷水又東逕秦、趙二城南，朱此下有司馬彪云云二十二字，趙、戴同。全移于下故光武句上。守敬按：全移極是，此必七校本，趙未見，指此見全本之非僞。世謂之俱利城。耆彥曰：昔秦、趙之會，各據一城。會貞按：《地形志》，澠池郡有俱利縣，北澠池縣有俱利城，當以一城置縣，一城别屬北澠池。《通典》，澠池縣有古東、西俱利二城，卽秦昭王與趙惠王會處，蓋云秦趙俱利也。《元和志》，東城在縣西十三里，西城在縣西十四里。唐澠池卽今縣治。【略】會貞按：《史記・藺相如傳》。馮異又破赤眉於是川

矣。司馬彪《續漢書》曰：赤眉從黽池，自利陽南欲赴宜陽者也。朱此二十二字在前秦趙二城南下，全移此。會貞按：《後漢書·劉盆子傳》，馮異破赤眉於崤底，帝幸宜陽，盛兵以邀其走路。《異傳》，大破赤眉於崤底，餘衆東走宜陽。宜陽縣詳《洛水注》。故光武璽書曰：始雖垂翅回溪，會貞按：《通典》，永寧縣東北有回溪，俗名回坑，長四里，闊二丈，深二丈五尺，即馮異敗處。亦在今縣東北終能奮翼黽池。可謂失之東隅，收之桑榆矣。會貞按：見《後漢書·馮異傳》。

光武帝平漁陽分部

綜述

《後漢書》卷一《光武帝紀》（建武五年二月）彭寵爲其蒼頭所殺，漁陽平。

又　卷一二《彭寵傳》　寵少爲郡吏，地皇中，爲大司空士，從王邑東拒漢軍。到洛陽，聞同產弟在漢兵中，懼誅，卽與鄉人吳漢亡至漁陽，抵父時吏。更始立，使謁者韓鴻持節徇北州，承制得專拜二千石已下。鴻至薊，以寵、漢並鄉閭故人，相見歡甚，卽拜寵偏將軍，行漁陽太守事，漢安樂令。

及光武鎮慰河北，至薊，以書招寵。寵具牛酒，將上謁。會王郎詐立，傳檄燕、趙，遣將徇漁陽、上谷，急發其兵，北州衆多疑惑，欲從之。吳漢說寵從光武，語在《漢傳》。會上谷太守耿況亦使功曹寇恂詣寵，結謀共歸光武。寵乃發步騎三千人，以吳漢行長史，及都尉嚴宣、護軍蓋延、狐奴令王梁，與上谷軍合而南，及光武於廣阿。光武承制封寵建忠侯，賜號大將軍。遂圍邯鄲，寵轉糧食，前後不絕。

及王郎死，光武追銅馬，北至薊。寵上謁，自負其功，意望甚高，光武接之不能滿，以此懷不平。光武知之，以問幽州牧朱浮。浮對曰：『前吳漢北發兵時，大王遺寵以所服劍，又倚以爲北道主人。寵謂至當迎閤握手，交歡並坐。今既不然，所以失望。』浮因曰：『王莽爲宰衡時，甄豐旦夕入謀議，時人語曰「夜半客，甄長伯」。及莽篡位後，豐意不平，卒以誅死。』光武大笑，以爲不至於此。及卽位，吳漢、王梁，寵之所遣，並爲三公，而寵獨無所加，愈怏怏不得志。歎曰：『我功當爲王；但爾者，陛下忘我邪？』

是時北州破散，而漁陽差完，有舊鹽鐵官，寵轉以貿穀，積珍寶，益富强。朱浮與寵不相能，浮數譖搆之。建武二年春，詔徵寵，寵意浮賣己，上疏願與浮俱徵。又與吳漢、蓋延等書，盛言浮枉狀，固求同徵。帝不許，益以自疑。而其妻素剛，不堪抑屈，固勸無受召。寵又與常所親信吏計議，皆懷怨於浮，莫有勸行者。帝遣寵從弟子后蘭卿喻之，寵因留子后蘭卿，遂發兵反，拜署將帥，自將二萬餘人攻朱浮於薊，分兵徇廣陽、上谷、右北平。又自以與耿況俱有重功，而恩賞並薄，數遣使要誘況，況不受，輒斬其使。

秋，帝使游擊將軍鄧隆救薊。隆軍潞南，浮軍雍奴，遣吏奏狀。帝讀檄，怒謂使吏曰：『營相去百里，其勢豈可得相及？比若還，北軍必敗矣。』寵果盛兵臨河以拒隆，又別發輕騎三千襲其後，大破隆軍。浮遠，遂不能救。引而去。明年春，寵遂拔右北平、上谷數縣。遣使以美女繒綵賂遺匈奴，要結和親。單于使左南將軍七八千騎，往來爲游兵以助寵。又南結張步及富平獲索諸豪傑，皆與交質連衡。遂攻拔薊城，自立爲燕王。

其妻數惡夢，又多見怪變，卜筮及望氣者皆言兵當從中起。寵疑子后蘭卿質漢歸，故不信之，使將兵居外，無親於中。五年春，寵齋，獨在便室。蒼頭子密等三人因寵臥寐，共縛著牀，告外吏云：『大王齋禁，皆使吏休。』僞稱寵命教，收縛奴婢，各置一處。又以寵命呼其妻。妻入，大驚。寵急呼曰：『趣爲諸將軍辦裝。』於是兩奴將妻入取寶物，留一奴守寵。寵謂守奴曰：『若小兒，我素愛也，今爲子密所迫劫耳。解我縛，當以女珠妻汝，家中財物皆與若。』小奴意欲解之，視戶外，見子密聽其語，遂不敢解。於是收金玉衣物，至寵所裝之，被馬六疋，使妻縫兩縑囊。昏夜後，解寵手，令作記告城門將軍云：『今遣子密等至子后蘭卿所，速開門出，勿稽留之。』書成，卽斬寵及妻頭，置囊中，便持記馳出城，因以詣闕，封爲不義侯。明旦，閤門不開，官屬踰牆而入，見寵屍，驚怖。其尚書韓立等共立寵子午爲王，以子后蘭卿爲將軍。國師韓利斬午首，詣征

虜將軍祭遵降。夷其宗族。

宋・徐天麟《東漢會要》卷三二《兵上・光武平漁陽》 更始二年，宛人彭寵、吳漢亡命在漁陽。鄉人韓鴻爲更始使，徇北州，承制拜寵偏將軍，行漁陽太守事；以漢爲安樂令。二年，王郎遣將徇漁陽、上谷。上谷太守耿況約寵俱歸大司馬秀。建武二年，帝之討王郎也，彭寵發突騎以助軍，轉糧食，前後不絶。及帝追銅馬至薊，寵自負其功，意望甚高，帝接之不能滿，以此懷不平。及帝即位，吳漢、王梁，寵之所遣，並爲三公，而寵獨無所加，愈怏怏不得志。嘆曰：『我功當爲王；但爾者，陛下忘我耶？』

是時北州破散，而漁陽差全，有舊鹽鐵官，寵轉以貿穀，積珍寶，益富强。幽州牧朱浮年少有俊才，欲厲風迹，收士心。寵不從其令。浮密奏寵多聚兵穀，意計難量。上詔召寵，寵妻勸無行。遂發兵反，自將二萬人攻朱浮於薊。帝遣鄧隆助朱浮，誘彭寵。寵遣輕兵擊隆軍，大破之。三年，涿郡太守張豐反，自稱『無上大將軍』，與彭寵連兵。帝遣朱祐、耿弇、祭遵、劉喜討張豐。祭遵先至，急攻豐，擒之。彭寵妻數爲惡夢，卜筮望氣者言兵當從中起。寵齋，在便室。蒼頭子密等三人因寵臥寐，共縛著牀，斬寵及妻頭詣闕。帝封子密不義侯。

宋・司馬光《司馬溫公稽古録》卷一三 （漢光武帝建武）二年

一、春，赤眉焚長安，西掠郡縣。鄧禹入長安。

二、秋，漁陽太守彭寵反。【略】

五年

一、春，彭寵爲奴所殺，其子午立，國師韓利殺午以降。

宋・袁樞《通鑑紀事本末》卷六《光武平漁陽》 淮陽王更始元年，宛人彭寵、吳漢亡命在漁陽，鄉人韓鴻爲更始使，徇北州，承制拜寵偏將軍，行漁陽太守事，以漢爲安樂令。

二年，邯鄲王郎遣將徇漁陽、上谷，上谷太守耿況約寵俱歸大司馬秀。

漢光武建武二年。帝之討王郎也，彭寵發突騎以助軍，轉糧食，前後不絶。及帝追銅馬至薊，寵自負其功，意望甚高，帝接之不能滿，以此懷不平。及即位，吳漢、王梁，寵之所遣，並爲三公，而寵獨無所加，愈怏怏不得志，歎曰：『如此，我當爲王；但爾者，陛下忘我邪！』

是時北州破散，而漁陽差完，有舊鐵官，寵轉以貿穀，積珍寶，益富强。幽州牧朱浮，年少有俊才，欲厲風迹，收士心，辟召州中名宿及王莽時故吏二千石，皆引置幕府，多發諸郡倉穀稟贍其妻子。寵以爲天下未定，師旅方起，不宜多置官屬以損軍實，不從其令。浮性矜急自多，寵亦狠强，嫌怨轉積。浮數譖構之，密奏寵多聚兵穀，意計難量。上輒漏泄令寵聞，以脅恐之。至是，有詔徵寵，寵上疏，願與浮俱徵。帝不許，寵益以自疑。其妻素剛，不堪抑屈，固勸無受徵，曰：『天下未定，四方各自爲雄，漁陽大郡，兵馬最精，何故爲人所奏而棄此去乎！』寵又與所親信吏計議，皆懷怨於浮，莫有勸行者。帝遣寵從弟子后蘭卿喻之。寵因留子后蘭卿，遂發兵反，拜署將帥，自將二萬餘人攻朱浮於薊。又以與耿況俱有重功，而恩賞並薄，數遣使要誘況。況不受，斬其使。

八月，帝遣游擊將軍鄧隆助朱浮討彭寵。隆軍潞南，浮軍雍奴，遣吏奏狀。帝讀檄，怒，謂使吏曰：『營相去百里，其勢豈可得相及！比若還，北軍必敗矣。』彭寵果遣輕兵擊隆軍，大破之。浮遠，遂不能救。

三年三月，涿郡太守張豐反，自稱『無上大將軍』，與彭寵連兵。朱浮以帝不自征彭寵，上疏求救。詔報曰：『往年赤眉跋扈長安，吾策其無穀必東，果來歸附。今度此反虜，勢無久全，其中必有内相斬者。今軍資未充，故須後麥耳。』浮城中糧盡，人相食，會耿況遣騎來救，浮乃得脱身走薊，城遂降於彭寵。寵自稱燕王，攻拔右北平、上谷數縣，賂遺匈奴，借兵爲助。又南結張步及富平、獲索諸賊，皆與交。

四年五月，上將親征彭寵，伏湛諫曰：『今兖、豫、青、冀，中國之都，而寇賊從横，未及從化。漁陽邊外荒耗，豈足先圖。陛下捨近務遠，棄易求難，誠臣之所惑也。』上乃還。

帝遣建義大將軍朱祐、建威大將軍耿弇、征虜將軍祭遵、驍騎將軍劉喜討張豐於涿郡。祭遵先至，急攻豐，禽之。初，豐好方術，有道士言豐當爲天子，以五綵囊裹石繫豐肘，云『石中有玉璽』。豐信之，遂反。既執，當斬，猶曰『肘石有玉璽』。傍人爲椎破之，豐乃知被詐，仰天歎曰：『當死無恨！』

上詔耿弇進擊彭寵。弇以父況與寵同功，又兄弟無在京師者，不敢獨

進，求詣雒陽。詔報曰：『將軍舉宗爲國，功效尤著，何嫌何疑，而欲求徵？』況聞之，更遣弇弟國入侍。時祭遵屯良鄉，劉喜屯陽鄉，彭寵引匈奴兵欲擊之。耿況使其子舒襲破匈奴兵，斬兩王，寵乃退走。

五年二月，彭寵妻數爲惡夢，又多見怪變，卜筮望氣者皆言：『兵當從中起。』寵以子后蘭卿質漢歸，不信之，使將兵居外，無親於中。寵齋在便室，蒼頭子密等三人因寵臥寐，共縛著牀，告外吏云：『大王齋禁，皆使吏休。』偽稱寵命，收縛奴婢，各置一處。又以寵命呼其妻，妻入，驚曰：『奴反！』奴乃捽其頭，擊其頰。寵急呼曰：『趣爲諸將軍辦裝！』於是兩奴將妻入取寶物，留一奴守寵。寵謂守奴曰：『若小兒，吾素所愛也，今爲子密所迫劫耳。解我縛，當以女珠妻汝，家中財物，皆以與若。』小奴意欲解之，視户外，見子密聽其語，遂不敢解。於是收金玉衣物，至寵所裝之，被馬六匹，使妻縫兩縑囊。昏夜後，解寵手，令作記告城門將軍云：『今遣子密等至子后蘭卿所，速開門出，勿稽留之。』書成，斬寵及妻頭置囊中，便持記馳出城，因以詣闕。明旦，閤門不開，官屬踰牆而入，見寵尸，驚怖。其尚書韓立等共立寵子午爲王，國師韓利斬午首詣祭遵降，夷其家族，帝封子密爲不義侯。

權德輿議曰：伯通之叛命，子密之戕君，同歸於亂，罪不相蔽，宜各致於法，昭示王度，反乃爵於五等，又以『不義』爲名。且舉以不義，莫可侯也，此而可侯，漢爵爲不足勸矣。《春秋》書齊豹盜、三叛人名之義，無乃異於是乎！

論說

宋·李昉等《太平御覽》卷九〇《皇王部一五·光武皇帝》 薛瑩《漢紀》曰，王莽之際，天下雲亂，英雄並發，其跨州據郡僭制者多矣。人皆冀於非望，然考其聰明仁勇，自無光武儔也。【略】故能以十數年間掃除羣凶，清復海內，豈非天之所輔贊哉！

宋·姚鉉《唐文粹》卷四二《權德輿〈世祖封不義侯議〉》 先師曰：『惟器與名不可以假人。』又曰：『必也正名乎！』又曰：『惟則定國。』於戲！有國者，可不務乎？當東漢世祖之初，天命再集。宜於此時貞百度，正三綱，纂修德教，允答天意。時彭寵以南陽舊恩，位列上將，有舉漁陽之功，饋邯鄲之忠，竟以讒謗獲罪。反側怨望，遂攻朱浮於薊，自稱燕王。其時師旅孔熾，元元苦甚。時君宜以息人，紓難爲心，則當録念功用，昭洗瑕穢；次則布之威懷，革其非心；必不得已，則仗大順以討之，出師以征之，明君君臣臣之義。此三者皆不能用，或用之而不能盡。及夫蒼頭子密有便室之逆，運其狙忍，時伺臥寢，遂使命懸僕隸，倉卒授首。及詣闕也，封爲不義侯。愚以爲伯通之叛命，子密之戕君，同歸于亂，罪不相蔽，宜各致於法，昭示王度，反乃爵於五等，又以「不義」爲名，且舉以不義，莫可侯也，而此侯漢爵爲不足勸矣。』《春秋》書齊豹盜，三叛人名之義，無乃異於是乎！且如欒布之哭彭越，孔車之葬主父，使於東漢議罪，罪孰甚焉。況四方甫定，傷痍未復，不稽古訓，以喜怒爲刑賞，使天下陪臺廝養，各幸其君之亂而徼侯印，授諸侯危疑之勢，鼓臣下叛渙之源，棄名器而汩彝訓，且以憲令爲戲。時風浩浩蕩而不復，至使桓、靈不道，山陽脅奪，本其所自，庸詎知非封不義之效歟！

宋·鄭樵《通志》卷一〇六《祭遵》 臣竊見，遵修行積善竭忠於國，北平漁陽，西拒隴蜀，先登坻上，深取略陽，衆兵既退，獨守衝難，制御士心，不越法度，所在吏人，不知有軍，清名聞於海內，廉白著於當世。

宋·徐天麟《東漢會要》卷三二《兵上·光武平漁陽》 臣天麟竊嘗謂先漢之開基，以父老苦秦苛法之久；東都之再造，以人心思漢德澤之深。夫以高祖、孝文寬仁結於人心者若此未泯，而莽乃竊窺漢鼎，盜有神器，三輔豪傑既共起而亡之矣。當是之時，如王郎、彭寵、盧芳、公孫述之徒，一夫大呼，輒數郡響應者，何哉？以民心思漢之切，而彼皆以存劉氏爲辭，故不擇賢否，不別眞僞，俱樂爲之歸附也。更始、盆子雖以宗室爲衆所立，然皆昏庸無知，失身盜賊，故卒以無成，豈知天命人心，固有攸屬，帝王自有眞宜，其身濟大業時，乘龍而御天也。

藝文

清・愛新覺羅・玄燁《聖祖仁皇帝御製文三集》卷三一《與彭寵書》 諭以名義，動以利害，雄快勁直，聳然可聽。

清・英廉等《日下舊聞考》卷一〇八《御製潞河懷古詩》 空傳彭寵守漁陽，城水東西究莫詳。祇有德鈞衞耕稼，至今鄉尚號甘棠。

雜録

明・楊士奇等《歷代名臣奏议》卷二二七《征伐》 建武三年，彭寵反於漁陽。帝欲自征之。大司徒伏湛上《疏》諫曰：『臣聞文王受命而征伐五國，必先詢之同姓，然後謀於羣臣，加占蓍龜，以定行事，故謀則成，卜則吉，戰則勝。其《詩》曰：「帝謂文王，詢爾仇方，同爾兄弟，以爾鈎援，與爾臨衝，以伐崇庸。」崇國城守，先退後伐，所以重人命，俟時而動，故參分天下而有其二。陛下承大亂之極，受命而帝，興明祖宗，出入四年，而滅檀鄉，制五校，降銅馬，破赤眉，誅鄧奉之屬，不爲無功。今京師空匱，資用不足，未能服近而先事邊外；且漁陽之地，逼接邊疆，敵人困迫，必求其助。又今所過縣邑，尤爲困乏。種麥之家，多在城郭，聞官兵將至，當已收之矣。大軍遠涉一千餘里，士馬罷勞，轉糧艱阻，今兖、豫、青、冀，中國之都，而寇賊縱横，未及從化。漁陽以東，本備邊塞，地接外域，貢税微薄。安平之時，尚資内郡，況今荒耗，豈足先圖？而陛下舍近務遠，棄易求難，四方疑怪，百姓恐懼，誠臣之所惑也。復願遠覽文王重兵博謀，近思征伐前後之宜，顧問有司，使極愚誠，采其所長，擇之聖慮，以中土爲憂念。』帝覽其奏，竟不親征。

宋・沈樞《通鑑總類》卷八上《耿弇自請收上谷兵》 耿弇從容言於光武，自請北收上谷兵未發者，定彭寵於漁陽，取張豐於涿郡，還收富平、獲索，東攻張步，以平齊地。光武壯其意，許之。

清・英廉等《欽定日下舊聞考》卷二 光武帝建武二年二月，漁陽太守彭寵反，攻幽州牧朱浮於薊。三年三月，彭寵陷薊城，自立爲燕王。五年二月，彭寵爲其蒼頭所殺，漁陽平。

又 卷一〇九 後漢建武二年，遣將鄧隆討彭寵於漁陽。隆軍潞水南，爲寵所敗。

唐・杜佑《通典》卷一五八《力少分軍必敗》 後漢初，漁陽太守彭寵反，自將二萬餘人，攻幽州刺史朱浮於薊。光武使將軍鄧隆救薊，隆軍潞南，浮軍雍奴遣吏奏狀。帝讀檄，怒謂使者曰：『營相去百里，其勢豈得相及？比若還，北軍必敗矣。』寵果盛兵臨河以拒隆，又别發輕騎二千襲其後，大破隆軍。去朱浮遠，遂不能救，引而去。

又 卷一九五《南匈奴》 後漢光武建武初，彭寵反叛於漁陽。單于與共連兵，因復權，立盧芳，使入居五原。

元・馬端臨《文獻通考》卷二六九《封建考十》 彭寵爲漁陽太守，王郎之起，獨以郡歸光武，封建忠侯，後反誅。不義侯子密，彭寵蒼頭。寵反，子密斬其首來降，封鑴羌侯。

明・彭大翼《山堂肆考》卷一一二《奴得封侯》 東漢光武朝，漁陽太守彭寵自負其功，帝接之不滿意，遂反。其蒼頭子密等斬寵及妻首來降，封奴爲不義侯。

光武帝平東方分部

综述

《後漢書》卷一上《光武帝紀上》 （建武二年）二月己酉，【略】漁陽太守彭寵反，攻幽州牧朱浮於薊。【略】（秋八月）遣遊擊將軍鄧隆救朱浮，與彭寵戰於潞，隆軍敗績。蓋延拔睢陽，劉永奔譙。【略】是歲，蓋延等大破劉永於沛西。【略】

（三年三月）彭寵陷薊城，寵自立爲燕王。【略】夏四月，吳漢率七將軍與劉永將蘇茂戰於廣東，大破之。虎牙大將軍蓋延圍劉永于睢陽。【略】（秋七月）蓋延拔睢陽，獲劉永。【略】

（五年二月）彭寵爲其蒼頭所殺，漁陽平。大司馬吳漢率建威大將軍

耿弇擊富平、獲索賊于平原，大破降之。【略】夏遣耿弇率二將軍討張步。【略】（冬十月）耿弇等與張步戰於臨淄，大破之。帝幸臨淄，進幸劇。張步斬蘇茂以降，齊地平。初起太學。車駕還宮，幸太學，賜博士弟子各有差。【略】

（八年）九月乙卯，【略】安丘侯張步叛歸琅邪，琅邪太守陳俊討獲之。戊寅，至自潁川。

又 卷一二《劉永傳》 東海人董憲起兵據其郡，而張步亦定齊地。永遣使拜憲翼漢大將軍、步輔漢大將軍，與共連兵，遂專據東方。及更始敗，永自稱天子。

建武二年夏，光武遣虎牙大將軍蓋延等伐永。初，陳留人蘇茂爲更始討難將軍，與朱鮪等守洛陽。鮪既降漢，茂亦歸命，光武因使茂與蓋延俱攻永。軍中不相能，茂遂反，殺淮陽太守，掠得數縣。據廣樂而臣於永。永以茂爲大司馬、淮陽王。蓋延遂圍睢陽，數月，拔之，永將家屬走虞。虞人反，殺其母及妻子，永與麾下數十人奔譙。蘇茂、佼強、周建合軍救永，爲蓋延所敗，茂奔還廣樂，強、建從永走保湖陵。

三年春，永遣使立張步爲齊王，董憲爲海西王。於是遣大司馬吳漢等圍蘇茂于廣樂，周建率衆救茂，茂、建戰敗，棄城復還湖陵，而睢陽人反城迎永。吳漢與蓋延等合軍圍之，城中食盡，永與茂、建走酇。諸將追急，永將慶吾斬永首降，封吾爲列侯。蘇茂、周建奔垂惠，共立永子紆爲梁王。佼強還保西防。

四年秋，遣捕虜將軍馬武、騎都尉王霸圍紆、建于垂惠，蘇茂將五校兵救之，紆、建亦出兵與武等戰，不克，而建兄子誦反，閉城門拒之。建、茂、紆等皆走，建於道死，茂奔下邳與董憲合，紆奔佼強。五年，遣驃騎大將軍杜茂攻佼強於西防，強與劉紆奔董憲。

時，平狄將軍龐萌反叛，遂襲破蓋延，引兵與董憲連和，自號東平王，屯桃鄉之北。

龐萌，山陽人。初亡命在下江兵中。更始立，以爲冀州牧，將兵屬尚書令謝躬，共破王郎。及躬敗，萌乃歸降，光武即位，以爲侍中。萌爲人遜順，甚見信愛。帝常稱曰：『可以託六尺之孤，寄百里之命者，龐萌是也。』拜爲平狄將軍，與蓋延共擊董憲。時，詔書獨下延而不及萌，萌以爲延譖己，自疑，遂反。帝聞之，大怒，乃自將討萌。與諸將書曰：『吾常以龐萌社稷之臣，將軍得無笑其言乎？老賊當族。其各厲兵馬，會睢陽！』憲聞帝自討龐萌，乃與劉紆、蘇茂、佼強去下邳，還蘭陵，使茂、強助萌，合兵三萬，急圍桃城。

帝時幸蒙，聞之，乃留輜重，自將輕騎三千，步卒數萬，晨夜馳赴，師次任城，去桃鄉六十里。旦日，諸將請進，賊亦勒兵挑戰，帝不聽，乃休士養鋭，以挫其鋒。城中聞車駕至，衆心益固。時吳漢等在東郡，馳使召之。萌等乃悉兵攻城，二十餘日，衆疲困而不能下。及吳漢與諸將到，乃率衆軍進桃戰，而帝親自搏戰，大破之。萌、茂、強夜棄輜重逃奔，董憲乃與劉紆悉其兵數萬人屯昌慮，自將鋭卒拒新陽。帝先遣吳漢擊破之，憲走還昌慮。漢進守之，憲恐，乃招誘五校餘賊步騎數千人屯建陽，去昌慮三十里。

帝至蕃，去憲所百餘里。諸將請進，帝不聽，知五校乏食當退，敕各堅壁以待其敝。頃之，五校糧盡，果引去。帝乃親臨，四面攻憲，三日，復大破之，衆皆奔散。遣吳漢追擊之，佼強將其衆降，蘇茂奔張步，憲及龐萌走入繒山。數日，吏士聞憲尚在，復往往相聚，得數百騎，迎憲入郯城。吳漢等復攻拔郯，憲與龐萌走保朐。劉紆不知所歸，軍士高扈斬其首降，梁地悉平。

吳漢進圍朐。明年，城中穀盡，憲、萌潛出，襲取贛榆，琅邪太守陳俊攻之，憲、萌走澤中。會吳漢下朐城，進盡獲其妻子。憲乃流涕謝其將士曰：『妻子皆已得矣。嗟乎！久苦諸卿。』乃將數十騎夜去，欲從間道歸降，而吳漢校尉韓湛追斬憲于方與，方與人黔陵亦斬萌，皆傳首洛陽。封韓湛爲列侯，黔陵關内侯。

又 《張步傳》 漢兵之起，步亦聚衆數千，轉攻傍縣，下數城，自爲五威將軍，遂據本郡。

更始遣魏郡王閎爲琅邪太守，步拒之，不得進。閎爲檄，曉喻吏人降，得贛榆等六縣，收兵數千人，與步戰，不勝。時梁王劉永自以更始所立，貪步兵強，承制拜步輔漢大將軍、忠節侯，督青、徐二州，使征不從命者。步貪其爵號，遂受之。乃理兵於劇，以弟弘爲衛將軍，弘弟藍玄武大將軍，藍弟壽高密太守。遣將徇太山、東萊、城陽、膠東、北海、濟

南、齊諸郡，皆下之。

步拓地浸廣，兵甲日盛。王閎懼其衆散，乃詣步相見，欲誘以義方。步大陳兵引閎，怒曰：『步有何過，君前見攻之甚乎！』閎按劍曰：『太守奉朝命，而文公擁兵相距，閎攻賊耳，何謂甚邪！』步嘿然，良久，離席跪謝，乃陳樂獻酒，待以上賓之禮，令閎關掌郡事。

建武三年，光武遣光禄大夫伏隆持節使齊，拜步爲東萊太守。劉永聞隆至劇，乃馳遣立步爲齊王，步卽殺隆而受永命。

是時，帝方北憂漁陽，南事梁、楚，故步得專集齊地，據郡十二。及劉永死，步等欲立永子紆爲天子，自爲定漢公，置百官。王閎諫曰：『梁王以奉本朝之故，是以山東頗能歸之。今尊立其子，將疑衆心。且齊人多詐，宜且詳之。』步乃止。五年，步聞帝將攻之，以其將費邑爲濟南王，屯歷下。冬，建威大將軍耿弇破斬費邑，進拔臨淄。步以弇兵少遠客，可一舉而取，乃悉將其衆攻弇於臨淄。步兵大敗，還奔劇。帝自幸劇。步退保平壽，蘇茂將萬餘人來救之。茂讓步曰：『以南陽兵精，延岑善戰，而耿弇走之。大王奈何就攻其營？既呼茂，不能待邪？』步曰：『負負，無可言者。』帝乃遣使告步、茂，能相斬降者，封爲列侯。步遂斬茂，使使奉其首降。步三弟各自繫所在獄，皆赦之。封步爲安丘侯，後與家屬居洛陽。王閎亦詣劇降。

八年夏，步將妻子逃奔臨淮，與弟弘、藍欲招其故衆，乘船入海，琅邪太守陳俊追擊斬之。

又《彭寵傳》 寵少爲郡吏，地皇中，爲大司空士，從王邑東拒漢軍。到洛陽，聞同産弟在漢兵中，懼誅，卽與鄉人吳漢亡至漁陽，抵父時吏。更始立，使謁者韓鴻持節徇北州，承制得專拜二千石已下。鴻至薊，以寵、漢並鄉閭故人，相見歡甚，卽拜寵偏將軍，行漁陽太守事，漢安樂令。

及光武鎮慰河北，至薊，以書招寵。寵具牛、酒，將上謁。會王郎詐立，傳檄燕、趙，遣將徇漁陽、上谷，急發其兵，北州衆多疑惑，欲從之。吳漢說寵從光武，語在《漢傳》。會上谷太守耿況亦使功曹寇恂詣寵，結謀共歸光武。寵乃發步騎三千人，以吳漢行長史，及都尉嚴宣、護軍蓋延、狐奴令王梁，與上谷軍合而南，及光武于廣阿。光武承制封寵建忠侯，賜號大將軍。遂圍邯鄲，寵轉糧食，前後不絕。

及王郎死，光武追銅馬，北至薊。寵上謁，自負其功，意望甚高，光武接之不能滿，以此懷不平。光武知之，以問幽州牧朱浮。浮對曰：『前吳漢北發兵時，大王遺寵以所服劍，又倚以爲北道主人。寵謂至當迎閤握手，交歡並坐。今既不然，所以失望。』浮因曰：『王莽爲宰衡時，甄豐旦夕入謀議，時人語曰：「夜半客，甄長伯。」及莽篡位後，豐意不平，卒以誅死。』光武大笑，以爲不至於此。及卽位，吳漢、王梁，寵之所遣，並爲三公，而寵獨無所加，愈怏怏不得志。歎曰：『我功當爲王，但爾者，陛下忘我邪？』

是時，北州破散，而漁陽差完，有舊鹽鐵官，寵轉以貿穀，積珍寶，益富强，朱浮與寵不相能，浮數譖構之。建武二年春，詔征寵，寵意浮賣己，上疏願與浮俱征。又與吳漢、蓋延等書，盛言浮枉狀，固求同征。帝不許，益以自疑。而其妻素剛，不堪抑屈，固勸無受召。寵又與常所親信吏計議，皆懷怨于浮，莫有勸行者。帝遣寵從弟子后蘭卿喻之，寵因留子后蘭卿，遂發兵反，拜署將帥，自將二萬餘人攻朱浮於薊，分兵徇廣陽、上谷、右北平。又自與耿況俱有重功，而恩賞並薄，數遣使要誘況。況不受，輒斬其使。

秋，帝使遊擊將軍鄧隆救薊。隆軍潞南，浮軍雍奴，遣吏奏狀。帝讀檄，怒謂使吏曰：『營相去百里，其勢豈可得相及？比若還，北軍必敗矣。』寵果盛兵臨河以拒隆，又別發輕騎三千襲其後，大破隆軍。浮遠，遂不能救，引而去。明年春，寵遂拔右北平、上谷數縣。遣使以美女繒彩賂遺匈奴，要結和親。單于使左南將軍七八千騎，往來爲遊兵以助寵。又南結張步及富平獲索諸豪傑，皆與交質連衡。遂攻拔薊城，自立爲燕王。

其妻數惡夢，又多見怪變，卜筮及望氣者皆言兵當從中起。寵疑子后蘭卿質漢歸，故不信之，使將兵居外，無親於中。五年春，寵齋，獨在便室。蒼頭子密等三人因寵臥寐，共縛著牀，告外吏云：『大王齋禁，皆使吏休。』僞稱寵命教，收縛奴婢，各置一處。又以寵命呼其妻。妻入，大驚。寵急呼曰：『趣爲諸將軍辦裝。』於是兩奴將妻入取寶物，留一奴守寵。寵謂守奴曰：『若小兒，我素愛也，今爲子密所迫劫耳。解我縛，當以女珠妻汝，家中財物皆與若。』小奴意欲解之，視户外，見子密聽其語，

遂不敢解。於是收金玉衣物，至寵所裝之，被馬六匹，使妻縫兩縑囊。昏夜後，解寵手，令作記告城門將軍云：『今遣子密等至子后蘭卿所，速開門出，勿稽留之。』書成，即斬寵及妻頭，置囊中，便持記馳出城，因以詣闕。封爲不義侯。明旦，閤門不開，官屬逾牆而入，見寵屍，驚怖。其尚書韓立等共立寵子午爲王，以子后蘭卿爲將軍。國師韓利斬午首，詣征虜將軍祭遵降。夷其宗族。

又 卷一八《蓋延傳》 建武二年，更封安平侯。遣南擊敖倉，轉攻酸棗、封丘，皆拔。其夏，督騎馬都尉馬武、騎都尉劉隆、護軍都尉馬成、偏將軍王霸等南伐劉永，先攻拔襄邑，進取麻鄉，遂圍永于睢陽。數月，盡收野麥，夜梯其城入。永驚懼，引兵走出東門，延追擊，大破之。永棄軍走譙，延進攻，拔薛，斬其魯郡太守，而彭城、扶陽、杼秋、蕭皆降。又破永沛郡太守，斬之。永將蘇茂、佼强、周建等三萬餘人救永，共攻延，延與戰於沛西，大破之。永軍亂，遁没溺死者大半。永棄城走湖陵，蘇茂奔廣樂。延遂定沛、楚、臨淮，修高祖廟，置嗇夫、祝宰、樂人。

三年，睢陽復反城迎劉永，延復率諸將圍之百日，收其野穀。永乏食，突走，延追擊，盡得輜重。永爲其所殺，永弟防舉城降。

又 《陳俊傳》 建武二年春，攻匡賊，下四縣，更封新處侯。引擊頓丘，降三城。其秋，大司馬吴漢承制拜俊爲强弩大將軍，别擊金門、白馬賊於河內，皆破之。四年，轉徇汝陽及項，又拔南武陽。是時，太山豪傑多擁衆與張步連兵，吴漢言於帝曰：『非陳俊莫能定此郡。』於是拜俊太山太守，行大將軍事。張步聞之，遣其將擊俊，戰於嬴下，俊大破之，追至濟南，收得印綬九十餘，稍攻下諸縣，遂定太山。五年，與建威大將軍耿弇共破張步。事在《弇傳》。

時，琅邪未平，乃徙俊爲琅邪太守，領將軍如故。齊地素聞俊名，入界，盜賊皆解散。俊將兵擊董憲於贛榆，進破朐賊孫陽，平之。八年，張步畔，還琅邪，俊追討，斬之。帝美其功，詔俊得專征青、徐。俊撫貧弱，表有義，檢制軍吏，不得與郡縣相干，百姓歌之。數上書自請，願奮擊隴、蜀。詔報曰：『東州新平，大將軍之功也。負海猾夏，盜賊之處，國家以爲重憂，且勉鎮撫之。』

又 《臧宫傳》 （建武）十一年，將兵至中盧，屯駱越。是時，公孫述將田戎、任滿與征南大將軍岑彭相距于荆門，彭等戰數不利，越人謀畔從蜀。宫兵少，力不能制。會屬縣送委輸車數百乘至，宫夜使鋸斷城門限，令車聲回轉出入至旦。越人候伺者聞車聲不絶，而門限斷，相告以漢兵大至。其渠帥乃奉牛、酒以勞軍營。宫陳兵大會，擊牛釃酒，饗賜慰納之，越人由是遂安。

宫與岑彭等破荆門，别至垂鵲山，通道出秭歸，至江州。岑彭下巴郡，使宫將降卒五萬，從涪水上平曲。公孫述將延岑盛兵于沈水，時宫衆多食少，轉輸不至，而降者皆欲散畔，郡邑復更保聚，觀望成敗。宫欲引還，恐爲所反，會帝遣謁者將兵詣岑彭，有馬七百匹，宫矯制取以自益，晨夜進兵，多張旗幟，登山鼓噪，右步左騎，挾船而引，呼聲動山谷。岑不意漢軍卒至，登山望之，大震恐。宫因從擊，大破之。斬首溺死者萬餘人，水爲之濁流。延岑奔成都，其衆悉降，盡獲其兵馬珍寶。自是乘勝追北，降者以十萬數。

軍至平陽鄉，蜀將王元舉衆降。進拔綿竹，破涪城，斬公孫述弟恢，復攻拔繁、郫。前後收得節五，印綬千八百。是時，大司馬吴漢亦乘勝進營逼成都。宫連屠大城，兵馬旌旗甚盛，乃乘兵入小雒郭門，歷成都城下，至吴漢營，飲酒高會。漢見之甚歡，謂宫曰：『將軍向者經虜城下，震揚威靈，風行電照。然窮寇難量，還營願從它道矣。』宫不從，復路而歸，賊亦不敢近之。進軍咸門，與吴漢並滅公孫述。

又 卷一九《耿弇傳》 弇從幸舂陵，因見自請北收上谷兵未發者，定彭寵于漁陽，取張豐於涿郡，還收富平、獲索，東攻張步，以平齊地。帝壯其意，乃許之。四年，詔弇進攻漁陽。弇以父據上谷，本與彭寵同功，又兄弟無在京師者，自疑，不敢獨進，上書求詣洛陽。詔報曰：『將軍出身舉宗爲國，所向陷敵，功效尤著，何嫌何疑，而欲求征？且與王常共屯涿郡，勉思方略。』況聞弇求征，亦不自安，遣舒弟國入侍。帝善之，進封況爲隃麋侯。乃命弇與建義大將軍朱祐、漢忠將軍王常等擊望都、故安西山賊十餘營，皆破之。時，征虜將軍祭遵屯良鄉，驍騎將軍劉喜屯陽鄉，以拒彭寵。寵遣弟純將匈奴二千餘騎，寵自引兵數萬，分爲兩道以擊遵、喜。胡騎經軍都，舒襲破其衆，斬匈奴兩王，寵乃退走。況復

與舒攻寵，取軍都。五年，寵死，天子嘉況功，使光禄大夫持節迎況，賜甲第，奉朝請。封舒爲牟平侯。遣弇與吳漢擊富平、獲索賊于平原，大破之，降者四萬餘人。

因詔弇進討張步。弇悉收集降卒，結部曲，置將吏，率騎都尉劉歆、太山太守陳俊引兵而東，從朝陽橋濟河以度。張步聞之，乃使其大將軍費邑軍歷下，又分兵屯祝阿，別于太山鐘城列營數十以待弇。弇度河先擊祝阿，自旦攻城，日未中而拔之，故開圍一角，令其衆得奔歸鐘城。鐘城人聞祝阿已潰，大恐懼，遂空壁亡去。費邑分遣弟敢守巨里。弇進兵先脅巨里，使多伐樹木，揚言以填塞坑塹。數日，有降者言邑聞弇欲攻巨里，謀來救之。弇乃嚴令軍中趣修攻具，宣敕諸部，後三日當悉力攻巨里城。陰緩生口，令得亡歸。歸者以弇期告邑，邑至日果自將精兵三萬餘人來救之。弇喜，謂諸將曰：『吾所以修攻具者，欲誘致邑耳。今來，適其所求也。』即分三千人守巨里，自引精兵上岡阪，乘高合戰，大破之，臨陳斬邑。既而收首級以示巨里城中，城中凶懼，費敢悉衆亡歸張步。弇復收其積聚，縱兵擊諸未下者，平四十餘營，遂定濟南。

時，張步都劇，使其弟藍將精兵二萬守西安，諸郡太守合萬餘人守臨淄，相去四十里。弇進軍畫中，居二城之間。弇視西安城小而堅，且藍兵又精，臨淄名雖大而實易攻，乃敕諸校會，後五日攻西安。藍聞之，晨夜儆守。至期夜半，弇敕諸將皆蓐食，會明至臨淄城。護軍荀梁等爭之，以爲宜速攻西安。弇曰：『不然。西安聞吾欲攻之，日夜爲備，臨淄出不意而至，必驚擾，吾攻之一日必拔。拔臨淄即西安孤，張藍與步隔絶，必復亡去，所謂擊一而得二者也。若先攻西安，不卒下，頓兵堅城，死傷必多。縱能拔之，藍引軍還奔臨淄，并兵合勢，觀人虛實，吾深入敵地，後無轉輸，旬日之間，不戰而困。諸君之言，未見其宜。』遂攻臨淄，半日拔之，入據其城。張藍聞之大懼，遂將其衆亡歸劇。

弇乃令軍中無得妄掠劇下，須張步至乃取之，以激怒步。步聞大笑曰：『以尤來、大彤十餘萬衆，吾皆即其營而破之。今大耿兵少於彼，又皆疲勞，何足懼乎！』乃與三弟藍、弘、壽及故大彤渠帥重異等兵號二十萬，至臨淄大城東，將攻弇。弇先出兵淄水上，與重異遇，突騎欲縱，弇恐挫其鋒，令步不敢進，故示弱以盛其氣，乃引歸小城，陳兵於内。步氣盛，直攻弇營，與劉歆等合戰，弇升王宮壞臺望之，視歆等鋒交，乃自引精兵以橫突步陳於東城下，大破之。飛矢中弇股，以佩刀截之，左右無知者。至暮罷。弇明旦復勒兵出。是時，帝在魯，聞弇爲步所攻，自往救之，未至。陳俊謂弇曰：『劇虜兵盛，可且閉營休士，以須上來。』弇曰：『乘輿且到，臣子當擊牛釃酒以待百官，反欲以賊虜遺君父邪？』乃出兵大戰，自旦及昏，復大破之，殺傷無數，城中溝塹皆滿。弇知步困將退，豫置左右翼爲伏以待之。人定時，步果引去，伏兵起縱擊，追至鉅昧水上，八九十里僵屍相屬，收得輜重二千餘兩。步還劇，兄弟各分兵散去。

後數日，車駕至臨淄自勞軍，羣臣大會。帝謂弇曰：『昔韓信破歷下以開基，今將軍攻祝阿以發迹，此皆齊之西界，功足相方。而韓信襲擊已降，將軍獨拔勁敵，其功乃難於信也。又田横亨酈生，及田横降，高帝詔衛尉不聽爲仇。張步前亦殺伏隆，若步來歸命，吾當詔大司徒釋其怨，又事尤相類也。將軍前在南陽建此大策，常以爲落落難合，有志者事竟成也！』弇因復追步，步奔平壽，乃肉袒負斧鑕於軍門。弇傳步詣行在所，而勒兵入據其城。樹十二郡旗鼓，令步兵各以郡人詣旗下，衆尚十餘萬，輜重七千餘兩，皆罷遣歸鄉里。弇復引兵至城陽，降五校餘黨，齊地悉平。振旅還京師。

又　卷二〇《祭遵傳》（建武二年）時，涿郡太守張豐執使者舉兵反，自稱無上大將軍，與彭寵連兵。四年，遵與朱祐及建威大將軍耿弇、驍騎將軍劉喜俱擊之。遵兵先至，急攻豐，豐功曹孟厷執豐降。初，豐好方術，有道士言豐當爲天子，以五彩囊裹石繫豐肘，云石中有玉璽。豐信之，遂反。既執當斬，猶曰：『肘石有玉璽。』遵爲椎破之，豐乃知被詐，仰天歎曰：『當死無所恨！』諸將皆引還，遵受詔留屯良鄉拒彭寵。因遣護軍傅玄襲擊寵將李豪於潞，大破之，斬首千餘級。相拒歲餘，數挫其鋒，黨與多降者。及寵死，遵進定其地。

又　卷二二《杜茂傳》（郭）涼字公文，右北平人也。身長八尺，氣力壯猛，雖武將，然通經書，多智略，尤曉邊事，有名北方。初，幽州牧朱浮辟爲兵曹掾，擊彭寵有功，封廣武侯。

又　卷二六《伏湛傳》（建武三年）時，彭寵反于漁陽，帝欲自

征之，湛上疏諫曰：『臣聞文王受命而征伐五國，必先詢之同姓，然後謀於羣臣，加占蓍龜，以定行事，故謀則成，卜則吉，戰則勝。其《詩》曰：「帝謂文王，詢爾仇方，同爾弟兄，以爾鉤援，與爾臨衝，以伐崇庸。」崇國城守，先退後伐，所以重人命，俟時而動，故參分天下而有其二。陛下承大亂之極，受命而帝，興明祖宗，出入四年，而滅檀鄉，制五校，降銅馬，破赤眉，誅鄧奉之屬，不爲無功。今京師空匱，資用不足，未能服近而先事邊外，且漁陽之地，逼接北狄，黠虜困迫，必求其助。又今所過縣邑，尤爲困乏。種麥之家，多在城郭，聞官兵將至，當已收之矣。大軍遠涉二千餘里，士馬罷勞，轉糧限阻，今兗、豫、青、冀，中國之都，而寇賊從横，未及從化。漁陽以東，本備邊塞，地接外虜，貢稅微薄。安平之時，尚資内郡，況今荒耗，豈足先圖？而陛下舍近務遠，棄易求難，四方疑怪，百姓恐懼，誠臣之所惑也。復願遠覽文王重兵博謀，近思征伐前後之宜，顧問有司，使極愚誠，采其所長，擇之聖慮，以中土爲憂念。』帝覽其奏，竟不親征。

時，賊徐異卿等萬餘人據富平，連攻之不下，唯云：『願降司徒伏公。』帝知湛爲青、徐所信向，遣到平原，異卿等即日歸降，護送洛陽。

湛雖在倉卒，造次必於文德，以爲禮樂政化之首，顛沛猶不可違。是歲奏行鄉飲酒禮，遂施行之。

其冬，車駕征張步，留湛居守。時，蒸祭高廟，而河南尹、司隸校尉于廟中爭論，湛不舉奏，坐策免。六年，徙封不其侯，邑三千六百户，遣就國。後南陽太守杜詩上疏薦湛曰：『臣聞唐、虞以股肱康，文王以多士寧，是故《詩》稱「濟濟」，《書》曰「良哉」。臣詩竊見故大司徒陽都侯伏湛，自行束修，訖無毁玷，篤信好學，守死善道，經爲人師，行爲儀表。前在河内朝歌及居平原，吏人畏愛，則而象之。遭時反復，不離兵凶，秉節持重，有不可奪之志。陛下深知其能，顯以宰相之重，衆賢百姓，仰望德義。微過斥退，久不復用，有識所惜，儒士痛心，臣竊傷之。湛容貌堂堂，國之光輝，智略謀慮，朝之淵藪。髫髮厲志，白首不衰。實足以先後王室，名足以光示遠人。古者選擢諸侯以爲公卿，是故四方回首，仰望京師。柱石之臣，宜居輔弼，出入禁門，補缺拾遺。臣詩愚戇，不足以知宰相之才，竊懷區區，敢不自竭。臣前爲侍御史，上封事，言湛公廉愛下，好惡分明，累世儒學，素持名信，經明行修，通達國政，尤宜近侍，納言左右，舊制九州五尚書，令一郡二人，可以湛代。頗爲執事所非。但臣詩蒙恩深渥，所言誠有益於國，雖死無恨，故復越職觸冒以聞。』

十三年夏，征，敕尚書擇拜吏日，未及就位，因宴見中暑，病卒。賜秘器，帝親弔祠，遣使者送喪修冢。

又《伏隆傳》 建武二年，詣懷宫，光武甚親接之。時，張步兄弟各擁強兵，據有齊地，拜隆爲太中大夫，持節使青、徐二州，招降郡國。隆移檄告曰：『乃者，猾臣王莽，殺帝盜位。宗室興兵，除亂誅莽，故羣下推立聖公，以主宗廟。而任用賊臣，殺戮賢良，三王作亂，盜賊從横，忤逆天心，卒爲赤眉所害。皇天佑漢，聖哲應期，陛下神武奮發，以少制衆。故尋、邑以百萬之軍，潰散于昆陽，王郎以全趙之師，土崩於邯鄲，大肜、高胡望旗消靡，鐵脛、五校莫不摧破。梁王劉永，幸以宗室屬籍，爵爲侯王，不知厭足，自求禍棄，遂封爵牧守，造爲詐逆。今虎牙大將軍屯營十萬，已拔睢陽，劉永奔迸，家已族矣。此諸君所聞也。不先自圖，後悔何及！』青、徐羣盜得此惶怖，獲索賊右師郎等六校即時皆降。張步遣使隨隆，詣闕上書，獻鰒魚。

其冬，拜隆光禄大夫，復使于步，並與新除青州牧守及都尉俱東，詔隆輒拜令長以下。隆招懷綏緝，多來降附。帝嘉其功，比之酈生。即拜步爲東萊太守，而劉永復遣使立步爲齊王。步貪受王爵，尤豫未決。隆曉譬曰：『高祖與天下約，非劉氏不王，今可得爲十萬户侯耳。』步欲留隆與共守二州，隆不聽，求得反命，步遂執隆而受永封。隆遣間使上書曰：『臣隆奉使無狀，受執凶逆，雖在困厄，授命不顧。又吏人知步反畔，心不附之，願以時進兵，無以臣隆爲念。臣隆得生到闕廷，受誅有司，此其大願，若令没身寇手，以父母昆弟長累陛下。陛下與皇后、太子永享萬國，與天無極。』帝得隆奏，召父湛流涕以示之曰：『隆可謂有蘇武之節。恨不且許而遽求還也！』其後步遂殺之，時人莫不憐哀焉。

五年，張步平，車駕幸北海，詔隆中弟咸收隆喪，賜給棺斂，太中大夫護送喪事，詔告琅邪作冢，以子瑗爲郎中。

又 卷三三《朱浮傳》 漁陽太守彭寵以爲天下未定，師旅方起，不宜多置官屬，以損軍實，不從其實。浮性矜急自多，頗有不平，因以峻

文詆，寵亦很强，歉負其功，嫌怨轉積。浮密奏寵遣吏迎妻而不迎其母，又受貨賄，殺害友人，多聚兵穀，意計難量。寵既積怨，聞之，遂大怒，而舉兵攻浮。浮以書質責之曰：

蓋聞知者順時而謀，愚者逆理而動，常竊悲京城太叔以不知足而無賢輔，卒自棄于鄭也。

伯通以名字典郡，有佐命之功，臨人親職，愛惜倉庫，而浮秉征伐之任，欲權時救急，二者皆爲國耳。卽疑浮相譖，何不詣闕自陳，而爲族滅之計乎？朝廷之于伯通，恩亦厚矣，委以大郡，任以威武，事有柱石之寄，情同子孫之親。匹夫媵母尚能致命一餐，豈有身帶三綬，職典大邦，而不顧恩義，生心外畔者乎！伯通與吏人語，何以爲顔？行步拜起，何以爲容？坐卧念之，何以爲心？引鏡窺影，何施眉目？舉措建功，何以爲人？惜乎棄休令之嘉名，造梟鴟之逆謀，捐傳世之慶祚，招破敗之重灾，高論堯、舜之道，不忍桀、紂之性，生爲世笑，死爲愚鬼，不亦哀乎！

伯通與耿俠游俱起佐命，同被國恩。俠游廉讓，屢有降挹之言，而伯通自伐，以爲功高天下。往時遼東有豕，生子白頭，異而獻之，行至河東，見羣豕皆白，懷慚而還。若以子之功論於朝廷，則爲遼東豕也。今乃愚妄，自比六國。六國之時，其勢各盛，廓土數千里，勝兵將百萬，故能據國相持，多歷年世。今天下幾里，列郡幾城，奈何以區區漁陽而結怨天子？此猶河濱之人捧土以塞孟津，多見其不知量也！

方今天下適定，海内願安，士無賢不肖，皆樂立名於世。而伯通獨中風狂走，自捐盛時，内聽驕婦之失計，外信讒邪之諛言，長爲羣后惡法，永爲功臣鑒戒，豈不誤哉！定海内者無私仇，勿以前事自誤，願留意顧老母幼弟。凡舉事無爲親厚者所痛，而爲見仇者所快。

寵得書愈怒，攻浮轉急。明年，涿郡太守張豐亦舉兵反。

時，二郡畔戾，北州憂恐，浮以爲天子必自將兵討之，而但遣遊擊將軍鄧隆陰助浮。浮懷懼，以爲帝怠於敵，不能救之，乃上疏曰：

昔楚、宋列國，俱爲諸侯，莊王以宋執其使，遂有投袂之師。魏公子顧朋友之要，觸冒强秦之鋒。夫楚、魏非有分職匡正之大義也，莊王但爲爭强而發忿，公子以一言而立信耳。今彭寵反畔，張豐逆節，以爲陛下必棄捐它事，以時滅之，既歷時月，寂寞無音。從圍城而不救，放逆虜而不討，臣誠惑之。昔高祖聖武，天下既定，猶身自征伐，未嘗寧居。陛下雖興大業，海内未集，而獨逸豫，不顧北垂，百姓遑遑，無所繫心。三河、冀州，曷足以傳後哉！今秋稼已熟，復爲漁陽所掠。張豐狂悖，奸黨日增，連年拒守，吏士疲勞，甲冑生蟣虱，弓弩不得施，上下焦心，相望救護，仰希陛下生活之恩。

詔報曰：『往年赤眉跋扈長安，吾策其無穀必東，果來歸降。今度此反虜，勢無久全，其中必有内相斬者。今軍資未充，故須後麥耳。』浮城中糧盡，人相食。會上谷太守耿況遣騎來救浮，浮乃得遁走。南至良鄉，其兵長反遮之，浮恐不得脱，乃下馬刺殺其妻，僅以身免，城降于寵，尚書令侯霸奏浮敗亂幽州，構成寵罪，徒勞軍師，不能死節，罪當伏誅。帝不忍，以浮代賈復爲執金吾，徙封父城侯。後豐、寵並自敗。

宋·張預《十七史百將傳》卷三《後漢耿弇傳》 及光武卽位，封好時侯。建武五年，詔弇進討張步。弇悉收集降卒，結部曲，置將吏，率騎都尉劉歆、大山太守陳俊引兵而東。張步聞之，乃使其大將軍費邑軍歷下，又分兵屯祝阿，别于泰山鐘城列營數十以待弇。弇渡河先擊祝阿，自旦攻城，未中而拔之，故開圍一角，令其衆得奔歸鐘城。鐘城人聞祝阿已潰，大恐懼，遂空壁亡去。費邑分遣弟敢守巨里。弇進兵先脅巨里，使多伐林木，揚言以填塞坑塹。數日，有降者言邑聞弇欲攻巨里，謀來救之。弇乃嚴令軍中趣修攻具，宣敕諸部：後三日當悉力攻巨里城。陰緩生口，令得亡歸。歸者以弇期告邑，邑至日果自將精兵三萬餘人來救之。弇喜謂諸將曰：『吾所以修攻具者，欲誘致邑耳。今來，適其所求也。』卽分三千人守巨里，自引精兵上岡阪，乘高合戰，大破之，臨陣斬邑。既而收首級以示巨里城中，城中凶懼，費敢悉衆亡歸張步。弇復收其積聚，縱兵擊諸未下者，平四十餘營，遂定濟南。時張步都據，使其弟藍將精兵二萬守西安，諸郡太守合萬餘人守臨淄，相去四十里。弇進軍畫中，居二城之間。弇視西安城小而堅，且藍兵又精，臨淄名雖大而實易攻，乃敕諸校會，後五日攻西安。藍聞之，晨夜儆守。至期夜半，弇敕諸將皆蓐食，會明至臨淄城。護軍荀梁等爭之，以爲宜速攻西安。弇曰：『不然。西安聞吾欲攻之，日夜爲備，臨淄出不意而至，必驚擾，吾攻之一日必拔。拔臨

淄卽西安孤，張藍與步隔絕，必復亡去。所謂擊一而得二者也。若先攻西安不卒下，頓兵堅城，死傷必多。縱能拔之，藍引軍還奔臨淄，并兵合勢，觀人虛實，吾深入敵地，後無轉輸，旬月之間，不戰而困。諸君之言，未見其宜。」遂攻臨淄，半日拔之，入據其城。張藍聞之懼，遂將其衆亡歸劇。弇乃令軍中無得妄掠劇下，須張步至乃取之，以激怒步。步聞，大笑曰：『以尤來、大彤十餘萬衆，吾皆卽其營而破之。今大耿兵少於彼，又皆疲勞，何足懼乎！』乃與三弟藍、洪、壽及故大彤渠帥重異等兵號二十萬，至臨淄大城東，將攻弇。弇先出淄水上，與重異遇，突騎欲縱，弇恐挫其鋒，令步不敢進，故示弱以盛其氣，乃引歸小城，陳兵於內。步氣盛，直攻弇營，與劉歆等合戰，弇升王宮壞臺望之，視歆等鋒交，乃自引精兵以橫突步陳於東城下，大破之。飛矢中弇股，以佩刀截之，左右無知者，至暮罷。弇明日復勒出。是時帝在魯，聞弇爲步所攻，自往救之，未至，陳俊謂弇曰：『劇虜兵盛，可且閉營休士，以須上來。』弇曰：『乘輿且到，臣子當擊牛釃酒以待百官，反欲以賊虜遺君父邪？』乃出兵大戰，自旦及昏，復大破之，殺傷無數，城中溝塹皆滿。弇知步困將退，豫置左右翼爲伏以待之。人定時，步果引去，復兵起縱擊，追至鉅昧水上，八九十里僵屍相屬，收得輜重二千餘兩。步還劇，兄弟各分兵散去。後數日，車駕至臨淄，自勞軍，羣臣大會。帝謂弇曰：『昔韓信破歷下以開基，今將軍攻祝阿以發迹，此皆齊之西界，功足相方。而韓信襲擊已降，將軍獨拔勁敵，其功乃難於信也。將軍前在南陽建此大策，常以爲落落難合，有志者事竟成也！』又曰：『橫烹酈生，及田橫降，高帝詔，衞尉不聽爲仇。張步前亦殺伏隆，若步來歸命，吾當詔大司徒釋其怨，又事尤相類也。』弇因復追，步奔平壽，乃肉袒負斧鑕於軍門。弇傳步詣行在所，而勒兵入劇其城。立十二郡旗鼓，令步兵各以郡人詣旗下，衆尚十餘萬，輜重七千餘兩，皆罷遣歸鄉里。弇復引兵至城陽，降五校餘黨，齊地悉平，振旅還京師。弇凡所平郡四十六，屠城三百，未嘗挫折。每有四方異議，輒召入問籌策。永平元年，卒。

宋·王欽若等《册府元龜》卷三八九《將帥部·請行》　建威大將軍幸春陵見，請北收上谷發者，彭寵於漁陽，張豐於涿郡還，富平獲索，攻張步以平齊地。壯其意乃許之。【略】

耿弇，建武初，以建威大將軍與驃騎大將軍景丹，强弩將軍陳俊，攻厭新賊於敖倉。皆破降之。三年，延岑自武關出攻南陽，下數城。穰人杜弘率其衆以從岑。弇與岑等戰於穰，大破之，斬首三千餘級，生獲其將士五千餘人，得印綬三百。杜弘降，岑與數騎遁走東陽。四年，與建義大將軍朱佑、漢忠將軍王常等擊望都、故安西山賊十餘營，皆破之。五年，與大司馬吳漢，擊富平獲索賊於平原，大破之，降者四萬餘人。因詔弇進討張步。弇悉收集降卒，結部曲，置將吏，率騎都尉劉歆、泰山太守陳俊引兵而東，從朝陽橋濟河以度朝陽縣名屬濟南郡，攻祝阿臨淄，皆拔之，令軍中毋得妄掠劇下。須張步至，乃取之，以激怒步。弇乃令軍中無得妄掠劇下，須張步至乃取之，以激怒步。步聞大笑曰：『以尤來、大彤十餘萬衆，吾皆卽其營而破之。今大耿兵少於彼，又皆疲勞，何足懼乎！』乃與三弟藍、弘、壽及故大彤渠帥重異等兵號二十萬，至臨淄大城東，將攻弇。弇先出兵淄水上，與重異遇，突騎欲縱，弇恐挫其鋒，令步不敢進，故示弱以盛其氣，乃引歸小城，陳兵於內。步氣盛，直攻弇營，與劉歆等合戰，弇升王宮壞臺望之臨淄本齊國所都，卽齊王宮中有瑰臺也，視歆等鋒交，乃自引精兵以橫突步陳於東城下，大破之。飛矢中弇股，以佩刀截之，左右無知者。至暮罷。弇明旦復勒兵出。大戰自旦及昏，復大破之。殺傷無數，城中溝塹皆滿。弇知步困將退，豫置左右翼爲伏以待之兩旁伏兵如鳥之翼。人定時，步果引去，伏兵起縱擊，追至鉅昧水鉅昧水名一名巨洋水在今青州壽光縣西上，八九十里僵屍相屬，收得輜重二千餘兩。步還劇，兄弟各分兵散去。後數日，車駕至臨淄自勞軍，弇因復追步，步奔平壽，乃肉袒負斧鑕於軍門。弇傳步詣行在所，而勒兵入據其城。樹十二郡旗鼓，令步兵各以郡人詣旗下，衆尚十餘萬，輜重七千餘兩，皆罷遣歸鄉里。弇復引兵至城陽，降五校餘黨，齊地悉平。振旅還京師。

宋·司馬光《資治通鑑·漢光武帝建武元年》　初，更始以王閎爲琅邪太守，張步據郡拒之。閎諭降，得贛榆等六縣，《地理志》，贛榆縣，屬琅邪郡。收兵與步戰，不勝。步既受劉永官號，治兵於劇，《地理志》，劇縣，屬北海郡。賢曰：故城在今青州壽光縣南，故紀國城也。遣將徇泰山、東萊、城陽、膠東、北海、濟南、齊郡，皆下之。閎力不敵，乃詣步相見。步大陳兵而見之，怒曰：『步有何罪，君前見攻之甚！』閎按劍曰：

『太守奉朝命，而文公擁兵相拒。張步字文公。閎攻賊耳，何謂甚邪！』步起跪謝，與之宴飲，待爲上賓，令閎關掌郡事。賢曰：關，通也。

又《建武三年》 二月，劉永立董憲爲海西王。賢曰：海西縣，屬琅邪郡。永聞伏隆至劇，地理志，劇縣，屬北海郡，春秋紀國之地。杜佑曰：漢劇縣故城，在壽光縣南。亦遣使立張步爲齊王。步貪王爵，猶豫未決。隆曉譬曰：『高祖與天下約，非劉氏不王，今可得爲十萬户侯耳！』步欲留隆，與共守二州，二州，青州、徐州也。隆不聽，求得反命，步遂執隆而受永封。隆遣間使上書曰：『臣隆奉使無狀，賢曰：言罪大也。受執凶逆，雖在困阨，授命不顧。又，吏民知步反畔，心不附之，願以時進兵，無以臣隆爲念！臣隆得生到闕廷，受誅有司，此其大願。若令没身寇手，以父母、昆弟長累陛下。賢曰：累，託也。陛下與皇后、太子永享萬國，與天無極！』帝得隆奏，召其父湛，流涕示之，曰：『恨不且許而遽求還也！』其後步遂殺之。帝方北憂漁陽，南事梁、楚，故張步得專集齊地，據郡十二焉。步據城陽、琅邪、高密、膠東、東萊、北海、齊、千乘、濟南、平原、泰山、菑川十二郡。**【略】**

（三月）涿郡太守張豐反，《郡國志》：涿郡，在雒陽東北千八百里。自稱無上大將軍，與彭寵連兵。朱浮以帝不自征彭寵，上疏求救。詔報曰：『往年赤眉跋扈長安，賢曰：跋扈，猶言暴横也。策其無穀必東；果來歸附。今度此反虜，無久全，其中必有内相斬者。今軍資未充，故須後麥耳！』須，待也。城中糧盡，人相食，會耿況遣騎來救，浮乃得脱身走，薊城遂降於彭寵。《考異》曰：《朱浮傳》：『尚書令侯霸奏：「浮敗亂幽州，構成寵罪，徒勞軍師，不能死節，罪當伏誅。」』霸明年乃爲尚書令，蓋追劾之。自稱燕王，攻拔右北平、上谷數縣，賂遺匈奴，兵爲助，又南結張步及富平、獲索諸賊，皆與交通。

論説

《後漢書》卷三〇上《蘇竟傳》 初，延岑護軍鄧仲況擁兵據南陽陰縣爲寇，而劉歆兄子龔爲其謀主。竟時在南陽，與龔書曉之曰：**【略】** 諸儒或曰：今五星失晷，天時謬錯，辰星久而不效，太白出入過度，熒惑進退見態，鎮星繞帶天街，歲星不舍氐、房。以爲諸如此占，歸之國家。蓋灾不徒設，皆應之分野，各有所主。夫房、心卽宋之分，東海是也。尾爲燕分，漁陽是也。東海董憲迷惑未降，漁陽彭寵逆亂擁兵，王赫斯怒，命將並征，故熒惑應此，憲、寵受殃。太白、辰星自亡新之末，失行算度，以至於今，或守東井，或没羽林，或裴回藩屏，或躑躅帝宫，或經天反明，或潛臧久沈，或衰微暗昧，或煌煌北南，或盈縮成鉤，或偃蹇不禁，皆大運蕩除之祥，聖帝應符之兆也。賊臣亂子，往往錯互，指麾妄説，傳相壞誤。由此論之，天文安得遵度哉！

又 卷七〇《孔融傳》 山陽郗慮承望風旨，以微法奏免融官。因顯明仇怨，操故書激厲融曰：**【略】** 彭寵傾亂，起自朱浮。**【略】** 由此言之，喜怒怨愛，禍福所困，可不慎與！

《晉書》卷一二七《慕容德載記》 德遣使喻齊郡太守辟閭渾，渾不從，遣慕容鍾率步騎二萬擊之。**【略】** 鍾傳檄青州諸郡曰：『隆替有時，義列昔經，困難啓聖，事彰中籙。是以宣王龍飛于危周，光武鳳起於絶漢，斯蓋曆數大期，帝王之興廢也。**【略】** 昔韓信以裨將伐齊，有征無戰，耿弇以偏軍討步，克不移朔。況以萬乘之師，掃一隅之寇，傾山碎卵，方之非易。**【略】** 昔竇融以河西歸漢，榮被于後裔，彭寵盜逆漁陽，身死于奴僕。

宋・張預《十七史百將傳》卷三《後漢耿弇傳》 孫子曰：『善戰者，致人而不致於人。』弇逼巨里而致費邑。又曰：『善攻者，敵不知其所守。』弇攻西安而拔臨淄是也。

元・馬端臨《文獻通考》卷二六九《封建考十・東漢列侯》 徐氏曰：『按漢世封侯皆以縣邑，其後或以鄉亭，皆視其所食之邑而名之。至於功名顯，著則有特加美名者，西都、信武、冠軍、富民、博陸之類是也。東漢因之，時有美號。至於彭寵蒼頭以奴弑主而封之不義侯，夫果不義則不應封爵，使其功可封，則非可言不義矣，光武於是失之。』

清・王夫之《讀通鑑論》卷六《光武七》 光武之處彭寵，不謂之刻薄而寡恩，不得矣。王郎之亂，微耿況與寵之力不及此。天下粗定，置寵若忘，而以年少驕躁之朱浮位於其上，寵惡能不怨邪？泄浮之奏以激寵，使速反而殪之，誠不知光武之何心？意者寵之初發突騎助光武討王郎，寵

無固志，特爲吴漢、王梁所脅誘，而耿況、寇恂從臾之，以此有隙焉，而雖功亦罪乎？夫天下競起，疑王疑帝，豈易測之於風塵之下，既有功於己而拯其急，則固未可忘也。光武能忍於反側子而不能忍于寵也何邪？

乃寵之不得其終也，亦有以自取矣。耿況之始歸光武，亦寇恂決之也，乃既決於聽恂矣，則遣其子弇親將而來，稱帝之議，弇無所避而密陳之，故寇恂雖見委任，而不能揜況父子之輸忠。寵弗然也，從漢與梁之策，即遣漢與梁任之，資以兵衆，而成漢與梁之豐功，寵無與焉。漢與梁馳驅于中原，而己晏坐于漁陽，何其不自樹立，倒柄以授人邪？寵之愚不應至是，則寵有猶豫之情可知矣。光武而興，則漢與梁爲己效功，光武而敗，則漢與梁任其咎，而己猶擁郡以處於事外。嗚呼！處亂世，擁重兵，勢不可以無事，非儒生策士徘回顧慮之時也。慮未可以委身，則竇融雖後至而無猜，審可以託迹，則得喪死生決於一念，若其姑與之而留餘地以自處，犯英主之大忌，受羣言之交擿，未有能免者也。易曰：『需於泥，致寇至。』敬慎且危，而況悍妻羣小之交煽乎？亂世之去就，決之以義而已，義定而守之以信，則凶而可以無咎。需者事之賊，非欲其躁也，無兩端以窺伺之謂也。寵之不免，非旦夕之故矣。雖然，略其心，紀其績，以不忘患難之初心，則物自順焉。光武之刻薄寡恩也，不得以寵之詐愚而謝其咎也。

又《光武八》 光武之得天下，較高帝而尤難矣。建武二年，已定都于雒陽，而天下之亂方興。帝所得資以有爲者，獨河北耳。而彭寵叛於幽州，五校尚横于内黄。關以西，鄧禹雖入長安，赤眉環繞其外，禹弗能制焉。郾、宛、堵鄉、新野、弘農，近在咽頰之間，寇叛接迹而相爲牽制，不畢更始之在長安時也。劉永、張步、董憲、蘇茂，横互東方，爲陳、汝眉睫之患，隗囂、公孫述姑置而可徐定者勿論焉。其視高帝出關以後，僅一項羽，夷滅之而天下即定，難易之差，豈不遠哉？

清·嚴可均《全後漢文》卷九三《阮瑀三》 昔淮南信左吴之策，漢隗囂納王元之言，彭寵受親吏之計，三夫不寤，終爲世笑。

雜録

晉·袁山松《後漢書》卷三《八家後漢書輯注·周天遊輯注》 耿況，弇之父。時以大將軍、喻麋侯屯上谷，助平彭寵、張豐。

《後漢書》卷八九《南匈奴傳》 建武初，彭寵反畔于漁陽，單于與共連兵，因復權立盧芳，使入居五原。光武初，方平諸夏，未遑外事。至六年，始令歸德侯劉颯使匈奴，匈奴亦遣使來獻，漢復令中郎將韓統報命，賂遺金幣，以通舊好。

晉·司马彪《續漢書·五行志二》 建武中，漁陽太守彭寵被征。書至，明日潞縣火，灾起城中，飛出城外，燔千餘家，殺人。京房《易傳》曰：『上不儉，下不節，盛火數起，燔宫室。』儒説火以明爲德而主禮。時寵與幽州牧朱浮有隙，疑浮見浸譖，故意狐疑，其妻勸無應徵，遂反叛攻浮，卒誅滅。

又《五行志六》 光武帝建武二年正月甲子朔，日有蝕之，在危八度。《日蝕説》曰：『日者，太陽之精，人君之象。君道有虧，有陰所乘，故蝕。蝕者，陽不克也。』其候雜説，《漢書·五行志》著之必矣。儒説諸侯專權，則其應多在日所宿之國。諸象附從，則多爲王者事。人君改修其德，則咎害除。是時，世祖初興，天下賊亂未除。虚、危，齊也。賊張步擁兵據齊，上遣伏隆諭步，許降。旋復叛稱王，至五年中乃破。

北魏·酈道元《水經注》卷二六《巨洋水》 耿弇破張步於臨淄，追至巨昧，水上，僵屍相屬，即是水也。

又 卷八《濟水二》 濟水又東北，與中川水合。水東南出山在縣之分水嶺。溪一源兩，分泉流半，解亦謂之分流，交半水，南出太山，入汶。【略】漢高帝十一年，封高邑爲侯國，王莽之安成者也。故俗謂是水爲祝阿澗水，北流注於濟。建武五年，耿弇東擊張步，從朝陽橋濟渡兵，即是處也。【略】

又東北過臺縣北，巨合水南出雞山西北，北徑巨合故城西。耿弇之討張步也，守巨里。即此城也。三面有城，西有深坑，坑西即弇所營也，與費邑戰，斬邑於此。

又 卷一四《鮑丘水》 屈而東南流，徑潞城南。世祖拜彭寵爲漁陽太守，治此。寵叛，光武遣遊擊將軍鄧隆伐之，軍於是水之南，光武策其必敗，果爲寵所破，遺壁故壘存焉。

又 卷二六《巨洋水》 巨洋又東北徑劇縣故城西，古紀國也。《春

秋》莊公四年，紀侯不能下齊，以與弟季大去其國，違齊難也。後改曰劇，故《魯連子》曰：胸劇之人，辯者也。漢文帝十八年，別爲菑川國，後并北海。漢武帝元朔二年，封菑川懿王子劉錯爲侯國，王莽更之曰俞縣也。城之北側有故臺，臺西有方池。晏謨曰：西去齊城九十七里，耿弇破張步於臨淄，追至巨洋水上，僵屍相屬。即是水也。

《魏書》卷一九《陳思王植傳》 植常自憤怨，抱利器而無所施，上疏求自試曰：【略】昔耿弇不俟光武，亟擊張步，言不以賊遺於君父。故車右伏劍於鳴轂，雍門刎首於齊境，若此二士，豈惡生而尚死哉？誠忿其慢主而陵君也。

唐・歐陽詢等《藝文類聚》卷三五《人部十九・奴》 《東觀漢記》曰：【略】又曰：彭寵奴子密三人等，寵晝臥，密等遂縛寵著牀，召其妻入縫纏囊，夜斷寵及妻頭，盛囊中，投世祖，世祖封子密爲不義侯。

又 卷六〇《軍器部・箭》 《東觀漢記》曰：耿弇與張步戰，矢中弇眼，以佩刀摧之，左右無知者。

唐・虞世南《北堂書鈔》卷一三九《車部上・載篇一》 《東觀漢記》曰：【略】又曰：耿弇討張步，與濟南王費邑合戰，大破之。斬邑首，傳詣行在所，斷賊頭入示巨里，歸其親屬外以執爲思內臣怖之。

《後漢書》卷一上《光武帝紀上》李賢注 《續漢志》曰：『在危八度。虛、危，齊地。賊張步擁兵據齊，至五年乃破。』

又 卷一九《耿弇傳》 《袁山松書》曰『弇上書曰：「臣據臨淄，深塹高壘，張步從劇縣來攻，疲勞飢渴。欲進，誘而攻之，欲去，隨而擊之。臣依營而戰，精銳百倍，以逸待勞，以實擊虛，旬日之閒，步首可獲。」上是其計』也。【略】

《東觀記》曰：『弇凡平城陽、琅邪、高密、膠東、東萊、北海、齊、千乘、濟南、平原、泰山、臨淄等郡。』

又 卷二六《伏隆傳》 張步遣使隨隆，《東觀記》步遣其掾孫昱隨之。詣闕上書，獻鰒魚。郭璞注《三蒼》云：『鰒似蛤，偏著石。』《廣志》曰：『鰒無鱗有殼，一面附石，細孔雜雜，或七或九。』《本草》云：『石決明，一名鰒魚。』音步角反。

唐・杜佑《通典》卷一五三《兵六・聲言擊東其實擊西》 後漢初，張步據齊地，漢將耿弇征之，張步將費邑分遣其弟敢守巨里。弇進兵先脅巨里，使多伐樹木，揚言以填塞坑塹。數日，有降者言邑聞弇欲攻巨里，謀來救之。弇乃嚴令軍中趣修攻具，宣勒諸部，後三日當悉力攻巨里城。陰緩生口，令得亡歸。歸者以弇期告邑，邑至日果自將精兵三萬餘人來救之。弇喜，謂諸將曰：『吾所以修攻具者，欲誘致邑耳。今來，適其所求也。』即分三千人守巨里，自引精兵上岡阪，乘高合戰，大破之，臨陣斬邑。既而收首級以示巨里城中，城中洶懼，費敢悉衆亡歸張步。時張步都劇，使其弟藍將精兵二萬守西安，又令將萬餘人守臨淄，相去四十里。弇進軍晝中，居二城之間。弇視西安城小而堅，且藍兵又精，臨淄名雖大而實易攻，乃勒諸將校後五日攻西安。藍聞之，晨夜警守。至期夜半，弇勒諸將皆蓐食，會明至臨淄城。護軍荀梁等爭之，以爲宜速攻西安。弇曰：『不然。西安聞吾欲攻之，日夜爲備，臨淄出不意至，必驚擾，吾攻之一日必拔。拔臨淄即西安孤，張藍與步隔絕，必復亡去，所謂擊一而得兩者也。若先攻西安，定不卒下，頓兵堅城，死傷必多。縱能拔之，張藍引軍還奔臨淄，并兵合勢，觀人虛實，吾深入敵地，後無轉輸，旬月之間，不戰而困。諸君之言，未見其宜也。』遂攻臨淄，半日拔之，入據其城。張藍聞之大懼，遂將衆亡歸劇。

又 卷一六二《兵十五・散衆》 後漢初，河南賊張步據齊地，漢將耿弇討敗之，步肉袒負斧鑕於軍門。鑕，椹也。示必死。弇傳步詣行在，而勒兵入據其城。樹十二郡旗鼓，弇凡平城陽、琅琊、高密、膠東、東萊、北海、齊、千乘、濟南、平原、泰山、臨淄。令步兵各以郡人詣旗下，衆尚十餘萬，輜重七千餘輛，皆罷遣歸鄉里。齊地悉平。

又 卷一七八《州郡八・趙郡》 元氏。漢舊縣。漢常山郡故城在今縣西。後漢光武征彭寵。

南朝梁・蕭統《昭明文選》卷三七《表上・曹子建求自試表》李善注 《魏志》曰：太和二年，植還雍丘，植常自憤怨，抱利器而無所施，上疏求自試。【略】昔耿弇不俟光武，亟擊張步，言不以賊遺於君父也。《東觀漢記》曰：耿弇討張步，陳俊謂弇曰：虜兵盛，可且閉營休士，以須上來。弇曰：乘輿且到，臣子當擊牛釃酒，以待百官，反欲以賊虜遺君父邪。及出大戰，自旦及昏，大破之。

唐·徐堅等《初學記》卷六《地部中·河》 捧土，轉石。朱浮《與彭寵書》曰：奈何以區區漁陽，而造怨于天子？此猶河濱之人，捧土塞孟津，多見其不知量也。謝承《後漢書》曰：安帝時，尚書陳龜上表曰：『仁恩廣被，化流殊方，使老者以壽終，孤幼得保年。猶臨河轉石，易於反掌。』

又 卷二九《獸部·豕》 白頭，青爪。《東觀漢記》曰：朱浮《與彭寵書》，責之曰：伯通自伐，以爲功高天下。往時遼東有豕，生白頭，異而獻之。行至河東，見羣豕皆白，懷慚而還。若以子之功，論於朝廷，則爲遼東豕也。

宋·李昉等《太平御覽》卷九〇《皇王部十五·後漢世祖光武皇帝》 《東觀漢記》曰：【略】（建武二年）上遣遊擊將鄧隆與幽州牧朱浮擊彭寵，隆軍潞，浮軍雍奴，相去百餘里。遣吏上奏言：『寵破在旦暮。』上讀檄未竟，怒曰：『兵必敗，比汝歸可知。』吏還，未至隆軍，果爲寵兵掩擊破。浮軍遠，至不能救，以兵走幽州。咸曰上神。三年十月，上幸春陵，祠園廟，大置酒，與春陵父老故人爲樂。四年五月，上幸盧奴，爲征彭寵故也。

又 卷二〇一《封建部四·雜名號封》 《東觀漢記》曰：彭寵奴子密殺寵，詣闕降，封爲不義侯。

又 卷二三九《職官部三十七·雜號將軍上·遊擊將軍》 袁宏《漢記》曰：建武二年，以鄧隆爲遊擊將軍，助朱浮攻彭寵。

又 卷二四〇《職官部三十八·雜號將軍下》 《東觀漢記》曰：光武以耿弇爲建威大將軍，從攻洛陽。

又 卷三〇九《兵部四十·戰中》 《續漢書》曰：耿弇字伯照，扶風人。少學詩禮。見郡督尉試騎士，建旗鼓，肄馳騁，由是心善將率。後上聞弇爲張步所攻。欲自往。陳俊曰：『步兵盛，可且閉營，待上至。』弇曰：『上且到，臣子當擊牛釃酒以待百官，反欲以賊虜遺君父耶？』遂合戰破之。

又 卷三一七《兵部四十八·攻圍上》 《東觀漢記》曰：張步都臨淄，使弟玄武將軍藍將兵守西安，去臨淄四十里，耿弇引軍營臨淄、西安之間。弇視西安城小而堅，藍兵又精，未易攻也。臨淄諸郡太守相與雜居，人不專一，其聲雖大而虛，易攻。弇內欲攻之，告令軍中治攻具，後五日攻西安，復縱生口令歸。藍聞之，晨夜守城。至期日夜半，令軍皆食，會明，求乞攻西安，臨淄不能救也。弇曰：『然吾故揚言欲攻西安，今方自憂治城具，而吾攻臨淄，一日必拔，何救之有？吾得臨淄卽西安孤，必復亡矣，所謂一舉而兩得者也。且西安城堅，精兵二萬人，攻之未可卒下，卒必多死傷。正使得其城，張藍引兵突臨淄，更强勒兵，憑城觀人虛實，吾深入敵城，後無轉輸，旬月之間，不戰而困，諸軍不見是爾。』弇遂擊臨淄，至日中破之。張藍聞臨淄破，果將其衆亡。

又 卷三四〇《兵部七十一·旗》 《東觀漢記》曰：耿弇追張步，步奔平壽，乃肉袒負斧鑕於軍門。而弇勒兵入據其城，樹十二郡旗鼓，令步兵各以部人詣旗下。衆向十餘萬，輜重七千餘，而皆罷遣歸鄉里。

又 卷三四五《兵部七十六·刀上》 《東觀漢記》曰：【略】又曰：張步攻耿弇營，飛矢中弇股，以佩刀截之，左右無知者。

又 卷三五六《兵部八十七·兜鍪》 《東觀漢記》曰：【略】又曰：上征彭寵，朱浮上疏切諫曰：『連年距守，吏士疲勞，甲冑生蟣虱，弓弩不得弛。上下相率焦心，大兵冀蒙救護生活之恩，陛下輟忘之于河北，誠不知所以然。』

又 卷三七二《人事部十三·髀股》 《東觀漢記》曰：耿弇擊張步於東城，飛矢中弇股，以手中刀截之，軍中無知者。

又 卷四一七《人事部五十八·忠勇》 《東觀漢記》曰：【略】又曰：張步攻耿弇，時上在魯，聞弇爲步所攻，自往救之。未至，陳俊謂弇曰：『虜兵盛，可且閉營休士，以須上來。』弇曰：『乘輿且到，臣子當擊牛釃酒以待百官，反欲以賊虜遺君父耶？』乃出大戰，自旦及昏，復大破之。後數日，車駕至臨淄，自勞軍也。

又 卷四五三《人事部九十四·諫諍三》 《東觀漢記》曰：上將自擊彭寵，伏惠公諫曰：『臣聞文王享國五十，伐崇七年，而三分天下有二。至武王，四海乃賓。陛下承大亂之極，出入四年，中國未化，遠者不服，而遠征邊郡，四方聞之，莫不怪疑。願思之。』

又 卷五〇〇《人事部一百四十一·奴婢》 《東觀漢記》曰：彭

寵奴子密等三人共謀劫寵，寵時齋，獨在便坐室中，晝臥。子密等三奴縛寵著牀板，告外吏：『大王解齋，吏皆便休。』又用寵聲呼其妻入室，見寵。寵曰：『趣爲諸將軍辯裝。』兩奴將妻入取寵物，一奴守寵。寵謂奴曰：『若小兒，我素所愛，今解我縛，當以女珠妻若。』小奴見子密聽其語，遂不得解。子密收金玉衣物，使寵妻縫兩縑囊。夜解寵手，令作記告城門將軍云：『今遣子密等詣蘭卿子后所，其開門出，勿稽留。』書成，卽斷寵及妻頭，置縑囊中，西入上告。

又　卷九〇三《獸部十五・豕》　《東觀漢記》曰：【略】又曰：朱浮與彭寵書，責之曰：『伯通自伐，以功爲高天下。往時遼東有豕生子白頭，異而獻之。行至河東，見羣豕皆白，懷慚而還。若以子功論於朝廷，則爲遼東豕也。』

又　卷九四九《蟲豸部六・蝦蟆》　《東觀漢記》曰：　彭寵堂上聞蝦蟆聲，在火爐下，鑿地求之，無所得。寵爲奴所殺。

宋・李燾《續資治通鑑長編・淳化五年》　漢光武時，彭寵據有漁陽，攻伐未下，家奴竊發肘腋，斬首而來。

宋・洪邁《容齋隨筆》卷三《十六則・燕非强國》　北燕在春秋時最爲僻小，能自見於中國者，不過三四，大率制命於齊。七雄之際，爲齊所取，後賴五國之力，樂毅爲將，然後勝齊，然卒於得七十城不能守也。【略】彭寵以漁陽叛，卽時夷滅。

又　卷七《十八則・將軍官稱》　《前漢書・百官表》：『將軍皆周末官，秦因之。』予按《國語》：『鄭文公以詹伯爲將軍。』又：『吳夫差十旌一將軍。』《左傳》：『豈將軍食之而有不足。』《檀弓》：『將軍。』文子：『魯使慎子爲將軍。』然則其名久矣。彭寵爲奴所縛，呼其妻曰：『趣爲諸將軍辦裝。』《東漢書》注云：『呼奴爲將軍，欲其赦己也。』今吳人語猶謂小蒼頭爲將軍，蓋本諸此。

又　《北道主人》　秦、晉圍鄭，鄭人謂秦盍舍鄭以爲東道主。蓋鄭在秦之東，故云。今世稱主人爲東道者，此也。東漢載北道主人，乃有三事：『常山太守鄧晨會光武於鉅鹿，請從擊邯鄲，光武曰：「偉卿以一身從我，不如以一郡爲我北道主人。」』又：『光武至薊，將欲南歸，耿弇以爲不可，官屬腹心皆不肯，光武指弇曰：「是我北道主人也。」』『彭寵將反，光武問朱浮，浮曰：「大王倚寵爲北道主人，今既不然，所以失望。」』後人罕引用之。

元・馬端臨《文獻通考》卷二六九《封建考十・東漢列侯》　大司馬、廣平侯吳漢，南陽宛人。世祖討王郎，漢説漁陽太守彭寵以郡歸，帝賜號建策侯。擊羣賊，先登陷陣，帝卽位，拜大司馬，更封舞陽侯。【略】

琅琊太守、祝阿侯陳俊，南陽西鄂人。【略】建武二年，封新處侯，破張步、董憲。【略】

建威大將軍、好時侯耿弇，扶風茂陵人。【略】定彭寵，取張豐、張步。【略】

安邱侯張步，王莽末，起兵據琅琊，既而受劉永命，後斬永將蘇茂來降，封安邱侯。八年，坐謀反誅。【略】

建忠侯彭寵，爲漁陽太守。王郎之起，獨以郡歸光武，封建忠侯。後反誅。【略】

不義侯子密，彭寵蒼頭。寵反，子密斬其首來降封。

又　卷二八二《象緯考五・日食》　光武建武元年正月庚午朔，日有食之。帝是年六月方卽位時，猶爲更始三年。二年正月甲子朔，在危八度。時世祖初興，天下賊亂未除，虛、危，齊也。賊張步擁兵據齊，上遣伏隆諭步，許降，旋復叛稱王，至五年中乃破。

又　卷三四一《四裔考十八・匈奴》　建武初，彭寵反叛於漁陽，單于與共連兵，因復權立盧芳，共侵北邊。

清・鈕琇《觚賸》卷一《言觚・晝》　《坦園通編》云：孟子去齊宿於晝。『晝』當作『畫』，音獲。【略】後漢耿弇討張步，進軍畫中，遂攻臨淄拔之。卽此可證。

清・趙翼《廿二史劄記》卷四《後漢書・光武多免奴婢》　光武時彭寵反，其蒼頭人爲黔首，奴爲蒼頭子密殺寵降，光武已封爲不義侯矣。其他加恩于奴婢者，更史不勝書。

清・顧祖禹《讀史方輿紀要》卷二《歷代州域形勢二・兩漢》　劉永據睢陽。【略】更始初，立故梁王立之子永爲王，仍都睢陽。永尋據國起兵，攻下濟陰、山陽、沛、楚、淮陽、汝南，凡得二十八城，又拜西防賊

帥佼强西防，今山東金鄉縣西北故防城是也、東海賊帥董憲、琅邪賊帥張步，皆爲將軍，督青、徐二州與之連兵。遂專據東方，尋稱帝。

張步據臨淄。【略】建武初，琅邪賊帥張步，受劉永官爵，治兵於劇劇，在今山東壽光縣。見前，遣將徇泰山、東萊、城陽、膠東、北海、濟南、齊郡，皆下之。永尋立步爲齊王。步據郡十二十二郡，城陽、琅邪、高密、膠東、東萊、北海、齊、千乘、濟南、平原、泰山、淄川也，雄長青、徐。耿弇亦討張步，屢破步兵，長驅至劇，步降。

彭寵據漁陽。【略】更始初，彭寵爲漁陽太守寵，宛人，亡命漁陽。其鄉人韓鴻，爲更始使者徇北州，乃承制拜寵爲漁陽太守。建武二年，以漁陽叛，攻幽州牧朱浮於薊薊，見前燕國。既而涿郡太守張豐亦叛應寵，薊城饑窘，尋爲寵所得。因自稱燕王，復攻陷右北平及上谷數縣。

世祖艱難一旅，次第翦除。【略】又祭遵等攻彭寵及張豐，拔涿斬豐，寵旋爲其下所殺。

又　卷一一《北直二》　陽鄉城在縣西北。漢縣屬涿郡。建武四年，討彭寵，祭遵屯良鄉，劉喜屯陽鄉，是也，尋省。

又　卷三一《山東二・濟南府》　後漢初，耿弇攻張步，敗其軍於歷下。光武謂弇曰：昔韓信破歷下以開基，將軍攻祝阿而發迹祝阿，見禹城縣，此皆齊之西界，功足相方，蓋其地水陸四通，爲三齊都要也。

又　《歷下城》　在府城西，或以爲卽春秋時齊之鞍邑。【略】後漢建武五年，張步聞漢軍將至，使其黨費邑軍歷下，既而爲耿弇所敗。《三齊記》：歷下城南對歷山，城在山下，因名。俗亦呼爲子城，其後通謂之歷城。

又　《祝阿城》　縣西南十七里。《禮記》：武王封黃帝之後于祝。【略】後漢建武五年，耿弇討張步，步使其黨費邑軍歷下，又分兵屯祝阿，別于泰山鐘城，列營數十以待弇。弇渡河，先擊祝阿，自旦攻城，未中而拔之，故開圍一角，令其衆得奔歸。鐘城人聞祝阿已潰，大恐懼，遂空壁亡去。

又　《鐘城》　在縣東南百餘里。後漢建武中，耿弇討張步，拔其祝阿，鐘城聞之，遂潰走。胡氏曰：鐘城在泰山郡界，故曰泰山鐘城。

又　《嬴城》　後漢初，陳俊討張步，步連結泰山羣盜，與俊戰於嬴。

又　卷三五《山東六・齊城》　後漢初，爲張步所據。建武五年，耿弇討步，拔臨淄而守之，步引兵至臨淄東，將攻弇。弇先出淄水上，遇步前軍，恐挫其鋒，令步不敢進，乃引歸小城，陳兵於內，分兵陳於城下，直前會戰。弇升王宮壞臺望之，鋒既交，乃自引精兵橫突步陳，大破之，帝亦尋至臨淄勞軍。蓋臨淄有大城，又有小城也。

唐・虞世南《北堂書鈔》卷一三九《車部上・惣載篇一》南海孔廣陶校註　《東觀漢記》【略】又曰：耿弇討張步，與濟南王費邑合戰，大破之，斬邑首，傳詣行在。所斷賊頭入示巨里，歸其親屬，外以執爲思，內臣怖之。今案聚珍本姚輯本《東觀記・耿弇傳》脫此，范《後漢書》四十九《弇傳》、四十二《張步傳》多有不同又本鈔以執句疑有誤。

清・楊守敬《水經注疏》卷八《濟水二》　建武五年，耿弇東擊張步，從朝陽橋濟渡兵，趙云：按《後漢書・耿弇傳》，從朝陽橋河以度。章懷《注》云，朝城在濟水北，有漯河勃氏以濟渡連稱，詞義乖舛。會貞按：《弇傳》本作從朝陽橋濟河以度，酈氏引之，節去河字，所云橋濟者，橋濟水也。乃趙援《弇傳》刪濟字，而譏酈氏濟渡連稱爲非，疏矣。卽是處也。

光武帝平隴蜀分部

綜述

《漢書》卷一〇〇上《敘傳上》　稚生彪。彪字叔皮，【略】世祖卽位于冀州。時隗囂據壟擁衆，招輯英俊，而公孫述稱帝於蜀漢，天下雲擾，大者連州郡，小者據縣邑。囂問彪曰：『往者周亡，戰國並爭，天下分裂，數世然後乃定，其抑者從横之事復起於今乎？將承運迭興在於一人也？願先生論之。』對曰：『周之廢興與漢異。昔周立爵五等，諸侯從政，本根既微，枝葉强大，故其末流有從横之事，其勢然也。漢家承秦之制，並立郡縣，主有專己之威，臣無百年之柄。至於成帝，假借外家，哀、平短祚，國嗣三絕，危自上起，傷不及下。故王氏之貴，傾擅朝廷，

能竊號位，而不根於民。是以卽眞之後，天下莫不引領而歎，十餘年間，外內騷擾，遠近俱發，假號雲合，咸稱劉氏，不謀而同辭。方今雄桀帶州城者，皆無七國世業之資。《詩》云：「皇矣上帝，臨下有赫，鑑觀四方，求民之莫。」今民皆謳吟思漢，鄉仰劉氏，已可知矣。』囂曰：『先生言周、漢之勢，可也，至於但見愚民習識劉氏姓號之故，而謂漢家復興，疏矣！昔秦失其鹿，劉季逐而掎之，時民復知漢乎！』既感囂言，又湣狂狡之不息，乃著《王命論》以救時難。其辭曰：

昔在帝堯之禪曰：『咨爾舜，天之曆數在爾躬。』舜亦以命禹。洎於稷、契，咸佐唐、虞，光濟四海，奕世載德，至於湯、武，而有天下。雖其遭遇異時，禪代不同，至乎應天順民，其揆一也。是故劉氏承堯之祚，氏族之世，著乎《春秋》。唐據火德，而漢紹之，始起沛澤，則神母夜號，以章赤帝之符，由是言之，帝王之祚，必有明聖顯懿之德，豐功厚利積累之業，然後精誠通於神明，流澤加於生民，故能鬼神所福饗，天下所歸往，未見運世無本，功德不紀，而得屈起在此位者也。世俗見高祖興于布衣，不達其故，以爲適遭暴亂，得奮其劍，遊説之士至比天下于逐鹿，幸捷而得之，不知神器有命，不可以智力求也。悲失！此世所以多亂臣賊子者也。若然者，豈徒暗于天道哉？又不睹之於人事矣！

夫餓饉流隸，饑寒道路，思有短褐之褻，儋石之畜，所願不過一金，然終於轉死溝壑。何則？貧窮亦有命也。況乎天子之貴，四海之富，神明之祚，可得而妄處哉？故雖遭罹厄會，竊其權柄，勇如信、布，强如梁、籍，咸如王莽，然卒潤鑊伏質，亨醢分裂，又況幺麽，尚不及數子，而欲暗奸天位者乎！是故駑蹇之乘不騁千里之途，燕雀之疇不奮六翮之用，楶棁之材不荷梁之任，斗筲之子不秉帝王之重。《易》曰『鼎折足，覆公餗』，不勝其任也。

當秦之末，豪桀共推陳嬰而王之，嬰母止之曰：『自吾爲子家婦，而世貧賤，卒富貴不祥，不如以兵屬人，事成少受其刑，不成禍有所歸。』嬰從其言，而陳氏以寧。王陵之母亦見項氏之必亡，而劉氏之將興也。是時，陵爲漢將，而母獲于楚，有漢使來，陵母見之，謂曰：『願告吾子，漢王長者，必得天下，子謹事之，無有二心。』遂對漢使伏劍而死，以固勉陵。其後果定於漢，陵爲宰相，封侯。夫以匹婦之明，猶能推事理之致，探禍福之機，而全宗祀於無窮，垂策書於春秋，而況大丈夫之事乎！是故窮達有命，吉凶由人，嬰母知廢，陵母知興，審此四者，帝王之分決矣。

蓋在高祖，其興也有五：一曰帝堯之苗裔，二曰體貌多奇異，三曰神武有徵應，四曰寬明而仁恕，五曰知人善任使。加之以信誠好謀，達於聽受，見善如不及，用人如由己，從諫如順流，趣時如響赴，當食吐哺，納子房之策，拔足揮洗，揖酈生之説，寤戍卒之言，斷懷土之情，高四皓之名，割肌膚之愛，舉韓信于行陳，收陳平于亡命，英雄陳力，羣策畢舉：此高祖之大略，所以成帝業也。若乃靈端符應，又可略聞矣。初劉媪任高祖而夢與神遇，震電晦冥，有龍蛇之怪。及其長而多靈，有異於衆，是以王、武感物而折券，呂公睹形而進女，秦皇東遊以厭其氣，呂后望雲而知所處，始受命則白蛇分，西入關則五星聚。故淮陰、留侯謂之天授，非人力也。

歷古今之得失，驗行事之成敗，稽帝王之世運，考五者之所謂，取捨不厭斯位，符端不同斯度，而苟昧於權利，越次妄據，外不量力，內不知命，則必喪保家之主，失天氣之壽，遇折足之凶，伏斧鉞之誅。英雄誠知覺寤，畏若禍戒，超然遠覽，淵然深識，收陵、嬰之明分，絕信、布之覬覦，距逐鹿之瞽説，審神器之有授，毋貪不可幾，爲二母之所笑，則福祚流於子孫，天祿其永終矣。

知隗囂終不寤，乃避地於河西。

漢·荀悦《前漢紀》卷三〇《前漢孝平皇帝紀》 公孫述稱帝於蜀，隗囂據隴擁衆，收集英雄，班彪在焉，彪卽成帝婕妤之弟之稚子也，囂問彪曰：往者周亡，戰國並爭，天下分裂，數代然後始定，意者縱橫之事，復起於今日乎，將乘運迭興，在一人也，願先生論之，論曰，周廢興與漢稍異，昔周立爵五等，諸侯從政，根本既微，枝葉强大，故其末流有縱橫之事，其勢然也，漢家承秦之制，郡縣治民，臣無百年之柄，至於成帝，假借外家，哀平祚短，國嗣三絕，危自上起，傷不及下，故王氏之貴，傾擅朝廷，能竊其位，不恤于人心，是以卽位之後，天下莫不引領而歎，十餘年間，中外騷動，遠近俱發，假號雲合，咸稱劉氏，不謀同辭，方今豪傑帶州域者，皆無七國世業之資，詩云，皇矣上帝，臨下有赫，監觀四

方，求民之瘼，今民皆謳吟思漢，鄉仰劉氏，已可知矣，囂曰，先生之言周漢之勢可，至於見愚人習識劉氏，而謂漢家重興，疏矣，昔秦失其鹿，劉氏逐而得之，時民復知漢乎，彪感其言，又閔禍患之不息，乃著王命論以救時難，其辭曰，昔在帝堯之禪，曰咨爾舜，天之曆數在爾躬，舜亦以命禹，暨於稷契，咸佐唐虞，光濟四海，奕世載德，至於湯武而有天下，雖遭遇異時，而禪代不同，至於應天順民，其揆一也，是故劉氏承堯之後，氏族之世，著于春秋，唐據火德而漢運紹之，始起豐沛，神母夜號，以彰赤帝之符，由是言之，帝王福祚，必有明聖顯懿之德，豐功厚利積累之業，然後精誠通於神明，流澤加於生民，故爲神明所福饗，天下所歸往，未見亡命，功德不紀，而能崛起於此者也，世俗見高祖起于布衣，不達其故，以爲適遭暴亂，得奮其劍，遊說之士，比于逐鹿，捷者幸而得之，不知神器有命，不可以智力求之，悲夫，此世俗所以多亂臣賊子也，若然，豈徒晻于天道，又不睹於人事也，夫餓饉流離，單寒道路，思短褐之襲，儋石之畜，所願不過一金，終於轉死溝壑，何也？則貧窮亦有命也，況乎天子之位，四海之富，神明之祚，可得而妄處哉，故雖遭罹阨會，竊其權柄，勇如信布，强如梁籍，成如王莽，然卒就鼎鑊，伏斧鑕，烹煮分裂，又況么麼不及數子哉？而欲晻干天位者乎，是駑蹇之乘，不騁千里之塗，燕雀之儔，不奮六翮之用，楶梲之材，不荷棟梁之任，斗筲之子，不秉帝王之量，易曰：『鼎折足，覆公餗，言不勝任也。』當秦之末，豪傑並起，共推陳嬰而欲王之，嬰母止之曰，自吾爲汝家婦，汝世貧賤，卒得富貴不祥，不如以兵屬人，事成少受其利，不成禍有所歸，嬰從其言，而陳氏以寧，王陵之母，亦見項羽必亡，知劉氏將興，是歲陵爲漢將，母獲于楚，有漢使來，陵母見之，曰告吾子，漢王長者，必得天下，爾謹順事之，無有二心，遂對漢使，伏劍而死，以固陵心，其後果定漢，陵爲相封侯，夫以匹婦之明，猶能推事理之致，探禍敗之機，傳宗祀於無窮，垂策書於春秋，而況丈夫乎，是故窮達有命，吉凶由人，嬰母知廢，陵母知興，審此四者，帝王之分決矣，蓋在高祖，其興也有五，一曰是帝堯之苗裔，二曰體貌多奇異，三曰神武有徵應，四曰寬明而仁信，五曰知人善任使，加之以誠信好謀，達於聽受，見善如不及，用人如由己，從諫如順流，趣時如嚮赴，當食吐哺，納子房之策，收足揮洗，揖酈生之説，悟戍卒之言，斷懷土之情，高四皓之名，割肌膚之愛，舉韓信于行陳，收陳平于亡命，英雄陳力，羣策畢舉，此高祖之大略也，所以成帝業焉，若乃靈瑞符應，又可略聞矣，初劉媼妊高祖，夢與神遇，雷電晦冥，有龍蛇之怪，及長而多靈，有異於衆，是以王媼武負，感物而折券，呂公睹形而進女，秦皇東遊以厭其氣，呂后望雲而知其處，始受命則白蛇分，西入關則五星聚，故淮陰留侯，謂之天授，非人力也，歷古今之得失，驗行事之成敗，稽帝王之世運，考五者之所謂，趣舍不厭斯位，符應不同斯慶，而苟昧權利，越次妄據，外不量力，內不知命，則必喪保家之主，失天年之壽，遇折足之凶，伏斧鑕之誅，英雄誠知覺悟，畏若禍戒，超然遠覽，淵然深識，收嬰陵之明分，絕信布之覬覦，距逐鹿之瞽説，審神器之授受，無貪不可幾者，爲二母之所笑，則福祚流於子孫，天禄永終矣，彪知囂不寤，乃避難於河西，河西大將軍竇融訪問焉，舉茂才爲徐令。

晉·常璩《華陽國志》卷五《公孫述志》 建武元年，世祖光武皇帝即位河北。述夢人謂己曰：『八厶子系，十二爲期。』述以語婦，婦曰：『朝聞道，夕死尚可，何況十二乎！』會夏四月，龍出府殿前，以爲瑞應，述遂稱皇帝，號大成，建元龍興。以莽尚黃，乃服色尚白，自以興西方，爲金行也。以功曹李熊爲大司徒，巴郡任滿爲大司空，弟恢爲太尉。具置百官，造十層赤樓射蘭船。改益州爲司隸，蜀郡爲成都尹。時世祖方平河北，而荆邯、延牙並歸述，盡有益州。置鐵錢官，廢銅錢，百姓貨賣不行。蜀中童謠曰：『黃牛白腹，五銖當復。』謂莽黃牛，述爲白腹，五銖，漢錢，言漢當復也。故主簿李隆、常少數諫述歸帝稱藩，述不納。天水隗囂亦據隴連述。蜀土清晏，述乃移檄中國，稱引圖緯以惑衆。世祖報曰：『《西狩獲麟讖》曰「乙子卯金」，即以未歲授劉氏，非西方之守也。「光廢昌帝，立子公孫」，即霍光廢昌邑王，立孝宣帝也。黃帝姓公孫，自以土德，君所知也。「漢家九百二十歲以蒙孫亡，受以丞相，其名當塗高」，「高」豈君身耶？吾自繼祖而興，不稱受命。求漢之斷，莫過王莽。近張滿作惡，兵圍得之，歎曰：「爲天文所誤！」恐君復誤也。』又使述舊交馬援喻述，述不從。

荆邯説述曰：『昔湯以七十里王天下，文王方百里臣諸侯。其次，漢祖敗而復征，傷痍復戰，故能禽秦亡楚，以弱爲强。況今地方數千，杖戟

百萬，天下之心，未有所歸。不東出荆門，北陵關隴，與之進取，則王業不全，子孫不久安也。』述悦之，乃出軍荆門、陳倉，欲震盪秦、楚。多改易郡縣，分封子弟，淫恣過度。然國富民殷，户百餘萬。世祖未遑加兵，與述及隗囂書，輒署『公孫皇帝』。

七年，囂背漢降述，述封爲王，厚資給之。十年，世祖命大司馬吳漢與大司徒鄧禹討囂，平隴右。述聞而惡之。城東素有秦時空倉，述更名白帝倉，使人宣言白帝倉暴出米巨萬。公卿以下及國人就視之，無米。述曰：『倉去此數里，虚妄如此，隗王在數千里外，言破壞，眞不然矣。』

十一年，世祖命征南大將軍岑彭自荆門溯江征述。又遣中郎剿慣歙及述舊交馬援奉詔喻述。隆、少諫，令服從。述怒曰：『自古來有降天子乎！』尚書解文卿，大夫鄭文伯初亦諫，述繫之暴室六年，二子幽死。自是莫有言者。

彭破述荆門關及沔關，徑至彭亡。述使刺客刺殺彭。由是改彭亡曰平無，言無賊也。又使刺客刺殺歙于武都。世祖重遣吳漢與劉尚征述，又遣臧宫從斜谷道入。述使妹婿延牙距宫，大司徒謝豐距漢，連戰輒北。漢到城下，軍其江橋，及其少城。豐在廣都，牙腋曬成都。述謂曰：『事當奈何？』牙對曰：『男兒貴死中求生，敗中求成，無愛財物也。』述乃大發金帛，開門募兵，得五千餘人，以配牙。牙告漢戰，因僞遣鼓角麾幟渡市橋，漢兵爭觀，牙因放奇兵擊漢，大破之。漢溺水，緣馬尾至盎底得出。後宫兵已至北門，述復城守。占書曰：『虜死城下』。述以爲漢等是『虜』，乃自出戰。述當漢，牙當宫，大戰。牙殺宫兵數百，三合三勝，士卒氣驕。漢益鼓之，自旦至日中，飢不得食，倦不得息。日昃後，述兵敗。漢騎士高午以戟刺述，中頭，即墜馬，叩心者數十。人都知是述，前取其首。牙等悵然還城。吏民窮急，即夜開門出降。漢盡誅公孫氏及牙等諸將帥二十餘人，放兵大掠，多所殘害。是歲，十二年也。

漢搜求隱逸，旌表忠義。以述臣常少、李隆忠諫，發憤病死，表更還葬，贈以漢卿官，蜀郡王皓、王嘉、廣漢李業刎首死節，表其門閭，犍爲朱遵絆馬死戰，贈以將軍，爲之立祠，費貽、任永、馮信等閉門素隱，公車特徵，文齊守義益州，封爲列侯，董鈞習禮明經，貢爲博士，程烏、李育本有才幹，擢而用之。於是西土宅心，莫不鳧藻。

建武十八年，刺史、郡守撫恤失和，蜀郡史歆怨吳漢之殘掠蜀也，擁郡自保。世祖以天下始平，民未忘兵，而歆唱之，事宜必克，復遣漢平蜀，多行誅戮。世祖誚讓於漢，漢深陳謝。自是守藩供職，自建武至乎中平，垂二百載，府盈西南之貨，朝多華岷之士矣。

《後漢書》卷一上《光武帝紀上》 （建武元年十二月）隗囂據隴右，盧芳起安定。破虜大將軍叔壽擊五校賊于曲梁，戰歿。【略】（三年）是歲，【略】西州大將軍隗囂奉奏。建義大將軍朱祐率祭遵與延岑戰于東陽，斬其將張成。【略】五年十二月，盧芳自稱天子于九原。西州大將軍隗囂遣子恂入侍。交阯牧鄧讓率七郡太守遣使奉貢。詔復濟陽二年徭役。

又 卷一下《光武帝紀下》 （建武六年）三月，公孫述遣將任滿寇南郡。【略】夏四月丙子，幸長安，始謁高廟，遂有事十一陵。遣虎牙大將軍蓋延等七將軍從隴道伐公孫述。【略】五月己未，至自長安。隗囂反，蓋延等因與囂戰於隴阺，諸將敗績。辛丑，詔曰：『惟天水、隴西、安定、北地吏人爲隗囂所詿誤者，又三輔遭難赤眉，有犯法不道者，自殊死以下，皆赦除之。』【略】（六月）遣前將軍李通率二將軍，與公孫述將戰於西城，破之。【略】十二月隗囂遣將行巡寇扶風，征西大將軍馮異拒破之。【略】

七年三月公孫述立隗囂爲朔寧王。【略】（八月）隗囂寇安定，征西大將軍馮異、征虜將軍祭遵擊卻之。【略】

八年春正月，中郎將來歙襲略陽，殺隗囂守將而據其城。【略】夏四月，司隸校尉傅抗下獄死。隗囂攻來歙，不能下。閏月，帝自征囂，河西大將軍竇融率五郡太守與車駕會高平。隴右潰，隗囂奔西城，遣大司馬吳漢、征南大將軍岑彭圍之，進幸上邽，不降，命虎牙大將軍蓋延、建威大將軍耿弇攻之。潁川盜賊寇没屬縣，河東守守兵亦叛，京師騷動。【略】十一月乙丑，至自懷。公孫述遣兵救隗囂，吳漢、蓋延等還軍長安。天水、隴西復反歸囂。【略】

九年春正月，隗囂病死，其將王元、周宗復立囂子純爲王。徙雁門吏人於太原。【略】三月辛亥，初置青巾左校尉官。公孫述遣將田戎、任滿據荆門。【略】

（十年）夏，征西大將軍馮異破公孫述將趙匡於天水，斬之。征西大

將軍馮異薨。【略】（秋八月）隗囂將高峻降。【略】冬十月，中郎將來歙等大破隗純於落門，其將王元奔蜀，純與周宗降，隴右平。先零羌寇金城、隴西，來歙率諸將擊羌於五溪，大破之。庚寅，車駕還宮。【略】

十一年三月己酉，幸南陽，還，幸章陵，祠園陵。城陽王祉薨。庚午，車駕還宮。【略】閏月，征南大將軍岑彭率三將軍與公孫述將田戎、任滿戰于荆門，大破之，獲任滿。威虜將軍馮駿圍田戎于江州，岑彭遂率舟師伐公孫述，平巴郡。【略】六月，中郎將來歙率揚武將軍馬成破公孫述將王元、環安於下辯。安遣間人刺殺中郎將來歙。帝自將征公孫述。【略】秋七月，次長安。【略】八月，岑彭破公孫述將侯丹于黄石。輔威將軍臧宮與公孫述將延岑戰于沈水，大破之。王元降。至自長安。癸亥，詔曰：『敢灸灼奴婢，論如律，免所灸灼者爲庶人。』【略】公孫述遣間人刺殺征南大將軍岑彭。馬成平武都，因隴西太守馬援擊破先零羌，徙致天水、隴西、扶風。【略】十二月，大司馬吴漢率舟師伐公孫述。【略】

十二年春正月，大司馬吴漢與公孫述將史興戰于武陽，斬之。【略】三月癸酉，詔隴、蜀民被略爲奴婢自訟者，及獄官未報，一切免爲庶人。【略】九月，吴漢大破公孫述將謝豐於廣都，斬之。輔威將軍臧宮拔涪城，斬公孫恢。大司空李通罷。【略】冬十一月戊寅，吴漢、臧宮與公孫述戰于成都，大破之。述被創，夜死。辛巳，吴漢屠成都，夷述宗族及延岑等。【略】是歲，九眞徼外蠻夷張遊率種人内屬，封爲歸漢里君。省金城郡屬隴西。參狼羌寇武都，隴西太守馬援討降之。詔邊吏力不足戰則守，追虜料敵不拘以逗留法。横野大將軍王常薨。遣驃騎大將軍杜茂將衆郡施刑屯北邊，築亭候，修烽燧。【略】

（十三年）夏四月，大司馬吴漢自蜀還京師，於是大饗將士，班勞策勳。功臣增邑更封，凡三百六十五人。其外戚恩澤封者四十五人。罷左右將軍官。建威大將軍耿弇罷。益州傳送公孫述瞽師、郊廟樂器、葆車、輿輦，於是法物始備。時，兵革既息，天下少事，文書調役，務從簡寡，至乃十存一焉。甲寅，冀州牧竇融爲大司空。

又　卷一三《隗囂傳》　其（建武二年）後公孫述數出兵漢中，遣使以大司空扶安王印綬授囂。囂自以與述敵國，恥爲所臣，乃斬其使，出兵擊之，連破述軍，以故蜀兵不復北出。時，關中將帥數上書，言蜀可擊之狀，帝以示囂，因使討蜀，以效其信。囂乃遣長史上書，盛言三輔單弱，劉文伯在邊，未宜謀蜀。帝知囂欲持兩端，不願天下統一，於是稍黜其禮，正君臣之儀。

初，囂與來歙、馬援相善，故帝數使歙、援奉使往來，勸令入朝，許以重爵。囂不欲東，連遣使深持謙辭，言無功德，須四方平方，退伏閭里。五年，復遣來歙説囂遣子入侍，囂聞劉永、彭寵皆已破滅，乃遣長子恂隨歙詣闕。以爲胡騎校尉，封鐫羌侯。而囂將王元、王捷常以爲天下成敗未可知，不願專心内事。元遂説囂曰：『昔更始西都，四方回應，天下喁喁，謂之太平。一旦敗壞，大王幾所厝。今南有子陽，北有文伯，江湖海岱，王公十數，而欲牽儒生之説，棄千乘之基，羈旅危國，以求萬全，此循覆車之軌，計之不可者也。今天水完富，士馬最强，北收西河、上郡，東收三輔之地，案秦舊迹，表裏河山。元請以一丸泥爲大王東封函谷關，此萬世一時也。若計不及此，且畜養士馬，據隘自守，曠日持久，以待四方之變，圖王不成，其弊猶足以霸。要之，魚不可脱於淵，神龍失勢，卽還與蚯蚓同。』囂心然元計，雖遣子入質，猶負其險厄，欲專方面，於是游士長者，稍稍去之。

六年，關東悉平。帝積苦兵間，以囂子内侍，公孫述遠據邊陲，乃謂諸將曰：『且當置此兩子於度外耳。』因數騰書隴、蜀，告示禍福。囂賓客、掾史多文學生，每所上事，當世士大夫皆諷誦之，故帝有所辭答，尤加意焉，囂復遣使周遊詣闕，先到馮異營，游爲仇家所殺。帝遣衛尉銚期持珍寶繒帛賜囂，期至鄭被盜，亡失財物。帝常稱囂長者，務欲招之，聞而歎曰：『吾與隗囂事欲不諧，使來見殺，得賜道亡。』

會公孫述遣兵寇南郡，乃詔囂當從天水伐蜀，因此欲以潰其心腹。囂復上言：『白水險阻，棧閣絶敗。』又多設支閡。帝知其終不爲用，叵欲討之。遂西幸長安，遣建威大將軍耿弇等七將軍從隴道伐蜀，先使來歙奉璽書喻旨。囂疑懼，卽勒兵，使王元據隴坻，伐木塞道，謀欲殺歙。歙得亡歸。

諸將與囂戰，大敗，各引退。囂因使王元、行巡侵三輔，征西大將軍馮異、征虜將軍祭遵等擊破之。囂乃上疏謝曰：『吏人聞大兵卒至，驚恐自救，臣囂不能禁止。兵有大利，不敢廢臣子之節，親自追還。昔虞舜事

父，大杖則走，小杖則受。臣雖不敏，敢忘斯義。今臣之事，在於本朝，賜死則死，加刑則刑。如遂蒙恩，更得洗心，死骨不朽。』有司以囂言慢，請誅其子恂，帝不忍，復使來歙至汧，賜囂書曰：『昔柴將軍與韓信書云：「陛下寬仁，諸侯雖有亡叛而後歸，輒復位號，不誅也。」以囂文吏，曉義理，故復賜書。深言則似不遜，略言則事不決。今若束手，復遣恂弟歸闕庭者，則爵禄獲全，有浩大之福矣。吾年垂四十，在兵中十歲，厭浮語虛辭。卽不欲，勿報。』囂知帝審其詐，遂遣使稱臣于公孫述。

明年，述以囂爲朔寧王，遣兵往來，爲之援勢。秋，囂將步騎三萬侵安定，至陰盤，馮異率諸將拒之。囂又令別將下隴，攻祭遵於汧，兵並無利，乃引還。

帝因令來歙以書招王遵，遵乃與家屬東詣京師，拜爲太中大夫，封向義侯。遵字子春，霸陵人也。父爲上郡太守。遵少豪俠，有才辯，雖與囂舉兵，而常有歸漢意。曾于天水私於來歙曰：『吾所以戮力不避矢石者，豈要爵位哉！徒以人思舊主，先君蒙漢厚恩，思效萬分耳。』又數勸囂遣子入侍，前後辭諫切甚，囂不從，故去焉。

八年春，來歙從山道襲得略陽城。囂出不意，懼更有大兵，乃使王元拒隴坻，行巡守番須口，王孟塞雞頭道，牛邯軍瓦亭，囂自悉其大衆圍來歙。公孫述亦遣其將李育、田弇助器攻略陽，連月不下。親乃率諸將西征之，數道上隴，使王遵持節監大司馬吳漢留屯于長安。

遵知囂必敗滅，而與牛邯舊故，知其有歸義意，以書喻之曰：

遵與隗王歃盟爲漢，自經歷虎口，踐履死地，已十數矣。于時周洛以西無所統壹，故爲王策，欲東收關中，北取上郡，進以奉天人之用，退以懲外夷之亂。數年之間，冀聖漢復存，當挈河隴奉舊都以歸本朝。生民以來，臣人之勢，未有便於此時者也。而王之將吏，羣居穴處之徒，人人抵掌，欲爲不善之計。遵與孺卿日夜所爭，害幾及身者，豈一事哉！前計抑絕，後策不從，所以吟嘯扼腕，垂涕登車。幸蒙封拜，得延論議，每及西州之事，未嘗敢忘孺卿之言。今車駕大衆，已在道路，吳、耿驍將，雲集四境，而孺卿以奔離之卒，距要厄，當軍衝，視其形勢何如哉？夫智者睹危思變，賢者泥而不滓，是以功名終申，策畫復得。故夷吾束縛而相齊，黥布杖劍以歸漢，去愚就義，功名並著。今孺卿當成敗之際，遇嚴兵之鋒，可爲怖栗。宜斷之心胸，參之有識。

邯得書，沈吟十餘日，乃謝士衆，歸命洛陽，拜爲太中大夫。於是囂大將十三人，屬縣十六，衆十餘萬，皆降。

王元入蜀求救，囂將妻子奔西城，從楊廣，而田弇、李育保上邽。詔告囂曰：『若束手自詣，父子相見，保無他也。高皇帝云：「橫來，大者王，小者侯。」若遂欲爲黥布者，亦自任也。』囂終不降。於是誅其子恂，使吳漢與征南大將軍岑彭圍西城，耿弇與虎牙大將軍蓋延圍上邽。車駕東歸。月餘，楊廣死，囂窮困。其大將王捷別在戎丘，登城呼漢軍曰：『爲隗王城守者，皆必死無二心！願諸軍亟罷，請自殺以明之。』遂自刎頸死。數月，王元、行巡、周宗將蜀救兵五千餘人，乘高卒至，鼓噪大呼曰：『百萬之衆方至！』漢軍大驚，未及成陳，元等決圍，殊死戰，遂得入城，迎囂歸冀。會吳漢等食盡退去，於是安定、北地、天水、隴西復反爲囂。

九年春，囂病且餓，出城餐糗糒，恚憤而死。王元、周宗立囂少子純爲王。明年，來歙、耿弇、蓋延等攻破落門，周宗、行巡、苟宇、趙恢等將純降。宗、恢及諸隗分徙京師以東，純與巡、宇徙弘農。唯王元留爲蜀將。及輔威將軍臧宮破延岑，元舉衆詣宮降。

又《公孫述傳》 及更始立，豪傑各起其縣以應漢，南陽人宗成自稱『虎牙將軍』，入略漢中，又商人王岑亦起兵於雒縣，自稱『定漢將軍』，殺王莽庸部牧以應成，衆合數萬人。述聞之，遣使迎成等。成等至成都，虜掠暴橫。述意惡之，召縣中豪桀謂曰：『天下同苦新室，思劉氏久矣，故聞漢將軍到，馳迎道路。今百姓無辜而婦子係獲，室屋燒燔，此寇賊，非義兵也。吾欲保郡自守，以待眞主。諸卿欲并力者卽留，不欲者便去。』豪桀皆叩頭曰：『願效死。』述於是使人詐稱漢使者自東方來，假述輔漢將軍、蜀郡太守兼益州牧印綬。乃選精兵千餘人，西擊成等。比至成都，衆數千人，遂攻成，大破之。成將垣副殺成，以其衆降。

二年秋，更始遣柱功侯李寶、益州刺史張忠，將兵萬餘人徇蜀、漢。述恃其地險衆附，有自立志，乃使其弟恢于綿竹擊寶、忠，大破走之。由是威震益部。功曹李熊說述曰：『方今四海波蕩，匹夫橫議。將軍割據千里，地什湯、武，若奮威德以投天隙，霸王之業成矣。宜改名號，以鎮百

姓。』述曰：『吾亦慮之，公言起我意。』於是自立爲蜀王，都成都。

蜀地肥饒，兵力精强，遠方士庶多往歸之，邛、筰君長皆來貢獻。李熊復説述曰：『今山東饑饉，人庶相食，兵所屠滅，城邑丘墟。蜀地沃野千里，土壤膏腴，果實所生，無穀而飽。女工之業，覆衣天下。名材竹幹，器構之饒，不可勝用，又有魚、鹽、銅、銀之利，浮水轉漕之便。北據漢中，杜褒、斜之險，東守巴郡，拒扞關之口，地方數千里，戰士不下百萬。見利則出兵而略地，無利則堅守而力農。東下漢水以窺秦地，南順江流以震荆、楊。所謂用天因地，成功之資。今君王之聲，聞於天下，而名號未定，志士孤疑，宜卽大位，使遠人有所依歸。』述曰：『帝王有命，吾何足以當之？』熊曰：『天命無常，百姓與能。能者當之，王何疑焉！』述夢有人語之曰：『八厶子系，十二爲期。』覺，謂其妻曰：『雖貴而祚短，若何？』妻對曰：『朝聞道，夕死尚可，況十二乎！』會有龍出其府殿中，夜有光耀，述以爲符瑞，因刻其掌，文曰『公孫帝』。建武元年四月，遂自立爲天子，號成家。色尚白。建元曰龍興元年。以李熊爲大司徒，以其弟光爲大司馬，恢爲大司空。改益州爲司隸校尉，蜀郡爲成都尹。

越巂任貴亦殺王莽大尹而據郡降。述遂使將軍侯丹開白水關，北守南鄭，將軍任滿從閬中下江州，東據扞關。於是盡有益州之地。

自更始敗後，光武方事山東，未遑西伐。關中豪傑呂鮪等往往擁衆以萬數，莫知所屬，多往歸述，皆拜爲將軍。遂大作營壘，陳車騎，肄習戰射，會聚兵甲數十萬人，積糧漢中，築宮南鄭。又造十層赤樓帛蘭船。多刻天下牧守印章，備置公卿百官。使將軍李育、程烏將數萬衆出陳倉，與呂鮪徇三輔。三年，征西將軍馮異擊鮪、育于陳倉，大敗之，鮪、育奔漢中。五年，延岑、田戎爲漢兵所敗，皆亡入蜀。

岑字叔牙，南陽人。始起據漢中，又擁兵關西，所在破散，走至南陽，略有數縣。戎，汝南人。初起兵夷陵，轉寇郡縣，衆數萬人。岑、戎並與秦豐合，豐俱以女妻之。及豐敗，故二人皆降於述。述以岑爲大司馬，封汝寧王，戎翼江王。六年，述遣戎與將軍任滿出江關，下監沮、夷陵間，招其故衆，因欲取荆州諸郡，竟不能克。

是時，述廢銅錢，置鐵官錢，百姓貨幣不行。蜀中童謠言曰：『黃牛白腹，五銖當復。』好事者竊言王莽稱『黃』，述自號『白』，五銖錢，漢貨也，言天下并還劉氏。述亦好爲符命鬼神瑞應之事，妄引讖記。以爲孔子作《春秋》，爲赤制而斷十二公，明漢至平帝十二代，曆數盡也，一姓不得再受命。又引《録運法》曰：『廢昌帝，立公孫。』《括地象》曰：『帝軒轅受命，公孫氏握。』《援神契》曰：『西太守，乙卯金。』謂西方太守而乙絶卯金也。五德之運，黃承赤而白繼黃，金據西方爲白德，而代王氏，得其正序。又自言手文有奇，及得龍興之瑞。數移書中國，冀以感動衆心。帝患之，乃與述書曰：『圖讖言「公孫」，卽宣帝也。代漢者當塗高，君豈高之身邪？乃復以掌文爲瑞，王莽何足效乎！君非吾賊臣亂子，倉卒時人皆欲爲君事耳，何足數也。君日月已逝，妻子弱小，當早爲定計，可以無憂。天下神器，不可力爭，宜留三思。』署曰『公孫皇帝』。述不答。

明年，隗囂稱臣於述。述騎都尉平陵人荆邯見東方將平，兵且西向，説述曰：

兵者，帝王之大器，古今所不能廢也。昔秦失其守，豪桀並起，漢祖無前人之迹，立錐之地，起於行陣之中，躬自奮擊，兵破身困者數矣。然軍敗復合，創愈復戰。何則？前死而成功，逾于卻就於滅亡也。隗囂遭遇運會，割有雍州，兵强士附，威加山東。遇更始政亂，復失天下，衆庶引領，四方瓦解。囂不及此時推危乘勝，以爭天命，而退欲爲西伯之事，尊師章句，賓友處士，偃武自戈，卑辭事漢，喟然自以文王復出也。令漢帝釋關隴之憂，專精東伐，四分天下而有其三；使西州豪傑咸居心于山東，發間使，招攜貳，則五分而有其四，若舉兵天水，必至沮潰，天水既定，則九分而有其八。陛下以梁州之地，内奉萬乘，外給三軍，百姓愁困，不堪上命，將有王氏自潰之變。臣之愚計，以爲宜及天下之望未絶，豪傑尚可招誘，急以此時發國内精兵，令田戎據江陵，臨江南之會，倚巫山之固，築壘堅守，傳檄吳、楚，長沙以南必隨風而靡。令延岑出漢中，定三輔，天水、隴西拱手自服。如此，海内震搖，冀有大利。

述以問羣臣。博士吳柱曰：『昔武王伐殷，先觀兵孟津，八百諸侯不期同辭，然猶還師以待天命。未聞無左右之助，而欲出師千里之外，以廣封疆者也。』邯曰：『今東帝無尺土之柄，驅烏合之衆，跨馬陷敵，所向

輒平。不亟乘時與之分功，而坐談武王之説，是效隗囂欲爲西伯也。』述然郜言，欲悉發北軍屯士及山東客兵，使延岑、田戎分出兩道，與漢中諸將合兵并勢。蜀人及其弟光以爲不宜空國千里之外，決成敗於一舉，固爭之，述乃止。延岑、田戎亦數請兵立功，終疑不聽。

述性苛細，察於小事。敢誅殺而不見大體，好改易郡縣官名。然少爲郎，習漢家制度，出入法駕，鑾旗旄騎，陳置陛戟，然後輦出房闥。又立其兩子爲王，食犍爲、廣漢各數縣。羣臣多諫，以爲成敗未可知，戎士暴露，而遽王皇子，示無大志，傷戰士心。述不聽。唯公孫氏得任事，由此大臣皆怨。

八年，帝使諸將攻隗囂，述遣李育將萬餘人救囂。囂敗，并没其軍，蜀地聞之恐動。述懼，欲安衆心。成都郭外有秦時舊倉，述改名白帝倉，自王莽以來常空。述卽詐使人言白帝倉出谷如山陵，百姓空市里往觀之。述乃大會羣臣，問曰：『白帝倉竟出谷乎？』皆對言『無』。述曰：『訛言不可信，道隗王破者復如此矣。』俄而囂將王元降，述以爲將軍。明年，使元與領軍環安拒河池，又遣田戎及大司徒任滿、南郡太守程泛將兵下江關，破威虜將軍馮駿等，拔巫及夷陵、夷道，因據荆門。

十一年，征南大將軍岑彭攻之，滿等大敗，述將王政斬滿首降于彭。田戎走保江州。城邑皆開門降。彭遂長驅至武陽。帝及與述書，陳言禍福，以明丹青之信。述省書歎息，以示所親太常常少、光禄勳張隆。隆、少皆勸降。述曰：『廢興命也。豈有降天子哉！』左右莫敢復言。中郎將來歙急攻王元、環安，安使刺客殺歙，述復令刺殺岑彭。

十二年，述弟恢及子婿史興並爲大司馬吳漢、輔威將軍臧宮所破，戰死。自是將帥恐懼，日夜離叛，述雖誅滅其家，猶不能禁。帝必欲降之，乃下詔喻述曰：『往年詔書比下，開示恩信，勿以來歙、岑彭受害自疑。今以時自詣，則家族完全，若迷惑不喻，委肉虎口，痛哉奈何！將帥疲倦，吏士思歸，不樂久相屯守，詔書手記，不可數得，朕不食言。』述終無降意。

九月，吳漢又破斬其大司徒謝豐、執金吾袁吉，漢兵遂守成都。述謂延岑曰：『事當奈何！』岑曰：『男兒當死中求生，可坐窮乎！財物易聚耳，不宜有愛。』述乃悉散金帛，募敢死士五千餘人，以配岑於市橋，僞建旗幟，鳴鼓挑戰，而潛遣奇兵出吳漢軍後，襲擊破漢。漢墮水，緣馬尾得出。

十一月，臧宮軍至咸門。述視占書，云『虜死城下』，大喜，謂漢等當之。乃自將數萬人攻漢，使延岑拒宮。大戰，岑三合三勝。自旦及日中，軍士不得食，並疲，漢因令壯士突之，述兵大亂，被刺洞胸，墮馬。左右輿入城。述以兵屬延岑，其夜死。明旦，岑降吳漢。乃夷述妻子，盡滅公孫氏，并族延岑。遂放兵大掠，焚述宮室。帝聞之怒，以譴漢。又讓漢副將劉尚曰：『城降三日，吏人從服，孩兒老母，口以萬數，一旦放兵縱火，聞之可爲酸鼻！尚宗室子孫，嘗更吏職，何忍行此？仰視天，俯視地，觀放麑啜羹，二者孰仁？良失斬將弔人之義也！』

初，常少、張隆勸述降，不從，並以憂死。帝下詔追贈少爲太常，隆爲光禄勳，以禮改葬之。其忠節志義之士，並蒙旌顯。程烏、李育以有才幹，皆擢用之。於是西土咸悦，莫不歸心焉。

又 卷一五《李通傳》（建武）六年春，徵還洛陽，令夫人迎常于舞陽，歸家上冢。西屯長安，拒隗囂。七年，使使者持璽書，卽拜常爲横野大將軍，位次與諸將絕席。常别擊破隗囂將高峻於朝那。囂遣將過烏氏，常要擊破之。轉降保塞羌諸營壁，皆平之。九年，擊内黄賊，破降之。後北屯故安，拒盧芳。十二年，薨於屯所，謚曰節侯。

又 《來歙傳》 帝見歙，大歡，卽解衣爲衣之，拜爲太中大夫。是時方以隴、蜀爲憂，獨謂歙曰：『今西州未附，子陽稱帝，道里阻遠，諸將方務關東，思西州方略，未知所任，其謀若何？』歙因自請曰：『臣嘗與隗囂相遇長安。其入始起，以漢爲名。今陛下聖德隆興，臣願得奉威命，開以丹青之信，囂必束手自歸，則述自亡之勢，不足圖也。』帝然之。建武三年，歙始使隗囂。五年，復持節送馬援，因奉璽書於囂。既還，復往説囂。囂遂遣子恂隨歙入質，拜歙爲中郎將。時山東略定，帝謀西收囂兵，與俱伐蜀，復使歙喻旨囂將王元説囂，多設疑，故久尤豫不決。歙素剛毅，遂發憤質責囂曰：『國家以君知臧否，曉廢興，故以手書暢意。足下推忠誠，遣伯春委質，是臣主之交信也。今反欲用佞惑之言，爲族滅之計，叛主負子，違背忠信乎？吉凶之決，在於今日。』欲前刺囂，囂起入，部勒兵，將殺歙，歙徐杖節就車而去。囂愈怒，王元勸

囂殺歙，使牛邯將兵圍守之。囂將王遵諫曰：『愚聞爲國者慎器與名，爲家者畏怨重禍。俱慎名器，則下服其命，輕用怨禍，則家受其殃。今將軍遣子質漢，內懷它志，名器逆矣，外人有議欲謀漢使，輕怨禍矣。古者列國兵交，使在其間，所以重兵貴和而不任戰也，何況承王命籍重質而犯之哉？君叔雖單車遠使，而陛下之外兄也。害之無損於漢，而隨以族滅。昔宋執楚使，遂有析骸易子之禍。小國猶不可辱，況于萬乘之主，重以伯春之命哉！』歙爲人有信義，言行不違，及往來遊説，皆可案復，西州士大夫皆信重之，多爲其言，故得免而東歸。

八年春，歙與征虜將軍祭遵襲略陽，遵道病還，分遣精兵隨歙，合二千餘人，伐山開道，從番須、回中徑至略陽，斬囂守將金梁，因保其城。囂大驚曰：『何其神也！』乃悉兵數萬人圍略陽，斬山築堤，激水灌城。歙與將士固死堅守，矢盡，乃發屋斷木以爲兵。囂盡鋭攻之，自春至秋，其士卒疲弊，帝乃大發關東兵，自將上隴，囂衆潰走，圍解。於是置酒高會，勞賜歙，班坐絶席，在諸將之右，賜歙妻縑千匹。詔使留屯長安，悉監護諸將。

歙因上書曰：『公孫述以隴西、天水爲藩蔽，故得延命假息。今二郡平蕩，則述智計窮矣。宜益選兵馬，儲積資糧。昔趙之將帥多賈人，高帝懸之以重賞。今西州新破，兵人疲饉，若招以財穀，則其衆可集。臣知國家所給非一，用度不足，然有不得已也。』帝然之。於是大轉糧運，詔歙率征西大將軍馮異、建威大將軍耿弇、虎牙大將軍蓋延、揚武將軍馬成、武威將軍劉尚入天水，擊破公孫述將田弇、趙匡。明年，攻拔落門，隗囂支黨周宗、趙恢及天水屬縣皆降。

初王莽世，羌虜多背叛，而隗囂招懷其酋豪，遂得爲用。及囂亡後，五溪、先零諸種數爲寇掠，皆營塹自守，州郡不能討。歙乃大修攻具，率蓋延、劉尚及太中大夫馬援等進擊羌于金城，大破之，斬首虜數千人，獲牛羊萬餘頭，穀數十萬斛。又擊破襄武賊傅粟卿等。隴西雖平，而人飢，流者相望。歙乃傾倉稟，轉運諸縣，以賑贍之，於是隴右遂安，而涼州流通焉。

十一年，歙與蓋延、馬成進攻公孫述將王元、環安於河池、下辨，陷之，乘勝遂進。蜀人大懼，使刺客刺歙，未殊，馳召蓋延。延見歙，因伏悲哀，不能仰視。歙叱延曰：『虎牙何敢然！今使者中刺客，無以報國，故呼巨卿，欲相屬以軍事，而反效兒女子涕泣乎！刃雖在身，不能勒兵斬公耶！』延收淚强起，受所誡。歙自書表曰：『臣夜人定後，爲何人所賊傷，中臣要害。臣不敢自惜，誠恨奉職不稱，以爲朝廷羞。夫理國以得賢爲本，太中大夫段襄，骨鯁可任，願陛下裁察。又臣兄弟不肖，終恐被罪，陛下哀憐，數賜教督。』投筆抽刃而絶。

又　卷一六《寇恂傳》　初，隗囂將安定高峻，擁兵萬人，據高平第一，帝使待詔馬援招降峻，由是河西道開。中郎將來歙承制拜峻通路將軍，封關內侯，後屬大司馬吳漢，共圍囂于冀。及漢軍退，峻亡歸故營，復助囂拒隴阺。及囂死，峻據高平，畏誅堅守。建威大將軍耿弇率太中大夫竇士、武威太守梁統等圍之，一歲不拔。十年，帝入關，將自征之，恂時從駕，諫曰：『長安道里居中，應接近便，安定、隴西必懷震懼，此從容一處可以制四方也。今士馬疲倦，方履險阻，非萬乘之固，前年潁川，可爲至戒。』帝不從。進軍及汧，峻猶不下，帝議遣使降之，乃謂恂曰：『卿前止吾此舉，今爲吾行也。若峻不即降，引耿弇等五營擊之。』恂奉璽書至第一，峻遣軍師皇甫文出謁，辭禮不屈。恂怒，將誅文。諸將諫曰：『高峻精兵萬人，率多强弩，西遮隴道，連年不下。今欲降之而反戮其使，無乃不可乎？』恂不應，遂斬之。遣其副歸告峻曰：『軍師無禮，已戮之矣。欲降，急降，不欲，固守。』峻惶恐，即日開城門降。諸將皆賀，因曰：『敢問殺其使而降其城，何也？』恂曰：『皇甫文，峻之腹心，其所取計者也。今來，辭意不屈，必無降心。全之則文得其計，殺之則峻亡其膽，是以降耳。』諸將皆曰：『非所及也。』遂傳峻還洛陽。

又　卷一七《馮異傳》　（建武二年）時，百姓飢餓，人相食，黄金一斤易豆五升。道路斷隔，委輸不至，軍士悉以果實爲糧。詔拜南陽趙匡爲右扶風，將兵助異，并送縑穀，軍中皆稱萬歲。異兵食漸盛，乃稍誅擊豪傑不從令者，褒賞降附有功勞者，悉遣其渠帥詣京師，散其衆歸本業。威行關中，惟呂鮪、張邯、蔣震遣使降蜀，其餘悉平。

明年，公孫述遣將程焉，將數萬人就呂鮪出屯陳倉。異與趙匡迎擊，大破之，焉退走漢川。異追戰于箕穀，復破之，還擊破呂鮪，營保降者甚衆。其後蜀復數遣將間出，異輒摧挫之。懷來百姓，申理枉結，出入三

歲，上林成都。【略】

異自以久在外，不自安，上書思慕闕廷，願親帷幄，帝不許。後人有章言異專制關中，斬長安令，威權至重，百姓歸心，號爲『咸陽王』。帝使以章示異。異惶懼，上書謝曰：『臣本諸生，遭遇受命之會，充備行伍，過蒙恩私，位大將，爵通侯，受任方面，以立微功，皆自國家謀慮，愚臣無所能及。臣伏自思惟：以詔敕戰攻，每輒如意，時以私心斷決，未嘗不有悔。國家獨見之明，久而益遠，乃知「性與天道，不可得而聞也」。當兵革始起，擾攘之時，豪傑競逐，迷惑千數。臣以遭遇，託身聖明，在傾危混淆之中，尚不敢過差，而況天下平定，上尊下卑，而臣爵位所蒙，巍巍不測乎？誠冀以謹敕，遂自終始。見所示臣章，戰慄怖懼。伏念明主知臣愚性，固敢因緣自陳。』詔報曰：『將軍之于國家，義爲君臣，恩猶父子。何嫌何疑，而有懼意？』

六年春，異朝京師。引見，帝謂公卿曰：『是我起兵時主簿也。爲吾披荆棘，定關中。』既罷，使中黄門賜以珍寶、衣服、錢、帛。詔曰：『倉卒無蔞亭豆粥，虖沱河麥飯，厚意久不報。』異稽首謝曰：『臣聞管仲謂桓公曰：「願君無忘射鉤，臣無忘檻車。」齊國賴之。臣今亦願國家無忘河北之難，小臣不敢忘巾車之恩。』後數引宴見，定議圖蜀，留十餘日，令異妻子隨異還西。

夏，遣諸將上隴，爲隗囂所敗，乃詔異軍栒邑。未及至，隗囂乘勝使其將王元、行巡將二萬餘人下隴，因分遣巡取栒邑。異卽馳兵，欲先據之。諸將皆曰：『虜兵盛而新乘勝，不可與爭，宜止軍便地，徐思方略。』異曰：『虜兵臨境，忸忲小利，遂欲深入。若得栒邑，三輔動搖，是吾憂也。夫「攻者不足，守者有餘」。今先據城，以逸待勞，非所以爭也。』潛往閉城，偃旗鼓。行巡不足，馳赴之。異乘其不意，卒擊鼓建旗而出。巡軍驚亂奔走，追擊數十里，大破之。祭遵亦破王元於汧。於是北地諸豪長耿定等，悉畔隗囂降。異上書言狀，不敢自伐。諸將或欲分其功，帝患之。乃下璽書曰：『制詔大司馬，虎牙、建威、漢忠、捕虜、武威將軍：虜兵猥下，三輔驚恐。栒邑危亡，在於旦夕。北地營保，按兵觀望。今偏城獲全，虜兵挫折，使耿定之屬，復念君臣之義。征西功若丘山，猶自以爲不足。孟之反奔而殿，亦何異哉？今遣太中大夫賜征西吏士死傷者醫藥、棺斂，大司馬已下親弔死問疾，以崇謙讓。』於是使異進軍義渠，并領北地太守事。

青山胡率萬餘人降異。異又擊盧芳將賈覽、匈奴薁鞬日逐王，破之。上郡、安定皆降，異復領安定太守事。九年春，祭遵卒，詔異守征虜將軍，并將其營。及隗囂死，其將王元、周宗等復立囂子純，猶總兵據冀，公孫述遣將趙匡等救之，帝復令異行天水太守事。攻匡等且一年，皆斬之。諸將共攻冀，不能拔，欲且還休兵，異固持不動，常爲衆軍鋒。

明年夏，與諸將攻落門，未拔，病發，薨於軍，謚曰節侯。

又《岑彭傳》 （建武）八年，彭引兵從車駕破天水，與吴漢圍隗囂於西域。時，公孫述將李育將兵救囂，守上邽，帝留蓋延、聯弇圍之，而車駕東歸。敕彭書曰：『兩城若下，便可將兵南擊蜀虜。人若不知足，既平隴，復望蜀。每一發兵，頭鬚爲白。』彭遂壅谷水灌西城，城未没丈餘，囂將行巡、周宗將蜀救兵到，囂得出還冀。漢軍食盡，燒輜重，引兵下隴，延、弇亦相隨而退。囂出兵尾擊諸營，彭殿爲後拒，故諸將能全師東歸。彭還津鄉。

九年，公孫述遣其將任滿、田戎、程泛，將數萬人乘枋箄下江關，擊破馮駿及田鴻、李玄等。遂拔夷道、夷陵，據荆門、虎牙。横江水起浮橋、鬬樓，立欑柱絶水道，結營山上，以拒漢兵。彭數攻之，不利，於是裝直進樓船、冒突露橈數千艘。

十一年春，彭與吴漢及誅虜將軍劉隆、輔威將軍臧宫、驍騎將軍劉歆，發南陽、武陵、南郡兵，又發桂陽、零陵、長沙委輸棹卒，凡六萬餘人，騎五千匹，皆會荆門。吴漢以三郡棹卒多費糧穀，欲罷之。彭以蜀兵盛，不可遣，上書言狀。帝報彭曰：『大司馬慣用步騎，不曉水戰，荆門之事，一由征南公爲重而已。』彭乃令軍中募攻浮橋，先登者上賞。於是偏將軍魯奇應募而前。時天風狂急，奇船逆流而上，直衝浮橋，而欑柱鉤不得去，奇等乘勢殊死戰，因飛炬焚之，風怒火盛，橋樓崩燒。彭復悉軍順風並進，所向無前。蜀兵大亂，溺死者數千人。斬任滿，生獲程泛，而田戎亡保江州。彭上劉隆爲南郡太守，自率臧宫、劉歆長驅入江關，令軍中無得虜掠。所以，百姓皆奉牛、酒迎勞。彭見諸耆老，爲言大漢哀湣巴蜀久見虜役，故興師遠伐，以討有罪，爲人除害。讓不受其牛、酒。百姓

皆大喜悅，爭開門降。詔彭守益州牧，所下郡，輒行太守事。

彭到江州，以田戎食多，難卒拔，留馮駿守之，自引兵乘利直指墊江，攻破平曲，收其米數十萬石。公孫述使其將延岑、呂鮪、王元及其弟恢悉兵拒廣漢及資中，又遣將侯丹率二萬餘人拒黃石。彭乃多張疑兵，使護軍楊翕與臧宮拒延岑等，自分兵浮江下還江州，溯都江而上，襲擊侯丹，大破之。因晨夜倍道兼行二千餘里，徑拔武陽。使精騎馳廣都，去成都數十里，勢若風雨，所至皆奔散。初，述聞漢兵在平曲，故遣大兵逆之。及彭至武陽，繞出延岑軍後，蜀地震駭。述大驚，以杖擊地曰：『是何神也！』

彭所營地名彭亡，聞而惡之，欲徙，會日暮，蜀刺客詐爲亡奴降，夜刺殺彭。

彭首破荊門，長驅武陽，持軍整齊，秋豪無犯。邛谷王任貴聞彭威信，數千里遣使迎降。會彭已薨，帝盡以任貴所獻賜彭妻子，謚曰壯侯。蜀人憐之，爲立廟武陽，歲時祠焉。

又　卷一八《吳漢傳》（建武二年）會隗囂畔，夏，復遣漢西屯長安。八年，從東駕上隴，遂圍隗囂於西城。帝敕漢曰：『諸郡甲卒但坐費糧食，若有逃亡，則沮敗衆心，宜悉罷之。』漢等貪并力攻囂，遂不能遣，糧食日少，吏士疲役，逃亡者多，及公孫述救至，漢遂退敗。

十一年春，率征南大將軍岑彭等伐公孫述。及彭破荊門，長驅入江關，漢留夷陵，裝露橈船，將南陽兵及弛刑募士三萬人溯江而上。會岑彭爲刺客所殺，漢并將其軍。十二年春，與公孫述將魏黨、公孫永戰於魚涪津，大破之，遂圍武陽。述遣子婿史興將五千人救之。漢迎擊興，盡殄其衆，因入犍爲界。諸縣皆城守。漢乃進軍攻廣都，拔之。遣輕騎燒成都市橋，武陽以東諸小城皆降。

帝戒漢曰：『成都十餘萬衆，不可輕也。但堅據廣都，待其來攻，勿與爭鋒。若不敢來，公轉營迫之，須其力疲，乃可擊也。』漢乘利，遂自將步騎二萬餘人進逼成都，去城十餘里，阻江北爲營，作浮橋，使副將武威將軍劉尚將萬餘人屯於江南，相去二十餘里。帝聞大驚，讓漢曰：『比敕公千條萬端，何意臨事勃亂！既輕敵深入，又與尚別營，事有緩急，不復相及。賊若出兵綴公，以大衆攻尚，尚破，公卽敗矣。幸無它者，急引兵還廣都。』詔書未到，述果使其將謝豐、袁吉將衆十許萬，分爲二十餘營，並出攻漢。使別將將萬餘人劫劉尚，令不得相救。漢與大戰一日，兵敗，走入壁，豐因圍之。漢乃召諸將厲之曰：『吾共諸君逾越險阻，轉戰千里，所在斬獲，遂深入敵地，至其城下。而今與劉尚二處受圍，勢既不接，其禍難量。欲潛師就尚於江南，并兵禦之。若能同心一力，人自爲戰，大功可立，如其不然，敗必無餘。成敗之機，在此一舉。』諸將皆曰『諾』。於是饗士秣馬，閉門三日不出，乃多樹幡旗，使煙火不絕，夜銜枚引兵與劉尚合軍。豐等不覺，明日，乃分兵拒江北，自將攻江南。漢悉兵迎戰，自旦至晡，遂大破之，斬謝豐、袁吉，獲甲首五千餘級。於是引還廣都，留劉尚拒述，具以狀上，而深自譴責。帝報曰：『公還廣都，甚得其宜，述必不敢略尚而擊公也。若先攻尚，公從廣都五十里悉步騎赴之，適當值其危困，破之必矣。』自是漢與述戰於廣都、成都之間，八戰八克，遂軍于其郭中。述自將數萬人出城大戰，漢使護軍高午、唐邯將數萬銳卒擊之。述兵敗走，高午奔陳刺述，殺之。事已見《述傳》。旦日城降，斬述首傳送洛陽。明年正月，漢振旅浮江而下。至宛，詔令過家上塚，賜穀二萬斛。

又　《蓋延傳》　建武四年春，延又擊蘇茂、周建於蘄，進與董憲戰留下，皆破之。因率平狄將軍龐萌攻西防，拔之。復追敗周建、蘇茂于彭城，茂、建亡奔董憲，董憲將賁休舉蘭陵城降。憲聞之，自郯圍休。時，延及龐萌在楚，請往救之。帝敕曰：『可直往擣郯，則蘭陵必自解。』延等以賁休城危，遂先赴之。憲逆戰而陽敗，延等逐退，因拔圍入城。明日，憲大出兵合圍，延等懼，遽出突走，因往攻郯。帝讓之曰：『間欲先赴郯者，以其不意故耳。今既奔走，賊計已立，圍豈可解乎！』延等至郯，果不能克，而董憲遂拔蘭陵，殺賁休。延等往來要擊憲別將于彭城、郯、邳之間，戰或日數合，頗有克獲。帝以延輕敵深入，數以書誡之。及龐萌反，攻殺楚郡太守，引軍襲敗延，延走，北渡泗水，破舟楫，壞津梁，僅而得免。帝自將而東，徵延與大司馬吳漢、漢忠將軍王常、前將軍王梁、捕虜將軍馬武、討虜將軍王霸等會任城，討龐萌於桃鄉，又並從征董憲於昌慮，皆破之。六年春，遣屯長安。

九年，隗囂死，延西擊街泉、略陽、清水諸屯聚，皆定。

又《臧宫傳》（建武）十一年，將兵至中盧，屯駱越。是時，公孫述將田戎、任滿與征南大將軍岑彭相距于荆門，彭等戰數不利，越人謀畔從蜀。官兵少，力不能制。會屬縣送委輸車數百乘至，宫夜使鋸斷城門限，令車聲回轉出入至旦。越人候伺者聞車聲不絶，而門限斷，相告以漢兵大至。其渠帥乃奉牛、酒以勞軍營。宫陳兵大會，擊牛釃酒，饗賜慰納之，越人由是遂安。

宫與岑彭等破荆門，別至垂鵲山，通道出秭歸，至江州。岑彭下巴郡，使宫將降卒五萬，從涪水上平曲。公孫述將延岑盛兵于沈水，時宫衆多食少，轉輸不至，而降者皆欲散畔，郡邑復更保聚，觀望成敗。宫欲引還，恐爲所反，會帝遣謁者將兵詣岑彭，有馬七百匹，宫矯制取以自益，晨夜進兵，多張旗幟，登山鼓譟，右步左騎，挾船而引，呼聲動山谷。岑不意漢軍卒至，登山望之，大震恐。宫因從擊，大破之。斬首溺死者萬餘人，水爲之濁流。延岑奔成都，其衆悉降，盡獲其兵馬珍寶。自是乘勝追北，降者以十萬數。

軍至平陽鄉，蜀將王元舉衆降。進拔綿竹，破涪城，斬公孫述弟恢，復攻拔繁、郫。前後收得節五，印綬千八百。是時，大司馬吴漢亦乘勝進營逼成都。宫連屠大城，兵馬旌旗甚盛，乃乘兵入小雒郭門，歷成都城下，至吴漢營，飲酒高會。漢見之甚歡，謂宫曰：『將軍向者經虜城下，震揚威靈，風行電照。然窮寇難量，還營願從它道矣。』宫不從，復路而歸，賊亦不敢近之。進軍咸門，與吴漢並滅公孫述。

帝以蜀地新定，拜宫爲廣漢太守。十三年，增邑，更封酇侯。十五年，徵還京師，以列侯奉朝請，定封朗陵侯。十八年，拜太中大夫。

又 卷一九《耿弇傳》（建武）六年，西拒隗囂，屯兵於漆。八年，從上隴。明年，與中郎將來歙分部徇安定、北地諸營保，皆下之。

又 卷二〇《祭遵傳》（建武）六年春，詔遵與建威大將軍耿弇、虎牙大將軍蓋延、漢忠將軍王常、捕虜將軍馬武、驍騎將軍劉歆、武威將軍劉尚等從天水伐公孫述。師次長安，時車駕亦至，而隗囂不欲漢兵上隴，辭説解故。帝召諸將議，皆曰：『可且延囂日月之期，益封其將帥，以消散之。』遵曰：『囂挾奸久矣。今若按甲引時，則使其詐謀益深，而蜀警增備，固不如遂進。』帝從之，乃遣遵爲前行。隗囂使其將王元拒隴坻，遵進擊，破之，追至新關。及諸將到，與囂戰，並敗，引退下隴。乃詔遵軍汧，耿弇軍漆，征西大將軍馮異軍栒邑，大司馬吴漢等還屯長安。自是後，遵數挫隗囂。事已見《馮異傳》。

八年秋，復從車駕上隴。及囂破，帝東歸過汧，幸遵營，勞饗士卒，作黄門武樂，良夜乃罷。時，遵有疾，詔賜重茵，覆以御蓋。復令進屯隴下。及公孫述遣兵救囂，吴漢、耿弇等悉奔還，遵獨留不卻。九年春，卒於軍。

又 卷二二《馬成傳》（建武）八年，從征破隗囂，以成爲天水太守、將軍如故。冬，徵還京師。九年，代來歙守中郎將，率武威將軍劉尚等破河池，遂平武都。明年，大司空李通罷，以成行大司空事，居府如眞，數月復拜揚武將軍。

又《馬武傳》 世祖即位，以武爲侍中、騎都尉，封山都侯。建武四年，與虎牙將軍蓋延等討劉永，武別擊濟陰，下成武、楚丘，拜捕虜將軍。明年，龐萌反，攻桃城，武先與戰，破之，會車駕至，萌遂敗走。六年夏，與建威大將軍耿弇西擊隗囂，漢軍不利，引下隴，囂追急，武選精騎還爲後拒，身披甲持戟奔擊，殺數千人，囂兵乃退，諸軍得還長安。

又 卷二三《竇融傳》 融等遙聞光武即位，而心欲東向，以河西隔遠，未能自通。時，隗囂先稱建武年號，融等從受正朔，囂皆假其將軍印綬。囂外順人望，内懷異心，使辯士張玄遊説河西曰：『更始事業已成，尋復亡滅，此一姓不再興之效。今即有所主，便相係屬，一旦拘制，自令失柄，後有危殆，雖悔無及。今豪傑競逐，雌雄未決，當各據其土宇，與隴、蜀合從，高可爲六國，下不失尉佗。』融等於是召豪傑及諸太守計議，其中智者皆曰：『漢承堯運，歷數延長。今皇帝姓號見於圖書，自前世博物道術之士谷子雲、夏賀良等，建明漢有再受命之符，言之久矣，故劉子駿改易名字，冀應其占。及莽末，道士西門君惠言劉秀當爲天子，遂謀立子駿。事覺被殺，出謂百姓觀者曰：「劉秀眞汝主也。」皆近事暴著，智者所共見也。除言天命，且以人事論之：今稱帝者數人，而洛陽土地最廣，甲兵最强，號令最明。觀符命而察人事，它姓殆未能當也。』諸郡太守各有賓客，或同或異。融小心精詳，遂決策東向。五年夏，遣長史劉鈞奉書獻馬。

先是，帝聞河西完富，地接隴、蜀，常欲招之以逼囂、述，亦發使遺融書，遇鈞於道，卽與俱還。帝見鈞歡甚，禮饗畢，乃遣令還，賜融璽書曰：『制詔行河西五郡大將軍事、屬國都尉：勞鎮守邊五郡，兵馬精強，倉庫有蓄，民庶殷富，外則折挫羌胡，內則百姓蒙福。威德流聞，虛心相望，道路隔塞，邑邑何已！長史所奉書獻馬悉至，深知厚意。今益州有公孫子陽，天水有隗將軍，方蜀、漢相攻，權在將軍，舉足左右，便有輕重。以此言之，欲相厚豈有量哉！諸事具長史所見，將軍所知。王者迭興，千載一會。欲遂立桓、文，輔微國，當勉卒功業，欲三分鼎足，連衡合從，亦宜以時定。天下未幷，吾與爾絶域，非相吞之國。今之議者，必有任囂效尉佗制七郡之計。王者有分土，無分民，自適己事而已。今以黄金二百斤賜將軍，便宜輒言。』因授融爲涼州牧。

璽書既至，河西咸驚，以爲天子明見萬里之外，網羅張立之情。融卽復遣鈞上書曰：『臣融竊伏自惟，幸得託先後末屬，蒙恩爲外戚，累世二千石。至臣之身，復備列位，假歷將帥，守持一隅。以委質則易爲辭，以納忠則易爲力。書不足以深達至誠，故遣劉鈞口陳肝膽。自以底裏上露，長無纖介。而璽書盛稱蜀、漢二主，三分鼎足之權，任囂、尉佗之謀，竊自痛傷。臣融雖無識，猶知利害之際，順逆之分。豈可背眞舊之主，事奸僞之人，廢忠貞之節，爲傾覆之事，棄已成之基，求無冀之利。此三者雖問狂夫，猶知去就，而臣獨何以用心！謹遣同產弟友詣闕，口陳區區。』友至高平，會囂反叛，道絶，馳還，遣司馬席封閒行通書。帝復遣席封賜融、友書，所以慰藉之甚備。

融既深知帝意，乃與隗囂書責讓之曰：

伏惟將軍國富政修，士兵懷附。親遇厄會之際，國家不利之時，守節不回，承事本朝，後遣伯春委身于國，無疑之誠，於斯有效。融等所以欣服高義，願從役于將軍者，良爲此也。而忿悁之間，改節易圖，君臣分爭，上下接兵。委成功，造難就，去從義，爲横謀，百年累之，一朝毁之，豈不惜乎！殆執事者貪功建謀，以至於此，融竊痛之！當今西周地勢局迫，人兵離散，易以輔人，難以自建。計若失路不反，聞道猶迷，不南合子陽，則北入文伯耳。夫負虛交而易强禦，恃遠救而輕近敵，未見其利也。融聞智者不危衆以舉事，仁者不違義以要功。今以小敵大，於衆何

如？棄子徼功，於義何如？且初事本朝，稽首北面，忠臣節也。及遣伯春，垂涕相送，慈父恩也。俄而背之，謂吏士何？忍而棄之，謂留子何？自兵起以來，轉相攻擊，城郭皆爲丘墟，生人轉於溝壑。今其存者，非鋒刃之餘，則流亡之孤。迄今傷痍之體未愈，哭泣之聲尚聞。幸賴天運少還，而將軍復重于難，是使積痾不得遂瘳，幼孤將復流離，其爲悲痛，尤足愍傷，言之可爲酸鼻！庸人且猶不忍，況仁者乎？融聞爲忠甚易，得宜實難。憂人大過，以德取怨，知且以言獲罪也。區區所獻，惟將軍省焉。

囂不納。融乃與五郡太守共砥厲兵馬，上疏請師期。

帝深嘉美之，乃賜融以外屬圖及太史公《五宗》、《外戚世家》、《魏其侯列傳》。詔報曰：『每追念外屬，孝景皇帝出自竇氏，定王，景帝之子，朕之所祖。昔魏其一言，繼統以正，長君、少君尊奉師傅，修成淑德，施及子孫，此皇太后神靈，上天祐漢也。從天水來者寫將軍所讓隗囂書，痛入骨髓。畔臣見之，當股栗慚愧，忠臣則酸鼻流涕，義士則曠若發矇，非忠孝慤誠，孰能如此？豈其德薄者所能克堪！囂自知失河西之助，族禍將及，欲設間離之説，亂惑眞心，轉相解構，以成其奸。又京師百僚，不曉國家及將軍本意，多能採取虛偽，誇誕妄談，令忠孝失望，傳言乖實。毁譽之來，皆不徒然，不可不思。今關東盜賊已定，大兵今當悉西，將軍其抗厲威武，以應期會。』融被詔，卽與諸郡守將兵入金城。

初，更始時，先零羌封何諸種殺金城太守，居其郡，隗囂使使賂遺封何，與共結盟，欲發其衆。融等因軍出，進擊封何，大破之，斬首千餘級，得牛、馬、羊萬頭，穀數萬斛，因並河揚威武，伺候車駕。時，大兵未進，融乃引還。

帝以融信效著明，益嘉之。詔右扶風修理融父墳塋，祠以太牢。數馳輕使，致遺四方珍羞，梁統乃使人刺殺張玄，絶與囂絶，皆解所假將軍印綬。七年夏，酒泉太守竺曾以弟報怨殺人而去郡，融承制拜曾爲武鋒將軍，更以辛肜代之。

秋，隗囂發兵寇安定，帝將自西征之，先戒融期。會遇雨，道斷，且囂兵已退，乃止。融至姑臧，被詔罷歸。融恐大兵遂久不出，乃上書曰：『隗囂聞車駕當西，臣融東下，士衆騷動，計且不戰。囂將高峻之屬皆欲

逢迎大軍，後聞兵罷，峻等復疑。囂揚言東方有變，西州豪傑遂復附從。囂又引公孫述將，令守突門。臣融孤弱，介在其間，雖承威靈，宜速救助。國家當其前，臣融促其後，緩急迭用，首尾相資，囂勢排迮，不得進退，此必破也。若兵不早進，久生持疑，則外長寇仇，内示困弱，復令讒邪得有因緣，臣竊憂之。惟陛下哀憐！』帝深美之。

八年夏，車駕西征隗囂，融率五郡太守及羌虜小月氏等步騎數萬，輜重五千餘兩，與大軍會高平第一。融先遣從事問會見儀適。是時，軍旅代興，諸將與三公交錯道中，或背使者交私語。帝聞融先問禮儀，甚善之，以宣告百僚。乃置酒高會，引見融等，待以殊禮。拜弟友爲奉車都尉，從弟士太中大夫。遂共進軍，囂衆大潰，城邑皆降。帝高融功，下詔以安豐、陽泉、蓼、安風四縣封融爲安豐侯，弟友爲顯親侯。遂以次封諸將帥：武鋒將軍竺曾爲助義侯，武威太守梁統爲成義侯，張掖太守史苞爲褒義侯，金城太守庫鈞爲輔義侯，酒泉太守辛肜爲扶義侯。封爵既畢，乘輿東歸，悉遣融等西還所鎮。

融以兄弟並受爵位，久專方面，懼不自安，數上書求代。詔報曰：『吾與將軍如左右手耳，數執謙退，何不曉人意？勉循士民，無擅離部曲。』

及隴、蜀平，詔融與五郡太守奏事京師，官屬賓客相隨，駕乘千餘兩，馬、牛、羊被野。融到，詣洛陽城門，上涼州牧、張掖屬國都尉、安豐侯印綬，詔遣使者還侯印綬。

又 卷二四《馬援傳》 王莽末，四方兵起，莽從弟衛將軍林廣招雄俊，乃辟援及同縣原涉爲掾，薦之於莽。莽以涉爲鎮戎大尹，援爲新成大尹。及莽敗，援兄員時爲增山連率，與援俱去郡，復避地涼州。世祖即位，員先詣洛陽，帝遣員復郡，卒於官。援因留西州，囂甚敬重之，以援爲綏德將軍，與決籌策。

是時，公孫述稱帝於蜀，囂使援往觀之。援素與述同里閈相善，以爲既至當握手歡如平生，而述盛陳陛衛，以延援入，交拜禮畢，使出就館，更爲援制都布單衣、交讓冠，會百官於宗廟中，立舊交之位。述鸞旗旄騎，警蹕就車，磬折而入，禮饗官屬甚盛，欲授援以封侯大將軍位。賓客皆樂留，援曉之曰：『天下雄雌未定，公孫不吐哺走迎國士，與圖成敗，反修飾邊幅，如偶人形。此子何足久稽天下士乎！』因辭歸，謂囂曰：『子陽井底蛙耳，而妄自尊大，不如專意東方。』

建武四年冬，囂使援奉書洛陽。援至，引見於宣德殿。世祖笑謂援曰：『卿遨遊二帝間，今見卿，使人大慚。』援頓首辭謝，因曰：『當今之世，非獨君擇臣也，臣亦擇君矣。臣與公孫述同縣，少相善。臣前至蜀，述陛戟而後進臣。臣今遠來，陛下何知非刺客奸人，而簡易若是？』帝復笑曰：『卿非刺客，顧説客耳。』援曰：『天下反覆，盗名字者不可勝數。今見陛下，恢廓大度，同符高祖，乃知帝王自有眞也。』帝甚壯之。援從南幸黎兵，轉至東海。及還，以爲待詔，使太中大夫來歙持節送援西歸隴右。

隗囂與援共卧起，問以東方流言及京師得失。援説囂曰：『前到朝廷，上引見數十，每接宴語，自夕至旦，才明勇略，非人敵也。且開心見誠，無所隱伏，闊達多大節，略與高帝同。經學博覽，政事文辯，前世無比。』囂曰：『卿謂何如高帝？』援曰：『不如也。高帝無可無不可，今上好吏事，動如節度，又不喜飲酒。』囂意不懌，曰：『如卿言，反復勝邪？』然雅信援，故遂遣長子恂入質。援因將家屬隨恂歸洛陽。居數月而無它職任。援以三輔地曠土沃，而所將賓客猥多，乃上書求屯田上林苑中，帝許之。

會隗囂用王元計，意更狐疑，援數以書記責譬于囂，囂怨援背己，得書增怒，其後遂發兵拒漢。援乃上疏曰：『臣援自念歸身聖朝，奉事陛下，本無公輔一言之薦，左右爲容之助。臣不自陳，陛下何因聞之。夫居前不能令人輊，居後不能令人軒，與人怨不能爲人患，臣所恥也。故敢觸冒罪忌，昧死陳誠。臣與隗囂，本實交友。初，囂遣臣東，謂臣曰：「本欲爲漢，願足下往觀之。於汝意可，即專心矣。」及臣還反，報以赤心，實欲導之於善，非敢譎以非義。而囂自挾奸心，盗憎主人，怨毒之情遂歸於臣。臣欲不言，則無以上聞。願聽詣行在所，極陳滅囂之術，得空匈腹，申愚策，退就隴畝，死無所恨。』帝乃召援計事，援具言謀畫。因使援將突騎五千，往來遊説囂將高峻、任禹之屬，下及羌豪，爲陳禍福，以離囂支黨。

援又爲書與囂將楊廣，使曉勸於囂，曰：

春卿無恙，前別冀南，寂無音驛。援問還長安。因留上林。竊見四海已定，兆民同情，而季孟閉拒背畔，爲天下表的。常懼海内切齒，思相屠裂，故遺書戀戀，以致惻隱之計。乃聞季孟歸罪於援，而納王游翁諂邪之説，自謂函谷以西，舉足可定，以今而觀，竟何如邪？援間至河内，過存伯春，見其奴吉從西方還，説伯春小弟仲舒望見吉，欲問伯春無它否，竟不能言，曉夕號泣，婉轉塵中。又説其家悲愁之狀，不可言也。夫怨仇可刺不可毁，援聞之，不自知泣下也。援素知季孟孝愛，曾、閔不過。夫孝於其親，豈不慈於其子？可有子抱三木，而跳梁妄作，自同分羹之事乎？季孟平生自言所以擁兵衆者，欲以保全父母之國而完墳墓也，又言苟厚士大夫而已。而今所欲全者將破亡之，所欲完者，將毁傷之，所欲厚者將反薄之。季孟嘗折愧子陽而不受其爵，今更共陸陸，欲往附之，將難爲顔乎？若復責以重質，當安從得子主給是哉！往時子陽獨欲以王相待，而春卿拒之，今者歸老，更欲低頭與小兒曹共槽櫪而食，並肩側身於怨家之朝乎？男兒溺死何傷而拘遊哉！今國家待春卿意深，宜使牛孺卿與諸耆老大人共説季孟，若計畫不從，眞可引領去矣。前披輿地圖，見天下郡國百有六所，柰何欲以區區二邦以當諸夏百有四乎？春卿事季孟，外有君臣之義，内有朋友之道。言君臣邪，固當諫爭，語朋友邪，應有切磋。豈有知其無成，而但萎腇咋舌，叉手從族乎？及今成計，殊尚善也，過是，欲少味矣。且來君叔天下信士，朝廷重之，其意依依，常獨爲西州言。援商朝廷，尤欲立信於此，必不負約。援不得久留，願急賜報。

廣竟不答。

八年，帝自西征囂，至漆，諸將多以王師之重，不宜遠入險阻，計冘豫未決。會召援，夜至，帝大喜，引入，具以羣議質之。援因説隗囂將帥有土崩之勢，兵進有必破之狀。又于帝前聚米爲山谷，指畫形勢，開示衆軍所從道徑往來，分析曲折，昭然可曉。帝曰：『虜在吾目中矣。』明旦，遂進軍至第一，囂衆大潰。

九年，拜援爲太中大夫，副來歙監諸將平涼州。自王莽末，西羌寇邊，遂入居塞内，金城屬縣多爲虜有。來歙奏言隴西侵殘，非馬援莫能定。十一年夏，璽書拜援隴西太守。援乃發步騎三千人，擊破先零羌於臨洮，斬首數百級，獲馬、牛、羊萬餘頭。守塞諸羌八千餘人詣援降，詣種有數萬，屯聚寇抄，拒浩亹隘。援與揚武將軍馬成擊之。羌因將其妻子輜重移阻于允吾穀，援乃潛行間道，掩赴其營。羌大驚壞，復遠徙唐翼谷中，援復追討之。羌引精兵聚北山上，援陳軍向山，而分遣數百騎繞襲其後，乘夜放火，擊鼓叫噪，虜遂大潰，凡斬首千餘級。援以兵少，不得窮追，收其穀糧畜産而還。援中矢貫脛，帝以璽書勞之，賜牛、羊數千頭，援盡班諸賓客。

又 卷二九《申屠剛傳》 後莽篡位，剛遂避地河西，轉入巴、蜀，往來二十許年。及隗囂據隴右，欲背漢而附公孫述。剛説之曰：『愚聞人所歸者天所與，人所畔者天所去也。伏念本朝躬聖德，舉義兵，龔行天罰，所當必摧，誠天之所福，非人力也。將軍本無尺土，孤立一隅，宜推誠奉順，與朝幷力，上應天心，下酬人望，爲國立功，可以永年。嫌疑之事，聖人所絕。以將軍之威重，遠在千里，動作舉措，可不慎與？今璽書數到，委國歸信，欲與將軍共同吉凶。布衣相與，尚有没身不負然諾之信，況于萬乘者哉！今何畏何利，久疑如是？卒有非常之變，上負忠孝，下愧當世。夫未至豫言，固常爲虚，及其已至，又無所及，是以忠言至諫，希得爲用。誠願反復愚老之言。』囂不納，遂畔從述。

建武七年，詔書徵剛。剛將歸，與囂書曰：『愚聞專己者孤，拒諫者塞，孤塞之政，亡國之風也。雖有明聖之姿，猶屈己從衆，故慮無遺策，舉無過事。夫聖人不以獨見爲明，而以萬物爲心。順人者昌，逆人者亡，此古今之所共也。將軍以布衣爲鄉里所推，廊廟之計，既不豫定，動軍發衆，又不深料。今東方政教日睦，百姓平安，而西州發兵，人人憂憂，騷動惶懼，莫敢正言，羣衆疑惑，人懷顧望。非徒無精鋭之心，其患無所不至。夫物窮則變生，事急則計易，其勢然也。夫離道德，逆人情，而能有國有家者，古今未有也。將軍素以忠孝顯聞，是以士大夫不遠千里，慕樂德義。今苟欲決意徼幸，此何如哉？夫天所祐者順，人所助者信。如未蒙祐助，令小人受塗地之禍，毁壞終身之德，敗亂君臣之節，汙傷父子之恩，衆賢破膽，可不慎哉！』囂不納。剛到，拜侍御史，遷尚書令。

光武嘗欲出遊，剛以隴蜀未平，不宜宴安逸豫。諫不見聽，遂以頭軔乘輿輪，帝遂爲止。

宋・張預《十七史百將傳》卷三《後漢寇恂傳》 恂素好學，乃修

鄉校，教生徒，聘能爲《左氏春秋》者，親受學焉。代朱浮爲執金吾。從車駕擊隗囂，而潁川盜賊羣起。帝乃引軍還，謂恂曰：『潁川迫近京師，當以時定。惟念獨卿能平之耳。』恂對曰：『潁川剽輕，聞陛下遠逾阻險，有事隴、蜀，故狂狡乘間相詿誤耳。如聞乘輿南向，賊必惶怖歸死。臣願執鋭前驅。』卽日車駕南征，而恂從至潁川，盜賊悉降，而竟不拜郡。百姓遮道曰：『願從陛下復借寇君一年。』初，隗囂將高峻擁兵萬人，據高平第一。及囂死，峻據高平，堅守。建威大將軍耿弇等圍之，一歲不拔。帝自征之，進軍及汧，峻猶不下。帝議遣使降之，乃謂恂曰：『爲吾行也。若峻不卽降，引耿弇等五營擊之。』恂奉璽書至第一，峻遣軍師皇甫文出謁，辭禮不屈。恂怒，將誅文。諸將諫曰：『高峻精兵萬人，率多强弩，西遮隴道，連年不下。今欲降之而反戮其使，無乃不可乎？』恂不應，遂斬之。遣其副歸告峻曰：『軍師無禮，已戮之矣。欲降，急降，不欲，固守。』峻惶恐，卽日開城門降。諸將皆賀，因曰：『敢問殺其使而降其城，何也？』恂曰：『皇甫文，峻之腹心，其所取計者也。今來，辭意不屈，必無降心。全之則文得其計，殺之則峻亡其膽，是以降耳。』諸將皆曰：『非所及也。』恂經明行修，名重朝廷，所得秩奉，厚施朋友故人及從吏士。常曰：『吾因士大夫以致此，其可獨享之乎！』時人歸其長者，以爲有宰相器。卒。

又《後漢馮異傳》 （建武）六年春，異朝京師。引見，帝謂公卿曰：『是我起兵時主簿也。』詔曰：『倉卒，蕪蔞亭豆粥，滹沱河麥飯，厚意久不報。』異稽首謝曰：『臣聞管仲謂桓公曰：願君無忘射鉤，臣無忘檻車，齊國賴之。臣今亦願國家無忘河北之難，小臣不敢忘巾車之恩。』後諸將爲隗囂所敗，乃詔異軍栒邑。未及至，隗囂乘勝使其將王元、行巡將二萬餘人下隴，因分遣巡取　邑。異卽馳兵，欲先據之。諸將皆曰：『虜兵盛而新乘勝，不可與爭。宜止軍便地，徐思方略。』異曰：『虜兵臨境，忸忕小利，遂欲深入。若得栒邑，三輔動搖，是吾憂也。夫攻者不足，守者有餘。今先據城，以逸待勞，非所以爭也。』潛往閉城，偃旗鼓。行巡不知，馳赴之。異乘其不意，卒擊鼓建旗而出。巡軍驚亂奔走，追擊數十里，大破之。異後病發，薨於軍。

宋・司馬光《資治通鑑・漢光武帝建武元年》 蜀郡功曹李熊説公孫述宜稱天子。夏，四月，述卽帝位，號成家，賢曰：以起成都，故號成家。改元龍興，時有龍出其府，因以紀元。李熊爲大司徒，述弟光爲大司馬，恢爲大司空。越巂任貴據郡降述。王莽天鳳三年，任貴據越巂。【略】

張昂與諸將議曰：『赤眉旦暮且至，見滅不久，不如掠長安，東歸南陽，事若不集，復入湖池中爲盜耳！』乃共入，説更始，更始怒不應，莫敢復言。更始使王匡、陳牧、成丹、趙萌屯新豐，李松軍掫，以拒赤眉。賢曰：及續漢志豐新有鴻門亭，掫城卽此也。張昂、廖湛、胡殷、申屠建與隗囂合謀，欲以立秋日貙膢時賢曰：《前書音義》曰：貙，獸，以立秋日祭獸，王者亦此日出獵，用祭宗廟。冀州北郡以八月朝作飲食爲膢，其俗語曰膢、臘、社、伏。《風俗通》：嘗新始殺食曰貙膢。《漢儀》：立秋日，郊禮畢，始揚威武，乃祠先虞，告以烹鮮。天子御戎輅，白馬朱鬣，躬執弩射牲，牲以鹿、麛，斬牲於郊東門，載獲，車馳駟，以薦陵廟，名貙劉。劉，殺也。貙，於時殺物，故以應之，又謂之貙膢。共劫更始，俱成前計。《考異》曰：袁紀云：『申屠建等勸更始讓帝位，更始不應，應等謀劫之。』今從《范書》。更始知之，託病不出，召張昂等入，將悉誅之，唯隗囂稱疾不入，會客王遵、周宗等勒兵自守。更始狐疑不決，昂、湛、殷疑有變，遂突出，獨申屠建在，更始斬建，使執金吾鄧曄將兵圍隗囂第。昂、湛、殷勒兵燒門，入戰宮中，更始大敗，囂亦潰圍，走歸天水。明旦，更始東奔趙萌於新豐。更始復疑王匡、陳牧、成丹與張昂等同謀，乃並召入，牧、丹先至，卽斬之。王匡懼，將兵入長安，與張昂等合。

愔之叛也，引兵西向天水，隗囂逆擊，破之於高平，《地理志》，高平縣屬安定郡。賢曰：今原州高平縣。杜佑曰：原州他樓縣，漢高平縣地。又曰：原州平高縣，卽漢高平縣地。《考異》曰：《鄧禹傳》，愔叛在建武元年，《隗囂傳》在二年。蓋愔以元年冬末叛，延及二年，囂拜官在二年也。盡獲其輜重。於是禹承制遣使持節命囂爲西州大將軍，得專制涼州、朔方事。鄧禹西征，任專方面，權宜命囂，故曰承制，言承制詔而命之也。後之承制始此。

延岑復反，圍南鄭。岑降嘉見上卷更始二年。漢中王嘉兵敗走，岑遂據漢中，進兵武都，《地理志》，武都縣，屬武都郡。爲更始柱功侯李寶所破，岑走天水。公孫述遣將侯丹取南鄭，嘉收散卒得數萬人，以李寶爲相，從武都南擊侯丹，不利，還軍河池、下辨，賢曰：河池縣，屬武都郡，一名仇池，今鳳州縣也。下辨道，亦屬武都郡，今成州同谷縣。師古曰：辨，音皮莧

翻。復與延岑連戰。岑引北，入散關，至陳倉，賢曰：散關故城，在今陳倉縣南十里，有散谷水，因取名焉。地理志，陳倉縣屬右扶風，唐爲寶雞縣，屬岐州。嘉追擊，破之。

公孫述又遣將軍任滿從閬中下江州，東據扞關，賢曰：閬中、江州，皆縣名，並屬巴郡。閬中，今隆州縣也。江州故城，在渝州巴縣西。宋白曰：今渝州江津縣，本漢江州縣。《史記》曰：楚肅王爲扞關以拒蜀，故基在今峽州巴山縣。於是盡有益州之地。漢益州部漢中、巴郡、廣漢、蜀郡、犍爲、牂柯、越嶲、益州等郡。

更始諸大將在南方未降者尚多。帝召諸將議兵事，以檄叩地曰：『郾最强，宛爲次，誰當擊之？』賈復率然對曰：率然，輕遽之貌。『臣請擊郾。』帝笑曰：『執金吾擊郾，吾復何憂！大司馬當擊宛。』遂遣復擊郾，破之，尹尊降。又東擊更始淮陽太守暴汜，汜降。賢曰：淮陽故城，在今陳州宛丘縣東南。

又 **《淮陽王更始元年》** 更始徵隗囂及其叔父崔、義等。囂將行，方望以更始成敗未可知，固止之，囂不聽，望以書辭謝而去。囂等至長安，更始以囂爲右將軍，崔、義皆卽舊號。就其舊號以授之。隗囂違方望之言而從更始，違馬援之言而叛光武，始則幾至殺身，後則終於滅族，擇木之難也。

又 **《漢光武帝建武三年》** 公孫述聚兵數十萬人，積糧漢中，又造十層樓船，多刻天下牧守印章。遣將軍李育、程烏將數萬衆出屯陳倉，就呂鮪，將徇輔，馮異迎擊，大破之，育、烏俱奔漢中。《考異》曰：《公孫述傳》：『使李育、程烏與呂鮪徇三輔。三年，馮異擊鮪、育於陳倉，大敗之。』按本紀，『四年，馮與述將程焉戰陳倉，破之。』《馮異傳》亦在今年。蓋述傳誤以『四年』爲『三年』，『焉』作『烏』耳。異還，擊破呂鮪，營保降者甚衆。

是時，隗囂遣兵佐異有功，遣使上狀，帝報以手書曰：『慕樂德義，思相結納。樂，音洛。昔文王三分，猶服事殷，孔子曰：三分天下有其二，以服事殷，周之德可謂至德也已矣！但駑馬、鉛刀，不可强扶，賢曰：《周禮》：校人掌六馬，駑馬，最下者也。《說文》：鉛，青金也，似錫而色青。言駑馬、鉛刀，不可强扶而用也。强，其兩翻。數蒙伯樂一顧之價。《戰國策》，蘇代謂淳于髡曰：人有賣駿馬者，比三旦立於市，市人莫之知，往見伯樂曰：臣有駿馬，欲賣之，比三旦立市，市人莫與言，願子還而視之，去而顧之。臣請獻一朝之價。伯樂如其言，一旦而價十倍也。將軍南拒公孫之兵，北禦羌、胡之亂，是以馮異西征，得以數千百人躑躅三輔。賢曰：躑躅，猶踟蹰也。毛晃曰：躑躅，跳也。微將軍之助，則咸陽已爲他人禽矣！如令子陽到漢中，三輔願因將軍兵馬，鼓旗相當。儻肯如言，卽智士計功割地之秋也！賢曰：秋，一歲中功成之時，故舉以爲言。管仲曰：『生我者父母，成我者鮑子。』賢曰：事見《史記》。自今以後，手書相聞，勿用傍人間構之言。』其後公孫述數遣將間出，囂輒與馮異合勢，共摧挫之。述遣使以大司空、扶安王印綬授囂，扶安，謂相扶助而安也。囂斬其使，出兵擊之，以故蜀兵不復北出。

泰山豪傑多與張步連兵。吳漢薦强弩大將軍陳俊爲泰山太守，擊破步兵，遂定泰山。《郡國志》：泰山郡在雒陽東千四百里。【略】

五年己丑、二九

春，正月，癸巳，車駕還宮。

帝使來歙持節送馬援歸隴右。《考異》曰：《袁紀》曰：『援與拒蜀侯國遊先俱奉使，游先至長安，爲仇家所殺，其弟爲囂雲旗將軍。來歙恐其怨恨，與援俱還長安。』按囂使被殺者，周遊也，不在此時。隗囂與援共臥起，問以東方事，曰：『前到朝廷，上引見數十，《東觀記》曰：凡十四見。每接燕語，自夕至旦，才明勇略，非人敵也。且開心見誠，無所隱伏，闊達多大節，略與高帝同，經學博覽，政事文辨，前世無比。』囂曰：『卿謂何如高帝？』援曰：『不如也。高帝無可無不可，賢曰：此論語孔子自言己之所行也。今上好吏事，動如節度，又不喜飲酒。』囂意不懌，曰：『如卿言，反復勝邪！』

論說

《後漢書》卷一三《隗囂傳論》 隗囂援旗糾族，假制明神，迹夫創圖首事，有以識其風矣。終於孤立一隅，介於大國，隴坻雖隘，非有百二之勢，區區兩郡，以禦堂堂之鋒，至使窮廟策，竭徵徭，身歿衆解，然後定之。則知其道有足懷者，所以棲有四方之桀，士至投死絕亢而不悔者矣。夫功全則譽顯，業謝則釁生，回成喪而爲其議者，或未聞焉。若囂命

會符運，敵非天力，雖坐論西伯，豈多嗤乎？

又《公孫述傳論》 昔趙佗自王番禺，公孫亦竊帝蜀漢，推其無他功能，而至於後亡者，將以地邊處遠，非王化之所先乎？述雖爲漢吏，無所馮資，徒以文俗自憙，遂能集其志計。道未足而意有餘，不能因隙立功，以會時變，方乃坐飾邊幅，以高深自安，昔吳起所以慚魏侯也。及其謝臣屬，審廢興之命，與夫泥首銜玉者異日談也。【略】

贊曰：公孫習吏，隗王得士。漢命已還，二隅方跱。天數有違，江山難恃。

《三國志》卷四《魏志・高貴鄉公髦傳》 詔曰：『諸葛誕造爲凶亂，盪覆揚州。昔黥布逆叛，漢祖親戎，隗囂違戾，光武西伐，及烈祖明皇帝躬征吳、蜀，皆所以奮揚赫斯，震耀威武也。』

《隋書》卷三七《梁睿傳》 睿威惠兼著，民夷悦服，聲望逾重，高祖陰憚之。薛道衡從軍在蜀，因入接宴，【略】睿復上平陳之策，上善之，下詔曰：『【略】昔公孫述、隗囂，漢之賊也，光武與其通和，稱爲皇帝。尉佗之于高祖，初猶不臣。【略】王者體大，義存遵養，雖陳國來朝，未盡藩節，如公大略，誠須責罪，尚欲且緩其誅，宜知此意。淮海未滅，必興師旅，若命永襲，終當相屈。想以身許國，無足致辭也。』睿乃止焉。

《北史》卷一二《隋紀下》 （大業十年二月）辛卯，詔曰：【略】隗囂餘燼，光武猶自登隴。豈不欲除暴止戈，勞而後逸者哉。

又 卷五九《梁睿傳》 睿威惠兼著，人夷悦服，聲望逾重，文帝陰憚之。薛道衡從軍在蜀，説睿勸進，文帝大悦。及受禪，顧待彌隆。睿復上平陳策，帝善之，下詔曰：『昔公孫、隗囂，漢之賊也，光武與其通和，稱爲皇帝。【略】王者體大，義存遵養，雖陳國來朝，示盡蕃節，如公大略，誠須責罪，尚欲且緩其誅，宜如此意。淮海未滅，必興師旅，若命永襲，終當相屈，以身許國，無足致辭也。』睿乃止。

宋・張預《十七史百將傳》卷三《後漢寇恂傳》 孫子曰：『三軍可奪氣。』恂揚言劉公兵至而敵陳動。又曰：『軍無糧食則亡。』恂轉輸不絕以繼軍食。又曰：『上兵伐謀。』恂斬使降城是也。

宋・洪邁《容齋隨筆》卷一四《光武仁君》 漢光武雖以征伐定天下，而其心未嘗不以仁恩招懷爲本。隗囂受官爵而復叛，賜詔告之曰：『若束手自詣，保無他也。』公孫述據蜀，大軍征之垂滅矣，猶下詔諭之曰：『勿以來歙、岑彭受害自疑，今以時自詣，則家族全，詔書手記不可數得，朕不食言。』遣馮異西征，戒以平定安集爲急。怒吳漢殺降，責以失斬將弔民之義，可謂仁君矣。蕭銑舉荆楚降唐，而高祖怒其逐鹿之對，誅之於市，其隘如此，新史猶以高祖爲聖，豈理也哉？

《宋史》卷三五九《李綱傳下》 （紹興）五年，詔問攻戰、守備、措置、綏懷之方，綱奏：【略】議者又謂敵人既退，當且保據一隅，以苟目前之安，臣又以爲不然。秦師三伐晉，以報殽之師，諸葛亮佐蜀，連年出師以圖中原，不如是，不足以立國。高祖在漢中，謂蕭何曰：『吾亦欲東。』光武破隗囂，既平隴，復望蜀。此皆以天下爲度，不如是，不足以混一區宇，戡定禍亂。況祖宗境土，豈可坐視淪陷，不務恢復乎？今歲不征，明年不戰，使敵勢益張，而吾之所糾合精鋭士馬，日以損耗，何以圖敵？謂宜於防守既固、軍政既修之後，即議攻討，乃爲得計。此二者，守備、攻戰之序也。

清・王夫之《讀通鑑論》卷六《光武一一》 光武報隗囂書，稱字以與頡頏，用敵國禮，失禦囂之道矣，是以失囂。囂者，異於狂狡之徒，猶知名義者也。始起西州，歃血告于漢祖之神靈，知漢未絕於天，願爲中興之元功耳。更始疑欲殺之，亦奔歸秦、隴，而恥與張昂、謝祿同逆。達其情，獎之以義，正名之爲君臣，而成其初志，囂將以爲得知己而願委身焉。名義者，囂所素奉之名也，待以敵國，而置之名義之外以相籠絡，囂且謂更始之始尊我而終忌我，今猶是也，奚以委身而相信哉？文帝之下尉佗也，佗本無戴漢之心，下之而驕氣以平，非可與囂比者也。懷疑未決，而又重授以疑，雖慷慨論列如馬援，無能蠲其猜忮矣。

又《光武一六》 王元説隗囂據隘自守，以待四方之變，其亡也宜矣。天下方亂，士思立功名，而民思息肩於鋒刃，能爲之主者，衆所待也，人方待我而我待人乎？待者，害之府也。無已，則儒生懷道術以需時而行者，待求治之主，不則武夫以方剛之膂力欲有所效者，待有爲之君，是兩者可待也。若夫欲創非常之業，目不營乎四海，心不周乎萬民，力不足以屈羣策羣力而禦之，謀不能先天下而建廓清之首功，乃端坐苟

安，待人之起而投其隙。所待者而賢於我，則我且俛首而受制，所待者與己齊力而或不己若，則幸雖制彼而無以服天下之心。鷸蚌漁人之術，其猶鼠之俟夜乎！而何以爲天下雄也？擁重兵，據險地，謀臣武士亦足以用，但立一待人之心，而卽已自處於坐困之塗，延頸企之，仰窺天，俯視地，四顧海内而幸其蠭起，亂人而已。亂人者，未有不亡者也。

又《光武一八》 來歙使隗囂，憤然爲危激之辭質責囂，欲刺之，而囂不能加害。史稱歙有信義，言行不違，往來遊説，皆可覆按，故西州士大夫敬愛而免之。信義之於人大矣哉！

士處紛爭之世，往來傳命而失信義者有二，而亂人不與焉。習於説術者，以爲薦樸誠於雄猜狙詐之前，則且視爲迂拙而見詘，以巧馭巧，以辯馭辯，機發於不測，而易以動人，而不知有盡之慧敵多方之詐，固不勝而適逢其怒也。又或胸無主而眩於物者，兩雄相猜，其中未易測也，而所爭所欲，和與戰、合與離，兩端而已，欲翕固張，薄爲望而厚爲責，有溢美溢惡之辭焉。乃無定情而驚其誇説，因而信之，遂與傳之，而固不可覆按也，則未有欺而欺者多矣，欺已露而追悔無及也。是兩者，失信失義而抑取憎於人者多矣。

故莊周非知道者，而其言遊説則盡矣，勿傳其溢詞，而信義可以不失，歙其明於此而持之固乎！履虎尾而不咥，素以往而已矣。

又《光武二〇》 竇融之責隗囂曰：『兵起以來，城郭皆爲邱墟，生民轉於溝壑，天運少還，而將軍復重其難，孤幼將復流離，言之可爲酸鼻。』仁人之言，其利溥如此哉！

説人罷兵歸附而以强弱論，我居强而孰甘其弱？激之已耳。以天命論，天視聽自民視聽，置民不言，而託之杳茫之符瑞，妄人不難僞作以惑衆，而亂益滋。唯融之爲言也如此，囂雖不能聽，而已愴於心，心愴而氣奪矣。秦、隴之民聞之，固將怨囂而不樂爲之死，漢之荷戈以趨、負糧以饋者，亦知上之非忍毒我，而禍自彼發，不容已也。其利溥矣。

然而融之爲此言也，則非以是爲制囂之柄，而離秦、隴之心使去囂也。何以知其然也？使融而操此以爲術，則言之不能如是之深切，而融全河西以歸命，實踐此言，以免民於死，非徒言也。竇氏之裔，與漢終始，一念之永，百年之澤矣。

又《光武二二》 乘亂以起兵者，類不得其死，而隗囂獨保首領以終。囂之所爲，蓋非犯陰陽之忌而深天下之怨者，不亦宜乎！藉其子純弗叛以逃，雖世其家可也。囂之所以不終事漢者，懲於更始之敗而葸以失之也。以身託人，而何容易哉，則固不容不慎，慎而過焉，遂成乎葸，於是而毁家存漢之心，不能固守而成乎逆。然而兵不越隴，而毒未及于天下，鄭興、馬援、申屠剛去之而不留，來歙刺之而不殺，隱然有名義在其心而不忘，其異于公孫述、張步、董憲之流遠矣。惜哉，其不奉教于竇融耳。卑屈而臣于公孫述，則勢蹙而無聊之爲也。其怙終而不聽光武之招，則愧于馬、竇而恐笑其不夙也。葸而成乎愚，而固不安於戕忍詭隨之爲，乃以善其死而免於顯戮。天維顯思，自求自取之謂也。

又《光武二五》 建武十二年，天下已定，所未下者，公孫述耳。三方競進，蹙之于成都，述糧日匱，氣日衰，人心日離，王元且負述而歸我，此其勿庸勞師亟戰而可坐收也較然矣。觸其致死之心，徼幸而猶圖一逞，未易當也。吴漢逼成都而取敗，必然之勢矣。光武料之於千里之外而不爽，非有不測之智也，知其大者而已。

故善審勢者，取彼與我而置之心目之外，然後籠舉而規恢之，則細微之變必察，耳目騖於可見之形，而内生其心，則智役於事中，而變生於意外。詩云：『不出於頻。』出於頻者，其明哲無以加焉。昆陽之拒尋、邑，邯鄲之蹙王郎，光武固嘗以亟戰得之矣，彼一時也。吴漢效之而惡得不敗！

又《光武二六》 公孫述之廷不可仕也，雖然，述非王莽比矣，不得已而姑與周旋以待時，不亦可乎？李業、王皓、王嘉遽以死殉之，過矣。述之初據蜀也，猶未稱帝，威亦未淫也，察其割據之雄心，慮相汙陷，夫豈無自全之術哉？乃因循於田里家室之中，事至而無餘地，居危亂之邦，無道以遠害，畏溺而先自投於淵，介於石而見幾者若此乎？

譙，薦賄以免，則尤可醜矣。處亂世而多財，辱人賤行以祈生，殆所謂『負且乘致寇至』者與！哀、平之季，廉恥道喪，一變而激爲弔詭，蜀人尤甚焉。匹夫匹婦之諒，惡足與龔勝絜其孤芳哉！

又《光武二八》 道非直器也，而非器則道無所麗以行。故能守先王之道者，君子所效法而師焉者也，能守道之器者，君子所登進而資焉

者也。王莽之亂，法物凋喪，公孫述賓賓然亟修之。其平也，益州傳送其瞽師、樂器、葆車、輿輦，漢廷始復西京之盛。於此言之，述未可盡貶也。

述之起也非亂賊，其於漢也，抑非若隗囂之已北面而又叛也。於一隅之地，存禮樂於殘缺，備法物以昭等威，李業、費貽、王皓、王嘉，何爲視若戎狄亂賊而拒以死邪？自述而言，無定天下之略，無安天下之功，飾其器，惘其道，徇其末，忘其本，坐以待亡，則誠愚矣。自天下而言，羣競于智名勇功，幾與負爪戴角者同其競興，則述存什一於千百，俾後王有所考而資以成一代之治理，不可謂無功焉。馬援，倜儻之士也，斥述爲井蛙，後世因援之鄙述，而幾令與孟知祥、王建齒，不亦誣乎？

漢道中圮，而述儲文物以待光武，五代塗炭，而李氏儲文藝以待宋太宗，功俱未可没也。宋失汴梁而鐘律遂亡，乃者南都陷而渾儀遂毁，使當世而有公孫述也，可勿執李、費二王之硜硜以拒之也。

清・王夫之《宋論》卷二《太宗一》　錢氏之歸宋，與竇融之歸漢，彷佛略同。宋之待之也，視光武之待融，固相若也，而宋加厚矣。融之初起，與光武比肩事主，從更始以謀復漢室，非有乘時徼幸之心也。更始既敗，獨保西陲，而見推爲盟主，亦聊以固圉而待漢之再興。其既得通光武也，絶隗囂而助攻囂之師，囂亡，隴土歸漢，融無私焉。則奉版圖以入朝，因而禮之，寵以上公，錫以茅土，適足以相酬，而未有溢也。

清・趙翼《廿二史劄記》卷三《漢書・戰爭》　公孫述雖自帝於蜀，然其先亦借輔漢起事。時宗成、王岑皆以應漢爲將軍，述在成都迎之，而成等暴掠，述乃謂少年曰：『天下同苦新室思漢，故聞漢將到，即迎之。今反肆虐，此寇賊，非義兵也。』乃使人詐稱漢使者自東方來，假述輔漢將軍益州牧印綬，遂擊破成等，自立爲蜀王，尋稱帝。

隗囂後雖割據天水諸郡，然初起時，亦思奉漢，因王莽尚在長安，隔更始不得通，即立高帝廟，稱臣奉祠。莽死，更始至長安，囂即入謁，見更始政亂，遂逃歸。後又受光武將鄧禹所封官號，並遣子入侍。末年，惑於王元之説，始懷貳志。

清・陸以湉《冷廬雜識》卷三《誤信降人》　漢岑彭征公孫述，述遣刺客詐爲亡奴降，夜刺殺彭。元察罕帖木兒信降賊豐士誠言，觀營壘，遂爲所刺。明胡大海喜降將蔣英、劉震、李福之驍勇，留置麾下，致被戕害。是皆昧軍旅思險，隱情以虞之義者。

又《隗囂》　隗囂爲更始所征，不聽方望之言而甘心臣事。迨光武招之，則信王元之計，負險拒固，卒至於亡。蓋有愛士之雅而無察言之明，視竇融之識時歸命，相去遠矣。

雜　録

漢・劉珍等《東觀漢記》卷一《世祖光武帝紀》　天下悉定，唯獨公孫述、隗囂未平。上曰：『取此兩子置度外。』乃休諸將，置酒，賞賜之。每幸郡國，下輿見吏輒問以數十百歲能吏次第，下至掾史。簡練臣下之行，下無所隱其情，道數十歲事若案文書，吏民驚惶，不知所以，人自以見識，家自以蒙恩。遠臣受顔色之惠，坐席之間，以要其死力。當此之時，賊檄日以百數，憂不可勝，上猶以餘閒講經藝，發圖讖。制告公孫述，署曰『公孫皇帝』。囂雖遣子入侍，尚持兩心。囂故吏馬援謂囂曰：『到朝廷凡數十見，自事主未常見明主如此也。材直驚人，其勇非人之敵。開心見誠，與人語，好醜無所隱諱。圖講天下事，極盡下恩。兵事方略，量敵校勝。闊達多大節，與高帝等。經學博覽，政事文辯，前世無比。』囂曰：『如卿言，勝高帝耶？』曰：『不如也。高帝大度，無可無不可。今上好吏事，動如節度，不飲酒。』囂大笑曰：『如卿言，反復勝也。』

《後漢書》卷一下《光武帝紀下》　自隴、蜀平後，非儆急，未嘗復言軍旅。

又　卷八二上《方術傳上》　（建武）八年，車駕西征隗囂，（郭憲）諫曰：『天下初定，車駕未可以動。』憲乃當車拔佩刀以斷車靷。帝不從，遂上隴。其後潁川兵起，乃回駕而還。帝歎曰：『恨不用子横之言。』

又　卷一一〇《天文志十上》　（光武帝建武）十年三月癸卯，流星如月，從太微出，入北斗魏第六星，色白。旁有小星射者十餘枚，滅則有聲如雷，食頃止。流星爲貴使，星大者使大，星小者使小。太微天子廷，北斗魁主殺。星從太微出，抵北斗魁，是天子大使將出，有所伐殺。

十二月己亥，大流星如缶，出柳西南行，入軫。且滅時，分爲十餘，如遺火狀。須臾有聲，隱隱如雷。柳爲周，軫爲秦、蜀。大流星出柳入軫者，是大使從周入蜀。是時光武帝使大司馬吳漢發南陽卒三萬人，乘船泝江而上，擊蜀白帝公孫述。又命將軍馬武、劉尚、郭霸、岑彭、馮駿平武都、巴郡。十二年十月，漢進兵擊述從弟衞尉永，遂至廣都，殺述女婿史興。威虜將軍馮駿拔江州，斬述將田戎。吳漢又擊述大司馬謝豐，斬首五千餘級。臧宮破涪，殺述弟大司空恢。十一月丁丑，漢護軍將軍高午刺述洞胸，其夜死。明日，漢入屠蜀城，誅述大將公孫晃、延岑等，所殺數萬人，夷滅述妻宗族萬餘人以上。是大將出伐殺之應也。其小星射者，及如遺火分爲十餘，皆小將隨從之象。有聲如雷隱隱者，兵將怒之徵也。【略】

十二年正月己未，小星流百枚以上，或西北，或正北，或東北，二夜止。六月戊戌辰，小流星百枚以上，四面行。小星者，庶民之類。流行者，移徙之象也。或西北，或東北，或四面行，皆小民流移之徵。是時西北討公孫述，北征盧芳。

又 卷一一八《五行志六》 （光武帝建武）六年九月丙寅晦，日有蝕之。史官不見，郡以聞。在尾八度。七年三月癸亥晦，日有蝕之，在畢五度。畢爲邊兵。秋，隗囂反，侵安定。冬，盧芳所置朔方、雲中太守各舉郡降。

北魏·酈道元《水經注》卷二《河水》 河水又東北徑于黑城北，又東北，高平川水注之，卽苦水也。水出高平大隴山苦水谷。建武八年，世祖征隗囂，吳漢從高平第一城苦水谷人，卽是谷也。

又 卷四《河水》 河水自潼關東北流，水側有長阪，謂之黄巷阪。阪傍絶澗，陟此阪以升潼關，所謂溯黄巷以濟潼矣。歷北出東崤，通謂之函谷關也。邃岸天高，空谷幽深，澗道之峽，車不方軌，號曰天險。故《西京賦》曰：巖險周固，衿帶易守，所謂秦得百二，併吞諸侯也。是以王元説隗囂曰：請以一丸泥，東封函谷關，圖王不成，其弊足霸矣。

又 卷一七《渭水》 渭水又東與新陽崖水合，卽隴水也。東北出隴山，其水西流，右徑瓦亭南。隗囂聞略陽陷，使牛邯守瓦亭，卽此亭也。【略】川水又西徑略陽道故城北，湼渠水出南山，北徑湼峽北，入城。建武八年，中郎將來歙，與祭遵所部護軍王忠、右輔將軍朱寵將二千人，皆持鹵刀斧。自安民縣之楊城。元始二年，成帝罷安定滹沱苑以爲安民縣，起官寺市里。從番須回中，伐樹木，開山道，至略陽，夜襲擊囂，拒守將金梁等，皆殺之，因保其城，隗囂聞略陽陷，悉衆以攻歙，激水灌城。光武親將救之，囂走西城，世祖與來歙會於此。其水自城北注川，一水二川，蓋囂所堨以灌略陽也。

又 卷二〇《漾水》 三溪西南至峽石口，合爲一瀆，東南流，屈而南注西漢水。西漢水又西南，合楊廉川水，水出西谷，衆川瀉流，合成一川。東南流，徑西縣故城北。秦莊公伐西戎，破之。周宣王與其先大駱犬丘之地，爲西垂大夫，亦西垂宫也。王莽之西治矣。建武八年，世祖至阿陽，竇融等悉會。天水震動，隗囂將妻子奔西城，從楊廣。廣死，囂愁窮城守，時潁川賊起，車駕東歸，留吳漢、岑彭圍囂。岑等壅西谷水，以縑幔盛土爲堤，灌城，城未没丈餘。水穿壅不行，地中數丈湧出，故城不壞。王元請蜀救至，漢等退還上邽。但廣、廉字相狀，後人因以人名名之，故習訛爲楊廉也，置楊廉縣焉。

又 卷三二《涪水》 涪水又東南徑綿竹縣北。臧宫泝涪至於陽，公孫述將王元降，遂拔綿竹。

又 《梓潼水》 又西南至小廣魏南，入于墊江。亦言涪水至此入漢水，亦謂之爲内水也。北徑墊江。昔岑彭與臧宫自江州從涪水上。公孫述令延岑盛兵于沈水。宫左步右騎，夾船而進，勢動山谷，大破岑軍，斬首溺水者萬餘人，水爲濁流。

又 卷三三《江水一》 又從沖治橋北折曰長升橋。城北十里曰升仙橋，有送客觀，司馬相如將入長安，題其門曰：不乘高車駟馬，不過汝下也。後人邛蜀，果如志焉。李冰沿水造橋，上應七宿，故世祖謂吳漢曰：安軍宜在七橋連星間。漢自廣都乘勝進逼成都，與其副劉尚南北相望，夾江爲營，浮橋相對。公孫述使謝豐揚軍市橋出漢後，襲破漢，墜馬落水，緣馬尾得出，入壁。命將夜潛渡江就尚，擊豐，斬之於是水之陰。

又 卷三四《江水二》 又東歷荊門、虎牙之間。荊門在南，上合下開，暗徹山南，有門像，虎牙在北，石壁色紅，間有白文類牙形，並以

物像受名。此二山，楚之西塞也。水勢急峻，故郭景純《江賦》曰：虎牙桀豎以屹崒，荆門闕竦而盤薄，圓淵九迴以懸騰，湓流雷呴而電激者也。漢建武十一年，公孫述遣其大司徒任滿、翼江王田戎，將兵數萬，據險爲浮橋，橫江以絶水路，營壘跨山，以塞陸道。光武遣吳漢、岑彭將六萬人擊荆門，漢等率舟師攻之，直衝浮橋，因風縱火，遂斬滿等矣。

又　卷三六《沫水》　至巴郡涪陵縣注更始水。更始水，即延江枝分之始也。延江水北入涪陵水，涪陵水出縣東，故巴郡之南鄙，王莽更名巴亭，魏武分邑立爲涪陵郡。張堪爲縣，會公孫述擊堪，同心義士選習水者，筏渡堪于小別江，即此水也。

唐·歐陽詢等《藝文類聚》卷五《歲時下·關》　《東觀漢記》曰：隗囂將王元謂囂曰：請以一丸泥，爲大王東封函谷關，此萬世一時也。

又　卷一七《人部一·頭》　《東觀漢記》曰：彭寵與吳漢圍隗囂於西城，敕彭書曰：西城若下，便可將兵南擊蜀虜，人苦不知足，既平隴，重望蜀，每一發兵，頭鬢爲白。

又　卷二四《人部八·諫》　《汝南先賢傳》曰：建武八年，車駕西征隗囂，郭憲諫曰：天下初定，車駕未可以動，憲乃當車，拔佩刀以斷車　引，帝不從，遂上隴，其後潁川兵起，乃回駕而還，帝歎曰：恨不用郭憲之言。

又　卷二五《人部九·説》　《東觀漢記》曰：隗囂既立，使聘平陵方望爲軍師，望至，説囂曰：足下欲承天順民，輔漢而起，今立者乃在南陽，王莽尚據長安，雖欲以漢爲名，其實無所受命，將何以見信於衆，宜急立高廟，稱臣奉祠，所謂神道設教，求助民神者也，囂從其言。

又曰：隗囂將王元説囂曰：昔更始西都，四方回應，天下喁喁，謂之太平，一旦壞敗，今南有子陽，北有文伯，江湖海岱，王公十數，而欲牽儒生之説，棄千乘之基，計之不可者也，今天水完富，士馬最强，北取西河，東收三輔，案秦舊迹，表裏山河，元請以一丸泥，爲大王東封函谷關，此萬世一時也，若計不及此，且畜養士馬，據隘自守，曠日持久，以待四方之變，圖王不成，其弊猶足以霸，囂然其計。

又曰：功曹李熊，説公孫述曰：蜀地沃野千里，土壤膏腴，果實所生，無而飽，戰士不下百萬，見利則出兵而略地，無利則堅守而力農，東下漢水，以窺秦地，南順江流，以震荆楊，所謂用天因地，成功之資，今名號未定，志士狐疑，宜即大位，使遠人有所依歸，述遂自立爲天子。

又　卷三五《人部十九·泣》　《東觀漢記》曰：【略】又曰：來歙蓋延攻公孫述，蜀人大懼，使刺客刺歙，歙未死，馳告蓋延，延見歙，悲哀不能仰視，歙叱曰：欲屬以軍事，而反效兒女子涕泣乎。

又　卷六九《服飾部上·幔》　《東觀漢記》曰：岑彭與吳漢圍隗囂，囂壅谷水，以縑幔盛土，爲堤灌城。

又　卷七〇《服飾部下·被》　《東觀漢記》曰：上嘗召見諸郡計吏，問其風土，及前後守令能否，蜀郡計掾樊顯進曰：漁陽太守張堪，昔在蜀，其仁以惠下，威能討奸，前公孫述破時，珍寶山積，卷握之物，足富十世，而堪去職之日，乘折轅車，布被囊而已，上聞歎息。

又　卷七二《食物部·米》　《東觀漢記》曰：馬援勸光武伐隗囂，聚米爲山川地勢，上曰：虜在吾目中矣。

又　卷九三《獸部上·馬》　《東觀漢記》曰：【略】又曰：吳漢伐蜀，戰敗墮水，緣馬尾得出。

唐·徐堅等《初學記》卷七《地部下·橋》　張飛斷，吳漢鋸。【略】《東觀漢記》曰：公孫述大司馬田戎，將兵，下江開。至南郡，據浮橋於江水。吳漢鋸絶橫橋，大破之。

又　卷一八《人部中·諷諫》　斷鞅，攬轡。周斐《汝南先賢傳》曰：建武八年，車駕西征隗囂。郭憲諫曰：『天下初定，車駕未可以動。』憲乃當車拔佩刀以斷車鞅。帝不從，遂上隴。其後潁川兵起，回駕而還。帝歎曰：『恨不用光祿之言。』

又　卷二六《器物部下·冠》　卻非，交讓。《三禮圖》曰：卻非冠，宮殿僕射史服之，高三寸。《東觀漢記》曰：馬援與公孫述有舊。援從冀入蜀，述見之甚喜，與俱入宗廟，令冠交讓冠，立舊交之位。

宋·李昉等《太平御覽》卷四四《地部九·關中蜀漢諸·彭亡山》　《十道記》曰：彭亡山，後漢將軍岑彭征公孫述，於此山戰死，故號曰彭亡山。

又　卷七四《地部三十九·泥》　《東觀漢記》曰：隗囂將王元説

囂使背漢。曰：『請以一丸泥爲大王東封函谷關，此萬世一時也。』

又　卷九〇《皇王部十五·後漢世祖光武皇帝》　《東觀漢記》曰：【略】六年二月，吴漢下朐城，天下悉定，惟獨公孫述、隗囂未平。上曰：『取此兩子置度外。』乃休諸將，置酒賞賜之。每幸郡國，下輿見吏輒問以數十百歲能吏次第，下至掾史。簡練臣下之行，下無所隱其情，道數十歲事若案文書，吏民驚惶，不知所以，人自以見識，家自以蒙恩。遠臣受顔色之惠，坐席之間，以要其死力。當此之時，賊檄日以日數，憂不可勝，上猶以餘間講經藝，發圖讖。制告公孫述，署曰：『公孫皇帝』。囂雖遣子入侍，尚持兩心。囂故吏馬援謂囂曰：『到朝廷凡數十見，自事主未常見明主如此也。材直驚人，其勇非人之敵。開心見誠，與人語，好醜無所隱諱。圖講天下事，極盡下恩。兵事方略，量敵校勝。闊達多大節，與高帝等。經學博覽，政事文辯，前世無比。』囂曰：『如卿言，勝高帝耶？』曰：『不如也。高帝大度，無可無不可。今上好吏事，動如節度，不飲酒。』囂大笑曰：『如卿言，反復勝耶。』七年正月，詔羣臣奏事無得言『聖人』。又舊制上書以青布囊素裹封書，不中式不得上。既上，詣北軍待報，前後相塵，連歲月乃決。上躬親萬機，急於下情，乃令上書啓封則用，不得引璽書，取具文字而已。奏詣闕，平旦上，其有當見及冤結者，常以日日出時，騶騎馳出召入，其餘以俟中使者出報，即罷去，所見如神，遠近不偏，幽隱上達，民莫敢不用情。追念前世，園陵至盛，王侯外戚，葬埋僭侈，吏民相效，浸以無限，詔有誥天下令薄葬。八年閏月車駕西征，河西大將軍竇融與五郡太守步騎二萬迎上。隗囂士衆震壞，皆降，囂走入城。吴漢、岑彭追守之。九年正月，隗囂餓，出城餐糧糗，腹脹死。十二年，吴漢引兵擊公孫述，入犍爲界，小縣多城守未下。詔書告漢直擁兵到成都，據其心腹，後城營自解散。漢意難前，獨言朝廷以爲我縛賊手足矣。遣輕騎至成都，燒市橋，武陽以東小城營皆奔走降，竟如詔書。漢兵乘勝追奔，述拒守。詔書又戒漢曰：『成都十萬餘衆，不可輕也。且堅據廣都城，去之五十里，待其卽營攻城罷倦引去，乃首尾擊之，勿與爭鋒。述兵不敢來，轉營卽之，移徙輒自堅。』十一月，衆軍至城門，述自將，背城而戰。吴漢攻之，述軍大破，刺傷述，扶輿入壁，其夜死。夷述妻子，傳首於洛陽。縱兵大掠，舉火燔燒。上聞之，下詔讓吴漢副將劉禹曰：『城降，嬰兒老母，口以萬數，一旦放兵縱火，聞之可爲酸鼻。禹宗室子孫，故嘗更職，何忍行此？仰視天，俯視地，觀於放麑啜羹之事，二者孰仁矣。失斬將弔民之義。』又議漢殺述親屬太多。是時名都王國有獻名馬寶劍，直百金。馬以駕鼓車，劍以賜騎士。苑囿池御之官廢，弋獵之事不御。雅性不喜聽音樂，手不持珠玉，衣服大絹而不重彩。征伐嘗乘革輿羸馬。公孫故哀帝時，卽以數郡備天子用。述破，益州乃傳送瞽師、郊廟樂、葆車、乘輿物，是後乃稍備具焉。述伏誅之後，而事少閑，官曹文書減舊過半，下縣吏無百里之繇，民無出門之役。

又　卷二六四《職官部六十二·功曹參軍》　《華陽國志》曰：公孫述入蜀，蜀郡拒守，述攻之，功曹朱尊絆馬死戰，光武帝嘉之。

又　卷二七五《兵部六·良將上》　《東觀漢記》曰：上自征隗囂至漆，諸侯多以王師之重，不宜遠入險阻。計未決，會召馬援，因說隗囂將帥土崩之勢，兵進必破之狀於上前聚米爲山，指畫形勢。囂衆大潰。

又　卷三〇七《兵部三十八·饗士》　《東觀漢記》曰：上大發關東兵，自將上隴，隗囂衆潰走，圍解。於是置酒高會，勞賜諸將，來歙班坐絶席，在諸將之右，賜歙妻縑千匹。

又　卷三一〇《兵部四十一·戰不顧親》　《東觀漢記》曰：孔奮爲武都郡丞，時在郡爲隗囂餘黨所攻，殺太守，得奮妻子。奮追賊，賊推奮妻子於軍前。奮年五十，惟有一子，不顧，遂擒賊，而其子見屠。帝嘉其忠，遷武都太守。

又　卷三三二《兵部六十三·漕運》　《東觀漢記》曰：來歙征公孫述，詔於汧積穀六萬斛，驢四百頭負馱。

又　卷三三六《兵部六十七·攻具上》　《東觀漢記》曰：【略】又曰：隗囂破後，有五谿六種寇侵，見便鈔掠，退阻營塹。來歙乃大治攻具，衝車度塹，遂與五溪戰，大破之。

又　卷三四一《兵部七十二·幟》　《東觀漢記》曰：漢兵守成都，公孫述謂延岑曰：『事當奈何？』岑曰：『男兒當死中求生，可坐窮乎！財物易聚耳，不宜有愛。』述乃悉散金帛，募敢死士五千餘人以配。岑於市橋僞建旗幟，鳴鼓挑戰，而潛遣奇兵出吴漢軍後，襲擊破漢。漢墮水，緣馬尾得出。

又　卷三四五《兵部七十六·刀上》《東觀漢記》曰：【略】又曰：祭遵襲略陽，遣護軍王忠皆持鹵刀斧伐樹開道，至略陽，襲隗囂。

又　卷三四九《兵部八十·箭上》《續漢書》曰：來歙擊隗囂。守略陽城，大戰，登城相射，乃發屋斷木爲箭。

又　卷三五二《兵部八十三·戟上》《東觀漢記》曰：【略】又曰：建武四年，隗囂遣馬援奏課京師，因曰：「臣與公孫述同縣，少小相善。臣前往蜀，述陛戟乃見臣，今臣遠從異方來，陛下何以知臣非刺客奸人，而簡易若是？」上大笑。

又　卷三五六《兵部八十七·兜鍪》《東觀漢記》曰：【略】又曰：建武六年，馬武與衆將上隴擊隗囂，身被甲兜鍪，持戟奔擊，殺數十人。囂追兵盡還，武中矢傷。

又　卷三五七《兵部八十八·銜枚》《東觀漢記》曰：吳漢伐蜀，分營於水南水北。北營戰不利，乃銜枚引兵往合水南營，大破公孫述。

又　卷三六三《人事部四·頭上》《東觀漢記》曰：岑彭引兵從車駕破天水，與吳漢圍隗囂於西城。敕彭曰：「兩城若下，便可將兵南擊蜀虜。人若不知足，既平隴，復望蜀。每一發兵，頭鬢爲白。」

又　卷三七〇《人事部十一·手》《東觀漢記》曰：公孫述自言手文有奇瑞，數移書中國。上賜述書曰：「瑞應手掌成文，亦非吾所知。」

又　卷三七二《人事部十三·腓腸》《東觀漢記》曰：馬援爲隴西太守，擊羌，中矢，貫腓腸，上聞，賜羊三千、牛三百頭以養病。

又　卷三八七《人事部二十八·涕淚》《東觀漢記》曰：來歙、蓋延攻公孫述，蜀人大懼，使客刺歙未死。馳告蓋延，延見歙，悲哀不能仰視，歙叱曰：「欲屬以軍事，而乃效兒女之涕泣乎？」

又　卷四〇〇《人事部四十一·凶夢》《東觀漢記》曰：公孫述夢有人語之曰：「公子系十二爲期。」覺，語其妻。對曰：「朝聞道，夕死尚可，況十二乎！」

又　卷四二〇《人事部六十一·義上》《東觀漢記》曰：杜林弟成物故，隗囂乃聽林持喪東歸。既遣而悔，追令刺客楊賢於隴遮殺之。賢見林身推鹿車，載致弟喪，乃歎曰：「當今之世，誰能行義？雖小人，何忍殺義士。」乃亡去。

又　卷四三八《人事部七十九·烈士》《東觀漢記》曰：【略】

又曰：漢圍隗囂，囂窮困。其大將王捷登城呼漢軍曰：「爲隗王城守者，皆必死無二心，願諸軍亟罷，請自殺以明之。」遂刎頸而死。

又　卷四四八《人事部八十九·權謀上》《東觀漢記》曰：【略】

又曰：隗囂死，其將高峻擁兵據高平，帝入關，將自征之。寇恂時從。上議遣使之，帝乃謂恂曰：「卿前止吾此舉，今爲吾行也。若峻不卽降，引耿　等五營擊之。」恂奉璽書至高平，峻遣軍師皇甫文謁，辭禮不屈。恂怒，將誅文。諸將諫曰：「高峻精兵萬人，卒多强弩，西遮隴道，連年不下。今欲降之，反戮其使，無乃不可乎？」恂不應，遂斬之，遣其副歸告峻曰：「軍師無禮已戮之矣。欲降，急降；不欲，固守。」峻惶恐，卽日開城降。諸將皆賀，因曰：「敢問戮其使而降城，何也？」恂曰：「皇甫文，峻之腹心，其所計事者也。今來不屈，無心降耳。」諸將皆曰：「非所及也。」

又　卷四五七《人事部九十八·諫諍七》《汝南先賢傳》曰：郭憲，字子横。建武中，爲光禄勳，車駕西征隗囂，憲諫曰：「天下初定，車駕未可動。」憲乃當車拔佩刀，以斷車　引。帝不從，遂上隴。其後潁川兵起乃回駕而還。帝歎曰：「恨不用光禄之言也。」

又　卷四六一《人事部一百二·遊説中》《東觀漢記》曰：隗囂將王玄説囂曰：「昔更始，四方回應，天下喁喁，謂之太平，一旦壞敗。今南有子陽，北有文伯，江湖海岱，王公十數，而欲牽儒生之説，棄千乘之基，計之不可者也。今天水完富，士馬最强，北取西河，東收三輔，案秦舊迹，表裏山河，玄請以一丸泥爲大王東封函谷關，此萬世一時也。若計不及此，且畜養士馬，據隘自守，曠日持久，以待四方之變，圖王不成，其弊猶足以霸。」囂然其計。【略】

又曰：隗囂既立，便聘平陵方望爲軍師。望至，説囂曰：「足下欲丞天順民，輔漢今而起，立者乃在南陽，王莽尚據長安，雖欲以漢爲名，其實無所受命，將何以見信於衆？宜急立高廟，稱臣奉祠，所謂神道設教，求助民神者也。且禮有損益，質文無常。削地開兆，茅茨土階，以致其肅敬。雖未備物，神明其舍諸？」囂從其言。

又曰：蜀郡功曹李熊説公孫述曰：『方今四海波蕩，匹夫横議。將軍割據千里，地方十城，若奮發盛德以投天隙，霸王之業成矣。宜改名號，以鎮百姓。』述曰：『吾亦慮之，公言起我意。』於是自立爲蜀王。熊復説述曰：『今山東饑饉，人民相食；兵所屠滅，城邑丘墟。蜀地沃野千里，土壤膏腴，果實所生，無穀而飽。女工之業，覆衣天下。名材竹幹，不可勝用，又有魚鹽銀銅之利，浮水轉漕之便。北據漢中，杜褒、斜之途，東守巴郡，拒扞關之口；地方數千餘里，戰士不下百萬。見利則出兵而略地，無利則堅守而力農。東下漢水以窺秦地，南順江流以震荆、仰所謂用天因地，成功之資也。君有爲之聲，聞於天下，而名號未定，志士狐疑，宜卽大位，使遠人有所依歸。』述遂自立爲天子。

又曰：荆邯東方漸平，兵且西向，説公孫述曰：『兵者，帝王之大器，古今所不能廢也。昔秦失其守，豪傑並起，漢祖無有前人之迹，立錐之地，起於戰陣之中，躬自奮擊，兵破身困數矣。然軍敗復合，創愈復戰。何則？死而功成，逾於卻就於滅亡。臣之愚計，以爲宜及天下之望未絶，豪傑尚可招誘，急以此時發國内精兵，令田戎據江南之會，倚巫山之固，築壘堅守，傳檄吳、楚，長沙已南必隨風而靡。令延岑出漢中，定三輔，天水、隴西拱手自服。如此，海内震摇，冀有大利。』

又　卷四八〇《人事部一百二十一·質》　《東觀漢記》曰：隗囂負隴城之固，納王玄之説，雖遣子春卿入質，猶持兩端。世祖於是稍黜其禮，正君臣之義。

又　卷四八六《人事部一百二十七·餓》　《東觀漢記》曰：【略】

又曰：建武九年正月，隗囂餓，出城餐糗，腹脹死。又曰：朱勃上書理馬援曰：『八年，車駕討隗囂，惟獨狄道爲國堅守。然民飢饉，啖弩煮履。寄命漏刻。』

又　卷四八八《人事部一百二十九·泣》　《東觀漢記》曰：【略】

又曰：來歙與蓋延攻公孫述將王玄，破之。蜀人大懼，使刺歙，歙未死，馳告蓋延。延見歙，伏悲不能仰視。歙叱曰：『故呼卿，欲屬以軍事，而反效兒女子涕泣乎！』延收淚强起，受所誡。歙自書表，投筆抽刃而死。

又　卷四九四《人事部一百三十五·詭詐》　《東觀漢記》曰：【略】又曰：隗囂敗，公孫述懼，欲安其衆。成都郭外有秦時舊倉，改名白帝倉，自王莽以來常空。述詐使人言白帝倉出穀如山陵，百姓空市里往觀之。述乃大會羣臣，問曰：『白帝倉出穀乎？』皆對言『無』。述曰：『訛言不可信，道隗王破者復如此矣。』

又曰：臧宫將兵至中盧，屯駱越。是時公孫述將田戎、任滿與征南大將軍岑彭相拒於荆門，彭等戰，數不利，越人謀叛從蜀。宫兵少，力不能制。會屬縣送委輸車數百，宫夜使鋸斷城門限，令車周轉出入，隆隆至旦。越人候伺者聞車聲不絶，而門限斷，相告以漢兵大至，其帥乃奉牛酒以勞軍。

又　卷六九九《服用部一·幔》　《東觀漢記》曰：岑彭與吳漢圍隗囂，壅谷水，以縑幔盛土爲堤灌城。

又　卷七七一《舟部四·筏》　《東觀漢記》曰：吳漢教乘筏從江下巴郡，盜賊解散。張堪爲陪義長，公孫述遣擊之。有同心士三千人，相謂曰：『張君養我曹，爲今日也！』乃選習水三百人，斬竹爲排渡水。

又　卷七七八《奉使部二·奉使中》　《東觀漢記》曰：來歙，字君叔，南陽人也。建武五年，持節送馬援，奉璽書於隗囂。囂遣子恂隨入侍。時山東略定，帝謀西收囂兵，與俱伐蜀。囂將王元説囂，故不決。歙素剛直，遂發憤責之，曰：『國家以公知臧否，曉廢興，故以手書賜至意足下，推忠誠，眷委質，是君臣父子信也。今乃欲從佞惑之言，爲族滅之計，叛主負子，違背忠信！吉凶之決，在於今日！』因欲前刺囂，囂起入，部勒兵，將殺歙。歙徐杖節就車而去。

又曰：隗囂甚重馬援，以爲綏德將軍。時公孫述稱帝，囂使援往觀之。援素與述同鄉里相善，以爲至當握手迎如平生。而述方盛陳陛衛，以延援入。交拜禮畢，就館，更爲援制都布單衣，交讓冠，會百官於宗廟，立舊交之位。述鸞旗旄騎、誓□礒就車，禮甚盛，欲以援封侯，食大將軍位。賓客皆樂留，援曉之，因而辭歸，謂囂曰：『子陽井底蛙耳！不如專意東方。』囂乃使援奉書洛陽。援至，引見於宣德殿，上迎笑謂之曰：『卿遨遊二帝間，見卿使人慚。』援頓首謝曰：『當今之世，非獨君擇臣，臣亦擇君。臣與公孫述少相善，臣前至蜀，述陛戟而後進。臣今遠來，陛下何知非刺客，而簡易如此？』於是上復笑曰：『卿非刺客，顧説客耳。』援乃曰：『天下反覆，自盜名字者不可勝數。今見陛下，恢廓大

度，同符高祖，乃知帝王自有眞也！』

又　卷八九四《獸部六・馬二》《東觀漢記》曰：【略】又曰：吴漢兵守成都，公孫述將延岑遣奇兵出吴漢兵後，襲擊破漢。漢墮水，緣馬尾得出。

又　卷九二九《鱗介部一・龍上》《東觀漢記》曰：公孫述，有龍出其府殿中，夜有光耀。述以爲符瑞，因稱尊號，改玄曰龍興。

宋・王欽若等《册府元龜》卷一三二《帝王部・褒功》（建武）八年，征隗囂征虜將軍祭遵屯汧，公孫述遣兵救囂，諸將奔還，遵獨留不卻。

又　卷三八九《將帥部・請行》耿弇，建武初，以建威大將軍與驃騎大將軍景丹，强弩將軍陳俊，攻厭新賊於敖倉。皆破降之。【略】六年，西拒隗囂，屯兵於漆。八年，從上隴。明年，與中郎將來歙分部徇安定、北地諸營保，皆下之。弇凡所平郡四十六，屠城三百，未嘗挫折。

又　卷三九四《將帥部・勇敢》臧宫初爲校尉，從光武征戰，諸將多稱其勇。及至河北，以爲偏將軍，從破羣賊數陷陣。卻敵後，爲輔威將軍，討公孫述於蜀。前後收得節五，印綬千八百。是時，大司馬吴漢亦乘勝進營逼成都，宫連屠大城，兵馬旌旗甚盛，乃乘兵入小雒郭門，歷成都城下，至吴漢營，飲酒高會。漢見之甚歡，謂宫曰：『將軍向者經虜城下，震揚威靈，風行電照。然窮寇難量，還營願從他道矣。』宫不從，復路而歸，賊亦不敢近之。

元・馬端臨《文獻通考》卷二六九《封建考十・東漢列侯》大司馬、廣平侯吴漢，南陽宛人。【略】（建武）十一年，討公孫述，滅之。【略】

驃騎大將軍、參蘧侯杜茂，南陽冠軍人。【略】建武二年，封苦陘侯。擊五校，平之，拜驃騎大將軍。【略】

執金吾、雍奴侯寇恂，上谷昌平人。王郎起，恂説上谷太守耿況以郡歸光武，拜偏將軍，號承義侯。從破羣賊，拜河内太守，轉輸軍糧。建武二年，拜潁川太守，封雍奴侯，邑萬户。從討隗囂，拜執金吾。【略】

征南大將軍、舞陽侯岑彭，南陽棘陽人。【略】（建武）九年，討公孫述，大破之。爲述遣刺客所殺，謚壯侯。【略】

征西大將軍、夏陽侯馮異，潁川父城人。【略】建武二年，封夏陽侯。【略】擊隗囂，拜征虜將軍。【略】

征虜將軍、潁陽侯祭遵，潁川潁陽人。【略】（建武）六年，與諸將討隴、蜀。九年卒，謚成侯。無子，國除。【略】

城門校尉、朗陵侯臧宫，潁川陜人。【略】建武二年，封成安侯，與岑彭、吴漢共滅公孫述。【略】

捕虜將軍、揚虚侯馬武，南陽湖陽人。王莽末，入緑林中，遂與漢兵合。世祖破王尋，拜振威將軍，與謝躬等攻王郎，從擊羣賊，常爲軍鋒。帝即位，以爲侍中、騎都尉，封山都侯，討劉永，擊隗囂。【略】

大司空、安豐侯竇融，扶風平陵人。【略】建武五年，遣使奉書獻馬於洛陽，與五郡太守會兵討隗囂。八年，帝西征，融朝見高平第一，詔以安豐、陽泉、蓼、安安風四縣封融爲安豐侯。隴、蜀平，與五郡太守奏事京師，莽大司空。【略】

中郎將、征羌侯來歙，南陽新野人，光武祖姑之子。【略】奉詔説隗囂，遣子入質，囂叛，與祭遵等征之。十一年，攻公孫述，破其兵，述遣刺客害之，贈中郎將、征羌侯。帝以歙有平羌、隴之功，故改汝南之當鄉縣爲征羌國。【略】

伏波將軍新息侯馬援，扶風茂陵人。【略】莽末，避地涼州，依隗囂，説囂歸光武，囂使援奉書洛陽，遣子入質。後囂發兵拒漢，援諫不從。從帝西征囂，平之，拜隴西太守。

清・顧祖禹《讀史方輿紀要》卷二《歷代州域形勢二兩漢》公孫述據成都。【史略】更始初，莽導江卒正公孫述，起兵入成都莽改蜀郡爲導江，治臨邛。更始初起，南陽人宗成等起兵略漢中，述迎成等入成都。未幾，述矯稱漢將軍、蜀郡太守、益州牧，擊殺成等，而并其衆。尋擊敗更始將李寳等於綿竹，自立爲蜀王，都成都。臨邛，今邛州也。綿竹，今成都府漢州德陽縣北故綿竹城是。尋稱帝，號成家。既又北取南鄭今漢中府，南服越嶲，東下江州，據捍關江州，今重慶府治巴縣是。見前。捍關，見今湖廣長陽縣。盡有益州之地。

隗囂據天水。【史略】更始初，成紀隗崔等起兵平襄成紀，今陝西秦州治，即故成紀縣。平襄，漢天水郡治也，推隗囂爲上將軍，擊殺莽雍州牧及

安定太守，分遣諸將徇隴西、武都及河西諸郡，皆下之。更始入長安，囂降，遂仕於更始。及長安亂，囂走還天水，復聚其衆，稱西州上將軍，據有安定、北地、天水、隴西四郡，居冀陝西伏羌縣東有冀城，仍附於漢，復叛降公孫述，述封爲朔寧王。【略】

世祖艱難一旅，次第剪除。【略】西討隗囂。帝進至高平第一高平之第一城也，見今陝西鎮原縣。竇融率五郡太守來朝，遂合軍攻囂，囂尋窮蹙而死。來歙等復攻其子純，破落門今陝西伏羌縣西十里有落門聚，純降。隴右、河西平。遂命來歙等由隴道伐蜀。歙破河池今鞏昌府徽州也，進克下辨今鞏昌府成縣。蜀人懼，使賊刺殺歙。岑彭等復破田戎等於荆門荆門在今夷陵州宜都縣西北五十里，詳見湖廣重險荆門。長驅入江關江關，即瞿唐關，在夔州府東。見前七國楚關注，前至江州見前巴郡治，乘利直指墊江今重慶府合州，即故墊江縣。又分遣臧宫從涪水上平曲涪水，源出松潘衛北小分水嶺，至合州城東南合嘉陵江。詳見四川大川涪水。平曲，在今合州定遠縣西。彭遠自江州泝都江而上，大破述將侯丹于黄石在今重慶府壁山縣及瀘州之間，兼行二千餘里，徑拔武陽今眉州彭山縣東十里有武陽城，使精騎馳擊廣都廣都，在成都府城南七十里。述大驚，復使賊刺殺彭。吳漢復自夷陵泝江而上，代將其軍，進據廣都。臧宫亦破述將延岑于沈水沈水，在今潼川州射洪縣西。是時，述使岑等軍於廣漢今射洪縣東南有故廣漢縣城，進拔綿竹在漢州德陽縣。見前以南諸城邑，與吳漢會于成都。述出戰，敗死。延岑以城降，蜀地悉定。盧芳所據諸郡，亦次第來降。芳亡入匈奴，尋復犯塞，既而請降，立爲代王，復叛去，竟死匈奴中。

又 卷五六《陝西五·漢中府》 東至湖廣鄖陽府一千一百六十里，南至四川巴州四百六十里，西南至四川廣元縣朝天嶺四百九十五里，北至鳳翔府六百三十里。自府治至京師三千五百三十里，至南京三千五百四十里，至布政司九百六十里。【略】後漢初，入于公孫述更始二年，封宗室嘉爲漢中王。既而公孫述有其地。尋討平之，仍爲漢中郡。

府北瞰關中，南蔽巴蜀，東達襄、鄧，西控秦、隴，形勢最重。

【略】公孫述之據蜀也，亦北有漢中，窺伺秦隴。其下荆邯説述曰：宜令延岑出漢中，定三輔，天水、隴西拱手自服。其後張魯據此，憑險自雄閻圃曰：漢川財富土沃，四面險固。是也。

又《白水關》 在州西南九十里，接四川昭化縣界。【略】後漢建武六年，詔隗囂從天水伐蜀。囂上言：白水險阻，棧閣敗絶。即此。

又 卷五九《陝西八·鞏昌府》 府翼蔽秦隴，控扼羌戎。東漢初，隗囂據隴西，動搖三輔。

又《冀城》 在今縣東。漢縣治此。後漢初，隗囂據冀。漢將來歙等共攻囂。囂卒，子純復據冀。來歙破落門，純降。

又《平襄城》 在縣西南三十里。漢置天水郡治於此。【略】更始初，成紀隗崔等起兵應漢，攻平襄，殺鎮戎大尹李商。又隗囂初據平襄，後據冀，是矣。後漢屬漢陽郡。

又《落門聚》 在縣西十里，亦曰落門鎮。後漢建武十年，隗囂據冀。馮異攻其落門，未拔而卒。來歙復攻拔之，純降。《郡國志》冀縣有雒門聚，是也。

又《秦州府》 東三百里。東至鳳翔府隴州三百五十里，東南至漢中府鳳縣三百二十里，南至成縣二百六十五里，東北至平涼府三百四十五里。古西戎地。秦始封于此周孝王封秦非子爲附庸。今秦亭、秦谷是其處，及幷天下，置爲隴西郡。漢析置天水郡武帝元鼎三年置，治平襄，王莽末，隗囂據其地，建武中討平之。【略】州當關、隴之會，介雍、涼之間，屹爲重鎮。秦人始基於此，奄有豐岐。東漢初，隗囂據之，安欲希蹤西伯也。其後，武侯及姜維皆規此以連結羌胡，震動關輔。

又《上邽城》 在州西六十里。古邽戎邑。秦武公十年伐邽戎，置縣。即此。漢曰上邽縣，屬隴西郡。邽，音圭。後漢建武八年，隗囂別將保上邽。帝自將征囂，幸上邽，既而東還，使耿弇、蓋延圍上邽。囂平，改屬漢陽郡。

又《西縣城》 州西南百二十里。秦縣。漢初，周勃、樊噲擊破西丞，是也。漢亦曰西縣，屬隴西郡。後漢建武八年，來歙攻隗囂，入略陽，囂引軍攻之。既而敗奔西城，詔馮異、彭岑等圍之。彭擁谷水灌西城，城未没丈餘，囂將王元將蜀兵赴救，乘高卒至，力戰入城，迎囂歸冀是也。

又《戎丘城》 在西城西。《水經注》：戎丘城在西城西北。戎溪水徑其南。建武八年，吳漢圍西城。隗囂將王捷別在戎丘，登城呼漢軍亟退，

因自刎以明死守處也。

又《略陽城》 在縣東北六十里。漢曰略陽道，屬天水郡。其地當隴口之要。後漢建武八年，隗囂據隴右。漢來歙從番須回中徑襲略陽，斬其守將。囂驚曰：何其神也。帝聞得略陽，甚喜，曰：略陽，囂所依阻，心腹已壞，則制其肢體易矣。囂盡鋭爭之，斬山築堤，激水灌城，不能下。漢軍救略陽，囂走西城。

又《瓦亭山》 縣東北二百里，所謂西瓦亭也。後漢建武七年，隗囂攻圍略陽，使牛邯軍瓦亭，以拒漢援軍。

又《隴水》 在縣城西。源出隴山，西北流，經瓦亭山南，又西南流，合於瓦亭川，又西南注于渭水。又略陽川，在縣東，亦出隴山谷中，西南流入隴水，經略陽城北。隗囂聞略陽陷，悉衆攻圍，擁水灌城。即此水也。其下流同注於渭。杜氏曰：略陽水，在縣東九十里，即隴水別名云。

又《秦隴》 西郡地。漢屬武都郡。後漢因之。【略】州接壤秦、隴，俯瞰梁、益，襟帶東西，稱爲要地。隴、蜀有事，河池其必爭之所矣。公孫述之并漢中也，據河池以拒漢軍。來歙克之，而蜀人大震。

又《河池廢縣》 今州治。漢置，屬武都郡。後漢建武初，漢中王嘉與延岑相攻于武都。公孫述遣其將侯丹取南郡，嘉自武都南擊丹，不利，還軍河池下辨。十一年，公孫述使王元等據河池拒漢。來歙攻破之，遂克下辨，乘勝而前，蜀人大懼。尋亦爲河池縣。

國家致治全盛部

漢初休養生息之治分部

綜述

《史記》卷二五《律書》 高祖有天下，三邊外畔；大國之王雖稱蕃輔，臣節未盡。會高祖厭苦軍事，亦有蕭、張之謀，故偃武一休息，羈縻不備。

歷至孝文即位，將軍陳武等議曰：『南越、朝鮮自全秦時内屬爲臣子，後且擁兵阻阨，選蠕觀望。高祖時天下新定，人民小安，未可復興兵。今陛下仁惠撫百姓，恩澤加海内，宜及士民樂用，征討逆黨，以一封疆。』孝文曰：『朕能任衣冠，念不到此。會呂氏之亂，功臣宗室共不羞恥，誤居正位，常戰戰慄慄，恐事之不終。且兵凶器，雖克所願，動亦秏病，謂百姓遠方何？又先帝知勞民不可煩，故不以爲意。朕豈自謂能？今匈奴内侵，軍吏無功，邊民父子荷兵日久，朕常爲動心傷痛，無日忘之。今未能銷距，願且堅邊設候，結和通使，休寧北陲，爲功多矣。且無議軍。』故百姓無内外之繇，得息肩於田畝，天下殷富，粟至十餘錢，鳴雞吠狗，煙火萬里，可謂和樂者乎！

又 卷二九《河渠書》 漢興三十九年，孝文時河決酸棗，東潰金隄，於是東郡大興卒塞之。

其後四十有餘年，今天子元光之中，而河決於瓠子，東南注鉅野，通於淮、泗。於是天子使汲黯、鄭當時興人徒塞之，輒復壞。是時武安侯田蚡爲丞相，其奉邑食鄃。鄃居河北，河決而南則鄃無水菑，邑收多。蚡言於上曰：『江河之決皆天事，未易以人力爲强塞，塞之未必應天。』而望氣用數者亦以爲然。於是天子久之不事復塞也。

是時鄭當時爲大農，言曰：『異時關東漕粟從渭中上，度六月而罷，而漕水道九百餘里，時有難處。引渭穿渠起長安，並南山下，至河三百餘里，徑，易漕，度可令三月罷；而渠下民田萬餘頃，又可得以溉田：此損漕省卒，而益肥關中之地，得穀。』天子以爲然，令齊人水工徐伯表，悉發卒數萬人穿漕渠，三歲而通。通，以漕，大便利。其後漕稍多，而渠下之民頗得以溉田矣。

其後河東守番係言：『漕從山東西，歲百餘萬石，更砥柱之限，敗亡甚多，而亦煩費。穿渠引汾溉皮氏、汾陰下，引河溉汾陰、蒲阪下，度可得五千頃。五千頃故盡河壖棄地，民茭牧其中耳，今溉田之，度可得穀二百萬石以上。穀從渭上，與關中無異，而砥柱之東可無復漕。』天子以爲然，發卒數萬人作渠田。數歲，河移徙，渠不利，則田者不能償種。久之，河東渠田廢，予越人，令少府以爲稍入。

其後人有上書欲通褒斜道及漕事，下御史大夫張湯。湯問其事，因言：『抵蜀從故道，故道多阪，回遠。今穿褒斜道，少阪，近四百里；而褒水通沔，斜水通渭，皆可以行船漕。漕從南陽上沔入褒，褒之絕水至斜，閒百餘里，以車轉，從斜下下渭。如此，漢中之穀可致，山東從沔無限，便於砥柱之漕。且褒斜材木竹箭之饒，擬於巴蜀。』天子以爲然，拜湯子卬爲漢中守，發數萬人作褒斜道五百餘里。道果便近，而水湍石，不可漕。

其後莊熊羆言：『臨晉民願穿洛以溉重泉以東萬餘頃故鹵地。誠得水，可令畝十石。』於是爲發卒萬餘人穿渠，自徵引洛水至商顏山下。岸善崩，乃鑿井，深者四十餘丈。往往爲井，井下相通行水。水穨以絕商顏，東至山嶺十餘里閒。井渠之生自此始。穿渠得龍骨，蘇名曰龍首渠。作之十餘歲，渠頗通，猶未得其饒。

自河決瓠子後二十餘歲，歲因以數不登，而梁楚之地尤甚。天子既封禪巡祭山川，其明年，旱，乾封少雨。天子乃使汲仁、郭昌發卒數萬人塞瓠子決。於是天子已用事萬里沙，則還自臨決河，沈白馬玉璧于河，令羣臣從官自將軍已下皆負薪寘決河。是時東郡燒草，以故薪柴少，而下淇園之竹以爲楗。

天子既臨河決，悼功之不成，乃作歌曰：『瓠子決兮將奈何？皓皓旰旰兮閭殫爲河！殫爲河兮地不得寧，功無已時兮吾山平。吾山平兮鉅野溢，魚沸鬱兮柏冬日。延道弛兮離常流，蛟龍騁兮方遠遊。歸舊川兮神哉沛，不封禪兮安知外！爲我謂河伯兮何不仁，泛濫不止兮愁吾人？齧桑浮兮淮、泗滿，久不反兮水維緩。』一曰：『河湯湯兮激潺湲，北渡汙兮浚流難。搴長茭兮沈美玉，河伯許兮薪不屬。薪不屬兮衛人罪，燒蕭條兮噫乎何以御水！穨林竹兮楗石菑，宣房塞兮萬福來。』於是卒塞瓠子，築宮其上，名曰宣房宮。而道河北行二渠，復禹舊迹，而梁、楚之地復寧，無水災。

自是之後，用事者爭言水利。朔方、西河、河西、酒泉皆引河及川谷以溉田；而關中輔渠、靈軹引堵水；汝南、九江引淮；東海引鉅定；泰山下引汶水：皆穿渠爲溉田，各萬餘頃。佗小渠披山通道者，不可勝言。然其著者在宣房。

又 卷三〇《平準書》 漢興，接秦之獘，丈夫從軍旅，老弱轉糧饟，作業劇而財匱，自天子不能具鈞駟，而將相或乘牛車，齊民無藏蓋。於是爲秦錢重難用，更令民鑄錢，一黃金一斤，約法省禁。而不軌逐利之民，蓄積餘業以稽市物，物踊騰糶，米至石萬錢，馬一匹則百金。

天下已平，高祖乃令賈人不得衣絲乘車，重租稅以困辱之。孝惠、高后時，爲天下初定，復弛商賈之律，然市井之子孫亦不得仕宦爲吏。量吏祿，度官用，以賦於民。而山川園池市井租稅之入，自天子以至于封君湯沐邑，皆各爲私奉養焉，不領於天下之經費。漕轉山東粟，以給中都官，歲不過數十萬石。【略】

商賈以幣之變，多積貨逐利。於是公卿言：『郡國頗被菑害，貧民無產業者，募徙廣饒之地。陛下損膳省用，出禁錢以振元元，寬貸賦，而民不齊出於南畝，商賈滋衆。貧者畜積無有，皆仰縣官。異時算軺車賈人緡錢皆有差，請算如故。諸賈人末作貰貸賣買，居邑稽諸物，及商以取利者，雖無市籍，各以其物自占，率緡錢二千而一算。諸作有租及鑄，率緡錢四千一算。非吏比者三老、北邊騎士，軺車以一算；商賈人軺車二算；船五丈以上一算。匿不自占，占不悉，戍邊一歲，沒入緡錢。有能告者，以其半畀之。賈人有市籍者，及其家屬，皆無得籍名田，以便農。敢犯令，沒入田僮。』【略】

而孔僅之使天下鑄作器，三年中拜爲大農，列於九卿。而桑弘羊爲大農丞，莞諸會計事，稍稍置均輸以通貨物矣。【略】

其明年，元封元年，卜式貶秩爲太子太傅。而桑弘羊爲治粟都尉，領大農，盡代僅筦天下鹽鐵。弘羊以諸官各自市，相與爭，物故騰躍，而天下賦輸或不償其僦費，乃請置大農部丞數十人，分部主郡國，各往往縣置均輸鹽鐵官，令遠方各以其物貴時商賈所轉販者爲賦，而相灌輸。置平準于京師，都受天下委輸。召工官治車諸器，皆仰給大農。大農之諸官盡籠天下之貨物，貴卽賣之，賤則買之。如此，富商大賈無所牟大利，則反本，而萬物不得騰踊。故抑天下物，名曰『平準』。天子以爲然，許之。於是天子北至朔方，東到太山，巡海上，並北邊以歸。所過賞賜，用帛百餘萬匹，錢金以巨萬計，皆取足大農。

弘羊又請令吏得入粟補官，及罪人贖罪。令民能入粟甘泉各有差，以復終身，不告緡。他郡各輸急處，而諸農各致粟，山東漕益歲六百萬石。一歲之中，太倉、甘泉倉滿。邊餘穀諸物均輸帛五百萬匹。民不益賦而天下用饒。於是弘羊賜爵左庶長，黄金再百斤焉。

《漢書》卷一下《高帝紀下》 帝乃西都洛陽。夏五月，兵皆罷歸家。詔曰：『諸侯子在關中者，復之十二歲，其歸者半之。民前或相聚保山澤，不書名數，今天下已定，令各歸其縣，復故爵田宅，吏以文法教訓辨告，勿笞辱。民以飢餓自賣爲人奴婢者，皆免爲庶人。軍吏卒會赦，甚亡罪而亡爵及不滿大夫者，皆賜爵爲大夫。故大夫以上，賜爵各一級。其七大夫以上，皆令食邑；非七大夫以下，皆復其身及户，勿事。』又曰：『七大夫、公乘以上，皆高爵也。諸侯子及從軍歸者，甚多高爵，吾數詔吏先與田宅，及所當求於吏者，亟與。爵或人君，上所尊禮，久立吏前，曾不爲決，甚亡謂也。异日秦民爵公大夫以上，令丞與亢禮。今吾於爵非輕也，吏獨安取此！且法以有功勞行田宅，今小吏未嘗從軍者多滿，而有功者顧不得，背公立私，守尉長吏教訓甚不善。其令諸吏善遇高爵，稱吾意。且廉問，有不如吾詔者，以重論之。』【略】

二月，詔曰：『欲省賦甚。今獻未有程，吏或多賦以爲獻，而諸侯王尤多，民疾之。令諸侯王、通侯常以十月朝獻，卽郡各以其口數率，人歲六十三錢，以給獻費。』又曰：『蓋聞王者莫高於周文，伯者莫高於齊桓，皆待賢人而成名。今天下賢者智能，豈特古之人乎？患在人主不交故也，士奚由進！今吾以天之靈、賢士大夫定有天下，以爲一家，欲其長久，世世奉宗廟亡絶也。賢人已與我共平之矣，而不與吾共安利之，可乎？賢士大夫有肯從我游者，吾能尊顯之。布告天下，使明知朕意。御史大夫昌下相國，相國酇侯下諸侯王，御史中執法下郡守，其有意稱明德者，必身勸，爲之駕，遣詣相國府，署行、義、年。有而弗言，覺，免。年老癃病，勿遣。』【略】

五月，詔曰：『粤人之俗，好相攻擊，前時秦徙中縣之民南方三郡，使與百粤雜處。會天下誅秦，南海尉它居南方長治之，甚有文理，中縣人以故不耗減，粤人相攻擊之俗益止，俱賴其力。今立它爲南粤王。』使陸賈卽授璽、綬。它稽首稱臣。

六月，令士卒從入蜀、漢、關中者皆復終身。

又 卷六《武帝紀》 秋七月，詔曰：『衛士轉置送迎二萬人，其省萬人。罷苑馬，以賜貧民。』

又 卷二四《食貨志》 漢興，接秦之敝，諸侯並起，民失作業而大饑饉。凡米石五千，人相食，死者過半。高祖乃令民得賣子，就食蜀、漢。天下既定，民亡蓋臧，自天子不能具醇駟，而將相或乘牛車。上於是約法省禁，輕田租，十五而稅一，量吏禄，度官用，以賦於民。而山川、園池、市肆租稅之人，自天子以至封君湯沐邑，皆各爲私奉養，不領于天子之經費。漕轉關東粟以給中都官，歲不過數十萬石。孝惠、高后之間，衣食滋殖。文帝卽位，躬修儉節，思安百姓。時民近戰國，皆背本趨末。【略】

漢興，以爲秦錢重難用，更令民鑄莢錢。黄金一斤。而不軌逐利之民蓄積餘贏以稽市，物痛騰躍，米至石萬錢，馬至匹百金。天下已平，高祖乃令賈人不得衣絲乘車，重稅租以困辱之。孝惠、高后時，爲天下初定，復弛商賈之律，然市井子孫亦不得爲官吏。孝文五年，爲錢益多而輕，乃更鑄四銖錢，其文爲『半兩』。

又 卷二三《刑法志》 漢興，高祖躬神武之材，行寬仁之厚，總攬英雄，以誅秦、項。任蕭、曹之文，用良、平之謀，騁陸、酈之辯，明叔孫通之儀，文武相配，大略舉焉。天下既定，踵秦而置材官于郡國，京師有南、北軍之屯。至武帝平百粤，內增七校，外有樓船，皆歲時講肄，

修武備云。至元帝時，以貢禹議，始罷角抵，而未正治兵振旅之事也。【略】

漢興，高祖初入關，約法三章曰：『殺人者死，傷人及盗抵罪。』蠲削煩苛，兆民大説。其後四夷未附，兵革未息，三章之法不足以禦奸，於是相國蕭何攈摭秦法，取其宜於時者，作律九章。

當孝惠、高后時，百姓新免毒蠚，人欲長幼養老。蕭、曹爲相，填以無爲，從民之欲而不擾亂，是以衣食滋殖，刑罰用稀。

論説

宋·錢時《兩漢筆記》卷一《高祖》 沛公悉召諸縣父老豪傑，謂曰：『父老苦秦苛法久矣，吾與諸侯約，先入關者王之，吾當王關中。與父老約法三章耳。殺人者死，傷人及盗抵罪。餘悉除去秦法，諸吏民皆安堵如故。』

秦綱苛密，民無所措手足，一旦而遇三章之約，如脱之湯鼎，濯之清波之上。其爲喜幸，何如哉！此高祖入關第一急務，其功用可與武王之反商政相配。蓋由天姿寛厚，出於特見，非有譜之可按也。視古憲章，雖尚疏畧，而此時此意，實漢家一代法制之祖，後世子孫當視之如命脉矣，而乃有張湯、杜周之徒得而甘心焉。何也？

宋·錢時《兩漢筆記》卷二《惠帝》 脱暴秦水火之中，出百戰干戈之後，民不聊生甚矣。一旦查德休息，知有生之可樂，此清淨寧壹所以歌也。然責以相業，則烏可以爲是哉。太宰之職，古有成憲，太甲、成王其不敢望湯武也明矣。伊尹、周公亦將醇飲不事事乎？况呂后殘忍於上，而惠帝方失德於酒淫，此正尚賴正救之時，進戒荒寧之日，而但日夜從事於醇酒，則將焉用彼相也。

宋·佚名《羣書會元截江網》卷二六《諸儒至論·事證》 漢、隋休養之效漢文帝，承秦項戰爭之餘户口至耗也，而五六十載間，卒至海内富庶，煙火萬里。漢文所以致此者，何也？兵革不用者數十年，農桑之詔無歲不下，斷獄數百，幾致刑措，是漢文休養生息之恩也。至武帝，窮征極討，神仙土木，相繼逞欲，末年輪臺之詔，虚耗大半矣。

明·黄訓《名臣經濟録》卷一三《李賢〈上中興正本策〉》 十曰結民心。【略】歷觀前代所以固結民心者，豈有他術？不過安之養之而已。《書》曰：『德惟善政，政在養民。』又曰：『安民則惠，黎民懷之。』是以古之聖賢之君，愛民之心如愛赤子，休養生息，惟恐失所。晁錯曰：『人情莫不欲壽，三王生之而不傷；人情莫不欲富，三王厚之而不困；人情莫不欲安，三王扶之而不危；人情莫不欲逸，三王節其力而不盡。』是以所欲與聚所惡勿施，此固結民心之道也。

清·顧炎武《天下郡國利病書》第二七六八册 兩漢爲最盛何者？休養生息，世久故也。

藝文

清·愛新覺羅·弘曆《御製詩四集》卷四九《全韻詩上去入聲七十六首古體詩一首·漢高帝》 大勇略小節，大智祛小巧。平生豁達度，天運歸金卯。揮洗揖酈生，銷印無執拗。蕭曹倚股肱，信布資牙爪。約法三章寛，漢基四百肇。民苦秦久矣，久飢易爲飽。

元·胡祗遹《紫山大全集》卷一《宿潭口驛》 蓬蒿荆棘中，茅茨十餘屋。驛人敬官長，邀迎留止宿。酒薄不堪飲，夜暗薪代燭。借問少人烟，無人來卜築。亦匪逃移多，國初殄兵毒。休養生息恩，百年不易復。側耳聞斯言，無寐到天旭。

雜録

宋·錢時《兩漢筆記》卷一《惠帝》 以曹參爲相國。參代何爲相，舉事無所變更，一遵何約束。擇郡國吏木訥於文辭、重厚長者，即召除爲丞相史。吏之言文刻深，欲務聲名者，輒斥去之。日夜飲醇酒。卿大夫以下吏及賓客見參不事事，來者皆欲有言，參輒飲以醇酒。間欲有所言，復飲之，醉而後去，終莫得開説。參子窋爲中大夫。帝怪相國不治事，以爲『豈少朕與？』使窋歸，以其私問參。參怒，笞窋二百，曰：『趣入侍！天下事非若所當言也！』至朝時，帝讓參曰：『乃者我使諫君也。』參免

冠謝曰：『陛下自察聖武孰與高帝？』上曰：『朕乃安敢望先帝！』又曰：『陛下觀臣能孰與蕭何賢？』上曰：『君似不及也。』參曰：『陛下言之是也。高帝與蕭何定天下，法令既明。今陛下垂拱，參等守職，遵而勿失，不亦可乎？』帝曰：『善！』參爲相國，出入三年，百姓歌之曰：『蕭何爲法，較若畫一。曹參代之，守而勿失。載其清浄，民以寧壹。』

宋・章如愚《羣書考索後集》卷五二《財用》 九賦之斂財賄，九式之節財用，則冢宰掌之。頒其貨於受財之府，頒其賄於受用之府，太府掌之。職内以掌邦之賦入，職賦以掌邦之賦出，職幣則又振掌事者之餘財，而上之用財用，則必考于司會，此成周之所以無乏用也。秦人盡數斂天下財，雖負海之粟，亦歸之京師，賈山所謂千八百國之君自養者也。漢量吏禄度官用以賦於民，而山川園池市肆租税之入，自天子至封君湯沐邑皆各爲奉養，不領天子之經費。孝文用晁錯之策，募天下入粟縣官，得以拜爵免罪。孝景三十税一，其後復修賣爵令，及徒復作，府庫餘財，京師之錢至鉅萬，貫朽而不可校，太倉之粟至陳腐而不可食。

宋・羅泌《路史》卷三七《夏氏户口》 秦項殘黷，斬殺無藝。漢初，平城兵纔説三十萬，而人之以萬數者，僅逾二百。逮孝文時，六十年間休養生息，煙火萬里。

文景之治分部

綜　述

《史記》卷一〇《孝文本紀》 （孝文皇帝元年）十二月，上曰：『法者，治之正也，所以禁暴而率善人也。今犯法已論，而使毋罪之父母妻子同産坐之，及爲收帑，朕甚不取。其議之。』有司皆曰：『民不能自治，故爲法以禁之。相坐坐收，所以累其心，使重犯法，所從來遠矣。如故便。』上曰：『朕聞法正則民愨，罪當則民從。且夫牧民而導之善者，吏也。其既不能導，又以不正之法罪之，是反害於民爲暴者也。何以禁之？朕未見其便，其孰計之。』有司皆曰：『陛下加大惠，德甚盛，非臣等所及也。請奉詔書，除收帑諸相坐律令。』【略】

二年十月，丞相平卒，復以絳侯勃爲丞相。上曰：『朕聞古者諸侯建國千餘（歲），各守其地，以時入貢，民不勞苦，上下驩欣，靡有遺德。今列侯多居長安，邑遠，吏卒給輸費苦，而列侯亦無由教馴其民。其令列侯之國，爲吏及詔所止者，遣太子。』

十一月晦，日有食之。十二月望，日又食。上曰：『朕聞之，天生蒸民，爲之置君以養治之。人主不德，布政不均，則天示之以菑，以誡不治。乃十一月晦，日有食之，適見于天，菑孰大焉！朕獲保宗廟，以微眇之身託于兆民君王之上，天下治亂，在朕一人，唯二三執政猶吾股肱也。朕下不能理育羣生，上以累三光之明，其不德大矣。令至，其悉思朕之過失，及知見思之所不及，匄以告朕。及舉賢良方正能直言極諫者，以匡朕之不逮。因各飭其任職，務省繇費以便民。朕既不能遠德，故憪然念外人之有非，是以設備未息。今縱不能罷邊屯戍，而又飭兵厚衛，其罷衛將軍。太僕見馬遺財足，餘皆以給傳置。』

正月，上曰：『農，天下之本，其開籍田，朕親率耕，以給宗廟粢盛。』【略】

上曰：『古之治天下，朝有進善之旌，誹謗之木，所以通治道而來諫者。今法有誹謗妖言之罪，是使衆臣不敢盡情，而上無由聞過失也。將何以來遠方之賢良？其除之。民或祝詛上以相約結而後相謾，吏以爲大逆，其有他言，而吏又以爲誹謗。此細民之愚無知抵死，朕甚不取。自今以來，有犯此者勿聽治。』【略】

五月，匈奴入北地，居河南爲寇。帝初幸甘泉。六月，帝曰：『漢與匈奴約爲昆弟，毋使害邊境，所以輸遺匈奴甚厚。今右賢王離其國，將衆居河南降地，非常故，往來近塞，捕殺吏卒，驅保塞蠻夷，令不得居其故，陵轢邊吏，入盗，甚敖無道，非約也。其發邊吏騎八萬五千詣高奴，遣丞相潁陰侯灌嬰擊匈奴。』匈奴去，發中尉材官屬衛將軍軍長安。【略】

十三年夏，上曰：『蓋聞天道禍自怨起而福繇德興。百官之非，宜由朕躬。今秘祝之官移過于下，以彰吾之不德，朕甚不取。其除之。』

五月，齊太倉令淳于公有罪當刑，詔獄逮徙繫長安。太倉公無男，有

女五人。太倉公將行會逮，罵其女曰：『生子不生男，有緩急非有益也！』其少女緹縈自傷泣，乃隨其父至長安，上書曰：『妾父爲吏，齊中皆稱其廉平，今坐法當刑。妾傷夫死者不可復生，刑者不可復屬，雖復欲改過自新，其道無由也。妾願没入爲官婢，贖父刑罪，使得自新。』書奏天子，天子憐悲其意，乃下詔曰：『蓋聞有虞氏之時，畫衣冠異章服以爲僇，而民不犯。何則？至治也。今法有肉刑三，而姦不止，其咎安在？非乃朕德薄而教不明歟？吾甚自愧。故夫馴道不純而愚民陷焉。詩曰「愷悌君子，民之父母」。今人有過，教未施而刑加焉？或欲改行爲善而道毋由也。朕甚憐之。夫刑至斷支體，刻肌膚，終身不息，何其楚痛而不德也，豈稱爲民父母之意哉！其除肉刑。』

上曰：『農，天下之本，務莫大焉。今勤身從事而有租税之賦，是爲本末者毋以異，其於勸農之道未備。其除田之租税。』【略】

後二年，上曰：『朕既不明，不能遠德，是以使方外之國或不寧息。夫四荒之外不安其生，封畿之内勤勞不處，二者之咎，皆自於朕之德薄而不能遠達也。間者累年，匈奴並暴邊境，多殺吏民，邊臣兵吏又不能諭吾内志，以重吾不德也。夫久結難連兵，中外之國將何以自寧？今朕夙興夜寐，勤勞天下，憂苦萬民，爲之怛惕不安，未嘗一日忘於心，故遣使者冠蓋相望，結軼於道，以諭朕意於單于。今單于反古之道，計社稷之安，便萬民之利，親與朕俱棄細過，偕之大道，結兄弟之義，以全天下元元之民。和親已定，始于今年。』

又　卷一一《孝景帝本紀》　元年四月乙卯，赦天下。乙巳，賜民爵一級。五月，除田半租，爲孝文立太宗廟。令羣臣無朝賀。匈奴入代，與約和親。

《漢書》卷四《文帝紀》　（元年冬）十二月，立趙幽王子遂爲趙王，徙琅邪王澤爲燕王。呂氏所奪齊、楚地皆歸之。盡除收帑相坐律令。

【略】

三月，有司請立皇后。皇太后曰：『立太子母竇氏爲皇后。』

詔曰：『方春和時，草木羣生之物皆有以自樂，而吾百姓鰥寡孤獨窮困之人或阽於死亡，而莫之省憂。爲民父母將何如？其議所以振貸之。』又曰：『老者非帛不煖，非肉不飽。今歲首，不時使人存問長老，又無布帛酒肉之賜，將何以佐天下子孫孝養其親？今聞吏稟當受鬻者，或以陳粟，豈稱養老之意哉！具爲令。』有司請令縣道，年八十已上，賜米人月一石，肉二十斤，酒五斗。其九十已上，又賜帛人二匹，絮三斤。賜物及當稟鬻米者，長吏閲視，丞若尉致。不滿九十，嗇夫、令史致。二千石遣都吏循行，不稱者督之。刑者及有罪耐以上，不用此令。【略】

六月，令郡國無來獻。施惠天下，諸侯、四夷，遠近懽洽。乃修代來功。詔曰：『方大臣誅諸呂迎朕，朕狐疑，皆止朕，唯中尉宋昌勸朕，朕已得保宗廟。以尊昌爲衛將軍，其封昌爲壯武侯。諸從朕六人，官皆至九卿。』又曰：『列侯從高帝入蜀、漢者六十八人益邑各三百户，吏二千石以上從高帝潁川守尊等十人食邑六百户，淮陽守申屠嘉等十人五百户，衛尉足等十人四百户。』封淮南王舅趙兼爲周陽侯，齊王舅駟鈞爲靖郭侯，故常山丞相蔡兼爲樊侯。【略】

春正月丁亥，詔曰：『夫農，天下之本也，其開籍田，朕親率耕，以給宗廟粢盛。民讁作縣官及貸種食未入、入未備者，皆赦之。』【略】

詔曰：『農，天下之大本也，民所恃以生也，而民或不務本而事末，故生不遂。朕憂其然，故今茲親率羣臣農以勸之。其賜天下民今年田租之半。』【略】

（十二年三月）詔曰：『道民之路，在於務本。朕親率天下農，十年于今，而野不加辟。歲一不登，民有飢色，是從事焉尚寡，而吏未加務也。吾詔書數下，歲勸民種樹，而功未興，是吏奉吾詔不勤，而勸民不明也。且吾農民甚苦，而吏莫之省，將何以勸焉？其賜農民今年租税之半。』

【略】

十三年春二月甲寅，詔曰：『朕親率天下農耕以供粢盛，皇后親桑以奉祭服，其具禮儀。』

夏，除秘祝，語在《郊祀志》。

五月，除肉刑法，語在《刑法志》。

六月，詔曰：『農，天下之本，務莫大焉。今廑身從事，而有租税之賦，是謂本末者無以異也，其於勸農之道未備。其除田之租税。賜天下孤寡布帛絮各有數。』

又　卷五《景帝紀》　春正月，詔曰：『間者歲比不登，民多乏食，

夭絕天年，朕甚痛之。郡國或磽狹，無所農桑繫畜；或地饒廣，薦草莽，水泉利，而不得徙。其議民欲徙寬大地者，聽之。』【略】

夏四月，赦天下。賜民爵一級。

遣御史大夫青翟至代下與匈奴和親。

五月，令田半租。

秋七月，詔曰：『吏受所監臨，以飲食免，重；受財物，賤買貴賣，論輕。廷尉與丞相更議著令。』廷尉信謹與丞相議曰：『吏及諸有秩受其官屬所監、所治、所行、所將，其與飲食，計償費，勿論。它物，若買故賤，賣故貴，皆坐臧爲盜，没入臧縣官。吏遷徙免罷，受其故官屬所將監治送財物，奪爵爲士伍，免之。無爵，罰金二斤，令没入所受。有能捕告，畀其所受臧。』【略】

吴王濞、膠西王卬、楚王戊、趙王遂、濟南王辟光、菑川王賢、膠東王雄渠皆舉兵反。大赦天下。遣太尉亞夫、大將軍竇嬰將兵擊之。斬御史大夫晁錯以謝七國。【略】

改磔曰棄市，勿復磔。【略】

九月，詔曰：『法令度量，所以禁暴止邪也。獄，人之大命，死者不可復生。吏或不奉法令，以貨賂爲市，朋黨比周，以苛爲察，以刻爲明，令亡罪者失職，朕甚憐之。有罪者不伏罪，奸法爲暴，甚亡謂也。諸獄疑，若雖文致于法而于人心不厭者，輒讞之。』【略】

五月，詔曰：『夫吏者，民之師也。車駕、衣服宜稱。吏六百石以上，皆長吏也。亡度者，或不吏服出入閭里，與民亡異。令長吏二千石車朱兩幡；千石至六百石朱左幡。車騎從者不稱其官衣服、下吏出入閭巷亡吏體者，二千石上其官屬，三輔舉不如法令者，皆上丞相御史請之。』先是，吏多軍功，車、服尚輕，故爲設禁。又惟酷吏奉憲失中，乃詔有司減笞法，定箠令。語在《刑法志》。【略】

後元年春正月，詔曰：『獄，重事也。人有智愚，官有上下。獄疑者讞有司，有司所不能決，移廷尉。有令讞而後不當，讞者不爲失。欲令治獄者務先寬。』三月，赦天下，賜民爵一級，中二千石、諸侯相爵右庶長。

夏，大酺五日，民得酤酒。【略】

二年冬十月，省徹侯之國。【略】

春，以歲不登，禁内郡食馬粟，没入之。

夏四月，詔曰：『雕文刻鏤，傷農事者也；錦繡纂組，害女紅者也。農事傷則饑之本也，女紅害則寒之原也。夫飢寒並至，而能亡爲非者寡矣。朕親耕，后親桑，以奉宗廟粢盛、祭服，爲天下先；不受獻，減太官，省繇賦，欲天下務農蠶，素有畜積，以備災害。强毋攘弱，衆毋暴寡；老耆以壽終，幼孤得遂長。今歲或不登，民食頗寡，其咎安在？或詐僞爲吏，吏以貨賂爲市，漁奪百姓，侵牟萬民。縣丞，長吏也，奸法與盜盜，甚無謂也。其令二千石各修其職；不事官職耗亂者，丞相以聞，請其罪。佈告天下，使明知朕意。』

五月，詔曰：『人不患其不知，患其爲詐也；不患其不勇，患其爲暴也；不患其不富，患其亡厭也。其唯廉士，寡欲易足。今訾算十以上乃得官，廉士算不必衆。有市籍不得官，無訾又不得官，朕甚愍之。訾算四得官，亡令廉士久失職，貪夫長利。』

秋，大旱。

三年春正月，詔曰：『農，天下之本也。黄金、珠玉，飢不可食，寒不可衣，以爲幣用，不識其終始。間歲或不登，意爲末者衆，農民寡也。其令郡國務勸農桑，益種樹，可得衣食物。吏發民若取庸采黄金、珠玉者，坐臧爲盜。二千石聽者，與同罪。』

又 卷二三《刑法志》 及孝文即位，躬修玄默，勸趣農桑，減省租賦。而將相皆舊功臣，少文多質，懲惡亡秦之政，論議務在寬厚，恥言人之過失。化行天下，告訐之俗易。吏安其官，民樂其業，畜積歲增，户口浸息。風流篤厚，禁罔疏闊。選張釋之爲廷尉，罪疑者予民，是以刑罰大省，至於斷獄四百，有刑錯之風。

即位十三年，齊太倉令淳于公有罪當刑，詔獄逮繫長安。淳于公無男，有五女，當行會逮，罵其女曰：『生子不生男，緩急非有益！』其少女緹縈，自傷悲泣，乃隨其父至長安，上書曰：『妾父爲吏，齊中皆稱其廉平，今坐法當刑。妾傷夫死者不可復生，刑者不可復屬，雖後欲改過自新，其道亡繇也。妾願没入爲官婢，以贖父刑罪，使得自新。』書奏天子，天子憐悲其意，遂下令曰：『制詔御史：蓋聞有虞氏之時，畫衣冠、異章服以爲戮，而民弗犯，何治之至也！今法有肉刑三，而姦不止，其

咎安在？非乃朕德之薄而教不明與？吾甚自愧。故夫訓道不純而愚民陷焉，《詩》曰：「愷弟君子，民之父母。」今人有過，教未施而刑已加焉，或欲改行爲善，而道亡繇至，朕甚憐之。夫刑至斷支體，刻肌膚，終身不息，何其刑之痛而不德也！豈爲民父母之意哉！其除肉刑，有以易之；及令罪人各以輕重，不亡逃，有年而免。具爲令。」

丞相張倉、御史大夫馮敬奏言：「肉刑所以禁姦，所由來者久矣。陛下下明詔，憐萬民之一有過被刑者終身不息，及罪人欲改行爲善而道亡繇至，於盛德，臣等所不及也。臣謹議請定律曰：諸當完者，完爲城旦舂；當黥者，髡鉗爲城旦舂；當劓者，笞三百；當斬左止者，笞五百；當斬右止，及殺人先自告，及吏坐受賕枉法，守縣官財物而卽盜之，已論命復有笞罪者，皆棄市。罪人獄已決，完爲城旦舂，滿三歲爲鬼薪白粲。鬼薪白粲一歲，爲隸臣妾。隸臣妾一歲，免爲庶人。隸臣妾滿二歲，爲司寇。司寇一歲，及作如司寇二歲，皆免爲庶人。其亡逃及有罪耐以上，不用此令。前令之刑城旦舂歲而非禁錮者，如完爲城旦舂歲數以免。臣昧死請。」制曰：「可。」是後，外有輕刑之名，內實殺人。斬右止者又當死。斬左止者笞五百，當劓者笞三百，率多死。

景帝元年，下詔曰：「加笞與重罪無異，幸而不死，不可爲人。其定律：笞五百曰三百，笞三百曰二百。」獄尚不全。至中六年，又下詔曰：「加笞者，或至死而笞未畢，朕甚憐之。其減笞三百曰二百，笞二百曰一百。」又曰：「笞者，所以教之也，其定箠令。」丞相劉舍、御史大夫衛綰請：「笞者，箠長五尺，其本大一寸，其竹也，末薄半寸，皆平其節。當笞者，笞臀。毋得更人，畢一罪乃更人。」自是笞者得全，然酷吏猶以爲威。死刑既重，而生刑又輕，民易犯之。

又　卷二四《食貨志》　於是文帝從錯之言，令民入粟邊，六百石爵上造，稍增至四千石爲五大夫，萬二千石爲大庶長，各以多少級數爲差。錯復奏言：「陛下幸使天下入粟塞下以拜爵，甚大惠也。竊恐塞卒之食不足用大渫天下粟。邊食足以支五歲，可令入粟郡縣矣；足支一歲以上，可時赦，勿收農民租。如此，德澤加於萬民，民俞勤農。時有軍役，若遭水旱，民不困乏，天下安寧；歲孰且美，則民大富樂矣。」上復從其言，乃下詔賜民十二年租稅之半。明年，遂除民田之租稅。

後十三歲，孝景二年，令民半出田租，三十而稅一也。其後，上郡以西旱，復修賣爵令，而裁其賈以招民，及徒復作，得輸粟於縣官以除罪。始造苑馬以廣用，宮室列館車馬益增修矣。然婁敕有司以農爲務，民遂樂業。至武帝之初七十年間，國家亡事，非遇水旱，則民人給家足，都鄙廩庾盡滿，而府庫餘財。京師之錢累百巨萬，貫朽而不可校。太倉之粟陳陳相因，充溢露積於外，腐敗不可食。衆庶街巷有馬，阡陌之間成羣，乘牸牝者擯而不得會聚。守閭閻者食粱肉；爲吏者長子孫；居官者以爲姓號。人人自愛而重犯法，先行誼而黜愧辱焉。於是罔疏而民富，役財驕溢，或至幷兼；豪黨之徒以武斷於鄉曲。宗室有土，公卿大夫以下爭於奢侈，室廬車服僭上亡限。物盛而衰，固其變也。

論說

漢・班固《漢書》卷五《景帝紀》　孔子稱「斯民三代之所以直道而行也」，信哉！周秦之弊，網密文峻，而姦軌不勝。漢興，掃除煩苛，與民休息，至于孝文，加之以恭儉，孝景遵業，五六十載之間，至於移風易俗，黎民醇厚。周云成康，漢言文景。美矣！

《三國志》卷二二《魏志・陳羣傳》　漢除肉刑而增加笞，本興仁惻而死者更衆，所謂名輕而實重者也。名輕則易犯，實重則傷民。《書》曰：「惟敬五刑，以成三德。」《易》著劓、刖、滅趾之法，所以輔政助教，懲惡息殺也。且殺人償死，合於古制；至於傷人，或殘毀其體而裁翦毛髮，非其理也。若用古刑，使淫者下蠶室，盜者刖其足，則永無淫放穿踰之姦矣。

唐・白居易《白氏長慶集》卷三〇《才識兼茂明於體用科策一道》　理行故上下輯睦，樂達故內外和平，所以兵偃而萬邦懷仁，刑清而兆人自化，動植之類咸煦嫗而自遂焉。雖成康文景之理，無以出於此矣！

宋・蘇轍《欒城後集》卷七《歷代論一・漢文帝》　老子曰：「柔勝剛，弱勝强。」漢文帝以柔御天下，剛强者皆乘風而靡。尉佗稱號南越，帝復其墳墓，召貴其兄弟。佗去帝號，俯伏稱臣。匈奴桀敖，陵駕中國。帝屈體遺書，厚以繒絮，雖未能調伏，然兵革之禍，比武帝世十一、二

耳。吳王濞包藏禍心，稱病不朝，帝賜之几杖。濞無所發怒，亂以不作。使文帝尚在，不出十年，濞亦已老死，則東南之亂無由起矣。至景帝不能忍，用晁錯之計，削諸侯地，濞因之號召七國，西向入關。漢遣三十六將軍，竭天下之力，僅乃破之。錯言：『諸侯强大，削之亦反，不削亦反；削之反疾而禍小，不削反遲而禍大。』世皆以其主爲信。吾以爲不然。誠如文帝，忍而不削，濞必未反。遷延數歲之後，變故不一，徐因其變而爲之備，所以制之者固多術矣。猛虎在山，日食牛羊，人不能堪，荷戈而往刺之。幸則虎斃，不幸則人死，其爲害亟矣。晁錯之計，何以異此？若能高其垣墻，深其陷穽，時伺而謹防之，虎安能必爲害？此則文帝之所以備吳也。於乎，爲天下慮患，而使好名貪利小丈夫制之，其不爲晁錯者鮮矣！

又《漢景帝》 漢之賢君曰文景。文帝寬仁大度，有高帝之風。景帝忌克少恩，無人君之量，其實非文帝比也。【略】原其所以能全身保國與文帝俱稱賢君者，惟不改其恭儉故耳。

宋·楊萬里《誠齋集》卷九〇《文景務在養民論》 論曰：必有所不爲而後有所力爲。天下之事，將求夫有功，則無恤其有勞；將病其有勞，則無恥其無功，二者要難兼也；文景之治，將有所取，不得不有所舍；將有所重，不得不有所輕。是故敵之未柔也，國之未强也，名之未榮也，皆有所不問。蓋吾方以涵養天下爲事，一夫之擾，一物之病，皆足以累吾涵養之全，而又遑他事哉？

班固曰：『文景務在養民。』治天下之法二：曰靜曰動。人君出治之法，一曰專。專則有守，有守則無慕，無慕則有成。羿而慕王良，則喪其射，伯牙而慕高漸離之筑，則喪其琴。技固不可以兩能，能固不可以兩精也。堯舜治天下以靜者也，湯武治天下以動者也，成康治天下以靜者也，宣王治天下以動者也，由靜而治焉，治而專焉，是以有垂衣措刑之治；由動而治焉，治而專焉，是以有創業中興之治。曰動曰靜，雖聖人不能兼舉而雜用也。擇其所當務，而吾執之以爲專務。始之以擇，繼之以不疑，終之以不改，夫是之謂專務。

文景之務，獨在於養民，蓋以古之靜者而自處矣。而於天下之功名何務焉？平城之讎可報也，文景不報也。嫚書之悖可恥也，文景不恥也。火通甘泉之警可忿也，文景不忿也。文景非能忘情也，彼固有所不暇也。曷爲不暇也？文景之所務，有不在此也。使天下之民安，何必報東門之役？使天下之民富，何必紀燕然之功？使天下之民仁且壽，何必數入陳之俘？得匈奴之輜重，孰與吾太倉之腐？得單于之朝，孰與吾黎民之醇？天馬蒲萄之利，未足以易吾之桑麻滿野也。龍荒大漠之取，未足以易吾之煙火萬里也。

方文景擇此務而固執之，智者必忿於心，勇者必忿於色矣。未幾，則相與樂之，已而忘之矣。天下忘文景之仁，而文景不忘天下之民。文景之不忘，專於仁者也。天下之忘文景，安於仁者也。故夫粟帛之賜，文景之小惠也；徵賦之減，文景之廉德也；刑罰之幾措，文景之寬政也，非文景養民之務也。文景不以有功者易其有勞者，是眞文景之務也歟？

千金之家，其所以起者動也。其所以守者，非動也，靜也。其祖父之披荆棘犯霜露，不爲則不可也。夫豈樂於此乎哉？子孫守之，不知其祖父之初不樂乎動也。狂夫怵之，褊夫激之，以爲無動於身，則無强於家。或鬬焉，或訟焉，家則强矣，無乃適所以爲弱乎哉？孝武是也。孝武以爲文景之怯也，矯而振之，唐蒙之狂，李陵之褊，而文景之生産作業始搖矣。末年之事，使文景見之，其心不傷乎哉？湯武、周宣之動，不得已焉者也。孝武承文景富庶之全盛，而必欲動焉，其亦有不得已者耶？故治天下之法，可喜者動也，可笑者靜也。孝武可喜者也，文景可笑者也，可笑而可安者也。謹論。

宋·錢時《兩漢筆記》卷三《文帝》 舜罰弗及嗣。文王罪人不孥，而況於父母乎！高祖入關，約法三章，餘悉去秦苛法，曷爲而收帑相坐，復仍秦舊？此蕭相國定律之罪也。文帝卽位而首除之，知所先務矣。【略】

賞罰者，人主之操柄而非人主所得私也，天也。故曰，天命有德，五服五章哉。天討有罪，五刑五用哉。是故，古之聖王官以崇德，所以使爲善者勸。刑以抵罪，所以使爲惡者懲。爲善者勸，則天下莫不樂於爲君子矣。爲惡者懲，則天下莫不耻於爲小人矣。今欲貴粟，而使人主之操柄聽命於富民之手，錯不足道也，而帝亦謂然哉。【略】

文帝之除肉刑，是矣。古聖用之，然且非歟？曰，不然。治古之世，

有井田以爲養，有學校以爲教，有比閭族黨以爲居，有冠婚喪祭以爲禮。凡所以善人心，厚風俗之道，無所不盡其至，然猶懼其或入於非義以亂吾俗也。於是爲之法制以防之，畫之衣冠以威之，垂之象魏以曉習之，又歲時讀法以訓諭之。是明刑者，所以弼教也。折民於刑者，所以降典也。好生之德，洽於民心，比屋可封，人人有士君子之行，肉刑雖具而未必用也。後世教化不明，先王所以善人心、厚風俗之道掃地盡矣。每見所謂一門之内，大者可殺，小者可論，未嘗不爲之痛心疾首。嗚呼！是誰之咎哉！人欲横奔，風俗敗壞，無禮無義，以妄爲常。爪剛者抉，力强者搏，紛紛籍籍，與禽獸無異。上之人不思所以致此者何由，凡古人假之以弼教降典，哀矜惻怛而不忍者，一切假之爲勝民之具矣。是故，刑辟愈繁而姦愈不可止。夫如是，而以肉刑爲重。肉刑其果重乎？文帝謂教未施而刑已加，良可敬服。雖然，此事殆未易輕於置論。愚是以於肉刑之除，感世變之非古而爲之重歎也。【略】

景不如文亦明矣。然言治者，必曰文景。何也？蓋自春秋戰國，歷暴秦，更劉項，戰鬬之禍，寓宇分裂，生民塗炭。至於文帝，乃始以朴儉先天下，務農重穀，省刑罰，薄稅斂，而遂措斯世於休養生息之地，三代而下未之有也。景帝嗣服雖不如文，而此數事所以厚民元氣、養國命脉者，則能遵守無所變亂，是以相繼四十年，海内富庶，風俗醇厚，而西都之盛獨稱文景歟。

宋·眞德秀《西山讀書記》卷三六　或問曹參治齊師，蓋公其相漢也以清淨。文景之治，大率依本黄老，約躬省事，薄斂緩獄，不言兵而天下富，老子之教亦何負傳歟！曰，蓋公之語參曰：『治道貴清淨，而民自定。』此在老子書中一語爾。此一語，非有搥提仁義滅絶禮教之失也，故參用之，務爲休息不擾，至於文景斯極功矣。

宋·佚名《歷代名賢確論》卷四一《文帝·除肉刑》　樂天曰，漢除肉刑，逮今千有餘祀，其間，博聞達識之士，議其是非者多矣。其欲廢之者，則曰刻膚革，斷支體，人主忍而用之，則愷悌惻隱之心乖矣，其緹縈所謂『雖欲改過自新，其道亡繇』者也；其欲復之者，則曰任箠令用鞭刑，酷吏倚而行之，則專殺濫死之弊作矣，此班固所謂『以死罔人，失本意』者也。愚以爲議事者宜徵其實，用刑者宜酌其情，若以情實言之，則可廢而不可復也。何者？夫肉刑者，蓋取劓、椓、黥、刖之類耳，《書》所謂五虐之刑也。昔苗人始淫爲之，而天既降咎；及秦人又虐用之，而天下亦離心。夫如是，則豈無濫死者耶？漢文帝始除去之，而刑罰以清。我太宗亦因而棄之，而人用不犯。夫如是，則豈有罔人者耶？此愚所謂徵其實者也。愚又聞聖人之用刑也，輕重適時變，用捨順人情，不必乎反今之宜，復古之制也。況肉刑廢之久矣，人莫識焉。今一朝卒然用之，或絶筋，或折骨，或面傷，則見者必痛其心，聞者必駭其耳，又非聖人適時變、順人情之意也。徵之於實既如彼，酌之於情又如此，可否之驗，豈不明哉！《傳》曰：『君子爲政，貴因循而重改作。』又曰：『利不百，不變法。』愚以爲復之有害而無利也，其可變而改作乎？

又　卷四二《景帝·文景優劣》　子由論曰，漢之賢君，皆曰文景。文帝寬仁大度，有高帝之風。景帝忌克少恩，無人君之量，其實非文帝比也。帝之爲太子也，吳王濞世子來朝，與帝博而爭道，帝怒，以博局提殺之。濞之叛逆，勢激於此。張釋之，文帝之名臣也。以劾奏之貶，斥死淮南。鄧通，文帝之倖臣也。以吮癰之怨，困迫至死。晁錯始與帝謀削諸侯，帝違衆而用之。及七國反，袁盎一説，譎而斬之東市，曾不之卹。周亞夫爲大將，折吳、楚之鋭鋒，不數月而平大難，及其爲相，守正不阿，惡其悻悻不屈，遂以無罪殺之。梁王武，母弟也。驕而縱之，幾致其死。臨江王榮，太子也。以母失愛，至使酷吏殺之。其於君臣、父子、兄弟之際，背理而傷道者，一至如此。原其所以能全身保國，與文帝俱稱賢君者，惟不改其恭儉故耳。《春秋》之義，弑君稱君，君無道也。稱臣，臣之罪也。然陳侯平國、蔡侯般，皆以無道弑，而弑皆稱臣，以爲罪不及民故也。如景帝之失道非一也，而猶稱賢君，豈非躬行恭儉，罪不及民故耶？此可爲不恭儉者戒也。

明·楊士奇等《歷代名臣奏議》卷二　漢高帝崛起豐沛，自謂能用三傑，得天下。天下未定，君臣相與，逸樂遽入於無爲；既老，昵愛幾成，廢適立庶之誤，再世而有吕氏之患。天方祚漢，特假是以戒。其後，遂有文景之治，天命吉凶之報也。

清·顧炎武《日知録》卷八《法制》　杜子美詩曰：『舜舉十六相，身尊道何高。秦時任商鞅，法令如牛毛。』又曰：『君看燈燭張，轉使飛

蛾密。』其切中近朝之事乎？

漢文帝詔置三老、孝弟、力田常員，令各率其意，以道民焉。夫三老之卑，而使之得率其意，此文景之治所以至於移風易俗，黎民醇厚，而上擬於成康之盛也。

藝文

三國魏・曹植《曹子建集》卷七《漢文帝贊》　孝文卽位，愛物儉身。驕吳撫越，匈奴和親。納諫赦罪，以德讓民。殆至刑錯，萬國化淳。

又《漢景帝贊》　景帝明德，繼文之則。肅清王室，克滅七國。省役薄賦，百姓殷昌。風移俗易，齊美成康。

清・愛新覺羅・弘曆《御製詩四集》卷四九《全韻詩上去入聲七十六首古體詩一首・漢文帝》　卓識愛吟杜牧詩，不是安劉嗤四皓。天與人歸適逢時，庚庚大横符吉兆。西鄉南鄉讓再三，是謂有禮仁爲寶。收孥相坐在首除，詔定振窮及養老。卑辭爰賜趙佗書，亦得稱臣罷兵討。止輦常受從官言，勸農蠲賦頻可考。其間善政不勝書，繼世之君誠最好。史臣總論吾所疑，輯覽已評弗重道。

又《漢景帝》　周曰成康漢文景，與民休息政去瑣。勸農桑禁采珠玉，惸獨亦哀富亦哿。聽鼂錯議削七國，反則誅之實未妥。既而又悔識甚卑，苟非亞夫延巨禍。田叔復善處骨肉，帝何爲者隨否可。

雜録

宋・周紫芝《太倉稊米集》卷六五《西漢日食五十有三》　春秋二百四十二年，日食三十六。西漢二百一十餘年，日食乃至五十有三。以文景之治，而其食乃至十有二焉。班固於他帝輒書其應，於文景獨書其食而不書其應。書其食，所以使人主之知畏。不書其應，所以使求其故者得文景之治焉。疑作史之法如此，而未可知也。

宋・錢時《兩漢筆記》卷三《文帝》　時有獻千里馬者。帝曰：『鸞旗在前，屬車在後，吉行日五六十里，師行三十里。朕乘千里馬，獨先安之？』於是還其獻馬，與道里費，而下詔曰：『朕不受獻也。其令四方毋復來獻。』【略】

六年，梁太傅賈誼上疏曰：『夫樹國固必相疑之勢，下數被其殃，上數爽其憂，甚非所以安上而全下也。臣竊迹前事，大抵强者先反。長沙乃二萬五千户耳，功少而最完，勢疏而最忠，非獨性異人也，亦形勢然也。曩令樊、酈、絳、灌據數十城而王，今雖以殘亡可也；令信、越之倫列爲徹侯而居，雖至今存可也。則天下之大計可知也。欲諸王之皆忠附，則莫若令如長沙王；欲臣子勿菹醢，則莫若令如樊、酈等；欲天下之治安，莫若衆建諸侯而少其力。力少則易使以義，國小則亡邪心。令海内之勢，如身之使臂，臂之使指，莫不制從，諸侯之君不敢有異心，輻輳並進而歸命天子。割地定制，令齊、趙、楚各爲若干國，使悼惠王、幽王、元王之子孫畢以次各受祖之分地，地盡而止；其分地衆而子孫少者，建以爲國，空而置之，須其子孫生者舉使君之；一寸之地，一人之衆，天子亡所利焉，誠以定治而已。如此，則臥赤子天下之上而安，植遺腹，朝委裘而天下不亂。』

漢懲秦孤立之敗，大封同姓，跨州兼郡，連城數十宫室，百官同制京師，史氏謂矯枉過正，是矣。賈誼請衆建諸侯而少其力，可爲當時的論。其言苟用，安有七國之變哉！主父偃竊取而行於元朔間已後矣，論者未免爲文帝惜之。然以愚觀於事勢，則蓋有説也。自帝而上，異姓之王相繼以反誅，而同姓固未有一人叛者。高后臨朝，擅王諸吕，漢祚中絶者八年矣。微朱虚、東牟與二三大臣共起而誅諸吕，定劉氏，則漢之爲漢，今何如也？帝自藩邸入繼大統，然已寒之灰續垂亡之脉，尾大之禍未見，而宗强之助方新，後雖有濟北淮南之釁，而興居發於失職奪功，旋卽敗死厲王長者，當時之論，往往咎在不爲置嚴，傅相驕蹇弗度，以至於是。然亦事覺卽廢，徙無能爲，皆非由地大也。賈生年少，痛哭而言，於帝之心宜未盡合。自七國叛，其禍方著天下，無異姓强大之憂，而所可慮者獨在同姓。惟見其害而不見其利，與文帝時大不侔矣。此主父偃之説所以得行歟。雖然責之以先見之明，以義斷恩，知幾弭禍，則文帝亦不爲無罪也。【略】

十二年，鼂錯言於上曰：『貴粟之道，在於使民以粟爲賞罰。今募天

下入粟縣官，得以拜爵，得以除罪。爵者，上之所擅，出於口而無窮；粟者，民之所種，生於地而不乏。夫得高爵與免罪，人之所甚欲也。使天下人入粟於邊，以受爵免罪，不過三歲，塞下之粟必多矣。』帝從之，令民入粟邊，拜爵免罪。

漢武帝盛世分部

綜述

《史記》卷一二《孝武本紀》 孝武皇帝者，孝景中子也。母曰王太后。孝景四年，以皇子爲膠東王。孝景七年，栗太子廢爲臨江王，以膠東王爲太子。孝景十六年崩，太子卽位，爲孝武皇帝。孝武皇帝初卽位，尤敬鬼神之祀。

又 卷三〇《平準書》 至今上卽位數歲，漢興七十餘年之閒，國家無事，非遇水旱之灾，民則人給家足，都鄙廩庾皆滿，而府庫餘貨財。京師之錢累巨萬，貫朽而不可校。太倉之粟陳陳相因，充溢露積於外，至腐敗不可食。衆庶街巷有馬，阡陌之閒成羣，而乘字牝者儐而不得聚會。守閭閻者食粱肉，爲吏者長子孫，居官者以爲姓號。故人人自愛而重犯法，先行義而後絀恥辱焉。當此之時，網疏而民富，役財驕溢，或至兼并豪黨之徒，以武斷於鄉曲。宗室有土公卿大夫以下，爭于奢侈，室廬輿服僭于上，無限度。物盛而衰，固其變也。

《漢書》卷六《武帝紀》 建元元年冬十月，詔丞相、御史、列侯、中二千石、二千石、諸侯相舉賢良方正直言極諫之士。丞相綰奏：『所舉賢良，或治申、商、韓非、蘇秦、張儀之言，亂國政，請皆罷。』奏可。

春二月，赦天下。賜民爵一級。年八十復二算，九十復甲卒。行三銖錢。【略】

五年春，罷三銖錢，行半兩錢。

置《五經》博士。【略】

元光元年冬十一月，初令郡國舉孝廉各一人。【略】

匈奴入上谷，殺略吏民。遣車騎將軍衛青出上谷，騎將軍公孫敖出代，輕車將軍公孫賀出雲中，驍騎將軍李廣出雁門。青至龍城，獲首虜七百級。廣、敖失師而還。【略】

秋，匈奴盜邊。遣將軍韓安國屯漁陽。【略】

秋，匈奴入遼西，殺太守；入漁陽、雁門，敗都尉，殺略三千餘人。遣將軍衛青出雁門，將軍李息出代，獲首虜數千級。

東夷薉君南閭等口二十八萬人降，爲蒼海郡。【略】

匈奴入上谷、漁陽，殺略吏民千餘人。遣將軍衛青、李息出雲中，至高闕，遂西至符離，獲首虜數千級。收河南地，置朔方、五原郡。

三月乙亥晦，日有蝕之。

夏，募民徙朔方十萬口。又徙郡國豪傑及訾三百萬以上於茂陵。

秋，燕王定國有罪，自殺。

三年春，罷蒼海郡。

三月，詔曰：『夫刑罰所以防奸也，內長文所以見愛也。以百姓之未洽於教化，朕嘉與士大夫日新厥業，祗而不解。其赦天下。』

夏，匈奴入代，殺太守；入雁門，殺略千餘人。

六月庚午，皇太后崩。

秋，罷西南夷，城朔方城。令民大酺五日。

四年冬，行幸甘泉。

夏，匈奴入代、定襄、上郡，殺略數千人。

五年春，大旱。大將軍衛青將六將軍兵十餘萬人出朔方、高闕，獲首虜萬五千級。

夏六月，詔曰：『蓋聞導民以禮，風之以樂。今禮壞樂崩，朕甚閔焉。故詳延天下方聞之士，咸薦諸朝。其令禮官勸學，講議洽聞，舉遺舉禮，以爲天下先。太常其議予博士弟子，崇鄉黨之化，以厲賢材焉。』丞相弘請爲博士置弟子員，學者益廣。

秋，匈奴入代，殺都尉。

六年春二月，大將軍衛青將六將軍兵十餘萬騎出定襄，斬首三千餘級。還，休士馬於定襄、雲中、雁門。赦天下。

夏四月，衛青復將六將軍絕幕，大克獲。前將軍趙信軍敗，降匈奴。

右將軍蘇建亡軍，獨自脫還，贖爲庶人。

六月，詔曰：『朕聞五帝不相復禮，三代不同法，所由殊路而建德一也。蓋孔子對定公以徠遠，哀公以論臣，景公以節用，非期不同，所急異務也。今中國一統而北邊未安，朕甚悼之。日者大將軍巡朔方，征匈奴，斬首虜萬八千級，諸禁錮及有過者，咸蒙厚賞，得免減罪。今大將軍仍復克獲，斬首虜萬九千級，受爵賞而欲移賣者，無所流。其議爲令。』有司奏請置武功賞官，以寵戰士。【略】

春三月戊寅，丞相弘薨。

遣驃騎將軍霍去病出隴西，至皋蘭，斬首八千餘級。【略】

將軍去病、公孫敖出北地二千餘里，過居延，斬首虜三萬餘級。

匈奴入雁門，殺略數百人。遣衛尉張騫、郎中令李廣皆出右北平。廣殺匈奴三千餘人，盡亡其軍四千人，獨身脫還，及公孫敖、張騫皆後期，當斬，贖爲庶人。【略】

秋，匈奴昆邪王殺休屠王，并將其衆合四萬餘人來降，置五屬國以處之。以其地爲武威、酒泉郡。【略】

四年冬，有司言關東貧民徙隴西、北地、西河、上郡、會稽凡七十二萬五千口，縣官衣食振業，用度不足，請收銀錫造白金及皮幣以足用。初算緡錢。【略】

大將軍衛青將四將軍出定襄，將軍去病出代，各將五萬騎。步兵踵軍後數十萬人。青至幕北圍單于，斬首萬九千級，至闐顔山乃還。去病與左賢王戰，斬獲首虜七萬餘級，封狼居胥山乃還。兩軍士死者數萬人。前將軍廣、後將軍食其皆後期。廣自殺，食其贖死。【略】

五年春三月甲午，丞相李蔡有罪，自殺。

天下馬少，平牡馬，匹二十萬。

罷半兩錢，行五銖錢。

徙天下奸猾吏民於邊。【略】

六年冬十月，發隴西、天水、安定騎士及中尉、河南、河內卒十萬人，遣將軍李息、郎中令徐自爲征西羌，平之。

行東，將幸緱氏，至左邑桐鄉，聞南越破，以爲聞喜縣。

春，至汲新中鄉，得呂嘉首，以爲獲嘉縣。馳義侯遺兵未及下，上便令征西南夷，平之。遂定越地，以爲南海、蒼梧、鬱林、合浦、交阯、九眞、日南、珠厓、儋耳郡。定西南夷，以爲武都、牂柯、越巂、沈黎、文山郡。【略】

東越殺王餘善降。詔曰：『東越險阻反復，爲後世患，遷其民於江、淮間。』遂虛其地。【略】

朝鮮王攻殺遼東都尉，乃募天下死罪擊朝鮮。【略】

遣樓船將軍楊僕、左將軍荀彘將應募罪人擊朝鮮。又遣將軍郭昌、中郎將衛廣發巴蜀兵平西南夷未服者，以爲益州郡。【略】

夏，朝鮮斬其王右渠降，以其地爲樂浪、臨屯、玄菟、眞番郡。【略】

初置刺史部十三州。名臣文武欲盡，詔曰：『蓋有非常之功，必待非常之人，故馬或奔踶而致千里，士或有負俗之累而立功名。夫泛駕之馬，跅馳之士，亦在御之而已。其令州、郡察吏、民有茂材異等可爲將相及使絕國者。』【略】

夏五月，正曆，以正月爲歲首。色上黃，數用五，定官名，協音律。【略】

遣光祿勳徐自爲築五原塞外列城，西北至盧朐，遊擊將軍韓說將兵屯之。强弩都尉路博多築居延。【略】

渠黎六國使使來獻。

又　卷二四《食貨志》　是後，外事四夷，內興功利，役費並興，而民去本。董仲舒說上曰：『《春秋》它穀不書，至於麥禾不成則書之，以此見聖人於五穀最重麥與禾也。今關中俗不好種麥，是歲失《春秋》之所重，而損生民之具也。願陛下幸詔大司農，使關中民益種宿麥，令毋後時。』又言：『古者稅民不過什一，其求易共；使民不過三日，其力易足。民財內足以養老盡孝，外足以事上共稅，下足以蓄妻子極愛，故民說從上。至秦則不然，用商鞅之法，改帝王之制，除井田，民得賣買，富者田連阡陌，貧者無立錐之地。又顓川澤之利，管山林之饒，荒淫越制，踰侈以相高；邑有人君之尊，里有公侯之富，小民安得不困？又加月爲更卒，已，復爲正，一歲屯戍，一歲力役，三十倍於古；田租口賦，鹽鐵之利，二十倍於古。或耕豪民之田，見稅什五。故貧民常衣牛馬之衣，

而食犬彘之食。重以貪暴之吏，刑戮妄加，民愁亡聊，亡逃山林，轉爲盜賊，赭衣半道，斷獄歲以千萬數。漢興，循而未改。古井田法雖難卒行，宜少近古，限民名田，以澹不足，塞并兼之路。鹽鐵皆歸於民。去奴婢，除專殺之威。薄賦斂，省繇役，以寬民力。然後可善治也。』仲舒死後，功費愈甚，天下虛耗，人復相食。【略】

武帝因文景之蓄，忿胡、粤之害，即位數年，嚴助、朱買臣等招徠東甌，事兩粤，江淮之間蕭然煩費矣。唐蒙、司馬相如始開西南夷，鑿山通道千餘里，以廣巴蜀，巴蜀之民罷焉。彭吳穿穢貊、朝鮮，置滄海郡，則燕、齊之間靡然發動。及王恢謀馬邑，匈奴絕和親，侵擾北邊，兵連而不解，天下共其勞。干戈日滋，行者齎，居者送，中外騷擾相奉，百姓抏敝以巧法，財賂衰耗而不澹。入物者補官，出貨者除罪，選舉陵夷，廉恥相冒，武力進用，法嚴令具。興利之臣自此而始。

其後，衛青歲以數萬騎出擊匈奴，遂取河南地，築朔方。時又通西南夷道，作者數萬人，千里負擔饋餉，率十餘鍾致一石，散幣於邛、僰以輯之。數歲而道不通，蠻夷因以數攻，吏發兵誅之。悉巴蜀租賦不足以更之，乃募豪民田南夷，入粟縣官，而內受錢於都內。東置滄海郡，人徒之費疑於南夷。又興十餘萬人築衛朔方，轉漕甚遠，自山東咸被其勞，費數十百巨萬，府庫並虛。乃募民能入奴婢得以終身復，爲郎增秩，及入羊爲郎，始於此。

此後四年，衛青比歲十餘萬衆擊胡，斬捕首虜之士受賜黃金二十餘萬斤，而漢軍士馬死者十餘萬，兵甲轉漕之費不與焉。於是大司農陳臧錢經用賦稅既竭，不足以奉戰士。有司請令民得買爵及贖禁錮免減罪；請置賞官，名曰武功爵，級十七萬，凡值三十餘萬金。諸買武功爵官首者試補吏，先除；千夫如五大夫；其有罪又減二等；爵得至樂卿，以顯軍功。軍功多用超等，大者封侯卿大夫，小者郎。吏道雜而多端，則官職秏廢。

自公孫弘以《春秋》之義繩臣下取漢相，張湯以峻文決理爲廷尉，於是見知之法生，而廢格沮誹窮治之獄用矣。其明年，淮南、衡山、江都王謀反迹見，而公卿尋端治之，竟其黨與，坐而死者數萬人，吏益慘急而法令察。當是時，招尊方正賢良文學之士，或至公卿大夫。公孫弘以宰相，布被，食不重味，爲下先，然而無益於俗，稍務於功利矣。【略】

大農上鹽鐵丞孔僅、咸陽言：『山海，天地之臧，宜屬少府，陛下弗私，以屬大農佐賦。願募民自給費，因官器作煮鹽，官與牢盆。浮食奇民欲擅斡山海之貨，以致富羨，役利細民。其沮事之議，不可勝聽。敢私鑄鐵器、煮鹽者，鈦左趾，沒入其器物。郡不出鐵者，置小鐵官，使屬在所縣。』使僅、咸陽乘傳舉行天下鹽鐵，作官府，除故鹽鐵家富者爲吏。吏益多賈人矣。

商賈以幣之變，多積貨逐利。於是公卿言：『郡國頗被灾害，貧民無產業者，募徙廣饒之地。陛下損膳省用，出禁錢以振元元，寬貸，而民不齊出南畝，商賈滋衆。貧者畜積無有，皆仰縣官。異時算軺車、賈人之緡錢皆有差小，請算如故。諸賈人末作貰貸賣買，居邑貯積諸物，及商以取利者，雖無市籍，各以其物自占，率緡錢二千而算一。諸作有租及鑄，率緡錢四千算一。非吏比者、三老、北邊騎士，軺車一算；商賈人軺車二算。船五丈以上一算。匿不自占，占不悉，戍邊一歲，沒入緡錢。有能告者，以其半畀之。賈人有市籍，及家屬，皆無得名田，以便農。敢犯令，沒入田貨。』

是時，豪富皆爭匿財，唯卜式數求入財以助縣官。天子乃超拜式爲中郎，賜爵左庶長，田十頃，佈告天下，以風百姓。初，式不願爲官，上强拜之，稍遷至齊相。語自在其《傳》。孔僅使天下鑄作器，三年中至大司農，列於九卿。而桑弘羊爲大司農中丞，管諸會計事，稍稍置均輸以通貨物。始令吏得入穀補官，郎至六百石。【略】

其明年，元封元年，卜式貶爲太子太傅。而桑弘羊爲治粟都尉，領大農，盡代僅斡天下鹽鐵。弘羊以諸官各自市相爭，物以故騰躍，而天下賦輸或不償其僦費，乃請置大農部丞數十人，分部主郡國，各往往置均輸、鹽、鐵官，令遠方各以其物如異時商賈所轉販者爲賦，而相灌輸。置平準於京師，都受天下委輸。召工官治車諸器，皆仰給大農。大農諸官盡籠天下之貨物，貴則賣之，賤則買之。如此，富商大賈亡所牟大利，則反本，而萬物不得騰躍。故抑天下之物，名曰『平準』。天子以爲然而許之。於是天子北至朔方，東封泰山，巡海上，旁北邊以歸。所過賞賜，用帛百餘萬匹，錢金以鉅萬計，皆取足大農。

論説

漢・荀悦《前漢紀》卷二九《武帝紀》　武皇帝愍中國罷勞，無安寧之時，乃南伐百越，起七郡之師。北攘匈奴，降十萬之衆，置吾屬國，起朔方，以奪其肥饒之地。東伐朝鮮，起玄菟、樂浪，以斷匈奴之左臂。西伐大宛，幷三十六國，起燉煌、酒泉、張掖，斷匈奴之右臂。單于孤特，遠遁漠北，四方無事，卻地遂境，起十餘郡。功業既定，乃封丞相爲富民侯，以大安天下，富貴百姓，規模可見。招集天下賢俊，與協心同謀，興制度，改正朔，易服色，立天地之祀。建封禪，殊官號，存周後，定諸侯，永無逆爭之心，至今累代賴之。單于守藩，百蠻率服，萬世中興之功，未之有也。

宋・李昉等《太平御覽》卷八八《皇王部一三・漢孝武皇帝》

《典論》曰：「孝武帝承累世之遺業，遇中國之殷阜，府庫餘錢帛，倉廩畜腐粟，因此有意平滅匈奴而得清邊境矣。故卽位之初，從王恢之書，設馬邑之謀，自元光以迄征和，四五十載之間，征匈奴四十餘：舉盛餘，逾廣漠，絶梓嶺，封狼居胥，禪姑幕，梁北河，觀兵瀚海，刈單于之旗，剿閼氏之首，探符離之窟，掃五王之庭。納休屠昆耶之附，獲祭天金人之寶。斬名王以千數，馘首虜以萬計。既窮追其散亡，又摧破其積聚，虜不暇於救死扶傷，疲困於孕重墮殰。元封初，躬執武節，告以天子自將，懼以兩越之誅，彼時號爲威震匈奴矣。」

宋・何去非《何博士備論》卷上《武帝論》　兵有所必用，雖虞舜、太王之不欲，固當舉之；有所不必用，雖蚩尤、秦皇之不厭，固當戢之。古之人君，有忘戰而惡兵，其敝天下皆得以陵之，故其勢蹙於弱而不能振；有樂戰而窮兵，其敝天下皆得以乘之，故其勢靡於强而不知屈。然則，兵於人之國也，有以用而危，亦有以不用而殆矣。

西漢之興，歷五君而至於孝武。自高帝之起匹夫，誅强秦，蹙暴楚，已而平反亂，征不服，迄於其世，而天下伏尸流血者二十餘年。呂后、惠、文，乘天下初定，與民休息，深持柔仁不校之德。其於兵也，固憚言而厭用之也，可謂知天下之勢矣。孝景之於漢也，蓋威可抗而兵可形之時也。然而，卽位未幾，卒然讙於七國之變。故其心氣創艾，亦姑安天下之無事，未暇爲天下之勢慮也。然其爲漢之勢，亦浸以趨弱矣。孝武帝以雄才大畧，承三世涵育之澤，知夫天下之勢將就弱而不振，所當濟之以威强而抗武節之時也。方是時也，內無姦變之臣，外無强偪之國，而世爲漢患者獨匈奴耳。

夫匈奴自楚、漢之起，乘秦之亂，復踐河南之地，而其勢始强。高帝嘗以三十萬之衆困於白登之圍，蓋士不食者七日，已解而歸，不思有以復之，而和親始議矣。高后被其嫚書之辱，臨朝而震忿矣，終之以婉辭順禮慰適其桀驁之情。凡此者，皆欲與民息肩，姑置外之而不校也。孝文之立，其所以順悦輸遺者甚，至飾遺宗女以固其懽。蓋送車未返，而敵已大舉深入，候騎達於雍、甘泉矣。其後乍親乍絶，益爲寇患至於近，嚴霸上、棘門、細柳之屯以衛京都。以孝文之寬仁愼靜，攝衣發憤，親駕而驅之者再，乃至乎輟飯搏髀而思頗、牧之良能也。孝景之世，其所以悦奉之情與夫遺給之數又加至矣。然其寇侵之暴，信然其不止也。由是觀之，漢之於匈奴，非深懲而大治之，則其爲後患也，可勝備哉？是以孝武抗其英特之氣，選徒習騎，擇命將帥，先發而倡誅之。蓋師行十年，斬刈殆盡，名王貴人俘獲百數，單于捧手，窮遁漠北，遂收兩河之地而郡屬之。刷四世之侵辱，遺後嗣之安强。至於宣、元、成、哀之世，單于頓顙臣順，謁期聽令以朝，位次比內諸侯。雖曰勞師匱財，而功烈之被遠矣。使微孝武，則漢之所以世被邊患，其戍役轉餉以憂累縣官者，可得而預計哉？甚矣！昧者之議，不知求夫天下之勢、强弱之任所當然者，而猥曰：「文、景爲是慈儉愛民，而武帝瀆於兵師祈祀。」至與秦皇同日而非詆之，豈不痛哉！使孝武不溺於文成、五利之姦以重耗天下，攘外之役止於衛、霍之旣死，而不窮貳師之兵，則其功烈與周宣比隆矣。

宋・錢時《兩漢筆記》卷四《武帝》　武帝卽位而首訪大道之要，仲舒對策而首以學問爲言。此三代而下君臣相問答者所未有也，豈不美哉！雖然，眞知所以爲學問，則大道之要在是矣。夫道者，無方無體，無所不至，無所不通。《大傳》曰：「易有太極，是生兩儀，兩儀生四象，四象生八卦。」是天地萬物同出於道，範圍發育，無非此道之變化。父子之所以親，君臣之所以義，夫婦之所以別，長幼之所以序，朋友之所以

信，日用常行，起居食息，皆此道也。故曰：『誰能出不由户？何莫由斯道？』仲舒謂道之大，原出於天，其以成象者而言乎？抑以理言乎？以理而言，天卽道，道卽天，何原何出之可別也。以成象者而言，則天特範圍中之一物耳，謂之大原尤不可也。然則斯道之大果有要乎？曰，在乎心。人心之良，本無非道。感物而動，意蔽情昏。始日用而不知終，冥迷顛倒而不自反，是故不可以無學焉。學而不問，則疑無與決，室無與通，邪正無與分，眞僞無與辨，雖學猶不學也。故《易》曰：『學以聚之，問以辨之。』《中庸》曰：『博學之，審問之。』曰學曰問，兩不偏廢，則本心日明，六通四闢矣。知此謂之智，得此謂之德，全此謂之仁，宜此謂之義，履此謂之禮，樂此謂之樂，非由外鑠我也，我固有之也。兢兢業業者，兢業乎此也。無怠無荒者，無怠荒乎此也。於穆不已者，不已乎此也。夙夜罔或不勤者，勤乎此也。曰爲之不厭，曰自强不息者，不厭不息乎此也。是勉也，非可强也。一有强勉之意，卽有時而作輟，非不厭不息之運也。順此則爲治，逆此則爲亂。順此則爲吉，逆此則爲凶。順此則爲安爲存，逆此則爲危爲亡。所貴於大學者，以此教也。所貴於守令者，以此師帥也。所貴於更化者，以此躬行於上而天下自丕變也。故曰：『一家仁，一國興仁；一家讓，一國興讓。』又曰：『君子之德風，小人之德草，草上之風必偃。』此感化之妙也。是故，先之以博愛而民莫遺其親，陳之以德義而民興行。先之以敬順而民不爭，導之以禮樂而民和睦，示之以好惡而民知禁。上以實感，下以實應，不言而信，不令而從，非徒區區革一弊、新一政而謂之更化也。唐相楊綰而減騶徹樂者，聳然於制下之日，豈待告語而復從事哉。自然之應，不可强也。仲舒曰：『道者所繇適於治之路也，仁義禮樂，皆其具也。』是特指事物爲仁義，以玉帛鐘鼓爲禮樂，而實未嘗知此心之卽道也。苟不明道而求先王於形迹之末，則後世玉田可以爲三代而舞韶箾者，卽得謂之舜矣。武帝好大喜夸，氣象已見於發策之初。仲舒但云學問而不明其所以學問之旨，使之斂華就實，反求諸心而力行之，徒佐其上嘉下樂之鋒，而大道之要終茫然迷眩無所歸宿。愚是以不能忘言。

宋・章如愚《羣書考索別集》卷二二《武帝御夷狄》　武帝窮兵文武。所恃者，祖宗之德未泯，人才之用爲多。孝武窮兵，文武之主也。承富庶之餘，席治平之後，不務脩德，而快意於匈奴。其總兵者凡十有三；其分出鴈門、雲中、酒泉者凡二十有八，其遺將提軍九十有七。嗚乎！武帝之窮兵如此，至於海内虛耗，户口減半，繼以聚斂榷酤，愁嘆無聊。當此之時，海内騷然，幾無復爲漢矣。武帝以能扶持宗社不至敗亡者，蓋以文景之德在人未泯，人才之用於兹爲多故爾。

藝文

三國魏・曹植《曹子建集》卷七《漢武帝贊》　世宗光光，文武是攘。威振百蠻，恢拓土疆。簡定律曆，辨修舊章。封天禪土，功越百王。

宋・佚名《歷代名賢確論》卷四三《武帝・窮兵四夷》　張祜詩曰：『漢代非良計，西戎世世塵。無何來善馬，不算苦生民。外國讐虛結，中華憤莫伸。卻教爲後恥，昭帝遠和親。』又曰：『留名魯連去，於世絕遺音。盡愛聊城下，寧知滄海深。偶然飛一箭，無事在千金。回望凌煙閣，何人是此心。』

清・陳元龍《御製歷代賦彙補遺》卷一《元・李哲〈蒲輪車賦〉》

猗歟漢武之馭世也，承文景之治平，祖高祖之用能。慨勵精以圖治，延四海之羣英。罷黜乎百家，表章乎六經。慕殷高之招徠，噫姬文之親迎。感趙綰之一薦，萃吉士以彙征。爰下求賢之詔，徵申公於魯庭。匪禮儀之致備，胡得賢而委身？爰駕其車，爰蒲其輪，於以表求賢之意，於以彰待賢之仁。蓋車以安而致遠，輪以蒲而靡轔。載馳載驅，靡震靡驚。正軏杌之不安，平軒輊之有傾。是車也，因茲輪而運用。是輪也，因茲蒲而見稱。是蒲也，因求賢而見貴。是車之制也，因待賢而異名。此蒲輪之取義，所以敬老而尊榮也。想夫帝之徵公也，帝以公之高年而是重，公以帝之致禮而是興。帝以公之共治而是進，公以帝之言用而是行。奈何，爲治之道下訪，力行之言乃陳。適忤帝意，志不獲伸。既予聽之藐藐，又何告之諄諄。託明堂以議禮，爰疏之而莫親。是則武皇蒲輪之徵士，徒有其名而蔑厥眞也。厥後窮奢極欲，人才一空。悲董生之長往，陋弘湯之見崇。卒之海内虛耗，而爲方士之所瞽矇。帝雄才而大畧，羌有始而無終。諒蒲輪之虛設，誠無用乎申公。盛哉皇元，車書會同。陋漢武之求賢，藹唐虞

之高風。登崇俊良，立賢無方。懷瑾握瑜者，已拔乎草萊。調燮贊襄者，已遊乎嵩廊。然而徵能聘賢之令數下，韜光晦迹之詔屢頒，是求賢以實而不以名，用賢以言而不爲難。又何必若漢武安車蒲輪，而後賢者得其安乎！

雜　録

宋・李昉等《太平御覽》卷八八《皇王部一三・漢孝武皇帝》　劉歆《七略》曰，孝武皇帝敕丞相公孫弘，廣開獻書之路。百年之間，書積如丘山，故外有太常、太史、博士之藏，內有延閣、廣內、秘室之府。

昭宣中興分部

綜　述

《漢書》卷七《昭帝紀》　三月，遣使者振貸貧民毋種、食者。秋八月，詔曰：『往年災害多，今年蠶麥傷，所振貸種、食勿收責，毋令民出今年田租。』【略】

徙三輔富人雲陵，賜錢，户十萬。

秋七月，詔曰：『比歲不登，民匱於食，流庸未盡還，往時令民共出馬，其止勿出。諸給中都官者，且減之。』【略】

詔曰：『朕以眇身獲保宗廟，戰戰栗栗，夙興夜寐，修古帝王之事，通保傅，傳《孝經》、《論語》、《尚書》，未云有明。其令三輔、太常舉賢良各二人，郡國文學高第各一人。賜中二千石以下至吏民爵各有差。』【略】

秋，大鴻臚廣明、軍正王平擊益州，斬首捕虜三萬餘人，獲畜產五萬餘頭。

六年春正月，上耕于上林。

二月，詔有司問郡國所舉賢良文學民所疾苦。議罷鹽鐵榷酤。

移中監蘇武前使匈奴，留單于庭十九歲乃還，奉使全節，以武爲典屬國，賜錢百萬。【略】

秋七月，罷榷酤官，令民得以律占租，賣酒升四錢。以邊塞闊遠，取天水、隴西、張掖郡各二縣置金城郡。【略】

冬十月，詔曰：『左將軍安陽侯桀、票騎將軍桑樂侯安、御史大夫弘羊皆數以邪枉干輔政，大將軍不聽，而懷怨望，與燕王通謀，置驛往來相約結。燕王遣壽西長、孫縱之等賂遺長公主、丁外人、謁者杜延年、大將軍長史公孫遺等，交通私書，共謀令長公主置酒，伏兵殺大將軍光，徵立燕王爲天子，大逆毋道。故稻田使者燕倉先發覺，以告大司農敞，敞告諫大夫延年，延年以聞。丞相徵事任宮手捕斬桀，丞相少史王壽誘將安入府門，皆已伏誅，吏民得以安。封延年、倉、宮、壽皆爲列侯。』又曰：『燕王迷惑失道，前與齊王子劉澤等爲逆，抑而不揚，望王反道自新，今乃與長公主及左將軍桀等謀危宗廟。王及公主皆自伏辜。其赦王太子建、公主子文信及宗室子與燕王、上官桀等謀反父母同產當坐者，皆免爲庶人。其吏爲桀等所詿誤，未發覺在吏者，除其罪。』【略】

六月，赦天下。詔曰：『朕閔百姓未贍，前年減漕三百萬石。頗省乘輿馬及苑馬，以補邊郡三輔傳馬。其令郡國毋斂今年馬口錢，三輔、太常郡得以叔、粟當賦。』【略】

罷中牟苑賦貧民。詔曰：『乃者民被水灾，頗匱於食，朕虛倉廩，使使者振困乏。其止四年毋漕。三年以前所振貸，非丞相、御史所請，邊郡受牛者勿收責。』【略】

冬，遼東烏桓反，以中郎將范明友爲度遼將軍，將北邊七郡郡二千騎擊之。

四年春正月丁亥，帝加元服，見于高廟。賜諸侯王、丞相、大將軍、列侯、宗室下至吏、民金、帛、牛、酒各有差。賜中二千石以下及天下民爵。毋收四年、五年口賦。三年以前逋更賦未入者，皆勿收。令天下酺五日。【略】

夏四月，詔曰：『度遼將軍明友前以羌騎校尉將羌王侯君長以下擊益州反虜，後復率擊武都反氐，今破烏桓，斬虜獲生，有功。其封明友爲平陵侯。平樂監傅介子持節使，誅斬樓蘭王安，歸首縣北闕，封義陽侯。』

【略】

六年春正月，募郡國徒築遼東玄菟城。夏，赦天下。詔曰：『夫穀賤傷農，今三輔、太常穀減賤，其令以叔粟當今年賦。』【略】

烏桓復犯塞，遣度遼將軍范明友擊之。

元平元年春二月，詔曰：『天下以農桑爲本。日者省用，罷不急官，減外繇，耕桑者益衆，而百姓未能家給，朕甚湣焉。其減口賦錢。』有司奏請減什三，上許之。

又 卷八《宣帝紀》 本始元年春正月，募郡國吏民訾百萬以上徙平陵。遣使者持節詔郡國二千石謹牧養民而風德化。【略】

匈奴數侵邊，又西伐烏孫。烏孫昆彌及公主因國使者上書，言昆彌願發國精兵擊匈奴，唯天子哀憐，出兵以救公主。秋，大發興調關東輕車鋭卒，選郡國吏三百石伉健習騎射者，皆從軍。御史大夫田廣明爲祁連將軍，後將軍趙充國爲蒲類將軍，雲中太守田順爲虎牙將軍，及度遼將軍范明友、前將軍韓增，凡五將軍，兵十五萬騎，校尉常惠持節護烏孫兵，咸擊匈奴。

三年春正月癸亥，皇后許氏崩。戊辰，五將軍師發長安。夏五月，軍罷。祁連將軍廣明、虎牙將軍順有罪，下有司，皆自殺。校尉常惠將烏孫兵入匈奴右地，大克獲，封列侯。【略】

四年春正月，詔曰：『蓋聞農者興德之本也，今歲不登，已遣使者振貸困乏。其令太官損膳省宰，樂府減樂人，使歸就農業。丞相以下至都官令丞上書入穀，輸長安倉，助貸貧民。民以車船載穀入關者，得毋用傳。』【略】

夏四月壬寅，郡國四十九地震，或山崩水出。詔曰：『蓋災異者，天地之戒也。朕承洪業，奉宗廟，託於士民之上，未能和羣生。乃者地震北海、琅邪，壞祖宗廟，朕甚懼焉。丞相、御史其與列侯、中二千石博問經學之士，有以應變，輔朕之不逮，毋有所諱。令三輔、太常、內郡國舉賢良方正各一人。律令有可蠲除以安百姓，條奏。被地震壞敗甚者，勿收租賦。』大赦天下。上以宗廟墮，素服，避正殿五日。【略】

上始親政事，又思報大將軍功德，乃復使樂平侯山領尚書事，而令羣臣得奏封事，以知下情。五日一聽事，自丞相以下各奉職奏事，以傅奏其言，考試功能。侍中尚書功勞當遷及有異善，厚加賞賜，至於子孫，終不改易。樞機周密，品式備具，上下相安，莫有苟且之意也。

三年春三月，詔曰：『蓋聞有功不賞，有罪不誅，雖唐虞猶不能以化天下。今膠東相成勞來不怠，流民自占八萬餘口，治有異等，其秩成中二千石，賜爵關內侯。』

又曰：『鰥寡孤獨高年貧困之民，朕所憐也。前下詔假公田，貸種、食。其加賜鰥寡孤獨高年帛。二千石嚴教吏謹視遇，毋令失職。』

令國郡國舉賢良方正可親民者。【略】

冬十月，詔曰：『乃者九月壬申地震，朕甚懼焉。有能箴朕過失，及賢良方正直言極諫之士以匡朕之不逮，毋諱有司。朕既不德，不能附遠，是以邊境屯戍未息。今復飭兵重屯，久勞百姓，非所以綏天下也。其罷車騎將軍、右將軍屯兵。』又詔：『池籞未御幸者，假與貧民。郡國宮館，勿復修治。流民還歸者，假公田，貸種、食，且勿算事。』【略】

十二月，初置廷尉平四人，秩六百石。【略】

夏五月，詔曰：『父子之親，夫婦之道，天性也。雖有患禍，猶蒙死而存之。誠愛結于心，仁厚之至也，豈能違之哉！自今，子首匿父母、妻匿夫、孫匿大父母，皆勿坐。其父母匿子、夫匿妻、大父母匿孫，罪殊死，皆上請廷尉以聞。』【略】

九月，詔曰：『朕惟百姓失職不贍，遣使者循行郡國問民所疾苦。吏或營私煩擾，不顧厥咎，朕甚閔之。今年郡國頗被水災，已振貸。鹽，民之食，而賈咸貴，衆庶重困。其減天下鹽賈。』

又曰：『令甲，死者不可生，刑者不可息。此先帝之所重，而吏未稱。今繫者或以掠辜若飢寒瘐死獄中，何用心逆人道也！朕甚痛之。其令郡國歲上繫囚以掠笞若瘐死者所坐名、縣、爵、里，丞相、御史課殿最以聞。』【略】

元康元年春，以杜東原上爲初陵，更名杜縣爲杜陵。徙丞相、將軍、列侯、吏二千石、訾百萬者杜陵。【略】

秋八月，詔曰：『朕不明六藝，鬱于大道，是以陰陽風雨未時。其博舉吏民，厥身修正，通文學，明於先王之術，宣究其意者，各二人，中二千石各一人。』

冬，置建章衛尉。

二年春正月，詔曰：『《書》云「文王作罰，刑茲無赦」，今吏修身奉法，未有能稱朕意，朕甚滑焉。其赦天下，與士大夫厲精更始。』【略】

夏五月，詔曰：『獄者，萬民之命，所以禁暴止邪，養育羣生也。能使生者不怨，死者不恨，則可謂文吏矣。今則不然，用法或持巧心，析律貳端，深淺不平，增辭飾非，以成其罪。奏不如實，上亦亡繇知。此朕之不明，吏之不稱，四方黎民將何仰哉！二千石各察官屬，勿用此人。吏務平法。或擅興繇役，飾廚傳，稱過使客，越職踰法，以取名譽，譬猶踐薄冰以待白日，豈不殆哉！今天下頗被疾疫之災，朕甚湣之。其令郡國被災甚者，毋出今年租賦。』

又曰：『聞古天子之名，難知而易諱也。今百姓多上書觸諱以犯罪者，朕甚憐之。其更諱詢。諸觸諱在令前者，赦之。』【略】

四年春正月，詔曰：『朕惟耆老之人，髮齒墮落，血氣衰微，亦亡暴虐之心，今或罹文法，拘執囹圄，不終天命，朕甚憐之。自今以來，諸年八十以上，非誣告殺傷人，佗皆勿坐。』

遣太中大夫彊等十二人循行天下，存問鰥寡，覽觀風俗，察吏治得失，舉茂材異倫之士。【略】

西羌反，發三輔、中都官徒弛刑，及應募佽飛射士、羽林孤兒，胡、越騎，三河、潁川、沛郡、淮陽、汝南材官，金城、隴西、天水、安定、北地、上郡騎士、羌騎，詣金城。夏四月，遣後將軍趙充國、彊弩將軍許延壽擊西羌。【略】

夏五月，羌虜降服，斬其首惡大豪楊玉、酋非首。置金城屬國以處降羌。

秋，匈奴日逐王先賢撣將人衆萬餘來降。使都護西域騎都尉鄭吉迎日逐，破車師，皆封列侯。【略】

匈奴單于遣名王奉獻，賀正月，始和親。【略】

秋八月，詔曰：『吏不廉平則治道衰。今小吏皆勤事，而奉祿薄，欲其毋侵漁百姓，難矣。其益吏百石以下奉十五。』【略】

令內郡國舉賢良可親民者各一人。

五月，匈奴單于遣弟呼留若王勝之來朝。【略】

秋八月，詔曰：『夫婚姻之禮，人倫之大者也；酒食之會，所以行禮樂也。今郡國二千石或擅爲苛禁，禁民嫁娶不得具酒食相賀召。由是廢鄉黨之禮，令民亡所樂，非所以導民也。《詩》不云乎？「民之失德，乾餱以愆。」勿行苛政。』

冬十一月，匈奴呼遫累單于帥衆來降，封爲列侯。【略】

三月，行幸河東，祠后土。詔曰：『往者匈奴數爲邊寇，百姓被其害。朕承至尊，未能綏安匈奴。虛閭權渠單于請求和親，病死。右賢王屠耆堂代立。骨肉大臣立虛閭權渠單于子爲呼韓邪單于，擊殺屠耆堂。諸王並自立，分爲五單于，更相攻擊，死者以萬數，畜產大耗什八九，人民飢餓，相燔燒以求食，因大乖亂。單于閼氏子孫、昆弟及呼遫累單于、名王、右伊秩訾、且渠、當户以下將衆五萬餘人來降歸義。單于稱臣，使弟奉珍朝賀正月，北邊晏然，靡有兵革之事。朕飭躬齋戒，郊上帝，祠后土，神光並見，或興于穀，燭耀齊宮，十有餘刻。甘露降，神爵集。已詔有司告祠上帝、宗廟。三月辛丑，鸞鳳又集長樂宮東闕中樹上，飛下止地，文章五色，留十餘刻，吏民並觀。朕之不敏，懼不能任，婁蒙嘉瑞，獲茲祉福。《書》不云乎？「雖休勿休，祇事不怠。」公卿大夫其勖焉。減天下口錢。赦殊死以下。賜民爵一級，女子百户牛、酒。大酺五日。加賜鰥寡孤獨高年帛。』

置西河、北地屬國以處匈奴降者。【略】

匈奴單于稱臣，遣弟谷蠡王入侍。以邊塞亡寇，減戍卒什二。

大司農中丞耿壽昌奏設常平倉，以給北邊，省轉漕。賜爵關內侯。

夏四月辛丑晦，日有蝕之。詔曰：『皇天見異，以戒朕躬，是朕之不逮，吏之不稱也。以前使者問民所疾苦，復遣丞相、御史掾二十四人循行天下，舉冤獄，察擅爲苛禁深刻不改者。』【略】

三年春正月，行幸甘泉，郊泰畤。

匈奴呼韓邪單于稽侯狦來朝，贊謁稱藩臣而不名。賜以璽綬、冠帶、衣裳、安車、駟馬、黃金、錦繡、繒絮。使有司道單于先行就邸長安，宿長平。上自甘泉宿池陽宮。上登長平阪，詔單于毋謁。其左右當户之羣皆列觀，蠻夷君長王侯迎者數萬人，夾道陳。上登渭橋，咸稱萬歲。單于就邸。置酒建章宮，饗賜單于，觀以珍寶。

二月，單于罷歸。遣長樂衛尉高昌侯忠、車騎都尉昌、騎都尉虎將萬六千騎送單于。單于居幕南，保光祿城。詔北邊振穀食。郅支單于遠遁，匈奴遂定。【略】

詔諸儒講《五經》同異，太子太傅蕭望之等平奏其議，上親稱制臨決焉。乃立梁丘《易》、大小夏侯《尚書》、穀梁《春秋》博士。

又　卷二三《刑法志》　宣帝自在閭閻而知其若此。及即尊位，廷史路温舒上疏，言秦有十失，其一尚存，治獄之吏是也。語在《温舒傳》。上深愍焉，乃下詔曰：『間者吏用法，巧文浸深，是朕之不德也。夫決獄不當，使有罪興邪，不辜蒙戮，父子悲恨，朕甚傷之。今遣廷史與郡鞠獄，任輕祿薄，其爲置廷平，秩六百石，員四人。其務平之，以稱朕意。』於是選于定國爲廷尉，求明察寬恕黄霸等以爲廷平，季秋後請讞。時上常幸宣室，齋居而決事，獄刑號爲平矣。時涿郡太守鄭昌上疏言：『聖王置諫爭之臣者，非以崇德，防逸豫之生也；立法明刑者，非以爲治，救衰亂之起也。今明主躬垂明聽，雖不置廷平，獄將自正；若開後嗣，不若刪定律令。律令一定，愚民知所避，奸吏無所弄矣。今不正其本，而置廷平以理其末也，政衰聽怠，則廷平將招權而爲亂首矣。』宣帝未及修正。

又　卷二四《食貨志》　至昭帝時，流民稍還，田野益辟，頗有蓄積。宣帝即位，用吏多選賢良，百姓安土，歲數豐穰，穀至石五錢，農人少利。時大司農中丞耿壽昌以善爲算能商功利，得幸於上，五鳳中奏言：『故事，歲漕關東穀四百萬斛以給京師，用卒六萬人。宜糴三輔、弘農、河東、上黨、太原郡穀，足供京師，可以省關東漕卒過半。』又白增海租三倍，天子皆從其計。御史大夫蕭望之奏言：『故御史屬徐宮家在東萊，言往年加海租，魚不出。長老皆言武帝時縣官嘗自漁，海魚不出，後復予民，魚乃出。夫陰陽之感，物類相應，萬事盡然。今壽昌欲近糴漕關内之穀，築倉治船，費值二萬萬餘，有動衆之功，恐生旱氣，民被其灾。壽昌習於商功分銖之事，其深計遠慮，誠未足任，宜且如故。』上不聽。漕事果便，壽昌遂白令邊郡皆築倉，以穀賤時增其賈而糴，以利農，穀貴時減賈而糶，名曰常平倉。民便之。上乃下詔，賜壽昌爵關内侯。而蔡癸以好農使勸郡國，至大官。【略】

昭帝即位六年，詔郡國舉賢良文學之士，問以民所疾苦，教化之要。皆對願罷鹽鐵酒榷均輸官，毋與天下爭利，視以儉節，然後教化可興。弘羊難，以爲此國家大業，所以制四夷，安邊足用之本，不可廢也。乃與丞相千秋共奏罷酒酤。弘羊自以爲國興大利，伐其功，欲爲子弟得官，怨望大將軍霍光，遂與上官桀等謀反，誅滅。

論說

《漢書》卷七《昭帝紀贊》　昔周成以孺子繼統，而有管、蔡四國流言之變。孝昭幼年即位，亦有燕、盍、上官逆亂之謀。成王不疑周公，孝昭委任霍光，各因其時以成名，大矣哉！承孝武奢侈餘敝師旅之後，海内虚耗，户口減半，光知時務之要，輕繇薄賦，與民休息。至始元、元鳳之間，匈奴和親，百姓充實。舉賢良文學，問民所疾苦，議鹽鐵而罷榷酤，尊號曰『昭』，不亦宜乎！

又　卷八《宣帝紀贊》　孝宣之治，信賞必罰，綜核名實，政事文學法理之士咸精其能，至於技巧工匠器械，自元、成間鮮能及之，亦足以知吏稱其職，民安其業也。遭值匈奴乖亂，推亡固存，信威北夷，單于慕義，稽首稱藩。功光祖宗，業垂後嗣，可謂中興，侔德殷宗、周宣矣！

宋·錢時《兩漢筆記》卷五《昭帝》　甚矣！利端之不可輕啓也。其端一啓，後來者守爲定法，以害民蠹國爲常事，其禍可勝言哉。桑弘羊，一賈孺耳。天子作民父母，而用賈人斗筲之智以爭利，竭赤子之膏血以事荒遠，譬猶伐貞氣助狂陽，實此曹從臾之。武帝末年，有志富民而田千秋、趙過用選，受顧命而得霍光、金日磾，平生謬妄灑然一洗。桑弘羊，巨蠹也，大盜也，可去不去，而顧以御史大夫輔少主，竟使賢良、文學之議排抑而不得伸。因觀霍光號知時務，未幾而罷榷酤，則賢良、文學固有以切中其心矣。向微弘羊鹽鐵均輸，豈不能悉罷乎？小人之根不除，雖有讜議，空言無補，機會一失，流毒滔滔，武帝實遺其禍也。【略】

昭帝甫十四而能明燕書之詐。昔人謂成王有慙德，固矣。雖然，昭帝止於昭帝，而成王進德，遂至學有緝熙于光明之盛。愚於此則深見，天姿雖美不足恃，而學問之功爲大也。昭帝享國則固日淺，而成王復辟之年亦

方弱冠耳。《洛誥》答周公之語，非大進所學有見於道，能爲是言乎。因觀三代而下，英君誼辟，非無剛明特達之才，而不能躋之二帝三王之盛者，皆由不學之故。非不學也，不以二帝三王之所學者爲學也。非不學二帝三王之所學者也，無二帝三王之佐也。由是言之，成王雖疑周公而周公不負成王，昭帝雖不疑霍光而霍光則有負於昭帝多矣。

又 卷六《宣帝》 民間所聞，天下之公論也。宣帝知百姓苦吏急，而用黄霸是矣。持是以往，無所變亂，則孝文之遺風可復，而孝武之虐焰當爲之一洗。奈何卒用文法吏而以刑繩下乎甚矣。習氣之易移而流於不美者之勢順也。大凡初心無有不善，後世人主有得於民間之公論，行之以果斷，持之以悠久，毋轉移於氣習變亂其初心哉。【略】

宣帝親政而以太守吏民之本，可謂知所務矣。夫太守數易，豈止下不安而已乎？是故，欲致治，非久任不可。欲久任，非擇賢不可。數遷數易，如寄傳舍，政何由成，化何由洽也。至有治理效則璽書勉勵，增秩賜金，公卿闕則選諸所表，以次用之，此意尤善。伯禹后稷以至康叔蘇忿生之徒，皆由諸侯而入爲公卿，此古制也。宣帝致中興之治，其有以哉。惜乎！所謂良吏止漢世人物，而治亦止於漢耳。【略】

宣帝傷法巧文深，而更置廷平齋居決事，其意美矣。然刑名繩下，終日心於文法吏，何也？蓋帝天姿大抵刻薄，雜霸之習勝而效尤於武帝者多故也。舜有好生之德，文王視民如傷，表立影從，風行草偃，天下雖有苛刻之吏，將安所用乎？又豈待一一齋居決事而後始平乎？于定國爲廷尉，民自以不冤，當時稱頌，與張釋之相亞，而無救趙。蓋韓楊之徒之死，其爲冤者大矣。雖多廷平之員，何益也！【略】

呼韓邪單于來朝，此雖匈奴衰弱之效，然亦宣帝有以信服之乃可致耳。向使五單于爭立而用議者，因亂舉兵之謀可得而致乎？愚是以深取蕭望之幸灾之説也。夫來朝而待以客禮，要亦未爲，非是苟悦，乃謂要荒之君，必奉王貢，若不供職則有辭讓號令加焉，待以不臣加王公之上，僭度失序，以亂天常，此殆失考矣。禹貢要荒，蓋在九州之內。雖五服之制凡二千五百里，而其實界則東漸於海，西被於流沙，朔南暨聲教四方，各隨地遠近而爲之限耳，何以言之東河西河相距千里，南河恆山相距千里，是甸服也。自南河至江千里，自江至衡山千里，荆州南至衡山正合二千五百里之數，若東河至東海千里，西河至流沙千里，僅有侯綏之地，必欲於要荒爲限，則此二服當在東海之中、流沙之外矣，固無是理而冀之。北至恆山已薄異域，雖侯服亦且不備，例限之以五服可乎？是所爲五服者，特以南方一境之最遠者定爲之制。綏服之外五百里，與夷雜居，爲之要約羈縻之而已。故曰要服。要服之外五百里則與蠻雜居，如今徭人，湖廣諸郡往往有之，正居荆州之境，古號荆蠻。春秋責楚包茅不入，即包匭菁茅之舊在荒服之內故也。未聞九州之外，聲教所不及而以供貢之事責之者。武王伐商，復居豐鎬，放逐戎夷涇洛之北，以時入貢，故亦以荒服名之。至于穆王已不至矣，況自漢興，匈奴强盛，與之世爲婚姻之國，此豈荒服之比哉。今而來朝，禮以接之，恩信以結之，德義以懷之，使之不爲中國患則已耳。其叛其服，置之度外可也。必若屈之王公之下，責之王，貢之修，重之以辭讓，申之以號令，其不至於激天下之變者幾矣。愚恐後世不明荒服之義，而信荀氏之説，故極言之。

宋・章如愚《羣書考索别集》卷二二《宣帝御夷狄》 宣帝中興，不在於撥亂反正而在於兼夷狄。高帝有百戰之勇而有白登之圍，吕后臨朝而有嫚罵之書，文帝務德與之和親而有火通甘泉之警，武帝窮天下之力暴兵連年而終不得其要領，匈奴之勢日長炎炎而漢之辱甚矣。宣帝本始之中，一遣五將軍以擊之。神爵之中，又遣充國以屯田之。當是時也，匈奴畏威悚服奉珍朝賀，入侍者不可勝數。至於渭上之朝，光前絶後，三代以來絶無而僅有，此固足以雪漢家之恥矣。昔商高宗之興，有鬼方三年之伐；宣王之興，亦修政事以攘夷狄。是二君者，亦商周中興之君也，而史臣以宣帝比之，其以此歟？愚故曰，宣帝之中興，不在於撥亂反正而在於兼夷狄也。

漢宣帝非專於兼夷狄，强其在我而彼不得不弱。漢武好大喜功，勤兵於遠。聽張騫、王恢之誕計，任衛青、霍去病以深入，蘇武幾不得脱，李陵終不免。久而邊儲告乏，府庫屢空，則任用聚斂之臣，繼行慘酷之政，外將無功而內將自潰，民不堪命者有年矣。賴宣帝興自民間，知天下之疾苦，信用知時務之霍光，繼以遵祖宗之故事，魏相又承之以長厚之丙吉，於是革苛政爲愷悌，易暴亂爲昇平，文學法理之士莫不各精其能，夫然後聲教洋溢而四海畏威，非孝宣專於兼夷狄也，强其在我而彼不得不弱

故也。

宋·佚名《歷代名賢確論》卷四五《宣帝論漢家以王道雜霸》 温公曰，王霸無異道。昔三代之隆，禮樂、征伐自天子，出則謂之王。天子微弱不能治諸侯，諸侯有能率其與國同討不庭以尊王室者，則謂之霸。其所以行之也，皆本仁祖義，任賢使能，賞善罰惡，禁暴誅亂，顧名位有尊卑，道德有深淺，功業有鉅細，政令有廣狹耳，非若白黑、甘苦之相反也。漢之所以不能復三代之治者，由人主所爲非先王之道，不可復行於後世也。夫儒有君子，有小人。彼俗儒者，誠不足與爲治也，獨不可求眞儒而用之乎！稷、契、皋陶、伯益、伊尹、周公、孔子，皆大儒也。使漢得而用之，功烈豈若是而止耶？孝宣謂太子懦而不立，闇於治體，必亂我家，則可矣。乃曰，王道不可行，儒者不可用，豈不過甚矣哉！殆非所以訓示子孫，垂法將來者也。

藝文

宋·陳普《石堂先生遺集》卷五《詠史·宣帝》 不將法律作春秋，安得河南數國囚。莫道漢家雜王霸，十分商鞅半分周。

清·愛新覺羅·弘曆《御製詩四集》卷四九《全韻詩上去入聲七十六首古體詩一首·漢宣帝》 丙吉哀王孫，獄中謹乳養。少時遊閭里，吏治得失講。石立仆柳起，入繼愜衆仰。爲政誠勵精，必罰更信賞。吏稱民安業，綜核勤堪想。宇内既稱治，單于慕稽顙。屢書鳳凰見，或亦鄰虚枉。

雜録

明·徐應秋《玉芝堂談薈》卷二五《大石自立》 昭帝元鳳三年正月，泰山萊蕪山南洶洶，有數千人聲。民往視之，有大石自立，高丈五尺，大四十八圍，入地深八尺，宣帝中興之瑞也。

光武明章之治分部

綜述

《後漢書》卷一下《光武帝紀下》 （建武六年）是歲，初罷郡國都尉官。始遣列侯就國。匈奴遣使來獻，使中郎將報命。

七年春正月丙申，詔中都官、三輔、郡、國出繫囚，非犯殊死，皆一切勿案其罪。見徒免爲庶人。耐罪亡命，吏以文除之。又詔曰：『世以厚葬爲德，薄終爲鄙，至於富者奢僭，貧者單財，法令不能禁，禮義不能止，倉卒乃知其咎。其佈告天下，令知忠臣、孝子、慈兄、悌弟薄葬送終之義。』

二月辛巳，罷護漕都尉官。

三月丁酉，詔曰：『今國有衆軍，並多精勇，宜且罷輕車、騎士、材官、樓船士及軍假吏，令還復民伍。』【略】癸亥晦，日有食之，避正殿，寢兵，不聽事五日。詔曰：『吾德薄致災，讁見日月，』戰慄恐懼，夫何言哉！今方念愆，庶消厥咎。其令有司各修職任，奉遵法度，惠茲元元。百僚各上封事，無有所諱。其上書者，不得言聖。』

夏四月壬午，詔曰：『比陰陽錯謬，日月薄食。百姓有過，在予一人，大赦天下。公、卿、司隸、州牧舉賢良、方正各一人，遣詣公車，朕將覽試焉。』【略】

是歲，省長水、射聲二校尉官。【略】

九年【略】三月辛亥，初置青巾左校尉官。【略】是歲，省關都尉，復置護羌校尉官。

十年春正月，大司馬吳漢率捕虜將軍王霸等五將軍擊賈覽于高柳，匈奴遣騎救覽，諸將與戰，卻之。

修理長安高廟。【略】是歲，省定襄郡，徙其民於西河。【略】

十一年春二月己卯，詔曰：『天地之性人爲貴。其殺奴婢，不得減罪。』

三月己酉，幸南陽，還，幸章陵，祠園陵。【略】夏四月丁卯，省大司徒司直官。

先零羌寇臨洮。【略】八月，【略】癸亥，詔曰：『敢炙灼奴婢，論如律，免所炙灼者爲庶人。』

冬十月壬午，詔除奴婢射傷人棄市律。【略】是歲，省朔方牧，幷幷州。

十二年【略】是歲，九眞徼外蠻夷張遊率種人內屬，封爲歸漢里君。省金城郡屬隴西。參狼羌寇武都，隴西太守馬援討降之。詔邊吏力不足戰則守，追虜料敵不拘以逗留法。【略】

十三年春正月【略】戊子，詔曰：『往年已來郡國，異味不得有所獻御，今猶未止，非徒有豫養導擇之勞，至乃煩擾道上，疲費過所。其令太官勿復受。明來下以遠方口實所以薦宗廟，自如舊制。』

二月，遣捕虜將軍馬武屯呼沱河以備匈奴。盧芳自五原亡入匈奴。

丙辰，詔曰：『長沙王興、眞定王得、河閒王邵、中山王茂，皆襲爵爲王，不應經義。其以興爲臨湘侯，得爲眞定侯，邵爲樂成侯，茂爲單父侯。』其宗室及絶國封侯者凡一百三十七人。丁巳，降趙王良爲趙公，太原王章爲齊公，魯王興爲魯公。庚午，以殷紹嘉公孔安爲宋公，周承休公姬武爲衛公進制。省幷西京十三國：廣平屬鉅鹿，眞定屬常山，河閒屬信都，城陽屬琅邪，泗水屬廣陵，淄川屬高密，膠東屬北海，六安屬廬江，廣陽屬上谷。【略】夏四月，大司馬吳漢自蜀還京師，於是大饗將士，班勞策勳。功臣增邑更封，凡三百六十五人。其外戚恩澤封者四十五人。罷左右將軍官。建威大將軍耿弇罷。【略】時兵革既息，天下少事，文書調役，務從簡寡，至乃十存一焉。【略】秋七月，廣漢徼外白馬羌豪率種人內屬。【略】冬十二月甲寅，詔益州民自八年以來被略爲奴婢者，皆一切免爲庶人；或依託爲人下妻，欲去者，恣聽之；敢拘留者，比青、徐二州以略人法從事。復置金城郡。

十四年春正月，起南宮前殿。匈奴遣使奉獻，使中郎將報命。夏四月辛巳，封孔子後志爲褒成侯。【略】十二月癸卯，詔益、涼二州奴婢，自八年以來自訟在所官，一切免爲庶人，賣者無還直。

十五年春正月辛丑，大司徒韓歆免，自殺。丁未，有星孛於昴。汝南太守歐陽歙爲大司徒。建義大將軍佑罷。【略】二月，徙雁門、代郡、上谷三郡民，置常山關、居庸關以東。初，巴蜀既平，大司馬吳漢上書請封皇子，不許，重奏連歲。三月，乃詔羣臣議。大司空融、固始侯通、膠東侯復、高密侯禹、太常登等奏議曰：『古者封建諸侯，以藩京師。周封八百，同姓諸姬並爲建國，夾輔王室，尊事天子，享國永長，爲後世法。故《詩》云：「大啓爾宇，爲周室輔。」高祖聖德，光有天下，亦務親親，封立兄弟諸子，不違舊章。陛下德橫天地，興復宗統，心顧褒德賞勳，親睦九族，功臣宗室，咸蒙封爵，多受廣地，或連屬縣。今皇子賴天，能勝衣趨拜，陛下恭謙克讓，抑而未議，羣臣百姓，莫不失望。宜因盛夏吉時，定號位，以廣藩輔，明親親，尊宗廟，重社稷，應古合舊，厭塞衆心。臣請大司空上輿地圖，太常擇吉日，具禮儀。』制曰：『可。』夏四月戊申，以太牢告祠宗廟。丁巳，使大司空融告廟，封皇子輔爲右翊公，英爲楚公，陽爲東海公，康爲濟南公，蒼爲東平公，延爲淮陽公，荊爲山陽公，衡爲臨淮公，焉爲左翊公，京爲琅邪公。癸丑，追謚兄伯升爲齊武公，兄仲爲魯哀公。六月庚午，復置屯騎、長水、射聲三校尉官，改青巾左校尉爲越騎校尉。詔下州郡檢核墾田頃畝墾，及户口年紀，又考實二千石長吏阿枉不平者。【略】

十六年春二月，交阯女子徵側反，略有城邑。三月辛丑晦，日有蝕之。秋九月，河南尹張伋及諸郡守十餘人，坐度田不實，皆下獄死。郡國大姓及兵長、羣盜處處並起，攻劫在所，害殺長吏。郡縣追討，到則解散，去復屯結。青、徐、幽、冀四州尤甚。冬十月，遣使者下郡國，聽羣盜自相糾擿，五人共斬一人者，除其罪。吏雖逗留回避故縱者，皆勿問，聽以禽討爲效。其牧守令長坐界內盜賊而不收捕者，又以畏愞捐城委守者，皆不以爲負，但取獲賊多少爲殿最，唯蔽匿者乃罪之。於是更相追捕，賊並解散。徙其魁帥於它郡，賦田受稟，使安生業。自是牛馬放牧，邑門不閉。盧芳遣使乞降。十二月甲辰，封芳爲代王。初，王莽亂後，貨幣雜用布、帛、金、粟。是歲，始行五銖錢。

十七年【略】冬十月辛巳，廢皇后郭氏爲中山太后，立貴人陰氏爲皇后。進右翊公輔爲中山王，食常山郡。其餘九國公，皆卽舊封進爵爲王。甲申，幸章陵。修園廟，祠舊宅，觀田廬，置酒作樂，賞賜。【略】

十八年春二月，【略】甲寅，西巡狩，幸長安。三月壬午，祠高廟，遂有事十一陵。歷馮翊界，進幸蒲阪，祠后土。夏四月癸酉車駕還宮。甲戌，詔曰：『今邊郡盜穀五十斛，罪至於死，開殘吏妄殺之路，其蠲除此法，同之內郡。』遣伏波將軍馬援率樓船將軍段志等擊交阯賊徵側等。甲申，幸河內。戊子，至自河內。【略】是歲，罷州牧，置刺史。

十九年春正月庚子，追尊孝宣皇帝曰中宗。始祠昭帝、元帝于太廟，成帝、哀帝、平帝于長安，舂陵節侯以下四世于章陵。妖巫單臣、傅鎮等反，據原武，遣太中大夫臧宮圍之。夏四月，拔原武，斬臣、鎮等。伏波將軍馬援破交阯，斬徵側等。因擊破九眞賊都陽等，降之。閏月戊申，進趙、齊、魯三國公爵爲王。六月戊申，詔曰：『《春秋》之義，立子以貴。東海王陽，皇后之子，宜承大統。皇太子强，崇執謙退，願備藩國。父子之情，重久違之。其以强爲東海王，立陽爲皇太子，改名莊。』秋九月，南巡狩。壬申，幸南陽，進幸汝南南頓縣舍，置酒會，賜吏人，復南頓田租歲。父老前叩頭言：『皇考居此日久，陛下識知寺舍，每來輒加厚恩，願賜復十年。』帝曰：『天下重器，常恐不任，日復一日，安敢遠期十歲乎？』吏人又言：『陛下實惜之，何言謙也？』帝大笑，復增一歲。進幸淮陽、梁、沛。西南夷寇益州郡，遣武威將軍劉尚討之。越巂太守任貴謀叛，十二月，劉尚襲貴，誅之。是歲，復置函谷關都尉。修西京宮室。

二十年【略】秋，東夷韓國人率衆詣樂浪內附。冬十月，東巡狩。甲午，幸魯，進幸東海、楚、沛國。【略】是歲，省五原郡，徙其吏人置河東。復濟陽縣徭役六歲。

二十一年春正月，武威將軍劉尚破益州夷，平之。夏四月，安定屬國胡叛，屯聚青山，遣將兵長史陳訢討平之。秋，鮮卑寇遼東，遼東太守祭肜大破之。冬十月，遣伏波將軍馬援出塞擊烏桓，不克。匈奴寇上谷、中山。其冬，鄯善王、車師王等十六國皆遣子入侍奉獻，願請都護。帝以中國初定，未遑外事，乃還其侍子，厚加賞賜。

二十二年春閏月丙戌，幸長安，祠高廟，遂有事十一陵。二月己巳，至自長安。【略】九月戊辰，地震裂。制詔曰：『日者地震，南陽尤甚。夫地者，任物至重，靜而不動者也。而今震裂，咎在君上。鬼神不順無德，灾殃將及吏人，朕甚懼焉。其令南陽勿輸今年田租芻稾。遣謁者案行，其死罪繫囚在戊辰以前，減死罪一等，徒皆馳解鉗，衣絲絮。賜郡中居人壓死者棺錢，人三千。其口賦逋稅而廬宅尤破壞者，勿收責。吏人死亡，或在壞垣毀屋之下，而家羸弱不能收拾者，其以見錢穀取傭，爲尋求之。』【略】是歲，齊王章薨。青州蝗。匈奴薁鞬日逐王比遣使詣漁陽請和親，使中郎將李茂報命。烏桓擊破匈奴，匈奴北徙，幕南地空。詔罷諸邊郡亭候吏卒。

二十三年春正月，南郡蠻叛，遣武威將軍劉尚討破之，徙其種人于江夏。【略】冬十月丙申，太僕張純爲大司空。高句麗率種人詣樂浪內屬。十二月，武陵蠻叛，寇掠郡縣，遣劉尚討之，戰于沅水，是歲，匈奴薁鞬日逐王比率部曲遣使詣西河內附。

二十四年春正月乙亥，大赦天下。匈奴薁鞬日逐王比遣使款五原塞，求捍禦北虜。秋七月，武陵蠻寇臨沅，遣謁者李嵩、中山太守馬成討蠻，不克，於是伏波將軍馬援率四將軍討之。詔有司申明舊制阿附蕃王法。冬十月，匈奴薁鞬日逐王比自立爲南單于，於是分爲南、北匈奴。

二十五春正月，遼東徼外貊人，寇右北平、漁陽、上谷、太原，遼東太守祭肜招降之。烏桓大人來朝。南單于遣使詣闕貢獻，奉蕃稱臣。又遣其左賢王擊破北匈奴，卻地千餘里。三月，南於遣子入侍。戊申晦，日有食之。伏波將軍馬援等破武陵蠻於臨沅。冬十月，叛蠻悉降。夫餘王遣使奉獻。是歲，烏桓大人率衆內屬，詣闕朝貢。

二十六年春正月，詔有司增百官奉。其千石已上，減於西京舊制；六百石已下，增於舊秩。初作壽陵。將作大匠竇融上言園陵廣袤，無慮所用。帝曰：『古者帝王之葬，皆陶人瓦器，木車茅馬，使後世之人不知其處。太宗識終始之義，景帝能述遵孝道，遭天下反覆，而霸陵獨完受其福，豈不美哉！今所制地不過二三頃，無爲山陵，陂池裁令流水而已。』遣中郎將段郴授南單于璽綬，令入居雲中，始置使匈奴中郎將，將兵衛護之。南單于遣子入侍，奉奏詣闕。於是雲中、五原、朔方、北地、定襄、雁門、上谷、代八郡民歸於本土。遣謁者分將施刑補理城郭。發遣邊民在中國者，布還諸縣，皆賜以裝錢，轉輸給食。

二十七年【略】五月丁丑，詔曰：『昔契作司徒，禹作司空，皆無

「大」名，其令二府去「大」。』又改大司馬爲太尉。驃騎大將軍行大司馬劉隆卽日罷，以太僕趙喜爲太尉，大司農馮勤爲司徒。益州郡徼外蠻夷率種人内屬。北匈奴遣使詣武威乞和親。冬，魯王興、齊王石始就國。

二十八年春正月己巳，徙魯王興爲北海王，以魯國益東海。賜東海王强虎賁、旄頭、鍾虡之樂。【略】冬十月癸酉，詔死罪繫囚皆一切募下蠶室，其女子宫。北匈奴遣使貢獻，乞和親。

二十九年春二月丁巳朔，日有食之。遣使者舉冤獄，出繫囚。庚申，賜天下男子爵，人二級；鰥、寡、孤、獨、篤癃、貧不能自存者粟，人五斛。夏四月乙丑，詔令天下繫囚自殊死已下及徒各減本罪一等，其餘贖罪輸作各有差。

三十年春正月，鮮卑大人内屬，朝賀。【略】五月，大水。賜天下男子爵，人二級；鰥、寡、孤、獨、篤癃、貧不能自存者粟，人五斛。秋七月丁酉，幸魯國。復濟陽縣是年徭役。冬十一月丁酉，至自魯。

三十一年夏五月，大水。戊辰，賜天下男子爵，人二級；鰥、寡、孤、獨、篤癃、貧不能自存者粟，人六斛。【略】秋九月甲辰，詔令死罪繫囚皆一切募下蠶室，其女子宫。是歲，陳留雨穀，形如稗實。北匈奴遣使奉獻。

中元元年春正月，東海王强、沛王輔、楚王英、濟南王康、淮陽王延、趙王盱皆來朝。丁卯，東巡狩。二月己卯，幸魯，進幸太山。北海王興、齊王石朝于東嶽。辛卯，柴望岱宗，登封太山；甲午，禪于梁父。【略】夏四月癸酉，車駕還宫。己卯，大赦天下。復嬴、博、梁父、奉高，勿出今年田租芻稾。改年爲中元。行幸長安。戊子，祀長陵。五月乙丑，至自長安。【略】是夏，京師醴泉涌出，飲之者固疾皆愈，惟眇、蹇者不瘳。又有赤草生於水崖。郡國頻上甘露。羣臣奏言：『地祇靈應而朱草萌生。孝宣帝每有嘉瑞，輒以改元，神爵、五鳳、甘露、黄龍，列爲年紀，蓋以感致神祇，表彰德信。是以化致升平，稱爲中興。今天下清寧，靈物仍降。陛下情存損挹，推而不居，豈可使祥符顯慶，没而無聞？宜令太史撰集，以傳來世。』帝不納。常自謙無德，每郡國所上，輒抑而不當，故史官罕得記焉。【略】是歲，初起明堂、靈臺、辟雍，及北郊兆域。宣佈圖讖於天下。復濟陽、南頓是年徭役。參狼羌寇武都，敗郡兵，隴西太守劉盱遣軍救之，及武都郡兵討叛羌，皆破之。

二年春正月辛未，初立北郊，祀后土。東夷倭奴國王遣使奉獻。

【略】

初，帝在兵閒久，厭武事，且知天下疲耗，思樂息肩。自隴、蜀平後，非儆急，未嘗復言軍旅。皇太子嘗問攻戰之事，帝曰：『昔衛靈公問陳，孔子不對，此非爾所及。』每旦視朝，日仄乃罷。數引公卿、郎、將講論經理，夜分乃寐。皇太子見帝勤勞不怠，承閒諫曰：『陛下有禹湯之明，而失黄老養性之福，願頤愛精神，優游自寧。』帝曰：『我自樂此，不爲疲也。』雖身濟大業，兢兢如不及，故能明慎政體，總攬權綱，量時度力，舉無過事。退功臣而進文吏，戢弓矢而散馬牛，雖道未方古，斯亦止戈之武焉。

又 卷二《顯宗孝明帝紀》 中元二年二月戊戌，卽皇帝位，年三十。尊皇后曰皇太后。

三月丁卯，葬光武皇帝于原陵。有司奏上尊廟曰世祖。

夏四月丙辰，詔曰：『予未小子，奉承聖業，夙夜震畏，不敢荒寧。先帝受命中興，德侔帝王，協和萬邦，假於上下，懷柔百神，惠於鰥、寡。朕承大運，繼體守文，不知稼穡之艱難，懼有廢失。聖恩遺戒，顧重天下，以元元爲首。公卿百僚，將何以輔朕不逮？其賜天下男子爵，人二級；三老、孝悌、力田人三級；爵過公乘，得移與子若同産、同産子；及流人無名數欲自占者人一級；鰥、寡、孤、獨、篤癃粟，人十斛。其施刑及郡國徒，在中元元年四月己卯赦前所犯而後捕繫者，悉免其刑。又邊人遭亂爲内郡人妻，在己卯赦前，一切遣還邊，恣其所樂。中二千石下至黄綬，貶秩贖論者，悉皆復秩還贖。方今上無天子，下無方伯，若涉淵水而無舟楫。夫萬乘至重而壯者慮輕，實賴有德左右小子。高密侯禹，元功之首；東平王蒼，寬博有謀；並可以受六尺之託，臨大節而不撓。其以禹爲太傅，蒼爲驃騎將軍。大尉憙告謚南郊，司徒欣奉安梓宫，司空魴將校復土。其封憙爲節鄉侯，欣爲安鄉侯，魴爲楊邑侯。

秋九月，燒當羌寇隴西，敗郡兵於允街。赦隴西囚徒，減罪一等，勿收今年租調。又所發天水三千人，亦復是歲更賦。遣謁者張鴻討叛羌於允吾，鴻軍大敗，戰殁。冬十一月，遣中郎將竇固監捕虜將軍馬武等二將軍

討燒當羌。

十二月甲寅，詔曰：『方春戒節，人以耕桑。其敕有司務順時氣，使無煩擾。天下亡命殊死以下，聽得贖論：死罪人縑二十匹，右趾至髡鉗城旦舂十匹，完城旦舂至司寇作三匹。其未發覺，詔書到先自告者，半入贖。今選舉不實，邪佞未去，權門請託，殘吏放手，百姓愁怨，情無告訴。有司明奏罪名，並正舉者。又郡縣每因徵發，輕爲姦利，詭責羸弱，先急下貧。其務在均平，無令枉刻。』

永平元年春正月，帝率公卿已下朝于原陵，如元會儀。【略】秋七月，捕虜將軍馬武等與燒當羌戰，大破之。募士卒戍隴右，賜錢人三萬。八月戊子，徙山陽王荆爲廣陵王，遣就國。是歲，遼東太守祭肜使鮮卑擊赤山烏桓，大破之，斬其渠帥。越嶲姑復夷叛，州郡討平之。

二年春正月辛未，宗祀光武皇帝于明堂，帝及公卿列侯始服冠冕、衣裳、玉佩、絇履以行事。禮畢，登靈臺。使尚書令持節詔驃騎將軍、三公曰：『今令月吉日，宗祀光武皇帝于明堂，以配五帝。禮備法物，樂和八音，詠祉福，舞功德，班時令，敕羣后。事畢，升靈臺，望元氣，吹時律，觀物變。羣僚藩輔，宗室子孫，衆郡奉計，百蠻貢職，烏桓、濊貊咸來助祭，單于侍子、骨都侯亦皆陪位。斯固聖祖功德之所致也。朕以暗陋，奉承大業，親執珪璧，恭祀天地。仰惟先帝受命中興，撥亂反正，以寧天下，封泰山，建明堂，立辟雍，起靈臺，恢弘大道，被之八極；而胤子無成、康之質，羣臣無吕、旦之謀，盥洗進爵，踧踖惟慚。素性頑鄙，臨事益懼，故「君子坦蕩蕩，小人長戚戚」。其令天下自殊死已下，謀反大逆，皆赦除之。百僚師尹，其勉修厥職，順行時令，敬若昊天，以綏兆人。』三月，臨辟雍，初行大射禮。秋九月，沛王輔、楚王英、濟南王康、淮陽王延、東海王政來朝。冬十月壬子，幸辟雍，初行養老禮。詔曰：『光武皇帝建三朝之禮，而未及臨饗。眇眇小子，屬當聖業。間暮春吉辰，初行大射。令月元日，復踐辟雍。尊事三老，兄事五更，安車軟輪，供綏執授。侯王設醬，公卿饌珍，朕親袒割，執爵而醑。祝哽在前，祝噎在後。升歌《鹿鳴》，下管《新宫》，八佾具修，萬舞於庭。朕固薄德，何以克當？《易》陳負乘，《詩》刺彼己，永念慚疚，無忘厥心。三老李躬，年耆學明。五更桓榮，授朕《尚書》。《詩》曰：「無德不報，無言不酬。」其賜榮爵關内侯，食邑五千户。三老、五更皆以二千石禄養終厥身。其賜天下三老酒人一石，肉四十斤。有司其存耆耋，恤幼孤，惠鰥寡，稱朕意焉。』中山王焉始就國。甲子，西巡狩，幸長安，祠高廟，遂有事於十一陵。歷覽館邑，會郡縣吏，勞賜作樂。十一月甲申，遣使者以中牢祠蕭何、霍光。帝謁陵園，過式其墓。進幸河東，所過賜二千石、令長已下至於掾史，各有差。癸卯，車駕還宫。【略】是歲，始迎氣於五郊。少府陰就子豐殺其妻酈邑公主，就坐自殺。

三年春正月癸巳，詔曰：『朕奉郊祀，登靈臺，見史官，正儀度。夫春者，歲之始也。始得其正，則三時有成。比者水旱不節，邊人食寡，政失於上，人受其咎，有司其勉順時氣，勸督農桑，去其螟蜮，以及蝥賊；詳刑慎罰，明察單辭，夙夜匪懈，以稱朕意。』二月甲寅，太尉趙憙、司徒李訢免。丙辰，左馮翊郭丹爲司徒。己未，南陽太守虞延爲太尉。甲子，立貴人馬氏爲皇后，皇子炟爲皇太子。賜天下男子爵，人二級；三老、孝悌、力田人三級；流人無名數欲占者人一級；鰥、寡、孤、獨、篤、癃、貧不能自存者粟，人五斛。夏四月辛酉，封皇子建爲千乘王，羨爲廣平王。【略】秋八月戊辰，改大樂爲大予樂。壬申晦，日有蝕之。詔曰：『朕奉承祖業，無有善政。日月薄蝕，彗孛見天，水旱不節，稼穡不成，人無宿儲，下生愁墊。雖夙夜勤思，而智能不逮。昔楚莊無灾，以致戒懼；魯哀禍大，天不降譴。今之動變，儻尚可救。有司勉思厥職，以匡無德。古者卿士獻詩，百工箴諫。其言事者，靡有所諱。』冬十月，蒸祭光武廟，初奏《文始》、《五行》、《武德》之舞。甲子，車駕從皇太后幸章陵，觀舊廬。十二月戊辰，至自章陵。是歲，起北宫及諸官府。京師及郡國七大水。

四年春二月辛亥，詔曰：『朕親耕藉田，以祈農事。京師冬無宿雪，春不燠沐，煩勞羣司，積精禱求。而比再得時雨，宿麥潤澤。其賜公卿半奉。有司勉遵時政，務平刑罰。』【略】

五年春二月庚戌，驃騎將軍東平王蒼罷歸藩，琅邪王京就國。冬十月，行幸鄴。與趙王栩會鄴。常山三老言於帝曰：『上生於元氏，願蒙優復。』詔曰：『豐、沛、濟陽，受命所由，加恩報德，適其宜也。今永平之政，百姓怨結，而吏人求復，令人愧笑。重逆此縣之拳拳，其復元氏縣

田租更賦六歲，勞賜縣掾史，及門闌走卒。』至自鄴。十一月，北匈奴寇五原。十二月，寇雲中，南單于擊卻之。是歲，發遣邊人在內郡者，賜裝錢人二萬。

六年春正月，沛王輔、楚王英、東平王蒼、淮陽王延、琅邪王京、東海王政、趙王盱、北海王興、齊王石來朝。二月，王雒山出寶鼎，廬江太守獻之。夏四月甲子，詔曰：『昔禹收九牧之金，鑄鼎以象物，使人知神姦，不逢惡氣。遭德則興，遷于商、周，周德既衰，鼎乃淪亡。祥瑞之降，以應有德。方今政化多僻，何以致茲？《易》曰鼎象三公，豈公卿奉職得其理邪？太常其以礿祭之日，陳鼎於廟，以備器用。賜三公帛五十匹，九卿、二千石半之。先帝詔書，禁人上事言聖，而間者章奏頗多浮詞，自今若有過稱虛譽，尚書皆宜抑而不省，示不爲諂子蚩也。』冬十月，行幸魯，祠東海恭王陵，會沛王輔、楚王英、濟南王康、東平王蒼、淮陽王延、琅邪王京、東海王政。十二月，還，幸陽城，遣使者祠中嶽。壬午，車駕還宮。東平王蒼、琅邪王京從駕來朝皇太后。

七年春正月癸卯，皇太后陰氏崩。二月庚申，葬光烈皇后。【略】是歲，北匈奴遣使乞和親。

八年春正月己卯，司徒范遷薨。三月辛卯，太尉虞延爲司徒，衛尉趙憙行太尉事。遣越騎司馬鄭衆報使北匈奴。初置度遼將軍，屯五原曼柏。秋，郡國十四雨水。冬十月，北宮成。丙子，臨辟雍，養三老、五更。禮畢，詔三公募郡國中都官死罪繫囚，減罪一等，勿笞，詣度遼將軍營，屯朔方、五原之邊縣，妻子自隨，便占著邊縣，父母同產欲相代者，恣聽之。其大逆無道殊死者，一切募下蠶室。亡命者令贖罪各有差。凡徙者，賜弓弩衣糧。壬寅晦，日有食之，既。詔曰：『朕以無德，奉承大業，而下貽人怨，上動三光。日食之變，其災尤大，《春秋》圖讖所爲至譴。永思厥咎，在予一人。羣司勉修職事，極言無諱。』於是在位者皆上封事，各言得失。帝覽章，深自引咎，乃以所上班示百官。詔曰：『羣僚所言，皆朕之過。人冤不能理，吏黠不能禁。而輕用人力，繕修宮宇，出入無節，喜怒過差。昔應門失守，《關雎》刺世。飛蓬隨風，微子所歎。永覽前戒，竦然兢懼。徒恐薄德，久而致怠耳。』北匈奴寇西河諸郡。

九年春三月辛丑，詔郡國死罪囚減罪，與妻子詣五原、朔方占著，所在死者皆賜妻父若男同產一人復終身。其妻無父兄獨有母者，賜其母錢六萬，又復其口算。夏四月甲辰，詔郡國以公田賜貧人各有差。令司隸校尉、部刺史歲上墨綬長吏視事三歲已上理狀尤異者各一人，與計偕上。及尤不政理者，亦以聞。是歲，大有年。爲四姓小侯開立學校，置《五經》師。

十年【略】夏四月戊子，詔曰：『昔歲五穀登衍，今茲蠶麥善收，其大赦天下。方盛夏長養之時，蕩滌宿惡，以報農功。百姓勉務桑稼，以備災害。吏敬厥職，無令愆墮。』【略】冬十一月，徵淮陽王延會平輿，徵沛王輔會睢陽。【略】

十一年春正月，沛王輔、楚王英、濟南王康、東平王蒼、淮陽王延、中山王焉、琅邪王京、東海王政來朝。【略】

十二年春正月，益州徼外夷哀牢王相率內屬，於是置永昌郡，罷益州西部都尉。夏四月，遣將作謁者王吳修汴渠，自滎陽至於千乘海口。五月丙辰，賜天下男子爵，人二級，三老、孝悌、力田人三級，流民無名數欲占者人一級，鰥、寡、孤、獨、篤癃、貧無家屬不能自存者粟，人三斛。詔曰：『昔曾、閔奉親，竭歡致養，仲尼葬子，有棺無槨。喪貴致哀，禮存寧儉。今百姓送終之制，競爲奢靡。生者無擔石之儲，而財力盡於墳土。伏臘無糟糠，而牲牢兼於一奠。糜破積世之業，以供終朝之費，子孫飢寒，絕命於此，豈祖考之意哉！又車服制度，恣極耳目。田荒不耕，遊食者衆。有司其申明科禁，宜於今者，宣下郡國。』秋七月乙亥，司空伏恭罷。乙未，大司農牟融爲司空。【略】是歲，天下安平，人無徭役，歲比登稔，百姓殷富，粟斛三十，牛羊被野。

十三年春二月，帝耕于藉田。禮畢，賜觀者食。【略】夏四月，汴渠成。辛巳，行幸滎陽，巡行河渠。乙酉，詔曰：『自汴渠決敗，六十餘歲，加頃年以來，雨水不時，汴流東侵，日月益甚，水門故處，皆在河中，漭瀁廣溢，莫測圻岸，蕩蕩極望，不知綱紀。今兗、豫之人，多被水患，乃云縣官不先人急，好興它役。又或以爲河流入汴，幽、冀蒙利，故曰左堤强則右堤傷，左右俱强則下方傷，宜任水勢所之，使人隨高而處，公家息壅塞之費，百姓無陷溺之患。議者不同，南北異論，朕不知所從，久而不決。今既築堤理渠，絕水立門，河、汴分流，復其舊迹，陶丘之

北，漸就壞墳，故薦嘉玉絜牲，以禮河神。東過洛汭，歎禹之績。今五土之宜，反其正色，濱渠下田，賦與貧人，無令豪右得固其利，庶繼世宗《瓠子》之作。』因遂度河。登太行，進幸上黨。壬寅，車駕還宮。

冬十月壬辰晦，日有食之。三公免冠自劾。制曰：『冠履勿劾。災異屢見，咎在朕躬，憂懼遑遑，未知其方。將有司陳事，多所隱諱，使君上壅蔽，下有不暢乎？昔衛有忠臣，靈公得守其位。今何以和穆陰陽，消伏災譴？刺史、太守詳刑理冤，存恤鰥孤，勉思職焉。』十一月，楚王英謀反，廢，國除，遷於涇縣，所連及死徙者數千人。【略】

十四年春三月甲戌，司徒虞延免，自殺。夏四月丁巳，巨鹿太守南陽邢穆爲司徒。前楚王英自殺。夏五月，封故廣陵王荆子元壽爲廣陵侯。初作壽陵。

十五年春二月庚子，東巡狩。辛丑，幸偃師，詔亡命自殊死以下贖：死罪縑四十匹，右趾至髡鉗城旦舂十匹，完城旦至司寇五匹。犯罪未發覺，詔書到日自告者，半入贖。徵沛王輔會睢陽。進幸彭城。癸亥，帝耕於下邳。三月，徵琅邪王京會良成，徵東平王蒼會陽都，又徵廣陵侯及其三弟會魯。祠東海恭王陵。還，幸孔子宅，祠仲尼及七十二弟子。親御講堂，命皇太子、諸王説經。又幸東平。辛卯，進幸大梁，至定陶，祠定陶恭王陵。夏四月庚子，車駕還宮。改信都爲樂成國，臨淮爲下邳國。封皇子恭爲巨鹿王、黨爲樂成王、衍爲下邳王、暢爲汝南王、昞爲常山王、長爲濟陰王。賜天下男子爵，人三級；郎、從官視事二十歲已上帛百匹，十歲已上二十匹，十歲已下十匹，官府吏五匹，書佐、小史三匹。令天下大酺五日。乙巳，大赦天下，其謀反大逆及諸不應宥者，皆赦除之。【略】十二月，遣奉車都尉竇固、駙馬都尉耿秉屯涼州。

十六年春二月，遣太僕祭彤出高闕，奉車都尉竇固出酒泉，駙馬都尉耿秉出居延，騎都尉來苗出平城，伐北匈奴。竇固破呼衍王於天山，留兵屯伊吾盧城。耿秉、來苗、祭彤並無功而還。夏五月，淮陽王延謀反，發覺。癸丑，司徒邢穆、駙馬都尉韓光坐事下獄死，所連及誅死者甚衆。戊午晦，日有食之。六月丙寅，大司農西河王敏爲司徒。秋七月，淮陽王延徙封阜陵王。九月丁卯，詔令郡國中都官死罪繫囚減死罪一等，勿笞，詣軍營，屯朔方、敦煌；妻子自隨，父母同産欲求從者，恣聽之；女子嫁爲人妻，勿與俱。謀反大逆無道不用此書。是歲，北匈奴寇雲中，雲中太守廉范擊破之。

十七年春正月，甘露降于甘陵。北海王睦薨。【略】是歲，甘露仍降，樹枝内附，芝草生殿前，神雀五色翔集京師。西南夷哀牢、儋耳、僬僥、槃木、白狼、動黏諸種，前後慕義貢獻；西域諸國遣子入侍。夏五月戊子，公卿百官以帝威德懷遠，祥物顯應，乃並集朝堂，奉觴上壽。制曰：『天生神物，以應王者；遠人慕化，實由有德。朕以虛薄，何以享斯？唯高祖、光武聖德所被，不敢有辭。其敬舉觴，太常擇吉日策告宗廟。其賜天下男子爵，人二級，三老、孝悌、力田人三級，流人無名數欲占者人一級；鰥、寡、孤、獨、篤癃、貧不能自存者粟，人三斛；郎、從官視事十歲以上者，帛十匹。中二千石、二千石下至黄綬，貶秩奉贖，在去年以來皆還贖。』秋八月丙寅，令武威、張掖、酒泉、敦煌及張掖屬國，繫囚右趾已下任兵者，皆一切勿治其罪，詣軍營。冬十一月，遣奉車都尉竇固、駙馬都尉耿秉、騎都尉劉張出敦煌昆侖塞，擊破白山虜于蒲類海上，遂入車師。初置西域都護、戊己校尉。是歲，改天水爲漢陽郡。

十八年春三月丁亥，詔曰：『其令天下亡命，自殊死已下贖：死罪縑三十匹，右趾至髡鉗城旦舂十匹，完城旦至司寇五匹；吏人犯罪未發覺，詔書到自告者，半入贖。』夏四月己未，詔曰：『自春已來，時雨不降，宿麥傷旱，秋種未下，政失厥中，憂懼而已。其賜天下男子爵，人二級，及流民無名數欲占者人一級；鰥、寡、孤、獨、篤癃、貧不能自存者粟，人三斛。理冤獄，録輕繫。二千石分禱五嶽四瀆。郡界有名山大川能興雲致雨者，長吏各絜齋禱請，冀蒙嘉澍。』六月己未，有星孛於太微。焉耆、龜茲攻西域都護陳睦，悉没其衆。北匈奴及車師後王圍戊己校尉耿恭。秋八月壬子，帝崩於東宮前殿。年四十八。遺詔無起寢廟，藏主于光烈皇后更衣別室。帝初作壽陵，制令流水而已，石槨廣一丈二尺，長二丈五尺，無得起墳。萬年之後，掃地而祭，杅水脯糒而已。過百日，唯四時設奠，置吏卒數人供給灑掃，勿開修道。敢有所興作者，以擅議宗廟法從事。帝遵奉建武制度，無敢違者。後宮之家，不得封侯與政。館陶公主爲子求郎，不許，而賜錢千萬。謂羣臣曰：『郎官上應列宿，出宰百里，苟非其人，則民受其殃，是以難之。』故吏稱其官，民安其業，遠近肅服，

户口滋殖焉。

又　卷三《肅宗孝章帝紀》　肅宗孝章皇帝諱炟，顯宗第五子也。母賈貴人。永平三年，立爲皇太子。少寬容，好儒術，顯宗器重之。

十八年八月壬子，卽皇帝位，年十九。尊皇后曰皇太后。壬戌，葬孝明皇帝于顯節陵。冬十月丁未，大赦天下。賜民爵，人二級，爲父後及孝悌、力田人三級，脱無名數及流人欲占者人一級，爵過公乘得移與子若同産子；鰥、寡、孤、獨、篤癃、貧不能自存者粟，人三斛。詔曰：「朕以眇身，託于王侯之上，統理萬機，懼失厥中，兢兢業業，未知所濟。深惟守文之主，必建師傅之官。《詩》不云乎：『不愆不忘，率由舊章。』行太尉事節鄉侯憙，三世在位，爲國元老；司空融，典職六年，勤勞不怠。其以憙爲太傅，融爲太尉，並録尚書事。『三事大夫，莫肯夙夜』，《小雅》之所傷也。『予違汝弼，汝無面從』，股肱之正義也。羣后百僚，勉思厥職，各貢忠誠，以輔不逮。申敕四方，稱朕意焉。」十一月戊戌，蜀郡太守第五倫爲司空。詔征西將軍耿秉屯酒泉。遣酒泉太守段彭救戊己校尉耿恭。甲辰晦，日有食之。於是避正殿，寢兵，不聽事五日。詔有司各上封事。十二月癸巳，有司奏言：「孝明皇帝聖德淳茂，劬勞日昃，身御浣衣，食無兼珍。澤臻四表，遠人慕化，僬僥、儋耳，款塞自至。克伐鬼方，開道西域，威靈廣被，無思不服。以烝庶爲憂，不以天下爲樂。備三雍之教，躬養老之禮。作登歌，正予樂，博貫六藝，不舍晝夜。聰明淵塞，著在圖讖。至德所感，通於神明。功烈光于四海，仁風行於千載。而深執謙謙，自稱不德，無起寢廟，埽地而祭，除日祀之法，省送終之禮。遂藏主于光烈皇后更衣別室。天下聞之，莫不悽愴。陛下至孝烝烝，奉順聖德。臣愚以爲更衣在中門之外，處所殊別，宜尊廟曰顯宗，其四時禘祫，于光武之堂，間祀悉還更衣，共進《武德》之舞，如孝文皇帝祫祭高廟故事。」制曰：「可。」

是歲，年疫。京師及三州大旱，詔勿收兗、豫、徐州田租、芻稾，其以見穀賑給貧人。

建初元年春正月，詔三州郡國：「方春東作，恐人稍受稟，往來煩劇，或妨耕農。其各實核尤貧者，計所貸並與之。流人欲歸本者，郡縣其實稟，令足還到，聽過止官亭，無雇舍宿。長吏親躬，無使貧弱遺脱，小吏豪右得容姦妄。詔書既下，勿得稽留，刺史明加督察尤無狀者。」丙寅，詔曰：「比年牛多疾疫，墾田減少，穀價頗貴，人以流亡。方春東作，宜及時務。二千石勉勸農桑，弘致勞來。羣公庶尹，各推精誠，專急人事。罪非殊死，須立秋案驗。有司明慎選舉，進柔良，退貪猾，順時令，理冤獄。『五教在寬』，帝《典》所美；『愷悌君子』，《大雅》所歎。佈告天下，使明知朕意。」酒泉太守段彭討擊車師，大破之。罷戊己校尉官。二月，武陵澧中蠻叛。三月甲寅，山陽、東平地震。己巳，詔曰：「朕以無德，奉承大業，夙夜栗栗，不敢荒寧。而灾異仍見，與政相應。朕既不明，涉道日寡；又選舉乖實，俗吏傷人，官職耗亂，刑罰不中，可不憂與！昔仲弓季氏之家臣，子游武城之小宰，孔子猶誨以賢才，問以得人。明政無大小，以得人爲本。夫鄉舉里選，必累功勞。今刺史、守相不明眞僞，茂才、孝廉歲以百數，既非能顯，而當授之政事，甚無謂也。每尋前世舉人貢士，或起甽畝，不繫閥閱。敷奏以言，則文章可采；明試以功，則政有異迹。文質彬彬，朕甚嘉之。其令太傅、三公、中二千石、二千石、郡國守相，舉賢良方正、能直言極諫之士各一人。」夏五月辛酉，初舉孝廉、郎中寬博有謀，任典城者，以補長、相。秋七月辛亥，詔以上林池籞田賦與貧人。八月庚寅，有星孛於天市。九月，永昌哀牢夷叛。冬十月，武陵郡兵討叛蠻，破降之。十一月，阜陵王延謀反，貶爲阜陵侯。

二年春三月辛丑，詔曰：「比年陰陽不調，饑饉屢臻。深惟先帝憂人之本，詔書曰：『不傷財，不害人』，誠欲元元去末歸本。而今貴戚近親，奢縱無度，嫁娶送終，尤爲僭侈。有司廢典，莫肯舉察。《春秋》之義，以貴理賤。今自三公，並宜明糾非法，宣振威風。朕在弱冠，未知稼穡之艱難，區區管窺，豈能照一隅哉！其科條制度所宜施行，在事者備爲之禁，先京師而後諸夏。」甲辰，罷伊吾盧屯兵。永昌、越嶲、益州三郡民、夷討哀牢，破平之。夏四月戊子，詔還坐楚、淮陽事徙者四百餘家，令歸本郡。癸巳，詔齊相省冰紈、方空縠、吹綸絮。六月，燒當羌叛，金城太守郝崇討之，敗績，羌遂寇漢陽。秋八月，遣行車騎將軍馬防討平之。十二月戊寅，有星孛于紫宮。

三年春正月己酉，宗祀明堂。禮畢，登靈臺，望雲物。大赦天下。三月癸巳，立貴人竇氏爲皇后。賜爵，人二級，三老、孝悌、力田人三級，

民無名數及流民欲占者人一級；鰥、寡、孤、獨、篤癃、貧不能自存者粟，人五斛。夏四月己巳，罷常山呼沲石臼河漕。行車騎將軍馬防破燒當羌於臨洮。閏月，西域假司馬班超擊姑墨，大破之。冬十二月丁酉，以馬防爲車騎將軍。武陵漊中蠻叛。是歲，零陵獻芝草。

四年春二月庚寅，太尉牟融薨。夏四月戊子，立皇子慶爲皇太子。賜爵，人二級，三老、孝悌、力田人三級，民無名數及流人欲自占者人一級；鰥、寡、孤、獨、篤癃、貧不能自存者粟，人五斛。己丑，徙巨鹿王恭爲江陵王，汝南王暢爲梁王，常山王昞爲淮陽王。辛卯，封皇子伉爲千乘王，全爲平春王。五月丙辰，車騎將軍馬防罷。甲戌，司徒鮑昱爲太尉，南陽太守桓虞爲司徒。六月癸丑，皇太后馬氏崩。秋七月壬戌，葬明德皇后。冬，牛大疫。十一月壬戌，詔曰：『蓋三代導人，教學爲本。漢承暴秦，褒顯儒術，建立《五經》，爲置博士。其後學者精進，雖曰承師，亦别名家。孝宣皇帝以爲去聖久遠，學不厭博，故遂立大、小夏侯《尚書》，後又立京氏《易》。至建武中，復置顔氏、嚴氏《春秋》，大、小戴《禮》博士。此皆所以扶進微學，尊廣道藝也。中元元年詔書，《五經》章句煩多，議欲減省。至永平元年，長水校尉儵奏言，先帝大業，當以時施行。欲使諸儒共正經義，頗令學者得以自助。孔子曰：「學之不講，是吾憂也。」又曰：「博學而篤志，切問而近思，仁在其中矣。」於戲，其勉之哉！』於是下太常，將、大夫、博士、議郎、郎官及諸生、諸儒會白虎觀，講議《五經》同異，使五官中郎將魏應承制問，侍中淳于恭奏，帝親稱制臨決，如孝宣甘露石渠故事，作《白虎議奏》。是歲，甘露降泉陵、洮陽二縣。

五年春二月庚辰朔，日有食之。詔曰：『朕新離供養，愆咎衆著，上天降異，大變隨之。《詩》不云乎：「亦孔之醜。」又久旱傷麥，憂心慘切。公卿已下，其舉直言極諫、能指朕過失者各一人，遣詣公車，將親覽問焉。其以巖穴爲先，勿取浮華。』甲申，詔曰：『《春秋》書「無麥苗」，重之也。去秋雨澤不適，今時復旱，如炎如焚。凶年無時，而爲備未至。朕之不德，上累三光，震栗忉忉，痛心疾首。前代聖君，博思咨諏，雖降灾咎，輒有開匱反風之應。令予小子，徒慘慘而已。其令二千石理冤獄，録輕繫，禱五嶽四瀆，及名山能興雲致雨者，冀蒙不崇朝遍雨天下之報。務加肅敬焉。』三月甲寅，詔曰：『孔子曰：「刑罰不中，則人無所措手足。」今吏多不良，擅行喜怒，或案不以罪，迫脅無辜，致令自殺者，一歲且多於斷獄，甚非爲人父母之意也。有司其議糾舉之。』荆、豫諸郡兵討破武陵漊中叛蠻。夏五月辛亥，詔曰：『朕思遲直士，側席異聞。其先至者，各以發憤吐懣，略聞子大夫之志矣，皆欲置於左右，顧問省納。建武詔書又曰，堯試臣以職，不直以言語筆劄。今外官多曠，並可以補任。』戊辰，太傅趙憙薨。冬，始行月令迎氣樂。是歲，零陵獻芝草。有八黄龍見於泉陵。西域假司馬班超擊疏勒，破之。

六年【略】秋七月癸巳，以大司農鄧彪爲太尉。

七年春正月，沛王輔、濟南王康、東平王蒼、中山王焉、東海王政、琅邪王宇來朝。夏六月甲寅，廢皇太子慶爲清河王，立皇子肇爲皇太子。己未，徙廣平王羨爲西平王。秋八月，飲酎高廟，禘祭光武皇帝、孝明皇帝。甲辰，詔曰：『《書》云：「祖考來假」，明哲之祀。予末小子，質又菲薄，仰惟先帝烝烝之情，前修禘祭，以盡孝敬。朕得識昭穆之序，寄遠祖之思。今年大禮復舉，加以先帝之坐，悲傷感懷。樂以迎來，哀以送往，雖祭亡如在，而空虚不知所裁，庶或饗之。豈亡克慎肅雍之臣，辟公之相，皆助朕之依依。今賜公錢四十萬，卿半之，及百官執事各有差。』九月甲戌，幸偃師，東涉卷津，至河内。下詔曰：『車駕行秋稼，觀收穫，因涉郡界。皆精騎輕行，無它輜重。不得輒修道橋，遠離城郭，遣使逢迎，刺探起居，出入前後，以爲煩擾。動務省約，但患不能脱粟瓢飲耳。所過欲令貧弱有利，無違詔書。』遂覽淇園。己酉，進幸鄴，勞饗魏郡守令已下，至於三老、門闌、走卒，賜錢各有差。勞賜常山、趙國吏人，復元氏租賦三歲。辛卯，車駕還宫。詔天下繫囚減死一等，勿笞，詣邊戍。妻子自隨，占著所在。父母同産欲相從者，恣聽之。有不到者，皆以乏軍興論。及犯殊死，一切募下蠶室，其女子宫。繫囚鬼薪、白粲已上，皆減本罪各一等，輸司寇作。亡命贖：死罪入縑二十匹，右趾至髡鉗城旦舂十匹，完城旦至司寇三匹，吏人有罪未發覺，詔書到自告者，半入贖。冬十月癸丑，西巡狩，幸長安。丙辰，祠高廟，遂有事十一陵。遣使者祠太上皇于萬年，以中牢祠蕭何、霍光。進幸槐里。岐山得銅器，形似酒樽，獻之。又獲白鹿。帝曰：『上無明天子，下無賢方伯。「人之無

良，想怨一方。」斯器亦曷爲來哉？』又幸長平，御池陽宮，東至高陵，造舟於涇而還。每所到幸，輒會郡縣吏人，勞賜作樂。十一月，詔勞賜河東守、令、掾以下。十二月丁亥，車駕還宮。【略】

八年【略】夏六月，北匈奴大人率衆款塞降。冬十二月甲午，東巡狩，幸陳留、梁國、淮陽、潁陽。戊申，車駕還宮。詔曰：『《五經》剖判，去聖彌遠，章句遺辭，乖疑難正，恐先師微言將遂廢絶，非所以重稽古，求道眞也。其令羣儒選高才生，受學《左氏》、《穀梁春秋》、《古文尚書》、《毛詩》，以扶微學，廣異義焉。』是歲，京師及郡國螟。

元和元年春正月，中山王焉來朝。日南徼外蠻夷獻生犀、白雉。【略】二月甲戌，詔曰：『王者八政，以食爲本，故古者急耕稼之業，致耒耜之勤，節用儲蓄，以備凶灾，是以歲雖不登而人無飢色。自牛疫已來，穀食連少，良由吏教未至，刺史、二千石不以爲負。其令郡國募人無田欲徙它界就肥饒者，恣聽之。到在所，賜給公田，爲雇耕傭，賃種餉，貰與田器，勿收租五歲，除算三年。其後欲還本鄉者，勿禁。』夏四月己卯，分東平國，封憲王蒼子尚爲任城王。【略】秋七月丁未，詔曰：『《律》云「驚者唯得榜、苔、立」。又《令丙》，箠長短有數。自往者大獄已來，掠考多酷，鑽鑽之屬，慘苦無極。念其痛毒，怵然動心。《書》曰「鞭作官刑」，豈云若此？宜及秋冬理獄，明爲其禁。』

八月甲子，太尉鄧彪罷，大司農鄭弘爲太尉。癸酉，詔曰：『朕道化不德，吏政失和，元元未諭，抵罪於下。寇賊爭心不息，邊野邑屋不修。永惟庶事，思稽厥衷，與凡百君子，共弘斯道。中心悠悠，將何以寄？其改建初九年爲元和元年。郡國中都官繫囚減死一等，勿笞，詣邊縣。妻子自隨，占著在所。其犯殊死，一切募下蠶室。其女子宮。繫囚鬼薪、白粲以上，皆減本罪一等，輸司寇作。亡命者贖，各有差。』丁酉，南巡狩，詔所經道上，郡縣無得設儲跱。命司空自將徒支柱橋梁。有遣使奉迎，探知起居，二千石當坐。其賜鰥、寡、孤、獨、不能自存者粟，人五斛。九月乙未，東平王忠薨。辛丑，幸章陵，祠舊宅園廟，見宗室故人，賞賜各有差。冬十月己未，進幸江陵，詔廬江太守祠南嶽，又詔長沙、零陵太守祠長沙定王、舂陵節侯、鬱林府君。還，幸宛。十一月己丑，車駕還宮，賜從者各有差。十二月壬子，詔曰：『《書》云：「父不慈，子不祇，兄不友，弟不恭，不相及也。」往者妖言大獄，所及廣遠，一人犯罪，禁至三屬，莫得垂纓仕宦王朝。如有賢才而没齒無用，朕甚憐之，非所謂與之更始也。諸以前妖惡禁錮者，一皆蠲除之，以明棄咎之路，但不得在宿衛而已。』

二年春正月乙酉，詔曰：『《令》云「人有產子者復，勿算三歲」。今諸懷妊者，賜胎養穀人三斛，復其夫，勿算一歲，著以爲令。』又詔三公曰：『方春生養，萬物莩甲，宜助萌陽，以育時物。其令有司，罪非殊死，且勿案驗，及吏人條書相告，不得聽受，冀以息事寧人，敬奉天氣。立秋如故。夫俗吏矯飾外貌，似是而非，揆之人事則悅耳，論之陰陽則傷化，朕甚饜之，甚苦之。安靜之吏，悃愊無華，日計不足，月計有餘。如襄城令劉方，吏人同聲謂之不煩，雖未有它異，斯亦殆近之矣。間敕二千石各尚寬明，而今富奸行賂於下，貪吏枉法於上，使有罪不論而無過被刑，甚大逆也。夫以苛爲察，以刻爲明，以輕爲德，以重爲威，四者或興，則下有怨心。吾詔書數下，冠蓋接道，而吏不加理，人或失職，其咎安在？勉思舊令，稱朕意焉。』二月甲寅，始用《四分曆》。詔曰：『今山川鬼神應典禮者，尚未咸秩。其議增修羣祀，以祈豐年。』丙辰，東巡狩。己未，鳳皇集肥城。乙丑，帝耕于定陶。詔曰：『三老，尊年也。孝悌，淑行也。力田，勤勞也。國家甚休之。其賜帛人一匹，勉率農功。』使使者祠唐堯于成陽靈臺。辛未，幸太山，柴告岱宗。有黃鵠三十從西南來，經祠壇上，東北過於宮屋，翱翔升降。進幸奉高。壬申，宗祀五帝於汶上明堂。癸酉，告祠二祖、四宗，大會外內羣臣。丙子，詔曰：『朕巡狩岱宗，柴望山川，告祀明堂，以章先勳。其二王之後，先聖之胤，東後蕃衛，伯父伯兄，仲叔季弟，幼子童孫，百僚從臣，宗室衆子，要荒四裔，沙漠之北，葱領之西，冒耏之類，跋涉懸度，陵踐阻絶，駿奔郊畤，咸來助祭。祖宗功德，延及朕躬。予一人空虚多疚，纂承尊明，盥洗享薦，慚愧祗栗。《詩》不云乎：「君子如祉，亂庶遄已。」歷數既從，靈耀著明，亦欲與士大夫同心自新。其大赦天下。諸犯罪不當得赦者，皆除之。復博、奉高、嬴，無出今年田租、芻稾。』戊寅，進幸濟南。三月己丑，進幸魯，祠東海恭王陵。庚寅，祠孔子于闕里，及七十二弟子，賜褒成侯及諸孔男女帛。壬辰，進幸東平，祠憲王陵。甲午，遣使者祠定陶太

后、恭王陵。乙未，幸東阿，北登太行山，至天井關。夏四月乙巳，客星入紫宮。乙卯，車駕還宮。庚辰，假于祖禰，告祠高廟。五月戊申，詔曰：『乃者鳳皇、黄龍、鸞鳥比集七郡，或一郡再見，及白烏、神雀、甘露屢臻。祖宗舊事，或班恩施。其賜天下吏爵，人三級；高年、鰥、寡、孤、獨帛，人一匹。《經》曰：「無侮鰥寡，惠此煢獨。」加賜河南女子百户牛、酒，令天下大酺五日。賜公卿已下錢、帛各有差；及洛陽人當酺者布，户一匹，城外三户共一匹。賜博士員弟子見在太學者布，人三匹。令郡國上明經者，口十萬以上五人，不滿十萬三人。』改廬江爲六安國，江陵復爲南郡。徙江陵王恭爲六安王。七月庚子，詔曰：『《春秋》於春每月書「王」者，重三正，慎三微也。律十二月立春，不以報囚。《月令》冬至之後，有順陽助生之文，而無鞫獄斷刑之政。朕咨訪儒雅，稽之典籍，以爲王者生殺，宜順時氣。其定律，無以十一月、十二月報囚。』九月壬辰，詔：『鳳皇、黄龍所見亭部，無出二年租賦。加賜男子爵，人二級；先見者帛二十匹，近者三匹，太守三十匹，令、長十五匹，丞、尉半之。《詩》云：「雖無德與汝，式歌且舞。」它如賜爵故事。』丙申，徵濟南王康、中山王焉會烝祭。冬十一月壬辰，日南至，初閉關梁。

三年春正月乙酉，詔曰：『蓋君人者，視民如父母，有憯怛之憂，有忠和之教，匍匐之救。其嬰兒無父母親屬，及有子不能養食者，稟給如《律》。』丙申，北巡狩，濟南王康、中山王焉、西平王羨、六安王恭、樂成王黨、淮陽王昞、任城王尚、沛王定皆從。辛丑，帝耕於懷。二月壬寅，告常山、魏郡、清河、巨鹿、平原、東平郡太守、相曰：『朕惟巡狩之制，以宣聲教，考同遐邇，解釋怨結也。今「四國無政，不用其良」，駕言出遊，欲親知其劇易。前祠園陵，遂望祀華、霍，東祡岱宗，爲人祈福。今將禮常山，遂徂北土，歷魏郡，經平原，升踐堤防，詢訪耆老，咸曰「往者汴門未作，深者成淵，淺則泥塗」。追惟先帝勤人之德，厎績遠圖，復禹弘業，聖迹滂流，至於海表。不克堂構，朕甚慚焉。《月令》，孟春善相丘陵土地所宜。今肥田尚多，未有墾闢。其悉以賦貧民，給與糧種，務盡地力，勿令遊手。所過縣邑，聽半入今年田租，以勸農夫之勞。』乙丑，敕侍御史、司空曰：『方春，所過無得有所伐殺。車可以引避，引避之；騑馬可輟解，輟解之。《詩》云：「敦彼行葦，牛羊勿踐履。」《禮》，人君伐一草木不時，謂之不孝。俗知順人，莫知順天。其明稱朕意。』戊辰，進幸中山，遣使者祠北嶽。出長城。癸酉，還幸元氏，祠光武、顯宗於縣舍正堂；明日又祠顯宗於始生堂，皆奏樂。三月丙子，詔高邑令祠光武於即位壇。復元氏七年徭役。己卯，進幸趙。庚辰，祠房山于靈壽。辛卯，車駕還宮。賜從行者各有差。夏四月丙寅，太尉鄭弘免，大司農宋由爲太尉。五月丙子，司空第五倫罷，太僕袁安爲司空。秋八月乙丑，幸安邑，觀鹽池。九月，至自安邑。冬十月，北海王基薨。燒當羌叛，寇隴西。是歲，西域長史班超擊斬疏勒王。

章和元年春三月，護羌校尉傅育追擊叛羌，戰歿。夏四月丙子，令郡國中都官繫囚減死一等，詣金城戍。六月戊辰，司徒桓虞免。癸卯，司空袁安爲司徒，光禄勳任隗爲司空。秋七月癸卯，齊王晃有罪，貶爲蕪湖侯。壬子，淮陽王昞薨。鮮卑擊破北單于，斬之。燒當羌寇金城，護羌校尉劉盱討之，斬其渠帥。壬戌，詔曰：『朕聞明君之德，啓迪鴻化，緝熙康乂，光照六幽，訖惟人面，靡不率俾，仁風翔於海表，威霆行乎鬼區。然後敬恭明祀，膺五福之慶，獲來儀之貺。朕以不德，受祖宗弘烈。乃者鳳皇仍集，麒麟並臻，甘露宵降，嘉穀滋生，芝草之類，歲月不絶。朕夙夜祗畏上天，無以彰於先功。今改元和四年爲章和元年。《秋令》：「是月養衰老，授几杖，行糜粥飲食。」其賜高年二人共布帛各一匹，以爲醴酪。死罪囚犯法在丙子赦前而後捕繫者，皆減死，勿笞，詣金城戍。』八月癸酉，南巡狩。壬午，遣使者祠昭靈后於小黄園。甲申，徵任城王尚會睢陽。戊子，幸梁。己丑，遣使祠沛高原廟，豐枌榆社。乙未，幸沛，祠獻王陵，徵會東海王政。乙未晦，日有食之。九月庚子，幸彭城，東海王政、沛王定、任城王尚皆從。辛亥，幸壽春。壬子，詔郡國中都官繫囚減死罪一等，詣金城戍。犯殊死者，一切募下蠶室。其女子宮，繫囚鬼薪、白粲已上，減罪一等，輸司寇作。亡命者贖：死罪縑二十匹，右趾至髡鉗城旦舂七匹，完城旦至司寇三匹，吏民犯罪未發覺，詔書到自告者，半入贖。復封阜陵侯延爲阜陵王。己未，幸汝陰。冬十月丙子，車駕還宮。北匈奴屋蘭儲等率衆降。是歲，西域長史班超擊莎車，大破之。月氏國遣使獻扶拔、師子。

二年春正月，濟南王康、阜陵王延、中山王焉來朝。二月壬辰，帝崩

于章德前殿，年三十三。遺詔無起寢廟，一如先帝法制。

《晉書》卷二六《食貨志》　光武寬仁，龔行天討，王莽之後，赤眉新敗，雖復三暉乃眷，而九服蕭條，及得隴望蜀，黎民安堵，自此始行五銖之錢，田租三十稅一，民有產子者復以三年之算。顯宗卽位，天下安寧，民無橫徭，歲比登稔。永平五年作常滿倉，立粟市於城東，粟斛直錢二十。草樹殷阜，牛羊彌望，作貢尤輕，府廩還積，奸回不用，禮義專行。于時東方既明，百官詣闕，戚里侯家，自相馳騖，車如流水，馬若飛龍，照映軒廡，光華前載。傳曰：『三統之元，有陰陽之九焉』，蓋天地之恆數也。【略】

至光武中興，除莽貨泉。建武十六年，馬援又上書曰：『富國之本，在於食貨，宜如舊鑄五銖錢。』帝從之。於是復鑄五銖錢，天下以爲便。及章帝時，穀帛價貴，縣官經用不足，朝廷憂之。尚書張林言：『今非但穀貴也，百物皆貴，此錢賤故爾。宜令天下悉以布帛爲租，市買皆用之，封錢勿出，如此則錢少物皆賤矣。又，鹽者食之急也，縣官可自賣鹽，武帝時施行之，名曰均輸。』於是事下尚書通議。尚書朱暉議曰：『王制，天子不言有無，諸侯不言多少，食祿者不與百姓爭利。均輸之法，與賈販無異。以布帛爲租，則吏多奸。官自賣鹽，與下爭利，非明王所宜行。』帝本以林言爲是，得暉議，因發怒，遂用林言，少時復止。

又　卷三〇《刑法志》　漢自王莽簒位之後，舊章不存。光武中興，留心庶獄，常臨朝聽訟，躬決疑事。是時承離亂之後，法網弛縱，罪名既輕，無以懲肅。梁統乃上疏曰：

臣竊見元帝初元五年，輕殊刑三十四事，哀帝建平元年盡四年，輕殊死者刑八十一事，其四十二事，手殺人皆減死罪一等，著爲常法。自是以後，人輕犯法，吏易殺人，吏民俱失，至於不羈。

臣愚以爲刑罰不苟務輕，務其中也。君人之道，仁義爲主，仁者愛人，義者理務。愛人故當爲除害，理務亦當爲去亂。是以五帝有流殛放殺之誅，三王有大辟刻肌之刑，所以爲除殘去亂也。故孔子稱『仁者必有勇』，又曰『理財正辭，禁人爲非曰義』。高帝受命，制約令，定法律，傳之後世，可常施行。文帝寬惠溫克，遭世康平，因時施恩，省去肉刑，除相坐之法，他皆率由舊章，天下幾致升平。武帝值中國隆盛，財力有餘，出兵命將，征伐遠方，軍役數興，百姓罷弊，豪傑犯禁，奸吏弄法，故設遁匿之科，著知縱之律。宣帝聰明正直，履道握要，以御海內，臣下奉憲，不失繩墨。元帝法律，少所改更，天下稱安。孝成、孝哀，承平繼體，卽位日淺，聽斷尚寡。丞相王嘉等猥以數年之間，虧除先帝舊約，穿令斷律，凡百餘事，或不便於政，或不厭人心。臣謹表取其尤妨政事、害善良者，傅奏如左。

伏惟陛下苞五常，履九德，推時撥亂，博施濟時，而反因循季世末節，衰微軌迹，誠非所以還初反本，據元更始也。願陛下宣詔有司，悉舉初元、建平之所穿鑿，考其輕重，察其化俗，足以知政教所處，擇其善者而從之，其不善者而改之，定不易之典，施之無窮，天下幸甚。

事下三公、廷尉議，以爲隆刑峻法，非明王急務，不可開許。統復上言曰：『有司猥以臣所上不可施行。今臣所言，非曰嚴刑。竊謂高帝以後，至於宣帝，其所施行，考合經傳，比方今事，非隆刑峻法。不勝至願，願得召見，若對尚書近臣，口陳其意。』帝令尚書問狀，統又對，極言政刑宜改。議竟不從。及明帝卽位，常臨聽訟觀録洛陽諸獄。帝性既明察，能得下奸，故尚書奏決罰近於苛碎。

至章帝時，尚書陳寵上疏曰：『先王之政，賞不僭，刑不濫，與其不得已，寧僭不濫。故唐堯著典曰「流宥五刑，眚灾肆赦」。帝舜命皋陶以「五宅三居，惟明克允」。文王重《易》六爻，而列叢棘之聽。周公作《立政》，戒成王勿誤乎庶獄。陛下卽位，率由此義，而有司執事，未悉奉承。斷獄者急於榜格酷烈之痛，執憲者繁於詐欺放濫之文，違本離實，棰楚爲奸，或因公行私，以逞威福。夫爲政也，猶張琴瑟，大弦急者小弦絕，故子貢非臧孫之猛法，而美鄭僑之仁政。方今聖德充塞，假於上下，宜因此時，隆先聖之務，蕩滌煩苛，輕薄棰楚，以濟羣生，廣至德也。』帝納寵言，決罪行刑，務于寬厚。其後遂詔有司，禁絕鉆鑽諸酷痛舊制，解袄惡之禁，除文致之請，讞五十餘事，定著於令。是後獄法和平。

論説

漢·荀悦《申鑒》　或曰：在上有屈乎？曰：在上者以義申、以

義屈。高祖雖能申威于秦項而屈于商山四公；光武能伸于莽而屈於强項令；明帝能申令于天下而屈于鍾離尚書。

《後漢書》卷一下《光武帝紀下》 贊曰：炎正中微，大盗移國。九縣飆回，三精霧塞。人厭淫詐，神思反德。光武誕命，靈貺自甄。沈幾先物，深略緯文。尋、邑百萬，貔虎爲羣。長轂雷野，高鋒彗雲。英威既振，新都自焚。虔劉庸、代，紛壇梁、趙。三河未澄，四關重擾。神旌乃顧，遞行天討。金湯失險，車書共道。靈慶既啓，人謀咸贊。明明廟謨，赳赳雄斷。於赫有命，系隆我漢。

又 卷二《顯宗孝明帝紀》 論曰：明帝善刑理，法令分明。日晏坐朝，幽枉必達。內外無倖曲之私，在上無矜大之色。斷獄得情，號居前代十二。故後之言事者，莫不先建武、永平之政。而鍾離意、宋均之徒，常以察慧爲言，夫豈弘人之度未優乎？【略】

贊曰：顯宗丕承，業業兢兢。危心恭德，政察奸勝。備章朝物，省薄墳陵。永懷廢典，下身遵道。登臺觀雲，臨雍拜老。懋惟帝績，增光文考。

又 卷三《肅宗孝章帝紀》 （永平十八年）十二月癸巳，有司奏言：『孝明皇帝聖德淳茂，劬勞日昊，身御浣衣，食無兼珍。澤臻四表，遠人慕化，僬僥、儋耳，款塞自至。克伐鬼方，開道西域，威靈廣被，無思不服。以烝庶爲憂，不以天下爲樂。備三雍之教，躬養老之禮。作登歌，正予樂，博貫六藝，不舍晝夜。聰明淵塞，著在圖讖。至德所感，通於神明。功烈光于四海，仁風行於千載。而深執謙謙，自稱不德，無起寢廟，掃地而祭，除日祀之法，省送終之禮。遂藏主于光烈皇后更衣別室。天下聞之，莫不悽愴。【略】

論曰：魏文帝稱『明帝察察，章帝長者』。章帝素知人厭明帝苛切，事從寬厚。感陳寵之義，除慘獄之科。深元元之愛，著胎養之令。奉承明德太后，盡心孝道。割裂名都，以崇建周親。平徭簡賦，而人賴其慶。又體之以忠恕，文之以禮樂。故乃蕃輔克諧，羣后德讓。謂之長者，不亦宜乎！在位十三年，郡國所上符瑞，合於圖書者數百千所。烏呼懋哉！【略】

贊曰：肅宗濟濟，天性愷悌。于穆後德，諒惟淵體。左右藝文，斟酌律禮。思服帝道，弘此長懋。儒館獻歌，戎亭虚候。氣調時豫，憲平人富。

清·王夫之《讀通鑑論》卷六《光武一〇》 所貴乎史者，述往以爲來者師也。爲史者，記載徒繁，而經世之大略不著，後人欲得其得失之樞機以效法之無繇也，則惡用更爲？

光武之始徇河北，銅馬諸賊幾數百萬，及破之也，潰散者有矣，而受其降者數十萬人。斯時也，光武之衆未集，猶資之以爲用也。已而劉茂集衆十餘萬而降之於京、密；朱鮪之衆且三十萬而降之于雒陽；吴漢、王梁擊檀鄉于漳水，降其衆十餘萬於鄴東；五校之衆五萬人降之于羛陽；餘賊之擁立孫登者五萬人，降之于河北；赤眉先後降者無算，其東歸之餘尚十餘萬人，降之于宜陽；吴漢降青犢，馮異降延岑、張邯之衆，蓋延降劉永之餘，王常降青犢四萬餘人，耿弇降張步之卒十餘萬，蓋先後所受降者，指窮於數。戰勝矣，威立矣，乃幾千萬不逞之徒聽我羈絡，又將何以處之邪？高帝之興也，恆患寡而亟奪人之軍，光武則兵有餘而撫之也不易，此光武之定天下所以難於高帝也。

夫民易動而難靜，而亂世之民爲甚。當其舍耒而操戈，或亦有不得已之情焉，而要皆遊惰驕桀者也。迨乎相習於戎馬之間，掠食而飽，掠婦而妻，馳驟喧呶，行歌坐傲，則雖有不得已之情而亦忘之矣。盡編之于伍，而耕夫之粟不給於養也，織婦之布不給於衣也，縣官宵夜以持等、不給於饋餫也。盡勒之歸農，而田疇已蕪矣，四肢已惰矣，恣睢狂蕩、不能受屈於父兄鄉黨之前矣。故一聚一散，傾耳以聽四方之動而隨風以起，誠無如此已動而不復靜之民氣何矣！而光武處之也，不十年而天下晏然，此必有大用存焉。史不詳其所以安輯而鎮撫之者何若，則班固、荀悦徒爲藻帨之文，而無意於天下之略也，後起者其何徵焉？

無已，而求之遺文以髣髴其大端，則徵伏湛、擢卓茂，獎重厚之吏，以調禦其囂張之氣，使惰歸而自得其安全，民無懷怨怒以擯之不齒，吏不吝教導以納之矩矱，日漸月摩而消其形迹，數百萬人之浮情害氣，以一念歛之而有餘矣。蓋其覿文匿武之意，早昭著於戰爭未息之日，潛移默易，相喻於不言，當其從戎之日，已早有歸休之志，而授以田疇廬墓之樂，亦惡有不帖然也？自三代而下，唯光武允冠百王矣。何也？前而高帝，後

而唐、宋，皆未有如光武之世，胥天下以稱兵，數盈千萬者也。通其意，思其變，函之以量，貞之以理，豈易言哉！豈易言哉！

又《光武一一》 光武報隗囂書，稱字以與頡頏，用敵國禮，失禦囂之道矣，是以失囂。囂者，異於狂狡之徒，猶知名義者也。始起西州，歃血告于漢祖之神靈，知漢未絕於天，願爲中興之元功耳。更始疑欲殺之，亦奔歸秦、隴，而恥與張卬、謝禄同逆。達其情，獎之以義，正名之爲君臣，而成其初志，囂將以爲得知己而願委身焉。名義者，囂所素奉之名也，待以敵國，而置之名義之外以相籠絡，囂且謂更始之始尊我而終忌我，今猶是也，奚以委身而相信哉？文帝之下尉佗也，佗本無戴漢之心，下之而驕氣以平，非可與囂比者也。懷疑未決，而又重授以疑，雖慷慨論列如馬援，無能蠲其猜忮矣。

又《光武一三》 言一發而不可收，習相沿而不能革，無聖人出，則須其自已而後已。班彪之説隗囂，竇融之決志以從光武，皆以符命爲徵。彪與融處亂世而身名以全，皆所謂豪傑之士也，然而所據者在此，況其他之瑣瑣者乎？

仲尼没，七十子之徒，流風日遠，舍理言天，而窺天以數，賢者不能自拔，而疑信參焉。劉楊造癭楊之讖以惑衆，張豐寶肘石之璽以自迷，皆緣之以釀亂而亡其身。光武之明，且恐非此而無以動天下，刻畫五行、割裂六藝者二百餘年，迨魏、晉而始衰，害固如是之烈也！

孔子贊《周易》以前民用。道而已矣，陰陽柔剛仁義之外無道也。至於漢，乃有道外之數以亂道，更千年而濂、雒闡其微以距邪説，邵康節猶以其授于陳摶、穆修者，冒三聖之顯道，以測皇王之升降，非君子之所知也。其殆京房、夏賀良之餘燼，乘風而一煽者乎！

又《光武一四》 疑信相參之際，人有隱情而我亦與之隱，則疑終不釋。豁然發其所疑而示之以信，豈有不測之明威哉？無不可共見之心而已。竇融在河西，懷疑不決，好事者且以尉佗之説進，此融所秘而不敢以告者也。光武賜書，開兩端以擿發之，而河西震服。凡光武之詘羣雄者，胥此道也。

蓋有所隱而不敢宣者，畏人之知。抑料人雖知我而無能禁我也，更相與隱之，則彼且畏我之含殺機以暗相制，不則謂其疑已而無如已何矣。曉然曰：予既已知汝必有之情矣，而終不以爲罪，且亦不禁汝之勿然，而吾固無所懼也。則相諒以明恩，而無姑相隱忍之情以示懦。此非權術之爲也，恃在己而不幸人之弗相害，洞然知合離得失之數，仰聽之天，俯任之人，術也而道在其中。此光武之奇而不詭於正者與！

又《光武一六》 王元説隗囂據隘自守，以待四方之變，其亡也宜矣。天下方亂，士思立功名，而民思息肩於鋒刃，能爲之主者，衆所待也，人方待我而我待人乎？待者，害之府也。無已，則儒生懷道術以需時而行者，待求治之主；不則武夫以方剛之膂力欲有所效者，待有爲之君；是兩者可待也。若夫欲創非常之業，目不營乎四海，心不周乎萬民，力不足以屈羣策羣力而禦之，謀不能先天下而建廓清之首功，乃端坐苟安，待人之起而投其隙。所待者而賢於我，則我且俛首而受制；所待者與己齊力而或不己若，則幸雖制彼而無以服天下之心。鷸蚌漁人之術，其猶鼠之俟夜乎！而何以爲天下雄也？擁重兵，據險地，謀臣武士亦足以用，但立一待人之心，而卽已自處於坐困之塗。延頸企之，仰窺天，俯視地，四顧海内而幸其蠭起，亂人而已。亂人者，未有不亡者也。

又《光武三八》 以祖妣配地祇於北郊，漢之亂典也。光武以呂后幾危劉氏，改配薄后，亂之亂者也。呂氏之德，不足以配地矣，薄后遂勝任而無歉乎？開國之君，配天而無歉者，非以其能取天下貽子孫也。宇内大亂，庶民不康，三綱淪，五典斁，天莫能復其性；暴政奪人居食，兵戎絕其生齒，地莫能遂其養；王者首出，誅惡削潛，以兵治而期於無兵，以刑治而期於無刑。飢者食，寒者衣，散之四方者逸以居，於是而得有其父子、兄弟、夫婦、朋友，以相親而相遜。代天以奠兆民，而相天地之不足，則臣子推崇之以配天，以是爲與天通理也。母后，一姓之妣也，配祖於宗廟而私恩伸矣。位非其位也，君授之也，德非其德也，元后爲民父母，母道亦君所任，非后所任也。呂后不足以配地，薄后其能堪此乎？故曰亂也。

象之不仁，舜不得不以爲弟，丹朱之不肖，堯不得不以爲子，天倫者受之於天，非人所得而予奪者也。夫婦之道，受命于父母，而大昏行焉；出以其道，而自夫制焉。爲人子孫而逆操其進退，已不道而奚以治幽明哉？文姜之逆也，而春秋書曰『夫人』。僖公致成風以抑哀姜，而春秋

書曰『用致』。呂后之罪，聽後世之公論，非子孫所得黜也；薄后非高帝之伉儷，非子孫所得命也。告祠高廟，退呂進薄，幸先君之無知，唯己意以取必焉。舜不能使瞽瞍之不子象，而光武能使高帝之不妻呂后哉？慕容垂追廢可足渾氏，崔鴻譏其以子廢母，致其子寶弑母而無忌。人君垂家法以貽子孫，順天理而人情自順，大義自正。如謂光武借此以儆宫闈，乃東漢之禍，卒成於后族，徒爲逆亂，而又奚裨邪？故曰亂之亂者也。

又 卷七《明帝一》 明帝即位之元年，率百官朝於先帝之陵，上食奏樂，郡國計吏以次占其穀價及民疾苦，遂爲定制。迨後靈帝時，蔡邕從駕上陵，見其威儀，察其本意，歎明帝至孝惻隱之不易奪，而古不墓祭之未盡也，邕於是乎知通矣。

夫云古不墓祭，所謂古者，自周而言之，蓋殷禮也。孔子於防墓之崩，泫然流涕曰：『古不修墓。』其云古者，亦殷禮也。孔子殷人也，而用殷禮，示不忘故也。然而泫然流涕，則聖人之情亦見矣。殷道尚鬼，貴神而賤形，禮魂而藏魄，故求神以聲，坐尸以獻，是亦一道也，而其弊也，流於墨氏之薄葬。若通幽明一致而言之，過墓而生哀，豈非夫人不自已之情哉！

且夫謂神既離形而形非神，墓可無求，亦曰魂氣無不之也。夫既無不之矣，則亦何獨墓之非其所之也？朝踐於堂，事尸于室，祝祭于祊，於彼乎，於此乎，孝子之求親也無定在，則墓亦何非其所在。始死之設重也，瓦缶也；既虞而作主也，桑栗也；土木之與人，畢類而不親，而孝子事之如父母焉，以爲神必依有形者以麗而不舍也。豈緊形之所藏，曾瓦缶桑栗之不若哉？墓者，委形之藏也；孫者，委形之化也。以爲非其靈爽之故，則皆非故矣；以爲形之所委，則皆其體之遺矣；事尸之禮，以孫爲形之遺而事之如生，乃於其形之藏而棄之於朽壤乎？夫物各依於其類，不得其眞，則以類求之。形之與神，魂之與魄，相依不舍以没世，則神如有依，不違此也審矣。

孝者，生於人子之心者也；神之來格者，思之所成也；過墓而有哀愴之情，孝生於心，而神即于此成焉。且也，是形也，爲人子者寒而温之，暑而清之，疾痛屙癢而抑搔之，事之生平，一旦而朽壤置之，曰有尊形者在焉，其情恝，其道過高而亡實。莊也、墨也，皆嘗以此爲教，而賊人惻隱之良；雖爲殷道，自匪殷人，何爲效之哉？子曰：『其或繼周者，雖百世可知也。』損益於禮之中，而不傷仁義，百世之後，王者有作，前聖不得而限之矣。故曰：『喪，與其易也寧戚。』執古禮以求合，抑情以就之，易之屬也；情有所不忍，雖古所未有而必伸，戚之屬也；守章句以師古者，又何譏焉！

又 《明帝二》 養老之典，有本有標，文其標也。文抑以動天下之心而生其質，則本以生標，標以蔭本，枝葉榮而本益固矣。養老於癢，祖而割牲，執醬而饋，執爵而酳，標也。制民田里，教之樹畜，免其從政，不飢不寒，而使得養其老，本也。王者既厚民之生，使有黍稷、酒醴、絲絮、雞豚可以養其老矣；然恐民之怙其安飽，而孝弟之心不生也，於是修其禮於太學，躬親執勞，惇憲乞言，以示天子之必有尊，而齒爲天下之所重，乃以興起斯民之心而不敢憑壯以遺老，則標以蔭本而道益榮。明帝修三老五更之禮，養李躬、桓榮盡敬養之文，于時之天下，果使家給户饒遂其衣帛食肉以奉其父母乎？抑尚未也？民未給養而徒修其文，則固無以興起孝弟而虛設此不情之儀節矣。雖然，文與質相輔以成者也，本與標相扶以茂者也。以天下之未給而不遑修其禮焉，俟之俟之，而終於廢墜矣。修其文以感天下之心，抑可即此以自感其心，俯仰磬折之下，顧文而思之，必有以踐之，而仁澤之下流，亦將次第而舉矣。明帝之時，内寇靖，邊陲無警，承光武之餘澤，猶挹水于江、承火於燧也。則文以滋質，標以蔭本，亦不得曰虛致此不情之儀節也。乃若其不可者，記曰：『敬老爲其近于父也。』以近父故敬，則敬老以父而推爾。光武崩，曾未期年，而雍容於冠冕笙磬之下，不已急乎！躬與榮憑几受饋，而寢門之視膳，天奪吾歡，則固有憯怛而不寧者。明帝、東平王蒼皆斬焉銜恤之子也，王亟請之，帝輒行之，無已泰乎！是則斲本而務其末也。

又 《明帝三》 明帝永平三年，以左馮翊郭丹爲司徒，郡守入爲三公，循西漢之制也，而尤不待内遷而速拔之以升。其後邢穆、鮑昱皆以太守踐三公之位，其重吏事也甚矣。是道也，以奬郡守，使勸進于治理，重其權而使安於其職則得也；若以善三公之選，則有不貴於此者，何也？道者，事之綱也，天下者，郡之積也。即事而治之，目與綱並舉而不可有遺。即道而統之，舉其綱而不得復察其目，此郡守三公詳簡之殊

也。以郡守纖悉必察之能，贊君道而攝大綱，則瑣細而虧其大者多矣。

五方之政，剛柔之性畢于天，磽瘠之產畢於地，一郡之利病，施於百里以外，則利其病而病其利。郡守之得民也，去其郡之病以興其利，而民心悅矣。遂以概之於天下，是强山國以舟、澤國以車，徒爲病而或足以斃也。然則郡守果賢，固未可坐論清宮，而平章四海。況乎名之所自成，實之所自損，黃霸之賢，且以鶡雀之欺爲鼎足羞，況不能如霸者，而遽以宗社託之乎？是則旦郡守而夕三公，廟堂無廣大從容之化，其弊也，飾文崇法以傷和平正直之福，非細故也。明帝勤吏事，而不足與於治道，未可爲後世擇相法也。

又《明帝四》 宗均去檻穽，而九江之虎患息，其故易知也。人與虎爭，而人固不勝矣。檻穽者，人所與虎爭之具也，有所恃而輕與虎遇，蹈危而不覺，虎與人兩斃之術也。均之令曰：『江、淮之有猛獸，猶北土之有雞豚。』謂其繁有而不可使無也。常存一多虎於心目，而無恃以不恐，則自遠其害。推此道也，以治民之奸可矣。

故其論治，謂文法廉吏不足以止奸，亦以雞豚視奸而奸者詘，與天下息機而天下之機息也。文法之吏，恃文法以與奸競而固不勝；廉吏恃廉以弗懼於奸，而奸巧以傷之；惟其有恃也，而遂謂奸之不足防也。挈大綱，略細法，訟魁猾胥不得至於公廷矣，奚以病吾民哉？均之所挾持者弘遠矣。劉先主、諸葛武侯尚申、韓，而蜀終不競，包拯、海瑞之悁疾，尤其不足論者已。

又《明帝六》 讓國之義，伯夷、泰伯爲昭矣，子臧、季劄循是以爲節，而漢人多效之。丁鴻逃爵，鮑駿責之曰：『春秋之義，不以家事廢王事。』允矣，而猶未盡也。漢之列侯，非商、周之諸侯也。古之諸侯，有其國，君其民，制其治，蓋與天子迭爲進退者也，君道也。漢之列侯，食租衣稅，而無宗社人民之守，臣道也。君制義，臣從義，從天子之義，非己所得制也。古之諸侯，受之始祖，天子易位，而國自如。漢之列侯，受之天子，天子失天下，則不得復有其封。國非己所得私也，何敢以天子之爵祿唯己意而讓之也。

且君子之讓國，非徒讓其祿也。叔齊之賢，王季、文王之德，故伯夷、泰伯以保國康民興王制治之道德勳名讓之。若祿，則己所不屑，而可以非分之得汙弟爲愛弟乎？鴻弟盛而賢也，不必侯而可以功名自見也；如其不能，則亦溫飽以終身而已矣。祿食者，簞食豆羹之類也，讓者小而受者媿，商、周之義，惡可效之後世乎？讀古人書，欲學之，而不因時以立義，鮮不失矣。子曰：『以與爾鄰里鄉黨乎！』受列侯之封，分祿以與弟，斯得矣，侯豈鴻所得讓者哉？

又《明帝七》 史有溢詞，流俗羨焉，君子之所不取。紀明帝之世，百姓殷富，曰『粟斛三十錢』。使果然也，謀國者失其道，而民且有餒死之憂矣。

一夫之耕，中歲之獲，得五十斛止矣。古之斛，今之石也。終歲勤勞，而僅得千五百錢之利，口分租稅徭役出於此，婦子食於此，養老養疾死葬婚嫁給於此，鹽酪耕具取於此，固不足以自活，民猶肯竭力以耕乎？所謂米斛三十錢者，盡天下而皆然乎？抑偶一郡國之然而詫傳之也？使盡天下而皆然，尚當平糴收之，以實邊徼，以禦水旱，而不聽民之狼戾。然而必非天下之盡然也，則此極其賤，而彼猶踴貴，當國者宜以次輸移而平之，詎使粟死金生，成兩賈之苦乎？

故善爲國者，粟常使不多餘於民，以啓其輕粟之心，而使農日賤；農日賤，則遊民商賈日驕。故曰：『粟貴傷末，粟賤傷農。』傷末之與傷農，得失何擇焉？太賤之後，必有餓殍，明帝之世，不聞民有餒死之害，是以知史之爲溢詞也。雖然，亦必有郡國若此者矣，故曰謀國者失其道也。

又《明帝九》 班超之於西域，戲焉耳矣。以三十六人橫行諸國，取其君，欲殺則殺，欲禽則禽，古今未有奇智神勇而能此者。蓋此諸國者，地狹而兵弱，主愚而民散，不必智且勇而制之有餘也。萬里之外，孱弱之夷，苟且自王，實不能踰中國一亭長。其叛也，不足以益匈奴之勢；其服也，不足以立中夏之威，而欺弱凌寡，撓亂其喙息，以詫奇功，超不復有人之心，而今古稱之，不益動妄人以爲妄乎？發穴而攻螻蛄，入沼而捕鰍鯈，曰：『智之奇勇之神也。』一有識者笑之久矣。

光武閉玉門，絕西域，班固贊其盛德。超，固之弟也。嘗讀固之遺文，其往來報超於西域之書，述竇憲殷勤之意，而羨其遠略，則超與固非意異而不相謀也。其立言也如彼，其兄弟相獎、誣上徼幸以取功名也如

此，弄文墨趨危險者之無定情，亦至此乎！班氏之傾危，自叔皮而已然，流及婦人而辯有餘，其才也，不如其無才也。

又《章帝一》　陳湯幸郅支之捷，傅介子徼樓蘭之功，漢廷議者欲絀而勿録，可矣？介子、湯無所受命，私行以徼幸，既已遂其所圖，而又獎之，則妄徼生事之風長，而邊釁日開。若第五倫之欲棄耿恭也，則無謂矣。

恭之屯車師也，竇憲奏遣之，明帝命之。金蒲城者，漢所授恭使守者也。車師叛，匈奴驕，圍之經年，誘以重利，脅以必死，而恭不降。車師之屯，其當與否，非事後所可歸咎於恭也。恭所守者，先帝之命，所持者漢廷之節，死而不易其心，斯不亦忠臣之操乎！車師可勿屯，而恭必不可棄，明矣。倫獨非人臣子與？而視忠於君者，如芒刺之欲去體，何也？鮑昱之議是已，然猶未及於先帝之命也。山陵無宿草，忿疾而委其銜命之臣于原野，怨懟君父以寄其惡怒於孤臣，倫之心，路人知之矣。倫之操行矯異，無孝友和順之天良，自其薄待從兄以立名而已然，是詎足爲天子之大臣乎？

又《章帝二》　『三年無改于父之道』，道者，剛柔質文之謂也。剛柔質文，皆道之用也，相資以相成，而相勝以相節。則極重而必改，相制而抑以相生，消息之用存乎其閉。非即有安危存亡之大，則俟之三年而非需滯，於是而孝子之心遂，國事亦不以相激而又墮於偏。明帝之明察，誠有過者。而天下初定，民不知法，則其嚴也，乃使後人可得而寬者也。章帝初立，鮑昱、陳寵急擿先君之過，第五倫起而持之，視明帝若胡亥之慘，而已爲漢高，章帝聽而速改焉，將不得復爲人子矣。

人君當嗣位之初，其聽言也，尤不容不慎也。臣下各懷其志於先君之世，而或不得逞，先君没，積憤懣以求伸，遂若魚之脱於鉤，而唯其洋洋以自得。斯情也，名爲謀國，而實挾怨懟君父之心，幸其死以鳴豫者也。爲人子者，奈何其殉之！且君而尚寬弛與，則人臣未有不悦矣。君而尚嚴察與，則人臣未有不怨矣。故察吏治、精考覈、修刑典，皆臣下之所大不利焉者。幸先君之没，屬望於新君，解散法紀以遂其優遊，嘖有煩言，無所顧忌。立心若此，而殉之以干臣民之譽，過聽之病，成乎忘親，而可不慎哉！明帝之過於明察也，非法外而加虐剹，如胡亥之爲也，盡法而無欽恤之心耳。其法是，其情則過；其情過，其法固是也。即令大獄之興，羅於囚隸者，有迫待矜釋者焉。章帝自得以意爲節宣，姑即事而貸之，漸使向寬，以待他日，則先帝之失不章，嗣君之孝不損，而臣民之禁忌樂育，亦從容調燮以適於中，無或驟釋其銜勒，以趨於痿痺，俾奸宄探朝廷之意旨，以罔戒於吞舟。今陳寵之言曰：『蕩滌煩苛之法。』帝之詔曰：『進柔良，理冤獄。』皆唯亟反明帝以表異。君若臣相勸於縱弛，一激一反，國事幾何而不亂哉！

故剛柔文質，道原並建，而大中卽寓其閉。因其剛而柔存焉，因其文而質立焉，有道者之所尚也。懷忿懟而遽更張之，如攻仇讎，如救暴亂，大快于一時，求逞而不忌，其弊也，又相反而流以爲天下蠹。爲此説者佞人也，明主之所放流者也。此道不明，唐、宋以降，爲君子者，矯先君之枉以爲忠孝，他日人更矯之，一激一隨，法紀亂，朋黨興，國因以敝。然後知三年無改之論，聖人以示子道也，而君道亦莫過焉矣。

又《章帝三》　稱母后之賢，至明德馬后而古今無異詞，讀其詔，若將使人涕下者，后蓋好名而巧於言者也。建初二年大旱，言者以爲不封外戚之故，奸人邪説，言之而罔所媿忌，亦至此哉！

夫人不從上之言，而窺上之心以爲從，久矣！言者之無媿忌，有致之者也。章帝屢欲封諸舅，后屢卻之，受封已定，復有萬年長恨之語，人皆以謂封諸馬者章帝强爲之，非后意也。乃后没未幾，奏馬防兄弟奢侈踰僭，悉免就國，且有死於考掠者，同此有司，而與大旱請封之奏邈不相蒙也。奸人反覆以窺上意，則昔之請封，爲后之所欲，後之劾治，爲章帝之所積憤而欲逞，明矣。是以知帝之强封諸舅，陽違后旨，而實不獲已以徇母之私也。

車騎之盛，丁寧戒責，而操國之兵柄，討羌以爲封侯地，第五倫爭之而不克。兵柄在握，大功既建，復飾恭儉以要譽，此王莽之故智，后所屬望于諸馬者將在是乎！東京外戚之害，遂終漢世，而國繇以亡，自馬氏始，后爲之也。故言不足以徵心，譽不足以考實。馬后好名而名成，工于言而言傳，允矣其爲『哲婦』矣。哲婦之尤，當時不覺，後世且不知焉，以欺世而有餘，可不畏哉！

又《章帝四》 論守令之賢，曰清、慎、勤，三者修，而守令之道盡矣乎？夫三者，報政以優，令名以立，求守令之賢，未有能置焉者也。雖然，持之以爲標準，而矜之以爲風裁，則民之傷者多而俗以詭，國亦以不康。矜其清，則待物也必刻；矜其慎，則察物也必細；矜其勤，則求物也必煩。夫君子之清、清以和，君子之慎、慎以簡，君子之勤、勤以敬其事，而無位外之圖。於己不浼，非盡天下而使嚴於簞豆也；於令不妄，非拘文法而求盡於一切也；於心不逸，非顛倒雞鳴之衣裳，以使人從我而不息也。君子修此三者，以宜民而善俗，用宰天下可矣。然而課政或有所不逮，而譽望滅焉，名實之相詭久矣。第五倫言『陳留令劉豫、冠軍令駟協務爲嚴苦，吏民愁怨，議者反以爲能』，謂此也。使豫與協不銜其曲廉小謹勤勞之迹，豈有予之以能名者？欲矯行以立官坊而不學，則三者之蔽，民愁而俗詭。故曰：『君子學道則愛人。』弦歌興而允爲民父母，豈僅恃三者哉！

又《章帝五》 納諫之道，亦不易矣。君無爵賞以勸之，則言者不進；以爵賞勸之，言者抑不擇而進，故納諫難也。抑有道於此，士之有見於道而思以匡君者，非以言讎爵賞也，期於行而已矣。故明君行士之言，即所以報士，而爵賞不與焉。子曰：『君子不以言舉人。』此之謂與！

且夫進言者，繩君之愆而匡之，則言雖未工而知其爲忠直之士，心識其人，而以爵賞繼其後，其失焉者鮮矣。若夫所言者，求羣臣之得失而抑揚之，取政事之沿革而敷陳之，其言允，洵可行矣，而人之賢不肖未可知也。此而以爵賞酬焉，則佞人雜進而奚保其終哉？

抑其可是矣，其人非不肖矣，因其言之不韙，而置之左右，使旦夕納誨焉。上既唯言是取，人且引言爲已任而欲終其敢言之名，於是吹求在位者無已，而毛舉庶務之廢興以爲言資。將有事止於此，而言且引之以無窮，非奸而斥之奸，非賢而獎之賢；事不可廢而欲已之，事不可興而欲行之；荒唐苛細之論，皆以塞言之員，而國是亂。故言者可使言也，未可使盡言也，可使盡言也，不可使引伸爲無已之言也。斟酌之權，在乎主心，樂聞諫而不導人以口給，爵賞之酬，其可輕乎哉！

章帝于直言極諫之士，補外吏而試其爲，非無以酬之，而不引之以無涯之辯，官守在而賢不肖抑可徵焉，庶幾得之。

又《章帝六》 與賢者在於得人，與子者定於立嫡，立嫡者，家天下一定之法也。雖然，嫡子不必賢，則無以君天下而保其宗祐，故必有豫教之道，以維持而不即於咎。太甲顛覆典刑，而終遷仁義，以伊尹也。乃夫人氣質之不齊，則固有左伊右周公而不能革其惡者。和嶠困于晉惠帝之愚，而教且窮，故漢元、晉武守立適之法，卒以亡國。則知適子之不可教，而易之以安宗社，亦詎不可，古之人何弗慮而守一成之例以不逼其變乎？君子所垂法以與萬世同守者，大經而已。天下雖危，宗社雖亡，亦可聽之天命而安之。何也？擇子之説行，則後世暱寵嬖而易元良，爲亡國敗家之本，皆託之以濟其私。君子不敢以一時之利害，啓無窮之亂萌，道盡而固可無憂也。

光武以郭后失寵而廢太子彊，羣臣莫敢爭者。幸而明帝之賢，得以揜光武之過。而法之不臧，禍發于畢世，故章帝廢慶立肇，而羣臣亦無敢爭焉。嗚呼！肇之賢不肖且勿論也，章帝崩，肇甫十歲，而嗣大位，欲不倒太阿以授之婦人而不能。終漢之世，沖、質、蠡吾、解瀆皆以童昏嗣立，權臣哲婦貪幼少之屍位，以唯其所爲，而東漢無一日之治。此其禍章帝始之，而實光武貽之也。故立適與豫教並行，而君父之道盡。過此以往，天也，非人之所能爲也，而又奚容億計哉！

又《章帝七》 不測之恩威無常經，謀略之士所務也，謂足以震人於非所期而莫敢不服。雖然，豈足恃哉？張紆守隴西，羌人反，其酋號吾首亂入寇，追而生得之，紆釋之遣歸。已而迷吾寇金城塞，紆與戰，敗之，迷吾將人衆詣臨羌納降，紆以毒酒殺之。戰而獲，則釋之；降而來，則殺之。紆以是爲不測之恩威也。於是而羌禍之延于秦、隴者幾百年而後定。一生一殺，不可測者如是也，彼將何據以爲順逆之從哉？

戰而禽，禽而釋，何憚乎不戰？勝可以逞，敗猶可以生也。降而來，來而殺，何利乎降？降而必死，不如戰而得生，其不決計相尋於死鬬者鮮矣。故恩威者，必有準者也，在己可白，而在物可信也。感其恩者不渝，畏其威者不可犯，乃以服天下而莫敢不服。尚勿輕言不測哉！

又《章帝八》 西漢之衰自元帝始，未盡然也。東漢之衰自章帝始，人莫之察也。元帝之失以柔，而章帝滋甚。王氏之禍，非元帝啓之，

帝崩而王氏始張，竇憲之横，章帝實使之然矣。第五倫言之而不聽，貴主訟之，怒形於言，不須臾而解。周紆忤竇篤而送詔獄，鄭弘以死諫，知其忠，問其疾，而終不能用。若此者，與元帝之處蕭、張、弘、石者無以畢。而元帝之柔，柔以己也，章帝之柔，柔以宫闈外戚也，章帝滋甚矣。託仁厚而溺於牀第，終漢之世，顛越於婦家，以進奸雄而隕大命，帝惡能辭其咎哉？

曹子桓曰：『明帝察察，章帝長者。』爲長者于婦人姻婭之閉，脂韋嚅唲以解乾綱，惡在其爲長者哉：范曄稱帝之承馬后也，盡心孝道。乃合初終以觀之，帝亦惡能孝邪！馬后崩未幾，而馬氏被譴，有考擊以死者矣。是其始之欲封諸舅、后辭而不得也，非厚舅氏也，面柔于馬后之前，而曲順其不言之隱也。其終之廢馬氏於一旦也，非忘母恩也，竇氏欲奪其權，面柔於哲婦之前，而替母黨以崇妻黨也。於母氏，柔也；于諸父昆弟，柔也；於牀闥，柔也；于戚里，柔也；於臣民，柔也；於罪罟，柔也；雖於忠直之士，柔也；亦無異於以柔待頑讒者也。柄下移而外戚宦寺怙恩以逞，和、安二帝無成帝之淫昏，而漢終不振，章帝之失，豈在元帝下哉？

又《章帝九》 明帝車駕屢出，歷兖、非、冀、豫、徐、荆之域，章帝踵之，天下不聞以病告，然天下亦惡能不病哉！供億有禁，窺探有禁，踐蹂有禁。能禁者乘輿也，不能盡禁者從官也，不可必禁者軍旅也、台隸也，天下惡能不病也！天子時出巡遊，則吏畏覺察而飾治，治可舉矣。乃使果有循吏於此，舉大綱而緩細目，從容以綦乎治，而廢者未能卒興，且無以酬天子之省視。於是巧宦以逃責者，抑將緣飾其末而置其本，以徒擾吏民，天下惡能不病也！

光武之明以立法，二帝之賢以繼治，豈繄不念此，而樂爲馳驅以病民者，何也？光武承亂而興，天下盗賊蠭起，己亦繇之以成大業，故重有疑焉，冀以躬親閲歷，補罅整紛，而銷奸桀之心，以是爲建威銷萌之大計焉耳。乃國用耗於芻粻，小民狎其舉動，羌禍一起，軍興不給，張伯路一呼於草澤，數年而不解，蔓延相踵，垂及黄巾之起，而漢遂亡。盗賊横行，以喪天下，前此未有而自漢始之。然則厚疑天下，而恃目擊足履以釋憂，徒爲召憂之媒，亦何益乎？

有虞氏五載一巡守，歲不給於道途，所謂『盡信書則不如無書』也。周制：十有二年，王乃時巡。歷三傳而昭王以死，四傳而穆王以荒。封建之世，天子之治，止千里之畿，則有暇以及遠。五服之君，各專刑賞之柄，則遥制而不能。然且非虞舜、成王而利不償害。況以一人統天下而耳目易窮，自非廓然大公，推誠以聽監司郡縣之治，未有能消天下之險阻者也。又況樂酒從禽、遊觀無度，如順、桓二帝之資以爲口實哉！

清・趙翼《廿二史劄記》卷二《漢書・漢重日食》 光武詔曰：『吾德薄致灾，謫見日月，戰慄恐懼，夫何言哉。今方念愆，庶消厥咎。其令百官，各上封事。上書者，不得言聖。』【略】

明帝詔曰：『朕奉承祖業，無有善政。日月薄蝕，彗孛見天。雖夙夜勤思，而知能不逮。今之動變，倘有可救，其言事者，靡有所諱。』又詔曰：『朕以無德，下貽人怨，上動三光，日食之變，其灾尤大。春秋圖讖，所謂至譴。永思厥咎，在予一人。』【略】

章帝詔曰：『朕之不德，上累三光，震慄切切，痛心疾首。前代聖君，博思咨諏，有開匱反風之應。今予小子，徒慘慘而已。』【略】

以上諸詔，皆有道之君，太平之世，尚遇灾而懼如此。

又《漢詔多懼詞》 東漢明帝詔曰：『朕承大運，繼體守文，不知稼穡之艱難。懼有廢失，若涉淵冰，而無舟楫。實賴有德，左右小子。』又詔曰：『比者水旱不時，邊人食寡。政失於上，人受其咎。』【略】

章帝即位詔曰：『朕以無德，奉承大業。夙夜戰慄，不敢荒寧，怠惰縱樂。而灾異仍見，與政相應。朕既不明，涉道日寡。又選舉乖實，俗吏傷人，官職耗亂，刑章不中。可不憂歟。』岐山得銅器，詔曰：『今上無明天子，下無賢方伯，民之無良，相怨一方。斯器曷爲來哉？』

又《三老孝悌力田皆鄉官名》 東漢章帝詔曰：『三老尊年也，孝悌淑行也，力田勤勞也，其賜帛人各一匹。』

又《大將軍》 舊制，大將軍位在三公下。明帝以弟東平王蒼爲驃騎將軍輔政，故位在三公上。後仍復舊制。

雜録

《後漢書》卷四七《班超傳》（永平）十六年，奉車都尉竇固出擊匈奴，以超爲假司馬，將兵別擊伊吾，戰于蒲類海，多斬首虜而還。固以爲能，遣與從事郭恂俱使西域。

又《班勇傳》 元初六年，敦煌太守曹宗遣長史索班將千餘人屯伊吾，車師前王及鄯善王皆來降班。後數月，北單于與車師後部遂共攻没班，進擊走前王，略有北道。鄯善王急，求救于曹宗，宗因此請出兵五千人擊匈奴，報索班之恥，因復取西域。鄧太后召勇詣朝堂會議。先是，公卿多以爲宜閉玉門關，遂棄西域。勇上議曰：【略】光武中興，未遑外事，故匈奴負强，驅率諸國。及至永平，再攻敦煌，河西諸郡，城門晝閉。孝明皇帝深惟廟策，乃命虎臣，出征西域，故匈奴遠遁，邊境得安。及至永元，莫不内屬。會間者羌亂，西域復絶，北虜遂遣責諸國，備其逋租，高其價值，嚴以期會。

光武中興，武陵蠻夷特盛。建武二十三年，精夫相單程等據其險隘，大寇郡縣。遣武威將軍劉尚發南郡、長沙、武陵兵萬餘人，乘船泝沅水，入武谿擊之。尚輕敵入險，山深水疾，舟船不得上。蠻氏知尚糧少入遠，又不曉道徑，遂屯聚守險。尚食盡引還，蠻緣路徼戰，尚軍大敗，悉爲所没。二十四年，相單程等下攻臨沅，遣謁者李嵩、中山太守馬成擊之，不能克。明年春，遣伏波將軍馬援、中郎將劉匡、馬武、孫永等，將兵至臨沅，擊破之。單程等飢困乞降，會援病卒，謁者宗均聽悉受降。爲置吏司，羣蠻遂平。

肅宗建初元年，武陵澧中蠻陳從等反叛，入零陽蠻界。其冬，零陽蠻五里精夫爲郡擊破從，從等皆降。三年冬，漊中蠻覃兒健等復反，攻燒零陽、作唐、孱陵界中。明年春，發荆州七郡及汝南、潁川弛刑徒吏士五千餘人，拒守零陽，募充中五里蠻精夫不叛者四千人，擊澧中賊。五年春，覃兒健等請降，不許。郡因進兵，與戰於宏下，大破之，斬兒健首，餘皆棄營走還漊中，復遣乞降，乃受之。於是罷武陵屯兵，賞賜各有差。

北魏·酈道元《水經注》卷五《河水》 大禹塞滎澤，開之以通淮、泗，即《經》所謂蒗渠也。漢平帝之世，河、汴決壞，未及得修，汴渠東侵，日月彌廣，門閭故處，皆在水中。漢明帝永平十二年，議治渠，上乃引樂浪人王景問水形便。景陳利害，應對敏捷，帝甚善之，乃賜《山海經》、《河渠書》、《禹貢圖》及以錢帛。後作堤，發卒數十萬，詔景與將作謁者王吴治渠。築堤防修堨，起自滎陽，東至於乘海口，千有餘里。景乃商度地勢，鑿山開澗，防遏衝要，疏決壅積，十里一水門，更相迴注，無復滲漏之患。明年渠成，帝親巡行，詔濱河郡國置河堤員吏，如西京舊制。景由是顯名，王吴及諸從事者，皆增秩一等。

又 卷一四《鮑丘水》 鮑丘水出禦夷北塞中，南流徑九莊嶺東，俗謂之大榆河。【略】其水南流徑滑鹽縣故城東，王莽更名匡德也，漢明帝改曰鹽田，右承治，世謂之斛鹽城，西北去禦夷鎮二百里。

又 卷一七《渭水》 其水北徑冀縣城北。秦武公十年，伐冀戎，縣之。故天水郡治，王莽更名鎮戎縣曰冀治，漢明帝永平十七年改曰漢陽郡。

又 卷三六《若水》 又東北至犍爲朱提縣西，爲瀘江水。朱提山名也。應劭曰：在縣西南，縣以氏焉。犍爲屬國也，在郡南千八百許里。【略】按永昌郡有蘭倉水，出西南博南縣，漢明帝永平二年置。

又 卷三七《淹水》 過不韋縣，縣故九隆哀牢之國也。【略】漢明帝永平十二年，置爲永昌郡。郡治不韋縣，蓋秦始皇徙呂不韋子孫於此，故以不韋名縣。

唐·歐陽詢等《藝文類聚》卷一二《帝王部二·漢明帝》 華嶠《後漢書》曰：世祖既以吏事自嬰，明帝尤任文法，總攬威柄，權不借下，值天下初定，四民樂業，户口滋殖。中興以來，追蹤宣帝，以鍾離意之廉淳，諫爭懇懇，常以寬和爲首，以此推之，難得而言也。【略】

薛瑩《漢紀》曰：明帝自在儲宫，而聰允之德著矣。及臨萬機，以身率禮，恭奉遺業，一以貫之。雖夏啓周成，繼體持統，無以加焉。是以海内安，四夷賓服，斷獄希少，有治平之風。號曰顯宗，不亦宜乎。

又 卷五一《親戚封》 吴胡綜請立諸王表曰：受命之主，繫天而王，建化垂統，爲一代制，雖禮有損益，事有質文，至於崇建懿親，列土封爵，内蕃國朝，外鎮天下，古今同契，其揆一也。【略】光武中興，四

海擾攘，衆諸制度未遍，而九子受國，明章卽位，男則封王，女爲公主。故詩曰：既受帝祉，施于子孫，陛下踐阼以來，十有二載，皇后無號，公主無邑，臣下歎息，遠近失望，是以屢獻愚懷，依據典禮，庶請具陳，足寤聖心，深辭固拒，不蒙進納，恐天下有識之士，將謂吳臣暗於禮制，不知陛下謙以失之也，加今仰夏，盛德在上，大吳之慶，於是乎始，開國建號，吉莫大焉，唯陛下割謙謙之德，副兆民之望，留臣佑許，天下幸甚。

《隋書》卷一七《律曆志中》　漢氏初興，多所未暇，百有餘載，猶行秦曆。至於孝武，改用夏正。時有古曆六家，學者疑其紕繆，劉向父子，咸加討論，班固因之，采以爲志。光武中興，未能詳考。逮于永平之末，乃復改行四分，七十餘年，儀式方備。其後復命劉洪、蔡邕，共修律曆，司馬彪用之以續《班史》。當塗受命，亦有史官，韓翊創之于前，楊偉繼之於後，咸遵劉洪之術，未及洪之深妙。

又　卷二九《地理志上》　光武中興，承王莽之餘弊，兵戈不戢，饑疫薦臻，率土遺黎，十纔一二，乃并省郡縣，四百餘所。明、章之後，漸至滋繁，郡縣之數，有加曩日。

又　卷三二《經籍志一經》　光武中興，篤好文雅，明、章繼軌，尤重經術。四方鴻生巨儒，負篋自遠而至者，不可勝算。石室、蘭臺，彌以充積。又于東觀及仁壽閣集新書，校書郎班固、傅毅等典掌焉。並依《七略》而爲書部，固又編之，以爲《漢書·藝文志》。【略】

光武以圖讖興，遂盛行於世。漢時，又詔東平王蒼正五經章句，皆命從讖。俗儒趨時，益爲其學，篇卷第目，轉加增廣。言五經者，皆憑讖爲說。唯孔安國、毛公、王璜、賈逵之徒獨非之，相承以爲妖妄，亂中庸之典。故因漢魯恭王、河間獻王所得古文，參而考之，以成其義，謂之『古學』。當世之儒，又非毁之，竟不得行。

《晉書》卷一四《地理志上》　光武投戈之歲，在雕秏之辰，郡國蕭條，并省者八。城陽、淄川、高密、膠東、六安、眞定、泗水、廣陽。建武十一年，省州牧，復爲刺史，員十三人，各掌一州。明帝置一，永昌也。章帝置二，任城、吳郡。和順改作，其名有九。和置濟北、廣陽，順改淮陽爲陳，改楚爲彭城，濟東爲東平，臨淮爲下邳，千乘爲六安，信都爲安平，天水爲漢陽。省朔方刺史，合之于司隸，凡十三部，其與西漢不同者，司隸校尉部郡治河南，朔方隸於并部。而郡國百有八焉。省前漢八，分置五，改舊名七，因舊九十六，少前漢三也。桓靈頗增於前，復置六郡。【略】

光武中興，不逾前制，東海王彊以去就有禮，故優以大封，兼食魯郡二十九縣，其餘稱爲寵錫者，兼一郡而已。【略】

遼東國秦立爲郡。漢光武以遼東等屬青州，後還幽州。統縣八，户五千四百。

後漢光武都洛陽，關中復置雍州。

又　卷一七《律曆志中》　逮光武中興，太僕朱浮數言曆有乖謬，于時天下初定，未能詳考。至永平之末，改行《四分》，七十餘年，儀式乃備。

《後漢書》卷一下《光武帝紀下》李賢注　《漢官儀》曰：『武帝置，秩比二千石，持節，以護西羌。王莽亂，遂罷。』時班彪議，宜復其官，以理冤結。帝從之，以牛邯爲護羌校尉，都于隴西令居縣。【略】

《漢官儀》曰：『武帝置丞相司直，元壽二年改丞相爲大司徒，司直仍舊。』今省。

武帝始爲五銖錢，王莽時廢，今始行之。【略】

武帝元封五年初置部刺史，掌奉詔條察州，秩六百石，員十三人。成帝綏和元年更名牧，秩二千石。哀帝建平二年復爲刺史，元壽二年復爲牧。經王莽變革，至建武元年復置牧，今改置刺史。【略】

常璩《華陽國志》云：『武帝元封二年叟夷反，將軍郭昌討平之，因開爲益州郡。』【略】

《漢儀注》曰：『人年十五至五十六出賦錢，人百二十，爲一算。又七歲至十四出口錢，人二十，以供天子。至武帝時又口加三錢，以補車騎馬。』逋稅謂欠田租也。【略】

《續漢志》曰：『大將軍、三公奉月三百五十斛，秩中二千石奉月百八十斛，二千石月百二十斛，比二千石月百斛，千石月九十斛，比千石月八十斛，六百石月七十斛，比六百石月五十五斛，四百石月五十斛，比四百石月四十五斛，三百石月四十斛，比三百石月三十七斛，二百石月三十

斛，比二百石月二十七斛，百石月十六斛，斗食月十一斛，佐史月八斛。凡諸受奉，錢穀各半。』奉音扶用反。【略】

太史，史官之長也。《前書》音義曰：『太史公，武帝置，位在丞相之上。』

唐·徐堅《初學記》卷六《地部中·涇水》 造舟 沉馬 薛瑩《後漢書》曰：章帝北巡，下長平御池陽宮，東至高陵，造舟至於涇而還。

又 卷七《地部下·昆明池》 漢將伐昆明以通身毒，使謫卒伐棘上林，象滇河作昆明池，以習水戰。池周圍四十里。漢武帝平昆明夷，以其地爲益州郡。其滇水源深廣，末反淺狹，有似倒流，故曰滇河。【略】至後漢明帝時，外國道人入來洛陽，時有憶方朔言者，乃試以武帝時灰墨問之。胡人云：『經云：天地大劫將盡，則劫燒。此劫燒之餘。』乃知朔言有旨。

又 卷八《州郡部·總敍州郡》 漢有天下，王侯郡國並置焉。迄于平帝，户口繁息，凡新置郡國六十七。與秦三十六合一百三。改周雍州曰涼州，復置夏之徐梁二州，而改梁曰益。北置朔方，南有交址，别置二刺史，凡十三部。涼、益、荆、揚、青、豫、兖、徐、幽、并、冀十一州。交址、朔方二刺史，合十三部。刺史十三人，各掌一州。《續漢書·郡國志》曰：光武中興，命并省郡國。明章和至於順帝，凡郡國一百五，仍爲十三部。

又 卷二〇《政理部·赦》 大恩小惠。《東觀漢記》曰：章帝元年，赦天下繫囚。在四月丙子以前，減死罪一等勿笞，詣金城，而文不及亡命未發覺者。郭躬上封事曰：『伏惟大恩，莫不蕩宥，罪死已下，並蒙更生，而亡命捕得，獨不沾澤。臣以爲，赦前犯死罪而繫。在赦後者，可皆勿笞。詣金城，以全人命，有益於邊。』上善之。即下詔赦焉。

唐·杜佑《通典》卷二九《職官十一·武官下·車騎將軍》 後漢章帝即位，西羌反，以舅馬防行車騎將軍，征之。銀印青綬，在卿上，絕席。還復罷。

《舊唐書》卷八四《褚遂良傳》 太宗既滅高昌，每歲調發千餘人防遏其地，遂良上疏曰：

臣聞古者哲後，必先事華夏而後夷狄，務廣德化，不事遐荒。【略】是以光武中興，不逾葱嶺，孝章即位，都護來歸。

《舊五代史》卷一四二《禮志上》 天成元年，中書舍人馬縞奏曰：『伏見漢、晉已來，諸侯王宗室承襲帝統，除七廟之外，皆別追尊親廟。漢光武皇帝立先四代於南陽，其後桓帝已下，亦皆上考前修，追崇先代。【略】

刑部侍郎、權判太常卿馬縞復議曰：『伏准兩漢故事，以諸侯王宗室入承帝統，則必追尊父祖，修樹園陵，西漢宣帝、東漢光武，孝饗之道，故事具存。』

宋·李昉等《太平御覽》卷一九《時序部四·春中》 《東觀漢記》曰：章帝行幸，敕御史司空，道橋所過歷樹木，方春月無得有所伐，軺車可引避也。

又 卷九一《皇王部十六·後漢顯宗孝明皇帝》 華嶠《後漢書》曰：明帝性褊察，嘗以事怒郎樂崧，以杖撞崧。崧走入牀下，上怒甚，疾言曰：『郎出，郎出！』崧曰：『天子穆穆，諸侯皇皇，未聞人君自起撞郎。』上乃赦之。

又曰：世祖既以吏事自嬰。帝尤任文法，總攬威柄，權不借下。值天下初定，四民樂業，户口衣食滋植，斷獄得情，號居前世之十二。中興已來追蹤宣帝。夫以鍾離意之廉法，諫諍懇切，以寬和爲首。以此推之，斯亦難以德言者也。【略】

薛瑩《漢紀贊》曰：明帝自在儲宮而聽允之德著矣。及臨萬機，約身率禮，恭奉遺業，一以貫之。雖夏啓、周成，繼體持統，無以加焉。是以海内乂安，四夷賓服，斷獄希少，有治平之風。號曰顯宗，不亦宜乎。【略】

《潛夫論》曰：明帝時，公車以及支日不受章奏。帝聞而怪曰：『民廢農，遠來詣闕，而復拘以禁忌，豈爲政之意乎？』於是遂蠲其制。

又 《肅宗孝章皇帝》 《東觀漢記》曰：孝章皇帝諱炟，孝明皇帝太子。永平三年二月，以皇子立爲太子。年四歲，幼而聰達才敏，多識世事，動容進止，聖表有異。壯而仁明謙恕，温慈惠和，寬裕廣博，親愛九族，矜嚴方厲，威而不猛。既志於學，始治《尚書》，遂兼《五經》，周覽古今，無所不觀，於是上敬重之，每事咨焉。永平十八年，孝明皇帝崩，帝即位。【略】

《東觀漢記》：序曰：『孝乎惟孝，友于兄弟，聖之至要也。朝乾夕

惕，寅畏皇天，帝王之上行也。明德愼罰，湯、文所務也。密靜天下，容於小大，高宗之極致也。肅宗兼茲四德，以繼祖考。臣下百僚，力誦聖德，紀述明詔。不能辯章，豈敢空言增廣，以累日月之光。』【略】

袁山松《後漢書》曰：孝章皇帝弘裕有餘，明斷不足，閨房讒惑，外戚擅寵。惜乎！若明、章二主，損有餘而補不足，則古之賢君矣。【略】

薛瑩《漢紀》贊曰：章帝以繼世承平，天下無事。敬奉神明，友于兄弟。息省徭賦，綏靜兆民。除苛法，蠲禁錮，抑有仁賢之風矣。是以陰陽協和，而百姓安樂，衆瑞並集，不可勝載，考之圖籍，有徵云爾。【略】

《帝王世紀》曰：孝章皇帝以中元三年生於京師，其母姓秘不出，號其墓曰長信塚。【略】

《三輔決録注》曰：何敞，字文高，爲汝南太守。章帝南巡過郡，有刻鏤屏風，爲帝張設。詔命侍中黃香銘之曰：『古典務農，雕鏤傷民。忠在竭節，義在修身。』敞懼，禮賢命士，改修德化。

又 卷一五七《州郡部三・敘郡》《續漢書・郡國志》曰：光武中興，命并省郡國。明、章、和至於順帝，凡郡國一百五，仍爲十三部。

《金史》卷一〇九《完顔素蘭傳》（正大二年）十一月，上召完顔素蘭及規入見，面諭曰：『宋人輕犯邊界，我以輕騎襲之，冀其懲創告和，以息吾民耳。宋果行成，尚欲用兵乎。卿等當識此意。』規進曰：『帝王之兵貴於萬全，昔光武中興，所征必克，猶言「每一出兵，頭鬚爲白」。兵不妄動如此。』上善之。

《宋史》卷一二七《樂志二》（康定元年）閏十一月，詔曰：『朕聞古者作樂，本以薦上帝、配祖考，三、五之盛，不相沿襲，然必太平，始克明備。周武受命，至成王時始大合樂，漢初亦沿舊樂，至武帝時始定泰一、后土樂詩。光武中興，至明帝時始改「大予」之名。』

清・顧炎武《日知録》卷一四 皇伯考魏孝莊帝追尊其父彭城武宣王爲文穆皇帝，廟號肅，祖母李妃爲文穆皇后。將遷神主於太廟，以高祖爲伯考。臨淮王彧表諫曰：『漢祖創業，香街有太上之廟；光武中興，南頓立春陵之寢。元帝之于光武，疏爲絕服，猶身奉子道，入繼大宗。

清・趙翼《廿二史劄記》卷三《漢書・兩漢多鳳凰》 章帝承明帝之吏治肅清，太平日久。

光武帝政治改革分部

綜述

《後漢書》卷一下《光武帝紀下》（建武六年）是歲，初罷郡國都尉官。始遣列侯就國。匈奴遣使來獻，使中郎將報命。

七年春正月丙申，詔中都官、三輔、郡、國出繫囚，非犯殊死，皆一切勿案其罪。見徒免爲庶人。耐罪亡命，吏以文除之。又詔曰：『世以厚葬爲德，薄終爲鄙，至於富者奢僭，貧者單財，法令不能禁，禮義不能止，倉卒乃知其咎。其佈告天下，令知忠臣、孝子、慈兄、悌弟薄葬送終之義。』

二月辛巳，罷護漕都尉官。

三月丁酉，詔曰：『今國有衆軍，並多精勇，宜且罷輕車、騎士、材官、樓船士及軍假吏，令還復民伍。』【略】癸亥晦，日有食之，避正殿，寢兵，不聽事五日。詔曰：「吾德薄致灾，謫見日月」，戰慄恐懼，夫何言哉！今方念愆，庶消厥咎。其令有司各修職任，奉遵法度，惠茲元元。百僚各上封事，無有所諱。其上書者，不得言聖。』

夏四月壬午，詔曰：『比陰陽錯謬，日月薄食。百姓有過，在予一人，大赦天下。公、卿、司隸、州牧舉賢良、方正各一人，遣詣公車，朕將覽試焉。』【略】

是歲，省長水、射聲二校尉官。【略】

九年【略】三月辛亥，初置青巾左校尉官。【略】是歲，省關都尉，復置護羌校尉官。

十年春正月，大司馬吳漢率捕虜將軍王霸等五將軍擊賈覽于高柳，匈奴遣騎救覽，諸將與戰，卻之。

修理長安高廟。【略】是歲，省定襄郡，徙其民於西河。【略】

十一年春二月己卯，詔曰：『天地之性人爲貴。其殺奴婢，不得減罪。』

三月己酉，幸南陽。還，幸章陵，祠園陵。【略】夏四月丁卯，省大司徒司直官。

先零羌寇臨洮。【略】八月，【略】癸亥，詔曰：『敢灸灼奴婢，論如律，免所灸灼者爲庶人。』

冬十月壬午，詔除奴婢射傷人棄市律。【略】是歲，省朔方牧，并并州。

十二年【略】是歲，九眞徼外蠻夷張遊率種人內屬，封爲歸漢里君。省金城郡屬隴西。參狼羌寇武都，隴西太守馬援討降之。詔邊吏力不足戰則守，追虜料敵不拘以逗留法。【略】

十三年春正月【略】戊子，詔曰：『往年已來郡國，異味不得有所獻御，今猶未止，非徒有豫養導擇之勞，至乃煩擾道上，疲費過所。其令太官勿復受。明來下以遠方口實所以薦宗廟，自如舊制。』

二月，遣捕虜將軍馬武屯呼沱河以備匈奴。盧芳自五原亡入匈奴。

丙辰，詔曰：『長沙王興、眞定王得、河閒王邵、中山王茂，皆襲爵爲王，不應經義。其以興爲臨湘侯，得爲眞定侯，邵爲樂成侯，茂爲單父侯。』其宗室及絕國封侯者凡一百三十七人。丁巳，降趙王良爲趙公，太原王章爲齊公，魯王興爲魯公。庚午，以殷紹嘉公孔安爲宋公，周承休公姬武爲衛公進制。省并西京十三國：廣平屬鉅鹿，眞定屬常山，河閒屬信都，城陽屬琅邪，泗水屬廣陵，淄川屬高密，膠東屬北海，六安屬廬江，廣陽屬上谷。【略】夏四月，大司馬吳漢自蜀還京師，於是大饗將士，班勞策勳。功臣增邑更封，凡三百六十五人。其外戚恩澤封者四十五人。罷左右將軍官。建威大將軍耿弇罷。【略】時兵革既息，天下少事，文書調役，務從簡寡，至乃十存一焉。【略】秋七月，廣漢徼外白馬羌豪率種人內屬。【略】冬十二月甲寅，詔益州民自八年以來被略爲奴婢者，皆一切免爲庶人；或依託爲人下妻，欲去者，恣聽之；敢拘留者，比青、徐二州以略人法從事。復置金城郡。

十四年春正月，起南宮前殿。匈奴遣使奉獻，使中郎將報命。夏四月辛巳，封孔子後志爲褒成侯。【略】十二月癸卯，詔益、涼二州奴婢，自八年以來自訟在所官，一切免爲庶人，賣者無還直。

十五年春正月辛丑，大司徒韓歆免，自殺。丁未，有星孛於昴。汝南太守歐陽歙爲大司徒。建義大將軍佑罷。【略】二月，徙鴈門、代郡、上谷三郡民，置常山關、居庸關以東。初，巴蜀既平，大司馬吳漢上書請封皇子，不許，重奏連歲。三月，乃詔羣臣議。大司空融、固始侯通、膠東侯復、高密侯禹、太常登等奏議曰：『古者封建諸侯，以藩京師。周封八百，同姓諸姬並爲建國，夾輔王室，尊事天子，享國永長，爲後世法。故《詩》云：「大啓爾宇，爲周室輔。」高祖聖德，光有天下，亦務親親，封立兄弟諸子，不違舊章。陛下德横天地，興復宗統，心顧褒德賞勳，親睦九族，功臣宗室，咸蒙封爵，多受廣地，或連屬縣。今皇子賴天，能勝衣趨拜，陛下恭謙克讓，抑而未議，羣臣百姓，莫不失望。宜因盛夏吉時，定號位，以廣藩輔，明親親，尊宗廟，重社稷，應古合舊，厭塞衆心。臣請大司空上輿地圖，太常擇吉日，具禮儀。』制曰：『可。』夏四月戊申，以太牢告祠宗廟。丁巳，使大司空融告廟，封皇子輔爲右翊公，英爲楚公，陽爲東海公，康爲濟南公，蒼爲東平公，延爲淮陽公，荆爲山陽公，衡爲臨淮公，焉爲左翊公，京爲琅邪公。癸丑，追謚兄伯升爲齊武公，兄仲爲魯哀公。六月庚午，復置屯騎、長水、射聲三校尉官，改青巾左校尉爲越騎校尉。詔下州郡檢核墾田頃畝，及户口年紀，又考實二千石長吏阿枉不平者。【略】

十六年春二月，交阯女子徵側反，略有城邑。三月辛丑晦，日有蝕之。秋九月，河南尹張伋及諸郡守十餘人，坐度田不實，皆下獄死。郡國大姓及兵長、羣盜處處並起，攻劫在所，害殺長吏。郡縣追討，到則解散，去復屯結。青、徐、幽、冀四州尤甚。冬十月，遣使者下郡國，聽羣盜自相糾擿，五人共斬一人者，除其罪。吏雖逗留回避故縱者，皆勿問，聽以禽討爲效。其牧守令長坐界內盜賊而不收捕者，又以畏愞捐城委守者，皆不以爲負，但取獲賊多少爲殿最，唯蔽匿者乃罪之。於是更相追捕，賊並解散。徙其魁帥於它郡，賦田受稟，使安生業。自是牛馬放牧，邑門不閉。盧芳遣使乞降。十二月甲辰，封芳爲代王。初，王莽亂後，貨幣雜用布、帛、金、粟。是歲，始行五銖錢。

十七年【略】冬十月辛巳，廢皇后郭氏爲中山太后，立貴人陰氏爲

皇后。進右翊公輔爲中山王，食常山郡。其餘九國公，皆即舊封進爵爲王。甲申，幸章陵。修園廟，祠舊宅，觀田廬，置酒作樂，賞賜。【略】

十八年春二月，【略】甲寅，西巡狩，幸長安。三月壬午，祠高廟，遂有事十一陵。歷馮翊界，進幸蒲阪，祠后土。夏四月癸酉車駕還宮。甲戌，詔曰：『今邊郡盜穀五十斛，罪至於死，開殘吏妄殺之路，其蠲除此法，同之内郡。』遣伏波將軍馬援率樓船將軍段志等擊交阯賊徵側等。甲申，幸河内。戊子，至自河内。【略】是歲，罷州牧，置刺史。

十九年春正月庚子，追尊孝宣皇帝曰中宗。始祠昭帝、元帝于太廟，成帝、哀帝、平帝于長安，舂陵節侯以下四世于章陵。妖巫單臣、傅鎮等反，據原武，遣太中大夫臧宮圍之。夏四月，拔原武，斬臣、鎮等。伏波將軍馬援破交阯，斬徵側等。因擊破九眞賊都陽等，降之。閏月戊申，進趙、齊、魯三國公爵爲王。六月戊申，詔曰：『《春秋》之義，立子以貴。東海王陽，皇后之子，宜承大統。皇太子强，崇執謙退，願備藩國。父子之情，重久違之。其以强爲東海王，立陽爲皇太子，改名莊。』秋九月，南巡狩。壬申，幸南陽，進幸汝南南頓縣舍，置酒會，賜吏人，復南頓田租歲。父老前叩頭言：『皇考居此日久，陛下識知寺舍，每來輒加厚恩，願賜復十年。』帝曰：『天下重器，常恐不任，日復一日，安敢遠期十歲乎？』吏人又言：『陛下實惜之，何言謙也？』帝大笑，復增一歲。進幸淮陽、梁、沛。西南夷寇益州郡，遣武威將軍劉尚討之。越巂太守任貴謀叛，十二月，劉尚襲貴，誅之。是歲，復置函谷關都尉。修西京宮室。

二十年【略】秋，東夷韓國人率衆詣樂浪内附。冬十月，東巡狩。甲午，幸魯，進幸東海、楚、沛國。【略】是歲，省五原郡，徙其吏人置河東。復濟陽縣徭役六歲。

二十一年春正月，武威將軍劉尚破益州夷，平之。夏四月，安定屬國胡叛，屯聚青山，遣將兵長史陳訢討平之。秋，鮮卑寇遼東，遼東太守祭肜大破之。冬十月，遣伏波將軍馬援出塞擊烏桓，不克。匈奴寇上谷、中山。其冬，鄯善王、車師王等十六國皆遣子入侍奉獻，願請都護。帝以中國初定，未遑外事，乃還其侍子，厚加賞賜。

二十二年春閏月丙戌，幸長安，祠高廟，遂有事十一陵。二月己巳，至自長安。【略】九月戊辰，地震裂。制詔曰：『日者地震，南陽尤甚。夫地者，任物至重，靜而不動者也。而今震裂，咎在君上。鬼神不順無德，災殃將及吏人，朕甚懼焉。其令南陽勿輸今年田租芻稿。遣謁者案行，其死罪繫囚在戊辰以前，減死罪一等；徒皆馳解鉗，衣絲絮。賜郡中居人壓死者棺錢，人三千。其口賦逋税而廬宅尤破壞者，勿收責。吏人死亡，或在壞垣毁屋之下，而家羸弱不能收拾者，其以見錢穀取傭，爲尋求之。』【略】是歲，齊王章薨。青州蝗。匈奴薁鞬日逐王比遣使詣漁陽請和親，使中郎將李茂報命。烏桓擊破匈奴，匈奴北徙，幕南地空。詔罷諸邊郡亭候吏卒。

二十三年春正月，南郡蠻叛，遣武威將軍劉尚討破之，徙其種人于江夏。【略】冬十月丙申，太僕張純爲大司空。高句麗率種人詣樂浪内屬。十二月，武陵蠻叛，寇掠郡縣，遣劉尚討之，戰于沅水，是歲，匈奴薁鞬日逐王比率部曲遣使詣西河内附。

二十四年春正月乙亥，大赦天下。匈奴薁鞬日逐王比遣使款五原塞，求捍禦北虜。秋七月，武陵蠻寇臨沅，遣謁者李嵩、中山太守馬成討蠻，不克，於是伏波將軍馬援率四將軍討之。詔有司申明舊制阿附蕃王法。冬十月，匈奴薁鞬日逐王比自立爲南單于，於是分爲南、北匈奴。

二十五春正月，遼東徼外貊人，寇右北平、漁陽、上谷、太原，遼東太守祭肜招降之。烏桓大人來朝。南單于遣使詣闕貢獻，奉蕃稱臣。又遣其左賢王擊破北匈奴，卻地千餘里。三月，南於遣子入侍。戊申晦，日有食之。伏波將軍馬援等破武陵蠻於臨沅。冬十月，叛蠻悉降。夫餘王遣使奉獻。是歲，烏桓大人率衆内屬，詣闕朝貢。

二十六年春正月，詔有司增百官奉。其千石已上，減於西京舊制；六百石已下，增於舊秩。初作壽陵。將作大匠竇融上言園陵廣袤，無慮所用。帝曰：『古者帝王之葬，皆陶人瓦器，木車茅馬，使後世之人不知其處。太宗識終始之義，景帝能述遵孝道，遭天下反覆，而霸陵獨完受其福，豈不美哉！今所制地不過二三頃，無爲山陵，陂池裁令流水而已。』遣中郎將段郴授南單于璽綬，令入居雲中，始置使匈奴中郎將，將兵衛護之。南單于遣子入侍，奉奏詣闕。於是雲中、五原、朔方、北地、定襄、雁門、上谷、代八郡民歸於本土。遣謁者分將施刑補理城郭。發遣邊

民在中國者，布還諸縣，皆賜以裝錢，轉輸給食。

二十七年【略】五月丁丑，詔曰：『昔契作司徒，禹作司空，皆無「大」名，其令二府去「大」。』又改大司馬爲太尉。驃騎大將軍行大司馬劉隆即日罷，以太僕趙熹爲太尉，大司農馮勤爲司徒。益州郡徼外蠻夷率種人内屬。北匈奴遣使詣武威乞和親。冬，魯王興、齊王石始就國。

二十八年春正月己巳，徙魯王興爲北海王，以魯國益東海。賜東海王强虎賁、旄頭、鍾虡之樂。【略】冬十月癸酉，詔死罪繫囚皆一切募下蠶室，其女子宮。北匈奴遣使貢獻，乞和親。

二十九年春二月丁巳朔，日有食之。遣使者舉冤獄，出繫囚。庚申，賜天下男子爵，人二級；鰥、寡、孤、獨、篤癃、貧不能自存者粟，人五斛。夏四月乙丑，詔令天下繫囚自殊死已下及徒各減本罪一等，其餘贖罪輸作各有差。

三十年春正月，鮮卑大人内屬，朝賀。【略】五月，大水。賜天下男子爵，人二級；鰥、寡、孤、獨、篤癃、貧不能自存者粟，人五斛。秋七月丁酉，幸魯國。復濟陽縣是年徭役。冬十一月丁酉，至自魯。

三十一年夏五月，大水。戊辰，賜天下男子爵，人二級；鰥、寡、孤、獨、篤癃、貧不能自存者粟，人六斛。【略】秋九月甲辰，詔令死罪繫囚皆一切募下蠶室，其女子宮。是歲，陳留雨穀，形如稗實。北匈奴遣使奉獻。

中元元年春正月，東海王强、沛王輔、楚王英、濟南王康、淮陽王延、趙王盱皆來朝。丁卯，東巡狩。二月己卯，幸魯，進幸太山。北海王興、齊王石朝于東嶽。辛卯，柴望岱宗，登封太山。甲午，禪于梁父。【略】夏四月癸酉，車駕還宮。己卯，大赦天下。復嬴、博、梁父、奉高，勿出今年田租芻稾。改年爲中元。行幸長安。戊子，祀長陵。五月乙丑，至自長安。【略】是夏，京師醴泉湧出，飲之者固疾皆愈，惟眇、蹇者不瘳。又有赤草生於水崖。郡國頻上甘露。羣臣奏言：『地祇靈應而朱草萌生。孝宣帝每有嘉瑞，輒以改元，神爵、五鳳、甘露、黄龍，列爲年紀，蓋以感致神祇，表彰德信。是以化致升平，稱爲中興。今天下清寧，靈物仍降。陛下情存損挹，推而不居，豈可使祥符顯慶，没而無聞？宜令太史撰集，以傳來世。』帝不納。常自謙無德，每郡國所上，輒抑而不當，故史官罕得記焉。【略】是歲，初起明堂、靈臺、辟雍，及北郊兆域。宣佈圖讖於天下。復濟陽、南頓是年徭役。參狼羌寇武都，敗郡兵，隴西太守劉盱遣軍救之，及武都郡兵討叛羌，皆破之。

二年春正月辛未，初立北郊，祀后土。東夷倭奴國王遣使奉獻。

【略】

初，帝在兵閒久，厭武事，且知天下疲耗，思樂息肩。自隴、蜀平後，非儆急，未嘗復言軍旅。皇太子嘗問攻戰之事，帝曰：『昔衛靈公問陳，孔子不對，此非爾所及。』每旦視朝，日仄乃罷。數引公卿、郎、將講論經理，夜分乃寐。皇太子見帝勤勞不怠，承閒諫曰：『陛下有禹湯之明，而失黄老養性之福，願頤愛精神，優遊自寧。』帝曰：『我自樂此，不爲疲也。』雖身濟大業，兢兢如不及，故能明慎政體，總攬權綱，量時度力，舉無過事。退功臣而進文吏，戢弓矢而散馬牛，雖道未方古，斯亦止戈之武焉。

又 卷一七《賈復傳》 （建武）十三年，定封膠東侯，食郁秩、壯武、下密、即墨、梃、觀陽，凡六縣。復知帝欲偃干戈，修文德，不欲功臣擁衆京師，乃與高密侯鄧禹並剽甲兵，敦儒學。帝深然之，遂罷左右將軍。復以列侯就第，加位特進。復爲人剛毅方直，多大節。既還私第，闔門養威重。朱祐等薦復宜爲宰相，帝方以吏事責三公，故功臣並不用。是時，列侯惟高密、固始、膠東三侯與公卿參議國家大事，恩遇甚厚。

又 卷一八《臧宮傳》 宮以謹信質樸，故常見任用。後匈奴饑疫，自相分爭，帝以問宮，宮曰：『願得五千騎以立功。』帝笑曰：『常勝之家，難與慮敵，吾方自思之。』二十七年，宮乃與楊虚侯馬武上書曰：『匈奴貪利，無有禮信，窮則稽首，安則侵盗，緣邊被其毒痛，中國憂其抵突。虜今人畜疫死，旱蝗赤地，疫困之力，不當中國一郡。萬里死命，縣在陛下。福不再來，時或易失，豈宜固守文德而墮武事乎？今命將臨塞，厚縣購賞，喻告高句驪、烏桓、鮮卑攻其左，發河西四郡、天水、隴西羌胡擊其右。如此，北虜之滅，不過數年。臣恐陛下仁恩不忍，謀臣狐疑，令萬世刻石之功不立於聖世。』詔報曰：『《黄石公記》曰，「柔能制剛，弱能制强」。柔者德也，剛者賊也，弱者仁之助也，强者怨之歸也。故曰有德之君，以所樂樂人；無德之君，以所樂樂身。樂人者其樂長，

樂身者不久而亡。舍近謀遠者，勞而無功；舍遠謀近者，逸而有終。逸政多忠臣，勞政多亂人。故曰務廣地者荒，務廣德者强。有其有者安，貪人有者殘。殘滅之政，雖成必敗。今國無善政，灾變不息，百姓驚惶，人不自保，而復欲遠事邊外乎？孔子曰：「吾恐季孫之憂，不在顓臾。」且北狄尚强，而屯田警備傳聞之事，恆多失實。誠能舉天下之半以滅大寇，豈非至願！苟非其時，不如息人。』自是諸將莫敢復言兵事者。

又　卷二九《申屠剛傳》　時（建武）内外羣官，多帝自選舉，加以法理嚴察，職事過苦，尚書近臣，至乃捶撲牽曳於前，羣臣莫敢正言。

又　卷七六《循吏傳》　初，光武長於民閑，頗達情僞，見稼穡艱難，百姓病害，至天下已定，務用安靜，解王莽之繁密，還漢世之輕法。身衣大練，色無重彩，耳不聽鄭衛之音，手不持珠玉之玩，宫房無私愛，左右無偏恩。【略】

建武十三年，異國有獻名馬者，日行千里，又進寶劍，賈兼百金，詔以馬駕鼓車，劍賜騎士。損上林池御之官，廢騁望弋獵之事。其以手迹賜方國者，皆一劄十行，細書成文。勤約之風，行於上下。數引公卿郎將，列於禁坐。廣求民瘼，觀納風謡。故能内外匪懈，百姓寬息。自臨宰邦邑者，競能其官。若杜詩守南陽，號爲『杜母』，任延、錫光移變邊俗，斯其績用之最章章者也。又第五倫、宋均之徒，亦足有可稱談。然建武、永平之閑，吏事刻深，亟以謡言單辭，轉易守長。故朱浮數上諫書，箴切峻政，鍾離意等亦規諷殷勤，以長者爲言，而不能得也。所以中興之美，蓋未盡焉。自章、和以後，其有善績者，往往不絶。如魯恭、吴佑、劉寬及潁川四長，並以仁信篤誠，使人不欺。王堂、陳寵委任賢良，而職事自理：斯皆可以感物而行化也。邊鳳、延篤先後爲京兆尹，時人以輩前世趙、張。又王涣、任峻之爲洛陽令，明發奸伏，吏端禁止，然導德齊禮，有所未充，亦一時之良能也。今綴集殊聞顯迹，以爲《循吏篇》云。

又　卷七九上《儒林傳上》　昔王莽、更始之際，天下散亂，禮樂分崩，典文殘落。及光武中興，愛好經術，未及下車，而先訪儒雅，采求闕文，補綴漏逸。先是，四方學士多懷協圖書，遁逃林藪。自是莫不抱負墳策，雲會京師，范升、陳元、鄭興、杜林、衛宏、劉昆、桓榮之徒，繼踵而集。於是立《五經》博士，各以家法教授，《易》有施、孟、梁丘、京氏，《尚書》歐陽、大小夏侯，《詩》齊、魯、韓，《禮》大小戴，《春秋》嚴、顔，凡十四博士，太常差次總領焉。

建武五年，乃修起太學，稽式古典，籩豆干戚之容，備之於列，服方領習矩步者，委它乎其中。中元元年，初建三雍。明帝卽位，親行其禮。天子始冠通天，衣日月，備法物之駕，盛清道之儀，坐明堂而朝羣后，登靈臺以望雲物，袒割辟雍之上，尊養三老五更。饗射禮畢，帝正坐自講，諸儒執經問難於前，冠帶縉紳之人，圜橋門而觀聽者蓋億萬計。其後復爲功臣子孫、四姓末屬别立校舍，搜選高能以受其業，自期門羽林之士，悉令通《孝經》章句，匈奴亦遣子入學。濟濟乎，洋洋乎，盛于永平矣！

建初中，大會諸儒于白虎觀，考詳同異，連月乃罷。肅宗親臨稱制，如石渠故事，顧命史臣，著爲通義。又詔高才生受《古文尚書》、《毛詩》、《穀梁》、《左氏春秋》，雖不立學官，然皆擢高第爲講郎，給事近署，所以網羅遺逸，博存衆家。孝和亦數幸東觀，覽閲書林。及鄧后稱制，學者頗懈。時，樊準、徐防並陳敦學之宜，又言儒職多非其人，於是制詔公卿妙簡其選，三署郎能通經術者，皆得察舉。自安帝覽政，薄于藝文，博士倚席不講，朋徒相視怠散，學舍穨敝，鞠爲園蔬，牧兒蕘豎，至於薪刈其下。順帝感翟酺之言，乃更修黌宇，凡所結構二百四十房，千八百五十室。試明經下第補弟子，增甲乙之科員各十人，除郡國耆儒皆補郎、舍人。本初元年，梁太后詔曰：『大將軍下至六百石，悉遣子就學，每歲輒於鄉射月一饗會之，以此爲常。』自是遊學增盛，至三萬餘生。然章句漸疏，而多以浮華相尚，儒者之風蓋衰矣。黨人既誅，其高名善士多坐流廢，後遂至忿爭，更相信告，亦有私行金貨，定蘭臺漆書經字，以合其私文。熹平四年，靈帝乃詔諸儒正定《五經》，刊於石碑，爲古文、篆、隸三體書法以相參檢，樹之學門，使天下咸取則焉。

初，光武遷還洛陽，其經牒秘書載之二千餘兩，自此以後，參倍於前。

又　卷七九下《儒林傳下·謝該》　仕爲公車司馬令，以父母老，託病去官。欲歸鄉里，會荆州道斷，不得去。少府孔融上書薦之曰：

臣聞高祖創業，韓、彭之將征討暴亂，陸賈、叔孫通進説《詩》、《書》。光武中興，吴、耿佐命，范升、衛宏修述舊業，故能文武並用，

成長久之計。

又 卷八六《南蠻西南夷傳》 光武中興，錫光爲交阯，任延守九眞，於是教其耕稼，制爲冠履，初設媒娉，始知姻娶，建立學校，導之禮義。【略】

建武十二年，九眞徼外蠻里張遊，率種人慕化內屬，封爲歸漢里君。明年，南越徼外蠻夷獻白雉、白菟。至十六年，交阯女子徵側及其妹徵貳反，攻郡。徵側者，麊泠縣雒將之女也。嫁爲朱䳒人詩索妻，甚雄勇。交阯太守蘇定以法繩之，側忿，故反。於是九眞、日南、合浦蠻里皆應之，凡略六十五城，自立爲王。交阯刺史及諸太守僅得自守。光武乃詔長沙、合浦、交阯具車船，修道橋，通障谿，儲糧穀。十八年，遣伏波將軍馬援、樓船將軍段志，發長沙、桂陽、零陵、蒼梧兵萬餘人討之。明年夏四月，援破交阯，斬徵側、徵貳等，餘皆降散。進擊九眞賊都陽等，破降之。徙其渠帥三百餘口於零陵。於是領表悉平。【略】

肅宗元和元年，日南徼外蠻夷究不事人邑豪獻生犀、白雉。和帝永元十二年夏四月，日南、象林蠻夷二千餘人寇掠百姓，燔燒官寺，郡縣發兵討擊，斬其渠帥，餘衆乃降。於是置象林將兵長史，以防其患。安帝永初元年，九眞徼外夜郎蠻夷舉土內屬，開境千八百四十里。元初二年，蒼梧蠻夷反叛。明年，遂招誘鬱林、合浦蠻漢數千人攻蒼梧郡。鄧太后遣侍御史任逴奉詔赦之，賊皆降散。延光元年，九眞徼外蠻貢獻內屬。三年，日南徼外蠻復來內屬。順帝永建六年，日南徼外葉調王便遣使貢獻，帝賜便金印紫綬。

又 卷一一〇《汝南郡志》 固始侯國。故寢也，光武中興更名。有寢丘。

又 卷二四《百官志》李賢注 應劭《漢官儀》曰：『世祖詔：「方今選舉，賢佞朱紫錯用。丞相故事，四科取士。一曰德行高妙，志節清白；二曰學通行修，經中博士；三曰明達法令，足以決疑，能案章覆問，文中御史；四曰剛毅多略，遭事不惑，明足以決，才任三輔令：皆有孝悌廉公之行。自今以後，審四科辟召，及刺史、二千石察茂才尤異孝廉之吏，務盡實核，選擇英俊、賢行、廉潔、平端於縣邑，務授試以職。有非其人，臨計過署，不便習官事，書疏不端正，不如詔書，有司奏罪名，並正舉者。」又舊河堤謁者，世祖改以三府掾屬爲謁者領之，遷超御史中丞、刺史，或爲小郡。監察黎陽謁者，世祖以幽、并州兵騎定天下，故于黎陽立營，以謁者監之，兵騎千人，復除甚重。謁者任輕，多放情態，順帝改用公解府掾有清名威重者，遷超牧守焉。』《漢官目録》曰：『建武十二年八月乙未詔書，三公舉茂才各一人，廉吏各二人；光祿歲舉茂才四行各一人，察廉吏三人；中二千石歲察廉吏各一人，廷尉、大司農各二人；將兵將軍歲察廉吏各二人；監察御史、司隸、州牧歲舉茂才各一人。』

論説

《後漢書》卷一下《光武帝紀下》 贊曰：炎正中微，大盜移國。九縣飆回，三精霧塞。人厭淫詐，神思反德。光武誕命，靈貺自甄。沈幾先物，深略緯文。尋、邑百萬，貔虎爲羣。長轂雷野，高鋒彗雲。英威既振，新都自焚。虔劉庸、代，紛壇梁、趙。三河未澄，四關重擾。神旌乃顧，遞行天討。金湯失險，車書共道。靈慶既啓，人謀咸贊。明明廟謨，赳赳雄斷。於赫有命，系隆我漢。

唐・歐陽詢等《藝文類聚》卷一二《帝王部二・後漢光武帝》 論

魏陳王曹植漢二祖優劣論曰：客有問余曰：夫漢二帝，高祖光武，俱爲受命撥亂之君，比時事之難易，論其人之優劣，孰者爲先，余應之曰：昔漢之初興，高祖因暴秦而起，遂誅强楚，先有天下，功齊湯武，業流後嗣，誠帝王之元勳，人君之盛事也，然而名不繼德，行不純道，身没之後，崩亡之際，果令凶婦肆酖酷之心，嬖妾被人豕之刑，亡趙幽囚，禍殃骨肉，諸呂專權，社稷幾移，凡此諸事，豈非高祖寡計淺慮以致，然彼之雄才大略，倜儻之節，信當世至豪健壯傑士也。又其梟將晝臣，皆古今之鮮有，歷世之希睹，彼能任其才而用之，聽其言而察之，故兼天下，有帝位，流巨勳而遺元功也，世祖體乾靈之休德，稟貞和之純精，通黄中之妙理，韜亞聖之懿才，其爲德也，聰達而多識，仁智而明恕，重愼而周密，樂施而愛人，值陽九無妄之世，遭炎光厄會之運，殷爾雷發，赫然神舉，用武略以攘暴，興義兵以掃殘，神光前驅，威風先逝，軍未出於南京，莽

已斃於西都，夫其蕩滌凶穢，剿除醜類，若順迅風而縱烈火，矖白日而掃朝雲也，爾乃廟勝而後動衆，計定而後行師，故攻無不陷之壘，戰無奔北之卒，是以羣下欣欣，歸心聖德，宣仁以和衆，邁德以來遠，故竇融聞聲而影附，馬援一見而歎息，股肱有濟濟之美，元首有穆穆之容，敦睦九族，有唐虞之稱，高尚純樸有羲皇之素，謙虛納下，有吐握之勞，留心庶事，有日昃之勤，乃規弘迹而造皇極，創帝道而立德基，是以計功則業殊，比靈斯則事異，旌德則靡愆，言行則無穢，量力則勢微，論輔則力劣，卒能握乾圖之休徵，應五百之顯期，立不刊之遐迹，建不朽之元功，金石播其休烈，詩書載其勳懿，故曰光武其優也。

《大明太祖高皇帝實録》卷九二　惟漢光武皇帝延攬英雄，勵精圖治，載興炎運，四海咸安，有君天下之德而安萬世之功者也。

清·王夫之《讀通鑑論》卷六《光武一五》　起于學士大夫，習經術，終陟大位者三：光武也，昭烈也，梁武帝也。故其設施與英雄之起于艸澤者有異，而光武遠矣。

昭烈習於儒而淫于申、韓，歷事變而權術蕩其心，武侯年少而急於勳業，是以刑名亂之。梁武篡，而反念所學，名義無以自容，不獲已，而聞浮屠之法有「心亡罪滅」之旨，可以自覆，故託以自飾其惡，愚矣。然而士大夫釋服入見者，面無毁容，則終身不録，終不忍使大倫絶滅於天下，人道猶藉以僅存，固愈于蕭道成之唯利是尚也。光武則可謂勿忘其能矣。天下未定，戰爭方亟，汲汲然式古典，修禮樂，寬以居，仁以行，而緣飾學問以充其美，見龍之德，在飛不舍，三代以下稱盛治，莫有過焉。故曰：光武遠矣。

嗚呼！古無不學之天子，後世乃有不學之相臣。以不學之相臣輔艸澤之天子，治之不古，自高帝始，非但秦也。秦以亡而漢以興，亡者爲後戒，而興者且爲後法，人紀之存，不亦難乎！

又《光武一七》　嚴光之不事光武，以視沮、溺、丈人而尤隘矣。沮、溺、丈人知道不行，弗獲已而廢君臣之義者也，故子曰：「隱者也。」隱之爲言，藏道自居，而非無可藏者也。光武定王莽之亂，繼漢正統，修禮樂，式古典，其或未醇，亦待賢者以道贊襄之，而光何視爲滔滔之天下而亟違之？倘以曾與帝同學而不屑爲之臣邪？禹、皋陶何爲胥北面事堯而安於臣舜邪？

若周黨者，則愈僻矣。召而至三，徵而就車，偃蹇伏而不拜，忿驚之氣，施于君臣禮法之下，范升劾其不敬，罪奚辭焉？黨聞春秋報讎之説，非君非父之慘，稱兵以與人相仇殺，黨其北宫黝之徒與！黝固無嚴諸侯，黨亦無嚴天子也。賜帛而罷之，恥孰甚焉！帝覆載以容之，而黨藐乎小矣。

王良應召而受禄，雖無殊猷，而恭儉以居大位，于君子之道尚不遠矣。故君子者，以仕爲道者也，非夷狄盜賊，未有以匹夫而抗天子者也。范希文曰：「蠱之上九，子陵有焉。」非其時而憑高以爲尚，則「比之無首」而已矣，惡足法哉？

又《光武一九》　建官之法，與選舉用異而體合，難言之矣。省官將以息民，而士之待用者，滯於進而無以勸人於善。不省，則一行之士，可自試以交奬於才能。然而役多民勞，苦於不給，且也議論滋多，文法滋繁，責分而權不一，任事者難而事多牽制以疑沮。吏省而法簡，則墨吏暴人，擁權自恣，無以相察。而胥史豪彊，易避就以讎其奸。故一興一廢一繁一簡之際，難言之也。

天下有定理而無定法。定理者，知人而已矣，安民而已矣，進賢遠奸而已矣。無定法者，一興一廢一繁一簡之閉，因乎時而不可執也。

亂之初息，不患士之不勸於功名也，而患其競。一夫有技擊之能，一士有口舌刀筆之長，嘗以試之紛糾之際而幸讎，效者接踵焉。而又多與以進取之塗，蕩其心志，則損父母、棄墳墓、舍田疇以冒進者不息。唯官省而難容，乃退安於靜處，而爵禄貴、廉恥興焉。且也民當墊隘之餘，偷安以自免之情勝。其有犯不軌者，類皆暴横恣睢，惡顯而易見。不則疲敝亡賴而不知避就者，未容有深奸奇巧，詭於法而難於覺察者焉。則網疏吏寡，而治之也有餘。抑百務艸創，而姑與天下以休息，雖有不舉，且可俟之生遂之餘，則郡縣闊遠而事爲不詳，正以綏不寧而使之大定，此則省官之法善矣。

若夫天下已定，人席于安矣，政教弛而待張矣。于斯時也，士無詭出歧塗以幸功名之路，溫飽安居而遂忘於進，則衣冠之胄，俊秀之子，亦且隳志於癢序，而自限於農圃。非多爲之員、廣爲之科，以引掖之于君子之

塗，則樸率之風，流爲鄙倍，而詩書禮樂不足以興方起之才。且强暴不足以逞，而匿爲巧詐。豪民日以磐固，而玩法自便。則百里一亭，千里一邑，長吏疏，掾督缺，而耳目易窮。乃官習於簡略，而事日以積，教化之詳，衣裙之備，官不給而無以齊民，事不夙而無以待變。是則並官以慎選，而不能盡天下之才。省吏以息民，而無以理萬民之治。吝爵吝權之害，豈淺於濫冗哉？故曰：理有定而法無定，因乎其時而已。

光武建武六年，河北初定，江、淮初平，關中初靖，承王莽割裂郡縣，改置百官、苛細之後，抑當四海紛紜，蛇龍競起之餘，徼幸功名之情，中于人心而未易滌，并省四百餘縣，吏職減損，十置其一，斯其時乎！斯其時乎！要之非不易之法也。

又《光武二一》　治之敝也，任法而不任人。夫法者，豈天子一人能持之以遍察臣工乎？勢且仍委之人而使之操法。於是舍大臣而任小臣，舍舊臣而任新進，舍敦厚寬恕之士而任徼幸樂禍之小人。其言非無徵也，其於法不患不相傅致也，於是而國事大亂。江馮請令司隸校尉督察三公，陳元爭之，光武聽元而黜馮之邪説，可謂知治矣。臣下之相容，弊所自生也。臣下之相訐，害所自極也。如馮之言，陪隸告其君長，子弟訟其父兄，洵然三綱淪、五典斁，其不亡也幾何哉！

大臣者，日坐論于天子之側者也。用人行政之得失，天子日與酬辨，而奚患不知？然而疑之也有故，則天子不親政而疏遠大臣，使不得日進乎前，於是大臣不能復待天子之命而自行其意。天子既疏遠而有不及知，猶畏鬼魅者之畏暗也，且無以保大臣之必不爲奸，而督察遂不容已。媢疾苛覈之小人，乃以撓國政而離上下之心。其所訐者未嘗不中也，勢遂下移而不可止。藉令天子修坐論之禮，勤內朝外朝之問，互相咨訪，以析大政之疑，大臣日侍扆，無隙以下比而固黨。則台諫之設，上以糾君德之愆，下以達萬方之隱，初不委以毛鷙攻擊之爲，然而面欺擅命之慝，大臣固有所不敢逞，又焉用督察爲哉？

况大臣者，非一旦而加諸上位也。天子親政，則其爲侍從者日與之親，其任方面者，以其實試之功能，驗之於殿最而延訪之，則擇之已夙，而豈待既登公輔之後乎？唯怠以廢政，驕以傲人，則大臣之得失不審，於是恃糾虔之法，以爲不勞而治也。於是法密而心離，小人進而君子危，不可挽矣。

又《光武二三》　任爲將師而明於治道者，古今鮮矣，而光武獨多得之。來歙刺傷，口占遺表，不及軍事，而亟薦段襄，曰：『理國以得賢爲本。』此豈武臣之所及哉？歙也、祭遵也、寇恂也、吳漢也，皆出可爲能吏、人可爲大臣者也。然而光武終不任將帥以宰輔，諸將亦各安於韎韐而不欲與於鼎鉉。嗚呼！意深遠矣。故三代以下，君臣交盡其美，唯東漢爲盛焉。

又《光武二四》　苟爲欲治之君，樂其臣之敢言者有矣，而敢言之士不數進。非徒上無能容之也，言出而君怒，怒旋踵而可息矣，左右大臣得爲居閒而解之。藉其終怒不釋，乃以直臣而觸暴君，貶竄誅死，而義可以自安且自伸也。唯上之怒有已時，而在旁之怨不息，乘閑進毀，且翹小過以敗人名節，則身與名俱喪，逮及子孫族黨交遊而皆受其禍，則雖有骨鯁之臣，亦遲回而惴於一言。故能容敢言者非難，而能安敢言者爲難也。

光武以支庶之餘，起於南陽，與其人士周旋辛苦、百戰以定天下，其專用南陽人而失天下之賢俊，雖私而抑不忘故舊之道也。且南陽將吏，功成爵定，亦未聞驕倨侈汰以亂大法，夫豈必斥遠而防制之。乃郭伋以疏遠之臣，外任州郡，慷慨而談，無所避忌。曰：『當簡天下賢俊，不宜專用南陽故舊。』孤立不懼赫奕之閥閱，以昌言於廷，然而帝不怒也。且自鄧禹以降，勳貴盈廷，未有忿疾之者，伋固早知其不足畏而言之無尤。誠若是，士惡有不言，言惡有不敢哉？諸將之賢也，帝有以鎮撫之也。奬遠臣以忠鯁，而化近臣於公坦，帝之恩威，於是而不可及矣。宋祖懷不平于趙普，而雷德驤猶以鼎鐺見責，曲折以全直臣，而天子不能行其意。伋言之也適然，帝聽之也適然，南陽勳舊聞之也適然。嗚呼！是可望之三代以下哉？

又《光武二七》　晉平公喜其臣之競，而師曠譏其不君。爲人君者，欲其臣之競，無以異于爲人父者利其子之爭也。光武之詔任延曰：『善事上官，勿失名譽。』其言若失君人之道，而意自深。延曰：『忠臣不和，和臣不忠，上下雷同，非陛下之福。』《考異》曰：延傳作『忠臣不私，私臣不忠』。按高峻小史作『忠臣不和，和臣不忠』，意思爲長，

又與上語相應，今從之。然則尊卑陵夷，相矯相訐，以興訟獄而沮成事，抑豈天子之福乎？

夫欲使上官之履正而奉公也，但擇其人而任之。夫既使居上位矣，天子無能納諸道而制其進退，乃恃下吏之駤戾以翹其過而爲異同，於是乎相勸以傲，而事之廢興，民之利病，法之輕重，人得操之以行其意。其究也，下吏抗上官而庶民抗下吏，怨讟生，飛語興，毀譽無恆，訟獄蠭起，天子亦何恃以齊天下，使網在綱，有條而不紊乎？陰陽之氣不和，則灾沴生。臣民之心不和，則兵戎起。共、驩不和于舜、禹，管、蔡不和于周、召，如是而可以爲忠臣乎？

光武歎息曰：『卿言是也。』爲延之説所搖與？抑姑以取其一節之亢直而善成其和衷與？以爲治理之定論，則非矣。

又《光武二八》　道非直器也，而非器則道無所麗以行。故能守先王之道者，君子所效法而師焉者也；能守道之器者，君子所登進而資焉者也。王莽之亂，法物凋喪，公孫述賓賓然亟修之。其平也，益州傳送其瞽師、樂器、葆車、輿輦，漢廷始復西京之盛。於此言之，述未可盡貶也。

述之起也非亂賊，其於漢也，抑非若隗囂之已北面而又叛也。於一隅之地，存禮樂於殘缺，備法物以昭等威，李業、費貽、王皓、王嘉，何爲視若戎狄亂賊而拒以死邪？自述而言，無定天下之略，無安天下之功，飾其器，惘其道，徇其末，忘其本，坐以待亡，則誠愚矣。自天下而言，羣競于智名勇功，幾與負爪戴角者同其競噬，則述存什一於千百，俾後王有所考而資以成一代之治理，不可謂無功焉。馬援，倜儻之士也，斥述爲井蛙，後世因援之鄙述，而幾令與孟知祥、王建齒，不亦誣乎？

漢道中圮，而述儲文物以待光武，五代塗炭，而李氏儲文藝以待宋太宗，功俱未可没也。宋失汴梁而鐘律遂亡，乃者南都陷而渾儀遂毁，使當世而有公孫述也，可勿執李、費二王之硜硜以拒之也。

又《光武二九》　高帝初入關，約法三章，『殺人者死』無待察其情，而壹之以上刑。蓋天下方亂，民狎於鋒刃，挾讎爭利以相殺者不可卒弭，壹之以死而無容覆勘，約法寬而獨于此必嚴焉，以止殺也。

王嘉當元、哀之世，輕殊死刑百一十五事，其四十二事，手殺人者減死一等。建武中，梁統惡其輕，請如舊章。甚矣，刑之難言也。殺人一也，而所繇殺之者異。有積忿深毒，懷貪競勢，乘便利而殺之者；有兩相爲敵，一彼一此，非我殺彼，則彼殺我，偶勝而殺之者；有一朝之忿，雖無殺心，拳勇有餘，要害偶中，而遂成乎殺者。斯三者，原情定罪，豈可概之而無殊乎？然而爲之法曰：察其所自殺而輕重之。則猾民伏其巧辯，訟魁曲爲證佐，賕吏援以遊移，而法大亂。甚矣，法之難言也。

夫法一而已矣，一故不可干也，以齊天下而使欽畏者也。故殺人者死，斷乎不可詞費而啓奸也。乃若所以欽恤民情而使死無餘憾者，則存乎用法之人耳。清問下民者，莫要乎擇刑官而任之以求情之道。書曰：『刑故無小，赦過無大。』故與過之分，豈徒幕外彎弓不知幕中有人而死於射之謂乎？横逆相加，操殺己之心以來，而幸勝以免於推刃，究其所以激成而迫於勢者，亦過之類也。猝然之忿怒，彊弱殊於形體，要害不知規避，不幸而成乎殺者，亦過之類也。一王懸法於上，而不開以減死之科；刑官消息於心，而盡其情理之别。則果於殺人者，從刑故之條；而不幸殺人者，慎赦過之典。法不骫而刑以祥，存乎其人，而非可豫爲制也。

夫法既一矣，而任用刑者之矜恕，則法其不行矣乎？而抑有道焉。凡斷刑于死者，必決于天子之廷，於是而有失出失入之罰，以儆有司之廢法。既任吏之寬恤，而又嚴失出以議其後，則自非仁人輕位禄而全惻隱者，不能無惕於中而輕貸人以破法。夫有司者，豈無故而縱有罪以自罹於罰乎？非其請託，則其薦賄，廷議持衡而二患懲，則法外之仁，可以聽賢有司之求瘼，而何忍一人死復繼之以一人乎？若曰殺人而可不死也，人將相戕而不已也，而亡慮也。雖減死而五木加之，犴狴拘之，流放徒録以終其身，自非積忿深毒、懷貪競勢之凶人，亦孰樂有此而昧於一逞也乎？

又《光武三〇》　治盜之法，莫善於緩。急者，未有不終之以緩者也。且盜之方發而畏捕也，彊則相拒，弱則驚竄伏匿而莫測其所在。緩之而拒之氣餒矣，不能久匿而復往來於其邑里族黨矣，一夫之力擒之而有餘矣，吏不畏其難獲而被罪也。人孰無惡盜之情，而奚縱之？惟求之已急也，迫之以拒，駭之以匿，吏畏不獲而被罪，而不敢發覺，夫然後輾轉浸淫而大盜以起，民以之死，而國因以亡。

光武之法，吏雖逗留、回避，故縱者皆勿問，聽以禽討爲效。牧守令長畏愞選怯不敢捕者，皆不以爲罪，祇取獲賊多少爲殿最。唯匿蔽者乃罪之。此不易之良法，而愚者弗能行久矣。

又《光武三一》 張純、朱浮議宗廟之制，謂禮爲人子事大宗降其私親，請除舂陵節侯以下四親廟，以先帝四廟代之。光武抑情從議，以昭穆禰元帝，而祠其親于章陵，畢于後世之苟私其親者，而要未合於禮之中也。

爲人子者，必有所受命而後出爲人後，内則受命于父以往，外則受命於所後之父母而來，若哀帝之于成帝是已。故尊定陶爲皇，而自絶于成帝，非也。若内無所稟，外無所承，唯己之意與人之扳己而繼人之統，此唯天子之族子，以宗社爲重，可以不辭，而要不得與受命出後者均。何也？父子之恩義，非可以己之利與臣民之推戴而薄其所生，誣所後者以無命爲有命也。況乎光武之興，自以武功討篡逆而復宗祏，其生也與元帝之崩不相逮，而可厚誣乎哉？成、哀、平不成乎君者也，廢焉可也。元帝于昭穆爲諸父，而未有失德，勿毁而列於世，得矣。以爲己所後而禰之，不可也。光武之功德，足以顯親，南頓令而上雖非積累之澤，而原本身之所自來，則視組紺以上而尤親。尊者自尊也，親者自親也，人子不敢以非所得而加諸親。故組紺之祀，得用天子之禮樂，而特不追王。則南頓以上四世之廟不可除，而但無容加以皇稱而已。後世之禮，勢殊道畢，難執先代之相似者以爲法，而貴通其意。光武之事，三代所未有也，七廟之制，不必刻畫以求肖成周，節侯以下與元帝以上並祀，而溢於七廟之數，亦奚不可？所難者唯祫祭耳。然使各以其昭穆，君先臣後，從太祖而合食，禮原義起，豈與哀帝之厚定陶、歐陽修之崇僕王、張孚敬之帝興獻，同其紊大分而傷彝倫乎？

若純與浮之言大宗，則尤謬矣。大宗者，非天子之謂也。禮曰：『別子爲祖，繼別爲宗。』宗者，百世不遷。而天子之位，父死子繼，兄終弟及，乃至本支絶而旁親立，國中斬而支庶興，初非世次相承而不可越。故天子始興，而母弟爲大宗。尊者嗣位，親者嗣宗。宗者，一姓之獨尊也，位者，天下之同尊也，天子之非大宗明矣。大宗無後，就大宗之支子以次而嗣，遞相衍以百世，而昭穆不亂，故以宗爲重而絶其私親。天子不與于宗子之中者也，嗣位也，非嗣宗也，不拘于昭穆之次，孫可以嗣祖，叔父可以嗣從子者也。使漢而立大宗焉，抑唯高帝之支子相承不絶，天下雖亡而宗不圮，非王莽所得篡，而光武亦弗能嗣焉。純與浮不考于周禮，合宗與位而一之，于周且悖，而況漢乎？疏漏寡聞，任氣以矯時王之制，其與歐陽修、張孚敬之説，畢失而同歸矣。

又《光武三二》 王氏之禍烈矣！光武承之，百戰而劉宗始延，懲往以貽後，顧命太子而垂家法，夫豈無社稷之臣？而唯陰識、陰興之是求。識雖賢，何知其不爲莽之恭？識雖不僞，能保後之外戚皆如識乎？歃堇而幸生，復歃以冶葛，卒使竇、梁、鄧、何相踵以亡漢。光武之明，而昏於往鑑如是者，何也？

帝之易太子也，意所偏私而不能自克，盈廷不敢爭，而從臾之者，自郅惲之佞外無人焉。若張湛者，且潔身引退以寓其不滿之意矣。東海雖賢，郭況雖富而自逸，光武不能以自信，周旋東海而優郭氏，皆曲意以求安，非果有鳲鳩之仁也。於是日慮明帝之不固，而倚陰氏以爲之援，故他日疾作，而使陰興受顧命領侍中，且欲以爲大司馬而舉國授之。

嗚呼！人苟于天倫之際有私愛而任私恩，則自天子以至於庶人，鮮不違道而開敗國亡家之隙，可不慎哉！卒之帝崩而山陽王荆果假郭況以稱亂，則帝之託陰氏以固太子之黨，亦非過慮也。雖然，慮亦過，不慮亦過。慮以免一時之患，而貽數世之危，固不如其弗慮也。

又《光武三三》 漢之通西域也，曰『斷匈奴右臂』。君諱其貪利喜功之心，臣匿其徼功幸賞之實，而爲之辭爾。夫西域豈足以爲匈奴右臂哉？班固曰：『西域諸國，各有君長，兵衆分弱，無所統一，雖屬匈奴，不相親附，匈奴能得其馬畜旃罽，而不能與之進退。』此當時實徵理勢之言也。

抑考張騫、傅介子、班超之伏西域也，所將不過數十人，屯田之卒不過數百人，而殺其王、破其國翱翔寢處其地而莫之敢讎。若是者，曾可以爲漢而制匈奴乎？可以黨匈奴而病漢乎？且匈奴之犯漢也，自遼左以至朔方，橫亘數千里，皆可闌入，抑何事南繞玉門萬里而窺河西？則武帝、張騫之誣也較著。光武閉關而絶之，曰：『東西南北自在也。』灼見其不足爲有無而決之矣。

夷狄而爲中國害，其防之也，勞可不恤，而慮不可不周。如無能害而徼其利，則雖無勞焉而禍且伏，雖無患焉而勞已不堪，明者審此而已矣。宋一亡于金，再亡於元，皆此物也。用夷攻夷，適足以爲黠夷笑，王化貞之愚，其流毒慘矣哉！

又《光武三四》　光武之于功臣，恩至渥也，位以崇，身以安，名以不損，而獨于馬援寡恩焉，抑援自取之乎！

宣力以造人之國家，而卒逢罪譴者，或忌其强，或惡其不孫，而援非也，爲光武所厭而已矣。老氏非知道者，而身世之際有見焉。其言曰：『功成名遂身退。』蓋亦察于陰陽屈伸之數以善進退之言也。平隴下蜀，北禦匈奴，南定交趾，援未可以已乎？武谿之亂，帝湣其老而不聽其請往，援固請而行。天下已定，功名已著，全體膚以報親，安禄位以戴君，奚必馬革裹屍而後爲愉快哉！光武於是而知其不自貴也；不自貴者，明主之所厭也。夫亦曰：苟非貪俘獲之利，何爲老於戎馬而不知戒乎？明珠之謗，有自來矣。老而無厭，役人之甲兵以逞其志，誠足厭也。故身死名辱，家世幾爲不保，違四時衰王之數，拂寒暑進退之經，好戰樂殺而忘其正命，是謂『逆天之道』。老氏之言，豈欺我哉？

易之爲教，立本矣，抑必趣時。趣之爲義精矣，有進而趣，時未往而先倦，非趣也；有退而趣，時已過而猶勞，非趣也。『日昃之離，不鼓缶而歌，則大耋之嗟，凶。』援之謂與！

又《光武三六》　漢詔南單于徙居西河美稷，人極之毁，自此始矣。非但其挾戎心以乘我也，狎與之居而漸與之安，風俗以蠱，婚姻以亂，服食以淫，五帝、三王之天下流泆解散，而元后父母之大寶移於非類，習焉而不見其可恥也，閉有所利而不見其可畏也。技擊詐謀，有時不逮，呴沫狎媟，或以示恩，而且見其足以臨我；愚民玩之，黠民資之，乃至一時之賢豪，委順而趨新焉。迤及于千歲以後，而忘其爲誰氏之族矣。臧宫、馬武請北伐，光武曰：『吾恐季孫之憂不在顓臾。』奈之何延之于蕭牆之內也！

又《光武三七》　明帝英敏有餘，而藴藉不足，光武選師儒而養以六經之教，得其理矣。然而張佚、桓榮未足以稱此。豈當時無閉起之豪傑，守先王之道以待學者，可以爲王者師乎？抑有其人而光武未之能庸也。

奚以知佚、榮之不稱也？帝欲使陰識傅太子，張佚正色而爭之，是矣。帝遂移太傅之命以授佚，自非聖人以天自處而無疑，與夫身爲懿親、休威與俱而無容辭，未有可受命者也。佚乃自博士超擢居之而不讓，惡可以爲帝王師！桓榮受少傅之車馬印綬，陳之以詫諸生，施施然曰：『今日所蒙，稽古之力也，可不勉哉！』抱君子謀道之憂者，聞斯言也，有不汗面者乎？而足以爲帝王師乎？

嗚呼！師道之難也，于蒙之象見之。人心之險，莫險於利禄之得失。惟以艮止之德，遏欲以静正，不獲其身，不見其人，而後夏楚收威，行於胄子。身教立，誠心喻，德威著，塞蒙心之貪戾，而相沐以仁讓。故曰：『蒙以養正，聖功也。』身之不正，何以養人哉？榮與佚區區抱一經以自潤，欲以動太子之敬信，俾忘勢讓善而宜人，詎可得乎？賴明帝之不爲成帝也，非然，榮與佚之情，亦奚以愈于張禹邪？故曰：『能自得師者王。』光武之豫教，太子之尊師，而所得僅若此，王道之所以不興與！

又　卷七《漢和帝三》　孝和之世，袁安、任隗、丁鴻爲三公，何敞、韓稜爲尚書，皆智勇深沈，可與安國家者也。竇憲之黨，謀危社稷，帝陰知而欲除之，莫能接大臣與謀，不得已而委之鄭衆，宦寺之亡漢自此始。非和帝寵刑人、疏賢士大夫之咎也，微鄭衆，帝其危矣。揆所自始，其開自光武乎！崇三公之位，而削其權，大臣不相親也；授尚書以政，而卑其秩，近臣不自固也。故竇憲緣之制和帝不得與內外臣僚相親，而唯與閹宦居。非憲能創錮蔽之法以鉗天子與大臣也，其家法有舊矣。三公堅持匈奴之議，而不能違憲之討虜，權輕則固莫能主也。尚書郅壽抗竇憲而自殺，則誅賞待命於權臣也。西漢之亡也，張禹、孔光懸命于王氏之手而宗社移矣。光武弗知懲焉，厚其疑於非所疑者，使沖人孤立於上，而權臣制之，不委心膂于刑人，將誰委乎？明主一懷疑而亂以十世，疑之滅德甚矣哉！

創業之主而委任大臣，非僅爲己計也。英敏有餘，攬大政于一心，而濟之以勤，可獨任矣。大臣或有一二端之欺已，而遂厚致其疑。然其疑君子也，必不信小人。君子且疑，而小人愈懼。此豈可以望深宮頤養中材以下之子孫乎？公輔無權，中主不勝其勞，而代言之臣重。代言之臣秩卑，

不得與坐論而親戾坐，則秉筆之宦寺持權。禍亂之興，莫挽其流矣。天下皆可疑，胡獨不疑吾子孫之智不逮，而暱于宴安也乎？

當其始也，大臣與宦寺猶相與爲二也，朝綱立而士節未墮，則習尚猶端，而邪正不相爲借。若袁安、任隗、丁鴻者，雖憂時莫能自效，而必不攀鄭衆以有爲。事不求可，功不求成，自靖以聽天，而不假枉尋以直尺，故鄭衆雖有成勞，而尚存撿柙。迨及君臣道隔，宦寺勢成，大臣之欲匡君而衛國者，且紹介之以行其志，而後宦寺益張而無所忌。

清·趙翼《廿二史劄記》卷四《光武多免奴婢》 光武時彭寵反，其蒼頭人爲黔首，奴爲蒼頭子密殺寵降，光武已封爲不義侯矣。其他加恩于奴婢者，更史不勝書。

建武三年，詔民有嫁妻賣子欲歸父母者，恣聽之，敢拘執者，論如律。

六年，詔王莽時吏人没入爲奴婢，不應舊法者，皆免爲庶人。

七年，詔吏人遭饑，爲青、徐賊所略爲奴婢下妻，欲去留者，恣聽之，敢拘制不還者，以賣人法從事。

十一年，詔曰：『天地之性人爲貴，其殺奴婢，不得減罪。』又詔敢熏灼奴婢，論如律，免所炙灼者爲民。又除奴婢射傷人棄市律。

十二年，詔隴、蜀民被掠爲奴婢自訟者，及獄官未報，一切免爲庶民。

十三年，詔益州民自八年以來被掠爲奴婢者，皆免爲庶人。或依託人爲下妻欲去者，恣聽之，敢有拘留者，以掠人法從事。

十四年，詔益、涼二州，八年以來奴婢自訟在官，一切免爲民，賣者無還直。

此皆見於本紀者。

主藉奴婢以供使令，奴婢亦藉主以資生養，固王法所不禁。而光武獨爲之偏護，豈以當時富家巨室虐使臧獲之風過甚，故屢降詔以懲其弊耶？案班書王莽傳，謂『貧富不均，置奴婢之市與牛馬同闌，制於臣民專斷其命，奸人因緣爲利，至略賣人妻子，逆天心，誖人倫』云云，是莽時奴婢之受害實甚。其後兵亂時，良民又多被掠爲奴婢，光武初在民間親見之，故曲爲矜護也。

又《東漢功臣多近儒》 西漢開國功臣多出於亡命無賴。至東漢中興，則諸將帥皆有儒者氣象，亦一時風會不同也。

光武少時，往長安受尚書，通大義。及爲帝，每朝罷，數引公卿郎將講論經理。故樊準謂『帝雖東征西戰，猶投戈講藝，息馬論道。』是帝本好學問，非同漢高之儒冠置溺也。而諸將之應運而興者，亦皆多近於儒。

如鄧禹年十三能誦詩。受業長安，早與光武同遊學，相親附。其後佐定天下，有子十三人，使各守一藝，修整閨門，教養子孫，皆可爲後世法。《禹傳》

寇恂性好學。守潁川時，修學校，教生徒，聘能爲左氏春秋者，親受學焉。《恂傳》

馮異好讀書。通左氏春秋、孫子兵法。《異傳》

賈復少好學，習尚書。事舞陰李生，生奇之曰：『賈君容貌志氣如此，而勤於學，將相之器也。』後佐定天下，知帝欲偃武修文，不欲武臣典兵，乃與鄧禹去甲兵，敦儒學。帝遂罷左右將軍，使以列侯就第。復闔門養威重。《復傳》

耿弇父況，以明經爲郎，學老子於安邱先生。弇亦少好學，習父業。《弇傳》

祭遵少好經書。及爲將，取士必用儒術，對酒設樂，常雅歌投壺。《遵傳》

李忠少爲郎，獨以好禮修整稱。後爲丹陽太守，起學校，習禮容，春秋鄉飲，選用明經，郡中嚮慕之。《忠傳》

朱祐初學長安，光武往候之，祐不時見，先升舍，講畢乃見。後以功臣封鬲侯。帝幸其第，笑曰：『主人得無舍我講乎？』《祐傳》

郭涼雖武將，然通經書，多智略。《涼傳》

竇融疏言：『臣子年十五，教以經藝，不得觀天文讖記。』《融傳》

他如王霸、耿純、劉隆、景丹，皆少時游學長安，見各本傳。

是光武諸功臣大半多習儒術，與光武意氣相孚合，蓋一時之興，其君與臣本皆一氣所鍾，故性情嗜好之相近，有不期然而然者，所謂有是君，即有是臣也。

雜録

晉·袁宏《後漢紀》卷七《後漢光武皇帝紀》 光武中興，振而復之，奄有天下，不失舊物，而建封略，一遵前制。

《三國志》卷五八《吳志·陸遜傳》 時荆州士人新還，仕進或未得所，遜上疏曰：『昔漢高受命，招延英異，光武中興，羣俊畢至，苟可以熙隆道教者，未必遠近。今荆州始定，人物未達，臣愚慺慺，乞普加覆載抽拔之恩，令並獲自進，然後四海延頸，思歸大化。』權敬納其言。

《魏書》卷六一《鄭道昭傳》 廣平王懷爲司州牧，以道昭與宗正卿元匡爲州都。道昭又表曰：『臣聞唐虞啓運，以文德爲本；殷周致治，以道藝爲先。然則，禮樂者爲國之基，不可斯須廢也。是故周敷文教，四海宅心；魯秉周禮，强齊歸義。及至戰國紛紜，干戈遞用，五籍灰焚，羣儒坑殄，賊仁義之經，貴戰爭之術，遂使天下分崩，黔黎荼炭，數十年間，民無聊生者，斯之由矣。爰暨漢祖，于行陣之中，尚優引叔孫通等；光武中興，於撥亂之際，乃使鄭衆、范升校書東觀。

《北齊書》卷二八《元韶傳》 文宣謂韶曰：『漢光武何故中興？』韶曰：『爲誅諸劉不盡。』於是乃誅諸元以厭之。

《隋書》卷七《禮儀志二》 大業元年，煬帝欲遵周法，營立七廟，詔有司詳定其禮。禮部侍郎、攝太常少卿許善心與博士褚亮等議曰：【略】臣等又案姬周自太祖已下，皆别立廟，至於禘祫，俱合食于太祖。是以炎漢之初，諸廟各立，歲時嘗享，亦隨處而祭，所用廟樂，皆象功德而歌儛焉。至光武乃總立一堂，而羣主異室，斯則新承寇亂，欲從約省。自此以來，因循不變。

又 卷二五《刑法志》 漢高祖初以三章之約，以慰秦人，孝文躬親玄默，遂疏天網。孝宣樞機周密，法理詳備，選于定國爲廷尉，黄霸以爲廷平。每以季秋之後，諸所請讞，帝常幸宣室，齋而決事，明察平恕，號爲寬簡。光武中興，不移其舊，是以二漢羣后，罕聞殘酷。

又 卷二六《百官志上》 漢高祖除暴寧亂，輕刑約法，而職官之制，因於嬴氏，其間同異，抑亦可知。光武中興，聿遵前緒，唯廢丞相與御史大夫，而以三司綜理衆務。洎于叔世，事歸臺閣，論道之官，備員而已。

唐·歐陽詢等《藝文類聚》卷一二《帝王部二·後漢光武帝》

《續漢書》曰：昔羿寒浞篡夏數十年，少康生爲牧人，能修德復夏，厥勳大矣，然尚有虞思及靡有鬲内外之助，至於光武，承王莽之篡，起自疋庶，一民尺土，靡有憑焉，發迹於昆陽，以數千屠百萬，非膽智之至，孰能堪之，討賊平亂，克復漢業，號稱中興，雖初興者無以加之矣，中國既定，柔遠以德，愛慎人命，下及至賤，武功既抗，文德術修，勳績弘矣。【略】

薛瑩《漢紀》曰：王莽之際，天下雲亂，英雄併發，其跨州據郡，僭制者多矣，人皆有冀於非望，然考其聰明仁勇，自無光武儔也，加以寬博容納，計慮如神，是以任光竇融，望風景附，馬援一見，睹顔識奇，故能以十數年間，掃除羣凶，清復海内，豈非天人之所輔贊哉，古者師不内御，而光武命將，皆授以方略，使奉圖而進，其有違失，無不折傷，意豈文史之過乎，不然，雖聖人其猶病諸。【略】

袁山松《後漢書》曰：前漢自成哀已下，天地縱横，巨猾竊命，劉氏舊澤猶存，而瞻烏之望殆絶，世祖以眇眇之胤，起白水之濱，身屈無妄之力，位舉羣賢並列，于時懷璽者十餘，建旗者數百，高才者居南面，疾足者爲王公，茫茫九州，瓜分臠切，閔閔蒼生，塵消鼎沸，我扇之以仁風，驅之以大威，雪霜被而茨棘枯，横網振而逆鱗掃，羣材畢湊，人鬼與能，數年之間，廓清四海，雖曰中興，與夫始創業者，庸有異乎，誠哉馬生之言，固已寥廓大度，同符高祖。又等太宗之仁，兼孝宣之明，一人之體，其殆于周，故能享有神器，據乎萬乘之上矣。

又 卷四六《職官部二·祭酒》 沈約《宋書》曰：博士，秦官也，常通古今，員多至數十人，有僕射，光武增爲十五人，蓋一經有數家之學故也，皆教弟子，光武改僕射曰祭酒，祭酒者，一位之元長也。

又 卷五一《封爵部·總載封爵》 周官禮曰：【略】又曰：縣侯，漢官也，自縣侯而下，通號列侯，金章紫綬，朝服，進賢三梁冠，官品第三，光武中興論功，封大功臣吳漢鄧禹各四縣，賈復朱浮三縣，耿弇等二十九人。

唐·徐堅《初學記》卷一一《職官部·吏部尚書》　吏部尚書者，初漢成帝置列曹尚書四人。其一曰常侍曹，主丞相御史公卿事。後漢初，光武改常侍曹爲吏部曹，主選舉齊祠事。

又《左右丞》　尚書丞，秦官也。漢因之，至成帝分置列曹尚書四員，便置丞四人。至光武減其二，唯置左右二丞。丞，承也，言承助令僕，總理臺事。尚書令與左丞總領紀綱，僕射與右丞掌稟假財穀。

又《侍郎》　初西漢置尚書郎四人。一人主匈奴單于營部，一人主羌夷吏人，一人主户口墾田，一人主錢帛貢獻委輸。光武分尚書爲六曹，每一尚書則領六郎，凡三十六郎焉。秦初置郎中令，領諸郎之在中書者而爲之令長也。漢武改名光禄勳。其屬官有三署。五官中郎將、左中郎將、右中郎將，凡三署也。署中有郎中、侍郎、無員，多至千人，分隸三署，主執戟侍宮殿。出則充車騎。漢因之。郎中秩比三百石，侍郎比四百石，以其爲郎居中，故曰郎中。以其爲郎内侍，故曰侍郎。《漢官》云：尚書郎，初從三署郎選詣尚書臺試，每一郎缺則試五人。先試箋奏，初入臺稱郎中，滿歲稱侍郎，故郎中侍郎之名，猶因三署本號也。西漢言郎者，多非尚書郎，唯田蚡少爲諸曹郎是也。其文帝代馮唐爲郎中署長，直不疑盜同舍郎金。武帝代顔駟爲郎，三世不遷。成帝時揚雄爲侍郎。及諸言以貲爲郎，父任爲郎，皆三署郎。至東漢猶難分，有尚書及曹名冠首者卽尚書郎，直言爲郎亦三署郎。魏以後，卽無三署郎。自漢以來，尚書諸曹郎中、侍郎，或不兩置。或唯置郎中，或唯置侍郎，然二者亦通爲尚書郎。漢世兩置，有郎中、侍郎。

又　卷一二《職官部下·侍中》　東寺　左曹《漢官儀》曰：尚書令侍中上東西寺及侍中寺。又曰：左右曹受尚書事。沈約《宋書》曰：漢使左右曹諸吏分堂。尚書奏事，光武省諸吏，信小黄門受事。前代文士，皆門下爲左曹，亦曰東寺。

唐·杜佑《通典》卷二九《職官十一·武官下·大將軍並官屬》　後漢光武時，吳漢以大將軍爲大司馬。後漢大將軍自爲一官，其大司馬不加於其上。

又《前後左右將軍》　前後左右將軍皆周末官，秦因之，位上卿，金印紫綬。漢不常置，或有前後，或有左右，皆掌兵及四夷。李廣爲前將軍，趙充國爲後將軍，辛慶忌、王商爲左將軍，馮奉世爲右將軍。光武建武七年省。

又　卷四五《禮五·沿革五·吉禮四》　後漢光武中元二年，營北郊，祀地祇。在雒陽城北四里爲方壇，四陛。遷呂太后於園，上薄太后尊號曰高皇后，以配地祇。正月辛未，别祀地祇，位南面西上，高皇后配，西面北上，皆在壇上。地理羣神從食，皆在壇下。中嶽位在未，四嶽各在其方孟辰之地，中營内。海在東，河西，濟北，淮東，江南，山川各如其方，皆在外營内。四陛醊陟衛反。及中外營門封神如南郊。地祇、高后用犢各一，五嶽共牛一，四海四瀆共牛一，羣神共牛二。樂如南郊。既送神，瘞俎實於壇北。明帝永平二年正月上丁，祀南郊畢，次郊。**【略】**

後漢光武建武二年，立太社稷於洛陽，在宗廟之右。《周禮》曰：『社稷在右，宗廟在左。』皆方壇。蔡邕獨斷曰：『天子大社，封諸侯者，皆取土苞白茅授之，以立社於其國，故謂之授茅土。漢惟有皇子封爲王者得茅土，其他功臣以户數租入爲節，不受茅土立社。』無屋，有牆門而已。必受霜露風雨。二月、八月及臘，一歲三祠，皆太牢具，使有司祠。漢儀『使者監祠，南向立，不拜』。郡縣皆置太守、令、長侍祠。牲用羊豕。唯州所理，有社無稷，以其使官也。

《新唐書》卷二三〇《吐蕃傳上》　永隆元年又明年是歲，又詔右鷹揚衛將軍王孝傑爲武威道行軍總管，率西州都督唐休璟、左武衛大將軍阿史那忠節擊吐蕃，大破其衆，復取四鎮，更置安西都護府於龜茲，以兵鎮守。議者請廢四鎮勿有也，右史崔融獻議曰：『戎狄爲中國患尚矣，五帝、三王所不臣。漢以百萬衆困平城，其後武帝赫然發憤，甘心四夷，張騫始通西域，列四郡，據兩關，斷匈奴右臂，稍稍度河、湟，築令居，以絕南羌。於是郼候亭燧出長城數千里，傾府庫，殫士馬，行人使者歲月不絕，至作皮幣，算緡法，稅舟車，榷酒酤。夫豈不懷，爲長久計然也！匈奴於是孤特遠竄，遂開西域，置使者領護。光武中興，皆復内屬。』

元·馬端臨《文獻通考》卷二《田賦考二·歷代田賦之制》　建武六年十二月，詔曰：『頃者師旅未解，用度不足，故行什一之稅。今軍士屯田，糧儲差積，其令郡國收見田租，三十而稅一如舊制。』**【略】**

建武十五年，詔州郡檢覆墾田。帝以天下墾田多不以實自占，又户口年紀互相增減，乃下詔州郡檢覆。於是刺史、太守多爲詐巧，苟以度田爲名，聚民田中，并度廬屋里落，民遮道啼呼，或優饒豪右，侵刻羸弱。時

諸郡各遣使奏事，帝見陳留吏牘上有書，視之云：『潁川、弘農可問，河南、南陽不可問。』帝詰吏由趣，吏不肯伏，抵言於長壽街得之。帝怒。時東海公陽年十二侍側，曰：『吏受郡敕，當欲以墾田相方耳。河南帝城多近臣，南陽帝鄉多近親，田宅逾制，不可爲準。』帝令虎賁將詰問吏，吏乃首服。十六年，河南尹張伋及諸郡守十餘人坐度田不實，下獄死。

《元史》卷一八五《蓋苗傳》　天曆初，文宗詔以建康潛邸爲佛寺，務窮壯麗，毀民居七十餘家，仍以御史大夫督其役。苗上封事曰：『**【略】**昔漢高帝興于豐、沛，爲復兩縣，光武中興南陽，免税三年，既不務此，而隆重佛氏，何以滿斯民之望哉！』

清·王夫之《讀通鑑論》卷七《漢和帝二》　南單于降漢，光武置之西河塞內。

王朝盛衰轉折點部

沙丘之變分部

綜述

《史記》卷六《秦始皇本紀》　至平原津而病。始皇惡言死，羣臣莫敢言死事。上病益甚，乃爲璽書賜公子扶蘇曰：『與喪會咸陽而葬。』書已封，在中車府令趙高行符璽事所，未授使者。七月丙寅，始皇崩於沙丘平臺。丞相斯爲上崩在外，恐諸公子及天下有變，乃秘之，不發喪。棺載轀涼車中，故幸宦者參乘，所至上食。百官奏事如故，宦者輒從轀涼車中可其奏事。獨子胡亥、趙高及所幸宦者五六人知上死。趙高故嘗教胡亥書及獄律令法事，胡亥私幸之。高乃與公子胡亥、丞相斯陰謀破去始皇所封書賜公子扶蘇者，而更詐爲丞相斯受始皇遺詔沙丘，立子胡亥爲太子。更爲書賜公子扶蘇、蒙恬，數以罪，（其）賜死。語具在《李斯傳》中。行，遂從井陘抵九原。會暑，上轀車臭，乃詔從官令車載一石鮑魚，以亂其臭。

行從直道至咸陽，發喪。太子胡亥襲位，爲二世皇帝。九月，葬始皇酈山。始皇初卽位，穿治酈山，及并天下，天下徒送詣七十餘萬人，穿三泉，下銅而致椁，宮觀百官奇器珍怪徙臧滿之。令匠作機弩矢，有所穿近者輒射之。以水銀爲百川江河大海，機相灌輸，上具天文，下具地理。以人魚膏爲燭，度不滅者久之。二世曰：『先帝後宮非有子者，出焉不宜。』皆令從死，死者甚众。葬既已下，或言工匠爲機，臧皆知之，臧重卽泄。大事畢，已臧，閉中羡，下外羡門，盡閉工匠臧者，無復出者。樹草木以象山。

又　卷八七《李斯列傳》　（始皇三十七年）七月，始皇帝至沙丘，病甚，令趙高爲書賜公子扶蘇曰：『以兵屬蒙恬，與喪會咸陽而葬。』書已封，未授使者，始皇崩。書及璽皆在趙高所，獨子胡亥、丞相李斯、趙高及幸宦者五六人知始皇崩，餘羣臣皆莫知也。李斯以爲上在外崩，無眞太子，故秘之。置始皇居轀輬車中，百官奏事上食如故，宦者輒從轀輬車中可諸奏事。

趙高因留所賜扶蘇璽書，而謂公子胡亥曰：『上崩，無詔封王諸子而獨賜長子書。長子至，卽立爲皇帝，而子無尺寸之地，爲之奈何？』胡亥曰：『固也。吾聞之，明君知臣，明父知子。父捐命，不封諸子，何可言者！』趙高曰：『不然。方今天下之權，存亡在子與高及丞相耳，願子圖之。且夫臣人與見臣於人，制人與見制於人，豈可同日道哉！』胡亥曰：『廢兄而立弟，是不義也；不奉父詔而畏死，是不孝也；能薄而材譾，强因人之功，是不能也：三者逆德，天下不服，身殆傾危，社稷不血食。』高曰：『臣聞湯、武殺其主，天下稱義焉，不爲不忠。衛君殺其父，而衛國載其德，孔子著之，不爲不孝。夫大行不小謹，盛德不辭讓，鄉曲各有宜而百官不同功。故顧小而忘大，後必有害；狐疑猶豫，後必有悔。斷而敢行，鬼神避之，後有成功。願子遂之！』胡亥喟然歎曰：『今大行未發，喪禮未終，豈宜以此事干丞相哉！』趙高曰：『時乎時乎，間不及謀！贏糧躍馬，唯恐後時！』

胡亥既然高之言，高曰：『不與丞相謀，恐事不能成，臣請爲子與丞相謀之。』高乃謂丞相斯曰：『上崩，賜長子書，與喪會咸陽而立爲嗣。書未行，今上崩，未有知者也。所賜長子書及符璽皆在胡亥所，定太子在君侯與高之口耳。事將何如？』斯曰：『安得亡國之言！此非人臣所當議也！』高曰：『君侯自料能孰與蒙恬？功高孰與蒙恬？謀遠不失孰與蒙恬？無怨於天下孰與蒙恬？長子舊而信之孰與蒙恬？』斯曰：『此五者皆不及蒙恬，而君責之何深也？』高曰：『高固內官之廝役也，幸得以刀筆之文進入秦宮，管事二十餘年，未嘗見秦免罷丞相功臣有封及二世者也，卒皆以誅亡。皇帝二十餘子，皆君之所知。長子剛毅而武勇，信人而奮士，卽位必用蒙恬爲丞相，君侯終不懷通侯之印歸於鄉里，明矣。高受詔教習胡亥，使學以法事數年矣，未嘗見過失。慈仁篤厚，輕財重士，辯於心而詘於口，盡禮敬士，秦之諸子未有及此者，可以爲嗣。君計而定之。』斯曰：『君其反位！斯奉主之詔，聽天之命，何慮之可定也？』高曰：『安可危也，危可安也。安危不定，何以貴聖？』斯曰：『斯，上蔡閭巷布衣也，上幸擢爲丞相，封爲通侯，子孫皆至尊位重祿者，故將以存亡安危屬臣也。豈可負哉！夫忠臣不避死而庶幾，孝子不勤勞而見危，人臣各守其職而已矣。君其勿復言，將令斯得罪。』高曰：『蓋聞聖人遷徙無常，就變而從時，見末而知本，觀指而睹歸。物固有之，安得常法哉！方今天下之權命懸於胡亥，高能得志焉。且夫從外制中謂之惑，從下制上謂之賊。故秋霜降者草花落，水搖動者萬物作，此必然之效也。君何見之晚？』斯曰：『吾聞晉易太子，三世不安。齊桓兄弟爭位，身死爲戮。紂殺親戚，不聽諫者，國爲丘墟，遂危社稷：三者逆天，宗廟不血食。斯其猶人哉，安足爲謀！』高曰：『上下合同，可以長久。中外若一，事無表裏。君聽臣之計，卽長有封侯，世世稱孤，必有喬松之壽，孔、墨之智。今釋此而不從，禍及子孫，足以爲寒心。善者因禍爲福，君何處焉？』斯乃仰天而歎，垂淚太息曰：『嗟乎！獨遭亂世，既以不能死，安託命哉！』於是斯乃聽高。高乃報胡亥曰：『臣請奉太子之明命以報丞相，丞相斯敢不奉令！』

於是乃相與謀，詐爲受始皇詔丞相，立子胡亥爲太子。更爲書賜長子扶蘇曰：『朕巡天下，禱祠名山諸神以延壽命。今扶蘇與將軍蒙恬將師數十萬以屯邊，十有餘年矣，不能進而前，士卒多秏，無尺寸之功，乃反數上書直言誹謗我所爲，以不得罷歸爲太子，日夜怨望。扶蘇爲人子不孝，其賜劍以自裁！將軍恬與扶蘇居外，不匡正，宜知其謀。爲人臣不忠，其賜死，以兵屬裨將王離。』封其書以皇帝璽，遣胡亥客奉書賜扶蘇於上郡。

使者至，發書，扶蘇泣，入內舍，欲自殺。蒙恬止扶蘇曰：『陛下居外，未立太子，使臣將三十萬衆守邊，公子爲監，此天下重任也。今一使者來，卽自殺，安知其非詐？請復請，復請而後死，未暮也。』使者數趣之。扶蘇爲人仁，謂蒙恬曰：『父而賜子死，尚安復請！』卽自殺。蒙恬不肯死，使者卽以屬吏，繫於陽周。

使者還報，胡亥、斯、高大喜。至咸陽，發喪，太子立爲二世皇帝。以趙高爲郎中令，常侍中用事。

二世燕居，乃召高與謀事，謂曰：『夫人生居世間也，譬猶騁六驥過決隙也。吾既已臨天下矣，欲悉耳目之所好，窮心志之所樂，以安宗廟而樂萬姓，長有天下，終吾年壽，其道可乎？』高曰：『此賢主之所能行也，而昏亂主之所禁也。臣請言之，不敢避斧鉞之誅，願陛下少留意焉。夫沙丘之謀，諸公子及大臣皆疑焉，而諸公子盡帝兄，大臣又先帝之所置也。今陛下初立，此其屬意怏怏皆不服，恐爲變。且蒙恬已死，蒙毅將兵居外，臣戰戰慄慄，唯恐不終。且陛下安得爲此樂乎？』二世曰：『爲之奈何？』趙高曰：『嚴法而刻刑，令有罪者相坐誅，至收族，滅大臣而遠骨肉；貧者富之，賤者貴之。盡除去先帝之故臣，更置陛下之所親信者近之。此則陰德歸陛下，害除而奸謀塞，羣臣莫不被潤澤，蒙厚德，陛下則高枕肆志寵樂矣。計莫出於此。』二世然高之言，乃更爲法律。於是羣臣諸公子有罪，輒下高，令鞠治之。殺大臣蒙毅等，公子十二人僇死咸陽市，十公主矺死於杜，財物入於縣官，相連坐者不可勝數。

又　卷八八《蒙恬列傳》　始皇三十七年冬，行出遊會稽，並海上，北走琅邪。道病，使蒙毅還禱山川，未反。

始皇至沙丘崩，秘之，羣臣莫知。是時丞相李斯、公子胡亥、中車府令趙高常從。高雅得幸於胡亥，欲立之，又怨蒙毅法治之而不爲己也。因有賊心，乃與丞相李斯、公子胡亥陰謀，立胡亥爲太子。太子已立，遣使

者以罪賜公子扶蘇、蒙恬死。扶蘇已死，蒙恬疑而復請之。使者以蒙恬屬吏，更置。胡亥以李斯舍人爲護軍。使者還報，胡亥已聞扶蘇死，即欲釋蒙恬。趙高恐蒙氏復貴而用事，怨之。

毅還至，趙高因爲胡亥忠計，欲以滅蒙氏，乃言曰：『臣聞先帝欲舉賢立太子久矣，而毅諫曰「不可」。若知賢而俞弗立，則是不忠而惑主也。以臣愚意，不若誅之。』胡亥聽而繫蒙毅於代。前已囚蒙恬於陽周。喪至咸陽，已葬，太子立爲二世皇帝，而趙高親近，日夜毁惡蒙氏，求其罪過，舉劾之。

子嬰進諫曰：『臣聞故趙王遷殺其良臣李牧而用顔聚，燕王喜陰用荆軻之謀而倍秦之約，齊王建殺其故世忠臣而用后勝之議。此三君者，皆各以變古者失其國而殃及其身。今蒙氏，秦之大臣謀士也，而主欲一旦棄去之，臣竊以爲不可。臣聞輕慮者不可以治國，獨智者不可以存君。誅殺忠臣而立無節行之人，是内使羣臣不相信而外使鬬士之意離也，臣竊以爲不可。』

胡亥不聽。而遣御史曲宫乘傳之代，令蒙毅曰：『先主欲立太子而卿難之。今丞相以卿爲不忠，罪及其宗。朕不忍，乃賜卿死，亦甚幸矣。卿其圖之！』毅對曰：『以臣不能得先主之意，則臣少宦，順幸没世。可謂知意矣。以臣不知太子之能，則太子獨從，周旋天下，去諸公子絶遠，臣無所疑矣。夫先主之舉用太子，數年之積也，臣乃何言之敢諫，何慮之敢謀！非敢飾辭以避死也，爲羞累先主之名，願大夫爲慮焉，使臣得死情實。且夫順成全者，道之所貴也；刑殺者，道之所卒也。昔者秦穆公殺三良而死，罪百里奚而非其罪也，故立號曰「繆」。昭襄王殺武安君白起。楚平王殺伍奢。吴王夫差殺伍子胥。此四君者，皆爲大失，而天下非之，以其君爲不明，以是籍於諸侯。故曰「用道治者不殺無罪，而罰不加於無辜」。唯大夫留心！』使者知胡亥之意，不聽蒙毅之言，遂殺之。

二世又遣使者之陽周，令蒙恬曰：『君之過多矣，而卿弟毅有大罪，法及内史。』恬曰：『自吾先人，及至子孫，積功信於秦三世矣。今臣將兵三十餘萬，身雖囚繫，其勢足以倍畔，然自知必死而守義者，不敢辱先人之教，以不忘先主也。昔周成王初立，未離繈緥，周公旦負王以朝，卒定天下。及成王有病甚殆，公旦自揃其爪以沈於河，曰：『王未有識，是旦執事。有罪殃，旦受其不祥。』乃書而藏之記府，可謂信矣。及王能治國，有賊臣言：『周公旦欲爲亂久矣，王若不備，必有大事。』王乃大怒，周公旦走而奔於楚。成王觀於記府，得周公旦沈書，乃流涕曰：『孰謂周公旦欲爲亂乎！』殺言之者而反周公旦。故《周書》曰『必參而伍之』。今恬之宗，世無二心，而事卒如此，是必孽臣逆亂，内陵之道也。夫成王失而復振則卒昌；桀殺關龍逢，紂殺王子比干而不悔，身死則國亡。臣故曰過可振而諫可覺也。察於參伍，上聖之法也。凡臣之言，非以求免於咎也，將以諫而死，願陛下爲萬民思從道也。』使者曰：『臣受詔行法於將軍，不敢以將軍言聞於上也。』蒙恬喟然太息曰：『我何罪於天，無過而死乎？』良久，徐曰：『恬罪固當死矣。起臨洮屬之遼東，城塹萬餘里，此其中不能無絶地脉哉？此乃恬之罪也。』乃吞藥自殺。

宋·司馬光《資治通鑑》卷七《始皇帝下》（始皇三十七年）秋，七月，丙寅，始皇崩於沙丘平臺。丞相斯爲上崩在外，恐諸公子及天下有變，乃秘之不發喪，棺載轀涼車中，故幸宦者驂乘。所至，上食、百官奏事如故，宦者輒從車中可其奏事。獨胡亥、趙高及幸宦者五六人知之。

初，始皇尊寵蒙氏，信任之。蒙恬任在外將，蒙毅常居中參謀議，名爲忠信，故雖諸將相莫敢與之爭。趙高者，生而隱宫，始皇聞其强力，通於獄法，舉以爲中車府令，使教胡亥決獄，胡亥幸之。趙高有罪，始皇使蒙毅治之，毅當高法應死。始皇以高敏於事，赦之，復其官。趙高既雅得幸於胡亥，又怨蒙氏，乃説胡亥，請詐以始皇命誅扶蘇而立胡亥爲太子。胡亥然其計。趙高曰：『不與丞相謀，恐事不能成。』乃見丞相斯曰：『上賜長子書及符璽，皆在胡亥所。定太子，在君侯與高之口耳。事將何如？』斯曰：『安得亡國之言！此非人臣所當議也！』高曰：『君侯材能、謀慮、功高、無怨、長子信之，此五者皆孰與蒙恬？』斯曰：『不及也。』高曰：『然則長子即位，必用蒙恬爲丞相，君侯終不懷通侯之印歸鄉里明矣！胡亥慈仁篤厚，可以爲嗣。願君審計而定之！』丞相斯以爲然，乃相與謀，詐爲受始皇詔，立胡亥爲太子。更爲書賜扶蘇，數以不能辟地立功，士卒多耗，反數上書，直言誹謗，日夜怨望不得罷歸爲太子，將軍恬不矯正，知其謀，皆賜死，以兵屬裨將王離。

扶蘇發書，泣，入内舍，欲自殺。蒙恬曰：『陛下居外，未立太子，

使臣將三十萬衆守邊，公子爲監，此天下重任也。今一使者來，即自殺，安知其非詐！復請而後死，未暮也。』使者數趣之。扶蘇謂蒙恬曰：『父賜子死，尚安復請！』即自殺。蒙恬不肯死，使者以屬吏，繫諸陽周。更置李斯舍人爲護軍，還報。胡亥已聞扶蘇死，即欲釋蒙恬。會蒙毅爲始皇出禱山川，還至。趙高言於胡亥曰：『先帝欲舉賢立太子久矣，而毅諫以爲不可，不若誅之！』乃繫諸代。遂從井陘抵九原。會暑，轀車臭，乃詔從官令車載一石鮑魚以亂之。從直道至咸陽，發喪。太子胡亥襲位。

九月，葬始皇於驪山，下錮三泉。奇器珍怪，徙藏滿之。令匠作機弩，有穿近者輒射之。以水銀爲百川、江河、大海，機相灌輸。上具天文，下具地理。後宮無子者，皆令從死。葬既已下，或言工匠爲機藏，皆知之，藏重即泄。大事盡，閉之墓中。

二世欲誅蒙恬兄弟。二世兄子子嬰諫曰：『趙王遷殺李牧而用顔聚，齊王建殺其故世忠臣而用后勝，卒皆亡國。蒙氏，秦之大臣謀士也，而陛下欲一旦棄去之。誅殺忠臣而立無節行之人，是內使羣臣不相信，而外使鬬士之意離也。』二世弗聽，遂殺蒙毅及內史恬。恬曰：『自吾先人及至子孫，積功信於秦三世矣。今臣將兵三十餘萬，身雖囚繫，其勢足以倍畔。然自知必死而守義者，不敢辱先人之教，以不忘先帝也。』乃吞藥自殺。

論說

宋・林之奇《尚書全解》卷一六《尚書・太甲中》（伊尹）作書曰：民非后，罔克胥匡以生，后非民，罔以辟四方。皇天眷佑有商，俾嗣王克終厥德，實萬世無疆之休。【略】

秦始皇之後，宜其餘殃之所逮，無有令淑之人，而扶蘇爲之子。太甲爲之孫，宜商祚遂至於亡矣。然而成湯以寬仁之德，伐夏弔民，以有天下，其善之所積者厚矣，豈應一再傳而遂亡哉。故雖太甲欲敗度縱敗禮，而終克終允德，以守成湯之業，此無他，以湯之社稷有必存之理，則雖太甲爲之孫，而終不亡也。扶蘇之仁厚而爲秦始皇之子，則秦若可以存矣。然始皇虐用其民，以殘虐嗜殺而得天下，其不善之所積者厚矣，苟使扶蘇立，則秦未可以遽亡也。故始皇崩於沙丘，而扶蘇卒以得罪重之。以二世之暴戾，而秦遂以滅。此天實以秦之社稷有必亡之理，則扶蘇爲之子而終亦不得存也。論至於此，則是天地報應之理，雖若眇忽茫昧而不可曉，及要其極致而究其所以然，則不啻若影響之應形聲，可不戒哉！

宋・眞德秀《大學衍義》卷一八《格物致知之要二・辨人材・憸邪罔上之情姦臣》 秦二世立，以趙高爲郎中令，高，宦者。常侍中用事，二世燕居，召高謂曰：『人之居世間，猶騁六驥過決隙也，吾欲悉耳目之所好，窮心志之所樂，以終吾年壽，可乎？』高曰：『此賢主之所能行，而昏亂主之所禁也。夫沙丘之謀，諸公子及大臣皆疑焉，而諸公子盡帝兄，大臣又先帝之所置也。今陛下初立，此皆怏怏不服，恐爲變，陛下安得爲此樂乎？』二世曰：『爲之奈何？』高曰：『嚴法而刻刑，令有罪者相坐誅，至收族，滅大臣而遠骨肉，貧者富之，賤者貴之，盡除去先帝之舊臣，更置陛下所親信者，如此則害除而姦謀塞，陛下安枕肆意寵樂矣。』二世然之，乃更爲法律。羣臣諸公子有罪輒下，高令鞫治之，殺大臣蒙毅等，公子十二人僇死咸陽市，財物入縣官，法令誅罰日益刻深，羣臣人人自危欲。畔者衆，於是楚戍卒陳勝、吳廣等作亂，起於山東，傑俊相立爲侯王叛秦。

臣按姦臣之將，盜有其國也，必先以荒昏淫樂蠱其君之心術，然後己之志得行。趙高之於二世，欲有以蠱之久矣。一聞恣耳目，窮心志之問，即深贊之曰：『此明主之所能行，而昏主之所禁也。』夫兢兢業業無遊無逸者，堯舜之行也；荒湛于色淫酗于酒者，桀紂之行也。高言悖道反易，昏明本不難照，蓋高之心欲二世盡除先朝舊人而專政於己，故因其問而極言勸誘之。夫深刑峻法翦滅大臣宗室，高之所自便也，安枕肆意於淫樂，此二世之所喜聞也。中其主之所喜以伸己之所便，故高言一進，如石投水，卒之刑戮繁而怨畔起，二世之身且岌岌然猶燕巢幕安枕之樂，果何在哉？二世既以此敗亡，世之人遂以高言爲鉤吻烏喙必殺人之物，然佞邪之臣以此蠱其君，昏亂之主以此覆其國者相踵也，是明知其爲鉤吻烏喙必殺人之物，而甘心嗜之不厭也。嗚呼，悲夫！

宋・余靖《武溪集》卷四《秦論下》 世言秦所以亡者，趙高讒邪，

胡亥蔽愚，毒痛齊民，四海瓦解，而宗社墟矣。愚嘗以爲亡秦而賊天下者，李斯也。秦人據形便之國，氣凌山東。穆公任由余，孝公用商鞅，而霸業基矣。蠶食虎視，累世横鶩，有起、翦、括、鶩握其兵，穰、魏、睢、澤執其政，斥地滅敵，日加其强。李斯始以儒學西游於秦，乃進一六合，兼諸侯之説，秦人除逐客之令以從其計，破縱擅横，卒并天下，以斯爲相。且斯以布衣徒步游説數年而取宰相，不爲不遇也。海内既一，屬心於斯：六國厭戰爭之苦，兵待我乎偃；秦人困廬井之廢，土待我乎闢；父子薄耰鋤之異，民待我乎教。斯學帝王之術，居輔弼之地，脱或戴其君於成康之列，躋其民於仁壽之域，如反掌耳？而乃背戾古始，拔本塞源，燔棄詩書，愚弄黔首。絶尺寸之封，以孤其勢；侈封禪之制，以驕其心。築宮彌山川，勒銘徧海内。戮誹謗，禁偶語，刑繁令淫，國紀隳矣。紀綱既隳，四國不危者未之有也。

世子者所以接統而著代，君行則守，有守則從，古之制也。故曰太子天下之本，本根一摇，天下必蕩，安有著名儲貳而握兵邊徼？廢弦誦之大業，習鼓旂之末節，衣裳顛倒，莫甚於兹。默而不言，焉用彼相？及沙丘之變，趙高以褻近之資，啓亡國之言。丞相當於此時正人臣『無將之誅』，以視天下，召扶蘇而立之。從先帝之約，扶蘇仁明備嘗險阻，輔以治道可致太平。若剗去嚴刑，罷遣謫戍，民無怨讟，則秦之社稷，未可量也。

斯惑趙高之詞，越録而拔胡亥，小人在位，兵徭並起。使四海之人血膏邊城，骨填驪山，比屋嗸嗸，半爲盗賊，尚乃建言督責，以固恩寵，豈不愚哉？賊屠三川，卒被高譖，黄犬之歎，得無晚乎？使胡亥得位，趙高得權，皆斯之由也。倒持太阿，授人以柄，斯之謂乎？

故曰：亡秦而賊天下者斯之罪也，卒被五刑非不幸矣。

明・張寧《方洲集》卷二七《讀史録・秦二世二年・腰斬李斯夷三族》　李斯爲萬世罪人，不但敗秦，雖腰斬猶不足以謝，惜其出於趙高之誣，人或冤之。予謂斯之死，不在於規諫之時，而在於矯立之際。初，高之矯詔，既與胡亥定論，曰：『不與丞相謀，恐事不成。』語意已不能無疑於斯，及與斯言，乃曰：『此非人臣所當議。』雖不得已而未從之，高豈不轉致其詞於二世哉？是帝與高雖欲縱樂擅權，固嘗忌斯異已而有説，斯乃不悟，墮其術中而聽爲之諫，及二世怒高果以沙丘之事爲言，二世其有不信乎？夫以積疑蓄怒之君，而信巧讒曲謗之語，生死決矣。始復上言高罪，噬臍之悔，不亦晚乎？故二世曰：『朕非屬高君，當誰任哉？』是言也，二世無斯之心審已久矣。斯雖欲效吕不韋、公子將閭之死，且不可得，方與馮去疾等進諫，自負其功能偃蹇待命，實所以相成高之陰謀，而速赤族之誅也。後世人臣有不能審時度義，一其心德，始以邪合，而欲假正以終自處者薄，而欲望人以厚斯，可以爲監矣。

藝文

唐・胡曾《咏史詩》卷下《沙丘》　年年遊覽不曾停，天下山川欲徧經。堪笑沙丘纔過處，鑾輿風過鮑魚腥。

唐・羅隱《羅昭諫集》卷四《秦紀》　長策東鞭極海隅，黿鼉奔走鬼神趨。憐君未到沙丘日，肯信人間有死無。

宋・陸游《劍南詩稿》卷二二《寓懷》　鮑魚載沙丘，鹿馬獻阿房。泗上老亭長，仿佯起東方。干戈暗寓縣，黥徒化侯王。富貴誠可慕，葅醢亦足當。青門獨無恙，種瓜亦何傷。後有阮嗣宗，絶識未易量。楚漢眞豎子，孰謂斯人狂。

宋・劉克莊《後村集》卷五《秦城》　缺甓殘磚無處尋，當年築此慮尤深。君王自向沙丘死，何必區區戍桂林。

又　卷一四《扶蘇》　詔自沙丘至，如何便釋兵。君王令賜死，公子不求生。

又　卷一五《趙高》　歸自沙丘後，因專定策功。國由中府令，帝在望夷宮。

宋・馬廷鸞《碧梧玩芳集》卷二三《觀魚車渡溪》　如帶溪流拍兩崖，投泥賈客競喧豗。隻輪自力掀諸淖，斷岸先登陟彼嵬。江水斗升寧汝活，岸旁車馬爲渠來。老夫自取鯨鯢戮，掩鼻沙丘未足哀。原注：《漢・溝洫志》：河魚大上，輕車大馬往食之。

宋・林景熙《霽山文集》卷二《讀秦紀》　琅邪臺上晚雲平，虎視眈眈隘八紘。萬里不知人半死，三山空覓草長生。兆來鬼璧沙丘近，威動

神鞭海石驚。書外有書焚不盡，一編把上漢功名。

宋·俞德鄰《佩韋齋集》卷七《淮陰侯廟》 鹿走沙丘二世亡，重瞳隆準正奔忙。將軍果是無雙士，何用區區覓假王。

金·王寂《拙軒集》卷三《沙丘》 白璧沈江夜鬼呼，明年當是祖龍殂。海中童子無消息，坐待長生豈不迂。

元·郝經《陵川集》卷九《沙丘行》 林胡遂出榆林塞，滿國騎射衣冠改。西遊直入咸陽宮，趙王使者秦王駭。玉鞭擊斷過函谷，夜飲叢臺翻酒海。生前傳位稱主父，一切都非三代故。座中誰意有潘崇，宮甲盡起商臣怒？熊蟠不來事益急，雀鷇雖探能幾日？一生英氣頓消散，胡服掩面空垂泣。祖龍亦向沙丘死，詐殺扶蘇書一紙。武皇父子戰京師，釁端也自開邊起。古來好殺多子禍，浮山堰壞臺城餓。至今金陵罵侯景，誰知亂本由臨賀？君不見殷湯六百載，周武八百年？以殺止殺救民命，用兵雖人元自天。孝子慈孫相繼傳！

元·王惲《秋澗集》卷三四《沙丘懷古》 滈璧投來讖已真，沙丘臺下位宮臣。事機説到還元處，造物于中天戲人。

又 卷三四《沙丘懷古》 六國平夷甚虎狼，擬從一世到無疆。誰期五十餘年後，生處元來是死鄉。

擬就靈仙不死期，翠華拂面事皆非。須知一把亡羊火，望望驪山待汝歸。

萬靈訶護到東巡，一死沙丘等棄焚。不直鮑車曾具惡，蒷陽宮事儘腥聞。蒷，如字，花名玉蒷，四月開。見《廣韻》。

又《讀李斯傳》 常笑秦斯訴己忠，豈知身墮趙機中。沙丘不負先王託，雖死猶能保霸功。

元·馬臻《霞外詩集》卷二《沙丘懷古》 憑高懷古重依依，秦駐山頭正落暉。遼鶴信沈徐福去，鮑魚風起祖龍歸。固知倚伏存天道，肯信强梁卽禍機。雲海微茫波浪惡，一雙沙鳥傍船飛。

元·胡助《純白齋類稿》卷一〇《始皇》 祖龍才略亦雄哉，六合爲家席卷來。函谷出師從約散，驪山築苑後人哀。可憐萬世帝王業，衹換一坑儒士灰。環柱中車幾不免，沙丘同載鮑魚回。

明·孫蕡《西菴集》卷七《過荏平望嶧山》 邑敝天寒草殞青，授經誰弔伏生。靈巉巖石刻雖奇古，終慊沙丘混鮑腥。

明·釋宗泐《全室外集》卷二《祖龍歌行》 祖龍乃好長生者，沈璧徒來華山下。目斷樓船海氣昏，鮑車亂臭沙丘野。驪山下錮三泉開，泉頭宮殿仍崔嵬。當時輸作方亹亹，函谷無關小龍死。百尺降旗軹道旁，十二金人淚如水。

明·王世貞《弇州四部稿》卷五《怨詩行》 忠臣不可爲，良臣不可求。李牧卻秦師，功多竟不侯。朝譏進郭開，夕骨委荒丘。千金賣社稷，舉宗託仇讐。蒙恬破匈奴，挾箠河南收。長城五千里，雉堞如雲浮。趙高從中制，片紙下沙丘。扶蘇掩袂啼，一劍死陽周。合若投膠漆，棄若覆水杯。捐脰非所難，誰爲終國憂。我欲寄此曲，此曲多悲思。今日樂相樂，別後莫相疑。

明·黄淳耀《陶菴全集》卷一一《詠史》 飾媵爲嫁女，飾櫝爲賣珠。女棄珠亦投，我賤彼反須。鄒生述神怪，本與仁義俱。王侯駭談端，擁篲爭先趨。古道委榛莽，淫詞濫笙竽。遂令燕齊士，拭舌談怪迂。鮑魚腥沙邱，巫蠱亂鼎湖。哀哉一言失，臚傳多賤儒。

清·彭孫遹《松桂堂全集》卷四《望秦山》 返照高城外，悠然見遠山。目隨飛鳥盡，心共浴鷗閒。徐市歸何處，沙邱去不還。只今望蓬島，依舊白雲間。

清·趙執信《因園集》卷四《萊州詠古》 天光盡處指神洲，碧海丹霞萬里秋。千古雄心百年恨，三山亭北是沙丘。三山亭，漢武所築，海岸有沙丘城，俗亦指爲始皇崩處。

漢元帝寬弛分部

綜　述

《漢書》卷九《元帝紀》 孝元皇帝，宣帝太子也。母曰共哀許皇后，宣帝微時生民間。年二歲，宣帝卽位。八歲，立爲太子。壯大，柔仁好儒。見宣帝所用多文法吏，以刑名繩下，大臣楊惲、蓋寬饒等坐刺譏辭

語爲罪而誅，嘗侍燕從容言：『陛下持刑太深，宜用儒生。』宣帝作色曰：『漢家自有制度，本以霸王道雜之，奈何純任德教，用周政乎！且俗儒不達時宜，好是古非今，使人眩於名實，不知所守，何足委任？』乃歎曰：『亂我家者，太子也！』由是疏太子而愛淮陽王，曰：『淮陽王明察好法，宜爲吾子。』而王母張婕妤尤幸。上有意欲用淮陽王代太子，然以少依許氏，俱從微起，故終不背焉。

黄龍元年十二月，宣帝崩。癸巳，太子卽皇帝位，謁高廟。尊皇太后曰太皇太后，皇后曰皇太后。

初元元年春正月辛丑，孝宣皇帝葬杜陵。賜諸侯王、公主、列侯黄金，吏二千石以下錢、帛，各有差。大赦天下。

三月，封皇太后兄侍中中郎將王舜爲安平侯。丙午，立皇后王氏。以三輔、太常、郡國公田及苑可省者振業貧民，貲不滿千錢者賦貸種、食。封外祖父平恩戴侯同産弟子中常侍許嘉爲平恩侯，奉戴侯後。

夏四月，詔曰：『朕承先帝之聖緒，獲奉宗廟，戰戰兢兢。間者地數動而未靜，懼於天地之戒，不知所由。方田作時，朕憂蒸庶之失業，臨遣光禄大夫褒等十二人循行天下，存問耆老、鰥、寡、孤、獨、困乏、失職之民，延登賢俊，招顯側陋，因覽風俗之化。相、守二千石誠能正躬勞力，宣明教化，以親萬姓，則六合之內和親，庶幾虖無憂矣。《書》不云乎？「股肱良哉，庶事康哉！」佈告天下，使明知朕意。』又曰：『關東今年穀不登，民多困乏。其令郡國被災害甚者毋出租賦。江、海、陂、湖、園、池屬少府者以假貧民，勿租賦。賜宗室有屬籍者馬一匹至二駟，三老、孝者帛五匹，弟者、力田三匹，鰥、寡、孤、獨二匹，吏民五十户牛、酒。』

六月，以民疾疫，令大官損膳，減樂府員，省苑馬，以振困乏。

秋八月，上郡屬國降胡萬餘人亡入匈奴。

九月，關東郡國十一大水，饑，或人相食，轉旁郡錢、穀以相救。詔曰：『間者，陰陽不調，黎民飢寒，無以保治，惟德淺薄，不足以充入舊貫之居。其令諸宮、館希御幸者勿繕治，太僕減穀食馬，水衡省肉食獸。』

二年春正月，行幸甘泉，郊泰畤。賜雲陽民爵一級，女子百户牛、酒。立弟竟爲清河王。

三月，立廣陵厲王太子霸爲王。

詔罷黄門乘輿狗馬，水衡禁囿、宜春下苑、少府佽飛外池、嚴籞池田假與貧民。詔曰：『蓋聞賢聖在位，陰陽和，風雨時，日月光，星辰靜，黎庶康寧，考終厥命。今朕恭承天地，託於公侯之上，明不能燭，德不能綏，災異並臻，連年不息。乃二月戊午，地震於隴西郡，毀落太上皇廟殿壁木飾，壞敗豲道縣城郭官寺及民室屋，壓殺人衆。山崩地裂，水泉湧出。天惟降災，震驚朕師。治有大虧，咎至於斯。夙夜兢兢，不通大變，深惟鬱悼，未知其序。間者歲數不登，元元困乏，不勝飢寒，以陷刑辟，朕甚閔之。郡國被地動災甚者，無出租賦。赦天下。有可蠲除、減省以便萬姓者，條奏，毋有所諱。丞相、御史、中二千石舉茂材異等、直言極諫之士，朕將親覽焉。』

夏四月丁巳，立皇太子。賜御史大夫爵關內侯，中二千石右庶長，天下當爲父後者爵一級，列侯錢各二十萬，五大夫十萬。

六月，關東饑，齊地人相食。

秋七月，詔曰：『歲比災害，民有菜色，慘怛於心。已詔吏虛倉廩，開府庫振救，賜寒者衣。今秋禾麥頗傷。一年中地再動。北海水溢，流殺人民。陰陽不和，其咎安在？公卿將何以憂之？其悉意陳朕過，靡有所諱。』

冬，詔曰：『國之將興，尊師而重傅。故前將軍望之傅朕八年，道以經書，厥功茂焉。其賜爵關內侯，食邑八百户，朝朔望。』

十二月，中書令弘恭、石顯等譖望之，令自殺。

三年春，令諸侯相位在郡守下。

珠厓郡山南縣反，博謀羣臣。待詔賈捐之以爲宜棄珠厓，救民飢饉。乃罷珠厓。

夏四月乙未晦，茂陵白鶴館災。詔曰：『乃者火災降於孝武園館，朕戰慄恐懼。不燭變異，咎在朕躬。羣司又未肯極言朕過，以至於斯，將何以寤焉！百姓仍遭凶厄，無以相振，加以煩擾虖苛吏，拘牽乎微文，不得永終性命，朕甚閔焉。其赦天下。』

夏，旱。立長沙煬王弟宗爲王。封故海昏侯賀子代宗爲侯。

六月，詔曰：『蓋聞安民之道，本由陰陽。間者陰陽錯謬，風雨不時。朕之不德，庶幾羣公有敢言朕之過者，今則不然。偷合苟從，未肯極言，朕甚閔焉。永惟烝庶之飢寒，遠離父母、妻子，勞於非業之作，衛於不居之宫，恐非所以佐陰陽之道也。其罷甘泉、建章宫衛，令就農。百官各省費。條奏毋有所諱。有司勉之，毋犯四時之禁。丞相、御史舉天下明陰陽灾異者各三人。』於是言事者衆，或進擢召見，人人自以得上意。

四年春正月，行幸甘泉，郊泰畤。

三月，行幸河東，祠后土。赦汾陰徒。賜民爵一級，女子百户牛、酒，鰥、寡、高年帛。行所過無出租賦。

五年春正月，以周子南君爲周承休侯，位次諸侯王。

三月，行幸雍，祠五畤。

夏四月，有星孛於參。詔曰：『朕之不逮，序位不明，衆僚久曠，未得其人。元元失望，上感皇天，陰陽爲變，咎流萬民，朕甚懼之。乃者關東連遭灾害，饑寒疾疫，夭不終命。《詩》不云乎，「凡民有喪，匍匐救之。」其令太官毋日殺，所具各減半。乘輿秣馬，無乏正事而已。罷角抵、上林宫、館希御幸者、齊三服官、北假田官、鹽鐵官、常平倉。博士弟子毋置員，以廣學者。賜宗室子有屬籍者馬一匹至二駟，三老、孝者帛，人五匹，弟者、力田三匹，鰥、寡、孤、獨二匹，吏民五十户牛、酒。』省刑罰七十餘事。除光禄大夫以下至郎中保父母同産之令。令從官給事宫司馬中者，得爲大父母、父母、兄弟通籍。

冬十二月丁未，御史大夫貢禹卒。

衛司馬谷吉使匈奴，不還。

永光元年春正月，行幸甘泉，郊泰畤。赦雲陽徒。賜民爵一級，女子百户牛、酒，高年帛。行所過毋出租賦。

二月，詔丞相、御史舉質樸敦厚遜讓有行者，光禄歲以此科第郎、從官。

三月，詔曰：『五帝、三王任賢使能，以登至平，而今不治者，豈斯民異哉？咎在朕之不明，亡以知賢也。是故壬人在位，而吉士雍蔽。重以周、秦之弊，民漸薄俗，去禮義，觸刑法，豈不哀哉！由此觀之，元元何辜？其赦天下，令厲精自新，各務農畝。無田者皆假之，貸種、食如貧民。賜吏六百石以上爵五大夫，勤事吏二級，民一級，女子百户牛、酒，鰥、寡、孤、獨、高年帛。』是月雨雪，隕霜傷麥稼，秋罷。

二年春二月，詔曰：『蓋聞唐、虞象刑而民不犯，殷周法行而奸軌服。今朕獲承高祖之洪業，託位公侯之上，夙夜戰栗，永惟百姓之急，未嘗有忘焉。然而陰陽未調，三光晻昧。元元大困，流散道路，盜賊並興。有司又長殘賊，失牧民之術。是皆朕之不明，政有所虧。咎至於此，朕甚自恥。爲民父母，若是之薄，謂百姓何？其大赦天下，賜民爵一級，女子百户牛、酒，鰥、寡、孤、獨、高年、三老、孝弟、力田帛。』又賜諸侯王、公主、列侯黄金，中二千石以下至中都官長吏各有差，吏六百石以上爵五大夫，勤事吏各二級。

三月壬戌朔，日有蝕之。詔曰：『朕戰戰栗栗，夙夜思過失，不敢荒寧。惟陰陽不調，未燭其咎，婁敕公卿，日望有效。至今有司執政，未得其中，施與禁切，未合民心，暴猛之俗彌長，和睦之道日衰，百姓愁苦，靡所錯躬。是以氛邪歲增，侵犯太陽，正氣湛掩，日久奪光。乃壬戌，日有蝕之，天見大異，以戒朕躬，朕甚悼焉。其令内郡國舉茂材異等、賢良、直言之士各一人。』

夏六月，詔曰：『間者連年不收，四方咸困。元元之民，勞於耕耘，又亡成功，困於饑饉，亡以相救。朕爲民父母，德不能覆，而有其刑，甚自傷焉。其赦天下。』

秋七月，西羌反，遣右將軍馮奉世擊之。

八月，以太常任千秋爲奮威將軍，別將五校並進。

三年春，西羌平，軍罷。

三月，立皇子康爲濟陽王。

夏四月癸未，大司馬車騎將軍接薨。

冬十一月，詔曰：『乃者己丑地動，中冬雨水、大霧，盜賊並起。吏何不以時禁？各悉意對。』

冬，復鹽鐵官、博士弟子員。以用度不足，民多復除，無以給中外徭役。

四年春二月，詔曰：『朕承至尊之重，不能燭理百姓，婁遭凶咎。加以邊境不安，師旅在外，賦斂、轉輸，元元騷動，窮困亡聊，犯法抵罪。

夫上失其道而繩下以深刑，朕甚痛之。其赦天下，所貸貧民勿收責。』

三月，行幸雍，祠五畤。

夏六月甲戌，孝宣園東闕灾。

戊寅晦，日有蝕之。詔曰：『蓋聞明王在上，忠賢布職，則羣生和樂，方外蒙澤。今朕晻於王道，夙夜憂勞，不通其理，靡瞻不眩，靡聽不惑，是以政令多還，民心未得，邪説空進，事亡成功。此天下所著聞也。公卿大夫好惡不同，或緣奸作邪，侵削細民，元元安所歸命哉！乃六月晦，日有蝕之。《詩》不云乎？「今此下民，亦孔之哀！」自今以來，公卿大夫其勉思天戒，慎身修永，以輔朕之不逮。直言盡意，無有所諱。』

九月戊子，罷衞思后園及戾園。冬十月乙丑，罷祖宗廟在郡國者。諸陵分屬三輔。以渭城壽陵亭部原上爲初陵。詔曰：『安土重遷，黎民之性；骨肉相附，人情所願也。頃者有司緣臣子之義，奏徙郡國民以奉園陵，令百姓遠棄先祖墳墓，破業失產，親戚別離，人懷思慕之心，家有不安之意。是以東垂被虚耗之害，關中有無聊之民，非久長之策也。《詩》不云乎？「民亦勞止，迄可小康，惠此中國，以綏四方。」今所爲初陵者，勿置縣邑，使天下咸安土樂業，亡有動搖之心。佈告天下，令明知之。』又罷先后父母奉邑。

五年春正月，行幸甘泉，郊泰畤。

三月，上幸河東，祠后土。

秋，潁川水出，流殺人民。吏、從官縣被害者與告，士卒遣歸。

冬，上幸長楊射熊館，布車騎，大獵。

十二月乙酉，毁太上皇、孝惠皇帝寢廟園。

建昭元年春三月，上幸雍，祠五畤。

秋八月，有白蛾羣飛蔽日，從東都門至枳道。

冬，河間王元有罪，廢遷房陵。罷孝文太后、孝昭太后寢園。

二年春正月，行幸甘泉，郊泰畤。

三月，行幸河東，祠后土。益三河大郡太守秩。户十二萬爲大郡。

夏四月，赦天下。

六月，立皇子興爲信都王，閏月丁酉，太皇太后上官氏崩。

冬十一月，齊、楚地震，大雨雪，樹折屋壞。

淮陽王舅張博、魏君太守京房坐窺道諸侯王以邪意，漏泄省中語，博要斬，房棄市。

三年夏，令三輔都尉、大郡都尉秩皆二千石。

六月甲辰，丞相玄成薨。

秋，使護西域騎都尉甘延壽、副校尉陳湯撟發戊己校尉屯田吏、士及西域胡兵攻郅支單于。冬，斬其首，傳詣京師，縣蠻夷邸門。

四年春正月，以誅郅支單于告祠郊廟。赦天下。羣臣上壽。置酒，以其圖書示後宫貴人。

夏四月，詔曰：『朕承先帝之休烈，夙夜栗栗，懼不克任。間者陰陽不調，五行失序，百姓飢饉。惟烝庶之失業，臨遣諫大夫博士賞等二十一人循行天下，存問耆老、鰥、寡、孤、獨、乏困、失職之人，舉茂材特立之士。相、將、九卿，其帥意毋怠，使朕獲觀教化之流焉。』

六月甲申，中山王竟薨。

藍田地沙石雍霸水，安陵岸崩雍涇水，水逆流。

五年春三月，詔曰：『蓋聞明王之治國也，明好惡而定去就，崇敬讓而民興行，故法設而民不犯，令施而民從。今朕獲保宗廟，兢兢業業，匪敢解怠，德薄明晻，教化淺微。傳不云乎？「百姓有過，在予一人。」其赦天下，賜民爵一級，女子百户牛、酒，三老、孝弟、力田帛。』又曰：『方春，農桑興，百姓戮力自盡之時也，故是月勞農勸民，無使後時。今不良之吏，覆案小罪，徵召證案，興不急之事，以妨百姓，使失一時之作，亡終歲之功，公卿其明察申敕之。』

夏六月庚申，復戾園。

壬申晦，日有蝕之。

秋七月庚子，復太上皇寢廟園、原廟，昭靈后、武哀王、昭哀后、衞思后園。

竟寧元年春正月，匈奴乎韓邪單于來朝。詔曰：『匈奴郅支單于背叛禮義，既伏其辜，乎韓邪單于不忘恩德，鄉慕禮義，復修朝賀之禮，願保塞傳之無窮，邊垂長無兵革之事。其改元爲竟寧，賜單于待詔掖庭王檣爲閼氏。』

皇太子冠。賜列侯嗣子爵五大夫，天下爲父後者爵一級。

二月，御史大夫延壽卒。

三月癸未，復孝惠皇帝寢廟園、孝文太后、孝昭太后寢園。

夏，封騎都尉甘延壽爲列侯。賜副校尉陳湯爵關內侯、黄金百斤。

五月壬辰，帝崩於未央宮。

毁太上皇、孝惠、孝景皇帝廟。罷孝文、孝昭太后、昭靈后、武哀王、昭哀后寢園。

秋七月丙戌，葬渭陵。

贊曰：臣外祖兄弟爲元帝侍中，語臣曰：元帝多材藝，善史書。鼓琴瑟，吹洞簫，自度曲，被歌聲，分刌節度，窮極幼眇。少而好儒，及卽位，徵用儒生，委之以政，貢、薛、韋、匡迭爲宰相。而上牽制文義，優遊不斷，孝宣之業衰焉。然寬弘盡下，出於恭儉，號令温雅，有古之風烈。

論說

唐・李翺《李文公集》卷九《疏用忠正》 臣聞國之所以興者，主能信任大臣，臣能以忠正輔主，故忠正者百行之宗也。大臣忠正則小臣莫敢不爲正矣，小臣莫敢不爲正則天下後進之士皆樂忠正之道矣。後進之士皆樂行忠正之道，是王化之本，太平之事也。今之語者必曰：『知人邪正是堯舜之所難也，焉得知忠正之人而用之耶？』臣以爲察忠正之人蓋有術焉，能盡言憂國而不希恩容者，此忠正之徒也。夫忠正之人，亦各自有黨類，邪臣嫉而讒之必矣。且以爲相朋黨矣，夫舜禹稷契之相稱贊也，不爲朋顔閔之相往來也，不爲黨皆在於講道德仁義而已，邪人嫉而讒之，且以爲朋黨用以惑時主之聽，從古以來皆有之矣。故蕭望之、周堪、劉向謀退許史，竟爲邪臣所勝，漢元帝不能辨，而終任用邪臣。漢室之衰，始於元帝，此不可不察也。故聽其言能數逆於耳者，忠正之臣也。雖任之雜以邪佞之臣，則太平必不能成矣。文宣王曰：『十室之邑，必有忠信如丘者焉。』故忠信之人不難有也，在陛下辨而用之，各以類進之而已。臣故曰：用忠正而不疑，則功德成。

唐・李德裕《李衛公外集》卷一《漢元論》 漢元帝習武帝游宴後庭，又隆好音樂，與宏恭、石顯圖議帷幄之中，進退天下之士。史臣贊曰：『優游不斷，漢宣之業衰焉。』余以班固之言，未盡其癖。蓋儒而不才，權移所變，非不斷也。夫帝王者天也，天以剛健爲氣，粹精爲體，氣剛而健，則三光不昏；體粹而精，則四氣不亂。剛也者，不息之謂也，故權衡獨運，四時不忒；粹也者，不雜之謂也，故乖氣消散，陰陽不謬。若運動不在於權軸，鎔鑄不繇於大冶，蕩蕩上帝，復何爲哉？《書》曰：『天聰明自我民聰明。』又曰：『天視自我民視，天聽自我民聽。』豈堯舜之時，上下皆公，讒説不行，人與其聰明哉？豈幽厲之君，上下盡邪，讒言相蔽，人不與其聰明哉？元帝自稱淫亂之君，各賢其臣。令皆覺悟，天下安得危亡之君？元帝蓋自以恭、顯爲賢，而任之不疑也。

唐・趙蕤《長短經》卷二《君德第九》 或曰：漢元帝才藝温雅，其守文之良主乎？虞南曰：夫人君之才，在乎文德武功而已。文則經天緯地，詞令典策；武則禁暴戢兵，安人和衆，此南面之宏圖也。至於鼓瑟吹簫，和江度曲，斯乃伶官之職，豈天子之所務乎。

《舊唐書》卷一九〇下《劉蕡傳》 昔漢元帝卽位之初，更制七十餘事，其心甚誠，其稱甚美，然而紀綱日紊，國祚日衰，姦宄日强，黎元日困者，以其不能擇賢明而任之，失其操柄也。

宋・孫復《孫明復小集・書漢元帝贊後》 儒者長世御俗，宣教化之大本也。宣帝不識帝王遠畧，故鄙之曰俗儒好是古非今，使人眩於名實，不知所守，何足委任。及夫元帝卽位，徒有好儒之名，復無用儒之實，雖外以貢薛韋朱爲宰相，而内以弘恭石顯爲腹心，其宰相但備位而已。自恭顯殺蕭望之京房之後，羣臣側足喪氣，畏權懼誅，雖睹朝廷之失，刑政之濫，莫復敢有抗言於時者。元帝昏然不寤，益信恭顯，是以姦邪日進，紀綱日亂，風俗日壞，灾異日見。孝宣之業，職此衰矣。而史固稱上少而好儒，及卽位登用儒生，委之以政，故貢薛之徒，迭爲宰相，而上牽制文義，優游不斷，孝宣之業衰焉。噫，史固所謂牽文義者，非儒者之文義乎？昔宣帝嘗怒元帝，言用儒生亂其家者也，此史固不思之甚矣。向使元帝能納蕭望之劉更生京房賈捐之之謀，退去憸人，進用碩老，與之講求治道，以天下爲心，則邦家之體，祖宗之烈，可垂於無窮矣，安有衰滅者哉？史固筆削論定善惡之際，何不書上卽位，登用儒生，不能委之

政，牽制佞倖，優游不斷，孝宣之業衰焉，如是則褒貶得其中矣。吾大懼後世繼體守文之君，覽史固之贊，以爲自昔儒生之不足爲用也，而委任佞倖，以致衰亂，禍不淺矣。

宋·司馬光《傳家集》卷五〇《論西夏劄子元祐元年正月上》 昔漢元帝《棄珠崖詔》曰：『朕日夜惟思議者之言，羞威不行，則欲誅之，通於時變，則憂萬民。夫萬民之飢餓，與遠蠻之不討，危孰大焉？』遂棄之。此乃帝王之大度，仁人之用心如天地之覆燾，父母之慈愛，盛德之事，何恥之有？

又 卷六七《京房對漢元帝慶曆五年作》 甚矣，闇君之不可與言也。天實剥喪漢室，而昏塞孝元之心，使如木石不可得入，至於此乎？哀哉京房之言，如此其深切著明也，而曾不能諭，何哉？《詩》云：『匪面命之言提其耳，匪手攜之言示之事。』又云：『誨爾諄諄，聽我藐藐。』噫，後之人可不以孝元爲監乎？

宋·魏了翁《鶴山集》卷二〇《奏議》 臣比者伏聞：陛下嘗於經筵對羣臣，論及漢元帝委用儒生，牽制文義，優游不斷，陛下慨然有感於元帝不得眞儒而用之，聖學高明，誠足以破千載不用儒生之陋，然臣嘗讀漢史，每於元成二君而有感焉，因爲陛下試陳之。且人主心術之隱，嗜好之偏，獨居乎深宮之中，誰得而知之？史册雖書人，亦不盡信也。而班固於此二贊，獨異乎他贊，其言曰：『臣外祖兄弟爲元帝侍中，語臣曰：元帝多材藝，善史書。鼓琴瑟，吹洞簫，自度曲，破歌聲，分剖節度，窮極幻眇。少而好儒，及即位，召用儒生，委之以政，牽制文義，優游不斷，孝宣之業衰焉。』其於成帝贊曰：『臣之姑充後宮爲婕妤，父子昆弟侍帷幄，數爲臣言：成帝善修容儀，升車正立，不内顧，不疾言，不親指，臨朝淵默，尊嚴若神，可謂有穆穆天子之容矣。博覽古今，容受直辭，公卿稱職，奏議可述。然沈乎酒色，趙氏亂内，外家擅朝，言之可爲於邑。』臣嘗以爲此二贊蓋班固直以爲漢業之衰始此，故詳著其致衰之因，乃在於宫庭屋漏之間，而以侍中婕妤帷幄近習之言證之，方二君之親近儒生，容受直辭也，人必謂多材多藝，而又能用儒有威有儀，而又能受言有君，若此太平可以立致。不知其退而居乎深宮之中，則聲樂之溺心酒色之惑志，所以交攻於内者乃爾。是時，非無眞儒，如蕭望之、劉向諸賢也，然外戚如許史，宦官如恭顯，皆得以害之，至於連坐繫獄，向不見用而望之死。此無他，儒生與戚宦不兩立，而用儒受言與聲音酒色，亦異塗此重則彼輕勢使然也。雖然，方二君之耽樂也，亦自謂曲房隱間，誰得而知之，不知左右前後之臣，亦有以此而告諸史臣者，後世之史臣知之，則漢庭羣臣與當時之庶民固莫不知之。故班固於此二贊特出所聞之，自以著亡漢之端其可畏，蓋若此臣久蓄此意，特以元、成二君，漢之庸主，不足爲盛時道且著之表奏，人所忌諱，無自而發。今幸因陛下所以語羣臣者，若此敢盡以奏陳陛下，深念而力監焉。

宋·袁甫《蒙齋集》卷一《經筵講義》 漢元帝永光五年太子少傅匡衡上疏曰：臣聞治亂安危之機，在乎審所用心。《傳》曰：『審好惡，理情性，而王道畢矣。』治性之道，必審己之所有餘，而强其所不足。蓋聰明疏通者戒於太察，寡聞少見者戒於壅蔽，勇猛剛强者戒於太暴，仁愛温良者戒於無斷，湛靜安舒者戒於後時，廣心浩大者戒於遺忘。必審己之所當戒，而齊之以義，然後中和之化應，而巧僞之徒不敢比周而望進。惟陛下戒所以崇聖德。臣觀匡衡所陳其戒雖有六，而切於漢元帝之身者二條而已。一曰無斷，二曰後時。蓋元帝之天資，仁愛温良者也，湛靜安舒者也。仁愛温良者，乏剛明果斷之操；湛靜安舒者，無奮迅振作之風。遂將賢否混淆，邪正雜糅，漢業之衰，端由於此。衡不能挈此二戒，懇切言之，使元帝豁然感悟，改過遷善，而乃混六條之中以聽人主自擇，衡亦不善於格君矣。當是時，貢、禹之徒，不力救優柔之失，而徒以甘言游辭求合人主意，此固不忠之甚者。劉向上疏，慷慨激切，其言曰：『執狐疑之心者，來讒賊之口；持不斷之意者，開羣枉之門。』可謂深中膏肓之病矣，然亦有遺憾焉。孟軻曰：『人不足與適也，政不足間也，惟大人爲能格君心之非。君仁，莫不仁；君義，莫不義。一正君而國定矣。』當元帝時，筦中書典樞機者，其人其政大略可睹然，奚必屑屑然較勝負於此哉？君心之本原未正，而欲挽回於末流，固宜戛乎其甚難也。獨匡衡能從其用心治性而箴之，然所言駁而未純，泛而不力。嗚呼！漢儒病在不學耳。使果有孟軻之學，何患不能正君而國定哉！匡衡、劉向號爲名儒，卒不能有格心之業，使天下謂儒無益於人之國，儒果無益於國耶？讀史至此，爲之掩卷三歎！

《前漢元帝紀》贊曰：帝少而好儒，及即位，徵用儒生，委之以政，貢薛韋匡迭爲宰相，而上牽制文義，優游不斷，孝宣之業衰焉。

臣今月初九日獲侍清光於經筵，陛下舉漢元帝好儒故事，玉音云：『論者謂元帝特未得眞儒而用之耳，如得眞儒而用之，何患牽制文義，優游不斷耶？此論甚佳，卿以爲如何？』臣奏聖學高明如此，可爲宗社慶，可爲善類慶。大凡眞儒固鮮，而識眞儒者尤鮮。譬之玉焉，眞玉未必無瑕，人見其瑕也，遂輕棄之，不知雖曰有瑕，不害其爲玉，何可棄也。若石而無瑕，不過石耳，又奚足貴？人才亦猶是也，眞賢實能，豈無微過？惟識眞者不以小疵掩其大德，如使寸寸而量，銖銖而較，則眞儒不以小瑕而棄者幾希。此惟在陛下明知人之鑑，以洞燭人才之底藴而已矣。陛下欣然嘉納，臣退而思之，尚有未盡之遺論焉。當元帝時，劉向之剴切，蕭望之之剛正，雖未足爲古之儒，就漢世言之，亦可謂儒之眞者矣。元帝非不知二賢之可用也，向數有論奏，深當上心，則曰『君且休矣，吾將思之。』望之爲師傅，帝知其經明行修，材任宰相。夫既心知之則當篤任其人，既曰『將思之』，則當力行其言，然向之精忠，終不能奪王氏盜竊之權；而望之一爲恭顯所陷，恥以其身就吏，寧死而不悔。嗚呼！曾是而謂元帝好儒，可乎？論者謂帝特不得眞儒而用之，故有優游不斷之失，不知有儒如劉蕭，尚且外爲尊敬之貌，而內無信用之實，卒使抱恨以終其身，假令得古之眞儒，元帝能用之耶？然則人主之病莫大乎柔弱，柔弱而不斷，則左右小人乘間投隙，變亂是非，君子不得一日安於朝廷之上，此則漢元帝膏肓不治之疾，而非漢無眞儒之所致也。有天下者，尚鑑茲哉。

宋·朱震《漢上易傳》卷二《蠱·六四》 裕父之蠱，往見吝。象曰：裕父之蠱，往未得也。

六四：柔而止不能去。上九之蠱，寬裕自守而已；裕父之蠱者，諸爻以剛爲幹蠱之道，九二、九三、初六、六五，五之動曰幹。六四曰裕者，不剛也，不能動也。吝者，安其位而不能往，動成離，離目爲見，故往見吝。初六應之，牽於下，亦不得往矣，故曰往未得也。漢之元帝是已。

宋·楊萬里《誠齋易傳》卷五《豫·六五》 六五：貞疾，恆不死。象曰：六五，貞疾，乘剛也。恆不死，中未亡也。六五以柔弱之資，居逸豫之時，耽宴安之酖，所以疾也。有九四剛正之臣以正之，所以貞也。一正君而國定然，其效止于恆疾而不死，終不能去疾爲全人，何也？弱也。元帝有望之，望之不能使之爲；孝宣安帝有楊震，楊震不能使之爲。光武正而不死，中而未亡，九四之力已不少矣。自正者挺而速，見正者揉而復。

又 卷九《咸·九五》 九五：咸其脢，無悔。象曰：咸其脢，志末也。

王弼云：脢者，心之上，口之下，其膺膈之間乎此一身，至虛無思之地也。九五當之，宜其爲咸感之盛也，止曰無悔，何也？蓋無思而神則明，無思而不神則昏。神者，心也；不神者，膈也。膈雖無思昏懵而已，九五是也係二説，上不忘其本而志其末，二與上皆陰柔不正之人也，而九五係之説之，雖無思也，非昏懵乎？元帝之優柔不斷，似至虛似無思而非也，係説恭顯故也。九與五皆陽剛也，而其位在咸，如一身之脢也，脢也不柔，亦無用之剛而已。

又 卷一五《豐·初九》 初九：遇其配主，雖旬無咎，往有尚。象曰：雖旬無咎，過旬灾也。

禹稷當平世君子之幸也，顔子當亂世君子之不幸也。其有當豐盈明盛之世，而伏中昃盈虛之機者，其君子幸不幸之雜也，與初九以剛明之賢，當明盛之世，遇九四同德相應之邇。臣爲己之所主已往而從之，其功業成就必有卓然可尚者，豈非初九之幸也哉？然幸未久而灾至者，何也？時雖明盛而六五柔暗之君也，初九在下之遠臣與九四在上之邇臣，安能以己之昭昭啓君之昏昏乎？故四老能從子房以安惠帝，而不能振惠帝之柔；劉更生、張猛、周堪能從望之以傅元帝，而不能開元帝之暗，諸君子豈不遇明盛之世哉？然明未久而昧生，盛未久而衰至。大則灾于而國，小則灾于而身，故漢再衰而望之死，惟子房四老幸免者，子房退而四老去也，故曰『雖旬無咎，過旬灾也。』旬者，旬時，言雖無咎而未久也，過是，則灾及矣。初與四皆陽也，同德相配，故曰配主。曰主者，四爲遠臣之所爲主，初以邇臣爲所主。

宋·范處義《詩補傳》卷一九《小弁步干下同》 刺幽王也，大泰子

之傳付作焉。

自王者家天下，嫡庶之分不可亂也，故廢嫡立庶，未有國不受其患者。秦廢太子扶蘇立胡亥，晉廢愍懷太子而立惠帝，隋廢太子勇而立煬帝，皆不旋踵而禍及之。故漢高祖欲廢惠帝，張良之徒爲之謀；漢元帝欲廢成帝，史丹爲之正諫。蓋嫡庶之分不正，則本一搖而天下震動，幽王惑褒姒之譖，黜申后而逐太子宜臼。太子之傅作是詩可謂深切矣。孟子所謂親之過大者也。幽王不能聽，卒致驪山之禍，豈不爲萬世之永鑑哉！

宋·張九成《孟子傳》卷七　昔漢元帝天資仁柔温厚之詔數下，豈無不忍人之心哉？然而任弘恭、石顯，殺蕭望之、京房，終爲闇懦之君者，何也？則以有是四端而不能用者。

宋·眞德秀《大學衍義》卷四　漢魏陳隋唐數君之學。

漢元帝多材藝，善史書，鼓琴瑟，吹洞簫，自度曲，被歌聲，分刌音忖節度，窮極幼眇。少而好儒，及即位，徵用儒生，委之以政。貢薛韋康迭爲宰相，而上牽制文義，優游不斷，孝宣之業衰焉。臣按人君之學不過修己治人而已。元帝於此二者，未嘗致意，而所好者筆札音律之事，縱使極其精妙，不過胥吏之小能，工瞽之末伎，是豈人君之大道哉？昔顔淵問爲邦，夫子以放鄭聲語之，今帝之所好者，吹洞簫，自度曲，正所謂鄭聲也。先儒謂其音悲哀，能令人意思流連，怠惰驕淫，皆從此出。元帝之資，本非剛明者，又重之以此好，則其志氣頽靡，日以益甚，安有振迅興起之理？宜其牽制文義，優游不斷，卒基漢室之禍也。

又　卷三九　漢元帝時史游爲黄門令，勤心納忠，有所補益。

臣按《漢書·藝文志》游有所著《急就篇》行於世。方是時，石顯以中人筦執樞機，肆爲姦慝，而游乃勤心納忠，有所裨益，可謂賢矣。顯雖叨權竊寵，卒不免竄流以死，千載之下，讀其傳者猶唾詈之。而游於侍從之暇，優游翰墨，著爲小學之書，有補世用，身保寵禄，名垂方來，豈不美哉，豈不美哉！

宋·洪邁《容齋隨筆》卷一二《恭顯議蕭望之》　宏恭、石顯議置蕭望之於牢獄，漢元帝知其不肯就吏，而訖可其奏。望之果自殺。帝召顯等責問以議不詳，皆免冠謝，乃已。王氏五侯奢僭，成帝内銜之，一旦赫怒，詔尚書奏誅薄昭故事，然特欲恐之，實無意誅也。竇憲恃宮掖聲勢，奪公主園，章帝切責，有孤雛腐鼠之比，然竟不繩其罪。三君之失政，前史固深譏之矣。司馬公謂元帝始疑望之不肯就獄，恭、顯以爲必無憂，其欺既明，終不能治，可謂易欺而難寤也。予謂師傅大臣進退罪否，人主當決之於心，何爲謀及宦者？且望之先時已嘗下廷尉矣，使其甘於再辱，忍恥對吏，將遂以恭、顯之議爲是耶！望之死與不死，不必論也。成帝委政外家，先漢顛覆；章帝仁柔無斷，後漢遂衰，皆無足責。

宋·洪邁《容齋續筆》卷九《貢薛韋匡》　《漢元帝紀贊》云：『貢、薛、韋、匡迭爲宰相。』謂貢禹、薛廣德、韋元成、匡衡也，四人皆握娖自好，當優柔不斷之朝，無所規救。衡專附石顯，最爲邪臣；廣德但有諫御樓船一事；禹傳稱在位數言得失，書數十上；元成傳稱爲相七年，守正持重，不及父賢，而文采過之。皆不著其有過。按《劉向傳》：『宏恭、石顯白逮更生下獄，下太傅韋元成、諫大夫貢禹與廷尉雜考。劾更生前爲九卿，坐與蕭望之、周堪謀排許、史，毁離親戚，欲退去之，而獨專權。爲臣不忠，幸不伏誅，復蒙恩召用，不悔前過，而教令人言變事，誣罔不道。更生坐免爲庶人。』若以漢法論之，更生死有餘罪，幸元帝不殺之耳。京房傳房欲行考功法，石顯及韋丞相皆不欲行。然則韋、貢之所以進用，皆陰附恭、顯而得之。班史隱而不論，唯於《石顯傳》云：『貢禹明經著節，顯使人致意，深自結納。因薦禹天子，歷位九卿，至御史大夫。』正在望之死後也。

宋·洪邁《容齋四筆》卷一《匡衡守正》　漢元帝時，貢禹奏言：天子七廟，親盡之廟宜毁，及郡國廟不應古禮，宜正定。天子下其議，未及施行而禹卒後乃下詔先罷郡國廟，其親盡寢園，皆無復修。已而上寢疾，夢祖宗譴罷郡國廟。詔問丞相匡衡，議欲復之。衡深言不可。上疾久不平，衡皇恐，禱高祖、孝文、孝武廟曰：『親廟宜一居京師，今皇帝有疾不豫，乃夢祖宗見戒以廟皇帝悼懼，即詔臣衡復修立，如誠非禮義之中，違祖宗之心，咎盡在臣衡，當受其殃。』又告謝毁廟曰：『遷廟合祭久長之策，今皇帝乃有疾，願復修立承祀。臣衡等咸以爲禮不得，如不合諸帝后之意，罪盡在臣衡等，當受其咎。今詔中朝臣具復毁廟之文，臣衡以爲天子之祀，義有所斷，無所依緣，以作其文。事如失措，罪乃在臣衡。』予按衡平生佞諛，專附石顯以取大位，而此一節獨據經守禮，其禱

廟之文，殆與《金縢》之册祝相似，而不爲後世所稱述，《漢史》又不書於《本傳》，憎而知其善可也。《郊祀志》：『南山巫祠秦中。』秦中者，二世皇帝也。以其强死，冤魂爲厲，故祠之。成帝時，匡衡奏罷之，亦可書。

元・史伯璿《四書管窺》卷一《大學》 見賢不能舉云云。饒氏謂過之罪小，命之罪大，如漢元帝知蕭望之之賢而不能用，知弘恭、石顯之姦而不能去是也。

舉賢退不善二事常相因，能用賢必能去不善，不能去不善必不能用賢。《書》曰：『用賢勿貳，去邪勿疑。』可見二事不可分輕重，若以元帝事證，則其不能用望之，卻由其不能去恭顯。況望之之死，又出於恭顯之譏，豈可以過之罪爲小於命哉！

《宋史》卷四一三《趙汝談傳》 漢元帝恭儉無過，惟以剛不克改，明不能繹，優柔不斷，而漢業遂衰。

明・王紳《繼志齋集》卷五《漢元帝論》 漢元帝時御史大夫缺，羣臣皆舉馮野王行能第一，上以問中書令石顯，顯曰：『九卿無如野王者，然野王親昭儀兄，臣恐後世必以陛下度越衆賢，私後宮親爲三公。』上曰：『善。吾不見是』乃下詔嘉美野王，廢而不用。論者曰君臣好譽而惡毁，賢愚之通患也。然則賢者恆志於大而不局於小，愚者則急於小而忽於大，其故何哉？蓋大者難行而小者易致，小者易辨而大者難明也。是以蓋世非常之功，恆出於聖賢。有志之君而煦煦姑息之爲，乃見於委靡。因循之主，孰知行其大者而小者不求自至，行其小者而大者爲尤急哉！余嘗較之，避賢與退不。闕。

《明史》卷一七九《鄒智傳》 然君子所以不進小人，所以不退大抵由宦官權重而已。漢元帝嘗任蕭望之、周堪矣，卒制於宏恭、石顯。

清・愛新覺羅・玄燁《御定孝經衍義》卷四六《天子之孝・法祖宗》 漢元帝好儒術，文辭頗改先帝之政，言事者多進見，人人以爲得上意，太子少傅匡衡上疏曰：『臣聞治亂安危之機，在乎審所用心。蓋受命之王務在創業垂統傳之無窮，繼體之君心存於承宣先王之德而褒大其功。昔者成王之嗣位，思述文武之道以養其心，休烈盛美歸之二后而不敢專其名，是以上天歆享，鬼神佑焉。陛下聖德天覆，子愛海内，然而陰陽未和，姦邪未禁者，殆議者未丕揚先帝之盛功，爭言制度不可用也，務變更之，所更或不可行，而復復之。是以羣下更相是非，吏民無所信。臣切恨國家釋樂成之業，而虚爲此紛紛也。願陛下詳覽統業之事，留神於遵制揚功，以定羣下之心。《詩・大雅》曰：『無念爾祖，聿修厥德。』孔子著之《孝經》首章，蓋至德之本也。

臣按匡衡言至德之本，蓋以遵守祖宗法度爲繼，體之君之孝也。漢宣勵精吏治，綜核名實，其爲政固多不便於不肖有司者矣。當事任者流於邪而動於欲，無公忠爲國之意。惟不肖有司之便是從其於變，改先人之政，則必託於更張琴瑟之説。夫宣之察察，繼之者固宜，稍濟以寬仁，亦不在於變法也。若元帝之寬仁非寬仁也，特弛慢耳。

又 卷七〇《天子之孝・别賢否》 漢元帝時石顯與中書僕射牢梁、少府五鹿充宗結爲黨友，諸附倚者皆得寵位。民歌之曰：『牢耶，石耶，五鹿客耶！印何纍纍，綬若若耶！』顯内自知擅權，事柄在掌握，恐天子一旦納用左右耳目以間己，乃時歸誠，取一言以爲驗。顯嘗使至諸官，有所徵發，顯先自白：『恐後漏盡宫門閉，請使詔吏開門。』上許之。顯故投夜還，稱詔開門。後果有上書告『顯顓命，矯詔開宫門。』天子聞之，笑以其書示顯。顯因泣曰：『陛下過私小臣，屬任以事，羣下無不嫉妬，欲陷害臣者，事類如此非一，唯獨明主知之愚臣微賤誠不能以一軀稱快萬衆任天下之怨臣願歸樞機職受後宫掃除之役，死無所恨。惟陛下哀憐財裁同擇，以此全活小臣。』天子以爲然而憐之，數勞勉顯，加厚賞賜，及賂遺訾一萬萬。初，顯聞衆人匈匈，言已殺前將軍蕭望之，恐天下學士訕已，以諫大夫貢禹明經著節，乃使人致意，深自結納，因薦禹天子，歷位九卿，禮事之甚備。議者于是或稱顯，以爲不妬譖望之矣。顯之設變詐以自解免，取信人主者，皆此類也。

臣按石顯之設變詐以自解免取信人主者，其術可謂工矣。彼趙高之説二世：『天子之所以貴者稱朕，固不聞聲，羣臣莫能見其面，居禁中決事。』苟非天下之至愚，未有從而信之者也。如顯之請使詔吏開門，故投夜還，既殺望之，更薦貢禹其于譖愬。甚矣哉，非必闇且暴如二世也，非知德之奥知言之要，其不爲漢元者鮮矣。臣因是歎後世之君子，其不若古之聖賢者多，而後世之小人其爲過於古之奸回者遠矣。

清·愛新覺羅·玄燁《聖祖仁皇帝御製文第二集》卷三八《雜著·閱史緒論》 漢元帝時蕭望之自殺，以石顯爲中書令。宦寺之爲害最烈，皆人主不能慎之於始，以爲微而易制，及寵之以爵禄，授之以事權，遂至驕恣横肆，如弘恭、石顯擅作威福，敢於戕害大臣而毫無忌憚之心。《易》曰：『童牛之牿，豶豕之牙。』當防之於未然也。

清·胡渭《大學翼真》卷七 見賢而不能舉，舉而不能先，命也；見不善而不能退，退而不能遠，過也。先是早底意是不能速用之《語類》。

雙峯饒氏曰：見賢而不能舉，見不善而不能退，如漢元帝知蕭望之之賢而不能用，知弘恭、石顯之姦而不能去是也。

渭按慢是輕忽怠緩之意，過乃包容隱忍之失。然上四句亦當分兩等，不能舉不能退，卽郭公；善善而不能用，惡惡而不能去，以亡其國者，漢元帝亦是此類。其不亡者幸耳，不能先不能遠，猶愈於不舉不退者，然小人不迸，諸四夷則退，猶不退終必起而爲君子害。其爲致亂則一也。

清·愛新覺羅·弘曆《御製樂善堂全集定本》卷四《漢元帝論》

自古亡國之君，或失於剛暴，或失於柔懦。剛暴者其亡速，柔懦者其亡緩。亡速者一知其將危而濟之以寬和，猶或可救於末路；亡緩者日甚一日淪胥以漸，雖有賢者亦無以善其後矣。故剛暴之亡國也，或聚斂誅，戮之已甚，衆叛親離，而祖宗之德澤未泯，身雖亡而國祚有不絶者焉；柔懦者或權臣或國戚或宦寺或女謁大權一失，威福下移，身雖苟安於一時，而至子孫未有不亡者。是柔懦之亡國，又甚於剛暴也。元帝之失，失於柔懦。當卽位之初，蕭望之、劉更生、周堪、張猛皆正人也。使元帝早能英斷，收攬乾綱，誅殛恭、顯，爲國除害，豈不與宣帝比隆哉！顧乃信宦寺之讒，望之死而更生廢堪貶黜，而猛自殺。望之之死僅得恭、顯輩免冠一謝而已，小人亦何所憚而不爲哉？雖質本仁柔，性好儒學，貢薛韋匡迭爲丞相，然所謂仁柔乃姑息之愛，婦寺之仁也。所謂好儒乃徒事文墨，嫺典故之儒，而非篤學守道，直節不阿，憂國忘身之儒也。漢業之衰，不自元帝始哉？吾故因元帝而備論剛暴與柔懦之失，著於篇。

清·姜宸英《湛園集》卷四《蕭望之論》 蕭望之論班固曰：望之堂堂，折而不撓，近古以來，社稷之臣。予謂望之守常而不知變，知嫉小人而不能容君子。社稷之臣豈如是哉？始望之與史高同受宣帝遺詔輔政，而高者帝肺腑之親也。昔魏相謀去霍氏之權，因平恩侯許伯奏封事，復因許伯白，去尚書副封，以防壅蔽。是時霍氏雖切齒于相而終不克加之害者，以許伯之爲主于内也。史高雖與恭、顯相表裏，然爲腹心之疾者，恭、顯也。恭、顯去，則史高者一豢養之具臣耳，何足患哉？爲望之計莫若姑舍史氏而無與之爭，且與之周旋于其間，設疑而多爲之間，則其黨可離，而恭、顯可逐也。不知出此，乃欲一舉而並去之。夫與人同受顧命于先帝，未聞其有大罪極惡，輔政未幾，而其所排擠者，乃在肘腋之間，此自常情，視之亦必以爲疏離骨肉、專權擅勢也。二語用望之獄詞。況元帝闇主哉？卒之使恭、顯得見德于史氏，而藉之口實者，望之也。望之可謂不知大計矣，且恭、顯之宜去，不當在元帝而在宣帝之世。宣帝任用法律，寵二人以爲中書令，樞機之重，歸于宦監。昔蓋寬饒，嘗知以此爲患矣。以其地疏而言訐，故終于不納望之。爲宣帝敬信大臣，則當力陳履霜之戒，請還中書之選，更置士人，罷二人而去之。宣帝明主，必能見聽。不聽，則以去就爭之可也。既不能防患于未萌之先，而徒欲强制于横決之後，固且不可。況宣帝以法律任恭、顯，而望之先以法律佐宣帝，則豈唯不能去之，抑且教之使用也。何以言之？嘗考宣帝之世，無罪臣之被殺者四，而獄成于望之之手者有二焉。始附魏相則劾趙廣漢，後去左馮翊惡韓延壽之聲名出，已上因劾韓延壽，二獄詞之上史皆云『天子惡之』。惡之云者，史臣之微辭也。蓋其文致之，乃有以深中其忌矣。夫其果于用恭、顯而不疑者以此哉？吾觀望之量狹而妬，前以霍光輕已則謀霍氏，以丙吉居已右則短丙吉；馮奉世斬莎車王大功也，而止其封爵，張敞舊交也，元帝欲大用之則沮之，使抑鬱以死。夫張敞與廣漢、延壽奉世之數臣者，皆强幹忠正有力之人也，望之縱不能前去恭、顯使，其能保全善類，陰留之以待嗣主之用，則危疑之際，必有所濟計。已大失至于顛仄，乃反恃一憸邪讒諂之鄭朋而寄之耳目焉。欲以是除君側之惡，豈不悖哉！大臣當國如望之之所遇不可勝數，欲治小人則當先散其黨，欲小人不爲害，則莫若内植其君子之交。既不能用小人以外披其心腹，又不能樹君子之交以自固，其氣勢反使小人得以乘機抵隙于其間，終至禍發身死，害貽國家，未可謂之不幸也。

藝文

唐・吳筠《宗玄集》卷下《覽古詩》 至人順通塞，委命固無疵。吾觀太史公，可謂識道規。留滯焉足憤，感懷殄生涯。吾歎龔夫子，秉義確不移。晦迹一何晚，天年夭當時。薰膏自銷爍，楚老空餘悲。達者貴量力，至人尚知幾。京房洞幽贊，神奥咸發揮。如何疾元惡，不悟禍所歸。謀物闇謀己，誰言爾精微。

唐・白居易《白氏長慶集》卷一《讀漢書》 禾黍與稂莠，雨來同日滋。桃李與荆棘，霜降同夜萎。草木既區別，榮枯那等夷。茫茫天地意，無乃太無私。小人與君子，用置各有宜。奈何西漢末，忠邪並信之。不然盡信忠，早絶邪臣窺。不然盡信邪，早使忠臣知。優游兩不斷，盛業日已衰。痛矣蕭京輩，終令陷禍機。每讀元成紀，憤憤令人悲。寄言爲國者，不得學天時。寄言爲臣者，可以鑑於斯。

孝和帝親政分部

綜述

《後漢書》卷四《和帝紀》 孝和皇帝諱肇，肅宗第四子也。母梁貴人，爲竇皇后所譖，憂卒，竇后養帝以爲己子。建初七年，立爲皇太子。

章和二年二月壬辰，即皇帝位，年十歲。尊皇后曰皇太后，太后臨朝。

三月丁酉，改淮陽爲陳國，楚郡爲彭城國，西平幷汝南郡，六安復爲廬江郡。遺詔徙西平王羨爲陳王，六安王恭爲彭城王。癸卯，葬孝章皇帝於敬陵。庚戌，皇太后詔曰：先帝以明聖，奉承祖宗至德要道，天下清靜，庶事咸寧。今皇帝以幼年，煢煢在疚，朕且佐助聽政。外有大國賢王並爲蕃屏，內有公卿大夫統理本朝，恭己受成，夫何憂哉！然守文之際，必有內輔以參聽斷。侍中憲，朕之元兄，行能兼備，忠孝尤篤，先帝所器，親受遺詔，當以舊典輔斯職焉。憲固執謙讓，節不可奪。今供養兩宮，宿衛左右，厥事已重，亦不可復勞以政事。故太尉鄧彪，元功之族，三讓彌高，海內歸仁，爲羣賢首，先帝褒表，欲以崇化。今彪聰明康强，可謂老成黄耇矣。其以彪爲太傅，賜爵關內侯，録尚書事，百官總己以聽，朕庶幾得專心內位。於戲！羣公其勉率百僚，各修厥職，愛養元元，綏以中和，稱朕意焉。

辛酉，有司上奏：『孝章皇帝崇弘鴻業，德化普洽，垂意黎民，留念稼穡。文加殊俗，武暢方表，界惟人面，無思不服。巍巍蕩蕩，莫與比隆。《周頌》曰：「於穆清廟，肅雍顯相。」請上尊廟曰肅宗，共進《武德》之舞。』制曰：『可。』

癸亥，陳王羨、彭城王恭、樂成王黨、下邳王衍、梁王暢始就國。

夏四月丙子，謁高廟。丁丑，謁世祖廟。

戊寅，詔曰：『昔孝武皇帝致誅胡、越，故權收鹽鐵之利，以奉師旅之費。自中興以來，匈奴未賓，永平末年，復修征伐。先帝即位，務休力役，然猶深思遠慮，安不忘危，探觀舊典，復收鹽鐵，欲以防備不虞，寧安邊境。而吏多不良，動失其便，以違上意。先帝恨之，故遺戒郡國罷鹽鐵之禁，縱民煮鑄，入稅縣官如故事。其申敕刺史、二千石，奉順聖旨，勉弘德化，佈告天下，使明知朕意。』

五月，京師旱。詔長樂少府桓郁侍講禁中。

冬十月乙亥，以侍中竇憲爲車騎將軍，伐北匈奴。安息國遣使獻師子、扶拔。

永元元年春三月甲辰，初令郎官詔除者得占丞、尉，以比秩爲眞。

夏六月，車騎將軍竇憲出雞鹿塞，度遼將軍鄧鴻出稒陽塞，南單于出滿夷谷，與北匈奴戰於稽落山，大破之，追至私渠比鞮海。竇憲遂登燕然山，刻石勒功而還。北單于遣弟右温禺鞮王奉奏貢獻。

秋七月乙未，會稽山崩。

閏月丙子，詔曰：『匈奴背叛，爲害久遠。賴祖宗之靈，師克有捷，醜虜破碎，遂掃厥庭，役不再籍，萬里清蕩，非朕小子眇身所能克堪。有司其案舊典，告類薦功，以章休烈。』

九月庚申，以車騎將軍竇憲爲大將軍，以中郎將劉尚爲車騎將軍。

冬十月，令郡國弛刑輸作軍營，其徙出塞者，刑雖未竟，皆免歸田里。庚子，阜陵王延薨。

是歲，郡國九大水。

二年春正月丁丑，大赦天下。

二月壬午，日有食之。己亥，復置西河、上郡屬國都尉官。

夏五月庚戌，分太山爲濟北國，分樂成、涿郡、勃海爲河間國。丙辰，封皇弟壽爲濟北王，開爲河間王，淑爲城陽王，紹封故淮陽王昞子側爲常山王。賜公卿以下至佐史錢、布各有差。己未，遣副校尉閻磐討北匈奴，取伊吾盧地。丁卯，紹封故齊王晃子無忌爲齊王，北海王睦子威爲北海王。車師前後王並遣子入侍。月氏國遣兵攻西域長史班超，超擊降之。

六月辛卯，中山王焉薨。

秋七月乙卯，大將軍竇憲出屯涼州。

九月，北匈奴遣使稱臣。

冬十月，遣行中郎將班固報命南單于。遣左穀蠡王師子出雞鹿塞，擊北匈奴於河雲北，大破之。

三年春正月甲子，皇帝加元服，賜諸侯王、公、將軍、特進、中二千石、列侯、宗室子孫在京師奉朝請者黄金，將、大夫、郎吏、從官帛。賜民爵及粟帛各有差，大酺五日。郡國中都官繫囚死罪贖縑，至司寇及亡命，各有差。庚辰，賜京師民酺，布兩户共一匹。

二月，大將軍竇憲遣左校尉耿夔出居延塞，圍北單于於金微山，大破之，獲其母閼氏。

夏六月辛卯，尊皇太后母比陽公主爲長公主。辛丑，阜陵王种薨。

冬十月癸未，行幸長安。詔曰：『北狄破滅，名王仍降，西域諸國，納質内附，豈非祖宗迪哲重光之鴻烈歟？寤寐歎息，想望舊京。其賜行所過二千石長吏已下及三老、官屬錢帛，各有差；鰥、寡、孤、獨、篤癃、貧不能自存者粟，人三斛。』

十一月癸卯，祠高廟，遂有事十一陵。詔曰：『高祖功臣，蕭、曹爲首，有傳世不絶之義。曹相國後容城侯無嗣。朕望長陵東門，見二臣之壟，循其遠節，每有感焉。忠義獲寵，古今所同。可遣使者以中牢祠，大鴻臚求近親宜爲嗣者，須景風紹封，以章厥功。』

十二月，復置西域都護、騎都尉、戊己校尉官。庚辰，至自長安，減弛刑徒從駕者刑五月。

四年春正月，北匈奴右穀蠡王於除鞬自立爲單于，款塞乞降。遣大將軍左校尉耿夔授璽綬。

三月癸丑，司徒袁安薨。閏月丁丑，太常丁鴻爲司徒。

夏四月丙辰，大將軍竇憲還至京師。

六月戊戌朔，日有食之。丙辰，郡國十三地震。竇憲潛圖弒逆。庚申，幸北宫。詔收捕憲黨射聲校尉郭璜，璜子侍中舉，衛尉鄧疊，疊弟步兵校尉磊。皆下獄死。使謁者僕射收憲大將軍印綬，遣憲及弟篤、景就國，到皆自殺。

是夏，旱、蝗。

秋七月己丑，太尉宋由坐黨憲自殺。

八月辛亥，司空任隗薨。癸丑，大司農尹睦爲太尉，録尚書事。丁巳，賜公卿以下至佐史錢、穀各有差。

冬十月己亥，宗正劉方爲司空。

十二月壬辰，詔：『今年郡國秋稼爲旱、蝗所傷，其什四以上勿收田租、芻稿；有不滿者，以實除之。』

武陵零陵澧中蠻叛。燒當羌寇金城。

五年春正月乙亥，宗祀五帝於明堂，遂登靈臺，望雲物。大赦天下。戊子，千乘王伉薨。辛卯，封皇帝萬歲爲廣宗王。

二月戊戌，詔有司省減内外廐及涼州諸苑馬。自京師離宫果園上林廣成囿悉以假貧民，恣得采捕，不收其税。丁未，詔曰：『去年秋麥入少，恐民食不足。其上尤貧不能自給者户口人數。往者郡國上貧民，以衣履釜鬵爲貲，而豪右得其饒利。詔書實核，欲有以益之，而長吏不能躬親，反更徵召會聚，令失農作，愁擾百姓。若復有犯者，二千石先坐。』甲寅，太傅鄧彪薨。戊午，隴西地震。

三月戊子，詔曰：『選舉良才，爲政之本。科别行能，必由鄉曲。而郡國舉吏，不加簡擇，故先帝明敕在所，令試之以職，乃得充選。又德行尤異，不須經職者，别署狀上。而宣佈以來，出入九年，二千石曾不承奉，恣心從好，司隸、刺史訖無糾察。今新蒙赦令，且復申敕，後有犯

者，顯明其罰。在位不以選舉爲憂，督察不以發覺爲負，非獨州郡也。是以庶官多非其人。下民被奸邪之傷，由法不行故也。』庚寅，遣使者分行貧民，舉實流冗，開倉賑稟三十餘郡。

夏四月壬子，封阜陵王种兄鲂爲阜陵王。

六月丁酉，郡國三雨雹。

秋九月辛酉，廣宗王萬歲薨，無子，國除。

匈奴單于於除鞬叛，遣中朗將任尚討滅之。壬午，令郡縣勸民蓄蔬食以助五穀。其官有陂池，令得採取，勿收假税二歲。

冬十月辛未，太尉尹睦薨。十一月乙丑，太僕張酺爲太尉。

是歲，武陵郡兵破叛蠻，降之。護羌校尉貫友討燒當羌，羌乃遁去。南單于安國叛，骨都侯喜斬之。

六年春正月，永昌徼外夷遣使譯獻犀牛、大象。己卯，司徒丁鴻薨。

二月乙未，遣謁者分行稟貸三河、兗、冀、青州貧民。許陽侯馬光自殺。丁未，司空劉方爲司徒，太常張奮爲司空。

三月庚寅，詔流民所過郡國皆實稟之，其有販賣者勿出租税，又欲就賤還歸者，復一歲田租、更賦。丙寅，詔曰：『朕以眇末，承奉鴻烈。陰陽不和，水旱違度，濟、河之域，凶饑流亡，而未獲忠言至謀，所以匡救之策。寤寐永歎，用思孔疚。惟官人不得於上，黎民不安於下，有司不念寬和，而競爲苛刻，覆案不急，以妨民事，甚非所以上當天心，下濟元元也。思得忠良之士，以輔朕之不逮。其令三公、中二千石、二千石、内郡守相舉賢良方正、能直言極諫之士各一人。昭巖穴，披幽隱，遣詣公車，朕將悉聽焉。』帝乃親臨策問，選補郎吏。

夏四月，蜀郡徼外羌率種人遣使内附。

五月，城陽王淑薨，無子，國除。

六月己酉，初令伏閉盡日。

秋七月，京師旱。詔中都官徒各除半刑，謫其未竟，五月已下皆免遣。丁巳，幸洛陽寺，録囚徒，舉冤獄。收洛陽令下獄抵罪，司隸校尉、河南尹皆左降。未及還宫而澍雨。西域都護班超大破焉耆、尉犁，斬其王。自是西域降服，納質者五十餘國。南單于安國從弟子逢侯率叛胡亡出塞。九月癸丑，以光禄勳鄧鴻行車騎將軍事，與越騎校尉馮柱、行度遼將軍朱徽、使匈奴中郎將杜崇討之。冬十一月，護烏桓校尉任尚率烏桓、鮮卑，大破逢侯，馮柱遣兵追擊，復破之。

詔以勃海郡屬冀州。武陵漊中蠻叛，郡兵討平之。

七年春正月，行車騎將軍鄧鴻、度遼將軍朱徽、中郎將杜崇皆下獄死。

夏四月辛亥朔，日有食之。帝引見公卿問得失，令將、大夫、御史、謁者、博士、議郎、郎官會廷中，各言封事。詔曰：『元首不明，化流無良，政失於民，謫見於天。深惟庶事，五教在寬，是以舊典因孝廉之舉，以求其人。有司詳選郎官寬博有謀、才任典城者三十人。』既而悉以所選郎出補長、相。

五月辛卯，改千乘國爲樂安國。

六月丙寅，沛王定薨。

秋七月乙巳，易陽地裂。

九月癸卯，京師地震。

八年春二月己丑，立貴人陰氏爲皇后。賜天下男子爵，人二級，三老、孝悌、力田三級，民無名數及流民欲占者一級；鰥、寡、孤、獨、篤癃，貧不能自存者粟，人五斛。

夏四月癸亥，樂成王黨薨。甲子，詔賑貸幷州四郡貧民。

五月，河内、陳留蝗。南匈奴右温禺犢王叛，爲寇。秋七月，行度遼將軍龐奮、越騎校尉馮柱追討之，斬右温禺犢王。車師後王叛，擊其前王。

八月辛酉，飲酎。詔郡國中都官繫囚減死一等，詣敦煌戍。其犯大逆，募下蠶室，其女子宫。自死罪已下，至司寇及亡命者入贖，各有差。

九月，京師蝗。吏民言事者，多歸責有司。詔曰：『蝗蟲之異，殆不虚生，萬方有罪，在予一人，而言事者專咎自下，非助我者也。朕寤寐恫矜，思弭憂釁。昔楚嚴無灾而懼，成王出郊而反風。將何以匡朕不逮，以塞灾變？百僚師尹，勉修厥職，刺史、二千石詳刑辟，理冤虐，恤鰥寡，矜孤弱，思惟致灾興蝗之咎。』

庚子，復置廣陽郡。

冬十月乙丑，北海王威有罪自殺。

十二月辛亥，陳王羡薨。

丁巳，南宮宣室殿火。

九年春正月，永昌徼外蠻夷及撣國重譯奉貢。

三月庚辰，隴西地震。癸巳，濟南王康薨。西域長史王林擊車師後王，斬之。

夏四月丁卯，封樂成王黨子巡爲樂成王。

六月，蝗、旱。戊辰，詔：『今年秋稼爲蝗蟲所傷，皆勿收租、更、芻稿；若有所損失，以實除之，餘當收租者亦半入。其山林饒利，陂池漁采，以贍元元，勿收假稅。』

秋七月，蝗蟲飛過京師。

八月，鮮卑寇肥如，遼東太守祭參下獄死。

閏月辛巳，皇太后竇氏崩。丙申，葬章德皇后。

燒當羌寇隴西，殺長吏，遣行征西將軍劉尚、越騎校尉趙世等討破之。

九月庚申，司徒劉方策免，自殺。甲子，追尊皇妣梁貴人爲皇太后。

冬十月乙酉，改葬恭懷梁皇后於西陵。

十一月癸卯，當禄勳河南呂蓋爲司徒。

十二月丙寅，司空張奮罷。壬申，太僕韓棱爲司空。己丑，復置若盧獄官。

十年春三月壬戌，詔曰：『堤防溝渠，所以順助地理，通利壅塞。今廢慢懈弛，不以爲負。刺史、二千石其隨宜疏導。勿因緣妄發，以爲煩擾，將顯行其罰。』

夏五月，京師大水。

秋七月己巳，司空韓棱薨。

八月丙子，太常太山巢堪爲司空。

九月庚戌，復置廩犧官。

冬十月，五州雨水。

十二月，燒當羌豪迷唐等率種人詣闕貢獻。

戊寅，梁王暢薨。

十一年春二月，遣使循行郡國，稟貸被灾害不能自存者，令得漁采山林池澤，不收假稅。

丙午，詔郡國中都官徒及篤癃老小女徒各除半刑，其未竟三月者，皆免歸田里。

夏四月丙寅，大赦天下。己巳，復置右校尉官。

秋七月辛卯，詔曰：『吏民逾僭，厚死傷生，是以舊令節之制度。頃者貴戚近親，百僚師尹，莫肯率從，有司不舉，怠放日甚。又商賈小民，或忘法禁，奇巧靡貨，流積公行。其在位犯者，當先舉正。市道小民，但且申明憲綱，勿因科令，加虐羸弱。』

十二年春二月，旄牛徼外白狼、貗薄夷率種人內屬。

詔貸被灾諸郡民種糧。賜下貧、鰥、寡、孤、獨、不能自存者，及郡國流民，聽入陂池漁采，以助蔬食。

三月丙申，詔曰：『比年不登，百姓虛匱。京師去冬無宿雪，今春無澍雨，黎民流離，困於道路。朕痛心疾首，靡知所濟。「瞻仰昊天，何辜今人？」三公，朕之腹心，而未獲承天安民之策。數詔有司，務擇良吏。今猶不改，競爲苛暴，侵愁小民，以求虛名，委任下吏，假勢行邪。是以令下而奸生，禁至而詐起。巧法析律，飾文增辭，貨行於言，罪成乎手，朕甚病焉。公卿不思助明好惡，將何以救其咎罰？咎罰既至，復令灾及小民。若上下同心，庶或有瘳。其賜天下男子爵，人二級，三老、孝悌、力田三級，民無名數及流民欲占者人一級；鰥、寡、孤、獨、篤癃、貧不能自存者粟，人三斛。』壬子，賜博士員弟子在太學者布，人三匹。

夏四月，日南象林蠻夷反，郡兵討破之。

閏月，賑貸敦煌、張掖、五原民下貧者穀。戊辰，秭歸山崩。

六月，舞陽大水，賜被水灾尤貧者穀，人三斛。

秋七月辛亥朔，日有食之。

九月戊午，太尉張酺免。丙寅，大司農張禹爲太尉。

冬十一月，西域蒙奇、兜勒二國遣使內附，賜其王金印紫綬。

是歲，燒當羌復叛。

十三年春正月丁丑，帝幸東觀，覽書林，閱篇籍，博選術藝之士以充其官。

二月，任城王尚薨。丙午，賑貸張掖、居延、朔方、日南貧民及孤、

寡、羸弱不能自存者。

秋八月，詔象林民失農桑業者，賑貸種糧，稟賜下貧穀食。

己亥，北宮盛饌門閣火。護羌校尉周鮪擊燒當羌，破之，荆州雨水。

九月壬子，詔曰：『荆州比歲不節，今茲淫水爲害，餘雖頗登，而多不均浹，深惟四民農食之本，慘然懷矜。其今天下半入今年田租、芻稿；有宜以實除者，如故事。貧民假種食，皆勿收責。

冬十一月，安息國遣使獻師子及條枝大爵。丙辰，詔曰：『幽、并、涼州户口率少，邊役衆劇，束脩良吏，進仕路狹。撫接夷狄，以人爲本。其令緣邊郡口十萬以上，歲舉孝廉一人；不滿十萬，二歲舉一人；五萬以下，三歲舉一人。』

鮮卑寇右北平，遂入漁陽，漁陽太守擊破之。戊辰，司徒呂蓋罷。

十二月丁丑，光禄勳魯恭爲司徒。辛卯，巫蠻叛，寇南郡。

十四年春二月乙卯，東海王政薨。

繕修故西海郡，徙金城西部都尉以戍之。

三月戊辰，臨辟雍，饗射，大赦天下。

夏四月，遣使者督荆州兵討巫蠻，破降之。

庚辰，賑貸張掖、居延、敦煌、五原、漢陽、會稽流民下貧穀，各有差。

五月丁未，初置象林將兵長史官。

六月辛卯，廢皇后陰氏，后父特進綱自殺。

秋七月甲寅，詔復象林縣更賦、田租、芻稿二歲。壬子，常山王側薨。

是秋，三州雨水。

冬十月甲申，詔：『兖、豫、荆州今年水雨淫過，多傷農功。其令被害什四以上皆半入田租、芻稿；其不滿者，以實除之。』辛卯，立貴人鄧氏爲皇后。丁酉，司空巢堪罷。

十一月癸卯，大司農徐防爲司空。

是歲，初復郡國上計補郎官。

十五年春閏月乙未，詔流民欲還歸本而無糧食者，過所實稟之，疾病加致醫藥；其不欲還歸者，勿强。

二月，詔稟貸潁川、汝南、陳留、江夏、梁國、敦煌貧民。

夏四月甲子晦，日有食之。

五月戊寅，南陽大風。

六月，詔令百姓鰥、寡漁采陂池，勿收假税二歲。

秋七月丙寅，濟南王錯薨。

復置涿郡故安鐵官。

九月壬午，南巡狩，清河王慶、濟北王壽、河間王開並從。賜所過二千石長吏以下、三老、官屬及民百年者錢、布，各有差。是秋，四州雨水。

冬十月戊申，幸章陵，祠舊宅。癸丑，祠園廟，會宗室於舊廬，勞賜作樂。

戊午，進幸雲夢，臨漢水而還。

十一月甲申，車駕還宫，賜從臣及留者公卿以下錢、布，各有差。

十二月庚子，琅邪王宇薨。

有司奏，以爲夏至則微陰起，靡草死，可以決小事。

是歲，初令郡國以日北至案薄刑。

十六年春正月己卯，詔貧民有田業而以匱乏不能自農者，貸種糧。

二月己未，詔兖、豫、徐、冀四州比年雨多傷稼，禁沽酒。

夏四月，遣三府掾分行四州，貧民無以耕者，爲雇犁牛直。

五月壬午，趙王商薨。

秋七月，旱。戊午，詔曰：『今秋稼方穗而旱，雲雨不沾，疑吏行慘刻，不宣恩澤，妄拘無罪，幽閉良善所致。其一切囚徒於法疑者勿決，以奉秋令。方察煩苛之吏，顯明其罰。』辛酉，司徒魯恭免。庚午，光禄勳張酺爲司徒。辛巳，詔令天下皆半入今年田租、芻稿；其被灾害者，以實除之。貧民受貸種糧及田租、芻稿，皆勿收責。

八月己酉，司徒張酺薨。

冬十月辛卯，司空徐防爲司徒，大鴻臚陳寵爲司空。

十一月己丑，行幸緱氏，登百岯山，賜百官從臣布，各有差。

北匈奴遣使稱臣貢獻。

十二月，復置遼東西部都尉官。

元興元年春正月戊午，引三署郎召見禁中，選除七十五人，補謁者、長、相。高句驪寇郡界。

夏四月庚午，大赦天下，改元元興。宗室以罪絕者，悉復屬籍。

五月癸酉，雍地裂。

秋九月，遼東太守耿夔擊貊人，破之。

冬十二月辛未，帝崩於章德前殿，年二十七。立皇子隆爲皇太子。賜天下男子爵，人二級，三老、孝悌、力田人三級，民無名數及流民欲占者人一級；鰥、寡、孤、獨、篤癃、貧不能自存者粟，人三斛。

自竇憲誅後，帝躬親萬機。每有灾異，輒延問公卿，極言得失。前後符瑞八十一所，自稱德薄，皆抑而不宣。舊南海獻龍眼、荔支，十里一置，五里一候，奔騰阻險，死者繼路。時臨武長汝南唐羌，縣接南海，乃上書陳狀。帝下詔曰：『遠國珍羞，本以薦奉宗廟，苟有傷害，豈愛民之本。其敕太官勿復受獻。』由是遂省焉。

論曰：自中興以後，逮於永元，雖頗有弛張，而俱存不擾，是以齊民歲增，闢土世廣。偏師出塞，則漠北地空；都護西指，則通譯四萬。豈其道遠三代，術長前世？將服叛去來，自有數也？

漢·劉珍等《東觀漢記》卷二《穆宗孝和皇帝》　孝和皇帝諱肇，章帝之中子也。母曰梁貴人，早薨。帝自岐嶷，至于總角，孝順聰明，寬和仁孝。章帝由是深珍之，以爲宜承天位。年四歲，以皇子立爲太子，初治尚書，遂兼覽書傳，好古樂道，無所不照。章和二年春二月，章帝崩，太子卽位。

永元元年，詔有司京師離宮園池，悉以假貧人。

二年春二月壬午，日食，時史官不覺，涿郡言之。

三年，詔曰：『高祖功臣，蕭、曹爲首，有傳世不絕之誼。曹相國後容城侯無嗣，朕甚愍焉。望長陵東門，見二臣之墓，生既有節，終不遠身，誼臣受寵，古今所同。遣使者以中牢祠，大鴻臚悉求近親宜爲嗣者，須景風紹封，以彰厥功。

四年夏六月，大將軍竇憲潛圖弑逆。庚申，幸北宮，詔收捕憲黨皆下獄，使謁者收憲大將軍印綬，遣憲及弟篤景就國，到皆自殺。

五年春正月，宗祀五帝于明堂，遂登靈臺望雲物，大赦天下，自京師

離宮果園上林廣成囿，悉以假貧人。恣得捕，不收其稅。六月，郡國大雨雹，大如鴈子。

六年秋七月，京師旱。幸洛陽寺，録囚徒，舉冤獄，未還宮而澍雨。

九年冬十月，改殯梁皇后于承光宮，儀比敬園。初，后葬有闕，竇后崩，後乃議改葬。

十年夏五月，京師大雨，南山水流出至東郊，壞民廬舍。

十一年，帝召諸儒魯丕與侍中賈逵，尚書令黄香等相難，丕善對，事罷，朝特賜履襪。

十二年，象林蠻夷攻燔官寺。秭歸山高四百餘丈，崩填谿水，壓殺百餘人。冬十一月癸酉夜，白氣長三丈，起國東北，指軍市。是月，西域蒙奇、疏勒二國歸義。

十三年春正月上日，帝以五經義異，書傳意殊，親幸東觀，覽書林，閲篇籍。

元興元年夏五月，右扶風雍地裂。冬十二月，帝崩于章德前殿，在位十七年，時年二十七。葬順陵，廟曰穆宗。朝無寵族，政如砥矢，惠澤沾濡，鴻恩茂悦。外憂庶績，内勤經藝。自左右近臣，皆誦《詩》、《書》。德教在寬，仁恕並洽。是以黎元寧康，萬國協和，（貞）符瑞（應），八十餘品，帝讓而不宣，故靡得而紀。

晉·袁宏《後漢紀》卷一三《孝和皇帝紀上》　永元元年夏六月，竇憲、耿秉自朔方出塞三千里，斬首大獲，銘燕然山而還。卽拜憲爲大將軍，封武陽侯，食邑二萬户。耿秉爲（算）[美]陽侯。憲讓不受，還京師。於是竇篤爲衛尉，景執金吾，瓌光禄勳。尊太后母比陽主爲長公主，益比陽湯沐邑二千户。憲等驕奢，不遵法度，唯瓌恭儉自守。尚書何敞上封事曰：『臣聞忠臣憂世，譏刺貴臣，至以殺身滅家，而猶爲之者何？誠君臣義重，情不能已也。臣見國之將危，家之將凶，皆有所由，較然易知，不可不察也。昔鄭莊不防叔段之禍也，後更滋蔓。竇憲兄弟（尊）[專]朝，虐用百姓，殺戮盈溢，咸曰叔段、州吁將生於漢也。是臣前連上便宜，承陳得失，非爲嫉妒憲等也，誠欲絕其綿綿，塞其涓涓，上不欲皇太后損文母之號，使陛下有失教之議，不使憲等得保其福。然臧獲之謀，上安主父，下存主母，猶不免於嚴怒，況臣微末，敢竭愚忠哉！然

臣累世蒙恩，位典機密，每念厚德，忽然忘生，雖知言必夷滅，誠不忍目見禍至，故敢書寫肝膽，舒度愚情。駙馬都尉瓌忠孝愛主，最自修整。聞瓌比自申陳，願抑損家權，退身避賢。宜順其意，斯誠宗廟之至計，竇氏之大福也。』敞辭旨切直，深爲憲等所怨。濟南王康，光武之子也，最爲尊重，而驕奢太甚，於是左遷敞爲濟南王太傅。司隸校尉司空蔡、河南尹王調、洛陽令李阜皆竇氏之黨也，乘憲之勢，枉法任情。尚書僕射樂恢奏免蔡等，外以清京都，內欲繩外戚，由是爲憲等所忌。瓌常欲往候恢，使人先言恢，恢謝而絕之。憲兄弟怒其異己，常欲陷害之。恢妻諫恢曰：『古有容身之道，何必以言取怨？』歎曰：『何忍素餐立人朝乎！』乃上疏曰：『臣聞百王之失，咸以陰盛淩陽，而權移於下，大臣專朝，而勢去公室。未有君德休明而臣下闚闔，主一其柄，而社稷傾危者。先帝早棄天下，況陛下富於春秋，今諸舅執政，外戚盈朝，非所以寧王室，示天下也。夫天地不交，則衆生夭傷，君臣失序，則萬民受殃。政失不救，其弊不測。當今所急，上宜以義自割，下宜以謙自別，四舅保爵土於子孫，皇太后永無慚於宗廟，誠計之上者。』書御不省，恢乃乞骸骨。詔授恢爲騎都尉。憲風郡縣，使迫脅恢，恢遂飲藥而死。天下聞之，皆以爲怨。恢字伯奇，京兆長陵人也。父爲吏得罪於令，令將殺之。恢年十二，伏寺門外啼泣，不舍晝夜。令嘉其孝，赦其父罪。恢事博士焦貺，貺爲河東太守，恢隨之官，閉廬專精，不與掾吏交。後貺有事被考，諸生皆繫獄，恢皎然得免。恢爲人廉潔抗厲，（衡）［新］陽侯陰就聞，以禮請之，恢絕不答。杜陵人楊正嘗毀惡恢，然舉正子爲孝廉。恢善潁川［杜］安（王），（王）［安］上書得爲巴郡太守，遣使貽恢書，恢不就，答之曰：『干主求祿，非平生操也。』其不念舊惡，恥交進趨，皆此類也。何敞既傅濟南，盡心輔道。歲餘，遷爲汝南太守。敞常疾俗吏苛刻，以要名譽，爲政務從寬和。立春日，乃召督郵還府，復遣吏案行屬縣，顯孝行，舉仁義。由是郡中翕然，百姓化之，其歸養老母，推財相讓者數百人。秋七月，會稽山崩。本《志》稱：『劉向曰：「山，陽君也；水，臣也。」君道崩壞，百姓失所，竇太后攝政，竇憲專權之應也。』

二年春正月，大赦天下。夏，耿秉出塞，至涿邪山，與北單于相遇，大戰破之。秉字伯初，國之子也。魁梧有才略，善說《司馬法》，爲將常爲士卒先，休息不部陳，然遠斥候，［明］要誓，士卒爭爲致死。秉薨，謚壯侯。南單于聞秉薨，舉國發喪，嫠面流血，得外國心如此。秉弟夔，壯勇有氣力，以軍功拜騎都尉。常以精騎八百出塞，於金微山斬閼氏、名王以下，自漢軍所未至，封粟邑侯。五月丙辰，立皇弟惠爲［濟］北（海）王，開爲河間王，瑕爲城陽王。立故淮（南）［陽］閔王昺子惻爲常山王，故齊王晃子忍爲齊王，北海王睦子威爲北海王。車師遣使奉獻。

六月庚辰，封竇憲爲（武陽）［冠軍］侯，篤（偃）［郾］侯，景汝陽侯，瓌夏陽侯。憲獨不受封。辛卯，中山王焉薨，謚曰簡王。光武時，諸王皆就國，焉以郭后少子故留京師。至永平初乃就國，詔賜羽林右騎爲虎賁，又令上官屬子弟以爲官騎焉。皆上疏辭讓，詔曰：『諸侯出境，必有武備，夾谷之會，司馬以從。夫有文事，必有武備，所以重蕃也。王無辭焉。』是夏，月氏王謝將七萬騎攻班超，超衆大恐。超曰：『月氏兵雖多，千里逾葱嶺，何足憂哉！但當收穀堅守，飢窮自降，不過數十日決矣！』謝攻超，不能下，抄掠無所得。超度其糧盡，必從龜茲求食，乃遣數千兵伏東界要之。謝果遣騎賚金銀珠玉往龜茲，伏兵遮擊，盡殺之。遣持所斬以示謝，謝大驚，即遣使請罪，願得生歸，超縱遣之。月氏震怖，歲歲奉貢。秋七月，大將軍竇憲出屯涼州。九月，匈奴北單于遣使款塞，願朝見憲。中護軍班固迎單于，單于爲南單于所破，遠遁漠北，固至私渠海而還。於是北單于地空，憲欲自爲功，乃立降者鹿蠡王阿修爲單于，因置中郎將領護軍，如南單于故事。事下公卿，司徒袁安、太尉宋由、太常丁鴻、少府［尹］睦（識）以爲阿修誅君之子，又與鮮卑、烏桓爲父兄之讎，不可立。南單于先帝所置，今首破北虜，新建大功，宜令幷領降衆，以終先帝破北成南之策。議未定，安懼憲計遂行，復獨上封事曰：『臣聞功有難圖不可豫見者，事有較然易料不疑者。臣謂懼守正執平者，臣請以先帝旨意明之。光武皇帝本所以立南單于者，欲以安南定北，分匈奴之勢也。孝明皇帝欲褒成先帝之功，故赫然發怒，命將征伐。陛下奉承洪業，大開强宇，大將軍遠出籍勝，此誠宣明祖宗餘志之弘勳也。自南單于歸德已來，四十餘年矣，三帝積累，以遺陛下，孳孳所成也。今南單于屯建大謀，深入匈奴，空盡北虜，屯之大功也。輟而不圖，改立新降，以一朝之計，違三代之業，背先祖，棄舊恩，非計之長也。夫言行，君子之

樞機；賞罰，治國之綱紀。《論語》曰：「言忠信，行篤敬，雖蠻貊之邦行矣。」今失信封南一屯，則百蠻不敢復保誓矣。阿修誅君子，於《春秋》之義所不當立。而烏丸、鮮卑新殺北單于，情莫不忿惡其讎，今而立之，則失意而懷怨矣。兵、食可廢，信不可去。且漢故事，供給南單于費值歲一億九千餘萬。今北盧彌遠，其費過倍，是所以空盡天下也。』詔下其議，與憲更相難十餘條。憲負恃貴勢，言辭驕慢，安終不移，上卒從安議。

三年春正月甲子，皇帝加元服，儀用新禮。賜王公列侯在京師者黄金，（列）［將］大夫郎吏帛，及天下男子爵各有差；鰥、寡、孤、獨、貧不能自存者人帛一匹。酺飲五日。繫囚亡命贖罪，各有差。擢曹襃爲射聲校尉。尚書張敏奏襃擅制禮儀，破亂聖術，宜加削誅。上寢其奏。是後衆人不能信襃所制，又會禮儀轉迨，遂寢而不行。袁宏曰：夫禮者，治心軌物，用之人道者也。其本所由，在於愛敬，自然發於心誠而揚於事業者。聖人因其自然而輔其性情，爲之節文，而宣以禮物，於是有尊卑親疏之序焉。推而長之，觸類而申之，天地鬼神之事，莫不備矣。古者民人淳樸，制禮至簡，汙樽抔飲，可以盡歡於君親；蕢桴土鼓，可以致敬於鬼神。將之以誠，雖微物而可重獻之，由心雖蒲質而可薦。此蓋先王制禮之本也。中古損益，教行文質。范金合土而棟宇之制麗矣；繪集采色，而衣裳之度彰矣；比聲諧音，而金石之品繁矣。夫簡樸不足以周務，故備物以致用；卑素不足以崇高，故富以成業。此又先王用禮之意也。夫尊卑長幼不得而移者也，器服制度有時而變者也。小則凶荒殊典，大則革伏異禮，所以隨用合宜，易民視聽者也。此又先王變禮之旨也。是故王者之興，必先制禮，損益隨時，然後風教從焉。故曰『殷因於夏禮，所損益可知也；周因於殷禮，所損益可知也』。漢興撥亂，日不暇給，禮儀制度闕如也。賈誼曰：『夫立君臣，等上下，使綱紀有序，六親和睦。此非天之所設也，人之所爲，不修則壞。宜定制度，典禮樂，使諸侯軌道，百姓素朴。』乃草具儀，寢而不行。後之學者董、劉之徒，亦言禮樂之用，而不能詳備其制度。夫政治綱紀之禮，哀樂死葬之節，有異於古矣，而言禮者必證於古，古不可用，而事各有宜，是以人用其心，而家殊其禮，起而治之，不能紀其得失者，無禮之弊也。曹襃父子慨然發憤，可謂得其時矣。然襃之所撰，多案古式，建用失宜，異於損益之道，所以廢而不修也。冬十月，幸長安，祠園陵。詔令大將軍憲與車駕會長安。時尚書見憲，皆欲釋仗稱萬歲，尚書令韓稜曰：『枉道事人臣，非所以立身也。且禮，無爲人臣稱萬歲之制。』左右皆慚，遂已。十二月，龜茲、姑墨、溫宿國皆降。乃以班超爲西域都護，徐幹爲長史，復置戊己校尉。唯焉耆、［危］須尉黎以前殺都護陳睦不內附。

四年春正月，龜茲王遣子奉獻。三月，司徒袁安薨。是時天子幼弱，外戚擅權，安每朝會，及在朝廷，議國家［事］，未嘗不慷慨流涕［形］於言色，自天子及朝中大臣皆倚安。會病薨，朝野痛惜焉。初，安妻早卒，葬鄉里。臨終遺令曰：『備位宰相，當陪山陵，不得歸骨舊葬。若母先在祖考墳壟，若鬼神有知，當留供養也；其無知，不煩徙也。』諸子不敢違。子賞車騎校尉，京（屬）［蜀］郡太守，敞司空；京子湯官至公輔。初，安辟廬江周榮，與語甚器之，每預大議。及奏論竇憲，憲客徐齮脅之曰：『子爲袁公腹心，排大臣，竇氏刺客今至矣，子宜備之。』榮曰：『榮乃江淮孤生，蒙先帝大恩，備宰士，正爲竇氏所害，誠所甘心。』常敕妻子：『倉卒遇飛禍，無得殯斂，冀以區區腐身以悟朝廷。』及竇氏敗，榮召爲顯官，至尚書、郡守。有孫曰景，至太尉。四月丁丑，太常丁鴻上封事曰：『臣聞日者，陽之（積）［精］，守實不虧，君之象也。月者，陰之精，盈縮有常，臣之表也。故日蝕者，陰凌陽；月盛者，下驕盈也。變不虛生，各以類應。遠觀往古，近察漢興，傾危之禍，靡不由茲。故三桓專魯，陳氏擅齊，六卿分晉，呂族覆漢，哀平之末，廟不血食，此皆失其權柄，以勢假人者也。故有周公之親，無其德，不得行其勢。伏見大將軍竇憲，雖敕身自約，不敢僭差，然天下遠近，皆惶怖承旨；大小望風，莫不影從。寵極則驕，驗見於天，雖欲隱諱，神明垂象。間者，月滿不虧，此大臣驕溢之應也。陛下未悟，故天重見誡，日有蝕之，誠宜畏慎以防其禍也。《詩》云：「畏天之怒，不敢戲豫。」夫疏巖絕崖之水，由於涓涓；干雲蔽日之木，起於毫末。前事之不忘，後事之明鏡。宜因大變，匡正其失，以塞天意。』上深納之。丙辰，京師地震。是時竇氏驕橫，威震海內，其所置樹，皆名都大郡，乘勢賦斂，爭相賂遺，州郡望風，天下騷動，競侵陵小民，掠奪財物，攻亭毆吏，略人婦女，暴虐日甚，百姓苦之。又擅檄緣邊郡突騎善射有財力者，二千石畏威不敢不送。司徒袁安、（太尉）［司空］任隗及有司數奏劾，皆寢。初，憲女婿射聲郭舉、衛尉鄧疊母（兄）［元］出入禁中，謀圖不軌。上漸覺

之，與清河王慶圖其事，使慶求外戚傳，因與中官鄭衆密謀之。衆勸上亟行其誅，上曰：『憲在外，恐變生，不可。』是月，憲還京師。衆白太后，帝當謹護璽綬。庚申，上幸北宮，詔公卿百官，使執金吾衛南、北宮，詔收憲大將軍印綬，封憲爲（親）［冠］軍侯，篤、景、瓌皆就國。郭舉、鄧疊下獄誅。上以太后故，不欲極其獄，乃守憲等，選能相以逼迫之，憲、篤、景皆自殺，宗族免歸本（部）［郡］。河南尹張酺上疏曰：『臣愚以爲竇氏之事，宜下理官，與天下共平其罪，恐後世不見其事。竇氏盛時，羣臣莫不阿附，唯恐在後，皆以憲爲伊、呂，比鄧夫人於文母。及陛下發雷電之怒，皆以爲罪不容誅，何前後之相背也！賴聖朝明達析其中。伏見夏陽侯瓌前爲光禄勳，每與臣相見，常有勵節竭忠庶幾之心，檢敕賓客，未嘗犯法。聞王政有三宥之義，故蔡叔流言，周公原本而誅。臣愚以爲可黜瓌爵關內侯，還京師，竭忠供養比陽主，以優屬重示厚德。』上感酺言，徙瓌爲長沙侯。於是何敞、班固免歸家，敞子與瓌善，固黨於竇氏也。初，固不教兒子，兒子負固勢不遵法度，吏民苦之。洛陽令种兢嘗出，固奴干車訶，奴醉罵辱兢，兢大怒，畏憲，不敢發，心銜之。及憲賓客皆被繫，兢因此捕繫固，遂死獄中。詔譴責兢，而主者抵罪。固字孟堅，彪之子也。初，世祖問竇融，在西州時每所上章奏，誰與參之，融對曰：『皆班彪所爲也。』世祖雅聞彪名，將召之，會彪舉茂才，（除）［爲徐］令，以病免。後應三公之命，輒謝病去，復以司徒掾望都長，所歷二縣，皆爲吏民所愛。彪既才高，而專心文史之間。司馬遷著《史記》，自太初已後闕而不録。其後好事者或頗綴録其時事，然多鄙俗，不足以繼其書。彪乃采前人遺事，旁貫異聞，作後傳數十篇。因斟酌前史，而譏正其失。略曰：唐、虞、三代，《詩》《書》所及，世有史官，以司典籍。至於諸侯，國自有史，故《孟子》曰：「晉之《乘》，楚之《梼杌》，魯之《春秋》，其事一也。」定、哀之間，魯君子左丘明論集其文，《作左傳》三十篇，又撰異同，號曰《國語》二十篇。由是《乘》、《梼杌》之事遂闇，而《左氏》、《國語》獨彰。又有記録黄帝以來至春秋時帝王公侯卿大夫，號《世本》十五篇。春秋之後，七國並爭，秦幷諸侯，則有《戰國策》三十二篇。漢定天下，大夫陸賈記録時功，作《楚漢春秋》九篇。孝武之世，太史令司馬遷采《左氏》、《國語》，刪《世本》、《戰國策》，據楚漢列國時事，上自黄帝，下訖獲麟，作本紀、世家、列傳、書、表凡百三十篇，而十篇缺焉。遷之所記，從漢元至武帝，則紀其功，至其［采］摭經傳，分散數家之事，甚多疏略，務欲以多聞廣博爲功，論議淺而不篤。其論術學，則崇黄老而薄《五經》；序貨殖，則輕仁義而羞貧窮；尊遊俠，則賤守節而貴俗功。此其大弊傷道，所以遇極刑之咎也。然善述事［理］，辯而不華，質而不野，文質相稱，蓋良史之才也。誠令遷依《五經》之法言，同聖人之是非，意亦庶幾矣。夫百家之書，猶可法也。若《左氏》、《國語》、《世本》、《戰國策》、《楚漢春秋》、《太史公書》，今之所以知古，後之所由觀前，聖人之耳目也，焉可闕哉！固九歲能屬文，《五經》百家之言，無不究覽，其學無常師，又不爲章句，訓詁通而已。性多愛，不以所長傲物，人皆重之。弱冠早孤。固以唐、虞、三代，《詩》《書》所及，世有典籍。故雖堯之盛，必有典謨之篇，然後冠德百王。漢紹堯運，以建帝業六世，史臣乃追述功德，私作本紀，編於百王之末，廁於秦、項之列，太初以後，闕而不録，故采撰前紀，綴集所聞，以述《漢書》。元起高祖，終於孝平王莽之誅，十有二世，二百三十年，綜其行事，旁貫《五經》，上下洽通，凡百篇。未成，明帝初，人有上書言固私改《史記》者，詔收固京兆獄，悉斂家書封上。是時扶風人蘇朗僞言圖讖事，下獄死。固弟超［恐固］爲郡所誣，乃詣闕上書，具陳固著述意。會郡亦封上固書，天子甚奇［之］。徵詣校書部，除蘭臺令史。［與故］（舉）睢陽令陳宗、故長陵令尹敏、司隸從事孟異共作《世祖本紀》及《世祖功臣》、《平林》、《新市》、《公孫述》二十八篇，奏之。帝乃復使成前書。自永平始，研精積思二十餘年，至建初中，其書乃成。世甚重其書，學者靡不諷誦焉。自爲郎後，遂見親近，賞賜恩寵優渥。章帝好文章，逾益進幸，數入讀書禁中，或連日逮夜。每行巡狩，輒獻上賦頌。朝廷時有大議，令固問難於前，然位不過郎。固雖篤志於學，以述作爲務，然好傅會權寵，以文自通。其序事不激詭，不抑亢，贍而不穢，詳而有體，使讀之者亹亹而不厭，亦良史之才也。至於排死節，否正直，以苟免爲通，傷名教也。史遷之作，皆推之於談。彪經序其謀，略以舉矣，而固盡有功，豈不勝哉！竇氏既廢，天子追覽前議，嘉袁安之忠，知宋由之不正也，乃策免由。秋七月己丑，太尉宋由有罪自殺。八月，司

空任隗蒙。隗字仲和，光之子。初，光濟世祖於信都，封［阿］陵侯。光薨，隗襲爵。隗好黄老，清靜少欲，以功臣子行異於衆，擢爲虎賁中郎將，稍遷九卿、三公。隗玄默守直，不求名譽，然内行仁義，世人以此服之，帝亦雅重焉。竇憲之專政，朝臣莫違，隗與袁安屢抗異議。於是天子追思隗忠，擢子屯爲步兵校尉。辛丑，大司農尹睦爲太尉，太傅鄧彪以老病罷，太尉睦代録尚書事。冬十月己亥，宗正劉方爲司空。

五年春正月己亥，大赦天下。辛卯，立皇弟萬歲爲宋王。二月戊戌，詔有司省内外廐馬及上林池圃，悉以假貧民。甲寅，太傅鄧彪薨。竇氏之專權，彪守己而已。御史中丞周紆，國之司直也，屢忤竇氏，彪嘗以事奏免紆，世以此譏之，然修禮教。（二月）戊午，隴西地震。三月庚寅，遣使分行貧民，開倉振廩。夏六月丁酉，郡國雨雹，大如雁子。冬十月辛未，太尉尹睦薨。十一月己丑，太僕張酺爲太尉。

六年春正月，永昌夷獻犀象。司徒丁鴻薨。鴻字孝公，潁川定陵人也。父綝，從世祖征伐有功，封（潁）［陵］陽侯。鴻年十二，事太常桓榮，十六而章句通，布衣荷擔，不遠千里質問異義，是以能成其名。初，綝從上時，鴻獨與弟盛居，困苦飢寒。（帝）［常］憐盛，有委國志。及綝薨，既葬，鴻掛衰絰於塚廬而逃去，留書與盛曰：『鴻貪經書，不顧恩義，生不供養，死不飯唅，皇天先祖，並所不祐，身被大病，上不任爲蕃輔，下不能守土。先上病狀，辭爵封於仲公，章寢不報。謹身放棄，求良醫，如遂不瘳，永歸溝壑。』始鴻與九江人鮑俊友善，俊遇於東海，鴻佯狂不識俊，俊乃止而誚讓之曰：『自昔伯夷、吴劄亂世權行，故得申志。漢有舊制，《春秋》不以家事廢王事，故與衛輒之（子）［立］。今以兄弟私恩，而絶父不滅之基，未可謂智也。』鴻感悟垂泣，歎息而還，就國教授，揚州稱之。鮑俊亦上書具言鴻至行，明帝甚然之，詔徵鴻。召見，説《文侯》一篇，賜御衣及綬，廩食公車，與博士同禮。頃之，拜侍中，徙封魯陽侯。華嶠曰：《論語》稱夫子温良恭儉讓以得之行首乎？故嘗請論之：孔子曰：『太伯其可謂至德也已矣，三以天下讓，民無德而稱焉。』孟子曰：『聞伯夷之風者，貪夫廉，懦夫有立志。』然則太伯出於不苟得，未始有於讓也。是以太伯稱賢人，後之人慕而徇之。夫有徇則激詭生，而取與妄矣。故夫鄧彪、劉愷讓其弟以取義，使弟非服而已享其名，其於義不亦薄乎？又況乎於有國之紀，而使將來者妄舉措哉！古之君子立言，非，將以啓天下之方悟者，立行非獨善其身，將以訓乎哉！原丁鴻之心，其本主於忠愛，何其終悟而從義也？以此殆知其徇尚異於數世也。二月乙未，司空劉方爲司徒，太常張奮爲司空。三月丙寅，舉賢良方正、直言極諫之士各一人。六月，初伏日閉關。秋七月，京都旱。司空張奮上疏曰：『歲比不登，人食不足。今復旱，秋稼未立，陽氣垂盡，日月迫促。夫國以民爲本，以穀爲命，政之急務，憂之重者也。臣恩尤深厚，受職過任，夙夜憂惶，章奏不能序心，願對中常侍，口陳得失。』上卽引見，明日車駕親幸洛陽寺，省録囚徒，於是大雨三（月）［日］。南單于安國［初］爲左賢王，師子（次當）［於宣］爲單于時，數輕兵出塞，斬獲有功，故國中皆敬師子而不附安國，安國由是病師子。匈奴降者異時居塞外，數爲師子所掠，故亦怨之。安國乃委計降者，使圖師子。安國既（僞嚴於）［爲單于］，師子（而）［爲］左賢王，覺知安國之謀，乃陰爲之備。每會議事召師子，輒稱病不往，安國益忿。是時中郎將杜崇使安國，安國心不平，因上書告崇。崇敕西河太守令斷，安國欲自訴不得。而崇與度遼將軍朱徽上言：『南單于安國疏遠舊胡，親近新降，欲殺左賢王師子，宜徵西河［安］定上郡兵以爲之備。』公卿處議，聽崇，遂發郡兵。南單于聞漢兵起，因舉兵誅師子。師子聞之，悉將衆入曼柏城，單于圍守之，殺傷甚多。於是杜崇、朱徽將兵［赴之］，而單于爲其（胥）［骨］都侯所殺，師子爲單于。既而天子知杜崇、朱徽之侵擾匈奴也，乃誅崇、徽。

七年春三月，班超發龜茲等八國兵七萬人討焉耆、尉黎二國。超遣人慰諭二國：『欲改過向善者，當遣大人來迎。』焉耆王廣與國中議曰：『先王前殺陳都護，今超都護將大兵來，故且（作）［詐］降，重獻遺，令無入國。』北鞬支本匈奴人，舉國敬信之，乃遣奉牛酒迎超。超聞焉耆取信北鞬支，遂反縛，責曰：『汝匈奴侍子，恃焉耆擁。今都護來，王不以時迎，皆汝罪也。』欲斬之。或謂超曰：『可便殺。』超曰：『非汝所及，此人權重於王，今未入其國而殺之，遂令自疑，設備守險，遑得到其城哉！』因責讓，加賞賜遣［之］。北鞬支還曰：『都護不疑我國矣。』廣乃與大人迎超於尉黎，奉上金銀、奴婢、牛馬。超受（焉）［馬］，以

給軍，餘總悉還之。超到焉耆，去城二十里大澤中，超乃揚聲欲重賜王以下。明日置酒，悉召諸國王，焉耆王廣、尉黎王泛與鞬支等四十一人詣超，其國相腹久等十七人逃不至。超怒曰：『腹久何故不到？焉耆欲復反邪？』遂叱吏收廣、況等，於都護陳睦故城斬之，更立爲王。持廣、況首詣京師，因大縱兵抄掠。超留焉耆半歲，西域遂平。上嘉超，封超爲定遠侯。夏四月辛亥朔，日有食之。秋九月辛卯，京都地震。

八年春三月己丑，立皇后陰氏。賜天下男子爵各有差；鰥、寡、孤、獨、貧不能自存者粟，人五斛。后，原（庶）［鹿］侯識曾孫也。祖父永，明帝時爲侍中，親幸左右。（異寵）［以先］后近（屬），故有異寵。父綱爲屯騎校尉。八月辛酉，令天下死罪減一等，徙邊戍；亡命贖罪各有差。九月，京都蝗蟲。冬十月，北海王有罪自殺，國除。十二月丁巳，南宮宣室灾。

又　卷一四《孝和皇帝紀下》　九年春三月癸巳，濟南王康薨，謚曰安王。康不修法度，通賓客。人有上書告『康使中郎將張陽、董臣招來州郡奸猾顔忠、劉子產等案圖書，謀議不軌』。有司舉奏，明帝以至親不忍窮竟，削祝阿、隰陰、東（胡）［朝］陽、安德、西平昌五縣。康殖財貨，治宫室，奴婢至千餘人，厩馬千餘匹，田八百餘頃。何敞之爲傅，上疏諫曰：『蓋聞諸侯之義，以制節謹度爲忠，然後能保其社稷，和其民人。昔管仲相齊，九合之功，而孔子譏其器小，以奢侈逼上，不知禮也。今大王以骨肉之親，享蕃國之尊，當率先天下，以爲化首。今國家制度，王侯車服章事有其科，不可越也。夫文繁者質枯，木勝則人亡，經傳所載也。且君國者以道德仁義爲營，豈飾宫室，充實厩馬爲尊哉！楚作章華，吴興姑蘇卒亡，景公千駟，民無所稱，其效也。如大王數遊諸第，出入無節，或涉晨夜，非所以遠防未然，臨深履薄，垂示後嗣之法也。願大王修恭儉，遵古制，以法自治，以禮率下，省奴婢之數，減乘馬之費，以禮起居，則敞之願。藥酒苦於口而利於病，至言逆耳而便於行，惟大王深察愚言。』王甚敬禮而不能改。夏五月，封皇后父陰綱爲［吴］防侯。綱上疏辭位，以特進侯就第。綱弟鳳、謁爲郎中，子軼、政比黄門郎。陰氏自建武以來，緣戚屬之故，世爲卿校，外典禁兵，內侍帷幄，賞賜恩寵，貴重當世。秋八月，蝗蟲飛過京都。閏月辛巳，皇太后竇氏崩。太尉張酺與司空、司徒共上［奏］，依呂太后故事，貶竇太后尊號，勿葬敬陵。百官言之者亦多。上手報酺曰：『禮，臣子無貶親之義。今皇太后家雖不遵法度，然常欲自減損，奉事十年，恩不忍虧。案前世上官太后（子）［亦］奉終從義，其勿復議。』丙申，葬章德竇皇后。隴西羌犯塞，執金吾劉尚將三萬騎擊平之。九月庚申，司徒劉方有罪自殺。初，梁貴人生和帝，竇后以爲己子，養而隱之。貴人者，梁竦女也。永平初，竦兄陵鄉侯松因事徙邊，後詔書聽還本郡，闔門不出，作經書數篇，名曰《七序》。班固見而稱之曰：『昔孔子作《春秋》而亂臣賊子懼，梁竦作《七序》而竊位素餐者慚。』輕財好施，不治產業。兄嫂舞陰長公主振施諸梁，親疏有序，然猶獨敬異竦，衣裘品物事殊別。竦未嘗獨饗，常與宗族共之。竦少長京師，逮父兄時遊士林，故不樂歸鄉里。雅有大志，每登高望遠，未曾不歎息曰：『大丈夫居世，生當封侯，死當廟食。《詩》、《書》足以自娱，州郡之職，但勞人耳。』竦生二男三女，長男棠及翟，長女憑及二貴人。初，馬太后［求］良家女，貴人與姊以選入宫，得幸於帝，生和帝。竦不勝喜，與舞陰長公主私相慶，語泄，聞於竇氏。竇氏欲專名太子外家，心惡梁氏，欲毁貶之。乃誣以惡逆，詔郡縣考竦，死獄中，家屬［復徙九眞］，舞陰公主居新野，使者護守之。貴人與姊以憂死，葬禮有闕。竇后崩，舞陰公主子梁扈遣從兄擅奏記三府曰：『《春秋》之義，母以子貴，漢家舊典也。今梁貴人親育聖躬，而不蒙尊號。』三府甫得記，謝遣擅。太尉張酺獨見擅，具問之，曰：『此公之職，而梁氏之福也。』會以蝗飛過京師，召見對説，因具言擅記。上曰：『意云如酺，不知葬禮有闕也？』對曰：『陵上宜置長史，加祠祭之禮，收録諸舅，以明親親。』上復曰：『於義如何？』酺曰：『今《春秋》之義，漢家有行事。梁、竇並爲名姓，保守河西，以忠獲封。竇憲兄弟不軌，太后謗議籍籍，聞於天下。姓族（死）［無］以逾梁氏，加以親外家，誠宜尊顯。』上曰：『非君孰爲朝廷思！大家事籍籍，君所知。』上深納酺言。會貴人姊憑上書曰：『同產女弟貴人，前充後宫，蒙先帝厚恩，得見寵倖，皇天所授，誕育陛下。爲竇憲兄弟譖虐，妾父竦冤死牢獄，骸骨不掩，老母孤弟遠徙萬里，獨妾遺脱，逃伏草野，常恐没命，無由自達。值陛下神聖之德，統覽萬機，憲兄弟皆已伏誅，海內曠然，各得其所。妾得蘇息，拭目更視，乃

敢味死自陳。妾竊悲死父既冤，不可復生，母年七十，遠在絕域，不知死生，願乞母、弟還本郡，收葬竦骨。妾聞文帝既立，薄氏蒙榮；宣帝繼統，史氏復興。妾自悲有薄、史之親，獨不蒙外戚餘恩。』辭甚悲切，上惻然感悟，使中常侍掖庭令雜訊問，憑辭語證明。甲子，改殯梁貴人於承光宮，追尊爲皇太后，謚曰恭懷，葬於西陵。上乃別見憑，憑具自陳説，上歔欷流涕，留憑宮中，連日不出，賞財物第宅，旬月之間，貲累千萬。憑素有行，遂寵之，加號梁貴夫人，擢獎憑夫調爲羽林佐監。追加謚竦爲[褒]親湣侯，遣中謁者迎竦喪於京師，改殯之，賜東園畫棺、玉匣，塚葬於西陵旁，上親臨送。徵竦妻子還京師。宋貴人遇竇氏之譖，葬禮有闕，清河王慶涕泣不敢言，常私祭於室。及梁后改葬，慶乃上書求貴人塚，詔聽許。悲喜曰：『生雖不得供養，終得奉祭祀，私願畢矣。』太尉張酺上疏乞骸骨，上使中黃門問疾，加以珍羞。酺稱篤，詔曰：『元首不明，黎民困窮。朕與君同其憂責，豈可引退邪？其勿復言。』是時酺子蕃以郎侍講，上復詔蕃曰：『陰陽不調，朝廷望公以爲憂，託病自退，潔己而已，誰當與朕同心者？非所望於公也。』酺惶恐詣闕謝，因起視事。酺自爲三公，父尚在。酺每遷，父輒自田里來。適會歲臘，公卿罷朝，共詣酺父，上酒爲酺壽，極歡移日，當時以爲榮。冬十月癸卯，光禄勳呂蓋爲司徒。十一月丙寅，司空張奮老病致仕。壬申，太僕韓棱爲司（徒）[空]。奮在家，上疏曰：『孔子曰：「安上治民，莫善於禮；移風易俗，莫善於樂。」又曰：「揖讓而治天下者，禮樂之謂也。」先王之道，於斯爲盛。故曰：「禮樂不興，刑罰不中，民無所措手足。」漢既受命，禮樂宜作，圖讖明文若是，以先帝聖德遠監，每存禮樂，衆儒不達，多生駭異。臣累世輔位，而漢禮樂未定，誠切以爲憂。負臣犬馬齒盡，誠冀先死及見禮樂之定。』上善之。

十年夏五月，封梁（堂）[棠]爲樂平侯，雍爲乘氏侯，翟爲單父侯，位特進。（堂）[棠]等自九眞還，過長沙，迫從竇瑰，令自殺。秋九月庚戌，初復廩犧官。冬十二月戊辰，梁王暢薨，謚曰節王。王母陰貴人有寵於明帝，暢尤愛幸，國土租入，倍於諸國。章帝立，緣明帝意，賞賜恩寵，務加篤厚，乃封暢舅陰棠爲西陵侯。暢性聰慧，然少驕貴，頗不遵法度。暢常夢見星宿，從官卞忌自言善占夢，又能使六丁神，暢使忌占夢卜筮。又使乳母王禮、侍史李阿與忌祠祭求福，言王當爲天子，暢心喜。永元初，豫州刺史舉奏暢，考訊辭不服。有司請徵暢詣獄，天子以加恩不忍聽。復奏徙九眞，有詔削城武、單父二縣。暢懼，上疏辭謝曰：『臣天性狂愚，少長深宮。從官、侍史利臣財物，暢無所照見，與相然諾。不自知，陷死罪，自負自悔，無所復及。陛下聖德弘裕，枉法赦臣，上念以負先帝，而令陛下收恥天下，誠無氣以息，筋骨不相連。臣暢知大貸不可再得，束身不敢復出入。乞裁食睢陽、穀熟、虞、蒙、寧陵五縣，還餘所食四縣。臣暢小妻三十七，願還其無子者。選擇謹敕奴婢三百人，其餘所受虎賁、官騎、鼓吹、蒼頭、兵弩、厩馬皆上還本署。陛下加大恩，開臣自悔之門，假臣小善之路，令天下知臣得去死就生，頗能自悔。若不聽許，臣實無顏以久生，下入黃泉，無以見先帝。』詔曰：『唯王至親之屬，純淑之美，傅相不良，不能防邪，至令有司紛紛，彰於內外。今王深思悔過，以自克責，朕惻然傷之。《傳》曰：「克己復禮，天下歸仁。」其安心靜意，茂休厥德，强食自愛，其何讓哉！』暢固請，章數十上，卒不許。

十一年春三月，遣使行郡國，水旱灾貧不能自存者廩貸穀食，令山林池澤勿收假稅。夏四月丙寅，大赦天下。

十二年春三月，賜天下男子爵，各有差；鰥、寡、孤、獨不能自存者粟，人二斛，博士弟子布三匹。夏閏四月戊辰，南郡秭歸山崩，壓殺百餘人。秋七月辛亥朔，日有食之。初，太尉張酺與司隸晏稱會於朝堂，酺從容謂稱曰：『三府掾史，多非其人。』既罷，稱奏令三府長史各實其掾史。酺以恨稱。會復共謝，以責稱。稱辭色不順，酺怒，廷叱之，稱乃奏酺以爲怨望。上以酺先帝師，優遊不斷，詔公卿廷議之。司徒呂蓋以爲酺知公門有儀，不屏氣鞠躬，而作色大言，不可示四方。乃策免酺曰：『《詩》云：「節彼南山，惟石巖巖，赫赫師尹，民具爾瞻。」今君在位，八年於茲。《康哉之歌》既無聞焉，而於兩觀之下，有醜慢之音，傷《南山》之體，虧穆穆之風，將何以宣示四方，儀刑百寮！履霜如冰，朕甚懼焉。君其上太尉印綬。君自取之，靡有後言。』九月，太尉張酺策免，歸里舍，謝遣門生，闔門不通賓客。中郎將敞等多言酺公直忠正，不宜久棄草廬，上亦雅重之。數年。復以酺爲光禄勳。丙辰，大司農張免爲太尉。冬，西域蒙奇、兜勒二國內屬。

十三年　秋九月，詔曰：『水旱不節，蝗螟兹生。令天下田租皆半入，被灾者除之。貧民受貸種食，皆勿收責。』冬十月，安息國獻師子，大雀。班超上書求代，曰：『臣聞太公封齊，五世葬周，故狐死首丘，代馬依風。夫周、齊同在中土千里之間，爾況於萬里絶域，小臣能無依風首丘之思哉？蠻夷畏壯侮老，自其天（姓）［性］。臣犬馬齒殲，常恐奄忽僵僕，孤魂棄捐。臣義不營私，竊恐後世以臣爲没西域。不敢望到酒泉郡，但願生入玉門關，以示邊境，威外夷。臣老病衰困，冒死瞽言，謹先遣子勇隨獻物入塞。以臣生在，令勇見中土。』超妹昭，懼超遂死於邊，上書曰：『妾同産兄西域都護超，捐軀爲國，以功自效。賴陛下神靈，得待罪沙漠，至今積三十年矣。骨肉妻子，生不復相識，時人士衆，皆已死亡。超年至七十，衰老被病，扶杖而行，雖以竭盡其力，以報大恩，迫於歲暮，犬馬齒盡。蠻夷之性，悖逆侮老，恐開奸宄之源，生逆亂之心，而公卿大夫咸懷一切，而莫肯遠慮。如有卒暴，超之氣力不能從心，卽恐上損國家累世之功，下棄忠臣竭力之用，以榮爲辱，誠可痛也。故超萬里歸誠，自陳苦急，延頸逾望，三年於兹。超有書與妾生訣，恐不復相見。妾誠傷超以壯年竭力忠孝於沙漠，罷老則使捐棄於曠野，誠可哀憐。如不蒙救護，超後有一旦之變，冀幸超家得蒙趙母、衛姬先請之貸。』書奏，上感其言，乃徵超還，以校尉任尚代超。超到，拜射聲校尉。數月薨。朝廷湣惜之，賵贈甚多。子勇復有功西域。初，尚與超書，曰：『君侯在外國三十餘年，而小人猥承君後，任重慮淺，宜有以誨之。』超曰：『任君數當大位，豈班超所能及哉！必不得已，願進愚言。塞外吏士，本非孝子順孫，皆以過補屯部。蠻夷獸心，難養易動。今君性嚴急，清水無大魚，將軍宜寬小過，總大綱而已。』尚私謂所親曰：『我以班君當贈以奇策，今所云平平耳。』尚後竟遭邊禍，如超所言。袁宏曰：古之有天下者，非欲制御之也，貴在安靜之。故修己無求於物，治内不務於外。自小至大，自近及遠，樹之有本，枝之有葉。故郊畿固而九服寧，中國實而四夷賓。夫唐虞之盛，德澤之濃，正朔所及，五千而已。自此以外，羈縻而弗有也。三代建國，弗勤遠略。岐、邠、江、淮之間，習其故俗；朔野、遼海之域，戎服不改。然而冕旒端委，南面稱王，君臣泰然，不以區宇爲狹也。故能天下乂安，享國長久。至於秦漢，開其土宇，方於三五之宅，故以數倍矣。然顔瞻大下，未厭其心，乃復西通諸國，東略海外。故地廣而威刑不制，境遠而風化不同，禍亂薦臻，豈不斯失！當世之主，好爲身後之名；有爲之人，非能守其貧賤。故城外之事興，徼幸之人至矣。夫聖人爲治，貴英才，安天下，資羣才，故徼幸之人，王制之所去也。班超之功，非不謂奇也，未有以益中國，正足以伏四夷，故王道所不取也。戊辰，司徒呂蓋老病致仕。十二月丁丑，光禄勳魯恭爲司徒。恭字仲康，右扶風平陵人也。父武陵太守，卒官時恭年十二，弟丕年七歲，晝夜號泣，哀動路人，郡吏贈送，一皆不受，處喪如禮，鄉里奇之。年十五，與弟俱居太學，詣博士受業，閉門講誦，不隨儔黨，兄弟知名，爲學者所宗。扶風數以禮請，謝而不應。母强遣之，不得已而去，同業隨之者，前後盈路。恭乃始爲新豐教授。以丕年小，欲就其名，常託病不仕。及丕舉方正，乃始爲郡吏。辟太尉掾，遷中牟令。民李勉爲母所言，恭召就責問，因爲陳父母恩德，勉慚悔返。恭爲政專以德化，不任刑罰。敕令亭長還牛，亭長不還，如是者三，遂不還。恭涕泣曰：『德化不行也。』欲解印綬去。掾吏涕泣固爭，亭長卽還牛，詣獄參罪，恭貰出不問，於是吏民敬信，皆不忍欺。是時天嘗蝗，獨不入中牟界。河南尹袁安恐有不實，使部掾肥親案行之，皆如所言。恭隨親行阡陌，坐桑下，雉過止其側。旁有小兒，親曰：『兒，何不擊雉？』小兒曰：『雉方將雛。』親默然而起曰：『今來考君之短耳，蟲不犯境，此一異也；化及鳥獸，此二異也；豎子有仁心，此三異也。府掾久留但擾賢［者］。』因還府以狀白安，安美其治。是年嘉禾生縣庭中，安具以狀上。詔舉賢良方正，恭薦中牟人王方，天子徵方公車，禮之與公卿舉賢者同。上卽位，徵爲博士、侍中，車駕每出郊廟，恭常陪乘。上顧問之，語及政治，有便於民者，無所隱諱。

十四年春二月，修西海郡。三月戊辰，上臨辟雍，亭射，大赦天下。夏六月，封中常侍鄭衆爲列侯，賞討竇氏之謀也。衆，南陽人。明帝時以謹慎事太子家。章帝卽位，爲中常侍。竇憲專權，内外螘附，衆獨不交結，一心王室。竇氏既誅，遷大長秋。天子常與謀國事，閹官專權自衆始焉。辛卯，皇后陰氏廢。初，后與外祖母鄧祀咒詛，詔中常侍張禎、尚書陳褒於掖庭窮治其獄。父綱自殺，兄軼等徙合浦，母及后二姨母徙日南。祀等内外親皆免歸本郡。冬十月辛卯，立皇后鄧氏。后，鄧訓女也。訓閨

庭甚嚴，諸子進見，未嘗賜席，至於后，事無大小，每輒咨之。弟邠曰：『平生不與諸男語，今豈年衰邪？』訓曰：『我不衰，是女也雖小，諸兒無及者，必有益於我家，是以奇之。』初，鄧禹佐命，位冠諸臣，常言曰：『我常將百萬衆，秋毫不犯，未嘗妄殺一人，子孫必當大興。』訓嘗爲謁者，治石臼河甚有方，活數千人。謂弟邠曰：『吾聞活千人者，有封子孫，豈其然乎？』訓生五男三女，長男騭，次京，次悝，次弘，次閶；長女燕，次綏，即后也，次容。后年五歲，祖母爲翦髮，老人目冥，幷中后額，忍痛不言，一額盡傷。左右怪而問之，后曰：『大夫人慈恩爲斷髮，難傷老人意，故忍之耳。』后姊燕早卒，有遺腹女娥在繈褓。后年十二，傷娥早孤，躬自養撫，由爲閨門所敬。與叔父邠及諸兄語，常問祖父禹爲布衣佐命時事。邠爲説結髮殖業，著名鄉閭。遭世祖龍飛，杖策歸德，征伐四方，天下大定。功成之後，閉門自守，事寡姊盡禮敬，訓子孫有法。遭光武皇帝憂，悲哀吐血，因發病薨。后未嘗不歎息流涕，言：立德之苦，乃至於斯。后通《論語》，志在經書，不問家事。后母非之曰：『女人書足注疏，通一《孝經》而已。今不務女工，長大寧舉博士邪？』后不欲重違母意，晝則修女工，夜則讀經傳，宗族皆號曰『諸生』。初，相工蘇大遍相家人，至后，大驚曰：『此成湯之骨法也，貴不可言。』室家乃竊喜，而不敢傳。后長七尺二寸，年十六，以選入掖庭，爲貴人。承事陰后，夙夜競競，撫接同列，常克己以下之，遂有寵。每疾，上輒令母兄入侍醫藥，不拘以日數。后輒言：『外家久在省中，上令陛下有私妾之譏，下令妾被内顧不知足之謗，上下有損，誠不願也。』上曰：『他人以數入爲榮，而鄧貴人反爲憂，誠難及也。』諸貴人競自修飾，后獨衣不求彩裳，令侍者齎羸衣，設與陰氏同服，即時解易，不欲同服，避正適也。上乃歎曰：『修德之苦，乃如是也。』上每訪問政事，謙退不敢對，欲令陰后得進，不獲已然後塞所問。陰后短小，舉止時［有］失儀，左右掩口而笑，后獨愴然不樂，爲之隱諱，若己之失。及與陰后進止，不敢正立，坐則爲之僂，所以苦心曲體，勞謙甚至，上愈重之。后每當進見，輒以疾退。御左右，常爲上言繼嗣不多，當普施恩惠，以獲子孫，發言懇惻，形於顏色。陰后素妒，見后寵甚多，設方巧欲以危后。上嘗病，陰后曰：『我得意之後，皆當夷滅之。』后恐舉宗受禍，流涕曰：『竭節以事陰后，可謂至矣，竟不爲所佑，而當獲罪於天，無相禱。婦人雖無從死之節，然越姬有必死之志，上可以報上厚恩，次可解宗親之禍，下不令陰氏有人豕之譏。』即欲飲藥。會宫人救止，因詐言『屬有來者，陛下病以差』。信以爲然，故止。其後宫人告陰后巫事蠱，后涕泣救護，無所不至。自陰后之廢，上歎曰：『聖后之尊，與帝同體，承宗廟母，天下誰能當之？唯鄧貴人德冠后庭，爲能光之耳。』初，陰后時諸家四時貢獻，以奢侈相高，器物皆飾以金銀。后不好玩弄，珠玉之物，不過於目。諸家歲時裁供紙墨，通殷勤而已。后自入宫後，遂博覽《五經》，百家圖讖，無不畢覽，善《易》及陰陽占候稀有者。上每欲官秩后諸兄，輒推誠固讓，自抑爲務，故騭終帝世，不過虎賁中郎將。騭虎賁郎時，京、悝、弘、閶黄門郎。京早卒，贈以騎［都］尉印綬。丁酉，司空韓稜薨。大司農徐防爲司空。稜字伯師，潁川舞陽人。幼失父母，與孤弟居，壯大，推家財數百萬與從昆弟，鄉里高之。仕郡至功曹，太守葛興疾，錯亂，稜輔助經年，政令無闕。興子嘗出教轉吏，稜封還不聽。訟書以稜掩蔽興疾，專郡事，不得復爲吏。後解禁網，辟司空府，稍遷至尚事令，在機密，數爲忠言，進用良吏。章帝以稜憂國忘家，夙夜匪懈，數賞賜之。是時，郅壽、陳寵俱爲尚書，皆以才能見重。帝賞三人寶劍，手自題其名：『韓稜龍泉、郅壽漢文、陳寵鍛成。』論者以爲稜淵深有謀，故得龍泉；壽含章明達，故得漢文；寵敦樸内濟，故得鍛成。防字謁卿，沛國銍人也。矜嚴有容貌。初爲郎，明帝見而異之，權爲尚書郎，在臺閣十餘年，未嘗有過。稍遷至少府、大司農，憂勤於政事，所在著名迹。

十五年春二月，出廪貸郡國被灾貧民，各有差。夏四月甲子晦，日有蝕之。冬十月戊申，行幸章陵，祠舊宅園廟。戊午，行幸雲夢。是時，廣（陵）［漢］人王渙爲洛陽令，治有異迹。初，渙遊俠尚氣，晚節好儒術，爲治修名責實，抑强扶弱，幷官職，吏輒兼書佐，小史無事，皆令讀《孝經》。病卒官，百姓無老幼，皆叩心泣涕，相賦斂爲祭者數千人。渙喪當還鄉里，新安道以西道旁，往往會聚設祭。吏問其故，盛言平常［到］洛，爲吏卒所抄奪，王君到洛，不復侵擾，故欲報恩，後民思其德，爲立祠安陽亭西，每有酒食，輒弦歌薦之。

十六年二月，以兖、豫、徐、冀民穀不登，遣三府掾分行貧民，勸民

盡地利，貧無所耕者爲雇［牛直］。夏，客星入紫微宫。秋七月辛酉，司徒魯恭策免。庚午，光禄勳張酺爲司徒。八月己酉，司徒張酺薨。酺病困，敕其子曰：『顯節陵埽地露祭，欲率天下以儉也。吾爲三公，不能使從制，豈可犯之乎？無起祠堂，露祭而已。』上聞酺薨，湣焉縞素，即賜以印綬、冢塋，恩寵隆加於相。酺字孟侯，汝南細陽人。永平中，崇尚儒（術）學，自皇太子，諸王侯及（大）［功］臣子弟，莫不受經。又爲外戚樊氏、郭氏、［陰氏］、馬氏諸子弟立學，號曰『四姓小侯』。置《五經》師，酺以明經充焉。除廣平郎中，每朝會進見，輒講於上前，辭義高亮，音動左右。上新即位，應在祠，朝廷爲出爲外郡。內不自得，上疏願留左右。上不聽，賜錢三十萬，丞發之官。酺雖儒者，剛而有斷，下車擢用賢俊，挫擊豪强，旬月之間，郡中肅然，酺既出，上見諸王師傅曰：『東郡太守張酺，講授畢，輒諫正，誾誾［惻惻］，時有小善，稱之不已，忠言謇謇，有史魚之風。』初，賈（遠）［逵］明古學，曹酺制漢禮，酺常非之。及爲太尉，上疏陳其不可，書五奏，上知酺守學不通，寢其奏。冬十月辛卯，司空徐防爲司徒，大鴻臚陳寵爲司空。徵鉅鹿太守魏霸爲將作大匠。霸，濟陰人也。少失父母，兄弟同居數十年，妻子數執勤苦，動則推讓。爲郡，妻子不之官。霸以兄嫂勤［苦］，而己獨榮樂，常衣布蔬食，敕妻子親之耕蠶，與兄弟子侄同勞逸。爲［政］寬恕而已，不求備於一人。掾吏有過，輒私責改，不改，休罷之，終不暴揚其惡。吏有相譖者，輒歎息曰：『某甲賢者也，不及人短，太守以是重之。』其人慚責，自引退，郡中化之，皆和睦。後拜太常，以病致仕，爲光禄大夫。霸妻死，長兄伯爲霸取妻，送至官舍。霸笑曰：『年老，兒子備具，何養他家婦邪？』自入拜其妻曰：『夫人視老夫何（空）中，直而空遠來［失］（使）計，義不相屈。』即拜而出。妻慚求去，遂送還之。匈奴北單于遣使奉獻。

元興元年春三月，追爵謚皇后父鄧訓爲平壽敬侯。司空寵以非舊典也，太尉張禹、司徒徐防以爲宜封，爭之連日，乃從禹、防議。由是虎賁中郎將有恨寵。夏四月，封鄧禹、馮魴後爲列侯。丙午，大赦天下。五月癸酉，扶風雍地震。十二月辛未，帝崩於嘉德殿。初，數失皇（太）子，養於民間，羣臣無知者，莫不惶懼。鄧后乃收皇（太）子於民間。皇子勝長，有疾。皇子隆生百餘日，后養之。太后乃引兄等定策禁中，立隆爲皇太子。是日，即皇帝位，太后攝朝。賜天下男子爵各有差；鰥、寡、孤、獨、篤、癃不能自存者粟，人三斛。封皇子勝爲平原王。詔曰：『昔唐、虞之盛，猶待四輔；周文之寧，實在多士。漢興，舊制咸宜保傅，並建左右，以參聽斷。太尉禹三世在位，黄髮罔僭。司徒防竭力致身，先帝嘉之。其以禹爲太傅，防爲太尉，參録尚書事，百官總己以聽（政）。』初，郡國定符瑞八十餘品，和帝恐虛妄，抑而不宣。

論說

宋・胡宏《五峯集》卷五《易外傳》 剥：初六，剥牀以足，蔑貞，凶。象曰：剥牀以足，以滅下也。

漢和帝以鄭衆誅竇憲有功，遂得與聞政事，閹宦擅權，侵害正人，自此始矣。小人得志，君子道消，其凶必矣。

元・王惲《秋澗集》卷七八《進呈承華事略箋・立愛》 後漢和帝爲太子時，特親愛兄。清河王慶入則共室，出則同輿，及即位，待慶尤渥，慶或時不安，帝朝夕問飢進膳，所以垂意甚備。

明・夏良勝《中庸衍義》卷七《達道之義》 和熹皇后，和帝后也。嘗有疾，特令后母兄弟入侍醫藥，不限日數，后言於帝曰：『宫禁至重，而使外人久在內省，上令陛下有幸私之譏，下使賤妾獲不知足之謗，上下交損，誠不願也。』帝曰：『人皆以數入爲榮，乃反以爲憂，深自抑損，誠難及也。』

趙弼曰：太后鄧禹之孫，鄧訓之女，性孝友，好讀書，脩婦業，暮讀經史，家人號曰諸生，和帝納爲貴人，後正位中宫，郡國貢獻悉令禁絶，歲時但供紙筆而已。和帝每欲封鄧氏后，輒哀言遜讓，故兄隲終和帝世不過虎賁中郎將。和帝崩，孝殤始生百餘日即位，太后臨朝，孝章子孫豈無年長聰慧者，乃立飲乳之兒，其意固有在也。孝殤未逾年而崩，太后迎立清河王慶之子祐，是爲安帝。既立不明，太后猶臨朝稱制，不免有貪權固位之心，乃爲賢明之累也。

臣良勝曰：古有植遺腹朝委裘者，殤帝爲和帝子，雖生一日，猶當

立也。趙弼謂后意有所在，則望之深矣。舍殤帝而他立，是召亂也。晉襄公卒，趙孟謀欲立長君，襄夫人日抱太子哭于朝，曰：『舍嫡嗣而外求，君將焉置此？』此則后宜免矣。但《漢書》云和帝皇子十數，後生者輒隱秘，養于民間，羣臣無知者。長子勝又以痼疾廢，此則和帝之過，而后不得謂不預知也。抱殤帝以臨朝，亦周公負成王意也。安帝立時，年已十三，若大臣輔之，自可立政。朱熹脩《綱目》特書太后猶臨朝以譏之，得其情矣。及後杜根上書請還政，盛以縑囊撲殺于殿庭，卽此一短，已掩其終身之長，『靡不有初，鮮克有終』。慎之哉。

明・湛若水《格物通》卷三九《嚴内外下》　漢和帝永元九年閏月辛巳，皇太后竇氏崩。甲子，追尊母梁貴人爲皇太后，追封梁竦爲褒親愍侯，封子棠爲樂平侯，棠弟雍爲乘氏侯，雍弟翟爲單父侯，位皆特進，梁氏自此盛矣。

臣若水通曰：竇氏之禍起於太后之臨朝，梁氏之禍起於三侯之並封，可以爲内外不嚴之覆轍矣。然和帝以幼沖能誅竇氏之惡，而不能禁梁氏之禍於未萌，豈欲故害之也？溺愛不明爾。

又　卷四〇《恤幼孤》　漢和帝永元十五年夏四月甲子晦，日有食之。時帝遵肅宗故事，兄弟皆留京師，有司以日食陰盛奏遣諸王就國詔曰：『甲子之異，責由一人。諸王幼穉，早離顧復。弱冠相育，常有蓼莪。凱風之哀，選懼之恩。知非國典，且復宿留。』

臣若水通曰：和帝幼沖而能友愛，兄弟宿留京師，不以有司之請而少間，蓋其親親之仁根於天性，故如此。彼喋血禁門推刃同氣者，獨何心哉？

明・張寧《方洲集》卷三二《讀史録・和帝》　元興元年。

冬十二月，帝崩。

治天下者愛惡不偏於所向，親疏不昧於所施，然後可以言君道也。竇憲以謀逆伏誅，宜無遺類，和帝一聞竇環忠善，卽從貸宥；梁貴人死，狀既白竇太后宜有貶削。和帝推引恩義，不忍復議，乃追尊母爲恭懷皇太后，改葬西陵，自是宗室罪絶者，悉復屬籍。梁王暢有罪，止從寛典，獨於清河王慶賜予優渥，恩義滋深，而諸弟分封並始終無間，此其愛惡不偏，親疏有等，本於身心，而達於天下，無非仁義之流行矣。考諸紀傳，其在位十有七年之間，詔爲貧民顧牛犁者一，勸民蓄蔬以助五穀之食者一，令過所實稟流民者二，貸民種糧者三，賜鰥寡孤獨粟者三，賜民粟帛錢布者四，減放輸作刑徒者五，除減田租芻稾者六，聽民得採取官陂池園林者六，賑貸不收者七。自古史籍所載，未有優恤元元甚於飢渴如此其至者，豈不忍人之政固自有本乎？愚嘗就事論之，其不貶削竇太后，過於光武；其尊葬梁貴人過於肅宗；其克清内難，不露幾微，不動聲色，過於昭帝。當時登用忠貞，繼興勳舊講明典紀，降附戎夷，雖禮樂未章，而政治均一，又庶幾文景之際，胡致堂謂前史未之發揚，豈非缺典，其指蓋亦廣矣。若使天壽平格，則其不得已而爲，如鄭衆之事，必有撙節裁定之制，奈何世祚不遐，遂開大釁，豈東漢之盛衰，治亂亦已定數乎！

清・愛新覺羅・玄燁《聖祖仁皇帝御製文第二集》卷三八《雜著》　漢和帝詔：『勿受遠國珍羞。』

人主撫有天下，玉食萬方，若窮極異味，何求而不得？第軫念下民供億之繁，誠有所不忍爾。如宋仁宗計蛤蜊之費，一下筯二十八千，吾不堪焉。又中夜偶思燒羊，復戒左右，勿令宣索，恐膳夫奉行沿爲成例，徒縻有用之物，以備不時之需，皆此意也。況養生之道，尤以節飲食爲要義。朕自御極以來，凡所供餚饌，皆尋常品味，未嘗羅列珍羞，侈以自奉，然於日用常餐，猶加意撙節，適可而止，頗得調攝之方，縱恣口腹者，無益而有損，此人情所易忽，不可不慎。

清・愛新覺羅・玄燁《聖祖仁皇帝御製文第三集》卷三一《雜著・和帝》　罷收鹽鐵詔。

昭帝時舉四方賢良卽言願罷鹽鐵官，迨此時，邊方寧謐，故毅然去之。

求曹相國後詔。

念舊酬勳，繼絶舉廢，詞意温藹，詔旨中極有風致者。

選舉詔。

漢選舉責成二千石刺史，故得人爲盛。

舉賢良詔。

和帝求賢諸詔，綽有西漢風致。

封班超詔。

漢立功西域，每求智勇之士置爲都尉。當時冣稱得人，亦由獎勵激賞

之典重也。

蝗灾罪己詔。

遇灾引咎，深自謙，抑得詔令之體。

擇良吏詔。

周宣以《雲漢》爲憂，詩人美之，斯詔大意略同。

留諸王詔。

詔語雖簡，深得友愛之義。

和熹鄧皇后。

詔河南尹豹等。

貴戚子弟，乃國家肺腑股肱，幼而不學，長且面牆恃貴，而驕恃富而侈職此故也。此詔辭可謂深中情事矣。

平定叛亂與削除分裂勢力部

剪除異姓諸侯王分部

綜　述

《史記》卷八《高祖本紀》　皇帝曰義帝無後。齊王韓信習楚風俗，徙爲楚王，都下邳。立建成侯彭越爲梁王，都定陶。故韓王信爲韓王，都陽翟。徙衡山王吳芮爲長沙王，都臨湘。番君之將梅鋗有功，從入武關，故德番君。淮南王布、燕王臧荼、趙王敖皆如故。【略】

（五年）十月，燕王臧荼反，攻下代地。高祖自將擊之，得燕王臧荼。即立太尉盧綰爲燕王。使丞相噲將兵攻代。

其秋，利幾反，高祖自將兵擊之，利幾走。利幾者，項氏之將。項氏敗，利幾爲陳公，不隨項羽，亡降高祖，高祖侯之潁川。高祖至雒陽，舉通侯籍召之，而利幾恐，故反。

六年，【略】十二月，人有上變事告楚王信謀反，上問左右，左右爭欲擊之。用陳平計，乃僞遊雲夢，會諸侯於陳，楚王信迎，即因執之。是日，大赦天下。田肯賀，因説高祖曰：『陛下得韓信，又治秦中。秦，形勝之國，帶河山之險，縣隔千里，持戟百萬，秦得百二焉。地勢便利，其以下兵於諸侯，譬猶居高屋之上建瓴水也。夫齊，東有瑯邪、即墨之饒，南有泰山之固，西有濁河之限，北有勃海之利。地方二千里，持戟百萬，縣隔千里之外，齊得十二焉。故此東西秦也。非親子弟，莫可使王齊矣。』高祖曰：『善。』賜黄金五百斤。

後十餘日，封韓信爲淮陰侯，分其地爲二國。高祖曰將軍劉賈數有功，以爲荆王，王淮東。弟交爲楚王，王淮西。子肥爲齊王，王七十餘城，民能齊言者皆屬齊。乃論功，與諸列侯剖符行封。徙韓王信太原。

七年，匈奴攻韓王信馬邑，信因與謀反太原。白土曼丘臣、王黄立故趙將趙利爲王以反，高祖自往擊之。會天寒，士卒墮指者什二三，遂至平城。匈奴圍我平城，七日而後罷去。令樊噲止定代地。立兄劉仲爲代王。【略】

八年，高祖東擊韓王信餘反寇於東垣。【略】

高祖之東垣，過柏人，趙相貫高等謀弑高祖，高祖心動，因不留。代王劉仲棄國亡，自歸雒陽，廢以爲合陽侯。

九年，趙相貫高等事發覺，夷三族。廢趙王敖爲宣平侯。是歲，徙貴族楚昭、屈、景、懷、齊田氏關中。【略】

十年十月，淮南王黥布、梁王彭越、燕王盧綰、荆王劉賈、楚王劉交、齊王劉肥、長沙王吳芮皆來朝長樂宫。春夏無事。

七月，太上皇崩櫟陽宫。楚王、梁王皆來送葬。赦櫟陽囚。更命酈邑曰新豐。

八月，趙相國陳豨反代地。上曰：『豨嘗爲吾使，甚有信。代地吾所急也，故封豨爲列侯，以相國守代，今乃與王黄等劫掠代地！代地吏民非有罪也。其赦代吏民。』九月，上自東往擊之。至邯鄲，上喜曰：『豨不南據邯鄲而阻漳水，吾知其無能爲也。』聞豨將皆故賈人也，上曰：『吾知所以與之。』乃多以金啗豨將，豨將多降者。

十一年，高祖在邯鄲誅豨等未畢，豨將侯敞將萬餘人游行，王黄軍曲逆，張春渡河擊聊城。漢使將軍郭蒙與齊將擊，大破之。太尉周勃道太原入，定代地。至馬邑，馬邑不下，卽攻殘之。

豨將趙利守東垣，高祖攻之，不下。月餘，卒罵高祖，高祖怒。城降，令出罵者斬之，不罵者原之。於是乃分趙山北，立子恒以爲代王，都晉陽。

春，淮陰侯韓信謀反關中，夷三族。

夏，梁王彭越謀反，廢遷蜀；復欲反，遂夷三族。立子恢爲梁王，子友爲淮陽王。

秋七月，淮南王黥布反，東幷荆王劉賈地，北渡淮，楚王交走入薛。高祖自往擊之。立子長爲淮南王。

十二年，十月，高祖已擊布軍會甀，布走，令別將追之。【略】漢將別擊布軍洮水南北，皆大破之，追得斬布鄱陽。樊噲別將兵定代，斬陳豨當城。

十一月，高祖自布軍至長安。十二月，高祖曰：『秦始皇帝、楚隱王陳涉、魏安釐王、齊緡王、趙悼襄王皆絶無後，予守冢各十家，秦皇帝二十家，魏公子無忌五家。』赦代地吏民爲陳豨、趙利所劫掠者，皆赦之。陳豨降將言豨反時，燕王盧綰使人之豨所，與陰謀。上使辟陽侯迎綰，綰稱病。辟陽侯歸，具言綰反有端矣。二月，使樊噲、周勃將兵擊燕王綰，赦燕吏民與反者。立皇子建爲燕王。

高祖擊布時，爲流矢所中，行道病。病甚，呂后迎良醫，醫入見，高祖問醫，醫曰：『病可治。』於是高祖嫚罵之曰：『吾以布衣提三尺劍取天下，此非天命乎？命乃在天，雖扁鵲何益！』遂不使治病，賜金五十斤罷之。已而呂后問：『陛下百歲後，蕭相國卽死，令誰代之？』上曰：『曹參可。』問其次，上曰：『王陵可。然陵少戇，陳平可以助之。陳平智有餘，然難以獨任。周勃重厚少文，然安劉氏者必勃也，可令爲太尉。』呂后復問其次，上曰：『此後亦非而所知也。』

盧綰與數千騎居塞下候伺，幸上病愈自入謝。

四月甲辰，高祖崩長樂宫。四日不發喪。呂后與審食其謀曰：『諸將與帝爲編户民，今北面爲臣，此常怏怏，今乃事少主，非盡族是，天下不安。』人或聞之，語酈將軍。酈將軍往見審食其，曰：『吾聞帝已崩，四日不發喪，欲誅諸將。誠如此，天下危矣。陳平、灌嬰將十萬守滎陽，樊噲、周勃將二十萬定燕、代，此聞帝崩，諸將皆誅，必連兵還鄉以攻關中。大臣内叛，諸侯外反，亡可翹足而待也。』審食其入言之，乃以丁未發喪，大赦天下。

盧綰聞高祖崩，遂亡入匈奴。

又 卷一七《漢興以來諸侯王年表》 漢興，序二等。高祖末年，非劉氏而王者，若無功上所不置而侯者，天下共誅之。

又 卷八九《張耳陳餘列傳》 漢二年，東擊楚，使使告趙，欲與俱。陳餘曰：『漢殺張耳乃從。』於是漢王求人類張耳者斬之，持其頭遺陳餘。陳餘乃遣兵助漢。漢之敗於彭城西，陳餘亦復覺張耳不死，卽背漢。

漢三年，韓信已定魏地，遣張耳與韓信擊破趙井陘，斬陳餘泜水上，追殺趙王歇襄國。漢立張耳爲趙王。漢五年，張耳薨，謚爲景王。子敖嗣立爲趙王。高祖長女魯元公主爲趙王敖后。

漢七年，高祖從平城過趙，趙王朝夕袒韝蔽，自上食，禮甚卑，有子婿禮。高祖箕踞詈，甚慢易之。趙相貫高、趙午等年六十餘，故張耳客也。生平爲氣，乃怒曰：『吾王孱王也！』説王曰：『夫天下豪桀並起，能者先立。今王事高祖甚恭，而高祖無禮，請爲王殺之！』張敖齧其指出血，曰：『君何言之誤！且先人亡國，賴高祖得復國，德流子孫，秋豪皆高祖力也。原君無復出口。』貫高、趙午等十餘人皆相謂曰：『乃吾等非也。吾王長者，不倍德。且吾等義不辱，今怨高祖辱我王，故欲殺之，何乃汙王爲乎？令事成歸王，事敗獨身坐耳。』

漢八年，上從東垣還，過趙，貫高等乃壁人柏人，要之置廁。上過欲宿，心動問曰：『縣名爲何？』曰：『柏人。』『柏人者，迫於人也！』不宿而去。

漢九年，貫高怨家知其謀，乃上變告之。於是上皆幷逮捕趙王、貫高等。十餘人皆爭自剄，貫高獨怒罵曰：『誰令公爲之？今王實無謀，而幷捕王，公等皆死，誰白王不反者！』乃轞車膠致，與王詣長安。治張敖之罪。上乃詔趙羣臣賓客有敢從王皆族。貫高與客孟舒等十餘人，皆自髡

鉗，爲王家奴，從來。貫高至，對獄，曰：『獨吾屬爲之，王實不知。』吏治榜笞數千，刺剟，身無可擊者，終不復言。呂后數言張王以魯元公主故，不宜有此。上怒曰：『使張敖據天下，豈少而女乎！』不聽。廷尉以貫高事辭聞，上曰：『壯士！誰知者，以私問之。』中大夫泄公曰：『臣之邑子，素知之。此固趙國立名義不侵爲然諾者也。』上使泄公持節問之箯輿前。仰視曰：『泄公邪？』泄公勞苦如生平驩，與語，問張王果有計謀不。高曰：『人情寧不各愛其父母妻子乎？今吾三族皆以論死，豈以王易吾親哉！顧爲王實不反，獨吾等爲之。』具道本指所以爲者王不知狀。於是泄公入，具以報，上乃赦趙王。

上賢貫高爲人能立然諾，使泄公具告之，曰：『張王已出。』因赦貫高。貫高喜曰：『吾王審出乎？』泄公曰：『然。』泄公曰：『上多足下，故赦足下。』貫高曰：『所以不死一身無餘者，白張王不反也。今王已出，吾責已塞，死不恨矣。且人臣有簒殺之名，何面目復事上哉！縱上不殺我，我不愧於心乎？』乃仰絕肮，遂死。當此之時，名聞天下。

張敖已出，以尚魯元公主故，封爲宣平侯。於是上賢張王諸客，以鉗奴從張王入關，無不爲諸侯相、郡守者。及孝惠、高后、文帝、孝景時，張王客子孫皆得爲二千石。

張敖，高后六年薨。子偃爲魯元王。以母呂后女故，呂后封爲魯元王。元王弱，兄弟少，乃封張敖他姬子二人：壽爲樂昌侯，侈爲信都侯。高后崩，諸呂無道，大臣誅之，而廢魯元王及樂昌侯、信都侯。孝文帝即位，復封故魯元王偃爲南宮侯，續張氏。

太史公曰：張耳、陳餘，世傳所稱賢者。其賓客廝役，莫非天下俊桀，所居國無不取卿相者。然張耳、陳餘始居約時，相然信以死，豈顧問哉。及據國爭權，卒相滅亡，何鄉者相慕用之誠，後相倍之戾也！豈非以勢利交哉？名譽雖高，賓客雖盛，所由殆與大伯、延陵季子異矣。

又　卷九〇《魏豹彭越列傳》　漢王敗，使使召彭越并力擊楚。越曰：『魏地初定，尚畏楚，未可去。』漢王追楚，爲項籍所敗固陵。乃謂留侯曰：『諸侯兵不從，爲之奈何？』留侯曰：『齊王信之立，非君王之意，信亦不自堅。彭越本定梁地，功多，始君王以魏豹故，拜彭越爲魏相國。今豹死毋後，且越亦欲王，而君王不蚤定。與此兩國約：即勝楚，睢陽以北至穀城，皆以王彭相國；從陳以東傅海，與齊王信。齊王信家在楚，此其意欲復得故邑。君王能出捐此地許二人，二人今可致；即不能，事未可知也。』於是漢王乃發使使彭越，如留侯策。使者至，彭越乃悉引兵會垓下，遂破楚。項籍已死。春，立彭越爲梁王，都定陶。

六年，朝陳。九年，十年，皆來朝長安。

十年秋，陳豨反代地，高帝自往擊，至邯鄲，徵兵梁王。梁王稱病，使將將兵詣邯鄲。高帝怒，使人讓梁王。梁王恐，欲自往謝。其將扈輒曰：『王始不往，見讓而往，往則爲禽矣。不如遂發兵反。』梁王不聽，稱病。梁王怒其太僕，欲斬之。太僕亡走漢，告梁王與扈輒謀反。於是上使使掩梁王，梁王不覺，捕梁王，囚之雒陽。有司治反形已具，請論如法。上赦以爲庶人，傳處蜀青衣。西至鄭，逢呂后從長安來，欲之雒陽，道見彭王。彭王爲呂后泣涕，自言無罪，原處故昌邑。呂后許諾，與俱東至雒陽。呂后白上曰：『彭王壯士，今徙之蜀，此自遺患，不如遂誅之。妾謹與俱來。』於是呂后乃令其舍人彭越復謀反。廷尉王恬開奏請族之。上乃可，遂夷越宗族，國除。

太史公曰：魏豹、彭越雖故賤，然已席卷千里，南面稱孤，喋血乘勝日有聞矣。懷畔逆之意，及敗，不死而虜囚，身被刑戮，何哉？中材已上且羞其行，況王者乎！彼無異故，智略絕人，獨患無身耳。得攝尺寸之柄，其雲蒸龍變，欲有所會其度，以故幽囚而不辭云。

又　卷九一《黥布列傳》　項籍死，天下定，上置酒。上折隨何之功，謂何爲腐儒，爲天下安用腐儒。隨何跪曰：『夫陛下引兵攻彭城，楚王未去齊也，陛下發步卒五萬人，騎五千，能以取淮南乎？』上曰：『不能。』隨何曰：『陛下使何與二十人使淮南，至，如陛下之意，是何之功賢於步卒五萬人騎五千也。然而陛下謂何腐儒，爲天下安用腐儒，何也？』上曰：『吾方圖子之功。』乃以隨何爲護軍中尉。布遂剖符爲淮南王，都六，九江、廬江、衡山、豫章郡皆屬布。

七年，朝陳。八年，朝雒陽。九年，朝長安。

十一年，高后誅淮陰侯，布因心恐。夏，漢誅梁王彭越，醢之，盛其醢遍賜諸侯。至淮南，淮南王方獵，見醢，因大恐，陰令人部聚兵，候伺旁郡警急。

布所幸姬疾，請就醫，醫家與中大夫賁赫對門，姬數如醫家，賁赫自以爲侍中，乃厚餽遺，從姬飲醫家。姬侍王，從容語次，譽赫長者也。王怒曰：『汝安從知之？』具説狀。王疑其與亂。赫恐，稱病。王愈怒，欲捕赫。赫言變事，乘傳詣長安。布使人追，不及。赫至，上變，言布謀反有端，可先未發誅也。上讀其書，語蕭相國。相國曰：『布不宜有此，恐仇怨妄誣之。請擊赫，使人微驗淮南王。』淮南王布見赫以罪亡，上變，固已疑其言國陰事；漢使又來，頗有所驗，遂族赫家，發兵反。反書聞，上乃赦賁赫，以爲將軍。

上召諸將問曰：『布反，爲之奈何？』皆曰：『發兵擊之，阬豎子耳。何能爲乎！』汝陰侯滕公召故楚令尹問之。令尹曰：『是故當反。』滕公曰：『上裂地而王之，疏爵而貴之，南面而立萬乘之主，其反何也？』令尹曰：『往年殺彭越，前年殺韓信，此三人者，同功一體之人也。自疑禍及身，故反耳。』滕公言之上曰：『臣客故楚令尹薛公者，其人有籌筴之計，可問。』上乃召見問薛公。薛公對曰：『布反不足怪也。使布出於上計，山東非漢之有也；出於中計，勝敗之數未可知也；出於下計，陛下安枕而臥矣。』上曰：『何謂上計？』令尹對曰：『東取吳，西取楚，并齊取魯，傳檄燕、趙，固守其所，山東非漢之有也。』『何謂中計？』『東取吳，西取楚，并韓取魏，據敖庾之粟，塞成皋之口，勝敗之數未可知也。』『何謂下計？』『東取吳，西取下蔡，歸重於越，身歸長沙，陛下安枕而臥，漢無事矣。』上曰：『是計將安出？』令尹對曰：『出下計。』上曰：『何謂廢上中計而出下計？』令尹曰：『布故麗山之徒也，自致萬乘之主，此皆爲身，不顧後爲百姓萬世慮者也，故曰出下計。』上曰：『善。』封薛公千户。乃立皇子長爲淮南王。上遂發兵自將東擊布。

布之初反，謂其將曰：『上老矣，厭兵，必不能來。使諸將，諸將獨患淮陰、彭越，今皆已死，餘不足畏也。』故遂反。果如薛公籌之，東擊荆，荆王劉賈走死富陵。盡劫其兵，渡淮擊楚。楚發兵與戰徐、僮間，爲三軍，欲以相救爲奇。或説楚將曰：『布善用兵，民素畏之。且兵法，諸侯戰其地爲散地。今別爲三，彼敗吾一軍，餘皆走，安能相救！』不聽。布果破其一軍，其二軍散走。遂西，與上兵遇蘄西，會甀。布兵精甚，上乃壁庸城，望布軍置陳如項籍軍，上惡之。與布相望見，遥謂布曰：『何苦而反？』布曰：『欲爲帝耳。』上怒罵之，遂大戰。布軍敗走，渡淮，數止戰，不利，與百餘人走江南。布故與番君婚，以故長沙哀王使人紿布，僞與亡，誘走越，故信而隨之番陽。番陽人殺布茲鄉民田舍，遂滅黥布。

立皇子長爲淮南王，封賁赫爲期思侯，諸將率多以功封者。

太史公曰：英布者，其先豈春秋所見楚滅英、六，皋陶之後哉？身被刑法，何其拔興之暴也！項氏之所阬殺人以千萬數，而布常爲首虐。功冠諸侯，用此得王，亦不免於身爲世大僇。禍之興自愛姬殖，妒媢生患，竟以滅國！

又　卷九二《淮陰侯列傳》　楚已亡龍且，項王恐，使盱眙人武涉往説齊王信曰：『天下共苦秦久矣，相與戮力擊秦。秦已破，計功割地，分土而王之，以休士卒。今漢王復興兵而東，侵人之分，奪人之地，已破三秦，引兵出關，收諸侯之兵以東擊楚，其意非盡吞天下者不休，其不知厭足如是甚也。且漢王不可必，身居項王掌握中數矣，項王憐而活之，然得脱，輒倍約，復擊項王，其不可親信如此。今足下雖自以與漢王爲厚交，爲之盡力用兵，終爲之所禽矣。足下所以得須臾至今者，以項王尚存也。當今二王之事，權在足下。足下右投則漢王勝，左投則項王勝。項王今日亡，則次取足下。足下與項王有故，何不反漢與楚連和，參分天下王之？今釋此時，而自必於漢以擊楚，且爲智者固若此乎！』韓信謝曰：『臣事項王，官不過郎中，位不過執戟，言不聽，畫不用，故倍楚而歸漢。漢王授我上將軍印，予我數萬衆，解衣衣我，推食食我，言聽計用，故吾得以至於此。夫人深親信我，我倍之不祥，雖死不易。幸爲信謝項王！』

武涉已去，齊人蒯通知天下權在韓信，欲爲奇策而感動之，以相人説韓信曰：『僕嘗受相人之術。』韓信曰：『先生相人何如？』對曰：『貴賤在於骨法，憂喜在於容色，成敗在於決斷，以此參之，萬不失一。』韓信曰：『善。先生相寡人何如？』對曰：『願少間。』信曰：『左右去矣。』通曰：『相君之面，不過封侯，又危不安。相君之背，貴乃不可言。』韓信曰：『何謂也？』蒯通曰：『天下初發難也，俊雄豪桀建號壹呼，天下之士雲合霧集，魚鱗雜遝，熛至風起。當此之時，憂在亡秦而

已。今楚漢分爭，使天下無罪之人肝膽塗地，父子暴骸骨於中野，不可勝數。楚人起彭城，轉鬬逐北，至於滎陽，乘利席卷，威震天下。然兵困於京、索之間，迫西山而不能進者，三年於此矣。漢王將數十萬之衆，距鞏、雒，阻山河之險，一日數戰，無尺寸之功，折北不救，敗滎陽，傷成皋，遂走宛、葉之間，此所謂智勇俱困者也。夫鋭氣挫於險塞，而糧食竭於內府，百姓罷極怨望，容容無所倚。以臣料之，其勢非天下之賢聖固不能息天下之禍。當今兩主之命縣於足下。足下爲漢則漢勝，與楚則楚勝。臣願披腹心，輸肝膽，效愚計，恐足下不能用也。誠能聽臣之計，莫若兩利而俱存之，參分天下，鼎足而居，其勢莫敢先動。夫以足下之賢聖，有甲兵之衆，據强齊，從燕、趙，出空虛之地而制其後，因民之欲，西鄉爲百姓請命，則天下風走而回應矣，孰敢不聽！割大弱强，以立諸侯，諸侯已立，天下服聽而歸德於齊。案齊之故，有膠、泗之地，懷諸侯以德，深拱揖讓，則天下之君王相率而朝於齊矣。蓋聞天與弗取，反受其咎；時至不行，反受其殃。願足下孰慮之。』

韓信曰：『漢王遇我甚厚，載我以其車，衣我以其衣，食我以其食。吾聞之，乘人之車者載人之患，衣人之衣者懷人之憂，食人之食者死人之事，吾豈可以鄉利倍義乎！』蒯生曰：『足下自以爲善漢王，欲建萬世之業，臣竊以爲誤矣。始常山王、成安君爲布衣時，相與爲刎頸之交，後爭張黶、陳澤之事，二人相怨。常山王背項王，奉項嬰頭而竄，逃歸於漢王。漢王借兵而東下，殺成安君泜水之南，頭足異處，卒爲天下笑。此二人相與，天下至也。然而卒相禽者，何也？患生於多欲而人心難測也。今足下欲行忠信以交於漢王，必不能固於二君之相與也，而事多大於張黶、陳澤。故臣以爲足下必漢王之不危己，亦誤矣。大夫種、范蠡存亡越，霸句踐，立功成名而身死亡。野獸已盡而獵狗亨。夫以交友言之，則不如張耳之與成安君者也；以忠信言之，則不過大夫種、范蠡之於句踐也。此二人者，足以觀矣。願足下深慮之。且臣聞勇略震主者身危，而功蓋天下者不賞。臣請言大王功略：足下涉西河，虜魏王，禽夏説，引兵下井陘，誅成安君，徇趙，脅燕，定齊，南摧楚人之兵二十萬，東殺龍且，西鄉以報，此所謂功無二於天下，而略不世出者也。今足下戴震主之威，挾不賞之功，歸楚，楚人不信；歸漢，漢人震恐：足下欲持是安歸乎？夫勢在人臣之位而有震主之威，名高天下，竊爲足下危之。』韓信謝曰：『先生且休矣，吾將念之。』

後數日，蒯通復説曰：『夫聽者事之候也，計者事之機也，聽過計失而能久安者，鮮矣。聽不失一二者，不可亂以言；計不失本末者，不可紛以辭。夫隨廝養之役者，失萬乘之權；守儋石之禄者，闕卿相之位。故知者決之斷也，疑者事之害也，審豪氂之小計，遺天下之大數，智誠知之，決弗敢行者，百事之禍也。故曰「猛虎之猶豫，不若蜂蠆之致螫；騏驥之躅，不如駑馬之安步；孟賁之狐疑，不如庸夫之必至也；雖有舜禹之智，吟而不言，不如瘖聾之指麾也」。此言貴能行之。夫功者難成而易敗，時者難得而易失也。時乎時，不再來。願足下詳察之。』韓信猶豫不忍倍漢，又自以爲功多，漢終不奪我齊，遂謝蒯通。蒯通説不聽，已詳狂爲巫。

漢王之困固陵，用張良計，召齊王信，遂將兵會垓下。項羽已破，高祖襲奪齊王軍。漢五年正月，徙齊王信爲楚王，都下邳。

信至國，召所從食漂母，賜千金。及下鄉南昌亭長，賜百錢，曰：『公，小人也，爲德不卒。』召辱己之少年令出胯下者以爲楚中尉。告諸將相曰：『此壯士也。方辱我時，我寧不能殺之邪？殺之無名，故忍而就於此。』

項王亡將鍾離未家在伊廬，素與信善。項王死後，亡歸信。漢王怨未，聞其在楚，詔楚捕未。信初之國，行縣邑，陳兵出入。漢六年，人有上書告楚王信反。高帝以陳平計，天子巡狩會諸侯，南方有雲夢，發使告諸侯會陳：『吾將遊雲夢。』實欲襲信，信弗知。高祖且至楚，信欲發兵反，自度無罪，欲謁上，恐見禽。人或説信曰：『斬未謁上，上必喜，無患。』信見未計事。未曰：『漢所以不擊取楚，以未在公所。若欲捕我以自媚於漢，吾今日死，公亦隨手亡矣。』乃罵信曰：『公非長者！』卒自剄。信持其首，謁高祖於陳。上令武士縛信，載後車。信曰：『果若人言，「狡兔死，良狗亨；高鳥盡，良弓藏；敵國破，謀臣亡。」天下已定，我固當亨！』上曰：『人告公反。』遂械繫信。至雒陽，赦信罪，以爲淮陰侯。

信知漢王畏惡其能，常稱病不朝從。信由此日夜怨望，居常鞅鞅，羞

與絳、灌等列。信嘗過樊將軍噲，噲跪拜送迎，言稱臣，曰：『大王乃肯臨臣！』信出門，笑曰：『生乃與噲等爲伍！』上常從容與信言諸將能不，各有差。上問曰：『如我能將幾何？』信曰：『陛下不過能將十萬。』上曰：『於君何如？』曰：『臣多多而益善耳。』上笑曰：『多多益善，何爲爲我禽？』信曰：『陛下不能將兵，而善將將，此乃信之所以爲陛下禽也。且陛下所謂天授，非人力也。』

陳豨拜爲鉅鹿守，辭於淮陰侯。淮陰侯挈其手，辟左右與之步於庭，仰天歎曰：『子可與言乎？欲與子有言也。』豨曰：『唯將軍令之。』淮陰侯曰：『公之所居，天下精兵處也；而公，陛下之信幸臣也。人言公之畔，陛下必不信；再至，陛下乃疑矣；三至，必怒而自將。吾爲公從中起，天下可圖也。』陳豨素知其能也，信之，曰：『謹奉教！』漢十年，陳豨果反。上自將而往，信病不從。陰使人至豨所，曰：『弟舉兵，吾從此助公。』信乃謀與家臣夜詐詔赦諸官徒奴，欲發以襲呂后、太子。部署已定，待豨報。其舍人得罪於信，信囚，欲殺之。舍人弟上變，告信欲反狀於呂后。呂后欲召，恐其黨不就，乃與蕭相國謀，詐令人從上所來，言豨已得死，列侯羣臣皆賀。相國紿信曰：『雖疾，强入賀。』信入，呂后使武士縛信，斬之長樂鍾室。信方斬，曰：『吾悔不用蒯通之計，乃爲兒女子所詐，豈非天哉！』遂夷信三族。

高祖已從豨軍來，至，見信死，且喜且憐之，問：『信死亦何言？』呂后曰：『信言恨不用蒯通計。』高祖曰：『是齊辯士也。』乃詔齊捕蒯通。蒯通至，上曰：『若教淮陰侯反乎？』對曰：『然，臣固教之。豎子不用臣之策，故令自夷於此。如彼豎子用臣之計，陛下安得而夷之乎！』上怒曰：『亨之。』通曰：『嗟乎，冤哉亨也！』上曰：『若教韓信反，何冤？』對曰：『秦之綱絕而維弛，山東大擾，異姓並起，英俊烏集。秦失其鹿，天下共逐之，於是高材疾足者先得焉。蹠之狗吠堯，堯非不仁，狗因吠非其主。當是時，臣唯獨知韓信，非知陛下也。且天下鋭精持鋒欲爲陛下所爲者甚衆，顧力不能耳。又可盡亨之邪？』高帝曰：『置之。』乃釋通之罪。

太史公曰：吾如淮陰，淮陰人爲余言，韓信雖爲布衣時，其志與衆異。其母死，貧無以葬，然乃行營高敞地，令其旁可置萬家。余視其母冢，良然。假令韓信學道謙讓，不伐己功，不矜其能，則庶幾哉，於漢家勳可以比周、召、太公之徒，後世血食矣。不務出此，而天下已集，乃謀畔逆，夷滅宗族，不亦宜乎！

又　卷九三《韓信盧綰列傳》　三年，漢王出滎陽，韓王信、周苛等守滎陽。及楚敗滎陽，信降楚，已而得亡，復歸漢，漢復立以爲韓王，竟從擊破項籍，天下定。五年春，遂與剖符爲韓王，王潁川。

明年春，上以韓信材武，所王北近鞏、洛，南迫宛、葉，東有淮陽，皆天下勁兵處，乃詔徙韓王信王太原以北，備禦胡，都晉陽。信上書曰：『國被邊，匈奴數入，晉陽去塞遠，請治馬邑。』上許之，信乃徙治馬邑。秋，匈奴冒頓大圍信，信數使使胡求和解。漢發兵救之，疑信數間使，有二心，使人責讓信。信恐誅，因與匈奴約共攻漢，反，以馬邑降胡，擊太原。

七年冬，上自往擊，破信軍銅鞮，斬其將王喜。信亡走匈奴。與其將白土人曼丘臣、王黄等立趙苗裔趙利爲王，復收信敗散兵，而與信及冒頓謀攻漢。匈奴使左右賢王將萬餘騎與王黄等屯廣武以南，至晉陽，與漢兵戰，漢大破之，追至於離石，復破之。匈奴復聚兵樓煩西北，漢令車騎擊破匈奴。匈奴常敗走，漢乘勝追北，聞冒頓居代谷，高皇帝居晉陽，使人視冒頓，還報曰『可擊』。上遂至平城。上出白登，匈奴騎圍上，上乃使人厚遺閼氏。閼氏乃説冒頓曰：『今得漢地，猶不能居；且兩主不相戹。』居七日，胡騎稍引去。時天大霧，漢使人往來，胡不覺。護軍中尉陳平言上曰：『胡者全兵，請令强弩傅兩矢外嚮，徐行出圍。』入平城，漢救兵亦到，胡騎遂解去。漢亦罷兵歸。韓信爲匈奴將兵往來擊邊。

漢十年，信令王黄等説誤陳豨。十一年春，故韓王信復與胡騎入居參合，距漢。漢使柴將軍擊之，遺信書曰：『陛下寬仁，諸侯雖有畔亡，而復歸，輒復故位號，不誅也。大王所知。今王以敗亡走胡，非有大罪，急自歸！』韓王信報曰：『陛下擢僕起閭巷，南面稱孤，此僕之幸也。滎陽之事，僕不能死，囚於項籍，此一罪也。及寇攻馬邑，僕不能堅守，以城降之，此二罪也。今反爲寇將兵，與將軍爭一旦之命，此三罪也。夫種、蠡無一罪，身死亡；今僕有三罪於陛下，而欲求活於世，此伍子胥所以僨於吳也。今僕亡匿山谷間，旦暮乞貸蠻夷，僕之思歸，如痿人不忘

起，盲者不忘視也，勢不可耳。』遂戰。柴將軍屠參合，斬韓王信。

信之入匈奴，與太子俱；及至穨當城，生子，因名曰穨當。韓太子亦生子，命曰嬰。至孝文十四年，穨當及嬰率其衆降漢。漢封穨當爲弓高侯，嬰爲襄城侯。吳楚軍時，弓高侯功冠諸將。傳子至孫，孫無子，失侯。嬰孫以不敬失侯。穨當孽孫韓嫣，貴幸，名富顯於當世。其弟説，再封，數稱將軍，卒爲案道侯。子代，歲餘坐法死。後歲餘，説孫曾拜爲龍頟侯，續説後。

盧綰者，豐人也，與高祖同里。盧綰親與高祖太上皇相愛，及生男，高祖、盧綰同日生，里中持羊酒賀兩家。及高祖、盧綰壯，俱學書，又相愛也。里中嘉兩家親相愛，生子同日，壯又相愛，復賀兩家羊酒。高祖爲布衣時，有吏事辟匿，盧綰常隨出入上下。及高祖初起沛，盧綰以客從，入漢中爲將軍，常侍中。從東擊項籍，以太尉常從，出入臥內，衣被飲食賞賜，羣臣莫敢望，雖蕭曹等，特以事見禮，至其親幸，莫及盧綰。綰封爲長安侯。長安，故咸陽也。

漢五年冬，以破項籍，乃使盧綰別將，與劉賈擊臨江王共尉，破之。七月還，從擊燕王臧荼，臧荼降。高祖已定天下，諸侯非劉氏而王者七人。欲王盧綰，爲羣臣觖望。及虜臧荼，乃下詔諸將相列侯，擇羣臣有功者以爲燕王。羣臣知上欲王盧綰，皆言曰：『太尉長安侯盧綰常從平定天下，功最多，可王燕。』詔許之。漢五年八月，乃立盧綰爲燕王。諸侯王得幸莫如燕王。

漢十一年秋，陳豨反代地，高祖如邯鄲擊豨兵，燕王綰亦擊其東北。當是時，陳豨使王黃求救匈奴。燕王綰亦使其臣張勝於匈奴，言豨等軍破。張勝至胡，故燕王臧荼子衍出亡在胡，見張勝曰：『公所以重於燕者，以習胡事也。燕所以久存者，以諸侯數反，兵連不決也。今公爲燕欲急滅豨等，豨等已盡，次亦至燕，公等亦且爲虜矣。公何不令燕且緩陳豨而與胡和？事寬，得長王燕；即有漢急，可以安國。』張勝以爲然，乃私令匈奴助豨等擊燕。燕王綰疑張勝與胡反，上書請族張勝。勝還，具道所以爲者。燕王寤，乃詐論它人，脱勝家屬，使得爲匈奴間，而陰使范齊之陳豨所，欲令久亡，連兵勿決。

漢十二年，東擊黥布，豨常將兵居代，漢使樊噲擊斬豨。其裨將降，言燕王綰使范齊通計謀於豨所。高祖使使召盧綰，綰稱病。上又使辟陽侯審食其、御史大夫趙堯往迎燕王，因驗問左右。綰愈恐，閉匿，謂其幸臣曰：『非劉氏而王，獨我與長沙耳。往年春，漢族淮陰，夏，誅彭越，皆呂后計。今上病，屬任呂后。呂后婦人，專欲以事誅異姓王者及大功臣。』乃遂稱病不行。其左右皆亡匿。語頗泄，辟陽侯聞之，歸具報上，上益怒。又得匈奴降者，降者言張勝亡在匈奴，爲燕使。於是上曰：『盧綰果反矣！』使樊噲擊燕。燕王綰悉將其宮人家屬騎數千居長城下，候伺，幸上病癒，自入謝。四月，高祖崩，盧綰遂將其衆亡入匈奴，匈奴以爲東胡盧王。綰爲蠻夷所侵奪，常思復歸。居歲餘，死胡中。

高后時，盧綰妻子亡降漢，會高后病，不能見，舍燕邸，爲欲置酒見之。高后竟崩，不得見。盧綰妻亦病死。孝景中六年，盧綰孫他之，以東胡王降，封爲亞穀侯。

陳豨者，宛朐人也，不知始所以得從。及高祖七年冬，韓王信反，入匈奴，上至平城還，乃封豨爲列侯，以趙相國將監趙、代邊兵，邊兵皆屬焉。

豨常告歸過趙，趙相周昌見豨賓客隨之者千餘乘，邯鄲官舍皆滿。豨所以待賓客布衣交，皆出客下。豨還之代，周昌乃求入見。見上，具言豨賓客盛甚，擅兵於外數歲，恐有變。上乃令人覆案豨客居代者財物諸不法事，多連引豨。豨恐，陰令客通使王黃、曼丘臣所。及高祖十年七月，太上皇崩，使人召豨，豨稱病甚。九月，遂與王黃等反，自立爲代王，劫略趙、代。

上聞，乃赦趙、代吏人爲豨所詿誤劫略者，皆赦之。上自往，至邯鄲，喜曰：『豨不南據漳水，北守邯鄲，知其無能爲也。』趙相奏斬常山守、尉，曰：『常山二十五城，豨反，亡其二十城。』上問曰：『守、尉反乎？』對曰：『不反。』上曰：『是力不足也。』赦之，復以爲常山守、尉。上問周昌曰：『趙亦有壯士可令將者乎？』對曰：『有四人。』四人謁，上謾罵曰：『豎子能爲將乎？』四人慚伏。上封之各千户，以爲將。左右諫曰：『從入蜀、漢，伐楚，功未遍行，今此何功而封？』上曰：『非若所知！陳豨反，邯鄲以北皆豨有，吾以羽檄徵天下兵，未有至者，今唯獨邯鄲中兵耳。吾胡愛四千户封四人，不以慰趙子弟！』皆曰：

『善。』於是上曰：『陳豨將誰？』曰：『王黄、曼丘臣，皆故賈人。』上曰：『吾知之矣。』乃各以千金購黄、臣等。

十一年冬，漢兵擊斬陳豨將侯敞、王黄於曲逆下，破豨將張春於聊城，斬首萬餘。太尉勃入定太原、代地。十二月，上自擊東垣，東垣不下，卒罵上；東垣降，卒罵者斬之，不罵者黥之。更命東垣爲眞定。王黄、曼丘臣其麾下受購賞之，皆生得，以故陳豨軍遂敗。

上還至洛陽。上曰：『代居常山北，趙乃從山南有之，遠。』乃立子恒爲代王，都中都，代、雁門皆屬代。高祖十二年冬，樊噲軍卒追斬豨於靈丘。

太史公曰：韓信、盧綰非素積德累善之世，徼一時權變，以詐力成功，遭漢初定，故得列地，南面稱孤。內見疑强大，外倚蠻貊以爲援，是以日疏自危，事窮智困，卒赴匈奴，豈不哀哉！陳豨，梁人，其少時數稱慕魏公子；及將軍守邊，招致賓客而下士，名聲過實。周昌疑之，疵瑕頗起，懼禍及身，邪人進説，遂陷無道。於戲悲夫！夫計之生孰成敗於人也深矣！

《漢書》卷一下《高帝紀下》 秋七月，燕王臧荼反，上自將征之。九月，虜荼。詔諸侯王視有功者立以爲燕王。荆王臣信等十人皆曰：『太尉長安侯盧綰功最多，請立以爲燕王。』使丞相噲將兵平代地。

利幾反，上自擊破之。利幾者，項羽將。羽敗，利幾爲陳令，降，上侯之潁川。上至雒陽，舉通侯籍召之，而利幾恐，反。

後九月，徙諸侯子關中。治長樂宮。

六年冬十月，令天下縣邑城。

人告楚王信謀反，上問左右，左右爭欲擊之。用陳平計，乃僞遊雲夢。十二月，會諸侯於陳，楚王信迎謁，因執之。詔曰：『天下既安，豪桀有功者封侯，新立，未能盡圖其功。身居軍九年，或未習法令，或以其故犯法，大者死刑，吾甚憐之。其赦天下。』田肯賀上曰：『甚善，陛下得韓信，又治秦中。秦，形勝之國也，帶河阻山，縣隔千里，持戟百萬，秦得百二焉。地勢便利，其以下兵於諸侯，譬猶居高屋之上建瓴水也。夫齊，東有琅邪、卽墨之饒，南有泰山之固，西有濁河之限，北有勃海之利，地方二千里，持戟百萬，縣隔千里之外，齊得十二焉，此東西秦也。非親子弟，莫可使王齊者。』上曰：『善。』賜金五百斤。上還至雒陽，赦韓信，封爲淮陰侯。

甲申，始剖符封功臣曹參等爲通侯。詔曰：『齊，古之建國也，今爲郡縣，其復以爲諸侯。將軍劉賈數有大功，及擇寬惠修絜者，王齊、荆地。』春正月丙午，韓王信等奏請以故東陽郡、鄣郡、吳郡五十三縣立劉賈爲荆王，以碭郡、薛郡、郯郡三十六縣立弟文信君交爲楚王。壬子，以雲中、雁門、代郡五十三縣立兄宜信侯喜爲代王，以膠東、膠西、臨淄、濟北、博陽、城陽郡七十三縣立子肥爲齊王，以太原郡三十一縣爲韓國，徙韓王信都晉陽。

上已封大功臣二十餘人，其餘爭功，未得行封。上居南宮，從複道上見諸將往往耦語，以問張良。良曰：『陛下與此屬共取天下，今已爲天子，而所封皆故人所愛，所誅皆平生仇怨。今軍吏計功，以天下爲不足用遍封，而恐以過失及誅，故相聚謀反耳。』上曰：『爲之奈何？』良曰：『取上素所不快，計羣臣所共知最甚者一人，先封以示羣臣。』三月，上置酒，封雍齒，因趣丞相急定功行封。罷酒，羣臣皆喜，曰：『雍齒且侯，吾屬亡患矣！』【略】

秋九月，匈奴圍韓王信於馬邑，信降匈奴。

七年冬十月，上自將擊韓王信於銅鞮，斬其將。信亡走匈奴，其將曼丘臣、王黄共立故趙後趙利爲王，收信散兵，與匈奴共距漢。上從晉陽連戰，乘勝逐北，至樓煩，會大寒，士卒墮指者什二三。遂至平城，爲匈奴所圍，七日，用陳平秘計得出。使樊噲留定代地。

十二月，上還過趙，不禮趙王。是月，匈奴攻代，代王喜棄國，自歸雒陽，赦爲合陽侯。辛卯，立子如意爲代王。【略】

八年冬，上東擊韓信餘寇於東垣。還過趙，趙相貫高等恥上不禮其王，陰謀欲弑上。上欲宿，心動，問『縣名何？』曰：『柏人。』上曰：『柏人者，迫於人也。』去弗宿。【略】

九月，行自雒陽至。淮南王、梁王、趙王、楚王皆從。

九年冬十月，淮南王、梁王、趙王、楚王朝未央宮。置酒前殿，上奉玉卮爲太上皇壽，曰：『始大人常以臣亡賴，不能治産業，不如仲力。今某之業所就孰與仲多？』殿上羣臣皆稱萬歲，大笑爲樂。

十一月，徙齊、楚大族昭氏、屈氏、景氏、懷氏、田氏五姓關中，與利田宅。

十二月，行如雒陽。

貫高等謀逆發覺，逮捕高等，并捕趙王敖下獄。詔敢有隨王，罪三族。郎中田叔、孟舒等十人自髡鉗爲王家奴，從王就獄。王實不知其謀。

春正月，廢趙王敖爲宣平侯。徙代王如意爲趙王，王趙國。丙寅，前有罪殊死以下皆赦之。【略】

十年冬十月，淮南王、燕王、荆王、梁王、楚王、齊王、長沙王來朝。【略】

八月，令諸侯王皆立太上皇廟於國都。

九月，代相國陳豨反。上曰：『豨嘗爲吾使，甚有信。代地吾所急，故封豨爲列侯，以相國守代，今乃與王黄等劫掠代地！吏民非有罪也，能去豨、黄來歸者，皆赦之。』上自東，至邯鄲。上喜曰：『豨不南據邯鄲而阻漳水，吾知其亡能爲矣。』趙相周昌奏常山二十五城亡其二十城，請誅守、尉。上曰：『守、尉反乎？』對曰：『不。』上曰：『是力不足，亡罪。』上令周昌選趙壯士可令將者，白見四人。上嫚罵曰：『豎子能爲將乎！』四人慚，皆伏地。上封各千户，以爲將。左右諫曰：『從入蜀、漢，伐楚，賞未遍行，今封此，何功？』上曰：『非汝所知。陳豨反，趙、代地皆豨有。吾以羽檄徵天下兵，未有至者，今計唯獨邯鄲中兵耳。吾何愛四千户，不以慰趙子弟！』皆曰：『善。』又求：『樂毅有後乎？』得其孫叔，封之樂鄉，號華成君。問豨將，皆故賈人。上曰：『吾知與之矣。』乃多以金購豨將，豨將多降。

十一年冬，上在邯鄲。豨將侯敞將萬餘人遊行，王黄將騎千餘軍曲逆，張春將卒萬餘人度河攻聊城。漢將軍郭蒙與齊將擊，大破之。太尉周勃道太原入定代地，至馬邑，馬邑不下，攻殘之。豨將趙利守東垣，高祖攻之不下。卒罵，上怒。城降，卒罵者斬之。諸縣堅守不降反寇者，復租賦三歲。

春正月，淮陰侯韓信謀反長安，夷三族。將軍柴武斬韓王信於參合。

上還雒陽。詔曰：『代地居常山之北，與夷狄邊，趙乃從山南有之，遠，數有胡寇，難以爲國。頗取山南太原之地益屬代，代之雲中郡，則代受邊寇益少矣。王、相國、通侯、吏二千石擇可立爲代王者。』燕王綰、相國何等三十三人皆曰：『子恆賢知温良，請立以爲代王，都晉陽。』大赦天下。【略】

三月，梁王彭越謀反，夷三族。詔曰：『擇可以爲梁王、淮陽王者。』燕王綰、相國何等請立子恢爲梁王，子友爲淮陽王。罷東郡，頗益梁；罷潁川郡，頗益淮陽。【略】

秋七月，淮南王布反。上問諸將，滕公言故楚令尹薛公有籌策。上召見，薛公言布形勢，上善之，封薛公千户。詔王、相國擇可立爲淮南王者，羣臣請立子長爲王。上乃發上郡、北地、隴西車騎，巴、蜀材官及中尉卒三萬人爲皇太子衞，軍霸上。布果如薛公言，東擊殺荆王劉賈，劫其兵，度淮擊楚，楚王交走入薛。上赦天下死罪以下，皆令從軍；徵諸侯兵，上自將以擊布。

十二年冬十月，上破布軍於會缶。布走，令別將追之。【略】

漢別將擊布軍洮水南北，皆大破之，追斬布番陽。

周勃定代，斬陳豨於當城。

詔曰：『吴，古之建國也。日者荆王兼有其地，今死亡後。朕欲復立吴王，其議可者。』長沙王臣等言：『沛侯濞重厚，請立爲吴王。』已拜，上召謂濞曰：『汝狀有反相。』因拊其背，曰：『漢後五十年東南有亂，豈汝邪？然天下同姓一家，汝慎毋反。』濞頓首曰：『不敢。』【略】

陳豨降將言豨反時燕王盧綰使人之豨所陰謀。上使辟陽侯審食其迎綰，綰稱疾。食其言綰反有端。春二月，使樊噲、周勃將兵擊綰。詔曰：『燕王綰與吾有故，愛之如子，聞與陳豨有謀，吾以爲亡有，故使人迎綰。綰稱疾不來，謀反明矣。燕吏民非有罪也，賜其吏六百石以上爵各一級。與綰居，去來歸者，赦之，加爵亦一級。』詔諸侯王議可立爲燕王者。長沙王臣等請立子建爲燕王。

詔曰：『南武侯織亦粤之世也，立以爲南海王。』

三月，詔曰：『吾立爲天子，帝有天下，十二年於今矣。與天下之豪士賢大夫共定天下，同安輯之。其有功者上致之王，次爲列侯，下乃食邑。而重臣之親，或爲列侯，皆令自置吏，得賦斂，女子公主。爲列侯食邑者，皆佩之印，賜大第室。吏二千石，徙之長安，受小第室。入蜀、漢

定三秦者，皆世世復。吾於天下賢士功臣，可謂亡負矣。其有不義背天子擅起兵者，與天下共伐誅之。佈告天下，使明知朕意。』

上擊布時，爲流矢所中，行道疾。疾甚，呂后迎良醫。醫入見，上問醫。曰：『疾可治。』於是上嫚罵之，曰：『吾以布衣提三尺取天下，此非天命乎？命乃在天，雖扁鵲何益！』遂不使治疾，賜黄金五十斤，罷之。呂后問曰：『陛下百歲後，蕭相國既死，誰令代之？』上曰：『曹參可。』問其次，曰：『王陵可，然少戇，陳平可以助之。陳平知有餘，然難獨任。周勃重厚少文，然安劉氏者必勃也，可令爲太尉。』呂后復問其次，上曰：『此後亦非乃所知也。』

盧綰與數千人居塞下候伺，幸上疾愈，自入謝。夏四月甲辰，帝崩於長樂宫。盧綰聞之，遂亡入匈奴。

呂后與審食其謀曰：『諸將故與帝爲編户民，北面爲臣，心常鞅鞅，今乃事少主，非盡族是，天下不安。』以故不發喪。人或聞，以語酈商。酈商見審食其曰：『聞帝已崩四日，不發喪，欲誅諸將。誠如此，天下危矣。陳平、灌嬰將十萬守滎陽，樊噲、周勃將二十萬定燕、代，此聞帝崩，諸將皆誅，必連兵還鄉，以攻關中。大臣内畔，諸將外反，亡可蹺足待也。』審食其入言之，乃以丁未發喪，大赦天下。

又　卷一三《異姓諸侯王表》　秦既稱帝，患周之敗，以爲起於處士横議，諸侯力爭，四夷交侵，以弱見奪。於是削去五等，墮城銷刃，箝語燒書，内鋤雄俊，外攘胡、粤，有一威權，爲萬世安。然十餘年間，猛敵横發乎不虞，適戍强於五伯，閭閻逼於戎狄，回應於謗議，奮臂威於甲兵，鄉秦之禁，適所以資豪傑而速自斃也。是以漢亡尺土之階，繇一劍之任，五載而成帝業。書傳所記，未嘗有焉。何則？古世相革，皆承聖王之烈，今漢獨收孤秦之弊。鐫金石者難爲功，摧枯朽者易爲力，其勢然也。故據漢受命，譜十八王，月而列之，天下一統，乃以年數。訖於孝文，異姓盡矣。

又　卷三二《陳餘傳》　漢二年，東擊楚，使告趙，欲與俱。餘曰：『漢殺張耳乃從。』於是漢求人類耳者，斬其頭遺餘，餘乃遣兵助漢。漢敗於彭城西，餘亦聞耳詐死，即背漢。漢遣耳與韓信擊破趙井陘，斬餘泜水上，追殺趙王歇襄國。

四年夏，立耳爲趙王。五年秋，耳薨，謚曰景王。子敖嗣立爲王，尚高祖長女魯元公主，爲王后。

七年，高祖從平城過趙，趙王旦暮自上食，體甚卑，有子壻禮。高祖箕踞罵詈，甚慢之。趙相貫高、趙午年六十餘，故耳客也，怒曰：『吾王孱王也！』説敖曰：『天下豪桀並起，能者先立，今王事皇帝甚恭，皇帝遇王無禮，請爲王殺之。』敖齧其指出血，曰：『君何言之誤！且先王亡國，賴皇帝得復國，德流子孫，秋豪皆帝力也。願君無復出口。』貫高等十餘人相謂曰：『吾等非也。吾王長者，不背德。且吾等義不辱，今帝辱我王，故欲殺之，何乃汙王爲？事成歸王，事敗獨身坐耳。』

八年，上從東垣過。貫高等乃壁人柏人，要之置廁。上過欲宿，心動，問曰：『縣名爲何？』曰：『柏人。』『柏人者，迫於人！』不宿去。

九年，貫高怨家知其謀，告之。於是上逮捕趙王諸反者。趙午等十餘人皆爭自剄，貫高獨怒罵曰：『誰令公等爲之？今王實無謀，而并捕王；公等死，誰當白王不反者？』乃檻車與王詣長安。高對獄曰：『獨吾屬爲之，王不知也。』吏榜笞數千，刺爇，身無完者，終不復言。呂后數言張王以魯元故，不宜有此。上怒曰：『使張敖據天下，豈少乃女虖！』廷尉以貫高辭聞，上曰：『壯士！誰知者，以私問之。』中大夫泄公曰：『臣素知之，此固趙國立名義不侵爲然諾者也。』上使泄公持節問之箯輿前。卬視泄公，勞若如平生歡。與語，問張王果有謀不。高曰：『人情豈不各愛其父母妻子哉？今吾三族皆以論死，豈以王易吾親哉！顧爲王實不反，獨吾等爲之。』具道本根所以，王不知狀。於是泄公具以報上，上乃赦趙王。

上賢高能自立然諾，使泄公赦之，告曰：『張王已出，上多足下，故赦足下。』高曰：『所以不死，白張王不反耳。今王已出，吾責塞矣。且人臣有簒弑之名，豈有面目復事上哉！』乃仰絶亢而死。

敖已出，尚魯元公主如故，封爲宣平侯。於是上賢張王諸客，皆以爲諸侯相、郡守。語在田叔傳。及孝惠、高后、文、景時，張王客子孫皆爲二千石。

初，孝惠時，齊悼惠王獻城陽郡，尊魯元公主爲太后。高后元年，魯元太后薨。後六年，宣平侯敖復薨。呂太后立敖子偃爲魯王，以母爲太后

故也。又憐其年少孤弱，乃封敖前婦子二人：壽爲樂昌侯，侈爲信都侯。高后崩，大臣誅諸呂，廢魯王及二侯。孝文即位，復封故魯王偃爲南宫侯。薨，子生嗣。武帝時，生有罪免，國除。元光中，復封偃孫廣國爲睢陵侯。薨，子昌嗣。太初中，昌坐不敬免，國除。孝平元始二年，繼絕世，封敖玄孫慶忌爲宣平侯，食千户。

贊曰：張耳、陳餘，世所稱賢，其賓客廝役皆天下俊桀，所居國無不取卿相者。然耳、餘始居約時，相然信死，豈顧問哉！及據國爭權，卒相滅亡，何鄉者慕用之誠，後相背之盭也！勢利之交，古人羞之，蓋謂是矣。

又　卷三三《魏豹田儋韓王信傳》　漢王還定三秦，渡臨晉，豹以國屬焉，遂從擊楚于彭城。漢王敗，還至滎陽，豹請視親病，至國，則絕河津畔漢。漢王謂酈生曰：『緩頰往説之。』酈生至，豹謝曰：『人生一世間，如白駒過隙。今漢王嫚侮人，罵詈諸侯羣臣如奴耳，非有上下禮節，吾不忍復見也。』漢王遣韓信擊豹，遂虜之，傳豹詣滎陽，以其地爲河東、太原、上黨郡。漢王令豹守滎陽。楚圍之急，周苛曰：『反國之王，難與共守。』遂殺豹。【略】

六年春，上以爲信壯武，北近鞏、雒，南迫宛、葉，東有淮陽，皆天下勁兵處也，乃更以太原郡爲韓國，徙信以備胡，都晉陽。信上書曰：『國被邊，匈奴數入，晉陽去塞遠，請治馬邑。』上許之。秋，匈奴冒頓大入圍信，信數使使胡求和解。漢發兵救之，疑信數間使，有二心。上賜信書責讓之曰：『專死不勇，專生不任，寇攻馬邑，君王力不足以堅守乎？安危存亡之地，此二者朕所以責于君王。』信得書，恐誅，因與匈奴約共攻漢，以馬邑降胡，擊太原。

七年冬，上自往擊破信軍銅鞮，斬其將王喜。信亡走匈奴。與其將白土人曼丘臣、王黄立趙苗裔趙利爲王，復收信散兵，而與信及冒頓謀攻漢。匈奴使左右賢王將萬餘騎與王黄等屯廣武以南，至晉陽，與漢兵戰，漢兵大破之，追至於離石，復破之。匈奴復聚兵樓煩西北。漢令車騎擊匈奴，常敗走，漢乘勝追北。聞冒頓居代谷，上居晉陽，使人視冒頓，還報曰『可擊』。上遂至平城，上白登。匈奴騎圍上，上乃使人厚遺閼氏。閼氏説冒頓曰：『今得漢地，猶不能居，且兩主不相戹。』居七日，胡騎稍稍引去。天霧，漢使人往來，胡不覺。護軍中尉陳平言上曰：『胡者全兵，請令彊弩傅兩矢外鄉，徐行出圍。』入平城，漢救兵亦至。胡騎遂解去，漢亦罷兵歸。信爲匈奴將兵往來擊邊，令王黄等説誤陳豨。

十一年春，信復與胡騎入居參合。漢使柴將軍擊之，遺信書曰：『陛下寬仁，諸侯雖有叛亡，而後歸，輒復故位號，不誅也。大王所知。今王以敗亡走胡，非有大罪，急自歸。』信報曰：『陛下擢僕閭巷，南面稱孤，此僕之幸也。滎陽之事，僕不能死，囚于項籍，此一罪也。寇攻馬邑，僕不能堅守，以城降之，此二罪也。今爲反寇，將兵與將軍爭一旦之命，此三罪也。夫種、蠡無一罪，身死亡；僕有三罪，而欲求活，此伍子胥所以僨于吴世也。今僕亡匿山谷間，旦暮乞貣蠻夷，僕之思歸，如痿人不忘起，盲者不忘視，勢不可耳。』遂戰。柴將軍屠參合，斬信。

信之入匈奴，與太子俱，及至穨當城，生子，因名曰穨當。韓太子亦生子嬰。至孝文時，穨當及嬰率其衆降。漢封穨當爲弓高侯，嬰爲襄城侯。吴楚反時，弓高侯功冠諸將。傳子至孫，孫無子，國絕。嬰孫以不敬失侯。穨當孽孫嫣，貴幸，名顯當世。嫣弟説，以校尉擊匈奴，封龍頟侯。後坐酎金失侯，復以待詔爲横海將軍，擊破東越，封按道侯。太初中，爲游擊將軍屯五原外列城，還爲光禄勛，掘蠱太子宫，爲太子所殺。子興嗣，坐巫蠱誅。上曰：『游擊將軍死事，無論坐者。』乃復封興弟增爲龍頟侯。增少爲郎，諸曹侍中光禄大夫，昭帝時至前將軍，與大將軍霍光定策立宣帝，益封千户。本始二年，五將征匈奴，增將三萬騎出雲中，斬首百餘級，至期而還。神爵元年，代張安世爲大司馬車騎將軍，領尚書事。增世貴，幼爲忠臣，事三主，重於朝廷。爲人寬和自守，以温顔遜辭承上接下，無所失意，保身固寵，不能有所建明。五鳳二年薨，謚曰安侯。子寶嗣，亡子，國除。成帝時，繼功臣後，封增兄子岑爲龍頟侯。薨，子持弓嗣。王莽敗，乃絕。

贊曰：周室既壞，至春秋末，諸侯秏盡，而炎黄唐虞之苗裔尚猶頗有存者。秦滅六國，而上古遺烈埽地盡矣。楚漢之際，豪桀相王，唯魏豹、韓信、田儋兄弟爲舊國之後，然皆及身而絕。横之志節，賓客慕義，猶不能自立，豈非天虖！韓氏自弓高後貴顯，蓋周烈近與！

又　卷三四《韓彭英盧吴傳》　楚以亡龍且，項王恐，使盱台人武

涉往説信曰：『足下何不反漢與楚？楚王與足下有舊故。且漢王不可必，身居項王掌握中數矣，然得脱，背約，復擊項王，其不可親信如此。今足下雖自以爲與漢王爲金石交，然終爲漢王所禽矣。足下所以得須臾至今者，以項王在。項王卽亡，次取足下。何不與楚連和，三分天下而王齊？今釋此時，自必於漢王以擊楚，且爲智者固若此邪！』信謝曰：『臣得事項王數年，官不過郎中，位不過執戟，言不聽，畫策不用，故背楚歸漢。漢王授我上將軍印，數萬之衆，解衣衣我，推食食我，言聽計用，吾得至於此。夫人深親信我，背之不祥。幸爲信謝項王。』武涉已去，蒯通知天下權在於信，深説以三分天下，鼎足而王。語在通傳。信不忍背漢，又自以功大，漢王不奪我齊，遂不聽。

漢王之敗固陵，用張良計，徵信將兵會陔下。項羽死，高祖襲奪信軍，徙信爲楚王，都下邳。

信至國，召所從食漂母，賜千金。及下鄉亭長，錢百，曰：『公，小人，爲德不竟。』召辱己少年令出跨下者，以爲中尉，告諸將相曰：『此壯士也。方辱我時，寧不能死？死之無名，故忍而就此。』

項王亡將鍾離眛家在伊廬，素與信善。項王敗，眛亡歸信。漢怨眛，聞在楚，詔楚捕之。信初之國，行縣邑，陳兵出入。有變告信欲反，書聞，上患之。用陳平謀，僞游於雲夢者，實欲襲信，信弗知。高祖且至楚，信欲發兵，自度無罪；欲謁上，恐見禽。人或説信曰：『斬眛謁上，上必喜，亡患。』信見眛計事，眛曰：『漢所以不擊取楚，以眛在。公若欲捕我自媚漢，吾今死，公隨手亡矣。』乃罵信曰：『公非長者！』卒自剄。信持其首謁於陳。高祖令武士縛信，載後車。信曰：『果若人言，「狡兔死，良狗亨。」』上曰：『人告公反。』遂械信。至雒陽，赦以爲淮陰侯。

信知漢王畏惡其能，稱疾不朝從。由此日怨望，居常鞅鞅，羞與絳、灌等列。嘗過樊將軍噲，噲趨拜送迎，言稱臣，曰：『大王乃肯臨臣。』信出門，笑曰：『生乃與噲等爲伍！』

上嘗從容與信言諸將能各有差。上問曰：『如我，能將幾何？』信曰：『陛下不過能將十萬。』上曰：『如公何如？』曰：『如臣，多多益辦耳。』上笑曰：『多多益辦，何爲爲我禽？』信曰：『陛下不能將兵，而善將將，此乃信之爲陛下禽也。且陛下所謂天授，非人力也。』

後陳豨爲代相監邊，辭信，信挈其手，與步於庭數匝，仰天而嘆曰：『子可與言乎？吾欲與子有言。』豨因曰：『唯將軍命。』信曰：『公之所居，天下精兵處也，而公，陛下之信幸臣也。人言公反，陛下必不信；再至，陛下乃疑；三至，必怒而自將。吾爲公從中起，天下可圖也。』陳豨素知其能，信之，曰：『謹奉教！』

漢十年，豨果反，高帝自將而往，信稱病不從。陰使人之豨所，而與家臣謀，夜詐赦諸官徒奴，欲發兵襲呂后、太子。部署已定，待豨報。其舍人得罪信，信囚，欲殺之。舍人弟上書變告信欲反狀於呂后。呂后欲召，恐其黨不就，乃與蕭相國謀，詐令人從帝所來，稱豨已死，羣臣皆賀。相國紿信曰：『雖病，强入賀。』信入，呂后使武士縛信，斬之長樂鍾室。信方斬，曰：『吾不用蒯通計，反爲女子所詐，豈非天哉！』遂夷信三族。

高祖已破豨歸，至，聞信死，且喜且哀之，問曰：『信死亦何言？』呂后道其語。高祖曰：『此齊辯士蒯通也。』召欲亨之。通至自説，釋弗誅。語在通傳。【略】

項籍死，立越爲梁王，都定陶。

六年，朝陳。九年，十年，皆來朝長安。

陳豨反代地，高帝自往擊之，至邯鄲，徵兵梁。梁王稱病，使使將兵詣邯鄲。高帝怒，使人讓梁王。梁王恐，欲自往謝。其將扈輒曰：『王始不往，見讓而往，往卽爲禽，不如遂發兵反。』梁王不聽，稱病。梁太僕有罪，亡走漢，告梁王與扈輒謀反。於是上使使掩捕梁王，囚之雒陽。有司治反形已具，請論如法。上赦以爲庶人，徙蜀青衣。西至鄭，逢呂后從長安東，欲之雒陽，道見越。越爲呂后泣涕，自言亡罪，願處故昌邑。呂后許諾，詔與俱東。至雒陽，呂后言上曰：『彭越壯士也，今徙之蜀，此自遺患，不如遂誅之。妾謹與俱來。』於是呂后令其舍人告越復謀反。廷尉奏請，遂夷越宗族。【略】

十一年，高后誅淮陰侯，布因心恐。夏，漢誅梁王彭越，盛其醢以徧賜諸侯。至淮南，淮南王方獵，見醢，因大恐，陰令人部聚兵，候伺旁郡警急。

布有所幸姬病，就醫。醫家與中大夫賁赫對門，赫乃厚餽遺，從姬飲醫家。姬侍王，從容語次，譽赫長者也。王怒曰：『女安從知之？』具道，王疑與亂。赫恐，稱病。王愈怒，欲捕赫。赫上變事，乘傳詣長安。布使人追，不及。赫至，上變，言布謀反有端，可先未發誅也。上以其書語蕭相國，蕭相國曰：『布不宜有此，恐仇怨妄誣之。請繫赫，使人微驗淮南王。』布見赫以罪亡上變，已疑其言國陰事，漢使又來，頗有所驗，遂族赫家，發兵反。

反書聞，上方赦赫，以爲將軍。召諸侯問：『布反，爲之奈何？』皆曰：『發兵阬豎子耳，何能爲！』汝陰侯滕公以問其客薛公，薛公曰：『是固當反。』滕公曰：『上裂地而封之，疏爵而貴之，南面而立萬乘之主，其反何也？』薛公曰：『前年殺彭越，往年殺韓信，三人皆同功一體之人也。自疑禍及身，故反耳。』滕公言之上曰：『臣客故楚令尹薛公，其人有籌策，可問。』上乃見問薛公，對曰：『布反不足怪也。使布出於上計，山東非漢之有也；出於中計，勝負之數未可知也；出於下計，陛下安枕而卧矣。』上曰：『何謂上計？』薛公對曰：『東取吴，西取楚，并齊取魯，傳檄燕、趙，固守其所，山東非漢之有也。』『何謂中計？』『東取吴，西取楚，并韓取魏，據敖倉之粟，塞成皋之險，勝敗之數未可知也。』『何謂下計？』『東取吴，西取下蔡，歸重於越，身歸長沙，陛下安枕而卧，漢無事矣。』上曰：『是計將安出？』薛公曰：『出下計。』上曰：『胡爲廢上計而出下計？』薛公曰：『布故驪山之徒也，致萬乘之主，此皆爲身，不顧後爲百姓萬世慮者也，故出下計。』上曰：『善。』封薛公千户。遂發兵自將東擊布。

布之初反，謂其將曰：『上老矣，厭兵，必不能來。使諸將，諸將獨患淮陰、彭越，今已死，餘不足畏。』故遂反。果如薛公揣之，東擊荆，荆王劉賈走死富陵。盡劫其兵，度淮擊楚。楚發兵與戰徐、僮閒，爲三軍，欲以相救爲奇。或説楚將曰：『布善用兵，民素畏之。且兵法，諸侯自戰其地爲散地。今別爲三，彼敗吾一，餘皆走，安能相救！』不聽。布果破其一軍，二軍散走。

遂西，與上兵遇蘄西，會布兵精甚，上乃壁庸城，望布軍置陳如項籍軍。上惡之，與布相望見，隃謂布『何苦而反？』布曰：『欲爲帝耳。』上怒罵之，遂戰，破布軍。布走度淮，數止戰，不利，與百餘人走江南。布舊與番君婚，故長沙哀王使人誘布，僞與俱亡，走越，布信而隨至番陽。番陽人殺布茲鄉，遂滅之。封賁赫爲列侯，將率封者六人。【略】

項籍死，使綰別將，與劉賈擊臨江王共尉，還，從擊燕王臧荼，皆破平。時諸侯非劉氏而王者七人。上欲王綰，爲羣臣觖望。及虜臧荼，乃下詔，詔諸將相列侯擇羣臣有功者以爲燕王。羣臣知上欲王綰，皆曰：『太尉長安侯盧綰常從平定天下，功最多，可王。』上乃立綰爲燕王。諸侯得幸莫如燕王者。綰立六年，以陳豨事見疑而敗。

豨者，宛句人也，不知始所以得從。及韓王信反入匈奴，上至平城還，豨以郎中封爲列侯，以趙相國將監趙、代邊，邊兵皆屬焉。豨少時，常稱慕魏公子，及將守邊，招致賓客。常告過趙，賓客隨之者千餘乘，邯鄲官舍皆滿。豨所以待客，如布衣交，皆出客下。趙相周昌乃求入見上，具言豨賓客盛，擅兵於外，恐有變。上令人覆案豨客居代者諸爲不法事，多連引豨。豨恐，陰令客通使王黄、曼丘臣所。漢十年秋，太上皇崩，上因是召豨。豨稱病，遂與王黄等反，自立爲代王，劫略趙、代。上聞，乃赦吏民爲豨所詿誤劫略者。上自擊豨，破之。語在高紀。

初，上如邯鄲擊豨，燕王綰亦擊其東北。豨使王黄求救匈奴，綰亦使其臣張勝使匈奴，言豨等軍破。勝至胡，故燕王臧荼子衍亡在胡，見勝曰：『公所以重於燕者，以習胡事也。燕所以久存者，以諸侯數反，兵連不決也。今公爲燕欲急滅豨等，豨等已盡，次亦至燕，公等亦且爲虜矣。公何不令燕且緩豨，而與胡連和？事寬，得長王燕，即有漢急，可以安國。』勝以爲然，乃私令匈奴兵擊燕。綰疑勝與胡反，上書請族勝。勝還報，具道所以爲者。綰寤，乃詐論他人，以脱勝家屬，使得爲匈奴閒。而陰使范齊之豨所，欲令久連兵毋決。

漢既斬豨，其裨將降，言燕王綰使范齊通計謀豨所。上使使召綰，綰稱病。又使辟陽侯審食其、御史大夫趙堯往迎綰，因驗問其左右。綰愈恐，閟匿，謂其幸臣曰：『非劉氏而王者，獨我與長沙耳。往年漢族淮陰，誅彭越，皆呂后計。今上病，屬任呂后。呂后婦人，專欲以事誅異姓王者及大功臣。』乃稱病不行。其左右皆亡匿。語頗泄，辟陽侯聞之，歸具報，上益怒。又得匈奴降者，言張勝在匈奴，爲燕使。於是上曰：『綰

果反！』使樊噲擊綰。綰悉將其宮人家屬，騎數千，居長城下候伺，幸上病瘉，自入謝。高祖崩，綰遂將其衆亡入匈奴，匈奴以爲東胡盧王。爲蠻夷所侵奪，常思復歸。居歲餘，死胡中。

高后時，綰妻與其子亡降，會高后病，不能見，舍燕邸，爲欲置酒見之。高后竟崩，綰妻亦病死。

孝景帝時，綰孫它人以東胡王降，封爲惡谷侯。傳至曾孫，有罪，國除。

吴芮，秦時番陽令也，甚得江湖閒民心，號曰番君。天下之初叛秦也，黥布歸芮，芮妻之，因率越人舉兵以應諸侯。沛公攻南陽，乃遇芮之將梅鋗，與偕攻析、酈，降之。及項羽相王，以芮率百越佐諸侯，從入關，故立芮爲衡山王，都邾。其將梅鋗功多，封十萬户，爲列侯。項籍死，上以鋗有功，從入武關，故德芮，徙爲長沙王，都臨湘，一年薨，謚曰文王，子成王臣嗣。薨，子哀王回嗣。薨，子共王右嗣。薨，子靖王差嗣。孝文後七年薨，無子，國除。初，文王芮，高祖賢之，制詔御史：『長沙王忠，其定著令。』至孝惠、高后時，封芮庶子二人爲列侯，傳國數世絶。

贊曰：昔高祖定天下，功臣異姓而王者八國。張耳、吴芮、彭越、黥布、臧荼、盧綰與兩韓信，皆徼一時之權變，以詐力成功，咸得裂土，南面稱孤。見疑强大，懷不自安，事窮勢迫，卒謀叛逆，終於滅亡。張耳以智全，至子亦失國。唯吴芮之起，不失正道，故能傳號五世，以無嗣絶，慶流支庶。有以矣夫，著于甲令而稱忠也！

論說

宋·吴仁傑《兩漢刊誤補遺》卷一《五諸侯二》 《魏王豹傳》：漢王定三秦，豹以國屬焉，遂從擊楚于彭城。《異姓王表》：韓王信以從伐楚功封。《陳餘傳》：漢擊楚，使使告趙，求類張耳者，持其頭遺餘，乃遺兵，而翟、塞兩王，固各以其賦從，此五諸侯兵可考見于史者。《淮陰侯傳》曰：漢之敗彭城，塞王、翟王亡降楚，趙亦與楚和，魏王至國亦反。至是，五諸侯其不背漢者，獨韓王一人。故紀言諸侯見漢敗，皆叛去是也且。史稱劫五諸侯兵，則以兵爲主，故趙以遣兵助漢王，從五諸侯入彭城山，王不預焉。然《叔孫通傳》言漢王從五諸侯入彭城，不言兵者，殆史氏之省文也。《通鑑》于此但云率諸侯兵，恐有脱字。至《項羽本紀贊》將五諸侯兵滅秦，此舉山東六國言之，與高帝劫五諸侯兵不同。

宋·劉子翬《屏山集》卷三《漢書雜論上》 史稱高祖定天下，異姓王者八國，皆徼一時之權變，以詐力成功，終於滅亡。惟吴芮之起不失正道，故能傳號五世。余謂高祖之定天下，多用良平奇謀秘策，亦未免乎權變詐力也。賈誼謂大抵强者先反，長沙乃在二萬五千户爾，功少而最完，勢疏而最忠，非特性異人也，亦形勢然也。斯言當矣。

宋·周紫芝《太倉稊米集》卷四四《漢高帝論》 帝王御世之術有二，誠與不誠而已矣。御之以誠，則人將以誠應之，此治之所由生也；御之以不誠，則人將以不誠應之，此亂之所由起也。聖人知天下之心可以誠格，而不可以狙詐劫也，於是推吾誠心以感之天下；知聖人之心可以誠應而不可以姦罔欺也，於是亦推吾誠心以事之。是以誠意相感於無形之中，不言而喻，不約而侔，歡欣交通，而天下之情得矣。然則聖人之所謂誠者，果何物也哉？曰心而已矣。蓋公其心以冒天下而容之者。所謂誠也；私其心以籠天下而疑之者。所謂不誠也。二者相去其間不能以寸，而人不知，此天下所以常亂而不治也。高祖由布衣而登帝位，自豐沛而兼四海，其神武不世之略，秦漢以來一人而已。馬遷、班固之徒相與論述其事，咸謂其寬仁而能愛人，豁達而有大度。余獨以謂不然。高祖之初，天下既定，一時功臣大者南面而王，小者猶不失爲列侯。論功行賞，以次受封，非不足以滿其志願，宜若可以無事矣。乃復叛亂相繼，兵無休日。考之於書，漢之異姓而王者八人，其後舉兵而叛者六國，獨張耳、吴芮僅以智免。此其咎安在哉？高祖無豁達之度以容之故也。夫高祖以大度取天下，而余獨以謂不然，此聞者所以未免於笑也。以余觀之，韓信未嘗反，高祖疑之而反也。其他雖不可以悉舉，大抵皆高祖疑之而反耳。觀信以淮陰一介崛起，從漢曾不旋踵，虜魏王，禽夏説，下井陘，誅成安，脅燕定齊，摧楚兵數十萬衆，卒斬龍，且西鄉以報。當是之時，可以唾手而反矣。蒯通説之以叛，至於再而不從。信之言曰：『漢遇我厚，吾豈可以見利而背恩信乎？』由是觀之，信豈有意於反哉？雲夢之遊，執信而虜之，

高祖始有疑信之心，信亦自是怏怏失意，反狀遂萌，故曰韓信未嘗反，高祖疑之而反也。陳豨之亂，高祖平之，徵兵於梁，而越稱病，高祖怒而責越矣。夫越兵之不至，安知其必叛哉？高祖不能使人物色之而遽數其罪者，以其有疑越之心故也。當是之時，越來則被執，不來則加兵，與其如此，孰若舉國以叛猶得免焉？此越所以不得已而反也，故曰彭越未嘗反亦高祖疑之而反也。英布因隨何之言背楚而歸漢，所以脱危亡之地，以就萬全之計也。及漢醢越以賜諸侯，布見而怒，於是聚兵旁郡以備非常，此所謂惡傷其類見幾而作者也。滕公曰：『前年殺彭越，往年殺韓信。』三人皆同功一體之人也，自疑於禍及身乃反耳，故曰英布未嘗反亦高祖疑之而反也。賈誼之説文帝，以謂强者先反。淮陰王楚最强最先反，盧綰最弱最後反。此誼欲除尾大之禍，故其言如此，而不知諸將之叛，初不在是，特以高祖不能推大度以容之耳。是數人者，勇力冠三軍，功業軒天地，皆當時之豪傑也，獨不能容之度外，一涉於疑似之迹，則必致其竊斧之疑，使其心不自安，勢窮而亂，惴惴然疑之，惟恐其叛也，而卒皆叛焉，安在其爲大度哉？或曰：市未嘗有虎也，曾參未嘗殺人也。使三人言之，則智者必惑，而慈母必信，何則？言之者衆而事未可知也。人有告諸將以叛者，奈何獨不信之乎？曰：人主之所爲，下之所視而鄉也。人主而好諫也，則忠臣出人；主而好勇也，則猛士至；人主而好疑，則必有挾可疑之事，以投其隙者矣。劉向曰：『執狐疑之心者來讒賊之口，高祖以疑心而遇人，此告者之所以至也。』或又曰：韓彭之叛固有之，子何自而知高祖之所以疑？曰：吾以蕭何而知之也。何之守關中，可以爲腹心之寄矣。猶且數加勞問，且賜以衛卒五百，微鮑生東陵之計，殆於不免，則高祖於羣臣未有不疑者，況於武夫勇將，英氣蓋世而功名震主者哉？嗚呼！高祖與光武俱以雄畧定亂，而後世之論紛然。雖范曄史家猶以寇、鄧、景、賈所封不過大縣四，曾不知光武推赤心以置人腹中，而高祖乃懷疑心以激諸將之亂也。曄其可謂智乎？

宋·蔡戡《定齋集》卷一二《高帝論》 甚矣疑之爲害也，自昔父子兄弟天屬之親，積疑而成釁者多矣，況君臣以勢合者乎？蓋示人以疑，人亦疑之。内則損德，外則招怨，不唯人懷反側之心，亦非所以爲自安計也。高帝之五年，天下甫定。六年，楚王信反。七年，韓王信反。十年，代相陳豨反。十一年，梁王彭越反，淮南王英布又反。十二年，燕王盧綰反。大抵終帝之世，東征西討，殆無寧歲，蓋亦幸而屢勝。漢之爲漢，岌岌乎殆哉！以愚觀之，諸將反心，生於自疑，其所以自疑，起於帝之疑韓信也。楚漢相持，權在於信。信東歸楚則漢敗，西屬漢則楚亡，兩無所附，則可以三分天下鼎足而立。信方懷推食解衣之恩，力拒武蒯通之計，信之心，豈有意背漢哉？信下魏代，滅齊趙，立數大功而無尺寸之土，必待其自請不得已而王之，帝固疑信矣。固陵之會，信又不至，帝始有誅信之心。所以未釋垓下之甲，已襲齊壁之軍。奪齊王楚，忌隙遂開，信乃疑帝矣。淮陰之貶，又與噲等爲伍，信始有不軌之謀。當其據七十餘城，勢傾楚漢，不以此時自利，纍纍一夫在人掌握，乃欲圖天下事，此其計出於無聊可知矣。由是言之，信之反心，蓋帝有以啓之也。夫固陵失期，信越之罪均，故族信而越疑。異姓封王三人之體一，故誅越而布恐。又況醢其同類之肉而徧賜之，則人人不能自保，親愛如綰信幸如豨，亦且狼顧而起。前年殺彭越，往年殺韓信，所以藉亂臣賊子之口。嗟乎！帝一念之疑，人皆疑之。楚之未滅也，帝所與敵者羽一人耳，楚滅而敵國日滋，帝曾不得安枕而卧，帝之心何如哉？或謂豁達大度，愚不信也。若夫是數人者，南面稱王，據有甲兵士民之衆，其勢至偪帝之疑，猶有説也。蕭相國謹畏人耳，固可置慮，何之守關中，用召平鮑生之計，僅得安迹，終亦不免於繫獄。於何且爾，況信越輩乎？故田横知其必不見容，徒自取辱，所以殺身而恥爲之臣也。噫！張子房棄人間事，從赤松子遊，世以爲學仙欲輕舉，子房豈不知神仙之説荒唐哉？亦以長頸烏喙之君，不可與共樂，假此而去耳。既明且哲以保其身，此所以爲子房之智。

宋·陳耆卿《篔窗集》卷一《韓信論》 鷙鳥累百，不如一鶚。高帝諸將固多。其所與取天下者，實一韓信耳、大才不可小使，漢之連敖都尉，與楚之郎中，相去幾何哉？此蕭何之薦韓信，非大將不止。而信之見用於漢，非大將不就也。大凡料事在識，處事在謀，信之識見於登壇與帝答問之時，而其謀見於請兵三萬人之日。夫信嘗事羽，事羽非不欲佐羽也，顧羽非可佐者耳。其言匹夫勇，婦人仁，怙威背約等事，及高帝所以寬仁得人心之大略，眞如老吏鞫囚，彼曲此直，較然如日，不待垓下之戰而勝負已判矣。此信之所以捨楚歸漢也，從信之策定三秦矣。自高帝彭城

置酒之驕，而其事幾敗，蓋是時，欣翳已降楚，而齊趙魏亦皆與楚和矣。非信發兵與帝破楚京、索，而以身下諸國亦曰殆哉。夫滎陽、京、索乃漢與羽相持之地，而諸國之下專藉信力，前輩謂韓信將兵惜不與項羽一戰，不知信以不戰戰羽，而帝以不用用信。夫欲拔大木，不先去其枝葉，則根本亦未易摇。楚者根本，諸國者枝葉也。故信專爲帝一意下諸國，以孤羽之援，而帝獨與羽相持於滎陽、成皋，以扼羽之衝，然後羽可圖。蓋非信無以下諸國，有信而不使之下諸國，帝雖與羽相持，其氣索矣。是信之所以有功於帝者，正在於不與羽戰，見得有區畫處，未可以爲疑也。然按《史記·帝紀》垓下之戰，信未嘗不與，其云淮陰侯將三十萬，皇帝在後，淮陰先合，不利，卻。孔將軍、費將軍縱，楚兵不利，淮陰侯復乘之，大敗垓下，則信之在戰明矣。其所以在戰不利者，非必誠不利也。信之兵用奇，疑兵下魏，拔幟下趙，水囊下齊之類是也。其所謂不利者，安知其不陽敗陰誘，而因以權破之哉？是信未嘗不與羽戰也。夫前此不與之戰，而今與之戰，何也？曰：已下諸國也。諸國未下，則一力於諸國而未暇，及楚諸國既下，則可以併力於楚矣。要皆有深意也。雖然，信之智能謀天下而不能謀身，又何歟。帝之取天下，雖不可一日無信，亦不能一日不疑信。惟其不可一日無，故不能一日不疑也。人謂帝之疑信，始於齊王之封，而終於固陵之會。以予觀之，奚特此時哉？自其請兵三萬，籌筴了了，帝見其處天下事若几上肉，心雖喜之，亦甚畏之矣。一下魏代，卽收其精兵。詣滎陽，惟恐其兵之多，此一疑也。下趙燕則晨自稱漢，使卽其卧奪之印符，惟恐其權之固耳，此二疑也。至於請爲假王，而繼以眞王之命，則其疑遂成。至於固陵不會，則其疑遂深。前二事帝猶能制信，後二事則帝不能制信，而反爲信所制。封齊割地之時，帝之心已勃勃乎不可遏矣，特勢未可耳。故項羽一死，卽奪齊而與之楚，變告一上，卽奪楚而侯之淮陰。蓋將以奔走之，馳逐之，使不得一日無事以嬉。當是時，帝既疑信，而信亦不堪其困，雖欲不反不可得也。雖欲不誅，亦不可得也。嗚呼！信不反帝於羣雄角逐之時，而反帝於天下既定之日。壯闢蒯通，老從陳豨固可罪，亦可哀矣。向使帝也稍録舊恩，略鋤新忿，推誠而復王之未至，有末年無聊之舉也。蓋惟疑之甚，故去之亟。信不去，帝不得高枕而卧。嘻，其甚哉！

又　卷二《盧綰論》　人主之報舊恩，當厚以賜予，不當假以封爵。綰之與帝，不過曰生同日，居同里，及壯而學書相愛爾。初非有運籌帷幄之助，攻城野戰之勇也。以信、越之徒，勳績如許，僅得一王封，而猶闢鑰隄防若寇盜，綰獨何爲而王？綰王，則凡帝布衣之交，其可王者多矣。白馬之盟曰非劉氏不王，非有功不侯。夫不可以無功而侯，況可以無功王乎？高祖善於律後人，而不善於律其身。異時四吕之王，安知其不以是藉口也。

宋·鄭獬《鄖溪集》卷一七《漢封論》　漢封之失不在高祖，而在文帝，何以言之？高祖初起擾攘之中，於時天下惟習知有六國之弊，而不知周公五百里之封，故其王侯崛起，各擅一國，包山跨河，無復疆畛。臧荼得燕，魏豹得魏，韓王得韓，諸田得齊，趙歇、張耳得趙，韓信、英布得楚。更貪互奪惟，恐土地之不廣，甲兵之不雄。高祖知其勢之不可削也，亦欲無盡乎英雄用，乃手裂而盡付之。故其追項羽於固陵，期諸侯不至，用留侯計，捐睢陽以北至穀城以予彭越，捐陳以東傅之海以予韓信，乃能致二人而遂克羽。當此之時，高祖豈暇議周公五百里之封哉？及其已平，則宗室子弟，類皆稚孺，頎然老壯，餘楚代耳，且恐後世一日有隙漏，則非强大諸侯無以鎮壓之。故又封其同姓各數十城，盤踞天下十分之七。其後吕氏果欲爲亂，而天下堅重卒不可摇，此高祖因用天下之勢而爲之封，庸何有失哉？然高祖非不知其末有弊也，以存漢之計大，而諸侯之禍未卽發也。故其封吴王濞召而相之曰：『若有反，相天下一家，愼勿反。』然而高祖竟封之，此其爲慮可見矣。韓彭輩既已誅夷，吕氏又滅，則變而通之，豈不在文帝乎？於時賈誼欲裂其國以分封子弟，俾之久而可傳，且拉其脊而折之，文帝竟不能用，拱手而成七國之禍，由此磐石遂瓠矣。使賈誼之策行，則雖有王莽何由爲盜哉？夫惟高祖善用其勢，惟賈誼善識其變，然而不能遂救之者，文帝也。漢封之失不在高祖，而在文帝，孰謂不然哉？

宋·張耒《柯山集》卷三七《魏豹彭越論》　予愛司馬遷論魏豹、彭越之不耻囚虜，以至刑戮也。曰：『彼無異，故智略絶人，獨患無身耳。得攝尺寸之柄，其雲蒸龍變，欲有所會其度，以故幽囚而不辭。』嗚呼！何其論之之至也。漢自高祖之後，其將在者，皆常才中人，而其名

將皆已誅死放滅。彭越以疑死，韓信黥布相繼以反誅。予嘗疑漢之于功臣少恩，如是推遷所論，而後知高祖之誅功臣，勢變之不獲已。而世之論高祖不善馭功臣如光武，故相繼族誅，皆妄論不推原當世之故。嘗試論之曰：秦之亡，豪傑並起，世之英雄才過十人者，無不興起。而士大夫去戰國未遠，其人皆有六國豪傑之餘風，故其用兵行師有可稱述。方此時，人人皆有帝王之心，如韓信之徒，其屈體爲臣者，其初心豈將屈體委身而已乎？高祖豈不知其然而收之者，何也？夫操白挺驅市人而爭天下非得如斯人者，則誰肯爲吾使。彼亦將有所寄以求所欲。彼之視高祖，猶高祖之用三人，何則兩各有所私利也，而非君臣之分故也。且彼之所以臣我者，非有至誠之心，而不厭其所欲，則反顧而去耳。故非裂天下而王之，其勢不可使。故固陵之敗，子房勸高祖幷王韓信、彭越。且是時，天下之地分于二人者，何啻十五？而子房不敢愛者，不如是不足以留二人故也。夫以英雄好亂之姿，無君臣至親之分，而據萬乘之强國，此其勢非得天下則不厭，何則如韓信、彭越之徒，束手爲虜而不耻者，其心猶冀，萬一有不死而庶幾得尺寸之柄以施其知，而況南面稱王，據有甲兵，士民之衆，肯帖然而爲人之下哉？嗚呼！高祖安得高枕而卧也。昔楚王田于雲夢，有熊當路，而不去弓矢戈戟之力，不能殺，王患之。或曰：南山之虎，其勇無敵，方飢而休驅而逐熊，其能勝之哉？王日善驅虎，當熊未及死而王之，左右六鈞之弓，百鍊之戈，當虎之衡，虎食熊未盡而殺之矣。夫楚王之用虎，非樂使之也，非是則無能勝熊者矣。其殺之也，非有怨疾也，不殺且及我矣。彼虎之視熊，其與視楚王無以異也，不乘其便而殺之，一失所制，則彼雖欲殺不可得矣。虎之食熊，非爲我除患也，勢驅之而不知其爲人怒也。故高祖之用三人，非樂使之，無是三人則項籍不爲我擒矣，高祖非以怨殺三人也，知其終不爲我用故也。三人之爲我亡楚也，非爲至誠欲王漢也，勢有動其心故也。爲長者之論，曰：漢封功臣，其地太過，故反。天下既定，當明制度，別上下，稍裁之，庶幾矣。嗚呼！彼安坐無事，猶狼顧其上，況削之乎？故高祖于是三人者，不得不分天下而封之。而三人者，封之亦反，削之亦反，因之亦反，其勢必誅之而後定。故予悲高祖，于此有不獲已焉。

宋·楊時《龜山集》卷九《張耳、陳餘》 遷固謂耳、餘爲勢利之交，非也。張耳鉅鹿之圍，責餘以俱死，黶、釋没於秦軍耳。大不信以爲殺之，二人所以相失也，是豈有勢利之交耶？予謂耳、餘之友，蓋失於相結之深，而相知淺也。使其相知如管、鮑，寧有是耶？

又《韓信》 韓信以機變之才，因思歸之衆以臨關東，而燕代趙齊之間，無堅城强敵矣。其用奇無窮，所向風靡，自漢興名將未有倫擬也。至其軍修武也，又輔以張耳二人，皆勇略蓋世。余竊怪漢王自稱漢，使晨馳入壁，即卧内奪其印符，麾召諸將易置之，而耳信未之知也。此其禁防闊疏，與棘門、霸上之軍何異耶？使敵人投間竊發，則二人者，可得而虜也。豈古所謂有制之兵者，信亦有未逮歟？

又《彭越》 天下之禍，莫大乎不明分，分之不明，由較材程力之過也。余觀韓彭之亡，皆以此歟？蓋西漢之初，高皇帝以匹夫起阡陌之中，一時名將非屠販亡命輕猾之徒，則里巷齠齓布衣之交也。其平居握手，素非有君臣等威也。論其材力，亦豈足相過哉？天下未平，而大者已王，小者已侯，皆連城數郡，一搖足則秦項之爭復搆矣。漢方收民於百戰凋瘵之餘，而臨諸侯王之上，凜乎其猶蹈春冰，而常恐其潰也。故疑隙一開，則葅醢隨之矣。嗚呼！是豈知先王所以維持天下者哉？雖朝委裘植遺腹而不亂者，亦有名義以正其分耳。故君君臣臣而天下治，如將較材程力以强弱勝負爲君臣，則天下之禍何時已哉！漢之君臣不知出此，卒至相夷而不悟。悲矣！

又《季布》 桓公殺公子糾，召忽死之，管仲不死，孔子稱其仁。管仲之不死，繩以《春秋》之法，則其義固有在矣。世莫有能窺之者。方季布髡鉗奴辱於朱家，非有深計遠慮也，期以免死而已。班固謂賢者誠重其死，夫死非其所，固賢者所重也。然君子固有舍生而取義者，固之爲此說，豈非以管仲之事與之乎？是皆未明《春秋》之義者。揚子曰：明哲不終事項。其義得之矣。

宋·胡宏《五峯集》卷三《韓彭》 韓、彭之所以亡身及其族者，以梁楚爲之累也。使信、越不愛梁楚，漢安得而族之！

又《黥布》 薛公一言而封千户，薛公，楚之望也。此漢之所以破黥布也。或問：布之反，出不得已，君子恕之乎？曰：臣而反其君，烏可恕也。或曰：爲布計者宜如何？曰：蘄西之過，漢祖遥問，何苦

而反？布宜應曰：臣不敢反也。方陛下危困之時，愛韓信、彭越及臣如手足。今天下定矣，則視之如寇仇。往年以詐縛信，今年以疑掩越，殘其身，夷其族。陛下平日寬大長者，今變而爲狹隘之人，臣與信越同功一體，乃忍死于獄吏，是以至此。若陛下察臣無罪，反躬知愧，退師釋甲，則臣束身自歸，豈忍多殺士衆爲背叛之人哉？漢祖服義不比常人，一言而官季布，以一言而置蒯徹，以一言而釋欒布。夫若布爲此言，帝必有以處之矣。

元・方回《續古今考》卷二二《還，至定陶，馳入齊王信壁，奪其軍，徙信爲楚王》　《漢書・韓信傳》：漢王之敗固陵，用張良計，徵信將兵會垓下，項羽死。高祖襲奪信軍，徙信爲楚王。《史記・淮陰侯傳》：漢王之困固陵，用張良計，召齊王信，遂將兵會垓下。項羽已破，高祖襲奪齊王軍。徐廣曰：以齊爲平原、千乘、東萊、齊郡。漢五年正月，徙齊王信爲楚王。都下邳。《史記・高祖本紀》：葬羽穀城，還，至定陶，馳入齊王壁，奪其軍。正月，漢王爲皇帝。云云。皇帝曰：義帝無後，齊王韓信習楚風俗，徙爲楚王，都下邳。《漢書・高帝紀》於奪齊王信軍之後，書共敖子尉事，乃上書。春正月，追尊兄伯武哀侯，而書下令曰：楚地已定，義帝無後，欲存卹楚衆，以定其主。齊王信習楚風俗，更立爲楚王。王淮北，都下邳。讀紀表志傳之文，一事必三、四處書之。奪韓王信改王楚一事，《史記》《漢書》紀傳四處，撿挍皆微不同。蓋襲奪信軍之時，在漢五年冬十二月；改王楚之時，在春正月。漢依秦以十月爲歲首也。《史記》書即皇帝位，在信改王楚之先，《漢書》書即皇帝位在信改王楚之後。今按《漢紀》書諸侯上疏請即皇帝位凡七，異姓王楚王韓信爲首，知即位汜水，二月甲午也，奪軍十二月也，改王正月也。按信之得罪於高皇帝，假王之請，實自王帝憤之，一也。固陵之會，即今光州固始。許地，乃至帝憤之，二也。武涉、蒯通二人之説，帝尚未知也。奪軍者，帝之憤不可遏矣；改王者，猶不欲食言，其實不得已也。然而猶善爲辭曰義帝無後，曰齊王信習楚風俗。漢謀臣有人哉？武涉、蒯通之説，司馬遷何從得之？其文章縱横甚妙。

又《以彭越爲梁王五年春正月》　徙漢信爲楚王，以彭越爲梁王，都定陶。紫陽方氏曰：漢五年冬十月，漢王追項羽至陽夏，今亳州陽夏縣。止軍與齊王信，魏相國越期會擊楚至固陵，不會，用張良計，許越睢陽以北至穀城之地，王之，於是與韓信皆引兵來，滅羽垓下。沛洨縣聚邑名。洨，衡交反。高祖挾不會之怨久矣。正月，信越之王不食言不得已而已。人臣事君而觀望徼利，彭越無識，何足道，韓信亦爲之乎？

又《黥布之王》　立布爲淮南王。紫陽方氏曰：隨何使九江英布叛楚歸漢。漢二年夏四月，彭城之敗之後也，以故九江王從漢王擊楚。四年秋七月，立布爲淮南王。《漢書・高紀》、《布傳》、《史記・布傳》並同，惟《史記・高紀》於大會垓下之後，書立武王布爲淮南王。此一句未，可曉《漢書・高紀》不書大會垓下，但於五年書曰十一月圍羽垓下。《史記・高紀》書大會垓下在四年。徐廣注曰七月，此亦不可曉。

又　卷二三《附論：是年張耳、吳芮皆薨》　《東萊大事記》書曰：越景王耳、長沙文王芮皆薨，引《漢書・韓彭英盧吳傳》贊曰：昔高祖定天下，功臣異姓而王者八國。張耳、吳芮、彭越、黥布、臧荼、盧綰，皆徼一時之權變，以詐力成功，咸得裂土，南面稱孤。見疑强大，懷不自安，事窮勢迫，卒謀叛逆，終于滅亡。張耳以智自全，至子亦失國。惟吳芮之起，不失正道，故能傳號五世，以無嗣絶，慶流支庶。有以夫，著于甲令而稱忠也。紫陽方氏曰：《漢書》所以可觀者，諸侯王、功臣、恩澤、外戚、侯百官公卿七表，書拜罷死絶，帝紀不書，不人人爲之傳，臧荼王而無傳，有傳則拜罷死絶亦可考，不必帝紀又書也。《唐書》繁蕪不足觀，帝紀書大臣拜罷死絶何益？不足道之。人亦爲傳何益？《漢書》又不如《史記》，班密而馬疏，然馬有深意高見也。附評史法書此。

又《十二月，游雲夢，執韓信》　《漢紀》書六年十月，又告楚王信謀反，上問左右，左右爭欲擊之，用陳平計，乃僞游雲夢。十二月，會諸侯于陳，楚王信迎謁，因執之。《史記・紀》書十二月，人有上變事告楚王信謀反，云云。楚王信即因執之，下文書是日大赦天下』。《史記・淮陰侯列傳》書漢五年正月，徙齊王信爲楚王，都下邳。信初之國，行縣邑，陳兵出入。漢六年人有上書告楚王信反，高帝以陳平計，天子巡狩，會諸侯。南方有雲夢，發使告諸侯會陳，吾將游雲夢，實欲襲信，信弗知。高祖且至楚，信欲發兵，反自度無軍，欲謁上，恐見禽。或説信斬

鍾離眛謁上，上必喜，信持其首，謁高祖于陳。上令武士縛信，載後車。信曰：果若人言，狡兔死，走狗烹；飛鳥盡，良弓藏；敵國破，謀臣亡。師古曰：此黄石公《三畧》之言，班書删下四句。信欲發兵反，删反字。天下已定，我固當烹，班書亦删此八字。上曰：人告公反，遂械繫信，至洛陽，赦信罪，以爲淮陰侯。信知漢王畏惡其能，常稱病不朝從，由此日怨望鞅鞅，羞與絳、灌等列。紫陽方氏曰：詳觀《史記》此傳，韓信初無反心，告者過也。陳兵出入，非反也。匿鍾離眛，何不請于上，而求赦之，以故人之誼匿之，亦未至于反也。信引黄石公《三畧》之法言缺曰：天下既定，我固當烹。馬遷書曰：信知漢王畏惡其能盡之矣。遷書曰漢王，班書用之。高祖既得信，恐天下諸侯實有謀反而未發，竟者相挺而起，卽于擒信之日，大赦天下，詔曰：天下既安，豪傑有功者封侯，新立未能盡圖，其功身居軍九年，或未習法令，或以其過犯法大者，死刑。吾甚憐之其赦天下。此赦爲擒韓信而下，然高帝亦心知信本無罪，已有赦之之意，故後十餘日至洛陽赦信，封爲淮陰侯。信居長安，自六年十二月至十一年，凡閒居六年。陳豨反，吕后、蕭何詐信斬之。紫陽方氏曰：三代之王，君臣未嘗有詐，春秋戰國始尚詐，而孫吳之徒著兵，書無非詐也。漢高君臣上下皆詐也，僞游雲夢以召信，高后詐令人從上所來，以詐給信而信之。用兵亦皆詐耳，陳餘欲殺張耳，高祖以類耳者斬頭與之，彼殺一不辜而得天下，不爲者何如人哉？陳平、張良無非以詐爲事者，下邳在東海郡，有上邳、下邳，雲夢在南郡華容縣南，秦漢大兵之後，其藪澤尚可游獵乎？以此爲名會諸侯于陳，陳卽孔子厄陳者，今陳州。馬遷謂假令韓信學道謙讓，不伐不矜，其能庶幾周召太公，然詐力之士，未足語此，如曹參學黄老庶幾乎哉？

又　卷二五《漢書異姓諸侯王表》　始漢元年，不書義帝，其次序楚分爲四，至韓分爲二，凡十八王。高祖爲帝後，追書漢元年爲一王也。

孟堅表曰：昔詩書述虞夏之際，舜禹受禮，積德累功，洽於百姓，攝位行政，考之于天，經數十年，然後在位。殷周之王，乃繇卨稷，修仁行義，歷十餘世，至于湯武，然後放弒。秦起襄公，章於文、繆、獻、孝、昭、嚴，回曰子長云：秦起襄公，章于文、繆、獻、孝之後，今孟堅添昭、襄王、莊襄王爲昭、嚴，而章之下次一于字，似欠沽法。稍蠶食六國，百有餘載，至始皇，乃幷大下。以德若彼，用力若此其艱難也。秦既稱帝，患周之敗，以爲起於處士橫議，諸侯力爭，四夷交侵，以弱見奪。於是削去五等，墮城銷刅，箝語燒書，内鉏雄俊，外攘胡越，用一威權，爲萬世安。然十餘年間，猛敵橫發乎不虞，適戍强于五伯，閭閻偪于戎狄，嚮應𤺺于謗議，奮臂威于甲兵。鄉秦之禁，適所以資豪傑而速自斃。是以漢無尺土之階，繇一劍之任，五載而成帝業。書傳所記，未嘗有焉。何則？古世相革，皆承聖王之烈，今漢獨收孤秦之弊。鐫金石者難爲功，摧枯朽者易爲力，其勢然也。故據漢受命，譜十八王，月而列之，天下一統，乃以年數。迄于孝文，異姓盡矣。

紫陽方氏曰：子長之文痛快，孟堅之文補綴。雖造語工不及子長，抑揚嗟嘆，意味有餘也。其謂虞夏殷周秦，積累而後，興子長本意也。子長先言陳涉，項羽、高祖所以驟興寔有意，次敍五代之興必悠久艱難，而始皇事兵革不休以有諸侯。于是無寸尺之封而欲圖萬世之安，陳涉之所以起也，項羽之所以起也。作難二字貶涉，虐戾二字貶羽，而撥亂誅暴四字稱高祖。此不惟見高祖之驟興承秦之，亦以見涉羽爲漢驅除，彼皆不仁而漢獨仁故也。孟堅之文密不如子長之文疎也，發此一例，學者當細考之。

又《史記漢興以來諸侯年表》　《索隱》曰：應劭云：雖名爲王，其實如古之諸侯。紫陽方氏曰：子長作《漢興以來諸侯年表》不書曰諸侯王，故《索隱》引《應劭注》如此。孟堅乃爲《異姓諸侯王表》，同姓者單曰《諸侯王表》，只此一着，子長高于孟堅多矣。

又《論史記諸侯年表漢書諸侯王表之異》　子長《表》曰：殷以前尚矣。周封五等：公、侯、伯、子、男。然封伯禽、康叔于魯、衛，地各四百里，親親之義，褒有德也；太公于齊，兼五侯地，尊勤勞也。武王、成、康所封數百，而同姓五十五，地上不過百里，下三十里，以輔衛王室。管、蔡、康叔、曹、鄭，或過或損，厲幽之後，王室闕，侯伯强國興焉，天子微，弗能正。非德不純，形勢弱也。

紫陽方氏曰：子長此一節意謂，周之封建魯、衛地，多以親親，褒有德。太公地多，以尊勤勞，皆非常也。他所封數百同姓五十五地，上不過百里，下三十里，乃當然也。厲幽之後，侯伯强國興焉，天子微，弗能正周之德，亦未衰。而平王東遷，形勢弱矣。故侯伯强國興而周衰微。嘆

周之東不能强榦而弱枝也，乃後歷敍漢事諸侯地大者，或五六郡，連城數十，置百官宫觀，僭於天子，漢獨有三河至内史十五郡，公主列侯頗邑其中，嘆夫法之未善也。于是再論漢興百年之間，諸侯踈屬驕奢淫亂，叛逆不軌，殞身亡國。然後天子觀于上古，推恩分子弟國邑，諸侯稍微，大國不過十餘城，小侯不過數十里，而漢郡八九十，犬牙相錯，强本于，弱枝葉。故曰：尊卑明而萬事各得其所矣。序漢初至武帝大初年間，諸侯爲一表，謂初封之地太廣，非悠久之計，叛逆亡隕，分王子弟之後，漢始有八九十郡而諸侯微，此東萊所謂論封建之大意，非孟堅所及者也。孟堅表意全反此。

孟堅表曰：昔周監于二代，三聖制法，立爵五等，封國八百，同姓五十有餘。周公、康叔建于魯、衛，各數百里；太公於齊，亦五侯九伯之地。所以親親賢賢，褒表功德，關諸盛衰，深根固本，爲不可拔者也。回謂改子長意，而用其事全相反，子長以齊、魯、衛地太廣爲非。故盛則周、召相其治，致刑錯；此亦非，周之太平，周召爲相之力，非諸侯之力，二公不之國。衰則五伯扶其弱，與共守。惟齊桓公有功于周，晉文公無禮矣。自幽、平之後，日以陵夷，河洛之間，分爲二周，有逃責之臺，被竊鈇之言。然天下謂之共主，强大弗之敢傾。既于王赧，降爲庶人，用天年終。號位已絶于天下，尚猶枝葉相持，莫得居其虚位，海内無主，三十餘年。此孟堅稱美諸侯，所以衛周之事，謂爲封建之力，然不知地大上僭，亦所以亡國。

孟堅又曰：秦據埶勝之地，騁狙詐之兵，姍笑三代，盪滅古法，竊自號爲皇帝，而子弟爲匹夫，内無骨肉本根之輔，外無尺土藩翼之衛。陳、吴奮其白梃，劉、項從而斃之。此謂秦廢封建而暴亡。回謂秦之虐，雖封王，子弟及侯國亦亡。

孟堅又曰：漢興之初，海内新定，同姓寡少，懲戒亡秦孤立之敗。功臣侯者百有餘邑；尊王子弟，大啓九國。天子自有三河至内史，凡十五郡。公主列侯頗邑其中，而藩國大者，跨州兼郡，連城數十。宫室百司同制京師，可謂矯枉過其正矣。回謂矯枉過其正，此一句，方是全文，畧改子長語而意不同。

孟堅又曰：然高祖創業，日不暇給，孝惠享國日淺，高后女主攝位，而海内晏如，亡狂狡之憂，卒折諸吕之難，成太宗之業者，亦賴之于諸侯也。回謂折諸吕之難，乃平勃交懽之力，朱虚侯之初，心在齊，非灌嬰連衡齊，適爲京師患耳。七國之變政，以濞國大盛卻不言。

紫陽方氏曰：孟堅之言，雖敍事本末如子長意，卻不然。子長之意，欲衆建諸侯而少其力。天子之地大，諸侯之地小，則上足以制下。孟堅顧謂漢祖封諸侯雖矯枉過正，折諸吕之難，成太宗之業，亦賴諸侯。殊不知諸吕之誅，非全是諸侯之力。鼂錯爲景帝忠謀而踈斬之，以謝七國，而吴濞無上之心不輟，非周亞夫絶其糧道，濞不敗也。所謂文帝采賈生之議分齊、趙，景帝削吴、楚，武帝施主父之策下推恩之令。齊、趙、梁、淮南之分，皆文子長語而失子長之意，至謂武有淮南衡山之謀，作左官之律，設附益之法，諸侯惟得食衣租税，至于哀平與冨室亡異，而王莽生其奸心，遂據南面之尊。漢諸侯王厥角稽顙，奉上璽韍，豈不哀哉！回竊惟王莽假母后之勢以簒國，乃元、成、哀帝積弱而無剛德，孔光、張禹之徒有以成之。孟堅乃謂分王子弟，左官、附益之制，有以弱諸侯于外，而生大奸于内。愚意決不敢謂之然也。此前輩先儒所以不與班史，謂其不如遷史也。

明・李東陽《懷麓堂集》卷三四《韓信論》 信之事，兩司馬論之詳矣。有説者曰：信之忠，一拒武涉，再辭蒯徹，言出肺腑，容不可以僞。且其慮事料敵，筭無遺策，不以全齊叛而以一淮陰，不以逐鹿未定之時而以天下一統勢不可動之日，亦明矣。其所謂逆，非有擅兵養士如陽夏，部聚候伺如九江者，不過以吾方念之之言，猶豫不忍倍之意，爲陳豨内應之謀，悔不用蒯徹之計之語，是安知非忌者所媒孽，抑或史氏之所傳，襲而附會之者邪？夫信之獄，成於吕后，汲汲乎不待高帝之歸，臨刑之辭，未足深信。且彭越再變，吕后實使人告之，何有於信？信蓋其尤所忌者也。然信之請爲假王也，陳平、張良躡足附耳之不暇，雲夢之執，平實爲之，而田肯復以得信爲賀，及其死也，以出亡夜追之，蕭何而亦與其謀，豈信之忠不勝智，固未免見疑於人人邪？方其始説高帝以天下城邑封功臣，不旋踵而自爲假王之乞，馳壁奪軍，易置諸將，帝固已疑之矣。期得楚而不辭納項氏亡將而不輒奏，及其失王就侯，身不自保，而猶以多多益善辦夸于帝，蓋非特帝疑之，廷之臣莫不疑之矣。疑其迹而不

知其心，悲夫！嗚呼！平以下不足道也，彼良與何者宜知之，不但無百口之保，亦無一言以紓其難，坐視其赤族而不恤者，何哉？蓋高帝之雄心，未嘗不耿耿於天下之豪傑，非辟穀之請，田宅之汙，雖良與何亦且不免，其勢固無暇於信。信之必死於高帝，旦暮等耳。苟徒摭片語隻字以爲信罪，豈君子之所忍哉？《綱目》書后殺淮陰侯韓信，夷三族。朱子蓋已洞見其曲直矣。程子謂讀《春秋》者，必以傳考經之事，實以經別傳之眞僞，《綱目》非史類也，愚請以經法讀之。

明・夏良勝《中庸衍義》卷一二《九經之義》 漢高帝六年，剖符封諸功臣異姓爲王者八人，列侯一百四十四人。班固《諸侯王表》曰：昔詩書述虞夏之際，舜禹受禪，積德累功，洽於百姓，攝位行政，考之於天。經數十年，然後在位。殷周之王，乃由稷契脩仁行義，歷十餘世。至於湯武，然後放殺。秦起襄公，章文、繆、獻、孝、昭、嚴，稍蠶食六國，百有餘載。至始皇乃幷天下，以德若彼，用力如此其難也。秦既稱帝，患周之敗，以爲起於處士橫議，諸侯力爭，四夷交侵，以弱見奪，於是削去五等，墮城銷刃，鉗語燒書，內鋤雄俊，外攘胡粵，用壹威權爲萬世安。然十餘年間，猛敵橫發乎不虞，適戍强於五伯，閭閻偪於戎狄，響應瘉於謗議，奮臂威於甲兵。向秦之禁，適所以資豪傑而速自斃也。是以漢無尺土之階，由一劍之任，五載而成帝業，書傳所紀未嘗有焉。何則？古世相革，皆承聖王之烈，今漢獨收孤秦之弊，鐫金石者難爲功，摧枯朽者易爲力，其勢然也。故據漢受命譜十八王，月而列之，天下一統，乃以年數訖于孝文，異姓盡矣。臣丘濬曰：古者爵有公、侯、伯、子、男，然既列之以爵，則必分之以土，使以莅其土主其神，以君其民。自秦漢以來，始有封以郡邑之名，而惟奉朝請於朝，曾不一出國門者，漢之封爵止於侯而無有所謂公伯子男者，書於此以志其始。

又 卷一五《三重之義》 漢高祖封功臣爵，誓曰：黄河如帶，泰山若礪。國以永存，爰及苗裔。臣良勝曰：高祖定天下，列元功十八侯，位次而譬之，於獵曰諸將狗也。蕭何發縱指示人也，可謂明而公矣。沙中偶語，張良猶曰：所封皆故人，所誅皆仇怨。是以其後異姓王者八人，侯者一百四十四人，其封誓之詞若此，蓋欲其傳之永永，與國咸休也。終高祖世，七王皆絶，惟吳芮尚存，至武帝時，列侯存者止四人。則山河帶礪之誓，亦安足恃哉？縱曰世祿之家，鮮克由禮，多自取敗，然在武帝時，以酎金爵奪者一百六人，意有不樂而文致之者亦多。以蕭何首功，至景帝時以祀絶，乃封其孫嘉，爲後庶幾存一綫之緒，足蓋前人之愆爾。

明・胡居仁《胡文敬集》卷二《高祖殺韓信》 先儒論漢祖殺韓信事，責漢者，皆以漢取天下多信之功，不當忘其功而殺之；又以信初無反意，乃因失職怏怏，又漢以詐擒之，故起信反側不安之心；又以爲信逆謀雖露，猶可以功贖罪，宥其子孫，迎陳之禮，可以贖自王之釁；拒徹之忠，可以贖失期之罪，而漢夷其族，太過也。責信者，以信滅齊不報而自王，以起漢祖之罵，躡足之封，固高祖之不得已也；約共攻楚，信乃越期不至，必割地，許之，乃以兵會，又起漢祖之疑，取信之心，萌於此矣；又以爲使信學道謙讓，不伐功矜，能庶幾勳可比於周召太公，後世血食，天下已定，乃謀畔逆，夷滅宗族，不亦宜乎？所論雖當，不過就事論事，未有推究其本原者。夫天下之事，莫不有理，天下之理，悉備於身。必理明、心正、身脩，然後舉而措之天下，則王道可興，伊周之勳不足期矣。君臣一德，上下同道，保全終始，不足言矣。信乃一才智之士，以利祿之心，挾孫吳之法，雖其謀策之善過於孫吳，然不過欲成功名，取富貴，漢祖亦以其才智之高，能成己之功，故用之以取天下。是君臣之間，舉以功利智謀投機苟合，未嘗誠意相孚。而其成王業，既以功利相從，則君忘臣之能恐其奪吾之利，臣挾其功而欲分上之利，自然君臣相猜，嫌隙日深，非君殺其臣，則臣弑其君，故功利之不能保終，理勢然也。《綱目》書后殺淮陰侯韓信，夷三族，則漢固失待臣之道，而信自取滅亡，隱然可見矣。噫！後之君子可不鑑乎？此而盡力於聖賢，《大學》之道哉？

明・王世貞《弇州四部稿》卷一一一《淮陰侯不反辨》 余過淮，見故侯韓信祠，悵然悲之。夫千秋之士，論淮陰侯信者，未嘗不惜其功大而漢報之薄，至以反死，未有明其不反者也。信功誠大，至族滅以死，而又身被惡名。余竊悲之，故爲之辨曰：信之不反於楚，天下知之；其不反於關中，雖當其時，天下亦不知之。天下能惜其功，而不能辨其不反，何也？信之罪，獨有請假王，及期固陵來緩，非純臣之節耳。信見夫項羽之入關，裂地而王，諸將以章邯之功微焉而王，長史欣、董翳之功微焉

而王，申陽之功微焉而王，司馬卬、張耳之功微焉而王，呂芮、共敖、臧荼、田都、田安之功微焉而王，自掐數其功於漢，視數子何啻百倍？而漢王又素名能不愛城邑，封功臣遠勝羽者，內不勝其欲故請耳。夫重責信以功而薄報信以封，漢誠失之信。雖稍賢於武臣韓廣，於人臣之節非也。其後之不反，何從知之？曰以信及陳豨傳知之。夫信嘗再爲大將，又再爲王，其故部曲臣吏何限，乃舍而與陳豨謀，豨其時以別將將卒五百人從宛朐至霸上，以游擊將軍別定代破臧荼，侯於信非素所拊，循士大夫也，信遽而託之以腹心，豨遽而受託以反，此不可解一也。豨之監代趙兵，自喜下賓客蘄得俠名耳，周昌忌而言於高帝，覆案之急始與匈奴通，又召之急，始反，豨初固未反也，乃遽與信謀，其不可解二也。信，智士也，如必與豨謀，必屏人，必耳語，何由使舍人知之？其不可解三也。信既通豨，必多置人於邯鄲，走關東西道，高帝之動靜，豨之勝敗，俱知之，不應爲一女子所紿入，而落其手，其不可解四也。以信之功，呂氏一女子單辭族之，而不能辨，漢王固己心知其然，私畏呂氏而猶喜其能馭諸桀將矣。呂氏之所以數欲廢而不終廢也。信不反卒以反族，等之英布，而樂悅之封得世同於賁赫。嗚呼！可慨也夫！

清・田雯《古歡堂集》卷三九《淮陰侯後》　客書《淮陰侯傳後》曰：廣南有韋土司，自言淮陰侯後。當鐘室難作，淮陰侯客某匿其三歲兒，知蕭相國與侯善，往見之，微示侯無後意，相國仰天歎曰：『嗟乎，冤哉！』淚淫淫下。客見其誠，以情告相國，驚曰：『若能匿淮陰兒乎？中國不可居矣。』急跳南粵趙佗作書，遣客匿兒於佗，曰：『此淮陰兒。公善視之。』佗養以爲己子，封之海濱，賜姓韋，用韓之半也。今其族世豪於海壖，有鄧侯所遺之書、尉佗所錫之誥，勒之鼎器，謂其説得諸楚張燧。今定番有韋番司，其先亦出於廣南。晉天福間，楚王馬殷遺其八帥，率邕、管、柳州兵討兩江溪洞，至此留軍戍之，因各據其土，號八番，韋番其一也。其人雖隸，版圖奉冠帶，輸租課。然多陰賊剽悍，獸食而鳥息，未見有能豪者，至問其受姓之自，與鄧侯所遺之書，尉佗所錫之誥，率皆不知，而云無有則又何也。得無感淮陰之無後，姑爲此影響疑似之談，而妄言之人遂，亦妄聽之，而妄述之歟？然世之韋姓多矣，卽云善妄，胡不託之叡皋之流，而顧有取蠻髦之類也，抑其從來者遠子孫忘之，遂不能名其先，爲淮陰侯後耶？事之有無未可知，然韓淮陰以震主之功，遭鳥盡弓藏之慘，千古痛之，而無可奈何，乃欲於燼冷塵揚之後，庶幾得一二影響疑似之談，以快志士之心，亦足悲已。

清・方苞《望溪集》卷二《書淮陰侯列傳後》　太史公於漢興諸將皆列數其成功，而不及其方畧，以區區者不足言也。惟於信詳哉其言之。蓋信之戰，劉、項之興亡係焉，且其兵謀足爲後世法也。然自井陘而外，陽夏濰水之迹蓋畧矣。其擊楚破代，亦約舉其成功。至定三秦，則以一言蔽之，而其事反散見於他傳。蓋漢楚之爭，惟定三秦爲易，雖信之部署，亦不足言也。左氏紀韓之戰，方及卜徒父之占，而承以三敗，及韓乍觀之，辭意似不相承。然使戰韓之前，具列兩國之將佐。三敗之時，地則重膇，滯壅其體，尚能自舉乎？此紀事之文，所以左史稱最也。其詳載武涉、蒯通之言，則微文以志痛也。方信據全齊軍，鋒震楚漢，不忍鄉利倍義，乃謀畔於天下，既集之後乎？其始被誣，以行縣邑陳兵出入耳。終則見紿被縛，斬於宮禁，未聞讞獄而明，徵其辭所據，乃告變之誣耳。其與陳豨辟人挈手之語，孰聞之乎？列侯就第無符璽節篆，而欲與家臣夜詐詔發諸官徒奴，孰聽之乎？信之過，獨在請假王與約分地，而後會兵垓下，然秦失其鹿，欲逐而得之者多矣，蒯通教信以反罪尚可釋，況定齊而求自王，滅楚而利得地，乃不可末減乎？故以通之語終焉。

後論似果以信爲叛逆者，蓋其誣於傳具之矣。故反言以見義，謂天下已集，非可以叛逆之時矣。若果謀此，雖族誅亦宜。然以信之智而肯出此乎？案其實特不能學道謙讓，不矜不伐耳。蕭何之烈，僅以閎夭、散宜生擬，而乃以周、召、太公望叛逆之人哉？自記。

清・藍鼎元《鹿洲初集》卷一六《書淮陰侯傳後》　淮陰侯之冤，前輩論之詳矣。余謂當日情事，高帝未嘗不知之，特畏惡其能，不勝褊刻之見，姑爲是昧心舉動耳。不然以謀反大逆之人，恨不得立膏斧鑕，豈容赦罪封侯，又與從容談論遲至五六年，始殺於婦人之手哉？教之反者，尚可免烹，帝固知信之實心，事主不聽人言也。然則信非呂后，亦未必遂夷三族，蓋帝雖惡其能，猶知其心。后惡其能，則直恐爲他日外戚之患，將使劉氏不可危，呂氏不得措手足，所以切齒忍心，必急急焉除之也。觀於彭越之死，亦由呂后。高帝甫崩，卽與審食其謀族諸將意可知矣。女子

小人之禍，人國必先毒螫其羽翼，墮壞其柱礎，然後可以爲所欲爲，而無復顧忌。惜高帝在其術中而不覺也，以一念之褊，刻釀惡婦之亂，階社稷宗廟幾至覆滅，嗚呼！可不懼哉！

清·趙翼《廿二史劄記》卷二《漢初布衣將相之局》 漢初諸臣，惟張良出身最貴，韓相之子也。其次則張蒼，秦御史；叔孫通，秦待詔博士。次則蕭何，沛主吏掾；曹參，獄掾；任敖，獄吏；周苛，泗水卒史；傅寬，魏騎將；申屠嘉，材官。其餘陳平、王陵、陸賈、酈商、酈食其、夏侯嬰等皆白徒。樊噲則屠狗者，周勃則織薄曲吹簫給喪事者，灌嬰則販繒者，婁敬則挽車者，一時人才皆出其中，致身將相，前此所未有也。蓋秦、漢間爲天地一大變局。自古皆封建諸侯各君其國，卿大夫亦世其官，成例相沿，視爲固然。其後積弊日甚，暴君荒主既虐用其民，無有底止，强臣大族又篡弑相仍，禍亂不已。再并而爲七國，益務戰爭，肝腦塗地，其勢不得不變，而數千年世侯世卿之局，一時亦難遽變，於是先從在下者起。遊説則范雎、蔡澤、蘇秦、張儀等，徒步而爲相。征戰則孫臏、白起、樂毅、廉頗、王翦等，白身而爲將。此已開後世布衣將相之例，而兼併之力尚在有國者，天方藉其力以成混一，固不能一旦掃除之，使匹夫而有天下也。於是縱秦皇盡滅六國，以開一統之局。使秦皇當日發政施仁，與民休息，則禍亂不興，下雖無世祿之臣，而上猶是繼體之主也。惟其威虐毒，人人思亂，四海鼎沸，草澤競奮，於是漢祖以匹夫起事，角羣雄而定一尊。其君起自布衣，其臣亦自多亡命無賴之徒，立功以取將相，此氣運爲之也。天之變局，至是始定。然楚漢之際，六國各立後，尚有楚懷王心、趙王歇、魏王咎、魏王豹、韓王成、韓王信、齊王田儋、田榮、田廣、田安、田市等。卽漢所封功臣亦先裂地以王彭、韓等，繼分國以侯絳、灌等。蓋人情習見前世封建故事，不得而遽易之也。乃不數年而六國諸王皆敗滅，漢所封異姓王八人，其七人亦皆敗滅。則知人情猶狃於故見，而天意已另換新局，故除之易易耳。而是時尚有分封子弟諸國，迨至七國反後，又嚴諸侯王禁制，除吏皆自天朝，諸侯王惟得食租衣税，又多以事失侯，於是三代世侯世卿之遺法始蕩然淨盡，而成後世徵辟、選舉、科目、雜流之天下矣。豈非天哉！

藝文

唐·羅隱《羅昭諫集》卷四《書淮陰侯傳》 寒燈挑盡見遺塵，試瀝椒漿合有神。莫恨高皇不終始，滅秦謀項是何人。

唐·釋貫休《禪月集》卷一《行路難》 君不見山高海深人不測，古往今來轉青碧。淺近輕浮莫與交，地卑只解生荆棘。誰道黄金如糞土，張耳、陳餘斷消息。行路難，行路難，君自看。

唐·韋莊《浣花集》卷四《題淮陰侯廟》 滿把椒漿奠楚祠，碧幢黄鉞舊英威。能扶漢代成王業，忍見唐民陷戰機。雲夢去時高鳥盡，淮陰歸日故人稀。如何不借平齊策，空看長星落賊圍。

宋·韓琦《安陽集》卷七《過井陘淮陰侯廟》 破趙降燕漢業成，兔亡良犬日圖烹。家僮上變安知實，史筆加誣貴有名。功蓋一時誠不滅，恨埋千古欲誰明。荒祠尚枕陘間道，澗水空傳哽咽聲。

宋·田錫《咸平集》卷一七《結交篇》 爲簪莫用玉，玉脆長憂折。連環須以金，金堅永無缺。陳餘尚倜儻，張耳重交結。事勢俄參商，干戈自屠滅。意斷如玦離，情忘若絃絶。始志何綢繆，終讐何勇决。我願然諾心，不得輕相悦。

宋·鄭獬《鄖溪集》卷二七《題淮陰侯廟》 漢高不得淮陰將，天下雌雄未可知。力勸君王回蜀道，便携諸將破秦師。故人斬首誠非策，女子陰謀遂見欺。終使英雄鑑成敗，未圖功業自先疑。

宋·梅堯臣《宛陵集》卷四七《淮陰侯》 功既高天下，身何不自防。已能成漢業，無復假齊王。復恥噲爲伍，安知呂所忘。空名流未竭，淮水共湯湯。

宋·邵雍《擊壤集》卷二《題淮陰侯廟十首》 一身作亂宜從戮，三族全夷似少恩。漢道是時初雜霸，蕭何王佐殆非尊。

據立大功非不智，復貪王爵似專愚。造成四百年炎漢，纔得安寧反受誅。

生身既得逢眞主，立事何須作假王。誰謂禍階從此始，不宜迴首怨高皇。

一時韓信爲良犬，千古蕭何作霸臣。彼此並干名教罪，罪猶不逮謂斯人。

韓信事劉原不叛，蕭何惑漢竟生疑。當初若聽蒯通語，高祖功名未可知。

雖則有才兼有智，存亡進退處非眞。五湖依舊煙波在，范蠡無人繼後塵。

若非韓信難除項，不得蕭何莫制韓。天下須知無一手，苟非高祖用蕭難。

漢家基定議功勳，異姓封王有五人。不似淮陰最雄傑，敢教根固又生秦。

韓信特功前慮寡，漢皇負德尚權安。幽囚必欲擒來斬，固要加諸甚不難。

若履暴榮須暴辱，既經多喜必多憂。功成能讓封王印，世世長爲列土侯。

宋·張耒《柯山集》卷二二《題淮陰侯廟有序》 呂太后勸高祖誅彭越，使舍人告其反，而越固未嘗反也，特以爲名耳。高祖將兵居外而太后在長安，太子仁弱不知兵，而韓信方失職在京師。呂畏其乘時爲亂而不可制，使人誣告其反詐，召而誅之耳。方是時，蕭相國居中而信欲以烏合不教之兵欲從中起，以圖帝業，使雖甚愚，必知其無成。以信之雄才謀無遺策，肯出此哉！太史公記陳豨反事，言豨居代，多致賓客，周昌畏其不軌而奏。召之，不至，豨因自疑。而其後通曼丘臣王黃遂反，此司馬遷所謂邪人進説遂陷不義者也。遷載豨反事，未嘗一言及信。吁！此遷欲見誅信之冤也。

雲夢何須僞出遊，遭讒猶得故鄉侯。平生蕭相眞知己，何事還同女子謀。原注：何不爲信辨其枉也。

宋·俞德鄰《佩韋齋集》卷七《淮陰侯廟三首》 鹿走沙丘二世亡，重瞳隆準正奔忙。將軍果是無雙士，何用區區覓假王。

兔死從來狗亦烹，楚亡安得有韓彭。封留便約赤松去，已愧當年魯兩生。

誅秦逐項奠乾坤，三傑勳名萬古存。一笑淮陰年少客，不如漂母識王孫。

宋·周紫芝《太倉稊米集》卷六九《弔英布廟》 繄楚漢之方興兮，顧雌雄之未判。唯智者之見幾兮，當方決而中斷。始冠軍之就戮兮，恨老增之見晚。悟使者之一言兮，遽投策而歸漢。建王都於楚邱兮，俾故鄉之改觀。雖富貴之遂志兮，曾不戒夫盈滿。威震主而不祥兮，宜避禍而遠引。彼羣毚之穴空兮，韓盧烹而不免。致主意之見疑兮，功臣懼而交惋。視越醢而信禽兮，分死生於夜旦。上印綬而乞骸骨兮，追喬松而游汗漫。無尺籍之與寸兵兮，疑可釋而冰泮。王料敵以如䀘兮，何目眥之弗見。渡清淮而反田里兮，享壽康於安晏。蓋無罪而殺大夫兮，士當去而不可緩。況勇冠於諸侯兮，復功高於既叛。何此理之不明兮，徒唧冤而永嘆。

元·釋善住《谷響集》卷二《淮陰侯》 羣雄逐鹿競紛紛，虎鬬龍爭孰未分。背楚棄官皆失義，下齊求國是要君。蒯通詭辯誠難信，陳豨上奸謀豈易論。當日更無鍾室嘆，豈勝竹帛載元勳。

元·劉因《靜修集》卷四《井陘淮陰侯廟二首》 飢童羸馬倦重游，萬將分兵坐此籌。滅項豈知秦尚在，奪齊便覺漢無憂。英彭一體誰遺類，絳灌諸孫自列侯。愛殺鹿泉泉下水，亂山百折只東流。

許身良犬笑君癡，怏怏難勝已自危。智數相催難免死，才名如此豈無疑。兩年蕃鎮眞猶假，十載君臣喜又悲。最恨當時蕭相國，直教三族到全夷。

又 卷二〇《井陘淮陰侯廟》 君臣尚詐日生疑，誰與乾坤息戰鼙。未論恃功羞伍噲，試看觀變要王齊。良能用漢氣無敵，蕭可制韓才自低。枉爲虛名誤忠節，五陵烟樹亦凄迷。

元·陳孚《陳剛中詩集》卷一《淮陰侯廟》 漢家羅網政高張，誰有勳名紀太常。戲爾築壇呼大將，危乎操印立眞王。烟中草木疑殘幟，沙上風濤憶故囊。鐘室千年君莫怨，未央宮殿已斜陽。

元·張憲《玉笥集》卷一《淮陰侯》 勇畧震人主，奇功蓋天下。持此求令終，全身古來寡。淮陰將之傑，用智如炙輠。不忍衣食恩，甘爲轅下馬。重兵在掌握，茅土復求假。不悟齊巫言，終然三族赭。跳梁駒覂駕，覆錘金躍冶。既匪跋扈雄，大權宜早捨。忠逆無定見，身敗慘裂瓦。所以赤松遊，浮榮眞土苴。

元・陳基《夷白齋稿外集》卷上《淮陰侯廟》 慷慨論兵笑沐猴，盡將生死付鄒侯。手提漢鼎歸眞主，眼見黄旗出僞游。此日王孫歸故國，何年漂母葬荒丘。英雄自古多遺恨，腸斷秋風楚水流。

元・張養浩《歸田類稿》卷二二《彭越》 乘危襲亂起蓬蒿，千古風雲有許遭。天下已平猶戀寵，誅夷休恨卯金刀。

明・程敏政《篁墩文集》卷六八《淮陰侯廟》 楚王被誅，反狀未明，前人固有定論，予獨於其下齊烹酈食其事有遺恨焉。

鐘室堪嗟走狗烹，反形千古未分明。史官獨爲將軍惜，不念當時老酈生。

明・顧清《東江家藏集》卷三四《後集一・淮陰侯祠》 英雄未遇亦何疑，恨是遭逢啓禍基。試論淮陰香火地，何如雲夢檻車時。鴻溝未判猶辭徹，炎曆方新卻構豨。一語夜深三族併，此情惟有舍人知。

明・孫承恩《文簡集》卷四一《韓淮陰侯信》 定伯雄圖，登壇數辭。用兵制勝，霆擊風馳。成功既高，執義亦固。忘期赤松，英雄悔悟。

明・徐有貞《武功集》卷一《嚴子陵》 君臣難比故人情，蟬冕羊裘孰重輕。盧綰竟爲高祖伐，可憐無計效先生。

明・歸有光《震川别集》卷一〇《淮陰侯廟》 吾如淮陰祠，清槐蔭朱户。當時長樂宮，千載有餘怒。五年戰龍虎，結束在肉俎。努力赴功名，功成良自苦。

明・胡應麟《少室山房集》卷二二《鍾室行題淮陰侯傳後有序》

淮陰侯不反明矣，而史遷附會獄辭，致千載之下，徒惜其功大而不克終，且歸罪於吕氏，吕氏固漢祖所託而甘心者也。漢於當時所畏惟籍與信，籍滅而信繼之，時事必至無可言者。彼陳兵之搆，舍人之訴，皆漢之爲也。信亡卽庸庸如越，猶以故智除之，誅越以速布之死，而漢之謀無不效矣。於是以黥如陵椎如勃者，而以後事付之，然且曰陳平智有餘難獨任也。嗚呼，漢之心可識矣。

黄河倒流日東轉，地坼天摧鍾室晚。志士千秋空扼腕，誰爲淮陰明不反。憶提利劍追重瞳，邂逅關前隆準公。登壇片語定劉項，豈須垓下知雌雄。井陘戰血飛長虹，齊城七十如飄風。當時楚漢在掌握，磊落千言辭蒯通。固陵長驅三十萬，手挈神器歸眞龍。泰山爲礪河爲帶，欲齊伊吕稱元功。寧知隆準猜忌主，畏信雄圖如畏羽。旌旗夜入定陶壁，警蹕朝行雲夢渚。朝行雲夢夕出迎，天日可照微臣情。縱虎誠難縛虎易，青冥咫尺飛雷霆。列侯朝請亦奚忌，隱若大澤居長鯨。陳豨相過理則有，舍人上變誰當明。遂令身首異都市，九族併命咸陽城。嗟嗟吕姥豈辦此，固知漢主行叮嚀。卽豨不反信亦族，欲加以罪寧無名。嗚呼季也實涼德，萬古愁雲弔鍾室。史臣徒贊寬大辭，百代梟雄定誰匹。君不見，三雄死三吕立，厠中愛姬人作彘，掌上佳兒血盈席。天道好還如一日，長信宮深辟陽入。愧殺長陵一抔土，冢中强魄無顔色。君不見，亞父當年賜骸骨，虞姬效死陰陵側。壯士至今猶悼惜，千秋爲季寧爲籍。嗟乎！千秋爲季寧爲籍。

清・查慎行《敬業堂詩集》卷四《長沙雜感》 水遠山平極望賒，湖南風物一長嗟。屈原已去終亡國，吴芮如存可世家。湘竹舊痕啼夢雨，薜蘿新鬼怨囊沙。孤城自繞殘陽岸，風急秋清急暮笳。

又 卷四二《淮陰侯廟下作》 滅楚還封楚，破齊曾王齊。英雄歸駕馭，股掌若孩提。失國嗟烹狗，糜身付牝雞。士人憐至骨，廟像儼公主。

平定吳楚七國之亂分部

綜　述

《史記》卷一一《孝景本紀》 三年正月乙巳，赦天下。長星出西方。天火燔雒陽東宮大殿城室。吴王濞、楚王戊、趙王遂、膠西王卬、濟南王辟光、菑川王賢、膠東王雄渠反，發兵西鄉。天子爲誅晁錯，遣袁盎諭告，不止，遂西圍梁。上乃遣大將軍竇嬰、太尉周亞夫將兵誅之。六月乙亥，赦亡軍及楚元王子蓺等與謀反者。封大將軍竇嬰爲魏其侯。立楚元王子平陸侯禮爲楚王。立皇子端爲膠西王，子勝爲中山王。徙濟北王志爲菑川王，淮陽王餘爲魯王，汝南王非爲江都王。齊王將廬、燕王嘉皆薨。【略】

太史公曰：漢興，孝文施大德，天下懷安，至孝景，不復憂異姓，

而晁錯刻削諸侯，遂使七國俱起，合從而西鄉，以諸侯太盛，而錯爲之不以漸也。及主父偃言之，而諸侯以弱，卒以安。安危之機，豈不以謀哉？

又 卷一七《漢興以來諸侯王年表》 高祖子弟同姓爲王者九國，雖獨長沙異姓，而功臣侯者百有餘人。自雁門、太原以東至遼陽，爲燕代國；常山以南，大行左轉，度河、濟，阿、甄以東薄海，爲齊、趙國；自陳以西，南至九疑，東帶江、淮、穀、泗，薄會稽，爲梁、楚、淮南、長沙國：皆外接於胡、越。而内地北距山以東盡諸侯地，大者或五六郡，連城數十，置百官宫觀，僭於天子。漢獨有三河、東郡、潁川、南陽，自江陵以西至蜀，北自雲中至隴西，與内史凡十五郡，而公主列侯頗食邑其中。何者？天下初定，骨肉同姓少，故廣强庶孽，以鎮撫四海，用承衛天子也。

又 卷五〇《楚元王世家》 春，戊與吴王合謀反，其相張尚、太傅趙夷吾諫，不聽。戊則殺尚、夷吾，起兵與吴西攻梁，破棘壁。至昌邑南，與漢將周亞夫戰。漢絶吴楚糧道，士卒飢，吴王走，楚王戊自殺，軍遂降漢。

漢已平吴楚，孝景帝欲以德侯子續吴，以元王子禮續楚。竇太后曰：『吴王，老人也，宜爲宗室順善。今乃首率七國，紛亂天下，奈何續其後！』不許吴，許立楚後。是時禮爲漢宗正。乃拜禮爲楚王，奉元王宗廟，是爲楚文王。

又 卷五八《梁孝王世家》 其春，吴楚齊趙七國反。吴楚先擊梁棘壁，殺數萬人。梁孝王城守睢陽，而使韓安國、張羽等爲大將軍，以距吴楚。吴楚以梁爲限，不敢過而西，與太尉亞夫等相距三月。吴楚破，而梁所破殺虜略與漢中分。

又 卷八四《屈原賈生列傳》 文帝復封淮南厲王子四人皆爲列侯。賈生諫，以爲患之興自此起矣。賈生數上疏，言諸侯或連數郡，非古之制，可稍削之。文帝不聽。

又 卷一〇一《袁盎晁錯列傳》 淮南厲王朝，殺辟陽侯，居處驕甚。袁盎諫曰：『諸侯大驕必生患，可適削地。』上弗用。淮南王益横。及棘蒲侯柴武太子謀反事覺，治，連淮南王，淮南王徵，上因遷之蜀，監車傳送。袁盎時爲中郎將，乃諫曰：『陛下素驕淮南王，弗稍禁，以至此，今又暴摧折之。淮南王爲人剛，如有遇霧露行道死，陛下竟爲以天下之大弗能容，有殺弟之名，奈何？』上弗聽，遂行之。

淮南王至雍，病死，聞，上輟食，哭甚哀。盎入，頓首請罪。上曰：『以不用公言至此。』盎曰：『上自寬，此往事，豈可悔哉！且陛下有高世之行者三，此不足以毁名。』上曰：『吾高世行三者何事？』盎曰：『陛下居代時，太后嘗病，三年，陛下不交睫，不解衣，湯藥非陛下口所嘗弗進。夫曾參以布衣猶難之，今陛下親以王者脩之，過曾參孝遠矣。夫諸吕用事，大臣專制，然陛下從代乘六乘傳馳不測之淵，雖賁育之勇不及陛下。陛下至代邸，西向讓天子位者再，南面讓天子位者三。夫許由一讓，而陛下五以天下讓，過許由四矣。且陛下遷淮南王，欲以苦其志，使改過，有司衛不謹，故病死。』於是上乃解，曰：『將奈何？』盎曰：『淮南王有三子，唯在陛下耳。』於是文帝立其三子皆爲王。盎由此名重朝廷。【略】

然袁盎亦以數直諫，不得久居中，調爲隴西都尉。仁愛士卒，士卒皆爭爲死。遷爲齊相。徙爲吴相，辭行，種謂盎曰：『吴王驕日久，國多奸。今苟欲劾治，彼不上書告君，卽利劍刺君矣。南方卑濕，君能日飲，毋何，時説王曰毋反而已。如此幸得脱。』盎用種之計，吴王厚遇盎。【略】

吴楚反，聞，晁錯謂丞史曰：『夫袁盎多受吴王金錢，專爲蔽匿，言不反。今果反，欲請治盎宜知計謀。』丞史曰：『事未發，治之有絶。今兵西鄉，治之何益！且袁盎不宜有謀。』晁錯猶與未決。人有告袁盎者，袁盎恐，夜見竇嬰，爲言吴所以反者，願至上前口對狀。竇嬰入言上，上乃召袁盎入見。晁錯在前，及盎請辟人賜間，錯去，固恨甚。袁盎具言吴所以反狀，以錯故，獨急斬錯以謝吴，吴兵乃可罷。其語具在吴事中。使袁盎爲太常，竇嬰爲大將軍。兩人素相與善。逮吴反，諸陵長者長安中賢大夫爭附兩人，車隨者日數百乘。

及晁錯已誅，袁盎以太常使吴。吴王欲使將，不肯。欲殺之，使一都尉以五百人圍守盎軍中。袁盎自其爲吴相時，有從史嘗盜愛盎侍兒，盎知之，弗泄，遇之如故。人有告從史，言『君知爾與侍者通』，乃亡歸。袁盎驅自追之，遂以侍者賜之，復爲從史。及袁盎使吴見守，從史適爲守盎

校尉司馬，乃悉以其裝齎置二石醇醪，會天寒，士卒飢渴，飲酒醉，西南陬卒皆臥，司馬夜引袁盎起，曰：『君可以去矣，吴王期旦日斬君。』盎弗信，曰：『公何爲者？』司馬曰：『臣故爲從史盜君侍兒者。』盎乃驚謝曰：『公幸有親，吾不足以累公。』司馬曰：『君弟去，臣亦且亡，辟吾親，君何患！』乃以刀決張，道從醉卒隧直出。司馬與分背，袁盎解節毛懷之，杖，步行七八里，明，見梁騎，騎馳去，遂歸報。【略】

遷爲御史大夫，請諸侯之罪過，削其地，收其枝郡。奏上，上令公卿列侯宗室集議，莫敢難，獨竇嬰爭之，由此與錯有卻。錯所更令三十章，諸侯皆諠譁疾鼂錯。錯父聞之，從潁川來，謂錯曰：『上初即位，公爲政用事，侵削諸侯，別疏人骨肉，人口議多怨公者，何也？』鼂錯曰：『固也。不如此，天子不尊，宗廟不安。』錯父曰：『劉氏安矣，而鼂氏危矣，吾去公歸矣！』遂飲藥死，曰：『吾不忍見禍及吾身。』死十餘日，吴楚七國果反，以誅錯爲名。及竇嬰、袁盎進説，上令鼂錯衣朝衣斬東市。

鼂錯已死，謁者僕射鄧公爲校尉，擊吴楚軍爲將。還，上書言軍事，謁見上。上問曰：『道軍所來，聞鼂錯死，吴楚罷不？』鄧公曰：『吴王爲反數十年矣，發怒削地，以誅錯爲名，其意非在錯也。且臣恐天下之士噤口，不敢復言也！』上曰：『何哉？』鄧公曰：『夫鼂錯患諸侯强大不可制，故請削地以尊京師，萬世之利也。計畫始行，卒受大戮，内杜忠臣之口，外爲諸侯報仇，臣竊爲陛下不取也。』於是景帝默然良久，曰：『公言善，吾亦恨之。』乃拜鄧公爲城陽中尉。【略】

太史公曰：袁盎雖不好學，亦善傅會，仁心爲質，引義慷慨。遭孝文初立，資適逢世。時以變易，及吴楚一説，説雖行哉，然復不遂。好聲矜賢，竟以名敗。鼂錯爲家令時，數言事不用；後擅權，多所變更。諸侯發難，不急匡救，欲報私讎，反以亡軀。語曰：『變古亂常，不死則亡。』豈錯等謂邪！

又 卷一〇六《吴王濞列傳》 吴王濞者，高帝兄劉仲之子也。高帝已定天下七年，立劉仲爲代王。而匈奴攻代，劉仲不能堅守，棄國亡，間行走雒陽，自歸天子。天子爲骨肉故，不忍致法，廢以爲郃陽侯。高帝十一年秋，淮南王英布反，東并荆地，劫其國兵，西度淮，擊楚，高帝自將往誅之。劉仲子沛侯濞年二十，有氣力，以騎將從破布軍蘄西，會甀，布走。荆王劉賈爲布所殺，無後。上患吴、會稽輕悍，無壯王以填之，諸子少，乃立濞於沛爲吴王，王三郡五十三城。已拜受印，高帝召濞相之，謂曰：『若狀有反相。』心獨悔，業已拜，因拊其背，告曰：『漢後五十年東南有亂者，豈若邪？然天下同姓爲一家也，慎無反！』濞頓首曰：『不敢。』

會孝惠、高后時，天下初定，郡國諸侯各務自拊循其民。吴有豫章郡銅山，濞則招致天下亡命者鑄錢，煮海水爲鹽，以故無賦，國用富饒。

孝文時，吴太子入見，得侍皇太子飲博。吴太子師傅皆楚人，輕悍，又素驕，博，爭道，不恭，皇太子引博局提吴太子，殺之。於是遣其喪歸葬。至吴，吴王慍曰：『天下同宗，死長安即葬長安，何必來葬爲！』復遣喪之長安葬。吴王由此稍失藩臣之禮，稱病不朝。京師知其以子故稱病不朝，驗問實不病，諸吴使來，輒繫責治之。吴王恐，爲謀滋甚。及後使人爲秋請，上復責問吴使者，使者對曰：『王實不病，漢繫治使者數輩，以故遂稱病。且夫「察見淵中魚，不祥」。今王始詐病，及覺，見責急，愈益閉，恐上誅之，計乃無聊。唯上棄之而與更始。』於是天子乃赦吴使者歸之，而賜吴王几杖，老，不朝。吴得釋其罪，謀亦益解。然其居國以銅鹽故，百姓無賦。卒踐更，輒與平賈。歲時存問茂材，賞賜閭里。佗郡國吏欲來捕亡人者，訟共禁弗予。如此者四十餘年，以故能使其衆。

鼂錯爲太子家令，得幸太子，數從容言吴過可削。數上書説孝文帝，文帝寬，不忍罰，以此吴日益横。及孝景帝即位，錯爲御史大夫，説上曰：『昔高帝初定天下，昆弟少，諸子弱，大封同姓，故王孽子悼惠王王齊七十餘城，庶弟元王王楚四十餘城，兄子濞王吴五十餘城：封三庶孽，分天下半。今吴王前有太子之郤，詐稱病不朝，於古法當誅，文帝弗忍，因賜几杖。德至厚，當改過自新。乃益驕溢，即山鑄錢，煮海水爲鹽，誘天下亡人，謀作亂。今削之亦反，不削之亦反。削之，其反亟，禍小；不削，反遲，禍大。』三年冬，楚王朝，鼂錯因言楚王戊往年爲薄太后服，私奸服舍，請誅之。詔赦，罰削東海郡。因削吴之豫章郡、會稽郡。及前二年趙王有罪，削其河間郡。膠西王卬以賣爵有奸，削其六縣。

漢廷臣方議削吴。吴王濞恐削地無已，因以此發謀，欲舉事。念諸侯

無足與計謀者，聞膠西王勇，好氣，喜兵，諸齊皆憚畏，於是乃使中大夫應高誂膠西王。無文書，口報曰：『吳王不肖，有宿夕之憂，不敢自外，使喻其驩心。』王曰：『何以教之？』高曰：『今者主上興於奸，飾於邪臣，好小善，聽讒賊，擅變更律令，侵奪諸侯之地，徵求滋多，誅罰良善，日以益甚。里語有之，「舐糠及米」。吳與膠西，知名諸侯也，一時見察，恐不得安肆矣。吳王身有内病，不能朝請二十餘年，嘗患見疑，無以自白，今脅肩累足，猶懼不見釋。竊聞大王以爵事有適，所聞諸侯削地，罪不至此，此恐不得削地而已。』王曰：『然，有之。子將奈何？』高曰：『同惡相助，同好相留，同情相成，同欲相趨，同利相死。今吳王自以爲與大王同憂，原因時循理，棄軀以除患害於天下，億亦可乎？』王瞿然駭曰：『寡人何敢如是？今主上雖急，固有死耳，安得不戴？』高曰：『御史大夫晁錯，熒惑天子，侵奪諸侯，蔽忠塞賢，朝廷疾怨，諸侯皆有倍畔之意，人事極矣。彗星出，蝗蟲數起，此萬世一時，而愁勞聖人之所以起也。故吳王欲内以晁錯爲討，外隨大王後車，彷徉天下，所鄉者降，所指者下，天下莫敢不服。大王誠幸而許之一言，則吳王率楚王略函谷關，守滎陽敖倉之粟，距漢兵。治次舍，須大王。大王有幸而臨之，則天下可并，兩主分割，不亦可乎？』王曰：『善。』高歸報吳王，吳王猶恐其不與，乃身自爲使，使於膠西，面結之。

膠西羣臣或聞王謀，諫曰：『承一帝，至樂也。今大王與吳西鄉，弟令事成，兩主分爭，患乃始結。諸侯之地不足爲漢郡什二，而爲畔逆以憂太后，非長策也。』王弗聽。遂發使約齊、菑川、膠東、濟南、濟北，皆許諾，而曰『城陽景王有義，攻諸呂，勿與，事定分之耳』。

諸侯既新削罰，振恐，多怨晁錯。及削吳會稽、豫章郡書至，則吳王先起兵，膠西正月丙午誅漢吏二千石以下，膠東、菑川、濟南、楚、趙亦然，遂發兵西。齊王後悔，飲藥自殺，畔約。濟北王城壞未完，其郎中令劫守其王，不得發兵。膠西爲渠率，膠東、菑川、濟南共攻圍臨菑。趙王遂亦反，陰使匈奴與連兵。

七國之發也，吳王悉其士卒，下令國中曰：『寡人年六十二，身自將。少子年十四，亦爲士卒先。諸年上與寡人比，下與少子等者，皆發。』發二十餘萬人。南使閩越、東越，東越亦發兵從。

孝景帝三年正月甲子，初起兵於廣陵。西涉淮，因并楚兵。發使遺諸侯書曰：『吳王劉濞敬問膠西王、膠東王、菑川王、濟南王、趙王、楚王、淮南王、衡山王、廬江王、故長沙王子：幸教寡人！以漢有賊臣，無功天下，侵奪諸侯地，使吏劾繫訊治，以僇辱之爲故，不以諸侯人君禮遇劉氏骨肉，絕先帝功臣，進任奸宄，詿亂天下，欲危社稷。陛下多病志失，不能省察。欲舉兵誅之，謹聞教。敝國雖狹，地方三千里；人雖少，精兵可具五十萬。寡人素事南越三十餘年，其王君皆不辭分其卒以隨寡人，又可得三十餘萬。寡人雖不肖，原以身從諸王。越直長沙者，因王子定長沙以北，西走蜀、漢中。告越、楚王、淮南三王，與寡人西面；齊諸王與趙王定河間、河内，或入臨晉關，或與寡人會雒陽；燕王、趙王固與胡王有約，燕王北定代、雲中，摶胡衆入蕭關，走長安，匡正天子，以安高廟。原王勉之。楚元王子、淮南三王或不沐洗十餘年，怨入骨髓，欲一有所出之久矣，寡人未得諸王之意，未敢聽。今諸王苟能存亡繼絕，振弱伐暴，以安劉氏，社稷之所原也。敝國雖貧，寡人節衣食之用，積金錢，脩兵革，聚穀食，夜以繼日，三十餘年矣。凡爲此，原諸王勉用之。能斬捕大將者，賜金五千斤，封萬户；列將，三千斤，封五千户；裨將，二千斤，封二千户；二千石，千斤，封千户；千石，五百斤，封五百户：皆爲列侯。其以軍若城邑降者，卒萬人，邑萬户，如得大將；人户五千，如得列將；人户三千，如得裨將；人户千，如得二千石；其小吏皆以差次受爵金。佗封賜皆倍軍法。其有故爵邑者，更益勿因。原諸王明以令士大夫，弗敢欺也。寡人金錢在天下者往往而有，非必取於吳，諸王日夜用之弗能盡。有當賜者告寡人，寡人且往遺之。敬以聞。』

七國反書聞天子，天子乃遣太尉條侯周亞夫將三十六將軍，往擊吳楚；遣曲周侯酈寄擊趙；將軍欒布擊齊；大將軍竇嬰屯滎陽，監齊趙兵。

吳楚反書聞，兵未發，竇嬰未行，言故吳相袁盎。盎時家居，詔召入見。上方與晁錯調兵笇軍食，上問袁盎曰：『君嘗爲吳相，知吳臣田禄伯爲人乎？今吳楚反，於公何如？』對曰：『不足憂也，今破矣。』上曰：『吳王卽山鑄錢，煮海水爲鹽，誘天下豪桀，白頭舉事。若此，其計不百全，豈發乎？何以言其無能爲也？』袁盎對曰：『吳有銅鹽利則有

之，安得豪桀而誘之！誠令吳得豪桀，亦且輔王爲義，不反矣。吳所誘皆無賴子弟，亡命鑄錢奸人，故相率以反。』晁錯曰：『袁盎策之善。』上問曰：『計安出？』盎對曰：『原屏左右。』上屏人，獨錯在。盎曰：『臣所言，人臣不得知也。』乃屏錯。錯趨避東廂，恨甚。上卒問盎，盎對曰：『吳楚相遺書，曰「高帝王子弟各有分地，今賊臣晁錯擅適過諸侯，削奪之地」。故以反爲名，西共誅晁錯，復故地而罷。方今計獨斬晁錯，發使赦吳楚七國，復其故削地，則兵可無血刃而俱罷。』於是上嘿然良久，曰：『顧誠何如，吾不愛一人以謝天下。』盎曰：『臣愚計無出此，原上孰計之。』乃拜盎爲太常，吳王弟子德侯爲宗正。盎裝治行。後十餘日，上使中尉召錯，紿載行東市。錯衣朝衣斬東市。則遣袁盎奉宗廟，宗正輔親戚，使告吳如盎策。至吳，吳楚兵已攻梁壁矣。宗正以親故，先入見，諭吳王使拜受詔。吳王聞袁盎來，亦知其欲説己，笑而應曰：『我已爲東帝，尚何誰拜？』不肯見盎而留之軍中，欲劫使將。盎不肯，使人圍守，且殺之，盎得夜出，步亡去，走梁軍，遂歸報。

　　條侯將乘六乘傳，會兵滎陽。至雒陽，見劇孟，喜曰：『七國反，吾乘傳至此，不自意全。又以爲諸侯已得劇孟，劇孟今無動。吾據滎陽，以東無足憂者。』至淮陽，問父絳侯故客鄧都尉曰：『策安出？』客曰：『吳兵鋭甚，難與爭鋒。楚兵輕，不能久。方今爲將軍計，莫若引兵東北壁昌邑，以梁委吳，吳必盡鋭攻之。將軍深溝高壘，使輕兵絕淮泗口，塞吳饟道。彼吳梁相敝而糧食竭，乃以全强制其罷極，破吳必矣。』條侯曰：『善。』從其策，遂堅壁昌邑南，輕兵絕吳饟道。

　　吳王之初發也，吳臣田禄伯爲大將軍。田禄伯曰：『兵屯聚而西，無佗奇道，難以就功。臣原得五萬人，別循江淮而上，收淮南、長沙，入武關，與大王會，此亦一奇也。』吳王太子諫曰：『王以反爲名，此兵難以藉人，藉人亦且反王，奈何？且擅兵而別，多佗利害，未可知也，徒自損耳。』吳王卽不許田禄伯。

　　吳少將桓將軍説王曰：『吳多步兵，步兵利險；漢多車騎，車騎利平地。原大王所過城邑不下，直棄去，疾西據雒陽武庫，食敖倉粟，阻山河之險以令諸侯，雖毋入關，天下固已定矣。卽大王徐行，留下城邑，漢軍車騎至，馳入梁楚之郊，事敗矣。』吳王問諸老將，老將曰：『此少年推鋒之計可耳，安知大慮乎！』於是王不用桓將軍計。

　　吳王專并將其兵，未度淮，諸賓客皆得爲將、校尉、候、司馬，獨周丘不得用。周丘者，下邳人，亡命吳，酤酒無行，吳王濞薄之，弗任。周丘上謁，説王曰：『臣以無能，不得待罪行間。臣非敢求有所將，原得王一漢節，必有以報王。』王乃予之。周丘得節，夜馳入下邳。下邳時聞吳反，皆城守。至傳舍，召令。令入户，使從者以罪斬令。遂召昆弟所善豪吏告曰：『吳反兵且至，至，屠下邳不過食頃。今先下，家室必完，能者封侯矣。』出乃相告，下邳皆下。周丘一夜得三萬人，使人報吳王，遂將其兵北略城邑。比至城陽，兵十餘萬，破城陽中尉軍。聞吳王敗走，自度無與共成功，卽引兵歸下邳。未至，疽發背死。

　　二月中，吳王兵既破，敗走，於是天子制詔將軍曰：『蓋聞爲善者，天報之以福；爲非者，天報之以殃。高皇帝親表功德，建立諸侯，幽王、悼惠王絕無後，孝文皇帝哀憐加惠，王幽王子遂、悼惠王子卬等，令奉其先王宗廟，爲漢藩國，德配天地，明並日月。吳王濞倍德反義，誘受天下亡命罪人，亂天下幣，稱病不朝二十餘年，有司數請濞罪，孝文皇帝寬之，欲其改行爲善。今乃與楚王戊、趙王遂、膠西王卬、濟南王辟光、菑川王賢、膠東王雄渠約從反，爲逆無道，起兵以危宗廟，賊殺大臣及漢使者，迫劫萬民，夭殺無罪，燒殘民家，掘其丘冢，甚爲暴虐。今卬等又重逆無道，燒宗廟，鹵御物，朕甚痛之。朕素服避正殿，將軍其勸士大夫擊反虜。擊反虜者，深入多殺爲功，斬首捕虜比三百石以上者皆殺之，無有所置。敢有議詔及不如詔者，皆要斬。』

　　初，吳王之度淮，與楚王遂西敗棘壁，乘勝前，鋭甚。梁孝王恐，遣六將軍擊吳，又敗梁兩將，士卒皆還走梁。梁數使使報條侯求救，條侯不許。又使使惡條侯於上，上使人告條侯救梁，復守便宜不行。梁使韓安國及楚死事相弟張羽爲將軍，乃得頗敗吳兵。吳兵欲西，梁城守堅，不敢西，卽走條侯軍，會下邑。欲戰，條侯壁，不肯戰。吳糧絕，卒飢，數挑戰，遂夜佫條侯壁，驚東南。條侯使備西北，果從西北入。吳大敗，士卒多飢死，乃畔散。於是吳王乃與其麾下壯士數千人夜亡去，度江走丹徒，保東越。東越兵可萬餘人，乃使人收聚亡卒。漢使人以利啗東越，東越卽紿吳王，吳王出勞軍，卽使人鏦殺吳王，盛其頭，馳傳以聞。吳王子子

華、子駒亡走閩越。吳王之棄其軍亡也，軍遂潰，往往稍降太尉、梁軍。楚王戊軍敗，自殺。

三王之圍齊臨菑也，三月不能下。漢兵至，膠西、膠東、菑川王各引兵歸。膠西王乃袒跣，席稾，飲水，謝太后。王太子德曰：『漢兵遠，臣觀之已罷，可襲，原收大王餘兵擊之，擊之不勝，乃逃入海，未晚也。』王曰：『吾士卒皆已壞，不可發用。』弗聽。漢將弓高侯穨當遺王書曰：『奉詔誅不義，降者赦其罪，復故；不降者滅之。王何處，須以從事。』王肉袒叩頭漢軍壁，謁曰：『臣卬奉法不謹，驚駭百姓，乃苦將軍遠道至於窮國，敢請菹醢之罪。』弓高侯執金鼓見之，曰：『王苦軍事，原聞王發兵狀。』王頓首膝行對曰：『今者，鼂錯天子用事臣，變更高皇帝法令，侵奪諸侯地。卬等以爲不義，恐其敗亂天下，七國發兵，且以誅錯。今聞錯已誅，卬等謹以罷兵歸。』將軍曰：『王苟以錯不善，何不以聞？未有詔虎符，擅發兵擊義國。以此觀之，意非欲誅錯也。』乃出詔書爲王讀之。讀之訖，曰：『王其自圖。』王曰：『如卬等死有餘罪。』遂自殺。太后、太子皆死。膠東、菑川、濟南王皆死，國除，納於漢。酈將軍圍趙十月而下之，趙王自殺。濟北王以劫故，得不誅，徙王菑川。

初，吳王首反，并將楚兵，連齊趙。正月起兵，三月皆破，獨趙後下。復置元王少子平陸侯禮爲楚王，續元王後。徙汝南王非王吳故地，爲江都王。

太史公曰：吳王之王，由父省也。能薄賦斂，使其衆，以擅山海利。逆亂之萌，自其子興。爭技發難，卒亡其本；親越謀宗，竟以夷隕。鼂錯爲國遠慮，禍反近身。袁盎權說，初寵後辱。故古者諸侯地不過百里，山海不以封。『毋親夷狄，以疏其屬』，蓋謂吳邪？『毋爲權首，反受其咎』，豈盎、錯邪？

又　卷一〇七《魏其武安侯列傳》　孝景三年，吳楚反，上察宗室諸竇毋如竇嬰賢，乃召嬰。嬰入見，固辭謝病不足任。太后亦慚。於是上曰：『天下方有急，王孫寧可以讓邪？』乃拜嬰爲大將軍，賜金千斤。嬰乃言袁盎、欒布諸名將賢士在家者進之。所賜金，陳之廊廡下，軍吏過，輒令財取爲用，金無入家者。竇嬰守滎陽，監齊趙兵。七國兵已盡破，封嬰爲魏其侯。

《漢書》卷五《景帝紀》　（三年春），吳王濞、膠西王卬、楚王戊、趙王遂、濟南王辟光、菑川王賢、膠東王雄渠皆舉兵反。大赦天下。遣太尉亞夫、大將軍竇嬰將兵擊之。斬御史大夫鼂錯以謝七國。

二月壬子晦，日有蝕之。

諸將破七國，斬首十餘萬級。追斬吳王濞於丹徒。膠西王卬、楚王戊、趙王遂、濟南王辟光、菑川王賢、膠東王雄渠皆自殺。

夏六月，詔曰：『乃者吳王濞等爲逆，起兵相脅，詿誤吏民，吏民不得已。今濞等已滅，吏民當坐濞等及逋逃亡軍者，皆赦之。楚元王子蓺等與濞等爲逆，朕不忍加法，除其籍，毋令汙宗室。』立平陸侯劉禮爲楚王，續元王后。立皇子端爲膠西王，勝爲中山王。賜民爵一級。

又　卷三五《荆燕吳傳》　吳王濞，高帝兄仲之子也。高帝立仲爲代王。匈奴攻代，仲不能堅守，棄國間行，走雒陽，自歸，天子不忍致法，廢爲合陽侯。子濞，封爲沛侯。黥布反，高祖自將往誅之。濞年二十，以騎將從破布軍。荆王劉賈爲布所殺，無後。上患吳會稽輕悍，無壯王填之，諸子少，乃立濞於沛，爲吳王，王三郡五十三城。已拜受印，高祖召濞相之，曰：『若狀有反相。』獨悔，業已拜，因拊其背曰：『漢後五十年東南有亂，豈若邪？然天下同姓一家，慎無反！』濞頓首曰：『不敢。』

會孝惠、高后時天下初定，郡國諸侯各務自拊循其民。吳有豫章郡銅山，卽招致天下亡命者盜鑄錢，東煮海水爲鹽，以故無賦，國用饒足。

孝文時，吳太子入見，得侍皇太子飲博。吳太子師傅皆楚人，輕悍，又素驕。博爭道，不恭，皇太子引博局提吳太子，殺之。於是遣其喪歸葬吳。吳王慍曰：『天下一宗，死長安卽葬長安，何必來葬！』復遣喪之長安葬。吳王由是怨望，稍失藩臣禮，稱疾不朝。京師知其以子故，驗問實不病，諸吳使來，輒繫責治之。吳王恐，所謀滋甚。及後使人爲秋請，上復責問吳使者。使者曰：『察見淵中魚，不祥。今吳王始詐疾，及覺，見責急，愈益閉，恐上誅之，計乃無聊。唯上與更始。』於是天子皆赦吳使者歸之，而賜吳王几杖，老，不朝。吳得釋，其謀亦益解。然其居國以銅鹽故，百姓無賦。卒踐更，輒予平賈。歲時存問茂材，賞賜閭里，它郡國吏欲來捕亡人者，頌共禁不與。如此者三十餘年，以故能使其衆。

朝錯爲太子家令，得幸皇太子，數從容言吳過可削。數上書説之，文帝寬，不忍罰，以此吳王日益横。及景帝即位，錯爲御史大夫，説上曰：『昔高帝初定天下，昆弟少，諸子弱，大封同姓，故孽子悼惠王王齊七十二城，庶弟元王王楚四十城，兄子王吳五十餘城。封三庶孽，分天下半。今吳王前有太子之隙，詐稱病不朝，於古法當誅。文帝不忍，因賜几杖，德至厚也。不改過自新，乃益驕恣，公即山鑄錢，煮海爲鹽，誘天下亡人謀作亂逆。今削之亦反，不削亦反。削之，其反亟，禍小；不削之，其反遲，禍大。』三年冬，楚王來朝，錯因言楚王戊往年爲薄太后服，私奸服舍，請誅之。詔赦，削東海郡。及前二年，趙王有罪，削其常山郡。膠西王卬以賣爵事有奸，削其六縣。

漢廷臣方議削吳，吳王恐削地無已，因欲發謀舉事。念諸侯無足與計者，聞膠西王勇，好兵，諸侯皆畏憚之，於是乃使中大夫應高口説膠西王曰：『吳王不肖，有夙夜之憂，不敢自外，使使臣諭其愚心。』王曰：『何以教之？』高曰：『今者主上任用邪臣，聽信讒賊，變更律令，侵削諸侯，徵求滋多，誅罰良重，日以益甚。語有之曰：「狧糠及米。」吳與膠西，知名諸侯也，一時見察，不得安肆矣。吳王身有内疾，不能朝請二十餘年，常患見疑，無以自白，脅肩累足，猶懼不見釋。竊聞大王以爵事有過，所聞諸侯削地，罪不至此，此恐不止削地而已。』王曰：『有之，子將奈何？』高曰：『同惡相助，同好相留，同情相求，同欲相趨，同利相死。今吳王自以與大王同憂，願因時循理，棄軀以除患於天下，意亦可乎？』膠西王瞿然駭曰：『寡人何敢如是？主上雖急，固有死耳，安得不事？』高曰：『御史大夫朝錯營或天子，侵奪諸侯，蔽忠塞賢，朝廷疾怨，諸侯皆有背叛之意，人事極矣。彗星出，蝗蟲起，此萬世一時，而愁勞，聖人所以起也。吳王内以朝錯爲誅，外從大王後車，方洋天下，所向者降，所指者下，莫敢不服。大王誠幸而許之一言，則吳王率楚王略函谷關，守滎陽敖倉之粟，距漢兵，治次舍，須大王。大王幸而臨之，則天下可并，兩主分割，不亦可乎？』王曰：『善。』歸報吳王，猶恐其不果，乃身自爲使者，至膠西面約之。

膠西羣臣或聞王謀，諫曰：『諸侯地不能爲漢十二，爲叛逆以憂太后，非計也。今承一帝，尚云不易，假令事成，兩主分爭，患乃益生。』王不聽，遂發使約齊、菑川、膠東、濟南，皆許諾。

諸侯既新削罰，震恐，多怨錯。及削吳會稽、豫章郡書至，則吳王先起兵，誅漢吏二千石以下。膠西、膠東、菑川、濟南、楚、趙亦皆反，發兵西。齊王後悔，背約城守。濟北王城壞未完，其郎中令劫守王，不得發兵。膠西王、膠東王爲渠率，與菑川、濟南共攻圍臨菑。趙王遂亦陰使匈奴與連兵。

七國之發也，吳王悉其士卒，下令國中曰：『寡人年六十二，身自將。少子年十四，亦爲士卒先。諸年上與寡人同，下與少子等，皆發！』二十餘萬人。南使閩、東越，閩、東越亦發兵從。

孝景前三年正月甲子，初起兵於廣陵。西涉淮，因并楚兵。發使遺諸侯書曰：『吳王劉濞敬問膠西王、膠東王、菑川王、濟南王、趙王、楚王、淮南王、衡山王、廬江山、故長沙王子：幸教！以漢有賊臣錯，無功天下，侵奪諸侯之地，使吏劾繫訊治，以侵辱之爲故，不以諸侯人君禮遇劉氏骨肉，絶先帝功臣，進任奸人，誑亂天下，欲危社稷。陛下多病志逸，不能省察。欲舉兵誅之，謹聞教。敝國雖狹，地方三千里；人民雖少，精兵可具五十萬。寡人素事南越三十餘年，其王諸君皆不辭分其兵以隨寡人，又可得三十萬。寡人雖不肖，願以身從諸王。南越直長沙者，因王子定長沙以北，西走蜀、漢中。告越、楚王、淮南三王，與寡人西面；齊諸王與趙王定河間、河内，或入臨晉關，或與寡人會雒陽；燕王、趙王故與胡王有約，燕王北定代、雲中，轉胡衆入蕭關，走長安，匡正天下，以安高廟。願王勉之。楚元王子、淮南三王或不沐洗十餘年，怨入骨髓，欲壹有所出久矣，寡人未得諸王之意，未敢聽。今諸王苟能存亡繼絶，振弱伐暴，以安劉氏，社稷所願也。吳國雖貧，寡人節衣食用，積金錢，修兵革，聚糧食，夜以繼日，三十餘年矣。凡皆爲此，願諸王勉之。能斬捕大將者，賜金五千斤，封萬户；列將，三千斤，封五千户；裨將，二千斤，封二千户；二千石，千斤，封千户：皆爲列侯。其以軍若城邑降者，卒萬人，邑萬户，如得大將；人户五千，如得列將；人户三千，如得裨將；人户千，如得二千石；其小吏皆以差次受爵金。它封賜皆倍軍法。其有故爵邑者，更益勿因。願諸王明以令士大夫，不敢欺也。寡人金錢在天下者往往而有，非必取於吳，諸王日夜用之不能盡。有當賜

者告寡人，寡人且往遺之。敬以聞。」

七國反書聞，天子乃遣太尉條侯周亞夫將三十六將軍往擊吳、楚；遣曲周侯酈寄擊趙，將軍欒布擊齊，大將軍竇嬰屯滎陽監齊、趙兵。

初，吳、楚反書聞，兵未發，竇嬰言故吳相爰盎。召入見，上問以吳、楚之計，盎對曰：『吳、楚相遺書，曰「賊臣朝錯擅適諸侯，削奪之地」，以故反，名爲「西共誅錯，復故地而罷」。方今計獨斬錯，發使赦七國，復其故地，則兵可毋血刃而俱罷。』上從其議，遂斬錯。語具有《盎傳》。以盎爲泰常，奉宗廟，使吳王，吳王弟子德侯爲宗正，輔親戚。使至吳，吳、楚兵已攻梁壁矣。宗正以親故，先入見，諭吳王拜受詔。吳王聞盎來，亦知其欲説，笑而應曰：『我已爲東帝，尚誰拜？』不肯見盎而留軍中，欲劫使將。盎不肯，使人圍守，且殺之。盎得夜亡走梁，遂歸報。

條侯將乘六乘傳，會兵滎陽。至雒陽，見劇孟，喜曰：『七國反，吾乘傳至此，不自意全。又以爲諸侯已得劇孟，孟今無動，吾據滎陽，滎陽以東無足憂者。』至淮陽，問故父絳侯客鄧都尉曰：『策安出？』客曰：『吳兵鋭甚，難與爭鋒。楚兵輕，不能久。方今爲將軍計，莫若引兵東北壁昌邑，以梁委吳，吳必盡鋭攻之。將軍深溝高壘，使輕兵絶淮泗口，塞吳餉道。使吳、梁相敝而糧食竭，乃以全制其極，破吳必矣。』條侯曰：『善。』從其策，遂堅壁昌邑南，輕兵絶吳餉道。

吳王之初發也，吳臣田禄伯爲大將軍。田禄伯曰：『兵屯聚而西，無它奇道，難以立功。臣願得五萬人，別循江、淮而上，收淮南、長沙，入武關，與大王會，此亦一奇也。』吳王太子諫曰：『王以反爲名，此兵難以藉人，人亦且反王，奈何？且擅兵而別，多它利害，徒自損耳。』吳王即不許田禄伯。

吳少將桓將軍説王曰：『吳多步兵，步兵利險；漢多車騎，車騎利平地。願大王所過城不下，直去，疾西據雒陽武庫，食敖倉粟，阻山河之險以令諸侯，雖無入關，天下固已定矣。大王徐行，留下城邑，漢軍車騎至，馳入梁、楚之郊，事敗矣。』吳王問吳老將，老將曰：『此年少推鋒可耳，安知大慮！』於是王不用桓將軍計。

王專并將其兵，未度淮，諸賓客皆得爲將、校尉、行間侯、司馬，獨周丘不用。周丘者，下邳人，亡命吳，酤酒無行，王薄之，不任。周丘乃上謁，説王曰：『臣以無能，不得待罪行間。臣非敢求有所將也，願請王一漢節，必有以報。』王乃予之。周丘得節，夜馳入下邳。下邳時聞吳反，皆城守。至傳舍，召令入户，使從者以罪斬令。遂召昆弟所善豪吏告曰：『吳反兵且至，屠下邳不過食頃。今先下，家室必完，能者封侯至矣。』出乃相告，下邳皆下。周丘一夜得三萬人，使人報吳王，遂將其兵北略城邑。比至城陽，兵十餘萬，破城陽中尉軍。聞吳王敗走，自度無與共成功，即引兵歸下邳。未至，癰發背死。

二月，吳王兵既破，敗走，於是天子制詔將軍：『蓋聞爲善者天報以福，爲非者天報以殃。高皇帝親垂功德，建立諸侯，幽王、悼惠王絶無後，孝文皇帝哀憐加惠，王幽王子遂、悼惠王子卬等，令奉其先王宗廟，爲漢藩國，德配天地，明並日月。而吳王濞背德反義，誘受天下亡命罪人，亂天下幣，稱疾不朝二十餘年。有司數請濞罪，孝文皇帝寬之，欲其改行爲善。今乃與楚王戊、趙王遂、膠西王卬、濟南王辟光、菑川王賢、膠東王雄渠約從謀反，爲逆無道，起兵以危宗廟，賊殺大臣及漢使者，迫劫萬民，伐殺無罪，燒殘民家，掘其丘壟，甚爲虐暴。而卬等又重逆無道，燒宗廟，鹵御物，聯甚痛之。聯服避正殿，將軍其勸士大夫擊反虜。擊反虜者，深入多殺爲功，斬首捕虜比三百石以上皆殺，無有所置。敢有議詔及不如詔者，皆要斬。』

初，吳王之度淮，與楚王遂西敗棘壁，乘勝而前，鋭甚。梁孝王恐，遣將軍擊之，又敗梁兩軍，士卒皆還走。梁數使使條侯求救，條侯不許。又使使訴條侯於上，上使告條侯救梁，又守便宜不行。梁使韓安國及楚死事相弟張羽爲將軍，乃得頗敗吳兵。吳兵欲西，梁城守，不敢西，即走條侯軍，會下邑。欲戰，條侯壁，不肯戰。吳糧絶，卒飢，數挑戰，遂夜奔條侯壁，驚東南。條侯使備西北，果從西北。不得入，吳大敗，士卒多飢死叛散。於是吳王乃與其戲下壯士千人夜亡去，度淮走丹徒，保東越。東越兵可萬餘人，使人收聚亡卒。漢使人以利啖東越，東越即紿吳王，吳王出勞軍，使人鏦殺吳王，盛其頭，馳傳以聞。吳王太子駒亡走閩越。吳王之棄軍亡也，軍遂潰，往往稍降太尉條侯及梁軍。楚王戊軍敗，自殺。

三王之圍齊臨菑也，三月不能下。漢兵至，膠西、膠東、菑川王各引

兵歸國。膠西王徒跣，席稿，飲水，謝太后。王太子德曰：『漢兵還，臣觀之以罷，可襲，願收王餘兵擊之，不勝而逃入海，未晚也。』王曰：『吾士卒皆已壞，不可用之。』不聽。漢將弓高侯穨當遺王書曰：『奉詔誅不義，降者赦，除其罪，復故；不降者滅之。王何處？須以從事。』王肉袒叩頭漢軍壁，謁曰：『臣卬奉法不謹，驚駭百姓，乃苦將軍遠道至於窮國，敢請菹醢之罪。』弓高侯執金鼓見之，曰：『王苦軍事，願聞王發兵狀。』王頓首膝行對曰：『今者，朝錯天子用事臣，變更高皇帝法令，侵奪諸侯地。卬等以爲不義，恐其敗亂天下，七國發兵，且誅錯。今聞錯已誅，卬等謹已罷兵歸。』將軍曰：『王苟以錯爲不善，何不以聞？及未有詔虎符，擅發兵擊義國。以此觀之，意非徒欲誅錯也！』乃出詔書爲王讀之，曰：『王其自圖之。』王曰：『如卬等死有餘罪。』遂自殺。太后、太子皆死。膠東、菑川、濟南王皆伏誅。酈將軍攻趙，十月而下之，趙王自殺。濟北王以劫故，不誅。

初，吳王首反，并將楚兵，連齊、趙。正月起，三月皆破滅。

贊曰：【略】吳王擅山海之利，能薄斂以使其衆，逆亂之萌，自其子興。古者諸侯不過百里，山海不以封，蓋防此矣。朝錯爲國遠慮，禍反及身。毋爲權首，將受其咎，豈謂錯哉！

又　卷四九《爰盎晁錯傳》　淮南厲王朝，殺辟陽侯，居處驕甚。盎諫曰：『諸侯太驕必生患，可適削地。』上弗許。淮南王益横。謀反發覺，上徵淮南王，遷之蜀，檻車傳送。盎時爲中郎將，諫曰：『陛下素驕之，弗稍禁，以至此，今又暴摧折之。淮南王爲人剛，有如遇霜露行道死，陛下竟爲以天下大弗能容，有殺弟名，奈何？』上不聽，遂行之。

淮南王至雍，病死。聞，上輟食，哭甚哀。盎入，頓首請罪。上曰：『以不用公言至此。』盎曰：『上自寬，此往事，豈可悔哉！且陛下有高世行三，此不足以毁名。』上曰：『吾高世三者何事？』盎曰：『陛下居代時，太后嘗病，三年，陛下不交睫解衣，湯藥非陛下口所嘗弗進。夫曾參以布衣猶難之，今陛下親以王者修之，過曾參遠矣。諸呂用事，大臣顓制，然陛下從代乘六乘傳，馳不測淵，雖賁、育之勇不及陛下。陛下至代邸，西鄉讓天子者三，南鄉讓天子者再。夫許由一讓，陛下五以天下讓，過許由四矣。且陛下遷淮南王，欲以苦其志，使改過，有司宿衛不謹，故病死。』於是上乃解，盎繇此名重朝廷。【略】

然盎亦以數直諫，不得久居中。調爲隴西都尉，仁愛士卒，士卒皆爭爲死。遷齊相，徙爲吳相。辭行，種謂盎曰：『吳王驕日久，國多奸，今絲欲刻治，彼不上書告君，則利劍刺君矣。南方卑濕，絲能日飲，亡何，説王毋反而已。如此幸得脱。』盎用種之計，吳王厚遇盎。【略】

盎素不好晁錯，錯所居坐，盎輒避；盎所居坐，錯亦避：兩人未嘗同堂語。及孝景即位，晁錯爲御史大夫，使吏案盎受吳王財物，抵罪，詔赦以爲庶人。吳、楚反聞，錯謂丞史曰：『爰盎多受吳王金錢，專爲蔽匿，言不反。今果反，欲請治盎，宜知其計謀。』丞史曰：『事未發，治之有絕。今兵西向，治之何益！且盎不宜有謀。』錯猶與未決。人有告盎，盎恐，夜見竇嬰，爲言吳所以反，願至前，口對狀。嬰入言，上乃召盎。盎入見，竟言吳所以反，獨急斬錯以謝吳，吳可罷。上拜盎爲泰常，竇嬰爲大將軍。兩人素相善。是時，諸陵長安中賢大夫爭附兩人。車騎隨者日數百乘。

及晁錯已誅，盎以泰常使吳。吳王欲使將，不肯。欲殺之，使一都尉以五百人圍守盎軍中。初，盎爲吳相時，從史盜私盎侍兒。盎知之，弗泄，遇之如故。人有告從史，『君知女與侍者通』，乃亡去。盎驅自追之，遂以侍者賜之，復爲從史。及盎使吳見守，從史適在守盎校爲司馬，乃悉以其裝齎買二石醇醪，會天寒，士卒飢渴，飲醉西南陬卒，卒皆臥。司馬夜引盎起，曰：『君可以去矣，吳王期旦日斬君。』盎弗信，曰：『何爲者？』司馬曰：『臣故爲君從史盜侍兒者也。』盎乃驚，謝曰：『公幸有親，吾不足累公。』司馬曰：『君疵去，臣亦且亡，辟吾親，君何患！』乃以刀決帳，道從醉卒直出。司馬與分背。盎解節旄懷之，屐步行七十里，明，見梁騎，馳去，遂歸報。【略】

（晁錯）遷爲御史大夫，請諸侯之罪過，削其支郡。奏上，上令公卿、列侯、宗室雜議，莫敢難，獨竇嬰爭之，繇此與錯有隙。錯所更令三十章，諸侯讙嘩。錯父聞之，從潁川來，謂錯曰：『上初即位，公爲政用事，侵削諸侯，疏人骨肉，口讓多怨，公何爲也？』錯曰：『固也。不如此，天子不尊，宗廟不安。』父曰：『劉氏安矣，而晁氏危，吾去公歸矣！』遂飲藥死，曰『吾不忍見禍逮身。』

後十餘日，吳、楚七國俱反，以誅錯爲名。上與錯議出軍事，錯欲令上自將兵，而身居守。會竇嬰言爰盎，詔召入見，上方與錯調兵食。上問盎曰：『君嘗爲吳相，知吳臣田祿伯爲人乎？今吳、楚反，於公意何如？』對曰：『不足憂也，今破矣。』上曰：『吳王卽山鑄錢，煮海爲鹽，誘天下豪桀，白頭舉事，此其計不百全，豈發乎？何以言其無能爲也？』盎對曰：『吳銅、鹽之利則有之，安得豪桀而誘之！誠令吳得豪桀，亦且輔而爲誼，不反矣。吳所誘，皆亡賴子弟，亡命鑄錢奸人，故相誘以亂。』錯曰：『盎策之善。』上問曰：『計安出？』盎對曰：『願屏左右。』上屏人，獨錯在。盎曰：『臣所言，人臣不得知。』乃屏錯。錯趨避東箱，甚恨。上卒問盎，對曰：『吳、楚相遺書，言高皇帝王子弟各有分地，今賊臣晁錯擅適諸侯，削奪之地，以故反名爲西共誅錯，復故地而罷。方今計，獨有斬錯，發使赦吳、楚七國，復其故地，則兵可毋血刃而俱罷。』於是上默然良久，曰：『顧誠何如，吾不愛一人謝天下。』盎曰：『愚計出此，唯上孰計之。』乃拜盎爲泰常，密裝治行。

後十餘日，丞相青翟、中尉嘉、廷尉歐劾奏錯曰：『吳王反逆亡道，欲危宗廟，天下所當共誅。今御史大夫錯議曰：「兵數百萬，獨屬羣臣，不可信，陛下不如自出臨兵，使錯居守。徐、僮之旁吳所未下者可以予吳。」錯不稱陛下德信，欲疏羣臣百姓，又欲以城邑予吳，亡臣子禮，大逆無道。錯當要斬，父母妻子同產無少長皆棄市。臣請論如法。』制曰：『可。』錯殊不知。乃使中尉召錯，紿載行市。錯衣朝衣，斬東市。

漢·荀悦《漢紀》卷九《孝景皇帝紀》

三年冬十月，膠東下密人年七十餘生角，角有毛。《本志》曰：『老人，吳王象也。年七十七，國象也。人不當生角，猶諸侯不當舉兵向京師，七國將反之應也。』十有一月，白項烏與黑項烏共鬬楚國苦縣，白項烏不勝，墮泗水中死者過半。十有二月，吳城門自傾，大船自覆。《本志》以爲「金沴木也」。吳地以船爲家，天戒若曰「國家將傾覆矣」。春正月，淮陽王正殿灾。吳王濞、膠西王卬、楚王戊、趙王遂、濟南王辟光、淄川王賢、膠東王熊渠皆謀反。初，上爲太子時，吳王太子入朝，與上博，爭道無禮於上。上以博局擲之而死。送喪至吳，吳王怒曰：『天下一家，何必來葬。』復遣還長安，後稱疾不朝，陰懷逆謀。時齊人鄒陽，淮陰人枚乘，皆遊吳，乘諫曰：『夫以一縷之絲繫千鈞之重。上懸無極之高，下垂不測之深，雖至愚之，猶知其絶矣。以君所爲，危於累卵，難於上天。若變所爲，易於反掌，安於太山。今欲極天命之壽，弊無窮之樂，終萬乘之權，不出反掌之易，以居太山之安，而欲乘累卵之危，走上天之難，此愚臣之所大惑也。』陽亦數諫，吳王不聽。乘、陽皆去遊梁。晁錯説上曰：『吳王驕恣，陰有逆謀。今削之亦反，不削亦反。削之其反疾而禍小，不削則其反遲而禍大。』於是楚、趙有罪先削。吳王恐禍及身，己爲使者自見膠西王，合謀發使，約諸侯七國同謀。南使南越，北連匈奴。吳王下令國中曰：『寡人年六十二，身自將。小兒年十四，亦爲士卒先。諸君年上與寡人同，下與小兒等，皆發。』移書郡國曰：『漢賊臣晁錯，侵奪諸侯地。陛下多疾志逸，不能省察。欲舉兵誅之。敝國雖小，精兵可得五十萬人。南越分其卒半，以隨寡人，寡人又得三十萬。趙王固與胡王有約，寡人節衣食，積金錢，修甲兵，聚糧食，夜以繼日，至今三十餘年。寡人金錢布天下，諸侯王日用之不能盡。今人有能得大將者，賜金五千斤，封邑萬户。以城邑降者，封萬户。若率萬人降者，如大將軍科。他皆以差受爵。』吳楚反書上聞。晁錯議欲令上自將兵，身留居守，計未定。錯素與袁盎有納，錯言盎前爲吳相，宜知王謀，而蔽匿不言，使至於是。欲請治盎，計未定。盎密聞之，乃夜因告竇嬰求見上，言吳所以反故。錯方與上調兵食，上問盎，盎對曰：『吳王無能爲也。』上曰：『吳王卽山鑄錢，煮海爲鹽，誘天下豪傑，白頭舉事，何以言吳無能爲也？』盎對曰：『吳王銅鹽之利則有之，安得豪傑而誘之？吳王若得豪傑，亦將轉而爲義，則不反矣。吳之所誘者，無賴子弟，亡命鑄錢奸人，故相誘以反。』錯曰：『盎筴之善。』上問計將安出，盎曰：『願屏左右。』上屏人，獨錯在。盎曰：『臣所言，人臣不得知。』乃屏錯。錯趨避東廂，意甚恨。盎對曰：『吳、楚言晁錯擅削諸侯地，故先共誅錯，復其故地而罷兵。今計獨有斬錯，發使使吳楚七國，赦其罪，復其故地，則兵可無血刃而俱罷。』上默然良久，遂從其計，斬錯東市。拜盎爲太常使，使至吳。吳王曰：『吾欲爲東帝矣。』卽劫盎使爲將，盎不聽。使一都尉以五百人圍守盎，欲殺之。初，盎爲吳相時，從吏私盜奸盎侍婢，吏懼走，而盎馳自追之，遂以侍婢及侍兒賜之。及見拘，從吏適在守盎，位爲司馬，乃夜與盎俱亡而還。枚乘獻書諫吳王曰：『昔秦西距

胡戎之難，北備楡中之關，南距羌筰之塞，東當六國之鋒。六國乘信陵之籍，明蘇秦之要，荆軻之威，并力一心以備秦，然卒滅六國而并天下，何則？地利不同，而民輕重不等也。今漢據全秦之地，兼六國之衆，修戎狄之義，而南朝羌筰，此其地與秦地相什而民相百，大王所明知也。今夫佞諛之臣，不論骨肉之義，民之輕重，國之大小，以爲吳禍，此臣所以爲大王患也。夫舉吳兵以資於漢，譬猶蠅蚋之附羣牛，腐肉之齒利劍，鋒刃始接，則無事矣。天下聞吳率失職諸侯，責先帝之遺詔。今漢親誅其三公以謝前過，是大王之威，加於天下，而功越於湯武矣。夫吳有諸侯之位，而實富於天子，有隱匿之名，而居過於中國，此臣之所爲大王樂也。今大王還兵疾歸，可十得其半。不然，漢知吳有吞天下之心，赫然加怒，羽林黃頭，循江而下，襲大王之都，虜東海之地，絕吳餉道。梁王飾車騎，習戰射，積粟固守以逼滎陽，待吳之飢。大王雖欲反都，亦不得已。今大王去千里之國，而制於十里之內。張韓之將北地，弓高宿衛左右，兵不得下壁，軍不得休息，臣竊哀之。』吳王不聽。二月辛巳朔，日有食之，邯鄲有狗與豕交。《本志》以爲趙王勃亂失類，外交匈奴，似犬豕之行也。絳侯周勃子亞夫爲太尉，將三十六軍擊吳、楚。竇嬰爲大將軍，賜金五十斤。嬰陳金廡下，軍吏，輒令取爲用，金無入家者。嬰屯兵滎陽，曲周侯酈寄擊趙，將軍欒布擊齊。太尉至霸上，趙涉以布衣遮道，說太尉曰：『吳、楚聞將軍出兵，必置伏兵奸人於崤澠阸塞之閑，且兵事尚神密，將軍何不從此右關去，趣藍田，出武關，指洛陽。不過差一二日，直入武庫，擊還鳴鼓，諸侯聞之，以將軍從天降而下也。』亞夫從之。已而使之搜崤澠閑，果得吳伏兵，乃請涉爲護軍。亞夫既至洛陽，見劇孟，喜曰：『七國舉事而不用孟，吾知其無能爲也。』孟者，洛陽人，爲任俠。行似魯朱家，亞夫問故父客鄧都尉，計策安出。對曰：『吳、楚兵銳甚，難與爭鋒。莫若引兵東北壁昌邑，以梁委吳，吳必盡銳攻之。將軍深溝高壘勿與戰，使輕兵絕淮泗之口，斷吳餉道，使吳梁相弊而糧食竭，以全制其虛，吳必破矣。』從之。吳攻梁，梁王急，請救亞夫。亞夫不往。梁王上書請救，上詔亞夫救梁王，亞夫不奉詔。堅壁昌邑，而使其淮泗口兵絕吳餉道，楚乏糧挑戰，亞夫終不出。夜軍中驚，而內相攻擊，擾亂至於帳下。亞夫堅臥不起，有頃乃自定矣。吳夜攻營壁東南，亞夫使爲備西北，吳精兵果奔西北不得入。吳楚既饑乏，乃引兵去。亞夫出精兵追擊，大破之。是時弓高侯韓頹當爲將軍，擊吳楚功冠諸侯。吳王棄軍，與壯軍數千人亡走江南。保丹徒。遂盡虜之。三月，吳楚平，越人斬吳王頭以降。吳之圍梁也，梁將張羽韓安國距之，羽能力戰，安國能持重，故吳兵不能進，楚王戊軍大敗，自殺。戊初與吳通謀，大中大夫申公、白公諫不聽，胥靡之，衣赭衣，杵臼舂於市。初，魯有穆生及申公、白公，皆與元王俱學《詩》於浮丘伯。浮丘伯者，荀卿門人也。元王常禮此三人。穆生不飲酒，常爲設醴，及王戊一朝失不設醴，穆生將去。申公白公，止之曰：『不爲先王乎？』穆生曰：『先王之禮吾三人者，爲道之存也，今而忽之，是亡道。亡道之君，胡可與久處，《易》稱「知幾其神乎」？不去，楚人將鉗我於市。』遂謝病而去。申公、白公獨留，故及於難。膠東、膠西、濟南、淄川、趙王皆伏誅，徙廣川王爲趙王。初，七國反，連齊，齊王城守，留濟南、膠東、淄川三國兵共圍齊。齊王使路中大夫使於天子，天子令還報齊堅守。路中大夫還，三國將劫而與之盟，令反其言曰：『吳已破漢矣。』大夫既許，至城下，望見齊王，言漢發兵百萬，使太尉擊破吳楚，方引兵救，齊必堅守。三國之兵殺之。齊被圍急，陰與三國約，未定。會路中大夫至，復堅守。漢將聞齊初有謀，欲擊齊，齊王將閭懼自殺。上以齊迫脅非其罪，乃立其太子壽爲王。濟北王志亦初與諸侯通謀，後乃堅守。聞齊王白殺而得立嗣，志亦欲自殺，齊人公孫蠼止之，因爲說齊梁王曰：『夫濟北之地，東接彊齊，南當吳越，北脅燕趙。此四分五裂之國，權不足以自守，勢不足以扞寇，雖墜猶失也。言於吳非其正計也，昔鄭祭仲許宋人立公子突，以全其君，《春秋》賢之，爲其以生易死，以存易亡。嚮使濟北先見情實，則吳必先屠濟北，招燕趙而總之。如此，山東之從結而無納矣。今吳、楚之王，練諸侯之兵，驅徒衆而與天子爭衡，濟北獨厲節堅守不下，使吳失據而無助，跬行而獨進，瓦解土崩，敗而無救者，未必非濟北之力。以區區之濟北，而與諸侯爭疆，是猶羔犢而扞虎狼也。守職志不撓，可謂誠一矣。功議如此，尚見疑於上，願大王詳思惟之。』梁孝王悅，馳以聞。濟北王得不坐，徙封於淄川。徙衡山王爲濟北王。吳之反也，衡山王勃堅守無二心，故謚曰貞王。徙廬江王賜爲衡山王。初，吳、楚使至淮南，王欲發兵應之，其相曰：『主必應之，臣願爲

將。』王屬之兵，相因守城而距吳、楚，會漢救兵至，故淮南王得以完全。初，晁錯改制削諸侯地，錯父從潁川來，諫止之。錯曰：『不然，社稷不安。』父曰：『劉氏安矣，晁氏危矣。』遂歸去之。曰：『吾不忍見禍及其身。』乃服藥而死。後十餘日吳、楚反，晁氏族矣。初，謁者僕射鄧公，以校尉擊吳、楚。還，上書言軍事，上問吳楚反。聞晁錯死，兵罷否。對曰：『吳、楚爲謀數十年，發怒削地，以誅錯爲名，其意不在錯也。且晁錯患諸侯彊大，故請削之，以安京師，萬世之利。計畫始行，卒受大戮，內杜忠臣之口，外爲諸侯復讎。臣竊爲陛下不取也。』上喟然長息曰：『公言善，吾亦恨之。』夏六月，立元王子平陸侯禮爲楚王，續元王後。初，諸侯得自除吏，御史大夫已下官屬，擬於天子，國家唯置丞相黃金印。自吳楚反之後，奪諸侯權，爲置二千石。去丞相曰相銀印，其後唯得衣食租稅而已，貧或乘牛車。時欒布有功封鄃侯，爲燕相，有治迹，民爲之立生祠。立皇子端爲膠西王，勝爲中山王，賜民爵一級。徙淮南王餘爲魯王，徙汝南王非爲江都王，王故吳國也。非年十五，有才氣。吳之反也，非上書請擊吳，上賜非將軍印。吳破，以軍功封，賜天子旌旗。

論説

唐·李觀《李元賓外編》卷二《晁錯論》 觀讀漢史，見景帝殺御史大夫晁錯，以姑息吳王濞，痛其非罪也，故直筆以議。按錯潁川人，起于諸生，事文帝爲太常掌故，以英詞射策，累擢爲中大夫。及景帝卽位，極言獻替，未嘗不忠于心，乃命副丞相。錯所以推心不顧，永思漢室，而患諸侯侈大，上書請其土，是用剪其翼而固其本也。度錯之志，豈有負漢哉？原吳濞之反誠有繇，然間人骨肉而塞小憤，自非上達，能不生怨？怨端既立，臣節安附？欲無爲逆，終不可得已。蓋以南方富殖，而諸夏初，乂狂夫爲計，料勝一舉，遂搖長舌，交搆七國，借誅錯爲名。景帝無非常之見，而聽亂臣一説，乃斬錯不問，冀在紓難。而七國之兵，曾不少減，足以察其來不爲錯明矣。且袁盎與錯，宿不相善。況景帝豈不知二臣之不叶？而聽偏議，是爲臣報隙也，若宗社何？及鄧公吳還，乃歔欷長悲，益爲天子之羞耳。始高帝封濞于吳，已誡東南之必亂，于時豈有錯削地之議？蓋天之曆數有理亂也，脫使無梁國以絶其道，無條侯以耀其武，則秦之鹿復駭，盎之肉可食。初錯介然孤立，指畫高議，大臣疾，小臣怖，人人約束，各欲剚刃。父知其必戮也，而深病之。錯曰：『所以尊君上，安宗廟。』父曰：『劉氏安，晁氏危矣。吾不忍見禍及，先禍死矣。』噫！史臣責錯之父不逮趙括母，何其鄙也！夫趙括持必敗之勢，而言于趙王，不可使將，及括失律，母以先見獲宥。晁錯用至忠之畧，與必敗之勢異也，其父雖懼禍至，奈其子所籌，國之大事也。且使括母言之，足稱明婦人也；使錯父言之，是沮其子爲忠也。孰可擬議？或人有復言：『錯忠則有矣，而智不足。』愚謂不然，夫忠所以補君，知所以濟身，苟圖濟身，則忠有不遂；忠有不遂，是臣不臣，亦何生爲？賊繇袁盎，昧在景帝，非智之短，時不與也。古云直木先伐，愚智何道哉！

宋·李光《讀易詳説》卷六《晉》 康侯用錫馬蕃庶，晝日三接。

康侯，能康濟天下之侯也。人臣孰無康濟天下之心，亦孰無康濟天下之才？然志或不得伸，才或不得展者，不遇其時也。明出地上爲晉，故晉爲明主之象，明主在上，故有康濟之侯也。侯，諸侯也。諸侯雖有土地人民，亦臣道也，然侯皆兼人臣，人臣未必皆侯也。自昔帝王之興，皆建侯樹屏以藩王室，既有社有民，常失之不順。漢雖分王子弟，終至七國之亂。

宋·徐鉉《騎省集》卷二四《晁錯論》 愚因讀李觀所爲文，見其論晁錯盡忠於漢，而袁盎以私讐陷之，景帝過聽可爲王者之羞，誠皆然也。以愚觀之，錯、盎之罪，一也。夫二子者，才識度量不相上下，遭天下初定，文帝勵精求理，能用善言，故盡忠論事，並獲聽用，而皆欲功名在我，莫肯急病讓夷，故相與爲敵，非素有父兄之讐也。及七國兵起，而錯遽欲按治，袁盎宜知吳之計謀，其吏不聽而止。盎聞之懼，遂譖錯焉。然則忘公家而務私，反怨其罪，先在錯也。夫古之君子，爲而不有功，成不居付物，以能任之則逸，故能成可大之業。今二子者冒道家之所忌，以智能爲身榮，故終於惡，是知道不可離也如此。

宋·田錫《咸平集》卷一一《晁錯論》 班固以晁錯急於利國而不知身害，後代論者或以景帝聽袁盎之讒，因七國舉兵遂誅錯，以説諸侯。或以晁錯智小而謀大，或以景帝不明而無懲亂之術。斯皆執偏見之一端，

而不周覽前後之次第也。夫安危理亂之形必起於漸也，《易》曰：『履霜堅冰至』。謂其所由來者漸矣。錫嘗讀《高帝紀》及文、景二君之事迹，因三復《賈傅》所上之書，乃備得七國叛渙之本末也。賈生曰：『竊惟事勢可爲痛哭者一，可爲流涕者二。』時淮南王、濟北王與吴王逆節已露，故《賈傅》曰：『今淮南謀爲東帝，濟北王西向取滎陽，吴王不循漢法。今天子春秋鼎盛，德澤有加，猶尚如是。然天下少安，何也？諸王幼弱，傅相方握其事，若數年之後，諸王年長，傅相各稱病而罷，則淮南濟北之邪，雖堯舜不能理也。昔者屠坦一朝解十二牛而芒刃不頓者，所排擊理解也。至於髖髀，非斤則斧。夫仁惠恩信，人主之芒刃也；權勢法制，人主之斧斤也。今諸侯王，皆髖髀也，釋斧斤之用，而嬰以芒刃，臣以爲不缺，則折胡不用之。』自『本末』字以下，皆賈生之言。以是詳之，諸侯强叛之心，自文帝始也。於時賈生雖有是言，而文帝不能用焉。逮吴王不朝，飜賜之几杖以愧其心，斯所謂釋斧斤之用而嬰以芒刃也。夫周公聖人猶殺管蔡以正法制，況孝文纂新造之漢，欲以仁信感其心乎？亂本萌於高帝之時，滋蔓於文帝之世，難圖於景帝之代也。夫先王設禮，所以禁邪於未然也；用刑，所以懲亂於已然也。故《禮》曰：『使人遷善遠罪而不自覺者，禮也。』《兵法》曰：『善戰者，無赫赫之名。』謂決勝於未形未兆之前也。晁錯雖懷獨見之明，而切憂君之志，然驟欲削黜諸侯之爵土，使本强而枝弱，毋乃智術未周乎？亦猶解結而急之，則其結益固也。又如沈痼之疾，雖秦和未能驟理。錫嘗研幾於聖人之用心也，設尊卑等差之位，以車服衮冕各有降殺，俾人各安其分，苟有僭侈，是謂禮失。失於小則降黜之，失於大則誅戮之。洎周之衰，暴秦之亂，禮亡樂壞，莫甚當時。高祖以英武之姿，撥亂反正，然臣下功高，封建踰等，使韓信、黥布、陳豨、彭越皆不保臣節，勢使然也。故賈生曰：『臣竊迹前事，大抵强者先叛。』謂淮陰王於楚，韓王信倚於匈奴，陳豨兵精，而貫高因全趙之資，皆以因强而叛心生也。斯皆賈生見前車之覆，於是指切時病，抗言於當時也，豈非禍亂有漸乎？賈生有先見之明乎？果數十年後，其言合若符契。景帝固不足嬰以芒刃，又不能斷以斧斤，驟説叛王之心，而隕忠臣之命，尚賴周亞夫善用兵法，堅壁於滎陽，委梁不救，以絶吴楚之糧道，禍遂解弛。余謂晁錯之謀，適促諸侯之弄兵也。圖慮安危之計，毋乃有慙德於賈生乎？唐有于佶作《晁錯傳》贊評未盡其理，因作論以質之。

宋·葛洪《涉史隨筆·周亞夫從趙涉計定七國》 漢景帝時，七國反，書聞天子乃遣太尉條侯周亞夫，將三十六將軍往擊吴楚。亞夫既發至霸上，趙涉遮説亞夫曰：『吴王素富懷輯死士久矣，此知將軍且行，必置間人於殽黽阨阻之間耳。兵事尚神密，將軍何不從此右去走藍田，出武關，抵雒陽間，不過差一二日，直入武庫，擊鳴鼓。諸侯聞之，以爲將軍從天而下也。』太尉如其計，至雒陽，使吏搜殽黽間，果得吴伏兵，乃請涉爲護軍。

趙涉之遮説亞夫，卽三老董公之遮説漢王也。惟其賤而無因至前，故遮道以説之耳。孰謂滅項籍，定七國，乃皆出於道旁賤夫之一言，然則天下之才，豈有窮哉？此衆不可，蓋所以發齊人王先生之歎也。是以古之明君賢臣，智雖落天地而不自慮也，辨雖彫萬物而不自悦也，能雖窮海内而不自爲也。片善可取，不問芻蕘；一言有聞，狂夫亦擇。故能并天下之謀，盡天下之智，而事無遺策矣。

宋·蘇軾《東坡全集》卷四三《鼂錯論》 天下之患，最不可爲者，名爲治平無事，而其實有不測之憂。坐觀其變，而不爲之所，則恐至於不可救；起而强爲之，則天下狃於治平之安而不吾信。唯仁人君子豪傑之士，爲能出身爲天下犯大難，以求成大功；此固非勉强期月之間，而苟以求名者之所能也。天下治平，無故而發大難之端；吾發之，吾能收之，然後能免難於天下。事至而循循焉欲去之，使他人任其責，則天下之禍，必集於我。昔者鼂錯盡忠爲漢，謀弱山東之諸侯，諸侯並起，以誅錯爲名；而天子不察，以錯爲説。天下悲錯之以忠而受禍，而不知錯之有以取之也。古之立大事者，不唯有超世之才，亦必有堅忍不拔之志。昔禹之治水，鑿龍門，決大河而放之海。方其功之未成也，蓋亦有潰冒衝突可畏之患；唯能前知其當然，事至不懼，而徐爲之所，是以得至於成功。夫以七國之强，而驟削之，其爲變，豈足怪哉？錯不於此時捐其身，爲天下當大難之衝，而制吴楚之命，乃爲自全之計，欲使天子自將而已居守。且夫發七國之難者，誰乎？已欲求其名，安所逃其患。以自將之至危，與居守之至安；已爲難首，擇其至安，而遺天子以其至危，此忠臣義士

所以憤惋而不平者也。當此之時，雖無袁盎，錯亦不免於禍。何者？已欲居守，而使人主自將。以情而言，天子固已難之矣，而重違其議。是以袁盎之説，得行於其間。使吴楚反，錯以身任其危，日夜淬礪，東向而待之，使不至於累其君，則天子將恃之以爲無恐，雖有百袁盎，可得而間哉？嗟夫！世之君子，欲求非常之功，則無務爲自全之計。使錯自將而擊吴楚，未必無功，唯其欲自固其身，而天子不悦。姦臣得以乘其隙，錯之所以自全者，乃其所以自禍歟！

宋·蘇轍《欒城後集》卷七《漢景帝》 漢之賢君皆曰文、景。文帝寬仁大度，有高帝之風；景帝忌克少恩，少人君之量，其實非文帝比也。帝之爲太子也，吴王濞世子來朝，與帝博而爭道，帝怒以博局提殺之，濞之叛逆勢激於此。張釋之，文帝之名臣也，以劾奏之恨斥死淮南；鄧通，文帝之倖臣也，以吮癰之怨困迫至死。鼂錯始與帝謀削諸侯，違衆用之，及七國反，袁盎一説，譎而斬之東市，曾不之卹。周亞夫爲大將，折吴楚之鋭鋒，不數月而平大難，及其爲相，守正不阿，惡其悻悻不屈，遂以無罪殺之。梁王武，母弟也，驕而從之，幾致其死。臨江王榮，太子也，以母失愛，至使酷吏殺之。其於君臣父子兄弟之際，背理而傷道者，一至於此，原其所以能全身保國，與文帝俱稱賢君者，惟其不改恭儉故耳。《春秋》之法，弑君稱君君之過也，稱臣臣之罪也，然陳侯平國、蔡侯般，皆以無道弑，而弑皆稱臣，以爲罪不及民故也。如景帝之失道非一也，而猶稱賢君，豈非躬行恭儉，罪不及民故耶？此可以爲不恭儉者戒也。

宋·秦觀《淮海集》卷一九《晁錯論》 臣聞世之論者，皆以爲漢用爰盎之謀，斬晁錯以謝天下爲非。是以臣觀之，漢斬錯，七國之兵所以破也。何則？勝敗之機，繫於理之曲直，理直則師壯，師壯，勝之機也；理曲則師老，師老，敗之機也。故善戰者戰理。昔晉欲報楚之惠，退師三舍，軍吏以爲師老。子犯曰：『師直爲壯，曲爲老，豈在久乎？』若子犯可謂善戰理矣。蓋不退師，則背惠食言，而曲在晉師；退而楚不還，則曲在楚。我直彼曲，所以勝也。漢斬晁錯之事，何異於此？夫漢之諸侯，連城數十，地方千里，雖號强大，然則皆高帝之封也。一旦用錯計擿其罪過而削奪之，則天下忿然，皆有不直漢之心。當此之時，諸侯直而漢曲，故吴王得以藉口反也。然吴王卽山鑄錢煮海爲鹽，以其子故，招致天下亡命，欲爲反者三十餘年，其稱兵也，發憤削地，以誅錯爲名耳。漢斬錯而兵不罷，則逆節暴露天下，亦忿然有不直七國之心。當此之時，諸侯曲而漢直。故太尉得以破其兵也。雖然，漢之斬錯也，其謀發於爰盎，盎與錯有隙，故世之論者以錯死爲寃，此正樓緩，所謂以母言之則爲是，以妻言之則爲妬。夫言之者異，而其意同也。就使盎與錯素無眦睚之嫌，其爲漢計亦當出此。然則漢不斬錯，奈何卽七國之兵未易破也。何以知之？以唐安禄山之事可知也，方明皇之時，姦臣楊國忠用事天下，皆切齒不平，故禄山以誅國忠爲名而反。是時，唐若斬國忠以謝天下，則禄山安得而至長安乎？惜其不知此，至賊入潼關，人神共怒，然後爲陳元禮之所殺也。由是觀之，漢不斬錯，則七國之兵豈易破哉？或曰：王思禮之徒，嘗以此勸哥舒翰用其計，留卒三萬守關，悉精鋭渡滻水以誅君側，禄山可遂破乎？曰：不然。漢斬晁錯，事出景帝，爰盎發其端而已，故足以激忠義之氣，而折姦雄之心。使翰雖斬國忠，事不出於人主，亦不能感動天下，衹足以危身矣，尚爲禄山之成敗哉？故斬國忠以破禄山事，非明皇不可爲也。

宋·謝逸《溪堂集》卷八《袁盎論》 世之論者以謂袁盎質直好義，辯論人主前挺然，有忠臣之節。愚獨以爲不然。盎陰持縱横變詐之術，陽爲忠直以幸人主之知，快私憤於一己，賣聲名於天下，此固暴悍勇鷙之小夫，聞其風而悦之，忠厚篤實之君子，未嘗不鄙其爲人也。絳侯誅諸吕，安劉氏，功高天下，文帝見而加敬，亦先王畏相之義也。盎以爲絳侯有驕主色，不宜禮之太過，幸而文帝寛厚，置而不論，儻秦二世、隋煬帝聞此言，絳侯不知死所矣。又況盎兄與絳侯交游驩甚，借使絳侯有驕主色，盎胡不請間而規之，彼必聞而改也。文帝初，未嘗詢絳侯得失，而盎輒以危言中之，亦足以發明盎之少恩矣。淮南王之遷蜀，盎力爭之，以謂一旦蒙犯霜露，客死道傍，則有殺弟之名，既而淮南王至雍而死，文帝哭之哀甚，悔初不用盎之言。盎既不規文帝之失，又從而譽之，以謂淮南王之死不足悔也。且以淮南王爲當遷耶？則盎初不宜以爲非；以爲不當遷耶？則終不宜以爲是。則與反覆賣國之人何異哉？盎與鼂錯有隙，錯議削七國，七國舉兵西嚮，以誅錯爲名。漢廷諸公相顧失色，盎獨宣言於庭曰：

『不足憂也，今破矣。』疑若有必勝之策，及景帝屏人與語，但言斬錯以謝七國兵，可無血刃。而罷錯既斬於東市，而七國之兵不退，則是假天子之威以報私讎耳。忠於國者固如是乎？至如斥趙談驂乘卻慎夫人坐，責丞相不下士，皆有爲而發，非出於誠心也。昔汲黯折張湯，詆公孫弘，灌夫侵田蚡，罵程不識，固有盎之風矣。然此兩人者，以樸忠自信，雖面折大臣，無所阿避，察其心，實無他也。司馬遷稱盎仁心爲質，引義慷慨，豈知言哉！

宋·錢時《兩漢筆記》卷二《高祖》 帝以天下初定，子幼，昆弟少，懲秦孤立而亡，欲大封同姓以塡撫天下。春，正月，丙午，分楚王信地爲二國，以淮東五十三縣立從兄將軍賈爲荆王，以薛郡、東海、彭城三十六縣立弟文信君交爲楚王。壬子，以雲中、鴈門、代郡五十三縣立兄宜信侯喜爲代王。以膠東、膠西、臨菑、濟北、博陽、城陽郡七十三縣立微時外婦之子肥爲齊王。諸民能齊言者皆以與齊。

天子之制，地方千里，公、侯皆方百里，伯七十里，子、男五十里，不能五十里，不達於天子，附於諸侯曰附庸。名山大澤則不以封都，城過百雉，國之害也。安有命之王爵，連城數十，南面稱孤而能遺子孫以無禍者？古之封侯，所以命德，同姓異姓，其度一也。且天子守在四夷，二帝三王，豈皆同姓，而後能塡撫天下哉？裂土地而大封之，不擇賢愚而世襲之，其不度甚矣。七國之變，蓋不待智者而後知也。將以圖安適以速亂寵之者，所以禍之歟？因觀自古地大兵强而俾之世襲，未有不叛者。漢事可監矣，而唐不悟藩鎮之禍，往往反甚於漢，惟我本朝置使按察，或遷或易，權在朝廷，自先王封建之法壞而綱維防範其制，莫良於此。中興以來，獨一蜀帥世掌兵柄而卒以稔禍，可不戒哉？

又 卷三《文帝》 六年，梁太傅賈誼上疏曰：夫樹國固必相疑之勢，下數被其殃，上數爽其憂，甚非所以安上而全下也。臣竊迹前事，大抵强者先反，長沙乃二萬五千户耳，功少而最完，勢疏而最忠，非獨性異人也，亦形勢然也。曩令樊、酈、絳、灌據數十城而王，今雖以殘亡可也；令信、越之倫列爲徹侯而居，雖至今存可也。則天下之大計可知也。欲諸王之皆忠附，則莫若令如長沙王；欲臣子勿葅醢，則莫若令如樊酈等；欲天下之治安，莫若衆建諸侯而少其力。力少則易使以義，國小則亡邪心。令海内之勢如身之使臂，臂之使指，莫不制從，諸侯之君不敢有異心，輻輳並進而歸命天子。割地定制，令齊、趙、楚各爲若干國，使悼惠王、幽王、元王之子孫畢以次各受祖之分地，地盡而止，其分地衆而子孫少者，建以爲國，空而置之，須其子孫生者，舉使君之。一寸之地，一人之衆，天子亡所利焉，誠以定治而已。如此則卧赤子天下之上而安，植遺腹，朝委裘，而天下不亂。

漢懲秦孤立之敗，大封同姓，跨州兼郡，連城數十，宫室百官，同制京師，史氏謂矯枉過正是矣。賈誼請衆建諸侯而少其力，可爲當時的論。其言苟用，安有七國之變哉？主父偃竊取而行於元朔間已後矣。論者未免爲文帝惜之，然以愚觀於事勢，則蓋有説也。自帝而上，異姓之王，相繼以反誅，而同姓固未有一人叛者，高后臨朝，擅王諸吕，漢祚中絶者八年矣。微朱虚東牟與二三大臣共起而誅諸吕，定劉氏，則漢之爲漢，今何如也！帝自藩邸，入繼大統，然已寒之灰，續垂亡之脉，尾大之禍未見，而宗强之助方新，後雖有濟北、淮南之釁，而興居發於失職，奪功旋即敗死。厲王長者當時之論，往往咎在不爲，置嚴傅相驕蹇弗度，以至於是。然亦事覺即廢，徙無能爲，皆非由地大也。賈生年少，痛哭而言於帝之心，宜未盡合。自七國叛，其禍方著天下，無異姓强大之憂，而所可慮者，獨在同姓。惟見其害而不見其利，與文帝時大不侔矣。此主父偃之説所以得行歟？雖然，責之以先見之明，以義斷恩，知幾弭禍，則文帝亦不爲無罪也。

又《景帝》 晁錯數上書言吳過，可削；文帝寬，不忍罰，以此吳日恣横。及帝即位，錯説上曰：『昔高帝初定天下，昆弟少，諸子弱，大封同姓，齊七十餘城，楚四十餘城，吳五十餘城；封三庶孽，分天下半。今吳王前有太子之郤，詐稱病不朝，於古法當誅。文帝弗忍，因賜几杖，德至厚，當改過自新，反益驕溢，即山鑄錢，煮海水爲塩，誘天下亡人謀作亂。今削之亦反，不削亦反。削之，其反亟，禍小；不削，反遲，禍大。』上令公卿、列侯、宗室雜議，莫敢難。及楚王戊來朝，錯因言：戊往年爲薄太后服，私姦服舍，請誅之。詔赦，削東海郡。及前年，趙王有罪，削其常山郡；膠西王卬以賣爵事有姦，削其六縣。廷臣方議削吳吳王恐。削地無已，因發謀舉事。念諸侯無足與計者，聞膠西王勇，好

兵，諸侯皆畏憚之，於是使中大夫應高口説膠西王。膠西羣臣或聞王謀，諫曰：『諸侯地不能當漢十二，爲叛逆以憂太后，非計也。今承一帝，尚云不易；假令事成，兩主分爭，患乃益生。』王不聽，遂發使約齊、菑川、膠東、濟南，皆許諾。及削吳會稽、豫章郡書至，吳王遂先起兵，誅漢吏二千石以下；膠西、膠東、菑川、濟南、楚、趙亦皆反。齊王後悔，背約城守。吳王起兵於廣陵，西涉淮，因幷楚兵，發使遺諸侯書，罪狀晁錯，欲合兵誅之。

大抵積弊不可以驟革，深根固蒂之病不可以頓除，除之速，革之遽，則未有不召變致亂者。七國之禍，自高帝而種此根矣，至文帝時有國各三數十年，而其兆日益以著。賈誼請分之而帝不聽，晁錯請削之而帝不忍，此其弊雖若寬縱以養禍，然未能害其能容也。景帝卽位，推恩於同姓，威刑不耀，而德澤日加，使之有感而無怨，可懷而不可怒，然後取誼之策，裂土地而侯封之。不然者削之，不服者誅之。內之不失骨肉之親，外不廢國家之法，夫誰曰不可？安有嗣服未幾，吾先帝之所優容而不忍者，捃摭往事，一切行之，頓舉驟發，不少遼緩，使諸國合爲一怨，仇，然相向，若蝟毛而起，此固勢之所必至，無足怪也。錯之言不行於文帝，而栽培醞釀於儲宮，則有日矣。一旦得君，傾倒而出，以快其平日之所欲爲而不顧。嗚呼！錯亦小丈夫矣哉。論者往往謂錯以忠而受禍，是不然，世固有爲謀雖忠而舉措之失，宜區處之乖方，以至誤國禍天下者多矣。君子不謂忠也，於錯乎何恤。

宋·謝薖《竹友集》卷九《書賈誼傳後》　賈誼説文帝以諸侯强大，天下之勢如病瘇，失今不治，必爲痼疾。文帝入絳、灌、東陽，馮敬之言，未盡施行，而誼亦不幸死矣。鼂錯得幸景帝，乃請諸侯之罪過，削其支郡，於是七國連兵西鄉，以誅錯爲名。吳王謀反已兆於高帝之言，豈爲錯發哉？袁盎一説錯，遂滅其宗族，悲夫！使誼不死，景帝之時，絳、灌舊臣無在者，誼必得志，得志必盡行其策，則鼂錯之禍，誼其當之耶？誼之不幸而死，乃誼之所以爲幸也。禍福倚伏，無形其不易知如此。班固稱誼夭年早終，雖不至公卿，未爲不遇也。固亦有見於斯耶？

宋·朱熹《朱子語類》卷一三五《歷代二》　漢有十三州，一州建一刺史，刺舉一路，則諸侯郡守雜建，諸侯甚大。如齊七十餘城，大率置官法度之類，與天子等。七國變後方漸削奪。主父偃用賈誼策，分王諸侯子孫，方漸小了。後漢亦雜建。魏陵逼諸侯甚，每令人監之，不得朝覲幷親知往來。曹丕待宗室如此。晉大封同姓，八王之亂以此。元帝中興亦以此。齊梁間削奪諸侯尤甚。唐亦尚有之，然只是遙領。揚。

宋·滕珙《經濟文衡後集》卷六《漢景帝類·論文帝教景帝術數之失》　答葉賀孫。此段謂文帝用鼂錯，教景帝術數，卒啓七國之變。

黃老之術，文帝猶善用之，如南越反則卑辭厚禮以誘之；吳王不朝，賜以几杖等事，都是術數。到他教太子鼂錯爲家令，他謂太子亦好學，只欠識術數，故以鼂錯輔之。到後來七國之變，弄成一場紛亂。看文、景許多慈祥愷悌處，都只是術數。然景帝用得不好，如『削之則反，不削亦反』者是也。

宋·眞德秀《大學衍義》卷四一《定國本·論教之法宜豫》　漢晁錯學申商刑名，孝文時，詔太常遣錯受尚書伏生所。因上書言人主所以尊顯功名，揚於萬世之後者，以知術數也。故人主知所以臨制臣下而治其衆，則羣臣畏服矣；知所以聽言受事，則不欺蔽矣；知所以安利萬民，則海內必從矣；知所以忠孝事上，則臣子之行備矣。此四者，臣竊爲皇太子急之。人臣之議，或曰皇太子亡以知事爲也，臣之愚誠以爲不然。竊觀上世之君，不能奉其宗廟而劫殺于其臣者，皆不知術數者也。皇太子所讀書多矣，而未深知術數者，不聞書説也。夫多誦而不知其説，所謂勞苦而不爲功。臣竊觀皇太子材智高奇，馭射伎藝過人絕遠，然於術數未有所守者，以陛下爲心也。竊願陛下幸擇聖人之術可用今世者，以賜皇太子，因時使太子陳明於前，唯陛下裁察。上善之，於是拜錯爲太子家令。

臣按錯與賈誼，皆所謂明申韓者也。誼之論教太子，一出於孝仁禮義；而錯專以術數爲言，其醇駁之異如此，詎可同日語哉？文帝擇東宮之傅，卒舍誼而用錯焉，豈非帝之學出於黃老，故於錯之言有以深契其心歟？且是時，錯方受書伏生所，伊傅周召之言，固嘗聞之矣。而此疏所陳無一語與之合者，豈所受者唯訓詁章句，而於義理初未嘗玩而繹之故耶？其後錯事景帝，建爲削地之議，遂召七國之變，其原蓋兆於此。然則世之任輔導之責者，不開之以理義而誘之，以數術未有不誤事而基禍者也。

宋·何去非《何博士備論》卷上《鼂錯論》 古者，持國任事有四臣焉：杜患於未兆，弭菑於未形者，賢臣也；禍結而排之使安，難立而戡之使平者，功臣也；國安矣挈而錯之危，世治矣汨而屬之亂者，非愚臣卽奸臣也。蓋奸臣之不足者忠，愚臣之不足者知。忠、知不足而持國任事，禍之府也。昔者，鼂錯嘗忠於漢矣，而其知不足以任天下之大權也，是以輕發七國之難，而其身先戮於一人之言。可不謂愚乎？彼錯者，爲申、韓之學，銳氣而寡恩，好謀而喜功之臣也。自孝景之居東宮，而錯銳之以人主之術數也，固以知寵之矣。及其卽位，而以天下聽之。彼挾其君之以天下聽之也，欲就其所謂術數之效。是以輕爲而不疑，決發而不顧，卒以憂君危國，幾成劉氏之大變。而後世之士，猶或知之，獨子雲乃謂之愚。子雲之愚錯也，非以其知不足以衞身而愚之也，亦以其不能杜七國未發之禍而故趣之於亂也。東諸侯之勢誠强矣。强而驕，驕而反，其理也。然而，束之而使無驕，御之而使無反者，豈固無術耶？而錯之策曰：『削之。不削，皆且反也。削之，則反遲而禍大。』是錯之術無他，趣之以速反而已。錯之所謂禍小者，以吾朝削其地，而暮得其民故也。安有數十年拊循之民，一旦而遂不爲之役也？吳王所發五十萬之衆者，皆其削郡之民也。連七國百萬之師，西向而圖危關中，乃曰禍小者，眞愚也。夫七國之王，獨吳少嘗軍旅，爲宿奸故惡。其六王皆驕夫孱稚，非有高材絕器、挾智任術，足以就大計者。其謀又非前締而宿合之也。今一旦徜徉相視而起，皆吳實迫之，欲幷以爲東帝之資耳。當孝文之世，濞之不朝發於死子之隙，而反端著矣。賈誼固嘗爲之痛哭矣。然而孝文一切包匿，不究其奸，而以恩禮羈之。是以迄孝文之世三十餘年，而濞無他變也。濞之反於孝景之三年，而其王吳者四十三稔矣。齒髮固已就衰，而鄉之勇決之氣與夫驕悍之情、窺覬之奸，皆已沮釋矣。今一旦奮然空國西嚮，計不反顧者，濞豈得已哉？有錯之鞭趣其後以起之也。昔高帝之王濞者三郡，且南面而撫其國者四十餘年。錯之任事，一旦而削其二郡。楚、趙、諸齊，皆以暗隱微慝奪其封國之半。彼固知其地盡而要領隨之，是以出於計之無聊爲一決耳。向使景帝襲孝文之寬殺而恩禮有加焉，而錯出於主父偃之策，使諸侯皆得以其封地分侯支庶，以弱其勢，則濞亦何事乎白首稱兵，冀所非望，而楚、趙、諸齊不安南面之樂而安甘爲濞役也？吳王反虜也，固天人之所共棄，未有不至於敗滅者。然亦幸其未爲曉兵者也，使其誠曉兵，則關東非漢有，而錯之罪可勝戮哉？方濞之起也，其謀於宿將，則曰『必先取梁』；其謀於新將，則曰『必先據洛』。二策者，皆勝策也。而吳王昧於所用，故敗亡隨之。其曰必先取梁者，梁王，景帝之親母弟，國大而强，北距泰山，西界高陽。今釋梁不下，而兵遂西，則漢衝其膺，梁搗其吭，不戰而成擒矣。此宿將以先取梁爲功者，圖全之策也，所謂以正合者也。洛陽阻山河之固，扼西兵之衝，積武庫之械，豐敖倉之粟。今不疾據而徐行留攻，而漢騎騰入梁、楚之郊以蹙之，敗可立待了。此新將以先據洛爲功者，立奇之策也，所謂以奇勝者也。二策者，皆勝策也。雖反國之虜無所恃之，亦兵家之至數也。幸其當時無以雙舉而並施之以教之也。是以吳王用其攻梁，而不用其據洛，此所以亟敗也。所謂雙舉而並施者，銳師卷甲以趣洛陽，重兵疾攻以覆梁都，雖無能入關，而山東舉矣。知取梁而不知取洛，則漢兵得以東下；知據洛而不知取梁，則梁兵得以躡後。使銳師據洛而重兵攻梁，洛已據，則漢兵不能卽東。漢兵不東，則必舉梁，梁舉而山東定矣。幸其不出於此，乃屯聚而不分，以壓梁壁。梁未及下，而亞夫之輩馳入滎陽而壁昌邑矣。求戰不得，欲去不可，彷徨無所之而坐成擒。故曰：幸其未爲曉兵者也。向使吳王兩用其策，而又假田禄伯以偏師提之以趨武關，周兵長驅，遂歷陽城之北，反雖不遲，而禍實大矣。嗚呼！孰謂鼂錯非眞愚者哉！

宋·李綱《梁谿集》卷一四九《論鼂錯王恢》 鼂錯爲景帝謀，以謂漢封諸侯王連城數十，地廣勢强，不遵法制。削之必叛，然禍小，而應速；不削亦叛，然禍大，而應遲。故卒削之，而七國連衡而起，以誅錯爲名。景帝弗察，納爰盎之説，斬錯以謝七國，此景帝之過舉也，而世以錯爲愚。王恢與韓安國論難于武帝前，以謂匈奴擊之爲便，於是誘匈奴入塞，漢兵匿馬邑旁，俟其至，擊之。匈奴未入塞，覺悟引去，漢兵皆罷。武帝以恢議用兵而不能擊其輜重，弗斬之無以謝天下，遂下恢獄，此武帝之過舉也。世謂恢爲無謀首，將受其咎。昔唐憲宗欲討叛鎮，其黨大懼，遣客狙殺宰相武元衡，傷裴度，羣議洶洶，而憲宗慨然曰：『吾專任裴度，足以破賊，卒平淮西。』觀此則知憲宗之賢於景帝遠矣。秦穆公用孟明以伐鄭，晉襄公帥師敗諸崤而獲之，既歸，穆公待之如初，其後卒報

晉，而君子以爲能用善。觀此則知武帝之不及穆公遠矣。錯以忠，恢以無罪死，而世又不能知之，是可悲也夫！

宋・李彌遜《筠谿集》卷八《景帝誅鼂錯》　漢鼂錯爲御史大夫，請諸侯之罪過者，削其支郡，諸侯讙譁。錯父聞之，從潁川來，謂錯曰：『上初卽位，公爲政用事，侵削諸侯，疏人骨肉，口議多怨，公何爲也？』錯曰：『固也，不如此，天子不尊，宗廟不安。』父曰：『劉氏安矣，鼂氏危矣，吾去公歸矣。』遂飲藥死，曰：『吾不忍見禍逮身。』後十餘日，吳楚七國俱反，以誅錯爲名，上與錯議，出軍事，錯欲令上自將兵而身居守，會竇嬰言袁盎，詔召入見，上方與錯調兵食，上問盎曰：『君嘗爲吳相，知吳臣田祿伯爲人乎？今吳楚反，公意何如？』盎對曰：『不足憂也，今破矣。』上問：『計安出？』對曰：『願屏左右。』上屏人，獨錯在。袁盎曰：『臣所言，人臣不得知。』乃屏錯，錯趨出，避東廂，甚恨。上卒問。盎對曰：『吳楚相遺書，言高皇帝令子弟各有分地，今賊臣鼂錯擅適諸侯削奪之地，以故反，名爲西共誅錯，復故地乃罷。方今計獨有斬錯，發使赦吳楚七國，復其故地，則兵可毋血刃而俱罷。』於是上默然良久，曰：『顧誠何如，吾不愛一人而謝天下。』後十餘日，丞相青翟、中尉嘉、廷尉歐劾奏：『錯不稱陛下德信，欲疏羣臣百姓，又欲以城邑予吳，亡臣子禮，大逆無道，錯當要斬，父母妻子同産無長少皆棄市。臣請論如法。』制曰：『可。』錯殊不知，乃使中尉召錯，紿載行市，錯衣朝衣，斬東市。錯已死，謁者僕射鄧公爲校尉，擊吳楚爲將。還，上書言軍事，見上。上問曰：『道軍所來，聞鼂錯死，吳楚罷不？』鄧公曰：『吳爲反數十歲矣，發怒削地以誅錯爲名，其意不在錯也。且臣恐天下之士拑口不敢復言矣。』上曰：『何哉？』鄧公曰：『夫鼂錯患諸侯强大不可制，故請削之以尊京師，萬世之利也。計畫始行，卒受大戮，内杜忠臣之口，外爲諸侯報仇，臣竊爲陛下不取也。』於是景帝喟然長息，曰：『公言善，吾亦恨之。』乃拜鄧公爲城陽中尉。

議曰：左右皆曰可殺，勿聽；諸大夫國人皆曰可殺，然後察之。見可殺焉，然後殺之。鼂錯爲國遠慮，尊天子，安宗廟，忠矣，而不免於刑戮，借曰『不愛一人以謝天下』。父母妻子獨何罪耶？景帝用袁盎之言而誅錯，聞鄧公一言而恨之，杜天下忠臣之口，忘國家萬世之利以救目前，亦可謂失刑政矣。

宋・陳郁《藏一話腴外編》卷下　司馬遷謂袁盎仁心爲質，引義慷慨。余謂盎陰持變詐，陽爲忠直之人耳。盎與鼂錯有隙，七國之變，盎獨宣言於庭曰：『不足憂也。』疑若有必勝之策，及景帝屏人語，但言斬錯以謝七國，則兵可不血刃而罷；及既斬錯，而七國之兵亦不退。是假天子之威以報私怨耳，豈仁心耶？

宋・胡宏《五峯集》卷三《景帝》　漢景方其寵鼂錯，雖穿太上皇廟堧垣亦無罪，及惡臨江王，則侵太宗廟堧垣倒而死亦不恤。任私意而不循義理，使君臣父子一至于是，又以郅都爲中尉，貴戚宗室號曰蒼鷹，後坐不與臨川王刀筆竟被誅，既宗室多犯法，則又用寧成。夫欲親親必選有節行賢德之人，爲之師傅，爲之交遊，下民猶不可以酷法治也，況宗室乎？

又《晁錯》　晁錯小有才，未聞君子之大道，遂致滅宗，豈特景帝寡恩哉？錯若自請討吳，以周亞夫爲己副，軍事一以委之，豈至若此？

又《周亞夫》　人不可不知道，知道然後知進退。亞夫，勃之子，細柳軍容威震人主，吳楚之反，計謀獨出諸將之上，有蓋天下之功。及因爭廢太子不能得，可以逡巡引去矣。後更爲相，不知景帝特以人望用之也。先不肯救梁，後不肯侯王信，取諸貴戚怒及不肯侯匈奴降者，乃謝病，免賜食，無切肉，不置箸，見之使皇恐請罪可也，猶顧尚席取箸，其不知幾如此，其見殺也，豈特景帝之咎哉？

宋・鄭獬《鄖溪集》卷一七《漢封論》　漢封之失不在高祖，而在文帝，何以言之？高祖初起擾攘之中，於時天下惟習知有六國之弊，而不知周公五百里之封，故其王侯崛起，各擅一國，包山跨河，無復疆畛。臧荼得燕，魏豹得魏，韓王得韓，諸田得齊，趙歇、張耳得趙，韓信、英布得楚。更貪互奪惟，恐土地之不廣，甲兵之不雄。高祖知其勢之不可削也，亦欲無盡乎英雄用，乃手裂而盡付之。故其追項羽於固陵，期諸侯不至，用留侯計，捐睢陽以北至穀城以予彭越，捐陳以東傅之海以予韓信，乃能致二人而遂克羽。當此之時，高祖豈暇議周公五百里之封哉？及其已平，則宗室子弟，類皆稚孺，頎然老壯，餘楚代耳，且恐後世一日有隙

漏，則非强大諸侯無以鎮壓之。故又封其同姓各數十城，盤踞天下十分之七。其後呂氏果欲爲亂，而天下堅重卒不可摇，此高祖因用天下之勢而爲之封，庸何有失哉？然高祖非不知其未有弊也，以存漢之計大，而諸侯之禍未卽發也。故其封吴王濞召而相之曰：『若有反，相天下一家，慎勿反。』然而高祖竟封之，此其爲慮可見矣。韓彭輩既已誅夷，呂氏又滅，則變而通之，豈不在文帝乎？於時賈誼欲裂其國以分封子弟，俾之久而可傳，且拉其脊而折之，文帝竟不能用，拱手而成七國之禍，由此磐石遂臲矣。使賈誼之策行，則雖有王莽何由爲盜哉？夫惟高祖善用其勢，惟賈誼善識其變，然而不能遂救之者，文帝也。漢封之失不在高祖，而在文帝，孰謂不然哉？

宋・劉攽《彭城集》卷四〇《設常侍郎對》　漢景帝用晁錯爲御史大夫，帝過郎署，見常侍郎，問曰：『吾以錯爲三公，人以謂何如？』常侍郎曰：『幸甚，陛下之知錯也，以錯爲大忠焉爾；陛下之用錯也，以爲錯大材焉爾。』帝曰：『固然。』常侍郎曰：『錯不變更高皇帝約束，陛下不以爲材；錯不别疏人骨肉，侵刻宗室，陛下不以爲忠。然則高皇帝約束雖仍舊不可得矣，諸侯雖欲無罪不可得矣。』帝曰：『何哉？』常侍郎曰：『錯，潁川男子也，文學不能以出衆，容貌不足以動人。使居鄉里，勢不過得爲掾功曹，錯不願也。錯峭刻爲忠而陛下信之，錯菲苦爲材而陛下用之。錯今爲三公，富貴榮顯，然則極錯所欲，盈錯所願，漢安得無事？諸侯安得無罪乎？』帝曰：『吴王詐疾，不朝久矣，其罪大，今削之亦反，不削亦反。』常侍郎曰：『先賜吴王几杖，不朝數十年矣。吴王漸漬恩德，雖圖不善，不忍爲也。陛下今使錯發之，吴由錯反，而謂不削，無錯，吴何爲有謀乎？』帝默然。常侍郎曰：『語有之曰：「變古亂常，不死則亡。」是天道也。陛下雖固愛錯，不能違天。錯將有大怨。』侍郎謝死罪。居三月，七國起兵，帝憂懼，要斬錯以謝七國，然後知常侍郎爲賢者也。

宋・楊時《龜山集》卷九《袁盎》　淮南王之驕恣，其莅禍久矣。然徵之卽至，則反形未具，以檻車遷之，是將置之必死也。不早辨之，養成其禍，卒至乎敗國亡身，文帝不無罪也。鄭共叔不義得衆，詩人以刺莊公，而《春秋》交譏之，正謂此也。然則人君不幸有弟如淮南者，宜奈何？若舜之於象，放之有庳可也。盎不能明義以正其君，乃以無稽之言謂之，不亦過乎？若七國之反，聞晁錯之欲治己也，反以奇禍中之，此戰國策士之常也。然二人之相賊，其志一也，特繫其發之先後耳，不念國家之大計，乃欲因禍以釋一己之私怨，若二人又何足誅哉？而班固謂盎仁心爲質，誤矣。

又《晁錯》　晁錯曰：『人君必知術數。』又曰：『五帝神聖，其臣莫能。』及而自親事，操是説，蓋未嘗知治體也。夫天下大器，非智力所能勝也。舜之惇五典，庸五禮，用五刑，皆因天而已，未嘗自爲也。雖股肱耳目，付之臣而不自用，況以術數而自親事乎？使後世懷諂者誤其君，挾術以自用，必質是言也，其爲禍豈淺哉？若吴楚之反不在錯，天下已知之矣。景帝用讒邪之謀以誅錯，其失計不已甚乎？當是時，兵之勝負，國之安危，未可知也，而誅其謀首，豈不殆哉？而在庭之臣，無一人爲錯言者，蓋變起倉卒，各欲僥倖於無事，而莫敢以身任之也。然而錯亦有以取之矣，夫漢之有七國，未若魯之三家也。孔子墮三都之城，而三家無敢不受命者，則其處之必有道矣。孟子曰：『子以爲有王者作，則魯在所損乎？在所益乎？』孟子而得志，固將損之也。錯無碩德重望，以鎮服其心，而强爲之謀，其召亂而取禍，蓋無足怪者。武帝時，淮南王欲反，獨畏汲黯之節義，視公孫弘輩如發蒙耳。則天下果非智力可爲也，以一汲黯猶足以寢淮南之謀，況不爲黯者乎？

又《鄒陽、枚乘》　吴王怨望陰有邪謀，鄒陽枚乘之徒，不能明義以導其君，而區區以利説之，宜乎？其無益也。及吴兵西嚮，而枚乘猶以民之輕重，國之大小爲言，則是使吴重大而漢輕小，則吴兵可得而進也。吴亡，乘不及禍，而卒以取重於世，幸矣夫。

宋・王之望《漢濱集》卷一四《晁錯論》　天下之事曷嘗不可爲，其所以每至於禍敗而不救者，非事固然，爲之不知其數耳。爲之不知其數，以至於禍敗，而因以爲事固不可爲，則亦不察矣。昔晁錯患諸侯强大，建議削地以尊京師，於是七國俱反，指錯以爲名，漢遂誅錯以謝議者，皆冤錯之策以爲吴楚之事。錯固已前知之，削之則反疾而禍小，不削則反遲而禍大。嗚呼！七國之反，漢之不亡，幸耳。禍尚有更大者邪？於此有削而不敢反，反亦不能爲禍者，錯顧不知，則其死亦宜矣。蓋天下

之勢强弱異形，則攻取有先後。先攻小以圖大者，弱國之形也；先攻大以令小者，强國之形也。先小後大，則敵脆而力有所并；先大後小，則威加而交不得合。高帝與楚相距滎陽成臯間，知項氏方强而不可獨取，乃收趙魏從燕齊兼諸國而攻之。故楚雖强而卒破，其後韓彭英布王地數千里，高帝知其禍之且起，而念諸侯之不可一朝去也。而韓信最强則先取之，彭越又强則又取之，最後英布以疑懼反，則亦孤立而無應矣。向使高帝不審先後，并誅三雄，而韓信率黥彭以起，則天下非漢有也。夫惟强者，破於衆人未疑之間，而交無所合；弱者疑於衆强已破之後，而事無所及。此所以三雄之地雖半，天下而終不能以病漢也。景帝之世，山東之國凡十有八，而吴阻江負海，其地最大，怨望不朝，其罪最深，鑄山煮海，招納叛亡，其謀最久。景帝初立，宜姑加惠藩臣濶略細，故使睦我而無反側心。然後首議削吴，彼削之出於不意，則事有所不及謀，既而勢益弱，則謀有所不敢發。就使果發，亦無以動摇諸侯，一區區之吴，何能爲哉？吴既削而天下定矣。此所謂削而不敢反，反亦不能爲禍者也。錯固不然，方且紛然更定律令，以侵刻諸侯爲己功，先削趙，又削楚，又削膠西，然後乃議削吴。諸侯人人自危，皆有怨怒不服之心，故劉濞一呼，天下皆應，吴未及削而禍結矣。然則錯之謀實驅之，尚何冤哉？昔齊桓公欲尊王室，管仲先使之存亡繼絶而厚諸侯之禮，然後南征强楚，責包茅之不入，楚服而霸功遂成，齊列國也爲之有數，而其效猶見如此，况西漢全盛之時乎？孟子謂『魯方五百里，王者，作則必損之。』又謂『今之諸侯取民猶盗，王者不盡誅也。』由是言之，使孟子得志於戰國之時，其强大者猶可稍削，然亦不至於盡誅諸侯，而錯直爲此紛紛亦慮之不熟哉？夫謀事一未成而爲天下所指，至以其族藉仇讎之手，爲萬世笑，可不哀哉！或曰：『賈誼於文帝陳衆建諸侯之策，主父偃因之，漢遂封及支庶，諸侯不削而自弱。錯獨不爲此乎？』曰：『文帝之世，諸侯之子弟鮮矣，誼乃欲建以爲國空而置之，然則必悟其將弱已矣，與割地何異哉？彼推恩之令，必武帝之世而後可行也，非所以責晁錯也。』

宋·周紫芝《太倉稊米集》卷四四《晁錯論》 世之議者，皆以晁錯不當削七國以發其怒，及七國反以誅錯爲名，則景帝不得不殺錯以謝七國。余以謂此特書生之談，兒童之見耳。蓋世之善論人者，不以迹而以心。其迹是也，其心非也。則世俗皆以爲忠，而君子以謂未見其所以爲忠焉。若王莽之安劉是也，其心是也，其迹非也，世俗未必以爲忠，而君子以謂是乃所以爲忠矣。若晁錯之削七國是也，七國之地，高祖之所封，削之則爲賊恩。吴楚之君，懷奸而未發，激之則必至速禍。故削書一出，而七國果反，連衡以叛，天子憂勞，王師四出，而僅以仆滅，錯亦可謂無策矣。當是之時，非特七國欲誅錯，雖左右無不欲誅之者，非特當時左右之不知錯，後世雖賢如揚雄者亦以錯爲愚。景帝固知其爲智囊而先入之，言已不可變，雖欲活之，計將安出？此無他，是皆觀其迹，而終其心有不察焉者也。爲景帝者，胡不察其心，以謂錯所以削其國者，爲其一身計耶？爲天下計耶？二者有所不能明，則徐而思之，以謂吴楚之君，地大勢强，日以滋横，鑄山煮海，招亡集叛，反狀已萌，特未有以發耳。雖三尺之童，知其必至於此也。錯雖至愚，豈不知削其地則必叛，叛則禍必及已，錯所以不畏其禍而肯爲其君言之者，其心果安在哉？蓋特以安國家而定社稷也。察其心，苟知其如此，則左右大臣雖勸帝以殺錯，勿殺可也。惜乎孝景惑於一時之言，倉皇無術，而於錯之心有不察也。初，高帝既定天下，昆弟少，諸子弱，遂大封同姓以益維城之固。悼惠王孽子也，而王齊七十二城；楚元王，庶弟也，而王楚四十城；吴王，兄子也，而王吴五十餘城。封三庶孽分天下半至其 也，則劉章以軍法行酒而追斬亡酒者，吴太子奕棊爭道爲皇太子提殺之，皆以戲笑發怒於酒樽棊局之間，而無所畏忌，豈非脛大於腰，指大於股，其勢漸不可制歟？賈生所以痛哭，以謂失今不治必爲痼疾，後雖有扁鵲不能爲也。錯不自量盧扁有不能爲者，奮然欲以身任其責，宜其速誅而不可救歟？然而察錯之心，則要在安劉氏而已。景帝不察其心，此盎之説所以得行於疑似之間也。或有以謂漢不誅晁錯無以折七國之兵，猶唐不殺國忠無以弭禄山之禍。孝景之殺錯，豈得已哉？曰：錯之忠，豈可與國忠比？孝景之治，豈可與明皇論？時國忠雖誅，而禄山之難未必戢，晁錯不誅，七國將何爲哉？此其理較然易知者，而景帝竟納盎言，此殆不察其心而然歟？或者又謂七國之難作，錯不能捐身以當其危，反使天子將兵而己居守，安在其爲忠乎？曰：是乃所以爲忠也。錯知大臣之欲殺己而自將其兵，則足未及旋而首已墮於奸臣之手矣。孰若使天子自將己居其中，扼奸臣之吭而控之，則天

子收戰勝之功而已不失忠臣之名，豈非兩全之道歟？帝不此之思而納盎之説，此亦不察其心而然也。然則爲人君而不察其臣下之心，則其殺忠臣而不悔者，鮮矣。

宋·陳耆卿《篔窗集》卷二《周亞夫申屠嘉論》 讀《周亞夫傳》見文帝所以重將之權，讀《申屠嘉傳》見文帝所以重相之權。將相之尊次天子，將相不重則天子亦輕，此投鼠忌器之説也。夫以堂堂天子之尊，一入軍門而使之按轡，徐行無異臣僕，寵一私昵，誰敢與君抗？而摧拉困挫瀕於死而後釋之人，皆以爲二子之難，蓋不知文帝之所以爲難爾。有文帝則足以容二子，無文帝則二子雖欲爲二子而不能。夫文帝非不能自尊而卑將相也，顧其所以尊將相者，乃所以尊己也。《易》曰：『謙，尊而光，卑而不可踰。』夫惟其謙，故有尊而光之理；惟其卑，故有不可踰之理。世謂文帝之治尚寬，不知其振舉朝綱，尊强國體，精采凛然，銷姦褫惡，蓋有合於乾德之剛，而非懈怠縱弛以爲寬者也。景帝見識不明，故疑心一開，大臣不得展手伸足。文帝任亞夫則景帝殺亞夫，文帝任嘉則景帝亦殺嘉。二子在文帝時如在天池，在景帝時如在樊罟，非二子前後相反，時使然也。景帝之待二子，誠失矣，而二子亦有以致之。大凡氣强無學，慮直少謀，未必不爲身患。宰相職業，以格心爲主，不以矯激亢訐爲功。以景帝之忌刻二子，無以化導融液之而與力爭，於事爲之，末則亦宜其扞格而不終也。況夫取箸之傲，未免以私情而虧公禮，悔不先斬錯之説，又未免以小忿而忘大敬。嗚呼！已伸者難屈，已亢者難下。景帝之不能容，亦文帝之能容有以致之耳。蓋惟二子得容於文帝，而遂以其事文帝者事景帝，其氣益張不可收斂，則其死宜矣。觀此不獨見文景二君體貌大臣之輕重，而亞夫、嘉之相業可以夷考矣。

又 《吴王濞論》 養惡如養癰疽，養之而不治，則將至于不可治；逮其不可治而欲以刃去之，未有不潰裂爲身害者。吴王濞之惡，自高帝而已萌，至文帝而已成，至景帝而已固。當是時，謀所以去之，當有深沈審重之術，豈容遽以刃爲哉？鼂錯號曰智囊，其愚極矣。夫高帝善知人，其臨終告呂后，區處參陵平勃輩，如神醫料疾，半語不爽。濞有反相，宜不勞於目擊矣。以之告濞，而又戒以毋反者，蓋將逞己之明，特而驚摧濞志也。然是語一出，濞知帝之疑己矣；知帝疑己，濞亦安得而不自疑乎？觀帝告以天下同姓一家，而吴太子之死濞卽曰：『天下一家，死長安卽葬長安。』則拊背之言，濞已横在胸中，一旦有郄，則激爲此論爾。文帝之時，固當陽厚其禮而陰爲之所，乃自賜几賜杖之外寂無聞焉。夫几杖之賜謂文帝善優容則可，謂文帝善措置則不可。何者？是時，濞已有邪謀，帝不審圖之，而徒曰尚恩，縱能釋其謀於一時，烏能釋其謀於異日？蓋恩濞者適所以誤濞，而誤濞者適所以自誤也。至景帝時，欲一舉而去之則不可矣。夫非七國之强不可去也，所以去之者非其道也。夫憂七國之變，豈特鼂錯哉？在文帝時，賈誼固已憂之矣，其曰：『欲天下之治安，莫若衆建諸侯而少其力。』患諸侯之强且大也，故欲割地定制，分齊、楚、趙、燕、梁爲若干國，而廣封諸王之子孫，其地衆而子孫少者，則空其國以待其子弟之生，天子無所利焉。至於欲舉淮南地以益淮陽，而使之禁吴楚割淮陽二三列城與東郡，以益梁而使之扞齊趙，計慮周微，往往切中，不若錯之直且疏也。其後帝思誼言，復分齊爲六，分淮南爲三，以至七國反。時吴、楚、趙與四齊王舉兵西鄉，而梁王扞之，卒破七國，誼之智有以使之也。使錯能深思熟慮如賈誼之策，則七國之反亦豈若是亟哉？雖然，錯之罪不在於削吴，而在於削膠西、楚、趙。夫膠西、楚、趙初未有反謀之可言也，未有反謀而削之，錯之意固欲因膠西、楚、趙以令吴而明削地之出於公爾，不知膠西、楚、趙之削既有以離膠西、楚、趙之心，而濞又得挾之以號召諸國，諸國之從濞宜也。蓋濞不連諸國，濞亦不能以自反，濞之欲反久矣，顧無援且無名耳。今既得膠西、楚、趙之削以爲名，則可以激怒諸國，諸國既皆畏削，則亦不得不皆爲濞之援，名著援强遂爲漢憂。幸城守有梁而主兵有周亞夫，不然殆矣。錯一死，胡足道哉！

明·王禕《王忠文集》卷一二《漢太尉諭七國檄》 蓋聞『人臣無將，將則必誅』者，《春秋》之誼；『爲非者，天報以殃』，大《易》之道也。昔我高皇帝既定天下，懲亡秦孤立之敗，於是剖裂疆土，分二等之爵，大封同姓侯者百餘邑，尊王子弟，大啓九國。而是時，昆弟少諸子又幼弱，故孽子悼惠王王齊七十二城，庶弟元王王楚四十城，兄子濞王吴五十餘城，封三庶孽凡以廣親親之，道固磐石之基也。惟時諸王奄有民社，固宜謹守職約，作漢藩輔，不顯亦世，與漢室相久遠。今吴王濞乃稱首

亂，連諸國反，豈漢顧有負於若等耶？然當先帝之封濞也，心固疑其有反相，嘗論之曰：『漢後五十年，東南有亂，豈若耶？然天下同姓一家，慎無反。』濞頓首謝：『不敢。』及濞就國，乃遂招致天下亡命公，卽山鑄錢，煑海爲鹽，變亂法度，復以太子故，內懷怨望，詐稱病不朝，失藩臣禮，於古法當誅。有司數請其罪，孝文皇帝寬容不忍，因賜之几杖，老不朝，欲其改行爲善德至厚也。今不圖改過自新，益肆驕恣，背德蔑義，壞先帝所建立，與楚王戊、趙王遂、膠西王卬、濟南王辟光、菑川王賢、膠東王雄渠約從謀反，爲逆無道，起兵以危宗廟，賊害大臣及漢使者，迫劫萬民，伐殺無罪，燒殘室家，掘發丘隴，爲虐暴甚。而卬等又重逆無道，毁宗廟，鹵御物，皆干國之紀，其罪不容誅幕府欽承皇帝制詔，盡護諸將以大軍東向，問罪七國。惟爾七國，皆劉氏懿親，先帝所建立，而同姓一家之諭，言猶在耳。縱不顧國家之法，獨不念先帝之故，畏其在天之靈乎？且七國反書以御史大夫鼂錯變更律令，侵削諸侯爲辭。皇帝量比天地，信如日月，不愛一人謝天下，亦既誅錯以昭至公，而七國兵不罷。以此觀之，意非徒欲誅錯明矣。叛逆之罪，上通於天。今靈旗東指，所謂應兵王者之師，有征無戰者也。計七國之地，不能當漢十二，顧乃糾合區區之衆，而欲與大漢爲敵，譬猶履薄冰而待白日，豈不殆哉？如能解散前惡，以先帝子孫骨肉爲念，請命降服者，皆除其罪復故。其間豪傑有能擒斬渠魁，倡衆來歸，及所在士大夫能慕義效忠，戮力成功者，封拜之科，厥有令甲。夫逆之與順，禍之與福，其趨不同，判若白黑。爲逆而甘於屠戮，孰與爲順而受福，功名富貴，保於永世者乎？禍福之原，惟人所召，毋狐疑猶豫，爲知幾者所姍笑。檄到其善詳所處，書不盡意。

明·夏良勝《中庸衍義》卷六《達道之義》 漢文帝元年，有司請早建太子，曰：『豫建太子，所以重宗廟社稷，不忘天下也。古者殷周有國，治安皆千餘歲，用此道也。今子啓最長，純厚慈仁，請建以爲太子。』乃許之。

呂祖謙曰：景帝年三十二卽位，然則文帝之元年，景帝方十歲爾。平勃所以亟請建太子者，懲惠帝繼嗣不明之禍也。文帝所以固讓者，蓋踐祚之初，懼不克勝。所言皆發於中心，非好名也。

臣良勝曰：太子，天下之本也，建之不可不豫也；大位，奸邪之窺也，建之不可不慎也。文帝卽位纔數月，有司建白與帝謙讓。眞德秀以爲可後世法也。臣嘗考帝對有司之言曰：『楚王，季父也，春秋高，閱天下之義理多矣。吳王於朕，兄也，惠仁以好德。淮南王，弟也，秉德以輔朕。豈爲不預哉！』斯言一聞，而三國覬覦之端於是兆矣，太子疑忌之心於是生矣。其後淮南於帝不終於愛，景帝既立，吳楚首叛，是七國之禍已萌於豫立太子時矣。豈必鼂錯激成之哉？文帝，賢主也；建儲，盛事也；謙讓，美德也。而命詞之誤，幾爲宗社之憂，可不慎哉，可不慎哉！

又 卷一三《誠明之義》 漢文帝戒太子曰：『卽有緩急，用亞夫。』眞可任將兵。景帝卽位，吳楚七國反，乃拜亞夫爲太尉，將三十六將軍，七國皆平。

臣良勝曰：仲尼稱孟莊子之孝曰：『其不改父之臣，是難能也。』文帝知亞夫於勞軍細柳時，故擇任而命之景帝。果建大功於文帝，無負所知。景帝明知父母所愛亦愛之，亞夫之尊寵無極矣。乃故設大胾，顧取匕箸，竟加以『不足君所』之罪，而曰『鞅鞅，非少主臣』，下之獄。而亞夫死，君子有云『捐殯而奔其父之使者，是亦奔父也。』亞夫誤爲文帝所知而見殺，文帝亦誤知亞夫而致之死，則謂景帝爲殺父可也。且張釋之以劾奏之恨死，鄧通以吮癰之怨死，皆文帝之所愛也。至於梁孝王武，文帝子也，驕而縱之，亦樂於死；臨江王榮，己之子也，以母失愛，遂使酷吏殺之。是於父子君臣夫婦兄弟之間，背理傷道，無一可言議者，止以刻薄任數歸之，亦過恕之耶！

明·張寧《方洲集》卷二八《讀史録·景帝三年》 吳王濞、膠西王卬、膠東王雄渠、菑川王賢、濟南王辟光、楚王戊、趙王遂反。

七國之亂，其兆本在孝文之世，而事則成於孝景之朝。考之當時，天道示警，灾異甚多。吳王不朝，反迹已具，特以文帝寬仁，克謹天戒，恩禮優洽，無釁可乘。是以衷惡隱匿，蓄至於景帝，迫脅於鼂錯之謀而後發，故曰『惟德動天』。又曰『人定亦能勝天』，文帝之謂也。自昔奸臣賊子，非固有無，亦惟上之所以制馭者，得其道與否耳。

殺御史大夫鼂錯，錯數勸帝削吳，上令列侯公卿宗室雜議。

鼂錯削吳之論，忠謀也，惜其進謀無慮，昌言之於朝；景帝聽謀無

斷，雜議之於衆，遂使叛濞先幾首事，漢幾不保，而錯亦死於無辜。古云『君不密則失臣，臣不密則失身，機事不密則害成。』信矣。論史者謂錯謀失在不以漸，惟密然後能用夫漸也。

明・王世貞《弇州四部稿》卷一一〇《周亞夫》　漢將能持重決勝，無如條侯。周亞夫其爲相，侃侃識大體，賢於申屠嘉遠矣，父勃亦不如也。然而亞夫之下獄，其禍不在於持后兄，蓋侯封而在不救梁始。夫梁，天子之介弟也，而太后愛子也，其左右習於口，必能爲百端以讒人而使之信，而自太后入讒必能深中帝之諱，而不使人覺。毋亦以條侯畏七國，重誘梁以嘗之而爲向背地進耶？不然，破吳楚，亞夫功最大，不益封卽諸將亦無封者，而梁王以拒吳江都，王以請封吳，俱賜天子旌旗，出入警蹕。竇大將軍監滎陽兵封欒，太常布從下，齊趙封彼，其論計勳籍，寧能一二埒亞夫也。太尉之遷丞相，亦以貴極無所踰，且中外之望歸之耳。非必帝心内善之也。又不然，爲丞相三歲而下獄，下獄不食數日而死，帝無毫髮留意者，豈一朝一夕之故也。夫以晁大夫、周丞相、臨江王皆帝之股肱肺腑骨肉，一旦而棄之若承蜩，帝眞少恩哉！藉令其勞細柳軍，亞夫且坐扞詔大不敬誅矣，安望其貽之後也！

清・愛新覺羅・玄燁《聖祖仁皇帝御製文第三集》卷二九《雜著・古文評論・封建子弟疏》　亞夫所以能平七國者，恃梁爲之扞蔽也。誼言已先執左券矣，顧不謂之天下才耶？

清・汪越《讀史記十表》卷五《讀諸侯年表以天子爲主》　秦罷侯置守，分天下爲三十六郡，蓋懲周末諸侯，遂廢封建；漢復懲秦孤立而封建同姓，錯處郡縣間。諸侯反者數起，何哉？無制故也。陳仁子曰：『國大則賦多，賦多則兵强，其爲亂也易；國小則賦微，賦微則兵寡，其爲亂也難。古制：公侯百里，伯七十里，子男五十里，不能五十里者，附于諸侯，曰附庸。如此則國小變遲猶未至。』吳楚之亂，近在目睫也。按以勢論，此言近之矣。然漢高猜忌功臣，誅鋤異姓，而七國之禍乃在宗親，故曰形勢雖强，要以仁義爲本。

又　卷七《讀惠景間侯者年表補》　孝景吳楚之變，以軍功侯者凡七人，死事侯者四人。當時七國雖横，皆同氣也。身爲天子，既不能篤親親之仁以服其心，又不善防禦之以弭其釁，遽發大難，使骨月傷殘，士民蹂躪，倖免覆亡。論功行賞之日，帝亦有悔心否乎？

清・陳廷敬《午亭文編》卷三三《周亞夫》　景帝廢栗太子，亞夫固爭，帝由此疏之。及竇太后欲侯皇后兄王信，景帝曰：『請得與丞相計之。』亞夫曰：『高帝約，非劉氏不得王，非有功不得侯，不如約，天下共擊之。今信雖皇后兄，無功侯之，非約也。』上默然而沮。按亞夫此言，與王陵之對，同過其父絳侯遠矣。其後王、徐、盧等五人降漢，上欲侯之，亞夫曰：『彼背其主降，侯之，何以責人臣不守節者？』帝曰：『丞相議不可用。』亞夫因謝病免相，久之卒下廷尉自殺。人臣守正如王陵、周亞夫，或廢或至自殺如平勃，順人主意，卒得以功名終其將何以教天下之爲人臣者乎？夫呂后不殺王陵，景帝乃殺亞夫。景帝曾呂后之不若矣。

又《鼂錯》　吳楚反，景帝以爰盎言斬鼂錯。盎故與錯有怨，然非帝有欲殺錯之心，卽盎數語，豈能斬錯也！錯，太子家令，太子家號智囊，在文帝時數言事，文帝寬容，所言多見施行。然錯言宜削諸侯，文帝不聽，及景帝時聽錯言，削諸侯，支郡公卿列侯宗室雜議，莫敢難，獨竇嬰爭之，不能得。夫吳王不朝，賜之几杖，尉陀自王璽書開喻。以孝文之寬仁，盡下推恩藩國，雖百鼂錯烏能召亂？景帝之爲人薄矣。微鼂錯烏得不反反，寧能獨任其過乎？及七國反，以誅錯爲名，爰盎因竇嬰見。帝屏左右，及錯具言吳楚反，獨以錯故，計惟斬錯，發使赦吳楚，則兵可毋血刃而俱罷。於是上默然良久，曰：『顧誠何如，吾不愛一人謝天下。』則帝之心可見矣。錯久侍太子，多陰謀，帝必有不自得於中者，得盎言益堅斬錯之心，然帝於錯略無舊恩，薄矣哉！

清・姜宸英《湛園集》卷四《周亞夫論》　劇孟，特一博徒之雄耳。吳楚七國反，周亞夫至雒陽，得孟喜曰：『吾以爲諸侯已得劇孟，孟今無動，吾據滎陽，滎陽以東無足憂。』已恃之隱若一敵國。此言詐也。戰國時齊田單與燕戰，自言天與我神師求之軍中，有一小卒妄言，我乃是單，卽東嚮事之，以令于軍中。敵人聞之，皆以爲燕得神師也。此兵家所謂詭道也。亞夫提孤軍入梁郊，七國連横之師，正鋭。當此之時，天下洶洶，向背未有所定，然其衆烏合易摇也。而劇孟方以任俠聞天下，故誇七國，以劇孟而疑天下，以七國之無能爲，所以亂其謀而解其勢。嗟夫！亞夫雖倔强人，其用兵顧多奇計，能制敵所不及料，故卒能困吳敗楚，飢其軍

而叛散之，走吳王而斬之東越。豈彼博徒者之足係其輕重哉？方七國之兵起也，在漢則有若鄧都尉料敵之神，在吳則有若鄒枚見幾之早，臨敵決勝則張韓弓、高灌夫、樂布、任安之輩，或在梁軍，或蒞漢將，莫不併智協力以成大功。而劇孟碌碌其間，漢賞亦不及。異時亞夫上功之餘，亦不聞有所薦揚也，其不足爲輕重明矣。故愚以爲亞夫之喜得劇孟也，是齊奉小卒之智也。

藝文

三國魏・曹植《曹子建集》卷七《漢景帝贊》　景帝明德，繼文之則。肅清王室，克滅七國。省役薄賦，百姓殷昌。風移俗易，齊美成康。

宋・胡宿《文恭集》卷四《淮南王》　貪鑄金錢盜寫符，何曾七國戒前車。長生不待爐中藥，鴻寶誰收篋裏書。碧井牀空天影在，小山人去桂叢疏。雲中雞犬無消息，秀麥漸漸徧故墟。

宋・陳淵《默堂集》卷七《絶句寄幾先》　敵犯東南夜壘驚，卻防西北有奇兵。將軍堅卧鼻雷吼，七國崢嶸次第平。善治病者如周亞夫，用兵守其所必攻，則猝至之敵不能爲害。

宋・劉克莊《後村集》卷一五《劇孟》　向令從七國，是自列陪臣。太尉空稱賞，非知劇孟人。

元・胡助《純白齋類稿》卷一九《贊類・周亞夫》　細柳屯營，將軍號令。介胄不拜，乘輿加敬。可屬大任，由是簡知。平吳楚亂，用兵出奇。

明・尹臺《洞麓堂集》卷八《長沙賈太傅祠》　太傅祠堂何處開，長沙舊宅半荒苔。隱思自託三閭弔，痛哭誰知七國哀。絳灌在亭能得士，古今當路少憐才。請看漢帝何如主，宣室仍虛前席回。

清・查慎行《敬業堂詩集》卷二〇《汴梁雜詩》　削除七國獨存梁，愛弟終因母后妨。禁網初寬到賓客，人才一變起詞章。平臺築後門常闢，東苑成來志稍荒。但取虛懷能下士，豪華原不累賢王。

推恩王侯子弟分部

綜述

《史記》卷一七《漢興以來諸侯年表》　漢定百年之間，親屬益疏，諸侯或驕奢，忕邪臣計謀爲淫亂，大者叛逆，小者不軌於法，以危其命，殞身亡國。天子觀於上古，然後加惠，使諸侯得推恩分子弟國邑，故齊分爲七，趙分爲六，梁分爲五，淮南分三，及天子支庶子爲王，王子支庶爲侯，百有餘焉。吳楚時，前後諸侯或以適削地，是以燕、代無北邊郡，吳、淮南、長沙無南邊郡，齊、趙、梁、楚支郡名山陂海咸納於漢。諸侯稍微，大國不過十餘城，小侯不過數十里，上足以奉貢職，下足以供養祭祀，以蕃輔京師。而漢郡八九十，形錯諸侯間，犬牙相臨，秉其阸塞地利，强本幹，弱枝葉之勢，尊卑明而萬事各得其所矣。

又　卷二一《建元以來王子侯者表》　制詔御史：『諸侯王或欲推私恩分子弟邑者，令各條上，朕且臨定其號名。』

太史公曰：盛哉，天子之德！一人有慶，天下賴之。

又　卷一一二《平津侯主父列傳》　偃説上曰：『古者諸侯不過百里，强弱之形易制。今諸侯或連城數十，地方千里，緩則驕奢易爲淫亂，急則阻其强而合從以逆京師。今以法割削之，則逆節萌起，前日鼂錯是也。今諸侯子弟或十數，而適嗣代立，餘雖骨肉，無尺寸地封，則仁孝之道不宣。原陛下令諸侯得推恩分子弟，以地侯之。彼人人喜得所原，上以德施，實分其國，不削而稍弱矣。』於是上從其計。

《漢書》卷六《武帝紀》　、（二年）春正月，詔曰：『梁王、城陽王親慈同生，願以邑分弟，其許之。諸侯王請與子弟邑者，朕將親覽，使有列位焉。』於是藩國始分，而子弟畢侯矣。

又　卷一四《諸侯王表》　然諸侯原本以大，末流濫以致溢，小者淫荒越法，大者睽孤横逆，以害身喪國。故文帝采賈生之議分齊、趙，景帝用鼂錯之計削吳、楚。武帝施主父之册（策），下推恩之令，使諸侯王

得分户邑以封子弟，不行黜陟，而藩國自析。自此以來，齊分爲七，趙分爲六，梁分爲五，淮南分爲三。皇子始立者，大國不過十餘城。長沙、燕、代雖有舊名，皆亡（無）南北邊矣。景遭七國之難，抑損諸侯，減黜其官。武有衡山、淮南之謀，作左官之律，設附益之法，諸侯惟得衣食稅租，不與政事。

又　卷四八《賈誼傳》　誼數上疏陳政事，多所欲匡建，其大略曰：【略】臣竊迹前事，大抵强者先反。淮陰王楚最强，則最先反；韓信倚胡，則又反；貫高因趙資，則又反；陳豨兵精，則又反；彭越用梁，則又反；黥布用淮南，則又反；盧綰最弱，最後反。長沙乃在二萬五千户耳，功少而最完，勢疏而最忠，非獨性異人也，亦形勢然也。曩令樊、酈、絳、灌據數十城而王，今雖以殘亡可也；令信、越之倫列爲徹侯而居，雖至今存可也。然則天下之大計可知已。欲諸王之皆忠附，則莫若令如長沙王；欲臣子之勿菹醢，則莫若令如樊、酈等；欲天下之治安，莫若衆建諸侯而少其力。力少則易使以義，國小則亡邪心。令海内之勢如身之使臂，臂之使指，莫不制從，諸侯之君不敢有異心，輻湊並進而歸命天子，雖在細民，且知其安，故天下咸知陛下之明。割地定制，令齊、趙、楚各爲若干國，使悼惠王、幽王、元王之子孫畢以次各受祖之分地，地盡而止，及燕、梁它國皆然。其分地衆而子孫少者，建以爲國，空而置之，須其子孫生者，舉使君之。諸侯之地其削頗入漢者，爲徙其侯國及封其子孫也，所以數償之；一寸之地，一人之衆，天子亡所利焉，誠以定治而已，故天下咸知陛下之廉。地制壹定，宗室子孫莫慮不王，下無倍畔之心，上無誅伐之志，故天下咸知陛下之仁。法立而不犯，令和而不逆，貫高、利幾之謀不生，柴奇、開章之計不萌，細民鄉善，大臣致順，故天下咸知陛下之義。臥赤子天下之上而安，植遺腹，朝委裘，而天下不亂，當時大治，後世誦聖。壹動而五業附，陛下誰憚而久不爲此？

天下之勢方病大瘇。一脛之大幾如要，一指之大幾如股，平居不可屈信，一二指搐，身慮亡聊。失今不治，必爲錮疾，後雖有扁鵲，不能爲已。病非徒瘇也，又苦蹠盭。元王之子，帝之從弟也；今之王者，從弟之子也。惠王，親兄子也；今之王者，兄子之子也。親者或亡分地以安天下，疏者或制大權以逼天子，臣故曰非徒病瘇也，又苦蹠盭。可痛哭者，此病是也。【略】

初，文帝以代王入即位，後分代爲兩國，立皇子武爲代王，參爲太原王，小子勝則梁王矣。後又徙代王武爲淮陽王，而太原王參爲代王，盡得故地。居數年，梁王勝死，亡子。誼復上疏曰：

陛下即不定制，如今之勢，不過一傳再傳，諸侯猶且人恣而不制，豪植而大强，漢法不得行矣。陛下所以爲蕃扞及皇太子之所恃者，唯淮陽、代二國耳。代北邊匈奴，與强敵爲鄰，能自完則足矣。而淮陽之比大諸侯，廑如黑子之著面，適足以餌大國耳，不足以有所禁禦。方今制在陛下，制國而令子適足以爲餌，豈可謂工哉！人主之行異布衣。布衣者，飾小行，競小廉，以自託於鄉黨，人主唯天下安社稷固不耳。高皇帝瓜分天下以王功臣，反者如蝟毛而起，以爲不可，故蔪去不義諸侯而虚其國。擇良日，立諸子雒陽上東門之外，畢以爲王，而天下安。故大人者，不牽小行，以成大功。

今淮南地遠者或數千里，越兩諸侯，而縣屬於漢。其吏民徭役往來長安者，自悉而補，中道衣敝，錢用諸費稱此，其苦屬漢而欲得王至甚，逋逃而歸諸侯者已不少矣。其勢不可久。臣之愚計，願舉淮南地以益淮陽，而爲梁王立後，割淮陽北邊二三列城與東郡以益梁；不可者，可徙代王而都睢陽。梁起於新郪以北著之河，淮陽包陳以南揵之江，則大諸侯之有異心者，破膽而不敢謀。梁足以扞齊、趙，淮陽足以禁吴、楚，陛下高枕，終亡山東之憂矣，此二世之利也。當今恬然，適遇諸侯之皆少，數歲之後，陛下且見之矣。夫秦日夜苦心勞力以除六國之禍，今陛下力制天下，頤指如意，高拱以成六國之禍，難以言智。苟身亡事，畜亂宿禍，孰視而不定，萬年之後，傳之老母弱子，將使不寧，不可謂仁。臣聞聖主言問其臣而不自造事，故使人臣得畢其愚忠。唯陛下財幸！

文帝於是從誼計，乃徙淮陽王武爲梁王，北界泰山，西至高陽，得大縣四十餘城；徙城陽王喜爲淮南王，撫其民。

時又封淮南厲王四子皆爲列侯。誼知上必將復王之也，上疏諫曰：『竊恐陛下接王淮南諸子，曾不與如臣者孰計之也。淮南王之悖逆亡道，天下孰不知其罪？陛下幸而赦遷之，自疾而死，天下孰以王死之不當？今奉尊罪人之子，適足以負謗於天下耳。此人少壯，豈能忘其父哉？』白

公勝所爲父報仇者，大父與伯父、叔父也。白公爲亂，非欲取國代主也，發憤快志，剡手以衝仇人之匈，固爲俱靡而已。淮南雖小，黥布嘗用之矣，漢存特幸耳。夫擅仇人足以危漢之資，於策不便。雖割而爲四，四子一心也。予之衆，積之財，此非有子胥、白公報於廣都之中，卽疑有剸諸、荆軻起於兩柱之間，所謂假賊兵爲虎翼者也。願陛下少留計！』梁王勝墜馬死，誼自傷爲傅無狀，常哭泣，後歲餘，亦死。賈生之死，年三十三矣。

後四歲，齊文王薨，亡子。文帝思賈生之言，乃分齊爲六國，盡立悼惠王子六人爲王；又遷淮南王喜於城陽，而分淮南爲三國，盡立厲王三子以王之。後十年，文帝崩，景帝立，三年而吳、楚、趙與四齊王合從擧兵，西鄉京師，梁王扞之，卒破七國。至武帝時，淮南厲王子爲王者兩國亦反誅。

又　卷六四上《主父偃傳》　偃說上曰：『古者諸侯地不過百里，强弱之形易制。今諸侯或連城數十，地方千里，緩則驕奢易爲淫亂，急則阻其强而合從以逆京師。今以法割削，則逆節萌起，前日朝錯是也。今諸侯子弟或十數，而適嗣代立，餘雖骨肉，無尺地之封，則仁孝之道不宣。願陛下令諸侯得推恩分子弟，以地侯之。彼人人喜得所願，上以德施，實分其國，必稍自銷弱矣。』於是上從其計。

漢·荀悦《漢紀》卷一二《孝武三》　（元朔）二年冬，賜淮南王淄川王几杖無朝。春正月，令諸侯王得以邑土分子弟，於是藩國子弟畢侯矣。是時主父偃說上曰：『古者諸侯不過百里，今諸侯或連城數十，地方千里，緩則驕淫，急則怨叛，以法割削，則邪逆萌生。近晁錯是也。今諸侯子弟或十數，適嗣代立，餘無尺土。願陛下令諸侯得推恩分子弟，彼人人喜得所願，實不分其國，而久久稍弱。』

論說

漢·劉向《新序》卷一〇《善謀第十》　孝武皇帝時，中大夫主父偃爲策曰：『古者諸侯地不過百里，强弱之形易制也。今諸侯或連城數十，地方千里，緩則驕，易爲淫亂；急則阻其强而合從，謀以逆京師，今以法割之，卽逆節萌起，前日晁錯是也。今諸侯子弟或十數，而適嗣代立，餘雖骨肉，無尺地之封，則仁孝之道不宣，願陛下令諸侯得推恩，分子弟以地侯之，彼人人喜得所願，上以德施，實封其國，而稍自消弱矣。』於是上從其計，因關馬及弩不得出，絕游說之路，重附益諸侯之法，急詿誤其君之罪，諸侯王遂以弱，而合從之事絕矣，主父偃之謀也。

唐·趙蕤《長短經》卷五《七雄畧第十八》　景帝用晁錯之計削吳楚，武帝施主父之筞推恩之令；景遭七國之難，抑諸侯，減黜其官，武有淮南衡山之謀，作左官之律，設附益之法。諸侯唯得衣食租稅不與政事。至於哀平之際，皆繼體苗裔，親屬疏遠，生於帷牆之中不爲士民所尊。

宋·劉荀《明本釋》卷中《澂源者救弊之本》　主父偃復祖其論說武帝云：古者諸侯地不過百里，今諸侯連城數十，地方千里，緩則驕奢，易爲淫亂；急則阻其强而合從，以逆京師。以法制割削，則逆節萌起，前日晁錯是也。今諸侯子弟或十數，而適嗣代立，餘雖骨肉，無尺地之封，願令得推恩，分子弟以地侯之。彼人人喜得所願，實分其國，必自銷弱。帝從其計，不行黜陟，而藩國自析矣。今富家大室，一析戶而家道鮮復其始者，良猶是也。

宋·蔡襄《端明集》卷九《大隆本支》　臣聞三代以前，分建親族以爲諸侯，及天子威令不行，諸侯强盛，戰攻攘奪，兼幷微弱。秦始皇卒乘此勢，以取天下，懲前之弊，罷侯置守，子弟無尺土之封，及一夫大呼，破碎潰壞。漢興鑑秦之孤，分立宗族，裂地廣大，卒有七國之變，其後用主父偃推恩之策，藩戚微弱。

宋·張方平《樂全集》卷一〇《芻蕘論·皇族試用》　漢之封爵，皇子則王，王子則侯，王侯世及，無嫡則絕。後武帝復使諸王得推恩，封子弟爲列侯，而王國之嗣無不侯矣。其宗室同姓，肺腑之親，入居卿相出爲牧守，中外遞處，惟才是用，故諸劉繁衍，彌漫乎天下。

宋·王安石《臨川文集》卷三九《上仁宗皇帝言事書》　臣始讀《孟子》，見孟子言王政之易行，心則以爲誠然。及見與慎子論齊魯之地，以爲先王之制國，大抵不過百里者，以爲今有王者起，則凡諸侯之地，或千里，或五百里，皆將損之至於數十百里而後止。於是疑孟子雖賢，其仁智足以一天下，亦安能毋劫之以兵革，而使數百千里之强國，一旦肯損其地之十八九，比於先王之諸侯？至其後觀漢武帝用主父偃之策，令諸侯王地悉得

推恩封其子弟，而漢親臨定其號名，輒別屬漢。於是諸侯王之子弟，各有分土，而勢强地大者，卒以分析弱小，然後知慮之以謀、計之以數、爲之以漸，則大者固可使小，强者固可使弱，而不至乎傾駭變亂敗傷之釁。

宋・王之望《漢濱集》卷一四《晁錯論》 天下之事曷嘗不可爲，其所以每至於禍敗而不救者，非事固然，爲之不知其數耳。爲之不知其數，以至於禍敗，而因以爲事固不可爲，則亦不察矣。昔晁錯患諸侯强大，建議削地以尊京師，於是七國俱反，指錯以爲名，漢遂誅錯以謝議者，皆冤錯之策以爲吳楚之事。錯固已前知之，削之則反疾而禍小，不削則反遲而禍大。嗚呼！七國之反，漢之不亡，幸耳。禍尚有更大者邪？於此有削而不敢反，反亦不能爲禍者，錯顧不知，則其死亦宜矣。蓋天下之勢强弱異形，則攻取有先後。先攻小以圖大者，弱國之形也；先攻大以令小者，强國之形也。先小後大，則敵脆而力有所幷；先大後小，則威加而交不得合。高帝與楚相距滎陽成皋間，知項氏方强而不可獨取，乃收趙魏從燕齊兼諸國而攻之。故楚雖强而卒破，其後韓彭英布王地數千里，高帝知其禍之且起，而念諸侯之不可一朝去也。而韓信最强則先取之，彭越又强則又取之，最後英布以疑懼反，則亦孤立而無應矣。向使高帝不審先後，幷誅三雄，而韓信率黥彭以起，則天下非漢有也。夫惟强者，破於衆人未疑之間，而交無所合；弱者疑於衆强已破之後，而事無所及。此所以三雄之地雖半，天下而終不能以病漢也。景帝之世，山東之國凡十有八，而吳阻江負海，其地最大，怨望不朝，其罪最深，鑄山煮海，招納叛亡，其謀最久。景帝初立，宜姑加惠藩臣濶略細，故使睦我而無反側心。然後首議削吳，彼削之出於不意，則事有所不及謀，既而勢益弱，則謀有所不敢發。就使果發，亦無以動摇諸侯，一區區之吳，何能爲哉？吳既削而天下定矣。此所謂削而不敢反，反亦不能爲禍者也。錯固不然，方且紛然更定律令，以侵刻諸侯爲己功，先削趙，又削楚，又削膠西，然後乃議削吳。諸侯人人自危，皆有怨怒不服之心，故劉濞一呼，天下皆應，吳未及削而禍結矣。然則錯之謀實驅之，尚何冤哉？昔齊桓公欲尊王室，管仲先使之存亡繼絶而厚諸侯之禮，然後南征强楚，責包茅之不入，楚服而霸功遂成，齊列國也爲之有數，而其效猶見如此，況西漢全盛之時乎？孟子謂『魯方五百里，王者，作則必損之。』又謂『今之諸侯取民猶盜，王者不盡誅也。』由是言之，使孟子得志於戰國之時，其强大者猶可稍削，然亦不至於盡誅諸侯，而錯直爲此紛紛亦慮之不熟哉？夫謀事一未成而爲天下所指，至以其族藉仇讎之手，爲萬世笑，可不哀哉！或曰：『賈誼於文帝陳衆建諸侯之策，主父偃因之，漢遂封及支庶，諸侯不削而自弱。錯獨不爲此乎？』曰：『文帝之世，諸侯之子弟鮮矣，誼乃欲建以爲國空而置之，然則必悟其將弱已矣，與割地何異哉？彼推恩之令，必武帝之世而後可行也，非所以責晁錯也。』

宋・陳藻《樂軒集》卷七《封建》 秦以周人分裂之變而始郡縣，漢人以秦孤立之變而又封建。世有是言也，然秦置郡縣眞懲周也，漢復封建豈懲秦耶？柳子厚著論謂古初封建，非聖人意勢也。至湯資以黜夏，武資以勝商，又不得而廢，則商周之封建，乃亦湯武之不得已也。噫，湯武封建且爲不得已，漢之封建其果得已耶？吾固知其非懲秦之弊也審矣。且濰水一捷，而南面稱孤之念已勃然于向時淮陰跨下者之心，況黥彭環視，何止一信？漢祖能勿封建得乎？顧假王之請，方發諸吻，而漢祖之髪已衝其冠。當是時也，可以無封建，高祖豈樂爲封建耶？嗚呼！封建眞非漢人意，不得已也。故功臣之王者，地既過大，而侯邑且多，爲漢人者長慮，卻顧能不大啓同姓之土宇乎？儒生之論，且謂藩國之大，跨州兼郡，連城數十，以爲矯枉過正。殊不知漢人一時姑爲自安之計爾，何暇其爲矯枉計耶？縱使高祖知學，又能挈周制以限節此時耶？俗儒不達時宜，好是古非今，宜乎漢代人主厭薄之也。雖然，事勢之在天下，其初不能以萬全者，智者深謀，潛移陰運，變而通之，其終無不爲萬全之計，患在智有所不及耳。衆建諸侯少其力，賈誼非智者之謀乎？趙祈可問，齊分爲六，文帝行誼之策，止于齊趙二國爾。使文帝用誼之策，如武帝用主父偃之謀，七國之難，吾知不作于景帝之世矣。惜乎禍患已見而後智者之策行，偃襲誼故智爾。如使七國未變，則武帝用偃之言，未見能明于文帝也。然淮南謀叛矣，濟北兵反矣，文帝亦可以早辨，而吳王几杖方且示其寬仁之度，帝于此機，昧亦甚矣。嗚呼！物理推移，極無不反，至建元二年，雖中山王勝泣言懇到，終無以救諸侯之勢衰，豈惟人謀，亦天道也。然至于王氏之變，漢莫支梧，而史臣推原其故，又以爲諸侯削弱之致若是，則賈誼、主父偃之謀非耶？天下之勢，若何而可以始終無患也？

向使推恩王子弟之説，早行于七國未變之初，人主無懲羹吹虀過防之意，則其封地可使漸如周制，而皆不奪其兵權，王氏果能騁其姦謀耶？懲之太過，奪之太甚，雖無尾大之慮，而枝葉翦落，何以保其無意外之患也？是説也何如，幸反覆細詳之。

元·胡震《周易衍義》卷七《大畜·六五》　漢武推恩以分趙晉之勢，則無能叛大漢矣。此豕蹢躅而無能爲者，以其無勢也。小人之忿慾而無能爲者，亦以其無勢也。

元·方回《續古今考》卷二五《論史記諸侯年表漢書諸侯王表之異》　紫陽方氏曰：子長此一節意謂，周之封建魯、衛地，多以親親，褒有德。太公地多，以尊勤勞，皆非常也。他所封數百同姓五十五地，上不過百里，下三十里，乃當然也。厲幽之後，侯伯强國興焉，天子微，弗能正周之德，亦未衰。而平王東遷，形勢弱矣。故侯伯强國興而周衰微。嘆周之東不能强榦而弱枝也，乃後歷敍漢事諸侯地大者，或五六郡，連城數十，置百官宫觀，僭於天子，漢獨有三河至内史十五郡，公主列侯頗邑其中，嘆夫法之未善也。故曰：天下初定，骨肉同姓少，廣疆庶孽，高祖之權宜也。于是再論漢興百年之間，諸侯踈屬驕奢淫亂，叛逆不軌，殞身亡國。然後天子觀于上古，推恩分子弟國邑，諸侯稍微，大國不過十餘城，小侯不過數十里，而漢郡八九十，犬牙相錯，强本幹，弱枝葉。故曰：尊卑明而萬事各得其所矣。序漢初至武帝大初年間，諸侯爲一表，謂初封之地太廣，非悠久之計，叛逆亡隕，分王子弟之後，漢始有八九十郡而諸侯微，此東萊所謂論封建之大意，非孟堅所及者也。孟堅表意全反此。

紫陽方氏曰：孟堅之言，雖敍事本末如子長意，卻不然。子長之意，欲衆建諸侯而少其力。天子之地大，諸侯之地小，則上足以制下。孟堅顧謂漢祖封諸侯雖矯枉過正，折諸吕之難，成太宗之業，亦賴諸侯。殊不知諸吕之誅，非全是諸侯之力。鼂錯爲景帝忠謀而踈斬之，以謝七國，而吳濞無上之心不輟，非周亞夫絶其糧道，濞不敗也。所謂文帝采賈生之議分齊、趙，景帝削吳、楚，武帝施主父之策下推恩之令。齊、趙、梁、淮南之分，皆文子長語而失子長之意，至謂武有淮南衡山之謀，作左官之律，設附益之法，諸侯惟得食衣租税，至于哀平與冨室亡異，而王莽生其奸心，遂據南面之尊。漢諸侯王厥角稽顙，奉上璽韍，豈不哀哉！回竊惟王莽假母后之勢以篡國，乃元、成、哀帝積弱而無剛德，孔光、張禹之徒有以成之。孟堅乃謂分王子弟，左官、附益之制，有以弱諸侯于外，而生大奸于内。愚意決不敢謂之然也。此前輩先儒所以不與班史，謂其不如遷史也。

又《齊趙梁淮南之分》　漢表武帝施主父之策，下推恩之令，使諸侯王得分户邑以封子弟，不行黜陟，而藩國自析。齊分爲七，師古曰：謂齊城、城陽、濟北、濟南、淄川、膠西、膠東也；趙分爲六，謂趙、平原、眞定、中山、廣川、河間也；梁分爲五，謂梁、濟川、濟東、山陰、濟陰也；淮南分三，謂淮南、衡山、廬江。紫陽方氏曰：齊悼惠王肥最盛，九子爲王，哀王襄，嗣至子絶；孝王將閭，治封立孫絶；城陽景王，帝以朱虚侯立，傳十世絶；濟北王興，居以東牟侯，立二年謀反，誅；淄川懿王志，以安都侯祈爲濟北王，後改封淄川，傳九世絶；淮南王辟光，淄川王賢，膠西王卬，膠東王雄渠，皆與七國同反，誅；城陽景王章有功，竈遠九王，而武王以謀反，誅。

明·夏良勝《中庸衍義》卷一二《九經之義》　文帝令列侯之國詔曰：朕聞古者，諸侯建國千餘，各守其地，以時入貢，民不勞苦，上下歡欣，靡有違德。今列侯多居長安邑，遠吏卒，給輸費苦，而列侯亦無由教訓其民，其令列侯之國爲吏。及詔所止者遣太子。

臣良勝曰：漢初封異姓功臣，皆未就國。同姓諸王則分裂天下大半，田肯謂秦得百二，齊得十二，非親子弟莫可王齊，而吳王鑄山煮海，資以强戾。主父偃建議於武帝朝曰：諸侯子弟十數而適嗣代立，餘無尺地之封。故詔令推恩，分子弟邑，則藩國益分，而子弟悉侯，是爲同姓分國之始。文帝此詔，是爲異姓就國之始。

清·汪越《讀史記十表》卷五《漢興以來諸侯年表第五》　太史公序形勢二字，其主意也，侯國强則王室弱，侯國弱則王室强，故于諸國先言其强域之大，又言漢所有僅。自三河至于内史，此形勢在侯國也。後言推恩分子弟國邑，歷舉諸國分裂之數，與天子支庶，王子支庶，尊卑之等，其支郡山海咸納于漢，與漢郡錯諸侯間，此形勢在王室也。一篇之中反覆照應，而結之以仁義爲本，與周之親親尊勞同道，封建所以公天下，其義自見。【略】

衆建諸侯而少其力，此賈誼之策以之干文帝者，至景帝用。鼂錯謀削

七國，山東諸侯皆反。武帝用主父偃之説，使推恩子弟，分其國邑，乃不削奪而自析矣。然班固有言，抑損諸侯，減黜其官，惟得衣食租税，不與政事。至哀平之際，皆繼體苗裔，親屬疏遠，不爲士民所尊。王莽知漢中外殫微，本末俱弱，無所忌憚，生其姦心，顓作威福，詐謀既成，遂據南面之尊，分遣五威之使，馳傳天下，班行符命，漢諸侯王厥角，稽首奉上尊載，惟恐在後，或乃稱美頌德，以求容媚，豈不哀哉！夫秦滅古法，内無骨肉根本之輔，外無尺土藩翼之衞。漢矯枉過正，藩國大者夸州兼郡，宫室百官同制京師，始嘗患宗室之過强，至于其後義患在宗室之過弱。讀此表者，必通《王子侯年表》考之，而漢一代封建之制利害乃盡矣。

又《讀漢興以來諸侯年表補》 序言天子觀于上古，推恩子弟《索隱》曰：武帝用主父偃言下推恩之令。按文帝六年，用賈誼策已有衆建之事，所云齊分爲七，趙爲六，梁爲五，淮南分三，皆在文景時。此天子亦統言，不必專指武帝也。

又 卷九《讀建元以來王子侯者年表》 讀《王子侯者表》，亦以天子爲主，時主父偃説上曰：『古者諸侯不過百里，强弱之形易制。今或連城數十，地方千里，緩則驕奢，易爲淫亂，急則阻其疆，而合從以逆京師。若以法制削之，則逆節萌起。今諸侯子弟，或十數而適嗣代立，餘無尺寸地封。願陛下令諸侯得推恩分子弟以地侯之，彼人人喜得所願，上以德施實分其國，不削而自弱矣。』上從之。故太史公曰：『盛哉，天子之德，一人有慶，天下賴之。』陳仁子云：『遷之言，似頌似諷。』

又《讀建元以來王子侯者年表補》 文帝采賈誼之言，武帝用主父之策，其事一也，而實不同。文帝之心，在分地以保全之不失親親之本，故淮南厲王廢死，隨立其嗣；武帝之心在分地以削弱之，假以推恩之名，故封不數年，以酎金小過除國者凡五十六人。汲黯所謂内多欲而外施仁義者，即此可見也，惡得與文帝比哉！

論者輒謂封建不行，則三代之治不復，非也。自古有治人無治法，謂封建爲聖王公天下之心，則可；謂天下之治安繫于此，則不然。漢事不足論，觀周之天下可見矣。列國分爭，干戈不息，無論天子，僅守府生民之塗炭，其何以堪。如謂秦以孤立速亡，夫以秦之暴，即封建得無亡乎？柳子厚謂秦之失在政不在制，非過論也。天下之治亂安危，繫于君德，封建何與焉。

又 卷一〇《讀將相名臣年表以大事爲主》 大事首誅伐，以漢用兵取天下，入秦破楚，臣同列諸侯功臣異姓王者，俱征滅之。至景帝時，定吳楚七國。匈奴世爲漢患，武帝屢出師是也。次封建，則同姓諸侯王及推恩封王子侯是也。首表劉仲爲代王，表楚元王齊悼惠王來朝，表諸侯皆至長安，明親親之恩上下無猜也。諸侯王薨則表，如齊悼惠王、淮陽王、梁孝王，言其宜後也。叛則表，魏豹反，韓信反，陳豨反，代地彭越、黥布反，高帝諸功臣也。同姓諸侯王反者，濟北王興，居吳楚七國淮南衡山也。表匈奴，凡十，平城一也，攻代王二也，入上郡三也，入蕭關四也，入上郡、雲中五也，敗代守六也，入襄代、上郡七也，敗代都尉八也，入雁門、代郡九也，入右北平、定襄十也。《索隱》之説當矣。然不止此也，如高祖二年立太子，五年入都關中，皆冠于上。如破項籍，春踐皇帝位，如尊太公爲太上皇，其後如城長安，赦無所復作，赦齊除諸侯丞相爲相，置孝弟力田，行八銖錢，除收孥相罪律，除謗誹律，除肉刑，郊見上帝，見渭陽五帝，地動河決，改曆，以夏正月爲歲首，皆《索隱》所未該。至于表太公自楚歸，表未央宫奉太上皇壽，表爲高祖立廟沛，爲立孝文皇帝廟，郡國爲太宗廟，表置諸陵，此何等事，而可忽諸？若夫高后立，少帝廢，少帝更立弘，王吕産、吕禄，其後大臣誅諸吕，迎代王即帝位，漢不絶如帶，僅而復興，表於此者，正以明後之誅亂定策不爲無功，則前之阿吕后亂漢，約惡得無罪也。不然《帝紀》《外戚世家》已詳矣，平勃諸人列傳，又言之矣，而復挈於表，何哉？

清·何焯《義門讀書記》卷一八《漢書》 《主父偃傳》乃西入關見衞將軍，衞將軍數言上，衞將軍不推薦士，乃獨言主父偃於上，何也？

今諸侯或連城數十至以地侯之，此策用之一時，可以稍殺尾大之勢，久則諸侯分割太弱，不收封建之效矣。宜隨時補救，過此惟有功德於民者，始得推恩子弟地，不足者稍益，以世絶而地入王朝之故封乃善耳，彼人人喜得所願。人人喜得所願，管子所謂令出當如流水也。晁賈謀國，巧拙之判如此。

政治危機部

太子廢立風波分部

呂后幽殺少帝

綜述

《史記》卷九《呂太后本紀》 宣平侯女爲孝惠皇后時，無子，詳爲有身，取美人子名之，殺其母，立所名子爲太子。孝惠崩，太子立爲帝。帝壯，或聞其母死，非眞皇后子，乃出言曰：『后安能殺吾母而名我？我未壯，壯卽爲變。』太后聞而患之，恐其爲亂，乃幽之永巷中，言帝病甚，左右莫得見。太后曰：『凡有天下治爲萬民命者，蓋之如天，容之如地，上有歡心以安百姓，百姓欣然以事其上，歡欣交通而天下治。今皇帝病久不已，乃失惑惛亂，不能繼嗣奉宗廟祭祀，不可屬天下，其代之。』羣臣皆頓首言：『皇太后爲天下齊民計所以安宗廟社稷甚深，羣臣頓首奉詔。』帝廢位，太后幽殺之。五月丙辰，立常山王義爲帝，更名曰弘。不稱元年者，以太后制天下事也。

《漢書》卷三《高后紀》 四年夏，少帝自知非皇后子，出怨言，皇太后幽之永巷。詔曰：『凡有天下治萬民者，蓋之如天，容之如地。上有歡心以使百姓，百姓欣然以事其上，歡欣交通而天下治。今皇帝疾久不已，乃失惑昏亂，不能繼嗣奉宗廟，守祭祀，不可屬天下。其議代之。』羣臣皆曰：『皇太后爲天下計，所以安宗廟、社稷甚深。頓首奉詔。』五月丙辰，立恆山王弘爲皇帝。

論說

明・張寧《方洲集》卷二八《讀史録・漢・高皇后》 （八年）諸大臣迎立代王恆，後九月至卽位，誅呂氏所名孝惠子弘等。

按惠帝崩時年二十有三，因『人彘』事，日縱淫樂，非不能近婦人者。《史記》云：『宣平侯女爲孝惠皇后時，無子，佯爲有身，取美人子名之，殺其母，立所名子爲太子。孝惠崩，太子立。既壯，聞其母死，非眞皇后子，乃出言：「后安能殺吾母？我壯，卽爲變。」』然則少帝實爲孝惠所御美人之子無疑，張后特不當殺其所生母而詐爲已所出，其事蓋後世所常有，決非他人子也。若取他人子入宮，何以稱爲美人？少帝既解事，又安敢昌言以讐后？其後太后欲王諸呂，先立孝惠後宮子某爲某王，亦言後宮未嘗言取異姓也。及少帝幽廢，又云五月丙辰立常山王義爲帝，更名弘，亦未嘗言立所名他人子也。太后崩後，齊王發兵誅諸呂，遺諸侯書曰：『諸呂擅廢帝更立，又比殺三趙王。今高后崩，而帝春秋富，未能治天下。寡人率兵入誅不當爲王者。』蓋指呂台等耳。亦未嘗正言帝非劉姓，不當主天下也。及平諸呂，罷兵乃書，諸大臣相與陰謀曰：『少帝及諸王皆非眞孝惠子，呂后以計詐名他人子，今已滅諸呂，而置所立，卽長用事，吾屬無類。不如視諸王最賢者立之。』及考《西漢書》，亦云：『大臣相與陰謀，以爲少帝及三弟皆非孝惠子，復共誅之。』而《五行傳》遂附會爲呂氏子，且高后欲王諸呂，不過違高帝之約。王陵、樊噲猶力爭以爲不可，諸將相戚屬皆有後言，史不絕書。若立他姓，是無宗社矣。況后廢置時，固嘗有詔，諸大臣顧反無一言以爭，又無私議，少見於史。至於齊王舉兵西嚮，直指京師，蓋已無所顧忌，正當首揭此舉，昭告神人，與天下共正大義，曾無一語及之，何也？使諸大臣初知而不敢言，則后崩兵起之時可得言矣。使其不知，則今日之謀，曷從而得之耶？自是承訛襲舛，而燕王旦亦藉此説以擬孝昭，使其事遂成，則眞僞亦無辯矣。觀遷、固之書，所謂相與陰謀，所謂卽長用事，吾屬無類，所謂不如所謂，復共微詞奧意，若將不能已而尚可已焉者，不過各爲身計而已。遷、固爲本朝人臣，禮宜諱而不顯，後世論史者因見《綱目》書他人子與太子卽

位之下，又書少帝及諸王皆非眞子，於誅呂后所名孝惠子弘之下，遂併廢帝俱斥爲異姓，是蓋眩於他人二字。而不詳考美人之故混於非眞之謀，而不歷究後宮之繇一於分注備事之文，而不原夫提綱顯微之要旨。愚以其事變甚大，竊獨有感，姑考論之。

清・汪越《讀史記十表》卷一〇《讀將相名臣年表以大事爲主》

若夫高后立少帝，廢少帝，更立弘，王呂産、呂禄，其後大臣誅諸呂，迎代王，即帝位。漢不絶如帶，僅而復興。表於此者，正以明後之誅亂定策，不爲無功，則前之阿呂后亂漢，約惡得無罪也。不然，《帝紀》《外戚世家》已詳矣，平、勃諸人列傳又言之矣，而復挈於表，何哉？

人彘之酷

綜　述

《史記》卷九《呂后本紀》　呂后最怨戚夫人及其子趙王，乃令永巷囚戚夫人，而召趙王。使者三反，趙相建平侯周昌謂使者曰：『高帝屬臣趙王，趙王年少。竊聞太后怨戚夫人，欲召趙王並誅之，臣不敢遣王。王且亦病，不能奉詔。』呂后大怒，乃使人召趙相。趙相徵至長安，乃使人復召趙王。王來，未到。孝惠帝慈仁，知太后怒，自迎趙王霸上，與入宮，自挾與趙王起居飲食。太后欲殺之，不得間。孝惠元年十二月，帝晨出射。趙王少，不能蚤起。太后聞其獨居，使人持酖飲之。犂明，孝惠還，趙王已死。於是乃徙淮陽王友爲趙王。夏，詔賜酈侯父追謚爲令武侯。太后遂斷戚夫人手足，去眼，煇耳，飲瘖藥，使居廁中，命曰『人彘』。居數日，乃召孝惠帝觀人彘。孝惠見，問，乃知其戚夫人，乃大哭，因病，歲餘不能起。使人請太后曰：『此非人所爲。臣爲太后子，終不能治天下。』孝惠以此日飲爲淫樂，不聽政，故有病也。

《漢書》卷二七中之上《五行志第七中之上》　高后八年三月，祓霸上，還過枳道，見物如倉狗。戟高后掖，忽而不見。卜之，趙王如意爲祟。遂病掖傷而崩。先是高后鴆殺如意，支斷其母戚夫人手足，搉其眼以爲人彘。

又　卷九七《外戚傳》　高祖崩，惠帝立，呂后爲皇太后，乃令永巷囚戚夫人，髡鉗衣赭衣，令舂。戚夫人舂且歌曰：『子爲王，母爲虜，終日舂薄暮，常與死爲伍！相離三千里，當誰使告女？』太后聞之大怒，曰：『乃欲倚女子邪？』乃召趙王誅之。使者三反，趙相周昌不遣。太后召趙相，相徵至長安。使人復召趙王，王來。惠帝慈仁，知太后怒，自迎趙王霸上。入宮，挾與起居飲食。數月，帝晨出射，趙王不能早起，太后伺其獨居，使人持鴆飲之。遲帝還，趙王死。太后遂斷戚夫人手足，去眼熏耳，飲瘖藥，使居鞠域中，名曰『人彘』。居數月，乃召惠帝視『人彘』。帝視而問知其戚夫人，乃大哭，因病，歲餘不能起。使人請太后曰：『此非人所爲。臣爲太后子，終不能復治天下！』以此日飲爲淫樂，不聽政，七年而崩。

論　說

唐・趙蕤《長短經》卷二《君德第九》　昔漢之初興，高祖因暴秦而起，遂誅强楚光，有天下，功齊湯武，業流後嗣。帝王之元勳，人君之盛事也。然而名不純德，行不純道，身没之後，崩亡之際，果令凶婦肆酷虐之心，嬖妾被人彘之刑。趙王幽囚，禍殃骨肉，諸呂專權，社稷幾移。凡此上事，豈非高祖寡計淺慮，以致斯哉？

宋・王與之《周禮訂義》卷一三《九嬪》　陳君舉曰：婦人女子，常與至尊，幽居九重，人弗得見，驕蹇自恣，無所不至。故使之分職於六宮，附屬於冢宰。而《天官・内宰・春官》世婦又得以參檢其事，與夫婦妾賤人自相使令而無畏忌者不同矣。漢高欲立戚夫人子，留侯曰：骨肉之間，雖臣等百人何益？袁盎卻慎夫人坐，文帝怒，説以人彘，乃從使大臣得與内事，其如是乎？後世一女專恣，而公卿附離之不暇，尚何冢宰之能率？

宋・錢時《兩漢筆記》卷二《高祖》　大寶曰：位非一家之私物，主器者長，乃萬世之公論，寵溺嬖妾而輕摇儲，貳高帝，於是大繆矣。且以呂后之悍，黠屠韓彭如磔鼠，孱然童稚，豈區區之名所能尊之？如意縱立，必不能保其無禍於身後。觀人彘可見，雖幸羽翼既成，太子無恙，而呂后自此視諸庶孽若仇敵矣。豈獨慘烈之禍發於如意、戚姬而已乎？

使帝不溺於邪，處之有道，相視一體，無以生呂后嫉妬之心，其於庶孽將由己出。惠帝雖死，高帝未爲無後也，安忍提劉氏，戮力百戰，僅奪之天下而委之非類。后只一子耳，享國日淺，又無嫡孫，徘徊無聊，臨朝擅命，一旦忿發王，諸呂黜劉氏而莫之恤，高帝寵召之也。嗚呼！泗上亭長間關百戰而成帝業，終其身師旅不解，幾死矢石之下，而乃湛於愛慾骨肉相仇，不一再傳，國命幾絶，可爲萬世戒矣。

又《惠帝》 堯舜之道，孝弟而已矣。惠帝友愛出於天性，全護趙王，無所不盡其至，眞有不待勉强而後從事者。如許美質得大賢爲之師傅，發明此心，日著日察堯舜之道，豈外是哉？一見人彘，爲之大哭，謂此非人所爲，斯亦良心之動，惻怛不能自禁意，則善矣。惜也，未嘗學問，不明於義理，縱母后殘酷，往事無及，自今以往，孜孜孝道，轉移感動，豈無其方？胡可爲是，鬱鬱自陷於非義乎？儼然居憂，敗度敗禮而莫之檢，此不得師傅之明驗也。讀《太甲》三書，安得不爲之慨歎！

又 卷三《文帝》 治天下莫先於刑家，而刑家之道莫嚴於謹微。古者天子后立六宮、三夫人、九嬪、二十七世婦、八十一御妻，以聽天下之内治，以明章婦順。故天下内和而家理也，九嬪掌婦學之法以教九御，皆屬於冢宰。而三夫人之於后，則猶三公之於王。坐而論婦禮，無官職，豈孽妾上僭相與爲淫亂者哉？後世不以德選，而惟愛欲之，是寵瀆情踰分，敗禮亂倫，以至骨肉相殘，身膏白刃，四國交亂，九廟爲墟，蓋不特一人彘之禍而已慎。夫人與后同席禁中，天子出，幸上林，習且爲常，其迹著矣。袁盎諫之，而帝悦之，夫人又從而賞之。此雖發於懼禍，然不賢亦不能爾也。衣不曳地，雅稱弋綈，刑家之道有然哉。

宋·眞德秀《大學衍義》卷四二《齊家之要·定國本》 惠帝元年冬十二月，帝晨出射。趙王少，不能蚤起，太后使人持酖飲之。黎明，帝還。趙王已死。太后遂斷戚夫人手足，去眼，煇耳，飲瘖藥，使居厠中，命曰『人彘』。

程頤曰：坎，六四，納約自牖，自牖，言自通明之處。人臣以忠信善道結於君心，必自其明處，乃能入也。人心有所蔽，有所通。所蔽者，暗處也；所通者，明處也。當就其明處，告之求信，則易也。自古能諫君者，未有不因其所明者也。漢高愛戚姬，將易太子，是其所蔽也。羣臣爭之者衆矣，嫡庶之義，長幼之序，非不明也。如其蔽而不察，何四老者，高祖素知其賢而重之，此其不蔽之明心也。故因其所明而及其事，則悟之如反手。且四老人之力，孰與張良、羣公卿？其言之切，孰若周昌、叔孫通？然而不從彼而從此者，由攻其蔽與就其明之異耳。

宋·眞德秀《西山文集》卷一八《經筵講義》 治國必先齊其家。

【略】

臣某又謹按此章既引《桃夭》之詩，以明夫婦相宜，然後可以教國人；又引《蓼蕭》之詩，以明父子兄弟足法，而後國人法之。爲人君者，要當實體乎此，非可以徒誦説而已也。漢高帝，賢君也，以戚姬之寵而踈呂后，以致後日人彘之禍。然則處夫婦之間，其可不盡其道乎？唐太宗，英主也，然於事親友兄弟，一有慙德，三百年之家法遂不復正。然則處父子兄弟之間其，可不盡其道乎？觀漢唐之事，然後知《大學》之垂訓，眞不可不佩服也。

明·夏良勝《中庸衍義》卷七《達道之義》 呂后酖殺趙王，遂斷戚夫人手足，去眼，煇耳，飲瘖藥，使居厠中，號曰『人彘』。召惠帝觀之，帝問知爲戚夫人，乃大哭，因病歲餘不能起。使人請太后曰：『此非人所爲，臣不能爲太后子。』后帝崩呂，后臨朝稱制。

趙弼曰：歷代婦人，竊弄國柄，自呂后始。牝雞晨鳴，爲萬世戒。惠帝慈祥仁厚之主，被其虧損聖德，使納甥女爲后，亂夫婦之大倫，召觀人彘，駭而成疾，竟至不起，絶母子之恩義。僭竊天位，擅王諸呂，誅殺劉氏子孫，寵幸審食其而弗耻穢德，眞漢室之罪人也。高帝創業垂統，使立其典章，貽戒后世，母后不得臨朝，婦人不得預政，則呂氏必不敢啓覬覦之心，而執政大臣得以力爭矣。失此不爲，流弊後世，至孝平初，立孝元太后，王氏臨朝，致王莽簒位，漢祚中衰。東漢之世，章帝之竇后，和帝之鄧后，安帝之閻后，順帝之梁后，桓帝之竇后，靈帝之何后相繼臨朝專政，實自呂后發端，故後世效尤也。

明·湛若水《格物通》卷四一《御臣妾上》 漢文帝所幸慎夫人在禁中，常與皇后同席坐。袁盎引卻慎夫人坐，慎夫人怒，上亦怒。盎因前説曰：『臣聞尊卑有序，則上下和。今既已立后，慎夫人乃妾爾，豈可與同坐哉？陛下獨不見人彘乎？』上乃説，召語慎夫。人慎夫人賜盎金五十斤。

臣若水通曰：人君之御臣妾，惟其正而已矣。尊卑有序，天下之至正也。故人君愛其嬖妾，不可過於寵幸。寵幸之過，是害之也。人彘之禍，慘矣。人謂吕后殺之，而不知乃高祖殺之也。然則盎之引卻慎夫人坐，非忠愛慎夫人者哉？宜其賜金以酬之也。

清・劉統勳《評鑑闡要》卷一《漢・高帝》　吕后紿韓信入賀，使武士斬之，夷其三族目。

韓信之冤與否，姑弗論。然高祖在外，而后公然族誅大臣，回亦弗問。牝雞司晨，成何國政？人彘之禍，兆於此矣。

又《惠帝》　吕太后以戚夫人爲人彘，惠帝視之，驚病。遂日飲爲淫樂不聽政目。

幾諫幹蠱，常人尚應勉，豈有身爲人主，宗社所繫而不能善處家庭之理？淫樂不聽政，遂以自戕身命，而吕雉之禍興矣。惠帝實高祖之罪臣敗子耳。

清・藍鼎元《鹿洲初集》卷一一《漢以周昌爲趙相趙堯爲御史大夫論》　漢高帝既不果易太子，憂趙王不終，乃用趙堯策，爲置貴强相，以御史大夫昌相趙，而拜堯御史大夫。嗚呼！帝之愚甚矣。堯畫是策，非爲趙王母子計也，爲御史大夫計也。吕后殘忍險毒，戚姬奪其寵，又幾危太子位，勢不兩立久矣。豈一貴强國相所能鎮壓者？且相雖貴强，臣也，趙王亦臣也吕后太子，則君也。君欲誅臣，誰得而止之？昌且不保，何救於趙哉？帝不能慎之於始，善處嫡庶之間，及其殺機已成，又無保全之術，憂心悄悄，作兒女態，卒使趙王不終，以成人彘之禍天下。後世謂帝以英武定乾坤，而不能制一婦，是古今之大恥也。若趙堯之貪位慕禄，斯亦不足論矣。

藝文

宋・趙公豫《燕堂詩稿・高祖廟》　尺土無階起沛豐，大風一曲壓羣雄。秦關約法成王業，楚國掄材衛帝宫。遠引留侯悲鳥兔，矜功韓信困牢籠。堪憐戚氏終人彘，智畧何曾事事工。

元・王惲《秋澗集》卷二七《四皓圖》　山中日月到華胥，澗飲芝餐樂自殊。苦被留侯容不得，須教人彘事相汙。

元・馬祖常《石田文集》卷四《題四皓圖二首》　不聽高皇召，還來太子宫。阿嬰人彘禍，吾恨紫芝翁。

鴻鵠歌雖壯，長門事可憂。高名紫芝客，終不似巢由。

明・鄭文康《平橋藁》卷二《與葉及菴論商山四皓》　高皇暮年將易儲，期期御史强沮之。留侯從容肯直諫，公義定滅宫幃私。斯人平生仗多智，預卜將來有人彘。功成謹縮三寸舌，推禍與人圖自避。吁嗟四老眞獃夫，等閒誘出如嬰鶵。雖令太子生羽翼，亦使悍后爲屠奴。先王一姬幷一子，一朝盡向砧刀死。他年又召諸吕來，此禍皆從老人始。

明・邱濬《重編瓊臺藁》卷四《詠虞姬》　垓下當年戰勝還，虞姬飲憾戚姬歡。後來人彘遭奇禍，欲乞悲歌一曲難。

明・羅倫《一峯文集》卷一〇《題陳僉憲粹之和四皓圖》　箕潁去已遙，山林復誰好。亦有采芝翁，皓髮照蒼昊。嗣漢配彼天，赤手藉此老。東鄰亥字人，獨伴霜木槁。野雉懷鴆心，火龍宜電掃。何乃迷先幾，人彘横秋草。

明・王世貞《弇州續稿》卷二〇《詩部・閱史偶有所感》　掩卷柴門數落暉，古來俱羨聖之威。那知天地長多事，揔爲英雄未息機。衣赭詎容人彘在，簪銀還見女黿歸。鮑魚不救祖龍臭，螻螘翻因齊霸肥。黄屋事移輪白屋，衮衣緣盡著青衣。王孫子姓時時改，寒食園陵箇箇飢。塵世隙駒俄自了，監儒毫兔易成非。江南鹿豕同游處，喬木連雲盡百圍。

清・愛新覺羅・弘曆《御製詩集四集》卷三七《讀漢書》　父欲安劉劉未安，子謀安吕吕爲殘。其基高帝失長算，平勃奚稱智力殫。

張良進四皓，非安劉實害劉，此杜牧之卓識。向曾屢見題詠，兹不復綴。夫辟疆非良之子乎？乃以安吕之計教陳平，平，巧詐患失之小人也，圖脱禍而聽其言，吕氏權由此起。設非后死而軍左袒，則天下已爲吕矣，平、勃又焉能安劉哉？然其失揔因高帝，既知惠帝不類已，當廢之而立文帝，乃牽私愛而欲立如意。夫如意孺子也，焉知其類已乎？此由寵戚姬耳，卒致戚姬爲人彘，惠帝飲酒自廢，而高帝諸子被殺者復三人。吾以爲吕雉之禍，實高帝自召之，而陳平之請封諸吕，實佐之，謂之爲巧詐患失之小人，不亦宜乎！

清·陳廷敬《午亭文編》卷三《詠漢事》 安劉必絳勃，平智足交驩。王陵雖少戇，大義折其端。知人誠匪易，處婦良獨難。娥姁牝司晨，禄産虎而冠。自非朱虚侯，非種除方艱。辟陽遊卧内，人彘棲厠間。骨肉亦何辜，酖飲裂胃肝。吕公奇此女，與之遺禍患。

清·朱彝尊《曝書亭集》卷二六《江湖載酒集下·百字令彭城經漢高祖廟作》 歌風亭長，剩三楹，遺廟斷垣摧棟。芒碭雲霾銷已盡，惟見馬頭山擁。逐鹿人亡，斬蛇溝冷，一片閒丘隴。綵幡斜挂，緑楊絲裹飄動，贏得割據羣雄。六朝五季，各自誇龍種，魂魄千秋還此地，人彘野雞誰共。社古枌榆，村遥巫覡，孰管神迎送。行人憑弔，看來終勝劉仲。

巫蠱之禍

綜述

《史記》卷一一〇《匈奴列傳》 後二歲，復使貳師將軍將六萬騎，步兵十萬，出朔方。强弩都尉路博德將萬餘人，與貳師會。遊擊將軍説將步騎三萬人，出五原。因杅將軍敖將萬騎步兵三萬人，出雁門。匈奴聞，悉遠其累重於餘吾水北，而單于以十萬騎待水南，與貳師將軍接戰。貳師乃解而引歸，與單于連戰十餘日。貳師聞其家以巫蠱族滅，因并衆降匈奴，得來還千人一兩人耳。遊擊説無所得。因杅敖與左賢王戰，不利，引歸。是歲漢兵之出擊匈奴者不得言功多少，功不得御。有詔捕太醫令隨但，言貳師將軍家室族滅，使廣利得降匈奴。

又 卷一一一《衛將軍驃騎列傳》 將軍公孫賀。賀，義渠人，其先胡種。賀父渾邪，景帝時爲平曲侯，坐法失侯。賀，武帝爲太子時舍人。武帝立八歲，以太僕爲輕車將軍，軍馬邑。後四歲，以輕車將軍出雲中。後五歲，以騎將軍從大將軍有功，封爲南窌侯。後一歲，以左將軍再從大將軍出定襄，無功。後四歲，以坐酎金失侯。後八歲，以浮沮將軍出五原二千餘里，無功。後八歲，以太僕爲丞相，封葛繹侯。賀七爲將軍，出擊匈奴無大功，而再侯，爲丞相。坐子敬聲與陽石公主奸，爲巫蠱，族滅，無後。【略】

將軍公孫敖，義渠人。以郎事武帝。武帝立十二歲，爲騎將軍，出代，亡卒七千人，當斬，贖爲庶人。後五歲，以校尉從大將軍有功，封爲合騎侯。後一歲，以中將軍從大將軍，再出定襄，無功。後二歲，以將軍出北地，後驃騎期，當斬，贖爲庶人。後二歲，以校尉從大將軍，無功。後十四歲，以因杅將軍築受降城。七歲，復以因杅將軍再出擊匈奴，至餘吾，亡士卒多，下吏，當斬，詐死，亡居民間五六歲。後發覺，復繫。坐妻爲巫蠱，族。凡四爲將軍，出擊匈奴，一侯。【略】

將軍趙破奴，故九原人。嘗亡入匈奴，已而歸漢，爲驃騎將軍司馬。出北地時有功，封爲從驃侯。坐酎金失侯。後一歲，爲匈河將軍，攻胡至匈河水，無功。後二歲，擊虜樓蘭王，復封爲浞野侯。後六歲，爲浚稽將軍，將二萬騎擊匈奴左賢王，左賢王與戰，兵八萬騎圍破奴，破奴生爲虜所得，遂没其軍。居匈奴中十歲，復與其太子安國亡入漢。後坐巫蠱，族。

又 卷一二八《龜策列傳》 至今上即位，博開藝能之路，悉延百端之學，通一伎之士咸得自效，絶倫超奇者爲右，無所阿私，數年之間，太卜大集。會上欲擊匈奴，西攘大宛，南收百越，卜筮至預見表像，先圖其利。及猛將推鋒執節，獲勝於彼，而蓍龜時日亦有力於此。上尤加意，賞賜至或數千萬。如丘子明之屬，富溢貴寵，傾於朝廷。至以卜筮射蠱道，巫蠱時或頗中。素有眥睚不快，因公行誅，恣意所傷，以破族滅門者，不可勝數。百僚蕩恐，皆曰龜策能言。後事覺奸窮，亦誅三族。

《漢書》卷六《武帝紀》 （元光五年秋）乙巳，皇后陳氏廢。捕爲巫蠱者，皆梟首。【略】

（征和元年）冬十一月，發三輔騎士大搜上林，閉長安城門索，十一日乃解。巫蠱起。【略】

閏月，諸邑公主、陽石公主皆坐巫蠱死。【略】

秋七月，按道侯韓説、使者江充等掘蠱太子宫。壬午，太子與皇后謀斬充，以節發兵與丞相劉屈氂大戰長安，死者數萬人。庚寅，太子亡，皇后自殺。初置城門屯兵。更節加黄旄。御史大夫暴勝之、司直田仁坐失縱，勝之自殺，仁要斬。

又　卷八《宣帝紀》　孝宣皇帝，武帝曾孫，戾太子孫也。太子納史良娣，生史皇孫。皇孫納王夫人，生宣帝，號曰皇曾孫。生數月，遭巫蠱事，太子、良娣、皇孫、王夫人皆遇害。語在《太子傳》。曾孫雖在繦褓，猶坐收繫郡邸獄。而邴吉爲廷尉監，治巫蠱於郡邸，憐曾孫之亡辜，使女徒復作淮陽趙徵卿、渭城胡組更乳養，私給衣食，視遇甚有恩。

巫蠱事連歲不決。至後元二年，武帝疾，往來長楊、五柞宫，望氣者言長安獄中有天子氣，上遣使者分條中都官獄繫者，輕、重皆殺之。内謁者令郭穰夜至郡邸獄，吉拒閉，使者不得入，曾孫賴吉得全。因遭大赦，吉乃載曾孫送祖母史良娣家。語在吉及外戚《傳》。

又　卷一九上《百官公卿表》　司隸校尉，周官，武帝征和四年初置。持節，從中都官徒千二百人，捕巫蠱，督大奸猾。後罷其兵，察三輔、三河、弘農。

又　卷二七上《五行志第七上》　太初元年十一月乙酉，未央宫柏梁臺灾。先是，大風發其屋，夏侯始昌先言其灾日。後有江充巫蠱衛太子事。

征和二年春，涿郡鐵官鑄鐵，鐵銷，皆飛上去，此火爲變使之然也。其三月，涿郡太守劉屈氂爲丞相。後月，巫蠱事興，帝女諸邑公主、陽石公主、丞相公孫賀、子太僕敬聲、平陽侯曹宗等皆下獄死。七月，使者江充掘蠱太子宫，太子與母皇后議，恐不能自明，乃殺充，舉兵與丞相劉屈氂戰，死者數萬人，太子敗走，至湖自殺。明年，屈氂復坐祝詛要斬，妻梟首也。成帝河平二年正月，沛郡鐵官鑄鐵，鐵不下，隆隆如雷聲，又如鼓音，工十三人驚走。音止，還視地，地陷數尺，爐分爲十，一爐中銷鐵散如流星，皆上去，與征和二年同象。其夏，帝舅五人封列侯，號五侯。元舅王鳳爲大司馬、大將軍，秉政。後二年，丞相王商與鳳有隙，鳳譖之，免官，自殺。明年，京兆尹王章訟商忠直，言鳳顓權，鳳誣章以大逆罪，下獄死。妻子徙合浦。後許皇后坐巫蠱廢，而趙飛燕爲皇后，妹爲昭儀，賊害皇子，成帝遂亡嗣。皇后、昭儀皆伏辜。一曰，鐵飛屬金不從革。【略】

永始元年正月癸丑，大官凌室灾。戊午，戾后園南闕灾。是時，趙飛燕大幸，許后既廢，上將立之，故天見象於凌室，與惠帝四年同應。戾后，衛太子妾，遭巫蠱之禍，宣帝既立，追加尊號，於禮不正。又戾后起於微賤，與趙氏同應。天戒若曰，微賤亡德之人不可以奉宗廟，將絶祭祀，有凶惡之禍至。其六月丙寅，趙皇后遂立，姊妹驕妒，賊害皇子，卒皆受誅。

又　卷二七中之上《五行志第七中之上》　征和元年夏，大旱。是歲發三輔騎士閉長安城門大搜始治巫蠱。

又　卷三三《韓信傳》　太初中，爲遊擊將軍屯五原外列城，還爲光禄勳，掘蠱太子宫，爲太子所殺。子興嗣，坐巫蠱誅。上曰：『遊擊將軍死事，無論坐者。』乃復封興弟增爲龍額侯。

又　卷四一《酈商傳》　上乃封（酈）商它子堅爲繆侯，奉商後。傳至玄孫終根，武帝時爲太常，坐巫蠱誅，國除。

又　卷四五《江充傳》　江充字次倩，趙國邯鄲人也。充本名齊，有女弟善鼓琴歌舞，嫁之趙太子丹。齊得幸於敬肅王，爲上客。久之，太子疑齊以己陰私告王，與齊忤，使吏逐捕齊，不得，收繫其父兄，按驗，皆棄市。齊遂絶迹亡，西入關，更名充。詣闕告太子丹與同産姊及王后宫奸亂，交通郡國豪猾，攻剽爲奸，吏不能禁。書奏，天子怒，遣使者詔郡發吏卒圍趙王宫，收捕太子丹，移繫魏郡詔獄，與廷尉雜治，法至死。

趙王彭祖，帝異母兄也，上書訟太子罪，言『充逋逃小臣，苟爲奸訛，激怒聖朝，欲取必於萬乘以復私怨。後雖亨醢，計猶不悔。臣願選從趙國勇敢士，從軍擊匈奴，極盡死力，以贖丹罪。』上不許，竟敗趙太子。

初，充召見犬臺宫，自請願以所常被服冠見上。上許之。充衣紗縠襌衣，曲裾後垂交輸，冠襌纚步摇冠，飛翮之纓。充爲人魁岸，容貌甚壯。帝望見而異之，謂左右曰：『燕、趙固多奇士。』既至前，問以當世政事，上説之。充因自請，願使匈奴。詔問其狀，充對曰：『因變制宜，以敵爲師，事不可豫圖。』上以充爲謁者使匈奴，還，拜爲直指繡衣使者，督三輔盗賊，禁察逾侈。貴戚近臣多奢僭，充皆舉劾，奏請没入車馬，令身待北軍擊匈奴。奏可。充即移書光禄勳、中黄門，逮名近臣侍中諸當詣北軍者，移劾門衛，禁止無令得出入宫殿。於是貴戚子弟惶恐，皆見上叩頭求哀，願得入錢贖罪。上許之，令各以秩次輸錢北軍，凡數千萬。上以充忠直，奉法不阿，所言中意。

充出，逢館陶長公主行馳道中。充呵問之，公主曰：『有太后詔。』充曰：『獨公主得行，車騎皆不得。』盡劾没入官。後充從上甘泉，逢太子家使乘車馬行馳道中，充以屬吏。太子聞之，使人謝充曰：『非愛車馬，誠不欲令上聞之，以教敕亡素者。唯江君寬之！』充不聽，遂白奏。上曰：『人臣當如是矣。』大見信用，威震京師。遷爲水衡都尉，宗族、知友多得其力者。久之，坐法免。

會陽陵朱安世告丞相公孫賀子太僕敬聲爲巫蠱事，連及陽石、諸邑公主，賀父子皆坐誅。語在《賀傳》。後上幸甘泉，疾病，充見上年老，恐晏駕後爲太子所誅，因是爲奸，奏言上疾祟在巫蠱。於是上以充爲使者治巫蠱。充將胡巫掘地求偶人，捕蠱及夜祠，視鬼，染汙令有處，輒收捕驗治，燒鐵鉗灼，强服之。民轉相誣以巫蠱，吏輒劾以大逆亡道，坐而死者前後數萬人。

是時，上春秋高，疑左右皆爲蠱祝詛，有與亡，莫敢訟其冤者。充既知上意，因言宫中有蠱氣，先治後宫希幸夫人，以次及皇后，遂掘蠱於太子宫，得桐木人。太子懼，不能自明，收充，自臨斬之。罵曰『趙虜！亂乃國王父子不足邪！乃復亂吾父子也！』太子繇是遂敗。語在《戾園傳》。後武帝知充有詐，夷充三族。

又　卷五五《衛青傳》　公孫敖，義渠人，以郎事景帝。至武帝立十二歲，爲騎將軍，出代，亡卒七千人，當斬，贖爲庶人。後五歲，以校尉從大將軍，封合騎侯。後一歲，以中將軍從大將軍再出定襄，無功。後二歲，以將軍出北地，後票騎期，當斬，贖爲庶人。後二歲，以校尉從大將軍，無功。後十四歲，以因杅將軍築受降城。七歲，復以因杅將軍再出擊匈奴，至餘吾，亡士多，下吏，當斬，詐死，亡居民間五、六歲。後覺，復繫。坐妻爲巫蠱，族。凡四爲將軍。【略】

趙破奴，太原人。嘗亡入匈奴，已而歸漢，爲票騎將軍司馬。出北地，封從票侯，坐酎金失侯。後一歲，爲匈河將軍，攻胡至匈河水，無功。後一歲，擊虜樓蘭王，後爲浞野侯。後六歲，以浚稽將軍將二萬騎擊匈奴左王。左王與戰，兵八萬騎圍破奴，破奴爲虜所得，遂没其軍。居匈奴中十歲，復與其太子安國亡入漢。後坐巫蠱，族。

又　卷五九《張湯傳》　武安侯爲丞相，徵湯爲史，薦補侍御史。治陳皇后巫蠱獄，深竟黨與，上以爲能，遷太史大夫。

又　卷六三《戾太子據傳》　武帝末，衛后寵衰，江充用事，充與太子及衛氏有隙，恐上晏駕後爲太子所誅，會巫蠱事起，充因此爲奸。是時，上春秋高，意多所惡，以爲左右皆爲蠱道祝詛，窮治其事。丞相公孫賀父子，陽石、諸邑公主，及皇后弟子長平侯衛伉皆坐誅。語在《公孫賀》、《江充傳》。

充典治巫蠱，既知上意，白言宫中有蠱氣，入宫至省中，壞御座掘地。上使按道侯韓説、御史章贛、黄門蘇文等助充。充遂至太子宫掘蠱，得桐木人。時上疾，辟暑甘泉宫，獨皇后、太子在。太子召問少傅石德，德懼爲師傅并誅，因謂太子曰：『前丞相父子、兩公主及衛氏皆坐此，今巫與使者掘地得徵驗，不知巫置之邪，將實有也，無以自明，可矯以節收捕充等繫獄，窮治其奸詐。且上疾在甘泉，皇后及家吏請問皆不報，上存亡未可知，而奸臣如此，太子將不念秦扶蘇事耶？』太子急，然德言。

征和二年七月壬午，乃使客爲使者收捕充等。按道侯説疑使者有詐，不肯受詔，客格殺説。御史章贛被創突亡。自歸甘泉。太子使舍人無且持節夜入未央宫殿長秋門，因長御倚華具白皇后，發中廄車載射士，出武庫兵，發長樂宫衛，告令百官曰江充反。乃斬充以徇，炙胡巫上林中。遂部賓客爲將率，與丞相劉屈氂等戰。長安中擾亂，言太子反，以故衆不附。太子兵敗，亡，不得。

上怒甚，羣下憂懼，不知所出。壺關三老茂上書曰：『臣聞父者猶天，母者猶地，子猶萬物也。故天平地安，陰陽和調，物乃茂成；父慈母愛，室家之中子乃孝順。陰陽不和，則萬物夭傷；父子不和，則室家喪亡。故父不父則子不子，君不君則臣不臣，雖有粟，吾豈得而食諸！昔者虞舜，孝之至也，而不中於瞽叟；孝已被謗，伯奇放流，骨肉至親，父子相疑。何者？積毁之所生也。由是觀之，子無不孝，而父有不察，今皇太子爲漢適嗣，承萬世之業，體祖宗之重，親則皇帝之宗子也。江充，布衣之人，閭閻之隸臣耳，陛下顯而用之，銜至尊之命以迫蹴皇太子，造飾奸詐，羣邪錯謬，是以親戚之路隔塞而不通。太子進則不得上見，退則困於亂臣，獨冤結而亡告，不忍忿忿之心，起而殺充，恐懼逋逃，子盜父兵以救難自免耳，臣竊以爲無邪心。《詩》曰：「營營青蠅，

止於藩；愷悌君子，無信讒言。讒言罔極，交亂四國。」往者江充讒殺趙太子，天下莫不聞，其罪固宜。陛下不省察，深過太子，發盛怒，舉大兵而求之，三公自將，智者不敢言，辯士不敢説，臣竊痛之。臣聞子胥盡忠而忘其號，比干盡仁而遺其身，忠臣竭誠不顧鈇鉞之誅以陳其愚，志在匡君安社稷也。《詩》云：「取彼譖人，投畀豺虎。」唯陛下寬心慰意，少察所親，毋患太子之非，亟罷甲兵，無令太子久亡。臣不勝惓惓，出一旦之命，待罪建章闕下。」書奏，天子感寤。

太子之亡也，東至湖，臧匿泉鳩里。主人家貧，常賣屨以給太子。太子有故人在湖，聞其富贍，使人呼之而發覺。吏圍捕太子，太子自度不得脱，即入室距户自經。山陽男子張富昌爲卒，足蹋開户，新安令史李壽趨抱解太子，主人公遂格鬭死，皇孫二人皆并遇害。上既傷太子，乃下詔曰：「蓋行疑賞，所以申信也。其封李壽爲邗侯，張富昌爲題侯。」

久之，巫蠱事多不信。上知太子惶恐無他意，而車千秋復訟太子冤，上遂擢千秋爲丞相，而族滅江充家，焚蘇文於横橋上，及泉鳩里加兵刃於太子者，初爲北地太守，後族。上憐太子無辜，乃作思子宮，爲歸來望思之臺於湖。天下聞而悲之。【略】

贊曰：巫蠱之禍，豈不哀哉！此不唯一江充之辜，亦有天時，非人力所致焉。建元六年，蚩尤之旗見，其長竟天。後遂命將出征，略取河南，建置朔方。其春，戾太子生。自是之後，師行三十年，兵所誅屠夷滅死者不可勝數。及巫蠱事起，京師流血，僵屍數萬，太子子父皆敗。故太子生長於兵，與之終始，何獨一嬖臣哉！秦始皇即位三十九年，内平六國，外攘四夷，死人如亂麻，暴骨長城之下，頭盧相屬於道，不一日而無兵。由是山東之難興，四方潰而逆秦。秦將吏外畔，賊臣内發，亂作蕭牆，禍成二世。故曰：「兵猶火也，弗戢必自焚」，信矣。是以倉頡作書，「止」「戈」爲「武」。聖人以武禁暴整亂，止息兵戈，非以爲殘而興縱之也。《易》曰：「天子所助者順也，人之所助者信也；君子履信思順，自天祐之，吉無不利也。」故車千秋指明蠱情，章太子之冤。千秋材知未必能過人也，以其銷惡運，遏亂原，因衰激極，道迎善氣，傳得天人之祐助云。

又　卷六六《車千秋傳》　貳師女爲屈氂子妻，故共欲立焉。是時，治巫蠱獄急，内者令郭穰告丞相夫人以丞相數有譴，使巫祠社，祝詛主上，有惡言，及與貳師共禱祠，欲令昌邑王爲帝。有司奏請案驗，罪至大逆不道。有詔載屈氂廚車以徇，要斬東市，妻子梟首華陽街。貳師將軍妻子亦收。貳師聞之，降匈奴，宗族遂滅。【略】

然千秋爲人敦厚有智，居位自稱，踰於前後數公。初，千秋始視事，見上連年治太子獄，誅罰尤多，羣下恐懼，思欲寬廣上意，尉安衆庶。乃與御史、中二千石共上壽頌德美，勸上施恩惠，緩刑罰，玩聽音樂，養志和神，爲天下自虞樂。上報曰：「朕之不德，自左丞相與貳師陰謀逆亂，巫蠱之禍流及士大夫。朕日一食者累月，乃何樂之聽？痛士大夫常在心，既事不咎。雖然，巫蠱始發，詔丞相、御史督二千石求捕，廷尉治，未聞九卿、廷尉有所鞫也。曩者，江充先治甘泉宮人，轉至未央椒房，以及敬聲之疇、李禹之屬謀人匈奴，有司無所發，令丞相親掘蘭臺蠱驗，所明知也。至今餘巫頗脱不止，陰賊侵身，遠近爲蠱，朕愧之甚，何壽之有？敬不舉君之觴！謹謝丞相、二千石各就館。《書》曰：「毋偏毋黨，王道蕩蕩。」毋有復言。」

又　卷七四《丙吉傳》　丙吉字少卿，魯國人也。治律令，爲魯獄史。積功勞，稍遷至廷尉右監。坐法失官，歸爲州從事。武帝末，巫蠱事起，吉以故廷尉監徵，詔治巫蠱郡邸獄。時，宣帝生數月，以皇曾孫坐衞太子事繫，吉見而憐之。又心知太子無事實，重哀曾孫無辜，吉擇謹厚女徒，令保養曾孫，置閑燥處。吉治巫蠱事，連歲不決。後元二年，武帝疾，往來長楊、五柞宮，望氣者言長安獄中有天子氣，於是上遣使者分條中都官詔獄繫者，亡輕重一切皆殺之。内謁者令郭穰夜到郡邸獄，吉閉門拒使者不納，曰：「皇曾孫在。他人亡辜死者猶不可，況親曾孫乎！」相守至天明不得入，穰還以聞，因劾奏吉。武帝亦寤，曰：「天使之也。」因赦天下。郡邸獄繫者獨賴吉得生，恩及四海矣。曾孫病，幾不全者數焉，吉數敕保養乳母加致醫藥，視遇甚有恩惠，以私財物給其衣食。

又　卷九三《佞幸傳》　（韓）嫣弟説，亦愛幸，以軍功封案道侯，巫蠱時爲戾太子所殺。

又　卷九七上《外戚傳》　孝武陳皇后，長公主嫖女也。曾祖父陳嬰與項羽俱起，後歸漢，爲堂邑侯。傳子至孫午，午尚長公主，生女。

初，武帝得立爲太子，長主有力，取主女爲妃。及帝卽位，立爲皇后，擅寵驕貴，十餘年而無子，聞衛子夫得幸，幾死者數焉。上愈怒。後又挾婦人媚道，頗覺。元光五年，上遂窮治之，女子楚服等坐爲皇后巫蠱祠祭祝詛，大逆無道，相連及誅者三百餘人，楚服梟首於市。使有司賜皇后策曰：『皇后失序，惑於巫祝，不可以承天命。其上璽綬，罷退居長門宮。』【略】

皇后立七年，而男立爲太子。後色衰，趙之王夫人、中山李夫人有寵，皆蚤卒。後有尹婕妤、鉤弋夫人更幸。衛后立三十八年，遭巫蠱事起，江充爲奸，太子懼不能自明，遂與皇后共誅充，發兵，兵敗，太子亡走。【略】

武帝末，巫蠱事起，衛太子及良娣、史皇孫皆遭害。

漢·荀悦《漢紀》卷一五《孝武六》 太始元年春正月，因杅將軍公孫敖，坐妻爲巫蠱腰斬，徙郡國吏民豪傑於茂陵。【略】

征和元冬十有二月，發三輔騎士，大搜上林，閉長安城門索之。十有一日乃解，巫蠱起。

二年夏【略】四月，大風，發屋拔樹，閏月，諸邑公主、陽石公主，皆坐巫蠱死。行幸甘泉宮。秋七月，使使者江充掘巫蠱於太子宮。巫蠱之禍，始自朱安世，成於江充。充趙人也，爲敬肅王上客，趙太子丹疑充以己陰事語王，收捕充不得，盡殺其父兄。充亡入關。上書告趙太子罪至死，會赦得免。充爲人魁岸，容貌甚壯。初上見充，望而異之，謂左右曰：『燕國固多奇士。』以充爲直指使者，督三輔盜賊。充從上至甘泉，還，逢太子家人乘車行馳道中。充以屬吏，奏没入其車馬。太子使人謝罪，不聽，遂奏。上曰：『人臣當如是矣。』大見信用，遷水衡都尉。後上使充治巫蠱事。充將胡巫掘地求桐人，及爲他奸怪徵驗，輒收栲，燒金鉗灼强服之。民輒相引以巫蠱，劾以大逆亡道，死者數萬人，莫敢訟其冤。充與太子有隙，恐上一旦晏駕，爲太子所誅，因言宮中有巫蠱氣。上令案道侯韓説、黄門蘇文等助充。充先治後宮希幸御夫人，以次及皇后，遂及太子宮，云得桐木人。太子少傅石德謂太子曰：『上疾甚，在甘泉，皇后諸吏家請問，皆不報，上存亡未可知，而奸臣如此，太子獨不念秦扶蘇邪？今無以自明。』乃收充窮治奸詐。壬子，太子詐令客爲使者，收捕充等。韓説格死，蘇文亡歸甘泉。太子使人白太后，太后發武庫兵長樂宮衛士。太子親臨，罵充曰：『趙亡虜，亂趙國父子未足邪？今乃亂吾父子！』遂斬充以徇，告百官曰江充反。炙胡巫於上林中。長安擾亂，言太子反。上聞怒，詔丞相發三輔近縣兵捕反者。太子懼，遣使者矯制赦長安中都官囚徒，發武庫兵，召監北軍使者任安發北軍兵。安受節，已而閉軍門，不肯應太子。太子因而驅四市人合數萬人，逢丞相，合戰五六日，死者數萬人，流血入溝中。庚寅，太子敗出走，南奔覆盎城門得出。皇后自殺，司直田仁部不閉城門，坐令太子得出。丞相欲斬之。御史大夫暴勝之曰：『司直二千石，當先請之。』丞相乃止。上聞之大怒，責問勝之曰：『司直縱反者，丞相斬之，是也，大夫何敢擅之。』勝之自殺，任安坐受太子節，懷二心，與田仁皆腰斬。諸太子賓客皆誅，其隨太子發兵以反，法族之，吏士剽掠者皆徙燉煌。【略】

屈氂者，中山靖王子也。貳師初與屈氂辭曰：『願君早請昌邑王爲太子，太子若立，君有何憂哉？』屈氂許諾。屈氂女爲廣利子妻，而昌邑王，李夫人子也，故欲共立之。上聞其言而惡之，後屈氂妻坐爲巫蠱咒詛，屈氂腰斬。

又 卷一七《孝宣一》 皇帝初生數月，遭巫蠱事，幽於郡邸獄。廷尉監魯國邴吉，字少卿，治巫蠱事於郡邸獄，憫曾孫之無辜，擇女徒謹厚者，使保養曾孫。置閑燥處，望氣者言長安獄中有天子氣，於是武帝遣使者，分條中都官獄中繫者，欲盡殺之。及使者至郡邸，獄官閉門拒使者曰：『皇孫在此，他人無辜死猶不可，況親曾孫乎？』使者自夕至明不入。還以聞，因劾奏吉。武帝亦悟，曰天使之然也。赦天下郡邸獄，巫蠱者亦不決。

論　説

宋·蘇軾《仇池筆記》卷上《巫蠱》 漢武帝惡巫蠱如仇讎。蓋夫婦、君臣、父子之間嗷嗷然不聊生矣。然《史記·封禪書》：『丁夫人、洛陽虞初等以方祠詛匈奴、大宛。』已且爲巫蠱，何以責臣下，此最可笑。

宋·司馬光《傳家集》卷六七《戾太子敗慶曆五年作**》** 鉤弋夫人之

子十四月而生，孝武以爲神靈，命其門曰『堯母』。當是時，太子猶在東宫，則孝武屬意固已異矣。是以姦臣逆窺上意，以傾覆冢嗣，卒成巫蠱之禍，天下咸被其殃。然則人君用意小違文義，禍亂及此，可不慎哉！

宋・眞德秀《大學衍義》卷二二《格物致知之要二・辨人材・憸邪罔上之情讒臣》　臣按戾園之禍由江充之讒，是則然矣，而所以致江充之讒者，其失有四焉：方太子之生也，武帝甚愛之，迨其後也，後宫嬖幸多王夫人等皆生子，皇后太子寵寖衰於是，用法大臣毀之，黄門小臣又毀之。其卒也江充興巫蠱事陷之以死。大抵讒人之爲讒，必先窺伺上意，上意所嚮讒人亦嚮之，上意所背讒人亦背之。惟帝之於太子，眷意先有所移，然後臣下從風而靡，其失一也。當蘇文之譖也，帝當考覈其實，有則太子譴，無則蘇文誅，二者必居一，於此顧乃泯焉，不問遽增太子宫人以媿之，是則浸潤之譖，膚受之愬行矣。自今小人爲讒者，誰復忌憚，其失二也。太子無他職，問安視膳而已，父子之親豈，容一日不相接哉？自衛后之寵衰，太子希得進見，方常融之譖，猶能微察其情，爲之誅融。蓋父子之情未盡，隔塞故也。其後帝幸甘泉，而太子不從家，吏請問而帝不之報，父子之間乖隔至此，欲無讒間之入得乎？其失三也。江充以告趙太子陰事而得幸，是其傾險有素，又嘗以太子家使車馬屬吏而白奏焉，是其仇憾有素。帝治巫蠱之獄，不屬之他人而屬之充，以傾險之人挾仇憾之意，則其致螫于太子必矣。而帝曾不之察，是假以斧斤而使之戕伐國本，其失四也。雖然四者其事爾，而本原實出於一心。帝惟其多欲也，故寵嬖盛而庶孽蕃，愛憎之意，既形儲副之位，安得而定惟其多惑也。故溺於方士巫覡之説，精神意慮久已昏亂，及年老氣憊，百邪乘之，于是妖言煽於外，妖夢感於内，巫蠱之事，由此而起。使其以董仲舒正心之言，銘諸盤杅，朝夕是戒，顧安有是哉？江充，讒賊小人，其情無足論者，獨推原武帝之失以儆。

宋・黄震《黄氏日抄》卷四七《讀史・漢書二・蒯伍江息夫》　蒯通口給，不在儀秦下，會眞主出興，故無所售其姦；伍被歷歷，與淮王辨，初若通於漢者，故史氏謂忠不終而詐讎。然伍被豈能忠者哉？凡傳中所述，皆漢庭對吏之言歸過於君，以冀免死，被豈能忠者哉？江充以巫蠱危太子息，夫躬以巫蠱危東平，以疏陷親，固之論當矣。愚謂邪説之陷人，皆由乘間而入。故君人者，不可不以明理爲務，禍福各以其類至，天下安有巫蠱之理！

又　卷五四《讀雜史四》　巫蠱，按武帝好方士而女巫往來宫中，教美人度厄，每屋埋木人祭祀之，因妬忌恚言，更相告訐以爲呪詛，其禍遂至殺兩公主，殺太子，殺丞相，公孫賀殺衛皇后之親黨。武帝好神仙之效如此，而道家所謂度厄，亦略可觀矣。

宋・洪邁《容齋續筆》卷二《巫蠱之禍》　漢世巫蠱之禍，雖起於江充，然事會之來，蓋有不可曉者。武帝居建章宫，親見一男子帶劍入中龍華門，疑其異人，命收之，男子捐劍走，逐之弗獲。上怒，斬門候，閉長安城門，大索十一日，巫蠱始起。又嘗晝寢，夢木人數千，持杖欲擊己，乃驚寤，因是體不平，遂苦忽忽善忘。此兩事可謂異矣。木將腐，蠹實生之；物將壞，蟲實生之。是時帝春秋已高，忍而好殺，李陵所謂法令無常，大臣無罪夷滅者數十家。由心術既荒，隨念招妄，男子、木人之兆，皆迷不復開，則謫見於天，鬼瞰其室。禍之所被，以妻則衛皇后，以子則戾園，以兄子則屈氂，以女則諸邑、陽石公主，以婦則史良娣，以孫則史皇孫。骨肉之酷如此，豈復顧他人哉？且兩公主實衛后所生，太子未敗數月前，皆已下獄誅死，則其母與兄豈有全理？固不待於江充之譖也。

又　卷四《漢武心術》　《史記・龜策傳》：『今上卽位，博開藝能之路，悉延百端之學，通一技之士咸得自效。數年之間，太卜大集。會上欲擊匈奴，西攘大宛，南收百越，卜筮至預見表像，先圖其利。及猛將推鋒執節，獲勝於彼，而蓍龜時日亦有力於此。上尤加意，賞賜至或數千萬。如丘子明之屬，富溢貴寵，傾於朝廷。至以卜筮射蠱道，巫蠱時或頗中。素有眦睚不快，因公行誅，恣意所傷，以破族滅門者，不可勝數。百僚蕩恐，皆曰龜策能言。後事覺姦窮，亦誅三族。』《漢書音義》以爲史遷没後十篇闕，有録無書。元、成之間，褚先生補闕，言辭鄙陋，《日者》《龜策列傳》在焉。故後人頗薄其書。然此卷首言『今上卽位』，則是史遷指武帝，其載巫蠱之寃如是。今之論議者，略不及之。《資治通鑑》亦棄不取，使丘子明之惡，不復著見。此由武帝博采異端，馴致斯禍。倘心術趨於正當，不如是之酷也。

宋・劉子翬《屏山集》卷四《漢書雜論下》 武帝任車千秋，一言寤主，何哉？智有餘也。武帝惑於鬼神，故千秋訟太子之冤，託以『白頭翁教臣言』。武帝亦曰『此高廟神靈使公教我也。』武帝晚年多病，尤信巫蠱之説。《衛太子傳》曰：『久之，巫蠱事多不信。上知太子惶恐無他意，車千秋復訟太子冤。』是千秋逆知武帝有悔恨心，故乘間而開説也。不然，千秋爲高寢郎，當追捕太子時，何不言耶？因其悔恨之心挾以鬼神之事，故一言寤主，豈非智有餘耶？傳中亦言『千秋敦厚有智，千秋無他施爲』。所謂有智者，豈當時史臣亦微見此意耶？

宋・陳造《江湖長翁集》卷二九《牛車爲櫓》 巫蠱事戾太子誅江充，武帝賜丞相璽書曰：『捕斬反者，自有賞罰，以牛車爲櫓。』師古曰：『櫓，楯也。遠與敵戰，故以車爲楯，用自蔽也。一説，櫓，望敵之樓。』陳子曰：『不然，牛車以當衝突爲櫓，猶言安櫓也。置楯車上，禦矢也。』

元・陳師凱《書蔡氏傳旁通》卷一上《序》 江充造巫蠱敗戾太子。

疏云：蠱者，怪惑之名，指體則毒藥害人者，是若行符厭，俗之爲魅，令人蠱惑，夭年傷性，皆是也。以蠱皆巫之所爲，故曰巫蠱。武帝末年，淫惑鬼神，由此奸人江充因而行詐，先於太子宮埋桐人，告上云：『太子宮有蠱氣。』上信之，使江充治之。於太子宮果得桐人。太子知己不爲此，以江充故爲陷己，因而殺之。而帝不知太子實心，謂江充言爲實，即詔丞相劉屈氂發三輔兵討之。太子赦長安囚與鬬，不勝而出走，奔湖關，自殺。

明・丘濬《大學衍義補》卷八八《治國平天下之要・備規制・宮闕之居》 太始三年，趙倢伃居鉤弋宮，任身十四月而生子弗陵，武帝曰：『聞昔堯十四月而生。』乃命門曰『堯母門』。

司馬光曰：爲人君者，動靜舉措不可不慎，發於中必形於外，天下無不知之。當是時也，皇后、太子皆無恙，而命鉤弋之門曰『堯母』，非名也，是以姦臣逆探上意，知其奇愛少子，欲以爲嗣，遂有危皇后太子之心，卒成巫蠱之禍，悲夫！

臣按一宮室之門，若無甚大關係也。而國本因之而動搖，幾至亡宗社。是知人君於宮殿之創建，不可輕易，則雖命一門之名，亦當熟思審處，而不可輕易也。

明・徐伯齡《蟫精雋》卷一《漢武論》 林少穎《漢武帝論》曰：『武帝好長生不死之術，聚方士於京師。由是禱祠之俗興，以成巫蠱之禍。陽邑、朱昌二公主俱以此誅，而皇后、太子亦皆不免。其始也，欲求長生不死之術而不可得，徒使敗亡之禍，橫及骨肉，可笑也。』又《東坡手澤》云：『漢武帝諱巫蠱，疾之如仇讐。蓋夫婦父子君臣之間嗷嗷然不聊生矣。然《史記》語《封禪書》云丁夫人、洛陽虞初等以方祠詛匈奴、大宛，已且爲巫蠱之魁，何以責其下。』此最可笑。

明・方以智《物理小識》卷一二《神鬼方術類・解巫詛法》 漢巫蠱言桐木人，蓋以剛桐刻其人，而以藥血詛咒魘之也。詛必夜中，乘人遊房神迷失守，然後能制人之魂。若旦夕端坐，持唵嚂金剛咒八十一遍。作劍訣，出門入户，則彼不能吸。尋常牀眉畫八卦，書悉怛哆般怛囉，懸軒轅鏡，則術力不能入。由此觀之，何如誠正一方，更易簡乎？

清・陳廷敬《午亭文編》卷三三《史評漢書・嚴助》 史稱巫蠱之禍，『不惟一江充之辜，亦有天時，非人力所致。建元六年，蚩尤之旗見，其長竟天。後遂命將出征，略取河南，建置朔方。其春，戾太子生。自是之後，師行三十年，兵所誅屠死滅者不可勝數。及巫蠱事起，京師流血，僵尸數萬，太子子父皆敗。故太子生長於兵，與之終始，豈獨一嬖臣哉！』雖然，武帝好亂喜兵，出自天性，糜爛生民，毒流宮禁，亦其時之臣有以佐成之，不得歸咎天時，謂非人力所致也。建元三年，閩越圍東甌，東甌告急，於漢時武帝年未二十，以問太尉田蚡。蚡以爲越人相攻擊，不足以煩，中國自秦時棄不屬。嚴助乃詰蚡，秦舉咸陽棄之何？但越也，今小國來告急，天子不振，又何以子萬國乎？於是上遣助以節發兵會稽。會稽守欲距法不爲發，助乃斬一司馬，發兵浮海，救東甌，未至閩越，引兵罷。後三歲，閩越復興兵擊南越，爲遣兩將軍將兵誅閩越。淮南王安上書諫，不聽，兵遂出，踰嶺適會。閩越王弟餘善殺王以降。帝自以爲兵功，令嚴助風指於南越。南越遣子隨助入侍。助還，又諭意淮南。當此時，武帝之心益驕，而兵端不可戢矣。故其窮兵黷武，好大喜功，自是以來，日無寧息，生靈戕於鋒刃，菑禍發於骨肉。方武帝少時，志趨未定，利害未更，不有嚴助或師出無功，抑其雄心末流之害，當不至此烈

也。故曰：其時之臣實佐成之，而謂巫蠱之禍，由於兵兵之興天時非人力，豈不過與？其後助以交私淮南論誅，昔人有言，毋爲禍首，助之謂夫？

藝文

元·張憲《玉笥集》卷一《巫蠱使》 禪纚步摇冠，曲裾紗縠衣。偉哉燕趙士，借問此爲誰。謁帝登大堂，利口興禍階。能令親父子，恩愛一朝乖。血濺長安城，屍横泉鳩里。雖族佞臣家，不益儲君死。望思思不歸，至今天下悲。請聽三老議，兒罪只當笞。

元·陳基《夷白齋稿》卷九《舟中讀漢武帝紀》 高王馬上爭天下，丞相養民方致賢。帝業不曾階尺土，兒孫何以筭緡錢。長生始悮神仙術，巫蠱終虧父子天。可惜春秋二三策，獨留皈鑑後人傳。

明·程敏政《篁墩文集》卷六二《詠史》 大獄考巫蠱，窮兵擊狂胡。壯心一朝悔，剛斷今古無。輪臺詔西極，望苑起後湖。朝歌罔怪者，社稷終爲墟。

明·黄淳耀《陶菴全集》卷一一《詠史》 飾媵爲嫁女，飾櫝爲賣珠。女棄珠亦投，我賤彼反須。鄒生述神怪，本與仁義俱。王侯駭談端，擁篲爭先趨。古道委榛莽，淫詞濫笙竽。遂令燕齊士，拭舌談怪迂。鮑魚腥沙邱，巫蠱亂鼎湖。哀哉一言失，臚傳多賤儒。

清·吳偉業《梅村集》卷一七《讀漢武帝紀》 岱觀東迎日，河源西問天。晚來雄畧盡，巫蠱是神仙。

清·王士禎《精華録》卷一〇《湖城二首今閿鄉》 泉鳩里畔動悲風，回首秦山隔萬重。仙意已窮巫蠱起，茂陵遺恨犬臺宮。

趙虜誰教近至尊，漢廷不照覆盆冤。如何病已爲天子，惡謚重蒙到戾園。

孝安帝降奪儲嫡

綜述

《後漢書》卷五《孝安帝紀》 恭宗孝安皇帝諱祜，肅宗孫也。父清河孝王慶，母左姬。帝自在邸第，數有神光照室，又有赤蛇盤於牀第之間。年十歲，好學《史書》，和帝稱之，數見禁中。

延平元年，慶始就國，鄧太后特詔留帝清河邸。

八月，殤帝崩，太后與兄車騎將軍鄧騭定策禁中。其夜，使騭持節，以王青蓋車迎帝，齋於殿中。皇太后御崇德殿，百官皆吉服，羣臣陪位，引拜帝爲長安侯。皇太后詔曰：『先帝聖德淑茂，早棄天下。朕奉皇帝，夙夜瞻仰日月，冀望成就。豈意卒然顛沛，天年不遂，悲痛斷心。朕惟平原王素被痼疾，念宗廟之重，思繼嗣之統，唯長安侯祜質性忠孝，小心翼翼，能通《詩》、《論》，篤學樂古，仁惠愛下。年已十三，有成人之志。親德係後，莫宜於祜。《禮》『昆弟之子猶己子』；《春秋》之義，爲人後者爲之子，不以父命辭王父命。其以祜爲孝和皇帝嗣，奉承祖宗，案禮儀奏。』又作策命曰：『惟延平元年秋八月癸丑，皇太后曰：咨長安侯祜：孝和皇帝懿德巍巍，光於四海；大行皇帝不永天年。朕惟侯孝章帝世嫡皇孫，謙恭慈順，在孺而勤，宜奉郊廟，承統大業。今以侯嗣孝和皇帝後。其審君漢國，允執其中。『一人有慶，萬民賴之。』皇帝其勉之哉！』讀策畢，太尉奉上璽綬，即皇帝位，年十三。太后猶臨朝。【略】

論曰：孝安雖稱尊享御，而權歸鄧氏，至乃損徹膳服，克念政道。然令自房帷，威不逮遠，始失根統，歸成陵敝。遂復計金授官，移民逃寇，推咎台衡，以答天眚。既云哲婦，亦『惟家之索』矣。

贊曰：安德不升，秕我王度。降奪儲嫡，開萌邪蠹。馮石承歡，楊公逄怒。彼日而微，遂祲天路。

論　說

明・丘濬《大學衍義補》卷二二《治國平天下之要・制國用・貢賦之常》　安帝詔曰：凡供薦新味，多非其節，或鬱養强熟，或穿屈萌芽，味無所至而大折生長，豈所以順時育物乎？《傳》曰：『非其時不食。』自今當奉祠陵廟及給御者，皆須時乃上。

臣按安帝此詔非徒有愛物之仁，亦且得養生之義。

明・夏良勝《中庸衍義》卷七《達道之義》　和熹皇后，和帝后也。嘗有疾，特令后母兄弟入侍醫藥，不限日數。后言於帝曰：『宮禁至重，而使外人久在内省，上令陛下有幸私之譏，下使賤妾獲不知足之謗，上下交損，誠不願也。』帝曰：『人皆以數入爲榮，乃反以爲憂，深自抑損，誠難及也。』

趙弼曰：太后鄧禹之孫，鄧訓之女，性孝友好，讀書晝，脩婦業，暮讀經史，家人號曰諸生。和帝納爲貴人，後正位中宫，郡國貢獻悉令禁絶，歲時但供紙筆而已。和帝每欲封鄧氏，后輒哀言遜讓，故兄隲終和帝世不過虎賁中郎將。和帝崩，孝殤始生百餘日即位，太后臨朝，孝章子孫，豈無年長聰慧者，乃立飲乳之兒，其意固有在也。孝殤未逾年而崩，太后迎立清河王慶之子祐，是爲安帝。既立，不明太后猶臨朝稱制，不免有貪權固位之心，乃爲賢明之累也。

臣良勝曰：古有植遺腹朝委裘者，殤帝爲和帝子，雖生一日，猶當立也。趙弼謂后意有所在，則望之深矣。舍殤帝而他立，是召亂也。晉襄公卒，趙孟謀欲立長君，襄夫人日抱太子哭于朝曰：『舍嫡嗣而外求，君將焉置此？』此則后宜免矣。』但《漢書》云：和帝皇子十數，後生者輒隱秘養于民間，羣臣無知者。長子勝又以痼疾廢，此則和帝之過，而后不得謂不預知也。抱殤帝以臨朝，亦周公負成王意也。安帝立時，年已十三，若大臣輔之自可立政。朱熹脩《綱目》，特書『太后猶臨朝』以譏之，得其情矣。及後杜根上書，請還政，盛以縑囊，撲殺于殿庭。即此一短，已掩其終身之長，『靡不有初，鮮克有終』，慎之哉。

又　卷一五《三重之義》　安帝詔曰：建武元功二十八將，至此未遠而或至乏祀，朕甚閔之。其條二十八將無嗣絶世，若犯罪奪國，其子孫應當繼後者，分别置狀以上。明年二十八將絶國者，皆紹封焉。

臣良勝曰：君子創業垂統爲可繼也，高祖裂土侯王，連城兼郡，皆所不惜，蓋攫取他人之有，而棄之不甚惜。侯王驕侈自敗，故誅除削奪，亦不甚惜。光武有徵於此，以高密首功，而分土不過四縣，與朝請參決政事者，不一二人，是以保全高帝之後，克紹高帝，雖文景亦不甚矜容，至武帝而國除者，若棄孤雛腐鼠，皆高帝之流禍也。光武之後，恆思光武，明帝追崇，至安帝復繼其絶世，皆光武之遺澤也。故曰『作法於仁，其後猶忍作法於忍。』其將若之何。

明・湛若水《格物通》卷三一《謹妃匹下》　漢安帝元初二年夏四月丙午，立貴人滎陽閻氏爲皇后。后性妬忌，後宫李氏生皇子保，后鴆殺李氏。

臣若水通曰：人君之治，先端其本正其始而已矣。閻后之妬忌，猶在七去而立之，是不能正始端本矣。及其鴆殺太子之母，而安帝柔闇，莫之能究，是不能爲，若夫而三綱不立矣，嗚呼！其本亂而末治者否也，哀哉。

又　卷四一《御臣妾上》　漢安帝建光元年夏四月，帝以江京嘗迎帝於邸，封都鄉侯，封李閏爲雍鄉侯，閏京並遷中常侍，京兼大長秋，與中常侍樊豐、黄門令劉安、鉤盾令陳達及王聖、聖女伯榮，扇動内外，競爲侈虐，伯榮出入宫掖，傳通姦賂。司徒楊震上疏曰：女子小人，近之喜，遠之怨，實爲難養。宜速出阿母，令居外舍，斷絶伯榮往來。

臣若水通曰：甚矣，女子小人之難養也。御之之道在恩嚴兼濟而已爾。安帝不能用楊震之言，不勝其閏京迎立之私恩，寵過情溺於阿母乳哺之愛，而伯榮潛通，怙勢恣横，甚至譖廢太子而不能辨，安帝之柔闇嚴不勝恩一至於此。吁，可戒也哉！

清・愛新覺羅・玄燁《聖祖仁皇帝御製文第二集》卷三八《雜著・閱史緒論》　漢安帝時，太后親録囚徒。

漢安帝時太后録囚，具得枉實，行未還宫，澍雨遂降史册，書之若以爲盛事。不知垂簾聽政，亦非國家之福，矧親録囚徒乎？漢室其益衰矣。

后妃干政分部

呂后臨朝

綜　述

《史記》卷九《呂太后本紀》　呂太后者，高祖微時妃也，生孝惠帝、女魯元太后。及高祖爲漢王，得定陶戚姬，愛幸，生趙隱王如意。孝惠爲人仁弱，高祖以爲不類我，常欲廢太子，立戚姬子如意，如意類我。戚姬幸，常從上之關東，日夜啼泣，欲立其子代太子。呂后年長，常留守，希見上，益疏。如意立爲趙王后，幾代太子者數矣，賴大臣爭之，及留侯策，太子得毋廢。

呂后爲人剛毅，佐高祖定天下，所誅大臣多呂后力。呂后兄二人，皆爲將。長兄周呂侯死事，封其子呂台爲酈侯，子產爲交侯，次兄呂釋之爲建成侯。

高祖十二年四月甲辰，崩長樂宮，太子襲號爲帝。是時高祖八子：長男肥，孝惠兄也，異母，肥爲齊王；餘皆孝惠弟，戚姬子如意爲趙王，薄夫人子恆爲代王，諸姬子子恢爲梁王，子友爲淮陽王，子長爲淮南王，子建爲燕王。高祖弟交爲楚王，兄子濞爲吳王。非劉氏功臣番君吳芮子臣爲長沙王。

呂后最怨戚夫人及其子趙王，乃令永巷囚戚夫人，而召趙王。使者三反，趙相建平侯周昌謂使者曰：『高帝屬臣趙王，趙王年少。竊聞太后怨戚夫人，欲召趙王幷誅之，臣不敢遣王。王且亦病，不能奉詔。』呂后大怒，乃使人召趙相。趙相徵至長安，乃使人復召趙王。王來，未到。孝惠帝慈仁，知太后怒，自迎趙王霸上，與入宮，自挾與趙王起居飲食。太后欲殺之，不得間。孝惠元年十二月，帝晨出射。趙王少，不能蚤起。太后聞其獨居，使人持酖飲之。犂明，孝惠還，趙王已死。於是乃徙淮陽王友爲趙王。夏，詔賜酈侯父追謚爲令武侯。太后遂斷戚夫人手足，去眼，煇耳，飲瘖藥，使居廁中，命曰『人彘』。居數日，乃召孝惠帝觀人彘。孝惠見，問，乃知其戚夫人，乃大哭，因病，歲餘不能起。使人請太后曰：『此非人所爲。臣爲太后子，終不能治天下。』孝惠以此日飲爲淫樂，不聽政，故有病也。

二年，楚元王、齊悼惠王皆來朝。十月，孝惠與齊王燕飲太后前，孝惠以爲齊王兄，置上坐，如家人之禮。太后怒，乃令酌兩卮酖，置前，令齊王起爲壽。齊王起，孝惠亦起，取卮欲俱爲壽。太后乃恐，自起泛孝惠卮。齊王怪之，因不敢飲，詳醉去。問，知其酖，齊王恐，自以爲不得脫長安，憂。齊內史士說王曰：『太后獨有孝惠與魯元公主。今王有七十餘城，而公主乃食數城。王誠以一郡上太后，爲公主湯沐邑，太后必喜，王必無憂。』於是齊王乃上城陽之郡，尊公主爲王太后。呂后喜，許之。乃置酒齊邸，樂飲，罷，歸齊王。三年，方築長安城，四年就半，五年六年城就。諸侯來會。十月朝賀。

七年秋八月戊寅，孝惠帝崩。發喪，太后哭，泣不下。留侯子張辟强爲侍中，年十五，謂丞相曰：『太后獨有孝惠，今崩，哭不悲，君知其解乎？』丞相曰：『何解？』辟强曰：『帝毋壯子，太后畏君等。君今請拜呂台、呂產、呂祿爲將，將兵居南北軍，及諸呂皆入宮，居中用事，如此則太后心安，君等幸得脫禍矣。』丞相乃如辟强計。太后說，其哭乃哀。呂氏權由此起。乃大赦天下。九月辛丑，葬。太子即位爲帝，謁高廟。元年，號令一出太后。

太后稱制，議欲立諸呂爲王，問右丞相王陵。王陵曰：『高帝刑白馬盟曰「非劉氏而王，天下共擊之」。今王呂氏，非約也。』太后不說。問左丞相陳平、絳侯周勃。勃等對曰：『高帝定天下，王子弟，今太后稱制，王昆弟諸呂，無所不可。』太后喜，罷朝。王陵讓陳平、絳侯曰：『始與高帝啑血盟，諸君不在邪？今高帝崩，太后女主，欲王呂氏，諸君從欲阿意背約，何面目見高帝地下？』陳平、絳侯曰：『於今面折廷爭，臣不如君；夫全社稷，定劉氏之後，君亦不如臣。』王陵無以應之。十一月，太后欲廢王陵，乃拜爲帝太傅，奪之相權。王陵遂病免歸。乃以左丞相平爲右丞相，以辟陽侯審食其爲左丞相。左丞相不治事，令監宮中，如

郎中令。食其故得幸太后，常用事，公卿皆因而決事。乃追尊酈侯父爲悼武王，欲以王諸呂爲漸。

四月，太后欲侯諸呂，乃先封高祖之功臣郎中令無擇爲博城侯。魯元公主薨，賜謚爲魯元太后。子偃爲魯王。魯王父，宣平侯張敖也。封齊悼惠王子章爲朱虛侯，以呂禄女妻之。齊丞相壽爲平定侯。少府延爲梧侯。乃封呂種爲沛侯，呂平爲扶柳侯，張買爲南宮侯。

太后欲王呂氏，先立孝惠後宮子强爲淮陽王，子不疑爲常山王，子山爲襄城侯，子朝爲軹侯，子武爲壺關侯。太后風大臣，大臣請立酈侯呂台爲呂王，太后許之。建成康侯釋之卒，嗣子有罪，廢，立其弟呂禄爲胡陵侯，續康侯後。二年，常山王薨，以其弟襄城侯山爲常山王，更名義。十一月，呂王台薨，謚爲肅王，太子嘉代立爲王。三年，無事。四年，封呂嬃爲臨光侯，呂他爲俞侯，呂更始爲贅其侯，呂忿爲呂城侯，及諸侯丞相五人。

宣平侯女爲孝惠皇后時，無子，詳爲有身，取美人子名之，殺其母，立所名子爲太子。孝惠崩，太子立爲帝。帝壯，或聞其母死，非眞皇后子，乃出言曰：『后安能殺吾母而名我？我未壯，壯卽爲變。』太后聞而患之，恐其爲亂，乃幽之永巷中，言帝病甚，左右莫得見。太后曰：『凡有天下治爲萬民命者，蓋之如天，容之如地，上有歡心以安百姓，百姓欣然以事其上，歡欣交通而天下治。今皇帝病久不已，乃失惑惛亂，不能繼嗣奉宗廟祭祀，不可屬天下，其代之。』羣臣皆頓首言：『皇太后爲天下齊民計所以安宗廟社稷甚深，羣臣頓首奉詔。』帝廢位，太后幽殺之。五月丙辰，立常山王義爲帝，更名曰弘。不稱元年者，以太后制天下事也。以軹侯朝爲常山王。置太尉官，絳侯勃爲太尉。五年八月，淮陽王薨，以弟壺關侯武爲淮陽王。六年十月，太后曰呂王嘉居處驕恣，廢之，以肅王台弟呂產爲呂王。夏，赦天下。封齊悼惠王子興居爲東牟侯。

七年正月，太后召趙王友。友以諸呂女爲后，弗愛，愛他姬，諸呂女妒，怒去，讒之於太后，誣以罪過，曰：『呂氏安得王！太后百歲后，吾必擊之』。太后怒，以故召趙王。趙王至，置邸不見，令衛圍守之，弗與食。其羣臣或竊饋，輒捕論之，趙王餓，乃歌曰：『諸呂用事兮劉氏危，迫脅王侯兮强授我妃。我妃既妒兮誣我以惡，讒女亂國兮上曾不寤。我無忠臣兮何故棄國？自決中野兮蒼天舉直！於嗟不可悔兮寧蚤自財。爲王而餓死兮誰者憐之！呂氏絶理兮託天報仇。』丁丑，趙王幽死，以民禮葬之長安民冢次。

己丑，日食，晝晦。太后惡之，心不樂，乃謂左右曰：『此爲我也。』

二月，徙梁王恢爲趙王。呂王產徙爲梁王，梁王不之國，爲帝太傅。立皇子平昌侯太爲呂王。更名梁曰呂，呂曰濟川。太后女弟呂嬃有女爲營陵侯劉澤妻，澤爲大將軍。太后王諸呂，恐卽崩後劉將軍爲害，乃以劉澤爲琅邪王，以慰其心。

梁王恢之徙王趙，心懷不樂。太后以呂產女爲趙王后。王后從官皆諸呂，擅權，微伺趙王，趙王不得自恣。王有所愛姬，王后使人酖殺之。王乃爲歌詩四章，令樂人歌之。王悲，六月卽自殺。太后聞之，以爲王用婦人棄宗廟禮，廢其嗣。

宣平侯張敖卒，以子偃爲魯王，敖賜謚爲魯元王。秋，太后使使告代王，欲徙王趙。代王謝，願守代邊。太傅產、丞相平等言，武信侯呂禄上侯，位次第一，請立爲趙王。太后許之，追尊禄父康侯爲趙昭王。九月，燕靈王建薨，有美人子，太后使人殺之，無後，國除。八年十月，立呂肅王子東平侯呂通爲燕王，封通弟呂莊爲東平侯。

三月中，呂后祓，還過軹道，見物如蒼犬，據高后掖，忽弗復見。卜之，云趙王如意爲祟。高后遂病掖傷。高后爲外孫魯元王偃年少，蚤失父母，孤弱，乃封張敖前姬兩子，侈爲新都侯，壽爲樂昌侯，以輔魯元王偃。及封中大謁者張釋爲建陵侯，呂榮爲祝茲侯。諸中宦者令丞皆爲關内侯，食邑五百户。

七月中，高后病甚，乃令趙王呂禄爲上將軍，軍北軍；呂王產居南軍。呂太后誡產、禄曰：『高帝已定天下，與大臣約，曰「非劉氏王者，天下共擊之」。今呂氏王，大臣弗平。我卽崩，帝年少，大臣恐爲變。必據兵衛宮，愼毋送喪，毋爲人所制。』辛巳，高后崩，遺詔賜諸侯王各千金，將相列侯郎吏皆以秩賜金。大赦天下。以呂王產爲相國，以呂禄女爲帝后。

高后已葬，以左丞相審食其爲帝太傅。

朱虛侯劉章有氣力，東牟侯興居其弟也。皆齊哀王弟，居長安。當是

時，諸呂用事擅權，欲爲亂，畏高帝故大臣絳、灌等，未敢發。朱虚侯婦，呂祿女，陰知其謀。恐見誅，乃陰令人告其兄齊王，欲令發兵西，誅諸呂而立。朱虚侯欲從中與大臣爲應。齊王欲發兵，其相弗聽。八月丙午，齊王欲使人誅相，相召平乃反，舉兵欲圍王，王因殺其相，遂發兵東，詐奪琅邪王兵，幷將之而西。語在齊王語中。

齊王乃遺諸侯王書曰：『高帝平定天下，王諸子弟，悼惠王王齊。悼惠王薨，孝惠帝使留侯良立臣爲齊王。孝惠崩，高后用事，春秋高，聽諸呂，擅廢帝更立，又比殺三趙王，滅梁、趙、燕以王諸呂，分齊爲四。忠臣進諫，上惑亂弗聽。今高后崩，而帝春秋富，未能治天下，固恃大臣諸侯。而諸呂又擅自尊官，聚兵嚴威，劫列侯忠臣，矯制以令天下，宗廟所以危。寡人率兵入誅不當爲王者。』漢聞之，相國呂產等乃遣潁陰侯灌嬰將兵擊之。灌嬰至滎陽，乃謀曰：『諸呂權兵關中，欲危劉氏而自立。今我破齊還報，此益呂氏之資也。』乃留屯滎陽，使使諭齊王及諸侯，與連和，以待呂氏變，共誅之。齊王聞之，乃還兵西界待約。

呂祿、呂產欲發亂關中，內憚絳侯、朱虚等，外畏齊、楚兵，又恐灌嬰畔之，欲待灌嬰兵與齊合而發，猶豫未決。當是時，濟川王太、淮陽王武、常山王朝名爲少帝弟，及魯元王呂后外孫，皆年少未之國，居長安。趙王祿、梁王產各將兵居南北軍，皆呂氏之人。列侯羣臣莫自堅其命。

太尉絳侯勃不得入軍中主兵。曲周侯酈商老病，其子寄與呂祿善。絳侯乃與丞相陳平謀，使人劫酈商。令其子寄往紿說呂祿曰：『高帝與呂后共定天下，劉氏所立九王，呂氏所立三王，皆大臣之議，事已佈告諸侯，諸侯皆以爲宜。今太后崩，帝少，而足下佩趙王印，不急之國守藩，乃爲上將，將兵留此，爲大臣諸侯所疑。足下何不歸將印，以兵屬太尉？請梁王歸相國印，與大臣盟而之國，齊兵必罷，大臣得安，足下高枕而王千里，此萬世之利也。』呂祿信然其計，欲歸將印，以兵屬太尉。使人報呂產及諸呂老人，或以爲便，或曰不便，計猶豫未有所決。呂祿信酈寄，時與出遊獵。過其姑呂嬃，嬃大怒，曰：『若爲將而棄軍，呂氏今無處矣。』乃悉出珠玉寶器散堂下，曰：『毋爲他人守也』

左丞相食其免。

八月庚申旦，平陽侯窋行御史大夫事，見相國產計事。郎中令賈壽使從齊來，因數產曰：『王不蚤之國，今雖欲行，尚可得邪？』具以灌嬰與齊楚合從，欲誅諸呂告產，乃趣產急入宮。平陽侯頗聞其語，乃馳告丞相、太尉。太尉欲入北軍，不得入。襄平侯通尚符節。乃令持節矯內太尉北軍。太尉復令酈寄與典客劉揭先說呂祿曰：『帝使太尉守北軍，欲足下之國，急歸將印辭去，不然，禍且起。』呂祿以爲酈兄不欺己，遂解印屬典客，而以兵授太尉。太尉將之入軍門，行令軍中曰：『爲呂氏右襢，爲劉氏左襢。』軍中皆左襢爲劉氏。太尉行至，將軍呂祿亦已解上將印去，太尉遂將北軍。

然尚有南軍。平陽侯聞之以呂產謀告丞相平，丞相平乃召朱虚侯佐太尉。太尉令朱虚侯監軍門。令平陽侯告衛尉：『毋入相國產殿門。』呂產不知呂祿已去北軍，乃入未央宮，欲爲亂，殿門弗得入，裴回往來。平陽侯恐弗勝，馳語太尉。太尉尚恐不勝諸呂，未敢訟言誅之，乃遣朱虚侯謂曰：『急入宮衛帝。』朱虚侯請卒，太尉予卒千餘人。入未央宮門，遂見產廷中。日餔時，遂擊產。產走，天風大起，以故其從官亂，莫敢鬭。逐產，殺之郎中府吏廁中。

朱虚侯已殺產，帝命謁者持節勞朱虚侯。朱虚侯欲奪節信，謁者不肯，朱虚侯則從與載，因節信馳走，斬長樂衛尉呂更始。還，馳入北軍，報太尉。太尉起，拜賀朱虚侯曰：『所患獨呂產，今已誅，天下定矣。』遂遣人分部悉捕諸呂男女，無少長皆斬之。辛酉，捕斬呂祿，而笞殺呂嬃。使人誅燕王呂通，而廢魯王偃。壬戌，以帝太傅食其復爲左丞相。戊辰，徙濟川王王梁，立趙幽王子遂爲趙王。遣朱虚侯章以誅諸呂氏事告齊王，令罷兵。灌嬰兵亦罷滎陽而歸。

諸大臣相與陰謀曰：『少帝及梁、淮陽、常山王，皆非眞孝惠子也。呂后以計詐名他人了，殺其母，養後宮，令孝惠子之，立以爲後，及諸王，以强呂氏。今皆已夷滅諸呂，而置所立，卽長用事，吾屬無類矣。不如視諸王最賢者立之。』或言『齊悼惠王高帝長子，今其適子爲齊王，推本言之，高帝適長孫，可立也』。大臣皆曰：『呂氏以外家惡而幾危宗廟，亂功臣。今齊王母家駟，駟鈞，惡人也。卽立齊王，則復爲呂氏。』欲立淮南王，以爲少，母家又惡。乃曰：『代王方今高帝見子，最長，仁孝寬厚。太后家薄氏謹良。且立長故順，以仁孝聞於天下，便。』乃相與

共陰使人召代王。代王使人辭謝。再反，然後乘六乘傳。後九月晦日己酉，至長安，舍代邸。大臣皆往謁，奉天子璽上代王，共尊立爲天子。代王數讓，羣臣固請，然後聽。

東牟侯興居曰：『誅呂氏吾無功，請得除宮。』乃與太僕汝陰侯滕公入宮，前謂少帝曰：『足下非劉氏，不當立。』乃顧麾左右執戟者掊兵罷去。有數人不肯去兵，宦者令張澤諭告，亦去兵。滕公乃召乘輿車載少帝出。少帝曰：『欲將我安之乎？』滕公曰『出就舍。』舍少府。乃奉天子法駕，迎代王於邸。報曰：『宮謹除。』代王卽夕入未央宮。有謁者十人持戟衞端門，曰：『天子在也，足下何爲者而入？』代王乃謂太尉。太尉往諭，謁者十人皆掊兵而去。代王遂入而聽政。夜，有司分部誅滅梁、淮陽、常山王及少帝於邸。

代王立爲天子。二十三年崩，謚爲孝文皇帝。

太史公曰：孝惠皇帝、高后之時，黎民得離戰國之苦，君臣俱欲休息乎無爲，故惠帝垂拱，高后女主稱制，政不出房户，天下晏然。刑罰罕用，罪人是希。民務稼穡，衣食滋殖。

《漢書》卷三《高后紀》 高皇后呂氏，生惠帝。佐高祖定天下，父兄及高祖而侯者三人。惠帝卽位，尊呂后爲太后。太后立帝姊魯元公主女爲皇后，無子，取後宮美人子名之以爲太子。惠帝崩，太子立爲皇帝，年幼，太后臨朝稱制，大赦天下。乃立兄子呂台、產、禄、台子通四人爲王，封諸呂六人爲列侯。語在《外戚傳》。

元年春正月，詔曰：『前日孝惠皇帝言欲除三族罪、妖言令，議未決而崩。今除之。』

二月，賜民爵，户一級。初置孝弟力田二千石者一人。夏五月丙申，趙王宮叢臺災。立孝惠後宮子强爲淮陽王，不疑爲恆山王，弘爲襄城侯，朝爲軹侯，武爲壺關侯。秋，桃李華。

二年春，詔曰：『高皇帝匡飭天下，諸有功者皆受分弟爲列侯，萬民大安，莫不受休德。朕思念至於久遠而功名不著，亡以尊大誼，施後世。今欲差次列侯功以定朝位，臧於高廟，世世勿絶，嗣子各襲其功位。其與列侯議定奏之。』丞相臣平言：『謹與絳侯臣勃、曲周侯臣商、潁陰侯臣嬰、安國侯臣陵等議：列侯幸得賜餐錢奉邑，陛下加惠，以功次定朝位，臣請臧高廟。』奏可。春正月乙卯，地震，羌道、武都道山崩。夏六月丙戌晦，日有蝕之。秋七月，恆山王不疑薨。行八銖錢。

三年夏，江水、漢水溢，流民四千餘家。秋，星晝見。

四年夏，少帝自知非皇后子，出怨言，皇太后幽之永巷。詔曰：『凡有天下治萬民者，蓋之如天，容之如地；上有歡心以使百姓，百姓欣然以事其上，歡欣交通而天下治。今皇帝疾久不已，乃失惑昏亂，不能繼嗣奉宗廟，守祭祀，不可屬天下。其議代之。』羣臣皆曰：『皇太后爲天下計，所以安宗廟、社稷甚深。頓首奉詔。』五月丙辰，立恆山王弘爲皇帝。

五年春，南粤王尉佗自稱南武帝。秋八月，淮陽王强薨。九月，發河東、上黨騎屯北地。

六年春，星晝見。夏四月，赦天下。秩長陵令二千石。六月，城長陵。匈奴寇狄道，攻阿陽。行五分錢。

七年冬十二月，匈奴寇狄道，略二千餘人。春正月丁丑，趙王友幽死於邸。己丑晦，日有蝕之，既。以梁王呂產爲相國，趙王禄爲上將軍。立營陵侯劉澤爲琅邪王。夏五月辛未，詔曰：『昭靈夫人，太上皇妃也；武哀侯、宣夫人，高皇帝兄姊也。號謚不稱，其議尊號。』丞相臣平等請尊昭靈夫人曰昭靈后，武哀侯曰武哀王，宣夫人曰昭哀后。六月，趙王恢自殺。秋九月，燕王建薨。南越侵盜長沙，遣隆慮侯竈將兵擊之。

八年春，封中謁者張釋卿爲列侯。諸中官、宦者令、丞皆賜爵關内侯，食邑。夏，江水、漢水溢，流萬餘家。

秋七月辛巳，皇太后崩於未央宮。遺詔賜諸侯王各千金，將、相、列侯下至郎吏各有差。大赦天下。

上將軍禄、相國產顓兵秉政，自知背高皇帝約，恐爲大臣、諸侯王所誅，因謀作亂。時齊悼惠王子朱虛侯章在京師，以禄女爲婦，知其謀，乃使人告兄齊王，令發兵西。章欲與太尉勃、丞相平爲內應，以誅諸呂。齊王遂發兵，又詐琅邪王澤發其國兵，并將而西。產、禄等遣大將軍灌嬰將兵擊之。嬰至滎陽，使人諭齊王與連和，待呂氏變而共誅之。

太尉勃與丞相平謀，以曲周侯酈商子寄與禄善，使人劫商令寄紿説禄曰：『高帝與呂后共定天下，劉氏所立九王，呂氏所立三王，皆大臣之議。事已佈告諸侯王，諸侯王以爲宜。今太后崩，帝少，足下不急之國守

藩，乃爲上將將兵留此，爲大臣諸侯所疑。何不速歸將軍印，以兵屬太尉，請梁王亦歸相國印，與大臣盟而之國？齊兵必罷，大臣得安，足下高枕而王千里，此萬世之利也。』禄然其計，使人報產及諸呂老人。或以爲不便，計猶豫未有所決。禄信寄，與俱出遊，過其姑呂嬃。嬃怒曰：『汝爲將而棄軍，呂氏今無處矣！』乃悉出珠玉、寶器散堂下，曰：『無爲它人守也！』

八月庚申，平陽侯窋行御史大夫事，見相國產計事。郎中令賈壽使從齊來，因數產曰：『王不早之國，今雖欲行，尚可得邪？』具以灌嬰與齊、楚合從狀告產。平陽侯窋聞其語，馳告丞相平、太尉勃。勃欲入北軍，不得入。襄平侯紀通尚符節，乃令持節矯內勃北軍。勃復令酈寄、典客劉揭説禄，曰：『帝使太尉守北軍，欲令足下之國，急歸將印，辭去。不然，禍且起。』禄遂解印屬典客，而以兵授太尉勃。勃入軍門，行令軍中曰：『爲呂氏右袒，爲劉氏左袒。』軍皆左袒。勃遂將北軍。然尚有南軍，丞相平召朱虛侯章佐勃。勃令章監軍門，令平陽侯告衞尉，毋內相國產殿門。產不知禄已去北軍，入未央宮欲爲亂。殿門弗內，徘徊往來。平陽侯馳語太尉勃，勃尚恐不勝，未敢誦言誅之，乃謂朱虛侯章曰：『急入宮衞帝。』章從勃請卒千人，入未央宮掖門，見產廷中。餔時，遂擊產，產走。天大風，從官亂，莫敢鬬者。逐產，殺之郎中府吏舍廁中。

章已殺產，帝令謁者持節勞章。章欲奪節，謁者不肯，章乃從與載，因節信馳斬長樂衞尉呂更始。還入北軍，復報太尉勃。勃起拜賀章，曰：『所患獨產，今已誅，天下定矣。』辛酉，斬呂禄，笞殺呂嬃。分部悉捕呂男女，無少長皆斬之。

大臣相與陰謀，以爲少帝及三弟爲王者皆非孝惠子，復共誅之，尊立文帝。語在周勃、高五王《傳》。

贊曰：孝惠、高后之時，海內得離戰國之苦，君臣俱欲無爲，故惠帝拱己，高后女主制政，不出房闥，而天下晏然，刑罰罕用，民務稼穡，衣食滋殖。

漢·荀悦《前漢紀》卷六《高后紀》 初，高后命孝惠張皇后取後宮美人子養之，而殺其母，以爲太子，立爲皇帝。皇帝年幼，高后臨朝稱制，立兄子台爲楚王，台弟產爲梁王，禄爲趙王，封諸呂六人爲列侯。高皇后將王諸呂，問右丞相王陵。王陵曰：『高皇帝定天下，刑白馬而盟曰：『非劉氏而王者，天下共擊之。』問左丞相陳平、太尉周勃，平、勃對曰：『高帝定天下，王諸劉；今陛下稱制，王諸呂，無所不可。』后喜，罷朝，陵讓平、勃曰：『諸君背要，何面目見高帝於地下！』勃曰：『面折廷爭，臣不如君；安漢社稷，君不如臣。』后乃左遷陵爲帝太傅，實奪之相權。陵謝病免，杜門不出。冬十一月，徙『左』丞相陳平爲右丞相。辟陽侯審食其爲左丞相，食其，沛人也。初，呂后獲於楚，食其常以舍人侍，得幸。及爲丞相，不典治相，監宮中事，加『如』郎中令，羣臣皆因決事。先是或毀食其於惠帝，惠帝欲誅之。平原君朱建爲説惠帝幸臣閎籍孺曰：『君幸於帝，天下莫不聞者，今辟陽侯幸於太后而下吏，道路皆言君讒之。今日辟陽誅，明日太后含怒，亦誅君耳。』於是籍孺懼，入言於帝而出之。朱建者，故黥布相也。布之反，建諫止之。高帝賜建號平原君。建爲人口辯，初名廉直，行不苟合。辟陽侯欲交建，建不肯。及建母死，家貧，無以收葬。陸賈乃見辟陽侯，賀曰：『平原君母死。』辟陽侯曰：『平原君母死，何乃賀我？』賈曰：『平原君必不知君者爲其母，今其母死家貧，無以葬之，君誠能厚送葬之，則彼爲君死矣。』食其乃奉百金。列侯貴人以食其故，往贈送之，凡百金，而建受之。及呂氏之誅，其卒見全者，皆建之力也。後淮南厲王長誅食其，建以食其客故事及之，建自殺。

元年春正月，詔曰：『孝惠帝欲除三族罪及妖言令，議未決而崩，今除之，賜民爵户一級。』夏五月丙申，趙王宮中叢臺灾，立孝惠美人子五人：强爲淮陽王，不疑爲恒山王，弘爲襄城侯，朝爲軹侯，武爲壺關侯。秋七月，桃李花。高后怒御史大夫趙堯之爲趙王謀也，免堯官抵罪，上黨太守任敖爲御史大夫。

二年春正月，詔班序列侯功臣位次，藏於高廟，世世勿絶嗣。二月乙卯晦，地震。羌道、武都道山崩。夏六月日蝕。秋七月，恒山王不疑薨，立襄城侯弘爲恒山王。行五銖錢，錢之制夏殷以前無文焉，周制則有文。凡錢外圓內方，輕重以銖。周景王以錢輕，更鑄大錢文曰『寶貨』，肉好外有周郭。秦錢文曰『半兩』，重如其文。漢興，復輕之。齊悼惠王子章入宿衞，封朱虛侯。

三年夏，江水漢水溢，流四千餘家。秋星晝見，伊水洛、水溢，流千六百餘家。汝水溢，流八百餘家。其在《洪範》爲『水不潤下』。

四年夏四月，少帝出怨言，知高后殺其母。后乃幽之於永巷，詔曰：『皇帝久病昏亂，不能奉宗廟，廢之。』五月，立恆山王弘爲皇帝。

五年春三月，南越王尉佗自稱南越武帝。是時禁南越關中市鐵器。尉佗曰：『先帝與我通使勿絶，今高后聽讒臣之言，別異蠻夷。此必長沙王計，欲倚中國，擊滅南越，自以爲功。』乃自稱越帝，欲攻長沙。秋八月，淮陽王强薨。九月，發河東上黨騎屯北地，備匈奴。

六年春，星晝見。夏四月，赦天下。秩長陵令二千石。六月，匈奴寇狄道，攻河陽。行五分錢。朱虛侯弟興居封東牟侯，皆入宿衛。

七年冬十二月，匈奴寇狄道。春正月，趙王友死於邸，呂氏女爲趙王后，王后妬，讒王於高后曰：『呂氏安得王？太后百年後，吾必擊之。』高后怒之至邸，令衛士圍之，不得食，遂幽死，以民禮葬之長安，謚爲幽王，後徙梁王恢爲趙王。己丑晦，日有食之。既在營室九度，爲宮室之中，高后惡之，曰：『此爲我也。』《星傳》曰：『日者，德也；月者，刑也。日食修德，月食修刑，則災異消矣。《詩》云：『日月告凶，不用其行。四國無政，曷用其良。』言人君失政，則日月失行。』【略】

呂產爲相國，呂祿爲上將軍，立營陵侯劉澤爲琅邪王，澤高帝族昆弟，本以將軍擊陳豨有功，故封齊。齊人田生嘗遊乏資，以干澤，澤以三百金爲田生壽。乃謂太后所幸中謁者張釋卿曰：『太后欲王諸呂，及重自發之，恐大臣不聽。今釋卿最幸於太后，何不諷大臣以聞太后，太后必喜。』呂氏既王，萬户侯亦釋卿有，釋卿從之。諸呂已爲王，高后賜釋卿金千斤，釋卿以其半進田生，田生不受。又説曰：『呂氏之王也，大臣未服。今劉澤於諸劉長，大臣所信，獨不見用，常有觖望也。今令太后裂地十餘縣以王之，彼喜而去，諸呂王益固矣。』遂封澤爲琅邪王。夏五月，尊昭靈夫人爲昭靈后，武哀侯爲武哀王，高帝姊宣成夫人爲昭哀后。六月，趙王恢自殺。呂產女爲趙王后，後宮皆諸呂女也，擅權，王不得自恣。王有愛姬，王后鴆而殺之，王怒，悲憂自殺。呂后以爲用婦人言故自殺，無思奉宗廟之禮，廢其嗣。朱虛侯章怒呂氏專權，侍宴。高后令章爲酒令，章自請曰：『臣將種也，請以軍法行酒令。』后可之。酒酣，章進起舞曰：『請爲太后作《(歸)〔耕〕田之歌》。』皇太后笑曰：『汝安知田事？』試説之，曰：『深耕穊植，立苗欲疏，非其類者，鉏而去之。』高后嘿然。有頃，呂有一人亡酒，章追斬之。太后及諸左右大驚，以前許章軍法，無以罪也。因罷。自是諸呂憚章，大臣皆依朱虛侯兄弟以爲强。是時大臣憂諸呂之亂，陸賈説陳平、周勃曰：『天下安，注意相；天下危，注意將。將相和則權不分，今爲社稷計，在二君掌握耳，何不能交太尉勃乎？』以千金爲太尉結歡，勃亦如之，遂戮力同心。平乃賜賈金五百斤，僮百人。八月，燕王建薨。南越侵長沙，遣隆慮侯周竈將兵擊之。

八年春，封中謁者張釋卿爲列侯，諸中宦者令丞，皆賜爵關内侯食邑。高后夢見物如蒼狗，櫼后腋，忽然不見。卜之云：『趙王如意爲祟。』遂病腋傷。夏，江水漢、水溢，流萬餘家。河内水溢，流萬家。秋九月辛巳，高后崩於未央宮。諸呂恐爲大臣所誅，謀作亂，欲廢少帝而立呂產。朱虛侯婦呂祿女，密聞其謀告章，章乃使人陰告其兄齊王嬰，令發兵西。章及興居欲從中與大臣爲内應，誅諸呂，立齊王。齊王令人誘琅邪王，欲令興二國兵，琅邪王既至，因留之。悉發琅邪兵，以中尉魏勃爲將軍，幷將之。呂產等遣大將軍灌嬰擊齊王，嬰乃陰與齊王約，留兵屯滎陽。曲周侯酈商，其子寄與呂祿善，周勃、陳平使人執劫商，而令寄説呂祿曰：『高帝與呂后定天下，劉氏所立九王，呂氏所立三王，皆大臣之義，事已佈告諸侯王，諸侯王以爲宜。今太后崩，少帝幼，足下不急之國守蕃，乃爲上將將兵，爲大臣諸侯所疑。何不速歸將軍印綬，因以兵屬太尉，請梁王亦歸相印，與大臣盟而之國？高枕而王千里，此萬世之利。』祿然其計，報產及諸呂，多以爲不便，計未決。祿信寄，與俱出遊，過其姑呂嬃。嬃怒曰：『汝爲將軍而棄軍，呂氏今無類矣。』乃悉出珠玉寶器散之堂下，曰：『無爲他人守也。』八月，太尉周勃復令寄謂祿曰：『帝使太尉守北軍，欲令足下之國，急歸將軍印綬，辭去。不然，禍且起。』祿遂解印屬典客，而以兵授勃。勃入軍門，行令軍中曰：『爲呂氏者右袒，爲劉氏者左袒。』軍皆左袒，勃遂統北軍兵，而朱虛侯，將率千人入未央宮斬呂產。辛酉，斬呂祿，諸呂無問長幼，皆斬之。大臣謀以爲少帝及諸王皆非惠帝子，欲盡誅之，立齊王。議者曰：『王暴戾，虎冠之。代王母家薄氏，君子也。且代王親高帝子，於今爲長，仁孝聞於天下，以子則順，

以賢則大臣安。』乃迎代王。東牟侯興居與太僕夏侯嬰陰共入宮中誅少帝，於是告齊王令罷兵。諸呂之始王也，呂后畏大臣及有口辯者，陸賈爲太中大夫，自度不能爭之，乃謝病免，於是以所使越時囊中裝千金，以與五子，各二百斤，令爲產業。賈常安車駟馬，從歌鼓瑟侍者十人，與其子約曰：『過汝家，人馬酒食。』極歡十日，有寶劍直百金，所死家得寶劍一，歲中往來，及過他家，卒不過再三。遊於漢庭公卿之閑，名聲甚顯，及誅呂氏，立孝文，賈頗有力。《本傳》曰：『當孝文之時，天下以酈寄爲賣友。賣友者，謂見利而忘義。若寄父爲功臣而又被執劫，雖權賣呂祿，以安社稷，義存君親，可矣。』淮南丞相張蒼爲御史大夫。

贊曰：《本紀》稱『孝惠高后之時，海內得離戰爭之苦，君臣俱無爲。故惠帝拱己，高后女主，制政不出房闥，而天下宴然，刑罰罕用，民務稼穡，衣食滋殖矣。及福祚諸呂，大過漸至，縱橫殺戮，鴆毒生於豪强，賴朱虛、周、陳惟社稷之重，顧山河之誓，殲討篡逆，匡救漢祚，豈非忠哉！王陵之徒，精潔心過於丹青矣。

論説

漢・王充《論衡》卷二一《死僞篇》 高皇帝以趙王如意爲似我而欲立之，呂后恚恨，後酖殺趙王。其後，呂后出，見蒼犬，噬其左腋。怪而卜之，趙王如意爲祟，遂病腋傷，不愈而死。蓋以如意精神爲蒼犬，見變以報其仇也。曰勇士忿怒，交刃而戰，負者被創，僕地而死。目見彼之中己，死後其神尚不能報。呂后鴆如意時，身不自往，使人飲之，不知其爲鴆毒，憤不知殺己者爲誰，安能爲祟以報呂后？使死人有知，恨者莫過高祖。高祖愛如意而呂后殺之，高祖魂怒宜如雷霆，呂后之死宜不旋日。豈高祖之精，不若如意之神？將死後憎如意，善呂后之殺也？

宋・蘇洵《嘉祐集》卷三《權書下・高祖》 漢高祖挾數用術，以制一時之利害，不如陳平；揣摩天下之勢，舉指搖目以劫制項羽，不如張良。微此二人，則天下不歸漢，而高帝乃木强之人而止耳。然天下已定，後世子孫之計，陳平、張良智之所不及，則高帝常先爲之規畫處置，以中後世之所爲，曉然如目見其事而爲之者。蓋高帝之智，明於大而暗於小，至於此而後見也。

帝嘗語呂后曰：『周勃厚重少文，然安劉氏必勃也。可令爲太尉。』方是時，劉氏既安矣，勃又將誰安耶？故吾之意曰：高帝之以太尉屬勃也，知有呂氏之禍也。雖然，其不去呂后，何也？勢不可也。昔者武王没，成王幼，而三監叛。帝意百歲後，將相大臣及諸侯王有武庚、祿父者，而無有以制之也。獨計以爲家有主母，而豪奴悍婢不敢與弱子抗。呂后佐帝定天下，爲大臣素所畏服，獨此可以鎮壓其邪心，以待嗣子之壯。故不去呂氏者，爲惠帝計也。

呂后既不可去，故削其黨以損其權，使雖有變而天下不搖。是故以樊噲之功，一旦遂欲斬之而無疑。嗚呼！彼豈獨於噲不仁耶！且噲與帝偕起，拔城陷陣，功不爲少矣。方亞父嗾項莊時，微噲誚讓羽，則漢之爲漢，未可知也。一旦人有惡噲欲滅戚氏者，時噲出伐燕，立命平、勃卽斬之。夫噲之罪未形也，惡之者誠僞，未必也，且高帝之不以一女子斬天下之功臣，亦明矣。彼其娶於呂氏，呂氏之族若產、祿輩皆庸才不足恤，獨噲豪健，諸將所不能制，後世之患，無大於此矣。夫高帝之視呂后也，猶醫者之視堇也，使其毒可以治病，而無至於殺人而已矣。樊噲死，則呂氏之毒將不至於殺人，高帝以爲是足以死而無憂矣。彼平、勃者，遺其憂者也。

噲之死於惠之六年也，天也。使其尚在，則呂祿不可紿，太尉不得入北軍矣。或謂噲於帝最親，使之尚在，未必與產、祿叛。夫韓信、黥布、盧綰皆南面稱孤，而綰又最爲親幸，然及高祖之未崩也，皆相繼以逆誅。誰謂百歲之後，椎埋屠狗之人，見其親戚乘勢爲帝王而不欣然從之邪？吾故曰：彼平、勃者，遺其憂者也。

宋・蘇軾《東坡全集》卷四二《漢高帝論》 有進說於君者，因其君之資而爲之說，則用力寡矣。人唯好善而求名，是故仁義可以誘而進，不義可以劫而退。若漢高帝起於草莽之中，徒手奮呼而得天下，彼知天下之利害與兵之勝負而已，安知所謂仁義者哉！觀其天資，固亦有合於仁義者，而不喜仁義之說，此如小人終日爲不義，而至以不義說之，則亦怫然而怒。故當時之善說者，未嘗敢言仁義與三代禮樂之教，亦惟曰如此而爲利，如此而爲害，如此而可，如此而不可，然後高帝擇其利與可者而從

之，蓋亦未嘗遲疑。天下既平，以愛故欲易太子，大臣叔孫通、周昌之徒力爭之，不能得，用留侯計僅得之。蓋讀其書至此，未嘗不太息以爲高帝最易曉者，苟有以當其心，彼無所不從，盍亦告之以呂后，太子從帝起於布衣以至於定天下，天下望以爲君，雖不肖而大臣心欲之，如百歲後，誰肯北面事戚姬子乎？所謂愛之者，祇以禍之。嗟夫！無有以奚齊、卓子之所以死爲高帝言者歟？叔孫通之徒，不足以知天下之大計，獨有廢嫡立庶之說，而欲持此以卻之，此固高帝之所輕爲也。人固有所不平，使如意爲天子，惠帝爲臣，絳灌之徒，圜視而起，如意安得而有之，孰與其全安而不失爲王之利也？如意之爲王，而不免於死，則亦高帝之過矣。不少抑遠之，以泄呂后不平之氣，而又厚封焉，其爲計不已疏乎？或曰：呂后强悍，高帝恐其爲變，故欲立趙王。此又不然。自高帝之時而言之，計呂后之年，當死於惠帝之手。呂后雖悍，亦不忍奪之其子以與侄。惠帝既死，而呂后始有邪謀，此出於無聊耳，而高帝安得逆知之！且夫事君者，不能使其心知其所以然而樂從吾說，而欲以勢奪之，亦已危矣。如留侯之計，高帝顧戚姬悲歌而不忍，特以其勢不得不從，是以猶欲區區爲趙王計，使周昌相之，此其心猶未悟，以爲一强項之周昌，足以抗呂氏而捍趙王，不知周昌激其怒，而速之死耳。古之善原人情而深識天下之勢者，無如高帝，然至此而惑，亦無有以告之者。悲夫！

宋・宋祁《宋景文筆記》卷中《考古》　高祖知呂后與戚夫人有隙，方病時，去呂后若斷一巨拇，然終不殺者，以惠帝不能制陳平、周勃、蕭何、曹參等，故委戚氏，不顧爲天下計，俾后佐之惠帝六年。后八年，是時天下已定，姦人不能搖亂，文帝以一乘車自代來即位，則高祖料之熟矣。

宋・眞德秀《大學衍義》卷三八《齊家之要二・嚴内治・宮闈預政之戒》　臣按呂后之初受遺也，高帝謂曹參可代蕭相國，陳平可助王陵，安劉氏者必勃，可令爲太尉，后皆用之如高帝言。是時，未有邪心也。一旦臨朝稱制，軍國大權既從已出，於是尊諸呂，抑劉氏之意生矣。垂没慮禍，令禄産分據兵權，而私外家，攘神器之謀决矣。非内有平、勃之忠，外有齊、楚之强，則呂氏將不可制。非禄、産庸駑易紿，肯去兩軍，則雖内外有人，亦未易制。然則漢祚之不亾者，天也，使后能以安劉全呂，爲心當惠帝之没，迎立代邸，以嗣高帝之業，付託得人坐享天下之養，功在宗祏，慶流外家，雖百世可也。釋此不爲，而貪八年稱制之權，艷三國分王之寵，騎虎不下，逆志以萌，致使宗族殲夷，嬰孺莫保，昔之自私者，乃還以自禍也。豈不哀哉？即文帝也。

宋・黄震《黄氏日抄》卷四六《讀史一・史記・呂后紀》　惠帝立七年，名惠帝子者，踐阼復二人。史遷皆係之呂后，意者示女后專制之變也。然呂氏盡殺高帝子孫在内者，欲奪天下，而歸之呂，大逆無道，漢之賊也，豈止專制而已。而可紀之哉？遷爲漢臣子，特微辭見意爾。

呂后欲王諸呂，王陵力爭，可謂社稷臣矣。平，勃阿意王之，勃歲卒誅諸呂、安劉氏，然矣功不贖罪；若平又何以贖之，而反受賞邑三千户，金二十斤耶？平平生教帝詐，無益成敗之數；天下既定，誤帝僞遊，叛者九走，卒死於兵；今復負帝身後如此，平眞汗之罪人也。

留侯子張辟强年十五，揣知呂后意，勸丞相拜諸呂將南北軍，入居宮中用事，雖曰早慧，實留侯不肖子，使非漢方興未艾，賣漢天下者爾。

漢氏已絶而復續分王子弟力也，不然而盡聚之京師，殲於呂氏婦人之手，無噍類矣。

呂后殺其子孫而欲帝母家，使母家無少長皆斬，而身亦死于祟禍，史遷備著之爲萬世女后戒。

宋・葉適《習學記言》卷二一《漢書》　取天下於羣雄爭奪之時易，定社稷於母后專制之日難，此陳平當呂后時所以銷縮不敢有所爲也。然平自審産禄昏庸，不爲深患，但以呂后不可廷爭，故一切順聽。及呂后死四十日間，諸呂已滅；更數十日，則孝文立，漢事定矣。後人徒見處之不難便謂若戲劇，不知其處置精密，蓋能使外朝上下相合爲一，更無趨和呂氏之意。不然不足爲燕居深念也。

宋・吴曾《能改齋漫録》卷八《續添・不去呂后爲惠帝計》　老蘇明允論漢高祖云：不去高后者，以呂氏佐帝定天下，爲大臣素所畏服，獨此可以鎮壓其邪心，以待嗣子之壯。故不去呂后者，爲惠帝計也。云云。余按唐李德裕羊祐留賈充論云：漢高不去呂后亦近於此，漢高嬖戚姬愛如意，思其久安之計，至於悲歌不樂，豈不知除去呂后必無後禍？況呂后年長有過，稀復進見，漢高棄之如去塵垢，實以惠帝闇弱，必不能

自攬權綱，其將相皆平生故人，俱起豐沛，非吕后剛强不能臨制，所以存之爲社稷也。乃知老蘇本此。

宋・朱熹《朱子語類》卷一三二《本朝六・中興至今人物下》 吕后只是一個村婦人，因戚姬，遂迤邐做到後來許多不好。武后乃是武功臣之女，合下便有無君之心。自爲昭儀，便鴆殺其子，以傾王后。中宗無罪而廢之，則武后之罪已定。只可便以此廢之，拘於子無廢母之義，不得。吕后與高祖同起行伍，識兵略，故佈置諸吕與諸軍。平勃之成功也，適直吕后病困，故做得許多腳手，平勃亦幸而成功。胡文定謂武后之罪，當告於宗廟社稷而誅之。賀孫。

宋・吴箕《常談》 惠帝崩，吕后哭而不哀。張辟彊謂丞相平請拜吕台、吕産爲將，居南北軍，及諸吕皆居中用事，如此則太后心安，臣等幸脱禍矣。平如辟彊計，吕氏權由此起，幾亡漢室。辟彊之見止於欲大臣脱禍，平輕從其説，亦以太后多權詐，未可遽圖臣主之勢，不容齟齬而然爾。或曰：向令太后壽考，平前死之，則事有不可言者，當不如王陵廷爭之美。殊不知大臣之誼，當危疑時必以安社稷爲事。吕后之心方以大位自疑，如其尸平、勃諸人，專任産、禄，於天下之人必有假義而起者。吕氏掃除而漢業終焉，豈不大可慮哉！

宋・王觀國《學林》卷三《吕武帝紀》 《漢書》立《高皇后吕氏帝紀》，《唐書》立《則天皇后武氏帝紀》，其名相類，而其事有大不相類者。漢惠帝即位，太后立帝姊魯元公主女爲皇后，無子取後宫美人子名之以爲太子。惠帝崩，太子立爲皇。帝年幼，太后臨朝稱制。方惠帝崩，太后哭而泣不下。及陳平等請拜諸吕爲將居中，太后悦，其哭乃哀。蓋吕后獨生惠帝，惠帝無子取後宫子爲太子者，欲繼統出于惠帝也。惠帝崩，太后哭而泣不下者，太子幼，太后心疑大臣未有自全之策。及陳平請用諸吕，太后哭乃哀，蓋吕后不過内欲繼統出于惠帝，而外崇諸吕之名位，庶可以固吕氏之宗，而享富貴之安也。吕后有假寵外戚太過之罪，而無盗漢之心。及吕后崩，大臣誅諸吕，此亦必然之理。使諸吕不誅，則諸吕果能廢劉氏而革天命乎？若夫武后則不然。方且廢中宗改國號周，自稱神聖皇帝，立武氏七廟。方是時，天下已移爲周矣，非復有唐也。然則武后眞篡唐者也，及大臣誅二張，中宗復即位，徙太后上陽宫，復唐宗廟，然後天下復有唐。由此觀之，則武后之與吕后，其事大不相類可知也。觀國案：春秋魯季平子之逐昭公也，昭公奔齊，故《春秋》書曰：『公孫于齊。』及昭公居鄆，故《春秋》書曰：『公至自齊居于鄆。』及昭公適晉至乾侯，《春秋》書曰：『公如晉次于乾侯。』昭公復自乾侯歸鄆，《春秋》書曰：『公至自乾侯居于鄆。』昭公又自鄆往乾侯，《春秋》又書曰：『公如晉次于乾侯。』昭公三十年、三十一年、三十二年皆在乾侯，故《春秋》于此三年正月皆書曰：『公在乾侯。』凡此，乃《春秋》紀年之法也。劉元海劫天子以僭帝號，時晉帝在平陽，故《晉史》書曰：『帝在平陽。』此乃《春秋》書『公在乾侯』之法也。唐中宗雖被廢，然而後復即位，當其居于均州，宜書曰：『帝在均州。』當其遷于房州，宜書曰：『帝在房州。』史既不書，則無以見唐祚之不絶。武后篡唐，罪惡至大，列諸帝紀者爲唐正朔設，不爲其人設也。武后淫刑踵及無辜，凡用宰相七十五人，而被殺者二十有一人，被流者九人，被貶者十有五人。當是時簪纓之流，宜知幾而退遯矣，乃復接武而競進浮名之誘人也，如是哉。

宋・史堯弼《蓮峯集》卷七《吕后論》 天下之事，順其理而各適其所，則安行而不悖。惟其有所咈逆而觸其怒則必有所不平，以至於怨亂而莫可解。是以變之作，未有無故而作者。其未作之初，先有以激之而弗得平，抑鬱而不能發散，則必潰裂四出，以致其忿而後已。故天下之變，或起於内，或起於外，而其始皆有以激之而後作。然其間嘗若有無故而作者。是亦有無意於相激，而勢必至於相激，而其亂乃與夫有心於激之者均也。有心於激之。其激也有所指，則其禍發也有所歸。如晁錯削七國，而吴楚因以叛。若此之類，人皆知之而無難。而獨有無心於相激，而勢必至於相激者，雖高見之人亦莫知其故，是以亂每出於意外而莫可止。嘗怪漢唐之初，收天下於秦隋鼎鑊之餘，而與民休息，意其根蒂，卒未可摇動也，然皆不再世而幾奪於一婦人之手者。蓋武氏之初，一言一顧而遂爲后，其得之也易，則舉而委之也必不甚惜。高宗又嘗欲廢之，而事不諧，宜其憤毒慘烈，至於烹滅宗室，菹醢大臣，以撼取神器而後已。蓋其享之也易，而又有以大觸其怒，其所以然者無足怪也。若夫吕后則不然，彼其初隨高祖，顛越狼狽，艱難勞苦之態，亦備嘗其極味矣。故得天下而爲漢

家謀慮，亦不可謂不至，而實未有睽忤之怨。然一旦忘悲別付託之言，乃欲舉天下授與不相屬之人，陰沈險刻，將必取而後已。夫其情理與武氏異，而其反亂與武氏同，蓋未嘗不怪其無故而作也。嗚呼，此必其閨門之間，事有無意於相激，而勢必至於相激，以至於此也。嘗觀高祖以愛故欲易太子，然後知其有以激之而無疑。且其同冒百戰而後得天下，其情豈不願其嫡嗣有天下哉？今乃無故立戚姬子，而視我如路人焉，百戰離合之恩愛，至此已了不相屬矣。故得意之後，遂鴆如意，粉戚姬，以發其至痛。其憤悶急切，紆鬱無所逞，必舉天下而授諸呂者，其意以爲若能置我以從若之愛，則予豈不能外若以從我之親哉？婦人之情，至此而後已也。是知諸呂之禍，雖起於呂后之陰險，而實原於高祖之激之也。今夫惟天下至親者易合，而亦易以離。易合者以其愛深，易離者以其情切而怨不可解。古今之亂，有朝爲父子兄弟夫婦，而暮已如禽獸之相食者，皆其情切而怨不可解也，故貴其順而深忌其相逆。若夫聖人則不然，必曰以義制事，以禮制心。心無爲而爲正，則理勢必不至於相逆，而亂何由起哉？夫以泗上一亭長，而能以大度蓋天下而王之，亦古今曠絕矣。聖人之事，未之容責焉。然而禍之所自發，則咎必有所歸，亦不可不督過之也。

又**《安劉氏者必勃論》** 天下之事，在我者可以必爲，而在人者不可以必爲；見於今者可以必料，而出於他日者不可以必料；圖於有形者可以必成，而爲於未兆者不可以必成。漢高祖臨終之時，天下未有大患難之可憂，而周勃亦無大功業之可見。然帝付託之語乃曰：『安劉氏者，必勃。』舉天下不可必之理而加之於必然，此蓋高見遠慮，存乎其間，而非世俗之所可知也。竊謂高祖之意有不可曉者四：原本缺。當其時天下無事，劉氏既安矣，而勃又何安耶？此不可曉者一也；陳平之智足以應變而無窮，而勃椎魯若無能爲者，乃云『安劉氏者必勃』，何耶？此不可曉者三也；若謂周勃可以制諸呂，胡爲乃面屬呂后使用爲太尉，又何耶？此不可曉者四也。此其高祖微機乎？嘗原帝之亡嗣君幼弱，諸將尚存，侯王太盛，惟呂后之多謀而更事，然後足以制其變，此高祖之所以不去呂后也。然堇毒足以治病而亦足以殺人，呂后足以制變而亦足以起亂。婦人之情好私其外戚，則諸呂之勢必至於傾漢，此又高祖之所以逆知呂后之亂也。然諸呂之禍起於蕭墻，緩之則養亂，急之則速變，是必頑然若無能而使不吾慮確然，若不動而使不吾察而後可圖也，此又高祖之所以必周勃之安漢也。既知呂氏之必傾漢，又知周勃之必安漢，然私用爲太尉，則呂后有致疑之心；勃不綰兵柄，則劉氏無可興之理，此又高祖之所以面屬呂后也。高祖其有憂患乎？何其慮之深而計之盡也。且制天下者，莫易於治，亦莫易於亂。蓋其發也，有狀則吾處之也，有方而最不可爲者。莫難於不治不亂之際，以爲治耶，則亂藏乎其中；以爲亂耶，而治見乎其外。此其禍必陰沈而莫可解，既不可弭其變，又不可聽其亂。而諸呂之禍，蓋亦在乎欲治不治之間，欲亂不亂之際，欲圖之而無可圖之形，欲救之而無可救之狀。以才與之角，則才有所不足；將動而求成功，則勢有所不可廢。故王陵之直而無所措，而陳平之智亦難獨任。然則將何爲而可耶？曰：是必有龐然無能，爲頽然若不足慮者，而後可以定亂於天下。此高祖之所以必周勃之安劉氏與？勃爲人厚重而少文，故其鎮重足以壓天下之亂，而使之不能動其椎魯，足以安諸呂之心，而使之不吾疑。然後徐起而取之，則大事必決于我方。是時，直諫以抗之者王陵也，陰謀而圖之者陳平也，合將相者陸賈也，結呂禄者酈寄也，倡大義者朱虛侯也，握重兵者齊與灌嬰也，而劉揭、御史窋張辟彊之徒，皆并力馳騁乎其間。是數子者，皆以其才與之角，皆欲動而求成功，惟勃能以不才而合其謀；惟勃能以不動而制其會。是以入北軍而人不知。士皆左袒爲劉氏，而諸呂不之覺，安社稷，定劉氏而天下不見其狀。此高祖所以必其成功，而陳平所以自謂不及也。向使勃處危疑，而以區區之才動於其間，則姦人得以乘勢而奪其權，又何劉氏之安乎？吾乃今知勃之無能者，乃所以爲有能而不足慮者，乃所以爲深可慮也。嗚呼！周勃今以無能而安劉氏，高祖亦常以無能而取天下矣。方項羽咄嗟叱咤，其勢若飄風震霆，天下以爲無漢矣。而高祖以其不智不勇之身，横塞其衝，其頑冒椎魯，雖足以取笑於人，而卒能張項羽於始，而翕之於終，其知人之術無乃其取天下之術歟？其所以任人者，乃其所以自任歟？不然，何其能必周勃之安劉氏也耶？方其既没之時，天下雖平，而内有諸呂之禍，蓄怒而欲發，不可謂之治，亦不可謂之亂。故高祖知其然也，以其治焉而付之曹參，以其亂焉而遺之周勃。參卒能行其清浄無爲之政，安然而致其治；勃卒以椎魯無能之才，安然而平其亂。此非高祖知人之效，蓋其御天下之術也。嘗觀西漢之事有

可怪者二：周勃椎魯少文，而高祖必其能安劉氏；霍光不學無術，而孝武必其能輔幼主。皆卒如所料，蓋椎魯少文者，乃所以安劉氏；而不學無術者，乃所以能輔幼主也。世之人不知，夫不才之爲才，無用之爲有用，踈矣。晁錯以其才而發七國之亂，竇武以其才而速宦官之變。西漢以亂，東漢以亡。沈重而不發者，未有不成；踈狂以速禍者，未有不敗。故晁錯、竇武用則劉氏必危，周勃、霍光用則劉氏必安。豈非自然之理耶？

宋·馬廷鸞《碧梧玩芳集》卷二一《讀史旬編·吕后》 漢自高帝有天下以來，常有疑將相大臣之心，吕后習聞久矣。至是再經大喪，其畏忌諸公，誠有如辟强之計者。當高帝時，后誅韓、彭如殺狐兔。高帝崩時，且欲盡誅諸將而後發喪。今惠帝折夭，國無冢嗣，彼將誅大臣以逞，固優爲也。大臣姑爲自全之計，以待此媼之老且死，禄、産庸人，平、勃取之有餘也。大槩欲存漢祚，則平、勃不可亡；欲誅諸吕，則太后不可存。今諸公以計存，而后以老死，則漢氏安矣。李文饒之説，未爲至論，而吕成公乃於學術上倒斷區區。竊謂此時此事，無論學術，直論機權耳。

致堂胡氏之説，足以盡西京外戚貽禍之本末矣。嘗因是極論之天地之間，有陽不能無陰，陰而乘陽，則宇宙分裂，人極隳亡矣。女子、四陲是也，姑以三千年間世代興亡之迹考之。由三代而下，亡於女子，由石晉而下，亡於四陲，皆可數也。歐陽公謂宦官之禍，甚於女子，此固爲唐末一代言之耳。以古今大勢論，則女禍深矣。少女子能蠱惑人主以亡國，老女子能崇長外戚以亡國。三代之亡，固皆由是物矣。周之東遷以褒姒，周雖不亡於此而已衰於此矣。秦氏有宣太后穰侯之專，莊襄王悦美姬以易其宗，漢高帝起於閭閻。吕后初無功於王業也，而漢初諸人之論，每以爲吕氏雅故，本推轂高帝就天下，原注：田生説。又謂吕后與高帝共定天下，原注：酈寄語。是以諸吕之心自謂與諸劉等。惘然有取而代之之意，而後動於惡中間霍氏擁昭立宣，光妻邪謀，特覺之早耳，而終不免元后莽新之亂焉。曹魏之篡於司馬氏也，一再廢弑，專以母后爲之主。晉武平吴之後，耽惑女寵楊賈，實召五季亂華之禍，天下既爲南北矣。齊陳以女色亡，元魏以淫后亡。隋文帝起外戚以篡周，唐高祖竊宫嬪以取隋。太宗寵武才人開聚麀之醜，子孫殲焉，禄山之起爲太眞妃也，唐雖未亡於此，已衰於此矣。河朔失而勁兵亡，東南虚而蠻禍起，非權輿於天寶末年乎？朱梁以女開子禍而亡，後唐莊宗以劉后殺功臣靳軍賞而亡，皆女子之爲也。自石晉而下，則邊陲之禍繼之。晉高祖欺天叛君，借助契丹而亡於契丹。周恭帝雖幼沖，儻無陳橋之師，則太祖尚遵養時晦之日也。自時厥後，則又有不忍言者矣。嗚呼！陽一陰二，女禍歷選前代而知之矣。四陲之禍，其未有涯乎？

元·陳世隆《北軒筆記》 世傳漢高溺戚姬之寵，遂欲奪嫡然否？曰：此自有説。蓋高帝艱難百戰以有天下，見惠帝懦弱，不足以承大業而已，與吕后年皆漸高，恐新造之邦反側未定，諸强功臣又皆在列，一旦身死，而太子不能爲駕馭，特以如意類已故意屬之，此帝之本情也。卒以四皓羽翼太子不廢，謂人心所屬，恐易之而又失天下心也。使帝果惑於戚姬之寵，而不顧失天下之心，則亦何有於四皓？且帝之殺韓信，即其屬意趙王之心也，以爲信在而太子闇弱，天下事尚未可知，故寧殺信而不惜使太子英武如帝。信未必誅令以屬意趙王爲眞，惑於戚姬，是亦謂信之誅爲眞反也，而果帝之本情哉？曰：若是則周昌何爲强諫張良，何以爲之羽翼？曰：立嫡以長理之正，又況開國之君，尤當爲後世法昌，亦只説個正理。良亦只了得吕后之託，彼惠帝之無子先死，吕后之後死，文帝之承統一以衍漢祚之長，皆天意，非人謀也。若后先死而惠帝獨在，必不能自立以喪天下，則昌之諫良之羽翼，是亦殷太史之爭立紂，使商不祀忽諸而已。或又曰：太子易則强悍之，吕后不肯但立趙王，亦未能安家，難且作而其禍方長，故不如據正理以聽天命，良之意或如此，要之皆出於不得已，不可爲萬全之謀也。

金·王若虚《滹南集》卷一一《史記·辨惑取舍不當辨》 吕后之名既列於《本紀》，其事迹始末亦隨處具見，而《外戚世家》又云吕娥姁爲高祖正后，男爲太子，及戚姬等事，恐不須也。若唐武氏事迹猥多，記中所不可悉，故再入《后妃傳》，其例自别。

《吕后紀》末云，代王立爲天子，二十三年崩，謚爲孝文皇帝。按此言代王爲天子但，以終誅吕之事耳。其崩與謚，則《本紀》自具，何必及之耶？

《吕后紀》先云，封吕媭爲臨光侯，不言媭之爲誰，而後乃云太后女

弟吕嬃，失其次矣，豈前所稱者别爲一人耶？

又　卷二五《君事實辨》　李德裕云：漢高祖嬖戚姬，愛如意，思其久安，至於悲歌不樂，豈不知除去吕后必無後禍，實以惠帝闇弱，不能自攬權綱，其將相皆平生故人，俱起豐沛，非吕后剛强不能臨制，所以存之爲社稷計也。老蘇、小宋皆襲此論。嗚呼！使吕后當殺，雖爲惠帝不得不殺，如其不然，亦何名而殺之？后自布衣佐帝定天下，有功而無罪，奈何以戚氏如意故而遽置之死地哉？妬忌婦人之常，况吕氏之悍乎？而且以妾偪妻，以庶子而幾易長嫡，高祖之過也。若又殺后，豈不益甚哉？故寧隱忍而委之，亦可謂能自克者矣。或曰：王諸吕而危劉氏，非后之罪乎？曰：身後之變，高祖安知。就使能知，罪未發而逆誅之，在他人猶不可，而可施於妻子之間乎？爲論不求義理之安而惟詭異之貴，古人本分之事而强以權術處之，是故惡夫曲辨之士也。

明·薛瑄《讀書録》卷六　吕后殺韓信事，竊意高祖必有言。史稱帝畏惡其能，以畏惡之語觀之，則知其欲去信之心必露於左右。其討陳豨也，空國遠征，信留京師，帝豈無防信之密謀乎？但他人不知而吕后自知之，故告變一上，即用蕭何之計，詐而斬之。不然，信以蓋世之功，爲國功臣，后安得因一時之飛語，不待奏報而遽殺之乎？以是觀之，則欲去信之心久，而有密計也審矣。

明·夏良勝《中庸衍義》卷七《達道之義》　吕后酖殺趙王，遂斷戚夫人手足，去眼，煇耳，飲瘖藥，使居厠中，號曰『人彘』。召惠帝觀之，帝問知爲戚夫人，乃大哭，因病歲餘不能起。使人請太后曰：『此非人所爲，臣不能爲太后子。』後帝崩，吕后臨朝稱制。趙弼曰：歷代婦人，竊弄國柄，自吕后始。牝雞晨鳴，爲萬世戒。惠帝慈祥仁厚之主，被其虧損聖德，使納甥女爲后，亂夫婦之大倫，召觀人彘，駭而成疾，竟至不起，絶母子之恩義。僭竊天位，擅王諸吕，誅殺劉氏子孫，寵幸審食其而弗耻穢德，眞漢室之罪人也。高帝創業垂統，使立其典章，貽戒後世，母后不得臨朝，婦人不得預政，則吕氏必不敢啓覬覦之心，而執政大臣得以力爭矣。失此不爲，流弊後世，至孝平初，立孝元太后，王氏臨朝，致王莽篡位，漢祚中衰。東漢之世，章帝之竇后，和帝之鄧后，安帝之閻后，順帝之梁后，桓帝之竇后，靈帝之何后相繼臨朝專政，實自吕后發端，故後世效尤也。

明·湛若水《格物通》卷七〇《任相中》　漢高帝十二年，吕后問曰：『陛下百歲後，蕭相國既死，誰令代之？』上曰：『曹參可。』問其次，曰：『王陵可，然少戇，陳平可以助之。陳平知有餘然難獨任。周勃重厚少文，然安劉者必勃也，可令爲太尉。』吕后復問其次，上曰：『此後亦非乃所知也。』

臣若水通曰：宰相者，君之所擇，與公卿大夫議於公朝者也。后理陰政於内，不宜問及此者也。吕后此問，所謂牝鷄之晨，非耶？高帝宜以是告之，以沮其臨朝之漸，而慮不出此。雖其所對如持權衡以上下人物，豈亦逆知其萌而爲豶豕之牙之計耶？

明·高拱《本語》卷四　問世傳漢高溺戚姬之寵，遂欲奪嫡，然乎？曰：此甚有説，而後人不思也。夫立嫡以長乃理之正，苟非甚不得已，必不可輕易，以啓禍端。然太王舍太伯而立王季，文王舍伯邑考而立武王，固自有説，則以王季有聖子而武王有盛德也，而况如惠帝之闇懦乎？高帝艱難百戰以有天下，豈不自愛其國家，而以一姬之寵，遂欲奪嫡失天下心，蓋有所甚不得已耳。當是時，帝及吕后年皆漸高，而新造之邦反側未定，諸强功臣皆在列。使帝后一旦去世，太子臨朝，固能安鎮而駕馭之乎？未也。觀後惠帝之動静，則可知矣。而趙王類已故意屬之，雖其幼，然事體有定，而吾撫之長，任吾壽所至，而隨以付之，亦無可奈何矣。其能保有天下與否，尚未可知也。而不有愈於闇懦之已見者乎？此帝之本情也，乃卒以四皓從太子游，遂以爲羽翼已成難動矣。蓋曰吾以太子闇懦也，而人心乃屬之；人心既屬，則不可拂，故姑不易耳。夫今之不易也，恐失人心也。而昔之欲易，獨不恐失人心乎？蓋今有所見故耳，此則羽翼者之欺帝而計成之者也。使帝之始欲奪嫡，果惑於戚姬之寵而不顧失天下之心也，則又何有於四皓。彼戚姬之寵，既能移帝愛子之心，又何不能移帝敬四皓之心乎？帝之殺韓信也，即其屬意趙王之心也。以爲信之才如彼，其功名之心之盛如彼，而太子闇懦如此，若吾死而信在，太子能安乎？故必死信而後吾乃可以死，此又其本情也。帝爲身後，計無所出，遂忍心於信，使太子能英武如帝，則信未必誅。今以屬意趙王爲眞惑於戚姬，是亦謂信之誅爲眞反也，而帝之本情安在哉？曰：若是

則周昌何爲强諫，張良何爲爲之羽翼？曰：立嫡以長理之正，又況開國之君尤當爲後世法，昌亦只説箇正理，良亦只了得吕后之託而已，非能爲漢深謀也。彼惠帝之無子先死，吕后之後死，文帝之承統以衍漢祚之長，皆天也，非人謀所能及也。昌諫良羽翼時，能逆知其果如此耶？惠帝死而假子立諸吕王，漢祚幾移矣，昌與良能預爲計乎？昔者紂之母生三子：長曰微子啓，次曰中衍，次曰受德。受德乃紂也，甚少矣，紂母之生微子、中衍也尚爲妾，已而爲妻而後生紂。紂之父，紂之母欲置微子啓以爲太子。太史據法而爭之曰：『有妻之子而不可置妾之子。』紂故爲後乃遂滅商。夫惠帝無子先死，吕后後死，而文帝承統以衍祚也。則昌之强爭爲有名，良之羽翼爲有功。若使吕后先死，惠帝獨在位不能自立以喪天下，則昌之諫，良之羽翼亦太史之爭而已矣。或曰：太子易則强悍之吕后不肯，但已趙王，亦未能安家，難且作而其禍方長，故不如據正理以聽天命良之意，或出於此。曰：亦是乃亦不得已爲之，但謂其爲萬全之謀，則未也。

明・胡廣《胡文穆雜著・魏豹吕后之言》　人生一世間，如白駒之過隙，疑古語，漢人但引爲説；魏豹反，漢高遣酈生至，豹謝曰：『人生一世間，如白駒過隙。』張良有致四皓安太子之功，乃學道辟穀，欲輕舉。高帝崩，吕后德，良乃强食之，曰：『人生一世間，如白駒之過隙，何自苦如此。』豈道豹之言，與此語必前有之。秦二世謂趙高曰：『夫人生居世間也，譬由騁六驥過決隙也。』與此正相類。

明・梁潛《泊菴集》卷二《高帝吕后論》　或者謂高帝寬仁愛人，乃獨於吕后以色衰而弛愛。夫託交貧賤，起身艱苦，一旦富貴之餘，乃疏棄之，獨不念前日楚軍之間道哉？高帝無乃少恩也。梁子曰：不然，夫高帝之知人，何如其明也，與吕后處者幾年矣，吕之爲人獨不知之耶？彼固一婦人也，而其雄猜傑黠，有猛士之肝腸，高帝於是乎有以知吕后之心矣。夫畜老人，猶憚殺曾謂國家之勳臣，取而族滅之，無遺噍類，若置中兔，然未嘗有難色，后也何其忍人哉？夫殺諸將，非高帝之心也，后也。蒯徹教信以反，貫高反形已具，高帝猶釋之，而肯果於殺韓彭耶？韓彭雖夷滅，而昔日感遇之際，士爲知已死者，英態豪氣猶在目睫間也，高帝中夜思之，豈不一動心哉？吕后是可忍也，孰不可忍也。高帝所以薄吕后者，不能形於言而痛在其中矣。不然，盧綰舊日里閈恩猶不減，乃謂至親而獨少恩哉？夫觀人者，不於其所厚而於其所薄。高帝於其所薄者如此矣，豈得薄其所厚哉？吕后忍於韓彭者如此矣，豈得厚於劉氏哉？豺狼得嗜，則喋血揺尾以恣饕，苟無所得，則爪膚拏毳，以致猛諸將已盡，其禍尋及劉氏矣。故殺韓彭而諸將懼，族諸將而劉氏懼，高帝亦豈與陳平謀及此哉？聞樊噲黨吕氏立命斬之，用平之謀，高帝至是非特爲劉氏憂，亦且爲平勃憂也。高帝目纔瞑，肉猶未寒，后也曾無一髮之蹙，即謀族殺諸將，今日鴆如意，明日斷戚姬，今日鴆齊王肥，明日殺趙王友，至於無所忌憚。立他人子爲帝又殺之而又立焉。忍人哉，后也，一至此極也。當是時，漢已亡矣。吁！高帝豈不知毒流至此哉？説者謂良平之教高帝，往往忍小以就大。晉獻之驪姬，秦皇之扶蘇，高帝審之久矣。然獨恨高帝之明有所未盡者焉。懲其近而不懲其遠，商之亡以妲己，周之亡以褒姒，高帝曷不懲此耶？嫡妾之分亂於前，而正家之約昧於後，於是拳拳然屬周勃以安劉，置周昌以重趙。所謂滔天之勢已成，乃欲以一手障。吁！何益哉？

明・孫緒《沙溪集》卷一五《無用閒談》　蘇老泉論漢高祖不去吕后，曰：『爲惠帝計余極愛其説，以爲推見高帝隱微處。』後見李德裕論羊祜不去賈充曰：漢高祖不去吕后，亦近於此嬖戚姬，愛如意，思久安之計，至悲歌不樂，豈不知除去吕后必無後禍。況吕后年長，稀復進見，棄之如去塵垢。實以惠帝闇弱，必不能自攬權綱，其將相皆平生故人，同起豐沛，非吕后剛强不能臨制，所以存之者爲社稷計也。』乃知老泉本此，而愧讀書之不多。

明・黄淳耀《陶菴全集》卷四《史記評論・吕后本紀》　吕氏死，産、禄欲爲亂，其不敢卽發者，非獨憚絳侯、朱虚也，以灌嬰齊王連兵於外故也。韋孝寬破尉遲迥於外，而楊堅篡周，魏元忠破徐敬業於外，而武曌篡唐。比事觀之，嬰之功大矣。

吕氏死，産禄欲爲亂，其不敢卽發者，非獨憚絳侯朱虚也，以灌嬰齊王連兵於外故也。韋孝寬破尉遲回於外而楊堅篡周，魏元忠破徐敬業於外而武曌篡唐，比事觀之，嬰之功大矣。高帝憂趙王如意左遷，周昌相之，豈特以其貴强故哉！昌曾力爭廢太子事，爲吕后德，庶幾吕后不復作惡

也。然后殘忍，豈復顧念前事，一木强人，適速之斃耳。劉辰翁謂高帝託人必得如信布者乃可；否則能調護兩宫間，如滕公輩；又否則能以言語微意感動，如陸生。余謂帝處此決無上策，果託人如信布，必挾趙王爲奇貨，摇動天下矣；滕公陸生輩居外廷，非有如辟陽侯朝夕存側者。且以留侯之智，呂后使建成侯劫之，何滕公陸生之能爲也？無已。其如齊悼惠王之尊魯元公主乎？又無已。其如朱虚侯章之妻呂禄女乎？

清·陳廷敬《午亭文編》卷三二《漢高帝知呂氏之禍亂論》 夫論古人成敗，往往惟其意之所之，以自成其一家之説，有可議者焉。明允之以漢高帝，以太尉屬勃也，謂其知有呂氏之禍也。其言曰：帝意百歲後將相，大臣及諸侯王有武庚禄父者，無以制之也。獨計以爲家有主母，豪奴悍婢，不敢與弱子抗故，不去呂后者，爲惠帝計也。且夫古今之禍敗多矣，未聞有以婦人而能戡亂救亡者。且呂氏之不死，其禍豈小於唐之武氏哉？呂禄、呂産之王，武三思、武承嗣之將立也，趙王如意、趙王友、趙王恢之死，唐宗室諸王之殘滅也。孝惠之病廢廬陵之在房州也，方呂后之未死，較武后之末年，其勢已成，所未及爲者改號革命耳。幸其早死，陳平劫酈商得以行其旦夕苟且之計。使呂后而尚在，漢之存亡未可知也。謂高帝既知有呂氏之禍，而又不去呂后以爲惠帝計者，此可議者也。夫高帝豈能逆計呂后之必早死，而不至於改號革命哉？誠知有改號革命之禍，又安在其能爲惠帝計哉？高帝最愛者戚姬、如意，呂后最惡者亦戚姬、如意，呂后能爲禍先及此母子耳，曾謂高帝知之而使爲之耶？明允又言，高帝之視呂后，猶醫者之視堇，使其毒可以治病，而無至於殺人。嗟！夫呂后，鴆也，非堇也。今有虎且噬其子，曰：姑養虎，以備外盗，是豈人情哉？故謂高帝知有呂氏之禍者，非也。呂后之能爲禍。高帝不知也，而張良知之；知之而不以言，甚矣，處人骨肉之難也。

清·鄒方鍔《大雅堂初稿》卷六 呂太后何以立本紀也？陸子曰：著孝惠不成乎君也。孝惠誠柔懦，然當天下大定，强藩悍鎮如韓彭黥布等，已鏟削誅夷，令無呂后制其上，帝猶不失爲守成之主也。呂后英悍，與唐之武氏略同，而中宗之不道，猶不得與孝惠比，謂紀呂后著孝惠不成乎君者，豈遷意哉！高祖定天下，誅大臣，呂后有力焉。其於孝惠之世，政教號令皆自后一人主之。削孝惠而紀呂后，紀其變也，著其實也。

清·趙翼《廿二史劄記》卷三《呂武不當並稱》 母后臨明，肆其妒害，世莫不以呂、武並稱，然非平情之論也。武后改朔易朝，遍王諸武，殺唐子孫幾盡，甚至自殺其子孫數人，以縱淫欲，其惡爲古今未有。呂后則當高帝臨危時，問蕭相國後孰可代者，是固以安國家爲急也。孝惠既立，政由母氏，其所用曹參、王陵、陳平、周勃等，無一非高帝注意安劉之人，是惟恐孝惠之不能守業，非如武后以嫌忌而殺太子弘、太子賢也。后所生惟孝惠及魯元公主，其他皆諸姬子，使孝惠而在，則方與孝惠圖治計長久。觀於高祖欲廢太子時，后迫留侯畫策，至跪謝周昌之廷諍，則其母子間可知也。迨孝惠既崩，而所取後宫子立爲帝者，又以怨懟而廢，於是己之子孫無在者，則與其使諸姬子據權勢以淩呂氏，不如先張呂氏以久其權。故孝惠時未嘗王諸呂，王諸呂乃在孝惠崩後，此則后之私心短見。蓋嫉妒者，婦人之常情也。然其所最妒亦祗戚夫人母子，以其先寵倖時幾至於奪嫡，故高帝崩后即殺之。此外諸姬子，如文帝封於代，則聽其母薄太后隨之。淮南王長無母，依呂后以成立，則始終無恙。齊悼惠王以孝惠庶兄失后意，后怒欲篡之，已而悼惠獻城陽郡爲魯元湯沐邑，即復待之如初。其子朱虚侯章入侍宴，請以軍法行酒，斬諸呂逃酒者一人，后亦未嘗加罪也。趙王友之幽死，梁王恢之自殺，則皆以與妃呂氏不諧之故。然趙王友妃，呂産女；梁王妃，亦諸呂女；又少帝后及朱虚侯妻皆呂禄女。呂氏有女，不以他適，而必以配諸劉，正見后之欲使劉、呂常相親，以視武后之改周滅唐，相去萬萬也。即其以辟陽侯爲左丞相，令監宫中，亦以辟陽侯先嘗隨後在項羽軍中同患難，雖有所私，而至是時其年已老，正如人家老僕，可使令於闌闥間，非必尚與之昵。《史記·劉澤傳》，太后尚有所幸張子卿。然如蹲窖偃艘玻則亦非私褻之嬖，以視武后之寵薛懷義、張易之兄弟，恬不知恥者，更相去萬萬也。武后之禍，惟後魏之文明馮后及胡后約略似之，而世乃以呂、武並稱，豈公論哉！

藝　文

宋·張耒《柯山集》卷二二《題淮陰侯廟有序》 呂太后勸高祖誅彭越，使舍人告其反，而越固未嘗反也，特以爲名耳。高祖將兵居外，而

太后在長安，太子仁弱不知兵，而韓信方失職在京師，吕畏其乘時爲亂而不可制，使人誣告其反，詐召而誅之耳。方是時，蕭相國居中，而信欲以烏合不教之兵，欲從中起以圖帝業，使雖甚愚，必知其無成。以信之雄才謀，無遺策，肯出此哉？太史公記陳豨反事，言豨居代，多致賓客，周昌畏其不軌，而奏召之，不至，豨因自疑，而其後通曼丘臣王黄，遂反，此司馬遷所謂邪人進説，遂陷不義者也。遷載豨反事，未嘗一言及信，吁！此遷欲見誅信之冤也。

雲夢何須僞出遊，遭讒猶得故鄉侯。平生蕭相眞知己，何事還同女子謀。原注：何不爲信辨其枉也。

元・張養浩《歸田類稿》卷二二《吕后》　婦人陰類狠淫俱，故德元勳半坐誅。鈎弋後來非命死，茂陵剛斷古今無。惜高祖不誅此婦也。

明・王世貞《弇州續稿》卷四《五言古詩・其十五》　韓彭既已族，蕭相請室歸。留侯始長嘆，赤松將見依。受劫建成侯，於事亦已危。幸辭高皇網，復受吕后羈。百穀土地腥，既辟復食之。商山自有人，四皓了不知。

清・愛新覺羅・弘曆《御製詩五集》卷七一《曲逆故城》　奇計出圍世莫窺，酬勳曲逆亦其宜。設非天奪吕雉魄，劉氏安危未可知。

漢高知人善任，於平勃諸人無不知之悉而論之，當至吕后之幾危漢祚，高帝未必預燭之也。史遷好奇，竟若先知，而終令平勃安劉者。然假使平勃先吕后而亡，左袒之策亦何所施？而劉氏之安危豈可定乎？向書漢高帝論蕭曹等事已詳辨之，茲因過曲逆故城，復申其説。

清・陳廷敬《午亭文編》卷三《詠漢事》　漢高續秦虐，開國乏遠猷。作僞導其下，雲夢胡爲遊。既貴忘急難，畏惡如敵讐。婦言惟是用，功勳滋愆尤。嗟哉青衣路，已去不復憂。道逢吕后來，泣涕翻見收。牝雞伏猛士，羞中鍾室謀。惜無周身智，辟穀從留侯。

清・魏裔介《兼濟堂文集》卷一九《戊子典試山西獲鹿道中過漢淮陰侯祠・其四》　舍人書不載，告變豈無欺。赤族酬龍準，扁舟媿子皮。奇兵吞趙魏，古屋泣熊羆。吕雉誠多詐，空令漂母悲。

東漢六太后相繼稱制

綜　述

《後漢書》卷一〇上《皇后紀第十上》　自古雖主幼時艱，王家多釁，必委成冢宰，簡求忠賢，未有專任婦人，斷割重器。唯秦芈太后始攝政事，故穰侯權重於昭王，家富於嬴國。漢仍其謬，知患莫改。東京皇統屢絶，權歸女主，外立者四帝，臨朝者六后，莫不定策帷帟，委事父兄，貪孩童以久其政，抑明賢以專其威。任重道悠，利深禍速。身犯霧露於雲臺之上，家嬰縲紲於囹圄之下。湮滅連踵，傾輈繼路。而赴蹈不息，燋爛爲期，終於陵夷大運，淪亡神寶。《詩》、《書》所歎，略同一揆。故考列行迹，以爲《皇后本紀》。雖成敗事異，而同居正號者，並列於篇。其以私恩追尊，非當時所奉者，則隨它事附出。親屬別事，各依列傳。其餘無所見，則係之此紀，以纘西京《外戚》云爾。【略】

章德竇皇后諱某，扶風平陵人，大司空融之曾孫也。祖穆，父勳，坐事死，事在《竇融傳》。勳尚東海恭王彊女沘陽公主，后其長女也。家既廢壞，數呼相工問息耗，見后者皆言當大尊貴，非臣妾容貌。年六歲能書，親家皆奇之。建初二年，后與女弟俱以選例入見長樂宮，進止有序，風容甚盛。肅宗先聞后有才色，數以訊諸姬傅。及見，雅以爲美，馬太后亦異焉，因入掖庭，見於北宮章德殿。后性敏給，傾心承接，稱譽日聞。明年，遂立爲皇后，妹爲貴人。七年，追爵謚后父勳爲安成思侯。后寵倖殊特，專固後宮。

初，宋貴人生皇太子慶，梁貴人生和帝。后既無子，並疾忌之，數間於帝，漸致疏嫌。因誣宋貴人挾邪媚道，遂自殺，廢慶爲清河王，語在《慶傳》。

梁貴人者，褒親湣侯梁竦之女也。少失母，爲伯母舞陰長公主所養。年十六，亦以建初二年與中姊俱選入掖庭爲貴人。四年，生和帝。后養爲己子。欲專名外家而忌梁氏。八年，乃作飛書以陷竦，竦坐誅，貴人姊妹

以憂卒。自是宮房慄息，后愛日隆。

及帝崩，和帝卽位，尊后爲皇太后。皇太后臨朝，尊母沘陽公主爲長公主，益湯沐邑三千户。兄憲，弟篤、景，並顯貴，擅威權，后遂密謀不軌，永元四年，發覺被誅。

九年，太后崩，未及葬，而梁貴人姊嫕上書陳貴人枉歿之狀。太尉張酺、司徒劉方、司空張奮上奏，依光武黜呂太后故事，貶太后尊號，不宜合葬先帝。百官亦多上言者。帝手詔曰：『竇氏雖不遵法度，而太后常自減損。朕奉事十年，深惟大義，禮，臣子無貶尊上之文。恩不忍離，義不忍虧。案前世上官太后亦無降黜，其勿復議。』於是合葬敬陵。在位十八年。

帝以貴人酷歿，斂葬禮闕，乃改殯於承光宮，上尊謚曰恭懷皇后，追服喪制，百官縞素，與姊大貴人俱葬西陵，儀比敬園。【略】

和熹鄧皇后諱綏，太傅禹之孫也。父訓，護羌校尉；母陰氏，光烈皇后從弟女也。后年五歲，太傅夫人愛之，自爲剪髮。夫人年高目冥，誤傷后額，忍痛不言。左右見者怪而問之，后曰：『非不痛也，太夫人哀憐爲斷髮，難傷老人意，故忍之耳。』六歲能《史書》，十二通《詩》、《論語》。諸兄每讀經傳，輒下意難問。志在典籍，不問居家之事。母常非之，曰：『汝不習女工以供衣服，乃更務學，寧當舉博士邪？』后重違母言，晝修婦業，暮誦經典，家人號曰『諸生』。父訓異之，事無大小，輒與詳議。

永元四年，當以選入，會訓卒，后晝夜號泣，終三年不食鹽菜，憔悴毁容，親人不識之。后嘗夢捫天，蕩蕩正青，若有鍾乳狀，乃仰嗽飲之。以訊諸占夢，言堯夢攀天而上，湯夢及天而咶之，斯皆聖王之前占，吉不可言。又相者見后驚曰：『此成湯之法也。』家人竊喜而不敢宣。后叔父陔言：『常聞活千人者，子孫有封。兄訓爲謁者，使修石臼河，歲活數千人。天道可信，家必蒙福。』初，太傅禹歎曰：『吾將百萬之衆，未嘗妄殺一人，其後世必有興者。』

七年，后復與諸家子俱選入宮。后長七尺二寸，姿顏姝麗，絕異於衆，左右皆驚。八年冬，入掖庭爲貴人，時年十六。恭肅小心，動有法度。承事陰后，夙夜戰兢。接撫同列，常克己以下之，雖宮人隸役，皆加恩借。帝深嘉愛焉。及后有疾，特令后母兄弟入視醫藥，不限以日數。后言於帝曰：『宮禁至重，而使外舍久在内省，上令陛下有幸私之譏，下使賤妾獲不知足之謗。上下交損，誠不願也。』帝曰：『人皆以數入爲榮，貴人反以爲憂，深自抑損，誠難及也。』每有宴會，諸姬貴人競自修整，簪珥光采，袿裳鮮明，而后獨著素，裝服無飾。其衣有與陰后同色者，卽時解易。若並時進見，則不敢正坐離立，行則僂身自卑。帝每有所問，常逡巡後對，不敢先陰后言。帝知后勞心曲體，歎曰：『修德之勞，乃如是乎！』後陰后漸疏，每當御見，輒辭以疾。時帝數失皇子，后憂繼嗣不廣，恆垂涕歎息，數選進才人，以博帝意。

陰后見后德稱日盛，不知所爲，遂造祝詛，欲以爲害。帝嘗寢病危甚，陰后密言：『我得意，不令鄧氏復有遺類！』后聞，乃對左右流涕言曰：『我竭誠盡心以事皇后，竟不爲所祐，而當獲罪於天。婦人雖無從死之義，然周公身請武王之命，越姬心誓必死之分，上以報帝之恩，中以解宗族之禍，下不令陰氏有人豕之譏。』卽欲飲藥，宮人趙玉者固禁之，因詐言屬有使來，上疾已愈。后信以爲然，乃止。明日，帝果瘳。

十四年夏，陰后以巫蠱事廢，后請救不能得，帝便屬意焉。后愈稱疾篤，深自閉絕。會有司奏建長秋宮，帝曰：『皇后之尊，與朕同體，承宗廟，母天下，豈易哉！唯鄧貴人德冠後庭，乃可當之。』至冬，立爲皇后。辭讓者三，然後卽位。手書表謝，深陳德薄，不足以充小君之選。是時，方國貢獻，競求珍麗之物，自后卽位，悉令禁絕，歲時但供紙墨而已。帝每欲官爵鄧氏，后輒哀請謙讓，故兄騭終帝世不過虎賁中郎將。

元興元年，帝崩，長子平原王有疾，而諸皇子夭没，前後十數，後生者輒隱秘養於人間。殤帝生始百日，后乃迎立之。尊后爲皇太后，太后臨朝。和帝葬後，宮人並歸園，太后賜周、馮貴人策曰：『朕與貴人託配後庭，共歡等列，十有餘年。不獲福祐，先帝早棄天下，孤心煢煢，靡所瞻仰，夙夜永懷，感愴發中。今當以舊典分歸外園，慘結增歎，燕燕之詩，曷能喻焉？其賜貴人王青蓋車，采飾輅，驂馬各一駟，黄金三十斤，雜帛三千匹，白越四千端。』又賜馮貴人王赤綬，以未有頭上步搖、環佩，加賜各一具。

是時新遭大憂，法禁未設。宮中亡大珠一篋，太后念，欲考問，必有

不幸。乃親閲宫人，觀察顔色，即時首服。又和帝幸人吉成，御者共枉吉成以巫蠱事，遂下掖庭考訊，辭證明白。太后以先帝左右，待之有恩，平日尚無惡言，今反若此，不合人情，更自呼見實核，果御者所爲。莫不嘆服，以爲聖明。常以鬼神難徵，淫祀無福。乃詔有司罷諸祠官不合典禮者。又詔赦除建武以來諸犯妖惡，及馬、竇家屬所被禁錮者，皆復之爲平人。減大官、導官、尚方、内者服御珍膳靡麗難成之物，自非供陵廟，稻粱米不得導擇，朝夕一肉飯而已。舊太官湯官經用歲且二萬萬，太后敕止，日殺省珍費，自是裁數千萬。及郡國所貢，皆減其過半。悉斥賣上林鷹犬。其蜀、漢釦器九帶佩刀，並不復調。止畫工三十九種。又御府、尚方、織室錦繡、冰紈、綺縠、金銀、珠玉、犀象、玳瑁、雕鏤玩弄之物，皆絶不作。離宫别館儲峙米糒薪炭，悉令省之。又詔諸園貴人，其宫人有宗室同族若羸老不任使者，令園監實核上名，自御北宫增喜觀閲問之，恣其去留，即日免遣者五六百人。

及殤帝崩，太后定策立安帝，猶臨朝政。以連遭大憂，百姓苦役，殤帝康陵方中秘藏，及諸工作，事事減約，十分居一。

詔告司隸校尉、河南尹、南陽太守曰：『每覽前代外戚賓客，假借威權，輕薄謥詷，至有濁亂奉公，爲人患苦。咎在執法怠懈，不輒行其罰故也。今車騎將軍騭等雖懷敬順之志，而宗門廣大，姻戚不少，賓客奸猾，多干禁憲。其明加檢敕，勿相容護。』自是親屬犯罪，無所假貸。太后愍陰氏之罪廢，赦其徙者歸鄉，敕還資財五百餘萬。永初元年，爵號太夫人爲新野君，萬户供湯沐邑。

二年夏，京師旱，親幸洛陽寺録冤獄。有囚實不殺人而被考自誣，羸困輿見，畏吏不敢言，將去，舉頭若欲自訴。太后察視覺之，即呼還問狀，具得枉實，即時收洛陽令下獄抵罪。行未還宫，澍雨大降。

三年秋，太后體不安，左右憂惶，禱請祝辭，願得代命。太后聞之，即譴怒，切敕掖庭令以下，但使謝過祈福，不得妄生不祥之言。舊事，歲終當饗遣衛士，大儺逐疫。太后以陰陽不和，軍旅數興，詔饗會勿設戲作樂，減逐疫侲子之半，悉罷象槖駝之屬。豐年復故。太后自入宫掖，從曹大家受經書，兼天文、算數。晝省王政，夜則誦讀，而患其謬誤，懼乖典章，乃博選諸儒劉珍等及博士、議郎、四府掾史五十餘人，詣東觀讎校傳記。事畢奏御，賜葛布各有差。又詔中官近臣於東觀受讀經傳，以教授宫人，左右習誦，朝夕濟濟。及新野君薨，太后自侍疾病，至乎終盡，憂哀毁損，事加於常。贈以長公主赤綬、東園秘器、玉衣繡衾，又賜布三萬匹、錢三千萬。騭等遂固讓錢、布不受。使司空持節護喪事，儀比東海恭王，謚曰敬君。太后諒闇既終，久旱，太后比三日幸洛陽，録囚徒，理出死罪三十六人，耐罪八十人，其餘減罪死右趾已下至司寇。

七年正月，初入太廟，齋七日，賜公卿百僚各有差。庚戌，謁宗廟，率命婦羣妾相禮儀，與皇帝交獻親薦，成禮而還。因下詔曰：『凡供薦新味，多非其節，或鬱養强孰，或穿掘萌牙，味無所至而夭折生長，豈所以順時育物乎！《傳》曰：「非其時不食。」自今當奉祠陵廟及給御者，皆須時乃上。』凡所省二十三種。

自太后臨朝，水旱十載，四夷外侵，盜賊内起。每聞人飢，或達旦不寐，而躬自減徹，以救灾厄，故天下復平，歲還豐穰。

元初五年，平望侯劉毅以太后多德政，欲令早有注記，上書安帝曰：

臣聞《易》載羲、農而皇德著，《書》述唐、虞而帝道崇，故雖聖明，必書功於竹帛，流音於管弦。伏惟皇太后膺大聖之姿，體乾坤之德，齊蹤虞妃，比迹任、姒。孝悌慈仁，允恭節約，杜絶奢盈之源，防抑逸欲之兆。正位内朝，流化四海。及元興、延平之際，國無儲副，仰觀乾象，參之人譽，援立陛下爲天下主，永安漢室，綏静四海。又遭水潦，東州饑荒。垂恩元元，冠蓋交路，菲薄衣食，躬率羣下，損膳解驂，以贍黎苗。惻隱之恩，猶視赤子。克己引愆，顯揚仄陋。崇晏晏之政，敷在寬之教。興滅國，繼絶世，録功臣，復宗室。追還徙人，蠲除禁錮。政非惠和，不圖於心，制非舊典，不訪於朝。弘德洋溢，充塞宇宙；洪澤豐沛，漫衍八方。華夏樂化，戎狄混并。丕功著於大漢，碩惠加於生人。巍巍之業，可聞而不可及；蕩蕩之勳，可誦而不可名。古之帝王，左右置史；漢之舊典，世有注記。大道有夷崇，治有進退。若善政不述，細異輒書，是爲堯、湯負洪水大旱之責，而無咸熙假天之美；高宗、成王有雊雉迅風之變，而無中興康寧之功也。上考《詩》、《書》，有虞二妃，周室三母，修行佐德，思不逾閾。未有内遭家難，外遇灾害，覽總大麓，經營天物，功德巍巍若茲者也。宜令史官著《長樂宫注》、《聖德頌》，以敷宣景耀，勒

勳金石，縣之日月，攄之罔極，以崇陛下烝烝之孝。

帝從之。

六年，太后詔徵和帝弟濟北、河間王子男女年五歲以上四十餘人，又鄧氏近親子孫三十餘人，並爲開邸第，教學經書，躬自監試。尚幼者，使置師保，朝夕入宮，撫循詔導，恩愛甚渥。乃詔從兄河南尹豹、越騎校尉康等曰：

吾所以引納羣子，置之學官者，實以方今承百王之敝，時俗淺薄，巧僞滋生，《五經》衰缺，不有化導，將遂陵遲，故欲褒崇聖道，以匡失俗。《傳》不云乎：『飽食終日，無所用心，難矣哉！』今末世貴戚食禄之家，温衣美飯，乘堅驅良，而面牆術學，不識臧否，斯故禍敗所從來也。永平中，四姓小侯皆令入學，所以矯俗厲薄，反之忠孝。先功既以武功書之竹帛，兼以文德教化子孫，故能束修，不觸羅網。誠令兒曹上述祖考休烈，下念詔書本意，則足矣。其勉之哉！

康以太后久臨朝政，心懷畏懼，託病不朝。太后使内人問之。時宫婢出入，多能有所毁譽，其耆宿者皆稱中大人，所使者乃康家先婢，亦自通中大人。康聞，詬之曰：『汝我家出，爾敢爾鴉！』婢怒，還説康詐疾而言不遜。太后遂免康官，遣歸國，絶屬籍。

永寧二年二月，寢病漸篤，乃乘輦於前殿，見侍中、尚書，因北至太子新所繕宮。還，大赦天下，賜諸園貴人、王、主、羣僚錢、布各有差。詔曰：『朕以無德，託母天下，而薄祐不天，早離大憂。延平之際，海内無主，元元厄運，危於累卵。勤勤苦心，不敢以萬乘爲樂，上欲不欺天愧先帝，下不違人負宿心，誠在濟度百姓，以安劉氏。自謂感徹天地，當蒙福祚，而喪禍内外，傷痛不絶。頃以廢病沈滯，久不得侍祠，自力上原陵，加咳逆唾血，遂至不解。存亡大分，無可奈何。公卿百官，其勉盡忠恪，以輔朝廷。』三月崩。在位二十年，年四十一。合葬順陵。

論曰：鄧后稱制終身，號令自出，術謝前政之良，身闕明辟之義，至使嗣主側目，斂衽於虚器，直生懷懣，懸書於象魏。借之儀者，殆其惑哉！然而建光之後，王柄有歸，遂乃名賢戮辱，便孽黨進，衰斁之來，茲焉有徵。故知持權引謗，所幸者非己；焦心恤患，自强者唯國。是以班母一説，闔門辭事；愛侄微愆，髡剔謝罪。將杜根逢誅，未值其誠乎！但蹊田之牛，奪之已甚。

又 卷一〇下《皇后紀第十下》 安思閻皇后諱姬，河南滎陽人也。祖父章，永平中爲尚書，以二妹爲貴人。章精力曉舊典，久次，當遷以重職，顯宗爲後宮親屬，竟不用，出爲步兵校尉。章生暢，暢生后。

后有才色。元初元年，以選入掖庭，甚見寵愛，爲貴人。二年，立爲皇后。后專房妒忌，帝幸宮人李氏，生皇子保，遂鴆殺李氏。三年，以后父侍中暢爲長水校尉，封北宜春侯，食邑五千户。四年，暢卒，謚曰文侯，子顯嗣。

建光元年，鄧太后崩，帝始親政事。顯及弟景、耀、晏並爲卿校，典禁兵。延光元年，更封顯長社侯，食邑萬三千五百户，追尊后母宗爲滎陽君。顯、景諸子年皆童齔，並爲黄門侍郎。后寵既盛，而兄弟頗與朝權，后遂與大長秋江京、中常侍樊豐等共譖皇太子保，廢爲濟陰王。

四年春，后從帝幸章陵，帝道疾，崩於葉縣。后、顯兄弟及江京、樊豐等謀曰：『今晏駕道次，濟陰王在内，邂逅公卿立之，還爲大害。』乃僞云帝疾甚，徙御臥車。行四日，驅馳還宮。明日，詐遣司徒劉熹詣郊廟社稷，告天請命。其夕，乃發喪。尊后曰皇太后。皇太后臨朝，以顯爲車騎將軍儀同三司。

太后欲久專國政，貪立幼年，與顯等定策禁中，迎濟北惠王子北鄉侯懿，立爲皇帝。顯忌大將軍耿寶位尊權重，威行前朝，乃風有司奏寶及其黨與中常侍樊豐、虎賁中郎將謝惲、惲弟侍中篤、篤弟大將軍長史宓、侍中周廣、阿母野王君王聖、聖女永、永婿黄門侍郎樊嚴等，更相阿黨，互作威福，探刺禁省，更爲唱和，皆大不道。豐、惲、廣皆下獄死，家屬徙比景；宓、嚴減死，髡鉗；貶寶爲則亭侯，遣就國，自殺；王聖母子徙雁門。於是景爲衛尉，耀城門校尉，晏執金吾，兄弟權要，威福自由。

少帝立二百餘日而疾篤，顯兄弟及江京等皆在左右。京引顯屏語曰：『北鄉侯病不解，國嗣宜時有定。前不用濟陰王，今若立之，後必當怨，又何不早徵諸王子，簡所置乎？』顯以爲然。及少帝薨，京白太后，徵濟北、河間王子。未至，而中黄門孫程合謀殺江京等，立濟陰王，是爲順帝。顯、景、晏及黨與皆伏誅，遷太后於離宮，家屬徙比景。明年，太后崩。在位十二年，合葬恭陵。

帝母李氏瘗在洛陽城北，帝初不知，莫敢以聞。及太后崩，左右白之，帝感悟發哀，親至瘗所，更以禮殯，上尊謚曰恭愍皇后，葬恭北陵，爲策書金匱，藏於世祖廟。

順烈梁皇后諱妠，大將軍商之女，恭懷皇后弟之孫也。后生，有光景之祥。少善女工。好《史書》，九歲能誦《論語》，治《韓詩》，大義略舉。常以列女圖畫置於左右，以自監戒。父商深異之，竊謂諸弟曰：『我先人全濟河西，所活者不可勝數。雖大位不究，而積德必報。若慶流子孫者，倘興此女乎？』

永建三年，與姑俱選入掖庭，時年十三，相工茅通見后，驚，再拜賀曰：『此所謂日角偃月，相之極貴，臣所未嘗見也。』太史卜兆得壽房，又筮得《坤》之《比》，遂以爲貴人。常特被引御，從容辭於帝曰：『夫陽以博施爲德，陰以不專爲義，螽斯則百，福之所由興也。願陛下思雲雨之均澤，識貫魚之次序，使小妾得免罪謗之累。』由是帝加敬焉。

陽嘉元年春，有司奏立長秋宮，以乘氏侯商先帝外戚，《春秋》之義，娶先大國，梁小貴人宜配天祚，正位坤極。帝從之，乃於壽安殿立貴人爲皇后。后既少聰惠，深覽前世得失，雖以德進，不敢有驕專之心，每日月見謫，輒降服求愆。

建康元年，帝崩。后無子，美人虞氏子炳立，是爲沖帝。尊后爲皇太后，太后臨朝。沖帝尋崩，復立質帝，猶秉朝政。

時，楊、徐劇賊寇擾州郡，西羌、鮮卑及日南蠻夷攻城暴掠，賦斂煩數，官民困竭。太后夙夜勤勞，推心杖賢，委任太尉李固等，拔用忠良，務崇節儉。其貪叨罪慝，多見誅廢。分兵討伐，羣寇消夷。故海內肅然，宗廟以寧。而兄大將軍冀鴆殺質帝，專權暴濫，忌害忠良，數以邪説疑誤太后，遂立桓帝而誅李固。太后又溺於宦官，多所封寵，以此天下失望。

和平元年春，歸政於帝，太后寢疾遂篤，乃御輦幸宣德殿，見宮省官屬及諸梁兄弟。詔曰：『朕素有心下結氣，從間以來，加以浮腫，逆害飲食，浸以沈困，比使內外勞心請禱。私自忖度，日夜虛劣，不能復與羣公卿士共相終竟。援立聖嗣，恨不久育養，見其終始。今以皇帝、將軍兄弟委付股肱，其各自勉焉。』後二日而崩。在位十九年，年四十五。合葬憲陵。【略】

桓帝懿獻梁皇后諱女瑩，順烈皇后之女弟也。帝初爲蠡吾侯，梁太后徵，欲與后爲婚，未及嘉禮，會質帝崩，因以立帝。明年，有司奏太后曰：『《春秋》迎王后於紀，在塗則稱后。今大將軍冀女弟，膺紹聖善。結婚之際，有命既集，宜備禮章，時進徵幣。請下三公、太常案禮儀。』奏可。於是悉依孝惠皇帝納后故事，聘黃金二萬斤，納采雁、璧、乘馬、束帛，一如舊典。建和元年六月始入掖庭，八月立爲皇后。

時，太后秉政而梁冀專朝，故后獨得寵幸，自下莫得進見。后藉姊兄蔭勢，恣極奢靡，宮幄雕麗，服御珍華，巧飾制度，兼倍前世。及皇太后崩，恩愛稍衰。后既無子，潛懷怨忌，每宮人孕育，鮮得全者。帝雖迫畏梁冀，不敢譴怒，然見御轉稀。至延熹二年，后以憂恚崩，在位十三年，葬懿陵。其歲，誅梁冀，廢懿陵爲貴人塚焉。

桓帝鄧皇后諱猛女，和熹皇后從兄子鄧香之女也。母宣，初適香，生后。改嫁梁紀，紀者，大將軍梁冀妻孫壽之舅也。后少孤，隨母爲居，因冒姓梁氏。冀妻見后貌美，永興中進入掖庭，爲采女，絕幸。明年，封兄鄧演爲南頓侯，位特進。演卒，子康嗣。及懿獻后崩，梁冀誅，立后爲皇后。帝惡梁氏，改姓爲薄，封后母宣爲長安君。四年，有司奏后本郎中鄧香之女，不宜改易它姓，於是復爲鄧氏。追封贈香車騎將軍安陽侯印綬，更封宣、康大縣，宣爲昆陽君，康爲沘陽侯，賞賜巨萬計。宣卒，賵贈葬禮，皆依后母舊儀。以康弟統襲封昆陽侯，位侍中；統從兄會襲安陽侯，爲虎賁中郎將；又封統弟秉爲淯陽侯。宗族皆列校、郎將。

帝多內幸，博采宮女至五六千人，及驅役從使，復兼倍於此。而后恃尊驕忌，與帝所幸郭貴人更相譖訴。八年，詔廢后，送暴室，以憂死。立七年。葬於北邙。從父河南尹萬世及會皆下獄死。統等亦繫暴室，免官爵，歸本郡，財物没入縣官。

桓思竇皇后諱妙，章德皇后從祖弟之孫女也。父武。延熹八年，鄧皇后廢，后以選入掖庭爲貴人，其冬，立爲皇后，而御見甚稀，帝所寵唯采女田聖等。永康元年冬，帝寢疾，遂以聖等九女皆爲貴人。及崩，無嗣，后爲皇太后。太后臨朝定策，立解犢亭侯宏，是爲靈帝。

太后素忌忍，積怒田聖等，桓帝梓宮尚在前殿，遂殺田聖。又欲盡誅諸貴人，中常侍管霸、蘇康苦諫，乃止。時太后父大將軍武謀誅宦官，而

中常侍曹節等矯詔殺武，遷太后於南宮雲臺，家屬徙比景。

竇氏雖誅，帝猶以太后有援立之功，建寧四年十月朔，率羣臣朝於南宮，親饋上壽。黄門令董萌因此數爲太后訴怨，帝深納之，供養資奉有加於前。中常侍曹節、王甫疾萌附助太后，誣以謗訕永樂宮，萌坐下獄死。熹平元年，太后母卒於比景，太后感疾而崩。立七年。合葬宣陵。【略】

靈思何皇后諱某，南陽宛人。家本屠者，以選入掖庭。長七尺一寸。生皇子辯，養於史道人家，號曰史侯。拜后爲貴人，甚有寵倖。性强忌，後宫莫不震懾。

光和三年，立爲皇后。明年，追號后父眞爲車騎將軍、舞陽宣德侯，因封后母興爲舞陽君。時王美人任娠，畏后，乃服藥欲除之，而胎安不動，又數夢負日而行。四年，生皇子協，后遂鴆殺美人。帝大怒，欲廢后，諸宦官固請得止。董太后自養協，號曰董侯。

王美人，趙國人也。祖父苞，五官中郎將。美人丰姿色，聰敏有才明，能書會計，以良家子應法相選入掖庭。帝愍協早失母，又思美人，作《追德賦》、《令儀頌》。

中平六年，帝崩，皇子辯卽位，尊后爲皇太后。太后臨朝。后兄大將軍進欲誅宦官，反爲所害；舞陽君亦爲亂兵所殺。并州牧董卓被徵，將兵入洛陽，陵虐朝庭，遂廢少帝爲弘農王而立協，是爲獻帝。扶弘農王下殿，北面稱臣。太后鯁涕，羣臣含悲，莫敢言。董卓又議太后踧迫永樂宮，至令憂死，逆婦姑之禮，乃遷於永安宮，因進鴆，弑而崩。在位十年。董卓令帝出奉常亭舉哀，公卿皆白衣會，不成喪也。合葬文昭陵。

初，太后新立，當謁二祖廟，欲齋，輒有變故，如此者數，竟不克。時有識之士心獨怪之，后遂因何氏傾没漢祚焉。【略】

論曰：漢世皇后無謚，皆因帝謚以爲稱。雖吕氏專政，上官臨制，亦無殊號。中興，明帝始建光烈之稱，其后並以德爲配，至於賢愚優劣，混同一貫，故馬、竇二后俱稱德焉。其餘唯帝之庶母及蕃王承統，以追尊之重，特爲其號，如恭懷、孝崇之比是也。初平中，蔡邕始追正和熹之謚，其安思、順烈以下，皆依而加焉。

贊曰：坤惟厚載，陰正乎内。《詩》美好逑，《易》稱歸妹。祁祁皇孋，言觀貞淑。媚兹良哲，承我天禄。班政蘭闈，宣禮椒屋。既云德升，亦曰幸進。身當隆極，族漸河潤。視景爭暉，方山並峻。乘剛多阻，行地必順。咎集驕滿，福協貞信。慶延自己，禍成誰釁。

論說

宋・眞德秀《大學衍義》卷三八《齊家之要二・嚴内治・宮闈内外之分》

桓帝無嗣，竇后爲皇太后，臨朝定策，立解瀆亭侯宏，是爲靈帝。太后父大將軍武謀誅宦官，中常侍曹節等殺武，遷太后於南宮雲臺。靈帝崩，皇子辨卽位，尊何后爲皇太后臨朝，后兄大將軍進欲誅宦官，反爲所害，後董卓專政，遷太后於永安宮，爲所弑。

臣按此所謂臨朝者六后也。六后之中，若鄧與梁本以賢稱，而桓帝竇后亦志存社稷。然鄧以終身稱制，爲天下后世所非，梁竇亦不免於禍敗，由其以中壼而預國政，外家而擅朝權，非先王之令典故也。可不監哉！

宋・張方平《樂全集》卷七《芻蕘論・后妃》 臣聞《禮》始乎大婚，《詩》首於《關雎》。《易》曰：『正家而天下定。』故啻嚳之立四妃，虞舜之嬪二女，塗山配禹，簡娀啓商，周自古公王季姜任、太姒，世德相載，故文王『刑于寡妻，以御于家邦』。夫三代之制，后妃嬪御皆所以助釐陰教，贊成内治閫外之事，非所預聞。自秦芈后始攝朝事，以弟魏冉當國任政，故范睢以爲秦獨有穰侯，天下不知有王也。及漢吕氏因惠帝之早世，乘間挺起，干據帝座，陰陽錯位，根幹倒植，末塗淪潰，幾遷運曆。孝成卽祚，委政王氏，皇緒中微，正統三絶，外家昌大，執權四世而東朝壽考爲之宗主。至於新莽，遂盜神器，逮乎東京，孝安之後，外立者四帝，臨朝者六后，地深帷幄，禮間外朝，莫不衡柄歸於父兄，詔令專於闈寺。於是有利幼之立忌賢之難，邪謀陰策以圖自固，匪人乘間，又牽牛而蹊田，正士悼心，思投鼠而忌器，害家凶國，濫觴有漸。近如唐時大帝孝和武韋之亂，廟社危絶，僅續如綫。春秋之義，君子大居正，雖嗣王繼歷幼沖，纘服而猶朝政總聽乎冢宰，師傅保乂乎上躬，則阿衡專美於有商，周公勤勞乎王家。其人也，故三代之道，無后妃預政之理。漢自諸吕之亂，大臣議所立而先擇外家之賢者，以定大計，故孝文之入繼，抑由薄氏仁良之故。及武帝機識超遠，深謀獨斷，顧命金霍，克隆基圖，誠雄傑

英主哉。魏文帝鑑東京之覆轍，立後世之長緒，亦嘗作爲戒誓，其事可法。夫六宫之位，稽諸昏義，則有三夫人，九嬪，二十七世婦，八十一女御之數。其在周禮，則世婦、女御職存而數闕。蓋明君子不苟於色，有婦德則擇以充位，無則闕之矣。自姬室衰陵，諸侯僭縱，秦併六國，還其後宫，恣用汰心，益崇爵號。漢自文景務循儉德，奕世累盛而至武元，選納益廣，孽幸用煩，至乃掖庭三千增級十四。是以人君耽娱佚之樂，起驕怠之感，倦勤廢政，亂是用長。唐景龍之孽，天寶之敗，是皆始於女德也。夫其初皆恃當世之平，寧因天下之全盛，罔思生民作業之勞，不念四方惟正之供。沈溺留連，漸至蠹□。女謁干乎王度，姦微竊乎事權。矜藏以淫費而耗竭，賞刑以私昵而謬濫。召禍當日，垂鑑後人，良可哀也。是故考歷代治亂之迹，覽彤史得失之論，擇善違失可舉。而言若夫戒慎失政之方，保全外戚之道，則莫若賦之禄而使就第，教之學而使循禮；傅之以儒雅篤行之士，而絶其便僻險偽之交；示之以恭讓儉德之賞，而懲其慢游僭汰之好。以義節之，是謂寵之；以恩驕之，是謂禍之。梁竇無噍類於漢，武韋不遺育於唐，是可戒矣。若夫體乾坤之法，正閨闈之治則，莫若登選良姓之種，採納衣冠之緒，屏卑賤之妖色，斥猥微之淫行；敍進婉順之德，崇近清閒之性。雨露均施，照臨無頗，以資昊天悠久之無疆，以取文王百斯之善慶。若夫保邦求理之法，節用安人之善，則莫若省其品號，罷虚授之廪禄，放其游冗，節徒費之羞服。裁用度以寬民力，息曠怨以除沴氣。是故治世賢王之修身正家愛民經國之道，莫先於此也已。

明·湛若水《格物通》卷三九《嚴内外下》　漢桓帝永康元年，桓帝崩。無嗣，竇后爲皇太后，臨朝策立解瀆亭侯宏，是爲靈帝。太后父大將軍武謀誅宦官，中常侍曹節等殺武，遷太后於南宫。

漢靈帝中平六年，帝崩。皇子辯即位，尊何后爲皇太后，臨朝。后兄大將軍進欲誅宦者，反爲所害，後董卓專政，遷太后於永安宫，爲所弑。

臣若水通曰：後漢《皇后紀》云：主幼時艱，必委成冢宰，簡求忠賢，未有專任婦人，斷割重器。漢權歸女主，外立者四帝，臨朝者六后，莫不定策帷帟，委事父兄，貪孩童以久，其政抑賢明以專其威。臣按四帝：安、質、桓、靈也；六后：竇、鄧、閻、梁、竇、何也。嗚呼，既以中壺而預國政，又以外家而攬朝權，卒之並嬰禍敗也。宜矣尚鑑兹哉！

清·趙翼《廿二史劄記》卷四《後漢書·東漢多母后臨朝外藩入繼》　《范書·后妃紀序》謂：『東京皇統屢絶，權歸女主，外立者四帝，臨朝者六后。』章懷注：『四帝，安、質、桓、靈也。六后，竇、鄧、閻、梁、竇、何也。』案章帝時，竇后專寵，有梁貴人生和帝，竇后養爲己子，而陷貴人以憂死。章帝崩，和帝即位，竇爲太后稱制。和帝崩，皇后鄧氏爲太后，立殤帝嗣位。殤帝殂，太后又立安帝，終身稱制。安帝崩，皇后閻氏爲太后，立北鄉侯懿嗣位，身自臨朝。未幾懿殂，宦官孫程等迎立順帝，太后乃歸政。順帝崩，皇后梁氏爲太后，立沖帝，身自臨朝。沖帝殂，太后又立質帝，猶秉朝政。質帝爲梁冀所，太后又立桓帝，數年歸政。桓帝崩，皇后竇氏爲太后，立靈帝，仍自臨朝。後其父武爲宦官所害，太后亦遷於南宫。靈帝崩，皇后何氏爲太后，立子辨嗣位，身自臨朝，尋爲董卓廢弑。此六后也。其外藩入繼者，安帝由清河王子入繼，質帝由千乘王子入繼，桓帝由蠡吾侯子入繼，靈帝由解瀆亭侯子入繼，此四帝也。然安帝崩，閻太后立北鄉侯懿嗣位，當時稱少帝，是四帝之外尚有一帝，而《范書》專指安、質、桓、靈四君，蓋以北鄉侯立未逾年即殂，生前既未改元，殂後又無謚號，故獨遺之耳，其實外立者共五帝也。

乳保染指朝政

綜　述

《後漢書》卷五《孝安帝紀》　（延光四年）夏四月辛卯，大將軍耿寶、中常侍樊豐、侍中謝惲、周廣、乳母野王君王聖，坐相阿黨，豐、惲、廣下獄死，寶自殺，聖徙雁門。

又　卷六《孝順帝紀》　孝順皇帝諱保，安帝之子也。母李氏，爲閻皇后所害。永寧元年，立爲皇太子。延光三年，安帝乳母王聖、大長秋江京、中常侍樊豐譖太子乳母王男、廚監邴吉，殺之，太子數爲歎息。王聖等懼有後禍，遂與豐、京共構陷太子，太子坐廢爲濟陰王。明年三月，

安帝崩，北鄉侯立，濟陰王以廢黜，不得上殿親臨梓宮，悲號不食，內外羣僚莫不哀之。及北鄉侯薨，車騎將軍閻顯及江京，與中常侍劉安、陳達等白太后，秘不發喪，而更徵立諸國王子，乃閉宮門，屯兵自守。

又 卷一〇一《天文中》 是時，大將軍耿寶、中常侍江京、樊豐、小黃門劉安與阿母王聖、聖子女永等並構譖太子保，並惡太子乳母男、廚監邴吉。三年九月丁酉，廢太子爲濟陰王，以北鄉侯懿代。殺男、吉，徙其父母妻子日南。

又 卷一一四《泗水王歙傳》 延光中，護從兄瑰與安帝乳母王聖女伯榮私通，遂取伯榮爲妻，得紹護封爲朝陽侯，位侍中。及王聖敗，貶爵爲亭侯。

又 卷一一五《來歙傳》 延光元年，尊歷母爲長公主。二年，遷歷太僕。明年，中常侍樊豐與大將軍耿寶、侍中周廣、謝惲等共讒陷太尉楊震，震遂自殺。歷謂侍御史虞詡曰：『耿寶託元舅之親，榮寵過厚，不念報國恩，而傾側奸臣，誣奏楊公，傷害忠良，其天禍亦將至矣。』遂絕周廣、謝惲，不與交通。時皇太子驚病不安，避幸安帝乳母野王君王聖舍。太子乳母王男、廚監邴吉等以爲聖舍新繕修，犯土禁，不可久御。聖及其女永與大長秋江京及中常侍樊豐、王男、邴吉等互相是非，聖、永遂誣譖男、吉，皆幽囚死，家屬徙比景。太子思男等，數爲歎息。京、豐懼有後害，妄造虛無，構讒太子及東宮官屬。帝怒，召公卿以下會議廢立。耿寶等承旨，皆以爲太子當廢。歷與太常桓焉、廷尉張皓議曰：『經說，年未滿十五，過惡不在其身。且男、吉之謀，皇太子容有不知，宜選忠良保傅，輔以禮義。廢置事重，此誠聖恩所宜宿留。』帝不從，是日遂廢太子爲濟陰王。時監太子家小黃門籍建、中傅高梵等，皆以無罪徙朔方。歷乃要結光祿勳祋諷，宗正劉瑋，將作大匠薛皓，侍中閭丘弘、陳光、趙代、施延，太中大夫朱倀、第五頡，中散大夫曹成，諫議大夫李尤，符節令張敬，持書侍御史龔調，羽林右監孔顯，城門司馬徐崇，衛尉守丞樂闟，長樂、未央廄令鄭安世等十餘人，俱詣鴻都門證太子無過。龔調據法律明之，以爲男、吉犯罪，皇太子不當坐。帝與左右患之，乃使中常侍奉詔脅羣臣曰：『父子一體，天性自然。以義割恩，爲天下也。歷、諷等不識大典，而與羣小共爲讙嘩，外見忠直而內希後福，飾邪違義，豈事君之禮？朝廷廣開言事之路，故且一切假貸；若懷迷不反，當顯明刑書。』諫者莫不失色。薛皓先頓首曰：『固宜如明詔。』歷怫然，廷詰皓曰：『屬通諫何言，而今復背之？大臣乘朝車，處國事，固得輾轉若此乎！』乃各稍自引起，歷獨守闕，連日不肯去。帝大怒，乃免歷兄弟官，削國租，黜公主不得會見。歷遂杜門不與親戚通，時人爲之震栗。及帝崩，閻太后起歷爲將作大匠。順帝卽位，朝廷咸稱社稷臣，於是遷爲衛尉。祋諷、劉瑋、閭丘弘等先卒，皆拜其子爲郎；朱倀、施延、陳光、趙代等並爲公卿，任職；徵王男、邴吉家屬還京師，厚加賞賜；籍建、高梵等，悉蒙顯擢。

又 卷六六《鄧寇傳》 建光元年，太后崩，未及大斂，帝復申前命，封騭爲上蔡侯，位特進。帝少號聰敏，及長多不德，而乳母王聖見太后久不歸政，慮有廢置，常與中黃門李閏侯伺左右。及太后崩，宮人先有受罰者，懷怨恚，因誣告悝、私、閶先從尚書鄧訪取廢帝故事，謀立平原王得。帝聞，追怒，令有司奏悝等大逆無道，遂廢西平侯廣德、葉侯廣宗、西華侯忠、陽安侯珍、都鄉侯甫德皆爲庶人。騭以不與謀，但免特進，遣就國。宗族皆免官歸故郡，沒入騭等資財田宅，徙鄧訪及家屬於遠郡。郡縣逼迫，廣宗及忠皆自殺。又徙封騭爲羅侯，騭與子鳳並不食而死。騭從弟河南尹豹、度遼將軍舞陽侯遵、將作大匠暢皆自殺，惟廣德兄弟以母閻后戚屬得留京師。

又 卷一一九《耿弇傳》 寶女弟爲清河孝王妃。及安帝立，尊孝王，母爲孝德皇后，以妃爲甘園大貴人。帝以寶元舅之重，使監羽林左騎，位至大將軍。而附事內寵，與中常侍樊豐、帝乳母王聖等譖廢皇太子爲濟陰王，及排陷太尉楊震，議者怨之。

又 卷五〇《梁節王暢傳》 暢性聰惠，然少貴驕，頗不遵法度。歸國後，數有惡夢，從官卞忌自言能使六丁，善占夢，暢數使卜筮。又暢乳母王禮等，因此自言能見鬼神事，遂共占氣，祠祭求福。忌等諂媚，云神言王當爲天子。暢心喜，與相應答。

又 卷五四《楊震傳》 楊震字伯起，弘農華陰人也。八世祖喜，高祖時有功，封赤泉侯。高祖敞，昭帝時爲丞相，封安平侯。父寶，習《歐陽尚書》。哀、平之世，隱居教授。居攝二年，與兩龔、蔣詡俱徵，

遂遁逃，不知所處。光武高其節。建武中，公車特徵，老病不到，卒於家。

震少好學，受《歐陽尚書》於太常桓郁，明經博覽，無不窮究。諸儒爲之語曰：『關西孔子楊伯起。』常客居於湖，不荅州郡禮命數十年，衆人謂之晚暮，而震志愈篤。後有冠雀銜三鱣魚，飛集講堂前，都講取魚進曰：『蛇鱣者，卿大夫服之象也。數三者，法三臺也。先生自此升矣。』年五十，乃始仕州郡。

大將軍鄧騭聞其賢而辟之，舉茂才，四遷荆州刺史、東萊太守。當之郡，道經昌邑，故所舉荆州茂才王密爲昌邑令，謁見，至夜懷金十斤以遺震。震曰：『故人知君，君不知故人，何也？』密曰：『暮夜無知者。』震曰：『天知，神知，我知，子知。何謂無知！』密愧而出。後轉涿郡太守。性公廉，不受私謁。子孫常蔬食步行，故舊長者或欲令爲開產業，震不肯，曰：『使後世稱爲清白吏子孫，以此遺之，不亦厚乎！』

元初四年，徵入爲太僕，遷太常。先是博士選舉多不以實，震舉薦明經名士陳留楊倫等，顯傳學業，諸儒稱之。

永寧元年，代劉愷爲司徒。明年，鄧太后崩，內寵始橫。安帝乳母王聖，因保養之勤，緣恩放恣；聖子女伯榮出入宮掖，傳通姦賂。震上疏曰：臣聞政以得賢爲本，理以去穢爲務。是以唐虞俊乂在官，四凶流放，天下咸服，以致雍熙。方今九德未事，嬖幸充庭。阿母王聖出自賤微，得遭千載，奉養聖躬，雖有推燥居濕之勤，前後賞惠，過報勞苦，而無厭之心，不知紀極，外交屬託，擾亂天下，損辱清朝，塵點日月。《書》誡牝雞牡鳴，《詩》刺哲婦喪國。昔鄭嚴公從母氏之欲，恣驕弟之情，幾至危國，然後加討，《春秋》貶之，以爲失教。夫女子小人，近之喜，遠之怨，實爲難養。《易》曰：『無攸遂，在中饋。』言婦人不得與於政事也。宜速出阿母，令居外舍，斷絕伯榮，莫使往來，令恩德兩隆，上下俱美。惟陛下絕婉孌之私，割不忍之心，留神萬機，誡慎拜爵，減省獻御，損節徵發。令野無《鶴鳴》之歎，朝無《小明》之悔，《大東》不興於今，勞止不怨於下。擬蹤往古，比德哲王，豈不休哉！奏御，帝以示阿母等，內幸皆懷忿恚。而伯榮驕淫尤甚，與故朝陽侯劉護從兄瓌交通，瓌遂以爲妻，得襲護爵，位至侍中。震深疾之，復詣闕上疏曰：『臣聞高祖與羣臣約，非功臣不得封，故經制父死子繼，兄亡弟及，以防篡也。伏見詔書封故朝陽侯劉護再從兄瓌襲護爵爲侯。護同產弟威，今猶見在。臣聞天子專封封有功，諸侯專爵爵有德。今瓌無佗功行，但以配阿母女，一時之間，既位侍中，又至封侯，不稽舊制，不合經義，行人喧譁，百姓不安。陛下宜覽鏡既往，順帝之則。』書奏不省。

延光二年，代劉愷爲太尉。帝舅大鴻臚耿寶薦中常侍李閏兄於震，震不從。寶乃自往候震曰：『李常侍國家所重，欲令公辟其兄，寶唯傳上意耳。』震曰：『如朝廷欲令三府辟召，故宜有尚書敕。』遂拒不許，寶大恨而去。皇后兄執金吾閻顯亦薦所親厚於震，震又不從。司空劉授聞之，卽辟此二人，旬日中皆見拔擢。由是震益見怨。

時詔遣使者大爲阿母修弟，中常侍樊豐及侍中周廣、謝惲等更相扇動，傾搖朝廷。震復上疏曰：『臣聞古者九年耕必有三年之儲，故堯遭洪水，人無菜色。臣伏念方今灾害發起，彌彌滋甚，百姓空虛，不能自贍。重以螟蝗，羌虜抄掠，三邊震擾，戰鬭之役至今未息，兵甲軍糧不能復給。大司農帑藏匱乏，殆非社稷安寧之時。伏見詔書爲阿母興起津城門內第舍，合兩爲一，連里竟街，雕修繕飾，窮極巧伎。今盛夏土王，而攻山採石，其大匠左校別部將作合數十處，轉相迫促，爲費巨億。周廣、謝惲兄弟，與國無肺腑枝葉之屬，依倚近幸奸佞之人，與樊豐、王永等分威共權，屬託州郡，傾動大臣。宰司辟召，承望旨意，招來海內貪汙之人，受其貨賂，至有臧錮棄世之徒復得顯用。白黑溷淆，清濁同源，天下讙譁，咸曰財貨上流，爲朝結譏。臣聞師言：「上之所取，財盡則怨，力盡則叛。」怨叛之人，不可復使，故曰：「百姓不足，君誰與足？」惟陛下度之。』豐、惲等見震連切諫不從，無所顧忌，遂詐作詔書，調發司農錢穀、大匠見徒材木，各起家舍、園池、廬觀，役費無數。

震因地震，復上疏曰：『臣蒙恩備臺輔，不能奉宣政化，調和陰陽，去年十二月四日，京師地動。臣聞師言：「地者陰精，當安靜承陽。」而今動搖者，陰道盛也。其日戊辰，三者皆土，位在中宮，此中臣近官盛於持權用事之象也。臣伏惟陛下以邊境未寧，躬自菲薄，宮殿垣屋傾倚，枝柱而已，無所興造，欲令遠近咸知政化之清流，商邑之翼翼也。而親近幸臣，未崇斷金，驕溢踰法，多請徒士，盛修第舍，賣弄威福。道路讙譁，

衆所聞見。地動之變，近在城郭，殆爲此發。又冬無宿雪，春節未雨，百僚燋心，而繕修不止，誠致旱之徵也。《書》曰：「僭恆陽若，臣無作威作福玉食。」唯陛下奮乾剛之德，棄驕奢之臣，以掩訞言之口，奉承皇天之戒，無令威福久移於下。』

震前後所上，轉有切至，帝既不平之，而樊豐等皆側目憤怨，俱以其名儒，未敢加害。尋有河間男子趙騰詣闕上書，指陳得失。帝發怒，遂收考詔獄。結以罔上不道。震復上疏救之曰：『臣聞堯、舜之世，諫鼓謗木，立之於朝；殷、周哲王，小人怨詈，則還自敬德。所以達聰明，開不諱，博采負薪，盡極不情也。今趙騰所坐激訐謗語爲罪，與手刃犯法有差。乞爲虧除，全騰之命，以誘芻蕘輿人之言。』帝不省，騰竟伏屍都市。

會三年春，東巡岱宗，樊豐等因乘輿在外，競修第宅，震部掾高舒召大匠令史考校之，得豐等所詐下詔書，具奏，須行還上之。豐等聞，惶怖，會太史言星變逆行，遂共譖震云：『自趙騰死後，深用怨懟；且鄧氏故吏，有恚恨之心。』及車駕行還，便時太學，夜遣使者策收震太尉印綬，於是柴門絶賓客。豐等復惡之，乃請大將軍耿寶奏震大臣不服罪，懷恚望，有詔遣歸本郡。震行至城西幾陽亭，乃慷慨謂其諸子門人曰：『死者士之常分。吾蒙恩居上司，疾奸臣狡猾而不能誅，惡嬖女傾亂而不能禁，何面目復見日月！身死之日，以雜木爲棺，布單被裁足蓋形，勿歸冢次，勿設祭祠。』因飲鴆而卒，時年七十餘。弘農太守移良承樊豐等旨，遣吏於陝縣留停震喪，露棺道側，謫震諸子代郵行書，道路皆爲隕涕。

歲餘，順帝即位，樊豐、周廣等誅死，震門生虞放、陳翼詣闕追訟震事。朝廷咸稱其忠，乃下詔除二子爲郎，贈錢百萬，以禮改葬於華陰潼亭，遠近畢至。先葬十餘日，有大鳥高丈餘，集震喪前，俯仰悲鳴，淚下沾地，葬畢，乃飛去。郡以狀上。時連有灾異，帝感震之枉，乃下詔策曰：『故太尉震，正直是與，俾匡時政，而青蠅點素，同茲在藩。上天降威，灾眚屢作，爾卜爾筮，惟震之故。朕之不德，用彰厥咎，山崩棟折，我其危哉！今使太守丞以中牢具祠，魂而有靈，儻其歆享。』於是時人立石鳥象於其墓所。

震之被譖也，高舒亦得罪，以減死論。及震事顯，舒拜侍御史，至荆州刺史。

又　卷五五《河間孝王開傳》　蠡吾侯翼，元初六年鄧太后徵濟北、河間王諸子詣京師，奇翼美儀容，故以爲平原懷王後焉。留在京師。歲餘，太后崩。安帝乳母王聖與中常侍江京等譖鄧騭兄弟及翼，云與中大夫趙王謀圖不軌，闚覦神器，懷大逆心。貶爲都鄉侯，遣歸河間。翼於是謝賓客，閉門自處。永建五年，父開上書，願分蠡吾縣以封翼，順帝從之。

又　卷五七《杜根傳》　翊世字秀明，少好學，深明道術。延光中，中常侍樊豐、帝乳母王聖共譖皇太子，廢爲濟陰王。翊世連上書訟之，又言樊豐、王聖誣罔之狀。帝既不從，豐等陷以重罪，下獄當死，有詔免官歸本郡。及濟陰王立，是爲順帝，司空張皓辟之。

又　卷六〇下《蔡邕傳》　邕對曰：臣伏惟陛下聖德允明，深悼灾咎，褒臣末學，特垂訪及，非臣螻蟻所能堪副。斯誠輸寫肝膽出命之秋，豈可以顧患避害，使陛下不聞至戒哉！臣伏思諸異，皆亡國之怪也。天於大漢，殷勤不已，故屢出袄變，以當譴責，欲令人君感悟，改危即安。今灾眚之發，不於它所，遠則門垣，近在寺署，其爲監戒，可謂至切。蜺墮雞化，皆婦人干政之所致也。前者乳母趙嬈，貴重天下，生則貲藏侔於天府，死則丘墓逾於園陵，兩子受封，兄弟典郡；續以永樂門史霍玉，依阻城社，又爲奸邪。

又　卷六一《左雄傳》　初，帝廢爲濟陰王，乳母宋娥與黄門孫程等共議立帝，帝後以娥前有謀，遂封爲山陽君，邑五千户。又封大將軍梁商子冀襄邑侯。雄上封事曰：『夫裂土封侯，王制所重。高皇帝約，非劉氏不王，非有功不侯。孝安皇帝封江京、王聖等，遂致地震之異。永建二年，封陰謀之功，又有日食之變。數術之士，咸歸咎於封爵。今青州饑虚，盜賊未息，民有乏絶，上求稟貸。陛下乾乾勞思，以濟民爲務。宜循古法，寧靜無爲，以求天意，以消灾異。誠不宜追録小恩，虧失大典。』帝不聽。雄復諫曰：臣聞人君莫不好忠正而惡讒諛，然而歷世之患，莫不以忠正得罪，讒諛蒙幸者，蓋聽忠難，從諛易也。夫刑罪，人情之所甚惡；貴寵，人情之所甚欲。是以時俗爲忠者少，而習諛者多。故令人主數聞其美，稀知其過，迷而不悟，至於危亡。臣伏見詔書，顧念阿母舊德宿恩，欲特加顯賞。案尚書故事，無乳母爵邑之制，唯先帝時阿母王聖爲野王君。聖造生讒賊廢立之禍，生爲天下所咀嚼，死爲海内所歡快。桀、

紂貴爲天子，而庸僕羞與爲比者，以其無義也。夷、齊賤爲匹夫，而王侯爭與爲伍者，以其有德也。今阿母躬蹈約儉，以身率下，羣僚蒸庶，莫不向風，而與王聖並同爵號，懼違本操，失其常願。臣愚以爲凡人之心，理不相遠，其所不安，古今一也。百姓深懲王聖傾覆之禍，民萌之命，危於累卵，常懼時世復有此類。怵惕之念，未離於心；恐懼之言，未絕乎口。乞如前議，歲以千萬給奉阿母，內足以盡恩愛之歡，外可不爲吏民所怪。梁冀之封，事非機急，宜過災厄之運，然後平議可否。會復有地震、緱氏山崩之異，雄復上疏諫曰：『先帝封野王君，漢陽地震，今封山陽君而京城復震，專政在陰，其災尤大。臣前後瞽言封爵至重，王者可私人以財，不可以官，宜還阿母之封，以塞災異。今冀已高讓，山陽君亦宜崇其本節。』雄言數切至，娥亦畏懼辭讓，而帝戀戀不能已，卒封之。後阿母遂以交遘失爵。

又　卷六六《陳蕃傳》　初，桓帝欲立所幸田貴人爲皇后。蕃以田氏卑微，竇族良家，爭之甚固。帝不得已，已立竇后。及后臨朝，故委用於蕃。蕃與后父大將軍竇武，同心盡力，徵用名賢，共參政事，天下之士，莫不延頸想望太平。而帝乳母趙嬈，旦夕在太后側，中常侍曹節、王甫等與共交構，諂事太后。太后信之，數出詔命，有所封拜，及其支類，多行貪虐。蕃常疾之，志誅中官，會竇武亦有謀。蕃自以既從人望而德於太后，必謂其志可申，乃先上疏曰：『臣聞言不直而行不正，則爲欺乎天而負乎人。危言極意，則羣凶側目，禍不旋踵。鈞此二者，臣寧得禍，不敢欺天也。今京師囂囂，道路諠嘩，言侯覽、曹節、公乘昕、王甫、鄭颯等與趙夫人諸女尚書並亂天下。附從者升進，忤逆者中傷。方今一朝羣臣，如河中木耳，泛泛東西，耽祿畏害。陛下前始攝位，順天行誅，蘇康、管霸並伏其辜。是時，天地清明，人鬼歡喜，奈何數月復縱左右？元惡大奸，莫此之甚。今不急誅，必生變亂，傾危社稷，其禍難量。願出臣章宣示左右，並令天下諸奸知臣疾之。』太后不納，朝廷聞者莫不震恐。蕃因與竇武謀之，語在《武傳》。

又　卷六九《竇武傳》　時，武出宿歸府，典中書者先以告長樂五官史朱瑀。瑀盜發武奏，罵曰：『中官放縱者，自可誅耳。我曹何罪，而當盡見族滅！』因大呼曰：『陳蕃、竇武奏白太后廢帝，爲大逆！』乃夜召素所親壯健者長樂從官史共普、張亮等十七人，喢血共盟誅武等。曹節聞之，驚起，白帝曰：『外間切切，請出御德陽前殿。』令帝拔劍踴躍，使乳母趙嬈等擁衛左右，取棨信，閉諸禁門。召尚書官屬，脅以白刃，使作詔板。拜王甫爲黃門令，持節至北寺獄，收尹勳、山冰。冰疑，不受詔，甫格殺之。遂害勳，出送。還共劫太后，奪璽書。令中謁者守南宮，閉門，絕複道。使鄭颯等持節，及侍御使、謁者捕收武等。武不受詔，馳入步兵營，與紹共射殺使者。召會北軍五校士數千人屯都亭下，令軍士曰：『黃門常侍反，盡力者封侯重賞。』詔以少府周靖行車騎將軍，加節，與護匈奴中郎將張奐率五營士討武。夜漏盡，王甫將虎賁、羽林、廐騶、都候、劍戟士，合千餘人，出屯朱雀掖門，與奐等合。明旦悉軍闕下，與武對陣。甫兵漸盛，使其士大呼武軍曰：『竇武反，汝皆禁兵，當宿衛宮省，何故隨反者乎？先降有賞！』營府素畏服中官，於是武軍稍稍歸甫。自旦至食時，兵降略盡。武、紹走，諸軍追圍之，皆自殺，梟首洛陽都亭。收捕宗親、賓客、姻屬，悉誅之，及劉瑜、馮述，皆夷其族。徙徙家屬日南，遷太后於雲臺。

又　卷七八《宦者傳·孫程》　時鄧太后臨朝，帝不親政事。小黃門李閏與帝乳母王聖常共譖太后兄執金吾悝等，言欲廢帝，立平原王翼，帝每忿懼。及太后崩，遂誅鄧氏而廢平原王，封閏雍鄉侯；又小黃門江京以讒諂進，初迎帝於邸，以功封都鄉侯，食邑各三百戶。閏、京並遷中常侍，江京兼大長秋，與中常侍樊豐、黃門令劉安、鉤盾令陳達及王聖、聖女伯榮扇動內外，競爲侈虐。又帝舅大將軍耿寶、皇后兄大鴻臚閻顯更相阿黨，遂枉殺太尉楊震，廢皇太子爲濟陰王。

明年帝崩，立北鄉侯爲天子。顯等遂專朝爭權，乃諷有司奏誅樊豐，廢耿寶、王聖，及黨與皆見死徙。

論說

宋·眞德秀《大學衍義》卷二二《格物致知之要二·辨人材·憸邪罔上之情讒臣》　漢安帝時，楊震爲太尉，時乳母王聖緣恩放恣，聖女伯榮出入宮掖，傳通姦賂。中常侍樊豐等分威共權，屬託州郡，傾動大

臣。又詐作詔書，調發司農錢穀，各起園宅廬觀，役費無數，震數上疏，切諫帝不平之，而豐等皆側目憤怨，尋有河間男子趙騰詣闕上書指陳得失。帝怒收考詔獄。震復上書救之。帝不省。竟誅騰豐等，遂共譖。震云：『自趙騰死後，深用怨懟。』帝遣使者收震印綬，豐等復譖之，詔遣還本郡。震行至城西，乃慷慨謂其諸子門人曰：『吾蒙恩居上司，疾姦臣狡猾而不能誅，惡嬖女傾亂而不能禁，何面目復見日月？』因飲酖卒。

臣按樊豐之讒楊震曰『怨懟』，亦猶石顯之讒蕭望之曰『怨望』也。怨在心未形於事，未露於言，顯與豐曷從知之，亦何異張湯之譖顏異曰『腹誹』也。探腹心之隱，而加人以曖昧之罪，非遇至明之主，其誰能辨之？然則其果難辨與？曰：特患人主無意耳。儻有意焉，何患其難辨？曰：爾之言，彼曰怨，望以何事知之？爾之言，彼曰怨，懟以何事知之？爲之有何迹，睹之有何人，則有無虛實，亦可以坐判矣。猶聽訟焉，彼曲也，以何事而見其曲；彼直也，以何事而見其直？未有指心腹未形者，而可以蔽其辭也。雖然，聽訟不若無訟，辨讒不若無讒。使爲人上者心正意誠，私邪不能蔽；公聽並觀，信任無所倚，則魑魅讐於震霆，雨雪消於見晛，雖有善爲讒者，且不敢爲矣。此人主守約之方也。

又　卷三九《齊家之要二・嚴内治・内臣預政之禍》　蕃大喜、武於是引同志尚書令尹勳等共定計策，會日有食之，蕃謂武可因此斥罷宦官，以塞天變。武乃白太后曰：『故事，黄門、常侍但當給事省内門户，近署財物耳。今乃使與政事，任重權子弟布列專爲貪暴，天下匈匈，正以此故，宜悉誅廢，以清朝廷。』太后曰：『漢元以來故事，世有宦官，但當誅其有罪者，豈可盡廢！』時中常侍管霸，頗有才略，專制省内，武先白收霸及中常侍蘇康等，皆坐死。武復白誅曹節等，太后猶豫未忍，宦官反誣蕃武，奏白太后，廢帝爲大逆。乃夜召所親，歃血共盟，謀誅武等。蕃武皆死，遷太后於南宫。於是羣小得志，士大夫皆喪氣。

臣按宦官之惡，至是極矣。然蕃武欲盡戮之，毋乃已甚乎？太后以爲但當去其有罪者，斯言是也。使蕃等因管霸既死之餘，亟如太后指擇其罪之尤者戮一二人，自餘或逐之外服，或許之自新，重整權綱，勿使内臣預朝政，則宫省穆然無事矣。不此之爲而欲肆其屠翦，使逆孺得反其鋒而用之，豈天不祚漢乎？何蕃武之賢而爲謀弗臧也。嗚呼，悲夫！

皇權旁落分部

外戚擅政

綜　述

《後漢書》卷四《孝和帝紀》　章和二年二月壬辰，即皇帝位，年十歲。尊皇后曰皇太后，太后臨朝。三月丁酉【略】庚戌，皇太后詔曰：

先帝以明聖，奉承祖宗至德要道，天下清靜，庶事咸寧。今皇帝以幼年，煢煢在疚，朕且佐助聽政。外有大國賢王並爲蕃屏，内有公卿大夫統理本朝，恭己受成，夫何憂哉！然守文之際，必有内輔以參聽斷。侍中憲，朕之元兄，行能兼備，忠孝尤篤，先帝所器，親受遺詔，當以舊典輔斯職焉。憲固執謙讓，節不可奪。今供養兩宫，宿衛左右，厥事已重，亦不可復勞以政事。故太尉鄧彪，元功之族，三讓彌高，海内歸仁，爲羣賢首，先帝褒表，欲以崇化。今彪聰明康强，可謂老成黄耇矣。其以彪爲太傅，賜爵關内侯，録尚書事，百官總己以聽，朕庶幾得專心内位。於戲！羣公其勉率百僚，各修厥職，愛養元元，綏以中和，稱朕意焉。

又　《孝殤帝紀》　（延平元年）夏四月【略】丙寅，以虎賁中郎將鄧騭爲車騎將軍。【略】五月辛卯，皇太后詔曰：『皇帝幼沖，承統鴻業，朕且權佐助聽政，兢兢寅畏，不知所濟。深惟至治之本，道化在前，刑罰在後。將稽中和，廣施慶惠，與吏民更始。其大赦天下。自建武以來諸犯禁錮，詔書雖解，有司持重，多不奉行，其皆復爲平民。』壬辰，河東垣山崩。

又　卷五《孝安帝紀》　恭宗孝安皇帝諱祜，肅宗孫也。父清河孝王慶，母左姬。帝自在邸第，數有神光照室，又有赤蛇盤於牀第之間。年十歲，好學《史書》，和帝稱之，數見禁中。

延平元年，慶始就國，鄧太后特詔留帝清河邸。

八月，殤帝崩，太后與兄車騎將軍鄧騭定策禁中。其夜，使騭持節，以王青蓋車迎帝，齋於殿中。皇太后御崇德殿，百官皆吉服，羣臣陪位，引拜帝爲長安侯。皇太后詔曰：『先帝聖德淑茂，早棄天下。朕奉皇帝，夙夜瞻仰日月，冀望成就。豈意卒然顛沛，天年不遂，悲痛斷心。朕惟平原王素被痼疾，念宗廟之重，思繼嗣之統，唯長安侯祜質性忠孝，小心翼翼，能通《詩》、《論》，篤學樂古，仁惠愛下。年已十三，有成人之志。親德係後，莫宜於祜。《禮》「昆弟之子猶己子」，《春秋》之義，爲人後者爲之子，不以父命辭王父命。其以祜爲孝和皇帝嗣，奉承祖宗，案禮儀奏。』又作策命曰：『惟延平元年秋八月癸丑，皇太后曰：咨長安侯祜：孝和皇帝懿德巍巍，光于四海，大行皇帝不永天年。朕惟侯孝章帝世嫡皇孫，謙恭慈順，在孺而勤，宜奉郊廟，承統大業。今以侯嗣孝和皇帝後。其審君漢國，允執其中。「一人有慶，萬民賴之。」皇帝其勉之哉！』讀策畢，太尉奉上璽綬，即皇帝位，年十三。太后猶臨朝。【略】

十二月甲子，清河王薨，使司空持節弔祭，車騎將軍鄧騭護喪事。乙酉，罷魚龍蔓延百戲。

永初元年【略】六月戊申，爵皇太后母陰氏爲新野君。丁巳，河東地陷。壬戌，罷西域都護。

先零種羌叛，斷隴道，大爲寇掠，遣車騎將軍鄧騭、征西校尉任尚討之。丁卯，赦除諸羌相連結謀叛逆者罪。【略】

二年【略】十一月辛酉，拜鄧騭爲大將軍，徵還京師，留任尚屯隴右。先零羌滇零稱天子于北地，遂寇三輔，東犯趙、魏，南入益州，殺漢中太守董炳。【略】

建光元年五月庚辰，特進鄧騭及度遼將軍鄧遵，並以譖自殺。丙申，貶平原王翼爲都鄉侯。

又　卷六《孝順帝紀》　孝順皇帝諱保，安帝之子也。母李氏，爲閻皇后所害。永寧元年，立爲皇太子。延光三年，安帝乳母王聖、大長秋江京、中常侍樊豐譖太子乳母王男、廚監邴吉，殺之，太子數爲歎息。王聖等懼有後禍，遂與豐、京共構陷太子，太子坐廢爲濟陰王。明年三月，安帝崩，北鄉侯立，濟陰王以廢黜，不得上殿親臨梓宫，悲號不食，内外羣僚莫不哀之。及北鄉侯薨，車騎將軍閻顯及江京，與中常侍劉安、陳達等白太后，秘不發喪，而更徵立諸國王子，乃閉宫門，屯兵自守。

十一月丁巳，京師及郡國十六地震。是夜，中黄門孫程等十九人共斬江京、劉安、陳達等，迎濟陰王于德陽殿西鐘下，即皇帝位，年十一。近臣尚書以下，從輦到南宫，登雲臺，召百官。尚書令劉光等奏言：『孝安皇帝聖德明茂，早棄天下。陛下正統，當奉宗廟，而奸臣交構，遂令陛下龍潛藩國，羣僚遠近莫不失望。天命有常，北鄉不永。漢德盛明，福祚孔章。近臣建策，左右扶翼，内外同心，稽合神明。陛下踐祚，奉遵鴻緒，爲郊廟主，承續祖宗無窮之烈，上當天心，下民望。而即位倉卒，典章多缺，請條案禮儀，分别具奏。』制曰：『可。』乃召公卿百僚，使虎賁、羽林士屯南、北宫諸門。閻顯兄弟聞帝立，率兵入北宫，尚書郭鎮與交鋒刃，遂斬顯弟衛尉景。戊午，遣使者入省，奪得璽綬，乃幸嘉德殿，遣侍御史持節收閻顯及其弟城門校尉耀、執金吾晏，並下獄誅。己未，開門，罷屯兵。壬戌，詔司隸校尉：『惟閻顯、江京近親當伏辜誅，其餘務崇寬貸。』壬申，謁高廟。癸酉，謁光武廟。乙亥，詔益州刺史罷子午道，通褒斜路。己卯，葬少帝以諸王禮。司空劉授免。賜公卿以下錢、穀各有差。【略】

永建元年春正月甲寅，詔曰：『先帝聖德，享祚未永，早棄鴻烈。奸慝緣間，人庶怨讟，上干和氣，疫癘爲灾。朕奉承大業，未能寧濟。蓋至理之本，稽弘德惠，蕩滌宿惡，與人更始。其大赦天下。賜男子爵，人二級，爲父後、三老、孝悌、力田人三級，流民欲自占者一級；鰥、寡、孤、獨、篤癃、貧不能自存者粟，人五斛；貞婦帛，人三匹。坐法當徙，勿徙；亡徒當傳，勿傳。宗室以罪絶，皆復屬籍。其與閻顯、江京等交通者，悉勿考。勉修厥職，以康我民。』

辛未，皇太后閻氏崩。辛巳，太傅馮石、太尉劉熹、司徒李郃免。二月甲申，葬安思皇后。丙戌，太常桓焉爲太傅；大鴻臚朱寵爲太尉，參録尚書事；長樂少府九江朱倀爲司徒。賜百官隨輦宿衛及拜除者布各有差。【略】

四年春正月丙寅，詔曰：『朕託王公之上，涉道日寡，政失厥中，陰陽氣隔，寇盜肆暴，庶獄彌繁，憂悴永歎，疢如疾首。《詩》云：「君子如祉，亂庶遄已。」三朝之會，朔旦立春，嘉與海内洗心自新。其赦天下。

從甲寅赦令已來復秩屬籍，三年正月已來還贖。其閻顯、江京等知識婚姻禁錮，一原除之。務崇寬和，敬順時令，遵典去苛，以稱朕意。』【略】

（永和六年）八月丙辰，大將軍梁商薨。壬戌，河南尹梁冀爲大將軍。

又《孝沖帝紀》 孝沖皇帝諱炳，順帝之子也。母曰虞貴人。建康元年立爲皇太子，其年八月庚午，即皇帝位，年二歲。尊皇后曰皇太后。太后臨朝。丁丑，以太尉趙峻爲太傅；大司農李固爲太尉，參録尚書事。

又《孝質帝紀》 沖帝不豫，大將軍梁冀徵帝到洛陽都亭。及沖帝崩，皇太后與冀定策禁中，丙辰，使冀持節，以王青蓋車迎帝入南宮。丁巳，封爲建平侯，其日即皇帝位，年八歲。【略】

本初元年閏月甲申，大將軍梁冀潛行鴆弑，帝崩於玉堂前殿，年九歲。丁亥，太尉李固免。戊子，司徒胡廣爲太尉，司空趙戒爲司徒，與梁冀參録尚書事。太僕袁湯爲司空。

又 卷七《孝桓帝紀》 孝桓皇帝諱志，肅宗曾孫也。祖父河間孝王開，父蠡吾侯翼，母匽氏。翼卒，帝襲爵爲侯。【略】

本初元年，梁太后徵帝到夏門亭，將妻以女弟。會質帝崩，太后遂與兄大將軍冀定策禁中，閏月庚寅，使冀持節，以王青蓋車迎帝入南宮，其日即皇帝位，時年十五。太后猶臨朝政。秋七月乙卯，葬孝質皇帝于靜陵。【略】

（建和元年）八月乙未，立皇后梁氏。九月丁卯，京師地震。太尉杜喬免。

冬十月，司徒趙戒爲太尉，司空袁湯爲司徒，前太尉胡廣爲司空。十一月，濟陰言有五色大鳥見於己氏。戊午，減天下死罪一等，戍邊。清河劉文反，殺國相射暠，欲立清河王蒜爲天子，事覺伏誅。蒜坐貶爲尉氏侯，徙桂陽，自殺。前太尉李固、杜喬皆下獄死。【略】

二年【略】三月戊辰，帝從皇太后幸大將軍梁冀府。【略】

（延熹二年秋七月）大將軍梁冀謀爲亂。八月丁丑，帝御前殿，詔司隸校尉張彪將兵圍冀第，收大將軍印綬，冀與妻皆自殺。衛尉梁淑、河南尹梁胤、屯騎校尉梁讓、越騎校尉梁忠、長水校尉梁戟等，及中外宗親數十人，皆伏誅。太尉胡廣坐免。司徒韓縯、司空孫朗下獄。

壬午，立皇后鄧氏，追廢懿陵爲貴人冢。詔曰：『梁冀奸暴，濁亂王室。孝質皇帝聰敏早茂，冀心懷忌畏，私行殺毒。永樂太后親尊莫二，冀又遏絶，禁還京師，使朕離母子之愛，隔顧復之恩。禍害深大，罪釁日滋。賴宗廟之靈，及中常侍單超、徐璜、具瑗、左悺、唐衡，尚書令尹勳等激憤建策，內外協同，漏刻之間，桀逆梟夷。斯誠社稷之佑，臣下之力，宜班慶賞，以酬忠勳。其封超等五人爲縣侯，勳等七人爲亭侯。』於是舊故恩私，多受封爵。

又 卷一〇下《皇后紀下・桓思竇皇后》 延熹八年，鄧皇后廢，後以選入掖庭爲貴人，其冬，立爲皇后，而御見甚稀，帝所寵唯采女田聖等。永康元年冬，帝寢疾，遂以聖等九女皆爲貴人。及崩，無嗣，後爲皇太后。太后臨朝定策，立解犢亭侯宏，是爲靈帝。

太后素忌忍，積怒田聖等，桓帝梓宮尚在前殿，遂殺田聖。又欲盡誅諸貴人，中常侍管霸、蘇康苦諫，乃止。時太后父大將軍武謀誅宦官，而中常侍曹節等矯詔殺武，遷太后于南宮雲臺，家屬徙比景。

章帝時，竇皇后兄憲以皇后甚幸于上，故人人莫不畏憲。憲於是强請奪沁水長公主田，公主畏憲，與之，憲乃賤顧之。後上幸公主田，覺之，問憲，憲又上言借之。上以后故，但譴敕之，不治其罪。後章帝崩，竇太后攝政，憲秉機密，忠直之臣與憲忤者，憲多害之，其後憲兄弟遂皆被誅。

又 卷一六《鄧騭傳》 少辟大將軍竇憲府。及女弟爲貴人，騭兄弟皆除郎中。及貴人立，是爲和熹皇后。騭三遷虎賁中郎將，京、悝、弘、閶皆黃門侍郎。京卒於官。延平元年，拜騭車騎將軍、儀同三司。儀同三司始自騭也。悝虎賁中郎將，弘、閶皆侍中。

殤帝崩，太后與步騭等定策立安帝，悝遷城門校尉，弘虎賁中郎將。自和帝崩後，騭兄弟常居禁中。騭謙遜不欲久在內，連求還第，歲餘，太后乃許之。

永初元年，封騭上蔡侯，悝葉侯，弘西平侯，閶西華侯，食邑各萬戶。騭以定策功，增邑三千戶。騭等辭讓不獲，遂逃避使者，間關詣闕，上疏自陳曰：『臣兄弟汙濊，無分可采，過以外戚，遭值明時，託日月之

末光，被雲雨之渥澤，並統列位，光昭當世。不能宣贊風美，補助清化，誠慚誠懼，無以處心。陛下躬天然之姿，體仁聖之德，遭國不造，仍離大憂，開日月之明，運獨斷之慮，援立皇統，奉承大宗。聖策定於神心，休烈垂於不朽，本非臣等所能萬一，而猥推嘉美，並享大封，伏聞詔書，驚惶慚怖。追觀前世傾覆之誡，退自惟念，不寒而慄。臣等雖無逮及遠見之慮，猶有庶幾戒懼之情。常母子兄弟，內相敕厲，冀以端愨畏慎，一心奉戴，上全天恩，下完性命。刻骨定分，有死無二。終不敢橫受爵士，以增罪累。惶窘征營，昧死陳乞。』太后不聽。騭頻上疏，至於五六，乃許之。

其夏，涼部畔羌援蕩西州，朝廷憂之。於是詔騭將左右羽林、北軍五校士及諸部兵擊之，車賀幸平樂觀餞送。騭西屯漢陽，使征西校尉任尚、從事中郎司馬鈞與羌戰，大敗。時以轉輸疲弊，百姓苦役。冬，徵騭班師。朝廷以太后故，遣五官中郎將迎拜騭爲大將軍。軍到河南，使大鴻臚親迎，中常侍齎牛、酒郊勞，王、主以下候望於道。既至，大會羣臣，賜束帛乘馬，寵靈顯赫，光震都鄙。

時，遭元二之災，人士荒饑，死者相望，盜賊羣起，四夷侵畔。騭等崇節儉，罷力役，推進天下賢士何熙、祋諷、羊浸、李郃、陶敦等，列於朝廷；辟楊震、朱寵、陳禪，置之幕府，故天下復安。

四年，母新野君寢病，騭兄弟並上書求還侍養。太后以閶最少，孝行尤著，特聽之，賜安車駟馬。及新野君薨，騭等復乞身行服，章連上，太后許之。騭等既還里第，並居塚次。閶至孝骨立，有聞當時。及服闋，詔喻騭還輔朝政，更授前封。騭等叩頭固讓，乃止，於是並奉朝請，位次在三公下，特進、侯上。其有大議，乃詣朝堂，與公卿參謀。

元初二年，弘卒。太后服齊衰，帝絲麻，並宿幸其第。弘少治《歐陽尚書》，授帝禁中，諸儒多歸附之。初疾病，遺言悉以常服，不得用錦衣玉匣。有司奏贈弘驃騎將軍，位特進，封西平侯。太后追思弘意，不加贈位衣服，但賜錢千萬，布萬匹，騭等復辭不受。詔大鴻臚持節，卽弘殯封子廣德爲西平侯。將葬，有司復奏發五營輕車騎士，禮儀如霍光故事，太后皆不聽，但白蓋雙騎，門生挽送。後以帝師之重，分西平之都鄉封廣德弟甫德爲都鄉侯。四年，又封京子黃門侍郎珍爲陽安侯，邑三千五百户。

五年，悝、閶相繼並卒，皆遺言薄葬，不受爵贈，太后並從之。乃封悝子廣宗爲葉侯，閶子忠爲西華侯。

自祖父禹教訓子孫，皆遵法度，深戒竇氏，檢敕宗族，闔門靜居。騭子侍中鳳，嘗與尚書郎張龕書，屬郎中馬融宜在臺閣。又中郎將任尚嘗遺鳳馬，後尚坐斷盜軍糧，檻車徵詣廷尉，鳳懼事泄，先自首於騭。騭畏太后，遂髡妻及鳳以謝，天下稱之。

建光元年，太后崩，未及大斂，帝復申前命，封騭爲上蔡侯，位特進。帝少號聰敏，及長多不德，而乳母王聖見太后久不歸政，慮有廢置，常與中黃門李閏候伺左右。及太后崩，宮人先有受罰者，懷怨恚，因誣告悝、弘、閶先從尚書鄧訪取廢帝故事，謀立平原王得。帝聞，追怒，令有司奏悝等大逆無道，遂廢西平侯廣德、葉侯廣宗、西華侯忠、陽安侯珍、都鄉侯甫德皆爲庶人。騭以不與謀，但免特進，遣就國。宗族皆免官歸故郡，沒入騭等資財田宅，徙鄧訪及家屬于遠郡。郡縣逼迫，廣宗及忠皆自殺。又徙封騭爲羅侯，騭與子鳳並不食而死。騭從弟河南尹豹、度遼將軍舞陽侯遵、將作大匠暢皆自殺，惟廣德兄弟以母閻后戚屬得留京師。

大司農朱寵痛騭無罪遇禍，乃肉袒輿櫬，上疏追訟騭曰：『伏惟和熹皇后聖善之德，爲漢文母。兄弟忠孝，同心憂國，宗廟有主，王室是賴。功成身退，讓國遜位，歷世外戚，無與爲比。當享積善履謙之祐，而橫爲宮人單辭所陷。利口傾險，反亂國家，罪無申證，獄不訊鞫，遂令騭等罹此酷濫。一門七人，並不以命，屍骸流離，怨魂不反，逆天感人，率土喪氣。宜收還塚次，寵樹遺孤，奉承血祀，以謝亡靈。』寵知其言切，自致廷尉，詔免官歸田里。衆庶多爲騭稱枉，帝意頗悟，乃譴讓州郡，還葬洛陽北芒舊塋，公卿皆會喪，莫不悲傷之。詔遣使者祠以中牢，諸從昆弟皆歸京師。及順帝卽位，追感太后恩訓，湣騭無辜，乃詔宗正復故大將軍鄧騭宗親內外，朝見皆如故事。除騭兄弟子及門從十二人悉爲郎中，擢朱寵爲太尉，録尚書事。

又　卷一九《耿弇傳》　陽嘉三年，順帝遂紹封寶子箕牟平侯，爲侍中。以恆爲陽亭侯，承爲羽林中郎將。其後貴人薨，大將軍梁冀從承求貴人珍玩，不能得，冀怒，風有司奏奪其封。承惶恐，遂亡匿於穰。數年，冀推迹得之，乃并族其家十餘人。

又　卷三三《周章傳》　永初元年，代魏霸爲太常。其冬，代尹勤

爲司空。是時中常侍鄭衆，蔡倫等皆秉勢豫政，章數進直言。初，和帝崩，鄧太后以皇子勝有痼疾，不可奉承宗廟，貪殤帝孩抱，養爲己子，故立之，以勝爲平原王。及殤帝崩，羣臣以勝疾非痼，意咸歸之，太后以前既不立，恐後爲怨，乃立和帝兄清河孝王子祐，是爲安帝。章以衆心不附，遂密謀閉宫門，誅車騎將軍鄧騭兄弟及鄭衆、蔡倫，劫尚書，廢太后于南宫，封帝爲遠國王，而立平原王勝。事覺，策免，章自殺。家無餘財，諸子易衣而出，幷日而食。

又 卷三四《梁冀傳》 永和元年，拜河南尹。冀居職暴恣，多非法，父商所親客洛陽令呂放，頗與商言及冀之短，商以讓冀，冀卽遣人於道刺殺放。而恐商知之，乃推疑於放之怨仇，請以放弟禹爲洛陽令，使捕之，盡滅其宗親、賓客百餘人。

商薨未及葬，順帝乃拜冀爲大將軍，弟侍中不疑爲河南尹。

及帝崩，沖帝始在繈褓，太后臨朝，詔冀與太傅趙峻、太尉李固參録尚書事。冀雖辭不肯當，而侈暴滋甚。

沖帝又崩，冀立質帝。帝少而聰慧，知冀驕横，嘗朝羣臣，目冀曰：『此跋扈將軍也。』冀聞，深惡之，遂令左右進鴆加煑餅，帝卽日崩。

復立桓帝，而枉害李固及前太尉杜喬，海內嗟懼，語在《李固傳》。建和元年，益封冀萬三千户，增大將軍府舉高第茂才，官屬倍於三公。又封不疑爲潁陽侯，不疑弟蒙西平侯，冀子胤襄邑侯，各萬户。和平元年，重增封冀萬户，幷前所襲合三萬户。

弘農人宰宣素性佞邪，欲取媚于冀，乃上言大將軍有周公之功，今既封諸子，則其妻宜爲邑君。詔遂封冀妻孫壽爲襄城君，兼食陽翟租，歲入五千萬，加賜赤紱，比長公主。壽色美而善爲妖態，作愁眉，啼妝，墮馬髻，折腰步，齲齒笑，以爲媚惑。冀亦改易輿服之制，作平上軿車，埤幘，狹冠，折上巾，擁身扇，狐尾單衣。壽性鉗忌，能制御冀，冀甚寵憚之。

初，父商獻美人友通期於順帝，通期有微過，帝以歸商，商不敢留而出嫁之，冀卽遣客盜還通期。會商薨，冀行服，於城西私與之居。壽伺冀出，多從倉頭，篡取通期歸，截髮刮面，笞掠之，欲上書告其事。冀大恐，頓首請于壽母，壽亦不得已而止。冀猶復與私通，生子伯玉，匿不敢出。壽尋知之，使子胤誅滅友氏，冀慮壽害伯玉，常置複壁中。冀愛監奴秦宫，官至太倉令，得出入壽所。壽見宫，輒屏御者，託以言事，因與私焉。宫內外兼寵，威權大震，刺史、二千石皆謁辭之。

冀用壽言，多斥奪諸梁在位者，外以謙讓，而實崇孫氏宗親。冒名而爲侍中、卿、校尉、郡守、長吏者十餘人，皆貪叨凶淫，各遣私客籍屬縣富人，被以它罪，閉獄掠拷，使出錢自贖，資物少者至於死徙。扶風人士孫奮居富而性吝，冀因以馬乘遺之，從貸錢五千萬，奮以三千萬與之，冀大怒，乃告郡縣，認奮母爲其守臧婢，云盜白珠十斛、紫金千斤以叛，遂收考奮兄弟，死于獄中，悉沒資財億七千餘萬。

其四方調發，歲時貢獻，皆先輸上第于冀，乘輿乃其次焉。吏人齎貨求官請罪者，道路相望。冀又遣客出塞，交通外國，廣求異物。因行道路，發取伎女御者，而使人復乘勢横暴，妻略婦女，歐擊吏卒，所在怨毒。

冀乃大起第舍，而壽亦對街爲宅，殫極土木，互相誇競。堂寢皆有陰陽奥室，連房洞户。柱壁雕鏤，加以銅漆，窗牖皆有綺疏青瑣，圖以雲氣仙靈。臺閣周通，更相臨望。飛梁石蹬，陵跨水道。金玉珠璣，異方珍怪，充積臧室。遠致汗血名馬。又廣開園囿，采土築山，十里九阪，以像二崤，深林絕澗，有若自然，奇禽馴獸，飛走其間。冀、壽共乘輦車，張羽蓋，飾以金銀，遊觀第內，多從倡伎，鳴鐘吹管，酣謳竟路。或連繼日夜，以騁娱恣。客到門不得通，皆請謝門者，門者累千金。又多拓林苑，禁同王家，西至弘農，東界滎陽，南極魯陽，北達河、淇，包含山藪，遠帶丘荒，周旋封域，殆將千里。又起菟苑于河南城西，經亘數十里，發屬縣卒徒，繕修樓觀，數年乃成。移檄所在，調發生菟，刻其毛以爲識，人有犯者，罪至刑死。嘗有西域賈胡，不知禁忌，誤殺一兔，轉相告言，坐死者十餘人。冀二弟嘗私遣人出獵上黨，冀聞而捕其賓客，一時殺三十餘人，無生還者。冀又起別第於城西，以納奸亡。或取良人，悉爲奴卑，至數千人，名曰『自賣人』。

元嘉元年，帝以冀有援立之功，欲崇殊典，乃大會公卿，共議其禮。於是有司奏冀入朝不趨，劍履上殿，謁贊不名，禮儀比蕭何；悉以定陶、成陽餘户增封爲四縣，比鄧禹；賞賜金錢、奴婢、采帛、車馬、衣服、

甲第，比霍光；以殊元勳。每朝會，與三公絕席。十日一人，平尚書事。宣佈天下，爲萬世法。冀猶以所奏禮薄，意不悦。專擅威柄，凶恣日積，機事大小，莫不咨決之。宮衛近侍，並所親樹。禁省起居，纖微必知。百官遷召，皆先到冀門箋檄謝恩，然後敢詣尚書。下邳人吳樹爲宛令，之官辭冀，冀賓客布在縣界，以情託樹。樹對曰：『小人奸蠹，比屋可誅。明將軍以椒房之重，處上將之位，宜崇賢善，以補朝闕。宛爲大都，士之淵藪，自侍坐以來，未聞稱一長者，而多託非人，誠非敢聞！』冀嘿然不悦。樹到縣，遂誅殺冀客爲人害者數十人，由是深怨之。樹後爲荆州刺史，臨去辭冀，冀爲設酒，因鴆之，樹出，死車上。又遼東太守侯猛，初拜不謁，冀託以它事，乃腰斬之。

時，郎中汝南袁著，年十九，見冀凶縱，不勝其憤，乃詣闕上書曰：臣聞仲尼歎鳳鳥不至，河不出圖，自傷卑賤，不能致也。今陛下居得致之位，又有能致之資，而和氣未應，賢愚失序者，勢分權臣，上下壅隔之故也。夫四時之運，功成則退，高爵厚寵，鮮不致灾。今大將軍位極功成，可爲至戒，宜遵懸車之禮，高枕頤神。《傳》曰：『木實繁者，披枝害心。』若不抑損權盛，將無以全其身矣。左右聞臣言，將側目切齒，臣特以童蒙見拔，故敢忘忌諱。昔舜、禹相戒無若丹朱，周公戒成王無如殷王紂，願除誹謗之罪，以開天下之口。

書得奏御，冀聞而密遣掩捕著。著乃變易姓名，後託病僞死，結蒲爲人，市棺殯送。冀廉問知其詐，陰求得，笞殺之，隱蔽其事。學生桂陽劉常，當世名儒，素善於著，冀召補令史以辱之。時，太原郝、胡武，皆危言高論，與著友善。先是，等連名奏記三府，薦海内高士，而不詣冀，冀追怒之，又疑爲著黨，敕中部官移檄捕前奏記者並殺之，遂誅武家，死者六十餘人。初逃亡，知不得免，因輿櫬奏書冀門。書入，仰藥而死，家乃得全。及冀誅，有詔以禮祀著等。冀諸忍忌，皆此類也。

不疑好經書，善待士，冀陰疾之，因中常侍白帝，轉爲光禄勳，又諷衆人共薦其子胤爲河南尹。胤一名胡狗，時年十六，容貌甚陋，不勝冠帶，道路見者，莫不蚩笑焉。不疑自恥兄弟有隙，遂讓位歸第，與弟蒙閉門自守。冀不欲令與賓客交通，陰使人變服至門，記往來者。南郡太守馬融、江夏太守田明，初除，過謁不疑，冀諷州郡以它事陷之，皆髡笞徙朔方。融自刺不誅，明遂死于路。

永興二年，封不疑子馬爲潁陰侯，胤子桃爲城父侯。冀一門前後七封侯，三皇后，六貴人，二大將軍，夫人、女食邑稱君者七人，尚公主者三人，其餘卿、將、尹、校五十七人。在位二十餘年，究極滿盛，威行内外，百僚側目，莫敢違命，天子恭己而不得有所親豫。

帝卽不平之。延熹元年，太史令陳授因小黄門徐璜，陳灾異日食之變，咎在大將軍，冀聞之，諷洛陽令收考授，死於獄。帝由此發怒。

初，掖庭人鄧香妻宣生女猛，香卒，宣更適梁紀。梁紀者，冀妻壽之舅也。壽引進猛入掖庭，見幸，爲貴人，冀因欲認猛爲其女以自固，乃易猛姓爲梁。時猛姊婿邴尊爲議郎，冀恐尊沮敗宣意，乃結刺客于偃城，刺殺尊，而又欲殺宣。宣家在延熹里，與中常侍袁赦相比，冀使刺客登赦屋，欲入宣家。赦覺之，鳴鼓會衆以告宣。宣馳入以白帝，帝大怒，遂與中常侍單超、具瑗、唐衡、左悺、徐璜等五人成謀誅冀。語在《宦者傳》。

冀心疑超等，乃使中黄門張惲入省宿，以防其變。具瑗敕吏收惲，以輒從外入，欲圖不軌。帝因是御前殿，召諸尚書入，發其事，使尚書令尹勳持節勒丞郎以下皆操兵守省閣，斂諸符節送省中。使黄門令具瑗將左右廐騶、虎賁、羽林、都候劍戟士，合千餘人，與司隸校尉張彪共圍冀第。使光禄勳袁盱持節收冀大將軍印綬，徙封比景都鄉侯。冀及妻壽卽日皆自殺。悉收子河南尹胤、叔父屯騎校尉讓，及親從衛尉淑、越騎校尉忠、長水校尉戟等，諸梁及孫氏中外宗親送詔獄，無長少皆棄市。不疑、蒙先卒。其他所連及公卿、列校、刺史、二千石死者數十人，故吏賓客免黜者三百餘人，朝廷爲空，惟尹勳、袁盱及廷尉邯鄲義在焉。是時事卒從中發，使者交馳，公卿失其度，官府市里鼎沸，數日乃定，百姓莫不稱慶。收冀財貨，縣官斥賣，合三十餘萬萬，以充王府，用減天下稅租之半。散其苑囿，以業窮民。録誅冀功者，封尚書令尹勳以下數十人。

又　卷三六《張陵傳》　陵字處沖，官至尚書。元嘉中，歲首朝賀，大將軍梁冀帶劍入省，陵呵叱令出，敕羽林、虎賁奪冀劍。冀跪謝，陵不應，卽劾奏冀，請廷尉論罪，有詔以一歲俸贖，而百僚肅然。

又　卷四三《朱穆傳》　初，冀弟不疑爲河南尹，舉陵孝廉。不疑

疾陵之奏冀，因謂曰：『昔舉君，適所以自罰也。』陵對曰：『明府不以陵不肖，誤見擢序，今申公憲，以報私恩。』不疑有慚色。陵弟玄。

梁冀驕暴不悛，朝野嗟毒，穆以故吏，懼其釁積招禍，復奏記諫曰：

古之明君，必有輔德之臣，規諫之官，下至器物，銘書成敗，以防遺失。故君有正道，臣有正路，從之如升堂，違之如赴壑。今明將軍地有申伯之尊，位爲羣公之首，一日行善，天下歸仁，終朝爲惡，四海傾覆。頃者，官人俱匱，加以水蟲爲害。京師諸官費用增多，詔書發調或至十倍。各言官無見財，皆當出民，掠割剝，强令充足。公賦既重，私斂又深。牧守長吏，多非德選，貪聚無，遇人如虜，或絕命于楚之下，或自賊於迫切之求。又掠奪百姓，皆託之尊府。遂令將軍結怨天下，吏人酸毒，道路歎嗟。昔秦政煩苛，百姓土崩，陳勝奮臂一呼，天下鼎沸，而面諛之臣，猶言安耳。諱惡不悛，卒至亡滅。昔永和之末，綱紀少弛，頗失人望。四五歲耳，而財空户散，下有離心。馬免之徒乘敝而起，荆揚之間幾成大患。幸賴順烈皇后初政清靜，內外同力，僅乃討定。今百姓戚戚，困於永和，內非仁愛之心可得容忍，外非守國之計所宜久安也。夫將相大臣，均體元首，共輿而馳，同舟而濟，輿傾舟覆，患實共之。豈可以去明即昧，履危自安，主孤時困，而莫之恤乎！宜時易宰守非其人者，減省第宅園池之費，拒絕郡國諸所奉送。內以自明，外解人惑，使挾奸之吏無所依託，司察之臣得盡耳目。憲度既張，遠邇清壹，則將軍身尊事顯，德無窮。天道明察，無言不信，惟垂省覽。

冀不納，而縱放日滋，遂復賂遺左右，交通宦者，任其子弟、賓客以爲州郡要職。穆又奏記極諫，冀終不悟。報書云：『如此，僕亦無一可邪？』穆言切，然亦不甚罪也。

又 卷四五《袁敞傳》 時大將軍梁冀擅朝，內外莫不阿附，惟盱與廷尉邯鄲義正身自守，及桓帝誅冀，使盱持節收其印綬。

又 卷四八《翟酺傳》 時，安帝始親政事，追感祖母宋貴人，悉封其家。又元舅耿寶及皇后兄弟閻顯等並用威權。酺上疏諫曰：【略】今外戚寵倖，功均造化，漢元以來，未有等比。陛下誠仁恩周洽，以親九族。然祿去公室，政移私門，覆車重尋，寧無摧折。而朝臣在位，莫肯正議，翕翕訾訾，更相佐附。臣恐威權外假，歸之良難，虎翼一奮，卒不可制。故孔子曰：『吐珠於澤，誰能不含』；老子稱『國之利器，不可以示人』。此最安危之極戒，社稷之深計也。【略】今自初政已來，日月未久，費用賞賜已不可算。斂天下之財，積無功之家，帑藏單盡，民物凋傷，卒有不虞，復當重賦百姓，怨叛既生，危亂可待也。【略】自去年已來，灾譴頻數，地坼天崩，高岸爲穀。修身恐懼，則轉禍爲福；輕慢天戒，則其害彌深。願陛下親自勞恤，研精致思，勉求忠貞之臣，誅遠佞諂之黨，損玉堂之盛，尊天爵之重，割情欲之歡，罷宴私之好。帝王圖籍，陳列左右，心存亡國所以失之，鑑觀興王所以得之，庶灾害可息，豐年可招矣。

書奏不省，而外戚寵臣咸畏惡之。延光三年，出爲酒泉太守。【略】屢因灾異，多所匡正。由是權貴共誣酺及尚書令高堂芝等交通屬託，坐減死歸家。

又 卷五二《崔瑗傳》 瑚復辟車騎將軍閻顯府。時閻太后稱制，顯入參政事。先是，安帝廢太子爲濟陰王，而以北鄉侯爲嗣。瑗以侯立不以正，知顯將敗，欲說蓬廢立，而顯日沈醉，不能得見。乃謂長史陳禪曰：『中常侍江京、陳達等，得以嬖寵惑蠱先帝，遂使廢黜正統，扶立疏孽。少帝即位，發病廟中，周勃之徵，於斯復見。今欲與長史君共求見，說將軍白太后，收京等，廢少帝，引立濟陰王，必上當天心，下合人望。伊、霍之功，不下席而立炁則將軍兄弟傳祚于無窮。若拒違天意，久曠神器，則將以無罪并辜元惡。此所謂禍福之會，分功之時。』禪猶豫未敢從。會北鄉侯薨，孫程立濟陰王，是爲順帝。閻顯兄弟悉伏誅，瑗坐被斥。

又 卷五八《虞詡傳》 永初四年，羌胡反亂，殘破并、涼，大將軍鄧騭以軍役方費，事不相贍，欲棄涼州，并力北邊，乃會公卿集議。騭曰：『譬若衣敗，壞一以相補，猶有所完。若不如此，將兩無所保。』議者咸同。詡聞之，乃說李脩曰：『竊聞公卿定策當棄并州，求之愚心，未見其便。先帝開拓土宇，劬勞後定，而今憚小費，舉而棄之。涼州既棄，即以三輔爲塞；三輔爲塞，則園陵單外。此不可之甚者也。』彥曰：「關西出將，關東出相。」觀其習兵壯勇，實過餘州。今羌胡所以不敢入據三輔，爲心腹之害者，以涼州在後故也。其土人所以推鋒執銳，無反顧之心者，爲臣屬於漢故也。若棄其境域，徙其人庶，安土重遷，必生異

志。如使豪雄相聚，席卷而東，雖賁、育爲卒，太公爲將，猶恐不足當禦。議者喻以補衣猶有所完，詡恐其疽食侵淫而無限極。棄之非計。』脩曰：『吾意不及此。微子之言，幾敗國事。然則計當安出？』詡曰：『今涼土擾動，人情不安，竊憂卒然有非常之變。誠宜令四府九卿，各辟彼州數人，其牧守令長子弟皆除爲冗官，外以勸厲，答其功勤，內以拘致，防其邪計。』脩善其言，更集四府，皆從詡議。於是辟西州豪桀爲掾屬，拜牧守長吏子弟爲郎，以安慰之。

鄧騭兄弟以詡異其議，因此不平，欲以吏法中傷詡。後朝歌賊季等數千人攻殺長吏，屯聚連年，州郡不能禁，乃以詡爲朝歌長。

又 卷六三《李固傳》 陽嘉二年，有地動、山崩、火災之異，公卿舉固對策，詔又特問當世之敝，爲政所宜。固對曰：【略】

順帝覽其對，多所納用，即進出阿母還弟舍，諸常侍悉叩頭謝罪，朝廷肅然。以固爲議郎。而阿母宦者疾固言直，因詐飛章以陷其罪，事從中下。大司農黄尚等請之于大將軍梁商，又僕射黄瓊救明固事，久乃得拜議郎。

出爲廣漢雒令，至白水關，解印綬，還漢中，杜門不交人事。歲中，梁商請爲從事中郎。商以后父輔政，而柔和自守，不能有所整裁，災異數見，下權日重。固欲令商先正風化，退辭高滿，乃奏記曰：

《春秋》褒儀父以開義路，貶無駭以閉利門，夫義路閉則利門開，利門開則義路閉也。前孝安皇帝內任伯榮、樊豐之屬，外委周廣、謝惲之徒，開門受賂，署用非次，天下紛然，怨聲滿道。朝廷初立，頗存清靜，未能數年，稍復墮損。左右黨進者，日有遷拜，守死善道者，滯涸窮路，而未有改敝立德之方。又即位以來，十有餘年，聖嗣未立，羣下繼望。可令中宮博簡嬪媵，兼采微賤宜子之人，進御至尊，順助天意。若有皇子，母自乳養，無委保妾醫巫，以致飛燕之禍。明將軍望尊位顯，當以天下爲憂，崇尚謙省，垂則萬方。而新營祠堂，費功億計，非以昭明令德，崇示清儉。自數年以來，災怪屢見，比無雨潤，而沈陰鬱泱。宮省之內，容有陰謀。孔子曰：『智者見變思刑，愚者睹怪諱名。』天道無親，可爲祗畏。加近者月食既於端門之側。月者，大臣之體也。夫窮高側危，大滿則溢，月盈則缺，日中則移。凡此四者，自然之數也。天地之心，福謙忌盛，是以賢達功遂身退，全名養壽，無有怵迫之憂。誠令王綱一整，道行忠立，明公踵伯成之高，全不朽之譽，豈與此外戚凡輩耽榮好位者同日而論哉！固狂夫下愚，不達大體，竊感古人一飯之報，況受顧遇而容不盡乎！

商不能用。【略】上奏南陽太守高賜等臧穢。賜等懼罪，遂共重賂大將軍梁冀，冀爲千里移檄，而固持之愈急。冀遂令徙固爲太山太守。時，太山盜賊屯聚歷年，郡兵常千人，追討不能制。固到，悉罷遣歸農，但選留任戰者百餘人，以恩信招誘之。未滿歲，賊皆弭散。【略】

及沖帝即位，以固爲太尉，與梁冀參録尚書事。明年帝崩，梁太后以楊、徐盜賊盛强，恐驚擾致亂，使中常侍詔固等，欲須所徵諸王侯到乃發喪。固對曰：『帝雖幼少，猶天下之父。今日崩亡，人神感動，豈有臣子反共掩匿乎？昔秦皇亡于沙丘，胡亥、趙高隱而不發，卒害扶蘇，以至亡國。近北鄉侯薨，閻后兄弟及江京等亦共掩秘，遂有孫程手刃之事。此天下大忌，不可之甚者也。』太后從之，即暮發喪。

固以清河王蒜年長有德，欲立之，謂梁冀曰：『今當立帝，宜擇長年高明有德，任親政事者，願將軍審詳大計，察周、霍之立文、宣，戒鄧、閻之利幼弱。』冀不從，乃立樂安王子纘，年八歲，是爲質帝。時，沖帝將北卜山陵。固乃議曰：『今處處寇賊，軍興用費加倍，新創憲陵，賦發非一。帝尚幼小，可起陵於憲陵塋內，依康陵制度，其于役費三分減一。』乃從固議。時太后以比遭不造，委任宰輔，固所匡正，每輒從用，其黄門宦者一皆斥遣，天下咸望遂平，而梁冀猜專，每相忌疾。

初，順帝時諸所除官，多不以次，及固在事，奏免百餘人。此等既怨，又希望冀旨，遂共作飛章虛誣固罪曰：

臣聞君不稽古，無以承天；臣不述舊，無以奉君。昔堯殂之後，舜仰慕三年，坐則見堯於牆，食則睹堯於羹。斯所謂聿追來孝，不失臣子之節者。太尉李固，因公假私，依正行邪，離間近戚，自隆支黨。至於表舉薦達，例皆門徒，及所辟召，靡非先舊。或富室財賂，或子婿婚屬，其列在官牒者凡四十九人。又廣選賈豎，以補令史。募求好馬，臨窗呈試。出入逾侈，輜軿曜日。大行在殯，路人掩涕，固獨胡粉飾貌，搔頭弄姿，盤旋偃仰，從容冶步，曾無慘怛傷悴之心。山陵未成，違矯舊政，善則稱

已，過則歸君，斥逐近臣，不得侍送，作威作福，莫固之甚。臣聞台輔之位，實和陰陽，璿機不平，寇賊奸軌，則責在太尉。固受任之後，東南跋扈，兩州數郡，千里蕭條，兆人傷損，大化陵遲，而詆疵先主，苟肆狂狷。存無廷爭之忠，没有誹謗之説。夫子罪莫大于累父，臣惡莫深於毁君。固之過釁，事合誅辟。

書奏，冀以白太后，使下其事。太后不聽，得免。

冀忌帝聰慧，恐爲後患，遂令左右進鴆。帝苦煩甚，促使召固。固入，前問：『陛下得患所由？』帝尚能言，曰：『食煮餅，今腹中悶，得水尚可活。』時冀亦在側，曰：『恐吐，不可飲水。』語未絶而崩。固伏屍號哭，推舉侍醫。冀慮其事泄，大惡之。

因議立嗣，固引司徒胡廣、司空趙戒，先與冀書曰：『天下不幸，仍遭大憂。皇太后聖德當朝，攝統萬機，明將軍體履忠孝，憂存社稷，而頻年之間，國祚三絶。今當立帝，天下重器，誠知太后垂心，將軍勞慮，詳擇其人，務存聖明。然愚情眷眷，竊獨有懷。遠尋先世廢立舊儀，近見國家踐祚前事，未嘗不詢訪公卿，廣求羣議，令上應天心，下合衆望。且永初以來，政事多謬，地震宫廟，彗星竞天，誠是將軍用情之日。』《傳》曰：『以天下與人易，爲天下得人難。』昔昌邑之立，昏亂日滋，霍光憂愧發憤，悔之折骨。自非博陸忠勇，延年奮發，大漢之祀，幾將傾矣。至憂至重，可不熟慮！悠悠萬事，唯此爲大，國之興衰，在此一舉。

冀得書，乃召三公、中二千石、列侯大議所立。固、廣、戒及大鴻臚杜喬皆以爲清河王蒜明德著聞，又屬最尊親，宜立爲嗣。先是蠡吾侯志當取冀妹，時在京師，冀欲立之。衆論既異，憤憤不得意，而未有以相奪，中常侍曹騰等聞而夜往説冀曰：『將軍累世有椒房之親，秉攝萬機，賓客縱横，多有過差。清河王嚴明，若果立，則將軍受禍不久矣。不如立蠡吾侯，富貴可長保也。』冀然其言，明日重會公卿，冀意氣凶凶，而言辭激切。自胡廣、趙戒以下，莫不懾憚之。皆曰：『惟大將軍令。』而固獨與杜喬堅守本議。冀厲聲曰：『罷會。』固意既不從，猶望衆心可立，復以書勸冀。冀愈激怒，乃説太后先策免固，竟立蠡吾侯，是爲桓帝。

後歲餘，甘陵劉文、魏郡劉鮪各謀立蒜爲天子，梁冀因此誣固與文、鮪共爲妖言，下獄。門生勃海王調貫械上書，證固之枉，河内趙承等數十人亦要鈇鑕詣闕通訴，太后明之，乃赦焉。及出獄，京師市里皆稱萬歲。冀聞之大驚，畏固名德終爲己害，乃更據奏前事，遂誅之，時年五十四。

臨命，與胡廣、趙戒書曰：『固受國厚恩，是以竭其股肱，不顧死亡，志欲扶持王室，比靈斯文、宣。何圖一朝梁氏迷謬，公等曲從，以吉爲凶，成事爲敗乎？漢家衰微，從此始矣。公等受主厚禄，顛而不扶，傾覆大事，後之良史，豈有所私？固身已矣，於義得矣，夫復何言！』廣、戒得書悲慚，皆長歎流涕。

州郡收固二子基、茲子郾城，皆死獄中。小子燮得脱亡命。冀乃封廣、戒而露固屍於四衢，令有敢臨者加其罪。固弟子汝南郭亮，年始成童，遊學洛陽，乃左提章鉞，右秉鈇鑕，詣闕上書，乞收固屍。不許，因往臨哭，陳辭於前，遂守喪不去。夏門亭長呵之曰：『李、杜二公爲大臣，不能安上納忠，而興造無端。卿曹何等腐生，公犯詔書，干試有司乎？』亮曰：『亮含陰陽以生，戴乾履坤。義之所動，豈知性命，何爲以死相懼？』亭長歎曰：『居非命之世，天高不敢不僱，地厚不敢不蹐。耳目適宜視聽，口不可以妄言也。』太后聞而不誅。南陽人董班亦往哭固，而殉屍不肯去。太后憐之，乃聽得襚斂歸葬。二人由此顯名，三公並辟。班遂隱身，莫知所歸。

固所著章、表、奏、議、教令、對策、記、銘凡十一篇。弟子趙承等悲歎不已，乃共論固言迹，以爲《德行》一篇。

燮字德公。初，固既策罷，知不免禍，乃遣三子歸鄉里。時，燮年十三，姊文姬爲同郡趙伯英妻，賢而有智，見二兄歸，具知事本，默然獨悲曰：『李氏滅矣！自太公已來，積德累仁，何以遇此？』密與二兄謀豫藏匿燮，託言還京師，人咸信之。有頃難作，下郡收固三子。二兄受害，文姬乃告父門生王成曰：『君執義先公，有古人之節。今委君以六尺之孤，李氏存滅，其在君矣。』成感其義，乃將燮乘江東入下，入徐州界内，令變名姓爲酒家傭，而成賣卜於市。各爲異人，陰相往來。

燮從受學，酒家異之，意非恒人，以女妻燮。燮專精經學。十餘年間，梁冀既誅而灾眚屢見。明年，史官上言宜有赦令，又當存録大臣冤死者子孫，於是大赦天下，并求固後嗣。燮乃以本末告酒家，酒家具車重厚遣之，皆不受，遂還鄉里，追服。姊弟相見，悲感傍人。既而戒燮曰：

『先公正直，爲漢忠臣，而遇朝廷傾亂，梁冀肆虐，令吾宗祀血食將絕。今弟幸而得濟，豈非天邪！宜杜絕衆人，勿妄往來，慎無一言加于梁氏。加梁氏則連主上，禍重至矣。唯引咎而已。』燮謹從其誨。後王成卒，燮以禮葬之，感傷舊恩，每四節爲設上賓之位而祠焉。【略】

擢遷河南尹。時既以貨賂爲官，詔書復横發錢三億，以實西園。燮上書陳諫，辭議深切，帝乃止。先是，潁川甄邵諂附梁冀，爲鄴令。有同歲生得罪于冀，亡奔邵，邵僞納而陰以告冀，冀卽捕殺之。邵當遷爲郡守，會母亡，邵且埋屍于馬屋，先受封，然後發喪，邵還至洛陽，燮行塗遇之，使卒投車於溝中，笞捶亂下，大署帛於其背曰『諂貴賣友，貪官埋母』。乃具表其狀。邵遂廢錮終身。燮在職二年卒，時人感其世忠正，咸傷惜焉。

又《杜喬傳》 漢安元年，以喬守光禄大夫，使徇察兗州。表奏太山太守李固政爲天下第一。陳留太守梁讓、濟陰太守汜宮、濟北相崔瑗等臧罪千萬以上。讓卽大將軍梁冀季父，宮、瑗皆冀所善。還，拜太子太傅，遷大司農。

時，梁冀子弟五人及中常侍等以無功並封，喬上書諫曰：『陛下越從藩臣，龍飛卽位，天人屬心，萬邦攸賴。不急忠賢之禮，而先左右之封，傷善害德，興長佞諛。臣聞古之明君，褒罰必以功過；末世暗主，誅賞各緣其私。今梁氏一門，宦者微孽，並帶無功之紱，裂勞臣之土，其爲乖濫，胡可勝言！夫有功不賞，爲善失其望；奸回不詰，爲惡肆其凶。故陳資斧而人靡畏，班爵位而物無勸。苟遂斯道，豈伊傷政，爲亂而已，喪身亡國，可不慎哉！』書奏不省。

益州刺史种暠舉劾永昌太守劉君世以金蛇遺梁冀，事發覺，以蛇輸司農。冀從喬借觀之，喬不肯與，冀始爲恨。累遷大鴻臚。時，冀小女死，令公卿會喪，喬獨不往，冀又銜之。

遷光禄勳。建和元年，代胡廣爲太尉。桓帝將納梁冀末，冀欲令以厚禮迎之，喬據執舊典，不聽。又冀屬喬舉汜宮爲尚書，喬以宮臧罪明著，遂不肯用，因此日懺于冀。先是李固見廢，內外喪氣，羣臣側足而立，唯喬正色無所回橈。由是海內歎息，朝野瞻望焉。在位數月，以地震免。宦者唐衡、左悺等因共譖於帝曰：『陛下前當卽位，喬與李固抗議言上不堪奉漢宗祀。』帝亦怨之。及清河王蒜事起，梁冀遂諷有司劾喬及李固與劉鮪等交通，請逮案罪。而梁太后素知喬忠，但策免而已。冀愈怒，使人脅喬曰：『早從宜，妻子可得全。』喬不肯。明日冀遣騎至其門，不聞哭者，遂白執繫之，死獄中。妻、子歸故郡。與李固俱暴屍於城北，家屬故人莫敢視者。

喬故掾陳留楊匡聞之，號泣星行到洛陽，乃著故赤幘，託爲夏門亭吏，守衛屍喪，驅護蠅蟲，積十二日，都官從事執之以聞。梁太后義而不罪。匡於是帶鈇鑕詣闕上書，並乞李、杜二公骸骨。太后許之。成禮殯殮，送喬喪還家，葬送行服，隱匿不仕。匡初好學，常在外黄大澤教授門徒。補蘄長，政有異績，遷平原令。時國相徐曾，中常侍璜之兄也，匡恥與接事，託疾牧豕云。

又 卷七八《宦者傳·孫程》 時鄧太后臨朝，帝不親政事。小黄門李閏與帝乳母王聖常共譖太后兄執金吾悝等，言欲廢帝，立平原王翼，帝每忿懼。及太后崩，遂誅鄧氏而廢平原王，封閏雍鄉侯。又小黄門江京以讒諂進，初迎帝于邸，以功封都鄉侯，食邑各三百户。閏、京並遷中常侍，江京兼大長秋，與中常侍樊豐、黄門令劉安、鉤盾令陳達及王聖、聖女伯榮扇動內外，競爲侈虐。又帝舅大將軍耿寶、皇后兄大鴻臚閻顯更相阿黨，遂枉殺太尉楊震，廢皇太子爲濟陰王。

明年帝崩，立北鄉侯爲天子。顯等遂專朝爭權，乃諷有司奏誅樊豐，廢耿寶、王聖，及黨與皆見死徙。

十月，北鄉侯病篤。程謂濟陰王謁者長興渠曰：『王以嫡統，本無失德，先帝用讒，遂至廢黜。若北鄉疾不起，共斷江京、閻顯，事乃可成。』渠等然之。又中黄門南陽王康，先爲太子府史，自太子之廢，常懷歎憤。又長樂太官丞京兆王國，並附同于程。至二十七日，北鄉侯薨。閻顯白太后，徵諸王子簡爲帝嗣。未及至，十一月二日，程遂與王康等十八人，聚謀于西鐘下，皆截單衣爲誓。四日夜，程等共會崇德殿上，因入章臺門。時，江京、劉安及李閏、陳達等俱坐省門下，程與王康共就斬京、安、達，以李閏權勢積爲省內所服，欲引爲主，因舉刃脅閏曰：『今當立濟陰王，無得搖動。』閏曰：『諾。』於是扶閏起，俱于西鐘下迎濟陰王立之，是爲順帝。召尚書令、僕射以下，從輦幸南宮雲臺，程等留守省門，遮扞

內外。

閻顯時在禁中，憂迫不知所爲，小黄門樊登勸顯發兵，以太后詔召越騎校尉馮詩、虎賁中郎將閻崇，屯朔平門，以禦程等。誘詩入省，太后使授之印，曰：『能得濟陰王者封萬户侯，得李閏者五千户侯。』顯以詩所將衆少，使與登迎吏士于左掖門外。詩因格殺登，歸營屯守。顯弟衛尉景遽從省中還外府，收兵至盛德門。程傳召諸尚書使收景。尚書郭鎮時臥病，聞之，即率直宿羽林出南止車門，逢景從吏士，拔白刃，呼曰：『無干兵。』鎮即下車，持節詔之。景曰：『何等詔？』因聽鎮，不中。鎮引劍擊景墮車，左右以戟叉其匈，遂禽之，送廷尉獄，即夜死。旦日，令侍御史收顯等送獄，於是遂定。

論說

《後漢書》卷五《孝安帝紀論》 孝安雖稱尊享御，而權歸鄧氏，至乃損徹膳服，克念政道。然令自房帷，威不逮遠，始失根統，歸成陵敝。遂復計金授官，移民逃寇，推咎台衡，以答天眚。既云哲婦，亦『惟家之索』矣。【略】

贊曰：安德不升，秕我王度。降奪儲嫡，開萌邪蠹。馮石承歡，楊公逢怒。彼日而微，遂祲天路。

又 卷六《孝順帝紀論》 古之人君，離幽放而反國祚者有矣，莫不矯鑑前違，審識情僞，無忘在外之憂，故能中興其業。觀夫順朝之政，殆不然乎？何其效僻之多與？

又 《孝質帝紀贊》 孝順初立，時髦允集。匪砥匪革，終淪嬖習。保阿傳土，後家世及。沖夭未識，質弒以聰。陵折在運，天緒三終。

又 卷七《孝桓帝紀》 （延熹二年秋八月）壬午，立皇后鄧氏，追廢懿陵爲貴人塚。梁冀奸暴，濁亂王室。孝質皇帝聰敏早茂，冀心懷忌畏，私行殺毒。永樂太后親尊莫二，冀又遏絶，禁還京師，使朕離母子之愛，隔顧復之恩。禍害深大，罪釁日滋。【略】

論曰：前史稱桓帝好音樂，善琴笙。飾芳林而考濯龍之宫，設華蓋以祠浮圖、老子，斯將所謂『聽於神』乎！及誅梁冀，奮威怒，天下猶企其休息。而五邪嗣虐，流衍四方。自非忠賢力爭，屢折奸鋒，雖願依斟流彘，亦不可得已。

又 卷一六《鄧寇傳論》 漢世外戚，自東、西京十有餘族，非徒豪横盈極，自取灾故，必於貽釁後主，以至顛敗者，其數有可言焉。何則？恩非己結，而權已先之；情疏禮重，而枉性圖之；來寵方授，地既害之；隙開勢謝，讒亦勝之。悲哉！騭、悝兄弟，季遠時柄，忠勞王室，而終莫之免，斯樂生所以泣而辭燕也！

又 卷四九《仲長統傳》 或曰：政在一人，權甚重也。曰：人實難得，何重之嫌？昔者霍禹、竇憲、鄧騭、梁冀之徒，籍外戚之權，管國家之柄。及其伏誅，以一言之詔，詰朝而決，何重之畏乎？今夫國家漏神明於近，輸權重於婦黨，算十世而爲之者八九焉。不此之罪而彼之疑，何其詭邪！

又 卷六三《李杜傳論》 順、桓之間，國統三絶，太后稱制，賊臣虎視。李固據位持重，以爭大義，確乎而不可奪。豈不知守節之觸禍，恥夫覆折之傷任也。觀其發正辭，及所遺梁冀書，雖機失謀乖，猶戀戀而不能已。至矣哉，社稷之心乎！其顧視胡廣、趙戒，猶糞土也。

又 卷三四《梁冀傳論》 順帝之世，梁商稱爲賢輔，豈以其地居亢滿，而能以愿謹自終者乎？夫宰相運動樞極，感會天人，中于道則易以興政，乖於務則難乎御物。商協回天之勢，屬雕弱之期，而匡朝恤患，未聞上述，憔悴之音，載謠人口。雖輿粟盈門，何救阻飢之厄？永言終制，未解尸官之尤。況乃傾側孽臣，傳寵凶嗣，以致破家傷國，而豈徒然哉！【略】

贊曰：河西佐漢，統亦定算。褒親幽憤，升高累歎。商恨善柔，冀遂貪亂。

清・王夫之《讀通鑑論》卷七《漢和帝六》 東漢不任三公，三公因不足任，上失御而下遂偷也。劉方、張奮亦有名譽，自致大位矣，乃於和帝之世，因仍章帝之柔緩，弗能有補。所詑爲敢言者，爲梁氏報怨，吹求竇氏以迎帝之私情而已。亂先帝夫婦之倫，逢嗣君寡恩之惡，舍舊趨新，犯神人之怨恫，而樹援於后族，是尚足爲天子之大臣乎。帝手詔曰：『恩不忍離，義不忍虧。』三公讀此而不媿以死，非人也。夫當竇后生存

之日，竇景橫逆，何弗一言匡救，而必待後之死，乃踐蹂之如斯其酷邪？竇替梁興，而東漢遂大亂，三公爲宮闈妒爭之吠犬，而廉恥掃地，固其人之不肖，抑漢以論道之職爲養尊處優之餘食贅形，休戚不相共，而無以勸之也。則光武作法之涼，不能謝咎矣。

又《漢和帝九》 和帝之世，正陽之月，日有食之，有司無以塞咎，舉而歸之兄弟諸王留京師之應。嗚呼！天其欲使人主絕毛里之恩，蔑鞠子之哀，忍忮以逞陽剛之威焰乎？【略】亡漢者前有王莽，後有袁、曹、孫氏，而先主猶延其祀，【略】當和帝時，宗支削，外戚張，此正所謂陰逼天位，離火下熸，明夷之世也而顧責之天子僅有之兄弟。讀和帝之詔，有人之心者，不禁其潸然泣下矣！妄人逞妖誣之辭，援天以制人主，賊仁戕義而削社稷之衞，乃至此哉！

夫日食有常度，而值其下者蒙其咎。抑惟懲愆思過以避陰陽之沴，反諸心，徵諸事，察諸物，無往而不用其修省，惡可以一端測哉！雖億中，不足取也，況其妄焉者乎！

又《安帝殤帝附三》 母后臨朝，未有不亂者也。鄧后之視馬后也爲尤賢，馬后賢以名，鄧后較有實矣。厚清河王慶而立其子，詔有司撿敕鄧氏家門非過，遣鄧騭兄弟還第，皆實也，宜乎其賢無以愈也。然而聽政十年，國用不足，至於鬻爵，張伯路起于內，羌叛於外，三輔流亡，天下大困，非后致之而孰使然邪？

蓋后之得賢名者，小物之儉約、小節之退讓而已，此里婦之炫其修謹者也。所見所聞，不出閨闥，其擇賢辨不肖，審是非，度利害，一唯瑣瑣姻亞之是庸。故任尚屢敗而不黜，一得罪于鄧氏而死不旋踵，徙民蹙地，唯鄧騭之意而人不能爭。其尤忮害者，杜根、成翊世進歸政之諫，而撲殺於廷。則擅國暱私，糜國于無名之費以空國計，人不得而知者多矣。張禹、尹勤、梁鮪、徐防、張敏、李脩、司馬苞、馬英，皆以庸劣之才，取容鄧氏，而致三公，袁敞錚錚而早不能容，則崇佞替忠，上下相蒙以釀亂而不自覺者多矣。嗚呼！后之始立以賢名，后之終總大政以賢著，干愚賤之譽，而蠹隱於中，蝕木不覺，陰始凝而履霜，亦孰知堅冰之至哉？

故獎婦賢者，非良史之辭也；事女主者，非丈夫之節也。司馬温公歷鑑於漢、唐，而戴宣仁後以行其志，佞者爲之説曰：母改子道。豈非過乎？

又《安帝殤帝附六》 和、安之世，漢所任將者，任尚也，軍安得不覆，亂安得不極也！尚嚴急而不知兵，見於班超之説。而猶不僅此。章帝以來，歷三世而國事屢變，竇憲盛，尚則爲憲之爪牙；鄧騭興，尚則爲騭之心膂；憲敗，賓客皆坐，而尚自若；西域叛亂，北邊喪師，漢法嚴矣，而尚自若；尚者。一後世之債帥也。平襄之敗，死者八千餘人，羌遂大盛而不可制；尚翱翔漢陽者三載，坐視羌人之暴，罰謫弗及，復以侍御史將兵于上黨，遷中郎將，屯於三輔，保禄位、怙兵權而不懼。尚何以得此哉？其輦金帛以曲媚宮闈戚里者可知矣。然則其嚴急也，乃以漁獵吏士而爲結納之資也。三輔殘，國帑空，幷、涼、益士死不收，徙不復，羌人力盡而瓦解，尚乃起而與鄧遵爭功以死，天殛之也。尚之誅也，賕贓千萬以上。憲與騭所爲議尚以稔其惡者在此矣。債帥之興，其始于東漢乎！而鄧騭之爲漢蟊賊可知矣。母后聽政而內外交寇，其所繇來亦可知矣。

又《安帝殤帝附九》 漢之强也，北卻匈奴，西收三十六國。未數十年，羌人一梗於河湟，其志止於掠奪，未有窺覦漢鼎之心也。而轉徙五郡，流離其民，僵僕載道，如孤豚之避猛虎。悲哉！誰爲謀國者，而强弱相貿至此極也！任尚債帥也，鄧騭紈袴也，鄧后婦人也。婦人屍於上，紈袴擅於廷，債帥老于邊，三者合而亡國之道備焉。幸而不亡，民之死也，誰恤之哉？天下未有婦人制命，而紈袴債帥不興者也。未有陰氣凝於上，而干戈之慘不流於天下者也。故曰：『鶴鳴於九皋，聲聞於野。』氣相召，禍相應，而龐參之邪説始乘之，以愞縮消生人之氣，可不戒哉！

又《安帝殤帝附一〇》 鄧后爲鄧氏近親開邸第教學，而躬自試之，史稱之以爲美談。漢武開博望苑，而太子弄兵；唐高開天策府選文士，而宮門蹀血；天子之子且以召難，況后族乎？諺有之曰：『婦人識字則誨淫，俗子通文則健訟。』詩書者，君子所以調性情而忠孝，小人所以啓小慧而悖逆者也。故曰：『民可使繇之，不可使知之。』不然，三代王者豈以仁義禮樂吝子斯人，而內不及于宮闈，外不私於姻黨，何爲也哉？

鄧后之約飭子弟也屢矣，其辭若足觀者。乃豫章唐檀告其太守曰：

『方今外戚豪盛，君道微弱』。則后之寵私親以紊朝綱可知矣。假之兵權，復假之以文教，先王經緯天下之大用，一授之匪人，國尚孰與立也！言治者，知兵權之不可旁落，而不知文教之不可下移，未知治道之綱也。一道德，同風俗，教出於上之謂也。

又《安帝殤帝附一二》　潁川杜根上書鄧后歸政安帝，后怒，撲殺之，得蘇，逃宜城山中爲酒家保，積十五年，后死乃出。或問以何不投知故而自苦，根言：『髮露，禍及親故。』智哉根乎！何也？親故之能託生死者不易得也。非謂夫叛而執之也，爲根之知交者應不至此也。好義之心苟不敵其私利之情，則其氣先餒；好義之心與私利之情相半，即不相半而不能忘，其神必亂；氣餒神亂，耳目不能自主，周旋卻顧，示人以可疑，則愈密而愈疏，故義利交戰於胸者，必交受其禍。今有人於此，而人或投之，鄰里鄉黨不問焉者，以適然聽之也。唯大勇者，爲能以適然處變；不然，則如酒家之本不覺而固適然者也。非此而必不能矣。

嗚呼！士不幸而處亂世，不屈於邪，而抑未可以死，緩急固時有矣，而可不慎所依乎！好苛禮而不簡者，恤小利而形於色者，多疑而好謀者，貌愿謹而勤小物者，弔死問疾而多爲容者，皆不可依者也，可弗慎邪？

又《安帝殤帝附一四》　安帝之不德，豈至如昌邑王賀之荒悖哉！立十五年矣，鄧后寵平原王翼，欲廢帝而立之；杜根請帝親政，而撲殺之；視天位如置棊，任其喜怒，后之惡烈于呂、武矣。伊尹之放太甲，未嘗他有援立，示必反之也。昌邑王之不可一日爲君，霍光之不幸，而又幸得宣帝之賢也。且昌邑既廢，始求宣帝於民閒，未嘗豫扳宣帝而後廢昌邑也。鄧后以婦人而輔以碌碌之鄧騭，予奪在手，唯意所授，瀆大倫，玩神器，君子所必誅勿赦也。鄧后死，王聖、李閏乘權而亂政，繇安帝之不君，可謂后之先識而志安社稷乎？

乃抑稽聖、閏之得以蠱帝而逞者，誰使然也？十五載見郊見廟之天子，不能自保，大臣弗能救也，小臣越位孤鳴而置之死也，舍保母宦寺而誰依邪？易位之僇辱，與死接踵，自非上哲反己自強以潛消內釁，則免己於死而固其位，奚暇擇阿母宦寺之非，而不以爲恩哉！宦寺之終亡漢，李閏、江京始之也，而實鄧后之反激以延進之也。

又《安帝殤帝附一六》　治天下之綱紀，非徒以其名也。其實在，其名雖易，綱紀存焉。其實亡，其名存，獨爭其名，奚益哉！

宰相之任，唐、虞之百揆合于一，周之三公分於三；其致治者，非分合之爲之，君正於上，而任得其人也。其合也，位次於天子；其分也，職別于專司。然而雖分，必有統之者以合其分。要因乎上所重，而天下之權歸之。天子孚以一心，而躬親重任，唯待贊襄則一也。自漢以後，名數易而權數移，移之有得有失，論者舉而歸功過於名，天豈其名哉？操之者之失其實，則末繇以治也。

西漢置丞相而無實，權移于大將軍，故昌邑之廢，楊敞委隨，而生死莫能自必。東漢立三公而無實，權移于尚書，故陳忠因灾異策免三公，上書力爭，言選舉誅賞不當一繇尚書。兩漢之畢，丞相合而三公分，然其權之上移于將軍、下移于尚書同也。【略】

若其所以或治或亂者，非此也；人不擇則望輕，心不孚則事礙，天子不躬親，而旁撓之者，非外戚則宦寺也。使大將軍而以德選，則任大將軍可矣。使尚書中書而以德進，則任兩省可矣。丞相三公其名也，唐、虞、殷、周不相師也。懲權奸而分任於參知，下移於內閣，惡在參知內閣之不足以擅權而懷奸也？上移于大將軍，而僅以寵外戚；下移於內閣，而實以授宦寺，豈其名之去之哉？實去之耳。天子不躬親，而日與居者，婢妾之與奄腐，不此之防，徒以虛名爭崇卑分合之得失，亦末矣。

爲公輔爭名不如爭實，其爭實也，爭權不如爭道；非勵精親政而慎選有德，皆末也。熒惑守心而翟方進賜死，地震而陳褒策免，其時獨無天子乎？

又　卷八《順帝六》　張綱單騎詣賊壘，諭張嬰而降之，言弭盜者侈爲美談。楊鶴、陳奇瑜、熊文燦遙慕其風，而禍及宗社。嗚呼！孰知綱之爲此，爲梁冀驅之死地，迫於弗獲已，而姑以謝一時之責者乎！綱卒未幾，而嬰復據郡以反，滕撫斬之而後絕，綱何嘗能弭東南之盜哉！且嬰降而馬勉、華孟相繼以蠭起，滕撫追剿淨盡，而江湖始寧，則撫盜之爲盜囮審矣。

胥吾民也，小不忍於守令之不若，稱兵以抗君父，又從而撫之，勝則自帝自王而唯其意，敗則卑詞薦賄而且冒爵賞之加，一勝一敗，皆有餘地以自居，而不失其尊富，桀猾者何所忌而不盜也？南宋之諺曰：『欲得

官，殺人放火受招安。』且逆計他日之官爵而冒以逞，勸之盜而孰能弗盜邪？

夫失業之民，隨桀猾所誘脅，盡俘殺之也，誠有所不忍。殲其渠魁，而籍其黨與，以爲邊關之戍卒則矜全其死命，已不傷吾仁矣。而使仍居其故地，則豈徒渠帥哉？失業之民，一染指于潢池，而鄉黨不齒，田廬不保，欲使之負耒而爲戢順之民，亦終不可得，是寧以撫求其永綏哉？改紀暴政，慎擇良吏，而飭之以寬恤，以安未亂之民，而已亂者非可旦夕使順也，弭盜者慎勿輕言撫哉！

均之撫也，祝良、張喬用之交耻而定，張綱用之廣陵而咨益猖，其術同而效異者，則又有説。蠻夷之寇邊鄙進爲寇而退自有其田廬之可居，姻亞鄉閭之可與處，則斂戢以退，而固不失其所，撫之斯順矣。生中上爲編氓，一行爲盜，反而無以自容，使游泳於非逆非順之交，翱翔而終思矯翮；抑且弭之拳之，寵而榮之，望其悔過自懲而不萌異志，豈能得哉？張綱者，以緩梁冀一時之禍，而不暇爲國謀也，何足效哉！

又《桓帝一》　順帝崩，沖帝殤，質帝弒，李固兩欲立清河王蒜而不克，終與蒜而俱斃。夫固而安能必立蒜也！伊尹、周公相湯、武以取天下，位極尊，任極重，而所戴以立者太甲、成王，皆適家宜立而無容異議者。是以不順之徒，毁室之黨，撓之而不敗。若非此而俾天子之立決於一人之意旨，則此一人者，伊尹、周公所不敢任，而李固安能必也！天子之立，決於一人之意旨，以爲擇賢而戴之。忠者曰：吾所擇者賢也。奸者亦曰：吾所擇者賢也。賢無定名，隨毁譽而移焉。忠奸互角，視權之輕重爲憑藉，而奸者常勝。固之言曰：『以天下與人易，爲天下得人難。』唯天子有天下可以與人，而後人唯其所擇而授之以天下。身爲人臣，而可云爲天下得人乎？固之言不順矣。

漢之亡也，母后、外戚、宦豎操立主之權，以持國柄而亂之；其所立者，感立己者之德而捐社稷以徇之；夫其漸積使然，豈一朝一夕之故哉？諸吕誅，惠帝子廢，舍齊王而迎立代王者，周勃也。昭帝無後，昌邑廢，迎立宣帝於民閒者，霍光也。夫二子所擇者賢，而二子無奸心，則得矣，然此豈可以爲後世法哉？且勃立文帝，而帝目送之曰：『鞅鞅非少主臣。』光立宣帝，而驂乘之日，帝若芒刺。則二子危而漢以安。非然者，跋扈之言出諸口，而鴆毒已入其咽。故爲人臣而以爲天下得人爲己任，雖伊尹、周公弗敢任焉，而況李固乎？

自禹以後，傳子之法定。無子而以次相繼，爲母后者不敢擇也，爲大臣者不敢擇也。庶支無覬覦之心，外戚奄人無扳援之望，則雖得之不令，而亦唯天所授，非臣子所敢以意爲從違。故劉子業之凶淫，而沈慶之有死而不敢廢。忠者無所容其忠，奸者無所容其奸，然後權臣不能操天位之取捨以與人主市。宋仁宗之立英宗，高宗之立孝宗，人主自擇之，此則可謂爲天下得人爾。先君無前定之命，嗣子無豫建之實，則如楊廷和之迎興邸，順次而無敢擇焉可也。廷和行其所無事，而世宗曰：『以門生天子待朕。』亦鞅鞅芒刺之謂矣。然廷和危而天下安。固欲爲天下得人，而有擇焉，惡足以敵梁冀之結奄人、挾母后、以讎其邪心哉？漢法不善，而固無能自審於人臣之義；固爭愈力，則桓帝之感冀愈深，而冀之惡愈稔。卒與蒜而俱斃也，哀哉！

又《桓帝二》　讀崔寔之政論，而世變可知矣。譬德教除殘爲粱肉治疾，申韓之緒論，仁義之蟊賊也。其後荀悦、鍾繇申言之，而曹孟德、諸葛武侯、劉先主決行之于上，君子之道詘，刑名之術進，激于一時之詭隨，而啓百年嚴酷之政，亦烈矣哉！

司馬温公曰：『慢則糾之以猛，殘則施之以寬，寬以濟猛，猛以濟寬，斯不易之常道。』是言也，出於左氏，疑非夫子之言也。夫嚴猶可也，未聞猛之可以無傷者。相時而爲寬猛，則矯枉過正，行之不利而傷物者多矣。能審時而利用之者，其唯聖人乎！非激于俗而毗於好惡者之所得與也。若夫不易之常道，而豈若此哉！

寬之爲失，非民之害，馭吏以寬，而民之殘也乃甚。漢之季世，馭委其轡，馬駘其銜，四牡橫奔，皇路傾險者，豈民之遽敢爾哉？外戚奄人作威福以鉗天下，而任貪人於郡邑，使虔劉赤子，而民日在繁霜積雪之下，哀我憚人，而何忍言猛乎！嚴者，治吏之經也；寬者，養民之緯也；並行不悖，而非以時爲進退者也。今欲矯衰世之寬，益之以猛，瑣瑣之姻亞，佌佌蔌蔌之富人，且日假威以蹙其貧弱，然而不激爲盜賊也不能。猶且追咎之曰：未嘗束民以猛也。憔悴之餘，摧折無幾矣。故嚴以治吏，寬以養民，無擇于時而並行焉，庶得之矣。而猶未也。

以漢季言之，外戚奄人之族黨肆行無憚，是信刑罰之所不赦也。乃誅殛以快一時之衆志，陽球用之矣，范滂、張儉嘗用之矣，卒以激乎大亂而不可止。然則德教不興，而刑罰過峻，卽以施之殃民病國之奸而勢且中潰。寔乃曰：『德教除殘，猶以粱肉治疾。』豈知道者之言乎？上之自爲正也無德，其導民也無教；寬則國敝而禍緩，猛則國競而禍急。言治者不反諸本而治其末，言出而害氣中于百年，申、韓與王道爭衡而尤勝。鄙哉寔也，其以戕賊天下無窮矣。

且夫治病者而恃藥石，爲壯而有餘、偶中乎外邪者言也。然且中病而止，必資粱肉以繼其後。若夫衰老羸弱而病在府藏者，禁其粱肉而攻以藥石，未有不死者也。當世之季葉，元氣已滲洩而無幾，是衰老羸弱之比也而寔尚欲操砭石、擣五毒以攻其標病乎？智如孟德，賢如武侯，而此之不審，三其欲以此時刈孑遺之餘民乎！夫崔寔者，殆百草欲衰而鶗鴂爲之先鳴乎！

又《桓帝四》　子曰：『不可與言而與言，失言。』謂夫疑可與言而固不可者也。故其咎也，失言而已，未足以戕及其身。若夫虎方咥而持其爪，蛇方螫而禁其齒，非至愚者不爲。然而崔琦獻箴干梁冀之怒，乃曰：『將軍欲使馬鹿易形乎？』其自貽死也，更誰咎哉！

夫冀仰不知有天，上不知有君，旁不知有四海之人，內不知有己，弑君專殺，鳶肩虎視而亡賴，是可箴也，是虎可持之無咥、蛇可禁之無螫也。琦果有忠憤之心，暴揚於庭，而與之俱碎，漢廷猶有人焉。而以責備賢者之微詞，施之狂狡，何爲者也！冀之爲冀，如此而已矣。藉其爲王莽與，則延琦而進之，與溫言而誘使忠己，琦且爲揚雄、劉歆，身全而陷惡益深矣。故若冀輩者，弗能誅之，望望然而去之可爾。以身殉言，而無益於救，且不足以爲忠直也，則謂之至愚也奚辭？

又《桓帝六》　徐穉、姜肱、袁閎、韋著、李曇、魏桓，徵而不至，非忘世也，知亂之未訖也。桓之言曰：『後宮千數，其可損乎？廄馬萬匹，其可減乎？左右權豪，其可去乎？』此知本之論也。

梁冀之橫也，人知病冀而已矣，冀誅而天下遂若沈屙之去體。黃瓊爲太尉，陳蕃爲尚書令，范滂按察冀州，無知者想望新政。嗚呼！冀之生死，烏足繫漢之存亡哉！冀之誅，殆痎瘧之得汗而解也。伏邪在桓帝之膏肓，而內堅之以鴆而攻砒也，天下無能知者。瓊與蕃且不知，而況蚩蚩之望影以對語者乎！以桓帝爲君，而漢無可復爲之理勢，其本撓，其末乍正而傾愈疾。故權奸之極，非必國之福也。況乎帝之誅冀，爲鄧香之妻報其登屋之怨，而非以其貪濁枉殺之凶于而國哉！

然則陳蕃之薦五處士爲不知時而妄動乎？曰：此未可以責蕃也。蕃既立乎其位矣，苟可以爲焉，則庶幾於一當，植正人於君側，君其有悛心乎！亦臣子不容已之情也。然而固不能也。故五子者，愛道以全身，斯可尚也。

又《靈帝一》　桓帝淫於色，而繼嗣不立，漢之大事，孰有切於此者！竇武任社稷之重，陳蕃以番番元老佐之，而不謀及此。桓帝崩，大位未定，乃就劉儵而問宗室之賢者，何其晚也！況天位之重，元后之德，豈區區一劉儵寡昧之識片言可決邪？持建置天子之大權，唯其意以爲取捨，得則爲霍光，失則爲梁冀矣。武以光之不學、冀之不軌者爲道，社稷幾何而不危，欲自免於赤族之禍，詎將能乎哉！

武也，一城門校尉也，非受託孤之命如霍光之于武帝也。所憑藉以唯意而立君者太后耳。宮闈外戚之禍，梁氏之覆車不遠，宦官安得不挾以爲名哉？夫武也，既不能及桓帝之時諫帝以立儲之大義，抑不於帝崩之後，集廷臣於朝堂，辨昭穆、別親疏、序長幼、審賢否，以與大臣公聽上天之命。儵以爲賢而賢之，武謂可立而立之，天子之尊，若其分田圃以授亞旅而使治。則立之唯己，廢之唯己，朱瑀惡得不大呼曰：『武將廢帝爲大逆。』而靈帝能弗信哉？漢之亡也，亡於置君，而置君者先族，武不蚤死，吾不保其終也。獲誅奄之名，以使天下冤之，猶武之幸也夫！

又《靈帝二》　忠直有識之言，亦無難聽也；庸主具臣不能聽，毀而家亡而國也，誰其哀之？竇武以椒房之親，任立君之事，踵梁冀之所爲，雖心行之無邪與梁冀異，而所爲者亦與冀奚別？録定策功，封聞喜侯，靈帝亦按冀之故事而以施之武。盧植說之曰：『同宗相後，披圖按牒，以次建之，何勳之有？宜辭大賞以全身名。』斯亦皎然如白日之光，昆蟲皆喻於昏旦；而武不能用，悲夫，其自取覆亡也！

夫欲秉國均、匡社稷、誅宦豎、肅官常也，豈不侯而不足以立功？卽庸臣之私利計之，榮其身、澤其子孫，抑豈今日不侯，而終掩抑其大

勳，貽子孫以貧賤哉？則盧植之説，引而上之，可以蹟善世不伐之龍德；推而下之，亦計功謀利者之勿迫求於一旦而致傾僕之善術也。而武不能，且欲引陳蕃以受無名之賞。蕃固知其不可受也，惜乎不知武之不足與共爲社稷之臣也！

又《靈帝三》 竇武、陳蕃殺，而漢之亡必不可支矣。陳蕃老矣，而誅權豎、安社稷、扶進君子之心，不爲少衰，惜乎不知擇而託于竇氏也！然則竇武其非賢乎？曰：武非必不賢，而所爲者抑賢者之道。雖然，武卽賢而固不可託，且吾不能保武之以賢終也，故重爲蕃惜也。

武之可信爲賢者，以其欲抑宦寺以奬王室，且引李膺、杜密、尹勳、劉瑜而登進之。然此豈可決其必賢哉？單超之殺梁冀也，尊黄瓊矣，用陳蕃矣，徵徐穉、姜肱、袁閎、李曇、韋著矣，天下固嘗想望其風采而屬望以澄清。然則有所誅逐，有所登進，矯時弊以服人，奸人用之俄頃，而固不可信。蕃已老，竇武方内倚太后、外受定策之賞，而蕃又惡能保其終乎！

漢之將亡也，天子之廢立，操于宮闈，外戚宦寺，迭相爭勝，孫程廢而梁氏興，梁冀誅而單超起，漢安得有天子哉！而蕃所託者猶然外戚也，則授宦者以梁冀復起之名，既無以正天誅而服受戮者之心，且天下亦疑外戚宦寺之互相起滅而不適有正。故張奐亦爲王甫、曹節所惑，欲自祓濯而終不免。蕃之託武，非所託也明甚。然且以老成之識，昧焉而不察者，時之所趨，舍是而無能爲也。

嗚呼！以三族之膏血，爭賢奸之興廢、社稷之存亡者，豈易言哉？不幸而無如砥之周道，率繇之以行志，則亦埋怨于江潭山谷之間，齊恨以没焉耳。毫釐之辨不審，而事以大潰，賢人君子駢首以死，社稷旋踵而傾，若以膏沃火，欲滅之而益增其焰。蕃之志可哀，而其所爲亦左矣。是以君子重惜之也。

清・趙翼《廿二史劄記》卷三《漢書・兩漢外戚之禍》 兩漢以外戚輔政，國家既受其禍，而外戚之受禍，亦莫如兩漢者。【略】東漢后家，惟光武郭后、陰后家皆無禍。郭后雖廢，帝待郭后恩禮無替。明帝卽位，待陰、郭二家亦均。

明帝馬后戒飭外家，以王氏五侯及田蚡、竇嬰爲戒。故馬、廖兄弟雖封侯，而退居私第，迄無禍敗。

章帝竇后，其兄憲以謀不軌誅。

和帝陰后被廢，其父綱自殺，家屬徙日南。鄧后終身稱制，亦約束外家，兄騭等忠謹無過。然后崩後，騭等俱被讒死。一門七人，皆死非其罪。

安帝閻后兄顯及弟景、耀、晏俱以謀立外藩誅。后亦遷離宮。

順帝梁后兄冀以弑逆誅桓帝，梁后以憂死。鄧后被廢，從父萬世、從兄會皆下獄死。竇后以父武謀誅宦官，爲宦官所害，后亦遷南宮。

靈帝母董后兄子重，爲何進所收，自殺。靈帝宋后廢，以憂死。父兄皆誅。何后兄進謀誅宦官，亦爲宦官所害，后又爲董卓所弑。

獻帝伏后爲曹操所弑。曹后隨帝廢爲山陽公夫人。

計東京后族，亦祇陰、郭、馬三家保全，其餘皆無不敗者。案前文謂東漢惟光武陰后、郭后家皆無禍，此謂東京后族亦祇陰、郭、馬三家保全，查《後漢書》皇后紀，馬后族無禍，則東漢后族保全者乃陰、郭、馬三家。推原禍本，總由於柄用輔政，故權重而禍亦隨之。西漢武、宣諸帝，東漢光武、明、章諸帝，皆無外戚之禍，由於不假以權也。成帝柔仁，專任王氏而國祚遂移。東漢多女主臨朝，不得不用其父兄子弟以寄腹心。於是權勢太盛，不肖者輒縱恣不軌，其賢者亦爲衆忌所歸，遂至覆轍相尋，國家俱敝，此國運使然也。至伏后之死，不關母家輔政，然猶爲曹操所忌，外戚之危如此。

雜録

《後漢書》卷一六《寇恂傳》 恂女孫爲大將軍鄧騭夫人，由是寇氏得志于永初間。

又 卷三六《張霸傳》 時皇后兄虎賁中郎將鄧騭，當朝貴盛，聞霸名行，欲與爲交。

又 卷三九《劉愷傳》 時，征西校尉任尚以奸利被徵抵罪。尚曾副大將軍鄧騭，騭黨護之，而太尉馬英、司空李郃承望騭旨，不復先請，卽獨解尚臧錮。

又　卷四六《陳寵傳》　初，太尉張禹、司徒徐防欲與忠父寵共奏追封和熹皇后父護羌校尉鄧訓，寵以先世無奏請故事，爭之連日不能奪，乃從二府議。及訓追加封謚，禹、防復約寵俱遣子奉禮於虎賁中郎將鄧騭，寵不從，騭心不平之，故忠不得志于鄧氏。

又　卷六〇上《馬融傳》　永初四年，拜爲校書郎中，詣東觀典校秘書。是時鄧太后監朝，騭兄弟輔政。

又　卷八一《獨行傳·李充》　大將軍鄧騭貴戚傾時，無所下借，以充高節，每卑敬之。

又　卷八二下《方術傳·唐檀》　元初七年，郡界有芝草生，太守劉祇欲上言之，以問檀。檀對曰：『方今外戚豪盛，陽道微弱，斯豈嘉瑞乎？』祇乃止。永寧元年，南昌有婦人生四子，祇復問檀變異之應。檀以爲京師當有兵氣，其禍發于蕭牆。至延光四年，中黄門孫程揚兵殿省，誅皇后兄車騎將軍閻顯等，立濟陰王爲天子，果如所占。

晉·司馬彪《續漢書·天文志中》　孝安永初元年五月戊寅，熒惑逆行，守心前星。八月戊申，客星在東井、弧星西南。心爲天子明堂，熒惑逆行守之，爲反臣。客星在東井，爲大水。是時，安帝未臨朝，鄧太后攝政，鄧騭爲車騎將軍，弟弘、悝、閶皆以校尉封侯，秉國勢。司空周章意不平，與王尊、叔元茂等謀，欲閉宫門，輔將軍兄弟，誅常侍鄭衆、蔡倫，劫刺尚書，廢皇太后，封皇帝爲遠國王。事覺，章自殺。東井、弧皆秦地。是時羌反，斷隴道，漢遣騭將左右羽林、北軍五校及諸郡兵征之。是歲郡國四十一、縣三百一十五雨水。四瀆溢，傷秋稼，壞城郭，殺人民，是其應也。

又　《五行志一》　桓帝時，梁冀秉政，兄弟貴盛自恣，好驅馳過度，至於歸家，猶馳驅入門，百姓號之曰『梁氏滅門驅馳』。後遂誅滅。

【略】

桓帝延熹二年夏，霖雨五十餘日。是時，大將軍梁冀秉政，謀害上所幸鄧貴人母宣，冀又擅殺議郎邴尊。上欲誅冀，懼其持權日久，威勢强盛，恐有逆命，害及吏民，密與近臣中常侍單超等圖其方略。其年八月，冀卒伏罪誅滅。【略】

桓帝元嘉中，京都婦女作愁眉、啼妝、墮馬髻、折要步、齲齒笑。所謂愁眉者，細而曲折。啼妝者，薄拭目下，若啼處。墮馬髻者，作一邊。折要步者，足不在體下。齲齒笑者，若齒痛，樂不欣欣。始自大將軍梁冀家所爲，京都歙然，諸夏皆放效。此近服妖也。梁冀二世上將，婚王室，大作威福，將危社稷。天誡若曰：兵馬將往收捕，婦女憂愁，踧眉啼泣，吏卒掣頓，折其要脊，令髻傾邪，雖强語笑，無復氣味也。到延熹二年，舉宗誅夷。【略】

延熹中，梁冀誅後，京都幘顔短耳長，短上長下。時中常侍單超、左悺、徐璜、具瑗、唐衡在帝左右，縱其奸慝。海内慍曰：一將軍死，五將軍出。家有數侯，子弟列布州郡，賓客雜襲騰翥，上短下長，與梁冀同占。到其八年，桓帝因日蝕之變，乃拜故司徒韓寅爲司隸校尉，以次誅鋤，京都正清。【略】

章帝章和二年夏，旱。時章帝崩後，竇太后兄弟用事奢僭。【略】

沖帝永熹元年夏，旱。時沖帝幼崩，太尉李固勸太后兄梁冀立嗣帝，擇年長有德者，天下賴之，則功名不朽。年幼未可知，如後不善，悔無所及。時太后及冀貪立年幼，欲久自專，遂立質帝，八歲。此不用德。

【略】

桓帝永興二年四月丙午，光禄勳吏舍壁下夜有青氣，視之，得玉鉤、玦各一。鉤長七寸二分，週五寸四分，身中皆雕鏤。此青祥也，玉，金類也。七寸二分，商數也。五寸四分，徵數也。商爲臣，徵爲事，蓋爲人臣引決事者不肅，將有禍也。是時梁冀秉政專恣，後四歲，梁氏誅滅也。

【略】

延熹五年，太學門無故自壞。襄楷以爲太學前疑所居，其門自壞，文德將喪，教化廢也。是後天下遂至喪亂。【略】

桓帝元嘉元年夏，旱。是時梁冀秉政，妻子並受封，寵踰節。【略】

順帝之末，京都童謠曰：『直如弦，死道邊。曲如鉤，反封侯。』案順帝即世，孝質短祚，大將軍梁冀貪樹疏幼，以爲己功，專國號令，以贍其私。太尉李固以爲清河王雅性聰明，敦詩悦禮，加又屬親，立長則順，置善則固。而冀建白太后，策免固，徵蠡吾侯，遂即至尊。固是日幽斃於獄，暴屍道路，而太尉胡廣封安樂鄉侯、司徒趙戒廚亭侯、司空袁湯安國亭侯云。【略】

桓帝之初，天下童謠曰：『小麥青青大麥枯，誰當穫者婦與姑。丈人何在西擊胡，吏買馬，君具車，請爲諸君鼓嚨胡。』案元嘉中凉州諸羌一時俱反，南入蜀、漢，東抄三輔，延及并、冀，大爲民害。命將出衆，每戰常負，中國益發甲卒，麥多委棄，但有婦女穫刈之也。吏買馬，君具車者，言調發重及有秩者也。請爲諸君鼓嚨胡者，不敢公言，私咽語。【略】

桓帝之初，京都童謠曰：『城上烏，尾畢逋。公爲吏，子爲徒。一徒死，百乘車。車班班，入河閒。河閒姹女工數錢，以錢爲室金爲堂。石上慊慊舂黄粱。粱下有懸鼓，我欲擊之丞卿怒。』案此皆謂爲政貪也。城上烏，尾畢逋者，處高利獨食，不與下共，謂人主多聚斂也。公爲吏，子爲徒者，言蠻夷將畔逆，父既爲軍吏，其子又爲卒徒往擊之也。一徒死，百乘車者，言前一人往討胡既死矣，後又遣百乘車往。車班班，入河閒者，言上將崩，乘輿班班入河閒迎靈帝也。河閒姹女工數錢，以錢爲室金爲堂者，靈帝既立，其母永樂太后好聚金以爲堂也。石上慊慊舂黄粱者，言永樂雖積金錢，慊慊常苦不足，使人舂黄粱而食之也。粱下有懸鼓，我欲擊之丞卿怒者，言永樂主教靈帝，使賣官受錢，所禄非其人，天下忠篤之士怨望，欲擊懸鼓以求見，丞卿主鼓者，亦復諂順，怒而止我也。【略】

桓帝之初，京都童謠曰：『游平賣印自有平，不辟豪賢及大姓。』案到延熹之末，鄧皇后以譴自殺，乃以竇貴人代之，其父名武字游平，拜城門校尉。及太后攝政，爲大將軍，與太傅陳蕃合心戮力，惟德是建，印綬所加，咸得其人，豪賢大姓，皆絕望矣。【略】

順帝陽嘉元年十月中，望都蒲陰狼殺童兒九十七人。時李固對策，引京房《易傳》曰『君將無道，害將及人，去之深山以全身，厥妖狼食人』。陛下覺寤，比求隱滯，故狼灾息。

又《五行志三》 延光四年，郡國十九冬雷。是時，太后攝政，上無所與。太后既崩，阿母王聖及皇后兄閻顯兄弟更秉威權，上遂不親萬機，從容寬仁任臣下。

又《五行志四》 安帝永初元年，郡國十八地震。李固曰：『地者陰也，法當安靜。今乃越陰之職，專陽之政，故應以震動。』是時，鄧太后攝政專事，訖建光中，太后崩，安帝乃得制政，於是陰類並勝，西羌亂夏，連十餘年。二年，郡國十二地震。三年十二月辛酉，郡國九地震。四年三月癸巳，郡國四地震。五年正月丙戌，郡國十地震。七年正月壬寅，二月丙午，郡國十八地震。【略】

延光元年七月癸卯，京都、郡國十三地震。九月戊申，郡國二十七地震。二年，京都、郡國三十二地震。三年，京都、郡國二十三地震。是時，以讒免太尉楊震，廢太子。四年十一月丁巳，京都、郡國十六地震。時安帝既崩，閻太后攝政，兄弟閻顯等並用事，遂斥安帝子。更徵諸國王子，未至，中黄門遂誅顯兄弟。【略】

順帝永建三年正月丙子，京都、漢陽地震。漢陽屋壞殺人，地坼湧水出。是時，順帝阿母宋娥及中常侍張昉等用權。【略】

陽嘉二年四月己亥，京都地震，是時，爵號宋娥爲山陽君。四年十二月甲寅，京都地震。【略】

永和二年四月丙申，京都地震。是時宋娥構奸誣罔，五月事覺，收印綬，歸田里。十一月丁卯，京都地震。是時，太尉王龔以中常侍張昉等專弄國權，欲奏誅之，時龔宗親有以楊震行事諫之止云。三年二月乙亥，京都、金城、隴西地震裂，城郭、室屋多壞，壓殺人。閏月己酉，京都地震。十月，西羌二千餘騎入金城塞，爲凉州害。四年三月乙亥，京都地震。五年二月戊申，京都地震。【略】

建康元年正月，凉州部郡六地震。從去年九月以來至四月，凡百八十地震，山谷坼裂，壞敗城寺，傷害人、物。三月，護羌校尉趙沖爲叛胡所殺。九月丙午，京都地震。是時，順帝崩，梁太后攝政，欲爲順帝作陵，制度奢廣，多壞吏民冢。尚書欒巴諫事，太后怒。癸卯，詔書收巴下獄，欲殺之。丙午，地震，於是太后乃出巴，免爲庶人。【略】

桓帝建和元年四月庚寅，京都地震。九月丁卯，京都地震。是時，梁太后攝政，兄冀持權。至和平元年，太后崩，然冀猶秉政專事，至延熹二年，乃誅滅。三年九月己卯，地震，庚寅又震。【略】

殤帝延平元年五月壬辰，河東垣山崩。是時，鄧太后專政。秋八月，殤帝崩。

順帝陽嘉二年六月丁丑，雒陽宣德亭地坼，長八十五丈，近郊地。時，李固時策，以爲『陰類專恣，將有分離之象，所以附郊城者，是上帝

示象以誡陛下也。』是時宋娥及中常侍各用權分爭，後中常侍張逵、蘧政與大將軍梁商爭權，爲商作飛語，欲陷之。【略】

桓帝建和元年四月，郡國六地裂，水湧出，井溢，壞寺屋，殺人。時，梁太后攝政，兄冀枉殺李固、杜喬。三年，郡國五山崩。【略】

永壽三年七月，河東地裂。時，梁皇后兄冀秉政，桓帝欲自由，內患之。【略】

安帝永初元年，大風拔樹。是時，鄧太后攝政，以清河王子年少，號精耳，故立之，是爲安帝。不立皇太子勝，以爲安帝賢，必當德鄧氏也。後安帝親讒，廢免鄧氏，令郡具迫切，死者八九人，家至破壞。此爲也。是後西羌亦大亂涼州十有餘年。二年六月，京都及郡國四十大風拔樹。三年五月癸酉，京都大風，拔南郊道梓樹九十六枚。七年八月丙寅，京都大風拔樹。

《三國志》卷九《魏志・曹爽傳》裴松之注引《漢晉春秋》 安定皇甫謐以九年冬夢至洛陽，自廟出，見車騎甚衆，以物呈廟云：『誅大將軍曹爽。』寤而以告其邑人，邑人曰：『君欲作曹人之夢乎！朝無公孫強如何？且爽兄弟典重兵，又權尚書事，誰敢謀之？』謐曰：『爽無叔振鐸之請，苟失天機則離矣，何恃于强？昔漢之閻顯，倚母后之尊，權國威命，可謂至重矣，閹人十九人一旦尸之，況爽兄弟乎？』世語曰：初，爽出，司馬魯芝留在府，聞有事，將營騎斫津門出赴爽。爽誅，擢爲御史中丞。

北魏・酈道元《水經注》卷二一《汝水》 汝水自狼皋山東出峽，謂之汝阨也。東歷麻解城北，故鄤鄉城也，謂之蠻中。《左傳》所謂單浮餘圍蠻氏，蠻氏潰者也。【略】汝水又東與廣成澤水合，水出狼皋山北澤中。【略】元初二年，鄧太后臨朝，鄧騭兄弟輔政。世士以爲文德可興，武功宜廢，寢蒐狩之禮，息戰陣之法。于時，馬融以文武之道，聖賢不墜，五材之用，無或可廢，作《廣成頌》云：大漢之初基也，揆厥靈囿，營於南郊。右三塗，左枕嵩嶽，面據衡陰，背箕王屋，浸以波、溠，演以滎、洛。金山、石林，殷起乎其中。神泉側出，丹水、涅池。怪石浮磐，耀焜於其陂。

又　卷三〇《淮水》 淮水于壽陽縣西北，肥水從城西而北入於淮，謂之肥口。淮水又北，肥水注之。水上承沙水于城父縣，右出東南流徑城父縣故城南，王莽之思善也。縣故焦夷之地，《春秋左傳》昭公九年，楚公子棄疾遷許於夷，寔城父矣。取州來淮北之田以益之，伍舉授許男田。杜預曰：此時改城父爲夷，故《傳》寔之者也。然丹遷城父人于陳，以夷濮西田益之，言夷田在濮水西者也。然則濮水卽沙水之兼稱，得夏肥之通目矣。漢桓帝永壽元年，封大將軍梁冀孫桃爲侯國也。【略】

渙水又東南流，徑雍丘縣故城南，又東徑承匡城，又東徑襄邑縣故城南，故宋之承匡襄牛之地，宋襄公之所葬，故號襄陵矣。【略】秦始皇以承匡卑濕，徙縣於襄陵，更爲襄邑。王莽以爲襄平也。漢桓帝建和元年，封梁冀子胡狗爲侯國。

《北齊書》卷一七《斛律金傳》 肅宗踐阼，納其孫女爲皇太子妃。又詔金朝見，聽步挽車至階。世祖登極，禮遇彌重，又納其孫女爲太子妃。金長子光大將軍，次子羨及孫武都並開府儀同三司，出鎮方岳，其餘子孫皆封侯貴達。一門一皇后、二太子妃、三公主，尊寵之盛，當時莫比。金嘗謂光曰：『我雖不讀書，聞古來外戚梁冀等無不傾滅。女若有寵，諸貴人妒；女若無寵，天子嫌之。我家直以立勳抱忠致富貴，豈可藉女也？』

唐・歐陽詢等《藝文類聚》卷七《山部上・總載山》 張璠《漢記》曰：梁冀聚土築山，十里九阪，以象二崤，窮極工巧，積金玉明珠，充牣其中。

又　卷二〇《人部四・忠》 謝承《後漢書》曰：漢安元年，選遣八使，巡行風俗，餘人受命之部，而張綱獨埋輪於洛陽都亭，曰：豺狼當路，安問狐狸，遂奏大將軍梁冀無君之心十五事，皆臣子所切齒者也。

又　卷九〇《鳥部上・白鶴》 華嶠《漢書》曰：崔琦作白鶴賦以諷梁冀，冀幽殺之。

又　卷一〇〇《災異部・蝗》 《續漢書》曰：桓帝永興元年七月，郡國三十二蝗，是時梁冀執政，無謀慮，苟貪作虐。

唐・劉知幾《史通・人物》 夫天下善人少而惡人多，其書名竹帛者，蓋唯記善而已。故太史公有云：『自獲麟以來，四百餘年，明主賢君、忠臣死義之士，廢而不載，余甚懼焉。』卽其義也。至如四凶列于

《尚書》三叛見於《春秋》，西漢之紀江充、石顯，東京之載梁冀、董卓，此皆干紀亂常，存滅興亡所繫。既有關時政，故不可闕書。

唐・徐堅《初學記》卷一八《人部中・貴》 謝承《後漢書》曰：梁氏在位二十餘年，窮極滿盛，威行内外，百僚側目，莫敢違命。《東觀漢記》曰：章帝崩，竇太后臨政，竇憲爲大將軍，食邑二萬户。弟景執金吾，瓌將作大匠，光禄勳。

唐・杜佑《通典》卷二九《職官十一・武官下・大將軍並官屬》 和帝時，以竇憲爲之。舊大將軍位在三公下，置官屬，依太尉。憲威權振朝廷，公卿希旨，奏憲位次太傅下，三公上。長史、司馬秩中二千石，從事中郎二人，六百石，自下各有增。憲初爲此官，威振天下，尚書以下欲拜之，伏稱萬歲。尚書令韓稜曰：『禮無人臣稱萬歲之制。』乃止。後梁冀爲之，官屬倍於三公府。自安帝政理衰缺，始以嫡舅耿寶爲大將軍，常在京都。順帝即位，又以皇后父、兄、弟相繼爲大將軍，如三公。梁冀别傳云：『元嘉二年，又加冀禮儀。大將軍朝，到端門，謁者將引。增掾屬、舍人、令史、官騎、鼓吹各十人。』《風俗通》曰：『桓帝初，京師謡曰：「游平賣印自有評，不避豪强及大姓。」按：竇武字游平，爲大將軍，印綬所加，咸得其人。』漢末猶在三公上。魏武爲大將軍，袁紹爲太尉，紹恥班在下，魏武乃固以大將軍讓紹。

又《車騎將軍》 和帝即位，以舅竇憲爲車騎將軍，征匈奴，始賜金紫，次司空。竇憲爲車騎將軍，辟崔駰爲掾。憲府貴重，掾屬三十人皆故刺史二千石，惟駰以處士年少，擢在其閑。其僚佐故事如太尉。後梁冀爲之，官屬倍於餘府。安帝即位，西羌寇亂，以舅鄧騭爲車騎將軍，征之。數年復罷。又皇甫嵩等並爲之，其官屬附見大將軍後。

宋・李昉等《太平御覽》卷五九《地部二十四・水下》 《續漢書・五行志》曰：桓帝永興二年，彭城泗水逆流。永壽元年，洛水溢至津城門，漂流人物。是時梁冀爭政，嫉害忠直，後遂誅滅。

又 卷九一《皇王部十六・少帝北鄉侯》 《續漢書》曰：安帝崩，太子前已廢，後無餘子，皇后與兄閻顯謀以北鄉侯續爲帝嗣。三月，立北鄉侯，皇太后臨朝。十月辛亥，北卿侯薨，顯及江京等徵濟北河間王子，欲以爲嗣。中黄門孫程、王康等十九人，共討京等，迎立濟陰王。

又 卷九二《皇王部十七・孝質皇帝》 《漢晉春秋》曰：帝初年幼小，聞梁冀專權於天下，每朝出，輒目之，曰：『此跋扈將軍。』冀聞而大懼，遂陰行鴆毒。始病，呼太尉李固入。固前問病，帝曰：『食煮餅，令腸中悶，得水尚可活。』冀曰：『不可。』語未絶而崩。

又 卷一三七《皇親部三・孝質母陳妃》 《續漢書》曰：樂安陳夫人，孝質皇帝母也。家本魏郡，少以伎入孝王宫，得幸，生質帝。梁冀欲專國權，令帝母不得至京都；又帝短祚，是以外家無他寵。靈帝拜夫人爲孝王妃。

又 卷一九六《居處部二十四・苑囿》 張璠《漢記》曰：梁冀多規苑囿，西至弘農，東至滎陽，南入魯陽，北到河淇，周旗千里。

又 卷二一二《職官部十・總敘尚書》 謝承《後漢書》曰：又曰：張陵字處仲，爲尚書。首歲朝，梁冀帶劍入省，陵叱冀令出，敕虎賁奪其劍，冀跪謝。陵劾之，詔以歲俸贖罪，百僚肅然。冀弟不疑曾舉陵，後疾冀。不疑謂曰：昔舉君所以自罰也。』陵曰：『明府不以陵不肖，誤見擢序陵申公憲，非報私恩耳！』不疑有慚色。

清・趙翼《廿二史劄記》卷二《漢書・儀同三司》 鄧騭以車騎將軍儀同三司。於是三司之外，又有儀同之號，自騭始也。

自和、安以後，女后臨朝，外戚輔政，三公之任益輕。如鄧彪年老，竇太后兄憲，以其柔和易制，讓彪爲太傅録尚書事。而憲實握事權，有所施爲，外令彪奏，内白太后，事無不從。是録尚書者，且聽命于戚臣矣。

宦官專權

綜　述

《後漢書》卷七《孝桓帝紀》 延熹二年秋七月，初造顯陽苑，置丞。丙午，皇后梁氏崩。乙丑，葬懿獻皇后于懿陵。

大將軍梁冀謀爲亂。八月丁丑，帝御前殿，詔司隸校尉張彪將兵圍冀第，收大將軍印綬，冀與妻皆自殺。衛尉梁淑、河南尹梁胤、屯騎校尉梁

讓、越騎校尉梁忠、長大校尉梁戟等，及中外宗親數十人，皆伏誅。太尉胡廣坐免。司徒韓縯、司空孫朗下獄。

壬午，立皇后鄧氏，追廢懿陵爲貴人塚。詔曰：『梁冀奸暴，濁亂王室。孝質皇帝聰敏早茂，冀心懷忌畏，私行殺毒。永樂太后親尊莫二，冀又遏絶，禁還京師，使朕離母子之愛，隔顧復之恩。禍害深大，罪釁日滋。賴宗廟之靈，及中常侍單超、徐璜、具瑗、左悺、唐衡，尚書令尹勳等激憤建策，内外協同，漏刻之間，桀逆梟夷。斯誠社稷之佑，臣下之力，宜班慶賞，以酬忠勳。其封超等五人爲縣侯，勳等七人爲亭侯。』於是舊故恩私，多受封爵。【略】十一月【略】壬寅，中常侍單超爲車騎將軍。【略】

三年春正月丙申，大赦天下。丙午，車騎將軍單超薨。

又　卷八《孝靈帝紀》　建寧元年九月辛亥，中常侍曹節矯詔誅太傅陳蕃、大將軍竇武及尚書令尹勳、侍中劉瑜屯騎校尉馮述，皆夷其族。皇太后遷于南宮。司徒胡廣爲太傅，隸尚書事。司空劉寵爲司徒，大鴻臚許栩爲司空。冬十月甲辰晦，日有食之。令天下繫囚罪未决入縑贖，各有差。

二年冬十月丁亥，中常侍侯覽諷有司奏前司空虞放、太僕杜密、長樂少府李膺、司隸校尉朱、潁川太守巴肅、沛相荀昱、河内太守魏朗、山陽太守翟超皆爲鉤黨，下獄，死者百餘人，妻子徙邊，諸附從者錮及五屬。制詔州郡大舉鉤黨，於是天下豪桀及儒學行義者，一切結爲黨人。是歲，長樂太僕曹節爲車騎將軍，百餘日罷。

熹平元年秋七月宦官諷司隸校尉段熲捕繫太學諸生千餘人。

冬十月，渤海王悝被誣謀反，丁亥，悝及妻子皆自殺。【略】

熹平四年冬十月，改平準爲中準，使宦者爲令，列於内署。自是諸署悉以閹人爲丞、令。【略】

光和二年冬十月甲申，司徒劉郃、永樂少府陳球、衛尉陽球、步兵校尉劉納謀誅宦者，事泄，皆下獄死。【略】六年秋，金城河水溢。五原山岸崩。始置圃囿署，以宦者爲令。【略】

（中平）三年冬十月【略】前太尉張延爲宦人所譖，下獄死。【略】

六年八月戊辰，中常侍張讓、段珪殺大將軍何進，於是虎賁中郎將袁術燒東西宮，攻諸宦者。庚午，張讓、段珪等劫少帝及陳留王幸北宮德陽殿。何進部曲將吴匡與車騎將軍何苗戰于朱雀闕下，苗敗，斬之。辛未，司隸校尉袁紹勒兵收僞司隸校尉樊陵、河南尹許相及諸閹人，無少長皆斬之。讓、珪等復劫少帝、陳留王走小平津。尚書盧植追讓、珪等，斬數人，其餘投河而死。帝與陳留王協夜步逐螢光行數里，得民家露車，共乘之。辛未，還宮。大赦天下，改光熹爲昭寧。

又　卷一〇下《皇后紀・桓思竇皇后》　太后素忌忍，積怒田聖等，桓帝梓宮尚在前殿，遂殺田聖。又欲盡誅諸貴人，中常侍管霸、蘇康苦諫，乃止。時太后父大將軍武謀誅宦官，而中常侍曹節等矯詔殺武，遷太后于南宮雲臺，家屬徙比景。

竇氏雖誅，帝猶以太后有援立之功，建寧四年十月朔，率羣臣朝於南宮，親饋上壽。黄門令董萌因此數爲太后訴怨，帝深納之，供養資奉有加於前。中常侍曹節、王甫疾萌附助太后，誣以謗訕永樂宮，萌坐下獄死。熹平元年，太后母卒于比景，太后感疾而崩。立七年。合葬宣陵。

又　《靈帝宋皇后》　后無寵而居正位，後宮幸姬衆，共譖毁。初，中常侍王甫枉誅勃海王悝及妃宋氏，妃即后之姑也。甫恐后怨之，乃與太中大夫程阿共構言皇后挾左道祝詛，帝信之。光和元年，遂策收璽綬。后自致暴室，以憂死。在位八年。父及兄弟並被誅。諸常侍、小黄門在省闥者，皆憐宋氏無辜，共合錢物，收葬廢后及酆父子，歸宋氏舊塋皋門亭。

帝後夢見桓帝怒曰：『宋皇后有何罪過，而聽用邪孽，使絶其命？勃海王悝既已自貶，又受誅斃。今宋氏及悝自訴於天，上帝震怒，罪在難救。』夢殊明察。帝既覺而恐，以事問于羽林左監許永曰：『此何祥？其可攘乎？』永對曰：『宋皇后親與陛下共承宗廟，母臨萬國，歷年已久，海内蒙化，過惡無聞。而虚聽讒妒之説，以致無辜之罪，身嬰極誅，禍及家族，天下臣妾，咸爲怨痛。勃海王悝，桓帝母弟也。處國奉藩，未嘗有過。陛下曾不證審，遂伏其辜。昔晉侯失刑，亦夢大厲被髮屬地。天道明察，鬼神難誣。宜并改葬，以安冤魂。反宋后之徙家，復勃海之先封，以消厥咎。』帝弗能用，尋亦崩焉。

又　卷二六《韋著傳》　靈帝即位，中常侍曹節以陳蕃、竇氏既誅，海内多怨，欲借寵時賢以爲名，白帝就家拜著東海相。詔書逼切，不得

已，解巾之郡。

又 卷三四《梁商傳》 商自以戚屬居大位，每存謙柔，虛己進賢，辟漢陽巨覽、上黨陳龜爲椽屬，李固、周舉爲從事中郎，於是京師翕然，稱爲良輔，帝委重焉。每有饑饉，輒載租穀於城門，賑與貧餒，不宣己惠。檢御門族，未曾以權盛干法。而性慎弱無威斷，頗溺於內豎。以小黄門曹節等用事於中，遂遣子冀、不疑與爲交友，然宦者忌商寵任，反欲陷之。永和四年，中常侍張逵、蘧政，內者令石光，尚方令傅福，冗從僕射杜永連謀，共譖商及中常侍曹騰、孟賁，云欲徵諸王子，圖議廢立，請收商等案罪。帝曰：『大將軍父子我所親，騰、賁我所愛，必無是，但汝曹共妒之耳。』逵等知言不用，懼迫，遂出矯詔收縛騰、賁於省中。

帝聞震怒，敕宦者李歙急呼騰、賁釋之，收逵等，悉伏誅。

又 卷三八《馮緄傳》 時，天下饑饉，帑藏虛盡，每出征伐，常減公卿俸禄，假王侯租賦，前後所遣將帥，宦官輒陷以折耗軍資，往往抵罪。緄性烈直，不行賄賂，懼爲所中，乃上疏曰：『勢得容奸，伯夷可疑；苟曰無猜，盜蹠可信。故樂羊陳功，文侯示以謗書。願請中常侍一人監軍財費。』尚書朱穆奏緄以財自嫌，失大臣之節。有詔勿劾。

緄軍至長沙，賊聞，悉詣營道乞降。進擊武陵蠻夷，斬首四千餘級，受降十餘萬人，荆州平定。詔書賜錢一億，固讓不受。振旅還京師，推功于從事中郎應奉，薦以爲司隸校尉，而上書乞骸骨，朝廷不許。監軍使者張敞承宦官旨，奏緄將傅婢二人戎服自隨，又輒于江陵刻石紀功，請下吏案理。尚書令黄儁奏議，以爲罪無正法，不合致糾。會長沙賊復起，攻桂陽、武陵，緄以軍還盜賊復發，策免。

頃之，拜將作大匠，轉河南尹。上言『舊典，中官子弟不得爲牧人職』，帝不納。復爲廷尉。時山陽太守單遷以罪繫獄，緄考致其死。遷，故車騎將軍單超之弟，中官相黨，遂共誹章誣緄，坐與司隸校尉李膺、大司農劉祐俱輸左校。應奉上疏理緄等，得免。後拜屯騎校尉，復爲廷尉，卒于宫。

又 卷四一《第五種傳》 中常侍單超兄子匡爲濟陰太守，負勢貪放，種欲收舉，未知所使。會聞從事衛羽素抗厲，乃召羽具告之。謂曰：『聞公不畏强禦，今欲相委以重事，若何？』對曰：『願庶幾於一割。』羽出，遂馳至定陶，閉門收匡賓客親吏四十餘人，六七日中，糾發其臧五六千萬。種卽奏匡，并以劾超。匡窘迫，遣刺客刺羽，羽覺其奸，乃收繫客，具得情狀。州內震栗，朝廷嗟歎之。

是時太山賊叔孫無忌等暴横一境，州郡不能討。羽説種曰：『中國安寧，忘戰日久，而太山險阻，寇猾不制。今雖有精兵，難以赴敵，羽請往譬降之。』種敬諾。羽乃往，備説禍福，無忌卽帥其黨與三千餘人降。單超積懷忿恨，遂以事陷種，竟坐徙朔方。超外孫董援爲朔方太守，稸怒以待之。初，種爲衛相，以門下掾孫斌賢，善遇之。及當徙斥，斌具聞超謀，乃謂其友人同縣閭子直及高密甄子然曰：『蓋盜憎其主，從來舊矣。第五使君當投裔土，而單超外屬爲彼郡守。夫危者易僕，可爲寒心。吾今方追使君，庶免其難。若奉使君以還，將以付子。』二人曰：『子其行矣，是吾心也。』於是斌將俠客晨夜追種，及之於太原，遮險格殺送吏，因下馬與種，斌自步從。一日一夜行四百餘里，遂得脫歸。

又 卷五三《姜肱傳》 中常侍曹節等專執朝事，新誅太傅陳蕃、大將軍竇武，欲借寵賢德，以釋衆望，乃白徵肱爲太守。肱得詔，乃私告其友曰：『吾以虛獲實，遂藉身價。明明在上，猶當固其本志，況今政在閹豎，夫何爲哉！』乃隱身遁命，遠浮海濱。再以玄纁聘，不就。卽拜太中大夫，詔書至門。肱使家人對云『久病就醫』。遂羸服間行，竄伏青州界中，賣卜給食。召命得斷，家亦不知其處，歷年乃還。年七十七，熹平二年終於家。

又 卷五四《楊秉傳》 延熹三年，白馬令李雲以諫受罪，秉爭之不能得，坐免官，歸出里。其年冬，復徵拜河南尹。先是中常侍單超弟匡爲濟陰太守，以臧罪爲刺史第五種所劾，窘急，乃賂客任方刺兗州從事衛羽。事已見《種傳》。及捕得方，囚繫洛陽，匡慮秉當窮竟其事，密令方等得突獄亡走。尚書召秉詰責，秉對曰：『《春秋》不誅黎比而魯多盜，方等無狀，釁由單匡。刺執法之吏，害奉公之臣，復令逃竄，寬縱罪身，元惡大憝，終爲國害。乞檻車徵匡考核其事，則奸慝蹤緒，必可立得。』而秉竟坐輸作左校，以久旱赦出。

會日食，太山太守皇甫規等訟秉忠正，不宜久抑不用。有詔公車徵秉及處士韋著，二人各稱疾不至。有司並效秉、著大不敬，請下所屬正其

罪。尚書令周景與尚書邊韶議奏：『秉儒學侍講，常在謙虚。著隱居行義，以退讓爲節。俱徵不至，誠違側席之望，然逶迤退食，足抑苟進之風。夫明王之世，必有下召之臣，聖朝弘養，宜用優遊之禮。可告在所屬，喻以朝庭恩意。如遂不至，詳議其罰。』於是重徵，乃到，拜太常。

五年冬，代劉矩爲太尉。是時，宦官方熾，任人及子弟爲官，佈滿天下，競爲貪淫，朝野嗟怨。秉與司空周景上言：『內外吏職，多非其人，自頃所徵，皆特拜不試，致盜竊縱恣，怨訟紛錯。舊典，中臣子弟不得居位秉勢，而今枝葉賓客布列職署，或年少庸人，典據守宰，上下忿患，四方愁毒。可遵用舊章，退貪殘，塞灾謗。請下司隸校尉、中二千石、二千石、城門五營校尉、北軍中候，各實核所部，應當斥罷，自以狀言，三府廉察有遺漏，續上。』帝從之。於是秉條奏牧守以下匈奴中郎將燕瑗、青州刺史羊亮、遼東太守孫諠等五十餘人，或死或免，天下莫不肅然。

時，郡國計吏多留拜爲郎，秉上言三署見郎七百餘人，帑臧空虚，浮食者衆，而不良守相，欲因國爲池，澆濯釁穢。宜絕横拜，以塞覬覦之端。自此終桓帝世，計吏無復留拜者。

七年，南巡園陵，特召秉從。南陽太守張彪與帝微時有舊恩，以車駕當至，因傍發調，多以入私。秉聞之，下書責讓荆州刺史，以狀副言公府。及行至南陽，左右並通姦利，詔書多所除拜。秉復上疏諫曰：『臣聞先王建國，順天制官。太微積星，名爲郎位，入奉宿衛，出牧百姓。臯陶誡虞，在於官人。頃者道路拜除，恩加豎隸，爵以貨成，化由此敗，所以俗夫巷議，白駒遠逝，穆穆清朝，遠近莫觀。宜割不忍之恩，以斷求欲之路。』於是詔除乃止。

時，中常侍侯覽弟參爲益州刺史，累有臧罪，暴虐一州。明年，秉劾奏參，檻車徵詣廷尉。參惶恐，道自殺。秉因奏覽及中常侍具瑗曰：

臣案國舊典，宦豎之官，本在給使省闥，司昏守夜，而今猥受過寵，執政操權。其阿諛取容者，則因公褒舉，以報私惠；有忤逆於心者，必求事中傷，肆其凶忿。居法王公，富擬國家，飲食極肴膳，僕妾盈紈素，雖季氏專魯，穰侯擅秦，何以尚兹！案中常侍侯覽弟參，貪殘元惡，自取禍滅，覽顧知釁重，必有自疑之意，臣愚以爲不宜復見親近。昔懿公刑邴歜之父，奪閻職之妻，而使二人參乘，卒有竹中之難，《春秋》書之，以爲至戒。蓋鄭詹來而國亂，四佞放而衆服。以此觀之，容可近乎？覽宜急屏斥，投畀豺虎。若斯之人，非恩所宥，請免官送歸本郡。

書奏，尚書召對秉掾屬曰：『公府外職，而奏劾近官，經典漢制有故事乎？』秉使對曰：『《春秋》趙鞅以晉陽之甲，逐君側之惡。傳曰：「除君之惡，唯力是視。」鄧通懈慢，申屠嘉召通詰責，文帝從而請之。漢世故事，三公之職無所不統。』尚書不能詰。帝不得已，竟免覽官，而削瑗國。每朝廷有得失，輒盡忠規諫，多見納用。

又《楊賜傳》 熹平元年，青虵見御坐，帝以問賜，賜上封事曰：

臣聞和氣致祥，乖氣致灾，休徵則五福應，咎徵則六極至。夫善不妄來，灾不空發。王者心有所惟，意有所想，雖未形顏色，而五星以之推移，陰陽爲其變度。以此而觀，天之與人，豈不符哉？《尚書》曰：『天齊乎人，假我一日。』是其明徵也。夫皇極不建，則有蛇龍之孽。《詩》云：『惟虺惟蛇，女子之祥。』故《春秋》兩蛇鬭于鄭門，昭公殆以女敗。康王一朝晏起，《關雎》見幾而作。夫女謁行則讒夫昌，讒夫昌則苞苴通，故殷湯以之自戒，終濟亢旱之灾。惟陛下思乾剛之道，別內外之宜，崇帝乙之制，受元吉之祉，抑皇甫之權，割豔妻之愛，則蛇變可消，禎祥立應。殷戊、宋景，其事甚明。

二年，代唐珍爲司空，以灾異免。復拜光禄大夫，秩中二千石。五年，代袁隗爲司徒。是時朝廷爵授，多不以次，而帝好微行，游幸外苑。賜復上疏曰：

臣聞天生蒸民，不能自理，故立君長使司牧之，是以唐、虞兢兢業業，周文日昃不暇，明慎庶官，俊乂在職，三載考績，以觀厥成。而今所序用無佗德，有形勢者，旬日累遷，守貞之徒，歷載不轉，勞逸無別，善惡同流，《北山》之詩，所爲訓作。又聞數微行出幸苑囿，觀鷹犬之勢，極槃遊之荒，政事日墮，大化陵遲。陛下不顧二祖之勤止，追慕五宗之美蹤，而欲以望太平，是由曲表而欲直景，卻行而求及前人也。宜絕慢傲之戲，念官人之重，割用板之恩，慎貫魚之次，無令醜女有四殆之歎，遐邇有憤怨之聲。臣受恩偏特，忝任師傅，不敢自同凡臣，括囊避咎，謹自手書密上。

後坐辟黨人免。復拜光禄大夫。光和元年，有虹蜺晝降於嘉德殿前，帝惡之，引賜及議郎蔡邕等入金商門崇德署，使中常侍曹節、王甫問以祥異禍福所在。賜仰天而歎，謂節等曰：『吾每讀《張禹傳》，未嘗不憤恚歎息，既不能竭忠盡情，極言其要，而反留意少子，乞還女婿。朱游欲得尚方斬馬劍以理之，固其宜也。吾以微薄之學，充先師之末，累世見寵，無以報國。猥當大問，死而後已。』乃書對曰：

臣聞之經傳，或得神以昌，或得神以亡。國家休明，則鑑其德；邪辟昏亂，則視其禍。今殿前之氣，應爲虹蜺，皆妖邪所生，不正之象，詩人所謂蝃蝀者也。於《中孚經》曰：『蜺之比，無德以色親。』方今内多嬖幸，外任小臣，上下並怨，喧嘩盈路，是以灾異屢見，前後丁寧。今復投蜺，可謂孰矣。案《春秋讖》曰：『天投蜺，天下怨，海内亂。』加四百之期，亦復垂及。昔虹貫牛山，管仲諫桓公無近妃宫。《易》曰：『天垂象，見吉凶，聖人則之。』今妾媵嬖人閹尹之徒，共專國朝，欺罔日月，又鴻都門下，招會羣小，造作賦説，以蟲篆小技見寵于時，如兜、共工更相薦説，旬月之間，並各拔擢，樂松處常伯，任芝居納言。郤儉、梁鵠俱以便辟之性，佞辨之心，各受豐爵不次之寵，而令搢紳之徒委伏田畝，口誦堯、舜之言，身蹈絶俗之行，棄捐溝壑，不見逮及。冠履倒易，陵谷代處，從小人之邪意，順無知之私欲，不念《板》、《蕩》之作，虺蜴之誡。殆哉之危，莫過於今。幸賴皇天垂象譴告。《周書》曰：『天子見怪則修德，諸侯見怪則修政，卿大夫見怪則修職，士庶人見怪則修身。』惟陛下慎經典之誡，圖變復之道，斥遠佞巧之臣，速徵鶴鳴之士，内親張仲，外任山甫，斷絶尺一，抑止槃遊，留思庶政，無敢怠遑。冀上天還威，衆變可弭。老臣過受師傅之任，數蒙寵異之恩，豈敢愛惜垂没之年，而不盡其惓惓之心哉！

書奏，甚忤曹節等。蔡邕坐直對抵罪，徙朔方。賜以師傅之恩，故得免咎。

又　卷五五《勃海王悝傳》　延熹八年，悝謀爲不道，有司請廢之。帝不忍，乃貶爲廮陶王，食一縣。

悝後因中常侍王甫求復國，許謝錢五千萬。帝臨崩，遺詔復爲勃海王。悝知非甫功，不肯還謝錢。甫怒，陰求其過。初，迎立靈帝，道路流言悝恨不得立，欲鈔徵書，而中常侍鄭颯、中黄門董騰並任俠通剽輕，數與悝交通。王甫司察，以爲有奸，密告司隸校尉段熲。熹平元年，遂收颯送北寺獄。使尚書令廉忠誣奏颯等謀迎立悝，大逆不道。遂招冀州刺史收悝考實，又遣大鴻臚持節與宗正、廷尉之勃海，迫責悝。悝自殺。妃妾十一人，子女七十人，伎女二十四人，皆死獄中。傅、相以下，以輔導王不忠，悉伏誅。悝立二十五年國除。衆庶莫不憐之。

又　卷五六《陳球傳》　熹平元年，竇太后崩。太后本遷南宫雲臺，宦者積怨竇氏，遂以衣車載后尸，置城南市舍數日。中常侍曹節、王甫欲用貴人禮殯，帝曰：『太后親立朕躬，統承大業。《詩》云：「無德不報，無言不酬。」豈宜以貴人終乎？』於是發喪成禮。及將葬，節等復欲别葬太后，而以馮貴人配祔。詔公卿大會朝堂，令中常侍趙忠監議。太尉李咸時病，乃扶輿而起，擣椒自隨，謂妻子曰：『若皇太后不得配食桓帝，吾不生還矣。』既議，坐者數百人，各瞻望中官，良久莫肯先言。趙忠曰：『議當時定。』怪公卿以下各相顧望。球曰：『皇太后以盛德良家，母臨天下，宜配先帝，是無所疑。』忠笑而言曰：『陳廷尉宜便操筆。』球卽下議曰：『皇太后自在椒房，有聰明母儀之德。遭時不造，援立聖明，承繼宗廟，功烈至重。先帝晏駕，因遇大獄，遷居空宫，不幸早世，家雖獲罪，事非太后。今若别葬，誠先天下之望。且馮貴人冢墓被發，骸骨暴露，與賊併屍，魂靈汙染，且無功于國，何宜上配至尊？』忠省球議，作色俛仰，蚩球曰：『陳廷尉建此議甚健！』球曰：『陳、竇既冤，皇太后無故幽閉，臣常痛心，天下憤歎。今日言之，退而受罪，宿昔之願。』公卿以下，皆從球議。

李咸始不敢先發，見球辭正，然後大言曰：『臣本謂宜爾，誠與臣意合。』會者皆爲之愧。曹節、王甫復爭，以爲梁后家犯惡逆，雖葬懿陵，武帝黜廢衛后，而以李夫人配食。今竇氏罪深，豈得合葬先帝乎？李咸乃詣闕上疏曰：『臣伏惟章德竇后虐害恭懷，安思閻后家犯惡逆，而和帝無異葬之議，順朝無貶降之文。至於衛后，孝武皇帝身所廢棄，不可以爲比。今長樂太后尊號在身，親嘗稱制，坤育天下，且援立聖明，光隆皇祚。太后以陛下爲子，陛下豈得不以太后爲母？子無黜母，臣無貶君，宜合葬宣陵，一如舊制。』帝省奏，謂曹節等曰：『竇氏雖爲不道，而太

后有德于朕，不宜降黜。』節等無復言，於是議者乃定。咸字元貞，汝南人。累經洲郡，以廉幹知名，在朝清忠，權幸憚之。

六年，遷球司空，以地震免。拜光禄大夫，復爲廷尉、太常。光和元年，遷太尉，數月，以日食免。復拜光禄大夫。明年，爲永樂少府，乃潛與司徒河間劉郃謀誅宦官。

初，郃兄侍中，與大將軍竇武同謀俱死，故郃與球相結。事未及發，球復以書勸郃曰：『公出自宗室，位登臺鼎，天下瞻望，社稷鎮衛，豈得雷同容容無違而已？今曹節等放縱爲害，而久在左右，又公兄侍中受害節等，永樂太后所親知也。今可表徙衛尉陽球爲司隸校尉，以次收節等誅之。政出聖主，天下太平，可翹足而待也。』又，尚書劉納以正直忤宦官，出爲步兵校尉，亦深勸於郃。郃曰：『凶豎多耳目，恐事未會，先受其禍。』納曰：『公爲國棟梁，傾危不持，焉用彼相邪？』郃許諾，亦結謀陽球。

球小妻，程璜之女，璜用事宮中，所謂程大人也。節等頗得聞知，乃重賂於璜，且脅之。璜懼迫，以球謀告節，節因共白帝曰：『郃等常與藩國交通，有惡意。數稱永樂聲勢，受取狼籍。步兵校尉劉納及永樂少府陳球、衛尉陽球交通書疏，謀議不軌。』帝大怒，策免郃，郃與球及劉納、陽球皆下獄死。球時年六十二。

又 卷五七《李雲傳》 桓帝延熹二年，誅大將軍梁冀，而中常侍單超等五人皆以誅冀功並封列侯，專權選舉。又立掖庭民女亳氏爲皇后，數月間，后家封者四人，賞賜巨萬。是時，地數震裂，衆灾頻降。雲素剛，憂國將危，心不能忍，乃露布上書，移副三府，曰：

臣聞皇后天下母，德配坤靈，得其人則五氏來備，不得其人則地動搖宮。比年灾異，可謂多矣，皇天之戒，可謂至矣。高祖受命，至今三百六十四歲，君期一周，當有黄精代見，姓陳、項、虞、田、許氏，不可令此人居太尉、太傅典兵之官。舉厝至重，不可不慎。班功行賞，宜應其實。梁冀雖持權專擅，糯流天下，今以罪行誅，猶召家臣搤殺之耳。而猥封謀臣萬户以上，高祖聞之，得無見非？西鎭列將，得無解體？孔子曰：『帝者，諦也。』今官位錯亂，小人諂進，財貨公行，政化日損，尺一拜用不經御省。是帝欲不諦乎？

帝得奏震怒，下有司逮雲，詔尚書都護劍戟送黄門北寺獄，使中常侍管霸與御史廷尉雜考之。時，弘農五官掾杜衆傷雲以忠諫獲罪，上書願與雲同日死。帝愈怒，遂並下廷尉。大鴻臚陳蕃上疏救雲曰：『李雲所言，雖不識禁忌，干上逆旨，其意歸於忠國而已。昔高祖忍周昌不諱之諫，成帝赦朱雲腰領之誅。今日殺雲，臣恐剖心之譏卽議於世矣。故敢觸龍鱗，冒昧以請。』太常楊秉、洛陽市長沐茂、郎中上官資並上疏請雲。帝恚甚，有司奏以爲大不敬。詔切責蕃、秉，免歸田里，茂、資貶秩二等。時，帝在濯龍池，管霸奏雲等事。霸詭言曰：『李雲野澤愚儒，杜衆郡中小吏，出於狂戇，不足加罪。』帝謂霸曰：『帝欲不諦，是何等語，而常侍欲原之邪？』顧使小黄門可其奏，雲、衆皆死獄中。後冀州刺史賈琮使行部，過祠雲墓，刻石表之。

又 卷六〇下《蔡邕傳》 桓帝時，中常侍徐璜、左悺等五侯擅恣，聞邕善鼓琴，遂白天子，敕陳留太守督促發遣。邕不得已，行到偃師，稱疾而歸。【略】

邕前在東觀，與盧植、韓説等撰補《後漢記》，會遭事流離，不及得成，因上書自陳，奏其所著十意，分別首目，連置章左。帝嘉其才高，會明年大赦，乃宥邕還本郡。邕自徙及歸，凡九月焉。將就還路，五原太守王智餞之。酒酣，智起舞屬邕，邕不爲報。智者，中常侍王甫弟也，素貴驕，慚於賓客，詬邕曰：『徒敢輕我！』邕拂衣而去。智銜之，密告邕怨於囚放，謗訕朝廷。內寵惡之。邕慮卒不免，乃亡命江海，遠迹吳會。

又 卷六五《皇甫規傳》 徵還拜議郎。論功當封。而中常侍徐璜、左悺欲從求貨，數遣賓客就問功狀，規終不答。璜乘忿怒，陷以前事，下之於吏。官屬欲賦斂請謝，規誓而不聽，遂以餘寇不絶，坐繫廷尉，論輸左校。諸公及太學生張鳳等三百餘人詣闕訟之。會赦，歸家。

又 《段熲傳》 曲意宦官，故得保其富貴，遂黨中常侍王甫，枉誅中常侍鄭颯、董騰等，增封四千户，并前萬四千户。【略】

光和二年，復代橋玄爲太尉。在位月餘，會日食自劾，有司舉奏，詔收印綬，詣廷尉。時司隸校尉陽球奏誅王甫，并及熲，就獄中詰責之，遂飲鴆死，家屬徙邊。後中常侍呂强上疏，追訟熲功，靈帝詔熲妻子還本郡。

又　卷六六《陳蕃傳》　初，桓帝欲立所幸田貴人爲皇后。蕃以田氏卑微，竇族良家，爭之甚固。帝不得已，已立竇后。及后臨朝，故委用於蕃。蕃與后父大將軍竇武，同心盡力，徵用名賢，共參政事，天下之士，莫不延頸想望太平。而帝乳母趙嬈，旦夕在太后側，中常侍曹節、王甫等與共交構，諂事太后。太后信之，數出詔命，有所封拜，及其支類，多行貪虐。蕃常疾之，志誅中官，會竇武亦有謀。蕃自以既從人望而德于太后，必謂其志可申，乃先上疏曰：

臣聞言不直而行不正，則爲欺乎天而負乎人。危言極意，則羣凶側目，禍不旋踵。鈞此二者，臣寧得禍，不敢欺天也。今京師囂囂，道路喧嘩，言侯覽、曹節、公乘昕、王甫、鄭颯等與趙夫人諸女尚書並亂天下。附從者升進，忤逆者中傷。方今一朝羣臣，如河中木耳，泛泛東西，耽禄畏害。陛下前始攝位，順天行誅，蘇康、管霸並伏其辜。是時，天地清明，人鬼歡喜，奈何數月復縱左右？元惡大姧，莫此之甚。今不急誅，必生變亂，傾危社稷，其禍難量。願出臣章宣示左右，並令天下諸姧知臣疾之。

太后不納，朝廷聞者莫不震恐。蕃因與竇武謀之，語在《武傳》。

及事泄，曹節等矯詔誅武等。蕃時年七十餘，聞難作，將官屬諸生八十餘人，並拔刃突入承明門，攘臂呼曰：『大將軍忠以衛國，黃門反逆，何云竇氏不道邪？』王甫時出，與蕃相迕，適聞其言，而讓蕃曰：『先帝新弃天下，山陵未成，竇武何功，兄弟父子，一門三侯？又多取掖庭宮人，作樂飲宴，旬月之間，貲財億計。大臣若此，是爲道邪？公爲棟梁，枉橈阿黨，復焉求賊！』遂令收蕃。蕃拔劍叱甫，甫兵不敢近，乃益人圍之數十重，遂執蕃送黃門北寺獄。黃門從官騶蹋踧蕃曰：『死老魅！復能損我曹員數，奪我曹稟假不？』即日害之。徙其家屬于比景，宗族、門生、故吏皆斥免禁錮。

蕃友人陳留朱震，時爲銍令，聞而弃官哭之，收葬蕃尸，匿其子逸于甘陵界中。事覺繫獄，合門桎梏。震受考掠，誓死不言，故逸得免。後黃巾賊起，大赦黨人，乃追還逸，官至魯相。

又　卷六九《竇武傳》　武既輔朝政，常有誅翦宦官之意，太傅陳蕃亦素有謀。時共會朝堂，蕃私謂武曰：『中常侍曹節、王甫等，自先帝時操弄國權，濁亂海內，百姓匈匈，歸咎於此。今不誅節等，後必難圖。』武深然之。蕃大喜，以手推席而起。武於是引同志尹勳爲尚書令，劉瑜爲侍中，馮述爲屯騎校尉。又徵天下名士廢黜者前司隸李膺、宗正劉猛、太僕杜密、廬江太守朱寓等，列於朝廷，請前越嶲太守荀翌爲從事中郎，辟潁川陳寔爲屬：共定計策。於是天下雄俊，知其風旨，莫不延頸企踵，思奮其智力。

會五月日食，蕃復説武曰：『昔蕭望之困一石顯，近者李、杜諸公禍及妻子，況今石顯數十輩乎！蕃以八十之年，欲爲將軍除害。今可且因日食，斥罷宦官，以塞天變。又趙夫人及女尚書，旦夕亂太后，急宜退絕。惟將軍慮焉。』武乃白太后曰：『故事，黃門、常侍但當給事省內，典門戶，主近署財物耳。今乃使與政事而任權重，子弟布列，專爲貪暴。天下匈匈，正以此故。宜悉誅廢，以清朝廷。』太后曰：『漢來故事世有，但當誅其有罪，豈可盡廢邪？』時，中常侍管霸頗有才略，專制省內。武先白誅霸及中常侍蘇康等，竟死。武復數白誅曹節等，太后冘豫未忍，故事久不發。

至八月，太白出西方。劉瑜素善天官，惡之，上書皇太后曰：『太白犯房左驂，上將星入太微，其占宮門當閉，將相不利，姧人在主傍。願急防之。』又與武、蕃書，以星辰錯繆，不利大臣，宜速斷大計。武、蕃得書將發，於是以朱寓爲司隸校尉，劉祐爲河南尹，虞祁爲洛陽令。武乃奏免黃門令魏彪，以所親小黃門山冰代之。使冰奏素狡猾尤無狀者長樂尚書鄭颯，送北寺獄。蕃謂武曰：『此曹子便當收殺，何復考爲！』武不從，令冰與尹勳、侍御史祝瑨雜考颯，辭連及曹節、王甫。勳、冰即奏收節等，使劉瑜內奏。

時，武出宿歸府，典中書者先以告長樂五官史朱瑀。瑀盜發武奏，罵曰：『中官放縱者，自可誅耳。我曹何罪，而當盡見族滅！』因大呼曰：『陳蕃、竇武奏白太后廢帝，爲大逆！』乃夜召素所親壯健者長樂從官史共普、張亮等十七人，唼血共盟誅武等。曹節聞之，驚起，白帝曰：『外間切切，請出御德陽前殿。』令帝拔劍踴躍，使乳母趙嬈等擁衛左右，取棨信，閉諸禁門。召尚書官屬，脅以白刃，使作詔板。拜王甫爲黃門令，持節至北寺獄，收尹勳、山冰。冰疑，不受詔，甫格殺之。遂害

動，出鄭颯。還共劫太后，奪璽書。令中謁者守南宮，閉門，絕複道。使鄭颯等持節，及侍御使、謁者捕收武等。武不受詔，馳入步兵營，與紹共射殺使者。召會北軍五校士數千人屯都亭下，令軍士曰：『黄門常侍反，盡力者封侯重賞。』詔以少府周靖行車騎將軍，加節，與護匈奴中郎將張奐率五營士討武。夜漏盡，王甫將虎賁、羽林、廄騶、都候、劍戟士，合千餘人，出屯朱雀掖門，與奐等合。明旦悉軍闕下，與武對陣。甫兵漸盛，使其士大呼武軍曰：『竇武反，汝皆禁兵，當宿衛宫省，何故隨反者乎？先降有賞！』營府素畏服中官，於是武軍稍稍歸甫。自旦至食時，兵降略盡。武、紹走，諸軍追圍之，皆自殺，梟首洛陽都亭。收捕宗親、賓客、姻屬，悉誅之，及劉瑜、馮述，皆夷其族。徙武家屬日南，遷太后于雲臺。

當是時，凶豎得志，士大夫皆喪其氣矣。武府掾桂陽胡騰，少師事武，獨殯斂行喪，坐以禁錮。

武孫輔，時年二歲，逃竄得全。事覺，節等捕之急。胡騰及令史南陽張敞共逃輔於零陵界，詐云已死，騰以爲己子，而使聘娶焉。後舉桂陽孝廉。至建安中，荆州牧劉表聞而辟焉，以爲從事，使還竇姓，以事列上。會表卒，曹操定荆州，輔與宗人徙居於鄴，辟丞相府。從征馬超，爲流矢所中死。

又 卷七四上《袁紹傳》 （田）豐强諫忤紹，紹以爲沮衆，遂械繫之。乃先宣檄曰：【略】司空曹操祖父騰，故中常侍，與左悺、徐璜並作妖孽，饕餮放横，傷化虐人。

又 卷七七《酷吏傳》 閹人親婭，侵虐天下。至使陽球磔王甫之屍，張儉剖曹節之墓。

又 《陽球傳》 時，中常侍王甫、曹節等奸虐弄權，扇動外内，球嘗拊髀發憤曰：『若陽球作司隸，此曹子安得容乎？』光和二年，遷爲司隸校尉。王甫休沐里舍，球詣闕謝恩，奏收甫及中常侍淳于登、袁赦、封昺、中黄門劉毅、小黄門龐訓、朱禹、齊盛等，及子弟爲守令者，奸猾縱恣，罪合滅族。太尉段熲諂附佞幸，宜並誅戮。於是悉收甫、熲等送洛陽獄，及甫子永樂少府萌、沛相吉。球自臨考甫等，五毒備極。萌謂球曰：『父子既當伏誅，少以楚毒假借老父。』球曰：『若罪惡無狀，死不滅責，乃欲求假借邪？』萌乃罵曰：『爾前奉事吾父子如奴，如敢反汝主乎！今日困吾，行自及也！』球使以土窒萌口，箠朴交至，父子悉死杖下。熲亦自殺。乃僵磔甫屍于夏城門，大署榜曰『賊臣王甫』。盡没入財産，妻、子皆徙比景。

球既誅甫，復欲以次表曹節等，乃敕中都官從事曰：『且先去大猾，當次案豪右。』權門聞之，莫不屏氣。諸奢飾之物，皆各緘縢，不敢陳設。京師畏震。

時，順帝虞貴人葬，百官會喪還，曹節見磔甫屍道次，慨然抆淚曰：『我曹自可相食，何宜使犬舐其汁乎？』語諸常侍，今且俱入，勿過里舍也。節直入省，白帝曰：『陽球故酷暴吏，前三府奏當免官，以九江微功，復見擢用。愆過之人，好爲妄作，不宜使在司隸，以騁毒虐。』帝乃徙球爲衛尉。時，球出謁陵，節敕尚書令召拜，不得稽留尺一。球被召急，因求見帝，叩頭曰：『臣無清高之行，横蒙鷹犬之任。前雖糾誅王甫、段熲，蓋簡落狐狸，未足宣示天下。願假臣一月，必令豺狼鴟梟，各服其辜。』叩頭流血。殿上呵叱曰：『衛尉扞詔邪！』至於再三，乃受拜。

其冬，司徒劉郃與球議收案張讓、曹節，節等知之，共誣白郃等。語已見《陳球傳》。遂收球送洛陽獄，誅死，妻、子徙邊。

又 卷七八《宦者傳》 漢興，仍襲秦制，置中常侍官。然亦引用士人，以參其選，皆銀璫左貂，給事殿省。及高后稱制，乃以張卿爲大謁者，出入臥内，受宣詔命。文帝時，有趙談、北宫伯子，頗見親幸。至於孝武，亦愛李延年。帝數宴後庭，或潛游離館，故請奏機事，多以宦人主之。至元帝之世，史游爲黄門令，勤心納忠，有所補益。其後弘恭、石顯以佞險自進，卒有蕭、周之禍，損穢帝德焉。

中興之初，宦官悉用閹人，不復雜調他士。至永平中，始置員數，中常侍四人，小黄門十人。和帝即祚幼弱，而竇憲兄弟專總權威，内外臣僚，莫由親接，所與居者，唯閹宦而已。故鄭衆得專謀禁中，終除大憝，遂享分土之封，超登宫卿之位。於是中官始盛焉。

自明帝以後，迄乎延平，委用漸大，而其員稍增，中常侍至有十人，小黄門二十人，改以金璫右貂，兼領卿署之職。鄧后以女主臨政，而萬機

殷遠，朝臣國議，無由參斷帷幄，稱制下令，不出房闈之間，不得不委用刑人，寄之國命。手握王爵，口含天憲，非復掖廷永巷之職，閨牖房闥之任也。其後孫程定立順之功，曹騰參建桓之策，續以五侯合謀，梁冀受鉞，迹因公正，恩固主心，故中外服從，上下屏氣。或稱伊、霍之勳，無謝於往載；或謂良、平之畫，復興於當今。雖時有忠公，而竟見排斥。舉動回山海，呼吸變霜露。阿旨曲求，則光寵三族；直情忤意，則參夷五宗。漢之綱紀大亂矣。

若夫高冠長劍，紆朱懷金者，佈滿宮闈，苴茅分虎，南面臣人者，蓋以十數。府署第館，棋列於都鄙；子弟支附，過半于州國。南金、和寶、冰紈、霧縠之積，盈仞珍藏；嬙媛、侍兒、歌單、舞女之玩，充備綺室。狗馬飾雕文，土木被緹繡。皆剝割萌黎，競恣奢欲。構害明賢，專樹黨類。其有更相援引，希附權强者，皆腐身熏子，以自銜達。同敝相濟，故其徒有繁，敗國蠹政之事，不可單書。所以海內嗟毒，志士窮棲，寇劇緣間，搖亂區夏。雖忠良懷憤，時或奮發，而言出禍從，旋見孥戮。因復大考鉤黨，轉相誣染。凡稱善士，莫不離被灾毒。竇武、何進，位崇戚近，乘九服之囂怨，協羣英之勢力，而以疑留不斷，至於殄敗。斯亦運之極乎！雖袁紹龔行，芟夷無餘，然以暴易亂，亦何云及！自曹騰説梁冀，竟立昏弱。魏武因之，遂遷龜鼎。所謂『君以此始，必以此終』，信乎其然矣！

又《鄭衆傳》 時竇太后秉政，后兄大將軍憲等並竊威權，朝臣上下莫不附之，而衆獨一心王室，不事豪黨，帝親信焉。及憲兄弟圖作不軌，衆遂首謀誅之，以功遷大長秋。策勳班賞，每辭多受少。由是常與議事。中官用權，自衆始焉。

十四年，帝念衆功美，封爲鄛鄉侯，食邑千五百户。永初元年，和熹皇后益封三百户。

元初元年卒，養子閎嗣。閎卒，子安嗣。後國絕。桓帝延熹二年，紹封衆曾孫石讎爲關內侯。

又《蔡倫傳》 蔡倫字敬仲，桂陽人也。以永平末始給事宮掖，建初中，爲小黄門。及和帝即位，轉中常侍，豫參帷幄。

倫有才學，盡心敦慎，數犯嚴顏，匡弼得失。每至休沐，輒閉門絕賓，暴體田野。後加位尚方令。永元九年，監作秘劍及諸器械，莫不精工堅密，爲後世法。

自古書契多編以竹簡，其用縑帛者謂之爲紙。縑貴而簡重，並不便於人。倫乃造意，用樹膚、麻頭及敝布、魚網以爲紙。元興元年奏上之，帝善其能，自是莫不從用焉，故天下咸稱『蔡侯紙』。

元初元年，鄧太后以倫久宿衛，封爲龍亭侯，邑三百户。後爲長樂太僕。四年，帝以經傳之文多不正定，乃選通儒謁者劉珍及博士良史詣東觀，各讎校漢家法，令倫監典其事。

倫初受竇后諷旨，誣陷安帝祖母宋貴人。及太后崩，安帝始親萬機，敕使自致廷尉。倫恥受辱，乃沐浴整衣冠，飲藥而死。國除。

又《孫程傳》 時鄧太后臨朝，帝不親政事。小黄門李閏與帝乳母王聖常共譖太后兄執金吾悝等，言欲廢帝，立平原王翼，帝每忿懼。及太后崩，遂誅鄧氏而廢平原王，封閏雍鄉侯。又小黄門江京以讒諂進，初迎帝于邸，以功封都鄉侯，食邑各三百户。閏、京並遷中常侍，江京兼大長秋，與中常侍樊豐、黄門令劉安、鉤盾令陳達及王聖、聖女伯榮扇動內外，競爲侈虐。又帝舅大將軍耿寶、皇后兄大鴻臚閻顯更相阿黨，遂枉殺太尉楊震，廢皇太子爲濟陰王。

明年帝崩，立北鄉侯爲天子。顯等遂專朝爭權，乃諷有司奏誅樊豐，廢耿寶、王聖，及黨與皆見死徙。

十月，北鄉侯病篤。程謂濟陰王謁者長興渠曰：『王以嫡統，本無失德，先帝用讒，遂至廢黜。若北鄉疾不起，共斷江京、閻顯，事乃可成。』渠等然之。又中黄門南陽王康，先爲太子府史，自太子之廢，常懷歎憤。又長樂太官丞京兆王國，並附同于程。至二十七日，北鄉侯薨。閻顯白太后，徵諸王子簡爲帝嗣。未及至，十一月二日，程遂與王康等十八人，聚謀于西鐘下，皆截單衣爲誓。四日夜，程等共會崇德殿上，因入章臺門。時，江京、劉安及李閏、陳達等俱坐省門下，程與王康共就斬京、安、達，以李閏權勢積爲省內所服，欲引爲主，因舉刃脅閏曰：『今當立濟陰王，無得搖動。』閏曰：『諾。』於是扶閏起，俱于西鐘下迎濟陰王立之，是爲順帝。召尚書令、僕射以下，從輦幸南宮雲臺，程等留守省門，遮扞內外。

閻顯時在禁中，憂迫不知所爲，小黃門樊登勸顯發兵，以太后詔召越騎校尉馮詩、虎賁中郎將閻崇，屯朔平門，以禦程等。誘詩入省，太后使授之印，曰：『能得濟陰王者封萬户侯，得李閏者五千户侯。』顯以詩所將衆少，使與登迎吏士于左掖門外。詩因格殺登，歸營屯守。顯弟衛尉景遽從省中還外府，收兵至盛德門。程傳召諸尚書使收景。尚書郭鎮時臥病，聞之，即率直宿羽林出南止車門，逢景從吏士，拔白刃，呼曰：『無干兵。』鎮即下車，持節詔之。景曰：『何等詔？』因聽鎮，不中。鎮引劍擊景墮車，左右以戟叉其匈，遂禽之，送廷尉獄，即夜死。旦日，令侍御史收顯等送獄，於是遂定。下詔曰：

夫表功録善，古今之通義也。故中常侍長樂太僕江京、黃門令劉安、鉤盾令陳達與故車騎將軍閻顯兄弟謀議惡逆，傾亂天下。中黃門孫程、王康、長樂太官丞王國、中黃門黃龍、彭愷、孟叔、李建、王成、張賢、史汎、馬國、王道、李元、楊佗、陳予、趙封、李剛、魏猛、苗光等，懷忠憤發，戮力協謀，遂埽滅元惡，以定王室。《詩》不云乎：『無言不讎，無德不報。』程爲謀首，康、國協同。其封程爲浮陽侯，食邑萬户；康爲華容侯，國爲酈侯，各九千户；黃龍爲湘南侯，五千户；彭愷爲西平昌侯，孟叔爲中廬侯，李建爲復陽侯，各四千二百户；王成爲廣宗侯，張賢爲祝阿侯，史汎爲臨沮侯，馬國爲文平侯，王道爲范縣侯，李元爲褒信侯，楊佗爲山都侯，陳予爲下雋侯，趙封爲析縣侯，李剛爲枝江侯，各四千户；魏猛爲夷陵侯，二千户；苗光爲東阿侯，千户。

是爲十九侯。加賜車、馬、金、銀、錢、帛，各有差。李閏以先不豫謀，故不封。遂擢拜程騎都尉。

永建元年，程與張賢、孟叔、馬國等爲司隸校尉虞詡訟罪，懷表上殿，呵叱左右。帝怒，遂免程官，因悉遣十九侯就國，後徙封程爲宜城侯。程既到國，怨恨恚懟，封還印綬、符策，亡歸京師，往來山中。詔書追求，復故爵土，賜車馬衣物，遣還國。

三年，帝念程等功勳，悉徵還京師。程與王道、李元皆拜騎都尉，餘悉奉朝請。陽嘉元年，程病甚，即拜奉車都尉，位特進。及卒，使五官中郎將追贈車騎將軍印綬，賜謚剛侯。侍御史持節監護喪事，乘輿幸北部尉傳，瞻望車騎。

程臨終，遺言上書，以國傳弟美。帝許之，而分程半，封程養子壽爲浮陽侯。後詔書録微功，封興渠爲高望亭侯。四年，詔宦官養子悉聽得爲後，襲封爵，定著乎令。

王康、王國、彭愷、王成、趙封、魏猛六人皆早卒。黃龍、楊佗、孟叔、李建、張賢、史汎、王道、李元、李剛九人與阿母山陽君宋娥更相貨賂，求高官增邑，又誣罔中常侍曹騰、孟賁等。永和二年，發覺，並遣就國，減租四分之一。宋娥奪爵歸田舍。唯馬國、陳予、苗光保全封邑。

初，帝見廢，監太子家小黃門籍建、傅高梵、長秋長趙熹、丞良賀、藥長夏珍皆以無過獲罪，建等坐徙朔方。及帝即位，並擢爲中常侍。梵坐臧罪，減死一等。建後封東鄉侯，三百户。

賀清儉退厚，位至大長秋。陽嘉中，詔九卿舉武猛，賀獨無所薦。帝引問其故，對曰：『臣生自草茅，長於宮掖，既無知人之明，又未嘗交知士類。昔衛鞅因景監以見，有識知其不終。今得臣舉者，匪榮伊辱。』固辭之。及卒，帝思賀忠，封其養子爲都鄉侯，三百户。

又《曹騰傳》　桓帝得立，騰與長樂太僕州輔等七人，以定策功，皆封亭侯，騰爲費亭侯，遷大長秋，加位特進。

騰用事省闥三十餘年，奉事四帝，未嘗有過。其所進達，皆海內名人，陳留虞放、邊韶、南陽延固、張溫、弘農張奐、潁川堂谿典等。時蜀郡太守因計吏賂遺於騰，益州刺史种暠于斜谷關搜得其書，上奏太守，並以劾騰，請下廷尉案罪。帝曰：『書自外來，非騰之過。』遂寢暠奏。騰不爲纖介，常稱暠爲能吏，時人嗟美之。

騰卒，養子嵩嗣。种暠後爲司徒，告賓客曰：『今身爲公，乃曹常侍力焉。』

嵩靈帝時貨賂中官及輸西園錢一億萬，故位至太尉。及子操起兵，不肯相隨，乃與少子疾避亂琅邪，爲徐州刺史陶謙所殺。

單超，河南人；徐璜，下邳良城人；具瑗，魏郡元城人；左悺，河南平陰人；唐衡，潁川郾人也。桓帝初，超、璜、瑗爲中常侍，悺、衡爲小黃門史。

初，梁冀兩妹爲順、桓二帝皇后，冀代父商爲大將軍，再世權威，威振天下。冀自誅太尉李固、杜喬等，驕橫益甚，皇后乘勢忌恣，多所鴆

毒，上下鉗口，莫有言者。帝逼畏久，恆懷不平，恐言泄，不敢謀之。延熹二年，皇后崩，帝因如廁，獨呼衡問：『左右與外舍不相得者皆誰乎？』衡對曰：『單超、左悺前詣河南尹不疑，禮敬小簡，不疑收其兄弟送洛陽獄，二人詣門謝，乃得解。徐璜、具瑗常私忿疾外舍放横，口不敢道。』於是帝呼超、悺入室，謂曰：『梁將軍兄弟專固國朝，迫脅外內，公卿以下從其風旨。今欲誅之，于常侍意何如？』超等對曰：『誠國奸賊，當誅日久。臣等弱劣，未知聖意何如耳。』帝曰：『審然者，常侍密圖之。』對曰：『圖之不難，但恐陛下復中狐疑。』帝曰：『奸臣脅國，當伏其罪，何疑乎！』於是更召璜、瑗等五人，遂定其議，帝齧超臂出血爲盟，於是超收冀及宗親黨與悉誅之。悺、衡遷中常侍。封超新豐侯，二萬户，璜武原侯，瑗東武陽侯，各萬五千户，賜錢各千五百萬；悺上蔡侯，衡汝陽侯，各萬三千户，賜錢各千三百萬。五人同日封，故世謂之『五侯』。又封小黄門劉普、趙忠等八人爲鄉侯。自是權歸宦官，朝廷日亂矣。

超病，帝遣使者就拜車騎將軍。明年薨，賜東園秘器，棺中玉具，贈侯將軍印綬，使者理喪。及葬，發五營騎士，侍御史護喪，將作大匠起塚塋。

其後四侯轉横，天下爲之語曰：『左回天，具獨坐，徐臥虎，唐兩墮。』皆競起第宅，樓觀壯麗，窮極伎巧。金銀罽毦，施於犬馬。多取良人美女以爲姬妾，皆珍飾華侈，擬則宮人，其僕從皆乘牛車而從列騎。又養其疏屬，或乞嗣異姓，或買蒼頭爲子，並以傳國襲封。兄弟姻戚皆宰州臨郡，辜較百姓，與盜賊無異。

超弟安爲河東太守，弟子匡爲濟陰太守，璜弟盛爲河内太守，悺弟敏爲陳留太守，瑗兄恭爲沛相，皆爲所在蠹害。

璜兄子宣爲下邳令，暴虐尤甚。先是，求故汝南太守下邳李暠女不能得，及到縣，遂將吏卒至暠家，載其女歸，戲射殺之，埋著寺內。時，下邳縣屬東海，汝南黄浮爲東海相，有告言宣者，浮乃收宣家屬，無少長悉考之。掾史以下固諫爭。浮曰：『徐宣國賊，今日殺之，明日坐死，足以瞑目矣。』卽案宣罪棄市，暴其屍以示百姓，郡中震栗。璜於是訴怨於帝，帝大怒，浮坐髡鉗，輸作右校。五侯宗族賓客虐遍天下，民不堪命，起爲寇賊。七年，衡卒，亦贈車騎將軍，如超故事。璜卒，賻贈錢布，賜塚塋地。

明年，司隸校尉韓演因奏悺罪惡，及其兄太僕南鄉侯稱請託州郡，聚斂爲奸，賓客放縱，侵犯吏民。悺、稱皆自殺。演又奏瑗兄沛相恭臧罪，徵詣廷尉。瑗詣獄謝，上還東武侯印綬，詔貶爲都鄉侯，卒於家。超及璜、衡襲封者，並降爲鄉侯，租入歲皆三百萬，子弟分封者，悉奪爵土。劉普等貶爲關內侯。

侯覽者，山陽防東人。桓帝初爲中常侍，以佞猾進，倚勢貪放，受納貨遺以巨萬計。延熹中，連歲征伐，府帑空虚，乃假百官奉禄，王侯租税。覽亦上縑五千匹，賜爵關内侯。又託以與議誅梁冀功，進封高鄉侯。

小黄門段珪家在濟陰，與覽並立田業，近濟北界，僕從賓客侵犯百姓，劫掠行旅。濟北相滕延一切收捕，殺數十人，陳尸路衢。覽、珪大怨，以事訴帝，延坐多殺無辜，徵詣廷尉，免。延字伯行，北海人，後爲京兆尹，有理名，世稱爲長者。

覽等得此愈放縱。覽兄參爲益州刺史，民有豐富者，輒誣以大逆，皆誅滅之，没入財物，前後累億計。太尉楊秉奏參，檻車徵，於道自殺。京兆尹袁逢於旅舍，閱參車三百餘兩，皆金銀錦帛珍玩，不可勝數。覽坐免，旋復復官。

建寧二年，喪母還家，大起塋塚。督郵張儉因舉奏覽貪侈奢縱，前後請奪人宅三百八十一所，田百一十八頃。起立第宅十有六區，皆有高樓池苑，堂閣相望，飾以綺畫丹漆之屬，制度重深，僭類宮省。又豫作壽塚，石槨雙闕，高廡百尺，破人居室，發掘墳墓。虜奪良人，妻略婦子，及諸罪釁，請誅之。而覽伺候遮截，章竟不上。儉遂破覽塚宅，藉没資財，具言罪狀。又奏覽母生時交通賓客，干亂郡國。復不得御。覽遂誣儉爲鉤黨，及故長樂少府李膺、太僕杜密等，皆夷滅之。遂代曹節領長樂太僕。

熹平元年，有司舉奏覽專權驕奢，策收印綬，自殺。阿黨者皆免。

又《曹節傳》 順帝初，以西園騎遷小黄門。桓帝時，遷中常侍，奉車都尉。建寧元年，持節將中黄門虎賁羽林千人，北迎靈帝，陪乘入宮。及卽位，以定策封長安鄉侯，六百户。

時，竇太后臨朝，后父大將軍武與太傅陳蕃謀誅中官，節與長樂五官

史朱瑀、從官史共普、張亮、中黄門王尊、長樂謁者騰是等十七人，共矯詔以長樂食監王甫爲黄門令，將兵誅武、蕃等，事已具《蕃》、《武傳》。節遷長樂衛尉，封育陽侯，增邑三千户；甫遷中常侍，黄門令如故，瑀封都鄉侯，千五百户；普、亮等五人各三百户；餘十一人皆爲關内侯，歲食租二千斛。

先是，瑀等陰於明堂中禱皇天曰：『竇氏無道，請皇天輔皇帝誅之，令事必成，天下得寧。』既誅武等，詔令太官給塞具，賜瑀錢五千萬，餘各有差，後更封華容侯。二年，節病困，詔拜爲車騎將軍。有頃疾瘳，上印綬，罷，復爲中常侍，位特進，秩中二千石，尋轉大長秋。

熹平元年，竇太后崩，有何人書朱雀闕，言『天下大亂，曹節、王甫幽殺太后，常侍侯覽多殺黨人，公卿皆尸禄，無有忠言者。』於是詔司隸校尉劉猛逐捕，十日一會。猛以誹書言直，不肯急捕，月餘，主名不立。猛坐左轉諫議大夫，以御史中丞段熲代猛，乃四出逐捕，及太學遊生，繫者千餘人。節等怨猛不已，使熲以他事奏猛，抵罪輸左校。朝臣多以爲言，乃免刑，復公車徵之。

節遂與王甫等誣奏桓帝弟勃海王悝謀反，誅之。以功封者十二人。甫封冠軍侯。節亦增邑四千六百户，并前七千六百户。父兄子弟皆爲公卿列校、牧守令長，佈滿天下。

節弟破石爲越騎校尉，越騎營五百妻有美色，破石從求之，五百不敢違，妻執意不肯行，遂自殺。其淫暴無道，多此類也。

光和二年，司隸校尉陽球奏誅王甫及子長樂少府萌、沛相吉，皆死獄中。時連有灾異，郎中梁人審忠以爲朱瑀等罪惡所感，乃上書曰：

臣聞理國得賢則安，失賢則危，故舜有臣五人而天下理，湯舉伊尹不仁者遠。陛下即位之初，未能萬機，皇太后念在撫育，權時攝政，故中常侍蘇康、管霸應時誅殄。太傅陳蕃、大將軍竇武考其黨與，志清朝政。華容侯朱瑀知事覺露，禍及其身，遂興造逆謀，作亂王室，撞蹋省闥，執奪璽綬，迫脅陛下，聚會羣臣，離間骨肉母子之恩，遂誅蕃、武及尹勳等。因共割裂城社，自相封賞。父子兄弟被蒙尊榮，素所親厚布在州郡，或登九列，或據三司。不惟禄重位尊之責，而苟營私門，多蓄財貨，繕修第舍，連里竟巷。盜取御水以作魚釣，車馬服玩擬於天家。羣公卿士杜口吞聲，莫敢有言。州牧郡守承順風旨，辟召選舉，釋賢取愚。故蟲蝗爲之生，夷寇爲之起。天意憤盈，積十餘年。故頻歲日食於上，地震於下，所以譴戒人主，欲令覺悟，誅鉏無狀。昔高宗以雉雊之變，故獲中興之功。近者神祇啓悟陛下，發赫斯之怒，故王甫父子應時馘截，路人士女莫不稱善，若除父母之仇。誠怪陛下復忍孽臣之類，不悉殄滅。昔秦信趙高，以危其國，吴使刑人，身遘其禍。虞公抱寶牽馬，魯昭見逐乾侯，以不用宫之奇、子家駒以至滅辱。今以不忍之恩，赦夷族之罪，奸謀一成，悔亦何及！臣爲郎十五年，皆耳目聞見，瑀之所爲，誠皇后所不復赦。願陛下留漏刻之聽，裁省臣表，埽滅醜類，以答天怒。與瑀考驗，有不如言，願受湯鑊之誅，妻子並徙，以絕妄言之路。

章寢不報。節遂領尚書令。四年，卒，贈車騎將軍。後瑀亦病卒，皆養子傳國。審忠字公誠，宦官誅後，辟公府。

呂強字漢盛，河南成皋人也。少以宦者爲小黄門，再遷中常侍。爲人清忠奉公。靈帝時，例封宦者，以強爲都鄉侯。強辭讓懇惻，固不敢當，帝乃聽之。因上疏陳事曰：

臣聞諸侯上象四七，下裂王土，高祖重約非功臣不侯，所以重天爵明勸戒也。伏聞中常侍曹節、王甫、張讓等，及侍中許相，並爲列侯。節等宦官祐薄，品卑人賤，讒諂媚主，佞邪徼寵，放毒人物，疾妒忠良，有趙高之禍，未被轘裂之誅，掩朝廷之明，成私樹之黨。而陛下不悟，妄授茅土，開國承家，小人是用。又并及家人，重金兼紫，相繼爲蕃輔。受國重恩，不念爾祖，述修厥德，而交結邪黨，下比羣佞。陛下或其瑣才，特蒙恩澤。又授位乖越，賢才不升，素餐私幸，必加榮擢。陰陽乖剌，稼穡荒蔬，人用不康，罔不由茲。臣誠知封事已行，言之無逮，所以冒死干觸陳愚忠者，實願陛下損改既謬，從此一止。

臣又聞後宫彩女數千餘人，衣食之費，日數百餘，比穀雖賤，而户有飢色。案法當貴而今更賤者，由賦發繁數，以解縣官，寒不敢衣，飢不敢食。民有斯厄，而莫之恤。宫女無用，填積後庭，天下雖復盡力耕桑，猶不能供。昔楚女悲愁，則西宫致灾，況終年積聚，豈無憂怨乎！夫天生蒸民，立君以牧之。君道得，則民戴之如父母，仰之猶日月，雖時有征税，猶望其仁恩之惠。《易》曰：『悦以使民，民忘其勞；悦以犯難，

民忘其死。』儲君副主，宜諷誦斯言；南面當國，宜履行其事。

又承詔書，當於河間故國起解犢之館。陛下龍飛即位，雖從藩國，然處九天之高，豈宜有顧戀之意。且河間疏遠，解犢邈絶，而當勞民單力，未見其便。又今外戚四姓貴幸之家，及中官公族無功德者，造起館舍，凡有萬數，樓閣連接，丹青素堊，雕刻之飾，不可單言。喪葬逾制，奢麗過禮，競相放效，莫肯矯拂。《穀梁傳》曰：『財盡則怨，力盡則懟。』《尸子》曰：『君如杅，民如水，杅方則水方，杅圓則水圓。』上之化下，猶風之靡草。今上無去奢之儉，下有縱欲之敝，至使禽獸食民之甘，木土衣民之帛。昔師曠諫晉平公曰：『梁柱衣繡，民無褐衣；池有棄酒，士有渴死；廄馬秣粟，民有飢色。近臣不敢諫，遠臣不得暢。』此之謂也。

又聞前召議郎蔡邕對問于金商門，而令中常侍曹節、王甫等以詔書喻旨。邕不敢懷道迷國，而切言極對，毀刺貴臣，譏呵豎宦。陛下不密其言，至令宣露，羣邪項領，膏脣拭舌，競欲咀嚼，造作飛條。陛下回受誹謗，致邕刑罪，室家徙放，老幼流離，豈不負忠臣哉！今羣臣皆以邕爲戒，上畏不測之難，下懼劍客之害，臣知朝廷不復得聞忠言矣。故太尉段，武勇冠世，習于邊事，垂髮服戎，功成皓首，歷事二主，勳烈獨昭。陛下既已式序，位登臺司，而爲司隸校尉陽球所見誣脅，一身既斃，而妻子遠播。天下惆悵，功臣失望。宜徵邕更授任，反家屬，則忠盧路開，衆怨以弭矣。

帝知其忠而不能用。

時，帝多稸私臧，收天下之珍，每郡國貢獻，先輸中署，名爲『導行費』。强上疏諫曰：

天下之財，莫不生之陰陽，歸之陛下。歸之陛下，豈有公私？而今中尚方斂諸郡之寶，中御府積天下之繒，西園引司農之臧，中廄聚太僕之馬，而所輸之府，輒有導行之財。調廣民困，費多獻少，奸吏因其利，百姓受其敝。又阿媚之臣，好獻其私，容諂姑息，自此而進。

舊典選舉委任三府，三府有選，參議掾屬，咨其行狀，度其器能，受試任用，責以成功。若無可察，然後付之尚書。尚書舉劾，請下廷尉，覆案虛實，行其誅罰。今但任尚書，或復敕用。如是，三公得免選舉之負，尚書亦復不坐，責賞無歸，豈肯空自苦勞乎！

夫立言無顯過之咎，明鏡無見玼之尤。如惡立言以記過，則不當學也；不欲明鏡之見玼，則不當照也。願陛下詳思臣言，不以記過見玼爲責。

書奏不省。

中平元年，黄巾賊起，帝問强所宜施行。强欲先誅左右貪濁者，大赦黨人，料簡刺史、二千石能否。帝納之，乃先赦黨人。於是諸常侍人人求退，又各自徵還宗親子弟在州郡者。中常侍趙忠、夏惲等遂共構强，云『與黨人共議朝廷，數讀《霍光傳》。强兄弟所在並皆貪穢』。帝不悦，使中黄門持兵召强。强聞帝召，怒曰：『吾死，亂起矣。丈夫欲盡忠國家，豈能對獄吏乎！』遂自殺。忠、惲復譖曰：『强見召未知所問，而就外草自屏，有奸明審。』遂收捕宗親，没入財産焉。

時，宦者濟陰丁肅、下邳徐衍、南陽郭耽、汝陽李巡、北海趙祐等五人稱爲清忠，皆在里巷，不爭威權。巡以爲諸博士試甲乙科，爭弟高下，更相告言，至有行賂定蘭臺漆書經字，以合其私文者，乃白帝，與諸儒共刻《五經》文于石，於是詔蔡邕等正其文字。自後《五經》一定，爭者用息。趙祐博學多覽，著作校書，諸儒稱之。

又小黄門甘陵吳伉，善爲風角，博達有奉公稱。知不得用，常託病還寺舍，從容養志云。

張讓者，潁川人；趙忠者，安平人也。少皆給事省中，桓帝時爲小黄門。忠以與誅梁冀功封都鄉侯。延熹八年，黜爲關内侯，食本縣租千斛。

靈帝時，讓、忠並遷中常侍，封列侯，與曹節、王甫等相爲表裏。節死後，忠領大長秋。讓有監奴典任家事，交通貨賂，威形諠赫。扶風人孟佗，資産饒贍，與奴朋結，傾竭饋問，無所遺愛。奴咸德之，問佗曰：『君何所欲？力能辦也。』曰：『吾望汝曹爲我一拜耳。』時賓客求謁讓者，車恒數百千兩，佗時詣讓，後至，不得進，監奴乃率諸倉頭迎拜于路，遂共轝車入門。賓客咸驚，謂佗善於讓，皆爭以珍玩賂之。佗分以遺讓，讓大喜，遂以佗爲凉州刺史。

是時，讓、忠及夏惲、郭勝、孫璋、畢嵐、栗嵩、段珪、高望、張恭、韓悝、宋典十二人，皆爲中常侍，封侯貴寵，父兄子弟布列州郡，所

在貪賤，爲人蠹害。黄巾既作，盗賊糜沸，郎中中山張鈞上書曰：『竊惟張角所以能興兵作亂，萬人所以樂附之者，其源皆由十常侍多放父兄、子弟、婚親、賓客典據州郡，辜榷財利，侵掠百姓，百姓之冤無所告訴，故謀議不軌，聚爲盗賊。宜斬十常侍，縣頭南郊，以謝百姓，又遣使者佈告天下，可不須師旅，而大寇自消。』天子以鈞章示讓等，皆免冠徒跣頓首，乞自致洛陽詔獄，並出家財以助軍費。有詔皆冠履視事如故。帝怒鈞曰：『此眞狂子也。十常侍固當有一人善者不？』鈞復重上，猶如前章，輒寢不報。詔使廷尉、侍御史考爲張角道者，御史承讓等旨，遂誣奏鈞學黄巾道，收掠死獄中。而讓等實多與張角交通。後中常侍封諝、徐奉事獨發覺坐誅，帝因怒詰讓等曰：『汝曹常言黨人欲爲不軌，皆令禁錮，或有伏誅。今黨人更爲國用，汝曹反與張角通，爲可斬未？』皆叩頭云：『故中常侍王甫、侯覽所爲。』帝乃止。

明年，南宫災。讓、忠等説帝令斂天下田畝税十錢，以修宫室。發太原、河東、狄道諸郡材木及文石，每州郡部送至京師，黄門常侍輒令譴呵不中者，因强折賤買，十分雇一，因復貨之于宦官，復不爲即受，材木遂至腐積，宫室連年不成。刺史、太守復增私調，百姓呼嗟。凡詔所徵求，皆令西園騶密約敕，號曰『中使』，恐動州郡，多受賕賂。刺史、二千石及茂才孝廉遷除，皆責助軍修宫錢，大郡至二三千萬，餘各有差。當之官者，皆先至西園諧價，然後得去。有錢不畢者，或至自殺。其守清者，乞不之官，皆迫遣之。

時，鉅鹿太守河内司馬直新除，以有清名，減責三百萬。直被詔，悵然曰：『爲民父母，而反割剥百姓，以稱時求，吾不忍也。』辭疾，不聽，行至孟津，上書極陳當世之失，古今禍敗之戒，即吞藥自殺。書奏，帝爲暫絶修宫錢。

又造萬金堂於西園，引司農金錢繒帛，仞積其中。又還河間買田宅，起第觀。帝本侯家，宿貧，每歎桓帝不能作家居，故聚爲私臧，復寄小黄門常侍錢各數千萬。常云：『張常侍是我公，趙常侍是我母。』宦者得志，無所憚畏，並起第宅，擬則宫室。帝常登永安候臺，宦官恐其望見居外，乃使中大人尚但諫曰：『天子不當登高，登高則百姓虚散。』自是不敢復升臺榭。

明年，遂使鉤盾令宋典繕修南宫玉堂。又使掖庭令畢嵐鑄銅人四列于倉龍、玄武闕，又鑄四鐘，皆受二千斛，縣於玉堂及雲臺殿前。又鑄天禄蝦蟆，吐水于平門外橋東，轉水入宫。又作翻車渴烏，旋於橋西，用灑南北郊路，以省百姓灑道之費。又鑄四出文錢，錢皆四道。識者竊言侈虐已甚，形象兆見，此錢成，必四道而去。及京師大亂，錢果流布四海。復以忠爲車騎將軍，百餘日罷。

六年，帝崩。中軍校尉袁紹説大將軍何進，令誅中官以悦天下。謀泄，讓、忠等因進入省，遂共殺進。而紹勒兵斬忠，捕宦官無少長悉斬之。讓等數十人劫質天子走河上。追急，讓等悲哭辭曰：『臣等殄滅，天下亂矣。惟陛下自愛！』皆投河而死。

論説

《後漢書》卷七《孝桓帝紀論》 前史稱桓帝好音樂，善琴笙。飾芳林而考濯龍之宫，設華蓋以祠浮圖、老子，斯將所謂『聽於神』乎！及誅梁冀，奮威怒，天下猶企其休息。而五邪嗣虐，流衍四方。自非忠賢力爭，屢折奸鋒，雖願依斟流彘，亦不可得已。【略】

贊曰：桓自宗支，越躋天禄。政移五幸，刑淫三獄。傾宫雖積，皇身靡續。

又 卷八《孝靈帝紀論》 《秦本紀》説趙高譎二世，指鹿爲馬，而趙忠、張讓亦紿靈帝不得登高臨觀，故知亡敝者同其致矣。然則靈帝之爲靈也優哉！【略】

贊曰：靈帝負乘，委體宦孽。徵亡備兆，《小雅》盡缺。麋鹿霜露，遂棲宫衛。

又 卷七八《宦者傳論》 自古喪大業絶宗禋者，其所漸有由矣。三代以嬖色取禍，嬴氏以奢虐致灾，西京自外戚失祚，東都緣閹尹傾國。成敗之來，先史商之久矣。至於釁起宦夫，其略猶或可言。何者？刑餘之醜，理謝全生，聲榮無輝於門閥，肌膚莫傳於來體，推情未鑑其敝，即事易以取信，加漸染朝事，頗識典物，故少主憑謹舊之庸，女君資出內之命，顧訪無猜憚之心，恩狎有可悦之色。亦有忠厚平端，懷術糾邪；或

敏才給對，飾巧亂實；或借譽貞良，先時薦譽。非直苟恣凶德，止於暴横而已。然莫邪並行，情貌相越，故能回惑昏幼，迷瞀視聽，蓋亦有其理焉。詐利既滋，朋徒日廣，直臣抗議，必漏先言之間，至戚發憤，方啓專奪之隙，斯忠賢所以智屈，社稷故其爲墟。《易》曰：『履霜堅冰至。』云所從來久矣。今迹其所以，亦豈一朝一夕哉！【略】

贊曰：任失無小，過用則違。況乃巷職，遠參天機。舞文巧態，作惠作威。凶家害國，夫豈異歸！

清·趙翼《廿二史劄記》卷四《後漢書·漢帝多自作詔》 兩漢詔命皆由尚書出，故比之於北斗，謂天之喉舌也。【略】又宦官曹節欲害竇武，擁靈帝上殿，召尚書官屬至，脅以白刃，使作詔版。

又 卷五《後漢書·東漢宦官》 漢承秦制，以奄人爲中常侍，然亦參用士人。

至元帝時，則弘恭、石顯已竊權干政，蕭望之、周堪俱被其害，然猶未大肆也。案班固敍傳：彪之父穉爲中常侍，是成帝時中常侍尚兼用士人。

光武中興，悉用奄人，不復參用士流。

和帝踐阼幼弱，竇憲兄弟專權，隔限內外。羣臣無由得接，乃獨與宦者鄭衆定謀收憲。宦官有權自此始。然衆小心奉公，未嘗攬權。

和帝崩，鄧后臨朝，不得不用奄寺，其權漸重。

鄧后崩，安帝親政，宦官李閏、江京、樊豐、劉安、陳達與帝乳母王聖、聖女伯榮、帝舅耿寶、皇后兄閻顯等比黨亂政，此猶宦官與朝臣相倚爲奸，未能巇朝臣而獨肆其惡也。

及帝崩，閻顯等專朝爭權，乃與江京合謀，誅徙樊豐、王聖等。是顯欲去宦官，已反藉宦官之力。

已而北鄉侯入繼，尋薨，顯又欲援立外藩。宦官孫程等不平，迎立順帝，先殺江京、劉安、陳達幷誅顯兄弟，閻后亦被遷於離宮。是大臣欲誅宦官，必藉宦官之力；宦官欲誅大臣，則不藉朝臣力矣！

安帝已立皇太子保，而乳母王聖及宦官江京、樊豐等，譖太子乳母王男等，殺之，太子數爲歎息。王聖等懼爲後禍，共搆陷太子，遂廢爲濟陰王。帝崩，王不得立。閻后立北鄉侯懿。懿又薨。后兄顯與江京、劉安、陳達又欲援立外藩。宦官孫程等不平，共斬京、安、達等，迎立濟陰王，是爲順帝，幷卽收顯等兄弟，誅之。封程等十九人爲侯。

順帝既立，以梁商女爲皇后，商以大將軍輔政，尊親莫二。而宦官張逵、蘧政、石光譖商與中常侍曹騰、孟賁云欲廢帝，帝不信，逵等卽矯詔收縛騰、賁，是竟敢違帝旨而肆威於禁近矣！賴帝聞之大怒，逵等遂伏誅。

及帝崩，梁后與兄冀立沖帝，沖帝崩。又立質帝，質帝爲冀所酖。又援立桓帝，幷以后妹爲桓帝后，冀身爲大將軍輔政，兩妹一爲皇太后一爲皇后，其權已震主矣！而帝默與宦官單超、左悺、具瑗、徐璜、唐衡定謀，遂誅冀。是宦官且誅當國之皇親矣！然此猶曰：『奉帝命以成事也。』

梁冀專恣日久，梁后又忌恣，桓帝心不平而不敢泄，獨呼小黃門唐衡，問：『左右誰與冀不協者？』衡以單超、左悺、徐璜、具瑗對，帝乃召超等定議，下詔收冀及宗親黨與，皆誅之。封超等五人爲侯。

桓帝梁后崩，以竇武女爲皇后。帝崩，武與后定策，立靈帝。竇后臨朝，武入居禁中輔政，素惡宦官，欲誅之，兼有太傅陳蕃與之同心定謀，乃反爲宦官曹節、王甫等所殺。然此猶曰：『靈帝非太后親子，故節等得挾帝以行事也。』

竇武與陳蕃同謀誅宦官曹節、王甫等，奏入，五官史朱瑀竊發其書，怒罵曰：『中官中放縱者當誅，吾曹何罪而當盡滅？』因大呼曰：『陳蕃、竇武奏皇太后欲廢帝。』乃夜召素所親史共普、張亮等歃血盟。曹節聞之，擁帝出御殿，閉諸禁門，使人守武，武不受詔，馳入步兵營，令曰：『中常侍反，盡力者封侯。』而王甫已領虎賁、羽林等兵出屯朱雀門，大呼武所將兵士曰：『竇武反，汝曹皆禁兵，何故隨之？』禁兵遂俱歸甫。甫乃殺武，幷及陳蕃。

至靈帝崩，何后臨朝，立子辨爲帝，后兄何進以大將軍輔政，已奏誅宦官蹇碩，收其所領八校尉兵，是朝權、兵權俱在進手，以此盡誅宦官，亦復何難？乃又爲宦官張讓、段珪等所殺。是時軍士大變，袁紹、袁術、閔貢等，因乘亂誅宦官二千餘人，無少長皆殺之。於是宦官之局始結，而國亦隨之亡矣！

靈帝崩，何后臨朝，立子辨爲帝。后兄何進輔政，欲誅宦官，先奏何后，后不聽，乃謀召外兵以脅何后，何后乃悉罷諸常侍、小黃門等。常侍

張讓子婦乃后甥也，讓對之叩頭曰：『老臣得罪，當與新婦同歸故里，但受恩深，欲一入見太后顔色，歸死無恨。』子婦言於何后母舞陽君入白。詔諸常侍皆入，而何進方入奏誅宦官事，張讓、段珪等卽殺之。於是袁紹、袁術乘亂盡殺宦官。

國家不能不用奄寺，而一用之則其害如此。蓋地居禁密，日在人主耳目之前，本易窺嚬笑而售讒諛。人主不覺，意爲之移。范蔚宗傳論，謂：『宦者漸染朝事，頗識典故，少主憑謹舊之庸，女君資出納之命，及其傳達於外，則手握王命，口銜天憲，莫能辨其眞僞。故威力常在陰陽奥窔之閒。迨勢燄既盛，宫府内外，悉受指揮，卽親臣、重臣竭智力以謀去之而反爲所噬。當其始，人主視之不過供使令效趨走而已，而豈知其禍乃至此極哉！』

又《宦官之害民》 東漢及唐、明三代，宦官之禍最烈，然亦有不同。唐、明閹寺先害國而及於民，東漢則先害民而及於國。今就《後漢書》各傳摘敘之，可見其大概也。

劉瑜疏言：『中官邪孽，比肩裂土，皆競立子嗣，繼體傳爵。或乞子疏屬，或買兒市道。又廣聚妻室，增築第舍。民無罪而輒坐之，民有田而强奪之。貧困之民，有賣其首級，父兄相代殘身，妻孥相視分裂』。《瑜傳》

左雄疏言：『宦豎皆虚以形勢，威奪良家婦女閉之，白首而無配偶。』《雄傳》

黄瓊疏言：『宦豎盈朝，重封累爵，明珠南金之寶，充滿其室。』《瓊傳》

單超、左悺、具瑗、徐璜、唐衡五人，以誅梁冀功，皆封侯。其後超死，四侯轉盛。民閒語曰：『左回天，具獨坐，徐臥虎，唐兩墮。』獨坐：驕貴無偶。兩墮：隨意所爲不定，持兩端而任意。皆競起第宅，窮極壯麗，金銀罽毦（毛氈），施於犬馬，僕從皆乘牛車，從以列騎。《超等傳》

侯覽前後奪人宅三百八十一所，田一百一十八頃。起立第宅十六區，皆有高樓池苑，制度宏深，僭類宫省。預作壽冢，石槨雙闕，高廣百尺。破人居室，發掘墳墓。虜奪良人妻，略婦女。爲張儉所奏，覽遮截其章，不得上。《覽傳》

趙忠葬父，僭爲璠璵玉匣偶人。玉匣：帝王之葬具，覆以玉石，連以金縷。董卓弑弘農王，獻帝葬之於忠之成壙中。忠已被誅及獻帝自長安歸洛陽，宫室已盡焚毁，乃駐於忠故宅。《獻帝紀》迨後韓馥以冀州刺史讓袁紹，出居於鄴中之忠故宅。《馥傳》其壙可以葬帝王，宅可以居帝王，别宅又可以居牧伯，其壯麗可知也。

張讓説靈帝修宫室，發太原、河東、狄道諸郡材木文石，每州郡部送至京，輒訶譴不中用，以賤價折之，十不酬一，又不卽收，材木遂至腐爛，州郡復增私調，百姓嗟怨。《讓傳》

此猶第宦官之自爲苛虐也，更有倚宦官之勢而漁肉小民者。蓋其時入仕之途，惟徵辟、察舉二事。宦官既據權要，則徵辟察舉者，無不望風迎附，非其子弟，卽其親知，并有賂宦官以輾轉干請者。

審忠疏言：『宦官勢盛，州郡牧守承順風旨，辟召選舉，釋賢取愚。』《曹節傳》

李固疏云：『中常侍在日月之旁，形勢振天下，子弟禄位，曾無限極。雖外託謙默，不干州郡，而諂諛之徒，望風進舉。』《固傳》

朱穆疏言：『宦官子弟親戚，並荷榮任，凶狡無行之徒，媚以求官，恃勢怙寵之輩，漁食百姓，窮破天下，空竭小人。』《穆傳》

河南尹田歆謂王諶曰：『今當舉六孝廉，多貴戚書，命不得違，欲自用一名士以報國家。』乃以种暠應詔。《暠傳》六孝廉只用一眞才，已爲美談，則入仕者，皆奄黨可知也。

靈帝詔公卿刺舉二千石爲民害者，太尉許馘、司空張濟，凡内官子弟賓客，雖貪汙穢濁不敢聞，而虚糾邊遠小郡清修有惠政丈者二十六人。《劉陶傳》則閹黨入仕者，莫敢黜革可知也。

夫是以天下仕宦，無一非宦官之兄弟姻戚，窮暴極毒，莫敢誰何。如具超弟安爲河東太守，弟子匡爲濟陰太守，徐璜弟盛爲河内太守，左悺弟敏爲陳留太守，具瑗兄恭爲沛相，皆所在蠹害。璜兄子宣爲下邳令，暴虐尤甚，求故汝南太守李暠女不得，則劫取以歸，戲射殺之。《超等傳》

侯覽兄參爲益州刺史，吏民有豐富者，輒誣以大逆，皆誅滅之，而没入其財以億計。《覽傳》

曹節弟破石爲越騎校尉，營中五伯妻美，破石求之，五伯不敢拒，妻不肯行，遂自殺。《節傳》

此又宦官子弟賓客之肆爲民害，可類推也。由是流毒遍天下，黄巾賊張角等遂因民之怨，起兵爲逆矣！

又《漢末諸臣劾治宦官》 東漢末，宦官之惡遍天下，然臣僚中尚有能秉正嫉邪，力與之爲難者。

楊秉爲太尉時，宦官任人及子弟爲官，布滿天下，競爲貪淫，朝野嗟怨。秉與司空周景劾奏牧守以下：匈奴中郎將燕瑗、青州刺史羊亮、遼東太守孫諠等五十餘人，或死或免，遂連及中常侍侯覽、具瑗等皆坐黜，天下肅然。《秉及景傳》

秉又奏侯覽弟參爲益州刺史，暴虐一州，乃檻車徵參詣廷尉，參懼自殺。秉并劾奏覽，桓帝詔問：「公府外職而奏劾近官，有何典故？」秉以申屠嘉召詰鄧通事爲對，帝不得已，乃免覽官。《秉傳》

李膺爲司隸校尉，中常侍張讓弟朔爲野王令，貪殘無道，懼膺按問，逃還京師，匿讓家，藏於合柱中。膺知狀，率將吏破柱取朔，付洛陽獄，受辭畢，即殺之。《膺傳》

韓演爲司隸校尉，奏中常侍左悺罪并及其兄太僕稱，請託州郡，賓客放縱，侵犯吏民。悺、稱皆自殺。《演傳》

陽球爲司隸校尉，奏中常侍王甫、淳于登及子弟爲守令者，姦猾縱恣，罪合滅族。太尉段熲阿附佞倖，宜并誅。乃悉收甫、熲等及甫子永樂少府萌、沛相吉，球自臨考，五毒備至，萌曰：「父子既當併誅，乞少寛楚毒，假借老父。」球曰：「死不塞責，乃欲求假借耶？」萌乃大罵，球使窒萌口，捶撲交下，父子悉死杖下。熲亦自殺。球乃磔甫屍於城門，盡没入其財産。妻子皆徙比景。《球傳》

此廷臣之劾治宦官者也。

杜密爲太山太守北海相，凡宦官子弟爲令長有姦惡者，輒案捕之。《密傳》

劉祐爲河東太守，屬縣令長率多中官子弟，祐黜其權，强平理冤結。中常侍管霸用事於內，占天下良田美宅，祐悉没入之。《祐傳》

蔡衍爲冀州刺史，中常侍具瑗託其弟恭舉茂才，衍收其齎書人案之。又劾奏河閒相曹鼎贓罪，鼎乃中常侍曹騰之弟也。《衍傳》

朱穆爲冀州刺史，宦官趙忠葬父，僭用璠璵玉匣，穆聞之，下郡案驗，吏畏穆，乃發墓剖棺，陳屍出之而收其家屬。《穆傳》

山陽太守翟超，没入中常侍侯覽財産。小黄門趙津及南陽大猾張汜等，恃中官勢，犯法二郡，太守劉質、成晉考案其罪，雖經赦令，竟考殺之。

王宏爲弘農太守，郡中有事宦官買爵位者，雖二千石，亦考殺之，凡數十人。《陳蕃傳》

陳翔爲揚州刺史，劾奏豫章太守王永、吴郡太守徐參，在職貪穢，皆中官親黨也。《翔傳》

范康爲太山太守時，張儉殺侯覽母，案其宗黨賓客，或有逃入太山界者，康皆收捕無遺脱。《康傳》

黄浮爲東海相，有中常侍徐璜兄子宣爲下邳令，肆貪暴，浮乃收宣及家屬，無少長皆考之，掾吏固爭，浮曰：「宣，國賊，今日殺之，明日坐死不恨。」即殺宣，暴其屍於市。《浮傳》

荀昱爲沛相，荀曇爲廣陵太守，志除宦官，其支黨有在二郡者，纖罪必誅。《昱傳》

史弼爲平原相，當舉孝廉，侯覽遣諸生齎書請之，弼即箠殺齎書者。《弼傳》

此外僚之劾治宦官也。

張儉爲東部督郵，奏侯覽及其母罪惡，覽遮截其章不得上，儉遂破覽家，籍没貲財，具奏其罪狀。《儉及覽傳》

此又小臣劾治宦官者也。

蓋其時宦官之爲民害最烈，天下無不欲食其肉，而東漢士大夫以氣節相尚，故各奮死與之搘拄，雖湛宗滅族，有不顧焉。至唐則僅有一劉蕡對策，懇切言之。明則劉瑾時，僅有韓文、蔣欽等數人，魏忠賢時，僅有楊漣、左光斗、魏大中、繆昌期、李應昇、周順昌等數人，其餘乾兒義子建生祠、頌九千歲者，且遍於搢紳，此亦可以觀世變也。

又《宦官亦有賢者》 後漢宦官之貪惡肆横，固已十人而九，然其中亦間有清慎自守者，不可一概抹煞也。

鄭衆謹敏有心。和帝初，竇太后秉政，其兄憲爲大將軍，竊威權，朝臣莫不附之。衆獨乃心王室，憲兄弟謀不軌，衆與帝定策誅之。《衆傳》

蔡倫在和帝時，預參帷幄，盡心敦慎，匡弼得失，每休沐，輒閉門謝客。爲尚方令，監作器械，莫不精工。創意用樹膚、麻頭、敝布、魚網以爲紙，天下稱蔡侯紙。又典東觀，校讎經傳。《倫傳》

安帝聽宦官李閏、江京、劉安、陳逵等譖，廢皇太子保爲濟陰王。帝崩，太子不得立。閻后立北鄉侯懿，未幾薨。后與兄顯又欲援立外藩，宦官孫程不平，乃與王康等十九人歃血盟，迎立濟陰王，先斬江京、劉安、陳逵幷閻顯及其弟景，遷閻后於別宫，於是濟陰王即位，是爲順帝。後司隸校尉虞詡劾奏宦官，自詣廷尉。宦官張防等臨考，一日中傳考四獄，必欲殺詡。程上殿陳詡之冤，時防在帝後，程叱曰：『賊臣張防，何不下殿？』防走入東廂，程勸帝急收防，毋令求請，防乃徙邊。《程傳》

良賀清儉退厚。詔九卿舉武猛，賀獨無所舉，帝問之，曰：『臣生長深宫，未嘗交士類，昔衛鞅因景監以進，有識鄙之，今得臣所舉，匪榮伊辱，故不敢也。』《賀傳》

曹騰在省闥三十餘年，未嘗有過，所進達皆海内名人。有蜀郡守遣人賂騰刺史，种暠搜得其書幣，奏之，幷劾騰。帝以書自外來，非騰之過，事遂寢。騰反稱种暠爲能吏。後暠爲司徒，嘗曰：『我爲公，曹常侍力也。』《騰傳》

呂强盡忠奉公，上疏力陳『宦官之亂政及後宫綵女之多，河間解瀆館不宜築，蔡邕對策切直不宜罪，郡國貢獻不宜索導行費。』

又有宦官丁肅、徐衍、郭耽、李巡、趙祐五人，亦皆清忠。巡請刻五經于石，即蔡邕所書也。祐博學多覽，著作諸儒稱之。

又吳伉博達奉公，知不見用，常託病從容養志。

此皆漢宦官之賢者，可與北魏之仇洛，齊王瑀、趙黑，北齊之田敬宣，唐之俱文珍、張承業，明之覃吉、王承恩並觀也。

清·王夫之《讀通鑑論》卷七《漢和帝三》 孝和之世，袁安、任隗、丁鴻爲三公，何敞、韓稜爲尚書，皆智勇深沈，可與安國家者也。竇憲之黨，謀危社稷，帝陰知而欲除之，莫能接大臣與謀，不得已而委之鄭衆，宦寺之亡漢自此始。非和帝寵刑人、疏賢士大夫之咎也，微鄭衆，帝其危矣。揆所自始，其開自光武乎！崇三公之位，而削其權，大臣不相親也；授尚書以政，而卑其秩，近臣不自固也。故竇憲緣之制和帝不得與内外臣僚相親，而唯與閹宦居。非憲能創錮蔽之法以鉗天子與大臣也，其家法有舊矣。三公堅持匈奴之議，而不能違憲之討虜，權輕則固莫能主也。尚書郅壽抗竇憲而自殺，則誅賞待命於權臣也。西漢之亡也，張禹、孔光懸命于王氏之手而宗社移矣。光武弗知懲焉，厚其疑於非所疑者，使沖人孤立於上，而權臣制之，不委心膂于刑人，將誰委乎？明主一懷疑而亂以十世，疑之滅德甚矣哉！

創業之主而委任大臣，非僅爲己計也。英敏有餘，攬大政于一心，而濟之以勤，可獨任矣。大臣或有一二端之欺己，而遂厚致其疑；然其疑君子也，必不信小人；君子且疑，而小人愈懼；此豈可以望深宫頤養中材以下之子孫乎？公輔無權，中主不勝其勞，而代言之臣重；代言之臣秩卑，不得與坐論而親扆坐，則秉筆之宦寺持權；禍亂之興，莫挽其流矣。天下皆可疑，胡獨不疑吾子孫之智不逮，而暱于宴安也乎？

當其始也，大臣與宦寺猶相與爲二也，朝綱立而士節未墮，則習尚猶端，而邪正不相爲借。若袁安、任隗、丁鴻者，雖憂時莫能自效，而必不攀鄭衆以有爲。事不求可，功不求成，自靖以聽天，而不假枉尋以直尺，故鄭衆雖有成勞，而尚存撿柙。迨及君臣道隔，宦寺勢成，大臣之欲匡君而衞國者，且紹介之以行其志，而後宦寺益張而無所忌。楊一清因張永以誅劉瑾，楊漣且不得不左祖王安以抑魏忠賢，則忠端之大臣不能絶内援以有爲，又惡能禁小人之媚奄腐哉？高拱、張居正之廢興，一操于馮保之榮落。上失其道，下莫能自主，禍始于東漢，而流毒萬年，不亦憯乎！

又 卷八《桓帝五》 桓帝之誅梁冀也，一具瑗制之，而如擒鼠於甕。冀，亡賴子耳，誅之也其易如此；然而舉國無人，帝不得已，就唐衡而問中人。李固、杜喬死，君孤立於上，以聽狂童之驕橫。若胡廣之儔，固不足道，乃舉國而無深識定力士，亦至此哉！

嗚呼！劉瑾之誅也，非張永不能；魏忠賢之誅也，發其惡者一國子生而已。豈盡其威劫之乎？懸利以熏士大夫之心，而如霜原之帥，藉藉佗佗而無生氣，國不亡也何恃哉！《易》曰：『藏器於身，待時而動。』故乘高墉以射隼，而無不獲。誠篤其忠貞乎，奚待單超等之鋤冀，而後揚

王庭以呼號也！能勿愧焉否也？

又《桓帝八》 中人監軍，自憑緄之請始也。夫緄亦惡知蟻穴之決而氾濫迄於千載乎？緄之請也，以將帥出師，宦官多陷以折耗軍資，而誣抵乎罪；使與焉，則以箝其口，而無辭以相傾。然未幾而緄竟以軍還盜復起，免官。則其爲此也，何救於禍。而徒決裂防閑，使內豎操閫外之權，魚朝恩、童貫、盧受、張彝憲，小以敗而大以亡，緄之貽害烈矣哉！

漢至此已無可爲矣，無往而非宦官之挾持也。南北軍之唯其頤指，所僅存者疆埸之軍政，皇甫規、張奐幾倬幾詘于宦官之手，而猶自行其權藉于師中，緄更引而受之以利器。蹇碩之爲八校尉魁也，熟嘗其肯綮而取必於人主以威中外，循故事以行之而逌然矣。

夫漢事不可爲矣，竭其忠貞，繼之以死，亦何懼於謗譖。不然，引身而退耳。防之愈密，縱之愈甚，業已假監軍之權，而生死成敗且唯其意旨，他日者，忠臣元老欲去之而不得。緄胡弗思，而懼禍之情長，以倒行至是乎！推禍原而定罪首，緄不得辭矣。

又《桓帝九》 漢之末造，必亡之勢也，而兵彊天下。張奐、皇甫規、段熲皆奮起自命爲虎臣，北虜、西羌斬馘至百萬級，窮山搜谷，殄滅殘無遺種，疆莫尚矣。乃以習于戰而人有憤盈之志，不數十年，矢石交集于中原，其幾先動於此乎！

桓、靈之世，士大夫而欲有爲，不能也。君必不可匡者也；朝廷之法紀，必不可正者也；郡縣之貪虐，必不可問者也。士大夫而欲有爲，唯擁兵以戮力于邊徼。其次則驅芟盜賊于中原，名以振，功以不可掩，人情以歸往，閹主權閹抑資之以安居而肆志。故雖或忌之，或譖之，而終不能陷之於重辟。於是天下知唯此爲功名之徑而禍之所及者鮮也，士大夫樂習之，凡民亦競尚之，於是而盜日起，兵日興，究且瓜分鼎峙，以成乎袁、曹、孫、劉之世。故國恆以弱喪，而漢以強亡。

夫羌、虜之於漢末，其害已淺矣，驅之迫之，蹙而殺之，而生類幾絕。非以紓邊疆之急，拯生民之危，扶社稷於不傾，而薙艾之若此其酷。人長樂殺之氣，無虜可殺而自相爲殺。自相殺，則自相敝矣；自相敝，則僅存之醜類，徐起而乘之。故垂百年，三國兵息，而五胡之禍起。佳兵不祥，遂舉曠古以來富強卓立之中夏趨於弱，而日畏犬羊之噬搏。漢末之強，強之棼尾而姑一快焉者，論世者之所深悲也。

又《桓帝一一》 巨奸之蠹國殃民而自伏其法，不足以爲大快，于國之存亡無當也。左悺自殺，具瑗貶，侯覽黜，非桓帝之能誅之，非楊秉之能取必於桓帝而誅之，罪已踰涯，自滅焉耳矣。三凶去而宦官之勢益張，黨錮之獄且起，曾何救於漢之危亡哉！

外戚滅，宦官興，大臣無事焉，天子欲行其意以誅僭偪，而大臣不與，宦官除君側之奸，事已顯者，而後擿其罪以請誅，未有傾心而聽者。故曰：「人不足與適也，唯大人爲能格君心之非。」能之者，有以能之者也。無堅識定力爲天子除患，則雖日陳堯、舜之道，而固視之如蘿虆。漢之大臣道不足，而與宦豎爭存亡，亦晚矣。快一時之人情，去三凶而若拔牛之一毛，不救其亡，固矣。

又《桓帝一二》 桓、靈之世，君道澌滅，而臣之諫之也亟，探本以立論者，唯荀爽乎！當其時，荼毒生民而椓杙正氣者，無如宦官之甚。乃宦官之于人主，亦何親而過信之？且其聲音笑貌之無可悅者，夫人而知厭惡之矣，而人主暱之，若乳子之依母也，何故？非豔妻哲婦之居間，則宦官之不敵士大夫久矣。內寵盛而後宦官興，密邇于宮闈，而相倚以重；溺君于晏寢，而視聽以衰。付詔令刑賞之權于宦官，而牀笫之歡始得晏間於娛樂。非然，則聲音、采色、肥甘、輕煖，人主自可給其欲，而何藉此嚬笑可憎之刑人爲邪？爽之對策，直斥而切言之，女謁遠，奄權自失矣。故曰探本立論也。

雜録

晉・司馬彪《續漢書・天文志下》 孝靈帝建寧元年六月，太白在西方，入太微，犯西蕃南頭星。太微，天廷也。太白行其中，宮門當閉，大將被甲兵，大臣伏誅。其八月，太傅陳蕃、大將軍竇武謀欲盡誅諸宦者；其九月辛亥，中常侍曹節、長樂五官史朱瑀覺之，矯制殺蕃、武等，家屬徙日南比景。**【略】**

熹平二年四月，有星出文昌，入紫宮，蛇行，有首尾無身，赤色，有

光、炤垣牆。八月丙寅，太白犯心前星。辛未，白氣如一匹練，衝北斗第四星。占曰：『文昌爲上將貴相。太白犯心前星，爲大臣。』後六年，司徒劉郃爲中常侍曹節所譖，下獄死。白氣衝北斗爲大戰，明年冬，揚州刺史臧旻、丹陽太守陳寅，攻盜賊苴康，斬首數千級。

靈帝建寧元年夏，霖雨六十餘日。是時，大將軍竇武謀變廢中官。其年九月，長樂五官史朱瑀等共與中常侍曹節起兵，先誅武，交兵闕下，敗走，追斬武兄弟，死者數百人。

又《五行志一》 靈帝建寧元年夏，霖雨六十餘日。是時大將軍竇武謀變廢中官。其年九月，長樂五官史朱瑀等共與中常侍曹節起兵，先誅武，交兵闕下，敗走，追斬武兄弟，死者數百人。【略】

熹平元年夏，霖雨七十餘日。是時中侍曹節等，共誣白勃海王悝謀反，其十月誅悝。【略】

靈帝之末，京都童謠曰：『侯非侯，王非王，千乘萬騎上北芒。』案到中平六年，史侯登蹋至尊，獻帝未有爵號，爲中常侍段圭等數十人所執，公卿百官皆隨其後，到河上，乃得來還。此爲非侯非王上北芒者也。【略】

延熹中，梁冀誅後，京都幘顔短耳長，短上長下。時中常侍單超、左悺、徐璜、具瑗、唐衡在帝左右，縱其奸慝。海内慍曰：一將軍死，五將軍出。家有數侯，子弟列布州郡，賓客雜襲騰翥，上短下長，與梁冀同占。到其八年，桓帝因日蝕之變，乃拜故司徒韓寅爲司隸校尉，以次誅鋤，京都正清。【略】

中平六年夏，霖雨八十餘日。是時，靈帝新棄羣臣，大行尚在梓宫，大將軍何進與佐軍校尉袁紹等共謀欲誅廢中官。下文陵畢，中常侍張讓等共殺進，兵戰京都，死者數千。

延熹中，梁冀誅後，京都幘顔短耳長，短上長下。時中常侍單超、左悺、徐璜、具瑗、唐衡在帝左右，縱其奸慝。海内慍曰：一將軍死，五將軍出。家有數侯，子弟列布州郡，賓客雜襲騰翥，上短下長，與梁冀同占。到其八年，桓帝因日蝕之變，乃拜故司徒韓寅爲司隸校尉，以次誅鉏，京都正清。【略】

靈帝光和元年，南宫平城門内屋、武庫屋及外東垣屋前後頓壞。蔡邕

對曰：『平城門，正陽之門，與宫連，郊祀法駕所由從出，門之最尊者也。武庫，禁兵所藏。東垣，庫之外障。《易傳》曰：「小人在位，上下咸悖，厥妖城門内崩。」《潛潭巴》曰：「宫瓦自墮，諸侯强陵主。」此皆小人顯位亂法之咎也。』其後黄巾賊先起東方，庫兵大動。皇后同父兄何進爲大將軍，同母弟苗爲車騎將軍，兄弟並貴盛，皆統兵在京都。其後進欲誅廢中官，爲中常侍張讓、段珪等所殺，兵戰宫中闕下，更相誅滅，天下兵大起。【略】

桓帝之初，京都童謡曰：『城上烏，尾畢逋，公爲吏，子爲徒。一徒死，百乘車。車班班，入河間。河間姹女工數錢，以錢爲室金爲堂。石上慊慊舂黄粱。梁下有懸鼓，我欲擊之丞卿怒。』案此皆謂爲政貪也。城上烏，尾畢逋者，處高利獨食，不與下共，謂人主多聚斂也。公爲吏，子爲徒者，言蠻夷將叛逆，父既爲軍吏，其子又爲卒徒往擊之也。一徒死，百乘車者，言前一人往討胡既死矣，後又遣百乘車往。車班班，入河間者，言上將崩，乘輿班班入河間迎靈帝也。河間姹女工數錢，以錢爲室金爲堂者，靈帝既立，其母永樂太后好聚金以爲堂也。石上慊慊舂黄粱者，言永樂雖積金錢，慊慊常苦不足，使人舂黄粱而食之也。梁下有懸鼓，我欲擊之丞卿怒者，言永樂主教靈帝，使賣官受錢，所禄非其人，天下忠篤之士怨望，欲擊懸鼓以求見，丞卿主鼓者，亦復諂順，怒而止我也。【略】

桓帝之初，京都童謡曰：『游平賣印自有平，不辟豪賢及大姓。』案到延熹之末，鄧皇后以譴自殺，乃以竇貴人代之，其父名武字游平，拜城門校尉。及太后攝政，爲大將軍，與太傅陳蕃合心戮力，惟德是建，印綬所加，咸得其人，豪賢大姓，皆絶望矣。【略】

桓帝之末，京都童謡曰：『茅田一頃中有井，四方纖纖不可整。嚼復嚼，今年尚可後年鐃。』案《易》曰：『拔茅茹以其匯，征吉。』茅喻羣賢也。井者，法也。于時中常侍管霸、蘇康憎疾海内英哲，與長樂少府劉囂、太常許詠、尚書柳分、尋穆、史佟、司隸唐珍等，代作脣齒。河内牢川詣闕上書：『汝、潁、南陽，上采虚譽，專作威福。甘陵有南北二部，三輔尤甚。』由是傳考黄門北寺，始見廢閣。茅田一頃者，言羣賢衆多也。中有井者，言雖厄窮，不失其法度也。四方纖纖不可整者，言奸慝大熾，不可整理。嚼復嚼者，京都飲酒相强之辭也。言食肉者鄙，不恤王政，徒

耽宴飲歌呼而已也。今年尚可者，言但禁錮也。後年鐃者，陳、竇被誅，天下大壞。【略】

桓帝之末，京都童謡曰：『白蓋小車何延延。河間來合諧，河間來合諧！』案解犢亭屬饒陽河間縣也。居無幾何而桓帝崩，使者與解犢侯皆白蓋車從河間來。延延，衆貌也。是時御史劉儵建議立靈帝，以儵爲侍中，中常侍侯覽畏其親近，必當間己，白拜儵泰山太守，因令司隸迫促殺之。朝廷少長，思其功效，乃拔用其弟郃，致位司徒，此爲合諧也。【略】

靈帝之末，京都童謡曰：『侯非侯，王非王，千乘萬騎上北芒。』案到中平六年，史侯登躡至尊，獻帝未有爵號，爲中常侍段珪等數十人所執，公卿百官皆隨其後，到河上，乃得來還。此爲非侯非王上北芒者也。

又《五行志四》 建光元年九月己丑，郡國三十五地震，或地坼裂，壞城郭室屋，壓殺人。是時，安帝不能明察，信宫人及阿母聖等讒言，破壞鄧太后家，於是專聽信聖及宦者，中常侍江京、樊豐等皆得用權。【略】

延熹四年，京都、右扶風、涼州地震。五年五月乙亥，京都地震。是時，桓帝與中常侍單超等謀誅除梁冀，聽之，並使用事專權。又鄧皇后本小人，性行無恆，苟有顔色，立以爲后，後卒坐執左道廢，以憂死。八年九月丁未，京都地震。【略】

靈帝建寧四年二月癸卯，地震。是時，中常侍曹節、王甫等皆專權。【略】

光和元年二月辛未，地震。四月丙辰，地震。靈帝時宦者專恣。二年三月，京兆地震。三年自秋至明年春，酒泉表氏地八十餘動，湧水出，城中官寺民舍皆頓。縣易處，更築城郭。【略】

延熹元年七月乙巳，左馮翊雲陽地裂。三年五月甲戌，漢中山崩。是時上寵恣中常侍單超等。四年六月庚子，泰山、博尤來山判解。八年六月丙辰，緱氏地裂。【略】

永康元年五月丙午，雒陽高平永壽亭、上黨泫氏地各裂。是時，朝臣患中常侍王甫等專恣。冬，桓帝崩。明年，竇氏等欲誅常侍、黄山，不果，更爲所誅。

又《五行志五》 熹平元年四月甲午，青蛇見御坐上。是時，靈帝委任宦者，王室微弱。

又《五行志六》 熹平二年十二月癸酉晦，日有蝕之，在虚二度。是時中常侍曹節、王甫等專權。六年十月癸丑朔，日有蝕之。趙相以聞。

北魏·酈道元《水經注》卷九《清水》 清河東北徑廣宗縣故城南。和帝永元五年，封皇太子萬年爲王國。田融言，趙立建興郡於城内，置臨清縣于水東，自趙石始也。猜河之右有李雲墓，雲字行祖，甘陵人，好學，善陰陽，舉孝廉，遷白馬令。中常侍單超等，立掖庭民女亳氏爲后，后家封者四人，賞賜巨萬。雲上書移副三府曰：孔子云，帝者，諦也，今尺一拜用，不經御省，是帝欲不諦乎？帝怒，下獄殺之。後冀州刺史賈瓊使行部過柯雲墓，刻石表之，令石柱尚存，俗猶謂之李氏石柱。

唐·歐陽詢等《藝文類聚》卷八九《木部下·椒》 張璠《漢記》曰：桓帝竇皇后崩，中常侍曹節王甫，欲以貴人禮葬，太尉李固，自抉輿起，搗椒自隨，謂妻子曰：若太后不得配桓帝，吾不生還矣。

唐·虞世南《北堂書鈔》卷三六《政術部十·威嚴》 王甫死杖下。

《續漢書》陽球爲司隸校尉，奏中常侍王甫等權政獄云云。孫氏校改洛。今案：原鈔椎字乃雒之稱，蓋光武以後改洛爲雒也，考汪輯本脱標目句，餘同姚輯本。《續漢書》脱中常侍三字，又脱死杖句。俞本陽改楊，奏誤秦，餘亦同。陳本改引范書《陽球傳》，非是。

宋·李昉等《太平御覽》卷九二《皇王部十七·威宗孝桓皇帝》

《東觀漢記》曰：孝桓皇帝諱志，章帝曾孫，河間孝王孫，蠡吾侯翼之長子也。母曰匽夫人。年十四，襲爵，始入，有殊於人，梁太后欲以女弟妃之。太初元年四月，徵詣雒陽。既至，未及成禮，會質帝崩，無嗣，太后密使瞻察威儀才明，任奉宗廟，遂與兄冀定策於禁中，迎帝即位，時年十五。改元建和。二年，大將軍梁冀輔政，縱横爲亂。帝與中常侍單超等五人共謀誅之，於是封超等爲五侯。五侯暴恣日甚，毒流天下。白馬令李雲坐直諫誅。名臣少府李膺等並爲閹人所譖，誣爲黨人，下獄死。

又《孝靈皇帝》 《續漢書》曰：孝靈皇帝諱宏，章帝玄孫，河間孝王曾孫，解瀆亭侯淑之孫，萇之子也。母曰董姬。萇薨，上襲爵爲侯。永康元年十二月，桓帝崩。先是，數有皇子夭昏不遂，太后與父竇武定策禁中。建寧元年正月徵到，止夏門亭，以王青蓋車迎入於殿，即皇帝

位。太后臨朝。四年正月，帝加元服。光和元年初，置鴻都門學生，本頗以經學相引，後試能爲尺牘辭賦及以工書鳥篆者相課試，至千人，皆尺一敕州、郡、三公舉用辟召，或典州郡，入爲尚書侍中，封侯賜爵。四年，於後宮與宮人爲列肆販賣，使相偷盜爭鬭。上臨視以爲樂。又於西園弄狗帶綬，著進賢冠。中平元年初賣官，自關內侯以下至虎賁、羽林，入錢各有差。二年，稅天下田，畝十錢，以治宮殿，發太原河東豫道林木，黄門常侍斷截，州郡送林文召掌，主史譴呼，不中，退賣之。貴戚因緣賤買，十倍入官，其貴戚所入者，然後得中。宮室連年不成，州郡因增加調發，刺史二千石遷除皆責助治宮錢，大郡至二千萬。諸詔所徵，皆令西園騶密約，敕號曰『中使』，恐動州郡，多受財賂，天下騷動，起爲盜賊矣。是歲，又於西園造萬金堂，以爲私藏，別司農金錢繒帛，積之於中。又還河間買田業，起第觀。上本侯家，居貧，卽位常曰：『桓帝不能作官家，曾無私錢。』故爲私藏。復寄小黄門常侍家錢至數千萬。又云張常侍是我翁，趙常侍是我母，由是宦官專朝日盛，奢僭無度，各起第宅，擬則宮室。上嘗登永安侯臺，黄門常侍惡其登高臺見居處樓殿，乃使中大夫尚垣諫曰：『天子不當登高，登高則百姓虛。』自後遂不復登臺榭矣。四年，又募買關內侯，假金紫入錢五百萬。六年四月，帝崩於嘉德殿，在位二十二年，時年三十四，葬文陵。【略】

《典略》曰：建寧二年，帝時年十三歲，宦官用事，排疾士人。熹平四年五月，帝自造《皇義》五十章。光和五年，帝幸太學，自就石碑作賦。

又　卷二〇一《封建部四·宦者封》　《東觀漢記》曰：孫程爲中黄門。安帝崩，初江京等譖誣太子，廢爲濟陰王，居西鍾下，徵北鄉侯爲嗣。程等十八人殺江京、閻顯等，立陰濟王爲帝。以功封程爲浮陽侯，萬户。又封中黄門王康華容侯，王國爲酈侯。

又　卷二五六《職官部五十四·良刺史上》　謝承《後漢書》曰：**【略】**又曰：第五種遷兗州刺史。中常侍單超兄子匡爲濟陰太守，負勢貪放。種欲收舉，未知所使。會聞從事衛羽素抗直，乃召羽具告之，曰：『聞公不畏强禦，今欲相委以重事，若之何？』對曰：『願庶幾於一割。』羽出，遂馳到定陶，閉門收匡賓客親吏四十餘人，六七日中糾發其贜五六十萬。種卽奏匡，並以劾超。

又　卷二六五《職官部六十三·從事》　華嶠《後漢書》曰：衛羽爲州從事。時中常侍單超兄子匡爲濟陰太守，負其勢，大爲貪放。刺史第五種欲取之，聞羽素抗厲，乃召羽謂曰：『聞公不畏强禦，今欲相委以重事，若何？』對曰：『願庶幾於一割。』羽出，遂馳至定陶，閉城門，收匡賓客親吏四十餘人。七日中起發其贜五六千萬，種卽舉奏，一州震栗。

又　卷三九三《人事部三十四·坐》　《風俗通》曰：延嘉中，中常侍單超、左悺、徐璜、具瑗、唐衡在帝左右，縱其奸慝。時人謂之語曰：『左回天，徐轉日，具獨坐。』言其信用，甚於圓轉。

宋·司馬光《資治通鑑·漢桓帝延熹八年》　中常侍侯覽兄張：『兄』作『弟』。參爲益州刺史，殘暴貪婪，婪，盧含翻。累臧億計。太尉楊秉奏檻車徵參，參於道自殺，閱其車重三百餘兩，皆金銀錦帛。重，直用翻。秉因奏曰：『臣案舊典，宦者本在給使省闥，司昏守夜。而今猥受過寵，執政操權，操，七刀翻。附會者因公褒舉，違忤者求事中傷，忤，五故翻。中，户仲翻。居法王公，富擬國家，飲食極肴膳，僕妾盈紈素。中常侍侯覽弟參，貪殘元惡，自取禍滅。覽顧知釁重，必有自疑之意，臣愚以爲不宜復見親近。復，扶又翻。近，其靳翻。昔懿公刑邴遲之父，奪閻職之妻，而使二人參乘，卒有竹中之難。《左氏傳》：齊懿公之爲公子也，與邴遲之父爭田，弗勝。及卽位，乃掘而刖之，而使遲僕納閻職之妻，而使職參乘。公游于申池，二人浴于池，遲以鞭抶職，職怒，遲曰：「人奪汝妻而不怒，一抶汝，庸何傷！」職曰：「與刖其父而不能病者何如！」乃謀弑公，納諸竹中。遲，音丙，又彼病翻。「遲」，左傳作「歜」，昌欲翻。卒，子恤翻。難，乃旦翻。覽其急屏斥，投畀有虎，畀，與也。詩曰：取彼譖人，投畀豺虎。屏，必郢翻。若斯之人，非恩所宥，請免官送歸本郡。』書奏，尚書召對秉掾屬，詰之曰：賢曰：召秉掾屬問之。詰，去吉翻。『設官分職，各有司存。三公統外，御史察內。今越奏近官，經典、漢制，何所依據？其開公具對！』秉使對曰：『《春秋傳》曰：「除加之惡，唯力是視。」《左傳》載寺人披之言。此經典也。鄧通懈慢，申屠嘉召通詰責，文帝從而請之。事見十五卷文帝後二年。此漢制也。漢世故事，三公之職，無所不統。』尚書不能詰，帝不得已，道免覽官。司隸校尉韓演因奏左悺罪惡，及其兄太僕南鄉侯請

託州郡，聚斂爲奸，斂，力贍翻。賓客放縱，侵犯吏民。悺、稱皆自殺。演又奏中常侍具瑗兄沛相恭臧罪，徵詣廷尉。瑗詣獄謝，上還東武侯印綬，東武城，屬清河郡。據《宦者傳》，瑗封東武陽侯。東武陽，屬東郡。上，時掌翻。詔貶爲都鄉侯。超及璜、衡襲封者，並降爲鄉侯，《考異》曰：《楊秉傳》：『南巡之明年，秉劾侯覽』，則是在此年。《宦者傳》：『韓演奏具瑗，瑗坐奪國爲鄉侯』，與《秉傳》所云削瑗國共是一事明矣。而《袁紀》載在去年春，與范不同。今從范書。子弟分封者，悉奪爵土。劉普等貶爲關內侯，尹勳等亦皆奪爵。

八月，戊辰，初令郡國有田者畝斂稅錢。賢曰：畝十錢也。餘據宦者傳：張讓等說靈帝斂天下田，畝稅十錢，非此時事也，蓋漢田租三十稅一，而計畝斂錢，則自此始。

《明史》卷一八六《韓文傳》 文司國計二年，力遏權幸，權幸深疾之。而是時青宮舊奄劉瑾等八人號『八虎』，日導帝狗馬、鷹兔、歌舞、角牴，不親萬幾。文每退朝，對僚屬語及，輒泣下。郎中李夢陽進曰：『公大臣，義共國休戚，徒泣何爲。諫官疏劾諸奄，執政持甚力。公誠及此時率大臣固爭，去「八虎」易易耳。』文捋鬚昂肩，毅然改容曰：『善。縱事勿濟，吾年足死矣，不死不足報國。』即偕諸大臣伏闕上疏，略曰：『【略】竊觀前古奄宦誤國，爲禍尤烈，漢十常侍、唐甘露之變，其明驗也。今永成等罪惡既著，若縱不治，將來益無忌憚，必患在社稷。伏望陛下奮乾剛，割私愛，上告兩宮，下諭百僚，明正典刑，以回天地之變，泄神人之憤，潛削禍亂之階，永保靈長之業。』疏入，帝驚泣不食。瑾等大懼。

軍閥黨錮

綜述

《後漢書》卷七《孝桓帝紀》（延熹九年）冬十二月，洛城傍竹柏枯傷。光祿勳汝南宣酆爲司空。南匈奴、烏桓率衆詣張奐降。司隸校尉李膺等二百餘人受誣爲黨人，並坐下獄，書名王府。

又 卷八《孝靈帝紀》（建寧二年）冬十月丁亥，中常侍侯覽諷有司奏前司空虞放、太僕杜密、長樂少府李膺、司隸校尉朱瑀、潁川太守巴肅、沛相荀昱、河內太守魏朗、山陽太守翟超皆爲鉤黨，下獄，死者百餘人，妻子徙邊，諸附從者錮及五屬。制詔州郡大舉鉤黨，於是天下豪桀及儒學行義者，一切結爲黨人。【略】

熹平五年閏月，永昌太守曹鸞坐訟黨人，棄市。詔黨人門生、故吏、父兄、子弟在位者，皆免官禁錮。【略】

光和二年夏四月甲戌朔，日有食之。辛巳，中常侍王甫及太尉段熲並下獄死。丁酉，大赦天下，諸黨人禁錮小功以下皆除之。

又 卷三〇下《襄楷傳下》 桓帝時，宦官專朝，政刑暴濫，又比失皇子，灾異尤數。延熹九年，楷自家詣闕上疏曰：

臣聞皇天不言，以文象設教。堯、舜雖聖，必歷象日月星辰，察五緯所在，故能享百年之壽，爲萬世之法。臣竊見去歲五月，熒惑入太微，犯帝座，出端門，不軌常道。其閏月良辰，太白入房，犯心小星，震動中耀。中耀，天王也；傍小星者，天王子也。夫太微天廷，五帝之坐，而金火罰星揚光其中，于占，天子凶；又俱入房、心，法無繼嗣。今年歲星久守太微，逆行西至掖門，還切執漢。歲爲木精，好生惡殺，而淹留不去者，咎在仁德不修，誅罰太酷。前七年十二月，熒惑與歲星俱入軒轅，逆行四十餘日，而鄧皇后誅。其冬大寒，殺鳥獸，害魚鱉，城傍竹柏之葉有傷枯者。臣聞于師曰：『柏傷竹枯，不出三年，天子當之。』今洛陽城中人夜無故叫呼，云有火光，人聲正喧，於占亦與竹柏枯同。自春夏以來，連有霜雹及大雨雷，而臣作威作福，刑罰急刻之所感也。

太原太守劉瓆、南陽太守成瑨，志除奸邪，其所誅翦，皆合人望，而陛下受閹豎之譖，乃遠加考逮。三公上書乞哀瓆等，不見采察，而嚴被譴讓。憂國之臣，將遂杜口矣。

臣聞殺無罪，誅賢者，禍及三世。自陛下即位以來，頻行誅伐，梁、寇、孫、鄧，並見族滅，其從坐者，又非其數。李雲上書，明主所不當諱，杜衆乞死，諒以感悟聖朝，曾無赦宥，而並被殘戮，天下之人，咸知其冤。漢興以來，未有拒諫誅賢，用刑太深如今者也。

永平舊典，諸當重論皆須冬獄，先請後刑，所以重人命也。頃數十歲以來，州郡玩習，又欲避請讞之煩，輒託疾病，多死牢獄。長吏殺生自己，死者多非其罪，魂神冤結，無所歸訴，淫厲疾疫，自此而起。昔文王一妻，誕至十子，今宮女數千，未聞慶育。宜修德省刑，以廣《螽斯》之祚。

又七年六月十三日，河內野王山上有龍死，長可數十丈。扶風有星隕爲石，聲聞三郡。夫龍形狀不一，小大無常，故《周易》況之大人，帝王以爲符瑞。或聞河內龍死，諱以爲蛇。夫龍能變化，蛇亦有神，皆不當死。昔秦之將衰，華山神操璧以授鄭客，曰『今年祖龍死』，始皇逃之，死於沙丘。王莽天鳳二年，訛言黃山宮有死龍之異，後漢誅莽，光武復興。虛言猶然，況於實邪？夫星辰麗天，猶萬國之附王者也。下將畔上，故星亦畔天。石者安類，墜者失勢。春秋五石隕宋，其後襄公爲楚所執。秦之亡也，石隕東郡。今隕扶風，與先帝園陵相近，不有大喪，必有畔逆。

案春秋以來及古帝王，未有河清及學門自壞者也。臣以爲河者，諸侯位也。清者屬陽，濁者屬陰。河當濁而反清者，陰欲爲陽，諸侯欲爲帝也。太學，天子教化之宮，其門無故自壞者，言文德將喪，教化廢也。京房《易傳》曰：『河水清，天下平。』今天垂盡，地吐妖，人厲疫，三者並時而有河清，猶春秋麟不當見而見，孔子書之以爲異也。

臣前上琅邪宮崇受干吉神書，不合明聽。臣聞布穀鳴于孟夏，蟋蟀吟於始秋，物有微而志信，人有賤而言忠。臣雖至賤，誠願賜清閒，極盡所言。

書奏不省。

十餘日，復上書曰：

臣伏見太白北入數日，復出東方，其占當有大兵，中國弱，四夷强。臣又推步，熒惑今當出而潛，必有陰謀。皆由獄多冤結，忠臣被戮。德星所以久守執法，亦爲此也。陛下宜承天意，理察冤獄，爲劉瓆、成瑨虧除罪辟，追録李雲、杜衆等子孫。

夫天子事天不孝，則日食星斗。比年日食於正朔，三光不明，五緯錯戾。前者宮崇所獻神書，專以奉天地順五行爲本，亦有興國廣嗣之術。其文易曉，參同經典，而順帝不行，故國胤不興，孝沖、孝質頻世短祚。

臣又聞之，得主所好，自非正道，神爲生虐。故周衰，諸侯以力征相尚，於是夏育、申休、宋萬、彭生、任鄙之徒生於其時。殷紂好色，妲己是出。葉公好龍，眞龍遊廷。今黃門常侍，天刑之人，陛下愛待，兼倍常寵，係嗣未兆，豈不爲此？天官宦者星不在紫宮而在天市，明當給使主市里也。今乃反處常伯之位，實非天意。

又聞宮中立黃、老、浮屠之祠。此道清虛，貴尚無爲，好生惡殺，省欲去奢。今陛下嗜欲不去，殺罰過理，既乖其道，豈獲其祚哉！或言老子入夷狄爲浮屠。浮屠不三宿桑下，不欲久生恩愛，精之至也。天神遺以好女，浮屠曰：『此但革囊盛血。』遂不眄之。其守一如此，乃能成道。今陛下淫女豔婦，極天下之麗，甘肥飲美，單天下之味，奈何欲如黃、老乎？

書上，卽召詣尚書問狀。楷曰：『臣聞古者本無宦臣，武帝末，春秋高，數游後宮，始置之耳。後稍見任，至於順帝，遂益繁熾。今陛下爵之，十倍於前。至今無繼嗣者，豈獨好之而使之然乎？』尚書上其對，詔下有司處正。尚書承旨奏曰：『其宦者之官，非近世所置。漢初張澤爲大謁者，佐絳侯誅諸呂；孝文使趙談參乘，而子孫昌盛。楷不正辭理，指陳要務，而析言破律，違背經藝，假借星宿，僞託神靈，造合私意，誣上罔事。請下司隸，正楷罪法，收送洛陽獄。』帝以楷言雖激切，然皆天文恆象之數，故不誅，猶司寇論刑。

又　卷三三《虞延傳》　延從曾孫放，字子仲。少爲太尉楊震門徒，及震被讒自殺，順帝初，放詣闕追訟震罪，由是知名。桓帝時爲尚書，以議誅大將軍梁冀功封都亭侯，後爲司空，坐水灾免。性疾惡宦官，遂爲所陷，靈帝初，與長樂少府李膺等俱以黨事誅。

又　卷三七《桓彬傳》　彬少與蔡邕齊名。初舉孝廉，拜尚書郎。時中常侍曹節女婿馮方亦爲郎，彬厲志操，與左丞劉歆、右丞杜希同好交善，未嘗與方共酒食之會，方深怨之，遂章言彬等爲酒黨。事下尚書令劉猛，雅善彬等，不舉正其事，節大怒，劾奏猛，以爲阿黨，請收下詔獄，在朝者爲之寒心，猛意氣自若，旬日得出，免官禁錮。彬遂以廢。光和元年，卒於家，年四十六。諸儒莫不傷之。

又 卷三八《馮緄傳》 上言『舊典，中官子弟不得爲牧人職』，帝不納。復爲廷尉。時山陽太守單遷以罪繫獄，緄考致其死。遷，故車騎將軍單超之弟，中官相黨，遂共誹章誣緄，坐與司隸校尉李膺、大司農劉祐俱輸左校。應奉上疏理緄等，得免。

又 卷三九《劉愷傳》 少子茂，字叔盛，亦好禮讓，歷位出納，桓帝時爲司空。會司隸校尉李膺等抵罪，而南陽太守成瑨、太原太守劉瓆下獄當死，茂與太尉陳蕃、司徒劉矩共上書訟之。帝不悦，有司承旨劾奏三公，茂遂坐免。建寧中，復爲太中大夫，卒于宫。

又 卷四七《何熙傳》 何熙字孟孫，陳國人。少有大志。永元中，爲謁者。身長八尺五寸，善爲威容，贊拜殿中，音動左右。和帝偉之，擢爲御史中丞，歷司隸校尉、大司農。及在軍臨歿，遺言薄葬。三子：臨、瑾、阜。臨、瑾並有政能。阜俊才早没。臨子衡，爲尚書，以正直稱，坐訟李膺等下獄，免官，廢於家。

又 卷六二《荀淑傳》 當世名賢李固、李膺等皆師宗之。及梁太后臨朝，有日食地震之變，詔公卿舉賢良方正，光禄勳杜喬、少府房植舉淑對策，譏刺貴幸，爲大將軍梁冀所忌，出補朗陵侯相。莅事明理，稱爲神君。頃之，棄官歸，閒居養志。產業每增，輒以贍宗族知友，年六十七，建和三年卒，李膺時爲尚書，自表師喪。二縣皆爲立祠。有子八人：儉、緄、靖、燾、汪、爽、肅、專，並有名稱，時人謂之『八龍』。

初，荀氏舊里名西豪，潁陰令勃海苑康以爲昔高陽氏有才子八人，今荀氏亦有八子，故改其里曰高陽里。

靖有至行，不仕，年五十而終，號曰玄行先生。

淑兄子昱字伯條，曇字無智。昱爲沛相，曇爲廣陵太守。兄弟皆正身疾惡，志除閹宦。其支黨賓客有在二郡者，纖罪必誅。昱後共大將軍竇武謀誅中官，與李膺俱死。曇亦禁錮終身。

又 《韓韶傳》 字仲黄，潁川舞陽人也。少仕郡，辟司徒府。時，太山賊公孫舉僞號歷年，守、令不能破散，多爲坐法。尚書選三府掾能理劇者，乃以韶爲嬴長。賊聞其賢，相戒不入嬴境。餘縣多被寇盜，廢耕桑，其流入縣界求索衣糧者甚衆。韶愍其飢困，乃開倉賑之，所稟贍萬餘户。主者爭謂不可。韶曰：『長活溝壑之人，而以此伏罪，含笑入地矣。』太守素知韶名德，竟無所坐。以病卒官。同郡李膺、陳寔、杜密、荀淑等爲立碑頌焉。

子融，字無長。少能辯理而不爲章句學。聲名甚盛，五府並辟。獻帝初，至太僕。年七十卒。

鍾皓字季明，潁川長社人也。爲郡著姓，世善刑律。皓少以篤行稱，公府連辟，爲二兄未仕，避隱密山，以詩律教授門徒千餘人。同郡陳寔，年不及皓，皓引與爲友。皓爲郡功曹，會辟司徒府，臨辭，太守問：『誰可代卿者？』皓曰：『明府欲必得其人，西門亭長陳寔可。』寔聞之，曰：『鍾君似不察人，不知何獨識我？』皓頃之自劾去。前後九辟公府，徵爲廷尉正、博士、林慮長，皆不就。時，皓及荀淑並爲士大夫所歸慕。李膺常歎曰：『荀君清識難尚，鍾君至德可師。』

皓兄子瑾母，膺之姑也。瑾好學慕古，有退讓風，與膺同年，俱有聲名。膺祖太尉脩，常言：『瑾似我家性，邦有道不廢，邦無道免于刑戮。』復以膺妹妻之。瑾辟州府。未嘗屈志。膺謂之曰：『孟子以爲「人無是非之心，非人也」。弟何期不與孟軻同邪？』瑾常以膺言白皓。皓曰：『昔國武子好昭人過，以致怨本。卒保身全家，爾道爲貴。』其體訓所安，多此類也。

又 卷六五《皇甫規傳》 規出身數年，持節爲將，擁衆立功，還督鄉里，既無他私惠，而多所舉奏，又惡絶宦官，不與交通，於是中外並怨，遂共誣規貨賂羣羌，令其文降。【略】其年冬，徵還拜議郎。論功當封。而中常侍徐璜、左悺欲從求貨，數遣賓客就問功狀，規終不答。璜乘忿怒，陷以前事，下之於吏。官屬欲賦斂請謝，規誓而不聽，遂以餘寇不絶，坐繫廷尉，論輸左校。諸公及太學生張鳳等三百餘人詣闕訟之。會赦，歸家。【略】

及黨事大起，天下名賢多見染逮，規雖爲名將，素譽不高。自以西州豪桀，耻不得豫，乃先自上言：『臣前薦故大司農張奐，是附黨也。又臣昔論輸左校時，太學生張鳳等上書訟臣，是爲黨人所附也。臣宜坐之。』朝廷知而不問，時人以爲規賢。

在事數歲，北邊威服，永康元年，徵爲尚書。其夏日食，詔公卿舉賢良方正，下問得失。規對曰：

天之于王者，如君之于臣，父之于子也。誡以灾妖，使從福祥。陛下八年之中，三斷大獄，一除内嬖，再誅外臣。而灾異猶見，人情未安者，殆賢愚進退，威刑所加，有非其理也。前太尉陳蕃、劉矩，忠謀高世，廢在里巷；劉祐、馮緄、趙典、尹勳，正直多怨，流放家門；李膺、王暢、孔翊，潔身守禮，終無宰相之階。至於鉤黨之釁，事起無端，虐賢傷善，哀及無辜。今興改善政，易於覆手，而羣臣杜口，鑑畏前害，互相瞻顧，莫肯正言。伏願陛下暫留聖明，容受謇直，則前責可弭，後福必降。

又《張奐傳》（延熹二年）明年，梁冀被誅，奐以故吏免官禁錮。【略】永康元年春，東羌、先零五六千騎寇關中，圍祋祤，掠雲陽。夏，復攻没兩營，殺千餘人。冬，羌岸尾、摩蟞等脅同種復抄三輔。奐遣司馬尹端、董卓並擊，大破之，斬其酋豪，首虜萬餘人，三州清定。論功當封，奐不事宦官，故賞遂不行，唯賜錢二十萬，除家一人爲郎。並辭不受，而願徙屬弘農華陰。舊制邊人不得内移，唯奐因功特聽，故始爲弘農人焉。

建寧元年，振旅而還。時竇太后臨朝，大將軍竇武與大傅陳蕃謀誅宦官，事泄，中常侍曹節等於中作亂，以奐新徵，不知本謀，矯制使奐與少府周靖率五營士圍武。武自殺，蕃因見害。奐遷少府，又拜大司農，以功封侯。奐深病爲節所賣，上書固讓，封還印綬，卒不肯當。

明年夏，青蛇見於御坐軒前，又大風雨雹，霹靂拔樹，詔使百僚各言灾應。奐上疏曰：

臣聞風爲號令，動物通氣。木生於火，相須乃明。蛇能屈申，配龍騰蟄。順至爲休徵，逆來爲殃咎。陰氣專用，則凝精爲雹。故大將軍竇武、太傅陳蕃，或志寧社稷，或方直不回，前以讒勝，並伏誅戮，海内默默，人懷震憤。昔周公葬不如禮，天乃動威。今武、蕃忠貞，未被明宥，妖眚之來，皆爲此也。宜急爲改葬，徙還家屬。其從坐禁錮，一切蠲除。又皇太后雖居南宮，而恩禮不接，朝臣莫言，遠近失望。宜思大義顧復之報。

天子深納奐言，以問諸黄門常侍，左右皆惡之，帝不得自從。

轉奐太常，與尚書劉猛、刁韙、衛良同薦王暢、李膺可參三公之選，而曹節等彌疾其言，遂下詔切責之。奐等皆自囚廷尉，數日乃得出，並以三月俸贖罪。司隸校尉王寓，出於宦官，欲借寵公卿，公求薦舉，百僚畏憚，莫不許諾，唯奐獨拒之。寓怒，因此遂陷以黨罪，禁錮歸田里。

奐前爲度遼將軍，與段熲爭擊羌，不相平。及熲爲司隸校尉，欲逐奐歸敦煌，將害之。奐憂懼，奏記謝熲曰：

小人不明，得過州將，千里委命，以情相歸。足下仁篤，照其辛苦，使人未反，復獲郵書。恩詔分明，前以寫白，而州期切促，郡縣惶懼，屏營延企，側待歸命。父母朽骨，孤魂相託，若蒙矜憐，壹惠咳唾，則澤流黄泉，施及冥寞，非奐生死所能報塞。夫無毛髮之勞，而欲求人丘山之用，此淳于髡所以拍髀仰天而笑者也。誠知言必見譏，然猶未能無望。何者？朽骨無益於人，而文王葬之；死馬無所復用，而燕昭寶之。黨同文、昭之德，豈不大哉！凡人之情，冤而呼天，窮則叩心。今呼天不聞，叩心無益，誠自傷痛。俱生聖世，獨爲匪人。孤微之人，無所告訴。如不哀憐，便爲魚肉。企心東望，無所復言。

熲雖剛猛，省書哀之，卒不忍也。時，禁錮者多不能守靜，或死或徙。奐閉門不出，養徒千人，著《尚書記難》三十餘萬言。

又《段熲傳》 熲曲意宦官，故得保其富貴，遂黨中常侍王甫，枉誅中常侍鄭颯、董騰等，增封四千户，并前萬四千户。

又 卷六六《陳蕃傳》 中常侍蘇康、管霸等復被任用，遂排陷忠良，共相阿媚。大司農劉祐、廷尉馮緄、河南尹李膺，皆以懺旨，爲之抵罪。蕃因朝會，固理膺等，請加原宥，升之爵任。言及反復，誠辭懇切。帝不聽，因流涕而起。時，小黄門趙津、南陽大猾張汜等，奉事中官，乘勢犯法，二郡太守劉瓆、成瑨考案其罪，雖經赦令，而並竟考殺之。宦官怨恚，有司承旨，遂奏瓆、瑨罪當棄市。又山陽太守翟超，没入中常侍侯覽財産，東海相黄浮，誅殺下邳令徐宣，超、浮並坐髡鉗，輸作左校。蕃與司徒劉矩、司空劉茂共諫請瓆、瑨、超、浮等，帝不悦。有司劾奏之，矩、茂不敢復言。蕃乃獨上疏曰：

臣聞齊桓修霸，務爲内政，《春秋》于魯，小惡必書。宜先自整勑，後以及人。今寇賊在外，四支之疾；内政不理，心腹之患。臣寢不能寐，食不能飽，實憂左右日親，忠言以疏，内患漸積，外難方深。陛下超從列侯，繼承天位。小家畜産百萬之資，子孫尚恥愧失其先業，況乃産兼天下，受之先帝，而欲懈怠以自輕忽乎？誠不愛已，不當念先帝得之勤苦

邪？前梁氏五侯，毒遍海內，天啓聖意，收而戮之，天下之議，冀當小平。明鑑未遠，覆車如昨，而近習之權，復相扇結。小黃門趙津、大猾張汜等，肆行貪虐，奸媚左右，前太原太守劉瓆、南陽太守成瑨，糾而戮之。雖言赦後不當誅殺，原其誠心，在乎去惡。至於陛下，有何悁悁？而小人道長，營惑聖聽，遂使天威爲之發怒。如加刑讁，已爲過甚，況乃重罰，令伏歐刀乎！

又，前山陽太守翟超、東海相黃浮，奉公不橈，疾惡如仇，超没侯覽財物，浮誅徐宣之罪，並蒙刑坐，不逢赦恕。覽之從横，没財已幸；宣犯釁過，死有餘辜。昔丞相申屠嘉召責鄧通，洛陽令董宣折辱公主，而文帝從而請之，光武加以重賞，未聞二臣有專命之誅。而今左右羣豎，惡傷黨類，妄相交構，致此刑譴。聞臣是言，當復嗁訴。陛下深宜割塞近習豫政之源，引納尚書朝省之事，公卿大官，五日壹朝，簡練清高，斥黜佞邪。於是天和於上，地洽於下，休禎符瑞，豈遠乎哉！陛下雖厭毒臣言，凡人主有自勉强，敢以死陳。

帝得奏愈怒，意無所納，朝廷衆庶莫不怨之。宦官由此疾蕃彌甚，選舉奏議，輒以中詔譴卻，長史已下多至抵罪。猶以蕃名臣，不敢加害。瓆字文理，高唐人。瑨字幼平，陝人。並有經術稱，處位敢直言，多所摶擊，知名當時，皆死於獄中。

九年，李膺等以黨事下獄考實。蕃因上疏極諫曰：

臣聞賢明之君，委心輔佐，亡國之主，諱聞直辭。故湯武雖聖，而興于伊呂，桀紂迷惑，亡在失人。由此言之，君爲元首，臣爲股肱，同體相須，共成美惡者也。伏見前司隸校尉李膺、太僕杜密、太尉掾范滂等，正身無玷，死心社稷。以忠懺旨，横加考案，或禁錮閉隔，或死徙非所。杜塞天下之口，聾盲一世之人，與秦焚書坑儒，何以爲異？昔武王克殷，表閭封墓，今陛下臨政，先誅忠賢。遇善何薄？待惡何優？夫讒人似實，巧言如簧，使聽之者惑，視之者昏。夫吉凶之效，存乎識善；成敗之機，在於察言。人君者，攝天下之政，秉四海之維，舉動不可以違聖法，進退不可以離道規。謬言出口，則亂及八方，何況髡無罪於獄，殺無辜於市乎！昔禹巡狩蒼梧，見市殺人，下車而哭之曰：『萬方有罪，在予一人！』故其興也勃焉。又青、徐炎旱，五穀損傷，民物流遷，茹菽不足。而宮女積于房掖，國用盡于羅紈，外戚私門，貪財受賂，所謂『祿去公室，政在大夫』。昔春秋之末，周德衰微，數十年間無復灾眚者，天所棄也。天之於漢，悢悢無已，故殷勤示變，以悟陛下。除妖去孽，實在修德。臣位列臺司，憂責深重，不敢尸祿惜生，坐觀成敗。如蒙采録，使身首分裂，異門而出，所不恨也。

帝諱基言切，託以蕃辟召非其人，遂策免之。

又　卷六七《黨錮傳》　及漢祖杖劍，武夫教興，憲令寬賒，文禮簡闊，緒餘四豪之烈，人懷陵上之心，輕死重氣，怨惠必仇，令行私庭，權移匹庶，任俠之方，成其俗矣。自武帝以後，崇尚儒學，懷經協術，所在霧會，至有石渠分爭之論，黨同伐異之説，守文之徒，盛于時矣。至王莽專偽，終於篡國，忠義之流，恥見纓紼，遂乃榮華丘壑，甘足枯槁。雖中興在運，漢德重開，而保身懷方，彌相慕襲，去就之節，重于時矣。逮桓、靈之間，主荒政繆，國命委於閹寺，士子羞與爲伍，故匹夫抗憤，處士横議，遂乃激揚名聲，互相題拂，品核公卿，裁量執政，婞直之風，於斯行矣。

夫上好則下必甚，橋枉故直必過，其理然矣。若范滂、張儉之徒，清心忌惡，終陷黨議，不其然乎？

初，桓帝爲蠡吾侯，受學于甘陵周福，及即帝位，擢福爲尚書。時同郡河南尹房植有名當朝，鄉人爲之謠曰：『天下規矩房伯武，因師獲印周仲進。』二家賓客，互相譏揣，遂各樹朋徒，漸成尤隙，由是甘陵有南北部，黨人之議，自此始矣。後汝南太守宗資任功曹范滂，南陽太守成瑨亦委功曹岑晊，二郡又爲謠曰：『汝南太守范孟博，南陽宗資主畫諾。南陽太守岑公孝，弘農成瑨但坐嘯。』因此流言轉入太學，諸生三萬餘人，郭林宗、賈偉節爲其冠，並與李膺、陳蕃、王暢更相褒重。學中語曰：『天下模楷李元禮，不畏强禦陳仲舉，天下俊秀王叔茂。』又渤海公族進階、扶風魏齊卿，並危言深論，不隱豪强。自公卿以下，莫不畏其貶議，屣履到門。

時，河內張成善説風角，推占當赦，遂教子殺人。李膺爲河南尹，督促收捕，既而逢宥獲免，膺愈懷憤疾，竟案殺之。初，成以方伎交通宦官，帝亦頗誶其占。成弟子牢修因上書誣告膺等養太學遊士，交結諸郡生

徒，更相驅馳，共爲部黨，誹訕朝廷，疑亂風俗。於是天子震怒，班下郡國，逮捕黨人，佈告天下，使同忿疾，遂收執膺等。其辭所連及陳寔之徒二百餘人，或有逃遁不獲，皆懸金購募。使者四出，相望於道。明年，尚書霍諝、城門校尉竇武並表爲請，帝意稍解，乃皆赦歸田里，禁錮終身。而黨人之名，猶書王府。

自是正直廢放。邪枉熾結，海内希風之流，遂共相標榜，指天下名士，爲之稱號。上曰『三君』，次曰『八俊』，次曰『八顧』，次曰『八及』，次曰『八廚』，猶古之『八元』、『八凱』也。竇武、劉淑、陳蕃爲『三君』。君者，言一世之所宗也。李膺、荀翌、杜密、王暢、劉祐、魏朗、趙典、朱寓爲『八俊』。俊者，言人之英也。郭林宗、宗慈、巴肅、夏馥、范滂、尹勳、蔡衍、羊陟爲『八顧』。顧者，言能以德行引人者也。張儉、岑晊、劉表、陳翔、孔昱、苑康、檀敷、翟超爲『八及』。及者，言其能導人追宗者也。度尚、張邈、王考、劉儒、胡母班、秦周、蕃嚮、王章爲『八廚』。廚者，言能以財救人者也。

又張儉鄉人朱並，承望中常侍侯覽意旨，上書告儉與同鄉二十四人別相署號，共爲部黨，圖危社稷。以儉及檀彬、褚鳳、張肅、薛蘭、馮禧、魏玄、徐乾爲『八俊』，田林、張隱、劉表、薛郁、王訪、劉祗、宣靖、公緒恭爲『八顧』，朱楷、田槃、疎耽、薛敦、宋布、唐龍、嬴咨、宣褒爲『八及』，刻石立墠，共爲部黨，而儉爲之魁。靈帝詔刊章捕儉等。大長秋曹節因此諷有司奏捕前黨故司空虞放、太僕杜密、長樂少府李膺、司隸校尉朱寓、潁川太守巴肅、沛相荀翌、河内太守魏朗、山陽太守翟超、任城相劉儒、太尉掾范滂等百餘人，皆死獄中。餘或先歿不及，或亡命獲免。自此諸爲怨隙者，因相陷害，睚眥之忿，濫入黨中。又州郡承旨，或有未嘗交關，亦離禍毒。其死徙廢禁者，六七百人。

熹平五年，永昌太守曹鸞上書大訟黨人，言甚方切。帝省奏大怒，即詔司隸、益州檻車收鸞，送槐里獄掠殺之。於是又詔州郡更考黨人門生故吏父子兄弟，其在位者，免官禁錮，爰及五屬。

光和二年，上祿長和海上言：『禮，從祖兄弟別居異財，恩義已輕，服屬疏末。而今黨人錮及五族，既乖典訓之文，有謬經常之法。』帝覽而悟之，黨錮自從祖以下，皆得解釋。

中平元年，黄巾賊起，中常侍呂强言於帝曰：『黨錮久積，人情多怨。若久不赦宥，輕與張角合謀，爲變滋大，悔之無救。』帝懼其言，乃大赦黨人，誅徙之家皆歸故郡。其後黄巾遂盛，朝野崩離，綱紀文章蕩然矣。

凡黨事始自甘陵、汝南，成于李膺、張儉，海内塗炭，二十餘年，諸所蔓衍，皆天下善士。三君、八俊等三十五人，其名迹存者，並載乎篇。陳蕃、竇武、王暢、劉表、度尚、郭林宗別有傳。荀翌附祖《淑傳》。張邈附《呂布傳》。胡母班附《袁紹傳》。王考字文祖，東平壽張人，冀州刺史；秦周字平王，陳留平丘人，北海相；蕃嚮字嘉景，魯國人，郎中；王璋字伯儀，東萊曲城人，少府卿：位行並不顯。翟超，山陽太守，事在《陳蕃傳》，字及郡縣未詳。朱寓，沛人，與杜密等俱死獄中。唯趙典名見而已。

又《劉淑傳》 （劉淑）字仲承，河間樂成人也。祖父稱，司隸校尉。淑少學明《五經》，遂隱居，立精舍講授，諸生常數百人。州郡禮請，五府連辟，並不就。永興二年，司徒种暠舉淑賢良方正，辭以疾。桓帝聞淑高名，切責州郡，使輿病詣京師。淑不得已而赴洛陽，對策爲天下第一，拜議郎。又陳時政得失，灾異之占，事皆效驗。再遷尚書，納忠建議，多所補益。又再遷侍中、虎賁中郎將。上疏以爲宜罷宦官，辭甚切直，帝雖不能用，亦不罪焉。以淑宗室之賢，特加敬異，每有疑事，常密諮問之。靈帝即位，宦官譖淑與竇武等通謀，下獄自殺。

又《李膺傳》 （李膺）字元禮，潁川襄城人也。祖父脩，安帝時爲太尉。父益，趙國相。膺性簡亢，無所交接，唯以同郡荀淑、陳寔爲師友。

初舉孝廉，爲司徒胡廣所辟，舉高第，再遷青州刺史。守令畏威明，多望風棄官。復徵，再遷漁陽太守。尋轉蜀郡太守，以母老乞不之官。轉護烏桓校尉。鮮卑數犯塞，膺常蒙矢石，每破走之，虜甚憚懾。以公事免官，還居綸氏，教授常千人。南陽樊陵求爲門徒，膺謝不受。陵後以阿附宦官，致位太尉，爲節志者所羞。荀爽嘗就謁膺，因爲其御，既還，喜曰：『今日乃得御李君矣。』其見慕如此。

永壽二年，鮮卑寇雲中，桓帝聞膺能，乃復徵爲度遼將軍。先是，羌

虜及疏勒、龜茲數出攻抄張掖、酒泉、雲中諸郡，百姓屢被其害。自膺到邊，皆望風懼服，先所掠男女，悉送還塞下。自是之後，聲振遠域。

延熹二年徵，再遷河南尹。時宛陵大姓羊元羣罷北海郡，臧罪狼籍，郡舍軒有奇巧，乃載之以歸。膺表欲按其罪，元羣行賂宦豎，膺反坐輸作左校。

初，膺與廷尉馮緄、大司農劉祐等共同心志，糾罰奸幸，緄、祐時亦得罪輸作。司隸校尉應奉上疏理膺等曰：

昔秦人觀寶于楚，昭奚恤蒞以羣賢；梁惠王瑋其照乘之珠，齊威王答以四臣。夫忠賢武將，國之心膂。竊見左校刑徒前廷尉馮緄、大司農劉祐、河南尹李膺等，執法不撓，誅舉邪臣，肆之以法，衆庶稱宜。昔季孫行父親逆君命，逐出莒僕，於舜之功二十之一。今膺等投身强禦，畢力致罪，陛下既不聽察，而猥受譖訴，遂令忠臣同愆元惡。自春迄冬，不蒙降恕，遐邇觀聽，爲之歎息。夫立政之要，記功忘失，是以武帝捨安國於徒中，宣帝徵張敞於亡命。緄前討蠻荆，均吉甫之功。祐數臨督司，有不吐茹之節。膺著威幽、幷，遺愛度遼。今三垂蠢動，王旅未振。《易》稱『雷雨作解，君子以赦過宥罪』。乞原膺等，以備不虞。

書奏，乃悉免其刑。

再遷，復拜司隸校尉。時，張讓弟朔爲野王令，貪殘無道，至乃殺孕婦，聞膺厲威嚴，懼罪逃還京師，因匿兄讓弟舍，藏於合柱中。膺知其狀，率將吏卒破柱取朔，付洛陽獄。受辭畢，卽殺之。讓訴冤於帝，詔膺入殿，御親臨軒，詰以不先請便加誅辟之意。膺對曰：『昔晉文公執衞成公歸於京師，《春秋》是焉。《禮》云公族有罪，雖曰宥之，有司執憲不從。昔仲尼爲魯司寇，七日而誅少正卯。今臣到官已積一旬，私懼以稽留爲愆，不意獲速疾之罪。誠自知釁責，死不旋踵，特乞留五日，克殄元惡，退就鼎鑊，始生之意也。』帝無復言，顧謂讓曰：『此汝弟之罪，司隸何愆？』乃遣出之。自此諸黄門常侍皆鞠躬屏氣，休沐不敢復出宫省。帝怪問其故，並叩頭泣曰：『畏李校尉。』

是時，朝廷日亂，綱紀穨阤，膺獨持風裁，以聲名自高。士有被其容接者，名爲登龍門。及遭黨事，當考實膺等。案經三府，太尉陳蕃卻之。曰：『今所考案，皆海内人譽，憂國忠公之臣。此等猶將十世宥也，豈有罪名不章而致收掠者乎？』不肯平署。帝愈怒，遂下膺等於黄門北寺獄。膺等頗引宦官子弟，宦官多懼，請帝以天時宜赦，於是大赦天下。膺免歸鄉里，居陽城山中，天下士大夫皆高尚其道，而汙穢朝廷。

及陳蕃免太尉，朝野屬意于膺，荀爽恐其名高致禍，欲令屈節以全亂世，爲書貽曰：『久廢過庭，不聞善誘，陟岵瞻望，惟日爲歲。知以直道不容于時，悅山樂水，家于陽城。道近路夷，當卽聘問，天狀嬰疾，闕於所仰。頃聞上帝震怒，貶黜鼎臣，人鬼同謀，以爲天子當貞觀二五，利見大人，不謂夷之初旦，明而未融，虹蜺揚輝，棄和取同。方今天地氣閉，大人休否，智者見險，投以遠害。雖匱人望，内合私願。想甚欣然，不爲恨也。願怡神無事，偃息衡門，任其飛沈，與時抑揚。』頃之，帝崩。陳蕃爲太傅，與大將軍竇武共秉朝政，連謀誅諸宦官，故引用天下名士，乃以膺爲長樂少府。及陳、竇之敗，膺等復廢。

後張儉事起，收捕鉤黨，鄉人謂膺曰：『可去矣』。對曰：『事不辭難，罪不逃刑，臣之節也。吾年已六十，死生有命，去將安之？』乃詣詔獄。考死，妻子徙邊，門生、故吏及其父兄，並被禁錮。

時，侍御史蜀郡景毅子顧爲膺門徒，而未有録牒，故不及於譴。毅乃慨然曰：『本謂膺賢，遣子師之，豈可以漏奪名籍，苟安而已！』遂自表免歸，時人義之。

膺子瓚，位至東平相。初，曹操微時，瓚異其才，將没，謂子宣等曰：『時將亂矣，天下英雄無過曹操。張孟卓與吾善，袁本初汝外親，雖爾勿依，必歸曹氏。』諸子從之，並免於亂世。

又《杜密傳》 （杜密）字周甫，潁川陽城人也。爲人沈質，少有厲俗志。爲司徒胡廣所辟，稍遷代郡太守。徵，三遷太山太守、北海相。其宦官子弟爲令長有奸惡者，輒捕案之。行春到高密縣，見鄭玄爲鄉佐，知其異器，卽召署郡職，遂遣就學。

後密去官還家，每謁守令，多所陳託。同郡劉勝，亦自蜀郡告歸鄉里，閉門埽軌，無所干及。太守王昱謂密曰：『劉季陵清高士，公卿多舉之者。』密知昱激己，對曰：『劉勝位爲大夫，見禮上賓，而知善不薦，聞惡無言，隱情惜己，自同寒蟬，此罪人也。今志義力行之賢而密達之，違道失節之士而密糾之，使明府賞刑得中，令問休揚，不亦萬分之一

乎？』昱慚服，待之彌厚。

後桓帝徵拜尚書令，遷河南尹，轉太僕。黨事既起，免歸本郡，與李膺俱坐，而名行相次，故時人亦稱『李杜』焉。後太傅陳蕃輔政，復爲太僕。明年，會黨事被徵，自殺。

又《劉祐傳》（劉祐）字伯祖，中山安國人也。安國後別屬博陵。祐初察孝廉，補尚書侍郎，閑練故事，文劄强辨，每有奏議，應對無滯，爲僚類所歸。

除任城令，兗州舉爲尤異，遷揚州刺史。是時會稽太守梁旻，大將軍冀之從弟也。祐舉奏其罪，旻坐徵。復遷祐河東太守。時屬縣令長率多中官子弟，百姓患之。祐到，黜其權强，平理冤結，政爲三河表。

再遷，延熹四年，拜尚書令，又出爲河南尹，轉司隸校尉。時權貴子弟罷州郡還入京師者，每至界首，輒改易輿服，隱匿財寶。威行朝廷。拜宗正，三轉大司農。時中常侍蘇康、管霸用事於內，遂固天下良田美業，山林湖澤，民庶窮困，州郡累氣。祐移書所在，依科品没入之。桓帝大怒，論祐輸左校。

後得赦出，復歷三卿，輒以疾辭，乞骸骨歸田里。詔拜中散大夫，遂杜門絕迹。每三公缺，朝廷皆屬意於祐，以譖毁不用。延篤貽之書曰：『昔太伯三讓，人無德而稱焉。延陵高揖，華夏仰風。吾子懷蘧氏之可卷，休寧子之如愚，微妙玄通，沖而不盈，蔑三光之明，未暇以天下爲事，何其劭與！』

靈帝初，陳蕃輔政，以祐爲河南尹。及蕃敗，祐黜歸，卒於家。明年，大誅黨人，幸不及禍。

又《魏朗傳》（魏朗）字少英，會稽上虞人也。少爲縣吏。兄爲鄉人所殺，朗白日操刃報仇於縣中，遂亡命到陳國。從博士郤仲信學《春秋圖緯》，又詣太學受《五經》，京師長者李膺之徒爭從之。

初辟司徒府，再遷彭城令。時，中官子弟爲國相，多行非法，朗與更相章奏，幸臣忿疾，欲中之。會九眞賊起，乃共薦朗爲九眞都尉。到官，獎厲吏兵，討破羣賊，斬首二千級。桓帝美其功，徵拜議郎。頃之，遷尚書。屢陳便宜。有所補益。出爲河內太守，政稱三河表。尚書令陳蕃薦朗公忠亮直，宜在機密，復徵爲尚書。會被黨議，免歸家。朗性矜嚴，閉門整法度，家人不見惰容。後竇武等誅，朗以黨被急徵，行至牛渚，自殺。著書數篇，號《魏子》云。

又《夏馥傳》（夏馥）字子治，陳留圉人也。少爲書生，言行質直。同縣高氏、蔡氏並皆富殖，郡人畏而事之，唯馥比門不與交通，由是爲豪姓所仇。桓帝初，舉直言，不就。

馥雖不交時宦，然以聲名爲中官所憚，遂與范滂、張儉等俱被誣陷，詔下州郡，捕爲黨魁。

及儉等亡命，經歷之處，皆被收考，辭所連引，布遍天下。馥乃頓足而歎曰：『孽自己作，空汙良善，一人逃死，禍及萬家，何以生爲！』乃自剪鬚變形，入林慮山中，隱匿姓名，爲治家傭。親突煙炭，形貌毁瘁，積二三年，人無知者。後馥弟靜，乘車馬，載縑帛，追之于涅陽市中。遇馥不識，聞其言聲，乃覺而拜之。馥避不與語，靜追隨至客舍，共宿。夜中密呼靜曰：『吾以守道疾惡，故爲權宦所陷。且念營苟全，以庇性命，弟奈何載物相求，是以禍見追也。』明旦，別去。黨禁未解而卒。

又《宗慈傳》（宗慈）字孝初，南陽安衆人也。舉孝廉，九辟公府，有道徵，不就。後爲脩武令。時，太守出自權豪，多取貨賂，慈遂棄官去。徵拜議郎，未到，道疾卒。南陽羣士皆重其義行。

又《巴肅傳》（巴肅）字恭祖，勃海高城人也。初察孝廉，歷慎令、貝丘長，皆以郡守非其人，辭病去。辟公府。稍遷拜議郎。與竇武、陳蕃等謀誅閹官，武等遇害，肅亦坐黨禁錮。中常侍曹節後聞其謀，收之。肅自載詣縣。縣令見肅，入閤解印綬與俱去。肅曰：『爲人臣者，有謀不敢隱，有罪不逃刑。既不隱其謀矣，又敢逃其刑乎？』遂被害。刺史賈琮刊石立銘以記之。

又《范滂傳》（范滂）字孟博，汝南征羌人也。少厲清節，爲州里所服，舉孝廉，光禄四行。時冀州饑荒，盜賊羣起，乃以滂爲清詔使，案察之。滂登車攬轡，慨然有澄清天下之志。乃至州境，守令自知臧汙，望風解印綬去。其所舉奏，莫不厭塞衆議。遷光禄勳主事。時，陳蕃爲光禄勳，滂執公儀詣蕃，蕃不止之，滂懷恨，投版棄官而去。郭林宗聞而讓蕃曰：『若范孟博者，豈宜以公禮格之？今成其去就之名，得無自取不優之議也？』蕃乃謝焉。

復爲太尉黄瓊所辟。後詔三府掾屬舉謠言，滂奏刺史、二千石權豪之黨二十餘人。尚書責滂所劾猥多，疑有私故。滂對曰：『臣之所舉，自非叨穢奸暴，深爲民害，豈以汙簡劄哉！間以會日迫促，故先舉所急，其未審者，方更參實。臣聞農夫去草，嘉穀必茂；忠臣除奸，王道以清。若臣言有貳，甘受顯戮。』吏不能詰。滂睹時方艱，知意不行，因投劾去。

太守宗資先聞其名，請署功曹，委任政事。滂在職，嚴整疾惡。其有行違孝悌，不軌仁義者，皆埽迹斥逐，不與共朝。顯薦異節，抽拔幽陋。滂外甥西平李頌，公族子孫，而爲鄉曲所棄，中常侍唐衡以頌請資，資用爲吏。滂以非其人，寢而不召。資遷怒，捶書佐朱零。零仰曰：『范滂清裁，猶以利刃齒腐朽。今日寧受笞死，而滂不可違。』資乃止。郡中中人以下，莫不歸怨，乃指滂之所用以爲『范黨』。

後牢脩誣言鉤黨，滂坐繫黄門北寺獄。獄吏謂曰：『凡坐繫皆祭皋陶。』滂曰：『皋陶賢者，古之直臣。知滂無罪，將理之於帝；如其有罪，祭之何益！』衆人由此亦止。獄吏將加掠考，滂以同囚多嬰病，乃請先就格，遂與同郡袁忠爭受楚毒。桓帝使中常侍王甫以次辨詰，滂等皆三木囊頭，暴於階下，餘人在前，或對或否，滂、忠於後越次而進。王甫詰曰：『君爲人臣，不惟忠國，而共造部黨，自相褒舉，評論朝廷，虛構無端，諸所謀結，並欲何爲？皆以情對，不得隱飾。』滂對曰：『臣聞仲尼之言，「見善如不及，見惡如探湯」。欲使善善同其清，惡惡同其汙，謂王政之所願聞，不悟更以爲黨。』甫曰：『卿更相拔舉，迭爲脣齒，有不合者，見則排斥，其意如何？』滂乃慷慨仰天曰：『古之循善，自求多福；今之循善，身陷大戮。身死之日，願埋滂于首陽山側，上不負皇天，下不愧夷、齊。』甫湣然爲之改容。乃得並解桎梏。

滂後事釋，南歸。始發京師，汝南、南陽士大夫迎之者數千兩。同囚鄉人殷陶、黄穆，亦免俱歸，並衞侍於滂，應對賓客。滂顧謂陶等曰：『今子相隨，是重吾禍也。』遂遁還鄉里。

初，滂等繫獄，尚書霍諝理之。及得免，到京師，往候諝而不爲謝。或有讓滂者。對曰：『昔叔向嬰罪，祁奚救之，未聞羊舌有謝恩之辭，祁老有自伐之色。』竟無所言。

建寧二年，遂大誅黨人，詔下急捕滂等。督郵吳導至縣，抱詔書，閉傳舍，伏牀而泣。滂聞之，曰：『必爲我也。』即自詣獄。縣令郭揖大驚，出解印綬，引與俱亡。曰：『天下大矣，子何爲在此？』滂曰：『滂死則禍塞，何敢以罪累君，又令老母流離乎！』其母就與之訣。滂白母曰：『仲博孝敬，足以供養，滂從龍舒君歸黄泉，存亡各得其所。惟大人割不忍之恩，勿增感戚。』母曰：『汝今得與李、杜齊名，死亦何恨！既有令名，復求壽考，可兼得乎？』滂跪受教，再拜而辭。顧謂其子曰：『吾欲使汝爲惡，則惡不可爲；使汝爲善，則我不爲惡。』行路聞之，莫不流涕。時年三十三。

又《尹勳傳》（尹勳）字伯元，河南鞏人也。家世衣冠。伯父睦爲司徒，兄頌爲太尉，宗族多居貴位者，而勳獨持清操，不以地勢尚人。州郡連辟，察孝廉，三遷邯鄲令，政有異迹。後舉高第，五遷尚書令。及桓帝誅大將軍梁冀，勳參建大謀，封都鄉侯。遷汝南太守。上書解釋范滂、袁忠等黨議禁錮。尋徵拜將作大匠，轉大司農。坐竇武等事，下獄自殺。

又《蔡衍傳》（蔡衍）字孟喜，汝南項人也。少明經講授，以禮讓化鄉里。鄉里有爭訟者，輒詣衍決之，其所平處，皆曰無怨。

舉孝廉，稍遷冀州刺史。中常侍具瑗託其弟恭舉茂才，衍不受，乃收齎書者案之。又劾奏河間相曹鼎臧罪千萬。鼎者，中常侍騰之弟也。騰使大將軍梁冀爲書請之，衍不答，鼎竟坐輸作左校。乃徵衍拜議郎、符節令。梁冀聞衍賢，請欲相見，衍辭疾不往，冀恨之。時南陽太守成瑨等以收糾宦官考廷尉，衍與議郎劉瑜表救之，言甚切厲，坐免官還家，杜門不出。靈帝即位，復拜議郎，會病卒。

又《羊陟傳》（羊陟）字嗣祖，太山梁父人也。家世冠族。陟少清直有學行，舉孝廉，辟太尉李固府，舉高第，拜侍御史。會固被誅，陟以故吏禁錮歷年。復舉高第，再遷冀州刺史。奏案貪濁，所在肅然。又再遷虎賁中郎將、城門校尉，三遷尚書令。時，太尉張顥、司徒樊陵、大鴻臚郭防、太僕曹陵、大司農馮方並與宦豎相姻私，公行貨賂，並奏罷黜之，不納。以前太尉劉寵、司隸校尉許冰、幽州刺史楊熙、涼州刺史劉恭、益州刺史龐艾清亮在公，薦舉升進。帝嘉之。拜陟河南尹。計日受奉，常食乾飯茹菜，禁制豪右，京師憚之。會黨事起，免官禁錮。卒於家。

又《張儉傳》（張儉）字元節，山陽高平人，趙王張耳之後也。

父成，江夏太守，儉初舉茂才，以刺史非其人，謝病不起。

延熹八年，太守翟超請爲東部督郵。時中常侍侯覽家在防東，殘暴百姓，所爲不軌。儉舉劾覽及其母罪惡，請誅之。覽遏絶章表，並不得通，由是結仇。鄉人朱並，素性佞邪，爲儉所棄，並懷怨恚，遂上書告儉與同郡二十四人爲黨，於是刊章討捕。儉得亡命，困迫遁走，望門投止，莫不重其名行，破家相容。後流轉東萊，止李篤家。外黄令毛欽操兵到門，篤引欽謂曰：『張儉知名天下，而亡非其罪。縱儉可得，寧忍執之乎？』欽因起撫篤曰：『蘧伯玉恥獨爲君子，足下如何自專仁義？』篤曰：『篤雖好義，明廷今日載其半矣。』欽歎息而去。篤因緣送儉出塞，以故得免。其所經歷，伏重誅者以十數，宗親並皆殄滅，郡縣爲之殘破。

中平元年，黨事解，乃還鄉里。大將軍、三公並辟，又舉敦樸，公車特徵，起家拜少府，皆不就。獻帝初，百姓飢荒，而儉資計差温，乃傾竭財産，與邑里共之，賴其存者以百數。

建安初，徵爲衛尉，不得已而起。儉見曹氏世德已萌，乃闔門縣車，不豫政事。歲餘卒于許下。年八十四。

又《岑晊傳》（岑晊）字公孝，南陽棘陽人也。父豫，爲南郡太守，以貪叨誅死。晊年少未知名，往侯同郡宗慈，慈方以有道見徵，賓客滿門，以晊非良家子，不肯見。晊留門下數日，晚乃引入。慈與語，大奇之，遂將俱至洛陽，因詣太學受業。

晊有高才，郭林宗、朱公叔等皆爲友，李膺、王暢稱其有幹國器，雖在閭里，慨然有董正天下之志。太守弘農成瑨下車，欲振威嚴，聞晊高名，請爲功曹，又以張牧爲中賊曹吏。瑨委心晊、牧，褒善糾違，肅清朝府。宛有富賈張汎者，桓帝美人之外親，善巧雕鏤玩好之物，頗以賂遺中官，以此並得顯位，恃其伎巧，用勢縱横。晊與牧勸瑨收捕汎等，既而同赦，晊竟誅之，并收其宗族賓客，殺二百餘人，後乃奏聞。於是中常侍侯覽使汎妻上書訟其冤。帝大震怒，徵瑨，下獄死。晊與牧亡匿齊魯之閒。會赦出。後州郡察舉，三府交辟，並不就。及李、杜之誅，因復逃竄，終於江夏山中云。

又《陳翔傳》（陳翔）字子麟，汝南邵陵人也。祖父珍，司隸校尉。翔少知名，善交結。察孝廉，太尉周景辟舉高第，拜侍御史。時正旦朝賀，大將軍梁冀威儀不整。翔奏冀恃貴不敬，請收案罪，時人奇之。遷定襄太守，徵拜議郎，遷揚州刺史。舉奏豫章太守王永奏事中官，吳郡太守徐參在職貪穢，並徵詣廷尉。參，中常侍璜之弟也。由此威名大振。又徵拜議郎，補御史中丞。坐黨事考黄門北寺獄，以無驗見原，卒於家。

又《孔昱傳》（孔昱）字元世，魯國魯人也。七世祖霸，成帝時歷九卿，封褒成侯。自霸至昱，爵位相係，其卿相牧守五十三人，列侯七人。昱少習家學，大將軍梁冀辟，不應。太尉舉方正，對策不合，乃辭病去。後遭黨事禁錮。靈帝即位，公車徵拜議郎，補洛陽令，以師喪棄官，卒於家。

又《苑康傳》（苑康）字仲眞，勃海重合人也。少受業太學，與郭林宗親善。舉孝廉，再遷潁陰令，有能迹。

遷太山太守。郡内豪姓多不法，康至，奮威怒，施嚴令，莫有干犯者。先所請奪人田宅，皆遽還之。

是時，山陽張儉殺常侍侯覽母，案其宗黨賓客，或有迸匿太山界者，康既常疾閹官，因此皆窮相收掩，無得遺脱。覽大怨之，誣康與兖州刺史第五種及都尉壺嘉詐上賊降，徵康詣廷尉獄，減死罪一等，徙日南。潁陰人及太山羊陟等詣闕爲訟，乃原還本郡，卒於家。

又《檀敷傳》（檀敷）字文有，山陽瑕丘人也。少爲諸生，家貧而志清，不受鄉里施惠。舉孝廉，連辟公府，皆不就。立精舍教授，遠方至者常數百人。桓帝時，博士徵，不就。靈帝即位，太尉黄瓊舉方正，對策合時宜，再遷議郎，補蒙令。以郡守非其人，棄官去。家無産業，子孫同衣而出。年八十，卒於家。

又《劉儒傳》（劉儒）字叔林，東郡陽平人也。郭林宗常謂儒口訥心辯，有珪璋之質。察孝廉，舉高第，三遷侍中。桓帝時，數有灾異，下策博求直言，儒上封事十條，極言得失，辭甚忠切。帝不能納，出爲任城相。頃之，徵拜議郎。會竇武事，下獄自殺。

又《賈彪傳》（賈彪）字偉節，潁川定陵人也。少游京師，志節慷慨，與同郡荀爽齊名。

初仕州郡，舉孝廉，補新息長。小民困貧，多不養子，彪嚴爲其制，與殺人同罪。城南有盜劫害人者，北有婦人殺子者，彪出案發，而掾吏欲

引南。彪怒曰：『賊冠害人，此則常理，母子相殘，逆天違道。』遂驅車北行，案驗其罪。城南賊聞之，亦面縛自首。數年間，人養子者千數，僉曰：『賈父所長』，生男名爲『賈子』，生女名爲『賈女』。

延熹九年，黨事起，太尉陳蕃爭之不能得，朝廷寒心，莫敢復言。彪謂同志曰：『吾不西行，大禍不解。』乃入洛陽，説城門校尉竇武、尚書霍諝，武等訟之，桓帝以此大赦黨人。李膺出，曰：『吾得免此，賈生之謀也。』

先是，岑晊以黨事逃亡，親友多匿焉，彪獨閉門不納，時人望之。彪曰：『《傳》言「相時而動，無累後人」。公孝以要君致釁，自遺其咎，吾以不能奮戈相待，反可容隱之乎？』於是咸服其裁正。

以黨禁錮，卒於家。初，彪兄弟三人，並有高名，而彪最優，故天下稱曰『賈氏三虎，偉節最怒』。

又 《何顒傳》 （何顒）字伯求，南陽襄鄉人也。少遊學洛陽。顒雖後進，而郭林宗、賈偉節等與之相好，顯名太學。友人虞偉高有父仇未報，而篤病將終，顒往候之，偉高泣而訴。顒感其義，爲復讎，以頭醊其墓。

及陳蕃、李膺之敗，顒以與蕃、膺善，遂爲宦官所陷，乃變姓名，亡匿汝南間。所至皆親其豪桀，有聲荊豫之域。袁紹慕之，私與往來，結爲奔走之友。是時，黨事起，天下多離其難，顒常私入洛陽，從紹計議。其窮困閉厄者，爲求援救，以濟其患。有被掩捕者，則廣設權計，使得逃隱，全免者甚衆。

及黨錮解，顒辟司空府。每三府會議，莫不推顒之長。累遷。及董卓秉政，逼顒以爲長史，託疾不就，乃與司空荀爽、司徒王允等共謀卓。會爽薨，顒以他事爲卓所繫，憂憤而卒。初，顒見曹操，歎曰：『漢家將亡，安天下者必此人也。』操以是嘉之。嘗稱『潁川荀彧，王佐之器』。及彧爲尚書令，遣人西迎叔父爽，並致顒屍，而葬之爽之冢傍。

又 卷六九《竇武傳》 （延熹八年）時，國政多失，內官專寵，李膺、杜密等爲黨事考逮。永康元年，上疏諫曰：

臣聞明主不諱譏刺之言，以探幽暗之實；忠臣不恤諫爭之患，以暢萬端之事。是以君臣並熙，名奮百世。臣幸得遭盛明之世，逢文、武之化，豈敢懷禄逃罪，不竭其誠！陛下初從藩國，爰登聖祚，天下逸豫，謂當中興。自卽位以來，未聞善政。梁、孫、寇、鄧雖或誅滅，而常侍黃門續爲禍虐，欺罔陛下，競行譎詐，自造制度，妄爵非人，朝政日衰，奸臣日强，伏尋西京放恣王氏，佞臣執政，終喪天下。今不慮前事之失，復循覆車之軌，臣恐二世之難，必將復及，趙高之變，不朝則夕。近者奸臣牢脩，造設黨議，遂收前司隸校尉李膺、太僕杜密、御史中丞陳翔、太尉掾范滂等逮考，連及數百人，曠年拘録，事無效驗。臣惟膺等建忠抗節，志經王室，此誠陛下稷、伊、呂之佐，而虛爲奸臣賊子之所誣枉，天下寒心，海內失望。惟陛下留神澄省，時見理出，以厭人鬼喁喁之心。

臣聞古之明君，必須賢佐，以成政道。今臺閣近臣，尚書令陳蕃，僕射胡廣，尚書朱、荀緄、劉祐、魏朗、劉矩、尹勳等，皆國之貞士，朝之良佐。尚書郎張陵、嬀皓、苑康、楊喬、邊韶、戴恢等，文質彬彬，明達國典。內外之職，羣才並列。而陛下委任近習，專樹饕餮，外典州郡，內幹心膂。宜以次貶黜，案罪糾罰，抑奪宦官欺國之封，案其無狀誣罔之罪，信任忠良，平決臧否，使邪正毀譽，各得其所，寶愛天官，唯善是授。如此，咎徵可消，天應可待。間者有嘉禾、芝草、黃龍之見。夫瑞生必於嘉士，福至實由善人，在德爲瑞，無德爲灾。陛下所行，不合天意，不宜稱慶。

書奏，因以病上還城門校尉、槐里侯印綬。帝不許，有詔原李膺、杜密等，自黃門北寺、若盧、都內諸獄，繫囚罪輕者皆出之。

又 卷七八《侯覽傳》 建寧二年，喪母還家，大起塋冢。督郵張儉因舉奏覽貪侈奢縱，前後請奪人宅三百八十一所，田百一十八頃。起立第宅十有六區，皆有高樓池苑，堂閣相望，飾以綺畫丹漆之屬，制度重深，僭類宮省。又豫作壽冢，石槨雙闕，高廡百尺，破人居室，發掘墳墓。虜奪良人，妻略婦子，及諸罪釁，請誅之。而覽伺候遮截，章竟不上。儉遂破覽冢宅，藉没資財，具言罪狀。又奏覽母生時交通賓客，干亂郡國。復不得御。覽遂誣儉爲鉤黨，及故長樂少府李膺、太僕杜密等，皆夷滅之。遂代曹節領長樂太僕。

宋・司馬光《資治通鑑・漢桓帝延熹八年》 中常侍侯覽兄張：『兄』作『弟』。參爲益州刺史，殘暴貪婪，婪，盧含翻。累臧億計。太尉楊

秉奏檻車徵參，參於道自殺，閱其車重三百餘兩，皆金銀錦帛。重，直用翻。秉因奏曰：『臣案舊典，宦者本在給使省闥，司昏守夜。而今猥受過寵，執政操權，附會者因公褒舉，違忤者求事中傷，居法王公，富擬國家，飲食極肴膳，僕妾盈紈素。中常侍侯覽弟參，貪殘元惡，自取禍滅。覽顧知釁重，必有自疑之意，臣愚以爲不宜復見親近。昔懿公刑邴遅之父，奪閻職之妻，而使二人參乘，卒有竹中之難。《左氏傳》：齊懿公之爲公子也，與邴遅之父爭田，弗勝。及卽位，乃掘而刖之，而使遅僕納閻職之妻，而使職參乘。公游于申池，二人浴于池，遅以鞭抶職，職怒，遅曰：「人奪汝妻而不怒，一抶汝，庸何傷！」職曰：「與刖其父而不能病者何如！」乃謀弒公，納諸竹中。「遅」，《左傳》作「歜」。覽其急屏斥，投畀有虎。畀，與也。詩曰：取彼譖人，投畀豺虎。若斯之人，非恩所宥，請免官送歸本郡。』書奏，尚書召對秉掾屬，詰之曰：賢曰：召秉掾屬問之。『設官分職，各有司存。三公統外，御史察內。今越奏近官，經典、漢制，何所依據？其開公具對！』秉使對曰：『《春秋傳》曰：「除加之惡，唯力是視。」《左傳》載寺人披之言。此經典也。鄧通懈慢，申屠嘉召通詰責，文帝從而請之。事見十五卷文帝後二年。此漢制也。漢世故事，三公之職，無所不統。』《尚書》不能詰，帝不得已，道免覽官。司隸校尉韓演因奏左悺罪惡，及其兄太僕南鄉侯稱請託州郡，聚斂爲奸，賓客放縱，侵犯吏民。悺、稱皆自殺。演又奏中常侍具瑗兄沛相恭臧罪，徵詣廷尉。瑗詣獄謝，上還東武侯印綬，東武城，屬清河郡。據《宦者傳》，瑗封東武陽侯。東武陽，屬東郡。詔貶爲都鄉侯。超及璜、衡襲封者，並降爲鄉侯，《考異》曰：《楊秉傳》：『南巡之明年，秉劾侯覽』，則是在此年矣。《宦者傳》：『韓演奏具瑗，瑗坐奪國爲鄉侯』，與《秉傳》所云削瑗國共是一事明矣。而袁紀載在去年春，與范不同。今從《范書》。子弟分封者，悉奪爵土。劉普等貶爲關內侯，尹勳等亦皆奪爵。【略】

十一月，壬子，黄門北寺火。陳蕃數言李膺、馮緄、劉佑之枉，請加原宥，升之爵任，言及反覆，誠辭懇切，以至流涕，帝不聽。應奉上疏曰：『夫忠賢武將，國之心膂。竊見左校弛刑徒馮緄、劉佑、李膺等，誅舉邪臣，肆之以法。賢曰：肆，陳也。陛下既不聽察，而猥受譖訴，遂令忠臣同愆元惡，自春迄冬，不蒙降恕，遐邇觀聽，爲之歎息。夫立政之要，記功忘失。是以武帝舍張：『舍』作『拔』。安國於徒中，賢曰：景帝時，韓安國爲梁大夫，坐法抵罪，後梁內史缺，起徒中爲二千石。此言武帝，誤也。宣帝徵張敞於亡命。事見二十七卷宣帝甘露元年。緄前討蠻荆，均吉甫之功。詩曰：顯允方叔，征伐玁狁，蠻荆來威。鄭玄注云：方叔先與吉甫征伐玁狁，今特征伐蠻荆，皆使來服宣王之威。緄以順帝時討武陵、長沙蠻夷有功，故以吉甫比之。佑數臨督司，有不吐茹之節。賢曰：謂佑奏梁冀弟旻，又爲司隸校尉，權豪畏之也。詩曰：柔亦不茹，剛亦不吐。膺著威幽、幷，遺愛度遼。膺爲漁陽太守，爲烏桓校時，皆幽部也，度遼將軍，則屯幷部，是其著威、遺愛之地。今三垂蠢動，王旅未振，乞原膺等，以備不虞。』書奏，乃悉免其刑。久之，李膺復拜司隸校尉。復，扶又翻。時小黄門張襄弟朔爲野王令，貪殘無道，畏膺威嚴，逃還京師，野王縣屬河內郡，而河內郡屬司部，畏膺察舉其罪，故逃還京師也。匿於兄家合柱中。合木爲柱，安足以容人。合柱，謂兩柱相直，兩屋相合處也。膺知其狀，率吏卒破柱取朔，付雒陽獄，受辭畢，卽殺之。讓訴冤於帝，帝召膺，詰以不先請便加誅之意。對曰：『昔仲尼爲魯司寇，七日而誅少正卯。今臣到官已積一句，私懼以稽留爲愆，不意獲速疾之罪。誠自知釁責，死不旋踵，特乞留五日，潛珍元惡，退就鼎鑊，始生之願也。』帝無復言，顧謂讓曰：『此汝弟之罪，司隸何愆！』乃遣出。自此諸黄門、常侍皆鞠躬屏氣，屏，必郢翻。休沐不敢出宮省。帝怪問其故，並叩頭泣曰：『畏李校尉。』時朝廷日亂，綱紀穨阤，章：乙十一行本『阤』作『弛』。壞也。而膺獨持風裁，以聲名自高，士有被其容接者，名爲登龍門云。賢曰：以魚爲喻也。龍門，河水所下之口，在今絳州龍門縣。辛氏《三秦記》曰：河津，一名龍門，水險不通，魚鼈之屬莫能上，江海大魚數千，薄集龍門下，不得上，上則爲龍。【略】

（九年）太學諸生三萬餘人，郭泰及潁川賈彪爲其冠，與李膺、陳蕃、王暢更相褒重。學中語曰：『天下模楷李元禮，不畏强禦陳仲舉，天下俊秀王叔茂。』李膺，字元禮，陳蕃，字仲舉，王暢，字叔茂。於是中外承風，競以臧否相尚，自公卿以下，莫不畏其貶議，屣履到門。屣履者，履不躡跟也。

宛有富賈張泛者，《考異》曰：《陳蕃傳》作『張汜』，謝承《書》作『張子禁』，今從《岑晊傳》。與後宮有親，又善雕鏤玩好之物，頗以賂遺中官，以此得顯位，用勢縱橫。岑晊與賊曹史張牧勸成雛

收捕泛等。既而遇赦，雕竟誅之，并收其宗族賓客，殺二百餘人，後乃奏聞。小黄門晉陽趙津，貪暴放恣，爲一縣巨患。太原太守原劉畫使郡吏王允討捕，亦於赦後殺之。於是中常侍侯覽使張泛妻上書訟冤，宦者因緣譖訴雕、畫。帝大怒，徵雕、畫，皆下獄。有司承旨，奏雕、畫罪當棄市。

山陽太守翟超以郡人張儉爲東部督郵。侯覽家在防東，《百官志》：郡有五部督郵，監屬縣。《郡國志》：防東縣，屬山陽郡。賢曰：故城在今兗州金鄉縣南。殘暴百姓。覽喪母還家，大起塋塚。儉舉奏覽罪，而覽伺候遮鑄，章竟不上。儉，遂破覽塚宅，藉没資財，具奏其狀，復不得御。御，進也，謂其奏不得進也。《考異》曰：《袁紀》：『儉行部下平陵，逢覽母。儉按劍怒曰：「何等女子干督郵，此非賊邪！」使吏卒收覽母，殺之，追擒覽家屬、賓客，死者百餘人，皆僵屍道路，伐其園宅，井堙木刊，雞犬器物，悉無（餘）類。』《苑康傳》亦云：『覽喪母還家。』《陳蕃傳》云：『翟超没入侯覽財産，坐髡鉗。』皆不云儉殺其母。若果殺之，則苑康不止徙日南也。《侯覽傳》又云：『建寧二年喪母』，蓋以誅黨人在其年，致此誤耳。徐璜兄子宣爲下邳令，暴虐尤甚。嘗求故汝南太守李暠女不能得，遂將吏卒至暠家，載其女歸，戲射殺之。東海相汝南黄浮聞之，收宣家屬，無少長，悉考之。掾史以下固爭，浮曰：『徐宣國賊，今日殺之，明日坐死，足以瞑目矣！』即案宣罪棄市，暴其尸。於是宦官訴冤於帝，帝大怒，超、浮並坐髡鉗，輸作左校。

太尉陳蕃、司空劉茂共諫，請雕、畫、超、浮等罪。《考異》曰：《陳蕃傳》又有司徒劉矩，按時胡廣爲司徒，非矩也。帝不悦。有司劾奏之，茂不敢復言。蕃乃獨上疏曰：『今寇賊在外，四支之疾；内政不理，心腹之患。臣寢不能寐，食不能飽，實憂左右日親，忠言日疏，内患漸積，外難方深。陛下超從列侯，繼承天位，賢曰：言帝以蠡吾侯即位。小家畜産百萬之資，子孫尚恥愧失其先業，況乃產兼天下，受之先帝，而欲懈怠以自輕忽乎！誠不愛己，不當念先帝得之勤苦邪！前梁氏五侯，毒偏海内，天啓聖意，收而戮之。賢曰：五侯，謂胤、讓、淑、忠、戟，與冀同時誅，事見《冀傳》。天下之議，冀當小平。明鑑未遠，覆車如昨而近習之權，復相扇結。小黄門趙津、大猾張泛等，肆行貪虐，奸媚左右。前太原太守劉畫、南陽太守成雕糾而戮之，雖言赦後不當誅殺，原其誠心，在乎去惡，至於陛下，有何悁悁！《説文》曰：悁悁，恚忿也。而小人道長，熒惑聖聽，遂使一威爲之發怒，必加刑譴，已爲過甚，況乃重罰令伏歐刀乎！又，前山陽太守翟超、東海相黄浮，奉公不橈，疾惡如讎，超没侯覽財物，浮誅徐宣之罪，並蒙刑坐，不逢赦恕。覽之從横，没財已幸；宣犯釁過，死有餘辜。昔丞相申屠嘉召責鄧通，雒陽令董宣折辱公主，而文帝從而請之，光武加以重賞，申屠嘉事見十四卷文帝後二年，董宣事見四十三卷光武建武十九年。未聞二臣有專命之誅。而今左右羣豎，惡傷黨類，妄相交構，致此刑譴，聞臣是言，當復庁訴。陛下深宜割塞近習與政之源，引納尚書朝省之士，朝，直遙翻。節練清高，斥黜佞邪。如是天和於上，地洽於下，休禎符瑞，豈遠乎哉！』帝不納。宦官由此疾蕃彌甚，選舉奏議，輒以中詔譴欲，長史以下多至抵罪，猶以蕃名臣，不敢加害。

平原襄楷詣闕上疏曰：『臣聞皇天下言，以文象設教。臣竊見太微，天廷五帝之坐，而金、火罰星揚光其中，《天文志》：太微，天子庭也，五帝之坐也。賢曰：太白，金也；熒惑，火也。《天文志》曰：逆夏令，傷火氣，罰見熒惑；逆秋令，傷金氣，罰見太白，故金火拼爲罰星也。於占，天子凶，又俱入房、心，《天义志》：房四星爲明堂，天子布政之宫也。心三星，天王正位也：中星曰明堂，天子位焉；前星爲太子，後星爲庶子。法無繼嗣。前年冬大寒，殺鳥獸，害魚鼈，城傍竹柏之葉有傷枯者。《續漢志》曰：延熹七年，雒陽城旁竹柏葉有傷枯者。《考異》曰：《帝紀》此年十二月書『雒城傍竹柏枯傷』，誤也。臣聞於師曰：『柏傷竹枯，不出二年，天子當之。』今自春夏以來，連有霜雹及大雨雷電，臣作威作福，刑罰急刻之所感也。太原太守劉畫，南陽太守成雕，志除奸邪，其所誅翦，皆合人望。而陛下受閹豎之譖，乃遠加考逮。三公上書乞哀畫等，不見采察而嚴被譴讓，憂國之臣，將遂杜口矣。臣聞殺無罪，誅賢者，禍及三世。《黄石公三略》曰：傷賢者，殃及三世。蔽賢者，身當其害。達賢者，福流子孫。疾賢者，名不全。自陛下即位以來，頻行誅罰，梁、寇、孫、鄧並見族滅，賢曰：梁冀、寇榮、孫壽、鄧萬世等也。其從坐者又非其數。李雲上書，明主所不當諱；杜衆乞死，諒以感悟聖朝。會無赦宥而并被殘戮，天下之人咸知其冤，事見上卷二年。漢興以來，未有拒諫誅賢，用刑太深如今者也！昔文王一妻誕致十子。《史記》：太姒，文王正妃也，其長子伯邑考，次武王發，次管叔鮮，次周公旦，次蔡叔度，次曹叔振鐸，次成叔武，次霍叔處，次康叔封，次聃季載，同母兄弟十人。今宫女數千，未聞慶育，宜修德省刑以廣螽斯之祚。螽斯，

言后妃不勤忌，子孫衆多也。按春秋以來，及古帝王，未有河清。臣以爲河者，諸侯位也。孝經援神契曰：五嶽視三公，四瀆視諸侯。清者，屬陽；濁者，屬陰。河當濁而反清者，陰欲爲陽，諸侯欲爲帝也。《京房易傳》曰：『河水清，天下平。』今天垂異，地吐妖，人癘疫，三者並時而有河清，猶春秋麟不當見而見，孔子書之以爲異也。《公羊傳》：西狩獲麟，有以告者，孔子曰：『孰爲來哉，孰爲來哉！』蓋以爲異也。見，賢遍翻。願賜清閒，極盡所言。』書奏，不省。

十餘日，復上書曰：『臣聞殷紂好色，妲己是出。好，呼到翻下同。殷紂冒色，有蘇氏以妲己女之。葉公好龍，眞龍遊廷。葉公子高好龍，天龍聞而降之，窺頭於牖。今黄門、常侍，天刑之人，謂已受熏腐之刑，得罪於天者也。陛下愛待，兼倍常寵，係張：『係』作『繼』。嗣未兆，豈不爲此！又聞宫中立黄、老、浮屠之祠，賢曰：浮屠，卽佛陀，聲之轉耳，謂佛也。此道清虚，貴尚無爲，好生惡殺，省欲去奢。今陛下耆欲不去，殺罰過理，既乖其道，豈獲其祚哉！浮屠不三宿桑下，不欲久生恩愛，精之至也。賢曰：言浮屠之人，寄桑下者，不經三宿，便卽移去，示無愛戀之心也。其守一如此，乃能成道。今陛下淫女豔婦，極天下之麗，甘肥飲美，單天下之味，單，與殫同。奈何欲如黄、老乎！』書上，卽召入，詔尚書問狀。楷言：『古者本無宦臣，武帝末數游後宫，始置之耳。』尚書承旨，承旨，謂承宦官風指也。奏：『楷不正辭理，而違背經藝，假借星宿，造合私意，誣上罔事，請下司隸正楷罪法，收送雒陽獄。』帝以楷言雖激切，然皆天下文恆象之數，故不誅。猶司寇論刑。司寇二歲刑也。自永平以來，臣民雖有習浮屠術者，而天子未之好。至帝，始篤好之，常躬自禱祠，由是其法浸盛，故楷言及之。

符節令汝南蔡衍、《百官志》：符節令，秩六百石，爲符節臺率，主符節事，屬少府。議郎劉瑜表救成瓆、劉晝，言甚切厲，亦坐免官。瓆、晝竟死獄中。瓆、晝素剛直，有經術，知名當時，故天下惜之。岑晊、張牧逃竄獲免。

晊之亡也，親友競匿之。賈彪獨閉門不納，時人望之。賢曰：望，怨也；余謂望，責望也。彪曰：『《傳》言「相時而動，無累後人。」《左傳》之文。公孝以要君致釁，自遺其咎，吾已不能奮戈相待，反可容隱之乎！』於是咸服其裁正。彪嘗爲新息長，新息縣，屬汝南郡。賢曰：今豫州縣。小民困貧，多不養子。彪嚴爲其制，與殺人同罪。城南有盜劫害人者，北有婦人殺子者，彪出按驗，掾吏欲引南。引南者，引車南行者。彪怒曰：『彪寇害人，此則常理；母子相殘，逆天違道！』遂驅車北行，按致其罪。城南賊聞之，亦面縛自首。數年間，人養子者以千數。曰：『此賈父所生也。』皆名之爲賈。

河南張成，善風角，賢曰：風角，謂候四方四隅之風，以占吉凶也。推占當赦，教子殺人。司隸李膺督促收捕，既而逢宥獲免。膺愈懷憤疾，竟按殺之。《考異》曰：《黨錮傳》云『膺爲河南尹』，按膺此事非作尹時也。成素以方伎交通宦官，帝亦頗訊其占。訊，問也。宦官教成弟子牢修上書，告『膺等養太學遊士，交結諸郡生徒，更相驅馳，共爲部黨，誹訕朝廷，《說文》曰：誹，謗也。《蒼頡篇》：誹，非也。疑亂風俗。』《考異》曰：《袁紀》作『牢順』，今從《范書》。於是天子震怒，班下郡國，逮捕黨人，佈告天下，使同忿疾。案經三府，案，文案也，以考驗爲義。太尉陳蕃卻之曰：『今所按者，皆海內人譽，憂國忠公之臣，此等猶將十世宥也，《左傳》：晉范宣子囚叔向。祁奚見宣子曰：『謀而鮮過，惠訓不倦者，叔向有焉，猶將十世宥之，以勸能者。』豈有罪名不章而致收掠者乎！』不肯平署。賢曰：平署，猶連署也。帝愈怒，遂下膺等於黄門北寺獄，時宦官專權，置黄門北寺獄，自武帝以來，中都官詔獄所未有也。其辭所連及，太僕潁川杜密、御史中丞陳翔陳寔、范滂之徒二百餘人。或逃遁不獲，皆懸金購募，使者四出相望。陳寔曰：『吾不就獄，衆無所恃。』乃自往請囚。范滂至獄，獄吏謂曰：『凡坐繫者，皆祭皋陶。』滂曰：『皋陶，古之直臣，知滂無罪，將理之於常。賢曰：帝，謂天也。如有其罪，祭之何益！』衆人由此亦止。陳蕃復上書極諫，帝諱其言切，託以蕃辟召非其人，策免之。《考異》曰：《袁紀》，李膺下獄在九月。范《書》，蕃免在七月。《蕃傳》：『上書極諫曰：「膺等或禁錮閉隔，或死徙非所」云云。』按膺等赦出在明年六月。再下獄死徙在建寧二年十月。蕃既以此年七月免，則《蕃傳》所云，疑非蕃書也。又《袁紀》無陳蕃免事。靈帝卽位，以太尉陳蕃爲太傅。按蕃免後有太尉周景。蓋《袁紀》誤也。

時黨人獄所染逮者，皆天下名賢，染，謂獄辭所汙染也。逮，謂連及也。度遼將軍皇甫規，自以西州豪桀，恥不得與，乃自上言：『臣前薦故大司

農張奐，是附黨也。又，臣昔論輸左校時，太學生張鳳等上書訟臣，是爲黨人所附也，薦張奐事見上卷六年。張鳳上書事見五年。臣宜坐之。』朝廷知而不問。

杜密素與李膺名行相次，時人謂之李、杜，故同時被繫。密嘗爲北海相行春，到高密，《百官志》：凡郡國守相，常以春行所主縣，勸民農桑，振救乏絕。高密縣，屬北海國。見鄭玄爲鄉嗇夫，知其異器，即召署郡職，遂遣就學，卒成大儒。卒，子恤翻。後密去官還家，每謁守令，多所陳託。同郡劉勝，亦自蜀郡告歸鄉里，閉門掃軌，賢曰：軌，車迹也，言絕人事。無所干及。太守王昱謂密曰：『劉季陵清高士，劉勝，字季陵。公卿多舉之者。』密知昱以激己，對曰：『劉勝位爲大夫，見禮上賓，位爲大夫，謂在朝列也；見禮上賓，謂郡守接遇之也。而知善不薦，聞惡無言，隱情惜己，自同寒蟬，賢曰：寒蟬，謂寂默也。《楚辭》曰：悲哉秋之爲氣也，蟬寂漠而無聲。此罪人也。今志義力行之賢而密達之，違道失節之士而密糾之，使明府賞刑得中，令問休揚，不亦萬分之一乎！』昱慚服，待之彌厚。

又《永康元年》 五月，壬子晦，日有食之。陳蕃既免，朝臣震栗，莫敢復爲黨人言者。賈彪曰：『吾不西行，大禍不解。』賈彪，潁川定陵人。自潁川至雒陽爲西行。乃入雒陽，說城門校尉竇武、尚書魏郡霍諝等，使訟之。武上疏曰：『陛下即位以來，未聞善政，常侍、黃門，競行譎詐，妄爵非人。伏尋西京，佞臣執政，終喪天下。今不慮前事之失，復循覆車之軌，臣恐二世之難，必將復及，趙高之變，不朝則夕。謂望夷宮之事也。近者奸臣牢修造設黨議，遂收前司隸校尉李膺等逮考，連及數百人，曠年拘録，事無效驗。謂自去年興獄至今年，事終無其實也。臣惟膺等建忠抗節，志經王室，此誠陛下稷、卨、伊、呂之佐。卨，古契字。而虛爲奸臣賊子之所誣枉，天下寒心，海內失望。惟陛下留神澄省，澄，清也。省，察也。省，悉井翻。時見理出，賢曰：時，謂即時也。以厭神章：乙十六行本『神』作『人』。十一行本同，本同退齋校同。鬼喁喁之心。今臺閣近臣，尚書朱寓、荀緄、劉佑、魏朗、劉矩、尹勳等，皆國之貞士，朝之良佐。《考異》曰：《武傳》：武上疏曰：『今臺閣近臣，尚書令陳蕃、僕射胡廣、尚書朱寓等。』按蕃、廣時不爲令僕，故去之。尚書郎張陵、嬀皓、《姓譜》：嬀，帝舜之後。苑康、《姓譜》：范姓，商武丁之子受封於苑，因以爲氏。《左傳》：齊有大夫苑何忌。楊喬、邊韶、陳留《風俗傳》：邊祖于宋平公子戎，字子邊。又《左傳》，周有大夫邊伯。戴恢等，文質彬彬，明達國典，內外之職，羣才並列。而陛下委任近習，專樹饕餮，外典州郡，內幹心膂，宜以次貶黜，案罪糾罰。任忠良，平決臧否，使邪正毀譽，各得其所，寶愛天官，唯善是授，天官，言天命有德，人君不可以私授。如此，咎徵可消，天應可待。間者有嘉禾、芝草、黃龍之見。是年，魏郡言嘉禾生，巴郡言黃龍見。夫瑞生必於嘉士，福至實由善人，在德爲瑞，無德爲災。陛下所行不合天意，不宜稱慶。』書奏，因以病上還城門校尉、槐里侯印綬。霍諝亦爲表請。帝意稍解，使中常侍王甫就獄訊黨人范滂等，皆三木囊頭，暴於階下，賢曰：三木，頭及手、足皆有械，更以物蒙覆其頭也。甫以次辯詰曰：『卿等更相拔舉，迭爲脣齒，其意如何？』滂曰：『仲尼之言，「見善如不及，見惡如探湯」，賢曰：探湯，喻去之疾也，見論語。滂欲使善善同其清，惡惡同其汙，謂王政之所願聞，不悟更以爲黨。古之修善，自求多福。今之修善，身陷大戮。身死之日，願埋滂於首陽山側，上不負皇天，下不愧夷、齊。』賢曰：伯夷、叔齊餓死首陽山，事見《史記》。首陽山，在雒陽東北。杜佑曰：偃師縣有首陽山。甫湣然爲之改容，乃得並解桎梏。鄭玄注《周禮》曰：木在手曰桎，在足曰梏。桎，之日翻。李膺等又多引宦官子弟，宦官懼，請帝以大時宜赦。六月，庚申，赦天下，改元。黨人二百餘人皆歸田里，書名三府，禁錮終身。《考異》曰：《帝紀》於去年冬書『李膺等二百餘人受誣爲黨人，並坐下獄，書名三府。』按陳蕃以訟李膺，免。即膺等下獄已在前，後遇赦，方得書名三府。則帝紀所紀爲兩，無所用，故去之。又故書『三府』爲『王府』，劉攽曰：當爲『三府』。

范滂往候霍諝而不謝。或讓之，滂曰：『昔叔向不見祁奚，晉范宣子囚叔向，祁奚請而免之，不見叔向而歸，叔向亦不告免焉而朝。吾何謝焉！』滂南歸汝南，南陽士大夫迎之者，車數千兩，兩，音亮。鄉人殷陶、黃穆侍衛於旁，應對賓客。滂謂陶等曰：『今子相隨，是重吾禍也！』遂遁還鄉里。

初，詔書下舉鉤黨，賢曰：鉤，謂相連也。郡國所奏相連及者，多至百數，唯平原相史弼獨無所上。詔書前後迫切，州郡髡笞掾史。從事坐傳舍責曰：俞絹翻。賢曰：《續漢志》：每州有從事史及諸曹掾史。傳，客舍也。

坐傳舍召弼而責。余謂「髡笞掾史」句，言詔書督迫，州郡至於髡笞掾史，青州從事則坐平原傳舍而責史弼也。「詔書疾惡黨人，旨意懇惻。青州六郡，其五有黨，平原何治而得獨無？」弼曰：「先王疆理天下，賢曰：疆，界也。理，正也。畫界分境，水土異齊，風俗不同。記王制曰：凡居民財，必因天地，寒暖燥濕，廣穀大川異制，民生其間者異俗，剛柔、輕重、遲速異齊。齊，才細翻。前書曰：凡民函五常之性，而其剛柔緩急，音聲不同，繫水土之風氣，故謂之風。好惡取捨動靜無常，隨君上之情欲，故謂之俗。他郡自有，平原自無，胡可相比！若承望上司，誣陷良善，淫刑濫罰，以逞非理，則平原之人，户可爲黨。相有死而已，所不能也！」從事大怒，即收郡僚職送獄，郡僚職，謂郡諸曹掾史也。遂舉奏弼。會黨禁中解，弼以俸贖罪，所脱者甚衆。

竇武所薦：朱寓，沛人；苑康，勃海人；楊喬，會稽人；邊韶，陳留人。喬容儀偉麗，數上言政事，帝愛其才貌，欲妻以公主，妻，七細翻。喬固辭，不聽，遂閉口不食，七日而死。

凡黨人死者百餘人，妻子皆徙邊，天下豪桀及儒學有行義者，行，下孟翻。宦官一切指爲黨人。有怨隙者，因相陷害，睚眦之忿，濫入黨中。睚，牛懈翻。眦，士懈翻。州郡承旨，或有未嘗交關，亦離禍毒，離，與罹同，遭也。其死、徙、廢、禁者又六七百人。廢禁，謂廢棄而禁錮。

郭泰聞黨人之死，私爲之慟曰：「《詩》云：『人之云亡，邦國殄瘁。』詩大雅瞻卬之辭。毛氏曰：殄，盡也。瘁，病也。瘁，似醉翻。漢室滅矣，但未知『瞻烏爰止，於誰之屋』耳！」《詩·小雅·正月》之辭。毛氏注曰：富人之屋，烏所集也。鄭氏曰：視烏集於富人之屋，以言今民亦當求明君而歸之。《考異》曰：《范書》以泰此語爲哭陳、竇。袁紀以爲哭三君、八俊，今從之。泰雖好臧否人倫，而不爲危言核論，核，謂深探其實也，刻核也。故能處濁世而怨禍不及焉。

張儉亡命困迫，望門投止，望門而投之，以求止舍，困急之甚也。莫不重其名行，行，下孟翻。破家相容。後流轉東萊，止李篤家。外黄令毛欽操兵到門，考《兩漢志》，外黄縣屬陳留郡，黄縣屬東萊郡。毛欽蓋爲黄縣令，「外」字衍。操，千高翻。篤引欽就席曰：「張儉負罪亡命，篤豈得臧之！若審在此，此人名士，明廷寧宜執之乎？」欽因起撫篤曰：「蘧伯玉恥獨爲君子，足下如何專取仁義！」篤曰：「今欲分之，明廷載半去矣。」賢曰：明廷，猶言明府，言不執儉，得義之半也。欽歎息而去。篤導儉經北海戲子然家，《姓譜》：伏戲氏之後。遂入漁陽出塞。其所經歷，伏重誅者以十數，連引收考者布偏天下，宗親並怕殄滅，郡縣爲之殘破。儉與魯國孔袖、融送獄，未知所坐。融曰：「保納舍藏者，融也，當坐。」謂自保無他而納儉，因舍止而藏匿之。袖曰：「彼來求我，非弟之過。」吏問其母，母曰：「家事任長，任，音壬。長，知兩翻。妾當甚辜。」一門爭死，郡縣疑不能決，乃上讞之，賢曰：前書音義曰：讞，請也。詔書竟坐袖。及黨禁解，儉乃還鄉里，後爲衛尉，卒，年八十四。《儉傳》云：建安初，徵爲衛尉，不得已而起。儉見曹氏世得已萌，乃闔門懸車，不豫政事，歲餘，卒於許下。夏馥聞張儉亡命，歎曰：「孽自己作，空汙良善，一人逃死，禍及萬家，何以生爲！」乃自翦須變形，須，與鬚同。入林慮山中，隱姓名，爲治家傭，親突煙炭，形貌毁瘁，積二三年，人無知者。馥弟静載縑帛追求餉之，馥不受曰：「弟奈何載禍相餉乎！」黨禁未解而卒。

初，中常侍張讓父死，歸葬潁川，雖一郡畢至，至名士無往者，讓甚恥之，陳寔獨弔焉。及誅黨人，讓以寔故，多所全宥。南陽何顒，素與陳蕃、李膺善，亦被收捕，乃變名姓匿汝南間，與袁紹爲奔走之交，常私人雒陽，從紹計議，爲諸名士罹黨事者求救援，設權計，使得逃隱，所全免甚衆。

初，太尉袁湯三子，成、逢、隗，成生紹，逢生術。據術字公路，當讀如月令「審端徑術」之術，音遂。又據《說文》：術，邑中道，逢、隗皆有名稱，少歷顯官。時中常侍袁赦《考異》曰：《袁紀》作「袁朗」，今從《范書·袁隗傳》。以逢、隗宰相家，與之同姓，推崇以爲外援，故袁氏貴寵於世，富奢甚，不與他公族族。紹壯健有威容，愛士養名，賓客輻湊歸之，輜軿，柴轂，填接街陌。賢曰：《說文》曰：軿車，衣車也。鄭玄注《周禮》曰：軿，猶屏也，取其自蔽隱。柴轂，賤者之車。袁紹事始此。黨錮既死，而誅宦官者二袁也。人不爲善而欲去害己者，天其許之乎！術亦以俠氣聞。逢從兄子閎，少有操行，以耕學爲業，逢、隗數饋之，無所受。數，所角翻。閎見時方險亂，而家門富盛，常對兄弟歎曰：「吾先公福祚，後世不能以德守之，而競爲驕奢，與亂世爭權，此即晉之三郤矣。」先公，謂袁安也。三郤，謂晉大夫郤錡、郤犨、郤至也。郤氏世爲晉卿，三子者憑藉世資，驕奢侵權，

爲厲公所殺。及黨事起，閎欲投迹深林，以母老，不宜遠遁，乃築土室四周於庭，不爲户，自牖飲食。母思閎時，往就視，母去，便自掩閉，兄弟妻子莫得見也。潛身十八年，卒於土室。

初，范滂等非訐朝政，賢曰：訐，謂横議是非也。朝，直遥翻。自公卿以下皆折節下之，太學生爭慕其風，以爲文學將興，處士復用。申屠蟠獨歎曰：『昔戰國之世，處士横議，列國之王室爲擁彗先驅，《史記》：鄒衍如燕，昭王擁彗先驅，請列弟子之座而受業，築碣石宮，身親往師之。卒有坑儒燒書之禍，事見七卷秦始皇三十四年、三十五年。今之謂矣。』乃絕迹於梁、碭之間，因樹爲屋，自同傭人。居二年，滂等果罹黨錮之禍，唯蟠超然免評論。

論説

晉・袁宏《後漢紀》卷二四《後漢孝靈帝紀中・(嘉)［熹］平四年》 閏月，永昌太守曹鸞下獄誅。

初，鸞上書訟黨人曰：『夫黨人者，或耆年淵德，或衣冠英賢，皆宜股肱王室，左右大猷者也。而久被禁錮，辱在泥塗。謀反大逆，尚蒙赦宥，黨人何罪，獨不開恕乎！所以灾異屢見，水旱薦臻，皆由於斯。宜加沛然，以副天心。』有司奏檻車徵鸞棄市。鸞年九十，本郡憫其無辜。於是申黨人之例，父兄子弟、門生故吏，皆免官禁錮。

《後漢書》卷六七《黨錮傳》 中平元年，黃巾賊起，中常侍吕强言於帝曰：『黨錮久積，人情多怨。若久不赦宥，輕與張角合謀，爲變滋大，悔之無救。』帝懼其言，乃大赦黨人，誅徙之家皆歸故郡。其後黃巾遂盛，朝野崩離，綱紀文章蕩然矣。

凡黨事始自甘陵、汝南，成于李膺、張儉，海内塗炭，二十餘年，諸所蔓衍，皆天下善士。三君、八俊等三十五人，其名迹存者，並載乎篇。

【略】

逮桓、靈之間，主荒政繆，國命委於閹寺，士子羞與爲伍，故匹夫抗憤，處士横議，遂乃激揚名聲，互相題拂，品核公卿，裁量執政，婞直之風，於斯行矣。夫上好則下必甚，矯枉故直必過，其理然矣。若范滂、張儉之徒，清心忌惡，終陷黨議，不其然乎？【略】

論曰：李膺振拔汙險之中，藴義生風，以鼓動流俗，激素行以恥威權，立廉尚以振貴勢，使天下之士奮迅感概，波蕩而從之，幽深牢破室族而不顧，至於子伏其死而母歡其義。壯矣哉！子曰：『道之將廢也與？命也！』【略】

論曰：昔魏齊違死，虞卿解印；季布逃亡，朱家甘罪。而張儉見怒時王，顛沛假命，天下聞其風者，莫不憐其壯志，而爭爲之主。至乃捐城委爵、破族屠身，蓋數十百所，豈不賢哉！然儉以區區一掌，而欲獨堙江河，終嬰疾甚之亂。多見其不知量也。【略】

贊曰：渭以涇濁，玉以礫貞。物性既區，嗜惡從形。蘭蕕無並，銷長相傾。徒恨芳膏，煎灼燈明。

又 卷五七《劉陶傳》 劉陶字子奇，一名偉，潁川潁陰人，濟北貞王勃之後。陶爲人居簡，不修上節。所與交友，必也同志。好尚或殊，富貴不求合；情趣苟同，貧賤不易意。同宗劉愷，以雅德知名，獨深器陶。

時大將軍梁冀專朝，而桓帝無子，連歲荒饑，灾異數見。陶時遊太學，乃上疏陳事曰：【略】竊見故冀州刺史南陽朱穆，前烏桓校尉臣同郡李膺，皆履正清平，貞高絕俗。穆前在冀州，奉憲操平，摧破奸黨，掃清萬里。膺歷典牧守，正身率下，及掌戎馬，威揚朔北。斯實中興之良佐，國家之柱臣也。宜還本朝，挾輔王室，上齊七燿，下鎮萬國。

又 卷六一《左雄等傳論》 古者諸侯歲貢士，進賢受上賞，非賢貶爵土。升之司馬，辯論其才，論定然後官之，任官然後禄之。故王者得其人，進仕勸其行，經邦弘務，所由久矣。漢初詔舉賢良、方正，州郡察孝廉、秀才，斯亦貢士之方也。中興以後，復增敦朴、有道、賢能、直言、獨行、高節、質直、清白、敦厚之屬。榮路既廣，觖望難裁，自是竊名僞服，浸以流競。權門貴仕，請謁繁興。自左雄任事，限年試才，雖頗有不密，固亦因識時宜。而黄瓊、胡廣、張衡、崔瑗之徒，泥滯舊方，互相詭駁，循名者屈其短，算實者挺其效。故雄在尚書，天下不敢妄選，十餘年間，稱爲得人，斯亦效實之徵乎？順帝始以童弱反政，而號令自出，知能任使，故士得用情，天下喁喁仰其風采。遂乃備玄纁玉帛，以聘南陽

樊英，天子降寢殿，設壇席，尚書奉引，延問失得。急登賢之舉，虛降己之禮，於是處士鄙生，忘其拘儒，拂巾衽褐，以企旌車之招矣。至乃英能承風，俊乂咸事，若李固、周舉之淵謨弘深，左雄、黃瓊之政事貞固，桓焉，楊厚以儒學進，崔瑗、馬融以文章顯，吳祐、蘇章、种暠、欒巴牧民之良幹，龐參、虞詡將帥之宏規，王龔、張皓虛心以推士，張綱、杜喬直道以糾違，郎顗陰陽詳密，張衡機術特妙：東京之士，於茲盛焉。向使廟堂納其高謀，彊埸宣其智力，帷幄容其謇辭，舉厝稟其成式，則武、宣之軌，豈其遠而？《詩》云：『靡不有初，鮮克有終。』可爲恨哉！及孝桓之時，碩德繼興，陳蕃、楊秉處稱賢宰，皇甫、張、段出號名將，王暢、李膺彌縫袞闕，朱穆、劉陶獻替匡時，郭有道獎鑑人倫，陳仲弓弘道下邑。其餘宏儒遠智，高心潔行，激揚風流者，不可勝言。而斯道莫振，文武陵隊，在朝者以正議嬰戮，謝事者以黨錮致灾。往車雖折，而來軫方遒。所以傾而未顛，決而未潰，豈非仁人君子心力之爲乎？嗚呼！

又　卷六二《荀淑等傳論》　漢自中世以下，閹豎擅恣，故俗遂以遁身矯潔放言爲高。士有不談此者，則芸夫牧豎已叫呼之矣。故時政彌惛，而其風愈往。唯陳先生進退之節，必可度也。據於德故物不犯，安於仁故不離羣，行成乎身而道訓天下，故凶邪不能以權奪，王公不能以貴驕，所以聲教廢於上，而風俗清乎下也。

宋·司馬光《資治通鑑·漢靈帝建寧二年》　臣光曰：天下有道，君子揚于王庭以正小人之罪，而莫敢不服。天下無道，君子囊括不言以避小人之禍，而猶或不免。坤之六四，居近五之位而無相得之義，乃上下閉隔之時，羣陰既盛，故當括囊以避禍。夬以五陽決一陰，小人衰微，君子道盛，故可揚于王庭以聲小人之罪。黨人生昏亂之世，不在其位，四海橫流，而欲以口舌救之，臧否人物，激濁揚清，撩虺蛇之頭，踐虎狼之尾，以至身被淫刑，禍及朋友，士類殲滅而國隨以亡，不亦悲乎！夫唯郭泰既明且哲，以保其身，以尹吉甫美仲山甫者美郭泰。申屠蟠見幾而作，不俟終日，謂申屠蟠得豫之六二。卓乎其不可及已！

《金史》卷一二六《文藝傳下·王庭筠》　明昌五年八月，上顧謂宰執曰：『應奉王庭筠，朕欲以詔誥委之，其人才亦豈易得。近党懷英作《長白山册文》，殊不工。聞文士多妒庭筠者，不論其文，顧以行止爲訾。大抵讀書人多口頰，或相黨。昔東漢之士與宦官分朋，固無足怪。』

《宋史》卷三四六《常安民傳》　是時，元豐用事之臣，雖去朝廷，然其黨分布中外，起私説以搖時政。安民竊憂之，貽書呂公著曰：『善觀天下之勢，猶良醫之視疾，方安寧無事之時，語人曰：「其後必將有大憂」，則衆必駭笑。惟識微見幾之士，然後能逆知其漸。故不憂於可憂，而憂之於無足憂者，至憂也。今日天下之勢，可爲大憂。雖登進忠良，而不能搜致海內之英才，使皆萃於朝，以勝小人，恐端人正士，未得安枕而臥也。故去小人不爲難，而勝小人爲難。陳蕃、竇武協心同力，選用名賢，天下想望太平，然卒死曹節之手，遂成黨錮之禍。』

清·黃宗羲《明儒學案》卷四八《諸儒學案中·文敏崔後渠先生銑》　其世治者，其論公於衆；其世興者，其論公於朝；其世衰者，其論公於野。上下不公，其世不可爲已。故黨錮息而漢亡，朋黨盡而宋亂。夫公論弗可一日而廢也。

又　卷五八《東林學案一·端文顧涇陽先生憲成》　今天下之言東林者，以其黨禍與國運終始，小人既資爲口實，以爲亡國由於東林，稱之爲兩黨，卽有知之者，亦言東林非不爲君子，然不無過激，且依附者之不純爲君子也，終是東漢黨錮中人物。嗟乎！此寱語也。東林講學者，不過數人耳，其爲講院，亦不過一郡之內耳。昔緒山、二溪，鼓動流俗，江、浙南畿，所在設教，可謂之標榜矣。東林無是也。京師首善之會，主之爲南皋、少墟，於東林無與。乃言國本者謂之東林，爭科場者謂之東林，攻逆奄者謂之東林，以至言奪情奸相討賊，凡一議之正，一人之不隨流俗者，無不謂之東林，若似乎東林標榜，遍於域中，延於數世，東林何不幸而有是也？東林何幸而有是也？然則東林豈眞有名目哉？亦小人者加之名目而已矣。論者以東林爲清議所宗，禍之招也。子言之，君子之道，辟則坊與，清議者天下之坊也。夫子議臧氏之竊位，議季氏之旅泰山，獨非清議乎？清議熄而後有美新之上言，媚奄之紅本，故小人之惡清議，猶黃河之礙砥柱也。熹宗之時，龜鼎將移，其以血肉撐拒，沒虞淵而取墜日者，東林也。毅宗之變，攀龍髯而蓐螻蟻者，屬之東林乎，屬之攻東林者乎？數十年來，勇者燔妻子，弱者埋土室，忠義之盛，度越前代，猶是東林之流風餘韻也。一堂師友，冷風熱血，洗滌乾坤，無智之

徒，竊竊然從而議之，可悲也夫！

清・王夫之《讀通鑑論》卷六《光武一二》　上下相親，天下之勢乃固。故三代之王者，不與諸侯爭臣民，立國數百年；其亡也，猶修天子之事守而不殄其宗社。漢承秦而罷侯置守，守非世守，而臣民亦迭易矣。然郡吏之於守，引君臣之義，效其忠貞，死則服之，免官而代爲之恥，曲全其名，重恤其孤幼，乃至變起兵戎而以死衛之。如楚郡劉平遇龍萌之亂，伏太守孫萌身上，號泣請代，身被七創，傾血以飲萌，如此類者，盡東漢之世，不一而足。蓋吏之於守，其相親而不貳也，天子不以沽恩附勢爲疑，廷臣不以固結朋黨爲非，是以上下親而迭相維繫以統于天子。故盜賊興而不能如黃巢、方臘之僭，夷狄競而不能成永嘉、靖康之禍，三代封建之遺意，施於郡縣者未斁也。

延及後世，黨議興而惟恐人之不離，告訐起而惟恐部民之不犯其上，將以解散臣民而使專尊天子，而不知一離而不可復合，惡能以一人爲羈絡于清宮，而遍縻九州之風馬牛哉？導民以義，而民猶趨利以忘恩；導民以親，而民猶背公以瓦解；如之何更獎以刻薄犯順之爲也！三代以下，唯漢絕而復興，後世弗及焉，有以夫！

又　卷七《漢和帝四》　朋黨之興，其始于竇憲之誅乎！霍氏之敗也，止其族類之同惡者，而不及其餘；王莽篡而伏誅，王閎其族子而免，他勿論已。竇憲之卽法也，竇篤、竇景、郭璜、鄧疊之同惡，誅之可也；宋繇以大臣而與比，罷之可也；班固之怙勢而橫，竄之可也。盡舉其宗族賓客名之以黨，收捕考治之，黨之名立，而黨禍遂延於後世。君子以之窮治小人，小人卽以之反噬君子，一廢一興，刑賞聽人情之報復，而人主莫能屍焉，漢、唐以還，危亡不救，皆此之繇也，可不悲乎！

子曰：『唯上知與下愚不移。』然則中材之可移者多矣。無所慕而好善，無所懲而惡不善，中心安仁者，天下之一人也。出而欲仕，仕而欲速，非能擇惡而遠之，抑非必擇善而忌之也。人主不能正于上，大臣不能持于下，授奸邪以奔走天下之柄，使陷於惡，無抑內媿於心乎？捐廉恥，迷禍敗，儌一旦之利祿，以蹈於水火，仁人所哀矜而不以得情爲喜者也。錮之以黨，而蹙之以竄年，實繁有徒，亦且聚族延頸待國事之非而乘之復起。迨其後也，憤毒積，而善類之死生縣於其手，而唯其斬艾。國亡人而人亡國，自臣子之迭相衰王釀之，而君亦且無如之何，此抑可爲痛哭者矣！

邪黨之依附者，戚里也、宦寺也、宮闈也。乃陳蕃之死以竇武，亦戚里也；司馬、呂、范之貶以宣仁，亦宮闈也；楊、左之殺以王安，亦宦寺也。彼小人者，亦何不可借戚里、宮闈、宦寺之名以加君子哉？子曰：『舉直錯諸枉，能使枉者直。』枉者直，則直用之，奚黨之有乎？舜之所誅者共、驩耳，而告司徒曰：『敬敷五教，在寬。』中材之士，不絕其利祿之徑，而又滌除其僉佞之名，亦何爲不濯磨以自新邪？

張酺曰：『憲等寵貴，羣臣阿附唯恐不及，言憲懷伊、呂之忠，比鄧夫人于文母。嚴威既行，皆言當死，不顧其前後。』以此思之，君失道于上，大臣失制于前，使人心搖搖靡定，行不顧言，言不顧心，如飲之狂藥而責其狂，狂可惡，而飲之藥者能勿疚乎？君子當思有以處之矣。定國者一人，非天下之自能定也。憤奸邪之馳騁，快誅殛於一朝，博流俗之踴躍，其反也，還以自戕而戕國。捶鐵者戒其反覆，任人之宗社，曾愛鐵之不若，而亟反亟覆以折之也！

又　卷八《桓帝一三》　黨錮諸賢，或曰忠以忘身，大節也；或曰激以召禍，畸行也。言畸行者，獎容容之福以墮士氣。言大節者，較爲長矣，而猶非定論也。

人臣捐身以事主，苟有裨於社稷，死之無可辭矣。闇主不庸，讒臣交搆，無所裨於社稷，而捐身以犯難，亦自靖之忱也。雖然，太上者，直糾君心之非而拂之以正，其次視大權之所倒持，巨奸之爲禍本，而不與之俱生，猶忠臣之效也。然一奸去而一奸興，莫之勝擊也。若夫瑣瑣之小人，憑藉權奸而售其惡者，不勝誅也，不足誅也。君志移，權奸去，則屏息以潛伏而蕭條竄匿，亦惡用多殺以傷和哉！然其流毒於天下，取惡于士大夫，則瑣瑣者易激人怒而使不平；賢者知之，則以爲不勝誅、不足誅者也。乃諸賢之無所擇而怒，無所恤而過用其刑殺，但與此曹爭勝負，不已細乎！

李膺、杜密，天子之大臣也，匡君之邪而不屈其節也。膺嘗輸作左校矣，非以擊大奸而刑，所擊者一無藉之羊元羣而已。既已詘於時而被罔，則悔向之攻末而忘本，以爭皇極之安傾，夫豈無道焉？所與伉直之流搏

殺以快斯須者，一野王令張朔耳，富賈張汎耳，小黄門趙津耳，下邳令徐宣耳，妄人張成耳，是何足預社稷之安危，而憤盈以與讐殺者邪！侯覽也，張讓也，蟠踞於桓帝之肘腋，而無能一言相及也。殺人者死，而誅及全家；大辟有時，而隨案即殺；赦自上頒，而殺人赦後；若此之爲，倒授巨奸以反噬之名，而卒莫能以片語隻詞揚王庭以祛禍本。然則諸君子與奸人爭興廢，而非爲君與社稷捐軀命以爭存亡乎！擊奸之力弱，而一鼓之氣易衰，其不敵凶慼而身與國俱斃，無他，舍本攻末而細已甚也。

直擊嚴嵩，而椒山之死以正；專劾魏閹，而應山之死以光；黨錮諸賢，其不得與二君子頡頏焉，無他，岑晊、張儉之流有以累之也與！

又《靈帝七》 蔡邕意氣之士也，始而以危言召禍，終而以黨賊逢誅，皆意氣之爲也。何言之？曰：合刑賞之大權於一人者，天子也；兼進賢退不肖之道，以密贊於坐論者，大臣也；而羣工異是。奸人之在君側，弗容不擊矣。擊之而吾言用，奸人退，賢者之道自伸焉。吾言不用，奸人且反噬於我，我躬不閱，而無容以累君子，使猶安焉，其猶有人乎君側也。君子用而不任，弗容不爲白其忠矣。白之而吾言用，君子進，奸人之勢且沮焉。吾言不用，奸人不得以奪此與彼之名加之於我，而猶有所憚焉。邕苟疾夫張顥、偉璋、趙玹、蓋升之爲國蠹也，則專其力以擊之可耳。若以郭禧、橋玄、劉寵之忠而勸之以延訪也，則抑述其德以贊君之敬禮已耳。而一章之中，抑彼伸此，若將取在廷之多士而惟其所更張者。爲國謀邪？爲君子謀邪？則抑其一往之意氣以排異己而伸交好者之言耳，庸有聽之者哉！

漢之末造，士論操命討之權，口筆司榮枯之令，汝南、甘陵太學之風波一起，而成乎大亂。非奸人之陷之，實有以自致焉。同於我者爲懿親，異於我者爲仇讐，唯意所持衡而氣爲之淩轢，則邕他日者幸董卓之殺奄人，而忘其專横，亦此意氣爲之矣。橋玄、劉寵之不爲邕所累，幸也；而君子以相形而永廢，朝廷以偏擊而一空，漢亦惡得不亡哉！

又《靈帝一〇》 士可殺不可辱，訶斥之、鞭笞之，之爲辱矣，未甚也，加以不道之名，而辱乃莫甚焉。子見南子，子路不悦，于聖人何傷焉，而援天以矢之，懼夫以辱名加君子，而天下後世謂君子之無妨于辱也。黨人者，君子之徒也。黄巾起，吕强曰：『黨錮積久，人情怨憤，若不赦宥，將與合謀。』吕强奄人之矯矯者耳，言無足深責，皇甫嵩士大夫而亦爲此言也，黨人之辱，不如死之久矣！以君子始，以賊終，則向者王甫、曹節謀危社稷之譖，非誣也。嗚呼！李膺、杜密、范滂諸君子者死，而黨人之能卓然自立於死生者無幾，張儉之徒，方將以賊起得赦爲幸，而孰知其辱甚於死哉？皇甫嵩之淩蔑善類也，逾於奄人矣。

又《靈帝一六》 輕重之勢，若不可返，返之幾正在是也，而人弗能知也。宦寺之禍，彌延于東漢，至於靈帝而蔑以加矣。黨人力抗之而死，竇武欲誅之而死，陽球力擊之而死，後孰敢以身蹈水火而姑爲嘗試者！然天下之盜蠭起，指數之而挾以爲名。四海窮民，受其子弟賓黨濫大官大邑以朘削無餘者，皆詛呪而望其速亡。誅殺禁錮之子孫宗族，不與共戴天日而願與並命者，日含憤以求一旦之報。士大夫苟非其黨，不獲已而俯出其下者，畜惡怒以俟天誅之期。桀、紂、幽、厲以聖帝明王之塚裔，正位爲天下君，而卒至隕滅，況此無賴之刑人，其能長此而無患乎？故極重而必返，夫人而可與知也。

夫既夫人而可與知，則一旦撲之，如烈風吹將盡之鐙，甚速而易，必矣。陳琳曰：『此猶鼓洪鑪燎毛髮。』曹操曰：『誅其元惡，一獄吏足矣。』而何進若持方寸之刃以擬猛虎，其呼將助也不擇人，其撓敗也無快志。袁紹以豪傑自命，爲進謀主，且憂危輾轉而無能爲計；而遣鮑信募泰山之甲，丁原舉孟津之火，甚且召董卓以犯宫闕。進之心膽失據，而紹無能輔也。曹操笑而袁紹憂，其智計之優劣，於斯見矣。

所以然者，進以外戚攻宦官，人懲竇氏之禍，無爲傾心，一也。進之所恃者何后，舉動待后而後敢行，以婦人而敵宦官，智計不及，而多爲之蠱，二也。袁隗身爲大臣，而疲庸尸位，無能以社稷自任，三也。鄭泰、盧植初起於田間，任淺望輕，弗能爲益，楊彪、黄琬，無以大殊於袁隗，四也。袁紹兄弟，包藏禍心，乘時搆亂，而無戮力王室之誠，五也。曹操識之明、持之定，而志懷叵測，聽王室之亂，居靜以待動，視何進之迷，而但以一笑當之，六也。皇甫嵩、蓋勳顧名義而不欲狂逞，進躁迫而不倚以爲腹心，七也。具此七敗之形勢以誅宦者，而固非其所堪，雖欲禍之不中于宗社，其將能乎？

夫内懷奪柄之心，外無正人之助，若何進者，不足論已。已往之覆

轍，爲將來鑑。凡皇天之所弗予，志士仁人之所弗予，天下之民受制於威，受餌于利，人心所不戴以爲尊親，而苛暴淫虐，日削月靡，孤人子，寡人妻，積以歲月而淫逞不收，若此者，其滅其亡皆旦夕之間，河決魚爛而不勞餘力。智者靜以俟天，勇者決以自任，勿爲張惶迫遽而驚爲回天轉日之難也。存乎其人而已矣。彼曹操者，固亦嘗晏坐而笑之矣，況其秉道以匡夫不爲操者乎！

又《靈帝一七》　史紀董卓之辟蔡邕，邕稱疾不就，卓怒曰：『我能族人。』邕懼而應命。此殆惜邕之才，爲之辭以文其過，非果然也。

卓之始執國柄，亟於名而借賢者以動天下，蓋汲汲焉。除公卿子弟爲郎，以代宦官，弔祭陳、竇，復黨人爵位，徵申屠蟠，推進黃琬、楊彪、荀爽爲三公，分任韓馥、劉岱、孔伷、張邈爲州郡，力返桓、靈宦豎之政，竊譽以動天下。蔡邕首被徵，豈其禮辭不就而遽欲族之哉？故以知卓之未必有此言也。且使卓而言此矣，亦其粗獷不擇、一時奰發之詞，而亦何足懼哉！申屠蟠不至，晏然而以壽終矣。袁紹横刀揖出，掛節上東門，而弗能迫殺之矣。盧植力沮弘農王之廢，而止於免官，逌然以去矣。鄭泰沮用兵之議，巽辭而解矣。朱俊、黃琬不欲遷都，而皆全身以退矣。邕以疾辭，未至如數子之決裂，而何爲其族邪？狂夫之言，一怒而無餘，卓之暴，市井亡賴之讕言也，而何足懼邪？

邕之始爲議郎也，程璜之毒，陽球之酷，可以指顧殺人，而邕不懼；累及叔質，幾同駢首以死，而不懼，何其壯也！至是而餒矣。亡命江海者十二年，固貞人志士義命自居之安土也。宦官之怨憤積，而快志於一朝；髡鉗之危辱深，而圖安於晚歲，非懼禍也，誠以卓能矯宦官之惡，而庶幾於知己也。於是而其氣餒矣。以身殉卓，貽玷千古，氣一餒而卽於死亡，復誰與恤其當年之壯志哉？

君子之立身，期於潔己；其出而事君也，期於靖國；恩怨去就，非有定也。禍在宮闈，則宮闈吾所亟違也；禍在閹宦，則閹宦吾所亟違也；禍在權奸，則權奸吾所亟違也。推而至於僭竊之盜賊、攘奪之夷狄，皆冰炭之乍投而沸、薰猶之逆風而辨也。所疾惡者在此，而又在彼矣。氣運移而貞邪忽易，違之於此，而卽之於彼，是逃虎而抱蛇、舍砒而含鴆也。能終始數易而不染者，其唯執志如一而大明於義之無方者乎！而邕不能也。始終之怨毒，宦豎而已，此外而篡弒之巨慝不辨矣。非不辨也，己私未忘，而寵辱之情移於衰老也。則一往之勁直，烏足以定人之生平哉？《易》曰：『介於石，不終日。』介於石，貞之至也。不終日，見幾而無執一之從違，乃以保其貞也。邕勿論矣。欲養浩然之氣，日新其義而研之以幾，其尚以邕爲戒乎！

清·趙翼《廿二史劄記》卷五《後漢書·東漢尚名節》　自戰國豫讓、聶政、荆軻、侯嬴之徒，以意氣相尚，一意孤行，能爲人所不敢爲，世競慕之。其後貫高、田叔、朱家、郭解輩，徇人刻己，然諾不欺，以立名節。馴至東漢，其風益盛。蓋當時薦舉徵辟，必採名譽，故凡可以得名者，必全力赴之，好爲苟難，遂成風俗。《漢書·遊俠傳序》：自信陵、平原、孟嘗、春申之徒，競爲遊俠，取重於諸侯，顯名天下。漢興，禁網疏闊，布衣遊俠，權行州域，力折公卿，衆庶榮其名，覬而慕之，雖陷於刑辟不悔也。其大概有數端：

是時郡吏之於太守，本有君臣名分。爲掾吏者，往往周旋於死生患難之間。如李固被戮，弟子郭亮負斧鑽上書，請收固尸。杜喬被戮，故掾楊匡守護其尸不去。由是皆顯名。固、喬二《傳》

第五種爲衛相，善門下掾孫斌，種以劾宦官單超兄子匡，坐徙朔方，朔方太守董援乃超外孫也，斌知種往必被害，乃追及種於途，格殺送吏，與種俱逃，以脫其禍。《種傳》。

太原守劉瓆以考殺小黄門趙津下獄死，王允爲郡吏送瓆喪還平原，終三年乃歸。《允傳》

公孫瓚爲郡吏，太守劉君坐事徙日南，瓚身送之，自祭父墓曰：『昔爲人子，今爲人臣，送守日南，恐不得歸，便當長辭。』乃再拜而去。《瓚傳》

此盡力於所事，以著其忠義者也。

傳奕聞舉將没，卽棄官行服。《奕傳》

李恂爲太守李鴻功曹，而州辟恂爲從事，會鴻卒，恂不應州命，而送鴻喪歸葬，持喪三年。《恂傳》

樂恢爲郡吏，太守坐法誅，恢獨行喪服。《恢傳》

桓典以國相王吉誅，獨棄官收葬，服喪三年，負土成墳。《典傳》

袁逢舉荀爽有道，爽不應，及逢卒，爽制服三年。《爽傳》

此感知遇之恩，而制服從厚者也。然父母喪不過三年，而郡將舉主之喪，與父母無別，亦太過矣。

又有以讓爵爲高者。

西漢時，韋賢卒，子元成應襲爵，讓於庶兄弘，宣帝高其節，許之。《元成傳》

至東漢鄧彪亦讓封爵於異母弟，明帝亦許之。《彪傳》

劉愷讓封於弟憲，逃去十餘年，有司請絕其封，帝不許，賈逵奏當成其讓國之美，乃詔憲嗣。《愷傳》

此以讓而得請者也。

桓榮卒，子郁請讓爵於兄子汎，明帝不許，乃受封。《郁傳》

丁綝卒，子鴻請讓爵於弟盛，不報，鴻乃逃去，以采藥爲名，後友人鮑駿遇之於東海，責以兄弟私恩絕其父不滅之基，鴻感悟，乃歸受爵。《鴻傳》

郭躬子賀當襲，讓與小弟而逃去，詔下州郡追之，不得已乃出就封。《躬傳》

徐防卒，子賀當襲，讓於弟崇，數歲不歸，不得已乃就封。《防傳》

此讓而不得請者也。

夫以應襲之爵而讓以鳴高，卽使遂其所讓，而已收克讓之名，使受之者蒙濫冒之誚。有以處己，無以處人，況讓而不許，則先得高名，仍享厚實，此心尤不可問也。

又有輕生報讎者。

崔瑗兄爲人所害，手刃報讎，亡去。

魏朗兄亦爲人所害，朗白日操刀殺其人於縣中。

蘇謙爲司隸校尉李暠案罪死獄中，謙子不韋與賓客掘地道至暠寢室，值暠如廁，乃殺其妾與子，又疾馳至暠父墓，掘得其父頭以祭父。見各本傳

夫父兄被害，自當訴於官，官不理而後私報可也，今不理之於官，而輒自行讎殺，已屬亂民，然此猶曰出於義憤也？

又有代人報讎者。

何容有友虞緯高，父讎未報而病將死，泣訴於容，容卽爲復讎，以頭祭其父墓。

郅惲有友董子張，父爲人所殺，子張病且死，對惲欷歔不能言，惲曰：『子以父讎未報也？』乃將賓客殺其人，以頭示子張，子張見而氣絕。亦見各本傳

此則徇友朋私情，而轉捐父母遺體，亦繆戾之極矣！

蓋其時輕生尚氣已成習俗，故志節之士好爲苟難，務欲絕出流輩，以成卓特之行，而不自知其非也。然舉世以此相尚，故國家緩急之際，尚有可恃，以撐拄傾危。昔人以氣節之盛，爲世運之衰，而不知幷氣節而無之，其衰乃更甚也。

又《黨禁之起》 漢末黨禁，雖起於甘陵南北部及牢脩、朱並之告訐。桓帝初受學於甘陵周福，及卽位，擢福爲尚書，時同郡房植有盛名，鄉人爲之謠曰：『天下規矩房伯武，因師獲印周仲進。』二家賓客，互相譏議，遂各樹門徒。由是有甘陵南北部黨，黨論自此起。修、並事見後。然其所由來已久，非一朝一夕之故也。

《范書》謂桓靈之間，主荒政繆，國命委於奄寺，士子羞與爲伍。故匹夫抗憤，處士橫議，激揚聲名，互相題拂，品覈公卿，裁量國政。《黨錮傳·序》自公卿以下，皆折節下之。《申屠蟠傳》蓋東漢風氣，本以名行相尚，迨朝政日非，則清議益峻。號爲正人者，指斥權奸，力持正論。由是其名益高，海內希風附響，惟恐不及。而爲所貶訾者，怨恨刺骨，日思所以傾之。此黨禍之所以愈烈也。

今案漢末黨禁凡兩次。

桓帝延熹九年，有善風角者張成推占當有赦令，教其子殺人。河南尹李膺捕之，果遇赦免。膺怒，竟考殺之。成弟子牢修遂誣告膺善太學遊士，交結生徒，誹訕朝廷，敗壞風俗。帝怒，下郡國逮捕，並遣使四出。《黨禁傳·序》收執膺等二百餘人，誣爲黨人，並下獄。次年，霍諝、竇武上表申理，始赦歸。仍書名王府，終身禁錮。此第一次黨禁也。

自是正人放廢，海內共相標榜，以竇武、劉淑、陳蕃爲三君。君者，世所宗也。李膺、荀昱、杜密、王暢、劉祐、魏朗、趙典、朱寓爲八俊。俊者，人之英也。郭林宗、宗慈、巴肅、夏馥、范滂、尹勳、蔡衍、羊陟

爲八顧。顧者，能以德引人也。張儉、岑晊、劉表、陳翔、孔昱、范康、檀敷、翟超爲八及。及者，能導人追宗也。度尚、張邈、王考、劉儒、胡母班、秦周、蕃嚮、王章爲八廚。廚者，能以財救人也。

至靈帝建寧中，張儉方劾中常侍侯覽。儉鄉人朱並承覽風旨，又告儉與同鄉二十四人爲部黨。以儉及檀彬、褚鳳、張肅、薛蘭、馮禧、魏元、徐乾爲八俊。田材、張隱、劉表、薛郁、王訪、劉祗、宣靖、公緒爲八顧。朱楷、田盤、疏耽、薛敦、宋布、唐龍、嬴咨、宣褒爲八及。而儉爲之魁。帝遂詔刊章捕儉等。宦官曹節又諷有司並捕前黨李膺、杜密及范滂等百餘人，皆死獄中，妻子徙邊。諸附從者，錮及五族。詔天下大舉鉤黨。於是有行義者，一切指爲黨人。四年大赦而黨人不赦。已而宦官又諷司隸校尉段熲，捕太學諸生千餘人，並詔黨人門生故吏父兄子弟在位者皆免官禁錮。直至黄巾賊起，吕强奏請赦諸黨人，於是赦還諸徙者。此第二次黨禁也。《本紀》及《黨禁傳》

其時黨人之禍愈酷而名愈高，天下皆以名入黨人中爲榮。

范滂初出獄歸汝南，南陽士大夫迎之者車千兩。《滂傳》

景毅遣子爲李膺門徒，而録牒不及毅，乃慨然曰：『本謂膺賢，遣子師之，豈可因漏名而倖免哉？』遂自表免歸。《李膺傳》

皇甫規不入黨籍，乃上表言：『臣曾薦張奂，是阿黨也。臣坐罪，太學生張鳳等上書救臣，是臣爲黨人所附也。臣宜坐之。』《規傳》

張儉亡命困迫，望門投止，莫不重其名行，破家相容。《儉傳》此亦可見當時風氣矣！

朝政亂則清流之禍愈烈，黨人之立名及舉世之慕其名，皆國家之激成之也。然諸人之甘罹黨禍，究亦非中道。

當范滂等非毀朝政，太學生方以爲文學將興、處士復用，申屠蟠獨歎曰：『昔戰國處士橫議，列國之王至爲擁篲前驅，卒有坑儒焚書之禍。』乃絶迹自晦，後果免於難。《蟠傳》

岑晊逃命，親友多匿之。賈彪獨不納，曰：『傳言相時而動，無累後人。岑君自貽其咎，吾可容隱之乎？』《彪傳》

徐穉囑茅容致意郭林宗曰：『大樹將顛，非一繩所維，何乃棲棲，不遑寧處？』《穉傳》

此又士大夫處亂世，用晦保身之法也。

清·湯鵬《浮邱子》卷五《尚特下》 嗟夫！兩漢之興，道雜黄老，人習和同，岳嶽者枯，睮睮者豐。是故味道如董仲舒，骨鯁如汲黯，文義如賈誼、劉向，名節如郭泰、李膺，曾不得享厚糈而奏偉績，或乃出死力以傾陷之，豈非不鄉原之故，而人訾其異己乎？自漢已降，弟靡波流，以至於魏晉六朝，所謂名材碩德非無一二之存，所謂媚世亂德則更僕悉數而不能終焉。爾乃楊彪就秩于曹氏，王導釣譽于江左，崔光取容於拓拔，謝朏屑屑于齊、梁，何其恥也！

雜録

晉·司馬彪《續漢書·五行志一》 中平六年夏，霖雨八十餘日。是時靈帝新棄羣臣，大行尚在梓宫，大將軍何進與佐軍校尉袁紹等共謀欲誅廢中官。下文陵畢，中常侍張讓等共殺進，兵戰京都，死者數千。【略】

延熹中，京都長者皆著木屐；婦女始嫁，至作漆畫五采爲系。此服妖也。到九年，黨事始發，傳黄門北寺，臨時惶惑，不能信天任命，多有逃走不就考者，九族拘繫，及所過歷，長少婦女皆被桎梏，應木屐之象也。【略】

靈帝建寧中，京都長者皆以葦方笥爲妝具，下士盡然。時有識者竊言：葦方笥，郡國讞篋也。今珍用之，此天下人皆當有罪讞於理官也。到光和三年癸丑赦令詔書，吏民依黨禁錮者赦除之，有不見文，他以類比疑者讞。於是諸有黨郡皆讞廷尉，人名悉入方笥中。

又《五行志四》 靈帝熹平四年六月，弘農、三輔螟蟲爲害。是時，靈帝用中常侍曹節等讒言，禁錮海内清英之士，謂之黨人。

唐·歐陽詢等《藝文類聚》卷四九《職官部五·衛尉》 後漢孔融衛尉張儉碑銘曰：其先張仲，實以孝友，左右周室，晉主夏盟，而張老延君譽於四方，君稟乾綱之正性，蹈高世之殊軌，冰潔淵清，介然特立，雖史魚之勵操，叔向之正色，未足比焉。中常侍同郡侯覽，專權王命，豺虎肆虐，威震天下，君以西都督郵，上覽禍亂凶國之罪，鞠没賦奸，以巨

萬計，俄而制書案驗部黨，君爲覽所陷，亦章名捕逐，當世英雄，受命殞身，以籍濟君厄者，蓋數十人，故克免斯艱，旋宅舊宇，衆庶懷其德，王公慕其聲，州宰爭命，辟大將軍幕府，公車特就家拜少府，皆不就也，復以衛尉徵，明詔嚴切，敕州郡，乃不得已而就之，銘曰：桓桓我君，應天淑靈，皓素其質，允迪忠貞，肆志直道，進不爲榮，赴戟驕臣，發如震霆，淩剛摧堅，視危如寧。

又　卷五二《治政部上・赦宥》　謝承《後漢書》曰：學中諸生，與李膺等更相褒重，莫不思其貶議，時河内張成，善説風角，推占當赦，遂教子殺人，李膺爲河南尹，督之，促收捕，既而逢宥獲免，膺愈憤，竟案殺之，初成以方伎交通宦官，帝亦頗訊其占，成弟子牢修，因上書誣告膺等，多養太學遊士，交結諸郡生徒，更相驅馳，共爲部黨，於是天子震怒，班下郡國，逮捕黨人。

《後漢書》卷六七《黨錮傳》李賢注　《謝承書》曰：「成瑨少修仁義，篤學，以清名見。舉孝廉，拜郎中，遷南陽太守。郡舊多豪强，中官黄門盤互境界。瑨下車，振威嚴以撿攝之。是時桓帝乳母、中官貴人外親張子禁，怙恃貴執，不畏法網，功曹岑晊勸使捕子禁付宛獄，笞殺之。桓帝徵瑨，下獄死。宗資字叔都，南陽安衆人也。家代爲漢將相名臣。祖父均，自有傳。資少在京師，學《孟氏易》、《歐陽尚書》。舉孝廉，拜議郎，補御史中丞、汝南太守。署范滂爲功曹，委任政事，推功於滂，不伐其美。任善之名，聞於海内也。」

唐・徐堅《初學記》卷一七《人部上・友悌》　孔融爭死，泠平讓生。司馬彪《續漢書》曰：山陽張儉，以忠正爲中常侍，侯覽所忿疾。覽爲刑章下州郡，召捕儉。儉與孔融兄褒有舊，亡投，遇褒出。時融年十五六，少之，不下告也。融知儉長者，有窘迫色，謂曰：「吾獨不能爲君主乎？」因留舍藏之。後以客發洩覺知，國相已下密就掩。儉得脱走，登時收融及褒送獄。融曰：「保納藏舍者融也，融當坐之。」褒曰：「彼來投我，罪我之由，非弟之過，我當坐之。」兄弟爭死，郡縣疑不能決，乃上讞。詔書令褒坐焉，融由是著名。

又　卷二〇《政理部・赦》　過市，入關。《周禮》曰：國君過市則刑人赦。袁山松《後漢書》曰：賈彪游京師，郭林宗、李元禮等爲談論之首，一言一行，天下以爲准的。黨錮事起，彪謂同志曰：「吾不西行，大難不解矣。」即入關，乃設方略。天子爲之大赦。

宋・李昉等《太平御覽》卷二九《時序部十四・元日》　李膺《家録》曰：膺坐黨事，與杜密、荀翊同繫新汲縣獄。時歲日，翊引杯曰：「正朝從小起。」膺謂翊云：「死者人情所惡。今子無吝色者何？」翊曰：「求仁得仁，又誰恨也？」膺乃歎曰：「漢其亡矣！漢其亡矣！善人天地之紀，而多害之，何以存國！」

明・敖英《明人筆記・東穀贅言》　自古天下事，君子成之，小人壞之。雖然亦有不其然者，君子功業蕭條，不足以對蒼生之望。小人能行好事，亦可邀人心也。是故殷浩、房琯皆萬夫之望也。山桑陳濤斜之役，皆一敗塗地，而智勇俱困。秦檜奸臣之雄也，當金人立張邦昌之曰，仗義抗詞，請立趙宗，就執不屈，而清議壯之。

以衆君子攻一小人，事機不密，猶或難之，況君子寡而小衆乎？此陳蕃、竇武所以起黨錮之禍也。以君子之寡，攻小人之衆，爲力固難矣。況以孑孑負乘之小人，而攻累世膠固之小人，不尤難乎？此李訓、鄭注所以成甘露之禍也。

古之君子，其立身行已，苟一節孤高，足以洗濯汙習，其他嘉言善行，雖不盡傳，可以無遺憾焉。其立言也，苟一篇撰述，得罪名教，即其平生著書滿家，將焉用之？是故稱楊伯起者，以其辭暮夜之金也；薄揚子雲者，以其獻美新之文也。

清・趙翼《廿二史劄記》卷四《後漢書・後漢書編次訂正》　張儉奏劾中常侍，侯覽籍没其家，事見覽傳，則儉傳不復載。

儉避難投孔褒，褒弟融藏之，後事泄，褒兄弟爭相死，事見融傳，則儉傳不復載。融曰：「保納舍藏者，融也，當坐之。」褒曰：「彼來求我，非弟之過，請甘其罪。」吏問其母，母曰：「家事任長，妾當其辜。」一門爭死。

清・黄以周《續資治通鑑長編拾補》卷一五《哲宗・元符三年》

時筠州推官崔鶠亦應詔上書曰：「臣聞諫爭之道不激切不足以起人主意，激切則近訕謗。夫爲人臣而有訕謗之名，此讒邪之論所以易乘，而世主所以不悟，天下所以卷舌吞聲而以言爲戒也。臣嘗讀史，見漢劉陶、曹鸞、唐李少良之事，未嘗不掩卷興嗟，矯然有山林不反之意。

謀反作亂分部

諸呂之變

綜　述

《史記》卷九《呂太后本紀》（孝惠帝）七年秋八月戊寅，孝惠帝崩。發喪，太后哭，泣不下。留侯子張辟强爲侍中，年十五，謂丞相曰：『太后獨有孝惠，今崩，哭不悲，君知其解乎？』丞相曰：『何解？』辟强曰：『帝毋壯子，太后畏君等。君今請拜呂台、呂產、呂禄爲將，將兵居南北軍，及諸呂皆入宫，居中用事，如此則太后心安，君等幸得脱禍矣。』丞相乃如辟强計。太后説，其哭乃哀。呂氏權由此起。乃大赦天下。九月辛丑，葬。太子即位爲帝，謁高廟。元年，號令一出太后。

太后稱制，議欲立諸呂爲王，問右丞相王陵。王陵曰：『高帝刑白馬盟曰「非劉氏而王，天下共擊之」。今王呂氏，非約也。』太后不説。問左丞相陳平、絳侯周勃。勃等對曰：『高帝定天下，王子弟，今太后稱制，王昆弟諸呂，無所不可。』太后喜，罷朝。王陵讓陳平、絳侯曰：『始與高帝啑血盟，諸君不在邪？今高帝崩，太后女主，欲王呂氏，諸君從欲阿意背約，何面目見高帝地下？』陳平、絳侯曰：『於今面折廷爭，臣不如君；夫全社稷，定劉氏之後，君亦不如臣。』王陵無以應之。十一月，太后欲廢王陵，乃拜爲帝太傅，奪之相權。王陵遂病免歸。乃以左丞相平爲右丞相，以辟陽侯審食其爲左丞相。左丞相不治事，令監宫中，如郎中令。食其故得幸太后，常用事，公卿皆因而決事。乃追尊酈侯父爲悼武王，欲以王諸呂爲漸。

四月，太后欲侯諸呂，乃先封高祖之功臣郎中令無擇爲博城侯。魯元公主薨，賜謚爲魯元太后。子偃爲魯王。魯王父，宣平侯張敖也。封齊悼惠王子章爲朱虛侯，以呂禄女妻之。齊丞相壽爲平定侯。少府延爲梧侯。乃封呂種爲沛侯，呂平爲扶柳侯，張買爲南宫侯。

太后欲王呂氏，先立孝惠後宫子强爲淮陽王，子不疑爲常山王，子山爲襄城侯，子朝爲軹侯，子武爲壺關侯。太后風大臣，大臣請立酈侯呂台爲呂王，太后許之。建成康侯釋之卒，嗣子有罪，廢，立其弟呂禄爲胡陵侯，續康侯後。二年，常山王薨，以其弟襄城侯山爲常山王，更名義。十一月，呂王台薨，謚爲肅王，太子嘉代立爲王。三年，無事。四年，封呂嬃爲臨光侯，呂他爲俞侯，呂更始爲贅其侯，呂忿爲呂城侯，及諸侯丞相五人。

宣平侯女爲孝惠皇后時，無子，詳爲有身，取美人子名之，殺其母，立所名子爲太子。孝惠崩，太子立爲帝。帝壯，或聞其母死，非眞皇后子，乃出言曰：『后安能殺吾母而名我？我未壯，壯即爲變。』太后聞而患之，恐其爲亂，乃幽之永巷中，言帝病甚，左右莫得見。太后曰：『凡有天下治爲萬民命者，蓋之如天，容之如地，上有歡心以安百姓，百姓欣然以事其上，歡欣交通而天下治。今皇帝病久不已，乃失惑惛亂，不能繼嗣奉宗廟祭祀，不可屬天下，其代之。』羣臣皆頓首言：『皇太后爲天下齊民計所以安宗廟社稷甚深，羣臣頓首奉詔。』帝廢位，太后幽殺之。五月丙辰，立常山王義爲帝，更名曰弘。不稱元年者，以太后制天下事也。以軹侯朝爲常山王。置太尉官，絳侯勃爲太尉。五年八月，淮陽王薨，以弟壺關侯武爲淮陽王。六年十月，太后曰呂王嘉居處驕恣，廢之，以肅王台弟呂產爲呂王。夏，赦天下。封齊悼惠王子興居爲東牟侯。

七年正月，太后召趙王友。友以諸呂女爲后，弗愛，愛他姬，諸呂女妒，怒去，讒之於太后，誣以罪過，曰『呂氏安得王！太后百歲後，吾必擊之』。太后怒，以故召趙王。趙王至，置邸不見，令衞圍守之，弗與食。其羣臣或竊饋，輒捕論之。趙王餓，乃歌曰：『諸呂用事兮劉氏危，迫脅王侯兮强授我妃。我妃既妒兮誣我以惡，讒女亂國兮上曾不寤。我無忠臣兮何故弃國？自決中野兮蒼天舉直！于嗟不可悔兮寧蚤自財。爲王而餓死兮誰者憐之！呂氏絶理兮託天報仇。』丁丑，趙王幽死，以民禮葬之長安民冢次。

己丑，日食，晝晦。太后惡之，心不樂，乃謂左右曰：『此爲我也。』

二月，徙梁王恢爲趙王。呂王產徙爲梁王，梁王不之國，爲帝太傅。立皇子平昌侯太爲呂王。更名梁曰呂，呂曰濟川。太后女弟呂嬃有女爲營陵侯劉澤妻，澤爲大將軍。太后王諸呂，恐卽崩後劉將軍爲害，乃以劉澤爲琅邪王，以慰其心。

梁王恢之徙王趙，心懷不樂。太后以呂產女爲趙王后。王后從官皆諸呂，擅權，微伺趙王，趙王不得自恣。王有所愛姬，王后使人酖殺之。王乃爲歌詩四章，令樂人歌之。王悲，六月卽自殺。太后聞之，以爲王用婦人弃宗廟禮，廢其嗣。

宣平侯張敖卒，以子偃爲魯王，敖賜謚爲魯元王。

秋，太后使使告代王，欲徙王趙。代王謝，願守代邊。

太傅產、丞相平等言，武信侯呂祿上侯，位次第一，請立爲趙王。太后許之，追尊祿父康侯爲趙昭王。九月，燕靈王建薨，有美人子，太后使人殺之，無後，國除。八年十月，立呂肅王子東平侯呂通爲燕王，封通弟呂莊爲東平侯。

三月中，呂后祓，還過軹道，見物如蒼犬，據高后掖，忽弗復見。卜之，云趙王如意爲祟。高后遂病掖傷。

高后爲外孫魯元王偃年少，蚤失父母，孤弱，乃封張敖前姬兩子，侈爲新都侯，壽爲樂昌侯，以輔魯元王偃。及封中大謁者張釋爲建陵侯，呂滎爲祝茲侯。諸中宦者令丞皆爲關內侯，食邑五百户。

七月中，高后病甚，乃令趙王呂祿爲上將軍，軍北軍；呂王產居南軍。呂太后誡產、祿曰：『高帝已定天下，與大臣約，曰「非劉氏王者，天下共擊之」。今呂氏王，大臣弗平。我卽崩，帝年少，大臣恐爲變。必據兵衛宮，慎毋送喪，毋爲人所制。』辛巳，高后崩，遺詔賜諸侯王各千金，將相列侯郎吏皆以秩賜金。大赦天下。以呂王產爲相國，以呂祿女爲帝后。

高后已葬，以左丞相審食其爲帝太傅。

朱虛侯劉章有氣力，東牟侯興居其弟也，皆齊哀王弟，居長安。當是時，諸呂用事擅權，欲爲亂，畏高帝故大臣絳、灌等，未敢發。朱虛侯婦，呂祿女，陰知其謀。恐見誅，乃陰令人告其兄齊王，欲令發兵西，誅諸呂而立。朱虛侯欲從中與大臣爲應。齊王欲發兵，其相弗聽。八月丙午，齊王欲使人誅相，相召平乃反，舉兵欲圍王，王因殺其相，遂發兵東，詐奪琅邪王兵，并將之而西。語在齊王語中。

齊王乃遺諸侯王書曰：『高帝平定天下，王諸子弟，悼惠王王齊。悼惠王薨，孝惠帝使留侯良立臣爲齊王。孝惠崩，高后用事，春秋高，聽諸呂，擅廢帝更立，又比殺三趙王，滅梁、趙、燕以王諸呂，分齊爲四。忠臣進諫，上惑亂弗聽。今高后崩，而帝春秋富，未能治天下，固恃大臣諸侯。而諸呂又擅自尊官，聚兵嚴威，劫列侯忠臣，矯制以令天下，宗廟所以危。寡人率兵入誅不當爲王者。』漢聞之，相國呂產等乃遣潁陰侯灌嬰將兵擊之。灌嬰至滎陽，乃謀曰：『諸呂權兵關中，欲危劉氏而自立。今我破齊還報，此益呂氏之資也。』乃留屯滎陽，使使諭齊王及諸侯，與連和，以待呂氏變，共誅之。齊王聞之，乃還兵西界待約。

呂祿、呂產欲發亂關中，內憚絳侯、朱虛等，外畏齊、楚兵，又恐灌嬰畔之，欲待灌嬰兵與齊合而發，猶豫未決。當是時，濟川王太、淮陽王武、常山王朝名爲少帝弟，及魯元王呂后外孫，皆年少未之國，居長安。趙王祿、梁王產各將兵居南北軍，皆呂氏之人。列侯羣臣莫自堅其命。

太尉絳侯勃不得入軍中主兵。曲周侯酈商老病，其子寄與呂祿善。絳侯乃與丞相陳平謀，使人劫酈商，令其子寄往紿說呂祿曰：『高帝與呂后共定天下，劉氏所立九王，呂氏所立三王，皆大臣之議，事已布告諸侯，諸侯皆以爲宜。今太后崩，帝少，而足下佩趙王印，不急之國守藩，乃爲上將，將兵留此，爲大臣諸侯所疑。足下何不歸將印，以兵屬太尉？請梁王歸相國印，與大臣盟而之國，齊兵必罷，大臣得安，足下高枕而王千里，此萬世之利也。』呂祿信然其計，欲歸將印，以兵屬太尉。使人報呂產及諸呂老人，或以爲便，或曰不便，計猶豫未有所決。呂祿信酈寄，時與出游獵。過其姑呂嬃，嬃大怒，曰：『若爲將而弃軍，呂氏今無處矣。』乃悉出珠玉寶器散堂下，曰：『毋爲他人守也。』

左丞相食其免。

八月庚申旦，平陽侯窋行御史大夫事，見相國產計事。郎中令賈壽使從齊來，因數產曰：『王不蚤之國，今雖欲行，尚可得邪？』具以灌嬰與齊楚合從，欲誅諸呂告產，乃趣產急入宮。平陽侯頗聞其語，乃馳告丞相、太尉。太尉欲入北軍，不得入。襄平侯通尚符節。乃令持節矯內太尉

北軍。太尉復令酈寄與典客劉揭先説呂禄曰：『帝使太尉守北軍，欲足下之國，急歸將印辭去，不然，禍且起。』呂禄以爲酈兄不欺己，遂解印屬典客，而以兵授太尉。太尉將之入軍門，行令軍中曰：『爲呂氏右襢，爲劉氏左襢。』軍中皆左襢爲劉氏。太尉行至，將軍呂禄亦已解上將印去，太尉遂將北軍。

然尚有南軍。平陽侯聞之，以呂產謀告丞相平，丞相平乃召朱虚侯佐太尉。太尉令朱虚侯監軍門。令平陽侯告衛尉：『毋入相國產殿門。』呂產不知呂禄已去北軍，乃入未央宮，欲爲亂，殿門弗得入，裴回往來。平陽侯恐弗勝，馳語太尉。太尉尚恐不勝諸呂，未敢訟言誅之，乃遣朱虚侯謂曰：『急入宮衛帝。』朱虚侯請卒，太尉予卒千餘人。入未央宮門，遂見產廷中。日餔時，遂擊產。產走。天風大起，以故其從官亂，莫敢鬬。逐產，殺之郎中府吏廁中。

朱虚侯已殺產，帝命謁者持節勞朱虚侯。朱虚侯欲奪節信，謁者不肯，朱虚侯則從與載，因節信馳走，斬長樂衛尉呂更始。還，馳入北軍，報太尉。太尉起，拜賀朱虚侯曰：『所患獨呂產，今已誅，天下定矣。』遂遣人分部悉捕諸呂男女，無少長皆斬之。辛酉，捕斬呂禄，而笞殺呂嬃。使人誅燕王呂通，而廢魯王偃。壬戌，以帝太傅食其復爲左丞相。戊辰，徙濟川王王梁，立趙幽王子遂爲趙王。遣朱虚侯章以誅諸呂氏事告齊王，令罷兵。灌嬰兵亦罷滎陽而歸。

諸大臣相與陰謀曰：『少帝及梁、淮陽、常山王，皆非眞孝惠子也。呂后以計詐名他人子，殺其母，養後宮，令孝惠子之，立以爲後，及諸王，以强呂氏。今皆已夷滅諸呂，而置所立，即長用事，吾屬無類矣。不如視諸王最賢者立之。』或言『齊悼惠王高帝長子，今其適子爲齊王，推本言之，高帝適長孫，可立也』。大臣皆曰：『呂氏以外家惡而幾危宗廟，亂功臣。今齊王母家駟，駟鈞，惡人也，即立齊王，則復爲呂氏。』欲立淮南王，以爲少，母家又惡。乃曰：『代王方今高帝見子，最長，仁孝寬厚。太后家薄氏謹良。且立長故順，以仁孝聞於天下，便。』乃相與共陰使人召代王。代王使人辭謝。再反，然後乘六乘傳。後九月晦日己酉，至長安，舍代邸。大臣皆往謁，奉天子璽上代王，共尊立爲天子。代王數讓，羣臣固請，然後聽。

東牟侯興居曰：『誅呂氏吾無功，請得除宮。』乃與太僕汝陰侯滕公入宮，前謂少帝曰：『足下非劉氏，不當立。』乃顧麾左右執戟者掊兵罷去。有數人不肯去兵，宦者令張澤諭告，亦去兵。滕公乃召乘輿車載少帝出。少帝曰：『欲將我安之乎？』滕公曰：『出就舍。』舍少府。乃奉天子法駕，迎代王於邸。報曰：『宮謹除。』代王即夕入未央宮。有謁者十人持戟衛端門，曰：『天子在也，足下何爲者而入？』代王乃謂太尉。太尉往諭，謁者十人皆掊兵而去。代王遂入而聽政。夜，有司分部誅滅梁、淮陽、常山王及少帝於邸。

代王立爲天子。二十三年崩，謚爲孝文皇帝。

又　卷五七《絳侯周勃世家》　勃既定燕而歸，高祖已崩矣，以列侯事孝惠帝。孝惠帝六年，置太尉官，以勃爲太尉。十歲，高后崩。呂禄以趙王爲漢上將軍，呂產以呂王爲漢相國，秉漢權，欲危劉氏。勃爲太尉，不得入軍門。陳平爲丞相，不得任事。於是勃與平謀，卒誅諸呂而立孝文皇帝。

《漢書》卷三《高后紀》　（高后八年）秋七月辛巳，皇太后崩于未央宮。遺詔賜諸侯王各千金，將相列侯下至郎吏各有差。大赦天下。

上將軍禄、相國產顓兵秉政，自知背高皇帝約，恐爲大臣諸侯王所誅，因謀作亂。時齊悼惠王子朱虚侯章在京師，以禄女爲婦，知其謀，乃使人告兄齊王，令發兵西。章欲與太尉勃、丞相平爲內應，以誅諸呂。齊王遂發兵，又詐琅邪王澤發其國兵，并將而西。產、禄等遣大將軍灌嬰將兵擊之。嬰至滎陽，使人諭齊王與連和，待呂氏變而共誅之。

太尉勃與丞相平謀，以曲周侯酈商子寄與禄善，使人劫商令寄紿説禄曰：『高帝與呂后共定天下，劉氏所立九王，呂氏所立三王，皆大臣之議。事已布告諸侯王，諸侯王以爲宜。今太后崩，帝少，足下不急之國守藩，乃爲上將將兵留此，爲大臣諸侯所疑。何不速歸將軍印，以兵屬太尉，請梁王亦歸相國印，與大臣盟而之國？齊兵必罷，大臣得安，足下高枕而王千里，此萬世之利也。』禄然其計，使人報產及諸呂老人。或以爲不便，計猶豫未有所決。禄信寄，與俱出遊，過其姑呂嬃。嬃怒曰：『汝爲將而棄軍，呂氏今無處矣！』乃悉出珠玉寶器散堂下，曰：『無爲它人守也！』

八月庚申，平陽侯窋行御史大夫事，見相國產計事。郎中令賈壽使從齊來，因數產曰：『王不早之國，今雖欲行，尚可得邪？』具以灌嬰與齊楚合從狀告產。平陽侯窋聞其語，馳告丞相平、太尉勃。勃欲入北軍，不得入。襄平侯紀通尚符節，乃令持節矯內勃北軍。勃復令酈寄、典客劉揭說禄，曰：『帝使太尉守北軍，欲令足下之國，急歸將軍印辭去。不然，禍且起。』禄遂解印屬典客，而以兵授太尉勃。勃入軍門，行令軍中曰：『爲呂氏右袒，爲劉氏左袒。』軍皆左袒。勃遂將北軍。然尚有南軍，丞相平召朱虛侯章佐勃。勃令章監軍門，令平陽侯告衛尉，毋內相國產殿門。產不知禄已去北軍，入未央宮欲爲亂。殿門弗內，徘徊往來。平陽侯馳語太尉勃，勃尚恐不勝，未敢誦言誅之，乃謂朱虛侯章曰：『急入宮衛帝。』章從勃請卒千人，入未央宮掖門，見產廷中。日餔時，遂擊產，產走。天大風，從官亂，莫敢鬭者。逐產，殺之郎中府吏舍廁中。

章已殺產，帝令謁者持節勞章。章欲奪節，謁者不肯，章乃從與載，因節信馳斬長樂衛尉呂更始。還入北軍，復報太尉勃。勃起拜賀章，曰：『所患獨產，今已誅，天下定矣。』辛酉，（殺）〔斬〕呂禄，笞殺呂嬃。分部悉捕呂男女，無少長皆斬之。

又　卷四《文帝紀》　（孝文帝）元年冬十月辛亥，皇帝見于高廟。遣車騎將軍薄昭迎皇太后于代。詔曰：『前呂產自置爲相國，呂禄爲上將軍，擅遣將軍灌嬰將兵擊齊，欲代劉氏。嬰留滎陽，與諸侯合謀以誅呂氏。呂產欲爲不善，丞相平與太尉勃等謀奪產等軍。朱虛侯章首先捕斬產。太尉勃身率襄平侯通持節承詔入北軍。典客揭奪呂禄印。其益封太尉勃邑萬户，賜金五千斤。丞相平、將軍嬰邑各三千户，金二千斤。朱虛侯章、襄平侯通邑各二千户，金千斤。封典客揭爲陽信侯，賜金千斤。』

又　卷三五《燕王劉澤傳》　燕王劉澤，高祖從祖昆弟也。高祖三年，澤爲郎中。十一年，以將軍擊陳豨將王黃，封爲營陵侯。

高后時，齊人田生游乏資，以畫奸澤。澤大說之，用金二百斤爲田生壽。田生已得金，卽歸齊。二歲，澤使人謂田生曰：『弗與矣。』田生如長安，不見澤，而假大宅，令其子求事呂后所幸大謁者張卿。居數月，田生子請張卿臨，親脩具。張卿往，見田生帷帳具置如列侯。張卿驚。酒酣，乃并人說張卿曰：『臣觀諸侯邸第百餘，皆高帝一切功臣。今呂氏雅故本推轂高帝就天下，功至大，又有親戚太后之重。太后春秋長，諸呂弱，太后欲立呂產爲呂王，王代。（呂）〔太〕后又重發之，恐大臣不聽。今卿最幸，大臣所敬，何不風大臣以聞太后，太后必喜。諸呂以王，萬户侯亦卿之有。太后心欲之，而卿爲內臣，不急發，恐（過）〔禍〕及身矣。』張卿大然之，乃風大臣語太后。太后朝，因問大臣。大臣請立呂產爲呂王。太后賜張卿千金，張卿以其半進田生。田生弗受，因說之曰：『呂產王也，諸大臣未大服。今營陵侯澤，諸劉長，爲大將軍，獨此尚觖望。今卿言太后，裂十餘縣王之，彼得王喜，於諸呂王益固矣。』張卿入言之。又太后女弟呂須女亦爲營陵侯妻，故遂立營陵侯澤爲琅邪王。琅邪王與田生之國，急行毋留。出關，太后果使人追之。已出，卽還。

澤王琅邪二年，而太后崩，澤乃曰：『帝少，諸呂用事，諸劉孤弱。』引兵與齊王合謀西，欲誅諸呂。至梁，聞漢灌將軍屯滎陽，澤還兵備西界，遂跳驅至長安。代王亦從代至。諸將相與琅邪王共立代王，是爲孝文帝。文帝元年，徙澤爲燕王，而復以琅邪歸齊。

又　卷四〇《周勃傳》　勃既定燕而歸，高帝已崩矣，以列侯事惠帝。惠帝六年，置太尉官，以勃爲太尉。十年，高后崩。呂禄以趙王爲漢上將軍，呂產以呂王爲相國，秉權，欲危劉氏。勃與丞相平、朱虛侯章共誅諸呂。

又　卷九七上《外戚傳》　太后發喪，哭而泣不下。留侯子張辟彊爲侍中，年十五，謂丞相陳平曰：『太后獨有帝，今哭而不悲，君知其解未？』陳平曰：『何解？』辟彊曰：『帝無壯子，太后畏君等。今請拜呂台、呂產爲將，將兵居南北軍，及諸呂皆官，居中用事。如此則太后心安，君等幸脫禍矣！』丞相如辟彊計請之，太后說，其哭乃哀。呂氏權由此起。乃立孝惠後宮子爲帝，太后臨朝稱制。復殺高祖子趙幽王友、共王恢及燕王建子。遂立周呂侯子台爲呂王，台弟產爲梁王，建城侯釋之子禄爲趙王，台子通爲燕王，又封諸呂凡六人皆爲列侯，追尊父呂公爲呂宣王，兄周呂侯爲悼武王。

太后持天下八年，病犬禍而崩，語在五行志。病困，以趙王禄爲上將軍居北軍，梁王產爲相國居南軍，戒產、禄曰：『高祖與大臣約，非劉氏王者，天下共擊之，今王呂氏，大臣不平。我卽崩，恐其爲變，必據兵衛

宮，愼毋送喪，爲人所制。』太后崩，太尉周勃、丞相陳平、朱虛侯劉章等共誅產、祿，悉捕諸呂男女，無少長皆斬之。而迎立代王，是爲孝文皇帝。

宋·袁樞《通鑑紀事本末》卷二《諸呂之變》 高祖十年。定陶戚姬有寵於上，生趙王如意。上以太子仁弱，謂如意類己，雖封爲趙王，常留之長安。上之關東，戚姬常從，日夜啼泣，欲立其子。呂后年長，常留守，益疏。上欲廢太子而立趙王，大臣爭之，皆莫能得。御史大夫周昌廷爭之强，上問其說。昌爲人吃，又盛怒，曰：『臣口不能言，然臣期期知其不可。陛下欲廢太子，臣期期不奉詔。』上欣然而笑。呂后側耳於東廂聽，既罷，見昌，爲跪謝曰：『微君，太子幾廢！』時趙王年十歲，上憂萬歲之後不全也，符璽御史趙堯請爲趙王置貴强相，及呂后、太子、羣臣素所敬憚者。上曰：『誰可者？』堯曰：『御史大夫昌，其人也。』上乃以昌相趙，而以堯代昌爲御史大夫。

十二年十一月，上從破黥布歸，疾益甚，愈欲易太子。張良諫，不聽，因疾不視事。叔孫通諫曰：『昔者晉獻公以驪姬之故，廢太子，立奚齊，晉國亂者數十年，爲天下笑。秦以不蚤定扶蘇，令趙高得以詐立胡亥，自使滅祀，此陛下所親見。今太子仁孝，天下皆聞之。呂后與陛下攻苦食啖，其可背哉！陛下必欲廢適而立少，臣願先伏誅，以頸血汙地。』帝曰：『公罷矣，吾直戲耳。』叔孫通曰：『太子，天下本，本一搖天下振動，奈何以天下爲戲乎！』時大臣固爭者多，上知羣臣心皆不附趙王，乃止不立。

初，上擊布時爲流矢所中，行道，疾甚。呂后問曰：『陛下百歲後，蕭相國既死，誰令代之？』上曰：『曹參可。』問其次，曰：『王陵可，然少戇，陳平可以助之。陳平知有餘，然難獨任。周勃重厚少文，然安劉氏者必勃也，可令爲太尉。』呂后復問其次，上曰：『此後亦非乃所知也。』夏四月甲辰，帝崩于長樂宮。

五月己巳，太子卽皇帝位，尊皇后曰皇太后。

太后令永巷囚戚夫人，髡鉗，衣赭衣，令舂。遣使召趙王如意，使者三反，趙相周昌謂使者曰：『高帝屬臣趙王，趙王年少。竊聞太后怨戚夫人，欲召趙王幷誅之，臣不敢遣王，王且亦病，不能奉詔。』太后怒，先使人召昌。昌至長安，乃使人復召趙王。王來未到，帝知太后怒，自迎趙王霸上，與入宮，自挾與起居、飲食。太后欲殺之，不得閒。

惠帝元年冬十二月，帝晨出射。趙王少，不能蚤起，太后使人持酖飲之。黎明，帝還，趙王已死。太后遂斷戚夫人手足，去眼，煇耳，飲瘖藥，使居廁中，命曰『人彘』。居數日，乃召帝觀人彘。帝見，問知其戚夫人，乃大哭，因病，歲餘不能起。使人請太后曰：『此非人所爲。臣爲太后子，終不能治天下。』帝以此日飲爲淫樂，不聽政。

臣光曰：爲人子者，父母有過則諫，諫而不聽，則號泣而隨之。安有守高祖之業，爲天下之主，不忍母之殘酷，遂棄國家而不恤，縱酒色以傷生。若孝惠者，可謂篤於小仁而未知大誼也。

六年冬十月，以王陵爲右丞相，陳平爲左丞相。夏，以周勃爲太尉。

七年秋八月戊寅，帝崩于未央宮。初，呂太后命張皇后取他人子養之，而殺其母，以爲太子。既葬，太子卽皇帝位。年幼，太后臨朝稱制。

高后元年冬，太后議欲立諸呂爲王，問右丞相陵。陵曰：『高帝刑白馬盟曰：「非劉氏而王，天下共擊之！」今王呂氏，非約也。』太后不說，問左丞相平、太尉勃。對曰：『高帝定天下，王子弟，今太后稱制，王諸呂，無所不可。』太后喜。罷朝，王陵讓陳平、絳侯曰：『始與高帝啑血盟，諸君不在邪？今高帝崩，太后女主，欲王呂氏，諸君縱欲阿意背約，何面目見高帝於地下乎！』陳平、絳侯曰：『於今面折廷爭，臣不如君；全社稷，定劉氏之後，君亦不如臣。』陵無以應之。

十一月甲子，太后以王陵爲帝太傅，實奪之相權，陵遂病免歸。乃以左丞相平爲右丞相；以辟陽侯審食其爲左丞相，不治事，令監宮中，如郎中令。食其故得幸於太后，公卿皆因而決事。太后怨趙堯爲趙隱王謀，乃抵堯罪。上黨守任敖嘗爲沛獄吏，有德於太后，乃以爲御史大夫。太后又追尊其父臨泗侯呂公爲宣王，兄周呂令武侯澤爲悼武王，欲以王諸呂爲漸。

太后欲王呂氏，乃先立所名孝惠子强爲淮陽王，不疑爲恒山王。使大謁者張釋風大臣，大臣乃請立悼武王長子酈侯台爲呂王，割齊之濟南郡爲呂國。

二年冬十一月，呂肅王台薨。

夏五月丙申，封齊悼惠王子章爲朱虛侯，令入宿衛，又以呂祿女妻章。

四年夏四月丙申，太后封女弟嬃爲臨光侯。

少帝寖長，自知非皇后子，乃出言曰：『后安能殺吾母而名我？我壯，卽爲變！』太后聞之，幽之永巷中，言帝病，左右莫得見。太后語羣臣曰：『今皇帝病久不已，失惑昏亂，不能繼嗣治天下。其代之。』羣臣皆頓首言：『皇太后爲天下齊民計，所以安宗廟、社稷甚深，羣臣頓首奉詔。』遂廢帝，幽殺之。

五月丙辰，立恆山王義爲帝，更名曰弘。不稱元年，以太后制天下事故也。

六年冬十一月，立肅王弟產爲呂王。

七年春正月，太后召趙幽王友。友以諸呂女爲后，弗愛，愛他姬。諸呂女怒，去，讒之於太后曰：『王言「呂氏安得王！太后百歲後，吾必擊之。」』太后以故召趙王。趙王至，置邸，不得見，令衛圍守之，弗與食。其羣臣或竊饋，輒捕論之。丁丑，趙王餓死。

二月，徙梁王恢爲趙王，呂王產爲梁王。梁王不之國，爲帝太傅。

呂嬃女爲將軍營陵侯劉澤妻。澤者，高祖從祖昆弟也。齊人田生爲之説大謁者張卿曰：『諸呂之王也，諸大臣未大服。今營陵侯澤，諸劉最長。今卿言太后王之，呂氏王益固矣。』張卿入言太后，太后然之，乃割齊之琅邪郡封澤爲琅邪王。

趙王恢之徙趙，心懷不樂。太后以呂產女爲王后，王后從官皆諸呂，擅權，微伺趙王，趙王不得自恣。王有所愛姬，王后使人酖殺之。六月，王不勝悲憤，自殺。太后聞之，以爲王用婦人棄宗廟禮，廢其嗣。是時，諸呂擅權用事。朱虛侯章年二十，有氣力，忿劉氏不得職。嘗入侍太后燕飲，太后令章爲酒吏。章自請曰：『臣將種也，請得以軍法行酒。』太后曰：『可。』酒酣，章請爲《耕田歌》，太后許之。章曰：『深耕穊種，立苗欲疏，非其種者，鉏而去之。』太后默然。頃之，諸呂有一人醉，亡酒，章追，拔劍斬之，而還報曰：『有亡酒一人，臣謹行法斬之。』太后、左右皆大驚，業已許其軍法，無以爭也，因罷。自是之後，諸呂憚朱虛侯，雖大臣皆依朱虛侯，劉氏爲益强。

陳平患諸呂，力不能制，恐禍及己，嘗燕居深念。陸賈往，直入坐，而陳丞相不見。陸生曰：『何念之深也？』陳平曰：『生揣我何念？』陸生曰：『足下極富貴，無欲矣，然有憂念，不過患諸呂、少主耳。』陳平曰：『然。爲之奈何？』陸生曰：『天下安，注意相；天下危，注意將。將相和調，則士豫附，天下雖有變，權不分。爲社稷計，在兩君掌握耳。臣常欲謂太尉絳侯，絳侯與我戲，易吾言。君何不交驩太尉，深相結？』因爲陳平畫呂氏數事。陳平用其計，乃以五百金爲絳侯壽，厚具樂飲；太尉報亦如之。兩人深相結，呂氏謀益衰。

太后使使告代王欲徙王趙，代王謝之，願守代邊。太后乃立兄子呂祿爲趙王，追尊祿父建成康侯釋之爲趙昭王。

八年冬十月辛丑，立呂肅王子東平侯通爲燕王，封通弟莊爲東平侯。

春三月，太后祓還，過軹道，見物如蒼犬，撠太后掖，忽不復見。卜之，云『趙王如意爲祟』。太后遂病掖傷。

夏四月，封中大謁者張釋爲建陵侯，以其勸王諸呂，賞之也。

秋七月，太后病甚，乃令趙王祿爲上將軍，居北軍；呂王產居南軍。太后誡產、祿曰：『呂氏之王，大臣弗平。我卽崩，帝年少，大臣恐爲變。必據兵衛宮，愼毋送喪，爲人所制。』辛巳，太后崩，遺詔大赦天下，以呂王產爲相國，以呂祿女爲帝后。

諸呂欲爲亂，畏大臣絳、灌等，未敢發。朱虛侯以呂祿女爲婦，故知其謀，乃陰令人告其兄齊王，欲令發兵西，朱虛侯、東牟侯爲內應，以誅諸呂，立齊王爲帝。齊王乃與其舅駟鈞、郎中令祝午、中尉魏勃陰謀發兵。齊相召平弗聽。八月丙午，齊王欲使人誅相，相聞之，乃發卒衛王宮。魏勃紿召平曰：『王欲發兵，非有漢虎符驗也，而相君圍王固善。勃請爲君將兵衛王。』召平信之。勃既將兵，遂圍相府，召平自殺。於是齊王以駟鈞爲相，魏勃爲將軍，祝午爲內史，悉發國中兵。使祝午東詐琅邪王曰：『呂氏作亂，齊王發兵欲西誅之。齊王自以年少，不習兵革之事，願舉國委大王。大王自高帝將也，請大王幸之臨菑，見齊王計事。』琅邪王信之，西馳見齊王。齊王因留琅邪王，而使祝午盡發琅邪國兵，幷將之。琅邪王説齊王曰：『大王高皇帝適長孫也，當立。今諸大臣狐疑，未有所定，而澤於劉氏最爲長年，大臣固待澤決計。今大王留臣，無爲也，

不如使我入關計事。』齊王以爲然，乃益具車送琅邪王。琅邪王既行，齊遂舉兵西攻濟南，遺諸侯王書，陳諸呂之罪，欲舉兵誅之。

相國呂產等聞之，乃遣潁陰侯灌嬰將兵擊之。灌嬰至滎陽，謀曰：『諸呂擁兵關中，欲危劉氏而自立。今我破齊還報，此益呂氏之資也。』乃留屯滎陽，使使諭齊王及諸侯與連和，以待呂氏變，共誅之。齊王聞之，乃還兵西界待約。

呂禄、呂產欲作亂，內憚絳侯、朱虚等，外畏齊、楚兵，又恐灌嬰畔之，欲待灌嬰兵與齊合而發，猶豫未決。

當是時，濟川王太、淮陽王武、常山王朝及魯王張偃皆年少，未之國，居長安。趙王禄、梁王產各將兵居南、北軍，皆呂氏之人也。列侯、羣臣莫自堅其命。

太尉絳侯勃不得主兵。曲周侯酈商老病，其子寄與呂禄善。絳侯乃與丞相陳平謀，使人劫酈商，令其子寄往紿説呂禄曰：『高帝與呂后共定天下，劉氏所立九王，呂氏所立三王，皆大臣之議，事已布告諸侯，諸侯皆以爲宜。今太后崩，帝少，而足下佩趙王印，不急之國守藩，乃爲上將將兵留此，爲大臣諸侯所疑。足下何不歸將印，以兵屬太尉，請梁王歸相國印，與大臣盟而之國。齊兵必罷，大臣得安，足下高枕而王千里，此萬世之利也。』呂禄信然其計，欲以兵屬太尉，使人報呂產及諸呂老人。或以爲便，或曰不便，計猶豫未有所決。呂禄信酈寄，時與出游獵。過其姑呂嬃，嬃大怒曰：『若爲將而棄軍，呂氏今無處矣！』乃悉出珠玉寶器散堂下，曰：『毋爲他人守也。』

九月庚申旦，平陽侯窋行御史大夫事，見相國產計事。郎中令賈壽使從齊來，因數產曰：『王不早之國，今雖欲行，尚可得邪？』具以灌嬰與齊、楚合從欲誅諸呂告產，且趣產急入宫。平陽侯頗聞其語，馳告丞相、太尉。

太尉欲入北軍，不得入。襄平侯紀通尚符節，乃令持節矯內太尉北軍。太尉復令酈寄與典客劉揭先説呂禄曰：『帝使太尉守北軍，欲足下之國。急歸將印辭去，不然，禍且起。』呂禄以爲酈況不欺己，遂解印屬典客，而以兵授太尉。太尉至軍，呂禄已去。太尉入軍門，行令軍中曰：『爲呂氏右袒，爲劉氏左袒。』軍中皆左袒。太尉遂將北軍。然尚有南軍。丞相平乃召朱虚侯章佐太尉，太尉令朱虚侯監軍門，令平陽侯告衛尉：『毋入相國產殿門。』呂產不知呂禄已去北軍，乃入未央宫欲爲亂，至殿門，弗得入，徘徊往來。平陽侯恐弗勝，馳語太尉。太尉尚恐不勝諸呂，未敢公言誅之，乃謂朱虚侯曰：『急入宫衛帝。』朱虚侯請卒，太尉予卒千餘人。入未央宫門，見產廷中。日餔時，遂擊產，產走。天風大起，以故其從官亂，莫敢鬭。逐產，殺之郎中府吏廁中。

朱虚侯已殺產，帝命謁者持節勞朱虚侯。朱虚侯欲奪其節，謁者不肯，朱虚侯則從與載，因節信馳走，斬長樂衛尉呂更始。還，馳入北軍，報太尉。太尉起，拜賀朱虚侯曰：『所患獨呂產，今已誅，天下定矣！』遂遣人分部悉捕諸呂男女，無少長皆斬之。辛酉，捕斬呂禄而笞殺呂嬃，使人誅燕王呂通，而廢魯王張偃。戊辰，徙濟川王王梁。遣朱虚侯章以誅諸呂事告齊王，令罷兵。

灌嬰在滎陽，聞魏勃本教齊王舉兵，使使召魏勃至，責問之。勃曰：『失火之家，豈暇先言丈人而後救火乎？』因退立，股戰而栗，恐，不能言者，終無他語。灌將軍熟視笑曰：『人謂魏勃勇，妄庸人耳，何能爲乎！』乃罷魏勃。灌嬰兵亦罷滎陽歸。

班固贊曰：孝文時，天下以酈寄爲賣友。夫賣友者，謂見利而忘義也。若寄父爲功臣，而又執劫，雖摧呂禄以安社稷，誼存君親可也。

諸大臣相與陰謀曰：『少帝及梁、淮陽、恒山王皆非真孝惠子也，呂后以計詐名他人子，殺其母，養後宫，令孝惠子之，立以爲後，及諸王，以强呂氏。今皆已夷滅諸呂，而所立卽長用事，吾屬無類矣。不如視諸王最賢者立之。』或言：『齊王，高帝長孫，可立也。』大臣皆曰：『呂氏以外家惡而幾危宗廟，亂功臣。今齊王舅駟鈞虎而冠，卽立齊王，復爲呂氏矣。代王方今高帝見子，最長，仁孝寬厚。太后家薄氏謹良。且立長固順，況以仁孝聞天下乎！』乃相與共陰使人召代王。

代王問左右，郎中令張武等曰：『漢大臣皆故高帝時大將，習兵，多謀詐。此其屬意非止此也，特畏高帝、呂太后威耳。今已誅諸呂，新啑血京師，此以迎大王爲名，實不可信。願大王稱疾毋往，以觀其變。』中尉宋昌進曰：『羣臣之議皆非也。夫秦失其政，諸侯豪桀並起，人人自以爲得之者以萬數，然卒踐天子之位者，劉氏也，天下絶望，一矣。高帝封王

子弟地，犬牙相制，此所謂磐石之宗也，天下服其强，二矣。漢興，除秦苛政，約法令，施德惠，人人自安，難動搖，三矣。夫以呂太后之嚴，立諸呂爲三王，擅權專制，然而太尉以一節入北軍，一呼士皆左袒，爲劉氏，叛諸呂，卒以滅之。此乃天授，非人力也。今大臣雖欲爲變，百姓弗爲使，其黨寧能專一邪！方今内有朱虚、東牟之親，外畏吳、楚、淮南、琅邪、齊、代之强。方今高帝子獨淮南王與大王，大王又長，賢聖仁孝，聞於天下，故大臣因天下之心而欲迎立大王，大王勿疑也。』代王報太后計之，猶豫未定。卜之，兆得大横，占曰：『大横庚庚，余爲天王，夏啓以光。』代王曰：『寡人固已爲王矣，又何王？』卜人曰：『所謂天王者，乃天子也。』於是代王遣太后弟薄昭往見絳侯，絳侯等具爲昭言所以迎立王意。薄昭還報曰：『信矣，毋可疑者。』代王乃笑謂宋昌曰：『果如公言。』乃命宋昌參乘，張武等六人乘傳從詣長安。至高陵休止，而使宋昌先馳之長安觀變。昌至渭橋，丞相以下皆迎。昌還報。代王馳至渭橋，羣臣拜謁稱臣，代王下車答拜。太尉勃進曰：『願請間。』宋昌曰：『所言公，公言之。所言私，王者無私。』太尉乃跪上天子璽符。代王謝曰：『至代邸而議之。』

後九月己酉晦，代王至長安，舍代邸，羣臣從至邸。丞相陳平等皆再拜言曰：『子弘等皆非孝惠帝子，不當奉宗廟。大王高帝長子，宜爲嗣。願大王卽天子位。』代王西鄉讓者三，南鄉讓者再，遂卽天子位。羣臣以禮次侍。

東牟侯興居曰：『誅呂氏，臣無功，請得除宫。』乃與太僕汝陰侯滕公入宫，前謂少帝曰：『足下非劉氏子，不當立。』乃顧麾左右執戟者掊兵罷去。有數人不肯去兵，宦者令張釋諭告，亦去兵。滕公乃召乘輿車載少帝出，少帝曰：『欲將我安之乎？』滕公曰：『出就舍。』舍少府。乃奉天子法駕，迎代王於邸，報曰：『宫謹除。』代王卽夕入未央宫。有謁者十人持戟衛端門，曰：『天子在也，足下何爲者而入？』代王乃謂太尉。太尉往諭，謁者十人皆掊兵而去，代王遂入。夜，拜宋昌爲衛將軍，鎮撫南、北軍。以張武爲郎中令，行殿中。有司分部誅滅梁、淮陽、恆山王及少帝於邸。文帝還坐前殿，夜下詔書，赦天下。

文帝元年冬十月，陳平謝病，上問之，平曰：『高祖時勃功不如臣，及誅諸呂，臣功亦不如勃，願以右丞相讓勃。』十一月辛巳，上徙平爲左丞相，太尉勃爲右丞相，大將軍灌嬰爲太尉。諸呂所奪齊、楚故地，皆復與之。論誅諸呂功，右丞相勃以下益户、賜金各有差。絳侯朝罷趨出，意得甚。上禮之恭，常目送之。郎中安陵袁盎諫曰：『諸呂悖逆，大臣相與共誅之。是時丞相爲太尉，本兵柄，適會其成功。今丞相如有驕主色，陛下謙讓；臣主失禮，竊爲陛下弗取也。』後朝，上益莊，丞相益畏。

宋·司馬光《資治通鑑》卷一三《漢紀·高皇后元年》 冬，太后議欲立諸呂爲王，問右丞相陵。陵曰：『高帝刑白馬盟曰：「非劉氏而王，天下共擊之。」今王呂氏，非約也。』太后不説，問左丞相平、太尉勃，對曰：『高帝定天下，王子弟；今太后稱制，王諸呂，無所不可。』太后喜，罷朝。王陵讓陳平、絳侯曰：『始與高帝啑血盟，諸君不在邪！今高帝崩，太后女主，欲王呂氏；諸君縱欲阿意背約，何面目見高帝於地下乎？』陳平、降侯曰：『於今，面折廷爭，臣不如君；全社稷，定劉氏之後，君亦不如臣。』陵無以應之。十一月，甲子，太后以王陵爲帝太傅，實奪之相權。陵遂病免歸。

乃以左丞相平爲右丞相，以辟陽侯審食其爲左丞相，不治事，令監宫中，如郎中令。食其故得幸於太后，公卿皆因而決事。

太后怨趙堯爲趙隱王謀，乃抵堯罪。

上黨守任敖嘗爲沛獄吏，有德於太后，乃以爲御史大夫。

太后又追尊其父臨泗侯呂公爲宣王，兄周呂令武侯澤爲悼武王，欲以王諸呂爲漸。【略】

（高后二年）秋，七月，太后病甚，乃令趙王禄爲上將軍，居北軍；呂王産居南軍。太后誡産、禄曰：『呂氏之王，大臣弗平。我卽崩，帝年少，大臣恐爲變。必據兵衛宫，慎毋送喪，爲人所制！』辛巳，太后崩，遺詔：大赦天下，以呂王産爲相國，以呂禄女爲帝后。高后已葬，以左丞相審食其爲帝太傅。

諸呂欲爲亂，畏大臣絳、灌等，未敢發。朱虚侯以呂禄女爲婦，故知其謀，乃陰令人告其兄齊王，欲令發兵西，朱虚侯、東牟侯爲内應，以誅諸呂，立齊王爲帝。齊王乃與其舅駟鈞、郎中令祝午、中尉魏勃陰謀發兵。齊相召平弗聽。八月，丙午，齊王欲使人誅相；相聞之，乃發卒衛

王宮。魏勃紿召平曰：『王欲發兵，非有漢虎符驗也。而相君圍王固善，勃請爲君將兵衛王。』召平信之。勃既將兵，遂圍相府，召平自殺。於是齊王以駟鈞爲相，魏勃爲將軍，祝午爲內史，悉發國中兵。【略】

呂禄、呂產欲作亂，內憚絳侯、朱虛等，外畏齊、楚兵，又恐灌嬰畔之，欲待灌嬰兵與齊合而發，猶豫未決。【略】

（高后八年）九月，庚申旦，平陽侯窋行御史大夫事，見相國產計事。郎中令賈壽使從齊來，因數產曰：『王不早之國；今雖欲行，尚可得耶！』具以灌嬰與齊、楚合從欲誅諸呂告產，且趣產急入宮。平陽侯頗聞其語，馳告丞相、太尉。

太尉欲入北軍，不得入。襄平侯紀通尚符節，乃令持節矯內太尉北軍。太尉復令酈寄與典客劉揭先説呂禄曰：『帝使太尉守北軍，欲足下之國。急歸將印，辭去！不然，禍且起。』呂禄以爲酈況不欺己，遂解印屬典客，而以兵授太尉。太尉至軍，呂禄已去。太尉入軍門，行令軍中曰：『爲呂氏右袒，爲劉氏左袒！』軍中皆左袒，太尉遂將北軍；然尚有南軍。丞相平乃召朱虛侯章佐太尉，太尉令朱虛侯監軍門，令平陽侯告衛尉：『毋入相國產殿門！』

呂產不知呂禄已去北軍，乃入未央宮，欲爲亂。至殿門，弗得入，徘徊往來。平陽侯恐弗勝，馳語太尉。太尉尚恐不勝諸呂，未敢公言誅之，乃謂朱虛侯曰：『急入宮衛帝！』朱虛侯請卒，太尉予卒千餘人。入未央宮門，見產廷中。日餔時，遂擊產，產走。天風大起，以故其從官亂，莫敢鬭，逐產，殺之郎中府吏廁中。朱虛侯已殺產，帝命謁者持節勞朱虛侯。朱虛侯欲奪其節，謁者不肯。朱虛侯則從與載，因節信馳走，斬長樂衛尉呂更始。還，馳入北軍報太尉。太尉起拜賀。朱虛侯曰：『所患獨呂產；今已誅，天下定矣！』遂遣人分部悉捕諸呂男女，無少長皆斬之。辛酉，捕斬呂禄而笞殺呂嬃，使人誅燕王呂通而廢魯王張偃。戊辰，徙濟川王王梁。遣朱虛侯章以誅諸呂事告齊王，令罷兵。

灌嬰在滎陽，聞魏勃本教齊王舉兵，使使召魏勃至，責問之。勃曰：『失火之家，豈暇先言丈人而後救火乎！』因退立，股戰而栗，恐不能言者，終無他語。灌將軍熟視笑曰：『人謂魏勃勇，妄庸人耳，何能爲乎！』乃罷魏勃。灌嬰兵亦罷滎陽歸。

班固贊曰：孝文時，天下以酈寄爲賣友。夫賣友者，謂見利而忘義也。若寄父爲功臣而又執劫；雖摧呂禄以安社稷，誼存君親可也。

諸大臣相與陰謀曰：『少帝及梁、淮陽、恆山王，皆非眞孝惠子也。呂后以計詐名他人子，殺其母養後宮，令孝惠子之，立以爲後及諸王，以强呂氏。今皆已夷滅諸呂，而所立卽長，用事，吾屬無類矣！不如視諸王最賢者立之。』或言：『齊王，高帝長孫，可立也。』大臣皆曰：『呂氏以外家惡而幾危宗廟，亂功臣。今齊王舅駟鈞，虎而冠。卽立齊王，復爲呂氏矣。代王方今高帝見子最長，仁孝寬厚；太后家薄氏謹良。且立長固順，況以仁孝聞天下乎！』乃相與共陰使人召代王。

代王問左右，郎中令張武等曰：『漢大臣皆故高帝時大將，習兵，多謀詐。此其屬意非止此也，特畏高帝、呂太后威耳。今已誅諸呂，新啑血京師，此以迎大王爲名，實不可信。願大王稱疾毋往，以觀其變。』中尉宋昌進曰：『羣臣之議皆非也。夫秦失其政，諸侯、豪桀並起，人人自以爲得之者以萬數，然卒踐天子之位者，劉氏也；天下絕望，一矣。高帝封王子弟，地犬牙相制，此所謂磐石之宗也；天下服其强，二矣。漢興，除秦苛政，約法令，施德惠，人人自安，難動搖，三矣。夫以呂太后之嚴，立諸呂爲三王，擅權專制；然而太尉以一節入北軍一呼，士皆左袒，爲劉氏，叛諸呂，卒以滅之。此乃天授，非人力也。今大臣雖欲爲變，百姓弗爲使，其黨寧能專一邪！方今內有朱虛、東牟之親，外畏吳、楚、淮陽、琅邪、齊、代之强。方今高帝子，獨淮南王與大王；大王又長，賢聖仁孝聞於天下，故大臣因天下之心而欲迎立大王。大王勿疑也！』代王報太后計之。猶豫未定，卜之，兆得大横。占曰：『大横庚庚，余爲天王，夏啓以光。』代王曰：『寡人固已爲王矣，又何王？』卜人曰：『所謂天王者，乃天子也。』於是代王遣太后弟薄昭往見絳侯，絳侯等具爲昭言所以迎立王意。薄昭還報曰：『信矣，毋可疑者。』代王乃笑謂宋昌曰：『果如公言。』

乃命宋昌參乘，張武等六人乘傳，從詣長安。至高陵，休止，而使宋昌先馳之長安觀變。昌至渭橋，丞相以下皆迎。昌還報。代王馳至渭橋，羣臣拜謁稱臣，代王下車答拜。太尉勃進曰：『願請間。』宋昌曰：『所言公，公言之；所言私，王者無私。』太尉乃跪上天子璽、符。代王謝

曰：『至代邸而議之。』

後九月，己酉晦，代王至長安，舍代邸，羣臣從至邸。丞相陳平等皆再拜言曰：『子弘等皆非孝惠子，不當奉宗廟。大王，高帝長子，宜爲嗣。願大王卽天子位！』代王西鄉讓者三，南鄉讓者再，遂卽天子位；羣臣以禮次侍。

東牟侯興居曰：『誅呂氏，臣無功，請得除宮。』乃與太僕汝陰侯滕公入宮，前謂少帝曰：『足下非劉氏子，不當立！』乃顧麾左右執戟者掊兵罷去；有數人不肯去兵，宦者令張釋諭告，亦去兵。滕公乃召乘輿車載少帝出。少帝曰：『欲將我安之乎？』滕公曰：『出就舍。』舍少府。乃奉天子法駕迎代王於邸，報曰：『宮謹除。』代王卽夕入未央宮。有謁者十人持戟衞端門，曰：『天子在也，足下何爲者而入！』代王乃謂太尉。太尉往諭，謁者十人皆掊兵而去，代王遂入。夜，拜宋昌爲衞將軍，鎮撫南北軍；以張武爲郎中令，行殿中。有司分部誅滅梁、淮陽、恆山王及少帝於邸。文帝還坐前殿，夜，下詔書赦天下。

論說

《史記》卷一〇《孝文本紀》 孝文皇帝，高祖中子也。高祖十一年春，已破陳豨軍，定代地，立爲代王，都中都。太后薄氏子。卽位十七年，高后八年七月，高后崩。九月，諸呂呂產等欲爲亂，以危劉氏，大臣共誅之，謀召立代王，事在呂后語中。

丞相陳平、太尉周勃等使人迎代王。代王問左右郎中令張武等。張武等議曰：『漢大臣皆故高帝時大將，習兵，多謀詐，此其屬意非止此也，特畏高帝、呂太后威耳。今已誅諸呂，新啑血京師，此以迎大王爲名，實不可信。願大王稱疾毋往，以觀其變。』中尉宋昌進曰：『羣臣之議皆非也。夫秦失其政，諸侯豪桀並起，人人自以爲得之者以萬數，然卒踐天子之位者，劉氏也，天下絕望，一矣。高帝封王子弟，地犬牙相制，此所謂盤石之宗也，天下服其强，二矣。漢興，除秦苛政，約法令，施德惠，人人自安，難動搖，三矣。夫以呂太后之嚴，立諸呂爲三王，擅權專制，然而太尉以一節入北軍，一呼士皆左袒，爲劉氏，叛諸呂，卒以滅之。此乃

天授，非人力也。今大臣雖欲爲變，百姓弗爲使，其黨寧能專一邪？方今內有朱虛、東牟之親，外畏吳、楚、淮南、琅邪、齊、代之强。方今高帝子獨淮南王與大王，大王又長，賢聖仁孝，聞於天下，故大臣因天下之心而欲迎立大王，大王勿疑也。』代王報太后計之，猶與未定。卜之龜，卦兆得大橫。占曰：『大橫庚庚，余爲天王，夏啓以光。』代王曰：『寡人固已爲王矣，又何王？』卜人曰：『所謂天王者乃天子。』於是代王乃遣太后弟薄昭往見絳侯，絳侯等具爲昭言所以迎立王意。薄昭還報曰：『信矣，毋可疑者。』代王乃笑謂宋昌曰：『果如公言。』乃命宋昌參乘，張武等六人乘傳詣長安。至高陵休止，而使宋昌先馳之長安觀變。

又 卷五一《荆燕世家》 高后時，齊人田生游乏資，以畫干營陵侯澤。澤大說之，用金二百斤爲田生壽。田生已得金，卽歸齊。二年，澤使人謂田生曰：『弗與矣。』田生如長安，不見澤，而假大宅，令其子求事呂后所幸大謁者張子卿。居數月，田生子請張卿臨，親脩具。張卿許往。田生盛帷帳共具，譬如列侯。張卿驚。酒酣，乃屏人說張卿曰：『臣觀諸侯王邸弟百餘，皆高祖一切功臣。今呂氏雅故本推轂高帝就天下，功至大，又親戚太后之重。太后春秋長，諸呂弱，太后欲立呂產爲王，王代。太后又重發之，恐大臣不聽。今卿最幸，大臣所敬，何不風大臣以聞太后，太后必喜。諸呂已王，萬户侯亦卿之有。太后心欲之，而卿爲內臣，不急發，恐禍及身矣。』張卿大然之，乃風大臣語太后。太后朝，因問大臣。大臣請立呂產爲呂王。太后賜張卿千斤金，張卿以其半與田生。田生弗受，因說之曰：『呂產王也，諸大臣未大服。今營陵侯澤，諸劉，爲大將軍，獨此尚觖望。今卿言太后，列十餘縣王之，彼得王，喜去，諸呂王益固矣。』張卿入言，太后然之。乃以營陵侯劉澤爲琅邪王。琅邪王乃與田生之國。田生勸澤急行，毋留。出關，太后果使人追止之，已出，卽還。

及太后崩，琅邪王澤乃曰：『帝少，諸呂用事，劉氏孤弱。』乃引兵與齊王合謀西，欲誅諸呂。至梁，聞漢遣灌將軍屯滎陽，澤還兵備西界，遂跳驅至長安。代王亦從代至。諸將相與琅邪王共立代王爲天子。天子乃徙澤爲燕王，乃復以琅邪予齊，復故地。

又 卷五二《齊悼惠王世家》 其明年（哀王九年），趙王友入朝，

幽死于邸。三趙王皆廢。高后立諸呂爲三王，擅權用事。

朱虛侯年二十，有氣力，忿劉氏不得職。嘗入侍高后燕飲，高后令朱虛侯劉章爲酒吏。章自請曰：「臣，將種也，請得以軍法行酒。」高后曰：「可。」酒酣，章進飲歌舞。已而曰：「請爲太后言耕田歌。」高后兒子畜之，笑曰：「顧而父知田耳。若生而爲王子，安知田乎？」章曰：「臣知之。」太后曰：「試爲我言田。」章曰：「深耕穊種，立苗欲疏，非其種者，鉏而去之。」呂后默然。頃之，諸呂有一人醉，亡酒，章追，拔劍斬之，而還報曰：「有亡酒一人，臣謹行法斬之。」太后左右皆大驚。業已許其軍法，無以罪也。因罷。自是之後，諸呂憚朱虛侯，雖大臣皆依朱虛侯，劉氏爲益强。

其明年，高后崩。趙王呂禄爲上將軍，呂王産爲相國，皆居長安中，聚兵以威大臣，欲爲亂。朱虛侯章以呂禄女爲婦，知其謀，乃使人陰出告其兄齊王，欲令發兵西，朱虛侯、東牟侯爲内應，以誅諸呂，因立齊王爲帝。【略】

琅邪王既行，齊遂舉兵西攻呂國之濟南。於是齊哀王遺諸侯王書曰：「高帝平定天下，王諸子弟，悼惠王於齊。悼惠王薨，惠帝使留侯張良立臣爲齊王。惠帝崩，高后用事，春秋高，聽諸呂擅廢高帝所立，又殺三趙王，滅梁、燕、趙以王諸呂，分齊國爲四。忠臣進諫，上惑亂不聽。今高后崩，皇帝春秋富，未能治天下，固恃大臣諸侯。今諸呂又擅自尊官，聚兵嚴威，劫列侯忠臣，矯制以令天下，宗廟所以危。今寡人率兵入誅不當爲王者。」

漢聞齊發兵而西，相國呂産乃遣大將軍灌嬰東擊之。灌嬰至滎陽，乃謀曰：「諸呂將兵居關中，欲危劉氏而自立。我今破齊還報，是益呂氏資也。」乃留兵屯滎陽，使使喻齊王及諸侯，與連和，以待呂氏之變而共誅之。齊王聞之，乃西取其故濟南郡，亦屯兵於齊西界以待約。

呂禄、呂産欲作亂關中，朱虛侯與太尉勃、丞相平等誅之。朱虛侯首先斬呂産，於是太尉勃等乃得盡誅諸呂。而琅邪王亦從齊至長安。

又　卷五六《陳丞相世家》　安國侯既爲右丞相，二歲，孝惠帝崩。高后欲立諸呂爲王，問王陵，王陵曰：「不可。」問陳平，陳平曰：「可。」呂太后怒，乃詳遷陵爲帝太傅，實不用陵。陵怒，謝疾免，杜門竟不朝請，七年而卒。【略】

呂太后立諸呂爲王，陳平僞聽之。及呂太后崩，平與太尉勃合謀，卒誅諸呂，立孝文皇帝，陳平本謀也。審食其免相。

孝文帝立，以爲太尉勃親以兵誅呂氏，功多；陳平欲讓勃尊位，乃謝病。孝文帝初立，怪平病，問之。平曰：「高祖時，勃功不如臣平。及誅諸呂，臣功亦不如勃。願以右丞相讓勃。」於是孝文帝乃以絳侯勃爲右丞相，位次第一；平徙爲左丞相，位次第二。賜平金千斤，益封三千户。

又　卷九七《酈生陸賈列傳》　孝惠帝時，呂太后用事，欲王諸呂，畏大臣有口者，陸生自度不能爭之，乃病免家居。以好畤田地善，可以家焉。有五男，乃出所使越得橐中裝賣千金，分其子，子二百金，令爲生産。陸生常安車駟馬，從歌舞鼓琴瑟侍者十人，寶劍直百金，謂其子曰：「與汝約：過汝，汝給吾人馬酒食，極欲，十日而更。所死家，得寶劍車騎侍從者。一歲中往來過他客，率不過再三過，數見不鮮，無久慁公爲也。」

呂太后時，王諸呂，諸呂擅權，欲劫少主，危劉氏。右丞相陳平患之，力不能爭，恐禍及己，常燕居深念。陸生往請，直入坐，而陳丞相方深念，不時見陸生。陸生曰：「何念之深也？」陳平曰：「生揣我何念？」陸生曰：「足下位爲上相，食三萬户侯，可謂極富貴無欲矣。然有憂念，不過患諸呂、少主耳。」陳平曰：「然。爲之奈何？」陸生曰：「天下安，注意相；天下危，注意將。將相和調，則士務附；士務附，天下雖有變，即權不分。爲社稷計，在兩君掌握耳。臣常欲謂太尉絳侯，絳侯與我戲，易吾言。君何不交驩太尉，深相結？」爲陳平畫呂氏數事。陳平用其計，乃以五百金爲絳侯壽，厚具樂飲；太尉亦報如之。此兩人深相結，則呂氏謀益衰。陳平乃以奴婢百人，車馬五十乘，錢五百萬，遺陸生爲飲食費。陸生以此游漢廷公卿閒，名聲藉甚。

及誅諸呂，立孝文帝，陸生頗有力焉。孝文帝即位，欲使人之南越。陳丞相等乃言陸生爲太中大夫，往使尉他，令尉他去黄屋稱制，令比諸侯，皆如意旨。語在南越語中。陸生竟以壽終。

《漢書》卷三《高后紀》　高皇后呂氏，生惠帝。佐高祖定天下，父兄及高祖而侯者三人。惠帝即位，尊呂后爲太后。太后立帝姊魯元公主女

爲皇后，無子，取後宮美人子名之以爲太子。惠帝崩，太子立爲皇帝，年幼，太后臨朝稱制，大赦天下。乃立兄子呂台、產、禄、台子通四人爲王，封諸呂六人爲列侯。**【略】**

（漢高后八年）秋七月辛巳，皇太后崩于未央宮。遺詔賜諸侯王各千金，將相列侯下至郎吏各有差。大赦天下。

上將軍禄、相國產顓兵秉政，自知背高皇帝約，恐爲大臣諸侯王所誅，因謀作亂。時齊悼惠王子朱虛侯章在京師，以禄女爲婦，知其謀，乃使人告兄齊王，令發兵西。章欲與太尉勃、丞相平爲內應，以誅諸呂。齊王遂發兵，又詐琅邪王澤發其國兵，并將而西。產、禄等遣大將軍灌嬰將兵擊之。嬰至滎陽，使人諭齊王與連和，待呂氏變而共誅之。

太尉勃與丞相平謀，以曲周侯酈商子寄與禄善，使人劫商令寄紿説禄曰：『高帝與呂后共定天下，劉氏所立九王，呂氏所立三王，皆大臣之議。事已布告諸侯王，諸侯王以爲宜。今太后崩，帝少，足下不急之國守藩，乃爲上將將兵留此，爲大臣諸侯所疑。何不速歸將軍印，以兵屬太尉，請梁王亦歸相國印，與大臣盟而之國？齊兵必罷，大臣得安，足下高枕而王千里，此萬世之利也。』禄然其計，使人報產及諸呂老人。或以爲不便，計猶豫未有所決。禄信寄，與俱出遊，過其姑呂嬃。嬃怒曰：『汝爲將而棄軍，呂氏今無處矣！』乃悉出珠玉寶器散堂下，曰：『無爲它人守也！』

八月庚申，平陽侯窋行御史大夫事，見相國產計事。郎中令賈壽使從齊來，因數產曰：『王不早之國，今雖欲行，尚可得邪？』具以灌嬰與齊楚合從狀告產。平陽侯窋聞其語，馳告丞相平、太尉勃。勃欲入北軍，不得入。襄平侯紀通尚符節，乃令持節矯內勃北軍。勃復令酈寄、典客劉揭説禄，曰：『帝使太尉守北軍，欲令足下之國，急歸將軍印辭去。不然，禍且起。』禄遂解印屬典客，而以兵授太尉勃。勃入軍門，行令軍中曰：『爲呂氏右袒，爲劉氏左袒。』軍皆左袒。勃遂將北軍。然尚有南軍，丞相平召朱虛侯章佐勃。勃令章監軍門，令平陽侯告衛尉，毋內相國產殿門。產不知禄已去北軍，入未央宮欲爲亂。殿門弗內，徘徊往來。平陽侯馳語太尉勃，勃尚恐不勝，未敢誦言誅之，乃謂朱虛侯章曰：『急入宮衛帝。』章從勃請卒千人，入未央宮掖門，見產廷中。日餔時，遂擊產，產走。天大風，從官亂，莫敢鬭者。逐產，殺之郎中府吏舍廁中。

章已殺產，帝令謁者持節勞章。章欲奪節，謁者不肯，章乃從與載，因節信馳斬長樂衛尉呂更始。還入北軍，復報太尉勃。勃起拜賀章，曰：『所患獨產，今已誅，天下定矣。』辛酉，斬呂禄，笞殺呂嬃。分部悉捕呂男女，無少長皆斬之。

大臣相與陰謀，以爲少帝及三弟爲王者皆非孝惠子，復共誅之，尊立文帝。

藝文

宋·郭茂倩《樂府詩集》卷八四《趙幽王歌》 《漢書》曰：『趙幽王友，高帝之子。孝惠時，友以諸呂女爲后，不愛，愛它姬。諸呂女讒之於太后。太后怒，召趙王，置邸，令衛圍守之。趙王餓，乃作歌，遂幽死。』諸呂用事兮劉氏微，迫脅王侯兮强授我妃。我妃既妬兮誣我以惡，讒女亂國兮上曾不寤。我無忠臣兮何故棄國，自快中野兮蒼天與直。于嗟不可悔兮寧早自賊，爲王餓死兮誰者憐之，呂氏絕理兮託天報仇。

清·彭定求等《全唐詩》卷七二九《周曇〈前漢門·王莽〉》 權歸諸呂牝雞鳴，殷鑑昭然詎可輕。新室不因崇外戚，水中安敢寄生營。

雜録

《漢書》卷二七《五行志第七上》 惠帝四年十月乙亥，未央宮淩室灾；丙子，織室灾。劉向以爲元年呂太后殺趙王如意，殘戮其母戚夫人。是歲十月壬寅，太后立帝姊魯元公主女爲皇后。其乙亥，淩室灾。明日，織室灾。淩室所以供養飲食，織室所以奉宗廟衣服，與《春秋》御廩同義。天戒若曰，皇后亡奉宗廟之德，將絕祭祀。其後，皇后亡子，後宮美人有男，太后使皇后名之，而殺其母。惠帝崩，嗣子立，有怨言，太后廢之，更立呂氏子弘爲少帝。賴大臣共誅諸呂而立文帝，惠后幽廢。

又 卷四〇《王陵傳》 陵爲人少文任氣，好直言，爲右丞相二歲，惠帝崩。高后欲立諸呂爲王，問陵。陵曰：『高皇帝刑白馬而盟曰：

「非劉氏而王者，天下共擊之」。今王呂氏，非約也。』太后不説。問左丞相平及絳侯周勃等，皆曰：『高帝定天下，王子弟；今太后稱制，欲王昆弟諸呂，無所不可。』太后喜。罷朝，陵讓平、勃曰：『始與高帝啑血而盟，諸君不在邪？今高帝崩，太后女主，欲王呂氏，諸君縱欲阿意背約，何面目見高帝於地下乎！』平曰：『於面折廷爭，臣不如君；全社稷，定劉氏後，君亦不如臣。』陵無以應之。於是呂太后欲廢陵，乃陽遷陵爲帝太傅，實奪之相權。陵怒，謝病免，杜門竟不朝請，十年而薨。

【略】

呂太后多立諸呂爲王，平僞聽之。及呂太后崩，平與太尉勃合謀，卒誅諸呂，立文帝，平本謀也。審食其免相，文帝立，舉以爲相。

太尉勃親以兵誅呂氏，功多；平欲讓勃位，乃謝病。文帝初立，怪平病，問之。平曰：『高帝時，勃功不如臣；及誅諸呂，臣功亦不如勃。願以相讓勃。』於是乃以太尉勃爲右丞相，位第一；平徙爲左丞相，位第二。賜平金千斤，益封三千户。

又　卷四一《酈商傳》　商事孝惠帝、呂后。呂后崩，商疾不治事。其子寄，字況，與呂禄善。及高后崩，大臣欲誅諸呂，呂禄爲將軍，軍於北軍，太尉勃不得入北軍，於是乃使人劫商，令其子寄紿呂禄。呂禄信之，與出游，而太尉勃乃得入據北軍，遂以誅諸呂。商是歲薨，謚曰景侯。子寄嗣。天下稱酈況賣友。

又　卷四三《陸賈傳》　孝惠時，呂太后用事，欲王諸呂，畏大臣及有口者。賈自度不能爭之，乃病免。以好時田地善，往家焉。有五男，乃出所使越橐中裝，賣千金，分其子，子二百金，令爲生產。賈常乘安車駟馬，從歌鼓瑟侍者十人，寶劍直百金，謂其子曰：『與女約：過女，女給人馬酒食極欲，十日而更。所死家，得寶劍車騎侍從者。一歲中以往來過它客，率不過再過，數擊鮮，毋久溷女爲也。』

呂太后時，王諸呂，諸呂擅權，欲劫少主，危劉氏。右丞相陳平患之，力不能爭，恐禍及己。平常燕居深念。賈往，不請，直入坐，陳平方念，不見賈。賈曰：『何念深也？』平曰：『生揣我何念？』賈曰：『足下位爲上相，食三萬户侯，可謂極富貴無欲矣。然有憂念，不過患諸呂、少主耳。』陳平曰：『然。爲之奈何？』賈曰：『天下安，注意相；天下危，注意將。將相和，則士豫附；士豫附，天下雖有變，則權不分。權不分，爲社稷計，在兩君掌握耳。臣常欲謂太尉絳侯，絳侯與我戲，易吾言。君何不交驩太尉，深相結？』爲陳平畫呂氏數事。平用其計，乃以五百金爲絳侯壽，厚具樂飲太尉，太尉亦報如之。兩人深相結，呂氏謀益壞。陳平乃以奴婢百人，車馬五十乘，錢五百萬，遺賈爲食飲費。賈以此游漢廷公卿間，名聲籍甚。及誅呂氏，立孝文，賈頗有力。

淮南謀反

綜述

《史記》卷一〇七《魏其武安侯列傳》　淮南王安謀反覺，治。王前朝，武安侯爲太尉，時迎王至霸上，謂王曰：『上未有太子，大王最賢，高祖孫，即宮車晏駕，非大王立當誰哉！』淮南王大喜，厚遺金財物。上自魏其時不直武安，特爲太后故耳。及聞淮南王金事，上曰：『使武安侯在者，族矣。』

又　卷一一八《淮南衡山列傳》　淮南厲王長者，高祖少子也，其母故趙王張敖美人。高祖八年，從東垣過趙，趙王獻之美人。厲王母得幸焉，有身。趙王敖弗敢内宮，爲築外宮而舍之。及貫高等謀反柏人事發覺，并逮治王，盡收捕王母兄弟美人，繫之河内。厲王母亦繫，告吏曰：『得幸上，有身。』吏以聞上，上方怒趙王，未理厲王母。厲王母弟趙兼因辟陽侯言呂后，呂后妒，弗肯白，辟陽侯不彊爭。及厲王母已生厲王，恚，即自殺。吏奉厲王詣上，上悔，令呂后母之，而葬厲王母眞定。眞定，厲王母之家在焉，父世縣也。

高祖十一年（十）［七］月，淮南王黥布反，立子長爲淮南王，王黥布故地，凡四郡。上自將兵擊滅布，厲王遂即位。厲王蚤失母，常附呂后，孝惠、呂后時以故得幸無患害，而常心怨辟陽侯，弗敢發。及孝文帝初即位，淮南王自以爲最親，驕蹇，數不奉法。上以親故，常寬赦之。三年，入朝。甚横。從上入苑囿獵，與上同車，常謂上［大兄］。厲王有材

力，力能扛鼎，乃往請辟陽侯。辟陽侯出見之，卽自袖鐵椎椎辟陽侯，令從者魏敬剄之。厲王乃馳走闕下，肉袒謝曰：『臣母不當坐趙事，其時辟陽侯力能得之呂后，弗爭，罪一也。趙王如意子母無罪，呂后殺之，辟陽侯弗爭，罪二也。呂后王諸呂，欲以危劉氏，辟陽侯弗爭，罪三也。臣謹爲天下誅賊臣辟陽侯，報母之仇，謹伏闕下請罪。』孝文傷其志，爲親故，弗治，赦厲王。當是時，薄太后及太子諸大臣皆憚厲王，厲王以此歸國益驕恣，不用漢法，出入稱警蹕，稱制，自爲法令，擬於天子。

六年，令男子但等七十人與棘蒲侯柴武太子奇謀，以輂車四十乘反谷口，令人使閩越、匈奴。事覺，治之，使使召淮南王。淮南王至長安。

『丞相臣張倉、典客臣馮敬、行御史大夫事宗正臣逸、廷尉臣賀、備盜賊中尉臣福昧死言：淮南王長廢先帝法，不聽天子詔，居處無度，爲黃屋蓋乘輿，出入擬於天子，擅爲法令，不用漢法。及所置吏，以其郎中春爲丞相，聚收漢諸侯人及有罪亡者，匿與居，爲治家室，賜其財物爵祿田宅，爵或至關內侯，奉以二千石，所不當得，欲以有爲。大夫但、士五開章等七十人與棘蒲侯太子奇謀反，欲以危宗廟社稷。使開章陰告長，與謀使閩越及匈奴發其兵。開章之淮南見長，長數與坐語飲食，爲家室娶婦，以二千石俸奉之。開章使人告但，已言之王。春使使報但等。吏覺知，使長安尉奇等往捕開章。長匿不予，與故中尉蕑忌謀，殺以閉口。爲棺槨衣衾，葬之肥陵邑，謾吏曰：不知安在。又詳聚土，樹表其上，曰：「開章死，埋此下。」及長身自賊殺無罪者一人；令吏論殺無罪者六人；爲亡命弃市罪詐捕命者以除罪；擅罪人，罪人無告劾，繫治城旦春以上十四人；赦免罪人，死罪十八人，城旦舂以下五十八人；賜人爵關內侯以下九十四人。前日長病，陛下憂苦之，使使者賜書、棗脯。長不欲受賜，不肯見拜使者。南海民處廬江界中者反，淮南吏卒擊之。陛下以淮南民貧苦，遣使者賜長帛五千匹，以賜吏卒勞苦者。長不欲受賜，謾言曰「無勞苦者。」南海民王織上書獻璧皇帝，忌擅燔其書，不以聞。吏請召治忌，長不遣，謾言曰「忌病」。春又請長，願入見，長怒曰「女欲離我自附漢。」長當弃市，臣請論如法。』

制曰：『朕不忍致法於王，其與列侯二千石議。』

『臣倉、臣敬、臣逸、臣福、臣賀昧死言：臣謹與列侯吏二千石臣嬰等四十三人議，皆曰「長不奉法度，不聽天子詔，乃陰聚徒黨及謀反者，厚養亡命，欲以有爲」。臣等議論如法。』

制曰：『朕不忍致法於王，其赦長死罪，廢勿王。』

『臣倉等昧死言：長有大死罪，陛下不忍致法，幸赦，廢勿王。臣請處蜀郡嚴道邛郵，遣其子母從居，縣爲築蓋家室，皆廩食給薪菜鹽豉炊食器席蓐。臣等昧死請，請布告天下。』

制曰：『計食長給肉日五斤，酒二斗。令故美人才人得幸者十人從居。他可。』

盡誅所與謀者。於是乃遣淮南王，載以輜車，令縣以次傳。是時袁盎諫上曰：『上素驕淮南王，弗爲置嚴傅相，以故至此。且淮南王爲人剛，今暴摧折之，臣恐卒逢霧露病死，陛下爲有殺弟之名，奈何！』上曰：『吾特苦之耳，今復之。』縣傳淮南王者皆不敢發車封。淮南王乃謂侍者曰：『誰謂乃公勇者？吾安能勇！吾以驕故不聞吾過至此。人生一世間，安能邑邑如此！』乃不食死。至雍，雍令發封，以死聞。上哭甚悲，謂袁盎曰：『吾不聽公言，卒亡淮南王。』盎曰：『不可奈何，願陛下自寬。』上曰：『爲之奈何？』盎曰：『獨斬丞相、御史以謝天下乃可。』上卽令丞相、御史逮考諸縣傳送淮南王不發封餽侍者，皆弃市。乃以列侯葬淮南王於雍，守冢三十户。

孝文八年，上憐淮南王，淮南王有子四人，皆七八歲，乃封子安爲阜陵侯，子勃爲安陽侯，子賜爲陽周侯，子良爲東城侯。

孝文十二年，民有作歌歌淮南厲王曰：『一尺布，尚可縫；一斗粟，尚可舂。兄弟二人不能相容。』上聞之，乃歎曰：『堯舜放逐骨肉，周公殺管蔡，天下稱聖。何者？不以私害公。天下豈以我爲貪淮南王地邪？』乃徙城陽王王淮南故地，而追尊謚淮南王爲厲王，置園復如諸侯儀。

孝文十六年，徙淮南王喜復故城陽。上憐淮南厲王廢法不軌，自使失國蚤死，乃立其三子：阜陵侯安爲淮南王，安陽侯勃爲衡山王，陽周侯賜爲廬江王，皆復得厲王時地，參分之。東城侯良前薨，無後也。

孝景三年，吳楚七國反，吳使者至淮南，淮南王欲發兵應之。其相曰：『大王必欲發兵應吳，臣願爲將。』王乃屬相兵。淮南相已將兵，因城守，不聽王而爲漢；漢亦使曲城侯將兵救淮南：淮南以故得完。吳使

者至廬江，廬江王弗應，而往來使越。吳使者至衡山，衡山王堅守無二心。孝景四年，吳楚已破，衡山王朝，上以爲貞信，乃勞苦之曰：『南方卑溼。』徙衡山王王濟北，所以襃之。及薨，遂賜謚爲貞王。廬江王邊越，數使使相交，故徙爲衡山王，王江北。淮南王如故。

淮南王安爲人好讀書鼓琴，不喜弋獵狗馬馳騁，亦欲以行陰德拊循百姓，流譽天下。時時怨望厲王死，時欲畔逆，未有因也。及建元二年，淮南王入朝。素善武安侯，武安侯時爲太尉，乃逆王霸上，與王語曰：『方今上無太子，大王親高皇帝孫，行仁義，天下莫不聞。卽宮車一日晏駕，非大王當誰立者！』淮南王大喜，厚遺武安侯金財物。陰結賓客，拊循百姓，爲畔逆事。建元六年，慧星見，淮南王心怪之。或説王曰：『先吳軍起時，彗星出長數尺，然尚流血千里。今彗星長竟天，天下兵當大起。』王心以爲上無太子，天下有變，諸侯並爭，愈益治器械攻戰具，積金錢賂遺郡國諸侯游士奇材。諸辨士爲方略者，妄作妖言，諂諛王，王喜，多賜金錢，而謀反滋甚。

淮南王有女陵，慧，有口辯。王愛陵，常多予金錢，爲中詗長安，約結上左右。元朔三年，上賜淮南王几杖，不朝。淮南王王后荼，王愛幸之。王后生太子遷，遷取王皇太后外孫修成君女爲妃。王謀爲反具，畏太子妃知而內泄事，乃與太子謀，令詐弗愛。三月不同席。王乃詳爲怒太子，閉太子使與妃同內三月，太子終不近妃。妃求去，王乃上書謝歸去之。王后荼、太子遷及女陵得愛幸王，擅國權，侵奪民田宅，妄致繫人。

元朔五年，太子學用劍，自以爲人莫及，聞郎中靁被巧，乃召與戲。被一再辭讓，誤中太子。太子怒，被恐。此時有欲從軍者輒詣京師，被卽願奮擊匈奴。太子遷數惡被於王，王使郎中令斥免，欲以禁後，被遂亡至長安，上書自明。詔下其事廷尉、河南。河南治，逮淮南，太子王、王后計欲無遣太子，遂發兵反，計猶豫，十餘日未定。會有詔，卽訊太子。當是時，淮南相怒壽春丞留太子逮不遣，劾不敬。王以請相，相弗聽。王使人上書告相，事下廷尉治。蹤迹連王，王使人候伺漢公卿，公卿請逮捕治王。王恐事發，太子遷謀曰：『漢使卽逮王，王令人衣衛士衣，持戟居庭中，王旁有非是，則刺殺之，臣亦使人刺殺淮南中尉，乃舉兵，未晚。』是時上不許公卿請，而遣漢中尉宏卽訊驗王。王聞漢使來，卽如太子謀計。漢中尉至，王視其顏色和，訊王以斥靁被事耳，王自度無何，不發。中尉還，以聞。公卿治者曰：『淮南王安擁閼奮擊匈奴者靁被等，廢格明詔，當弃市。』詔弗許。公卿請廢勿王，詔弗許。公卿請削五縣，詔削二縣。使中尉宏赦淮南王罪，罰以削地。中尉入淮南界，宣言赦王。王初聞漢公卿請誅之，未知得削地，聞漢使來，恐其捕之，乃與太子謀刺之如前計。及中尉至，卽賀王，王以故不發。其後自傷曰：『吾行仁義見削，甚恥之。』然淮南王削地之後，其爲反謀益甚。諸使道從長安來，爲妄妖言，言上無男，漢不治，卽喜；卽言漢廷治，有男，王怒，以爲妄言，非也。

王日夜與伍被、左吳等案輿地圖，部署兵所從入。王曰：『上無太子，宮車卽晏駕，廷臣必徵膠東王，不卽常山王，諸侯並爭，吾可以無備乎！且吾高祖孫，親行仁義，陛下遇我厚，吾能忍之；萬世之後，吾寧能北面臣事豎子乎！』

王坐東宮，召伍被與謀，曰：『將軍上。』被悵然曰：『上寬赦大王，王復安得此亡國之語乎！臣聞子胥諫吳王，吳王不用，乃曰「臣今見麋鹿游姑蘇之臺也」。今臣亦見宮中生荆棘，露霑衣也。』王怒，繫伍被父母，囚之三月。復召曰：『將軍許寡人乎？』被曰：『不，直來爲大王畫耳。臣聞聰者聽於無聲，明者見於未形，故聖人萬舉萬全。昔文王一動而功顯于千世，列爲三代，此所謂因天心以動作者也，故海內不期而隨。此千歲之可見者。夫百年之秦，近世之吳楚，亦足以喻國家之存亡矣。臣不敢避子胥之誅，願大王毋爲吳王之聽。昔秦絕聖人之道，殺術士，燔《詩》、《書》，弃禮義，尚詐力，任刑罰，轉負海之粟致之西河。當是之時，男子疾耕不足於糟穅，女子紡績不足於蓋形。遣蒙恬築長城，東西數千里，暴兵露師常數十萬，死者不可勝數，僵尸千里，流血頃畝，百姓力竭，欲爲亂者十家而五。又使徐福入海求神異物，還爲僞辭曰：「臣見海中大神，言曰：『汝西皇之使邪？』臣答曰：『然。』『汝何求？』曰：『願請延年益壽藥。』神曰：『汝秦王之禮薄，得觀而不得取。』卽從臣東南至蓬萊山，見芝成宮闕，有使者銅色而龍形，光上照天。於是臣再拜問曰：『宜何資以獻？』海神曰：『以令名男子若振女與百工之事，卽得之矣。』」秦皇帝大説，遣振男女三千人，資之五穀種種百工而行。徐福得平原廣澤，止王不來。於是百姓悲痛相思，欲爲亂者十家

而六。又使尉佗踰五嶺攻百越。尉佗知中國勞極，止王不來，使人上書，求女無夫家者三萬人，以爲士卒衣補。秦皇帝可其萬五千人。於是百姓離心瓦解，欲爲亂者十家而七。客謂高皇帝曰：「時可矣。」高皇帝曰：「待之，聖人當起東南閒。」不一年，陳勝吴廣發矣。高皇始於豐沛，一倡天下不期而響應者不可勝數也。此所謂蹈瑕候閒，因秦之亡而動者也。百姓願之，若旱之望雨，故起於行陳之中而立爲天子，功高三王，德傳無窮。今大王見高皇帝得天下之易也，獨不觀近世之吴楚乎？夫吴王賜號爲劉氏祭酒，復不朝，王四郡之衆，地方數千里，內鑄消銅以爲錢，東煮海水以爲鹽，上取江陵木以爲船，一船之載當中國數十兩車，國富民衆。行珠玉金帛賂諸侯宗室大臣，獨竇氏不與。計定謀成，舉兵而西。破於大梁，敗於狐父，奔走而東，至於丹徒，越人禽之，身死絕祀，爲天下笑。夫以吴越之衆不能成功者何？誠逆天道而不知時也。方今大王之兵衆不能十分吴楚之一，天下安寧有萬倍於秦之時，願大王從臣之計。大王不從臣之計，今見大王事必不成而語先泄也。臣聞微子過故國而悲，於是作《麥秀之歌》，是痛紂之不用王子比干也。故《孟子》曰「紂貴爲天子，死曾不若匹夫」。是紂先自絕於天下久矣，非死之日而天下去之。今臣亦竊悲大王弃千乘之君，必且賜絕命之書，爲羣臣先，死於東宮也。」於是[王] 氣怨結而不揚，涕滿匡而横流，即起，歷階而去。

王有孽子不害，最長，王弗愛，王、王后、太子皆不以爲子兄數。不害有子建，材高有氣，常怨望太子不省其父；又怨時諸侯皆得分子弟爲侯，而淮南獨二子，一爲太子，建父獨不得爲侯。建陰結交，欲告敗太子，以其父代之。太子知之，數捕繫而榜笞建。建具知太子之謀欲殺漢中尉，即使所善壽春莊芷以元朔六年上書於天子曰：「毒藥苦於口利於病，忠言逆於耳利於行。今淮南王孫建，材能高，淮南王王后荼、荼子太子遷常疾害建。建父不害無罪，擅數捕繫，欲殺之。今建在，可徵問，具知淮南陰事。」書聞，上以其事下廷尉，廷尉下河南治。是時故辟陽侯孫審卿善丞相公孫弘，怨淮南厲王殺其大父，乃深購淮南事於弘，弘乃疑淮南有畔逆計謀，深窮治其獄。河南治建，辭引淮南太子及黨與。淮南王患之，欲發，問伍被曰：「漢廷治亂？」伍被曰：「天下治。」王意不説，謂伍被曰：「公何以言天下治也？」被曰：「被竊觀朝廷之政，君臣之義，父子之親，夫婦之別，長幼之序，皆得其理，上之舉錯遵古之道，風俗紀綱未有所缺也。重裝富賈，周流天下，道無不通，故交易之道行。南越賓服，羌僰入獻，東甌入降，廣長榆，開朔方，匈奴折翅傷翼，失援不振。雖未及古太平之時，然猶爲治也。」王怒，被謝死罪。王又謂被曰：「山東即有兵，漢必使大將軍將而制山東，公以爲大將軍何如人也？」被曰：「被所善者黄義，從大將軍擊匈奴，還，告被曰：『大將軍遇士大夫有禮，於士卒有恩，衆皆樂爲之用。騎上下山若蜚，材幹絕人。』被以爲材能如此，數將習兵，未易當也。及謁者曹梁使長安來，言大將軍號令明，當敵勇敢，常爲士卒先。休舍，穿井未通，須士卒盡得水，乃敢飲。軍罷，卒盡已度河，乃度。皇太后所賜金帛，盡以賜軍吏。雖古名將弗過也。」王默然。

淮南王見建已徵治，恐國陰事且覺，欲發，被又以爲難，乃復問被曰：「公以爲吴興兵是邪非也？」被曰：「以爲非也。吴王至富貴也，舉事不當，身死丹徒，頭足異處，子孫無遺類。臣聞吴王悔之甚。願王孰慮之，無爲吴王之所悔。」王曰：「男子之所死者一言耳。且吴何知反，漢將一日過成皋者四十餘人。今我令樓緩先要成皋之口，周被下潁川兵塞轘轅、伊闕之道，陳定發南陽兵守武關。河南太守獨有雒陽耳，何足憂。然此北尚有臨晉關、河東、上黨與河內、趙國。人言曰「絕成皋之口，天下不通」。據三川之險，招山東之兵，舉事如此，公以爲何如？」被曰：「臣見其禍，未見其福也。」王曰：「左吴、趙賢、朱驕如皆以爲有福，什事九成，公獨以爲有禍無福，何也？」被曰：「大王之羣臣近幸素能使衆者，皆前繫詔獄，餘無可用者。」王曰：「陳勝、吴廣無立錐之地，千人之聚，起於大澤，奮臂大呼而天下響應，西至於戲而兵百二十萬。今吾國雖小，然而勝兵者可得十餘萬，非直適戍之衆，鐖鑿棘矜也，公何以言有禍無福？」被曰：「往者秦爲無道，殘賊天下。興萬乘之駕，作阿房之宮，收太半之賦，發閭左之戍，父不寧子，兄不便弟，政苛刑峻，天下熬然若焦，民皆引領而望，傾耳而聽，悲號仰天，叩心而怨上，故陳勝大呼，天下響應。當今陛下臨制天下，一齊海內，泛愛蒸庶，布德施惠。口雖未言，聲疾雷霆，令雖未出，化馳如神，心有所懷，威動萬里，下之應上，猶影響也。而大將軍材能不特章邯、楊熊也。大王以陳勝、吴廣諭

之，被以爲過矣。』王曰：『苟如公言，不可徼幸邪？』被曰：『被有愚計。』王曰：『奈何？』被曰：『當今諸侯無異心，百姓無怨氣。朔方之郡田地廣，水草美，民徙者不足以實其地。臣之愚計，可僞爲丞相御史請書，徙郡國豪桀任俠及有耐罪以上，赦令除其罪，産五十萬以上者，皆徙其家屬朔方之郡，益發甲卒，急其會日。又僞爲左右都司空上林中都官詔獄（逮）書，［逮］諸侯太子幸臣。如此則民怨，諸侯懼，卽使辯武隨而説之，儻可徼幸什得一乎？』王曰：『此可也。雖然，吾以爲不至若此。』於是王乃令官奴入宮，作皇帝璽，丞相、御史、大將軍、軍吏、中二千石、都官令、丞印，及旁近郡太守、都尉印，漢使節法冠，欲如伍被計。使人僞得罪而西，事大將軍、丞相；一日發兵，使人卽刺殺大將軍青，而説丞相下之，如發蒙耳。

王欲發國中兵，恐其相、二千石不聽。王乃與伍被謀，先殺相、二千石；僞失火宮中，相、二千石救火，至卽殺之。計未決，又欲令人衣求盜衣，持羽檄，從東方來，呼曰『南越兵入界』，欲因以發兵。乃使人至廬江、會稽爲求盜，未發。王問伍被曰：『吾舉兵西鄉，諸侯必有應我者；卽無應，奈何？』被曰：『南收衡山以擊廬江，有尋陽之船，守下雉之城，結九江之浦，絶豫章之口，彊弩臨江而守，以禁南郡之下，東收江都、會稽，南通勁越，屈彊江淮閒，猶可得延歲月之壽。』王曰：『善，無以易此，急則走越耳。』

於是廷尉以王孫建辭連淮南王太子遷聞。上遣廷尉監因拜淮南中尉，逮捕太子。至淮南，淮南王聞，與太子謀召相、二千石，欲殺而發兵。召相，相至；內史以出爲解。中尉曰：『臣受詔使，不得見王。』王念獨殺相而內史、中尉不來，無益也，卽罷相。王猶豫，計未決。太子念所坐者謀刺漢中尉，所與謀者已死，以爲口絶，乃謂王曰：『羣臣可用者皆前繫，今無足與舉事者。王以非時發，恐無功，臣願會逮。』王亦偷欲休，卽許太子。太子卽自剄，不殊。伍被自詣吏，因告與淮南王謀反，反蹤迹具如此。

吏因捕太子、王后，圍王宮，盡求捕王所與謀反賓客在國中者，索得反具以聞。上下公卿治，所連引與淮南王謀反列侯二千石豪傑數千人，皆以罪輕重受誅。衡山王賜，淮南王弟也，當坐收，有司請逮捕衡山王。天子曰：『諸侯各以其國爲本，不當相坐。與諸侯王列侯會肄丞相諸侯議。』趙王彭祖、列侯臣讓等四十三人議，皆曰：『淮南王安甚大逆無道，謀反明白，當伏誅。』膠西王臣端議曰：『淮南王安廢法行邪，懷詐僞心，以亂天下，熒惑百姓，倍畔宗廟，妄作妖言。春秋曰「臣無將，將而誅」。安罪重於將，謀反形已定。臣端所見其書節印圖及他逆無道事驗明白，甚大逆無道，當伏其法。而論國吏二百石以上及比者，宗室近幸臣不在法中者，不能相教，當皆免官削爵爲士伍，毋得宦爲吏。其非吏，他贖死金二斤八兩。以章臣安之罪，使天下明知臣子之道，毋敢復有邪僻倍畔之意。』丞相弘、廷尉湯等以聞，天子使宗正以符節治王。未至，淮南王安自剄殺。王后荼、太子遷諸所與謀反者皆族。天子以伍被雅辭多引漢之美，欲勿誅。廷尉湯曰：『被首爲王畫反謀，被罪無赦。』遂誅被。國除爲九江郡。

衡山王賜，王后乘舒生子三人，長男爽爲太子，次男孝，次女無采。又姬徐來生子男女四人，美人厥姬生子二人。衡山王、淮南王兄弟相責望禮節，閒不相能。衡山王聞淮南王作爲畔逆反具，亦心結賓客以應之，恐爲所幷。

元光六年，衡山王入朝，其謁者衞慶有方術，欲上書事天子，王怒，故劾慶死罪，强榜服之。衡山內史以爲非是，卻其獄。王使人上書告內史，內史治，言王不直。王又數侵奪人田，壞人家以爲田。有司請逮治衡山王。天子不許，爲置吏二百石以上。衡山王以此恚，與奚慈、張廣昌謀，求能爲兵法候星氣者，日夜從容王密謀反事。

王后乘舒死，立徐來爲王后。厥姬俱幸。兩人相妒，厥姬乃惡王后徐來於太子曰：『徐來使婢蠱道殺太子母。』太子心怨徐來。徐來兄至衡山，太子與飲，以刃刺傷王后兄。王后怨怒，數毀惡太子於王。太子女弟無采，嫁弃歸，與奴姦，又與客姦。太子數讓無采，無采怒，不與太子通。王后聞之，卽善遇無采。無采及中兄孝少失母，附王后，王后以計愛之，與共毀太子，王以故數擊笞太子。元朔四年中，人有賊傷王后假母者，王疑太子使人傷之，笞太子。後王病，太子時稱病不侍。孝、王后、無采惡太子：『太子實不病，自言病，有喜色。』王大怒，欲廢太子，立其弟孝。王后知王決廢太子，又欲幷廢孝。王后有侍者，善舞，王幸之，

王后欲令侍者與孝亂以汙之，欲并廢兄弟而立其子廣代太子。太子爽知之，念后數惡己無已時，欲與亂以止其口。王后飲，太子前爲壽，因據王后股，求與王后臥。王后怒，以告王。王乃召，欲縛而笞之。太子知王常欲廢己立其弟孝，乃謂王曰：『孝與王御者姦，無采與奴姦，王强食，請上書。』即倍王去。王使人止之，莫能禁，乃自駕追捕太子。太子妄惡言，王械繫太子宫中。孝日益親幸。王奇孝材能，乃佩之王印，號曰將軍，令居外宅，多給金錢，招致賓客。賓客來者，微知淮南、衡山有逆計，日夜從容勸之。王乃使孝客江都人救赫、陳喜作輣車鏃矢，刻天子璽，將相軍吏印。王日夜求壯士如周丘等，數稱引吳楚反時計畫，以約束。衡山王非敢效淮南王求即天子位，畏淮南起并其國，以爲淮南已西，發兵定江淮之閒而有之，望如是。

元朔五年秋，衡山王當朝，［六年］過淮南，淮南王乃昆弟語，除前郤，約束反具。衡山王即上書謝病，上賜書不朝。

元朔六年中，衡山王使人上書請廢太子爽，立孝爲太子。爽聞，即使所善白嬴之長安上書，言孝作輣車鏃矢，與王御者姦，欲以敗孝。白嬴至長安，未及上書，吏捕嬴，以淮南事繫。王聞爽使白嬴上書，恐言國陰事，即上書反告太子爽所爲不道弃市罪事。事下沛郡治。元狩元年冬，有司公卿下沛郡求捕所與淮南謀反者未得，得陳喜於衡山王子孝家。吏劾孝首匿喜。孝以爲陳喜雅數與王計謀反，恐其發之，聞律先自告除其罪，又疑太子使白嬴上書發其事，即先自告，告所與謀反者救赫、陳喜等。廷尉治驗，公卿請逮捕衡山王治之。天子曰：『勿捕。』遣中尉安、大行息即問王，王具以情實對。吏皆圍王宫而守之。中尉大行還，以聞，公卿請遣宗正、大行與沛郡雜治王。王聞，即自剄殺。孝先自告反，除其罪；坐與王御婢姦，弃市。王后徐來亦坐蠱殺前王后乘舒，及太子爽坐王告不孝，皆弃市。諸與衡山王謀反者皆族。國除爲衡山郡。

太史公曰：《詩》之所謂『戎狄是膺，荆舒是懲』，信哉是言也。淮南、衡山親爲骨肉，疆土千里，列爲諸侯，不務遵蕃臣職以承輔天子，而專挾邪僻之計，謀爲畔逆，仍父子再亡國，各不終其身，爲天下笑。此非獨王過也，亦其俗薄，臣下漸靡使然也。夫荆楚僄勇輕悍，好作亂，乃自古記之矣。

又　卷一二二《酷吏列傳》　是時，上方鄉文學，湯決大獄，欲傅古義，乃請博士弟子治《尚書》、《春秋》補廷尉史，亭疑法。奏讞疑事，必豫先爲上分別其原，上所是，受而著讞決法廷尉，絜令揚主之明。奏事即譴，湯應謝，鄉上意所便，必引正、監、掾史賢者，曰：『固爲臣議，如上責臣，臣弗用，愚抵於此。』罪常釋。（聞）［閒］即奏事，上善之，曰：『臣非知爲此奏，乃正、監、掾史某爲之。』其欲薦吏，揚人之善蔽人之過如此。所治即上意所欲罪，予監史深禍者；即上意所欲釋，與監史輕平者。所治即豪，必舞文巧詆；即下户羸弱，時口言，雖文致法，上財察。於是往往釋湯所言。湯至於大吏，内行脩也。通賓客飲食。於故人子弟爲吏及貧昆弟，調護之尤厚。其造請諸公，不避寒暑。是以湯雖文深意忌不專平，然得此聲譽。而刻深吏多爲爪牙用者，依於文學之士。丞相弘數稱其美。及治淮南、衡山、江都反獄，皆窮根本。嚴助及伍被，上欲釋之。湯爭曰：『伍被本畫反謀，而助親幸出入禁闥爪牙臣，乃交私諸侯如此，弗誅，後不可治。』於是上可論之。其治獄所排大臣自爲功，多此類。於是湯益尊任，遷爲御史大夫。

《漢書》卷二七《五行志第七上》　淮南王安入朝，始與帝舅太尉武安侯田蚡有逆言。其後膠西于王、趙敬肅王、常山憲王皆數犯法，或至夷滅人家，藥殺二千石，而淮南、衡山王遂謀反。膠東、江都王皆知其謀，陰治兵弩，欲以應之。至元朔六年，乃發覺而伏辜。時田蚡已死，不及誅。上思仲舒前言，使仲舒弟子吕步舒持斧鉞治淮南獄，以《春秋》誼顓斷於外，不請。既還奏事，上皆是之。

又　卷四四《淮南王傳》　淮南厲王長，高帝少子也，其母故趙王張敖美人。高帝八年，從東垣過趙，趙王獻美人，厲王母也，幸，有身。趙王不敢内宫，爲築外宫舍之。及貫高等謀反事覺，并逮治王，盡捕王母兄弟美人，繫之河内。厲王母亦繫，告吏曰：『日得幸上，有子。』吏以聞，上方怒趙，未及理厲王母。厲王母弟趙兼因辟陽侯言吕后，吕后妒，不肯白，辟陽侯不强爭。厲王母已生厲王，恚，即自殺。吏奉厲王詣上，上悔，令吕后母之，而葬其母眞定。眞定，厲王母家縣也。

十一年，淮南王布反，上自將擊滅布，即立子長爲淮南王。王早失母，常附吕后，孝惠、吕后時以故得幸無患，然常心怨辟陽侯，不敢發。

及孝文初卽位，自以爲最親，驕蹇，數不奉法。上寬赦之。三年，入朝，甚橫。從上入苑獵，與上同輦，常謂上『大兄』。厲王有材力，力扛鼎，乃往請辟陽侯。辟陽侯出見之，卽自褏金椎椎之，命從者刑之。馳詣闕下，肉袒而謝曰：『臣母不當坐趙時事，辟陽侯力能得之呂后，不爭，罪一也。趙王如意子母無罪，呂后殺之，辟陽侯不爭，罪二也。呂后王諸呂，欲以危劉氏，辟陽侯不爭，罪三也。臣謹爲天下誅賊，報母之仇，伏闕下請罪。』文帝傷其志，爲親故不治，赦之。

當是時，自薄太后及太子諸大臣皆憚厲王。厲王以此歸國益恣，不用漢法，出入警蹕，稱制，自作法令，數上書不遜順。文帝重自切責之。時帝舅薄昭爲將軍，尊重，上令昭予厲王書諫數之，曰：

竊聞大王剛直而勇，慈惠而厚，貞信多斷，是天以聖人之資奉大王也。甚盛，不可不察。今大王所行，不稱天資。皇帝初卽位，易侯邑在淮南者，大王不肯。皇帝卒易之，使大王得三縣之實，甚厚。大王以未嘗與皇帝相見，求入朝見，未畢昆弟之歡，而殺列侯以自爲名。皇帝不使吏與其間，赦大王，甚厚。漢法，二千石缺，輒言漢補，大王逐漢所置，而請自置相、二千石。皇帝骫天下正法而許大王，甚厚。大王欲屬國爲布衣，守冢眞定。皇帝不許，使大王毋失南面之尊，甚厚。大王宜日夜奉法度，修貢職，以稱皇帝之厚德，今乃輕言恣行，以負謗於天下，甚非計也。

夫大王以千里爲宅居，以萬民爲臣妾，此高皇帝之厚德也。高帝蒙霜露，沬風雨，赴矢石，野戰（次）［攻］城，身被創痍，以爲子孫成萬世之業，艱難危苦甚矣。大王不思先帝之艱苦，日夜怵惕，修身正行，養犧牲，豐絜粢盛，奉祭祀，以無忘先帝之功德，而欲屬國爲布衣，甚過。且夫貪讓國土之名，輕廢先帝之業，不可以言孝。父爲之基，而不能守，不賢。不求守長陵，而求之眞定，先母後父，不誼。數逆天子之令，不順。言節行以高兄，無禮。幸臣有罪，大者立斷，小者肉刑，不仁。貴布衣一劍之任，賤王侯之位，不知。不好學問大道，觸情妄行，不（詳）［祥］。此八者，危亡之路也，而大王行之。棄南面之位，奮諸、賁之勇，常出入危亡之路，臣之所見，高皇帝之神必不廟食於大王之手，明白。

昔者，周公誅管叔，放蔡叔，以安周；齊桓殺其弟，以反國；秦始皇殺兩弟，遷其母，以安秦；頃王亡代，高帝奪之國，以便事；濟北舉兵，皇帝誅之，以安漢。故周、齊行之於古，秦、漢用之於今，大王不察古今之所以安國便事，而欲以親戚之意望於太上，不可得也。亡之諸侯，游宦事人，及舍匿者，論皆有法。其在王所，吏主者坐。今諸侯子爲吏者，御史主；爲軍吏者，中尉主；客出入殿門者，衞尉大行主；諸從蠻夷來歸誼及以亡名數自（古）［占］者，內史縣令主。相欲委下吏，無與其禍，不可得也。王若不改，漢繫大王邸，論相以下，爲之奈何？夫墮父大業，退爲布衣所哀，幸臣皆伏法而誅，爲天下笑，以羞先帝之德，甚爲大王不取也。

宜急改操易行，上書謝罪，曰：『臣不幸早失先帝，少孤，呂氏之世，未嘗忘死。陛下卽位，臣怙恩德驕盈，行多不軌。追念辠過，恐懼，伏地待誅不敢起。』皇帝聞之必喜。大王昆弟歡欣於上，羣臣皆得延壽於下；上下得宜，海內常安。願孰計而疾行之。行之有疑，禍如發矢，不可追已。

王得書不說。六年，令男子但等七十人與棘蒲侯柴武太子奇謀，以輂車四十乘反谷口，令人使閩越、匈奴。事覺，治之，乃使使召淮南王。王至長安，丞相張蒼，典客馮敬行御史大夫事，與宗正、廷尉雜奏：『長廢先帝法，不聽天子詔，居處無度，爲黃屋蓋儗天子，擅爲法令，不用漢法。及所置吏，以其郎中春爲丞相，收聚漢諸侯人及有罪亡者，匿與居，爲治家室，賜與財物爵祿田宅，爵或至關內侯，奉以二千石所當得。大夫但、士伍開章等七十人與棘蒲侯太子奇謀反，欲以危宗廟社稷，謀使閩越及匈奴發其兵。事覺，長安尉奇等往捕開章，長匿不予，與故中尉蕑忌謀，殺以閉口，爲棺槨衣衾，葬之肥陵，謾吏曰「不知安在」。又陽聚土，樹表其上曰「開章死，葬此下」。及長身自賊殺無罪者一人；令吏論殺無罪者六人；爲亡命棄市詐捕命者以除罪；擅罪人，無告劾繫治城旦以上十四人；赦免罪人死罪十八人，城旦舂以下五十八人；賜人爵關內侯以下九十四人。前日長病，陛下心憂之，使使者賜棗脯，長不肯見拜使者。南海民處廬江界中者反，淮南吏卒擊之。陛下遣使者齎帛五十匹，以賜吏卒勞苦者。長不欲受賜，謾曰「無勞苦者」。南海王織上書獻璧帛皇帝，忌擅燔其書，不以聞。吏請召治忌，長不遣，謾曰「忌病」。長所犯不軌，當棄市，臣請論如法。』

制曰：『朕不忍置法於王，其與列侯吏二千石議。』列侯吏二千石臣嬰等四十三人議，皆曰：『宜論如法。』制曰：『其赦長死罪，廢勿王。』有司奏：『請處蜀嚴道邛郵，遣其子、子母從居，縣爲築蓋家室，皆日三食，給薪菜鹽炊食器席蓐。』制曰：『食長，給肉日五斤，酒二斗。令故美人材人得幸者十人從居。』於是盡誅所與謀者。乃遣長，載以輜車，令縣次傳。

爰盎諫曰：『上素驕淮南王，不爲置嚴相傅，以故至此。且淮南王爲人剛，今暴摧折之，臣恐其逢霧露病死，陛下有殺弟之名，奈何！』上曰：『吾特苦之耳，令復之。』淮南王謂侍者曰：『誰謂乃公勇者？吾以驕不聞過，故至此。』乃不食而死。縣傳者不敢發車封。至雍，雍令發之，以死聞。上悲哭，謂爰盎曰：『吾不從公言，卒亡淮南王。』盎曰：『淮南王不可奈何，願陛下自寬。』上曰：『爲之奈何？』曰：『獨斬丞相、御史以謝天下乃可。』上卽令丞相、御史逮諸縣傳淮南王不發封餽侍者，皆棄市。乃以列侯葬淮南王於雍，置守冢三十家。

孝文八年，憐淮南王，王有子四人，年皆七八歲，乃封子安爲阜陵侯，子勃爲安陽侯，子賜爲陽周侯，子良爲東城侯。

十二年，民有作歌歌淮南王曰：『一尺布，尚可縫；一斗粟，尚可舂。兄弟二人，不相容！』上聞之曰：『昔堯舜放逐骨肉，周公殺管蔡，天下稱聖，不以私害公。天下豈以爲我貪淮南地邪？』乃徙城陽王王淮南故地，而追尊謚淮南王爲厲王，置園如諸侯儀。

十六年，上憐淮南王廢法不軌，自使失國早夭，乃徙淮南王喜復王故城陽，而立厲王三子王淮南故地，三分之：阜陵侯安爲淮南王，安陽侯勃爲衡山王，陽周侯賜爲廬江王。東城侯良前薨，無後。

孝景三年，吳楚七國反，吳使者至淮南，（淮南）王欲發兵應之。其相曰：『王必欲應吳，臣願爲將。』王乃屬之。相已將兵，因城守，不聽王而爲漢。漢亦使曲城侯將兵救淮南，淮南以故得完。吳使者至廬江，廬江王不應，而往來使越；至衡山，衡山王堅守無二心。孝景四年，吳楚已破，衡山王朝，上以爲貞信，乃勞苦之曰：『南方卑溼。』徙王王於濟北以褒之。及薨，遂賜謚爲貞王。廬江王以邊越，數使使相交，徙爲衡山王，王江北。

淮南王安爲人好書，鼓琴，不喜弋獵狗馬馳騁，亦欲以行陰德拊循百姓，流名譽。招致賓客方術之士數千人，作爲《內書》二十一篇，《外書》甚衆，又有《中篇》八卷，言神仙黄白之術，亦二十餘萬言。時武帝方好藝文，以安屬爲諸父，辯博善爲文辭，甚尊重之。每爲報書及賜，常召司馬相如等視草乃遣。初，安入朝，獻所作《內篇》，新出，上愛秘之。使爲《離騷傳》，旦受詔，日食時上。又獻《頌德》及《長安都國頌》。每宴見，談説得失及方技賦頌，昏莫然後罷。

安初入朝，雅善太尉武安侯，武安侯迎之霸上，與語曰：『方今上無太子，王親高皇帝孫，行仁義，天下莫不聞。宮車一日晏駕，非王尚誰立者！』淮南王大喜，厚遺武安侯寶賂。其羣臣賓客，江淮間多輕薄，以厲王遷死感激安。建元六年，彗星見，淮南王心怪之。或説王曰：『先吳軍時，彗星出，長數尺，然尚流血千里。今彗星竟天，天下兵當大起。』王心以爲上無太子，天下有變，諸侯並爭，愈益治攻戰具，積金錢賂遺郡國。游士妄作妖言阿諛王，王喜，多賜予之。

王有女陵，慧有口。王愛陵，多予金錢，爲中詗長安，約結上左右。元朔二年，上賜淮南王几杖，不朝。后荼愛幸，生子遷爲太子，取皇太后外孫修成君女爲太子妃。王謀爲反具，畏太子妃知而內泄事，乃與太子謀，令詐不愛，三月不同席。王陽怒太子，閉使與妃同內，終不近妃。妃求去，王乃上書謝歸之。后荼、太子遷及女陵擅國權，奪民田宅，妄致繫人。

太子學用劍，自以爲人莫及，聞郎中雷被巧，召與戲。被壹再辭讓，誤中太子。太子怒，被恐。此時有欲從軍者輒詣長安，被卽願奮擊匈奴。太子數惡被，王使郎中令斥免，欲以禁後。元朔五年，被遂亡之長安，上書自明。事下廷尉、河南。河南治，逮淮南太子。王、王后計欲毋遣太子，遂發兵。計未定，猶與十餘日。會有詔卽訊太子，淮南相怒壽春丞留太子逮不遣，劾不敬。王請相，相不聽。王使人上書告相，事下廷尉治。從迹連王，王使人候司。漢公卿請逮捕治王，王恐，欲發兵。太子遷謀曰：『漢使卽逮王，令人衣衛士衣，持戟居王旁，有非是者，卽刺殺之，臣亦使人刺殺淮南中尉，乃舉兵，未晚也。』是時上不許公卿，而遣漢中尉宏卽訊驗王。王視漢中尉顔色和，問斥雷被事耳，自度無何，不發。中

尉還，以聞。公卿治者曰：『淮南王安雍閼求奮擊匈奴者雷被等，格明詔，當棄市。』詔不許。請廢勿王，上不許。請削五縣，可二縣。使中尉宏赦其罪，罰以削地。中尉入淮南界，宣言赦王。王初聞公卿請誅之，未知得削地，聞漢使來，恐其捕之，乃與太子謀如前計。中尉至，即賀王，王以故不發。其後自傷曰：『吾行仁義見削地，寡人甚恥之。』爲反謀益甚。諸使者道長安來，爲妄言，言上無男，即喜；言漢廷治，有男，即怒，以爲妄言，非也。

日夜與左吳等按輿地圖，部署兵所從入。王曰：『上無太子，宮車即晏駕，大臣必徵膠東王，不即常山王，諸侯並爭，吾可以無備乎！且吾高帝孫，親行仁義，陛下遇我厚，吾能忍之；萬世之後，吾寧能北面事豎子乎！』

王有孽子不害，最長，王不愛，后、太子皆不以爲子兄數。不害子建，材高有氣，常怨望太子不省其父。時諸侯皆得分子弟爲侯，淮南王有兩子，一子爲太子，而建父不得爲侯。陰結交，欲害太子，以其父代之。太子知之，數捕繫笞建。建具知太子之欲謀殺漢中尉，即使所善壽春嚴正上書天子曰：『毒藥苦口利病，忠言逆耳利行。今淮南王孫建材能高，淮南王后荼、荼子遷常疾害建。建父不害無罪，擅數繫，欲殺之。今建在，可徵問，具知淮南王陰事。』書既聞，上以其事下廷尉、河南治。是歲元朔六年也。故辟陽侯孫審卿善丞相公孫弘，怨淮南厲王殺其大父，陰求淮南事而搆之於弘。弘乃疑淮南有畔逆計，深探其獄。河南治建，辭引太子及黨與。

初，王數以舉兵謀問伍被，被常諫之，以吳楚七國爲效。王引陳勝、吳廣，被復言形勢不同，必敗亡。及建見治，王恐國陰事泄，欲發，復問被，被爲言發兵權變。語在《被傳》。於是王銳欲發，乃令官奴入宮中，作皇帝璽，丞相、御史大夫、將軍、吏中二千石、都官令、丞印，及旁近郡太守、都尉印，漢使節法冠。欲如伍被計，使人爲得罪而西，事大將軍、丞相；一日發兵，即刺大將軍衛青，而説丞相弘下之，如發蒙耳。欲發國中兵，恐相、二千石不聽，王乃與伍被謀，爲失火宮中，相、二千石救火，因殺之。又欲令人衣求盜衣，持羽檄從南方來，呼言曰『南越兵入』，欲因以發兵。乃使人之廬江、會稽爲求盜，未決。

廷尉以建辭連太子遷聞，上遣廷尉監與淮南中尉逮捕太子。至，淮南王聞，與太子謀召相、二千石，欲殺而發兵。召相，相至；內史以出爲解。中尉曰：『臣受詔使，不得見王。』王念獨殺相而內史、中尉不來，無益也，即罷相。計猶與未決。太子念所坐者謀殺漢中尉，所與謀殺者已死，以爲口絕，乃謂王曰：『羣臣可用者皆前繫，今無足與舉事者。王以非時發，恐無功，臣願會逮。』王亦愈欲休，即許太子。太子自刑，不殊。伍被自詣吏，具告與淮南王謀反。吏因捕太子、王后，圍王宮，盡捕王賓客在國中者，索得反具以聞。上下公卿治，所連引與淮南王謀反列侯、二千石、豪桀數千人，皆以罪輕重受誅。

衡山王賜，淮南王弟，當坐收。有司請逮捕衡山王，上曰：『諸侯各以其國爲本，不當相坐。與諸侯王列侯議。』趙王彭祖、列侯讓等四十三人皆曰：『淮南王安大逆無道，謀反明白，當伏誅。』膠西王端議曰：『安廢法度，行邪辟，有詐僞心，以亂天下，營惑百姓，背畔宗廟，妄作妖言。《春秋》曰「臣毋將，將而誅」。安罪重於將，謀反形已定。臣端所見其書印圖及它逆亡道事驗明白，當伏法。論國吏二百石以上及比者，宗室近幸臣不在法中者，不能相教，皆當免，削爵爲士伍，毋得官爲吏。其非吏，它贖死金二斤八兩，以章安之罪，使天下明知臣子之道，毋敢復有邪僻背畔之意。』丞相弘、廷尉湯等以聞，上使宗正以符節治王。未至，安自刑殺。后、太子諸所與謀皆收夷。國除爲九江郡。

衡山王賜，后乘舒生子三人，長男爽爲太子，次女無采，少男孝。姬徐來生子男女四人，美人厥姬生子二人。淮南、衡山相責望禮節，間不相能。衡山王聞淮南王作爲畔逆具，亦心結賓客以應之，恐爲所并。

元光六年入朝，謁者衛慶有方術，欲上書事天子，王怒，故劾慶死罪，强榜服之。內史以爲非是，卻其獄。王使人上書告內史，內史治，言王不直。又數侵奪人田，壞人冢以爲田。有司請逮治衡山王，上不許，爲置吏二百石以上。衡山王以此恚，與奚慈、張廣昌謀，求能爲兵法候星氣者，日夜縱臾王謀反事。

后乘舒死，立徐來爲后，厥姬俱幸。兩人相妒，厥姬乃惡徐來於太子，曰『徐來使婢蠱殺太子母。』太子心怨徐來。徐來兄至衡山，太子與飲，以刃刑傷之。后以此怨太子，數惡之於王。女弟無采嫁，棄歸，與客

姦。太子數以數讓之，無采怒，不與太子通。后聞之，即善遇無采及孝。孝少失母，附后，后以計愛之，與共毀太子，王以故數繫笞太子。元朔四年中，人有賊傷后假母者，王疑太子使人傷之，笞太子。後王病，太子時稱病不侍。孝、無采惡太子：『實不病，自言，有喜色。』王於是大怒，欲廢太子而立弟孝。后知王決廢太子，又欲并廢孝。后有侍者善舞，王幸之，后欲令與孝亂以汙之，欲并廢二子而以己子廣代之。太子知之，念后數惡己無已時，欲與亂以止其口。后飲太子，太子前爲壽，因據后股求與卧。后怒，以告王。王乃召，欲縛笞之。太子知王常欲廢己而立孝，乃謂王曰：『孝與王御者姦，無采與奴姦，王强食，請上書。』即背王去。王使人止之，莫能禁，王乃自追捕太子。太子妄惡言，王械繫宫中。

孝日益以親幸。王奇孝材能，乃佩之王印，號曰將軍，（今）〔令〕居外家，多給金錢，招致賓客。賓客來者，微知淮南、衡山有逆計，皆將養勸之。王乃使孝客江都人枚赫、陳喜作輣車鍛矢，刻天子璽，將、相、軍吏印。王日夜求壯士如周丘等，數稱引吴楚反時計畫約束。衡山王非敢效淮南王求即天子位，畏淮南起并其國，以爲淮南已西，發兵定江淮間而有之，望如是。

元朔五年秋，當朝，六年，過淮南。淮南王乃昆弟語，除前隙，約束反具。衡山王即上書謝病，上賜不朝。乃使人上書請廢太子爽，立孝爲太子。爽聞，即使所善白嬴之長安上書，言衡山王與子謀逆，言孝作兵車鍛矢，與王御者姦。至長安未及上書，即吏捕嬴，以淮南事繫。王聞之，恐其言國陰事，即上書告太子，以爲不道。事下沛郡治。元狩元年冬，有司求捕與淮南王謀反者，得陳喜於孝家。吏劾孝首匿喜。孝以爲陳喜雅數與王計反，恐其發之，聞律先自告除其罪，又疑太子使白嬴上書發其事，即先自告所與謀反者枚赫、陳喜等。廷尉治，事驗，請逮捕衡山王治。上曰：『勿捕。』遣中尉安、大行息即問王，王具以情實對。吏皆圍王宫守之。中尉、大行還，以聞。公卿請遣宗正、大行與沛郡雜治王。王聞，即自殺。孝先自告反，告除其罪。孝坐與王御婢姦，及后徐來坐蠱前后乘舒，及太子爽坐告王父不孝，皆棄市。諸坐與王謀反者皆誅。國除爲郡。

濟北貞王勃者，景帝四年徙。徙二年，因前王衡山，凡十四年薨。子式王胡嗣，五十四年薨。子寬嗣。十二年，寬坐與父式王后光、姬孝兒姦，詩人倫，又祠祭祝詛上，有司請誅。上遣大鴻臚利召王，王以刃自剄死。國除爲北安縣，屬泰山郡。

贊曰：《詩》云『戎狄是膺，荆舒是懲』，信哉是言也！淮南、衡山親爲骨肉，疆土千里，列在諸侯，不務遵蕃臣職，以丞輔天子，而剸懷邪辟之計，謀爲畔逆，仍父子再亡國，各不終其身。此非獨王也，亦其俗薄，臣下漸靡使然。夫荆楚剽輕，好作亂，乃自古記之矣。

又　卷四五《伍被傳》　伍被，楚人也。或言其先伍子胥後也。被以材能稱，爲淮南中郎。是時淮南王安好術學，折節下士，招致英雋以百數，被爲冠首。

久之，淮南王陰有邪謀，被數微諫。後王坐東宫，召被欲與計事，呼之曰：『將軍上。』被曰：『王安得亡國之言乎？昔子胥諫吴王，吴王不用，乃曰「臣今見麋鹿游姑蘇之臺也。」今臣亦將見宫中生荆棘，露霑衣也。』於是王怒，繫被父母，囚之三月。

王復召被曰：『將軍許寡人乎？』（對）〔被〕曰：『不，臣將爲大王畫計耳。臣聞聰者聽於無聲，明者見於未形，故聖人萬舉而萬全。文王壹動而功顯萬世，列爲三王，所謂因天心以動作者也。』王曰：『方今漢庭治乎？亂乎？』被曰：『天下治。』王不説曰：『公何以言治也？』被對曰：『被竊觀朝廷，君臣父子夫婦長幼之序皆得其理，上之舉錯遵古之道，風俗紀綱未有所缺。重裝富賈周流天下，道無不通，交易之道行。南越賓服，羌、僰貢獻，東甌入朝，廣長榆，開朔方，匈奴折傷。雖未及古太平時，然猶爲治。』王怒，被謝死罪。

王又曰：『山東即有變，漢必使大將軍將而制山東，公以爲大將軍何如人也？』被曰：『臣所善黄義，從大將軍擊匈奴，言大將軍遇士大夫以禮，與士卒有恩，衆皆樂爲用。騎上下山如飛，材力絶人如此，數將習兵，未易當也。及謁者曹梁使長安來，言大將軍號令明，當敵勇，常爲士卒先；須士卒休，乃舍；穿井得水，乃敢飲；軍罷，士卒已踰河，乃度。皇太后所賜金錢，盡以賞賜。雖古名將不過也。』王曰：『夫蓼太子知略不世出，非常人也，以爲漢廷公卿列侯皆如沐猴而冠耳。』被曰：『獨先刺大將軍，乃可舉事。』

王復問被曰：『公以爲吴舉兵非邪？』被曰：『非也。夫吴王賜號

爲劉氏祭酒，受几杖而不朝，王四郡之衆，地方數千里，采山銅以爲錢，煑海水以爲鹽，伐江陵之木以爲船，國富民衆，行珍寶，賂諸侯，與七國合從，舉兵而西，破大梁，敗狐父，奔走而還，爲越所禽，死於丹徒，頭足異處，身滅祀絶，爲天下戮。夫以吳衆不能成功者，何也？誠逆天違衆而不見時也。』王曰：『男子之所死者，一言耳。且吳何知反？漢將一日過成皋者四十餘人。今我令緩先要成皋之口，周被下潁川兵塞轘轅、伊闕之道，陳定發南陽兵守武關。河南太守獨有雒陽耳，何足憂？然此北尚有臨晉關、河東、上黨與河內、趙國界者通谷數行。人言「絶成皋之道，天下不通」。據三川之險，招天下之兵，公以爲何如？』被曰：『臣見其禍，未見其福也。』

後漢逮淮南王孫建，繫治之。王恐陰事泄，謂被曰：『事至，吾欲遂發。天下勞苦有間矣，諸侯頗有失行，皆自疑，我舉兵西鄉，必有應者；無應，卽還略衡山。勢不得不發。』被曰：『略衡山以擊（盧）［廬］江，有尋陽之船，守下雉之城，結九江之浦，絶豫章之口，强弩臨江而守，以禁南郡之下，東保會稽，南通勁越，屈强江淮間，可以延歲月之壽耳，未見其福也。』王曰：『左吳、趙賢、朱驕如皆以爲什八九成，公獨以爲無福，何？』被曰：『大王之羣臣近幸素能使衆者，皆前繫詔獄，餘無可用者。』王曰：『陳勝、吳廣無立錐之地，百人之聚，起於大澤，奮臂大呼，天下嚮應，西至於戲而兵百二十萬。今吾國雖小，勝兵可得二十萬，公何以言有禍無福？』被曰：『臣不敢避子胥之誅，願大王無爲吳王之聽。往者秦爲無道，殘賊天下，殺術士，燔《詩》、《書》，滅聖迹，棄禮義，任刑法，轉海濱之粟，致于西河。當是之時，男子疾耕不足於糧餽，女子紡績不足於蓋形。遣蒙恬築長城，東西數千里。暴兵露師，常數十萬，死者不可勝數，僵尸滿野，流血千里。於是百姓力屈，欲爲亂者十室而五。又使徐福入海求仙藥，多齎珍寶，童男女三千人，五種百工而行。徐福得平原大澤，止王不來。於是百姓悲痛愁思，欲爲亂者十室而六。又使尉佗踰五嶺，攻百越，尉佗知中國勞極，止王南越。行者不還，往者莫返，於是百姓離心瓦解，欲爲亂者十室而七。興萬乘之駕，作阿房之宮，收太半之賦，發閭左之戍。父不寧子，兄不安弟，政苛刑慘，民皆引領而望，傾耳而聽，悲號仰天，叩心怨上，欲爲亂者，十室而八。客謂高皇帝曰：『時可矣。』高帝曰：『待之，聖人當起東南。』間不一歲，陳、吳大呼，劉、項並和，天下嚮應，所謂蹈瑕釁，因秦之亡時而動，百姓願之，若枯旱之望雨，故起於行陣之中，以成帝王之功。今大王見高祖得天下之易也，獨不觀近世之吳楚乎！當今陛下臨制天下，壹齊海內，汜愛蒸庶，布德施惠。口雖未言，聲疾雷震；今雖未出，化馳如神。心有所懷，威動千里；下之應上，猶景嚮也。而大將軍材能非直章邯、楊熊也。王以陳勝、吳廣論之，被以爲過矣。且大王之兵衆不能什分吳楚之一，天下安寧又萬倍於秦時。願王用臣之計。臣聞箕子過故國而悲，作《麥秀》之歌，痛紂之不用王子比干之言也。故孟子曰，紂貴爲天子，死曾不如匹夫。是紂先自絶久矣，非死之日天去之也。今臣亦竊悲大王棄千乘之君，將賜絶命之書，爲羣臣先，身死于東宮也。』被因流涕而起。

後王復召問被：『苟如公言，不可以徼幸邪？』被曰：『必不得已，被有愚計。』王曰：『奈何？』被曰：『當今諸侯無異心，百姓無怨氣。朔方之郡土地廣美，民徙者不足以實其地。可爲丞相、御史請書，徙郡國豪桀及耐罪以上，以赦令除，家產五十萬以上者，皆徙其家屬朔方之郡，益發甲卒，急其會日。又僞爲左右都司空上林中都官詔獄書，逮諸侯太子及幸臣。如此，則民怨，諸侯懼，卽使辯士隨而說之，黨可以徼幸。』王曰：『此可也。雖然，吾以不至若此，專發而已。』後事發覺，被詣吏自告與淮南王謀反（縱）［蹤］迹如此。天子以伍被雅辭多引漢美，欲勿誅。張湯進曰：『被首爲王畫反計，罪無赦。』遂誅被。

又 卷五二《灌夫傳》 後淮南王安謀反，覺。始安入朝時，蚡爲太尉，迎安霸上，謂安曰：『上未有太子，大王最賢，高祖孫，卽（公）［宮］車晏駕，非大王立，尚誰立哉？』淮南王大喜，厚遺金錢財物。上自嬰、夫事時不直蚡，特爲太后故。及聞淮南事，上曰：『使武安侯在者，族矣。』

宋·司馬光《資治通鑑》卷一九《漢紀·武帝元朔五年》 初，淮南王安，好讀書屬文，喜立名譽，招致賓客方術之士數千人。其羣臣、賓客，多江、淮間輕薄士，常以厲王遷死感激安。建元六年，彗星見，或説王曰：『先吳軍時，彗星出，長數尺，然尚流血千里。今彗星竟天，天下兵當大起。』王心以爲然，乃益治攻戰具，積金錢。

郎中雷被獲罪於太子遷，時有詔，欲從軍者輒詣長安，被卽願奮擊匈奴。太子惡被於王，斥免之，欲以禁後。是歲，被亡之長安，上書自明。事下廷尉治，蹤迹連王，公卿請逮捕治王。太子遷謀令人衣衞士衣，持戟居王旁，漢使有非是者，卽刺殺之，因發兵反。天子使中尉宏卽訊王，王視中尉顔色和，遂不發。公卿奏：『安壅閼奮擊匈奴者，格明詔，當棄市。』詔削二縣。既而安自傷曰：『吾行仁義，反見削地。』恥之，於是爲反謀益甚。

安與衡山王賜相責望，禮節間不相能。衡山王聞淮南王有反謀，恐爲所并，亦結賓客爲反具，以爲淮南已西，欲發兵定江、淮之間而有之。衡山王后徐來譖太子爽於王，欲廢之而立其弟孝。王囚太子而佩孝以王印，令招致賓客。賓客來者微知淮南、衡山有逆計，日夜從容勸之。王乃使孝客江都人枚赫、陳喜作輣車、鍛矢，刻天子璽、將相軍吏印。秋，衡山王當入朝，過淮南；淮南王乃昆弟語，除前隙，約束反具。衡山王卽上書謝病，上賜書不朝。【略】

元狩元年冬，十月，上行幸雍，祠五畤，獲獸，一角而足有五蹄。有司言：『陛下肅祗郊祀，上帝報享，錫一角獸，蓋麟云。』於是以慶五時，時加一牛，以燎。久之，有司又言：『元宜以天瑞命，不宜以一二數，一元曰建，二元以長星曰光，今元以郊得一角獸曰狩云。』於是濟北王以爲天子且封禪，上書獻泰山及其旁邑；天子以他縣償之。

淮南王安與賓客左吳等日夜爲反謀，按輿地圖，部署兵所從入。諸使者道長安來，爲妄言，言『上無男，漢不治』，卽喜；卽言『漢廷治，有男』，王怒，以爲妄言，非也。

王召中郎伍被與謀反事，被曰：『王安得此亡國之言乎？臣見宮中生荆棘，露霑衣也！』王怒，繫伍被父母，囚之。三月，復召問之，被曰：『昔秦爲無道，窮奢極虐，百姓思亂者十家而六七。高皇帝起於行陳之中，立爲天子，此所謂蹈瑕候間，因秦之亡而動者也。今大王見高皇帝得天下之易也，獨不觀近世之吳、楚乎！夫吳王王四郡，國富民衆，計定謀成，舉兵而西；然破於大梁，奔走而東，身死祀絶者何？誠逆天道而不知時也。方今大王之兵，衆不能十分吳、楚之一，天下安寧，萬倍吳、楚之時，大王不從臣之計，今見大王棄千乘之君，賜絶命之書，爲羣臣先死於東宮也。』王涕泣而起。

王有孽子不害，最長，王弗愛，王后、太子皆不以爲子、兄數。不害有子建，材高有氣，常怨望太子，陰使人告太子謀殺漢中尉事，下廷尉治。

王患之，欲發，復問伍被曰：『公以爲吳興兵，是邪，非邪？』被曰：『非也。臣聞吳王悔之甚，願王無爲吳王之所悔。』王曰：『吳何知反！漢將一日過成皋者四十餘人；今我絶成皋之口，據三川之險，招山東之兵，舉事如此，左吳、趙賢、朱驕如皆以爲什事九成，公獨以爲有禍無福，何也？必如公言，不可徼幸邪？』被曰：『必不得已，被有愚計。當今諸侯無異心，百姓無怨氣，可僞爲丞相、御史請書，徙郡國豪傑高貲於朔方，益發甲卒，急其會日；又僞爲詔獄書，逮諸侯太子、幸臣；如此，則民怨，諸侯懼，卽使辯士隨而說之，儻可徼幸什得一乎！』王曰：『此可也。雖然，吾以爲不至若此。』

於是王乃作皇帝璽，丞相、御史大夫、將軍、軍吏、中二千石及旁近郡太守、都尉印，漢使節。欲使人僞得罪而西，事大將軍，一日發兵，卽刺殺大將軍。且曰：『漢廷大臣，獨汲黯好直諫，守節死義，難惑以非，至如說丞相弘等，如發蒙振落耳！』

王欲發國中兵，恐其相、二千石不聽，王乃與伍被謀，先殺相、二千石。又欲令人衣求盜衣，持羽檄從東方來，呼曰：『南越兵入界！』欲因以發兵。

會廷尉逮捕淮南太子，淮南王聞之，與太子謀，召相、二千石，欲殺而發兵。召相，相至，內史、中尉皆不至。王念，獨殺相，無益也，卽罷相。王猶豫，計未決。太子卽自剄，不殊。

伍被自詣吏，告與淮南王謀反蹤迹如此。吏因捕太子、王后，圍王宮，盡求捕王所與謀反賓客在國中者，索得反具，以上。下公卿治其黨與，使宗正以符節治王。未至，淮南王安自剄。殺王后荼、太子遷，諸所與謀反者皆族。

天子以伍被雅辭多引漢之美，欲勿誅。廷尉湯曰：『被首爲王畫反計，罪不可赦。』乃誅被。侍中莊助素與淮南王相結交，私論議，王厚賂遺助；上薄其罪，欲勿誅。張湯爭，以爲：『助出入禁門，腹心之臣，

而外與諸侯交私如此；不誅，後不可治。』助竟棄市。

衡山王上書，請廢太子爽，立其弟孝爲太子。爽聞，即遣所善白嬴之長安上書，言『孝作輣車、鍛矢，與王御者姦』，欲以敗孝。會有司捕所與淮南王謀反者，得陳喜於衡山王子孝家，吏劾孝首匿喜。孝聞『律：先自告，除其罪』，即先自告所與謀反者枚赫、陳喜等。公卿請逮捕衡山王治之，王自剄死。王后徐來、太子爽及孝皆棄市，所與謀反者皆族。

凡淮南、衡山二獄，所連引列侯、二千石、豪傑等，死者數萬人。

宋·袁樞《通鑑紀事本末》卷三《淮南謀反》 漢文帝前三年。初，趙王敖獻美人於高祖，得幸，有娠。及貫高事發，美人以坐繫河內。美人母弟趙兼，因辟陽侯審食其言呂后，呂后妬，弗肯白。美人已生子，恚，即自殺。吏奉其子詣上，上悔，名之曰長，令呂后母之，而葬其母眞定。後封長爲淮南王。

淮南王蚤失母，常附呂后，故孝惠、呂后時無患。而常心怨辟陽侯，以爲不强爭之於呂后，使其母恨而死也。及帝即位，淮南王自以最親，驕蹇，數不奉法，上常寬假之。是歲入朝，從上入苑囿獵，與上同車，常謂上『大兄』。王有材力，能扛鼎，乃往見辟陽侯，自袖鐵椎椎辟陽侯，令從者魏敬剄之，馳走闕下，肉袒謝罪。帝傷其志爲親故，赦弗治。當是時，薄太后及太子諸大臣皆憚淮南王，淮南王以此歸國益驕恣，出入稱警蹕，稱制，擬於天子。袁盎諫曰：『諸侯太驕，必生患。』上不聽。

六年。淮南王長自作法令行於其國，逐漢所置吏，請自置相、二千石，帝曲意從之。又擅刑殺不辜及爵人至關内侯。數上書，不遜順。帝重自切責之，乃令薄昭與書風諭之，引管、蔡及代頃王、濟北王興居以爲儆戒。

王不説，令大夫但、士伍開章等七十人，與棘蒲侯柴武、太子奇謀，以輂車四十乘反谷口，令人使閩越、匈奴。

事覺，有司治之，使使召淮南王。王至長安，丞相張蒼、典客馮敬、行御史大夫事與宗正、廷尉奏長罪當棄市。制曰：『其赦長死罪，廢勿王，徙處蜀郡嚴道邛郵。』盡誅所與謀者。載長以輜車，令縣以次傳之。

袁盎諫曰：『上素驕淮南王，弗爲置嚴傅、相，以故至此。淮南王爲人剛，今暴摧折之，臣恐卒逢霧露病死，陛下有殺弟之名，奈何？』上曰：『吾特苦之耳，今復之。』淮南王果憤恚，不食死。縣傳至雍，雍令發封，以死聞。上哭甚悲，謂袁盎曰：『吾不聽公言，卒亡淮南王。今爲奈何？』盎曰：『獨斬丞相御史以謝天下，乃可。』上即令丞相、御史逮考諸縣傳送淮南王不發封餽侍者，皆棄市。以列侯葬淮南王於雍，置守冢三十户。

七年，民有歌淮南王曰：『一尺布，尚可縫；一斗粟，尚可舂。兄弟二人不相容。』帝聞而病之。

八年夏，封淮南厲王子安等四人爲列侯。賈誼知上必將復王之也，上疏諫曰：『淮南王之悖逆無道，天下孰不知其罪！陛下幸而赦遷之，自疾而死，天下孰以王死之不當！今奉尊罪人之子，適足以負謗於天下耳。此人少壯，豈能忘其父哉。白公勝所爲父報仇者，大父與叔父也。白公爲亂，非欲取國代主，發忿快志，剡手以衝仇人之匈，固爲俱靡而已。淮南雖小，黥布嘗用之矣；漢存，特幸耳。夫擅仇人足以危漢之資，於策不便。予之衆積之財，此非有子胥、白公報於廣都之中，即疑有剸諸、荆軻起於兩柱之間，所謂「假賊兵爲虎翼」者也，願陛下少留計。』上弗聽。

十一年夏六月，徙城陽王喜爲淮南王。

十六年夏四月，徙淮南王喜復爲城陽王，立淮南厲王子阜陵侯安爲淮南王。

景帝前四年。初，七國反，淮南王欲發兵應之，其相將兵城守，不聽王而爲漢，淮南以故得完。

武帝建元二年冬十月，淮南王安來朝。上以安屬爲諸父而材高，甚尊重之，每宴見談語，昏暮然後罷。安雅善武安侯田蚡，其入朝，武安侯迎之霸上，與語曰：『上無太子，王親高皇帝孫，行仁義，天下莫不聞。宫車一日晏駕，非王尚誰立者？』安大喜，厚遺蚡金錢財物。

元朔二年冬，賜淮南王几杖，毋朝。

五年。初，淮南王安好讀書屬文，喜立名譽，招致賓客、方術之士數千人。其羣臣、賓客多江、淮間輕薄士，常以厲王遷死感激安。建元六年，彗星見，或説王曰：『先吳軍時，彗星出長數尺，然尚流血千里。今彗星竟天，天下兵當大起。』王心以爲然，乃益治攻戰具，積金錢。

郎中雷被獲罪於太子遷。時有詔，欲從軍者輒詣長安，被即願奮擊匈

奴。太子惡被於王，斥免之，欲以禁後。是歲，被亡之長安，上書自明。事下廷尉治，蹤迹連王，公卿請逮捕治王。太子遷謀令人衣衛士衣，持戟居王旁，漢使有非是者卽刺殺之。因發兵反。天子使中尉宏卽訊王，王視中尉顔色和，遂不發。公卿奏：「安壅閼奮擊匈奴者，格明詔，當棄市。」詔削二縣。既而安自傷曰：「吾行仁義，反見削地，恥之。」於是爲反謀益甚。

安與衡山王賜相責望，禮節間不相能。衡山王聞淮南王有反謀，恐爲所并，亦結賓客爲反具。以爲淮南已西，欲發兵定江、淮之間而有之。衡山王后徐來譖太子爽於王，欲廢之而立其弟孝。王囚太子而佩孝以王印，令招致賓客。賓客來者微知淮南、衡山有逆計，日夜從容勸之。王乃使孝客江都人枚赫、陳喜作輣車鍛矢，刻天子璽、將相軍吏印。秋，衡山王當入朝，過淮南，淮南王乃昆弟語，除前隙，約束反具。衡山王卽上書謝病，上賜書不朝。

元狩元年。淮南王安與賓客左吳等日夜爲反謀，案輿地圖，部署兵所從入。諸使者道長安來，爲妄言，言「上無男，漢不治」，卽喜；卽言「漢廷治，有男」，王怒，以爲妄言，非也。王召中郎伍被與謀反事，被曰：「王安得此亡國之語乎！臣見宮中生荆棘，露霑衣也。」王怒，繫伍被父母，囚之。三月，復召問之，被曰：「昔秦爲無道，窮奢極虐，百姓思亂者十家而六七。高皇帝起於行陳之中，立爲天子，此所謂蹈瑕候間，因秦之亡而動者也。今大王見高皇帝得天下之易也，獨不觀近世之吳、楚乎？夫吳王王四郡，國富民衆，計定謀成，舉兵而西；然破於大梁，奔走而東，身死祀絶者何？誠逆天道而不知時也。方今大王之兵，衆不能十分吳、楚之一；天下安寧，萬倍吳、楚之時。大王不從臣之計，今見大王棄千乘之君，賜絶命之書，爲羣臣先死於東宮也。」王涕泣而起。

王有孽子不害，最長，王弗愛，王、王后、太子皆不以爲子、兄數。不害有子建，材高有氣，常怨望太子，陰使人告太子謀殺漢中尉事，下廷尉治。王患之，欲發，復問伍被曰：「公以爲吳興兵是邪？非邪？」被曰：「非也。臣聞吳王悔之甚，願王無爲吳王之所悔。」王曰：「吳何知反！漢將一日過成皋者四十餘人，今我絶成皋之口，據三川之險，招山東之兵，舉事如此，左吳、趙賢、朱驕如皆以爲什事九成，公獨以爲有禍無福，何也？必如公言，不可徼幸邪？」被曰：「必不得已，被有愚計。當今諸侯無異心，百姓無怨氣，可僞爲丞相、御史請書，徙郡國豪桀、高貲於朔方，益發甲卒，急其會日。又僞爲詔獄書，逮諸侯、太子、幸臣。如此，則民怨、諸侯懼，卽使辯士隨而説之，儻可徼幸什得一乎！」王曰：「此可也。雖然，吾以爲不至若此。」

於是王乃作皇帝璽，丞相、御史大夫、將軍、軍吏、中二千石及旁近郡太守、都尉印，漢使節。欲使人僞得罪而西，事大將軍，一日發兵，卽刺殺大將軍。且曰：「漢廷大臣，獨汲黯好直諫，守節死義，難惑以非，至如説丞相弘等，如發蒙振落耳。」王欲發國中兵，恐其相、二千石不聽，王乃與伍被謀先殺相、二千石。又欲令人衣求盜衣，持羽檄從東方來，呼曰：「南越兵入界！」欲因以發兵。

會廷尉逮捕淮南太子，淮南王聞之，與太子謀，召相、二千石，欲殺而發兵。召相，相至，內史、中尉皆不至。王念獨殺相無益也，卽罷相。王猶豫，計未決。太子卽自剄，不殊。

伍被自詣吏，告與淮南王謀反，蹤迹如此。吏因捕太子、王后，圍王宮，盡求捕王所與謀反賓客在國中者，索得反具，以聞。上下公卿治其黨與，使宗正以符節治王。未至，十一月，淮南王安自剄，殺王后荼、太子遷，諸所與謀反者皆族。天子以伍被雅辭多引漢之美，欲勿誅。廷尉湯曰：「被首爲王畫反計，罪不可赦。」乃誅被。侍中莊助素與淮南王相結交，私論議，王厚賂遺助；上薄其罪，欲勿誅。張湯爭，以爲「助出入禁門，腹心之臣，而外與諸侯交私如此，不誅，後不可治」。助竟棄市。

衡山王上書請廢太子爽，立其弟孝爲太子。爽聞，卽遣所善白嬴之長安上書，言孝作輣車鍛矢，與王御者姦，欲以敗孝。會有司捕所與淮南謀反者，得陳喜於衡山王子孝家。吏劾孝首匿喜，孝聞律「先自告除其罪」，卽先自告所與謀反者枚赫、陳喜等。公卿請逮捕衡山王治之，王自到死。王后徐來、太子爽及孝皆棄市，所與謀反者皆族。凡淮南、衡山二獄，所連引列侯、二千石、豪桀等死者數萬人。

論說

《漢書》卷五九《張湯傳》　及治淮南、衡山、江都反獄，皆窮根本。嚴助、伍被，上欲釋之，湯爭曰：『伍被本造反謀，而助親幸出入禁闥腹心之臣，乃交私諸侯如此弗誅，後不可治。』上可論之。其治獄所巧排大臣自以爲功，多此類。繇是益尊任，遷御史大夫。【略】

匈奴求和親，羣臣議前，博士狄山曰：『和親便。』上問其便，山曰：『兵，凶器，未易數動。高帝欲伐匈奴，大困平城，乃遂結和親。孝惠、高后時，天下安樂，及文帝欲事匈奴，北邊蕭然苦兵。孝景時，吳楚七國反，景帝往來東宮間，天下寒心數月。吳楚已破，竟景帝不言兵，天下富實。今自陛下興兵擊匈奴，中國以空虛，邊大困貧。由是觀之，不如和親。』上問湯，湯曰：『此愚儒無知。』狄山曰：『臣固愚忠，若御史大夫湯，乃詐忠。湯之治淮南、江都，以深文痛詆諸侯，別疏骨肉，使藩臣不自安，臣固知湯之爲詐忠。』於是上作色曰：『吾使生居一郡，能無使虜入盜乎？』山曰：『不能。』曰：『居一縣？』曰：『不能。』復曰：『居一鄣間？』山自度辯窮且下吏，曰：『能。』乃遣山乘鄣。至月餘，匈奴斬山頭而去。是後羣臣震讋。

宋·呂祖謙《呂祖謙全集》册八《大事記解題》　淮南王安、衡山王賜謀反，自殺。

《解題》曰：按《史記》、《漢書》：『淮南王安爲人好書，招致賓客方術之士數千人，作爲《内書》二十一篇，《外書》甚衆，又有《中篇》八卷，言神仙黄白之術，亦二十餘萬言。時武帝方好藝文，以安屬爲諸父，辯博善爲文辭，甚尊重之。每爲報書及賜，常召司馬相如等視草乃遣。每宴見，談説得失及方技賦頌，昏暮然後罷。』『安時時怨望厲王死，時欲畔逆，未有因也。及建元二年入朝，武安侯與王語曰：「方今上無太子，大王親高皇帝孫，行仁義，天下莫不聞。卽宮車一日晏駕，非大王當誰立者！」淮南王大喜，厚遺武安侯金財物。陰結賓客，拊循百姓，爲畔逆事。諸辨士爲方略者，妄作妖言，諂諛王，王喜，多賜金錢，而謀反滋甚。淮南王有女陵，慧，有口辯。王愛陵，常多予金錢，爲中詗長安，約結上左右。王有孽子不害，最長，王不愛，王、后、太子皆不以爲子兄數。不害有子建，材高有氣，常怨望太子不省其父；又怨時諸侯皆得分子弟爲侯，而淮南獨二子，一爲太子，建父獨不得爲侯。建陰結交，欲告敗太子。建具知太子之謀欲殺漢中尉，謂王擁閼雷被擊匈奴，帝遣中尉宏卽訊驗王。時太子意欲刺殺之也。卽使所善壽春、莊芷以元朔六年上書於天子曰：『淮南王孫建，材能高，淮南王王后荼、荼子太子遷常疾害建。建父不害無罪，擅數捕繫。欲殺之。今建在，可徵問，具知淮南陰事。』書聞，上以其事下廷尉，廷尉下河南治。是時故辟陽侯孫審卿善丞相公孫弘，怨淮南厲王殺其大父，乃深購淮南事於弘，弘乃疑淮南有畔逆計謀，深窮治其獄。廷尉以王孫建辭連淮南王太子遷聞。上遣廷尉監因拜淮南中尉，就拜廷尉監爲淮南中尉也。逮捕太子。至淮南，淮南王聞，與太子謀召相、二千石，欲殺而發兵。召相，相至；内史以出爲解。中尉曰：『臣受詔使，不得見王。』王念獨殺相而内史、中尉不來，無益也，卽罷相。是時諸侯王兵權在相、内史、中尉，一人不能獨發。王猶豫，計未決。太子念所坐者謀刺漢中尉，所與謀者已死，以爲口絶，乃謂王：『願會逮。』王亦愈欲休，卽許太子。太子卽自剄，不殊。伍被自詣吏，因告與淮南王謀反，反踪迹具如此。淮南反謀，至是始發。前此所劾者，特刺漢中尉而已。至伍被反，謀始發。安自剄，國除爲九江郡。衡山王賜，元光六年入朝。其謁者衞慶有方術，欲上書事天子。王怒，欲劾慶死罪，强笞服之。衡山内史以爲非是，卻其獄。七國反後，諸侯不得自專如此。王使人上書告内史，内史治，言王不直。王又數侵奪人田，壞人冢以爲田。有司請逮治衡山王。天子不許，爲置吏二百石以上。如淳曰：『《漢儀注》吏四百石以下，自調除國中。今以王之惡，天子皆爲置之。』衡山以此恚，謀反。使子孝客枚赫、陳喜作綳車鏃矢。衡山王非敢效淮南王求卽天子位，畏淮南起并其國，以爲淮南已西，發兵定江、淮之間而有之。淮南王反。衡山王，淮南王弟，當坐收。有司請逮捕衡山王。天子曰：『諸侯各以其國爲本，不當相坐。』沛郡求捕所與淮南謀反者，未得，得陳喜於衡山王子孝家。孝自告謀反，王自剄，國除爲衡山郡。』《史記·年表》作六安郡。又按《平準書》：『自公孫弘以《春秋》之義繩臣下取漢相，張湯用峻文決理爲廷尉，於是見之法生，而廢格沮誹窮治之獄用矣。其明年，淮南、衡山、江都王謀反迹

見，而公卿尋端治之，竟其黨與，而坐死者數萬人，長吏益慘急而法令明察。當是之時，招尊方正賢良文學之士，或至公卿大夫。公孫弘以漢相，布被，食不重味，爲天下先。然無益於俗，稍騖於功利矣。』

明·馮夢龍《馮夢龍全集》卷一五《綱鑑統一上·西漢武帝》 淮南王安、衡山王賜謀反，自殺。初，淮南王安，喜名譽，招致賓客方術，多江淮間輕薄士，嘗以其父厲王遷死，感激安。安與客左吳等日夜爲反謀，召中郎、伍被問之，被以爲不可，囚其父母，懼而從之。安欲使人僞得罪，而西事大將軍，一日發兵，即刺殺之，且曰：漢廷大臣，獨汲黯好直諫，守節死義，難惑以非，至如説丞相弘等，如發蒙振落耳。時有詔願從擊匈奴者，輒詣長安。郎中雷被請行，安斥免之，被亡之長安，上書自明。帝遣使即訊王，太子遷謀殺漢使，不果。公卿奏安格明詔，師訊者，就本地案問之也。遷淮南王太子。明詔，從軍之詔也。當棄市。詔削二縣，安恥之，反謀益急。安與衡山王賜相責，望禮節，不相能。賜聞安有反謀，恐爲所幷，亦結客爲反具；使其弟孝、客陳喜、枚赫作輣車，鍛矢，孝，其弟名。喜，赫，皆孝之門客。輣車，兵車也。鍛矢，治鐵爲矢鏃也。刻天子璽，將相軍吏印。當入朝，過淮南，乃昆弟語，除前隙，約束反具，上書謝病不朝。會謀殺漢使事泄，廷尉逮捕。安欲發兵，猶豫未決。伍被詣吏自告，帝使宗正以符節治安，未至，安自剄，王后、太子伏誅，捕得陳喜於孝家。時衡山王欲廢太子爽而立弟孝。孝聞律先自告者免，即先告，賜亦自剄，王后、太子及孝皆棄市。二獄所連引列侯、二千石、豪傑等，死者數萬人。侍中莊助素與安結交，受其賂遺。帝薄其罪，張湯以爲助腹心之臣，與諸侯交私，罪不可赦，遂棄市。

清·王夫之《讀通鑑論》卷三《武帝》 淮南王安著書二十篇，稱引天人之際，亦云博矣。而所謀興兵者，率兒戲之策；所與偕者，又童昏之衡山王賜及太子遷爾。叛謀不成，兵不得舉，自剄於宮庭，其愚可哂，其狂不可瘳矣。

成皋之口何易塞，三川之險何易據，知無能與衛青敵，而欲儌幸於刺客，安即反，其能當青乎？即刺青，其能當霍去病乎？公孫弘雖不任爲柱石臣，而豈易説者？起貧賤爲漢三公，何求於淮南，而敢以九族試雄主大將之歐刀邪？內所恃者，徒巧亡實之嚴助；外所挾者，輕僄亡賴之左吳、趙賢、朱驕；首鼠兩端之伍被，懷異志於肘腋而不知。安之愚至於如此，固高煦、宸濠之所不屑爲，而安以文詞得後世之名。由此言之，文不足以辨人之智愚若此乎！

而非然也。取安之書而讀之，原本老氏之言，而雜之以辯士之游辭。老氏者，挾術以制陰陽之命，而不知其無如陰陽何也。所挾者術，則可以窺見氣機盈虛之釁罅，而乘之以逞志。乃既已逆動静之大經，而無如陰陽何矣；則其自以爲窺造化而盜其藏，而天下無不可爲者，一如嬰兒之以莛擊賁、育，且自雄也。率其道，使人誕而喪所守，狂逞而不思其居。安是之學，其自殺也，不亦宜乎！夫老氏者，教人以出於吉凶生死之外，而不知其與凶爲徒也。讀劉安之書，可以鑑矣。

燕蓋謀逆

綜述

《史記》卷六〇《三王世家》 會武帝年老長，而太子不幸薨，未有所立，而旦使來上書，請身入宿衛於長安。孝武見其書，擊地，怒曰：『生子當置之齊魯禮義之鄉，乃置之燕趙，果有爭心，不讓之端見矣。』於是使使即斬其使者於闕下。

會武帝崩，昭帝初立，旦果作怨而望大臣。自以長子當立，與齊王子劉澤等謀爲叛逆，出言曰：『我安得弟在者！今立者乃大將軍子也。』欲發兵。事發覺，當誅。昭帝緣恩寬忍，抑案不揚。公卿使大臣請，遣宗正與太中大夫公户滿意、御史二人，偕往使燕，風喻之。到燕，各異日更見責王。宗正者，主宗室諸劉屬籍，先見王，爲列陳道昭帝實武帝子狀。侍御史乃復見王，責之以正法，問：『王欲發兵罪名明白，當坐之。漢家有正法，王犯纖介小罪過，即行法直斷耳，安能寬王。』驚動以文法。王意益下，心恐。公户滿意習於經術，最後見王，稱引古今通義，國家大禮，文章爾雅。謂王曰：『古者天子必內有異姓大夫，所以正骨肉也；外有同姓大夫，所以正異族也。周公輔成王，誅其兩弟，故治。武帝在

時，尚能寬王。今昭帝始立，年幼，富於春秋，未臨政，委任大臣。古者誅罰不阿親戚，故天下治。方今大臣輔政，奉法直行，無敢所阿，恐不能寬王。王可自謹，無自令身死國滅，爲天下笑。』於是燕王旦乃恐懼服罪，叩頭謝過。大臣欲和合骨肉，難傷之以法。

其後旦復與左將軍上官桀等謀反，宣言曰『我次太子，太子不在，我當立，大臣共抑我』云云。大將軍光輔政，與公卿大臣議曰：『燕王旦不改過悔正，行惡不變。』於是脩法直斷，行罰誅。旦自殺，國除，如其策指。有司請誅旦妻子。孝昭以骨肉之親，不忍致法，寬赦旦妻子，免爲庶人。傳曰『蘭根與白芷，漸之滫中，君子不近，庶人不服』者，所以漸然也。

宣帝初立，推恩宣德，以本始元年中盡復封燕王旦兩子：一子爲安定侯；立燕故太子建爲廣陽王，以奉燕王祭祀。

《漢書》卷七《昭帝紀》 武帝末，戾太子敗，燕王旦、廣陵王胥行驕嫚，後元二年二月上疾病，遂立昭帝爲太子，年八歲。以侍中奉車都尉霍光爲大司馬大將軍，受遺詔輔少主。明日，武帝崩。戊辰，太子卽皇帝位，謁高廟。帝姊鄂邑公主益湯沐邑，爲長公主，共養省中。【略】

（始元元年）八月，齊孝王孫劉澤謀反，欲殺青州刺史雋不疑，發覺，皆伏誅。【略】

（元鳳元年）九月，鄂邑長公主、燕王旦與左將軍上官桀、桀子票騎將軍安、御史大夫桑弘羊皆謀反，伏誅。初，桀、安父子與大將軍光爭權，欲害之，詐使人爲燕王旦上書言光罪。時上年十四，覺其詐。後有譖光者，上輒怒曰：『大將軍國家忠臣，先帝所屬，敢有譖毀者，坐之。』光由是得盡忠。

又 卷六三《燕王旦傳》 齊懷王閎與燕王旦、廣陵王胥同日立，皆賜策，各以國土風俗申戒焉，曰：『惟元狩六年四月乙巳，皇帝使御史大夫湯廟立子閎爲齊王，曰：烏呼！小子閎，受茲青社。朕承天序，惟稽古，建爾國家，封于東土，世爲漢藩輔。烏呼！念哉，共朕之詔。惟命不于常，人之好德，克明顯光；義之不圖，俾君子怠。悉爾心，允執其中，天祿永終；厥有愆不臧，乃凶于乃國，而害于爾躬。嗚呼！保國乂民，可不敬與！王其戒之！』閎母王夫人有寵，閎尤愛幸，立八年，薨，無子，國除。

燕刺王旦賜策曰：『嗚呼！小子旦，受茲玄社，建爾國家，封于北土，世爲漢藩輔。嗚呼！葷鬻氏虐老獸心，以姦巧邊甿。朕命將率，徂征厥罪。萬夫長，千夫長，三十有二帥，降旗奔師。葷鬻徙域，北州以妥。悉爾心，毋作怨，毋作棐德，毋乃廢備。非教士不得從徵。王其戒之！』

旦壯大就國，爲人辯略，博學經書雜説，好星曆數術倡優射獵之事，招致游士。及衛太子敗，齊懷王又薨，旦自以次第當立，上書求入宿衛。上怒，下其使獄。後坐臧匿亡命，削良鄉、安次、文安三縣。武帝由是惡旦，後遂立少子爲太子。

帝崩，太子立，是爲孝昭帝，賜諸侯王璽書。旦得書，不肯哭，曰：『璽書封小。京師疑有變。』遣幸臣壽西長、孫縱之、王孺等之長安，以問禮儀爲名。王孺見執金吾廣（義）［意］，問帝崩所病，立者誰子，年幾歲。廣意言待詔五莋宮，宮中讙言帝崩，諸將軍共立太子爲帝，年八九歲，葬時不出臨。歸以報王。王曰：『上棄羣臣，無語言，蓋主又不得見，甚可怪也。』復遣中大夫至京師上書言：『竊見孝武皇帝躬聖道，孝宗廟，慈愛骨肉，和集兆民，德配天地，明並日月，威武洋溢，遠方執賓而朝，增郡數十，斥地且倍，封泰山，禪梁父，巡狩天下，遠方珍物陳于太廟，德甚休盛，請立廟郡國。』奏報聞。時大將軍霍光秉政，褒賜燕王錢三千萬，益封萬三千户。旦怒曰：『我當爲帝，何賜也！』遂與宗室中山哀王子劉長、齊孝王孫劉澤等結謀，詐言以武帝時受詔，得職吏事，修武備，備非常。

長於是爲旦命令羣臣曰：『寡人賴先帝休德，獲奉北藩，親受明詔，職吏事，領庫兵，飭武備，任重職大，夙夜兢兢，子大夫將何以規佐寡人？且燕國雖小，成周之建國也，上自召公，下及昭、襄，于今千載，豈可謂無賢哉？寡人束帶聽朝三十餘年，曾無聞焉。其者寡人之不及與？意亦子大夫之思有所不至乎？其咎安在？方今寡人欲撟邪防非，章聞揚和，撫慰百姓，移風易俗，厥路何由？子大夫其各悉心以對，寡人將察焉。』

羣臣皆免冠謝。郎中成軫謂旦曰：『大王失職，獨可起而索，不可坐

而得也。大王壹起，國中雖女子皆奮臂隨大王。』旦曰：『前高后時，僞立子弘爲皇帝，諸侯交手事之八年。呂太后崩，大臣誅諸呂，迎立文帝，天下乃知非孝惠子也。我親武帝長子，反不得立，上書請立廟，又不聽。立者疑非劉氏。』

即與劉澤謀爲姦書，言少帝非武帝子，大臣所共立，天下宜共伐之。使人傳行郡國，以摇動百姓。澤謀歸發兵臨淄，與燕王俱起。旦遂招來郡國姦人，賦斂銅鐵作甲兵，數閲其車騎材官卒，建旌旗鼓車，旄頭先敺，郎中侍從者著貂羽，黄金附蟬，皆號侍中。旦從相、中尉以下，勒車騎，發民會圍，大獵文安縣，以講士馬，須期日。郎中韓義等數諫旦，旦殺義等凡十五人。會缾侯劉成知澤等謀，告之青州刺史雋不疑，不疑收捕澤以聞。天子遣大鴻臚丞治，連引燕王。有詔弗治，而劉澤等伏誅。益封缾侯。

久之，旦姊鄂邑蓋長公主、左將軍上官桀父子與霍光爭權有隙，皆知旦怨光，即私與燕交通。旦遣孫縱之等前後十餘輩，多齎金寶走馬，賂遺蓋主。上官桀及御史大夫桑弘羊等皆與交通，數記疏光過失與旦，令上書告之。桀欲從中下其章。旦聞之，喜，上疏曰：『昔秦據南面之位，制一世之命，威服四夷，輕弱骨肉，顯重異族，廢道任刑，無恩宗室。其後尉佗入南夷，陳涉呼楚澤，近狎作亂，内外俱發，趙氏無炊火焉。高皇帝覽蹤迹，觀得失，見秦建本非是，故改其路，規土連城，布王子孫，是以支葉扶疏，異姓不得間也。今陛下承明繼成，委任公卿，羣臣連與成朋，非毁宗室，膚受之訴，日騁於廷，惡吏廢法立威，主恩不及下究。臣聞武帝使中郎將蘇武使匈奴，見留二十年不降，還亶爲典屬國。今大將軍長史敞無勞，爲搜粟都尉。又將軍都郎羽林，道上移蹕，太官先置。臣旦願歸符璽，入宿衛，察姦臣之變。』

是時，昭帝年十四，覺其有詐，遂親信霍光，而疏上官桀等。桀等因謀共殺光，廢帝，迎立燕王爲天子。旦置驛書，往來相報，許立桀爲王，外連郡國豪桀以千數。旦以語相平，平曰：『大王前與劉澤結謀，事未成而發覺者，以劉澤素夸，好侵陵也。平聞左將軍素輕易，車騎將軍少而驕，臣恐其如劉澤時不能成，又恐既成，反大王也。』旦曰：『前日一男子詣闕，自謂故太子，長安中民趣鄉之，正讙不可止，大將軍恐，出兵陳之，以自備耳。我帝長子，天下所信，何憂見反？』後謂羣臣：『蓋主報言，獨患大將軍與右將軍王莽。今右將軍物故，丞相病，幸事必成，徵不久。』令羣臣皆裝。

是時天雨，虹下屬宫中飲井水，（水泉）［井水］竭。廁中豕羣出，壞大官竈。烏鵲鬭死。鼠舞殿端門中。殿上户自閉，不可開。天火燒城門。大風壞宫城樓，折拔樹木。流星下墮。后姬以下皆恐。王驚病，使人祠葭水、台水。王客呂廣等知星，爲王言『當有兵圍城，期在九月十月，漢當有大臣戮死者』。語具在《五行志》。

王愈憂恐，謂廣等曰：『謀事不成，妖祥數見，兵氣且至，奈何？』會蓋主舍人父燕倉知其謀，告之，由是發覺。丞相賜璽書，部中二千石逐捕孫縱之及左將軍桀等，皆伏誅。旦聞之，召相平曰：『事敗，遂發兵乎？』平曰：『左將軍已死，百姓皆知之，不可發也。』王憂懣，置酒萬載宫，會賓客羣臣妃妾坐飲。王自歌曰：『歸空城兮，狗不吠，雞不鳴，横術何廣廣兮，固知國中之無人！』華容夫人起舞曰：『髮紛紛兮寘渠，骨籍籍兮亡居。母求死子兮，妻求死夫。裴回兩渠間兮，君子獨安居！』坐者皆泣。

有赦令到，王讀之，曰：『嗟乎！獨赦吏民，不赦我。』因迎后姬諸夫人之明光殿，王曰：『老虜曹爲事當族！』欲自殺。左右曰：『黨得削國，幸不死。』后（妃）［姬］夫人共啼泣止王。會天子使者賜燕王璽書曰：『昔高皇帝王天下，建立子弟以藩屏社稷。先日諸呂陰謀大逆，劉氏不絶若髮，賴絳侯等誅討賊亂，尊立孝文，以安宗廟，非以中外有人，表裏相應故邪？樊、酈、曹、灌，攜劍推鋒，從高［皀］皇帝墾菑除害，耘鉏海内，［當此之時，頭如蓬葆］，勤苦至矣，然其賞不過（諸）［封］封侯。今宗室子孫曾無暴衣露冠之勞，裂地而王之，分財而賜之，父死子繼，兄終弟及。今王骨肉至親，敵吾一體，乃與他姓異族謀害社稷，親其所疏，疏其所親，有逆悖之心，無忠愛之義。如使古人有知，當何面目復（舉）［奉］齊酎見高祖之廟乎！』

旦得書，以符璽屬醫工長，謝相二千石：『奉事不謹，死矣。』即以綬自絞。后夫人隨旦自殺者二十餘人。天子加恩，赦王太子建爲庶人，賜旦謚曰刺王。旦立三十八年而誅，國除。

後六年，宣帝即位，封旦兩子，慶爲新昌侯，賢爲（定安）［安定］侯。又立故太子建，是爲廣陽頃王，二十九年薨。子穆王舜嗣，二十一年薨。子思王璜嗣，二十年薨。子嘉嗣。王莽時，皆廢漢藩王爲家人，嘉獨以獻符命封扶美侯，賜姓王氏。

宋·袁樞《通鑑紀事本末》卷三《燕蓋謀逆》 漢武帝後元元年，燕王旦自以次第當爲太子，上書求入宿衛。上怒，斬其使於北闕。又坐藏匿亡命，削良鄉、安次、文安三縣。上由是惡旦。旦辯慧博學，其弟廣陵王胥有勇力，而皆動作無法度，多過失，故上皆不立。

二年，春正月，上病篤。乙丑，詔立弗陵爲皇太子。丁卯，帝崩於五柞宮。

昭帝始元元年。初，武帝崩，賜諸侯王璽書。燕王旦得書不肯哭，曰：『璽書封小，京師疑有變。』遣幸臣壽西長、孫縱之、王孺等之長安，以問禮儀爲名，陰刺候朝廷事。及有詔褒賜旦錢三十萬，益封萬三千户，旦怒曰：『我當爲帝，何賜也！』遂與宗室中山哀王子長、齊孝王孫澤等結謀，詐言以武帝時受詔，得職吏事，修武備，備非常。郎中成軫謂旦曰：『大王失職，獨可起而索，不可坐而得也。大王壹起，國中雖女子皆奮臂隨大王。』旦即與澤謀，爲姦書，言：『少帝非武帝子，大臣所共立，天下宜共伐之。』使人傳行郡國，以摇動百姓。澤謀發兵臨菑，殺青州刺史雋不疑。旦招來郡國姦人，賦斂銅鐵作甲兵，數閲其車騎、材官卒，發民大獵以講士馬，須期日。郎中韓義等數諫旦，旦殺義等凡十五人。會缾侯成知澤等謀，以告雋不疑。八月，不疑收捕澤等以聞。天子遣大鴻臚丞治，連引燕王。有詔以燕王至親，勿治。而澤等皆伏誅。

二年春正月，封大將軍光爲博陸侯，左將軍桀爲安陽侯。

三年。初，霍光與上官桀相親善。光每休沐出，桀常代光入決事。光女爲桀子安妻，生女，年甫五歲，安欲因光内之宫中；光以爲尚幼，不聽。蓋長公主私近子客河間丁外人，安素與外人善，説外人曰：『安子容貌端正，誠因長主時得入爲后，以臣父子在朝而有椒房之重，成之在於足下。漢家故事，常以列侯尚主，足下何憂不封侯乎？』外人喜，言於長主。長主以爲然，詔召安女爲倢伃，安爲騎都尉。

四年春三月甲寅，立皇后上官氏，赦天下。是歲，上官安爲車騎將軍。

五年夏六月，封上官安爲桑樂侯。安日以驕淫，受賜殿中，對賓客言：『與我壻飲，大樂。』見其服飾，使人歸，欲自燒物。子病死，仰而罵天。其頑悖如此。

元鳳元年。上官桀父子既尊，盛德長公主，欲爲丁外人求封侯，霍光不許。又爲外人求光禄大夫，欲令得召見，又不許。長主大以是怨光，而桀、安數爲外人求官爵弗能得，亦慚。又桀妻父所幸充國爲太醫監，闌入殿中，下獄當死；冬月且盡，蓋主爲充國入馬二十匹贖罪，乃得減死論。於是桀、安父子深怨光而重德蓋主。自先帝時，桀已爲九卿，位在光右，及父子並爲將軍，皇后親安女，光乃其外祖，而顧專制朝事，由是與光爭權。燕王旦自以帝兄不得立，常懷怨望。及御史大夫桑弘羊建造酒榷、鹽、鐵，爲國興利，伐其功，欲爲子弟得官，亦怨恨光。於是蓋主、桀、安、弘羊皆與旦通謀。

旦遣孫縱之等前後十餘輩，多齎金寶、走馬賂遺蓋主、桀、弘羊等。桀等又詐令人爲燕王上書，言『光出都肄郎、羽林，道上稱蹕，太官先置』。又引『蘇武使匈奴二十年不降，乃爲典屬國。大將軍長史敞無功，爲搜粟都尉，又擅調益莫府校尉。光專權自恣，疑有非常。臣旦願歸符璽，入宿衛，察姦臣變。』候司光出沐日奏之。桀欲從中下其事，弘羊當與諸大臣共執退光。書奏，帝不肯下。明旦，光聞之，止畫室中不入。上問：『大將軍安在？』左將軍桀對曰：『以燕王告其罪，故不敢入。』有詔『召大將軍』，光入，免冠頓首謝。上曰：『將軍冠。朕知是書詐也，將軍無罪。』光曰：『陛下何以知之？』上曰：『將軍之廣明都郎，近耳；調校尉以來，未能十日，燕王何以得知之？且將軍爲非，不須校尉。』是時帝年十四，尚書、左右皆驚。而上書者果亡，捕之甚急。桀等懼，白上：『小事不足遂。』上不聽。後桀黨與有譖光者，上輒怒曰：『大將軍忠臣，先帝所屬以輔朕身，敢有毀者，坐之！』自是桀等不敢復言。

李德裕論曰：人君之德，莫大於至明，明以照姦，則百邪不能蔽矣，漢昭帝是也。周成王有慚德矣，高祖、文、景俱不如也。成王聞管、蔡流言，遂使周公狼跋而東。漢高聞陳平去魏背楚，欲捨腹心臣。漢文惑季布

使酒難近，罷歸股肱郡；疑賈生擅權紛亂，復疏賢士。景帝信誅晁錯兵解，遂戮三公。所謂『執狐疑之心，來讒賊之口』。使昭帝得伊、呂之佐，則成、康不足侔矣。

桀等謀令長公主置酒請光，伏兵格殺之，因廢帝，迎立燕王爲天子。旦置驛書往來相報，許立桀爲王，外連郡國豪桀以千數。旦以語相平，平曰：『大王前與劉澤結謀，事未成而發覺者，以劉澤素夸，好侵陵也。平聞左將軍素輕易，車騎將軍少而驕，臣恐其如劉澤時不能成，又恐既成反大王也。』旦曰：『前日一男子詣闕，自謂故太子，長安中民趣鄉之，正讙不可止。大將軍恐，出兵陳之，以自備耳。我，帝長子，天下所信，何憂見反！』後謂羣臣：『蓋主報言，獨患大將軍與右將軍王莽。今右將軍物故，丞相病，幸事必成，徵不久。』令羣臣皆裝。安又謀誘燕王至而誅之，因廢帝而立桀。或曰：『當如皇后何？』安曰：『逐麋之狗，當顧菟邪！且用皇后爲尊，一旦人主意有所移，雖欲爲家人亦不可得。此百世之一時也。』會蓋主舍人父稻田使者燕倉知其謀，以告大司農楊敞。敞素謹，畏事，不敢言，乃移病臥，以告諫大夫杜延年，延年以聞。九月，詔丞相部中二千石逐捕孫縱之及桀、安、弘羊、外人等，并宗族悉誅之。蓋主自殺。燕王旦聞之，召相平曰：『事敗，遂發兵乎？』平曰：『左將軍已死，百姓皆知之，不可發也。』王憂懣，置酒與羣臣、妃妾別。會天子以璽書讓旦，旦以綬自絞死，后、夫人隨旦自殺者二十餘人。天子加恩，赦王太子建爲庶人，賜旦謚曰刺王。皇后以年少不與謀，亦霍光外孫，故得不廢。

宋・司馬光《資治通鑑》卷二二《漢紀・武帝後元元年》　燕王旦自以次第當爲太子，上書求入宿衛。上怒，斬其使於北闕；又坐藏匿亡命，削良鄉、安次、文安三縣。上由是惡旦。旦辯慧博學，其弟廣陵王胥，有勇力，而皆動作無法度，多過失，故上皆不立。

又　卷二三《漢紀・孝昭帝始元元年》　武帝初崩，賜諸侯王璽書。燕王旦得書不肯哭，曰：『璽書封小，京師疑有變。』遣幸臣壽西長、孫縱之、王孺等之長安，以問禮儀爲名，陰刺候朝廷事。及有詔褒賜旦錢三十萬，益封萬三千户，旦怒曰：『我當爲帝，何賜也！』遂與宗室中山哀王子長、齊孝王孫澤等結謀，詐言以武帝時受詔，得職吏事，脩武備，備非常。郎中成軫謂旦曰：『大王失職，獨可起而索，不可坐而得也。大王壹起，國中雖女子皆奮臂隨大王。』旦卽與澤謀，爲姦書，言：『少帝非武帝子，大臣所共立；天下宜共伐之！』使人傳行郡國以搖動百姓。澤謀歸發兵臨菑，殺青州刺史雋不疑。旦招來郡國姦人，賦斂銅鐵作甲兵，數閱其車騎、材官卒，發民大獵以講士馬，須期日。郎中韓義等數諫旦，旦殺義等凡十五人。會缾侯成知澤等謀，以告雋不疑。八月，不疑收捕澤等以聞。天子遣大鴻臚丞治，連引燕王。有詔，以燕王至親，勿治；而澤等皆伏誅。遷雋不疑爲京兆尹。

上官桀父子既尊，盛德長公主，欲爲丁外人求封侯，霍光不許。又爲外人求光禄大夫，欲令得召見，又不許。長主大以是怨光，而桀、安數爲外人求官爵弗能得，亦慚。又桀妻父所幸充國爲太醫監，闌入殿中，下獄當死；冬月且盡，蓋主爲充國入馬二十匹贖罪，乃得減死論。於是桀、安父子深怨光而重德蓋主。自先帝時，桀已爲九卿，位在光右，及父子並爲將軍，皇后親安女，光乃其外祖，而顧專制朝事，由是與光爭權。燕王旦自以帝兄不得立，常懷怨望。及御史大夫桑弘羊建造酒榷、鹽、鐵，爲國興利，伐其功，欲爲子弟得官，亦怨恨光。於是蓋主、桀、安、弘羊皆與旦通謀。

旦遣孫縱之等前後十餘輩，多齎金寳、走馬賂遺蓋主、桀、弘羊等。桀等又詐令人爲燕王上書，言：『光出都肄郎、羽林，道上稱蹕，太官先置。』又引『蘇武使匈奴二十年不降，乃爲典屬國；大將軍長史敞無功，爲搜粟都尉；又擅調益莫府校尉。光專權自恣，疑有非常。臣旦願歸符璽，入宿衛，察姦臣變。』候司光出沐日奏之。桀欲從中下其事，弘羊當與諸大臣共執退光。書奏，帝不肯下。明旦，光聞之，止畫室中不入。上問：『大將軍安在？』左將軍桀對曰：『以燕王告其罪，故不敢入。』有詔：『召大將軍。』光入，免冠，頓首謝。上曰：『將軍冠！朕知是書詐也，將軍無罪。』光曰：『陛下何以知之？』上曰：『將軍之廣明都郎，近耳；調校尉以來，未能十日，燕王何以得知之！且將軍爲非，不須校尉。』是時帝年十四，尚書、左右皆驚。而上書者果亡，捕之甚急。桀等懼，白上：『小事不足遂。』上不聽。後桀黨與有譖光者，上輒怒曰：『大將軍忠臣，先帝所屬以輔朕身，敢有毁者坐之！』自是桀等不

敢復言。

李德裕論曰：人君之德，莫大於至明，明以照姦，則百邪不能蔽矣，漢昭帝是也。周成王有慚德矣；高祖、文、景俱不如也。成王聞管、蔡流言，遂使周公狼跋而東。漢高聞陳平去魏背楚，欲捨腹心臣。漢文惑季布使酒難近，罷歸股肱郡；疑賈生擅權紛亂，復疏賢士。景帝信誅晁錯兵解，遂戮三公。所謂『執狐疑之心，來讒賊之口』。使昭帝得伊、呂之佐，則成、康不足侔矣。

桀等謀令長公主置酒請光，伏兵格殺之，因廢帝，迎立燕王爲天子。旦置驛書往來相報，許立桀爲王，外連郡國豪桀以千數。旦以語相平，平曰：『大王前與劉澤結謀，事未成而發覺者，以劉澤素夸，好侵陵也。平聞左將軍素輕易，車騎將軍少而驕，臣恐其如劉澤時不能成，又恐既成反大王也。』旦曰：『前日一男子詣闕，自謂故太子，長安中民趣鄉之，正讙不可止。大將軍恐，出兵陳之，以自備耳。我，帝長子，天下所信，何憂見反！』後謂羣臣：『蓋主報言，獨患大將軍與右將軍王莽。今右將軍物故，丞相病，幸事必成，徵不久。』令羣臣皆裝。

安又謀誘燕王至而誅之，因廢帝而立桀。或曰：『當如皇后何？』安曰：『逐麋之狗，當顧菟邪！且用皇后爲尊，一旦人主意有所移，雖欲爲家人亦不可得。此百世之一時也！』會蓋主舍人父稻田使者燕倉知其謀，以告大司農楊敞。敞素謹，畏事，不敢言，乃移病臥，以告諫大夫杜延年；延年以聞。九月，詔丞相部中二千石逐捕孫縱之及桀、安、弘羊、外人等，并宗族悉誅之；蓋主自殺。燕王旦聞之，召相平曰：『事敗，遂發兵乎？』平曰：『左將軍已死，百姓皆知之，不可發也！』王憂懣，置酒與羣臣、妃妾別。會天子以璽書讓旦，旦以綬自絞死，后、夫人隨旦自殺者二十餘人。天子加恩，赦王太子建爲庶人，賜旦謚曰剌王。皇后以年少，不與謀，亦霍光外孫，故得不廢。

雜録

《史記》卷四九《外戚世家》 衛太子廢後，未復立太子。而燕王旦上書，願歸國入宿衞。武帝怒，立斬其使者於北闕。

《漢書》卷二四《食貨志第四下》 昭帝即位六年，詔郡國舉賢良文學之士，問以民所疾苦，教化之要。皆對願罷鹽鐵酒（權）［榷］均輸官，毋與天下爭利，視以儉節，然後教化可興。弘羊難，以爲此國家大業，所以制四夷，安邊足用之本，不可廢也。乃與丞相千秋共奏罷酒酤。弘羊自以爲國興大利，伐其功，欲爲子弟得官，怨望大將軍霍光，遂與上官桀等謀反，誅滅。

又 卷二七《五行志中之下》 昭帝元鳳元年，有烏與鵲鬭燕王宮中池上，烏墮池死，近黑祥也。時燕王旦謀爲亂，遂不改寤，伏辜而死。楚、燕皆骨肉藩臣，以驕怨而謀逆，俱有烏鵲鬭死之祥，行同而占合，此天人之明表也。燕一烏鵲鬭於宮中而黑者死，楚以萬數鬭於野外而白者死，象燕陰謀未發，獨王自殺於宮，故一烏水色者死，楚炕陽舉兵，軍師大敗於野，故衆烏金色者死，天道精微之效也。京房《易傳》曰：『專征劫殺，厥妖烏鵲鬭。』【略】

昭帝元鳳元年，燕王宮永巷中豕出圂，壞都竈，銜其鬴六七枚置殿前。劉向以爲近豕禍也。時燕王旦與長公主、左將軍謀爲大逆，誅殺諫者，暴急無道。竈者，生養之本，豕而敗竈，陳鬴於庭，鬴竈將不用，宮室將廢辱也。燕王不改，卒伏其辜。京房《易傳》曰：『衆心不安君政，厥妖豕入居室。』

又 卷五四《蘇建傳》 武來歸明年，上官桀子安與桑弘羊及燕王、蓋主謀反。武子男元與安有謀，坐死。

初桀、安與大將軍霍光爭權，數疏光過失予燕王，令上書告之。又言蘇武使匈奴二十年不降，還乃爲典屬國，大將軍長史無功勞，爲搜粟都尉，光顓權自恣。及燕王等反誅，窮治黨與，武素與桀、弘羊有舊，數爲燕王所訟，子又在謀中，廷尉奏請逮捕武。霍光寢其奏，免武官。

又 卷六〇《杜周傳》 延年字幼公，亦明法律。昭帝初立，大將軍霍光秉政，以延年三公子，吏材有餘，補軍司空。始元四年，益州蠻夷反，延年以校尉將南陽士擊益州，還，爲諫大夫。左將軍上官桀父子與蓋主、燕王謀爲逆亂，假稻田使者燕倉知其謀，以告大司農楊敞。敞惶懼，移病，以語延年。延年以聞，桀等伏辜。延年封爲建平侯。

又 卷六六《楊敞傳》 楊敞，華陰人也。給事大將軍莫府，爲軍

司馬，霍光愛厚之，稍遷至大司農。元鳳中，稻田使者燕蒼知上官桀等反謀，以告敞。敞素謹畏事，不敢言，乃移病臥。以告諫大夫杜延年，延年以聞。蒼、延年皆封，敞以九卿不輒言，故不得侯。後遷御史大夫，代王訢爲丞相，封安平侯。

又　卷六八《霍光傳》（漢武帝）征和二年，衛太子爲江充所敗，而燕王旦、廣陵王胥皆多過失。是時上年老，寵姬鉤弋趙倢伃有男，上心欲以爲嗣，命大臣輔之。察羣臣唯光任大重，可屬社稷。上乃使黄門畫者畫周公負成王朝諸侯以賜光。後元二年春，上游五柞宫，病篤，光涕泣問曰：『如有不諱，誰當嗣者？』上曰：『君未諭前畫意邪？立少子，君行周公之事。』光頓首讓曰：『臣不如金日磾。』日磾亦曰：『臣外國人，不如光。』上以光爲大司馬大將軍，日磾爲車騎將軍，及太僕上官桀爲左將軍，搜粟都尉桑弘羊爲御史大夫，皆拜臥内牀下，受遺詔輔少主。明日，武帝崩，太子襲尊號，是爲孝昭皇帝。帝年八歲，政事壹決於光。

【略】

光與左將軍桀結婚相親，光長女爲桀子安妻。有女年與帝相配，桀因帝姊鄂邑蓋主内安女後宫爲倢伃，數月立爲皇后。父安爲票騎將軍，封桑樂侯。光時休沐出，桀輒入代光決事。桀父子既尊盛，而德長公主。公主内行不修，近幸河間丁外人。桀、安欲爲外人求封，幸依國家故事以列侯尚公主者，光不許。又爲外人求光禄大夫，欲令得召見，又不許。長主大以是怨光。而桀、安數爲外人求官爵弗能得，亦慚。自先帝時，桀已爲九卿，位在光右。及父子並爲將軍，有椒房中宫之重，皇后親安女，光乃其外祖，而顧專制朝事，繇是與光爭權。

燕王旦自以昭帝兄，常懷怨望。及御史大夫桑弘羊建造酒榷鹽鐵，爲國興利，伐其功，欲爲子弟得官，亦怨恨光。於是蓋主、上官桀、安及弘羊皆與燕王旦通謀，詐令人爲燕王上書，言『光出都肄郎羽林，道上稱趯，太官先置。又引蘇武前使匈奴，拘留二十年不降，還乃爲典屬國，而大將軍長史敞亡功爲搜粟都尉。又擅調益莫府校尉。光專權自恣，疑有非常。臣旦願歸符璽，入宿衛，察姦臣變。』候司光出沐日奏之。桀欲從中下其事，桑弘羊當與諸大臣共執退光。書奏，帝不肯下。

明旦，光聞之，止畫室中不入。上問『大將軍安在？』左將軍桀對曰：『以燕王告其罪，故不敢入。』有詔召大將軍。光入，免冠頓首謝，上曰：『將軍冠。朕知是書詐也，將軍亡罪。』光曰：『陛下何以知之？』上曰：『將軍之廣明，都郎屬耳。調校尉以來未能十日，燕王何以得知之？且將軍爲非，不須校尉。』是時帝年十四，尚書左右皆驚，而上書者果亡，捕之甚急。桀等懼，白上小事不足遂，上不聽。

後桀黨與有譖光者，上輒怒曰：『大將軍忠臣，先帝所屬以輔朕身，敢有毁者坐之。』自是桀等不敢復言，乃謀令長公主置酒請光，伏兵格殺之，因廢帝，迎立燕王爲天子。事發覺，光盡誅桀、安、弘羊、外人宗族。燕王、蓋主皆自殺。光威震海内。昭帝既冠，遂委任光，訖十三年，百姓充實，四夷賓服。

又　卷八九《循吏傳》　自武帝末，用法深。昭帝立，幼，大將軍霍光秉政，大臣爭權，上官桀等與燕王謀作亂，光既誅之，遂遵武帝法度，以刑罰痛繩羣下，繇是俗吏上嚴酷以爲能，而霸獨用寬和爲名。

又　卷九七《外戚傳》　安以后父封桑樂侯，食邑千五百户，遷車騎將軍，日以驕淫。受賜殿中，出對賓客言：『與我婿飲，大樂！』見其服飾，使人歸，欲自燒物。安醉則裸行内，與後母及父諸良人、侍御皆亂。子病死，仰而罵天。數守大將軍光，爲丁外人求侯，及桀欲妄官禄外人，光執正，皆不聽。又桀妻父所幸充國爲太醫監，闌入殿中，下獄當死。冬月且盡，蓋主爲充國入馬二十匹贖罪，乃得減死論。於是桀、安父子深怨光而重德蓋主。知燕王旦帝兄，不得立，亦怨望，桀、安即記光過失予燕王，令上書告之，又爲丁外人求侯。燕王大喜，上書稱：『子路喪姊，朞而不除，孔子非之。子路曰：「由不幸寡兄弟，不忍除之。」故曰「觀過知仁」。今臣與陛下獨有長公主爲姊，陛下幸使丁外人侍之，外人宜蒙爵號。』書奏，上以問光，光執不許。及告光罪過，上又疑之，愈親光而疏桀、安。桀、安寖恚，遂結黨與謀殺光，誘徵燕王至而誅之，因廢帝而立桀。或曰：『當如皇后何？』安曰：『逐麋之狗，當顧菟邪！且用皇后爲尊，一旦人主意有所移，雖欲爲家人亦不可得，此百世之一時也。』事發覺，燕王、蓋主皆自殺。

漢·王充《論衡》卷一三《别通篇》　顔淵曰：『博我以文。』才智高者，能爲博矣。顔淵之曰博者，豈徒一經哉？我不能博《五經》，又

不能博衆事，守信一學，不好廣觀，無温故知新之明，而有守愚不覽之闇，其謂一經是者，其宜也。開户内日之光，日光不能照幽；鑿牕啓牖，以助户明也。夫一經之説，猶日明也；助以傳書，猶牕牖也。百家之言，令人曉明，非徒牕牖之開，日光之照也。是故日光照室内，道術明胸中。開户内光，坐高堂之上，眇升樓臺，窺四鄰之廷，人之所願也。閉户幽坐，向冥冥之内；穿壙穴卧，造黄泉之際，人之所惡也。夫閉户塞意，不高瞻覽者，死人之徒也哉！

孝武皇帝時，燕王旦在明光宫，欲入所卧，户三百盡閉，使侍者二十人開户，户不開。其後旦坐謀反自殺。夫户閉，燕王旦死之狀也。死者，凶事也，故以閉塞爲占。齊慶封不通，六國大夫會而賦詩，慶封不曉，其後果有楚靈之禍也。夫不開通於學者，尸尚能行者也。亡國之社，屋其上柴其下者，示絶於天地。《春秋》薄社，周以爲戒；夫經藝傳書，人當覽之，猶社當通氣於天地也。故人之不通覽者，薄社之類也。是故氣不通者，强壯之人死，榮華之物枯。

唐·吴兢《貞觀政要》卷四《教戒太子諸王》 貞觀十一年，太宗謂吴王恪曰：「父之愛子，人之常情，非待教訓而知也。子能忠孝則善矣！若不遵誨誘，忘棄禮法，必自致刑戮，父雖愛之，將如之何？昔漢武帝既崩，昭帝嗣立，燕王旦素驕縱，譸張不服，霍光遣一折簡誅之，則身死國除。夫爲臣子不得不慎。」

清·嚴可均《全漢文》卷五《賜燕王旦璽書》 昔高皇帝王天下，建立子弟，以藩屏社稷。先日諸吕陰謀大逆，劉氏不絶若髮，賴絳侯等誅討賊亂，尊立孝文，以安宗廟。非以中外有人表裏相應故邪？樊、酈、曹、灌，攜劍推鋒，從高皇帝墾菑除害，耘鋤海内。當此之時，頭如蓬葆，勤苦至矣，然其賞不過封侯。今宗室子孫，曾無暴衣露冠之勞，裂地而王之，分財而賜之，父死子繼，兄終弟及。今王骨肉至親，敵吾一體，乃與他姓異族，謀害社稷，親其所疏，疏其所親，有逆悖之心，無忠愛之義。如使古人有知，當何面目復奉齊酎見高祖之廟乎？

又 卷一二《上疏請入宿衛》 昔秦據南面之位，制一世之命，威服四夷，輕弱骨肉，顯重異族，廢道任刑，無恩宗室。其後尉佗入南夷，陳涉呼楚澤，近狎作亂，内外俱發，趙氏無炊火焉。高皇帝覽蹤迹，觀得失，見秦建本非是，故改其路，規土連城，布王子孫，是以支葉扶疏，異姓不得間也。今陛下承明繼成，委任公卿，羣臣連與成朋，非毁宗室，膚受之訴，日騁于廷。惡吏廢法立威，主恩不及下究。臣聞武帝使中郎將蘇武使匈奴，見留二十年不降，還亶爲典屬國。今大將軍長史敞無勞，爲搜粟都尉。又將軍都郎羽林，道上移蹕，太官先置。臣旦願歸符璽，入宿衛，察奸臣之變。

楚王英之獄

綜　述

《後漢書》卷二《孝明帝紀》 （永平十三年）十一月，楚王英謀反，廢，國除，遷於涇縣，所連及死徙者數千人。

十四年春三月甲戌，司徒虞延免，自殺。夏四月丁巳，鉅鹿太守南陽邢穆爲司徒。

前楚王英自殺。

又 卷二一《劉植傳》 建武二年，更封植爲昌城侯。討密縣賊，戰殁。子向嗣。帝使喜代將植營，復爲驍騎將軍，封觀津侯。喜卒，復以歆爲驍騎將軍，封浮陽侯。喜、歆從征伐，皆傳國于後。向徙封東武陽侯，卒，子述嗣，永平十五年，坐與楚王英謀反，國除。

又 卷二二《王梁傳》 子禹嗣。禹卒，子堅石嗣。堅石追坐父禹及弟平與楚王英謀反，弃市，國除。

又 《馬武傳》 子檀嗣，坐兄伯濟與楚王英黨顔忠謀反，國除。

又 卷三三《虞延傳》 （永平）三年，徵代趙憙爲太尉；八年，代范遷爲司徒。歷位二府，十餘年無異政績。會楚王英謀反，陰氏欲中傷之，使人私以楚謀告延，延以英藩戚至親，不然其言，又欲辟幽州從事公孫弘，以弘交通楚王而止，並不奏聞。及英事發覺，詔書切讓，延遂自殺。家至清貧，子孫不免寒餒。

又 《鄭弘傳》 弘師同郡河東太守焦貺。楚王英謀反發覺，以疏

引見，見被收捕，疾病於道亡没，妻子閉繫詔獄，掠考連年。諸生故人懼相連及，皆改變名姓，以逃其禍，弘獨髡頭負鈇鑕，詣闕上章，爲見訟罪。顯宗覺悟，卽赦其家屬，弘躬送見喪及妻子還鄉里，由是顯名。

又　卷四二《楚王英傳》　以建武十五年封爲楚公，十七年進爵爲王，二十八年就國。母許氏無寵，故英國最貧小。三十年，以臨淮之取慮、須昌二縣益楚國。自顯宗爲太子時，英常獨歸附太子，太子特親愛之。及卽位，數受賞賜。永平元年，特封英舅子許昌爲龍舒侯。

英少時好游俠，交通賓客，晚節更喜黄老，學爲浮屠齋戒祭祀。八年，詔令天下死罪入縑贖。英遣郎中令奉黄縑白紈三十匹詣國相曰：『託在蕃輔，過惡累積，歡喜大恩，奉送縑帛，以贖愆罪。』國相以聞，詔報曰：『楚王誦黄老之微言，尚浮屠之仁祠，絜齋三月，與神爲誓，何嫌何疑，當有悔吝？其還贖，以助伊蒲塞桑門之盛饌。』因以班示諸國中傅。英後遂大交通方士，作金龜玉鶴，刻文字以爲符瑞。

十三年，男子燕廣告英與漁陽王平、顔忠等造作圖書，有逆謀，事下案驗。有司奏英招聚姦猾，造作圖讖，擅相官秩，置諸侯王公將軍二千石，大逆不道，請誅之。帝以親親不忍，乃廢英，徙丹陽涇縣，賜湯沐邑五百户。遣大鴻臚持節護送，使伎人奴婢（妓士）［工技］鼓吹悉從，得乘輜軿，持兵弩，行道射獵，極意自娱。男女爲侯主者，食邑如故。楚太后勿上璽綬，留住楚宫。

明年，英至丹陽，自殺。立三十三年，國除。詔遣光禄大夫持節弔祠，贈賵如法，加賜列侯印綬，以諸侯禮葬於涇。遣中黄門占護其妻子。悉出楚官屬無辭語者。制詔許太后曰：『國家始聞楚事，幸其不然。既知審實，懷用悼灼，庶欲宥全王身，令保卒天年，而王不念顧太后，竟不自免。此天命也，無可奈何！太后其保養幼弱，勉强飲食。諸許願王富貴，人情也。已詔有司，出其有謀者，令安田宅。』於是封燕廣爲折姦侯。楚獄遂至累年，其辭語相連，自京師親戚諸侯州郡豪桀及考案吏，阿附相陷，坐死徙者以千數。

十五年，帝幸彭城，見許太后及英妻子於内殿，悲泣，感動左右。建初二年，肅宗封英子［种］楚侯（种），五弟皆爲列侯，並不得置相臣吏人。元和三年，許太后薨，復遣光禄大夫持節弔祠，因留護喪事，賻錢五百萬。又遣謁者備王官屬迎英喪，改葬彭城，加王赤綬羽蓋華藻，如嗣王儀，追爵，謚曰楚厲侯。章和元年，帝幸彭城，見英夫人及六子，厚加贈賜。

种後徙封六侯。卒，子度嗣。度卒，子拘嗣，傳國于後。

又　卷四五《袁安傳》　永平十三年，楚王英謀爲逆，事下郡覆考。明年，三府舉安能理劇，拜楚郡太守。是時英辭所連及繫者數千人，顯宗怒甚，吏案之急，迫痛自誣，死者甚衆。安到郡，不入府，先往案獄，理其無明驗者，條上出之。府丞掾史皆叩頭爭，以爲阿附反虜，法與同罪，不可。安曰：『如有不合，太守自當坐之，不以相及也。』遂分别具奏。帝感悟，卽報許，得出者四百餘家。歲餘，徵爲河南尹。政號嚴明，然未曾以臧罪鞠人。常稱曰：『凡學仕者，高則望宰相，下則希牧守。錮人於聖世，尹所不忍爲也。』聞之者皆感激自勵。在職十年，京師肅然，名重朝廷。建初八年，遷太僕。

又　卷八一《陸續傳》　是時，楚王英謀反，陰疏天下善士。及楚事覺，顯宗得其録，有尹興名，乃徵興詣廷尉獄。續與主簿梁宏、功曹史駟勳及掾史五百餘人詣洛陽詔獄就考，諸吏不堪痛楚，死者大半，唯續、宏、勳掠考五毒，肌肉消爛，終無異辭。續母遠至京師，覘候消息，獄事特急，無緣與續相聞，母但作饋食，付門卒以進之，續雖見考苦毒，而辭色慷慨，未嘗易容，唯對食悲泣，不能自勝。使者怪而問其故。續曰：『母來，不得相見，故泣耳。』使者大怒，以爲門卒通傳意氣，召將案之。續曰：『因食餉羹，識母所自調和，故知來耳。非人告也。』使者問：『何以知母所作乎？』續曰：『母嘗截肉未嘗不方，斷葱以寸爲度，是以知之。』使者問諸謁舍，續母果來，於是陰嘉之，上書説續行狀。帝卽赦興等事，還鄉里，禁錮終身。續以老病卒。

宋・司馬光《資治通鑑》卷四五《漢紀・明帝永平八年》　冬，十月，北宫成。

丙子，募死罪繫囚詣度遼營，有罪亡命者，令贖罪各有差。楚王英奉黄縑、白紈詣國相曰：『託在藩輔，過惡累積，歡喜大恩，奉送縑帛，以贖愆罪。』國相以聞，詔報曰：『楚王誦黄、老之微言，尚浮屠之仁祠，潔齋三月，與神爲誓，何嫌何疑，當有悔吝！其還贖，以助伊蒲塞、

桑門之盛饌。』

初，帝聞西域有神，其名曰佛，因遣使之天竺求其道，得其書及沙門以來。其書大抵以虛無爲宗，貴慈悲不殺；以爲人死，精神不滅，隨復受形；生時所行善惡，皆有報應，故所貴修煉精神，以至爲佛。善爲宏闊勝大之言，以勸誘愚俗。精於其道者，號曰沙門。於是中國始傳其術，圖其形像，而王公貴人，獨楚王英最先好之。【略】

（十三年）楚王英與方士作金龜、玉鶴，刻文字爲符瑞。男子燕廣告英與漁陽王平、顔忠等造作圖書，有逆謀；事下案驗。有司奏『英大逆不道，請誅之。』帝以親親不忍。十一月，廢英，徙丹陽涇縣，賜湯沐邑五百户；男女爲侯、主者，食邑如故；許太后勿上璽綬，留住楚宫。先是有私以英謀告司徒虞延者，延以英藩戚至親，不然其言。及英事覺，詔書切讓延。

（十四年）楚王英至丹陽，自殺。詔以諸侯禮葬於涇。封燕廣爲折姦侯。是時，窮治楚獄，遂至累年。其辭語相連，自京師親戚、諸侯、州郡豪桀及考按吏，阿附坐死、徙者以千數，而繫獄者尚數千人。

初，樊儵弟鮪，爲其子賞求楚王英女，儵聞而止之曰：『建武中，吾家並受榮寵，一宗五侯。時特進一言，女可以配王，男可以尚主；但以貴寵過盛，卽爲禍患，故不爲也。且爾一子，奈何棄之於楚乎！』鮪不從。及楚事覺，儵已卒，上追念儵謹恪，故其諸子皆得不坐。

英陰疏天下名士，上得其録，有吳郡太守尹興名，乃徵興及掾史五百餘人詣廷尉就考。諸吏不勝掠治，死者大半；惟門卜掾陸續、主簿梁宏、功曹史駟勳，備受五毒，肌肉消爛，終無異辭。續母自吳來雒陽，作食以饋續。續雖見考，辭色未嘗變，而對食悲泣不自勝。治獄使者問其故，續曰：『母來不得見，故悲耳。』問：『何以知之？』續曰：『母截肉未嘗不方，斷葱以寸爲度，故知之。』使者以狀聞，上乃赦興等，禁錮終身。

顔忠、王平辭引隧鄉侯耿建、朗陵侯臧信、濩澤侯鄧鯉、曲成侯劉建。建等辭未嘗與忠、平相見。是時，上怒甚，吏皆惶恐，諸所連及，率一切陷入，無敢以情恕者。侍御史寒朗心傷其冤，試以建等物色，獨問忠、平，而二人錯愕不能對。朗知其詐，乃上言：『建等無姦，專爲忠、平所誣；疑天下無辜，類多如此。』帝曰：『卽如是，忠、平何故引之？』對曰：『忠、平自知所犯不道，故多有虛引，冀以自明。』帝曰：『卽如是，何不早奏？』對曰：『臣恐海內別有發其姦者。』帝怒曰：『吏持兩端！』促提下捶之。左右方引去，朗曰：『願一言而死。』帝曰：『誰與共爲章？』對曰：『臣獨作之。』上曰：『何以不與三府議？』對曰：『臣自知當必族滅，不敢多汙染人。』上曰：『何故族滅？』對曰：『臣考事一年，不能窮盡姦狀，反爲罪人訟冤，故知當族滅。然臣所以言者，誠冀陛下一覺悟而已。臣見考囚在事者，咸共言妖惡大故，臣子所宜同疾，今出之不如入之，可無後責。是以考一連十，考十連百。又公卿朝會，陛下問以得失，皆長跪言「舊制，大罪禍及九族；陛下大恩，裁止於身，天下幸甚！」及其歸舍，口雖不言而仰屋竊歎，莫不知其多冤，無敢牾陛下言者。臣今所陳，誠死無悔！』帝意解，詔遣朗出。後二日，車駕自幸洛陽獄録囚徒，理出千餘人。時天旱，卽大雨。馬后亦以楚獄多濫，乘間爲帝言之，帝惻然感悟，夜起彷徨，由是多所降宥。

任城令汝南袁安遷楚郡太守，到郡不入府，先往按楚王英獄事，理其無明驗者，條上出之。府丞、掾史皆叩頭爭，以爲『阿附反虜，法與同罪，不可。』安曰：『如有不合，太守自當坐之，不以相及也。』遂分別具奏。帝感悟，卽報許，得出者四百餘家。【略】

（十六年）淮陽王延，性驕奢，而遇下嚴烈。有上書告『延與姬兄謝弇及姊壻韓光招姦猾，作圖讖，祠祭祝詛。』事下按驗。五月，癸丑，弇、光及司徒邢穆皆坐死，所連及死徙者甚衆。【略】六月【略】有司奏請誅淮陽王延；上以延罪薄於楚王英，秋，七月，徙延爲阜陵王，食二縣。

又 卷四六《漢紀·章帝建初元年》 春，正月，詔兗、豫、徐三州稟贍飢民。上問司徒鮑昱：『何以消復旱灾？』對曰：『陛下始踐天位，雖有失得，未能致異。臣前爲汝南太守，典治楚事，繫者千餘人，恐未能盡當其罪。夫大獄一起，冤者過半。又，諸徙者骨肉離分，孤魂不祀。宜一切還諸徙家，蠲除禁錮，使死生獲所，則和氣可致。』帝納其言。【略】

（元和元年）秋，七月，丁未，詔曰：『律云：「掠者唯得榜、笞、立」；又《令丙》，箠長短有數。自往者大獄以來，掠考多酷，鉆鑽之

屬，慘苦無極。念其痛毒，怵然動心！宜及秋冬治獄，明爲其禁。』

論說

清·王夫之《讀通鑑論》卷七《明帝五》　楚王英始事浮屠，而以反自殺；笮融課民盛飾以事浮屠，而以劫掠死於鋒刃；梁武帝捨身事浮屠，而以挑禍樂殺亡其國；邪説暗移人心，召禍至烈如此哉！

浮屠之教，以慈愍爲用，以寂靜爲體，以貪、嗔、癡爲大戒。而英、融、梁武好動嗜殺，含怒不息，迷乎成敗以召禍，若與其教相反，而禍發不爽，何也？夫人之心，不移於迹，而移於其情量之本也。情量一移，反而激之，制於此者，大潰於彼，潰而不可復收矣。浮屠之説，窮大失居，謂可旋天轉地而在其意量之中，則惟意所規，無不可以得志，習其術者，侈其心而無名義之可守。且其爲教也，名爲慈而實忍也；髮膚可忍也，妻子可忍也，君父可忍也，情所不容已而急絶之，則憤然一決而無所恤矣。

又其爲説也，禁人之欲而無所擇；於是謂一飲、一食、一衣、一宿，但耽著而無非貪染也。至於窮極無厭，毒流天下，而其爲貪染，亦與寸絲粒米之貪同其罪報而無差别。則既不能不衣食以爲物累，又何憚於窮極之貪饕而不可爲乎？迫持之，則舉手揚目而皆桎梏；寬假之，則成毁一同，而理事皆可無礙，心亡罪滅而大惡冰釋，暴逆凶悖無非夢幻泡影，一悟而悉歸於空。故學其學者，未有不駤戾以快於一逞者也。

桎梏一脱，任翱翔於劍鋒虎吻以自如一眞法界，放屠刀、出淫坊，而卽獲法身。操之極而繼以縱，必然之勢也。英何憚而不反，融何恤而不掠，衍何忌而不納叛怒鄰以驅民於鋒刃哉？趙閲道、張子韶、陸子靜之不終於惡，幸也；王欽若、張商英、黄潛善，則已禍人家國矣。

又《明帝八》　廣陵王荆、楚王英、淮陽王延，以逆謀或誅或削。夫三王者誠狂悖矣；乃觀北海王睦遣中大夫入覲，大夫欲稱其賢，而歎曰：『子危我哉！大夫其對以孤聲色狗馬是娱是好，乃爲相愛。』則明帝之疑忌殘忍，夫亦有以致之也。

且三王者，未有如濞、興居之弄兵狂逞也，綏之無德，教之無道，愚昧無以自安，而姦人乘之以告訐，則亦惡知當日之獄辭，非附會而增益之哉？楚獄興而虞延以死，延以舜之待象者望帝，意至深厚也，而不保其生。寒朗曰：『公卿口雖不言，而仰屋竊歎。』則臣民之爲寒心者多矣。作圖讖，事淫祀，豈不可教，而必極無將之辟以加之，則諸王之寢棘履冰如睦所云者，善不敢爲，而天性之恩幾於絶矣。

西京之亡，非諸劉亡之也；漢之復興，諸劉興之也。乃獨於兄弟之間，致其猜毒而不相舍，聞睦之言，亦可爲之流涕矣。身没而外戚復張，有以也夫！

雜録

晋·司馬彪《續漢書·天文志中》　（孝明永平）九年正月戊申，客星出牽牛，長八尺，歷建星至房南，滅見至五十日。牽牛主吳、越，房、心爲宋。後廣陵王荆與沈涼，楚王英與顔忠各謀逆，事覺，皆自殺。廣陵屬吳，彭城古宋地。【略】

十三年閏月丁亥，火犯輿鬼，爲大喪，質星爲大臣誅戮。其十二月，楚王英與顔忠等造作妖［書］謀反，事覺，英自殺，忠等皆伏誅。【略】

十四年正月戊子，客星出昴，六十日，在軒轅右角稍滅。昴主邊兵。後一年，漢遣奉車都尉顯親侯竇固、駙馬都尉耿秉、騎都尉耿忠、開陽城門候秦彭、太僕祭肜，將兵擊匈奴。一曰，軒轅右角爲貴相，昴爲獄事，客星守之爲大獄。是時考楚事未訖，司徒虞延與楚王英黨與黄初、公孫弘等交通，皆自殺，或下獄伏誅。

宋·李昉等《太平御覽》卷二〇一《封建部四·誅貶》　《東觀漢記》曰：光武子楚王英謀反自殺。廣陵王荆誼自殺。

元·馬端臨《文獻通考》卷一六九《刑考八·詳讞平反》　明帝永平十四年，楚王英以謀逆廢徙自殺。時窮治楚獄，遂至累年。其辭語相連，自京師親戚、諸侯、州郡豪傑及考案吏，阿附坐死、徙者以千數，而繫獄者尚數千人。顔忠、王平辭引隧鄉侯耿建、朗陵侯臧信、濩澤侯鄧鯉、曲成侯劉建。建等辭未嘗與忠、平相見。是時上怒甚，吏皆惶恐，諸所連及，率一切陷入，無敢以情恕者。侍御史寒朗心傷其冤，試以建等物

色獨問忠、平，而二人錯愕不能對。朗知其詐，乃上言：『建等無姦，專爲忠、平所誣，疑天下無辜，類多如此。』帝曰：『即如是，忠、平何故引之？』對曰：『忠、平自知所犯不道，故多有虛引，冀以自明。』帝曰：『即如是，何不早奏？』對曰：『臣恐海內別有發其姦者。』帝怒曰：『吏持兩端，促提下捶之！』左右方引去，朗曰：『願一言而死。』帝曰：『誰與共爲章？』對曰：『臣獨作之。』上曰：『何以不與三府議？』對曰：『臣自知當必族滅，不敢多汙染人。』上曰：『何故族滅？』對曰：『臣考事一年，不能窮盡姦狀，反爲罪人訟冤，故知當族滅。然臣所以言者，誠冀陛下一覺悟而已。臣見考囚在事者，咸共言妖惡大故，臣子所宜同疾，今出之不如入之，可無後責。是以考一連十，考十連百。又公卿朝會，陛下問以得失，皆長跪言：「舊制，大罪禍及九族；陛下大恩，裁止於身，天下幸甚！」及其歸舍，口雖不言而仰屋竊歎，莫不知其多冤，無敢爲陛下言者。臣今所陳，誠死無悔。』帝意解，詔遣朗出。後二日，車駕自幸洛陽獄録囚徒，理出千餘人。時天旱，即大雨。馬后亦以楚獄多濫，乘間爲帝言之，帝惻然感悟，夜起彷徨，由是多所降宥。任城令汝南袁安遷楚郡太守，到郡不入府，先往案楚王英獄事，理其無明驗者，條上出之。府丞、掾史皆叩頭爭，以爲『阿附反虜，法與同罪，不可』。安曰：『如有不合，太守自當坐之，不以相及也。』遂分別具奏，帝感悟，即報許，得出者四百餘家。

又 卷二九四《象緯考·克星》 孝明永平四年八月辛酉，客星出梗河，西北指貫索，七十日去。梗河爲胡兵。至五年，北匈奴七千騎入五原、雲中。貫索，貴人之牢。其十二月，陵鄉侯梁松坐怨望誹謗下獄死。七年三月庚戌，客星光氣二尺所，在太微左執法南端門外，凡見七十五日。八年十二月戊子，客星出東方。九年正月戊申，客星出牽牛，長八尺，歷建星至房南，滅見至五十日。牽牛主吳、越，房、心爲宋。後廣陵王荊、楚王英謀逆，事覺，自殺。廣陵屬吳，彭城古宋地。十三年十一月，客星出軒轅四十八日。十四年五月戊子，客星出昴六十日，在軒轅右角稍滅。昴主邊兵。後一年，漢遣竇固、耿秉等將兵擊匈奴。一曰，軒轅右角爲貴相，昴爲獄事。時考楚事未竟，司徒虞延坐與楚王英交通，自殺。

梁氏之變

綜述

《後漢書》卷三三《虞延傳》 延從曾孫放，字子仲。少爲太尉楊震門徒，及震被讒自殺，順帝初，放詣闕追訟震罪，由是知名。桓帝時爲尚書，以議誅大將軍梁冀功封都亭侯，後爲司空，坐水灾免。性疾惡宦官，遂爲所陷，靈帝初，與長樂少府李膺等俱以黨事誅。

又 卷三六《張霸傳》 陵字處沖，官至尚書。元嘉中，歲首朝賀，大將軍梁冀帶劍入省，陵呵叱令出，敕羽林、虎賁奪冀劍。冀跪謝，陵不應，即劾奏冀，請廷尉論罪，有詔以一歲俸贖，而百僚肅然。

初，冀弟不疑爲河南尹，舉陵孝廉。不疑疾陵之奏冀，因謂曰：『昔舉君，適所以自罰也。』陵對曰：『明府不以陵不肖，誤見擢序，今申公憲，以報私恩。』不疑有愧色。陵弟玄。

又 卷四三《朱暉傳》 初舉孝廉。順帝末，江淮盜賊羣起，州郡不能禁。或説大將軍梁冀曰：『朱公叔兼資文武，海內奇士，若以爲謀主，賊不足平也。』冀亦素聞穆名，乃辟之，使典兵事，甚見親任。及桓帝即位，順烈太后臨朝，穆以冀執地親重，望有以扶持王室，因推灾異，奏記以勸戒冀曰：『穆伏念明年丁亥之歲，刑德合於乾位，《易》經龍戰之會。其文曰：「龍戰于野，其道窮也。」謂陽道將勝而陰道負也。今年九月天氣鬱冒，五位四侯連失正氣，此互相明也。夫善道屬陽，惡道屬陰，若修正守陽，摧折惡類，則福從之矣。穆每事不逮，所好唯學，傳受於師，時有可試。願將軍少察愚言，申納諸儒，而親其忠正，絕其姑息，專心公朝，割除私欲，廣求賢能，斥遠佞惡。夫人君不可不學，當以天地順道漸漬其心。宜爲皇帝選置師傅及侍講者，得小心忠篤敦禮之士，將軍與之俱入，參勸講授，師賢法古，此猶倚南山坐平原也，誰能傾之！今年夏，月暈房星，明年當有小戹。宜急誅姦臣爲天下所怨毒者，以塞灾咎，議郎、大夫之位，本以式序儒術高行之士，今多非其人，九卿之中，

亦有乖其任者。惟將軍察焉。【略】

梁冀驕暴不悛，朝野嗟毒，穆以故吏，懼其釁積招禍，復奏記諫曰：

古之明君，必有輔德之臣，規諫之官，下至器物，銘書成敗，以防遺失。故君有正道，臣有正路，從之如升堂，違之如赴壑。今明將軍地有申伯之尊，位爲羣公之首，一日行善，天下歸仁，終朝爲惡，四海傾覆。頃者，官人俱匱，加以水蟲爲害。京師諸官費用增多，詔書發調或至十倍。各言官無見財，皆當出民，搒掠割剝，彊令充足。公賦既重，私斂又深。牧守長吏，多非德選，貪聚無厭，遇人如虜，或絶命於箠楚之下，或自賊於迫切之求。又掠奪百姓，皆託之尊府。遂令將軍結怨天下，吏人酸毒，道路歎嗟。昔秦政煩苛，百姓土崩，陳勝奮臂一呼，天下鼎沸，而面諛之臣，猶言安耳。諱惡不悛，卒至亡滅。昔永和之末，綱紀少弛，頗失人望。四五歲耳，而財空户散，下有離心。馬免之徒乘敝而起，荆揚之間幾成大患。幸賴順烈皇后初政清靜，内外同力，僅乃討定。今百姓戚戚，困於永和，内非仁愛之心可得容忍，外非守國之計所宜久安也。夫將相大臣，均體元首，共輿而馳，同舟而濟，輿傾舟覆，患實共之。豈可以去明即昧，履危自安，主孤時困，而莫之卹乎！宜時易宰守非其人者，減省第宅園池之費，拒絶郡國諸所奉送。内以自明，外解人惑，使挾姦之吏無所依託，司察之臣得盡耳目。憲度既張，遠邇清壹，則將軍身尊事顯，德燿無窮。天道明察，無言不信，惟垂省覽。冀不納，而縱放日滋，遂復賂遺左右，交通宦者，任其子弟、賓客以爲州郡要職。穆又奏記極諫，冀終不悟。報書云：『如此，僕亦無一可邪？』穆言雖切，然亦不甚罪也。

又　卷四八《霍諝傳》　仕郡，舉孝廉，稍遷金城太守。性明達篤厚，能以恩信化誘殊俗，甚爲羌胡所敬服。遭母憂，自上歸行喪。服闋，公車徵，再遷北海相，入爲尚書僕射。是時大將軍梁冀貴戚秉權，自公卿以下莫敢違啎。諝與尚書令尹勳數奏其事，又因陛見陳聞罪失。及冀誅後，桓帝嘉其忠節，封鄴都亭侯。前後固讓，不許。出爲河南尹，遷司隸校尉，轉少府、廷尉，卒官。

又　卷五四《楊震傳》　帝不納。秉以病乞退，出爲右扶風。太尉黄瓊惜其去朝廷，上秉勸講帷幄，不宜外遷，留拜光禄大夫。是時，大將軍梁冀用權，秉稱病。六年，冀誅後，乃拜太僕，遷太常。

又　卷五五《清河孝王慶傳》　（延平）立三十五年薨，子蒜嗣。沖帝崩，徵蒜詣京師，將議爲嗣。會大將軍梁冀與梁太后立質帝，罷歸國。

蒜爲人嚴重，動止有度，朝臣太尉李固等莫不歸心焉。初，中常侍曹騰謁蒜，蒜不爲禮，宦者由此惡之。及帝崩，公卿皆正議立蒜，而曹騰説梁冀不聽，遂立桓帝。語在《李固傳》。蒜由此得罪。

建和元年，甘陵人劉文與南郡妖賊劉鮪交通，訛言清河王當統天下，欲共立蒜。事發覺，文等遂劫清河相謝暠，將至王宫司馬門，曰：『當立王爲天子，暠爲公。』暠不聽，罵之，文因刺殺暠。於是捕文、鮪誅之。有司因劾奏蒜，坐貶爵爲尉氏侯，徙桂陽，自殺。立三年，國絶。

梁冀惡清河名，明年，乃改爲甘陵。梁太后立安平孝王子經侯理爲甘陵王，奉孝德皇祀，是爲威王。

宋·袁樞《通鑑紀事本末》卷七《梁氏之變》　漢章帝建初七年。初，明德太后爲帝納扶風宋楊二女爲貴人，大貴人生太子慶。梁松弟竦有二女，亦爲貴人，小貴人生皇子肇。竇皇后無子，養肇爲子。宋貴人有寵於馬太后，太后崩，竇皇后寵盛，與母沘陽公主謀陷宋氏，外令兄弟求其纖過，内使御者偵伺得失。宋貴人病，思生兔，令家求之，因誣言欲爲厭勝之術，由是太子出居承禄觀。夏六月甲寅，詔曰：『皇太子有失惑無常之性，不可以奉宗廟。大義滅親，況降退乎！今廢慶爲清河王。皇子肇，保育皇后，承訓懷衽。今以肇爲皇太子。』遂出宋貴人姊妹置丙舍，使小黄門蔡倫案之。二貴人皆飲藥自殺，父議郎楊免歸本郡。慶時雖幼，亦知避嫌畏禍，言不敢及宋氏。帝更憐之，敕皇后令衣服與太子齊等。太子亦親愛慶，入則共室，出則同輿。

八年。太子肇之立也，梁氏私相慶，諸竇聞而惡之。皇后欲專名外家，忌梁貴人姊妹，數譖之於帝，漸致疏嫌。是歲，竇氏作飛書，陷梁竦以惡逆，竦遂死獄中，家屬徙九眞。貴人姊妹以憂死。辭語連及梁松妻舞陰公主，坐徙新城。

和帝永元九年閏八月辛巳，皇太后竇氏崩。初，梁貴人既死，宫省事秘，莫有知帝爲梁氏出者。舞陰公主子梁扈遣從兄檀奏記三府，以爲『漢家舊典，崇貴母氏，而梁貴人親育聖躬，不蒙尊號，求得申議』。太尉張

酺言狀，帝感慟良久，曰：『於君意若何？』酺請追上尊號，存録諸舅，帝從之。會貴人姊南陽樊調妻嫕上書自訟曰：『妾父竦冤死牢獄，骸骨不掩。母氏年踰七十，及弟棠等遠在絕域，不知死生。願乞收竦朽骨，使母弟得歸本郡。』帝引見嫕，乃知貴人枉歿之狀。三公上奏：『請依光武黜呂太后故事，貶竇太后尊號，不宜合葬先帝。』百官亦多上言者。帝手詔曰：『竇氏雖不遵法度，而太后常自減損。朕奉事十年，深惟大義。禮，臣子無貶尊上之文，恩不忍離，義不忍虧。案前世上官太后亦無降黜，其勿復議。』丙申，葬章德皇后。

九月甲子，追尊梁貴人爲皇太后，謚曰恭懷，追服喪制。冬十月乙酉，改葬梁太后及其姊大貴人于西陵，擢樊調爲羽林左監。追封謚皇太后父竦爲褒親愍侯，遣使迎其喪，葬於恭懷皇后陵傍。徵還竦妻子，封子棠爲樂平侯，棠弟雍爲乘氏侯，雍弟翟爲單父侯，位皆特進，賞賜以巨萬計，寵遇光於當世，梁氏自此盛矣。

順帝永建六年秋九月，帝欲立皇后，而貴人有寵者四人，莫知所建，議欲探籌，以神定選。尚書僕射南郡胡廣與尚書馮翊郭虔、史敞上疏諫曰：『竊見詔書，以立后事大，謙不自專，欲假之籌策，決疑靈神。篇籍所記，祖宗典故，未嘗有也。恃神任筮，既不必當賢，就值其人，猶非德選。夫岐嶷形於自然，俔天必有異表，宜參良家，簡求有德，德同以年，年鈞以貌；稽之典經，斷之聖慮。』帝從之。恭懷皇后弟子乘氏侯商之女，選入掖庭爲貴人，常特被引御，從容辭曰：『夫陽以博施爲德，陰以不專爲義。《螽斯》則百福之所由興也。願陛下思雲雨之均澤，小妾得免於罪。』帝由是賢之。

陽嘉元年春正月乙巳，立貴人梁氏爲皇后。夏四月，梁商加位特進，頃之，拜執金吾。

二年三月，封執金吾梁商子冀爲襄邑侯。尚書令左雄諫曰：『臣聞人君莫不好忠正而惡讒諛，然而歷世之患，莫不以忠正得罪、讒諛蒙倖者，蓋聽忠難從諛易也。夫刑罪，人情之所甚惡，貴寵，人情之所甚欲，是以時俗爲忠者少而習諛者多，故令人主數聞其美，稀知其過，迷而不悟，以至於危亡。梁冀之封，事非機急，宜過災戹之運，然後平議可否。』於是冀父商讓還冀封，書十餘上，帝乃從之。

夏六月丁丑，帝引公卿所舉敦樸之士，問以當世之敝，爲政所宜。李固對曰：『夫妃后之家，所以少完全者，豈天性當然？但以爵位尊顯，顓總權柄，天道惡盈，不知自損，故至顛仆。先帝寵遇閻氏，位號太疾，故其受禍曾不旋時。《老子》曰：「其進鋭者其退速也」。今梁氏戚爲椒房，禮所不臣，尊以高爵，尚可然也，而子弟羣從，榮顯兼加，永平、建初故事，殆不如此。宜令步兵校尉冀及諸侍中還居黃門之官，使權去外戚，政歸國家，豈不休乎！』

四年夏四月戊寅，以執金吾梁商爲大將軍。商稱疾不起且一年，帝使太常桓焉奉策就第即拜，商乃詣闕受命。商少通經傳，謙恭好士，辟漢陽巨覽、上黨陳龜爲掾屬，李固爲從事中郎，楊倫爲長史。李固以商柔和自守，不能有所整裁，乃奏記於商曰：『數年以來，灾怪屢見。孔子曰：「智者見變思形，愚者睹怪諱名。」天道無親，可爲祇畏。誠令王綱一整，道行忠立，明公踵伯成之高，全不朽之譽，豈與此外戚凡輩耽榮好位者同日而論哉？』商不能用。

永和元年，以執金吾梁冀爲河南尹。冀性嗜酒，逸遊自恣，居職多縱暴非法。父商所親客雒陽令呂放以告商，商以讓冀。冀遣人於道刺殺放，而恐商知之，乃推疑放之怨仇，請以放弟禹爲雒陽令，使捕之，盡滅其宗親、賓客百餘人。

三年十二月，大將軍商以小黃門南陽曹節等用事於中，遣子冀、不疑與爲交友，而宦官忌其寵，反欲陷之。中常侍張逵、蘧政、楊定等與左右連謀，共譖商及中常侍曹騰、孟賁，云『欲徵諸王子，圖議廢立，請收商等案罪』。帝曰：『大將軍父子我所親，騰、賁我所愛，必無是，但汝曹共妒之耳。』逵等知言不用，懼迫，遂出，矯詔收縛騰、賁於省中。帝聞，震怒，敕宦者李歙急呼騰、賁釋之，收逵等下獄。

四年春正月庚辰，逵等伏誅。二月，帝以商少子虎賁中郎將不疑爲步兵校尉。商上書辭曰：『不疑童孺，猥處成人之位。昔晏平仲辭鄁殿以守其富，公儀休不受魚飧以定其位，臣雖不才，亦願固福禄於聖世。』上乃以不疑爲侍中、奉車都尉。

六年春三月上巳，大將軍商大會賓客，讌于雒水，酒闌，繼以《韰露》之歌。從事中郎周舉聞之，歎曰：『此所謂哀樂失時，非其所也，

殃將及乎！』

秋八月，乘氏忠侯梁商病篤，敕子冀等曰：『吾生無以輔益朝廷，死何可耗費帑藏？衣衾、飯含、玉匣、珠貝之屬，何益朽骨？百僚勞擾，紛華道路，祗增塵垢耳。宜皆辭之。』丙辰，薨，帝親臨喪。諸子欲從其誨，朝廷不聽，賜以東園秘器、銀鏤、黃腸、玉匣。及葬，賜輕車、介士，中宮親送。帝幸宣陽亭，瞻望車騎。壬戌，以河南尹乘氏侯梁冀爲大將軍，冀弟侍中不疑爲河南尹。

臣光曰：『成帝不能選任賢俊，委政舅家，可謂闇矣；猶知王立之不材，棄而不用。順帝援大柄授之后族，梁冀頑嚚凶暴，著於平昔，而使之繼父之位，終於悖逆，蕩覆漢室；校于成帝，闇又甚焉。』

十一月，荆州盜賊起，彌年不定，以大將軍從事中郎李固爲荆州刺史。固到，遣吏勞問境內，赦寇盜前釁，與之更始。於是賊帥夏密等率其魁黨六百餘人自縛歸首，固皆原之，遣還，使自相招集，開示威法。半歲間，餘類悉降，州內清平。奏南陽太守高賜等贓穢。賜等重賂大將軍梁冀，冀爲之千里移檄，而固持之愈急，冀遂徙固爲泰山太守。時泰山盜賊屯聚歷年，郡兵常千人追討不能制。固到，悉罷遣歸農，但選留任戰者百餘人，以恩信招誘之。未滿歲，賊皆弭散。

漢安元年秋八月丁卯，遣侍中河內杜喬、周舉、守光祿大夫周栩、馮羨、魏邵、欒巴、張綱、郭遵、劉班分行州郡，表賢良，顯忠勤，其貪汙有罪者刺史、二千石驛馬上之，墨綬以下便輒收舉。喬等受命之部，張綱獨埋其車輪於雒陽都亭，曰：『豺狼當路，安問狐狸！』遂劾奏『大將軍冀、河南尹不疑，以外戚蒙恩，居阿衡之任，而專肆貪叨，縱恣無極，多樹諂諛，以害忠良，誠天威所不赦，大辟所宜加也。謹條其無君之心十五事，斯皆臣子所切齒者也』。書御，京師震竦。時皇后寵方盛，諸梁姻族滿朝，帝雖知綱言直，不能用也。杜喬至兗州，表奏泰山太守李固政爲天下第一，上徵固爲將作大匠。八使所劾奏，多梁冀及宦者親黨，互爲請救，事皆寢遏。侍御史河南种暠疾之，復行案舉。廷尉吳雄、將作大匠李固亦上言：『八使所糾，宜急誅罰。』帝乃更下八使奏章，令考正其罪。

梁冀恨張綱，思有以中傷之。時廣陵賊張嬰寇亂揚、徐間，積十餘年，二千石不能制，冀乃以綱爲廣陵太守。前太守率多求兵馬，綱獨請單車之職，既到，徑詣嬰壘門，嬰大驚，遽走閉壘。綱於門外罷遣吏兵，獨留所親者十餘人，以書喻嬰，請與相見。嬰見綱至誠，乃出拜謁。綱延置上坐，譬之曰：『前後二千石多肆貪暴，故致公等懷憤相聚。二千石信有罪矣，然爲之者又非義也。今主上仁聖，欲以文德服叛，故遣太守來，思以爵祿相榮，不願以刑罰相加，今誠轉禍爲福之時也。若聞義不服，天子赫然震怒，荆、揚、兗、豫大兵雲合，身首橫分，血嗣俱絕。二者利害，公其深計之。』嬰聞泣下曰：『荒裔愚民，不能自通朝廷，不堪侵枉，遂復相聚偷生，若魚游釜中，知其不可久，且以喘息須臾間耳。今聞明府之言，乃嬰等更生之辰也。』乃辭還營。明日，將所部萬餘人，與妻子面縛歸降。綱單車入嬰壘，大會，置酒爲樂，散遣部衆，任從所之；親爲卜居宅，相田疇，子弟欲爲吏者，皆引召之。人情悅服，南州晏然。朝廷論功當封，梁冀遏之。在郡一歲，卒。

建康元年秋八月庚午，帝崩於玉堂前殿。太子卽皇帝位，年二歲。尊皇后曰皇太后，太后臨朝。

九月丙午，京師及太原、雁門地震。庚戌，詔舉賢良方正之士，策問之。皇甫規對曰：『伏惟孝順皇帝初勤王政，紀綱四方，幾以獲安。後遭姦僞，威分近習，受賂賣爵，賓客交錯，天下擾擾，從亂如歸，官民並竭，上下窮虛。陛下體兼乾坤，聰哲純茂，攝政之初，拔用忠貞，其餘維綱，多所改正，遠近翕然望見太平，而灾異不息，寇賊縱橫，殆以姦臣權重之所致也。其常侍尤無狀者，宜亟黜遣，披掃凶黨，收入財賄，以塞痛怨，以答天誡。大將軍冀、河南尹不疑，亦宜增脩謙節，輔以儒術，省去遊娛不急之務，割減廬第無益之飾。夫君者舟也，民者水也，羣臣，乘舟者也；將軍兄弟，操檝者也。若能平志畢力，以度元元，所謂福也；如其怠弛，將淪波濤，可不慎乎！夫德不稱祿，猶鑿墉之趾以益其高，豈量力審功，安固之道哉？凡諸宿猾、酒徒、戲客，皆宜貶斥，以懲不軌；令冀等深思得賢之福，失人之累。』梁冀忿之，以規爲下第，拜郎中。託疾免歸，州郡承冀旨，幾陷死者再三，遂沈廢於家，積十餘年。

沖帝永嘉元年春正月戊戌，帝崩于玉堂前殿。梁太后以揚、徐盜賊方盛，欲須所徵諸王侯到乃發喪。太尉李固曰：『帝雖幼少，猶天下之父。今日崩亡，人神感動，豈有人子反共掩匿乎？昔秦皇沙丘之謀，及近日

北鄉之事，皆秘不發喪，此天下大忌，不可之甚者也。』太后從之，卽暮發喪。

徵清河王蒜及渤海孝王鴻之子纘皆至京師。蒜父曰清河恭王延平，延平及鴻皆樂安夷王寵之子，千乘貞王伉之孫也。清河王爲人嚴重，動止有法度，公卿皆歸心焉。李固謂大將軍冀曰：『今當立帝，宜擇長年、高明有德、任親政事者。願將軍審詳大計，察周、霍之立文、宣，戒鄧、閻之利幼弱。』冀不從，與太后定策禁中。丙辰，冀持節以王青蓋車迎纘入南宮，丁巳，封爲建平侯，其日卽皇帝位，年八歲。蒜罷歸國。

太后委政宰輔，李固所言，太后多從之。黄門宦官爲惡者一皆斥遣，天下咸望治平，而梁冀深忌疾之。

初，順帝時所除官多不以次，及固在事，奏免百餘人。此等既怨，又希望冀旨，遂共作飛章誣奏固曰：『太尉李固，由公假私，依正行邪，離間近戚，自隆支黨。大行在殯，路人掩涕，固獨胡粉飾貌，搔頭弄姿，槃旋偃仰，從容治步，曾無慘怛傷悴之心。山陵未成，違矯舊政，善則稱己，過則歸君，斥逐近臣，不得侍送。作威作福，莫固之甚矣。夫子罪莫大於累父，臣惡莫深於毁君，固之過釁，事合誅辟。』書奏，冀以白太后，使下其書，太后不聽。

冬十一月，永昌太守劉君世，鑄黄金爲文蛇以獻大將軍冀，益州刺史种暠糾發逮捕，馳傳上言。冀由是恨暠。會巴郡人服直聚黨數百人，自稱『天王』，暠與太守應承討捕不克，吏民多被傷害；冀因此陷之，傳逮暠、承。李固上疏曰：『臣伏聞討捕所傷，本非暠、承之意，實由縣吏懼法畏罪，迫逐深苦，致此不詳，比盜賊羣起，處處未絕。暠、承以首舉大姦而相隨受罪，臣恐沮傷州縣糾發之意，更共飾匿，莫復盡心。』太后省奏，乃赦暠、承罪，免官而已。金蛇輸司農，冀從大司農杜喬借觀之，喬不肯與。冀小女死，令公卿會喪，喬獨不往。冀由是銜之。

質帝本初元年。帝少而聰慧，嘗因朝會，目梁冀曰：『此跋扈將軍也。』冀聞，深惡之。閏六月甲申，冀使左右置毒於煮餅以進之。帝苦煩甚，使促召太尉李固，固入前問帝得患所由，帝尚能言，曰：『食煮餅，今腹中悶，得水尚可活。』時冀亦在側曰：『恐吐，不可飲水。』語未絕而崩。固伏屍號哭，推舉侍醫，冀慮其事泄，大惡之。

將議立嗣，固與司徒胡廣、司空趙戒先與冀書曰：『天下不幸，頻年之間，國祚三絕。今當立帝，天下重器，誠知太后垂心，將軍勞慮，詳擇其人，務存聖明。然愚情眷眷，竊獨有懷。遠尋先世廢立舊儀，近見國家踐阼前事，未嘗不詢訪公卿，廣求羣議，令上應天心，下合衆望。傳曰「以天下與人易，爲天下得人難。」昔昌邑之立，昏亂日滋，霍光憂愧發憤，悔之折骨。自非博陸忠勇，延年奮發，大漢之祀，幾將傾矣。至憂至重，可不熟慮！悠悠萬事，唯此爲大，國之興衰，在此一舉。』冀得書，乃召三公、中二千石、列侯，大議所立。固、廣、戒及大鴻臚杜喬皆以爲清河王蒜明德著聞，又屬最尊親，宜立爲嗣。朝臣莫不歸心，而中常侍曹騰嘗謁蒜，蒜不爲禮，宦者由此惡之。

初，平原王翼既貶歸河間，其父請分蠡吾縣以侯之，順帝許之。翼卒，子志嗣，梁太后欲以女弟妻志，徵到夏門亭，會帝崩，梁冀欲立志。衆論既異，憤憤不得意，而未有以相奪。曹騰等聞之，夜往説冀曰：『將軍累世有椒房之親，秉攝萬機，賓客縱横，多有過差。清河王嚴明，若果立，則將軍受禍不久矣，不如立蠡吾侯，富貴可長保也。』冀然其言。明日，重會公卿，冀意氣凶凶，言辭激切，自胡廣、趙戒以下莫不懾憚，皆曰：『惟大將軍令。』獨李固、杜喬堅守本議。冀厲聲曰：『罷會。』固猶望衆心可立，復以書勸冀，冀愈激怒。丁亥，冀説太后，先策免固。戊子，司徒胡廣爲太尉，司空趙戒爲司徒，與大將軍冀參録尚書事；太僕袁湯爲司空。湯，安之孫也。庚寅，使大將軍冀持節，以王青蓋車迎蠡吾侯志入南宮，其日卽皇帝位，時年十五，太后猶臨朝政。

秋七月，大將軍掾朱穆奏記勸戒梁冀曰：『明年丁亥之歲，刑德合於乾位，《易經》龍戰之會，陽道將勝，陰道將負。願將軍專心公朝，割除私欲，廣求賢能，斥遠佞惡，爲皇帝置師傅，得小心忠篤敦禮之士，將軍與之俱入，參勸講授，師賢法古，此猶倚南山、坐平原也，誰能傾之？議郎大夫之位，本以式序儒術高行之士，今多非其人，九卿之中亦有乖其任者，惟將軍察焉。』又薦种暠、欒巴等，冀不能用。穆，暉之孫也。

桓帝建和元年六月，太尉胡廣罷，光禄勳杜喬爲太尉。自李固之廢，内外喪氣，羣臣側足而立，唯喬正色無所回橈，由是朝野皆倚望焉。

秋七月，詔以定策功，益封梁冀萬三千户，封冀弟不疑爲潁陽侯，蒙

爲西平侯，冀子胤爲襄邑侯，胡廣爲安樂侯，趙戒爲廚亭侯，袁湯爲安國侯。又封中常侍劉廣等皆爲列侯。杜喬諫曰：『古之明君，皆以用賢、賞罰爲務。失國之主，其朝豈無貞幹之臣，典誥之篇哉？患得賢不用其謀，韜書不施其教，聞善不信其義，聽讒不審其理也。陛下自藩臣卽位，天人屬心，不急忠賢之禮，而先左右之封，梁氏一門，宦者微孽，並帶無功之紱，裂勞臣之土，其爲乖濫，胡可勝言！夫有功不賞，爲善失其望，姦回不詰，爲惡肆其凶，故陳資斧而人靡畏，班爵位而物無勸。苟遂斯道，豈伊傷政爲亂而已？喪身亡國，可不愼哉！』書奏，不省。

八月乙未，立皇后梁氏。梁冀欲以厚禮迎之，杜喬據執舊典，不聽。冀屬喬舉氾宮爲尚書，喬以宮爲贓罪，不用。由是日忤於冀。

九月丁卯，京師地震，喬以災異策免。

冬十月，以司徒趙戒爲太尉，司空袁湯爲司徒，前太尉胡廣爲司空。宦者唐衡、左悺等共譖杜喬於帝曰：『陛下前當卽位，喬與李固抗議，以爲不堪奉漢宗祀。』帝亦怨之。

十一月，清河劉文與南郡妖賊劉鮪交通，妄言清河王當統天下，欲共立蒜。事覺，文等遂劫清河相謝暠曰：『當立王爲天子，以暠爲公。』暠罵之，文刺殺暠。於是捕文、鮪誅之。有司劾奏蒜，坐貶爵爲尉氏侯，徙桂陽，自殺。

梁冀因誣李固、杜喬，云『與文、鮪等交通，請逮按罪』。太后素知喬忠，不許。冀遂收固下獄。門生渤海王調貫械上書，證固之枉，河內趙承等數十人亦要鈇鑕詣闕通訴，太后詔赦之。及出獄，京師市里皆稱萬歲。冀聞之，大驚，畏固名德終爲己害，乃更據奏前事。大將軍長史吳祐傷固之枉，與冀爭之。冀怒，不從。從事中郎馬融主爲冀作章表，融時在坐，祐謂融曰：『李公之罪，成於卿手，李公若誅，卿何面目視天下人！』冀怒起入室，祐亦徑去，固遂死於獄中。臨命，與胡廣、趙戒書曰：『固受國厚恩，是以竭其股肱，不顧死亡，志欲扶持王室，比隆文、宣。何圖一朝梁氏迷謬，公等曲從，以吉爲凶，成事爲敗乎！漢家衰微，從此始矣。公等受主厚祿，顛而不扶，傾覆大事，後之良史，豈有所私？固身已矣，於義得矣，夫復何言！』廣、戒得書悲慚，皆長歎流涕而已。冀使人脅杜喬曰：『早從宜，妻子可得全。』喬不肯。明日，冀遣騎至其門，不聞哭者，遂白太后收繫之，亦死獄中。

冀暴固、喬尸於城北四衢，令有敢臨者加其罪。固弟子汝南郭亮尚未冠，左提章鉞，右秉鈇鑕，詣闕上書，乞收固尸，不報。與南陽董班俱往臨哭，守喪不去。夏門亭長呵之曰：『卿曹何等腐生，公犯詔書，欲干試有司乎？』亮曰：『義之所動，豈知性命，何爲以死相懼邪？』太后聞之，皆赦不誅。杜喬故掾陳留楊匡，號泣星行到雒陽，著故赤幘，託爲夏門亭吏，守護尸喪，積十二日。都官從事執之以聞，太后赦之，匡因詣闕上書，幷乞李、杜二公骸骨，使得歸葬，太后許之。匡送喬喪還家，葬訖，行服，遂與郭亮、董班皆隱匿，終身不仕。梁冀出吳祐爲河間相，祐自免歸，卒於家。

冀以劉鮪之亂，思朱穆之言，於是請种暠爲從事中郎，薦欒巴爲議郎，舉穆高第，爲侍御史。

二年春三月戊辰，帝從皇太后幸大將軍冀府。

和平元年春正月乙丑，太后詔歸政於帝，始罷稱制。二月甲寅，太后梁氏崩。

三月甲午，葬順烈皇后。增封大將軍冀萬户，幷前合三萬户。封冀妻孫壽爲襄城君，兼食陽翟租，歲入五千萬，加賜赤紱，比長公主。壽善爲妖態以蠱惑冀，冀甚寵憚之。冀愛監奴秦宮，官至太倉令，得出入壽所，威權大震，刺史、二千石皆謁辭之。冀與壽對街爲宅，殫極土木，互相誇競，金玉珍怪，充積藏室。又廣開園囿，採土築山，十里九阪，深林絕澗，有若自然，奇禽馴獸飛走其間。冀、壽共乘輦車，游觀第內，多從倡伎，酣謳竟路，或連日繼夜以騁娛恣。客到門不得通，皆請謝門者，門者累千金。又多拓林苑，周徧近縣，起兔苑於河南城西，經亙數十里，移檄所在調發生兔，刻其毛以爲識，人有犯者，罪至死刑。嘗有西域賈胡不知禁忌，誤殺一兔，轉相告言，坐死者十餘人。又起別第於城西，以納姦亡。或取良人悉爲奴婢，至數千口，名曰『自賣人』。冀用壽言，多斥奪諸梁在位者，外以示謙讓，而實崇孫氏。孫氏宗、親，冒名爲侍中、卿、校、郡守、長吏者十餘人，皆貪饕凶淫，各遣私客籍屬縣富人，被以他罪，閉獄掠拷，使出錢自贖，貲物少者至於死徙。扶風人士孫奮，居富而性吝，冀以馬乘遺之，從貸錢五千萬，奮以三千萬與之。冀大怒，乃告郡

縣，認備母爲其守藏婢，云盜白珠十斛，紫金千斤以叛，遂收考奮，兄弟死於獄中，悉没貲財億七千餘萬。冀又遣客周流四方，遠至塞外，廣求異物，而使人復乘勢横暴，妻略婦女，毆擊吏卒，所在怨毒。

侍御史朱穆自以冀故吏，奏記諫曰：『明將軍地有申伯之尊，位爲羣公之首，一日行善，天下歸仁，終朝爲惡，四海傾覆。頃者官民俱匱，加以水蟲爲害，京師諸官，費用增多，詔書發調，或至十倍，各言官無見財，皆當出民，搒掠割剝，强令充足。公賦既重，私斂又深，牧守長吏，多非德選，貪聚無厭，遇民如虜，或絶命於箠楚之下，或自賊於迫切之求，又掠奪百姓，皆託之尊府，遂令將軍結怨天下，吏民酸毒，道路歎嗟。昔永和之末，綱紀少弛，頗失人望，四五歲耳，而財空户散，下有離心，馬勉之徒，乘敝而起，荆、揚之間，幾成大患。幸賴順烈皇后初政清静，内外同力，僅乃討定。今百姓戚戚，困於永和，内非仁愛之心可得容忍，外非守國之計所宜久安也。夫將相大臣，均體元首，共輿而馳，同舟而濟，輿傾舟覆，患實共之。豈可以去明即昧，履危自安，主孤時困，而莫之卹乎！宜時易宰守非其人者，減省第宅園池之費，拒絶郡國諸所奉送，内以自明，外解人惑，使挾姦之吏無所依託，司察之臣得盡耳目，憲度既張，遠邇清一，則將軍身尊事顯，德燿無窮矣。』冀不納。冀雖專朝縱横，而猶交結左右宦官，任其子弟、賓客以爲州郡要職，欲以自固恩寵。穆又奏記極諫，冀終不悟，報書云：『如此，僕亦無一可邪？』然素重穆，亦不甚罪也。

冀遣書詣樂安太守陳蕃，有所請託，不得通。使者詐稱他客求謁蕃，蕃怒，笞殺之。坐左轉脩武令。時皇子有疾，下郡縣市珍藥，而冀遣客齎書詣京兆，并貨牛黄，京兆尹南陽延篤發書收客，曰：『大將軍椒房外家，而皇子有疾，必應陳進醫方，豈當使客千里求利乎？』遂殺之。冀慚而不得言。有司承旨求其事，篤以病免。

元嘉元年春正月朔，羣臣朝賀，大將軍冀帶劍入省。尚書蜀郡張陵呵叱令出，敕羽林、虎賁奪劍。冀跪謝，陵不應，即劾奏冀，請廷尉論罪。有詔『以一歲俸贖』，百僚肅然。河南尹不疑嘗舉陵孝廉，乃謂陵曰：『昔舉君，適所以自罰也。』陵曰：『明府不以陵不肖，誤見擢序，今申公憲以報私恩。』不疑有愧色。

梁不疑好經書，喜待士，梁冀疾之，轉不疑爲光禄勳。以其子胤爲河南尹。胤年十六，容貌甚陋，不勝冠帶，道路見者莫不蚩笑。不疑自恥兄弟有隙，遂讓位歸第，與弟蒙閉門自守。冀不欲令與賓客交通，陰使人變服至門記往來者，南部太守馬融、江夏太守田明初除，過謁不疑，冀諷有司奏融在郡貪濁，及以他事陷明，皆髠笞徙朔方。融自刺不殊，明遂死於路。

夏四月己丑，上微行幸河南尹梁胤府舍，是日大風拔樹，晝昏。尚書楊秉上疏曰：『臣聞天不言語，以灾異譴告王者。至尊出入有常，警蹕而行，静室而止，自非郊廟之事，則鑾旗不駕。故諸侯入諸臣之家，《春秋》尚列其誡，況於以先王法服而私出槃游，降亂尊卑，等威無序，侍衛守空宫，璽紱委女妾。設有非常之變，任章之謀，上負先帝，下悔靡及。』帝不納。秉，震之子也。

十一月辛巳，京師地震，詔百官舉獨行之士。涿郡舉崔寔，詣公車，稱病，不對策，退而論世事，名曰《政論》。其辭曰：『凡天下所以不治者，常由人主承平日久，俗漸敝而不悟，政寖衰而不改，習亂安危，怢不自睹。或荒耽耆欲，不恤萬機，或耳蔽箴誨，厭僞忽眞，或猶豫岐路，莫適所從，或見信之佐，括囊守禄，或疏遠之臣，言以賤廢，是以王綱縱弛於上，智士鬱伊於下。悲夫！自漢興以來，三百五十餘歲矣。政令垢翫，上下怠懈，百姓囂然，咸復思中興之救矣。且濟時拯世之術，在於補綻決壞，枝拄邪傾，隨形裁割，要措斯世於安寧之域而已。故聖人執權，遭時定制，步驟之差，各有云設，不强人以不能，背急切而慕所聞也。蓋孔子對葉公以來遠，哀公以臨人，景公以節禮，非其不同，所急異務也。俗人拘文牽古，不達權制，奇偉所聞，簡忽所見，烏可與論國家之大事哉！故言事者雖合聖聽，輒見掎奪。何者？其頑士闇於時權，安習所見，不知樂成，況可慮始？苟云率由舊章而已。其達者或矜名妒能，恥策非己，舞筆奮辭以破其義，寡不勝衆，遂見擯棄，雖稷、契復存，猶將困焉，斯賢智之論所以常憤鬱而不伸者也。凡爲天下者，自非上德，嚴之則治，寬之則亂。何以明其然也？近孝宣皇帝明於君人之道，審於爲政之理，故嚴刑峻法，破姦軌之膽，海内清肅，天下密如，算計見效，優於孝文。及元帝即位，多行寬政，卒以墮損，成權始奪，遂爲漢室基禍之主。政道得

失，於斯可鑑。昔孔子作《春秋》，褒齊桓，懿晉文，歎管仲之功。夫豈不美文、武之道哉？誠達權救敝之理也。故聖人能與世推移，而俗士苦不知變，以爲結繩之約，可復治亂秦之緒，干戚之舞，足以解平城之圍。夫熊經鳥伸，雖延歷之術，非傷寒之理。呼吸吐納，雖度紀之道，非續骨之膏。蓋爲國之法，有似治身，平則致養，疾則攻焉。夫刑罰者，治亂之藥石也；德教者，興平之粱肉也。夫以德教除殘，是以粱肉治疾也；以刑罰治平，是以藥石供養也。方今承百王之敝，值戹運之會，自數世以來，政多恩貸，馭委其轡，馬駘其銜，四牡橫奔，皇路險傾，方將拑勒鞬，輈以救之，豈暇鳴和鑾請節奏哉！昔文帝雖除肉刑，當斬右趾者棄市，笞者往往至死。是文帝以嚴致平，非以寬致平也。』寔，瑗之子也。山陽仲長統嘗見其書，歎曰：『凡爲人主，宜寫一通，置之坐側。』

臣光曰：漢家之法已嚴矣，而崔寔猶病其寬，何哉？蓋衰世之君率多柔懦，凡愚之佐唯知姑息，是以權幸之臣有罪不坐，豪猾之民犯法不誅；仁恩所施，止於目前；姦宄得志，紀綱不立。故崔寔之論，以矯一時之枉，非百世之通義也。孔子曰：『政寬則民慢，慢則糾之以猛；猛則民殘，殘則施之以寬。寬以濟猛，猛以濟寬，政是以和。』斯不易之常道矣。

閏月，帝欲褒崇梁冀，使中朝二千石以上會議其禮。特進胡廣、太常羊溥、司隸校尉祝恬、太中大夫邊韶等咸稱：『冀之勳德宜比周公，錫之山川、土田、附庸。』黃瓊獨曰：『冀前以親迎之勞，增邑萬三千户，又其子胤亦加封賞。今諸侯以户邑爲制，不以里數爲限，冀可比鄧禹，合食四縣。』朝廷從之。於是有司奏：『冀入朝不趨，劍履上殿，謁贊不名，禮儀比蕭何；悉以定陶、陽成餘户增封爲四縣，比鄧禹；賞賜金錢、奴婢、彩帛、車馬、衣服、甲第，比霍光；以殊元勳。每朝會，與三公絕席。十日一入，平尚書事。宣布天下，爲萬世法。』冀猶以所奏禮薄，意不悅。

永壽二年冬十二月，封梁不疑子馬爲潁陰侯，梁胤子桃爲城父侯。

延熹元年夏五月甲戌晦，日有食之。太史令陳授因小黃門徐璜陳『日食之變，咎在大將軍冀』。冀聞之，諷雒陽收考授，死於獄。帝由是怒冀。

冬十二月，以京兆尹陳龜爲度遼將軍。大將軍冀與陳龜素有隙，譖其沮毀國威，挑取功譽，不爲胡虜所畏，坐徵還，以种暠爲度遼將軍。龜遂乞骸骨，歸田里，復徵爲尚書，冀暴虐日甚，龜上疏言其罪狀，請誅之，帝不省。龜自知必爲冀所害，不食七日而死。

二年六月，梁皇后恃姊、兄蔭勢，恣極奢靡，兼倍前世，專寵妒忌，六宮莫得進見，及太后崩，恩寵寖衰。后既無子，每宮人孕育，鮮得全者。帝雖迫畏梁冀，不敢譴怒，然進御轉稀，后益憂恚。秋七月丙午，皇后梁氏崩，乙丑，葬懿獻皇后于懿陵。

梁冀一門，前後七侯，三皇后，六貴人，二大將軍，夫人、女食邑稱君者七人，尚公主者三人，其餘卿、將、尹、校五十七人。冀專擅威柄，凶恣日積，宮衛近侍，並樹所親，禁省起居，纖微必知。其四方調發，歲時貢獻，皆先輸上第於冀，乘輿乃其次焉。吏民齎貨求官、請罪者，道路相望。百官遷召，皆先到冀門，牋檄謝恩，然後敢詣尚書。下邳吳樹爲宛令，之官辭冀，冀賓客布在縣界，以情託樹。樹曰：『小人姦蠹，比屋可誅。明將軍處上將之位，宜崇賢善，以補朝闕。自侍坐以來，未聞稱一長者，而多託非人，誠非敢聞。』冀嘿然不悅。樹到縣，遂誅殺冀客爲人害者數十人。樹後爲荊州刺史，辭冀，冀鴆之，出，死車上。遼東太守侯猛初拜，不謁冀，冀託以他事腰斬之。郎中汝南袁著，年十九，詣闕上書曰：『夫四時之運，功成則退，高爵厚寵，鮮不致灾。今大將軍位極功成，可爲至戒，宜遵縣車之禮，高枕頤神。傳曰「木實繁者披枝害心」，若不抑損盛權，將無以全其身矣。』冀聞而密遣掩捕，著乃變易姓名，託病僞死，結蒲爲人，市棺殯送。冀知其詐，求得，笞殺之。太原郝絜、胡武，好危言高論，與著友善。絜、武嘗連名奏記三府，薦海內高士，而不詣冀。冀追怒之，敕中都官移檄禽捕，遂誅武家，死者六十餘人。絜初逃亡，知不得免，因輿櫬奏書冀門，書入，仰藥而死，家乃得全。安帝嫡母耿貴人薨，冀從貴人從子林慮侯承求貴人珍玩，不能得，冀怒，并族其家十餘人。涿郡崔琦以文章爲冀所善，琦作《外戚箴》、《白鵠賦》以風，冀怒。琦曰：『昔管仲相齊，樂聞譏諫之言，蕭何佐漢，乃設書過之吏。今將軍累世台輔，任齊伊、周，而德政未聞，黎元塗炭，不能結納貞良以救禍敗，反欲鉗塞士口，杜蔽主聽，將使玄黃改色，馬鹿易形乎？』冀無以對，因遣琦歸。琦懼而亡匿，冀捕得，殺之。

冀秉政幾二十年，威行内外，天子拱手，不得有所親與。帝既不平之，及陳授死，帝愈怒。和熹皇后從兄子郎中鄧香妻宣，生女猛，香卒，宣更適梁紀。紀，孫壽之舅也。壽以猛色美，引入掖庭爲貴人，冀欲認猛爲其女，易猛姓爲梁。冀恐猛姊壻議郎邴尊沮敗宣意，遣客刺殺之。又欲殺宣，宣家與中常侍袁赦相比，冀客登赦屋，欲入宣家，赦覺之，鳴鼓會衆以告宣。宣馳入白帝，帝大怒，因如廁，獨呼小黄門史唐衡，問：『左右與外舍不相得者誰乎？』衡對：『中常侍單超、小黄門史左悺與梁不疑有隙。中常侍徐璜、黄門令具瑗常私忿疾外舍放横，口不敢道。』於是帝呼超、悺入室，謂曰：『梁將軍兄弟專朝，迫脅外内，公卿以下，從其風旨。今欲誅之，於常侍意如何？』超等對曰：『誠國姦賊，當誅日久。臣等弱劣，未知聖意何如耳？』帝曰：『審然者，常侍密圖之。』對曰：『圖之不難，但恐陛下腹中狐疑。』帝曰：『姦臣脅國，當伏其罪，何疑乎！』於是更召璜、瑗等五人共定其議，帝齧超臂出血爲盟。超等曰：『陛下今計已決，勿復更言，恐爲人所疑。』

冀心疑超等，八月丁丑，使中黄門張惲入省宿，以防其變，具瑗敕吏收惲，以『輒從外入，欲圖不軌』。帝御前殿，召諸尚書入，發其事，使尚書令尹勳持節勒丞、郎以下皆操兵守省閤，斂諸符節送省中，使具瑗將左右廐騶、虎賁、羽林、都候劍戟士合千餘人，與司隸校尉張彪共圍冀第，使光禄勳袁盱持節收冀大將軍印綬，徙封比景都鄉侯，冀及妻壽即日皆自殺。不疑、蒙先卒，悉收梁氏、孫氏中外宗、親送詔獄，無長少皆棄市，他所連及公卿、列校、刺史、二千石死者數十人。大尉胡廣、司徒韓縯、司空孫朗皆坐阿附梁冀，不衛宫，止長壽亭，減死一等，免爲庶人。故吏、賓客免黜者三百餘人。朝廷爲空。是時事猝從中發，使者交馳，公卿失其度，官府市里鼎沸，數日乃定，百姓莫不稱慶。收冀財貨，縣官斥賣，合三十餘萬萬，以充王府用，減天下税租之半；散其苑囿，以業窮民。

宋·司馬光《資治通鑑》卷五一《漢紀·漢順帝陽嘉二年》 初，帝之立也，乳母宋娥與其謀，帝封娥爲山陽君，又封執金吾梁商子冀爲襄邑侯。尚書令左雄上封事曰：『高帝約，非劉氏不王，非有功不侯。孝安皇帝封江京、王聖等，遂致地震之異。永建二年封陰謀之功，又有日食之變。數術之士，咸歸咎於封爵。今青州饑虚，盜賊未息，誠不宜追録小恩，虧失大典。』詔不聽。

雄復諫曰：『臣聞人君莫不好忠正而惡讒諛，然而歷世之患，莫不以忠正得罪，讒諛蒙倖者，蓋聽忠難，從諛易也。夫刑罪，人情之所甚惡，貴寵，人情之所甚欲，是以時俗爲忠者少而習諛者多；故令人主數聞其美，稀知其過，迷而不悟，以至於危亡。臣伏見詔書，顧念阿母舊德宿恩，欲特加顯賞。案尚書故事，無乳母爵邑之制，唯先帝時阿母王聖爲野王君，聖造生讒賊廢立之禍，生爲天下所咀嚼，死爲海内所歡快。桀、紂貴爲天子，而庸僕羞與爲比者，以其無義也；夷、齊賤爲匹夫，而王侯爭與爲伍者，以其有德也。今阿母躬蹈儉約，以身率下，羣僚蒸庶，莫不向風。而與王聖並同爵號，懼違本操，失其常願。臣愚以爲凡人之心，理不相遠，其所不安，古今一也。百姓深懲王聖傾覆之禍，民萌之命危於累卵，常懼時世復有此類，怵惕之念未離於心，恐懼之言未絕於口。乞如前議，歲以千萬給奉阿母，内足以盡恩愛之歡，外可不爲吏民所怪。梁冀之封，事非機急，宜過灾戹之運，然後平議可否。』於是冀父商讓還冀封；書十餘上，帝乃從之。

又 卷五二《漢紀·順帝永和元年》 是歲，以執金吾梁冀爲河南尹。冀性嗜酒，逸遊自恣，居職多縱暴非法。父商所親客雒陽令吕放以告商，商以讓冀。冀遣人於道刺殺放，而恐商知之，乃推疑放之怨仇，請以放弟禹爲雒陽令，使捕之；盡滅其宗、親、賓客百餘人。

又 卷五三《漢紀·孝質帝本初元年》 帝少而聰慧，嘗因朝會，目梁冀曰：『此跋扈將軍也！』冀聞，深惡之。閏月，甲申，冀使左右置毒於煮餅而進之；帝苦煩盛，使促召太尉李固。固入前，問帝得患所由；帝尚能言，曰：『食煮餅。今腹中悶，得水尚可活。』時冀亦在側，曰：『恐吐，不可飲水。』語未絕而崩。固伏尸號哭，推舉侍醫。冀慮其事泄，大惡之。

將議立嗣，固與司徒胡廣、司空趙戒先與冀書曰：『天下不幸，頻年之間，國祚三絕。今當立帝，天下重器，誠知太后垂心，將軍勞慮，詳擇其人，務存聖明；然愚情眷眷，竊獨有懷。遠尋先世廢立舊儀，近見國家踐祚前事，未嘗不詢訪公卿，廣求羣議，令上應天心，下合衆望。

《傳》曰：「以天下與人易，爲天下得人難。」昔昌邑之立，昏亂日滋；霍光憂愧發憤，悔之折骨。自非博陸忠勇，延年奮發，大漢之祀，幾將傾矣。至憂至重，可不熟慮！悠悠萬事，唯此爲大；國之興衰，在此一舉。』冀得書，乃召三公、中二千石、列侯，大議所立。固、廣、戒及大鴻臚杜喬皆以爲清河王蒜明德著聞，又屬最尊親，宜立爲嗣，朝廷莫不歸心。而中常侍曹騰嘗謁蒜，蒜不爲禮，宦者由此惡之。初，平原王冀既貶歸河間，其父請分蠡吾縣以侯之；順帝許之。翼卒，子志嗣；梁太后欲以女弟妻志，徵到夏門亭。會帝崩，梁冀欲立志。衆論既異，憤憤不得意，而未有以相奪。曹騰等聞之，夜往説冀曰：『將軍累世有椒房之親，秉攝萬機，賓客縱横，多有過差。清河王嚴明，若果立，則將軍受禍不久矣！不如立蠡吾侯，富貴可長保也。』冀然其言，明日，重會公卿，冀意氣凶凶，言辭激切，自胡廣、趙戒以下莫不懾憚，皆曰：『惟大將軍令！』獨李固、杜喬堅守本議。冀厲聲曰：『罷會！』固猶望衆心可立，復以書勸冀，冀愈激怒。丁亥，冀説太后，先策免固。戊子，以司徒胡廣爲太尉；司空趙戒爲司徒，與大將軍冀參録尚書事；太僕袁湯爲司空。湯，安之孫也。庚寅，使大將軍冀持節以王青蓋車迎蠡吾侯志入南宮；其日，卽皇帝位，時年十五。太后猶臨朝政。

秋，七月，乙卯，葬孝質皇帝于靜陵。

又　卷五四《漢紀・漢桓帝延熹二年》　梁皇后恃姊、兄蔭勢，恣極奢靡，兼倍前世，專寵妬忌，六宮莫得進見。及太后崩，恩寵頓衰。后既無嗣，每宮人孕育，鮮得全者。帝雖迫畏梁冀，不敢譴怒，然進御轉希，后益憂恚。秋，七月，丙午，皇后梁氏崩。乙丑，葬懿獻皇后于懿陵。

梁冀一門，前後七侯，三皇后，六貴人，二大將軍，夫人、女食邑稱君者七人，尚公主者三人，其餘卿、將、尹、校五十七人。冀專擅威柄，凶恣日積，宮衛近侍，並樹所親，禁省起居，纖微必知。其四方調發，歲時貢獻，皆先輸上第於冀，乘輿乃其次焉。吏民齎貨求官、請罪者，道路相望。百官遷召，皆先到冀門牋檄謝恩，然後敢詣尚書。下邳吳樹爲宛令，之官辭冀，冀賓客布在縣界，以情託樹，樹曰：『小人姦蠹，比屋可誅。明將軍處上將之位，宜崇賢善以補朝闕。自侍坐以來，未聞稱一長者，而多託非人，誠非敢聞！』冀默然不悦。樹到縣，遂誅殺冀客爲人害者數十人。樹後爲荆州刺史，辭冀，冀鴆之，出，死車上。遼東太守侯猛初拜，不謁冀，冀託以他事腰斬之。郎中汝南袁著，年十九，詣闕上書曰：『夫四時之運，功成則退，高爵厚寵，鮮不致灾。今大將軍位極功成，可爲至戒；宜遵縣車之禮，高枕頤神。傳曰：「木實繁者披枝害心。」若不抑損盛權，將無以全其身矣！』冀聞而密遣掩捕，著乃變易姓名，託病僞死，結蒲爲人，市棺殯送；冀知其詐，求得，笞殺之。太原郝絜、胡武，好危言高論，與著友善，絜、武嘗連名奏記三府，薦海内高士，而不詣冀。冀追怒之，敕中都官稱檄禽捕，遂誅武家，死者六十餘人。絜初逃亡，知不得免，因輿櫬奏書冀門，書入，仰藥而死，家乃得全。安帝嫡母耿貴人薨，冀從貴人從子林慮侯承求貴人珍玩，不能得，冀怒，并族其家十餘人。涿郡崔琦以文章爲冀所善，琦作《外戚箴》、《白鵠賦》以風，冀怒。琦曰：『昔管仲相齊，樂聞譏諫之言；蕭何佐漢，乃設書過之吏。今將軍屢世台輔，任齊伊、周，而德政未聞，黎元塗炭，不能結納貞良以救禍敗，反欲鉗塞士口，杜蔽主聽，將使玄黄改色、馬鹿易形乎！』冀無以對，因遣琦歸。琦懼而亡匿，冀捕得，殺之。

冀秉政幾二十年，威行内外，天子拱手，不得有所親與，帝既不平之；及陳授死，帝愈怒。和熹皇后從兄子郎中鄧香妻宣，生女猛，香卒，宣更適梁紀；紀，孫壽之舅也。壽以猛色美，引入掖庭，爲貴人，冀欲認猛爲其女，易猛姓爲梁。冀恐猛姊壻議郎邴尊沮敗宣意，遣客刺殺之。又欲殺宣，宣家與中常侍袁赦相比，冀客登赦屋，欲入宣家，赦覺之，鳴鼓會衆以告宣。宣馳入白帝，帝大怒，因如廁，獨呼小黄門史唐衡，問：『左右與外舍不相得者，誰乎？』衡對：『中常侍單超、小黄門史左悺與梁不疑有隙；中常侍徐璜、黄門令具瑗常私忿疾外舍放横，口不敢道。』於是帝呼超、悺入室，謂曰：『梁將軍兄弟專朝，迫脅内外，公卿以下，從其風旨，今欲誅之，於常侍意如何？』超等對曰：『誠國姦賊，當誅日久；臣等弱劣，未知聖意如何耳。』帝曰：『審然者，常侍密圖之。』對曰：『圖之不難，但恐陛下腹中狐疑。』帝曰：『姦臣脅國，當伏其罪，何疑乎！』於是更召璜、瑗等，五人共定其議，帝齧超臂出血爲盟。超等曰：『陛下今計已決，勿復更言，恐爲人所疑。』

冀心疑超等，八月，丁丑，使中黄門張惲入省宿，以防其變。具瑗敕吏收惲，以『輒從外入，欲圖不軌。』帝御前殿，召諸尚書入，發其事，使尚書令尹勳持節勒丞、郎以下皆操兵守省閤，斂諸符節送省中，使具瑗將左右廐騶、虎賁、羽林、都候劍戟士合千餘人，與司隸校尉張彪共圍冀第，使光禄勳袁盱持節收冀大將軍印綬，徙封比景都鄉侯。冀及妻壽卽日皆自殺；不疑、蒙先卒。悉收梁氏、孫氏中外宗親送詔獄，無少長皆棄市；他所連及公卿、列校、刺史、二千石，死者數十人。太尉胡廣、司徒韓縯、司空孫朗皆坐阿附梁冀，不衞宫，止長壽亭，減死一等，免爲庶人。故吏、賓客免黜者三百餘人，朝廷爲空。是時，事猝從中發，使者交馳，公卿失其度，官府市里鼎沸，數日乃定；百姓莫不稱慶。收冀財貨，縣官斥賣，合三十餘萬萬，以充王府用，減天下稅租之半，散其苑囿，以業窮民。

壬午，立梁貴人爲皇后，追廢懿陵爲貴人冢。帝惡梁氏，改皇后姓爲薄氏，久之，知爲鄧香女，乃復姓鄧氏。

詔賞誅梁冀之功，封單超、徐璜、具瑗、左悺、唐衡皆爲縣侯，超食二萬户，璜等各萬餘户，世謂之五侯。仍以悺、衡爲中常侍。又封尚書令尹勳等七人皆爲亭侯。

以大司農黄瓊爲太尉，光禄大夫中山祝恬爲司徒，大鴻臚梁國盛允爲司空。

是時，新誅梁冀，天下想望異政，黄瓊首居公位，乃舉奏州郡素行暴汙，至死徙者十餘人，海内翕然稱之。【略】

帝既誅梁冀，故舊恩私，多受封爵：追贈皇后父鄧香爲車騎將軍，封安陽侯；更封后母宣爲昆陽君，兄子康、秉皆爲列侯，宗族皆列校、郎將，賞賜以巨萬計。中常侍侯覽上縑五千匹，帝賜爵關内侯，又託以與議誅冀，進封高鄉侯；又封小黄門劉普、趙忠等八人爲鄉侯。自是權勢專歸宦官矣。五侯尤貪縱，傾動内外。時災異數見，白馬令甘陵李雲露布上書，移副三府曰：『梁冀雖恃權專擅，虐流天下，今以罪行誅，猶召家臣搤殺之耳，而猥封謀臣萬户以上；高祖聞之，得無見非！西北列將，得無解體！孔子曰：「帝者，諦也。」今官位錯亂，小人諂進，財貨公行，政化日損；尺一拜用，不經御省，是帝欲不諦乎！』帝得奏震怒，下有司逮雲，詔尚書都護劍戟送黄門北寺獄，使中常侍管霸與御史、廷尉雜考之。時弘農五官掾杜衆傷雲以忠諫獲罪，上書『願與雲同日死』，帝愈怒，遂并下廷尉。大鴻臚陳蕃上疏曰：『李雲所言，雖不識禁忌，干上逆旨，其意歸於忠國而已。昔高祖忍周昌不諱之諫，成帝赦朱雲腰領之誅，今日殺雲，臣恐剖心之譏，覆議於世矣！』太常楊秉、雒陽市長沐茂、郎中上官資並上疏請雲。帝恚甚，有司奏以爲大不敬；詔切責蕃、秉，免歸田里，茂、資貶秩二等。時帝在濯龍池，管霸奏雲等事，霸跪言曰：『李雲草澤愚儒，杜衆郡中小吏，出於狂戇，不足加罪。』帝謂霸曰：『「帝欲不諦」，是何等語，而常侍欲原之邪！』顧使小黄門可其奏，雲、衆皆死獄中，於是嬖寵益横。太尉瓊自度力不能制，乃稱疾不起，上疏曰：『陛下卽位以來，未有勝政，諸梁秉權，豎宦充朝，李固、杜喬既以忠言横見殘滅，而李雲、杜衆復以直道繼踵受誅，海内傷懼，益以怨結，朝野之人，以忠爲諱。尚書周永，素事梁冀，假其威勢，見冀將衰，乃陽毁示忠，遂因姦計，亦取封侯。又，黄門挾邪，羣輩相黨，自冀興盛，腹背相親，朝夕圖謀，共構姦軌；臨冀當誅，無可設巧，復託其惡以要爵賞。陛下不加清徵，審別眞僞，復與忠臣並時顯封，粉墨雜糅，所謂抵金玉於砂礫，碎珪璧於泥塗，四方聞之，莫不憤歎。臣世荷國恩，身輕位重，敢以垂絶之日，陳不諱之言。』書奏，不納。

論説

晉·常璩《華陽國志》卷一〇下《漢中士女》 炎精下頽，朱明不揚。【略】李固，字子堅，郃子也。陽嘉三年，以對策忠亢拜議郎。大將軍梁商，后父也，表爲從事中郎，授荊州刺史。值州部有亂，至州，先友賢者南陽鄭叔躬、宋孝節、零陵支宜雅，表薦長沙、桂陽太守趙歷。辛巳，奏免江夏、南郡太守孔疇、高賜，爲昆等。州土自然安靜。徙泰山太守，克寧盜賊。入爲將作大匠。多致海内名士。南陽樊英、江夏黄瓊、廣漢楊厚、會稽賀純、光禄周舉、侍中杜喬、陳留楊倫、河南尹存、東平王惲、陳國何臨、清河房植等，皆蒙徵聘。轉大司農。順帝崩，太后臨朝，拜太尉，與后兄大將軍梁冀、太傅趙峻並録尚書事。沖帝崩時，徐、揚有

盜賊，太后欲不發喪，須召諸王至。固爭不可，言：『國家多難，宜立長君。』太后欲專權，乃立樂安王爲質帝。質帝崩，太后復與梁冀謀所立。固與司徒南郡胡廣、司空蜀郡趙戒書與冀，引周勃、霍光立文、宣以安漢之策，閻、鄧廢立之禍，言：『國統三絶，期運厄會，興崩之漸，在斯一舉，宜求賢王、親近，不可寢嘿也。』冀得書，召公卿、列侯議所立。三公及鴻臚杜喬僉舉清河王蒜，冀然之，奏御太后。中常侍曹騰私恨蒜，説冀明日更議。廣、戒從冀，固與喬必爭：『蒜宜立中興才也。且年長識義，必有厚將軍。』冀不聽，策免固、喬。歲餘，收下獄；以無事，出之，京師市邑皆稱千萬歲。冀惡其爲人所善，更奏繫之。固書與二公曰：『吾欲扶持漢室，使之比隆文、宣，何圖梁將軍迷謬，諸子曲從，以吉物爲凶，成事爲敗。漢家衰微，從是始矣。將軍亦有不利。吾雖死，上不慚於天，下不愧於人。求義得義，死復何恨？』遂自殺。二公得書，歎息流涕。士民咸哀哭之。桓帝無道，冀尋受誅。漢家遂微，政在閹宦，無不思固也。

《後漢書》卷六《孝質帝紀》 孝質皇帝諱纘，肅宗玄孫。曾祖父千乘貞王伉，祖父樂安夷王寵，父勃海孝王鴻，母陳夫人。沖帝不豫，大將軍梁冀徵帝到洛陽都亭。及沖帝崩，皇太后與冀定策禁中，丙辰，使冀持節，以王青蓋車迎帝入南宫。丁巳，封爲建平侯，其日卽皇帝位，年八歲。【略】

（本初元年六月）閏月甲申，大將軍梁冀潛行鴆弑，帝崩於玉堂前殿，年九歲。

丁亥，太尉李固免。戊子，司徒胡廣爲太尉，司空趙戒爲司徒，與梁冀參録尚書事。太僕袁湯爲司空。

又 卷七《孝桓帝紀》 大將軍梁冀謀爲亂。（延熹二年）八月丁丑，帝御前殿，詔司隸校尉張彪將兵圍冀第，收大將軍印綬，冀與妻皆自殺。衛尉梁淑、河南尹梁胤、屯騎校尉梁讓、越騎校尉梁忠、長水校尉梁戟等，及中外宗親數十人，皆伏誅。太尉胡廣坐免。司徒韓縯、司空孫朗下獄。

壬午，立皇后鄧氏，追廢懿陵爲貴人冢。詔曰：『梁冀姦暴，濁亂王室。孝質皇帝聰敏早茂，冀心懷忌畏，私行殺毒。永樂太后親尊莫二，冀又遏絶，禁還京師，使朕離母子之愛，隔顧復之恩。禍害深大，罪釁日滋。賴宗廟之靈，及中常侍單超、徐璜、具瑗、左悺、唐衡、尚書令尹勳等激憤建策，內外協同，漏刻之閒，桀逆梟夷。斯誠社稷之祐，臣下之力，宜班慶賞，以酬忠勳。其封超等五人爲縣侯，勳等七人爲亭侯。』於是舊故恩私，多受封爵。【略】

論曰：前史稱桓帝好音樂，善琴笙。飾芳林而考濯龍之宫，設華蓋以祠浮圖、老子，斯將所謂『聽於神』乎！及誅梁冀，奮威怒，天下猶企其休息。而五邪嗣虐，流衍四方。自非忠賢力爭，屢折姦鋒，雖願依斟流彘，亦不可得已。

又 卷一〇《皇后紀下·桓帝梁皇后》 時太后秉政而梁冀專朝，故后獨得寵幸，自下莫得進見。后藉姊兄蔭執，恣極奢靡，宫幄彫麗，服御珍華，巧飾制度，兼倍前世。及皇太后崩，恩愛稍衰。后既無子，潛懷怨忌，每宫人孕育，鮮得全者。帝雖迫畏梁冀，不敢譴怒，然見御轉稀。至延熹二年，后以憂恚崩，在位十三年，葬懿陵。其歲，誅梁冀，廢懿陵爲貴人冢焉。

桓帝鄧皇后諱猛女，和熹皇后從兄子鄧香之女也。母宣，初適香，生后。改嫁梁紀，紀者，大將軍梁冀妻孫壽之舅也。后少孤，隨母爲居，因冒姓梁氏。冀妻見后貌美，永興中進入掖庭，爲采女，絶幸。明年，封兄鄧演爲南頓侯，位特進。演卒，子康嗣。及懿獻后崩，梁冀誅，立后爲皇后。帝惡梁氏，改姓爲薄，封后母宣爲長安君。四年，有司奏后本郎中鄧香之女，不宜改易它姓，於是復爲鄧氏。追封贈香車騎將軍安陽侯印綬，更封宣、康大縣，宣爲昆陽君，康爲沘陽侯，賞賜巨萬計。宣卒，賵贈葬禮，皆依后母舊儀。以康弟統襲封昆陽侯，位侍中；統從兄會襲安陽侯，爲虎賁中郎將；又封統弟秉爲淯陽侯。宗族皆列校、郎將。

又 卷三四《梁冀傳》 冀字伯卓。爲人鳶肩豺目，洞精矘眄，口吟舌言，裁能書計。少爲貴戚，逸游自恣。性嗜酒，能挽滿、彈棊、格五、六博、蹴鞠、意錢之戲，又好臂鷹走狗，騁馬鬭雞。初爲黄門侍郎，轉侍中、虎賁中郎將，越騎、步兵校尉，執金吾。

永和元年，拜河南尹。冀居職暴恣，多非法，父商所親客洛陽令呂放，頗與商言及冀之短，商以讓冀，冀卽遣人於道刺殺放。而恐商知之，

乃推疑於放之怨仇，請以放弟禹爲洛陽令，使捕之，盡滅其宗親、賓客百餘人。

商薨未及葬，順帝乃拜冀爲大將軍，弟侍中不疑爲河南尹。

及帝崩，沖帝始在襁褓，太后臨朝，詔冀與太傅趙峻、太尉李固參録尚書事。冀雖辭不肯當，而侈暴滋甚。

沖帝又崩，冀立質帝。帝少而聰慧，知冀驕橫，嘗朝羣臣，目冀曰：『此跋扈將軍也。』冀聞，深惡之，遂令左右進鴆加煑餅，帝卽日崩。

復立桓帝，而枉害李固及前太尉杜喬，海內嗟懼，語在《李固傳》。建和元年，益封冀萬三千户，增大將軍府舉高第茂才，官屬倍於三公。又封不疑爲潁陽侯，不疑弟蒙西平侯，冀子胤襄邑侯，各萬户。和平元年，重增封冀萬户，并前所襲合三萬户。

弘農人宰宣素性佞邪，欲取媚於冀，乃上言大將軍有周公之功，今既封諸子，則其妻宜爲邑君。詔遂封冀妻孫壽爲襄城君，兼食陽翟租，歲入五千萬，加賜赤紱，比長公主。壽色美而善爲妖態，作愁眉，啼粧，墮馬髻，折腰步，齲齒笑，以爲媚惑。冀亦改易輿服之制，作平上軿車，埤幘，狹冠，折上巾，擁身扇，狐尾單衣。壽性鉗忌，能制御冀，冀甚寵憚之。

初，父商獻美人友通期於順帝，通期有微過，帝以歸商，商不敢留而出嫁之，冀卽遣客盜還通期。會商薨，冀行服，於城西私與之居。壽伺冀出，多從倉頭，篡取通期歸，截髮刮面，笞掠之，欲上書告其事。冀大恐，頓首請於壽母，壽亦不得已而止。冀猶復與私通，生子伯玉，匿不敢出。壽尋知之，使子胤誅滅友氏，冀慮壽害伯玉，常置複壁中。冀愛監奴秦宮，官至太倉令，得出入壽所。壽見宮，輒屏御者，託以言事，因與私焉。宮內外兼寵，威權大震，刺史、二千石皆謁辭之。

冀用壽言，多斥奪諸梁在位者，外以謙讓，而實崇孫氏宗親。冒名而爲侍中、卿、校尉、郡守、長吏者十餘人，皆貪叨凶淫，各遣私客籍屬縣富人，被以它罪，閉獄掠拷，使出錢自贖，貲物少者至於死徙。扶風人士孫奮居富而性吝，冀因以馬乘遺之，從貸錢五千萬，奮以三千萬與之，冀大怒，乃告郡縣，認奮母爲其守臧婢，云盜白珠十斛、紫金千斤以叛，遂收考奮兄弟，死於獄中，悉沒貲財億七千餘萬。

其四方調發，歲時貢獻，皆先輸上第於冀，乘輿乃其次焉。吏人齎貨求官請罪者，道路相望。冀又遣客出塞，交通外國，廣求異物。因行道路，發取（妓）［伎］女御者，而使人復乘執橫暴，妻略婦女，毆擊吏卒，所在怨毒。

冀乃大起第舍，而壽亦對街爲宅，殫極土木，互相誇競。堂寢皆有陰陽奧室，連房洞户。柱壁雕鏤，加以銅漆；窗牖皆有綺疎青瑣，圖以雲氣仙靈。臺閣周通，更相臨望；飛梁石蹬，陵跨水道。金玉珠璣，異方珍怪，充積臧室。遠致汗血名馬。又廣開園囿，採土築山，十里九坂，以像二崤，深林絕澗，有若自然，奇禽馴獸，飛走其閒。冀、壽共乘輦車，張羽蓋，飾以金銀，游觀第內，多從倡伎，鳴鐘吹管，酣謳竟路。或連繼日夜，以騁娛恣。客到門不得通，皆請謝門者，門者累千金。又多拓林苑，禁同王家，西至弘農，東界滎陽，南極魯陽，北達河、淇，包含山藪，遠帶丘荒，周旋封域，殆將千里。又起菟苑于河南城西，經亘數十里，發屬縣卒徒，繕修樓觀，數年乃成。移檄所在，調發生菟，刻其毛以爲識，人有犯者，罪至刑死。嘗有西域賈胡，不知禁忌，誤殺一兔，轉相告言，坐死者十餘人。冀二弟嘗私遣人出獵上黨，冀聞而捕其賓客，一時殺三十餘人，無生還者。冀又起別第於城西，以納姦亡。或取良人，悉爲奴卑，至數千人，名曰『自賣人』。

元嘉元年，帝以冀有援立之功，欲崇殊典，乃大會公卿，共議其禮。於是有司奏冀入朝不趨，劍履上殿，謁贊不名，禮儀比蕭何；悉以定陶、成［陽］餘户增封爲四縣，比鄧禹；賞賜金錢、奴婢、綵帛、車馬、衣服、甲第，比霍光：以殊元勳。每朝會，與三公絕席。十日一入，平尚書事。宣布天下，爲萬世法。冀猶以所奏禮薄，意不悅。專擅威柄，凶恣日積，機事大小，莫不諮決之。宮衛近侍，並所親樹。禁省起居，纖微必知。百官遷召，皆先到冀門牋檄謝恩，然後敢詣尚書。下邳人吳樹爲宛令，之官辭冀，冀賓客布在縣界，以情託樹。樹對曰：『小人姦蠹，比屋可誅。明將軍以椒房之重，處上將之位，宜崇賢善，以補朝闕。宛爲大都，士之淵藪，自侍坐以來，未聞稱一長者，而多託非人，誠非敢聞！』冀嘿然不悅。樹到縣，遂誅殺冀客爲人害者數十人，由是深怨之。樹後爲荊州刺史，臨去辭冀，冀爲設酒，因鴆之，樹出，死車上。又遼東太守侯

猛，初拜不謁，冀託以它事，乃腰斬之。

時郎中汝南袁著，年十九，見冀凶縱，不勝其憤，乃詣闕上書曰：『臣聞仲尼歎鳳鳥不至，河不出圖，自傷卑賤，不能致也。今陛下居得致之位，又有能致之資，而和氣未應，賢愚失序者，勢分權臣，上下壅隔之故也。夫四時之運，功成則退，高爵厚寵，鮮不致灾。今大將軍位極功成，可爲至戒，宜遵懸車之禮，高枕頤神。傳曰：「木實繁者，披枝害心。」若不抑損權盛，將無以全其身矣。左右聞臣言，將側目切齒，臣特以童蒙見拔，故敢忘忌諱。昔舜、禹相戒無若丹朱，周公戒成王無如殷王紂，願除誹謗之罪，以開天下之口。』書得奏御，冀聞而密遣掩捕著。著乃變易姓名，後託病僞死，結蒲爲人，市棺殯送。冀廉問知其詐，陰求得，笞殺之，隱蔽其事。學生桂陽劉常，當世名儒，素善於著，冀召補令史以辱之。時太原郝絜、胡武，皆危言高論，與著友善。先是絜等連名奏記三府，薦海内高士，而不詣冀，冀追怒之，又疑爲著黨，敕中都官移檄捕前奏記者並殺之，遂誅武家，死者六十餘人。絜初逃亡，知不得免，因輿櫬奏書冀門。書入，仰藥而死，家乃得全。及冀誅，有詔以禮祀著等。冀諸忍忌，皆此類也。

不疑好經書，善待士，冀陰疾之，因中常侍白帝，轉爲光禄勳，又諷衆人共薦其子胤爲河南尹。胤一名胡狗，時年十六，容貌甚陋，不勝冠帶，道路見者，莫不蚩笑焉。不疑自恥兄弟有隙，遂讓位歸第，與弟蒙閉門自守。冀不欲令與賓客交通，陰使人變服至門，記往來者。南郡太守馬融、江夏太守田明，初除，過謁不疑，冀諷州郡以它事陷之，皆髡笞徙朔方。融自刺不殊，明遂死于路。

永興二年，封不疑子馬爲潁陰侯，胤子桃爲城父侯。冀一門前後七封侯，三皇后，六貴人，二大將軍，夫人、女食邑稱君者七人，尚公主者三人，其餘卿、將、尹、校五十七人。在位二十餘年，窮極滿盛，威行内外，百僚側目，莫敢違命，天子恭己而不得有所親豫。

帝既不平之。延熹元年，太史令陳授因小黄門徐璜，陳灾異日食之變，咎在大將軍，冀聞之，諷洛陽［令］收考授，死於獄。帝由此發怒。

初，掖庭人鄧香妻宣生女猛，香卒，宣更適梁紀。梁紀者，冀妻壽之舅也。壽引進猛入掖庭，見幸，爲貴人，冀因欲認猛爲其女以自固，乃易猛姓爲梁。時猛姊壻邴尊爲議郎，冀恐尊沮敗宣意，乃結刺客于偃城，刺殺尊，而又欲殺宣。宣家在延熹里，與中常侍袁赦相比。冀使刺客登赦屋，欲入宣家。赦覺之，鳴鼓會衆以告宣。宣馳入以白帝，帝大怒，遂與中常侍單超、具瑗、唐衡、左悺、徐璜等五人成謀誅冀。語在《宦者傳》。

冀心疑超等，乃使中黄門張惲入省宿，以防其變。具瑗敕吏收惲，以輒從外入，欲圖不軌。帝因是御前殿，召諸尚書入，發其事，使尚書令尹勳持節勒丞郎以下皆操兵守省閤，斂諸符節送省中。使黄門令具瑗將左右廐騶、虎賁、羽林、都候劍戟士，合千餘人，與司隸校尉張彪共圍冀第。使光禄勳袁盱持節收冀大將軍印綬，徙封比景都鄉侯。冀及妻壽即日皆自殺。悉收子河南尹胤、叔父屯騎校尉讓，及親從衛尉淑、越騎校尉忠、長水校尉戟等，諸梁及孫氏中外宗親送詔獄，無長少皆棄市。不疑、蒙先卒。其它所連及公卿、列校、刺史、二千石死者數十人，故吏賓客免黜者三百餘人，朝廷爲空，唯尹勳、袁盱及廷尉邯鄲義在焉。是時事卒從中發，使者交馳，公卿失其度，官府市里鼎沸，數日乃定，百姓莫不稱慶。

收冀財貨，縣官斥賣，合三十餘萬萬，以充王府，用減天下稅租之半。散其苑囿，以業窮民。録誅冀功者，封尚書令尹勳以下數十人。

論曰：順帝之世，梁商稱爲賢輔，豈以其地居亢滿，而能以愿謹自終者乎？夫宰相運動樞極，感會天人，中於道則易以興政，乖於務則難乎御物。商協回天之埶，屬雕弱之期，而匡朝卹患，未聞上術，憔悴之音，載謠人口。雖輿粟盈門，何救阻飢之戹；永言終制，未解尸官之尤。況乃傾側孽臣，傳寵凶嗣，以致破家傷國，而豈徒然哉！

贊曰：河西佐漢，統亦定筭。褒親幽憤，升高累歎。商恨善柔。冀遂貪亂。

又 卷五七《李雲傳》 桓帝延熹二年，誅大將軍梁冀，而中常侍單超等五人皆以誅冀功並封列侯，專權選舉。又立掖庭民女亳氏爲皇后，數月閒，后家封者四人，賞賜巨萬。是時地數震裂，衆灾頻降。雲素剛，憂國將危，心不能忍，乃露布上書，移副三府，曰：『臣聞皇后天下母，德配坤靈，得其人則五氏來備，不得其人則地動搖宮。比年灾異，可謂多矣，皇天之戒，可謂至矣。高祖受命，至今三百六十四歲，君期一周，當

有黃精代見，姓陳、項、虞、田、許氏，不可令此人居太尉、太傅典兵之官。舉厝至重，不可不慎。班功行賞，宜應其實。梁冀雖持權專擅，虐流天下，今以罪行誅，猶召家臣搤殺之耳。而猥封謀臣萬户以上，高祖聞之，得無見非？西北列將，得無解體？孔子曰：「帝者，諦也。」今官位錯亂，小人諂進，財貨公行，政化日損，尺一拜用不經御省。是帝欲不諦乎？』

後梁・馬縞《中華古今注》卷中《梁冀盤桓釵》　盤桓釵，梁冀婦之所制也。梁冀妻改翠眉爲愁眉。長安婦女好爲盤桓髻，到于今其法不絕。墮馬髻，今無復作者。倭墮髻，一云墮馬之餘形也。

清・王夫之《讀通鑑論》卷八《順帝》　張綱單騎詣賊壘，諭張嬰而降之，言弭盜者侈爲美談。楊鶴、陳奇瑜、熊文燦遙慕其風，而禍及宗社。嗚呼！孰知綱之爲此，爲梁冀驅之死地，迫於弗獲已，而姑以謝一時之責者乎！綱卒未幾，而嬰復據郡以反，滕撫斬之而後絕，綱何嘗能弭東南之盜哉！且嬰降而馬勉、華孟相繼以蠭起，滕撫追剿淨盡，而江湖始寧，則撫盜之爲盜囮審矣。

清・趙翼《廿二史劄記》卷一九《改惡人姓名》　惡其人而改其姓名，蓋本於《左傳》所云檮杌、饕餮、渾沌、窮奇之類，然此但加以惡稱，非易其氏名，且非朝制也。其改爲惡姓惡名者，王莽以單于囊知牙斯不順命，改匈奴單于爲降奴單于，此已開其端。後漢桓帝誅梁冀，惡梁姓，時鄧后猶冒梁姓，乃改后姓爲薄，此改姓也。

藝文

宋・郭茂倩《樂府詩集》卷八八《後漢順帝末京都童謠》　《後漢書・五行志》曰：『順帝之末，京都童謠。按順帝即世，孝質短祚，大將軍梁冀貪樹疏幼，以爲己功，專國號令，以贍其私。太尉李固以爲清河王，雅性聰明，敦詩悦禮，加又屬親，立長則順，置善則固。而冀建白太后，策免固，徵蠡吾侯，遂即至尊。固是月幽斃於獄，暴屍道路，而太尉胡廣封安樂鄉侯、司徒趙戒廚亭侯、司空袁湯安國亭侯。』

直如弦，死道邊。曲如鉤，反封侯。

宋・蘇軾《蘇軾集》卷二《馬融石室》　未應將軍聘，初從季直游。絳紗生不識，蒼石尚能留。豈害依梁冀，何須困李侯。吾詩慎勿刻，猿鶴爲君羞。

清・彭定求等《全唐詩》卷七五《蔡孚〈打毬篇〉》　德陽宮北苑東頭，雲作高臺月作樓。金鎚玉鑾千金地，寶杖琱文七寶毬。竇融一家三尚主，梁冀頻封萬户侯。

容色由來荷恩顧，意氣平生事俠游。共道用兵如斷蔗，俱能走馬入長楸。紅鬣錦鬉風騄驥，黃絡青絲電紫騮。奔星亂下花場裏，初月飛來畫杖頭。自有長鳴須決勝，能馳迅走滿先籌。薄暮漢宮愉樂罷，還歸堯室曉垂旒。

李傕郭汜之亂

綜述

《後漢書》卷九《孝獻帝紀》　（初平三年五月）董卓部曲將李傕、郭汜、樊稠、張濟等反，攻京師。六月戊午，陷長安城，太常种拂、太僕魯旭、大鴻臚周奐、城門校尉崔烈、越騎校尉王頎並戰歿，吏民死者萬餘人。李傕等並自爲將軍。己未，大赦天下。李傕殺司隸校尉黄琬，甲子，殺司徒王允，皆滅其族。丙子，前將軍趙謙爲司徒。

秋七月庚子，太尉馬日磾爲太傅，録尚書事。

八月，遣日磾及太僕趙岐，持節慰撫天下。車騎將軍皇甫嵩爲太尉。司徒趙謙罷。

九月，李傕自爲車騎將軍，郭汜後將軍，樊稠右將軍，張濟鎮東將軍。濟出屯弘農。甲申，司空淳于嘉爲司徒，光禄大夫楊彪爲司空，並録尚書事。【略】

興平二年春正月癸丑，大赦天下。

二月乙亥，李傕殺樊稠而與郭汜相攻。

三月丙寅，李傕脅帝幸其營，焚宮室。

夏四月甲午，立貴人伏氏爲皇后。丁酉，郭汜攻李傕，矢及御前。是

日，李傕移帝幸北塢。

大旱。

五月壬午，李傕自爲大司馬。

六月庚午，張濟自陝來和傕、汜。

秋七月甲子，車駕東歸。郭汜自爲車騎將軍，楊定爲後將軍，楊奉爲興義將軍，董承爲安集將軍，並侍送乘輿。張濟爲票騎將軍，還屯陝。

八月甲辰，幸新豐。

冬十月戊戌，郭汜使其將伍習夜燒所幸學舍，逼脅乘輿。楊定、楊奉與郭汜戰，破之。壬寅，幸華陰，露次道南。是夜，有赤氣貫紫宫。張濟復反，與李傕、郭汜合。

十一月庚午，李傕、郭汜等追乘輿，戰於東澗，王師敗績，殺光禄勳鄧泉、衛尉士孫瑞、廷尉宣播、大長秋苗祀、步兵校尉魏桀、侍中朱展、射聲校尉沮儁。壬申，幸曹陽，露次田中。楊奉、董承引白波帥胡才、李樂、韓暹及匈奴左賢王去卑，率師奉迎，與李傕等戰，破之。

十二月庚辰，車駕乃進。李傕等復來追戰，王師大敗，殺掠宫人，少府田芬、大司農張義等皆戰歿。進幸陝，夜度河。乙亥，幸安邑。

又 卷二七《趙温傳》 李傕與郭汜相攻，傕遂虜掠禁省，劫帝幸北塢，外内隔絶。傕素疑温不與己同，乃内温於塢中，又欲移乘輿于黄白城。温與傕書曰：『公前託爲董公報仇，然實屠陷王城，殺戮大臣，天下不可家見而户説也。今與郭汜爭睚眥之隙，以成千鈞之仇，人在塗炭，各不聊生。曾不改悟，遂成禍亂。朝廷仍下明詔，欲令和解。上命不行，威澤日損。而復欲移轉乘輿，更幸非所，此誠老夫所不達也。于《易》，一爲過，再爲涉，三而弗改，滅其頂，凶。不如早共和解，引軍還屯，上安萬乘，下全人民，豈不幸甚。』傕大怒，欲遣人殺温。李傕從弟應，温故掾也，諫之數日，乃獲免。

又 卷六一《孫琬傳》 及董卓秉政，以琬名臣，徵爲司徒，遷太僕，更封陽泉鄉侯。卓議遷都長安，琬與司徒楊彪同諫不從。琬退而駁議之曰：『昔周公營洛邑以寧姬，光武卜東郡以隆漢，天之所啓，神之所安。大業既定，豈宜妄有遷動，以虧四海之望？』時人懼卓暴怒，琬必及害，固諫之。琬對曰：『昔白公作亂于楚，屈廬冒刃而前；崔杼弑君于齊，晏嬰不懼其盟。吾雖不德，誠慕古人之節。』琬竟坐免。卓猶敬其名德舊族，不敢害。後與楊彪同拜光禄大夫，及徙西都，轉司隸校尉，與司徒王允同謀誅卓。及卓將李傕、郭汜攻破長安，遂收琬下獄死，時年五十二。

又 卷六六《王允傳》 董卓將校及在位者多涼州人，允議罷其軍。或説允曰：『涼州人素憚袁氏而畏關東。今若一旦解兵，則必人人自危。可以皇甫義真爲將軍，就領其衆，因使留陝以安撫之，而徐與關東通謀，以觀其變。』允曰：『不然。關東舉義兵者，皆吾徒耳。今若距險屯陝，雖安涼州，而疑關東之心，甚不可也。』

時，百姓訛言，當悉誅涼州人，遂轉相恐動。其在關中者，皆擁兵自守。更相謂曰：『丁彦思、蔡伯喈但以董公親厚，並尚從坐，今既不赦我曹，而欲解兵，今日解兵，明日當復爲魚肉矣。』卓部曲將李傕、郭汜等先將兵在關東，因不自安，遂合謀爲亂，攻圍長安。城陷，吕布奔走。布駐馬青瑣門外，招允曰：『公可以去乎？』允曰：『若蒙社稷之靈，上安國家，吾之願也。如其不獲，則奉身以死之。朝廷幼少，恃我而已，臨難苟免，吾不忍也。努力謝關東諸公，勤以國家爲念。』

初，允以同郡宋翼爲左馮翊，王宏爲右扶風。是時，三輔民庶熾盛，兵穀富實，李傕等欲即殺允，懼二郡爲患，乃先徵翼、宏。宏遣使謂翼曰：『郭汜、李傕以我二人在外，故未危王公。今日就徵，明日俱族。計將安出？』翼曰：『雖禍福難量，然王命所不得避也。』宏曰：『義兵鼎沸，在於董卓，況其黨與乎！若舉兵共討君側惡人，山東必應之，此轉禍爲福之計也。』翼不從。宏不能獨立，遂俱就徵，下廷尉。傕乃收允及翼、宏，並殺之。

允時年五十六。長子侍中蓋、次子景、定及宗族十餘人皆見誅害，唯兄子晨、陵得脱歸鄉里。天子感慟，百姓喪氣，莫敢收允屍者，唯故吏平陵令趙戩棄官營喪。

又 卷七〇《荀彧傳》 中平六年，舉孝廉，再遷亢父令。董卓之亂，棄官歸鄉里。同郡韓融時將宗親千餘家，避亂密西山中。彧謂父老曰：『潁川，四戰之地也。天下有變，常爲兵衝。密雖小固，不足以捍大難，宜亟避之。』鄉人多懷土不能去。會冀州牧同郡韓馥遣騎迎之，彧乃

獨將宗族從馥，留者後多爲董卓將李傕所殺略焉。

又　卷七一《朱儁傳》　及董卓被誅，傕、汜作亂，儁時猶在中牟。陶謙以儁名臣，數有戰功，可委以大事，乃與諸豪傑共推儁爲太師，因移檄牧伯，同討李傕等，奉迎天子。乃奏記於儁曰：

徐州刺史陶謙、前楊州刺史周乾、琅邪相陰德、東海相劉馗、彭城相汲廉、北海相孔融、沛相袁忠、太山太守應劭、汝南太守徐璆、前九江太守服虔、博士鄭玄等，敢言之行車騎將軍河南尹莫府：國家既曹董卓，重以李傕、郭汜之禍，幼主劫執忠良殘敝，長安隔絶，不知吉凶。是以臨官尹人，搢紳有識，莫不憂懼，以爲自非明哲雄霸之士，曷能克濟禍亂！自起兵已來，於茲三年，州郡轉相顧望，未有奮擊之功，而互爭私變，更相疑惑。謙等並共諮諏，議消國難。僉曰：『將軍君侯，既文且武，應運而出，凡百君子，靡不顒顒。』故相率厲，簡選精悍，堪能深入，直旨咸陽，多持資糧，足支半歲，謹同心腹，委之元帥。

會李傕用太尉周忠、尚書賈詡策，徵儁入朝。軍吏皆憚入關，欲應陶謙等。儁曰：『以君召臣，義不俟駕，況天子詔乎！且傕、汜小豎，樊稠庸兒，無他遠略，又勢力相敵，變難必作。吾乘其間，大事可濟。』遂辭謙議而就傕徵，復爲太僕，謙等遂罷。

初平四年，代周忠爲太尉，録尚書事。明年秋，以日食免，復行驃騎將軍事，持節鎮關東。未發，會李傕殺樊稠，而郭汜又自疑，與傕相攻，長安中亂，故儁止不出，留拜大司農。獻帝詔儁與太尉楊彪等十餘人譬郭汜，令與李傕和。汜不肯，遂留質儁等。儁素剛，即日發病卒。

又　卷七二《董卓傳》　時，河内太守王匡屯兵河陽津，將以圖卓。卓遣疑兵挑戰，而潛使鋭卒從小平津過津北，破之，死者略盡。明年，孫堅收合散卒，進屯梁縣之陽人。卓遣將胡軫、呂布攻之。布與軫不相能，軍中自驚恐，士卒散亂。堅追擊之，軫、布敗走。卓遣將李傕詣堅求和，堅拒絶不受，進軍大谷，距洛九十里。卓自出與堅戰于諸陵墓間，卓敗走，卻屯黽池，聚兵於陝。堅進洛陽宣陽城門，更擊呂布，布復破走。堅乃埽除宗廟，平塞諸陵，分兵出函谷關，至新安、黽池間，以截卓後。卓謂長史劉艾曰：『關東諸將數敗矣，無能爲也。唯孫堅小戇，諸將軍宜慎之。』乃使東中郎將董越屯黽池，中郎將段煨屯華陰，中郎將牛輔屯安邑，其餘中郎將、校尉布在諸縣，以禦山東。

卓諷朝廷使光禄勳宣璠持節拜卓爲太師，位在諸侯王上。乃引還長安。百官迎路拜揖，卓遂僭擬車服，乘金華青蓋，爪畫兩轓，時人號『竿摩車』，言其服飾近天子也。以弟旻爲左將軍，封鄠侯，兄子璜爲侍中、中軍校尉，皆典兵事。於是宗族内外，並居列位。其子孫雖在髫齓，男皆封侯，女爲邑君。

數與百官置酒宴會，淫樂縱恣。乃結壘于長安城東以自居。又築塢於郿，高厚七丈，號曰『萬歲塢』。積穀爲三十年儲。自云：『事成，雄據天下；不成，守此足以畢老。』嘗至郿行塢，公卿已下祖道於横門外。卓施帳幔飲設，誘降北地反者數百人，於坐中殺之。先斷其舌，次斬手足，次鑿其眼目，以鑊煮之。未及得死，偃轉杯案間。會者戰慄，亡失匕箸，而卓飲食自若。諸將有言語蹉跌，便戮於前。又稍誅關中舊族，陷以叛逆。

時，太史望氣，言當有大臣戮死者。卓乃使人誣衛尉張温與袁術交通，遂笞温於市，殺之，以塞天變。前温出屯美陽，令卓與邊章等戰，無功，温召又不時應命，既到而辭對不遜。時孫堅爲温參軍，勸温陳兵斬之。温曰：『卓有威名，方倚以西行。』堅曰：『明公親帥王師，威振天下，何恃于卓而賴之乎？堅聞古之名將，杖鉞臨衆，未有不斷斬以示威武者也。故穰苴斬莊賈，魏絳戮楊幹。今若縱之，自虧威重，後悔何及！』温不能從，而卓猶懷忌恨，故及於難。

温字伯慎，少有名譽，累登公卿，亦隊與司徒王允共謀誅卓，事未及發而見害。越騎校尉汝南伍孚忿卓凶毒，志手刃之，乃朝服懷佩刀以見卓。孚語畢辭去，卓起送至閤，以手撫其背，孚因出刀刺之，不中。卓自奮得免，急呼左右執殺之，而大詬曰：『虜欲反耶！』孚大言曰：『恨不得磔裂姦賊於都市，以謝天地！』言未畢而斃。

時，王允與呂布及僕射士孫瑞謀誅卓。有人書『呂』字於布上，負而行於市，歌曰：『布乎！』有告卓者，卓不悟。三年四月，帝疾新愈，大會未央殿。卓朝服升車，既而馬驚墮泥，還入更衣。其少妻止之，卓不從，遂行。乃陳兵夾道，自壘及宮，左步右騎，屯衛周匝，令呂布等扞衛前後。王允乃與士孫瑞密表其事，使瑞自書詔以授布，令騎都尉李肅與布

同心勇士十餘人，僞著衛士服于北掖門内以待卓。卓將至，馬驚不行，怪懼欲還。吕布勸令進，遂入門。肅以戟刺之，卓衷甲不入，傷臂墮車，顧大呼曰：『吕布何在？』布曰：『有詔討賊臣。』卓大罵曰：『庸狗敢如是邪！』布應聲持矛刺卓，趣兵斬之。主簿田儀及卓倉頭前赴其屍，布又殺之。馳齎赦書，以令宫陛内外。士卒皆稱萬歲，百姓歌舞于道。長安中士女賣其珠玉衣裝市酒肉相慶者，填滿街肆。使皇甫嵩攻卓弟旻于郿塢，殺得母妻男女，盡滅其族。乃尸卓於市。天時始熱，卓素充肥，脂流於地。守屍吏然火置卓臍中，光明達曙，如是積日。諸袁門生又聚董氏之屍，焚灰揚之于路。塢中珍藏有金二三萬斤，銀八九萬斤，錦綺繢縠紈素奇玩，積如丘山。

初，卓以牛輔子壻，素所親信，使以兵屯陝。輔分遣其校尉李傕、郭汜、張濟將步騎數萬，擊破河南尹朱儁于中牟。因掠陳留、潁川諸縣，殺略男女，所過無復遺類。吕布乃使李肅以詔命至陝討輔等，輔等逆與肅戰，肅敗走弘農，布誅殺之。其後牛輔營中無故大驚，輔懼，乃齎金寶逾城走。左右利其貨，斬輔，送首長安。

傕、汜等以王允、吕布殺董卓，故忿怒并州人，并州人其在軍者男女數百人，皆誅殺之。牛輔既敗，衆無所依，欲各散去。傕等恐，乃先遣使詣長安，求乞赦免。王允以爲一歲不可再赦，不許之。傕等益懷憂懼，不知所爲。武威人賈詡時在傕軍，説之曰：『聞長安中議欲盡誅涼州人，諸君若棄軍單行，則一亭長能束君矣。不如相率而西，以攻長安，爲董公報仇。事濟，奉國家以正天下；若其不合，走未後也。』傕等然之，各相謂曰：『京師不赦我，我當以死決之。若攻長安克，則得天下矣；不克，則抄三輔婦女財物，西歸鄉里，尚可延命。』衆以爲然，於是共結盟，率軍數千，晨夜西行。

王允聞之，乃遣卓故將胡軫、徐榮擊之于新豐。榮戰死，軫以衆降。傕隨道收兵，比至長安，已十餘萬，與卓故部曲樊稠、李蒙等合，圍長安。城峻不可攻，守之八日，吕布軍有叟兵内反，引傕衆得入。城潰，放兵虜掠，死者萬餘人。殺衛尉种拂等。吕布戰敗出奔。王允奉天子保宣平城門樓上。於是大赦天下。李傕、郭汜、樊稠等皆爲將軍。遂圍門樓，共表請司徒王允出，問：『太師何罪？』允窮蹙乃下，後數日見殺。傕等葬董卓於郿，並收董氏所焚屍之灰，合斂一棺而葬之。葬日，大風雨，霆震卓墓，流水入藏，漂其棺木。

傕又遷車騎將軍，開府，領司隸校尉，假節。汜後將軍，稠右將軍，張濟爲鎮東將軍，並封列侯。傕、汜、稠共秉朝政。濟出屯弘農。以賈詡爲左馮翊，欲侯之。詡曰：『此救命之計，何功之有！』固辭乃止。更以爲尚書典選。

明年夏，大雨晝夜二十餘日，漂没人庶，又風如冬時。帝使御史裴茂訊詔獄，原繫者二百餘人。其中有爲傕所枉繫者，傕恐茂赦之，乃表奏茂擅出囚徒，疑有奸故，請收之。詔曰：『灾異屢降，陰雨爲害，使者銜命宣佈恩澤，原解輕微，庶合天心。欲釋冤結而復罪之乎！一切勿問。』

初，卓之入關，要韓遂、馬騰共謀山東。遂、騰見天下方亂，亦欲倚卓起兵。興平元年，馬騰從隴右來朝，進屯霸橋。時騰私有求於傕，不獲而怒，遂與侍中馬宇、右中郎將劉範、前涼州刺史种劭、中郎將杜稟合兵攻傕，連日不决。韓遂聞之，乃率衆來欲和騰、傕，既而復與騰合。傕使兄子利共郭汜、樊稠與騰等戰于長平觀下。遂、騰敗，斬首萬餘級，种劭、劉範等皆死。遂、騰走還涼州，稠等又追之。韓遂使人語稠曰：『天下反覆未可知，相與州里，今雖小違，要當大同，欲共一言。』乃駢馬交臂相加，笑語良久。軍還，利告傕曰：『樊、韓駢馬笑語，不知其辭，而意愛甚密。』於是傕、稠始相猜疑。猶加稠及郭汜開府，與三公合爲六府，皆參選舉。

時，長安中盗賊不禁，白日虜掠，傕、汜、稠乃參分城内，各備其界，猶不能制，而其子弟縱横，侵暴百姓。是時，穀一斛五十萬，豆、麥二十萬，人相食啖，白骨委積，臭穢滿路。帝使侍御史侯汶出太倉米豆爲飢人作糜，經日而死者無降。帝疑賦恤有虚，乃親於御前自加臨檢。既知不實，使侍中劉艾出讓有司。於是尚書令以下皆詣省閣謝，奏收侯汶考實。詔曰：『未忍致汶於理，可杖五十。』自是後多得全濟。

明年春，傕因會刺殺樊稠於坐，由是諸將各相疑異，傕、汜遂復理兵相攻。安西將軍楊定者，故卓部曲將也。懼傕忍害，乃與汜合謀迎天子幸其營。傕知其計，即使兄子暹將數千人圍宫。以車三乘迎天子、皇后。太尉楊彪謂暹曰：『古今帝王，無在人臣家者。諸君舉事，當上順天心，奈何

如是！」暹曰：『將軍計決矣。』帝於是遂幸傕營，彪等皆徒從。亂兵入殿，掠宮人什物，傕又徙御府金帛乘輿器服，而放火燒宮殿官府居人悉盡。帝使楊彪與司空張喜等十餘人和傕、汜，汜不從，遂質留公卿。彪謂汜曰：『將軍達人間事，奈何君臣分爭，一人劫天子，一人質公卿，此可行邪？』汜怒，欲手刃彪。彪曰：『卿尚不奉國家，吾豈求生邪！』左右多諫，汜乃止。遂引兵攻傕，矢及帝前，又貫傕耳。傕將楊奉本白波賊帥，乃將兵救傕，於是汜衆乃退。

是日，傕復移帝幸其北塢，唯皇后、宋貴人俱。傕使校尉監門，隔絕內外。尋復欲徙帝于池陽黃白城，君臣惶懼。司徒趙溫深解譬之，乃止。詔遣謁者僕射皇甫酈和傕、汜。酈先譬汜，汜即從命。又詣傕，傕不聽。曰：『郭多，盜馬虜耳，何敢欲與我同邪！必誅之。君觀我方略士衆，足辦郭多不？多又劫質公卿。所爲如是，而君苟欲左右之邪！』汜一名多。酈曰：『今汜質公卿，而將軍脅主，誰輕重乎？』傕怒，呵遣酈，因令虎賁王昌追殺之。昌僞不及，酈得以免。傕乃自爲大司馬。與郭汜相攻連月，死者以萬數。

張濟自陝來和解二人，仍欲遷帝權幸弘農。帝亦思舊京，因遣使郭請傕求東歸，十反乃許。車駕即日發邁。李傕出屯曹陽。以張濟爲驃騎將軍，復還屯陝。遷郭汜車騎將軍，楊定後將軍，楊奉興義將軍。又以故牛輔部曲董承爲發集將軍。汜等並侍送乘輿。汜遂復欲脅帝幸郿，定、奉、承不聽。汜恐變生，乃棄軍還就李傕。車駕進至華陰。寧輯將軍段煨乃具服御及公卿以下資儲，請帝幸其營。初，楊定與煨有隙，遂誣煨欲反，乃攻其營，十餘日不下。而精猶奉給御膳，稟贍百官，終無二意。

李傕、郭汜既悔令天子東，乃來救段煨，因欲劫帝而西。楊定爲汜所遮，亡奔荊州。而張濟與楊奉、董承不相平，乃反合傕、汜，共追乘輿，大戰于弘農東澗。承、奉軍敗，百官士卒死者不可勝數，皆棄其婦女輜重，御物符策典籍，略無所遺。射聲校尉沮儁被創墜馬。李傕謂左右曰：『尚可活不？』儁罵之曰：『汝等凶逆，逼迫天子，亂臣賊子，未有如汝者！』傕使殺之。天子遂露次曹陽。承、奉乃譎傕等與連和，而密遣間使至河東，招故白波帥李樂、韓暹、胡才及南匈奴右賢王去卑，並率其衆數千騎來，與承、奉共擊傕等，大破之，斬首數千級，乘輿乃得進。董承、李樂擁衛左右，胡才、楊奉、韓暹、去卑爲後距。

傕等復來戰，奉等大敗，死者甚于東澗。自東澗兵相連綴四十里中，方得至陝，乃結營自守。時殘破之餘，虎賁羽林不滿百人，皆有離心。承、奉等夜乃潛議過河，使李樂先度具舟舡，舉火爲應。帝步出營，臨河欲濟，岸高十餘丈，乃以絹縋而下。餘人或匍匐岸側，或從上自投，死亡傷殘，不復相知。爭赴舡者，不可禁制，董承以戈擊披之，斷手指於舟中者可掬。同濟唯皇后、宋貴人、楊彪、董承及后父執金吾伏完等數十人。其宮女皆爲傕兵所掠奪，凍溺死者甚衆。既到大陽，止於人家，然後幸李樂營。百官飢餓，河內太守張楊使數千人負米貢餉。帝乃御牛車，因都安邑。河東太守王邑奉獻綿帛，悉賦公卿以下。封邑爲列侯，拜胡才征東將軍，張楊爲安國將軍，皆假節、開府。其壘壁羣豎，競求拜職，刻印不給，至乃以錐畫之。或齎酒肉就天子燕飲。又遣太僕韓融至弘農，與傕、汜等連和。傕乃放遣公卿百官，頗歸宮人婦女，及乘輿器服。

初，帝入關，三輔戶口尚數十萬，自傕、汜相攻，天子東歸後，長安城空四十餘日，强者四散，羸者相食，二三年間，關中無復人迹。建安元年春，諸將爭權，韓暹遂攻董承，承奔張楊，楊乃使承先繕修洛宮。七月，帝還至洛陽，幸楊安殿。張楊以爲己功，故因以『楊』名殿。乃謂諸將曰：『天子當與天下共之，朝廷自有公卿大臣，楊當出扞外難，何事京師？』遂還野王。楊奉亦出屯梁。乃以張楊爲大司馬，楊奉爲車騎將軍，韓暹爲大將軍，領司隸校尉，皆假節鉞。暹與董承並留宿衛。

暹矜功恣睢，干亂政事，董承患之，潛召兗州牧曹操。操乃詣闕貢獻，稟公卿以下，因奏韓暹、張楊之罪。暹懼誅，單騎奔楊奉。帝以暹、楊有翼車駕之功，詔一切勿問。於是封衛將軍董承、輔國將軍伏完等十餘人爲列侯，贈沮儁爲弘農太守。曹操以洛陽殘荒，遂移帝幸許。楊奉、韓暹欲要遮車駕，不及，曹操擊之，奉、暹奔袁術，遂縱暴楊、徐間。明年，左將軍劉備誘奉斬之。暹懼，走還并州，道爲人所殺。胡才、李樂留河東，才爲怨家所害，樂自病死。張濟飢餓，出至南陽，攻穰，戰死。郭汜爲其將伍習所殺。

三年，使謁者僕射裴茂詔關中諸將段煨等討李傕，夷三族。以段煨爲安南將軍，封閿鄉侯。

四年，張楊爲將楊醜所殺。以董承爲車騎將軍，開府。自都許之後，權歸曹氏，天子總己，百官備員而已。帝忌操專逼，乃密詔董承，使結天下義士共誅之。承遂與劉備同謀，未發，會備出征，承更與偏將軍王服、長水校尉种輯、議郎吳碩結謀。事泄，承、服、輯、碩皆爲操所誅。

韓遂與馬騰自還涼州，更相戰爭，乃下隴據關中。操方事河北，慮其乘間爲亂，七年，乃拜騰征南將軍，遂征西將軍，並開府。後徵段煨爲大鴻臚，病卒。復徵馬騰爲衛尉，封槐里侯。騰乃應召，而留子超領其部典。十六年，超與韓遂舉關中背曹操，操擊破之，遂、超敗走，騰坐夷三族。超攻殺涼州刺史韋康，復據隴右。十九年，天水人楊阜破超，超奔漢中，降劉備。韓遂走金城羌中，爲其帳下所殺。初，隴西人宗建在枹罕，自稱『河首平漢王，署置百官三十許年。曹操因遣夏侯淵擊建，斬之，涼州番平。

又　卷七三《陶謙傳》　陶謙字恭祖，丹陽人也。少爲諸生，仕州郡，四遷爲車騎將軍張温司馬，西討邊章。會徐州黄巾起，以謙爲徐州刺史，擊黄巾，大破走之，境内晏然。

時，董卓雖誅，而李傕、郭汜作亂關中。是時，四方斷絶，謙每遣使間行，奉貢西京。詔遷爲徐州牧，加安東將軍，封溧陽侯。是時，徐方百姓殷盛，穀實甚豐，流民多歸之。而謙信用非所，刑政不理，别駕從事趙昱，知名士也，而以忠直見疏，出爲廣陵太守。曹宏等讒慝小人，謙甚親任之，良善多被其害。由斯漸亂。下邳闕宣自稱『天子』，謙始與合從，後遂殺之而并其衆。

初，曹操父嵩避難琅邪，時謙别將守陰平，士卒利嵩財寶，遂襲殺之。初平四年，曹操擊謙，破彭城傅陽。謙退保郯，操攻之不能克，乃還。過拔取慮、雎陵、夏丘，皆屠之。凡殺男女數十萬人，雞犬無餘，泗水爲之不流，自是五縣城保，無復行迹。初三輔遭李傕亂，百姓流移依謙者皆殲。

《三國志》卷一《魏志·武帝紀》　（初平三年）夏四月，司徒王允與呂布共殺卓。卓將李傕、郭汜等殺允攻布，布敗，東出武關。傕等擅朝政。

又　卷六《魏志·董卓傳》　初，卓女婿中郎將牛輔典兵别屯陝，分遣校尉李傕、郭汜、張濟略陳留、潁川諸縣。卓死，呂布使李肅至陝，欲以詔命誅輔。輔等逆與肅戰，肅敗走弘農，布誅肅。《魏書》曰：輔恇怯失守，不能自安。常把辟兵符，以鈇鑕致其旁，欲以自强。見客，先使相者相之，知有反氣與不，又筮知吉凶，然後乃見之。中郎將董越來就輔，輔使筮之，得兑下離上，筮者曰：『火勝金，外謀内之卦也。』即時殺越。《獻帝紀》云：筮人常爲越所鞭，故因此以報之。其後輔營兵有夜叛出者，營中驚，輔以爲皆叛，乃取金寶，獨與素所厚（友）胡赤兒等五六人相隨，逾城北渡河，赤兒等利其金寶，斬首送長安。

比傕等還，輔已敗，衆無所依，欲各散歸。既無赦書，而聞長安中欲盡誅涼州人，憂恐不知所爲。用賈詡策，遂將其衆而西，所在收兵，比至長安，衆十餘萬，《九州春秋》曰：傕等在陝，皆恐怖，急擁兵自守。胡文才、楊整脩皆涼州大人，而司徒王允素所不善也。及李傕之叛，允乃呼文才、整脩使東解釋之，不假借以温顔，謂曰：『關東鼠子欲何爲邪？卿往呼之。』於是二人往，實召兵而還。與卓故部曲樊稠、李蒙、王方等合圍長安城。十日城陷，與布戰城中，布敗走。傕等放兵略長安老少，殺之悉盡，死者狼籍。誅殺卓者，屍王允於市。張璠《漢紀》曰：布兵敗，駐馬青瑣門外，謂允曰：『公可以去。』允曰：『安國家，吾之上原也，若不獲，則奉身以死。朝廷幼主恃我而已，臨難苟免，吾不爲也。努力謝關東諸公，以國家爲念。』傕、汜入長安城，屯南宫掖門，殺太僕魯馗、大鴻臚周奂、城門校尉崔烈、越騎校尉王頎。吏民死者不可勝數。司徒王允挾天子上宣平城門避兵，傕等於城門下拜，伏地叩頭。帝謂傕等曰：『卿無作威福，而乃放兵縱横，欲何爲乎？』傕等曰：『董卓忠於陛下，而無故爲呂布所殺。臣等爲卓報讎，弗敢爲逆也。請事竟，詣廷尉受罪。』允窮逼出見傕，傕誅允及妻子宗族十餘人。長安城中男女大小莫不流涕。允字子師，太原祁人也。少有大節，郭泰見而奇之，曰：『王生一日千里，王佐之才也。』泰雖先達，遂與定交。三公並辟，歷豫州刺史，辟荀爽、孔融爲從事，還河南尹、尚書令。及爲司徒，其所以扶持王室，甚得大臣之節，自天子以下，皆倚賴焉。卓亦推信之，委以朝廷。華嶠曰：夫士以正立，以謀濟，以義成，若王允之推董卓而分其權，伺其間而弊其罪。當此之時，天下之難解矣，本之皆主於忠義也，故推卓不爲失正，分權不爲不義，伺間不爲狙詐，是以謀濟義成，而歸於正也。葬卓于郿，大風暴雨震卓墓，水流入藏，漂其棺槨。傕爲車騎將軍、池陽

侯，領司隸校尉、假節。汜爲後將軍、美陽侯。稠爲右將軍、萬年侯。傕、汜、稠擅朝政。《英雄記》曰：傕，北地人。汜，張掖人，一名多。濟爲驃騎將軍、平陽侯，屯弘農。

是歲，韓遂、馬騰等降，率衆詣長安。以遂爲鎮西將軍，遣還涼州，騰征西將軍，屯郿。侍中馬宇與諫議大夫种邵、左中郎將劉範等謀，欲使騰襲長安，己爲內應，以誅傕等。騰引兵至長平觀，宇等謀泄，出奔槐里。稠擊騰，騰敗走，還涼州；又攻槐里，宇等皆死。時三輔民尚數十萬户，傕等放兵劫略，攻剽城邑，人民飢困，二年間相啖食略盡。《獻帝紀》曰：是時新遷都，宮人多亡衣服，帝欲發御府繒以與之，李傕弗欲，曰：『宮中有衣，胡爲復作邪？』詔賣廄馬百餘匹，御府大司農出雜繒二萬匹，與所賣廄馬直，賜公卿以下及貧民不能自存者。李傕曰『我邸閣儲偫少』，乃悉載置其營。賈詡曰『此上意，不可拒』，傕不從之。

諸將爭權，遂殺稠，并其衆。《九州春秋》曰：馬騰、韓遂之敗，樊稠追至陳倉。遂語稠曰：『天地反覆，未可知也。本所爭者非私怨，王家事耳。與足下州里人，今雖小違，要當大同，欲相與善語以別。邂逅萬一不如意，後可復相見乎！』俱卻騎前接馬，交臂相加，共語良久而別。傕兄子利隨稠，利還告傕，韓、樊交馬語，不知所道，意愛甚密。傕以是疑稠與韓遂私和而有異意。稠欲將兵東出關，從傕索益兵。因請稠會議，便於坐殺稠。汜與傕轉相疑，戰鬬長安中。《典略》曰：傕數設酒請汜，或留汜止宿。汜妻懼傕與汜婢妾而奪己愛，思有以離間之。會傕送饋，妻乃以豉爲藥，汜將食，妻曰：『食從外來，倘或有故！』遂摘藥示之，曰：『一棲不二雄，我固疑將軍之信李公也。』他日傕復請汜，大醉。汜疑傕藥之，絞糞汁飲之乃解。於是遂生嫌隙，而治兵相攻。傕質天子於營，燒宮殿城門，略官寺，盡收乘輿服御物置其家。《獻帝起居注》曰：初，汜謀迎天子幸其營，夜有亡告傕者，傕使兄子暹將數千兵圍宮，以車三乘迎天子。楊彪曰：『自古帝王無在人臣家者。舉事當合天下心，諸君作此，非是也。』暹曰：『將軍計定矣。』於是天子一乘，貴人伏氏一乘，賈詡、左靈一乘，其餘皆步從。是日，傕復移乘輿幸北塢，使校尉監塢門，內外隔絕。諸侍臣皆有飢色，時盛暑熱，人盡寒心。帝求米五斛、牛骨五具以賜左右，傕曰：『朝餔上飯，何用米爲？』乃與腐牛骨，皆臭不可食。帝大怒，欲詰責之。侍中楊琦上封事曰：『傕，邊鄙之人，習於夷風，今又自知所犯悖逆，常有怏怏之色，欲輔車駕幸黄白城以紓其憤。臣原陛下忍之，未可顯其罪也。』帝納之。初，傕屯黄白城，故謀欲徙之。傕以司徒趙温不與己同，乃內温塢中。温聞傕欲移乘輿，與傕書曰：『公前記爲董公報仇，然實屠陷王城，殺戮大臣，天下不可家見而户釋也。今爭睚眥之隙，以成千鈞之仇，民在塗炭，各不聊生，曾不改寤，遂成禍亂。朝廷仍下明詔，欲令和解，詔命不行，恩澤日損，而復欲輔乘輿于黄白城，此誠老夫所不解也。於易，一過爲過，再爲涉，三而弗改，滅其頂，凶。不如早共和解，引兵還屯，上安萬乘，下全生民，豈不幸甚！』傕大怒，欲遣人害温。其從弟應，温故掾也，諫之數日乃止。帝聞温與傕書，問侍中常洽曰：『傕弗知臧否，温言太切，可爲寒心。』對曰：『李應已解之矣。』帝乃悦。傕使公卿詣汜請和，汜皆執之。華嶠《漢書》曰：汜饗公卿，議欲攻傕。楊彪曰：『羣臣共鬬，一人劫天子，一人質公卿，此可行乎？』汜怒，欲手刃之，中郎將楊密及左右多諫，汜乃歸之。相攻擊連月，死者萬數。《獻帝起居注》曰：傕性喜鬼怪左道之術，常有道人及女巫歌謳擊鼓下神，祠祭六丁，符劾厭勝之具，無所不爲。又於朝廷省門外，爲董卓作神坐，數以牛羊祠之，訖，過省閤問起居，求入見。傕帶三刀，手復與鞭合持一刃。侍中、侍郎見傕帶仗，皆惶恐，亦帶劍持刀，先入在帝側。傕對帝，或言『明陛下』，或言『明帝』，爲帝説郭汜無狀，帝亦隨其意答應之。傕喜，出言『明陛下眞賢聖主』，意遂自信，自謂良得天子歡心也。雖然，猶不欲令近臣帶劍在帝邊，謂人言『此曹子將欲圖我邪？而皆持刀也』。侍中李禎，傕州里，素與傕通，語傕『所以持刀者，軍中不可不爾，此國家故事』。傕意乃解。天子以謁者僕射皇甫酈涼州舊姓，有專對之才，遣令和傕、汜。酈先詣汜，汜受詔命。詣傕，傕不肯，曰：『我有呂布之功，輔政四年，三輔清靜，天下所知也。郭多，盜馬虜耳，何敢乃欲與吾等邪？必欲誅之。君爲涼州人，觀吾方略士衆，足辦多不？多又劫質公卿，所爲如是，而君苟欲利郭多，李傕有膽自知之。』酈答曰：『昔有窮后羿恃其善射，不思患難，以至於斃。近董公之强，明將軍目所見，內有王公以爲內主，外有董旻、承、璜以爲鯁毒，呂布受恩而反圖之，斯須之間，頭縣竿端，此有勇而無謀也。今將軍身爲上將，把鉞仗節，子孫握權，宗族荷寵，國家好爵而皆據之。今郭多劫質公卿，將軍脅至尊，誰爲輕重邪？張濟與郭多、楊定有謀，又爲冠帶所附。楊奉，白波帥耳，猶知將軍所爲非是，將軍雖拜寵之，猶不肯盡力也。』傕不納酈言，而呵之令出。酈出，詣省門，白傕不肯從詔，辭語不順。侍中胡邈爲傕所幸，呼傳詔者令飾其辭。又謂酈曰：『李將軍於卿不薄，又皇甫公爲太尉，李將軍力也。』酈答曰：『胡敬才，卿爲國家常伯，輔弼之臣也，語言如此，寧可用邪？』邈曰：『念卿失李將軍意，恐不易耳！我與卿何事者？』酈言：『我累世受恩，身又常在幃幄，君辱臣死，當坐國

家，爲李傕所殺，則天命也。』天子聞酈答語切，恐傕聞之，便敕遣酈。酈裁出營門，傕遣虎賁王昌呼之。昌知酈忠直，縱令去，還答傕，言追之不及。天子使左中郎將李固持節拜傕爲大司馬，在三公之右。傕自以爲得鬼神之力，乃厚賜諸巫。

傕將楊奉與傕軍吏宋果等謀殺傕，事泄，遂將兵叛傕。傕衆叛，稍衰弱。張濟自陝和解之，天子乃得出，至新豐、霸陵間。《獻帝起居注》曰：初，天子出到宣平門，當度橋，汜兵數百人遮橋問：『是天子邪？』車不得前。傕兵數百人皆持大戟在乘輿車左右，侍中劉艾大呼云：『是天子也。』使侍中楊琦高舉車帷。帝言諸兵：『汝不卻，何敢迫近至尊邪？』汜等兵乃卻。既度橋，士衆咸呼萬歲。郭汜復欲脅天子還都郿。天子奔奉營，奉擊汜破之。汜走南山，奉及將軍董承以天子還洛陽。傕、汜悔遣天子，復相與和，追及天子於弘農之曹陽。奉急招河東故白波帥韓暹、胡才、李樂等合，與傕、汜大戰。奉兵敗，傕等縱兵殺公卿百官，略宮人入弘農。《獻帝紀》曰：時尚書令士孫瑞爲亂兵所害。三輔决録注曰：瑞字君榮，扶風人，世爲學門。瑞少傳家業，博達無所不通，仕歷顯位。卓既誅，遷大司農，爲國三老。每三公缺，瑞常在選中。太尉周忠、皇甫嵩，司徒淳于嘉、趙温，司空楊彪、張喜等爲公，皆辭拜讓瑞。天子都許，追論瑞功，封子萌澹津亭侯。萌字文始，亦有才學，與王粲善。臨當就國，粲作詩以贈萌，萌有答，在《粲集》中。天子走陝，北渡河，失輜重，步行，唯皇后貴人從，至大陽，止人家屋中。《獻帝紀》曰：初，議者欲令天子浮河東下，太尉楊彪曰：『臣弘農人，從此已東，有三十六灘，非萬乘所當從也。』劉艾曰：『臣前爲陝令，知其危險，有師猶有傾覆，況今無師，太尉謀是也。』乃止。及當北渡，使李樂具船。天子步行趨河岸，岸高不得下，董承等謀欲以馬羈相續以繫帝腰。時中宮僕伏德扶中宮，一手持十匹絹，乃取德絹連續爲輦。行軍校尉尚弘多力，令弘居前負帝，乃得下登船。其餘不得渡者甚衆，復遣船收諸不得渡者，皆爭攀船，船上人以刃櫟斷其指，舟中之指可掬。奉、暹等遂以天子都安邑，御乘牛車。太尉楊彪、太僕韓融近臣從者十餘人。以暹爲征東、才爲征西、樂征北將軍，並與奉、承持政。遣融至弘農，與傕、汜等連和，還所略宮人公卿百官，及乘輿車馬數乘。是時蝗蟲起，歲旱無穀，從官食棗菜。《魏書》曰：乘輿時居棘籬中，門户無關閉。天子與羣臣會，兵士伏籬上觀，互相鎮壓以爲笑。諸將專權，或擅笞殺尚書。司隸校尉出入，民兵抵擲之。諸將或遣婢詣省閤，或自齎酒啖，過天子飲，侍中不通，喧呼罵詈，遂不能止。又競表拜諸營壁民爲部曲，求其禮遺。醫師、走卒，皆爲校尉，御史刻印不供，乃以錐畫，示有文字，或不時得也。諸將不能相率，上下亂，糧食盡。奉、暹、承乃以天子還洛陽。出箕關，下軹道，張楊以食迎道路，拜大司馬。語在《楊傳》。天子入洛陽，宮室燒盡，街陌荒蕪，百官披荆棘，依丘牆間。州郡各擁兵自衛，莫有至者。飢窮稍甚，尚書郎以下，自出樵采，或飢死牆壁間。

太祖乃迎天子都許。暹、奉不能奉王法，各出奔，寇徐、揚間，爲劉備所殺。《英雄記》曰：備誘奉與相見，因於坐上執之。暹失奉勢孤，時欲走還幷州，爲杼秋屯帥張宣所邀殺。董承從太祖歲餘，誅。建安二年，遣謁者僕射裴茂率關西諸將誅傕，夷三族。《典略》曰：傕頭至，有詔高縣。汜爲其將五習所襲，死於郿。濟飢餓，至南陽寇略，爲穰人所殺，從子繡攝其衆。才、樂留河東，才爲怨家所殺，樂病死。遂、騰自還涼州，更相寇，後騰入爲衛尉，子超領其部曲。十六年，超與關中諸將及遂等反，太祖征破之。語在《武紀》。遂奔金城，爲其將所殺。超據漢陽，騰坐夷三族。趙衢等舉義兵討超，超走漢中從張魯，後奔劉備，死于蜀。

又《劉表傳》 李傕、郭汜入長安，欲連表爲援，乃以表爲鎮南將軍、荆州牧，封成武侯，假節。天子都許，表雖遣使貢獻，然北與袁紹相結。

又 卷七《魏志·呂布傳》 布自殺卓後，畏惡涼州人，涼州人皆怨。由是李傕等遂相結還攻長安城。《英雄記》曰：郭汜在城北。布開城門，將兵就汜，言『且卻兵，但身決勝負』。汜、布乃獨共對戰，布以矛刺中汜，汜後騎遂前救汜，汜、布遂各兩罷。布不能拒，傕等遂入長安。卓死後六旬，布亦敗。臣松之案《英雄記》曰：諸書，布以四月二十三日殺卓，六月一日敗走，時又無閏，不及六旬。將數百騎出武關，欲詣袁術。

布自以殺卓爲術報讎，欲以德之。術惡其反覆，拒而不受。北詣袁紹，紹與布擊張燕於常山。燕精兵萬餘，騎數千。布有良馬曰赤兔。《曹瞞傳》曰：時人語曰：『人中有呂布，馬中有赤兔。』常與其親近成廉、魏越等陷鋒突陳，遂破燕軍。而求益兵衆，將士鈔掠，紹患忌之。布覺其意，從紹求去。紹恐還爲己害，遣壯士夜掩殺布，不獲。事露，布走河内，《英雄記》曰：布自以有功于袁氏，輕傲紹下諸將，以爲擅相署置，不足貴也。布求還洛，紹假布領司隸校尉。外言當遣，內欲殺布。明日當發，紹遣甲士三十人，辭以送布。布使止於帳側，僞使人於帳中鼓箏。紹兵臥，布無何出帳去，而

兵不覺。夜半兵起，亂斫布牀被，謂爲已死。明日，紹訊問，知布尚在，乃閉城門。布遂引去。與張楊合。紹令衆追之，皆畏布，莫敢逼近者。《英雄記》曰：楊及部曲諸將，皆受傕、汜購募，共圖布。布聞之，謂楊曰：「布，卿州里也。卿殺布，於卿弱。不如賣布，可極得汜、傕爵寵。」楊於是外許汜、傕，內實保護布。汜、傕患之，更下大封詔書，以布爲潁川太守。

又　卷一〇《魏志·荀彧傳》　初平二年，彧去紹從太祖。太祖大悦曰：「吾之子房也。」以爲司馬，時年二十九。是時，董卓威陵天下，太祖以問彧，彧曰：「卓暴虐已甚，必以亂終，無能爲也。」卓遣李傕等出關東，所過虜略，至潁川、陳留而還。鄉人留者多見殺略。

又　《賈詡傳》　董卓之入洛陽，詡以太尉掾爲平津都尉，遷討虜校尉。卓婿中郎將牛輔屯陝，詡在輔軍。卓敗，輔又死，衆恐懼，校尉李傕、郭汜、張濟等欲解散，間行歸鄉里。詡曰：「聞長安中議欲盡誅涼州人，而諸君棄衆單行，即一亭長能束君矣。不如率衆而西，所在收兵，以攻長安，爲董公報仇，幸而事濟，奉國家以征天下，若不濟，走未後也。」衆以爲然。傕乃西攻長安。語在《卓傳》。臣松之以爲傳稱「仁人之言，其利溥哉」！然則不仁之言，理必反是。夫仁功難著，而亂源易成，是故有禍機一發而殃流百世者矣。當是時，元惡既梟，天地始開，致使厲階重結，大梗殷流，邦國遘殄悴之哀，黎民嬰周餘之酷，豈不由賈詡片言乎？詡之罪也，一何大哉！自古兆亂，未有如此之甚。後詡爲左馮翊，傕等欲以功侯之，詡曰：「此救命之計，何功之有！」固辭不受。又以爲尚書僕射，詡曰：「尚書僕射，官之師長，天下所望，詡名不素重，非所以服人也。縱詡昧于榮利，奈國朝何！」乃更拜詡尚書，典選舉，多所匡濟，傕等親而憚之。《獻帝紀》曰：郭汜、樊稠與傕互相違戾，欲鬭者數矣。詡輒以道理責之，頗受詡言。《魏書》曰：詡典選舉，多選舊名以爲令僕，論者以此多詡。會母喪去官，拜光祿大夫。傕、汜等鬭長安中，《獻帝紀》曰：傕等與詡議，迎天子置其營中。詡曰：「不可。脅天子，非義也。」傕不聽。張繡謂詡曰：「此中不可久處，君胡不去？」詡曰：「吾受國恩，義不可背。卿自行，我不能也。」傕復請詡爲宣義將軍。《獻帝紀》曰：傕時召羌、胡數千人，先以御物繒采與之，又許以宮人婦女，欲令攻郭汜。羌、胡數來闚省門，曰：「天子在中邪！李將軍許我宮人美女，今皆安在？」帝患之，使詡爲之方計。詡乃密呼羌、胡大帥飲食之，許以封爵重寶，於是皆引去。傕由此衰弱。傕等和，出天子，祐護大臣，詡有力焉。《獻帝紀》曰：天子既東，而李傕來追，王師敗績。司徒趙温、太常王偉、衛尉周忠、司隸榮邵皆爲傕所嫌，欲殺之。詡謂傕曰：「此皆天子大臣，卿奈何害之？」傕乃止。天子既出，詡上還印綬。是時將軍段煨屯華陰，《典略》稱煨在華陰時，脩農事，不虜略。天子東還，煨迎道貢遺周急。《獻帝紀》曰：後以煨爲大鴻臚光祿大夫，建安十四年，以壽終。與詡同郡，遂去傕託煨。詡素知名，爲煨軍所望。煨內恐其見奪，而外奉詡禮甚備，詡愈不自安。

又　卷一三《魏志·鍾繇傳》　是時，漢帝在西京，李傕、郭汜等亂長安中，與關東斷絶。太祖領兗州牧，始遣使上書。《世語》曰：太祖遣使從事王必致命天子。傕、汜等以爲「關東欲自立天子，今曹操雖有使命，非其至實」，議留太祖使，拒絶其意。繇説傕、汜等曰：「方今英雄並起，各矯命專制，唯曹兗州乃心王室，而逆其忠款，非所以副將來之望也。」傕、汜等用繇言，厚加答報，由是太祖使命遂得通。太祖既數聽荀彧之稱繇，又聞其説傕、汜，益虛心。後傕脅天子，繇與尚書郎韓斌同策謀。天子得出長安，繇有力焉。

又　卷一七《魏志·徐晃傳》　（徐晃）字公明，河東楊人也。爲郡吏，從車騎將軍楊奉討賊有功，拜騎都尉。李傕、郭汜之亂長安也，晃説奉，令與天子還洛陽，奉從其計。天子渡河至安邑，封晃都亭侯。

又　卷二三《魏志·裴潛傳》　（裴潛）字文行，河東聞喜人也。魏略曰：潛世爲著姓。父茂，仕靈帝時，歷縣令、郡守、尚書。建安初，以奉使率導關中諸將討李傕有功，封列侯。

又　卷二八《魏志·王淩傳》　（王淩）字彦雲，太原祁人也。叔父允，爲漢司徒，誅董卓。卓將李傕、郭汜等爲卓報仇，入長安，殺允，盡害其家。淩及兄晨，時年皆少，逾城得脱，亡命歸鄉里。

又　卷三二《蜀志·先主傳》　先主未出時，獻帝舅車騎將軍董承臣松之案：董承，漢靈帝母董太后之侄，於獻帝爲丈人。蓋古無丈人之名，故謂之舅也。辭受帝衣帶中密詔，當誅曹公。先主未發。是時曹公從容謂先主曰：「今天下英雄，唯使君與操耳。本初之徒，不足數也。」先主方食，失匕箸。《華陽國志》云：于時正當雷震，備因謂操曰：「聖人云『迅雷風烈必變』，良有以也。一震之威，乃可至於此也！」遂與承及長水校尉种輯、將軍吳子蘭、王子服等同謀。會見使，未發。事覺，承等皆伏誅。獻帝起居注曰：承等與備謀未發，而備出。承謂服曰：「郭多有數百兵，壞李傕數萬

人，但足下與我同不耳！昔呂不韋之門，須子楚而後高，今吾與子由是也。」服曰：「惶懼不敢當，且兵又少。」承曰：「舉事訖，得曹公成兵，顧不足邪？」服曰：「今京師豈有所任乎？」承曰：「長水校尉种輯、議郎吳碩是我腹心辦事者。」遂定計。

論説

清・趙翼《廿二史劄記》卷四《後漢書・後漢書間有疏漏處》

《皇后紀》：「董卓弑弘農王，其妃唐姬歸鄉里。及李傕、郭汜破長安，遣兵鈔略關東，掠得姬。傕欲妻之，固不聽，而終不自名。賈詡知之，以告獻帝。帝乃下詔，迎姬置園中，使侍中持節，拜爲弘農王妃。初平元年二月，葬弘農王于故常侍趙忠成壙中。」此文殊不明析。

卓以初平元年正月弑弘農王，二月卽遷都長安，而葬弘農王亦以是月。蓋將遷時，草草瘞之也。傕汜之亂，則在初平三年，其掠得姬而獻帝迎還册拜，自是在長安時事。而敍于葬弘農王之前，已屬倒置。

而又曰置園中，所謂園者安在耶？漢時凡諸王葬處，曰「園陵」。其姬妾守園陵者，曰「某園貴人」。桓帝尊孝崇王夫人曰「孝崇園貴人」。靈帝尊孝仁皇妃曰「慎園貴人」。今弘農王妃所居之園，卽弘農王葬處耶？則是時妃在長安，而葬處在洛陽，時方擾亂，不能送往也，或卽宮內之園以居之耶？

又　卷六《三國志・後漢書三國志書法不同處》　《呂布傳》，壽《志》謂「布畏惡涼州人，以致李傕、郭汜之亂。」范《書》謂「王允不赦涼州人，以致激變。」

《呂布傳》，壽《志》謂「布投袁術，術拒而不納，乃投袁紹。」范《書》謂「布投術後，恣兵鈔掠，術患之，布不安，去從張揚。」

《董卓傳》，李傕劫帝幸其營，壽《志》謂「傕使公卿詣汜請和，汜皆執之。」范《書》謂「帝使楊彪、張嘉和傕、汜，汜留質公卿。」

雜録

《三國志》卷一《魏志・武帝紀》　（初平三年）夏四月，司徒王允與呂布共殺卓。卓將李傕、郭汜等殺允攻布，布敗，東出武關。傕等擅朝政。

《後漢書》卷八九《南匈奴傳》　單于呼廚泉，興平二年立。以兄被逐，不得歸國，數爲鮮卑所抄。建安元年，獻帝自長安東歸，右賢王去卑與白波賊帥韓暹等侍衛天子，拒擊李傕、郭汜。及車駕還洛陽，又徙遷許，然後歸國。

晉・司馬彪《續漢書・天文志下》　光和中，國皇星東南角去地一二丈，如炬火狀，十餘日不見。占曰：「國皇星爲內亂，外內有兵喪。」其後黄巾賊張角燒州郡，朝廷遣將討平，斬首十餘萬級。中平六年，宫車晏駕，大將軍何進令司隸校尉袁紹私募兵千餘人，陰駐雒陽城外，竊呼并州牧董卓使將兵至京都，共誅中官，對戰南、北宮闕下，死者數千人，燔燒宮室，遷都西京。及司徒王允與將軍呂布誅卓，卓部曲將郭汜、李傕旋兵攻長安，公卿百官吏民戰死者且萬人。天下之亂，皆自內發。

又《五行志一》　興平元年十月，長安市門無故自壞。至二年春，李傕、郭汜鬬長安中，傕追劫天子，移置傕塢，盡燒宮殿、城門、官府、民舍，放兵寇抄公卿以下。冬，天子東還雒陽，傕、汜追上到曹陽，虜掠乘輿輜重，殺光禄勳鄧淵、廷尉宣播、少府田邠等數十人。【略】

獻帝興平元年秋，長安旱。是時，李傕、郭汜專權縱事。

又《五行志六》　獻帝初平四年正月甲寅朔，日有蝕之，在營室四度。是時，李傕、郭汜專政。

《宋書》卷二五《天文志三》　漢獻帝初平元年，四星聚心，又聚箕、尾。心，豫州分。後有董卓、李傕暴亂，黄巾、黑山熾擾，而魏武迎帝都許，遂以兗、豫定，是其應也。

北魏・酈道元《水經注》卷四《河水》　其水自南山通河，亦謂之曹陽坑。是以潘嶽《西征賦》曰：行於漫瀆之口，憩于曹陽之墟。袁豹、崔浩亦不非其地矣。余按《漢書》，昔獻帝東遷，逼以寇難，李傕、郭汜追戰于弘農澗，天子遂露次曹陽。楊奉、董承，外與傕和，內引白波、李樂等破傕，乘輿於是得進。復來戰，奉等大敗，兵相連綴四十餘里，方得達陝。以是推之，似非曹陽。然以《山海經》求之，甾、曹字相類，是或有曹陽之名也。河水又東合淮水，水導源常烝之山。俗謂之爲

于山，蓋先後之異名也。山在陜城南八十里。其川二源雙導，同注一壑，而西北流注於河。

《晉書》卷二六《食貨志》　及（董）卓誅死，李傕、郭汜自相攻伐，于長安城中以爲戰地。是時穀一斛五十萬，豆麥二十萬，人相食啖，白骨盈積，殘骸餘肉，臭穢道路。帝使侍御史侯汶出太倉米豆，爲飢民作糜，經日頒佈而死者愈多。帝於是始疑有司盜其糧廩，乃親於御前自加臨給，飢者人皆泣曰：『今始得耳！』帝東歸也，李傕、郭汜等追敗乘輿于曹陽，夜潛渡河，六宮皆步。初出營欄，后手持縑數匹，董承使符節令孫徽以刃脅奪之，殺旁侍者，血濺后服。既至安邑，御衣穿敗，唯以野棗園菜以爲餱糧。自此長安城中盡空，並皆四散，二三年間，關中無復行人。建安元年，車駕至洛陽，宮闈蕩滌，百官披荊棘而居焉。州郡各擁强兵，而委輸不至，尚書郎官自出采穭，或不能自反，死於墟巷。

晉·司馬彪《續漢書·五行志一》李賢注　《袁山松書》曰：『李傕等攻破長安城，害允等。【略】

《獻帝起居注》曰：『傕等各欲用其所舉，若壹違之，便忿憤恚怒。主者患之，乃以次第用其所舉，先從傕起，汜次之，稠次之。三公所舉，終不見用。』

《後漢書》卷七二《董卓傳》李賢注　袁宏《紀》曰『李傕數設酒請汜，或留汜止宿。汜妻懼與傕婢妾私而奪己愛，思有以離間之。會傕送饋，汜妻乃以豉爲藥。汜將食，妻曰：「食從外來，儻或有故？」遂摘藥示之，曰：「一棲不兩雄，我固疑將軍之信李公也。」他日傕請汜，大醉，汜疑傕藥之，絞糞汁飲之乃解，於是遂相猜疑』也。【略】

《獻帝紀》曰：『汜與傕將張苞、張龍謀誅傕，汜將兵夜攻傕門。候開門內汜兵，苞等燒屋，火不然。汜兵弓弩並發，矢及天子樓帷簾中。』【略】

《獻帝起居注》曰：『傕性喜鬼怪左道之術，常有道人及女巫歌謳擊鼓下神祭，六丁符劾厭勝之具，無所不爲。又於朝廷省門外爲董卓作神坐，數以牛羊祠之。天子使左中郎將李國持節拜傕爲大司馬，在三公之右。傕自以爲得鬼神之助，乃厚賜諸巫。』【略】

《獻帝起居注》曰：『初，天子出，到宣平門，當度橋，汜兵數百人遮橋曰：「是天子非？」車不得前。傕兵數百人皆持大戟在乘輿車前，侍中劉艾大呼云：「是天子也！」使侍中楊琦高舉車帷。帝言諸兵：「汝卻，何敢迫近至尊邪！」汜等兵乃卻。既度橋，士衆咸稱萬歲。』【略】

《帝王紀》曰：『帝以尚書郎郭溥喻汜，汜以屯部未定，乞須留之。溥因罵汜曰：「卿眞庸人賤夫，爲國上將，今天子有命，何須留之？吾不忍見卿所行，請先殺我，以章卿惡。」汜得溥言切，意乃少喻。』【略】

袁宏《紀》曰：『煨與楊定有隙，煨迎乘輿，不敢下馬，揖馬上。侍中种輯素與定親，乃言曰：「段煨欲反。」上曰：「煨屬來迎，何謂反？」對曰：「迎不至界，拜不下馬，其色變，必有異心。」太尉楊彪等曰：「煨不反，臣等敢以死保，車駕可幸其營。」董承、楊定言曰：「郭汜今且將七百騎來入煨營。」天子信之，遂露次於道南，奉、承、定等功也。』【略】

《袁宏紀》曰：『傕、汜繞營叫呼，吏士失色，各有分散意。李樂懼，欲令車駕御舡過砥柱，出盟津。楊彪曰：「臣弘農人也。自此以東，有三十六難，非萬乘所當登。」宗正劉艾亦曰：「臣前爲陜令，知其危險。舊故（有）河師，猶時有傾危，況今無師。太尉所慮是也。」』

宋·李昉等《太平御覽》卷三五《時序部二十·豐稔》　《英雄記》曰：李傕等相次戰長安中，盜賊不禁，白日擄掠。是時，穀一斛五十萬，豆麥二萬，人相食啖，白骨委積，臭穢滿路。

又　卷九二《皇王部十七·孝獻皇帝》　《獻帝春秋》曰：【略】

又曰：興平元年，蝗蟲起，百姓飢。穀一斛五六萬錢，帝敕主者盡賣廏馬二百餘匹及御府雜繒二萬匹，賜公卿已下及貧民。車騎將軍李傕不聽，盡取以置其邸。李傕、郭汜有隙，傕使兄子副車中郎將李進勒兵數千，統宮使虎賁王曹等三百人，以軺車三乘載帝及伏后幸傕營，又迎宮人、公卿家屬入塢，移御府諸置繒采珍寶，上方在廏，車馬乘輿器物盡置其邸。放兵燒府庫及居民，被害者不可勝數。五月，或欲轉乘輿幸黃白城，帝不肯。司徒趙温以帝當東歸，而傕等方亂，以忠節責傕，傕怒，欲斬温，傕從弟上軍校尉維故温掾請諫乃止。於是，閔温與帝同門，設反關校尉以監察之。十一月，車駕東幸到黃卷亭。庚午，乘輿到弘農，張濟欲與董承、楊奉交質而留乘輿，承、奉不肯，白帝東行。到澗中，濟，郭汜放兵欲留

車駕，承、奉力戰，乘輿得過，公卿婦女衣服悉見鈔奪。不解帶便斫刺，寒凍死者，不可勝計。天子得過，路次曹陽，乘輿到安邑。十二月，使侍中史跱、大僕韓融奉詔，詔張濟悉遣宮人公卿以下婦女及乘輿服物車馬諸見略者，皆詣安邑。建安元年七月，乘輿到洛，幸城西故中常侍趙忠舍，百官被荆棘依故丘墟間，侍郎以下皆出葬采，四方州郡各擁强兵，莫有至者。

又　卷一五九《州郡部五·河南道中·許州》　《魏志》曰：荀彧，字文若，潁川潁陰人也。董卓之亂，彧謂父老曰：『潁川四戰之地，天下有變，當爲兵衝，宜亟去，無久留。』鄉人多懷土猶豫，會冀州牧韓馥迎彧，獨將宗室至冀州。後董卓遣李傕等出關東，所過虜掠，至潁川，鄉人留者多見殺略。

又　卷三七三《人事部一十四·髮》　謝承《後漢書》曰：汝南李光，字伯明，爲兗州。母亡後歸，視牀處，得亡母亂髮，光持悲號，氣絕復續。

又曰：獻帝幸弘農，郭汜虜略百官婦女有美髮者，皆斷取之。

朝權之爭分部

恭顯用事

綜述

《漢書》卷九《元帝紀》　（初元二年）十二月，中書令弘恭、石顯等譖望之，令自殺。

又　卷二七《五行志第七上》　宣帝甘露元年四月丙申，中山太上皇廟灾。甲辰，孝文廟灾。元帝初元三年四月乙未，孝武園白鶴館灾。劉向以爲先是前將軍蕭望之、光禄大夫周堪輔政，爲佞臣石顯、許章等所譖，望之自殺，堪廢黜。明年，白鶴館灾。園中五里馳逐走馬之館，不當在山陵昭穆之地。天戒若曰，去貴近逸游不正之臣，將害忠良。後章坐走馬上林下烽馳逐，免官。

永光四年六月甲戌，孝宣杜陵園東闕南方灾。劉向以爲先是上復徵用周堪爲光禄勳，及堪弟子張猛爲太中大夫，石顯等復譖毁之，皆出外遷。是歲，上復徵堪領尚書，猛給事中，石顯等終欲害之。園陵小於朝廷，闕在司馬門中，内臣石顯之象也。孝宣，親而貴；闕，法令所從出也。天戒若曰，去法令，内臣親而貴者必爲國害。後堪希得進見，因顯言事，事决顯口。堪病不能言。顯誣告張猛，自殺於公車。成帝即位，顯卒伏辜。

又　卷三六《楚元王傳》　元帝初即位，太傅蕭望之爲前將軍，少傅周堪爲諸吏光禄大夫，皆領尚書事，甚見尊任。更生年少於望之、堪，然二人重之，薦更生宗室忠直，明經有行，擢爲散騎宗正給事中，與侍中金敞拾遺於左右。四人同心輔政，患苦外戚許、史在位放縱，而中書宦官弘恭、石顯弄權。望之、堪、更生議，欲白罷退之。未白而語泄，遂爲許、史及恭、顯所譖愬，堪、更生下獄，及望之皆免官。語在《望之傳》。其春地震，夏，客星見昴、卷舌間。上感悟，下詔賜望之爵關内侯，奉朝請。秋，徵堪、向，欲以爲諫大夫，恭、顯白皆爲中郎。冬，地復震。時恭、顯、許、史子弟侍中諸曹，皆側目於望之等，更生懼焉，乃使其外親上變事，言：

竊聞故前將軍蕭望之等，皆忠正無私，欲致大治，忤於貴戚尚書。今道路人聞望之等復進，以爲且復見毁讒，必曰嘗有過之臣不宜復用，是大不然。臣聞春秋地震，爲在位執政太盛也，不爲三獨夫動，亦已明矣。且往者高皇帝時，季布有罪，至於夷滅，後赦以爲將軍，高后、孝文之間卒爲名臣。孝武帝時，兒寬有重罪繫，按道侯韓説諫曰：『前吾丘壽王死，陛下至今恨之；今殺寬，後將復大恨矣！』上感其言，遂貰寬，復用之，位至御史大夫，御史大夫未有及寬者也。又董仲舒坐私爲灾異書，主父偃取奏之，下吏，罪至不道，幸蒙不誅，復爲太中大夫，膠西相，以老病免歸。漢有所欲興，常有詔問。仲舒爲世儒宗，定議有益天下。孝宣皇帝時，夏侯勝坐誹謗繫獄，三年免爲庶人。宣帝復用勝，至長信少府、太子太傅，名敢直言，天下美之。若乃羣臣，多此比類，難一二記。有過之臣，無負國家，有益天下，此四臣者，足以觀矣。

前弘恭奏望之等獄決，三月，地大震。恭移病出，後復視事，天陰雨雪。由是言之，地動殆爲恭等。

臣愚以爲宜退恭、顯以章蔽善之罰，進望之等以通賢者之路。如此，太平之門開，灾異之原塞矣。

書奏，恭、顯疑其更生所爲，白請考姦詐。辭果服，遂逮更生繫獄，下太傅韋玄成、諫大夫貢禹，與廷尉雜考。劾更生前爲九卿，坐與望之、堪謀排車騎將軍高、許、史氏侍中者，毁離親戚，欲退去之，而獨專權。爲臣不忠，幸不伏誅，復蒙恩徵用，不悔前過，而教令人言變事，誣罔不道。更生坐免爲庶人。而望之亦坐使子上書自冤前事，恭、顯白令詣獄置對。望之自殺。天子甚悼恨之，乃擢周堪爲光禄勳，堪弟子張猛光禄大夫，給事中，大見信任。恭、顯憚之，數譖毁焉。更生見堪、猛在位，幾已得復進，懼其傾危，乃上封事諫曰：

臣前幸得以骨肉備九卿，奉法不謹，乃復蒙恩。竊見灾異並起，天地失常，徵表爲國。欲終不言，念忠臣雖在甽畝，猶不忘君，惓惓之義也。況重以骨肉之親，又加以舊恩未報乎！欲竭愚誠，又恐越職，然惟二恩未報，忠臣之義，一杼愚意，退就農畝，死無所恨。【略】

恭、顯見其書，愈與許、史比而怨更生等。堪性公方，自見孤立，遂直道而不曲。是歲夏寒，日青無光，恭、顯及許、史皆言堪、猛用事之咎。上内重堪，又患衆口之寖潤，無所取信。時長安令楊興以材能幸，常稱譽堪。上欲以爲助，乃見問興：『朝臣齗齗不可光禄勳，何［邪］？』興者傾巧士，謂上疑堪，因順指曰：『堪非獨不可於朝廷，自州里亦不可也。臣見衆人聞堪前與劉更生等謀毁骨肉，以爲當誅，故臣前言堪不可誅傷，爲國養恩也。』上曰：『然此何罪而誅？今宜奈何？』興曰：『臣愚以爲可賜爵關内侯，食邑三百户，勿令典事。明主不失師傅之恩，此最策之得者也。』上於是疑。會城門校尉諸葛豐亦言堪、猛短，上因發怒免豐。語在其傳。又曰：『豐言堪、猛貞信不立，朕閔而不治，又惜其材能未有所效，其左遷堪爲河東太守，猛槐里令。』

顯等專權日甚。後三歲餘，孝宣廟闕灾，其晦，日有蝕之。於是上召諸前言日變在堪、猛者責問，皆稽首謝。乃因下詔曰：『河東太守堪，先帝賢之，命而傅朕。資質淑茂，道術通明，論議正直，秉心有常，發憤悃愊，信有憂國之心。以不能阿尊事貴，孤特寡助，抑厭遂退，卒不克明。往者衆臣見異，不務自修，深惟其故，而反晻昧説天，託咎此人。朕不得已，出而試之，以彰其材。堪出之後，大變仍臻，衆亦嘿然。堪治未期年，而三老官屬有識之士詠頌其美，使者過郡，靡人不稱。此固足以彰先帝之知人，而朕有以自明也。俗人乃造端作基，非議詆欺，或引幽隱，非所宜明，意疑以類，欲以陷之，朕亦不取也。朕迫于俗，不得專心，乃者天著大異，朕甚懼焉。今堪年衰歲暮，恐不得自信，排於異人，將安究之哉？其徵堪詣行在所。』拜爲光禄大夫，秩中二千石，領尚書［事］。猛復爲太中大夫給事中。顯幹尚書事，尚書五人，皆其黨也。堪希得見，常因顯白事，事決顯口。會堪疾瘖，不能言而卒。顯誣譖猛，令自殺於公車。更生傷之，乃著《疾讒》、《擿要》、《救危》及《世頌》，凡八篇，依興古事，悼己及同類也。遂廢十餘年。

成帝即位，顯等伏辜，更生乃復進用，更名向。

又 卷六四《賈捐傳》 捐之數召見，言多納用。時中書令石顯用事，捐之數短顯，以故不得官，後稀復見。而長安令楊興新以材能得幸，與捐之相善。捐之欲得召見，謂興曰：『京兆尹缺，使我得見，言君蘭，京兆尹可立得。』興曰：『縣官嘗言興瘉薛大夫，我易助也。君房下筆，言語妙天下，使君房爲尚書令，勝五鹿充宗遠甚。』捐之曰：『令我得代充宗，君蘭爲京兆，京兆郡國首，尚書百官本，天下眞大治，士則不隔矣。』捐之前言平恩侯可爲將軍，期思侯並可爲諸曹，皆如言；又薦謁者滿宣，立爲冀州刺史；言中謁者不宜受事，宦者不宜入宗廟，立止。相薦之信，不當如是乎！』興曰：『我復見，言君房也。』捐之復短石顯。興曰：『顯鼎貴，上信用之。今欲進，弟從我計，且與合意，即得人矣。』

捐之即與興共爲薦顯奏，曰：『竊見石顯本山東名族，有禮義之家也。持正六年，未嘗有過，明習於事，敏而疾見，出公門，入私門。宜賜爵關内侯，引其兄弟以爲諸曹。』又共爲薦興奏，曰：『竊見長安令興，幸得以知名數召見。興事父母有曾氏之孝，事師有顏閔之材，榮名聞於四方。明詔舉茂材，列侯以爲首。爲長安令，吏民敬鄉，道路皆稱能。觀其下筆屬文，則董仲舒；進談動辭，則東方生；置之爭臣，則汲直；用

之介胄，則冠軍侯；施之治民，則趙廣漢；抱公絶私，則尹翁歸。興兼此六人而有之，守道堅固，執義不回，臨大節而不可奪，國之良臣也，可試守京兆尹。』

石顯聞知，白之上。乃下興、捐之獄，令皇后父陽平侯禁與顯共雜治，奏『興、捐之懷詐僞，以上語相風，更相薦譽，欲得大位，漏泄省中語，[罔]上不道。《書》曰：「讒説殄行，震驚朕師。」《王制》：「順非而澤，不聽而誅。」請論如法。』捐之竟坐棄市。興減死罪一等，髡鉗爲城旦。成帝時，至部刺史。

贊曰：《詩》稱『戎狄是膺，荆舒是懲』，久矣其爲諸夏患也。漢興，征伐胡越，於是爲盛。究觀淮南、捐之、主父、嚴安之義，深切著明，故備論其語。世稱公孫弘排主父，張湯陷嚴助，石顯譖捐之，察其行迹，主父求欲鼎亨而得族，嚴、賈出入禁門招權利，死皆其所也，亦何排陷之恨哉！

又　卷九三《佞幸傳》　石顯字君房，濟南人；弘恭，沛人也。皆少坐法腐刑，爲中黄門，以選爲中尚書。宣帝時任中書官，恭明習法令故事，善爲請奏，能稱其職。恭爲令，顯爲僕射。元帝卽位數年，恭死，顯代爲中書令。

是時，元帝被疾，不親政事，方隆好於音樂，以顯久典事，中人無外黨，精專可信任，遂委以政。事無小大，因顯白決，貴幸傾朝，百僚皆敬事顯。顯爲人巧慧習事，能探得人主微指，内深賊，持詭辯以中傷人，忤恨睚眦，輒被以危法。初元中，前將軍蕭望之及光禄大夫周堪、宗正劉更生皆給事中。望之領尚書事，知顯專權邪辟，建白以爲『尚書百官之本，國家樞機，宜以通明公正處之。武帝游宴後庭，故用宦者，非古制也。宜罷中書宦官，應古不近刑人。』元帝不聽，繇是大與顯忤。後皆害焉，望之自殺，堪、更生廢錮，不得復進用，語在《望之傳》。後太中大夫張猛、魏郡太守京房、御史中丞陳咸、待詔賈捐之皆嘗奏封事，或召見，言顯短。顯求索其辠，房、捐之棄市，猛自殺於公車，咸抵罪，髡爲城旦。及鄭令蘇建得顯私書奏之，後以它事論死。自是公卿以下畏顯，重足一迹。

顯與中書僕射牢梁、少府五鹿充宗結爲黨友，諸附倚者皆得寵位。民歌之曰：『牢邪石邪，五鹿客邪！印何纍纍，綬若若邪！』言其兼官據勢也。

顯見左將軍馮奉世父子爲公卿著名，女又爲昭儀在内，顯心欲附之，薦言昭儀兄謁者逡修敕宜侍帷幄。天子召見，欲以爲侍中，逡請間言事。上聞逡言顯顓權，天子大怒，罷逡歸郎官。其後御史大夫缺，羣臣皆舉逡兄大鴻臚野王行能第一，天子以問顯，顯曰：『九卿無出野王者。然野王親昭儀兄，臣恐後世必以陛下度越衆賢，私後宫親以爲三公。』上曰：『善，吾不見是。』乃下詔嘉美野王，廢而不用，語在《野王傳》。

顯内自知擅權事柄在掌握，恐天子一旦納用左右耳目，有以間己，乃時歸誠，取一信以爲驗。顯嘗使至諸官有所徵發，顯先自白，恐後漏盡宫門閉，請使詔吏開門。上許之。顯故投夜還，稱詔開門入。後果有上書告顯顓命矯詔開宫門，天子聞之，笑以其書示顯。顯因泣曰：『陛下過私小臣，屬任以事，羣下無不嫉妬欲陷害臣者，事類如此非一，唯獨明主知之。愚臣微賤，誠不能以一軀稱快萬衆，任天下之怨，臣願歸樞機職，受後宫掃除之役，死無所恨，唯陛下哀憐財幸，以此全活小臣。』天子以爲然而憐之，數勞勉顯，加厚賞賜，賞賜及賂遺訾一萬萬。

初，顯聞衆人匈匈，言己殺前將軍蕭望之。望之當世名儒，顯恐天下學士姍己，病之。是時，明經著節士琅邪貢禹爲諫大夫，顯使人致意，深自結納。顯因薦禹天子，歷位九卿，至御史大夫，禮事之甚備。議者於是稱顯，以爲不妬譖望之矣。顯之設變詐以自解免取信人主者，皆此類也。

元帝晚節寢疾，定陶恭王愛幸，顯擁祐太子頗有力。元帝崩，成帝初卽位，遷顯爲長信中太僕，秩中二千石。顯失倚，離權數月，丞相御史條奏顯舊惡，及其黨牢梁、陳順皆免官。顯與妻子徙歸故郡，憂滿不食，道病死。諸所交結，以顯爲官，皆廢罷。少府五鹿充宗左遷玄菟太守，御史中丞伊嘉爲鴈門都尉。長安謡曰：『伊徙鴈，鹿徙菟，去牢與陳實無賈。』

《後漢書》卷七八《宦者傳》　漢興，仍襲秦制，置中常侍官。然亦引用士人，以參其選，皆銀璫左貂，給事殿省。及高后稱制，乃以張卿爲大謁者，出入臥内，受宣詔命。文帝時，有趙談、北宫伯子，頗見親倖。至於孝武，亦愛李延年。帝數宴後庭，或潛游離館，故請奏機事，多以宦

人主之。至元帝之世，史游爲黄門令，勤心納忠，有所補益。其後弘恭、石顯以佞險自進，卒有蕭、周之禍，損穢帝德焉。

宋・司馬光《資治通鑑》卷二八《漢紀・元帝初元二年》 春，正月，上行幸甘泉，郊泰畤。樂陵侯史高以外屬領尚書事，前將軍蕭望之、光禄大夫周堪爲之副。望之名儒，與堪皆以師傅舊恩，天子任之，數宴見，言治亂，陳王事。望之選白宗室明經有行散騎、諫大夫劉更生給事中，與侍中金敞並拾遺左右。四人同心謀議，勸導上以古制，多所欲匡正；上甚鄉納之。史高充位而已，由此與望之有隙。

中書令弘恭、僕射石顯，自宣帝時久典樞機，明習文法；帝即位多疾，以顯久典事，中人無外黨，精專可信任，遂委以政，事無小大，因顯白決，貴幸傾朝，百僚皆敬事顯。顯爲人巧慧習事，能深得人主微指，内深賊，持詭辯，以中傷人，忤恨睚眦，輒被以危法；亦與車騎將軍高爲表裏，議論常獨持故事，不從望之等。

望之等患苦許、史放縱，又疾恭、顯擅權，建白以爲：「中書政本，國家樞機，宜以通明公正處之。武帝游宴後庭，故用宦者，非古制也。宜罷中書宦官，應古不近刑人之義。」由是大與高、恭、顯忤。上初即位，謙讓，重改作，議久不定，出劉更生爲宗正。

望之、堪數薦名儒、茂材以備諫官，會稽鄭朋陰欲附望之，上書言車騎將軍高遣客爲姦利郡國，及言許、史弟子罪過。章視周堪，堪白：「令朋待詔金馬門。」朋奏記望之曰：「今將軍規橅，云若管、晏而休，遂行日昃，至周、召乃留乎？若管、晏而休，則下走將歸延陵之皋，没齒而已矣。如將軍興周、召之遺業，親日昃之兼聽，則下走其庶幾願竭區區奉萬分之一！」望之始見朋，接待以意；後知其傾邪，絶不與通。朋，楚士，怨恨，更求入許、史，推所言許、史事，曰：「皆周堪、劉更生教我；我關東人，何以知此！」於是侍中許章白見朋。朋出，揚言曰：「我見言前將軍小過五，大罪一。」待詔華龍行汙穢，欲入堪等，堪等不納，亦與朋相結。

恭、顯令二人告望之等謀欲罷車騎將軍，疏退許、史狀，候望之出休日，令朋、龍上之。事下弘恭問狀，望之對曰：「外戚在位多奢淫，欲以匡正國家，非爲邪也。」恭、顯奏：「望之、堪、更生朋黨相稱舉，數譖訴大臣，毁離親戚，欲以專擅權勢。爲臣不忠，誣上不道，請謁者召致廷尉。」時上初即位，不省召致廷尉爲下獄也，可其奏。後上召堪、更生，曰：「繫獄。」上大驚曰：「非但廷尉問邪！」以責恭、顯，皆叩頭謝。上曰：「令出視事。」恭、顯因使史高言：「上新即位，未以德化聞天下，而先驗師傅。即下九卿、大夫獄，宜因決免。」於是制詔丞相、御史：「前將軍望之，傅朕八年，無他罪過。今事久遠，識忘難明，其赦望之罪，收前將軍、光禄勳印綬；及堪、更生皆免爲庶人。」【略】

上復徵周堪、劉更生，欲以爲諫大夫；弘恭、石顯白，皆以爲中郎。

上器重蕭望之不已，欲倚以爲相；恭、顯及許、史兄弟、侍中、諸曹皆側目於望之等。更生乃使其外親上變事，言「地震殆爲恭等，不爲三獨夫動。臣愚以爲宜退恭、顯以章蔽善之罰，進望之等以通賢者之路，如此，則太平之門開，灾異之原塞矣。」書奏，恭、顯疑其更生所爲，白請考姦詐，辭果服；遂逮更生繫獄，免爲庶人。

會望之子散騎、中郎伋亦上書訟望之前事，事下有司，復奏：「望之前所坐明白，無譖訴者，而教子上書，稱引亡辜之詩，失大臣體，不敬；請逮捕。」弘恭、石顯等知望之素高節，不詘辱，建白：「望之前幸得不坐，復賜爵邑，不悔過服罪，深懷怨望，教子上書，歸非於上，自以託師傅，終必不坐，非頗屈望之於牢獄，塞其怏怏心，則聖朝無以施恩厚！」上曰：「蕭太傅素剛，安肯就吏！」顯等曰：「人命至重，望之所坐，語言薄罪，必無所憂。」上乃可其奏。冬，十二月，顯等封詔以付謁者，敕令召望之手付。因令太常急發執金吾車騎馳圍其第。使者至，召望之。望之以問門下生魯國朱雲，雲者，好節士，勸望之自裁。於是望之仰天歎曰：「吾嘗備位將相，年踰六十矣，老入牢獄，苟求生活，不亦鄙乎！」字謂雲曰：「游，趣和藥來，無久留我死！」遂飲鴆自殺。天子聞之驚，拊手曰：「曩固疑其不就牢獄，果然殺吾賢傅！」是時，太官方上晝食，上乃卻食，爲之涕泣，哀動左右。於是召顯等責問；以議不詳，皆免冠謝，良久然後已。上追念望之不忘，每歲時遣使者祠祭望之冢，終帝之世。

臣光曰：甚矣孝元之爲君，易欺而難悟也！夫恭、顯之譖訴望之，其邪説詭計，誠有所不能辨也。至於始疑望之不肯就獄，恭、顯以爲必無

憂，已而果自殺，則恭、顯之欺亦明矣。在中智之君，孰不感動奮發以厎邪臣之罰！孝元則不然。雖涕泣不食以傷望之，而終不能誅恭、顯，纔得其免冠謝而已。如此，則姦臣安所懲乎！是使恭、顯得肆其邪心而無復忌憚者也。

是歲，弘恭病死，石顯爲中書令。

宋·袁樞《通鑑紀事本末》卷四《恭顯用事》 漢宣帝黃龍元年三月，帝寢疾，選大臣可屬者，引外屬侍中樂陵侯史高、太子太傅蕭望之、少傅周堪至禁中，拜高爲大司馬、車騎將軍，望之爲前將軍、光祿勳，堪爲光祿大夫，皆受遺詔輔政，領尚書事。冬十二月甲戌，帝崩于未央宮。癸巳，太子即皇帝位。

元帝初元元年三月，封外祖父平恩戴侯同產弟子中常侍許嘉爲平恩侯。

二年［春正月］，樂陵侯史高以外屬領尚書事，前將軍蕭望之、光祿大夫周堪爲之副。望之名儒，與堪皆以師傅舊恩，天子任之，數宴見，言治亂，陳王事。望之選白宗室明經有行散騎、諫大夫劉更生給事中，與侍中金敞並拾遺左右。四人同心謀議，勸導上以古制，多所欲匡正，上甚鄉納之。史高充位而已，由此與望之有隙。

中書令弘恭、僕射石顯，自宣帝時久典樞機，明習文法。帝即位多疾，以顯久典事，中人無外黨，精專可信任，遂委以政，事無大小，因顯白決，貴幸傾朝，百僚皆敬事顯。顯爲人巧慧習事，能深得人主微指，內深賊，持詭辯，以中傷人，忤恨睚眦，輒被以危法。亦與車騎將軍高爲表裏，論議常獨持故事，不從望之等。

望之等患苦許、史放縱，又疾恭、顯擅權，建白，以爲：『中書政本，國家樞機，宜以通明公正處之。武帝游宴後庭，故用宦者，非古制也。宜罷中書宦官，應古不近刑人之義。』由是大與高、恭、顯忤。上初即位，謙讓，重改作，議久不定，出劉更生爲宗正。

望之、堪數薦名儒、茂材以備諫官，會稽鄭朋陰欲附望之，上疏言車騎將軍高遣客爲姦利郡國，及言許、史子弟罪過。章視周堪，堪白：『令朋待詔金馬門。』朋奏記望之曰：『今將軍規橅，云若管、晏而休，遂行日昃，至周、召乃留乎？若管、晏而休，則下走將歸延陵之皋，没齒而已矣。如將軍興周、召之遺業，親日昃之兼聽，則下走其庶幾願竭區區奉萬分之一。』望之始見朋，接待以意；後知其傾邪，絕不與通。朋，楚士，怨恨，更求入許、史，推所言許、史事，曰：『皆周堪、劉更生教我。我關東人，何以知此？』於是侍中許章白見朋。朋出，揚言曰：『我見，言前將軍小過五，大罪一。』待詔華龍行汙穢，欲入堪等，堪等不納，亦與朋相結。

恭、顯令二人告望之等謀欲罷車騎將軍，疏退許、史狀，候望之出休日，令朋、龍上之。事下弘恭問狀，望之對曰：『外戚在位多奢淫，欲以匡正國家，非爲邪也。』恭、顯奏：『望之、堪、更生朋黨相稱舉，數譖訴大臣，毀離親戚，欲以專擅權勢。爲臣不忠，誣上不道，請謁者召致廷尉。』時上初即位，不省『召致廷尉』爲下獄也，可其奏。後上召堪、更生，曰：『繫獄。』上大驚曰：『非但廷尉問邪？』以責恭、顯，皆叩頭謝。上曰：『令出視事。』恭、顯因使史高言：『上新即位，未以德化聞於天下，而先驗師傅。既下九卿、大夫獄，宜因決免。』於是制詔丞相、御史：『前將軍望之傅朕八年，無他罪過，今事久遠，識忘難明，其赦望之罪，收前將軍、光祿勳印綬，及堪、更生皆免爲庶人。』

夏四月，詔賜蕭望之爵關內侯，給事中，朝朔望。

上復徵周堪、劉更生，欲以爲諫大夫。弘恭、石顯白，皆以爲中郎。上器重蕭望之不已，欲倚以爲相，恭、顯及許、史子弟、侍中、諸曹皆側目於望之等。更生乃使其外親上變事，言『地震殆爲恭等，不爲三獨夫動，臣愚以爲宜退恭、顯以章蔽善之罰，進望之等以通賢者之路。如此，太平之門開，災異之原塞矣』。書奏，恭、顯疑其更生所爲，白請考姦詐，辭果服，遂逮更生繫獄，免爲庶人。

會望之子散騎中郎伋亦上書訟望之前事，事下有司，復奏：『望之前所坐明白，無譖訴者，而教子上書，稱引無辜之詩，失大臣體，不敬，請逮捕。』弘恭、石顯等知望之素高節，不詘辱，建白：『望之前幸得不坐，復賜爵邑，不悔過服罪，深懷怨望，教子上書，歸非於上。自以託師傅，終必不坐，非頗屈望之於牢獄，塞其怏怏心，則聖朝無以施恩厚。』上曰：『蕭太傅素剛，安肯就吏？』顯等曰：『人命至重，望之所坐，語言薄罪，必無所憂。』上乃可其奏。

冬十二月，顯等封詔以付謁者，敕令召望之手付。因令太常急發執金吾車騎馳圍其第。使者至，召望之。望之以問門下生魯國朱雲。雲者，好節士，勸望之自裁。於是望之仰天歎曰：『吾嘗備位將相，年踰六十矣，老入牢獄，苟求生活，不亦鄙乎！』字謂雲曰：『游，趣和藥來，無久留我死！』竟飲鴆自殺。天子聞之，驚，拊手曰：『曩固疑其不就牢獄，果然殺吾賢傅！』是時太官方上晝食，上乃卻食，爲之涕泣，哀動左右。於是召顯等責問，以議不詳，皆免冠謝，良久然後已。上追念望之不忘，每歲時遣使者祠祭望之冢，終帝之世。

臣光曰：甚矣，孝元之爲君，易欺而難寤也！夫恭、顯之譖訴望之，其邪說詭計，誠有所不能辨也。至於始疑望之不肯就獄，恭、顯以爲必無憂，已而果自殺，則恭、顯之欺亦明矣。在中智之君，孰不感動奮發以底邪臣之罰？孝元則不然，雖涕泣不食以傷望之，而終不能誅恭、顯，纔得其免冠謝而已。如此則姦臣安所懲乎！是使恭、顯得肆其邪心而無復忌憚者也。

是歲，弘恭病死，石顯爲中書令。

三年。上復擢周堪爲光禄勳。堪弟子張猛爲光禄大夫、給事中，大見信任。

永光元年。石顯憚周堪、張猛等，數譖毀之。劉更生懼其傾危，上書曰：『臣聞舜命九官，濟濟相讓，和之至也。衆臣和於朝則萬物和於野，故簫《韶》九成，而鳳凰來儀。至周幽、厲之際，朝廷不和，轉相非怨，則日月薄食，水泉沸騰，山谷易處，霜降失節。由此觀之，和氣致祥，乖氣致異；祥多者其國安，異衆者其國危，天地之常經，古今之通義也。今陛下開三代之業，招文學之士，優游寬容，使得並進。今賢不肖渾殽，白黑不分，邪正雜揉，忠讒並進，章交公車，人滿北軍，朝臣舛午，膠戾乖剌，更相讒愬，轉相是非，所以營惑耳目，感移心意，不可勝載。分曹爲黨，往往羣朋，將同心以陷正臣。正臣進者，治之表也；正臣陷者，亂之機也。乘治亂之機，未知孰任，而災異數見，此臣所以寒心者也。初元以來六年矣，按《春秋》六年之中，災異未有稠如今者也。原其所以然者，由讒邪並進也。讒邪之所以並進者，由上多疑心，既已用賢人而行善政，如或譖之，則賢人退而善政還矣。夫執狐疑之心者來讒賊之口，持不斷之意者開羣枉之門，讒邪進則衆賢退，羣枉盛則正士消。故《易》有否、泰，小人道長，君子道消，則政日亂；君子道長，小人道消，則政日治。昔者鯀、共工、驩兜與舜、禹雜處堯朝，周公與管、蔡並居周位，當是時，迭進相毀，流言相謗，豈可勝道哉？帝堯、成王能賢舜、禹、周公而消共工、管、蔡，故以大治，榮華至今。孔子與季、孟偕仕於魯，李斯與叔孫俱宦於秦，定公、始皇賢季、孟、李斯而消孔子、叔孫，故以大亂，汙辱至今。故治亂、榮辱之端，在所信任，信任既賢，在於堅固而不移。《詩》云「我心匪石，不可轉也」，言守善篤也。《易》曰「渙汗其大號」，言號令如汗，汗出而不反者也。今出善令未能踰時而反，是反汗也；用賢未能三旬而退，是轉石也。《論語》曰「見不善如探湯」，今二府奏佞讇不當在位，歷年而不去，故出令則如反汗，用賢則如轉石，去佞則如拔山，如此望陰陽之調，不亦難乎！是以羣小窺見間隙，緣飾文字，巧言醜詆，流言飛文，譁於民間。故《詩》云「憂心悄悄，慍於羣小」，小人成羣，誠足慍也。昔孔子與顔淵、子貢更相稱譽，不爲朋黨。禹、稷與皋陶傳相汲引，不爲比周。何則？忠於爲國，無邪心也。今佞邪與賢臣並交戟之内，合黨共謀，違善依惡，歙歙訿訿，數設危險之言，欲以傾移主上，如忽然用之，此天地之所以先戒，災異之所以重至者也。自古明聖，未有無誅而治者也，故舜有四放之罰，而孔子有兩觀之誅，然後聖化可得而行也。今以陛下明知，誠深思天地之心，覽否、泰之卦，歷周、唐之所進以爲法，原秦、魯之所消以爲戒，考祥應之福，災異之禍，以揆當世之變，放遠佞邪之黨，壞散險詖之聚，杜閉羣枉之門，廣開衆正之路，決斷狐疑，分別猶豫，使是非炳然可知，則百異消滅而衆祥並至，太平之基，萬世之利也。』顯見其書，愈與許、史比而怨更生等。

是歲，夏寒，日青無光，顯及許、史皆言堪、猛用事之咎。上内重堪，又患衆口之寖潤，無所取信。時長安令楊興以材能幸，常稱譽堪。上欲以爲助，乃見問興：『朝臣齗齗不可光禄勳，何邪？』興者，傾巧士，謂上疑堪，因順指曰：『堪非獨不可於朝廷，自州里亦不可也。臣見衆人聞堪前與劉更生等謀毀骨肉，以爲當誅，故臣前書言堪不可誅傷，爲國養恩也。』上曰：『然此何罪而誅？今宜奈何？』興曰：『臣愚以爲可賜爵關内侯，食邑三百户，勿令典事。明主不失師傅之恩，此最策之得也。』

上於是疑之。

司隸校尉琅邪諸葛豐，始以特立剛直著名於朝，數侵犯貴戚，在位多言其短。後坐春夏繫治人，徙城門校尉。豐於是上書告堪、猛罪。上不直豐，乃制詔御史：『城門校尉豐前與光禄勳堪、光禄大夫猛在朝之時，數稱言堪、猛之美。豐前爲司隸校尉，不順四時，修法度，專作苛暴以獲虚威，朕不忍下吏，以爲城門校尉。不内省諸己，而反怨堪、猛以求報舉，告按無證之辭，暴揚難驗之罪。毁譽恣意，不顧前言，不信之大也。朕憐豐之耆老，不忍加刑，其免爲庶人。』又曰：『豐言堪、猛貞信不立，朕閔而不治，又惜其材能未有所效，其左遷堪爲河東太守，猛槐里令。』

臣光曰：諸葛豐之於堪、猛，前譽而後毁，其志非爲朝廷進善而去姦也，欲比周求進而已矣，斯亦鄭朋、楊興之流，烏在其爲剛直哉！人君者察美惡，辨是非，賞以勸善，罰以懲姦，所以爲治也。使豐言得實，則豐不當絀；若其誣罔，則堪、猛何辜焉？今兩責而俱棄之，則美惡、是非果何在哉！

賈捐之與楊興善。捐之數短石顯，以故不得官，稀復進見。興新以材能得幸，捐之謂興曰：『京兆尹缺，使我得見，言君蘭，京兆尹可立得。』興曰：『君房下筆，言語妙天下，使君房爲尚書令，勝五鹿充宗遠甚。』捐之曰：『令我得代充宗，君蘭爲京兆，京兆郡國首，尚書百官本，天下眞大治，士則不隔矣。』捐之復短石顯，興曰：『顯方貴，上信用之。今欲進，第從我計，且與合意，即得入矣。』捐之即與興共爲薦顯奏，稱譽其美，以爲宜賜爵關内侯；引其兄弟以爲諸曹；又共爲薦興奏，以爲可試守京兆尹。石顯聞知，白之上，乃下興、捐之獄，令顯治之，奏『興、捐之懷作僞，更相薦譽，欲得大位。罔上，不道。』捐之竟坐棄市，興髡鉗爲城旦。

臣光曰：君子以正攻邪，猶懼不克，况捐之以邪攻邪，其能免乎！

四年夏六月戊寅晦，日有食之。上於是召諸前言日變在周堪、張猛者責問，皆稽首謝。因下詔稱堪之美，徵詣行在所，拜爲光禄大夫，秩中二千石，領尚書事。猛復爲太中大夫、給事中。中書令石顯管尚書，尚書五人，皆其黨也，堪希得見，常因顯白事，事決顯口。會堪疾瘖，不能言而卒。顯誣譖猛，令自殺於公車。

建昭二年六月，東郡京房學《易》於梁人焦延壽。延壽常曰：『得我道以亡身者，京生也。』其説長於灾變，分六十卦，更直日用事，以風雨寒温爲候，各有占驗。房用之尤精，以孝廉爲郎，上疏屢言灾異，有驗，天子説之，數召見問。房對曰：『古帝王以功舉賢，則萬化成，瑞應著；末世以毁譽取人，故功業廢而致灾異。宜令百官各試其功，灾異可息。』詔使房作其事，房奏《考功課吏法》。上令公卿朝臣與房會議温室，皆以『房言煩碎，令上下相司，不可許』。上意鄉之。時部刺史奏事京師，上召見諸刺史，令房曉以課事，刺史復以爲不可行。唯御史大夫鄭弘、光禄大夫周堪初言不可，後善之。

是時，中書令石顯顓權，顯友人五鹿充宗爲尚書令，二人用事。房嘗宴見，問上曰：『幽、厲之君何以危？所任者何人也？』上曰：『君不明，而所任者巧佞。』房曰：『知其巧佞而用之邪？將以爲賢也？』上曰：『賢之。』房曰：『然則今何以知其不賢也？』上曰：『以其時亂而君危知之。』房曰：『若是，任賢必治，任不肖必亂，必然之道也。幽、厲何不覺寤而更求賢？曷爲卒任不肖以至於是？』上曰：『臨亂之君，各賢其臣，令皆覺寤，天下安得危亡之君？』房曰：『齊桓公、秦二世，亦嘗聞此君而非笑之。然則任豎刁、趙高，政治日亂，盜賊滿山，何不以幽、厲卜之而覺寤乎？』上曰：『唯有道者能以往知來耳。』房因免冠頓首曰：『《春秋》紀二百四十二年灾異，以示萬世之君。今陛下即位已來，日月失明，星辰逆行，山崩泉涌，地震石隕，夏霜冬雷，春凋秋榮，隕霜不殺，水旱螟蟲，民人飢疫，盜賊不禁，刑人滿市，《春秋》所記灾異盡備。陛下視今爲治邪？亂邪？』上曰：『亦極亂耳，尚何道！』房曰：『今所任用者誰與？』上曰：『然，幸其愈於彼；又以爲不在此人也。』房曰：『夫前世之君，亦皆然矣。臣恐後之視今，猶今之視前也。』上良久乃曰：『今爲亂者誰哉？』房曰：『明主宜自知之。』上曰：『不知也；如知，何故用之。』房曰：『上最所信任，與圖事帷幄之中。進退天下之士者是矣。』房指謂石顯，上亦知之，謂房曰：『已喻。』房罷出，後上亦不能退顯也。

臣光曰：人君之德不明，則臣下雖欲竭忠，何自而入乎？觀京房之所以曉孝元，可謂明白切至矣，而終不能寤，悲夫！詩曰：『匪面命之，

言提其耳。匪手攜之，言示之事。』又曰：『誨爾諄諄，聽我藐藐。』孝元之謂矣。

上令房上弟子曉知考功、課吏事者，欲試用之。房上『中郎任良、姚平，願以爲刺史，試《考功法》，臣得通籍殿中，爲奏事，以防壅塞』。石顯、五鹿充宗皆疾房，欲遠之，建言宜試以房爲郡守。帝於是以房爲魏郡太守，得以《考功法》治郡。房自請歲竟乘傳奏事，天子許焉。房自知數以論議爲大臣所非，與石顯等有隙，不欲遠離左右，乃上封事曰：『臣出之後，恐爲用事所蔽，身死而功不成，故願歲盡乘傳奏事，蒙哀見許。乃辛巳，蒙氣復乘卦，太陽侵色，此上大夫覆陽而上意疑也。己卯、庚辰之間，必有欲隔絶臣，令不得乘傳奏事者。』

房未發，上令陽平侯王鳳承制詔房止無乘傳奏事。房意愈恐。秋，房去至新豐，因郵上封事曰：『臣前以六月中言《遯卦》不效，法曰：「道人始去，寒涌水爲灾。」至其七月，涌水出。臣弟子姚平謂臣曰：「房可謂知道，未可謂信道也。房言灾異，未嘗不中。涌水已出，道人當逐死，尚復何言！」臣曰：「陛下至仁，於臣尤厚，雖言而死，臣猶言也。」平又曰：「房可謂小忠，未可謂大忠也。昔秦時趙高用事，有正先者非刺高而死，高威自此成，故秦之亂，正先趣之。」今臣得出守郡，自詭效功。恐未效而死，惟陛下毋使臣塞涌水之異，當正先之死，爲姚平所笑。』

房至陝，復上封事曰：『臣前白願出任良試考功，臣得居內。議者知如此於身不利，臣不可蔽，故云「使弟子不若試師」。臣爲刺史，又當奏事，故復云「爲刺史，恐太守不與同心，不若以爲太守」。此其所以隔絶臣也。陛下不違其言而遂聽之，此乃蒙氣所以不解，太陽無色者也。臣去稍遠，太陽侵色益甚，唯陛下毋難還臣而易逆天意。邪説雖安於人，天氣必變，故人可欺天不可欺也，願陛下察焉。』

房去月餘，竟徵下獄。初，淮陽憲王舅張博，傾巧無行，多從王求金錢，欲爲王求入朝。博從京房學，以女妻房。房每朝見，退輒爲博道其語。博因記房所説密語，令房爲王作求朝奏草，皆持束與王，以爲信驗。石顯知之，告『房與張博通謀，非謗政治，歸惡天子，詿誤諸侯王』。皆下獄，棄市，妻子徙邊。鄭弘坐與房善，免爲庶人。

御史中丞陳咸數毀石顯，久之，坐與槐里令朱雲善，漏泄省中語，石顯微伺知之，與雲皆下獄，髡爲城旦。

石顯威權日盛，公卿以下畏顯，重足一迹。顯與中書僕射牢梁、少府五鹿充宗結爲黨友，諸附倚者皆得寵位。民歌之曰：『牢邪、石邪！五鹿客邪！印何纍纍，綬若若邪！』

顯內自知擅權，事柄在掌握，恐天子一旦納用左右耳目以間己，乃時歸誠，取一信以爲驗。顯嘗使至諸官，有所徵發，顯先自白：『恐後漏盡宮門閉，請使詔吏開門。』上許之。顯故投夜還，稱詔開門入。後果有上書告顯『顓命矯詔開宮門』，天子聞之，笑以其書示顯。顯因泣曰：『陛下過私小臣，屬任以事，羣下無不嫉妬，欲陷害臣者，事類如此非一，唯獨明主知之。愚臣微賤，誠不能以一軀稱快萬衆，任天下之怨。臣願歸樞機職，受後宮掃除之役，死無所恨。唯陛下哀憐裁幸，以此全活小臣。』天子以爲然而憐之，數勞勉顯，加厚賞賜，賞賜及賂遺訾一萬萬。初，顯聞衆人匈匈，言己殺前將軍蕭望之，恐天下學士訕己，以諫大夫貢禹明經著節，乃使人致意，深自結納，因薦禹天子，歷位九卿，禮事之甚備。議者於是或稱顯，以爲不妬譖望之矣。顯之設變詐以自解免，取信人主者，皆此類也。

荀悦曰：夫佞臣之惑君主也甚矣，故孔子曰：『遠佞人。』非但不用而已，乃遠而絶之，隔塞其源，戒之極也。孔子曰：『政者，正也。』夫要道之本，正己而已矣。平直眞實者，正之主也。故德必核其眞然後授其位，能必核其眞然後授其事，功必核其眞然後授其賞，罪必核其眞然後授其刑，行必核其眞然後貴之，言必核其眞然後信之，物必核其眞然後用之，事必核其眞然後脩之。故衆正積於上，萬事實於下，先王之道，如斯而已矣。

竟寧元年。初，石顯見馮奉世父子爲公卿著名，女又爲昭儀在內，顯心欲附之。薦言：『昭儀兄謁者逡脩敕，宜侍幄帷。』天子召見，欲以爲侍中。逡請間言事。上聞逡言顯顓權，大怒，罷逡歸郎官。及御史大夫缺，在位多舉逡兄大鴻臚野王，上使尚書選第中二千石，而野王行能第一。上以問顯，顯曰：『九卿無出野王者，然野王，親昭儀兄，臣恐後世必以陛下度越衆賢，私後宮親以爲三公。』上曰：『善，吾不見是。』因

謂羣臣曰：『吾用野王爲三公，後世必謂我私後宮親屬，以野王爲比。』三月丙寅，詔曰：『剛强堅固，確然無欲，大鴻臚野王是也。心辨善辭，可使四方，少府五鹿充宗是也。廉潔節儉，太子少傅張譚是也。其以少傅爲御史大夫。』

夏五月壬辰，帝崩於未央宮。六月己未，太子卽皇帝位。

成帝建始元年春正月。石顯遷長信中太僕，秩中二千石。顯既失倚離權，於是丞相、御史條奏顯舊惡，及其黨牢梁、陳順皆免官。顯與妻子徙歸故郡，憂懣不食，道死。諸所交結以顯爲官者，皆廢罷。少府五鹿充宗左遷玄菟太守，御史中丞伊嘉爲鴈門都尉。

司隸校尉涿郡王尊劾奏：『丞相衡、御史大夫譚，知顯等顓權擅勢，大作威福，爲海内患害，不以時白奏行罰，而阿諛曲從，附下罔上，懷邪迷國，無大臣輔政之義，皆不道！在赦令前。赦後，衡、譚舉奏顯，不自陳不忠之罪，而反揚著先帝任用傾覆之徒，妄言「百官畏之，甚於主上」。卑君尊臣，非所宜稱，失大臣體！』於是衡慚懼，免冠謝罪，上丞相、侯印綬。天子以新卽位，重傷大臣，乃左遷尊爲高陵令，然羣下多是尊者。衡嘿嘿不自安，每有水、旱，連乞骸骨讓位，上輒以詔書慰撫，不許。

論說

《漢書》卷七八《蕭望之傳》 初，宣帝不甚從儒術，任用法律，而中書宦官用事。中書令弘恭、石顯久典樞機，明習文法，亦與車騎將軍高爲表裏，論議常獨持故事，不從望之等。恭、顯又時傾仄見詘。望之以爲中書政本，宜以賢明之選，自武帝游宴後庭，故用宦者，非國舊制，又違古不近刑人之義，白欲更置士人，繇是大與高、恭、顯忤。上初卽位，謙讓重改作，議久不定，出劉更生爲宗正。

望之、堪數薦名儒茂材以備諫官。會稽鄭朋陰欲附望之，上疏言車騎將軍高遣客爲姦利郡國，及言許、史子弟罪過。章視周堪，堪白令朋待詔金馬門。朋奏記望之曰：『將軍體周召之德，秉公綽之質，有卞莊之威。至乎耳順之年，履折衝之位，號至將軍，誠士之高致也。窟穴黎庶莫不權喜，咸曰將軍其人也。今將軍規橅云若管晏而休，遂行日仄至周召乃留乎？若管晏而休，則下走將歸延陵之皋，修農圃之疇，畜雞種黍，竢見二子，没齒而已矣。如將軍昭然度行，積思塞邪枉之險蹊，宣中庸之常政，興周召之遺業，親日仄之兼聽，則下走其庶幾願竭區區，底厲鋒鍔，奉萬分之一。』望之見納朋，接待以意。朋數稱述望之，短車騎將軍，言許、史過失。

後朋行傾邪，望之絕不與通。朋與大司農史李宫俱待詔，堪獨白宫爲黄門郎。朋，楚士，怨恨，更求入許、史，推所言許、史事曰：『皆周堪、劉更生教我，我關東人，何以知此？』於是侍中許章白見朋。朋出揚言曰：『我見，言前將軍小過五，大罪一。中書令在旁，知我言狀。』望之聞之，以問弘恭、石顯。顯、恭恐望之自訟，下於它吏，卽挾朋及待詔華龍。龍者，宣帝時與張子蟜等待詔，以行汙濊不進，欲入堪等，堪等不納，故與朋相結。恭、顯令二人告望之等謀欲罷車騎將軍疏退許、史狀，候望之出休日，令朋、龍上之。事下弘恭問狀，望之對曰：『外戚在位多奢淫，欲以匡正國家，非爲邪也。』恭、顯奏：『望之、堪、更生朋黨相稱舉，數譖訴大臣，毁離親戚，欲以專擅權勢，爲臣不忠，誣上不道，請謁者召致廷尉。』時上初卽位，不省『謁者召致廷尉』爲下獄也，可其奏。後上召堪、更生，曰繫獄。上大驚曰：『非但廷尉問邪？』以責恭、顯，皆叩頭謝。上曰：『令出視事。』恭、顯因使高言：『上新卽位，未以德化聞於天下，而先驗師傅，既下九卿大夫獄，宜因決免。』於是制詔丞相御史：『前將軍望之傅朕八年，亡它罪過，今事久遠，識忘難明。其赦望之罪，收前將軍光禄勳印綬，及堪、更生皆免爲庶人。』而朋爲黄門郎。

後數月，制詔御史：『國之將興，尊師而重傅。故前將軍望之傅朕八年，道以經術，厥功茂焉。其賜望之爵關内侯，食邑六百户，給事中，朝朔望，坐次將軍。』天子方倚欲以爲丞相，會望之之子散騎中郎伋上書訟望之前事，事下有司，復奏：『望之前所坐明白，無譖訴者，而教子上書，稱引亡辜之《詩》，失大臣體，不敬，請逮捕。』弘恭、石顯等知望之素高節，不詘辱，建白：『望之前爲將軍輔政，欲排退許、史，專權擅朝。幸得不坐，復賜爵邑，與聞政事，不悔過服罪，深懷怨望，教子上書，歸

非於上，自以託師傅，懷終不坐。非頗詘望之於牢獄，塞其怏怏心，則聖朝亡以施恩厚。』上曰：『蕭太傅素剛，安肯就吏？』顯等曰：『人命至重，望之所坐，語言薄罪，必亡所憂。』上乃可其奏。

宋·洪邁《容齋隨筆》卷一二《恭顯議蕭望之》 弘恭、石顯議置蕭望之於牢獄，漢元帝知其不肯就吏，而訖可其奏，望之果自殺，帝召顯等責問以議不詳，皆免冠謝，乃已。王氏五侯奢僭，成帝内銜之，一旦赫怒，詔尚書奏誅薄昭故事，然特欲恐之，實無意誅也。竇憲恃宫掖聲勢，奪公主園，章帝切責，有孤雛腐鼠之比，然竟不繩其罪。三君之失政，前史固深譏之矣。司馬公謂元帝始疑望之不肯就獄，恭、顯以爲必無憂，其欺既明，終不能治，可謂易欺而難寤也。予謂師傅大臣進退罪否，人主當決之于心，何爲謀及宦者！且望之先時已嘗下廷尉矣，使其甘於再辱，忍恥對吏，將遂以恭、顯之議爲是耶？望之死與不死，不必論也。成帝委政外家，先漢顛覆，章帝仁柔無斷，後漢遂衰，皆無足責。

宋·歐陽修《歐陽修集》卷六八《居士外集·與高司諫書》 昔漢殺蕭望之與王章，計其當時之議，必不肯明言殺賢者也，必以石顯、王鳳爲忠臣，望之與章爲不賢而被罪也。今足下視石顯、王鳳果忠邪，望之與章果不賢邪？當時亦有諫臣，必不肯自言畏禍而不諫，亦必曰當誅而不足諫也。今足下視之，果當誅邪？是直可欺當時之人，而不可欺後世也。今足下又欲欺今人，而不懼後世之不可欺邪？況今之人未可欺也。

清·王夫之《讀通鑑論》卷四《元帝》 朋黨之興，始於元帝之世，流風所染，千載不息，士得虚名獲實禍，而國受其敗，可哀也夫！蕭望之、周堪、張猛、劉更生，固雅意欲爲君子者也。其攻史高、弘恭、石顯，以弼主於正，固君子之道也。夫君子者，豈徒由其道而遂以勝天下之邪哉？君子所秉以匡君而靖國者，蹇蹇之躬，可生可死，可貴可賤，可行非常之事，可定衆論之歸，而不倚人以爲援。若夫進賢以衛主，而公其善於天下，則進之在已，而舉錯一歸之君。且必待之身安交定之餘，而不急試之危疑之日。然且避其名而弗居，以使賢士大夫感知遇於吾君，而勉思報禮。身已安，交已定，道已行，小人已遠，則善士之進，自拔以其彙，而不肖者不敢飾説以干。於身爲君子，於國爲大臣，恃此道也。

今蕭、周二子者，奉遺詔，秉國政，輔柔弱之主，甫期年耳。元帝浮慕之而未嘗知之。使二子果以抑羣小、清政本爲遠圖，身任之，以死繼之，其孰敢不震疊焉？乃其所爲有異是者，鄭朋欲附之，望之受之，周堪聽之，華龍聞其風而欲附焉。□□□□□□□□□□□□而楊興、諸葛豐之徒，皆仰望而欲攀倚。以此思之，則此數子者，必縣朝廷之禄位以引躁進喜事之人，而望其援，訟其直以擊恭、顯。身爲大臣，國是不決，乃借資於浮薄之徒，或激或叛，以成不可解之禍。嗚呼！四子者，果捐軀以報上，獨立不懼，而奚以此聞聲附和之宵人爲哉？縣汲引以誘人，利則從，害則叛，固其常也。況乎風相煽，譌相傳，一時之氣燄，小民之視聽且駭，而況孱士孤立於羣小之間乎！

藝文

清·彭定求等《全唐詩》卷四二五《白居易〈讀史五首〉》 含沙射人影，雖病人不知。巧言誣人罪，至死人不疑。掇蜂殺愛子，掩鼻戮寵姬。弘恭陷蕭望，趙高謀李斯。陰德既必報，陽禍豈虚施。人事雖可罔，天道終難欺。明卽有刑辟，幽則有神祇。苟免勿私喜，鬼得而誅之。

董賢嬖倖

綜述

《漢書》卷一一《哀帝紀》 （建平四年）三月，侍中駙馬都尉董賢、光禄大夫息夫躬、南陽太守孫寵皆以告東平王封列侯。【略】

（二年）五月，正三公官公職。大司馬衛將軍董賢爲大司馬，丞相孔光爲大司徒，御史大夫彭宣爲大司空，封長平侯。正司直、司隸，造司寇職，事未定。

又 卷二四《食貨志第四上》 哀帝卽位，師丹輔政，【略】時田宅奴婢賈爲減賤，丁、傅用事，董賢隆貴，皆不便也。詔書且須後，遂寢不

行。宮室苑囿府庫之臧已侈，百姓訾富雖不及文景，然天下户口最盛矣。

又 卷二六《天文志》 元壽元年十一月，歲星入太微，逆行干右執法。占曰：『大臣有憂，執法者誅，若有罪。』二年十月戊寅，高安侯董賢免大司馬位，歸第自殺。

又 卷二七《五行志下之上》 成帝綏和（三）［二］年二月，大廄馬生角，在左耳前，圍長各二寸。是時王莽爲大司馬，害上之萌自此始矣。哀帝建平二年，定襄牡馬生駒，三足，隨羣飲食，太守以聞。馬，國之武用，三足，不任用之象也。後侍中董賢年二十二爲大司馬，居上公之位，天下不宗。哀帝暴崩，成帝母王太后召弟子新都侯王莽入，收賢印綬，賢恐，自殺，莽因代之，并誅外家丁、傅。又廢哀帝傅皇后，令自殺，發掘帝祖母傅太后、母丁太后陵，更以庶人葬之。辜及至尊，大臣微弱之禍也。

又 卷四五《江充傳》 哀帝初卽位，皇后父特進孔鄉侯傅晏與躬同郡，相友善，躬繇是以爲援，交游日廣。先是，長安孫寵亦以游説顯名，免汝南太守，與躬相結，俱上書，召待詔。是時哀帝被疾，始卽位，而人有告中山孝王太后祝詛上，太后及弟宜鄉侯馮參皆自殺，其罪不明。是後無鹽危山有石自立，開道。躬與寵謀曰：『上亡繼嗣，體久不平，關東諸侯，心爭陰謀。今無鹽有大石自立，聞邪臣託往事，以爲大山石立而先帝龍興。東平王雲以故與其后日夜祠祭祝詛上，欲求非望。而后舅伍宏反因方術以醫技得幸，出入禁門。霍顯之謀將行於杯杓，荆軻之變必起於帷幄。事勢若此，告之必成；發國姦，誅主讎，取封侯之計也。』躬、寵乃與中郎右師譚，共因中常侍宋弘上變事告焉。上惡之，下有司案驗，東平王雲、雲后謁及伍宏等皆坐誅。上擢寵爲南陽太守，譚潁川都尉，弘、躬皆光禄大夫左曹給事中。是時侍中董賢愛幸，上欲侯之，遂下詔云：『躬、寵因賢以聞，封賢爲高安侯，寵爲方陽侯，躬爲宜陵侯，食邑各千户。賜譚爵關内侯，食邑。』丞相王嘉内疑東平獄事，爭不欲侯賢等，語在《嘉傳》。嘉固言董賢泰盛，寵、躬皆傾覆有佞邪材，恐必撓亂國家，不可任用。嘉以此得罪矣。

又 卷八六《何武傳》 多所舉奏，號爲煩碎，不稱賢公。功名略比薛宣，其材不及也，而經術正直過之。武後母在郡，遣吏歸迎，會成帝崩，吏恐道路有盜賊，後母留止，左右或譏武事親不篤。哀帝亦欲改易大臣，遂策免武曰：『君舉錯煩苛，不合衆心，孝聲不聞，惡名流行，無以率示四方，其上大司空印綬，罷歸就國。』後五歲，諫大夫鮑宣數稱冤之，天子感丞相王嘉之對，而高安侯董賢亦薦武，武由是復徵爲御史大夫。月餘，徙爲前將軍。

先是，新都侯王莽就國，數年，上以太皇太后故徵莽還京師。莽從弟成都侯王邑爲侍中，矯稱太皇太后指白哀帝，爲莽求特進給事中。哀帝復請之，事發覺。太后爲謝，上以太后故不忍誅之，左遷邑爲西河屬國都尉，削千户。後有詔舉大常，莽私從武求舉，武不敢舉。後數月，哀帝崩，太后卽日引莽入，收大司馬董賢印綬，詔有司舉可大司馬者。莽故大司馬，辭位辟丁、傅，衆庶稱以爲賢，又太后近親，自大司徒孔光以下舉朝皆舉莽。武爲前將軍，素與左將軍公孫禄相善，二人獨謀，以爲往時孝惠、孝昭少主之世，外戚呂、霍、上官持權，幾危社稷，今孝成、孝哀比世無嗣，方當選立親近輔幼主，不宜令異姓大臣持權，親疏相錯，爲國計便。於是武舉公孫禄可大司馬，而禄亦舉武。太后竟自用莽爲大司馬。莽風有司劾奏武、公孫禄互相稱舉，皆免。

又 卷九三《董賢傳》 董賢字聖卿，雲陽人也。父恭，爲御史，任賢爲太子舍人。哀帝立，賢隨太子官爲郎。二歲餘，賢傳漏在殿下，爲人美麗自喜，哀帝望見，説其儀貌，識而問之，曰：『是舍人董賢邪？』因引上與語，拜爲黄門郎，繇是始幸。問及其父爲雲中侯，卽日徵爲霸陵令，遷光禄大夫。賢寵愛日甚，爲駙馬都尉侍中，出則參乘，入御左右，旬月間賞賜絫鉅萬，貴震朝廷。常與上臥起。嘗晝寢，偏藉上褏，上欲起，賢未覺，不欲動賢，乃斷褏而起。其恩愛至此。賢亦性柔和便辟，善爲媚以自固。每賜洗沐，不肯出，（嘗）［常］留中視醫藥。上以賢難歸，詔令賢妻得通引籍殿中，止賢廬，若吏妻子居官寺舍。又（詔）［召］賢女弟以爲昭儀，位次皇后，更名其舍爲椒風，以配椒房云。昭儀及賢與妻旦夕上下，並侍左右。賞賜昭儀及賢妻亦各千萬數。遷賢父爲少府，賜爵關内侯，食邑，復徙爲衛尉。又以賢妻父爲將作大匠，弟爲執金吾。詔將作大匠爲賢起大第北闕下，重殿洞門，木土之功窮極技巧，柱檻衣以綈錦。下至賢家僮僕皆受上賜，及武庫禁兵，上方珍寶。其選物上弟盡在董

氏，而乘輿所服乃其副也。及至東園秘器，珠襦玉柙，豫以賜賢，無不備具。又令將作爲賢起冢塋義陵旁，内爲便房，剛柏題湊，外爲徼道，周垣數里，門闕罘罳甚盛。

上欲侯賢而未有緣。會待詔孫寵、息夫躬等告東平王雲后謁祠祀祝詛，下有司治，皆伏其辜。上於是令躬、寵爲因賢告東平事者，乃以其功下詔封賢爲高安侯，躬宜陵侯，寵方陽侯，食邑各千户。頃之，復益封賢二千户。丞相王嘉内疑東平事冤，甚惡躬等，數諫爭，以賢爲亂國制度，嘉竟坐言事下獄死。

上初卽位，祖母傅太后、母丁太后皆在，兩家先貴。傅太后從弟喜先爲大司馬輔政，數諫，失太后指，免官。上舅丁明代爲大司馬，亦任職，頗害賢寵，及丞相王嘉死，明甚憐之。上寖重賢，欲極其位，而恨明如此，遂册免明曰：『前東平王雲貪欲上位，祠祭祝詛，雲后舅伍宏以醫待詔，與校秘書郎楊閎結謀反逆，禍甚迫切。賴宗廟神靈，董賢等以聞，咸伏其辜。將軍從弟侍中奉車都尉吳、族父左曹屯騎校尉宣皆知宏及栩丹諸侯王后親，而宣除用丹爲御屬，吳與宏交通厚善，數稱薦宏。宏以附吳得興其惡心，因醫技進，幾危社稷，朕以恭皇后故，不忍有云。將軍位尊任重，既不能明威立義，折消未萌，又不深疾雲、宏之惡，而懷非君上，阿爲宣、吳，反痛恨雲等揚言爲羣下所冤，又親見言伍宏善醫，死可惜也，賢等獲封極幸。嫉妒忠良，非毁有功，於戲傷哉！蓋「君親無將，將而誅之」。是以季友鴆叔牙，《春秋》賢之；趙盾不討賊，謂之弑君。朕閔將軍陷于重刑，故以書飭。將軍遂非不改，復與丞相嘉相比，令嘉有依，得以罔上。有司致法將軍請獄治，朕惟噬膚之恩未忍，其上票騎將軍印綬，罷歸就第。』遂以賢代明爲大司馬衛將軍，册曰：『朕承天序，惟稽古建爾于公，以爲漢輔。往悉爾心，統辟元戎，折衝綏遠，匡正庶事，允執其中。天下之衆，受制於朕，以將爲命，以兵爲威，可不慎與！』是時賢年二十二，雖爲三公，常給事中，領尚書，百官因賢奏事。以父恭不宜在卿位，徙爲光禄大夫，秩中二千石。弟寬信代賢爲駙馬都尉。董氏親屬皆侍中諸曹奉朝請，寵在丁、傅之右矣。

明年，匈奴單于來朝，宴見，羣臣在前。單于怪賢年少，以問譯，上令譯報曰：『大司馬年少，以大賢居位。』單于乃起拜，賀漢得賢臣。

初，丞相孔光爲御史大夫，時賢父恭爲御史，事光。及賢爲大司馬，與光並爲三公，上故令賢私過光。光雅恭謹，知上欲尊寵賢，及聞賢當來也，光警戒衣冠出門待，望見賢車乃卻入。賢至中門，光入閣，既下車，乃出拜謁，送迎甚謹，不敢以賓客均敵之禮。賢歸，上聞之喜，立拜光兩兄子爲諫大夫常侍。賢繇是權與人主侔矣。

是時，成帝外家王氏衰廢，唯平阿侯譚子去疾，哀帝爲太子時爲庶子得幸，及卽位，爲侍中騎都尉。上以王氏亡在位者，遂用舊恩親近去疾，復進其弟閎爲中常侍，閎妻父蕭咸，前將軍望之子也，久爲郡守，病免，爲中郎將。兄弟並列，賢父恭慕之，欲與結婚姻。閎爲賢弟駙馬都尉寬信求咸女爲婦，咸惶恐不敢當，私謂閎曰：『董公爲大司馬，册文言「允執其中」，此乃堯禪舜之文，非三公故事，長老見者，莫不心懼。此豈家人子所能堪邪！』閎性有知略，聞咸言，心亦悟。乃還報恭，深達咸自謙薄之意。恭歎曰：『我家何用負天下，而爲人所畏如是！』意不説。後上置酒麒麟殿，賢父子親屬宴飲，王閎兄弟侍中中常侍皆在側。上有酒所，從容視賢笑，曰：『吾欲法堯禪舜，何如？』閎進曰：『天下乃高皇帝天下，非陛下之有也。陛下承宗廟，當傳子孫於亡窮。統業至重，天子亡戲言！』上默然不説，左右皆恐。於是遣閎出，後不得復侍宴。

賢第新成，功堅，其外大門無故自壞，賢心惡之。後數月，哀帝崩。太皇太后召大司馬賢，引見東廂，問以喪事調度。賢内憂，不能對，免冠謝。太后曰：『新都侯莽前以大司馬奉送先帝大行，曉習故事，吾令莽佐君。』賢頓首幸甚。太后遣使者召莽。既至，以太后指使尚書劾賢帝病不親醫藥，禁止賢不得入出宫殿司馬中。賢不知所爲，詣闕免冠徒跣謝。莽使謁者以太后詔卽闕下册賢曰：『間者以來，陰陽不調，菑害並臻，元元蒙辜。夫三公，鼎足之輔也，高安侯賢未更事理，爲大司馬不合衆心，非所以折衝綏遠也。其收大司馬印綬，罷歸第。』卽日賢與妻皆自殺，家惶恐夜葬。莽疑其詐死，有司奏請發賢棺，至獄診視。莽復風大司徒光奏：『賢質性巧佞，翼姦以獲封侯，父子專朝，兄弟並寵，多受賞賜，治第宅，造冢壙，放效無極，不異王制，費以萬萬計，國家爲空虛。父子驕蹇，至不爲使者禮，受賜不拜，罪惡暴著。賢自殺伏辜，死後父恭等不悔過，乃復以沙畫棺四時之色，左蒼龍，右白虎，上著金銀日月，玉衣珠璧以棺，

至尊無以加。恭等幸得免於誅，不宜在中土。臣請收没入財物縣官。諸以賢爲官者皆免。』父恭、弟寬信與家屬徙合浦，母别歸故郡鉅鹿。長安中小民讙嘩，鄉其第哭，幾獲盜之。縣官斥賣董氏財凡四十三萬萬。賢既見發，羸診其尸，因埋獄中。

賢所厚吏沛朱詡自劾去大司馬府，買棺衣收賢尸葬之。王莽聞之而大怒，以它罪擊殺詡。詡子浮建武中貴顯，至大司馬、司空，封侯。而王閎王莽時爲牧守，所居見紀，莽敗乃去官。世祖下詔曰：『武王克殷，表商容之間，閎修善謹敕，兵起，吏民獨不爭其頭首。今以閎子補吏。』至墨綬卒官。蕭咸外孫云。

又 卷九九《王莽傳上》 莽還京師歲餘，哀帝崩，無子，而傅太后、丁太后皆先薨，太皇太后即日駕之未央宮收取璽綬，遣使者馳召莽。詔尚書，諸發兵符節，百官奏事，中黄門、期門兵皆屬莽。莽白：『大司馬高安侯董賢年少，不合衆心，收印綬。』賢即日自殺。太后詔公卿舉可大司馬者，大司徒孔光、大司空彭宣舉莽，前將軍何武、後將軍公孫禄互相舉。太后拜莽爲大司馬，與議立嗣。安陽侯王舜莽之從弟，其人修飭，太后所信愛也，莽白以舜爲車騎將軍，使迎中山王奉成帝後，是爲孝平皇帝。帝年九歲，太后臨朝稱制，委政於莽。莽白趙氏前害皇子，傅氏驕僭，遂廢孝成趙皇后、孝哀傅皇后，皆令自殺，語在外戚傳。

莽以大司徒孔光名儒，相三主，太后所敬，天下信之，於是盛尊事光，引光女壻甄邯爲侍中奉車都尉。諸哀帝外戚及大臣居位素所不説者，莽皆傅致其罪，爲請奏，令邯持與光。光素畏慎，不敢不上之，莽白太后，輒可其奏。於是前將軍何武、後將軍公孫禄坐互相舉免，丁、傅及董賢親屬皆免官爵，徙遠方。紅陽侯立太后親弟，雖不居位，莽以諸父内敬憚之，畏立從容言太后，令已不得肆意，乃復令光奏立舊惡：『前知定陵侯淳于長犯大逆罪，多受其賂，爲言誤朝；後白以官婢楊寄私子爲皇子，衆言曰呂氏、少帝復出，紛紛爲天下所疑，難以示來世，成繈褓之功。請遣立就國。』太后不聽。莽曰：『今漢家衰，比世無嗣，太后獨代幼主統政，誠可畏懼，力用公正先天下，尚恐不從，今以私恩逆大臣議如此，羣下傾邪，亂從此起！宜可且遣就國，安後復徵召之。』太后不得已，遣立就國。莽之所以脅持上下，皆此類也。【略】

當此之時，宫亡儲主，董賢據重，加以傅氏有女之援，皆自知得罪天下，結讎中山，則必同憂，斷金相翼，藉假遺詔，頻用賞誅，先除所憚，急引所附，遂誣往冤，更徵遠屬，事勢張見，其不難矣！賴公立入，即時退賢，及其黨親。當此之時，公運獨見之明，奮亡前之威，盱衡厲色，振揚武怒，乘其未堅，厭其未發，震起機動，敵人摧折，雖有賁育不及持刺，雖有樗里不及回知，雖有鬼谷不及造次，是故董賢喪其魂魄，遂自絞殺。人不還踵，日不移晷，霍然四除，更爲寧朝。非陛下莫引立公，非公莫克此禍。《詩》云『惟師尚父，時惟鷹揚，亮彼武王』，孔子曰『敏則有功』，公之謂矣。

《後漢書》卷一二《張步傳》 王閎者，王莽叔父平阿侯譚之子也，哀帝時爲中常侍。時倖臣董賢爲大司馬，寵愛貴盛，閎屢諫，忤旨。哀帝臨崩，以璽綬付賢曰：『無妄以與人。』時國無嗣主，内外恇懼，閎白元后，請奪之；即帶劍至宣德後闥，舉手叱賢曰：『宫車晏駕，國嗣未立，公受恩深重，當俯伏號泣，何事久持璽綬以待禍至邪！』賢知閎必死，不敢拒之，乃跪授璽綬。閎持上太后，朝廷壯之。及王莽篡位，僭忌閎，乃出爲東郡太守。閎懼誅，常繫藥手内。莽敗，漢兵起，閎獨完全東郡三十餘萬户，歸降更始。

又 卷二八《桓譚傳》 哀平間，位不過郎。傅皇后父孔鄉侯晏深善於譚。是時高安侯董賢寵幸，女弟爲昭儀，皇后日已疏，晏嘿嘿不得意。譚進説曰：『昔武帝欲立衛子夫，陰求陳皇后之過，而陳后終廢，子夫竟立。今董賢至愛而女弟尤幸，殆將有子夫之變，可不憂哉！』晏驚動，曰：『然，爲之奈何？』譚曰：『刑罰不能加無罪，邪枉不能勝正人。夫士以才智要君，女以媚道求主。皇后年少，希更艱難，或驅使醫巫，外求方技，此不可不備。又君侯以后父尊重而多通賓客，必借以重埶，貽致譏議。不如謝遣門徒，務執謙慤，此脩己正家避禍之道也。』晏曰：『善』。遂罷遣常客，入白皇后，如譚所戒。後賢果風太醫令眞欽，使求傅氏罪過，遂逮后弟侍中喜，詔獄無所得，乃解，故傅氏終全於哀帝之時。及董賢爲大司馬，聞譚名，欲與之交。譚先奏書於賢，説以輔國保身之術，賢不能用，遂不與通。當王莽居攝篡弑之際，天下之士，莫不競褒稱德美，作符命以求容媚，譚獨自守，默然無言。莽時爲掌樂大夫，更

始立，召拜太中大夫。

宋・袁樞《通鑑紀事本末》卷五《董賢嬖幸》　漢哀帝建平四年二月，駙馬都尉、侍中雲陽董賢得幸於上，出則參乘，入御左右，賞賜累鉅萬，貴震朝廷。常與上臥起。嘗晝寢，偏藉上袖；上欲起，賢未覺，不欲動賢，乃斷袖而起。又詔賢妻得通引籍殿中，止賢廬。又召賢女弟以爲昭儀，位次皇后。昭儀及賢與妻旦夕上下，並侍左右。以賢父恭爲少府，賜爵關内侯。詔將作大匠爲賢起大第北闕下，重殿，洞門，土木之功，窮極技巧。賜武庫禁兵、上方珍寶。其選物上弟盡在董氏，而乘輿所服乃其副也。及至東園秘器、珠襦、玉柙，豫以賜賢，無不備具。又令將作爲賢起冢塋義陵旁，内爲便房，剛柏題湊，外爲徼道，周垣數里，門闕罘罳甚盛。鄭崇以賢貴寵過度諫上，由是重得罪。

三月，上欲侯董賢而未有緣，侍中傅嘉勸上定息夫躬、孫寵告東平本章，去宋弘，更言因董賢以聞，欲以其功侯之，皆先賜爵關内侯。頃之，上欲封賢等而心憚王嘉，乃先使孔鄉侯晏持詔書示丞相、御史。於是嘉與御史大夫賈延上封事言：『竊見董賢等三人始賜爵，衆庶匈匈，咸曰賢貴，其餘並蒙恩；至今流言未解。陛下仁恩於賢等不已，宜暴賢等本奏語言，延問公卿、大夫、博士、議郎，考合古今，明正其義，然後乃加爵土，不然，恐大失衆心，海内引領而議。暴評其事，必有言當封者，在陛下所從，天下雖不說，咎有所分，不獨在陛下。』上不得已，且爲之止。

秋八月辛卯，上下詔切責公卿曰：『昔楚有子玉得臣，晉文爲之側席而坐；近事，汲黯折淮南之謀。今東平王雲等至有圖弑天子逆亂之謀者，是公卿股肱，莫能悉心、務聰明以銷厭未萌故也。賴宗廟之靈，侍中、駙馬都尉賢等發覺以聞，咸伏厥辜。《書》不云乎，「用德章厥善」，其封賢爲高安侯。』

上使中黄門發武庫兵前後十輩，送董賢及上乳母王阿舍。執金吾毋將隆奏言：『武庫兵器，天下公用，國家武備，繕治造作，皆度大司農錢。大司農錢，自乘輿不以給共養；共養勞賜，一出少府。蓋不以本藏給末用，不以民力共浮費，別公私，示正路也。古者諸侯、方伯得顓征伐，乃賜斧鉞，漢家邊吏職任距寇，亦賜武庫兵，皆任事然後蒙之。《春秋》之誼，家不藏甲，所以抑臣威損私力也。今賢等便僻務臣，私恩微妾，而以天下公用給其私門，契國威器，共其家備，民力分於弄臣，武兵設於微妾，建立非宜，以廣驕僭，非所以示四方也。孔子曰：「奚取於三家之堂！」臣請收還武庫。』上不說。

諫大夫渤海鮑宣上書曰：『竊見孝成皇帝時，外親持權，人人牽引所私以充塞朝廷，妨賢人路，濁亂天下，奢泰無度，窮困百姓，是以日食且十，彗星四起。危亡之徵，陛下所親見也。今奈何反覆劇於前乎？今民有七亡：陰陽不和，水旱爲災，一亡也。縣官重責，更賦租稅，二亡也。貪吏並公，受取不已，三亡也。豪强大姓，蠶食無厭，四亡也。苛吏繇役，失農桑時，五亡也。部落鼓鳴，男女遮列，六亡也。盜賊劫略，取民財物，七亡也。七亡尚可，又有七死：酷吏毆殺，一死也。治獄深刻，二死也。冤陷無辜，三死也。盜賊横發，四死也。怨讎相殘，五死也。歲惡飢餓，六死也。時氣疾疫，七死也。民有七亡而無一得，欲望國安，誠難；民有七死而無一生，欲望刑措，誠難。此非公卿、守相貪殘成化之所致邪？羣臣幸得居尊官，食重禄，豈有肯加惻隱於細民，助陛下流教化者邪？志但在營私家，稱賓客，爲姦利而已。以苟容曲從爲賢，以拱默尸禄爲智，謂如臣宣等爲愚。陛下擢臣巖穴，誠冀有益毫毛，豈徒欲使臣美食大官，重高門之地哉！天下，乃皇天之天下也。陛下上爲皇天子，下爲黎庶父母，奈何獨私養外親與幸臣董賢，多賞賜以大萬數，使奴從、賓客漿酒藿肉，蒼頭廬兒皆用致富，非天意也。』宣語雖刻切，上以宣名儒，優容之。

元壽元年春正月，丞相嘉奏封事曰：『陛下在國之時，好《詩》、《書》，尚儉節，徵來，所過道上稱誦德美，此天下所以回心也。初即位，易帷帳，去錦繡，乘輿席緣綈繒而已。共皇寢廟比當作，憂閔元元，惟用度不足，以義割恩，輒且止息，今始作治。而駙馬都尉董賢亦起官寺上林中，又爲賢治大第，開門鄉北闕，引王渠灌園池，使者護作，賞賜吏卒，甚於治宗廟；賢母病，長安廚給祠具，道中過者皆飲食。爲賢治器，器成，奏御乃行；或物好，特賜其工，自貢獻宗廟、三宮，猶不至此。賢家有賓婚及見親，諸官並共，賜及倉頭、奴婢人十萬錢。使者護視、發取市物，百賈震動，道路讙譁，羣臣惶惑。詔書罷苑，而以賜賢二千餘頃，均田之制從此墮壞。奢僭放縱，變亂陰陽，灾異衆多，百姓訛言，持籌相

驚，天惑其意，不能自止。陛下素仁智慎事，今而有此大譏。孔子曰：「危而不持，顛而不扶，則將安用彼相矣！」臣嘉幸得備位，竊内悲傷，不能通愚忠之信，身死有益於國，不敢自惜。唯陛下慎己之所獨鄉，察衆人之所共疑。往者寵臣鄧通、韓嫣，驕貴失度，逸豫元厭，小人不勝情欲，卒陷罪辜，亂國亡軀，不終其禄，所謂「愛之適足以害之」者也。宜深覽前世，以節賢寵，全安其命。』上由是於嘉浸不説。

鮑宣上書曰：『陛下父事天，母事地，子養黎民，卽位已來，父虧明，母震動，子訛言相驚恐。今日食於三始，誠可畏懼。小民正朔日尚恐毁敗器物，何況於日虧乎？陛下深内自責，避正殿，舉直言，求過失，罷退外親及旁仄素餐之人，徵拜孔光爲光禄大夫，發覺孫寵、息夫躬過惡，免官遣就國，衆庶歙然，莫不説喜。天人同心，人心説則天意解矣。乃二月丙戌，白虹干日，連陰不雨，此天下憂結未解，民有怨望未塞者也。侍中、駙馬都尉董賢，本無葭莩之親，但以令色諛言自進，賞賜無度，竭盡府藏，并合三第，尚以爲小，復壞暴室。賢父、子坐使天子使者，將作治第，行夜吏卒皆得賞賜，上冢有會，輒太官爲供。海内貢獻當養一君，今反盡之賢家，豈天意與民意邪！天不可久負，厚之如此，反所以害之也。誠欲哀賢，宜爲謝過天地，解讎海内，免遣就國，收乘輿器物，還之縣官，如此，可以父子終其性命；不者，海内之所仇，未有得久安者也。孫寵、息夫躬不宜居國，可皆免以視天下。復徵何武、師丹，彭宣、傅喜，曠然使民易視，以應天心，建立大政，興太平之端。』上感大異，納宣言，徵何武、彭宣。拜鮑宣爲司隸。

上託傅太后遺詔，令太皇太后下丞相、御史，益封董賢二千户，及賜孔鄉侯、汝昌侯、陽新侯國。王嘉封還詔書，因奏封事諫曰：『臣聞爵禄、土地，天之有也。《書》云：「天命有德，五服五章哉。」王者代天爵人，尤宜慎之。裂地而封，不得其宜，則衆庶不服，感動陰陽，其害疾自深。今聖體久不平，此臣嘉所内懼也。高安侯賢，佞幸之臣，陛下傾爵位以貴之，單貨財以富之，損至尊以寵之，主威已黜，府藏已竭，唯恐不足。財皆民力所爲，孝文皇帝欲起露臺，重百金之費，克己不作。今賢散公賦以施私惠，一家至受千金！往古以來，貴臣未嘗有此，流聞四方，皆同怨之。里諺曰「千人所指，無病而死」，臣常爲之寒心。今太皇太后以永信太后遺詔詔丞相、御史，益賢户，賜三侯國，臣嘉竊惑。山崩、地動，日食於三朝，皆陰侵陽之戒也。前賢已再封，晏、商再易邑，業緣私横求，恩已過厚，求索自恣，不知厭足，甚傷尊尊之義，不可以示天下，爲害痛矣。臣驕侵罔，陰陽失節，氣感相動，害及身體。陛下寢疾久不平，繼嗣未立，宜思正萬事，順天人之心，以求福祐，奈何輕身肆意，不念高祖之勤苦，垂立制度，欲傳之於無窮哉！臣謹封上詔書，不敢露見，非愛死而不自法；恐天下聞之，故不敢自劾。』

初，廷尉梁相治東平王雲獄時，冬月未盡二旬，而相心疑雲冤獄，有飾辭，奏欲傳之長安，更下公卿覆治。尚書令鞫譚、僕射宗伯鳳以爲可許。天子以爲相等皆見上體不平，外内顧望，操持兩心，幸雲踰冬，無討賊疾惡主讎之意，免相等皆爲庶人。後數月，大赦，嘉薦『相等皆有材行，聖王有計功除過，臣竊爲朝廷惜此三人』。書奏，上不能平。後二十餘日，嘉封還益董賢户事，上乃發怒，召嘉詣尚書，責問，以『相等前坐不忠，罪惡著聞，君時輒已自劾；今又稱譽云「爲朝廷惜之」，何也？』嘉免冠謝罪。

事下將軍朝者，光禄大夫孔光等劾『嘉迷國罔上，不道，請謁者召嘉詣廷尉詔獄』。議郎龔等以爲『嘉言事前後相違，宜奪爵土，免爲庶人』。永信少府猛等以爲『嘉罪名雖應法，大臣括髮關械，裸躬就笞，非所以重國，褒宗廟也』。上不聽。

三月，詔假謁者節，召丞相詣廷尉詔獄。使者既到，府掾、史涕泣，共和藥進嘉，嘉不肯服。主簿曰：『將相不對理陳冤，相踵以爲故事，君侯宜引決。』使者危坐府門上，主簿復前進藥。嘉引藥杯以擊地，謂官屬曰：『丞相幸得備位三公，奉職負國，當伏刑都市，以示萬衆。丞相豈兒女子邪，何謂咀藥而死！』嘉遂裝，出見使者，再拜受詔，乘吏小車，去蓋，不冠，隨使者詣廷尉。延尉收嘉丞相、新甫侯印綬，縛嘉載致都船詔獄。上聞嘉生自詣吏，大怒，使將軍以下與五二千石雜治。吏詰問嘉，對曰：『案事者思得實。竊見相等前治東平王獄，不以雲爲不當死，欲關公卿，示重慎，誠不見其外内顧望、阿附爲雲驗，復幸得蒙大赦。相等皆良善吏，臣竊爲國惜賢，不私此三人。』獄吏曰：『苟如此，則君何以爲罪？猶當有以負國，不空入獄矣。』吏稍侵辱嘉，嘉喟然仰天歎曰：

『幸得充備宰相，不能進賢退不肖，以是負國，死有餘責。』吏問賢、不肖主名。嘉曰：『賢，故丞相孔光、故大司空何武，不能進；惡，高安侯董賢父子，佞邪亂朝，而不能退。罪當死，死無所恨。』嘉繫獄二十餘日，不食，歐血而死。

十二月庚子，以侍中、駙馬都尉董賢爲大司馬、衛將軍，册曰：『建爾于公，以爲漢輔。往悉爾心，匡正庶事，允執其中。』是時賢年二十二，雖爲三公，常給事中，領尚書［事］，百官因賢奏事。以父衛尉恭不宜在卿位，徙爲光祿大夫，秩中二千石。弟寬信代賢爲駙馬都尉，董氏親屬皆侍中、諸曹、奉朝請，寵在丁、傅之右矣。

初，丞相孔光爲御史大夫，賢父恭爲御史，事光；及賢爲大司馬，與光並爲三公，上故令賢私過光。光雅恭謹，知上欲尊寵賢。及聞賢當來也，光警戒衣冠出門待；望見賢車乃卻入。賢至中門，光入閤；既下車，乃出，拜謁，送迎甚謹，不敢以賓客鈞敵之禮。上聞之，喜，立拜光兩兄子爲諫大夫、常侍。賢由是權與人主侔矣。

是時，成帝外家王氏衰廢，唯平阿侯譚子去疾爲侍中，弟閎爲中常侍。閎妻父中郎將蕭咸，前將軍望之子也。賢父恭慕之，欲爲子寬信求咸女爲婦，使閎言之。咸惶恐不敢當，私謂閎曰：『董公爲大司馬，册文言「允執其中」此乃堯禪舜之文，非三公故事，長老見者莫不心懼。此豈家人子所能堪邪！』閎性有知略，聞咸言，心亦悟，乃還報恭，深達咸自謙薄之意。恭歎曰：『我家何用負天下，而爲人所畏如是！』意不説。後上置酒麒麟殿，賢父子、親屬宴飲，侍中、中常侍皆在側。上有酒所，從容視賢笑曰：『吾欲法堯禪舜，何如？』王閎進曰：『天下乃高皇帝天下，非陛下之有也。陛下承宗廟，當傳子孫於無窮，統業至重，天子無戲言。』上默然不説。左右皆恐，於是遣閎出歸郎署。

久之，太皇太后爲閎謝，復召閎還。閎遂上書諫曰：『臣聞王者立三公，法三光，居之者當得賢人。《易》曰「鼎折足，覆公餗」，喻三公非其人也。昔孝文皇帝幸鄧通，不過中大夫，武皇帝幸韓嫣，賞賜而已，皆不在大位。今大司馬、衛將軍董賢，無功于漢朝，又無肺腑之連，復無名迹高行以矯世，昇擢數年，列備鼎足，典衛禁兵，無功封爵，父子、兄弟橫蒙拔擢，賞賜空竭帑臧，萬民諠譁，偶言道路，誠不當天心也。昔褒神蚖變化爲人，實生褒姒，亂周國。恐陛下有過失之譏，賢有小人不知進退之禍，非所以垂法後世也。』上雖不從閎言，多其年少志强，亦不罪也。

二年春正月，匈奴單于及烏孫來朝。單于宴見，羣臣在前，單于怪董賢年少，以問譯。上令譯報曰：『大司馬年少，以大賢居位。』單于乃起，拜賀漢得賢臣。

夏五月甲子，正三公官分職。大司馬、衛將軍董賢爲大司馬。

六月戊午，帝崩于未央宮。太皇太后聞帝崩，召大司馬賢，引見東箱，問以喪事調度。賢內憂，不能對，免冠謝。太后曰：『新都侯莽前以大司馬奉送先帝大行，曉習故事，吾令莽佐君。』賢頓首：『幸甚。』太后遣使者馳召莽，詔尚書，諸發兵符節、百官奏事、中黄門、期門兵皆屬莽。莽以太后指，使尚書劾賢，帝病不親醫藥，禁止賢不得入宮殿司馬中。賢不知所爲，詣闕免冠徒跣謝。己未，莽使謁者以太后詔即闕下册賢曰：『賢年少，未更事理，爲大司馬不合衆心，其收大司馬印綬，罷歸第。』即日，賢與妻皆自殺，家惶恐，夜葬。莽疑其詐死，有司奏請發賢棺，至獄診視，因埋獄中。莽又奏董賢父子驕恣奢僭，請收没入財物縣官。諸以賢爲官者，皆免。父恭、弟寬信與家屬徙合浦，母別歸故郡鉅鹿。長安中小民諠譁，鄉其第哭，幾獲盗之。縣官斥賣董氏財凡四十三萬萬。賢所厚吏沛朱詡自劾去大司馬府，買棺衣，收賢屍葬之。莽聞之，以他罪擊殺詡。

論説

《漢書》卷二七《五行志中之上》 哀帝時，大司馬董賢第門自壞。時賢以私愛居大位，賞賜無度，驕嫚不敬，大失臣道，見戒不改。後賢夫妻自殺，家徙合浦。

又 卷七二《鮑宣傳》 宣每居位，常上書諫爭，其言少文多實。是時帝祖母傅太后欲與成帝母俱稱尊號，封爵親屬，丞相孔光、大司空師丹、何武、大司馬傅喜始執正議，失傅太后指，皆免官。丁、傅子弟並進，董賢貴幸，宣以諫大夫從其後，上書諫曰：

竊見孝成皇帝時，外親持權，人人牽引所私以充塞朝廷，妨賢人路，

濁亂天下，奢泰亡度，窮困百姓，是以日蝕且十，彗星四起。危亡之徵，陛下所親見也，今奈何反覆劇於前乎？朝臣亡有大儒骨鯁，白首耆艾、魁壘之士；論議通古今、喟然動衆心，憂國如飢渴者，臣未見也。敦外親小童及幸臣董賢等在公門省户下，陛下欲與此共承天地，安海内，甚難。今世俗謂不智者爲能，謂智者爲不能。昔堯放四罪而天下服，今除一吏而衆皆惑；古刑人尚服，今賞人反惑。請寄爲姦，羣小日進。國家空虚，用度不足。民流亡，去城郭，盜賊並起，吏爲殘賊，歲增於前。【略】天下乃皇天之天下也，陛下上爲皇天子，下爲黎庶父母，爲天牧養元元，視之當如一，合《尸鳩》之詩。今貧民菜食不厭，衣又穿空，父子夫婦不能相保，誠可爲酸鼻。陛下不救，將安所歸命乎？奈何獨私養外親與幸臣董賢，多賞賜以大萬數，使奴從賓客漿酒霍肉，蒼頭廬兒皆用致富！非天意也。及汝昌侯傅商亡功而封。夫官爵非陛下之官爵，乃天下之官爵也。陛下取非其官，官非其人，而望天説民服，豈不難哉！【略】

侍中駙馬都尉董賢本無葭莩之親，但以令色諛言自進，賞賜亡度，竭盡府藏，并合三第尚以爲小，復壞暴室。賢父子坐使天子使者將作治第，行夜吏卒皆得賞賜。上冢有會，輒太官爲供。海内貢獻當養一君，今反盡之賢家，豈天意與民意邪！天（下）［不］可久負，厚之如此，反所以害之也。誠欲哀賢，宜爲謝過天地，解讎海内，免遣就國，收乘輿器物，還之縣官。如此，可以父子終其性命；不者，海内之所讎，未有得久安者也。

又　卷九三《佞幸傳贊》　贊曰：柔曼之傾意，非獨女德，蓋亦有男色焉。觀籍、閎、鄧、韓之徒非一，而董賢之寵尤盛，父子並爲公卿，可謂貴重人臣無二矣。然進不繇道，位過其任，莫能有終，所謂愛之適足以害之者也。漢世衰於元、成，壞於哀、平。哀、平之際，國多釁矣。主疾無嗣，弄臣爲輔，鼎足不彊，棟幹微撓。一朝帝崩，姦臣擅命，董賢縊死，丁、傅流放，辜及母后，奪位幽廢，咎在親便嬖，所任非仁賢。故仲尼著『損者三友』，王者不私人以官，殆爲此也。

梁・蕭繹《金樓子》卷二《箴戒篇二》　漢哀帝卽位，寵任董賢。均田之制，從此墮壞。百姓訛言，持籌相驚，被髮徒跣而走。漢氏衰矣。

漢哀帝時，董賢母病。長安廚給祠具。道中過者皆飲酒，爲賢治器成，奉御乃行，賜及蒼頭奴婢，人十萬錢。

宋・洪邁《容齋隨筆》卷一三《漢世謀於衆》　兩漢之世，事無小大，必謀之於衆人，予前論之矣，然亦有持以藉口掩衆議者。霍光薨後，宣帝出其親屬補吏。張敞言：『朝臣宜有明言霍氏顓制，請罷三侯就第。明詔以恩不聽，羣臣以義固爭而後許之。今明詔自親其文，非策之得者也。』哀帝欲封董賢等，王嘉言：『宜延問公卿、大夫、博士、議郎，明正其義，然後乃加爵土。不然，恐大失衆心，暴平其事，必有言當封者，在陛下所從。天下雖不説，咎有所分，不獨在陛下。前成帝初封淳于長，其事亦議。谷永以長當封，衆人歸咎於永，先帝不獨蒙其譏。』哀帝乃止。是知委曲遷就，使恩出君上，過歸於下，漢代多如此也。

清・顧炎武《日知録》卷一三《奴僕》　『兩家奴爭道，霍氏奴入御史府，欲蹋大夫門』，此霍氏之所以亡也。奴從賓客漿酒藿肉，此董賢之所以敗也。然則今日之官評，其先考之《僮約》乎？

藝　文

南朝陳・徐陵《玉臺新詠》卷六《和蕭洗馬畫屏風二首・陽春發和氣》　日淨班姬門，風輕董賢館。卷耳緣階出，反舌登牆喚。蠶女桂枝鉤，遊童蘇合彈。拂袖當留客，相逢莫相難。

唐・歐陽詢等《藝文類聚》卷三三《人部十七・寵倖》　又曰：董賢爲郎，傳漏正殿下，賢爲人美麗，哀帝望見，悦其儀貌，識而問之曰：是舍人董賢耶，因引上與語，拜爲黄門郎，由是始幸，賢寵愛日甚，爲駙馬都尉，侍中，出則參乘，入御左右，旬月間，賞賜累鉅萬，常與上臥起，常晝寢，偏藉上衣袖，上欲起，賢未覺，不欲動賢，乃斷袖而起，其受恩至此。

宋・郭茂倩《樂府詩集》卷五五《崔國輔〈白紵辭二首〉》　董賢女弟在椒風，窈窕繁華貴後宫。璧帶金釭皆翡翠，一朝零落變成空。

清・彭定求等《全唐詩》卷一五三《李華〈雜詩六首〉》　孔光尊董賢，胡廣慚李固。儒風冠天下，而乃敗王度。絳侯與博陸，忠朴受遺顧。求名不考實，文弊反成蠹。

黨錮之禍

綜述

《後漢書》卷七《桓帝紀》　光禄勳汝南宣酆爲司空。

南匈奴、烏桓率衆詣張奐降。

司隸校尉李膺等二百餘人受誣爲黨人，並坐下獄，書名王府。

又　卷八《靈帝紀》　（建寧二年）冬十月丁亥，中常侍侯覽諷有司奏前司空虞放、太僕杜密、長樂少府李膺、司隸校尉朱（瑀）［寓］、潁川太守巴肅、沛相荀（翌）昱、河内太守魏朗、山陽太守翟超皆爲鉤黨，下獄，死者百餘人，妻子徙邊，諸附從者錮及五屬。制詔州郡大舉鉤黨，於是天下豪桀及儒學行義者，一切結爲黨人。

又　卷三三《虞延傳》　延從曾孫放，字子仲。少爲太尉楊震門徒，及震被讒自殺，順帝初，放詣闕追訟震罪，由是知名。桓帝時爲尚書，以議誅大將軍梁冀功封都亭侯，後爲司空，坐水灾免。性疾惡宦官，遂爲所陷，靈帝初，與長樂少府李膺等俱以黨事誅。

又　卷三八《馮緄傳》　頃之，拜將作大匠，轉河南尹。上言『舊典，中官子弟不得爲牧人職』，帝不納。復爲廷尉。時山陽太守單遷以罪繫獄，緄考致其死。遷，故車騎將軍單超之弟，中官相黨，遂共誹章誣緄，坐與司隸校尉李膺、大司農劉祐俱輸左校。應奉上疏理緄等，得免。後拜屯騎校尉，復爲廷尉，卒於宫。

又　卷五七《謝弼傳》　臣又聞爵賞之設，必酬庸勳；開國承家，小人勿用。今功臣久外，未蒙爵秩，阿母寵私，乃享大封，大風雨雹，亦由於兹。又故太傅陳蕃，輔相陛下，勤身王室，夙夜匪懈，而見陷羣邪，一旦誅滅。其爲酷濫，駭動天下，而門生故吏，並離徙錮。蕃身已往，人百何贖！宜還其家屬，解除禁網。夫台宰重器，國命所繼。今之四公，唯司空劉寵斷斷守善，餘皆素餐致寇之人，必有折足覆餗之凶。可因灾異，並加罷黜。徵故司空王暢，長樂少府李膺，並居政事，庶灾變可消，國祚惟永。臣山藪頑闇，未達國典。策曰『無有所隱』，敢不盡愚，用忘諱忌。伏惟陛下裁其誅罰。

又　卷六二《荀淑傳》　安帝時，徵拜郎中，後再遷當塗長。去職還鄉里。當世名賢李固、李膺等皆師宗之。及梁太后臨朝，有日食地震之變，詔公卿舉賢良方正，光禄勳杜喬、少府房植舉淑對策，譏刺貴倖，爲大將軍梁冀所忌，出補朗陵侯相。莅事明理，稱爲神君。頃之，棄官歸，閑居養志。産業每增，輒以贍宗族知友。年六十七，建和三年卒。李膺時爲尚書，自表師喪。二縣皆爲立祠。有子八人：儉、緄、靖、燾、汪、爽、肅、專，並有名稱，時人謂之『八龍』。【略】

淑兄子昱字伯條，曇字無智。昱爲沛相，曇爲廣陵太守。兄弟皆正身疾惡，志除閹宦。其支黨賓客有在二郡者，纖罪必誅。昱後共大將軍竇武謀誅中官，與李膺俱死。曇亦禁錮終身。

又　卷六五《皇甫規傳》　天之於王者，如君之於臣，父之於子也。誡以灾妖，使從福祥。陛下八年之中，三斷大獄，一除内嬖，再誅外臣。而灾異猶見，人情未安者，殆賢愚進退，威刑所加，有非其理也。前太尉陳蕃、劉矩，忠謀高世，廢在里巷；劉祐、馮緄、趙典、尹勳，正直多怨，流放家門；李膺、王暢、孔翊，絜身守禮，終無宰相之階。至於鉤黨之釁，事起無端，虐賢傷善，哀及無辜。今興改善政，易於覆手，而羣臣杜口，鑒畏前害，互相瞻顧，莫肯正言。伏願陛下暫留聖明，容受謇直，則前責可弭，後福必降。

又　卷六六《陳蕃傳》　（延熹）九年，李膺等以黨事下獄考實。蕃因上疏極諫曰：『臣聞賢明之君，委心輔佐；亡國之主，諱聞直辭。故湯武雖聖，而興於伊呂；桀紂迷惑，亡在失人。由此言之，君爲元首，臣爲股肱，同體相須，共成美惡者也。伏見前司隸校尉李膺、太僕杜密、太尉掾范滂等，正身無玷，死心社稷。以忠忤旨，横加考案，或禁錮閉隔，或死徙非所。杜塞天下之口，聾盲一世之人，與秦焚書阬儒，何以爲異？昔武王克殷，表閭封墓，今陛下臨政，先誅忠賢。遇善何薄？待惡何優？夫讒人似實，巧言如簧，使聽之者惑，視之者昏。夫吉凶之效，存乎識善；成敗之機，在於察言。人君者，攝天下之政，秉四海之維，舉動不可以違聖法，進退不可以離道規。謬言出口，則亂及八方，何況髡

無罪於獄，殺無辜於市乎！昔禹巡狩蒼梧，見市殺人，下車而哭之曰：『萬方有罪，在予一人！』故其興也勃焉。又青、徐炎旱，五穀損傷，民物流遷，茹菽不足。而宮女積於房掖，國用盡於羅紈，外戚私門，貪財受賂，所謂『禄去公室，政在大夫』。昔春秋之末，周德衰微，數十年間無復灾眚者，天所弃也。天之於漢，悢悢無已，故殷勤示變，以悟陛下。除妖去孽，實在脩德。臣位列台司，憂責深重，不敢尸禄惜生，坐觀成敗。如蒙採録，使身首分裂，異門而出，所不恨也。』帝諱基言切，託以蕃辟召非其人，遂策免之。

又　卷六七《黨錮傳》　孔子曰：『性相近也，習相遠也。』言嗜惡之本同，而遷染之塗異也。夫刻意則行不肆，牽物則其志流。是以聖人導人理性，裁抑宕佚，慎其所與，節其所偏，雖情品萬區，質文異數，至於陶物振俗，其道一也。叔末澆訛，王道陵缺，而猶假仁以效己，憑義以濟功。舉中於理，則强梁褫氣；片言違正，則廝臺解情。蓋前哲之遺塵，有足求者。

霸德既衰，狙詐萌起。强者以決勝爲雄，弱者以詐劣受屈。至有畫半策而綰萬金，開一説而錫琛瑞。或起徒步而仕執珪，解草衣以升卿相。士之飾巧馳辯，以要能釣利者，不期而景從矣。自是愛尚相奪，與時回變，其風不可留，其敝不能反。

及漢祖杖劍，武夫教興，憲令寬賒，文禮簡闊，緒餘四豪之烈，人懷陵上之心，輕死重氣，怨惠必讎，令行私庭，權移匹庶，任俠之方，成其俗矣。自武帝以後，崇尚儒學，懷經協術，所在霧會，至有石渠分爭之論，黨同伐異之説，守文之徒，盛於時矣。至王莽專偽，終於篡國，忠義之流，恥見纓紼，遂乃榮華丘壑，甘足枯槁。雖中興在運，漢德重開，而保身懷方，彌相慕襲，去就之節，重於時矣。逮桓靈之間，主荒政繆，國命委於閹寺，士子羞與爲伍，故匹夫抗憤，處士横議，遂乃激揚名聲，互相題拂，品覈公卿，裁量執政，婞直之風，於斯行矣。

夫上好則下必甚，矯枉故直必過，其理然矣。若范滂、張儉之徒，清心忌惡，終陷黨議，不其然乎？

初，桓帝爲蠡吾侯，受學於甘陵周福，及即帝位，擢福爲尚書。時同郡河南尹房植有名當朝，鄉人爲之謠曰：『天下規矩房伯武，因師獲印周仲進。』二家賓客，互相譏揣，遂各樹朋徒，漸成尤隙，由是甘陵有南北部，黨人之議，自此始矣。後汝南太守宗資任功曹范滂，南陽太守成瑨亦委功曹岑晊，二郡又爲謠曰：『汝南太守范孟博，南陽宗資主畫諾。南陽太守岑公孝，弘農成瑨但坐嘯。』因此流言轉入太學，諸生三萬餘人，郭林宗、賈偉節爲其冠，並與李膺、陳蕃、王暢更相褒重。學中語曰：『天下模楷李元禮，不畏强禦陳仲舉，天下俊秀王叔茂。』又渤海公族進階、扶風魏齊卿，並危言深論，不隱豪强。自公卿以下，莫不畏其貶議，屣履到門。

時河内張成善説風角，推占當赦，遂教子殺人。李膺爲河南尹，督促收捕，既而逢宥獲免，膺愈懷憤疾，竟案殺之。初，成以方伎交通宦官，帝亦頗誶其占。成弟子牢脩因上書誣告膺等養太學遊士，交結諸郡生徒，更相驅馳，共爲部黨，誹訕朝廷，疑亂風俗。於是天子震怒，班下郡國，逮捕黨人，布告天下，使同忿疾，遂收執膺等。其辭所連及陳寔之徒二百餘人，或有逃遁不獲，皆懸金購募。使者四出，相望於道。明年，尚書霍諝、城門校尉竇武並表爲請，帝意稍解，乃皆赦歸田里，禁錮終身。而黨人之名，猶書王府。

自是正直廢放，邪枉熾結，海内希風之流，遂共相摽搒，指天下名士，爲之稱號。上曰『三君』，次曰『八俊』，次曰『八顧』，次曰『八及』，次曰『八廚』，猶古之『八元』、『八凱』也。竇武、劉淑、陳蕃爲『三君』。君者，言一世之所宗也。李膺、荀翌、杜密、王暢、劉祐、魏朗、趙典、朱寓爲『八俊』。俊者，言人之英也。郭林宗、宗慈、巴肅、夏馥、范滂、尹勳、蔡衍、羊陟爲『八顧』。顧者，言能以德行引人者也。張儉、岑晊、劉表、陳翔、孔昱、苑康、檀敷、翟超爲『八及』。及者，言其能導人追宗者也。度尚、張邈、王考、劉儒、胡母班、秦周、蕃嚮、王章爲『八廚』。廚者，言能以財救人者也。

又張儉鄉人朱並，承望中常侍侯覽意旨，上書告儉與同鄉二十四人別相署號，共爲部黨，圖危社稷。以儉及檀彬、褚鳳、張肅、薛蘭、馮禧、魏玄、徐乾爲『八俊』，田林、張隱、劉表、薛郁、王訪、劉祗、宣靖、公緒恭爲『八顧』，朱楷、田槃、疏耽、薛敦、宋布、唐龍、嬴諮、宣襃爲『八及』，刻石立墠，共爲部黨，而儉爲之魁。靈帝詔刊章捕儉等。大

長秋曹節因此諷有司奏捕前黨故司空虞放、太僕杜密、長樂少府李膺、司隸校尉朱寓、潁川太守巴肅、沛相荀翌、河內太守魏朗、山陽太守翟超、任城相劉儒、太尉掾范滂等百餘人，皆死獄中。餘或先歿不及，或亡命獲免。自此諸爲怨隙者，因相陷害，睚眦之忿，濫入黨中。又州郡承旨，或有未嘗交關，亦離禍毒。其死徙廢禁者，六七百人。

熹平五年，永昌太守曹鸞上書大訟黨人，言甚方切。帝省奏大怒，即詔司隸、益州檻車收鸞，送槐里獄掠殺之。於是又詔州郡更考黨人門生故吏父子兄弟，其在位者，免官禁錮，爰及五屬。

光和二年，上禄長和海上言：『禮，從祖兄弟別居異財，恩義已輕，服屬疏末。而今黨人錮及五族，既乖典訓之文，有謬經常之法。』帝覽而悟之，黨錮自從祖以下，皆得解釋。

中平元年，黃巾賊起，中常侍呂强言於帝曰：『黨錮久積，人情多怨。若久不赦宥，輕與張角合謀，爲變滋大，悔之無救。』帝懼其言，乃大赦黨人，誅徙之家皆歸故郡。其後黃巾遂盛，朝野崩離，綱紀文章蕩然矣。

凡黨事始自甘陵、汝南，成於李膺、張儉，海內塗炭，二十餘年，諸所蔓衍，皆天下善士。三君、八俊等三十五人，其名迹存者，並載乎篇。陳蕃、竇武、王暢、劉表、度尚、郭林宗別有傳。荀翌附祖《淑傳》。張邈附呂布傳。胡母班附《袁紹傳》。王考字文祖，東平壽張人，冀州刺史；秦周字平王，陳留平丘人，北海相；蕃嚮字嘉景，魯國人，郎中；王璋字伯儀，東萊曲城人，少府卿：位行並不顯。翟超，山陽太守，事在《陳蕃傳》，字及郡縣未詳。朱寓，沛人，與杜密等俱死獄中。唯趙典名見而已。

劉淑字仲承，河間樂成人也。祖父稱，司隸校尉。淑少學明《五經》，遂隱居，立精舍講授，諸生常數百人。州郡禮請，五府連辟，並不就。永興二年，司徒种暠舉淑賢良方正，辭以疾。桓帝聞淑高名，切責州郡，使輿病詣京師。淑不得已而赴雒陽，對策爲天下第一，拜議郎。又陳時政得失，灾異之占，事皆效驗。再遷尚書，納忠建議，多所補益。又再遷侍中、虎賁中郎將。上疏以爲宜罷宦官，辭甚切直，帝雖不能用，亦不罪焉。以淑宗室之賢，特加敬異，每有疑事，常密諮問之。靈帝即位，宦官譖淑與竇武等通謀，下獄自殺。

李膺字元禮，潁川襄城人也。祖父脩，安帝時爲太尉。父益，趙國相。膺性簡亢，無所交接，唯以同郡荀淑、陳寔爲師友。

初舉孝廉，爲司徒胡廣所辟，舉高第，再遷青州刺史。守令畏威明，多望風弃官。復徵，再遷漁陽太守。尋轉蜀郡太守，以母老乞不之官。轉護烏桓校尉。鮮卑數犯塞，膺常蒙矢石，每破走之，虜甚憚懾。以公事免官，還居綸氏，教授常千人。南陽樊陵求爲門徒，膺謝不受。陵後以阿附宦官，致位太尉，爲節［志］者所羞。荀爽嘗就謁膺，因爲其御，既還，喜曰：『今日乃得御李君矣。』其見慕如此。

永壽二年，鮮卑寇雲中，桓帝聞膺能，乃復徵爲度遼將軍。先是羌虜及疏勒、龜茲，數出攻鈔張掖、酒泉、雲中諸郡，百姓屢被其害。自膺到邊，皆望風懼服，先所掠男女，悉送還塞下。自是之後，聲振遠域。

延熹二年徵，再遷河南尹。時宛陵大姓羊元羣罷北海郡，臧罪狼籍，郡舍溷軒有奇巧，乃載之以歸。膺表欲按其罪，元羣行賂宦豎，膺反坐輸作左校。

初，膺與廷尉馮緄、大司農劉祐等共同心志，糾罰姦幸，緄、祐時亦得罪輸作。司隸校尉應奉上疏理膺等曰：『昔秦人觀寶於楚，昭奚恤莅以羣賢；梁惠王瑋其照乘之珠，齊威王荅以四臣。夫忠賢武將，國之心膂。竊見左校弛刑徒前廷尉馮緄、大司農劉祐、河南尹李膺等，執法不撓，誅舉邪臣，肆之以法，衆庶稱宜。昔季孫行父親逆君命，逐出莒僕，於舜之功二十之一。今膺等投身强禦，畢力致罪，陛下既不聽察，而猥受譖訴，遂令忠臣同愆元惡。自春迄冬，不蒙降恕，遐邇觀聽，爲之歎息。夫立政之要，記功忘失，是以武帝捨安國於徒中，宣帝徵張敞於亡命。緄前討蠻荆，均吉甫之功。祐數臨督司，有不吐茹之節。膺著威幽、并，遺愛度遼。今三垂蠢動，王旅未振。《易》稱「雷雨作解，君子以赦過宥罪」。乞原膺等，以備不虞。』書奏，乃悉免其刑。

再遷，復拜司隸校尉。時張讓弟朔爲野王令，貪殘無道，至乃殺孕婦，聞膺厲威嚴，懼罪逃還京師，因匿兄讓弟舍，藏於合柱中。膺知其狀，率將吏卒破柱取朔，付洛陽獄。受辭畢，即殺之。讓訴冤於帝，詔膺入殿，御親臨軒，詰以不先請便加誅辟之意。膺對曰：『昔晉文公執衛成

公歸於京師，《春秋》是焉。禮云公族有罪，雖曰宥之，有司執憲不從。昔仲尼爲魯司寇，七日而誅少正卯。今臣到官已積一旬，私懼以稽留爲愆，不意獲速疾之罪。誠自知釁責，死不旋踵，特乞留五日，剋殄元惡，退就鼎鑊，始生之願也。」帝無復言，顧謂讓曰：「此汝弟之罪，司隸何愆？」乃遣出之。自此諸黄門常侍皆鞠躬屏氣，休沐不敢復出宫省。帝怪問其故，並叩頭泣曰：「畏李校尉。」

是時朝廷日亂，綱紀穨阤，膺獨持風裁，以聲名自高。士有被其容接者，名爲登龍門。及遭黨事，當考實膺等。案經三府，太尉陳蕃卻之。曰：「今所考案，皆海内人譽，憂國忠公之臣。此等猶將十世宥也，豈有罪名不章而致收掠者乎？」不肯平署。帝愈怒，遂下膺等於黄門北寺獄。膺等頗引宦官子弟，宦官多懼，請帝以天時宜赦，於是大赦天下。膺免歸鄉里，居陽城山中，天下士大夫皆高尚其道，而汙穢朝廷。

及陳蕃免太尉，朝野屬意於膺，荀爽恐其名高致禍，欲令屈節以全亂世，爲書貽曰：「久廢過庭，不聞善誘，陟岵瞻望，惟日爲歲。知以直道不容於時，悦山樂水，家于陽城。道近路夷，當卽聘問，無狀嬰疾，闕於所仰。頃聞上帝震怒，貶黜鼎臣，人鬼同謀，以爲天子當貞觀二五，利見大人，不謂夷之初旦，明而未融，虹蜺揚煇，弃和取同。方今天地氣閉，大人休否，智者見險，投以遠害。雖匱人望，内合私願。想甚欣然，不爲恨也。願怡神無事，偃息衡門，任其飛沈，與時抑揚。」頃之，帝崩。陳蕃爲太傅，與大將軍竇武共秉朝政，連謀誅諸宦官，故引用天下名士，乃以膺爲長樂少府。及陳、竇之敗，膺等復廢。

後張儉事起，收捕鉤黨，鄉人謂膺曰：「可去矣」。對曰：「事不辭難，罪不逃刑，臣之節也。吾年已六十，死生有命，去將安之？」乃詣詔獄。考死，妻子徙邊，門生、故吏及其父兄，並被禁錮。

時侍御史蜀郡景毅子顧爲膺門徒，而未有録牒，故不及於譴。毅乃慨然曰：「本謂膺賢，遣子師之，豈可以漏奪名籍，苟安而已！」遂自表免歸，時人義之。

膺子瓚，位至東平相。初，曹操微時，瓚異其才，將没，謂子宣等曰：「時將亂矣，天下英雄無過曹操。張孟卓與吾善，袁本初汝外親，雖爾勿依，必歸曹氏。」諸子從之，並免於亂世。

杜密字周甫，潁川陽城人也。爲人沈質，少有厲俗志。爲司徒胡廣所辟，稍遷代郡太守。徵，三遷太山太守、北海相。其宦官子弟爲令長有姦惡者，輒捕案之。行春到高密縣，見鄭玄爲鄉佐，知其異器，卽召署郡職，遂遣就學。

後密去官還家，每謁守令，多所陳託。同郡劉勝，亦自蜀郡告歸鄉里，閉門埽軌，無所干及。太守王昱謂密曰：「劉季陵清高士，公卿多舉之者。」密知昱激己，對曰：「劉勝位爲大夫，見禮上賓，而知善不薦，聞惡無言，隱情惜己，自同寒蟬，此罪人也。今志義力行之賢而密達之，違道失節之士而密糾之，使明府賞刑得中，令問休揚，不亦萬分之一乎？」昱慙服，待之彌厚。

後桓帝徵拜尚書令，遷河南尹，轉太僕。黨事既起，免歸本郡，與李膺俱坐，而名行相次，故時人亦稱「李杜」焉。後太傅陳蕃輔政，復爲太僕。明年，坐黨事被徵，自殺。

劉祐字伯祖，中山安國人也。安國後別屬博陵。祐初察孝廉，補尚書侍郎，閑練故事，文札强辨，每有奏議，應對無滯，爲僚類所歸。

除任城令，兖州舉爲尤異，遷揚州刺史。是時會稽太守梁旻，大將軍冀之從弟也。祐舉奏其罪，旻坐徵。復遷祐河東太守。時屬縣令長率多中官子弟，百姓患之。祐到，黜其權强，平理冤結，政爲三河表。

再遷，延熹四年，拜尚書令，又出爲河南尹，轉司隸校尉。時權貴子弟罷州郡還入京師者，每至界首，輒改易輿服，隱匿財寶。威行朝廷。拜宗正，三轉大司農。時中常侍蘇康、管霸用事於内，遂固天下良田美業，山林湖澤，民庶窮困，州郡累氣。祐移書所在，依科品没入之。桓帝大怒，論祐輸左校。

後得赦出，復歷三卿，輒以疾辭，乞骸骨歸田里。詔拜中散大夫，遂杜門絶迹。每三公缺，朝廷皆屬意於祐，以譖毀不用。延篤貽之書曰：「昔太伯三讓，人無德而稱焉。延陵高揖，華夏仰風。吾子懷蘧氏之可卷，體寧子之如愚，微妙玄通，沖而不盈，蔑三光之明，未暇以天下爲事，何其劭與！」

靈帝初，陳蕃輔政，以祐爲河南尹。及蕃敗，祐黜歸，卒于家。明年，大誅黨人，幸不及禍。

魏朗字少英，會稽上虞人也。少爲縣吏。兄爲鄉人所殺，朗白日操刃報讎於縣中，遂亡命到陳國。從博士郤仲信學《春秋圖緯》，又詣太學受《五經》，京師長者李膺之徒爭從之。

初辟司徒府，再遷彭城令。時中官子弟爲國相，多行非法，朗與更相章奏，幸臣忿疾，欲中之。會九眞賊起，乃共薦朗爲九眞都尉。到官，奬厲吏兵，討破羣賊，斬首二千級。桓帝美其功，徵拜議郎。頃之，遷尚書。屢陳便宜，有所補益。出爲河内太守，政稱三河表。尚書令陳蕃薦朗公忠亮直，宜在機密，復徵爲尚書。會被黨議，免歸家。

朗性矜嚴，閉門整法度，家人不見墯容。後竇武等誅，朗以黨被急徵，行至牛渚，自殺。著書數篇，號《魏子》云。

夏馥字子治，陳留圉人也。少爲書生，言行質直。同縣高氏、蔡氏並皆富殖，郡人畏而事之，唯馥比門不與交通，由是爲豪姓所仇。桓帝初，舉直言，不就。

馥雖不交時宦，然以聲名爲中官所憚，遂與范滂、張儉等俱被誣陷，詔下州郡，捕爲黨魁。

及儉等亡命，經歷之處，皆被收考，辭所連引，布徧天下。馥乃頓足而歎曰：『孽自己作，空汙良善，一人逃死，禍及萬家，何以生爲！』乃自翦鬚變形，入林慮山中，隱匿姓名，爲治家傭。親突煙炭，形貌毀瘁，積二三年，人無知者。後馥弟靜，乘車馬，載縑帛，追之於涅陽市中。遇馥不識，聞其言聲，乃覺而拜之。馥避不與語，靜追隨至客舍，共宿。夜中密呼靜曰：『吾以守道疾惡，故爲權宦所陷。且念營苟全，以庇性命，弟奈何載物相求，是以禍見追也。』明旦，別去。黨禁未解而卒。

宗慈字孝初，南陽安衆人也。舉孝廉，九辟公府，有道徵，不就。後爲脩武令。時太守出自權豪，多取貨賂，慈遂弃官去。徵拜議郎，未到，道疾卒。南陽羣士皆重其義行。

巴肅字恭祖，勃海高城人也。初察孝廉，歷慎令、貝丘長，皆以郡守非其人，辭病去辟公府，稍遷拜議郎。與竇武、陳蕃等謀誅閹官，武等遇害，肅亦坐黨禁錮。中常侍曹節後聞其謀，收之。肅自載詣縣。縣令見肅，入閤解印綬與俱去。肅曰：『爲人臣者，有謀不敢隱，有罪不逃刑。既不隱其謀矣，又敢逃其刑乎？』遂被害。刺史賈琮刊石立銘以記之。

范滂字孟博，汝南征羌人也。少厲清節，爲州里所服，舉孝廉、光祿四行。時冀州饑荒，盜賊羣起，乃以滂爲清詔使，案察之。滂登車攬轡，慨然有澄清天下之志。及至州境，守令自知臧汙，望風解印綬去。其所舉奏，莫不厭塞衆議。遷光祿勳主事。時陳蕃爲光祿勳，滂執公儀詣蕃，蕃不止之，滂懷恨，投版弃官而去。郭林宗聞而讓蕃曰：『若范孟博者，豈宜以公禮格之？今成其去就之名，得無自取不優之議也？』蕃乃謝焉。

復爲太尉黄瓊所辟。後詔三府掾屬舉謠言，滂奏刺史、二千石權豪之黨二十餘人。尚書責滂所劾猥多，疑有私故。滂對曰：『臣之所舉，自非叨穢姦暴，深爲民害，豈以汙簡札哉！閒以會日迫促，故先舉所急，其未審者，方更參實。臣聞農夫去草，嘉穀必茂；忠臣除姦，王道以清。若臣言有貳，甘受顯戮。』吏不能詰。滂睹時方艱，知意不行，因投劾去。

太守宗資先聞其名，請署功曹，委任政事。滂在職，嚴整疾惡。其有行違孝悌，不軌仁義者，皆埽迹斥逐，不與共朝。顯薦異節，抽拔幽陋。滂外甥西平李頌，公族子孫，而爲鄉曲所弃，中常侍唐衡以頌請資，資用爲吏。滂以非其人，寢而不召。資遷怒，捶書佐朱零。零仰曰：『范滂清裁，猶以利刃齒腐朽。今日寧受笞死，而滂不可違。』資乃止。郡中中人以下，莫不歸怨，乃指滂之所用以爲『范黨』。

後牢脩誣言鉤黨，滂坐繫黄門北寺獄。獄吏謂曰：『凡坐繫皆祭皋陶。』滂曰：『皋陶賢者，古之直臣。知滂無罪，將理之於帝；如其有罪，祭之何益！』衆人由此亦止。獄吏將加掠考，滂以同囚多嬰病，乃請先就格，遂與同郡袁忠爭受楚毒。桓帝使中常侍王甫以次辨詰，滂等皆三木囊頭，暴於階下。餘人在前，或對或否，滂、忠於後越次而進。王甫詰曰：『君爲人臣，不惟忠國，而共造部黨，自相襃舉，評論朝廷，虛構無端，諸所謀結，並欲何爲？皆以情對，不得隱飾。』滂對曰：『臣聞仲尼之言，「見善如不及，見惡如探湯」。欲使善善同其清，惡惡同其汙，謂王政之所願聞，不悟更以爲黨。』甫曰：『卿更相拔舉，迭爲脣齒，有不合者，見則排斥，其意如何？』滂乃慷慨仰天曰：『古之循善，自求多福；今之循善，身陷大戮。身死之日，願埋滂於首陽山側，上不負皇天，下不愧夷、齊。』甫愍然爲之改容。乃得並解桎梏。

滂後事釋，南歸。始發京師，汝南、南陽士大夫迎之者數千兩。同囚

鄉人殷陶、黄穆，亦免俱歸，並衛侍於滂，應對賓客。滂顧謂陶等曰：『今子相隨，是重吾禍也。』遂遁還鄉里。

初，滂等繫獄，尚書霍諝理之。及得免，到京師，往候諝而不爲謝。或有讓滂者。對曰：『昔叔向嬰罪，祁奚救之，未聞羊舌有謝恩之辭，祁老有自伐之色。』竟無所言。

建寧二年，遂大誅黨人，詔下急捕滂等。督郵吳導至縣，抱詔書，閉傳舍，伏牀而泣。滂聞之，曰：『必爲我也。』即自詣獄。縣令郭揖大驚，出解印綬，引與俱亡。曰：『天下大矣，子何爲在此？』滂曰：『滂死則禍塞，何敢以罪累君，又令老母流離乎！』其母就與之訣。滂白母曰：『仲博孝敬，足以供養，滂從龍舒君歸黄泉，存亡各得其所。惟大人割不忍之恩，勿增感戚。』母曰：『汝今得與李、杜齊名，死亦何恨！既有令名，復求壽考，可兼得乎？』滂跪受教，再拜而辭。顧謂其子曰：『吾欲使汝爲惡，則惡不可爲；使汝爲善，則我不爲惡。』行路聞之，莫不流涕。時年三十三。

論曰：李膺振拔汙險之中，藴義生風，以鼓動流俗，激素行以恥威權，立廉尚以振貴執，使天下之士奮迅感槩，波蕩而從之，幽深牢破室族而不顧，至于子伏其死而母歡其義。壯矣哉！子曰：『道之將廢也與？命也！』

尹勳字伯元，河南鞏人也。家世衣冠。伯父睦爲司徒，兄頌爲太尉，宗族多居貴位者，而勳獨持清操，不以地執尚人。州郡連辟，察孝廉，三遷邯鄲令，政有異迹。後舉高第，五遷尚書令。及桓帝誅大將軍梁冀，勳參建大謀，封都鄉侯。遷汝南太守。上書解釋范滂、袁忠等黨議禁錮。尋徵拜將作大匠，轉大司農。坐竇武等事，下獄自殺。

蔡衍字孟喜，汝南項人也。少明經講授，以禮讓化鄉里。鄉里有爭訟者，輒詣衍決之，其所平處，皆曰無怨。

舉孝廉，稍遷冀州刺史。中常侍具瑗託其弟恭舉茂才，衍不受，乃收齎書者案之。又劾奏河間相曹鼎臧罪千萬。鼎者，中常侍騰之弟也。騰使大將軍梁冀爲書請之，衍不答，鼎竟坐輸作左校。乃徵衍拜議郎、符節令。梁冀聞衍賢，請欲相見，衍辭疾不往，冀恨之。時南陽太守成瑨等以收糾宦官考廷尉，衍與議郎劉瑜表救之，言甚切厲，坐免官還家，杜門不出。靈帝即位，（徵）［復］拜議郎，會病卒。

羊陟字嗣祖，太山梁父人也。家世冠族。陟少清直有學行，舉孝廉，辟太尉李固府，舉高第，拜侍御史。會固被誅，陟以故吏禁錮歷年。復舉高第，再遷冀州刺史。奏案貪濁，所在肅然。又再遷虎賁中郎將、城門校尉，三遷尚書令。時太尉張顥、司徒樊陵、大鴻臚郭防、太僕曹陵、大司農馮方並與宦豎相姻私，公行貨賂，並奏罷黜之，不納。以前太尉劉寵、司隸校尉許冰、幽州刺史楊熙、涼州刺史劉恭、益州刺史龐艾清亮在公，薦舉升進。帝嘉之，拜陟河南尹。計日受奉，常食乾飯茹菜，禁制豪右，京師憚之。會黨事起，免官禁錮。卒於家。

張儉字元節，山陽高平人，趙王張耳之後也。父成江夏太守。儉初舉茂才，以刺史非其人，謝病不起。

延熹八年，太守翟超請爲東部督郵。時中常侍侯覽家在防東，殘暴百姓，所爲不軌。儉舉劾覽及其母罪惡，請誅之。覽遏絕章表，並不得通，由是結仇。鄉人朱並，素性佞邪，爲儉所弃，並懷怨恚，遂上書告儉與同郡二十四人爲黨，於是刊章討捕。儉得亡命，困迫遁走，望門投止，莫不重其名行，破家相容。後流轉東萊，止李篤家。外黄令毛欽操兵到門，篤引欽謂曰：『張儉知名天下，而亡非其罪。縱儉可得，寧忍執之乎？』欽因起撫篤曰：『蘧伯玉恥獨爲君子，足下如何自專仁義？』篤曰：『篤雖好義，明廷今日載其半矣。』欽歎息而去。篤因緣送儉出塞，以故得免。其所經歷，伏重誅者以十數，宗親並皆殄滅，郡縣爲之殘破。

中平元年，黨事解，乃還鄉里。大將軍、三公並辟，又舉敦朴，公車特徵，起家拜少府，皆不就。獻帝初，百姓飢荒，而儉資計差温，乃傾竭財産，與邑里共之，賴其存者以百數。

建安初，徵爲衛尉，不得已而起。儉見曹氏世德已萌，乃闔門懸車，不豫政事。歲餘卒于許下。年八十四。

論曰：昔魏齊違死，虞卿解印；季布逃亡，朱家甘罪。而張儉見怒時王，顛沛假命，天下聞其風者，莫不憐其壯志，而爭爲之主。至乃捐城委爵、破族屠身，蓋數十百所，豈不賢哉！然儉以區區一掌，而欲獨堙江河，終嬰疾甚之亂，多見其不知量也。

岑晊字公孝，南陽棘陽人也。父（像）［豫］，爲南郡太守，以貪叨

誅死。晊年少未知名，往侯同郡宗慈，慈方以有道見徵，賓客滿門，以晊非良家子，不肯見。晊留門下數日，晚乃引入。慈與語，大奇之，遂將俱至洛陽，因詣太學受業。

晊有高才，郭林宗、朱公叔等皆爲友，李膺、王暢稱其有幹國器，雖在閭里，慨然有董正天下之志。太守弘農成瑨下車，欲振威嚴，聞晊高名，請爲功曹，又以張牧爲中賊曹吏。瑨委心晊、牧，褒善糾違，肅清朝府。宛有富賈張汎者，桓帝美人之外親，善巧雕鏤玩好之物，頗以賂遺中官，以此並得顯位，恃其伎巧，用執縱横。晊與牧勸瑨收捕汎等，既而遇赦，晊竟誅之，并收其宗族賓客，殺二百餘人，後乃奏聞。於是中常侍侯覽使汎妻上書訟其冤。帝大震怒，徵瑨，下獄死。晊與牧亡匿齊魯之閒。會赦出。後州郡察舉，三府交辟，並不就。及李、杜之誅，因復逃竄，終于江夏山中云。

陳翔字子麟，汝南邵陵人也。祖父珍，司隸校尉。翔少知名，善交結。察孝廉，太尉周景辟舉高第，拜侍御史。時正旦朝賀，大將軍梁冀威儀不整；翔奏冀恃貴不敬，請收案罪，時人奇之。遷定襄太守，徵拜議郎，遷揚州刺史。舉奏豫章太守王永奏事中官，吳郡太守徐參在職貪穢，並徵詣廷尉。參，中常侍璜之弟也。由此威名大振。又徵拜議郎，補御史中丞。坐黨事考黄門北寺獄，以無驗見原，卒于家。

孔昱字元世，魯國魯人也。七世祖霸，成帝時歷九卿，封褒成侯。自霸至昱，爵位相係，其卿相牧守五十三人，列侯七人。昱少習家學，大將軍梁冀辟，不應。太尉舉方正，對策不合，乃辭病去。後遭黨事禁錮。靈帝即位，公車徵拜議郎，補雒陽令，以師喪棄官，卒於家。

苑康字仲眞，勃海重合人也。少受業太學，與郭林宗親善。舉孝廉，再遷潁陰令，有能迹。

遷太山太守。郡内豪姓多不法，康至，奮威怒，施嚴令，莫有干犯者。先所請奪人田宅，皆遽還之。

是時，山陽張儉殺常侍侯覽母，案其宗黨賓客，或有迸匿太山界者，康既常疾閹官，因此皆窮相收掩，無得遺脫。覽大怨之，誣康與兖州刺史第五種及都尉壺嘉詐上賊降，徵康詣廷尉獄，減死罪一等，徙日南。潁陰人及太山羊陟等詣闕爲訟，乃原還本郡，卒於家。

檀敷字文有，山陽瑕丘人也。少爲諸生，家貧而志清，不受鄉里施惠。舉孝廉，連辟公府，皆不就。立精舍教授，遠方至者常數百人。桓帝時，博士徵，不就。靈帝即位，太尉黄瓊舉方正，對策合時宜，再遷議郎，補蒙令。以郡守非其人，弃官去。家無產業，子孫同衣而出。年八十，卒於家。

劉儒字叔林，東郡陽平人也。郭林宗常謂儒口訥心辯，有珪璋之質。察孝廉，舉高第，三遷侍中。桓帝時，數有災異，下策博求直言，儒上封事十條，極言得失，辭甚忠切。帝不能納，出爲任城相。頃之，徵拜議郎。會竇武事，下獄自殺。

賈彪字偉節，潁川定陵人也。少遊京師，志節慷慨，與同郡荀爽齊名。

初仕州郡，舉孝廉，補新息長。小民困貧，多不養子，彪嚴爲其制，與殺人同罪。城南有盜劫害人者，北有婦人殺子者，彪出案發，而掾吏欲引南。彪怒曰：『賊冦害人，此則常理，母子相殘，逆天違道。』遂驅車北行，案驗其罪。城南賊聞之，亦面縛自首。數年閒，人養子者千數，僉曰：『賈父所長』，生男名爲『賈子』，生女名爲『賈女』。

延熹九年，黨事起，太尉陳蕃爭之不能得，朝廷寒心，莫敢復言。彪謂同志曰：『吾不西行，大禍不解。』乃入洛陽，説城門校尉竇武、尚書霍諝，武等訟之，桓帝以此大赦黨人。李膺出，曰：『吾得免此，賈生之謀也。』

先是岑晊以黨事逃亡，親友多匿焉，彪獨閉門不納，時人望之。彪曰：『《傳》言「相時而動，無累後人」。公孝以要君致釁，自遺其咎，吾以不能奮戈相待，反可容隱之乎？』於是咸服其裁正。

以黨禁錮，卒于家。初，彪兄弟三人，並有高名，而彪最優，故天下稱曰：『賈氏三虎，偉節最怒』。

何顒字伯求，南陽襄鄉人也。少遊學洛陽。顒雖後進，而郭林宗、賈偉節等與之相好，顯名太學。友人虞偉高有父讎未報，而篤病將終，顒往候之，偉高泣而訴。顒感其義，爲復讎，以頭醊其墓。

及陳蕃、李膺之敗，顒以與蕃、膺善，遂爲宦官所陷，乃變姓名，亡匿汝南閒。所至皆親其豪桀，有聲荆豫之域。袁紹慕之，私與往來，結爲

奔走之友。是時黨事起，天下多離其難，顒常私入洛陽，從紹計議。其窮困閉戹者，爲求援救，以濟其患。有被掩捕者，則廣設權計，使得逃隱，全免者甚衆。

及黨錮解，顒辟司空府。每三府會議，莫不推顒之長。累遷。及董卓秉政，逼顒以爲長史，託疾不就，乃與司空荀爽、司徒王允等共謀卓。會爽薨，顒以他事爲卓所繫，憂憤而卒。初，顒見曹操，歎曰：『漢家將亡，安天下者必此人也。』操以是嘉之。嘗稱『潁川荀彧，王佐之器』。及彧爲尚書令，遣人西迎叔父爽，幷致顒屍，而葬之爽之冢傍。

贊曰：渭以涇濁，玉以礫貞。物性既區，嗜惡從形。蘭蕕無並，銷長相傾。徒恨芳膏，煎灼燈明。

又 卷六九《竇武傳》 時國政多失，內官專寵，李膺、杜密等爲黨事考逮。永康元年，上疏諫曰：『臣聞明主不諱譏刺之言，以探幽暗之實；忠臣不卹諫爭之患，以暢萬端之事。是以君臣並熙，名奮百世。臣幸得遭盛明之世，逢文武之化，豈敢懷禄逃罪，不竭其誠！陛下初從藩國，爰登聖祚，天下逸豫，謂當中興。自卽位以來，未聞善政。梁、孫、寇、鄧雖或誅滅，而常侍黄門續爲禍虐，欺罔陛下，競行譎詐，自造制度，妄爵非人，朝政日衰，姦臣日彊。伏尋西京放恣王氏，佞臣執政，終喪天下。今不慮前事之失，復循覆車之軌，臣恐二世之難，必將復及，趙高之變，不朝則夕。近者姦臣牢脩，造設黨議，遂收前司隸校尉李膺、太僕杜密、御史中丞陳翔、太尉掾范滂等逮考，連及數百人，曠年拘録，事無效驗。臣惟膺等建忠抗節，志經王室，此誠陛下稷、卨、伊、呂之佐，而虚爲姦臣賊子之所誣枉，天下寒心，海內失望。惟陛下留神澄省，時見理出，以厭人鬼喁喁之心。臣聞古之明君，必須賢佐，以成政道。今臺閣近臣，尚書令陳蕃，僕射胡廣，尚書朱寓、荀緄、劉祐、魏朗、劉矩、尹勳等，皆國之貞士，朝之良佐。尚書郎張陵、嬀皓、苑康、楊喬、邊韶、戴恢等，文質彬彬，明達國典。內外之職，羣才並列。而陛下委任近習，專樹饕餮，外典州郡，內幹心膂。宜以次貶黜，案罪糾罰，抑奪宦官欺國之封，案其無狀誣罔之罪，信任忠良，平決臧否，使邪正毁譽，各得其所，寶愛天官，唯善是授。如此，咎徵可消，天應可待。閒者有嘉禾、芝草、黄龍之見。夫瑞生必於嘉士，福至實由善人，在德爲瑞，無德爲災。陛下所行，不合天意，不宜稱慶。』書奏，因以病上還城門校尉、槐里侯印綬。帝不許，有詔原李膺、杜密等，自黄門北寺、若盧、都內諸獄，繫囚罪輕者皆出之。【略】

武既輔朝政，常有誅翦宦官之意，太傅陳蕃亦素有謀。時共會朝堂，蕃私謂武曰：『中常侍曹節、王甫等，自先帝時操弄國權，濁亂海內，百姓匈匈，歸咎於此。今不誅節等，後必難圖。』武深然之。蕃大喜，以手推席而起。武於是引同志尹勳爲尚書令，劉瑜爲侍中，馮述爲屯騎校尉；又徵天下名士廢黜者前司隸李膺、宗正劉猛、太僕杜密、廬江太守朱寓等，列於朝廷；請前越嶲太守荀翌爲從事中郎，辟潁川陳寔爲屬：共定計策。於是天下雄俊，知其風旨，莫不延頸企踵，思奮其智力。

宋·袁樞《通鑑紀事本末》卷八《宦官亡漢》 漢和帝永元四年，竇憲兄弟專權，帝以朝臣上下莫不附憲，獨中常侍鈎盾令鄭衆不事豪黨，遂與定議誅憲。

鄭衆遷大長秋。帝策勳班賞，衆每辭多受少，帝由是賢之，常與之議論政事，宦官用權自此始矣。

十四年，初封大長秋鄭衆爲鄛鄉侯。

安帝永初元年秋九月庚午，太尉徐防以灾異、寇賊策免。辛未，司空尹勤以水雨漂流策免。

仲長統《昌言》曰：光武皇帝慍數世之失權，忿强臣之竊命，矯枉過直，政不任下，雖置三公，事歸臺閣。自此以來，三公之職，備員而已；然政有不治，猶加譴責。而權移外戚之家，寵被近習之豎，親其黨類，用其私人，內充京師，外布列郡，顛倒賢愚，貿易選舉，疲駑守境，貪殘牧民，撓擾百姓，忿怒四夷，招致乖叛，亂離斯瘼，怨氣並作，陰陽失和，三光虧缺，怪異數至，蟲螟食稼，水旱爲灾。此皆戚宦之臣所致然也，反以策讓三公，至於死、免，乃足爲叫呼蒼天，號咷泣血者矣。昔文帝之於鄧通，可謂至愛，而猶展申屠嘉之志。夫見任如此，則何患於左右小臣哉！至如近世，外戚宦豎，請託不行，意氣不滿，立能陷人於不測之禍，惡可得彈正者哉！

大長秋鄭衆、中常侍蔡倫等皆秉勢豫政。周章數進直言，太后不能用。

建光元年，帝以江京嘗迎帝於邸，封爲都鄉侯，李閏爲雍鄉侯。閏、京與中常侍樊豐、黄門令劉安、鉤盾令陳達等扇動内外，競爲侈虐。司徒楊震上疏，不省。

延光二年，中常侍樊豐等更相扇動，傾摇朝廷。楊震上疏，不聽。

三年。樊豐等見楊震連諫不從，無所顧忌。震復上疏，豐等惶怖，遂共譖震，收震太尉印綬，遣歸本郡，震飲酖而卒。

秋八月，江京、樊豐等廢太子保爲濟陰王。

四年［春三月］。北鄉侯即位，有司奏樊豐等互作威福，皆下獄死。

冬十月，中常侍孫程等迎濟陰王即皇帝位。

順帝陽嘉二年夏六月丁丑，洛陽宣德亭地拆，長八十五丈。帝引公卿所舉敦樸之士，使之對策及特問以當世之敝，爲政所宜。李固對曰：『詔書所以禁侍中、尚書、中臣子弟不得爲吏、察孝廉者，以其秉威權容請託故也。而中常侍在日月之側，聲勢振天下，子弟禄任，曾無限極，雖外託謙默，不干州郡，而諂偽之徒，望風進舉。今可爲設常禁，同之中臣。昔館陶公主爲子求郎，明帝不許，賜錢千萬。所以輕厚賜，重薄位者，爲官人失才，害及百姓也。竊聞長水司馬武宣、開陽城門候羊迪等，無他功德，初拜便眞，此雖小失，而漸壞舊章。先聖法度，所宜堅守，故政教一跌，百年不復，《詩》云『上帝板板，下民卒癉』，刺周王變祖法度，故使下民將盡病也。今陛下之有尚書，猶天之有北斗也。斗爲天喉舌，尚書亦爲陛下喉舌。斗斟酌元氣，運平四時；尚書出納王命，賦政四海，權尊勢重，責之所歸，若不平心，灾眚必至，誠宜審擇其人，以毗聖政。今與陛下共天下者，外則公卿、尚書，内則常侍、黄門，譬猶一門之内，一家之事，安則共其福慶，危則通其禍敗。刺史、二千石外統職事，内受法則。夫表曲者景必邪，源清者流必潔，猶叩樹本，百枝皆動也。由此言之，本朝號令，豈可蹉跌！天下之紀綱，當今之急務也。夫人君之有政，猶水之有隄防；隄防完全，雖遭雨水霖潦不能爲變；政教一立，暫遭凶年不足爲憂。誠令隄防穿漏，萬夫同力不能復救，政教一壞，賢智馳騖不能復還。今隄防雖堅，漸有孔穴。譬之一人之身，本朝者，心腹也，州郡者，四支也。心腹痛則四支不舉，故臣之所憂在腹心之疾，非四支之患也。苟堅隄防，務政教，先安心腹，整理本朝，雖有寇賊、水旱之變，不足介意也。誠令隄防壞漏，心腹有疾，雖無水旱之灾，天下固可以憂矣。又宜罷退宦官，去其權重，裁置常侍二人，方直有德者省事左右；小黄門五人，才智閑雅者給事殿中。如此，則論者厭塞，升平可致也。』上覽衆對，以李固爲第一。諸常侍叩頭謝罪，朝廷肅然。以固爲議郎，宦者疾之，詐爲飛章以陷其罪。事從中下，大司農南郡黄尚等請之於梁商，僕射黄瓊復救明其事。久乃得釋，出爲洛令，固棄官歸漢中。

四年春二月，初聽中官得以養子襲爵。初，帝之復位，宦官之力也，由是有寵，參與政事。御史張綱上書曰：『竊尋文、明二帝，德化尤盛，中官常侍，不過兩人，近倖賞賜，裁滿數金，惜費重民，故家給人足。而頃者以來，無功小人，皆有官爵，非愛民重器，承天順道者也。』書奏，不省。

永和元年十二月，以前司空王龔爲太尉。龔疾宦官專權，上書極言其狀。諸黄門使客誣奏龔罪，上命龔亟自實。李固奏記於梁商曰：『王公以堅貞之操，横爲讒佞所構，衆人聞知，莫不歎慄。夫三公尊重，無詣理訴冤之義，纖微感概，輒引分決，是以舊典不有大罪，不至重問。王公卒有他變，則朝廷獲害賢之名，羣臣無救護之節矣。語曰『善人在患，飢不及餐』，斯其時也。』商即言之於帝，事乃得釋。

二年冬十月丁卯，京師地震。太尉王龔以中常侍張昉等專弄國權，欲奏誅之。宗親有以楊震行事諫之者，龔乃止。

三年，梁商以曹節等用事，遣子冀、不疑與交友。

桓帝建和元年秋七月，詔封中常侍劉廣等皆爲列侯，杜喬諫之，書奏，不省。

宦者唐衡、左悺等共譖杜喬與李固，以帝不堪奉漢祀，帝怨之。後梁冀誣李固、杜喬與妖賊劉文等交通，皆收繫死獄中。

永興元年秋七月。郡國三十二蝗，河水溢。百姓飢窮流宂者數十萬户，冀州尤甚。詔以侍御史朱穆爲冀州刺史。冀部令長聞穆濟河，解印綬去者四十餘人。及到，奏劾諸郡貪汙者，有至自殺，或死獄中。宦者趙忠喪父，歸葬安平，僭爲玉匣。穆下郡案驗，吏畏其嚴，遂發墓剖棺，陳尸出之。帝聞，大怒，徵穆詣廷尉，輸作左校。太學書生潁川劉陶等數千人詣闕上書訟穆曰：『伏見弛刑徒朱穆，處公憂國，拜州之日，志清姦惡。

誠以常侍貴寵，父兄子弟布在州郡，競爲虎狼，噬食小民，故穆張理天綱，補綴漏目，羅取殘禍，以塞天意。由是內官咸共恚疾，謗讟煩興，讒隙仍作，極其刑謫，輸作左校。天下有識，皆以穆同勤禹、稷而被共、鯀之戾，若死者有知，則唐帝怒於崇山，重華忿於蒼墓矣。當今中官近習，竊持國柄，手握王爵，口含天憲，運賞則使餓隸富於季孫，呼噏則令伊、顔化爲桀、跖。而穆獨亢然不顧身害，非惡榮而好辱，惡生而好死也，徒感王綱之不攝，懼天綱之久失，故竭心懷憂，爲上深計。臣願黥首繫趾，代穆校作。』帝覽其奏，乃赦之。

永壽元年春二月，司隸、冀州饑，人相食。太學生劉陶上疏陳事曰：『夫天之與帝，帝之與民，猶頭之與足，相須而行也。陛下目不視鳴條之事，耳不聞檀車之聲，天災不有痛於肌膚，震食不卽損於聖體，故蔑三光之謬，輕上天之怒。伏念高祖之起，始自布衣，合散扶傷，克成帝業，勤亦至矣，流福遺祚，至於陛下。陛下既不能增明烈考之軌，而忽高祖之勤，妄假利器，委授國柄，使羣醜刑隸，芟刈小民，虎豹窟於麑場，豺狼乳於春囿，貨殖者爲窮冤之魂，貧餒者作飢寒之鬼，死者悲於窀穸，生者戚於朝野，是愚臣所爲咨嗟長懷歎息者也。且秦之將亡，正諫者誅，諛進者賞，嘉言結於忠舌，國命出於讒口，擅閻樂於咸陽，授趙高以車府，權去己而不知，威離身而不顧。古今一揆，成敗同勢，願陛下遠覽强秦之傾，近察哀、平之變，得失昭然，禍福可見。臣又聞危非仁不扶，亂非智不救。竊見故冀州刺史南陽朱穆、前烏桓校尉臣同郡李膺，皆履正清平，貞高絕俗，斯實中興之良佐，國家之柱臣也，宜還本朝，夾輔王室。臣敢吐不時之義於諱言之朝，猶冰霜見日，必至消滅。臣始悲天下之可悲，今天下亦悲臣之愚惑也。』書奏，不省。

延熹二年秋七月，帝召小黄門史唐衡、中常侍單超、小黄門史左悺、中常侍徐璜、黄門令具瑗等五人共定議誅梁冀。

八月，詔賞誅梁冀之功，封單超、徐璜、具瑗、左悺、唐衡皆爲縣侯，超食二萬户，璜等各萬餘户，世謂之『五侯』。仍以悺、衡爲中常侍。又封尚書令尹勳等七人皆爲亭侯。

帝既誅梁冀，故舊恩私，多受封爵。追贈皇后父鄧香爲車騎將軍，封安陽侯。更封后母宣爲昆陽君，兄子康、秉皆爲列侯，宗族皆列校、郎將，賞賜以巨萬計。中常侍侯覽上縑五千匹，帝賜爵關內侯，又託以與議誅冀，進封高鄉侯。又封小黄門劉普、趙忠等八人爲鄉侯。自是權勢專歸宦官矣。五侯尤貪縱，傾動內外。

時灾異數見，白馬令甘陵李雲露布上書，移副三府曰：『梁冀雖持權專擅，虐流天下，今以罪行誅，猶召家臣搤殺之耳，而猥封謀臣萬户以上，高祖聞之，得無見非！西北列將，得無解體？孔子曰：「帝者，諦也。」今官位錯亂，小人諂進，財貨公行，政化日損，尺一拜用，不經御省，是帝欲不諦乎！』帝得奏，震怒，下有司逮雲，詔尚書都護劍戟送黄門北寺獄，使中常侍管霸與御史廷尉雜考之。時弘農五官掾杜衆傷雲以忠諫獲罪，上書願與雲同日死。帝愈怒，遂并下廷尉。大鴻臚陳蕃上疏曰：『李雲所言，雖不識禁忌，干上逆旨，其意歸於忠國而已。昔高祖忍周昌不諱之諫，成帝赦朱雲腰領之誅。今日殺雲，臣恐剖心之譏，復議於世矣。』太常楊秉、雒陽市長沐茂、郎中上官資並上疏請雲。帝恚甚，有司奏以爲大不敬，詔切責蕃、秉，免歸田里，茂、資貶秩二等。時帝在濯龍池，管霸奏雲等事，霸跪言曰：『李雲野澤愚儒，杜衆郡中小吏，出於狂戇，不足加罪。』帝謂霸曰：『「帝欲不諦」，是何等語，而常侍欲原之邪！』顧使小黄門可其奏，雲、衆皆死獄中。於是嬖寵益横。太尉瓊自度力不能制，乃稱疾不起，上疏曰：『陛下卽位以來，未有勝政，諸梁秉權，豎宦充朝，李固、杜喬既以忠言横見殘滅，而李雲、杜衆復以直道繼踵受誅，海內傷懼，益以怨結，朝野之人，以忠爲諱。尚書周永，素事梁冀，假其威勢，見冀將衰，乃陽毀示忠，遂因姦計，亦取封侯。又黄門挾邪，羣輩相黨，自冀興盛，腹背相親，朝夕圖謀，共構姦軌。臨冀當誅，無可設巧，復記其惡，以要爵賞。陛下不加清徵，審別眞僞，復與忠臣並時顯封，使朱紫共色，粉墨雜糅，所謂抵金玉於沙礫，碎珪璧于泥塗，四方聞之，莫不憤歎。臣世荷國恩，身輕位重，敢以垂絕之日，陳不諱之言。』書奏，不納。

冬十月。中常侍單超疾病。壬寅，以超爲車騎將軍。

是時，封賞踰制，內寵猥盛。陳蕃上疏曰：『夫諸侯上象四七，藩屏上國，高祖之約，非功臣不侯。而聞追録河南尹鄧萬世父遵之微功，更爵尚書令黄雋先人之絕封，近習以非義授邑，左右以無功傳賞，至乃一門之

内，侯者數人，故緯象失度，陰陽謬序。臣知封事已行，言之無及，誠欲陛下從是而止。又采女數千，食肉衣綺，脂油粉黛，不可貲計。鄙諺言「盜不過五女門」，以女貧家也，今後宮之女，豈不貧國乎！」帝頗采其言，爲出宮女五百餘人，但賜雋爵關内侯，而封萬世南鄉侯。

帝從容問侍中陳留爰延：「朕何如主也？」對曰：「陛下爲漢中主。」帝曰：「何以言之？」對曰：「尚書令陳蕃任事則治，中常侍黄門與政則亂，是以知陛下可與爲善，可與爲非。」帝曰：「昔朱雲廷折欄檻，今侍中面稱朕違，敬聞闕矣。」拜五官中郎將。

三年春正月丙午，新豐侯單超卒，賜東園秘器，棺中玉具。及葬，發五營騎士、將作大匠起冢塋，其後四侯轉横，天下爲之語曰：「左回天，具獨坐，徐臥虎，唐雨墮。」皆競起第宅，以華侈相尚，其僕從皆乘牛車而從列騎，兄弟姻戚，宰州臨郡，辜較百姓，與盜無異，虐徧天下，民不堪命，故多爲盜賊焉。

中常侍侯覽、小黄門段珪，皆有田業近濟北界，僕從賓客，劫掠行旅。濟北相滕延一切收捕，殺數十人，陳尸路衢，覽、珪以事訴帝，延坐徵詣廷尉，免。

左悺兄勝爲河東太守，皮氏長京兆趙岐恥之，即日棄官西歸。唐衡兄玹爲京兆尹，素與岐有隙，收岐家屬宗親，陷以重法，盡殺之。岐逃難四方，靡所不歷，自匿姓名，賣餅北海市中。安丘孫嵩見而異之，載與俱歸，藏於複壁中。及諸唐死，遇赦，乃敢出。

六年十二月，以衛尉周景爲司空。景，榮之孫也。時宦官方熾，景與太尉楊秉上言：「内外吏職，多非其人。舊典，中臣子弟，不得居位秉勢；而今枝葉賓客，布列職署，或年少庸人，典據守宰，上下忿患，四方愁毒。可遵用舊章，退貪殘，塞灾謗。請下司隸校尉、中二千石、城門五營校尉、北軍中候，各實覈所部；應當斥罷，自以狀言三府，廉察有遺漏，續上。」帝從之。於是秉條奏牧守青州刺史羊亮等五十餘人，或死或免，天下莫不肅然。

尚書朱穆疾宦官恣横，上疏曰：「按漢故事，中常侍參選士人，建武以後乃悉用宦者。自延平以來，浸益貴盛，假貂璫之飾，處常伯之任，天朝政事，一更其手；權傾海内，寵貴無極，子弟親戚，並荷榮任，放濫驕溢，莫能禁禦，窮破天下，空竭小民。愚臣以爲可悉罷省，遵復往初，更選海内清淳之士明達國體者，以補其處，即兆庶黎萌，蒙被聖化矣。」帝不納。後穆因進見，復口陳曰：「臣聞漢家舊典，置侍中、中常侍各一人，省尚書事，黄門侍郎一人，傳發書奏，皆用姓族。自和熹太后以女主稱制，不接公卿，乃以閹人爲常侍，小黄門通命兩宮。自此以來，權傾人主，窮困天下。宜皆罷遣，博選耆儒宿德與參政事。」帝怒，不應。穆伏不肯起，左右傳出，良久，乃趨而去。自此中官數因事，稱詔詆毀之。穆素剛，不得意，居無幾，憤懣發疽卒。

七年十二月，中常侍汝陽侯唐衡、武原侯徐璜皆卒。

八年春，中常侍侯覽［弟］參爲益州刺史，殘暴貪婪，累臧億計。太尉楊秉奏檻車徵參，參於道自殺。閲其車重三百餘兩，皆金銀錦帛。秉因奏曰：「臣案舊典，宦官本在給使省闥，司昏守夜，而今猥受過寵，執政操權，附會者因公褒舉，違忤者求事中傷，居法王公，富擬國家，飲食極肴膳，僕妾盈紈素。中常侍侯覽弟參，貪殘元惡，自取禍滅。覽顧知釁重，必有自疑之意，臣愚以爲不宜復見親近。昔懿公刑邴歜之父，奪閻職之妻，而使二人參乘，卒有竹中之難。覽宜急屏斥，投畀有虎，若斯之人，非恩所宥，請免官送歸本郡。」書奏，尚書召對秉掾屬，詰之曰：「設官分職，各有司存，三公統外，御史察内。今越奏近官，經典、漢制，何所依據？其開公具對。」秉使對曰：「《春秋傳》曰：『除君之惡，唯力是視。』鄧通懈慢，申屠嘉召通詰責，文帝從而請之。漢世故事，三公之職，無所不統。」尚書不能詰，帝不得已，竟免覽官。司隸校尉韓縯因奏左悺罪惡，及其兄太僕南鄉侯稱請託州郡，聚斂爲姦，賓客放縱，侵犯吏民。悺、稱皆自殺。縯又奏中常侍具瑗兄沛相恭臧罪，徵詣廷尉。瑗詣獄謝，上還東武侯印綬，詔貶爲都鄉侯。超及璜、衡襲封者並降爲鄉侯，子弟分封者悉奪爵土。劉普等貶爲關内侯，尹勳等亦皆奪爵。

三月。宛陵大姓羊元羣罷北海郡，臧汙狼藉，郡舍溷軒有奇巧，亦載之以歸。河南尹李膺表按其罪，元羣行賂宦官，膺竟反坐。單超弟遷爲山陽太守，以罪繫獄，廷尉馮緄考致其死，中官相黨，共飛章誣緄以罪。中常侍蘇康、管霸，固天下良田美業，州郡不敢詰，大司農劉祐移書所在，依科品没入之。帝大怒，與膺、緄俱輸作左校。

夏五月丙戌，太尉楊秉薨。秉爲人清白寡欲，嘗稱『我有三不惑，酒、色、財也』。秉既没，所舉賢良廣陵劉瑜乃至京師上書言：『中官不當比肩裂土，競立胤嗣，繼體傳爵。又嬖女充積，冗食空宫，傷生費國。又第舍增多，窮極奇巧，掘山攻石，促以嚴刑。州郡官府，各自考事，姦情賕賂，皆爲吏餌。民愁鬱結，起入賊黨，官輒興兵，誅討其罪，貧困之民，或有賣其首級以要酬賞，父兄相代殘身，妻孥相視分裂。又陛下好微行近習之家，私幸宦者之舍，賓客市買，熏灼道路，因此暴縱，無所不容。惟陛下開廣諫道，博觀前古，遠佞邪之人，放鄭、衛之聲，則政致和平，德感祥風矣。』詔特召瑜問灾咎之徵，執政者欲令瑜依違其辭，乃更策以他事，瑜復悉心對八千餘言，有切於前。拜爲議郎。

十一月，太尉陳蕃數言李膺、馮緄、劉祐之枉，請加原宥，升之爵任，言及反覆，誠辭懇切，以至流涕。帝不聽。應奉上疏曰：『夫忠賢武將，國之心膂。竊見左校弛刑徒馮緄、劉祐、李膺等，誅舉邪臣，肆之以法，陛下既不聽察，而猥受譖訴，遂令忠臣同愆元惡，自春迄冬，不蒙降恕，遐邇觀聽，爲之歎息。夫立政之要，記功忘失，是以武帝捨安國於徒中，宣帝徵張敞於亡命。緄前討蠻荆，均吉甫之功；祐數臨督司，有不吐茹之節；膺著威幽、并，遺愛度遼。今三垂蠢動，王旅未振，乞原膺等，以備不虞。』書奏，乃悉免其刑。久之，李膺復拜司隸校尉。時小黄門張讓弟朔爲野王令，貪殘無道，畏膺成嚴，逃還京師，匿於兄家合柱中。膺知其狀，率吏卒破柱取朔，付雒陽獄，受辭畢，即殺之。讓訴冤於帝，帝召膺詰以不先請便加誅之意。對曰：『昔仲尼爲魯司寇，七日而誅少正卯。今臣到官已積一旬，私懼以稽留爲愆，不意獲速疾之罪。誠自知釁責，死不旋踵，特乞留五日，剋殄元惡，退就鼎鑊，始生之願也。』帝無復言，顧謂讓曰：『此汝弟之罪，司隸何愆？』乃遣出。自此，諸黄門常侍皆鞠躬屏氣，休沐不敢出宫省。帝怪問其故，並叩頭泣曰：『畏李校尉。』時朝廷日亂，綱紀頹弛，而膺獨持風裁，以聲名自高，士有被其容接者，名爲『登龍門』云。

九年。初，帝爲蠡吾侯，受學於甘陵周福，及即位，擢福爲尚書。時同郡河南尹房植有名當朝，鄉人爲之謡曰：『天下規矩房伯武，因師獲印周仲進。』二家賓客，互相譏揣，遂各樹朋徒，漸成尤隙。由是甘陵有南北部，黨人之議自此始矣。

汝南太守宗資以范滂爲功曹，南陽太守成瑨以岑晊爲功曹，皆委心聽任，使之襃善糾違，肅清朝府。滂尤剛勁，疾惡如讎。滂甥李頌素無行，中常侍唐衡以屬資，資用爲吏，滂寢而不召。資遷怒，捶書佐朱零，零仰曰：『范滂清裁，今日寧受笞而死，滂不可違。』資乃止。郡中中人以下，莫不怨之。於是二郡爲謡曰：『汝南太守范孟博，南陽宗資主畫諾。南陽太守岑公孝，弘農成瑨但坐嘯。』

太學諸生三萬餘人，郭泰及潁川賈彪爲其冠，與李膺、陳蕃、王暢更相襃重。學中語曰：『天下模楷李元禮，不畏强禦陳仲舉，天下俊秀王叔茂。』於是中外承風，競以臧否相尚，自公卿以下，莫不畏其貶議，屣履到門。

宛有富賈張汎者，與後宫有親，又善雕鏤玩好之物，頗以賂遺中官，以此得顯位，用勢縱横。岑晊與賊曹史張牧勸成瑨收捕汎等，既而遇赦，瑨竟誅之，并收其宗族、賓客，殺二百餘人，後乃奏聞。小黄門晉陽趙津貪横放恣，爲一縣巨患。太原太守平原劉瓆使郡吏王允討捕，亦於赦後殺之。於是中常侍侯覽使張汎妻上書訟冤，宦官因緣譖訴瑨、瓆。帝大怒，徵瑨、瓆皆下獄。有司承旨，奏瑨、瓆罪當棄市。

山陽太守翟超以郡人張儉爲東部督郵。侯覽家在防東，殘暴百姓。覽喪母還家，大起塋冢。儉舉奏覽罪，而覽伺候遮截，章竟不上。儉遂破覽冢、宅，藉没資財，具奏其狀，復不得御。徐璜兄子宣爲下邳令，暴虐尤甚。嘗求故汝南太守李暠女不能得，遂將吏卒至暠家，載其女歸，戲射殺之。東海相汝南黄浮聞之，收宣家屬，無少長悉考之。掾史以下固爭，浮曰：『徐宣國賊，今日殺之，明日坐死，足以瞑目矣！』即案宣罪棄市，暴其尸。於是宦官訴冤於帝，帝大怒，超、浮並坐髡鉗，輸作左校。

太尉陳蕃、司空劉茂共諫，請瑨、瓆、超、浮等罪，帝不悦。有司劾奏之，茂不敢復言。蕃乃獨上疏曰：『今寇賊在外，四支之疾，内政不理，心腹之患。臣寢不能寐，食不能飽，實憂左右日親，忠言日疏，内患漸積，外難方深。陛下超從列侯，繼承天位，小家畜産百萬之資，子孫尚恥愧失其先業，況乃産兼天下，受之先帝，而欲懈怠以自輕忽乎！誠不愛己，不當念先帝得之勤苦邪？前梁氏五侯，毒徧海内，天啓聖意，收

而戮之，天下之議，冀當小平。明鑑未遠，覆車如昨，而近習之權復相扇結。小黄門趙津、大猾張汎等，肆行貪虐，姦媚左右。前太原太守劉瓆、南陽太守成瑨糾而戮之，雖言赦後不當誅殺，原其誠心，在乎去惡，至於陛下，有何悁悁？而小人道長，營惑聖聽，遂使天威爲之發怒，必加刑謫，已爲過甚，況乃重罰，令伏歐刀乎？又前山陽太守翟超、東海相黄浮，奉公不撓，疾惡如讎，超没侯覽財物，浮誅徐宣之罪，並蒙刑坐，不逢赦恕。覽之從横，没財已幸；宣犯釁過，死有餘辜。昔丞相申屠嘉召責鄧通，雒陽令董宣折辱公主，而文帝從而請之，光武加以重賞，未聞二臣有專命之誅。而今左右羣豎，惡傷黨類，妄相交構，致此刑譴，聞臣是言，當復啼訴。陛下深宜割塞近習與政之源，引納尚書朝省之士，簡練清高，斥黜佞邪，如是天和於上，地洽於下，休禎符瑞，豈遠乎哉！』帝不納。宦官由此疾蕃彌甚，選舉奏議輒以中詔譴卻，長史已下多至抵罪，猶以蕃名臣，不敢加害。

平原襄楷詣闕上疏曰：『臣聞皇天不言，以文象設教。臣竊見太微、天廷五帝之坐，而金、火罰星揚光其中，於占天子凶，又俱入房、心，法無繼嗣。前年冬大寒，殺鳥獸，害魚鼈，城傍竹柏之葉有傷枯者。臣聞於師曰：「柏傷竹枯，不出二年，天子當之。」今自春夏以來，連有霜雹及大雨、雷電，臣作威作福，刑罰急刻之所感也。大原太守劉瓆、南陽太守成瑨，志除姦邪，其所誅翦，皆合人望。而陛下受閹豎之譖，乃遠加考逮，三公上書乞哀瓆等，不見採察而嚴被譴讓，憂國之臣，將遂杜口矣。臣聞殺無罪，誅賢者，禍及三世。自陛下即位以來，頻行誅罰，梁、寇、孫、鄧，並見族滅，其從坐者又非其數。李雲上書明主所不當諱，杜衆乞死諒以感悟聖朝，曾無赦宥，而并被殘戮，天下之人咸知其冤，漢興以來，未有拒諫誅賢，用刑太深如今者也。昔文王一妻，誕致十子；今宫女數千，未聞慶育。宜脩德省刑，以廣《螽斯》之祚。案春秋以來，及古帝王，未有河清。臣以爲河者諸侯位也，清者屬陽，濁者屬陰，河當濁而反清者，陰欲爲陽，諸侯欲爲帝也。京房《易傳》曰：「河水清，天下平。」今天垂異，地吐妖，人癘疫，三者並時，而有河清，猶春秋麟不當見而見，孔子書之以爲異也。願賜清閒，極盡所言。』書奏，不省。

十餘日，復上書曰：『臣聞殷紂好色，妲己是出，葉公好龍，眞龍游廷。今黄門、常侍，天刑之人，陛下愛待，兼倍常寵，係嗣未兆，豈不爲此！』書上，即召入，詔尚書問狀。楷言：『古者本無宦臣，武帝末數游後宫，始置之耳。』尚書承旨，奏：『楷不正辭理，而違背經藝，假借星宿，造合私意，誣上罔事，請下司隸正楷罪法，收送雒陽獄。』帝以楷言雖激切，然皆天文恆象之數，故不誅，猶司寇論刑。

符節令汝南蔡衍、議郎劉瑜表救成瑨、劉瓆，言甚切厲，亦坐免官。瑨、瓆竟死獄中。瑨、瓆素剛直，有經術，知名當時，故天下惜之。岑晊、張牧逃竄獲免。

晊之亡也，親友競匿之，賈彪獨閉門不納，時人望之。彪曰：『傳言「相時而動，無累後人」。公孝以要君致釁，自遺其咎，吾已不能奮戈相待，反可容隱之乎？』於是咸服其裁正。

河内張成善風角，推占當赦，教子殺人。司隸李膺督促收捕，既而逢宥獲免。膺愈懷憤疾，竟案殺之。成素以方伎交通宦官，帝亦頗訊其占。宦官教成弟子牢脩上書，告『膺等養太學遊士，交結諸郡生徒，更相驅馳，共爲部黨，誹訕朝廷，疑亂風俗』。於是天子震怒，班下郡國，逮捕黨人，布告天下，使同忿疾。案經三府，太尉陳蕃卻之曰：『今所案者，皆海内人譽，憂國忠公之臣，此等猶將十世宥也，豈有罪名不章而致收掠者乎！』不肯平署。帝愈怒，遂下膺等於黄門北寺獄，其辭所連及太僕潁川杜密、御史中丞陳翔及陳寔、范滂之徒二百餘人。或逃遁不獲，皆懸金購募，使者四出相望。陳寔曰：『吾不就獄，衆無所恃。』乃自往請囚。范滂至獄，獄吏謂曰：『凡坐繫者，皆祭皋陶。』滂曰：『皋陶古之直臣，知滂無罪，將理之於帝，如其有罪，祭之何益？』衆人由此亦止。陳蕃復上書極諫，帝諱其言切，託以蕃辟召非其人，策免之。

時黨人獄所染逮者，皆天下名賢，度遼將軍皇甫規自以西州豪桀，恥不得與，乃自上言：『臣前薦故大司農張奐，是附黨也。又臣昔論輸左校時，太學生張鳳等上書訟臣，是爲黨人所附也。臣宜坐之。』朝廷知而不問。

永康元年五月，陳蕃既免，朝臣震栗，莫敢復爲黨人言者。賈彪曰：『吾不西行，大禍不解。』乃入雒陽説城門校尉竇武、尚書魏郡霍諝等，使訟之。武上疏曰：陛下即位以來，未聞善政，常侍、黄門，競行譎詐，

安爵非人。伏尋西京，佞臣執政，終喪天下。今不慮前事之失，復循覆車之軌，臣恐二世之難必將復及，趙高之變不朝則夕。近者姦臣牢脩造設黨議，遂收前司隸校尉李膺等逮考，連及數百人，曠年拘録，事無效驗。臣惟膺等建忠抗節，志經王室，此誠陛下稷、契、伊、呂之佐，而虚爲姦臣賊子之所誣枉，天下寒心，海内失望。惟陛下留神澄省，時見理出，以厭人鬼喁喁之心。今臺閣近臣尚書朱寓、荀緄、劉祐、魏朗、劉矩、尹勳等，皆國之貞士，朝之良佐；尚書郎張陵、嬀皓、苑康、楊喬、邊韶、戴恢等，文質彬彬，明達國典，内外之職，羣才並列。而陛下委任近習，專樹饕餮，外典州郡，内幹心膂，宜以次貶黜，案罪糾罰；信任忠良，平決臧否，使邪正毁譽，各得其所，寶愛天官，唯善是授。如此，咎徵可消，天應可待。間者有嘉禾、芝草、黄龍之見。夫瑞生必於嘉士，福至實由善人，在德爲瑞，無德爲災。陛下所行，不合天意，不宜稱慶。」書奏，因以病上還城門校尉、槐里侯印綬。霍諝亦爲表請。帝意稍解，使中常侍王甫就獄訊黨人范滂等，皆三木囊頭，暴於階下。甫以次辨詰曰：「卿等更相拔舉，迭爲脣齒，其意如何？」滂曰：「仲尼之言『見善如不及，見惡如探湯』，滂欲使善善同其清，惡惡同其汙，謂王政之所願聞，不悟更以爲黨。古之脩善，自求多福；今之脩善，身陷大戮。身死之日，願埋滂於首陽山側，上不負皇天，下不愧夷、齊。」甫愍然，爲之改容，乃得並解桎梏。李膺等又多引宦官子弟，宦官懼，請帝以天時宜赦。六月庚申，赦天下，改元。黨人二百餘人皆歸田里，書名三府，禁錮終身。

范滂往候霍諝而不謝。或讓之，滂曰：「昔叔向不見祁奚，吾何謝焉。」滂南歸汝南，南陽士大夫迎之者車數千兩，鄉人殷陶、黄穆侍衛於旁，應對賓客。滂謂陶等曰：「今子相隨，是重吾禍也。」遂遁還鄉里。

初，詔書下舉鉤黨，郡國所奏相連及者，多至百數，唯平原相史弼獨無所上。詔書前後迫切，州郡髡笞掾史。從事坐傳舍責曰：「詔書疾惡黨人，旨意懇惻。青州六郡，其五有黨，平原何治，而得獨無？」弼曰：「先生疆理天下，畫界分境，水土異齊，風俗不同。他郡自有，平原自無，胡可相比？若承望上司，誣陷良善，淫刑濫罰，以逞非理，則平原之人户可爲黨。相有死而已，所不能也。」從事大怒，即收郡僚職送獄，遂舉奏弼。會黨禁中解，弼以俸贖罪。所脱者甚衆。

竇武所薦，朱寓沛人，苑康勃海人，楊喬會稽人，邊韶陳留人。喬容儀偉麗，數上言政事，帝愛其才貌，欲妻以公主，喬固辭不聽，遂閉口不食，七日而死。

十二月丁丑，帝崩于德陽前殿。城門校尉竇武議立嗣，召侍御史河間劉儵問以國中宗室之賢者，儵稱解瀆亭侯宏。宏者，河間孝王之曾孫也，祖淑、父萇，世封解瀆亭侯。武乃入白太后，定策禁中，以儵守光禄大夫，與中常侍曹節並持節將中黄門、虎賁、羽林千人奉迎宏，時年十二。

靈帝建寧元年春正月壬午，以城門校尉竇武爲大將軍，前太尉陳蕃爲太傅，與武及司徒胡廣參録尚書事。

時新遭大喪，國嗣未立，諸尚書畏懼，多託病不朝。陳蕃移書責之曰：「古人立節，事亡如存。今帝祚未立，政事日蹙，諸君奈何委荼蓼之苦，息偃在牀，於義安乎？」諸尚書惶怖，皆起視事。

己亥，解瀆亭侯至夏門亭，使竇武持節以王青蓋車迎入殿中。庚子，即皇帝位。

六月癸巳，録定策功，封竇武爲聞喜侯，武子機爲渭陽侯，兄子紹爲鄠侯，靖爲西鄉侯，中常侍曹節爲長安鄉侯，侯者凡十一人。

涿郡盧植上書説武曰：「足下之於漢朝，猶旦、奭之在周室，建立聖主，四海有繫，論者以爲吾子之功，於斯爲重。今同宗相後，披圖案牒，以次建之，何勳之有？豈可横叨天功以爲己力乎！宜辭大賞，以全身名。」武不能用。植身長八尺二寸，音聲如鐘，性剛毅，有大節。少事馬融，融性豪侈，多列女倡歌舞於前。植侍講積年，未嘗轉盼，融以是敬之。

太后以陳蕃舊德，特封高陽鄉侯。蕃上疏讓曰：「臣聞割地之封，功德是爲。臣雖無素潔之行，竊慕君子『不以其道得之，不居也』。若受爵不讓，掩面就之，使皇天振怒，災流下民，於臣之身，亦何所寄。」太后不許，蕃固讓，章前後十上，竟不受封。

初，竇太后之立也，陳蕃有力焉。及臨朝，政無大小，皆委於蕃。蕃與竇武同心戮力，以奬王室，徵天下名賢李膺、杜密、尹勳、劉瑜等，皆列於朝廷，與共參政事。於是天下之士，莫不延頸想望太平。而帝乳母趙嬈及諸女尚書，旦夕在太后側，中常侍曹節、王甫等共相朋結，諂事太

后，太后信之，數出詔命，有所封拜。蕃、武疾之，嘗共會朝堂，蕃私謂武曰：『曹節、王甫等，自先帝時操弄國權，濁亂海內，今不誅之，後必難圖。』武深然之。蕃大喜，以手椎席而起。武於是引同志尚書令尹勳等共定計策。

會有日食之變，蕃謂武曰：『昔蕭望之困一石顯，況今石顯數十輩乎？蕃以八十之年，欲爲將軍除害，今可因日食斥罷宦官，以塞天變。』武乃白太后曰：『故事，黄門、常侍但當給事省内門户，主近署財物耳。今乃使與政事，任重權，子弟布列，專爲貪暴。天下匈匈，正以此故。宜悉誅廢，以清朝廷。』太后曰：『漢元以來，故事世有宦官，但當誅其有罪者，豈可盡廢邪？』時中常侍管霸頗有才略，專制省内，武先白收霸及中常侍蘇康等皆坐死。武復數白誅曹節等，太后冘豫未忍，故事久不發。蕃上疏曰：『今京師囂囂，道路諠譁，言侯覽、曹節、公乘昕、王甫、鄭颯等，與趙夫人、諸尚書並亂天下，附從者升進，忤逆者中傷，一朝羣臣如河中木耳，汎汎東西，耽禄畏害。陛下今不急誅此曹，必生變亂，傾危社稷，其禍難量。願出臣章，宣示左右，并令天下諸姦知臣疾之。』太后不納。

是月，太白犯房之上將，入太微。侍中劉瑜素善天官，惡之，上書皇太后曰：『案占書，宮門當閉，將相不利，姦人在主傍。願急防之。』又與武、蕃書，以『星辰錯繆，不利大臣，宜速斷大計』。於是武、蕃以朱寓爲司隸校尉，劉祐爲河南尹，虞祁爲雒陽令。武奏免黄門令魏彪，以所親小黄門山冰代之，使冰奏收長樂尚書鄭颯送北寺獄。蕃謂武曰：『此曹子便當收殺，何復考爲。』武不從，令冰與尹勳、侍御史祝瑨雜考。颯辭連及曹節、王甫，勳、冰卽奏收節等，使劉瑜内奏。

九月辛亥，武出宿歸府。典中書者先以告長樂五官史朱瑀，盜發武奏，罵曰：『中官放縱者自可誅耳，我曹何罪，而當盡見族滅！』因大呼曰：『陳蕃、竇武奏白太后廢帝，爲大逆！』乃夜召素所親壯健者長樂從官史共普、張亮等十七人，歃血共盟，謀誅武等。曹節白帝曰：『外間切切，請出御德陽前殿。』令帝拔劍踴躍，使乳母趙嬈等擁衛左右，取棨信，閉諸禁門，召尚書官屬，脅以白刃，使作詔板，拜王甫爲黄門令，持節至北寺獄，收尹勳、山冰。冰疑，不受詔，甫格殺之，并殺勳，出鄭颯。還兵劫太后，奪璽綬。令中謁者守南宮，閉門絶複道。使鄭颯等持節及侍御史謁者捕收武等。武不受詔，馳入步兵營，與其兄子步兵校尉紹共射殺使者。召會北軍五校士數千人屯都亭，下令軍士曰：『黄門、常侍反，盡力者封侯重賞。』陳蕃聞難，將官屬諸生八十餘人，並拔刃突入承明門，到尚書門，攘臂呼曰：『大將軍忠以衛國，黄門反逆，何云竇氏不道邪？』王甫時出與蕃相遇，適聞其言而讓蕃曰：『先帝新棄天下，山陵未成，武有何功，兄弟父子並封三侯。又設樂飲讌。多取掖廷宮人。旬日之間，貲財巨萬。大臣若此，爲是道邪？公爲宰輔，苟相阿黨，復何求賊！』使劍士收蕃，蕃拔劍叱甫，辭色逾厲，遂執蕃送北寺獄。黄門從官騶蹋踧蕃曰：『死老魅，復能損我曹員數，奪我曹稟假不！』卽日殺之。時護匈奴中郎將張奐徵還京師，曹節等以奐新至，不知本謀，矯制以少府周靖行車騎將軍，加節，與奐率五營士討武。夜漏盡，王甫將虎賁、羽林等合千餘人出屯朱雀掖門，與奐等合，已而悉軍闕下，與武對陳。甫兵漸盛，使其士大呼武軍曰：『竇武反，汝皆禁兵，當宿衛宮省，何故隨反者乎？先降有賞。』營府素畏服中官，於是武軍稍稍歸甫，自旦至食時，兵降略盡。武、紹走，諸軍追圍之，皆自殺，梟首雒陽都亭，收捕宗、親、賓客、姻屬悉誅之，及侍中劉瑜、屯騎校尉馮述皆夷其族。宦官又譖虎賁中郎將河間劉淑、故尚書會稽魏朗，云與武等通謀，皆自殺。遷皇太后於南宮，徙武家屬於日南。自公卿以下，嘗爲蕃、武所舉者，及門生、故吏，皆免官禁錮。議郎勃海巴肅始與武等同謀，曹節等不知，但坐禁錮，後乃知而收之。肅自載詣縣，縣令見肅，入閤，解印綬，欲與俱去。肅曰：『爲人臣者，有謀不敢隱，有罪不逃刑；既不隱其謀矣，又敢逃其刑乎！』遂被誅。

曹節遷長樂衛尉，封育陽侯。王甫遷中常侍，黄門令如故。朱瑀、共普、張亮等六人皆爲列侯，十一人爲關内侯，於是羣小得志，士大夫皆喪氣。

蕃友人陳留朱震收葬蕃尸，匿其子逸，事覺，繫獄，合門桎梏，震受考掠，誓死不言，逸由是得免。武府掾桂陽胡騰殯斂武尸，行喪，坐以禁錮。武孫輔年二歲，騰詐以爲己子，與令史南陽張敞共匿之於零陵界中，亦得免。

張奐遷大司農，以功封侯。奐深病爲曹節等所賣，固辭不受。

二年夏四月壬辰，有青蛇見於御坐上。癸巳，大風，雨雹，霹靂，拔大木百餘。詔公卿以下各上封事。大司農張奐上疏曰：『昔周公葬不如禮，天乃動威。今竇武、陳蕃忠貞，未被明宥，妖眚之來，皆爲此也。宜急爲改葬，徙還家屬，其從坐禁錮一切蠲除。又皇太后雖居南宮，而恩禮不接，朝臣莫言，遠近失望。宜思大義顧復之報。』上深嘉奐言，以問諸常侍，左右皆惡之，帝不得自從。奐又與尚書劉猛等共薦王暢、李膺可參三公之選，曹節等彌疾其言，遂下詔切責之。奐等皆自囚廷尉，數日乃得出，並以三月俸贖罪。

郎中東郡謝弼上封事曰：『臣聞「惟虺惟蛇，女子之祥」。伏惟皇太后定策宮闈，援立聖明，書云「父子兄弟，罪不相及」，竇氏之誅，豈宜咎延太后？幽隔空宮，愁感天心，如有霧露之疾，陛下當何面目以見天下！孝和皇帝不絶竇氏之恩，前世以爲美談。禮，爲人後者爲之子。今以桓帝爲父，豈得不以太后爲母哉？願陛下仰慕有虞蒸蒸之化，俯思《凱風》慰母之念。臣又聞「開國承家，小人勿用」。今功臣久外，未蒙爵秩，阿母寵私，乃享大封，大風、雨雹，亦由於兹。又故太傅陳蕃，勤身王室，而見陷羣邪，一旦誅滅，其爲酷濫，駭動天下，而門生、故吏並離徙錮。蕃身已往，人百何贖？宜還其家屬，解除禁網。夫台宰重器，國命所繫，今之四公，唯司空劉寵斷斷守善，餘皆素餐致寇之人，必有折足覆餗之凶，可因灾異，並加罷黜，徵故司空王暢、長樂少府李膺並居政事，庶灾變可消，國祚惟永。』左右惡其言，出爲廣陵府丞，去官歸家。曹節從子紹爲東郡太守，以他罪收弼，掠死於獄。

帝以蛇妖，問光禄勳楊賜。賜上封事曰：『夫善不妄來，灾不空發。王者心有所想，雖未形顔色，而五星以之推移，陰陽爲其變度。夫皇極不建，則有龍蛇之孽。《詩》云：「惟虺惟蛇，女子之祥。」惟陛下思乾剛之道，別内外之宜，抑皇甫之權，割艶妻之愛，則蛇變可消，禎祥立應。』賜，秉之子也。

初，李膺等雖廢錮，天下士大夫皆高尚其道，而汙穢朝廷，希之者唯恐不及，更共相標榜，爲之稱號。以竇武、陳蕃、劉淑爲『三君』，君者，言一世之所宗也。李膺、荀翌、杜密、王暢、劉祐、魏朗、趙典、朱寓爲『八俊』，俊者，言人之英也。郭泰、范滂、尹勳、巴肅及南陽宗慈、陳留夏馥、汝南蔡衍、泰山羊陟爲『八顧』，顧者，言能以德行引人者也。張儉、翟超、岑晊、苑康及山陽劉表、汝南陳翔、魯國孔昱、山陽檀敷爲『八及』，及者，言其能導人追宗者也。度尚及東平張邈、王孝、東郡劉儒、泰山胡母班、陳留秦周、魯國蕃嚮、東萊王章爲『八廚』，廚者，言能以財救人者也。及陳、竇用事，復舉拔膺等；陳、竇誅，膺等復廢。

宦官疾惡膺等，每下詔書，輒申黨人之禁。侯覽怨張儉尤甚，覽鄉人朱並素佞邪，爲儉所棄，承覽意指，上書告『儉與同鄉二十四人別相署號，共爲部黨，圖危社稷，而儉爲之魁』。詔刊章捕儉等。冬十月，大長秋曹節因此諷有司，奏『諸鉤黨者故司空虞放及李膺、杜密、朱寓、荀翌、翟超、劉儒、范滂等，請下州郡考治』。是時上年十四，問節等曰：『何以爲鉤黨？』對曰：『鉤黨者，即黨人也。』上曰：『黨人何用爲惡，而欲誅之邪？』對曰：『皆相舉羣輩，欲爲不軌。』上曰：『不軌欲如何？』對曰：『欲圖社稷。』上乃可其奏。

或謂李膺曰：『可去矣！』對曰：『事不辭難，罪不逃刑，臣之節也。吾年已六十，死生有命，去將安之？』乃詣詔獄，考死，門生、故吏並被禁錮。侍御史蜀郡景毅子顧爲膺門徒，未有録牒，不及於譴。毅慨然曰：『本謂膺賢，遣子師之，豈可以漏脱名籍，苟安而已。』遂自表免歸。

汝南督郵吳導受詔捕范滂，至征羌，抱詔書閉傳舍，伏牀而泣，一縣不知所爲。滂聞之曰：『必爲我也。』即自詣獄。縣令郭揖大驚，出解印綬，引與俱亡，曰：『天下大矣，子何爲在此？』滂曰：『滂死則禍塞，何敢以罪累君，又令老母流離乎！』其母就與之訣，滂白母曰：『仲博孝敬，足以供養。滂從龍舒君歸黄泉，存亡各得其所。惟大人割不可忍之恩，勿增感戚。』仲博者，滂弟也。龍舒君者，滂父龍舒侯相顯也。母曰：『汝今得與李、杜齊名，死亦何恨。既有令名，復求壽考，可兼得乎！』滂跪受教，再拜而辭。顧其子曰：『吾欲使汝爲惡，惡不可爲；使汝爲善，則我不爲惡。』行路聞之，莫不流涕。凡黨人死者百餘人，妻子皆徙邊。天下豪桀及儒學有行義者，宦官一切指爲黨人。有怨隙者，因

相陷害，睚眦之忿，濫入黨中。州郡承旨，或有未嘗交關，亦離禍毒，其死、徙、廢、禁者又六七百人。

郭泰聞黨人之死，私爲之慟曰：「《詩》云『人之云亡，邦國殄瘁』。漢室滅矣，但未知『瞻烏爰止，於誰之屋』耳。」泰雖好臧否人倫，而不爲危言覈論，故能處濁世而怨禍不及焉。

張儉亡命困迫，望門投止，莫不重其名行，破家相容。後流轉東萊，止李篤家。外黄令毛欽操兵到門，篤引欽就席曰：「張儉負罪亡命，篤豈得藏之？若審在此，此人名士，明廷寧宜執之乎！」欽因起撫篤曰：「蘧伯玉恥獨爲君子，足下如何專取仁義。」篤曰：「今欲分之，明廷載半去矣。」欽歎息而去。篤導儉經北海戲子然家，遂入漁陽出塞。其所經歷，伏重誅者以十數，連引收考者布偏天下，宗親並皆殄滅，郡縣爲之殘破。儉與魯國孔褒有舊，亡抵褒，不遇，褒弟融年十六，匿之。後事泄，儉得亡走，國相收褒、融送獄，未知所坐。融曰：「保納舍藏者，融也，當坐。」褒曰：「彼來求我，非弟之過。」吏問其母，母曰：「家事任長，妾當其辜。」一門爭死，郡縣疑不能決，乃上讞之，詔書竟坐褒。及黨禁解，儉乃還鄉里，後爲衛尉，卒，年八十四。夏馥聞張儉亡命，歎曰：「孽自己作，空汙良善，一人逃死，禍及萬家，何以生爲！」乃自翦鬚變形，入林慮山中，隱姓名，爲冶家傭，親突煙炭，形貌毀瘁，積二三年，人無知者。馥弟靜載縑帛追求餉之，馥不受曰：「弟奈何載禍相餉乎！」黨禁未解而卒。

初，中常侍張讓父死，歸葬潁川，雖一郡畢至，而名士無往者，讓甚恥之，陳寔獨弔焉。及誅黨人，讓以寔故，多所全宥。南陽何顒素與陳蕃、李膺善，亦被收捕，乃變名姓匿汝南間，與袁紹爲奔走之交，常私入雒陽從紹計議，爲諸名士罹黨事者求救援，設權計，使得逃隱，所全免甚衆。

初，太尉袁湯三子，成、逢、隗，成生紹，逢生術。逢、隗皆有名稱，少歷顯官。時中常侍袁赦以逢、隗宰相家，與之同姓，推崇以爲外援，故袁氏貴寵於世，富奢甚，不與他公族同。紹壯健有威容，愛士養名，賓客輻湊歸之，輜軿柴轂，填接街陌。術亦以俠氣聞。逢從兄子閎，少有操行，以耕學爲業，逢、隗數饋之，無所受。閎見時方險亂，而家門富盛，常對兄弟歎曰：「吾先公福祚，後世不能以德守之，而競爲驕奢，與亂世爭權，此卽晉之三郤矣。」及黨事起，閎欲投迹深林，以母老，不宜遠遁，乃築土室四周於庭，不爲户，自牖納飲食。母思閎時，往就視，母去，便自掩閉，兄弟妻子莫得見也。潛身十八年，卒於土室。

初，范滂等非訐朝政，自公卿以下皆折節下之，太學生爭慕其風，以爲文學將興，處士復用。申屠蟠獨歎曰：「昔戰國之世，處士横議，列國之王至爲擁篲先驅，卒有坑儒、燒書之禍，今之謂矣。」乃絶迹於梁、碭之間，因樹爲屋，自同傭人。居二年，滂等果罹黨錮之禍，唯蟠超然免於評論。

臣光曰：天下有道，君子揚于王庭以正小人之罪，而莫敢不服。天下無道，君子囊括不言以避小人之禍，而猶或不免。黨人生昏亂之世，不在其位，四海横流，而欲以口舌救之，臧否人物，激濁揚清，撩虺蛇之頭，踐虎狼之尾，以至身被淫刑，禍及朋友，士類殲滅而國隨以亡，不亦悲乎！夫唯郭泰既明且哲，以保其身，申屠蟠見幾而作，不俟終日，卓乎其不可及已。

十一月，長樂太僕曹節病困，詔拜車騎將軍。有頃，疾瘳，上印綬，復爲中常侍，位特進，秩中二千石。

四年春正月甲子，帝加元服，赦天下，唯黨人不赦。

帝以竇太后有援立之功，冬十月戊子朔，率羣臣朝太后于南宫，親饋上壽。黄門令董萌因此數爲太后訴冤，帝深納之，供養資奉，有加於前。曹節、王甫疾之，誣萌以謗訕永樂宫，下獄死。

熹平元年五月。長樂太僕侯覽坐專權驕奢，策收印綬，自殺。

六月，竇太后母卒於比景，太后憂思感疾，癸巳，崩於雲臺。宦者積怨竇氏，以衣車載太后尸置城南市舍，數日，曹節、王甫欲用貴人禮殯。帝曰：「太后親立朕躬，統承大業，豈宜以貴人終乎！」於是發喪成禮。

節等欲別葬太后，而以馮貴人配祔。詔公卿大會朝堂，令中常侍趙忠監議。太尉李咸時病，扶輿而起，擣椒自隨，謂妻子曰：「若皇太后不得配食桓帝，吾不生還矣。」既議，坐者數百人，各瞻望良久，莫肯先言。趙忠曰：「議當時定。」廷尉陳球曰：「皇太后以盛德良家，母臨天下，宜配先帝，是無所疑。」忠笑而言曰：「陳廷尉宜便操筆。」球卽下議

曰：『皇太后自在椒房，有聰明母儀之德。遭時不造，援立聖明承繼宗廟，功烈至重。先帝晏駕，因遇大獄，遷居空宫，不幸早世，家雖獲罪，事非太后，今若别葬，誠失天下之望。且馮貴人冢嘗被發掘，骸骨暴露，與賊併尸，魂靈汙染，且無功於國，何宜上配至尊。』忠省球議，作色俛仰，蚩球曰：『陳廷尉建此議甚健。』球曰：『陳、竇既冤，皇太后無故幽閉，臣常痛心，天下憤歎。今日言之，退而受罪，宿昔之願也。』李咸曰：『臣本謂宜爾，誠與意合。』於是公卿以下皆從球議。曹節、王甫猶爭，以爲：『梁后家犯惡逆，别葬懿陵，武帝黜廢衛后而以李夫人配食。今竇氏罪深，豈得合葬先帝。』李咸復上疏曰：『臣伏惟章德竇后虐害恭懷，安思閻后家犯惡逆，而和帝無異葬之議，順朝無貶降之文。至於衛后，孝武皇帝身所廢棄，不可以爲比。今長樂太后尊號在身，親嘗稱制，且援立聖明，光隆皇祚。太后以陛下爲子，陛下豈得不以太后爲母？子無黜母，臣無貶君，宜合葬宣陵，一如舊制。』帝省奏，從之。秋七月甲寅，葬桓思皇后于宣陵。

有人書朱雀闕，言：『天下大亂，曹節、王甫幽殺太后，公卿皆尸禄，無忠言者。』詔司隸校尉劉猛逐捕，十日一會。猛以誹書言直，不肯急捕。月餘，主名不立，猛坐左轉諫議大夫，以御史中丞段熲代之。熲乃四出逐捕，及太學游生繫者千餘人。節等又使熲以他事奏猛，論輸左校。

初，司隸校尉王寓依倚宦官，求薦於太常張奂，奂拒之，寓遂陷奂以黨罪禁錮。

渤海王悝之貶廮陶也，因中常侍王甫求復國，許謝錢五千萬。既而桓帝遺詔復悝國，悝知非甫功，不肯還謝錢。中常侍鄭颯、中黄門董騰數與悝交通，甫密司察以告段熲。冬十月，收颯送北寺獄，使尚書令廉忠誣奏颯等謀迎立悝，大逆不道，遂詔冀州刺史收悝考實，迫責悝，令自殺，妃妾十一人，子女七十人，伎女二十四人皆死獄中，傅、相以下悉伏誅。甫等十二人皆以功封列侯。

五年閏五月，永昌太守曹鸞上書曰：『夫黨人者，或耆年淵德，或衣冠英賢，皆宜股肱王室，左右大猷者也，而久被禁錮，辱在塗泥。謀反大逆，尚蒙赦宥，黨人何罪，獨不開恕乎？所以灾異屢見，水旱荐臻，皆由於斯。宜加沛然，以副天心。』帝省奏，大怒，即詔司隸、益州檻車收鸞，送槐里獄，掠殺之。於是詔州郡更考黨人，門生、故吏、父子、兄弟在位者，悉免官禁錮，爰及五屬。

光和元年六月丁丑，有黑氣墮帝所御温德殿東庭中，長十餘丈，似龍。秋七月壬子，青虹見玉堂後殿庭中。詔召光禄大夫楊賜等詣金商門，問以灾異及消復之術。賜對曰：『《春秋》讖曰：「天投蜺，天下怨，海内亂。」加四百之期，亦復垂及。今妾媵、閹尹之徒共專國朝，欺罔日月，幸賴皇天垂象譴告。《周書》曰：「天子見怪則修德，諸侯見怪則修政，卿大夫見怪則修職，士庶人見怪則修身。」唯陛下斥遠佞巧之臣，速徵鶴鳴之士，斷絶尺一，抑止槃游，冀上天還威，衆變可弭。』

議郎蔡邕對曰：『臣伏思諸異，皆亡國之怪也。天於大漢，殷勤不已，故屢出袄變以當譴責，欲令人君感悟，改危即安。今蜺墮、雞化，皆婦人干政之所致也。前者乳母趙嬈，貴重天下，讒諛驕溢，續以永樂門史霍玉，依阻城社，又爲姦邪。今道路紛紛，復云有程大人者，察其風聲，將爲國患。宜高爲隄防，明設禁令，深惟趙、霍，以爲至戒。今太尉張顥爲玉所進，光禄勳偉璋有名貪濁，又長水校尉趙玹，屯騎校尉蓋升，並叨時幸，榮富優足。宜念小人在位之咎，退思引身避賢之福。伏見廷尉郭禧純厚老成，光禄大夫橋玄聰達方直，故太尉劉寵忠實守正，並宜爲謀主，數見訪問。夫宰相大臣，君之四體，委任責成，優劣已分，不宜聽納小吏，雕琢大臣也。又尚方工技之作，鴻都篇賦之文，可且消息，以示惟憂。宰府孝廉，士之高選，近者以辟召不慎切責三公，而今並以小文超取選舉，開請託之門，違明王之典，衆心不厭，莫之敢言。臣願陛下忍而絶之，思惟萬機，以答天望。聖朝既自約厲，左右近臣亦宜從化，人自抑損，以塞咎戒，則天道虧滿，鬼神福謙矣。夫君臣不密，上有漏言之戒，下有失身之禍，願寢臣表，無使盡忠之吏受怨姦仇。』章奏，帝覽而歎息。因起更衣，曹節於後竊視之，悉宣語左右，事遂漏露。其爲邕所裁黜者，側目思報。

初，邕與大鴻臚劉郃素不相平，叔父衛尉質又與將作大匠陽球有隙。球即中常侍程璜女夫也，璜遂使人飛章言『邕、質數以私事請託於郃，郃不聽，邕含隱切，志欲相中』。於是詔下尚書召邕詰狀。邕上書曰：『臣實愚戇，不顧後害，陛下不念忠臣直言，宜加掩蔽，誹謗卒至，便用疑

怪。臣年四十有六，孤特一身，得託名忠臣，死有餘榮，恐陛下於此不復聞至言矣。』於是下邕、質於雒陽獄，劾以『仇怨奉公，議害大臣，大不敬，棄市。』事奏，中常侍河南呂强愍邕無罪，力爲伸請，帝亦更思其章，有詔『減死一等，與家屬髡鉗徙朔方，不得以赦令除』。陽球使客追路刺邕，客感其義，皆莫爲用。球又賂其部主使加毒害，所賂者反以其情戒邕，由是得免。

宋皇后無寵，後宮幸姬衆共譖毁。渤海王悝妃宋氏，即后之姑也。中常侍王甫恐后怨之，因譖后挾左道祝詛。帝信之，遂策收璽綬。后自致暴室，以憂死。父不其鄉侯酆及兄弟並被誅。

丙子晦，日有食之。尚書盧植上言：『凡諸黨錮，多非其罪，可加赦恕，申宥回枉。又宋后家屬，並以無辜，委骸横尸，不得斂葬，宜敕收拾，以安遊魂。』帝不省。

二年，王甫、曹節等姦虐弄權，扇動內外，太尉段熲阿附之。節、甫父兄子弟爲卿、校、牧、守、令、長者布滿天下，所在貪暴。甫養子吉爲沛相，尤殘酷，凡殺人皆磔尸車上，隨其罪目，宣示屬縣，夏月腐爛，則以繩連其骨，周徧一郡乃止，見者駭懼。視事五年，凡殺萬餘人。尚書令陽球常拊髀發憤曰：『若陽球作司隸，此曹子安得容乎！』既而球果遷司隸。

甫使門生於京兆界辜榷官財物七千餘萬，京兆尹楊彪發其姦，言之司隸。彪，賜之子也。時甫休沐里舍，熲方以日食自劾。球詣闕謝恩，因奏甫、熲及中常侍淳于登、袁赦、封昱等罪惡，辛巳，悉收甫、熲等送洛陽獄，及甫子永樂少府萌、沛相吉。球自臨考，甫等五毒備極。萌先嘗爲司隸，乃謂球曰：『父子既當伏誅，亦以先後之義，少以楚毒假借老父。』球曰：『爾罪惡無狀，死不滅責，乃欲論先後求假借邪！』萌乃駡曰：『爾前奉事吾父子如奴，奴敢反汝主乎！今日臨（阬）［阸］相擠，行自及也。』球使以土窒萌口，箠扑交至，父子悉死於杖下。熲亦自殺。乃僵磔甫屍於夏城門，大署牓曰：『賊臣王甫。』盡没入其財産，妻子皆徙比景。

球既誅甫，欲以次表曹節等，乃敕中都官從事曰：『且先去權貴大猾，乃議其餘耳。公卿豪右若袁氏，兒輩從事自辨之，何須校尉邪。』權門聞之，莫不屏氣，曹節等皆不敢出沐。會順帝虞貴人葬，百官會喪還，曹節見磔甫尸道次，慨然抆淚曰：『我曹可自相食，何宜使犬舐其汁乎！』語諸常侍：『今且俱入，勿過里舍也。』節直入省，白帝曰：『陽球故酷暴吏，前三府奏當免官，以九江微功，復見擢用。愆過之人，好爲妄作，不宜使在司隸以騁毒虐。』帝乃徙球爲衛尉。時球出謁陵，節敕尚書令召拜，不得稽留尺一。球被召急，因求見帝，叩頭曰：『臣無清高之行，横蒙鷹犬之任，前雖誅王甫、段熲，蓋狐狸小醜，未足宣示天下。願假臣一月，必令豺狼鴟梟各服其辜。』叩頭流血，殿上呵叱曰：『衛尉扞詔邪！』至於再三，乃受拜。

於是曹節、朱瑀等權勢復盛，節領尚書令。郎中梁人審忠上書曰：『陛下即位之初，未能萬機，皇太后念在撫育，權時攝政，故中常侍蘇康、管霸應時誅殄。太傅陳蕃、大將軍竇武考其黨與，志清朝政。華容侯朱瑀知事覺露，禍及其身，遂興造逆謀，作亂王室，撞蹋省闥，執奪璽綬，迫脅陛下，聚會羣臣，離間骨肉母子之恩，遂誅蕃、武及尹勳等。因共割裂城社，自相封賞，父子兄弟，被蒙尊榮，素所親厚，布在州郡，或登九列，或據三司。不惟禄重位尊之責，而苟營私門，多蓄財貨，繕修第舍，連里竟巷，盜取御水，以作漁釣，車馬服玩，擬於天家。羣公卿士，杜口吞聲，莫敢有言，州牧郡守，承順風旨，辟召選舉，釋賢取愚。故蟲蝗爲之生，夷寇爲之起。天意憤盈，積十餘年，故頻歲日食於上，地震於下，所以譴戒人主，欲令覺悟，誅鉏無狀。昔高宗以雉雊之變，故獲中興之功。近者神祇啓悟陛下，發赫斯之怒，故王甫父子應時馘截，路人士女莫不稱善，若除父母之讎。誠怪陛下復忍孽臣之類，不悉殄滅，昔秦信趙高以危其國，吳使刑人身遘其禍。今以不忍之恩，救夷族之罪，姦謀一成，悔亦何及。臣爲郎十五年，皆耳目聞見，瑀之所爲，誠皇天所不復赦。願陛下留漏刻之聽，裁省臣表，歸滅醜類，以答天怒。與瑀考驗，有不如言，願受湯鑊之誅，妻子幷徙，以絶妄言之路。』章寢不報。

中常侍呂强清忠奉公，帝以衆例封爲都鄉侯，强固辭不受。因上疏陳事曰：『臣聞高祖重約，非功臣不侯，所以重天爵明勸戒也。中常侍曹節等，宦官祐薄，品卑人賤，讒諂媚主，佞邪徼寵，有趙高之禍，未被轘裂之誅。陛下不悟，妄授茅土，開國承家，小人是用，又幷及家人，重金兼

紫，交結邪黨，下比羣佞。陰陽乖剌，稼穡荒蕪，人用不康，罔不由兹。臣誠知封事已行，言之無逮，所以冒死干觸陳愚忠者，實願陛下損改既謬，從此一止。臣又聞後宮采女數千餘人，衣食之費，日數百金。比穀雖賤而户有飢色，案法當貴而今更賤者，由賦發繁數，以解縣官，寒不敢衣，飢不敢食，民有斯戹而莫之卹。宫女無用，填積後庭，天下雖復盡力耕桑，猶不能供。又前召議郎蔡邕對問於金商門，邕不敢懷道迷國，而切言極對，毁刺貴臣，譏呵宦官，陛下不密其言，至令宣露，羣邪項領，膏脣拭舌，競欲咀嚼，造作飛條，陛下回受誹謗，致邕刑罪，室家徙放，老幼流離，豈不負忠臣哉！今羣臣皆以邕爲戒，上畏不測之難，下懼劍客之害，臣知朝廷不復得聞忠言矣。故太尉段熲，武勇冠世，習於邊事，垂髮服戎，功成皓首，歷事二主，勳烈獨昭。陛下既已式序，位登台司，而爲司隸校尉陽球所見誣脅，一身既斃，而妻子遠播，天下惆悵，功臣失望。宜徵邕更加授任，反熲家屬，則忠貞路開，衆怨以弭矣。」帝知其忠而不能用。

上禄長和海上言：「禮，從祖兄弟别居異財，恩義已輕，服屬疏末。而今黨人錮及五族，既乖典訓之文，有謬經常之法。」帝覽之而悟，於是黨錮自從祖以下皆得解釋。

初，司徒劉郃兄侍中儵與竇武同謀，俱死，永樂少府陳球説郃曰：「公出自宗室，位登臺鼎，天下瞻望，社稷鎮衛，豈得雷同，容容無違而已。今曹節等放縱爲害，而久在左右，又公兄侍中受害節等。今可表徙衛尉陽球爲司隸校尉，以次收節等誅之。政出聖主，天下太平可翹足而待也。」郃曰：「凶豎多耳目，恐事未會，先受其禍。」尚書劉納曰：「爲國棟梁，傾危不持，焉用彼相邪？」郃許諾，亦與陽球結謀。球小妻，程璜之女，由是節等頗得聞知，乃重賂璜，且脅之。璜懼迫，以球謀告節，節因共白帝曰：「郃與劉納、陳球、陽球交通書疏，謀議不軌。」帝大怒，冬十月甲申，劉郃、陳球、劉納、陽球皆下獄，死。

四年。大長秋華容侯曹節卒，中常侍趙忠代領大長秋。

論説

唐·趙蕤《長短經》卷二《文中》 後漢衰亂，由於桓、靈二主，凶德誰則爲甚？虞南曰：「桓帝赫然奮怒，誅滅梁冀，有剛斷之節焉，然閹人擅命，黨錮事起，非乎亂階，始於桓帝。古語曰：天下嗷嗷，新主之資也。靈帝承疲民之後，易爲善政，黎庶傾耳，咸冀中興，而帝襲彼覆車，毒逾前輩。傾覆宗社，職帝之由，天年厭世，爲幸多矣。」

《新唐書》卷一五二《李絳傳》 帝患朋黨，以問絳，答曰：「自古人君最惡者朋黨，小人揣知，故常藉口以激怒上心。朋黨者，尋之則無迹，言之則可疑。小人常以利動，不顧忠義；君子者，遇主知則進，疑則退，安其位不爲它計，故常爲奸人所乘。夫聖人同迹，賢者求類，是同道也，非黨也。陛下奉遵堯、舜、禹、湯之德，豈謂上與數千年君爲黨耶？道德同耳。漢時名節骨鯁士，同心愛國，而宦官小人疾之，起黨錮之獄，訖亡天下。趨利之人，常爲朋比，同其私也；守正之人，常遭構毁，違其私也。小人多，譖言常勝；正人少，直道常不勝。可不戒哉！」絳居中介特，尤爲左右所不悦，遂因以自明。

宋·朱熹《朱子語類》卷一三五《歷代二》 問器遠：「君舉説漢黨錮如何？」曰：「也只説當初所以致此，止緣將許多達官要位付之宦官，將許多儒生付之閒散無用之地，所以激起得如此。」曰：「這時許多好官尚書，也不是付宦官，也是儒生，只是不得人。許多節義之士，固是非其位之所當言，宜足以致禍。某常説，只是上面欠一箇人。若上有一箇好人，用這一邊節義，剔去那一邊小人，大故成一箇好世界。只是一轉關子。」

説東漢誅宦官事，云：「欽夫所説，只是翻謄好看，做文字則劇，其實不曾説著當時事體。到得那時節，是甚麽時節！雖倉公扁鵲所不能療。如天下有必死之病，喫熱藥也不得，喫涼藥也不得。有一人下一服熱藥，便道他用藥錯了。天下有必亡之勢，這如何慢慢得！若許多宦者未誅，更恁地保養過幾年，更乖。這只是胡説。那時節是甚麽時節！都無主了。立箇渤海王之子纘，纔七八歲，方説梁冀跋扈，便被弑了！立蠡吾侯，爲桓帝，方十五歲，外戚宦官手裏養得大，你道他要誅他不要誅他！東漢外戚宦官從來盤踞，軌轍相銜，未有若此之可畏。養箇女子，便頓放在宫中，十餘年後便窮極富貴。到得有些蹶跌，便闔族誅滅無遺類，欲爲孤豚而不可得！必亡之易，未有若東漢末年。」伯謨問：「唐宦官與東漢

末如何？』曰：『某嘗説，唐時天下尚可爲。唐時猶有餘策，東漢末直是無著手處，且是無主了。如唐昭宗文宗，直要除許多宦官。那時若有人，似尚可爲。那時只宣宗便度得事勢不能誅，便一向不問他，也是老練了如此。如伊川《易解》，也失契勘。説『屯其膏』云：『又非恬然不爲，若唐之僖昭也。』這兩人全不同，一人是要做事，一人是不要做，與小黄門啗果食度日，呼田令孜爲『阿父』。不知東漢時，若一向盡引得忠賢布列在内，不知如何。只那都無主可立。天下大勢，如人衰老之極，百病交作，略有些小變動，便成大病。如乳母也聒噪一場，如單超徐璜也作怪一場，如張讓趙忠之徒，纔有些小權柄，便作怪一場。這是甚麽時節！』伯謨云：『從那時直到唐太宗，天下大勢方定疊。』曰：『這許多時節，直是無著手處。然亦有幸而不亡者，東晉是也。汪莘作詩史，以爲竇武陳蕃誅宦者，不合前收鄭颯，而未收曹節王甫侯覽。若一時便收卻四箇，便了。陽球誅宦者，不合前誅王甫段熲，而未誅曹節朱瑀。若一時便誅卻四箇，亦自定矣。此説是。』

宋・洪邁《容齋隨筆》卷一〇《楊彪陳羣》　魏文帝受禪，欲以楊彪爲太尉，彪辭曰：『彪備漢三公，耄年被病，豈可贊惟新之朝。』乃授光禄大夫。相國華歆以形色忤旨，徙爲司徒而不進爵。帝久不懌，以問尚書令陳羣，曰：『我應天受禪，相國及公獨不怡，何也？』羣對曰：『臣與相國，曾臣漢朝，心雖悦喜，猶義形於色。』夫曹氏篡漢，忠臣義士之所宜痛心疾首，縱力不能討，忍復仕其朝爲公卿乎。歆、羣爲一世之賢，所立不過如是。彪遜詞以免禍，亦不敢一言及曹氏之所以得。蓋自黨錮禍起，天下賢士大夫如李膺、范滂之徒，屠戮殆盡，故所存者如是而已。士風不競，悲夫！章惇、蔡京爲政，欲殄滅元祐善類，正士禁錮者三十年，以致靖康之禍，其不爲歆、羣者幾希矣。

清・畢沅《續資治通鑑》卷八二《宋哲宗元祐七年》　時朋黨之論浸熾，吏部尚書王存爲帝言：『人臣朋黨，誠不可長，然或不察，則濫及善人，東漢黨錮是也。慶曆中，或指韓琦、富弼、范仲淹、歐陽修爲朋黨，賴仁宗聖明，不爲所惑。今復有進此説有，願陛下察之。』由是與用事者不合。（己）［乙］卯，詔存出知大名府，辭之，改杭州。

清・王夫之《讀通鑑論》卷八《恒帝》　巨姦之蠹國殃民而自伏其法，不足以爲大快，於國之存亡無當也。左悺自殺，具瑗貶，侯覽黜，非桓帝之能誅之，非楊秉之能取必於桓帝而誅之，罪已踰涯，自滅焉耳矣。三凶去而宦官之勢益張，黨錮之獄且起，曾何救於漢之危亡哉！

外戚滅，宦官興，大臣無事焉，天子欲行其意以誅僭侶，而大臣不與，宦官除君側之姦，事已顯著，而後摘其罪以請誅，未有傾心而聽者。故曰：『人不足與適也，唯大人爲能格君心之非。』能之者，有以能之者也。無堅識定力爲天子除患，則雖日陳堯、舜之道，而固視之如夢囈。漢之大臣道不足，而與宦豎爭存亡，亦晚矣。快一時之人情，去三凶而若拔牛之一毛，不救其亡，固矣。

清・趙翼《廿二史劄記》卷五《黨禁之起》　漢末黨禁，雖起于甘陵南北部，及牢脩、朱並之告訐，桓帝初受學于甘陵周福，及即位，擢福爲尚書，時同郡房植有盛名，鄉人爲之謠曰，『天下規矩房伯武，因師獲印周仲進。』二家賓客，互相譏議，遂各樹門徒，由是有甘陵南北部黨，黨論自此起。脩、並事見後。然其所由來已久，非一朝一夕之故也。范書謂桓、靈之間，主荒政繆，國命委於奄寺，士子羞與爲伍，故匹夫抗憤，處士横議，激揚聲名，互相題拂，品覈公卿，裁量（國）［執］政。《黨錮傳序》自公卿以下，皆折節下之。《申屠蟠傳》蓋東漢風氣，本以名行相尚，迨朝政日非，則清議益峻，號爲正人者，指斥權奸，力持正論，由是其名益高，海内希風附響，惟恐不及，而爲所貶訾者，怨刺骨，日思所以傾之，此黨禍之所以愈烈也。今案漢末黨禁凡兩次。桓帝延熹九年，有善風角者張成，推占當有赦令，教其子殺人，河南尹李膺捕之，果遇赦免，膺怒，竟考殺之。成弟子牢脩。遂誣告膺善太學游士，交結生徒，誹訕朝廷，敗壞風俗。帝怒，下郡國逮捕，并遣使四出，《黨錮傳序》收執膺等二百餘人，誣爲黨人，并下獄。次年，霍諝、竇武上表申理，始赦歸，仍書名王府，終身禁錮。此第一次黨禁也。自是正人放廢，海内共相標榜，以竇武、劉淑、陳蕃爲三君，君者世所宗也。李膺、荀昱、杜密、王暢、劉祐、魏朗、趙典、朱寓爲八俊，俊者人之英也。郭林宗、宗慈、巴肅、夏馥、范滂、尹勳、蔡衍、羊陟爲八顧，顧者能以德引人也。張儉、岑晊、劉表、陳翔、孔昱、范康、檀敷、翟超爲八及，及者能導人追宗也。度尚、張邈、王考、劉儒、胡母班、秦周、蕃嚮、王章爲八廚，廚者以財救人也。至靈帝建寧

中，張儉方劾中常侍侯覽，儉鄉人朱並，承覽風旨，又告儉與同鄉二十四人爲部黨，以儉及檀彬、褚鳳、張肅、薛蘭、馮禧、魏玄、徐乾爲八俊，田林、張隱、劉表、薛郁、王訪、劉祇、宣靖、公緒恭爲八顧，朱楷、田槃、疏耽、薛敦、宋布、唐龍、嬴咨、宣褒爲八及，而儉爲之魁。帝遂詔刊章捕儉等。宦官曹節又諷有司，并捕前黨李膺、杜密及范滂等百餘人，皆死獄中，妻子徙邊。諸附從者，錮及五族。詔天下大舉鈎黨，於是有行義者，一切指爲黨人。四年，大赦，而黨人不赦。已而宦官又諷司隸校尉段熲，捕太學諸生千餘人，并詔黨人門生、故吏、父兄、子弟在位者，皆免官禁錮。直至黃巾賊起，呂强奏請赦諸黨人，於是赦還諸徙者。此第二次黨禁也。本紀及《黨錮傳》其時黨人之禍愈酷而名愈高，天下皆以名入黨人中爲榮。范滂初出獄歸汝南，南陽士大夫迎之者車千兩。《滂傳》景毅遣子爲李膺門徒，而録牒不及，毅乃慨然曰：『本謂膺賢，遣子師之，豈可因漏名而倖免哉。』遂自表免歸。《李膺傳》皇甫規不入黨籍，乃上表言，臣曾薦張奂，是阿黨也。臣昔坐罪，太學生張鳳等上書救臣，是臣爲黨人所附也。臣宜坐之。《規傳》張儉亡命困迫，望門投止，莫不重其名行，破家相容。《儉傳》此亦可見當時風氣矣。朝政亂則清流之禍愈烈，黨人之立名，及舉世之慕其名，皆國家之激成之也。然諸人之甘罹黨禍，究亦非中道。當范滂等非毀朝政，太學生方以爲文學將興，處士復用，申屠蟠獨歎曰：『昔戰國處士橫議，列國之王至爲擁篲前驅，卒有坑儒焚書之禍。』乃絶迹自晦，後果免於難。《蟠傳》岑晊逃命，親友多匿之，賈彪獨不納，曰：『傳言相時而動，無累後人。岑君自貽其咎，吾可容隱之乎。』《彪傳》徐穉囑茅容致意郭林宗曰：『大樹將顛，非一繩所維，何乃栖栖不遑寧處。』《穉傳》此又士大夫處亂世，用晦保身之法也。

又《東漢宦官》 漢承秦制，以奄人爲中常侍，然亦參用士人。武帝數宴後庭，故奏請機事，常以宦者主之。至元帝時，則弘恭、石顯已竊權干政，蕭望之、周堪俱被其害，然猶未大肆也。案班固《敘傳》，彪之父穉爲中常侍，是成帝時中常侍尚兼用士人。光武中興，悉用奄人，不復參用士流。和帝踐阼幼弱，竇憲兄弟專權，隔限內外，羣臣無由得接，乃獨與宦者鄭衆定謀收憲，宦官有權自此始。然衆小心奉公，未嘗攬權。和帝崩，鄧后臨朝，不得不用奄寺，其權漸重。鄧后崩，安帝親政，宦官李閏、江京、樊豐、劉安、陳達，與帝乳母王聖，聖女伯榮。帝舅耿寶，皇后兄閻顯等，比黨亂政。此猶宦官與朝臣相倚爲奸，未能蠛朝臣而獨肆其惡也。及帝崩，閻顯等專朝爭權，乃與江京合謀，誅徙樊豐、王聖等，是顯欲去宦官，已反藉宦官之力。已而北鄉侯入繼，尋薨。顯又欲援立外藩，宦官孫程等不平，迎立順帝，先殺江京、劉安、陳達，并誅顯兄弟，閻后亦被遷於離宮。安帝已立皇太子保，而帝乳母王聖及宦官江京、樊豐等，譖太子乳母王男等殺之，太子數爲歎息。王聖等懼爲後禍，共構陷太子，遂廢爲濟陰王。帝崩，王不得立，閻后立北鄉侯懿。懿又薨，后兄顯與江京、劉安、陳達又欲援立外藩，宦官孫程等不平，共斬京、安、達等，迎立濟陰王，是爲順帝，并卽收顯等兄弟誅之，封程等十九人爲侯。是大臣欲誅宦官，必藉宦官之力；宦官欲誅大臣，則不藉朝臣力矣。順帝既立，以梁商女爲皇后，商以大將軍輔政，尊親莫二，而宦官張逵、蘧政、石光譖商與中常侍曹騰、孟賁，云欲廢帝。帝不信，逵等卽矯詔收縛騰、賁。是竟敢違帝旨，而肆威於禁近矣。賴帝聞之大怒，逵等遂伏誅。及帝崩，梁后與兄冀立沖帝；沖帝崩，又立質帝；質帝爲冀所酖，又援立桓帝，并以后妹爲桓帝后。冀身爲大將軍輔政，兩妹一爲皇太后，一爲皇后。其權已震主矣，而帝默與宦官單超、左悺、具瑗、徐璜、唐衡定謀。遂誅冀。梁冀專恣日久，梁后又忌恣，桓帝心不平，而不敢泄，獨呼小黃門唐衡，問左右誰與冀不協者，衡以單超、左悺、徐璜、具瑗對。帝乃召超等定議，下詔收冀及宗親黨與，皆誅之，封超等五人爲侯。是宦官且誅當國之皇親矣。然此猶曰奉帝命以成事也。桓帝梁后崩，以竇武女爲皇后。帝崩，武與后定策，立靈帝，竇后臨朝。武入居禁中輔政。素惡宦官欲誅之。兼有太傅陳蕃與之同心定謀，乃反爲宦官曹節、王甫等所殺。竇武與陳蕃同謀誅宦官曹節、王甫等，奏入，五官史朱瑀竊發其書，怒罵曰：『中官中放縱者當誅，吾曹何罪，而當盡滅。』因大呼曰：『陳蕃、竇武奏皇太后，欲廢帝。』乃夜召素所親史共普、張亮等，歃血盟。曹節聞之，擁帝出御殿，閉諸禁門，使人守武。武不受詔，馳入步兵營，令曰：『中常侍反，盡力者封侯。』而王甫已領虎賁、羽林等兵，出屯朱雀門。大呼武所將兵士曰：『竇武反，汝曹皆禁兵，何故隨之。』禁兵遂俱歸甫，甫乃殺武，并及陳蕃。然此猶曰靈帝非太后親子，故節等得挾帝以行事也。至靈帝崩，何后臨朝，立子辨爲帝，后兄何進以大將軍輔政，已奏誅宦官蹇碩，收其所領八校尉兵。是朝權兵權俱在進手，以此盡誅宦官，亦復何難，乃又爲宦官張

讓、段珪等所殺。靈帝崩，何后臨朝，立子辨爲帝，后兄何進輔政。欲誅宦官，先奏何后，后不聽。乃謀召外兵以脅何后，何后乃悉罷諸常侍小黃門等。常侍張讓子婦，乃后娚也，讓對之叩頭曰：『老臣得罪，當與新婦同歸故里，但受恩深，欲一入見太后顔色，歸死無恨。』子婦言於何后母舞陽君，入白，詔諸常侍皆入。而何進方入奏誅宦官事，張讓、段珪等卽殺之，于是袁紹、袁術乘亂盡殺宦官。是時軍士大變，袁紹、袁術、閔貢等因乘亂誅宦官二千餘人，無少長皆殺之，於是宦官之局始結，而國亦隨之亡矣。國家不能不用奄寺，而一用之，則其害如此。蓋地居禁密，日在人主耳目之前，本易窺嚬笑而售讒諛，人主不覺，意爲之移。范蔚宗傳論謂宦者：『漸染朝事，頗識典[物]，故少主憑謹舊之庸，女君資出納之命。』乃其傳達於外，則手握王命，口銜天憲，莫能辨其眞僞，故威力常在陰陽奥窔之間。迨勢燄既盛，宮府內外悉受指揮，卽親臣重臣竭智力以謀去之，而反爲所噬。當其始，人主視之，不過供使令效趨走而已，而豈知其禍乃至此極哉！

藝　文

宋·蘇軾《蘇軾集》卷一〇二《本秀非浮圖之福》　稷下之盛，胎驪山之禍。太學三萬人，嘘枯吹生，亦兆黨錮之冤。今吾聞本、秀二僧，皆以口耳區區奔走王公，匈匈都邑，安得而不敗？殆非浮屠氏之福也。

清·沈德潛《清詩別裁集》卷二《彭而述〈庚寅八月六日憶母〉》　遺恨行舟阻太行，難堪此日又瀟湘。安東未遂憐温嶠。黨錮無名恥范滂。萬里依人空作客，十年遇主尚爲郎。蕭騷短鬢經秋日，雁杳江城憶故鄉。憐己之不能事母，而又恥未與黨人，可以悲其志矣。

末世敗政部

成帝荒淫分部

綜　述

《漢書》卷一〇《成帝紀》　（永始元年）夏四月，封婕妤趙氏父臨爲成陽侯。五月，封舅曼子侍中騎都尉光禄大夫王莽爲新都侯。六月丙寅，立皇后趙氏。大赦天下。【略】

贊曰：臣之姑充後宮爲婕妤，父子昆弟侍帷幄，數爲臣言成帝善修容儀，升車正立，不内顧，不疾言，不親指，臨朝淵嘿，尊嚴若神，可謂穆穆天子之容者矣！博覽古今，容受直辭。公卿稱職，奏議可述。遭世承平，上下和睦。然湛于酒色，趙氏亂內，外家擅朝，言之可爲於邑。建始以來，王氏始執國命，哀、平短祚，莽遂篡位，蓋其威福所由來者漸矣！

又　卷五九《張湯傳》　鴻嘉中，上欲遵武帝故事，與近臣游宴，放以公主子開敏得幸。放取皇后弟平恩侯許嘉女，上爲放供張，賜甲第，充以乘輿服飾，號爲天子取婦，皇后嫁女。大官私官並供（具）［其］第，兩宮使者冠蓋不絕，賞賜以千萬數。放爲侍中中郎將，監平樂屯兵，置莫府，儀比將軍。與上臥起，寵愛殊絕，常從爲微行出遊，北至甘泉，南至長楊、五莋，鬬雞走馬長安中，積數年。

是時，上諸舅皆害其寵，白太后。太后以上春秋富，動作不節，甚以過放。時數有灾異，議者歸咎放等。於是丞相宣、御史大夫方進奏：『放驕蹇縱恣，奢淫不制。前侍御史修等四人奉使至放家逐名捕賊，時放見在，奴從者閉門設兵弩射吏，距使者不肯內。知男子李遊君欲獻女，使樂府音監景武强求不得，使如康等之其家，賊傷三人。又以縣官事怨樂府遊

徼莽，而使大奴駿等四十餘人羣黨盛兵弩，白晝入樂府攻射官寺，縛束長吏子弟，斫破器物，宮中皆奔走伏匿。奔自髡鉗，衣赭衣，及守令史調等皆徒跣叩頭謝放，放乃止。奴從者支屬並乘權勢爲暴虐，至求吏妻不得，殺其夫，或恚一人，妄殺其親屬，輒亡人放弟，不得，幸得勿治。放行輕薄，連犯大惡，有感動陰陽之咎，爲臣不忠首，罪名雖顯，前蒙恩。驕逸悖理，與背畔無異，臣子之惡，莫大於是，不宜宿衞在位。臣請免放歸國，以銷衆邪之萌，厭海內之心。』

上不得已，左遷放爲北地都尉。數月，復徵入侍中。太后以放爲言，出放爲天水屬國都尉。永始、元延間，比年日蝕，故久不還放，璽書勞問不絕。居歲餘，徵放歸第視母公主疾。數月，主有瘳，出放爲何東都尉。上雖愛放，然上迫太后，下用大臣，故常涕泣而遣之。後復徵放爲侍中光祿大夫，秩中二千石。歲餘，丞相方進復奏放，上不得已，免放，賜錢五百萬，遣就國。數月，成帝崩，放思慕哭泣而死。

初，安世長子千秋與霍光子禹俱爲中郎將，將兵隨度遼將軍范明友擊烏桓。還，謁大將軍光，問千秋戰鬭方略，山川形勢，千秋口對兵事，畫地成圖，無所忘失。光復問禹，禹不能記，曰：『皆有文書。』光由是賢千秋，以禹爲不材，歎曰：『霍氏世衰，張氏興矣！』及禹誅滅，而安世子孫相繼，自宣、元以來爲侍中、中常侍、諸曹散騎、列校尉者凡十餘人。功臣之世，唯有金氏、張氏，親近寵貴，比於外戚。

又　卷九七下《外戚傳下》　孝成許皇后，大司馬車騎將軍平恩侯嘉女也。元帝悼傷母恭哀后居位日淺而遭霍氏之辜，故選嘉女以配皇太子。初入太子家，上令中常侍黃門親近者侍送，還白太子歡説狀，元帝喜謂左右：『酌酒賀我！』左右皆稱萬歲。久之，有一男，失之。乃成帝卽位，立許妃爲皇后，復生一女，失之。

初，后父嘉自元帝時爲大司馬車騎將軍輔政，已八九年矣。及成帝立，復以元舅陽平侯王鳳爲大司馬、大將軍，與嘉並。杜欽以爲故事后父重於帝舅，乃説鳳曰：『車騎將軍至貴，將軍宜尊之敬之，無失其意。蓋輕細微眇之漸，必生乖忤之患，不可不慎。衞將軍之日盛於蓋侯，近世之事，語尚在於長老之耳，唯將軍察焉。』久之，上欲專委任鳳，乃策嘉曰：『將軍家重身尊，不宜以吏職自累。賜黃金二百斤，以特進侯就朝位。』後歲餘薨，謚曰恭侯。

后聰慧，善史書，自爲妃至卽位，常寵於上，後宮希得進見。皇太后及帝諸舅憂上無繼嗣，時又數有灾異，劉向、谷永等皆陳其咎在於後宮。上然其言，於是省減椒房掖廷用度。皇后及上疏曰：

妾誇布服糲糧，加以幼稚愚惑，不明義理，幸得免離茅屋之下，備後宮埽除。蒙過誤之寵，居非命所當託，汙穢不修，曠職尸官，數逆至法，逾越制度，當伏放流之誅，不足以塞責。乃壬寅日大長秋受詔：『椒房儀法，御服輿駕，所發諸官署，及所造作，遺賜外家羣臣妾，皆如竟寧以前故事。』妾伏自念，入椒房以來，遺賜外家未嘗逾故事，每輒決上，可復問也。今誠時世異制，長短相補，不出漢制而已，纖微之間，未必可同。若竟寧前與黃龍前，豈相放哉？家吏不曉，今一受詔如此，且使妾搖手不得。今言無得發取諸官，殆謂未央官不屬妾，不宜獨取也。言妾家府亦不當得，妾竊惑焉。幸得賜湯沐邑以自奉養，亦小發取其中，何害於誼而不可哉？又詔書言服御所造，皆如竟寧前，吏誠不能揆其意，卽且令妾被服所爲不得不如前。設妾欲作某屏風張於某所，曰故事無有，或不能得，則必繩妾以詔書矣。此二事誠不可行，唯陛下省察。

宦吏忮佷，必欲自勝。幸妾尚貴時，猶以不急事操人，況今日日益侵，又獲此詔，其操約人，豈有所訴？陛下見妾在椒房，終不肯給妾纖微內邪？若不私府小取，將安所仰乎？舊故，中官乃私奪左右之賤繒，乃發乘輿服繒，言爲待詔補，已而貿易其中。左右多竊怨者，甚恥爲之。又故事以特牛祠大父母，戴侯、敬侯皆得蒙恩以太牢祠，今當率如故事，唯陛下哀之！

今吏甫受詔讀記，直豫言使后知之，非可復若私府有所取也。其萌牙所以約制妾者，恐失人理。今但損車駕，及毋若未央官有所發，遺賜衣服如故事，則可矣。其餘誠太迫急，奈何？妾薄命，端遇竟寧前，竟寧前於今世而比之，豈可邪？故時酒肉有所賜外家，輒上表乃決。又故杜陵梁美人歲時遺酒一石，肉百斤耳。妾甚少之，遺田八子誠不可若是。事率衆多，不可勝以文陳。俟自見，索言之，唯陛下深察焉！

上於是采劉向、谷永之言以報曰：

皇帝問皇后，所言事聞之。夫日者衆陽之宗，天光之貴，王者之象，

人君之位也。夫以陰而侵陽，虧其正體，是非下陵上，妻乘夫，賤逾貴之變與？春秋二百四十二年，變異爲衆，莫若日蝕大。自漢興，日蝕亦爲呂、霍之屬見。以今揆之，豈有此等之效與？諸侯拘迫漢制，牧相執持之也，又安獲齊、趙七國之難？將相大臣懷誠秉忠，唯義是從，又惡有上官、博陸、宣成之謀？若乃徒步豪桀，非有陳勝、項梁之羣也；匈奴、夷狄，非有冒頓、郅支之倫也。方外內鄉，百蠻賓服，殊俗慕義，八州懷德，雖使其懷挾邪意，狄不足憂，又況其無乎？求於夷狄無有，求於臣下無有，微後宮也，當何以塞之？

日者，建始元年正月，白氣出於營室。營室者，天子之後宮也。正月於《尚書》爲皇極。皇極者，王氣之極也。白者西方之氣，其於春當廢。今正於皇極之月，興廢氣於後宮，視后妾無能懷任保全者，以著繼嗣之微，賤人將起也。至其九月，流星如瓜，出於文昌，貫紫宮，尾委曲如龍，臨於鉤陳，此又章顯前尤，著在內也。其後則有北宮井溢，南流逆理，數郡水出，流殺人民。後則訛言傳相驚震，女童入殿，咸莫覺知。夫河者水陰，四瀆之長，今乃大決，没漂陵邑，斯昭陰盛盈溢，違經絶紀之應也。乃昔之月，鼠巢於樹，野鵲變色。五月庚子，鳥焚其巢太山之域。《易》曰：『鳥焚其巢，旅人先笑後號咷。喪牛於易，凶。』言王者處民上，如鳥之處巢也，不顧恤百姓，百姓畔而去之，若鳥之自焚也，雖先快意説笑，其後必號而無及也。百姓喪其君，若牛亡其毛也，故稱凶。泰山，王者易姓告代之處，今正於岱宗之山，甚可懼也。三月癸未，大風自西搖祖宗寢廟，揚裂帷席，折拔樹木，頓僵車輦，毁壞檻屋，灾及宗廟，足爲寒心！四月己亥，日蝕東井，轉旅且索，與既無異。己猶戊也，亥復水也，明陰盛，咎在內。於戊己，虧君體，著絶世於皇極，顯禍敗及京都。於東井，變怪衆備，末重益大，來數益甚。成形之禍月以迫切，不救之患日寢屢深，咎敗灼灼若此，豈可以忽哉！

《書》云：『高宗肜日，粤有雊雉。祖己曰：「惟先假王正厥事。」』又曰：『雖休勿休，惟敬五刑，以成三德。』即飭椒房及掖庭耳。今皇后有所疑，便不便，其條刺，使大長秋來白之。吏拘於法，亦安足過？蓋矯枉者過直，古今同之。且財幣之省，特牛之祠，其於皇后，所以扶助德美，爲華寵也。咎根不除，灾變相襲，祖宗且不血食，何戴侯也！傳不云乎！『以納失之者鮮。』審皇后欲從其奢與？朕亦當法孝武皇帝也，如此則甘泉、建章可復興矣。世俗歲殊，時變日化，遭事制宜，因時而移，舊之非者，何可放焉！君子之道，樂因循而重改作。昔魯人爲長府，閔子騫曰：『仍舊貫如之何？何必改作！』蓋惡之也。《詩》云：『雖無老成人，尚有典刑，曾是莫聽，大命以傾。』孝文皇帝，朕之師也。皇太后，皇后成法也。假使太后在彼時不如職，今見親厚，又惡可以逾乎！皇后其刻心秉德，毋違先後之制度，力誼勉行，稱順婦道，減省羣事，謙約爲右，其孝東宮，毋厥朔望，推誠永究，爰何不臧！養名顯行，以息衆言讙，垂則列妾，使有法焉。皇后深惟毋忽！

是時，大將軍鳳用事，威權尤盛。其後，比三年日蝕，言事者頗歸咎於鳳矣。而谷永等遂著之許氏，許氏自知爲鳳所不佑。久之，皇后寵亦益衰，而後宮多新愛。后姊平安剛侯夫人謁等爲媚道祝詛後宮有身者王美人及鳳等，事發覺，太后大怒，下吏考問，謁等誅死，許后坐廢處昭臺宮，親屬皆歸故郡山陽，后弟子平恩侯旦就國。凡立十四年而廢，在昭臺歲餘，還徙長定宮。

後九年，上憐許氏，下詔曰：『蓋聞仁不遺遠，誼不忘親。前平安剛侯夫人謁坐大逆罪，家屬幸蒙赦令，歸故郡。朕惟平恩戴侯，先帝外祖，魂神廢棄，莫奉祭祀，念之未嘗忘於心。其還平恩侯旦及親屬在山陽郡者。』是歲，廢后敗。先是，廢后姊孊寡居，與定陵侯淳于長私通，因爲之小妻。長紿之曰：『我能白東宮，復立許后爲左皇后。』廢后因孊私賂遺長，數通書記相報謝。長書有悖謾，發覺，天子使廷尉孔光持節賜廢后藥，自殺，葬延陵交道廄西。

孝成班婕妤。帝初即位選入後宮。始爲少使，蛾而大幸，爲婕妤，居增成舍，再就館，有男，數月失之。成帝遊於後庭，嘗欲與婕妤同輦載，婕妤辭曰：『觀古圖畫，賢聖之君皆有名臣在側，三代末主乃有嬖女，今欲同輦，得無近似之乎？』上善其言而止。太后聞之，喜曰：『古有樊姬，今有班婕妤。』婕妤誦《詩》及《窈窕》、《德象》、《女師》之篇。每進見上疏，依則古禮。

自鴻嘉後，上稍隆於內寵。婕妤進侍者李平，平得幸，立爲婕妤。上曰：『始衛皇后亦從微起。』乃賜平姓曰衛，所謂衛婕妤也。其後，趙飛

燕姊弟亦從自微賤興，逾越禮制，浸盛於前。班婕妤及許皇后皆失寵，稀復進見。鴻嘉三年，趙飛燕譖告許皇后、班婕妤挾媚道，祝詛後宫，詈及主上。許皇后坐廢。孝問班婕妤，婕妤對曰：『妾聞「死生有命，富貴在天。」修正尚未蒙福，爲邪欲以何望？使鬼神有知，不受不臣之訴；如其無知，訴之何益？故不爲也。』上善其對，憐憫之，賜黄金百斤。

趙氏姊弟驕妒，婕妤恐久見危，求共養太后長信宫，上許焉。婕妤退處東宫，作賦自傷悼，其辭曰：

承祖考之遺德兮，何性命之淑靈，登薄軀於宫闕兮，充下陳於後庭。蒙聖皇之渥惠兮，當日月之盛明，揚光烈之翕赫兮，奉隆寵於增成。既過幸於非位兮，竊庶幾乎嘉時，每寤寐而累息兮，申佩離以自思，陳女圖以鏡監兮，顧女史而問詩。悲晨婦之作戒兮，哀褒、閻之爲郵；美皇、英之女虞兮，榮任、姒之母周。雖愚陋其靡及兮，敢舍心而忘茲？歷年歲而悼懼兮，閔蕃華之不滋。痛陽禄與柘館兮，仍繈褓而離灾，豈妾人之殃咎兮？將天命之不可求。

白日忽已移光兮，遂暗莫而昧幽，猶被覆載之厚德兮，不廢捐於罪郵。奉共養於東宫兮，託長信之末流，共灑掃於帷幄兮，永終死以爲期。願歸骨於山足兮，依松柏之餘休。

重曰：潛玄宫兮幽以清，應門閉兮禁闥扃。華殿塵兮玉階菭，中庭萋兮緑草生。廣室陰兮帷幄暗，房櫳虚兮風泠泠。感帷裳兮發紅羅，紛綷縩兮紈素聲。神眇眇兮密靚處，君不御兮誰爲榮？俯視兮丹墀，思君兮履綦。仰視兮雲屋，雙涕兮横流。顧左右兮和顔，酌羽觴兮銷憂。惟人生兮一世，忽一過兮若浮。已獨享兮高明，處生民兮極休。勉虞精兮極樂，與福禄兮無期。《緑衣》兮《白華》，自古兮有之。

至成帝崩，婕妤充奉園陵，薨，因葬園中。

孝成趙皇后，本長安宫人。初生時，父母不舉，三日不死，乃收養之。及壯，屬陽阿主家，學歌舞，號曰飛燕。成帝嘗微行出，過陽阿主，作樂，上見飛燕而説之，召入宫，大幸。有女弟復召入，俱爲婕妤，貴傾後宫。

許后之廢也，上欲立趙婕妤。皇太后嫌其所出微甚，難之。太后姊子淳于長爲侍中，數往來傳語，得太后指，上立封趙婕妤父臨爲成陽侯。後月餘，乃立婕妤爲皇后。追以長前白罷昌陵功，封爲定陵侯。

皇后既立，後寵少衰，而弟絶幸，爲昭儀。居昭陽舍，其中庭彤朱，而殿上髹漆，切皆銅遝黄金塗，白玉階，壁帶往往爲黄金釭，函藍田璧，明珠、翠羽飾之，自後宫未嘗有焉。姊弟顓寵十餘年，卒皆無子。

末年，定陶王來朝，王祖母傅太后私賂遺趙皇后、昭儀，定陶王竟爲太子。

明年春，成帝崩。帝素强，無疾病。是時，楚思王衍、梁王立來朝，明旦當辭去，上宿供張白虎殿。又欲拜左將軍孔光爲丞相，已刻侯印書贊。昏夜平善，鄉晨，傅絝韤欲起，因失衣，不能言，晝漏上十刻而崩。民間歸罪趙昭儀，皇太后詔大司馬莽、丞相大司空曰：『皇帝暴崩，羣衆讙譁怪之。掖庭令輔等在後庭左右，侍燕迫近，雜與御史、丞相、廷尉治問皇帝起居發病狀。』趙昭儀自殺。

又　卷九三《佞幸傳》　久之，趙飛燕貴幸，上欲立以爲皇后，太后以其所出微，難之。長主往來通語東宫。歲餘，趙皇后得立，上甚德之，乃追顯長前功，下詔曰：『前將作大匠解萬年奏請營作昌陵，罷弊海内，侍中衛尉長數白宜止徙家反故處，朕以長言下公卿，議者皆合長計。首建至策，民以康寧。其賜長爵關内侯。』後遂封爲定陵侯，大見信用，貴傾公卿。外交諸侯牧守，賂遺賞賜亦累巨萬。多畜妻妾，淫於聲色，不奉法度。

初，許皇后坐執左道廢處長定宫，而后姊孊爲龍頟思侯夫人，寡居。長與孊私通，因取爲小妻。許后因孊賂遺長，欲求復爲婕妤。長受許后金錢乘輿服御物前後千餘萬，詐許爲白上，立以爲左皇后。孊每入長定宫，輒與孊書，戲侮許后，嫚易無不言。交通書記，賂遺連年。【略】

始，長以外親親近，其愛幸不及富平侯張放。放常與上臥起，俱爲微行出入。

漢·伶玄《趙飛燕外傳》　趙后飛燕，父馮萬金。祖大力，工理樂器，事江都王協律舍人。萬金不肯傳家業，編習樂聲亡章曲，任爲繁手哀聲，自號幾靡之樂，聞者心動焉。江都王孫女姑蘇主，嫁江都中尉趙曼。曼幸萬金，食不同器不飽。萬金得通趙主，主有娠。曼性暴妒，且早有私病，不近婦人。

主乃託疾居王宮，一產二女，歸之萬金。長曰宜主，次曰合德，然皆冒姓趙。宜主幼聰悟，家有彭祖方脉之書，善行氣術。長而纖便輕細，舉止翩然，人謂之飛燕。合德膏滑，出浴不濡。善音辭，輕緩可聽。二人皆出世色。萬金死，馮氏家敗。飛燕姊弟流轉至長安。於時人稱趙主子。或云曼之它子。與陽阿主家令趙臨共里巷，託附臨，屢爲組文刺繡獻臨，臨愧受之。居臨家，稱臨女。臨嘗有女事宮省，被病歸死，飛燕或稱死者。飛燕姊弟事陽阿主家爲舍直，常竊效歌舞，積思精切，聽至終日，不得食。待直貨服疏苦財，且專事膏沐澡粉，其費亡所愛，共直者指爲愚人。

飛燕通鄰羽林射鳥者。飛燕貧，與合德共被。夜雪，期射鳥者於舍旁，飛燕露立，閉息順氣，體温舒，亡疹粟，射鳥者異之，以爲神仙。飛燕緣主家大人，得入宮召幸，其姑妹樊，爲丞光司者，故識飛燕與射鳥兒事，爲之寒心。及幸，飛燕瞑目牢握，涕交頤下，戰慄不迎帝。帝擁飛燕三夕，不能接，略無譴意。宮中素幸者，從容問帝，帝曰：『豐若有餘，柔若無骨，遷延謙畏，若遠若近，禮義人也。寧與汝曹婢脅肩者比耶？』既幸，流丹浹席。私語飛燕曰：『射鳥者不近汝耶？』飛燕曰：『我內視三日，肉肌盈實矣。帝體洪壯，創我甚焉。』

飛燕自此特幸後宮，號趙皇后。帝居鴛鴦殿便房，省帝簿，上簿，因進言：『飛燕有女弟合德，美容，體性醇粹可信，不與飛燕比。』帝卽令舍人呂延福，以百寶鳳毛步輦迎合德。合德謝曰：『非貴人姊召不敢行，願斬首以報宮中。』延福還奏，爲帝取后五彩組文手籍爲符，以召合德。合德新沐，膏九回沈水香；爲卷髮，號新髻；爲薄眉，號遠山黛；施小朱，號慵來妝；衣故短繡裙，小袖，李文襪。帝御雲光殿帳，使樊進合德。合德謝曰：『貴人姊虐妒，不難滅恩，受恥不受死，非姊教，願以身易恥，不望旋踵。』音詞舒閑清切，左右嗟賞之嘖嘖。帝乃歸合德。宣帝時，披香博士淖方誠，白髮教授宮中，號淖夫人，在帝後唾曰：『此禍水也。滅火必矣。』

帝用樊計，爲后別開遠條館，賜紫茸雲氣帳、文玉几、赤金九層博山，緣令嫕諷后曰：『上久亡子，宮中不思千萬歲計耶？何不時進上，求有子。』后聽嫕計，是夜進合德。帝大悅。以輔屬體，無所不靡，謂爲温柔鄉。謂曰：『吾老是鄉矣，不能效武皇帝求白雲鄉也。』呼萬歲，賀曰：『陛下眞得仙者。』上立賜鮫文萬金錦二十四匹，合德尤幸，號爲趙婕妤。婕妤事后，常爲兒拜。后與婕妤坐，后誤唾婕妤袖，婕妤曰：『姊唾染人紺袖，正似石上花，假令尚方爲之，未必能若此衣之華。』以爲石華廣袖。后在遠條館，多通侍郎宮奴多子者。睫好傾心翼護。常謂帝曰：『姊性剛，或爲人陷，則趙氏無種矣。』

每泣下凄惻，以故白后泣狀者，帝輒殺之。侍郎宮奴，鮮絝蘊香，恣縱棲息遠條館，元敢言者。后終無子。后浴五蘊七香湯，踞通香沈水坐，燎降神百蘊香。婕妤浴豆寇湯，傅露華百英粉。帝常私語樊曰：『后雖有異香，不著婕妤體自香也。』江都易王故姬李陽華，其姑爲馮大力妻。陽華老，歸馮氏。后姊弟母事陽華，善賁飾，常教后九回沈水香澤，雄麝臍內息肌丸。婕妤亦內息肌丸，常試若爲婦者，月事益薄。他日，后言於承光司劑者，上官嫵撫膺曰：『若如是，安能有子乎。』教后煮美花滌之，終不能驗。眞臘夷獻萬年蛤、不夜珠，光彩皆若月，照人亡妍醜皆美豔。帝以蛤賜后，以珠賜婕妤。后以蛤妝五成金霞帳，帳中常若滿月。

久之，帝爲婕妤曰：『吾晝視后，不若夜視之美，每旦令人忽忽如失。』婕妤聞之，卽以珠號爲枕前不夜珠，爲后壽，終不爲后道帝言。后始加大號，婕妤奏書於后曰：『天地交暢，貴人姊及此令吉光登正位，爲天下休，不堪喜豫，謹奏。』上三十六物以賀。金屑組文茵一鋪，沈水香蓮，心碗一面，五色同心大結一盤，鴛鴦萬金錦一匹，琉璃屏風一張，枕前不夜珠一枚，含毛綠毛狸藉一鋪，通香虎皮檀象一座，龍香握魚二首，獨搖寶蓮一鋪，七出菱花鏡一奩，精金環四指，若無縫綃單衣一襲，香文羅手籍三幅，七回光瑩肪髮澤一盎，紫金被褥香爐三枚，文犀辟毒著二雙，碧玉膏奩一盒。使侍兒郭語瓊拜上。

后報以雲錦五色帳、沈香水玉壺。婕妤泣怨帝曰：『非姊賜吾，死不知此器。』帝謝之。詔益州留三年輸，爲婕妤作七成錦帳，以沈水香飾。婕妤接帝於大液池，作千人舟，號合宮之舟。池中起爲瀛洲，謝高四十丈。帝御流波文無縫衫，后衣南越所貢雲英紫裙，碧瓊輕綃廣樹，上、后歌舞《歸風送遠》之曲，帝以文犀簪擊玉甌，令后所愛侍郎馮無方吹笙以倚后歌。中流歌酣，風大起，后順風揚音，無方長噏細嫋以相屬。后裙髀曰：『顧我，顧我！』后揚袖曰：『仙乎，仙乎，去故而就新，寧忘

懷乎！』帝曰：『無方爲我持后！』無方舍吹持后履。久之風霽。后泣曰：『帝恩我，使我仙去不得。』悵然曼嘯，泣數行下。帝益愧愛。后賜無方千萬入后房闥。他日宫姝幸者，或襞裙爲縐，號曰留仙裙。

婕妤益貴幸，號昭儀，求近遠條館。帝作少嬪館，爲露華殿、含風殿、博昌殿、求安殿，皆爲前殿後殿。又爲温室、凝室、浴蘭室，曲房連檻，飾黄金、白玉，以璧爲表裏，千變萬狀，連遠條館，號通仙門。

后貴寵，益思放蕩，使人博求術士，求匪安卻老之方。時西南比波夷致貢，其使者舉茹一飯，晝夜不臥偃。典屬國上其狀，屢有光怪。后聞之，問何如術。夷人曰：『吾術天地平，生死齊，出入有無，變化萬象，而卒不化。』后令樊弟子不周遺千金。夷人曰：『學吾術者，要不淫與謾言。』后遂不報。他日，樊侍后浴，語甚歡。后爲樊道夷言，抵掌笑曰：『憶在江都時，陽華李姑，畜鬭鴨水池上，苦獺齧鴨。時下朱里芮姥者，求捕獺狸獻。姥謂姑曰：「是狸不他食，當飯以鴨。」姑怒，絞其狸。今夷術，真似此也。』后大笑曰：『臭夷何足汙我絞乎！』后所通宫奴燕赤鳳者，雄捷能超觀閣，兼通昭儀。赤鳳始出少嬪館，后適來幸。時十月五日，宫中故事，上靈安廟。是日吹塤擊鼓歌，連臂踏地，歌《赤鳳來》曲。后謂昭儀曰：『赤鳳爲誰來？』昭儀曰：『赤鳳自爲姊來，寧爲他人乎？』

后怒，以杯抵昭儀。后曰：『鼠子能齧人乎？』昭儀曰：『穿其衣，見其私，足矣，安在齧人乎！』昭儀素卑事后，不虞見答之暴，熟視不復言。樊脱簪叩頭出血，扶昭儀爲拜后。昭儀拜，乃泣曰：『姊寧忘共被，夜長苦寒不成寢，使合德擁姊背耶！今日兼得貴皆勝人，且無外搏，我姊弟其忍内相搏乎？』后亦泣，持昭儀手，抽紫玉九雛釵，爲昭儀簪髻，乃罷。帝微聞其事，畏后不敢問，以問昭儀。昭儀曰：『后妒我耳。以漢家火德，故以帝爲赤龍鳳。』帝信之，大悦。

帝嘗早獵，觸雪得疾，陰緩弱不能壯發，每持昭儀足，不勝至欲輒暴起，昭儀常轉側，帝不能常持其足。樊謂昭儀曰：『上餌方士大丹，求盛大不能得，得貴人足一持，暢動比天，乃貴妃大福，寧展側俾帝就耶。』昭儀曰：『幸轉側不就，尚能留帝欲，亦如姊教，常持則厭去矣。安能復動乎？』后驕逸，體微病輒不自飲食，須帝持匕箸。藥有苦口者，非帝爲含吐不下咽。昭儀夜入浴蘭室，膚體發光，占燒燭。帝從幅中竊望之，待兒以白昭儀。昭儀覽巾，使撤燭。

他日，帝約賜侍兒黄金，使無得言。私婢不豫約中，出幃值帝，卽人白昭儀。昭儀遽隱避。自是，帝從蘭室幃中窺昭儀，多袖金，逢侍兒私婢，輒牽止賜之。侍兒貪帝金，一出一人不絕。帝使夜從帑益至百餘金。帝病緩弱，太醫萬方不能救，求奇藥，嘗得膠，遺昭儀。昭儀輒進帝，一丸一幸。一夕，昭儀醉進七丸，帝昏夜擁昭儀居九成帳，笑吃吃不絕。抵明，帝起御衣，陰精流輸不禁。有頃絕倒，衣視帝，餘精出湧，沾汙被内。須臾帝崩。宫人以白太后。太后使理昭儀。昭儀曰：『吾持人主如嬰兒，寵傾天下，安能斂手掖庭令，爭帷帳之事乎？』乃拊膺呼曰：『帝何往乎！』遂嘔血而死。

晉·王嘉《拾遺記》卷六《前漢下》 漢成帝好微行，於太液池旁起宵遊宫，以漆爲柱，鋪黑綈之幕，器服乘輿，皆尚黑色。既悦於暗行，憎燈燭之照。宫中美御，皆服皂衣，自班婕妤以下，咸帶玄綬，簪珮雖如錦繡，更以木蘭紗綃罩之。至宵遊宫，乃秉燭。宴幸既罷，静鼓自舞，而步不揚塵。好夕出遊。造飛行殿，方一丈，如今之輦，選羽林之士，負之以趨。帝於輦上，覺其行快疾，聞其中若風雷之聲，言其行疾也，名曰『雲雷宫』。所幸之宫，咸以氈綈藉地，惡車轍馬迹之喧。雖惑於微行暱宴，在民無勞無怨。每乘輿返駕，以愛幸之姬寶衣珍食，捨於道傍，國人之窮老者皆歌『萬歲』。是以鴻嘉、永始之間，國富家豐，兵戈長戢。故劉向、谷永指言切諫，於是焚宵遊宫及飛行殿，罷宴逸之樂。所謂從繩則正，如轉圜焉。

帝常以三秋閑日，與飛燕戲於太液池，以沙棠木爲舟，貴其不沈没也。以雲母飾於鷁首，一名『雲舟』。又刻大桐木爲虯龍，雕飾如真，以夾雲舟而行。以紫桂爲柂枻。及觀雲棹水，玩擷菱蕖，帝每憂輕蕩，以驚飛燕，令佽飛之士，以金鎖纜雲舟於波上。每輕風時至，飛燕殆欲隨風入水。帝以翠纓結飛燕之裙，遊倦乃返。飛燕後漸見疏，常怨曰：『妾微賤，何復得預纓裙之遊？』今太液池尚有避風臺，卽飛燕結裙之處。

宋·秦醇《趙飛燕別傳》 余里有李生，世業儒。術一日，家事零替，余往見之，牆角破筐中游古文數册，其間有《趙后別傳》，雖編次脱落，尚可觀覽。余就李生乞其文以歸，補政編次，以成傳，傳諸好事者。

趙后腰骨纖細，善踽步而行，若人手持花枝，顫顫然，他人莫可學也。在王家時，號爲飛燕，入宮復引援其妹，得幸，爲昭儀。昭儀尤善笑語，肌骨秀滑，二人稱天下第一，色傾後宮。自昭儀入宮，帝亦稀幸東宮。昭儀居西宮，太后居中宮。后日夜欲求子，爲自固久遠計，多以小犢車載年少子與通。帝一日惟從三四入往後宮，后方與一人亂，左右急報，后驚遽出迎。帝見后冠髮散亂，言語失度，帝亦疑焉。帝坐未久，復聞壁衣中有人嗽聲，帝乃出。由是帝有害后意，以昭儀隱忍未發。一日，帝與昭儀方飲，帝忽攘袖嗔目，直視昭儀，怒氣怫然不可犯。昭儀遽起，避席伏地，謝曰：『臣妾族孤寒，下無强近之親。一旦得備後庭驅使之列，不意獨承幸遇，渥被聖私，立於衆人之上。恃寵邀愛，衆謗來集。加以不識忌諱，冒觸威怒，臣妾願賜速時死，以寬聖抱。』因涕泣交下。帝自引昭儀臂曰：『汝復坐，吾語汝。』帝曰：『汝無罪，汝之姊，吾欲梟其首，斷其手足，置於溷中，乃快吾意。』昭儀曰：『何緣而得罪？』帝言壁衣中事。昭儀曰：『臣妾緣后得填後宮，后死，則妾安能獨生？況陛下無故而殺一后，天下有以窺陛下也，願得入身鼎鑊，體膏斧鉞。』因大慟，以身投地。帝驚，遽起持昭儀曰：『吾以汝之故，固不害后，第言之耳，汝何自恨若是。』久之，昭儀方就坐，問壁衣中人。帝陰窮其迹，乃宿衛陳崇子也。帝使人就其家殺之，而廢陳崇。昭儀見后，具述帝所言，且曰：『姊曾憶家貧寒餒，無聊賴，使我共鄰家女爲草履市米。一日得米歸，遇風雨，無火可炊，飢寒甚，不能成寐，使我擁姊背，同泣，此事姊豈不憶也？今日幸富貴，無他人次我，而自毀如此。脫或再有過，帝復怒，事不可救，身首異地，位天下笑。今日，妾能拯救也。有歿無定，或爾妾死，姊尚誰援乎？』乃涕泣不已，后亦泣焉。自是帝不復往後宮，承幸御，昭儀一人而已。昭儀方浴，帝私覘，侍者報昭儀。昭儀急趨燭後避，帝瞥見之，心愈眩惑。他日，昭儀浴，帝默賜侍者金錢，特令不言。帝自屏罅覘，蘭湯灩灩，昭儀坐其中，若三尺寒泉浸明玉，帝意思飛蕩，若無所主。帝常語近侍曰：『自古人主無二后，若有，則吾立昭儀爲后矣。』趙后知之，見昭儀益加寵倖，乃具湯洛請帝，既往後宮入浴，后裸體以水沃帝，愈親而帝愈不樂，不終浴而去。后泣曰：『愛在一身，無可奈何。』后生日，昭儀爲賀，帝亦同往。酒半酣，后欲感動帝意，乃泣數行下。帝曰：『他人對酒而樂，子獨悲，豈不足耶？』后曰：『妾昔在後宮時，帝幸其帝，妾立主后，帝時視妾不移目，甚久，主知第意，遣且侍帝，竟承更衣之幸。下體嘗汙御衣，欲爲浣去，帝曰：「留以爲憶。」不數日，備後宮，時帝齧痕猶在妾頸，今日思之，不覺感泣。』帝惻然懷舊，有愛后意，顧視嗟歎。昭儀知帝欲留，先辭去，帝逼暮方離後宮。后因帝幸，心爲奸利，三月後乃詐託有孕，上箋奏云：

臣妾久備掖庭，先承幸御，遣賜大號，積有歲時。近因始生之日，優加善祝之私，特屈乘輿，俯臨東掖，久侍宴私，再承幸御。臣妾數月來，內宮盈實，月脉不流，飲食美甘，不異常日。知聖躬之在體，辨六甲之入懷。虹初貫日，應是珍祥，寵據妾胸，玆爲佳瑞。更期誕育神嗣，抱日趨庭，瞻望聖明，踴躍臨賀，謹此以聞。

帝時在西宮，得奏，喜動顏色，答云：因閱來奏，喜慶交集。夫妻之私，義均一體，社稷之重，嗣續爲先。妊體方初，保綏宜厚。藥有性者勿舉，食無毒者可親。有懇來上，無煩箋奏，口授宮使可矣。

兩宮候問，宮使交至。后慮帝幸，見其詐，乃與宮使王盛謀自爲之計。盛謂后曰：『莫若辭以有妊者不可近人，近人則有所觸，觸則孕或敗。』后乃遣王盛奏帝，帝不復見后，第遣使問安否。而甫及誕月，帝具浴子之儀。后召王盛及宮中人曰：『汝自黃衣郎出入禁掖，吾引汝父子俱富貴。吾欲爲自利長久計，託孕乃吾之私言，今以及期，子能爲吾謀焉，若事成，子萬世有厚利。』盛曰：『臣與后取民間纔生子，攜入宮爲后子，但事密不可泄。』后曰：『可。』盛於都城外有生子者以百金售之，以物囊之，入宮見后。既發器，則子死矣。后驚曰：『子死，安用也？』盛曰：『臣今知矣，載子之器不洩氣，子所以死也。臣今再求子，盛之器中，穴其器，使氣可出入，則子不死。』盛得子，趨宮門欲入，則子驚啼尤甚，盛不敢入。少選，復攜之趨門，子復如是，盛終不敢攜入宮。盛來見后，具言子驚啼事。后泣曰：『爲之奈何？』時已踰十二月矣。帝頗疑訝。或奏曰：『堯之母十四月而生堯，后所妊當是聖人。』后終無計，乃遣人奏帝云：『臣妾昨夢龍臥，不幸聖嗣不育。』帝但歡惋而已。昭儀知其詐，乃遣人謝后曰：『聖嗣不育，豈日月未滿也？三尺童子尚不可欺，況人主乎？一日手足俱見，妾不知姊之死所也。』時後宮掌茶宮女朱

氏生子，宦官李守光奏帝，帝方與昭儀共食，昭儀怒言於帝曰：『前者帝言自中宮來，今朱氏生子，從何而得也？』乃以身投地，大慟。帝自持昭儀起坐。昭儀呼宮吏祭規曰：『急爲吾取此子來。』規取子上，昭儀謂規曰：『爲吾殺之。』規疑慮，昭儀怒罵曰：『吾重禄養汝，將安用也？不然並戮汝。』規以子擊殿礎死，投之後宮。後宮人凡孕子者，皆殺之。後帝行步遲澀，氣頗憊，不能幸。有方士獻大丹，養於火百乃成。先以甕貯水，滿，即置丹於水中，即沸，又易去，復以新水。如是十日，不沸，方可服。帝日服一粒，頗能幸昭儀。帝一夕在太慶殿，昭儀醉進十粒。初夜，絳帳中擁昭儀，帝笑聲吃吃不止。及中夜，帝昏昏，知不可，起，或僕或臥。昭儀急起，秉燭視帝，精出如湧泉，有頃，帝崩。太后遣人理昭儀且急，窮帝得疾之端，昭儀乃自縊。后居東宮，久失御。一夕后寢，驚啼甚久，侍者呼問，方覺。乃言曰：『適吾夢中見帝，帝自雲中賜吾坐，帝命進茶，左右奏帝云：「向日侍帝不謹，不合啜此茶。」吾意既不足，吾又問帝，「昭儀安在？」帝曰：「以數殺吾子，今罰爲巨黿，居北海之陰水穴間，受千歲水寒之苦。」故爾大慟。』後北鄙大月氏王獵於海上，見巨黿出於穴上，首猶貫玉釵，望波上，眷眷有戀人意。大月氏王遣使問梁武帝，武帝以昭儀事答之。

論　説

晉·王嘉《拾遺記》卷六《前漢下》 録曰：夫言端扆拱嘿者，人君之尊也。是故興居有節，進止有度，出則太師奏登車之禮，入則少師薦升堂之儀，列旌門以周衛，修清宮以宴息。成帝輕南面之位，微遊暱幸，好惑神仙之事，谷永因而抗諫。《書》不云乎：『弗矜細行，終累大德。』斯之謂矣。

南朝宋·劉義慶《世説新語》卷下之上《賢媛》 漢成帝幸趙飛燕，飛燕讒班婕妤祝詛，於是考問。辭曰：『妾聞死生有命，富貴在天。修善尚不蒙福，爲邪欲以何望？若鬼神有知，不受邪佞之訴，若其無知，訴之何益？故不爲也。』《漢書·外戚傳》曰：成帝，趙皇后，本長安宮人。初生，父母不舉，三日不死，乃收養之。及壯，屬河陽主家，學歌舞號曰飛燕。帝微行，過主，見而説之，召入宮，大得幸，立爲后。班婕妤者，雁門人，成帝初選入宮，大得幸，立爲婕妤。帝遊後庭，嘗欲與同輦，婕妤辭之。趙飛燕譖許皇后及婕妤，婕妤對有辭，致上憐之，賜黄金百斤。飛燕嬌妒婕妤，恐見危中，求供養太后於長信宮。帝崩，婕妤充奉園陵，薨，葬園中。

唐·馮贄《雲仙雜記》卷一〇《温柔鄉》 成帝謂合德爲温柔鄉，曰：『吾老是鄉矣，不能效武帝，求白雲鄉也。』樊嫕賀曰：『陛下眞得仙者，合德號爲婕妤。』《趙后外傳》。

宋·眞德秀《大學衍義》卷一七《格物致知之要二·辨人材·姦雄竊國之術》 臣按自古姦臣欲盗其君之國，非挾宮闈之助，合左右之交，則不能獨爲。故寒浞之相羿也，行媚于内，而施賂于外，内外盤結，無一發其姦者，然後得以愚弄上下，而恣其所欲爲。使羿無從禽之荒，則茲心未惛，猶有時而覺也。故又虞羿于田，使之馳騁弋獵，以汩亂其精神，顛倒其志慮，於是詐慝之謀得立，而取羿之國，戕羿之身，若反手然。當有夏之時，風俗淳質，已有巧於篡盗如寒浞者，況後世哉？是以虞周君臣更相敕戒曰：『無逸游，無躭樂。』以此爲防後世，猶有湛音耽于酒色，而舉國授人如漢成帝者。

又　卷三二《誠意正心之要·戒逸欲·沈湎之戒》 漢成帝嘗與張放等宴飲禁中，皆引滿舉白，談笑大噱。時乘輿幄坐屏風，畫紂醉踞妲己作長夜之樂。侍中班伯久疾新起，上顧指畫而問曰：『紂爲無道，至於是乎？』對曰：『《書》云：乃用婦人之言，何有踞肆於朝？所謂衆惡歸之，不如是之甚者也。』上曰：『苟不若此，此圖何戒？』對曰：『沈湎于酒，微子所以告去也；式號式呼，《大雅》所以流連也。《詩》、《書》淫亂之戒，其原皆在于酒。』上乃喟然歎曰：『吾久不見班生，今日復聞讜言。』放等不懌，稍自引起更衣，因罷去。

臣按班伯曰：『《詩》、《書》淫亂之戒，其原皆在于酒』。直哉言乎？成帝能嗟歎之，而不能因其言以自改，卒以沈湎妨政權，移外家，至于覆國，其亦可監也夫！

又　卷三四《誠意正心之要二·戒逸欲·荒淫之戒》 漢成帝趙皇后既立，後寵少衰，而弟絶幸爲昭儀。居昭陽宮，其中庭彤朱，而殿上髹漆，切皆銅沓冒黄金塗，切，門限也。沓，冒其限也。白玉階，陛也。壁帶，

壁上横木。往往爲黄金釭，函藍田壁，明珠，翠羽。自後宫未嘗有焉。姊弟要寵十餘年，卒皆無子，掖庭中御幸生子者輒死，又飲藥傷墮者無數。成帝素强，無疾暴崩。民間歸罪昭儀。皇太后詔雜治昭儀，昭儀自殺。先是有童謡曰：『燕燕，尾涎涎，張公子，時相見。木門倉琅根，燕飛來，啄皇孫。皇孫死，燕啄矢。』成帝每微行出，常與張放俱而稱富平侯家，故曰張公子。倉琅根，宫門銅鍰也。

臣按昭儀之始入也，姿質穠粹，見者嗟賞。獨宣帝時，披香博士淖方成北老宫嬪也，爲披香殿博士。立，帝後唾之曰：『此禍水也，滅火必矣。』其事見司馬光《通鑑》云：『褒姒之亂，史伯謂其生有龍漦之異，檿弧箕服之祥。漢火德也。《國語》。』語雖近怪，然豔妻嬖女，其非天地正氣所生也，必矣禍水之説近是，故併附焉。

又　卷三五《脩身之要·謹言行》　漢成帝即位，丞相匡衡上書曰：『聖主之自爲，動静周旋，奉天承親，臨朝享臣，物有節文，以章人倫。蓋欽翼祗栗，事天之容也；温恭敬遜，承親之禮也；正躬嚴恪，臨衆之儀也；嘉惠和説，饗下之顔也。舉錯動作，物遵其儀，故形爲仁義，動爲法則。諸侯正月朝覲天子，天子惟道德昭穆，穆以示之。昭，明也；穆，穆者，天子之容。又觀以禮樂，饗醴乃歸，故萬國莫不獲賜祉福，蒙化而成俗。今正月初幸路寢，臨朝賀，置酒以饗萬方。《傳》曰：『君子慎始。』願陛下留神動静之節，使羣下得望盛德休光，以立基楨，天下幸甚。』上敬納其言。

臣按匡衡之所以告成帝者，善矣。帝亦臨朝淵默，尊嚴若神，史氏稱其有穆穆天子之容。然湛于酒色，不知主敬以立其本，則所謂威儀者，亦徒矯飾於外而已，非所謂動容周旋中禮，盛德之至也。然衡之言，實天下之名言也。故録焉。

又　卷三六《齊家之要一·重妃匹·謹選立之道》　成帝趙后，本長安宫人，壯，屬陽阿主家，學歌舞，號曰飛燕。成帝微行出，過陽阿主，作樂，上見飛燕悦之。召入宫，大幸。有女弟復召入，俱爲倢伃，貴傾後宫。許后之廢也，上欲立趙倢伃。皇太后嫌其所出微甚，難之。太后姊子淳于長爲侍中，數往來傳語，得太后指，上封倢伃父爲成陽侯。諫大夫劉輔上書以爲武王、周公承順天地，以饗魚烏之瑞，然猶君臣祗懼，動色相戒，况于季世，不蒙繼嗣之福，屢受威怒之異！雖夙夜自責，改過易行，畏天命，念祖業，妙選有德之世，考卜窈窕之女，以承宗廟，順神祇心，塞天下望，子孫之祥猶恐晚暮。今乃觸情縱欲，傾於卑賤之女，欲以母天下，不畏于天，不愧于人，惑莫大焉。里語曰：『腐木不可以爲柱，卑人不可以爲主。』書奏上，使侍御史收縛輔繫掖庭秘獄。後月餘，立倢伃爲皇后。寵少衰，而弟昭儀，絶幸，後以殘滅繼嗣，危宗廟，貶爲孝成皇后，又廢爲庶人，自殺。

臣按二后，一以謳者進，一以歌者進。始進不正，其能終乎？古今以色選者非一，姑録二事，爲方來之鑑，他不悉紀云。又按漢之選后，色進之外，有以親進者。孝惠張后，宣平侯敖女。敖尚帝姊魯元公主，吕太后欲爲重親，以公主女配帝爲后。欲使生子，萬方終無子，遂使陽爲有身，取後宫美人子名之，殺其母，立所名子爲太子。後吕氏滅，后廢處北宫。武帝陳后，長公主嫖女。初，武帝爲太子，長主有力，取長主女爲妃。及帝即位，擅寵驕貴，十餘年無子。后以媚道，覺廢，處長門宫。成帝許后，平恩侯嘉女。元帝悼傷母恭哀后居位日淺而遭霍氏之辜，事見後。故選嘉女以配太子。成帝即位立爲后，常寵於上，後宫希得進見，久之寵益衰，后以媚道，祝詛廢，處昭臺宫。三后憑舊姻以進，本欲隆戚里之恩，而驕恣怙寵，秪速禍敗，由其以親而不以德故也。後漢則桓帝梁后亦然。梁氏自順烈后，順帝后。至此凡二后矣。后順烈，女弟也。時太后秉政，而梁冀專朝，后獨得寵幸，藉姊兄勢，恣極奢靡。及太后崩，恩愛稍衰。后既無子，潛懷怨忌，每宫人孕育，鮮得全者。冀誅，追廢爲貴人。**【略】**嗚呼！禮之失久矣，誠欲重帝王之匹，正風化之本，其可苟乎？

宋·洪邁《容齋隨筆》卷九《辛慶忌》　漢成帝將立趙飛燕爲皇后，怒劉輔直諫，囚之掖廷獄。左將軍辛慶忌等上書救輔，遂得減死。朱雲請斬張禹，上怒，將殺之，慶忌免冠解印綬，叩頭殿下曰：『此臣素著狂直，臣敢以死爭。』叩頭流血。上意解，然後得已。慶忌此兩事，可與汲黯、王章同科。班史不書於本傳，但言其爲國虎臣，匈奴、西域敬其威信而已。方爭朱雲時，公卿在前，曾無一人助之以請，爲可羞也。

又　卷一一《何進高叡》　東漢末，何進將誅宦官，白皇太后罷中常侍，小黄門，使還里舍。張讓子婦，太后之妹也。讓向子婦叩頭曰：

『老臣得罪，當與新婦俱歸私門，唯受恩累世，今當遠離宮殿，願復一入直，得暫奉望太后顏色，死不恨矣。』子婦爲言之，乃詔諸常侍皆復入直。不數日，進乃爲讓所殺，董卓隨以兵至，讓等雖死，漢室亦亡。北齊和士開在武成帝世，奸蠹敗國。及後主嗣立，宰相高叡與婁定遠白胡太后，出士開爲兗州刺史。後欲留士開過百日，叡守之以死，苦言之。士開載美女珠簾賂定遠曰：『蒙王力，用爲方伯，今當遠出，願得一辭覲二宮。』定遠許之，士開由是得見太后及帝。進説曰：『臣出之後，必有大變，今已得入，復何所慮！』於是出定遠爲青州而殺叡。後二年，士開雖死，齊室亦亡。嗚呼！奸佞之難去久矣！何進、高叡，不惜隕身破家，爲漢、齊社稷計，而張讓、士開以談笑一言，變如反掌，忠良受禍，宗廟爲墟。乃知背脅瘭疽，決之不可不速；虎狼在阱，養之則自貽害。可不戒哉！

宋·袁説友《東塘集》卷二〇《王尊辯》 或曰：王尊之於衡、譚，責人無已者也。余曰：不然，作《王尊辯》。

元帝崩，成帝初卽位，石顯之徒爲中太僕，不復典權。匡衡、張譚奏顯舊惡，請免顯等。司隸校尉王尊劾奏衡譚位三公，知顯等專權擅勢，爲海内患害，不以時皆奏行罰，而阿諛曲從，附下罔上，失大臣體。成帝乃下御史劾奏尊不敬，左遷爲高陵令，新室之變，其來漸矣。夷考元成以來，羣姦竊弄，訖不能禁。由一王尊以劾匡衡、張譚而斥，然後小人不復忌憚。嗚呼！人主聽言之際，豈可無遠慮哉？當元帝時，石顯擅勢專權，大作威福，漢廷公卿自蕭望之既死，皆俛首下心，無一人敢竊議者。成帝嗣位，而衡、譚僅能以區區之奏，乘石顯失權之後，欲以誅鋤舊惡。蓋幾於縛死虎者，偉哉王尊之言乎？尊意以謂衡、譚爲三公，親目石顯竊權釁禍，勢軋人主，不能劾治，於方强之日，而徒伺其既敗，然後一言，其於尊朝廷斥姦回，蓋已晚矣。夫藥，不能生死也。病未劇而得之，則無死之道；士，不能止土崩也，國未殆而用之，則無亡之理。尊之言，其亦恨夫既劇殆而後慮哉？成帝於此政，當納王尊之説，正阿附之罪，誅石顯，罷衡、譚，使天下知侮權竊柄如石顯者，爲無所容；而畏避全身如衡、譚者，亦不能免。然後亟用王尊，以信其説，庶幾小人一日得志，必能懷危慮患，無復敢有竊弄之意，而成帝慮不出此，乃曰王尊摧辱公卿，輕薄國家，斥去而不復，顧反復優褒衡、譚，畧不譴問，自是而後，則凡小人方張之日，誰復肯以衡譚失時之戒，以求所以亟治之者？訖於哀、平，漢室浸弱，權倖滋熾，以至鳳莽其孽盤固，坐攘漢璽如取懷抱，豈不痛哉！然則人主聽言之間，要當辯邪正，權重，輕而慮及夫遠者久者，其母計目睫之利害，而輕示之機哉！

明·吕柟《涇野子内篇》卷八《鷲峯東所語》 先生語大器曰：『今日方講《述而章》，黄生卻執《衛靈章》來問，坐忘一至於此，他們皆笑他，不見汝笑容，就此磨煉處處到了，便是致曲人多忽畧過也。』大器曰：『昔龜山作課簿記日用，言動視聽是禮與非禮者如何？』先生曰：『孔子且云下學而上達。古人作人，未嘗不自淺近中來。昔漢成帝后趙氏善容儀，有班婕妤者，帝召升車。婕妤曰：「豈敢有玷於帝車？」趙氏一日行步失儀，諸妃皆笑，惟班婕妤斂容不笑，若罔聞知。帝見之，喜曰：「人之修德者。」其苦心如此。』

明·夏良勝《中庸衍義》卷六《達道之義》 漢宣帝甘露三年，太子所幸司馬良娣死，太子悲恚不樂。帝乃令皇后擇後宫家人子可以娱侍太子者，得元城王政君。是歲，生成帝于甲館畫室，爲世嫡皇孫。元帝初元元年，立爲皇太子，卽位，以元舅侍中衛尉陽平侯王鳳爲大司馬大將軍，領尚書事。

臣良勝曰：宣帝親更巫蠱之禍，又繼昌邑之廢，而所以養太子者若此。其去武帝德宗所失益遠矣。政君之幸，生成帝。飛燕合德繼進，以無子而大權，盡歸王氏以移漢祚，政君親付之璽，誰之罪哉？宣仁皇后時，哲宗在禁中，聞有覓乳媪者。范祖禹、劉安世切諫進德愛身，又乞太后保護聖躬。太后曰：『外間虛傳也。』祖禹等對曰：『外議雖虛，亦足爲先事之戒』噫，是疏也，亦有監於政君之事者乎？

又 卷七《達道之義》 班婕妤，賢才通敏，入後宫成帝嘗欲與同輦，辭曰：『觀古圖畫，聖賢之君，皆有名臣在側。三代末，主乃有女嬖。今欲同輦，得無似之乎？』帝善其言而止。鴻嘉以後，見帝稍隆於女寵，乃進侍者李平，平得幸，亦立爲婕妤。君子謂班婕妤進李平於同列，卽古樊姬之德也。

又 卷一七《平天下之義》 劉向曰：道之所在，天下歸之；德之所在，天下貴之；仁之所在，天下愛之；義之所在，天下畏之。

臣良勝曰：漢之宗，向爲最賢者也；向之言，斯爲最粹者也。初以

望之薦引給事於中，而成帝方以宏恭、石顯明習朝章，專寵無比，所謂『刑餘周、召，法律《詩》、《書》』，而道德仁義之言，宜乎枘鑿之不入矣。未幾，望之下獄，而向亦無以自容，故又有言曰：『大道容衆，大德容下。聖人寡爲而天下理。』是皆有爲言之也。而成帝竟不知悟，其不足以有爲可知矣。君子謂王政君之寵，成於成帝之世，而王莽簒漢，由於政君，是故亡漢者成帝，非哀、平也。

清・愛新覺羅・玄燁《聖祖仁皇帝御製文第二集》卷三八《漢成帝悉封諸舅爲列侯》　自古外戚之禍，莫甚於漢。由王氏相繼秉政，根深帝固，加以莽賊承襲，諸父之勢，包藏禍心，卒成簒竊，非一朝一夕之故也。『履霜堅冰』，成、哀之世，昧此義矣。

清・愛新覺羅・玄燁《聖祖仁皇帝御製文第三集》卷三〇《諫立趙倢伃疏》　妃匹人倫之始，王化所從出也。自非有德之世，不可以奉神靈之統，而樹宮壼之儀。成帝於是乎失德矣。

清・顧炎武《日知録》卷一三《家事》　以正色立朝之孔父，而豔妻行路，禍及其君；以小心謹慎之霍光，而陰妻邪謀，至於滅族。夫綱之能立者鮮矣。戎王聽女樂而牛馬半死，楚鐵劍利而倡優拙，秦王畏之。成帝寵黄門名倡丙强，景武之屬，而漢業以衰；玄宗造霓裳羽衣之曲，而唐室遂亂。今日士大夫纔任一官，即以教戲唱曲爲事，官方民隱置之不講，國安得不亡身安得無敗？

清・何焯《義門讀書記》卷一五《前漢書》　綏和元年，詔曰：『朕承太祖鴻業』，至『其立欣爲皇太子』。以此詔文觀之，哀帝背大宗顧私親，其罪于是爲大，因此傷元后之心。奸臣煽惑，借以竊權，國之將亡，未有不基于倫紀不立者，其微則又自成帝，昧夫婦判合之重，賤者得以色升，自貽絶嗣，并及宗社也。永始元年五月，封王莽爲新都侯。六月，立皇后趙氏，適相符會，終成禍胎，豈偶然哉！

藝文

唐・李白《李太白文集》卷四《怨歌行一作長安見内人出嫁，令子代爲怨歌行》　十五入漢宮，花顔笑一作如春紅。君王選玉色，待寢金一作錦屏中。薦枕嬌夕月，卷衣戀春一作香風。寧知趙飛燕，奪寵恨無窮。沈憂能傷人，緣鬢成霜蓬。一朝不得意，世事徒一作信爲空。鷫鸘換美酒，舞衣罷雕龍。寒苦不忍言，爲君奏絲桐。腸斷弦亦絶，悲心夜忡忡。

唐・曹鄴《曹祠部集》卷二《代班姬》　寵極多妒容，乘車上金階。欻然趙飛燕，不語到日西。手把菖蒲花，君王喚不來。常嫌鬢蟬重，乞人白玉釵。君心無定波，咫尺流不回。後宮門不掩，每夜黄鳥啼。買得千金賦，花顔已如灰。

宋・石介《徂徠集》卷四《漢成帝》　鬱鬱朱雲志不伸，上方寶劍欲生塵。空留折檻旌忠直，左右何嘗去佞臣。

宋・張耒《柯山集》卷二一《成帝》　百華衣上漬餘香，夜照猶煩蚌有光。解道温柔勝武帝，不知壯髮似元皇。

又《趙飛燕》　苦心膏沐不論貲，富貴人生各有時。直使中流畏仙去，君王何啻似嬰兒。

宋・張嵲《紫微集》卷一〇《讀趙飛燕外傳雜詩》　漫漫積雪被崗坻，宜主當時有暗期。忽見梅花照夜發，祇疑猶待射雕兒。

九回沈水新爲髻，故繡裙襦穩稱身。禍水欻來漂燎火，知幾唯有淖夫人。

魏宮帳望楊花去，漢掖齊歌赤鳳來。淫蠱到頭成底事，荒田野草但堪哀。

漢武餘威信未窮，單于來見未央宮。如何運偶鴻嘉主，樊嫕宮中作女戎。

燕燕承恩住遠條，初能順息度寒宵。如何不以斯術進，卻使甘心慎恤膠。

赤鳳謾言最可傷，君王不謂有他腸。併疑池上將仙去，祇恐留連爲侍郎。

合德來嬪帝甚歡，温柔鄉裏勝求仙。武皇雖被白雲誤，猶得垂衣到暮年。

元・劉壎《隱居通議》卷一一《詠史》　漢成帝以淖方成爲披香殿博士，時趙飛燕之妹趙昭儀方幸，方成見之曰：『此禍水也，滅火必矣。』故白雲翁之詩曰：甲帳初停燕子飛，小雛相趁共差池。春風吹水粼

鄰長，又有披香博士知。

元·王惲《秋澗集》卷二七《讀趙飛燕傳》 朱閣蒼廊向夜開，富平騶騎欲誰猜。微行笑殺張公子，併引昭陽赤鳳來。

又 卷二八《漢成帝幸張禹第宅圖》 王氏常朝久惡譁，幸回天鑑絶萌芽。恬然不主天人斷，長恨安昌負漢家。孔子曰：『政事惡譁而善肅。』出李石《博物志》。

元·宋褧《燕石集》卷四《漢宫怨》 趙飛燕，漢春如一日。色映豹尾竿，膏香髮鬖漆。掃粉浴蘭雲帳底，三十六宫寒似水。天教痴妒擅浮榮，緣篋緘傳還啄矢。唯餘擁背人，暖夢黄金殿。西風長信深，塵埋舊紈扇。

明·楊慎《升菴集》卷一二《古怨》 游樹正丰茸，清防深幾重。金星長樂漏，碧月景陽鐘。掃粉趙飛燕，捲衣秦祖龍。粧成獨不見，傾國爲誰容。

明·孫承恩《文簡集》卷二《元帝成帝》 漢業何緣替，元、成二帝來。懦柔難自植，昏惑詎能回。戚里叨天柄，朝廷養禍胎。莽新行篡竊，元不咎平、哀。

臣惟元帝以恭儉好文之主，然柔而不斷，昏而不明，不能辯别邪正忠直之士，多用獲罪。成帝荒於酒色，抑又甚焉。寵任后家，假以政柄。王莽因之，遂行篡竊，其所由來漸矣。不待哀、平之世而後見也。

清·愛新覺羅·弘曆《御製詩集》卷四九《漢成帝》 有度祇如，綴旒耽逸。那思繘井，流連内闥。色荒侵尋，外戚政秉。班生徒歎，讜言梅尉。空云察景，惜哉史丹。伏蒲其所，存者士梗。

哀帝縱恣分部

綜述

《漢書》卷一一《孝哀帝紀贊》 孝哀自爲藩王及充太子之宫，文辭博敏，幼有令聞。睹孝成世禄去王室，權柄外移，是故臨朝婁誅大臣，欲强主威，以則武、宣。雅性不好聲色，時覽卞射武戲。即位痿痹，末年劇，饗國不永，哀哉！

又 卷二二《禮樂志第二》 是時，鄭聲尤甚。黄門名倡丙强、景武之屬富顯於世，貴戚五侯定陵、富平外戚之家淫侈過度，至與人主爭女樂。哀帝自爲定陶王時疾之，又性不好音，及即位，下詔曰：『惟世俗奢泰文巧，而鄭、衛之聲興。夫奢泰則下不孫而國貧，文巧則趨末背本者衆，鄭、衛之聲興則淫辟之化流，而欲黎庶敦樸家給，猶濁其源而求其清流，豈不難哉！孔子不云乎？「放鄭聲，鄭聲淫。」其罷樂府官。』

又 卷二七中之上《五行志第七中之上》 哀帝時，大司馬董賢第門自壞。時，賢以私愛居大位，賞賜無度，驕嫚不敬，大失臣道，見戒不改。後賢夫妻自殺，家徙合浦。

又 卷九三《佞幸傳》 董賢字聖卿，雲陽人也。父恭，爲御史，任賢爲太子舍人。哀帝立，賢隨太子官爲郎。二歲餘，賢傳漏在殿下，爲人美麗自喜，哀帝望見，説其儀貌，識而問之，曰：『是舍人董賢邪？』因引上與語，拜爲黄門郎，由是始幸。問及其父爲雲中侯，即日徵爲霸陵令，遷光禄大夫。賢寵愛日甚，爲駙馬都尉侍中，出則參乘，入御左右，旬月間賞賜累巨萬，貴震朝廷。常與上臥起。嘗晝寢，偏藉上袖，上欲起，賢未覺，不欲動賢，乃斷袖而起。其恩愛至此。賢亦性柔和便辟，善爲媚以自固。每賜洗沐，不肯出，常留中視醫藥。上以賢難歸，詔令賢妻得通引籍殿中，止賢廬，若吏妻子居官寺舍。又召賢女弟以爲昭儀，位次皇后，更名其舍爲椒風，以配椒房云。昭儀及賢與妻旦夕上下，並侍左右。賞賜昭儀及賢妻亦各千萬數。遷賢父爲少府，賜爵關内侯，食邑，復徙爲衛尉。又以賢妻父爲將作大匠，弟爲執金吾。詔將作大匠爲賢起大第北闕下，重殿洞門，木土之功窮極技巧，柱檻衣以綈錦。下至賢家僮僕皆受上賜，及武庫禁兵，上方珍寶。其選物上弟盡在董氏，而乘輿所服乃其副也。及至東園秘器，珠襦玉柙，豫以賜賢，無不備具。又令將作爲賢起冢塋義陵旁，内爲便房，剛柏題湊，外爲徼道，周垣數里，門闕罘罳甚盛。

上欲侯賢而未有緣。會待詔孫寵、息夫躬等告東平王雲后謁祠祀祝詛，下有司治，皆伏其辜。上於是令躬、寵爲因賢告東平事者，乃以其功

下詔封賢爲高安侯，躬宜陵侯，寵方陽侯，食邑各千户。頃之，復益封賢二千户。丞相王嘉内疑東平事寃，甚惡躬等，數諫爭，以賢爲亂國制度，嘉竟坐言事下獄死。

上初卽位，祖母傅太后、母丁太后皆在，兩家先貴。傅太后從弟喜先爲大司馬輔政，數諫，失太后指，免官。上舅丁明代爲大司馬，亦任職，頗害賢寵，及丞相王嘉死，明甚憐之。上浸重賢，欲極其位，而恨明如此，遂册免明曰：『前東平王雲貪欲上位，祠祭祝詛，雲后舅伍宏以醫待詔，與校秘書郎楊閎結謀反逆，禍甚迫切。賴宗廟神靈，董賢等以聞，咸伏其辜。將軍從弟侍中奉車都尉吳、族父左曹屯騎校尉宣皆知宏及栩丹諸侯王后親，而宣除用丹爲御屬，吳與宏交通厚善，數稱薦宏。宏以附吳得興其惡心，因醫技進，幾危社稷，朕以恭皇后故，不忍有云。將軍位尊任重，既不能明威立義，折消未萌，又不深疾雲、宏之惡，而懷非君上，阿爲宣、吳，反痛恨雲等揚言爲羣下所寃，又親見言伍宏善醫，死可惜也，賢等獲封極幸。嫉妒忠良，非毁有功，於戲傷哉！蓋「君親無將，將而誅之」。是以季友鴆叔牙，《春秋》賢之；趙盾不討賊，謂之弑君。朕閔將軍陷於重刑，故以書飭。將軍遂非不改，復與丞相嘉相比，令嘉有依，得以罔上。有司致法將軍請獄治，朕惟噬膚之恩未忍，其上票騎將軍印綬，罷歸就第。』遂以賢代明爲大司馬衛將軍。册曰：『朕承天序，惟稽古建爾於公，以爲漢輔。往悉爾心，統辟元戎，折衝綏遠，匡正庶事，允執其中。天下之衆，受制於朕，以將爲命，以兵爲威，可不慎與！』

是時，賢年二十二，雖爲三公，常給事中，領尚書，百官因賢奏事。以父恭不宜在卿位，徙爲光禄大夫，秩中二千石。弟寬信代賢爲駙馬都尉。董氏親屬皆侍中諸曹奉朝請，寵在丁、傅之右矣。

明年，匈奴單于來朝，宴見，羣臣在前。單于怪賢年少，以問譯，上令譯報曰：『大司馬年少，以大賢居位。』單于乃起拜，賀漢得賢臣。

初，丞相孔光爲御史大夫，時賢父恭爲御史，事光。及賢爲大司馬，與光並爲三公，上故令賢私過光。光雅恭謹，知上欲尊寵賢，及聞賢當來也，光警戒衣冠出門待，望見賢車乃卻入。賢至中門，光入閣，既下車，乃出拜謁，送迎甚謹，不敢以賓客均敵之禮。賢歸，上聞之喜，立拜光兩兄子爲諫大夫、常侍。賢由是權與人主侔矣。

是時，成帝外家王氏衰廢，唯平阿侯譚子去疾，哀帝爲太子時爲庶子得幸，及卽位，爲侍中、騎都尉。上以王氏亡在位者，遂用舊恩親近去疾，復進其弟閎爲中常侍，閎妻父蕭咸，前將軍望之子也，久爲郡守，病免，爲中郎將。兄弟並列，賢父恭慕之，欲與結婚姻。閎爲賢弟駙馬都尉寬信求咸女爲婦，咸惶恐不敢當，私謂閎曰：『董公爲大司馬，册文言「允執其中」，此乃堯禪舜之文，非三公故事，長老見者，莫不心懼。此豈家人子所能堪邪！』閎性有知略，聞咸言，心亦悟，乃還報恭，深達咸自謙薄之意。恭歎曰：『我家何用負天下，而爲人所畏如是！』意不説。後上置酒麒麟殿，賢父子親屬宴飲，王閎兄弟侍中、中常侍皆在側。上有酒所，從容視賢笑，曰：『吾欲法堯禪舜，何如？』閎進曰：『天下乃高皇帝天下，非陛下之有也。陛下承宗廟，當傳子孫於亡窮。統業至重，天子亡戲言！』上默然不説，左右皆恐。於是遣閎出，後不得復侍宴。

賢第新成，功堅，其外大門無故自壞，賢心惡之。後數月，哀帝崩。太皇太后召大司馬賢，引見東廂，問以喪事調度。賢内憂，不能對，免冠謝。太后曰：『新都侯莽前以大司馬奉送先帝大行，曉習故事，吾令莽佐君。』賢頓首幸甚。太后遣使者召莽。既至，以太后指使尚書劾賢帝病不親醫藥，禁止賢不得入出宫殿司馬中。賢不知所爲，詣闕免冠徒跣謝。莽使謁者以太后詔卽闕下册賢曰：『間者以來，陰陽不調，灾害並臻，元元蒙辜。夫三公，鼎足之輔也，高安侯賢未更事理，爲大司馬不合衆心，非所以折衝綏遠也。其收大司馬印綬，罷歸第。』卽日賢與妻皆自殺，家惶恐夜葬。莽疑其詐死，有司奏請發賢棺，至獄診視。莽復風大司徒光奏：『賢質性巧佞，翼奸以獲封侯，父子專朝，兄弟並寵，多受賞賜，治第宅，造冢壙，放效無極，不異王制，費以萬萬計，國家爲空虚。父子驕蹇，至不爲使者禮，受賜不拜，罪惡暴著。賢自殺伏辜，死後父恭等不悔過，乃復以沙畫棺四時之色，左蒼龍，右白虎，上著金銀日月，玉衣珠璧以棺，至尊無以加。恭等幸得免於誅，不宜在中土。臣請收没入財物縣官。諸以賢爲官者皆免。』父恭、弟寬信與家屬徙合浦，母别歸故郡巨鹿。長安中小民讙嘩，鄉其第哭，幾獲盜之。縣官斥賣董氏財凡四十三萬萬。賢既見發，裸診其屍，因埋獄中。

賢所厚吏沛朱詡自劾去大司馬府，買棺衣收賢屍葬之。王莽聞之而大

怒，以它罪擊殺詡。詡子浮建武中貴顯，至大司馬、司空，封侯。而王閎王莽時爲牧守，所居見紀，莽敗乃去官。世祖下詔曰：『武王克殷，表商容之間，閎修善謹敕，兵起，吏民獨不爭其頭首。今以閎子補吏。』至墨綬卒官。蕭咸外孫云。

贊曰：柔曼之傾意，非獨女德，蓋亦有男色焉。觀籍、閎、鄧、韓之徒非一，而董賢之寵尤盛，父子並爲公卿，可謂貴重人臣無二矣。然進不由道，位過其任，莫能有終，所謂愛之適足以害之者也。漢世衰於元、成，壞於哀、平。哀、平之際，國多釁矣。主疾無嗣，弄臣爲輔，鼎足不强，棟幹微撓。一朝帝崩，奸臣擅命，董賢縊死，丁、傅流放，辜及母后，奪位幽廢，咎在親便嬖，所任非仁賢。故仲尼著『損者三友』，王者不私人以官，殆爲此也。

論　說

晉·王嘉《拾遺記》卷六《前漢下》　哀帝尚淫奢，多進諂佞。幸愛之臣，競以妝飾妖麗，巧言取容。董賢以霧綃單衣，飄若蟬翼。帝入宴息之房，命筵卿易輕衣小袖，示用奢帶修裙，故使婉轉便易也。宮人皆效其斷袖。又曰，割袖恐驚其眠。

南朝梁·孝元皇帝《金樓子》卷一《箴戒篇二》　漢哀帝即位，寵任董賢，均田之制從此墮壞。百姓訛言，持籌相驚，被髮徒跣而走，漢氏衰矣。

漢哀帝時，董賢母病，長安廚給祠，具道中過者，皆飲酒爲賢治器成，奉御乃行，賜及蒼頭奴婢，人十萬錢。

宋·蘇轍《欒城後集》卷八《漢哀帝》　漢哀帝自諸侯爲天子，方其在國，好禮節儉。知成帝優容舅家，權奪於王氏。及即位，收攬威柄，朝廷竦然，庶幾於治。既而傅太后侵侮王后，僭竊名號，始失天下心。帝復寵任幸臣董賢，位至三公，富擬帝室。雖欲貶損王氏，而身既失德，朝無名臣，所以資之者多矣。《詩》曰：『無競維人，四方其訓之。有覺德行，四國順之。』二者帝皆失之，其若王氏何！方帝之崩也，王太后召大司馬賢，引見東廂，問以喪事調度，賢內憂不能對，免冠謝。太后曰：『新都侯莽，前以大司馬奉送先帝大行，曉習故事，召令莽助君。』賢頓首幸甚。莽既至，使尚書劾免賢。賢即日自殺。王氏代漢之禍，實成於此。昔高帝寢疾，有呂氏之憂。呂后問以後事，帝曰：『陳平智有餘，然難獨任。王陵少戇，可以助之。周勃厚重少文，然安劉氏必勃也，可令爲太尉。』及產、禄之變，王陵爭之於前，平、勃定之於後，皆如高帝所慮。文帝末年，有七國之憂，戒太子曰：『即有緩急，周亞夫可任將兵。』及吳楚之變，亞夫爲大將，破之數月之間，亦如文帝所慮。今王氏之亂，與呂氏、七國等耳，而哀帝無其人，漢遂以亡。非特天命，蓋人謀也。

宋·劉子翬《屏山集》卷三《漢書雜論上》　成帝惑於昭儀，自殺絕其嗣子。哀帝惑於董賢，而欲遜以大位。人君一有所惑，舉其甚重而不顧焉，亦可謂昏愚矣。

宋·洪邁《容齋續筆》卷六《王嘉薦孔光》　漢王嘉爲丞相，以忠諫忤哀帝。事下將軍朝者，光禄大夫孔光等劾嘉迷國罔上不道，請與廷尉雜治。上可其奏。光請謁者召嘉詣廷尉，嘉對吏自言：『不能進賢退不肖。』吏問主名，嘉曰：『賢，故丞相孔光，不能進。』嘉死後，上覽其對，思嘉言，復以光爲丞相。按嘉之就獄，由光逢君之惡，而嘉且死，尚稱其賢，嘉用忠直隕命，名章一時，然亦可謂不知人矣。光之邪佞，鬼所唾也，奴事董賢，協媚王莽，爲漢蟊蠈，尚得爲賢也哉？

明·薛瑄《讀書録》卷六《讀陰符經雜言并序》　漢文帝嬖鄧通，武帝嬖韓嫣，哀帝嬖董賢，男色之溺人也如此。

明·夏良勝《中庸衍義》卷一四《三重之義》　漢王嘉論董賢封事曰：陛下在國之時，好《詩》、《書》，上儉節，徵來所過道上稱頌德美，此天下所以回心也。初即位，易帷帳，去錦繡，乘輿席緣綈繒而已。共皇寢廟比比當作，憂閔元元，惟用度不足，以義制恩，輒且止息，今始作治。而駙馬都尉董賢亦起官寺上林中，又爲賢治大第，開門向北闕，引王渠灌園池，使者護作，賞賜吏卒，甚於治宗廟。爲賢治器，器成，奏御乃行，或物好，特賜其工，自貢獻宗廟三宮，猶不至此。賢家有賓婚及見親，諸官並共，賜及蒼頭奴婢，人十萬錢。詔書罷苑，而以賜賢二千餘頃，均田之制從此墮壞。奢僭放縱，變亂陰陽，災異衆多，百姓訛言，持籌相驚，被髮徒跣而走，乘馬而馳，天惑其意，不能自止。或以爲籌者策

失之戒也。

臣良勝曰：昔韓昭侯有弊袴而藏之，曰：明主愛一嚬一笑，吾必待有功者錫予之，其慎也如此。而哀帝之於董賢，其濫也如此。蓋帝以定陶親藩繼統，視左右前後皆若非素與之人，獨私於賢，而腹心耳目有所寄焉爾。但人主之於天下，若天無私覆地，無私載日月，無私照奉。三無私，視天下民物皆吾公使之役，況於左右臣工也哉？且上有好者下必甚焉，上而一於公也，下皆公奉之而使其下者皆公矣；上而有所私也，下皆私媚之而使其下者皆私矣。又不特賜予之濫而已，故曰：明則公，公則溥，明通公溥。其庶矣乎？

明·張寧《方洲集》卷三〇《讀史録》 哀帝綏和二年。

尊定陶太后傅氏曰定陶共皇太后，丁姬曰定陶共皇后，封丁明、傅宴皆爲列侯。

凡國家之所以積衰亂而至於敗亡者，其患必有所本。不先其本而欲扶衰救亂，雖有願治之主，其道無繇也。孝惠之時，患在外戚擅權，於是有諸吕之變，故文帝教飭竇、薄二家，不任以政。景帝承恭仁之後，患在武備不預，於是有七國之亂，故武帝張皇六師以威四海，雖其後不戢自焚，民窮財匱，而昭、宣二君乃能賑貸困窮，矜恤刑罰，此皆能救其本，是以雖危復安，將亂復治也。自元帝委政二豎，成帝寵任五王，漢之國勢泮渙杌棿者垂四十年，外戚之患至於今極矣。哀帝以親藩繼統，初政自躬，救亂扶衰，爲力甚便。使其能信孔光之正言，斥董宏之阿議，傅后雖有請求，尤當斷以大義，起敬不從，后雖不悦，苟見其家富貴將，亦無復過望矣。乃不能謹微慮始，依違遷就，以私親而加尊號，以末屬而受侯封，自是威福浸淫，政權交錯，比之前事，相去不能以寸。顧其初所以罷黜王氏，殆若爲丁傅掃除地位者，遂使元后蓄憤於上，賊莽積謀於下，一旦政柄復歸，果於簒逆，若其素有良由。哀帝不能均戒顯絶，盡收外戚之權，一用一舍，反有以養，其僞望而結於人心者久也。

清·陳廷敬《午亭文編》卷三三《王嘉》 元帝容受盡言過於宣帝，成帝雖多内譏如谷永輩，專攻上身，後宮率常納其言。漢無道之君，未有如哀帝之殺賢相王嘉者也。嘉以封還益幸臣董賢户事見殺，冤哉！哀帝之哀允矣！

藝文

清·田雯《古歡堂集》卷三《咏史》 關西楊夫子，大節實崢嶸。如何觸鄧隲，嗟哉夕陽亭。緬彼哀帝時，王嘉同此情。

桓靈腐朽分部

綜述

《後漢書》卷七《孝桓帝紀》 （延熹二年八月）壬午，立皇后鄧氏，追廢懿陵爲貴人塚。詔曰：『梁冀奸暴，濁亂王室。孝質皇帝聰敏早茂，冀心懷忌畏，私行殺毒。永樂太后親尊莫二，冀又遏絶，禁還京師，使朕離母子之愛，隔顧復之恩。禍害深大，罪釁日滋。賴宗廟之靈，及中常侍單超、徐璜、具瑗、左悺、唐衡、尚書令尹勳等激憤建策，内外協同，漏刻之間，桀逆梟夷。斯誠社稷之佑，臣下之力，宜班慶賞，以酬忠勳。其封超等五人爲縣侯，勳等七人爲亭侯。』於是舊故恩私，多受封爵。

又 卷一〇下《皇后紀·桓帝梁皇后》 時，楊、徐劇賊寇擾州郡，西羌、鮮卑及日南蠻夷攻城暴掠，賦斂煩數，官民困竭。太后夙夜勤勞，推心杖賢，委任太尉李固等，拔用忠良，務崇節儉。其貪叨罪慝，多見誅廢。分兵討伐，羣寇消夷。故海内肅然，宗廟以寧。而兄大將軍冀鴆殺質帝，專權暴濫，忌害忠良，數以邪説疑誤太后，遂立桓帝而誅李固。太后又溺於宦官，多所封寵，以此天下失望。【略】

桓帝懿獻梁皇后諱女瑩，順烈皇后之女弟也。帝初爲蠡吾侯，梁太后徵，欲與后爲婚，未及嘉禮，會質帝崩，因以立帝。明年，有司奏太后曰：『《春秋》迎王后於紀，在塗則稱后。今大將軍冀女弟，膺紹聖善。結婚之際，有命既集，宜備禮章，時進徵幣。請下三公、太常案禮儀。』奏可。於是悉依孝惠皇帝納后故事，聘黄金二萬斤，納采雁、璧、乘馬、束帛，一如舊典。建和元年六月始入掖庭，八月立爲皇后。

時，太后秉政而梁冀專朝，故后獨得寵幸，自下莫得進見。后藉姊兄蔭勢，恣極奢靡，宮幄雕麗，服御珍華，巧飾制度，兼倍前世。及皇太后崩，恩愛稍衰。后既無子，潛懷怨忌，每宮人孕育，鮮得全者。帝雖迫畏梁冀，不敢譴怒，然見御轉稀。至延熹二年，后以憂恚崩，在位十三年，葬懿陵。其歲，誅梁冀，廢懿陵爲貴人塚焉。

桓帝鄧皇后諱猛女，和熹皇后從兄子鄧香之女也。母宣，初適香，生后。改嫁梁紀，紀者，大將軍梁冀妻孫壽之舅也。后少孤，隨母爲居，因冒姓梁氏。冀妻見后貌美，永興中進入掖庭，爲采女，絕幸。明年，封兄鄧演爲南頓侯，位特進。演卒，子康嗣。及懿獻后崩，梁冀誅，立后爲皇后。帝惡梁氏，改姓爲薄，封后母宣爲長安君。四年，有司奏后本郎中鄧香之女，不宜改易它姓，於是復爲鄧氏。追封贈香車騎將軍安陽侯印綬，更封宣、康大縣，宣爲昆陽君，康爲沘陽侯，賞賜巨萬計。宣卒，賵贈葬禮，皆依后母舊儀。以康弟統襲封昆陽侯，位侍中；統從兄會襲安陽侯，爲虎賁中郎將；又封統弟秉爲淯陽侯。宗族皆列校、郎將。

帝多內幸，博采宮女至五六千人，及驅役從使，復兼倍於此。而后恃尊驕忌，與帝所幸郭貴人更相譖訴。

又 卷三〇下《襄楷傳》 桓帝時，宦官專朝，政刑暴濫，又比失皇子，灾異尤數。

晉・司馬彪《續漢書・祭祀志第八・祭祀中》 桓帝即位十八年，好神仙事。延熹八年初，使中常侍之陳國苦縣祠老子。九年，親祠老子於濯龍，文罽爲壇，飾淳金釦器，設華蓋之坐，用郊天樂也。

又《五行志第十三・五行一》 桓帝時，梁冀秉政，兄弟貴盛自恣，好驅馳過度，至於歸家，猶驅馳入門，百姓號之曰：『梁氏滅門驅馳。』后遂誅滅。【略】

桓帝延熹二年夏，霖雨五十餘日。是時，大將軍梁冀秉政，謀害上所幸鄧貴人母宣，冀又擅殺議郎邴尊。上欲誅冀，懼其持權日久，威勢強盛，恐有逆命，害及吏民，密與近臣中常侍單超等圖其方略。其年八月，冀卒伏罪誅滅。

靈帝建寧元年夏，霖雨六十餘日。是時，大將軍竇武謀變廢中官。其年九月，長樂五官史朱瑀等共與中常侍曹節起兵，先誅武，交兵闕下，敗走，追斬武兄弟，死者數百人。

熹平元年夏，霖雨七十餘日。是時，中常侍曹節等，共誣白勃海王悝謀反，其十月誅悝。

中平六年夏，霖雨八十餘日。是時，靈帝新棄羣臣，大行尚在梓宮，大將軍何進與佐軍校尉袁紹等共謀欲誅廢中官。下文陵畢，中常侍張讓等共殺進，兵戰京都，死者數千。

更始諸將軍過雒陽者數十輩，皆幘而衣婦人衣繡擁髦。時，智者見之，以爲服之不中，身之灾也，乃奔入邊郡避之。是服妖也。其後更始遂爲赤眉所殺。

桓帝元嘉中，京都婦女作愁眉、啼妝、墮馬髻、折要步、齲齒笑。所謂愁眉者，細而曲折。啼妝者，薄拭目下，若啼處。墮馬髻者，作一邊。折要步者，足不在體下。齲齒笑者，若齒痛，樂不欣欣。始自大將軍梁冀家所爲，京都歙然，諸夏皆放效。此近服妖也。梁冀二世上將，婚媾王室，大作威福，將危社稷。天誡若曰：兵馬將往收捕，婦女憂愁，踧眉啼泣，吏卒掣頓，折其要脊，令髻傾邪，雖強語笑，無復氣味也。到延熹二年，舉宗誅夷。

延熹中，梁冀誅後，京都幘顏短耳長，短上長下。時中常侍單超、左悺、徐璜、具瑗、唐衡在帝左右，縱其奸慝。海內慍曰：一將軍死，五將軍出。家有數侯，子弟列布州郡，賓客雜襲騰翥，上短下長，與梁冀同占。到其八年，桓帝因日蝕之變，乃拜故司徒韓寅爲司隸校尉，以次誅鉏，京都正清。

延熹中，京都長者皆著木屐；婦女始嫁，至作漆畫五采爲系。此服妖也。到九年，黨事始發，傳黃門北寺，臨時惶惑，不能信天任命，多有逃走不就考者，九族拘繫，及所過歷，長少婦女皆被桎梏，應木屐之象也。

靈帝建寧中，京都長者皆以葦方笥爲妝具，下士盡然。時有識者竊言：葦方笥，郡國讞篋也；今珍用之，此天下人皆當有罪讞於理官也。到光和三年癸丑赦令詔書，吏民依黨禁錮者赦除之，有不見文，他以類比疑者讞。於是諸有黨郡皆讞廷尉，人名悉入方笥中。

靈帝好胡服、胡帳、胡牀、胡坐、胡飯、胡空侯、胡笛、胡舞，京都

貴戚皆競爲之。此服妖也。其後董卓多擁胡兵，塡塞街衢，虜掠宮掖，發掘園陵。

靈帝於宮中西園駕四白驢，躬自操轡，驅馳周旋，以爲大樂。於是公卿貴戚轉相放效，至乘輜軿以爲騎從，互相侵奪，賈與馬齊。案《易》曰：『時乘六龍以御天。』行天者莫若龍，行地者莫若馬。《詩》云：『四牡騤騤，載是常服。』『檀車煌煌，四牡彭彭。』夫驢乃服重致遠，上下山谷，野人之所用耳，何有帝王君子而驂服之乎！遲鈍之畜，而今貴之。天意若曰：國且大亂，賢愚倒植，凡執政者皆如驢也。其後董卓陵虐王室，多援邊人以充本朝，胡夷異種，跨蹈中國。

熹平中，省內冠狗帶綬，以爲笑樂。有一狗突出，走入司徒府門，或見之者，莫不驚怪。京房《易傳》曰：『君不正，臣欲篡，厥妖狗冠出。』後靈帝寵用便嬖子弟，永樂賓客、鴻都羣小，傳相汲引，公卿牧守，比肩是也。又遣御史於西邸賣官，關內侯顧五百萬者，賜與金紫；詣闕上書占令長，隨縣好醜，豐約有賈。强者貪如豺虎，弱者略不類物，實狗而冠者也。司徒，古之丞相，壹統國政。天戒若曰：宰相多非其人，尸禄素餐，莫能據正持重，阿意曲從。今在位者皆如狗也，故狗走入其門。

靈帝數遊戲於西園中，令後宮采女爲客舍主人，身爲商賈服。行至舍，采女下酒食，因共飲食以爲戲樂。此服妖也。其後天下大亂。【略】

靈帝光和元年，南宮侍中寺雌雞欲化雄，一身毛皆似雄，但頭冠尚未變。詔以問議郎蔡邕。邕對曰：『貌之不恭，則有雞禍。宣帝黃龍元年，未央宮雌雞化爲雄，不鳴無距。是歲元帝初卽位，立王皇后。至初元元年，丞相史家雌雞化爲雄，冠距鳴將。是歲后父禁爲陽平侯，女立爲皇后。至哀帝晏駕，后攝政，王莽以后兄子爲大司馬，由是爲亂。臣竊推之：頭，元首，人君之象。今雞一身已變，未至於頭，而上知之，是將有其事而不遂成之象也。若應之不精，政無所改，頭冠或成，爲患茲大。』是後張角作亂稱黃巾，遂破壞。四方疫於賦役，多叛者。上不改政，遂至天下大亂。

桓帝永興二年四月丙午，光禄勳吏舍壁下夜有青氣，視之，得玉鉤、玦各一。鉤長七寸二分，玦週五寸四分，身中皆雕鏤。此青祥也。玉，金類也。七寸二分，商數也。五寸四分，徵數也。商爲臣，徵爲事，蓋爲人臣引決事者不肅，將有禍也。是時梁冀秉政專恣，後四歲，梁氏誅滅也。

延熹五年，太學門無故自壞。襄楷以爲太學前疑所居，其門自壞，文德將喪，教化廢也。是後天下遂至喪亂。

永康元年十月壬戌，南宮平城門內屋自壞。金沴木，木動也。其十二月，宮車晏駕。

靈帝光和元年，南宮平城門內屋、武庫屋及外東垣屋前後頓壞。蔡邕對曰：『平城門，正陽之門，與宮連，郊祀法駕所由從出，門之最尊者也。武庫，禁兵所藏。東垣，庫之外障。《易傳》曰：「小人在位，上下咸悖，厥妖城門內崩。」《潛潭巴》曰：「宮瓦自墮，諸侯强陵主。」此皆小人顯位亂法之咎也。』其後黃巾賊先起東方，庫兵大動。皇后同父兄何進爲大將軍，同母弟苗爲車騎將軍，兄弟並貴盛，皆統兵在京都。其後進欲誅廢中官，爲中常侍張讓、段珪等所殺，兵戰宮中闕下，更相誅滅，天下兵大起。【略】

《五行傳》曰：『好攻戰，輕百姓，飾城郭，侵邊境，則金不從革。』謂金失其性而爲灾也。又曰：『言之不從，是謂不乂。厥咎僭，厥罰恆陽，厥極憂。時則有詩妖，時則有介蟲之孽，時則有犬禍，時則有口舌之痾，時則有白眚、白祥，惟木沴金。』介蟲，劉歆傳以爲毛蟲。乂，治也。

【略】

桓帝元嘉元年夏，旱。是時，梁冀秉政，妻、子並受封，寵逾節。

光和五年夏，旱。六年夏，旱。是時，常侍、黃門僭作威福。【略】

桓帝之初，天下童謠曰：『小麥青青大麥枯，誰當穫者婦與姑。丈人何在西擊胡，吏買馬，君具車，請爲諸君鼓嚨胡。』案元嘉中涼州諸羌一時俱反，南入蜀、漢，東抄三輔，延及幷、冀，大爲民害。命將出衆，每戰常負，中國益發甲卒，麥多委棄，但有婦女穫刈之也。吏買馬，君具車者，言調發重及有秩者也。請爲諸君鼓嚨胡者，不敢公言，私咽語。

桓帝之初，京都童謠曰：『城上烏，尾畢逋，公爲吏，子爲徒。一徒死，百乘車。車班班，入河間。河間姹女工數錢，以錢爲室金爲堂。石上慊慊舂黃粱。梁下有懸鼓，我欲擊之丞卿怒。』案此皆謂爲政貪也。城上烏，尾畢逋者，處高利獨食，不與下共，謂人主多聚斂也。公爲吏，子爲

徒者，言蠻夷將叛逆，父既爲軍吏，其子又爲卒徒往擊之也。一徒死，百乘車者，言前一人往討胡既死矣，后又遣百乘車往。車班班，入河間者，言上將崩，乘輿班班入河間迎靈帝也。河間姹女工數錢，以錢爲室金爲堂者，靈帝既立，其母永樂太后好聚金以爲堂也。石上慊慊舂黄粱者，言永樂雖積金錢，慊慊常苦不足，使人舂黄粱而食之也。梁下有懸鼓，我欲擊之丞卿怒者，言永樂主教靈帝，使賣官受錢，所禄非其人，天下忠篤之士怨望，欲擊懸鼓以求見，丞卿主鼓者，亦復諂順，怒而止我也。

桓帝之初，京都童謡曰：『遊平賣印自有平，不辟豪賢及大姓。』案到延熹之末，鄧皇后以譴自殺，乃以竇貴人代之，其父名武字遊平，拜城門校尉。及太后攝政，爲大將軍，與太傅陳蕃合心戮力，惟德是建，印綬所加，咸得其人，豪賢大姓，皆絕望矣。

桓帝之末，京都童謡曰：『茅田一頃中有井，四方纖纖不可整。嚼復嚼，今年尚可後年鐃。』案《易》曰：『拔茅茹以其匯，征吉。』茅喻羣賢也。井者，法也。於時中常侍管霸、蘇康憎疾海内英哲，與長樂少府劉囂、太常許詠、尚書柳分、尋穆、史佟、司隸唐珍等，代作脣齒。河内牢川詣闕上書：『汝、潁、南陽，上采虚譽，專作威福；甘陵有南北二部，三輔尤甚。』由是傳考黄門北寺，始見廢閣。茅田一頃者，言羣賢衆多也。中有井者，言雖厄窮，不失其法度也。四方纖纖不可整者，言奸慝大熾，不可整理。嚼復嚼者，京都飲酒相强之辭也。言食肉者鄙，不恤王政，徒耽宴飲歌呼而已也。今年尚可者，言但禁錮也。後年鐃者，陳、竇被誅，天下大壞。

桓帝之末，京都童謡曰：『白蓋小車何延延。河間來合諧，河間來合諧！』案解犢亭屬饒陽河間縣也。居無幾何而桓帝崩，使者與解犢侯皆白蓋車從河間來。延延，衆貌也。是時御史劉儵建議立靈帝，以儵爲侍中，中常侍侯覽畏其親近，必當間己，白拜儵泰山太守，因令司隸迫促殺之。朝廷少長，思其功效，乃拔用其弟郃，致位司徒，此爲合諧也。

靈帝之末，京都童謡曰：『侯非侯，王非王，千乘萬騎上北芒。』案到中平六年，史侯登躡至尊，獻帝未有爵號，爲中常侍段珪等數十人所執，公卿百官皆隨其後，到河上，乃得來還。此爲非侯非王上北芒者也。

靈帝中平中，京都歌曰：『承樂世董逃，遊四郭董逃，蒙天恩董逃，帶金紫董逃，行謝恩董逃，整車騎董逃，垂欲發董逃，與中辭董逃，出西門董逃，瞻宫殿董逃，望京城董逃，日夜絕董逃，心摧傷董逃。』案『董』謂董卓也，言雖跋扈，縱其殘暴，終歸逃竄，至於滅族也。

論説

《後漢書》卷七《孝桓帝紀論》 前史稱桓帝好音樂，善琴笙。飾芳林而考濯龍之宫，設華蓋以祠浮圖、老子，斯將所謂『聽於神』乎！及誅梁冀，奮威怒，天下猶企其休息。而五邪嗣虐，流衍四方。自非忠賢力爭，屢折奸鋒，雖願依斟流彘，亦不可得已。

贊曰：桓自宗支，越躋天禄。政移五幸，刑淫三獄。傾宫雖積，皇身靡續。

又 卷八《孝靈帝紀論》 《秦本紀》説趙高譎二世，指鹿爲馬，而趙忠、張讓亦紿靈帝不得登高臨觀，故知亡敝者同其致矣。然則靈帝之爲靈也優哉！

贊曰：靈帝負乘，委體宦孽。徵亡備兆，《小雅》盡缺。麋鹿霜露，遂棲宫衛。

又 卷五八《蓋勳傳》 勳謂虞紹曰：吾仍見上，上甚聰明，但擁蔽於左右耳。若共併力誅嬖倖，然後徵拔英俊，以興漢室，功遂身退，豈不快乎？

又 卷六六《陳藩傳論》 桓、靈之世，若陳蕃之徒，咸能樹立風聲，驅馳險厄之中，與刑人腐夫同朝爭衡，終取滅亡之禍者。彼以遁世爲非義，故屢退而不去；以仁心爲己任，雖道遠而彌厲。功雖不終，然其信義足以攜持民心。

又 卷六七《黨錮傳》 逮桓靈之間，主荒政繆，國命委於閹寺，士子羞與爲伍，故匹夫抗憤，處士横議，遂乃激揚名聲，互相題拂，品核公卿，裁量執政，婞直之風，於斯行矣。

又 卷七九下《儒林傳六十九下》 自桓、靈之閒，君道秕僻，朝綱日陵，國隙屢啓，自中智以下，靡不審其崩離；而權强之臣，息其闚盜之謀，豪俊之夫，屈於鄙生之議者，人誦先王言也，下畏逆順埶也。至

如張温、皇甫嵩之徒，功定天下之半，聲馳四海之表，俯仰顧眄，則天業可移，猶鞠躬昏主之下，狼狽折劄之命，散成兵，就繩約，而無悔心。暨乎剝橈自極，人神數盡，然後羣英乘其運，世德終其祚。迹衰敝之所由致，而能多歷年所者，斯豈非學之效乎？故先師垂典文，褒勵學者之功，篤矣切矣。不循春秋，至乃比於殺逆，其將有意乎！

《三國志》卷三五《蜀志・諸葛亮傳》 親賢臣，遠小人，此先漢所以興隆也；親小人，遠賢臣，此後漢所以傾頹也。先帝在時，每與臣論此事，未嘗不歎息痛恨於桓靈也。

晉・王嘉《拾遺記》卷六《後漢》 録曰：明、章兩主，丕承前業，風被四海，威行八區，殊邊異服，祥瑞輻湊。安、靈二帝，同爲敗德。夫悦目快心，罕不淪乎情欲，自非遠鑑興亡，孰能移隔下俗。傭才緣心，緬乎嗜欲，塞諫任邪，没情於淫靡。至如列代亡主，莫不憑威猛以喪家國，肆奢麗以覆宗祀。詢考先墳，往往而載，僉求歷古，所記非一。販爵鬻官，乖分職之本；露宿郊居，違省方之義。成、安二帝，載世雖遠，而亂政攸同。驗之史牒，訊諸前記，迷情狗馬，愛好龍鶴，非明王之所聞示於後也。內窮淫酷，外盡禽荒，取悦耳目，流貶萬世。是以牝妖告禍，漢靈以巷伯傾宗。酒池裸逐之丑，嗚雞長夜之惑，事由商乙，遠仿燕丹，異代一時，可爲悲矣。

《晉書》卷四五《劉毅傳》 帝嘗南郊，禮畢，喟然問毅曰：「卿以朕方漢何帝也？」對曰：「可方桓靈。」帝曰：「吾雖德不及古人，猶克己爲政。又平吴會，混一天下。方之桓靈，其已甚乎！」對曰：「桓靈賣官，錢入官庫；陛下賣官，錢入私門。以此言之，殆不如也。」帝大笑曰：「桓靈之世，不聞此言。今有直臣，故不同也。」

唐・趙蕤《長短經》卷二《君德第九》 後漢衰亂，由於桓靈二主，凶德誰則爲甚？虞南曰：桓帝赫然奮怒，誅滅梁冀，有剛斷之節焉。然閹人擅命，黨錮事起，非乎亂階始於桓帝？古語曰：「天下嗷嗷，新主之資也。」靈帝承疲民之後，易爲善政，黎庶傾耳，咸冀中興，而帝襲彼覆車，毒踰前輩，傾覆宗社，職帝之由，天年厭世，爲幸多矣。

唐・李德裕《會昌一品集外集》卷二《朋黨論》 治平之世，教化興行，羣臣和於朝，百姓和於野。人自砥礪，無所是非，天下焉有朋黨哉？仲長統所謂「同異生是非，愛憎生朋黨，朋黨致怨仇」是也。東漢桓靈之朝，政在閹寺，綱紀以亂，風教寖衰，黨錮之士始以議論疵物，於是危言危行，刺譏當世，其志在於維持名教，斥遠佞邪，雖乖大道，猶不失正。今之朋黨者，皆依倚倖臣，誣陷君子，鼓天下之動以養交遊，竊儒家之術以資大盜。所謂教猱升木，嗾犬害人，穴居城社，不可薰鑿。漢之黨錮，爲理世之罪人矣；今之朋邪，又黨錮之罪人矣。仲長統曰：「才智者亦奸凶之羽翼，勇氣者亦盜賊之爪牙。」誠如是言，然辨之未盡。如是者皆小才小勇，秖能用詭道入邪徑，鼠牙穿屋，虺毒螫人，如巨海陰夜，百色妖露，焉能白日爲怪哉？大道之行，當蠢粉矣。

又 卷三《近倖論》 自古中主以降，皆安於近習，疏遠忠良，其主非不知君子可親，小人可去而不改者，其蔽有二：一曰性相近，二曰嗜欲深。桓靈之主，與小人氣合，如水之走下，火之就燥，皆自然而親結不可解也，侯覽、張讓所以得蔽君矣。元、成二后，皆有所嗜，吹簫撾鼓之娱，微行沈湎之樂，非倖臣無以承意，非近習無以近歡。弘恭、石顯所以得蠹政矣。唯人君少欲、英明者，則能反是，如文帝雖有鄧通趙談，所信者賈誼、張釋之、爰盎，此所謂少欲也；武帝雖有韓嫣、李延年，而所貴者公孫弘、倪寬、卜式，此所謂英明也。故君聽不惑，政無頗纇。近則開元初，內有姜皎、崔滌以極宮中之樂，外有姚、盧、蘇、宋以修天下之政，得元成之欲，享舜禹之名，六合晏然，千古莫及，其故何也？倖臣不得干政事也。後代能如漢之文武，及開元致理之要，雖有倖臣，亦何害於理哉？

宋・張根《吴園周易解》卷三《剝・六五》 《象》曰：以宫人寵，終無尤也。桓靈失是矣。

宋・劉敞《公是集》卷四二《説犬馬》 由漢以來，苟進言於天子，無不以犬馬自予者。嗚呼！犬馬之賤，誠若是甚矣。使夫治國守道之臣，進以義，退以禮，而犬馬之説，不已貶乎？使夫亂國偷容之臣，進以利，退以刑，而犬馬之説，不以僭乎？今夫犬之爲人用也，不過受一器之食，然而外則有獲獸之效，內則有禦寇之猛，斯可謂適其材矣；今夫馬之爲人用也，不過盡一鈞之芻，然而外則有兵戰之捷，內則有馳獵之奉，斯亦可謂適其材矣。故功著而利不益，身勤而事不害，此雖廉能之士，盡瘁不

貳，何有能過焉？若夫亂世偷容之臣，享五鼎祿萬鍾，非特一器之食也。高堂華宇，寵章美服，非特一鈞之芻也。挾虛譽而邀利，竊主權以移國，外之無獲獸之效，內之無禦寇之猛者，世不可勝紀也。所謂功薄而罪尤身利而事害如此，何以自比犬馬耶？且吾聞賊臣之喪國矣，未聞犬馬之亂世也。誠使桓、靈、惠、懷之君，其左右前後盡若犬馬也，則天下何喪焉？故吾以謂亂國之臣，其不若犬馬，未可以爲比也。用貴擬賤之謂讓，用賤擬貴之謂僭。然而以彼亂國之臣而比犬馬，吾見其僭不見其讓也。

宋・錢時《兩漢筆記》卷一二《桓帝》 是非之心人皆有之，雖甚凶逆而本心之良，未嘗泯滅也。梁冀以弑君之惡，挾定策之功，殺戮忠賢如割草菅，誰得而嬰之？至於張陵一叱，則跪謝不暇，是孰使之然哉？乃知夫朝本未嘗不肅，亂臣賊子本亦未嘗不知畏。惟夫君德不剛，小人擅命，是以委靡頽敗而不自振。桓帝而明於是非，不繆於舉錯，若陵等輩分處要地，朝綱人紀一掃而清之，卽日可以丕變，夫安有不可爲者？是時最多君子，而帝所信任則小人也，貶斥誅夷，幾無遺類，而天下遂大亂，悲夫！【略】

冀之惡甚矣，當時奮不顧身而言之者，非不多且切矣，往往如觸忌諱，如捍頭目。公卿大臣禍不旋踵，何一太史令之死而乃由是怒冀邪？嗚呼！非爲陳授而怒也，爲小黄門而怒也。譬之庸暗無識之徒，黨縱悍僕，陵犯長上恬弗之戒，未必不反羽翼，以佐其風。一旦忽有違言於其所私，則計行而怒突發矣。何者？冀帝之所黨，而宦官則尤帝之所昵比也。此梁氏所以竟族於五侯之手，而五侯專恣之禍，所以踵冀而愈烈歟？【略】

居其位而不得行其志，是苟祿而已，況不免於刑誅乎？魏桓之言，處亂世之至論也。《經》曰：『素其位而行，不願乎其外。』夫士君子之自立，縱不得行於天下，豈不可行於其鄉；縱不得行於其鄉，豈不可行於其家；縱有處人道之不幸不得行於其家，抑豈不可行於其身？苟行矣，仰不愧俯不怍浩乎天地裕如也。焉往而不自得，滔滔渾渾行險以僥倖者，自古及今，不知其幾萬萬，欲何爲哉？欲何爲哉？【略】

愚每觀漢季人物之盛，未嘗不爲之慨歎。非謂其有進於道也，風節凜凜無世俗之過，是可喜也。孔子曰：『不得中行而與之，必也狂狷乎？狂者進取，狷者有所不爲。』大抵務學，當先氣節，惟不苟於行檢而後可與入道耳。牽纏没溺，未能自拔於流俗，沈痼之疾，方在膏肓，而欲語向上事，作向上人物，難哉！此狂狷之士所以猶有取焉。而皇極之教，亦惟不協極不罹咎者而受之也。世衰俗薄，汙濁成風，上下相挺，習於無耻如蛆蠅臭腐生死糞溷中，渾渾滔滔曾不知反，回視漢季堅節正操，挺然特立，何翅天壤！當是時，有聖人爲依歸，一變而入堯舜之道，必無賜之貨殖，必無求之聚斂，必無商之出悦，紛華其見必果，不溺於凡近，其守必固不揺於氣習，豈易得哉？奈何生不逢時，皇不建極，隨所偏勝，莫或挽回。世愈暗而抗志愈高，變愈激而立行愈峻。錚錚然與羣小爭勝負，共相標榜，植爲聲名，中外承風，臧否相尚，而成黨錮之禍。愚是以悲斯人之徒之不幸，而爲之重歎也。

又《靈帝》 《易》曰：『天地不交，否。君子以儉德辟難。』孔子又曰：『邦無道，危行言孫。』漢季諸子，皆一時名節，卓然有志於天下，憤羣邪之塞路，傷公論之不伸，區區愛君憂國之忠欲發而不得逞。是以危言駭論，痛抵而力排之，而不知言不孫，德不儉，非吾聖人處否之道也。卒罹於禍，豈足怪哉？雖然，其所以關天下之大勢，則不細矣。安、順而下，國命絶續，危於綴旒，姦人弄權，朝綱昏亂，而宗廟社稷賴以僅存者，朝廷内外尚有人焉。而亂賊之徒，猶知所忍也。若無鉤黨之禍，忠臣義士斥死無遺，而國家所恃爲元氣者，索然爲之掃地，於是英雄豪傑心輕其上，各自爲謀，而四分五裂之勢由此始矣。嗚呼！天下，虛器也，有人則重，無人則輕。重則安於泰山，輕則危於累卵。黨錮禍作，羣盜踵興，於是在内則睥睨乎朝廷，在外則割據乎土宇。此國無君子之效也，不有君子，其何能國，信哉！【略】

宦官爲漢氏膏肓之禍，其來遠矣。夫以拳拳憤世嫉邪之忠，一旦秉鈞當國於上，則清宮掖肅朝綱，誠當時第一急務。然天下之事，治之有標本，行之有先後，權宜度勢，固有不容直遂而驟施者。竇武、何進之敗，良有以歟？夫國之有閹宦，猶愛女嬖妾之在閨闥，浸潤膚受，言最易行，又況漢廷竊命弄權，習成故事？當嗣君童幼，母后臨朝之日，所以朝夕承迎給事左右者，何啻骨肉之相依倚？豈外廷疏遠可遽撼揺也。靈帝之立甫十二，辯甫十四，方爾蒙穉，未知所適，安能挺然特拔，爲公道主盟

也哉？爲大臣者，眞有見乎天下之大勢，優容寬假，勿遽齟齬於羣小，朝廷宿弊，徐徐而處之，勿峻勿迫，遽駭聽聞，同列一心，以輔養君德爲己任，尊崇有道，爲師爲保，正其習氣，發其本心。本心無蔽，則是非日明；是非日明，則邪正日辯。仇士良且以人主讀書爲戒，況知學者邪正瞭然，則君子日親，小人日疏，然後惟吾所爲無不可者，而何閹宦之足言也？竇武、何進輔遺託孤，不聞有此規模。靈帝八月而釁開辯，纔五月而難作。其視羣小，瞠然若對，枰奕而爭勝負於一著之先，誅惡之謀未行而犯順之怨先入矣，幾何其不敗也！進既就戮，袁紹遂勒兵闕下，閉宮門捕宦者，無小大悉誅之，至使天子奔播，狼狽夜出，逐螢光而走，忠君愛國之義，其舉措顧當爾耶？去疾而喪軀，去小人而喪天下，吁可痛也已。

宋・眞德秀《大學衍義》卷三九《齊家之要二・嚴内治・内臣忠謹之福》 臣按東漢宦官之禍，起於鄭衆等之有功。夫人臣而有功夫豈不善，而禍之起顧由此，何哉？蓋婦寺之職，均在中闈。婉嫕淑謹，婦之善者也；柔順忠篤，寺之善者也。婦不貴於有能，則寺亦豈貴於有功哉？有功則寵，寵則驕，驕則横，雖欲無禍，得乎？故安、順、桓、靈之世，寺人之寵日盛，寵盛則爲害愈深，爲害深則被禍愈酷。至於陳蕃、竇武圖之而不勝，漢以益亂；袁紹圖之而勝，漢遂以亾。曹節、王甫、趙忠、張讓之徒，最其魁桀，無一能全其首領者。然則寵而驕，驕而横，是乃殞身喪元之招也。曷若史遊、良賀之徒，優遊終始，無所疵吝之爲得邪？吁來者，其尚鑑諸。

又 卷四三《齊家之要・教戚屬・外家謙謹之福》 臣按冀嘗弑君矣，而帝不怒也；又嘗殺大臣矣，而帝亦不怒也。迨陳授之死而後怒者，授因黃門而陳日食之變，是必與中常侍素善者也。授之死，中常侍必有爲之言者，故帝於是始怒與。然則帝非爲陳授而怒，直爲黃門而怒耳。臣嘗謂桓靈之爲君，非天下之君，黃門之君也，此亦其一端云。

宋・李昉等《太平御覽》卷九二 漢德之衰，有自來矣。而桓帝繼之以淫暴，封殖宦豎，羣妖滿側，姦黨彌興，賢良被辜，政荒民散，亡徵漸積。逮至靈帝，遂傾四海，豈不痛哉！左傳曰：『國於天地，有與立焉。不數世淫，不能斃也。』信矣！【略】

《獻帝春秋》曰：初，黃巾賊起。靈帝建九重華蓋，自稱無上將軍，身被介冑練兵。京城先是造作角錢，猶五銖而有四道，連於邊輪，百姓或有。識者以爲妖徵，竊言新錢有四道，京城將壞。而此錢四出，散於四方之外乎？遂皆如言。薛瑩《漢紀贊》曰：漢世中興，至於延平而世業損矣。沖、質短祚，孝桓無嗣。母后稱制，奸臣執政。孝靈以支庶而登至尊，由藩侯而紹皇統，不恤宗緒，不祗天命，上虧三光之明，下傷億兆之望。于時爵服橫流，官以賄成，自公侯卿士，降於皂隸，遷官襲級，無不以貨。刑戮無辜，摧仆忠賢，佞諛在側，直言不聞，是以賢智退而窮處，忠良擯於下位。遂至姦邪蜂起，法防墮壞，夷狄並侵，盜賊糜沸，小者帶城邑，大者連州郡，編户騷動，人人思亂。當斯之時，已無天子矣。會靈帝即世，則禍尋其後，宮室焚滅，郊社無主，危自上起，覃及華夏，使京室爲墟，海内蕭條，豈不通哉！

宋・司馬光《資治通鑑》卷五八 觀靈帝以尚但之言，不敢復升臺榭，誠恐百姓虛散也，謂無愛民之心可乎？信諸君子之言，則漢之爲漢，未可知也。

明・來知德《周易集註》卷七《遯》 桓靈之際，曹節、王甫得志於内，而李膺、陳蕃、竇武皆被誅戮者，均不知遯之時義者也。《易》中大矣哉有二，有贊美其所係之大者，《豫》、《革》之類是也；有稱嘆其所處之難者，《大過》《遯》之類是也。

明・葉山《葉八白易傳》卷一《屯・九五》 漢之元、成、桓、靈，不然而强徇决起，欲復王者之氣勢，收天子之威權，驟而爲之，妄意而圖之，不爲魯昭曹髦之自孽，則爲靚赧之亡，周燕丹之不祀矣，可不戒哉！《易》曰：『屯其膏，小貞吉，大貞凶。』

明・夏良勝《中庸衍義》卷五《達道之義》 臣良勝曰：天下權寵固有相禪而盛者，天下禍咎亦有相禪而至者。自恭顯盛而有王氏之專，自竇憲誅而拜鄭衆之爵，其後誅閻顯，立順帝，皆出於宦官。黜清河王，殺李固，皆由於外戚。梁冀勢重，天下不能容，後假宦官以去之，宦官害極，朝廷不能堪，至召外兵以除之。張讓等既戮，董卓亦誅，袁術、曹操繼起，而漢遂以亡。諸葛亮曰：『先帝與臣論此，未嘗不痛恨於桓靈也。』

明・湛若水《格物通》卷三九《嚴内外下》 臣若水通曰：《後

漢·皇后紀》云：『主幼時艱，必委成塚宰，簡求忠賢，未有專任婦人，斷割重器。漢權歸女主，外立者四帝，臨朝者六后，莫不定策帷帟，委事父兄，貪孩童以久其政，抑賢明以專其威。』臣按四帝，安、質、桓、靈也；六后，竇、鄧、閻、梁、竇、何也。嗚呼！既以中壺而預國政，又以外家而攬朝權，卒之並嬰禍敗也。宜矣，尚鑑茲哉！

清·愛新覺羅·玄燁《御定孝經衍義》卷八八《卿大夫之孝·德行》《後漢書》曰：桓靈之間，主荒政謬，國命委於閹寺，士子羞與爲伍，故匹夫抗憤，處士橫議，遂乃激揚名聲，互相題拂，品覈公卿，衡量執政，婞直之風，於斯行矣。夫上好則下必甚，矯枉故直必過，其理然矣。若范滂、張儉之徒，清心忌惡，終陷黨議，不其然乎？

臣按《易》言君子之道，或出或處，或嘿或語。《春秋》定、哀之世多微辭。蓋卷舒之宜，惟聖人爲能取材，若夫好善惡惡，本於誠然，激濁揚清，勢非得已。慕孤竹之高躅，方莘野之自任，特立獨行，振厲危俗，其爲救，豈小補已哉？黨錮諸賢，逮桓、靈之朝，政歸閹寺，獨持風裁，不爲少屈，禍愈烈而望實愈重，從之者之死不悔，不與者深自愧恥。於此時也，三代之直猶存而人心不至敗壞，澌滅之盡不可謂非諸君子區區一簣，獨障江河而然也。史稱『激揚名聲，互相題拂』，爲近於婞，直此正未然婞直者，匹夫節俠之，概非諸君子之素也好議論人短長是非政法，此馬援之所不欲爲者，而豈可以咎諸君子哉？當時漢中晉文經、梁國黄子艾並恃其才智，眩耀上京，臥託養疾，符融察其非眞語，李膺二子行業無聞，以豪傑自置。遂使公卿問病，王臣望門，恐其小道破義，空譽違實，特宜察焉。膺深然之，則夫遊俠遊行，諸賢固已深惡而閉距之矣。諸賢之所好，一於聖人之好也；諸賢之所惡，一於聖人之惡也。非毁譽也，三代之所謂直道也。世之所謂清議也，特已甚耳。而孟子言仲尼不爲已甚，則自非聖人，要未免於已甚，固未可以不欲爲甚者，自恕而遂至爲鄉愿以見絶於聖人也。夫子不得中行，則思狂者矣，不得狂者又思狷者矣。行義達道者固未見，而見善如不及，見不善如探湯者，則夫子固深幸得之。曰吾見其人矣。使聖人者作林中、徐穉之徒，從冉牛、閔子之後，而如李膺、范滂者，固皆升堂者哉？有明魏璫之禍，楊、魏諸臣亦蘊義生風，擊排至死，事亦相類。夫教化行則下無清議，清議亡則下無唐廉恥。諸賢非得已也，以云救也。若因之爲毁譽，爲朋黨，後世所以齚舌不敢言，益蕩蕩無綱紀，無所不至矣。

藝文

唐·李華《李遐叔文集》卷一《皇甫義眞》 桓靈政昏，釁因宦者。黄巾四起，血流天下。京師動摇，鬼哭匝埜。義眞受鉞，誓衆而前。卽日掃除，京觀如山。渠帥已死，破棺折元。謡頌風興，家邦獲安。世故紛紛，罕有令人。既成其勳，又保其身。東漢純臣，嗚呼義眞。

清·彭定求等《全唐詩》卷七二九《周曇·桓帝》 能嫌跋扈斬梁王，寧便榮枯信段張。襄楷忠言誰佞惑，忍教奸禍起蕭牆。

又《靈帝》 榜懸金價鬻官榮，千萬爲公五百卿。公瑾孔明窮退者，安知高臥遇雄英。

宋·彭汝礪《鄱陽集》卷三《與甯節推游聘君亭邂逅廣漢同遊分題得聘字》 漢衰至桓靈，王室既不競。豪傑死黨錮，奸嬖偷權柄。娟娟彼孺子，德譽南州盛。耕稼以自食，羞詣安車聘。彼非硜硜者，而欲爲奇行。未能比禹稷，夫豈慙蘧寧。我登斯亭上，悠悠發幽興。高山知仰止，池水不可泳。魚戲芙蓉花，鳧雜參差荇。嗟嘆之不足，俛仰成諷詠。

宋·蘇轍《欒城集》卷一五《聞蔡肇求李公麟畫觀音德雲》 好事桓靈寶，多才顧長康。何嘗爲人畫，但可設奇將。久聚要當散，能分慰所望。清新二大士，畀我夜燒香。

宋·孫應時《燭湖集》卷一九《辭武侯廟》 三分遺論久難明，獨有河汾與杜陵。工拙人休計曹馬，興亡天亦恨桓靈。大星忍向中宵落，老柏空餘千載青。再拜征途重回首，雪風吹斷淚成冰。

元·滕安上《東庵集》巷三《讀吟嘯》 綱常爲重此身輕，耿耿丹心炳日星。自許唐臣有巡遠，不知漢德厭桓靈。九原忠血應成碧，萬古英名足汗青。讀罷六歌魂不定，江風浩浩雨冥冥。

元·李煜《草閣詩集·拾遺·古風三首其一》 自從永元來，閹監專天威。桓靈遂其惡，炎祚日已微。三君就奸刃，八俊幽闃扉。泰蟠僅保身，歷歷皆危機。賢哲既云亡，邦國將焉依。瞻烏止誰屋，識者涕淚揮。

明・陳獻章《陳白沙集》卷七《讀張曲江撰徐聘君墓碣》 桓靈而下使人悲，卻憶陳蕃在郡時。何處公車還欲召，平生此榻竟奚裨。事機成敗我當算，天命去留人得知。萬古江山一回首，風清月朗聘君祠。

知心未問陳蕃輩，欲起先生在帝桓。自古山林輕禄位，至今朋黨惜衣冠。尋常笑語諸公撫，七十支離一老看。誰道開元張相國，重磨碑碣寫心肝。

國政論爭部

郡縣封建孰便分部

綜述

《史記》卷六《秦始皇本紀》 秦初并天下，令丞相、御史曰：「【略】寡人以眇眇之身，興兵誅暴亂，賴宗廟之靈，六王咸伏其辜，天下大定。今名號不更，無以稱成功，傳後世。其議帝號。」丞相綰、御史大夫劫、廷尉斯等皆曰：「昔者五帝地方千里，其外侯服夷服諸侯或朝或否，天子不能制。今陛下興義兵，誅殘賊，平定天下，海内爲郡縣，法令由一統，自上古以來未嘗有，五帝所不及。臣等謹與博士議曰：『古有天皇，有地皇，有泰皇，泰皇最貴。』臣等昧死上尊號，王爲『泰皇』，命爲『制』，令爲『詔』，天子自稱曰『朕』。」王曰：「去『泰』，著『皇』，采上古『帝』位號，號曰『皇帝』。他如議。」制曰：「可。」追尊莊襄王爲太上皇。制曰：「朕聞太古有號毋謚，中古有號，死而以行爲謚。如此，則子議父，臣議君也，甚無謂，朕弗取焉。自今以來，除謚法。朕爲始皇帝。後世以計數，二世三世至於萬世，傳之無窮。」【略】

丞相綰等言：「諸侯初破，燕、齊、荆地遠，不爲置王，毋以填之，請立諸子，唯上幸許。」始皇下其議於羣臣，羣臣皆以爲便。廷尉李斯議曰：「周文武所封子弟同姓甚衆，然後屬疏遠，相攻擊如仇讎，諸侯更相誅伐，周天子弗能禁止。今海内賴陛下神靈一統，皆爲郡縣，諸子功臣以公賦税重賞賜之，甚足易制。天下無異意，則安寧之術也。置諸侯不便。」始皇曰：「天下共苦戰鬬不休，以有侯王。賴宗廟，天下初定，又復立國，是樹兵也，而求其寧息，豈不難哉！廷尉議是。」

分天下以爲三十六郡，郡置守、尉、監。更名民曰「黔首」。【略】

（三十三年）始皇置酒咸陽宮，博士七十人前爲壽。僕射周青臣進頌曰：「他時秦地不過千里，賴陛下神靈明聖，平定海内，放逐蠻夷，日月所照，莫不賓服。以諸侯爲郡縣，人人自安樂，無戰爭之患，傳之萬世。自上古不及陛下威德。」始皇悦。博士齊人淳于越進曰：「臣聞殷周之王千餘歲，封子弟功臣，自爲枝輔。今陛下有海内，而子弟爲匹夫，卒有田常、六卿之臣，無輔拂，何以相救哉？事不師古而能長久者，非所聞也。今青臣又面諛以重陛下之過，非忠臣。」始皇下其議。丞相李斯曰：「五帝不相復，三代不相襲，各以治，非其相反，時變異也。今陛下創大業，建萬世之功，固非愚儒所知。且越言乃三代之事，何足法也？異時諸侯並爭，厚招游學。今天下已定，法令出一，百姓當家則力農工，士則學習法令辟禁。今諸生不師今而學古，以非當世，惑亂黔首。丞相臣斯昧死言：古者天下散亂，莫之能一，是以諸侯並作，語皆道古以害今，飾虚言以亂實，人善其所私學，以非上之所建立。今皇帝并有天下，別黑白而定一尊。私學而相與非法教，人聞令下，則各以其學議之，入則心非，出則巷議，夸主以爲名，異取以爲高，率羣下以造謗。如此弗禁，則主勢降乎上，黨與成乎下。禁之便。臣請史官非秦記皆燒之。非博士官所職，天下敢有藏《詩》、《書》、百家語者，悉詣守、尉雜燒之。有敢偶語《詩》《書》者弃市。以古非今者族。吏見知不舉者與同罪。令下三十日不燒，黥爲城旦。所不去者，醫藥卜筮種樹之書。若欲有學法令，以吏爲師。」制曰：「可。」

又 卷六八《商君列傳》 於是以鞅爲大良造。將兵圍魏安邑，降之。居三年，作爲築冀闕宮庭於咸陽，秦自雍徙都之。而令民父子兄弟同室内息者爲禁。而集小鄉邑聚爲縣，置令、丞，凡三十一縣。爲田開阡陌封疆，而賦税平。平斗桶權衡丈尺。行之四年，公子虔復犯約，劓之。居五年，秦人富强，天子致胙於孝公，諸侯畢賀。

《漢書》卷一四《諸侯王年表第二》 昔周監於二代，三聖制法，立爵五等，封國八百，同姓五十有餘。周公、康叔建於魯、衛，各數百里；太公於齊，亦五侯九伯之地。《詩》載其制曰：『介人惟藩，大師惟垣。大邦惟屏，大宗惟翰。懷德惟寧，宗子惟城。毋俾城壞，毋獨斯畏。』所以親親賢賢，褒表功德，關諸盛衰，深根固本，爲不可拔者也。故盛則周、邵相其治，致刑錯；衰則五伯扶其弱，與共守。自幽、平之後，日以陵夷，至虖阸陿河洛之間，分爲二周，有逃責之臺，被竊鈇之言。然天下謂之共主，彊大弗之敢傾。歷載八百餘年，數極德盡，既於王赧，降爲庶人，用天年終。號位已絕於天下，尚猶枝葉相持，莫得居其虛位，海內無主，三十餘年。

秦據勢勝之地，騁狙詐之兵，蠶食山東，壹切取勝。因矜其所習，自任私知，姍笑三代，盪滅古法，竊自號爲皇帝，而子弟爲匹夫，內亡骨肉本根之輔，外亡尺土藩翼之衛。陳、吳奮其白挺，劉、項隨而斃之。故曰，周過其曆，秦不及期，國勢然也。

漢興之初，海內新定，同姓寡少，懲戒亡秦孤立之敗，於是剖裂疆土，立二等之爵。功臣侯者百有餘邑，尊王子弟，大啓九國。自鴈門以東，盡遼陽，爲燕、代。常山以南，太行左轉，度河、濟，漸于海，爲齊、趙。穀、泗以往，奄有龜、蒙，爲梁、楚。東帶江、湖，薄會稽，爲荆吳。北界淮瀕，略廬、衡，爲淮南。波漢之陽，亙九嶷，爲長沙。諸侯（北）［比］境，周（市）［帀］三垂，外接胡越。天子自有三河、東郡、潁川、南陽，自江陵以西至巴蜀，北自雲中至隴西，與京師內史凡十五郡，公主、列侯頗邑其中。而藩國大者夸州兼郡，連城數十，宮室百官同制京師，可謂撟枉過其正矣。雖然，高祖創業，日不暇給，孝惠享國又淺，高后女主攝位，而海內晏如，亡狂狡之憂，卒折諸呂之難，成太宗之業者，亦賴之於諸侯也。

然諸侯原本以大，末流濫以致溢，小者淫荒越法，大者睽孤橫逆，以害身喪國。故文帝采賈生之議分齊、趙，景帝用晁錯之計削吳、楚。武帝施主父之册，下推恩之令，使諸侯王得分户邑以封子弟，不行黜陟。而藩國自析。自此以來，齊分爲七，趙分爲六，梁分爲五，淮南分爲三。皇子始立者，大國不過十餘城。長沙、燕、代雖有舊名，皆亡南北邊矣。景遭七國之難，抑損諸侯，減黜其官。武有衡山、淮南之謀，作左官之律，設附益之法，諸侯惟得衣食稅租，不與政事。

至於哀、平之際，皆繼體苗裔，親屬疏遠，生於帷牆之中，不爲士民所尊，勢與富室亡異。而本朝短世，國統三絕，是故王莽知漢中外殫微，本末俱弱，亡所忌憚，生其姦心；因母后之權，假伊周之稱，顓作威福廟堂之上，不降階序而運天下。詐謀既成，遂據南面之尊，分遣五威之吏，馳傳天下，班行符命。漢諸侯王厥角稽首，奉上璽韍，惟恐在後，或乃稱美頌德，以求容媚，豈不哀哉！是以究其終始强弱之變，明監戒焉。

又 卷二八《地理志上》 昔在黃帝，作舟車以濟不通，旁行天下，方制萬里，畫壄分州，得百里之國萬區。是故《易》稱『先王以建萬國，親諸侯』，《書》云『協和萬國』，此之謂也。堯遭洪水，褱山襄陵，天下分絕，爲十二州，使禹治之。水土既平，更制九州，列五服，任土作貢。**【略】**

周爵五等，而土三等：公、侯百里，伯七十里，子、男五十里。不滿爲附庸，蓋千八百國。而太昊、黃帝之後，唐、虞侯伯猶存，帝王圖籍相踵而可知。周室既衰，禮樂征伐自諸侯出，轉相吞滅，數百年間，列國秏盡。至春秋時，尚有數十國，五伯迭興，總其盟會。陵夷至於戰國，天下分而爲七，合從連衡，經數十年。秦遂并兼四海。以爲周制微弱，終爲諸侯所喪，故不立尺土之封，分天下爲郡縣，盪滅前聖之苗裔，靡有孑遺者矣。

漢興，因秦制度，崇恩德，行簡易，以撫海內。至武帝攘卻胡、越，開地斥境，南置交阯，北置朔方之州，兼徐、梁、幽、并、夏、周之制，改雍曰涼，改梁曰益，凡十三（郡）［部］，置刺史。先王之迹既遠，地名又數改易，是以采獲舊聞，考迹《詩》、《書》，推表山川，以綴《禹貢》、《周官》、《春秋》，下及戰國、秦、漢焉。**【略】**

上黨郡，秦置，屬幷州。有上黨關、壺口關、石研關天井關。戶七萬三千七百九十八，口三十三萬七千七百六十六。縣十四：長子，周史辛甲所封；鹿谷山，濁漳水所出，東至鄴入清漳。屯留，桑欽言『絳水出西南，東入海。』余吾。銅鞮，有上虒亭，下虒聚。沾，大黽谷，清漳水所出，東北至邑成入大河，過郡五，行千六百八十里，冀州川。涅氏，涅水也。襄垣，莽曰上黨

亭。壺關，有羊腸版。沾水東至朝歌入淇。【略】

河內郡，高帝元年爲殷國，二年更名。莽曰後隊，屬司隸。户二十四萬一千二百四十六，口百六萬七千九十七。縣十八：懷，有工官；莽曰河內。汲，武德，波，山陽東太行山在西北。河陽，莽曰河亭。州，共，故國。北山，淇水所出，東至黎陽入河。平皋。朝歌，紂所都。周武王弟康叔所封，更名衛，莽曰雅歌。【略】

河南郡，故秦三川郡，高帝更名。雒陽户五萬二千八百三十九。莽曰保忠信鄉，屬司隸也。户二十七萬六千四百四十四，口一百七十四萬二百七十九。有鐵官、工官。敖倉在滎陽。縣二十二：雒陽，周公遷殷民，是爲成周；《春秋》昭公（二）［三］十（一）［二］年，晉合諸侯于狄泉，以其地大成周之城，居敬王。莽曰宜陽。滎陽，卞水、馮池皆在西南。

論說

《史記》卷六《秦始皇本紀》 『不爲置王，毋以填之。請立諸子，唯上幸許。』始皇下其議於羣臣，羣臣皆以爲便。廷尉李斯議曰：『周文武所封子弟同姓甚衆，然後屬疏遠，相攻擊如仇讎，諸侯更相誅伐，周天子弗能禁止。今海內賴陛下神靈一統，皆爲郡縣，諸子功臣，以公賦稅重賞賜之，甚足易制。天下無異意，則安寧之術也。置諸侯不便。』始皇曰：『天下共苦戰鬬不休，以有侯王。賴宗廟，天下初定，又復立國，是樹兵也，而求其寧息，豈不難哉？廷尉議是！』

漢·賈誼《治安策》 夫樹國固必相疑之勢，下數被其殃，上數爽其憂，甚非所以安上而全下也。今或親弟謀爲東帝，親兄之子西鄉而擊，今吳又見告矣。天子春秋鼎盛，行義未過，德澤有加焉，猶尚如是。況莫大諸侯，權力且十此者虖？

然而天下少安，何也？大國之王幼弱未壯，漢之所置傅相方握其事。數年之後，諸侯之王大抵皆冠，血氣方剛，漢之傅相稱病而賜罷，彼自丞尉以上偏置私人，如此，有異淮南、濟北之爲邪？此時而欲爲治安，雖堯舜不治。

黄帝曰：『日中必昃，操刀必割。』今令此道順而全安，甚易，不肯早爲，已乃墮骨肉之屬而抗剄之，豈有異秦之季世虖？夫以天子之位，乘今之時，因天之助，尚憚以危爲安，以亂爲治。假設陛下居齊桓之處，將不合諸侯而匡天下乎？臣又以知陛下有所必不能矣。假設天下如曩時，淮陰侯尚王楚，黥布王淮南，彭越王梁，韓信王韓，張敖王趙，貫高爲相，盧綰王燕，陳豨在代，令此六七公者皆亡恙，當是時而陛下即天子位，能自安乎？臣有以知陛下之不能也。天下殽亂，高皇帝與諸公併起，非有仄室之勢以豫席之也。諸公幸者，乃爲中涓，其次廑得舍人，材之不逮至遠也。高皇帝以明聖威武即天子位，割膏腴之地以王諸公，多者百餘城，少者乃三四十縣，德至渥也。然其後十年之間，反者九起。陛下之與諸公，非親角材而臣之也，又非身封王之也，自高皇帝不能以是一歲爲安，故臣知陛下之不能也。然尚有可諉者，曰疏，臣請試言其親者。假令悼惠王王齊，元王王楚，中子王趙，幽王王淮陽，共王王梁，靈王王燕，厲王王淮南，六七貴人皆亡恙，當是時陛下即位，能爲治虖？臣又知陛下之不能也。若此諸王，雖名爲臣，實皆有布衣昆弟之心，慮亡不帝制而天子自爲者，擅爵人，赦死罪，甚者或戴黄屋，漢法令非行也，雖行不軌如厲王者，令之不肯聽，召之安可致乎？幸而來至，法安可得加！動一親戚，天下圜視而起，陛下之臣雖有悍如馮敬者，適啓其口，匕首已陷其匈矣。陛下雖賢，誰與領此？故疏者必危，親者必亂，已然之效也。其異姓負强而動者，漢已幸勝之矣，又不易其所以然。同姓襲是迹而動，既有徵矣，其勢盡又復然。殃旤之變，未知所移，明帝處之，尚不能以安，後世將如之何？

《漢書》卷四八《賈誼傳》 欲天下之治安，莫若衆建諸侯而少其力。力少則易使以義，國小則亡邪心。令海內之勢如身之使臂，臂之使指，莫不制從；諸侯之君不敢有異心，輻湊並進而歸命天子。雖在細民，且知其安。故天下咸知陛下之明。割地定制，令齊、趙、楚各爲若干國，使悼惠王、幽王、元王之子孫畢以次各受祖之分地，地盡而止，及燕、梁他國皆然。其分地衆而子孫少者，建以爲國，空而置之，須其子孫生者，舉使君之。諸侯之地其削頗入漢者，爲徙其侯國及封其子孫也所以數償之；一寸之地，一人之衆，天子亡所利焉，誠以定治而已。故天下咸知陛下之廉。地制壹定，宗室子孫莫慮不王，下無倍畔之心，上無誅伐之

志，故天下咸知陛下之仁。法立而不犯，令行而不逆，貫高、利幾之謀不生，柴奇、開章之計不萌，細民鄉善，大臣致順，故天下咸知陛下之義。臥赤子天下之上而安，植遺腹，朝委裘，而天下不亂，當時大治，後世誦聖，壹動而五業附，陛下誰憚而久不爲此？

三國魏·曹元首《六代論》 昔夏殷周之歷世數十，而秦二世而亡，何則？三代之君，與天下共其民，故天下同其憂；秦王獨制其民，故傾危而莫救。夫與人共其樂者，人必憂其憂；與人同其安者，人必拯其危。先王知獨治之不能久也，故與人共治之；知獨守之不能固也，故與人共守之。兼親疏而兩用，參同異而並進。是以輕重足以相鎭，親疏足以相衞，并兼路塞，逆節不生。及其衰也，桓文帥禮；苞茅不貢，齊師伐楚；宋不城周，晉戮其宰。王綱弛而復張，諸侯傲而復肅。二霸之後，寢以陵遲，吳楚憑江，負固方城，雖心希九鼎，而畏迫宗姬，姦情散於胸懷，逆謀消於脣吻，斯豈非信重親戚，任用賢能，枝葉碩茂，本根賴之與？自此之後，轉相攻伐。吳并於越，晉分爲三，魯滅於楚，鄭兼於韓。暨乎戰國，諸姬微矣，唯燕衞獨存。然皆弱小，西迫强秦，南畏齊、楚，救於滅亡，匪遑相卹。至於王赧，降爲庶人，猶枝幹相持，得居虛位，海內無主，四十餘年，秦據勢勝之地，騁譎詐之術，征伐關東，蠶食九國。至於始皇，乃定天位。曠日若彼，用力若此，豈非深根固蒂，不拔之道乎？《易》曰：『其亡其亡，繫於苞桑』，周德其可謂當之矣！

秦觀周之弊，將以爲以弱見奪，於是廢五等之爵，立郡縣之官，棄禮樂之教，任苛刻之政，子弟無尺寸之封，功臣無立錐之土，內無宗子以自毗輔，外無諸侯以爲蕃衞。仁心不加於親戚，惠澤不流於枝葉，譬猶芟刈股肱，獨任胸腹，浮舟江海，捐棄楫櫂。觀者爲之寒心，而始皇晏然，自以爲關中之固，金城千里，子孫帝王萬世之業也。豈不悖哉！是時，淳于越諫曰：『臣聞殷、周之王，封子弟功臣，千有餘歲。今陛下君有海內，而子弟爲匹夫，卒有田常六卿之臣，而無輔弼，何以相救？事不師古而能長久者，非所聞也。』始皇聽李斯偏説而絀其義，至身死之日，無所寄付，委天下之重於凡夫之手，託廢立之命於姦臣之口，至令趙高之徒，誅鋤宗室；胡亥少習剋薄之教，長遵凶父之業，不能改制易法，寵任兄弟，而乃師謨申商，諮謀趙高，自幽深宮，委政讒賊，身殘望夷，求爲黔首，豈可得哉？遂乃郡國離心，衆庶潰叛，勝廣唱之於前，劉項斃之於後；向使始皇納淳于之策，抑李斯之論，割裂州國，分王子弟，封三代之後，報功臣之勞，士有常君，民有定主，枝葉相扶，首尾爲用，雖使子孫有失道之行，時人無湯武之賢，姦謀未發，而身已屠戮，何區區之陳項，而復得措其手足哉？故漢祖奮三尺之劍，驅烏集之衆，五年之中而成帝業。自開闢以來，其興功立勳，未有若漢祖之易者也。夫伐深根者難爲功，摧枯朽者易爲力，理勢然也。

漢鑑秦之失，封植子弟，及諸呂擅權，圖危劉氏，而天下所以不能傾動，百姓所以不易心者，徒以諸侯强大，盤石膠固，東牟朱虛授命於內，齊代吳楚作衞於外故也。向使高祖踵亡秦之法，忽先王之制，則天下已傳，非劉氏有也。然高祖封建，地過古制，大者跨州兼域，小者連城數十，上下無別，權侔京室，故有吳楚七國之患。賈誼曰：『諸侯强盛，長亂起姦，夫欲天下之治安，莫若衆建諸侯而少其力，令海內之勢，若身之使臂，臂之使指，則下無背叛之心，上無誅伐之事。』文帝不從。至於孝景，猥用晁錯之計，削黜諸侯。親者怨恨，疏者震恐，吳楚唱謀，五國從風。兆發高祖，釁成文景，由寬之過制，急之不漸故也。所謂末大必折，尾大難掉。尾同於體，猶或不從，況乎非體之尾，其可掉哉？

武帝從主父之策，下推恩之命。自是之後，齊分爲七，趙分爲六，淮南三割，梁代五分，遂以陵遲，子孫微弱，衣食租稅，不豫政事，或以酎金免削，或以無後國除。至於成帝，王氏擅朝。劉向諫曰：『臣聞公族者，國之枝葉。枝葉落，則本根無所庇蔭。方今同姓疏遠，母黨專政，排擯宗室，孤弱公族，非所以保守社稷，安固國嗣也。』其言深切，多所稱引。成帝雖悲傷歎息而不能用。至乎哀平，異姓秉權，假周公之事，而爲田常之亂。高拱而竊天位，一朝而臣四海，漢宗室王侯，解印釋綬，貢奉社稷，猶懼不得爲臣妾，或乃爲之符命，頌莽恩德，豈不哀哉！由斯言之，非宗子獨忠孝於惠文之間，而叛逆於哀平之際也，徒以權輕勢弱，不能有定耳。

賴光武皇帝挺不世之姿，禽王莽於已成，紹漢祀於既絕，斯豈非宗子之力耶？而曾不鑑秦之失策，襲周之舊制，踵亡國之法，而僥倖無疆之期。至於桓靈，奄豎執衡，朝無死難之臣，外無同憂之國，君孤立於上，

臣弄權於下，本末不能相御，身手不能相使。由是天下鼎沸，姦凶並爭，宗廟焚爲灰燼，宮室變爲蓁藪。居九州之地而身無所安處，悲夫！

唐·朱敬則《五等論》 昔秦廢五等，崔寔、仲長統、王朗、曹冏等皆以爲秦之失。余竊異之，誠通其志云：蓋明王之理天下也，先之以博愛，本之以仁義，張四維，尊五美，懸禮樂於庭宇，置軌範於中衢，然後決玄波使横流，揚薰風以高扇，浮愷悌之甘澤，浸曠蕩之膏腴，正理革其淫邪，淳風柔其骨髓，使天下之人，心醉而神足。其於忠義也，立則見其參於前，其於進趨也，皎若章程之在目。禮經所及，等日月之難踰；聲教所行，雖風雨之不輟。聖人知俗之漸化也，王道之已行也。於是體國經野，庸功勳親。分山裂河，設磐石之固；內守外禦，有維城之基。連結偏於域中，膠葛盡於封內。雖道昏時喪，澤竭政塞。鄭伯逐王，申侯殺主，魯不供物，宋不成周，吳徵百牢，楚問九鼎，小白之一匡天下，重耳之一戰諸侯。無君之迹顯然，簒奪之謀中寢者，直以周禮尚存，簡書不隕，故曰不敢失墜。天威在顔。

自春秋之後，禮義漸頹，風俗塵昏，愧恥心盡，疾走先得者爲上。奪攘知命者爲能。加以八世專齊，三家分晉，子貢之亂五國，蘇秦之鬬七雄。苛刻薄興，經籍道息，莫不長詐術，貴攻戰，萬姓皆戴爪牙，無人不屬觜距，所以商鞅欺故友，李斯囚舊交；孫臏喪足於龐涓，張儀得志於陳軫，一旅之衆，便欲稱王；再戰之雄，爭來奉帝。先王會盟之禮，昔時樽俎之容，三代之風，掃地盡矣。況始皇削平區宇，殊非至公，李斯之作股肱，罕循大道，人無見德，唯虐是聞。當此時也，主猜於上，人駭於下，父不能保之於子，君不能保之於臣。欲使始皇分土，姦雄建侯，薄俗若喻晉鄭之可依，便借賊兵而資盜糧，寄龍魚而助風雨，不可行也。是以秦鑑周德之緜，深懼已圖之不遠，罷侯置守，高下在心，天下制在一人，百姓不聞二主，直是不得行其世封，非薄功臣而賤骨肉也。

高皇帝揭日月之明，懷天地之量，算財不足以分賞，論功不足以受封。邑皆百城，土有千里，人殷國富，地廣兵强。五十年間，七國同反，賈誼憂其國失，鼂錯請削其地，若言由大而反也，不若召陵之師，踐土之衆也；若言有材而起也，劉濞非王霸之材，田祿無先管之略也。且齊晉以逆禮爲慙，吳楚以犯上非愧，釁由教起，其所由來遠矣。

自此之後，雜霸又衰，中興不能改物創圖，黄初不能深謀遠慮。緬乎漢魏之際，尋其經緯之初，未有積德重光，澤及萬物。觀其教，偷薄於秦風；察其人。豺狼於漢日，故魏太祖曰：『若使無孤，天下幾人稱帝？幾人稱王？明竊號議者觸目皆是。』欲以此時開賜履之祚，垂萬代之封，必有通車三川闚周室，介馬汾隰而逐翼侯。王司徒屢請於當時，曹元首又勤於宗室，皆不知時也。

唐·柳宗元《封建論》 天地果無初乎？吾不得而知之也。生人果有初乎？吾不得而知之也。然則孰爲近？曰：有初爲近。孰明之？由封建而明之也。彼封建者，更古聖王堯、舜、禹、湯、文、武而莫能去之。蓋非不欲去之也，勢不可也。勢之來，其生人之初乎？不初，無以有封建。封建，非聖人意也。

彼其初，與萬物皆生，草木榛榛，鹿豕狉狉，人不能搏噬。而且無毛羽。莫克自奉自衛。荀卿有言『必將假物以爲用』者也。夫假物者必爭，爭而不已，必就其能斷曲直者而聽命焉。其智而明者。所伏必衆，告之以直而不改，必痛之而後畏，由是君長刑政生焉。故近者聚而爲羣。羣之分，其爭必大。大而後有兵有德，又有大者，衆羣之長，又就而聽命焉，以安其屬。於是有諸侯之列，則其爭又有大者焉。德又大者，諸侯之列又就而聽命焉，以安其封。於是有方伯連帥之類，則其爭又有大者焉。德又大者，方伯連帥之類又就而聽命焉，以安其人，然後天下會於一。是故有里胥而後有縣大夫，有縣大夫而後有諸侯，有諸侯而後有方伯連帥，有方伯連帥而後有天子。自天子至於里胥，其德在人者，死必求其嗣而奉之。故封建非聖人意也。勢也。【略】

或者曰：『封建者，必私其土，子其人，適其俗，修其理，施化易也。守宰者，苟其心，思遷其秩而已，何能理乎！』余又非之。周之事迹，斷可見矣。列侯驕盈。黷貨事戎。大凡亂國多，理國寡，侯伯不得變其政，天子不得變其君。私士子人者，百不有一。失在於制，不在於政，周事然也。秦之事迹，亦斷可見矣。有理人之制，而不委郡邑是矣。有理人之臣，而不使守宰是矣。郡邑不得正其制，守宰不得行其理。酷刑苦役，而萬人側目。失在於政，不在於制，秦事然也。漢興，天子之政，行於郡，不行於國，制其守宰，不制其侯王。侯王雖亂，不可變也。國人雖

病，不可除也。及夫大逆不道，然後掩捕而遷之，勒兵而夷之耳。大逆未彰，姦利浚財，怙勢作威，大刻於民者，無如之何。及夫郡邑，可謂理且安矣。何以言之？且漢知孟舒於田叔，得魏尚於馮唐，聞黄霸之明審，睹汲黯之簡靖，拜之可也，復其位可也，卧而委之以輯一方可也。有罪得以黜，有能得以賞，朝拜而不道，夕斥之矣；夕受而不法，朝斥之矣。設使漢室盡城邑而侯王之，縱令其亂人，戚之而已。孟舒魏尚之術，莫得而施。黄霸汲黯之化，莫得而行。明譴而導之，拜受而退，已違矣。下令而削之，締交合縱之謀，周於同列，則相顧裂眦，勃然而起。幸而不起，則削其半。削其半，民猶瘁矣，曷若舉而移之以全其人乎？漢事然也。今國家盡制郡邑，連置守宰，其不可變也固矣。善制兵，謹擇守，則理平矣。

或者又曰：『夏、商、周、漢封建而延，秦郡邑而促。』尤非所謂知理者也！魏之承漢也，封爵猶建。晉之承魏也，因循不革。而二姓陵替，不聞延祚。今矯而變之，垂二百祀，大業彌固，何繫於諸侯哉。

或者又以爲：『殷、周聖王也，而不革其制，固不當復議也。』是大不然。夫殷周之不革者，是不得已也。蓋以諸侯歸殷者三千焉，資以黜夏，湯不得而廢。歸周者八百焉，資以勝殷，武王不得而易。徇之以爲安，仍之以爲俗，湯武之所不得已也。夫不得已，非公之大者也，私其力於己也，私其衛於子孫也。秦之所以革之者，其爲制，公之大者也。其情私也，私其一己之威也，私其盡臣畜於我也。然而公天下之端自秦始。夫天下之道，理安斯得人者也。使賢者居上，不肖者居下，而後可以理安。今夫封建者，繼世而理。繼世而理者，上果賢乎？下果不肖乎？則生人之理亂未可知也。將欲利其社稷，以一其人之視聽，則又有世大夫，世食禄邑以盡封略。聖賢生於其時，亦無以立於天下，封建者爲之也。豈聖人之制使至於是乎？吾固曰：非聖人之意也，勢也。

宋·司馬光《資治通鑑》卷三七《漢紀·王莽始建國二年》 昔周封國八百，同姓五十有餘，所以親親賢賢，關諸盛衰，深根固本，爲不可拔者也。故盛則周、召相其治，致刑錯；衰則五伯扶其弱，與共守；天下謂之共主，强大弗之敢傾。歷載八百餘年，數極德盡，降爲庶人，用天年終。秦訕笑三代，竊自號爲皇帝，而子弟爲匹夫，內無骨肉本根之輔，外無尺土藩翼之衛；陳、吴奮其白梃，劉、項隨而斃之。故曰，周過其曆，秦不及期，國勢然也。

漢興之初，懲戒亡秦孤立之敗，於是尊王子弟，大啓九國。自雁門以東盡遼陽，爲燕、代；常山以南，太行左轉，渡河、濟，漸于海，爲齊、趙；穀、泗以往，奄有龜、蒙，爲梁、楚；東帶江、湖，薄會稽，爲荆、吴；北界淮瀕，略廬、衡，爲淮南；波漢之陽，亙九嶷，爲長沙。諸侯比境，周匝三垂，外接胡、越。天子自有三河、東郡、潁川、南陽，自江陵以西至巴、蜀，北自雲中至隴西，與京師、內史，凡十五郡；公主、列侯頗邑其中。而藩國大者夸州兼郡，連城數十，宮室、百官同制京師，可謂矯枉過其正矣。雖然，高祖創業，日不暇給，孝惠享國又淺，高后女主攝位，而海內晏如，亡狂狡之憂，卒折諸呂之難，成太宗之業者，亦賴之於諸侯也。

然諸侯原本以大末，流濫以至溢，小者淫荒越法，大者睽孤横逆以害身喪國，故文帝分齊、趙，景帝削吴、楚，武帝下推恩之令而藩國自析。自此以來，齊分爲七，趙分爲六，梁分爲五，淮南分爲三。皇子始立者，大國不過十餘城。長沙、燕、代雖有舊名，皆亡南北邊矣。景遭七國之難，抑損諸侯，減黜其官。武有衡山、淮南之謀，作左官之律，設附益之法；諸侯惟得衣食税租，不與政事。至於哀、平之際，皆繼體苗裔，親屬疏遠，生於帷牆之中，不爲士民所尊，勢與富室亡異。而本朝短祚，國統三絕。是故王莽知漢中外殫微，本末俱弱，無所忌憚，生其姦心，因母后之權，假伊、周之稱，顓作威福廟堂之上，不降階序而運天下。詐謀既成，遂據南面之尊，分遣五威之吏，馳傳人下，班行符命；漢諸侯王厥角稽首，奉上璽韍，惟恐在後，或乃稱美頌德以求容媚，豈不哀哉！

元·馬端臨《文獻通考》卷二六八《封建考九》 西漢之封建，其初也，則剿滅異代所建，而以畀其功臣；繼而剿滅異姓諸侯，而以畀其同宗；又繼而剿滅疏屬劉氏王，而以畀其子孫；蓋檢制益密，而猜防益深矣。

景、武而後，令諸侯王不得治民補吏，於是諸侯雖有君國子民之名，不過食其邑入而已，土地甲兵不可得而擅矣。【略】蓋罷侯置守，雖始於秦，然諸侯王不得治民補吏，則始於西都景、武之時。蓋自是封建之名

存，而封建之實盡廢矣。

清・顧炎武《郡縣論》 知封建之所以變而爲郡縣，則知郡縣之敝而將復變。然則將復變而爲封建乎？曰：不能。有聖人起，寓封建之意於郡縣之中而天下治矣。蓋自漢以下之人，莫不謂秦以孤立而亡。不知秦之亡，不封建亡，封建亦亡。而封建之廢，固自周衰之日，而不自於秦也。封建之廢，非一日之故也；雖聖人起，亦將變而爲郡縣。

方今郡縣之敝已極，而無聖人出焉，尚一一仍其故事，此民生之所以日貧，中國之所以日弱而益趨於亂也。何則？封建之失，其專在下；郡縣之失，其專在上。古之聖人，以公心待天下之人，胙之土而分之國。今之君人者，盡四海之內爲我郡縣，猶不足也，人人而疑之，事事而制之，科條文簿，日多於一日，而又設之監司，設之督撫，以爲如此守令不得以殘害其民矣。不知有司之官，凜凜焉救過之不給，以得代爲幸，而無肯爲其民興一日之利者，民烏得而不窮，國烏得而不弱！率此不變，雖千百年，而吾知其與亂同事，日甚一日者矣。

然則尊令長之秩，而予之以生財治人之權，罷監司之任，設世官之獎，行辟屬之法，所謂寓封建之意於郡縣之中，而二千年以來之敝，可以復振。後之君，苟欲厚民生，强國勢，則必用吾言矣。

其説曰：改知縣爲五品官，正其名曰縣令。任是職者，必用千里以內習其風土之人。其初曰試令，三年，稱職爲眞；又三，稱職，封父母；又三年稱職，璽書勞問；又三年稱職，進階益禄，任之終身。其老疾乞休者，舉子若弟代；不舉子若弟，舉他人者，聽。既代去，處其縣爲祭酒，禄之終身。所舉之人，復爲試令，三年，稱職爲眞，如上法。

每三四縣若五六縣爲郡，郡設一太守。太守三年一代。詔遣御史巡方，一年一代。其督撫司道悉罷。令以下，設一丞，吏部選授。丞任九年以上，得補令。丞以下曰簿，曰尉，曰博士，曰驛丞，曰司倉，曰遊徼，曰嗇夫之屬，備設之，毋裁。其人聽令自擇，報名於吏部。簿以下，得用本邑人爲之。

令有得罪於民者，小則流，大則殺。其稱職者，既家於縣，則除其本籍。夫使天下之爲縣令者，不得遷，又不得歸，其身與縣終，而子孫世世處焉。不職者流，貪以敗官者殺。夫居則爲縣宰，去則爲流人，賞則爲世官，罰則爲斬絞，豈有不勉而爲良吏者哉。【略】

今天下之患，莫大乎貧。用吾之説，則五年而小康，十年而大富。且以馬言之：天下驛遞往來，以及州縣上計京師，白事司府，迎候上官，遞送文書，及庶人在官所用之馬，一歲無慮百萬匹，其行無慮萬萬里。今則十減六七，而西北之馬贏不可勝用矣。以文册言之：一事必報數衙門，往復駁勘必數次，以及迎候生辰拜賀之用，其紙料之費，索諸民者，歲不下巨萬。今則十減七八，而東南之竹箭不可勝用矣。他物之稱是者，不可悉數。

且使爲令者，得以省耕斂，教樹畜，而田功之獲，果蔬之收，六畜之孳，材木之茂，五年之中，必當倍益。從是而山澤之利亦可開也。夫採礦之役，自元以前，歲以爲常。先朝所以閉之而不發者，以其召亂也。譬之有窖金焉，發於五達之衢，則市人聚而爭之；發於堂室之內，則唯主人有之，門外者不得而爭也。今有礦焉，天子開之，是發金於五達之衢也；縣令開之，是發金於堂室之內也。利盡山澤而不取諸民，故曰，此富國之筴也。

雜録

漢・賈誼《治安策》 屠牛坦一朝解十二牛，而芒刃不頓者，所排擊剥割，皆衆理解也。至於髖髀之所，非斤則斧。夫仁義恩厚，人主之芒刃也；權勢法制，人主之斤斧也。今諸侯王皆衆髖髀也，釋斤斧之用，而欲嬰以芒刃，臣以爲不缺則折。胡不用之淮南、濟北？勢不可也。

臣竊迹前事，大抵强者先反。淮陰王楚最强，則最先反；韓信倚胡，則又反；貫高因趙資，則又反；陳豨兵精，則又反；彭越用梁，則又反；黥布用淮南，則又反；盧綰最弱，最後反。長沙乃在二萬五千户耳，功少而最完，勢疏而最忠，非獨性異人也，亦形勢然也。曩令樊、酈、絳、灌據數十城而王，今雖以殘亡可也；令信、越之倫列爲徹侯而居，雖至今存可也。

然則天下之大計可知已。欲諸王之皆忠附，則莫若令如長沙王；欲臣子之勿菹醢，則莫若令如樊、酈等；欲天下之治安，莫若衆建諸侯而

少其力。力少則易使以義，國小則亡邪心。令海內之勢，如身之使臂，臂之使指，莫不制從，諸侯之君，不敢有異心，輻湊並進而歸命天子，雖在細民，且知其安，故天下咸知陛下之明。割地定制，令齊、趙、楚各爲若干國，使悼惠王、幽王、元王之子孫畢以次各受祖之分地，地盡而止，及燕、梁他國皆然。其分地衆而子孫少者，建以爲國，空而置之，須其子孫生者，舉使君之。諸侯之地其削頗入漢者，爲徙其侯國，及封其子孫也，所以數償之；一寸之地，一人之衆，天子亡所利焉，誠以定治而已，故天下咸知陛下之廉。地制壹定，宗室子孫莫慮不王，下無倍畔之心，上無誅伐之志，故天下咸知陛下之仁。法立而不犯，令行而不逆，貫高、利幾之謀不生，柴奇、開章之計不萌，細民鄉善，大臣致順，故天下咸知陛下之義。臥赤子天下之上而安，植遺腹，朝委裘，而天下不亂，當時大治，後世誦聖。壹動而五業附，陛下誰憚而久不爲此？

天下之勢，方病大瘇，一脛之大幾如要，一指之大幾如股，平居不可屈信，一二指搐，身慮亡聊。失今不治，必爲錮疾，後雖有扁鵲，不能爲已。病非徒瘇也，又苦蹠盭。元王之子，帝之從弟也；今之王者，從弟之子也。惠王，親兄子也；今之王者，兄子之子也。親者或亡分地以安天下，疏者或制大權以偪天子。臣故曰非徒病瘇也，又苦蹠盭。可痛哭者，此病是也。

唐・柳宗元《封建論》　夫堯、舜、禹、湯之事遠矣。及有周而甚詳。周有天下，裂土田而瓜分之，設五等，邦羣后，布履星羅，四周於天下，輪運而輻集。合爲朝覲會同，離爲守臣扞城。然而降於夷王，害禮傷尊，下堂而迎覲者。歷於宣王，挾中興復古之德，雄南征北伐之威，卒不能定魯侯之嗣。陵夷及於幽厲，王室東徙，而自列爲諸侯矣。厥後問鼎之輕重者有之，射王中肩者有之，伐凡伯誅萇弘者有之，天下乖盭，無君君之心。余以爲周之喪久矣，徒建空名於公侯之上耳。得非諸侯之盛强，末大不掉之咎歟？遂判爲十二，合爲七國，威分於陪臣之邦，國殄于後封之秦，則周之敗端。其在乎此矣。

秦有天下，裂都會而爲之郡邑，廢侯衛而爲之守宰。據天下之雄圖，都六合之上游，攝制四海，運於掌握之內，此其所以爲得也。不數載而天下大壞，其有由矣：亟役萬人，暴其威刑，竭其貨賄，負鋤梃謫戍之徒，圜視而合從，大呼而成羣。時則有叛人而無叛吏。人怨於下，而吏畏于上，天下相合，殺守劫令而並起。咎在人怨，非郡邑之制失也。

漢有天下，矯秦之枉，徇周之制，剖海內而立宗子，封功臣。數年之間，奔命扶傷之不暇，困平城，病流矢，陵遲不救者三代。後乃謀臣獻畫，而離削自守矣。然而封建之始，郡國居半，時則有叛國而無叛郡。秦制之得，亦以明矣。繼漢而帝者，雖百代可知也。唐興，制州邑，立守宰，此其所以爲宜也。然猶桀猾時起，虐害方域者，失不在於州而在於兵，時則有叛將而無叛州。州縣之設，固不可革也。

清・顧炎武《郡縣論》　善乎葉正則之言曰：『今天下官無封建，而吏有封建。』州縣之敝，吏胥窟穴其中，父以是傳之子，兄以是傳之弟。而其尤桀黠者則進而爲院司之書吏，以掣州縣之權。上之人，明知其爲天下之大害而不能去也。使官皆千里以內之人，習其民事，而又終其身任之，則上下辨而民志定矣，文法除而吏事簡矣。官之力，足以御吏而有餘，吏無所以把持其官而自循其法。昔人所謂『養百萬虎狼於民間』者，將一旦而盡去。治天下之愉快，孰過於此。

當運之德選擇分部

綜　述

《史記》卷六《秦始皇本紀》　始皇推終始五德之傳，以爲周得火德，秦代周德，從所不勝。方今水德之始，改年始，朝賀皆自十月朔。衣服旄旌節旗皆上黑。數以六爲紀，符、法冠皆六寸，而輿六尺，六尺爲步，乘六馬。更名河曰德水，以爲水德之始。剛毅戾深，事皆決於法，刻削毋仁恩和義，然後合五德之數。於是急法，久者不赦。

又　卷一〇《孝文本紀》　（孝文帝十四年）春，上曰：『朕獲執犧牲珪幣以事上帝宗廟，十四年于今，歷日（縣）〔緜〕長，以不敏不明而久撫臨天下，朕甚自愧。其廣增諸祀墠場珪幣。昔先王遠施不求其報，望祀不祈其福，右賢左戚，先民後己，至明之極也。今吾聞祠官祝釐，皆

歸福朕躬，不爲百姓，朕甚愧之。夫以朕不德，而躬享獨美其福，百姓不與焉，是重吾不德。其令祠官致敬，毋有所祈。』

是時北平侯張蒼爲丞相，方明律曆。魯人公孫臣上書陳終始傳五德事，言方今土德時，土德應黄龍見，當改正朔服色制度。天子下其事與丞相議。丞相推以爲今水德，始明正十月上黑事，以爲其言非是，請罷之。

十五年，黄龍見成紀，天子乃復召魯公孫臣，以爲博士，申明土德事。於是上乃下詔曰：『有異物之神見於成紀，無害於民，歲以有年。朕親郊祀上帝諸神。禮官議，毋諱以勞朕。』有司禮官皆曰：『古者天子夏躬親禮祀上帝於郊，故曰郊。』於是天子始幸雍，郊見五帝，以孟夏四月答禮焉。趙人新垣平以望氣見，因説上設立渭陽五廟。欲出周鼎，當有玉英見。

十六年，上親郊見渭陽五帝廟，亦以夏答禮而尚赤。

十七年，得玉杯，刻曰『人主延壽』。於是天子始更爲元年，令天下大酺。其歲，新垣平事覺，夷三族。

後二年，上曰：『朕既不明，不能遠德，是以使方外之國或不寧息。夫四荒之外不安其生，封畿之内勤勞不處，二者之咎，皆自於朕之德薄而不能遠達也。閒者累年，匈奴並暴邊境，多殺吏民，邊臣兵吏又不能諭吾内志，以重吾不德也。夫久結難連兵，中外之國將何以自寧？今朕夙興夜寐，勤勞天下，憂苦萬民，爲之怛惕不安，未嘗一日忘於心，故遣使者冠蓋相望，結軼於道，以諭朕意於單于。今單于反古之道，計社稷之安，便萬民之利，親與朕俱弃細過，偕之大道，結兄弟之義，以全天下元元之民。和親已定，始於今年。』

又 卷二六《曆書第四》 昔自在古，曆建正作於孟春。於時冰泮發蟄，百草奮興，秭鳺先滜。物乃歲具，生於東，次順四時，卒於冬分。時雞三號，卒明。撫十二［月］節，卒於丑。日月成，故明也。明者孟也，幽者幼也，幽明者雌雄也。雌雄代興，而順至正之統也。日歸於西，起明于東；月歸於東，起明于西。正不率天，又不由人，則凡事易壞而難成矣。

王者易姓受命，必慎始初，改正朔，易服色，推本天元，順承厥意。

太史公曰：神農以前尚矣。蓋黄帝考定星曆，建立五行，起消息，正閏餘，於是有天地神祇物類之官，是謂五官。各司其序，不相亂也。民是以能有信，神是以能有明德。民神異業，敬而不瀆，故神降之嘉生，民以物享，灾禍不生，所求不匱。

少皞氏之衰也，九黎亂德，民神雜擾，不可放物，禍菑薦至，莫盡其氣。顓頊受之，乃命南正重司天以屬神，命火正黎司地以屬民，使復舊常，無相侵瀆。

其後三苗服九黎之德，故二官咸廢所職，而閏餘乖次，孟陬殄滅，攝提無紀，曆數失序。堯復遂重黎之後，不忘舊者，使復典之，而立羲和之官。明時正度，則陰陽調，風雨節，茂氣至，民無夭疫。年耆禪舜，申戒文祖，云『天之曆數在爾躬』。舜亦以命禹。由是觀之，王者所重也。

夏正以正月，殷正以十二月，周正以十一月。蓋三王之正若循環，窮則反本。天下有道，則不失紀序；無道，則正朔不行於諸侯。

幽、厲之後，周室微，陪臣執政，史不記時，君不告朔，故疇人子弟分散，或在諸夏，或在夷狄，是以其禨祥廢而不統。周襄王二十六年閏三月，而《春秋》非之。先王之正時也，履端於始，舉正於中，歸邪於終。履端於始，序則不愆；舉正於中，民則不惑；歸邪於終，事則不悖。

其後戰國並爭，在於强國禽敵，救急解紛而已，豈遑念斯哉！是時獨有鄒衍，明於五德之傳，而散消息之分，以顯諸侯。而亦因秦滅六國，兵戎極煩，又升至尊之日淺，未暇遑也。而亦頗推五勝，而自以爲獲水德之瑞，更名河曰『德水』，而正以十月，色上黑。然曆度閏餘，未能睹其眞也。

漢興，高祖曰『北畤待我而起』，亦自以爲獲水德之瑞。雖明習曆及張蒼等，咸以爲然。是時天下初定，方綱紀大基，高后女主，皆未遑，故襲秦正朔服色。

至孝文時，魯人公孫臣以終始五德上書，言『漢得土德，宜更元，改正朔，易服色。當有瑞，瑞黄龍見』。事下丞相張蒼，張蒼亦學律曆，以爲非是，罷之。其後黄龍見成紀，張蒼自黜，所欲論著不成。而新垣平以望氣見，頗言正曆服色事，貴幸，後作亂，故孝文帝廢不復問。

至今上卽位，招致方士唐都，分其天部；而巴落下閎運算轉曆，然後日辰之度與夏正同。乃改元，更官號，封泰山。因詔御史曰：『乃者，

有司言星度之未定也，廣延宣問，以理星度，未能詹也。蓋聞昔者黄帝合而不死，名察度驗，定清濁，起五部，建氣物分數。然蓋尚矣。書缺樂弛，朕甚閔焉。朕唯未能循明也，紬績日分，率應水德之勝。今日順夏至，黄鐘爲宫，林鐘爲徵，太蔟爲商，南呂爲羽，姑洗爲角。自是以後，氣復正，羽聲復清，名復正變，以至子日當冬至，則陰陽離合之道行焉。十一月甲子朔旦冬至已詹，其更以七年爲太初元年。年名「焉逢攝提格」，月名「畢聚」，日得甲子，夜半朔旦冬至。」

又 卷二八《封禪書》 自古受命帝王，曷嘗不封禪？蓋有無其應而用事者矣，未有睹符瑞見而不臻乎泰山者也。雖受命而功不至，至梁父矣而德不洽，洽矣而日有不暇給，是以即事用希。《傳》曰：「三年不爲禮，禮必廢；三年不爲樂，樂必壞。」每世之隆，則封禪答焉，及衰而息。厥曠遠者千有餘載，近者數百載，故其儀闕然堙滅，其詳不可得而記聞云。

《尚書》曰，舜在璇璣玉衡，以齊七政。遂類于上帝，禋于六宗，望山川，徧羣神。輯五瑞，擇吉月日，見四嶽諸牧，還瑞。歲二月，東巡狩，至於岱宗。岱宗，泰山也。柴，望秩于山川。遂覲東后。東后者，諸侯也。合時月正日，同律度量衡，修五禮，五玉三帛二生一死贄。五月，巡狩至南嶽。南嶽，衡山也。八月，巡狩至西嶽。西嶽，華山也。十一月，巡狩至北嶽。北嶽，恆山也。皆如岱宗之禮。中嶽，嵩高也。五載一巡狩。

禹遵之。後十四世，至帝孔甲，淫德好神，神瀆，二龍去之。其後三世，湯伐桀，欲遷夏社，不可，作《夏社》。後八世，至帝太戊，有桑穀生於廷，一暮大拱，懼。伊陟曰：「妖不勝德。」太戊修德，桑穀死。伊陟贊巫咸，巫咸之興自此始。後十四世，帝武丁得傅説爲相，殷復興焉，稱高宗。有雉登鼎耳雊，武丁懼。祖己曰：「修德。」武丁從之，位以永寧。後五世，帝武乙慢神而震死。後三世，帝紂淫亂，武王伐之。由此觀之，始未嘗不肅祇，後稍怠慢也。

《周官》曰，冬日至，祀天於南郊，迎長日之至；夏日至，祭地祇。皆用樂舞，而神乃可得而禮也。天子祭天下名山大川，五嶽視三公，四瀆視諸侯，諸侯祭其疆内名山大川。四瀆者，江、河、淮、濟也。天子曰明堂、辟雍，諸侯曰泮宫。

周公既相成王，郊祀后稷以配天，宗祀文王於明堂以配上帝。自禹興而修社祀，后稷稼穡，故有稷祠，郊社所從來尚矣。

自周克殷後十四世，世益衰，禮樂廢，諸侯恣行，而幽王爲犬戎所敗，周東徙雒邑。秦襄公攻戎救周，始列爲諸侯。秦襄公既侯，居西垂，自以爲主少皞之神，作西畤，祠白帝，其牲用騮駒黄牛羝羊各一云。其後十六年，秦文公東獵汧渭之閒，卜居之而吉。文公夢黄蛇自天下屬地，其口止於鄜衍。文公問史敦，敦曰：「此上帝之徵，君其祠之。」於是作鄜畤，用三牲郊祭白帝焉。

自未作鄜畤也，而雍旁故有吴陽武畤，雍東有好畤，皆廢無祠。或曰：「自古以雍州積高，神明之隩，故立畤郊上帝，諸神祠皆聚云。蓋黄帝時嘗用事，雖晚周亦郊焉。」其語不經見，縉紳者不道。

作鄜畤後九年，文公獲若石云，于陳倉北阪城祠之。其神或歲不至，或歲數來，來也常以夜，光輝若流星，從東南來集於祠城，則若雄雞，其聲殷云，野雞夜雊。以一牢祠，命曰陳寶。

作鄜畤後七十八年，秦德公既立，卜居雍，後子孫飲馬於河，遂都雍。雍之諸祠自此興。用三百牢於鄜畤。作伏祠。磔狗邑四門，以禦蠱菑。

德公立二年卒。其後（六）［四］年，秦宣公作密畤於渭南，祭青帝。

其後十四年，秦繆公立，病臥五日不寤；寤，乃言夢見上帝，上帝命繆公平晉亂。史書而記藏之府。而後世皆曰秦繆公上天。

秦繆公即位九年，齊桓公既霸，會諸侯於葵丘，而欲封禪。管仲曰：「古者封泰山禪梁父者七十二家，而夷吾所記者十有二焉。昔無懷氏封泰山，禪云云；虙羲封泰山，禪云云；神農封泰山，禪云云；炎帝封泰山，禪云云；黄帝封泰山，禪亭亭；顓頊封泰山，禪云云；帝俈封泰山，禪云云；堯封泰山，禪云云；舜封泰山，禪云云；禹封泰山，禪會稽；湯封泰山，禪云云；周成王封泰山，禪社首：皆受命然後得封禪。」桓公曰：「寡人北伐山戎，過孤竹；西伐大夏，涉流沙，束馬懸車，上卑耳之山；南伐至召陵，登熊耳山以望江漢。兵車之會三，而乘車之會六，九合諸侯，一匡天下，諸侯莫違我。昔三代受命，亦何以異

乎？』於是管仲睹桓公不可窮以辭，因設之以事，曰：『古之封禪，鄗上之黍，北里之禾，所以爲盛；江淮之閒，一茅三脊，所以爲藉也。東海致比目之魚，西海致比翼之鳥，然後物有不召而自至者十有五焉。今鳳皇麒麟不來，嘉穀不生，而蓬蒿藜莠茂，鴟梟數至，而欲封禪，毋乃不可乎？』於是桓公乃止。是歲，秦繆公内晉君夷吾。其後三置晉國之君，平其亂。繆公立三十九年而卒。

其後百有餘年，而孔子論述六藝，傳略言易姓而王，封泰山禪乎梁父者七十餘王矣，其俎豆之禮不章，蓋難言之。或問禘之説，孔子曰：『不知。知禘之説，其於天下也視其掌。』《詩》云紂在位，文王受命，政不及泰山。武王克殷二年，天下未寧而崩。爰周德之洽維成王，成王之封禪則近之矣。及後陪臣執政，季氏旅於泰山，仲尼譏之。

是時萇弘以方事周靈王，諸侯莫朝周，周力少，萇弘乃明鬼神事，設射貍首。貍首者，諸侯之不來者。依物怪欲以致諸侯。諸侯不從，而晉人執殺萇弘。周人之言方怪者自萇弘。

其後百餘年，秦靈公作吳陽上畤，祭黄帝；作下畤，祭炎帝。

後四十八年，周太史儋見秦獻公曰：『秦始與周合，合而離，五百歲當復合，合十七年而霸王出焉。』櫟陽雨金，秦獻公自以爲得金瑞，故作畦畤櫟陽而祀白帝。

其後百二十歲而秦滅周，周之九鼎入于秦。或曰宋太丘社亡，而鼎没于泗水彭城下。

其後百一十五年而秦并天下。

秦始皇既并天下而帝，或曰：『黄帝得土德，黄龍地螾見。夏得木德，青龍止於郊，草木暢茂。殷得金德，銀自山溢。周得火德，有赤烏之符。今秦變周，水德之時。昔秦文公出獵，獲黑龍，此其水德之瑞。』於是秦更命河曰『德水』，以冬十月爲年首，色上黑，度以六爲名，音上大吕，事統上法。

即帝位三年，東巡郡縣，祠騶嶧山，頌秦功業。於是徵從齊魯之儒生博士七十人，至乎泰山下。諸儒生或議曰：『古者封禪爲蒲車，惡傷山之土石草木；埽地而祭，席用葅稭，言其易遵也。』始皇聞此議各乖異，難施用，由此絀儒生。而遂除車道，上自泰山陽至巔，立石頌秦始皇帝德，明其得封也。從陰道下，禪於梁父。其禮頗采太祝之祀雍上帝所用，而封藏皆秘之，世不得而記也。

始皇之上泰山，中阪遇暴風雨，休於大樹下。諸儒生既絀，不得與用於封事之禮，聞始皇遇風雨，則譏之。

於是始皇遂東遊海上，行禮祠名山大川及八神，求僊人羨門之屬。八神將自古而有之，或曰太公以來作之。齊所以爲齊，以天齊也。其祀絶，莫知起時。八神：一曰天主，祠天齊。天齊淵水，居臨菑南郊山下者。二曰地主，祠泰山梁父。蓋天好陰，祠之必於高山之下，小山之上，命曰『畤』；地貴陽，祭之必於澤中圜丘云。三曰兵主，祠蚩尤。蚩尤在東平陸監鄉，齊之西境也。四曰陰主，祠三山。五曰陽主，祠之罘。六曰月主，祠之萊山。皆在齊北，並勃海。七曰日主，祠成山。成山斗入海，最居齊東北隅，以迎日出云。八曰四時主，祠琅邪。琅邪在齊東方，蓋歲之所始。皆各用一牢具祠，而巫祝所損益，珪幣雜異焉。

自齊威、宣之時，騶子之徒論著終始五德之運，及秦帝而齊人奏之，故始皇采用之。而宋毋忌、正伯僑、充尚、羨門高最後皆燕人，爲方僊道，形解銷化，依於鬼神之事。騶衍以陰陽主運顯於諸侯，而燕齊海上之方士傳其術不能通，然則怪迂阿諛苟合之徒自此興，不可勝數也。

自威、宣、燕昭使人入海求蓬萊、方丈、瀛洲。此三神山者，其傅在勃海中，去人不遠；患且至，則船風引而去。蓋嘗有至者，諸僊人及不死之藥皆在焉。其物禽獸盡白，而黄金銀爲宫闕。未至，望之如雲；及到，三神山反居水下。臨之，風輒引去，終莫能至云。世主莫不甘心焉。及至秦始皇并天下，至海上，則方士言之不可勝數。始皇自以爲至海上而恐不及矣，使人乃齎童男女入海求之。船交海中，皆以風爲解，曰未能至，望見之焉。其明年，始皇復游海上，至琅邪，過恒山，從上黨歸。後三年，游碣石，考入海方士，從上郡歸。後五年，始皇南至湘山，遂登會稽，並海上，冀遇海中三神山之奇藥。不得，還至沙丘崩。

二世元年，東巡碣石，並海南，歷泰山，至會稽，皆禮祠之，而刻勒始皇所立石書旁，以章始皇之功德。其秋，諸侯畔秦。三年而二世弑死。

始皇封禪之後十二歲，秦亡。諸儒生疾秦焚《詩》、《書》，誅僇文學，百姓怨其法，天下畔之，皆譌曰：『始皇上泰山，爲暴風雨所擊，不

得封禪。』此豈所謂無其德而用事者邪？

昔三代之（君）［居］皆在河洛之閒，故嵩高爲中嶽，而四嶽各如其方，四瀆咸在山東。至秦稱帝，都咸陽，則五嶽、四瀆皆並在東方。自五帝以至秦，軼興軼衰，名山大川或在諸侯，或在天子，其禮損益世殊，不可勝記。及秦并天下，令祠官所常奉天地名山大川鬼神可得而序也。

於是自殽以東，名山五，大川祠二。曰太室。太室，嵩高也。恆山，泰山，會稽，湘山。水曰濟，曰淮。春以脯酒爲歲祠，因泮凍，秋涸凍，冬塞禱祠。其牲用牛犢各一，牢具珪幣各異。

自華以西，名山七，名川四。曰華山，薄山。薄山者，衰山也。岳山，岐山，吳岳，鴻冢，瀆山。瀆山，蜀之汶山。水曰河，祠臨晉；沔，祠漢中；湫淵，祠朝那；江水，祠蜀。亦春秋泮涸禱塞，如東方名山川；而牲牛犢牢具珪幣各異。而四大冢鴻、岐、吳、岳，皆有嘗禾。

陳寶節來祠。其河加有嘗醪。此皆在雍州之域，近天子之都，故加車一乘，駵四。

霸、產、長水、灃、澇、涇、渭皆非大川，以近咸陽，盡得比山川祠，而無諸加。

汧、洛二淵，鳴澤、蒲山、嶽壻山之屬，爲小山川，亦皆歲禱塞泮涸祠，禮不必同。

而雍有日、月、參、辰、南北斗、熒惑、太白、歲星、填星、［辰星］、二十八宿、風伯、雨師、四海、九臣、十四臣、諸布、諸嚴、諸逑之屬，百有餘廟。西亦有數十祠。於湖有周天子祠。於下邽有天神。灃、滈有昭明、天子辟池。於（社）［杜］、亳有三社主之祠、壽星祠；而雍菅廟亦有杜主。杜主，故周之右將軍，其在秦中，最小鬼之神者。各以歲時奉祠。

唯雍四時上帝爲尊，其光景動人民唯陳寶。故雍四時，春以爲歲禱，因泮凍，秋涸凍，冬塞祠，五月嘗駒，及四仲之月（祠若）月祠，［若］陳寶節來一祠。春夏用騂，秋冬用駵。時駒四匹，木禺龍欒車一駟，木禺車馬一駟，各如其帝色。黃犢羔各四，珪幣各有數，皆生瘞埋，無俎豆之具。三年一郊。秦以冬十月爲歲首，故常以十月上宿郊見，通權火，拜於咸陽之旁，而衣上白，其用如經祠云。西時、畦時，祠如其故，上不親往。

諸此祠皆太祝常主，以歲時奉祠之。至如他名山川諸鬼及八神之屬，上過則祠，去則已。郡縣遠方神祠者，民各自奉祠，不領於天子之祝官。祝官有秘祝，卽有菑祥，輒祝祠移過於下。

漢興，高祖之微時，嘗殺大蛇。有物曰：『蛇，白帝子也，而殺者赤帝子。』高祖初起，禱豐枌榆社。徇沛，爲沛公，則祠蚩尤，釁鼓旗。遂以十月至灞上，與諸侯平咸陽，立爲漢王。因以十月爲年首，而色上赤。

二年，東擊項籍而還入關，問：『故秦時上帝祠何帝也？』對曰：『四帝，有白、青、黃、赤帝之祠。』高祖曰：『吾聞天有五帝，而有四，何也？』莫知其說。於是高祖曰：『吾知之矣，乃待我而具五也。』乃立黑帝祠，命曰北時。有司進祠，上不親往。悉召故秦祝官，復置太祝、太宰，如其故儀禮。因令縣爲公社。下詔曰：『吾甚重祠而敬祭。今上帝之祭及山川諸神當祠者，各以其時禮祠之如故。』

後四歲，天下已定，詔御史，令豐謹治枌榆社，常以四時春以羊彘祠之。令祝官立蚩尤之祠於長安。長安置祠祝官、女巫。其梁巫，祠天、地、天社、天水、房中、堂上之屬；晉巫，祠五帝、東君、雲中［君］、司命、巫社、巫祠、族人、先炊之屬；秦巫，祠社主、巫保、族纍之屬；荆巫，祠堂下、巫先、司命、施糜之屬；九天巫，祠九天：皆以歲時祠宮中。其河巫祠河於臨晉，而南山巫祠南山秦中。秦中者，二世皇帝。各有時（月）［日］。

其後二歲，或曰周興而邑邰，立后稷之祠，至今血食天下。於是高祖制詔御史：『其令郡國縣立靈星祠，常以歲時祠以牛。』

高祖十年春，有司請令縣常以春（三）［二］月及（時）臘祠社稷以羊豕，民里社各自財以祠。制曰：『可。』

其後十八年，孝文帝卽位。卽位十三年，下詔曰：『今秘祝移過于下，朕甚不取。自今除之。』

始名山大川在諸侯，諸侯祝各自奉祠，天子官不領。及齊、淮南國廢，令太祝盡以歲時致禮如故。

是歲，制曰：『朕卽位十三年于今，賴宗廟之靈，社稷之福，方內艾安，民人靡疾。閒者比年登，朕之不德，何以饗此？皆上帝諸神之賜也。

蓋聞古者饗其德必報其功，欲有增諸神祠。有司議增雍五畤路車各一乘，駕被具；西畤畦畤禺車各一乘，禺馬四匹，駕被具；其河、湫、漢水加玉各二；及諸祠，各增廣壇場，珪幣俎豆以差加之。而祝釐者歸福於朕，百姓不與焉。自今祝致敬，毋有所祈。』

魯人公孫臣上書曰：『始秦得水德，今漢受之，推終始傳，則漢當土德，土德之應黃龍見。宜改正朔，易服色，色上黃。』是時丞相張蒼好律曆，以爲漢乃水德之始，故河決金隄，其符也。年始冬十月，色外黑內赤，與德相應。如公孫臣言，非也。罷之。後三歲，黃龍見成紀。文帝乃召公孫臣，拜爲博士，與諸生草改曆服色事。其夏，下詔曰：『異物之神見於成紀，無害於民，歲以有年。朕祈郊上帝諸神，禮官議，無諱以勞朕。』有司皆曰：『古者天子夏親郊，祀上帝於郊，故曰郊』。於是夏四月，文帝始郊見雍五畤祠，衣皆上赤。

其明年，趙人新垣平以望氣見上，言『長安東北有神氣，成五采，若人冠絻焉。或曰東北神明之舍，西方神明之墓也。天瑞下，宜立祠上帝，以合符應』。於是作渭陽五帝廟，同宇，帝一殿，面各五門，各如其帝色。祠所用及儀亦如雍五畤。

夏四月，文帝親拜霸渭之會，以郊見渭陽五帝。五帝廟南臨渭，北穿蒲池溝水，權火舉而祠，若光煇然屬天焉。於是貴平上大夫，賜累千金。而使博士諸生刺《六經》中作《王制》，謀議巡狩封禪事。

文帝出長門，若見五人於道北，遂因其直北立五帝壇，祠以五牢具。

其明年，新垣平使人持玉杯，上書闕下獻之。平言上曰：『闕下有寶玉氣來者。』已視之，果有獻玉杯者，刻曰『人主延壽』。平又言：『臣候日再中』。居頃之，日卻復中。於是始更以十七年爲元年，令天下大酺。

平言曰：『周鼎亡在泗水中，今河溢通泗，臣望東北汾陰直有金寶氣，意周鼎其出乎？兆見不迎則不至。』於是上使治廟汾陰南，臨河，欲祠出周鼎。

人有上書告新垣平所言氣神事皆詐也。下平吏治，誅夷新垣平。自是之後，文帝怠於改正朔服色神明之事，而渭陽、長門五帝使祠官領，以時致禮，不往焉。

明年，匈奴數入邊，興兵守禦。後歲少不登。

數年而孝景即位。十六年，祠官各以歲時祠如故，無有所興，至今天子。

今天子初即位，尤敬鬼神之祀。

元年，漢興已六十餘歲矣，天下艾安，搢紳之屬皆望天子封禪改正度也，而上鄉儒術，招賢良，趙綰、王臧等以文學爲公卿，欲議古立明堂城南，以朝諸侯。草巡狩封禪改曆服色事未就。會竇太后治黃老言，不好儒術，使人微伺得趙綰等姦利事，召案綰、臧，綰、臧自殺，諸所興爲皆廢。

後六年，竇太后崩。其明年，徵文學之士公孫弘等。

明年，今上初至雍，郊見五畤。後常三歲一郊。是時上求神君，舍之上林中蹏氏觀。神君者，長陵女子，以子死，見神於先後宛若。宛若祠之其室，民多往祠。平原君往祠，其後子孫以尊顯。及今上即位，則厚禮置祠之內中。聞其言，不見其人云。

是時李少君亦以祠竈、穀道、卻老方見上，上尊之。少君者，故深澤侯舍人，主方。匿其年及其生長，常自謂七十，能使物，卻老。其游以方徧諸侯。無妻子。人聞其能使物及不死，更饋遺之，常餘金錢衣食。人皆以爲不治生業而饒給，又不知其何所人，愈信，爭事之。少君資好方，善爲巧發奇中。嘗從武安侯飲，坐中有九十餘老人，少君乃言與其大父游射處，老人爲兒時從其大父，識其處，一坐盡驚。少君見上，上有故銅器，問少君。少君曰：『此器齊桓公十年陳於柏寢。』已而案其刻，果齊桓公器。一宮盡駭，以爲少君神，數百歲人也。

少君言上曰：『祠竈則致物，致物而丹沙可化爲黃金，黃金成以爲飲食器則益壽，益壽而海中蓬萊僊者乃可見，見之以封禪則不死，黃帝是也。臣嘗游海上，見安期生，安期生食巨棗，大如瓜。安期生僊者，通蓬萊中，合則見人，不合則隱。』於是天子始親祠竈，遣方士入海求蓬萊安期生之屬，而事化丹沙諸藥齊爲黃金矣。

居久之，李少君病死。天子以爲化去不死，而使黃錘史寬舒受其方。求蓬萊安期生莫能得，而海上燕齊怪迂之方士多更來言神事矣。

亳人謬忌奏祠太一方，曰：『天神貴者太一，太一佐曰五帝。古者天子以春秋祭太一東南郊，用太牢，七日，爲壇開八通之鬼道。』於是天子

令太祝立其祠長安東南郊，常奉祠如忌方。其後人有上書，言『古者天子三年壹用太牢祠神三一：天一、地一、太一』。天子許之，令太祝領祠之於忌太一壇上，如其方。後人復有上書，言『古者天子常以春解祠，祠黃帝用一梟破鏡；冥羊用羊祠；馬行用一青牡馬；太一、澤山君地長用牛；武夷君用乾魚；陰陽使者以一牛』。令祠官領之如其方，而祠於忌太一壇旁。

其後，天子苑有白鹿，以其皮爲幣，以發瑞應，造白金焉。

其明年，郊雍，獲一角獸，若麃然。有司曰：『陛下肅祗郊祀，上帝報享，錫一角獸，蓋麟云。』於是以薦五畤，畤加一牛以燎。錫諸侯白金，風符應合于天也。

於是濟北王以爲天子且封禪，乃上書獻太山及其旁邑，天子以他縣償之。常山王有罪，遷，天子封其弟於眞定，以續先王祀，而以常山爲郡，然後五岳皆在天子之（邦）［郡］。

其明年，齊人少翁以鬼神方見上。上有所幸王夫人，夫人卒，少翁以方蓋夜致王夫人及竈鬼之貌云，天子自帷中望見焉。於是乃拜少翁爲文成將軍，賞賜甚多，以客禮禮之。文成言曰：『上卽欲與神通，宮室被服非象神，神物不至。』乃作畫雲氣車，及各以勝日駕車辟惡鬼。又作甘泉宮，中爲臺室，畫天、地、太一諸鬼神，而置祭具以致天神。居歲餘，其方益衰，神不至。乃爲帛書以飯牛，詳不知，言曰此牛腹中有奇。殺視得書，書言甚怪。天子識其手書，問其人，果是僞書，於是誅文成將軍，隱之。

其後則又作柏梁、銅柱、承露仙人掌之屬矣。

文成死明年，天子病鼎湖甚，巫醫無所不致，不愈。游水發根言上郡有巫，病而鬼神下之。上召置祠之甘泉。及病，使人問神君。神君言曰：『天子無憂病。病少愈，强與我會甘泉。』於是病癒，遂起，幸甘泉，病良已。大赦，置壽宮神君。壽宮神君最貴者太一，其佐曰大禁、司命之屬，皆從之。非可得見，聞其言，言與人音等。時去時來，來則風肅然。居室帷中。時晝言，然常以夜。天子祓，然後入。因巫爲主人，關飲食。所以言，行下。又置壽宮、北宮，張羽旗，設供具，以禮神君。神君所言，上使人受書其言，命之曰『畫法』。其所語，世俗之所知也，無絕殊者，而天子心獨喜。其事秘，世莫知也。

其後三年，有司言元宜以天瑞命，不宜以一二數。一元曰『建』，二元以長星曰『光』，三元以郊得一角獸曰『狩』云。

其明年冬，天子郊雍，議曰：『今上帝朕親郊，而后土無祀，則禮不答也。』有司與太史公、祠官寬舒議：『天地牲角繭栗。今陛下親祠后土，后土宜於澤中圜丘爲五壇，壇一黃犢太牢具，已祠盡瘞，而從祠衣上黃。』於是天子遂東，始立后土祠汾陰脽丘，如寬舒等議。上親望拜，如上帝禮。禮畢，天子遂至滎陽而還。過雒陽，下詔曰：『三代邈絕，遠矣難存。其以三十里地封周後爲周子南君，以奉其先祀焉。』是歲，天子始巡郡縣，侵尋於泰山矣。

其春，樂成侯上書言欒大。欒大，膠東宮人，故嘗與文成將軍同師，已而爲膠東王尚方。而樂成侯姊爲康王后，無子。康王死，他姬子立爲王。而康后有淫行，與王不相中，相危以法。康后聞文成已死，而欲自媚於上，乃遣欒大因樂成侯求見言方。天子既誅文成，後悔其蚤死，惜其方不盡，及見欒大，大說。大爲人長美，言多方略，而敢爲大言，處之不疑。大言曰：『臣常往來海中，見安期、羨門之屬。顧以臣爲賤，不信臣。又以爲康王諸侯耳，不足與方。臣數言康王，康王又不用臣。臣之師曰：「黃金可成，而河決可塞，不死之藥可得，僊人可致也。」然臣恐效文成，則方士皆奄口，惡敢言方哉！』上曰：『文成食馬肝死耳。子誠能脩其方，我何愛乎！』大曰：『臣師非有求人，人者求之。陛下必欲致之，則貴其使者，令有親屬，以客禮待之，勿卑，使各佩其信印，乃可使通言於神人。神人尚肯邪不邪。致尊其使，然後可致也。』於是上使驗小方，鬭棊，棊自相觸擊。

是時上方憂河決，而黃金不就，乃拜大爲五利將軍。居月餘，得四印，佩天士將軍、地士將軍、大通將軍印。制詔御史：『昔禹疏九江，決四瀆。閒者河溢皋陸，隄繇不息。朕臨天下二十有八年，天若遺朕士而大通焉。《乾》稱「蜚龍」，「鴻漸於般」，朕意庶幾與焉。其以二千户封地士將軍大爲樂通侯。』賜列侯甲第，僮千人。乘轝斥車馬帷幄器物以充其家。又以衞長公主妻之，齎金萬斤，更命其邑曰當利公主。天子親如五利之第。使者存問供給，相屬於道。自大主將相以下，皆置酒其家，獻遺之。於是天子又刻玉印曰『天道將軍』，使使衣羽衣，夜立白茅上，五利

將軍亦衣羽衣，夜立白茅上受印，以示不臣也。而佩『天道』者，且爲天子道天神也。於是五利常夜祠其家，欲以下神。神未至而百鬼集矣，然頗能使之。其後裝治行，東入海，求其師云。大見數月，佩六印，貴震天下，而海上燕齊之閒，莫不搤捥而自言有禁方，能神僊矣。

其夏六月中，汾陰巫錦爲民祠魏脽后土營旁，見地如鉤狀，掊視得鼎。鼎大異於衆鼎，文鏤無款識，怪之，言吏。吏告河東太守勝，勝以聞。天子使使驗問巫得鼎無姦詐，乃以禮祠，迎鼎至甘泉，從行，上薦之。至中山，曣{{嗢}}，有黄雲蓋焉。有麃過，上自射之，因以祭云。至長安，公卿大夫皆議請尊寶鼎。天子曰：『閒者河溢，歲數不登，故巡祭后土，祈爲百姓育穀。今歲豐廡未報，鼎曷爲出哉？』有司皆曰：『聞昔泰帝興神鼎一，一者壹統，天地萬物所繫終也。黄帝作寶鼎三，象天地人。禹收九牧之金，鑄九鼎。皆嘗亨鬺上帝鬼神。遭聖則興，鼎遷于夏商。周德衰，宋之社亡，鼎乃淪没，伏而不見。《頌》云『自堂徂基，自羊徂牛；鼐鼎及鼒，不吴不騖，胡考之休』。今鼎至甘泉，光潤龍變，承休無疆。合茲中山，有黄白雲降蓋，若獸爲符，路弓乘矢，集獲壇下，報祠大享。唯受命而帝者心知其意而合德焉。鼎宜見於祖禰，藏於帝廷，以合明應。』制曰：『可。』

入海求蓬萊者，言蓬萊不遠，而不能至者，殆不見其氣。上乃遣望氣佐候其氣云。

其秋，上幸雍，且郊。或曰『五帝，太一之佐也，宜立太一而上親郊之』。上疑未定。齊人公孫卿曰：『今年得寶鼎，其冬辛巳朔旦冬至，與黄帝時等。』卿有札書曰：『黄帝得寶鼎宛朐，問於鬼臾區。鬼臾區對曰：「（黄）帝得寶鼎神策，是歲己酉朔旦冬至，得天之紀，終而復始。」於是黄帝迎日推策，後率二十歲復朔旦冬至，凡二十推，三百八十年，黄帝僊登於天。』卿因所忠欲奏之。所忠視其書不經，疑其妄書，謝曰：『寶鼎事已決矣，尚何以爲！』卿因嬖人奏之。上大説，乃召問卿。對曰：『受此書申公，申公已死。』上曰：『申公何人也？』卿曰：『申公，齊人。與安期生通，受黄帝言，無書，獨有此鼎書。曰「漢興復當黄帝之時」。曰「漢之聖者在高祖之孫且曾孫也。寶鼎出而與神通，封禪。封禪七十二王，唯黄帝得上泰山封」。申公曰：「漢主亦當上封，上封則能僊登天矣。黄帝時萬諸侯，而神靈之封居七千。天下名山八，而三在蠻夷，五在中國。中國華山、首山、太室、泰山、東萊，此五山黄帝之所常游，與神會。黄帝且戰且學僊。患百姓非其道者，乃斷斬非鬼神者。百餘歲然後得與神通。黄帝郊雍上帝，宿三月。鬼臾區號大鴻，死葬雍，故鴻冢是也。其後黄帝接萬靈明廷。明廷者，甘泉也。所謂寒門者，谷口也。黄帝采首山銅，鑄鼎於荆山下。鼎既成，有龍垂胡額下迎黄帝。黄帝上騎，羣臣後宫從上者七十餘人，龍乃上去。餘小臣不得上，乃悉持龍額，龍額拔，墮，墮黄帝之弓。百姓仰望黄帝既上天，乃抱其弓與胡額號，故後世因名其處曰鼎湖，其弓曰烏號。」』於是天子曰：『嗟乎！吾誠得如黄帝，吾視去妻子如脱躧耳。』乃拜卿爲郎，東使候神於太室。

上遂郊雍，至隴西，西登崆峒，幸甘泉。令祠官寬舒等具太一祠壇，祠壇放薄忌太一壇，壇三垓。五帝壇環居其下，各如其方，黄帝西南，除八通鬼道。太一，其所用如雍一時物，而加醴棗脯之屬，殺一貍牛以爲俎豆牢具。而五帝獨有俎豆醴進。其下四方地，爲醊食羣神從者及北斗云。已祠，胙餘皆燎之。其牛色白，鹿居其中，彘在鹿中，水而洎之。祭日以牛，祭月以羊彘特。太一祝宰則衣紫及繡。五帝各如其色，日赤，月白。

十一月辛巳朔旦冬至，昧爽，天子始郊拜太一。朝朝日，夕夕月，則揖；而見太一如雍郊禮。其贊饗曰：『天始以寶鼎神策授皇帝，朔而又朔，終而復始，皇帝敬拜見焉。』而衣上黄。其祠列火滿壇，壇旁亨炊具。有司云『祠上有光焉』。公卿言『皇帝始郊見太一雲陽，有司奉瑄玉嘉牲薦饗。是夜有美光，及晝，黄氣上屬天』。太史公、祠官寬舒等曰：『神靈之休，祐福兆祥，宜因此地光域立太畤壇以明應。令太祝領，秋及臘閒祠。三歲天子一郊見。』

其秋，爲伐南越，告禱太一。以牡荆畫幡日月北斗登龍，以象太一三星，爲太一鋒，命曰『靈旗』。爲兵禱，則太史奉以指所伐國。而五利將軍使不敢入海，之泰山祠。上使人隨驗，實毋所見。五利妄言見其師，其方盡，多不讎。上乃誅五利。

其冬，公孫卿候神河南，言見僊人迹緱氏城上，有物如雉，往來城上。天子親幸緱氏城視迹。問卿：『得毋效文成、五利乎？』卿曰：『僊者非有求人主，人主者求之。其道非少寬假，神不來。言神事，事如

迂誕，積以歲乃可致也。」於是郡國各除道，繕治宮觀名山神祠所，以望幸（也）[矣]。

其春，既滅南越，上有嬖臣李延年以好音見。上善之，下公卿議，曰：「民閒祠尚有鼓舞樂，今郊祀而無樂，豈稱乎？」公卿曰：「古者祠天地皆有樂，而神祇可得而禮。」或曰：「太帝使素女鼓五十弦瑟，悲，帝禁不止，故破其瑟爲二十五弦。」於是塞南越，禱祠太一、后土，始用樂舞，益召歌兒，作二十五弦及空侯琴瑟自此起。

其來年冬，上議曰：「古者先振兵澤旅，然後封禪。」乃遂北巡朔方，勒兵十餘萬，還祭黃帝冢橋山，釋兵須如。上曰：「吾聞黃帝不死，今有冢，何也？」或對曰：「黃帝已僊上天，羣臣葬其衣冠。」既至甘泉，爲且用事泰山，先類祠太一。

自得寶鼎，上與公卿諸生議封禪。封禪用希曠絕，莫知其儀禮，而羣儒采封禪《尚書》、《周官》、《王制》之望祀射牛事。齊人丁公年九十餘，曰：「封禪者，合不死之名也。秦皇帝不得上封，陛下必欲上，稍上卽無風雨，遂上封矣。」上於是乃令諸儒習射牛，草封禪儀。數年，至且行。天子既聞公孫卿及方士之言，黃帝以上封禪，皆致怪物與神通，欲放黃帝以上接神僊人蓬萊士，高世比德於九皇，而頗采儒術以文之。羣儒既已不能辨明封禪事，又牽拘於《詩》、《書》古文而不能騁。上爲封禪祠器示羣儒，羣儒或曰「不與古同」，徐偃又曰「太常諸生行禮不如魯善」，周霸屬圖封禪事，於是上絀偃、霸，而盡罷諸儒不用。

三月，遂東幸緱氏，禮登中嶽太室。從官在山下聞若有言「萬歲」云。問上，上不言；問下，下不言。於是以三百户封太室奉祠，命曰崇高邑。東上泰山，泰山之草木葉未生，乃令人上石立之泰山巔。

上遂東巡海上，行禮祠八神。齊人之上疏言神怪奇方者以萬數，然無驗者。乃益發船，令言海中神山者數千人求蓬萊神人。公孫卿持節常先行候名山，至東萊，言夜見大人，長數丈，就之則不見，見其迹甚大，類禽獸云。羣臣有言見一老父牽狗，言「吾欲見巨公」，已忽不見。上卽見大迹，未信，及羣臣有言老父，則大以爲僊人也。宿留海上，予方士傳車及閒使求僊人以千數。

四月，還至奉高。上念諸儒及方士言封禪人人殊，不經，難施行。天子至梁父，禮祠地主。乙卯，令侍中儒者皮弁薦紳，射牛行事。封泰山下東方，如郊祠太一之禮。封廣丈二尺，高九尺，其下則有玉牒書，書秘。禮畢，天子獨與侍中奉車子侯上泰山，亦有封。其事皆禁。明日，下陰道。丙辰，禪泰山下阯東北肅然山，如祭后土禮。天子皆親拜見，衣上黃而盡用樂焉。江淮閒一茅三脊爲神藉。五色土益雜封。縱遠方奇獸蜚禽及白雉諸物，頗以加禮。兕牛犀象之屬不用。皆至泰山祭后土。封禪祠，其夜若有光，晝有白雲起封中。

天子從禪還，坐明堂，羣臣更上壽。於是制詔御史：「朕以眇眇之身承至尊，兢兢焉懼不任。維德菲薄，不明於禮樂。脩祠太一，若有象景光，屑如有望，震於怪物，欲止不敢，遂登封太山，至于梁父，而後禪肅然。自新，嘉與士大夫更始，賜民百户牛一酒十石，加年八十孤寡布帛二匹。復博、奉高、蛇丘、歷城，無出今年租稅。其大赦天下，如乙卯赦令。行所過毋有復作。事在二年前，皆勿聽治。」又下詔曰：「古者天子五載一巡狩，用事泰山，諸侯有朝宿地。其令諸侯各治邸泰山下。」

天子既已封泰山，無風雨灾，而方士更言蓬萊諸神若將可得，於是上欣然庶幾遇之，乃復東至海上望，冀遇蓬萊焉。奉車子侯暴病，一日死。上乃遂去，並海上，北至碣石，巡自遼西，歷北邊至九原。五月，反至甘泉。有司言寶鼎出爲元鼎，以今年爲元封元年。

其秋，有星茀于東井。後十餘日，有星茀於三能。望氣王朔言：「候獨見填星出如瓜，食頃復入焉。」有司皆曰：「陛下建漢家封禪，天其報德星云。」

其來年冬，郊雍五帝。還，拜祝祠太一。贊饗曰：「德星昭衍，厥維休祥。壽星仍出，淵耀光明。信星昭見，皇帝敬拜太祝之享。」

其春，公孫卿言見神人東萊山，若云「欲見天子」。天子於是幸緱氏城，拜卿爲中大夫。遂至東萊，宿留之數日，無所見，見大人迹云。復遣方士求神怪采芝藥以千數。是歲旱。於是天子既出無名，乃禱萬里沙，過祠泰山。還至瓠子，自臨塞決河，留二日，沈祠而去。使二卿將卒塞決河，徙二渠，復禹之故迹焉。

是時既滅兩越，越人勇之乃言「越人俗鬼，而其祠皆見鬼，數有效。昔東甌王敬鬼，壽百六十歲。後世怠慢，故衰秏」。乃令越巫立越祝祠，

安臺無壇，亦祠天神上帝百鬼，而以雞卜。上信之，越祠雞卜始用。

公孫卿曰：『仙人可見，而上往常遽，以故不見。今陛下可爲觀，如緱城，置脯棗，神人宜可致也。且僊人好樓居。』於是上令長安則作蜚廉桂觀，甘泉則作益延壽觀，使卿持節設具而候神人。乃作通天莖臺，置祠具其下，將招來僊神人之屬。於是甘泉更置前殿，始廣諸宮室。夏，有芝生殿房内中。天子爲塞河，興通天臺，若見有光云，乃下詔：『甘泉房中生芝九莖，赦天下，毋有復作。』

其明年，伐朝鮮。夏，旱。公孫卿曰：『黄帝時封則天旱，乾封三年。』上乃下詔曰：『天旱，意乾封乎？其令天下尊祠靈星焉。』

其明年，上郊雍，通回中道，巡之。春，至鳴澤，從西河歸。

其明年冬，上巡南郡，至江陵而東。登禮灊之天柱山，號曰南岳。浮江，自尋陽出樅陽，過彭蠡，禮其名山川。北至琅邪，並海上。四月中，至奉高脩封焉。

初，天子封泰山，泰山東北阯古時有明堂處，處險不敞。上欲治明堂奉高旁，未曉其制度。濟南人公玉帶上黄帝時明堂圖。明堂圖中有一殿，四面無壁，以茅蓋，通水，圜宫垣爲複道，上有樓，從西南入，命曰昆侖，天子從之入，以拜祠上帝焉。於是上令奉高作明堂汶上，如帶圖。及五年脩封，則祠太一、五帝於明堂上坐，令高皇帝祠坐對之。祠后土於下房，以二十太牢。天子從昆侖道入，始拜明堂如郊禮。禮畢，燎堂下。而上又上泰山，自有秘祠其巔。而泰山下祠五帝，各如其方，黄帝並赤帝，而有司侍祠焉。山上舉火，下悉應之。

其後二歲，十一月甲子朔旦冬至，推曆者以本統。天子親至泰山，以十一月甲子朔旦冬至日祠上帝明堂，毋脩封禪。其贊饗曰：『天增授皇帝太元神策，周而復始。皇帝敬拜太一。』東至海上，考入海及方士求神者，莫驗，然益遣，冀遇之。

十一月乙酉，柏梁災。十二月甲午朔，上親禪高里，祠后土。臨勃海，將以望祀蓬萊之屬，冀至殊廷焉。

上還，以柏梁裁故，朝受計甘泉。公孫卿曰：『黄帝就青靈臺，十二日燒，黄帝乃治明廷。明廷，甘泉也。』方士多言古帝王有都甘泉者。其後天子又朝諸侯甘泉，甘泉作諸侯邸。勇之乃曰：『越俗有火裁，復起屋必以大，用勝服之。』於是作建章宫，度爲千門萬户。前殿度高未央。其東則鳳闕，高二十餘丈。其西則唐中，數十里虎圈。其北治大池，漸臺高二十餘丈，命曰太液池，中有蓬萊、方丈、瀛洲、壺梁，象海中神山龜魚之屬。其南有玉堂、璧門、大鳥之屬。乃立神明臺、井幹樓，度五十丈，輦道相屬焉。

夏，漢改曆，以正月爲歲首，而色上黄，官名更印章以五字，爲太初元年。是歲，西伐大宛。蝗大起。丁夫人、雒陽虞初等以方祠詛匈奴、大宛焉。

其明年，有司上言雍五畤無牢熟具，芬芳不備。乃令祠官進畤犢牢具，色食所勝，而以木禺馬代駒焉。獨五月嘗駒，行親郊用駒。及諸名山川用駒者，悉以木禺馬代。行過，乃用駒。他禮如故。

其明年，東巡海上，考神僊之屬，未有驗者。方士有言『黄帝時爲五城十二樓，以候神人於執期，命曰迎年』。上許作之如方，命曰明年。上親禮祠上帝焉。

公玉帶曰：『黄帝時雖封泰山，然風后、封巨、岐伯令黄帝封東泰山，禪凡山，合符，然後不死焉。』天子既令設祠具，至東泰山，［東］泰山卑小，不稱其聲，乃令祠官禮之，而不封禪焉。其後令帶奉祠候神物。夏，遂還泰山，脩五年之禮如前，而加以禪祠石閭。石閭者，在泰山下阯南方，方士多言此僊人之閭也，故上親禪焉。

其後五年，復至泰山脩封。還過祭恒山。

今天子所興祠，太一、后土，三年親郊祠，建漢家封禪，五年一脩封。薄忌太一及三一、冥羊、馬行、赤星，五，寬舒之祠官以歲時致禮。凡六祠，皆太祝領之。至如八神諸神，明年、凡山他名祠，行過則祠，行去則已。方士所興祠，各自主，其人終則已，祠官不主。他祠皆如其故。今上封禪，其後十二歲而還，徧於五岳、四瀆矣。而方士之候祠神人，入海求蓬萊，終無有驗。而公孫卿之候神者，猶以大人之迹爲解，無有效。天子益怠厭方士之怪迂語矣，然羈縻不絶，冀遇其眞。自此之後，方士言神祠者彌衆，然其效可睹矣。

太史公曰：余從巡祭天地諸神名山川而封禪焉。入壽宫侍祠神語，究觀方士祠官之意，於是退而論次自古以來用事於鬼神者，具見其表裏。

後有君子，得以覽焉。若至俎豆珪幣之詳，獻酬之禮，則有司存。

又　卷八四《屈原賈生列傳》　自屈原沈汨羅後百有餘年，漢有賈生，爲長沙王太傅，過湘水，投書以弔屈原。

賈生名誼，雒陽人也。年十八，以能誦詩屬書聞於郡中。吳廷尉爲河南守，聞其秀才，召置門下，甚幸愛。孝文皇帝初立，聞河南守吳公治平爲天下第一，故與李斯同邑而常學事焉，乃徵爲廷尉。廷尉乃言賈生年少，頗通諸子百家之書。文帝召以爲博士。

是時賈生年二十餘，最爲少。每詔令議下，諸老先生不能言，賈生盡爲之對，人人各如其意所欲出。諸生於是乃以爲能，不及也。孝文帝説之，超遷，一歲中至太中大夫。

賈生以爲漢興至孝文二十餘年，天下和洽，而固當改正朔，易服色，法制度，定官名，興禮樂，乃悉草具其事儀法，色尚黄，數用五，爲官名，悉更秦之法。孝文帝初即位，謙讓未遑也。諸律令所更定，及列侯悉就國，其説皆自賈生發之。於是天子議以爲賈生任公卿之位。絳、灌、東陽侯、馮敬之屬盡害之，乃短賈生曰：『雒陽之人，年少初學，專欲擅權，紛亂諸事。』於是天子後亦疏之，不用其議，乃以賈生爲長沙王太傅。

賈生既辭往行，聞長沙卑溼，自以壽不得長，又以適去，意不自得。及渡湘水，爲賦以弔屈原。其辭曰：

共承嘉惠兮，俟罪長沙。側聞屈原兮，自沈汨羅。造託湘流兮，敬弔先生。遭世罔極兮，乃隕厥身。嗚呼哀哉，逢時不祥！鸞鳳伏竄兮，鴟梟翱翔。闒茸尊顯兮，讒諛得志；賢聖逆曳兮，方正倒植。世謂伯夷貪兮，謂盜蹠廉；莫邪爲頓兮，鉛刀爲銛。于嗟嚜嚜兮，生之無故！斡棄周鼎兮寶康瓠，騰駕罷牛兮驂蹇驢，驥垂兩耳兮服鹽車。章甫薦屨兮，漸不可久；嗟苦先生兮，獨離此咎！

訊曰：已矣，國其莫我知，獨堙鬱兮其誰語？鳳漂漂其高遰兮，夫固自縮而遠去。襲九淵之神龍兮，沕深潛以自珍。彌融爚以隱處兮，夫豈從螘與蛭螾？所貴聖人之神德兮，遠濁世而自藏。使騏驥可得係羈兮，豈云異夫犬羊！般紛紛其離此尤兮，亦夫子之辜也！瞝九州而相君兮，何必懷此都也？鳳皇翔於千仞之上兮，覽德煇而下之；見細德之險（微）〔徵〕兮，搖增翮逝而去之。彼尋常之汙瀆兮，豈能容吞舟之魚！横江湖之鱣鱏兮，固將制於蟻螻。

賈生爲長沙王太傅三年，有鴞飛入賈生舍，止于坐隅。楚人命鴞曰『服』。賈生既以適居長沙，長沙卑溼，自以爲壽不得長，傷悼之，乃爲賦以自廣。其辭曰：

單閼之歲兮，四月孟夏，庚子日施兮，服集予舍，止於坐隅，貌甚閒暇。異物來集兮，私怪其故，發書占之兮，筴言其度。曰『野鳥入處兮，主人將去』。請問於服兮：『予去何之？吉乎告我，凶言其菑。淹數之度兮，語予其期。』服乃歎息，舉首奮翼，口不能言，請對以意。

萬物變化兮，固無休息。斡流而遷兮，或推而還。形氣轉續兮，變化而嬗。沕穆無窮兮，胡可勝言！禍兮福所倚，福兮禍所伏；憂喜聚門兮，吉凶同域。彼吳强大兮，夫差以敗；越棲會稽兮，句踐霸世。斯游遂成兮，卒被五刑；傅説胥靡兮，乃相武丁。夫禍之與福兮，何異糾纆。命不可説兮，孰知其極？水激則旱兮，矢激則遠。萬物回薄兮，振蕩相轉。雲蒸雨降兮，錯繆相紛。大專槃物兮，坱軋無垠。天不可與慮兮，道不可與謀。遲數有命兮，惡識其時？

且夫天地爲鑪兮，造化爲工；陰陽爲炭兮，萬物爲銅。合散消息兮，安有常則；千變萬化兮，未始有極。忽然爲人兮，何足控摶；化爲異物兮，又何足患！小知自私兮，賤彼貴我；通人大觀兮，物無不可。貪夫徇財兮，烈士徇名；夸者死權兮，品庶馮生。怵迫之徒兮，或趨西東；大人不曲兮，億變齊同。拘士繫俗兮，攌如囚拘；至人遺物兮，獨與道俱。衆人或或兮，好惡積意；眞人淡漠兮，獨與道息。釋知遺形兮，超然自喪；寥廓忽荒兮，與道翱翔。乘流則逝兮，得坻則止；縱軀委命兮，不私與己。其生若浮兮，其死若休；澹乎若深淵之靜，汎乎若不繫之舟。不以生故自寶兮，養空而浮；德人無累兮，知命不憂。細故慸兮，何足以疑！

後歲餘，賈生徵見。孝文帝方受釐，坐宣室。上因感鬼神事，而問鬼神之本。賈生因具道所以然之狀。至夜半，文帝前席。既罷，曰：『吾久不見賈生，自以爲過之，今不及也。』居頃之，拜賈生爲梁懷王太傅。梁懷王，文帝之少子，愛，而好書，故令賈生傅之。

文帝復封淮南厲王子四人皆爲列侯。賈生諫，以爲患之興自此起矣。

賈生數上疏，言諸侯或連數郡，非古之制，可稍削之。文帝不聽。

居數年，懷王騎，墮馬而死，無後。賈生自傷爲傅無狀，哭泣歲餘，亦死。賈生之死時年三十三矣。及孝文崩，孝武皇帝立，舉賈生之孫二人至郡守，而賈嘉最好學，世其家，與余通書。至孝昭時，列爲九卿。

太史公曰：余讀《離騷》、《天問》、《招魂》、《哀郢》，悲其志。適長沙，觀屈原所自沈淵，未嘗不垂涕，想見其爲人。及見賈生弔之，又怪屈原以彼其材，游諸侯，何國不容，而自令若是。讀服鳥賦，同死生，輕去就，又爽然自失矣。

又　卷九六《張丞相列傳》　自漢興至孝文二十餘年，會天下初定，將相公卿皆軍吏。張蒼爲計相時，緒正律曆。以高祖十月始至霸上，因故秦時本以十月爲歲首，弗革。推五德之運，以爲漢當水德之時，尚黑如故。吹律調樂，入之音聲，及以比定律令。若百工，天下作程品。至於爲丞相，卒就之，故漢家言律曆者，本之張蒼。蒼本好書，無所不觀，無所不通，而尤善律曆。

張蒼德王陵。王陵者，安國侯也。及蒼貴，常父事王陵。陵死後，蒼爲丞相，洗沐，常先朝陵夫人上食，然後敢歸家。

蒼爲丞相十餘年，魯人公孫臣上書言漢土德時，其符有黃龍當見。詔下其議張蒼，張蒼以爲非是，罷之。其後黃龍見成紀，於是文帝召公孫臣以爲博士，草土德之曆制度，更元年。張丞相由此自絀，謝病稱老。

《漢書》卷二五《郊祀志上》　自赧王卒後七年，秦莊襄王滅東周，周祀絕。後二十八年，秦并天下，稱皇帝。秦始皇帝既即位，或曰：『黃帝得土德，黃龍地螾見。夏得木德，青龍止於郊，草木鬯茂。殷得金德，銀自山溢。周得火德，有赤烏之符。今秦變周，水德之時。昔文公出獵，獲黑龍，此其水德之瑞。』於是秦更名河曰『德水』，以冬十月爲年首，色尚黑，度以六爲名，音上大呂，事統上法。【略】

自齊威、宣時，騶子之徒論著終始五德之運，及秦帝而齊人奏之，故始皇采用之。而宋毋忌、正伯僑、元尚、羨門高最後，皆燕人，爲方僊道，形解銷化，依於鬼神之事。騶衍以陰陽主運顯於諸侯，而燕、齊海上之方士傳其術不能通，然則怪迂阿諛苟合之徒自此興，不可勝數也。【略】

漢興，高祖初起，殺大虵，有物曰：『蛇，白帝子，而殺者赤帝子也。』及高祖禱豐枌榆社，徇沛，爲沛公，則祀蚩尤，釁鼓旗。遂以十月至霸上，立爲漢王。因以十月爲年首，色上赤。

二年，東擊項籍而還入關，問：『故秦時上帝祠何帝也？』對曰：『四帝，有白、青、黃、赤帝之祠。』高祖曰：『吾聞天有五帝，而四，何也？』莫知其說。於是高祖曰：『吾知之矣，乃待我而具五也。』乃立黑帝祠，名曰北畤。有司進祠，上不親往。悉召故秦祀官，復置太祝、太宰，如其故儀禮。因令縣爲公社。下詔曰：『吾甚重祠而敬祭。今上帝之祭及山川諸神當祠者，各以其時禮祠之如故。』【略】

魯人公孫臣上書曰：『始秦得水德，及漢受之，推終始傳，則漢當土德，土德之應黃龍見。宜改正朔，服色上黃。』時丞相張蒼好律曆，以爲漢乃水德之時，河決金隄，其符也。年始冬十月，色外黑內赤，與德相應。公孫臣言非是，罷之。明年，黃龍見成紀。文帝召公孫臣，拜爲博士，與諸生申明土德，草改曆服色事。其夏，下詔曰：『有異物之神見於成紀，毋害於民，歲以有年。朕幾郊祀上帝諸神，禮官議，毋諱以朕勞。』有司皆曰：『古者天子夏親郊祀上帝於郊，故曰郊。』於是夏四月，文帝始幸雍郊見五畤，祠衣皆上赤。

趙人新垣平以望氣見上，言『長安東北有神氣，成五采，若人冠冕焉。』或曰東北神明之舍，西方神明之墓也。天瑞下，宜立祠上帝，以合符應。』於是作渭陽五帝廟，同宇，帝一殿，面五門，各如其帝色。祠所用及儀亦如雍五畤。【略】

武帝初即位，尤敬鬼神之祀。漢興已六十餘歲矣，天下艾安，縉紳之屬皆望天子封禪改正度也，而上鄉儒術，招賢良。趙綰、王臧等以文學爲公卿，欲議古立明堂城南，以朝諸侯，草巡狩封禪改曆服色事未就。竇太后不好儒術，使人微伺趙綰等姦利事，按綰、臧，綰、臧自殺，諸所興爲皆廢。六年，竇太后崩。其明年，徵文學之士。【略】

十一月辛巳朔旦冬至，昒爽，天子始郊拜泰一。朝朝日，夕夕月，則揖；而見泰一如雍郊禮。其贊饗曰：『天始以寶鼎神策授皇帝，朔而又朔，終而復始，皇帝敬拜見焉。』而衣上黃。其祠列火滿壇，壇旁亨炊具。有司云『祠上有光』。公卿言『皇帝始郊見泰一雲陽，有司奉瑄玉嘉牲薦

饗，是夜有美光，及晝，黄氣上屬天。』太史令談、祠官寬舒等曰：『神靈之休，佑福兆祥，宜因此地光域立泰畤壇以明應。令太祝領，秋及臘閒祠。三歲天子壹郊見。』【略】

夏，漢改曆，以正月爲歲首，而色上黄，官更印章以五字，因爲太初元年。是歲，西伐大宛，蝗大起。丁夫人、雒陽虞初等以方祠詛匈奴、大宛焉。【略】

贊曰：漢興之初，庶事草創，唯一叔孫生略定朝廷之儀。若乃正朔服色郊望之事，數世猶未章焉。至於孝文，始以夏郊，而張倉據水德，公孫臣、賈誼更以爲土德，卒不能明。孝武之世，文章爲盛，太初改制，而兒寬、司馬遷等猶從臣、誼之言，服色數度，遂順黄德。彼以五德之傳從所不勝，秦在水德，故謂漢據土而克之。劉向父子以爲帝出於震，故包羲氏始受木德，其後以母傳子，終而復始，自神農、黄帝下歷唐虞三代而漢得火焉。故高祖始起，神母夜號，著赤帝之符，旗章遂赤，自得天統矣。昔共工氏以水德閒於木火，與秦同運，非其次序，故皆不永。由是言之，祖宗之制蓋有自然之應，順時宜矣。究觀方士祠官之變，谷永之言，不亦正乎！不亦正乎！

又　卷九九《王莽傳中》　始建國元年正月朔，莽帥公侯卿士奉皇太后璽韍，上太皇太后，順符命，去漢號焉。【略】

又曰：『帝王之道，相因而通；盛德之祚，百世享祀。予惟黄帝、帝少昊、帝顓頊、帝嚳、帝堯、帝舜、帝夏禹、皋陶、伊尹咸有聖德，假于皇天，功烈巍巍，光施于遠。予甚嘉之，營求其後，將祚厥祀。』惟王氏，虞帝之後也，出自帝嚳；劉氏，堯之後也，出自顓頊。於是封姚恂爲初睦侯，奉黄帝後；梁護爲脩遠伯，奉少昊後；皇孫功隆公千，奉帝嚳後；劉歆爲祁烈伯，奉顓頊後；國師劉歆子疊爲伊休侯，奉堯後；嬀昌爲始睦侯，奉虞帝後；山遵爲褒謀子，奉皋陶後；伊玄爲褒衡子，奉伊尹後。漢後定安公劉嬰，位爲賓。周後衛公姬黨，更封爲章平公，亦爲賓。殷後宋公孔弘，運轉次移，更封爲章昭侯，位爲恪。夏後遼西姒豐，封爲章功侯，亦爲恪。四代古宗，宗祀于明堂，以配皇始祖考虞帝。周公後褒魯子姬就，宣尼公後褒成子孔鈞，已前定焉。

莽又曰：『予前在攝時，建郊宮，定祧廟，立社稷，神祇報況，或光自上復于下，流爲烏，或黄氣熏烝，昭耀章明，以著黄、虞之烈焉。自黄帝至于濟南伯王，而祖世氏姓有五矣。黄帝二十五子，分賜厥姓十有二氏。虞帝之先，受姓曰姚，其在陶唐曰嬀，在周曰陳，在齊曰田，在濟南曰王。予伏念皇初祖考黄帝，皇始祖考虞帝，以宗祀于明堂，宜序於祖宗之親廟。其立祖廟五，親廟四，后夫人皆配食。郊祀黄帝以配天，黄后以配地。以新都侯東弟爲大禖，歲時以祀。家之所尚，種祀天下。姚、嬀、陳、田、王氏凡五姓者，皆黄、虞苗裔，予之同族也。書不云乎？「惇序九族」。其令天下上此五姓名籍于秩宗，皆以爲宗室。世世復，無有所與。其元城王氏，勿令相嫁娶，以別族理親焉。』封陳崇爲統睦侯，奉胡王後；田豐爲世睦侯，奉敬王後。【略】

又曰：『予前在大麓，至於攝假，深惟漢氏三七之阸，赤德氣盡，思索廣求，所以輔劉延期之術，靡所不用。以故作金刀之利，幾以濟之。然自孔子作《春秋》以爲後王法，至于哀之十四而一代畢，協之於今，亦哀之十四也。赤世計盡，終不可强濟。皇天明威，黄德當興，隆顯大命，屬予以天下。今百姓咸言皇天革漢而立新，廢劉而興王。夫『劉』之爲字『卯、金、刀』也，正月剛卯，金刀之利，皆不得行。博謀卿士，僉曰『天人同應，昭然著明。其去剛卯莫以爲佩，除刀錢勿以爲利，承順天心，快百姓意。』乃更作小錢，徑六分，重一銖，文曰『小錢直一』，與前『大錢五十』者爲二品，並行。欲防民盜鑄，乃禁不得挾銅炭。【略】

秋，遣五威將王奇等十二人班符命四十二篇於天下。德祥五事，符命二十五，福應十二，凡四十二篇。其德祥言文、宣之世黄龍見於成紀、新都，高祖考王伯墓門梓柱生枝葉之屬。符命言井石、金匱之屬。福應言雌雞化爲雄之屬。其文爾雅依託，皆爲作說，大歸言莽當代漢有天下云。總而說之曰：『帝王受命，必有德祥之符瑞，協成五命，申以福應，然後能立巍巍之功，傳于子孫，永享無窮之祚。故新室之興也，德祥發於漢三七九世之後。肇命於新都，受瑞於黄支，開王於威功，定命於子同，成命於巴宕，申福于十二應，天所以保祐新室者深矣，固矣！武功丹石出於漢氏平帝末年，火德銷盡，土德當代，皇天眷然，去漢與新，以丹石始命於皇帝。皇帝謙讓，以攝居之，未當天意，故其秋七月，天重以三能文馬。皇帝復謙讓，未即位，故三以鐵契，四以石龜，五以虞符，六以文圭，七

以玄印，八以茂陵石書，九以玄龍石，十以神井，十一以大神石，十二以銅符帛圖。申命之瑞，寖以顯著，至于十二，以昭告新皇帝。皇帝深惟上天之威不可不畏，故去攝號，猶尚稱假，改元爲初始，欲以承塞天命，克厭上帝之心。然非皇天所以鄭重降符命之意，故是日天復決以龜書。又侍郎王盱見人衣白布單衣，赤繢方領，冠小冠，立于王路殿前，謂盱曰：『今日天同色，以天下人民屬皇帝。』盱怪之，行十餘步，人忽不見。至丙寅暮，漢氏高廟有金匱圖策：『高帝承天命，以國傳新皇帝。』明旦，宗伯忠孝侯劉宏以聞，乃召公卿議，未決，而大神石人談曰：『趣新皇帝之高廟受命，毋留！』於是新皇帝立登車，之漢氏高廟受命。受命之日，丁卯也。丁，火，漢氏之德也。卯，劉姓所以爲字也。明漢劉火德盡，而傳於新室也。皇帝謙謙，既備固讓，十二符應迫著，命不可辭，懼然祇畏，葦然閔漢氏之終不可濟，亹亹在左右之不得從意，爲之三夜不御寢，三日不御食。延問公侯卿大夫，僉曰：『宜奉如上天威命。』於是乃改元定號，海內更始。新室既定，神祇懽喜，申以福應，吉瑞累仍。《詩》曰：「宜民宜人，受禄于天；保右命之，自天申之。」此之謂也。』五威將奉《符命》，齎印綬，王侯以下及吏官名更者，外及匈奴、西域，徼外蠻夷，皆卽授新室印綬，因收故漢印綬。賜吏爵人二級，民爵人一級，女子百户羊酒，蠻夷幣帛各有差。大赦天下。

《後漢書》卷一《光武帝紀》（建武二年）壬子，起高廟，建社稷於洛陽，立郊兆于城南，始正火德，色尚赤。

是月，赤眉焚西京宮室，發掘園陵，寇掠關中。大司徒鄧禹入長安，遣府掾奉十一帝神主，納於高廟。【略】

三月乙未，大赦天下，詔曰：『頃獄多冤人，用刑深刻，朕甚愍之。孔子云：「刑罰不中，則民無所措手足。」其與中二千石、諸大夫、博士、議郎議省刑法。』

晉·司馬彪《續漢書·祭祀志上》（建武三十二年）二月，上至奉高，遣侍御史與蘭臺令史，將工先上山刻石。文曰：『維建武三十有二年二月，皇帝東巡狩，至於岱宗，柴，望秩於山川，班于羣神，遂覲東后。從臣太尉憙、行司徒事特進高密侯禹等。漢賓二王之後在位。孔子之後襃成侯，序在東后，蕃王十二，咸來助祭。《河圖赤伏符》曰：「劉秀發兵捕不道，四夷雲集龍鬭野，四七之際火爲主。」《河圖會昌符》曰：「赤帝九世，巡省得中，治平則封，誠合帝道孔矩，則天文靈出，地祇瑞興。帝劉之九，會命岱宗，誠善用之，姦僞不萌。赤漢德興，九世會昌，巡岱皆當。天地扶九，崇經之常。漢大興之，道在九世之王。封于泰山，刻石著紀，禪于梁父，退省考五。」《河圖合古篇》曰：「帝劉之秀，九名之世，帝行德，封刻政。」《河圖提劉予》曰：「九世之帝，方明聖，持衡拒，九州平，天下予。」《雒書甄曜度》曰：「赤三德，昌九世，會修符，合帝際，勉刻封。」《孝經鉤命決》曰：「予誰行，赤劉用帝，三建孝，九會修，專茲竭行封岱青。」《河雒》命后，經讖所傳。昔在帝堯，聰明密微，讓與舜庶，後裔握機。王莽以舅后之家，三司鼎足冢宰之權勢，依託周公、霍光輔幼歸政之義，遂以篡叛，僭號自立。宗廟墮壞，社稷喪亡，不得血食，十有八年。楊、徐、青三州首亂，兵革橫行，延及荆州，豪傑幷兼，百里屯聚，往往僭號。北夷作寇，千里無煙，無雞鳴狗吠之聲。皇天睠顧皇帝，以匹庶受命中興，年二十八載興兵，以次誅討，十有餘年，罪人斯得。黎庶得居爾田，安爾宅。書同文，車同軌，人同倫。舟輿所通，人迹所至，靡不貢職。建明堂，立辟雍，起靈臺，設庠序。同律、度、量、衡。修五禮，五玉，三帛，二牲，一死，贄。吏各修職，復于舊典。在位三十有二年，年六十二。乾乾日昃，不敢荒寧，涉危歷險，親巡黎元，恭肅神祇，惠恤耆老，理庶遵古，聰允明恕。皇帝唯慎《河圖》、《雒書》正文，是月辛卯，柴，登封泰山。甲午，禪于梁陰。以承靈瑞，以爲兆民，永兹一宇，垂于後昆。百寮從臣，郡守師尹，咸蒙祉福，永永無極。秦相李斯燔《詩》、《書》，樂崩禮壞。建武元年已前，文書散亡，舊典不具，不能明經文，以章句細微相況八十一卷，明者爲驗，又其十卷，皆不昭晳。子貢欲去告朔之餼羊，子曰：「賜也，爾愛其羊，我愛其禮。」後有聖人，正失誤，刻石記。』

論說

《史記》卷八《高祖本紀》 太史公曰：夏之政忠。忠之敝，小人以野，故殷人承之以敬。敬之敝，小人以鬼，故周人承之以文。文之敝，小人以僿，故救僿莫若以忠。三王之道若循環，終而復始。周秦之閒，可謂文敝矣。秦政不改，反酷刑法，豈不繆乎？故漢興，承敝易變，使人不倦，得天統矣。

又 卷七四《孟子荀卿列傳》 齊有三騶子。其前騶忌，以鼓琴干威王，因及國政，封爲成侯而受相印，先孟子。

其次騶衍，後孟子。騶衍睹有國者益淫侈，不能尚德，若《大雅》整之於身，施及黎庶矣。乃深觀陰陽消息而作怪迂之變，《終始》、《大聖》之篇十餘萬言。其語閎大不經，必先驗小物，推而大之，至於無垠。先序今以上至黄帝，學者所共術，大並世盛衰，因載其機祥度制，推而遠之，至天地未生，窈冥不可考而原也。先列中國名山大川，通谷禽獸，水土所殖，物類所珍，因而推之，及海外人之所不能睹。稱引天地剖判以來，五德轉移，治各有宜，而符應若茲。以爲儒者所謂中國者，於天下乃八十一分居其一分耳。中國名曰赤縣神州。赤縣神州內自有九州，禹之序九州是也，不得爲州數。中國外如赤縣神州者九，乃所謂九州也。於是有裨海環之，人民禽獸莫能相通者，如一區中者，乃爲一州。如此者九，乃有大瀛海環其外，天地之際焉。其術皆此類也。然要其歸，必止乎仁義節儉，君臣上下六親之施，始也濫耳。王公大人初見其術，懼然顧化，其後不能行之。

是以騶子重於齊。適梁，惠王郊迎，執賓主之禮。適趙，平原君側行撇席。如燕，昭王擁彗先驅，請列弟子之座而受業，築碣石宮，身親往師之。作《主運》。其游諸侯見尊禮如此，豈與仲尼菜色陳蔡，孟軻困於齊梁同乎哉！故武王以仁義伐紂而王，伯夷餓不食周粟；衛靈公問陳，而孔子不答；梁惠王謀欲攻趙，孟軻稱大王去邠。此豈有意阿世俗苟合而已哉！持方枘而內圜鑿，其能入乎？或曰，伊尹負鼎而勉湯以王，百里奚飯牛車下而繆公用霸，作先合，然後引之大道。騶衍其言雖不軌，儻亦有牛鼎之意乎？

自騶衍與齊之稷下先生，如淳于髡、慎到、環淵、接子、田駢、騶奭之徒，各著書言治亂之事，以干世主，豈可勝道哉！

漢·董仲舒《春秋繁露》卷七《三代改制質文》 《春秋》曰：『王正月。』傳曰：『王者孰謂？謂文王也。曷爲先言王而後言正月？王正月也。何以謂之王正月？曰：王者必受命而後王，王者必改正朔，易服色，制禮樂，一統於天下，所以明易姓非繼仁，通以己受之於天也。王者受命而王，制此月以應變，故作科，以奉天地，故謂之王正月也。』

王者改制作科，奈何？曰：當十二色，歷各法而正色，逆數三而復，絀三之前曰五帝，帝迭首一色，順數五而相復，禮樂各以其法象其宜，順數四而相復，咸作國號，遷宮邑，易官名，制禮作樂。

故湯受命而王，應天變夏，作殷號，時正白統，親夏故虞，絀唐謂之帝堯，以神農爲赤帝，作宮邑於下洛之陽，名相官曰尹，【略】謂之帝舜，以軒轅爲黄帝，推神農以爲九皇，作宮邑於豐，名相官曰宰，作武樂，制文禮以奉天。武王受命，作宮邑於鄗，制爵五等，作象樂，繼文以奉天。周公輔成王受命，作宮邑於洛陽，成文武之制，作汋樂以奉天。殷湯之後稱邑，示天之變反命，故天子命無常，唯命是德慶。故春秋應天作新王之事，時正黑統，王魯，尚黑，絀夏、親周、故宋，樂宜親招武，故以虞録親，樂制宜商，合伯子男爲一等。

然則其略説奈何？曰：三正以黑統初，正日月朔於營室，斗建寅，天統氣始通化物，物見萌達，其色黑，故朝正服黑，首服藻黑，正路輿質黑，馬黑，大節綬幘尚黑，旗黑，大寶玉黑，郊牲黑，犧牲角卵，冠于阼，昏禮逆于庭，喪禮殯于東階之上，祭牲黑牡，薦尚肝，樂器黑質，法不刑有懷任新産，是月不殺，聽朔廢刑發德，具存二王之後也，親赤統，故日分平明，平明朝正。

正白統奈何？曰：正白統者，歷正日月朔於虛，斗建丑，天統氣始蜕化物，物始芽，其色白，故朝正服白，首服藻白，正路輿質白，馬白，大節綬幘尚白，旗白，大寶玉白，郊牲白，犧牲角繭，冠於堂，昏禮逆于堂，喪事殯于楹柱之間，祭牲白牡，薦尚肺，樂器白質，法不刑有身懷任，是月不殺，聽朔廢刑發德，具存二王之後也，親黑統，故日分鳴晨，

鳴晨朝正。

正赤統奈何？曰：正赤統者，【略】大節綬幘尚赤，旗赤，大寶玉赤，郊牲騂，犧牲角栗，冠於房，昏禮逆於户，喪禮殯于西階之上，祭牲騂牡，薦尚心，樂器赤質，法不刑有身，重懷藏以養微，是月不殺，聽朔廢刑發德，具存二王之後也，親白統，故日分夜半，夜半朝正。改正之義，奉元而起。

古之王者受命而王，改制稱號正月，服色定，然後郊告天地及羣神，遠追祖禰，然後布天下，諸侯廟受，以告社稷宗廟山川，然後感應一其司，三統之變，近夷遐方無有生煞者，獨中國，而三代改正，必以三統天下，曰：三統五端，化四方之本也，天始廢始施，地必待中，是故三代必居中國，法天奉本，執端要以統天下，朝諸侯也。是以朝正之義，天子純統色衣，諸侯統衣纏緣紐，大夫士以冠參，近夷以綏，遐方各衣其服而朝，所以明乎天統之義也。其謂統三正者，曰：正者，正也，統致其氣，萬物皆應，而正統正，其餘皆正，凡歲之要，在正月也，法正之道，正本而末應，正内而外應，動作舉錯，靡不變化隨從，可謂法正也，故君子曰：『武王其似正月矣。』《春秋》曰：『杞伯來朝。』王者之後稱公，杞何以稱伯？春秋上絀夏，下存周，以春秋當新王。

春秋當新王者奈何？曰：王者之法。必正號，絀王謂之帝，封其後以小國，使奉祀之；下存二王之後以大國，使服其服，行其禮樂，稱客而朝；故同時稱帝者五，稱王者三，所以昭五端，通三統也。是故周人之王，尚推神農爲九皇，而改號軒轅，謂之黄帝，因存帝顓頊、帝嚳、帝堯之帝號，絀虞，而號舜曰帝舜，録五帝以小國；下存禹之後於杞，存湯之後於宋，以方百里，爵號公，皆使服其服，行其禮樂，稱先王客而朝。

春秋作新王之事，變周之制，當正黑統，而殷周爲王者之後，絀夏，改號禹謂之帝，録其後以小國，故曰：絀夏、存周，以春秋當新王。不以杞侯，弗同王者之後也；稱子又稱伯。何見？殊之小國也。黄帝之先謚，四帝之後謚，何也？曰：帝號必存五，帝代首天之色，號至五而反，周人之王，軒轅直首天黄號，故曰黄帝云；帝號尊而謚卑，故四帝後謚也。帝，尊號也，録以小何？曰：遠者號尊而地小，近者號卑而地大，親疏之義也。故王者有不易者，有再而復者，有三而復者，有四而復者，有五而復者，有九而復者，明此通天地、陰陽、四時、日月、星辰、山川、人倫，德侔天地者，稱皇帝，天佑而子之，號稱天子。故聖王生則稱天子，崩遷則存爲三王，絀滅則爲五帝，下至附庸，絀爲九皇，下極其爲民，有一謂之三代，故雖絶地，廟位祝牲，猶列於郊號，宗於代宗，故曰：聲名魂魄施於虚，極壽無疆。何謂再而復，四而復？春秋鄭忽何以名？《春秋》曰：『伯子男一也，辭無所貶。』何以爲一？曰：周爵五等，《春秋》三等。《春秋》何三等？曰：王者以制，一商一夏，一質一文，商質者主天，夏文者主地，春秋者主人，故三等也。

主天法商而王，其道佚陽，親親而多仁樸；故立嗣予子，篤母弟，妾以子貴；昏冠之禮，字子以父。別眇夫婦，對坐而食；喪禮別葬；祭禮先臊，夫妻昭穆別位；制爵三等，禄士二品；制郊宫，明堂員，其屋高嚴侈員；惟祭器員，玉厚九分，白藻五絲，衣制大上，首服嚴員；鸞輿尊，蓋法天列象，垂四鸞，樂載鼓，用錫舞，儛溢員；先毛血而後用聲；正刑多隱，親戚多諱。封禪於尚位。

主地法夏而王，其道進陰，尊尊而多義節，故立嗣與孫，篤世子，妾不以子稱貴號；昏冠之禮，字子以母。別眇夫婦，同坐而食；喪禮合葬；祭禮先亨，婦從夫爲昭穆；制爵五等，禄士三品；制郊宫，明堂方，其屋卑汙方，祭器方，玉厚八分，白藻四絲，衣制大下，首服卑退；鸞輿卑，法地周象載，垂二鸞，樂設鼓，用纖施儛，儛溢方；先亨而後用聲；正刑天法；封壇於下位。

主天法質而王，其道佚陽，親親而多質愛，故立嗣予子，篤母弟，妾以子貴；昏冠之禮，字子以父。別眇夫婦，對坐而食；喪禮別葬，祭禮先嘉疏，夫婦昭穆別位；制爵三等，禄士二品；制郊宫，明堂内員外橢，其屋如倚靡員橢，祭器橢，玉厚七分，白藻三絲，衣長前衽，首服員轉；鸞輿尊，蓋備大列象，垂四鸞，樂桯鼓，用羽籥儛，儛溢橢，先用玉聲而後亨；正刑多隱，親戚多赦；封壇於左位。

主地法文而王，其道進陰，尊尊而多禮文，故立嗣予孫，篤世子，妾不以子稱貴號；昏冠之禮，字子以母。別眇夫妻，同坐而食；喪禮合葬，祭禮先秬鬯，婦從夫爲昭穆；制爵五等，禄士三品；制郊宫，明堂

內方外衡，其屋習而衡，祭器衡同，作秩機，玉厚六分，白藻三絲；衣長後衽，首服習而垂流，鸞輿卑，備地周象載，垂二鸞，樂縣鼓，用萬儛，儛溢衡；先烹而後用樂，正刑天法，封壇於左位。

四法修於所故，祖於先帝，故四法如四時然，終而復始，窮則反本，四法之天，施符授聖人王法，則性命形乎先祖，大昭乎王君。故天將授舜，主天法商而王，祖錫姓爲姚氏，至舜形體，大上而員首，而明有二童子，性長於天文，純乎孝慈。天將授禹，主地法夏而王，祖錫姓爲姒氏，至禹生髮於背，形體長，長足肵，疾行先左，隨以右，勞左佚右也，性長於行，習地明水。天將授湯，主天法質而王，祖錫姓爲子氏，謂契母吞玄鳥卵生契，契先發於胸，性長於人倫。至湯，體長專小，足左扁而右便，勞右佚左也，性長於天光，質易純仁。天將授文王，主地法文而王，祖錫姓姬氏，謂后稷母姜原，履天之迹，而生后稷，后稷長於邰土，播田五穀，至文王形體博長，有四乳而大足，性長於地文勢。故帝使禹皋論姓，知殷之德，陽德也，故以子爲姓；知周之德，陰德也，故以姬爲姓；故殷王改文，書始以男，周王以女書姬。故天道各以其類動，非聖人孰能明之！

《漢書》卷七五《李尋傳》　《書》云『天聰明』，蓋言紫宮極樞，通位帝紀，太微四門，廣開大道，五經六緯，尊術顯士，翼張舒布，燭臨四海，少微處士，爲比爲輔，故次帝廷，女宮在後。聖人承天，賢賢易色，取法於此。天官上相上將，皆顓面正朝，憂責甚重，要在得人。得人之效，成敗之機，不可不勉也。昔秦穆公説諓諓之言，任仡仡之勇，身受大辱，社稷幾亡。悔過自責，思惟黄髮，任用百里奚，卒伯西域，德列王道。二者禍福如此，可不慎哉！

夫士者，國家之大寶，功名之本也。將軍一門九侯，二十朱輪，漢興以來，臣子貴盛，未嘗至此。夫物盛必衰，自然之理，唯有賢友强輔，庶幾可以保身命，全子孫，安國家。

《書》曰：『曆象日月星辰』，此言仰視天文，俯察地理，觀日月消息，候星辰行伍，揆山川變動，參人民繇俗，以制法度，考禍福。舉錯誖逆，咎敗將至，徵兆爲之先見。明君恐懼修正，側身博問，轉禍爲福；不可救者，即蓄備以待之，故社稷亡憂。

竊見往者赤黄四塞，地氣大發，動土竭民，天下擾亂之徵也。彗星爭明，庶雄爲桀，大寇之引也。此二者已頗效矣。城中訛言大水，奔走上城，朝廷驚駭，女孽入宮，此獨未效。間者重以水泉涌溢，旁宮闕仍出。月、太白入東井，犯積水，缺天淵。日數湛於極陽之色。羽氣乘宮，起風積雲。又錯以山崩地動，河不用其道。盛冬靁電，潛龍爲孽。繼以隕星流彗，維、填上見，日蝕有背鄉。此亦高下易居，洪水之徵也。不憂不改，洪水乃欲盪滌，流彗乃欲埽除；改之，則有年亡期。故屬者頗有變改，小貶邪猾，日月光精，時雨氣應，此皇天右漢亡已也，何況致大改之！

宜急博求幽隱，拔擢天士，任以大職。諸闒茸佞諂，抱虚求進，及用殘賊酷虐聞者，若此之徒，皆嫉善憎忠，壞天文，敗地理，涌趯邪陰，湛溺太陽，爲主結怨於民，宜以時廢退，不當得居位。誠必行之，凶灾銷滅，子孫之福不旋日而至。政治感陰陽，猶鐵炭之低卬，見效可信者也。及諸蓄水連泉，務通利之。修舊隄防，省池澤税，以助損邪陰之盛。案行事，考變易，訛言之效，未嘗不至。請徵韓放，掾周敞、王望可與圖之。

根於是薦尋。哀帝初即位，召尋待詔黄門，使侍中衛尉傅喜問尋曰：『間者水出地動，日月失度，星辰亂行，灾異仍重，極言毋有所諱。』尋對曰：

陛下聖德，尊天敬地，畏命重民，悼懼變異，不忘疏賤之臣，幸使重臣臨問，愚臣不足以奉明詔。竊見陛下新即位，開大明，除忌諱，博延名士，靡不並進。臣尋位卑術淺，過隨衆賢待詔，食太官，衣御府，久汙玉堂之署。比得召見，亡以自效。復特見延問至誠，自以逢不世出之命，願竭愚心，不敢有所避，庶幾萬分有一可采。唯棄須臾之間，宿留瞽言，考之文理，稽之《五經》，揆之聖意，以參天心。夫變異之來，各應象而至，臣謹條陳所聞。

《易》曰：『縣象著明，莫大乎日月。』夫日者，衆陽之長，輝光所燭，萬里同晷，人君之表也。故日將旦，清風發，羣陰伏，君以臨朝，不牽於色。日初出，炎以陽，君登朝，佞不行，忠直進，不蔽障。日中輝光，君德盛明，大臣奉公。日將入，專以壹，君就房，有常節。君不修道，則日失其度，晻昧亡光。各有云爲。其於東方作，日初出時，陰雲邪氣起者，法爲牽於女謁，有所畏難；日出後，爲近臣亂政；日中，爲大

臣欺誣；日且入，爲妻妾役使所營。間者日尤不精，光明侵奪失色，邪氣珥蜺數作。本起於晨，相連至昏，其日出後至日中間差瘉。小臣不知內事，竊以日視陛下志操，衰於始初多矣。其咎恐有以守正直言而得罪者，傷嗣害世，不可不慎也。唯陛下執乾剛之德，强志守度，毋聽女謁邪臣之態。諸保阿乳母甘言悲辭之託，斷而勿聽。勉强大誼，絕小不忍；良有不得已，可賜以財貨，不可私以官位，誠皇天之禁也。日失其光，則星辰放流。陽不能制陰，陰桀得作。間者太白正晝經天。宜隆德克躬，以執不軌。

臣聞月者，衆陰之長，銷息見伏，百里爲品，千里立表，萬里連紀，妃后大臣諸侯之象也。朔晦正終始，弦爲繩墨，望成君德，春夏南，秋冬北。間者，月數以春夏與日同道，過軒轅上后受氣，入太微帝廷揚光輝，犯上將近臣，列星皆失色，厭厭如滅，此爲母后與政亂朝，陰陽俱傷，兩不相便。外臣不知朝事，竊信天文卽如此，近臣已不足仗矣。屋大柱小，可爲寒心。唯陛下親求賢士，無强所惡，以崇社稷，尊强本朝。

臣聞五星者，五行之精，五帝司命，應王者號令爲之節度。歲星主歲事，爲統首，號令所紀，今失度而盛，此君指意欲有所爲，未得其節也。又塡星不避歲星者，后帝共政，相留於奎、婁，當以義斷之。熒惑往來亡常，周歷兩宮，作態低卬，入天門，上明堂，貫尾亂宮。太白發越犯庫，兵寇之應也。貫黃龍，入帝庭，當門而出，隨熒惑入天門，至房而分，欲與熒惑爲患，不敢當明堂之精。此陛下神靈，故禍亂不成也。熒惑厥弛，佞巧依勢，微言毀譽，進類蔽善。太白出端門，臣有不臣者。火入室，金上堂，不以時解，其憂凶。塡、歲相守，又主內亂。宜察蕭牆之內，毋忽親疏之微，誅放佞人，防絕萌牙，以盪滌濁濊，消散積惡，毋使得成禍亂。辰星主正四時，當效於四仲；四時失序，則辰星作異。今出於歲首之孟，天所以譴告陛下也。政急則出蚤，政緩則出晚，政絕不行則伏不見而爲彗茀。四孟皆出，爲易王命；四季皆出，星家所諱。今幸獨出寅孟之月，蓋皇天所以篤右陛下也，宜深自改。

治國故不可以戚戚，欲速則不達。經曰：『三載考績，三考黜陟。』加以號令不順四時，既往不咎，來事之師也。間者春三月治大獄，時賊陰立逆，恐歲小收；季夏舉兵法，時寒氣應，恐後有霜雹之災；秋月行封爵，其月土濕奧，恐後有雷雹之變。夫以喜怒賞罰，而不顧時禁，雖有堯舜之心，猶不能致和。善言天者，必有效於人。設上農夫而欲冬田，肉袒深耕，汗出種之，然猶不生者，非人心不至，天時不得也。《易》曰：『時止則止，時行則行，動靜不失其時，其道光明。』《書》曰：『敬授民時。』故古之王者，尊天地，重陰陽，敬四時，嚴月令。順之以善政，則和氣可立致，猶枹鼓之相應也。今朝廷忽於時月之令，諸侍中尚書近臣宜皆令通知月令之意，設羣下請事；若陛下出令有謬於時者，當知爭之，以順時氣。

臣聞五行以水爲本，其星玄武婺女，天地所紀，終始所生。水爲準平，王道公正修明，則百川理，落脉通；偏黨失綱，則踊溢爲敗。《書》云『水曰潤下』，陰動而卑，不失其道。天下有道，則河出圖，洛出書，故河、洛決溢，所爲最大。今汝、潁畎澮皆川水漂踊，與雨水並爲民害，此《詩》所謂『爗爗震電，不寧不令，百川沸騰』者也。其咎在於皇甫卿士之屬。唯陛下留意詩人之言，少抑外親大臣。

臣聞地道柔靜，陰之常義也。地有上中下，其上位震，應妃后不順，中位應大臣作亂，下位應庶民離畔。震或於其國，國君之咎也。四方中央連國歷州俱動者，其異最大。間者關東地數震，五星作異，亦未大逆，宜務崇陽抑陰，以救其咎；固志建威，閉絕私路，拔進英雋，退不任職，以强本朝。夫本强則精神折衝，本弱則招殃致凶，爲邪謀所陵。聞往者淮南王作謀之時，其所難者，獨有汲黯，以爲公孫弘等不足言也。弘，漢之名相，於今亡比，而尚見輕，何況亡弘之屬乎？故曰朝廷亡人，則爲賊亂所輕，其道自然也。天下未聞陛下奇策固守之臣也。語曰，何以知朝廷之衰？人人自賢，不務於通人，故世陵夷。

馬不伏歷，不可以趨道；士不素養，不可以重國。《詩》曰『濟濟多士，文王以寧』，孔子曰『十室之邑，必有忠信』，非虛言也。陛下秉四海之衆，曾亡柱幹之固守聞於四境，殆開之不廣，取之不明，勸之不篤。傳曰：『士之美者善養禾，君之明者善養士。』中人皆可使爲君子。詔書進賢良，赦小過，無求備，以博聚英俊。如近世貢禹，以言事忠切蒙尊榮，當此之時，士厲身立名者多。禹死之後，日日以衰。及京兆尹王章坐言事誅滅，智者結舌，邪僞並興，外戚顓命，君臣隔塞，至絕繼嗣，女

宮作亂。此行事之敗，誠可畏而悲也。

本在積任母后之家，非一日之漸，往者不可及，來者猶可追也。先帝大聖，深見天意昭然，使陛下奉承天統，欲矯正之也。宜少抑外親，選練左右，舉有德行道術通明之士充備天官，然後可以輔聖德，保帝位，承大宗。下至郎吏從官，行能亡以異，又不通一藝，及博士無文雅者，宜皆使就南畝，以視天下，明朝廷皆賢材君子，於以重朝尊君，滅凶致安，此其本也。臣自知所言害身，不辟死亡之誅，唯財留神，反覆覆愚臣之言。

是時哀帝初立，成帝外家王氏未甚抑黜，而帝外家丁、傅新貴，祖母傅太后尤驕恣，欲稱尊號。丞相孔光、大司空師丹執政諫爭，久之，上不得已，遂免光、丹而尊傅太后。語在《丹傳》。上雖不從尋言，然采其語，每有非常，輒問尋。尋對屢中，遷黃門侍郎。以尋言且有水灾，故拜尋爲騎都尉，使護河隄。

初，成帝時，齊人甘忠可詐造《天官曆》、《包元太平經》十二卷，以言『漢家逢天地之大終，當更受命於天，天帝使眞人赤精子，下教我此道。』忠可以教重平夏賀良、容丘丁廣世、東郡郭昌等，中壘校尉劉向奏忠可假鬼神罔上惑衆，下獄治服，未斷病死。賀良等坐挾學忠可書以不敬論，後賀良等復私以相教。哀帝初立，司隸校尉解光亦以明經通灾異得幸，白賀良等所挾忠可書。事下奉車都尉劉歆，歆以爲不合《五經》，不可施行。而李尋亦好之。光曰：『前歆父向奏忠可下獄，歆安肯通此道？』時郭昌爲長安令，勸尋宜助賀良等。尋遂白賀良等皆待詔黃門，數召見，陳說：『漢曆中衰，當更受命。成帝不應天命，故絕嗣。今陛下久疾，變異屢數，天所以譴告人也。宜急改元易號，乃得延年益壽，皇子生，灾異息矣。得道不得行，咎殃且亡，不有洪水將出，灾火且起，滌盪民人。』

哀帝久寢疾，幾其有益，遂從賀良等議。於是詔制丞相御史：『蓋聞《尚書》「五曰考終命」，言大運壹終，更紀天元人元，考文正理，推曆定紀，數如甲子也。朕以眇身入繼太祖，承皇天，總百僚，子元元，未有應天心之效。即位出入三年，灾變數降，日月失度，星辰錯謬，高下貿易，大異連仍，盜賊並起。朕甚懼焉，戰戰兢兢，唯恐陵夷。惟漢興至今二百載，曆紀開元，皇天降非材之右，漢國再獲受命之符，朕之不德，曷敢不通夫受天之元命，必與天下自新。其大赦天下，以建平二年爲太初元年，號曰陳聖劉太平皇帝。漏刻以百二十爲度。布告天下，使明知之。』後月餘，上疾自若。賀良等復欲妄變政事，大臣爭以爲不可許。賀良等奏言大臣皆不知天命，宜退丞相御史，以解光、李尋輔政。上以其言亡驗，遂下賀良等吏，而下詔曰：『朕獲保宗廟，爲政不德，變異屢仍，恐懼戰栗，未知所繇。待詔賀良等建言改元易號，增益漏刻，可以永安國家。朕信道不篤，過聽其言，幾爲百姓獲福。卒無嘉應，久旱爲灾。以問賀良等，對當復改制度，皆背經誼，違聖制，不合時宜。夫過而不改，是爲過矣。六月甲子詔書，非赦令也，皆蠲除之。賀良等反道惑衆，姦態當窮竟。』皆下獄，光祿勳平當、光祿大夫毛莫如與御史中丞、廷尉雜治，當賀良等執左道，亂朝政，傾覆國家，誣罔主上，不道。賀良等皆伏誅。尋及解光減死一等，徙敦煌郡。

贊曰：幽贊神明，通合天人之道者，莫著乎《易》、《春秋》。然子贛猶云『夫子之文章可得而聞，夫子之言性與天道不可得而聞』已矣。漢興推陰陽言灾異者，孝武時有董仲舒、夏侯始昌，昭、宣則眭孟、夏侯勝，元、成則京房、翼奉、劉向、谷永，哀、平則李尋、田終術。此其納說時君著明者也。察其所言，仿佛一端。假經設誼，依託象類，或不免乎『億則屢中』。仲舒下吏，夏侯囚執，眭孟誅戮，李尋流放，此學者之大戒也。京房區區，不量淺深，危言刺譏，構怨强臣，罪辜不旋踵，亦不密以失身，悲夫！

又 卷一〇〇《敘傳上》 昔在帝堯之禪曰：『咨爾舜，天之曆數在爾躬。』舜亦以命禹。洎于稷契，咸佐唐虞，光濟四海，奕世載德。至于湯武，而有天下，雖其遭遇異時，禪代不同。至于應天順民，其揆一也。是故劉氏承堯之祚，氏族之世，著乎《春秋》。唐據火德，而漢紹之，始起沛澤，則神母夜號，以章赤帝之符。由是言之，帝王之祚，必有明聖顯懿之德，豐功厚利積絫之業，然後精誠通於神明，流澤加於生民。故能爲鬼神所福饗，天下所歸往，未見運世無本，功德不紀，而得屈起在此位者也。世俗見高祖興於布衣，不達其故，以爲適遭暴亂，得奮其劍。遊說之士至比天下於逐鹿，幸捷而得之，不知神器有命，不可以智力求也。悲夫！此世所以多亂臣賊子者也。若然者，豈徒闇於天道哉？又不

睹之於人事矣！

夫餓饉流隸，飢寒道路，思有短褐之褻，儋石之蓄，所願不過一金，然終於轉死溝壑，何則？貧窮亦有命也。況虖天子之貴，四海之富，神明之祚，可得而妄處哉？故雖遭罹阸會，竊其權柄，勇如信、布，强如梁、籍，成如王莽，然卒潤鑊伏質，亨醢分裂，又況幺麿，尚不及數子，而欲闇奸天位者虖！是故駑蹇之乘不騁千里之塗，燕雀之疇不奮六翮之用，楶梲之材不荷棟梁之任，斗筲之子不秉帝王之重。《易》曰『鼎折足，覆公餗』，不勝其任也。

當秦之末，豪桀共推陳嬰而王之，嬰母止之曰：『自吾爲子家婦，而世貧賤，卒富貴不祥，不如以兵屬人，事成少受其利，不成禍有所歸。』嬰從其言，而陳氏以寧。王陵之母亦見項氏之必亡，而劉氏之將興也。是時陵爲漢將，而母獲於楚，有漢使來，陵母見之，謂曰：『願告吾子，漢王長者，必得天下，子謹事之，無有二心。』遂對漢使伏劍而死，以固勉陵。其後果定於漢，陵爲宰相封侯。夫以匹婦之明，猶能推事理之致，探禍福之機，而全宗祀於無窮，垂策書於春秋，而況大丈夫之事虖！是故窮達有命，吉凶由人，嬰母知廢，陵母知興，審此四者，帝王之分決矣。

蓋在高祖，其興也有五：一曰帝堯之苗裔，二曰體貌多奇異，三曰神武有徵應，四曰寬明而仁恕，五曰知人善任使。加之以信誠好謀，達於聽受，見善如不及，用人如由己，從諫如順流，趣時如嚮赴；當食吐哺，納子房之策；拔足揮洗，揖酈生之說；寤戍卒之言，斷懷土之情；高四皓之名，割肌膚之愛；舉韓信于行陳，收陳平於亡命，英雄陳力，羣策畢舉：此高祖之大略，所以成帝業也。若乃靈瑞符應，又可略聞矣。初劉媪任高祖而夢與神遇，震電晦冥，有龍蛇之怪。及其長而多靈，有異於衆，是以王、武感物而折券，呂公睹形而進女；秦皇東遊以厭其氣，呂后望雲而知所處；始受命則白蛇分，西入關則五星聚。故淮陰、留侯謂之天授，非人力也。

歷古今之得失，驗行事之成敗，稽帝王之世運，考五者之所謂，取舍不厭斯位，符瑞不同斯度，而苟昧於權利，越次妄據，外不量力，內不知命，則必喪保家之主，失天年之壽，遇折足之凶，伏鈇鉞之誅。英雄誠知覺寤，畏若禍戒，超然遠覽，淵然深識，收陵、嬰之明分，絕信、布之覬覦，距逐鹿之瞽說，審神器之有授，毋貪不可幾，爲二母之所笑，則福祚流于子孫，天祿其永終矣。

《後漢書》卷三〇《蘇竟傳》 初，延岑護軍鄧仲況擁兵據南陽陰縣爲寇，而劉歆兄子龔爲其謀主。竟時在南陽，與龔書曉之曰：

君執事無恙。走昔以摩研編削之才，與國師公從事出入，校定秘書，竊自依依，末由自遠。蓋聞君子愍同類而傷不遇。人無愚智，莫不先避害然後求利，先定志然後求名。昔智果見智伯窮兵必亡，故變名遠逝，陳平知項王爲天所棄，故歸心高祖，皆智之至也。聞君前權時屈節，北面延牙，乃後覺悟，棲遲養德。先世數子，又何以加。君處陰中，土多賢士，若以須臾之閒，研考異同，揆之圖書，測之人事，則得失利害，可陳於目，何自負畔亂之困，不移守惡之名乎？與君子之道，何其反也？

世之俗儒末學，醒醉不分，而稽論當世，疑誤視聽。或謂天下迭興，未知誰是，稱兵據土，可圖非冀。或曰聖王未啓，宜觀時變，倚强附大，顧望自守。二者之論，豈其然乎？夫孔丘秘經，爲漢赤制，玄包幽室，文隱事明。且火德承堯，雖昧必亮，承積世之祚，握無窮之符，王氏雖乘閒偷篡，而終嬰大戮，支分體解，宗氏屠滅，非其效歟？皇天所以眷顧蜘躕，憂漢子孫者也。論者若不本之於天，參之於聖，猥以《師曠雜事》輕自眩惑，說士作書，亂夫大道，焉可信哉？

諸儒或曰：今五星失晷，天時謬錯，辰星久而不效，太白出入過度，熒惑進退見態，鎮星繞帶天街，歲星不舍氐、房。以爲諸如此占，歸之國家。蓋灾不徒設，皆應之分野，各有所主。夫房、心卽宋之分，東海是也。尾爲燕分，漁陽是也。東海董憲迷惑未降，漁陽彭寵逆亂擁兵，王赫斯怒，命將並征，故熒惑應此，憲、寵受殃。太白、辰星自亡新之末，失行筭度，以至于今，或守東井，或没羽林，或裴回藩屏，或躑躅帝宮，或經天反明，或潛臧久沈，或衰微闇昧，或煌煌北南，或盈縮成鉤，或偃蹇不禁，皆大運蕩除之祥，聖帝應符之兆也。賊臣亂子，往往錯互，指麾妄說，傳相壞誤。由此論之，天文安得遵度哉！

乃者，五月甲申，天有白虹，自子加午，廣可十丈，長可萬丈，正臨倚彌。倚彌卽黎丘，秦豐之都也。是時月入于畢。畢爲天網，主網羅無道之君，故武王將伐紂，上祭于畢，求助天也。夫仲夏甲申爲八魁。八魁，

上帝開塞之將也，主退惡攘逆。流星狀似蚩尤旗，或曰營頭，或曰天槍，出奎而西北行，至延牙營上，散爲數百而滅，奎爲毒螫，主庫兵。此二變，郡中及延牙士衆所共見也。是故延牙遂之武當，託言發兵，實避其殃。今年《比卦》部歲，《坤》主立冬，《坎》主冬至，水性滅火，南方之兵受歲禍也。德在中宫，刑在木，木勝土，刑制德，今年兵事畢已，中國安寧之效也。五七之家三十五姓，彭、秦、延氏不得豫焉。如何怪惑，依而恃之？《葛虆》之詩，『求福不回』，其若是乎！

圖讖之占，衆變之驗，皆君所明。善惡之分，去就之決，不可不察。無忽鄙言！

夫周公之善康叔，以不從管蔡之亂也；景帝之悦濟北，以不從吳濞之畔也。自更始以來，孤恩背逆，歸義向善，臧否粲然，可不察歟！良醫不能救無命，强梁不能與天爭，故天之所壞，人不得支。宜密與太守劉君共謀降議。仲尼棲棲，墨子遑遑，憂人之甚也。屠羊救楚，非要爵禄；茅焦干秦，豈求報利？盡忠博愛之誠，憤满不能已耳。

又與仲況書諫之，文多不載，於是仲況與龔遂降。

龔字孟公，長安人，善論議，扶風馬援、班彪並器重之。竟終不伐其功，潛樂道術，作《記誨篇》及文章傳於世。年七十，卒于家。

鹽鐵會議分部

綜　述

《史記》卷三〇《平準書》　至今上卽位數歲，漢興七十餘年之閒，國家無事，非遇水旱之災，民則人給家足，都鄙廩庾皆滿，而府庫餘貨財。京師之錢累巨萬，貫朽而不可校。太倉之粟陳陳相因，充溢露積於外，至腐敗不可食。【略】

及王恢設謀馬邑，匈奴絶和親，侵擾北邊，兵連而不解，天下苦其勞，而干戈日滋。行者齎，居者送，中外騷擾而相奉，百姓抏獘以巧法，財賂衰耗而不贍。入物者補官，出貨者除罪，選舉陵遲，廉恥相冒，武力進用，法嚴令具。興利之臣自此始也。

其後漢將歲以數萬騎出擊胡，及車騎將軍衛青取匈奴河南地，築朔方。當是時，漢通西南夷道，作者數萬人，千里負擔饋糧，率十餘鍾致一石，散幣於邛僰以集之。數歲道不通，蠻夷因以數攻，吏發兵誅之。悉巴蜀租賦不足以更之，乃募豪民田南夷，入粟縣官，而內受錢於都內。東至滄海之郡，人徒之費擬於南夷。又興十萬餘人築衛朔方，轉漕甚遼遠，自山東咸被其勞，費數十百巨萬，府庫益虛。乃募民能入奴婢得以終身復，爲郎增秩，及入羊爲郎，始於此。

其後四年，而漢遣大將將六將軍，軍十餘萬，擊右賢王，獲首虜萬五千級。明年，大將軍將六將軍仍再出擊胡，得首虜萬九千級。捕斬首虜之士受賜黄金二十餘萬斤，虜數萬人皆得厚賞，衣食仰給縣官；而漢軍之士馬死者十餘萬，兵甲之財轉漕之費不與焉。於是大農陳藏錢經秏，賦税既竭，猶不足以奉戰士。有司言：『天子曰「朕聞五帝之教不相復而治，禹湯之法不同道而王，所由殊路，而建德一也。北邊未安，朕甚悼之。日者，大將軍攻匈奴，斬首虜萬九千級，留蹛無所食。議令民得買爵及贖禁錮免減罪」。請置賞官，命曰武功爵。級十七萬，凡直三十餘萬金。諸買武功爵官首者試補吏，先除；千夫如五大夫；其有罪又減二等；爵得至樂卿：以顯軍功。』軍功多用越等，大者封侯卿大夫，小者郎吏。吏道雜而多端，則官職秏廢。【略】

其明年，驃騎仍再出擊胡，獲首四萬。其秋，渾邪王率數萬之衆來降，於是漢發車二萬乘迎之。既至，受賞，賜及有功之士。是歲費凡百餘巨萬。【略】

而富商大賈或蹛財役貧，轉轂百數，廢居居邑，封君皆低首仰給。冶鑄煮鹽，財或累萬金，而不佐國家之急，黎民重困。於是天子與公卿議，更錢造幣以贍用，而摧浮淫并兼之徒。是時禁苑有白鹿而少府多銀錫。自孝文更造四銖錢，至是歲四十餘年，從建元以來，用少，縣官往往卽多銅山而鑄錢，民亦閒盜鑄錢，不可勝數。錢益多而輕，物益少而貴。【略】

又造銀錫爲白金。【略】令縣官銷半兩錢，更鑄三銖錢，文如其重。盜鑄諸金錢罪皆死，而吏民之盜鑄白金者不可勝數。

於是以東郭咸陽、孔僅爲大農丞，領鹽鐵事；桑弘羊以計算用事，

侍中。咸陽，齊之大煮鹽，孔僅，南陽大冶，皆致生累千金，故鄭當時進言之。弘羊，雒陽賈人子，以心計，年十三侍中。故三人言利事析秋豪矣。【略】

大農上鹽鐵丞孔僅、咸陽言：『山海，天地之藏也，皆宜屬少府，陛下不私，以屬大農佐賦。願募民自給費，因官器作煮鹽，官與牢盆。浮食奇民欲擅管山海之貨，以致富羨，役利細民。其沮事之議，不可勝聽。敢私鑄鐵器煮鹽者，釱左趾，沒入其器物。郡不出鐵者，置小鐵官，便屬在所縣。』使孔僅、東郭咸陽乘傳舉行天下鹽鐵，作官府，除故鹽鐵家富者爲吏。吏道益雜，不選，而多賈人矣。

商賈以幣之變，多積貨逐利。於是公卿言：『郡國頗被菑害，貧民無產業者，募徙廣饒之地。陛下損膳省用，出禁錢以振元元，寬貸賦，而民不齊出於南畝，商賈滋衆。貧者畜積無有，皆仰縣官。異時算軺車賈人緡錢皆有差，請算如故。諸賈人末作貰貸賣買，居邑稽諸物，及商以取利者，雖無市籍，各以其物自占，率緡錢二千而一算。諸作有租及鑄，率緡錢四千一算。非吏比者三老、北邊騎士，軺車以一算；商賈人軺車二算；船五丈以上一算。匿不自占，占不悉，戍邊一歲，沒入緡錢。有能告者，以其半畀之。賈人有市籍者，及其家屬，皆無得籍名田，以便農。敢犯令，沒入田僮。』【略】

而孔僅之使天下鑄作器，三年中拜爲大農，列於九卿。而桑弘羊爲大農丞，筦諸會計事，稍稍置均輸以通貨物矣。

始令吏得入穀補官，郎至六百石。【略】

郡國多姦鑄錢，錢多輕，而公卿請令京師鑄鍾官赤側，一當五，賦官用非赤側不得行。白金稍賤，民不寶用，縣官以令禁之，無益。歲餘，白金終廢不行。【略】

其後二歲，赤側錢賤，民巧法用之，不便，又廢。於是悉禁郡國無鑄錢，專令上林三官鑄。錢既多，而令天下非三官錢不得行，諸郡國所前鑄錢皆廢銷之，輸其銅三官。而民之鑄錢益少，計其費不能相當，唯眞工大姦乃盜爲之。

卜式相齊，而楊可告緡徧天下，中家以上大抵皆遇告。杜周治之，獄少反者。乃分遣御史廷尉正監分曹往，卽治郡國緡錢，得民財物以億計，奴婢以千萬數，田大縣數百頃，小縣百餘頃，宅亦如之。於是商賈中家以上大率破，民偷甘食好衣，不事畜藏之產業，而縣官有鹽鐵緡錢之故，用益饒矣。【略】

初，大農筦鹽鐵官布多，置水衡，欲以主鹽鐵；及楊可告緡錢，上林財物衆，乃令水衡主上林。上林既充滿，益廣。是時越欲與漢用船戰逐，乃大修昆明池，列觀環之。治樓船，高十餘丈，旗幟加其上，甚壯。於是天子感之，乃作柏梁臺，高數十丈。宮室之修，由此日麗。

乃分緡錢諸官，而水衡、少府、大農、太僕各置農官，往往卽郡縣比沒入田田之。其沒入奴婢，分諸苑養狗馬禽獸，及與諸官。諸官益雜置多，徒奴婢衆，而下河漕度四百萬石，及官自糴乃足。【略】

式既在位，見郡國多不便縣官作鹽鐵，鐵器苦惡，賈貴，或强令民賣買之。而船有算，商者少，物貴，乃因孔僅言船算事。上由是不悅卜式。

漢連兵三歲，誅羌，滅南越，番禺以西至蜀南者置初郡十七，且以其故俗治，毋賦稅。南陽、漢中以往郡，各以地比給初郡吏卒奉食幣物，傳車馬被具。而初郡時時小反，殺吏，漢發南方吏卒往誅之，閒歲萬餘人，費皆仰給大農。大農以均輸調鹽鐵助賦，故能贍之。然兵所過縣，爲以訾給毋乏而已，不敢言擅賦法矣。

其明年，元封元年，卜式貶秩爲太子太傅。而桑弘羊爲治粟都尉，領大農，盡代僅筦天下鹽鐵。弘羊以諸官各自市，相與爭，物故騰躍，而天下賦輸或不償其僦費，乃請置大農部丞數十人，分部主郡國，各往往縣置均輸鹽鐵官，令遠方各以其物貴時商賈所轉販者爲賦，而相灌輸。置平準于京師，都受天下委輸。召工官治車諸器，皆仰給大農。大農之諸官盡籠天下之貨物，貴卽賣之，賤則買之。如此，富商大賈無所牟大利，則反本，而萬物不得騰踊。故抑天下物，名曰『平準』。天子以爲然，許之。於是天子北至朔方，東到太山，巡海上，並北邊以歸。所過賞賜，用帛百餘萬匹，錢金以巨萬計，皆取足大農。

弘羊又請令吏得入粟補官，及罪人贖罪。令民能入粟甘泉各有差，以復終身，不告緡。他郡各輸急處，而諸農各致粟，山東漕益歲六百萬石。一歲之中，太倉、甘泉倉滿。邊餘穀諸物均輸帛五百萬匹。民不益賦而天下用饒。於是弘羊賜爵左庶長，黃金再百斤焉。

《漢書》卷七《昭帝紀》（始元）六年春正月，上耕于上林。

二月，詔有司問郡國所舉賢良文學民所疾苦。議罷鹽鐵榷酤。

移中監蘇武前使匈奴，留單于庭十九歲乃還，奉使全節，以武爲典屬國，賜錢百萬。

夏，旱，大雩，不得舉火。

秋七月，罷榷酤官，令民得以律占租，賣酒升四錢。以邊塞闊遠，取天水、隴西、張掖郡各二縣置金城郡。【略】

元鳳元年春，長公主共養勞苦，復以藍田益長公主湯沐邑。

泗水戴王前薨，以毋嗣，國除。後宮有遺腹子煖，相內史不奏言，上聞而憐之，立煖爲泗水王。相內史皆下獄。

三月，賜郡國所選有行義者涿郡韓福等五人帛，人五十匹，遣歸。詔曰：『朕閔勞以官職之事，其務修孝弟以教鄉里。令郡縣常以正月賜羊酒。有不幸者賜衣被一襲，祠以中牢。』

武都氐人反，遣執金吾馬適建、龍頟侯韓增、大鴻臚廣明將三輔、太常徒，皆免刑擊之。

夏六月，赦天下。

秋七月乙亥晦，日有蝕之，既。

八月，改始元爲元鳳。

九月，鄂邑長公主、燕王旦與左將軍上官桀、桀子票騎將軍安、御史大夫桑弘羊皆謀反，伏誅。初，桀、安父子與大將軍光爭權，欲害之，詐使人爲燕王旦上書言光罪。時上年十四，覺其詐。後有譖光者，上輒怒曰：『大將軍國家忠臣，先帝所屬，敢有譖毁者，坐之。』光由是得盡忠。語在《燕王》、《霍光傳》。

又　卷二四《食貨志下》　武帝因文、景之畜，忿胡、粤之害，即位數年，嚴助、朱買臣等招徠東甌，事兩粤，江淮之間蕭然煩費矣。唐蒙、司馬相如始開西南夷，鑿山通道千餘里，以廣巴蜀，巴蜀之民罷焉。彭吳穿穢貊、朝鮮，置滄海郡，則燕齊之間靡然發動。及王恢謀馬邑，匈奴絶和親，侵擾北邊，兵連而不解，天下共其勞。干戈日滋，行者齎，居者送，中外騷擾相奉，百姓抏敝以巧法，財賂衰耗而不澹。入物者補官，出貨者除罪，選舉陵夷，廉恥相冒，武力進用，法嚴令具。興利之臣自此而始。【略】

自［公］孫弘以《春秋》之義繩臣下取漢相，張湯以峻文決理爲廷尉，於是見知之法生，而廢格沮誹窮治之獄用矣。其明年，淮南、衡山、江都王謀反迹見，而公卿尋端治之，竟其黨與，坐而死者數萬人，吏益慘急而法令察。當是時，招尊方正賢良文學之士，或至公卿大夫。公孫弘以宰相，布被，食不重味，爲下先，然而無益於俗，稍務於功利矣。【略】

先是十餘歲，河決，灌梁、楚地，固已數困，而緣河之郡隄塞河，輒壞決，費不可勝計。其後番係欲省底柱之漕，穿汾、河渠以爲溉田；鄭當時爲渭漕回遠，鑿漕直渠自長安至華陰；而朔方亦穿溉渠。作者各數萬人，歷二三期而功未就，費亦各以鉅萬十數。【略】

其明年，山東被水災，民多飢乏，於是天子遣使虛郡國倉廥以振貧。猶不足，又募豪富人相假貸。尚不能相救，乃徙貧民於關以西，及充朔方以南新秦中，七十餘萬口，衣食皆仰給於縣官。數歲，貸與産業，使者分部護，冠蓋相望，費以億計，縣官大空。而富商賈或墆財役貧，轉轂百數，廢居居邑，封君皆氐首仰給焉。冶鑄鬻鹽，財或累萬金，而不佐公家之急，黎民重困。

於是天子與公卿議，更造錢幣以澹用，而摧浮淫并兼之徒。是時禁苑有白鹿而少府多銀錫。自孝文更造四銖錢，至是歲四十餘年，從建元以來，用少，縣官往往即多銅山而鑄錢，民亦盜鑄，不可勝數。錢益多而輕，物益少而貴。【略】乃以白鹿皮方尺，緣以繢，爲皮幣，直四十萬。王侯宗室朝覲聘享，必以皮幣薦璧，然後得行。

又造銀錫白金。【略】令縣官銷半兩錢，更鑄三銖錢，重如其文。盜鑄諸金錢罪皆死，而吏民之犯者不可勝數。

於是以東郭咸陽、孔僅爲大農丞，領鹽鐵事，而桑弘羊貴幸。咸陽，齊之大鬻鹽，孔僅，南陽大冶，皆致産累千金，故鄭當時進言之。弘羊，洛陽賈人之子，以心計，年十三侍中。故三人言利事析秋豪矣。【略】

大農上鹽鐵丞孔僅、咸陽言：『山海，天地之臧，宜屬少府，陛下弗私，以屬大農佐賦。願募民自給費，因官器作鬻鹽，官與牢盆。浮食奇民欲擅斡山海之貨，以致富羨，役利細民。其沮事之議，不可勝聽。敢私鑄鐵器鬻鹽者，釱左趾，沒入其器物。郡不出鐵者，置小鐵官，使屬在所

縣。』使僅、咸陽乘傳舉行天下鹽鐵，作官府，除故鹽鐵家富者爲吏。吏益多賈人矣。

商賈以幣之變，多積貨逐利。【略】

是時，豪富皆爭匿財，唯卜式數求入財以助縣官。天子乃超拜式爲中郎，賜爵左庶長，田十頃，布告天下，以風百姓。初，式不願爲官，上强拜之，稍遷至齊相。語自在其傳。孔僅使天下鑄作器，三年中至大司農，列於九卿。而桑弘羊爲大司農中丞，管諸會計事，稍稍置均輸以通貨物。始令吏得入穀補官，郎至六百石。【略】

天（下）［子］既下緡錢令而尊卜式，百姓終莫分財佐縣官，於是告緡錢縱矣。

郡國鑄錢，民多姦鑄，錢多輕，而公卿請令京師鑄官赤仄，一當五，賦官用非赤仄不得行。白金稍賤，民弗寶用，縣官以令禁之，無益，歲餘終廢不行。【略】其後二歲，赤仄錢賤，民巧法用之，不便，又廢。於是悉禁郡國毋鑄錢，專令上林三官鑄。錢既多，而令天下非三官錢不得行，諸郡國前所鑄錢皆廢銷之，輸入其銅三官。而民之鑄錢益少，計其費不能相當，唯眞工大姦乃盜爲之。【略】

漢連出兵三歲，誅羌，滅兩粵，番禺以西至蜀南者置初郡十七，且以其故俗治，無賦稅。南陽、漢中以往，各以地比給初郡吏卒奉食幣物，傳車馬被具。而初郡又時時小反，殺吏，漢發南方吏卒往誅之，間歲萬餘人，費皆仰大農。大農以均輸調鹽鐵助賦，故能澹之。然兵所過縣，縣以爲訾給毋乏而已，不敢言輕賦法矣。

其明年，元封元年，卜式貶爲太子太傅。而桑弘羊爲治粟都尉，領大農，盡代僅斡天下鹽鐵。弘羊以諸官各自市相爭，物以故騰躍，而天下賦輸或不償其僦費，乃請置大農部丞數十人，分部主郡國，各往往置均輸鹽鐵官，令遠方各以其物如異時商賈所轉（貶）［販］者爲賦，而相灌輸。置平準於京師，都受天下委輸。召工官治車諸器，皆仰給大農。大農諸官盡籠天下之貨物，貴則賣之，賤則買之。如此，富商大賈亡所牟大利，則反本，而萬物不得騰躍。故抑天下之物，名曰『平準』。天子以爲然而許之。於是天子北至朔方，東封泰山，巡海上，旁北邊以歸。所過賞賜，用帛百餘萬匹，錢金以鉅萬計，皆取足大農。

弘羊又請令民得入粟補吏，及罪以贖。令民入粟甘泉各有差，以復終身，不復告緡。它郡各輸急處，而諸農各致粟，山東漕益歲六百萬石。一歲之中，太倉、甘泉倉滿。邊餘穀，諸均輸帛五百萬匹。民不益賦而天下用饒。於是弘羊賜爵左庶長，黄金者再百焉。

是歲小旱，上令百官求雨。卜式言曰：『縣官當食租衣稅而已，今弘羊令吏坐市列，販物求利。亨弘羊，天乃雨。』久之，武帝疾病，拜弘羊爲御史大夫。

昭帝即位六年，詔郡國舉賢良文學之士，問以民所疾苦，教化之要。皆對願罷鹽鐵酒（權）［榷］均輸官，毋與天下爭利，視以儉節，然後教化可興。弘羊難，以爲此國家大業，所以制四夷，安邊足用之本，不可廢也。乃與丞相千秋共奏罷酒酤。弘羊自以爲國興大利，伐其功，欲爲子弟得官，怨望大將軍霍光，遂與上官桀等謀反，誅滅。

宣、元、成、哀、平五世，亡所變改。元帝時嘗罷鹽鐵官，三年而復之。貢禹言：『鑄錢采銅，一歲十萬人不耕，民坐盜鑄陷刑者多。富人臧錢滿室，猶無厭足。民心動搖，棄本逐末，耕者不能半，姦邪不可禁，原起於錢。疾其末者絕其本，宜罷采珠玉金銀鑄錢之官，毋復以爲幣，除其販賣租銖之律，租稅祿賜皆以布帛及穀，使百姓壹意農桑。』議者以爲交易待錢，布帛不可尺寸分裂。禹議亦寢。

又　卷六〇《杜延年傳》　延年本大將軍霍光吏，首發大姦，有忠節，由是擢爲太僕右曹給事中。光持刑罰嚴，延年輔之以寬。治燕王獄時，御史大夫桑弘羊子遷亡，過父故吏侯史吳。後遷捕得，伏法。會赦，侯史吳自出繫獄，廷尉王平與少府徐仁雜治反事，皆以爲桑遷坐父謀反而侯史吳臧之，非匿反者，乃匿爲隨者也。即以赦令除吳罪。後侍御史治實，以桑遷通經術，知父謀反而不諫爭，與反者身無異；侯史吳故三百石吏，首匿遷，不與庶人匿隨從者等，吳不得赦。奏請覆治，劾廷尉、少府縱反者。少府徐仁即丞相車千秋女壻也，故千秋數爲侯史吳言。恐光不聽，千秋即召中二千石、博士會公車門，議問吳法。議者知大將軍指，皆執吳爲不道。明日，千秋封上衆議，光於是以千秋擅召中二千石以下，外內異言，遂下廷尉平、少府仁獄。朝廷皆恐丞相坐之。延年乃奏記光爭，以爲『吏縱罪人，有常法，今更詆吳爲不道，恐於法深。又丞相素無所守

持，而爲好言於下，盡其素行也。至擅召中二千石，甚無狀。延年愚，以爲丞相久故，及先帝用事，非有大故，不可棄也。間者民頗言獄深，吏爲峻詆，今丞相所議，又獄事也，如是以及丞相，恐不合衆心。羣下讙譁，庶人私議，流言四布，延年竊重將軍失此名於天下也！』光以廷尉、少府弄法輕重，皆論棄市，而不以及丞相，終與相竟。延年論議持平，合和朝廷，皆此類也。

見國家承武帝奢侈師旅之後，數爲大將軍光言：『年歲比不登，流民未盡還，宜修孝文時政，示以儉約寬和，順天心，説民意，年歲宜應。』光納其言，舉賢良，議罷酒榷鹽鐵，皆自延年發之。吏民上書言便宜，有異，輒下延年平處復奏。言可官試者，至爲縣令，或丞相、御史除用，滿歲以狀聞，或抵其罪法，常與兩府及廷尉分章。

又 卷六六《田千秋傳》 後歲餘，武帝疾，立皇子鉤弋夫人男爲太子，拜大將軍霍光、車騎將軍金日磾、御史大夫桑弘羊及丞相千秋，並受遺詔，輔道少主。武帝崩，昭帝初即位，未任聽政，政事壹決大將軍光。千秋居丞相位，謹厚有重德。每公卿朝會，光謂千秋曰：『始與君侯俱受先帝遺詔，今光治內，君侯治外，宜有以教督，使光毋負天下。』千秋曰：『唯將軍留意，即天下幸甚。』終不肯有所言。光以此重之。每有吉祥嘉應，數褒賞丞相。訖昭帝世，國家少事，百姓稍益充實。始元六年，詔郡國舉賢良文學士，問以民所疾苦，於是鹽鐵之議起焉。【略】

桑弘羊爲御史大夫八年，自以爲國家興榷筦之利，伐其功，欲爲子弟得官，怨望霍光，與上官桀等謀反，遂誅滅。【略】

明年，昭帝崩。昌邑王徵即位，淫亂，大將軍光與車騎將軍張安世謀欲廢王更立。議既定，使大司農田延年報敞。敞驚懼，不知所言，汗出洽背，徒唯唯而已。延年起至更衣，敞夫人遽從東箱謂敞曰：『此國大事，今大將軍議已定，使九卿來報君侯。君侯不疾應，與大將軍同心，猶與無決，先事誅矣。』延年從更衣還，敞、夫人與延年參語許諾，請奉大將軍教令，遂共廢昌邑王，立宣帝。宣帝即位月餘，敞薨，謚曰敬侯。子忠嗣，以敞居位定策安宗廟，益封三千五百户。

漢·桓寬《鹽鐵論》卷一《本議》 惟始元六年，有詔書使丞相、御史與所舉賢良、文學語。問民間所疾苦。

文學對曰：『竊聞治人之道，防淫佚之原，廣道德之端，抑末利而開仁義，毋示以利，然後教化可興，而風俗可移也。今郡國有鹽、鐵、酒榷、均輸，與民爭利。散敦厚之樸，成貪鄙之化。是以百姓就本者寡，趨末者衆。夫文繁則質衰，末盛則本虧。末修則民淫，本修則民慤。民慤則財用足，民侈則飢寒生。願罷鹽、鐵、酒榷、均輸，所以進本退末，廣利農業，便也。』

大夫曰：『匈奴背叛不臣，數爲寇暴於邊鄙，備之則勞中國之士，不備則侵盜不止。先帝哀邊人之久患，苦爲虜所係獲也，故修障塞，飭烽燧，屯戍以備之。邊用度不足，故興鹽、鐵，設酒榷，置均輸，蕃貨長財，以佐助邊費。今議者欲罷之，內空府庫之藏，外乏執備之用，使備塞乘城之士飢寒於邊，將何以贍之？罷之，不便也。』【略】

大夫曰：『匈奴桀黠，擅恣入塞，犯厲中國，殺伐郡、縣、朔方都尉，甚悖逆不軌，宜誅討之日久矣。陛下垂大惠，哀元元之未贍，不忍暴士大夫於原野；縱然被堅執鋭，有北面復匈奴之志，又欲罷鹽、鐵、均輸，憂邊用，損武略，無憂邊之心，於其義未便也。』【略】

大夫曰：『古之立國家者，開本末之途，通有無之用，市朝以一其求，致士民，聚萬貨，農商工師各得所欲，交易而退。《易》曰：『通其變，使民不倦。』故工不出，則農用乖；商不出，則寶貨絶。農用乏，則穀不殖；寶貨絶，則財用匱。故鹽、鐵、均輸，所以通委財而調緩急。罷之，不便也。』【略】

大夫曰：『管子云：「國有沃野之饒而民不足於食者，器械不備也。有山海之貨而民不足於財者，商工不備也。」隴、蜀之丹漆旄羽，荆、揚之皮革骨象，江南之柟梓竹箭，燕、齊之魚鹽旃裘，兖、豫之漆絲絺紵，養生送終之具也，待商而通，待工而成。故聖人作爲舟檝之用，以通川谷，服牛駕馬，以達陵陸；致遠窮深，所以交庶物而便百姓。是以先帝建鐵官以贍農用，開均輸以足民財；鹽、鐵、均輸，萬民所戴仰而取給者，罷之，不便也。』【略】

大夫曰：『往者，郡國諸侯各以其物貢輸，往來煩雜，物多苦惡，或不償其費。故郡置輸官以相給運，而便遠方之貢，故曰均輸。開委府于京，以籠貨物，賤即買，貴則賣。是以縣官不失實，商賈無所貿利，故曰

平準。平準則民不失職，均輸則民齊勞逸。故平準、均輸，所以平萬物而便百姓，非開利孔，爲民罪梯者也。』

又《力耕》 大夫曰：『王者塞天財，禁關市，執準守時，以輕重御民。豐年歲登，則儲積以備乏絕；凶年惡歲，則行幣物；流有餘而調不足也。【略】往者財用不足，戰士或不得祿，而山東被災，齊、趙大饑，賴均輸之畜，倉廩之積，戰士以奉，飢民以賑。故均輸之物，府庫之財，非所以賈萬民而專奉兵師之用，亦所以賑困乏而備水旱之災也。』

文學曰：『古者，十一而稅，澤梁以時入而無禁，黎民咸被南畝而不失其務。故三年耕而餘一年之蓄，九年耕有三年之蓄。此禹、湯所以備水旱而安百姓也。草萊不闢，田疇不治，雖擅山海之財，通百味之利，猶不能贍也。是以古者尚力務本而種樹繁，躬耕趣時而衣食足，雖累凶年而人不病也。故衣食者民之本，稼穡者民之務也。二者修，則國富而民安也。』

【略】

大夫曰：『賢聖治家非一室，富國非一道。昔管仲以權譎霸，而范氏以强大亡。使治家養生必於農，則舜不甄陶而伊尹不爲庖。故善爲國者，天下之下我高，天下之輕我重。以末易其本，以虛蕩其實。今山澤之財，均輸之藏，所以御輕重而役諸侯也。汝、漢之金，纖微之貢，所以誘外國而釣胡、羌之寶也。夫中國一端之縵，得匈奴累金之物，而損敵國之用。是以贏驢馲駞，銜尾入塞，驒騱騵馬，盡爲我畜，鼲鼦狐貉，采旃文罽，充於內府，而璧玉珊瑚瑠璃，咸爲國之寶。是則外國之物內流，而利不外泄也。異物內流則國用饒，利不外泄，則民用給矣。』【略】

文學曰：『古者，商通物而不豫，工致牢而不僞。故君子耕稼田魚，其實一也。商則長詐，工則飾罵，內懷闚闊而心不怍，是以薄夫欺而敦夫薄。昔桀女樂充宮室，文繡衣裳，故伊尹高逝遊薄，而女樂終廢其國。今贏驢之用，不中牛馬之功，鼲鼦旃罽，不益錦綈之實，美玉珊瑚出於昆山，珠璣犀象出於桂林，此距漢萬有餘里。計耕桑之功，資財之費，是一物而售百倍其價也，一揖而中萬鍾之粟也。夫上好珍怪，則淫服下流，貴遠方之物，則貨財外充。是以王者不珍無用以節其民，不愛其貨以富其國。故理民之道，在於節用尚本，分土井田而已。』

大夫曰：『自京師東西南北，歷山川，經郡國，諸殷富大都，無非街衢五通，商賈之所臻，萬物之所殖者。故聖人因天時，智者因地財，上士取諸人，中士勞其形。長沮、桀溺，無百金之積，蹠蹻之徒，無猗頓之富，宛、周、齊、魯，商遍天下。故乃商賈之富，或累萬金，追利乘羡之所致也。富國何必用本農，足民何必井田也？』

又 卷二《刺權》 大夫曰：『今夫越之具區，楚之雲夢，宋之鉅野，齊之孟諸，有國之富而霸王之資也。人君統而守之則强，不禁則亡。齊以其腸胃予人，家强而不制，枝大而折榦，以專巨海之富而擅魚鹽之利也。【略】今山川海澤之原，非獨雲夢、孟諸也。鼓金煮鹽，其勢必深居幽谷，而人民所罕至。姦猾交通山海之際，恐生大姦。乘利驕溢，敦樸滋僞，則人之貴本者寡。大農鹽鐵丞咸陽、孔僅等上請：「願募民自給費，因縣官器，煮鹽予用，以杜浮僞之路。」由此觀之：令意所禁微，有司之慮亦遠矣。』

文學曰：『有司之慮遠，而權家之利近；令意所禁微，而僭奢之道著。自利害之設，三業之起，貴人之家，雲行於塗，轂擊於道，攘公法，申私利，跨山澤，擅官市，非特巨海魚鹽也；執國家之柄，以行海內，非特田常之勢、陪臣之權也；威重於六卿，富累於陶、衛【略】是以耕者釋耒而不勤，百姓冰釋而懈怠。何者？己爲之而彼取之，僭侈相效，上升而不息，此百姓所以滋僞而罕歸本也。』

大夫曰：『官尊者祿厚，本美者枝茂。故文王德而子孫封，周公相而伯禽富。水廣者魚大，父尊者子貴。傳曰：「河、海潤千里。」盛德及四海，況之妻子乎？故夫貴於朝，妻貴於室，富曰苟美，古之道也。孟子曰：「王者與人同，而如彼者，居使然也。」居編户之列，而望卿相之子孫，是以跛夫之欲及樓季也，無錢而欲千金之寶，不亦虛望哉！』

文學曰：『禹、稷自布衣，思天下有不得其所者，若己推而納之溝中，故起而佐堯，平治水土，教民稼穡。其自任天下如此其重也，豈云食祿以養妻子而已乎？夫食萬人之力者，蒙其憂，任其勞。一人失職，一官不治，皆公卿之累也。故君子之仕，行其義，非樂其勢也。受祿以潤賢，非私其利。見賢不隱，食祿不專，此公叔之所以爲文，魏成子所以爲賢也。故周德成而後封子孫，不以爲黨，周公功成而後受封，天下不以爲貪。今則不然。親戚相推，朋黨相舉，父尊於位，子溢於內，夫貴於朝，

妻謁行於外。無周公之德而有其富，無管仲之功而有其侈。故編户跛夫而望疾步也。』

又　卷五《利議》　大夫曰：『作世明主，憂勞萬人，思念北邊之未安，故使使者舉賢良、文學高弟，詳延有道之士，將欲觀殊議異策，虛心傾耳以聽，庶幾云得。諸生無能出奇計遠圖，匈奴安邊境之策，明枯竹，守空言，不知趨舍之宜，時世之變，議論無所依，如膝癢而搔背，辯訟公門之下，訩訩不可勝聽，如品即口以成事，此豈明主所欲聞哉？』

文學曰：『諸生對册，殊路同歸，指在崇禮義，退財利，復往古之道，匡當世之失，莫不云太平；雖未盡可亶用，宜若有可行者焉。執事闇於明禮，而喻於利末，沮事隋議，計慮籌策，以故至今未決。非儒無成事，公卿欲成利也。』

大夫曰：『色厲而内荏，亂眞者也，文表而柔裏，亂實者也。文學哀衣博帶，竊周公之服；鞠躬踧踖，竊仲尼之容；議論稱誦，竊商、賜之辭；刺譏言治，竊管、晏之才。心卑卿相，志小萬乘。及授之政，昏亂不治。故以言舉人，若以毛相馬，此其所以多不稱舉。詔策曰：「朕嘉宇内之士，故詳延四方豪俊文學博習之士，超遷官禄。」言者不必有德，何者？言之易而行之難。有舍其車而識其牛，貴其不言而多成事也。吴鐸以其舌自破，主父偃以其舌自殺。鶡鳴夜鳴，無益於明，主父鳴鶡，無益於死。非有司欲成利，文學桎梏於舊術，牽於間言者也。』

文學曰：『能言之，能行之者，湯、武也；能言，不能行者，有司也。文學竊周公之服，有司竊周公之位。文學桎梏於舊術，有司桎梏於財利。主父偃以舌自殺，有司以利自困。夫驥之才千里，非造父不能使；禹之知萬人，非舜爲相不能用。故季桓子聽政，柳下惠忽然不見，孔子爲司寇，然後悖熾。驥，舉之在伯樂，其功在造父。造父攝轡，馬無駑良，皆可取道。周公之時，士無賢不肖，皆可與言治。故御之良者善調馬，相之賢者善使士。今舉異才而使臧驄御之，是猶枙驥鹽車而使責之疾。此賢良文學多不稱舉也。』

大夫曰：『嘻！諸生闒茸無行，多言而不用，情貌不相副。若穿踰之盜，自古而患之。是孔丘斥逐於魯君，曾不用於世也。何者？以其首攝多端，迂時而不要也。故秦王燔去其術而不行，坑之渭中而不用。乃安得鼓口舌，申顏眉，預前論議，是非國家之事也？』

又　卷一〇《大論》　大夫曰：『呻吟槁簡，誦死人之語，則有司不以文學。文學知獄之在廷後而不知其事，聞其事而不知其務。【略】故射者因槷，治者因法。【略】今欲以敦朴之時，治抏弊之民，是猶遷延而拯溺，揖讓而救火也。』

文學曰：『文王興而民好善，幽、厲興而民好暴，非性之殊，風俗使然也。【略】夫不治其本而事其末，古之所謂愚，今之所謂智。以箠楚正亂，以刀筆正文，古之所謂賊，今之所謂賢也。』

大夫曰：『俗非唐虞之時，而世非許由之民，而欲廢法以治，是猶不用隱括斧斤，欲撓曲直枉也。故爲治者不待自善之民，爲輪者不待自曲之木。』【略】

文學曰：『殘材木以成室屋者，非良匠也。殘賊民人而欲治者，非良吏也。【略】聖人從事於未然，故亂原無由生。是以砭石藏而不施，法令設而不用。斷已然，鑿已發者，凡人也。治未形，睹未萌者，君子也。』

大夫曰：『文學所稱聖知者，孔子也，治魯不遂，見逐於齊，不用於衛，遇圍於匡，困於陳、蔡。夫知時不用猶説，强也；知困而不能已，貪也；不知見欺而往，愚也；困辱不能死，耻也。若此四者，庸民之所不爲也，而況君子乎！』【略】

文學曰：『孔子生於亂世，思堯、舜之道，東西南北，灼頭濡足，庶幾世主之悟。【略】非不知窮厄而不見用，悼痛天下之禍，猶慈母之伏死子也，知其不可如何，然惡已。』【略】

大夫撫然内慙，四據而不言。

當此之時，順風承意之士，如編口張而不歙，舌舉而不下，闇然而懷重負而見責。

宋·司馬光《資治通鑑》卷一八《漢紀十·武帝元朔二年》　匈奴入上谷、漁陽，殺略吏民千餘人。遣衛青、李息出雲中以西至隴西，擊胡之樓煩、白羊王於河南，得胡首虜數千，牛羊百餘萬，走白羊、樓煩王，遂取河南地。詔封青爲長平侯；青校尉蘇建、張次公皆有功，封建爲平陵侯，次公爲岸頭侯。

主父偃言：『河南地肥饒，外阻河，蒙恬城之以逐匈奴，内省轉輸戍

漕，廣中國，滅胡之本也。』上下公卿議，皆言不便。上竟用偃計，立朔方郡，使蘇建興十餘萬人築朔方城，復繕故秦時蒙恬所爲塞，因河爲固。轉漕甚遠，自山東咸被其勞，費數十百鉅萬，府庫並虛；漢亦棄上谷之斗辟縣造陽地以予胡。

又　卷一九《漢紀十一·武帝元狩四年》　冬，有司言：『縣官用度太空，而富商大賈冶鑄、煮鹽，財或累萬金，不佐國家之急。請更錢造幣以贍用，而摧浮淫并兼之徒。』是時，禁苑有白鹿而少府多銀、錫，乃以白鹿皮方尺，緣以藻繢，爲皮幣，直四十萬。王侯、宗室，朝覲、聘享必以皮幣薦璧，然後得行。又造銀、錫爲白金三品：大者圜之，其文龍，直三千；次方之，其文馬，直五百；小者橢之，其文龜，直三百。令縣官銷半兩錢，更鑄三銖錢，盜鑄諸金錢罪皆死；而吏民之盜鑄白金者不可勝數。

於是以東郭咸陽、孔僅爲大農丞，領鹽鐵事；桑弘羊以計算用事。咸陽，齊之大煮鹽，僅，南陽大冶，皆致生累千金。弘羊，洛陽賈人之子，以心計，年十三侍中。三人言利，事析秋毫矣。

詔禁民敢私鑄鐵器、煮鹽者鈦左趾，没入其器物。公卿又請令諸賈人末作各以其物自占，率緡錢二千而一算；及民有軺車若船五丈以上者，皆有算。匿不自占，占不悉，戍邊一歲，没入緡錢。有能告者，以其半畀之。其法大抵出張湯。湯每朝奏事，語國家用，日晏，天子忘食；丞相充位，天下事皆決於湯。百姓騷動，不安其生，咸指怨湯。

又　卷二三《漢紀十五·昭帝始元六年》　（始元六年）春，二月，詔有司問郡國所舉賢良、文學，民所疾苦、教化之要，皆對：『願罷鹽、鐵、酒榷、均輸官，毋與天下爭利，示以儉節，然後教化可興。』桑弘羊難，以爲：『此國家大業，所以制四夷，安邊足用之本，不可廢也。』於是鹽鐵之議起焉。【略】

秋，七月，罷榷酤官，從賢良、文學之議也。武帝之末，海內虛耗，户口減半。霍光知時務之要，輕繇薄賦，與民休息。至是匈奴和親，百姓充實，稍復文、景之業焉。

論　說

《漢書》卷七《昭帝紀贊》　昔周成以孺子繼統，而有管、蔡四國流言之變。孝昭幼年卽位，亦有燕、盍、上官逆亂之謀。成王不疑周公，孝昭委任霍光，各因其時以成名，大矣哉！承孝武奢侈餘敝師旅之後，海內虛耗，户口減半，光知時務之要，輕繇薄賦，與民休息。至始元、元鳳之間，匈奴和親，百姓充實。舉賢良文學，問民所疾苦，議鹽鐵而罷榷酤，尊號曰『昭』，不亦宜乎！

又　卷二四《食貨志》　贊曰：《易》稱『裒多益寡，稱物平施』，《書》云『楙遷有無』，周有泉府之官，而《孟子》亦非『狗彘食人之食不知斂，野有餓莩而弗知發』。故管氏之輕重，李悝之平糴，弘羊均輸，壽昌常平，亦有從來。顧古爲之有數，吏良而令行，故民賴其利，萬國作乂。及孝武時，國用饒給，而民不益賦，其次也。至于王莽，制度失中，姦軌弄權，官民俱竭，亡次矣。

又　卷六六《田千秋傳贊》　所謂鹽鐵議者，起始元中，徵文學賢良問以治亂，皆對願罷郡國鹽鐵酒榷均輸，務本抑末，毋與天下爭利，然後教化可興。御史大夫弘羊以爲此乃所以安邊竟，制四夷，國家大業，不可廢也。當時相詰難，頗有其議文。至宣帝時，汝南桓寬次公治《公羊春秋》，舉爲郎，至廬江太守丞，博通善屬文，推衍鹽鐵之議，增廣條目，極其論難，著數萬言，亦欲以究治亂，成一家之法焉。其辭曰：『觀公卿賢良文學之議，「異乎吾所聞」。聞汝南朱生言，當此之時，英俊並進，賢良茂陵唐生、文學魯國萬生之徒六十有餘人咸聚闕庭，舒六藝之風，陳治平之原，知者贊其慮，仁者明其施，勇者見其斷，辯者騁其辭，齗齗焉，行行焉，雖未詳備，斯可略觀矣。中山劉子推言王道，撟當世，反諸正，彬彬然弘博君子也。九江祝生奮史魚之節，發憤懣，譏公卿，介然直而不撓，可謂不畏彊圉矣。桑大夫據當世，合時變，上權利之略，雖非正法，鉅儒宿學不能自解，博物通達之士也。然攝公卿之柄，不師古始，放於末利，處非其位，行非其道，果隕其性，以及厥宗。車丞相履伊呂之列，當軸處中，括囊不言，容身而去，彼哉！彼哉！若夫丞相、御史兩

府之士，不能正議以輔宰相，成同類，長同行，阿意苟合，以説其上，「斗筲之徒，何足選也！」』

《後漢書》卷九〇《鮮卑傳》 議郎蔡邕議曰：【略】武帝情存遠略，志闢四方，南誅百越，北討强胡，西伐大宛，東并朝鮮。因文、景之蓄，藉天下之饒，數十年間，官民俱匱。【略】既而覺悟，乃息兵罷役，封丞相爲富人侯。故主父偃曰：『夫務戰勝，窮武事，未有不悔者也。』夫以世宗神武，將帥良猛，財賦充實，所拓廣遠，猶有悔焉。況今人財並乏，事劣昔時乎！【略】

昔段熲良將，習兵善戰，有事西羌，猶十餘年。今育、晏才策，未必過熲，鮮卑種衆，不弱於前，而虚計二載，自許有成，若禍結兵連，豈得中休？當復徵發衆人，轉運無已，是爲耗竭諸夏，并力蠻夷。夫邊垂之患，手足之蚧搔；中國之困，胸背之瘭疽。【略】

昔高祖忍平城之恥，吕后弃慢書之詬，方之於今，何者爲甚？

天設山河，秦築長城，漢起塞垣，所以别内外、異殊俗也。苟無蹙國内侮之患則可矣，豈與蟲蝗（校）［狡］寇計爭往來哉！雖或破之，豈可殄盡，而方（今）［令］本朝爲之旰食乎？【略】

昔淮南王安諫伐越曰：『【略】如使越人蒙死，以逆執事，廝輿之卒，有一不備而歸者，雖得越王之首，而猶爲大漢羞之。』而欲以齊民易醜虜，皇威辱外夷，就如其言，猶已危矣，況乎得失不可量邪！昔珠崖郡反，孝元皇帝納賈捐之言，而下詔曰：『【略】罷珠崖郡。』此元帝所以發德音也。夫卹民救急，雖成郡列縣，尚猶弃之，況障塞之外，未嘗爲民居者乎！守邊之術，李牧善其略，保塞之論，嚴尤申其要，遺業猶在，文章具存，循二子之策，守先帝之規，臣曰可矣。

帝不從。遂遣夏育出高柳，田晏出雲中，匈奴中郎將臧旻率南單于出鴈門，【略】檀石槐命三部大人各帥衆逆戰，育等大敗，喪其節傳輜重，各將數十騎奔還，死者十七八。【略】緣邊莫不被毒。

漢・桓寬《鹽鐵論》卷三《輕重》 御史進曰：『昔太公封於營丘【略】今大夫君修太公、桓、管之術，總一鹽、鐵，通山川之利而萬物殖。是以縣官用饒足，民不困乏，本末並利，上下俱足，此籌計之所致，非獨耕桑農也。』

文學曰：『禮義者，國之基也，而權利者，政之殘也。【略】大夫君以心計策國用，構諸侯，參以酒榷，咸陽、孔僅增以鹽、鐵，江充、楊可之等，各以鋒鋭，言利末之事析秋毫，可爲無間矣。非特管仲設九府，徼山海也。然而國家衰耗，城郭空虚。故非特崇仁義無以化民，非力本農無以富邦也。』

御史曰：『水有猵獺而池魚勞，國有强禦而齊民消。故茂林之下無豐草，大塊之間無美苗。夫理國之道，除穢鋤豪，然後百姓均平，各安其宇。張廷尉論定律令，明法以繩天下，誅姦猾，絶并兼之徒，而强不淩弱，衆不暴寡。大夫君運籌策，建國用，籠天下鹽、鐵諸利，以排富商大賈，買官贖罪，損有餘，補不足，以齊黎民。是以兵革東西征伐，賦斂不增而用足。夫損益之事，賢者所睹，非衆人之所知也。』

文學曰：『扁鵲撫息脉而知疾所由生，陽氣盛，則損之而調陰，寒氣盛，則損之而調陽，是以氣脉調和，而邪氣無所留矣。夫拙醫不知脉理之腠，血氣之分，妄刺而無益於疾，傷肌膚而已矣。今欲損有餘，補不足，富者愈富，貧者愈貧矣。嚴法任刑，欲以禁暴止姦，而姦猶不止，意者非扁鵲之用鍼石，故衆人未得其職也。』

又 卷五《國疾》 文學曰：『國有賢士而不用，非士之過，有國者之恥，孔子大聖也，諸侯莫能用，當小位於魯，三月，不令而行，不禁而止，沛若時雨之灌萬物，莫不興起也。況乎位天下之本朝，而施聖主之德音教澤乎？今公卿處尊位，執天下之要，十有餘年，功德不施於天下，而勤勞於百姓，百姓貧陋困窮，而私家累萬金。此君子所恥，而《伐檀》所刺也。昔者，商鞅相秦，後禮讓，先貪鄙，尚首功，務進取，無德厚於民，而嚴刑罰於國，俗日坏而民滋怨，故惠王烹葅其身，以謝天下。當此之時，亦不能論事矣。今執政患儒貧賤而多言，儒亦憂執事富貴而多患也。』【略】

丞相史曰：『夫辯國家之政事，論執政之得失，何不徐徐道理相喻，何至切切如此乎！大夫難罷鹽、鐵者，非有私也，憂國家之用，邊境之費也。諸生誾誾爭鹽、鐵，亦非爲己也，欲反之於古而輔成仁義也。二者各有所宗，時世異務，又安可堅任古術而非今之理也。且夫小雅非人，必有以易之。諸生若有能安集國中，懷來遠方，使邊境無寇虜之灾，租税盡

爲諸生除之，何況鹽、鐵、均輸乎！所以貴術儒者，貴其處謙推讓，以道盡人。今辯訟愕愕然，無赤、賜之辭，而見鄙倍之色，非所聞也。大夫言過，而諸生亦如之，諸生不直謝大夫耳。』

又　卷一〇《雜論》　客曰：『余睹鹽之義，觀乎公卿、文學、賢良之論，意指殊路，各有所出，或上仁義，或務權利。』

『異哉吾所聞。周、秦粲然，皆有天下而南面焉，然安危長久殊世。始汝南朱子伯爲予言：當此之時，豪俊並進，四方輻湊。賢良茂陵唐生，文學魯萬生之倫，六十餘人，咸聚闕庭，舒《六藝》之風，論太平之原。智者贊其慮，仁者明其施，勇者見其斷，辯者陳其詞。誾誾焉，侃侃焉，雖未能詳備，斯可略觀矣。然蔽於雲霧，終廢而不行，悲夫！公卿知任武可以辟地，而不知德廣可以附遠；知權利可以廣用，而不知稼穡可以富國也。近者親附，遠者説德，則何爲而不成，何求而不得？不出於斯路，而務畜利長威，豈不謬哉！中山劉子雍言王道，矯當世，復諸正，務在乎反本。直而不微，切而不燒，斌斌然斯可謂弘博君子矣。九江祝生奮由、路之意，推史魚之節，發憤懣，刺譏公卿，介然直而不撓，可謂不畏强禦矣。桑大夫據當世，合時變，推道術，尚權利，辟略小辯，雖非正法，然巨儒宿學，惡然不能自解，可謂博物通士矣。然攝卿相之位，不引準繩，以道化下，放於利末，不師始古。《易》曰：『焚如棄如。』處非其位，行非其道，果隕其性，以及厥宗。車丞相即周、吕之列，當軸處中，括囊不言，容身而去，彼哉！彼哉！若夫羣丞相、御史，不能正議以輔宰相，成同類，長同行，阿意苟合，以説其上，斗筲之人，道諛之徒，何足算哉。』

漢・楊雄《法言》卷七《寡見》　或曰：『弘羊榷利而國用足，盍榷諸？』

曰：『譬諸父子。爲其父而榷其子，縱利，如子何？卜式之云，不亦匡乎？』

北魏・賈思勰《齊民要術序》　神農、倉頡，聖人者也。其於事也，有所不能矣。故趙過始爲牛耕，實勝耒耜之利；蔡倫立意造紙，豈方縑牘之煩。且耿壽昌之常平倉，桑弘羊之均輸法，益國利民，不朽之術也。

宋・蘇軾《東坡全集・志林》　商鞅用於秦，變法定令，行之十年，秦民大悦，道不拾遺，山無盜賊，家給人足，民勇於公戰，怯於私鬬，秦人富强，天子致胙於孝公，諸侯畢賀。蘇子曰：此皆戰國之遊士邪説詭論，而司馬遷暗於大道，取以爲史。吾嘗以爲遷有大罪二，其先黄老，後《六經》，退處士，進姦雄，蓋其小者耳。所謂大罪二，則論商鞅、桑弘羊之功也。自漢以來，學者恥言商鞅、桑弘羊，而世主獨甘心焉，皆陽諱其名而陰用其實，甚者則名實皆宗之，庶幾其成功，此司馬遷之罪也。

秦固天下之强國，而孝公亦有志之君也，修其政刑十年，不爲聲色畋遊之所敗，雖微商鞅，有不富强乎！秦之所以富强者，孝公務本力穡之效，非鞅流血刻骨之功也。而秦之所以見疾於民，如豺虎毒藥，一夫作難而子孫無遺種，則鞅實使之。至於桑弘羊，斗筲之才，穿窬之智，無足言者。而遷稱之，曰：『不加賦而上用足。』善乎，司馬光之言也！曰：『天下安有此理？天地所生財貨百物，止有此數，不在民則在官，譬如雨澤，夏潦則秋旱。不加賦而上用足，不過設法侵奪民利，其害甚於加賦也。』二子之名在天下者，如蛆蠅糞穢也，言之則汙口舌，書之則汙簡牘。二子之術用於世者，滅國、殘民、覆族、亡軀者相踵也，而世主獨甘心焉，何哉？樂其言之便己也。

夫堯、舜、禹，世主之父師也；諫臣拂士，世主之藥石也；恭敬慈儉，勤勞憂畏，世主之繩約也。今使世主日臨父師而親藥石、履繩約，非其所樂也。故爲商鞅、桑弘羊之術者，必先鄙堯笑舜而陋禹也，曰：『所謂賢主，專以天下適己而已。』此世主之所以人人甘心而不悟也。世有食鍾乳、烏喙而縱酒色，所以求長年者，蓋始於何晏。晏少而富貴，故服寒食散以濟其欲，無足怪者。彼其所爲，足以殺身滅族者日相繼也，得死於寒食散，豈不幸哉！而吾獨何爲效之？世之服寒食散，疽背嘔血者相踵也，用商鞅、桑弘羊之術，破國亡宗者皆是也。然而終不悟者，樂其言之美便，而忘其禍之慘烈也。

宋・蔡襄《蔡忠惠公文集》卷三二《推進論》　漢初，帝有天下，百姓新離戰國之患，閭巷凋落，積庾單盡。文景紹業，深悉救弊，飭尚謹儉，罷斥珍巧，勞來休息。民緣壟畝，家給户足，粢峙豐露，可謂盛矣。世宗賦大略之資，藉久安之勢，蔚興典禮，務臻王路。而末年甘心征戮，俯首悠謬。內則建無窮之宇，修不名之祀；外則連兵夷狄，通道邛筰。

饋餉之煩，甲兵之費，歲常以鉅萬計，府庫空虛，海內耗矣。於斯之時，爲善策者，固宜建白於上，汲援經術，講去殊類，抑止遐役。不爾爲者，孰若不言之愈也，庸可隮抗賈人，擢處卿位？俾桑羊輩詭譎機發，窺伺主意，越高帝騎乘之科，罔賤夫龍斷之利，封筦殲慘。至有羣官列肆，居貨蹄鬻，而編户之民始與國分爲二途矣。使後之人爲國謀者，必曰强我者，又從而功賞楙之。然則民之弱，國惡在其强也？孟子曰『今之所謂良臣，古之所謂民賊』者，其桑羊輩乎？曰：是非桑羊輩之罪，其所以發之者鄭當時也。當時首惡智詐之毒，湯湯激注，而孟堅引其推進，借史筆以夸大之，其可乎？謹論。

宋・眞德秀《大學衍義》卷一六　武帝託孤於霍光，善矣。而又參之以上官桀、桑弘羊，是知人之明有愧於高帝也。桀等皆姦邪嗜利之徒，外交藩王而內結貴主，非昭帝天性夙成，能知光爲忠臣而保持之，使桀等得志，其禍可勝言哉！是昭帝知人之明反過於孝武也。然孝武不立燕、廣陵而立昭帝，是明於知子。不屬田千秋輩而屬霍光，是明於知臣。而乃失之桀等者，桀以諂進，弘羊以利合故也。《傳》曰：播糠眯目，天地爲之易位。故人君必先正其心，不爲諂惑，不爲利動，然後可以辨羣臣之邪正矣。

又　卷二四　弘羊均輸之法，不過陰奪商賈之利以歸公上，爲天子斂怨於民而已，非能上下兼足也。卜式之言可謂當其罪矣，而武帝弗之省也。本朝熙寧間，宰相王安石又祖弘羊故智，立市易法，亦言善理財者，不加賦而上用足。而司馬光闢之曰：『天下安有此理？天地所生財貨百物，止有此數，不在民則在官。譬如雨澤，夏澇則秋旱，不加賦而上用足，不過設法陰奪民利，其害有甚於加賦。此乃桑弘羊欺漢武之言，太史公書之，以見武帝不明耳。』嗚呼！司馬光之言，古今之至言也。後世之臣有以言利媒人主者，其尚以是察之。

明・李贄《史綱評要》卷八《漢紀》　（始元）六年，諫大夫杜延年數爲大將軍言：『年歲不登，流民未盡還。宜修孝文時政，示以儉約寬和，順民心，悦天意，年歲宜應。』光納其言，詔有司問郡國所舉賢良、文學，民所疾苦。皆對願罷鹽鐵、酒榷、均輸官，毋與天下爭利。桑弘羊謂安邊足用之本不可廢，於是鹽鐵之議起焉。鹽鐵不可廢。』

明・李贄《藏書》卷一七《富國名臣總論》　卓吾曰：史遷傳貨殖，則羞賤貧；書平準，則厭功利。利固有國者之所諱與。然則太公之九府，管子之輕重非歟？夫有國之用與士庶之用，孰大？有國者之貧與士庶之貧，孰急？漢自高帝圍於冒頓，高后辱於嫚書，文景困於中行説，堂堂天朝，犬戎侮之，至妻以公主而納之財，猶且不得免也。烽火通甘泉，邊城晝警，入粟塞下，募民徙邊，積穀屯田，殆無虛歲矣。武帝固大有爲不世出之主也，於此肯但已乎？

今夫富者，力本業、出粟帛以給公上。貧者，作什器、出力役以佐國用，助征戍，是所益於國者大也。獨有富商大賈，羡天子山海陂澤之利，以自比於列侯都君，而不以佐國家之急，果何説乎？設使國家無此，固無損也。夫有之未嘗益，則無之自無損，此桑弘羊均輸之法，所以爲國家大業，制四海安邊足用之本，不可廢也。且其初亦非有意盡奪之也，既拜爵以勸之矣，又大封賜卜式以誇耀風厲之矣。而商賈終不聽也。故重征商稅，使之無利自止，然後縣官自爲之耳。又於京師置平準以平物價，使之下至騰躍，而後買賤賣貴者，無所售其贏利，其勢自止，不待刑驅而勢禁之也。弘羊既有心計，又能用人。其所用者，前有爵賞之勸，後有誅罰之威，是以銖兩之利盡入朝廷，姦吏無所措其手足。不待加賦，而國用自足。太倉甘泉，一歲皆滿。餘穀賞賜，且以鉅萬，皆取足大農，大農財帛，盈溢如故也。武帝之雄才如何哉，甚矣，孝武之未可以輕議也。

宋之王安石，吾不知何如人者，乃亦欲效之，可乎？夫安石不知其才之不能，而冒焉遽以天下之重自任。議者不以其才之不足以生財，而反咎其欲以奪民之財，則其所見又在安石下矣。夫安石之遇神宗，猶夷吾之於齊，商君之於秦也，言聽而計從之矣。然夷吾之行，迨二百餘年以至威、宣，猶享其利。商君相秦，不過十年，能使秦立致富强，成帝業者。乃安石欲益反損，欲强反弱，使神宗大有爲之志，反成紛更不振之弊，胡爲也哉？是非生財之罪也，不知所以生財之罪也。嗚呼，桑弘羊者，不可少也。

清・趙進美《清止閣集・桑弘羊論》　司馬光蘇軾之論，蓋諷安石，憂當世也。夫安石烏足言理財，理財者，將因其不足而理之也。神衞昌歜，藥之良者也，人無疾而服之日多，於飲食且將生害而致疾，況寒熱之

伐性者哉？無疾者，亦謹其飲食起居而已，雖越人在前，倉公在後，不欲試其技也。人有血氣，四體維均而後可以相役，惟適而後可以相輔，疾見於瘕結，乃以醫濟之，以求還其適且均者耳。若無故攀手以增足，塞聰以益明，雖愚人知其不可也。心者君也，四體各得其利，心不居焉，故雖勤而不疲。百姓各得其利，君不擾焉，故雖勞而不傷。神宗之世，疾之未見者也，安石庸醫也，君擾而民傷，寒熱之伐性者也，又安可與弘羊並論乎？且夫工之居肆也，其容貌衣服，華工也，一呼衆和，皆同類也，心所思者方圓，目所視者準繩，手所操者斧斤也。心思而身效者，公輸匠氏，雖周孔不知也。傳其一藝，守其私說，雖《詩》、《書》非美也。於是而後宫室之具出，梁柱之用成。設有陶人慕焉，執陶之器，呼陶之侶，用陶之勤，胼胝於工之肆，積歲而無功。陶於工其道不相遠也，而不可異能以求效，況大於此者乎？弘羊之所爲商賈賤行也，知而爲之也，無高言飾論也，不欺當世而誣古人也，工以爲工也。若安石者，蓋襲深衣，佩鳴玉，揖讓而行狗盜之事，自相抵忤，中路而先敗，是又弘羊之罪人矣，烏足言理財。

《清文匯》丁集卷一〇《李楨〈辯蘇軾論商鞅桑弘羊〉》　蘇子瞻以司馬遷爲史，論商鞅、桑弘羊之功，爲開大道，指以爲大罪二，是文致之獄也。昔楚和氏獻玉璞於王，王使玉人相之，曰石也，王刖和氏之足。夫和璞寶玉也，雖不辨無傷也，而荆王乃以罪和氏，甚矣其過也。蘇氏之論，毋乃類是。【略】若夫以不加賦而上用足之一言，以謂歸功弘羊，則尤非也。夫後世人主與民爭利者，實始漢武。方是時，告緡之令下，民尤苦之，至乃偷甘食好衣，不事蓄藏之產業，而其害劇矣。及弘羊領大農，灼見其害，乃令民入粟，買免告緡，民競趨之，一歲之中，大致多粟，所謂不益賦而用饒者此耳。所以著弘羊之心計而善規時變也。且遷之書平準，非獨以罪弘羊而已，其於漢武窮兵耗國之事，析利之謀，與其廷臣之巧爲迎合者，無弗著也，而文景之富盛，不可復矣，非後世之鑑邪？卜式之非人情不軌也，則假公孫弘之言以斷之。弘羊之當烹也，又假卜式之言以斷之。遷之好惡可知也，而謂肯録其功哉。然則若遷者，雖謂之知大道可也。余觀遷文纂次戰國秦漢以來，凡其一篇詳略棄取，類無苟焉。其論人也，顯若譽之，實詆訾之，明若貴之，乃痛惜之，辭微於此，旨或在彼，或直攄己意爲予奪，或旁假人言爲褒貶，非熟讀而深思，其爲文之義法，用意之深曲，不可得而窺也。子瞻未可謂深知遷者矣，宋熙寧元豐間，王安石之新法，彌毒海內，又非但鞅、弘羊比也，而安石方以富國足用爲己功，神宗惑之，子瞻之言，蓋有激而發也。抑鞅弘羊者，天下萬世所憎嫉也，顧以論其功罪遷，則過矣，余是以辨之。

雜録

宋·趙汝愚《宋名臣奏議》卷一〇九《范純仁〈上神宗乞罷均輸〉》　臣伏睹近降敕命，委江淮發運司行均輸之法。此蓋制置條例之臣不務遠圖，欲希近效，略取《周禮》賒斂之制，理市之法，而謂可以平均百物，抑奪兼并，以求陛下之信。其實用桑弘羊商賈之術，將籠諸路雜貨，買賤賣貴，漁奪商人毫末之利，以開人主侈大之心，甚非堯舜三代務本養民之意也。臣聞傳稱先王之化民曰：『陳之以德義而民興行，先之以恭廉而民不爭，導之以禮樂而民和睦，示之以好惡而民知禁。』今使貪鄙之吏，多引其類，習商賈之態，以市道誘民，固異先王陳德義示好惡之意，而欲民之興廉知禁，不可得矣。且成湯不殖貨利，孔子罕言利，孟軻亦曰『何必曰利。』聖人非以財利爲不可用也，蓋惡其誘導民心，以滋貪欲之風耳。夫上之所好，下必甚焉。《詩》曰：『爾之教矣，民胥效矣。』苟國家得末利而敗風俗，非治世之道也。王者治民，惟在務農桑，禁游惰，開衣食之原，節無用之費。上率下以儉，下化上以勤，上下勤儉，自然公私有餘矣。今耕桑之人不勸，衣食之原不廣，朝廷不先節儉，百姓率多游惰。不務生財之道，乃使小人扇好利之風，而欲國家財用富足，是猶緣木求魚也。不獨傷教無益之如此，而又將有害之大者焉。夫百姓者，陛下之赤子也，教養之道不可不至。撫之以仁則孝愛生，導之以利則爭奪起，則其所施之法，所任之人，安得不慎哉！今執政不明，引用小人，使爭利柄；而其人素有貪饕之行，屢爲欺罔之奸，必將以羡餘悅朝廷，以賄賂結權倖。加以人民貧弱，官吏承風，君門九重，朝廷萬里；有掊刻之患而不得訴，有瘡痍之苦而不得伸，怨憤一興，何所不至！陛下雖有子惠黎元之意，天下何由而信之哉？伏望陛下思聖人之訓，黜霸者之

術，而以農桑爲衣食之本，以貨殖爲敗俗之端，特降詔旨，追改前敕，以近者東南郡縣多被水灾，其均輸未得施行，則必中外生民咸仰盛德。若謂已行之命不可遽止，則乞先罷薛向，但委逐路監司只用常平舊法，凡物之賤者貴價以斂之，物之貴者賤價以發之，無令抑配人户，務求羨息，亦足以均平物價，沮抑兼并，又何必過爲更張以傷大德哉？

太學生請願分部

綜　述

《漢書》卷七二《鮑宣傳》　丞相孔光四時行園陵，官屬以令行馳道中，宣出逢之，使吏鉤止丞相掾史，没入其車馬，摧辱宰相。事下御史，中丞侍御史至司隸官，欲捕從事，閉門不肯內。宣坐距閉使者，亡人臣禮，大不敬，不道，下廷尉獄。博士弟子濟南王咸舉幡太學下，曰：『欲救鮑司隸者會此下。』諸生會者千餘人。朝日，遮丞相孔光自言，丞相車不得行，又守闕上書。上遂抵宣罪減死一等，髡鉗。宣既被刑，乃徙之上黨，以爲其地宜田牧，又少豪俊，易長雄，遂家于長子。

《後漢書》卷四三《朱暉傳》　永興元年，河溢，漂害人庶數十萬户，百姓荒饉，流移道路。冀州盜賊尤多，故擢穆爲冀州刺史。州人有宦者三人爲中常侍，並以檄謁穆。穆疾之，辭不相見。冀部令長聞穆濟河，解印綬去者四十餘人。及到，奏劾諸郡，至有自殺者。以威略權宜，盡誅賊渠帥。舉劾權貴，或乃死獄中。有宦者趙忠喪父，歸葬安平，僭爲璵璠、玉匣、偶人。穆聞之，下郡案驗。吏畏其嚴明，遂發墓剖棺，陳尸出之，而收其家屬。帝聞大怒，徵穆詣廷尉，輸作左校。太學書生劉陶等數千人詣闕上書訟穆曰：『伏見施刑徒朱穆，處公憂國，拜州之日，志清姦惡。誠以常侍貴寵，父兄子弟布在州郡，競爲虎狼，噬食小人，故穆張理天網，補綴漏目，羅取殘禍，以塞天意。由是內官咸共恚疾，謗讟煩興，讒隙仍作，極其刑謫，輸作左校。天下有識，皆以穆同勤禹、稷而被共、鯀之戾，若死者有知，則唐帝怒於崇山，重華忿於蒼墓矣。當今中官近習，竊持國柄，手握王爵，口含天憲，運賞則使餓隸富於季孫，呼噏則令伊、顔化爲桀、跖。而穆獨亢然不顧身害。非惡榮而好辱，惡生而好死也，徒感王綱之不攝，懼天網之久失，故竭心懷憂，爲上深計。臣願黥首繫趾，代穆校作。』帝覽其奏，乃赦之。

又　卷七九上《歐陽歙傳》　歙在郡，教授數百人，視事九歲，徵爲大司徒。坐在汝南臧罪千餘萬發覺下獄。諸生守闕爲歙求哀者千餘人，至有自髡剔者。平原禮震，年十七，聞獄當斷，馳之京師，行到河內獲嘉縣，自繫，上書求代歙死。曰：『伏見臣師大司徒歐陽歙，學爲儒宗，八世博士，而以臧咎當伏重辜。歙門單子幼，未能傳學，身死之後，永爲廢絶，上令陛下獲殺賢之譏，下使學者喪師資之益。乞殺臣身以代歙命。』書奏，而歙已死獄中。歙掾陳元上書追訟之，言甚切至，帝乃賜棺木，贈印綬，賻縑三千匹。

又　卷五七《李雲傳》　李雲字行祖，甘陵人也。性好學，善陰陽。初舉孝廉，再遷白馬令。

桓帝延熹二年，誅大將軍梁冀，而中常侍單超等五人皆以誅冀功並封列侯，專權選舉。又立掖庭民女亳氏爲皇后，數月間，后家封者四人，賞賜巨萬。是時地數震裂，衆灾頻降。雲素剛，憂國將危，心不能忍，乃露布上書，移副三府，曰：『臣聞皇后天下母，德配坤靈，得其人則五氏來備，不得其人則地動搖宮。比年灾異，可謂多矣，皇天之戒，可謂至矣。高祖受命，至今三百六十四歲，君期一周，當有黄精代見，姓陳、項、虞、田、許氏，不可令此人居太尉、太傅典兵之官。舉厝至重，不可不慎。班功行賞，宜應其實。梁冀雖持權專擅，虐流天下，今以罪行誅，猶召家臣搤殺之耳。而猥封謀臣萬户以上，高祖聞之，得無見非？西北列將，得無解體？孔子曰：「帝者，諦也。」今官位錯亂，小人諂進，財貨公行，政化日損，尺一拜用不經御省。是帝欲不諦乎？』帝得奏震怒，下有司逮雲，詔尚書都護劍戟送黄門北寺獄，使中常侍管霸與御史廷尉雜考之。時弘農五官掾杜衆傷雲以忠諫獲罪，上書願與雲同日死。帝愈怒，遂并下廷尉。大鴻臚陳蕃上疏救雲曰：『李雲所言，雖不識禁忌，干上逆旨，其意歸於忠國而已。昔高祖忍周昌不諱之諫，成帝赦朱雲腰領之誅。今日殺雲，臣恐剖心之譏復議於世矣。故敢觸龍鱗，冒昧以請。』太常楊

秉、洛陽市長沐茂、郎中上官資並上疏請雲。帝恚甚，有司奏以爲大不敬。詔切責蕃、秉，免歸田里；茂、資貶秩二等。時帝在濯龍池，管霸奏雲等事。霸（跪）［詭］言曰：『李雲野澤愚儒，杜衆郡中小吏，出於狂戇，不足加罪。』帝謂霸曰：『帝欲不諦，是何等語，而常侍欲原之邪？』顧使小黄門可其奏，雲、衆皆死獄中。後冀州刺史賈琮使行部，過祠雲墓，刻石表之。

論曰：禮有五諫，諷爲上。若夫託物見情，因文載旨，使言之者無罪，聞之者足以自戒，貴在於意達言從，理歸乎正。曷其絞訐摩上，以衒沽成名哉？李雲草茅之生，不識失身之義，遂乃露布帝者，班檄三公，至於誅死而不顧，斯豈古之狂也！夫未信而諫，則以爲謗己，故説者識其難焉。

又 卷五八《虞詡傳》 永建元年，代陳禪爲司隸校尉。數月間，奏太傅馮石、太尉劉熹、中常侍程璜、陳秉、孟生、李閏等，百官側目，號爲苛刻。三公劾奏詡盛夏多拘繫無辜，爲吏人患。詡上書自訟曰：『法禁者俗之堤防，刑罰者人之銜轡。今州曰任郡，郡曰任縣，更相委遠，百姓怨窮，以苟容爲賢，盡節爲愚。臣所發舉，臧罪非一，二府恐爲臣所奏，遂加誣罪。臣將從史魚死，即以尸諫耳。』順帝省其章，乃爲免司空陶敦。

時中常侍張防特用權勢，每請託受取，詡輒案之，而屢寢不報。詡不勝其憤，乃自繫廷尉，奏言曰：『昔孝安皇帝任用樊豐，遂交亂嫡統，幾亡社稷。今者張防復弄威柄，國家之禍將重至矣。臣不忍與防同朝，謹自繫以聞，無令臣襲楊震之迹。』書奏，防流涕訴帝，詡坐論輸左校。防必欲害之，二日之中，傳考四獄。獄吏勸詡自引，詡曰：『寧伏歐刀以示遠近。』宦者孫程、張賢等知詡以忠獲罪，乃相率奏乞見。程曰：『陛下始與臣等造事之時，常疾姦臣，知其傾國。今者即位而復自爲，何以非先帝乎？司隸校尉虞詡爲陛下盡忠，而更被拘繫；常侍張防臧罪明正，反搆忠良。今客星守羽林，其占宮中有姦臣。宜急收防送獄，以塞天變。下詔出詡，還假印綬。』時防立在帝後，程乃叱防曰：『姦臣張防，何不下殿！』防不得已，趨就東箱。程曰：『陛下急收防，無令從阿母求請。』帝問諸尚書，尚書賈朗素與防善，證詡之罪。帝疑焉，謂程曰：『且出，吾方思之。』於是詡子顗與門生百餘人，舉幡候中常侍高梵車，叩頭流血，訴言枉狀。梵乃入言之，防坐徙邊，賈朗等六人或死或黜，即日赦出詡。程復上書陳詡有大功，語甚切激。帝感悟，復徵拜議郎。數日，遷尚書僕射。

又 卷六三《李固傳》 及沖帝即位，以固爲太尉，與梁冀參錄尚書事。明年帝崩，梁太后以楊、徐盜賊盛强，恐驚擾致亂，使中常侍詔固等，欲須所徵諸王侯到乃發喪。固對曰：『帝雖幼少，猶天下之父。今日崩亡，人神感動，豈有臣子反共掩匿乎？昔秦皇亡於沙丘，胡亥、趙高隱而不發，卒害扶蘇，以至亡國。近北鄉侯薨，閻后兄弟及江京等亦共掩秘，遂有孫程手刃之事。此天下大忌，不可之甚者也。』太后從之，即暮發喪。

固以清河王蒜年長有德，欲立之，謂梁冀曰：『今當立帝，宜擇長年高明有德，任親政事者，願將軍審詳大計，察周、霍之立文、宣，戒鄧、閻之利幼弱。』冀不從，乃立樂安王子纘，年八歲，是爲質帝。時沖帝將北卜山陵。固乃議曰：『今處處寇賊，軍興用費加倍，新創憲陵，賦發非一。帝尚幼小，可起陵於憲陵塋內，依康陵制度，其於役費三分減一。』乃從固議。時太后以比遭不造，委任宰輔，固所匡正，每輒從用，其黄門宦者一皆斥遣，天下咸望遂平，而梁冀猜專，每相忌疾。

初，順帝時諸所除官，多不以次，及固在事，奏免百餘人。此等既怨，又希望冀旨，遂共作飛章虚誣固罪曰：『臣聞君不稽古，無以承天；臣不述舊，無以奉君。昔堯殂之後，舜仰慕三年，坐則見堯於牆，食則睹堯於羹。斯所謂聿追來孝，不失臣子之節者。太尉李固，因公假私，依正行邪，離間近戚，自隆支黨。至於表舉薦達，例皆門徒，及所辟召，靡非先舊。或富室財賂，或子壻婚屬，其列在官牒者凡四十九人。又廣選賈豎，以補令史；募求好馬，臨窗呈試。出入踰侈，輜軿曜日。大行在殯，路人掩涕，固獨胡粉飾貌，搔頭弄姿，槃旋偃仰，從容冶步，曾無慘怛傷悴之心。山陵未成，違矯舊政，善則稱己，過則歸君，斥逐近臣，不得侍送，作威作福，莫固之甚。臣聞台輔之位，實和陰陽，璇機不平，寇賊姦軌，則責在太尉。固受任之後，東南跋扈，兩州數郡，千里蕭條，兆人傷損，大化陵遲，而詆疵先主，苟肆狂狷。存無廷爭之忠，沒有誹謗之説。

夫子罪莫大於累父，臣惡莫深於毀君。固之過釁，事合誅辟。』書奏，冀以白太后，使下其事。太后不聽，得免。

冀忌帝聰慧，恐爲後患，遂令左右進鴆。帝苦煩甚，使促召固。固入，前問：『陛下得患所由？』帝尚能言，曰：『食煮餅，今腹中悶，得水尚可活。』時冀亦在側，曰：『恐吐，不可飲水。』語未絕而崩。固伏尸號哭，推舉侍醫。冀慮其事泄，大惡之。

因議立嗣，固引司徒胡廣、司空趙戒，先與冀書曰：『天下不幸，仍遭大憂。皇太后聖德當朝，攝統萬機，明將軍體履忠孝，憂存社稷，而頻年之閒，國祚三絕。今當立帝，天下重器，誠知太后垂心，將軍勞慮，詳擇其人，務存聖明。然愚情眷眷，竊獨有懷。遠尋先世廢立舊儀，近見國家踐祚前事，未嘗不詢訪公卿，廣求羣議，令上應天心，下合衆望。且永初以來，政事多謬，地震宮廟，彗星竟天，誠是將軍用情之日。傳曰：「以天下與人易，爲天下得人難。」昔昌邑之立，昏亂日滋，霍光憂愧發憤，悔之折骨。自非博陸忠勇，延年奮發，大漢之祀，幾將傾矣。至憂至重，可不熟慮！悠悠萬事，唯此爲大，國之興衰，在此一舉。』冀得書，乃召三公、中二千石、列侯大議所立。固、廣、戒及大鴻臚杜喬皆以爲清河王蒜明德著聞，又屬最尊親，宜立爲嗣。先是蠡吾侯志當取冀妹，時在京師，冀欲立之。衆論既異，憤憤不得意，而未有以相奪，中常侍曹騰等聞而夜往説冀曰：『將軍累世有椒房之親，秉攝萬機，賓客縱橫，多有過差。清河王嚴明，若果立，則將軍受禍不久矣。不如立蠡吾侯，富貴可長保也。』冀然其言，明日重會公卿，冀意氣凶凶，而言辭激切。自胡廣、趙戒以下，莫不懾憚之。皆曰：『惟大將軍令。』而固獨與杜喬堅守本議。冀厲聲曰：『罷會。』固意既不從，猶望衆心可立，復以書勸冀。冀愈激怒，乃説太后先策免固，竟立蠡吾侯，是爲桓帝。

後歲餘，甘陵劉文、魏郡劉鮪各謀立蒜爲天子，梁冀因此誣固與文、鮪共爲妖言，下獄。門生勃海王調貫械上書，證固之枉，河内趙承等數十人亦要鈇鑕詣闕通訴，太后明之，乃赦焉。及出獄，京師市里皆稱萬歲。冀聞之大驚，畏固名德終爲己害，乃更據奏前事，遂誅之，時年五十四。

臨命，與胡廣、趙戒書曰：『固受國厚恩，是以竭其股肱，不顧死亡，志欲扶持王室，比隆文、宣。何圖一朝梁氏迷謬，公等曲從，以吉爲凶，成事爲敗乎？漢家衰微，從此始矣。公等受主厚禄，顛而不扶，傾覆大事，後之良史，豈有所私？固身已矣，於義得矣，夫復何言！』廣、戒得書悲慙，皆長歎流涕。

州郡收固二子基、兹於郾城，皆死獄中。小子燮得脱亡命。冀乃封廣、戒而露固尸於四衢，令有敢臨者加其罪。固弟子汝南郭亮，年始成童，遊學洛陽，乃左提章鉞，右秉鈇鑕，詣闕上書，乞收固屍。不許，因往臨哭，陳辭於前，遂守喪不去。夏門亭長呵之曰：『李、杜二公爲大臣，不能安上納忠，而興造無端。卿曹何等腐生，公犯詔書。干試有司乎？』亮曰：『亮含陰陽以生，戴乾履坤。義之所動，豈知性命，何爲以死相懼？』亭長歎曰：『居非命之世，天高不敢不跼，地厚不敢不蹐。耳目適宜視聽，口不可以妄言也。』太后聞而不誅。南陽人董班亦往哭固，而殉尸不肯去。太后憐之，乃聽得襚斂歸葬。二人由此顯名，三公並辟。班遂隱身，莫知所歸。

又　卷六五《皇甫規傳》　規出身數年，持節爲將，擁衆立功，還督鄉里，既無它私惠，而多所舉奏，又惡絕宦官，不與交通，於是中外並怨，遂共誣規貨賂羣羌，令其文降。天子璽書誚讓相屬。規懼不免，上疏自訟曰：『四年之秋，戎醜蠢戾，爰自西州，侵及涇陽，舊都懼駭，朝廷西顧。明詔不以臣愚駑，急使軍就道。幸蒙威靈，遂振國命，羌戎諸種，大小稽首，輒移書營郡，以訪誅納，所省之費，一億以上。以爲忠臣之義，不敢告勞，故恥以片言自及微效。然比方先事，庶免罪悔。前踐州界，先奏郡守孫俊，次及屬國都尉李翕、督軍御史張禀；旋師南征，又上涼州刺史郭閎、漢陽太守趙熹，陳其過惡，執據大辟。凡此五臣，支黨半國，其餘墨綬，下至小吏，所連及者，復有百餘。吏託報將之怨，子思復父之恥，載贄馳車，懷糧步走，交搆豪門，競流謗讟，云臣私報諸羌，謝其錢貨。若臣以私財，則家無擔石；如物出於官，則文簿易考。就臣愚惑，信如言者，前世尚遺匈奴以宮姬，鎮烏孫以公主。今臣但費千萬，以懷叛羌。則良臣之才略，兵家之所貴，將有何罪，負義違理乎？自永初以來，將出不少，覆軍有五，動資巨億。有旋車完封，寫之權門，而名成功立，厚加爵封。今臣還督本土，糾舉諸郡，絕交離親，戮辱舊故，衆謗陰害，固其宜也。臣雖汙穢，廉絜無聞，今見覆没，恥痛實深。傳稱

「鹿死不擇音」，謹冒昧略上。』

其年冬，徵還拜議郎。論功當封。而中常侍徐璜、左悺欲從求貨，數遣賓客就問功狀，規終不答。璜等忿怒，陷以前事，下之於吏。官屬欲賦斂請謝，規誓而不聽，遂以餘寇不絶，坐繫廷尉，論輸左校。諸公及太學生張鳳等三百餘人詣闕訟之。會赦，歸家。

又　卷六六《陳蕃傳》　初，桓帝欲立所幸田貴人爲皇后。蕃以田氏卑微，竇族良家，爭之甚固。帝不得已，乃立竇后。及后臨朝，故委用於蕃。蕃與后父大將軍竇武，同心盡力，徵用名賢，共參政事，天下之士，莫不延頸想望太平。而帝乳母趙嬈，旦夕在太后側，中常侍曹節、王甫等與共交搆，諂事太后。太后信之，數出詔命，有所封拜，及其支類，多行貪虐。蕃常疾之，志誅中官，會竇武亦有謀。蕃自以既從人望而德於太后，必謂其志可申，乃先上疏曰：『臣聞言不直而行不正，則爲欺乎天而負乎人。危言極意，則羣凶側目，禍不旋踵。鈞此二者，臣寧得禍，不敢欺天也。今京師囂囂，道路諠譁，言侯覽、曹節、公乘昕、王甫、鄭颯等與趙夫人諸女尚書並亂天下。附從者升進，忤逆者中傷。方今一朝羣臣，如河中木耳，汎汎東西，耽禄畏害。陛下前始攝位，順天行誅，蘇康、管霸並伏其辜。是時天地清明，人鬼歡喜，奈何數月復縱左右？元惡大姦，莫此之甚。今不急誅，必生變亂，傾危社稷，其禍難量。願出臣章宣示左右，并令天下諸姦知臣疾之。』太后不納，朝廷聞者莫不震恐。蕃因與竇武謀之，語在《武傳》。

及事泄，曹節等矯詔誅武等。蕃時年七十餘，聞難作，將官屬諸生八十餘人，並拔刃突入承明門，攘臂呼曰：『大將軍忠以衛國，黄門反逆，何云竇氏不道邪？』王甫時出，與蕃相迕，適聞其言，而讓蕃曰：『先帝新棄天下，山陵未成，竇武何功，兄弟父子，一門三侯？又多取掖庭宫人，作樂飲讌，旬月之閒，貲財億計。大臣若此，是爲道邪？公爲棟梁，枉橈阿黨，復焉求賊！』遂令收蕃。蕃拔劍叱甫，甫兵不敢近，乃益人圍之數十重，遂執蕃送黄門北寺獄。黄門從官騶蹋踧蕃曰：『死老魅！復能損我曹員數，奪我曹稟假不？』即日害之。徙其家屬於比景，宗族、門生、故吏皆斥免禁錮。

蕃友人陳留朱震，時爲銍令，聞而棄官哭之，收葬蕃尸，匿其子逸於甘陵界中。事覺繫獄，合門桎梏。震受考掠，誓死不言，故逸得免。後黄巾賊起，大赦黨人，乃追還逸，官至魯相。

又　卷七八《曹節傳》　時竇太后臨朝，后父大將軍武與太傅陳蕃謀誅中官，節與長樂五官史朱瑀、從官史共普、張亮、中黄門王尊、長樂謁者騰是等十七人，共矯詔以長樂食監王甫爲黄門令，將兵誅武、蕃等，事已具《蕃》、《武傳》。節遷長樂衛尉，封育陽侯，增邑三千户；甫遷中常侍，黄門令如故；瑀封都鄉侯，千五百户；普、亮等五人各三百户；餘十一人皆爲關内侯，歲食租二千斛。

先是瑀等陰於明堂中禱皇天曰：『竇氏無道，請皇天輔皇帝誅之，令事必成，天下得寧。』既誅武等，詔令太官給塞具，賜瑀錢五千萬，餘各有差，後更封華容侯。二年，節病困，詔拜爲車騎將軍。有頃疾瘳，上印綬，罷，復爲中常侍，位特進，秩中二千石，尋轉大長秋。

熹平元年，竇太后崩，有何人書朱雀闕，言『天下大亂，曹節、王甫幽殺太后，常侍侯覽多殺黨人，公卿皆尸禄，無有忠言者。』於是詔司隸校尉劉猛逐捕，十日一會。猛以誹書言直，不肯急捕，月餘，主名不立。猛坐左轉諫議大夫，以御史中丞段熲代猛，乃四出逐捕，及太學游生，繫者千餘人。節等怨猛不已，使熲以它事奏猛，抵罪輸左校。朝臣多以爲言，乃免刑，復公車徵之。

明・章懋《國子監策士》　前代太學諸生，有舉幡而救鮑司隸者，有倡義而不汙朱泚者，有殺身以爭宰相之用舍者，有卷堂以論宰相之起復者，亦有優劣之差乎？諸君皆四海之英，由貢舉而來，肯自處若人下乎？願一吐胸中之奇，老夫當斂衽以拜下風。

明・石珤《楓山集・雜著・大學幡》　博山爐小煙曲曲，漢鼎雖存已虧足。蒼生但怨皇天痴，不信高安好皮肉。長樂宫中斷袖起，相國府前人倒屣。關東王母正行籌，日下白虹空貫珥。東朝將相無所倚，何事復令司隸死。誰能砥柱障頹波，不若彈冠伏都市。孤幡揚揚生烈風，海内是非須有公。浮雲蔽日不作回，天功正氣自可凌。蒼穹老臣若肯存，精忠遮道一言羞殺翁。

明・石珤《熊峯集・七言古・再作太學幡》　三尺布，逾仞竿。太學諸生朝舉幡，誰其救者司隸冤。回天轉日諒不難，請君先爲遮道言。馳

道不可行，使者安可閉。車馬已没官，有過各宜悔。但願相公屈於理，無使司隸屈於勢，庶爲邦家保廉耻。廉耻一壞公莫輕，拜塵頌功風始成。

論説

《後漢書》卷五三《申屠蟠傳》 先是京師游士汝南范滂等非訐朝政，自公卿以下皆折節下之。太學生爭慕其風，以爲文學將興，處士復用。蟠獨歎曰：『昔戰國之世，處士横議，列國之王，至爲擁篲先驅，卒有阬儒燒書之禍，今之謂矣。』

又 卷六七《黨錮傳》 孔子曰：『性相近也，習相遠也。』言嗜惡之本同，而遷染之塗異也。夫刻意則行不肆，牽物則其志流。是以聖人導人理性，裁抑宕佚，慎其所與，節其所偏，雖情品萬區，質文異數，至於陶物振俗，其道一也。叔末澆訛，王道陵缺，而猶假仁以效己，憑義以濟功。舉中於理，則强梁褫氣；片言違正，則厮臺解情。蓋前哲之遺塵，有足求者。

霸德既衰，狙詐萌起。强者以決勝爲雄，弱者以詐劣受屈。至有畫半策而綰萬金，開一説而錫琛瑞。或起徒步而仕執珪，解草衣以升卿相。士之飾巧馳辯，以要能釣利者，不期而景從矣。自是愛尚相奪，與時回變，其風不可留，其敝不能反。

及漢祖杖劍，武夫勃興，憲令寬賒，文禮簡闊，緒餘四豪之烈，人懷陵上之心，輕死重氣，怨惠必讎，令行私庭，權移匹庶，任俠之方，成其俗矣。自武帝以後，崇尚儒學，懷經協術，所在霧會，至有石渠分爭之論，黨同伐異之説，守文之徒，盛於時矣。至王莽專僞，終於篡國，忠義之流，恥見纓紼，遂乃榮華丘壑，甘足枯槁。雖中興在運，漢德重開，而保身懷方，彌相慕襲，去就之節，重於時矣。逮桓靈之閒，主荒政繆，國命委於閹寺，士子羞與爲伍，故匹夫抗憤，處士横議，遂乃激揚名聲，互相題拂，品核公卿，裁量執政，婞直之風，於斯行矣。

夫上好則下必甚，矯枉故直必過，其理然矣。若范滂、張儉之徒，清心忌惡，終陷黨議，不其然乎？

雜録

《後漢書》卷七九上《儒林傳上》 昔王莽、更始之際，天下散亂，禮樂分崩，典文殘落。及光武中興，愛好經術，未及下車，而先訪儒雅，採求闕文，補綴漏逸。先是四方學士多懷協圖書，遁逃林藪。自是莫不抱負墳策，雲會京師，范升、陳元、鄭興、杜林、衛宏、劉昆、桓榮之徒，繼踵而集。於是立《五經》博士，各以家法教授，《易》有施、孟、梁丘、京氏，《尚書》歐陽、大小夏侯，《詩》齊、魯、韓，《禮》大小戴，《春秋》嚴、顔，凡十四博士，太常差次總領焉。

建武五年，乃修起太學，稽式古典，籩豆干戚之容，備之於列，服領習矩步者，委它乎其中。中元元年，初建三雍。明帝即位，親行其禮。天子始冠通天，衣日月，備法物之駕，盛清道之儀，坐明堂而朝羣后，登靈臺以望雲物，袒割辟雍之上，尊養三老五更。饗射禮畢，帝正坐自講，諸儒執經問難於前，冠帶縉紳之人，圜橋門而觀聽者蓋億萬計。其後復爲功臣子孫、四姓末屬別立校舍，搜選高能以受其業，自期門羽林之士，悉令通《孝經》章句，匈奴亦遣子入學。濟濟乎，洋洋乎，盛於永平矣！

建初中，大會諸儒於白虎觀，考詳同異，連月乃罷。肅宗親臨稱制，如石渠故事，顧命史臣，著爲通義。又詔高才生受《古文尚書》、《毛詩》、《穀梁》、《左氏春秋》，雖不立學官，然皆擢高第爲講郎，給事近署，所以網羅遺逸，博存衆家。孝和亦數幸東觀，覽閲書林。及鄧后稱制，學者頗懈。時樊準、徐防並陳敦學之宜，又言儒職多非其人，於是制詔公卿妙簡其選，三署郎能通經術者，皆得察舉。自安帝覽政，薄於蓺文，博士倚席不講，朋徒相視怠散，學舍穨敝，鞠爲園蔬，牧兒蕘豎，至於薪刈其下。順帝感翟酺之言，乃更修黌宇，凡所結構二百四十房，千八百五十室。試明經下第補弟子，增甲乙之科員各十人，除郡國耆儒皆補郎、舍人。本初元年，梁太后詔曰：『大將軍下至六百石，悉遣子就學，每歲輒於鄉射月一饗會之，以此爲常。』自是游學增盛，至三萬餘生。然章句漸疏，而多以浮華相尚，儒者之風蓋衰矣。黨人既誅，其高名善士多坐流廢，後遂至忿爭，更相言告，亦有私行金貨，定蘭臺漆書經字，以合

其私文。熹平四年，靈帝乃詔諸儒正定《五經》，刊於石碑，爲古文、篆、隸三體書法以相參檢，樹之學門，使天下咸取則焉。

清議之風分部

綜述

《三國志》卷一一《魏志·邴原傳》裴松之注引《原别傳》 原十一而喪父，【略】時鄭玄博學洽聞，註解典籍，故儒雅之士集焉。原亦自以高遠清白，頤志澹泊，口無擇言，身無擇行，故英偉之士向焉。是時海内清議，云青州有邴、鄭之學。

又 《管寧傳》裴松之注引《傅子》 寧往見度，語惟經典，不及世事。【略】邴原性剛直，清議以格物，度已下心不安之。

又 卷一二《魏志·崔琰傳》裴松之注引《先賢行狀》 琰清忠高亮，雅識經遠，推方直道，正色於朝。魏氏初載，委授銓衡，總齊清議，十有餘年。

又 卷四七《吴志·吴主傳》裴松之注引《吴録》 是時權大會官寮，沈友有所是非，【略】正色立朝，清議峻厲，爲庸臣所譖，誣以謀反。權亦以終不爲己用，故害之，時年二十九。

又 卷五七《吴志·張温傳》 權既陰銜温稱美蜀政，又嫌其聲名大盛，衆庶炫惑，恐終不爲己用，思有以中傷之，會暨豔事起，遂因此發舉。豔字子休，亦吴郡人也，温引致之，以爲選曹郎，至尚書。豔性狷厲，好爲清議，見時郎署混濁淆雜，多非其人，欲臧否區别，賢愚異貫。彈射百僚，覈選三署，率皆貶高就下，降損數等，其守故者十未能一，其居位貪鄙，志節汙卑者，皆以爲軍吏，置營府以處之。而怨憤之聲積，浸潤之譖行矣。

晉·袁宏《後漢紀》卷二二《孝桓皇帝紀下》 （延熹）九年春正月，【略】是時太學生三萬餘人，皆推先陳蕃、李膺，被服其行。由是學生同聲競爲高論，上議執政，下議卿士，范滂、岑晊之徒仰其風而扇之，於是天下翕然，以臧否爲談，名行善惡託以謡言曰：『不畏强禦陳仲舉，天下模楷李元禮。』公卿以下皆畏，莫不側席。又爲三君、八俊、八顧、八及之目，猶古之八元、八凱也。陳蕃爲三君之冠，王暢、李膺爲八俊之首，海内諸爲名節志義者皆附其風。膺等雖免廢，名逾盛，希之者唯恐不及涉其流者。時雖免黜，未及家，公府州郡爭禮命之。申屠蟠嘗遊太學，退而告人曰：『昔戰國之世處士横議，列國之王爭爲擁彗先驅，卒有坑儒之禍，今之謂矣。』乃絶迹於梁、碭之間，居三年而滂及難。

《後漢書》卷五三《申屠蟠傳》 太尉黄瓊辟，不就。及瓊卒，歸葬江夏，四方名豪會帳下者六七千人，互相談論，莫有及蟠者。唯南郡一生與相酬對，既别，執蟠手曰：『君非聘則徵，如是相見於上京矣。』蟠勃然作色曰：『始吾以子爲可與言也，何意乃相拘教樂貴之徒邪？』因振手而去，不復與言。再舉有道，不就。

先是京師游士汝南范滂等非訐朝政，自公卿以下皆折節下之。太學生爭慕其風，以爲文學將興，處士復用。蟠獨歎曰：『昔戰國之世，處士横議，列國之王，至爲擁篲先驅，卒有阬儒燒書之禍，今之謂矣。』乃絶迹於梁碭之間，因樹爲屋，自同傭人。居二年，滂等果罹黨錮，或死或刑者數百人，蟠確然免於疑論。後蟠友人陳郡馮雍坐事繫獄，豫州牧黄琬欲殺之。或勸蟠救雍，蟠不肯行，曰：『黄子琰爲吾故邪，未必合罪。如不用吾言，雖往何益！』琬聞之，遂免雍罪。

又 卷六二《荀韓鍾陳傳論》 論曰：漢自中世以下，閹豎擅恣，故俗遂以遁身矯絜放言爲高。士有不談此者，則芸夫牧豎已叫呼之矣。故時政彌惛，而其風愈往。唯陳先生進退之節，必可度也。據於德故物不犯，安於仁故不離羣，行成乎身而道訓天下，故凶邪不能以權奪，王公不能以貴驕，所以聲教廢於上，而風俗清乎下也。

又 卷七六《仇覽傳》 覽入太學。時諸生同郡符融有高名，與覽比宇，賓客盈室。覽常自守，不與融言。融觀其容止，心獨奇之，乃謂曰：『與先生同郡壤，鄰房牖。今京師英雄四集，志士交結之秋，雖務經學，守之何固？』覽乃正色曰：『天子脩設太學，豈但使人游談其中！』高揖而去，不復與言。

又 卷六八《郭符許傳》 郭太字林宗，太原界休人也。家世貧賤。

早孤，母欲使給事縣廷。林宗曰：『大丈夫焉能處斗筲之役乎？』遂辭。就成皋屈伯彥學，三年業畢，博通墳籍。善談論，美音制。乃游於洛陽。始見河南尹李膺，膺大奇之，遂相友善，於是名震京師。後歸鄉里，衣冠諸儒送至河上，車數千兩。林宗唯與李膺同舟而濟，衆賓望之，以爲神仙焉。【略】

符融字偉明，陳留浚儀人也。少爲都官吏，恥之，委去。後遊太學，師事少府李膺。膺風性高簡，每見融，輒絶它賓客，聽其言論。融幅巾奮褎，談辭如雲，膺每捧手歎息。郭林宗始入京師，時人莫識，融一見嗟服，因以介於李膺，由是知名。

時漢中晉文經、梁國黄子艾，並恃其才智，炫曜上京，臥託養疾，無所通接。洛中士大夫好事者，承其聲名，坐門問疾，猶不得見。三公所辟召者，輒以詢訪之，隨所臧否，以爲與奪。融察其非眞，乃到太學，并見李膺曰：『二子行業無聞，以豪桀自置，遂使公卿問疾，王臣坐門。融恐其小道破義，空譽違實，特宜察焉。』膺然之。二人自是名論漸衰，賓徒稍省，旬日之間，慚歎逃去。後果爲輕薄子，並以罪廢弃。【略】

許劭字子將，汝南平輿人也。少峻名節，好人倫，多所賞識。若樊子昭、和陽士者，並顯名於世。故天下言拔士者，咸稱許、郭。【略】

劭邑人李逵，壯直有高氣，劭初善之，而後爲隙，又與從兄靖不睦，時議以此少之。初，劭與靖俱有高名，好共覈論鄉黨人物，每月輒更其品題，故汝南俗有『月旦評』焉。

論說

漢·徐幹《中論·譴交》 民之好交游也，不及聖王之世乎？古之不交游也，將以自求乎？昔聖王之治其民也，任之以九職，糾之以八刑，導之以五禮，訓之以六樂，教之以三物，習之以六容；使民勞而不至於困，逸而不至於荒。當此之時，四海之內，進德修業，勤事而不暇，詎敢淫心舍力，作爲非務以害休功乎？自王公至於列士，莫不成正，畏相厥職有恭，不敢自暇自逸。故《春秋外傳》曰：『天子大采朝日，與三公九卿，祖識地德。日中考政，與百官之政事，師尹維旅牧相，宣序民事；小采夕月，與太史司載，糾虔天刑，日入，監九御潔奉禘郊之粢盛，而後即安。諸侯朝修天子之業命，晝考其國職，夕省其典刑，夜警其百工，使無慆淫，而後即安。卿大夫朝考其職，晝講其庶政，夕序其業，夜庀其家事，而後即安。士朝而受業，晝而講貫，夕而習復，夜而記過無憾，而後即安。』正歲，使有司令於官府曰：『各脩乃職，考乃法，備乃事，以聽王命！其有不恭，則邦有大刑。』由此觀之，不務交游者，非政之惡也，心存於職業而不遑也。且先王之教，官既不以交游導民，而鄉之考德，又不以交游舉賢，是以不禁其民而民自舍之。及周之衰，而交游興矣。問者曰：『吾子著書，稱君子之有交；求賢交也；今稱交非古也，然則古之君子無賢交歟？』曰，異哉！子之不通於大倫也。若夫不出户庭，坐於空室之中，雖魑魅魍魎，將不吾覿，而況乎賢人乎？今子不察吾所謂交游之實，而難其名，名有同而實異者矣，名有異而實同者矣。故君子於是倫也，務於其實，而無譏其名。吾稱古之不交游者，不謂嚮屋漏而居也；今之好交游者，非謂長沐雨乎中路者也。古之君子，因王事之閒，則奉贄以見其同僚，及國中之賢者，其於宴樂也，言仁義，而不及名利；君子之未命者，亦因農事之隙，奉贄以見其鄉黨同志；及夫古之賢者亦然；則何爲其不獲賢交哉？非有釋王事，廢交業，游遠邦，曠年歲者也。故古之交也近，今之交也遠；古之交也寡，今之交也衆；古之交也爲求賢，今之交也爲名利而已矣。

古之立國也，有四民焉：執契脩版圖，奉聖王之法，治禮義之中，謂之士；竭力以盡地利，謂之農夫；審曲直形勢，飾五材以別名器，謂之百工；通四方之珍異以資之，謂之商旅。各世其事，毋遷其業，少而習之，其心安之，則若性然而功不休也。故其處之也，各從其俗，不使相奪，所以一其耳目也。不勤乎四職者，謂之窮民，役諸園土。凡民出入行止，會聚飲食，皆有其節，不得怠荒，以妨生務，以麗罪罰。然則安有羣行方外，而專治交游者乎？是故五家爲比，使之相保，比有長；五比爲閭，使之相憂，閭有胥；四閭爲族，使之相葬，族有師；五族爲黨，使之相救，黨有正；五黨爲州，使之相賙，州有長；五州爲鄉，使之相賓，鄉有大夫。必有聰明慈惠之人，使各掌其鄉之政教禁令。正月之吉，受法於司徒，退而頒之於其州黨族閭比之辟吏，使各以教其所治之民，以

考其德行，察其道藝，以歲時登其大夫，察其衆寡。凡民之有德行道藝者，比以告閭，閭以告族，族以告黨，黨以告州，州以告鄉，鄉以告民；有罪奇衺者，比以告，亦如之。有善而不告，謂之蔽賢，蔽賢有罰；有惡而不以告，謂之黨逆，黨逆亦有罰。故民不得有遺善，亦不得有隱惡。鄉大夫三年則大比而興賢能者；鄉老及鄉大夫羣吏，獻賢能之書於王，王拜受之，登於天府。其爵之命也，各隨其才之所宜，不以大司小，不以輕任重。故《書》曰：『百僚師師，百工惟時。』此先王取士官人之法也。故其民莫不反本而自求，慎德而積小；知福祚之來，不由於人也。故無交游之事，無請託之端；心澄體靜，恬然自得；咸相率以正道，相厲以誠愨，姦説不興，邪陂自息矣。

世之衰也，上無明天子，下無賢諸侯，君不識是非，臣不辨黑白。取士不由於鄉黨，考行不本於閥閱，多助者爲賢才，寡助者爲不肖。序爵聽無證之論，班禄采方國之謠。民見其如此者，知富貴可以從衆爲也，知名譽可以虛譁獲也；乃離其父兄，去其邑里，不脩道義，不治德行，講偶時之説，結比周之黨，汲汲皇皇，無日以處，更相歎揚，迭爲表裏，檮杌生華，憔悴布衣，以欺人主，惑宰相，竊選舉，盜榮寵者，不可勝數也。既獲者賢己而遂往，羨慕者並駕而驅之；悠悠皆是，孰能不然者乎？桓靈之世，其甚者也。自公卿大夫、州牧、郡守，王事不恤，賓客爲務；冠蓋填門，儒服塞道，飢不暇餐，倦不獲已，殷殷沄沄，俾夜作晝。下及小司，列城墨綬，莫不相商以得人，自矜以下士，星言夙駕，送往迎來。亭傳常滿吏卒，傳問炬火夜行，閽寺不閉，把臂捩腕，扣天矢誓，推託恩好，不較輕重。文書委於官曹，繫囚積於囹圄，而不遑省也。詳察其爲也，非欲憂國恤民，謀道講德也；徒營己治私，求勢逐利而已。有策名於朝而稱門生於富貴之家者，比屋有之。爲之師而無以教，弟子亦不受業。然其於事也，至乎懷丈夫之容，而襲婢妾之態；或奉貨而行賂，以自固結，求志屬託，規圖仕進。然擲目指掌、高談大語。若此之類，言之猶可羞，而行之者不知恥。嗟乎！王教之敗，乃至於斯乎？

且夫交游者，出也。或身歿於他鄉，或長幼而不歸；父母懷煢獨之思，室人抱東山之哀；親戚隔絶，閨門分離；無罪無辜，而亡命是效。古者行役，過時不反，猶作詩刺怨；故《四月》之篇，稱『先祖匪人，胡寧忍予』！又況無君命，而自爲之者乎？以此論之，則交游乎外，久而不歸者，非仁人之情也。

晉・葛洪《抱朴子外篇》卷二五《疾謬》　抱朴子曰：『世故繼有，禮教漸頹，敬讓莫崇，傲慢成俗，儔類飲會，或蹲或踞，暑夏之月，露首袒體。盛務唯在摴蒱彈棋，所論極於聲色之閒，舉足不離綺襦紈袴之側，游步不去勢利酒客之門。不聞清談講道之言，專以醜辭嘲弄爲先。以如此者爲高遠，以不爾者爲騃野。

『於是馳逐之庸民，偶俗之近人，慕之者猶宵蟲之赴明燭，學之者猶輕毛之應飆風。嘲戲之談，或上及祖考，或下逮婦女。往者務其必深焉，報者恐其不重焉。倡之者不慮見答之後患，和之者恥於言輕之不塞。周禾之芟，温麥之刈，實由報恨，不能已也。利口者扶强而黨勢，辯給者借鍒以刺瞂。以不應者爲拙劣，以先止者爲負敗。如此交惡之辭，焉能默哉！

『其有才思者之爲之也，猶善於依因機會，準擬體例，引古喻今，言微理舉，雅而可笑，中而不傷，不棖人之所諱，不犯人之所惜。若夫拙者之爲之也，則枉曲直湊，使人愕愕然。妍之與媸，其於宜絶，豈唯無益而已哉！

『乃有使酒之客，及於難侵之性，不能堪之，拂衣拔棘，而手足相及。醜言加於所尊，歡心變而成讎，絶交壞身，搆隙致禍，以杯螺相擲者，有矣；以陰私相訐者，有矣。昔陳靈之被矢，灌氏之泯族，匪降自天，口實爲之。樞機之發，榮辱之主，三緘之戒，豈欺我哉？

『激雷不能追既往之失辭，班輪不能磨斯言之既玷。雖不能三思而吐清談，猶可息謔調以防禍萌也。尊其辭令，敬其威儀，使言無口過，體無倨容，可法可觀，可畏可愛，蓋遠辱之良術，全交之要道也。

『且夫慢人者不愛其親者也。輕鬭者，不重遺體者也。皆陷不孝，可不詳乎！然而迷謬者無自見之明，觸情者諱逆耳之規。疾美而無直亮之鍼艾，羣惑而無指南以自反。諂媚小人，歡笑以贊善；面從之徒，拊節以稱功。益使惑者不覺其非，自謂有端、晏之捷，過人之辯，而不悟斯乃招患之旌，召害之符，傳非之驛，傾身之車也；豈徒減其方策之令聞，虧其没世之德音而已哉！

『蓋雖有偕老之慎，不能救一朝之過；雖有陶朱之富，不能贖片言之

謬。故毫氂之失，有千里之差。傷人之語，有劍戟之痛。積微致著，累淺成深，鴻羽所以沈龍舟，羣輕所以折勁軸，寸飈所以燔百尋之室，蠹蝎所以仆連抱之木也。古賢何獨跼蹐恂恂之如彼，今人何其慣慢傲放之如此乎！

『是以高世之士，望塵而旋迹。輕薄之徒，響赴而影集。謀事無智者之助，居危無切磋之益。良史懸筆，無可書之善。談者含音，無足傳之美。令聞不著，醜聲宣流，没有餘敗，貽譏將來，始無可法，終無可紀。斯亦志士之恥也。

『安忍爲之，過而不改，斯誠委夷路而陷叢棘，舍嘉旨而咽鉤吻者也。豈所謂以小善爲無益而不爲，以小惡爲無損而不止，以至惡積而不可掩，罪大而不可解者邪？余願世人改其無檢之行，除其驕吝之失，遣其誇矜尚人之疾，絕息嘲弄不典之言，則趙勝之門無去客，黄祖之棓無所用矣。』

抱朴子曰：『或有不治清德以取敬，而仗氣力以求畏。其入衆也，則亭立不坐，爭處端上，作色諧聲，逐人自安，其不得意，恚懟不退。其行出也，則逼狹之地，恥於分塗，振策長驅，推人於險，有不卽避，更加攄頓。嗚呼，悲哉！此云古之卑而不可踰，推蔭讓路，勞謙下士，無競於物，立若不勝衣，行若不容身者，何其緬然之不肖哉！

『夫德盛操清，則雖深自挹降，而人猶貴之。若履蹈不高，則雖行淩暴，而人猶不敬。假令外服人體，內失人心，所謂見憎惡，非爲見尊重也。昔莊生未食，趙王側立。騶衍入壃，燕君擁篲。康成之里，逆虜望拜，林宗之庭，莫不卑肅。非力之所服也。

『夫以抄盜致財，雖巨富不足嘉；凶德脅人，雖見憚不足榮也。然而庸民爲之不惡，故聞其言者，猶鴟梟之來鳴也；睹其面者，若鬼魅之見形也。其所至詣，則如妖怪之集也；其在道塗，則甚逢虎之羣也。愚夫行之，自矜爲豪；小人徵之，以爲横階。亂靡有定，寔此之由也。

『然敢爲此者，非必篤頑也。率多冠蓋之後，勢援之門，素頗力行善事，以竊虛名，名既粗立，本情便放：或假財色以交權豪，或因時運以佻榮位，或以婚姻而連貴戚，或弄毀譽以合威柄。器盈志溢，態發病出，黨成交廣，道通步高。清論所不能復制，繩墨所不能復彈，遂成鷹頭之蠅，廟垣之鼠。

『所未及者，則低眉埽地以奉望之；居其下者，作威作福以控御之。故勝己者則不得聞，聞亦陽不知也；減己者則不敢言，言亦不能禁也。夫災蟲害穀，至降霜則殄矣。佞雄亂羣，值嚴時則敗矣。獨善其身者，唯可以不肯事之，不行傚之而已耳。有斧無柯，其如之何哉？』

抱扑子曰：『《詩》美睢鳩，貴其有別。在《禮》：男女無行媒，不相見；不雜坐，不通問，不同衣物，不得親授。姊妹出適而反，兄弟不共席而坐，外言不入，內言不出。婦人送迎不出門，行必擁蔽其面，道路男由左，女由右。此聖人重別杜漸之明制也。

『且夫婦之間可謂昵矣，而猶男子非疾病不晝居於內，將終不死婦人之手，況於他乎？昔魯女不幽居深處，以致扈犖之變。孔妻不密潛户庭，以起華督之禍。史激無防，有汗種之悔。王孫不嚴，有杜門之辱。而今俗婦女，休其蠶織之業，廢其玄紞之務，不績其麻，市也婆娑。舍中饋之事，修周旋之好。更相從詣，之適親戚，承星舉火，不已于行。多將侍從，暐曄盈路，婢使吏卒，錯雜如市，尋道褻謔，可憎可惡。

『或宿于他門，或冒夜而反。游戲佛寺，觀視漁畋，登高臨水，出境慶弔，開車褰幃，周章城邑。盃觴路酌，絃歌行奏。轉相高尚，習非成俗，生致因緣，無所不肎。誨淫之源，不急之甚。刑于寡妻，家邦乃正。願諸君子，少可禁絕。婦無外事，所以防微矣。』

抱朴子曰：『輕薄之人，迹廁高深，交成財贍，名位粗會，便背禮叛教，託云率任，才不逸倫，强爲放達，以傲兀無檢者爲大度，以惜護節操者爲澀少。於是臘鼓垂無賴之子，白醉耳熱之後，結黨合羣，遊不擇類，奇士碩儒，或隔籬而不接；妄行所在，雖遠而必至。攜手連袂，以遨以集，入他堂室，觀人婦女，指玷修短，評論美醜。不解此等何爲者哉？

『或有不通主人，便共突前，嚴飾未辦，不復窺聽，犯門折關，踰垝穿隙，有似抄劫之至也。其或妾媵藏避不及，至搜索隱僻，就而引曳，亦怪事也。夫君子之居室，猶不掩家人之不備。故入門則揚聲，升堂則下視。而唐突他家，將何理乎！

『然落拓之子，無骨骾而好隨俗者，以通此者爲親密，距此者爲不恭，誠爲當世不可以不爾。於是要呼慣雜，入室視妻，促膝之狹坐，交杯觴於咫尺，絃歌淫冶之音曲，以誂文君之動心。載號載呶，謔戲醜褻，窮鄙極

黷，爾乃笑亂男女之大節，蹈《相鼠》之無儀。

『夫桀傾紂覆，周滅陳亡，咸由無禮，況匹庶乎！蓋信不由中，則屢盟無益，意得神至，則形器可忘。君子之交也，以道義合，以志契親，故淡而成焉；小人之接也，以勢利結，以狎慢密，故甘而敗焉。何必房集內讌，爾乃款誠，著妻妾飲會，然後分好昵哉！

『古人鑑淫敗之曲防，杜傾邪之端漸，可謂至矣。修之者爲君子，背之者爲罪人。然禁疏則上宮有穿窬之男，網漏則桑中有奔隨之女。縱而肆之，其猶烈猛火於雲夢，開積水乎萬仞，其可撲以箒篲，遏以撮壤哉！然而俗習行慣，皆曰此乃京城上國，公子王孫貴人所共爲也。』

余每折之曰：『夫中州禮之所自出也，禮豈然乎？蓋衰亂之所興，非治世之舊風也。夫老聃清虛之至者也，猶不敢見乎所欲，以防心亂。若使柳下惠潔高行，屢接褻讌，將不能不使情生於中，而色形於表，況乎情淡者萬未一，而抑情者難多得。如斯之事，何足長乎！

『窮士雖知此風俗不足引進，而名勢並乏，何以整之？每以爲慨。故常獲憎於斯黨，而見謂爲野朴之人，不能隨時之宜。余期於信己而已，亦安以我之不可，從人之可乎！可歎非一，率如此也。已矣夫，吾末如之何也。彼之染入邪俗，淪胥以敗者，曷肯納逆耳之讜言，而反其東走之遠迹哉？』

抱朴子曰：『俗間有戲婦之法，於稠衆之中，親屬之前，問以醜言，責以慢對，其爲鄙黷，不可忍論。或蹙以楚撻，或繫脚倒懸。酒客酗醟，不知限齊，至使有傷於流血，踒折支體者，可歎者也。古人感離別而不滅燭，悲代親而不舉樂。禮論：娶者羞而不賀。今既不能動蹈舊典，至於德爲鄉閭之所敬，言爲人士之所信，誠宜正色矯而呵之，何謂同其波流，長此弊俗哉！然民間行之日久，莫覺其非，或清談所不能禁，非峻刑不能止也。遂訕周而疵孔，謂傲放爲邈世矣。

『或因變故，佻竊榮貴；或賴高援，翻飛拔萃。於是便驕矜誇驁，氣淩雲物，步高視遠，眇然自足。顧瞻否滯失羣之士，雖實英異，忽焉若草。或傾枕而延賓，或稱疾以距客。欲令人士立門以成林，車騎填噎於閭巷，呼謂尊貴，不可不爾。

『夫以勢位言之，則周公勤於吐握；以聞望校之，則仲尼恂恂善誘。咸以勞謙爲務，不以驕慢爲高。漢之末世，則異於茲，蓬髮亂鬢，橫挾不帶，或褻衣以接人，或裸袒而箕踞，朋友之集，類味之遊，莫切切進德，誾誾修業，攻過弼違，講道精義。

『其相見也，不復敍離闊，問安否。賓則入門而呼奴，主則望客而喚狗。其或不爾，不成親至，而棄之不與爲黨。及好會，則狐蹲牛飲，爭食競割，掣、撥、淼、摺，無復廉恥。以同此者爲泰，以不爾者爲劣。終日無及義之言，徹夜無箴規之益。誣引老、莊，貴於率任，大行不顧細禮，至人不拘檢括，嘯傲縱逸，謂之體道。嗚呼惜乎！豈不哀哉！

『於是嘲族以敍歡交，極黷以結情款，以傾倚申脚者爲妖妍標秀，以風格端嚴者爲田舍朴騃，以蚩鎮抗指者爲剿令鮮倚，以出言有章者爲摺答猝突。凡彼輕薄之徒，雖便辟偶俗，廣結伴流，更相推揚，取達速易；然率皆皮膚狡澤，而懷空抱虛，有似蜀人瓠壺之喻，胸中無一紙之誦，所識不過酒炙之事。所謂傲很明德，即聾從昧，冒于貨財，貪于飲食，左生所載不才之子也。

『若問以《墳》、《索》之微言，鬼神之情狀，萬物之變化，殊方之奇怪，朝廷宗廟之大禮，郊祀禘祫之儀品，三正四始之原本，陰陽律曆之道度，軍國社稷之典式，古今因革之異同，則怳悸自失，喑嗚俛仰，蒙蒙焉，莫莫焉，雖心覺面牆之困，而外護其短乏之病，不肎謐已，强張大談曰：「雜碎故事，蓋是窮巷諸生，章句之士，吟詠而向枯簡，匍匐以守黃卷者所宜識，不足以問吾徒也。」

『誠知不學之弊，碩儒之貴，所祖習之非，所輕易之謬，然終於迷而不返者，由乎放誕者無損於進趨故也。若高人以格言彈而呵之，有不畏大人而長惡不悛者，下其名品，則宜必懼然，冰泮而革面，旋而東走之迹矣。』

又　卷四六《正郭》　抱扑子曰：『嵇生以爲「太原郭林宗竟不恭三公之命，學無不涉。名重於往代，加之以知人。知人則哲，蓋亞聖之器也。及在衰世，棲棲惶惶，席不暇溫，志在乎匡亂行道，與仲尼相似。」

余答曰：「夫智與不智，存於一言。樞機之玷，亂乎白圭。愚謂亞聖之評，未易以輕有許也。夫所謂亞聖者，必具體而微，命世絕倫，與彼周、孔其間無所復容之謂也。若人者，亦何足登斯格哉！林宗拔萃翹特，

鑑識朗徹，方之常人，所議固多，引之上及，實復未足也。

「此人有機辯風姿，又巧自抗遇而善用，且好事者爲之羽翼，延其聲譽於四方。故能挾之見准慕於亂世，而爲過聽不覈實者所推策。及其片言所褒，則重於千金，遊涉所經，則賢愚波蕩。謂龍鳳之集，奇瑞之出也。吐聲則餘音見法，移足則遺迹見擬。可謂善擊建鼓而當揭日月者耳，非眞隱也。

「蓋欲立朝，則世已大亂；欲潛伏，則悶而不堪。或躍，則畏禍害；確爾，則非所安。彰徨不定，載肥載臞。而世人逐其華而莫研其實，翫其形而不究其神。故遭雨巾壞，猶復見傚。不覺其短，皆是類也。俗民追聲，一至於是！故其雖有缺隟，莫之敢指也。夫林宗學涉知人，非無分也。然而未能避過實之名。而闇於自料也。」

或勸之以出仕進者。林宗對曰：「吾晝察人事，夜看乾象，天之所廢，不可支也。方今運在明夷之爻，值勿用之位，蓋盤桓潛居之時，非在天利見之會也。雖在原陸，猶恐滄海横流，吾其魚也；況可冒衝風而乘奔波乎？未若巖岫頤神，娱心彭、老，優哉游哉，聊以卒歲。」

「按林宗之言，其知漢之不可救，非其才之所辨，審矣。法當仰隮商洛，俯泛五湖，追巢父於峻嶺，尋漁父於滄浪。若不能結蹤山客，離羣獨往，則當掩景淵洿，韜鱗括囊。而乃自西徂東，席不暇温，欲慕孔、墨棲棲之事。

「聖者憂世，周流四方，猶爲退士所見譏彈。林宗才非應期，器不絕倫，出不能安上治民，移風易俗；入不能揮毫屬筆，祖述六藝。行自衒耀，亦既過差；收名赫赫，受饒頗多。然卒進無補於治亂，退無迹於竹帛，觀傾視汨，冰泮草靡，未有異庸人也。

「無故沈浮於波濤之閒，倒屣於埃塵之中，遨集京邑，交關貴游，輪刓筴弊，匪遑啓處？遂使聲譽翕熠，秦、胡景附。巷結朱輪之軌，堂列赤紱之客，軺車盈街，載奏連車。誠爲游俠之徒，未合逸隱之科也。

「有道之世而臻此者，猶不得復廁高潔之條貫，爲祕丘之俊民；而修茲在於危亂之運，奚足多哉！孰不謂之闇於天人之否泰，蔽於自量之優劣乎？空背恬默之塗，竟無有爲之益，不值禍敗，蓋其幸耳。

「以此爲憂世念國，希擬素王，有似蹇足之尋龍騏，斥鷃之逐鴻鵠，焦冥之方雲鵬，鼷鼬之比巨象也。然則林宗可謂有耀俗之才，無固守之質，見無不了，庶幾大用。符采外發，精神內虛，不勝煩躁，言行相伐，口稱靜退，心希榮利。未得□玄圃之棲禽，九淵之潛靈也。

「自衒自媒，士女之醜事也。知其不可而尤傚尤師，亞聖之器，其安在乎？雖云知人，知人之明，乃唐、虞之所難，尼父之所病。夫以明並日月，原始見終，且猶有失，不能常中。況於林宗螢燭之明，得失半解，已爲不少矣。

「然則名稱重於當世，美談盛於既没，故其所得者，則世共傳聞；而所失者，則莫之有識爾。雖頗甄無名之士於草萊，指未剖之璞於丘園，然未能進忠烈於朝廷，立禦侮於壃場，解亡徵於倒懸，折逆謀之競逐，若鮑子之推管生，平仲之達穰苴。

「林宗名振於朝廷，敬於一時，三、九肉食，莫不欽重。力足以拔才，言足以起滯，而但養疾京輦，招合賓客，無所進致，以匡危蔽。徒能知人，不肯薦舉，何異知沃壤之任良田，議直木之中梁柱，而終不墾之以播嘉穀，伐之以構梁棟，奚解於不粒，何救於露居哉！其距貢舉者，誠高操也；其走不休者，亦其疾也。」

嵇生又曰：「林宗存爲一世之所式，没則遺芳永播。碩儒俊士，未或指點，而吾生獨評其短，無乃見嗤於將來乎？」

抱朴子曰：「曷爲其然哉！苟吾言之允者，當付之於後；後之識者，何恤於寡和乎？且前賢多亦譏之，獨皇生褒過耳。」

故太傅諸葛元遜亦曰：「林宗隱不修遁，出不益時，實欲揚名養譽而已。街談巷議以爲辯，訕上謗政以爲高。時俗貴之歙然，猶郭解、原涉見趨於曩時也。後進慕聲者，未能考之於聖王之典，論之於先賢之行，徒惑華名，咸競準的，學之者如不及，談之者則盈耳，中人猶不覺，童蒙安能知。」

故零陵太守殷府君伯緒，高才篤論之士也。亦曰：「林宗入交將相，出游方國，崇私議以動衆，關毁譽於朝廷。其所善，則風騰雨驟，改價易姿；其所惡，則摧頓陸沈，士人不齒。□其名賢，遭亂隱遁，含光匿景，未爲遠矣。君子行道，以匡君也，以正俗也，于時君不可匡，俗不可正，林宗周旋清談閭閻，無救於世道之陵遲，無解於天民之憔悴也。」

又故中書郎周生恭遠，英偉名儒也，亦曰：「夫遇治而贊之，則謂之樂道。遭亂而救之，則謂之憂道。亂不可救而避之，則謂之守道。虞舜，樂道者也。仲尼，憂道者也。微子，守道者也。漢世將傾，世務交游，林宗法當慨然虛心，要同契君子共矯而正之；而身棲棲爲之雄伯，非救世之宜也。于時雖諸黄門，六畜自寓耳。其陳蕃、竇武之徒，雖鼎司牧伯，皆貴重林宗，信其言論臧否，取定於匡危易俗，不亦可冀乎？

「而林宗既不能薦有爲之士，立毫毛之益，而逋逃不仕者，則方之巢、許；廢職待客者，則比之周公；養徒避役者，則擬之仲尼；棄親依豪者，則同之游、夏。是以世眩名實，而大亂滋甚也。若謂林宗不知，則無以稱聰明；若謂知之而不改，則無以言憂道。昔四豪似周公而不能爲周公，今林宗似仲尼而不得爲仲尼也。」

於是問者慨而嘆曰：「然則斯人乃避亂之徒，非全隱之高矣。」』

《後漢書》卷六六《陳蕃傳》 論曰：桓、靈之世，若陳蕃之徒，咸能樹立風聲，抗論惛俗。而驅馳嶮阸之中，與刑人腐夫同朝爭衡，終取滅亡之禍者，彼非不能絜情志，違埃霧也。愍夫世士以離俗爲高，而人倫莫相恤也。以遯世爲非義，故屢退而不去；以仁心爲己任，雖道遠而彌厲。及遭際會，協策竇武，自謂萬世一遇也。懔懔乎伊、望之業矣！功雖不終，然其信義足以攜持民心。漢世亂而不亡，百餘年閒，數公之力也。

又 卷八二《方術傳論》 論曰：漢世之所謂名士者，其風流可知矣。雖弛張趣舍，時有未純，於刻情修容，依倚道藝，以就其聲價，非所能通物方，弘時務也。及徵樊英、楊厚，朝廷若待神明，至竟無它異。英名最高，毁最甚。李固、朱穆等以爲處士純盜虚名，無益於用，故其所以然也。然而後進希之以成名，世主禮之以得衆，原其無用亦所以爲用，則其有用或歸於無用矣。何以言之？夫煥乎文章，時或乖用；本乎禮樂，適末或疏。及其陶搢紳，藻心性，使由之而不知者，豈非道邈用表，乖之數迹乎？而或者忽不踐之地，賒無用之功，至乃誚譟遠術，賤斥國華，以爲力詐可以救淪敝，文律足以致寧平，智盡於猜察，道足於法令，雖濟萬世，其將與夷狄同也。孟軻有言曰：『以夏變夷，不聞變夷於夏。』況有未濟者乎！

《晉書》卷四七《傅玄傳》 帝初卽位，廣納直言，開不諱之路，玄及散騎常侍皇甫陶共掌諫職。玄上疏曰：『臣聞先王之臨天下也，明其大教，長其義節；道化隆於上，清議行於下，上下相奉，人懷義心。亡秦蕩滅先王之制，以法術相御，而義心亡矣。近者魏武好法術，而天下貴刑名；魏文慕通達，而天下賤守節。其後綱維不攝，而虚無放誕之論盈於朝野，使天下無復清議，而亡秦之病復發於今。陛下聖德，龍興受禪，弘堯舜之化，開正直之路，體夏禹之至儉，綜殷周之典文，臣詠歎而已，將又奚言！惟未舉清遠有禮之臣，以敦風節；未退虚鄙，以懲不恪，臣是以猶敢有言。』

又 卷七一《陳頵傳》 齊王冏起義，州遣頵將兵赴之，拜駙馬都尉。遭賊避難于江西。歷陽内史朱彦引爲參軍。鎮東從事中郎袁琇薦頵於元帝，遷鎮東行參軍事，典法兵二曹。頵與王導書曰：『中華所以傾弊，四海所以土崩者，正以取才失所，先白望而後實事，浮競驅馳，互相貢薦，言重者先顯，言輕者後敍，遂相波扇，乃至陵遲。加有莊老之俗傾惑朝廷，養望者爲弘雅，政事者爲俗人，王職不恤，法物墜喪。夫欲制遠，先由近始，故出其言善，千里應之。今宜改張，明賞信罰，拔卓茂於密縣，顯朱邑於桐鄉，然後大業可舉，中興可冀耳。』

藝文

清·彭定求等《全唐詩》卷二二四《奉贈太常張卿二十韻》 方丈三韓外，崑崙萬國西。建標天地闊，詣絶古今迷。
氣得神仙迥，恩承雨露低。相門清議衆，儒術大名齊。
軒冕羅天闕，琳琅識介珪。伶官詩必誦，夔樂典猶稽。
健筆凌鸚鵡，銛鋒瑩鸊鵜。友于皆挺拔，公望各端倪。
通籍踰青瑣，亨衢照紫泥。靈虯傳夕箭，歸馬散霜蹄。
能事聞重譯，嘉謨及遠黎。弼諧方一展，班序更何躋。
適越空顛躓，遊梁竟慘悽。謬知終畫虎，微分是醯雞。
萍泛無休日，桃陰想舊蹊。吹噓人所羨，騰躍事仍睽。
碧海眞難涉，青雲不可梯。顧深慚鍛鍊，才小辱提攜。
檻束哀猿叫，枝驚夜鵲棲。幾時陪羽獵，應指釣璜溪。

清·沈德潛《清詩別裁集》卷二《詔獄行》 秋官署中有老吏，能説先朝詔獄事。當時國是日紛紜，太阿柄倒歸閹寺。天子高居問尚公，公卿標榜排清議。遂有羣凶作爪牙，贙虎蒼鷹最毛鷙。長樂宮前傳片紙，金吾夜半飛緹騎。衞尉將軍身姓許，提點官旗北鎮撫。讞決惟增王甫歡，累囚難解張湯怒。洗垢新懸沉命法，揮毫已入追魂簿。甫聞北闕殺劉陶，旋見西亭尸竇武。白骨交撑裹赭衣，殘骸誰敢收黃土。爾曹自謂盤根株，殺人狐媚誇良圖。豈知神理有反覆，昊天明明安可誣。神姦脱距競葅醢，亦有然臍當路衢。長安萬姓歌且舞，賣釵鬻釧沽醍醐。海水羣飛桑畝移，俯仰乾坤又一時。三君八俊俱塵土，膺滂田竇無墳基。彤管堪嗟酷吏傳，青苔半蝕黨人碑。我今何爲淹此室，圜扉白日啼寒鴟。寃魂欲招不敢出，但聞陰風蕭颯中心悲。中心悲，淚盈把。酹酒呼皋陶，皋陶竟喑啞。古來萬事難問天，蠶室誰憐漢司馬。君不見城上烏，啄人曾不問賢愚。新鬼銜寃向都市，年年寒食聲嗚嗚。

雜録

唐·歐陽詢等《藝文類聚》卷二二《人部六·公平·至公論》 魏曹羲至公論曰：夫世人所謂掩惡揚善者，君子之大義，保明同好，朋友之至交，斯言之作，蓋閭閻之日談，所以救愛憎之相謗，崇居厚之大分耳，非篤正文至理，折中之公議也，世士不斷其數，而係其言，故善惡不分，以覆過爲弘，朋友忽義，以雷同爲美，善惡不分，亂實由之，朋友雷同，敗必從焉，談論以當實爲清，不以過難爲貴，相知者以等分爲交，不以雷同爲固，是以達者，存其義，不察於交，識其心，不求於言，且在私論，猶行之有節，明處公議，則無所固之矣，凡智者之處世，咸欲興化致治者也，興化致治，不崇公抑割，情以順理，厲清議以督俗，明是非以宣教者，吾未見其功也，清議非臧否不顯，是非非賞罰不明，故臧否不可以遠實，賞罰不可以失中，若乃背清議，違是非，雖堯不能一日以治，審臧否，羣賞罰，故中主可以萬世安，是以君子知私情之難統，至公之易行，故季友鴆兄而不疑，叔向戮弟而不悔，斯二士者，皆前世之通士，晉魯之忠臣也，亦豈無慈愛骨肉之心，愍恤同生之仁哉，夫至公者，天之經也，地之義也，理之要也，人之用也，昔鯀者，親禹之父也，舜則殛鯀而興禹，禹知舜之殛其父無私，故受命而不辭，舜明禹知己之至公，故用之而無疑，無私者，雖父黜而子不言，況用之於他哉。

清·顧炎武《日知録》卷一三《清議》 古之哲王所以正百辟者，既已制官刑儆於有位矣，而又爲之立閭師，設鄉校，存清議於州里，以佐刑罰之窮。『移之郊遂』，載在《禮經》；『殊厥井疆』，稱於《畢命》。兩漢以來，猶循此制，鄉擧里選，必先考其生平，一玷清議，終身不齒。君子有懷刑之懼，小人存恥格之風。教成於下而上不嚴，論定於鄉而民不犯。降及魏、晉，而九品中正之設，雖多失實，遺意未亡。凡被糾彈付清議者，卽廢棄終身，同之禁錮。至宋武帝篡位，乃詔：『有犯鄉論清議，贓汙淫盜，一皆蕩滌洗除，與之更始。』自後凡遇非常之恩，赦文並有此語。《小雅》廢而中國微，風俗衰而叛亂作矣。然鄉論之汙，至煩詔書爲之洗刷，豈非三代之直道尚在於斯民，而畏人之多言猶見於變風之日乎？『予聞在下』，有鰥所以登庸；『以比三凶』，不才所以投畀。雖二帝之擧錯，亦未嘗不詢於芻蕘。然則崇月旦以佐秋官，進鄉評以扶國是，儻亦四聰之所先，而王治之不可闕也。

陳壽『居父喪，有疾，使婢丸藥，客往見之，鄉黨以爲貶議，坐是沈滯者累年』。阮簡『父喪，行遇大雪，寒凍，遂詣浚儀令，令爲他賓設黍臛，簡食之，以致清議，廢頓幾三十年』。温嶠『爲劉司空使勸進，母崔氏固留之，嶠絶裾而去，迄於崇貴，鄉品猶不過也，每爵皆發詔』。謝惠連『先愛會稽郡吏杜德靈，及居父憂，贈以五言詩十餘首，文行於時，坐廢，不豫榮伍』。張率『以父憂去職，其父侍伎數十人，善謳者有色貌，邑子儀曹郎顧玩之求聘焉，謳者不願，遂出家爲尼。嘗因齋會率宅，玩之爲飛書，言與率姦。南司以事奏聞，高祖惜其才，寢其奏，然猶致世論，服闋後久之不仕』。官職之升沈本於鄉評之與奪，其猶近古之風乎？

天下風俗最壞之地，清議尚存，猶足以維持一二。至於清議亡而干戈至矣。

洪武十五年八月乙酉，禮部議：『凡十惡、姦盜詐僞、干名犯義、有傷風俗及犯贓至徒者，書其名於申明亭，以示懲戒。有私毁亭舍、塗抹姓名者，監察御史、按察司官以時按視，罪如律。』制可。十八年四月辛丑，

命刑部録內外諸司官之犯法罪狀明著者，書之申明亭。此前代鄉議之遺意也。後之人視爲文具，風紀之官但以刑名爲事，而於弼教新民之意若不相關，無惑乎江河之日下已。

清·黄宗羲《明夷待訪録·學校》 東漢太學三萬人，危言深論，不隱豪强，公卿避其貶議；宋諸生伏闕搥鼓，請起李綱；三代遺風，惟此猶爲相近。使當日之在朝廷者，以其所非是爲非是，將見盜賊奸邪懾心於正氣霜雪之下，君安而國可保也。乃論者目之爲衰世之事；不知其所以亡者，收捕黨人，編管陳、歐，正坐破壞學校所致，而反咎學校之人乎！

思想文化政策調控部

以吏爲師分部

綜述

《商君書·定分》 （秦孝）公問於公孫鞅曰：『法令以當時立之者，明旦欲使天下之吏民皆明知而用之，如一而無私，奈何？』公孫鞅曰：『爲法令置官吏，樸足以知法令之謂者，以爲天下正，則奏天子。天子則各主法令之，皆降受命發官。各主法令之民，敢忘行主法令之所謂之名，各以其所忘之法令名罪之。主法令之吏，有遷徙物故，輒使學讀法令，所謂爲之程式，使日數而知法令之所謂。不中程，爲法令以罪之。有敢剟定法令，損益一字以上，罪死不赦。諸官吏及民，有問法令之所謂，必於知法令之吏，皆各以其故所欲問之法令明告之。各爲尺六寸之符，明書年月日時，所問法令之名，以告吏民。主法令之吏不告，及告而非法令之所謂也，皆以吏民之所問法令之罪，各罪主法令之吏。即以左券，予吏之問法令者。主法令之吏，謹藏其右券，木柙以室藏之，封以法令之長印。即後有物故，以券書從事。法令皆副置：一副天子之殿中，爲法令爲禁室，有鋌鑰爲禁而以封之，內藏法令；一副禁室中，封以禁印，有擅發禁室印，及入禁室視禁法令，及禁剟一字以上，罪皆死不赦。一歲受法令以禁令。天子置三法官。殿中置一法官，御史置一法官及吏，丞相置一法官。諸侯郡縣皆各爲置一法官及吏，皆此秦一法官。郡縣諸侯一受寶來之法令，學問並所謂。吏民知法令者，皆問法官。故天下之吏民，無不知法者。吏明知民知法令也，故吏不敢以非法遇民，民不敢犯法以干法官也。遇民不修法，則問法官。法官即以法之罪告之，民即以法官之言正告之吏。吏知其如此，故吏不敢以非法遇民，民又不敢犯法。如此，天下之吏民，雖有賢良辨慧，不能開一言以枉法；雖有千金，不能以用一銖。故知詐賢能者，皆作而爲善，皆務自治奉公。』

《史記》卷六《秦始皇本紀》 始皇置酒咸陽宮，博士七十人前爲壽。僕射周青臣進頌曰：『他時秦地不過千里，賴陛下神靈明聖，平定海內，放逐蠻夷，日月所照，莫不賓服。以諸侯爲郡縣，人人自安樂，無戰爭之患，傳之萬世。自上古不及陛下威德。』始皇悦。博士齊人淳于越進曰：『臣聞殷周之王千餘歲，封子弟功臣，自爲枝輔。今陛下有海內，而子弟爲匹夫，卒有田常、六卿之臣，無輔拂，何以相救哉？事不師古而能長久者，非所聞也。今青臣又面諛以重陛下之過，非忠臣。』始皇下其議。丞相李斯曰：『五帝不相復，三代不相襲，各以治，非其相反，時變異也。今陛下創大業，建萬世之功，固非愚儒所知。且越言乃三代之事，何足法也？異時諸侯並爭，厚招游學。今天下已定，法令出一，百姓當家則力農工，士則學習法令辟禁。今諸生不師今而學古，以非當世，惑亂黔首。丞相臣斯昧死言：古者天下散亂，莫之能一，是以諸侯並作，語皆道古以害今，飾虛言以亂實，人善其所私學，以非上之所建立。今皇帝并有天下，別黑白而定一尊。私學而相與非法教，人聞令下，則各以其學議之，入則心非，出則巷議，夸主以爲名，異取以爲高，率羣下以造謗。如此弗禁，則主勢降乎上，黨與成乎下。禁之便。臣請史官非秦記皆燒之。非博士官所職，天下敢有藏《詩》、《書》、百家語者，悉詣守、尉雜燒之。有敢偶語《詩》《書》者弃市。以古非今者族。吏見知不舉者與同罪。令下三十日不燒，黥爲城旦。所不去者，醫藥卜筮種樹之書。若欲有學法令，以吏爲師。』制曰：『可。』

又　卷八七《李斯列傳》　始皇三十四年，置酒咸陽宮，博士僕射周青臣等頌稱始皇威德。齊人淳于越進諫曰：『臣聞之，殷周之王千餘歲，封子弟功臣自爲支輔。今陛下有海內，而子弟爲匹夫，卒有田常、六卿之患，臣無輔弼，何以相救哉？事不師古而能長久者，非所聞也。今青臣等又面諛以重陛下過，非忠臣也。』始皇下其議丞相。丞相謬其說，紬其辭，乃上書曰：『古者天下散亂，莫能相一，是以諸侯並作，語皆道古以害今，飾虛言以亂實，人善其所私學，以非上所建立。今陛下并有天下，別白黑而定一尊；而私學乃相與非法教之制，聞令下，卽各以其私學議之，入則心非，出則巷議，非主以爲名，異趣以爲高，率羣下以造謗。如此不禁，則主勢降乎上，黨與成乎下。禁之便。臣請諸有文學《詩書》百家語者，蠲除去之。令到滿三十日弗去，黥爲城旦。所不去者，醫藥卜筮種樹之書。若有欲學者，以吏爲師。』始皇可其議，收去《詩》、《書》百家之語以愚百姓，使天下無以古非今。明法度，定律令，皆以始皇起。同文書。治離宮別館，周徧天下。明年，又巡狩，外攘四夷，斯皆有力焉。

又　卷八八《蒙恬列傳》　趙高者，諸趙疏遠屬也。趙高昆弟數人，皆生隱宮，其母被刑僇，世世卑賤。秦王聞高彊力，通於獄法，舉以爲中車府令。高卽私事公子胡亥，喻之決獄。高有大罪，秦王令蒙毅法治之。毅不敢阿法，當高罪死，除其宦籍。帝以高之敦於事也，赦之，復其官爵。

又　卷一〇一《袁盎鼂錯列傳》　鼂錯者，潁川人也。學申商刑名於軹張恢先所，與雒陽宋孟及劉禮同師。以文學爲太常掌故。

錯爲人陗直刻深。孝文帝時，天下無治《尚書》者，獨聞濟南伏生故秦博士，治《尚書》，年九十餘，老不可徵，乃詔太常使人往受之。太常遣錯受《尚書》伏生所。還，因上便宜事，以《書》稱說。詔以爲太子舍人、門大夫、家令。以其辯得幸太子，太子家號曰『智囊』。數上書孝文時，言削諸侯事，及法令可更定者。書數十上，孝文不聽，然奇其材，遷爲中大夫。當是時，太子善錯計策，袁盎諸大功臣多不好錯。

景帝卽位，以錯爲內史。錯常數請閒言事，輒聽，寵幸傾九卿，法令多所更定。丞相申屠嘉心弗便，力未有以傷。內史府居太上廟壖中，門東出，不便，錯乃穿兩門南出，鑿廟壖垣。丞相嘉聞，大怒，欲因此過爲奏請誅錯。錯聞之，卽夜請閒，具爲上言之。丞相奏事，因言錯擅鑿廟垣爲門，請下廷尉誅。上曰：『此非廟垣，乃壖中垣，不致於法。』丞相謝。罷朝，怒謂長史曰：『吾當先斬以聞，乃先請，爲兒所賣，固誤。』丞相遂發病死。錯以此愈貴。

遷爲御史大夫，請諸侯之罪過，削其地，收其枝郡。奏上，上令公卿列侯宗室集議，莫敢難，獨竇嬰爭之，由此與錯有郤。錯所更令三十章，諸侯皆諠譁疾鼂錯。錯父聞之，從潁川來，謂錯曰：『上初卽位，公爲政用事，侵削諸侯，別疏人骨肉，人口議多怨公者，何也？』鼂錯曰：『固也。不如此，天子不尊，宗廟不安。』錯父曰：『劉氏安矣，而鼂氏危矣，吾去公歸矣！』遂飲藥死，曰：『吾不忍見禍及吾身。』死十餘日，吳楚七國果反，以誅錯爲名。及竇嬰、袁盎進說，上令鼂錯衣朝衣斬東市。

又　卷一〇二《張釋之馮唐列傳》　（漢文帝）頃之，上行出中渭橋，有一人從橋下走出，乘輿馬驚。於是使騎捕，屬之廷尉。釋之治問。曰：『縣人來，聞蹕，匿橋下。久之，以爲行已過，卽出，見乘輿車騎，卽走耳。』廷尉奏當，一人犯蹕，當罰金。文帝怒曰：『此人親驚吾馬，吾馬賴柔和，令他馬，固不敗傷我乎？而廷尉乃當之罰金！』釋之曰：『法者天子所與天下公共也。今法如此而更重之，是法不信於民也。且方其時，上使立誅之則已。今既下廷尉，廷尉，天下之平也，一傾而天下用法皆爲輕重，民安所措其手足？唯陛下察之。』良久，上曰：『廷尉當是也。』

其後有人盜高廟坐前玉環，捕得，文帝怒，下廷尉治。釋之案律盜宗廟服御物者爲奏，奏當弃市。上大怒曰：『人之無道，乃盜先帝廟器，吾屬廷尉者，欲致之族，而君以法奏之，非吾所以共承宗廟意也。』【略】

太史公曰：張季之言長者，守法不阿意；馮公之論將率，有味哉！有味哉！語曰『不知其人，視其友』。二君之所稱誦，可著廊廟。《書》曰『不偏不黨，王道蕩蕩；不黨不偏，王道便便』。張季、馮公近之矣。

《漢書》卷三九《蕭何曹參傳贊》　贊曰：蕭何、曹參皆起秦刀筆吏，當時録録未有奇節。漢興，依日月之末光，何以信謹守管籥，參與韓

信俱征伐。天下卽定，因民之疾秦法，順流與之更始，二人同心，遂安海内。淮陰、黥布等已滅，唯何、參擅功名，位冠羣臣，聲施後世，爲一代之宗臣，慶流苗裔，盛矣哉！

又 卷七一《于定國傳》 于定國字曼倩，東海郯人也。其父于公爲縣獄吏，郡決曹，決獄平，羅文法者于公所決皆不恨。郡中爲之生立祠，號曰于公祠。

東海有孝婦，少寡，亡子，養姑甚謹，姑欲嫁之，終不肯。姑謂鄰人曰：『孝婦事我勤苦，哀其亡子守寡。我老，久絫丁壯，奈何？』其後姑自經死，姑女告吏：『婦殺我母』吏捕孝婦，孝婦辭不殺姑。吏驗治，孝婦自誣服。具獄上府，于公以爲此婦養姑十餘年，以孝聞，必不殺也。太守不聽，于公爭之，弗能得，乃抱其具獄，哭於府上，因辭疾去。太守竟論殺孝婦。郡中枯旱三年。後太守至，卜筮其故，于公曰：『孝婦不當死，前太守彊斷之，咎黨在是乎？』於是太守殺牛自祭孝婦冢，因表其墓，天立大雨，歲孰。郡中以此大敬重于公。

定國少學法于父，父死，後定國亦爲獄史、郡決曹，補廷尉史，以選與御史中丞從事治反者獄，以材高舉侍御史，遷御史中丞。會昭帝崩，昌邑王徵卽位，行淫亂，定國上書諫。後王廢，宣帝立，大將軍光領尚書事，條奏羣臣諫昌邑王者皆超遷。定國繇是爲光禄大夫，平尚書事，甚見任用。數年，遷水衡都尉，超爲廷尉。

定國乃迎師學《春秋》，身執經，北面備弟子禮。爲人謙恭，尤重經術士，雖卑賤徒步往過，定國皆與鈞禮，恩敬甚備，學士咸（聲）〔稱〕焉。其決疑平法，務在哀鰥寡，罪疑從輕，加審慎之心。朝廷稱之曰：『張釋之爲廷尉，天下無冤民；于定國爲廷尉，民自以不冤。』定國食酒至數石不亂，冬月請治讞，飲酒益精明。爲廷尉十八歲，遷御史大夫。

又 卷七四《丙吉傳》 丙吉字少卿，魯國人也。治律令，爲魯獄史。積功勞，稍遷至廷尉右監。坐法失官，歸爲州從事。武帝末，巫蠱事起，吉以故廷尉監徵，詔治巫蠱郡邸獄。時宣帝生數月，以皇曾孫坐衛太子事繫，吉見而憐之。又心知太子無事實，重哀曾孫無辜，吉擇謹厚女徒，令保養曾孫，置閒燥處。吉治巫蠱事，連歲不決。後元二年，武帝疾，往來長楊、五柞宮，望氣者言長安獄中有天子氣，於是上遣使者分條中都官詔獄繫者，亡輕重一切皆殺之。內謁者令郭穰夜到郡邸獄，吉閉門拒使者不納，曰：『皇曾孫在。他人亡辜死者猶不可，況親曾孫乎！』相守至天明不得入，穰還以聞，因劾奏吉。武帝亦寤，曰：『天使之也。』因赦天下。郡邸獄繫者獨賴吉得生，恩及四海矣。曾孫病，幾不全者數焉，吉數敕保養乳母加致醫藥，視遇甚有恩惠，以私財物給其衣食。【略】

吉本起獄法小吏，後學《詩》、《禮》，皆通大義。及居相位，上寬大，好禮讓。掾史有罪臧，不稱職，輒予長休告，終無所案驗。客或謂吉曰：『君侯爲漢相，姦吏成其私，然無所懲艾。』吉曰：『夫以三公之府有案吏之名，吾竊陋焉。』後人代吉，因以爲故事，公府不案吏，自吉始。

又 卷八三《薛宣傳》 薛宣字贛君，東海郯人也。少爲廷尉書佐都船獄吏。後以大司農斗食屬察廉，補不其丞。琅邪太守趙貢行縣，見宣，甚説其能。從宣歷行屬縣，還至府，令妻子與相見，戒曰：『贛君至丞相，我兩子亦中丞相史。』察宣廉，遷樂浪都尉丞。幽州刺史舉茂材，爲宛句令。大將軍王鳳聞其能，薦宣爲長安令，治果有名，以明習文法詔補御史中丞。【略】

初，宣爲丞相，而翟方進爲司直。宣知方進名儒，有宰相器，深結厚焉。後方進竟代爲丞相，思宣舊恩，宣免後二歲，薦宣明習文法，練國制度，前所坐過薄，可復進用。上徵宣，復爵高陽侯，加寵特進，位次師安昌侯，給事中，視尚書事。宣復尊重。任政數年，後坐善定陵侯淳于長罷就第。【略】

宣子惠亦至二千石。始惠爲彭城令，宣從臨淮遷至陳留，過其縣，橋梁郵亭不修。宣心知惠不能，留彭城數日，案行舍中，處置什器，觀視園菜，終不問惠以吏事。惠自知治縣不稱宣意，遣門下掾送宣至陳留，令掾進見，自從其所問宣不教戒惠吏職之意。宣笑曰：『吏道以法令爲師，可問而知。及能與不能，自有資材，何可學也？』衆人傳稱，以宣言爲然。

又 《朱博傳》 博本武吏，不更文法，及爲刺史行部，吏民數百人遮道自言，官寺盡滿。從事白請且留此縣録見諸自言者，事畢乃發，欲以觀試博。博心知之，告外趣駕。既白駕辦，博出就車見自言者，使從事明敕告吏民：『欲言縣丞尉者，刺史不察黄綬，各自詣郡。欲言二千石墨

綬長吏者，使者行部還，詣治所。其民爲吏所冤，及言盜賊辭訟事，各使屬其部從事。』博駐車決遣，四五百人皆罷去，如神。吏民大驚，不意博應事變乃至於此。後博徐問，果老從事教民聚會。博殺此吏，州郡畏博威嚴。徙爲并州刺史、護漕都尉，遷琅邪太守。

齊郡舒緩養名，博新視事，右曹掾史皆移病臥。博問其故，對言：『惶恐！故事二千石新到，輒遣吏存問致意，乃敢起就職。』博奮髯抵几曰：『觀齊兒欲以此爲俗邪！』乃召見諸曹史書佐及縣大吏，選視其可用者，出教置之。皆斥罷諸病吏，白巾走出府門。郡中大驚。頃之，門下掾贛遂耆老大儒，教授數百人，拜起舒遲。博出教主簿：『贛老生不習吏禮，主簿且教拜起，閑習乃止。』又敕功曹：『官屬多褒衣大袑，不中節度，自今掾史衣皆令去地三寸。』博尤不愛諸生，所至郡輒罷去議曹，曰：『豈可復置謀曹邪！』文學儒吏時有奏記稱説云云，博見謂曰：『如太守漢吏，奉三尺律令以從事耳，亡奈生所言聖人道何也！且持此道歸，堯舜君出，爲陳説之。』其折逆人如此。視事數年，大改其俗，掾史禮節如楚、趙吏。

又　卷九〇《嚴延年傳》　嚴延年字次卿，東海下邳人也。其父爲丞相掾，延年少學法律丞相府，歸爲郡吏。以選除補御史掾，舉侍御史。是時大將軍霍光廢昌邑王，尊立宣帝。宣帝初卽位，延年劾奏光『擅廢立，亡人臣禮，不道』。奏雖寢，然朝廷肅焉敬憚。延年後復劾大司農田延年持兵干屬車，大司農自訟不干屬車。事下御史中丞，譴責延年何以不移書宮殿門禁止大司農，而令得出入宮。於是覆劾延年闌内罪人，法至死。延年亡命。會赦出，丞相御史府徵書同日到，延年以御史書先至，詣御史府，復爲掾。宣帝識之，拜爲平陵令，坐殺不辜，去官。後爲丞相掾，復擢好畤令。神爵中，西羌反，彊弩將軍許延壽請延年爲長史，從軍敗西羌，還爲涿郡太守。

《後漢書》卷二《顯宗孝明帝紀論》　論曰：明帝善刑理，法令分明。日晏坐朝，幽枉必達。内外無倖曲之私，在上無矜大之色。斷獄得情，號居前代十二。故後之言事者，莫不先建武、永平之政。而鍾離意、宋均之徒，常以察慧爲言，夫豈弘人之度未優乎？

又　卷四三《何敞傳》　何敞字文高，扶風平陵人也。其先家于汝陰。六世祖比干，學《尚書》於朝錯，武帝時爲廷尉正，與張湯同時。湯持法深而比干務仁恕，數與湯爭，雖不能盡得，然所濟活者以千數。後遷丹（楊）〔陽〕都尉，因徙居平陵。敞父寵，建武中爲千乘都尉，以病免，遂隱居不仕。

又　卷四六《陳寵傳》　陳寵字昭公，沛國洨人也。曾祖父咸，成哀閒以律令爲尚書。平帝時，王莽輔政，多改漢制，咸心非之。及莽因呂寬事誅不附己者何武、鮑宣等，咸乃歎曰：『《易》稱「君子見幾而作，不俟終日」，吾可以逝矣！』卽乞骸骨去職。及莽篡位，召咸以爲掌寇大夫，謝病不肯應。時三子參、豐、欽皆在位，乃悉令解官，父子相與歸鄉里，閉門不出入，猶用漢家祖臘。人問其故，咸曰：『我先人豈知王氏臘乎？』其後莽復徵咸，遂稱病篤。於是乃收斂其家律令書文，皆壁藏之。咸性仁恕，常戒子孫曰：『爲人議法，當依於輕，雖有百金之利，慎無與人重比。』

宋·司馬光《資治通鑑》卷七《秦紀二·始皇帝三十四年》　丞相李斯上書曰：『異時諸侯並爭，厚招遊學。今天下已定，法令出一，百姓當家則力農工，士則學習法令。今諸生不師今而學古，以非當世，惑亂黔首，相與非法教人；聞令下，則各以其學議之，入則心非，出則巷議，夸主以爲名，異趣以爲高，率羣下以造謗。如此弗禁，則主勢降乎上，黨與成乎下。禁之便！臣請史官非秦記皆燒之；非博士官所職，天下有藏《詩》、《書》、百家語者，皆詣守、尉雜燒之。有敢偶語《詩》、《書》棄市；以古非今者族；吏見知不舉，與同罪。令下三十日，不燒，黥爲城旦。所不去者，醫藥、卜筮、種樹之書。若有欲學法令者，以吏爲師。』制曰：『可。』

又　卷三〇《漢紀二十二·成帝陽朔元年》　是歲，陳留太守薛宣爲左馮翊。宣爲郡，所至有聲迹。宣子惠爲彭城令，宣嘗過其縣，心知惠不能，不問以吏事。或問宣：『何不教戒惠以吏職？』宣笑曰：『吏道以法令爲師，可問而知；及能與不能，自有資材，何可學也！』衆人傳稱，以宣言爲然。

宋·李昉等《太平御覽》卷八六《皇王部·始皇帝》　三十四年，丞相斯議曰：『臣請史官非秦記燒之，「非博士官所職」，天下敢有藏

《詩》、《書》、百家語者，悉詣守、尉雜燒之。有敢偶語《詩》、《書》〔者〕棄市，以古非今者族，吏見知不舉〔者〕與同罪。諸有文學之書黜除之。令下三十日不燒，黥爲城旦。所不去者，醫藥、卜筮、種樹之書。若〔欲〕有學法令，以吏爲師。」

論說

漢·董仲舒《春秋繁露》卷一一《陽尊陰卑》 天之大數畢於十旬，旬天地之閒，十而畢舉，旬生長之功，十而畢成，十者，天數之所止也。古之聖人因天數之所止，以爲數紀。十如更始，民世世傳之，而不知省其所起；知省其所起，則見天數之所始；見天數之所始，則知貴賤逆順所在；知貴賤逆順所在，則天地之情著，聖人之寶出矣。是故陽氣以正月始出於地，生育長養於上，至其功必成也，而積十月；人亦十月而生，合於天數也。是故天道十月而成，人亦十月而成，合於天道也。故陽氣出於東北，入於西北，發於孟春，畢於孟冬，而物莫不應是。陽始出，物亦始出。陽方盛，物亦方盛；陽初衰，物亦初衰；物隨陽而出入，數隨陽而終始；三王之正，隨陽而更起；以此見之，貴陽而賤陰也。故數日者，據晝而不據夜，數歲者，據陽而不據陰，陰不得達之義。是故春秋之於昏禮也，達宋公而不達紀侯之母，紀侯之母宜稱而不達，宋公不宜稱而達，達陽而不達陰，以天道制之也。丈夫雖賤皆爲陽，婦人雖貴皆爲陰。陰之中亦相爲陰，陽之中亦相爲陽，諸在上者皆爲其下陽，諸在下者皆爲其上陰，陰猶沈也，何名何有？皆并一於陽，昌力而辭功，故出雲起雨，必令從之下，命之曰天雨，不敢有其所出，上善而下惡，惡者受之，善者不受，土若地，義之至也。是故春秋君不名惡，臣不名善，善皆歸於君，惡皆歸於臣。臣之義比於地，故爲人臣者，視地之事天也；爲人子者，視土之事火也，雖居中央，亦歲七十二日之王，傅於火，以調和養長，然而弗名者，皆并功於火，火得以盛，不敢與父分功，美孝之至也。是故孝子之行，忠臣之義，皆法於地也，地事天也，猶下之事上也，地，天之合也，物無合會之義。是故推天地之精，運陰陽之類，以別順逆之理，安所加以不在？在上下，在大小，在彊弱，在賢不肖，在善惡，惡之屬盡爲陰，善之屬盡爲陽，陽爲德，陰爲刑，刑反德而順於德，亦權之類也，雖曰權，皆在權成。是故陽行於順，陰行於逆。逆行而順，順行而逆者，陰也。是故天以陰爲權，以陽爲經；陽出而南，陰出而北。經用於盛，權用於末。以此見天之顯經隱權，前德而後刑也。故曰：陽，天之德，陰，天之刑也。陽氣暖而陰氣寒，陽氣予而陰氣奪，陽氣仁而陰氣戾，陽氣寬而陰氣急，陽氣愛而陰氣惡，陽氣生而陰氣殺。是故陽常居實位而行於盛，陰常居空位而行於末，天之好仁而近，惡戾之變而遠，大德而小刑之意也，先經而後權，貴陽而賤陰也。故陰，夏入居下，不得任歲事，冬出居上，置之空處也；養長之時伏於下，遠去之，弗使得爲陽也；無事之時，起之空處，使之備次陳守閉塞也；此皆天之近陽而遠陰，大德而小刑也。是故人主近天之所近，遠天之所遠，大天之所大，小天之所小。是故天數右陽而不右陰，務德而不務刑。刑之不可任以成世也，猶陰之不可任以成歲也；爲政而任刑，謂之逆天，非王道也。

漢·司馬談《論六家要旨·法家》 法家不別親疏，不殊貴賤，一斷於法，則親親尊尊之恩絶矣，可以行一時之計，而不可長用也，故曰嚴而少恩。若尊主卑臣，明分職不得相踰越，雖百家弗能改也。

《史記》卷一〇二《張釋之馮唐列傳》 張廷尉釋之者，堵陽人也，字季。有兄仲同居。以訾爲騎郎，事孝文帝，十歲不得調，無所知名。釋之曰：「久宦減仲之產，不遂。」欲自免歸。中郎將袁盎知其賢，惜其去，乃請徙釋之補謁者。釋之既朝畢，因前言便宜事。文帝曰：「卑之，毋甚高論，令今可施行也。」於是釋之言秦漢之閒事，秦所以失而漢所以興者久之。文帝稱善，乃拜釋之爲謁者僕射。

釋之從行，登虎圈。上問上林尉諸禽獸簿，十餘問，尉左右視，盡不能對。虎圈嗇夫從旁代尉對上所問禽獸簿甚悉，欲以觀其能口對響應無窮者。文帝曰：「吏不當若是邪？尉無賴！」乃詔釋之拜嗇夫爲上林令。釋之久之前曰：「陛下以絳侯周勃何如人也？」上曰：「長者也。」又復問：「東陽侯張相如何如人也？」上復曰：「長者。」釋之曰：「夫絳侯、東陽侯稱爲長者，此兩人言事曾不能出口，豈斅此嗇夫諜諜利口捷給哉！且秦以任刀筆之吏，吏爭以亟疾苛察相高，然其敝徒文具耳，無惻隱之實。以故不聞其過，陵遲而至於二世，天下土崩。今陛下以嗇夫口辯

而超遷之，臣恐天下隨風靡靡，爭爲口辯而無其實。且下之化上疾於景響，舉錯不可不審也。』文帝曰：『善。』乃止不拜嗇夫。

漢·陸賈《新語》卷上《無爲》 秦始皇設刑罰，爲車裂之誅，以斂姦邪。築長城於戎境，以備胡、越。征大吞小，威震天下，將帥橫行，以服外國。蒙恬討亂於外，李斯治法於內。事逾煩天下逾亂，法逾滋而天下逾熾，兵馬益設而敵人逾多。秦非不欲治也，然失之者，乃舉措大衆、刑罰太極故也。

漢·桓寬《鹽鐵論》卷一〇《刑德》 大夫曰：『令者所以教民也，法者所以督姦也。令嚴而民慎，法設而姦禁。罔疏則獸失，法疏則罪漏。罪漏則民放佚而輕犯禁。故禁不必，怯夫徼倖；誅誠，蹠、蹻不犯。是以古者作五刑，刻肌膚而民不踰矩。』

文學曰：『道逕衆，人不知所由；法令衆，民不知所辟。故王者之制法，昭乎如日月，故民不迷；曠乎若大路，故民不惑。幽隱遠方，折乎知之，室女童婦，咸知所避。是以法令不犯，而獄犴不用也。昔秦法繁於秋荼，而網密於凝脂。然而上下相遁，姦僞萌生，有司治之，若救爛撲焦，而不能禁；非網疏而罪漏，禮義廢而刑罰任也。方今律令百有餘篇，文章繁，罪名重，郡國用之疑惑，或淺或深，自吏明習者，不知所處，而況愚民！律令塵蠹於棧閣，吏不能徧睹，而況於愚民乎！此斷獄所以滋衆，而民犯禁滋多也。『宜犴宜獄，握粟出卜，自何能穀？』刺刑法繁也。親服之屬甚衆，上殺下殺，而服不過五。五刑之屬三千，上附下附，而罪不過五。故治民之道，務篤其教而已。』

大夫曰：『文學言王者立法，曠若大路。今馳道不小也，而民公犯之，以其罰罪之輕也。千仞之高，人不輕凌，千鈞之重，人不輕舉。商君刑棄灰於道，而秦民治。故盜馬者死，盜牛者加，所以重本而絕輕疾之資也。武兵名食，所以佐邊而重武備也。盜傷與殺同罪，所以累其心而責其意也。猶魯以楚師伐齊，而《春秋》惡之。故輕之爲重，淺之爲深，有緣而然。法之微者，固非衆人之所知也。』

文學曰：『《詩》云：『周道如砥，其直如矢。』言其易也。『君子所履，小人所視。』言其明也。故德明而易從，法約而易行今馳道經營陵陸，紆周天下，是以萬里爲民穽也。罻羅張而縣其谷，辟陷設而當其蹊，矰弋飾而加其上，能勿離乎？聚其所欲，開其所利，仁義陵遲，能勿踰乎？故其末途，至於攻城入邑，損府庫之金，盜宗廟之器，豈特千仞之高、千鈞之重哉！管子曰：『四維不張，雖皋陶不能爲士。』故德教廢而詐僞行，禮義壞而姦邪興，言無仁義也。仁者，愛之效也；義者，事之宜也。故君子愛仁以及物，治近以及遠。《傳》曰：『凡生之物，莫貴於人；人主之所貴，莫重於人。』故天之生萬物以奉人也，主愛人以順天也。聞以六畜禽獸養人，未聞以所養害人者也。魯廐焚，孔子罷朝，問人不問馬，賤畜而重人也。今盜馬者罪死，盜牛者加。乘騎車馬行馳道中，吏舉苛而不止，以爲盜馬，而罪亦死。今傷人持其刀劍而亡，亦可謂盜武庫兵而殺之乎？人主立法而民犯之，亦可以爲逆而輕主約乎？深之可以死，輕之可以免，非法禁之意也。法者，緣人情而制，非設罪以陷人也。故《春秋》之治獄，論心定罪。志善而違於法者免，志惡而合於法者誅。今傷人未有所害，志不甚惡而合於法者，謂盜而傷人者耶？將執法者過耶？何於人心不厭也！古者，傷人有創者刑，盜有臧者罰，殺人者死。今取人兵刃以傷人，罪與殺人同，得無非其至意與？』

大夫俛仰未應對。

御史曰：『執法者國之轡銜，刑罰者國之維檝也。故轡銜不飭，雖王良不能以致遠；維檝不設，雖良工不能以絕水。韓子疾有國者不能明其法勢，御其臣下，富國强兵，以制敵禦難，惑於愚儒之文詞，以疑賢士之謀，舉浮淫之蠹，加之功實之上，而欲國之治，猶釋階而欲登高，無銜橛而禦捍馬也。今刑法設備，而民猶犯之，況無法乎？其亂必也！』

文學曰：『轡銜者，御之具也，得良工而調。法勢者，治之具也，得賢人而化。執轡非其人，則馬奔馳。執軸非其人，則船覆傷。昔吳使宰嚭持軸而破其船，秦使趙高執轡而覆其車。今廢仁義之術，而任刑名之徒，則復吳、秦之事也。夫爲君者法三王，爲相者法周公，爲術者法孔子，此百世不易之道也。韓非非先王而不遵，舍正令而不從，卒蹈陷穽，身幽囚，客死於秦。夫不通大道而小辯，斯足以害其身而已。』

又《申韓》 御史曰：『犀銚利鉏，五穀之利而間草之害也。明理正法，姦邪之所惡而良民之福也。故曲木惡直繩，姦邪惡正法。是以聖人審於是非，察於治亂，故設明法，陳嚴刑，防非矯邪，若隱括輔檠之正

佩刺也。故水者火之備，法者止姦之禁也。無法勢，雖賢人不能以爲治；無甲兵，雖孫、吴不能以制敵。是以孔子倡以仁義而民從風，伯夷遁首陽而民不可化。』

文學曰：『法能刑人而不能使人廉，能殺人而不能使人仁。所貴良醫者，貴其審消息而退邪氣也，非貴其下鍼石而鑽肌膚也。所貴良吏者，貴其絕惡於未萌，使之不爲，非貴其拘之囹圄而刑殺之也。今之所謂良吏者，文察則以禍其民，强力則以厲其下，不本法之所由生，而專己之殘心，文誅假法，以陷不辜，累無罪，以子及父，以弟及兄，一人有罪，州里驚駭，十家奔亡，若癰疽之相濘，色淫之相連，一節動而百枝搖。《詩》云：「舍彼有罪，淪胥以鋪。」痛傷無罪而累也。非患銚耨之不利，患其舍草而芸苗也。非患無準平，患其舍枉而繩直也。故親近爲過不必誅，是鋤不用也；疏遠有功不必賞，是苗不養也。故世不患無法，而患無必行之法也。』

漢·劉向《説苑》卷七《政理》 治國有二機，刑德是也，王者尚其德而希其刑，霸者刑德並湊，强國先其刑而後德。夫刑德者，化之所由興也，德者，養善而進闕者也，刑者，懲惡而禁後者也，故德化之崇者至於賞，刑罰之甚者至於誅。夫誅賞者，所以別賢不肖而列有功與無功也，故誅賞不可以繆，誅賞繆則善惡亂矣。夫有功而不賞，則善不勸，有過而不誅，則惡不懼，善不勸，惡不懼，而能以行化乎天下者，未嘗聞也。《書》曰：『畢力賞罰。』此之謂也。

《漢書》卷二二《禮樂志》 至成帝時，犍爲郡於水濱得古磬十六枚，議者以爲善祥。劉向因是説上：『宜興辟雍，設庠序，陳禮樂，隆雅頌之聲，盛揖攘之容，以風化天下。如此而不治者，未之有也。或曰不能具禮。禮以養人爲本，如有過差，是過而養人也。刑罰之過，或至死傷。今之刑，非臯陶之法也，而有司請定法，削則削，筆則筆，救時務也。至於禮樂，則曰不敢，是敢於殺人不敢於養人也。爲其俎豆管弦之間小不備，因是絕而不爲，是去小不備而就大不備，或莫甚焉。夫教化之比於刑法，刑法輕，是舍所重而急所輕也。且教化，所恃以爲治也，刑法所以助治也。今廢所恃而獨立其所助，非所以致太平也。自京師有誖逆不順之子孫，至於陷大辟受刑戮者不絕，繇不習五常之道也。夫承千歲之衰周，繼暴秦之餘敝，民漸漬惡俗，貪饕險詖，不閑義理，不示以大化，而獨敺以刑罰，終已不改。故曰：「導之以禮樂，而民和睦。」初，叔孫通將制定禮儀，見非於齊魯之士，然卒爲漢儒宗，業垂後嗣，斯成法也。』成帝以向言下公卿議，會向病卒，丞相大司空奏請立辟雍。案行長安城南，營表未作，遭成帝崩，羣臣引以定諡。

又 卷四八《賈誼傳》 凡人之智，能見已然，不能見將然。夫禮者禁於將然之前，而法者禁於已然之後，是故法之所用易見，而禮之所爲生難知也。若夫慶賞以勸善，刑罰以懲惡，先王執此之政，堅如金石，行此之令，信如四時，據此之公，無私如天地耳，豈顧不用哉？然而曰禮云禮云者，貴絕惡於未萌，而起教於微眇，使民日遷善遠辠而不自知也。孔子曰：『聽訟，吾猶人也，必也使毋訟乎！』爲人主計者，莫如先審取舍；取舍之極定於內，而安危之萌應於外矣。安者非一日而安也，危者非一日而危也，皆以積漸然，不可不察也。人主之所積，在其取舍。以禮義治之者，積禮義；以刑罰治之者，積刑罰。刑罰積而民怨背，禮義積而民和親。故世主欲民之善同，而所以使民善者或異。或道之以德教，或敺之以法令。道之以德教者，德教洽而民氣樂；敺之以法令者，法令極而民風哀。哀樂之感，禍福之應也。秦王之欲尊宗廟而安子孫，與湯武同，然而湯武廣大其德行，六七百歲而弗失，秦王治天下，十餘歲則大敗。此亡它故矣，湯武之定取舍審而秦王之定取舍不審矣。夫天下，大器也。今人之置器，置諸安處則安，置諸危處則危。天下之情與器亡以異，在天子之所置之。湯武置天下於仁義禮樂，而德澤洽，禽獸草木廣裕，德被蠻貊四夷，累子孫數十世，此天下所共聞也。秦王置天下於法令刑罰，德澤亡一有，而怨毒盈於世，下憎惡之如仇讎，旣幾及身，子孫誅絕，此天下之所共見也。是非其明效大驗邪！人之言曰：『聽言之道，必以其事觀之，則言者莫敢妄言。』今或言禮誼之不如法令，教化之不如刑罰，人主胡不引殷、周、秦事以觀之也？

又 卷七二《王吉傳》 《春秋》所以大一統者，六合同風，九州共貫也。今俗吏所以牧民者，非有禮義科指可世世通行者也，獨設刑法以守之。其欲治者，不知所繇，以意穿鑿，各取一切，權譎自在，故一變之後不可復修也。是以百里不同風，千里不同俗，户異政，人殊服，詐僞萌

生，刑罰亡極，質樸日銷，恩愛寖薄。孔子曰『安上治民，莫善於禮』，非空言也。王者未制禮之時，引先王禮宜於今者而用之。臣願陛下承天心，發大業，與公卿大臣延及儒生，述舊禮，明王制，敺一世之民濟之仁壽之域，則俗何以不若成康，壽何以不若高宗？竊見當世趨務不合於道者，謹條奏，唯陛下財擇焉。

漢·王充《論衡》卷一二《程材篇》　論者多謂儒生不及彼文吏；見文吏利便而儒生墮落，則詆呰儒生以爲淺短，稱譽文吏謂之深長。是不知儒生，亦不知文吏也。儒生文吏皆有材智，非文吏材高而儒生智下也；文吏更事，儒生不習也。謂文吏更事，儒生不習，可也；謂文吏深長，儒生淺短，知妄矣。世俗共短儒生，儒生之徒亦自相少。何則？並好仕學宦，用吏爲繩表也。儒生有闕，俗共短之。文吏有過，俗不敢訾，歸非於儒生，付是於文吏也。夫儒生材非下於文吏，文非所習之，業非所當爲也；然世俗共短之者，見將不好用也。將之不好用之者，事多己不能理，須文吏以領之也。夫論善謀材，施用累能，期於有益。文吏理煩，身役於職；職判功立，將尊其能。儒生栗栗，不能當劇；將有煩疑，不能效力；力無益於時，則官不及其身也。將以官課材，材以官爲驗，是故世俗常高文吏，賤下儒生。儒生之下，文吏之高，本由不能之將，世俗之論，緣將好惡。

今世之將，材高知深，通達衆凡，舉綱持領，事無不定。其置文也，備數滿員，足以輔己志；志在修德，務在立化，則夫文吏瓦石，儒生珠玉也。夫文吏能破堅理煩，不能守身，身則亦不能輔將。儒生不習於職，長於匡救，將相傾側，諫難不懼。案世間能建蹇蹇之節，成三諫之議，令將檢身自勑，不敢邪曲者，率多儒生。阿意苟取容，幸將欲放失，低嘿不言者，率多文吏。文吏以事勝，以忠負；儒生以節優，以職劣。二者長短，各有所宜。世之將相，各有所取：取儒生者，必軌德立化者也；取文吏者，必優事理亂者也。材不自能則須助，須助則待勁。官之立佐，爲力不足也；吏之取能，爲材不及也。

日之照幽，不須燈燭；賁育當敵，不待輔佐。使相將知力若日之照幽，賁育之難敵，則文吏之能，無所用也。病作而醫用，禍起而巫使。如自能案方和藥，入室求祟，則醫不售而巫不進矣。橋梁之設也，足不能越溝也；車馬之用也，走不能追遠也。足能越溝，走能追遠，則橋梁不設，車馬不用矣。天地事物，人所重敬，皆力劣知極，須仰以給足者也。

今世之將相，不責己之不能，而賤儒生之不習；不原文吏之所得，得用而尊其材，謂之善吏。非文吏憂不除。非文吏患不救，是以選舉取常，故案吏取無害。儒生無閥閱，所能不能任劇，故陋於選舉，佚於朝廷。

聰慧捷疾者，隨時變化，學知吏事，則踵文吏之後，未得良善之名；守古循志，案禮修義，輒爲將相所不任，文吏所毗戲。不見任則執欲息退，見毗戲則意不得，臨職不勸，察事不精，遂爲不能，斥落不習。有俗材而無雅度者，學知吏事，亂於文吏，觀將所知，適時所急，轉志易務，晝夜學問，無以羞恥，期於成能名文而已。

其高志妙操之人，恥降意損崇，以稱媚取進，深疾才能之儒，洎入文吏之科，堅守高志，不肯下學，亦時或精闇不及，意疏不密，臨事不識，對向謬誤，拜起不便，進退失度，奏記言事，蒙士解過，援引古義，割切將欲，直言一指，觸諱犯忌，封蒙約縛，簡繩檢署，事不如法，文辭卓詭，辟刺離實，曲不應義。故世俗輕之，文吏薄之，將相賤之。

是以世俗學問者，不肯竟經明學，深知古今，急欲成一家章句，義理略具，同超學史，書讀律諷，令治作情，奏習對向，滑習跪拜，家成室就，召署輒能，徇今不顧古，趨讎不存志，競進不案禮，廢經不念學。是以古經廢而不修，舊學闇而不明，儒者寂於空室，文吏譁於朝堂，材能之士，隨世驅馳，節操之人，守隘屏竄。驅馳日以巧，屏竄日以拙；非材頓知不及也，希見闕爲，不狎習也？蓋足未嘗行堯禹問曲折，目未嘗見孔墨問形象。

齊都世刺繡，恆女無不能；襄邑俗織錦，鈍婦無不巧。日見之，日爲之，手狎也。使材士未嘗見，巧女未嘗爲，異事詭手，暫爲卒睹，顯露易爲者，猶憒憒焉。方今論事，不爲希更，而曰材不敏；不曰未嘗爲，而曰知不達，失其實也。儒生材無不能敏，業無不能達，志不有爲。今俗見不習謂之不能，睹不爲謂之不達，科用累能，故文吏在前，儒生在後，是從朝庭謂之也。如從儒堂訂之，則儒生在上，文吏在下矣。

從農論田田夫勝，從商講賈賈人賢。今從朝廷謂之，文吏朝廷之人

也，幼爲幹吏，以朝廷爲田畝，以刀筆爲耒耜，以文書爲農業，猶家人子弟，生長宅中，其知曲折，愈於賓客也。賓客暫至，雖孔墨之材，不能分別。儒生猶賓客，文吏猶子弟也。以子弟論之，則文吏曉於儒生，儒生闇於文吏。今世之將相，知子弟以文吏爲慧，不能知文吏以狎爲能；知賓客以暫爲固，不知儒生以希爲拙。惑蔽闇昧，不知類也。

一縣佐史之材，任郡掾史；一郡修行之能，堪州從事。然而郡不召佐史，州不取修行者，巧習無害，文少德高也。五曹自有條品，簿書自有故事，勤力玩弄，成爲巧吏，安足多矣。賢明之將，程吏取材，不求習論高存，志不顧文也。

稱良吏曰忠；忠之所以爲效，非簿書也。夫事可學而知，禮可習而善，忠節公行，不可立也。文吏儒生，皆有所志。然而儒生務忠良，文吏趨理事。苟有忠良之業，疏拙於事，無損於高。論者以儒生不曉簿書，置於下第。法比令例，吏斷決也。文吏治事，必問法家。縣官事務，莫大法令；必以吏職程高，是則法令之家，宜最爲上。

或曰：「固然，法令法家之經，吏議決焉。事定於法，誠爲明矣。」曰：夫五經亦漢家之所立，儒生善政，大義皆出其忠。董仲舒表《春秋》之義，稽合於律，無乖異者。然則《春秋》，漢之經，孔子制作，垂遺於漢。論者徒尊法家，不高《春秋》，是闇蔽也。《春秋》五經，義相關穿。既是《春秋》，不大五經，是不通也。五經以道爲務。事不如道，道行事立，無道不成。然則儒生所學者道也，文吏所學者事也。假使材同，當以道學。如比於文吏，洗洿泥者以水，燔腥生者用火，水火道也，用之者事也，事末於道，儒生治本，文吏理末。道本與事末，比定尊卑之，高下可得程矣。

堯以俊德致黎民雍，孔子曰：「孝悌之至，通於神明。」張釋之曰：「秦任刀筆小吏，陵遲至於二世，天下土崩。」張湯趙禹，漢之惠吏，太史公序，累置於酷部，而土致崩；孰與通於神明，令人填膺也。將相知經學至道，而不尊經學之生；彼見經學之生，能不及治事之吏也。

牛刀可以割鷄，鷄刀難以屠牛；刺繡之師能縫帷裳，納縷之工不能織錦。儒生能爲文吏之事，文吏不能立儒生之學。文吏之能，誠劣不及。儒生之不習，實優而不爲。禹決江河，不秉钁鍤；周公築雒，不把築杖。夫筆墨簿書，钁鍤築杖之類也；而欲合志大道者，躬親爲之，是使將軍戰而大匠斲也。說一經之生，治一曹之事，旬月能之；典一曹之吏，學一經之業，一歲不能立也。何則？吏事易知，而經學難見也。儒生擿經，窮竟聖意；文吏搖筆，考迹民事。夫能知大聖之意，曉細民之情，孰者爲難？以立難之材，含懷章句，十萬以上，行有餘力，博學覽古。今計胸中之穎，出穎十萬；文吏所知，不過辨解簿書。富累千金。孰與貲直百十也：京稾如丘，孰與委聚如坻也。世名材爲名器，器大者盈物多。然則儒生所懷，可謂多矣。

蓬生麻間，不扶自直；白紗入緇，不染自黑。此言所習善惡，變易質性也。儒生之性，非能皆善也；被服聖教，日夜諷誦，得聖人之操矣。文吏幼則筆墨，手習而行，無篇章之誦，不聞仁義之語；長大成吏，舞文巧法，徇私爲己，勉赴權利，考事則受賂，臨民則采漁，處右則弄權，幸上則賣將；一旦在位，鮮冠利劍，一歲典職，田宅幷兼，性非皆惡，所習爲者，違聖教也。故習善儒路，歸化慕義，志操則勵，變從高明，將見之顯用儒生。東海相宗叔犀，犀廣召幽隱，春秋會饗，設置三科，以第補吏；一府員吏，儒生什九。陳留太守陳子瑀，開廣儒路，列曹掾史，皆能教授；簿書之吏，什置一二。兩將知道事之理，曉多少之量，故世稱褒其名，書記紀累其行也。

漢・王符《潛夫論》卷五《斷訟》 五代不同禮，三家不同教，非其苟相反也，蓋世推移而俗化異也。俗化異則亂原殊，故三家符世，皆革定法。高祖制三章之約，孝文除克膚之刑，是故自非殺傷盜臧，文罪之法，輕重無常，各隨時宜，要取足用勸善消惡而已。

夫制法之意，若爲藩籬溝塹以有防矣，擇禽獸之尤可數犯者，而加深厚焉。今姦宄雖衆，然其原少；君事雖繁，然其守約。知其原少姦易塞，見其守約政易持。塞其原則姦宄絕，施其術則遠近治。

今一歲斷獄，雖以萬計，然辭訟之辯，鬬賊之發，鄉部之治，獄官之治者，其狀一也。本皆起民不誠信，而數相欺紿也。舜勑龍以讒說殄行，震驚朕師，乃自上古患之矣。故先慎己喉舌，以元示民。孔子曰：「亂之所生也，則言語以爲階。」「小人不恥不仁，不畏不義。」脉脉規規，常懷姦唯，昧冒前利，不顧廉恥，苟且中，後則榆解奴抵，以致禍變者，比屋

是也。

非唯細民爲然，自封君王侯貴戚豪富，尤多有之。假舉驕奢，以作淫侈，高負千萬，不肯償責。小民守門號哭啼呼，曾無怵惕慙怍哀矜之意。苟崇聚酒徒無行之人，傳空引滿，啁啾罵詈，晝夜鄂鄂，慢遊是好。或毆擊責主，入於死亡，羣盜攻剽，劫人無異。雖會赦贖，不當復得在選辟之科，而州司公府反爭取之。且觀諸敢妄驕奢而作大責者，必非救飢寒而解困急，振貧窮而行禮義者也，咸以崇驕奢而奉淫湎爾。

《春秋》之義，責知誅率。孝文皇帝至寡動，欲任德，然河陽侯陳信坐負六月免國。孝武仁明，周陽侯田彭祖坐當軹侯宅而不與免國，黎陽侯邵延坐不出持馬，身斬國除。二帝豈樂以錢財之故而傷大臣哉？乃欲絶詐欺之端，必國家之法，防禍亂之原，以利民也。故一人伏正罪而萬家蒙乎福者，聖主行之不疑。永平時，諸侯負責，輒有削絀之罰。此其後皆不敢負民，而世自節儉，辭訟自消矣。

今諸侯貴戚，或曰敕民慎行，德義無違，制節謹度，未嘗負責，身絜規避，志厲青雲。或既欺負百姓，上書封租，願且償責，此乃殘掠官民，而還依縣官也，其誣罔慢易，罪莫大焉。

《孝經》曰：『陳之以德義而民興行，示之以好惡而民知禁。』今欲變巧僞以崇美化，息辭訟以閒官事者，莫若表顯有行，痛誅無狀，導文、武之法，明詭詐之信。

今侯王貴戚不得浸廣，姦宄遂多。豈謂每有爭鬭辭訟，婦女必致此乎？亦以傳見。凡諸禍根不早斷絶，則或轉而滋蔓，人若斯邪。是故原官察之所以務念，臣主之所以憂勞者，其本皆鄉亭之所治者，大半詐欺之所生也。故曰：知其原少則姦易塞也，見其守約則政易持也。

或婦人之行，貴令鮮絜，今以適矣，無顔復入甲門，縣官原之，故令使留所既入家。必未昭亂之本原，不惟貞絜所生者之言也。貞女不二心以數變，故有匪石之詩；不枉行以遺憂，故美歸寧之志。一許不改，蓋所以長貞絜而寧父兄也。其不循此而二三其德者，此本無廉恥之家，不貞專之所也。若然之人，又何醜恡？輕薄父兄，淫僻婦女，不惟義理，苟疏一德，借本治生，逃亡抵中，乎以致於刳腹芟頸滅宗之禍者，何所無之？

先王因人情喜怒之所不能已者，則爲之立禮制而崇德讓；人所可已者，則爲之設法禁而明賞罰。今市賣勿相欺，婚姻無相詐，非人情之不可能者也。是故不若立義順法，遏絶其原。初雖慙恡於一人，然其終也，長利於萬世。小懲而大戒，此所以全小而濟頑凶也。

夫立法之大要，必令善人勸其德而樂其政，邪人痛其禍而悔其行。諸一女許數家，雖生十子，更百赦，勿令得蒙一還私家，則此姦絶矣。不則髡其夫妻，徙千里外劇縣，乃可以毒其心而絶其後，姦亂絶則太平興矣。

又貞絜寡婦，或男女備具，財貨富饒，欲守一醮之禮，成同穴之義，執節堅固，齊懷必死，終無更許之慮。遭值不仁世叔，無義兄弟，或利其娉幣，或貪其財賄，或私其兒子，則强中欺嫁，處迫脅遣送，人有自縊房中，飲藥車上，絶命喪軀，孤捐童孩。此猶迫脅人命自殺也。

或後夫多設人客，威力脅載，守將抱執，連日乃緩，與强掠人爲妻無異。婦人軟弱，猥爲衆强所扶與執迫，幽阸連日，後雖欲復修本志，嬰絹呑藥。

清・章學誠《文史通義》卷二《内篇二・原道中》 《易》曰：『形而上者謂之道，形而下者謂之器。』道不離器，猶影不離形。後世服夫子之教者自《六經》，以謂《六經》載道之書也；而不知《六經》皆器也。《易》之爲書，所以開物成務，掌於春官太卜，則固有官守而列於掌故矣。《書》在外史，《詩》領太師，《禮》自宗伯，《樂》有司成，《春秋》各有國史。三代以前，《詩》、《書》、《六藝》，未嘗不以教人，非如後世尊奉《六經》，別爲儒學一門而專稱爲載道之書者。蓋以學者所習，不出官司典守，國家政教，而其爲用，亦不出於人倫日用之常，是以但見其爲不得不然之事耳，未嘗別見所載之道也。夫子述《六經》以訓後世，亦謂先聖先王之道不可見，《六經》即其器之可見者也。後人不見先王，當據可守之器而思不可見之道。故表章先王政教與夫官司典守以示人，而不自著爲説，以致離器言道也。夫子自述《春秋》之所以作，則云：『我欲託之空言，不如見諸行事之深切著明』，則政教典章人倫日用之外，更無別出著述之道，亦已明矣。秦人禁偶語《詩》、《書》，而云『欲學法令，以吏爲師』。夫秦之悖於古者，禁《詩》、《書》耳；至云學法令者以吏爲師，則亦道器合一，而官師治教未嘗分歧爲二之至理也。其後治學既分，不能合一，天也。官司守一時之掌故，經師傳授之章句，

亦事之出於不得不然者也。然而歷代相傳，不廢儒業，爲其所守先王之道也。而儒家者流，守其《六籍》，以爲是特載道之書耳；夫天下豈有離器言道，離形存影者哉？彼舍天下事物人倫日用，而守《六籍》以言道，則固不可與言夫道矣。

又　卷三《内篇五·史釋》　『以吏爲師』，三代之舊法也；秦人之悖於古者，禁《詩》、《書》而僅以法律爲師耳。三代盛時，天下之學，無不以吏爲師，《周官》三百六十，天人之學備矣；其守官舉職而不墜天工者，皆天下之師資也。東周以還，君師政教不合於一，於是人之學術，不盡出於官司之典守；秦人以吏爲師，始復古制，而人乃狃於所習，轉以秦人爲非耳。秦之悖於古者多矣，猶有合於古者，『以吏爲師』也。

清·章學誠《校讎通義》卷一《原道第一·右一之一》　後世文字必溯源於《六藝》。《六藝》非孔氏之書，乃周官之舊典也。《易》掌太卜，《書》掌外史，《禮》在宗伯，《樂》隸司樂，《詩》頌於太師，《春秋》存乎國史。夫子自謂述而不作，明乎官司失守，而弟子傳業於是判焉。秦人禁偶語《詩》、《書》，而云『欲學法令者以吏爲師。』其棄《詩》、《書》，非也；其曰『以吏爲師』，則猶『官守學業』合一之謂也。由秦人以吏爲師之言想見三代盛時《禮》以宗伯爲師，《樂》以司樂爲師，《詩》以太師爲師，《書》以外史爲師，《三易》、《春秋》亦若是而已矣！又安有私門之著述哉？

雜録

《韓非子》卷一九《五蠹》　今境内之民皆言治，藏商管之法者家有之，而國貧民，耕者衆，執耒者寡也；境内皆言兵，藏孫吳之書者家有之，而兵愈弱，言戰者多，被甲者少也。故明主用其力，不聽其言，賞其功，伐禁無用，故民盡死力以從其上。夫耕之用力也勞，而民爲之者，曰：『可得以富也。』戰之事也危，而民爲之者，曰：『可得以貴也。』今修文學、習言談，則無耕之勞而有富之實，無戰之危而有貴之尊，則人孰不爲也？是以百人事智而一人用力，事智者衆則法敗，用力者寡則國貧，此世之所以亂也。故明主之國，無書簡之文，以法爲教；無先王之語，以吏爲師；無私劍之捍，以斬首爲勇。是境内之民，其言談者必軌於法，動作者歸之於功，爲勇者盡之於軍。是故無事則國富，有事則兵强，此之謂王資。既畜王資而承敵國之亹，超五帝，侔三王者，必此法也。

《史記》卷六八《商君列傳》　孝公既用衛鞅，鞅欲變法，恐天下議己。衛鞅曰：『疑行無名，疑事無功。且夫有高人之行者，固見非於世；有獨知之慮者，必見敖於民。愚者闇於成事，知者見於未萌。民不可與慮始而可與樂成。論至德者不和於俗，成大功者不謀於衆。是以聖人苟可以强國，不法其故；苟可以利民，不循其禮。』孝公曰：『善。』甘龍曰：『不然。聖人不易民而教，知者不變法而治。因民而教，不勞而成功；緣法而治者，吏習而民安之。』衛鞅曰：『龍之所言，世俗之言也。常人安於故俗，學者溺於所聞。以此兩者居官守法可也，非所與論於法之外也。三代不同禮而王，五伯不同法而霸。智者作法，愚者制焉；賢者更禮，不肖者拘焉。』杜摯曰：『利不百，不變法；功不十，不易器。法古無過，循禮無邪。』衛鞅曰：『治世不一道，便國不法古。故湯武不循古而王，夏殷不易禮而亡。反古者不可非，而循禮者不足多。』孝公曰：『善。』以衛鞅爲左庶長，卒定變法之令。

令民爲什伍，而相牧司連坐。不告姦者腰斬，告姦者與斬敵首同賞，匿姦者與降敵同罰。民有二男以上不分異者，倍其賦。有軍功者，各以率受上爵；爲私鬬者，各以輕重被刑大小。僇力本業，耕織致粟帛多者復其身。事末利及怠而貧者，舉以爲收孥。宗室非有軍功論，不得爲屬籍。明尊卑爵秩等級，各以差次名田宅，臣妾衣服以家次。有功者顯榮，無功者雖富無所芬華。

令既具，未布，恐民之不信，已乃立三丈之木於國都市南門，募民有能徙置北門者予十金。民怪之，莫敢徙。復曰『能徙者予五十金』。有一人徙之，輒予五十金，以明不欺。卒下令。

令行於民朞年，秦民之國都言初令之不便者以千數。於是太子犯法。衛鞅曰：『法之不行，自上犯之。』將法太子。太子，君嗣也，不可施刑，刑其傅公子虔，黥其師公孫賈。明日，秦人皆趨令。行之十年，秦民大説，道不拾遺，山無盜賊，家給人足。民勇於公戰，怯於私鬬，鄉邑大

治。秦民初言令不便者有來言令便者，衛鞅曰『此皆亂化之民也』，盡遷之於邊城。其後民莫敢議令。【略】

太史公曰：商君，其天資刻薄人也。迹其欲干孝公以帝王術，挾持浮説，非其質矣。且所因由嬖臣，及得用，刑公子虔，欺魏將卬，不師趙良之言，亦足發明商君之少恩矣。余嘗讀商君開塞耕戰書，與其人行事相類。卒受惡名於秦，有以也夫！

漢·許慎《説文解字·敍後》 學僮十七已上，始試，諷籀書九千字，乃得爲吏。又以八體試之，郡移大史並課，最者以爲尚書史，書或不正，輒舉劾之。今雖有《尉律》，不課；小學，不修，莫達其説久矣。

清·顧炎武《日知録》卷一七《通經爲吏》 漢武帝從公孫弘之議，下至郡太守卒史，皆用通一藝以上者。唐高宗總章初，詔諸司令史，考滿者限試一經。昔王粲作《儒吏論》，以爲『先王博陳其教，輔和民性，使刀筆之吏皆服雅訓，竹帛之儒亦通文法。』故漢文翁爲蜀郡守，『選郡縣小吏開敏有材者張叔等十餘人，親自飭厲，遣詣京師，受業博士』。後漢欒巴爲桂陽太守，『雖幹吏卑末，皆課令習讀，程試殿最，隨能升授。』吳顧邵爲豫章太守，『小吏資質佳者，輒令就學，擇其先進，擢置右職』。而梁任昉有《厲吏人講學》詩。然則昔之爲吏者，皆曾執經問業之徒，心術正而名節修，其舞文以害政者寡矣。

焚書坑儒分部

綜　述

《史記》卷六《秦始皇本紀》 （三十三年）始皇置酒咸陽宮，博士七十人前爲壽。僕射周青臣進頌曰：『他時秦地不過千里，賴陛下神靈明聖，平定海內，放逐蠻夷，日月所照，莫不賓服。以諸侯爲郡縣，人人自安樂，無戰爭之患，傳之萬世。自上古不及陛下威德。』始皇悦。博士齊人淳于越進曰：『臣聞殷周之王千餘歲，封子弟功臣，自爲枝輔。今陛下有海內，而子弟爲匹夫，卒有田常、六卿之臣，無輔拂，何以相救哉？事不師古而能長久者，非所聞也。今青臣又面諛以重陛下之過，非忠臣。』始皇下其議。丞相李斯曰：『五帝不相復，三代不相襲，各以治，非其相反，時變異也。今陛下創大業，建萬世之功，固非愚儒所知。且越言乃三代之事，何足法也？異時諸侯並爭，厚招游學。今天下已定，法令出一，百姓當家則力農工，士則學習法令辟禁。今諸生不師今而學古，以非當世，惑亂黔首。丞相臣斯昧死言：古者天下散亂，莫之能一，是以諸侯並作，語皆道古以害今，飾虚言以亂實，人善其所私學，以非上之所建立。今皇帝幷有天下，別黑白而定一尊。私學而相與非法教，人聞令下，則各以其學議之，入則心非，出則巷議，夸主以爲名，異取以爲高，率羣下以造謗。如此弗禁，則主勢降乎上，黨與成乎下。禁之便。臣請史官非秦記皆燒之。非博士官所職，天下敢有藏《詩》、《書》、百家語者，悉詣守、尉雜燒之。有敢偶語《詩》《書》者棄市。以古非今者族。吏見知不舉者與同罪。令下三十日不燒，黥爲城旦。所不去者，醫藥卜筮種樹之書。若欲有學法令，以吏爲師。』制曰：『可。』【略】

侯生、盧生相與謀曰：『始皇爲人，天性剛戾自用，起諸侯，幷天下，意得欲從，以爲自古莫及己。專任獄吏，獄吏得親幸。博士雖七十人，特備員弗用。丞相諸大臣皆受成事，倚辨於上。上樂以刑殺爲威，天下畏罪持禄，莫敢盡忠。上不聞過而日驕，下懾伏謾欺以取容。秦法，不得兼方，不驗，輒死。然候星氣者至三百人，皆良士，畏忌諱諛，不敢端言其過。天下之事無大小皆決於上，上至以衡石量書，日夜有呈，不中呈不得休息。貪於權勢至如此，未可爲求仙藥。』於是乃亡去。始皇聞亡，乃大怒曰：『吾前收天下書不中用者盡去之。悉召文學方術士甚衆，欲以興太平，方士欲練以求奇藥。今聞韓衆去不報，徐市等費以巨萬計，終不得藥，徒姦利相告日聞。盧生等吾尊賜之甚厚，今乃誹謗我，以重吾不德也。諸生在咸陽者，吾使人廉問，或爲訞言以亂黔首。』於是使御史悉案問諸生，諸生傳相告引，乃自除犯禁者四百六十餘人，皆阬之咸陽，使天下知之，以懲後。益發謫徙邊。

又　卷一五《六國年表》 秦既得意，燒天下《詩》、《書》，諸侯史記尤甚，爲其有所刺譏也。《詩》、《書》所以復見者，多藏人家，而史記獨藏周室，以故滅。惜哉！惜哉！獨有《秦記》，又不載日月，其文略

不具。然戰國之權變亦有可頗采者，何必上古。秦取天下多暴，然世異變，成功大。傳曰『法後王』，何也？以其近己而俗變相類，議卑而易行也。學者牽於所聞，見秦在帝位日淺，不察其終始，因舉而笑之，不敢道，此與以耳食無異。悲夫！

余於是因《秦記》，踵《春秋》之後，起周元王，表六國時事，訖二世，凡二百七十年，著諸所聞興壞之端。後有君子，以覽觀焉。

又 卷八七《李斯列傳》 丞相謬其説，紬其辭，乃上書曰：『古者天下散亂，莫能相一，是以諸侯並作，語皆道古以害今，飾虛言以亂實，人善其所私學，以非上所建立。今陛下并有天下，別白黑而定一尊；而私學乃相與非法教之制，聞令下，卽各以其私學議之，入則心非，出則巷議，非主以爲名，異趣以爲高，率羣下以造謗。如此不禁，則主勢降乎上，黨與成乎下。禁之便。臣請諸有文學《詩》、《書》百家語者，蠲除去之。令到滿三十日弗去，黥爲城旦。所不去者，醫藥卜筮種樹之書。若有欲學者，以吏爲師。』始皇可其議，收去《詩》、《書》百家之語以愚百姓，使天下無以古非今。明法度，定律令，皆以始皇起。同文書。治離宮別館，周徧天下。明年，又巡狩，外攘四夷，斯皆有力焉。

又 卷一二一《儒林列傳》 及至秦之季世，焚《詩》、《書》，阬術士，《六藝》從此缺焉。陳涉之王也，而魯諸儒持孔氏之禮器往歸陳王。於是孔甲爲陳涉博士，卒與涉俱死。陳涉起匹夫，驅瓦合適戍，旬月以王楚，不滿半歲竟滅亡，其事至微淺，然而縉紳先生之徒負孔子禮器往委質爲臣者，何也？以秦焚其業，積怨而發憤于陳王也。【略】

孝文帝時，欲求能治尚書者，天下無有，乃聞伏生能治，欲召之。是時伏生年九十餘，老，不能行，於是乃詔太常使掌故朝錯往受之。秦時焚書，伏生壁藏之。其後兵大起，流亡，漢定，伏生求其書，亡數十篇，獨得二十九篇，卽以教於齊魯之閒。

《漢書》卷八八《儒林列傳》 及至秦始皇兼天下，燔《詩》、《書》，殺術士，六學從此缺矣。陳涉之王也，魯諸儒持孔氏禮器往歸之，於是孔甲爲涉博士，卒與俱死。陳涉起匹夫，敺適戍以立號，不滿歲而滅亡，其事至微淺，然而搢紳先生負禮器往委質爲臣者何也？以秦禁其業，積怨而發憤於陳王也。

及高皇帝誅項籍，引兵圍魯，魯中諸儒尚講誦習禮，弦歌之音不絕，豈非聖人遺化好學之國哉？於是諸儒始得修其經學，講習大射鄉飲之禮。叔孫通作漢禮儀，因爲奉常，諸弟子共定者，咸爲選首，然後喟然興於學。然尚有干戈，平定四海，亦未皇庠序之事也。孝惠、高后時，公卿皆武力功臣。孝文時頗登用，然孝文本好刑名之言。及至孝景，不任儒，竇太后又好黃老術，故諸博士具官待問，未有進者。

漢・王符《潛夫論》卷一《賢難》 世之所以不治者，由賢難也。所謂賢難者，非直體聰明服德義之謂也。此則求賢之難得爾，非賢者之所難也。故所謂賢難者，乃將言乎循善則見妬，行賢則見嫉，而必遇患難者也。

虞舜之所以放殛，子胥之所以被誅，上聖大賢猶不能自免於嫉妒，則又況乎中世之人哉？此秀士所以雖有賢材美質，然猶不得直道而行，遂成其志者也。

處士不得直其行，朝臣不得直其言，此俗化之所以敗，闇君之所以孤也。齊侯之以奪國，魯公之以放逐，皆敗績厭覆於不暇，而用及治乎？故德薄者惡聞美行，政亂者惡聞治言，此亡秦之所以誅偶語而坑術士也。

今世俗之人，自慢其親而憎人敬之，自簡其親而憎人愛之者不少也。豈獨品庶，賢材時有焉。鄧通幸於文帝，盡心而不違，吮癰而無恡色。帝病不樂，從容曰：『天下誰最愛朕者乎？』鄧通欲稱太子之孝，則因對曰：『莫若太子之最愛陛下也。』及太子問疾，帝令吮癰，有難之色，帝不悅而遣太子。既而聞鄧通之常吮癰也，乃慚而怨之。及嗣帝位，遂致通罪而使至於餓死。故鄧通其行所以盡心力而無害人，其言所以譽太子而昭孝慈也。太子自不能盡其稱，則反結怨而歸咎焉。稱人之長，欲彰其孝，且猶爲罪，又況明人之短矯世者哉？

且凡士之所以爲賢者，且以其言與行也。忠正之言，非徒譽人而已也，必有觸焉；孝子之行，非徒吮癰而已也，必有駁焉。然則循行論議之士，得不遇於嫉妒之名，免於刑戮之咎者，蓋其幸者也。比干之所以剖心，箕子之所以爲奴，伯宗之以死，郤宛之以亡。

夫國不乏於妒男也，猶家不乏於妒女也。近古以來，自外及內，其爭功名妒過己者豈希也？予以惟兩賢爲宜不相害乎？然也，范睢絀白起，

公孫弘抑董仲舒，此同朝共君寵祿爭故耶？惟殊邦異途利害不干者爲可以免乎？然也，孫臏修能於楚，龐涓自魏變色，誘以刖之；韓非明治於韓，李斯自秦作思，致而殺之。嗟士之相妒豈若此甚乎！此未達於君故受禍邪？惟見知爲可以將信乎？然也，京房數與元帝論難，使制考功而選守；晁錯雅爲景帝所知，使條漢法而不亂。夫二子之於君也，可謂見知深而寵愛殊矣，然京房冤死而上曾不知，晁錯既斬而帝乃悔。此材明未足衞身故及難邪？惟大聖爲能無累乎？然也，帝乙以義故囚，文王以仁故拘。夫體至行仁義，據南面師尹卿士，且猶不能無難，然則夫子削迹，叔嚮縲絏，屈原放沈，賈誼貶黜，鍾離廢替，何敞束縛，王章抵罪，平阿斥逐，蓋其輕士者也。

詩云：『無罪無辜，讒口敖敖。』『彼人之心，于何不臻？』由此觀之，妒媚之攻擊也，亦誠工矣！賢聖之居世也，亦誠危矣！

故所謂賢難也者，非賢難也，免則難也。彼大聖羣賢，功成名遂，或爵侯伯，或位公卿，尹據天官，柬在帝心，宿夜侍宴，名達而猶有若此，則又況乎畎畝佚民、山谷隱士，因人乃達，時論乃信者乎？此智士所以鉗口結舌，括囊共默而已者也。

且閭閻凡品，何獨識哉？苟望塵剽聲而已矣。觀其論也，非能本閨瑜之行迹，察臧否之虛實也；直以面譽我者爲智，諂諛己者爲仁，處姦利者爲行，竊祿位者爲賢爾。豈復知孝悌之原，忠正之直，綱紀之化，本途之歸哉？此鮑焦所以立枯於道左，徐衍所以自沈於滄海者也。

諺曰：『一犬吠形，百犬吠聲。』世之疾此固久矣哉！吾傷世之不察眞僞之情也，故設虛義以喻其心曰：今觀宰司之取士也，有似於司原之佃也。昔有司原氏者，燎獵中野。鹿斯東奔，司原縱譟之。西方之衆有逐豨者，聞司原之譟也，競舉音而和之。司原聞音之衆，則反輟己之逐而往伏焉，遇夫俗惡之豨。司原喜，而自以獲白瑞珍禽也，盡芻豢單囷倉以養之。豕俛仰嚘咿，爲作容聲，司原愈益珍之。居無何，烈風興而澤雨作，灌巨豕而惡塗渝，逐駭懼，眞聲出，乃知是家之艾猳爾。此隨聲逐響之過也，衆遇之未赴信焉。

今世主之於士也，目見賢則不敢用，耳聞賢則恨不及。雖自有知也，猶不能取，必更待羣司之所舉，則亦懼失麟鹿而獲艾猳。奈何其不分者也？未遇風雨之變者故也。俾使一朝奇政兩集，則險隘之徒，闒茸之質，亦將別矣。

夫衆小朋黨而固位，讒妒羣吠而齧賢，爲禍敗也豈希？三代之以覆，列國之以滅，後人猶不能革，此萬官所屢失守，而天命數靡常者也。《詩》云：『國既卒斬，何用不監！』嗚呼！時君俗主不此察也。

漢·王充《論衡》卷七《語增篇》 秦始皇帝三十四年，置酒咸陽臺，儒士七十人前爲壽。僕射周青臣進頌始皇之德。齊淳于越進諫，始皇不封子弟功臣，自爲夾輔，刺周青臣以爲面諛。始皇下其議於丞相李斯。李斯非淳于越曰：『諸生不師今而學古，以非當世，惑亂黔首。臣請敕史官，非秦記皆燒之；非博士官所職，天下有敢藏《詩》、《書》百家語諸刑書者，悉詣守尉集燒之；有敢偶語《詩》、《書》，棄市，以古非今者，族滅；吏見知弗舉與同罪。』始皇許之。明年三十五年，諸生在咸陽者，多爲妖言。始皇使御史案問諸生。諸生傳相告引者，自除犯禁者四百六十七人，皆坑之。燔《詩》、《書》，起淳于越之諫；坑儒士，起自諸生爲妖言，見坑者四百六十七人。傳增言坑殺儒士，欲絶《詩》、《書》，又言盡坑之，此非其實而又增之。

論說

漢·賈誼《過秦論》 上於是廢先王之道，焚百家之言，以愚黔首。隳名城，殺豪俊，收天下之兵，聚之咸陽。銷鋒鍉，鑄以爲金人十二，以弱黔首之民。然後斬華爲城，因河爲池；據億丈之城，臨不測之溪以爲固。良將勁弩，守要害之處。信臣精卒，陳利兵而誰何。天下已定，秦王之心，自以爲關中之固，金城千里，子孫帝王萬世之業也。秦王既沒，餘威震於殊俗。陳涉，甕牖繩樞之子，氓隸之人，而遷徙之徒。才能不及中人，非有仲尼、墨翟之賢，陶朱、猗頓之富。躡足行伍之閒，而倔起阡陌之中，率罷弊之卒，將數百之衆，而轉攻秦。斬木爲兵，揭竿爲旗。天下雲集而響應，贏糧而景從，山東豪俊遂並起而亡秦族矣。【略】

秦王懷貪鄙之心，行自奮之智，不信功臣，不親士民，廢王道，立私權，禁文書而酷刑法，先詐力而後仁義，以暴虐爲天下始。夫并兼者高詐

力，安定者貴順權，此言取與守不同術也。秦離戰國而王天下，其道不易，其政不改，是其所以取之守之者異也。孤獨而有之，故其亡可立而待。借使秦王計上世之事，並殷周之迹，以制御其政，後雖有淫驕之主，而未有傾危之患也。故三王之建天下，名號顯美，功業長久。【略】

秦王足己不問，遂過而不變。二世受之，因而不改，暴虐以重禍。子嬰孤立無親，危弱無輔。三主惑而終身不悟，亡不亦宜乎！當此時也，世非無深慮知化之士也，然所以不敢盡忠拂過者，秦俗多忌諱之禁，忠言未卒於口，而身糜没矣。故使天下之士傾耳而聽，重足而立，拑口而不言。是以三主失道，忠臣不諫，智士不謀也。天下已亂，姦臣不上聞，豈不悲哉！先王知壅蔽之傷國也，故置公、卿、大夫、士，以飾法設刑，而天下治。其强也，禁暴誅亂而天下服；其弱也，五霸征而諸侯從；其削也，内守外附而社稷存。故秦之盛也，繁法嚴刑而天下震。及其衰也，百姓怨而海内叛矣。故周王序得其道，千餘載不絶，秦本末並失，故不能長。由是觀之，安危之統，相去遠矣。

漢·劉歆《移書讓太常博士》 昔唐虞既衰而三代迭興，聖帝明王，累起相襲，其道甚著；周室既微，而禮樂不正，道之難全也如此；是故孔子憂道之不行，歷國應聘，自衛反魯，然後樂正，雅頌乃得其所，修《易》序《書》，制作《春秋》，以記帝王之道。及夫子没而微言絶，七十子卒而大義乖。重遭戰國，棄籩豆之禮，理軍旅之陳，孔氏之道抑，而孫吴之術興。陵夷至於暴秦，焚《經書》，殺儒士，設挾書之法，行是古之罪，道術由此遂滅。漢興去，聖帝明王遐遠，仲尼之道又絶，法度無所因襲，時獨有一叔孫通，略定禮儀，天下唯有《易卜》，未有它書。

漢·衛宏《古文尚書序》 先君孔子，生於周末，睹史籍之煩文，懼覽之者不一，遂乃定禮樂，明舊章，删《詩》爲三百篇，約史記而修《春秋》，贊《易》道以黜《八索》，述職方以除《九丘》；討論《墳》、《典》，斷自唐虞以下訖於周，芟夷煩亂，截浮辭，舉其宏綱，撮其機要，足以垂世立教。典謨訓誥誓命之文，凡百篇，所以恢弘至道，示人主以軌範也。帝王之制，坦然明白，可舉而行。三千之徒，並受其義。及秦始皇滅先代典籍，焚書阬儒，天下學士，逃難解散。我先人用藏其家書於屋壁。漢室龍興，開設學校，旁求儒雅，以闡大猷。濟南伏生，年過九十，失其本經，口以傳授，裁二十餘篇，以其上古之書，謂之《尚書》。百篇之義，世莫得聞。至魯共王好治宫室，壞孔子舊宅，以廣其居，於壁中得先人所藏古文虞夏商周之書，及傳《論語》、《孝經》皆科斗文字。王又升孔子堂，聞金石絲竹之音，乃不壞宅，悉以書還孔氏。

《漢書》卷三〇《藝文志》 昔仲尼没而微言絶，七十子喪而大義乖。故《春秋》分爲五，《詩》分爲四，《易》有數家之傳。戰國從衡，眞僞分爭，諸子之言紛然殽亂。至秦患之，乃燔滅文章，以愚黔首。漢興，改秦之敗大收篇籍，廣開獻書之路。迄孝武進，書缺簡脱，禮壞樂崩，聖上喟然而稱曰：『騰甚閔焉！』於是建藏書之策，置寫書之官，書必同文，不知則闕，問諸故老。至於衰世，是非無正，人用其私【略】。古之學者耕且養，三年而通一藝，存其大體，玩經玩文而已。是故用日少而蓄德多，三十而五經立也。後世經傳既已乖離，博學者又不思多聞闕疑之義，而務碎義逃難，便辭巧説，破壞形體；説五字之文，至於二三萬言。後進彌以馳逐，故幼童而守一藝，白首而後能言；安其所習，毁所不見，終以自蔽。此學者之大患也。

漢·趙岐《孟子注疏序》 孟子既没之後，大道遂絀，逮至亡秦，焚滅經術，阬戮儒生，孟子徒黨盡矣。其書號爲諸子，故篇籍得不泯絶。漢興，除秦虐禁，開延道德，孝文皇帝欲廣游學之，《論語》、《孝經》、《孟子》、《爾雅》皆置博士，後罷《傳記》博士，獨立五經而已。路訖今諸經通義得引孟子以明事，謂之博文。孟子長於譬喻，辭不迫切，而意已獨至。其言曰：『説詩者不以文害辭，不以辭害志；以意逆志，爲得之矣。』斯言殆欲使後人深求其意，以解其文，不但施於説詩也。今諸解者，往往摭取而既之，其説又多乖異不同。孟子以來五百餘載，傳之者亦已衆多。餘生西京，世尋丕祚，有自來矣。少蒙義方，訓涉典文，知命之際，嬰戚於天，遘屯離蹇，詭姓遁身，經營八紘之内，十有餘年，心剿形瘵，何勤如焉。嘗息肩弛擔於濟、岱之間，或有温故知新雅德君子，矜我劬瘁，眷我皓首，訪論稽古，慰以大道。餘困吝之中，精神遐漂，靡所濟集，聊欲係志於翰墨，得以亂思遺老也。惟六籍之學，先覺之士釋之辯之者，既已詳矣。儒家惟有孟子，閎遠微妙，緼奧難見，宜在條理之科。於

是乃述己所聞，證以經傳，爲之章句，具載本文，章別其指，分爲上、下，凡十四卷。究而言之，不敢以當達者，施於新學，可以寤廷辯惑。愚亦未能審於是非，後之明者，見其違闕，儻改而正諸，不亦宜乎。

漢·荀悅《兩漢記》 往者秦爲無道，殘賊天下，殺儒術之士，燔《詩》、《書》，棄禮義，任刑法，轉海濱之粟致乎江西［河］。當此之時，男子疾耕不足於糧餉，女子紡績不足以蓋形。遣蒙恬築長城，東西數千里，曝兵露師，嘗致千百［常數十］萬，殭屍滿野，流血千里。於是百姓力屈，欲爲亂十室而五。又使徐福入海求神仙，多賫以童男女三千餘人，五種百工而行，徐福至平原大澤，止王不來。於是百姓怨痛，欲爲亂者十室而六。又使尉佗逾五嶺，攻百越。佗知中國勞極，乃止王南越。

唐·賈至《旌儒廟頌》 觀象考曆本乎元，辨方正位稽乎極。體元御極，莫先於教，教之大，莫大於儒，旌儒有祠，我新典也。昔秦滅羲軒之制，廢唐虞之則。大搜學徒，竭索儒黨。懷書捧檄者，鱗集麕至。然後罪九流之异論，尤百氏之殊術。無辜殺身，有道併命，冤骸積於坑谷，流血淬於泉壤，蹈仁義而死者，不可勝紀。

開元末，天子在驪山之宮，登集靈之臺，考圖驗紀，周覽原隰，見鄉名坑儒，頹塹猶在，慨然感亡秦之敗德，哀先儒之道喪，强死千載，游魂無依。乃詔有司，是作新廟。牲弊有數，以時饗祀，因祠命鄉。號曰旌儒。人神和悦，怨氣銷散。

於戲！秦皇帝以神武邁古，併吞六合，掃天下以一彗，芟羣雄如衆草。建守罷侯，大權在己，自軒轅已降，平一宇宙，未有若斯之盛也。夫戡亂以武，守成以文，文以正崇，武以權勝。秦皇知權之可以取，不知正之可以守。向使天下既定，守正崇儒，遵六經之謨訓，用三代之文質，則黄軒盛美，湯武宏業不若也。觀夫坑儒焚書之意，乃欲蓋先王之能事，竊作者之鴻名。黈衆耳以前聞，逞私欲於當代。此儒之所忌也，秦之所志。悲夫！儒以恭儉爲宗，秦則疲弊生人，極力宫室；儒以道德柔遠，秦則竭耗中國，勞師四夷；儒以有過議賢，秦則刻法峭刑，賊虐諫輔；儒以述先好古，秦則師心徇智，燔棄墳典。夫如是，則秦不得不滅，儒不得不坑，事使然也。

今天下矯覆車之前軌，崇明祀於後葉，秦之所滅，我之所興，斯區夏無疆之休，子孫萬代之福也。昔武王封比干之墓，則招諫之道勸矣；晉文表綿上之田，則志過之名立矣；漢高護信陵之冢，則尊賢之風著矣。未若激揚大教，廟食衆賢。上以興天地之經，次以存顛覆之鑑，下以絕厲灾之眚，建一祠而三德具焉。

宋·鄭樵《通志》卷七一《秦不絕儒學論》 陸賈，秦之巨儒也。酈食其，秦之儒生也。叔孫通，秦時以文學召，待詔博士。數歲，陳勝起，二世召博士諸儒生三十餘而問其故，皆引春秋之義以對，是則秦時未嘗不用儒生與經學也。況叔孫通降漢時，自有弟子百餘人，齊魯之風亦未嘗替。故項羽既亡之後，而魯爲守節禮義之國。則知秦時未嘗廢儒，而始皇所阬者，蓋一時議論不合者耳。

蕭何入咸陽，收秦律令圖書，則秦亦未嘗無書籍也。其所焚者，一時間事耳。後世不明經者，皆歸之秦火，使學者不睹全書，未免乎疑以傳疑。然則易固爲全書矣，何嘗見後世有明全易之人哉！臣向謂秦人焚書而書存，諸儒窮經而經絶，蓋爲此發也。詩有六亡篇，乃六笙詩本無辭，書有逸篇，仲尼之時已無矣，皆不因秦火。自漢已來，書籍至于今日，百不存一二，非秦人亡之也，學者自亡之耳。

宋·馬端臨《文獻通考》卷一七四《經籍一》 曰愧，曰畏。愧則愧其議己也，畏則畏其害己也。自載籍以來，詩、書所稱桀有暴德，而天下歸殷，紂有暴德而天下歸周，幽、厲有暴德而周室東遷，寖微寖滅。五霸迭興，七雄分據，始皇既已習聞其説矣。今雖誇曰：德兼三皇，功過五帝，而其所行，則襲桀、紂、幽、厲之迹耳，夫豈不自知之？而儒者記纂，明以語人曰：如是而興，如是而亡，不啻燭照、數計、龜卜而示後來以軌範。蓋始皇之所愧而畏者此也。自夫子歷聘列國，孟氏以儒術游於諸侯，思濟天下之溺，而引時君於當道者，至拳拳也。雖不肯枉道以求售，然思濟天下之溺，至拳拳也。繼而蘇、張之徒，專以口舌干時君，雖其所持者詭遇之術，妾婦之道，與孔、孟之學，如黑白薰蕕之相反，然其汲汲皇皇，求以用世之意則類也。而范睢之於魏冉，蔡澤之於范睢，皆逞其辯口，扼其吭而奪之位。於是士生斯時，皆以讀書游説爲可以得志而取高位，李斯亦以説客進身者也。故韓非入秦，以策干始皇，則忌而誅之。天下豈無尚如非者欲睨其後乎？蓋李斯之所愧而畏者此也。詩、書百家

語之在人間者焚之，其在博士官者存之，蓋亦知其本不可廢也。

宋·王應麟《王應麟著作集成》 或曰：秦既燒詩書，箝偶語，儒服不復游咸陽矣，焉得儒而阬之？

曰：『天地閉，賢人隱。』孰有儒而入秦者乎？秦無儒久矣。侯生、盧生謂始皇『剛戾自用，未可爲求仙藥』，二生方士誕妄，與徐福爲儔，故伍被云：『殺術士，非儒也，遷怒諸生，納之陷穽，以杜天下之口。』子産曰：『豈不遽止？然猶防川，大決所犯，傷人必多。』是以謍諛滿耳，虚美熏心，萬民愁怨，四海潰決，而莫之告也。扶蘇進諫，而監蒙恬軍於上郡，秦之亡自阬儒始矣。博士七十人，如故博士官所職之書猶在，而號爲儒者影滅迹絶。兩生隱於魯，四皓遯于商山，子房匿于下邳，董公、召平鴻飛冥冥以避矰繳之害，居鄛、高陽智謀之士淵潛不見。所謂備員之博士，不過叔孫通諂諛媮合之流爾。然挾書之律峻矣，而孔壁之書，淹中之禮，申、伏之口，制、竇之心，秦之法令不能禁也。誹謗訞言之罪嚴矣，而泗上亭長有『丈夫富如此』之志，吳中少年有『彼可取而代之』之言，秦之威刑不能加也。吁！亡秦者非胡，而亡於沙丘之少子，滅秦者非儒，而滅於壟上之耕夫；禍秦者非六經，而禍於上蔡相申韓督責之一書；壞秦者非妖言，而壞於楚南公『三户亡秦』之一語，呂政亦愚矣哉。

明·楊慎《丹鉛總録》卷一三《焚書起于韓非》 秦焚書阬儒起於李斯乎？斯之先固有爲此説於秦者矣，韓非是也。非之言曰：『世之愚學皆不知治亂之情，讘詼多誦先古之書，以亂當世之治。又安非有術之士，聽其言者危，用其計者亂。』又言『舍法律而言先王者，上任之以國，主以是過予，而臣以此徒取矣。』此與斯所言是古非今，若合符節，作俑者，乃韓非，匪斯也。

明·賀貽孫《水田居文集》 彼李斯者與韓非同學之人也。李斯以才不及非，讒而殺之，顯殺其身，而陰用其言。凡非所著，孤憤、五蠹、詭傳諸篇，斯盡取之以治秦。而其所爲阿二世行督責，又皆援引非言。非之身雖不用於秦，而其言已大用於秦矣。非之書曰：『明主之國，無書簡之文，以法爲教；無先王之語，以吏爲師。』此焚書之旨也。又曰：『藏書策，習談論，聚徒役，服文學而議説，世主必從而禮之，曰：「敬賢士，先王之道也。」夫吏之所稅，耕者也；而上之所養，學士也。』耕者則重稅，學士則多賞，而索民之疾作而少言談，不可得也。此阬儒之旨也。

清·姚鼐《李斯論》 當秦之中葉，孝公卽位，得商鞅任之。商鞅教孝公燔詩、書，明法令，設告坐之過，而禁游宦之民。因秦國地形便利，用其法，富强數世，兼併諸侯，迄至始皇。始皇之時，一用商鞅成法而已，雖李斯助之，言其便利，益成秦亂，然使李斯不言其便，始皇固自爲之而不厭。何也？秦之甘於刻薄而便於嚴法久矣，其後世所習以爲善者也。斯逆探始皇、二世之心，非是不足以中侈君而張吾之寵。是以盡舍其師荀卿之學，而爲商鞅之學；掃去三代先王仁政，而一切取自恣肆以爲治，焚《詩》、《書》，禁學士，滅三代法而尚督責，斯非行其學也，趨時而已。設所遭值非始皇、二世，斯之術將不出於此，非爲仁也，亦以趨時而已。

君子之仕也，進不隱賢；小人之仕也，無論所學識非也，卽有學識甚當，見其君國行事悖謬無義，疾首頻蹙於私家之居，而矜夸導譽於朝廷之上。知其不義而勸爲之者，謂天下將諒我之無可奈何於吾君，而不吾罪也；知其將喪國家而爲之者，謂當吾身容可以免也。且夫小人雖明知世之將亂，而終不以易目前之富貴，而以富貴之謀，貽天下之亂，固有終身安享榮樂，禍遺後人，而彼宴然無與者矣。嗟乎！秦未亡而斯先被五刑夷三族也！其天之誅惡人，亦有時而信也邪？易曰：『眇能視，跛能履，履虎尾，咥人凶。』其能視且履者倖也，而卒於凶者，蓋其自取邪？

清·朱彝尊《秦始皇論》 法制禁令，所以防民之姦，而非化民成俗之具也。惟秦之爲國，不本于道德，而一任乎法。衛鞅曰：『法之不行，自上始也。』刑則加于太子之師傅，而范睢爲相，棄逐君之母弟，秦之君以爲法在焉。師傅可刑，母弟可逐，而法不可易也。其甚者，荆軻以匕首劫始皇，幾揕其胸，環柱而走。人情孰不急其君？左右之臣，至寧視其君之死。不敢操尺寸之兵上殿，其與寇讎何異！自當時視之，以爲于法宜然，無足怪也。

嗟夫！方其初，用事之臣，惟知任法，積之既久，雖萬乘之尊，爲法所制，寧以身殉法，而不敢易。上下相殘，甘爲衆惡之所歸，以至于亡，豈不哀哉！

藝文

唐·章碣《焚書坑》 竹帛煙消帝業虛，關河空鎖祖龍居。坑灰未冷山東亂，劉項原來不讀書。

明·陸粲《菽園雜記》 焚書祇是要人愚，人未愚時國已墟。惟有一人愚不得，又從黄石讀兵書。

清·陳恭尹《讀秦紀》 謗聲易弭怨難除，秦法雖嚴亦甚疏。夜半橋邊呼孺子，人間猶有未燒書。

雜録

漢·衛宏《詔定古文尚書序》 秦既焚書，患苦天下不從所改更法，而諸生到者拜爲郎，前後七百人，乃密令種瓜於驪山坑谷中温處，瓜實成，詔博士諸生説之，人人不同，乃令就視。爲伏機。諸生賢儒皆至焉，方相難不決，因發機，從上填之以土，皆壓之，終乃無聲。

宋·程大昌《雍録》 谷在昭應縣三百里。衛宏曰：『秦既焚書，患苦天下不從，而諸生到者拜爲郎，前後七百人，乃密令種瓜於麗山坑谷中温處，瓜實成，詔諸博士、諸生説，人人不同，乃命就視之，爲伏機，諸生方相難不決，因發機，從上填之以土，皆壓，終無聲。』唐先名此地閔儒鄉，天寶中改爲旌儒廟，廟在昭應，則以衛宏之説爲信也。按《史記·始皇紀》盧生及咸陽諸生竊議其失，始皇聞之，使御史案問，而諸生中七百餘人悉受坑於咸陽，其地不在昭應也，昭慶渭南也，咸陽渭北也，地望不同，豈昭應谷中七百人者自爲一戮，而咸陽四百六十人者別爲一戮耶？然當以《秦紀》爲正，如議瓜之説，似太詭巧，始皇剛暴自是，其有違已非今者，直自阬之，不待設詭也。

元·陶宗儀《南村輟耕録》卷二五 至若盧生者，何嘗誦法孔子，自扶蘇言之誤，使儒者蒙不韙之名，自我一洗，亦萬世之快也。不然，如兩生、四皓、伏生之流，鴻飛冥冥，弋人何慕，肯搖唇鼓吻，自投於陷穽哉！僕故曰：盧生四百六十餘人，皆方伎之士也。天下之大，所謂儒者，固不止此。其坑之者，此而已矣！有道之士，秦不能坑。火德一炎，兩生以講禮聞，四皓以羽翼之功聞，伏生以口授古書聞，豈非天壽其脉，留此數公，以見吾儒不可磨滅，而朋姦黨惡小人終不能爲長久計。商君以變法禍秦，竟遭車裂，盧生以方伎禍秦，坑於咸陽，其罪等也。天其或者假手於秦歟？商君裂矣，盧生坑矣，而秦以不祀，抑亦自相擠陷之明報，而禍淫之道爲不偏矣。僕惡夫坑儒之名，故論其顛末如此。

清·劉大魁《焚書辨》 六經之亡，非秦亡之，漢亡之也。後之學者，見秦有焚書之令，則曰詩書至秦一炬，而掃地無餘，此與耳食何異？夫書秦固未嘗盡焚也。太史公曰：『武帝招延文學儒者數百人，而公孫弘以《春秋》白衣爲天子三公，天下之士靡然嚮風。』論者謂漢以禄利誘進天下之士，故求經而經亡，而不知經之亡，蓋在楚漢之興，沛公與項羽相繼入關之時也。夫小人之爲不善，未必其一出而禍天下；惟坐視其壞，而莫爲之所，其終乃一壞而不可救。是故書之焚，不在於李斯，而在於項籍；及其亡也，不由於始皇帝，而由於蕭何。何則？博士淳于越進諫始皇謂宜封子弟功臣自爲枝輔，下其議李斯。李斯恐天下學者，道古以非今，於是禁天下私藏詩書百家之語，其法至于偶語詩書者棄市。而吏見知不舉則與之同罪。噫！亦烈矣。然其所以若此者，將以愚民，而周不欲以自愚也。故曰：『非博士官所職，悉詣守尉雜燒之。』然則博士之所藏具在，未嘗燒也。迨項羽入關，殺秦降王子嬰，收其貨寶，婦女，燒秦宮室，火三月不滅，而後唐虞三代之法制，古先聖人之微言，乃始蕩爲灰燼，澌滅無餘。當項籍之未至於秦，咸陽之未屠，李斯雖燒之而未盡也。吾故曰：『書之焚非李斯之罪，實項籍之罪也。』昔高祖既定天下，論羣臣之功，以蕭何爲第一。

崇尚黄老分部

綜述

《史記》卷九《吕太后本紀論》 太史公曰：孝惠皇帝、高后之時，

黎民得離戰國之苦，君臣俱欲休息乎無爲，故惠帝垂拱，高后女主稱制，政不出房户，天下晏然。刑罰罕用，罪人是希。民務稼穡，衣食滋殖。

又 卷一〇《孝文本紀》 孝文皇帝，高祖中子也。高祖十一年春，已破陳豨軍，定代地，立爲代王，都中都。太后薄氏子。即位十七年，高后八年七月，高后崩。九月，諸呂呂産等欲爲亂，以危劉氏，大臣共誅之，謀召立代王，事在呂后語中。【略】

十二月，上曰：『法者，治之正也，所以禁暴而率善人也。今犯法已論，而使毋罪之父母妻子同產坐之，及爲收帑，朕甚不取。其議之。』有司皆曰：『民不能自治，故爲法以禁之。相坐坐收，所以累其心，使重犯法，所從來遠矣。如故便。』上曰：『朕聞法正則民慤，罪當則民從。且夫牧民而導之善者，吏也。其既不能導，又以不正之法罪之，是反害於民爲暴者也。何以禁之？朕未見其便，其孰計之。』有司皆曰：『陛下加大惠，德甚盛，非臣等所及也。請奉詔書，除收帑諸相坐律令。』

正月，有司言曰：『蚤建太子，所以尊宗廟。請立太子。』上曰：『朕既不德，上帝神明未歆享，天下人民未有嗛志。今縱不能博求天下賢聖有德之人而禪天下焉，而曰豫建太子，是重吾不德也。謂天下何？其安之。』有司曰：『豫建太子，所以重宗廟社稷，不忘天下也。』上曰：『楚王，季父也，春秋高，閱天下之義理多矣，明於國家之大體。吳王於朕，兄也，惠仁以好德。淮南王，弟也，秉德以陪朕。豈爲不豫哉！諸侯王宗室昆弟有功臣，多賢及有德義者，若舉有德以陪朕之不能終，是社稷之靈，天下之福也。今不選舉焉，而曰必子，人其以朕爲忘賢有德者而專於子，非所以憂天下也。朕甚不取也。』有司皆固請曰：『古者殷周有國，治安皆千餘歲，古之有天下者莫長焉，用此道也。立嗣必子，所從來遠矣。高帝親率士大夫，始平天下，建諸侯，爲帝者太祖。諸侯王及列侯始受國者皆亦爲其國祖。子孫繼嗣，世世弗絕，天下之大義也，故高帝設之以撫海內。今釋宜建而更選於諸侯及宗室，非高帝之志也。更議不宜。子某最長，純厚慈仁，請建以爲太子。』上乃許之。因賜天下民當代父後者爵各一級。封將軍薄昭爲軹侯。【略】

二年十月，丞相平卒，復以絳侯勃爲丞相。上曰：『朕聞古者諸侯建國千餘歲，各守其地，以時入貢，民不勞苦，上下驩欣，靡有遺德。今列侯多居長安，邑遠，吏卒給輸費苦，而列侯亦無由教馴其民。其令列侯之國，爲吏及詔所止者，遣太子。』

十一月晦，日有食之。十二月望，日又食。上曰：『朕聞之，天生蒸民，爲之置君以養治之。人主不德，布政不均，則天示之以菑，以誡不治。乃十一月晦，日有食之，適見于天，菑孰大焉！朕獲保宗廟，以微眇之身託于兆民君王之上，天下治亂，在朕一人，唯二三執政猶吾股肱也。朕下不能理育羣生，上以累三光之明，其不德大矣。令至，其悉思朕之過失，及知見思之所不及，匄以告朕。及舉賢良方正能直言極諫者，以匡朕之不逮。因各飭其任職，務省繇費以便民。朕既不能遠德，故憪然念外人之有非，是以設備未息。今縱不能罷邊屯戍，而又飭兵厚衛，其罷衛將軍軍。太僕見馬遺財足，餘皆以給傳置。』

正月，上曰：『農，天下之本，其開籍田，朕親率耕，以給宗廟粢盛。』

三月，有司請立皇子爲諸侯王。上曰：『趙幽王幽死，朕甚憐之，已立其長子遂爲趙王。遂弟辟彊及齊悼惠王子朱虛侯章、東牟侯興居有功，可王。』乃立趙幽王少子辟彊爲河閒王，以齊劇郡立朱虛侯爲城陽王，立東牟侯爲濟北王，皇子武爲代王，子參爲太原王，子揖爲梁王。

上曰：『古之治天下，朝有進善之旌，誹謗之木，所以通治道而來諫者。今法有誹謗妖言之罪，是使衆臣不敢盡情，而上無由聞過失也。將何以來遠方之賢良？其除之。民或祝詛上以相約結而後相謾，吏以爲大逆，其有他言，而吏又以爲誹謗。此細民之愚無知抵死，朕甚不取。自今以來，有犯此者勿聽治。』

九月，初與郡國守相爲銅虎符、竹使符。

三年十月丁酉晦，日有食之。十一月，上曰：『前日（計）［詔］遣列侯之國，或辭未行。丞相朕之所重，其爲朕率列侯之國。』絳侯勃免丞相就國，以太尉潁陰侯嬰爲丞相。罷太尉官，屬丞相。四月，城陽王章薨。淮南王長與從者魏敬殺辟陽侯審食其。

五月，匈奴入北地，居河南爲寇。帝初幸甘泉。六月，帝曰：『漢與匈奴約爲昆弟，毋使害邊境，所以輸遺匈奴甚厚。今右賢王離其國，將衆居河南降地，非常故，往來近塞，捕殺吏卒，驅保塞蠻夷，令不得居其

故，陵轢邊吏，入盜，甚敖無道，非約也。其發邊吏騎八萬五千詣高奴，遣丞相潁陰侯灌嬰擊匈奴。』匈奴去，發中尉材官屬衛將軍軍長安。

辛卯，帝自甘泉之高奴，因幸太原，見故羣臣，皆賜之。舉功行賞，諸民里賜牛酒。復晉陽中都民三歲。留游太原十餘日。

濟北王興居聞帝之代，欲往擊胡，乃反，發兵欲襲滎陽。於是詔罷丞相兵，遣棘蒲侯陳武爲大將軍，將十萬往擊之。祁侯賀爲將軍，軍滎陽。七月辛亥，帝自太原至長安。乃詔有司曰：『濟北王背德反上，詿誤吏民，爲大逆。濟北吏民兵未至先自定，及以軍地邑降者，皆赦之，復官爵。與王興居去來，亦赦之。』八月，破濟北軍，虜其王。赦濟北諸吏民與王反者。

六年，有司言淮南王長廢先帝法，不聽天子詔，居處毋度，出入擬於天子，擅爲法令，與棘蒲侯太子奇謀反，遣人使閩越及匈奴，發其兵，欲以危宗廟社稷。羣臣議，皆曰『長當棄市』。帝不忍致法於王，赦其罪，廢勿王。羣臣請處王蜀嚴道、邛都，帝許之。長未到處所，行病死，上憐之。後十六年，追尊淮南王長謚爲厲王，立其子三人爲淮南王、衡山王、廬江王。

十三年夏，上曰：『蓋聞天道禍自怨起而福繇德興。百官之非，宜由朕躬。今秘祝之官移過於下，以彰吾之不德，朕甚不取。其除之。』

五月，齊太倉令淳于公有罪當刑，詔獄逮徙繫長安。太倉公無男，有女五人。太倉公將行會逮，罵其女曰：『生子不生男，有緩急非有益也！』其少女緹縈自傷泣，乃隨其父至長安，上書曰：『妾父爲吏，齊中皆稱其廉平，今坐法當刑。妾傷夫死者不可復生，刑者不可復屬，雖復欲改過自新，其道無由也。妾願没入爲官婢，贖父刑罪，使得自新。』書奏天子，天子憐悲其意，乃下詔曰：『蓋聞有虞氏之時，畫衣冠異章服以爲僇，而民不犯。何則？至治也。今法有肉刑三，而姦不止，其咎安在？非乃朕德薄而教不明歟？吾甚自愧。故夫馴道不純而愚民陷焉。詩曰『愷悌君子，民之父母』。今人有過，教未施而刑加焉，或欲改行爲善而道毋由也。朕甚憐之。夫刑至斷支體，刻肌膚，終身不息，何其楚痛而不德也，豈稱爲民父母之意哉！其除肉刑。』

上曰：『農，天下之本，務莫大焉。今勤身從事而有租稅之賦，是爲本末者毋以異，其於勸農之道未備。其除田之租稅。』

十四年冬，匈奴謀入邊爲寇，攻朝那塞，殺北地都尉卬。上乃遣三將軍軍隴西、北地、上郡，中尉周舍爲衛將軍，郎中令張武爲車騎將軍，軍渭北，車千乘，騎卒十萬。帝親自勞軍，勒兵申教令，賜軍吏卒。帝欲自將擊匈奴，羣臣諫，皆不聽。皇太后固要帝，帝乃止。於是以東陽侯張相如爲大將軍，成侯赤爲內史，欒布爲將軍，擊匈奴。匈奴遁走。

春，上曰：『朕獲執犧牲珪幣以事上帝宗廟，十四年于今，歷日（縣）［緜］長，以不敏不明而久撫臨天下，朕甚自愧。其廣增諸祀墠場珪幣。昔先王遠施不求其報，望祀不祈其福，右賢左戚，先民後己，至明之極也。今吾聞祠官祝釐，皆歸福朕躬，不爲百姓，朕甚愧之。夫以朕不德，而躬享獨美其福，百姓不與焉，是重吾不德。其令祠官致敬，毋有所祈。』

是時北平侯張蒼爲丞相，方明律曆。魯人公孫臣上書陳終始傳五德事，言方今土德時，土德應黃龍見，當改正朔服色制度。天子下其事與丞相議。丞相推以爲今水德，始明正十月上黑事，以爲其言非是，請罷之。

十五年，黃龍見成紀，天子乃復召魯公孫臣，以爲博士，申明土德事。於是上乃下詔曰：『有異物之神見於成紀，無害於民，歲以有年。朕親郊祀上帝諸神。禮官議，毋諱以勞朕。』有司禮官皆曰：『古者天子夏躬親禮祀上帝於郊，故曰郊。』於是天子始幸雍，郊見五帝，以孟夏四月答禮焉。趙人新垣平以望氣見，因說上設立渭陽五廟。欲出周鼎，當有玉英見。

十六年，上親郊見渭陽五帝廟，亦以夏答禮而尚赤。

十七年，得玉杯，刻曰『人主延壽』。於是天子始更爲元年，令天下大酺。其歲，新垣平事覺，夷三族。

後二年，上曰：『朕既不明，不能遠德，是以使方外之國或不寧息。夫四荒之外不安其生，封畿之內勤勞不處，二者之咎，皆自於朕之德薄而不能遠達也。間者累年，匈奴並暴邊境，多殺吏民，邊臣兵吏又不能諭吾內志，以重吾不德也。夫久結難連兵，中外之國將何以自寧？今朕夙興夜寐，勤勞天下，憂苦萬民，爲之怛惕不安，未嘗一日忘於心，故遣使者冠蓋相望，結軼於道，以諭朕意於單于。今單于反古之道，計社稷之安，

便萬民之利，親與朕俱棄細過，偕之大道，結兄弟之義，以全天下元元之民。和親已定，始于今年。』

後六年冬，匈奴三萬人入上郡，三萬人入雲中。以中大夫令勉爲車騎將軍，軍飛狐；故楚相蘇意爲將軍，軍句注；將軍張武屯北地；河内守周亞夫爲將軍，居細柳；宗正劉禮爲將軍，居霸上；祝茲侯軍棘門：以備胡。數月，胡人去，亦罷。

天下旱，蝗。帝加惠：令諸侯毋入貢，弛山澤，減諸服御狗馬，損郎吏員，發倉庾以振貧民，民得賣爵。

孝文帝從代來，即位二十三年，宮室苑囿狗馬服御無所增益，有不便，輒弛以利民。嘗欲作露臺，召匠計之，直百金。上曰：『百金中民十家之產，吾奉先帝宮室，常恐羞之，何以臺爲！』上常衣綈衣，所幸慎夫人，令衣不得曳地，幃帳不得文繡，以示敦朴，爲天下先。治霸陵皆以瓦器，不得以金銀銅錫爲飾，不治墳，欲爲省，毋煩民。南越王尉佗自立爲武帝，然上召貴尉佗兄弟，以德報之，佗遂去帝稱臣。與匈奴和親，匈奴背約入盜，然令邊備守，不發兵深入，惡煩苦百姓。吳王詐病不朝，就賜几杖。羣臣如袁盎等稱説雖切，常假借用之。羣臣如張武等受賂遺金錢，覺，上乃發御府金錢賜之，以愧其心，弗下吏。專務以德化民，是以海内殷富，興於禮義。

後七年六月己亥，帝崩於未央宮。遺詔曰：『朕聞蓋天下萬物之萌生，靡不有死。死者天地之理，物之自然者，奚可甚哀。當今之時，世咸嘉生而惡死，厚葬以破業，重服以傷生，吾甚不取。且朕既不德，無以佐百姓；今崩，又使重服久臨，以離寒暑之數，哀人之父子，傷長幼之志，損其飲食，絕鬼神之祭祀，以重吾不德也，謂天下何！朕獲保宗廟，以眇眇之身託于天下君王之上，二十有餘年矣。賴天地之靈，社稷之福，方内安寧，靡有兵革。朕既不敏，常畏過行，以羞先帝之遺德；維年之久長，懼于不終。今乃幸以天年，得復供養于高廟。朕之不明與嘉之，其奚哀悲之有！其令天下吏民，令到出臨三日，皆釋服。毋禁取婦嫁女祠祀飲酒食肉者。自當給喪事服臨者，皆無踐。絰帶無過三寸，毋布車及兵器，毋發民男女哭臨宮殿。宮殿中當臨者，皆以旦夕各十五舉聲，禮畢罷。非旦夕臨時，禁毋得擅哭。已下，服大紅十五日，小紅十四日，纖七日，釋服。佗不在令中者，皆以此令比率從事。布告天下，使明知朕意。霸陵山川因其故，毋有所改。歸夫人以下至少使。』令中尉亞夫爲車騎將軍，屬國悍爲將屯將軍，郎中令武爲復土將軍，發近縣見卒萬六千人，發内史卒萬五千人，藏郭穿復土屬將軍武。

乙巳，羣臣皆頓首上尊號曰孝文皇帝。

太子即位于高廟。丁未，襲號曰皇帝。

孝景皇帝元年十月，制詔御史：『蓋聞古者祖有功而宗有德，制禮樂各有由。聞歌者，所以發德也；舞者，所以明功也。高廟酎，奏武德、文始、五行之舞。孝惠廟酎，奏文始、五行之舞。孝文皇帝臨天下，通關梁，不異遠方。除誹謗，去肉刑，賞賜長老，收恤孤獨，以育羣生。減嗜欲，不受獻，不私其利也。罪人不帑，不誅無罪。除（肉）〔宮〕刑，出美人，重絕人之世。朕既不敏，不能識。此皆上古之所不及，而孝文皇帝親行之。德厚侔天地，利澤施四海，靡不獲福焉。明象乎日月，而廟樂不稱。朕甚懼焉。其爲孝文皇帝廟爲昭德之舞，以明休德。然後祖宗之功德著於竹帛，施于萬世，永永無窮，朕甚嘉之。其與丞相、列侯、中二千石、禮官具爲禮儀奏。』丞相臣嘉等言：『陛下永思孝道，立昭德之舞以明孝文皇帝之盛德，皆臣嘉等愚所不及。臣謹議：世功莫大於高皇帝，德莫盛於孝文皇帝，高皇廟宜爲帝者太祖之廟，孝文皇帝廟宜爲帝者太宗之廟。天子宜世世獻祖宗之廟。郡國諸侯宜各爲孝文皇帝立太宗之廟。諸侯王列侯使者侍祠天子，歲獻祖宗之廟。請著之竹帛，宣布天下。』制曰：『可。』

太史公曰：孔子言『必世然後仁。善人之治國百年，亦可以勝殘去殺』。誠哉是言！漢興，至孝文四十有餘載，德至盛也。廩廩鄉改正服封禪矣，謙讓未成於今。嗚呼，豈不仁哉！

又　卷一一《孝景本紀》　孝景皇帝者，孝文之中子也。母竇太后。孝文在代時，前后有三男，及竇太后得幸，前后死，及三子更死，故孝景得立。

元年四月乙卯，赦天下。乙巳，賜民爵一級。五月，除田半租，爲孝文立太宗廟。令羣臣無朝賀。匈奴入代，與約和親。

二年春，封故相國蕭何孫係爲武陵侯。男子二十而得傅。四月壬午，

孝文太后崩。廣川、長沙王皆之國。丞相申屠嘉卒。八月，以御史大夫開封侯陶青爲丞相。彗星出東北。秋，衡山雨雹，大者五寸，深者二尺。熒惑逆行，守北辰。月出北辰閒。歲星逆行天廷中。置南陵及內史、祋祤爲縣。

三年正月乙巳，赦天下。長星出西方。天火燔雒陽東宮大殿城室。吳王濞、楚王戊、趙王遂、膠西王卬、濟南王辟光、菑川王賢、膠東王雄渠反，發兵西鄉。天子爲誅晁錯，遣袁盎諭告，不止，遂西圍梁。上乃遣大將軍竇嬰、太尉周亞夫將兵誅之。六月乙亥，赦亡軍及楚元王子蓺等與謀反者。封大將軍竇嬰爲魏其侯。立楚元王子平陸侯禮爲楚王。立皇子端爲膠西王，子勝爲中山王。徙濟北王志爲菑川王，淮陽王餘爲魯王，汝南王非爲江都王。齊王將廬、燕王嘉皆薨。

又　卷四九《外戚世家》　竇太后好黃帝、老子言，帝及太子諸竇不得不讀《黃帝》、《老子》，尊其術。

又　卷五四《曹相國世家》　孝惠帝元年，除諸侯相國法，更以參爲齊丞相。參之相齊，齊七十城。天下初定，悼惠王富於春秋，參盡召長老諸生，問所以安集百姓，如齊故（俗）諸儒以百數，言人人殊，參未知所定。聞膠西有蓋公，善治黃老言，使人厚幣請之。既見蓋公，蓋公爲言治道貴清靜而民自定，推此類具言之。參於是避正堂，舍蓋公焉。其治要用黃老術，故相齊九年，齊國安集，大稱賢相。

又　卷七四《孟子荀卿列傳》　自騶衍與齊之稷下先生，如淳于髡、慎到、環淵、接子、田駢、騶奭之徒，各著書言治亂之事，以干世主，豈可勝道哉！

淳于髡，齊人也。博聞強記，學無所主。【略】

慎到，趙人。田駢、接子，齊人。環淵，楚人。皆學黃老道德之術，因發明序其指意。故慎到著十二論，環淵著上下篇，而田駢、接子皆有所論焉。

又　卷八〇《樂毅列傳論》　太史公曰：始齊之蒯通及主父偃讀樂毅之報燕王書，未嘗不廢書而泣也。樂臣公學黃帝、老子，其本師號曰河上丈人，不知其所出。河上丈人教安期生，安期生教毛翕公，毛翕公教樂瑕公，樂瑕公教樂臣公，樂臣公教蓋公。蓋公教於齊高密、膠西，爲曹相國師。

又　卷一二〇《汲鄭列傳》　汲黯字長孺，濮陽人也。其先有寵於古之衛君。至黯七世，世爲卿大夫。黯以父任，孝景時爲太子洗馬，以莊見憚。孝景帝崩，太子卽位，黯爲謁者。東越相攻，上使黯往視之。不至，至吳而還，報曰：『越人相攻，固其俗然，不足以辱天子之使。』河內失火，延燒千餘家，上使黯往視之。還報曰：『家人失火，屋比延燒，不足憂也。臣過河南，河南貧人傷水旱萬餘家，或父子相食，臣謹以便宜，持節發河南倉粟以振貧民。臣請歸節，伏矯制之罪。』上賢而釋之，遷爲滎陽令。黯恥爲令，病歸田里。上聞，乃召拜爲中大夫。以數切諫，不得久留內，遷爲東海太守。黯學黃老之言，治官理民，好清靜，擇丞史而任之。其治，責大指而已，不苛小。黯多病，臥閨閤內不出。歲餘，東海大治。稱之。上聞，召以爲主爵都尉，列於九卿。治務在無爲而已，弘大體，不拘文法。【略】

鄭當時者，字莊，陳人也。其先鄭君嘗爲項籍將；籍死，已而屬漢。高祖令諸故項籍臣名籍，鄭君獨不奉詔。詔盡拜名籍者爲大夫，而逐鄭君。鄭君死孝文時。

鄭莊以任俠自喜，脫張羽於戹，聲聞梁楚之閒。孝景時，爲太子舍人。每五日洗沐，常置驛馬長安諸郊，存諸故人，請謝賓客，夜以繼日，至其明旦，常恐不徧。莊好黃老之言，其慕長者如恐不見。年少官薄，然其游知交皆其大父行，天下有名之士也。武帝立，莊稍遷爲魯中尉、濟南太守、江都相，至九卿爲右內史。以武安侯魏其時議，貶秩爲詹事，還爲大農令。

莊爲太史，誡門下：『客至，無貴賤無留門者。』執賓主之禮，以其貴下人。莊廉，又不治其產業，仰奉賜以給諸公。然其餽遺人，不過算器食。每朝，候上之閒，說未嘗不言天下之長者。其推轂士及官屬丞史，誠有味其言之也，常引以爲賢於己。未嘗名吏，與官屬言，若恐傷之。聞人之善言，進之上，唯恐後。山東士諸公以此翕然稱鄭莊。

鄭莊使視決河，自請治行五日。上曰：『吾聞「鄭莊行，千里不齎糧」，請治行者何也？』然鄭莊在朝，常趨和承意，不敢甚引當否。及晚節，漢征匈奴，招四夷，天下費多，財用益匱。莊任人賓客爲大農僦人，

多逋負。司馬安爲淮陽太守，發其事，莊以此陷罪，贖爲庶人。頃之，守長史。上以爲老，以莊爲汝南太守。數歲，以官卒。

《漢書》卷三《高后紀贊》　孝惠、高后之時，海內得離戰國之苦，羣臣俱欲無爲，故惠帝拱己，高后女主制政，不出房闥，而天下晏然，刑罰罕用，民務稼穡，衣食滋殖。

又　卷二四《食貨志第四上》　漢興，接秦之敝，諸侯並起，民失作業，而大饑饉。凡米石五千，人相食，死者過半。高祖乃令民得賣子，就食蜀漢。天下既定，民亡蓋臧，自天子不能具醇駟，而將相或乘牛車。上於是約法省禁，輕田租，什五而稅一，量吏祿，度官用，以賦於民。而山川園池市肆租稅之入，自天子以至封君湯沐邑，皆各爲私奉養，不領於天子之經費。漕轉關東粟以給中都官，歲不過數十萬石。孝惠、高后之間，衣食滋殖。文帝即位，躬修儉節，思安百姓。時民近戰國，皆背本趨末，賈誼說上曰：

筦子曰：『倉廩實而知禮節。』民不足而可治者，自古及今，未之嘗聞。古之人曰：『一夫不耕，或受之飢；一女不織，或受之寒。』生之有時，而用之亡度，則物力必屈。古之治天下，至孅至悉也，故其畜積足恃。今背本而趨末，食者甚衆，是天下之大殘也；淫侈之俗，日日以長，是天下之大賊也。殘賊公行，莫之或止；大命將泛，莫之振救。生之者甚少而靡之者甚多，天下財產何得不蹷！漢之爲漢幾四十年矣，公私之積猶可哀痛。失時不雨，民且狼顧；歲惡不入，請賣爵、子。既聞耳矣，安有爲天下阽危者若是而上不驚者！

世之有饑穰，天之行也，禹、湯被之矣。即不幸有方二三千里之旱，國胡以相恤？卒然邊境有急，數十百萬之衆，國胡以餽之？兵旱相乘，天下大屈，有勇力者聚徒而衡擊，罷夫羸老易子而齩其骨。政治未畢通也，遠方之能疑者並舉而爭起矣，乃駭而圖之，豈將有及乎？

夫積貯者，天下之大命也。苟粟多而財有餘，何爲而不成？以攻則取，以守則固，以戰則勝。懷敵附遠，何招而不至？今毆民而歸之農，皆著於本，使天下各食其力，末技游食之民轉而緣南晦，則畜積足而人樂其所矣。可以爲富安天下，而直爲此廩廩也，竊爲陛下惜之！

於是上感誼言，始開籍田，躬耕以勸百姓。鼂錯復說上曰：

聖王在上而民不凍飢者，非能耕而食之，織而衣之也，爲開其資財之道也。故堯、禹有九年之水，湯有七年之旱，而國亡捐瘠者，以畜積多而備先具也。今海內爲一，土地人民之衆不避湯、禹，加以亡天災數年之水旱，而畜積未及者，何也？地有遺利，民有餘力，生穀之土未盡墾，山澤之利未盡出也，游食之民未盡歸農也。民貧，則姦邪生。貧生於不足，不足生於不農，不農則不地著，不地著則離鄉輕家，民如鳥獸，雖有高城深池，嚴法重刑，猶不能禁也。

夫寒之於衣，不待輕煖；飢之於食，不待甘旨；飢寒至身，不顧廉恥。人情，一日不再食則飢，終歲不製衣則寒。夫腹飢不得食，膚寒不得衣，雖慈母不能保其子，君安能以有其民哉！明主知其然也，故務民於農桑，薄賦斂，廣畜積，以實倉廩，備水旱，故民可得而有也。

民者，在上所以牧之，趨利如水走下，四方亡擇也。夫珠玉金銀，飢不可食，寒不可衣，然而衆貴之者，以上用之故也。其爲物輕微易臧，在於把握，可以周海內而亡飢寒之患。此令臣輕背其主，而民易去其鄉，盜賊有所勸，亡逃者得輕資也。粟米布帛生於地，長於時，聚於力，非可一日成也；數石之重，中人弗勝，不爲姦邪所利，一日弗得而飢寒至。是故明君貴五穀而賤金玉。

今農夫五口之家，其服役者不下二人，其能耕者不過百畮，百畮之收不過百石。春耕夏耘，秋穫冬臧，伐薪樵，治官府，給繇役；春不得避風塵，夏不得避暑熱，秋不得避陰雨，冬不得避寒凍，四時之間亡日休息；又私自送往迎來，弔死問疾，養孤長幼在其中。勤苦如此，尚復被水旱之災，急政暴（虐）［賦］，賦斂不時，朝令而暮改。當具有者半賈而賣，亡者取倍稱之息，於是有賣田宅、鬻子孫以償責者矣。而商賈大者積貯倍息，小者坐列販賣，操其奇贏，日游都市，乘上之急，所賣必倍。故其男不耕耘，女不蠶織，衣必文采，食必（粱）［粱］肉；亡農夫之苦，有仟伯之得。因其富厚，交通王侯，力過吏勢，以利相傾；千里游敖，冠蓋相望，乘堅策肥，履絲曳縞。此商人所以兼并農人，農人所以流亡者也。

今法律賤商人，商人已富貴矣；尊農夫，農夫已貧賤矣。故俗之所貴，主之所賤也；吏之所卑，法之所尊也。上下相反，好惡乖迕，而欲

國富法立，不可得也。方今之務，莫若使民務農而已矣。欲民務農，在於貴粟；貴粟之道，在於使民以粟爲賞罰。今募天下入粟縣官，得以拜爵，得以除罪。如此，富人有爵，農民有錢，粟有所渫。夫能入粟以受爵，皆有餘者也；取於有餘，以供上用，則貧民之賦可損，所謂損有餘補不足，令出而民利者也。順於民心，所補者三：一曰主用足，二曰民賦少，三曰勸農功。今令民有車騎馬一匹者，復卒三人。車騎者，天下武備也，故爲復卒。神農之教曰：『有石城十仞，湯池百步，帶甲百萬，而亡粟，弗能守也。』以是觀之，粟者，王者大用，政之本務。令民入粟受爵至五大夫以上，乃復一人耳，此其與騎馬之功相去遠矣。爵者，上之所擅，出於口而亡窮；粟者，民之所種，生於地而不乏。夫得高爵與免罪，人之所甚欲也。使天下（人）入粟於邊，以受爵免罪，不過三歲，塞下之粟必多矣。」

於是文帝從錯之言，令民入粟邊，六百石爵上造，稍增至四千石爲五大夫，萬二千石爲大庶長，各以多少級數爲差。錯復奏言：「陛下幸使天下入粟塞下以拜爵，甚大惠也。竊恐塞卒之食不足用大渫天下粟。邊食足以支五歲，可令入粟郡縣矣；足支一歲以上，可時赦，勿收農民租。如此，德澤加於萬民，民俞勤農。時有軍役，若遭水旱，民不困乏，天下安寧；歲孰且美，則民大富樂矣。」上復從其言，乃下詔賜民十二年租稅之半。明年，遂除民田之租稅。

後十三歲，孝景二年，令民半出田租，三十而稅一也。其後，上郡以西旱，復修賣爵令，而裁其賈以招民；及徒復作，得輸粟於縣官以除罪。始造苑馬以廣用，宮室列館車馬益增修矣。然婁敕有司以農爲務，民遂樂業。至武帝之初七十年間，國家亡事，非遇水旱，則民人給家足，都鄙廩庾盡滿，而府庫餘財。京師之錢累百鉅萬，貫朽而不可校。太倉之粟陳陳相因，充溢露積於外，腐敗不可食。衆庶街巷有馬，仟伯之間成羣，乘牸牝者擯而不得會聚。守閭閻者食粱肉；爲吏者長子孫；居官者以爲姓號。人人自愛而重犯法，先行誼而黜媿辱焉。於是罔疏而民富，役財驕溢，或至并兼豪黨之徒以武斷於鄉曲。宗室有土，公卿大夫以下爭於奢侈，室廬車服僭上亡限。物盛而衰，固其變也。

又　卷四九《鼂錯傳》　鄧公，成固人也，多奇計。建元年中，上招賢良，公卿言鄧先，鄧先時免，起家爲九卿。一年，復謝病免歸。其子章，以修黃老言顯諸公閒。

又　卷六七《楊王孫傳》　楊王孫者，孝武時人也。學黃老之術，家業千金，厚自奉養生，亡所不致。及病且終，先令其子，曰：「吾欲贏葬，以反吾眞，必亡易吾意。死則爲布囊盛尸，入地七尺，既下，從足引脫其囊，以身親土。」其子欲默而不從，重廢父命；欲從（其）〔之〕，心又不忍，乃往見王孫友人祁侯。

祁侯與王孫書曰：「王孫苦疾，僕迫從上祠雍，未得詣前。願存精神，省思慮，進醫藥，厚自持。竊（間）〔聞〕王孫先令贏葬，令死者亡知則已，若其有知，是戮尸地下，將贏見先人，竊爲王孫不取也。且《孝經》曰『爲之棺槨衣衾』，是亦聖人之遺制，何必區區獨守所聞？願王孫察焉。」

王孫報曰：「蓋聞古之聖王，緣人情不忍其親，故爲制禮，今則越之，吾是以贏葬，將以矯世也。夫厚葬誠亡益於死者，而俗人競以相高，靡財單幣，腐之地下。或乃今日入而明日發，此眞與暴骸於中野何異！且夫死者，終生之化，而物之歸者也。歸者得至，化者得變，是物各反其眞也。反眞冥冥，亡形亡聲，乃合道情。夫飾外以華衆，厚葬以鬲眞，使歸者不得至，化者不得變，是使物各失其所也。且吾聞之，精神者天之有也，形骸者地之有也。精神離形，各歸其眞，故謂之鬼，鬼之爲言歸也。其尸塊然獨處，豈有知哉？裹以幣帛，鬲以棺槨，支體絡束，口含玉石，欲化不得，鬱爲枯腊，千載之後，棺槨朽腐，乃得歸土，就其眞宅。繇是言之，焉用久客！昔帝堯之葬也，窾木爲匵，葛藟爲緘，其穿下不亂泉，上不泄殠。故聖王生易尚，死易葬也。不加功於亡用，不損財於亡謂。今費財厚葬，留歸鬲至，死者不知，生者不得，是謂重惑。於戲！吾不爲也。」

祁侯曰：「善。」遂贏葬。

論　說

漢·劉安《淮南子》卷六《覽冥訓》　昔者，黃帝治天下，而力牧、

太山稽輔之，以治日月之行律，治陰陽之氣，節四時之度，正律曆之數；別男女，異雌雄，明上下，等貴賤；使强不掩弱，衆不暴寡；人民保命而不夭，歲時熟而不凶；百官正而無私，上下調而無尤，法令明而不闇，輔佐公而不阿；田者不侵畔，漁者不爭隈；道不拾遺，市不豫賈；城郭不關，邑無盜賊；鄙旅之人相讓以財；狗彘吐菽粟於路而無忿爭之心。於是日月精明，星辰不失其行；風雨時節，五穀登孰；虎狼不妄噬，鷙鳥不妄搏；鳳凰翔於庭，麒麟游於郊；青龍進駕，飛黃伏皁。諸北、儋耳之國莫不獻其貢職。然猶未及虙戲氏之道也。【略】

逮至當今之時，天子在上位，持以道德，輔以仁義，近者獻其智，遠者懷其德，拱揖指麾而四海賓服，春秋冬夏皆獻其貢職，天下混而爲一，子孫相代，此五帝之所以迎天德也。

夫聖人者，不能生時，時至而弗失也。輔佐有能，黜讒佞之端，息巧辯之説，除刻削之法，去煩苛之事，屏流言之迹，塞朋黨之門，消知能，修太常，隳枝體，絀聰明，大通混冥，解意釋神，漠然若無魂魄，使萬物各復歸其根，則是所脩伏犧氏之迹而反五帝之道也。

夫鉗且、大丙不施轡銜而以善御聞於天下，伏戲、女媧不設法度而以至德遺於後世，何則？至虛無純一而不嘍喋苛事也。《周書》曰：『掩雉不得，更順其風。』今若夫申、韓、商鞅之爲治也，掉拔其根，蕪棄其本，而不窮究其所由生，何以至此也？鑿五刑，爲刻削，乃背道德之本，而爭於錐刀之末，斬艾百姓，殫盡太半，而忻忻然常自以爲治，是猶抱薪而救火，鑿竇而出水。夫井植生梓而不容甕，溝植生條而不容舟，不過三月必死。所以然者何也？皆狂生而無其本者也。河九折注於海而流不絶者，崑崙之輸也。潦水不泄，瀇瀁極望，旬月不雨則涸而枯澤，受瀷而無源者。譬若羿請不死之藥於西王母，姮娥竊以奔月，悵然有喪，無以續之。何則？不知不死之藥所由生也。是故乞火不若取燧，寄汲不若鑿井。

又 卷九《主術訓》 人主之術，處無爲之事，而行不言之教。清靜而不動，一度而不搖，因循而任下，責成而不勞。是故心知規而師傅諭導，口能言而行人稱辭，足能行而相者先導，耳能聽而執正進諫。是故慮無失策，謀無過事，言爲文章，行爲儀表於天下。進退應時，動靜循理，不爲醜美好憎，不爲賞罰喜怒，名各自名，類各自類，事猶自然，莫出於己。

故古之王者，冕而前旒，所以蔽明也；黈纊塞耳，所以掩聰；天子外屏，所以自障。故所理者遠，則所在者邇；所治者大，則所守者小。夫目妄視則淫，耳妄聽則惑，口妄言則亂。夫三關者，不可不慎守也；若欲規之，乃是離之；若欲飾之，乃是賊之。

天氣爲魂，地氣爲魄，反之玄房，各處其宅，守而勿失，上通太一。太一之精，通於天道，天道玄默，無容無則，大不可極，深不可測，尚與人化，知不能得。

昔者，神農之治天下也，神不馳於胸中，智不出於四域，懷其仁成之心。甘雨時降，五穀蕃植，春生夏長，秋收冬藏。月省時考，歲終獻功，以時嘗穀，祀于明堂。明堂之制，有蓋而無四方，風雨不能襲，寒暑不能傷，遷延而入之，養民以公。其民樸重端慤，不忿爭而財足，不勞形而功成，因天地之資，而與之和同。是故威厲而不殺，刑錯而不用，法省而不煩，故其化如神。其地南至交阯，北至幽都，東至暘谷，西至三危，莫不聽從。當此之時，法寬刑緩，囹圄空虛，而天下一俗，莫懷姦心。【略】

今夫權衡規矩，一定而不易，不爲秦楚變節，不爲胡越改容，常一而不邪，方行而不流，一日刑之，萬世傳之，而以無爲爲之。故國有亡主，而世無廢道；人有困窮，而理無不通。由此觀之，無爲者，道之宗。故得道之宗，應物無窮；任人之才，難以至治。

湯、武，聖主也，而不能與越人乘幹舟而浮於江湖。伊尹，賢相也，而不能與胡人騎騵馬而服騊駼；孔、墨博通，而不能與山居者入榛薄險阻也。由此觀之，則人知之於物也，淺矣。而欲以偏照海內，存萬方，不因道之數，而專己之能，則其窮不達矣。故智不足以治天下也。桀之力，別觡伸鉤，索鐵歙金，推移大犧，水殺黿鼉，陸捕熊羆。然湯革車三百乘，困之鳴條，擒之焦門。由此觀之，勇力不足以持天下矣。智不足以爲治，勇不足以爲强，則人材不足任，明也。而君人者不下廟堂之上，而知四海之外者，因物以識物，因人以知人也。

故積力之所舉，則無不勝也；衆智之所爲，則無不成也。埳井之無黿鼉，隘也；園中之無脩木，小也。夫舉重鼎者，力少而不能勝也，及至其移徙之，不待其多力者。故千人之羣無絶梁，萬人之聚無廢功。

清靜無爲則天與之時，廉儉守節則地生之財，處愚稱德，則聖人爲之謀。是故下者萬物歸之，虛者天下遺之。

【略】

夫人主之聽治也，清明而不暗，虛心而弱志。是故羣臣輻湊並進，無愚智賢不肖莫不盡其能。於是乃始陳其禮，建以爲基。是乘衆勢以爲車，御衆智以爲馬。雖幽野險塗，則無由惑矣。【略】

人孝於親，出忠於君，無愚智賢不肖皆知其爲義也，使陳忠孝行而知所出者鮮矣。凡人思慮莫不先以爲可而後行之，其是或非，此愚知之所以異。

凡人之性，莫貴於仁，莫急於智。仁以爲質，智以行之，兩者爲本，而加之以勇力、辯慧、捷疾、劬録、巧敏、遲利、聰明、審察，盡衆益也。身材未修，伎藝曲備，而無仁智以爲表幹，而加之以衆美，則益其損。故不仁而有勇力果敢，則狂而操利劍；不智而辯慧懷給，則棄驥而不式。雖有材能，其施之不當，其處之不宜，適足以輔僞飾非，伎藝之衆，不如其寡也。故有野心者，不可借便勢。有愚質者，不可與利器。

魚得水而游焉則樂，塘決水涸，則爲螻蟻所食。有掌脩其隄防，補其缺漏，則魚得而利之，國有以存，人有以生。國之所以存者，仁義是也。人之所以生者，行善是也。國無義，雖大必亡；人無善志，雖勇必傷。治國上使不得與焉。孝於父母，弟於兄嫂，信於朋友，不得上令而可得爲也。釋己之所得爲，而責于其所不得制，悖矣！士處卑隱，欲上達，必先反諸己。上達有道，名譽不起而不能上達矣。取譽有道，不信於友，不能得譽。信於友有道，事親不説，不信於友。説親有道，修身不誠，不能事親矣。誠身有道，心不專一，不能專誠。道在易而求之難，驗在近而求之遠，故弗得也。

《史記》卷六三《老子韓非列傳》 老子者，楚苦縣厲鄉曲仁里人也，姓李氏，名耳，字聃，周守藏室之史也。

孔子適周，將問禮於老子。老子曰：『子所言者，其人與骨皆已朽矣，獨其言在耳。且君子得其時則駕，不得其時則蓬累而行。吾聞之，良賈深藏若虛，君子盛德容貌若愚。去子之驕氣與多欲，態色與淫志，是皆無益於子之身。吾所以告子，若是而已。』孔子去，謂弟子曰：『鳥，吾知其能飛；魚，吾知其能游；獸，吾知其能走。走者可以爲罔，游者可以爲綸，飛者可以爲矰。至於龍，吾不能知其乘風雲而上天。吾今日見老子，其猶龍邪！』

老子脩道德，其學以自隱無名爲務。居周久之，見周之衰，乃遂去。至關，關令尹喜曰：『子將隱矣，强爲我著書。』於是老子乃著書上下篇，言道德之意五千餘言而去，莫知其所終。

或曰：老萊子亦楚人也，著書十五篇，言道家之用，與孔子同時云。

蓋老子百有六十餘歲，或言二百餘歲，以其脩道而養壽也。

自孔子死之後百二十九年，而史記周太史儋見秦獻公曰：『始秦與周合，合五百歲而離，離七十歲而霸王者出焉。』或曰儋卽老子，或曰非也，世莫知其然否。老子，隱君子也。

老子之子名宗，宗爲魏將，封於段干。宗子注，注子宫，宫玄孫假，假仕於漢孝文帝。而假之子解爲膠西王卬太傅，因家于齊焉。

世之學老子者則絀儒學，儒學亦絀老子。『道不同不相爲謀』，豈謂是邪？李耳無爲自化，清靜自正。

莊子者，蒙人也，名周。周嘗爲蒙漆園吏，與梁惠王、齊宣王同時。其學無所不闚，然其要本歸於老子之言。故其著書十餘萬言，大抵率寓言也。作漁父、盜跖、胠篋，以詆訿孔子之徒，以明老子之術。畏累虛、亢桑子之屬，皆空語無事實。然善屬書離辭，指事類情，用剽剝儒、墨，雖當世宿學不能自解免也。其言洸洋自恣以適己，故自王公大人不能器之。

楚威王聞莊周賢，使使厚幣迎之，許以爲相。莊周笑謂楚使者曰：『千金，重利；卿相，尊位也。子獨不見郊祭之犧牛乎？養食之數歲，衣以文繡，以入大廟。當是之時，雖欲爲孤豚，豈可得乎？子亟去，無汙我。我寧游戲汙瀆之中自快，無爲有國者所羈，終身不仕，以快吾志焉。』

申不害者，京人也，故鄭之賤臣。學術以干韓昭侯，昭侯用爲相。内脩政教，外應諸侯，十五年。終申子之身，國治兵强，無侵韓者。

申子之學本於黄老而主刑名。著書二篇，號曰申子。

韓非者，韓之諸公子也。喜刑名法術之學，而其歸本於黄老。非爲人口吃，不能道説，而善著書。與李斯俱事荀卿，斯自以爲不如非。

非見韓之削弱，數以書諫韓王，韓王不能用。於是韓非疾治國不務脩明其法制，執勢以御其臣下，富國强兵而以求人任賢，反舉浮淫之蠹而加之於功實之上。以爲儒者用文亂法，而俠者以武犯禁。寬則寵名譽之人，急則用介胄之士。今者所養非所用，所用非所養。悲廉直不容於邪枉之臣，觀往者得失之變，故作孤憤、五蠹、内外儲、説林、説難十餘萬言。然韓非知説之難，爲説難書甚具，終死於秦，不能自脱。【略】

太史公曰：老子所貴道，虛無，因應變化於無爲，故著書辭稱微妙難識。莊子散道德，放論，要亦歸之自然。申子卑卑，施之於名實。韓子引繩墨，切事情，明是非，其極慘礉少恩。皆原於道德之意，而老子深遠矣。

《漢書》卷六二《司馬遷傳》 太史公學天官於唐都，受《易》於楊何，習道論於黄子。太史公仕於建元、元封之間，愍學者不達其意而師誖，乃論六家之要指曰：【略】

道家使人精神專一，動合無形，澹足萬物。其爲術也，因陰陽之大順，采儒墨之善，撮名法之要，與時遷徙，應物變化，立俗施事，無所不宜，指約而易操，事少而功多。儒者則不然，以爲人主天下之儀表也，君唱臣和，主先臣隨。如此，則主勞而臣佚。至於大道之要，去健羨，黜聰明，釋此而任術。夫神大用則竭，形大勞則敝；神形蚤衰，欲與天地長久，非所聞也。【略】

道家無爲，又曰無不爲，其實易行，其辭難知。其術以虛無爲本，以因循爲用。無成勢，無常形，故能究萬物之情。不爲物先後，故能爲萬物主。有法無法，因時爲業；有度無度，因物興舍。故曰『聖人不巧，時變是守』。虛者道之常也；因者君之綱也。羣臣並至，使各自明也。其實中其聲者謂之端，實不中其聲者謂之款。款言不聽，姦乃不生，賢不肖自分，白黑乃形。在所欲用耳，何事不成！乃合大道，混混冥冥。光耀天下，復反無名。凡人所生者神也，所託者形也。神大用則竭，形大勞則敝，形神離則死。死者不可復生，離者不可復合，故聖人重之。

由此觀之，神者生之本，形者生之具。不先定其神形，而曰『我有以治天下』，何由哉？【略】

贊曰：自古書契之作而有史官，其載籍博矣。至孔氏纂之，上（繼）［斷］唐堯，下訖秦繆。唐虞以前雖有遺文，其語不經，故言黄帝、顓頊之事未可明也。及孔子因魯史記而作《春秋》，而左丘明論輯其本事以爲之傳，又纂異同爲《國語》。又有《世本》，録黄帝以來至春秋時帝王公侯卿大夫祖世所出。春秋之後，七國並爭，秦兼諸侯，有《戰國策》。漢興伐秦定天下，有《楚漢春秋》。故司馬遷據《左氏》、《國語》，采《世本》、《戰國策》，述《楚漢春秋》，接其後事，訖於（大）［天］漢。其言秦漢，詳矣。至於采經摭傳，分散數家之事，甚多疏略，或有抵梧。亦其涉獵者廣博，貫穿經傳，馳騁古今，上下數千載間，斯以勤矣。又其是非頗繆於聖人，論大道則先黄老而後六經，序遊俠則退處士而進姦雄，述貨殖則崇勢利而羞賤貧，此其所蔽也。然自劉向、揚雄博極羣書，皆稱遷有良史之材，服其善序事理，辨而不華，質而不俚，其文直，其事核，不虛美，不隱惡，故謂之實録。烏呼！以遷之博物洽聞，而不能以知自全，既陷極刑，幽而發憤，書亦信矣。迹其所以自傷悼，《小雅》巷伯之倫。夫唯《大雅》『既明且哲，能保其身』，難矣哉！

漢・陸賈《新語》卷下《懷慮》 懷異慮者不可以立計，持兩端者不可以定威。故治外者必調内，平遠者必正近。綱維天下，勞神八極者，則憂不存於家。養氣治性，思通精神，延壽命者，則志不流於外。據土子民，治國治衆者，不可以圖利，治産業，則教化不行，而政令不從。蘇秦，張儀，身尊於位，名顯於世，相六國，事六君，威振山東，横説諸侯，國異辭，人異意，欲合弱而制强，持衡而御縱，内無堅計，身無定名，功業不平，中道而廢，身死於凡人之手，爲天下所笑者，乃由辭語不一，而情欲放佚故也。

獨尊儒術分部

綜述

《史記》卷一二一《儒林列傳論》 太史公曰：余讀功令，至於廣厲學官之路，未嘗不廢書而歎也。曰：嗟乎！夫周室衰而《關雎》作，

幽厲微而禮樂壞，諸侯恣行，政由强國。故孔子閔王路廢而邪道興，於是論次《詩》、《書》，修起禮樂。適齊聞《韶》，三月不知肉味。自衛返魯，然後樂正，《雅》、《頌》各得其所。世以混濁莫能用，是以仲尼干七十餘君無所遇，曰『苟有用我者，期月而已矣』。西狩獲麟，曰『吾道窮矣』。故因史記作《春秋》，以當王法，其辭微而指博，後世學者多録焉。

自孔子卒後，七十子之徒散游諸侯，大者爲師傅卿相，小者友教士大夫，或隱而不見。故子路居衛，子張居陳，澹臺子羽居楚，子夏居西河，子貢終於齊。如田子方、段干木、吳起、禽滑釐之屬，皆受業於子夏之倫，爲王者師。是時獨魏文侯好學。後陵遲以至于始皇，天下並爭於戰國，儒術既絀焉，然齊魯之間，學者獨不廢也。於威、宣之際，孟子、荀卿之列，咸遵夫子之業而潤色之，以學顯於當世。

及至秦之季世，焚《詩》、《書》，阬術士，《六蓺》從此缺焉。陳涉之王也，而魯諸儒持孔氏之禮器往歸陳王。於是孔甲爲陳涉博士，卒與涉俱死。陳涉起匹夫，驅瓦合適戍，旬月以王楚，不滿半歲竟滅亡，其事至微淺，然而縉紳先生之徒負孔子禮器往委質爲臣者，何也？以秦焚其業，積怨而發憤于陳王也。

及高皇帝誅項籍，舉兵圍魯，魯中諸儒尚講誦習禮樂，弦歌之音不絕，豈非聖人之遺化，好禮樂之國哉？故孔子在陳，曰『歸與歸與！吾黨之小子狂簡，斐然成章，不知所以裁之』。夫齊魯之間於文學，自古以來，其天性也。故漢興，然後諸儒始得脩其經蓺，講習大射鄉飲之禮。叔孫通作漢禮儀，因爲太常，諸生弟子共定者，咸爲選首，於是喟然歎興於學。然尚有干戈，平定四海，亦未暇遑庠序之事也。孝惠、呂后時，公卿皆武力有功之臣。孝文時頗徵用。然孝文帝本好刑名之言。及至孝景，不任儒者，而竇太后又好黄老之術，故諸博士具官待問，未有進者。

及今上卽位，趙綰、王臧之屬明儒學，而上亦鄉之，於是招方正賢良文學之士。自是之後，言《詩》於魯則申培公，於齊則轅固生，於燕則韓太傅。言《尚書》自濟南伏生。言《禮》自魯高堂生。言《易》自菑川田生。言《春秋》於齊魯自胡毋生。於趙自董仲舒。及竇太后崩，武安侯田蚡爲丞相，絀黄老、刑名百家之言，延文學儒者數百人，而公孫弘以《春秋》白衣爲天子三公，封以平津侯。天下之學士靡然鄉風矣。

公孫弘爲學官，悼道之鬱滯，乃請曰【略】制曰：『可。』自此以來，則公卿大夫士吏斌斌多文學之士矣。

申公者，魯人也。高祖過魯，申公以弟子從師入見。高祖于魯南宮。呂太后時，申公遊學長安，與劉郢同師。已而郢爲楚王，令申公傅其太子戊。戊不好學，疾申公。及王郢卒，戊立爲楚王，胥靡申公。申公恥之，歸魯，退居家教，終身不出門，復謝絕賓客，獨王命召之乃往。弟子自遠方至受業者百餘人。申公獨以《詩》經爲訓以教，無傳，疑者則闕不傳。

蘭陵王臧既受《詩》，以事孝景帝爲太子少傅，免去。今上初卽位，臧乃上書宿衛上，累遷，一歲中爲郎中令。及代趙綰亦嘗受《詩》申公，綰爲御史大夫。綰、臧請天子，欲立明堂以朝諸侯，不能就其事，乃言師申公。於是天子使使束帛加璧安車駟馬迎申公，弟子二人乘軺傳從。至，見天子。天子問治亂之事，申公時已八十餘，老，對曰：『爲治者不在多言，顧力行何如耳。』是時天子方好文詞，見申公對，默然。然已招致，則以爲太中大夫，舍魯邸，議明堂事。太皇竇太后好老子言，不說儒術，得趙綰、王臧之過以讓上，上因廢明堂事，盡下趙綰、王臧吏，後皆自殺。申公亦疾免以歸，數年卒。

弟子爲博士者十餘人：孔安國至臨淮太守，周霸至膠西内史，夏寬至城陽内史，碭魯賜至東海太守，蘭陵繆生。至長沙内史，徐偃爲膠西中尉，鄒人闕門慶忌爲膠東内史。其治官民皆有廉節，稱其好學。學官弟子行雖不備，而至於大夫、郎中、掌故以百數。言詩雖殊，多本於申公。

清河王太傅轅固生者，齊人也。以治《詩》，孝景時爲博士。與黄生爭論景帝前。黄生曰：『湯武非受命，乃弒也。』轅固生曰：『不然。夫桀紂虐亂，天下之心皆歸湯武，湯武與天下之心而誅桀紂，桀紂之民不爲之使而歸湯武，湯武不得已而立，非受命爲何？』黄生曰：『冠雖敝，必加於首；履雖新，必關於足。何者，上下之分也。今桀紂雖失道，然君上也；湯武雖聖，臣下也。夫主有失行，臣下不能正言匡過以尊天子，反因過而誅之，代立踐南面，非弒而何也？』轅固生曰：『必若所云，是高帝代秦卽天子之位，非邪？』於是景帝曰：『食肉不食馬肝，不爲不知味；言學者無言湯武受命，不爲愚。』遂罷。是後學者莫敢明受命放殺者。

竇太后好《老子》書，召轅固生問《老子》書。固曰：『此是家人言耳。』太后怒曰：『安得司空城旦書乎？』乃使固入圈刺豕。景帝知太后怒而固直言無罪，乃假固利兵，下圈刺豕，正中其心，一刺，豕應手而倒。太后默然，無以復罪，罷之。居頃之，景帝以固爲廉直，拜爲清河王太傅。久之，病免。

今上初卽位，復以賢良徵固。諸諛儒多疾毁固，曰『固老』，罷歸之。時固已九十餘矣。固之徵也，薛人公孫弘亦徵，側目而視固。固曰：『公孫子，務正學以言，無曲學以阿世！』自是之後，齊言《詩》皆本轅固生也。諸齊人以《詩》顯貴，皆固之弟子也。

韓生者，燕人也。孝文帝時爲博士，景帝時爲常山王太傅。韓生推《詩》之意而爲《內外傳》數萬言，其語頗與齊魯閒殊，然其歸一也。淮南賁生受之。自是之後，而燕趙閒言《詩》者由韓生。韓生孫商爲今上博士。

伏生者，濟南人也。故爲秦博士。孝文帝時，欲求能治《尚書》者，天下無有，乃聞伏生能治，欲召之。是時伏生年九十餘，老，不能行，於是乃詔太常使掌故朝錯往受之。秦時焚書，伏生壁藏之。其後兵大起，流亡，漢定，伏生求其書，亡數十篇，獨得二十九篇，卽以教於齊魯之閒。學者由是頗能言《尚書》，諸山東大師無不涉《尚書》以教矣。

伏生教濟南張生及歐陽生，歐陽生教千乘兒寬。兒寬既通《尚書》，以文學應郡舉，詣博士受業，受業孔安國。兒寬貧無資用，常爲弟子都養，及時時閒行傭賃，以給衣食。行常帶經，止息則誦習之。以試第次，補廷尉史。是時張湯方鄉學，以爲奏讞掾，以古法議決疑大獄，而愛幸寬。寬爲人温良，有廉智，自持，而善著書、書奏，敏於文，口不能發明也。湯以爲長者，數稱譽之。及湯爲御史大夫，以兒寬爲掾，薦之天子。天子見問，説之。張湯死後六年，兒寬位至御史大夫。九年而以官卒。寬在三公位，以和良承意從容得久，然無有所匡諫；於官，官屬易之，不爲盡力。張生亦爲博士。而伏生孫以治《尚書》徵，不能明也。

自此之後，魯周霸、孔安國，雒陽賈嘉，頗能言《尚書》事。孔氏有古文《尚書》，而安國以今文讀之，因以起其家。逸《書》得十餘篇，蓋《尚書》滋多於是矣。

諸學者多言禮，而魯高堂生最本。《禮》固自孔子時而其經不具，及至秦焚書，書散亡益多，於今獨有《士禮》，高堂生能言之。

而魯徐生善爲容。孝文帝時，徐生以容爲禮官大夫。傳子至孫延、徐襄。襄，其天姿善爲容，不能通《禮經》；延頗能，未善也。襄以容爲漢禮官大夫，至廣陵內史。延及徐氏弟子公户滿意、桓生、單次，皆嘗爲漢禮官大夫。而瑕丘蕭奮以《禮》爲淮陽太守。是後能言《禮》爲容者，由徐氏焉。

自魯商瞿受《易》孔子，孔子卒，商瞿傳《易》，六世至齊人田何，字子莊。而漢興。田何傳東武人王同子仲，子仲傳菑川人楊何。何以《易》，元光元年徵，官至中大夫。齊人卽墨成以《易》至城陽相。廣川人孟但以《易》爲太子門大夫。魯人周霸，莒人衡胡，臨菑人主父偃，皆以《易》至二千石。然要言《易》者本於楊何之家。

董仲舒，廣川人也。以治《春秋》，孝景時爲博士。下帷講誦，弟子傳以久次相受業，或莫見其面，蓋三年董仲舒不觀於舍園，其精如此。進退容止，非禮不行，學士皆師尊之。今上卽位，爲江都相。以《春秋》灾異之變推陰陽所以錯行，故求雨閉諸陽，縱諸陰，其止雨反是。行之一國，未嘗不得所欲。中廢爲中大夫，居舍，著《灾異之記》。是時遼東高廟灾，主父偃疾之，取其書奏之天子。天子召諸生示其書，有刺譏。董仲舒弟子呂步舒不知其師書，以爲下愚。於是下董仲舒吏，當死，詔赦之。於是董仲舒竟不敢復言灾異。

董仲舒爲人廉直。是時方外攘四夷，公孫弘治《春秋》不如董仲舒，而弘希世用事，位至公卿。董仲舒以弘爲從諛。弘疾之，乃言上曰：『獨董仲舒可使相膠西王。』膠西王素聞董仲舒有行，亦善待之。董仲舒恐久獲罪，疾免居家。至卒，終不治產業，以脩學著書爲事。故漢興至於五世之閒，唯董仲舒名爲明於《春秋》，其傳公羊氏也。

胡毋生，齊人也。孝景時爲博士，以老歸教授。齊之言《春秋》者多受胡毋生，公孫弘亦頗受焉。

瑕丘江生爲穀梁春秋。自公孫弘得用，嘗集比其義，卒用董仲舒。

仲舒弟子遂者：蘭陵褚大，廣川殷忠，温呂步舒。褚大至梁相。步舒至長史，持節使決淮南獄，於諸侯擅專斷，不報，以《春秋》之義正

之，天子皆以爲是。弟子通者，至於命大夫；爲郎、謁者、掌故者以百數。而董仲舒子及孫皆以學至大官。

《漢書》卷六《武帝紀》　建元元年冬十月，詔丞相、御史、列侯、中二千石、二千石、諸侯相舉賢良方正直言極諫之士。丞相綰奏：『所舉賢良，或治申、商、韓非、蘇秦、張儀之言，亂國政，請皆罷。』奏可。【略】

二年冬十月，御史大夫趙綰坐請毋奏事太皇太后，及郎中令王臧皆下獄，自殺。【略】

五月，詔賢良曰：『朕聞昔在唐虞，畫象而民不犯，日月所燭，莫不率俾。周之成康，刑錯不用，德及鳥獸，教通四海。海外肅眘，北發渠搜，氐羌徠服。星辰不孛，日月不蝕，山陵不崩，川谷不塞；麟鳳在郊藪，河洛出圖書。嗚虖，何施而臻此與！今朕獲奉宗廟，夙興以求，夜寐以思，若涉淵水，未知所濟。猗與偉與！何行而可以章先帝之洪業休德，上參堯舜，下配三王！朕之不敏，不能遠德，此子大夫之所睹聞也。賢良明於古今王事之體，受策察問，咸以書對，著之於篇，朕親覽焉。』於是董仲舒、公孫弘等出焉。【略】

贊曰：漢承百王之弊，高祖撥亂反正，文景務在養民，至于稽古禮文之事，猶多闕焉。孝武初立，卓然罷黜百家，表章《六經》。遂疇咨海內，舉其俊茂，與之立功。興太學，修郊祀，改正朔，定曆數，協音律，作詩樂，建封禪，禮百神，紹周後，號令文章，焕焉可述。後嗣得遵洪業，而有三代之風。如武帝之雄材大略，不改文景之恭儉以濟斯民，雖《詩》、《書》所稱，何有加焉！

又　卷三六《楚元王傳》　歆及向始皆治《易》，宣帝時，詔向受《穀梁春秋》，十餘年，大明習。及歆校秘書，見古文《春秋左氏傳》，歆大好之。時丞相史尹咸以能治《左氏》，與歆共校經傳。歆略從咸及丞相翟方進受，質問大義。初《左氏傳》多古字古言，學者傳訓故而已，及歆治《左氏》，引傳文以解經，轉相發明，由是章句義理備焉。歆亦湛靖有謀，父子俱好古，博見彊志，過絶於人。歆以爲左丘明好惡與聖人同，親見夫子，而公羊、《穀梁》在七十子後，傳聞之與親見之，其詳略不同。歆數以難向，向不能非間也，然猶自持其《穀梁》義。及歆親近，

欲建立《左氏春秋》及《毛詩》、《逸禮》、《古文尚書》皆列於學官。哀帝令歆與《五經》博士講論其義，諸博士或不肯置對，歆因移書太常博士，責讓之曰：

昔唐虞既衰，而三代迭興，聖帝明王，累起相襲，其道甚著。周室既微而禮樂不正，道之難全也如此。是故孔子憂道之不行，歷國應聘。自衛反魯，然後樂正，《雅》、《頌》乃得其所；修《易》，序《書》，制作《春秋》，以紀帝王之道。及夫子没而微言絶，七十子終而大義乖。重遭戰國，棄籩豆之禮，理軍旅之陳，孔氏之道抑，而孫吳之術興。陵夷至于暴秦，燔經書，殺儒士，設挾書之法，行是古之罪，道術由是遂滅。漢興，去聖帝明王遐遠，仲尼之道又絶，法度無所因襲。時獨有一叔孫通略定禮儀，天下唯有《易》卜，未有它書。至孝惠之世，乃除挾書之律，然公卿大臣絳、灌之屬咸介胄武夫，莫以爲意。至孝文皇帝，始使掌故朝錯從伏生受《尚書》。《尚書》初出于屋壁，朽折散絶，今其書見在，時師傳讀而已。《詩》始萌牙。天下衆書往往頗出，皆諸子傳說，猶廣立於學官，爲置博士。在漢朝之儒，唯賈生而已。至孝武皇帝，然後鄒、魯、梁、趙頗有《詩》、《禮》、《春秋》先師，皆起於建元之間。當此之時，一人不能獨盡其經，或爲《雅》，或爲《頌》，相合而成。《泰誓》後得，博士集而讀之。故詔書稱曰：『禮壞樂崩，書缺簡脫，朕甚閔焉。』時漢興已七八十年，離於全經，固已遠矣。

及魯恭王壞孔子宅，欲以爲宫，而得古文於壞壁之中，《逸禮》有三十九，《書》十六篇。天漢之後，孔安國獻之，遭巫蠱倉卒之難，未及施行。及《春秋》左氏丘明所修，皆古文舊書，多者二十餘通，臧於秘府，伏而未發。孝成皇帝閔學殘文缺，稍離其眞，乃陳發秘臧，校理舊文，得此三事，以考學官所傳，經或脫簡，傳或間編。傳問民間，則有魯國柏公、趙國貫公、膠東庸生之遺學與此同，抑而未施。此乃有識者之所惜閔，士君子之所嗟痛也。往者綴學之士不思廢絶之闕，苟因陋就寡，分文析字，煩言碎辭，學者罷老且不能究其一藝。信口說而背傳記，是末師而非往古，至於國家將有大事，若立辟雍封禪巡狩之儀，則幽冥而莫知其原。猶欲保殘守缺，挾恐見破之私意，而無從善服義之公心，或懷妒嫉，不考情實，雷同相從，隨聲是非，抑此三學，以《尚書》爲備，謂左氏

爲不傳《春秋》，豈不哀哉！

今聖上德通神明，繼統揚業，亦閔文學錯亂，學士若兹，雖昭其情，猶依違謙讓，樂與士君子同之。故下明詔，試《左氏》可立不，遣近臣奉指銜命，將以輔弱扶微，與二三君子比意同力，冀得廢遺。今則不然，深閉固距，而不肯試，猥以不誦絶之，欲以杜塞餘道，絶滅微學。夫可與樂成，難與慮始，此乃衆庶之所爲耳，非所望士君子也。且此數家之事，皆先帝所親論，今上所考視，其古文舊書，皆有徵驗，外内相應，豈苟而已哉！

夫禮失求之於野，古文不猶愈於野乎？往者博士《書》有歐陽，《春秋》有公羊，《易》則施、孟，然孝宣皇帝猶復廣立《穀梁春秋》、《梁丘易》、《大小夏侯尚書》，義雖相反，猶並置之。何則？與其過而廢之也，寧過而立之。傳曰：『文武之道未墜於地，在人；賢者志其大者，不賢者志其小者。』今此數家之言所以兼包大小之義，豈可偏絶哉！若必專己守殘，黨同門，妒道真，違明詔，失聖意，以陷於文吏之議，甚爲二三君子不取也。

其言甚切，諸儒皆怨恨。是時名儒光禄大夫龔勝以歆移書上疏深自罪責，願乞骸骨罷。及儒者師丹爲大司空，亦大怒，奏歆改亂舊章，非毀先帝所立。上曰：『歆欲廣道術，亦何以爲非毀哉？』歆由是忤執政大臣，爲衆儒所訕，懼誅，求出補吏，爲河内太守。以宗室不宜典三河，徙守五原，後復轉在涿郡，歷三郡守。數年，以病免官，起家復爲安定屬國都尉。會哀帝崩，王莽持政，莽少與歆俱爲黄門郎，重之，白太后。太后留歆爲右曹太中大夫，遷中壘校尉，羲和，京兆尹，使治明堂辟雍，封紅休侯。典儒林史卜之官，考定律曆，著《三統曆譜》。

初，歆以建平元年改名秀，字穎叔云。及王莽篡位，歆爲國師，後事皆在《莽傳》。

贊曰：仲尼稱『材難不其然與！』自孔子後，綴文之士衆矣，唯孟軻、孫況、董仲舒、司馬遷、劉向、楊雄。此數公者，皆博物洽聞，通達古今，其言有補於世。傳曰『聖人不出，其間必有命世者焉』，豈近是乎？劉氏《洪範論》發明《大傳》，著天人之應；《七略》剖判藝文，總百家之緒；《三統曆譜》考步日月五星之度。有意其推本之也。嗚虖！向言山陵之戒，于今察之，哀哉！指明梓柱以推廢興，昭矣！豈非直諒多聞，古之益友與！

又　卷五六《董仲舒傳》　《春秋》大一統者，天地之常經，古今之通誼也。今師異道，人異論，百家殊方，指意不同，是以上亡以持一統；法制數變，下不知所守。臣愚以爲諸不在六藝之科孔子之術者，皆絶其道，勿使並進。邪辟之説滅息，然後統紀可一而法度可明，民知所從矣。

又　卷八八《儒林傳》　瑕丘江公受《穀梁春秋》及《詩》於魯申公，傳子至孫爲博士。武帝時，江公與董仲舒並。仲舒通《五經》，能持論，善屬文。江公吶於口，上使與仲舒議，不如仲舒。而丞相公孫弘本爲《公羊》學，比輯其議，卒用董生。於是上因尊《公羊》家，詔太子受《公羊春秋》，由是《公羊》大興。太子既通，復私問《穀梁》而善之。其後浸微，唯魯榮廣王孫、皓星公二人受焉。廣盡能傳其《詩》、《春秋》，高材捷敏，與《公羊》大師眭孟等論，數困之，故好學者頗復受《穀梁》。沛蔡千秋少君、梁周慶幼君、丁姓子孫皆從廣受。千秋又事皓星公，爲學最篤。宣帝即位，聞衛太子好《穀梁春秋》，以問丞相韋賢、長信少府夏侯勝及侍中樂陵侯史高，皆魯人也，言穀梁子本魯學，公羊氏乃齊學也，宜興《穀梁》。時千秋爲郎，召見，與《公羊》家並説，上善《穀梁》説，擢千秋爲諫大夫給事中，後有過，左遷平陵令。復求能爲《穀梁》者，莫及千秋。上愍其學且絶，乃以千秋爲郎中户將，選郎十人從受。汝南尹更始翁君本自事千秋，能説矣，會千秋病死，徵江公孫爲博士。劉向以故諫大夫通達待詔，受《穀梁》，欲令助之。江博士復死，乃徵周慶、丁姓待詔保宫，使卒授十人。自元康中始講，至甘露元年，積十餘歲，皆明習。乃召《五經》名儒太子太傅蕭望之等大議殿中，平《公羊》、《穀梁》同異，各以經處是非。時，《公羊》博士嚴彭祖、侍郎申輓、伊推、宋顯，《穀梁》議郎尹更始、待詔劉向、周慶、丁姓並論。《公羊》家多不見從，願請内侍郎許廣，使者亦並内《穀梁》家中郎王亥，各五人，議三十餘事。望之等十一人各以經誼對，多從《穀梁》。由是《穀梁》之學大盛。慶、姓皆爲博士。姓至中山太傅，授楚申章昌曼君，爲博士，至長沙太傅，徒衆尤盛。尹更始爲諫大夫、長樂户將，又受

《左氏傳》，取其變理合者以爲章句，傳子咸及翟方進、琅邪房鳳。咸至大司農，方進丞相，自有傳。

又及至秦始皇兼天下，燔《詩》、《書》，殺術士，六學從此缺矣。陳涉之王也，魯諸儒持孔氏禮器［往］歸之，於是孔甲爲涉博士，卒與俱死。陳涉起匹夫，敺適戍以立號，不滿歲而滅亡，其事至微淺，然而搢紳先生負禮器往委質爲臣者何也？以秦禁其業，積怨而發憤於陳王也。

及高皇帝誅項籍，引兵圍魯，魯中諸儒尚講誦習禮，弦歌之音不絕，豈非聖人遺化好學之國哉？於是諸儒始得修其經學，講習大射鄉飲之禮。叔孫通作漢禮儀，因爲奉常，諸弟子共定者，咸爲選首，然後喟然興於學。然尚有干戈，平定四海，亦未皇庠序之事也。孝惠、高后時，公卿皆武力功臣。孝文時頗登用，然孝文本好刑名之言。及至孝景，不任儒，竇太后又好黃、老術，故諸博士具官待問，未有進者。

漢興，言《易》自淄川田生；言《書》自濟南伏生；言《詩》，於魯則申培公，於齊則轅固生，燕則韓太傅；言《禮》，則魯高堂生；言《春秋》，於齊則胡毋生，於趙則董仲舒。及竇太后崩，武安君田蚡爲丞相，黜黃老、刑名百家之言，延文學儒者以百數，而公孫弘以治《春秋》爲丞相，封侯，天下學士靡然鄉風矣。

弘爲學官，悼道之鬱滯，【略】制曰：『可。』自此以來，公卿大夫士吏彬彬多文學之士矣。

昭帝時舉賢良文學，增博士弟子員滿百人，宣帝末增倍之。元帝好儒，能通一經者皆復。數年，以用度不足，更爲設員千人，郡國置《五經》百石卒史。成帝末，或言孔子布衣養徒三千人，今天子太學弟子少，於是增弟子員三千人。歲餘，復如故。平帝時王莽秉政，增元士之子得受業如弟子，勿以爲員，歲課甲科四十人爲郎中，乙科二十人爲太子舍人，丙科四十人補文學掌故云。【略】

漢興，北平侯張蒼及梁大傅賈誼、京兆尹張敞、太中大夫劉公子皆修《春秋左氏傳》。誼爲《左氏傳》訓故，授趙人貫公，爲河間獻王博士，子長卿爲蕩陰令，授清河張禹長子。禹與蕭望之同時爲御史，數爲望之言《左氏》，望之善之，上書數以稱說。後望之爲太子太傅，薦禹於宣帝，徵禹待詔，未及問，會疾死。授尹更始，更始傳子咸及翟方進、胡常。常授黎陽賈護季君，哀帝時待詔爲郎，授蒼梧陳欽子佚，以《左氏》授王莽，至將軍。而劉歆從尹咸及翟方進受。由是言《左氏》者本之賈護、劉歆。

贊曰：自武帝立《五經》博士，開弟子員，設科射策，勸以官祿，訖於元始，百有餘年，傳業者寖盛，支葉蕃滋，一經說至百餘萬言，大師衆至千餘人，蓋祿利之路然也。初，《書》唯有歐陽，《禮》后，《易》楊，《春秋》公羊而已。至孝宣世，復立《大小夏侯尚書》，《大小戴禮》，《施》、《孟》、《梁丘易》，《穀梁春秋》。至元帝世，復立《京氏易》，平帝時，又立《左氏春秋》、《毛詩》、逸《禮》、古文《尚書》，所以罔羅遺失，兼而存之，是在其中矣。

《後漢書》卷三《肅宗孝章帝紀》（建初四年）十一月壬戌，詔曰：『蓋三代導人，教學爲本。漢承暴秦，襃顯儒術，建立《五經》，爲置博士。其後學者精進，雖曰承師，亦別名家。孝宣皇帝以爲去聖久遠，學不厭博，故遂立《大、小夏侯尚書》，後又立《京氏易》。至建武中，復置《顏氏、嚴氏春秋》，《大、小戴禮》博士。此皆所以扶進微學，尊廣道藝也。中元元年詔書，《五經》章句煩多，議欲減省。至永平元年，長水校尉儵奏言，先帝大業，當以時施行。欲使諸儒共正經義，頗令學者得以自助。孔子曰：「學之不講，是吾憂也。」又曰：「博學而篤志，切問而近思，仁在其中矣。」於戲，其勉之哉！』於是下太常，將、大夫、博士、議郎、郎官及諸生、諸儒會白虎觀，講議《五經》同異，使五官中郎將魏應承制問，侍中淳于恭奏，帝親稱制臨決，如孝宣甘露石渠故事，作《白虎議奏》。』

又 卷三六《陳元傳》 建武初，元與桓譚、杜林、鄭興俱爲學者所宗。時議欲立《左氏傳》博士，范升奏以爲《左氏》淺末，不宜立。元聞之，乃詣闕上疏曰：

陛下撥亂反正，文武並用，深愍經蓺謬雜，眞僞錯亂，每臨朝日，輒延羣臣講論聖道。知丘明至賢，親受孔子，而《公羊》、《穀梁》傳聞於後世，故詔立《左氏》，博詢可否，示不專已，盡之羣下也。今論者沈溺所習，翫守舊聞，固執虛言傳受之辭，以非親見實事之道。《左氏》孤學少與，遂爲異家之所覆冒。夫至音不合衆聽，故伯牙絕弦；至寶不同衆

好，故卞和泣血。仲尼聖德，而不容於世，況於竹帛餘文，其爲雷同者所排，固其宜也。非陛下至明，孰能察之！

臣元竊見博士范升等所議奏《左氏春秋》不可立，及太史公違戾凡四十五事。案升等所言，前後相違，皆斷截小文，媟黷微辭，以年數小差，掇爲巨謬，遺脫纖微，指爲大尤。抉瑕擿釁，掩其弘美，所謂『小辯破言，小言破道』者也。升等又曰：『先帝不以《左氏》爲經，故不置博士，後主所宜因襲。』臣愚以爲若先帝所行而後主必行者，則盤庚不當遷于殷，周公不當營洛邑，陛下不當都山東也。往者，孝武皇帝好《公羊》，衛太子好《穀梁》，有詔詔太子受《公羊》，不得受《穀梁》。孝宣皇帝在人間時，聞衛太子好《穀梁》，於是獨學之。及卽位，爲石渠論而《穀梁氏》興，至今與《公羊》並存。此先帝後帝各有所立，不必其相因也。孔子曰，純，儉，吾從衆；至於拜下，則違之。夫明者獨見，不惑於朱紫，聽者獨聞，不謬於清濁，故離朱不爲巧眩移目，師曠不爲新聲易耳。方今干戈少弭，戎事略戢，留思聖藝，眷顧儒雅，採孔子拜下之義，卒淵聖獨見之旨，分明白黑，建立《左氏》，解釋先聖之積結，洮汰學者之累惑，使基業垂於萬世，後進無復狐疑，則天下幸甚。

臣元愚鄙，嘗傳師言。如得以褐衣召見，俯伏庭下，誦孔氏之正道，理丘明之宿冤。若辭不合經，事不稽古，退就重誅，雖死之日，生之年也。

書奏，下其議，范升復與元相辯難，凡十餘上。帝卒立《左氏》學，太常選博士四人，元爲第一。帝以元新忿爭，乃用其次司隸從事李封，於是諸儒以《左氏》之立，論議讙嘩，自公卿以下，數廷爭之。會封病卒，《左氏》復廢。

又　卷四八《楊終傳》　終又言：『宣帝博徵羣儒，論定《五經》於石渠閣。方今天下少事，學者得成其業，而章句之徒，破壞大體。宜如石渠故事，永爲後世則。』於是詔諸儒於白虎觀論考同異焉。會終坐事繫獄，博士趙博、校書郎班固、賈逵等，以終深曉《春秋》，學多異聞，表請之，終又上書自訟，卽日貫出，乃得與於白虎觀焉。後受詔刪《太史公書》爲十餘萬言。

時太后兄衛尉馬廖，謹篤自守，不訓諸子。終與廖交善，以書戒之曰：

終聞堯舜之民，可比屋而封；桀紂之民，可比屋而誅，何者？堯舜爲之隄防，桀紂示之驕奢故也。《詩》曰：『皎皎練絲，在所染之。』上智下愚，謂之不移；中庸之流，要在教化。《春秋》殺太子母弟，直稱君甚惡之者，坐失教也。《禮》制，人君之子年八歲，爲置少傅，教之書計，以開其明；十五置太傅，教之經典，以道其志。漢興，諸侯王不力教誨，多觸禁忌，故有亡國之禍，而乏嘉善之稱。今君位地尊重，海內所望，豈可不臨深履薄，以爲至戒！黄門郎年幼，血氣方盛，既無長君退讓之風，而要結輕狡無行之客，縱而莫誨，視成任性，鑑念前往，可爲寒心。君侯誠宜以臨深履薄爲戒。廖不納。子豫後坐縣書誹謗，廖以就國。

又　卷七九《儒林傳上》　建初中，大會諸儒於白虎觀，考詳同異，連月乃罷。肅宗親臨稱制，如石渠故事，顧命史臣，著爲通義。又詔高才生受《古文尚書》、《毛詩》、《穀梁》、《左氏春秋》，雖不立學官，然皆擢高第爲講郎，給事近署，所以網羅遺逸，博存衆家。孝和亦數幸東觀，覽閱書林。及鄧后稱制，學者頗懈。時樊準、徐防並陳敦學之宜，又言儒職多非其人，於是制詔公卿妙簡其選，三署郎能通經術者，皆得察舉。自安帝覽政，薄於藝文，博士倚席不講，朋徒相視怠散，學舍穨敝，鞠爲園蔬，牧兒蕘豎，至於薪刈其下。順帝感翟酺之言，乃更脩黌宇，凡所造構二百四十房，千八百五十室。試明經下第補弟子，增甲乙之科員各十人，除郡國耆儒皆補郎、舍人。本初元年，梁太后詔曰：『大將軍下至六百石，悉遣子就學，每歲輒於鄉射月一饗會之，以此爲常。』自是遊學增盛，至三萬餘生。然章句漸疏，而多以浮華相尚，儒者之風蓋衰矣。黨人既誅，其高名善士多坐流廢，後遂至忿爭，更相言告，亦有私行金貨，定蘭臺桼書經字，以合其私文。熹平四年，靈帝乃詔諸儒正定《五經》，刊於石碑，爲古文、篆、隸三體書法以相參檢，樹之學門，使天下咸取則焉。

論　說

《漢書》卷九《元帝紀》　孝元皇帝，宣帝太子也。母曰共哀許皇后，宣帝微時生民間。年二歲，宣帝卽位。八歲，立爲太子。壯大，柔仁

好儒。見宣帝所用多文法吏，以刑名繩下，大臣楊惲、（盍）［蓋］寬饒等坐刺譏辭語爲罪而誅，嘗侍燕從容言：『陛下持刑太深，宜用儒生。』宣帝作色曰：『漢家自有制度，本以霸王道雜之，奈何純任德教，用周政乎！且俗儒不達時宜，好是古非今，使人眩於名實，不知所守，何足委任？』乃歎曰：『亂我家者，太子也！』繇是疏太子而愛淮陽王，曰：『淮陽王明察好法，宜爲吾子。』而王母張倢伃尤幸。上有意欲用淮陽王代太子，然以少依許氏，俱從微起，故終不背焉。【略】

贊曰：臣外祖兄弟爲元帝侍中，語臣曰元帝多材藝，善史書。鼓琴瑟，吹洞簫，自度曲，被歌聲，分刌節度，窮極幼眇。少而好儒，及即位，徵用儒生，委之以政，貢、薛、韋、匡迭爲宰相。而上牽制文義，優游不斷，孝宣之業衰焉。然寬弘盡下，出於恭儉，號令温雅，有古之風烈。

又　卷五六《董仲舒傳》　陛下發德音，下明詔，求天命與情性，皆非愚臣之所能及也。臣謹案《春秋》之中，視前世已行之事，以觀天人相與之際，甚可畏也。國家將有失道之敗，而天乃先出灾害以譴告之，不知自省，又出怪異以警懼之，尚不知變，而傷敗乃至。以此見天心之仁愛人君而欲止其亂也。自非大亡道之世者，天盡欲扶持而全安之，事在强勉而已矣。强勉學問，則聞見博而知益明；彊勉行道，則德日起而大有功；此皆可使還至而有效者也。《詩》曰『夙夜匪解』，《書》云『茂哉茂哉！』皆彊勉之謂也。

道者，所繇適於治之路也，仁義禮樂皆其具也。故聖王已没，而子孫長久安寧數百歲，此皆禮樂教化之功也。王者未作樂之時，乃用先王之樂宜於世者，而以深入教化於民。教化之情不得，雅頌之樂不成，故王者功成作樂，樂其德也。樂者，所以變民風，化民俗也；其變民也易，其化人也著。故聲發於和而本於情，接於肌膚，臧於骨髓。故王道雖微缺，而筦絃之聲未衰也。夫虞氏之不爲政久矣，然而樂頌遺風猶有存者，是以孔子在齊而聞《韶》也。夫人君莫不欲安存而惡危亡，然而政亂國危者甚衆，所任者非其人，而所繇者非其道，是以政日以仆滅也。夫周道衰於幽厲，非道亡也，幽厲不繇也。至於宣王，思昔先王之德，興滯補弊，明文武之功業，周道粲然復興，詩人美之而作，上天祐之，爲生賢佐，後世稱誦，至今不絕。此夙夜不解行善之所致也。孔子曰『人能弘道，非道弘人』也。故治亂廢興在於己，非天降命不可得反，其所操持誖謬失其統也。

臣聞天之所大奉使之王者，必有非人力所能致而自至者，此受命之符也。天下之人同心歸之，若歸父母，故天瑞應誠而至。《書》曰『白魚入于王舟，有火復于王屋，流爲烏』，此蓋受命之符也。周公曰『復哉復哉』，孔子曰『德不孤，必有鄰』，皆積善絫德之效也。及至後世，淫佚衰微，不能統理羣生，諸侯背畔，殘賊良民以爭壤土，廢德教而任刑罰。刑罰不中，則生邪氣；邪氣積於下，怨惡畜於上。上下不和，則陰陽繆盭而妖孽生矣。此灾異所緣而起也。

臣聞命者天之令也，性者生之質也，情者人之欲也。或夭或壽，或仁或鄙，陶冶而成之，不能粹美，有治亂之所生，故不齊也。孔子曰：『君子之德風，小人之德屮，屮上之風必偃。』故堯舜行德則民仁壽，桀紂行暴則民鄙夭。夫上之化下，下之從上，猶泥之在鈞，唯甄者之所爲，猶金之在鎔，唯冶者之所鑄。『綏之斯徠，動之斯和』，此之謂也。

臣謹案《春秋》之文，求王道之端，得之於正。正次王，王次春。春者，天之所爲也；正者，王之所爲也。其意曰，上承天之所爲，而下以正其所爲，正王道之端云爾。然則王者欲有所爲，宜求其端於天。天道之大者在陰陽。陽爲德，陰爲刑；刑主殺而德主生。是故陽常居大夏，而以生育養長爲事；陰常居大冬，而積於空虚不用之處。以此見天之任德不任刑也。天使陽出布施於上而主歲功，使陰入伏於下而時出佐陽；陽不得陰之助，亦不能獨成歲。終陽以成歲爲名，此天意也。王者承天意以從事，故任德教而不任刑。刑者不可任以治世，猶陰之不可任以成歲也。爲政而任刑，不順於天，故先王莫之肯爲也。今廢先王德教之官，而獨任執法之吏治民，毋乃任刑之意與！孔子曰：『不教而誅謂之虐。』虐政用於下，而欲德教之被四海，故難成也。

臣謹案《春秋》謂一元之意，一者萬物之所從始也，元者辭之所謂大也。謂一爲元者，視大始而欲正本也。《春秋》深探其本，而反自貴者始。故爲人君者，正心以正朝廷，正朝廷以正百官，正百官以正萬民，正萬民以正四方。四方正，遠近莫敢不壹於正，而亡有邪氣奸其間者。是以

陰陽調而風雨時，羣生和而萬民殖，五穀孰而屮木茂，天地之間被潤澤而大豐美，四海之内聞盛德而皆徠臣，諸福之物，可致之祥，莫不畢至，而王道終矣。

孔子曰：『鳳鳥不至，河不出圖，吾已矣夫！』自悲可致此物，而身卑賤不得致也。今陛下貴爲天子，富有四海，居得致之位，操可致之勢，又有能致之資，行高而恩厚，知明而意美，愛民而好士，可謂誼主矣。然而天地未應而美祥莫至者，何也？凡以教化不立而萬民不正也。夫萬民之從利也，如水之走下，不以教化隄防之，不能止也。是故教化立而姦邪皆止者，其隄防完也；教化廢而姦邪並出，刑罰不能勝者，其隄防壞也。古之王者明於此，是故南面而治天下，莫不以教化爲大務。立太學以教於國，設庠序以化於邑，漸民以仁，摩民以誼，節民以禮，故其刑罰甚輕而禁不犯者，教化行而習俗美也。

聖王之繼亂世也，埽除其迹而悉去之，復修教化而崇起之。教化已明，習俗已成，子孫循之，行五六百歲尚未敗也。至周之末世，大爲亡道，以失天下。秦繼其後，獨不能改，又益甚之，重禁文學，不得挾書，棄捐禮誼而惡聞之，其心欲盡滅先王之道，而顓爲自恣苟簡之治，故立爲天子十四歲而國破亡矣。自古以倈，未嘗有以亂濟亂，大敗天下之民如秦者也。其遺毒餘烈，至今未滅，使習俗薄惡，人民嚚頑，抵冒殊扞，孰爛如此之甚者也。孔子曰：『腐朽之木不可彫也，糞土之牆不可圬也。』今漢繼秦之後，如朽木糞牆矣，雖欲善治之，亡可奈何。法出而姦生，令下而詐起，如以湯止沸，抱薪救火，愈甚亡益也。竊譬之琴瑟不調，甚者必解而更張之，乃可鼓也；爲政而不行，甚者必變而更化之，乃可理也。當更張而不更張，雖有良工不能善調也；當更化而不更化，雖有大賢不能善治也。故漢得天下以來，常欲善治而至今不可善治者，失之於當更化而不更化也。古人有言曰：『臨淵羨魚，不如退而結網。』今臨政而願治七十餘歲矣，不如退而更化；更化則可善治，善治則災害日去，福祿日來。《詩》云：『宜民宜人，受祿于天。』爲政而宜於民者，固當受祿于天。夫仁誼禮知信五常之道，王者所當脩飭也；五者脩飭，故受天之祐，而享鬼神之靈，德施于方外，延及羣生也。【略】

贊曰：劉向稱：『董仲舒有王佐之材，雖伊呂亡以加，筦晏之屬，伯者之佐，殆不及也。』至向子歆以爲：『伊呂乃聖人之耦，王者不得則不興。故顔淵死，孔子曰『噫！天喪余。』唯此一人爲能當之，自宰我、子贛、子游、子夏不與焉。仲舒遭漢承秦滅學之後，《六經》離析，下帷發憤，潛心大業，令後學者有所統壹，爲羣儒首。然考其師友淵源所漸，猶未及乎游夏，而曰筦晏弗及，伊呂不加，過矣。』至向曾孫龔，篤論君子也，以歆之言爲然。

信奉圖讖分部

綜述

《漢書》卷九九中《王莽傳》 始建國元年正月朔，莽帥公侯卿士奉皇太后璽韍，上太皇太后，順符命，去漢號焉。【略】

秋，遣五威將王奇等十二人班符命四十二篇於天下。德祥五事，符命二十五，福應十二，凡四十二篇。其德祥言文、宣之世黄龍見於成紀、新都，高祖考王伯墓門梓柱生枝葉之屬。符命言井石、金匱之屬。福應言雌雞化爲雄之屬。其文爾雅依託，皆爲作説，大歸言莽當代漢有天下云。總而説之曰：『帝王受命，必有德祥之符瑞，協成五命，申以福應，然後能立巍巍之功，傳于子孫，永享無窮之祚。故新室之興也，德祥發於漢三七九世之後。肇命於新都，受瑞於黄支，開王於武功，定命於子同，成命於巴宕，申福於十二應，天所以保祐新室者深矣，固矣！武功丹石出於漢氏平帝末年，火德銷盡，土德當代，皇天眷然，去漢與新，以丹石始命於皇帝。皇帝謙讓，以攝居之，未當天意，故其秋七月，天重以三能文馬。皇帝復謙讓，未卽位，故三以鐵契，四以石龜，五以虞符，六以文圭，七以玄印，八以茂陵石書，九以玄龍石，十以神井，十一以大神石，十二以銅符帛圖。申命之瑞，寖以顯著，至于十二，以昭告新皇帝。皇帝深惟上天之威不可不畏，故去攝號，猶尚稱假，改元爲初始，欲以承塞天命，克厭上帝之心。然非皇天所以鄭重降符命之意，故是日天復決以龜書。又侍郎王盱見人衣白布單衣，赤繢方領，冠小冠，立于王路殿前，謂盱曰：

『今日天同色，以天下人民屬皇帝。』盱怪之，行十餘步，人忽不見。至丙寅暮，漢氏高廟有金匱圖策：『高帝承天命，以國傳新皇帝。』明旦，宗伯忠孝侯劉宏以聞，乃召公卿議，未決，而大神石人談曰：『趣新皇帝之高廟受命。毋留！』於是新皇帝立登車，之漢氏高廟受命。受命之日，丁卯也。丁，火，漢氏之德也。卯，劉姓所以爲字也。明漢劉火德盡，而傳於新室也。皇帝謙謙，既備固讓，十二符應迫著，命不可辭，懼然祇畏，葦然閔漢氏之終不可濟，亹亹在左右之不得從意，爲之三夜不御寢，三日不御食。延問公侯卿大夫，僉曰：『宜奉如上天威命。』於是乃改元定號，海内更始。新室既定，神祇懽喜，申以福應，吉瑞累仍。詩曰：『宜民宜人，受禄于天；保右命之，自天申之。』此之謂也。五威將奉符命，齎印綬，王侯以下及吏官名更者，外及匈奴、西域，徼外蠻夷，皆即授新室印綬，因收故漢印綬。賜吏爵人二級，民爵人一級，女子百户羊酒，蠻夷幣帛各有差。大赦天下。

《後漢書》卷一上《光武帝紀》　莽末，天下連歲灾蝗，寇盜鋒起。地皇三年，南陽荒饑，諸家賓客多爲小盜。光武避吏新野，因賣穀於宛。宛人李通等以圖讖説光武云：『劉氏復起，李氏爲輔。』光武初不敢當，然獨念兄伯升素結輕客，必舉大事，且王莽敗亡已兆，天下方亂，遂與定謀，於是乃市兵弩。十月，與李通從弟軼等起於宛，時年二十八。【略】

（建武元年）六月己未，即皇帝位。燔燎告天，禋于六宗，望於羣神。其祝文曰：『皇天上帝，后土神祇，眷顧降命，屬秀黎元，爲人父母，秀不敢當。羣下百辟，不謀同辭，咸曰：「王莽篡位，秀發憤興兵，破王尋、王邑於昆陽，誅王郎、銅馬於河北，平定天下，海内蒙恩。上當天地之心，下爲元元所歸。」讖記曰：「劉秀發兵捕不道，卯金修德爲天子。」秀猶固辭，至于再，至于三。羣下僉曰：「皇天大命，不可稽留。」敢不敬承。』於是建元爲建武，大赦天下，改鄗爲高邑。【略】

是歲，初起明堂、靈臺、辟雍，及北郊兆域。宣布圖讖於天下。復濟陽、南頓是年傜役。參狼羌寇武都，敗郡兵，隴西太守劉盱遣軍救之，及武都郡兵討叛羌，皆破之。【略】

論曰：皇考南頓君初爲濟陽令，以建平元年十二月甲子夜生光武於縣舍，有赤光照室中。欽異焉，使卜者王長占之。長辟左右曰：『此兆吉不可言。』是歲縣界有嘉禾生，一莖九穗，因名光武曰秀。明年，方士有夏賀良者，上言哀帝，云漢家曆運中衰，當再受命。於是改號爲太初元年，稱『陳聖劉太平皇帝』，以厭勝之。及王莽篡位，忌惡劉氏，以錢文有金刀，故改爲貨泉。或以貨泉字文爲『白水眞人』。後望氣者蘇伯阿爲王莽使至南陽，遥望見春陵郭，唶曰：『氣佳哉！鬱鬱葱葱然。』及始起兵還春陵，遠望舍南，火光赫然屬天，有頃不見。初，道士西門君惠、李守等亦云劉秀當爲天子。其王者受命，信有符乎？不然，何以能乘時龍而御天哉！

贊曰：炎正中微，大盜移國。九縣飆回，三精霧塞。人厭淫詐，神思反德。光武誕命，靈貺自甄。沈幾先物，深略緯文。尋、邑百萬，貔虎爲羣。長轂雷野，高鋒彗雲。英威既振，新都自焚。虔劉庸、代，紛紜梁、趙。三河未澄，四關重擾。神旌乃顧，遞行天討。金湯失險，車書共道。靈慶既啓，人謀咸贊。明明廟謨，赳赳雄斷。於赫有命，系隆我漢。

又　卷一三《公孫述傳》　是時，述廢銅錢，置鐵官錢，百姓貨幣不行。蜀中童謠言曰：『黄牛白腹，五銖當復。』好事者竊言王莽稱『黄』，述自號『白』，五銖錢，漢貨也，言天下當并還劉氏。述亦好爲符命鬼神瑞應之事，妄引讖記。以爲孔子作《春秋》，爲赤制而斷十二公，明漢至平帝十二代，曆數盡也，一姓不得再受命。又引《録運法》曰：『廢昌帝，立公孫。』《括地象》曰：『帝軒轅受命，公孫氏握。』《援神契》曰：『西太守，乙卯金。』謂西方太守而乙絶卯金也。五德之運，黄承赤而白繼黄，金據西方爲白德，而代王氏，得其正序。又自言手文有奇，及得龍興之瑞。數移書中國，冀以感動衆心。帝患之，乃與述書曰：『圖讖言「公孫」，即宣帝也。代漢者當塗高，君豈高之身邪？乃復以掌文爲瑞，王莽何足效乎！君非吾賊臣亂子，倉卒時人皆欲爲君事耳，何足數也。君日月已逝，妻子弱小，當早爲定計，可以無憂。天下神器，不可力爭，宜留三思。』署曰『公孫皇帝』。述不答。

又　卷一五《鄧晨傳》　鄧晨字偉卿，南陽新野人也。世吏二千石。父宏，豫章都尉。晨初娶光武姊元。王莽末，光武嘗與兄伯升及晨俱之宛，與穰人蔡少公等讌語。少公頗學圖讖，言劉秀當爲天子。或曰：『是國師公劉秀乎？』光武戲曰：『何用知非僕邪？』坐者皆大笑，晨心獨

喜。及光武與家屬避吏新野，舍晨廬，甚相親愛。晨因謂光武曰：『王莽悖暴，盛夏斬人，此天亡之時也。往時會宛，獨當應邪？』光武笑不答。

又 卷三〇《蘇竟傳》 世之俗儒末學，醒醉不分，而稽論當世，疑誤視聽。或謂天下迭興，未知誰是，稱兵據土，可圖非冀。或曰聖王未啓，宜觀時變，倚彊附大，顧望自守。二者之論，豈其然乎？夫孔丘秘經，爲漢赤制，玄包幽室，文隱事明。且火德承堯，雖昧必亮，承積世之祚，握無窮之符，王氏雖乘間偷篡，而終嬰大戮，支分體解，宗氏屠滅，非其效歟？皇天所以眷顧踟躕，憂漢子孫者也。論者若不本之於天，參之於聖，猥以師曠雜事輕自眩惑，說士作書，亂夫大道，焉可信哉？

【略】

楊厚字仲桓，廣漢新都人也。祖父春卿，善圖讖學，爲公孫述將。漢兵平蜀，春卿自殺，臨命戒子統曰：『吾綈袠中有先祖所傳秘記，爲漢家用，爾其修之。』統感父遺言，服闋，辭家從犍爲周循學習先法，又就同郡鄭伯山受河洛書及天文推步之術。建初中爲彭城令，一州大旱，統推陰陽消伏，縣界蒙澤。太守宗湛使統爲郡求雨，亦卽降澍。自是朝廷災異，多以訪之。統作《家法章句》及《內讖》二卷解說，位至光祿大夫，爲國三老。年九十卒。

統生厚。厚母初與前妻子博不相安，厚年九歲，思令和親，乃託疾不言不食。母知其旨，懼然改意，恩養加篤。博後至光祿大夫。

厚少學統業，精力思述。初，安帝永初三年，太白入斗，洛陽大水。時統爲侍中，厚隨在京師。朝廷以問統，統對年老耳目不明，子厚曉讀圖書，粗識其意。鄧太后使中常侍承制問之，厚對以爲『諸王子多在京師，容有非常，宜亟發遣各還本國。』太后從之，星尋滅不見。又剋水退期日，皆如所言。除爲中郎。太后特引見，問以圖讖，厚對不合，免歸。復習業犍爲，不應州郡、三公之命，方正、有道、公車特徵皆不就。

又 卷三六《賈逵傳》 臣以永平中上言《左氏》與圖讖合者，先帝不遺芻蕘，省納臣言，寫其傳詁，藏之秘書。建平中，侍中劉歆欲立《左氏》，不先暴論大義，而輕移太常，恃其義長，詆挫諸儒，諸儒內懷不服，相與排之。孝哀皇帝重逆衆心，故出歆爲河內太守。從是攻擊《左氏》，遂爲重讎。至光武皇帝，奮獨見之明，興立《左氏》、《穀梁》，會二家先師不曉圖讖，故令中道而廢。凡所以存先王之道者，要在安上理民也。今《左氏》崇君父，卑臣子，彊幹弱枝，勸善戒惡，至明至切，至直至順。且三代異物，損益隨時，故先帝博觀異家，各有所採。《易》有施、孟，復立梁丘，《尚書》歐陽，復有大小夏侯，今三傳之異亦猶是也。又《五經》家皆無以證圖讖明劉氏爲堯後者，而《左氏》獨有明文。《五經》家皆言顓頊代黃帝，而堯不得爲火德。左氏以爲少昊代黃帝，卽圖讖所謂帝宣也。如令堯不得爲火，則漢不得爲赤。其所發明，補益實多。

又 卷四〇《班彪傳》 父彪卒，歸鄉里。固以彪所續前史未詳，乃潛精研思，欲就其業。既而有人上書顯宗，告固私改作國史者，有詔下郡，收固繫京兆獄，盡取其家書。先是扶風人蘇朗偽言圖讖事，下獄死。固弟超恐固爲郡所覈考，不能自明，乃馳詣闕上書，得召見，具言固所著述意，而郡亦上其書。顯宗甚奇之，召詣校書部，除蘭臺令史，與前睢陽令陳宗、長陵令尹敏、司隸從事孟異共成《世祖本紀》。遷爲郎，典校秘書。固又撰功臣、平林、新市、公孫述事，作列傳、載記二十八篇，奏之。帝乃復使終成前所著書。

又 卷五九《張衡傳》 臣聞聖人明審律曆以定吉凶，重之以卜筮，雜之以九宮，經天驗道，本盡於此。或觀星辰逆順，寒燠所由，或察龜策之占，巫覡之言，其所因者，非一術也。立言於前，有徵於後，故智者貴焉，謂之讖書。讖書始出，蓋知之者寡。自漢取秦，用兵力戰，功成業遂，可謂大事，當此之時，莫或稱讖。若夏侯勝、眭孟之徒，以道術立名，其所述著，無讖一言。劉向父子領校秘書，閱定九流，亦無讖錄。成、哀之後，乃始聞之。《尚書》堯使鯀理洪水，九載績用不成，鯀則殛死，禹乃嗣興。而《春秋讖》云『共工理水』。凡讖皆云黃帝伐蚩尤，而《詩讖》獨以爲『蚩尤敗，然後堯受命』。春秋元命包中有公輸班與墨翟，事見戰國，非春秋時也。又言『別有益州』。益州之置，在於漢世。其名三輔諸陵，世數可知。至於圖中訖于成帝。一卷之書，互異數事，聖人之言，勢無若是，殆必虛偽之徒，以要世取資。往者侍中賈逵摘讖互異三十餘事，諸言讖者皆不能說。至於王莽簒位，漢世大禍，八十篇何爲不戒？則知圖讖成於哀平之際也。且河洛、六藝，篇録已定，後人皮傳，無所容

篡。永元中，清河宋景遂以歷紀推言水灾，而僞稱洞視玉版。或者至於棄家業，入山林。後皆無效，而復采前世成事，以爲證驗。至於永建復統，則不能知。此皆欺世罔俗，以昧埶位，情僞較然，莫之糾禁。且律曆、卦候、九宫、風角，數有徵效，世莫肯學，而競稱不占之書。譬猶畫工，惡圖犬馬而好作鬼魅，誠以實事難形，而虚僞不窮也。宜收藏圖讖，一禁絶之，則朱紫無所眩，典籍無瑕玷矣。

又　卷七九《任安傳》　任安字定祖，廣漢綿竹人也。少遊太學，受孟氏易，兼通數經。又從同郡楊厚學圖讖，究極其術。時人稱曰：『欲知仲桓問任安。』又曰：『居今行古任定祖。』學終，還家教授，諸生自遠而至。初仕州郡。後太尉再辟，除博士，公車徵，皆稱疾不就。州牧劉焉表薦之，時王塗隔塞，詔命竟不至。年七十九，建安七年，卒于家。【略】

帝以敏博通經記，令校圖讖，使蠲去崔發所爲王莽著録次比。敏對曰：『讖書非聖人所作，其中多近鄙别字，頗類世俗之辭，恐疑誤後生。』帝不納。敏因其闕文增之曰：『君無口，爲漢輔。』帝見而怪之，召敏問其故。敏對曰：『臣見前人增損圖書，敢不自量，竊幸萬一。』帝深非之，雖竟不罪，而亦以此沈滯。【略】

薛漢字公子，淮陽人也。世習《韓詩》，父子以章句著名。漢少傳父業，尤善説灾異讖緯，教授常數百人。建武初，爲博士，受詔校定圖讖。當世言《詩》者，推漢爲長。永平中，爲千乘太守，政有異迹。後坐楚事辭相連，下獄死。弟子犍爲杜撫、會稽澹臺敬伯、鉅鹿韓伯高最知名。【略】

李育字元春，扶風漆人也。少習《公羊春秋》。沈思專精，博覽書傳，知名太學，深爲同郡班固所重。固奏記薦育於驃騎將軍東平王蒼，由是京師貴戚爭往交之。州郡請召，育到，輒辭病去。常避地教授，門徒數百。頗涉獵古學。嘗讀《左氏傳》，雖樂文采，然謂不得聖人深意，以爲前世陳元、范升之徒更相非折，而多引圖讖，不據理體，於是作難《左氏義》四十一事。

《晉書》卷二二《樂志上》　漢祖提劍寰中，削平天下，文匪躬於德化，武有心於制作。太后擯儒家之道，大臣排賈氏之言，搢紳先生所以長歎，而子政、仲舒猶不能已也。炎漢中興，明皇帝卽位，表圭景而陳清廟，樹槐陰而疏璧流；祀光武於明堂，以配上帝；召桓榮於太學，袒而割牲；濟濟焉，皇皇焉，有足觀者。自斯厥後，禮樂彌殷。永平三年，官之司樂，改名《大予》，式揚典禮，旁求圖讖，道鄰《雅頌》，事邇中和。其有五方之樂者，則所謂『大樂九變，天神可得而禮』也。其有宗廟之樂者，則所謂『肅雍和鳴，先祖是聽』者也。其有社稷之樂者，則所謂『琴瑟擊鼓，以迓田祖』者也。其有辟雍之樂者，則所謂『移風易俗，莫善於樂』者也。其有黄門之樂者，則所謂『宴樂羣臣，蹲蹲舞我』者也。其有短簫之樂者，則所謂『王師大捷，令軍中凱歌』者也。

《隋書》卷三二《經籍志一》　《易》曰：『河出圖，洛出書。』然則聖人之受命也，必因積德累業，豐功厚利，誠著天地，澤被生人，萬物之所歸往，神明之所福饗，則有天命之應。蓋龜龍銜負，出於河洛，以紀易代之徵，其理幽昧，究極神道。先王恐其惑人，秘而不傳。説者又云，孔子既敍六經，以明天人之道，知後世不能稽同其意，故别立緯及讖，以遺來世。其書出於前漢，有《河圖》九篇，《洛書》六篇，云自黄帝至周文王所受本文。又别有三十篇，云自初起至于孔子，九聖之所增演，以廣其意。又有《七經緯》三十六篇，並云孔子所作，并前合爲八十一篇。而又有《尚書中候》、《洛罪級》、《五行傳》、《詩推度灾》、《氾曆樞》、《含神務》、《孝經勾命決》、《援神契》、《雜讖》等書。漢代有郗氏、袁氏説。漢末，郎中郗萌，集圖緯讖雜占爲五十篇，謂之《春秋灾異》，宋均、鄭玄，並爲讖律之注。然其文辭淺俗，顛倒舛謬，不類聖人之旨。相傳疑世人造爲之後，或者又加點竄，非其實録。起王莽好符命，光武以圖讖興，遂盛行於世。漢時，又詔東平王蒼，正五經章句，皆命從讖。俗儒趨時，益爲其學，篇卷第目，轉加增廣。言五經者，皆憑讖爲説。唯孔安國、毛公、王璜、賈逵之徒獨非之，相承以爲妖妄，亂中庸之典。故因漢魯恭王、河間獻王所得古文，參而考之，以成其義，謂之『古學』。當世之儒，又非毁之，竟不得行。魏代王肅，推引古學，以難其義。王弼、杜預從而明之，自是古學稍立。至宋大明中，始禁圖讖。梁天監已後，又重其制。及高祖受禪，禁之踰切。煬帝卽位，乃發使四出，搜天下書籍與讖緯相涉者，皆焚之，爲吏所糾者至死。自是無復其學，秘府之內，亦多散

亡。今録其見存，列于六經之下，以備異説。【略】

傳曰：『玉不琢，不成器，人不學，不知道。』古之君子，多識而不窮，畜疑以待問；學不躐等，教不陵節；言約而易曉，師逸而功倍；且耕且養，三年而成一藝。自孔子没而微言絶，七十子喪而大義乖，學者離羣索居，各爲異説。至於戰國，典文遺棄，六經之儒，不能究其宗旨，多立小數，一經至數百萬言，致令學者難曉，虚誦問答，脣腐齒落而不知益。且先王設教，以防人欲，必本於人事，折之中道。上天之命，略而罕言方外之理，固所未説。至後漢好圖讖，晉世重玄言，穿鑿妄作，日以滋生。先王正典，雜之以妖妄，大雅之論，汩之以放誕。陵夷至于近代，去正轉疏，無復師資之法。學不心解，專以浮華相尚，豫造雜難，擬爲讎對，遂有芰角、反對、互從等諸翻競之説。馳騁煩言，以紊彝叙，譊譊成俗，而不知變，此學者之蔽也。班固列六藝爲九種，或以緯書解經，合爲十種。

又　卷三五《經籍志四》　推尋事迹，漢時諸子，道書之流有三十七家。大旨皆去健羨，處沖虚而已，無上天官符籙之事。其《黄帝》四篇，《老子》二篇，最得深旨。故言陶弘景者，隱於句容，好陰陽五行，風角星算，修辟穀導引之法，受道經符籙，武帝素與之遊。及禪代之際，弘景取圖讖之文，合成『景梁』字以獻之，由是恩遇甚厚。

宋·司馬光《資治通鑑》卷三八《漢紀·王莽地皇三年》　初，長沙定王發生春陵節侯買，買生戴侯熊渠，熊渠生考侯仁。仁以南方卑濕，徙封南陽之白水鄉，與宗族往家焉。仁卒，子敞嗣；值莽簒位，國除。節侯少子外爲鬱林太守，外生鉅鹿都尉回，回生南頓令欽。欽娶湖陽樊重女，生三男：縯，仲，秀，兄弟早孤，養於叔父良。縯性剛毅，慷慨有大節，自莽簒漢，常憤憤，懷復社稷之慮，不事家人居業，傾身破產，交結天下雄俊。秀隆準日角，性勤稼穡。縯常非笑之，比於高祖兄仲。秀姊元爲新野鄧晨妻，秀嘗與晨俱過穰人蔡少公，少公頗學圖讖，言『劉秀當爲天子』。或曰：『是國師公劉秀乎？』秀戲曰：『何用知非僕邪！』坐者皆大笑，晨心獨喜。

宛人李守，好星曆、讖記，爲莽宗卿師。嘗謂其子通曰：『劉氏當興，李氏爲輔。』及新市、平林兵起，南陽騷動，通從弟軼謂通曰：『今四方擾亂，漢當復興。南陽宗室，獨劉伯升兄弟汎愛容衆，可與謀大事。』通笑曰：『吾意也！』會秀賣穀於宛，通遣軼往迎秀，與相見，因具言讖文事，與相約結，定計議。通欲以立秋材官都試騎士日，劫前隊大夫甄阜及屬正梁丘賜，因以號令大衆，使軼與秀歸舂陵舉兵以相應。於是縯召諸豪桀計議曰：『王莽暴虐，百姓分崩；今枯旱連年，兵革並起，此亦天亡之時，復高祖之業，定萬世之秋也！』衆皆然之。於是分遣親客於諸縣起兵，縯自發舂陵子弟。諸家子弟恐懼，皆亡匿，曰：『伯升殺我！』及見秀絳衣大冠，皆驚曰：『謹厚者亦復爲之！』乃稍自安。凡得子弟七八千人，部署賓客，自稱『柱天都部』。秀時年二十八。李通未發，事覺，亡走；父守及家屬坐死者六十四人。

縯使族人嘉招説新市、平林兵，與其帥王鳳、陳牧西擊長聚；進屠唐子鄉，又殺湖陽尉。軍中分財物不均，衆恚恨，欲反攻諸劉。劉秀斂宗人所得物，悉以與之，衆乃悦。進拔棘陽，李軼、鄧晨皆將賓客來會。

又　卷四二《光武帝建武六年》　公孫述屢移書中國，自陳符命，冀以惑衆。帝與述書曰：『圖讖言公孫，即宣帝也。代漢者姓當塗，其名高；君豈高之身邪？乃復以掌文爲瑞，王莽何足效乎！君非吾賊臣亂子，倉卒時人皆欲爲君事耳。君日月已逝，妻子弱小，當早爲定計。天下神器，不可力爭，宜留三思！』署曰：『公孫皇帝』。述不答。【略】

帝好圖讖，與鄭興議郊祀事，曰：『吾欲以讖斷之，何如？』對曰：『臣不爲讖！』帝怒曰：『卿不爲讖，非之邪？』興惶恐曰：『臣於書有所未學，而無所非也。』帝意乃解。

又　卷四四《光武帝建武中元元年》　是歲，起明堂、靈臺、辟雍，宣布圖讖於天下。

初，上以赤伏符即帝位，由是信用讖文，多以決定嫌疑。給事中桓譚上疏諫曰：『凡人情忽於見事而貴於異聞。觀先王之所記述，咸以仁義正道爲本，非有奇怪虚誕之事。蓋天道性命，聖人所難言也，自子貢以下，不得而聞，況後世淺儒，能通之乎！今諸巧慧小才、伎數之人，增益圖書，矯稱讖記，以欺惑貪邪，詿誤人主，焉可不抑遠之哉！臣譚伏聞陛下窮折方士黄白之術，甚爲明矣；而乃欲聽納讖記，又何誤也！其事雖有時合，譬猶卜數隻偶之類。陛下宜垂明聽，發聖意，屏羣小之曲説，述

五經之正義。』疏奏，帝不悦。會議靈臺所處，帝謂譚曰：『吾欲以讖決之，何如？』譚默然，良久曰：『臣不讀讖。』帝問其故，譚復極言讖之非經。帝大怒曰：『桓譚非聖無法，將下，斬之！』譚叩頭流血，良久，乃得解。出爲六安郡丞，道病卒。

又　卷五二《漢紀·順帝陽嘉三年》　太史令張衡亦上疏言：『前年京師地震土裂，裂者，威分；震者，民擾也。竊懼聖思厭倦，制不專己，恩不忍割，與衆共威。威不可分，德不可共。願陛下思惟所以稽古率舊，勿使刑德八柄不由天子，然後神望允塞，灾消不至矣。』

衡又以中興之後，儒者爭學圖緯，上疏言：『春秋元命包有公輸班與墨翟，事見戰國；又言別有益州，益州之置在於漢世。又劉向父子領校秘書，閱定九流，亦無讖録。則知圖讖成於哀、平之際，皆虚僞之徒以要世取資，欺罔較然，莫之糾禁。且律曆、卦候、九宫、風角，數有徵效，世莫肯學，而競稱不占之書，譬猶畫工惡圖犬馬而好作鬼魅，誠以實事難形而虚僞不窮也！宜收藏圖讖，一禁絶之，則朱紫無所眩，典籍無瑕玷矣！』

《新唐書》卷二七《曆三上志》　漢自中興以來，圖讖漏泄，而《考靈曜》、《命曆序》皆有甲寅元，其所起在《四分曆》庚申元後百一十四歲。延光初中謁者亶誦、靈帝時五官郎中馮光等，皆請用之，卒不施行。《緯》所載壬子冬至，則其遺術也。

《宋史》卷七〇《律曆志》　大理寺丞董行父又上言曰：『在昔泰皇以萬物生於東，至仁體乎木，故德始於木。木以生火，神農受之爲火德；火以生土，黄帝受之爲土德；土以生金，少昊受之爲金德；金以生水，顓頊受之爲水德；水以生木，高辛受之爲木德；木以生火，唐堯受之爲火德；火以生土，虞舜傳之爲土德。土以生金，夏爲金德；金以生水，商爲水德；水以生木，周爲木德；木以生火，漢應圖讖爲火德；火以生土，唐受曆運爲土德。陛下紹天之統，受天之命，固當上繼唐祚，以金爲德，顯黄帝之嫡緒，彰聖祖之丕烈。臣又按聖祖先降於癸酉，太祖受禪於庚申，陛下卽位於丁酉，天書下降於戊申。庚，金也，申、酉皆金也，天之體也。陛下紹唐、漢之運，繼黄帝之後，三世變道，應天之統，正金之德，斯又順也。』詔兩制詳議。既而獻議曰：『竊詳謝絳所述，以聖祖得瑞，宜承土德，且引漢承堯緒爲火德之比，雖班彪敍漢祖之興有五，其一曰帝堯之苗裔，及序承正統，乃越秦而繼周，非用堯之行。今國家或用土德，卽當越唐上承於隋，彌以非順，失其五德傳襲之序。又據董行父請越五代紹唐爲金德，若其度越累世，上承百代之統，則晉、漢洎周，咸帝中夏，太祖實受終於周室而陟于元后，豈可弗遵傳繼之序，續於遐邈之統？三聖臨御六十餘載，登封告成，昭姓紀號，率循火行之運，以輝炎靈之曜。兹事體大，非容輕議，矧雍熙中徐鉉等議之詳矣。其謝絳、董行父等所請，難以施行。』詔可。

論説

漢·桓譚《新論》卷中《譴非》　夫異變怪者，天下所常有，無世而不然。逢明主、賢臣、智士、仁人，則修德善政、省職慎行以應之，故咎殃消亡而禍轉爲福焉。昔大戊遭桑穀生朝之怪，獲中宗之號。武丁有雊雉升鼎之異，身享百年之壽。周成王遇雷風折木之變，而獲反風歲熟之報。宋景公有熒惑守心之憂，星爲徙三舍。由是觀之，則莫善於以德義精誠報塞之矣。故《周書》曰：『天子見怪則脩德，諸侯見怪則脩政，大夫見怪則脩職，士庶見怪則脩身。』神不能傷道，妖亦不能害德。』及衰世薄俗，君臣多淫驕失政，士庶多邪心惡行，是以數有灾異變怪；又不能内自省視，畏天戒，而反外考謗議，求問厥故，惑於佞愚，而以自詿誤，而令禍患得就，皆違天逆道者也。

又　《啓寤》　讖出河圖洛書，但有兆朕，而不可知。後人妄復加增依託，稱是孔丘，誤之甚也。

漢·王充《論衡》卷四《譴告篇》　孝武皇帝好仙，司馬長卿獻大人賦，上乃僊僊有凌雲之氣。孝成皇帝好廣宮室，揚子雲上甘泉頌，妙稱神怪，若曰非人力所能爲，鬼神力乃可成。皇帝不覺，爲之不止。長卿之賦，如言仙無實效，子雲之頌，言奢有害，孝武豈有僊僊之氣者，孝成豈有不覺之惑哉？然則天之不爲他氣以譴告人君，反順人心以非應之，猶二子爲賦頌，令兩帝惑而不悟也。

竇嬰、灌夫疾時爲邪，相與日引繩以糾纆之。心疾之甚，安肯從其

欲？太伯教吴冠帶，孰與隨從其俗，與之俱倮也？故吴之知禮義也，太伯改其俗也。蘇武入匈奴，終不左衽；趙他入南越，箕踞椎髻。漢朝稱蘇武，而毁趙他之性，習越土氣，畔冠帶之制，陸賈説之，夏服雅禮，風告以義，趙他覺悟，運心嚮內。如陸賈復越服夷談，從其亂俗，安能令之覺悟，自變從漢制哉？

又 卷一七《指瑞篇》 孝宣皇帝之時，鳳皇、騏驎、黄龍、神雀皆至。其至同時，則其性行相似類，則其生出宜同處矣。龍不生於外國，外國亦有龍；鳳驎不生外國，外國亦有鳳驎。然則中國亦有，未必外國之鳳驎也。人見鳳驎希見，則曰在外國；見遇太平，則曰爲聖王來。

夫鳳皇騏驎之至也，猶醴泉之出、朱草之生也。謂鳳皇在外國，聞有道而來，醴泉、朱草何知，而生於太平之時？醴泉、朱草，和氣所生，然則鳳皇騏驎，亦和氣所生也。物生爲瑞，人生爲聖，同時俱然，時其長大，相逢遇矣。衰世亦有和氣，和氣時生聖人，聖人生於世，衰，衰世亦時有鳳驎也。孔子生於周之末世，騏驎見於魯之西澤。光武皇帝生於成、哀之際，鳳皇集於濟陽之地。聖人聖物，生於盛、衰世。聖王遭，見聖物，猶吉命之人逢吉祥之類也，其實相遇，非相爲出也。

夫鳳驎之來，與白魚赤烏之至，無以異也。魚遭自躍，王舟逢之；火偶爲烏，王仰見之。非魚聞武王之德，而入其舟，烏知周家當起，集於王屋也。謂鳳驎爲聖王來，是謂魚烏爲武王至也。王者受富貴之命，故其動出，見吉祥異物，見則謂之瑞。瑞有小大，各以所見，定德薄厚。若夫白魚、赤烏小物，小安之兆也；鳳皇、騏驎大物，太平之象也。故孔子曰：『鳳鳥不至，河不出圖，吾已矣夫！』不見太平之象，自知不遇太平之時矣。

且鳳皇騏驎何以爲太平之象？鳳皇、騏驎，仁聖之禽也，仁聖之物至，天下將爲仁聖之行矣。《尚書大傳》曰：『高宗祭成湯之廟，有雉升鼎耳而鳴。高宗問祖乙，祖乙曰：「遠方君子殆有至者。」』祖乙見雉有似君子之行，今從外來，則曰『遠方君子將有至者』矣。夫鳳皇騏驎猶雉也，其來之象，亦與雉同。

孝武皇帝西巡狩，得白驎一角而五趾，又有木，枝出復合於本。武帝議問羣臣，謁者終軍曰：『野禽并角，明同本也；衆枝內附，示無外也。如此瑞者，外國宜有降者。若是應，殆且有解編髮、削左衽、襲冠帶而蒙化焉。』其後數月，越地有降者，匈奴名王亦將數千人來降，竟如終軍之言。終軍之言，得瑞應之實矣。推此以況白魚赤烏，猶此類也。魚，木精，白者，殷之色也；烏者，孝鳥；赤者，周之應氣也。先得白魚，後得赤烏，殷之統絶，色移在周矣。據魚烏之見，以占武王，則知周之必得天下也。

又 卷一九《宣漢篇》 儒者稱五帝、三王，致天下太平，漢興以來，未有太平。彼謂五帝、三王致太平，漢未有太平者，見五帝、三王聖人也，聖人之德，能致太平，謂漢不太平者，漢無聖帝也，賢者之化，不能太平。又見孔子言：『鳳鳥不至，河不出圖，吾已矣夫！』方今無鳳鳥、河圖，瑞頗未至悉具，故謂未太平。此言妄也。

夫太平以治定爲效，百姓以安樂爲符。孔子曰：『修已以安百姓，堯、舜其猶病諸！』百姓安者，太平之驗也。夫治人以人爲主，百姓安，而陰陽和；陰陽和，則萬物育；萬物育，則奇瑞出。視今天下，安乎？危乎？安則平矣，瑞則未具，無害於平。故夫王道定事以驗，立實以效，效驗不彰，實誠不見。時或實然，證驗不具。是故王道立事以實，不必具驗。聖主治世，期於平安，不須符瑞。

且夫太平之瑞，猶聖王之相也。聖王骨法未必同，太平之瑞何爲當等？彼聞堯、舜之時，鳳皇、景星皆見，河圖、洛書皆出，以爲後王治天下，當復若等之物，乃爲太平。用心若此，猶謂堯當復比齒，舜當復八眉也。夫帝王聖相，前後不同，則得瑞古今不等。而今王無鳳鳥、河圖，爲未太平，妄矣。

孔子言鳳皇、河圖者，假前瑞以爲語也，未必謂世當復有鳳皇與河圖也。夫帝王之瑞，衆多非一，或以鳳鳥、麒麟，或以河圖、洛書，或以甘露、醴泉，或以陰陽和調，或以百姓乂安。今瑞未必同於古，古應未必合於今。遭以所得，未必相襲。何以明之？以帝王興起，命祐不同也。周則烏、魚，漢斬大蛇。推論唐、虞，猶周、漢也。初興始起，事效物氣，無相襲者。太平瑞應，何故當鈞？以已至之瑞，效方來之應，猶守株待兔之蹊，藏身破置之路也。

天下太平，瑞應各異，猶家人富殖，物不同也。或積米穀，或藏布

帛，或畜牛馬，或長田宅。夫樂米穀不愛布帛，歡牛馬不美田宅，則謂米穀愈布帛，牛馬勝田宅矣。今百姓安矣，符瑞至矣，終謂古瑞河圖、鳳皇不至，謂之未安，是猶食稻之人，入飯稷之鄉，不見稻米，謂稷爲非穀也。

實者，天下已太平矣，未有聖人，何以致之，未見鳳皇，何以效實？問世儒不知聖，何以知今無聖人也？世人見鳳皇，何以知之？既無以知之，何以知今無鳳皇也？委不能知有聖與無，又不能別鳳皇是鳳與非，則必不能定今與太平未平也。

問曰：『文帝有瑞，可名太平，光武無瑞，謂之太平，如何？』曰，夫帝王瑞應，前後不同，雖無物瑞，百姓寧集，風氣調和，是亦瑞也。何以明之？帝王治平，升封太山，告安也。秦始皇升封太山，遭雷雨之變，治未平，氣未和。光武皇帝升封，天晏然無雲，太平之應也，治平氣應。光武之時，氣和人安，物瑞等至，人氣已驗，論者猶疑。孝宣皇帝元康二年，鳳皇集於太山，後又集于新平。四年，神雀集于長樂宮，或集於上林，九眞獻麟。神雀二年，鳳皇、甘露降集京師。四年，鳳皇下杜陵及上林。五鳳三年，帝祭南郊，神光並見，或興于谷，燭耀齋宮，十有餘日。明年，祭后土，靈光復至，至如南郊之時。甘露、神雀降集延壽萬歲宮。其年三月，鸞鳳集長樂宮東門中樹上。甘露元年，黃龍至，見于新豐，醴泉滂流。彼鳳皇雖五六至，或時一鳥而數來，或時異鳥而各至。麒麟、神雀、黃龍、鸞鳥、甘露、醴泉，祭后土天地之時，神光靈耀，可謂繁盛累積矣。孝明時雖無鳳皇，亦致麟、甘露、醴泉、神雀、白雉、紫芝、嘉禾，金出鼎見，離木復合。五帝、三王，經傳所載瑞應，莫盛孝明。如以瑞應效太平，宣、明之年倍五帝、三王也。夫如是，孝宣、孝明，可謂太平矣。

能致太平者，聖人也，世儒何以謂世未有聖人？天之稟氣，豈爲前世者渥，後世者泊哉？周有三聖，文王、武王、周公，並時猥出。漢亦一代也，何以當少於周？周之聖王，何以當多於漢？漢之高祖、光武，周之文、武也。文帝、武帝、宣帝、孝明、今上，過周之成、康、宣王。非以身生漢世，可褒增頌歎，以求媚稱也。核事理之情，定説者之實也。俗好褒遠稱古，講瑞上世爲美，論治則古王爲賢，睹奇於今，終不信然。使堯、舜更生，恐無聖名。獵者獲禽，觀者樂獵，不見漁者，之心不顧也。是故觀於齊不虞魯，遊於楚不懽宋。唐、虞、夏、殷，同載在二尺四寸，儒者推讀，朝夕講習，不見漢書，謂漢劣不若，亦觀獵不見漁，遊齊、楚不願宋、魯也。使漢有弘文之人，經傳漢事，則《尚書》、《春秋》也。儒者宗之，學者習之，將襲舊六爲七，今上上王至高祖，皆爲聖帝矣。觀杜撫、班固等所上《漢頌》，頌功德符瑞，汪濊深廣，滂沛無量，踰唐、虞，入皇域。

三代隘辟，厥深洿沮也。殷監不遠，在夏后之世。且舍唐、虞、夏、殷，近與周家斷量功德，實商優劣，周不如漢。何以驗之？

周之受命者，文、武也；漢則高祖、光武也。文、武受命之降怪，不及高祖、光武初起之祐。孝宣、明之瑞，美於周之成、康、宣王。孝宣、孝明符瑞，唐、虞以來，可謂盛矣。今上卽命，奉成持滿，四海混一，天下定寧。物瑞已極，人應訂隆。唐世黎民雍熙，今亦天下脩仁，歲遭運氣，穀頗不登，迥路無絕道之憂，深幽無屯聚之姦。周家越常獻白雉，方今匈奴、善鄯、哀牢貢獻牛馬。周時僅治五千里內，漢氏廓土，收荒服之外。牛馬珍於白雉，近屬不若遠物。古之戎狄，今爲中國；古之躶人，今被朝服；古之跣跗，今冠章甫；古之跣跗，今履商舃。以磐石爲沃田，以桀暴爲良民，夷埳坷爲平均，化不賓爲齊民，非太平而何？

夫實德化則周不能過漢，論符瑞則漢盛於周，度土境則周狹於漢，漢何以不如周？獨謂周多聖人，治致太平？儒者稱聖泰隆，使聖卓而無迹；稱治亦泰盛，使太平絕而無續也。

《後漢書》卷二八《桓譚傳》 是時帝方信讖，多以決定嫌疑。又酬賞少薄，天下不時安定。譚復上疏曰：

臣前獻瞽言，未蒙詔報，不勝憤懣，冒死復陳。愚夫策謀，有益於政道者，以合人心而得事理也。凡人情忽於見事而貴於異聞，觀先王之所記述，咸以仁義正道爲本，非有奇怪虛誕之事。蓋天道性命，聖人所難言也。自子貢以下，不得而聞，況後世淺儒，能通之乎！今諸巧慧小才伎數之人，增益圖書，矯稱讖記，以欺惑貪邪，詿誤人主，焉可不抑遠之哉！臣譚伏聞陛下窮折方士黃白之術，甚爲明矣；而乃欲聽納讖記，又何誤也！其事雖有時合，譬猶卜數隻偶之類。陛下宜垂明聽，發聖意，

屏羣小之曲説，述《五經》之正義，略雷同之俗語，詳通人之雅謀。

又臣聞安平則尊道術之士，有難則貴介胄之臣。今聖朝興復祖統，爲人臣主，而四方盜賊未盡歸伏者，此權謀未得也。臣譚伏觀陛下用兵，諸所降下，既無重賞以相恩誘，或至虜掠奪其財物，是以兵長渠率，各生狐疑，黨輩連結，歲月不解。古人有言曰：『天下皆知取之爲取，而莫知與之爲取。』陛下誠能輕爵重賞，與士共之，則何招而不至，何説而不釋，何向而不開，何征而不剋！如此，則能以狹爲廣，以遲爲速，亡者復存，失者復得矣。

帝省奏，愈不悦。

其後有詔會議靈臺所處，帝謂譚曰：『吾欲［以］讖決之，何如？』譚默然良久，曰：『臣不讀讖。』帝問其故，譚復極言讖之非經。帝大怒曰：『桓譚非聖無法，將下斬之。』譚叩頭流血，良久乃得解。出爲六安郡丞，意忽忽不樂，道病卒，時年七十餘。

又　卷八二《方術傳》　仲尼稱《易》有君子之道四焉，曰『卜筮者尚其占』。占也者，先王所以定禍福，決嫌疑，幽贊於神明，遂知來物者也。若夫陰陽推步之學，往往見於墳記矣。然神經怪牒、玉策金繩，關扃於明靈之府、封縢於瑶壇之上者，靡得而闚也。至乃《河洛》之文，龜龍之圖，箕子之術，師曠之書，緯候之部，鈐決之符，皆所以探抽冥賾，參驗人區，時有可聞者焉。其流又有風角、遁甲、七政、元氣、六日七分、逢占、日者、挺專、須臾、孤虚之術，及望雲省氣，推處祥妖，時亦有以效於事也。而斯道隱遠，玄奥難原，故聖人不語怪神，罕言性命。或開末而抑其端，或曲辭以章其義，所謂『民可使由之，不可使知之』。

漢自武帝頗好方術，天下懷協道蓺之士，莫不負策抵掌，順風而屆焉。後王莽矯用符命，及光武尤信讖言，士之赴趣時宜者，皆騁馳穿鑿，爭談之也。故王梁、孫咸名應圖籙，越登槐鼎之任，鄭興、賈逵以附同稱顯，桓譚、尹敏以乖忤淪敗，自是習爲内學，尚奇文，貴異數，不乏於時矣。是以通儒碩生，忿其姦妄不經，奏議慷慨，以爲宜見藏擯。子長亦云：『觀陰陽之書，使人拘而多忌。』蓋爲此也。

夫物之所偏，未能無蔽。雖云大道，其硋或同。若乃《詩》之失愚，《書》之失誣。然則數術之失，至於詭俗乎？如令温柔敦厚而不愚，斯深於《詩》者也；疏通知遠而不誣，斯深於《書》者也；極數知變而不詭俗，斯深於數術者也。故曰：『苟非其人，道不虚行。』意者多迷其統，取遺頗偏，甚有雖流宕過誕亦失也。【略】

時博士勃海郭鳳亦好圖讖，善説災異，吉凶占應。先自知死期，豫令弟子市棺斂具，至其日而終。【略】

廖扶字文起，汝南平輿人也。習《韓詩》、《歐陽》、《尚書》，教授常數百人。父爲北地太守，永初中，坐羌没郡下獄死。扶感父以法喪身，憚爲吏。及服終而歎曰：『老子有言：「名與身孰親？」吾豈爲名乎！』遂絶志世外。專精經典，尤明天文、讖緯，風角、推步之術。州郡公府辟召皆不應。就問災異，亦無所對。

唐·杜佑《通典》卷二四《職官志》　初，漢御史大夫有兩丞，一曰御史丞，一曰中丞，亦謂中丞爲御史中執法。漢高帝詔徵賢良，御史大夫下相國，相國下諸侯王，御史中執法下郡守。晉灼曰：『中執法，中丞也。』中丞在殿中蘭臺，掌圖籍秘書，漢中丞有石室，以藏秘書、圖讖之屬。以其居殿中，故曰中丞。外督部刺史，内領侍御史十五員，受公卿奏事，舉劾案章，蓋居殿中，察舉非法也。

清·陳康祺《郎潛紀聞》卷一《戊辰至丁丑五科狀元名合五行》

古來帝王姓氏，上應圖讖，如漢號卯金，晉稱典午，以及劉秀、李淵之先兆，大抵皆事後附會之説，況區區三百人中冠冕乎！相業如王文正，忠節如文信國，狀元亦自足貴。

清·紀昀等《四庫全書總目提要》卷一二七《子部三十七》　《春雨堂雜抄》一卷［兩江總督采進本］

明陸深撰。所録多古今政治得失之故，抄撮舊文，自爲評騭。其謂漢光武篤信圖讖，與求仙覆轍相去不遠，似亦因世宗好道而託諷也。

又　卷一四三《子部五十三》　《飛燕外傳》一卷［内府藏本］舊本題漢伶元撰。末有元自序，稱字子于，潞水人。由司空小吏歷三署，刺守州郡，爲淮南相。其妾樊通德，爲樊嫕弟子不周之子，能道飛燕姊弟故事，於是撰《趙后别傳》。其文纖靡，不類西漢人語。序末又稱元爲河東都尉時，辱班彪之從父躅，故彪續史記不見收録。其文不相屬，亦不類元所自言。後又載桓譚語一則，言更始二年劉恭得其書於茂陵卞理，建武二

年賈子翊以示譚。所稱埋藏之金縢漆匱者，似不應如此之珍貴。又載荀勖校書奏一篇，中經簿所録，今不可考。然所校他書，無載勖奏者，何獨此書有之？又首尾僅六十字，亦無此體，大抵皆出於依託。且閳幃媟褻之狀，嫟雖親狎，無目擊理。卽萬一竊得之，亦無娓娓爲通德縷陳理，其僞妄殆不疑也。晁公武頗信之。陳振孫雖有或云僞書之説，而又云通德擁髻等事，文士多用。而禍水滅火之語，司馬公載之通鑑。夫文士引用，不爲典據。採淖方成語以入史，自是通鑑之失。乃援以證實是書，紕繆殊甚。且禍水滅火，其語亦有可疑。王懋竑白田雜著有漢火德考，曰漢初用赤帝子之祥，旗幟尚赤。而自有天下後，仍襲秦舊，故張蒼以爲水德。孝文帝時，公孫臣言，當改用土德，色尚黄，其事未行。至孝武帝改正朔，色尚黄，印章以五字，則用公孫臣之説也。王莽篡位，自以黄帝之後，當爲土德，而用劉歆之説，盡改從前相承之序，以漢爲火德。後漢重圖讖，以赤伏符之文改用火德。班固作志，遂以著之高帝紀。而後漢人作飛燕外《傳》案：懋竑此語，尚以此傳爲眞出伶元，蓋未詳考。有禍水滅火之語，不知前漢自王莽、劉歆以前，未有以漢爲火德者，蓋其誤也云云。據此，則班固在莽、歆之後，沿誤尚爲有因，淖方成在莽、歆之前，安得預有滅火之説？其爲後人依託，卽此二語亦可以見。安得以通鑑誤引，遂指爲眞古書哉？

葉德輝《書林清話》卷一《書之稱函》 書稱函者，義當取於函人之函，謂護書也。漢時卷子裹之以袟，其名曰袠。説文解字：『袠，書衣也。』《後漢書·楊厚傳》：『祖父春卿，善圖讖學，爲公孫述將。漢兵平蜀，春卿自殺，臨命，戒子統曰：『吾綈袠中有先祖所傳秘記，爲漢家用，爾其修之。』

雜録

南朝梁·劉勰《文心雕龍·時序》 爰至有漢，運接燔書，高祖尚武，戲儒簡學。雖禮律草創，詩書未遑，然大風鴻鵠之歌，亦天縱之英作也。施及孝惠，迄於文景，經術頗興，而辭人勿用，賈誼抑而鄒枚沈，亦可知已。逮孝武崇儒，潤色鴻業，禮樂爭輝，辭藻競鶩；柏梁展朝讌之詩，金堤製恤民之詠，徵枚乘以蒲輪，申主父以鼎食，擢公孫之對策，歎兒寛之擬奏，買臣負薪而衣錦，相如滌器而被繡；於是史遷壽王之徒，嚴終枚皋之屬，應對固無方，篇章亦不匱，遺風餘采，莫與比盛。越昭及宣，實繼武績，馳騁石渠，暇豫文會，集雕篆之軼材，發綺縠之高喻，於是王褒之倫，底禄待詔。自元暨成，降意圖籍，美玉屑之譚，清金馬之路。子雲鋭思於千首，子政讎校於六藝，亦已美矣。爰自漢室，迄至成哀，雖世漸百齡，辭人九變，而大抵所歸，祖述楚辭，靈均餘影，於是乎在。

自哀平陵替，光武中興，深懷圖讖，頗略文華，然杜篤獻誄以免刑，班彪參奏以補令，雖非旁求，亦不遐棄。及明章疊耀，崇愛儒術，肄禮璧堂，講文虎觀，孟堅珥筆於國史，賈逵給札於瑞頌；東平擅其懿文，沛王振其通論，帝則藩儀，輝光相照矣。自安和已下，迄至順桓，則有班傅三崔，王馬張蔡，磊落鴻儒，才不時乏，而文章之選，存而不論。然中興之後，羣才稍改前轍，華實所附，斟酌經辭，蓋歷政講聚，故漸靡儒風者也。降及靈帝，時好辭製，造羲皇之書，開鴻都之賦，而樂松之徒，招集淺陋，故楊賜號爲驩兜，蔡邕比之俳優，其餘風遺文，蓋蔑如也。

唐·趙蕤《長短經》卷四《霸紀上》 世祖光武皇帝諱秀，字文叔，南陽蔡陽人，高皇帝之九代孫也。王莽末，天下連歲灾蝗，寇盜蜂起。時世祖避吏新野，因賣穀宛，宛人李通以圖讖説世祖。世祖於是與通弟李軼起於宛，兄伯升起於舂陵，鄧晨起新野，會衆兵擊長聚。

新市人王匡等立劉聖公爲天子，而害伯升，號更始元年，更始使世祖爲偏將軍，徇昆陽。

宋·洪邁《容齋隨筆》卷九《劉歆不孝》 事親孝，故忠可移於君，是以求忠臣必於孝子之門。劉歆事父，雖不載不孝之迹，然其議論每與向異同。故向拳拳於國家，欲抑王氏以崇劉氏，而歆乃力贊王莽，倡其凶逆，至爲之國師公，又改名秀以應圖讖，竟亦不免爲莽所誅，子棻、女愔皆以戮死。使天道每如是，不善者其知懼乎！

又 卷一六《讖緯之學》 圖讖星緯之學，豈不或中，然要爲誤人，聖賢所不道也。眭孟睹『公孫病己』之文，勸漢昭帝求索賢人，禪以帝位，而不知宣帝實應之，孟以此誅。孔熙先知宋文帝禍起骨肉，江州當出

天子，故謀立江州刺史彭城王，而不知孝武實應之，熙先以此誅。當塗高之讖，漢光武以詰公孫述，袁術、王浚皆自以姓名或父字應之，以取滅亡，而其兆爲曹操之魏。兩角犢子之讖，周子諒以劾牛仙客，李德裕以議牛僧孺，而其兆爲朱温。隋煬帝謂李氏當有天下，遂誅李金才之族，而唐高祖乃代隋。唐太宗知女武將竊國命，遂濫五娘子之誅，而阿武婆幾易姓。武后謂代武者劉，劉無强姓，殆流人也，遂遣六道使悉殺之，而劉幽求佐臨淄王平内難，韋、武二族皆殄滅。晉張華、郭璞，魏崔伯深，皆精於天文卜筮，言事如神，而不能免於身誅家族，況其下者乎。

宋・李昉《太平御覽》卷六一三《學部七》 《東觀漢記》曰：永平九年，詔爲四姓小侯置學。

又曰：樊準見當世學者少，懼先王道術陵遲，乃上疏曰：「光武受命中興之初，羣雄擾於冀州，旌旗亂於大澤，然猶投戈講學，息馬論道。孝明皇帝尤垂意於經學，即位刪定乖疑，稽合圖讖，封師太常桓榮爲關内侯，親自制作《五行章句》；每享射禮，正坐自講，諸儒並聽，四方欣欣。是時，學者尤盛，冠帶縉紳遊辟雍，觀化者以億計。」

宋・朱熹《朱子語類》卷一三五《歷代二》 漢儒專以災異、讖緯，與夫風角、鳥占之類爲内學。如徐孺子之徒多能此，反以義理之學爲外學。且如《鍾離意傳》所載修孔子廟事，説夫子若會覆射者然，甚怪！

宋・歐陽修《歐陽修集》附録四《記神清洞》 暴秦焚書，六經亡軼。漢儒掇拾遺言，各立門户，其幸而傳至今日者，固其守先待後之功，而詐僞繁興，亦莫甚於彼時。而於其中敢於誣天蔑聖者，則以讖緯爲甚。讖緯之書，莫知所自起，王莽篤好之，其下遂相與詐造欺蒙，以售其私。而莽又明知其欺而樂用之，以愚黔首，而藉以篡漢天下。蓋亂臣賊子之言也，而託諸孔子。然既託諸孔子，則雖以光武之賢，猶不能無惑焉。

《新唐書》卷一三《禮樂志》 自周衰，禮樂壞于戰國而廢絶于秦。漢興，《六經》在者，皆錯亂、散亡、雜僞，而諸儒方共補緝，以意解詁，未得其眞，而讖緯之書出以亂經矣。自鄭玄之徒，號稱大儒，皆主其説，學者由此牽惑没溺，而時君不能斷決，以爲有其舉之，莫可廢也。由是郊、丘、明堂之論，至於紛然而莫知所止。

又 卷二七《曆上三》 漢會稽東部尉劉洪以《四分》疏闊，由斗分多，更以五百八十九爲紀法，百四十五爲斗分，減餘太甚，是以不及四十年而加時漸覺先天。韓翊、楊偉、劉智等皆稍損益，更造新術，而皆依讖緯「三百歲改憲」之文，考《經》之合朔多中，較《傳》之南至則否。《玄始曆》以爲十九年七閏，皆有餘分，是以中氣漸差。據渾天，二分爲東西之中，而晷景不等；二至爲南北之極，而進退不齊。此古人所未達也。更因劉洪紀法，增十一年以爲章歲，而減閏餘十九分之一。春秋後五十四年，歲在甲寅，直應鍾章首，與《景初曆》閏餘皆盡。雖減章閏，然中氣加時尚差，故未合於《春秋》。其斗分幾得中矣。

明・胡應麟《四部正譌》 上讖緯之説，蓋起於河洛圖、書。當西漢末，符命盛行，俗儒增益，舛訛日繁。

清・皮錫瑞《經學歷史・經學極盛時代》 漢有一種天人之學而齊學尤盛。《伏傳》五行，《齊詩》五際，《公羊春秋》多言災異，皆齊學也。《易》有象數占驗，《禮》有明堂陰陽，不盡齊學，而其旨略同。當時儒者以爲人主至尊，無所畏憚，借天象以示儆，庶使其君有失德者猶知恐懼修省。此《春秋》以元統天、以天統君之義，亦《易》神道設教之旨。漢儒藉此以匡正其主。其時人主方崇經術，重儒臣，故遇日食地震，必下詔罪己，或責免三公。雖未必能如周宣之遇災而懼，側身修行，尚有君臣交儆遺意。此亦漢時實行孔教之一證。後世不明此義，謂漢儒不應言災異，引讖緯，於是天變不足畏之説出矣。近西法入中國，日食、星變皆可豫測，信之者以爲不應附會災祥。然則，孔子《春秋》所書日食、星變，豈無意乎？言非一端，義各有當，不得以今人之所見輕議古人也。

漢儒言災異，實有徵驗。如昌邑王時，夏侯勝以爲久陰不雨，臣下有謀上者，而應在霍光。昭帝時，眭孟以爲有匹夫爲天子者，而應在宣帝。成帝時，夏賀良以爲漢有再受命之祥，而應在光武。王莽時讖云：「劉秀當爲天子」，尤爲顯證。故光武以赤伏符受命，深信讖緯。五經之義，皆以讖決。賈逵以此興《左氏》，曹褒以此定漢禮。於是五經爲外學，七緯爲内學，遂成一代風氣。光武非愚闇妄信者，實以身試有驗之故。天人本不相遠，至誠可以前知。解此，則不必非光武，亦不必非董、劉、何、鄭矣。且緯與讖有別。孔穎達以爲「緯候之書，僞起哀、平」。其實不然。《史記趙世家》云：「秦讖於是出。」《秦本紀》云：「亡秦者胡也」，

『明年祖龍死』，皆讖文。圖讖本方士之書，與經義不相涉。漢儒增益秘緯，乃以讖文牽合經義。其合於經義者近純，其涉於讖文者多駁。故緯，純駁互見，未可一概詆之。其中多漢儒説經之文：如六日七分出《易緯》，周天三百六十度四分度之一出《書緯》，夏以十三月爲正云云出《樂緯》；後世解經，不能不引。三綱大義，名教所尊，而經無明文，出《禮緯含文嘉》。馬融注《論語》引之，朱子注亦引之，豈得謂緯書皆邪説乎？歐陽修不信祥異，請刪五經注疏所引讖緯，幸當時無從其説者。從其説，將使注疏無完書。其後魏了翁編《五經要義》，略同歐陽之説，多去實證而取空言。當時若刪注疏，其去取必如《五經要義》，浮詞無實，古義盡亡；卽惠、戴諸公起於國朝，亦難乎其爲力矣。

清·王世禎《池北偶談》卷六《圖讖》　漢光武好以圖讖決事，宣布天下，桓譚以此得罪。而苻堅以讀讖殺王彤、王佩，此一事過光武遠矣。其後乃以讖文入五將山，竟爲姚萇所執，當是末路憒憒耶！

清·蘇輿《釋名疏證補》卷六《釋典藝》　蘇輿曰：『緯之爲書，比傅於經，輾轉牽合，以成其誼，今所傳易緯、詩緯諸書，可得其大概，故云反覆圍繞以成經也。』

清·顧炎武《日知録》卷一八《内典》　褚少孫補《滑稽傳》，以傳記、雜説爲外家，是以六經爲内也。東漢儒者則以七緯爲内學，六經爲外學。舉圖讖之文，一歸之『性與天道不可得聞』。而今百世之下，曉然皆悟其非。今之所謂内學，則又不在圖讖之書，而移之釋氏矣。

又　卷三〇《圖讖》　《史記·趙世家》：『扁鵲言秦穆公寤而述上帝之言，公孫支書而藏之，秦讖於是出矣。』《秦本紀》：『燕人盧生使入海還，以鬼神事，因奏録圖書，曰：「亡秦者胡也。」』然則讖記之興，實始於秦人，而盛於西京之末也。

始皇備匈奴，而亡秦者少子胡亥。漢武殺中都官詔獄繫者。而卽帝位者皇曾孫病已。苻生殺魚遵，而代生者東海王堅。宋廢帝欲南巡湘中，而代子業者湘東王彧。齊神武惡見沙門，而亡高者宇文。周武殺紇豆陵，而篡周者楊堅。隋煬族李渾，而禪隋者李淵。唐太宗誅李君羡，而革唐者武后。周世宗代張永德，而繼周者藝祖。

清·王夫之《讀通鑑論》卷三《武帝》　鬼神日流行於兩間，而以怳忽無象、搖天下之耳目而疑之。立教者不能矯謂之無，精意莫傳，淺陋者遂託焉。佛、老之教雖詖也，然其始教未嘗倚乎鬼神。乃其流裔一淫於鬼神，而並悖其虛無寂滅之初心。豈徒佛、老然哉！君子之道，流而誣者亦有之。魏、晉以下，佛、老盛，而鬼神之説託佛、老以行，非佛、老也，巫之依附於佛、老者也。東漢以前，佛未入中國，老未淫巫者，鬼神之説，依附於先王之禮樂詩書以惑天下。儒之駁者，屈君子之道以證之。故駁儒之妄，同於緇黄之末徒，天下之愚不肖者，有所憑藉於道，而妖遂由人以興而不可息。漢之初爲符瑞，其後爲讖緯，駁儒以此誘愚不肖而使信先王之道。嗚呼！陋矣。

武帝之淫祠以求長生，方士言之，巫言之耳。兒寬，儒者也，其言王道也，琅琅乎大言之無慚矣；乃附會緣飾，以贊封禪之舉，與公孫卿之流相爲表裏，武帝利賴其説，采儒術以文其淫誕，先王之道，一同於後世緇黄之徒，而滅裂極矣。沿及於讖緯，則尤與蓮教之託浮屠以鼓亂者，均出一軌。嗚呼！儒者先裂其防以啓妄，佛、老之慧者，且應笑其狂惑而賤之。漢儒之毁道徇俗以陵夷聖教，其罪復奚逭哉！

又　卷五《平帝》　當偽之初起也，匡衡、貢禹不度德，不相時，捨本逐末，興明堂辟雍，倣《周官》飾學校於衰淫之世；孔光繼起爲偽之魁，而劉歆諸人鼓吹以播其淫響。而且經術之變，溢爲五行灾祥之説；陽九百六之數，易姓受命之符，甘忠可雖死而言傳，天下翕然信天命而廢人事，乃至走傳王母之籌而禁不能止。故莽可以白雉、黄龍、哀章銅匱惑天下，而愚民畏天以媚莽。則劉向實爲之俑，而京房、李尋益導之以浸灌人心，使疾化於妖也。子曰：『無爲小人儒。』儒而小人，則天下無君子；故龔勝、邴漢、梅福之貞，而無能以死衛社稷，非畏禍也，畏公議之以悖道違天加己也。小人而儒，則有所緣飾以無忌憚；故孔光諸姦，施施於明堂辟雍之上而不慚。莽之將授首於漢兵，且以孔子自擬，愚昧以爲萬世笑而不疑。《傳》曰：『國有道，聽於人；國無道，聽於神。』古之聖人，絶地天通以立經世之大法，而後儒稱天稱鬼以疑天下，雖警世主以矯之使正，而人氣迷於恍惚有無之中以自亂。卽令上無闇主，下無姦邪，人免於飢寒死亡，而大亂必起。風俗淫，則禍眚生於不測，亦孰察其所自始哉？

清·紀昀等《四庫全書總目提要》卷六《經部六》《易緯坤靈圖》一卷［永樂大典本］。

案《坤靈圖》，孫瑴謂配《乾鑿度》名篇。馬氏《經籍考》著録一卷。今僅存論《乾》、《無妄》、《大》畜卦辭數及史注所引『日月連璧』數語，則其闕佚者蓋已夥矣。考《後漢書》注，《易緯坤靈圖》第三，在《辨終備》、《是類謀》之上。而王應麟《玉海》謂三館所藏有鄭注《易緯》七卷，《稽覽圖》一，《辨終備》四，《是類謀》五，《乾元序制記》六，《坤靈圖》七，二卷、三卷無標目。《永樂大典》篇次亦然。今略依原第編著，蓋從宋時館閣本也。

行用仙道分部

綜述

《史記》卷六《秦始皇本紀》 齊人徐市等上書，言海中有三神山，名曰蓬萊、方丈、瀛洲，僊人居之。請得齋戒，與童男女求之。於是遣徐市發童男女數千人，入海求僊人。

始皇還，過彭城，齋戒禱祠，欲出周鼎泗水。使千人没水求之，弗得。乃西南渡淮水，之衡山、南郡。浮江，至湘山祠。逢大風，幾不得渡。上問博士曰：『湘君何神？』博士對曰：『聞之，堯女，舜之妻，而葬此。』於是始皇大怒，使刑徒三千人皆伐湘山樹，赭其山。上自南郡由武關歸。

又 卷一二《孝武本紀》 是時而李少君亦以祠竈、穀道、卻老方見上，上尊之。【略】

少君言於上曰：『祠竈則致物，致物而丹沙可化爲黄金，黄金成以爲飲食器則益壽，益壽而海中蓬萊僊者可見，見之以封禪則不死，黄帝是也。臣嘗遊海上，見安期生，食臣棗，大如瓜。安期生僊者，通蓬萊中，合則見人，不合則隱。』於是天子始親祠竈，而遣方士入海求蓬萊安期生之屬，而事化丹沙諸藥齊爲黄金矣。

居久之，李少君病死。天子以爲化去不死也，而使黄錘、史寬舒受其方。求蓬萊安期生莫能得，而海上燕齊怪迂之方士多相效，更言神事矣。【略】

天子既已封禪泰山，無風雨菑，而方士更言蓬萊諸神山若將可得，於是上欣然庶幾遇之，乃復東至海上望，冀遇蓬萊焉。【略】

其春，公孫卿言見神人東萊山，若云『見天子』。天子於是幸緱氏城，拜卿爲中大夫。遂至東萊，宿留之數日，毋所見，見大人迹。復遣方士求神怪采芝藥以千數。【略】

公孫卿曰：『僊人可見，而上往常遽，以故不見。今陛下可爲觀，如緱氏城，置脯棗，神人宜可致。且僊人好樓居。』於是上令長安則作蜚廉桂觀，甘泉則作益延壽觀，使卿持節設具而候神人，乃作通天臺，置祠具其下，將招來神僊之屬。於是甘泉更置前殿，始廣諸宫室。夏，有芝生殿防内中。天子爲塞河，興通天臺，若有光云，乃下詔曰：『甘泉防生芝九莖，赦天下，毋有復作。』【略】

其明年，東巡海上，考神僊之屬，未有驗者。方士有言『黄帝時爲五城十二樓，以候神人於執期，命曰迎年』。上許作之如方，名曰明年。上親禮祠上帝，衣上黄焉。

公王帶曰：『黄帝時雖封泰山，然風后、封鉅、岐伯，令黄帝封東泰山，禪凡山合符，然後不死焉。』天子既令設祠具，至東泰山，東泰山卑小，不稱其聲，乃令祠官禮之，而不封禪焉。其後令帶奉祠候神物。夏，遂還泰山，脩五年之禮如前，而加禪祠石閭。石閭者，在泰山下阯南方，方士多言此僊人之閭也，故上親禪焉。

其後五年，復至泰山脩封，還過祭常山。

今天子所興祠，泰一、后土，三年親郊祠，建漢家封禪，五年一脩封。薄忌泰一及三一、冥羊、馬行、赤星，五，寬舒之祠官以歲時致禮。凡六祠，皆太祝領之。至如八神諸神，明年、凡山他名祠，行過則祀，去則已。方士所興祠，各自主，其人終則已，祠官弗主。他祠皆如其故。今上封禪，其後十二歲而還，徧於五嶽、四瀆矣。而方士之候祠神人，入海求蓬萊，終無有驗。而公孫卿之候神者，猶以大人迹爲解，無其效。天子益怠厭方士之怪迂語矣，然終羈縻弗絶，冀遇其眞。自此之後，方士言祠

神者彌衆，然其效可睹矣。

又 卷二八《封禪書第六》 秦始皇既幷天下而帝，或曰：「黃帝得土德，黃龍地螾見。夏得木德，青龍止於郊，草木暢茂。殷得金德，銀自山溢。周得火德，有赤烏之符。今秦變周，水德之時。昔秦文公出獵，獲黑龍，此其水德之瑞。」於是秦更命河曰「德水」，以冬十月爲年首，色上黑，度以六爲名，音上大呂，事統上法。

卽帝位三年，東巡郡縣，祠騶嶧山，頌秦功業。於是徵從齊魯之儒生博士七十人，至乎泰山下。諸儒生或議曰：「古者封禪爲蒲車，惡傷山之土石草木；埽地而祭，席用葅稭，言其易遵也。」始皇聞此議各乖異，難施用，由此絀儒生。而遂除車道，上自泰山陽至巔，立石頌秦始皇帝德，明其得封也。從陰道下，禪於梁父。其禮頗采太祝之祀雍上帝所用，而封藏皆秘之，世不得而記也。

始皇之上泰山，中阪遇暴風雨，休於大樹下。諸儒生既絀，不得與用於封事之禮，聞始皇遇風雨，則譏之。

於是始皇遂東遊海上，行禮祠名山大川及八神，求僊人羨門之屬。八神將自古而有之，或曰太公以來作之。齊所以爲齊，以天齊也。其祀絕，莫知起時。八神：一曰天主，祠天齊。天齊淵水，居臨菑南郊山下者。二曰地主，祠泰山梁父。蓋天好陰，祠之必於高山之下，小山之上，命曰「畤」；地貴陽，祭之必於澤中圜丘云。三曰兵主，祠蚩尤。蚩尤在東平陸監鄉，齊之西境也。四曰陰主，祠三山。五曰陽主，祠之罘。六曰月主，祠之萊山。皆在齊北，並勃海。七曰日主，祠成山。成山斗入海，最居齊東北隅，以迎日出云。八曰四時主，祠琅邪。琅邪在齊東方，蓋歲之所始。皆各用一牢具祠，而巫祝所損益，珪幣雜異焉。

自齊威、宣之時，騶子之徒論著終始五德之運，及秦帝而齊人奏之，故始皇采用之。而宋毋忌、正伯僑、充尚、羨門高最後皆燕人，爲方僊道，形解銷化，依於鬼神之事。騶衍以陰陽主運顯於諸侯，而燕齊海上之方士傳其術不能通，然則怪迂阿諛苟合之徒自此興，不可勝數也。

自威、宣、燕昭使人入海求蓬萊、方丈、瀛洲。此三神山者，其傳在勃海中，去人不遠；患且至，則船風引而去。蓋嘗有至者，諸僊人及不死之藥皆在焉。其物禽獸盡白，而黃金銀爲宮闕。未至，望之如雲；及到，三神山反居水下。臨之，風輒引去，終莫能至云。世主莫不甘心焉。及至秦始皇幷天下，至海上，則方士言之不可勝數。始皇自以爲至海上而恐不及矣，使人乃齎童男女入海求之。船交海中，皆以風爲解，曰未能至，望見之焉。其明年，始皇復游海上，至琅邪，過恆山，從上黨歸。後三年，游碣石，考入海方士，從上郡歸。後五年，始皇南至湘山，遂登會稽，並海上，冀遇海中三神山之奇藥。不得，還至沙丘崩。【略】

漢興，高祖之微時，嘗殺大蛇。有物曰：「蛇，白帝子也，而殺者赤帝子。」高祖初起，禱豐枌榆社。徇沛，爲沛公，則祠蚩尤，釁鼓旗。遂以十月至灞上，與諸侯平咸陽，立爲漢王。因以十月爲年首，而色上赤。

二年，東擊項籍而還入關，問：「故秦時上帝祠何帝也？」對曰：「四帝，有白、青、黃、赤帝之祠。」高祖曰：「吾聞天有五帝，而有四，何也？」莫知其說。於是高祖曰：「吾知之矣，乃待我而具五也。」乃立黑帝祠，命曰北畤。有司進祠，上不親往。悉召故秦祝官，復置太祝、太宰，如其故儀禮。因令縣爲公社。下詔曰：「吾甚重祠而敬祭。今上帝之祭及山川諸神當祠者，各以其時禮祠之如故。」

後四歲，天下已定，詔御史，令豐謹治枌榆社，常以四時春以羊彘祠之。令祝官立蚩尤之祠於長安。長安置祠祝官、女巫。其梁巫，祠天、地、天社、天水、房中、堂上之屬；晉巫，祠五帝、東君、雲中（君）、司命、巫社、巫祠、族人、先炊之屬；秦巫，祠社主、巫保、族纍之屬；荆巫，祠堂下、巫先、司命、施糜之屬；九天巫，祠九天：皆以歲時祠宮中。其河巫祠河於臨晉，而南山巫祠南山秦中。秦中者，二世皇帝。各有時日。

其後二歲，或曰周興而邑邰，立后稷之祠，至今血食天下。於是高祖制詔御史：「其令郡國縣立靈星祠，常以歲時祠以牛。」

高祖十年春，有司請令縣常以春［二］月及臘祠社稷以羊豕，民里社各自財以祠。制曰：「可。」

《漢書》卷三六《楚元王傳》 （宣帝）上復興神僊方術之事，而淮南有《枕中鴻寶苑秘書》。書言神僊使鬼物爲金之術，及鄒衍重道延命方，世人莫見，而更生父德武帝時治淮南獄得其書。更生幼而讀誦，以爲奇，獻之，言黃金可成。

又　卷四四《淮南王安傳》　淮南王安爲人好書，鼓琴，不喜弋獵狗馬馳騁，亦欲以行陰德拊循百姓，流名譽。招致賓客方術之士數千人，作爲《内書》二十一篇，《外書》甚衆，又有《中篇》八卷，言神仙黄白之術，亦二十餘萬言。時武帝方好藝文，以安屬爲諸父，辯博善爲文辭，甚尊重之。每爲報書及賜，常召司馬相如等視草乃遣。初，安入朝，獻所作《内篇》，新出，上愛秘之。使爲《離騷傳》，旦受詔，日食時上。又《獻頌德》及《長安都國頌》。每宴見，談説得失及方技賦頌，昏莫然後罷。

又　卷七五《李尋傳》　初，成帝時，齊人甘忠可詐造《天官曆》、《包元太平經》十二卷，以言『漢家逢天地之大終，當更受命於天，天帝使眞人赤精子，下教我此道。』忠可以教重平夏賀良、容丘丁廣世、東郡郭昌等，中壘校尉劉向奏忠可假鬼神罔上惑衆，下獄治服，未斷病死。賀良等坐挾學忠可書以不敬論，後賀良等復私以相教。哀帝初立，司隸校尉解光亦以明經通災異得幸，白賀良等所挾忠可書。事下奉車都尉劉歆，歆以爲不合《五經》，不可施行。而李尋亦好之。光曰：『前歆父向奏忠可下獄，歆安肯通此道？』時郭昌爲長安令，勸尋宜助賀良等。尋遂白賀良等皆待詔黄門，數詔見，陳説『漢曆中衰，當更受命。成帝不應天命，故絶嗣。今陛下久疾，變異屢數，天所以譴告人也。宜急改元易號，乃得延年益壽，皇子生，災異息矣。得道不得行，咎殃且亡，不有洪水將出，災火且起，滌盪民人。』

《後漢書》卷一《光武帝紀》　（建元十七年）冬十月辛巳，廢皇后郭氏爲中山太后，立貴人陰氏爲皇后。進右翊公輔爲中山王，食常山郡。其餘九國公，皆卽舊封進爵爲王。

甲申，幸章陵。修園廟，祠舊宅，觀田廬，置酒作樂，賞賜。時宗室諸母因酣悦，相與語曰：『文叔少時謹信，與人不款曲，唯直柔耳。今乃能如此！』帝聞之，大笑曰：『吾理天下，亦欲以柔道行之。』乃悉爲舂陵宗室起祠堂。有五鳳皇見於潁川之郟縣。【略】

初，帝在兵閒久，厭武事，且知天下疲耗，思樂息肩。自隴、蜀平後，非儆急，未嘗復言軍旅。皇太子嘗問攻戰之事，帝曰：『昔衛靈公問陳，孔子不對，此非爾所及。』每旦視朝，日仄乃罷。數引公卿、郎、將講論經理，夜分乃寐。皇太子見帝勤勞不怠，承閒諫曰：『陛下有禹湯之明，而失黄老養性之福，願頤愛精神，優游自寧。』帝曰：『我自樂此，不爲疲也。』雖身濟大業，兢兢如不及，故能明慎政體，總攬權綱，量時度力，舉無過事。退功臣而進文吏，戢弓矢而散馬牛，雖道未方古，斯亦止戈之武焉。

又　卷七《孝桓帝紀》　（建和二年）冬十月，長平陳景自號『黄帝子』，署置官屬，又南頓管伯亦稱『眞人』，並圖舉兵，悉伏誅。【略】

（和平元年）二月，扶風妖賊裴優自稱皇帝，伏誅。【略】

（延熹二年）十二月己巳，【略】天竺國來獻。【略】

南陽黄武與襄城惠得、昆陽樂季訞言相署，皆伏誅。【略】

（延熹）八年春正月，遣中常侍左悺之苦縣，祠老子。【略】

勃海妖賊蓋登等稱『太上皇帝』，有玉印、珪、璧、鐵券，相署置，皆伏誅。

十一月壬子，【略】使中常侍管霸之苦縣，祠老子。【略】

沛國戴異得黄金印，無文字，遂與廣陵人龍尚等共祭井，作符書，稱『太上皇』，伏誅。【略】

（延熹九年）秋七月，【略】庚午，祠黄、老於濯龍宫。

又　卷二三《竇融傳》　永初中，三輔遭羌寇，章避難東國，家於外黄。居貧，蓬户蔬食，躬勤孝養，然講讀不輟。太僕鄧康聞其名，請欲與交，章不肯往，康以此益重焉。是時學者稱東觀爲老氏臧室，道家蓬萊山，康遂薦章入東觀爲校書郎。

又　卷三〇《襄楷傳》　襄楷字公矩，平原隰陰人也。好學博古，善天文陰陽之術。

桓帝時，宦官專朝，政刑暴濫，又比失皇子，災異尤數。延熹九年，楷自家詣闕上疏曰：

臣聞皇天不言，以文象設教。堯舜雖聖，必歷象日月星辰，察五緯所在，故能享百年之壽，爲萬世之法。臣竊見去歲五月，熒惑入太微，犯帝座，出端門，不軌常道。其閏月庚辰，太白入房，犯心小星，震動中耀。中耀，天王也；傍小星者，天王子也。夫太微天廷，五帝之坐，而金火罰星揚光其中，於占，天子凶；又俱入房、心，法無繼嗣。今年歲星久

守太微，逆行西至掖門，還切執法。歲爲木精，好生惡殺，而淹留不去者，咎在仁德不修，誅罰太酷。前七年十二月，熒惑與歲星俱入軒轅，逆行四十餘日，而鄧皇后誅。其冬大寒，殺鳥獸，害魚鼈，城傍竹柏之葉有傷枯者。臣聞於師曰：『柏傷竹枯，不出三年，天子當之。』今洛陽城中人夜無故叫呼，云有火光，人聲正諠，於占亦與竹柏枯同。自春夏以來，連有霜雹及大雨靁，而臣作威作福，刑罰急刻之所感也。【略】

書奏不省。

十餘日，復上書曰：

臣伏見太白北入數日，復出東方，其占當有大兵，中國弱，四夷强。臣又推步，熒惑今當出而潛，必有陰謀。皆由獄多冤結，忠臣被戮。德星所以久守執法，亦爲此也。陛下宜承天意，理察冤獄，爲劉瓆、成瑨虧除罪辟，追録李雲、杜衆等子孫。【略】

又聞宮中立黄老、浮屠之祠。此道清虚，貴尚無爲，好生惡殺，省慾去奢。今陛下嗜欲不去，殺罰過理，既乖其道，豈獲其祚哉！或言老子入夷狄爲浮屠。浮屠不三宿桑下，不欲久生恩愛，精之至也。天神遺以好女，浮屠曰：『此但革囊盛血。』遂不眄之。其守一如此，乃能成道。今陛下淫女豔婦，極天下之麗，甘肥飲美，單天下之味，奈何欲如黄老乎？

書上，即召詣尚書問狀。楷曰：『臣聞古者本無宦臣，武帝末，春秋高，數游後宮，始置之耳。後稍見任，至於順帝，遂益繁熾。今陛下爵之，十倍於前。至今無繼嗣者，豈獨好之而使之然乎？』尚書上其對，詔下有司處正。【略】

初，順帝時，琅邪宮崇詣闕，上其師干吉於曲陽泉水上所得神書百七十卷，皆縹白素朱介青首朱目，號太平清領書。其言以陰陽五行爲家，而多巫覡雜語。有司奏崇所上妖妄不經，乃收藏之。後張角頗有其書焉。

又　卷七一《皇甫嵩傳》　初，鉅鹿張角自稱『大賢良師』，奉事黄老道，畜養弟子，跪拜首過，符水呪説以療病，病者頗愈，百姓信向之。角因遣弟子八人使於四方，以善道教化天下，轉相誑惑。十餘年閒，衆徒數十萬，連結郡國，自青、徐、幽、冀、荆、楊、兖、豫八州之人，莫不畢應。遂置三十六方。方猶將軍號也。大方萬餘人，小方六七千，各立渠帥。訛言『蒼天已死，黄天當立，歲在甲子，天下大吉』。以白土書京城寺門及州郡官府，皆作『甲子』字。中平元年，大方馬元義等先收荆、楊數萬人，期會發於鄴。元義數往來京師，以中常侍封諝、徐奉等爲内應，約以三月五日内外俱起。未及作亂，而張角弟子濟南唐周上書告之，於是車裂元義於洛陽。靈帝以周章下三公、司隸，使鉤盾令周斌將三府掾屬，案驗宮省直衛及百姓有事角道者，誅殺千餘人，推考冀州，逐捕角等。角等知事已露，晨夜馳敕諸方，一時俱起。皆著黄巾爲摽幟，時人謂之『黄巾』，亦名爲『蛾賊』。殺人以祠天。角稱『天公將軍』，角弟寶稱『地公將軍』，寶弟梁稱『人公將軍』。所在燔燒官府，劫略聚邑，州郡失據，長吏多逃亡。旬日之閒，天下嚮應，京師震動。

又　卷八三《逸民傳》　初，鴻友人京兆高恢，少好老子，隱於華陰山中。及鴻東遊思恢，作詩曰：『鳥嚶嚶兮友之期，念高子兮僕懷思，想念恢兮爰集兹。』二人遂不復相見。恢亦高抗，終身不仕。【略】

矯慎字仲彦，扶風茂陵人也。少好黄老，隱遯山谷，因穴爲室，仰慕松、喬導引之術。與馬融、蘇章鄉里並時，融以才博顯名，章以廉直稱，然皆推先於慎。

汝南吴蒼甚重之，因遺書以觀其志曰：『仲彦足下：勤處隱約，雖乘雲行泥，棲宿不同，每有西風，何嘗不歎！蓋聞黄老之言，乘虚入冥，藏身遠遯，亦有理國養人，施於爲政。至如登山絶迹，神不著其證，人不睹其驗。吾欲先生從其可者，於意何如？昔伊尹不懷道以待堯舜之君。方今明明，四海開闢，巢許無爲箕山，夷齊悔入首陽。足下審能騎龍弄鳳，翔嬉雲閒者，亦非狐兔燕雀所敢謀也。』慎不答。年七十餘，竟不肯娶。後忽歸家，自言死日，及期果卒。後人有見慎於敦煌者，故前世異之，或云神僊焉。

《三國志》卷一《魏志・武帝紀》裴松之注引《魏書》　長吏受取貪饕，依倚貴勢，歷前相不見舉；聞太祖至，咸皆舉免，小大震怖，姦宄遁逃，竄入他郡。政教大行，一郡清平。初，城陽景王劉章以有功於漢，故其國爲立祠，青州諸郡轉相倣效，濟南尤盛，至六百餘祠。賈人或假二千石輿服導從作倡樂，奢侈日甚，民坐貧窮，歷世長吏無敢禁絶者。太祖到，皆毀壞祠屋，止絶官吏民不得祠祀。及至秉政，遂除姦邪鬼神之事，

世之淫祀由此遂絶。【略】

太祖將步騎千餘人，行視戰地，卒抵賊營，戰不利，死者數百人，引還。賊尋前進。黄巾爲賊久，數乘勝，兵皆精悍。太祖舊兵少，新兵不習練，舉軍皆懼。太祖被甲嬰冑，親巡將士，明勸賞罰，衆乃復奮，承閒討擊，賊稍折退。賊乃移書太祖曰：『昔在濟南，毀壞神壇，其道乃與中黄太乙同，似若知道，今更迷惑。漢行已盡，黄家當立。天之大運，非君才力所能存也。』太祖見檄書，呵罵之，數開示降路；遂設奇伏，晝夜會戰，戰輒禽獲，賊乃退走。

又　卷八《魏志·張魯傳》　張魯字公祺，沛國豐人也。祖父陵，客蜀，學道鵠鳴山中，造作道書以惑百姓，從受道者出五斗米，故世號米賊。陵死，子衡行其道。衡死，魯復行之。益州牧劉焉以魯爲督義司馬，與别部司馬張脩將兵擊漢中太守蘇固，魯遂襲脩殺之，奪其衆。焉死，子璋代立，以魯不順，盡殺魯母家室。魯遂據漢中，以鬼道教民，自號『師君』。其來學道者，初皆名『鬼卒』。受本道已信，號『祭酒』。各領部衆，多者爲治頭大祭酒。皆教以誠信不欺詐，有病自首其過，大都與黄巾相似。諸祭酒皆作義舍，如今之亭傳。又置義米肉，縣於義舍，行路者量腹取足；若過多，鬼道輒病之。犯法者，三原，然後乃行刑。不置長吏，皆以祭酒爲治，民夷便樂之。雄據巴、漢垂三十年。

又　裴松之注引《典略》　熹平中，妖賊大起，三輔有駱曜。光和中，東方有張角，漢中有張脩。駱曜教民緬匿法，角爲太平道，脩爲五斗米道。太平道者，師持九節杖爲符祝，教病人叩頭思過，因以符水飲之，得病或日淺而愈者，則云此人信道，其或不愈，則爲不信道。脩法略與角同，加施靜室，使病者處其中思過。又使人爲姦令祭酒，祭酒主以《老子》五千文，使都習，號爲姦令。爲鬼吏，主爲病者請禱。請禱之法，書病人姓名，説服罪之意。作三通，其一上之天，著山上，其一埋之地，其一沈之水，謂之三官手書。使病者家出米五斗以爲常，故號曰五斗米師。實無益于治病，但爲淫妄，然小人昏愚，競共事之。後角被誅，脩亦亡。及魯在漢中，因其民信行脩業，遂增飾之。教使作義舍，以米肉置其中以止行人；又教使自隱，有小過者，當治道百步，則罪除；又依月令，春夏禁殺；又禁酒。流移寄在其地者，不敢不奉。

臣松之謂張脩應是張衡，非典略之失，則傳寫之誤。

晉·常璩《華陽國志》卷八《大同志》　咸寧三年春，刺史濬誅犍爲民陳瑞。瑞初以鬼道惑民，其道始用酒一斗，魚一頭，不奉他神，貴鮮潔。其死喪產乳者，不百日不得至道治。其爲師者曰『祭酒』。父母妻子之喪，不得撫殯、入弔及問乳病者。轉奢靡，作朱衣、素帶、朱幘、進賢冠。瑞自稱天師。徒衆以千數百。濬聞，以爲不孝，誅瑞及祭酒袁旌等，焚其傳舍。益州民有奉瑞道者、見官二千石長吏巴郡太守犍爲唐定等，皆免官除名。

論説

漢·揚雄《法言》卷九《君子》　或問：『龍、龜、鴻、鵠不亦壽乎？』曰：『壽。』曰：『人可壽乎？』曰：『物以其性，人以其仁。』

或問：『人言仙者，有諸乎？』曰：『吁，吾聞伏羲、神農歿，黄帝、堯、舜殂落而死。文王，畢；孔子，魯城之北。獨子愛其死乎？非人之所及也。仙亦無益子之彙矣！』或曰：『聖人不師仙，厥術異也。聖人之於天下，恥一物之不知；仙人之於天下，恥一日之不生。』曰：『生乎！生乎！名生而實死也。』或曰：『世無仙，則焉得斯語？』曰：『語乎者，非囂囂也歟？惟囂囂能使無爲有。』或問『仙之實』。曰：『無以爲也，有與無，非問也。問也者，忠孝之問也。忠臣孝子，偟乎不偟。』

或問：『壽可益乎？』曰：『德。』曰：『回、牛之行德矣，曷壽之不益也？』曰：『德，故爾。如回之殘，牛之賊也，焉德爾？』曰：『殘，賊或壽。』曰：『彼妄也，君子不妄。』

有生者必有死，有始者必有終，自然之道也。

漢·王充《論衡》卷一《氣壽》　凡人稟命有二品，一曰所當觸值之命，二曰强弱壽夭之命。所當觸值，謂兵燒壓溺也。强壽弱夭，謂稟氣渥薄也。兵燒壓溺，遭以所稟爲命，未必有審期也。若夫强弱夭壽，以百爲數；不至百者，氣自不足也。

夫稟氣渥則其體强，體强則其命長；氣薄則其體弱，體弱則命短。

命短則多病壽短。始生而死，未產而傷，稟之薄弱也；渥強之人，不卒其壽，若夫無所遭遇，虛居困劣，短氣而死，此稟之薄，用之竭也。此與始生而死，未產而傷，一命也，皆由稟氣不足，不自致於百也。人之稟氣，或充實而堅強，或虛劣而軟弱。充實堅強，其年壽；虛劣軟弱，失棄其身。

天地生物，物有不遂；父母生子，子有不就。物有爲實，枯死而墮；人有爲兒，夭命而傷。使實不枯，亦至滿歲；使兒不傷，亦至百年。然爲實、兒而死枯者，稟氣薄，則雖形體完，其虛劣氣少，不能充也。兒生，號啼之聲鴻朗高暢者壽，嘶喝濕下者夭。何則？稟壽夭之命，以氣多少爲主性也。婦人疏字者子活，數乳者子死。何則？疏而氣渥，子堅強；數而氣薄，子軟弱也。懷子而前已產子死，則謂所懷不活，名之曰懷。其意以爲，已產之子死，故感傷之子失其性矣。所產子死，所懷子凶者，字乳亟數，氣薄不能成也；雖成人形體，則易感傷，獨先疾病，病獨不治。

百歲之命，是其正也。不能滿百者，雖非正，猶爲命也。譬猶人形一丈，正形也，名男子爲丈夫，尊公嫗爲丈人。不滿丈者，失其正也，雖失其正，猶乃爲形也。夫形不可以不滿丈之故謂之非形，猶命不可以不滿百之故謂之非命也。非天有長短之命，而人各有稟受也。由此言之，人受氣命於天，卒與不卒，同也。語曰：『圖王不成，其弊可以霸。』霸者，王之弊也。霸本當至於王，猶壽當至於百也。不能成王，退而爲霸；不能至百，消而爲夭。王霸同一業，優劣異名；壽夭或一氣，長短殊數。何以知不滿百爲夭者百歲之命也？以其形體小大長短同一等也。百歲之身，五十之體，無以異也；身體不異，血氣不殊；鳥獸與人異形，故其年壽與人殊數。

又 卷七《道虛》 儒書言：黃帝採首山銅，鑄鼎於荆山下。鼎既成，有龍垂胡髯，下迎黃帝。黃帝上騎龍，羣臣、後宮從上七十餘人，龍乃上去。餘小臣不得上，乃悉持龍髯。龍髯拔，墮黃帝之弓，百姓仰望黃帝既上天，乃抱其弓與龍胡髯吁號。故後世因其處曰『鼎湖』，其弓曰『烏號』。

太史公記誄五帝，亦云：黃帝封禪已，仙去。羣臣朝其衣冠。因葬埋之。

曰：此虛言也。實『黃帝』者，何等也？號乎？謚乎？如謚，臣子所誄列也，誄生時所行爲之謚。黃帝好道，遂以升天，臣子誄之，宜以仙升，不當以『黃』謚。謚法曰：『靜民則法曰黃。』『黃』者，安民之謚，非得道之稱也。百王之謚，文則曰『文』，武則曰『武』。文武不失實，所以勸操行也。如黃帝之時質，未有謚乎？名之爲黃帝，何世之人也？使黃帝之臣子，知君；使後世之人，迹其行。黃帝之世，號謚有無，雖疑未定，『黃』非升仙之稱，明矣。

龍不升天，黃帝騎之，乃明黃帝不升天也。龍起雲雨，因乘而行；雲散雨止，降復入淵。如實黃帝騎龍，隨溺於淵也。

案黃帝葬於橋山，猶曰羣臣葬其衣冠。審騎龍而升天，衣不離形；如封禪已，仙去，衣冠亦不宜遺。黃帝實仙不死而升天，臣子百姓所親見也。見其升天，知其不死，必也。葬不死之衣冠，與實死者無以異，非臣子實事之心，別生於死之意也。

載太山之上者，七十有二君，皆勞情苦思，憂念王事，然後功成事立，致治太平。太平則天下和安，乃升太山而封禪焉。夫修道求仙，與憂職勤事不同。心思道，則忘事，憂事，則害性。世稱堯若腊，舜若腒，心愁憂苦，形體羸癯。使黃帝致太平乎，則其形體宜如堯、舜。堯舜不得道，黃帝升天，非其實也。使黃帝廢事修道？則心意調和，形體肥勁，是與堯、舜異也，異則功不同矣。功不同，天下未太平而升封，又非實也。五帝三王皆有聖德之優者，黃帝不在上焉。如聖人皆仙，仙者非獨黃帝；如聖人不仙，黃帝何爲獨仙？

世見黃帝好方術，方術，仙者之業，則謂帝仙矣。又見鼎湖之名，則言黃帝採首山銅鑄鼎，而龍垂胡髯迎黃帝矣。是與說會稽之山無以異也。夫山名曰『會稽』，卽云夏禹巡狩，會計於此山上，故曰『會稽』。夫禹至會稽，治水不巡狩，猶黃帝好方技不升天也。無會計之事，猶無鑄鼎龍垂胡髯之實也。里名勝母，可謂實有子勝其母乎？邑名朝歌，可謂民朝起者歌乎？

儒書言：淮南王學道，招會天下有道之人。傾一國之尊，下道術之士，是以道術之士，並會淮南，奇方異術，莫不爭出。王遂得道，舉家升

天。畜產皆仙，犬吠於天上，雞鳴於雲中。此言仙藥有餘，犬雞食之，并隨王而升天也。

好道學仙之人，皆謂之然。此虛言也。

夫人，物也，雖貴爲王侯，性不異於物。物無不死，人安能仙？鳥有毛羽，能飛，不能升天。人無毛羽，何用飛升？使有毛羽，不過與鳥同；況其無有，升天如何？案能飛升之物，生有毛羽之兆；能馳走之物，生有蹄足之形。馳走不能飛升，飛升不能馳走。稟性受氣，形體殊別也。今人稟馳走之性，故生無毛羽之兆，長大至老，終無奇怪。好道學仙，中生毛羽，終以飛升。使物性可變，金木水火可革更也。蝦蟇化爲鶉，雀入水爲蜄蛤，稟自然之性，非學道所能爲也。好道之人，恐其或若等之類，故謂人能生毛羽，毛羽備具，能升天也。且夫物之生長，無卒成暴起，皆有浸漸。爲道學仙之人，能先生數寸之毛羽，從地自奮，升樓臺之陛，乃可謂升天。今無小升之兆，卒有大飛之驗，何方術之學成無浸漸也？【略】

儒書言：盧敖游乎北海，經乎太陰，入乎玄闕。至於蒙穀之上，見一士焉：深目而玄準，鴈頸而戴肩，浮上而殺下，軒軒然方迎風而舞。顧見盧敖，樊然下其臂，遯逃乎碑下。【略】若士者舉臂而縱身，遂入雲中。盧敖目仰而視之，不見，乃止喜心不怠，悵若有喪，曰：『吾比夫子也，猶黃鵠之與壤蟲也，終日行，而不離咫尺，而自以爲遠，豈不悲哉！』

若盧敖者，唯龍無翼者，升則乘雲。盧敖言若士者有翼，言乃可信。今不言有翼，何以升雲？

且凡能輕舉入雲中者，飲食與人殊之故也。龍食與蛇異，故其舉措與蛇不同。聞爲道者，服金玉之精，食紫芝之英。食精身輕，故能神仙。若士者，食合蜊之肉，與庸民同食，無精輕之驗，安能縱體而升天？聞食氣者不食物，食物者不食氣。若士者食物，如不食氣，則不能輕舉矣。

或時盧敖學道求仙，游乎北海，離衆遠去，無得道之效，慙於鄉里，負於論議。自知以必然之事見貴於世，則作誇誕之語，云見一士。其意以爲有求仙之未得，期數未至也。淮南王劉安坐反而死，天下並聞，當時並見，儒書尚有言其得道仙去，雞犬升天者，況盧敖一人之身，獨行絕迹之地，空造幽冥之語乎？

是與河東蒲坂項曼都之語無以異也。

曼都好道學仙，委家亡去，三年而返。家問其狀，曼都曰：『去時不能自知，忽見若卧形，有仙人數人，將我上天，離月數里而止。見月上下幽冥，幽冥不知東西。居月之旁，其寒悽愴。口飢欲食，仙人輒飲我以流霞一杯，每飲一杯，數月不飢。不知去幾何年月，不知以何爲過，忽然若卧，復下至此。』河東號之曰斥仙。實論者聞之，乃知不然。

夫曼都能上天矣，何爲不仙？已三年矣，何故復還？夫人去民間，升皇天之上，精氣形體，有變於故者矣。萬物變化，無復還者。復育化爲蟬，羽翼既成，不能復化爲復育。能升之物，皆有羽翼，升而復降，羽翼如故。見曼都之身有羽翼乎，言乃可信；身無羽翼，言虛妄也。虛則與盧敖同一實也。

或時聞曼都好道，默委家去，周章遠方，終無所得，力勌望極，默復歸家，慙愧無言，則言上天。其意欲言道可學得，審有仙人；己殆有過，故成而復斥，升而復降。【略】

世無得道之效，而有有壽之人。世見長壽之人，學道爲仙，踰百不死，共謂之仙矣。何以明之？

如武帝之時，有李少君，以祠竈、辟穀、卻老方見上，上尊重之。少君匿其年及所生長，常自謂七十，而能使物卻老。其游以方徧諸侯。無妻。人聞其能使物及不老，更饋遺之，常餘錢金衣食。人皆以爲不治產業饒給，又不知其何許人，愈爭事之。少君資好方，善爲巧發奇中。嘗從武安侯飲，座中有年九十餘者，少君乃言其王父遊射處。老人爲兒時，從父識其處。一座盡驚。少君見上，上有古銅器，問少君。少君曰：『此器齊桓公十五年陳於柏寢。』已而案其刻，果齊桓公器，一宮盡驚，以爲少君數百歲人也。久之，少君病死。

今世所謂得道之人，李少君之類也。少君死於人中，人見其尸，故知少君性壽之人也。如少君處山林之中，入絕迹之野，獨病死於巖石之間，尸爲虎狼狐狸之食，則世復以爲眞仙去矣。

世學道之人，無少君之壽，年未至百，與衆俱死。愚夫無知之人，尚謂之尸解而去，其實不死。所謂『尸解者』，何等也？謂身死精神去

乎？謂身不死得免去皮膚也？如謂身死精神去乎？是與死無異，人亦仙人也。如謂不死免去皮膚乎？諸學道死者，骨肉俱在，與恆死之尸無以異也。夫蟬之去復育，龜之解甲，虵之脱皮，鹿之墮角，殼皮之物解殼皮，持骨肉去，可謂尸解矣。今學道而死者，尸與復育相似，尚未可謂尸解。何則？案蟬之去復育，無以神於復育，況不相似復育，謂之尸解，蓋復虚妄失其實矣。

太史公與李少君同世並時，少君之死，臨尸者雖非太史公，足以見其實矣。如實不死，尸解而去，太史公宜紀其狀，不宜言死。

其處座中年九十老父爲兒時者，少君老壽之效也。或少君年十四五，老父爲兒，隨其王父。少君年二百歲而死，何爲不識？武帝去桓公鑄銅器，且非少君所及見也。或時聞宮殿之内有舊銅器，或案其刻以告之者，故見而知之。今時好事之人，見舊劍古鉤，多能名之，可復謂目見其鑄作之時乎？

世或言：東方朔亦道人也，姓金氏，字曼倩。變姓易名，游宦漢朝。外有仕宦之名，内乃度世之人。

此又虚也。

夫朔與少君並在武帝之時，太史公所及見也。少君有〔教〕道祠竈卻老之方，又名齊桓公所鑄鼎，知九十老人王父所游射之驗，然尚無得道之實，而徒性壽遲死之人也。況朔無少君之方術效驗，世人何見謂之得道？

案武帝之時，道人文成、五利之輩，入海求仙人，索不死之藥，有道術之驗，故爲上所信。朔無入海之使，無奇怪之效也。如使有奇，不過少君之類，及文成、五利之輩耳，況謂之有道？

此或時偶復若少君矣，自匿所生之處，當時在朝之人，不知其故，朔盛稱其年長，人見其面狀少，性又恬淡，不好仕宦，善達占卜射覆，爲怪奇之戲，世人則謂之得道之人矣。

世或以老子之道爲可以度世，恬淡無欲，養精愛氣。夫人以精神爲壽命，精神不傷，則壽命長而不死。成事：老子行之，踰百度世，爲眞人矣。夫恬淡少欲，孰與鳥獸？鳥獸亦老而死。鳥獸含情欲，有與人相類者矣，未足以言。草木之生何情欲？而春生秋死乎？夫草木無欲，壽不踰歲；人多情欲，壽至於百。此無情欲者反夭，有情欲者壽也。夫如是，老子之術，以恬淡無欲、延壽度世者，復虚也。

或時老子，李少君之類也，行恬淡之道，偶其性命亦自壽長。世見其命壽，又聞其恬淡，謂老子以術度世矣。

世或以辟穀不食爲道術之人，謂王子喬之輩，以不食穀，與恆人殊食，故與恆人殊壽，踰百度世，遂爲仙人。

此又虚也。

夫人之生也，稟食飲之性，故形上有口齒，形下有孔竅。口齒以噍食，孔竅以注瀉。順此性者，爲得天正道，逆此性者，爲違所稟受。失本氣於天，何能得久壽？使子喬生無齒口孔竅，是稟性與人殊。稟性與人殊，尚未可謂壽，況形體均同，而以所行者異？言其得度世，非性之實也。

夫人之不食也，猶身之不衣也。【略】閉人之口，使之不食，則餓而不壽矣。

道家相誇曰：『眞人食氣』。以氣而爲食，故傳曰：『食氣者壽而不死，雖不穀飽，亦以氣盈。』此又虚也。夫氣謂何氣也？如謂陰陽之氣，陰陽之氣，不能飽人。人或噓氣，氣滿腹脹，不能饜飽。如謂百藥之氣，人或服藥，食一合屑，吞數十丸，藥力烈盛，胸中憒毒，不能飽人。

食氣者必謂吹呴呼吸，吐故納新也，昔有彭祖嘗行之矣，不能久壽，病而死矣。

道家或以導氣養性，度世而不死。以爲血脉在形體之中，不動搖屈伸，則閉塞不通。不通積聚，則爲病而死。

此又虚也。

夫人之形，猶草木之體也。草木在高山之巔，當疾風之衝，晝夜動搖者，能復勝彼隱在山谷間，鄣於疾風者乎？案草木之生，動搖者傷而不暢，人之導引動搖形體者，何故壽而不死？

夫血脉之藏於身也，猶江河之流地。江河之流，濁而不清；血脉之動，亦擾不安。不安，則猶人勤苦無聊也，安能得久生乎？

道家或以服食藥物，輕身益氣，延年度世。

此又虚也。

夫服食藥物，輕身益氣，頗有其驗。若夫延年度世，世無其效。百藥愈病，病愈而氣復，氣復而身輕矣。凡人稟性，身本自輕，氣本自長，中於風濕，百病傷之，故身重氣劣也。服食良藥，身氣復故，非本氣少身重，得藥而乃氣長身更輕也，稟受之時，本自有之矣。故夫服食藥物除百病，令身輕氣長，復其本性，安能延年？

至於度世。有血脉之類，無有不生，生無不死。以其生，故知其死也。天地不生，故不死；陰陽不生，故不死。死者，生之效；生者，死之驗也。夫有始者必有終，有終者必有死。唯無終始者，乃長生不死。人之生，其猶水也。水凝而爲冰，氣積而爲人。冰極一冬而釋，人竟百歲而死。人可令不死，冰可令不釋乎？諸學仙術，爲不死之方，其必不成，猶不能使冰終不釋也。

又 卷二〇《論死》 人之所以生者，精氣也，死而精氣滅。能爲精氣者，血脉也。人死血脉竭，竭而精氣滅，滅而形體朽，朽而成灰土，何用爲鬼？人無耳目，則無所知，故聾盲之人，比於草木。夫精氣去人，豈徒與無耳目同哉？朽則消亡，荒忽不見，故謂之鬼神。人見鬼神之形，故非死人之精也。何則？鬼神，荒忽不見之名也。人死精神升天，骸骨歸土，故謂之鬼。鬼者，歸也；神者，荒忽無形者也。

漢・王符《潛夫論》卷三《浮侈》 詩刺『不績其麻，女也婆娑』。今多不修中饋，休其蠶織，而起學巫祝，鼓舞事神，以欺誣細民，熒惑百姓。婦女羸弱，疾病之家，懷憂憒憒，皆易恐懼，至使奔走便時，去離正宅，崎嶇路側，上漏下濕，風寒所傷，姦人所利，賊盜所中，益禍益祟，以致重者不可勝數。或棄醫藥，更往事神，故至於死亡，不自知爲巫所欺誤，乃反恨事巫之晚，此熒惑細民之甚者也。

又 卷六《巫列》 夫妖不勝德，邪不伐正，天之經也。雖時有違，然智者守其正道，而不近於淫鬼。所謂淫鬼者，閑邪精物，非有守司眞神靈也。鬼之有此，猶人之有姦言賣平以干求者也。若或誘之，則遠來不止，而終必有咎。鬼神亦然，故申繻曰：『人之所忌，其氣炎以取之。人無釁焉，妖不自作。』是謂人不可多忌，多忌妄畏，實致妖祥。

《後漢書》卷七《孝桓帝紀》 前史稱桓帝好音樂，善琴笙。飾芳林而考濯龍之宮，設華蓋以祠浮圖、老子，斯將所謂『聽於神』乎！及誅梁冀，奮威怒，天下猶企其休息。而五邪嗣虐，流衍四方。自非忠賢力爭，屢折姦鋒，雖願依斟流彘，亦不可得已。

又 卷三〇《郎顗傳》 古人有云：『善言天者，必有驗於人。』而張衡亦云：『天文曆數，陰陽占候，今所宜急也。』郎顗、襄楷能仰瞻俯察，參諸人事，禍福吉凶既應，引之教義亦明。此蓋道術所以有補於時，後人所當取鑑者也。然而其敝好巫，故君子不以專心焉。

贊曰：仲桓術深，蒲車屢尋。蘇竟飛書，清我舊陰。襄、郎災戒，寔由政淫。

又 卷八二《方術傳》 仲尼稱易有君子之道四焉，曰『卜筮者尚其占』。占也者，先王所以定禍福，決嫌疑，幽贊於神明，遂知來物者也。若夫陰陽推步之學，往往見於墳記矣。然神經怪牒，玉策金繩，關扃於明靈之府，封縢於瑤壇之上者，靡得而闚也。至乃《河洛》之文，龜龍之圖，箕子之術，師曠之書，緯候之部，鈐決之符，皆所以探抽冥賾，參驗人區，時有可聞者焉。其流又有風角、遁甲、七政、元氣、六日七分、逢占、日者、挺專、須臾、孤虛之術，及望雲省氣，推處祥妖，時亦有以效於事也。而斯道隱遠，玄奥難原，故聖人不語怪神，罕言性命。或開末而抑其端，或曲辭以章其義，所謂『民可使由之，不可使知之』。

漢自武帝頗好方術，天下懷協道藝之士，莫不負策抵掌，順風而屆焉。後王莽矯用符命，及光武尤信讖言，士之赴趣時宜者，皆騁馳穿鑿，爭談之也。故王梁、孫咸名應圖籙，越登槐鼎之任，鄭興、賈逵以附同稱顯，恆譚、尹敏以乖忤淪敗，自是習爲內學，尚奇文，貴異數，不乏於時矣。是以通儒碩生，忿其姦妄不經，奏議慷慨，以爲宜見藏擯。子長亦云：『觀陰陽之書，使人拘而多忌。』蓋爲此也。

夫物之所偏，未能無蔽，雖云大道，其硋或同。若乃詩之失愚，書之失誣。然則數術之失，至於詭俗乎？如令溫柔敦厚而不愚，斯深於詩者也；疏通知遠而不誣，斯深於《書》者也；極數知變而不詭俗，斯深於數術者也。故曰：『苟非其人，道不虛行。』意者多迷其統，取遺頗偏，甚有雖流宕過誕亦失也。【略】

論曰：漢世之所謂名士者，其風流可知矣。雖弛張趣舍，時有未純，於刻情修容，依倚道藝，以就其聲價，非所能通物方，弘時務也。及徵樊

英、楊厚，朝廷若待神明，至竟無它異。英名最高，毀最甚。李固、朱穆等以爲處士純盗虛名，無益於用，故其所以然也。然而後進希之以成名，世主禮之以得衆，原其無用亦所以爲用，則其有用或歸於無用矣。何以言之？夫煥乎文章，時或乖用；本乎禮樂，適末或疏。及其陶搢紳，藻心性，使由之而不知者，豈非道邈用表，乖之數迹乎？而或者忽不踐之地，賒無用之功，至乃誚譟遠術，賤斥國華，以爲力詐可以救淪敝，文律足以致寧平，智盡於猜察，道足於法令，雖濟萬世，其將與夷狄同也。孟軻有言曰：『以夏變夷，不聞變夷於夏。』況有未濟者乎！

雜録

晉・葛洪《抱朴子内篇》卷二《論仙》　或問曰：『神仙不死，信可得乎？』抱朴子答曰：『雖有至明，而有形者不可畢見焉。雖禀極聰，而有聲者不可盡聞焉。雖有大章豎亥之足，而所常履者，未若所不履之多。雖有禹益齊諧之智，而所嘗識者未若所不識之衆也。萬物云云，何所不有，況列仙之人，盈乎竹素矣。不死之道，曷爲無之？』

於是問者大笑曰：『夫有始者必有卒，有存者必有亡。【略】故古人學不求仙，言不語怪，杜彼異端，守此自然，推龜鶴於別類，以死生爲朝暮也。【略】』

抱朴子答曰：『夫聰之所去，則震雷不能使之聞，明之所棄，則三光不能使之見，豈輷磕之音細，而麗天之景微哉？而聾夫謂之無聲焉，瞽者謂之無物焉。又況管絃之和音，山龍之綺粲，安能賞克諧之雅韻，暐曄之鱗藻哉？故聾瞽在乎形器，則不信豐隆之與玄象矣。而況物有微於此者乎？暗昧滯乎心神，則不信有周孔於在昔矣。況告之以神仙之道乎？夫存亡終始，誠是大體。其異同參差，或然或否，變化萬品，奇怪無方，物是事非，本鈞末乖，未可一也。夫言始者必有終者多矣，混而齊之，非通理矣。謂夏必長，而薺麥枯焉。謂冬必凋，而竹柏茂焉。謂始必終，而天地無窮焉。謂生必死，而龜鶴長存焉。盛陽宜暑，而夏天未必無涼日也。極陰宜寒，而嚴冬未必無暫溫也。百川東注，而有北流之活活。坤道至靜，而或震動而崩弛。水性純冷，而有溫谷之湯泉。火體宜熾，而有蕭丘之寒焰。重類應沈，而南海有浮石之山。輕物當浮，而牂牁有沈羽之流。萬殊之類，不可以一概斷之，正如此也久矣。【略】

若夫仙人，以藥物養身，以術數延命，使内疾不生，外患不入，雖久視不死，而舊身不改，苟有其道，無以爲難也。而淺識之徒，拘俗守常，咸曰世閒不見仙人，便云天下必無此事。夫目之所曾見，當何足言哉？

佛教東來分部

綜述

《漢書》卷五五《霍去病傳》　去病侯三歲，元狩二年春爲票騎將軍，將萬騎出隴西，有功。上曰：『票騎將軍率戎士隃烏盭，討脩濮，涉狐奴，歷五王國，輜重人衆攝讋者弗取，幾獲單于子。轉戰六日，過焉支山千有餘里，合短兵，鏖皋蘭下，殺折蘭王，斬盧侯王，鋭悍者誅，全甲獲醜，執渾邪王子及相國、都尉，捷首虜八千九百六十級，收休屠祭天金人，師率減什七，益封去病二千二百户。』

又　卷六八《金日磾傳贊》　金日磾夷狄亡國，羈虜漢庭，而以篤敬寤主，忠信自著，勒功上將，傳國後嗣，世名忠孝，七世内侍，何其盛也！本以休屠作金人爲祭天主，故因賜姓金氏云。

《三國志》卷四九《吴志・劉繇傳》　笮融者，丹楊人，初聚衆數百，往依徐州牧陶謙。謙使督廣陵、彭城運漕，遂放縱擅殺，坐斷三郡委輸以自入。乃大起浮圖祠，以銅爲人，黄金塗身，衣以錦采，垂銅槃九重，下爲重樓閣道，可容三千餘人，悉課讀佛經，令界内及旁郡人有好佛者聽受道，復其他役以招致之，由此遠近前後至者五千餘人户。每浴佛，多設酒飯，布席於路，經數十里，民人來觀及就食且萬人，費以巨億計。

《後漢書》卷七《桓帝紀》　（延熹九年）秋七月，沈氏羌寇武威、張掖。詔舉武猛，三公各二人，卿、校尉各一人。

太尉陳蕃免。

庚午，祠黄、老於濯龍宮。

又　卷三〇《襄楷傳》　又聞宮中立黃老、浮屠之祠。此道清虛，貴尚無爲，好生惡殺，省慾去奢。今陛下嗜欲不去，殺罰過理，既乖其道，豈獲其祚哉！或言老子入夷狄爲浮屠。浮屠不三宿桑下，不欲久生恩愛，精之至也。天神遺以好女，浮屠曰：『此但革囊盛血。』遂不眄之。其守一如此，乃能成道。今陛下淫女豔婦，極天下之麗，甘肥飲美，單天下之味，奈何欲如黃老乎？

又　卷四二《楚王英傳》　英少時好游俠，交通賓客，晚節更喜黃老，學爲浮屠齋戒祭祀。八年，詔令天下死罪皆入縑贖。英遣郎中令奉黃縑白紈三十匹詣國相曰：『託在蕃輔，過惡累積，歡喜大恩，奉送縑帛，以贖愆罪。』國相以聞。詔報曰：『楚王誦黃老之微言，尚浮屠之仁祠，絜齋三月，與神爲誓，何嫌何疑，當有悔吝？其還贖，以助伊蒲塞桑門之盛饌。』因以班示諸國中傳。英後遂大交通方士，作金龜玉鶴，刻文字以爲符瑞。

又　卷八八《西域傳》　天竺國一名身毒，在月氏之東南數千里。俗與月氏同，而卑溼暑熱。其國臨大水。乘象而戰。其人弱於月氏，脩浮圖道，不殺伐，遂以成俗。【略】

世傳明帝夢見金人，長大，頂有光明，以問羣臣。或曰：『西方有神，名曰佛，其形長丈六尺而黃金色。』帝於是遣使天竺問佛道法，遂於中國圖畫形像焉。楚王英始信其術，中國因此頗有奉其道者。後桓帝好神，數祀浮圖、老子，百姓稍有奉者，後遂轉盛。

《宋書》卷九七《夷蠻傳》　佛道自後漢明帝，法始東流，自此以來，其教稍廣，自帝王至于民庶，莫不歸心，經誥充積，訓義深遠，別爲一家之學焉。元嘉十二年，丹陽尹蕭摹之奏曰：『佛化被于中國，已歷四代，形像塔寺，所在千數，進可以擊心，退足以招勸。而自頃以來，情敬浮末，不以精誠爲至，更以奢競爲重。舊宇頹弛，曾莫之修，而各務造新，以相姱尚。甲第顯宅，於茲殆盡，材竹銅彩，糜損無極，無關神祇，有累人事。建中越制，宜加裁檢，不爲之防，流道未息。請自今以後，有欲鑄銅像者，悉詣臺自聞，興造塔寺精舍，皆先詣在所二千石通辭，郡依事列言本州，須許報，然後就功。其有輒造寺舍者，皆依不承用詔書律，銅宅林苑，悉没入官。』詔可。又沙汰沙門，罷道者數百人。

《魏書》卷一一四《釋老十志》　大人有作，司牧生民，結繩以往，書契所絕，故靡得而知焉。自羲軒已還，至於三代，其神言秘策，蘊圖緯之文，範世率民，垂墳典之迹。秦肆其毒，滅於灰燼，漢採遺籍，復若丘山。司馬遷區別異同，有陰陽、儒、墨、名、法、道德六家之義。劉歆著《七略》，班固志《藝文》，釋氏之學，所未曾紀。案漢武元狩中，遣霍去病討匈奴，至皋蘭，過居延，斬首大獲。昆邪王殺休屠王，將其衆五萬來降。獲其金人，帝以爲大神，列於甘泉宮。金人率長丈餘，不祭祀，但燒香禮拜而已。此則佛道流通之漸也。

及開西域，遣張騫使大夏還，傳其旁有身毒國，一名天竺，始聞有浮屠之教。哀帝元壽元年，博士弟子秦景憲受大月氏王使伊存口授浮屠經。中土聞之，未之信了也。後孝明帝夜夢金人，項有日光，飛行殿庭，乃訪羣臣，傅毅始以佛對。帝遣郎中蔡愔、博士弟子秦景等使於天竺，寫浮屠遺範。愔仍與沙門攝摩騰、竺法蘭東還洛陽。中國有沙門及跪拜之法，自此始也。愔又得佛經《四十二章》及釋迦立像。明帝令畫工圖佛像，置清涼臺及顯節陵上，經緘於蘭臺石室。愔之還也，以白馬負經而至，漢因立白馬寺於洛城雍門西。摩騰、法蘭咸卒於此寺。【略】

漢章帝時，楚干英喜爲浮屠齋戒，遣郎中令奉黃縑白紈三十匹，詣國相以贖愆。詔報曰：『楚王尚浮屠之仁祠，潔齋三月，與神爲誓，何嫌何疑，當有悔吝。其還贖，以助伊蒲塞、桑門之盛饌。』因以班示諸國。桓帝時，襄楷言佛陀、黃老道以諫，欲令好生惡殺，少嗜慾，去奢泰，尚無爲。魏明帝曾欲壞宮西佛圖。外國沙門乃金盤盛水，置於殿前，以佛舍利投之於水，乃有五色光起，於是帝歎曰：『自非靈異，安得爾乎？』遂徙於道東，爲作周閣白間。佛圖故處，鑿爲濛汜池，種芙蓉於中。後有天竺沙門曇柯迦羅入洛，宣譯誡律，中國誡律之始也。自洛中構白馬寺，盛飾佛圖，畫迹甚妙，爲四方式。凡宮塔制度，猶依天竺舊狀而重構之，從一級至三、五、七、九。世人相承，謂之『浮圖』，或云『佛圖』。晉世，洛中佛圖有四十二所矣。漢世沙門，皆衣赤布，後乃易以雜色。

南朝梁・慧皎《高僧傳》卷一《竺法蘭傳》　竺法蘭，亦中天竺人，自言誦經論數萬章，爲天竺學者之師。時蔡愔既至彼國，蘭與摩騰共契遊化，遂相隨而來。會彼學徒留礙，蘭乃間行而至。既達雒陽，與騰同止，

少時便善漢言。

愔於西域獲經，即爲翻譯《十地斷結》、《佛本生》、《法海藏》、《佛本行》、《四十二章》等五部。移都寇亂，四部失本，不傳江左。唯《四十二章經》今見在，可二千餘言。漢地見存諸經，唯此爲始也。

愔又於西域得畫釋迦倚像，是優田王栴檀像師第四作也。既至雒陽，明帝即令畫工圖寫。置清涼臺中，及顯節陵上。舊像今不復存焉。

又昔漢武穿昆明池底得黑灰，以問東方朔，朔云：『不委，可問西域人。』後法蘭既至，衆人追以問之。蘭云：『世界終盡劫，火洞燒，此灰是也。』朔言有徵，信者甚衆。蘭後卒於雒陽，春秋六十餘矣。

唐・道宣《廣弘明集》卷一《漢法本内傳》 傳云：明帝永平十三年，上夢神人。金身丈六項有日光。寤已問諸臣下，傅毅對詔。有佛出於天竺，乃遣使往求。備獲經像及僧二人。帝乃爲立佛寺畫壁，千乘萬騎繞塔三帀。又於南宫清涼臺及高陽門上顯節陵。所圖佛立像并四十二章經，緘於蘭臺石室。廣如前集牟子所顯。

傳云：時有沙門迦攝摩騰竺法蘭，位行難測，志存開化。蔡愔使達請騰東行，不守區域隨至雒陽，曉喻物情崇明信本。帝問騰曰：佛法出世何以化不及此。答曰：迦毗羅衛國者，三千大千世界百億日月之中心也，三世諸佛皆在彼生，乃至天龍鬼神有願行者皆生於彼。受佛正化咸得悟道。餘處衆生無緣感佛，佛不往也。佛雖不往，光明及處，或五百年，或一千年，或一千年外，皆有聖人傳佛聲教而化導之。廣説教義文廣故畧也。

傳云：永平十四年正月一日，五嶽諸山道士，朝正之次，自相命曰：天子棄我道法，遠求胡教，今因朝集可以表抗之。其表略曰：五嶽十八山觀太上三洞弟子褚善信等六百九十人，死罪上言。臣聞太上無形無名，無極無上虚無自然。大道出於造化之前，上古同遵百王不易。今陛下道邁羲皇德高堯舜，竊承陛下棄本追末，求教西域。所事乃是胡神，所説不參華夏。願陛下恕臣等罪，聽與試驗。臣等諸山道士，多有徹視遠聽博通經典。從元皇已來。太上羣録太虚符祝，無不綜練達其涯極。或策使鬼神，吞霞飲氣，或入火不燒，或履水不溺，或白日升天，或隱形不測。至於方術無所不能。願得與其比校。一則聖上意安，二則得辨眞僞，三則大道有歸，四則不亂華俗。臣等若比對不如，任聽重決。如其有勝，乞除虚妄，敕遣尚書令宋庠引入長樂宫，以今月十五日，可集白馬寺。道士等便置三壇，壇别開二十四門。南嶽道士褚善信，華嶽道士劉正念，恆嶽道士桓文度。岱嶽道士焦得心，嵩嶽道士呂惠通霍，山天目五臺白鹿等十八山道士祁文信等。各賫《靈寶》、《眞文》、《太上玉訣》、《三元符録》等五百九卷，置於西壇。茅成子、許成子、黄子、老子等二十七家子書二百三十五卷，置於中壇。饌食奠祀百神，置於東壇。帝御行殿，在寺南門。佛舍利經像，置於道西。十五日齋訖，道士等以柴荻和檀沈香爲炬，遶經泣曰：臣等上啓太極大道元始天尊衆仙百靈。今胡神亂夏人主信邪。正教失蹤玄風墜緒。臣等敢置經壇上以火取驗。欲使開示蒙心得辯眞僞。便縱火焚經，經從火化，悉成煨燼。道士等相顧失色。大生怖懼。將欲升天隱形者，無力可能。禁效鬼神者，呼策不應各懷愧恧。南嶽道士費叔才，自憾而死。太傅張衍語善信曰：卿等所試無驗即是虚妄，宜就西來眞法。善信曰：茅成子云：太上者靈寶天尊是也。造化之作謂之太素。斯豈妄乎。衍曰：太素有貴德之名，無言教之稱。今子説有言教，即爲妄也。信默然。時佛舍利，光明五色，直上空中，旋環如蓋，遍覆大衆，映蔽日光。摩騰法師，踊身高飛，坐臥空中，廣現神變。于時天雨寶華在佛僧上。又聞天樂感動人情。大衆感悦，歎未曾有。皆繞法蘭，聽説法要。并吐梵音歎佛功德。亦令大衆稱揚三寶。説善惡業皆有果報。六道三乘諸相不一。又説出家功德其福最高。初立佛寺同梵福量。司空陽城侯劉峻，與諸官人士庶等千餘人出家。四嶽諸山道士呂惠通等六百二十人出家。陰夫人，王婕妤等，與諸宫人婦女二百三十人出家。便立十所寺。七所城外安僧，三所城内安尼。自斯已後廣矣。傳有五卷，略不備載。有人疑此傳近出，本無角力之事。案《吳書》。明費叔才感死，故傳爲實録矣。

論説

《後漢書》卷八八《西域傳》 至於佛道神化，興自身毒，而二漢方志莫有稱焉。張騫但著地多暑溼，乘象而戰，班勇雖列其奉浮圖，不殺伐，而精文善法導達之功靡所傳述。余聞之後説也，其國則殷乎中土，玉

燭和氣，靈聖之所降集，賢懿之所挺生，神迹詭怪，則理絶人區，感驗明顯，則事出天外。而騫、超無聞者，豈其道閉往運，數開叔葉乎？不然，何誣異之甚也！漢自楚英始盛齋戒之祀，桓帝又修華蓋之飾。將微義未譯，而但神明之邪？詳其清心釋累之訓，空有兼遣之宗，道書之流也。

《三國志》卷三〇《魏志·烏丸鮮卑東夷傳》裴松之注引《魏略西戎傳》 氐人有王，所從來久矣。【略】臨兒國，浮屠經云其國王生浮屠。浮屠，太子也。父曰屑頭邪，母云莫邪。浮屠身服色黄，髮青如青絲，乳青毛，蛉赤如銅。始莫邪夢白象而孕，及生，從母左脅出，生而有結，墮地能行七步。此國在天竺城中。天竺又有神人，名沙律。昔漢哀帝元壽元年，博士弟子景盧受大月氏王使伊存口受《浮屠經》曰復立者其人也。浮屠所載臨蒲塞、桑門、伯聞、疏問、白疏閒、比丘、晨門，皆弟子號也。《浮屠》所載與中國《老子經》相出入，蓋以爲老子西出關，過西域之天竺、教胡。浮屠屬弟子别號，合有二十九，不能詳載，故略之如此。

南朝宋·范縝《神滅論》 或問予云：「神滅，何以知其滅也？」答曰：「神卽形也，形卽神也，是以形存則神存，形謝則神滅也。」

問曰：「形者無知之稱，神者有知之名，知與無知，卽事有異，神之與形，理不容一，形神相卽，非所聞也。」答曰：「形者神之質，神者形之用，是則形稱其質，神言其用，形之與神，不得相異也。」

問曰：「神故非質，形故非用，不得爲異，其義安在？」答曰：「名殊而體一也。」

問曰：「名既已殊，體何得一？」答曰：「神之於質，猶利之於刀，形之於用，猶刀之於利，利之名非刀也，刀之名非利也。然而捨利無刀，捨刀無利，未聞刀没而利存，豈容形亡而神在。」

問曰：「刀之與利，或如來説，形之與神，其義不然。何以言之？木之質無知也，人之質有知也，人既有如木之質，而有異木之知，豈非木有一，人有其二邪？」答曰：「異哉言乎！人若有如木之質以爲形，又有異木之知以爲神，則可如來論也。今人之質，質有知也，木之質，質無知也，人之質非木質也，木之質非人質也，安在有如木之質而復有異木之知哉！」

問曰：「人之質所以異木質者，以其有知耳。人而無知，與木何異？」答曰：「人無無知之質，猶木無有知之形。」

問曰：「死者之形骸，豈非無知之質邪？」答曰：「是無人質。」

問曰：「若然者，人果有如木之質，而有異木之知矣。」答曰：「死者有如木之質，而無異木之知；生者有異木之知，而無如木之質也。」

問曰：「死者之骨骼，非生者之形骸邪？」答曰：「生形之非死形，死形之非生形，區已革矣，安有生人之形骸，而有死人之骨骼哉？」

問曰：「若生者之形骸非死者之骨骼，非死者之骨骼，則應不由生者之形骸，不由生者之形骸，則此骨骼從何而至此邪？」答曰：「是生者之形骸，變爲死者之骨骼也。」

問曰：「生者之形骸雖變爲死者之骨骼，豈不因生而死，則知死體猶生體也。」答曰：「如因榮木變爲枯木，枯木之質，寧是榮木之體！」

問曰：「榮體變爲枯體，枯體卽是榮體；絲體變爲縷體，縷體卽是絲體，有何别焉？」答曰：「若枯卽是榮，榮卽是枯，應榮時凋零，枯時結實也。又榮木不應變爲枯木，以榮卽枯，無所復變也。榮枯是一，何不先枯後榮？要先榮後枯，何也？絲縷之義，亦同此破。」

問曰：「生形之謝，便應豁然都盡，何故方受死形，綿歷未已邪？」答曰：「生滅之體，要有其次故也。夫欻而生者必欻而滅，漸而生者必漸而滅。欻而生者，飄驟是也；漸而生者，動植是也。有欻有漸，物之理也。」

問曰：「形卽是神者，手等亦是神邪？」答曰：「皆是神之分也。」

問曰：「若皆是神之分，神既能慮，手等亦應能慮也？」答曰：「手等亦應能有痛癢之知，而無是非之慮。」

問曰：「知之與慮，爲一爲異？」答曰：「知卽是慮，淺則爲知，深則爲慮。」

問曰：「若爾，應有二慮，慮既有二，神有二乎？」答曰：「人體惟一，神何得二。」

問曰：「若不得二，安有痛癢之知，復有是非之慮？」答曰：「如手足雖異，總爲一人，是非痛癢雖復有異，亦總爲一神矣。」

問曰：「是非之慮，不關手足，當關何處？」答曰：「是非之慮，心器所主。」

問曰：「心器是五藏之心，非邪？」答曰：「是也。」

問曰：「五藏有何殊別，而心獨有是非之慮乎？」答曰：「七竅亦復何殊，而司用不均。」

問曰：「慮思無方，何以知是心器所主？」答曰：「五藏各有所司無有能慮者，是以知心爲慮本。」

問曰：「何不寄在眼等分中？」答曰：「若慮可寄於眼分，眼何故不寄於耳分邪？」

問曰：「慮體無本，故可寄之於眼分；眼目有本，不假寄於佗分也。」答曰：「眼何故有本而慮無本；苟無本於我形，而可徧寄於異地，亦可張甲之情，寄王乙之軀，李丙之性，託趙丁之體。然乎哉？不然也。」

問曰：「聖人形猶凡人之形，而有凡聖之殊，故知形神異矣。」答曰：「不然。金之精者能昭，穢者不能昭，有能昭之精金，寧有不昭之穢質。又豈有聖人之神而寄凡人之器，亦無凡人之神而託聖人之體。是以八采、重瞳，勛、華之容，龍顔、馬口，軒、皞之狀，此形表之異也。比干之心，七竅列角，伯約之膽，其大若拳，此心器之殊也。是知聖人定分，每絕常區，非惟道革羣生，乃亦形超萬有。凡聖均體，所未敢安。」

問曰：「子云聖人之形必異於凡者，敢問陽貨類仲尼，項籍似大舜，舜、項、孔、陽，智革形同，其故何邪？」答曰：「珉似玉而非玉，鷄類鳳而非鳳，物誠有之，人故宜爾。項、陽貌似而非實似，心器不均，雖貌無益。」

問曰：「凡聖之殊，形器不一，可也；聖人員極，理無有二，而丘、旦殊姿，湯、文異狀，神不侔色，於此益明矣。」答曰：「聖同於心器，形不必同也，猶馬殊毛而齊逸，玉異色而均美。是以晉棘、荆和，等價連城，驊騮、騄驪，俱致千里。」

問曰：「形神不二，既聞之矣，形謝神滅，理固宜然，敢問經云：『爲之宗廟，以鬼饗之。』何謂也？」答曰：「聖人之教然也，所以弭孝子之心，而厲偷薄之意，神而明之，此之謂矣。」

問曰：「伯有被甲，彭生豕見，墳、索著其事，寧是設教而已邪？」答曰：「妖怪茫茫，或存或亡，强死者衆，不皆爲鬼，彭生、伯有，何獨能然，乍爲人豕，未必齊、鄭之公子也。」

問曰：「《易》稱『故知鬼神之情狀，與天地相似而不違。』又曰：『載鬼一車。』其義云何？」答曰：「有禽焉，有獸焉，飛走之別也；有人焉，有鬼焉，幽明之別也。人滅而爲鬼，鬼滅而爲人，則未之知也。」

問曰：「知此神滅，有何利用邪？」答曰：「浮屠害政，桑門蠹俗，風驚霧起，馳蕩不休，吾哀其弊，思拯其溺。夫竭財以赴僧，破產以趨佛，而不卹親戚，不憐窮匱者何？良由厚我之情深，濟物之意淺。是以圭撮涉於貧友，吝情動於顔色；千鍾委於富僧，歡意暢於容髮。豈不以僧有多稌之期，友無遺秉之報，務施闕於周急，歸德必於在己。又惑以茫昧之言，懼以阿鼻之苦，誘以虛誕之辭，欣以兜率之樂。故捨逢掖，襲橫衣，廢俎豆，列缾缽，家家棄其親愛，人人絕其嗣續。致使兵挫於行間，吏空於官府，粟罄於惰遊，貨殫於泥木。所以姦宄弗勝，頌聲尚擁，惟此之故，其流莫已，其病無限。若陶甄禀於自然，森羅均於獨化，忽焉自有，怳爾而無，來也不禦，去也不追，乘夫天理，各安其性。小人甘其壟畝，君子保其恬素，耕而食，食不可窮也，蠶而衣，衣不可盡也，下有餘以奉其上，上無爲以待其下，可以全生，可以匡國，可以霸君，用此道也。」

南朝梁・僧祐《弘明集》卷一《理惑論》 或問曰：「佛從何出生？寧有先祖及國邑不？皆何施行，狀何類乎？」牟子曰：「富哉問也！請以不敏，畧説其要。蓋聞佛化之爲狀也，積累道德數千億載，不可紀記。然臨得佛時，生於天竺，假形於白淨王夫人。晝寢夢乘白象，身有六牙，欣然悦之，遂感而孕。以四月八日從母右脅而生。墮地行七步，舉右手曰：「天上天下靡有踰我者也。」時天地大動，宮中皆明。其日王家青衣復產一兒，廄中白馬亦乳白駒。奴字車匿，馬曰犍陟，王常使隨太子。太子有三十二相、八十種好，身長丈六，體皆金色，頂有肉髻，頰車如師子，舌自覆面，手把千輻輪，項光照萬里。此畧説其相。年十七，王爲納妃，鄰國女也。太子坐則遷座，寢則異牀。天道孔明，陰陽而通，遂懷一男，六年乃生。父王珍偉太子，爲興宮觀，妓女寶玩並列於前。太子不貪世樂，意存道德。年十九，二月八日夜半，呼車匿，勒犍陟跨之。鬼神扶舉，飛而出宮。明日廓然，不知所在。王及吏民莫不歔欷，追之及

田。王曰：「未有爾時，禱請神祇。今既有爾，如玉如珪，當續禄位，而去何爲？」太子曰：「萬物無常，有存當亡。今欲學道，度脱十方。」王知其彌堅，遂起而還。太子徑去，思道六年，遂成佛焉。所以孟夏之月生者，不寒不熱，草木華英。釋狐裘，衣絺綌，中呂之時也。所以生天竺者，天地之中，處其中和也。所著經凡有十二部，合八億四千萬卷。其大卷萬言以下，小卷千言已上。佛教授天下，度脱人民，因以二月十五日泥洹而去。其經戒續存，履能行之，亦得無爲，福流後世，持五戒者，一月六齋，齋之日，專心壹意，悔過自新，沙門持二百五十戒，日日齋，其戒非優婆塞所得聞也。威儀進止，與古之典禮無異。終日竟夜，講道誦經，不預世事。《老子》曰：「孔德之容唯道是從。」其斯之謂也。』

問曰：『何以正言佛。佛爲何謂乎？』牟子曰：『佛者，謚號也。猶名三皇神、五帝聖也。佛乃道德之元祖，神明之宗緒。佛之言覺也，恍惚變化，分身散體，或存或亡，能小能大，能圓能方，能老能少，能隱能彰，蹈火不燒，履刃不傷，在汙不染，在禍無殃，欲行則飛，坐則揚光。故號爲佛也。』【略】

問曰：『佛經衆多，欲得其要，而棄其餘。直説其實，而除其華。』牟子曰：『否！夫日月俱明，各有所照。二十八宿，各有所主。百藥並生，各有所愈。狐裘備寒，絺纮御暑。舟輿異路，俱致行旅。孔子不以五經之備，復作《春秋》、《孝經》者，欲博道術、恣人意耳。佛經雖多，其歸爲一也，猶七典雖異，其貴道德仁義亦一也。孝所以説多者，隨人行而與之。若子張、子游俱問一孝，而仲尼答之各異，攻其短也，何棄之有哉？』

問曰：『佛道至尊至大，堯舜周孔曷不修之乎？七經之中，不見其辭。子既耽《詩》、《書悦》、《禮》、《樂》，奚爲復好佛道、喜異術，豈能踰經傳、美聖業哉！竊爲吾子不取也。』牟子曰：『書不必孔丘之言，藥不必扁鵲之方。合義者從，愈病者良。君子博取衆善以輔其身。子貢云：「夫子何常師之有乎？」堯事尹壽，舜事務成，旦學呂望，丘學老聃，亦俱不見於七經也。四師雖聖，比之於佛，猶白鹿之與麒麟，燕鳥之與鳳凰也。堯舜周孔且猶與之，況佛身相好變化，神力無方，焉能捨而不學乎？五經事義，或有所闕，佛不見記，何足怪疑哉？

問曰：『云佛有三十二相、八十種好，何其異於人之甚也？殆富耳之語，非實之云也。』牟子曰：『諺云，少所見，多所怪，睹馲駝言馬腫背。堯眉八彩，舜日重瞳子。臯陶馬喙，文王四乳。禹耳參漏，周公背僂，伏羲龍鼻，仲尼反頨。老子日角月玄、鼻有雙柱，手把十文、足蹈二五，此非異於人乎？佛之相好，奚足疑哉！』【略】

問曰：『若佛經深妙靡麗，子胡不談之於朝廷，論之於君父，修之於閨門，接之於朋友？何復學經傳、讀諸子乎？』牟子曰：『子未達其源而問其流也。夫陳俎豆於壘門，建旌旗於朝堂，衣狐裘以當蕤賓，被絺綌以御黄鐘，非不麗也，乖其處、非其時也。故持孔子之術，入商鞅之門，賫孟軻之説詣蘇張之庭。功無分寸，過有丈尺矣。老子曰：「上士聞道，勤而行之；中士聞道，若存若亡；下士聞道，大而笑之。」吾懼大笑，故不爲談也。渴不必待江河而飲，井泉之水何所不飽，是以復治經傳耳。』

問曰：『漢地始聞佛道，其所從出邪？』牟子曰：『昔孝明皇帝夢見神人，身有日光，飛在殿前。欣然悦之。明日，博問羣臣：「此爲何神？」有通人傅毅曰：「臣聞天竺有得道者，號之曰佛，飛行虚空，身有日光，殆將其神也。」於是上悟，遣使者張騫、羽林郎中秦景、博士弟子王遵等十二人，於大月支寫佛經四十二章，藏在蘭臺石室第十四間。時於洛陽城西雍門外起佛寺，於其壁畫千乘萬騎繞塔三帀，又於南宫清涼臺，及開陽城門上作佛像。明帝時，豫修造壽陵，曰：「顯節」，亦於其上，作佛圖像。時國豐民寧，遠夷慕義，學者由此而滋。』【略】

問曰：『吾子訕神仙、抑奇怪，不信有不死之道，是也。何爲獨信佛道當得度世乎？佛在異域，子足未履其地，目不見其所，徒觀其文而信其行。夫觀華者不能知實，視影者不能審形，殆其不誠乎？』牟子曰：『孔子曰：「視其所以，觀其所由，察其所安，人焉廋哉？」昔呂望、周公問於施政，各知其後所以終；顔淵乘駟之日，見東野車之馭，知其將敗；子貢觀邾魯之會，而照其所以喪；仲尼聞師曠之弦，而識文王之操；季子聽樂，覽衆國之風。何必足履目見乎？』

又　卷五《沙門不敬王者論》　原夫佛教所明大要，以出家爲異。出家之人，凡有四科，其弘教通物，則功侔帝王，化兼治道。至於感俗悟時，亦無世不有。但所遇有行藏，故以廢興爲隱顯耳。其中可得論者，請

畧而言之：在家奉法，則是順化之民，情未變俗，迹同方内，故有天屬之愛，奉主之禮。禮敬有本，遂因之而成教。本其所因，則功由在昔。是故因親以教愛，使民知其有自然之恩。因嚴以教敬，使民知有自然之重。二者之來，實由冥應，應不在今，則宜尋其本。故以罪對爲刑罰，使懼而後慎。以天堂爲爵賞，使悦而後動。此皆卽其影響之報，而明於教，以因順爲通，而不革其自然也。何者？夫厚身存生，以有封爲滯，累根深固，存我未忘。方將以情欲爲苑囿，聲色爲遊觀，躭湎世樂，不能自勉而特出，是故教之所檢，以此爲涯，而不明其外耳。其外未明，則大同於順化，故不可受其德而遺其禮，沾其惠而廢其敬。是故悦釋迦之風者，輒先奉親而敬君。變俗投簪者，必待命而順動。若君親有疑，則退求其志，以俟同悟。斯乃佛教之所以重資生、助王化於治道者也。【略】

出家則是方外之賓，迹絶於物。其爲教也，達患累緣於有身，不存身以息患。知生生由於稟化，不順化以求宗。求宗不由於順化，則不重運通之資。息患不由於存身，則不貴厚生之益。此理之與形乖，道之與俗反者也。若斯人者，自誓始於落簪，立志形乎變服，是故凡在出家，皆遯世以求其志，變俗以達其道。變俗則服章不得與世典同禮，遯世則宜高尚其迹。夫然者，故能拯溺俗於沈流，拔幽根於重劫。遠通三乘之津，廣開天人之路。如令一夫全德，則道洽六親，澤流天下，雖不處王侯之位，亦已協契皇極，在宥生民矣。是故内乖天屬之重，而不違其孝。外闕奉主之恭，而不失其敬。從此而觀，故知超化表以尋宗，則理深而義篤。昭泰息以語仁，則功末而惠淺。若然者，雖將面冥山而旋步，猶或恥聞其風，豈況與夫順化之民，尸禄之賢，同其孝敬者哉？

南朝梁·僧祐《出三藏記集》卷六《人本欲生經序》　本者，癡也；欲者，愛也；生者，生死也。畧舉十二之三以爲目也。人在生死，莫不浪滯於三世，飄縈於九止，綢繆於八縛者也。十二因緣於九止，則第一人亦天也。四諦所鑑，鑑乎九止，八解所正，正乎八邪。邪正則無往而不恬，止鑑則無往而不愉。無往而不愉，故能洞照傍通，無往而不恬，故能神變應會。神變應會，則不疾而速，洞照傍通，則不言而化。不言而化，故無棄人；不疾而速，故無遺物。物之不遺，人之不棄，斯禪智之由也。故經曰：『道從禪智，得近泥洹』，豈虚也哉！誠近歸之要也。

又　卷九《廬山出修行方便禪經統序》　禪非智無以窮其寂，智非禪無以深其照。然則禪智之要，照寂之謂。其相濟也，照不離寂，寂不離照，感則俱遊，應必同趣，功玄於在用，交養於萬法。其妙物也，運羣動以至壹而不有，廓大象於未形而不無，無思無爲，而無不爲。是故洗心靜亂者以之研慮，悟徹入微者以之窮神也。若乃將入其門，機在攝會。

《魏書》卷一一四《釋老十志》　浮屠正號曰佛陀，佛陀與浮圖聲相近，皆西方言，其來轉爲二音。華言譯之則謂淨覺，言滅穢成明，道爲聖悟。凡其經旨，大抵言生生之類，皆因行業而起。有過去、當今、未來，歷三世，識神常不滅。凡爲善惡，必有報應。漸積勝業，陶冶粗鄙，經無數形，澡練神明，乃致無生而得佛道。其間階次心行，等級非一，皆緣淺以至深，藉微而爲著。率在於積仁順，蠲嗜慾，習虚靜而成通照也。故其始修心則依佛、法、僧，謂之三歸，若君子之三畏也。又有五戒，去殺、盜、淫、妄言、飲酒，大意與仁、義、禮、智、信同，名爲異耳。云奉持之，則生天人勝處，虧犯則墜鬼畜諸苦。又善惡生處，凡有六道焉。

諸服其道者，則剃落鬚髮，釋累辭家，結師資，遵律度，相與和居，治心修淨，行乞以自給。謂之沙門，或曰桑門，亦聲相近，總謂之僧，皆胡言也。僧，譯爲和命衆，桑門爲息心，比丘爲行乞。俗人之信憑道法者，男曰優婆塞，女曰優婆夷。其爲沙門者，初修十誡，曰沙彌，而終於二百五十，則具足成大僧。婦入道者曰比丘尼。其誡至于五百，皆以（闕）爲本，隨事增數，在於防心、攝身、正口。心去貪、忿、癡，身除殺、淫、盜，口斷妄、雜、諸非正言，總謂之十善道。能具此，謂之三業清淨。凡人修行粗爲極。云可以達惡善報，漸階聖迹。初階聖者，有三種人，其根業各差，謂之三乘，聲聞乘、緣覺乘、大乘。取其可乘運以至道爲名。此三人惡迹已盡，但修心盪累，濟物進德。初根人爲小乘，行四諦法。中根人爲中乘，受十二因緣，上根人爲大乘，則修六度。雖階三乘，而要由修進萬行，拯度億流，彌歷長遠，乃可登佛境矣。

所謂佛者，本號釋迦文者，譯言能仁，謂德充道備，堪濟萬物也。釋迦前有六佛，釋迦繼六佛而成道，處今賢劫。文言將來有彌勒佛，方繼釋迦而降世。釋迦卽天竺迦維衛國王之子。天竺其總稱，迦維別名也。初，釋迦於四月八日夜，從母右脅而生。既生，姿相超異者三十二種。天降嘉

瑞以應之，亦三十二。其《本起經》説之備矣。釋加生時，當周莊王九年。《春秋》魯莊公七年夏四月，恆星不見，夜明，是也。至魏武定八年，凡一千二百三十七年云。釋迦年三十成佛，導化羣生，四十九載，乃於拘尸那城娑羅雙樹間，以二月十五日而入般涅槃。涅槃譯云滅度，或言常樂我淨，明無遷謝及諸苦累也。

諸佛法身有二種義，一者眞實，二者權應。眞實身，謂至極之體，妙絕拘累，不得以方處期，不可以形量限，有感斯應，體常湛然。權應身者，謂和光六道，同塵萬類，生滅隨時，修短應物，形由感生，體非實有。權形雖謝，眞體不遷，但時無妙感，故莫得常見耳。明佛生非實生，滅非實滅也。佛既謝世，香木焚尸。靈骨分碎，大小如粒，擊之不壞，焚亦不燋，或有光明神驗，胡言謂之『舍利』。弟子收奉，置之寶瓶，竭香花，致敬慕，建宮宇，謂爲『塔』。塔亦胡言，猶宗廟也，故世稱塔廟。於後百年，有王阿育，以神力分佛舍利，役諸鬼神，造八萬四千塔，布於世界，皆同日而就。今洛陽、彭城、姑臧、臨淄皆有阿育王寺，蓋承其遺迹焉。釋迦雖般涅槃，而留影迹爪齒於天竺，於今猶在。中土來往，並稱見之。

初，釋迦所説教法，既涅槃後，有聲聞弟子大迦葉、阿難等五百人，撰集著録。阿難親承囑授，多聞總持，蓋能綜覈深致，無所漏失。乃綴文字，撰載三藏十二部經，如九流之異統，其大歸終以三乘爲本。後數百年，有羅漢、菩薩相繼著論，贊明經義，以破外道，《摩訶衍大、小阿毗曇》、《中論》、《十二門論》、《百法論》、《成實論》等是也。皆傍諸藏部大義，假立外問，而以内法釋之。

漢章帝時，楚王英喜爲浮屠齋戒，【略】後有天竺沙門曇柯迦羅入洛，宣譯誡律，中國誡律之始也。自洛中構白馬寺，盛飾佛圖，畫迹甚妙，爲四方式。【略】晉世，洛中佛圖有四十二所矣。漢世沙門，皆衣赤布，後乃易以雜色。

晉元康中，有胡沙門支恭明譯佛經《維摩》、《法華》、三《本起》等。微言隱義，未之能究。後有沙門常山衛道安性聰敏，日誦經萬餘言，研求幽旨。慨無師匠，獨坐靜室十二年，覃思構精，神悟妙賾，以前所出經，多有舛駁，乃正其乖謬。石勒時，有天竺沙門浮圖澄，少於烏萇國就羅漢入道，劉曜時到襄國。後爲石勒所宗信，號爲大和尚，軍國規謨頗訪之，所言多驗。道安曾至鄴候澄，澄見而異之。澄卒後，中國紛亂，道安乃率門徒，南遊新野。欲令玄宗在所流布，分遣弟子，各趣諸方。法汰詣揚州，法和入蜀，道安與慧遠之襄陽。道安後入苻堅，堅素欽德問，既見，宗以師禮。時西域有胡沙門鳩摩羅什，思通法門，道安思與講釋，每勸堅致羅什。什亦承安令問，謂之東方聖人，或時遙拜致敬。道安卒後二十餘載而羅什至長安，恨不及安，以爲深慨。道安所正經義，與羅什譯出，符會如一，初無乖舛。於是法旨大著中原。

魏先建國於玄朔，風俗淳一，無爲以自守，與西域殊絕，莫能往來。故浮圖之教，未之得聞，或聞而未信也。及神元與魏、晉通聘，文帝久在洛陽，昭成又至襄國，乃備究南夏佛法之事。太祖平中山，經略燕趙，所逕郡國佛寺，見諸沙門、道士，皆致精敬，禁軍旅無有所犯。帝好黃老，頗覽佛經。但天下初定，戎車屢動，庶事草創，未建圖宇，招延僧衆也。然時時旁求。先是，有沙門僧朗，與其徒隱于泰山之琨瑚谷。帝遣使致書，以繒、素、旃罽、銀鉢爲禮。今猶號曰朗公谷焉。天興元年，下詔曰：『夫佛法之興，其來遠矣。濟益之功，冥及存没，神蹤遺軌，信可依憑。其敕有司，於京城建飾容範，修整宮舍，令信向之徒，有所居止。』是歲，始作五級佛圖、耆闍崛山及須彌山殿，加以繢飾。別構講堂、禪堂及沙門座，莫不嚴具焉。太宗踐位，遵太祖之業，亦好黃老，又崇佛法，京邑四方，建立圖像，仍令沙門敷導民俗。

初，皇始中，趙郡有沙門法果，誡行精至，開演法籍。太祖聞其名，詔以禮徵赴京師。後以爲道人統，綰攝僧徒。每與帝言，多所愜允，供施甚厚。至太宗，彌加崇敬，永興中，前後授以輔國、宜城子、忠信侯、安成公之號，皆固辭。帝常親幸其居，以門小狹，不容輿輦，更廣大之。年八十餘，泰常中卒。未殯，帝三臨其喪，追贈老壽將軍、越胡靈公。初，法果每言，太祖明叡好道，即是當今如來，沙門宜應盡禮，遂常致拜。謂人曰：『能鴻道者人主也，我非拜天子，乃是禮佛耳。』法果四十，始爲沙門。有子曰猛，詔令襲果所加爵。帝後幸廣宗，有沙門曇證，年且百歲。邀見於路，奉致果物。帝敬其年老志力不衰，亦加以老壽將軍號。

是時，鳩摩羅什爲姚興所敬，於長安草堂寺集義學八百人，重譯經

本。羅什聰辯有淵思，達東西方言。時沙門道彤、僧略、道恆、道檦、僧肇、曇影等，與羅什共相提挈，發明幽致。諸深大經論十有餘部，更定章句，辭義通明，至今沙門共所祖習。道彤等皆識學洽通，僧肇尤爲其最。羅什之撰譯，僧肇常執筆，定諸辭義，注《維摩經》，又著數論，皆有妙旨，學者宗之。

又沙門法顯，慨律藏不具，自長安遊天竺。歷三十餘國，隨有經律之處，學其書語，譯而寫之。十年，乃於南海師子國，隨商人汎舟東下。晝夜昏迷，將二百日。乃至青州長廣郡不其勞山，南下乃出海焉。是歲，神瑞二年也。法顯所逕諸國，傳記之，今行於世。其所得律，通譯未能盡正。至江南，更與天竺禪師跋陀羅辯定之，謂之《僧祇律》，大備于前，爲今沙門所持受。先是，有沙門法領，從揚州入西域，得《華嚴經》本。定律後數年，跋陀羅共沙門法業重加譯撰，宣行於時。

世祖初即位，亦遵太祖、太宗之業，每引高德沙門，與共談論。於四月八日，輿諸佛像，行於廣衢，帝親御門樓，臨觀散花，以致禮敬。【略】

世祖即位，富於春秋。既而鋭志武功，每以平定禍亂爲先。雖歸宗佛法，敬重沙門，而未存覽經教，深求緣報之意。及得寇謙之道，帝以清淨無爲，有仙化之證，遂信行其術。時司徒崔浩，博學多聞，帝每訪以大事。浩奉謙之道，尤不信佛，與帝言，數加非毁，常謂虚誕，爲世費害。帝以其辯博，頗信之。【略】帝既忿沙門非法，浩時從行，因進其説。詔誅長安沙門，焚破佛像，敕留臺下四方令，一依長安行事。【略】

時恭宗爲太子監國，素敬佛道。頻上表，陳刑殺沙門之濫，又非圖像之罪。今罷其道，杜諸寺門，世不修奉，土木丹青，自然毁滅。如是再三，不許。乃下詔曰：『昔後漢荒君，信惑邪僞，妄假睡夢，事胡妖鬼，以亂天常，自古九州之中無此也。夸誕大言，不本人情。叔季之世，闇君亂主，莫不眩焉。由是政教不行，禮義大壞，鬼道熾盛，視王者之法，蔑如也。【略】自今以後，敢有事胡神及造形像泥人、銅人者，門誅。雖言胡神，問今胡人，共云無有。皆是前世漢人無賴子弟劉元眞、呂伯强之徒，乞胡之誕言，用老莊之虚假，附而益之，皆非眞實。至使王法廢而不行，接蓋大姦之魁也。有非常之人，然後能行非常之事。非朕孰能去此歷代之僞物！有司宣告征鎮諸軍、刺史，諸有佛圖形像及胡經，盡皆擊破焚燒，沙門無少長悉坑之。』是歲，眞君七年三月也。恭宗言雖不用，然猶緩宣詔書，遠近皆豫聞知，得各爲計。四方沙門，多亡匿獲免，在京邑者，亦蒙全濟。金銀寶像及諸經論，大得秘藏。而土木宮塔，聲教所及，莫不畢毁矣。【略】

高宗踐極，下詔曰：『夫爲帝王者，必祇奉明靈，【略】況釋迦如來功濟大千，惠流塵境，等生死者歎其達觀，覽文義者，貴其妙明，助王政之禁律，益仁智之善性，排斥羣邪，開演正覺。故前代已來，莫不崇尚，亦我國家常所尊事也。【略】』天下承風，朝不及夕，往時所毁圖寺，仍還修矣。佛像經論，皆復得顯。【略】

顯祖即位，敦信尤深，覽諸經論，好老莊。每引諸沙門及能談玄之士，與論理要。【略】高祖踐位，顯祖移御北苑崇光宮，覽習玄籍。建鹿野佛圖於苑中之西山，去崇光右十里，巖房禪堂，禪僧居其中焉。

雜録

《宋書》卷九七《夷蠻傳》 元嘉十二年，丹陽尹蕭摹之奏曰：『佛化被于中國，已歷四代，形像塔寺，所在千數，進可以擊心，退足以招勸。而自頃以來，情敬浮末，不以精誠爲至，更以奢競爲重。舊宇頹弛，曾莫之修，而各務造新，以相姱尚。甲第顯宅，於兹殆盡，材竹銅綵，糜損無極，無關神祇，有累人事。建中越制，宜加裁檢，不爲之防，流遁未息。請自今以後，有欲鑄銅像者，悉詣臺自聞；興造塔寺精舍，皆先詣在所二千石通辭，郡依事列言本州；須許報，然後就功。其有輒造寺舍者，皆依不承用詔書律，銅宅林苑，悉没入官。』

又大明六年，世祖使有司奏曰：『臣聞邃宇崇居，非期宏峻，拳跪槃伏，非止敬恭，將以施張四維，締制八宇。故雖儒法枝派，名墨條分，至於崇親嚴上，厥繇靡爽。唯浮圖爲教，逷自龍堆，反經提傳，訓遐事遠，練生瑩識，恒俗稱難，宗旨緬謝，微言淪隔，拘文蔽道，在末彌扇。遂乃陵越典度，偃居尊戚，失隨方之眇迹，迷製化之淵義。夫佛法以謙儉自牧，忠虔爲道，不輕比丘，遭人斯拜，目連桑門，過長則禮，寧有屈膝四

輩，而簡禮二親，稽顙耆臘，而直體萬乘者哉。故咸康創議，元興載述，而事屈偏黨，道挫餘分。今鴻源遙洗，羣流仰鏡，九仙賛寶，百神聳職，而畿輦之內，舍弗臣之氓，陛席之間，延抗體之客，懼非所以澄一風範，詳示景則者也。臣等參議，以爲沙門接見，比當盡虔禮敬之容，依其本俗，則朝徽有序，乘方兼遂矣。』

《晉書》卷九五《藝術傳》 及季龍僭位，遷都於鄴，傾心事澄，有重於勒。【略】其著作郎王度奏曰：『佛，外國之神，非諸華所應祠奉。漢代初傳其道，惟聽西域人得立寺都邑，以奉其神，漢人皆不出家。魏承漢制，亦循前軌。今可斷趙人悉不聽詣寺燒香禮拜，以遵典禮，其百辟卿士下逮衆隸，例皆禁之，其有犯者，與淫祀同罪。其趙人爲沙門者，還服百姓。』

唐·韓愈《諫迎佛骨表》 伏以佛者，夷狄之一法耳。自後漢時始流入中國，上古未嘗有也。昔黄帝在位百年，年百一十歲；少昊在位八十年，年百歲；顓頊在位七十九年，年九十八歲；帝嚳在位七十年，年百五歲；堯帝在位九十八年，年百一十八歲；帝舜及禹年皆百歲。此時天下太平，百姓安樂壽考，然而中國未有佛也。其後殷湯亦年百歲，湯孫太戊在位七十五年，武丁在位五十年，書史不言其壽，推其年數，蓋［亦俱］不減百歲。周文王年九十七歲，武王年九十三歲，穆王在位百年。此時佛法亦未至中國，非因事佛而致此也。

漢明帝時，始有佛法，明帝在位，統十八年耳。其後亂亡相繼，運祚不長。宋、齊、梁、陳、元魏已下，事佛漸謹，年代尤促。惟梁武帝在位四十八年，前後三度，捨身施佛。宗廟之祭，不用牲牢，晝日一食，止於菜果。其後竟爲侯景所逼，餓死臺城，國亦尋滅。事佛求福，乃更得禍，由此觀之，佛不足事，亦可知矣。

高祖始受隋禪，則議除之。當時羣臣材識不遠，不能深知先王之道，古今之宜，推闡聖明以救斯弊，其事遂止。臣常恨焉！伏惟睿聖文武皇帝陛下，神聖英武，數千百年以來，未有倫比。卽位之初，卽不許度人爲僧尼道士，又不許創立寺觀。臣常以爲高祖之志，必行於陛下之手。

今縱未能卽行，豈可恣之轉令盛也！今聞陛下令羣僧迎佛骨於鳳翔，御樓以觀，舁入大內，又令諸寺遞迎供養。臣雖至愚，必知陛下不惑於佛，作此崇奉以祈福祥也。直以年豐人樂，狥人之心，爲京師士庶設詭異之觀，戲玩之具耳。安有聖明若此而肯信此等事哉！然百姓愚冥，易惑難曉，苟見陛下如此，將謂眞心信佛，皆云天子大聖，猶一心敬信；百姓何人，豈合更惜身命！焚頂燔指，百十爲羣，解衣散錢，自朝至暮，轉相仿效，惟恐後時，老少奔波，棄其業次。若不卽加禁遏，更歷諸寺，必有斷臂臠身，以爲供養者，傷風敗俗，傳笑四方，非細事也。

夫佛本夷狄之人，與中國言語不通，衣服殊製，口不言先王之法言，身不服先王之法服，不知君臣之義，父子之情。假如其身至今尚在，奉其國命來朝京師，陛下容而接之，不過宣政一見，禮賓一設，賜衣一襲，衞而出之於境，不令惑衆也。況其身死已久，枯朽之骨，凶穢之餘，豈宜以入宫禁？孔子曰：『敬鬼神而遠之。』古之諸侯，行弔於其國，尚令巫祝，先以桃茢，祓除不祥，然後進弔。今無故取朽穢之物，親臨觀之，巫祝不先。桃茢不用，羣臣不言其非，御史不舉其失，臣實恥之！乞以此骨，付之有司，投諸水火，永絶根本，斷天下之疑，絶後世之惑。使天下之人，知大聖人之所作爲，出於尋常萬萬也。豈不盛哉！豈不快哉！佛如有靈，能作禍祟，凡有殃咎，宜加臣身，上天鑒臨，臣不怨悔，無任感激懇悃之至，謹奉表以聞。

清·董誥《全唐文》卷一三三《請廢佛法表》 臣奕言：臣聞犧農軒頊，治合李老之風；虞夏湯姬，政符周孔之教。雖可聖有先後，道德不別；君有沿革，治術尚同。竊聞八十老父，擊壤而歌；十五少童，鼓腹爲樂。耕能讓畔，路不拾遺，孝子承家，忠臣滿國。然國君有難，則殉命以報讎；父母有痾，則終身以側侍。豈非曾參閔子之友，庠序成林；墨翟耿恭之儔，相來羽翊。乃有守道含德，無欲無求，寵辱若驚，職參朝位，荆山鼎上，攀附昇龍，緱氏壇邊，相從駕鶴。瑤池王母之使，具禮來朝。碧海無夷之神，周行謁帝。所以然者，當此之時，共遵李孔之教，而無胡佛故也。自漢明夜寢，金人入夢，傅毅對詔，辨曰胡神。後漢中原，未之有信，魏晉夷虜，信者一分。笮融託佛齋而起逆，逃竄江東。呂光假征胡而叛君，跱立西土。降斯已後，妖胡滋盛，大半雜華。搢紳門裏，翻受禿丁邪戒。儒士學中，倒説妖胡浪語。曲類蛙歌，聽之喪本。臭同鮑肆，過者失香。兼復廣置伽藍，壯麗非一，勞役工匠，獨坐泥胡。撞華夏

之鴻鐘，集蕃僧之偽衆，動淳民之耳目，索營私之貨賄。女工羅綺，翦作淫祀之旛。巧匠金銀，散雕舍利之塚。秔粱麵米，横設僧尼之會，香油蠟燭，枉照胡神之堂。剝削民財，割截國貯，朝廷貴臣，曾不一悟。良可痛哉！伏惟陛下定天門之開闔，更新寶位。通萬物之迍否，再育黔黎。布李老無爲之風，而民自化。執孔子愛敬之禮，而天下孝慈。且佛之經教，妄説罪福，軍民逃役，剃髮隱中，不事二親，專行十惡。歲月不除，奸僞逾甚。臣閲覽書契，爰自庖犧，至於漢高，二十九代，四百餘君，但聞郊祀上帝，官治民察，未見寺堂銅像，建社寧邦。請胡佛邪教，退還天竺，凡是沙門，放歸桑梓。令逃課之黨，普樂輸租，避役之曹，恆忻效力，勿度小秃，長揖國家，自足忠臣，宿衛宗廟。則大唐廓定，作造化之主；百姓無事，爲犧皇之民。臣奕誠惶誠恐，謹上益國利民事十有一條如左。謹言。武德四年六月二十一日上。謹按：益國利民事十一條，其文已佚，惟釋氏書所引尚存梗概，謹裒集于後：一曰衆僧剃髮染衣，不謁帝王，違離父母，非忠孝者。夫父母之體不可毁傷，何故？沙門剃髮去鬚，反先王之道，失忠孝之義。《易》曰：『男女構精，萬物化生。』此則陰陽父子，天地大象，不可乖也。今衛壯之僧，婉孌之尼，失禮不婚，仇匹内通，衣形外隔，夭胎殺子，違禮逆天，減損户口，不亦傷乎？今佛家違天地之化，背陰陽之道，未之有也。請僧尼六十，已下簡令作丁，則兵强農勸。尋老子至聖，尚謁帝王，孔某聖人，猶跪宰相，況道大無取，德義未隆，下忽公卿，抗衡天子。如臣愚見，請同老孔弟子之例，拜謁王臣，編于朝典者。二曰西域胡旦末國兵三百二十人，小宛國兵二百人，戎盧國兵三百人，渠勒國兵三百人，依耐國兵三百五十人，郁立師國兵三百三十一人，單桓國兵四十五人，孤胡國兵四十五人，凡八國胡兵合有一千八百九十一人，皆得紹其王業，據其土地，自相征伐，屠戮人國。況今大唐丁壯僧尼二十萬衆，共結胡法，足得人心，寧可不預備之哉？三曰諸州及縣減省寺塔，則民安國治者。蓋聞釋迦生於天竺修多，出自西蕃，名號無傳於周孔，功德靡稱於典謨，實遠夷所尊敬，非中夏之師儒，廣致精舍，甲第當衢，虚費金帛福利焉。在西域胡人因泥而生，是以便事泥瓦塔像，今猶毛臊，人面而獸心，道人土梟驢騾四色，皆是貪逆之惡種。佛是妖魅之氣，寺是淫邪之祀。由妖胡虚説造寺之福，庸人信之，爭營寺塔。小寺百僧，大寺二百，以兵率之，五寺强成一旅。總計諸寺，兵多六軍，侵食生民，國家大患，寺饒僧衆，妖孽必作。如後趙沙門張光，後燕沙門法長，南涼道密，魏孝文時法秀太和時惠仰等，並皆反亂。自餘凶黨，至今猶在。請必除蕩，用消胡氣，浹旬之間，宇宙廓清。維是寺舍請給孤老貧民、無宅義士。三萬户州惟置一寺，草堂土塔，以安經像，遣胡僧二人傳示胡法。銷像而絕鐫鑄，貨泉可以無損。毁經以禁繕寫，廢僧以從編户。竊謂益國利人、興家多福也。四曰僧尼衣布省齋，則貧人不飢，蠶無横死者。臣聞佛戒僧尼，糞掃衣，五綴鉢，望中一食，獨坐山中，清居禪誦。此佛之章法也。若殺蠶作衣，佛戒不許。今則知佛理虚，故生違犯。五曰斷僧尼賜貯，則百姓豐滿，將士皆富。禮佛不得尊豪，設齋不得富貴。六曰帝王無佛則大治年長，有佛則虐政祚短者。自庖犧已下，爰至漢高二十九代，父子君臣，立忠立孝，守道履德，生長神州，得華夏正氣，人皆淳朴，以世無佛故也。秦起秦仲三十五世，六百三十八年，漢明之時，佛法始來，有之爲損，無之爲益，故未有佛法之前人皆淳和，世無篡逆。佛法來到，多興悖亂，天道無親，頓成虚闡，禍淫福善，胡其爽歟？因何損替者翻享遐齡，崇道者無終厥壽？計應蘊福延慶，積惡招殃，何乃進退矛盾，情狀皎然，去取自乖，若爲酬對。七曰封周孔之教，送與西域，而胡必不肯行。八曰海内勤王者少，樂私者多，乃外事胡佛，内生邪見，翦剃髮膚，迴換衣服，出臣子之門，入僧尼之户，立謁王庭，坐看膝下，不忠不孝，聚結連房。且佛在西域，言妖路遠，捨親逐財，畏壯慢老，重富强而輕貧弱，愛少美而賤耆年，以幻惑而作藝能，以矯誑而爲宗旨，然佛爲一姓之家鬼也，作鬼不兼他族，豈可催驅生漢供給死夷？賤此明珠，貴彼魚目，違離嚴父，而敬他人。何有跪十箇泥夷而爲卿相？置一盆殘飯得作帝王？據佛邪説，不近人情。欲求忠臣孝子，佐世治民，惟《孝經》一卷、《老子》二篇，不須廣讀佛經。佛滑稽大言，不及旃孟，奢侈造作，罪深桀紂，入家破家，入國破國者。九曰隱農安近市廛度中國富民饒者。十曰帝王受命皆革前政者。十一曰直言忠諫，古來出口禍及其身者。

政治家部

秦始皇分部

傳記

《史記》卷六《秦始皇本紀》　秦始皇帝者，秦莊襄王子也。莊襄王

爲秦質子於趙，見呂不韋姬，悦而取之，生始皇。以秦昭王四十八年正月生於邯鄲。及生，名爲政，姓趙氏。年十三歲，莊襄王死，政代立爲秦王。當是之時，秦地已并巴、蜀、漢中，越宛有郢，置南郡矣；北收上郡以東，有河東、太原、上黨郡；東至滎陽，滅二周，置三川郡。呂不韋爲相，封十萬户，號曰文信侯。招致賓客游士，欲以并天下。李斯爲舍人。蒙驁、王齮、麃公等爲將軍。王年少，初卽位，委國事大臣。

晉陽反，元年，將軍蒙驁擊定之。二年，麃公將卒攻卷，斬首三萬。三年，蒙驁攻韓，取十三城。王齮死。十月，將軍蒙驁攻魏氏暘、有詭。歲大饑。四年，拔暘、有詭。三月，軍罷。秦質子歸自趙，趙太子出歸國。十月庚寅，蝗蟲從東方來，蔽天。天下疫。百姓内粟千石，拜爵一級。五年，將軍驁攻魏，定酸棗、燕、虛、長平、雍丘、山陽城，皆拔之，取二十城。初置東郡。冬雷。六年，韓、魏、趙、衞、楚共擊秦，取壽陵。秦出兵，五國兵罷。拔衞，迫東郡，其君角率其支屬徙居野王，阻其山以保魏之河内。七年，彗星先出東方，見北方，五月見西方。將軍驁死。以攻龍、孤、慶都，還兵攻汲。彗星復見西方，十六日。夏太后死。八年，王弟長安君成蟜將軍擊趙，反，死屯留，軍吏皆斬死，遷其民於臨洮。將軍壁死，卒屯留、蒲鶮反，戮其尸。河魚大上，輕車重馬東就食。

嫪毐封爲長信侯。予之山陽地，令毐居之。宮室車馬衣服苑囿馳獵恣毐。事無小大皆決於毐。又以河西太原郡更爲毐國。九年，彗星見，或竟天。攻魏垣、蒲陽。四月，上宿雍。己酉，王冠，帶劍。長信侯毐作亂而覺，矯王御璽及太后璽以發縣卒及衞卒、官騎、戎翟君公、舍人，將欲攻蘄年宮爲亂。王知之，令相國昌平君、昌文君發卒攻毐。戰咸陽，斬首數百，皆拜爵，及宦者皆在戰中，亦拜爵一級。毐等敗走。卽令國中：有生得毐，賜錢百萬；殺之，五十萬。盡得毐等。衞尉竭、内史肆、佐弋竭、中大夫令齊等二十人皆梟首。車裂以徇，滅其宗。及其舍人，輕者爲鬼薪。及奪爵遷蜀四千餘家，家房陵。（四）［是］月寒凍，有死者。楊端和攻衍氏。彗星見西方，又見北方，從斗以南八十日。十年，相國呂不韋坐嫪毐免。桓齮爲將軍。齊、趙來置酒。齊人茅焦説秦王曰：『秦方以天下爲事，而大王有遷母太后之名，恐諸侯聞之，由此倍秦也。』秦王乃迎太后於雍而入咸陽，復居甘泉宮。

大索，逐客。李斯上書説，乃止逐客令。李斯因説秦王，請先取韓以恐他國，於是使斯卜韓。韓王患之。與韓非謀弱秦。大梁人尉繚來，説秦王曰：『以秦之强，諸侯譬如郡縣之君，臣但恐諸侯合從，翕而出不意，此乃智伯、夫差、湣王之所以亡也。願大王毋愛財物，賂其豪臣，以亂其謀，不過亡三十萬金，則諸侯可盡。』秦王從其計，見尉繚亢禮，衣服食飲與繚同。繚曰：『秦王爲人，蜂準，長目，摯鳥膺，豺聲，少恩而虎狼心，居約易出人下，得志亦輕食人。我布衣，然見我常身自下我。誠使秦王得志於天下，天下皆爲虜矣。不可與久游。』乃亡去。秦王覺，固止，以爲秦國尉，卒用其計策。而李斯用事。

十一年，王翦、桓齮、楊端和攻鄴，取九城。王翦攻閼與、橑楊，皆并爲一軍。翦將十八日，軍歸斗食以下，什推二人從軍。取鄴安陽，桓齮將。十二年，文信侯不韋死，竊葬。其舍人臨者，晉人也逐出之；秦人六百石以上奪爵，遷；五百石以下不臨，遷，勿奪爵。自今以來，操國事不道如嫪毐、不韋者籍其門，視此。秋，復嫪毐舍人遷蜀者。當是之時，天下大旱，六月至八月乃雨。

十三年，桓齮攻趙平陽，殺趙將扈輒，斬首十萬。王之河南。正月，彗星見東方。十月，桓齮攻趙。十四年，攻趙軍於平陽，取宜安，破之，殺其將軍。桓齮定平陽、武城。韓非使秦，秦用李斯謀，留非，非死雲陽。韓王請爲臣。

十五年，大興兵，一軍至鄴，一軍至太原，取狼孟。地動。十六年九月，發卒受地韓南陽假守騰。初令男子書年。魏獻地於秦。秦置麗邑。十七年，内史騰攻韓，得韓王安，盡納其地，以其地爲郡，命曰潁川。地動。華陽太后卒。民人飢。

十八年，大興兵攻趙，王翦將上地，下井陘，端和將河内，羌瘣伐趙，端和圍邯鄲城。十九年，王翦、羌瘣盡定取趙地東陽，得趙王。引兵欲攻燕，屯中山。秦工之邯鄲，諸嘗與王生趙時母家有仇怨，皆阬之。秦王還，從太原、上郡歸。始皇帝母太后崩。趙公子嘉率其宗數百人之代，自立爲代王，東與燕合兵，軍上谷。大飢。

二十年，燕太子丹患秦兵至國，恐，使荆軻刺秦王。秦王覺之，體解軻以徇，而使王翦、辛勝攻燕。燕、代發兵擊秦軍，秦軍破燕易水之西。

二十一年，王賁攻薊。乃益發卒詣王翦軍，遂破燕太子軍，取燕薊城，得太子丹之首。燕王東收遼東而王之。王翦謝病老歸。新鄭反。昌平君徙於郢。大雨雪，深二尺五寸。

二十二年，王賁攻魏，引河溝灌大梁，大梁城壞，其王請降，盡取其地。

二十三年，秦王復召王翦，彊起之，使將擊荆。取陳以南至平輿，虜荆王。秦王游至郢陳。荆將項燕立昌平君爲荆王，反秦於淮南。二十四年，王翦、蒙武攻荆，破荆軍，昌平君死，項燕遂自殺。

二十五年，大興兵，使王賁將，攻燕遼東，得燕王喜。還攻代，虜代王嘉。王翦遂定荆江南地；降越君，置會稽郡。五月，天下大酺。

二十六年，齊王建與其相后勝發兵守其西界，不通秦。秦使將軍王賁從燕南攻齊，得齊王建。

秦初并天下，令丞相、御史曰：『異日韓王納地效璽，請爲藩臣，已而倍約，與趙、魏合從畔秦，故興兵誅之，虜其王。寡人以爲善，庶幾息兵革。趙王使其相李牧來約盟，故歸其質子。已而倍盟，反我太原，故興兵誅之，得其王。趙公子嘉乃自立爲代王，故舉兵擊滅之。魏王始約服入秦，已而與韓、趙謀襲秦，秦兵吏誅，遂破之。荆王獻青陽以西，已而畔約，擊我南郡，故發兵誅，得其王，遂定其荆地。燕王昏亂，其太子丹乃陰令荆軻爲賊，兵吏誅，滅其國。齊王用后勝計，絕秦使，欲爲亂，兵吏誅，虜其王，平齊地。寡人以眇眇之身，興兵誅暴亂，賴宗廟之靈，六王咸伏其辜，天下大定。今名號不更，無以稱成功，傳後世。其議帝號。』丞相綰、御史大夫劫、廷尉斯等皆曰：『昔者五帝地方千里，其外侯服夷服諸侯或朝或否，天子不能制。今陛下興義兵，誅殘賊，平定天下，海內爲郡縣，法令由一統，自上古以來未嘗有，五帝所不及。臣等謹與博士議曰：「古有天皇，有地皇，有泰皇，泰皇最貴。」臣等昧死上尊號，王爲「泰皇」。命爲「制」，令爲「詔」，天子自稱曰「朕」。』王曰：『去「泰」，著「皇」，采上古「帝」位號，號曰「皇帝」。他如議。』制曰：『可。』追尊莊襄王爲太上皇。制曰：『朕聞太古有號毋謚，中古有號，死而以行爲謚。如此，則子議父，臣議君也，甚無謂，朕弗取焉。自今已來，除謚法。朕爲始皇帝。後世以計數，二世三世至于萬世，傳之無窮。』

始皇推終始五德之傳，以爲周得火德，秦代周德，從所不勝。方今水德之始，改年始，朝賀皆自十月朔。衣服旄旌節旗皆上黑。數以六爲紀，符、法冠皆六寸，而輿六尺，六尺爲步，乘六馬。更名河曰德水，以爲水德之始。剛毅戾深，事皆決於法，刻削毋仁恩和義，然後合五德之數。於是急法，久者不赦。

丞相綰等言：『諸侯初破，燕、齊、荆地遠，不爲置王，毋以填之。請立諸子，唯上幸許。』始皇下其議於羣臣，羣臣皆以爲便。廷尉李斯議曰：『周文武所封子弟同姓甚衆，然後屬疏遠，相攻擊如仇讎，諸侯更相誅伐，周天子弗能禁止。今海內賴陛下神靈一統，皆爲郡縣，諸子功臣以公賦稅重賞賜之，甚足易制。天下無異意，則安寧之術也。置諸侯不便。』始皇曰：『天下共苦戰鬭不休，以有侯王。賴宗廟，天下初定，又復立國，是樹兵也，而求其寧息，豈不難哉！廷尉議是。』

分天下以爲三十六郡，郡置守、尉、監。更名民曰『黔首』。大酺。收天下兵，聚之咸陽，銷以爲鍾鐻，金人十二，重各千石，置廷宮中。一法度衡石丈尺。車同軌。書同文字。地東至海暨朝鮮，西至臨洮、羌中，南至北嚮户，北據河爲塞，並陰山至遼東。徙天下豪富於咸陽十二萬户。諸廟及章臺、上林皆在渭南。秦每破諸侯，寫放其宮室，作之咸陽北阪上，南臨渭，自雍門以東至涇、渭，殿屋複道周閣相屬。所得諸侯美人鐘鼓，以充入之。

二十七年，始皇巡隴西、北地，出雞頭山，過回中焉。作信宮渭南，已更命信宮爲極廟，象天極。自極廟道通酈山，作甘泉前殿。築甬道，自咸陽屬之。是歲，賜爵一級。治馳道。

二十八年，始皇東行郡縣，上鄒嶧山。立石，與魯諸儒生議，刻石頌秦德，議封禪望祭山川之事。乃遂上泰山，立石，封，祠祀。下，風雨暴至，休於樹下，因封其樹爲五大夫。禪梁父。刻所立石，其辭曰：

皇帝臨位，作制明法，臣下脩飭。二十有六年，初并天下，罔不賓服。親巡遠方黎民，登茲泰山，周覽東極。從臣思迹，本原事業，祗誦功德。治道運行，諸產得宜，皆有法式。大義休明，垂于後世，順承勿革。皇帝躬聖，既平天下，不懈於治。夙興夜寐，建設長利，專隆教誨。訓經宣達，遠近畢理，咸承聖志。貴賤分明，男女禮順，慎遵職事。昭隔內

外，靡不清淨，施于後嗣。化及無窮，遵奉遺詔，永承重戒。

於是乃並勃海以東，過黄、腄，窮成山，登之罘，立石頌秦德焉而去。

南登琅邪，大樂之，留三月。乃徙黔首三萬户琅邪臺下，復十二歲。作琅邪臺，立石刻，頌秦德，明德意。曰：

維二十六年，皇帝作始。端平法度，萬物之紀。以明人事，合同父子。聖智仁義，顯白道理。東撫東土，以省卒士。事已大畢，乃臨于海。皇帝之功，勸勞本事。上農除末，黔首是富。普天之下，摶心揖志。器械一量，同書文字。日月所照，舟輿所載。皆終其命，莫不得意。應時動事，是維皇帝。匡飭異俗，陵水經地。憂恤黔首，朝夕不懈。除疑定法，咸知所辟。方伯分職，諸治經易。舉錯必當，莫不如畫。皇帝之明，臨察四方。尊卑貴賤，不踰次行。姦邪不容，皆務貞良。細大盡力，莫敢怠荒。遠邇辟隱，專務肅莊。端直敦忠，事業有常。皇帝之德，存定四極。誅亂除害，興利致福。節事以時，諸産繁殖。黔首安寧，不用兵革。六親相保，終無寇賊。驩欣奉教，盡知法式。六合之内，皇帝之土。西涉流沙，南盡北户。東有東海，北過大夏。人迹所至，無不臣者。功蓋五帝，澤及牛馬。莫不受德，各安其宇。

維秦王兼有天下，立名爲皇帝，乃撫東土，至于琅邪。列侯武城侯王離、列侯通武侯王賁、倫侯建成侯趙亥、倫侯昌武侯成、倫侯武信侯馮毋擇、丞相隗林、丞相王綰、卿李斯、卿王戊、五大夫趙嬰、五大夫楊樛從，與議於海上。曰：『古之帝者，地不過千里，諸侯各守其封域，或朝或否，相侵暴亂，殘伐不止，猶刻金石，以自爲紀。古之五帝三王，知教不同，法度不明，假威鬼神以欺遠方，實不稱名，故不久長。其身未歿，諸侯倍叛，法令不行。今皇帝并一海内，以爲郡縣，天下和平。昭明宗廟，體道行德，尊號大成。羣臣相與誦皇帝功德，刻于金石，以爲表經。』

既已，齊人徐市等上書，言海中有三神山，名曰蓬萊、方丈、瀛洲，僊人居之。請得齋戒，與童男女求之。於是遣徐市發童男女數千人，入海求僊人。

始皇還，過彭城，齋戒禱祠，欲出周鼎泗水。使千人没水求之，弗得。乃西南渡淮水，之衡山、南郡。浮江，至湘山祠。逢大風，幾不得渡。上問博士曰：『湘君何神？』博士對曰：『聞之，堯女，舜之妻，而葬此。』於是始皇大怒，使刑徒三千人皆伐湘山樹，赭其山。上自南郡由武關歸。

二十九年，始皇東游。至陽武博狼沙中，爲盜所驚。求弗得，乃令天下大索十日。

登之罘，刻石。其辭曰：

維二十九年，時在中春，陽和方起。皇帝東游，巡登之罘，臨照于海。從臣嘉觀，原念休烈，追誦本始。大聖作治，建定法度，顯箸綱紀。外教諸侯，光施文惠，明以義理。六國回辟，貪戾無厭，虐殺不已。皇帝哀衆，遂發討師，奮揚武德。義誅信行，威燀旁達，莫不賓服。烹滅强暴，振救黔首，周定四極。普施明法，經緯天下，永爲儀則。大矣哉！宇縣之中，承順聖意。羣臣誦功，請刻于石，表垂于常式。

其東觀曰：

維二十九年，皇帝春游，覽省遠方。逮于海隅，遂登之罘，昭臨朝陽。觀望廣麗，從臣咸念，原道至明。聖法初興，清理强内，外誅暴强。武威旁暢，振動四極，禽滅六王。闡并天下，甾害絶息，永偃戎兵。皇帝明德，經理宇内，視聽不怠。作立大義，昭設備器，咸有章旗。職臣遵分，各知所行，事無嫌疑。黔首改化，遠邇同度，臨古絶尤。常職既定，後嗣循業，長承聖治。羣臣嘉德，祗誦聖烈，請刻之罘。

旋，遂之琅邪，道上黨入。

三十年，無事。

三十一年十二月，更名臘曰『嘉平』。賜黔首里六石米，二羊。始皇爲微行咸陽，與武士四人俱，夜出逢盜蘭池，見窘，武士擊殺盜，關中大索二十日。米石千六百。

三十二年，始皇之碣石，使燕人盧生求羨門、高誓。刻碣石門。壞城郭，決通隄防。其辭曰：

遂興師旅，誅戮無道，爲逆滅息。武殄暴逆，文復無罪，庶心咸服。惠論功勞，賞及牛馬，恩肥土域。皇帝奮威，德并諸侯，初一泰平。墮壞城郭，決通川防，夷去險阻。地勢既定，黎庶無繇，天下咸撫。男樂其疇，女修其業，事各有序。惠被諸産，久並來田，莫不安所。羣臣誦烈，

請刻此石，垂著儀矩。

因使韓終、侯公、石生求仙人不死之藥。始皇巡北邊，從上郡入。燕人盧生使入海還，以鬼神事，因奏録圖書，曰『亡秦者胡也』。始皇乃使將軍蒙恬發兵三十萬人北擊胡，略取河南地。

三十三年，發諸嘗逋亡人、贅壻、賈人略取陸梁地，爲桂林、象郡、南海，以適遣戍。西北斥逐匈奴。自榆中並河以東，屬之陰山，以爲（三）［四］十四縣，城河上爲塞。又使蒙恬渡河取高闕、（陶）［陽］山、北假中，築亭障以逐戎人。徙謫，實之初縣。禁不得祠。明星出西方。三十四年，適治獄吏不直者，築長城及南越地。

始皇置酒咸陽宮，博士七十人前爲壽。僕射周青臣進頌曰：『他時秦地不過千里，賴陛下神靈明聖，平定海内，放逐蠻夷，日月所照，莫不賓服。以諸侯爲郡縣，人人自安樂，無戰爭之患，傳之萬世。自上古不及陛下威德。』始皇悦。博士齊人淳于越進曰：『臣聞殷周之王千餘歲，封子弟功臣，自爲枝輔。今陛下有海内，而子弟爲匹夫，卒有田常、六卿之臣，無輔拂，何以相救哉？事不師古而能長久者，非所聞也。今青臣又面諛以重陛下之過，非忠臣。』始皇下其議。丞相李斯曰：『五帝不相復，三代不相襲，各以治，非其相反，時變異也。今陛下創大業，建萬世之功，固非愚儒所知。且越言乃三代之事，何足法也？異時諸侯並爭，厚招游學。今天下已定，法令出一，百姓當家則力農工，士則學習法令辟禁。今諸生不師今而學古，以非當世，惑亂黔首。丞相臣斯昧死言：古者天下散亂，莫之能一，是以諸侯並作，語皆道古以害今，飾虛言以亂實，人善其所私學，以非上之所建立。今皇帝并有天下，別黑白而定一尊。私學而相與非法教，人聞令下，則各以其學議之，入則心非，出則巷議，夸主以爲名，異取以爲高，率羣下以造謗。如此弗禁，則主勢降乎上，黨與成乎下。禁之便。臣請史官非秦記皆燒之。非博士官所職，天下敢有藏《詩》、《書》、百家語者，悉詣守、尉雜燒之。有敢偶語《詩》、《書》者弃市。以古非今者族。吏見知不舉者與同罪。令下三十日不燒，黥爲城旦。所不去者，醫藥卜筮種樹之書。若欲有學法令，以吏爲師。』制曰：『可。』

三十五年，除道，道九原抵雲陽，塹山堙谷，直通之。於是始皇以爲咸陽人多，先王之宫廷小，吾聞周文王都豐，武王都鎬，豐鎬之間，帝王之都也。乃營作朝宫渭南上林苑中。先作前殿阿房，東西五百步，南北五十丈，上可以坐萬人，下可以建五丈旗。周馳爲閣道，自殿下直抵南山。表南山之顛以爲闕。爲複道，自阿房渡渭，屬之咸陽，以象天極閣道絶漢抵營室也。阿房宫未成；成，欲更擇令名名之。作宫阿房，故天下謂之阿房宫。隱宫徒刑者七十餘萬人，乃分作阿房宫，或作麗山。發北山石椁，乃寫蜀、荆地材皆至。關中計宫三百，關外四百餘。於是立石東海上朐界中，以爲秦東門。因徙三萬家麗邑，五萬家雲陽，皆復不事十歲。

盧生説始皇曰：『臣等求芝奇藥仙者常弗遇，類物有害之者。方中，人主時爲微行以辟惡鬼，惡鬼辟，眞人至。人主所居而人臣知之，則害於神。眞人者，入水不濡，入火不爇，陵雲氣，與天地久長。今上治天下，未能恬倓。願上所居宫毋令人知，然後不死之藥殆可得也。』於是始皇曰：『吾慕眞人，自謂「眞人」，不稱「朕」。』乃令咸陽之旁二百里内宫觀二百七十複道甬道相連，帷帳鐘鼓美人充之，各案署不移徙。行所幸，有言其處者，罪死。始皇帝幸梁山宫，從山上見丞相車騎衆，弗善也。中人或告丞相，丞相後損車騎。始皇怒曰：『此中人泄吾語。』案問莫服。當是時，詔捕諸時在旁者，皆殺之。自是後莫知行之所在。聽事，羣臣受決事，悉於咸陽宫。

侯生盧生相與謀曰：『始皇爲人，天性剛戾自用，起諸侯，并天下，意得欲從，以爲自古莫及己。專任獄吏，獄吏得親幸。博士雖七十人，特備員弗用。丞相諸大臣皆受成事，倚辨於上。上樂以刑殺爲威，天下畏罪持禄，莫敢盡忠。上不聞過而日驕，下懾伏謾欺以取容。秦法，不得兼方不驗，輒死。然候星氣者至三百人，皆良士，畏忌諱諛，不敢端言其過。天下之事無小大皆決於上，上至以衡石量書，日夜有呈，不中呈不得休息。貪於權勢至如此，未可爲求仙藥。』於是乃亡去。始皇聞亡，乃大怒曰：『吾前收天下書不中用者盡去之。悉召文學方術士甚衆，欲以興太平，方士欲練以求奇藥。今聞韓衆去不報，徐市等費以巨萬計，終不得藥，徒姦利相告日聞。盧生等吾尊賜之甚厚，今乃誹謗我，以重吾不德也。諸生在咸陽者，吾使人廉問，或爲訞言以亂黔首。』於是使御史悉案問諸生，諸生傳相告引，乃自除犯禁者四百六十餘人，皆阬之咸陽，使天

下知之，以懲後。益發謫徙邊。始皇長子扶蘇諫曰：『天下初定，遠方黔首未集，諸生皆誦法孔子，今上皆重法繩之，臣恐天下不安。唯上察之。』始皇怒，使扶蘇北監蒙恬於上郡。

三十六年，熒惑守心。有墜星下東郡，至地爲石，黔首或刻其石曰『始皇帝死而地分』。始皇聞之，遣御史逐問，莫服，盡取石旁居人誅之，因燔銷其石。始皇不樂，使博士爲《仙眞人詩》，及行所游天下，傳令樂人歌弦之。秋，使者從關東夜過華陰平舒道，有人持璧遮使者曰：『爲吾遺滈池君。』因言曰：『今年祖龍死。』使者問其故，因忽不見，置其璧去。使者奉璧具以聞。始皇默然良久，曰：『山鬼固不過知一歲事也。』退言曰：『祖龍者，人之先也。』使御府視璧，乃二十八年行渡江所沈璧也。於是始皇卜之，卦得游徙吉。遷北河榆中三萬家。拜爵一級。

三十七年十月癸丑，始皇出游。左丞相斯從，右丞相去疾守。少子胡亥愛慕請從，上許之。十一月，行至雲夢，望祀虞舜於九疑山。浮江下，觀籍柯，渡海渚。過丹陽，至錢唐。臨浙江，水波惡，乃西百二十里從狹中渡。上會稽，祭大禹，望于南海，而立石刻頌秦德。其文曰：

皇帝休烈，平一宇內，德惠脩長。三十有七年，親巡天下，周覽遠方。遂登會稽，宣省習俗，黔首齋莊。羣臣誦功，本原事迹，追首高明。秦聖臨國，始定刑名，顯陳舊章。初平法式，審別職任，以立恒常。六王專倍，貪戾慠猛，率衆自强。暴虐恣行，負力而驕，數動甲兵。陰通間使，以事合從，行爲辟方。內飾詐謀，外來侵邊，遂起禍殃。義威誅之，殄熄暴悖，亂賊滅亡。聖德廣密，六合之中，被澤無疆。皇帝幷宇，兼聽萬事，遠近畢清。運理羣物，考驗事實，各載其名。貴賤並通，善否陳前，靡有隱情。飾省宣義，有子而嫁，倍死不貞。防隔內外，禁止淫泆，男女絜誠。夫爲寄豭，殺之無罪，男秉義程。妻爲逃嫁，子不得母，咸化廉清。大治濯俗，天下承風，蒙被休經。皆遵度軌，和安敦勉，莫不順令。黔首脩潔，人樂同則，嘉保太平。後敬奉法，常治無極，輿舟不傾。從臣誦烈，請刻此石，光垂休銘。

還過吳，從江乘渡。並海上，北至琅邪。方士徐市等入海求神藥，數歲不得，費多，恐譴，乃詐曰：『蓬萊藥可得，然常爲大鮫魚所苦，故不得至，願請善射與俱，見則以連弩射之。』始皇夢與海神戰，如人狀。問占夢，博士曰：『水神不可見，以大魚蛟龍爲候。今上禱祠備謹，而有此惡神，當除去，而善神可致。』乃令入海者齎捕巨魚具，而自以連弩候大魚出射之。自琅邪北至榮成山，弗見。至之罘，見巨魚，射殺一魚。遂並海西。

至平原津而病。始皇惡言死，羣臣莫敢言死事。上病益甚，乃爲璽書賜公子扶蘇曰：『與喪會咸陽而葬。』書已封，在中車府令趙高行符璽事所，未授使者。七月丙寅，始皇崩於沙丘平臺。丞相斯爲上崩在外，恐諸公子及天下有變，乃秘之，不發喪。棺載轀涼車中，故幸宦者參乘，所至上食。百官奏事如故，宦者輒從轀涼車中可其奏事。獨子胡亥、趙高及所幸宦者五六人知上死。趙高故嘗教胡亥書及獄律令法事，胡亥私幸之。高乃與公子胡亥、丞相斯陰謀破去始皇所封書賜公子扶蘇者，而更詐爲丞相斯受始皇遺詔沙丘，立子胡亥爲太子。更爲書賜公子扶蘇、蒙恬，數以罪，其賜死。語具在《李斯傳》中。行，遂從井陘抵九原。會暑，上轀車臭，乃詔從官令車載一石鮑魚，以亂其臭。

行從直道至咸陽，發喪。太子胡亥襲位，爲二世皇帝。九月，葬始皇酈山。始皇初即位，穿治酈山，及幷天下，天下徒送詣七十餘萬人，穿三泉，下銅而致椁，宮觀百官奇器珍怪徙臧滿之。令匠作機弩矢，有所穿近者輒射之。以水銀爲百川江河大海，機相灌輸，上具天文，下具地理。以人魚膏爲燭，度不滅者久之。二世曰：『先帝後宮非有子者，出焉不宜。』皆令從死，死者甚衆。葬既已下，或言工匠爲機，臧皆知之，臧重即泄。大事畢，已藏，閉中羨，下外羨門，盡閉工匠臧者，無復出者。樹草木以象山。

綜述

《史記》卷一三〇《太史公自序》 始皇既立，幷兼六國，銷鋒鑄鐻，維偃干革，尊號稱帝，矜武任力；二世受運，子嬰降虜。作《始皇本紀第六》。

《漢書》卷一上《高帝紀上》 秦始皇帝嘗曰『東南有天子氣』，於是東游以猒當之。

又 卷二五下《郊祀志》 秦始皇初幷天下，甘心於神僊之道，遣

徐福、韓終之屬多齎童男童女入海求神采藥，因逃不還，天下怨恨。

又　卷八八《儒林傳・序》　及至秦始皇兼天下，燔詩書，殺術士，六學從此缺矣。

又　卷九四下《匈奴傳》　以秦始皇之强，蒙恬之威，帶甲四十餘萬，然不敢窺西河，乃築長城以界之。**【略】**

秦始皇不忍小恥而輕民力，築長城之固，延袤萬里，轉輸之行，起於負海，疆境既完，中國内竭，以喪社稷，是爲無策。

又　卷九六上《西域傳上・序》　自周衰，戎狄錯居涇渭之北。及秦始皇攘卻戎狄，築長城，界中國，然西不過臨洮。

《後漢書》卷一三《隗囂傳》　昔秦始皇毀壞謚法，以一二數欲至萬世，而莽下三萬六千歲之曆，言身當盡此度。循亡秦之軌，推無窮之數。是其逆天之大罪也。

又　卷六一《周舉傳》　（周）舉謂郃曰：『昔鄭武姜謀殺嚴公，嚴公誓之黄泉；秦始皇怨母失行，久而隔絶，後感潁考叔、茅焦之言，循復子道。書傳美之。』

又　卷八七《西羌傳・羌無弋爰劍》　及秦始皇時，務并六國，以諸侯爲事，兵不西行，故種人得以繁息。秦既兼天下，使蒙恬將兵略地，西逐諸戎，北卻衆狄，築長城以界之，衆羌不復南度。

又　卷九九下《祭祀志・迎春》　自秦始皇、孝武帝封泰山，本由好僊信方士之言，造爲石檢印封之事也。

《晉書》卷一四《地理志上・總敘》　秦始皇既得志於天下，訪周之敗，以爲處士横議，諸侯尋戈，四夷交侵，以弱見奪，於是削去五等焉。

又　卷三六《衛恒傳》　秦始皇帝初兼天下，丞相李斯乃奏益之，罷不合秦文者。斯作《倉頡篇》，中車府令趙高作《爰歷篇》，太史令胡毋敬作《博學篇》，皆取史籀大篆，或頗省改，所謂小篆者。或曰，下土人程邈爲衙獄吏，得罪始皇，幽繫雲陽十年，從獄中作大篆，少者增益，多者損減，方者使員，員者使方，奏之始皇。始皇善之，出以爲御史，使定書。或曰，邈所定乃隸字也。自秦壞古文，有八體，一曰大篆，二曰小篆，三曰刻符，四曰蟲書，五曰摹印，六曰署書，七曰殳書，八曰隸書。

《梁書》卷四〇《許懋傳》　秦始皇登泰山，中坂，風雨暴至，休松樹下，封爲五大夫，而事不遂。

《隋書》卷七《禮儀志二》　秦始皇既黜儒生，而封泰山，禪梁甫，其封事皆秘之，不可得而傳也。

又　卷二六《百官志上》　秦始皇廢先王之典，焚百家之言，創立朝儀，事不師古，始罷封侯之制，立郡縣之官。太尉主五兵，丞相總百揆，又置御史大夫，以貳於相。自餘衆職，各有司存。

又　《地理志上・序》　秦始皇據百二之巖險，奮六世之餘烈，力爭天下，蠶食諸侯，在位二十餘年，遂乃削平宇内，懲周氏之微弱，恃狙詐以爲强，蔑棄經典，罷侯置守。子弟無立錐之地，功臣無尺土之賞，身沒而區宇幅裂，及子而社稷淪胥。

《舊唐書》卷一四九《令狐峘傳》　秦始皇葬驪山，魚膏爲燈燭，水銀爲江海，珍寶之藏，不可勝計，千載非之。

又　卷一八五上《良吏傳・李君球》　昔秦始皇好戰不已，至于失國，是不愛其内而務其外故也。

論説

《史記》卷六《秦始皇本紀》　太史公曰：秦之先伯翳，嘗有勳於唐虞之際，受土賜姓。及殷夏之間微散。至周之衰，秦興，邑于西垂。自繆公以來，稍蠶食諸侯，竟成始皇。始皇自以爲功過五帝，地廣三王，而羞與之侔。善哉乎賈生推言之也！曰：

秦并兼諸侯山東三十餘郡，繕津關，據險塞，修甲兵而守之。然陳涉以戍卒散亂之衆數百，奮臂大呼，不用弓戟之兵，鉏櫌白梃，望屋而食，横行天下。秦人阻險不守，關梁不闔，長戟不刺，强弩不射。楚師深入，戰於鴻門，曾無藩籬之艱。於是山東大擾，諸侯並起，豪俊相立。秦使章邯將而東征，章邯因以三軍之衆要市於外，以謀其上。羣臣之不信，可見於此矣。子嬰立，遂不寤。藉使子嬰有庸主之材，僅得中佐，山東雖亂，秦之地可全而有，宗廟之祀未當絶也。

秦地被山帶河以爲固，四塞之國也。自繆公以來，至於秦王，二十餘君，常爲諸侯雄。豈世世賢哉？其勢居然也。且天下嘗同心并力而攻秦

矣。當此之世，賢智並列，良將行其師，賢相通其謀，然困於阻險而不能進，秦乃延入戰而爲之開關，百萬之徒逃北而遂壞。豈勇力智慧不足哉？形不利，勢不便也。秦小邑并大城，守險塞而軍，高壘毋戰，閉關據阨，荷戟而守之。諸侯起於匹夫，以利合，非有素王之行也。其交未親，其下未附，名爲亡秦，其實利之也。彼見秦阻之難犯也，必退師。安土息民，以待其敝，收弱扶罷，以令大國之君，不患不得意於海内。貴爲天子，富有天下，而身爲禽者，其救敗非也。

秦王足己不問，遂過而不變。二世受之，因而不改，暴虐以重禍。子嬰孤立無親，危弱無輔。三主惑而終身不悟，亡，不亦宜乎？當此時也，世非無深慮知化之士也，然所以不敢盡忠拂過者，秦俗多忌諱之禁，忠言未卒於口而身爲戮没矣。故使天下之士，傾耳而聽，重足而立，拑口而不言。是以三主失道，忠臣不敢諫，智士不敢謀，天下已亂，姦不上聞，豈不哀哉！先王知雍蔽之傷國也，故置公卿大夫士，以飾法設刑，而天下治。其强也，禁暴誅亂而天下服。其弱也，五伯征而諸侯從。其削也，内守外附而社稷存。故秦之盛也，繁法嚴刑而天下振；及其衰也，百姓怨望而海内畔矣。故周五序得其道，而千餘歲不絶。秦本末並失，故不長久。由此觀之，安危之統相去遠矣。野諺曰『前事之不忘，後事之師也』。是以君子爲國，觀之上古，驗之當世，參以人事，察盛衰之理，審權勢之宜，去就有序，變化有時，故曠日長久而社稷安矣。

秦孝公據殽函之固，擁雍州之地，君臣固守而窺周室，有席卷天下，包舉宇内，囊括四海之意，并吞八荒之心。當是時，商君佐之，内立法度，務耕織，修守戰之備，外連衡而鬭諸侯，於是秦人拱手而取西河之外。

孝公既没，惠王、武王蒙故業，因遺册，南兼漢中，西舉巴、蜀，東割膏腴之地，收要害之郡。諸侯恐懼，會盟而謀弱秦，不愛珍器重寶肥美之地，以致天下之士，合從締交，相與爲一。當是時，齊有孟嘗，趙有平原，楚有春申，魏有信陵。此四君者，皆明知而忠信，寬厚而愛人，尊賢重士，約從離衡，并韓、魏、燕、楚、齊、趙、宋、衛、中山之衆。於是六國之士有寧越、徐尚、蘇秦、杜赫之屬爲之謀，齊明、周最、陳軫、昭滑、樓緩、翟景、蘇厲、樂毅之徒通其意，吳起、孫臏、帶佗、兒良、王廖、田忌、廉頗、趙奢之朋制其兵。常以十倍之地，百萬之衆，叩關而攻秦。秦人開關延敵，九國之師逡巡遁逃而不敢進。秦無亡矢遺鏃之費，而天下諸侯已困矣。於是從散約解，爭割地而奉秦。秦有餘力而制其敝，追亡逐北，伏尸百萬，流血漂鹵。因利乘便，宰割天下，分裂河山，强國請服，弱國入朝。延及孝文王、莊襄王，享國日淺，國家無事。

及至秦王，續六世之餘烈，振長策而御宇内，吞二周而亡諸侯，履至尊而制六合，執棰拊以鞭笞天下，威振四海。南取百越之地，以爲桂林、象郡，百越之君俛首係頸，委命下吏。乃使蒙恬北築長城而守藩籬，卻匈奴七百餘里，胡人不敢南下而牧馬，士不敢彎弓而報怨。於是廢先王之道，焚百家之言，以愚黔首。墮名城，殺豪俊，收天下之兵聚之咸陽，銷鋒鑄鐻，以爲金人十二，以弱黔首之民。然後斬華爲城，因河爲津，據億丈之城，臨不測之谿以爲固。良將勁弩守要害之處，信臣精卒陳利兵而誰何，天下以定。秦王之心，自以爲關中之固，金城千里，子孫帝王萬世之業也。

秦王既没，餘威振於殊俗。陳涉，甕牖繩樞之子，甿隸之人，而遷徙之徒，才能不及中人，非有仲尼、墨翟之賢，陶朱、猗頓之富，躡足行伍之間，而倔起什伯之中，率罷散之卒，將數百之衆，而轉攻秦。斬木爲兵，揭竿爲旗，天下雲集響應，贏糧而景從，山東豪俊遂並起而亡秦族矣。

且夫天下非小弱也，雍州之地，殽函之固自若也。陳涉之位，非尊於齊、楚、燕、趙、韓、魏、宋、衛、中山之君；鉏櫌棘矜，非銛於句戟長鎩也；適戍之衆，非抗於九國之師；深謀遠慮，行軍用兵之道，非及鄉時之士也。然而成敗異變，功業相反也。試使山東之國與陳涉度長絜大，比權量力，則不可同年而語矣。然秦以區區之地，千乘之權，招八州而朝同列，百有餘年矣。然後以六合爲家，殽函爲宮，一夫作難而七廟墮，身死人手，爲天下笑者，何也？仁義不施而攻守之勢異也。

秦并海内，兼諸侯，南面稱帝，以養四海，天下之士斐然鄉風，若是者何也？曰：近古之無王者久矣。周室卑微，五霸既歿，令不行於天下，是以諸侯力政，强侵弱，衆暴寡，兵革不休，士民罷敝。今秦南面而王天下，是上有天子也。既元元之民冀得安其性命，莫不虛心而仰上，當

此之時，守威定功，安危之本在於此矣。

秦王懷貪鄙之心，行自奮之智，不信功臣，不親士民，廢王道，立私權，禁文書而酷刑法，先詐力而後仁義，以暴虐爲天下始。夫并兼者高詐力，安定者貴順權，此言取與守不同術也。秦離戰國而王天下，其道不易，其政不改，是其所以取之守之者異也。孤獨而有之，故其亡可立而待。借使秦王計上世之事，並殷周之迹，以制御其政，後雖有淫驕之主而未有傾危之患也。故三王之建天下，名號顯美，功業長久。

今秦二世立，天下莫不引領而觀其政。夫寒者利裋褐而飢者甘糟糠，天下之嗸嗸，新主之資也。此言勞民之易爲仁也。鄉使二世有庸主之行，而任忠賢，臣主一心而憂海内之患，縞素而正先帝之過，裂地分民以封功臣之後，建國立君以禮天下，虚囹圄而免刑戮，除去收帑汙穢之罪，使各反其鄉里，發倉廩，散財幣，以振孤獨窮困之士，輕賦少事，以佐百姓之急，約法省刑以持其後，使天下之人皆得自新，更節修行，各慎其身，塞萬民之望，而以威德與天下，天下集矣。即四海之内，皆讙然各自安樂其處，唯恐有變，雖有狡猾之民，無離上之心，則不軌之臣無以飾其智，而暴亂之姦止矣。二世不行此術，而重之以無道，壞宗廟與民，更始作阿房宫，繁刑嚴誅，吏治刻深，賞罰不當，賦斂無度，天下多事，吏弗能紀，百姓困窮而主弗收恤。然後姦僞並起，而上下相遁，蒙罪者衆，刑戮相望於道，而天下苦之。自君卿以下至于衆庶，人懷自危之心，親處窮苦之實，咸不安其位，故易動也。是以陳涉不用湯武之賢，不藉公侯之尊，奮臂於大澤而天下響應者，其民危也。故先王見始終之變，知存亡之機，是以牧民之道，務在安之而已。天下雖有逆行之臣，必無響應之助矣。故曰『安民可與行義，而危民易與爲非』，此之謂也。貴爲天子，富有天下，身不免於戮殺者，正傾非也。是二世之過也。

又　卷八七《李斯列傳》　明法度，定律令，皆以始皇起。

又　卷一二〇《汲鄭列傳》　昔秦皇帝任戰勝之威，蠶食天下，并吞戰國，海内爲一，功齊三代。

唐·司馬貞《史記索隱》卷六《秦始皇本紀》　索隱述贊曰：六國陵替，二周淪亡。并一天下，號爲始皇。阿房雲構，金狄成行。南遊勒石，東瞰浮梁。滈池見遺，沙丘告喪。二世矯制，趙高是與。詐因指鹿，灾生噬虎。子嬰見推，恩報君父。下乏中佐，上乃庸主。欲振頽綱，云誰克補。

《漢書》卷二三《刑法志》　至於秦始皇，兼吞戰國，遂毁先王之法，滅禮誼之官，專任刑罰，躬操文墨，晝斷獄，夜理書，自程決事，日縣石之一。而姦邪並生，赭衣塞路，囹圄成市，天下愁怨，潰而叛之。

又　卷五一《鄒陽傳》　王先生曰：『難哉！人主有私怨深怒，欲施必行之誅，誠難解也。以太后之尊，骨肉之親，猶不能止，況臣下乎？昔秦始皇有伏怒於太后，羣臣諫而死者以十數。得茅焦爲廓大義，始皇非能説其言也，乃自强從之耳。茅焦亦廑脱死如毛氂耳，故事所以難者也。今子欲安之乎？』陽曰：『鄒魯守經學，齊楚多辯知，韓魏時有奇節，吾將歷問之。』王先生曰：『子行矣。還，過我而西。』

又　卷六三《武五子傳贊》　秦始皇即位三十九年，内平六國，外攘四夷，死人如亂麻，暴骨長城之下，頭盧相屬於道，不一日而無兵。由是山東之難興，四方潰而逆秦。秦將吏外畔，賊臣内發，亂作蕭牆，禍成二世。故曰『兵猶火也，弗戢必自焚』，信矣。是以倉頡作書，『止』『戈』爲『武』。聖人以武禁暴整亂，止息兵戈，非以爲殘而興縱之也。《易》曰：『天之所助者順也，人之所助者信也；君子履信思順，自天祐之，吉無不利也。』故車千秋指明蠱情，章太子之冤。千秋材知未必能過人也，以其銷惡運，遏亂原，因衰激極，道迎善氣，傳得天人之祐助云。

《三國志》卷三《魏志·明帝紀》裴松之注引《世語》　帝與朝士素不接，即位之後，羣下想聞風采。居數日，獨見侍中劉曄，語盡日。衆人側聽，曄既出，問『何如』？曄曰：『秦始皇、漢孝武之儔，才具微不及耳。』

又　卷二五《魏志·楊阜傳》　（楊）阜上疏曰：『堯尚茅茨而萬國安其居，禹卑宫室而天下樂其業；及至殷、周，或堂崇三尺，度以九筵耳。古之聖帝明王，未有極宫室之高麗以彫弊百姓之財力者也。桀作琁室、象廊，紂爲傾宫、鹿臺，以喪其社稷，楚靈以築章華而身受其禍；秦始皇作阿房而殃及其子，天下叛之，二世而滅。夫不度萬民之力，以從耳目之欲，未有不亡者也。陛下當以堯、舜、禹、湯、文、武爲法則，夏

桀、殷紂、楚靈、秦皇爲深誡。高高在上，實監后德。愼守天位，以承祖考，巍巍大業，猶恐失之。不夙夜敬止，允恭卹民，而乃自暇自逸，惟宮臺是侈是飾，必有顛覆危亡之禍。』

《魏書》卷四八《高允傳》 萬物之生，靡不有死，古先哲王，作爲禮制，所以養生送死，折諸人情。若毁生以奉死，則聖人所禁也。然葬者藏也，死者不可再見，故深藏之。昔堯葬谷林，農不易畝；舜葬蒼梧，市不改肆。秦始皇作爲地市，下固三泉，金玉寶貨不可計數，死不旋踵，屍焚墓掘。由此推之，堯舜之儉，始皇之奢，是非可見。

《舊唐書》卷二《太宗上》 （貞觀元年）十二月壬午，上謂侍臣曰：『神仙事本虛妄，空有其名。秦始皇非分愛好，遂爲方士所詐，乃遣童男女數千人隨徐福入海求仙藥，方士避秦苛虐，因留不歸。始皇猶海側踟躕以待之，還至沙丘而死。漢武帝爲求仙，乃將女嫁道術人，事既無驗，便行誅戮。據此二事，神仙不煩妄求也。』

又 卷二三《禮儀三》 太宗曰：『議者以封禪爲大典。如朕本心，但使天下太平，家給人足，雖闕封禪之禮，亦可比德堯、舜；若百姓不足，夷狄內侵，縱修封禪之儀，亦何異於桀、紂？昔秦始皇自謂德洽天心，自稱皇帝，登封岱宗，奢侈自矜。漢文帝竟不登封，而躬行儉約，刑措不用。今皆稱始皇爲暴虐之主，漢文爲有德之君。以此而言，無假封禪。禮云：「至敬不壇」，掃地而祭，足表至誠，何必遠登高山，封數尺之土也！』

又 卷七二《虞世南傳》 太宗歛容謂曰：『吾之撫國，良無景公之過。但吾纔弱冠舉義兵，年二十四平天下，未三十而居大位，自謂三代以降，撥亂之主，莫臻於此。重以薛舉之驍雄，宋金剛之鷙猛，竇建德跨河北，王世充據洛陽，當此之時，足爲勍敵，皆爲我所擒。及逢家難，復決意安社稷，遂登九五，降服北夷，吾頗有自矜之意，以輕天下之士，此吾之罪也。上天見變，良爲是乎？秦始皇平六國，隋煬帝富四海，既驕且逸，一朝而敗，吾亦何得自驕也。言念於此，不覺惕焉震懼。』

又 卷七五《張玄素傳》 微臣竊思秦始皇之爲君也，藉周室之餘、六國之盛，將貽之萬葉，及其子而亡，良由逞嗜奔慾，逆天害人者也。是知天下不可以力勝，神祇不可以親恃，惟當弘儉約，薄賦斂，愼終如始，可以永固。

又 卷一六四《李絳傳》 至秦始皇荒逸之君，煩酷之政，然後有罘、嶧之碑，揚誅伐之功，紀巡幸之迹，適足爲百王所笑，萬代所譏，至今稱爲失道亡國之主，豈可擬議於此？

藝文

唐・張九齡《曲江集》卷二《和黃門盧監望秦始皇陵》 秦帝始求仙，驪山何遽卜。中年既無效，兹地所宜復。徒役如雷奔，珍怪亦雲蓄。黔首無寄命，赭衣相追逐。人怨神亦怒，身死宗遂覆。土崩失天下，龍鬭入函谷。國爲項籍屠，君同華元戮。始掘既由楚，終焚乃因牧。上宰議揚賢，中阿感桓速。一聞過秦論，載懷空杼軸。

唐・徐夤《唐秘書省正字先輩徐公釣磯文集》卷六《大夫松》 五樹旌封許歲寒，挽柯攀葉也無端。爭如澗底淩霜節，不受秦皇亂世官。

唐・李白《李太白文集》卷一《古風五十九首》 秦皇掃六合，虎視何雄哉。揮劍決浮雲，諸侯盡西來。明斷自天啓，大略駕羣才。收兵鑄金人，函谷正東開。銘功會稽嶺，騁望琅琊臺。刑徒七十萬，起土驪山隈。尚采不死藥，茫然使心哀。連弩射海魚，長鯨正崔嵬。額鼻象五嶽，揚波噴雲雷。鬐鬣蔽青天，何由睹蓬萊。徐芾載秦女，樓船幾時回。但見三泉下，金棺葬寒灰。【略】

鄭客西入關，行行未能已。白馬華山君，相逢平原里。璧遺鎬池君，明年祖龍死。秦人相謂曰，吾屬可去矣。一往桃花源，千春隔流水。【略】

秦皇按寶劍，赫怒震威神。逐日巡海右，驅石駕滄津。徵卒空九宇，作橋傷萬人。但求蓬島藥，豈思農扈春。力盡功不贍，千載爲悲辛。

唐・羅隱《羅昭諫集》卷四《始皇陵》 荒堆無草樹無枝，懶向行人問昔時。六國英雄漫多事，到頭徐福是男兒。

唐・羅隱《焚書坑》 千載遺蹤一窖塵，路傍耕者亦傷神。祖龍算事渾乖角，將謂詩書活得人。

唐・許渾《丁卯集箋證》卷八《途經秦始皇墓》 龍盤虎踞樹層層，

勢入浮雲亦是崩。一種青山秋草裏，路人唯拜漢文陵。

唐・沈佺期《咸陽覽古》 咸陽秦帝居，千載坐盈虛。版築林光盡，壇場溜聽疏。野橋疑望日，山火類焚書。唯有驪峯在，空聞厚葬餘。

清・于敏中等《日下舊聞考》卷六八《［唐］韋應物〈石鼓歌〉》 周宣大獵兮岐之陽，刻石表功兮煒煌煌。石如鼓形數止十，風雨缺訛苔蘚澀。今人濡紙脫其文，既擊既埽白黑分。忽開滿卷不可識，驚潛動蟄走云云。喘逶迤，相糺錯，乃是宣王之臣史籀作。一書遺此天地間，精意長存世冥寞。秦家祖龍還刻石，碣石之罘李斯迹。世人好古猶共傳，持來比此殊懸隔。

明・蔣一葵《堯山堂外紀》卷三三《［唐］章碣〈焚書坑〉》 竹帛煙消帝業虛，關河空鎖祖龍居。坑灰未冷山東亂，劉項元來不讀書。

唐・白居易《白香山詩集》卷二《和答詩十首・答四皓廟》 秦皇肆暴虐，二世遘亂離。先生相隨去，商嶺采紫芝。君看秦獄中，戮辱者李斯。劉項爭天下，謀臣竟悅隨。

又 卷四《草茫茫・懲厚葬也》 草茫茫，土蒼蒼，蒼蒼茫茫在何處，驪山腳下秦皇墓。墓中下涸二重泉，當時自以爲深固。下流水銀象江海，上綴珠光作烏兔。別爲天地於其間，擬將富貴隨身去。一朝盜掘墳陵破，龍槨神堂三月火。可憐寶玉歸人間，暫借泉中買身禍。奢者狼藉儉者安，一凶一吉在眼前。憑君回首向南望，漢文葬在霸陵原。

清・彭定求等《全唐詩》卷三八《王宏〈從軍行〉》 秦王築城三千里，西自臨洮東遼水。山邊疊疊黑雲飛，海畔莓莓青草死。

又 卷七五《徐晶〈阮公體〉》 秦王按劍怒，發卒戍龍沙。雄圖尚未畢，海內已紛拿。黃塵暗天起，白日斂精華。唯見長城外，僵屍如亂麻。

又 卷二六二《古之奇〈秦人謠〉》 微生祖龍代，卻思堯舜道。何人仕帝庭，拔殺指佞草。奸臣弄民柄，天子恣衷抱。上下一相蒙，馬鹿遂顛倒。中國既板蕩，骨肉安可保。人生貴年壽，吾恨死不早。

又 卷四八五《鮑溶〈經秦皇墓〉》 左崗青虯盤，右阪白虎踞。誰識此中陵，祖龍藏身處。別爲一天地，下入三泉路。珠華翔青鳥，玉影耀白兔。山河一易姓，萬事隨人去。白晝盜開陵，玄冬火焚樹。哀哉送死厚，乃爲棄身具。死者不復知，回看漢文墓。

又 卷四八六《讀史》 鬼書報秦亡，天地亦云閉。赤龍吟大野，老母哭白帝。蒼蒼無白日，項氏徒先濟。六合已姓劉，鴻門事難制。坑降嬴政在，衣錦人望替。宿昔見漢兵，龍蛇滿旌棨。始矜山可拔，終歎騅不逝。區區亞父心，未究天人際。蕭張馬無汗，盛業垂千世。

又 卷五九三《曹鄴〈始皇陵下作〉》 千金買魚燈，泉下照狐兔。行人上陵過，卻弔扶蘇墓。累累壙中物，多於養生具。若使山可移，應將秦國去。舜歿雖在前，今猶未封樹。

又 卷五九九《于濆〈長城〉》 秦皇豈無德，蒙氏非不武。豈將版築功，萬里遮胡虜。團沙世所難，作壘明知苦。死者倍堪傷，僵屍猶抱杵。十年居上郡，四海誰爲主。縱使骨爲塵，冤名不入土。

又 卷六四七《胡曾〈詠史詩・長城〉》 祖舜宗堯自太平，秦皇何事苦蒼生。不知禍起蕭牆內，虛築防胡萬里城。

又 《沙丘》 年年遊覽不曾停，天下山川欲遍經。堪笑沙丘纔過處，鑾輿風過鮑魚腥。

又 《博浪沙》 嬴政鯨吞六合秋，削平天下虜諸侯。山東不是無公子，何事張良獨報讎。

又 《東海》 東巡玉輦委泉臺，徐福樓船尚未回。自是祖龍先下世，不關無路到蓬萊。

又 卷七三七《熊皦〈祖龍詞〉》 平吞六國更何求，童女童男問十洲。滄海不回應悵望，始知徐福解風流。

又 卷八〇六《寒山〈詩三百三首〉》 常聞漢武帝，爰及秦始皇。俱好神仙術，延年竟不長。金臺既摧折，沙丘遂滅亡。茂陵與驪嶽，今日草茫茫。

唐・杜牧《樊川集》卷一《阿房宮賦》 六王畢，四海一，蜀山兀，阿房出。覆壓三百餘里，隔離天日。驪山北構而西折，直走咸陽。二川溶溶，流入宮牆。五步一樓，十步一閣。廊腰縵迴，簷牙高啄。各抱地勢，鉤心鬭角。盤盤焉，囷囷焉，蜂房水渦，矗不知乎幾千萬落。長橋臥波，未雲何龍？複道行空，不霽何虹？高低冥迷，不知東西。歌臺暖響，春光融融。舞殿冷袖，風雨淒淒。一日之內，一宮之間，而氣候不齊。

妃嬪媵嬙，王子皇孫，辭樓下殿，輦來於秦，朝歌夜弦，爲秦宫人。明星熒熒，開妝鏡也。緑雲擾擾，梳曉鬟也。渭流漲膩，棄脂水也。煙斜霧横，焚椒蘭也。雷霆乍驚，宫車過也。轆轆遠聽，杳不知其所之也。一肌一容，盡態極妍，縵立遠視，而望幸焉。有不得見者，三十六年。燕趙之收藏，韓魏之經營，齊楚之精英，幾世幾年，剽掠其人，倚疊如山。一旦不能有，輸來其間。鼎鐺玉石，金塊珠礫，棄擲邐迤，秦人視之，亦不甚惜。

嗟乎！一人之心，千萬人之心也。秦愛紛奢，人亦念其家。奈何取之盡錙銖，用之如泥沙？使負棟之柱，多於南畝之農夫。架梁之椽，多於機上之工女。釘頭磷磷，多於在庾之粟粒。瓦縫參差，多於周身之帛縷。直欄横檻，多於九土之城郭。管弦嘔啞，多於市人之言語。使天下之人，不敢言而敢怒。獨夫之心，日益驕固。戍卒叫，函谷舉，楚人一炬，可憐焦土！

嗚呼！滅六國者六國也，非秦也。族秦者秦也，非天下也。嗟乎！使六國各愛其人，則足以拒秦。使秦復愛六國之人，則遞三世可至萬世而爲君，誰得而族滅也？秦人不暇自哀，而後人哀之。後人哀之而不鑑之，亦使後人而復哀後人也。

又　卷三《過驪山作》　始皇東遊出周鼎，劉項縱觀皆引頸。削平天下實辛勤，卻爲道傍窮百姓。黔首不愚爾益愚，千里函關囚獨夫。牧童火入九泉底，燒作灰時猶未枯。

宋·文同《丹淵集》卷一八《秦詔》　山流濯幽坑，銅篆發古耀。我行奉天縣，叟以百錢糶。讀之乃二世，元年所刻詔。謂法度量者，盡始皇帝造。辭止曰皇帝，久遠若爲道。乃命斯去疾，具述紀其右。文章既精簡，字畫亦佳妙。亥爾何等人，敢作萬世調。其爲者非是，所累纔一廟。區區頌微末，回首皆可弔。郡兵厭寶玉，得此只揮掉。漂流落芒壤，千載厄潛奥。乃知天宇内，事有不可料。此物今何爲，惟助觀者笑。

宋·邵雍《擊壤集》卷一七《戰國吟》　七國之時尚戰爭，威强知詐一齊行。廉頗白起善用兵，蘇秦張儀善縱横。朝爲布衣暮公卿，昨日鼎食今鼎烹。范睢謝相何心情，蔡澤入秦何依憑。始皇奮袂天下寧，二世乞爲氓不能。三千賓客憤未平，百二山河漢已興。所存舊物惟空名，殘陽衰草山川形。都似一場春夢過，自餘惡足語威獰。

宋·計有功《唐詩紀事》卷一《［唐］李顯〈幸秦始皇陵〉》　眷言君失德，驪邑想秦餘。政煩方改篆，愚俗乃焚書。阿房久已滅，閣道遂成墟。欲厭東南氣，翻傷掩鮑車。

宋·郭茂倩《樂府詩集·相和歌辭》卷三八《［唐］王翰〈飲馬長城窟行〉》　長安少年無遠圖，一生惟羨執金吾。麒麟前殿拜天子，走馬西擊長城胡。胡沙獵獵吹人面，漢虜相逢不相見。遥聞鼙鼓動地來，傳道單于夜猶戰。此時顧恩寧顧身，爲君一行摧萬人。壯士揮戈回白日，單于濺血染朱輪。歸來飲馬長城窟，長城道傍多白骨。問之耆老何代人，云是秦王築城卒。黄昏塞北無人煙，鬼哭啾啾聲沸天。無罪見誅功不賞，孤魂流落此城邊。當昔秦王按劍起，諸侯膝行不敢視。富國强兵二十年，築怨興徭九千里。秦王築城何太愚，天實亡秦非北胡。一朝禍起蕭牆内，渭水咸陽不復都。

宋·郭茂倩《樂府詩集》卷九一《［唐］韋楚老〈祖龍行〉》　黑雲兵氣射天裂，壯士朝眠夢冤結。祖龍一夜死沙丘，胡亥空隨鮑魚轍。腐肉偷生三千里，僞書先賜扶蘇死。墓接驪山土未乾，瑞光已向芒碭起。陳勝城中鼓三下，秦家天地如崩瓦。龍蛇撩亂入咸陽，少帝空隨漢家馬。

又　卷九五《［唐］李賀〈白虎行〉》　火烏日暗崩騰雲，秦皇虎視蒼生羣。燒書滅國無暇日，鑄劍佩玦惟將軍。玉壇設醮思冲天，一世二世當萬年。燒丹未得不死藥，拿舟海上尋神仙。鯨魚張鬣海波沸，耕人半作征人鬼。雄豪氣猛如焱煙，無人爲決天河水。誰最苦兮誰最苦，報人義士深相許。漸離擊筑荆卿歌，荆卿把酒燕丹語。劍如霜兮膽如鐵，出燕城兮望秦月。天授秦封祚未移，衮龍衣點荆卿血。朱旗卓地白虎死，漢皇知是眞天子。

宋·王安石《臨川集》卷九《秦始皇》　天方獵中原，狐兔在所憎。傷哉六孱王，當此鷙鳥膺。搏取已掃地，翰飛尚憑淩。遊將跨蓬萊，以海爲丘陵。勒石頌功德，羣臣助驕矜。舉世不讀易，但以刑名稱。蚩蚩彼少子，何用辨堅冰。

又　卷三二《憫儒坑》　智力區區不爲身，欲將何力助强秦。只應埋没千秋後，更足詩書發塚人。

宋·唐詢《華亭十詠·秦始皇馳道》 秦德衰千祀，江濱道不修。相傳大堤在，曾是翠華遊。玉趾如將見，金椎豈復留。悵然尋舊迹，蔓草蔽荒丘。

宋·梅堯臣《宛陵集》卷四四《秦始皇馳道》 秦帝觀滄海，勞人何得修。石橋虹霓斷，馳道鹿麋遊。車轍久已没，馬迹亦無留。驪山寶衣盡，萬古空塚丘。

宋·韓維《南陽集》卷四《秦始皇馳道》 秦王騁奇觀，不憚阻且脩。萬里走轍迹，八荒開囿遊。勞歌久已息，遺築今尚留。千載威神盡，驪山空古丘。

宋·楊簡《慈湖遺書》卷六《歷代詩·秦》 始皇繼周稱皇帝，傳子胡亥爲二世。子嬰灞上降漢王，四十餘年非久計。

宋·蘇籀《咸陽縣令求清渭樓詩和何子應長句》 秦如蒹葭未飽霜，四維不舉空豪强。神疲鬼乏赴功利，兆自襄公終始皇。富極薰天力斡地，諸侯西來誰敢當。范雎李斯乘利勢，蒙驁白起先戎行。韓盧前奔宋鵲舉，角逐海内如驅羊。干戈取之刑法治，舉事誇淫惟快意。時移數盡非徒然，直筆汗青遭唾毁。咸陽宫殿無尺瓦，直抵南山是禾稼。山巔觀闕總成塵，清渭東流無晝夜。昔時此水貫宫垣，今日淪漣縣樓下。無復秦娥洗妝水，時有村童飲牛馬。秋波泠泠泛紅葉，春天波蕩桃花節。清名不與世榮辱，混濁何嘗妨至潔。八川分流皆異態，七澤胸中無芥蒂。直須面面倚危欄，彈睹雍州原野火。樓中有客雍門彈，坐上悲歌擊樽壞。何侯精采如琳琅，攜詩揖我謂我臧。我今爲子登樓賦，書版一諷悲興亡。

宋·張耒《柯山集》卷一二《過韓城》 周京無人弔禾黍，七雄按劍分周土。秦人匹馬出函關，六王割地愁爲虜。宜陽古堞故韓都，地接强秦爭戰苦。謀窮運去竟亡國，從長蘇秦亦何補。諸侯已盡秦巍巍，嬴氏已亡秦不知。始皇自是吕家子，宗廟薦享眞何爲。山河百戰移陵谷，宫殿成塵埋寶玉。秋風壞塚長荆榛，落日空城散樵牧。今古悠悠共一丘，爭强蝸角欲何求。誰似令威仙骨健，千年重向故鄉遊。

又 卷二四《讀秦紀二首》 烹滅羣雄方未疲，赭山射海奮餘威。誰知傳與癡兒子，祇得阿房似舊時。【略】

汲汲威刑繼祖龍，收功終在望夷宫。未應家國歸車府，卻有山東老沛公。

宋·王鎡《月洞詩集》卷二《咸陽》 劫灰飛出祖龍宫，六國强吞總是空。獨有椒蘭香不散，春風移過草花中。

又 《秦望山》 祖龍癡欲望長年，卻遣君房渡海船。枉去蓬山覓丹藥，桃源亦自有神仙。

宋·任希夷《盤沙行》 錢塘江狹沙成路，潮水來時人欲渡。沙隨浪没未容知，人恐潮回且爭去。倉皇競同峯蟻奔，咫尺眞恐蛟鼉怒。狂風一作浪如屋，可憐有時迫昏暮。長江渺渺前無航，平沙茫茫絶歸處。幾人到此不復反，海水西來更東注。君不見祖龍英雄吞九州，臨此江波尚懷懼，濟川舟楫果何人，莫説稻穰與芒屩。龐公今爲鹿門行，將歸更作盤沙賦。我衰絶望釣連鼇，三復君詩返予步。

宋·劉克莊《後村集》卷五《秦城》 缺甓殘磚無處尋，當年築此慮尤深。君王自向沙丘死，何必區區戍桂林。

又 卷六《鍤觜》 世傳靈渠自秦始，南引灕江會湘水。楚山憂赭石畏鞭，鑿崖通塹三百里。篙師安知有史録，割牲沈幣祀瀆鬼。我舟閡淺懷若人，要是天下奇男子。只今渠廢無人修，嗟乎秦吏未易訾。

又 卷一四《雜詠一百首·扶蘇》 詔自沙丘至，如何便釋兵。君王令賜死，公子不求生。

宋·劉克莊《讀秦紀七絶》 人所難言敢納忠，祖龍雖暴卻英雄。同時見者皆齏粉，肯活茅焦沸鼎中。

宋·曾豐《興安縣西南石峯秀拔無數》 天限華夷數十峯，秦王始鑿始相逢。勞民浪辟嶠南國，失德徒成身後胸。楚粤未爭尋丈遠，炎涼無復半分同。賓鴻諱入嚴關去，吾策如今不似鴻。

宋·曾豐《緣督集》卷八《秦望山二首》 鋭意秦皇初學仙，要和雞犬也升天。那知身與鮑俱臭，嬴氏炊寒不復煙。

六國爭雄已坐擒，更何所望此登臨。眞成馭鶴乘鸞去，未愜秦皇好大心。

宋·葉輝《秦淮次羅北谷韻》 人言王氣在鄗州，嬴政因來鑿此流。地脉何曾眞斷得，幾多天子御宸樓。

宋·白玉蟾《述古》 河水一鏡清，中有驪龍舞。波心呈寶圖，始

脉造化祖。燧人鑽炎涼，炎帝餌甘苦。身披獝狘衣，口服觳觫乳。此時至尊者，帝階三尺土。嬴政築阿房，籛鏗纔傴僂。

宋・釋文珦《悠悠萬里行》　悠悠萬里行，河畔草青青。青草有衰歇，遠行無期程。秦既滅六國，驅民築長城。長城三千里，將以艱胡兵。城邊沙水寒，飲馬馬悲鳴。築夫困久役，誰無鄉土情。父母念孝養，室家歎孤嫕。萬一死於築，白骨空支撑。膏血脂草莽，魂魄亦飄零。苦哉築城人，舉杵無樂聲。仁守國自固，不仁禍期宏。祖龍不知此，縱暴勞蒼生。高明鬼瞰室，天道常惡盈。長城徒高高，不救秦祚傾。豈若唐虞君，長衣燕泰寧。至德亙萬古，巍巍不可名。

宋・釋斯植《詠古》　欲尋仙闕覓仙丹，仙在瀛洲縹緲間。一自祖龍東去後，更無人到會稽山。

元・方回《瀛奎律髓》卷二八《陵廟類・［宋］魯交〈經秦皇墓〉》　祖龍何事苦東巡，仙駕歸來塚草新。項籍已飛三月火，子嬰猶醉六宮春。元來滄海殊無藥，卻是芒碭暗有人。自古乾坤屬眞主，驪山山下好沾巾。

宋・廖行之《省齋集》卷一《賦壓波亭呈益陽趙宰》　吾聞祖龍制六合，欲以盛氣陵華戎。將遊會稽示汰侈，乃被濤浙還他從。區區水波豈云惡，要是暴戾神方恫。安知盛德雖邑宰，能轉造化回天工。

宋・黎廷瑞《庚寅秋病得語不復詮次名曰感懷》　祖龍制八極，法令如亂麻。儒冠委秋山，王馘明朝霞。所以武陵人，入山種桃花。如何東陵侯，苟此旦暮華。堂堂炎漢叟，卻種青門瓜。舒卷迷大運，千古爲悲嗟。

宋・陳長方《唯室集》卷四《張子房》　子房非漢臣，憫世爲一起。借力用沛公，東西唯所指。注措豈因黃石書，出處非由赤松子。博浪沙中擊祖龍，欲報君仇遑恤己。

宋・羅大經《鶴林玉露》乙編卷三《博浪沙》　不惜黃金募鐵椎，祖龍身在魄先飛。齊田楚項紛紛起，輸與先生第一機。

宋・羅公升《讀史》　祖龍吞八荒，功名再開闢。方貪蓬山金，肯信滈池璧。平生焚椒蘭，死得鮑魚力。長城空巍巍，千古表漢域。

宋・范習父《句》　地收楚蜀西南水，天與江湖旦暮風。可笑祖龍遊不得，欲於何處訪蓬萊。

宋・范成大《初冬近飲酒作》　天水邊陲南接蜀，秦山翠照峨峨綠。世間豈有糞金牛，枉使五丁斧山玉。罷侯置守自蜀始，監郡東來兩成轂。至今芙蓉城上土，邦人猶記張儀築。偏方遠僻坐井底，豈知東國窮鋒鏃。十月爲正布時令，方驗水行改周木。南征北戍幸息肩，灑酒炰豚賀新屬。祖龍妄意一至萬，當道已聞神嫗哭。炎家天子起編户，政患嬴皇威令酷。急於恩紀緩文法，工歲尚猶傳五六。吾民久已作秦民，迄今十月猶遺俗。野人何暇論年代，但憶每逢多稼熟。青裾女子翻茜袖，抽鐮穫稻腰如束。三時勤苦一時好，自古有年非汝獨。七雄爭戰已遙遠，萬代興亡眞返復。洛誦徒勞口囁嚅，不如屢把壺中醁。

宋・胡寅《斐然集》卷二《曉乘大霧訪仲固》　渤澥盡輸無極底，祖龍枉被徐生誤。

又　卷四《岳陽樓雜詠十二絕》　祖龍遊豫亦荒哉，風折雲帆促駕回。一怒赭山何所損，依然蒼翠似蓬萊。

宋・賀鑄《慶湖遺老詩集》卷八《江夏八詠》　祖龍礪長劍，昔道此南巡。徒挾雄铓利，湘川奈水神。

《全唐詩補編・全唐詩續補遺》卷一一《［南唐］朱存〈秦淮〉》　一氣東南王斗牛，祖龍潛爲子孫憂。金陵地脉何曾斷，不覺眞人已姓劉。

宋・汪元量《湖山類稿》卷三《阿房宫故基》　祖龍築長城，雄關百二所。阿房高接天，六國收歌女。跨海覓仙方，蓬萊眇何許。欲爲不死人，萬代秦宫主。風吹鮑魚腥，茲事竟虛語。乾坤反掌間，山河淚如雨。誰憐素車兒，奉璽納季父。楚人斬關來，一炬成焦土。空餘此餘基，千秋泣禾黍。

宋・王禹偁《小畜集》卷一二《酬處才上人》　我聞三代淳且質，華華人熙熙信佛。茹蔬剃髮在西戎，胡法不敢干華風。周家子孫何不肖，奢淫惛亂隳王道。秦皇漢帝又雜霸，只以威刑取天下。蒼生哀苦不自知，從此中國思蠻夷。無端更作金人夢，萬里迎來萬民重。

宋・許尚《華亭百詠》卷一《秦皇馳道》　歎息秦皇帝，何年此逸遊。迢迢大堤路，千古爲嗟羞。

清・吳之振等《宋詩鈔》卷九八《［宋］鄭起〈飲馬長城窟〉》　飲

馬長城窟，下見征人骨。長城窟雖深，見骨不見心。誰知征人心，怨殺秦至今。北邊風打山，草地荒漫漫。五月方見青，七月霜便寒。古來無井飲，齎帶糧盡乾。自從征人掘此窟，戍馬飲之如飛翰。朝呷一口水，暮破千重關。秦皇極是無道理，長城萬里誰能比。

宋·鄭獬《鄖溪集》卷二三《雜興三首》 秦皇按長劍，殺人如刈草。何獨李斯輩，竟以丞相老。漢元服儒衣，收諫如蓄寶。何獨蕭望之，誅鋤恨不早。滄海飛天波，枯澤淤行潦。劉累嬰其喉，蛟龍不爲暴。魯士固多賢，親師仲尼道。至於出處間，惟有顔生到。

又 卷二八《秦淮》 四海龍蛇日沸騰，秦皇萬世欲相承。漢家王氣芒山起，卻事東巡鑿秣陵。

宋·俞應僉《秦皇石》 祖龍盛氣役神鞭，壁立無移只屹然。定見先朝陳寶化，陰靈寂寂笑求仙。

宋·趙夔《桂山諸巖歌》 秦皇開郡爲桂林，古號名邦五嶺陰。山琢玉簪攢萬疊，江分羅帶繞千尋。

宋·莫濟《次韻梁尉秦碑》 六王失國四海歸，秦皇東刻南巡碑。法因史籀有增減，名與蒼頡爭飛馳。自言功德可歌頌，黔首個個愚無知。海神何故獨拒命，風濤塞路蟠蛟螭。羣臣諂佞仙藥遠，死生治亂分兩岐。山靈不可守碑記，片段應作龜趺支。陵谷雖存世代異，耳目雙被誕者欺。只餘紙本落人世，千古遺臭東南崖。我聞秦望最高峻，城域所見非昔時。何山距縣四十里，符合傳記壯且奇。衆峯乃是子孫行，古木幾換蛟龍枝。指東作西未足怪，父老流傳從小兒。政如塗山玉帛會，漫不可考歲久之。梁君吏隱年甚少，鬱鬱寸角初解麋。裹糧挈榼訪古迹，氣味蕭散如分司。忽聞片石在絕頂，小篆無乃斯翁爲。手披荆棘訶虎兕，拄杖直叩山頭皮。模糊豈復有字畫，此物及見秦亂離。當時威勢振天下，不言慘毒民嗟咨。乘輿所至爲刀鋸，方嶽何暇安禮儀。關中屢棄百二險，歷數浪指億萬期。君臣乃爾自賢聖，鯁論不復相瑕疵。陳迹安知百世後，樵夫牧子笑脫頤。興亡俄頃三歎息，撫掌重閱太史辭。假使玉箸餘筆畫，文過其實世所嗤。早知金石不可恃，相君應悔燔書詩。

宋·錢聞詩《大夫松》 秦皇昔上上霄峯，正恐行行憩此松。莫道大夫惟爵五，誤恩疑更有加封。

宋·蔣山卿《過象州》 秦皇開象郡，茲事已千年。臺古埋秋草，城荒起暮煙。江天雲漠漠，石嶺月娟娟。萬里慚漂泊，因風懷昔賢。

宋·釋智圓《讀秦始本紀》 縱欲勞民殊未已，阿房望夷相次起。後來風俗昧其由，妄説秦皇能役鬼。

宋·陳普《石堂先生遺集》卷二〇《詠史上·秦皇》 江神返璧事何新，海若湘君亦伐秦。一炬東來燒不了，更勞墓上牧羊人。【略】

閔道飛翚拂若枝，東門看日浴咸池。生前有力移天地，死後無人予席帷。

又《李斯》 李斯何敢妄坑儒，但作逢君固位圖。造物欲爲儒報德，故教草草殺扶蘇。

宋·陳普《歷代傳授歌》 宋襄秦穆及楚莊，名曰尊王假仁義。戰國七雄莫如秦，韓趙魏燕齊楚起。秦滅六國吞二周，周祚至於赧王止。天王三十有七傳，八百餘年屬周紀。秦帝始皇太暴虐，位傳二世而已矣。漢室龍興滅秦項，高祖劉邦赤帝子。

宋·金朋説《漢黨錮》 坑土焚書已促秦，前途覆轍又因循。范滂一命何須惜，可歎顛危漢室傾。

宋·趙希逢《和巧松》 秦人無故起阿房，赤立千林赭衆岡。更覓長生遊海上，不斜松實作津梁。

宋·陸遊《寓懷四首》 鮑魚載沙丘，鹿馬獻阿房。泗上老亭長，仿佯起東方。

又《湖塘晚眺》 綠樹暗村墟，青山繞草廬。奉祠神禹舊，馳道暴秦餘。浦色沈煙綱，畦聲入雨鋤。清秋又如許，幽憤若爲攄。

又《短歌行》 冠一免，不可以復冠，門一杜，不可以復開。山林兀兀但俟死，臺省衮衮吁可哀。巨材倒壑亦已矣，萬牛欲挽眞難哉。阿房銅人其重各千石，回首變化爲風埃。吾曹浮脆不自悟，乃欲冠劍常崔嵬。勸君飲勿用杯酌，但當手提北斗魁。挹乾東海見蓬萊，安用俛首爲低摧。

宋·于石《紫巖詩選》卷二《始皇》 萬世綱常具六經，天應未遽喪斯文。焚書欲滅先王道，道在人心不可焚。

宋·徐鈞《史詠詩集》卷上《始皇》 三山有藥身旋死，萬世無期

祚竟亡。速死趨亡皆自取，鮑魚纔歇火咸陽。

又《坑儒四百六十餘人》　焚坑相距一年間，何事遲遲未出關。萬里冥鴻羅網外，料應禍不到商山。

又《李斯》　燃除六籍忍坑儒，本欲愚人卒自愚。若使當時甘被逐，東門牽犬嘆應無。

宋·釋善珍《又題》　李耳西遊丘泣麟，戰國十二終一秦。祖龍坑儒儒不死，溺冠復生赤龍子。有孫作帝癡求仙，茂陵松柏荒蒼煙。瞿曇説法切利天，下視塵世磨蟻旋。丈六身坐黄金蓮。孔老仰望不及肩。魏晉隋唐如過鳥，雲外高人眠未曉。坡乘剛風爲奎星，白舒逸氣追長鯨，淵明醉鼾猶雷聲。

宋·顔太初《東州逸黨》　東州有逸黨，尊大自相推。號曰方外交，蕩然絶四維。六籍被詆訶，三皇遭毀訾。坑儒愚黔首，快哉秦李斯。

宋·陶弼《句》　青山通象郡，白浪下靈渠。

宋·曾極《金陵百詠·秦淮》　鑿斷山根役萬人，祖龍癡絶更東巡。石城幾度更新主，贏得淮流尚繫秦。

宋·楊萬里《誠齋集》卷三二《烏賊魚》　秦帝東巡渡浙江，中流風緊墜書囊。至今收得磨殘墨，猶帶宮車載鮑香。

金·王寂《拙軒集》卷三《沙丘》　白璧沈江夜鬼呼，明年當是祖龍殂。海中童子無消息，坐待長生豈不迂。

元·葉顒《樵雲獨唱》卷四《讀秦始皇紀》　衡石稽程了萬幾，日斜猶未下丹墀。巡南築北關防盡，禍起蕭牆卻不知。

元·周權《此山詩集》卷五《長城》　長城峨峨起洮水，盤踞蜿蜒九千里。朔雲浩浩天茫茫，悲笳落日腥風起。猶傳鬼神風雨夕，知是當時苦苛役。征人白骨掩寒沙，化作年年春草碧。祖龍爲謀眞過計，自成限域非天意。力窮城杵怨聲沈，禍起蕭牆險難恃。豈知一朝貔虎來關東，咸陽宮殿三月紅。

元·柯九思《丹邱生集》卷四《秦長城》　驅車出長城，飲馬長城窟。朔雲黄浩浩，萬里見秋鶻。白骨渺何處？腥風卷寒沙。蒙恬劍下血，化作川上花。祖龍一何愚，社稷付征杵。長城土未乾，秦宮已焦土。千載不可問，似聞鬼夜哭。矯首武陵原，紅霞滿川谷。

元·李庭《寓庵集》卷一《阿房宮》　六國平來志益驕，擬將宮闕壓前朝。力營肯恤秦民苦，勢益還遭楚火燒。日照荒城秋悄悄，風摧落木曉蕭蕭。士階三尺平生了，長使人心憶帝堯。

元·岑安卿《栲栳山人詩集》卷中《和王子英醉後歌》　君不見秦皇入海求方瞳，包括區宇摧羣雄。沙邱轀輬鮑魚臭，一世萬世今何功。

元·王艮《重刻心齋王先生語録》卷下《追和唐詢華亭十詠·秦皇馳道》　秦皇混六合，荒誕殄厥修。求仙望蓬萊，驅車乃東遊。道斃雜鮑魚，腥風夕彌留。徐福竟不還，何處營丹丘。

元·吾丘衍《竹素山房詩集》卷二《題闕》　徐市樓船入紫煙，咸陽宮殿夢三泉。華山雲白青松老，卻笑秦皇不得仙。

元·張昱《可閑老人集》卷一《讀秦記》　登高望遠海，中有三神山。秦皇惑方士，采藥駐容顔。如求不死藥，何必波濤間！玄牝氣孔神，日夜相循環。若人善保之，入聖而超凡。所以廣成子，度世安泥丸。

元·譚處端《水雲集》卷中《水龍吟》　世傳海有三山，内藏羽化仙芝草。秦皇信此，使令徐福，東遊蓬島。雲水風濤浩浩，男女舟中成老。望仙源縹緲，煙波杳杳。肝腸斷，何時到，堪嗟人迷顛倒。謾區區、空生煩惱。不知自起，妄塵遮礙，先天眞寶。頓悟家緣，掉守清淨，無爲功了。得心清意靜，性圓丹結，餌仙芝草。

元·趙道一《歷世眞仙體道通鑑》卷四五《［唐］徐釣者〈自吟〉》　曾見秦皇架石橋，海神忙迫漲驚潮。蓬萊隔海雖難到，直上三清卻不遥。

元·郝經《陵川集》卷一〇《化城行》　東郊野馬如馬驚，依稀隱約還成城。參差雉堞雲間横，鼇頭岌嶪擎長鯨。壯哉三都與兩京，殿閣樓觀頑空明。丹艧峭麗欹且傾，煙氣荏苒搖旆旌。其中似有百萬兵，是邪非邪寂無聲。秦邪漢邪杳難名，長風忽來一掃清。赤日如血高天青，霜淨沙乾雁鶩鳴。路傍但見棘與荆，秪有慘澹萬古情。人間城郭幾廢興，一抔聚散皆化城。君不見始皇萬里防胡城，人土並築頑如冰。屈丐按劍將士蒸，堅能礪刀草不生。神愁鬼哭枯血腥，殺人盈城著死爭。只今安在與地平，平地深谷爲丘陵。江南善守鐵甕城，城外有田不敢耕。西北廣莫無一城，控弦百萬長横行。身爲心城屋身城，一朝破壞俱化升。佇立感化參玄冥，

乾坤翻覆一化城。

又 卷一二《太平頂讀秦碑》 岱宗太平頂，磨崖與天齊。左列則天頌，右刻張説辭。文采與書法，不離近代規。漢封宛在周觀東，秦壇夐出絶頂西。壇前圓平值中峯，突兀上有始皇碑。年深雨漬百裂餘，析作兩峯蹲半規。面陽數字仍可辨，隙縫重銜苔蘚皮。中間隱約見制可，完好可辨惟臣斯。拳如釵股直如筋，屈鐵碾玉秀且奇。千年瘦勁益飛動，回視諸家肥更癡。當時風雨有餘怒，豈容夸石獨在兹。秖應神明愛九物，不肯轟擊常護持。昔年韓文公，曾賦峋嶁詩。字青石赤皆傳聞，漫爲咨嗟涕漣洏。何如親登泰山日觀峯，光怪特見絳氣纏金虹。摩挲細讀秦相碑，天門高詠來清風。乃知山靈不相負，夜宿天邊不忍去，醉倚雲窗重回顧。

元·宋無《翠寒集》卷一《海上自之罘至成山覽秦皇漢武遺迹》 霧氣沈坤極，濤聲撼北溟。雲霞五色水，丹碧萬重屏。脉絡華夷秀，併吞宇宙青。石梁橫地户，洞構壓風霆。砰磕紛鳴鼓，㴔溶疾建瓴。提封思霸主，巡狩陟遐坰。黔首何多難？皇居不少寧。山驅麟避藪，海塞蜃遷庭。鹵簿周荒服，鱗蟲畏典刑。天吳驚象駕，精衛泣鑾鈴。浪激秦嬴怒，崖崩漢武靈。空悲祖龍死，但覺鮑魚腥。采藥終驕妄，求仙竟杳冥。惟聞傳二世，無復享千齡。古昔飛騰客，能存變化形。解交烏免髓，定翳鳳凰翎。玉檢微藏旨，金丹別有經。東華司筦曆，南嶽考功銘。億劫開玄閟，三宮護紫扃。睿仁斯可冀，淫暴詎堪聽。謾致安期舄，虚邀阿母軿。昆池波鼎沸，阿閣土花零。夜雨蛇升樹，春潮蛤上汀。茂陵迷亂草，禁苑暗流螢。奢侈如飄雹，危亡若炳星。明君當至治，方士或來停。火宅休生棘，情河易轉萍。願逢清靜化，昌運幾時丁。

又 《鯨背吟二十二首並序·東洋》 東溟雲氣接蓬萊，徐福樓船此際開。應是秦皇望消息，采芝何處未歸來？

元·宋無《阿房宫圖》 千門萬户矗青冥，六國脂膏四海兵。豈但此中非帝業，當時獨更有儒坑。

元·耶律楚材《懷古一百韻寄張敏之》 興亡千古事，勝負一枰棋。感恨空興歎，悲吟乃賦詩。三皇崇道德，五帝重仁慈。禮廢三王謝，權興五伯漓。焚書嫌孔孟，峻法用高斯。政出人思亂，身亡國亦隨。阿房修象魏，徐福覓靈芝。偶語眞虚禁，長城信謾爲。只知秦失鹿，不覺楚亡騅。約法三章日，恩垂四百基。漢興學校啓，文作典章施。黷武疲中夏，窮兵擾四夷。嗣君恩稍失，劉氏德難衰。新室雖興難，眞人已御期。魏吳將奮起，靈獻自荒嬉。賊子權移漢，奸臣塢築郿。三朝如峙鼎，四海若棼絲。纔奉山陽主，已生司馬師。仲謀服孟德，葛亮倍曹丕。惟晉成獨統，平吳混八維。

元·楊維楨《鐵崖古樂府集》卷五《秦刑篇》 秦刑悖聖教，其律毒如兵。大漢解倒懸，文網舒急繩。朝儀取雜用，千載罵鄙生。燕石覓玉質，鄭調求韶聲。如何良有司，尚欲復秦刑。

元·陳高《感興七首》 唐虞邈以遠，禹湯亦悠悠。周轍一東狩，王綱遂漂流。春秋更五霸，日日尋戈矛。陵夷逮七國，斯民益無聊。戰血滿溝塹，殺星入雲霄。商君佐嬴秦，變法開田疇。積强至六世，虎視吞諸侯。宰割天下地，郡縣羅九州。焚香任法律，儒士咸虔劉。漢皇起豐沛，三尺誅民讎。開基四百年，烈烈壯鴻猷。惜哉英明主，不學遺遠謀。一時儈狗徒，贊業非伊周。遂使皇王政，廢墮不復修。此機一以失，餘恨空千秋。

元·張養浩《歸田類稿》卷一七《石鼓詩》 粤自鴻蒙割玄秘，天祚有熊炎帝繼。侯剛覃思神與凝，摹寫三千入書契。蒼姬一變史籀出，鯨攫鼇咬鳳鸞逸。嬴秦自帝不古師，遂使奸斯愚叔世。

明·趙汸《浮邱祠》 浮邱説詩秦漢間，龐眉鶴髮映朱顔。適逢偶語幾棄市，又見慢儒來溺冠。飄然長往不知處，遺迹宛在軒轅山。年穀常豐物無厲，石泉一盞薦甘寒。

明·倪瓚《清閟閣遺稿》卷二《送高太守之秦郵》 秦漢置牧守，猶古之侯伯。封建而郡縣，仁政固不易。漢宣知所本，留意二千石。慎哉高侯車，願循古轍迹。

明·周是修《芻蕘集》卷一《述懷五十三首》 黄河發西昊，下決昆崙峯。奔流幾萬里，上與滄溟通。混混越千載，載清明聖逢。念哉昔多士，禍已投其中。精魂竟何訴，事業一朝空。君子貴知命，胡爲罹此凶。坑儒剪嬴裔，用傑興炎宗。所以血未化，唐祚亦隨終。

明·尹臺《洞麓堂集》卷八《送蒼梧令》 五嶺風煙接九疑，蒼梧形勢控南陲。一尊此送弦歌宰，萬里誰馴鸞鵠姿。象郡久艱秦筐貢，交州

猶動漢旌旗。丈夫才力須兼濟，作吏尋常詎汝期。

明・王澤《題十八學士圖》 晉陽天人赤龍子，按劍叱吒風雲起。下嫌九土足腥穢，欲將乾坤翻海洗。妖蟆射殺落九重，日月再啓光曈曈。十八文星爛奎璧，玉堂高開連紫宫。天生奇才眞羽翼，南金大珠何足惜。鳳凰笙管宴彤庭，日聽四海歌太平。圖形更詔丹青手，不獨雲臺畫將星。君不見嬴家祖龍坑學士，山下看瓜同日死。阿房壁土未曾乾，草綠宫垣哭秋鬼。

明・劉炳《劉彦昺集》卷六《咸陽懷古》 勢踞崤函百二雄，阿房樓閣鎮當中。坑儒硎穀灰飈黑，繫頸咸陽火已紅。蛇斷血腥空大澤，龍成寶氣紀新豐。秦功漢業今何處，落日沈西渭水東。

明・李昱《草閣詩集》卷五《詠史十二首・始皇》 六國雄吞似建瓴，皀斿從此任嚴刑。南巡禹穴功雖刻，東度蓬萊術不靈。持璧先知祖龍死，載車難掩鮑魚腥。驪山草木同衰朽，萬古依然自六經。

明・祝允明《懷星堂集》卷八《辛夷花》 春叢紺碧雜殷紅，不受中書舊日封。嬴政少恩君倖免，年年何事只書空。

明・蔣一葵《堯山堂外紀》卷六九《[元] 陳剛中〈博浪沙〉》 一擊車中膽氣高，祖龍社稷已驚摇。如何十二金人外，猶有民間鐵未銷。

明・徐禎卿《迪功集》卷一《將進酒》 將進酒，乘大白。硨磲爲罌錦作冪，燕京杜康字琥珀。朱罌三千酒一石，君呼六博我當擲。盤中好采顔如花，鴛鴦分翅眞可誇。壺邊小姬拔漢幟，壯士失色從喧嘩。拉君髯，勸君酒，人間得失那復有。男兒運命未亨嘉，張良空槌博浪沙。秦皇按劍搜草澤，豎子來爲下邳客。一朝崛起佐沛公，身騎蒼龍被赤舄。滅秦蹙項在掌間，始知橋邊老人是黄石。

明・劉基《誠意伯劉文成公集》卷三《感時述事十首》 秦皇縣九宇，三代法乃變。漢祖都咸陽，一統制荒甸。豪雄既鏟削，瘡痍獲休宴。文皇繼鴻業，垂拱未央殿。

又 卷一二《遊仙九首》 秦皇扇虐燄，烈烈燔九州。平原曠如赭，鴻鵠安所投。所以避世士，慨想乘桴浮。樓船載侲子，去作汗漫遊。何必蓬萊山，遠人卽瀛洲。虎視徒逐逐，竟死於沙丘。

又 卷一二《雜詩四十首》 英英木槿花，振振蜉蝣羽。乘彼三秋露，及此六月雨。容好能幾時，生成亦良苦。十年構阿房，一日化爲土。染鬚作童顔，於身竟何補。不如順天命，保己良多祜。

又 卷一七《有感》 焚書千古訝嬴秦，逃難茫茫走搢紳。尚憶商山近京洛，白頭容得采芝人。

又 卷一七《詠史》 六雄糜沸擾天綱，天下嗷嗷望禹湯。多事秦皇能一統，卻教人憶楚懷王。

明・張羽《靜居集》卷四《咸陽宫行》 百二山河象祖力，六雄仰關不敢敵。金人十二高崢嶸，天下甲兵從此息。天子曉御咸陽宫，樓閣高低複道通。十石之鍾萬石虡，遥聞天樂在虚空。宫車隱隱春雷起，渭川曉漲胭脂水。六宫粉黛謾如雲，不救明年祖龍死。榮華奄忽何可論，千門萬户無復存。遺墟久被民家占，四望空餘瓜蔓根。行人爲問瓜田老，地上揮鋤休草草。荆軻昔日猛如狼，曾來此地見秦王。百夫之勇猶披靡，汝今搪突何敢爾。

明・林弼《林登州集》卷五《秦皇廟》 往事悠悠逐海波，荒祠寂寂寄巖阿。三神山下仙舟遠，萬里城邊戰骨多。東魯尚存周禮樂，西秦空壯漢山河。早知二世能移祚，崖石書功不用磨。

明・何景明《大復集》卷一四《遊獵篇》 周王八駿行萬里，朝遊昆崙暮滄海。驅霆策電遍天地，虎驟龍馳倏煙靄。奔戎造父兩爲佐，大人王母遥相待。千金白狐來四荒，螻蟻下國輕天王。君不見秦皇叱吒役九有，海東驅石石爲走。橋邊孺子如婦人，博浪沙中鐵椎吼。

清・錢謙益《列朝詩集》甲集前編第一〇《[明] 方行〈登秦駐山〉》 此地曾經駐蹕來，秦皇遺迹尚崔嵬。采窮滄海無靈藥，歸到驪山有劫灰。萬里黑風迷鬼國，一杯弱水秦皇遺迹尚崔嵬隔蓬萊。詩人弔古應多思，落日高丘首重回。

又 乙集第一《[明] 謝貞〈咸陽古堞〉》 咸陽古帝宅，雉堞何崔嵬。積石隱雪色，金銀雲中開。咸陽昔日稱百二，函谷雞鳴客如霧。秦王按劍叱風雷，天下諸侯盡西顧。三户蕭條易水空，齊歌趙舞入秦宫。龍旂五丈金樓下，鳳吹千門馳道中。瓊霄閣道通天極，仙掌芙蓉正相直。月過文窗寶扇移，星臨繡户妝奩密。繡户文窗拂采霞，黄山翠繞繞宫斜。王孫挾彈影臺樹，遊女回舟綠岸花。岸花蹙繡連阡陌，十萬朱門色相射。玉檢

登封既嶽靈，金壚鑄冶銷鋒鏑。風馳萬國秦威聲，四夷愓息敢横行。金湯千里扶王業，猶遣將軍北築城。可惜繁華不知極，三十六年如一日。樓船童女望蓬萊，玉琢軒窗五雲色。童女成仙去不歸，咸陽古堞空崔嵬。黄雲卷雪城頭路，城下行人歎落暉。

又 乾集之下《［明］高煦〈擬古詩〉》 三五肇人極，聖道何巍巍。夏殷逮成周，文風漸弘開。吕政絶天紀，殘苛恣雄猜。萬姓坐塗炭，六籍成寒灰。自謂世無敵，沙丘忽崩摧。阿房樂未央，長城空怨堆。人文至今存，狂秦安在哉？千古驪山下，穢德銜餘哀。

又 丁集第一《［明］陳束〈泗鼎行贈戴水部〉》 君不見周德中衰天命變，彝器飄零散區縣。郲瀼之鼎淮泗流，一没千祀無人收。秦皇得國心泰侈，虎視雄圖志未已。已訪仙源並海沂，還望瑤光浮泗水。畚鍤喧傳從百官，羽騎連延照千里。五夜齋供親祭祠，萬力咆勃鼎不起。始知鑄作通神明，入川尚自辟妖精。彼昏勞勞安可得，精靈變化固難測。没處空餘碧水流，蒸時無復黄雲色。古來神物俟明君，今上迎祥日佇聞。京洛芝莖日爛熳，彭城鼎氣想氛氳。法駕新傳下淮右，待幸山川望來久。才官獻瑞何代無，水伯呈祥理應有。治河使者試上書，爲言伏鼎今何如。

明·朱誠泳《小鳴稿》卷一〇《予既祀華山，將之藍田之温泉，復取道驪山，從者告予曰：此焚書坑也。予歎虐政之狂，奸斯之惡，爲之彈指者久之。於乎！始皇其坑儒耶，儒其坑始皇耶，後人必有能辯之者。雖然，六經之道，炳如日星，而阿房之宫、驪山之墓，蓋已付楚人之一炬，牧竪之遺燼矣。太息之不足，因作長歌以哀之》 我來刮目驪山下，爲愛驪山一駐馬。從臣指我焚書坑，不覺風前清淚灑。卻憶當年秦始皇，魚肉六國眞豺狼。奸斯阿附助凶燄，困敝黔首如牛羊。虐政翻嫌人腹議，偶語詩書者棄市。秦人乃以死爲安，爭敢編青作私史。六經諸子盡輸官，章縫無復儒衣冠。萬卷千編歸一炬，守尉誰敢留餘殘。詎識詩書如日月，日月遭秦眞暫蝕。孔壁還藏科斗文，至今日月同無息。祖龍死去楚人來，秦宫三月飛煙埃。空有驪山山下墓，珠襦玉匣俱成灰。遠恨狂秦還一笑，驅車又上藍田道。斜陽荆棘滿荒陵，行人惟弔旌儒廟。

明·范景文《文忠集》卷九《獨立大夫松》 秦皇如有靈，應對孤松泣。當日大夫多，惟君稱獨立。

明·胡居仁《胡文敬集》卷三《松》 一夜風霜萬木枯，歲寒惟見老松孤。秦皇不識清高操，强欲煩君作大夫。

明·佘翔《薜荔園詩集》卷四《雨中偕友人自蓬萊驛乘舟謁禹陵二首》 駐馬山門望翠屏，禹陵風雨晝冥冥。峯巒迴合朝羣后，松檜參差護百靈。

輦道草荒嚴伏臘，衮衣廟古肅丹青。祖龍亦是東巡者，秦望寥寥片石銘。

又《九鯉湖歌招道士》 君不見秦皇遣士訪蓬萊，徐市樓船去不回。驪山刑徒七十萬，空餘金椰葬寒灰。

明·史謹《獨醉亭集》卷下《黄陵廟阻風》 黄沙捲霧暗前灘，風吼雷聲控百蠻。此處波濤原自異，祖龍何必赭其山。

明·劉崧《登成山》 登成山，望出日，不知其下海水深幾尺。夜半雞聲喔喔鳴，但見五色金蓮花，滉漾捧之向空出。當年祖龍望拜時，上山特立日主祠。六神升天駕奕奕，餘輝卻射山頭石。神人鞭石功不成，至今海水流血腥。豈知陽精著懸象，乃欲度海觀其形。昔時日主祠，今日祖龍廟。祖龍親構鮀魚知，海若望之向西笑。頌碣摧落蔓草中，李斯何述秦何功。一時霾霧妖怪合，千載堯日方曈曈。

明·倪謙《倪文僖集》卷五《爲易太守題日本僧所作田盧圖》 在昔尋仙聞祖龍，欲度弱水求瀛蓬。徐生樓船載男女，滄溟遠汎將焉窮。海洲駐節不復返，至今有國扶桑東。

明·岳正《類博稿》卷二《四皓圖》 祖龍長策不知圖，空築長城遠備胡。四老朝廷安一老，當時誰得殺扶蘇。

明·王世貞《弇州四部稿》卷六《登高丘而望遠海行》 登高丘而望遠海，秦王者何二千載。阿闕王基竟已灰，瀛洲仙藥空誰采。初從梁甫匱金書，七十二君俱不如。已借神鞭驅怒石，復張連弩射遊魚。歸來盡滅儒生口，徐市茫茫竟何有。祖龍未朽驪山身，亡鹿先歸赤帝手。赤帝諸孫猶不聞，文成五利日紛紛。請君試上長安問，唯有甘泉一片雲。

又《秦女卷衣曲》 萯陽宫中漏未央，熒熒初月麗初妝。此時秦女喚梳沐，此際淚濕羅衣裳。邯鄲倡姬秦國母，秦王相國邯鄲賈。邯鄲大賈秦仲父，仲父舍人秦假父。可憐君王纔十五。秦女賤，趙女驕，寄生蔦蘿出松標。耐向民間擊土缶，難同貴邸伴吹簫。

又 卷八《雜詩九首》 如姬奉王寢，公子得兵符。君恩豈不深，各報徇所圖。秦王幸趙倡，子政乃託軀。謂爲嬴秦祀，千載永歡娛。子政自有父，趙倡自有夫。將心向他人，垂死心未孤。冥冥移社稷，讎敵安得如。微衷亮何叩，惻愴以長吁。

清・劉聲木《萇楚齋續筆》卷一〇《［明］林亨大〈訓子〉》 何事紛爭一角牆，讓他幾尺又何妨。長城萬里今猶在，不見當年秦始皇！

清・徐世昌《晚晴簃詩匯》卷一八五《李含章〈秦始皇〉》 金虎宮鄰事可憐，漫疑鶉首賜鈞天。終令六國還三户，空使諸生笑九泉。車載轀輬山有鬼，舟行縹緲海無仙。傷心萬里長城在，依舊扶蘇伏劍年。

清・沈德潛《清詩別裁集》卷一八《汪繹〈秦始皇〉》 方丈瀛洲杳莫攀，金銀宮闕湧煙鬟。桃源自是人間世，卻遣童男問海山。

又《秦始皇一》 美人鐘鼓萃咸京，騎虎翻思八極行。宮裏但聞金鏡失，海邊誰見石橋成。受封松柏千尋辱，避水桃源一水清。燕市酒酣攜劍去，買絲吾欲繡荆卿。

清・林朝崧《秦始皇》 一死沙丘地遂分，鮑魚遺臭不堪聞。江南王氣金難厭，圯上兵書火未焚。荒誕海船徐市藥，缺訛山石李斯文。只今惟有長城在，閲盡神州幾姓君？

清・徐世昌《晚晴簃詩匯》卷一一〇《管世銘〈秦始皇冢〉》 平生每讀秦本紀，頗怪始皇脱三死。一不死荆卿匕，把袖袖絶王得起。再不死漸離筑，實筑以鉛仇不復。最後險絶博浪椎，副車一擊聲如雷。祖龍豈亦有天幸，三十六年獲終令。奈何甫葬驪山隈，戍卒夜叫函關開。詩書餘燼未銷歇，反風遂使阿房灰。乃知扶蘇未北轀輬返，嬴祚不應若是短。嗣王足蓋前人愆，雖百趙高几上臠。殺秦一君乃有君，子房幾作秦功臣。豈如假手少子亥，毋俾育種屠豲殰。亡秦者胡又必楚，始皇身存籍如許。蒼璧直獻鎬池君，誹謗之刑空偶語。水銀江海黄金鳧，朽骨安知殉鮑魚。西來重瞳怒一掘，遂令萬代陵寢生艱虞。歌莫哀，君勿恐，功德在人終不動。樵采毋侵柳下壟，陳涉何人但夥頤，異代猶爲置守塚。

清・王士禛《漁洋山人精華録》卷四《送邵子湘之登州》 我聞大九州，香海環其外。裨海内絡之，萬川勢交匯。《禹貢》周職方，中央浮芥蒂。鄒衍不可作，疇與辨茫昧。昔者始皇帝，東巡極海岱。海神駕橋梁，大魚射澎湃。號爲秦東門，刻石表朐界。三山在水下，其事頗奇怪。邵生列仙儒，遠遊信所屆。遙飛阜鄉舄，往撫天吴背。龍蹻淩丹崖，九點煙凝黛。嶄絶日主祠，敻與之罘對。日月影動摇，島嶼光破碎。朝潮激天輪，夕汐裂地肺。巨鯨若連山，奮鬣雲晝晦。時見新羅船，墨點空青内。廣乘渺何所？歸墟誰負戴？木張悉文雄，髯才更十倍。歸來述滄溟，始信九州大。

清・徐世昌《晚晴簃詩匯》卷一一六《祁嶲藻〈灰堆相傳始皇焚書處〉》 周道昔云墜，羣言多異同。不經秦火劫，誰識漢儒功。口授篇章外，心傳訓詁中。嶧碑焚已久，刻畫信徒工。【略】

硎穀知何處，灰堆尚有灰。六經終不滅，一炬竟先灾。慘澹陰符出，蒼茫赤帝來。至今原上草，秋燒滿荒臺。

又 卷七五《楊鸞〈長城〉》 秦皇築長城，乃爲萬世利。連山絶穀勢蜿蜒，雄圖自足制中外。當時重設險，已有趙與魏。何以後世人，獨罪始皇帝。虐用其民，虜使其吏。仁義不施，方欲帝萬世。豈知李斯能亡秦，璽書一發長城隤。吁嗟秦皇乃爲萬世戒。

又 卷一八五《錢孟鈿〈始皇冢〉》 驪山高復高，落日霾荒臺。西風吹白道，下見幽宮開。秦政昔亂紀，刑殺如霆雷。鯨吞六國盡，聲色非仙才。童女不復還，龍戰飆輪摧。寄言鎬池君，英武安在哉？千人競謳唱，運石清渭隈。築之崇三墳，下錮泉水來。黄金作天地，日月爲樽罍。銀海停不流，人膏爍無灰。飛蠶三十箔，一一紅玫瑰。知埋幾皓齒，何論萬匠哀。可憐閉衰草，虎視斂寸壞。雖令地成市，難買青陽回。足使天下傾，何待長城摧。楚炬與牧火，雨赭無遺煨。寶玉不在土，死增骸骨灾。徒聞古丈夫，霞舉登蓬萊。

清・陳維崧《迦陵詞全集》卷一二《博浪城》 鉛筑無成，不信道英雄竟死。猶有客棄家破産，東求力士。太息已看秦帝矣，悲歌只念韓亡耳。道旁觀，誰道祖龍耶？妄男子。狙擊處，悲風起。大索罷，浮雲逝。歎事雖不就，波騰海沸。嬴政關河空宿草，劉郎宮寢成荒壘。只千年，還響子房椎，奸雄悸。

清・賈鳧西《木皮散人鼓詞》 陝西的秦家得了風水，他那蠶食方法起的心高。那知道畀人返國著了道，又被個姓呂的光棍頂了包。他只説

化家爲國王作了帝，而其實是以呂易嬴李代了桃。原來這雜種羔子没有長進，小胡亥忤逆賊達又是禍苗。老始皇欹在靈牀没眼淚，假遺詔逼殺他親哥犯了天條。望夷宫雖然没曾得好死，論還賬還不夠個利錢梢！到後來楚漢爭鋒換了世界，那劉邦是一個龍胎自然不糙。

清·唐仲冕《陶山詩録》卷四《阿房故址》 秦人土木楚人火，化作飛塵向空墮。漢武不惜柏梁灾，更起建章連馺娑。熨斗潛移廢赤符，漸臺一炬無青瑣。長樂牛飲面首開，華清象舞腰支弹。從來奢麗極荒淫，必以兵戈蕩堆垛。秦王倒海鞭山才，一宫未成三户夥。金銀珠玉錮驪山，焚林又被牧童禍。生不得居瓆宫，死不得葬蓬顆。昔時可建百丈旗，今日惟見酒幟飄颻柳陰坐。昔時可宴千人帳，今日惟見繡壤平鋪麥浪妥。頗訝夷陵報劫灰，但餘德水流滄沱。行人休抱牧之哀，大風乍起揚堀堁。

清·徐世昌《晚晴簃詩匯》卷一八六《文静玉〈秦溝粉黛磚硯詩〉》 郯嶧野火焚，會稽殘字假。不見秦代碑，猶見秦宫瓦。萯陽雲樹暗，蘭池煙草萋。不見秦宫瓦，乃見秦溝泥。溝泥亦非泥，洗妝漬粉澤。脂紅與黛翠，殘香斂魂魄。祖龍平六國，後宫羅嬋娟。永巷等陰隧，不見卅六年。清渭漲膩流，遠繞驪山路。此磚何自得，應近驪山樹。建業印模糊，鐵匡書嫵媚。何如青陵臺，駁落苔花翠。秦雲不可見，秦月猶在空。寂寂澄心堂，鬱鬱阿房宫。

又 卷一〇〇《吴栻〈感陽懷古〉》 祖龍遺事久荒唐，今日青門草又芳。渭水東流通砥柱，驪山西折走咸陽。龍爭久識由三户，蠶食空教畢六王。一慟沙邱成往事，後人猶自賦阿房。

又 卷一八九《李長霞〈旅行雜詩〉》 昨發於陵城，今過伏生里。荒隴春不耕，殘碑斷猶峙。飢兔走陂陀，驚鼠緣松杞。緬懷祖龍時，生也爲博士。焚書識先機，遁迹歸桑梓。卻徵甘草萊，傳經賴女子。衰賤固云然，渝節亦所恥。鄙哉叔孫生，朝儀媚君旨。

又 卷九五《陳石麟〈秦望山〉》 遂破由拳地脉摧，脉，東南厭勝祖龍來。試看芒碭生雲氣，回望咸陽付劫灰。山鬼有靈知歲事，神仙無藥濟人灾。三千海外童男女，想見桃花別島栽。

又 卷一一六《周爾墉〈秦鏡歌〉》 金人十二銷戈戟，合歡鑄出團欒璧。團欒如月色如霜，阿房曾照銀河夕。銀河不夜羣内宴，蓬萊咫尺通明殿。秦山勒石雖萬世，鎬池別有神仙眷。可憐徐市樓船去不還，不如鏡背雙飛燕。飛燕年年海上來，神仙海上應相見。驪山山下錮三泉，虎視六合人長眠。雖攜百鍊照膽去，難從身後照生前。銀蠶金雀皆幽穴，含光同作河梁別。土花碧點鸚鵡斑，鏽暈紅生杜鵑血。何時地市到人間，牧兒一炬功何烈。滴水蟾蜍碧唾壺，茂陵甲帳乃同轍。秦地山河已劫灰，雲煙過眼徒徘徊。黄金鳧雁皆磨泐，一片寒冰凍不開。祖龍不能自鏡鏡萬世，乃令此鏡今日猶塵埃。嗚呼帝王之鏡在三古，碎銅零瓦終灰土。後人得此轉快心，發奮自勝珍璜琥。伴以晉磚甓作研，位置棐几輝窗户。同向蕭齋敘古歡，摩挲氣作長虹吐。

又 卷一五《金俊明〈讀史〉》 丹穴傳訾世莫爭，用財爲衛守能貞。祖龍勢力傾天下，猶築高臺禮婦清。

又 卷九一《祝德麟〈咸陽懷古〉》 金虎宫鄰事已遥，雄圖想像祖龍驕。辟開萬古官家局，夢斷三山海水潮。白璧尚疑天帝醉，黄泉猶認八州招。誰知卽借燒書炬，燒得阿房土盡焦。

又 卷一五二《鍾梁〈秦駐山歌〉》 留侯椎折秦副車，惜哉此行不擊計議疏。博浪車行疾如駛，那比斯山巀嶪巑岏皇駐輿。駐輿意不樂海山仙人排雲落。鞭石驅海戴六鼇，蛟龍潛竄不敢攫。我聞茲遊事在三十有六年，鮑魚遺臭踵不旋。胡爲運終夢戰爭，海神震懾巨魚驚。又聞阿房起宫殿，東南財賦搜括遍。斯山斬伐詎有遺木魅，睒睗喋血疑從輦前濺。嗚呼祖龍計亦拙，咸陽此來成永訣。重瞳之炬大海愁，急湍拍岸聲聲含嗚咽。君不見山之絶頂鷹爲窠，鷹瞵閃爍如催梭。雹光一瞥千里外，雙眸炯炯爲皇東向迥豐沛。

清·愛新覺羅·弘曆《秦淮歌》 祖龍東巡壓王氣，通淮鑿斷方山埭。癡心慮後五百年，詎知亡秦在二世。長源因此名秦淮，縈紆建業達水隈。時塞時疏異沿革，秣陵終免淮爲灾。

清·徐世昌《晚晴簃詩匯》卷八一《黄達〈秦山望海歌〉》 祖龍雄心控八極，車轍欲窮神禹迹。驅山直到海東頭，千載猶傳馳道直。一卷矗立張溪濱，登臨吒叱驚鬼神。阿房已燼陵隧毁，至今山姓猶稱秦。我來正值秋風發，萬里滄波坐超忽。扶桑若木望依稀，鼇擲鯨呿紛出没。古今何事無變遷，幾回海水成桑田。高三過五竟安在，惟有寒潮去復還。

又 卷一三四《王培荀〈驪山歌〉》 驪山火，諸侯不至謂誆我，美人一笑鎬京墮。驪山水，冰肌賜浴温泉裏，美人一笑鼓鼙起。美人美人眞傾城，驪山何幸代受名。君不見，穆王鸞輅登昆侖，西宴王母探河源，八駿未返徐稱尊。又不見，秦皇之罘駐旌旆，志欲求仙觀海外，六龍初駕爲民害。驪山一拳近郊甸，未約仙人開荒宴，鐵騎胡爲來酣戰。噫吁嘻！烽火有如昆山燔，玉石俱焚天地昏。禍水有如海水闊，一滴浸成無底壑。山不在大，欲不在多，請君聽我驪山歌。

又 卷三〇《李念慈〈秦駐山觀海〉》 秦皇幷四海，飛劍騁雄略。窮極世上欲，還希神仙藥。長城既西築，驪山亦東作。鞏圖思萬世，民生咸蕭索。巨橋那可成，臨望心旁礴。輼車載臭腐，馳道空寂寞。徒令鶴上人，大笑入寥廓。

又 卷一三《陳瑚〈破山瓔珞樹歌〉》 樹若有靈聽我前致詞，泰山山頭千尺松，只今已受秦皇封。

清·顧炎武《顧亭林詩集》卷三《勞山歌》 吾聞東嶽泰山爲最大，虞帝柴望秦皇封。其東直走千餘里，山形不絕連虛空。

清·徐世昌《晚晴簃詩匯》卷一九〇《蔣湘培〈詠史〉》 鬱鬱青楓樹，歲久成枯株。鴟鴞巢其顛，失路委泥塗。高明逼衆怒，傾奪在斯須。李斯相秦皇，六國爲丘墟。失意車府令，隕身家亦屠。韓非亦何人，乃如兔投罦。位顯實疾債，名高成禍樞。不見蘭陵令，衰年方著書。

又 卷一二二《謝元淮〈登大伊山望海慨然有作〉》 童男帥女覓蓬壺，卻笑秦皇作計粗。采藥樓船何日返，登山笻屐此時俱。江河入海涵清濁，齊魯連雲望有無。誰信凫夷來地底，一揮長劍掃天吳。

又 卷二一《殷嶽〈讀史〉》 禮者國之維，民者載舟水。暴秦虎狼威，流血被九軌。侈功蓋泰皇，一家天下始。猛氣隕沙丘，難從一夫起。七廟墮飛煙，旦暮殄宗祀。亡秦楚三户，弧矢安足恃。

又 卷二五《顧大申〈登高丘而望遠海〉》 軒皇且戰且學仙，橋山弓劍攀龍髯。吁嗟政徹不及此，扶桑滄海空青天。沙丘之雲茂陵樹，萬弩射魚氣張怒。童男未返青雀遙，銀雁金凫起泉路。瓊田草不死，蓬萊塵不飛。丹丘靈藥如可致，千秋萬歲詎相辭。汾陰宮，琅琊碣，石麟秋草莽蕭蕭，銅仙望斷咸陽闕。不見當時九鼎我，鼎湖雲氣時明滅。

清·丁堯臣《阿房》 百里驪山一炬焦，劫灰何處認前朝。詩書焚後今猶在，到底阿房不耐燒。

清·汪縉《懷古·關中》 四海嗷嗷萬姓荒，只供一炬爇阿房。賈生從此傳三論，秦帝空矜畢六王。西去天連蜀棧迴，東來地接雒川長。但教莽莽看形勝，據此金湯那得亡。

清·孫星衍《李斯泰山石刻題後》 穆書失政和，獵鼓疑宇文。嶧山會稽書，摹勒非其眞。茲碑立榛莽，缺畫鬼所捫。邇來碧霞宮，復遭野火燔。豈其坑儒魂，來報焚書冤。阿房三月灰，餘焰猶復然。我言嬴秦罪，在廢籀古文。改篆而篆亡，毀經而經尊。幾令周孔字，禁抑不得傳。非有叔重功，六義無淵原。堂堂李丞相，獨著《倉頡篇》。奉詔寫石旁，下筆整不偏。斥棄徒隸文，程邈詎敢干。法家尚刻削，此迹何眞淳。試讀《逐客書》，後愚而前賢。觀其遘時屯，變本亦可憐。眇然訪遺本，落落區宇間。愛此匪恤私，持贈友意殷。人身不及紙，完好無百年。楚人得失弓，達者忘其人。題名儻留世，何必歸子孫。

清·查禮《海陽山湘灕水源歌》 我昔讀《水經》，曾究湘灕流。源出始安縣，陽海山之陬。涓涓始一脉，觴泛乃爲舟。盤迂導東北，水分西嶺頭。咫尺同源異千里，北曰湘水南灕水。湘過巴丘入於江，灕至蒼梧注鬱止。灕流水弱湘流强，爲溯狂波築鏵觜。刊鑿靈渠萬世功，誰其作者秦臣史。渠開水似天河傾，因功謀利費經營。續設陡門三十六，堤埒壩蓄如屯兵。往來自此邀其惠，楚粵舟航咸利濟。人工不若天生成，安得移山重疊砌。乾隆甲戌九月秋，上公撫字憂民憂。羽書絡繹檄餘往，相度刻日工須鳩。裹糧策馬走山麓，先事窮源後修築。興安境盡入靈川，攀葛捫蘿歷幽谷。一山突起矗大荒，石骨嶙峋百丈强。四圍無嶂亦無岫，居民指此卽海陽。山腳嵌空掛鍾乳，下有清泉巖口吐。把火直入山腹中，目擊潭光徹水府。神奸物怪不可求，陰森氣逼聲颼颼。然犀我恐幽明別，邃竇豈堪人久留。出巖叢棘鉤衣裂，老樹古藤懸嵽嵲。披尋石壁獲二碑，蘚蝕苔侵色似鐵。摩挲漫讀馬陳文，字迹端遒釵腳分。速呼童子扣墨本，天風颯颯飄秋雲。嗚呼！煙霞我固有深癖，抉秘搜奇無虛夕。湘灕於此結奇緣，作歌記事鐫諸石。

清·吳之振等《宋詩鈔》卷二二《［宋］黄幹〈讒人〉》 監謗兆周

鼈，偶語擠秦亡。古風下刺上，國步安且强。靖康發深痛，熙豐啓餘殃。惜哉天子明，未免讒者傷。讒者變何爲，君子名愈彰。

清·邵延齡《送沈融穀之任來賓》 茶星大雅士，試縣得來賓。來賓劇遠道，象郡開自秦。炎方殊氣候，服食慎風塵。故舊紛相慰，猺獞皆吾民。方今朔南暨，頑梗良以馴。君也勤撫字，禮讓風俗醇。所負平生志，盤根才獨伸。揮手勿復道，登車忘苦辛。

清·徐元文《含經堂集》卷三《函谷秦關》 峻阻函關舊，長墉襟帶移。眞人誰駕犢，使者自乘驪。城柝侵寒靜，河風入晚悲。嬴秦曾此地，屢挫六王師。

清·俞樾《病中囈語九首》 大邦齊晉小邦滕，各自提封各自爭。郡縣窮時封建起，秦皇已廢又重興。

清·唐仲冕《題吳天發神讖碑》 嶧山碑經野火焚，泰山刻石亡斧斤。祖龍文字雖奇古，遺壁空説滈池君。吳皓淫虐浮於政，小國亦侈封巒文。國山未禪巖山刻，上天帝言山出銀。天璽元年漆月朔，費雩行視華覈聞。其年陽羨表石室，明年天紀紀功勳。是時臨平湖開石印發，一千二百八十符瑞何紛紜。五稔青蓋已入洛，三段殘碣徒埋雲。獨有皇休明，小篆妙入神。此碑險勁復沈著，一洗東京軟美氣習追先秦。歷千五百有餘載，自山轉徙親香芸。籌思亭後幾再礪，尊經閣下宜三熏。如何歲在乙丑之皋月，嘻嘻出出起束緼。聖人意蓋誅矯誣，燔之俾與臣斯泯。日餘宰臨津，善卷洞側摩米囤。今得此碑火前拓，猶識竹根釵股春潮紋。惜哉如此筆，胡弗寫皇墳。詩題炯戒忽發慨，若令長在山谷今猶存。

雜録

《史記》卷六《秦始皇本紀》 二世皇帝元年，年二十一。趙高爲郎中令，任用事。二世下詔，增始皇寢廟犧牲及山川百祀之禮。令羣臣議尊始皇廟。羣臣皆頓首言曰：『古者天子七廟，諸侯五，大夫三，雖萬世世不軼毀。今始皇爲極廟，四海之內皆獻貢職，增犧牲，禮咸備，毋以加。先王廟或在西雍，或在咸陽。天子儀當獨奉酌祠始皇廟。自襄公已下軼毀。所置凡七廟。羣臣以禮進祠，以尊始皇廟爲帝者祖廟。皇帝復自稱「朕」』。

二世與趙高謀曰：『朕年少，初卽位，黔首未集附。先帝巡行郡縣，以示强，威服海內。今晏然不巡行，卽見弱，毋以臣畜天下。』春，二世東行郡縣，李斯從。到碣石，並海，南至會稽，而盡刻始皇所立刻石，石旁著大臣從者名，以章先帝成功盛德焉。

皇帝曰：『金石刻盡始皇帝所爲也。今襲號而金石刻辭不稱始皇帝，其於久遠也如後嗣爲之者，不稱成功盛德。』丞相臣斯、臣去疾、御史大夫臣德昧死言：『臣請具刻詔書刻石，因明白矣。臣昧死請。』制曰：『可。』

遂至遼東而還。

於是二世乃遵用趙高，申法令。乃陰與趙高謀曰：『大臣不服，官吏尚强，及諸公子必與我爭，爲之奈何？』高曰：『臣固願言而未敢也。先帝之大臣，皆天下累世名貴人也，積功勞世以相傳久矣。今高素小賤，陛下幸稱舉，令在上位，管中事。大臣鞅鞅，特以貌從臣，其心實不服。今上出，不因此時案郡縣守尉有罪者誅之，上以振威天下，下以除去上生平所不可者。今時不師文而決於武力，願陛下遂從時毋疑，卽羣臣不及謀。明主收舉餘民，賤者貴之，貧者富之，遠者近之，則上下集而國安矣。』二世曰：『善。』乃行誅大臣及諸公子，以罪過連逮少近官三郎，無得立者，而六公子戮死於杜。公子將閭昆弟三人囚於內宮，議其罪獨後。二世使使令將閭曰：『公子不臣，罪當死，吏致法焉。』將閭曰：『闕廷之禮，吾未嘗敢不從賓贊也；廊廟之位，吾未嘗敢失節也；受命應對，吾未嘗敢失辭也。何謂不臣？願聞罪而死。』使者曰：『臣不得與謀，奉書從事。』將閭乃仰天大呼天者三，曰：『天乎！吾無罪！』昆弟三人皆流涕拔劍自殺。宗室振恐。羣臣諫者以爲誹謗，大吏持祿取容，黔首振恐。

四月，二世還至咸陽，曰：『先帝爲咸陽朝廷小，故營阿房宮爲室堂。未就，會上崩，罷其作者，復土酈山。酈山事大畢，今釋阿房宮弗就，則是章先帝舉事過也。』復作阿房宮。外撫四夷，如始皇計。盡徵其材士五萬人爲屯衛咸陽，令教射狗馬禽獸。當食者多，度不足，下調郡縣轉輸菽粟芻槀，皆令自齎糧食，咸陽三百里內不得食其穀。用法益刻深。

七月，戍卒陳勝等反故荆地，爲『張楚』。勝自立爲楚王，居陳，遣諸將徇地。山東郡縣少年苦秦吏，皆殺其守尉令丞反，以應陳涉，相立爲侯王，合從西鄉，名爲伐秦，不可勝數也。謁者使東方來，以反者聞二世。二世怒，下吏。後使者至，上問，對曰：『羣盜，郡守尉方逐捕，今盡得，不足憂。』上悦。武臣自立爲趙王，魏咎爲魏王，田儋爲齊王。沛公起沛。項梁舉兵會稽郡。

二年冬，陳涉所遣周章等將西至戲，兵數十萬。二世大驚，與羣臣謀曰：『奈何？』少府章邯曰：『盜已至，衆强，今發近縣不及矣。酈山徒多，請赦之，授兵以擊之。』二世乃大赦天下，使章邯將，擊破周章軍而走，遂殺章曹陽。二世益遣長史司馬欣、董翳佐章邯擊盜，殺陳勝城父，破項梁定陶，滅魏咎臨濟。楚地盜名將已死，章邯乃北渡河，擊趙王歇等於鉅鹿。

趙高説二世曰：『先帝臨制天下久，故羣臣不敢爲非，進邪説。今陛下富於春秋，初卽位，奈何與公卿廷決事？事卽有誤，示羣臣短也。天子稱朕，固不聞聲。』於是二世常居禁中，與高決諸事。其後公卿希得朝見，盜賊益多，而關中卒發東擊盜者毋已。右丞相去疾、左丞相斯、將軍馮劫進諫曰：『關東羣盜並起，秦發兵誅擊，所殺亡甚衆，然猶不止。盜多，皆以戍漕轉作事苦，賦稅大也。請且止阿房宮作者，減省四邊戍轉。』二世曰：『吾聞之韓子曰：「堯舜采椽不刮，茅茨不翦，飯土塯，啜土形，雖監門之養，不觳於此。禹鑿龍門，通大夏，決河亭水，放之海，身自持築臿，脛毋毛，臣虜之勞不烈於此矣。」凡所爲貴有天下者，得肆意極欲，主重明法，下不敢爲非，以制御海內矣。夫虞、夏之主，貴爲天子，親處窮苦之實，以徇百姓，尚何於法？朕尊萬乘，毋其實，吾欲造千乘之駕，萬乘之屬，充吾號名。且先帝起諸侯，兼天下，天下已定，外攘四夷以安邊境，作宮室以章得意，而君觀先帝功業有緒。今朕卽位二年之間，羣盜並起，君不能禁，又欲罷先帝之所爲，是上毋以報先帝，次不爲朕盡忠力，何以在位？』下去疾、斯、劫吏，案責他罪。去疾、劫曰：『將相不辱。』自殺。斯卒囚，就五刑。

三年，章邯等將其卒圍鉅鹿，楚上將軍項羽將楚卒往救鉅鹿。冬，趙高爲丞相，竟案李斯殺之。夏，章邯等戰數卻，二世使人讓邯，邯恐，使長史欣請事。趙高弗見，又弗信。欣恐，亡去，高使人捕追不及。欣見邯曰：『趙高用事於中，將軍有功亦誅，無功亦誅。』項羽急擊秦軍，虜王離，邯等遂以兵降諸侯。八月己亥，趙高欲爲亂，恐羣臣不聽，乃先設驗，持鹿獻於二世，曰：『馬也。』二世笑曰：『丞相誤邪？謂鹿爲馬。』問左右，左右或默，或言馬以阿順趙高。或言鹿者，高因陰中諸言鹿者以法。後羣臣皆畏高。

高前數言『關東盜毋能爲也』，及項羽虜秦將王離等鉅鹿下而前，章邯等軍數卻，上書請益助，燕、趙、齊、楚、韓、魏皆立爲王，自關以東，大氐盡畔秦吏應諸侯，諸侯咸率其衆西鄉。沛公將數萬人已屠武關，使人私於高，高恐二世怒，誅及其身，乃謝病不朝見。二世夢白虎齧其左驂馬，殺之，心不樂，怪問占夢。卜曰：『涇水爲祟。』二世乃齋於望夷宮，欲祠涇，沈四白馬。使使責讓高以盜賊事。高懼，乃陰與其壻咸陽令閻樂、其弟趙成謀曰：『上不聽諫，今事急，欲歸禍於吾宗。吾欲易置上，更立公子嬰。子嬰仁儉，百姓皆載其言。』使郎中令爲內應，詐爲有大賊，令樂召吏發卒，追劫樂母置高舍。遣樂將吏卒千餘人至望夷宮殿門，縛衛令僕射，曰：『賊入此，何不止？』衛令曰：『周廬設卒甚謹，安得賊敢入宮？』樂遂斬衛令，直將吏入行射，郎宦者大驚，或走或格，格者輒死，死者數十人。郎中令與樂俱入，射上幄坐幃。二世怒，召左右，左右皆惶擾不鬭。旁有宦者一人，侍不敢去。二世入內，謂曰：『公何不蚤告我？乃至於此！』宦者曰：『臣不敢言，故得全。使臣蚤言，皆已誅，安得至今？』閻樂前卽二世數曰：『足下驕恣，誅殺無道，天下共畔足下，足下其自爲計。』二世曰：『丞相可得見否？』樂曰：『不可。』二世曰：『吾願得一郡爲王。』弗許。又曰：『願爲萬户侯。』弗許。曰：『願與妻子爲黔首，比諸公子。』閻樂曰：『臣受命於丞相，爲天下誅足下，足下雖多言，臣不敢報。』麾其兵進。二世自殺。

閻樂歸報趙高，趙高乃悉召諸大臣公子，告以誅二世之狀。曰：『秦故王國，始皇君天下，故稱帝。今六國復自立，秦地益小，乃以空名爲帝，不可。宜爲王如故，便。』立二世之兄子公子嬰爲秦王。以黔首葬二世杜南宜春苑中。令子嬰齋，當廟見，受王璽。齋五日，子嬰與其子二人謀曰：『丞相高殺二世望夷宮，恐羣臣誅之，乃詳以義立我。我聞趙高乃

與楚約，滅秦宗室而王關中。今使我齋見廟，此欲因廟中殺我。我稱病不行，丞相必自來，來則殺之。』高使人請子嬰數輩，子嬰不行，高果自往，曰：『宗廟重事，王奈何不行？』子嬰遂刺殺高於齋宮，三族高家以徇咸陽。子嬰爲秦王四十六日，楚將沛公破秦軍入武關，遂至霸上，使人約降子嬰。子嬰卽係頸以組，白馬素車，奉天子璽符，降軹道旁。沛公遂入咸陽，封宫室府庫，還軍霸上。居月餘，諸侯兵至，項籍爲從長，殺子嬰及秦諸公子宗族。遂屠咸陽，燒其宫室，虜其子女，收其珍寶貨財，諸侯共分之。滅秦之後，各分其地爲三，名曰雍王、塞王、翟王，號曰三秦。項羽爲西楚霸王，主命分天下王諸侯，秦竟滅矣。後五年，天下定於漢。

【略】

襄公立，享國十二年。初爲西畤。葬西垂。生文公。

文公立，居西垂宫。五十年死，葬西垂。生靜公。

靜公不饗國而死。生憲公。

憲公享國十二年，居西新邑。死，葬衙。生武公、德公、出子。

出子饗國六年，居西陵。庶長弗忌、威累、參父三人，率賊賊出子鄙衍，葬衙。武公立。

武公饗國二十年。居平陽封宫。葬宣陽聚東南。三庶長伏其罪。德公立。

德公享國二年。居雍大鄭宫。生宣公、成公、繆公。葬陽。初伏，以御蠱。

宣公享國十二年。居陽宫。葬陽。初志閏月。

成公享國四年，居雍之宫。葬陽。齊伐山戎、孤竹。

繆公享國三十九年。天子致霸。葬雍。繆公學著人。生康公。

康公享國十二年。居雍高寢。葬竘社。生共公。

共公享國五年，居雍高寢。葬康公南。生桓公。

桓公享國二十七年。居雍太寢。葬義里丘北。生景公。

景公享國四十年。居雍高寢，葬丘里南。生畢公。

畢公饗國三十六年。葬車里北。生夷公。

夷公不享國。死，葬左宫。生惠公。

惠公享國十年。葬車里。康景。生悼公。

悼公享國十五年。葬僖公西。城雍。生刺龔公。

刺龔公享國三十四年。葬入里。生躁公、懷公。其十年，彗星見。

躁公享國十四年。居受寢。葬悼公南。其元年，彗星見。

懷公從晉來。享國四年。葬櫟圉氏。生靈公。諸臣圍懷公，懷公自殺。

肅靈公，昭子子也。居涇陽。享國十年。葬悼公西。生簡公。

簡公從晉來。享國十五年。葬僖公西。生惠公。其七年。百姓初帶劍。

惠公享國十三年。葬陵圉。生出公。

出公享國二年。出公自殺，葬雍。

獻公享國二十三年。葬囂圉。生孝公。

孝公享國二十四年。葬弟圉。生惠文王。其十三年，始都咸陽。

惠文王饗國二十七年。葬公陵。生悼武王。

悼武王享國四年，葬永陵。

昭襄王享國五十六年。葬茝陽。生孝文王。

孝文王享國一年。葬壽陵。生莊襄王。

莊襄王享國三年。葬茝陽。生始皇帝。呂不韋相。

獻公立七年，初行爲市。十年，爲户籍相伍。

孝公立十六年。時桃李冬華。

惠文王生十九年而立。立二年，初行錢。有新生嬰兒曰『秦且王』。

悼武王生十九年而立。立三年，渭水赤三日。

昭襄王生十九年而立。立四年，初爲田開阡陌。

孝文王生五十三年而立。

莊襄王生三十二年而立。立二年，取太原地。莊襄王元年，大赦，脩先王功臣，施德厚骨肉，布惠於民。東周與諸侯謀秦，秦使相國不韋誅之，盡入其國。秦不絶其祀，以陽人地賜周君，奉其祭祀。

始皇饗國三十七年。葬酈邑。生二世皇帝。始皇生十三年而立。

二世皇帝享國三年。葬宜春。趙高爲丞相安武侯。二世生十二年而立。

右秦襄公至二世，六百一十歲。

孝明皇帝十七年十月十五日乙丑，曰：

周曆已移，仁不代母。秦直其位，呂政殘虐。然以諸侯十三，并兼天下，極情縱欲，養育宗親。三十七年，兵無所不加，制作政令，施於後王。蓋得聖人之威，河神授圖，據狼、狐，蹈參、伐，佐攻驅除，距之稱始皇。

皇既歿，胡亥極愚，酈山未畢，復作阿房，以遂前策。云『凡所爲貴有天下者，肆意極欲，大臣至欲罷先君所爲』。誅斯、去疾，任用趙高。痛哉言乎！人頭畜鳴。不威不伐惡，不篤不虚亡，距之不得留，殘虐以促期，雖居形便之國，猶不得存。

子嬰度次得嗣，冠玉冠，佩華紱，車黄屋，從百司，謁七廟。小人乘非位，莫不怳忽失守，偷安日日，獨能長念卻慮，父子作權，近取於户牖之間，竟誅猾臣，爲君討賊。高死之後，賓婚未得盡相勞，餐未及下咽，酒未及濡脣，楚兵已屠關中，眞人翔霸上，素車嬰組，奉其符璽，以歸帝者。鄭伯茅旌鸞刀，嚴王退舍。河決不可復壅，魚爛不可復全。賈誼、司馬遷曰：『向使嬰有庸主之才，僅得中佐，山東雖亂，秦之地可全而有，宗廟之祀未當絶也。』秦之積衰，天下土崩瓦解，雖有周旦之材，無所復陳其巧，而以責一日之孤，誤哉！俗傳秦始皇起罪惡，胡亥極，得其理矣。復責小子，云秦地可全，所謂不通時變者也。紀季以酅，春秋不名。吾讀秦紀，至於子嬰車裂趙高，未嘗不健其決，憐其志。嬰死生之義備矣。

《漢書》卷二二《禮樂志》　五行舞者，本周舞也，秦始皇二十六年更名曰五行也。

又　卷三〇《藝文志》　篆書謂小篆，蓋秦始皇使程邈所作也。

《後漢書》卷一上《光武帝紀》　注引《玉璽譜》曰：傳國璽是秦始皇初定天下所刻，其玉出藍田山，丞相李斯所書，其文曰『受命於天，既壽永昌』。高祖至霸上，秦王子嬰獻之。至王莽簒位，就元后求璽，不與，以威逼之，乃出璽投地。璽上螭一角缺。及莽敗，李松持璽詣宛上更始。更始敗，璽入赤眉。劉盆子既敗，以奉光武。

李斯分部

傳記

《史記》卷八七《李斯列傳》　李斯者，楚上蔡人也。年少時，爲郡小吏，見吏舍廁中鼠食不絜，近人犬，數驚恐之。斯入倉，觀倉中鼠，食積粟，居大廡之下，不見人犬之憂。於是李斯乃歎曰：『人之賢不肖譬如鼠矣，在所自處耳！』

乃從荀卿學帝王之術。學已成，度楚王不足事，而六國皆弱，無可爲建功者，欲西入秦。辭於荀卿曰：『斯聞得時無怠，今萬乘方爭時，游者主事。今秦王欲吞天下，稱帝而治，此布衣馳騖之時而游説者之秋也。處卑賤之位而計不爲者，此禽鹿視肉，人面而能强行者耳。故詬莫大於卑賤，而悲莫甚於窮困。久處卑賤之位，困苦之地，非世而惡利，自託於無爲，此非士之情也。故斯將西説秦王矣。』

至秦，會莊襄王卒，李斯乃求爲秦相文信侯呂不韋舍人；不韋賢之，任以爲郎。李斯因以得説，説秦王曰：『胥人者，去其幾也。成大功者，在因瑕釁而遂忍之。昔者秦穆公之霸，終不東并六國者，何也？諸侯尚衆，周德未衰，故五伯迭興，更尊周室。自秦孝公以來，周室卑微，諸侯相兼，關東爲六國，秦之乘勝役諸侯，蓋六世矣。今諸侯服秦，譬若郡縣。夫以秦之强，大王之賢，由竈上騷除，足以滅諸侯，成帝業，爲天下一統，此萬世之一時也。今怠而不急就，諸侯復强，相聚約從，雖有黄帝之賢，不能并也。』秦王乃拜斯爲長史，聽其計，陰遣謀士齎持金玉以游説諸侯。諸侯名士可下以財者，厚遺結之；不肯者，利劍刺之。離其君臣之計，秦王乃使其良將隨其後。秦王拜斯爲客卿。

會韓人鄭國來閒秦，以作注溉渠，已而覺。秦宗室大臣皆言秦王曰：『諸侯人來事秦者，大抵爲其主游閒於秦耳，請一切逐客。』李斯議亦在逐中。斯乃上書曰：

『臣聞吏議逐客，竊以爲過矣。昔繆公求士，西取由余於戎，東得百

里奚於宛，迎蹇叔於宋，來丕豹、公孫支於晉。此五子者，不產於秦，而繆公用之，并國二十，遂霸西戎。孝公用商鞅之法，移風易俗，民以殷盛，國以富强，百姓樂用，諸侯親服，獲楚、魏之師，舉地千里，至今治强。惠王用張儀之計，拔三川之地，西并巴、蜀，北收上郡，南取漢中，包九夷，制鄢、郢，東據成皋之險，割膏腴之壤，遂散六國之從，使之西面事秦，功施到今。昭王得范雎，廢穰侯，逐華陽，强公室，杜私門，蠶食諸侯，使秦成帝業。此四君者，皆以客之功。由此觀之，客何負於秦哉！向使四君卻客而不內，疏士而不用，是使國無富利之實而秦無强大之名也。

『今陛下致昆山之玉，有隨、和之寶，垂明月之珠，服太阿之劍，乘纖離之馬，建翠鳳之旗，樹靈鼉之鼓。此數寶者，秦不生一焉，而陛下説之，何也？必秦國之所生然後可，則是夜光之璧不飾朝廷，犀象之器不爲玩好，鄭、衛之女不充後宮，而駿良駃騠不實外廄，江南金錫不爲用，西蜀丹青不爲采。所以飾後宮充下陳娛心意説耳目者，必出於秦然後可，則是宛珠之簪，傅璣之珥，阿縞之衣，錦繡之飾不進於前，而隨俗雅化佳冶窈窕趙女不立於側也。夫擊甕叩缶彈箏搏髀，而歌呼嗚嗚快耳（目）者，眞秦之聲也；《鄭》、《衛》、《桑間》、《昭》、《虞》、《武》、《象》者，異國之樂也。今棄擊甕叩缶而就《鄭衛》，退彈箏而取《昭》、《虞》，若是者何也？快意當前，適觀而已矣。今取人則不然。不問可否，不論曲直，非秦者去，爲客者逐。然則是所重者在乎色樂珠玉，而所輕者在乎人民也。此非所以跨海內制諸侯之術也。

臣聞地廣者粟多，國大者人衆，兵强則士勇。是以太山不讓土壤，故能成其大；河海不擇細流，故能就其深；王者不卻衆庶，故能明其德。是以地無四方，民無異國，四時充美，鬼神降福，此五帝、三王之所以無敵也。今乃棄黔首以資敵國，卻賓客以業諸侯，使天下之士退而不敢西向，裹足不入秦，此所謂「藉寇兵而齎盜糧」者也。

『物不產於秦，可寶者多；士不產於秦，而願忠者衆。今逐客以資敵國，損民以益讎，內自虛而外樹怨於諸侯，求國無危，不可得也。』

秦王乃除逐客之令，復李斯官，卒用其計謀。官至廷尉。二十餘年，竟并天下，尊主爲皇帝，以斯爲丞相。夷郡縣城，銷其兵刃，示不復用。使秦無尺土之封，不立子弟爲王，功臣爲諸侯者，使後無戰攻之患。

始皇三十四年，置酒咸陽宮，博士僕射周青臣等頌始皇威德。齊人淳于越進諫曰：『臣聞之，殷周之王千餘歲，封子弟功臣自爲支輔。今陛下有海內，而子弟爲匹夫，卒有田常、六卿之患，臣無輔弼，何以相救哉？事不師古而能長久者，非所聞也。今青臣等又面諛以重陛下過，非忠臣也。』始皇下其議丞相。丞相謬其説，絀其辭，乃上書曰：『古者天下散亂，莫能相一，是以諸侯並作，語皆道古以害今，飾虛言以亂實，人善其所私學，以非上所建立。今陛下并有天下，別白黑而定一尊；而私學乃相與非法教之制，聞令下，卽各以其私學議之，入則心非，出則巷議，非主以爲名，異趣以爲高，率羣下以造謗。如此不禁，則主勢降乎上，黨與成乎下。禁之便。臣請諸有文學《詩》、《書》百家語者，蠲除去之。令到滿三十日弗去，黥爲城旦。所不去者，醫藥卜筮種樹之書。若有欲學者，以吏爲師。』始皇可其議，收去《詩》、《書》百家之語以愚百姓，使天下無以古非今。明法度，定律令，皆以始皇起。同文書。治離宮別館，周遍天下。明年，又巡狩，外攘四夷，斯皆有力焉。

斯長男由爲三川守，諸男皆尚秦公主，女悉嫁秦諸公子。三川守李由告歸咸陽，李斯置酒於家，百官長皆前爲壽，門廷車騎以千數。李斯喟然而歎曰：『嗟乎！吾聞之荀卿曰「物禁大盛」。夫斯乃上蔡布衣，閭巷之黔首，上不知其駑下，遂擢至此。當今人臣之位無居臣上者，可謂富貴極矣。物極則衰，吾未知所稅駕也！』【略】

其年七月，始皇帝至沙丘，病甚，令趙高爲書賜公子扶蘇曰：『以兵屬蒙恬，與喪會咸陽而葬。』書已封，未授使者，始皇崩。書及璽皆在趙高所，獨子胡亥、丞相李斯、趙高及幸宦者五六人知始皇崩，餘羣臣皆莫知也。李斯以爲上在外崩，無眞太子，故秘之。置始皇居轀輬車中，百官奏事上食如故，宦者輒從轀輬車中可諸奏事。

趙高因留所賜扶蘇璽書，而謂公子胡亥曰：『上崩，無詔封王諸子而獨賜長子書。長子至，卽立爲皇帝，而子無尺寸之地，爲之奈何？』胡亥曰：『固也。吾聞之，明君知臣，明父知子。父捐命，不封諸子，何可言者！』趙高曰：『不然。方今天下之權，存亡在子與高及丞相耳，願子圖之。且夫臣人與見臣於人，制人與見制於人，豈可同日道哉！』胡亥

曰：『廢兄而立弟，是不義也；不奉父詔而畏死，是不孝也；能薄而材譾，强因人之功，是不能也：三者逆德，天下不服，身殆傾危，社稷不血食。』高曰：『臣聞湯、武殺其主，天下稱義焉，不爲不忠。衛君殺其父，而衛國載其德，孔子著之，不爲不孝。夫大行不小謹，盛德不辭讓，鄉曲各有宜而百官不同功。故顧小而忘大，後必有害；狐疑猶豫，後必有悔。斷而敢行，鬼神避之，後有成功。願子遂之！』胡亥喟然歎曰：『今大行未發，喪禮未終，豈宜以此事干丞相哉！』趙高曰：『時乎時乎，間不及謀！嬴糧躍馬，唯恐後時！』

胡亥既然高之言，高曰：『不與丞相謀，恐事不能成，臣請爲子與丞相謀之。』高乃謂丞相斯曰：『上崩，賜長子書，與喪會咸陽而立爲嗣。書未行，今上崩，未有知者也。所賜長子書及符璽皆在胡亥所，定太子在君侯與高之口耳。事將何如？』斯曰：『安得亡國之言！此非人臣所當議也！』高曰：『君侯自料能孰與蒙恬？功高孰與蒙恬？謀遠不失孰與蒙恬？無怨於天下孰與蒙恬？長子舊而信之孰與蒙恬？』斯曰：『此五者皆不及蒙恬，而君責之何深也？』高曰：『高固内官之廝役也，幸得以刀筆之文進入秦宫，管事二十餘年，未嘗見秦免罷丞相功臣有封及二世者也，卒皆以誅亡。皇帝二十餘子，皆君之所知。長子剛毅而武勇，信人而奮士，即位必用蒙恬爲丞相，君侯終不懷通侯之印歸於鄉里，明矣。高受詔教習胡亥，使學以法事數年矣，未嘗見過失。慈仁篤厚，輕財重士，辯於心而詘於口，盡禮敬士，秦之諸子未有及此者，可以爲嗣。君計而定之。』斯曰：『君其反位！斯奉主之詔，聽天之命，何慮之可定也？』高曰：『安可危也，危可安也。安危不定，何以貴聖？』斯曰：『斯，上蔡閭巷布衣也，上幸擢爲丞相，封爲通侯，子孫皆至尊位重禄者，故將以存亡安危屬臣也。豈可負哉！夫忠臣不避死而庶幾，孝子不勤勞而見危，人臣各守其職而已矣。君其勿復言，將令斯得罪。』高曰：『蓋聞聖人遷徙無常，就變而從時，見末而知本，觀指而睹歸。物固有之，安得常法哉！方今天下之權命懸於胡亥，高能得志焉。且夫從外制中謂之惑，從下制上謂之賊。故秋霜降者草花落，水摇動者萬物作，此必然之效也。君何見之晚？』斯曰：『吾聞晉易太子，三世不安；齊桓兄弟爭位，身死爲戮；紂殺親戚，不聽諫者，國爲丘墟，遂危社稷：三者逆天，宗廟不血食。斯其猶人哉，安足爲謀！』高曰：『上下合同，可以長久；中外若一，事無表裏。君聽臣之計，即長有封侯，世世稱孤，必有喬松之壽，孔、墨之智。今釋此而不從，禍及子孫，足以爲寒心。善者因禍爲福，君何處焉？』斯乃仰天而歎，垂淚太息曰：『嗟乎！獨遭亂世，既以不能死，安託命哉！』於是斯乃聽高。高乃報胡亥曰：『臣請奉太子之明命以報丞相，丞相斯敢不奉令！』

於是乃相與謀，詐爲受始皇詔丞相，立子胡亥爲太子。更爲書賜長子扶蘇曰：『朕巡天下，禱祠名山諸神以延壽命。今扶蘇與將軍蒙恬將師數十萬以屯邊，十有餘年矣，不能進而前，士卒多秏，無尺寸之功，乃反數上書直言誹謗我所爲，以不得罷歸爲太子，日夜怨望。扶蘇爲人子不孝，其賜劍以自裁！將軍恬與扶蘇居外，不匡正，宜知其謀。爲人臣不忠，其賜死，以兵屬裨將王離。』封其書以皇帝璽，遣胡亥客奉書賜扶蘇於上郡。

使者至，發書，扶蘇泣，入内舍，欲自殺。蒙恬止扶蘇曰：『陛下居外，未立太子，使臣將三十萬衆守邊，公子爲監，此天下重任也。今一使者來，即自殺，安知其非詐？請復請，復請而後死，未暮也。』使者數趣之。扶蘇爲人仁，謂蒙恬曰：『父而賜子死，尚安復請！』即自殺。蒙恬不肯死，使者即以屬吏，繫於陽周。

使者還報，胡亥、斯、高大喜。至咸陽，發喪，太子立爲二世皇帝。以趙高爲郎中令，常侍中用事。

二世燕居，乃召高與謀事，謂曰：『夫人生居世間也，譬猶騁六驥過決隙也。吾既已臨天下矣，欲悉耳目之所好，窮心志之所樂，以安宗廟而樂萬姓，長有天下，終吾年壽，其道可乎？』高曰：『此賢主之所能行也，而昏亂主之所禁也。臣請言之，不敢避斧鉞之誅，願陛下少留意焉。夫沙丘之謀，諸公子及大臣皆疑焉，而諸公子盡帝兄，大臣又先帝之所置也。今陛下初立，此其屬意怏怏皆不服，恐爲變。且蒙恬已死，蒙毅將兵居外，臣戰戰栗栗，唯恐不終。且陛下安得爲此樂乎？』二世曰：『爲之奈何？』趙高曰：『嚴法而刻刑，令有罪者相坐誅，至收族，滅大臣而遠骨肉；貧者富之，賤者貴之。盡除去先帝之故臣，更置陛下之所親信者近之。此則陰德歸陛下，害除而姦謀塞，羣臣莫不被潤澤，蒙厚德，

陛下則高枕肆志寵樂矣。計莫出於此。』二世然高之言，乃更爲法律。於是羣臣諸公子有罪，輒下高，令鞠治之。殺大臣蒙毅等，公子十二人僇死咸陽市，十公主矺死於杜，財物入於縣官，相連坐者不可勝數。

公子高欲奔，恐收族，乃上書曰：『先帝無恙時，臣入則賜食，出則乘輿。御府之衣，臣得賜之；中廄之寶馬，臣得賜之。臣當從死而不能，爲人子不孝，爲人臣不忠。不忠者無名以立於世，臣請從死，願葬酈山之足。唯上幸哀憐之。』書上，胡亥大說，召趙高而示之，曰：『此可謂急乎？』趙高曰：『人臣當憂死而不暇，何變之得謀！』胡亥可其書，賜錢十萬以葬。

法令誅罰日益刻深，羣臣人人自危，欲畔者衆。又作阿房之宮，治直［道］、馳道，賦斂愈重，戍傜無已。於是楚戍卒陳勝、吳廣等乃作亂，起於山東，傑俊相立，自置爲侯王，叛秦，兵至鴻門而卻。李斯數欲請閒諫，二世不許。而二世責問李斯曰：『吾有私議而有所聞於韓子也，曰「堯之有天下也，堂高三尺，采椽不斲，茅茨不翦，雖逆旅之宿不勤於此矣。冬日鹿裘，夏日葛衣，粢糲之食，藜藿之羹，飯土匭，啜土鉶，雖監門之養不觳於此矣。禹鑿龍門，通大夏，疏九河，曲九防，決渟水致之海，而股無胈，脛無毛，手足胼胝，面目黎黑，遂以死于外，葬於會稽，臣虜之勞不烈於此矣」。然則夫所貴於有天下者，豈欲苦形勞神，身處逆旅之宿，口食監門之養，手持臣虜之作哉？此不肖人之所勉也，非賢者之所務也。彼賢人之有天下也，專用天下適己而已矣，此所貴於有天下也。夫所謂賢人者，必能安天下而治萬民，今身且不能利，將惡能治天下哉！故吾願賜志廣欲，長享天下而無害，爲之奈何？』李斯子由爲三川守，羣盜吳廣等西略地，過去弗能禁。章邯以破逐廣等兵，使者覆案三川相屬，誚讓斯居三公位，如何令盜如此。李斯恐懼，重爵祿，不知所出，乃阿二世意，欲求容，以書對曰：

夫賢主者，必且能全道而行督責之術者也。督責之，則臣不敢不竭能以徇其主矣。此臣主之分定，上下之義明，則天下賢不肖莫敢不盡力竭任以徇其君矣。是故主獨制於天下而無所制也。能窮樂之極矣，賢明之主也，可不察焉！

故申子曰『有天下而不恣睢，命之曰以天下爲桎梏』者，無他焉，不能督責，而顧以其身勞於天下之民，若堯、禹然，故謂之『桎梏』也。夫不能修申、韓之明術，行督責之道，專以天下自適也，而徒務苦形勞神，以身徇百姓，則是黔首之役，非畜天下者也，何足貴哉！夫以人徇己，則己貴而人賤；以己徇人，則己賤而人貴。故徇人者賤，而人所徇者貴，自古及今，未有不然者也。凡古之所爲尊賢者，爲其貴也；而所爲惡不肖者，爲其賤也。而堯、禹以身徇天下者也，因隨而尊之，則亦失所爲尊賢之心矣，夫可謂大繆矣。謂之爲『桎梏』，不亦宜乎？不能督責之過也。

故韓子曰：『慈母有敗子而嚴家無格虜』者，何也？則能罰之加焉必也。故商君之法，刑棄灰於道者。夫棄灰，薄罪也，而被刑，重罰也。彼唯明主爲能深督輕罪。夫罪輕且督深，而況有重罪乎？故民不敢犯也。是故韓子曰『布帛尋常，庸人不釋，鑠金百溢，盜跖不搏』者，非庸人之心重，尋常之利深，而盜跖之欲淺也；又不以盜跖之行，爲輕百鎰之重也。搏必隨手刑，則盜跖不搏百鎰；而罰不必行也，則庸人不釋尋常。是故城高五丈，而樓季不輕犯也；泰山之高百仞，而跛牧其上。夫樓季也而難五丈之限，豈跛也而易百仞之高哉峭塹之勢異也。明主聖王之所以能久處尊位，長執重勢，而獨擅天下之利者，非有異道也，能獨斷而審督責，必深罰，故天下不敢犯也。今不務所以不犯，而事慈母之所以敗子也，則亦不察於聖人之論矣。夫不能行聖人之術，則舍爲天下役何事哉？可不哀邪！

且夫儉節仁義之人立於朝，則荒肆之樂輟矣；諫説論理之臣閒於側，則流漫之志詘矣；烈士死節之行顯於世，則淫康之虞廢矣。故明主能外此三者，而獨操主術以制聽從之臣，而修其明法，故身尊而勢重也。凡賢主者，必將能拂世磨俗，而廢其所惡，立其所欲，故生則有尊重之勢，死則有賢明之謚也。是以明君獨斷，故權不在臣也。然後能滅仁義之塗，掩馳説之口，困烈士之行，塞聰揜明，內獨視聽，故外不可傾以仁義烈士之行，而內不可奪以諫説忿爭之辯。故能犖然獨行恣睢之心而莫之敢逆。若此然後可謂能明申、韓之術，而脩商君之法。法脩術明而天下亂者，未之聞也。故曰『王道約而易操』也。唯明主爲能行之。若此則謂督責之誠，則臣無邪，臣無邪則天下安，天下安則主嚴尊，主嚴尊則督責必，督責必

則所求得，所求得則國家富，國家富則君樂豐。故督責之術設，則所欲無不得矣。羣臣百姓救過不給，何變之敢圖？若此則帝道備，而可謂能明君臣之術矣。雖申、韓復生，不能加也。

書奏，二世悅。於是行督責益嚴，稅民深者爲明吏。二世曰：『若此則可謂能督責矣。』刑者相半於道，而死人日成積於市。殺人衆者爲忠臣。二世曰：『若此則可謂能督責矣。』

初，趙高爲郎中令，所殺及報私怨衆多，恐大臣入朝奏事毀惡之，乃說二世曰：『天子所以貴者，但以聞聲，羣臣莫得見其面，故號曰「朕」。且陛下富於春秋，未必盡通諸事，今坐朝廷，譴舉有不當者，則見短於大臣，非所以示神明於天下也。且陛下深拱禁中，與臣及侍中習法者待事，事來有以揆之。如此則大臣不敢奏疑事，天下稱聖主矣。』二世用其計，乃不坐朝廷見大臣，居禁中。趙高常侍中用事，事皆決於趙高。

高聞李斯以爲言，乃見丞相曰：『關東羣盜多，今上急益發繇治阿房宮，聚狗馬無用之物。臣欲諫，爲位賤。此眞君侯之事，君何不諫？』李斯曰：『固也，吾欲言之久矣。今時上不坐朝廷，上居深宮，吾有所言者，不可傳也，欲見無閒。』趙高謂曰：『君誠能諫，請爲君候上閒語君。』於是趙高待二世方燕樂，婦女居前，使人告丞相：『上方閒，可奏事。』丞相至宮門上謁，如此者三。二世怒曰：『吾常多閒日，丞相不來。吾方燕私，丞相輒來請事。丞相豈少我哉？且固我哉？』趙高因曰：『如此殆矣！夫沙丘之謀，丞相與焉。今陛下已立爲帝，而丞相貴不益，此其意亦望裂地而王矣。且陛下不問臣，臣不敢言。丞相長男李由爲三川守，楚盜陳勝等皆丞相傍縣之子，以故楚盜公行，過三川，城守不肯擊。高聞其文書相往來，未得其審，故未敢以聞。且丞相居外，權重於陛下。』二世以爲然。欲案丞相，恐其不審，乃使人案驗三川守與盜通狀。李斯聞之。

是時二世在甘泉，方作觳抵優俳之觀。李斯不得見，因上書言趙高之短曰：『臣聞之，臣疑其君，無不危國；妾疑其夫，無不危家。今有大臣於陛下擅利擅害，與陛下無異，此甚不便。昔者司城子罕相宋，身行刑罰，以威行之，期年遂劫其君。田常爲簡公臣，爵列無敵於國，私家之富與公家均，布惠施德，下得百姓，上得羣臣，陰取齊國，殺宰予於庭，即弒簡公於朝，遂有齊國。此天下所明知也。今高有邪佚之志，危反之行，如子罕相宋也；私家之富，若田氏之於齊也。兼行田常、子罕之逆道而劫陛下之威信，其志若韓玘爲韓安相也。陛下不圖，臣恐其爲變也。』二世曰：『何哉？夫高，故宦人也，然不爲安肆志，不以危易心，絜行脩善，自使至此，以忠得進，以信守位，朕實賢之，而君疑之，何也？且朕少失先人，無所識知，不習治民，而君又老，恐與天下絕矣。朕非屬趙君，當誰任哉？且趙君爲人精廉強力，下知人情，上能適朕，君其勿疑。』李斯曰：『不然。夫高，故賤人也，無識於理，貪欲無厭，求利不止，列勢次主，求欲無窮，臣故曰殆。』二世已前信趙高，恐李斯殺之，乃私告趙高。高曰：『丞相所患者獨高，高已死，丞相即欲爲田常所爲。』於是二世曰：『其以李斯屬郎中令！』

趙高案治李斯。李斯拘執束縛，居囹圄中，仰天而歎曰：『嗟乎，悲夫！不道之君，何可爲計哉！昔者桀殺關龍逢，紂殺王子比干，吳王夫差殺伍子胥。此三臣者，豈不忠哉，然而不免於死，身死而所忠者非也。今吾智不及三子，而二世之無道過於桀、紂、夫差，吾以忠死，宜矣。且二世之治豈不亂哉！日者夷其兄弟而自立也，殺忠臣而貴賤人，作爲阿房之宮，賦斂天下。吾非不諫也，而不吾聽也。凡古聖王，飲食有節，車器有數，宮室有度，出令造事，加費而無益於民利者禁，故能長久治安。今行逆於昆弟，不顧其咎；侵殺忠臣，不思其殃；大爲宮室，厚賦天下，不愛其費：三者已行，天下不聽。今反者已有天下之半矣，而心尚未寤也，而以趙高爲佐，吾必見寇至咸陽，麋鹿游於朝也。』

於是二世乃使高案丞相獄，治罪，責斯與子由謀反狀，皆收捕宗族賓客。趙高治斯，榜掠千餘，不勝痛，自誣服。斯所以不死者，自負其辯，有功，實無反心，幸得上書自陳，幸二世之寤而赦之。李斯乃從獄中上書曰：『臣爲丞相治民，三十餘年矣。逮秦地之陝隘。先王之時秦地不過千里，兵數十萬。臣盡薄材，謹奉法令，陰行謀臣，資之金玉，使游說諸侯，陰脩甲兵，飾政教，官鬭士，尊功臣，盛其爵祿，故終以脅韓弱魏，破燕、趙，夷齊、楚，卒兼六國，虜其王，立秦爲天子。罪一矣。地非不廣，又北逐胡、貉，南定百越，以見秦之强。罪二矣。尊大臣，盛其爵位，以固其親。罪三矣。立社稷，脩宗廟，以明主之賢。罪四矣。更剋

畫，平斗斛度量文章，布之天下，以樹秦之名。罪五矣。治馳道，興游觀，以見主之得意。罪六矣。緩刑罰，薄賦斂，以遂主得衆之心，萬民戴主，死而不忘。罪七矣。若斯之爲臣者，罪足以死固久矣。上幸盡其能力，乃得至今，願陛下察之！』書上，趙高使吏棄去不奏，曰：『囚安得上書！』

趙高使其客十餘輩詐爲御史、謁者、侍中，更往覆訊斯。斯更以其實對，輒使人復榜之。後二世使人驗斯，斯以爲如前，終不敢更言，辭服。奏當上，二世喜曰：『微趙君，幾爲丞相所賣。』及二世所使案三川之守至，則項梁已擊殺之。使者來，會丞相下吏，趙高皆妄爲反辭。

二世二年七月，具斯五刑，論腰斬咸陽市。斯出獄，與其中子俱執，顧謂其中子曰：『吾欲與若復牽黄犬俱出上蔡東門逐狡兔，豈可得乎！』遂父子相哭，而夷三族。

論説

《史記》卷八七《李斯列傳》 太史公曰：李斯以閭閻歷諸侯，入事秦，因以瑕釁，以輔始皇，卒成帝業，斯爲三公，可謂尊用矣。斯知六蓺之歸，不務明政以補主上之缺，持爵禄之重，阿順苟合，嚴威酷刑，聽高邪説，廢適立庶。諸侯已畔，斯乃欲諫爭，不亦末乎！人皆以斯極忠而被五刑死，察其本，乃與俗議之異。不然，斯之功且與周、召列矣。

唐·司馬貞《史記索隱·李斯列傳》 索隱述贊：鼠在所居，人固擇地。斯效智力，功立名遂。置酒咸陽，人臣極位。一夫誑惑，變易神器。國喪身誅，本同末異。

宋·佚名《歷代名賢確論》卷三四《始皇·李斯趙高》 潁濱曰，始皇以詐力兼天下，志得意滿，諱聞過失。李斯燔《詩》、《書》，誦功德，以成其氣。至其晚節，不可告語君老。太子在外，履危亂之機，而莫敢以一言，合其父子之親者，雖始皇之暴，非斯養之不至此也。及其事二世，知趙高之姦，復偷合取容，使高勢已成，天下已亂，乃欲力諫，不亦晚乎？至於國破家滅，非不幸也。

明·歸有光《震川先生集》卷一五《櫟全軒記》 李斯用秦，機雲入洛，一時呼吸風雷，華曜日月，天下奔走而慕艷之。事移時易，求牽黄犬出上蔡東門，聽華亭之鶴唳，豈可得哉？

明·李贄《史綱評要·後秦記》 始皇出世，李斯相之，掀翻一個世界。

清·姚鼐《惜抱軒詩文集》卷一《李斯論》 蘇子瞻謂『李斯以荀卿之學亂天下』，是不然。秦之亂天下之法，無待于李斯；斯亦未嘗以其學事秦。當秦之中葉，孝公即位，得商鞅任之。商鞅教孝公燔《詩》、《書》，明法令，設告坐之過，而禁遊宦之民。因秦國地形便利，用其法，富强數世，兼幷諸侯，迄至始皇。始皇之時，一用商鞅成法而已，雖李斯助之，言其便利，益成秦亂。然使李斯不言其便，始皇固自爲之而不厭，何也？秦之甘于刻薄而便于嚴法久矣！其後世所習以爲善者也。斯逆探始皇、二世之心，非是不足以中侈君而張吾之寵。是以盡舍其師荀卿之學，而爲商鞅之學掃去三代先王仁，政而一切取自恣肆以爲治；焚詩、書禁學士，滅三代法而尚督責。斯非行其學也，趨時而已。設所遭值非始皇、二世，斯之術將不出於此，非爲仁也，亦以趨時而已。

君子之仕也，進不隱賢。小人之仕也，無論所學識非也，即有學識甚當，見其君國行事，悖謬無義，疾首嚬蹙于私家之居，而矜夸導譽於朝廷之上。知其不義而勸爲之者，謂天下將諒我之無可奈何于吾君，而不吾罪也。知其將喪國家而爲之者，謂當吾身容可以免也。且夫小人雖明知世之將亂，而終不以易目前之富貴，而以富貴之謀，貽天下之亂，固有終身安享榮樂，禍遺後人，而彼宴然無與者矣。嗟乎！秦未亡而斯先被五刑、夷三族也，其天之誅惡人，亦有時而信也邪？《易》曰：『眇能視，跛能履，履虎尾，咥人，凶。』其能視且履者，倖也，而卒于凶者，蓋其自取邪？

且夫人有爲善而受教于人者矣，未聞爲惡而必受教于人者也。荀卿述先王而頌言儒效，雖間有得失，而大體得治世之要，而蘇氏以李斯之害天下，罪及于卿，不亦遠乎！行其學而害秦者商鞅也；舍其學而害秦者李斯也。商君禁遊宦，而李斯諫逐客，其始之不同術也，而卒出于同者，豈其本志哉？宋之世，王介甫以平生所學，建熙寧新法。其後章惇、曾布、張商英、蔡京之倫，曷嘗學介甫之學邪？而以介甫之政促亡宋，與李斯

事頗相類。

夫世言法術之學，足亡人國，固也。吾謂人臣善探其君之隱，一以委曲變化從世好者，其爲人尤可畏哉！尤可畏哉！

清·嚴可均《全上古三代秦漢六朝文》卷八《典論·姦讒》 昔伊戾費忌，以無寵而作讒，江充焚豐，以負罪而造蠱。高斯之詐也貪權，躬寵之罔也欲貴，皆近取乎骨肉之間，以成其凶逆。

藝文

唐·韋莊《浣花集》卷三《題李斯傳》 蜀魄湘魂萬古悲，未悲秦相死秦時。臨刑莫恨倉中鼠，上蔡東門去自遲。

宋·秦觀《淮海集》卷九《次韻太守向公登樓眺望二首》 封疆盡是春秋國，廟食多懷將相恩。試問李斯長歎後，誰牽黄犬出東門。

宋·陳普《石堂先生遺集》卷四《詠史 李斯三首》 太華終南只磨青，渭流一日肯爲涇。豺狼不食茅焦肉，水火安能熄六經。

抛卻韓盧把虎騎，諸生莫訝正忙時。魚龍不隔蓬萊路，方有東門逐兔期。

李斯何敢妄坑儒，但作逢君固位圖。造物欲爲儒報德，故教草草殺扶蘇。

清·愛新覺羅·玄燁《御定全唐詩》卷六四七《殺子谷》 舉國賢良盡淚垂，扶蘇屈死樹邊時。至今谷口泉嗚咽，猶似秦人恨李斯。

清·顧嗣立《元詩選二集》卷二六《山居四十首》 白雲影裏呵呵笑，地老天荒更不疑。樵徑有霜尋藥冷，石窓無月了經遲。青瓶夜雪憐蘇武，黄犬西風歎李斯。千古青編在天下，留芳遺臭更繇誰。

雜録

宋·蘇軾《東坡志林》卷五《論古·趙高李斯》 李斯、趙高矯詔立胡亥，殺扶蘇、蒙恬、蒙毅，卒以亡秦。

漢高祖分部

傳記

《史記》卷八《高祖本紀》 高祖，沛豐邑中陽里人，姓劉氏，字季。父曰太公，母曰劉媪。其先劉媪嘗息大澤之陂，夢與神遇。是時雷電晦冥，太公往視，則見蛟龍於其上。已而有身，遂産高祖。

高祖爲人，隆準而龍顔，美鬚髯，左股有七十二黑子。仁而愛人，喜施，意豁如也。常有大度，不事家人生産作業。及壯，試爲吏，爲泗水亭長，廷中吏無所不狎侮。好酒及色。常從王媪、武負貰酒，醉臥，武負、王媪見其上常有龍，怪之。高祖每酤留飲，酒讎數倍。及見怪，歲竟，此兩家常折券棄責。

高祖常繇咸陽，縱觀，觀秦皇帝，喟然太息曰：『嗟乎，大丈夫當如此也！』

單父人呂公善沛令，避仇從之客，因家沛焉。沛中豪桀吏聞令有重客，皆往賀。蕭何爲主吏，主進，令諸大夫曰：『進不滿千錢，坐之堂下。』高祖爲亭長，素易諸吏，乃紿爲謁曰『賀錢萬』，實不持一錢。謁入，呂公大驚，起，迎之門。呂公者，好相人，見高祖狀貌，因重敬之，引入坐。蕭何曰：『劉季固多大言，少成事。』高祖因狎侮諸客，遂坐上坐，無所詘。酒闌，呂公因目固留高祖。高祖竟酒，後。呂公曰：『臣少好相人，相人多矣，無如季相，願季自愛。臣有息女，願爲季箕帚妾。』酒罷，呂媪怒呂公曰：『公始常欲奇此女，與貴人。沛令善公，求之不與，何自妄許與劉季？』呂公曰：『此非兒女子所知也。』卒與劉季。呂公女乃呂后也，生孝惠帝、魯元公主。

高祖爲亭長時，常告歸之田。呂后與兩子居田中耨，有一老父過請飲，呂后因餔之。老父相呂后曰：『夫人天下貴人。』令相兩子，見孝惠，曰：『夫人所以貴者，乃此男也。』相魯元，亦皆貴。老父已去，高祖適從旁舍來，呂后具言客有過，相我子母皆大貴。高祖問，曰：『未

遠。』乃追及，問老父。老父曰：『鄉者夫人嬰兒皆似君，君相貴不可言。』高祖乃謝曰：『誠如父言，不敢忘德。』及高祖貴，遂不知老父處。

高祖爲亭長，乃以竹皮爲冠，令求盜之薛治之，時時冠之，及貴常冠，所謂『劉氏冠』乃是也。

高祖以亭長爲縣送徒酈山，徒多道亡。自度比至皆亡之，到豐西澤中，止飲，夜乃解縱所送徒。曰：『公等皆去，吾亦從此逝矣！』徒中壯士願從者十餘人。高祖被酒，夜徑澤中，令一人行前。行前者還報曰：『前有大蛇當徑，願還。』高祖醉，曰：『壯士行，何畏！』乃前，拔劍擊斬蛇。蛇遂分爲兩，徑開。行數里，醉，因臥。後人來至蛇所，有一老嫗夜哭。人問何哭，嫗曰：『人殺吾子，故哭之。』人曰：『嫗子何爲見殺？』嫗曰：『吾子，白帝子也，化爲蛇，當道，今爲赤帝子斬之，故哭。』人乃以嫗爲不誠，欲告之，嫗因忽不見。後人至，高祖覺。後人告高祖，高祖乃心獨喜，自負。諸從者日益畏之。

秦始皇帝常曰『東南有天子氣』，於是因東游以厭之。高祖即自疑，亡匿，隱於芒、碭山澤巖石之間。呂后與人俱求，常得之。高祖怪問之。呂后曰：『季所居上常有雲氣，故從往常得季。』高祖心喜。沛中子弟或聞之，多欲附者矣。

秦二世元年秋，陳勝等起蘄，至陳而王，號爲『張楚』。諸郡縣皆多殺其長吏以應陳涉。沛令恐，欲以沛應涉。掾、主吏蕭何、曹參乃曰：『君爲秦吏，今欲背之，率沛子弟，恐不聽。願君召諸亡在外者，可得數百人，因劫衆，衆不敢不聽。』乃令樊噲召劉季。劉季之衆已數十百人矣。

於是樊噲從劉季來。沛令後悔，恐其有變，乃閉城城守，欲誅蕭、曹。蕭、曹恐，踰城保劉季。劉季乃書帛射城上，謂沛父老曰：『天下苦秦久矣。今父老雖爲沛令守，諸侯並起，今屠沛。沛今共誅令，擇子弟可立者立之，以應諸侯，則家室完。不然，父子俱屠，無爲也。』父老乃率子弟共殺沛令，開城門迎劉季，欲以爲沛令。劉季曰：『天下方擾，諸侯並起，今置將不善，壹敗塗地。吾非敢自愛，恐能薄，不能完父兄子弟。此大事，願更相推擇可者。』蕭、曹等皆文吏，自愛，恐事不就，後秦種族其家，盡讓劉季。諸父老皆曰：『平生所聞劉季諸珍怪，當貴，且卜筮之，莫如劉季最吉。』於是劉季數讓。衆莫敢爲，乃立季爲沛公。祠黃帝，祭蚩尤於沛庭，而釁鼓旗，幟皆赤。由所殺蛇白帝子，殺者赤帝子，故上赤。於是少年豪吏如蕭、曹、樊噲等皆爲收沛子弟二三千人，攻胡陵、方與，還守豐。

秦二世二年，陳涉之將周章軍西至戲而還。燕、趙、齊、魏皆自立爲王。項氏起吳。秦泗川監平將兵圍豐，二日，出與戰，破之。命雍齒守豐，引兵之薛。泗州守壯敗於薛，走至戚，沛公左司馬得泗川守壯，殺之。沛公還軍亢父，至方與，未戰。陳王使魏人周市略地。周市使人謂雍齒曰：『豐，故梁徙也。今魏地已定者數十城。齒今下魏，魏以齒爲侯守豐。不下，且屠豐。』雍齒雅不欲屬沛公，及魏招之，即反爲魏守豐。沛公引兵攻豐，不能取。沛公病，還之沛。沛公怨雍齒與豐子弟叛之，聞東陽寧君、秦嘉立景駒爲假王，在留，乃往從之，欲請兵以攻豐。是時秦將章邯從陳，別將司馬卬將兵北定楚地，屠相，至碭。東陽寧君、沛公引兵西，與戰蕭西，不利。還收兵聚留，引兵攻碭，三日乃取碭。因收碭兵，得五六千人。攻下邑，拔之。還軍豐。聞項梁在薛，從騎百餘往見之。項梁益沛公卒五千人，五大夫將十人。沛公還，引兵攻豐。

從項梁月餘，項羽已拔襄城還。項梁盡召別將居薛。聞陳王定死，因立楚後懷王孫心爲楚王，治盱台。項梁號武信君。居數月，北攻亢父，救東阿，破秦軍。齊軍歸，楚獨追北，使沛公、項羽別攻城陽，屠之。軍濮陽之東，與秦軍戰，破之。

秦軍復振，守濮陽，環水。楚軍去而攻定陶，定陶未下。沛公與項羽西略地至雍丘之下，與秦軍戰，大破之，斬李由。還攻外黃，外黃未下。

項梁再破秦軍，有驕色。宋義諫，不聽。秦益章邯兵，夜銜枚擊項梁，大破之定陶，項梁死。沛公與項羽方攻陳留，聞項梁死，引兵與呂將軍俱東。呂臣軍彭城東，項羽軍彭城西，沛公軍碭。

章邯已破項梁軍，則以爲楚地兵不足憂，乃渡河，北擊趙，大破之。當是之時，趙歇爲王，秦將王離圍之鉅鹿城，此所謂河北之軍也。

秦二世三年，楚懷王見項梁軍破，恐，徙盱台都彭城，并呂臣、項羽軍自將之。以沛公爲碭郡長，封爲武安侯，將碭郡兵。封項羽爲長安侯，號爲魯公。呂臣爲司徒，其父呂青爲令尹。

趙數請救，懷王乃以宋義爲上將軍，項羽爲次將，范增爲末將，北救

趙。令沛公西略地入關。與諸將約，先入定關中者王之。

當是時，秦兵强，常乘勝逐北，諸將莫利先入關。獨項羽怨秦破項梁軍，奮，願與沛公西入關。懷王諸老將皆曰：『項羽爲人慓悍猾賊。項羽嘗攻襄城，襄城無遺類，皆阬之，諸所過無不殘滅。且楚數進取，前陳王、項梁皆敗。不如更遣長者扶義而西，告諭秦父兄。秦父兄苦其主久矣，今誠得長者往，毋侵暴，宜可下。今項羽慓悍，今不可遣。獨沛公素寬大長者，可遣。』卒不許項羽，而遣沛公西略地，收陳王、項梁散卒。乃道碭至成陽，與杠里秦軍夾壁，破秦二軍。楚軍出兵擊王離，大破之。

沛公引兵西，遇彭越昌邑，因與俱攻秦軍，戰不利。還至栗，遇剛武侯，奪其軍，可四千餘人，并之。與魏將皇欣、魏申徒武蒲之軍并攻昌邑，昌邑未拔。西過高陽。酈食其爲監門，曰：『諸將過此者多，吾視沛公大人長者。』乃求見説沛公。沛公方踞牀，使兩女子洗足。酈生不拜，長揖，曰：『足下必欲誅無道秦，不宜踞見長者。』於是沛公起，攝衣謝之，延上坐。食其説沛公襲陳留，得秦積粟。乃以酈食其爲廣野君，酈商爲將，將陳留兵，與偕攻開封，開封未拔。西與秦將楊熊戰白馬，又戰曲遇東，大破之。楊熊走之滎陽，二世使使者斬以徇。南攻潁陽，屠之。因張良遂略韓地轘轅。

當是時，趙别將司馬卬方欲渡河入關，沛公乃北攻平陰，絶河津。南，戰雒陽東，軍不利，還至陽城，收軍中馬騎，與南陽守齮戰犨東，破之。略南陽郡，南陽守齮走，保城守宛。沛公引兵過而西。張良諫曰：『沛公雖欲急入關，秦兵尚衆，距險。今不下宛，宛從後擊，强秦在前，此危道也。』於是沛公乃夜引兵從他道還，更旗幟，黎明，圍宛城三匝。南陽守欲自剄。其舍人陳恢曰：『死未晚也。』乃踰城見沛公，曰：『臣聞足下約，先入咸陽者王之。今足下留守宛。宛，大郡之都也，連城數十，人民衆，積蓄多，吏人自以爲降必死，故皆堅守乘城。今足下盡日止攻，士死傷者必多；引兵去宛，宛必隨足下後：足下前則失咸陽之約，後又有强宛之患。爲足下計，莫若約降，封其守，因使止守，引其甲卒與之西。諸城未下者，聞聲爭開門而待，足下通行無所累。』沛公曰：『善。』乃以宛守爲殷侯，封陳恢千户。引兵西，無不下者。至丹水，高武侯鰓、襄侯王陵降西陵。還攻胡陽，遇番君别將梅鋗，與皆，降析、酈。遣魏人寧昌使秦，使者未來。是時章邯已以軍降項羽於趙矣。

初，項羽與宋義北救趙，及項羽殺宋義，代爲上將軍，諸將黥布皆屬，破秦將王離軍，降章邯，諸侯皆附。及趙高已殺二世，使人來，欲約分王關中。沛公以爲詐，乃用張良計，使酈生、陸賈往説秦將，啗以利，因襲攻武關，破之。又與秦軍戰於藍田南，益張疑兵旗幟，諸所過毋得掠鹵，秦人憙，秦軍解，因大破之。又戰其北，大破之。乘勝，遂破之。

漢元年十月，沛公兵遂先諸侯至霸上。秦王子嬰素車白馬，係頸以組，封皇帝璽符節，降軹道旁。諸將或言誅秦王。沛公曰：『始懷王遣我，固以能寬容；且人已服降，又殺之，不祥。』乃以秦王屬吏，遂西入咸陽。欲止宮休舍，樊噲、張良諫，乃封秦重寶財物府庫，還軍霸上。召諸縣父老豪桀曰：『父老苦秦苛法久矣，誹謗者族，偶語者棄市。吾與諸侯約，先入關者王之，吾當王關中。與父老約，法三章耳：殺人者死，傷人及盗抵罪。餘悉除去秦法。諸吏人皆案堵如故。凡吾所以來，爲父老除害，非有所侵暴，無恐！且吾所以還軍霸上，待諸侯至而定約束耳。』乃使人與秦吏行縣鄉邑，告諭之。秦人大喜，爭持牛羊酒食獻饗軍士。沛公又讓不受，曰：『倉粟多，非乏，不欲費人。』人又益喜，唯恐沛公不爲秦王。

或説沛公曰：『秦富十倍天下，地形强。今聞章邯降項羽，項羽乃號爲雍王，王關中。今則來，沛公恐不得有此。可急使兵守函谷關，無内諸侯軍，稍徵關中兵以自益，距之。』沛公然其計，從之。十一月中，項羽果率諸侯兵西，欲入關，關門閉。聞沛公已定關中，大怒，使黥布等攻破函谷關。十二月中，遂至戲。沛公左司馬曹無傷聞項王怒，欲攻沛公，使人言項羽曰：『沛公欲王關中，令子嬰爲相，珍寶盡有之。』欲以求封。亞父勸項羽擊沛公。方饗士，旦日合戰。是時項羽兵四十萬，號百萬。沛公兵十萬，號二十萬，力不敵。會項伯欲活張良，夜往見良，因以文諭項羽，項羽乃止。沛公從百餘騎，驅之鴻門，見謝項羽。項羽曰：『此沛公左司馬曹無傷言之。不然，籍何以生此！』沛公以樊噲、張良故，得解歸。歸，立誅曹無傷。

項羽遂西，屠燒咸陽秦宮室，所過無不殘破。秦人大失望，然恐，不敢不服耳。

項羽使人還報懷王。懷王曰：『如約。』項羽怨懷王不肯令與沛公俱西入關，而北救趙，後天下約。乃曰：『懷王者，吾家項梁所立耳，非有功伐，何以得主約！本定天下，諸將及籍也。』乃詳尊懷王爲義帝，實不用其命。

正月，項羽自立爲西楚霸王，王梁、楚地九郡，都彭城。負約，更立沛公爲漢王，王巴、蜀、漢中，都南鄭。三分關中，立秦三將：章邯爲雍王，都廢丘；司馬欣爲塞王，都櫟陽；董翳爲翟王，都高奴。楚將瑕丘申陽爲河南王，都洛陽。趙將司馬卬爲殷王，都朝歌。趙王歇徙王代。趙相張耳爲常山王，都襄國。當陽君黥布爲九江王，都六。懷王柱國共敖爲臨江王，都江陵。番君吳芮爲衡山王，都邾。燕將臧荼爲燕王，都薊。故燕王韓廣徙王遼東。廣不聽，臧荼攻殺之無終。封成安君陳餘河間三縣，居南皮。封梅鋗十萬户。

四月，兵罷戲下，諸侯各就國。漢王之國，項王使卒三萬人從，楚與諸侯之慕從者數萬人，從杜南入蝕中。去輒燒絕棧道，以備諸侯盜兵襲之，亦示項羽無東意。至南鄭，諸將及士卒多道亡歸，士卒皆歌思東歸。韓信説漢王曰：『項羽王諸將之有功者，而王獨居南鄭，是遷也。軍吏士卒皆山東之人也，日夜跂而望歸，及其鋒而用之，可以有大功。天下已定，人皆自寧，不可復用。不如決策東鄉，爭權天下。』

項羽出關，使人徙義帝。曰：『古之帝者地方千里，必居上游。』乃使使徙義帝長沙郴縣，趣義帝行，羣臣稍倍叛之，乃陰令衡山王、臨江王擊之，殺義帝江南。項羽怨田榮，立齊將田都爲齊王。田榮怒，因自立爲齊王，殺田都而反楚；予彭越將軍印，令反梁地。楚令蕭公角擊彭越，彭越大破之。陳餘怨項羽之弗王己也，令夏説説田榮，請兵擊張耳。齊予陳餘兵，擊破常山王張耳，張耳亡歸漢。迎趙王歇於代，復立爲趙王。趙王因立陳餘爲代王。項羽大怒，北擊齊。

八月，漢王用韓信之計，從故道還，襲雍王章邯。邯迎擊漢陳倉，雍兵敗，還走；止戰好時，又復敗，走廢丘。漢王遂定雍地。東至咸陽，引兵圍雍王廢丘，而遣諸將略定隴西、北地、上郡。令將軍薛歐、王吸出武關，因王陵兵南陽，以迎太公、呂后於沛。楚聞之，發兵距之陽夏，不得前。令故吳令鄭昌爲韓王，距漢兵。

二年，漢王東略地，塞王欣、翟王翳、河南王申陽皆降。韓王昌不聽，使韓信擊破之。於是置隴西、北地、上郡、渭南、河上、中地郡；關外置河南郡。更立韓太尉信爲韓王。諸將以萬人若以一郡降者，封萬户。繕治河上塞。諸故秦苑囿園池，皆令人得田之，正月，虜雍王弟章平。大赦罪人。

漢王之出關至陝，撫關外父老，還，張耳來見，漢王厚遇之。

二月，令除秦社稷，更立漢社稷。

三月，漢王從臨晉渡，魏王豹將兵從。下河内，虜殷王，置河内郡。南渡平陰津，至雒陽。新城三老董公遮説漢王以義帝死故。漢王聞之，袒而大哭。遂爲義帝發喪，臨三日。發使者告諸侯曰：『天下共立義帝，北面事之。今項羽放殺義帝於江南，大逆無道。寡人親爲發喪，諸侯皆縞素。悉發關内兵，收三河士，南浮江漢以下，願從諸侯王擊楚之殺義帝者。』

是時項王北擊齊，田榮與戰城陽。田榮敗，走平原，平原民殺之。齊皆降楚。楚因焚燒其城郭，係虜其子女。齊人叛之。田榮弟橫立榮子廣爲齊王，齊王反楚城陽。項羽雖聞漢東，既已連齊兵，欲遂破之而擊漢。漢王以故得劫五諸侯兵，遂入彭城。項羽聞之，乃引兵去齊，從魯出胡陵，至蕭，與漢大戰彭城靈壁東睢水上，大破漢軍，多殺士卒，睢水爲之不流。乃取漢王父母妻子於沛，置之軍中以爲質。當是時，諸侯見楚强漢敗，還皆去漢復爲楚。塞王欣亡入楚。

呂后兄周呂侯爲漢將兵，居下邑。漢王從之，稍收士卒，軍碭。漢王乃西過梁地，至虞。使謁者隨何之九江王布所，曰：『公能令布舉兵叛楚，項羽必留擊之。得留數月，吾取天下必矣。』隨何往説九江王布，布果背楚。楚使龍且往擊之。

漢王之敗彭城而西，行使人求家室，家室亦亡，不相得。敗後乃獨得孝惠，六月，立爲太子，大赦罪人。令太子守櫟陽，諸侯子在關中者皆集櫟陽爲衛。引水灌廢丘，廢丘降，章邯自殺。更名廢丘爲槐里。於是令祠官祀天地四方上帝山川，以時祀之。興關内卒乘塞。

是時九江王布與龍且戰，不勝，與隨何閒行歸漢。漢王稍收士卒，與諸將及關中卒益出，是以兵大振滎陽，破楚京、索閒。

三年，魏王豹謁歸視親疾，至卽絕河津，反爲楚。漢王使酈生說豹，豹不聽。漢王遣將軍韓信擊，大破之，虜豹。遂定魏地，置三郡，曰河東、太原、上黨。漢王乃令張耳與韓信遂東下井陘擊趙，斬陳餘、趙王歇。其明年，立張耳爲趙王。

漢王軍滎陽南，築甬道屬之河，以取敖倉。與項羽相距歲餘。項羽數侵奪漢甬道，漢軍乏食，遂圍漢王。漢王請和，割滎陽以西者爲漢。項王不聽。漢王患之，乃用陳平之計，予陳平金四萬斤，以間疏楚君臣。於是項羽乃疑亞父。亞父是時勸項羽遂下滎陽，及其見疑，乃怒，辭老，願賜骸骨歸卒伍，未至彭城而死。

漢軍絕食，乃夜出女子東門二千餘人，被甲，楚因四面擊之。將軍紀信乃乘王駕，詐爲漢王，誑楚，楚皆呼萬歲，之城東觀，以故漢王得與數十騎出西門遁。令御史大夫周苛、魏豹、樅公守滎陽。諸將卒不能從者，盡在城中。周苛、樅公相謂曰：『反國之王，難與守城。』因殺魏豹。

漢王之出滎陽入關，收兵欲復東。袁生說漢王曰：『漢與楚相距滎陽數歲，漢常困。願君王出武關，項羽必引兵南走，王深壁，令滎陽成皋間且得休。使韓信等輯河北趙地，連燕齊，君王乃復走滎陽，未晚也。如此，則楚所備者多，力分，漢得休，復與之戰，破楚必矣。』漢王從其計，出軍宛葉間，與黥布行收兵。

項羽聞漢王在宛，果引兵南。漢王堅壁不與戰。是時彭越渡睢水，與項聲、薛公戰下邳，彭越大破楚軍。項羽乃引兵東擊彭越。漢王亦引兵北軍成皋。項羽已破走彭越，聞漢王復軍成皋，乃復引兵西，拔滎陽，誅周苛、樅公，而虜韓王信，遂圍成皋。

漢王跳，獨與滕公共車出成皋玉門，北渡河，馳宿脩武。自稱使者，晨馳入張耳、韓信壁，而奪之軍。乃使張耳北益收兵趙地，使韓信東擊齊。漢王得韓信軍，則復振。引兵臨河，南饗軍小脩武南，欲復戰。郎中鄭忠乃說止漢王，使高壘深塹，勿與戰。漢王聽其計，使盧綰、劉賈將卒二萬人，騎數百，渡白馬津，入楚地，與彭越復擊破楚軍燕郭西，遂復下梁地十餘城。

淮陰已受命東，未渡平原。漢王使酈生往說齊王田廣，廣叛楚，與漢和，共擊項羽。韓信用蒯通計，遂襲破齊。齊王烹酈生，東走高密。項羽聞韓信已舉河北兵破齊、趙，且欲擊楚，則使龍且、周蘭往擊之。韓信與戰，騎將灌嬰擊，大破楚軍，殺龍且。齊王廣犇彭越。當此時，彭越將兵居梁地，往來苦楚兵，絕其糧食。

四年，項羽乃謂海春侯大司馬曹咎曰：『謹守成皋。若漢挑戰，慎勿與戰，無令得東而已。我十五日必定梁地，復從將軍。』乃行擊陳留、外黃、睢陽，下之。漢果數挑楚軍，楚軍不出，使人辱之五六日，大司馬怒，度兵汜水。士卒半渡，漢擊之，大破楚軍，盡得楚國金玉貨賂。大司馬咎、長史欣皆自剄汜水上。項羽至睢陽，聞海春侯破，乃引兵還。漢軍方圍鍾離眛於滎陽東，項羽至，盡走險阻。

韓信已破齊，使人言曰：『齊邊楚，權輕，不爲假王，恐不能安齊。』漢王欲攻之。留侯曰：『不如因而立之，使自爲守。』乃遣張良操印綬立韓信爲齊王。

項羽聞龍且軍破，則恐，使盱台人武涉往說韓信。韓信不聽。

楚漢久相持未決，丁壯苦軍旅，老弱罷轉饟。漢王項羽相與臨廣武之間而語。項羽欲與漢王獨身挑戰。漢王數項羽曰：『始與項羽俱受命懷王，曰先入定關中者王之，項羽負約，王我於蜀漢，罪一。項羽矯殺卿子冠軍而自尊，罪二。項羽已救趙，當還報，而擅劫諸侯兵入關，罪三。懷王約入秦無暴掠，項羽燒秦宮室，掘始皇帝冢，私收其財物，罪四。又强殺秦降王子嬰，罪五。詐阬秦子弟新安二十萬，王其將，罪六。項羽皆王諸將善地，而徙逐故主，令臣下爭叛逆，罪七。項羽出逐義帝彭城，自都之，奪韓王地，并王梁楚，多自予，罪八。項羽使人陰弒義帝江南，罪九。夫爲人臣而弒其主，殺已降，爲政不平，主約不信，天下所不容，大逆無道，罪十也。吾以義兵從諸侯誅殘賊，使刑餘罪人擊殺項羽，何苦乃與公挑戰！』項羽大怒，伏弩射中漢王。漢王傷匈，乃捫足曰：『虜中吾指！』漢王病創臥，張良强請漢王起行勞軍，以安士卒，毋令楚乘勝於漢。漢王出行軍，病甚，因馳入成皋。

病癒，西入關，至櫟陽，存問父老，置酒，梟故塞王欣頭櫟陽市。留四日，復如軍，軍廣武。關中兵益出。

當此時，彭越將兵居梁地，往來苦楚兵，絕其糧食。田橫往從之。項羽數擊彭越等，齊王信又進擊楚。項羽恐，乃與漢王約，中分天下，割鴻

溝而西者爲漢，鴻溝而東者爲楚。項王歸漢王父母妻子，軍中皆呼萬歲，乃歸而別去。

項羽解而東歸。漢王欲引而西歸，用留侯、陳平計，乃進兵追項羽，至陽夏南止軍，與齊王信、建成侯彭越期會而擊楚軍。至固陵，不會。楚擊漢軍，大破之。漢王復入壁，深塹而守之。用張良計，於是韓信、彭越皆往。及劉賈入楚地，圍壽春，漢王敗固陵，乃使使者召大司馬周殷舉九江兵而迎武王，行屠城父，隨劉賈、齊梁諸侯皆大會垓下。立武王布爲淮南王。

五年，高祖與諸侯兵共擊楚軍，與項羽決勝垓下。淮陰侯將三十萬自當之，孔將軍居左，費將軍居右，皇帝在後，絳侯、柴將軍在皇帝後。項羽之卒可十萬。淮陰先合，不利，卻。孔將軍、費將軍縱，楚兵不利，淮陰侯復乘之，大敗垓下。項羽卒聞漢軍之楚歌，以爲漢盡得楚地，項羽乃敗而走，是以兵大敗。使騎將灌嬰追殺項羽東城，斬首八萬，遂略定楚地。魯爲楚堅守不下。漢王引諸侯兵北，示魯父老項羽頭，魯乃降。遂以魯公號葬項羽穀城。還至定陶，馳入齊王壁，奪其軍。

正月，諸侯及將相相與共請尊漢王爲皇帝。漢王曰：『吾聞帝賢者有也，空言虛語，非所守也，吾不敢當帝位。』羣臣皆曰：『大王起微細，誅暴逆，平定四海，有功者輒裂地而封爲王侯。大王不尊號，皆疑不信。臣等以死守之。』漢王三讓，不得已，曰：『諸君必以爲便，便國家。』甲午，乃卽皇帝位氾水之陽。

皇帝曰義帝無後。齊王韓信習楚風俗，徙爲楚王，都下邳。立建成侯彭越爲梁王，都定陶。故韓王信爲韓王，都陽翟。徙衡山王吳芮爲長沙王，都臨湘。番君之將梅鋗有功，從入武關，故德番君。淮南王布、燕王臧荼、趙王敖皆如故。

天下大定。高祖都雒陽，諸侯皆臣屬。故臨江王驩爲項羽叛漢，令盧綰、劉賈圍之，不下。數月而降，殺之雒陽。

五月，兵皆罷歸家。諸侯子在關中者復之十二歲，其歸者復之六歲，食之一歲。

高祖置酒雒陽南宮。高祖曰：『列侯諸將無敢隱朕，皆言其情。吾所以有天下者何？項氏之所以失天下者何？』高起、王陵對曰：『陛下慢而侮人，項羽仁而愛人。然陛下使人攻城掠地，所降下者因以予之，與天下同利也。項羽妒賢嫉能，有功者害之，賢者疑之，戰勝而不予人功，得地而不予人利，此所以失天下也。』高祖曰：『公知其一，未知其二。夫運籌策帷帳之中，決勝於千里之外，吾不如子房。鎮國家，撫百姓，給餽饟，不絕糧道，吾不如蕭何。連百萬之軍，戰必勝，攻必取，吾不如韓信。此三者，皆人傑也，吾能用之，此吾所以取天下也。項羽有一范增而不能用，此其所以爲我擒也。』

高祖欲長都雒陽，齊人劉敬說，乃留侯勸上入都關中，高祖是日駕，入都關中。六月，大赦天下。

十月，燕王臧荼反，攻下代地。高祖自將擊之，得燕王臧荼。卽立太尉盧綰爲燕王。使丞相噲將兵攻代。

其秋，利幾反，高祖自將兵擊之，利幾走。利幾者，項氏之將。項氏敗，利幾爲陳公，不隨項羽，亡降高祖，高祖侯之潁川。高祖至雒陽，舉通侯籍召之，而利幾恐，故反。

六年，高祖五日一朝太公，如家人父子禮。太公家令說太公曰：『天無二日，土無二王。今高祖雖子，人主也；太公雖父，人臣也。奈何令人主拜人臣！如此，則威重不行。』後高祖朝，太公擁篲，迎門卻行。高祖大驚，下扶太公。太公曰：『帝，人主也，奈何以我亂天下法！』於是高祖乃尊太公爲太上皇。心善家令言，賜金五百斤。

十二月，人有上變事告楚王信謀反，上問左右，左右爭欲擊之。用陳平計，乃僞遊雲夢，會諸侯於陳，楚王信迎，卽因執之。是日，大赦天下。田肯賀，因說高祖曰：『陛下得韓信，又治秦中。秦，形勝之國，帶河山之險，縣隔千里，持戟百萬，秦得百二焉。地埶便利，其以下兵於諸侯，譬猶居高屋之上建瓴水也。夫齊，東有琅邪、卽墨之饒，南有泰山之固，西有濁河之限，北有勃海之利。地方二千里，持戟百萬，縣隔千里之外，齊得十二焉。故此東西秦也。非親子弟，莫可使王齊矣。』高祖曰：『善。』賜黃金五百斤。

後十餘日，封韓信爲淮陰侯，分其地爲二國。高祖曰將軍劉賈數有功，以爲荊王，王淮東。弟交爲楚王，王淮西。子肥爲齊王，王七十餘城，民能齊言者皆屬齊。乃論功，與諸列侯剖符行封。徙韓王信太原。

七年，匈奴攻韓王信馬邑，信因與謀反太原。白土曼丘臣、王黄立故趙將趙利爲王以反，高祖自往擊之。會天寒，士卒墮指者什二三，遂至平城。匈奴圍我平城，七日而後罷去。令樊噲止定代地。立兄劉仲爲代王。

二月，高祖自平城過趙、雒陽，至長安。長樂宮成，丞相已下徙治長安。

八年，高祖東擊韓王信餘反寇於東垣。

蕭丞相營作未央宮，立東闕、北闕、前殿、武庫、太倉。高祖還，見宮闕壯甚，怒，謂蕭何曰：「天下匈匈苦戰數歲，成敗未可知，是何治宮室過度也？」蕭何曰：「天下方未定，故可因遂就宮室。且夫天子四海爲家，非壯麗無以重威，且無令後世有以加也。」高祖乃説。

高祖之東垣，過柏人，趙相貫高等謀弑高祖，高祖心動，因不留。代王劉仲棄國亡，自歸雒陽，廢以爲合陽侯。

九年，趙相貫高等事發覺，夷三族。廢趙王敖爲宣平侯。是歲，徙貴族楚昭、屈、景、懷、齊田氏關中。

未央宮成。高祖大朝諸侯羣臣，置酒未央前殿。高祖奉玉卮，起爲太上皇壽，曰：「始大人常以臣無賴，不能治產業，不如仲力。今某之業所就孰與仲多？」殿上羣臣皆呼萬歲，大笑爲樂。

十年十月，淮南王黥布、梁王彭越、燕王盧綰、荆王劉賈、楚王劉交、齊王劉肥、長沙王吴芮皆來朝長樂宮。春夏無事。

七月，太上皇崩櫟陽宮。楚王、梁王皆來送葬。赦櫟陽囚。更命酈邑曰新豐。

八月，趙相國陳豨反代地。上曰：「豨嘗爲吾使，甚有信。代地吾所急也，故封豨爲列侯，以相國守代，今乃與王黄等劫掠代地！代地吏民非有罪也。其赦代吏民。」九月，上自東往擊之。至邯鄲，上喜曰：「豨不南據邯鄲而阻漳水，吾知其無能爲也。」聞豨將皆故賈人也，上曰：「吾知所以與之。」乃多以金啗豨將，豨將多降者。

十一年，高祖在邯鄲誅豨等未畢，豨將侯敞將萬餘人遊行，王黄軍曲逆，張春渡河擊聊城。漢使將軍郭蒙與齊將擊，大破之。太尉周勃道太原入，定代地。至馬邑，馬邑不下，卽攻殘之。

豨將趙利守東垣，高祖攻之，不下。月餘，卒罵高祖，高祖怒。城降，令出罵者斬之，不罵者原之。於是乃分趙山北，立子恆以爲代王，都晉陽。

春，淮陰侯韓信謀反關中，夷三族。

夏，梁王彭越謀反，廢遷蜀；復欲反，遂夷三族。立子恢爲梁王，子友爲淮陽王。

秋七月，淮南王黥布反，東并荆王劉賈地，北渡淮，楚王交走入薛。高祖自往擊之。立子長爲淮南王。

十二年，十月，高祖已擊布軍會甀，布走，令別將追之。

高祖還歸，過沛，留。置酒沛宮，悉召故人父老子弟縱酒，發沛中兒得百二十人，教之歌。酒酣，高祖擊筑，自爲歌詩曰：「大風起兮雲飛揚，威加海内兮歸故鄉，安得猛士兮守四方！」令兒皆和習之。高祖乃起舞，慷慨傷懷，泣數行下。謂沛父兄曰：「遊子悲故鄉。吾雖都關中，萬歲後吾魂魄猶樂思沛。且朕自沛公以誅暴逆，遂有天下，其以沛爲朕湯沐邑，復其民，世世無有所與。」沛父兄諸母故人日樂飲極驩，道舊故爲笑樂。十餘日，高祖欲去，沛父兄固請留高祖。高祖曰：「吾人衆多，父兄不能給。」乃去。沛中空縣皆之邑西獻。高祖復留止，張飲三日。沛父兄皆頓首曰：「沛幸得復，豐未復，唯陛下哀憐之。」高祖曰：「豐吾所生長，極不忘耳，吾特爲其以雍齒故反我爲魏。」沛父兄固請，乃并復豐，比沛。於是拜沛侯劉濞爲吴王。

漢將別擊布軍洮水南北，皆大破之，追得斬布鄱陽。

樊噲別將兵定代，斬陳豨當城。

十一月，高祖自布軍至長安。十二月，高祖曰：「秦始皇帝、楚隱王陳涉、魏安釐王、齊緡王、趙悼襄王皆絶無後，予守冢各十家，秦皇帝二十家，魏公子無忌五家。」赦代地吏民爲陳豨、趙利所劫掠者，皆赦之。陳豨降將言豨反時，燕王盧綰使人之豨所，與陰謀。上使辟陽侯迎綰，綰稱病。辟陽侯歸，具言綰反有端矣。二月，使樊噲、周勃將兵擊燕王綰，赦燕吏民與反者。立皇子建爲燕王。

高祖擊布時，爲流矢所中，行道病。病甚，呂后迎良醫，醫入見，高祖問醫，醫曰：「病可治。」於是高祖嫚罵之曰：「吾以布衣提三尺劍取天下，此非天命乎？命乃在天，雖扁鵲何益！」遂不使治病，賜金五十

斤罷之。已而呂后問：『陛下百歲後，蕭相國卽死，令誰代之？』上曰：『曹參可。』問其次，上曰：『王陵可。然陵少戇，陳平可以助之。陳平智有餘，然難以獨任。周勃重厚少文，然安劉氏者必勃也，可令爲太尉。』呂后復問其次，上曰：『此後亦非而所知也。』

盧綰與數千騎居塞下候伺，幸上病愈自入謝。

四月甲辰，高祖崩長樂宮。四日不發喪。呂后與審食其謀曰：『諸將與帝爲編户民，今北面爲臣，此常怏怏，今乃事少主，非盡族是，天下不安。』人或聞之，語酈將軍。酈將軍往見審食其，曰：『吾聞帝已崩，四日不發喪，欲誅諸將。誠如此，天下危矣。陳平、灌嬰將十萬守滎陽，樊噲、周勃將二十萬定燕、代，此聞帝崩，諸將皆誅，必連兵還鄉以攻關中。大臣內叛，諸侯外反，亡可翹足而待也。』審食其入言之，乃以丁未發喪，大赦天下。

盧綰聞高祖崩，遂亡入匈奴。

丙寅，葬。己巳，立太子，至太上皇廟。羣臣皆曰：『高祖起微細，撥亂世反之正，平定天下，爲漢太祖，功最高。』上尊號爲高皇帝。太子襲號爲皇帝，孝惠帝也。令郡國諸侯各立高祖廟，以歲時祠。

及孝惠五年，思高祖之悲樂沛，以沛宮爲高祖原廟。高祖所教歌兒百二十人，皆令爲吹樂，後有缺，輒補之。

高帝八男：長庶齊悼惠王肥；次孝惠，呂后子；次戚夫人子趙隱王如意；次代王恆，已立爲孝文帝，薄太后子；次梁王恢，呂太后時徙爲趙共王；次淮陽王友，呂太后時徙爲趙幽王；次淮南厲王長；次燕王建。

太史公曰：夏之政忠。忠之敝，小人以野，故殷人承之以敬。敬之敝，小人以鬼，故周人承之以文。文之敝，小人以僿，故救僿莫若以忠。三王之道若循環，終而復始。周秦之間，可謂文敝矣。秦政不改，反酷刑法，豈不繆乎？故漢興，承敝易變，使人不倦，得天統矣。朝以十月。車服黄屋左纛。葬長陵。

《漢書》卷一《高帝紀》　高祖，沛豐邑中陽里人也，姓劉氏。母媪嘗息大澤之陂，夢與神遇。是時雷電晦冥，父太公往視，則見交龍於上。已而有娠，遂產高祖。

高祖爲人，隆準而龍顏，美鬚髯，左股有七十二黑子。寬仁愛人，意豁如也。常有大度，不事家人生產作業。及壯，試吏，爲泗上亭長，廷中吏無所不狎侮。好酒及色。常從王媪、武負貰酒，時飲醉臥，武負、王媪見其上常有怪。高祖每酤留飲，酒讎數倍。及見怪，歲竟，此兩家常折券棄責。

高祖常繇咸陽，縱觀秦皇帝，喟然大息，曰：『嗟乎，大丈夫當如此矣！』

單父人呂公善沛令，辟仇，從之客，因家焉。沛中豪傑吏聞令有重客，皆往賀。蕭何爲主吏，主進，令諸大夫曰：『進不滿千錢，坐之堂下。』高祖爲亭長，素易諸吏，乃紿爲謁曰『賀錢萬』，實不持一錢。謁入，呂公大驚，起，迎之門。呂公者，好相人，見高祖狀貌，因重敬之，引入坐上坐。蕭何曰：『劉季固多大言，少成事。』高祖因狎侮諸客，遂坐上坐，無所詘。酒闌，呂公因目固留高祖。竟酒，後。呂公曰：『臣少好相人，相人多矣，無如季相，願季自愛。臣有息女，願爲箕帚妾。』酒罷，呂媪怒呂公曰：『公始常欲奇此女，與貴人。沛令善公，求之不與，何自妄許與劉季？』呂公曰：『此非兒女子所知。』卒與高祖。呂公女卽呂后也，生孝惠帝、魯元公主。

高祖嘗告歸之田。呂后與兩子居田中，有一老父過，請飲，呂后因餔之。老父相后曰：『夫人天下貴人也。』令相兩子，見孝惠帝，曰：『夫人所以貴者，乃此男也。』相魯元公主，亦皆貴。老父已去，高祖適從旁舍來，呂后具言：『客有過，相我子母皆大貴。』高祖問，曰：『未遠。』乃追及，問老父。老父曰：『鄉者夫人兒子皆以君，君相貴不可言。』高祖乃謝曰：『誠如父言，不敢忘德。』及高祖貴，遂不知老父處。

高祖爲亭長，乃以竹皮爲冠，令求盜之薛治，時時冠之，及貴常冠，所謂『劉氏冠』也。

高祖以亭長爲縣送徒驪山，徒多道亡。自度比至皆亡之，到豐西澤中亭，止飲，夜皆解縱所送徒，曰：『公等皆去，吾亦從此逝矣！』徒中壯士願從者十餘人。高祖被酒，夜徑澤中，令一人行前。行前者還報曰：『前有大蛇當徑，願還。』高祖醉，曰：『壯士行，何畏！』乃前，拔劍斬蛇。蛇分爲兩，道開。行數里，醉困臥。後人來至蛇所，有一老嫗夜

哭。人問嫗何哭，嫗曰：『人殺吾子。』人曰：『嫗子何爲見殺？』嫗曰：『吾子，白帝子也，化爲蛇，當道，今者赤帝子斬之，故哭。』人乃以嫗爲不誠，欲苦之，嫗因忽不見。後人至，高祖覺。告高祖，高祖乃心獨喜，自負。諸從者日益畏之。

秦始皇帝嘗曰『東南有天子氣』，於是東遊以猒當之。高祖隱于芒、碭山澤間，呂后與人俱求，常得之。高祖怪問呂后，后曰：『季所居上常有雲氣，故從往常得季。』高祖又喜。沛中子弟或聞之，多欲附者。

秦二世元年秋七月，陳涉起蘄。至陳，自立爲楚王，遣武臣、張耳、陳餘略趙地。八月，武臣自立爲趙王。郡縣多殺長吏以應涉。九月，沛令欲以沛應之。掾、主吏蕭何、曹參曰：『君爲秦吏，今欲背之，帥沛子弟，恐不聽。願君召諸亡在外者，可得數百人，因以劫衆，衆不敢不聽。』乃令樊噲召高祖。高祖之衆已數百人矣。

於是樊噲從高祖來。沛令後悔，恐其有變，乃閉城城守，欲誅蕭、曹。蕭、曹恐，踰城保高祖。高祖乃書帛射城上，與沛父老曰：『天下同苦秦久矣。今父老雖爲沛令守，諸侯並起，今屠沛。沛今共誅令，擇可立立之，以應諸侯，卽室家完。不然，父子俱屠，無爲也。』父老乃帥子弟共殺沛令，開城門迎高祖，欲以爲沛令。高祖曰：『天下方擾，諸侯並起，今置將不善，一敗塗地。吾非敢自愛，恐能薄，不能完父兄子弟。此大事，願更擇可者。』蕭、曹皆文吏，自愛，恐事不就，後秦種族其家，盡讓高祖。諸父老皆曰：『平生所聞劉季奇怪，當貴，且卜筮之，莫如劉季最吉。』高祖數讓，衆莫肯爲，高祖乃立爲沛公。祠黃帝，祭蚩尤於沛廷，而釁鼓旗。幟皆赤，由所殺蛇白帝子，殺者赤帝子故也。於是少年豪吏如蕭、曹、樊噲等皆爲收沛子弟，得三千人。

是月，項梁與兄子羽起吳。田儋與從弟榮、橫起齊，自立爲齊王。韓廣自立爲燕王。魏咎自立爲魏王。陳涉之將周章西入關，至戲，秦將章邯距破之。

秦二年十月，沛公攻胡陵、方與，還守豐。秦泗川監平將兵圍豐。二日，出與戰，破之。令雍齒守豐。十一月，沛公引兵之薛。秦泗川守壯兵敗于薛，走至戚，沛公左司馬得殺之。沛公還軍亢父，至方與。趙王武臣爲其將所殺。十二月，楚王陳涉爲其御莊賈所殺。魏人周市略地豐沛，使人謂雍齒曰：『豐，故梁徙也。今魏地已定者數十城。齒今下魏，魏以齒爲侯守豐；不下，且屠豐。』雍齒雅不欲屬沛公，及魏招之，卽反爲魏守豐。沛公攻豐，不能取。沛公還之沛，怨雍齒與豐子弟畔之。

正月，張耳等立趙後趙歇爲趙王。東陽寧君、秦嘉立景駒爲楚王，在留。沛公往從之，道得張良，遂與俱見景駒，請兵以攻豐。時章邯從陳，別將司馬卬將兵北定楚地，屠相，至碭。東陽寧君、沛公引兵西，與戰蕭西，不利，還收兵聚留。二月，攻碭，三日拔之。收碭兵，得六千人，與故合九千人。三月，攻下邑，拔之。還擊豐，不下。四月，項梁擊殺景駒、秦嘉，止薛，沛公往見之。項梁益沛公卒五千人，五大夫將十人。沛公還，引兵攻豐，拔之。雍齒奔魏。

五月，項羽拔襄城還。項梁盡召別將。六月，沛公如薛，與項梁共立楚懷王孫心爲楚懷王。章邯破殺魏王咎、齊王田儋於臨濟。七月，大霖雨。沛公攻亢父。章邯圍田榮于東阿。沛公與項梁共救田榮，大破章邯東阿。田榮歸，沛公、項羽追北，至城陽，攻屠其城。軍濮陽東，復與章邯戰，又破之。

章邯復振，守濮陽，環水。沛公、項羽去攻定陶。八月，田榮立田儋子市爲齊王。定陶未下，沛公與項羽西略地至雍丘，與秦軍戰，大敗之，斬三川守李由。還攻外黃，外黃未下。

項梁再破秦軍，有驕色。宋義諫，不聽。秦益章邯兵。九月，章邯夜銜枚擊項梁定陶，大破之，殺項梁。時連雨自七月至九月。沛公、項羽方攻陳留，聞梁死，士卒恐，乃與將軍呂臣引兵而東，徙懷王自盱台都彭城。呂臣軍彭城東，項羽軍彭城西，沛公軍碭。魏咎弟豹自立爲魏王。後九月，懷王幷呂臣、項羽軍自將之。以沛公爲碭郡長，封武安侯，將碭郡兵。以羽爲魯公，封長安侯。呂臣爲司徒，其父呂青爲令尹。

章邯已破項梁，以爲楚地兵不足憂，乃渡河北擊趙王歇，大破之。歇保巨鹿城，秦將王離圍之。趙數請救，懷王乃以宋義爲上將，項羽爲次將，范增爲末將，北救趙。

初，懷王與諸將約，先入定關中者王之。當是時，秦兵强，常乘勝逐北，諸將莫利先入關。獨羽怨秦破項梁，奮勢，願與沛公西入關。懷王諸老將皆曰：『項羽爲人慓悍禍賊，嘗攻襄城，襄城無噍類，所過無不殘

滅。且楚數進取，前陳王、項梁皆敗，不如更遣長者扶義而西，告諭秦父兄。秦父兄苦其主久矣，今誠得長者往，毋侵暴，宜可下。項羽不可遣，獨沛公素寬大長者。』卒不許羽，而遣沛公西收陳王、項梁散卒。乃道碭至城陽與杠里，攻秦軍壁，破其二軍。

秦三年十月，齊將田都畔田榮，將兵助項羽救趙。沛公攻破東郡尉於成武。十一月，項羽殺宋義，并其兵渡河，自立爲上將軍，諸將黥布等皆屬。十二月，沛公引兵至栗，遇剛武侯，奪其軍四千餘人，并之，與魏將皇欣、武滿軍合攻秦軍，破之。故齊王建孫田安下濟北，從項羽救趙。羽大破秦軍鉅鹿下，虜王離，走章邯。

二月，沛公從碭北攻昌邑，遇彭越。越助攻昌邑，未下。沛公西過高陽，酈食其爲里監門，曰：『諸將過此者多，吾視沛公大度。』乃求見沛公。沛公方踞牀，使兩女子洗。酈生不拜，長揖曰：『足下必欲誅無道秦，不宜踞見長者。』於是沛公起，攝衣謝之，延上坐。食其說沛公襲陳留。沛公以爲廣野君，以其弟商爲將，將陳留兵。三月，攻開封，未拔。西與秦將楊熊會戰白馬，又戰曲遇東，大破之。楊熊走之滎陽，二世使使斬之以徇。四月，南攻潁川，屠之。因張良遂略韓地。

時趙別將司馬卬方欲渡河入關，沛公乃北攻平陰，絕河津。南，戰雒陽東，軍不利，從轘轅至陽城，收軍中馬騎。六月，與南陽守齮戰犨東，破之。略南陽郡，南陽守走，保城守宛。沛公引兵過宛西。張良諫曰：『沛公雖欲急入關，秦兵尚衆，距險。今不下宛，宛從後擊，强秦在前，此危道也。』於是沛公乃夜引軍從他道還，偃旗幟，遲明，圍宛城三帀。南陽守欲自剄，其舍人陳恢曰：『死未晚也。』乃踰城見沛公，曰：『臣聞足下約先入咸陽者王之，今足下留守宛。宛郡縣連城數十，其吏民自以爲降必死，故皆堅守乘城。今足下盡日止攻，士死傷者必多；引兵去，宛必隨足下。足下前則失咸陽之約，後有强宛之患。爲足下計，莫若約降，封其守，因使止守，引其甲卒與之西。諸城未下者，聞聲爭開門而待足下，足下通行無所累。』沛公曰：『善。』七月，南陽守齮降，封爲殷侯，封陳恢千户。引兵西，無不下者。至丹水，高武侯鰓、襄侯王陵降。還攻胡陽，遇番君別將梅鋗，與偕攻析、酈，皆降。所過毋得鹵掠，秦民喜。遣魏人寧昌使秦。是月，章邯舉軍降項羽，羽以爲雍王。瑕丘申陽下河南。

八月，沛公攻武關，入秦。秦相趙高恐，乃殺二世，使人來，欲約分王關中，沛公不許。九月，趙高立二世兄子子嬰爲秦王。子嬰誅滅趙高，遣將將兵距嶢關。沛公欲擊之，張良曰：『秦兵尚强，未可輕。願先遣人益張旗幟於山上爲疑兵，使酈食其、陸賈往說秦將，啗以利。』秦將果欲連和，沛公欲許之。張良曰：『此獨其將欲叛，恐其士卒不從，不如因其怠懈擊之。』沛公引兵繞嶢關，踰蕢山，擊秦軍，大破之藍田南。遂至藍田，又戰其北，秦兵大敗。

元年冬十月，五星聚于東井。沛公至霸上。秦王子嬰素車白馬，係頸以組，封皇帝璽符節，降枳道旁。諸將或言誅秦王，沛公曰：『始懷王遣我，固以能寬容，且人已服降，殺之不祥。』乃以屬吏。遂西入咸陽。欲止宮休舍，樊噲、張良諫，乃封秦重寶財物府庫，還軍霸上。蕭何盡收秦丞相府圖籍文書。十一月，召諸縣豪桀曰：『父老苦秦苛法久矣，誹謗者族，耦語者棄市。吾與諸侯約，先入關者王之，吾當王關中。與父老約，法三章耳：殺人者死，傷人及盜抵罪。餘悉除去秦法。吏民皆按堵如故。凡吾所以來，爲父兄除害，非有所侵暴，毋恐！且吾所以軍霸上，待諸侯至而定要束耳。』乃使人與秦吏行至縣鄉邑告諭之。秦民大喜，爭持牛羊酒食獻享軍士。沛公讓不受，曰：『倉粟多，不欲費民。』民又益喜，唯恐沛公不爲秦王。

或說沛公曰：『秦富十倍天下，地形强。今聞章邯降項羽，羽號曰雍王，王關中。卽來，沛公恐不得有此。可急使守函谷關，毋内諸侯軍，稍徵關中兵以自益，距之。』沛公然其計，從之。十二月，項羽果帥諸侯兵欲西入關，關門閉。聞沛公已定關中，羽大怒，使黥布等攻破函谷關，遂至戲下。沛公左司馬曹毋傷聞羽怒，欲攻沛公，使人言羽曰：『沛公欲王關中，令子嬰相，珍寶盡有之。』欲以求封。亞父范增說羽曰：『沛公居山東時，貪財好色。今聞其入關，珍物無所取，婦女無所幸，此其志不小。吾使人望其氣，皆爲龍，成五色，此天子氣。急擊之，勿失。』於是饗士，旦日合戰。是時，羽兵四十萬，號百萬。沛公兵十萬，號二十萬，力不敵。會羽季父左尹項伯素善張良，夜馳見張良，具告其實，欲與俱去，毋特俱死。良曰：『臣爲韓王送沛公，不可不告，亡去不義。』乃與

項伯俱見沛公。沛公與伯約爲婚姻，曰：『吾入關，秋毫無所敢取，籍吏民，封府庫，待將軍。所以守關者，備他盜也。日夜望將軍到，豈敢反邪！願伯明言不敢背德。』項伯許諾，即夜復去，戒沛公曰：『旦日不可不早自來謝。』項伯還，具以沛公言告羽，因曰：『沛公不先破關中兵，公巨能入乎？且人有大功，擊之不祥，不如因善之。』羽許諾。

沛公旦日從百餘騎見羽鴻門，謝曰：『臣與將軍戮力攻秦，將軍戰河北，臣戰河南，不自意先入關，能破秦，與將軍復相見。今者有小人言，令將軍與臣有隙。』羽曰：『此沛公左司馬曹毋傷言之，不然，籍何以至此？』羽因留沛公飲。范增數目羽擊沛公，羽不應。范增起，出謂項莊曰：『君王爲人不忍，汝入以劍舞，因擊沛公，殺之。不者，汝屬且爲所虜。』莊入爲壽。壽畢，曰：『軍中無以爲樂，請以劍舞。』因拔劍舞。項伯亦起舞，常以身翼蔽沛公。樊噲聞事急，直入，怒甚。羽壯之，賜以酒。噲因譙讓羽。有頃，沛公起如廁，招樊噲出，置車官屬，獨騎，與樊噲、靳彊、滕公、紀成步，從間道走軍，使張良留謝羽。羽問：『沛公安在？』曰：『聞將軍有意督過之，脫身去，間至軍，故使臣獻璧。』羽受之。又獻玉斗范增。增怒，撞其斗，起曰：『吾屬今爲沛公虜矣！』

沛公歸數日，羽引兵西屠咸陽，殺秦降王子嬰，燒秦宮室，所過殘滅，秦民大失望。羽使人還報懷王，懷王曰：『如約。』羽怨懷王不肯令與沛公俱西入關而北救趙，後天下約。乃曰：『懷王者，吾家所立耳，非有功伐，何以得專主約！本定天下，諸將與籍也。』春正月，陽尊懷王爲義帝，實不用其命。

二月，羽自立爲西楚霸王，王梁、楚地九郡，都彭城。背約，更立沛公爲漢王，王巴、蜀、漢中四十一縣，都南鄭。三分關中，立秦三將，章邯爲雍王，都廢丘；司馬欣爲塞王，都櫟陽；董翳爲翟王，都高奴。楚將瑕丘申陽爲河南王，都洛陽。趙將司馬卬爲殷王，都朝歌。當陽君英布爲九江王，都六。懷王柱國共敖爲臨江王，都江陵。番君吳芮爲衡山王，都邾。故齊王建孫田安爲濟北王。徙魏王豹爲西魏王，都平陽。徙燕王韓廣爲遼東王。燕將臧荼爲燕王，都薊。徙齊王田市爲膠東王。齊將田都爲齊王，都臨菑。徙趙王歇爲代王。趙相張耳爲常山王。漢王怨羽之背約，欲攻之，丞相蕭何諫，乃止。

夏四月，諸侯罷戲下，各就國。羽使卒三萬人從漢王，楚子、諸侯人之慕從者數萬人，從杜南入蝕中。張良辭歸韓，漢王送至褒中，因説漢王燒絕棧道，以備諸侯盜兵，亦視項羽無東意。

漢王既至南鄭，諸將及士卒皆歌謳思東歸，多道亡還者。韓信爲治粟都尉，亦亡去。蕭何追還之，因薦于漢王，曰：『必欲爭天下，非信無可與計事者。』於是漢王齊戒設壇場，拜信爲大將軍，問以計策。信對曰：『項羽背約而王君王于南鄭，是遷也。吏卒皆山東之人，日夜企而望歸，及其鋒而用之，可以有大功。天下已定，民皆自寧，不可復用。不如決策東向。』因陳羽可圖、三秦易并之計。漢王大説，遂聽信策，部署諸將。留蕭何收巴蜀租，給軍糧食。

五月，漢王引兵從故道出襲雍。雍王邯迎擊漢陳倉，雍兵敗，還走；戰好時，又大敗，走廢丘。漢王遂定雍地。東如咸陽，引兵圍雍王廢丘，而遣諸將略地。

田榮聞羽徙齊王市于膠東而立田都爲齊王，大怒，以齊兵迎擊田都。都走降楚。六月，田榮殺田市，自立爲齊王。時彭越在鉅野，衆萬餘人，無所屬。榮與越將軍印，因令反梁地。越擊殺濟北王安，榮遂并三齊之地。燕王韓廣亦不肯徙遼東。秋八月，臧荼殺韓廣，并其地。塞王欣、翟王翳皆降漢。

初，項梁立韓後公子成爲韓王，張良爲韓司徒。羽以良從漢王，韓王成又無功，故不遣就國，與俱至彭城，殺之。及聞漢王并關中，而齊、梁畔之，羽大怒，乃以故吳令鄭昌爲韓王，距漢。令蕭公角擊彭越，越敗角兵。時張良徇韓地，遺羽書曰：『漢欲得關中，如約即止，不敢復東。』羽以故無西意，而北擊齊。

九月，漢王遣將軍薛歐、王吸出武關，因王陵兵，從南陽迎太公、呂后於沛。羽聞之，發兵距之陽夏，不得前。

二年冬十月，項羽使九江王布殺義帝於郴。陳餘亦怨羽獨不王己，從田榮藉助兵，以擊常山王張耳。耳敗走降漢，漢王厚遇之。陳餘迎代王歇還趙，歇立餘爲代王。張良自韓間行歸漢，漢王以爲成信侯。

漢王如陝，鎮撫關外父老。河南王申陽降，置河南郡。使韓太尉韓信擊韓，韓王鄭昌降。十一月，立韓太尉信爲韓王。漢王還歸，都櫟陽，使

諸將略地，拔隴西。以萬人若一郡降者，封萬户。繕治河上塞。故秦苑囿園池，令民得田之。

春正月，羽擊田榮城陽，榮敗走平原，平原民殺之。齊皆降楚，楚焚其城郭，齊人復畔之。諸將拔北地，虜雍王弟章平。赦罪人。二月癸未，令民除秦社稷，立漢社稷。施恩德，賜民爵。蜀漢民給軍事勞苦，復勿租稅二歲。關中卒從軍者，復家一歲。舉民年五十以上，有修行，能帥衆爲善，置以爲三老，鄉一人。擇鄉三老一人爲縣三老，與縣令丞尉以事相教，復勿繇戍。以十月賜酒肉。

三月，漢王自臨晉渡河。魏王豹降，將兵從。下河内，虜殷王卬，置河内郡。至脩武，陳平亡楚來降。漢王與語，説之，使參乘，監諸將。南渡平陰津，至洛陽，新城三老董公遮説漢王曰：『臣聞「順德者昌，逆德者亡」，「兵出無名，事故不成」。故曰：「明其爲賊，敵乃可服。」項羽爲無道，放殺其主，天下之賊也。夫仁不以勇，義不以力，三軍之衆爲之素服，以告之諸侯，爲此東伐，四海之内莫不仰德。此三王之舉也。』漢王曰：『善。非夫子無所聞。』於是漢王爲義帝發喪，袒而大哭，哀臨三日。發使告諸侯曰：『天下共立義帝，北面事之。今項羽放殺義帝江南，大逆無道。寡人親爲發喪，兵皆縞素。悉發關中兵，收三河士，南浮江漢以下，願從諸侯王擊楚之殺義帝者。』

夏四月，田榮弟横收得數萬人，立榮子廣爲齊王。羽雖聞漢東，既擊齊，欲遂破之而後擊漢，漢王以故得劫五諸侯兵，東伐楚。到外黄，彭越將三萬人歸漢。漢王拜越爲魏相國，令定梁。漢王遂入彭城，收羽美人貨賂，置酒高會。羽聞之，令其將擊齊，而自以精兵三萬人從魯出胡陵，至蕭，晨擊漢軍，大戰彭城靈壁東睢水上，大破漢軍，多殺士卒，睢水爲之不流。圍漢王三匝。大風從西北起，折木發屋，揚砂石，晝晦，楚軍大亂，而漢王得與數十騎遁去。過沛，使人求室家，室家亦已亡，不相得。漢王道逢孝惠、魯元，載行。楚騎追漢王，漢王急，推墮二子。滕公下收載，遂得脱。審食其從太公、呂后間行，反遇楚軍，羽常置軍中以爲質。諸侯見漢敗，皆亡去。塞王欣、翟王翳降楚，殷王卬死。

呂后兄周呂侯，將兵居下邑，漢王從之。稍收士卒，軍碭。

漢王西過梁地，至虞，謂謁者隨何曰：『公能説九江王布使舉兵畔楚，項王必留擊之。得留數月，吾取天下必矣。』隨何往説布，果使畔楚。

五月，漢王屯滎陽，蕭何發關中老弱未傅者悉詣軍。韓信亦收兵與漢王會，兵復大振。與楚戰滎陽南京、索間，破之。築甬道，屬河，以取敖倉粟。魏王豹謁歸視親疾，至則絶河津，反爲楚。

六月，漢王還櫟陽。壬午，立太子，赦罪人。令諸侯子在關中者皆集櫟陽爲衛。引水灌廢丘，廢丘降，章邯自殺。雍地定，八十餘縣，置河上、渭南、中地、隴西、上郡。令祠官祀天地四方上帝山川，以時祠之。興關中卒乘邊塞。關中大饑，米斛萬錢，人相食。令民就食蜀漢。

秋八月，漢王如滎陽，謂酈食其曰：『緩頰往説魏王豹，能下之，以魏地萬户封生。』食其往，豹不聽。漢王以韓信爲左丞相，與曹參、灌嬰俱擊魏。食其還，漢王問：『魏大將誰也？』對曰：『柏直。』王曰：『是口尚乳臭，不能當韓信。騎將誰也？』曰：『馮敬。』曰：『是秦將馮無擇子也。雖賢，不能當灌嬰。步卒將誰也？』曰：『項它。』曰：『不能當曹參。吾無患矣。』九月，信等虜豹，傳詣滎陽。定魏地，置河東、太原、上黨郡。信使人請兵三萬人，願以北舉燕趙，東擊齊，南絶楚糧道。漢王與之。

三年冬十月，韓信、張耳東下井陘擊趙，斬陳餘，獲趙王歇。置常山、代郡。甲戌晦，日有食之。十一月癸卯晦，日有食之。

隨何既説黥布，布起兵攻楚。楚使項聲、龍且攻布，布戰不勝。十二月，布與隨何間行歸漢。漢王分之兵，與俱收兵至成皋。

項羽數侵奪漢甬道，漢軍乏食，與酈食其謀橈楚權。食其欲立六國後以樹黨，漢王刻印，將遣食其立之。以問張良，良發八難。漢王輟飯吐哺，曰：『豎儒幾敗乃公事！』令趨銷印。又問陳平，乃從其計，與平黄金四萬斤，以間疏楚君臣。

夏四月，項羽圍漢滎陽，漢王請和，割滎陽以西者爲漢。亞父勸項羽急攻滎陽，漢王患之。陳平反間既行，羽果疑亞父。亞父大怒而去，發病死。

五月，將軍紀信曰：『事急矣！臣請誑楚，可以間出。』於是陳平夜出女子東門二千餘人，楚因四面擊之。紀信乃乘王車，黄屋左纛，曰：『食盡，漢王降楚。』楚皆呼萬歲，之城東觀，以故漢王得與數十騎出西

門遁。令御史大夫周苛、魏豹、樅公守滎陽。羽見紀信，問：「漢王安在？」曰：「已出去矣。」羽燒殺信。而周苛、樅公相謂曰：「反國之王，難與守城。」因殺魏豹。

漢王出滎陽，至成皋。自成皋入關，收兵欲復東。轅生說漢王曰：「漢與楚相距滎陽數歲，漢常困。願君王出武關，項王必引兵南走，王深壁，令滎陽成皋間且得休息。使韓信等得輯河北趙地，連燕齊，君王乃復走滎陽。如此，則楚所備者多，力分。漢得休息，復與之戰，破之必矣。」漢王從其計，出軍宛葉間，與黥布行收兵。

羽聞漢王在宛，果引兵南，漢王堅壁不與戰。是月，彭越渡睢，與項聲、薛公戰下邳，破殺薛公。羽使終公守成皋，而自東擊彭越。漢王引兵北，擊破終公，復軍成皋。六月，羽已破走彭越，聞漢復軍成皋，乃引兵西拔滎陽城，生得周苛。羽謂苛：「爲我將，以公爲上將軍，封三萬户。」周苛罵曰：「若不趨降漢，今爲虜矣！若非漢王敵也。」羽亨周苛，并殺樅公，而虜韓王信，遂圍成皋。漢王跳，獨與滕公共車出成皋玉門，北渡河，宿小脩武。自稱使者，晨馳入張耳、韓信壁而奪之軍。乃使張耳北收兵趙地。

秋七月，有星孛於大角。漢王得韓信軍，復大振。八月，臨河南鄉，軍小脩武，欲復戰。郎中鄭忠說止漢王，高壘深塹勿戰。漢王聽其計，使盧綰、劉賈將卒二萬人，騎數百，渡白馬津入楚地，佐彭越燒楚積聚，復擊破楚軍燕郭西，攻下睢陽、外黄十七城。九月，羽謂海春侯大司馬曹咎曰：「謹守成皋。即漢王欲挑戰，慎勿與戰，勿令得東而已。我十五日必定梁地，復從將軍。」羽引兵東擊彭越。

漢王使酈食其説齊王田廣，罷守兵與漢和。

四年冬十月，韓信用蒯通計，襲破齊。齊王亨酈生，東走高密。項羽聞韓信破齊，且欲擊楚，使龍且救齊。

漢果數挑成皋戰，楚軍不出。使人辱之數日，大司馬咎怒，渡兵汜水。士卒半渡，漢擊之，大破楚軍，盡得楚國金玉貨賂。大司馬咎、長史欣皆自剄汜水上。漢王引兵渡河，復取成皋，軍廣武，就敖倉食。

羽下梁地十餘城，聞海春侯破，乃引兵還。漢軍方圍鍾離眛于滎陽東，聞羽至，盡走險阻。羽亦軍廣武，與漢相守。丁壯苦軍旅，老弱罷轉餉。漢王、羽相與臨廣武之間而語。羽欲與漢王獨身挑戰，漢王數羽曰：「吾始與羽俱受命懷王，曰先定關中者王之。羽負約，王我於蜀漢，罪一也。羽矯殺卿子冠軍，自尊，罪二也。羽當以救趙還報，而擅劫諸侯兵入關，罪三也。懷王約入秦無暴掠，羽燒秦宫室，掘始皇帝冢，收私其財，罪四也。又强殺秦降王子嬰，罪五也。詐坑秦子弟新安二十萬，王其將，罪六也。皆王諸將善地，而徙逐故主，令臣下爭畔逆，罪七也。出逐義帝彭城，自都之，奪韓王地，并王梁楚，多自與，罪八也。使人陰殺義帝江南，罪九也。夫爲人臣而殺其主，殺其已降，爲政不平，主約不信，天下所不容，大逆無道，罪十也。吾以義兵從諸侯誅殘賊，使刑餘罪人擊公，何苦乃與公挑戰！」羽大怒，伏弩射中漢王。漢王傷胸，乃捫足曰：「虜中吾指！」漢王病創臥，張良强請漢王起行勞軍，以安士卒，毋令楚乘勝。漢王出行軍，疾甚，因馳入成皋。

十一月，韓信與灌嬰擊破楚軍，殺楚將龍且，追至城陽，虜齊王廣。齊相田横自立爲齊王，奔彭越。漢立張耳爲趙王。

漢王疾愈，西入關，至櫟陽，存問父老，置酒。梟故塞王欣頭櫟陽市。留四日，復如軍，軍廣武。關中兵益出，而彭越、田横居梁地，往來苦楚兵，絶其糧食。

韓信已破齊，使人言曰：「齊邊楚，權輕，不爲假王，恐不能安齊。」漢王怒，欲攻之。張良曰：「不如因而立之，使自爲守。」春二月，遣張良操印，立韓信爲齊王。秋七月，立黥布爲淮南王。八月，初爲算賦。北貉、燕人來致梟騎助漢。漢王下令：軍士不幸死者，吏爲衣衾棺斂，轉送其家。四方歸心焉。

項羽自知少助食盡，韓信又進兵擊楚，羽患之。漢遣陸賈説羽，請太公，羽弗聽。漢復使侯公説羽，羽乃與漢約，中分天下，割鴻溝以西爲漢，以東爲楚。九月，歸太公、呂后，軍皆稱萬歲。乃封侯公爲平國君。羽解而東歸。漢王欲西歸，張良、陳平諫曰：「今漢有天下太半，而諸侯皆附，楚兵罷食盡，此天亡之時，不因其幾而遂取之，此養虎自遺患也。」漢王從之。

五年冬十月，漢王追項羽至陽夏南，止軍，與齊王信、魏相國越期會擊楚。至固陵，不會。楚擊漢軍，大破之，漢王復入壁，深塹而守。謂張

良曰：『諸侯不從，奈何？』良對曰：『楚兵且破，未有分地，其不至固宜。君王能與共天下，可立致也。齊王信之立，非君王意，信亦不自堅。彭越本定梁地，始君王以魏豹故，拜越爲相國。今豹死，越亦望王，而君王不早定。今能取睢陽以北至穀城皆以王彭越，從陳以東傅海與齊王信，信家在楚，其意欲復得故邑。能出捐此地以許兩人，使各自爲戰，則楚易敗也』。於是漢王發使使韓信、彭越。至，皆引兵來。

十一月，劉賈入楚地，圍壽春。漢亦遣人誘楚大司馬周殷。殷畔楚，以舒屠六，舉九江兵迎黥布，並行屠城父，隨劉賈皆會。

十二月，圍羽垓下。羽夜聞漢軍四面皆楚歌，知盡得楚地。羽與數百騎走，是以兵大敗。灌嬰追斬羽東城。楚地悉定，獨魯不下。漢王引天下兵欲屠之，爲其守節禮義之國，乃持羽頭示其父兄，魯乃降。初，懷王封羽爲魯公，及死，魯又爲之堅守，故以魯公葬羽於穀城。漢王爲發喪，哭臨而去。封項伯等四人爲列侯，賜姓劉氏。諸民略在楚者皆歸之。漢王還至定陶，馳入齊王信壁，奪其軍。初項羽所立臨江王共敖前死，子尉嗣立爲王，不降。遣盧綰、劉賈擊虜尉。

春正月，追尊兄伯號曰武哀侯。下令曰：『楚地已定，義帝亡後，欲存恤楚衆，以定其主。齊王信習楚風俗，更立爲楚王，王淮北，都下邳。魏相國建城侯彭越勤勞魏民，卑下士卒，常以少擊衆，數破楚軍，其以魏故地王之，號曰梁王，都定陶。』又曰：『兵不得休八年，萬民與苦甚，今天下事畢，其赦天下殊死以下。』

於是諸侯上疏曰：『楚王韓信、韓王信、淮南王英布、梁王彭越、故衡山王吳芮、趙王張敖、燕王臧荼昧死再拜言，大王陛下：先時，秦爲亡道，天下誅之。大王先得秦王，定關中，於天下功最多。存亡定危，救敗繼絕，以安萬民，功盛德厚。又加惠於諸侯王有功者，使得立社稷。地分已定，而位號比擬，亡上下之分，大王功德之著，于後世不宣。昧死再拜上皇帝尊號。』漢王曰：『寡人聞帝者賢者有也，虛言亡實之名，非所取也。今諸侯王皆推高寡人，將何以處之哉？』諸侯王皆曰：『大王起於細微，滅亂秦，威動海內。又以辟陋之地，自漢中行威德，誅不義，立有功，平定海內，功臣皆受地食邑，非私之地。大王德施四海，諸侯王不足以道之，居帝位甚實宜，願大王以幸天下。』漢王曰：『諸侯王幸以爲便於天下之民，則可矣。』於是諸侯王及太尉長安侯臣綰等三百人，與博士稷嗣君叔孫通謹擇良日二月甲午，上尊號。漢王卽皇帝位于汜水之陽。尊王后曰皇后，太子曰皇太子，追尊先媪曰昭靈夫人。

詔曰：『故衡山王吳芮與子二人、兄子一人，從百粤之兵，以佐諸侯，誅暴秦，有大功，諸侯立以爲王。項羽侵奪之地，謂之番君。其以長沙、豫章、象郡、桂林、南海立番君芮爲長沙王。』又曰：『故粤王亡諸世奉粤祀，秦侵奪其地，使其社稷不得血食。諸侯伐秦，亡諸身帥閩中兵以佐滅秦，項羽廢而弗立。今以爲閩粤王，王閩中地，勿使失職。』

帝乃西都洛陽。夏五月，兵皆罷歸家。詔曰：『諸侯子在關中者，復之十二歲，其歸者半之。民前或相聚保山澤，不書名數，今天下已定，令各歸其縣，復故爵田宅，吏以文法教訓辨告，勿笞辱。民以飢餓自賣爲人奴婢者，皆免爲庶人。軍吏卒會赦，其亡罪而亡爵及不滿大夫者，皆賜爵爲大夫。故大夫以上，賜爵各一級。其七大夫以上，皆令食邑；非七大夫以下，皆復其身及户，勿事。』又曰：『七大夫、公乘以上，皆高爵也。諸侯子及從軍歸者，甚多高爵，吾數詔吏先與田宅，及所當求於吏者，亟與。爵或人君，上所尊禮，久立吏前，曾不爲決，甚亡謂也。異日秦民爵公大夫以上，令丞與亢禮。今吾於爵非輕也，吏獨安取此！且法以有功勞行田宅，今小吏未嘗從軍者多滿，而有功者顧不得，背公立私，守尉長吏教訓甚不善。其令諸吏善遇高爵，稱吾意。且廉問，有不如吾詔者，以重論之。』

帝置酒雒陽南宮。上曰：『通侯諸將毋敢隱朕，皆言其情。吾所以有天下者何？項氏之所以先天下者何？』高起、王陵對曰：『陛下嫚而侮人，項羽仁而敬人。然陛下使人攻城掠地，所降下者，因以與之，與天下同利也。項羽妒賢嫉能，有功者害之，賢者疑之，戰勝而不與人功，得地而不與人利，此其所以先天下也。』上曰：『公知其一，未知其二。夫運籌帷幄之中，決勝千里之外，吾不如子房；填國家，撫百姓，給餉饋，不絕糧道，吾不如蕭何；連百萬之衆，戰必勝，攻必取，吾不如韓信。三者皆人傑，吾能用之，此吾所以取天下者也。項羽有一范增而不能用，此所以爲我禽也。』羣臣説服。

初，田横歸彭越。項羽已滅，横懼誅，與賓客亡入海。上恐其久爲

亂，遣使者赦横，曰：『横來，大者王，小者侯；不來，且發兵加誅。』横懼，乘傳詣雒陽，未至三十里，自殺。上壯其節，爲流涕，發卒二千人，以王禮葬焉。

戍卒婁敬求見，説上曰：『陛下取天下與周異，而都雒陽，不便，不如入關，據秦之固。』上以問張良，良因勸上。是日，車駕西都長安。拜婁敬爲奉春君，賜姓劉氏。六月壬辰，大赦天下。

秋七月，燕王臧荼反，上自將征之。九月，虜荼。詔諸侯王視有功者立以爲燕王。荆王臣信等十人皆曰：『太尉長安侯盧綰功最多，請立以爲燕王。』使丞相噲將兵平代地。

利幾反，上自擊破之。利幾者，項羽將。羽敗，利幾爲陳令，降，上侯之潁川。上至雒陽，舉通侯籍召之，而利幾恐，反。

後九月，徙諸侯子關中。治長樂宫。

六年冬十月，令天下縣邑城。

人告楚王信謀反，上問左右，左右爭欲擊之。用陳平計，乃僞游雲夢。十二月，會諸侯于陳，楚王信迎謁，因執之。詔曰：『天下既安，豪桀有功者封侯，新立，未能盡圖其功。身居軍九年，或未習法令，或以其故犯法，大者死刑，吾甚憐之。其赦天下。』田肯賀上曰：『甚善，陛下得韓信，又治秦中。秦，形勝之國也，帶河阻山，縣隔千里，持戟百萬，秦得百二焉。地勢便利，其以下兵於諸侯，譬猶居高屋之上建瓴水也。夫齊，東有琅邪、即墨之饒，南有泰山之固，西有濁河之限，北有勃海之利，地方二千里，持戟百萬，縣隔千里之外，齊得十二焉，此東西秦也。非親子弟，莫可使王齊者。』上曰：『善。』賜金五百斤。上還至雒陽，赦韓信，封爲淮陰侯。

甲申，始剖符封功臣曹參等爲通侯。詔曰：『齊，古之建國也，今爲郡縣，其復以爲諸侯。將軍劉賈數有大功，及擇寬惠脩絜者，王齊、荆地。』春正月丙午，韓王信等奏請以故東陽郡、鄣郡、吴郡五十三縣立劉賈爲荆王；以碭郡、薛郡、郯郡三十六縣立弟文信君交爲楚王。壬子，以雲中、鴈門、代郡五十三縣立兄宜信侯喜爲代王，以膠東、膠西、臨淄、濟北、博陽、城陽郡七十三縣立子肥爲齊王，以太原郡三十一縣爲韓國，徙韓王信都晉陽。

上已封大功臣二十餘人，其餘爭功，未得行封。上居南宫，從複道上見諸將往往耦語，以問張良。良曰：『陛下與此屬共取天下，今已爲天子，而所封皆故人所愛，所誅皆平生仇怨。今軍吏計功，以天下爲不足用徧封，而恐以過失及誅，故相聚謀反耳。』上曰：『爲之奈何？』良曰：『取上素所不快，計羣臣所共知最甚者一人，先封以示羣臣。』三月，上置酒，封雍齒，因趣丞相急定功行封。罷酒，羣臣皆喜，曰：『雍齒且侯，吾屬亡患矣！』

上歸櫟陽，五日一朝太公。太公家令説太公曰：『天亡二日，土亡二王。皇帝雖子，人主也；太公雖父，人臣也。奈何令人主拜人臣！如此，則威重不行。』後上朝，太公擁彗，迎門卻行。上大驚，下扶太公。太公曰：『帝，人主，奈何以我亂天下法！』於是上心善家令言，賜黄金五百斤。夏五月丙午，詔曰：『人之至親，莫親于父子，故父有天下傳歸於子，子有天下尊歸於父，此人道之極也。前日天下大亂，兵革並起，萬民苦殃，朕親被堅執鋭，自帥士卒，犯危難，平暴亂，立諸侯，偃兵息民，天下大安，此皆太公之教訓也。諸王、通侯、將軍、羣卿、大夫已尊朕爲皇帝，而太公未有號，今上尊太公曰太上皇。』

秋九月，匈奴圍韓王信于馬邑，信降匈奴。

七年冬十月，上自將擊韓王信於銅鞮，斬其將。信亡走匈奴，其將曼丘臣、王黄共立故趙後趙利爲王，收信散兵，與匈奴共距漢。上從晉陽連戰，乘勝逐北，至樓煩，會大寒，士卒墮指者什二三。遂至平城，爲匈奴所圍，七日，用陳平秘計得出。使樊噲留定代地。

十二月，上還過趙，不禮趙王。是月，匈奴攻代，代王喜棄國，自歸雒陽，赦爲合陽侯。辛卯，立子如意爲代王。

春，令郎中有罪耐以上，請之。民產子，復勿事二歲。

二月，至長安。蕭何治未央宫，立東闕、北闕、前殿、武庫、大倉。上見其壯麗，甚怒，謂何曰：『天下匈匈，勞苦數歲，成敗未可知，是何治宫室過度也！』何曰：『天下方未定，故可因以就宫室。且夫天子以四海爲家，非令壯麗亡以重威，且亡令後世有以加也。』上説。自櫟陽徙都長安。

八年冬，上東擊韓信餘寇於東垣。還過趙，趙相貫高等恥上不禮其

王，陰謀欲弑上。上欲宿，心動，問『縣名何？』曰：『柏人。』上曰：『柏人者，迫於人也。』去弗宿。

十一月，令士卒從軍死者爲槥，歸其縣，縣給衣衾棺葬具，祠以少牢，長吏視葬。十二月，行自東垣至。

春三月，行如雒陽。令吏卒從軍至平城及守城邑者皆復終身勿事。爵非公乘以上毋得冠劉氏冠。賈人毋得衣錦繡綺縠絺紵罽，操兵，乘騎馬。秋八月，吏有罪未發覺者，赦之。九月，行自雒陽至。淮南王、梁王、趙王、楚王皆從。

九年冬十月，淮南王、梁王、趙王、楚王朝未央宮。置酒前殿，上奉玉卮爲太上皇壽，曰：『始大人常以臣亡賴，不能治產業，不如仲力。今某之業所就孰與仲多？』殿上羣臣皆稱萬歲，大笑爲樂。

十一月，徙齊楚大族昭氏、屈氏、景氏、懷氏、田氏五姓關中，與利田宅。十二月，行如雒陽。

貫高等謀逆發覺，逮捕高等，幷捕趙王敖下獄。詔敢有隨王，罪三族。郎中田叔、孟舒等十人自髡鉗爲王家奴，從王就獄。王實不知其謀。春正月，廢趙王敖爲宣平侯。徙代王如意爲趙王，王趙國。丙寅，前有罪殊死以下皆赦之。

二月，行自雒陽至。賢趙臣田叔、孟舒等十人，召見與語，漢廷臣無能出其右者。上說，盡拜爲郡守、諸侯相。

夏六月乙未晦，日有食之。

十年冬十月，淮南王、燕王、荆王、梁王、楚王、齊王、長沙王來朝。

夏五月，太上皇后崩。秋七月癸卯，太上皇崩，葬萬年。赦櫟陽囚死罪以下。

八月，令諸侯王皆立太上皇廟于國都。

九月，代相國陳豨反。上曰：『豨嘗爲吾使，甚有信。代地吾所急，故封豨爲列侯，以相國守代，今乃與王黃等劫掠代地！吏民非有罪也，能去豨、黃來歸者，皆赦之。』上自東，至邯鄲。上喜曰：『豨不南據邯鄲而阻漳水，吾知其亡能爲矣。』趙相周昌奏常山二十五城亡其二十城，請誅守尉。上曰：『守尉反乎？』對曰：『不。』上曰：『是力不足，亡罪。』上令周昌選趙壯士可令將者，白見四人。上嫚罵曰：『豎子能爲將乎！』四人慙，皆伏地。上封各千户，以爲將。左右諫曰：『從入蜀漢，伐楚，賞未徧行，今封此，何功？』上曰：『非汝所知。陳豨反，趙代地皆豨有。吾以羽檄徵天下兵，未有至者，今計唯獨邯鄲中兵耳。吾何愛四千户，不以慰趙子弟！』皆曰：『善。』又求：『樂毅有後乎？』得其孫叔，封之樂鄉，號華成君。問豨將，皆故賈人。上曰：『吾知與之矣。』乃多以金購豨將，豨將多降。

十一年冬，上在邯鄲。豨將侯敞將萬餘人遊行，王黃將騎千餘軍曲逆，張春將卒萬餘人度河攻聊城。漢將軍郭蒙與齊將擊，大破之。太尉周勃道太原入定代地，至馬邑，馬邑不下，攻殘之。豨將趙利守東垣，高祖攻之不下。卒罵，上怒。城降，卒罵者斬之。諸縣堅守不降反寇者，復租賦三歲。

春正月，淮陰侯韓信謀反長安，夷三族。將軍柴武斬韓王信於參合。上還雒陽。詔曰：『代地居常山之北，與夷狄邊，趙乃從山南有之，遠，數有胡寇，難以爲國。頗取山南太原之地益屬代，代之雲中以西爲雲中郡，則代受邊寇益少矣。王、相國、通侯、吏二千石擇可立爲代王者。』燕王綰、相國何等三十三人皆曰：『子恆賢知温良，請立以爲代王，都晉陽。』大赦天下。

二月，詔曰：『欲省賦甚。今獻未有程，吏或多賦以爲獻，而諸侯王尤多，民疾之。令諸侯王、通侯常以十月朝獻，即郡各以其口數率，人歲六十三錢，以給獻費。』又曰：『蓋聞王者莫高於周文，伯者莫高於齊桓，皆待賢人而成名。今天下賢者智能，豈特古之人乎？患在人主不交故也，士奚由進！今吾以天之靈、賢士大夫定有天下，以爲一家，欲其長久，世世奉宗廟亡絕也。賢人已與我共平之矣，而不與吾共安利之，可乎？賢士大夫有肯從我游者，吾能尊顯之。布告天下，使明知朕意。御史大夫昌下相國，相國酇侯下諸侯王，御史中執法下郡守，其有意稱明德者，必身勸，爲之駕，遣詣相國府，署行、義、年。有而弗言，覺，免。年老癃病，勿遣。』

三月，梁王彭越謀反，夷三族。詔曰：『擇可以爲梁王、淮陽王者。』燕王綰、相國何等請立子恢爲梁王，子友爲淮陽王。罷東郡，頗益梁；罷潁川郡，頗益淮陽。

夏四月，行自雒陽至。令豐人徙關中者皆復終身。

五月，詔曰：『粵人之俗，好相攻擊，前時秦徙中縣之民南方三郡，使與百粵雜處。會天下誅秦，南海尉它居南方長治之，甚有文理，中縣人以故不耗減，粵人相攻擊之俗益止，俱賴其力。今立它爲南粵王。』使陸賈即授璽綬。它稽首稱臣。

六月，令士卒從入蜀、漢、關中者皆復終身。

秋七月，淮南王布反。上問諸將，滕公言故楚令尹薛公有籌策。上召見，薛公言布形勢，上善之，封薛公千户。詔王、相國擇可立爲淮南王者，羣臣請立子長爲王。上乃發上郡、北地、隴西車騎，巴蜀材官及中尉卒三萬人爲皇太子衛，軍霸上。布果如薛公言，東擊殺荆王劉賈，劫其兵，度淮擊楚，楚王交走入薛。上赦天下死罪以下，皆令從軍；徵諸侯兵，上自將以擊布。

十二年冬十月，上破布軍於會缶。布走，令別將追之。

上還，過沛，留，置酒沛宮，悉召故人父老子弟佐酒。發沛中兒得百二十人，教之歌。酒酣，上擊筑，自歌曰：『大風起兮雲飛揚，威加海内兮歸故鄉，安得猛士兮守四方！』令兒皆和習之。上乃起舞，忼慨傷懷，泣數行下。謂沛父兄曰：『游子悲故鄉。吾雖都關中，萬歲之後吾魂魄猶思沛。且朕自沛公以誅暴逆，遂有天下，其以沛爲朕湯沐邑，復其民，世世無有所與。』沛父老諸母故人日樂飲極歡，道舊故爲笑樂。十餘日，上欲去，沛父兄固請。上曰：『吾人衆多，父兄不能給。』乃去。沛中空縣皆之邑西獻。上留止，張飲三日。沛父兄皆頓首曰：『沛幸得復，豐未得，唯陛下哀矜。』上曰：『豐者，吾所生長，極不忘耳。吾特以其爲雍齒故反我爲魏。』沛父兄固請之，乃并復豐，比沛。

漢別將擊布軍洮水南北，皆大破之，追斬布番陽。

周勃定代，斬陳豨於當城。

詔曰：『吳，古之建國也。日者荆王兼有其地，今死亡後。朕欲復立吳王，其議可者。』長沙王臣等言：『沛侯濞重厚，請立爲吳王。』已拜，上召謂濞曰：『汝狀有反相。』因拊其背，曰：『漢後五十年東南有亂，豈汝邪？然天下同姓一家，汝慎毋反。』濞頓首曰：『不敢。』

十一月，行自淮南還。過魯，以大牢祠孔子。

十二月，詔曰：『秦皇帝、楚隱王、魏安釐王、齊愍王、趙悼襄王皆絶亡後。其與秦始皇帝守冢二十家，楚、魏、齊各十家，趙及魏公子亡忌各五家，令視其冢，復亡與它事。』

陳豨降將言豨反時燕王盧綰使人之豨所陰謀。上使辟陽侯審食其迎綰，綰稱疾。食其言綰反有端。春二月，使樊噲、周勃將兵擊綰。詔曰：『燕王綰與吾有故，愛之如子，聞與陳豨有謀，吾以爲亡有，故使人迎綰。綰稱疾不來，謀反明矣。燕吏民非有罪也，賜其吏六百石以上爵各一級。與綰居，去來歸者，赦之，加爵亦一級。』詔諸侯王議可立爲燕王者，長沙王臣等請立子建爲燕王。

詔曰：『南武侯織亦粵之世也，立以爲南海王。』

三月，詔曰：『吾立爲天子，帝有天下，十二年於今矣。與天下之豪士賢大夫共定天下，同安輯之。其有功者上致之王，次爲列侯，下乃食邑。而重臣之親，或爲列侯，皆令自置吏，得賦斂，女子公主。爲列侯食邑者，皆佩之印，賜大第室。吏二千石，徙之長安，受小第室。入蜀漢定三秦者，皆世世復。吾於天下賢士功臣，可謂亡負矣。其有不義背天子擅起兵者，與天下共伐誅之。布告天下，使明知朕意。』

上擊布時，爲流矢所中，行道疾。疾甚，呂后迎良醫。醫入見，上問醫。曰：『疾可治。』於是上嫚駡之，曰：『吾以布衣提三尺取天下，此非天命乎？命乃在天，雖扁鵲何益！』遂不使治疾，賜黄金五十斤，罷之。呂后問曰：『陛下百歲後，蕭相國既死，誰令代之？』上曰：『曹參可。』問其次，曰：『王陵可，然少戇，陳平可以助之。陳平知有餘，然難獨任。周勃重厚少文，然安劉氏者必勃也，可令爲太尉。』呂后復問其次，上曰：『此後亦非乃所知也。』

盧綰與數千人居塞下候伺，幸上疾愈，自入謝。夏四月甲辰，帝崩于長樂宮。盧綰聞之，遂亡入匈奴。

呂后與審食其謀曰：『諸將故與帝爲編户民，北面爲臣，心常鞅鞅，今乃事少主，非盡族是，天下不安。』以故不發喪。人或聞，以語酈商。酈商見審食其曰：『聞帝已崩，四日不發喪，欲誅諸將。誠如此，天下危矣。陳平、灌嬰將十萬守滎陽，樊噲、周勃將二十萬定燕代，此聞帝崩，諸將皆誅，必連兵還鄉，以攻關中。大臣内畔，諸將外反，亡可蹺足待

也。』審食其入言之，乃以丁未發喪，大赦天下。

五月丙寅，葬長陵。已下，皇太子羣臣皆反至太上皇廟。羣臣曰：『帝起細微，撥亂世反之正，平定天下，爲漢太祖，功最高。』上尊號曰高皇帝。

初，高祖不修文學，而性明達，好謀，能聽，自監門戍卒，見之如舊。初順民心作三章之約。天下既定，命蕭何次律令，韓信申軍法，張蒼定章程，叔孫通制禮儀，陸賈造《新語》。又與功臣剖符作誓，丹書鐵契，金匱石室，藏之宗廟。雖日不暇給，規摹弘遠矣。

贊曰：《春秋》晉史蔡墨有言：陶唐氏既衰，其後有劉累，學擾龍，事孔甲，范氏其後也。而大夫范宣子亦曰：『祖自虞以上爲陶唐氏，在夏爲御龍氏，在商爲豕韋氏，在周爲唐杜氏，晉主夏盟爲范氏。』范氏爲晉士師，魯文公世奔秦。後歸於晉，其處者爲劉氏。劉向云戰國時劉氏自秦獲于魏。秦滅魏，遷大梁，都于豐，故周市説雍齒曰：『豐，故梁徙也。』是以頌高祖云：『漢帝本系，出自唐帝。降及于周，在秦作劉。涉魏而東，遂爲豐公。』豐公，蓋太上皇父。其遷日淺，墳墓在豐鮮焉。及高祖即位，置祠祀官，則有秦、晉、梁、荆之巫，世祠天地，綴之以祀，豈不信哉！由是推之，漢承堯運，德祚已盛，斷蛇著符，旗幟上赤，協于火德，自然之應，得天統矣。

綜述

《史記》卷九《呂太后本紀》 孝惠爲人仁弱，高祖以爲不類我，常欲廢太子，立戚姬子［劉］如意，如意類我。

又 卷一六《漢興以來諸侯王年表》 漢興，序二等。高祖末年，非劉氏而王者，若無功上所不置而侯者，天下共誅之。高祖子弟同姓爲王者九國，唯獨長沙異姓，而功臣侯者百有餘人。自雁門、太原以東至遼陽，爲燕、代國；常山以南，大行左轉，度河、濟，阿、甄以東薄海，爲齊、趙國；自陳以西，南至九疑，東帶江、淮、穀、泗，薄會稽，爲梁、楚、淮南、長沙國：皆外接於胡、越。而内地北距山以東盡諸侯地，大者或五六郡，連城數十，置百官宮觀，僭於天子。漢獨有三河、東郡、潁川、南陽，自江陵以西至蜀，北自雲中至隴西，與内史凡十五郡，而公主列侯頗食邑其中。何者？天下初定，骨肉同姓少，故廣强庶孽，以鎮撫四海，用承衛天子也。

又 卷二五《律書》 高祖有天下，三邊外畔。【略】會高祖厭苦軍事，亦有蕭、張之謀，故偃武一休息，羈縻不備。

又 卷二六《曆書》 漢興，高祖曰『北畤待我而起』，亦自以爲獲水德之瑞。

《漢書》卷二一下《律曆志》 漢高祖皇帝著紀伐秦，繼周木生火，故爲火德，天下號曰：漢。

《史記》卷三〇《平準書》 天下已平，高祖乃令賈人不得衣絲乘車，重租税以困辱之。

又 卷四八《陳涉世家》 高祖時爲陳涉置守冢三十家，至今血食。

又 卷四九《外戚世家》 及高祖崩，呂后夷戚氏，誅趙王，而高祖後宮唯獨無寵疏遠者得無恙。

又 卷五〇《楚元王世家》 高祖兄弟四人，長兄伯，伯蚤卒。始高祖微時，嘗辟事，時時與賓客過巨嫂食。嫂厭叔，叔與客來，嫂詳爲羹盡，櫟釜，賓客以故去。已而視釜中尚有羹，高祖由此怨其嫂。及高祖爲帝，封昆弟，而伯子獨不得封。太上皇以爲言，高祖曰：『某非忘封之也，爲其母不長者耳。』於是乃封其子信爲羹頡侯。而王次兄仲於代。

又 卷七七《魏公子列傳》 高祖始微少時，數聞（魏信陵君）公子賢。及即天子位，每過大梁，常祠公子。高祖十二年，從擊黥布還，爲公子置守冢五家，世世歲以四時奉祠公子。

又 卷八九《張耳陳餘列傳》 漢七年，高祖從平城過趙，趙王朝夕袒韝蔽，自上食，禮甚卑，有子婿禮。高祖箕踞詈，甚慢易之。趙相貫高、趙午等年六十餘，故張耳客也。生平爲氣，乃怒曰：『吾王孱王也！』説王曰：『夫天下豪桀并起，能者先立。今王事高祖甚恭，而高祖無禮，請爲王殺之！』張敖齧其指出血，曰：『君何言之誤！且先人亡國，賴高祖得復國，德流子孫，秋豪皆高祖力也。願君無復出口。』貫高、趙午等十餘人皆相謂曰：『乃吾等非也。吾王長者，不倍德。且吾等義不辱，今怨高祖辱我王，故欲殺之，何乃汙王爲乎？令事成歸王，事

敗獨身坐耳。』

漢八年，上從東垣還，過趙，貫高等乃壁人柏人，要之置廁。上過欲宿，心動，問曰：『縣名爲何？』曰：『柏人。』『柏人者，迫於人也！』不宿而去。

漢九年，貫高怨家知其謀，乃上變告之。於是上皆并逮捕趙王、貫高等。十餘人皆爭自剄，貫高獨怒罵曰：『誰令公爲之？今王實無謀，而并捕王；公等皆死，誰白王不反者！』乃轞車膠致，與王詣長安。治張敖之罪。上乃詔趙羣臣賓客有敢從王皆族。貫高與客孟舒等十餘人，皆自髡鉗，爲王家奴，從來。貫高至，對獄，曰：『獨吾屬爲之，王實不知。』吏治榜笞數千，刺剟，身無可擊者，終不復言。呂后數言張王以魯元公主故，不宜有此。上怒曰：『使張敖據天下，豈少而女乎！』不聽。廷尉以貫高事辭聞，上曰：『壯士！誰知者，以私問之。』中大夫洩公曰：『臣之邑子，素知之。此固趙國立名義不侵爲然諾者也。』上使洩公持節問之箯輿前。仰視曰：『洩公邪？』洩公勞苦如生平驩，與語，問張王果有計謀不。高曰：『人情寧不各愛其父母妻子乎？今吾三族皆以論死，豈以王易吾親哉！顧爲王實不反，獨吾等爲之。』具道本指所以爲者王不知狀。於是洩公入，具以報，上乃赦趙王。

唐·司馬貞《史記索隱》卷一八《高祖功臣侯者年表》注引姚氏曰 蕭何第一，曹參二，張敖三，周勃四，樊噲五，酈商六，奚涓七，夏侯嬰八，灌嬰九，傅寬十，靳歙十一，王陵十二，陳武十三，王吸十四，薛歐十五，周昌十六，丁復十七，蟲逢十八。《史記》與《漢表》同。而《楚漢春秋》則不同者，陸賈記事在高祖、惠帝時。《漢書》是後定功臣等列，及陳平受呂后命而定，或已改邑號，故人名亦別。且高祖初定唯十八侯，呂后令陳平終竟以下列侯第録，凡一百四十三人也。

又 卷一〇《孝文本紀》 注引應劭云：《禮樂志·文始舞》本舜《韶舞》，高祖更名《文始》，示不相襲。《五行舞》本周《武舞》，秦始皇更名《五行舞》。按：今言『奏《武德》、《文始》、《五行》之舞』者，其樂總象武王樂，言高祖以武定天下也。既示不相襲，其作樂之始，先奏《文始》，以羽籥衣文繡居先。次卽奏《五行》，《五行》卽《武舞》，執干戚而衣有五行之色也。

《宋書》卷一九《樂志》 及秦焚典籍，樂經用亡。漢興樂家有制氏，但能記其鏗鏘鼓舞而不能言其義。周村六代之樂至秦唯餘韶武而已。始皇改周舞曰五行，漢高祖改周舞曰文始，以示不相襲也。又造武德舞，舞人悉執干戚以象天下樂已，行武以除亂也，故高祖廟奏武德文始五行之舞。

《魏書》卷二四《崔玄伯傳》 昔漢高祖以漢王定三秦，滅强楚，故遂以漢爲號。

《晉書》卷一五《荆州志》 （荆州）取名於荆山，六國時，其地爲楚，及秦取楚鄢郢爲南郡，又取巫山中地爲黔中郡，以楚之漢北立南陽郡，滅楚之後，分黔中爲長沙郡。漢高祖分長沙爲桂陽郡，改黔中爲武陵郡，分南郡爲江夏郡。

又 卷一〇一《劉元海載紀》 初漢高祖以宗女爲公主，以妻冒頓，約爲兄弟，故其子孫遂冒姓劉氏。

《隋書》卷六《禮儀志》 漢高祖既平秦亂，初誅項羽，杖賞元勳，未遑朝制，羣臣飲酒爭功，或拔劍擊柱，高祖患之。叔孫通言曰：『儒者難與進取，可與守成』，於是請起朝儀。

唐·司馬貞《史記索隱》卷一八《高祖功臣侯者年表》注引《漢書音義》 曹參位第二而表在首，蕭何位第一而表在十三者，以封先後故也。又案：封參在六年十二月，封何在六年正月。高祖十月因秦改元，故十二月在正月前也。

又 卷一六《秦楚之際月表》 高祖至霸上，稱元年。

唐·張守節《史記正義》卷一八《高祖功臣侯者年表》 高祖初定天下，表明有功之臣而侯之，若蕭、曹等。

論說

《史記》卷八《高祖本紀》 陛下慢而侮人，項羽仁而愛人。然陛下使人攻城略地，所降下者因以予之，與天下同利也。

又 卷一六《秦楚之際月表》 然王迹之興，起於閭巷，合從討伐，軼於三代，鄉秦之禁，適足以資賢者爲驅除難耳。故憤發其所爲天下雄，

安在無土不王。此乃傳之所謂大聖乎？

又　卷九〇《魏豹傳》　漢王慢而侮人，駡詈諸侯羣臣如駡奴耳，非有上下禮節也。

又　卷九二《淮陰侯傳》　陛下不能將兵，而善將將，此乃言之所以爲陛下禽也。且陛下所謂天授，非人力也。

又　卷九七《酈食其傳》　收天下之兵，立諸侯之後。降城即以侯其將，得賂即以分其士，與天下同其利，豪英賢才皆樂爲之用。

又　卷九七《陸賈傳》　項羽倍約，自立爲西楚霸王，諸侯皆屬，可謂至强。然漢王起巴蜀，鞭笞天下，刼畧諸侯，遂誅項羽，滅之。五年之間，海内平定。此非人力，天之所建也。【略】皇帝起豐沛，討暴秦，誅强楚，爲天下興利除害。繼五帝三皇之業，統理中國；中國之人以億計，地方萬里，居天下之膏腴，人衆車轝，萬物殷富，政由一家，自天地剖泮未始有也。

《漢書》卷一下《高帝紀下》　初，高祖不脩文學，而性明達，好謀，能聽，自監門戍卒，見之如舊。初順民心作三章之約。天下既定，命蕭何次律令，韓信申軍法，張蒼定章程，叔孫通制禮儀，陸賈造《新語》。又與功臣剖符作誓，丹書鐵契，金匱石室，藏之宗廟。雖日不暇給，規摹弘遠矣。【略】漢帝本系，出自唐帝。降及于周，在秦作劉。涉魏而東，遂爲豐公。豐公，蓋太上皇父。其遷日淺，墳墓在豐鮮焉。及高祖即位，置祠祀官，則有秦、晉、梁、荆之巫，世祠天地，綴之以祀，豈不信哉！由是推之，漢承堯運，德祚已盛，斷蛇著符，旗幟上赤，協於火德，自然之應，得天統矣。

又　卷二三《刑法志》　漢興，高祖躬神武之材，行寬仁之厚，總攬英雄，以誅秦、項。

漢・荀悦《漢紀》卷四《高祖紀》　高祖起于布衣之中，奮劍而取天下，不由唐虞之禪，不階湯武之王，龍行虎變，率從風雲，征亂伐暴。廓清帝宇。八載之間，海内克定，遂何天之衢。登建皇極。上古已來，書籍所載，未嘗有也。非雄俊之才、寬明之略、曆數所授、神祇所相、安能致功如此。

三國魏・曹植《曹子建集》卷一〇《漢二祖優劣論》　昔漢之初興，高祖因暴秦而起。遂誅强楚。光有天下，功齊湯武。業流後嗣，誠帝王之元勳，人君之盛事也。然而名不繼德，行不純道。身没之後，崩亡之際，果令凶婦肆酖酷之心，嬖妾被人豕之刑。亡趙幽囚，禍殃骨肉。諸吕專權，社稷幾移。凡此諸事，豈非高祖寡計淺慮以致？然彼之雄才大略，倜儻之節，信當世至豪健壯傑士也。又其梟將畫臣，皆古今之鮮有，歷世之希睹。彼能任其才而用之，聽其言而察之。故兼天下而有帝位，流巨功而遺元勳也。

南朝梁・蕭統《文選》卷五二注引曹元首《六代論》　漢祖奮三尺之劍，驅烏集之衆，五年之中，而成帝業。自開闢以來，其興功立勳，未有若漢祖之易者也。夫伐深根者難爲功，摧枯朽者易爲力，理勢然也。

三國魏・劉劭《人物志》卷中《英雄》　若一人之身，兼有英雄，則能長世；高祖、項羽是也。

宋・司馬光《資治通鑑》卷八五《晉紀七・孝惠皇帝中之下》　（劉淵曰：『大丈夫當爲漢高、魏武，呼韓邪何足效哉！』

《晉書》卷四八《段灼傳》　漢高祖起於布衣，提三尺之刃，而取天下，用六國之資，無唐虞之禪。豈徒賴良平之奇謀，盡英雄之力而已乎，亦由項氏爲驅人也。

又　卷一〇五《石勒載紀下》　朕若逢高皇，當北面而事之，與韓彭競鞭而爭先耳。

唐・司馬貞《史記索隱》卷八《高祖本紀》　高祖初起，始自徒中。言從泗上，即號沛公。嘯命豪傑，奮發材雄。彤雲鬱碭，素靈告豐。龍變星聚，蛇分徑空。項氏主命，負約棄功。王我巴蜀，實憤于衷。三秦既北，五兵遂東。汜水即位，咸陽築宫。威加四海，還歌大風。

《舊唐書》卷七〇《王珪傳》　正主御邪臣，不能致理；正臣事邪主，亦不能致理。唯君臣相遇，有同魚水，則海内可安也。昔漢高祖，田舍翁耳。提三尺劍定天下，既而規模弘遠，慶流子孫者，此蓋任得賢臣所致也。

宋・李昉等《太平廣記》卷一八九《將帥・簡文》　晉簡文道：『【略】高祖則倜儻疏達，魏武則猜忌狹吝。』

宋・蘇轍《欒城應詔集》卷一一《三國論》　夫古之英雄，唯漢高帝

爲不可及也夫。

宋·范浚《香溪集》卷八《楚漢論》　夫以高祖權略智數，攬英豪而驅御之，蓋眞王霸才，雖羽百輩不敵也。

明·夏良勝《中庸衍義》卷九《達德之義》　蘇轍曰：『予觀孟子以來，自漢高祖及光武，及唐太宗，及我宋太祖皇帝，能一天下者四君，皆以不嗜殺人者致之，其餘殺人愈多，而天下愈亂。』

《明史》卷一三五《孔克仁傳》　（明）太祖曰：『項羽南面稱孤，仁義不施，而自矜功伐。高祖知其然，承以柔遜，濟以寬仁，卒以勝之。』

藝文

清·彭定求等《全唐詩》卷七八五《無名氏〈秦家行〉》　彗孛飛光照天地，九天瓦裂屯冤氣。鬼哭聲聲怨趙高，宮花滴盡扶蘇淚。禍起蕭牆不知戢，羽書催築長城急。劍上忠臣血未乾，沛公已向函關入。

唐·戴叔倫《塞上曲二首》　軍門頻納受降書，一劍橫行萬里餘。漢祖謾誇婁敬策，卻將公主嫁單于。

唐·李商隱《李義山詩集》卷中《題漢祖廟》　乘運應須宅八荒，男兒安在戀池隍。君王自起新豐後，項羽何曾在故鄉。

唐·羅穎《題漢祖廟》　項羽英雄猶不懼，可憐容得辟陽侯。

清·彭定求等《全唐詩》卷六四七《胡曾〈詠史詩·沛宮〉》　漢高辛苦事干戈，帝業興隆俊傑多。猶恨四方無壯士，還鄉悲唱大風歌。

唐·胡曾《詠史詩·阿房宮》　新建阿房壁未乾，沛公兵已入長安。帝王苦竭生靈力，大業沙崩固不難。

又《平城》　漢帝西征陷虜塵，一朝圍解議和親。當時已有吹毛劍，何事無人殺奉春。

唐·徐夤《唐秘書省正字先輩徐公釣磯文集》卷九《讀史》　亞父淒涼別楚營，天留三傑翼龍爭。高才無主不能用，直道有時方始平。喜慍子文何穎悟，卷藏蘧瑗甚分明。須知飲啄繇天命，休問黃河早晚清。

宋·計有功《唐詩紀事》卷五四《溫庭筠〈溫飛卿詩集箋注·過新豐〉》　一劍乘時帝業成，沛中鄉里到咸京。寰區已作皇居貴，風月猶含白社情。泗水舊亭春草遍，千門遺瓦古苔生。至今留得離家恨，雞犬相聞落照明。

唐·唐彥謙《新豐》　沛中歌舞百餘人，帝業功成里巷新。半夜素靈先哭楚，一星遺火下燒秦。貔貅掃盡無三戶，雞犬歸來識四鄰。惆悵故園前事遠，曉風長路起埃塵。

清·彭定求等《全唐詩》卷四八六《鮑溶〈沛中懷古〉》　煙蕪歌風臺，此是赤帝鄉。赤帝今已矣，大風邈淒涼。惟昔仗孤劍，十年朝八荒。人言生處樂，萬乘巡東方。高臺何巍巍，行殿起中央。興言萬代事，四坐沾衣裳。我爲異代臣，酌水祀先王。撫事復懷昔，臨風獨彷徨。

又卷一一三《蘇綰〈奉和姚令公駕幸溫湯喜雪應制〉》　漢主新豐邑，周王尚父師。雲符沛童唱，雪應海神期。林變鶯春早，山明訝夕遲。況逢溫液霈，恩重御裘詩。

宋·計有功《唐詩紀事》卷七《于季子〈詠漢高祖〉》　百戰方夷項，三章且代秦。功歸蕭相國，氣盡戚夫人。

又卷四《王珪〈詠漢高祖〉》　漢祖起豐沛，乘運以躍鱗。手奮三尺劍，西滅無道秦。十月五星聚，七年四海賓。高抗威宇宙，貴有天下人。憶昔與項王，契闊時未伸。鴻門既薄蝕，滎陽亦蒙塵。蟣虱生介胄，將卒多苦辛。爪牙驅信越，腹心謀張陳。赫赫西楚國，化爲丘與榛。

清·彭定求等《全唐詩》卷六七一《唐彥謙〈長陵〉》　長安高闕此安劉，祔葬纍纍盡列侯。豐上舊居無故里，沛中原廟對荒丘。耳聞明主提三尺，眼見愚民盜一抔。千載腐儒騎瘦馬，渭城斜月重回頭。

又卷三七《干績〈過漢故城〉》　大漢昔未定，强秦猶擅場。中原逐鹿罷，高祖鬱龍驤。經始謀帝坐，茲焉壯未央。規模窮棟宇，表裏浚城隍。羣后崇長樂，中朝增建章。鉤陳被蘭錡，樂府奏芝房。翡翠明珠帳，鴛鴦白玉堂。清晨寶鼎食，閑夜鬱金香。天馬來東道，佳人傾北方。何其赫隆盛，自謂保靈長。曆數有時盡，哀平嗟不昌。冰堅成巨猾，火德遂頹綱。奧位匪虛校，貪天竟速亡。魂神吁社稷，豺虎鬬巖廊。金狄移灞岸，銅盤向洛陽。君王無處所，年代幾荒涼。宮闕誰家域，蓁蕪罥我裳。井田唯有草，海水變爲桑。在昔高門內，於今岐路傍。餘基不可識，古墓列成行。狐兔驚魍魎，鴟鴞嚇獝狂。空城寒日晚，平野暮雲黃。烈烈焚青棘，

蕭蕭吹白楊。千秋並萬歲，空使詠歌傷。

又　卷七二九《周曇〈前漢門·高祖〉》　愛子從烹報主時，安知强啜不含悲。太公懸命臨刀几，忍取杯羹欲爲誰。

唐·周曇《前漢門·再吟》　北伐匈奴事可悲，當時將相是其誰。君臣束手平城裏，三十萬兵能忍飢。

清·彭定求等《全唐詩》卷二〇三《張良璞〈覽史〉》　享年八十已，歷數窮蒼生。七虎門源上，咆哮關内鳴。建都用鶉宿，設險因金城。舜曲煙火起，汾河珠翠明。海雲引天仗，朔雪留邊兵。作孽人怨久，其亡鬼信盈。素靈感劉季，白馬從子嬰。昏虐不務德，百代無芳聲。

《全唐詩補編·劉知幾〈讀《漢書》作〉》　漢王有天下，欻起布衣中。奮飛出草澤，嘯吒馭羣雄。淮陰既附鳳，黥彭亦攀龍。一朝逢運會，南面皆王公。魚得自忘筌，鳥盡必藏弓。咄嗟罹鼎俎，赤族無遺蹤。智哉張子房，處世獨爲工。功成薄受賞，高舉追赤松。知止信無辱，身安道亦隆。悠悠千載後，擊抃仰遺風。

唐·宋之問《奉和幸長安故城未央宫應制》　漢王未息戰，蕭相乃營宫。壯麗一朝盡，威靈千載空。皇明悵前迹，置酒宴羣公。寒輕彩仗外，春發幔城中。樂思回斜日，歌詞繼大風。今朝天子貴，不假叔孫通。

宋·計有功《唐詩紀事》卷一七《李昂〈賦戚夫人楚舞歌〉》　定陶城中是妾家，妾年二八顔如花。閨中歌舞未終曲，天下死人如亂麻。漢王此地因征戰，未出簾櫳人已薦。風花菡萏落轅門，雲雨裴回入行殿。日夕悠悠非舊鄉，飄飄處處逐君王。閨門向裏通歸夢，銀燭迎來在戰場。相從顧恩不顧己，何異浮萍寄深水。逐戰曾迷隻輪下，隨君幾陷重圍裏。此時平楚復平齊，咸陽宫闕到關西。珠簾夕殿聞鐘磬，白日秋天憶鼓鼙。且矜容色長自持，且遇乘輿恩幸時。香羅侍寢雙龍殿，玉輦看花百子池。君王縱恣翻成誤，呂后由來有深妒。不奈君王容鬢衰，相存相顧能幾時。黄泉白骨不可報，雀釵翠羽從此辭。君楚歌兮妾楚舞，脉脉相看兩心苦。曲未終兮袂更揚，君流涕兮妾斷腸。已見儲君歸惠帝，徒留愛子付周昌。

唐·李白《李太白文集》卷四《中山孺子妾歌》　中山孺子妾，特以色見珍。雖不如延年妹，亦是當時絶世人。桃李出深井，花豔驚上春。一貴復一賤，關天豈由身。芙蓉老秋霜，團扇羞網塵。戚姬髡剪入春市，萬古共悲辛。

宋·范成大《石湖詩集》卷一二《虞姬墓》　劉項家人總可憐，英雄無策庇嬋娟。戚姬葬處君知否，不及虞兮有墓田。

宋·文天祥《文山集》卷一九《徐州道中》　彭城古官道，日中十馬馳。咫尺不見人，撲面黄塵飛。白頭漢王縞素師，美人燕罷項羽啼。一時混戰四十萬，天昏地黑睢水湄。乃知大風揚沙失白晝，自是地利非天時。漢王倉皇問道西，一兒一女嘻其危。太公呂后去不歸，俎上寧有生還時。未央稱壽太上皇，巍然女媧帝中闈。

宋·王炎《雙溪類稿》卷一《明妃曲》　高皇兵敗白登下，歸遣帝子稱閼氏。欲平兩國恃一女，烏乎此計何其疏。至今和親踵故事，延壽欺君何罪爲。此生失意甘遠去，此心戀舊終懷歸。胡天慘澹氣候別，風沙四面吹穹廬。琵琶曲盡望漢月，塞雁年年南向飛。

宋·劉敞《公是集》卷二七《白登》　白登計秘自堪羞，相印猶歸曲逆侯。安用熊羆三十萬，平城遺有子孫憂。

宋·周麟之《海陵集》卷一《和陳大監》　君不見漢業已定猶勒兵，白登坐困師無名。席門先生計無誤，黠虜不得窺平城。論功自合班人傑，蓋世拔山威盡折。漫誇勳業是韓彭，我出六奇秦項滅。後來漢道如衰周，德尊一作陳太丘。二方相斷厲名節，不顧羔雁眞善謀。雪霜貿貿年芳改，凛凛松先見風采。豺狼當路狐狸號，獨有孤鴻横四海。至今逸韻傳清商，雲和之瑟弦高張。耳孫磊落天下士，大才有出皆其長。胸中萬卷饒丘壑，鮮取遺音叩寂寞。一朝解組又彈冠，出處無心付天樂。我輩等是風月人，昔也同閈今爲鄰。不妨對語味如蠟，擾擾萬事從横陳。

明·周琦《東溪日談録》卷一三《史系談·西漢》　漢高祖起於沛，遇張良於陳留者，天也；韓信、蕭何亡楚而歸漢者，亦天也；其不死鴻門之會者，天也；不死睢水之圍者，亦天也。死烏江之羽者，亦天也。故不王者死，而王者不死矣。三傑佐之，安得不成帝業乎！但不能保全功臣，漢祖之失於此，亦天焉。

清·彭定求等《全唐詩》卷一八《沈佺期〈横吹曲辭·關山月〉》　漢月生遼海，曈曨出半暉。合昏玄兔郡，中夜白登圍。暈落關山迥，光合霜霰微。將軍聽曉角，戰馬欲南歸。

唐・陳子昂《陳拾遺集》卷二《答韓使同在邊》　漢家失中策，胡馬屢南驅。聞詔安邊使，曾是故人謨。廢書帳懷古，負劍許良圖。出關歲方晏，乘障日多虞。虜入白登道，烽交紫塞途。連兵屯北地，清野備東胡。邊城方晏閉，斥堠始昭蘇。復聞韓長孺，辛苦事匈奴。雨雪顔容改，縱橫才位孤。空懷老臣策，未獲趙軍租。但蒙魏侯重，不受謗書誣。當取金人祭，還歌凱入都。

宋・許景迂《虞美人草》　合歡枝葉想腰身，不共長安草木春。若聽楚歌能楚舞，未央空有戚夫人。

清・吴之振等《宋詩鈔》卷三二《李覯〈戚夫人〉》　百子池頭一曲春，君恩和淚落埃塵。當時應恨秦皇帝，不殺南山皓首人。

宋・樂雷發《雪磯叢稿》卷四《詠史六首・高祖》　逝騅走鹿各消磨，劍外功臣乘幾多。四皓兩生元不聽，故鄉枉費大風歌。

宋・李曾伯《可齋雜稿》卷二八《題漢中皤冢觀高祖廟試劍石》　手袖干將射斗牛，當時天意在興劉。不勞游刃烹秦鹿，直以餘鋒剪楚猴。將相豈煩加越砥，寬仁自足淬吴鉤。斷蛇斷石都休問，遺恨平城雨雪羞。

宋・佚名《斬蛇》　皇統承堯運，朱旗啓漢家。未誅秦始鹿，先斬沛中蛇。

宋・方回《桐江續集》卷三《漢》　燈前開覆孟堅書，瞬息炎劉四百餘。五聚井星才屬爾，一抔陵土竟何如。早誇發縱輕烹狗，終藉吞舟失漏魚。若使高皇爲晉獻，可須莽卓始丘墟。

宋・袁燮《安邊》　安邊在良將，至矣晁生語。邊疆無良臣，胡能固吾圉。孰爲國之良，四德貴兼取。智能制勍敵，仁能撫軍旅。勇足任爪牙，忠足寄心膂。信哉人中傑，勳名在王府。斯人世不乏，感會待明主。藝祖英睿資，一劍定區宇。憤彼敵人驕，求我萬虎侶。三邊十四將，人人奮材武。威名被草木，折衝自樽俎。當年寵遇隆，噲等莫爲伍。關市擅征榷，金帛豐賜予。機要時面陳，延見虚當寧。天顔對咫尺，殿坐得容與。等級忘尊卑，親愛均肺腑。久戍二十載，近亦十寒暑。漢超守關南，販鬻如巨賈。法令安有此，優詔特聽許。進也治居第，甋瓦覆其宇。有司每堅執，視進等兒女。府庫有餘蓄，捐棄如糞土。犒賞飫牛酒，驍雄率鼓舞。貪夫冒絶險，敵情畢親睹。陰謀數侵犯，先事嚴備禦。師徒雖不多，勇悍莫予侮。攻伐雖不聞，威德自周普。乃知安疆策，保境功最鉅。漢高豈不偉，平城亦良苦。卑詞結和親，金繒奉驕虜。何如我宋興，主聖羣龍輔。北人先屈膝，茲事掩前古。方今雖治平，徹桑未陰雨。和好寧可恃，人材要多貯。古來蕞爾國，拔十且得五。蜀有關及張，吴用周與魯。多士今如林，錯薪刈其楚。勿由權要門，要以公論舉。會當略細苛，毋使畏網罟。深宏植本根，周密固牖户。恩榮有感激，施設無齟齬。聞昔淳化中，有臣曰承矩。方田遏敵騎，塘濼深險阻。當其建策初，羣議亦交沮。皇心斷不惑，邊城迄按堵。往事可爲則，明時豈無處。規模要經久，廢闕要紉補。器械要習熟，人民要生聚。委任果不疑，讒言敢輕吐。守衛果得人，成功要有敍。孰爲當今時，視我開基祖。

宋・賀鑄《慶湖遺老詩集》卷一《彭城三詠之二斬蛇澤歌》　君不聞泗濱亭長送徒如咸陽，徒夫懷歸多道亡。澤中置酒飲相訣，吾亦從此奔芒碭。陰風蕭蕭導者懼，前有修蛇怒横路。酒酣拔劍肯留行，劃斷蜿蜒不回顧。河明月出人踵來，彼媼何冤號且哀。謂遭赤帝屠吾子，語竟莫知安在哉。眞人聞此自心許，茫茫四海吾其主。虎變龍飛十二年，馘項梟英蓋狐鼠。半夜雄鋌飛上天，幾見長陵一抔土。

宋・謝枋得《疊山集》卷一《五星》　五緯煌煌聚在秦，項王稱霸沛公臣。誰知四百年天下，已屬寬仁大度人。

宋・釋慧空《頌古》　不是幡兮不是風，毒蛇卧在酒杯中。寒山撫掌豐乾笑，萬里鴻溝屬沛公。

宋・韓維《南陽集》卷七《謁漢高帝廟》　魂魄應遊沛，空嗟廟貌殘。蒼碑火剝裂，畫壁雨闌干。帳幕虚風肅，松槐白日寒。升堂欲進拜，猶怯戴儒冠。

宋・王令《廣陵集》卷一七《讀西漢》　漢得孤秦萬弊時，當年丞相要無爲。洛陽年少空流涕，誰謂書生果有知。

宋・樓鑰《攻媿集》卷一二《置酒沛宮》　漢祖功成後，時因過沛宮。還鄉上心喜，置酒故人同。高會延遺老，酣歌和衆童。窮歡新笑樂，起舞舊英雄。慷慨悲遊子，軒昂賦大風。永爲湯沐邑，何用築新豐。

宋・薛紹彭《漢高帝試劍石》　豐沛布衣吴芮客，回首咸秦坐淒惻。漫隨霸楚西道還，未甘漢地山河窄。隨身三尺青龍子，曾斷當塗素靈死。

手提巖上試秋水，大石迎風開披靡。東歸欲整堂堂陣，吳兒未足勞餘刃。炎靈天啓定中原，大言成事人方信。君不見不侯飛將能射虎，誤中他山猶飲羽。

宋·于石《紫巖詩選》卷二《讀史七首》 秦亡四海角羣雄，三尺胡然起沛豐。首録鄭侯忘紀信，不誅項伯戮丁公。親而寡助寧非叛，國爾忘身始是忠。賞罰於斯庸未當，終然擊柱或爭功。

宋·梅堯臣《宛陵集》卷三《望芒碭山》 出舟跳古岸，林外見脩岡。回頭問榜子，前巘是芒碭。其顛有高廟，松柏鬱蒼蒼。迤邐堆阜屬，蕭條茆葉黄。千古收王氣，一川平夕陽。人家纔四五，雞犬自相望。尚爾想新豐，誰復思沛鄉。臨流一舉酒，可以喻悲傷。

又 卷三三《沛公歌》 赤帝醉提龍劍行，徑草没人壯士驚。白蛇斷裂不可續，神嫗哀哀夜深哭。酒醒自負氣生虹，從者日畏天下雄。秦皇玉輿來向東，安知隱在芒碭中。婦人自識雲氣從，王命艱哉豐沛公。

宋·諶祐《句》 天開漢統王巴蜀，雲從秦繇起沛豐。

宋·陳耆卿《詠史》 沛公家業本無能，休責渠曹不治生。看取帝王他日事，方知俗眼未分明。

宋·羅公升《紀秦漢間事二首》 秦王狹百二，猛虎正負嵎。壯哉田家子，赤手摩其鬚。叩關固蹉跎，未覺此詩迂。沛公居山東，財色良區區。一朝咸陽去，始作帝者圖。碭公倘不偶，陳中遂長驅。

宋·陳長方《唯室集》卷四《酈生長揖》 輟洗高陽一酒徒，沛公雅意在雄圖。終煩前箸還銷印，王表知君淺丈夫。

宋·史堯弼《蓮峯集》卷一《留題丹經卷後》 人心歸漢沛公起，四百餘載瞞竊焉。迄今已復爲晉有，尚何懼死長城邊。

宋·劉翰《玉斗歌》 漢兵咸陽未休舍，楚王長歌到戲下。項伯夜入張良營，沛公倉皇出城謝。自言戮力共攻秦，不意入關成此動。閉關籍民備他盜，盡封府庫待行軍。項莊拔劍項伯起，漢楚興亡在今爾。鴻門壯士斬關來，慷慨一卮誰懼死。君不見秦亡鹿走驪出傾，四方盡起諸侯兵。龍顏隆準泗上長，天之所授誰能爭。英雄肯落他人手，獨遺謀臣談辯口。君王間道卻歸來，滿地秋聲鳴玉斗。

又《鴻門宴》 江東遙遙八千騎，大戰小戰七十二。劉郎曉鞭天馬來，蹴踏長安開帝里。子嬰已降隆準公，君王置酒鴻門東。張良已去玉斗碎，三月火照咸陽紅。繡衣歸來日將夜，可惜雄心天不借。當時已失范增謀，尚引長戈到垓下。刁斗乍急營壘驚，夜深旗尾秋風横。玉帳佳人不成夢，月明四面聞歌聲。拔劍相看淚如雨，我作楚歌君楚舞。明朝寶馬一聲嘶，江北江東皆漢土。

宋·文天祥《文山集》卷一九《沛歌》 秦世失其鹿，豐沛發龍顔。王侯與將相，不出徐濟間。當時數公起，四海王氣閑。至今尚想見，虹光照人寰。我來千載下，弔古淚如潸。白雲落荒草，隱隱芒碭山。黄河天下雄，南去不復還。乃知盈虚故，天道如循環。

又《固陵道中三首》 固陵城下兩龍爭，不見齊王來會兵。勒取河山新分地，項王之後到韓彭。茅舍荒涼舊固陵，漢王城對楚王城。徐州煙火連豐沛，天下還來屋角爭。

又《歌風臺》 長陵有神氣，萬歲光如虹。有時風雪變，魂魄來沛宫。壯哉遊子鄉，一覽萬宇空。擊筑戒復隍，帝業慎所終。重瞳愛梁父，此情豈不同。錦衣絢行晝，丈夫何淺中。緬懷首丘意，自足分雌雄。尚惜霸心存，慷慨懷勇功。不見往來事，烹狗與藏弓。早知致兩生，禮樂三代隆。匹夫事已往，安用責乃翁。我來湯沐邑，白楊吹悲風。永言三侯章，隱隱聞兒童。葉落皆歸根，飄零獨秋蓬。登臺共悽惻，目送南飛鴻。

宋·方嶽《秋崖集》卷一四《題高皇過沛圖》 芒碭真人赤龍子，一劍入關秦鹿死。黥王菹醢過故鄉，仍冠竹皮相爾汝。故人父老喜欲狂，至尊含笑袍花光。酒酣擊筑自起舞，歌舞悲莊雲飛揚。此意今人棄如土，豈但當時沐猴楚。君不見相如草檄西入秦，蜀山憔悴生煙塵。

宋·陳造《江湖長翁集》卷一八《高祖二首》 坐馘關東扛鼎雄，指呼奴隸走王公。秖緣奪嫡中心慊，反畏商山鶴髮翁。【略】

未推壯邑賞平津，已采先知赦奉春。齊越淮南皆斧鑕，狂胡遽指漢無人。

宋·夏竦《文莊集》卷三一《奉和御製讀前漢書》 高祖寬仁主，淮陰變詐才。設壇誠有禮，推食本無猜。懷惠初顒若，夸功抑殆哉。何如中正者，千載仰高裁。

宋·徐鈞《史詠詩集》卷上《漢高祖》 商後誓師因亳衆，周王致

業述豳風。不階尺土一人倆，誰似皮冠一沛公。

又《呂后》 父識英雄婿沛公，家因驕横血兵鋒。始知善相元非善，不是興宗是覆宗。

宋·田錫《擬古》 曲逆漢功臣，少年嘗窘厄。巷館雖席門，軒車盡嘉客。事魏言不從，説楚謀無獲。來歸隆準公，罄伸圖霸策。絳灌競生妒，讒非相見迫。封金欲拂衣，將舉鸞皇翮。豁達英主心，信遇終無隔。小節不掩名，動庸自輝赫。

宋·劉克莊《後村集》卷一五《雜詠一百首·蒯通》 酈生方横死，蒯徹亦陽狂。設不逢劉季，同趨一鼎湯。

宋·劉克莊《雜題十首》 劉季開基主，周昌記子臣。不能活如意，何況戚夫人。

宋·劉克莊《酈生長揖圖》 高陽狂生六十餘，入謁自通臣博徒。劉季嫚士如庸奴，對客濯足以兩姝。生云足下扶義初，奈何不禮長者乎。隆準一笑延坐隅，與隨何輩載後車。刻六國印識尤迂，向微留侯幾誤渠。胡雛聞人説漢書，千載而下猶揶揄。掉舌所得良區區，投身沸鼎何其愚。嗚呼！博徒果不賢腐儒。

宋·家鉉翁《則堂集》卷五《過沛題旅壁》 單呂早識隆準公，擇婿能得人中龍。云何託女不託宗，歡娱未了萬事空。沛人猶言令善相，善相如此術亦窮。高皇先識萬物表，芟刈羣雄如薙草。孽女近在目睫間，濫觴不戒使滔天。向非遺後餘此二三老，安知北軍袒右與袒左。嗟哉塗山啓夏任啓周，女德王功相匹休。令名堂堂照千古，不似沛中呂氏女。

宋·陳普《歷代傳授歌》 秦帝始皇太暴虐，位傳二世而已矣。漢室龍興滅秦項，高祖劉邦赤帝子。末年國本幾動摇，四皓一出回孝惠。呂后臨朝諸呂反，賴有平勃植赤幟。

金·李俊民《莊靖集》卷六《漢高廟》 垓下未聞歌散楚，澤中已見哭亡秦。乾坤到底歸眞主，愁殺鴻門碎斗人。

元·周霆震《題鷹熊聽澗圖》 聽澗鷹熊豈是眞，畫師託意諷時人。白登圍後知劉敬，遼水兵前憶魏徵。

元·馬祖常《石田文集》卷四《戲馬臺》 將軍一叱靡千人，未可掀髯便笑秦。枉築高臺閑戲馬，漢王將地擬功臣。

元·王士熙《君莫舞》 獸環魚鑰開九門，長刀閃月如雲屯。軍中置酒毛髮立，楚漢瞋目爭乾坤。楯上切肉衫血涴，白璧入手玉斗破。悲風烈日吹秦聲，赤龍將飛沐猴臥。項莊項莊君莫舞，以力取人天不與。明珠美女棄若遺，誰遣驪山作焦土。戰旗高高日向曛，天空雲散猶待君。漢王夜走灞上路，紀信成灰范增去。

元·王惲《木蘭花慢·居庸懷古》 壯巉巉鐵峽，誰設險，劈蒼岑。擁萬里風煙，一栓横鎖，形勝雄沈。漢王陽，憶當年、叱馭走駸駸。半夜郵亭索酒，平明燕市長吟。追思往事不堪尋。山色古猶今。甚三十年來，青雲垂翅，素髮鬅鬙。投閑卻教應聘，笑委身、從事老難任。立遍西風殘照，山光翠滿疏林。

元·張憲《玉笥集》卷一《秦鹿行》 望夷宫中養秦鹿，百二山河春草緑。穿花尚作呦呦鳴，寧識外人須爾肉。李斯父子牽黄犬，上蔡東門志何淺。血汙雲陽腰領紅，狡兔縱肥能幾臠。閹高貌軟足心路，稱馬獻君君不悟。羣臣相視莫敢非，只恐出言丞相怒。丞相怒，秦祚移。函谷不守秦鹿馳，高材疾足爭逐之。項王叱咤起，烏騅日千里。逐之不得不肯止，人疲馬困烏江死。沛公隱芒碭，手劍三尺長，網羅一舉圍咸陽。扼其角，刳其腸，食肉寢皮傳後王。秦鹿死，走狗烹。後人不用悲韓彭，帝王神器匪力爭。炎炎火德多洪福，前有高皇后文叔。回首平靈莽卓生，漢業亦同蕉下鹿。

元·傅若金《傅與礪詩集》卷二《歌風臺》 黔首厭秦暴，龍德奮炎劉。英雄乘天誅，拔劍起相仇。天風凜陵轂，飛雲揚九州。天下事既定，懷土未遑休。置酒宴高臺，中廚進庶羞。悲歌落林木，父老皆涕流。功臣日菹醢，壯士從何求。至今豐沛間，長顧使人愁。故鄉帝所愛，零落遺舊丘。大運各有終，聖賢誰能留。焉知萬歲後，魂魄復來遊。

又 卷五《沛公亭》 遙山寂寂對危亭，壞礎攲沙柳自青。四海久非劉社稷，千秋猶有漢精靈。豐西水散煙沈浦，碭北雲來雨入庭。坐想酒酣思猛士，歌風臺下晚冥冥。

金·元好問《中州集》卷四《歌風臺》 劉項興亡轉燭過，亂蟬吟破亂山河。長陵臥老咸陽月，沛上猶傳擊筑歌。

元·吳澄《吳文正集》卷九四《歌風臺》 黄屋巍巍萬乘尊，千秋

遊子故鄉魂。韓彭自取夷三族，平勃那堪託後昆。湛露迄今王迹熄，大風終古霸心存。當時儘自規模遠，誰起河汾與細論。

元·楊載《水龍吟》 鴻溝定約東歸，又誰遣赤龍回指。青娥舞罷，重瞳飲泣，斷腸聲裏。半壁酸風，兩淮寒月，古今興廢。眇烏江滿眼，驚濤卷雪，分明總是英雄淚。木末招招舟子，載何人斷煙流水。平沙盡處，青山數點，江東千里。長嘯風前，無人會我，登臨此意。但黄蘆古木，夕陽回照，有漁歌起。

元·揭傒斯《文安集》卷二《歌風臺和李提舉韻》 萬乘東歸火德開，漢皇曾此宴高臺。沛中父老謳歌入，海内英雄倒載回。湯沐空餘清泗在，風雲猶似翠華來。穹碑立斷蒼煙上，静閲人間幾劫灰。

元·楊敬德《歌風臺》 布衣千古一英雄，五載乾坤入手中。遥想帝魂垂浩劫，舜弦天上和南風。

元·張昱《可閑老人集》卷一《古詩十四首》 壯哉沛中歌，命世之雄者。帝王有大度，不在論風雅。綿蕝禮樂修，采詩固無暇。蘇李離别辭，亦自關教化。文章與政通，斯豈雜王霸？

又《過歌風臺》 世間快意寧有此，亭長還鄉作天子。沛宫不樂復何爲，諸母父兄知舊事。酒酣起舞和兒歌，眼中盡是漢山河。韓彭受誅黥布戮，且喜壯士今無多。縱酒極歡留十日，感慨傷懷涕沾臆。萬乘旌旗不自尊，魂魄猶爲故鄉惜。從來樂極自生哀，泗水東流不再回。萬歲千秋誰不念，古之帝王安在哉？莓苔石刻今如許，幾度秋風灞陵雨？漢家社稷四百年，荒臺猶是開基處。

元·楊維楨《鐵崖詠史注》卷一《杯羹辭》 阿邦兒，斬蛇當大逵。下相八尺子，擁劍相驅馳。阿邦不顧父，烹父呼阿兒。阿兒忍吐舌，食父眞獍兒。於乎，舜棄天下負父走，阿邦阿邦何急天下爲？

又《鐵崖古樂府》卷一《鴻門會》 天迷關，地迷户，東龍白日西龍雨。撞鐘飲酒愁海翻，碧火吹巢雙猰貐。照天萬古無二烏，殘星破月開天餘。座中有客天子氣，左股七十二子連明珠。軍聲十萬振屋瓦，拔劍當人面如赭。將軍下馬力拔山，氣卷黄河酒中瀉。劍光上天寒彗殘，明朝畫地分河山。將軍呼龍將客走，石破青天撞玉斗。

元·周權《此山詩集》卷三《紀信歎》 沛中龍奮芒碭雲，咸陽楚炬三月焚。兩雄角起鹿在野，三户有楚無强秦。貔貅百萬紛如雪，戈矛盡染英雄血。旗旄曉蔽天河雲，兵塵夜暗中原月。滎陽數載戰不休，重圍食盡漢亦憂。將軍詐帝出降楚，脱帝虎口眞良籌。無何諸將已平楚，事定論功裂茅土。獨無旌美到將軍，不得褒名紀盟府。男兒死節志已酬，瞑目地下夫何求。吁嗟功怨俱悠悠，漢廷雍齒還封侯。

元·岑安卿《余觀近時詩人往往有以前代臺名爲賦者輒用效顰以消餘暇·歌風臺》 嬴秦北築城萬里，芒碭無人識雲氣。鴻門斗碎驪山焚，漢楚殘民半爲鬼。重瞳失道身首分，沛公酒敍還鄉恩。風雲飛動白日永，歌聲激烈悲動親。四方備禦思虎士，進取守成良不易。長陵崇奉四百春，歌臺遺築今荆杞。壯哉一曲《大風歌》，千古英雄盡懷愧。

元·張端《澄江詩社賦得斬白蛇劍》 芙蓉秋水湛青萍，曾伴高皇起沛亭。蛇斷恍聞神嫗泣，人傳疑帶鮑魚腥。山河帝業憑三尺，雷電龍光護百靈。卻笑豐城深瘞土，精英空射斗牛星。

元·陳孚《陳剛中詩集》卷一《沛縣歌風臺》 沛宫一曲大風歌，誰識尊前感慨多。拔木揚沙濉水上，大風中有漢山河。【略】

沛上風雲志未酬，彭城先有錦衣遊。同爲富貴歸鄉者，只是龍顔異沐猴。【略】

原廟衣冠久已灰，斷碑無首臥蒼苔。至今風起雲飛夜，猶想帝魂思沛來。

元·陳宜甫《沛豐懷古寄程雪樓御史》 大蛇中斷戰旗紅，一旦興亡起沛豐。三月灰飛秦事業，四方雲合漢英雄。張良雖有運籌力，項伯當全舞劍功。帝業如今何處是，歌臺荒草自春風。

元·陳高《不繫舟漁集》卷三《感興二十五首》 唐虞邈以遠，禹湯亦悠悠。周轍一東狩，王綱遂漂流。春秋更五霸，日日尋戈矛。陵夷逮七國，斯民益無聊。戰血滿溝塹，殺星入雲霄。商君佐嬴秦，變法開田疇。積强至六世，虎視吞諸侯。宰割天下地，郡縣羅九州。焚香任法律，儒士咸虔劉。漢皇起豐沛，三尺誅民讎。開基四百年，烈烈壯鴻猷。惜哉英明主，不學遺遠謀。一時儈狗徒，贊業非伊周。遂使皇王政，廢墮不復修。此機一以失，餘恨空千秋。

元·劉因《静修集》卷四《讀漢高帝紀》 禮樂經秦掃地空，遺民

洗眼續王風。規模自襲挾書律，舉錯惟推約法功。魯國兩生心獨遠，新城三老義誰同。只知才到蕭曹盡，可信高皇是沛公。

元・周權《此山詩集》卷三《鴻門宴》 項王高宴鴻門北，風雲奔走天爲黑。椎牛刺豹酒三行，談笑戈矛生頃刻。豈知天命非人謀，玉玦三提事何益。興亡楚漢兩干將，開闢乾坤雙白璧。暗嗚漫説萬人敵，隆準天人竟誰識。玉斗聲中霸業空，烏江江水還流東。

又 卷一〇《沛縣》 天連荒草入青原，古縣殘橋擁一廛。千載芒碭銷王氣，斜陽孤水落寒煙。

元・何中《知非堂稿》卷一《讀史三首》 嬴法四海熱，震盪昏三光。雲飛大風起，赤子沐清涼。當時周旋人，一瞰罹身殃。悠悠赤松子，不識爲何祥。千年有崔浩，前修持自彰。豈知愧所事，乃是元家王。恐非鳳銜圖，但見雁求梁。伊爾山中人，勿棄蘭蕙芳。

元・宋褧《燕石集》卷八《沛中》 未央宮闕錦輝煌，沛公何心戀故鄉。直到中興守家法，年年供頓幸南陽。

元・楊允孚《灤京雜詠一百首》 馬上重看尖帽山，山頭無數白雲間。漢家天子眞龍種，抔土長陵爲設關。

元・吳師道《十臺懷古・歌風臺》 沛宮置酒君王歸，酒酣思慘風雲飛。兒童環臺和擊筑，父老滿坐同沾衣。一歌豐沛白日動，再歌淮楚長波湧。龍髯氣拂半空寒，虎士心馳四方勇。河山蕭瑟長陵荒，野中怒響猶飛揚。高臺未傾風未息，故鄉之恨那有極。

元・薩都剌《登歌風臺》 歌風臺下河水黃，歌風臺前春草碧。黃河之水日夜流，碧草年年自春色。當時漢祖爲帝王，龍泉三尺飛秋霜。五年馬上得天下，富貴樂在歸故鄉。里中父老爭拜跪，拄杖麻鞋見天子。龍顏自喜還自傷，一半隨龍半爲鬼。翻思向日亭長時，一身捧檄日夜馳。只今宇宙極四海，一榻之外難撑持。卻思猛士衞神宇，安得長年在鄉土。可憐創業垂統君，卻使乾機付諸呂。淮陰年少韓將軍，金戈鐵馬立戰勳。藏弓烹犬太急迫，解衣推食何殷勤。倒使英雄遭婦手，血濺紅裙當斬首。蕭何下獄子房歸，左右功臣皆掣肘。還鄉卻賦《大風歌》，向來老將今無多。咸陽宫殿眼親見，今日荆棘埋銅駝。臺前老人淚如雨，爲言不特漢高祖。古來此事無不然，稍稍升平忘險阻。荒涼古廟依高臺，前人已矣今人哀。悲歌感慨下臺去，斷碑春雨生莓苔。

清・錢謙益《列朝詩集》甲集第一七《［明］貝翱〈未央宮瓦頭歌〉》 赤龍西飛入咸陽，烏騅噴火焚阿房。阿房已灰騅亦逝，渭水參差開未央。未央宮殿中天起，乃公見之怒仍喜。壯麗方推相國能，萬户千門從此始。南山相對雙闕開，函關夜啓候王來。奉觴殿上呼萬歲，拔劍砍柱何雄哉。玉階一汙新都履，舊宅重開洛陽水。東西照耀四百秋，漢基半與周基似。長楊昨夜西風早，錦幔椒塗迹如掃。誰言長樂殊未央，回首青青千里草。可憐遺瓦至今存，古今不剝莓苔痕。銅雀有歌哀白日，鴛鴦無夢到黃昏。梁園老人愛奇雅，錦囊得之百金價。茅齋風雨伍陳玄，猶作金人淚□瀉。朝來拓得寄江城，舊物相看無限情。白髮張衡足愁思，何人相與話西京。

明・何景明《大復集》卷二九《漢中歌二首》 漢王昔日定三秦，壯士東歸意氣新。旌旗暗度陳倉口，父老重迎灞水濱。**【略】**

燒棧登壇各有動，謀臣猛將鬱如雲。關中自識龍顏主，海內爭看縞素軍。

又 卷一二《鴻門行》 沛公昔日分義軍，旌旗十萬西入秦。山東諸侯皆後至，咸陽萬姓思爲臣。項王東來怒如虎，置酒朝會鴻門下。門前壯士擁盾入，座上小臣拔劍舞。爭雄較勝未可量，相看杯酒成倉皇。揮刀醉擊玉斗碎，攬帶空懸寶玦光。沙丘城邊祖龍死，芒碭山傍匿天子。澤中夜聞白蛇斷，灞上朝看赤雲起。君不見劉郎供帳出秦宮，宮中火照三月紅。英雄爲謨自有術，亞父徒知殺沛公。

明・沈周《石田詩選》卷五《讀漢高紀》 書燒禮樂隨之熄，長者還生傲慢風。四海未嫌驕仲氏，一羹還欲共而翁。獨輸留皓鴻矰外，莫怪韓彭狗鼎中。天統特推三尺定，敢於嬴項説英雄。

明・陸粲《陸子餘集》卷八《俎上翁》 廣武城邊列旗鼓，重瞳拔山氣如虎。手提老翁坐高俎，漢王嫚語項王怒，俎上老翁心獨苦。心獨苦，兒不聞，兒言但索杯中羹。兒自生，翁自死。三軍縞素爲何人，幸有君臣無父子。君不見當日陰山沙磧中，胡兒鳴鏑親射翁。

又 《擁彗行》 漢困楚阿翁，忍死登高俎。楚和漢阿翁，歸來依舊戰。吁嗟翁歸方，炎漢基三年。爲虜生無幾，功成不記翁危辱，但記

曾，嗔無賴兒。泗上亭長作帝王，宮中老翁猶布衣。翁生不知皇帝貴，家令一言翁始畏。兒來朝，翁擁彗，須臾趣召尊上皇，家令歸來金滿林。昔爲田舍公，今爲天子父。擁彗一迎眞有助，嗚呼，擁彗行，何足嗤，猶勝當年俎上時。

明・李夢陽《空同集》卷三五《雲中曲送人十首》　白登山寒低朔雲，野馬黃羊各一羣。冒頓曾圍漢天子，胡兒惟説李將軍。

明・謝榛《四溟集》卷三《武皇巡幸歌》　玉輦銜寒色，蕭蕭八駿鳴。兔河冰上過，狐嶺雪中行。撫劍羣胡遁，彎弓百獸驚。當年赤帝子，空到白登城。

又　卷五《宿榆林驛》　寒夜榆林門獨開，愁看霜露滿蒼苔。驛燈孤照征人夢，邊月高懸落雁哀。冒頓幾窺青海戍，烽煙又上白登臺。當年李廣空遺恨，蕭颯天風正北來。

明・王世貞《度居庸關》　七陵佳氣鬱葱哉，睥睨寒烽北極開。車轉天門通筈括，水排坤軸建瓴來。書生絕質無中策，大將犁庭有異才。邊馬莫移青海帳，漢家曾記白登臺。

明・張吉《古城集》卷五《謁顏魯公祠》　兵非牽制敵不亡，沛公滅楚資彭郎。

明・胡儼《頤庵文選》卷下《登沛縣歌風臺》　璽綬歸秦土，英雄泣楚垓。金湯千里固，社稷萬年開。故老樽前舞，朔風天際來。高歌激雲漢，終古有層臺。

明・唐之淳《唐愚士詩》卷一《沛縣歌風臺》　河流西來復東注，我方乘舟北河去。長塗短服春已深，小邑孤城日將暮。河傍穹碑倚春樹，停橈一讀知其故。不見高臺號大風，空餘草屋連荒戍。當時漢祖居沛中，時有雲氣隨飛龍。道間未斬白帝子，圯下已逢黃石公。子嬰首落重瞳手，百二山河卯金有。陰陵失路豈人爲，鴻門不死眞天授。殘忍者滅仁義王，威加四海歸故鄉。籜冠巍峨筑聲壯，日月照耀旌旗揚。身中衮裳朱衣繡，酒酣歌舞爭爲壽。父老人人被寵恩，租庸世世蒙蠲宥。云胡伯心猶未忘，意氣激烈非虞唐。不歌艱難創王業，卻思壯士守邊疆。臺前風煙起天末，臺下寒流動毛髮。黃昏不敢問前途，駐目更看芒碭月。

明・唐順之《荊川集》卷二《滎陽行》　滎陽軍壘高嵯峨，楚漢之戰何其多。已向廒倉奪芻粟，還臨鴻水割山河。大小一百一十戰，組練崢嶸如閃電。存亡呼吸那可知，主客縱橫忽然變。英姿烈烈紀將軍，志不可奪身可焚。城西夜半赤帝走，獨載黃屋開東門。漢家社稷蕭曹力，殺身衛主誰能識。君不見，丹書白馬勒元功，吹簫屠狗俱開國。

又　《歌風臺》　我來擬上歌風臺，豈意臺空只平地。琉璃古井亦崩塌，斷碑無字苔蘚翳。當年此地説豪華，富貴歸鄉多意氣。枌榆社裏列黃麾，泗水亭前張赤幟。里中父老競來窺，昔日劉郎今作帝。共談疇昔帝一噱，季固大言少成事。椎牛張宴里閈空，進錢今日幾萬計。坐中只帶竹皮冠，衆里長呼武婦字。酒酣擊節帝起舞，樂極歌殘更流涕。遊子誰不悲故鄉，萬歲吾魂猶樂沛。賜名此朕湯沐邑，世世田疇免租稅。風起雲飛又一時，往事蕭條復誰記。樵人不識斬蛇藪，行客還歸貰酒市。臺下黃河盡日流，瞬息人間幾興廢。

明・唐皐《公莫舞》　公莫舞，公莫舞，劍光飛，觀如堵。亞父誠有見，沛公不擊吾屬虜。豈知帝王自有眞，誰能陰謀肆輕侮。君不見三章易秦法，何如一炬成焦土！爾謀非不精，爾黨自相拒。壯士擁盾入，怒髮衝青天。立飲盡卮酒，生啖盡彘肩。須臾間行去霸上，鴻門玉斗徒紛然。

明・黎民表《瑤石山人稿》卷一六《沛上》　手提三尺定咸京，黃屋東歸父老迎。今日豐碑荒草没，行人猶記沛鄉名。

明・黎民表《西行詠懷古・其一平城》　神龍困泥淖，燕雀反見咍。如何赤帝子，遇窘白登臺。謀臣雖幸中，魚服幾殆哉。不見芒碭氣，陰風千里來。

明・童軒《清風亭稿》卷四《過歌風臺》　望夷宮中箭如雨，芒碭山前五雲起。沛公提劍走咸陽，百二河山屬眞主。烏騅已逝走狗烹，威加四海來故鄉。臺前父老奉觴壽，酒酣激烈歌聲長。高皇龍去臺應朽，猛士何人四方守。落日悲風動地來，蕭蕭但見臺前柳。豈不聞姑蘇草長游麋鹿，銅爵年深野狐哭。唯有陶唐三尺階，千載人思太平福。

又　卷八《經沛縣懷古》　芒碭山前起白雲，龍飛猶憶漢時君。高臺蕪没西風急，彷佛歌聲入耳聞。

明・釋妙聲《和感遇並雜詩六首》　美利在於人，翕張隨所如。上

焉有好者，天下將同趣。宣尼常罕言，防源知在初。魏罃問利國，孟子亦回車。沛公田舍夫，蕭何刀筆胥。提劍入咸陽，僅收其圖書。謀生誠止足，制用自可餘。橫流竟莫返，舉世無寧居。

明·郭諫臣《鯤溟詩集》卷四《濠梁雜詠六首》　豐沛濠梁俱帝鄉，盡憑三尺定封疆。本朝自用周官制，不似炎劉雜霸王。

明·陶安《陶學士集》卷一〇《風起》　大風起，大風起，掃蕩煙塵淨如洗。火龍吹燄成赤雲，鼓鑄乾坤又一新。鸞旗豹車過沛里，父老子弟爭迎喜。向年離家纔庶民，今日還鄉是天子。酒酣情濃思故舊，慷慨悲嗟舞長袖。復除户户動歡聲，千秋萬歲君王壽。壯哉親唱大風歌，金石鏗轟奈樂何。君不見拔山蓋世骨先朽，何在威加詫雄赳。又不見深室懸鐘烹走狗，何用猛士爲之守。大風起兮雲飛揚，不如膏雨流滂滂。威加海内歸故鄉，不如帝德天下光。安得猛士守四方，不如王佐之才登廟堂，所以漢道不克承三王。

又《河如帶》　虎有爪，雕有翼。爪擒猛獸威愈張，翼奮高雲身起疾。自從軹道釋降王，火旗龍馬趨咸陽。丞相淮陰文武並，良平片舌摧强梁。開國功臣定王霸，捲除虐線民歸化。壺關仁義決雌雄，馬上安能得天下。且如吏才世常有，何亡如失左右手。儻非神計六出奇，空陷滎陽虎狼口。長樂置酒朝儀新，天子之尊世一人。元勳雖是稱三傑，鴻業皆由得衆臣。臣有才，君所倚。元首股肱爲一體，家國遄興每因此。若使虎無爪兮雕無翼，橫飛怒搏將何以，狐兔鴟鶉等焉爾。高皇念功能重酬，剖符裂土封諸侯。刑白馬，宣盟辭，告於上下之神祇。神祇洋洋明鑑知，盟若曰：山如礪，河如帶，地老天荒國長在。河如帶，山如礪，子子孫孫千百世。鐵爲券，丹爲書，視彼竹帛堅有餘。金作匱，石作室，藏之宗廟何深密。分茅食邑布州郡，雉粉衣裳龜紐印。謝恩鳳闕拜且言，長與漢室爲藩垣。後來疑忌含怒怨，激得王侯屢生變。戮豨醢越夷韓族，請苑利民翻繫獄。漸次國除眞可憐，幾家能得傳曾玄。口血未乾言自食，無怪殘刑有武宣。爭如待下推恩德，保全功臣扶社稷。周家雖不誓山河，國與諸侯綿八百。君心誠信能確守，帶礪不盟天亦祐。君心誠信苟有虧，帶礪雖盟終自欺。君不見呂后在前莽操後，還賴功臣同拯救。河流山峙尚依然，不似人心不長久。

明·顧璘《息園存稿詩》卷一二《沛上懷古》　漢祖還鄉歌大風，高臺提劍氣成虹。關西父老三章約，垓下河山百戰功。祇見枌榆生故社，屢聞雞犬變新豐。經過又是高陽侶，醉折桃花薦酒紅。

明·祝允明《懷星堂集》卷五《歌風臺》　掉臂長安市，遙從日邊來。因過芒碭下，步上歌風臺。沛公善任使，猛士亡其骸。帝業袖手成，慷慨襟抱開。大風飛雲亦壯哉。韓彭英盧相繼死，寄命寺人髀股間，未央志氣拉颯摧。相望千年餘，安能爲之哀。明朝放舟淮浦去，項王韓侯祠下亦徘徊。

明·沈明臣《歌風臺》　漢帝初平四海回，《大風歌》激楚聲哀。彭城王氣千年足，芒碭寒雲萬里開。父老只知亭長去，山河都屬沛公來。故鄉歡飲無多日，泗水依然繞舊臺。

明·楊基《眉庵集》卷一《秋齋雜賦》　劉表知先主，懷王識沛公。未聞收夏口，先已入關中。今古車書異，興衰曆數同。方驚雞作鳳，當信鶩非鴻。

又《感懷》　驊騮日千里，亦在御者功。向無造父能，乃與凡馬同。韓彭覂駕材，驅策遇沛公。增本渥窪兒，意不與項通。豈獨知馬難，所貴御馬工。駕御苟失宜，鮮不敗乃翁。蕭蕭帳下騅，千駟何足雄。

明·朱誠泳《小鳴稿》卷二《感寓》　項籍苦强暴，沛公乃寬仁。秦鹿競相逐，六合生烟塵。嗚咽起雷電，叱吒驚鬼神。拔山氣蓋世，扛鼎力足任。豪雄竟難恃，凶殘徒殺身。陰陵一失道，楚歌自沾巾。焉知卯金刀，興隆自有因。帝王本仁義，猛力何足云。【略】

萬物有成敗，造物自制之。天定不可勝，人謀空爾爲。達人自知命，順受尚奚辭。嗤彼智巧徒，而徒用其私。項羽敗烏江，沛公成帝基。雖云仁與暴，實乃天所思。起家良不易，興國亦如茲。天地尚終壞，勿爲千載悲。

明·歸有光《震川別集》卷一〇《沛縣》　泗水抱城堙，東去日瀰瀰。豐沛至今存，漢事已千春。嗟我亦何爲，獨歎往來頻。封侯不可期，白日坐沈淪。每見沛父老，旅行泗水濱。雞犬如昨日，此亦非昔民。空傳泗水厚，井邑疑未眞。城外綠楊柳，高簾懸風塵。猶有賣酒家，王媪幾世親？高廟神靈在，英雄卻笑人。

明·于謙《忠肅集》卷一一《沛縣歌風臺》　荒臺遺址尚嵯峨，過客經游感慨多。逐鹿未傾秦社稷，斬蛇先定漢山河。功臣累見收封爵，猛士誰能爲執戈。父老尚知千古事，豈宜重問大風歌。

明·尹臺《洞麓堂集》卷七《沛中歌贈欽進士赴沛公分司》　君不見芒碭大澤噓雲氣，沛中子弟興如蝟。可憐豪傑怨秦法，徒使黔黎哀鼎沸。山東禍首不知數，草間澒洞昏塵霧。沛中壯士三千人，奮臂一呼白日暮。沛公爾時拔劍出，馬上河山開戰績。滅秦蹙漢指顧間，俎醢韓彭兵未息。泗上歸來血洗刀，沛中父老迎旌旄。遊子悲歌對舊邑，戰士猛氣横新醪。沛中高宴留十日，六軍更壽歡無極。千秋萬歲湯沐鄉，五劇三條貴遊宅。誰知今日歌風臺，一丘廢土藏蒿萊。請看帝圖有銷歇，焉得人事無傾摧。從來時命論通塞，蕭樊不遇終誰識。君行若見沛中人，爲我幸謝屠繒客。

明·王世貞《弇州四部稿》卷八《卮語二首》　世間事，那有此。齊國王，卒餓死。沛亭長，作天子。歲百戰，垂千祀。幷六合，傳二世。廁中人，斷君頭。堂下客，代君侯。魏冉走，剛成入。白起逝，安平出。呂易嬴，政僇韋。歇在楚，亦如之。臣相君，竊其母。君僇臣，弑其父。人既工，天亦巧。嗟何爲，日膠擾。

明·王洪《毅齋集》卷二《上陵》　上諸陵，眺西土，佳哉山川鬱四固。函谷爲關，金城爲户。陸海萬里，河渭在下。芟蒿萊，拓土宇，允懷我高祖。懷高祖，五年馬上，飢不及餐，頭髮若蓬，葆服此勞苦。傳子孫，謹厥度，永綏此九土。明明赫赫，昭厥上下。天命良不易，坤爲輿，乾爲蓋。振洪恩，遐哉沛。神功邁三王，仁風洽四海。俾彌歲萬億，基業無有壞。

明·唐寅《高祖斬蛇圖》　眞人受命整乾樞，失鹿狂秦不足誅。四海横行無立草，妖蛇那得阻前驅。

明·楊基《眉庵集》卷一《感懷》　三人乃成虎，衆口能爍金。流言雖不多，足移君子心。人心本無疑，理與勢所侵。奈何形似間，構結已髣髴。入耳卽契合，不待問者深。陳平雖云智，羽有隙可尋。高祖誠豁達，卒亦誅淮陰。營營青蠅詩，示古猶示今。【略】

鵲巢知避歲，終爲鳩所居。巧者勞不足，拙者安有餘。溪翁夜結網，山人朝煮魚。隆準入關中，不讀半卷書。當時微張韓，乃與勝廣俱。大拙乃至巧，巧者復何如。

清·錢謙益《列朝詩集》丁集第六《［明］屠隆〈沛縣登歌風臺弔漢高祖〉》　彭城沛邑漢帝宮，山川峭拔風土雄。三月驅車猶烈風，高天卷沙白日蒙。牛羊散野城郭空，我來不見隆準公，但見平原草緑寒花紅。隆準公，英雄哉！亭長去，帝王來。去時蕭蕭提一劍，來時千騎萬乘驅雲雷。椎牛置酒燕湯沐，黄屋左纛虹霓開。前殿歌風氣逾猛，後宮擊筑聲復哀。百官歡呼父老醉，酒酣日落登高臺。當時王氣收，豪傑霍然起。他人裂土握重兵，公也蒼皇奔迫不得止。須臾劍光奮，義旗指，函谷一破子嬰死。鴻門不能驚，巴蜀不能喜。黄石爲之用，白帝當之靡，韓彭如狙項如豕。往來大業五載耳，世上英雄有如此。籲嗟乎！咸陽宮殿空蒼煙，彭城故都無墓田。神州赤縣掌上懸，公也歸來奏管弦。管弦歡娱歡不足，急雨飄風一何速。沛上山河已非漢，邑中父老死相續。故宮曾無片瓦覆，藤蘿倒掛野人屋，歌風之碑煙霜磨滅不可讀。遙望芒石易，郁乎高丘，青天不動黄河流。大雪垂垂幕其上，龍蛇虎豹紛蚩尤。千秋萬歲後，魂氣當來遊。

明·烏斯道《春草齋集》卷一《詠史》　商顏避秦烈，何獨有園綺。如何隆準公，泗鼎不可起。謀猶信留侯，仁慈在儲嗣。安劉匪平勃，誠由四翁耳。豈中煙霞疾，徒與麋鹿死。芝草長滿山，誰歟繼修軌。嗟哉司馬公，一傳斬青史。排難何足云，乃傳魯連子。

明·佘翔《薜荔園詩集》卷三《豐縣道中》　山東隆準起雄圖，西望關中定帝都。見説枌榆遺社在，未央還屬漢家無。

明·程敏政《篁墩文集》卷六七《彭城廢縣南謁漢高祖廟》　古原荒樹倚村斜，高廟威靈亦可嗟。警蹕千年餘塑馬，鐃簫終夕舞神鴉。碭山落日銷雲氣，睢水寒風捲岸沙。漢楚興亡那復問，一龕燈火屬僧家。

明·張以寧《翠屏集》卷二《戲馬臺》　當時衣錦去關中，天地移歸隆準公。空使秦人悲故舊，更憐劉裕愧英雄。荒臺落日蛩鴻没，春草連雲戲馬空。太息重瞳千載少，艤舟不肯過江東。

又《過沛歌風亭》　蒼梧帝逝薰弦絶，千古三侯慷慨歌。豐沛故鄉宜有感，韓彭猛士惜無多。英雄老去臺空在，魂魄來歸意若何。楚舞尊

前鴻鵠起，大風幾動漢山河。

明・張煌言《張忠烈公集》卷四《鴻門歌》　項王怒、漢王畏，鴻門宴罷鴻溝潰；漢人喜、楚人恚，玉玦謀空玉斗碎。重瞳、隆準兩英雄，天意有興必有廢；成豈噲也一彘肩，敗或亞父疽在背。不殺沛公豈云誤，此事卻有霸王度。當時長者號漢王，俎上老翁不相顧；既無父子況君臣，三軍縞素爲何人！

明・李昱《草閣詩文集》卷六《古風三首》　秦坑灰未寒，紛紛逐其鹿。胡爲隆準公，高大更疾足。信越爲干櫓，良平乃心腹。誅嬴既滅項，浩歌大風曲。鳥盡良弓藏，兔死走狗戮。偉哉赤松遊，所志非辟穀。

又《鴻門舞劍歌》　鴻門大將輝重瞳，虎視六合無英雄。當時灞上隆準公，摧眉俛首趨下風。青蛇光寒射尊俎，酒酣拔劍爲誰舞。一舞范增身若雲，再舞張良面如土。神鋒慄魄可奈何，喚取楚人歌漢歌。當筵對舞張羽翼，紅煙紫電相蕩摩。須臾舞罷沐猴悦，亞父翻成背流血。玉玦不靈玉斗裂，楚漢雌雄從此決。

明・胡應麟《少室山房集》卷六《遠別離》　遠別離，古有之。不見牽牛星，熒熒河漢湄。黄姑弄杼軸，錦石爲支機。招要自成匹，永永不相疑。終朝臥閶闔，折花事遊嬉。逡巡怒上帝，立遣東西馳。天孫尚爾爾，世人了可知。酌君一杯酒，聽我歌別離。君不見重瞳墮地氣食牛，掃除六合朝諸侯。美人嬌愛置金屋，彭城著繡誇遨遊。時危勢屈走垓下，楚歌四面興仇讎。蛾眉倏忽化黄土，拔山力盡烏江頭。君不見隆準布衣奮三尺，蹙項誅秦四海一。淮陰菹醢百慮空，掌上嬌兒夜啼泣。回身楚舞涕泗横，黄鵠摩天招不得。未央美人居廁中，地下誰呼寵姬戚。古來豪傑流，往往稱二子。裂眥摧天關，五嶽任驅使。徘徊一婦人，竟作別離死。何況蚩蚩輩，疇能不罹此。房帷僅咫尺，陷阱如丘山。不信別離苦，焉知行路難。荆榛莽閶闔，對面生尤愆。逝將舍之去，去去適荆蠻。荆蠻非我鄉，念欲還長安。載歌別離曲，使人歎息摧朱顔。遠別離，何匆匆。浮世狹，難爲容。胡不醉我美酒三千鍾。蒲萄之釀紫花潑，緑尊翠杓春溶溶。兩手持蟹螯，拍浮玉缸中。落葉有時合，明珠有時逢。人生把酒當盡醉，回頭萬事成虚空。項劉兩豎子，齷齪非莫雄。天孫與河鼓，兒女徒忡忡。二妃從遊已百歲，湘水底事流啼紅。屈原李白俱謾語，謔浪分明欺乃公。大人虎變挾宇宙，傍日月駕雙飛龍。黄童姹女永相逐，周遊八極乘罡風。安能低眉折腰局促，相若轅下駒守樊籠。遠別離，何匆匆。安能低眉折腰局促，相若轅下駒守樊籠。

又《將進酒》　將進酒，乘飛龍，滿引大白噓長虹。舜百石，堯千鍾，北斗奉杓南斗從。天瓢出沆瀣，大樂鳴笙鏞。綃衣萬玉女，緑髮雙仙童。左拍浮丘肩，側睨容成公。百年三萬六千日，一日不醉令我行步如龍鍾。君不見泗上亭長隆準公，斬蛇逐鹿驅羣雄。鴻門高會割巴蜀，肝腸鬱鬱長思東。結約五諸侯，伐楚彭城宫。一朝項氏自東至，五十六萬如飄風。滎陽匍匐作降虜，何如飲酒來新豐。信陵賓客但墟墓，古木荒榛穴狐兔。平原毛遂骨已灰，黄金之館生塵埃。何如一笑飲美酒，白眼横吞三百杯。長安桑落名最古，山東秋露清且苦。曲米雲安遠難得，若下吳興近堪數。世人每病金華甘，此酒名高弘正間。只今天下貴三白，積薪後者常居前。盛衰好惡若反掌，時來不得論媸妍。太白三閭豈庸俗，一醉一醒操行獨。醉者騎鯨上九天，醒者反葬蛟鼉腹。劉伶阮籍雙酒狂，竹林牛飲稱高陽。當時頗遭俗子罵，至今百代垂文章。今晨何晨夕何夕，炰鱉烹熊衆賓集。觴行瑟作不暫停，玉椀銀缸興逾劇。三星在簷河漢入，扶桑茫茫日東出。安得八駿搏長風，爛醉瑶池三萬日。

又卷二七《布帆行寄徐使君》　亂山芒碭尋眞龍，咄咄新豐亭長公。甘言鼎鑊紿父老，彎弧反躬如逢蒙。穀城酹留侯，緬懷游赤松。胡顔教隆準，背約追重瞳。侵尋楚事去，垓下貪天功。時無軒轅帝，豎子皆英雄。

又卷六七《俠客行六十四韻》　博浪誤驚嬴主中，白登長抱沛王羞。

明・倪謙《倪文僖集》卷七《分題得泗亭懷古送友別》　艤棹閒登泗上亭，殘碑猶載舊時銘。鹿亡自合歸隆準，蛇斷何爲泣素靈。芒碭山頭雲漠漠，沛豐城下水泠泠。大風急起歌臺莫，舟子開帆未肯停。

明・唐文鳳《梧岡集》卷二《雞鳴臺和劉通判韻》　劉項共築雞鳴臺，嵯峨百尺應危哉。隆準寬仁有大度，重瞳剽悍非良才。劍光電飛大蛇死，天心已歸赤帝子。雲起芒碭五色奇，咸陽王氣清如水。君不見楚歌已絶荒雞鳴，悲鳳瀟瀟號五陵。千古興亡只如此，感歎空令愁思增。

明·程本立《巽隱集》卷一《京索道中》 路從京索上陂陀，于此勞人感慨多。徒割鴻溝分楚漢，終歸隆準一山河。大風沛邑臺中筑，半夜虞姬帳底歌。千載興亡俱寂寞，羣山起伏自嵯峨。

明·朱誠泳《予自草堂將歸過古之樊川亦有所感而不能已於言也》 斗城南畔杜陵邊，舊是將軍食邑田。屠狗亦匡劉季業，牝雞誰道呂嬃賢。當年壯志今安在，此日英風尚凜然。禾黍高低殘照裏，路人猶指是樊川。

清·張之洞《漢高帝》 身經百敗事尋常，頑鈍終能定四方。芒碭風雲鍾佐命，鴻門神鬼護眞王。英雄那解治生產，富貴何須反故鄉。莫唱西風殘照曲，長陵煙樹鬱蒼蒼。

清·沈德潛《清詩別裁集》卷六《孫蕙〈秦川懷古〉》 內史新豐不可求，長陵王氣已全收。千盤鳥道歸隆準，百戰鴻溝割沐猴。風雨滿天來渭北，麒麟遺塚自南丘。幾經汗馬勞諸將，紫塞黃榆起暮愁。

清·徐世昌《晚晴簃詩匯》卷一一〇《鍾大源〈西漢定陶共王陵鼎歌〉》 漢家孝惠踐炎祚，封地既削聞梁王。隆準子孫就藩位，惟恢實始膺雄疆。詔諸郡國立高廟，俾奉尊卣歆烝嘗。定陶之鼎亦其一，繆篆二八銘都倉。長陵草没井火熄，舊物淪落無何鄉。僅從博古認款識，鐵官鼓鞲空精良。今茲古鼎製殊樸，範自何代來何方。通高七寸器殺半，蓋疑盂覆形圓鐺。三環列非一峯卓，兩耳峙並三足强。雷紋篆帶品莫定，六夔三犧名難詳。西漢陶陵字可辨，供廚好畦應相當。中丞好古識精審，原父南仲均慚惶。定爲共王陵祭器，扶風共祀逾千霜。未入宣和舊圖録，形質一一煩衡量。累黍相差篆畫別，知非初載升馨香。共王謚同名則否，孝哀往事殊難忘。傅氏昭儀後宮最，誕毓龍種看騰驤。三畿舊國藉屏翰，維城誼篤非恆常。況復承華嗣主鬯，材藝素負夙德彰。身嗣前星表環極，子承景祚詩當陽。推親典並顯尊重，報功事與追遠長。想見順時潔粢盛，斯鼎長奉園陵旁。獨遭新莽覆公餗，太阿倒握權勢張。奏貶尊號及帝母，天家骨肉情殊傷。竊懷璽綬事烏有，妄以私怨憑黃腸。穿塋竟忍遺謁者，發丘恍已添中郎。金碗煙銷土斑駁，寶衣火化雲蒼涼。休訝魚鐙照夜密，空憐燕影銜泥忙。高塚崩隤百物毁，眯眼惟歎荊榛荒。流傳此鼎獨堅好，不隨劫焰歸蒼茫。愛等周家虎彝庋，珍同虞氏蜼敦藏。莫問鄭邢暨妘婦，漫稱雕豆兼玉觴。所惜銘辭異器蓋，雄鴛仿佛離雌鸖。何當更覓吉金偶，珠聯璧合增輝煌。生砂活碧敢褻視，西京法物留滄桑。總然得一亦已足，寶氣上燭浮雲光。紹勝汾陰禋祀畢，長淪彝器波湯湯。

清·林朝崧《漢高祖》 軹道降王拜馬頭，關中形勢掌中收。布衣革命開新局，湯武當年起列侯。俎上杯羹脫楚囚，西歸假意割鴻溝。君王鬭智眞長技，雲夢他年亦僞遊。

清·殷岳《讀史》 伏波天下士，遨遊而擇主。眞人崛東方，闊達符高祖。既見一乃心，披帷籌二虜。聚米爲山谷，指畫同目睹。八區尋大定，奇坊勒銅柱。後世訟神人，譚言中繩矩。古道不可期，宵人嘩市虎。

清·吳仰賢《過鴻門阪》 軍門開，鼓如雷，兩雄高宴謀臣陪。手提佩玦睨不語，鸊鵜對舞鋒交摧。居巢老翁不解事，眞龍出入無死地。但勸項王殺劉季，不諫項王殺義帝。九鼎終歸大度人，亞父何曾有奇計。

清·陳維崧《迦陵詞全集》卷一一《汴京懷古》 汜水敖倉，是楚漢揮戈邊界。想昔日名姬駿馬，英雄梗概。滎澤波痕寒疊雪，成皋山色愁凝黛。歎從來豎子易成名，近安在？俎上肉，何無賴；鴻門斗，眞難耐。算野花斷鏃，幾更年代。秦鹿豈爲劉季死，楚猴甘受周苛賣。笑紛紛青史論都訛，因成敗。

清·黃金臺《淮陰釣臺》 古今落落三釣臺，釣名釣國臺上來。韓侯爾亦何爲者，可憐王孫窮餓誰相哀。羊裘不著，鷹揚復開。竹竿娟娟揚旗起，赤幟一立邯鄲摧。臺邊學得背水陣，孫吳死法寧中裁。噲等碌碌非吾儕，販繒屠狗兼椎埋。渭濱淮水兩千古，英風令我長徘徊。劉季鼻大多雄猜，單父野雞構禍胎。假王爲餌死不悟，何如一星長客江之涯。蕭相非憐國士才，卻附呂后成其災。當時大將壇何在，但見荒臺突兀起草萊。

清·賈鳧西《木皮散人鼓詞》 到後來楚漢爭鋒換了世界，那劉邦是一個龍胎自然不糙。『一杯羹』說的好風涼話，要把他親娘的漢子使滾油熬。烏江逼死他盟兄弟，就是那座下的烏騅也解哀號。這是個白丁起手新興様，把一個自古山河被他生掏。最可笑呂后本是他結髮婦，是怎麼又看上個姓審的郎君和他私交！平日家挺腰大肚裝好漢，到這時鱉星照命可也難逃。中間裏王莽掛起一面新家的匾，可憐他四百年炎祚斬斷了腰。

清·朱黼《虞姬祠》 高樓飛閣開雲霞，明璫翠羽顏如花。夫君霸

業在本紀，獨少外戚留世家。英雄青史不堪説，美人黄土猶爭惜。何曾垓下葬芳魂，空有霜鋒汙頸血。兵戈轉戰生死同，美人卽是眞英雄。咄哉孺子劉沛公，戚姬乃以人彘終。傳聞飛雹從空起，靈爽猶能衛桑梓。可惜重瞳下相來，喑嗚叱吒徒爲耳。

清·唐仲冕《陶山詩録》卷四《新安》 秦坑趙長平，楚坑秦新安。禍莫大於殺已降，秦趙之坑若循環。白起項羽皆齒劍，沛公長者先入關。當時人力不相抗，二十萬人同日葬。地下應笑諸儒生，議禮不決如降兵。

清·徐世昌《晚晴簃詩匯》卷一八《陳恭尹〈懷古·沛中〉》 漢王生長難忘處，尺土猶書故宅名。四海自飛鴻鵠羽，中宵人哭白蛇聲。輕沙淺草堪調馬，習俗羣兒敢説兵。千載英雄同一轍，徐州南是鳳陽城。

又 卷一〇〇《張誠〈泗上亭〉》 泗上亭，王業起。秦皇侈言萬世君，那知亭長是天子。亭長縱觀秦皇帝，喟然丈夫當如此。車駕東游厭王氣，亭長自疑私自喜。亭長作天子，縣吏爲相國，開國君相萃一邑。沛中邑，泗上亭。殷亳都，周鎬京。

又 卷五八《李予望〈河間道中有懷獻王〉》 嬴氏亂天紀，酷虐難具陳。苦欲愚黔首，《詩》、《書》遭坑焚。羣籍付烈焰，六藝已灰塵。孤危念吾道，一髮引千鈞。漢祖起豐沛，馬上除暴秦。未暇求遺書，絳、灌祇武人。遷延及六、景，此事遂因循。雖除挾書律，大義惜未伸。卓哉河間王，所好匪世珍。日華啓高館，文采照河濱。雅樂獻天子，儒術被厥身。茫茫尋墜緒，獨悲古籍湮。千金購善本，傳寫留其眞。因之得書多，一一皆古文。聚殘補其缺，説記本先民。煌煌前聖典，呵護信有神。譬猶長夜暗，杲日出大昕。祖龍雖已厄，於今輝千春。揭來歷舊邦，遺躅尚未淪。停驂訪耆老，經完道亦振。陋彼《淮南子》，八公徒紛紜。篋中《鴻寶》書，荒唐何足論。

清·王士元《讀史雜詠十首選四》 高帝木偃人，慷慨楚歌憐戚姬。項王氣蓋世，數行泣下爲虞兮。阿瞞叱吒九州平，卻戀銅臺歌吹聲。千古英雄堪笑殺，半爲兒女太癡生。一事更憐關壯繆，綏綏求偶何乃速。雄師未下下邳城，美人已覬秦宜禄。

清·徐世昌《晚晴簃詩匯》卷一八七《袁綬〈詠史〉》 四皓安劉非助呂，戚姬空自淚縱横。若教如意爲天子，未必能如孝惠明。

清·張晉《艷雪堂詩集·沛宫行》 貴莫貴兮爲帝王，樂莫樂兮歸故鄉。人生到此願已足，父老十日歡行觴。大蛇中斷祖龍死，重瞳前阻烏江水。西來入關爭不得，東遊壓氣徒爲爾。從此還家著錦衣，填街塞巷□旌旗。當年盛事已不再，後人嘖嘖猶稱之。我來下馬尋舊迹，殿閣荒涼空四壁。吁嗟乎！長陵抔土今誰封，禾黍没遍長樂宫。千秋萬歲魂歸後，忍聽兒童唱《大風》。

又《讀〈史記〉四十首·撞玉斗》 鴻門置酒飲未已，沛公如廁忽先起。白璧玉斗不敢獻，愁彼君臣怒不止。項王受璧置座右，亞夫見斗恨切齒。玉玦三舉王默然，事已大定寧須此。豎子不足謀，老臣空拊髀。拔劍一撞情激昂，吾屬今爲若鹵矣。疽發背，亞父死，垓下五人分王體。縱有奇計難瓦全，茫茫恨入烏江水。君不見，當年望氣非荒唐，沛公原是眞天子。金甌既已屬他人，玉斗撞碎徒爲爾。

又《斬丁公》 官季布，斬丁公，帝王識見原不同。死我者生我死，人臣大義可知矣。彭城城西短兵接，兩賢相厄事已急。劉項興亡雖定數，此機坐失嗟何及。斬丁公，丁公固當斬，轉思項伯心尤險。鴻門一自釋沛公，落日烏江氣愁慘。吁嗟乎！項伯猶封射陽侯，丁公之罪宜未減。

又《信誑楚》 滎陽城下東門開，黄屋左纛漢王來。重瞳瞋目按劍坐，齊呼萬歲聲如雷。東門開，楚軍守，漢王乃出西門走。女子被甲二千人，誑楚者誰紀將軍。將軍當日竟燒死，將軍後嗣胡不聞。絳灌竄若鼠，獨有將軍敢誑楚。死生成敗非所知，令人卻憶逢五父。

又《柏人縣》 高祖平生好謾駡，張王執禮身愈下。貫高趙午爾何人，負氣乃欲臣弑君。柏人縣中賊暗伏，上過心動不肯宿。怨家告變王逮捕，自剄終何補。貫高榜笞無完膚，王事幸白王已汙。自謂吾王孱王也，不知孱王眞長者。淮陰彭越盡强王，或殺或醢皆滅亡。高祖之德不可負，孱王幾被公等誤。

又《魯兩生》 叔孫起朝儀，綿蕞習野外。武夫悍將齊震服，高祖乃知皇帝貴。嬴秦之儀豈堪羡，當年自詡識時變。魯兩生，不肯行，高風千載尚可想，惜哉史册逸其名。君不見，五百黄金不自有，聖人之名滿

人口。叔孫面，不足稱，弟子齷齪徒營營。漢家儒宗讓公首，先王大禮嗟更。我所思，魯兩生。

又《腐儒對》　臣何跪言，天下已定，項籍誅九江，王布今剖符。陛下乃欲折臣之功，謂臣爲腐儒。憶昔彭城戰不利，陛下出梁至於虞。私計天下事，環顧左右無足圖。臣時爲謁者，欲效區區請使淮南。陛下幸聽臣言，不以臣爲愚。臣誠腐儒乃與二十人俱，布從臣策，與臣問道歸漢，遂許陛下以馳驅爾。時若不用腐儒，縱有騎五千卒五萬，陛下能取淮南無？臣何獨掉三寸舌，騎兵步卒皆不如。今天下已定，陛下于臣無所須。嗚呼！陛下于臣雖無須，前事俱在不可誣。奈何折臣之功，謂臣爲腐儒。

清・徐世昌《晚晴簃詩匯》卷三《愛新覺羅・顒琰〈讀通鑑紀事本末・高帝滅楚〉》　失鹿嗟暴秦，爭逐惟漢楚。漢興楚淪亡，要論無煩語。知人不知人，劉項成敗舉。入關先得民，三傑寄心膂。大度納善言，勞心歷險阻。項籍匹夫雄，搏戰力能禦，驕慢輕哲賢，一增時齟齬。信謂婦人仁，了然若觀炬。

清・金士松《居庸關歌》　居庸險絕天下無，右枕山海連飛狐。關溝直上四十里，龍蟠虎踞環中都。拔地雙崖通一線，班班車馬穿雲見。飛流激澗落松風，關門咫尺陰晴變。迢迢南北圍山城，胡沙極望雙眸明。桑乾榆林遠鉤帶，雲中上谷開藩屏。斥堠高低不知數，云是前朝用兵處。漢家天子昔蒙塵，因向雄關議增戍。增戍添兵二百年，高牙大纛稱防邊。暫見和親通瀚海，旋驚烽火照甘泉。可憐百道勤王集，漫説三關堅壁立。中夜監軍掣鎖降，反使開門揖盜入。吁嗟乎！始知從來天險不足憑，無德易亡有德興。眞人紫氣起遼海，電掃六合驅燕恆。依舊崇墉等鑄鐵，亭堡沿山補荒缺。親見班禪向化來，西天萬里尋車轍。居庸關前白日秋，居庸關北黃雲愁。行人下馬看山色，回首神京天際頭。

清・朱彝尊《曝書亭集》卷二六《百字令・彭城經漢高祖廟作》

歌風亭長，剩三楹遺廟，一斷垣棟。芒碭雲羅消已盡，惟見馬頭山擁。逐鹿人亡，斬蛇溝冷，一片閑丘壟。彩幡斜掛，綠楊絲裏飄動。贏得割據羣雄，六朝五季，各自誇龍種。魂魄千秋還此地，人彘野雞誰共。社古枌榆，村遙巫覡，孰管神迎送。行人憑弔，看來終勝劉仲。

清・鄧廷楨《雙硯齋詩鈔》卷二《新豐懷古》　驪山北去渭流東，萬瓦如鱗鎮尚雄。雞犬當時知故宅，枌榆何處認離宮。酒樓傭保鄉音在，獵陳旌旗畫錦同。畢竟杯羹言太忍，承歡枉自築新豐。

雜録

《史記》卷九《呂太后本紀》　高祖十二年四月甲辰，崩長樂宮，太子襲號爲帝。是時高祖八子：長男肥，孝惠兄也，異母，肥爲齊王；餘皆孝惠弟，戚姬子如意爲趙王，薄夫人子恆爲代王，諸姬子子恢爲梁王，子友爲淮陽王，子長爲淮南王，子建爲燕王。高祖弟交爲楚王，兄子濞爲吳王。非劉氏功臣番君吳芮子臣爲長沙王。

又　卷一〇《孝文本紀》　孝文皇帝，高祖中子也。

又　卷二八《封禪書》　高祖十年春，有司請令縣常以春二月及時臘祠社稷以羊豕，民里社各自財以祠。

南朝宋・裴駰《史記集解》卷一〇《孝文本紀》注引應劭曰　始取天下者爲祖，高帝稱高祖是也。始治天下者爲宗，文帝稱太宗是也。

唐・司馬貞《史記索引》卷八《高祖本紀》注引《漢儀註》　高祖六年，更名咸陽曰長安。

又　卷八《高祖本紀》注引皇甫謐曰　高祖以秦昭王五十一年生，至漢十二年，年六十二。

又　卷四九《外戚世家》注引《關中記》　高祖陵在西，呂后陵在東。漢帝后同塋，則爲合葬，不合陵也。諸陵皆如此。

《後漢書》卷一《光武帝紀》　世祖光武皇帝諱秀，字文叔，南陽蔡陽人，高祖九世之孫也，出自景帝生長沙定王發。

《宋書》卷一八《志第八・禮志》　漢制自天子至于百官，無不佩刀。司馬彪志具有其制。漢高祖爲泗水亭長，拔劍斬白蛇。雋不疑云：『劍者君子武備』。張衡《東京賦》：『紆黄組腰干將，然則自人君至士人又帶劍也』。自晉代以來，始以木劍代刀劍。

《晉書》卷二五《輿服志》　乘輿六璽，秦制也，曰皇帝行璽，皇帝之璽，皇帝信璽，天子行璽，天子之璽，天子信璽，漢遵秦不改。又有秦始皇藍田玉璽，螭獸鈕在六璽之外，文曰：受天子之命，皇帝壽昌。漢

高祖佩之，後世名曰傳國璽，與斬白蛇劍俱爲乘輿所寶。

唐·張守節《史記正義》卷八《高祖本紀》 《括地志》云：『秦櫟陽故宮在雍州櫟陽縣北三十五里，秦獻公所造。《三輔黄圖》云：『高祖都長安，未有宮室，居櫟陽宮也。』

唐·司馬貞《史記索隱》卷八《高祖本紀》 高祖，劉累之後，別食邑於范，士會之裔，留秦不反，更爲劉氏。【略】

漢高祖長兄名伯，次名仲，不見別名，則季亦是名也。

唐·張守節《史記正義》卷八《高祖本紀》 木火土金水各居一方，一歲三百六十日，四方分之，各得九十日，土居中央，並索四季，各十八日，俱成七十二日，故高祖七十二黑子者，應火德七十二日之徵也。

《後漢書》卷一六《鄧騭傳》 高帝呂后、昭帝上官后、宣帝霍后、成帝趙后、平帝王后、章帝竇后、和帝鄧后、安帝閻后、桓帝竇后、順帝梁后、靈帝何后等家，或以貴盛强驕奢，或以攝位權重，皆以盈極被誅也。

漢文帝分部

傳記

《史記》卷一〇《孝文本紀》 孝文皇帝，高祖中子也。高祖十一年春，已破陳豨軍，定代地，立爲代王，都中都。太后薄氏子。即位十七年，高后八年七月，高后崩。九月，諸呂呂産等欲爲亂，以危劉氏，大臣共誅之，謀召立代王，事在呂后語中。

丞相陳平、太尉周勃等使人迎代王。代王問左右郎中令張武等。張武等議曰：『漢大臣皆故高帝時大將，習兵，多謀詐，此其屬意非止此也，特畏高帝、呂太后威耳。今已誅諸呂，新喋血京師，此以迎大王爲名，實不可信。願大王稱疾毋往，以觀其變。』中尉宋昌進曰：『羣臣之議皆非也。夫秦失其政，諸侯豪桀並起，人人自以爲得之者以萬數，然卒踐天子之位者，劉氏也，天下絶望，一矣。高帝封王子弟，地犬牙相制，此所謂磐石之宗也，天下服其强，二矣。漢興，除秦苛政，約法令，施德惠，人人自安，難動搖，三矣。夫以呂太后之嚴，立諸呂爲三王，擅權專制，然而太尉以一節入北軍，一呼士皆左袒，爲劉氏，叛諸呂，卒以滅之。此乃天授，非人力也。今大臣雖欲爲變，百姓弗爲使，其黨寧能專一邪？方今内有朱虚、東牟之親，外畏吳、楚、淮南、琅邪、齊、代之强。方今高帝子獨淮南王與大王，大王又長，賢聖仁孝，聞於天下，故大臣因天下之心而欲迎立大王，大王勿疑也。』代王報太后計之，猶與未定。卜之龜，卦兆得大横。占曰：『大横庚庚，余爲天王，夏啓以光。』代王曰：『寡人固已爲王矣，又何王？』卜人曰：『所謂天王者乃天子。』於是代王乃遣太后弟薄昭往見絳侯，絳侯等具爲昭言所以迎立王意。薄昭還報曰：『信矣，毋可疑者。』代王乃笑謂宋昌曰：『果如公言。』乃命宋昌參乘，張武等六人乘傳詣長安。至高陵休止，而使宋昌先馳之長安觀變。

昌至渭橋，丞相以下皆迎。宋昌還報。代王馳至渭橋，羣臣拜謁稱臣。代王下車拜。太尉勃進曰：『願請間言。』宋昌曰：『所言公，公言之。所言私，王者不受私。』太尉乃跪上天子璽符。代王謝曰：『至代邸而議之。』遂馳入代邸。羣臣從至。丞相陳平、太尉周勃、大將軍陳武、御史大夫張蒼、宗正劉郢、朱虚侯劉章、東牟侯劉興居、典客劉揭皆再拜言曰：『子弘等皆非孝惠帝子，不當奉宗廟。臣謹請（與）陰安侯列侯頃王后與琅邪王、宗室、大臣、列侯、吏二千石議曰：「大王高帝長子，宜爲高帝嗣。」願大王即天子位。』代王曰：『奉高帝宗廟，重事也。寡人不佞，不足以稱宗廟。願請楚王計宜者，寡人不敢當。』羣臣皆伏固請。代王西鄉讓者三，南鄉讓者再。丞相平等皆曰：『臣伏計之，大王奉高帝宗廟最宜稱，雖天下諸侯萬民以爲宜。臣等爲宗廟社稷計，不敢忽。願大王幸聽臣等。臣謹奉天子璽符再拜上。』代王曰：『宗室將相王列侯以爲莫宜寡人，寡人不敢辭。』遂即天子位。

羣臣以禮次侍。乃使太僕嬰與東牟侯興居清宮，奉天子法駕，迎于代邸。皇帝即日夕入未央宮。乃夜拜宋昌爲衛將軍，鎮撫南北軍。以張武爲郎中令，行殿中。還坐前殿。於是夜下詔書曰：『間者諸呂用事擅權，謀爲大逆，欲以危劉氏宗廟，賴將相列侯宗室大臣誅之，皆伏其辜。朕初即位，其赦天下，賜民爵一級，女子百户牛酒，酺五日。』

孝文皇帝元年十月庚戌，徙立故琅邪王澤爲燕王。

辛亥，皇帝卽阼，謁高廟。右丞相平徙爲左丞相，太尉勃爲右丞相，大將軍灌嬰爲太尉。諸呂所奪齊楚故地，皆復與之。

壬子，遣車騎將軍薄昭迎皇太后于代。皇帝曰：『呂產自置爲相國，呂禄爲上將軍，擅矯遣灌將軍嬰將兵擊齊，欲代劉氏，嬰留滎陽弗擊，與諸侯合謀以誅呂氏。呂產欲爲不善，丞相陳平與太尉周勃謀奪呂產等軍。朱虛侯劉章首先捕呂產等。太尉身率襄平侯通持節承詔入北軍。典客劉揭身奪趙王呂禄印。益封太尉勃萬户，賜金五千斤。丞相陳平、灌將軍嬰邑各三千户，金二千斤。朱虛侯劉章、襄平侯通、東牟侯劉興居邑各二千户，金千斤。封典客揭爲陽信侯，賜金千斤。』

十二月，上曰：『法者，治之正也，所以禁暴而率善人也。今犯法已論，而使毋罪之父母妻子同產坐之，及爲收帑，朕甚不取。其議之。』有司皆曰：『民不能自治，故爲法以禁之。相坐坐收，所以累其心，使重犯法，所從來遠矣。如故便。』上曰：『朕聞法正則民愨，罪當則民從。且夫牧民而導之善者，吏也。其既不能導，又以不正之法罪之，是反害於民爲暴者也。何以禁之？朕未見其便，其孰計之。』有司皆曰：『陛下加大惠，德甚盛，非臣等所及也。請奉詔書，除收帑諸相坐律令。』

正月，有司言曰：『蚤建太子，所以尊宗廟。請立太子。』上曰：『朕既不德，上帝神明未歆享，天下人民未有嗛志。今縱不能博求天下賢聖有德之人而禪天下焉，而曰豫建太子，是重吾不德也。謂天下何？其安之。』有司曰：『豫建太子，所以重宗廟社稷，不忘天下也。』上曰：『楚王，季父也，春秋高，閲天下之義理多矣，明於國家之大體。吳王於朕，兄也，惠仁以好德。淮南王，弟也，秉德以陪朕。豈爲不豫哉！諸侯王宗室昆弟有功臣，多賢及有德義者，若舉有德以陪朕之不能終，是社稷之靈，天下之福也。今不選舉焉，而曰必子，人其以朕爲忘賢有德者而專於子，非所以憂天下也。朕甚不取也。』有司皆固請曰：『古者殷周有國，治安皆千餘歲，古之有天下者莫長焉，用此道也。立嗣必子，所從來遠矣。高帝親率士大夫，始平天下，建諸侯，爲帝者太祖。諸侯王及列侯始受國者皆亦爲其國祖。子孫繼嗣，世世弗絶，天下之大義也，故高帝設之以撫海內。今釋宜建而更選於諸侯及宗室，非高帝之志也。更議不宜。子某最長，純厚慈仁，請建以爲太子。』上乃許之。因賜天下民當代父後者爵各一級。封將軍薄昭爲軹侯。

三月，有司請立皇后。薄太后曰：『諸侯皆同姓，立太子母爲皇后。』皇后姓竇氏。上爲立后故，賜天下鰥寡孤獨窮困及年八十已上孤兒九歲已下布帛米肉各有數。上從代來，初卽位，施德惠天下，填撫諸侯四夷皆洽驩，乃循從代來功臣。上曰：『方大臣之誅諸呂迎朕，朕狐疑，皆止朕，唯中尉宋昌勸朕，朕以得保奉宗廟。已尊昌爲衛將軍，其封昌爲壯武侯。諸從朕六人，官皆至九卿。』

上曰：『列侯從高帝入蜀、漢中者六十八人皆益封各三百户，故吏二千石以上從高帝潁川守尊等十人食邑六百户，淮陽守申徒嘉等十人五百户，衛尉定等十人四百户。封淮南王舅父趙兼爲周陽侯，齊王舅父駟鈞爲清郭侯。』秋，封故常山丞相蔡兼爲樊侯。

人或説右丞相曰：『君本誅諸呂，迎代王，今又矜其功，受上賞，處尊位，禍且及身。』右丞相勃乃謝病免罷，左丞相平專爲丞相。

二年十月，丞相平卒，復以絳侯勃爲丞相。上曰：『朕聞古者諸侯建國千餘（歲），各守其地，以時入貢，民不勞苦，上下驩欣，靡有遺德。今列侯多居長安，邑遠，吏卒給輸費苦，而列侯亦無由教馴其民。其令列侯之國，爲吏及詔所止者，遣太子。』

十一月晦，日有食之。十二月望，日又食。上曰：『朕聞之，天生蒸民，爲之置君以養治之。人主不德，布政不均，則天示之以菑，以誡不治。乃十一月晦，日有食之，適見于天，菑孰大焉！朕獲保宗廟，以微眇之身託于兆民君王之上，天下治亂，在朕一人，唯二三執政猶吾股肱也。朕下不能理育羣生，上以累三光之明，其不德大矣。令至，其悉思朕之過失，及知見思之所不及，匄以告朕。及舉賢良方正能直言極諫者，以匡朕之不逮。因各飭其任職，務省繇費以便民。朕既不能遠德，故憪然念外人之有非，是以設備未息。今縱不能罷邊屯戍，而又飭兵厚衛，其罷衛將軍。太僕見馬遺財足，餘皆以給傳置。』

正月，上曰：『農，天下之本，其開籍田，朕親率耕，以給宗廟粢盛。』

三月，有司請立皇子爲諸侯王。上曰：『趙幽王幽死，朕甚憐之，已立其長子遂爲趙王。遂弟辟强及齊悼惠王子朱虛侯章、東牟侯興居有功，

可王。』乃立趙幽王少子辟彊爲河間王，以齊劇郡立朱虛侯爲城陽王，立東牟侯爲濟北王，皇子武爲代王，子參爲太原王，子揖爲梁王。

上曰：『古之治天下，朝有進善之旌，誹謗之木，所以通治道而來諫者。今法有誹謗妖言之罪，是使衆臣不敢盡情，而上無由聞過失也。將何以來遠方之賢良？其除之。民或祝詛上以相約結而後相謾，吏以爲大逆，其有他言，而吏又以爲誹謗。此細民之愚無知抵死，朕甚不取。自今以來，有犯此者勿聽治。』

九月，初與郡國守相爲銅虎符、竹使符。

三年十月丁酉晦，日有食之。十一月，上曰：『前日（計）［詔］遣列侯之國，或辭未行。丞相朕之所重，其爲朕率列侯之國。』絳侯勃免丞相就國，以太尉潁陰侯嬰爲丞相。罷太尉官，屬丞相。四月，城陽王章薨。淮南王長與從者魏敬殺辟陽侯審食其。

五月，匈奴入北地，居河南爲寇。帝初幸甘泉。六月，帝曰：『漢與匈奴約爲昆弟，毋使害邊境，所以輸遺匈奴甚厚。今右賢王離其國，將衆居河南降地，非常故，往來近塞，捕殺吏卒，驅保塞蠻夷，令不得居其故，陵轢邊吏，入盜，甚敖無道，非約也。其發邊吏騎八萬五千詣高奴，遣丞相潁陰侯灌嬰擊匈奴。』匈奴去，發中尉材官屬衛將軍軍長安。

辛卯，帝自甘泉之高奴，因幸太原，見故羣臣，皆賜之。舉功行賞，諸民里賜牛酒。復晉陽中都民三歲。留游太原十餘日。

濟北王興居聞帝之代，欲往擊胡，乃反，發兵欲襲滎陽。於是詔罷丞相兵，遣棘蒲侯陳武爲大將軍，將十萬往擊之。祁侯賀爲將軍，軍滎陽。七月辛亥，帝自太原至長安。乃詔有司曰：『濟北王背德反上，詿誤吏民，爲大逆。濟北吏民兵未至先自定，及以軍地邑降者，皆赦之，復官爵。與王興居去來，亦赦之。』八月，破濟北軍，虜其王。赦濟北諸吏民與王反者。

六年，有司言淮南王長廢先帝法，不聽天子詔，居處毋度，出入擬於天子，擅爲法令，與棘蒲侯太子奇謀反，遣人使閩越及匈奴，發其兵，欲以危宗廟社稷。羣臣議，皆曰『長當弃市』。帝不忍致法於王，赦其罪，廢勿王。羣臣請處王蜀嚴道、邛都，帝許之。長未到處所，行病死，上憐之。後十六年，追尊淮南王長謚爲厲王，立其子三人爲淮南王、衡山王、廬江王。

十三年夏，上曰：『蓋聞天道禍自怨起而福繇德興。百官之非，宜由朕躬。今秘祝之官移過于下，以彰吾之不德，朕甚不取。其除之。』

五月，齊太倉令淳于公有罪當刑，詔獄逮徙繫長安。太倉公無男，有女五人。太倉公將行會逮，罵其女曰：『生子不生男，有緩急非有益也！』其少女緹縈自傷泣，乃隨其父至長安，上書曰：『妾父爲吏，齊中皆稱其廉平，今坐法當刑。妾傷夫死者不可復生，刑者不可復屬，雖復欲改過自新，其道無由也。妾願没入爲官婢，贖父刑罪，使得自新。』書奏天子，天子憐悲其意，乃下詔曰：『蓋聞有虞氏之時，畫衣冠異章服以爲僇，而民不犯。何則？至治也。今法有肉刑三，而姦不止，其咎安在？非乃朕德薄而教不明歟？吾甚自愧。故夫馴道不純而愚民陷焉。《詩》曰「愷悌君子，民之父母」。今人有過，教未施而刑加焉，或欲改行爲善而道毋由也。朕甚憐之。夫刑至斷支體，刻肌膚，終身不息，何其楚痛而不德也，豈稱爲民父母之意哉！其除肉刑。』

上曰：『農，天下之本，務莫大焉。今勤身從事而有租税之賦，是爲本末者毋以異，其於勸農之道未備。其除田之租税。』

十四年冬，匈奴謀入邊爲寇，攻朝那塞，殺北地都尉卬。上乃遣三將軍軍隴西、北地、上郡，中尉周舍爲衛將軍，郎中令張武爲車騎將軍，軍渭北，車千乘，騎卒十萬。帝親自勞軍，勒兵申教令，賜軍吏卒。帝欲自將擊匈奴，羣臣諫，皆不聽。皇太后固要帝，帝乃止。於是以東陽侯張相如爲大將軍，成侯赤爲内史，欒布爲將軍，擊匈奴。匈奴遁走。

春，上曰：『朕獲執犧牲珪幣以事上帝宗廟，十四年于今，歷日［縣］長，以不敏不明而久撫臨天下，朕甚自愧。其廣增諸祀墠場珪幣。昔先王遠施不求其報，望祀不祈其福，右賢左戚，先民後己，至明之極也。今吾聞祠官祝釐，皆歸福朕躬，不爲百姓，朕甚愧之。夫以朕不德，而躬享獨美其福，百姓不與焉，是重吾不德。其令祠官致敬，毋有所祈。』

是時北平侯張蒼爲丞相，方明律曆。魯人公孫臣上書陳終始傳五德事，言方今土德時，土德應黄龍見，當改正朔服色制度。天子下其事與丞相議。丞相推以爲今水德，始明正十月上黑事，以爲其言非是，請罷之。

十五年，黄龍見成紀，天子乃復召魯公孫臣，以爲博士，申明土德

事。於是上乃下詔曰：『有異物之神見于成紀，無害於民，歲以有年。朕親郊祀上帝諸神。禮官議，毋諱以勞朕。』有司禮官皆曰：『古者天子夏躬親禮祀上帝於郊，故曰郊。』於是天子始幸雍，郊見五帝，以孟夏四月答禮焉。趙人新垣平以望氣見，因説上設立渭陽五廟。欲出周鼎，當有玉英見。

十六年，上親郊見渭陽五帝廟，亦以夏答禮而尚赤。

十七年，得玉杯，刻曰『人主延壽』。於是天子始更爲元年，令天下大酺。其歲，新垣平事覺，夷三族。

後二年，上曰：『朕既不明，不能遠德，是以使方外之國或不寧息。夫四荒之外不安其生，封畿之內勤勞不處，二者之咎，皆自於朕之德薄而不能遠達也。閒者累年，匈奴並暴邊境，多殺吏民，邊臣兵吏又不能諭吾內志，以重吾不德也。夫久結難連兵，中外之國將何以自寧？今朕夙興夜寐，勤勞天下，憂苦萬民，爲之怛惕不安，未嘗一日忘於心，故遣使者冠蓋相望，結軼於道，以諭朕意於單于。今單于反古之道，計社稷之安，便萬民之利，親與朕俱弃細過，偕之大道，結兄弟之義，以全天下元元之民。和親已定，始于今年。』

後六年冬，匈奴三萬人入上郡，三萬人入雲中。以中大夫令勉爲車騎將軍，軍飛狐；故楚相蘇意爲將軍，軍句注；將軍張武屯北地；河內守周亞夫爲將軍，居細柳；宗正劉禮爲將軍，居霸上；祝茲侯軍棘門：以備胡。數月，胡人去，亦罷。

天下旱，蝗。帝加惠：令諸侯毋入貢，弛山澤，減諸服御狗馬，損郎吏員，發倉庾以振貧民，民得賣爵。

孝文帝從代來，卽位二十三年，宮室苑囿狗馬服御無所增益，有不便，輒弛以利民。嘗欲作露臺，召匠計之，直百金。上曰：『百金中民十家之產，吾奉先帝宮室，常恐羞之，何以臺爲！』上常衣綈衣，所幸慎夫人，令衣不得曳地，幃帳不得文繡，以示敦朴，爲天下先。治霸陵皆以瓦器，不得以金銀銅錫爲飾，不治墳，欲爲省，毋煩民。南越王尉佗自立爲武帝，然上召貴尉佗兄弟，以德報之，佗遂去帝稱臣。與匈奴和親，匈奴背約入盜，然令邊備守，不發兵深入，惡煩苦百姓。吳王詐病不朝，就賜几杖。羣臣如袁盎等稱説雖切，常假借用之。羣臣如張武等受賂遺金錢，

覺，上乃發御府金錢賜之，以愧其心，弗下吏。專務以德化民，是以海內殷富，興於禮義。

後七年六月己亥，帝崩於未央宮。遺詔曰：『朕聞蓋天下萬物之萌生，靡不有死。死者天地之理，物之自然者，奚可甚哀。當今之時，世咸嘉生而惡死，厚葬以破業，重服以傷生，吾甚不取。且朕既不德，無以佐百姓；今崩，又使重服久臨，以離寒暑之數，哀人之父子，傷長幼之志，損其飲食，絕鬼神之祭祀，以重吾不德也，謂天下何！朕獲保宗廟，以眇眇之身託于天下君王之上，二十有餘年矣。賴天地之靈，社稷之福，方內安寧，靡有兵革。朕既不敏，常畏過行，以羞先帝之遺德；維年之久長，懼于不終。今乃幸以天年，得復供養于高廟，朕之不明與嘉之，其奚哀悲之有！其令天下吏民，令到出臨三日，皆釋服。毋禁取婦嫁女祠祀飲酒食肉者。自當給喪事服臨者，皆無踐。絰帶無過三寸，毋布車及兵器，毋發民男女哭臨宮殿。宮殿中當臨者，皆以旦夕各十五舉聲，禮畢罷。非旦夕臨時，禁毋得擅哭。已下，服大紅十五日，小紅十四日，纖七日，釋服。佗不在令中者，皆以此令比率從事。布告天下，使明知朕意。霸陵山川因其故，毋有所改。歸夫人以下至少使。』令中尉亞夫爲車騎將軍，屬國悍爲將屯將軍，郎中令武爲復土將軍，發近縣見卒萬六千人，發內史卒萬五千人，藏郭穿復土屬將軍武。

乙巳，羣臣皆頓首上尊號曰孝文皇帝。

太子卽位于高廟。丁未，襲號曰皇帝。

孝景皇帝元年十月，制詔御史：『蓋聞古者祖有功而宗有德，制禮樂各有由。聞歌者，所以發德也；舞者，所以明功也。高廟酎，奏武德、文始、五行之舞。孝惠廟酎，奏文始、五行之舞。孝文皇帝臨天下，通關梁，不異遠方。除誹謗，去肉刑，賞賜長老，收恤孤獨，以育羣生。減嗜欲，不受獻，不私其利也。罪人不帑，不誅無罪。除（肉）〔宮〕刑，出美人，重絕人之世。朕既不敏，不能識。此皆上古之所不及，而孝文皇帝親行之。德厚侔天地，利澤施四海，靡不獲福焉。明象乎日月，而廟樂不稱，朕甚懼焉。其爲孝文皇帝廟爲昭德之舞，以明休德。然後祖宗之功德著於竹帛，施于萬世，永永無窮，朕甚嘉之。其與丞相、列侯、中二千石、禮官具爲禮儀奏。』丞相臣嘉等言：『陛下永思孝道，立昭德之舞以

明孝文皇帝之盛德，皆臣嘉等愚所不及。臣謹議：世功莫大於高皇帝，德莫盛於孝文皇帝，高皇廟宜爲帝者太祖之廟，孝文皇帝廟宜爲帝者太宗之廟。天子宜世世獻祖宗之廟。郡國諸侯宜各爲孝文皇帝立太宗之廟。諸侯王列侯使者侍祠天子，歲獻祖宗之廟。請著之竹帛，宣布天下。』制曰：『可。』

《漢書》卷四《文帝紀》　孝文皇帝，高祖中子也，母曰薄姬。高祖十一年，誅陳豨，定代地，立爲代王，都中都。十七年秋，高后崩，諸呂謀爲亂，欲危劉氏。丞相陳平、太尉周勃、朱虚侯劉章等共誅之，謀立代王。語在高后紀、高五王傳。

大臣遂使人迎代王。郎中令張武等議，皆曰：『漢大臣皆故高帝時將，習兵事，多謀詐，其屬意非止此也，特畏高帝、呂太后威耳。今已誅諸呂，新喋血京師，以迎大王爲名，實不可信。願稱疾無往，以觀其變。』中尉宋昌進曰：『羣臣之議皆非也。夫秦失其政，豪傑並起，人人自以爲得之者以萬數，然卒踐天子位者，劉氏也，天下絕望，一矣。高帝王子弟，地犬牙相制，所謂盤石之宗也，天下服其强，二矣。漢興，除秦煩苛，約法令，施德惠，人人自安，難動搖，三矣。夫以呂太后之嚴，立諸呂爲三王，擅權專制，然而太尉以一節入北軍，一呼士皆袒左，爲劉氏，畔諸呂，卒以滅之。此乃天授，非人力也。今大臣雖欲爲變，百姓弗爲使，其黨寧能專一邪？内有朱虚、東牟之親，外畏吴、楚、淮南、琅邪、齊、代之强。方今高帝子獨淮南王與大王，大王又長，賢聖仁孝，聞於天下，故大臣因天下之心而欲迎立大王，大王勿疑也。』代王報太后，計猶豫未定。卜之，兆得大横。占曰：『大横庚庚，余爲天王，夏啓以光。』代王曰：『寡人固已爲王，又何王乎？』卜人曰：『所謂天王者，乃天子也。』於是代王乃遣太后弟薄昭見太尉勃，勃等具言所以迎立王者。昭還報曰：『信矣，無可疑者。』代王笑謂宋昌曰：『果如公言。』乃令宋昌驂乘，張武等六人乘六乘傳詣長安。至高陵止，而使宋昌先之長安觀變。

昌至渭橋，丞相已下皆迎。昌還報，代王乃進至渭橋。羣臣拜謁稱臣，代王下拜。太尉勃進曰：『願請間。』宋昌曰：『所言公，公言之；所言私，王者無私。』太尉勃乃跪上天子璽。代王謝曰：『至邸而議之。』

閏月己酉，入代邸。羣臣從至，上議曰：『丞相臣平、太尉臣勃、大將軍臣武、御史大夫臣蒼、宗正臣郢、朱虚侯臣章、東牟侯臣興居、典客臣揭再拜言大王足下：子弘等皆非孝惠皇帝子，不當奉宗廟。臣謹請陰安侯、頃王后、琅邪王、列侯、吏二千石議，大王高皇帝子，宜爲嗣。願大王卽天子位。』代王曰：『奉高帝宗廟，重事也。寡人不佞，不足以稱。願請楚王計宜者，寡人弗敢當。』羣臣皆伏，固請。代王西鄉讓者三，南鄉讓者再。丞相平等皆曰：『臣伏計之，大王奉高祖宗廟最宜稱，雖天下諸侯萬民皆以爲宜。臣等爲宗廟社稷計，不敢忽。願大王幸聽臣等。臣謹奉天子璽符再拜上。』代王曰：『宗室將相王列侯以爲（其）［莫］宜寡人，寡人不敢辭。』遂卽天子位。羣臣以次侍。使太僕嬰、東牟侯興居先清宮，奉天子法駕迎代邸。皇帝卽日夕入未央宮。夜拜宋昌爲衛將軍，領南北軍，張武爲郎中令，行殿中。還坐前殿，下詔曰：『制詔丞相、太尉、御史大夫：間者諸呂用事擅權，謀爲大逆，欲危劉氏宗廟，賴將相列侯宗室大臣誅之，皆伏其辜。朕初卽位，其赦天下，賜民爵一級，女子百户牛酒，酺五日。』

元年冬十月辛亥，皇帝見于高廟。遣車騎將軍薄昭迎皇太后于代。詔曰：『前呂産自置爲相國，呂禄爲上將軍，擅遣將軍灌嬰將兵擊齊，欲代劉氏。嬰留滎陽，與諸侯合謀以誅呂氏。呂産欲爲不善，丞相平與太尉勃等謀奪産等軍。朱虚侯章首先捕斬産。太尉勃身率襄平侯通持節承詔入北軍。典客揭奪呂禄印。其益封太尉勃邑萬户，賜金五千斤。丞相平、將軍嬰邑各三千户，金二千斤。朱虚侯章、襄平侯通邑各二千户，金千斤。封典客揭爲陽信侯，賜金千斤。』

十二月，立趙幽王子遂爲趙王，徙琅邪王澤爲燕王。呂氏所奪齊楚地皆歸之。盡除收帑相坐律令。

正月，有司請蚤建太子，所以尊宗廟也。詔曰：『朕既不德，上帝神明未歆饗也，天下人民未有慊志。今縱不能博求天下賢聖有德之人而嬗天下焉，而曰豫建太子，是重吾不德也。謂天下何？其安之。』有司曰：『豫建太子，所以重宗廟社稷，不忘天下也。』上曰：『楚王，季父也，春秋高，閱天下之義理多矣，明於國家之體。吴王於朕，兄也；淮南王，弟也：皆秉德以陪朕，豈爲不豫哉！諸侯王宗室昆弟有功臣，多賢及有

德義者，若舉有德以陪朕之不能終，是社稷之靈，天下之福也。今不選舉焉，而曰必子，人其以朕爲忘賢有德者而專於子，非所以憂天下也。朕甚不取。』有司固請曰：『古者殷周有國，治安皆且千歲，有天下者莫長焉，用此道也。立嗣必子，所從來遠矣。高帝始平天下，建諸侯，爲帝者太祖。諸侯王列侯始受國者亦皆爲其國祖。子孫繼嗣，世世不絶，天下之大義也。故高帝設之以撫海内。今釋宜建而更選於諸侯宗室，非高帝之志也。更議不宜。子啓最長，敦厚慈仁，請建以爲太子。』上乃許之。因賜天下民當爲父後者爵一級。封將軍薄昭爲軹侯。

三月，有司請立皇后。皇太后曰：『立太子母竇氏爲皇后。』

詔曰：『方春和時，草木羣生之物皆有以自樂，而吾百姓鰥寡孤獨窮困之人或阽於死亡，而莫之省憂。爲民父母將何如？其議所以振貸之。』又曰：『老者非帛不煖，非肉不飽。今歲首，不時使人存問長老，又無布帛酒肉之賜，將何以佐天下子孫孝養其親？今聞吏稟當受鬻者，或以陳粟，豈稱養老之意哉！具爲令。』有司請令縣道，年八十已上，賜米人月一石，肉二十斤，酒五斗。其九十已上，又賜帛人二疋，絮三斤。賜物及當稟鬻米者，長吏閲視，丞若尉致。不滿九十，嗇夫、令史致。二千石遣都吏循行，不稱者督之。刑者及有罪耐以上，不用此令。楚元王交薨。

四月，齊楚地震，二十九山同日崩，大水潰出。

六月，令郡國無來獻。施惠天下，諸侯四夷遠近驩洽。乃脩代來功。詔曰：『方大臣誅諸呂迎朕，朕狐疑，皆止朕，唯中尉宋昌勸朕，朕已（以）得保宗廟。已尊昌爲衞將軍，其封昌爲壯武侯。諸從朕六人，官皆至九卿。』又曰：『列侯從高帝入蜀漢者六十八人益邑各三百户。吏二千石以上從高帝潁川守尊等十人食邑六百户，淮陽守申屠嘉等十人五百户，衞尉足等十人四百户。』封淮南王舅趙兼爲周陽侯，齊王舅駟鈞爲靖郭侯，故常山丞相蔡兼爲樊侯。

二年冬十月，丞相陳平薨。詔曰：『朕聞古者諸侯建國千餘，各守其地，以時入貢，民不勞苦，上下驩欣，靡有違德。今列侯多居長安，邑遠，吏卒給輸費苦，而列侯亦無繇教訓其民。其令列侯之國，爲吏及詔所止者，遣太子。』

十一月癸卯晦，日有食之。詔曰：『朕聞之，天生民，爲之置君以養治之。人主不德，布政不均，則天示之灾以戒不治。乃十一月晦，日有食之，適見于天，灾孰大焉！朕獲保宗廟，以微眇之身託于士民君王之上，天下治亂，在予一人，唯二三執政猶吾股肱也。朕下不能治育羣生，上以累三光之明，其不德大矣。令至，其悉思朕之過失，及知見之所不及，匄以啓告朕。及舉賢良方正能直言極諫者，以匡朕之不逮。因各敕以職任，務省繇費以便民。朕既不能遠德，故憪然念外人之有非，是以設備未息。今縱不能罷邊屯戍，又飭兵厚衞，其罷衞將軍軍。太僕見馬遺財足，餘皆以給傳置。』

春正月丁亥，詔曰：『夫農，天下之本也，其開藉田，朕親率耕，以給宗廟粢盛。民讁作縣官及貸種食未入、入未備者，皆赦之。』

三月，有司請立皇子爲諸侯王。詔曰：『前趙幽王幽死，朕甚憐之，已立其太子遂爲趙王。遂弟辟彊及齊悼惠王子朱虚侯章、東牟侯興居有功，可王。』乃（遂）立辟彊爲河間王，章爲城陽王，興居爲濟北王。因立皇子武爲代王，參爲太原王，揖爲梁王。

五月，詔曰：『古之治天下，朝有進善之旌，誹謗之木，所以通治道而來諫者也。今法有誹謗訞言之罪，是使衆臣不敢盡情，而上無由聞過失也。將何以來遠方之賢良？其除之。民或祝詛上，以相約而後相謾，吏以爲大逆，其有他言，吏又以爲誹謗。此細民之愚，無知抵死，朕甚不取。自今以來，有犯此者勿聽治。』

九月，初與郡守爲銅虎符、竹使符。

詔曰：『農，天下之大本也，民所恃以生也，而民或不務本而事末，故生不遂。朕憂其然，故今茲親率羣臣農以勸之。其賜天下民今年田租之半。』

三年冬十月丁酉晦，日有食之。十一月丁卯晦，日有蝕之。

詔曰：『前日詔遣列侯之國，辭未行。丞相朕之所重，其爲（遂）[朕]率列侯之國。』遂免丞相勃，遣就國。十二月，太尉潁陰侯灌嬰爲丞相。罷太尉官，屬丞相。

夏四月，城陽王章薨。淮南王長殺辟陽侯審食其。

五月，匈奴入居北地、河南爲寇。上幸甘泉，遣丞相灌嬰擊匈奴，匈奴去。發中尉材官屬衞將軍，軍長安。

上自甘泉之高奴，因幸太原，見故羣臣，皆賜之。舉功行賞，諸民里賜牛酒。復晉陽、中都民三歲租。留游太原十餘日。

濟北王興居聞帝之代，欲自擊匈奴，乃反，發兵欲襲滎陽。於是詔罷丞相兵，以棘蒲侯柴武爲大將軍，將四將軍十萬衆擊之。祁侯繒賀爲將軍，軍滎陽。秋七月，上自太原至長安。詔曰：『濟北王背德反上，詿誤吏民，爲大逆。濟北吏民兵未至先自定及以軍城邑降者，皆赦之，復官爵。與王興居去來者，亦赦之。』八月，虜濟北王興居，自殺。赦諸與興居反者。

四年冬十二月，丞相灌嬰薨。

夏五月，復諸劉有屬籍，家無所與。賜諸侯王子邑各二千户。

秋九月，封齊悼惠王子七人爲列侯。

絳侯周勃有罪，逮詣廷尉詔獄。

作顧成廟。

五年春二月，地震。

夏四月，除盜鑄錢令。更造四銖錢。

六年冬十月，桃李華。

十一月，淮南王長謀反，廢遷蜀嚴道，死雍。

七年冬十月，令列侯太夫人、夫人、諸侯王子及吏二千石無得擅徵捕。

夏四月，赦天下。

六月癸酉，未央宮東闕罘罳災。

八年夏，封淮南厲王長子四人爲列侯。

有長星出于東方。

九年春，大旱。

十年冬，行幸甘泉。

將軍薄昭死。

十一年冬十一月，行幸代。春正月，上自代還。

夏六月，梁王揖薨。

匈奴寇狄道。

十二年冬十二月，河決東郡。

春正月，賜諸侯王女邑各二千户。

二月，出孝惠皇帝後宮美人，令得嫁。

三月，除關無用傳。

詔曰：『道民之路，在於務本。朕親率天下農，十年于今，而野不加辟，歲一不登，民有飢色，是從事焉尚寡，而吏未加務也。吾詔書數下，歲勸民種樹，而功未興，是吏奉吾詔不勤，而勸民不明也。且吾農民甚苦，而吏莫之省，將何以勸焉？其賜農民今年租稅之半。』

又曰：『孝悌，天下之大順也。力田，爲生之本也。三老，衆民之師也。廉吏，民之表也。朕甚嘉此二三大夫之行。今萬家之縣，云無應令，豈實人情？是吏舉賢之道未備也。其遣謁者勞賜三老、孝者帛人五匹，悌者、力田二匹，廉吏二百石以上率百石者三匹。及問民所不便安，而以户口率置三老孝悌力田常員，令各率其意以道民焉。』

十三年春二月甲寅，詔曰：『朕親率天下農耕以供粢盛，皇后親桑以奉祭服，其具禮儀。』

夏，除秘祝，語在郊祀志。五月，除肉刑法，語在刑法志。

六月，詔曰：『農，天下之本，務莫大焉。今廑身從事，而有租稅之賦，是謂本末者無以異也，其於勸農之道未備。其除田之租稅。賜天下孤寡布帛絮各有數。』

十四年冬，匈奴寇邊，殺北地都尉卬。遣三將軍軍隴西、北地、上郡，中尉周舍爲衛將軍，郎中令張武爲車騎將軍，軍渭北，車千乘，騎卒十萬人。上親勞軍，勒兵，申教令，賜吏卒。自欲征匈奴，羣臣諫，不聽。皇太后固要上，乃止。於是以東陽侯張相如爲大將軍，建成侯董赫、内史欒布皆爲將軍，擊匈奴。匈奴走。

春，詔曰：『朕獲執犧牲珪幣以事上帝宗廟，十四年于今。歷日彌長，以不敏不明而久撫臨天下，朕甚自媿。其廣增諸祀壇場珪幣。昔先王遠施不求其報，望祀不祈其福，右賢左戚，先民後己，至明之極也。今吾聞祠官祝釐，皆歸福於朕躬，不爲百姓，朕甚愧之。夫以朕之不德，而專鄉獨美其福，百姓不與焉，是重吾不德也。其令祠官致敬，無有所祈。』

十五年春，黄龍見於成紀。上乃下詔議郊祀。公孫臣明服色，新垣平設五廟。語在郊祀志。夏四月，上幸雍，始郊見五帝，赦天下，脩名山大

川嘗祀而絕者，有司以歲時致禮。

九月，詔諸侯王公卿郡守舉賢良能直言極諫者，上親策之，傅納以言。語在鼂錯傳。

十六年夏四月，上郊祀五帝于渭陽。

五月，立齊悼惠王子六人、淮南厲王子三人皆爲王。

秋九月，得玉杯，刻曰『人主延壽』。令天下大酺，明年改元。

後元年冬十月，新垣平詐覺，謀反，夷三族。

春三月，孝惠皇后張氏薨。

詔曰：『間者數年比不登，又有水旱疾疫之災，朕甚憂之。愚而不明，未達其咎。意者朕之政有所失而行有過與？乃天道有不順，地利或不得，人事多失和，鬼神廢不享與？何以致此？將百官之奉養或費，無用之事或多與？何其民食之寡乏也！夫度田非益寡，而計民未加益，以口量地，其於古猶有餘，而食之甚不足者，其咎安在？無乃百姓之從事於末以害農者蕃，爲酒醪以靡穀者多，六畜之食焉者衆與？細大之義，吾未能得其中。其與丞相列侯吏二千石博士議之，有可以佐百姓者，率意遠思，無有所隱。』

二年夏，行幸雍棫陽宮。

六月，代王參薨。匈奴和親。詔曰：『朕既不明，不能遠德，使方外之國或不寧息。夫四荒之外不安其生，封圻之內勤勞不處，二者之咎，皆自於朕之德薄而不能達遠也。間者累年，匈奴並暴邊境，多殺吏民，邊臣兵吏（入）〔又〕不能諭其內志，以重吾不德。夫久結難連兵，中外之國將何以自寧？今朕夙興夜寐，勤勞天下，憂苦萬民，爲之惻怛不安，未嘗一日忘於心，故遣使者冠蓋相望，結徹於道，以諭朕志於單于。今單于反古之道，計社稷之安，便萬民之利，新與朕俱棄細過，偕之大道，結兄弟之義，以全天下元元之民。和親以定，始于今年。』

三年春二月，行幸代。

四年夏四月丙寅晦，日有蝕之。五月，赦天下。免官奴婢爲庶人。行幸雍。

五年春正月，行幸隴西。三月，行幸雍。秋七月，行幸代。

六年冬，匈奴三萬騎入上郡，三萬騎入雲中。以中大夫令免爲車騎將軍屯飛狐，故楚相蘇意爲將軍屯句注，將軍張武屯北地，河內太守周亞夫爲將軍次細柳，宗正劉禮爲將軍次霸上，祝茲侯徐厲爲將軍次棘門，以備胡。

夏四月，大旱，蝗。令諸侯無入貢。弛山澤。減諸服御。損郎吏員。發倉庾以振民。民得賣爵。

七年夏六月己亥，帝崩于未央宮。遺詔曰：『朕聞之，蓋天下萬物之萌生，靡不有死。死者天地之理，物之自然，奚可甚哀！當今之世，咸嘉生而惡死，厚葬以破業，重服以傷生，吾甚不取。且朕既不德，無以佐百姓；今崩，又使重服久臨，以罹寒暑之數，哀人父子，傷長老之志，損其飲食，絕鬼神之祭祀，以重吾不德，謂天下何！朕獲保宗廟，以眇眇之身託于天下君王之上，二十有餘年矣。賴天之靈，社稷之福，方內安寧，靡有兵革。朕既不敏，常畏過行，以羞先帝之遺德；惟年之久長，懼于不終。今乃幸以天年得復供養于高廟，朕之不明與嘉之，其奚哀念之有！其令天下吏民，令到出臨三日，皆釋服。無禁取婦嫁女祠祀飲酒食肉。自當給喪事服臨者，皆無踐。（姪）〔絰〕帶無過三寸。無布車及兵器。無發民哭臨宮殿中。殿中當臨者，皆以旦夕各十五舉音，禮畢罷。非旦夕臨時，禁無得擅哭（臨）。以下，服大紅十五日，小紅十四日，纖七日，釋服。它不在令中者，皆以此令比類從事。布告天下，使明知朕意。霸陵山川因其故，無有所改。歸夫人以下至少使。』令中尉亞夫爲車騎將軍，屬國悍爲將屯將軍，郎中令張武爲復土將軍，發近縣卒萬六千人，發內史卒萬五千人，臧郭穿復土屬將軍武。賜諸侯王以下至孝悌力田金錢帛各有數。乙巳，葬霸陵。

綜　述

《史記》卷一一三《南越尉佗列傳》　及孝文帝元年，初鎮撫天下，使告諸侯四夷從代來即位意，喻盛德焉。

又　卷一三〇《太史公自序》　漢既初興，繼嗣不明，迎王踐祚，天下歸心；蠲除肉刑，開通關梁，廣恩博施，厥稱太宗。作孝文本紀第十。

《漢書》卷六《武帝紀》　注秘祝移過，文帝久已除之。

又　卷二三《刑法志》　文帝復曰：『朕聞之，法正則民慤，罪當則民從。且夫牧民而道之以善者，吏也；既不能道，又以不正之法罪之，是法反害於民，爲暴者也。朕未見其便，宜孰計之。』平、勃乃曰：『陛下幸加大惠於天下，使有罪不收，無罪不相坐，甚盛德，臣等所不及也。臣等謹奉詔，盡除收律、相坐法。』其後，新垣平謀爲逆，復行三族之誅。由是言之，風俗移易，人性相近而習相遠，信矣。夫以孝文之仁，平、勃之知，猶有過刑謬論如此甚也，而況庸材溺於末流者乎？

又　卷二四上《食貨志》　文帝即位，躬修儉節，思安百姓。【略】

於是文帝從錯之言，令民入粟邊，六百石爵上造，稍增至四千石爲五大夫，萬二千石爲大庶長，各以多少級數爲差。錯復奏言：『陛下幸使天下入粟塞下以拜爵，甚大惠也。竊恐塞卒之食不足用大渫天下粟。邊食足以支五歲，可令入粟郡縣矣；足支一歲以上，可時赦，勿收農民租。如此，德澤加於萬民，民俞勤農。時有軍役，若遭水旱，民不困乏，天下安寧；歲孰且美，則民大富樂矣。』上復從其言，乃下詔賜民十二年租稅之半。明年，遂除民田之租稅。

又　卷六四下《賈捐之傳》　至孝文皇帝，閔中國未安，偃武行文，則斷獄數百，民賦四十，丁男三年而一事。時有獻千里馬者，詔曰：『鸞旗在前，屬車在後，吉行日五十里，師行（二）〔三〕十里，朕乘千里之馬，獨先安之？』於是還馬，與道里費，而下詔曰：『朕不受獻也，其令四方毋求來獻。』當此之時，逸游之樂絶，奇麗之賂塞，鄭衛之倡微矣。夫後（官）〔宮〕盛色則賢者隱處，佞人用事則諍臣杜口，而文帝不行，故謚爲孝文，廟稱太宗。

又　卷九四下《匈奴傳》　是以文帝中年，赫然發憤，遂躬戎服，親御鞌馬，從六郡良家材力之士，馳射上林，講習戰陳，聚天下精兵，軍於廣武，顧問馮唐，與論將帥，喟然歎息，思古名臣，此則和親無益，已然之明效也。

《後漢書》卷三四《梁統傳》　文帝寬惠柔克，遭世康平，唯除省肉刑、相坐之法，它皆率由，無革舊章。

又　卷五二《崔寔傳》　文帝雖除肉刑，當劓者笞三百，當斬左趾者笞五百，當斬右趾者弃市。右趾者既殞其命，笞撻者往往至死，雖有輕刑之名，其實殺也。當此之時，民皆思復肉刑。至景帝元年，乃下詔曰：『〔如〕笞與重罪無異，幸而不死，不可爲（民）〔人〕。』乃定律，減笞輕捶。自是之後，笞者得全。以此言之，文帝乃重刑，非輕之也；以嚴致平，非以寬致平也。必欲行若言，當大定其本，使人主師五帝而式三王。盪亡秦之俗，遵先聖之風，弃苟全之政，蹈稽古之蹤，復五等之爵，立井田之制。然後選稷契爲佐，伊呂爲輔，樂作而鳳皇儀，擊石而百獸舞。若不然，則多爲累而已。

論説

《史記》卷二五《律書》　太史公曰：文帝時，會天下新去湯火，人民樂業，因其欲然，能不擾亂，故百姓遂安。自年六七十翁亦未嘗至市井，游敖嬉戲如小兒狀。孔子所稱有德君子者邪！

又　卷一〇《孝文本紀》　太史公曰：孔子言『必世然後仁。善人之治國百年，亦可以勝殘去殺』。誠哉是言！漢興，至孝文四十有餘載，德至盛也。廩廩鄉改正服封禪矣，謙讓未成於今。嗚呼，豈不仁哉！

唐·司馬貞《史記索隱》卷一〇《孝文本紀》　索隱述贊曰：孝文在代，兆遇大横。宋昌建册，絳侯奉迎。南面而讓，天下歸誠。務農先籍，布德偃兵。除帑削謗，政簡刑清。綈衣率俗，露臺罷營。法寬張武，獄恤緹縈。霸陵如故，千年頌聲。

《漢書》卷四《文帝紀》　贊曰：孝文皇帝即位二十三年，宮室苑囿車騎服御無所增益。有不便，輒弛以利民。嘗欲作露臺，召匠計之，直百金。上曰：『百金，中人十家之產也。吾奉先帝宮室，常恐羞之，何以臺爲！』身衣弋綈，所幸慎夫人衣不曳地，帷帳無文繡，以示敦朴，爲天下先。治霸陵，皆瓦器，不得以金銀銅錫爲飾，因其山，不起墳。南越尉佗自立爲帝，召貴佗兄弟，以德懷之，佗遂稱臣。與匈奴結和親，後而背約入盜，令邊備守，不發兵深入，恐煩百姓。吳王詐病不朝，賜以几杖。羣臣袁盎等諫説雖切，常假借納用焉。張武等受賂金錢，覺，更加賞賜，以媿其心。專務以德化民，是以海內殷富，興於禮義，斷獄數百，幾致刑

措。嗚呼，仁哉！

又 卷五一《路文舒傳》 文帝永思至惪，以承天心，崇仁義，省刑罰，通關梁，一遠近，敬賢如大賓，愛民如赤子，內恕情之所安，而施之於海內，是以囹圄空虛，天下太平。

又 卷一〇〇下《敍傳》 太宗穆穆，允恭玄默，化民以躬，帥下以德。農不供貢，罪不收孥，宮不新館，陵不崇墓。我德如風，民應如中，國富刑清，登我漢道。述《文紀》第四。

又 卷七三《韋玄成傳》 大司馬車騎將軍許嘉等二十九人以爲孝文皇帝除誹謗，去肉刑，躬節儉，不受獻，罪人不帑，不私其利，出美人，重絕人類，賓賜長老，收恤孤獨，德厚侔天地，利澤施四海，宜爲帝者太宗之廟。

《三國志》卷二《魏志・文帝紀》 昔有苗不賓，重華舞以干戚，尉佗稱帝，孝文撫以恩德，吳王不朝，錫之几杖以撫其意，而天下賴安；乃弘三章之教，愷悌之化，欲使曩時累息之民，得闊步高談，無危懼之心。若賈誼之才敏，籌畫國政，特賢臣之器，管、晏之姿，豈若孝文大人之量哉？

又 卷一三《魏志・王朗傳》 漢之文、景亦欲恢弘祖業，增崇洪緒，故能割意於百金之臺，昭儉於弋綈之服，內減太官而不受貢獻，外省繇賦而務農桑，用能號稱升平，幾致刑錯。

唐・歐陽詢等《藝文類聚》卷一二《帝王部》 孝文即位，愛物檢身。驕吳撫越，匈奴和親。納諫赦罪，以德讓民。殆至刑錯，萬國化淳。

《舊唐書》卷二《太宗上》 帝曰：『朕有氣病，豈宜下濕。若遂來請，糜費良多。昔漢文帝將起露臺，而惜十家之產。朕德不逮于漢帝，而所費過之，豈謂爲民父母之道也。』

宋・蘇轍《欒城集・後集》卷七《漢文帝》 漢文帝以柔御天下，剛强者皆乘風而靡。尉佗稱號南越，帝復其墳墓，召貴其兄弟。他去帝號，俯伏稱臣。匈奴桀敖，陵駕中國。帝屈體遺書，厚以繒絮。雖未能調伏，然兵革之禍，比武帝世，十一二耳。吳王濞包藏禍心，稱病不朝。帝賜之几杖，濞無所發怒，亂以不作。使文帝尚在，不出十年，濞亦已老死，則東南之亂，無由起矣。

宋・李昉等《太平御覽》卷八八《皇王部・漢孝文皇帝》 荀悅《漢記》曰：【略】以孝文之明，大朝之治，百寮之賢，而賈誼見排逐，張釋之十年不見省，馮唐首白屈於郎，豈不惜哉！夫以絳侯之忠，功存社稷，而猶見疑，不亦痛乎！【略】

桓子《新論》曰：漢太宗文帝，有仁智通明之德，承漢初定，躬儉省約，以惠休百姓，救贍困乏，除肉刑，滅律法，薄葬埋，損輿服，所謂達於養生送終之實者也。及始從代徵時，謀議狐疑，能從宋昌之策，應聲馳來即位，而偃武修文，施布大恩。欲息兵革，與匈奴和親，總攬綱紀。故遂褒增隆爲太宗。而溺于俗議，斥逐材臣，又不勝私恩使嬖妾慎夫人與皇后同席，以亂尊卑之倫。所謂通而蔽也。【略】

《典論》曰：文帝慈孝，寬弘仁厚，躬修玄默，以儉帥下。奉生送終，事從約省。美聲塞於宇宙，仁風暢於四海。

又曰：文帝思賢甚於飢渴，用人速於順流。

明・丘濬《大學衍義補》卷四 三代以下，稱帝王之賢者文帝也。帝之善政非止一端，而好言納諫尤其盛德焉。後世人主于封章之入固有未嘗一經目者，況敢犯其行輩而欲其止而受之乎？可用者未必肯用，不可用者輒加之罪，心知其善而口非之者亦有矣，況本不善而稱其善乎。吁，若文帝者，可謂百世帝王之師矣。

清・李光地等《御纂朱子全書》卷六一 三代以下，漢之文帝，可謂恭儉之主。文帝學申韓刑名，黃老清靜，亦甚雜。但是天資素高，故所爲多近厚。

《明史》卷二二六《海瑞列傳》 昔漢文帝賢主也，賈誼猶痛哭流涕而言。非苛責也，以文帝性仁而近柔，雖有及民之美，將不免於怠廢，此誼所大慮也。

藝文

唐・白居易《白香山詩集》卷二《讀史五首》 楚懷放靈均，國政亦荒淫。彷徨未忍決，遶澤行悲吟。漢文疑賈生，謫置湘之陰。是時刑方措，此去難爲心。士生一代間，誰不有浮沈。良時眞可惜，亂世何足欽。

乃知汨羅恨，未抵長沙深。

又　卷四《八駿圖》　文帝卻之不肯乘，千里馬去漢道興。

又　《草茫茫·懲厚葬也》　草茫茫，土蒼蒼，蒼蒼茫茫在何處，驪山腳下秦皇墓。墓中下涸二重泉，當時自以爲深固。下流水銀象江海，上綴珠光作烏兔。別爲天地於其間，擬將富貴隨身去。一朝盜掘墳陵破，龍槨神堂三月火。可憐寶玉歸人間，暫借泉中買身禍。奢者狼藉儉者安，一凶一吉在眼前。憑君回首向南望，漢文葬在霸陵原。

唐·貫休《禪月集》卷一三《送吳融員外赴闕》　漢文思賈傅，賈傅遂生還。今日又如此，送君非等閒。雲寒猶惜雪，燒猛似烹山。應笑無機者，騰騰天地間。

清·彭定求等《全唐詩》卷三六四《劉禹錫〈詠史二首〉》　賈生明王道，衛綰工車戲。同遇漢文時，何人居貴位。

又　卷六四七《胡曾〈詠史詩·霸陵〉》　原頭日落雪邊雲，猶放韓盧逐兔羣。況是四方無事日，霸陵誰識舊將軍。

清·蘅塘退士《唐詩三百首》卷六《劉長卿〈長沙過賈誼宅〉》　三年謫宦此棲遲，萬古惟留楚客悲。秋草獨尋人去後，寒林空見日斜時。漢文有道恩猶薄，湘水無情弔豈知。寂寂江山搖落處，憐君何事到天涯。

清·彭定求等《全唐詩》卷二七三《戴叔倫〈過賈誼宅〉》　一謫長沙地，三年歎逐臣。上書憂漢室，作賦弔靈均。舊宅秋荒草，西風客薦蘋。淒涼回首處，不見洛陽人。

又　卷六九〇《吳仁璧〈賈誼〉》　扶持一疏滿遺編，漢陛前頭正少年。誰道恃才輕絳灌，卻將惆悵弔湘川。

又　卷六四七《胡曾〈詠史詩·細柳營〉》　文帝鑾輿勞北征，條侯此地整嚴兵。轅門不峻將軍令，今日爭知細柳營。

宋·劉子翬《屏山集》卷一五《張釋之諫文帝》　擾擾椎埋徧九原，因山獨有霸陵存。孝文儉德雖天縱，亦賴忠臣效一言。

宋·陳造《江湖長翁集》卷一八《文帝》　君王儉德本天然，蕭相鳩營已造天。不見千門幷萬户，露臺雖罷未爲賢。

宋·袁說友《東塘集》卷三《文帝登虎圈問尉禽獸簿不能對虎圈嗇夫對甚悉上拜嗇夫爲上林令張釋之日今以口辨超遷恐天下爭口辨無實遂不拜》　辨舌機鋒銳，言簧巧意傾。一聞賢者議，衆鄙嗇夫名。利口宜深戒，違顏願力爭。須知玄默化，帝已久躬行。

宋·陳普《石堂先生遺集》卷二〇《詠史上·武帝》　文帝端能殺少翁，景皇不解斬常融。正心數語深加意，位在三皇五帝中。

又　《伏生》　嬴蹶劉興齒舌存，百篇大義儘堪聞。孝文無意修王制，古典重遭伏勝焚。

宋·劉宰《漫塘集》卷二《代書答龔楚州》　使君問政及郊扉，病叟何能措一辭。積粟鼂生眞至計，屯田充國亦良規。將權可與他人共，德意須令舊壤知。聞說鹽城有眞令，相逢爲說每相思。

宋·黃庭堅《山谷外集》卷二《和謝公定征南謠》　交州雞肋安足貪，漢開九郡勞臣監。呂嘉不肯佩銀印，徼側持戈敵百男。君不見往年瀕海未郡縣，趙佗閉關罷朝獻。老翁竊帝聊自娛，白頭抱孫思事漢。孝文親遺勞苦書，稽首請去黃屋車。得一亡十終不忍，太宗之仁千古無。

宋·蘇轍《潁濱文鈔》卷八《歷代論》　漢文帝以柔御天下，剛强者皆乘風而靡。尉佗稱號南越，帝復其墳墓，召貴其兄弟。佗去帝號，俯伏稱臣。匈奴桀敖，陵駕中國。帝屈體遺書，厚以繒絮。雖未能調伏，然兵革之禍，比武帝世，十一二耳。吳王濞包藏禍心，稱病不朝。帝賜之几杖，濞無所發怒，亂以不作。使文帝尚在，不出十年，濞亦已老死，則東南之亂，無由起矣。

宋·林同《婦女之孝二十首·緹縈》　仁矣文皇詔，悲哉少女書。至今民受賜，非但活淳于。

宋·徐鈞《史詠詩集》卷上《賈誼》　年少毋庸毀洛陽，才高慮遠策深長。如何宣室成虛問，纔傅長沙又傅梁。

宋·强至《祠部集》卷一〇《贈黃任道》　辭源浩蕩輸滄海，筆勢飄飖薄紫霞。公府薦才猶未試，士林淪滯不須嗟。相逢轉更開懷抱，一跌何嘗掛齒牙。文帝欲興三代治，可容賈誼在長沙。

宋·張耒《柯山集》卷一《賈誼》　賈生未免孝文疑，自古功名歎數奇。逐得洛陽年少去，白頭絳灌亦何爲。

宋·劉克莊《後村集》卷一四《雜詠一百首·賈誼》　寄聲謝絳灌，勿毀洛陽人。歲晚治安策，諄諄禮大臣。

又　卷一五《晁錯》　危晁知不免，削楚慮空長。東市哀朝服，西京號智囊。

又　《緹縈》　天子覽書悲，肉刑無復施。不惟嘉烈女，亦自活神醫。

宋・劉敞《公是集》卷二四《讀漢書》　賈誼求爲典屬國，終軍願得使匈奴。和親不及當時策，慷慨猶爲大丈夫。百年强敵輕中國，一世奇功悲腐儒。聞道邊民尚嚴警，異時回首恨江湖。

宋・宋庠《元憲集》卷六《讀賈誼新書》　誰謂賈生學，兼之文帝朝。死憂王墜馬，生賦鵩如鴞。被召宣温密，矜功絳灌驕。勤勤論五餌，史筆未相饒。

宋・衛宗武《秋聲集》卷一《漢文帝》　愷悌而愛人，恭儉以持己。府庫有餘財，勿忍爲已費。田租奉公上，屢至爲民賜。不肯私孌臣，以存大臣體。不敢私貴戚，以貽天下議。澹乎無嗜好，絕不尚功利。斷刑歲數百，煙火綿萬里。禮樂雖未遑，亦足爲善治。洪惟慶曆君，盛德槩相類。爰立俱名臣，後元則無是。

宋・趙蕃《淳熙稿》卷一《送趙叔自吏部知福州》　當年治安策，通達如賈誼。汲黯不留內，似非朝廷美。得非蕭望之，政事要詳試。兩州已有聲，刺史還連帥。

宋・袁説友《東塘集》卷三《文帝議以賈誼任公卿絳灌馮敬等害之乃毀誼曰洛陽年少擅權於是天子疏之以誼爲長沙王太傅》　諸老讒言入，長沙遠地留。一聞天子議，衆嫉少年謀。自墮姦諛術，誰寬痛哭憂。至今言絳灌，猶爲孔門羞。

宋・黄庶《伐檀集》卷上《讀君謨黼扆箴》　常讀賈誼書，愛其極理亂。言入筆未乾，絳灌舌如鑽。文帝不肯爲，萬世爲扼腕。漢道竟齷齪，席莫一日暖。今讀君謨箴，句句到伊旦。窺國見肺肝，欲取以手澣。何啻可痛哭，一一中世患。設施有條理，如肉以弗貫。可作天下藥，其應疾和緩。非獨起國痿，强頸坐可絆。聖賢方相逢，辨別絳與灌。萬不使斯言，以爲後世恨。

宋・王安石《臨川文集》卷九《漢文帝》　輕刑死人衆，喪短生者偷。仁者自此薄，哀哉不能謀。露臺惜百金，灞陵無高丘。淺恩施一時，長患被九州。

宋・王禹偁《小畜集》卷三《讀漢文紀》　西漢十二帝，孝文最稱賢。百金惜人力，露臺草芊芊。千里卻駿骨，鸞旗影還延。上林慎夫人，衣短無花鈿。細柳周將軍，不拜容櫜鞬。伯業固以盛，帝道或未全。賈生多謫宦，鄧通終鑄錢。謾道膝前席，不如衣後穿。使我千古下，覽之一泫然。賴有佞倖傳，賢哉司馬遷。

又　卷五《官醖》　爲郡得官醖，月給盈三斛。地僻少使車，時清罕留獄。老大復遷謫，吾懷頗幽獨。嬋娟樓上月，爛熳池邊菊。東院與西亭，脩脩風弄竹。對此不開樽，騷人應慟哭。獨酌入醉鄉，陶然瞑雙目。醒來成浩歎，胡爲事口腹。彝酒書垂誡，羣飲聖所戮。漢文亦禁酒，患在糜人穀。自從孝武來，用度常不足。榷酤奪人利，取錢入官屋。古今事相倍，帝皇道難復。吾無監與史，且盡杯中醁。

元・黎崱《安南志略》卷一九《圖志歌》　安南版圖數千里，少是居民多山水。東鄰合浦北宜邕，南抵占城西大理。古來嶺南號蠻夷，肇自陶唐有交阯。其在成周爲越裳，重譯曾來貢白雉。秦名象郡漢交州，九眞日南接其地。漢初趙佗總雄據，乃命爲王免誅徙。繼因高后禁關市，佗復怙强隨僭偽。即稱帝與中國忤，戕害邊民嚴武備。漢家自是起兵戈，每戰無功罷力士。漢文修德不事武，釋罪不誅封趙氏。佗因感德稱藩臣，遂使嬰齊來入侍。方物珍奇歲貢輸，傳襲子孫給五世。呂嘉謀叛暗興兵，故殺其王並漢使。武皇一怒奮天戈，千里精兵掃凶穢。路侯博德勇有謀，破越如同破竹勢。分爲九郡置官守，南越從茲國乃廢。中華教化遍九州，漸教遠人通禮義。光武初除新室難，未遑選擢南方使。麋泠二女逞奸雄，姊名徵側妹徵貳。招呼要黨據南交，威服百蠻無與比。侵邊寇滅六十城，一立爲王一立帥。堂堂漢將馬伏波，苦戰三年常切齒。分軍驅逐到金溪，賊酋授首悉平治。廣開漢界極天南，銅柱高標傳漢史。命官遣將鎮其民，德政清新多惠施。至於士燮善撫綏，貴重一方人所思。國政紛紛吳蜀在，事爲壁壘陳交界。境入漢制宋齊梁，興誅相承如一軌。悠悠閱世迨隋唐，始號安南今乃是。張舟始作都護將，修築羅城制軍器。高駢威信行在彼，北邦人人多慢易。咸通末歲中國亂，轉運遐方肆驕恣。吳權曲顥矯與楊，篡奪相爭民力匱。宋初丁氏始封王，丁紹轉封黎與李。李傳九世一百年，嗣有

陳王來襲位。太平日久重儒風，禮樂衣冠略初似。皇元一統自古無，德服萬邦恩澤被。陳王納款三十年，後嗣不道違上旨。甲申假道征占城，令助軍器共餉饋。居然逆命相抗衡，拒捍王師心懷異。陳王子姪二三人，慕義來歸沐恩賜。興師伐罪出有名，千里鷹揚耀旗幟。進兵數道會於交，勢若雷電馳萬騎。其王逃海匿山林，旁及無辜遭罪戾。師還伏罪進表章，犀象璽珠常踵至。聖心蕩蕩念斯民，罷戰休兵合天意。南陲從此悉安然，億萬生靈蒙其庇。遠人懷德自心歸，天下爲家當盛際。小臣居沔拜皇恩，竊禄素餐心自愧。乘間綴緝舊所聞，寫作《安南風土志》。

元·鄭允端《讀西漢書》 予聞太倉公，逮繫長安獄。生女不生男，緩急無以囑。少女痛所言，上書訟父辱。死者不復生，刑者不可屬。妾身没入官，父罪或見贖。明明聖文王，哀憐脱戕毒。再使父子親，骨肉重相續。此事誼甚高，足以振頽俗。好事東觀臣，大書耀史録。臨卷三歎之，清風滿林麓。

元·張養浩《歸田類稿》卷一七《贈劉仲憲》 廟堂鼎食窮水陸，風紀惠文寒聳玉。而君名位不省臺，常見私憂結眉目。朅來我過白所懷，如枉末伸功未録。諄諄三代治安本，修水火金並土木。烝民既粒教乃敷，和氣春風生比屋。自從秦鞅廢井田，王政絲棼民濕束。利歸兼併富罄貧，萬世禍基從此築。漢興文帝殊有爲，瓦礫黄金金玉粟。蠹農一切悉禁絶，千耦如雲四郊緑。下及魏晉隋若唐，或耀武功或貨黷。

元·宋褧《燕石集》卷八《賈傅祠堂二首》 絳灌纔書汗馬功，治安策裏事無窮。漢家未有停年格，一歲超遷到大中。【略】

天上銀河洗甲兵，八方風雨會咸京。洛陽年少偏多事，强説當時未太平。

明·劉基《誠意伯文集》卷三《感時述事十首》 秦皇縣九宇，三代法乃變。漢祖都咸陽，一統制荒甸。豪雄既鏟削，瘡痍獲休宴。文皇繼鴻業，垂拱未央殿。累歲減田租，頻年賜縑絹。太倉積陳紅，圜府朽貫線。是時江南粟，未盡輸赤縣。方今貢賦區，兩際日月竄。胡爲倚東吳，轉餉給豐膳。徑危冒不測，勢與蛟龍戰。遂令鯰與鯢，掉尾乘利便。扼肮要國寵，金紫被下賤。忠良怒切齒，奸宄競攀援。包羞屈政典，尾大不可轉。聖人别九州，田賦楊爲殿。中原一何膴，所務非所先。豳風重稼穡，王業丘山奠。夫征厲末習，孰敢事遊燕。哀哉罔稽古，生齒徒蕃羨。一耕而十食，何以奉征繕。長歌寄愁思，涕淚如流霰。

明·王世貞《弇州四部稿》卷八《讀史有感十二首》 文帝繇代來，王臣盡朱邸。不聞昌武輩，遂與絳灌齒。椎樸據細旃，節嗇貽來軌。洛陽一少年，志欲揚漢美。毋使元氣漓，長者意乃爾。

明·鄒智《立齋遺文》卷五《晴郊觀麥》 人之應天曰五事，天之示人曰五行。憂勤或以咎徵起，逸樂或以休徵生。君不見文帝之世多災異，武帝之世多祥禎。

明·黎民表《瑶石山人稿》卷五《粤臺山懷古四首》 京臺聊暇日，四望柳條春。象郡元吞楚，龍洲自隔秦。英雄無窟宅，戰伐有埃塵。漢文寬大詔，猶自感遺民。

又 卷三《哀莆中王子世廉俠士也憫閩嶠之亂作爲此歌予讀之泫然亦同作焉》 七國連謀敗晁錯，百年爲戎歎辛有。

明·王立道《具茨詩集》卷五《彰義關候駕十首》 鳳詔初傳自九天，賜租重見漢文年。燕南楚北經行地，雨露君王本不偏。

明·鄧雅《玉笥集》卷四《爲曾指揮題漢文帝細柳營勞軍圖》 門深細柳未曾開，持節方知大駕來。天上恩光明日月，營中號令肅風雷。匡扶帝業非兒戲，竦動天顔羨將才。千載功名見圖畫，臨風還拂舊塵埃。

明·陳秀民《謁賈傅廟》 昔讀《治安策》，今謁太傅祠。骨鯁有如此，英靈或在茲。弔原寧無感，賦鵩終有疑。直士多放斥，佞人每高馳。漢文稱令主，逆耳猶見遺。如逢昏與暴，殺人固其宜。湘江有流藻，可以薦明粢。褰帟拜遺像，流涕滿裳衣。

清·錢謙益《列朝詩集》丁集第三《〔明〕顧夢圭〈雷雪行二首〉》 羣方水旱歲不虚，郡國正奈無倉儲。何人建議募輸粟，只恐米來民半無。天子親耕后親織，轉見民間多菜色。明堂清廟事且遲，一土一木民膏脂。

又 丙集第一二《〔明〕薛蕙〈行路難三首〉》 我歌行路難，什百之端歌一端。丈夫委質事天子，豈謂當由左右始。九重邃遠壅蔽多，疏賤孤臣竟誰恃。君不見賈誼上書談世務，漢皇欣然絳灌怒。只言旦暮即公卿，一麾卻作長沙傅。又不見董生硜硜守廉直，儒者安知丞相力。白頭不

得里中臥，遠徙膠西驕主國。二公之事略無異，史策紛紛多此類。餘風積習傳至今，覆轍危機在平地。沛國迂儒不曉事，酷信丘軻泥文字。往年抗疏嬰逆鱗，賜玦歸來十二春。豈無高足據要津，未肯低眉干貴人。貴人方寸九折阪，況我三輪行不遠。帝閽無路欲何之，五嶽尋仙未應晚。

又 《漢文帝》 救時黄老愧純王，款敵和親計不臧。北宋昭陵知此意，書生何苦用雌黄。

清·張之洞《賈誼》 坎坷休怨漢文皇，絳灌樊酈暗中傷。十卷新書多涕淚，三年謫宦戀巖廊。承乎王佐殊無用，少小奇才定不祥。可惜未聞坡老諍，青楓湛湛滿沅湘。

清·徐世昌《晚晴簃詩匯》卷五三《[清]蔡衍鍠〈詠史〉》 漢文亦有道，賢相亦盈庭。求言何其切，當時得賈生。抗陳無所諱，少年而老成。惜哉遇合難，上書竟不聽。去去勿復顧，坐看湘水清。湘水自悠悠，哀哀痛哭聲。弔之竟何戚，千古一同情。

又 卷二二《陳名夏〈西洋湯道未先生來〉》 一日兩命駕，過我松亭前。執手慰老顔，不若人相憐。滄海十萬里，來任天官篇。占象見端委，告君憂未然。忠愛性不移，直諫意益堅。賈誼遇漢文，《治安書》可傳。公爲太史令，洛下誠並賢。翻愧疇昔交，勢利多扳緣。願從學道術，寡營成大年。

又 卷一五六《龔易圖〈書懷柬西耘〉》 聞説奇肱善製車，火輪巨艦鋭飛閭。島人琛貝偏時至，楚貢苞茅孰問諸。空憶武侯擒獲計，微聞文帝報佗書。漢家制度依然在，龍變原難服白魚。

雜録

《史記》卷五〇《楚元王世家》 孝文帝即位二年，立遂弟辟强，取趙之河閒郡爲河閒王，(以)[是]爲文王。立十三年卒，子哀王福立。一年卒，無子，絶後，國除，入于漢。

又 卷五八《梁孝王世家》 孝文帝凡四男：長子曰太子，是爲孝景帝；次子武；次子參；次子勝。孝文帝即位二年，以武爲代王，以參爲太原王，以勝爲梁王。二歲，徙代王爲淮陽王。以代盡與太原王，號曰代王。參立十七年，孝文後二年卒，謚爲孝王。子登嗣立，是爲代共王。立二十九年，元光二年卒。子義立，是爲代王。十九年，漢廣關，以常山爲限，而徙代王王清河。清河王徙以元鼎三年也。

《漢書》卷二四下《食貨志》注引臣瓚曰 秦錢重半兩，漢初鑄莢錢，文帝更鑄四銖錢。秦錢與莢錢皆當廢，而故與四銖並行。

《後漢書》卷九四上《禮儀志》注引丁孚《漢儀》 酎金律，文帝所加，以正月旦作酒，八月成，名酎酒。因(合)[令]諸侯助祭貢金。

漢景帝分部

傳紀

《史記》卷一一《孝景本紀》 孝景皇帝者，孝文之中子也。母竇太后。孝文在代時，前后有三男，及竇太后得幸，前后死，及三子更死，故孝景得立。

元年四月乙卯，赦天下。乙巳，賜民爵一級。五月，除田半租，爲孝文立太宗廟。令羣臣無朝賀。匈奴入代，與約和親。

二年春，封故相國蕭何孫係爲武陵侯。男子二十而得傅。四月壬午，孝文太后崩。廣川、長沙王皆之國。丞相申屠嘉卒。八月，以御史大夫開封侯陶青爲丞相。彗星出東北。秋，衡山雨雹，大者五寸，深者二尺。熒惑逆行，守北辰。月出北辰閒。歲星逆行天廷中。置南陵及内史、祋祤爲縣。

三年正月乙巳，赦天下。長星出西方。天火燔雒陽東宮大殿城室。吴王濞、楚王戊、趙王遂、膠西王卬、濟南王辟光、菑川王賢、膠東王雄渠反，發兵西鄉。天子爲誅晁錯，遣袁盎諭告，不止，遂西圍梁。上乃遣大將軍竇嬰、太尉周亞夫將兵誅之。六月乙亥，赦亡軍及楚元王子蓺等與謀反者。封大將軍竇嬰爲魏其侯。立楚元王子平陸侯禮爲楚王。立皇子端爲膠西王，子勝爲中山王。徙濟北王志爲菑川王，淮陽王餘爲魯王，汝南王非爲江都王。齊王將廬、燕王嘉皆薨。

四年夏，立太子。立皇子徹爲膠東王。六月甲戌，赦天下。後九月，更以（弋）［易］陽爲陽陵。復置津關，用傳出入。冬，以趙國爲邯鄲郡。

五年三月，作陽陵、渭橋。五月，募徙陽陵，予錢二十萬。江都大暴風從西方來，壞城十二丈。丁卯，封長公主子蟜爲隆慮侯。徙廣川王爲趙王。

六年春，封中尉（趙）綰爲建陵侯，江都丞相嘉爲建平侯，隴西太守渾邪爲平曲侯，趙丞相嘉爲江陵侯，故將軍布爲鄃侯。梁楚二王皆薨。後九月，伐馳道樹，殖蘭池。

七年冬，廢栗太子爲臨江王。十（二）［一］月晦，日有食之。春，免徒隸作陽陵者。丞相青免。二月乙巳，以太尉條侯周亞夫爲丞相。四月乙巳，立膠東王太后爲皇后。丁巳，立膠東王爲太子。名徹。

中元年，封故御史大夫周苛孫平爲繩侯，故御史大夫周昌（子）［孫］左車爲安陽侯。四月乙巳，赦天下，賜爵一級。除禁錮。地動。衡山、原都雨雹，大者尺八寸。

中二年二月，匈奴入燕，遂不和親。三月，召臨江王來。卽死中尉府中。夏，立皇子越爲廣川王，子寄爲膠東王。封四侯。九月甲戌，日食。

中三年冬，罷諸侯御史中丞。春，匈奴王二人率其徒來降，皆封爲列侯。立皇子方乘爲清河王。三月，彗星出西北。丞相周亞夫（死）［免］，以御史大夫桃侯劉舍爲丞相。四月，地動。九月戊戌晦，日食。軍東都門外。

中四年三月，置德陽宮。大蝗。秋，赦徒作陽陵者。

中五年夏，立皇子舜爲常山王。封十侯。六月丁巳，赦天下，賜爵一級。天下大潦。更命諸侯丞相曰相。秋，地動。

中六年二月己卯，行幸雍，郊見五帝。三月，雨雹。四月，梁孝王、城陽共王、汝南王皆薨。立梁孝王子明爲濟川王，子彭離爲濟東王，子定爲山陽王，子不識爲濟陰王。梁分爲五。封四侯。更命廷尉爲大理，將作少府爲將作大匠，主爵中尉爲都尉，長信詹事爲長信少府，將行爲大長秋，大行爲行人，奉常爲太常，典客爲大行，治粟內史爲大農。以大內爲二千石，置左右內官，屬大內。七月辛亥，日食。八月，匈奴入上郡。

後元年冬，更命中大夫令爲衛尉。三月丁酉，赦天下，賜爵一級，中二千石、諸侯相爵右庶長。四月，大酺。五月丙戌，地動，其蚤食時復動。上庸地動二十二日，壞城垣。七月乙巳，日食。丞相劉舍免。八月壬辰，以御史大夫綰爲丞相，封爲建陵侯。

後二年正月，地一日三動。郅將軍擊匈奴。酺五日。令內史郡不得食馬粟，没入縣官。令徒隸衣七緵布。爲歲不登，禁天下食不造歲。省列侯遣之國。三月，匈奴入鴈門。十月，租長陵田。大旱。衡山國、河東、雲中郡民疫。

後三年十月，日月皆（食）赤五日。十二月晦，雷。日如紫。五星逆行守太微。月貫天廷中。正月甲寅，皇太子冠。甲子，孝景皇帝崩。遺詔賜諸侯王以下至民爲父後爵一級，天下户百錢。出宮人歸其家，復無所與。太子卽位，是爲孝武皇帝。三月，封皇太后弟蚡爲武安侯，弟勝爲周陽侯。置陽陵。

太史公曰：漢興，孝文施大德，天下懷安。至孝景，不復憂異姓，而晁錯刻削諸侯，遂使七國俱起，合從而西鄉，以諸侯太盛，而錯爲之不以漸也。及主父偃言之，而諸侯以弱，卒以安。安危之機，豈不以謀哉？

《漢書》卷五《景帝紀》 孝景皇帝，文帝太子也。母曰竇皇后。後七年六月，文帝崩。丁未，太子卽皇帝位，尊皇太后薄氏曰太皇太后，皇后曰皇太后。

九月，有星孛于西方。

元年冬十月，詔曰：『蓋聞古者祖有功而宗有德，制禮樂各有由。歌者，所以發德也；舞者，所以明功也。高廟酎，奏武德、文始、五行之舞。孝惠廟酎，奏文始、五行之舞。孝文皇帝臨天下，通關梁，不異遠方；除誹謗，去肉刑，賞賜長老，收恤孤獨，以遂羣生；減耆欲，不受獻，罪人不帑，不誅亡罪，不私其利也；除宮刑，出美人，重絶人之世也。朕既不敏，弗能勝識。此皆上世之所不及，而孝文皇帝親行之。德厚侔天地，利澤施四海，靡不獲福。明象乎日月，而廟樂不稱，朕甚懼焉。其爲孝文皇帝廟爲昭德之舞，以明休德。然後祖宗之功德，施于萬世，永永無窮，朕甚嘉之。其與丞相、列侯、中二千石、禮官具禮儀奏。』丞相臣嘉等奏曰：『陛下永思孝道，立昭德之舞以明孝文皇帝之盛德，皆臣嘉

等愚所不及。臣謹議：世功莫大於高皇帝，德莫盛於孝文皇帝。高皇帝廟宜爲帝者太祖之廟，孝文皇帝廟宜爲帝者太宗之廟。天子宜世世獻祖宗之廟。郡國諸侯宜各爲孝文皇帝立太宗之廟。諸侯王列侯使者侍祠天子所獻祖宗之廟。請宣布天下。』制曰『可』。

春正月，詔曰：『間者歲比不登，民多乏食，夭絕天年，朕甚痛之。郡國或磽陿，無所農桑毄畜；或地饒廣，薦草莽，水泉利，而不得徙。其議民欲徙寬大地者，聽之。』

夏四月，赦天下。賜民爵一級。

遣御史大夫青翟至代下與匈奴和親。

五月，令田半租。

秋七月，詔曰：『吏受所監臨，以飲食免，重；受財物，賤買貴賣，論輕。廷尉與丞相更議著令。』廷尉信謹與丞相議曰：『吏及諸有秩受其官屬所監、所治、所行、所將，其與飲食計償費，勿論。它物，若買故賤，賣故貴，皆坐臧爲盜，没入臧縣官。吏遷徙免罷，受其故官屬所將監治送財物，奪爵爲士伍，免之。無爵，罰金二斤，令没入所受。有能捕告，畀其所受臧。』

二年冬十二月，有星孛于西南。

令天下男子年二十始傅。

春三月，立皇子德爲河間王，閼爲臨江王，餘爲淮陽王，非爲汝南王，彭祖爲廣川王，發爲長沙王。

夏四月壬午，太皇太后崩。

六月，丞相嘉薨。封故相國蕭何孫係爲列侯。

秋，與匈奴和親。

三年冬十二月，詔曰：『襄平侯嘉子恢説不孝，謀反，欲以殺嘉，大逆無道。其赦嘉爲襄平侯，及妻子當坐者復故爵。論恢説及妻子如法。』

春正月，淮陽王宮正殿災。

吳王濞、膠西王卬、楚王戊、趙王遂、濟南王辟光、菑川王賢、膠東王雄渠皆舉兵反。大赦天下。遣太尉亞夫、大將軍竇嬰將兵擊之。斬御史大夫晁錯以謝七國。

二月壬子晦，日有蝕之。

諸將破七國，斬首十餘萬級。追斬吳王濞於丹徒。膠西王卬、楚王戊、趙王遂、濟南王辟光、菑川王賢、膠東王雄渠皆自殺。夏六月，詔曰：『乃者吳王濞等爲逆，起兵相脅，詿誤吏民，吏民不得已。今濞等已滅，吏民當坐濞等及逋逃亡軍者，皆赦之。楚元王子蓺等與濞等爲逆，朕不忍加法，除其籍，毋令汙宗室。』立平陸侯劉禮爲楚王，續元王後。立皇子端爲膠西王，勝爲中山王。賜民爵一級。

四年春，復置諸關用傳出入。

夏四月己巳，立皇子榮爲皇太子，徹爲膠東王。

六月，赦天下，賜民爵一級。

秋七月，臨江王閼薨。

十月戊戌晦，日有蝕之。

五年春正月，作陽陵邑。夏，募民徙陽陵，賜錢二十萬。

遣公主嫁匈奴單于。

六年冬十二月，雷，霖雨。

秋九月，皇后薄氏廢。

七年冬十一月庚寅晦，日有蝕之。

春正月，廢皇太子榮爲臨江王。

二月，罷太尉官。

夏四月乙巳，立皇后王氏。

丁巳，立膠東王徹爲皇太子。賜民爲父後者爵一級。

中元年夏四月，赦天下，賜民爵一級。封故御史大夫周苛、周昌孫子爲列侯。

二年春二月，令諸侯王薨、列侯初封及之國，大鴻臚奏謚、誄、策。列侯薨及諸侯太傅初除之官，大行奏謚、誄、策。王薨，遣光禄大夫弔襚祠賵，視喪事，因立嗣子。列侯薨，遣大中大夫弔祠，視喪事，因立嗣。其（薨）葬，國得發民輓喪，穿復土，治墳無過三百人畢事。

匈奴入燕。

改磔曰棄市，勿復磔。

三月，臨江王榮坐侵太宗廟地，徵詣中尉，自殺。

夏四月，有星孛于西北。

立皇子越爲廣川王，寄爲膠東王。

秋七月，更郡守爲太守，郡尉爲都尉。

九月，封故楚、趙傳相内史前死事者四人，子皆爲列侯。

甲戌晦，日有蝕之。

三年冬十一月，罷諸侯御史大夫官。

春正月，皇太后崩。

夏旱，禁酤酒。秋九月，蝗。有星孛于西北。戊戌晦，日有蝕之。

立皇子乘爲清河王。

四年春三月，起德陽宫。

御史大夫綰奏禁馬高五尺九寸以上，齒未平，不得出關。

夏，蝗。

秋，赦徒作陽陵者死罪；欲腐者，許之。

十月戊午，日有蝕之。

五年夏，立皇子舜爲常山王。六月，赦天下，賜民爵一級。

秋八月己酉，未央宫東闕灾。

更名諸侯丞相爲相。

九月，詔曰：『法令度量，所以禁暴止邪也。獄，人之大命，死者不可復生。吏或不奉法令，以貨賂爲市，朋黨比周，以苛爲察，以刻爲明，令亡罪者失職，朕甚憐之。有罪者不伏罪，姦法爲暴，甚亡謂也。諸獄疑，若雖文致於法而於人心不厭者，輒讞之。』

六年冬十月，行幸雍，郊五畤。

十二月，改諸官名。定鑄錢僞黄金棄市律。

春三月，雨雪。

夏四月，梁王薨，分梁爲五國，立孝王子五人皆爲王。

五月，詔曰：『夫吏者，民之師也，車駕衣服宜稱。吏六百石以上，皆長吏也，亡度者或不吏服，出入閭里，與民亡異。令長吏二千石車朱兩幡，千石至六百石朱左幡。車騎從者不稱其官衣服，下吏出入閭巷亡吏體者，二千石上其官屬，三輔舉不如法令者，皆上丞相御史請之。』先是吏多軍功，車服尚輕，故爲設禁。又惟酷吏奉憲失中，乃詔有司減笞法，定箠令。語在刑法志。

六月，匈奴入鴈門，至武泉，入上郡，取苑馬。吏卒戰死者二千人。

秋七月辛亥晦，日有蝕之。

後元年春正月，詔曰：『獄，重事也。人有智愚，官有上下。獄疑者讞有司。有司所不能決，移廷尉。有令讞而後不當，讞者不爲失。欲令治獄者務先寬。』

三月，赦天下，賜民爵一級，中二千石諸侯相爵右庶長。夏，大酺五日，民得酤酒。

五月，地震。秋七月乙巳晦，日有蝕之。

條侯周亞夫下獄死。

二年冬十月，省徹侯之國。

春，匈奴入鴈門，太守馮敬與戰死。發車騎材官屯。

春，以歲不登，禁内郡食馬粟，没入之。

夏四月，詔曰：『雕文刻鏤，傷農事者也；錦繡纂組，害女紅者也。農事傷則饑之本也，女紅害則寒之原也。夫飢寒並至，而能亡爲非者寡矣。朕親耕，后親桑，以奉宗廟粢盛祭服，爲天下先；不受獻，減太官，省繇賦，欲天下務農蠶，素有畜積，以備灾害。强毋攘弱，衆毋暴寡，老耆以壽終，幼孤得遂長。今歲或不登，民食頗寡，其咎安在？或詐僞爲吏，吏以貨賂爲市，漁奪百姓，侵牟萬民。縣丞，長吏也，姦法與盜盜，甚無謂也。其令二千石各脩其職；不事官職耗亂者，丞相以聞，請其罪。布告天下，使明知朕意。』

五月，詔曰：『人不患其不知，患其爲詐也；不患其不勇，患其爲暴也；不患其不富，患其亡厭也。其唯廉士，寡欲易足。今訾算十以上乃得宦，廉士算不必衆。有市籍不得宦，無訾又不得宦，朕甚愍之。訾算四得宦，亡令廉士久失職，貪夫長利。』

秋，大旱。

三年春正月，詔曰：『農，天下之本也。黄金珠玉，飢不可食，寒不可衣，以爲幣用，不識其終始。間歲或不登，意爲末者衆，農民寡也。其令郡國務勸農桑，益種樹，可得衣食物。吏發民若取庸采黄金珠玉者，坐臧爲盜。二千石聽者，與同罪。』

皇太子冠，賜民爲父後者爵一級。

甲子，帝崩于未央宮。遺詔賜諸侯王列侯馬二駟，吏二千石黃金二斤，吏民户百錢。出宮人歸其家，復終身。二月癸酉，葬陽陵。

贊曰：孔子稱『斯民，三代之所以直道而行也』，信哉！周秦之敝，罔密文峻，而姦軌不勝。漢興，掃除煩苛，與民休息。至于孝文，加之以恭儉孝景遵業，五六十載之間，至於移風易俗，黎民醇厚。周云成康，漢言文景，美矣！

綜述

《史記》卷四九《外戚世家》 景帝常體不安，心不樂，屬諸子爲王者於栗姬，曰：『百歲後，善視之。』栗姬怒，不肯應，言不遜。景帝恚，心嗛之而未發也。長公主日譽王夫人男之美，景帝亦賢之，又有曩者所夢日符，計未有所定。王夫人知帝望栗姬，因怒未解，陰使人趣大臣立栗姬爲皇后。大行奏事畢，曰：『「子以母貴，母以子貴」，今太子母無號，宜立爲皇后。』景帝怒曰：『是而所宜言邪！』遂案誅大行，而廢太子爲臨江王。栗姬愈恚恨，不得見，以憂死。卒立王夫人爲皇后，其男爲太子，封皇后兄信爲蓋侯。

又 卷五七《絳侯周勃世家》 五歲，（周亞夫）遷爲丞相，景帝甚重之。景帝廢栗太子，丞相固爭之，不得。景帝由此疏之。而梁孝王每朝，常與太后言條侯之短。竇太后曰：『皇后兄王信可侯也。』景帝讓曰：『始南皮、章武侯先帝不侯，及臣卽位乃侯之。信未得封也。』竇太后曰：『人主各以時行耳。自竇長君在時，竟不得侯，死後乃（封）其子彭祖顧得侯。吾甚恨之。帝趣侯信也！』景帝曰：『請得與丞相議之。』丞相議之，亞夫曰：『高皇帝約「非劉氏不得王，非有功不得侯。不如約，天下共擊之」。今信雖皇后兄，無功，侯之，非約也。』景帝默然而止。其後匈奴王［唯］徐盧等五人降，景帝欲侯之以勸後。丞相亞夫曰：『彼背其主降陛下，陛下侯之，則何以責人臣不守節者乎？』景帝曰：『丞相議不可用。』乃悉封［唯］徐盧等爲列侯。【略】

頃之，景帝居禁中，召條侯，賜食。獨置大胾，無切肉，又不置櫡。條侯心不平，顧謂尚席取櫡。景帝視而笑曰：『此不足君所乎？』條侯免冠謝。上起，條侯因趨出。景帝以目送之，曰：『此怏怏者非少主臣也！』

又 卷一〇一《袁盎鼂錯列傳》 鼂錯已死，謁者僕射鄧公爲校尉，擊吳楚軍爲將。還，上書言軍事，謁見上。上問曰：『道軍所來，聞鼂錯死，吳楚罷不？』鄧公曰：『吳王爲反數十年矣，發怒削地，以誅錯爲名，其意非在錯也。且臣恐天下之士噤口，不敢復言也！』上曰：『何哉？』鄧公曰：『夫鼂錯患諸侯强大不可制，故請削地以尊京師，萬世之利也。計畫始行，卒受大戮，內杜忠臣之口，外爲諸侯報仇，臣竊爲陛下不取也。』於是景帝默然良久，曰：『公言善，吾亦恨之。』乃拜鄧公爲城陽中尉。

又 卷一〇三《萬石張叔列傳》 景帝幸上林，詔中郎將參乘，還而問曰：『君知所以得參乘乎？』綰曰：『臣從車士幸得以功次遷爲中郎將，不自知也。』上問曰：『吾爲太子時召君，君不肯來，何也？』對曰：『死罪，實病！』上賜之劍。綰曰：『先帝賜臣劍凡六，劍不敢奉詔。』上曰：『劍，人之所施易，獨至今乎？』綰曰：『具在。』上使取六劍，劍尚盛，未嘗服也。郎官有譴，常蒙其罪，不與他將爭；有功，常讓他將。

又 卷一〇四《田叔列傳》 後數歲，叔坐法失官。梁孝王使人殺故吳相袁盎，景帝召田叔案梁，具得其事，還報。景帝曰：『梁有之乎？』叔對曰：『死罪！有之。』上曰：『其事安在？』田叔曰：『上毋以梁事爲也。』上曰：『何也？』曰：『今梁王不伏誅，是漢法不行也；如其伏法，而太后食不甘味，臥不安席，此憂在陛下也。』景帝大賢之，以爲魯相。

又 卷一〇七《魏其武安侯列傳》 桃侯免相，竇太后數言魏其侯。孝景帝曰：『太后豈以爲臣有愛，不相魏其？魏其者，沾沾自喜耳，多易。難以爲相，持重。』遂不用，用建陵侯衛綰爲丞相。

又 卷一一〇《匈奴列傳》 後歲餘，孝文帝崩，孝景帝立，而趙王遂乃陰使人於匈奴。吳楚反，欲與趙合謀入邊。漢圍破趙，匈奴亦止。自是之後，孝景帝復與匈奴和親，通關市，給遺匈奴，遣公主，如故約。終孝景時，時小入盜邊，無大寇。

又 卷一三〇《太史公自序》 諸侯驕恣，吴首爲亂，京師行誅，七國伏辜，天下翕然，大安殷富。作孝景本紀第十一。

《漢書》卷二三《刑法志》 景帝元年，下詔曰：「加笞與重罪無異，幸而不死，不可爲人。其定律：笞五百曰三百，笞三百曰二百。」猶尚不全。至中六年，又下詔曰：「加笞者，或至死而笞未畢，朕甚憐之。其減笞三百曰二百，笞二百曰一百。」又曰：「笞者，所以教之也，其定箠令。」丞相劉舍、御史大夫衛綰請：「笞者，箠長五尺，其本大一寸，其竹也，末薄半寸，皆平其節。當笞者笞臀。毋得更人，畢一罪乃更人。」自是笞者得全，然酷吏猶以爲威。死刑既重，而生刑又輕，民易犯之。

又 卷四九《爰盎鼂錯傳》 錯已死，謁者僕射鄧公爲校尉，擊吴楚爲將。還，上書言軍事，見上。上問曰：「道軍所來，聞鼂錯死，吴楚罷不？」鄧公曰：「吴爲反數十歲矣，發怒削地，以誅錯爲名，其意不在錯也。且臣恐天下之士拑口不敢復言矣。」上曰：「何哉？」鄧公曰：「夫鼂錯患諸侯强大不可制，故請削之，以尊京師，萬世之利也。計畫始行，卒受大戮，内杜忠臣之口，外爲諸侯報仇，臣竊爲陛下不取也。」於是景帝喟然長息，曰：「公言善，吾亦恨之。」乃拜鄧公爲城陽中尉。

又 卷五二《竇嬰傳》 桃侯免相，竇太后數言魏其。景帝曰：「太后豈以臣有愛相魏其者？魏其沾沾自喜耳，多易，難以爲相持重。」遂不用，用建陵侯衛綰爲丞相。

《後漢書》卷五二《崔寔傳》 至景帝元年，乃下詔曰：「［加］笞與重罪無異，幸而不死，不可爲（民）［人］。」乃定律，減笞輕捶。自是之後，笞者得全。

宋・李昉等《太平御覽》卷八八《皇王部・孝景皇帝》 班固《漢書述》曰：孝景莅政，諸侯放命。《尚書》放命圮族，鯀之惡壞其族類，吴、楚七國亦然也。克伐七國，王室以定。非怠非荒，務在農桑。著於甲令，民用寧康。

論説

《史記》卷一一《孝景本紀》 太史公曰：漢興，孝文施大德，天下懷安，至孝景，不復憂異姓，而鼂錯刻削諸侯，遂使七國俱起，合從而西鄉，以諸侯太盛，而錯爲之不以漸也。及主父偃言之，而諸侯以弱，卒以安。安危之機，豈不以謀哉？

唐・司馬貞《史記索隱》卷一一《孝景本紀》 索隱述贊曰：景帝即位，因脩静默。勉人於農，率下以德。制度斯創，禮法可則。一朝吴楚，乍起凶慝。提局成釁，拒輪致惑。鼂錯雖誅，梁城未克。條侯出將，追奔逐北。坐見梟剠，立翦牟賊。如何太尉，後卒下獄。惜哉明君，斯功不録！

《漢書》卷五《景帝紀》 贊曰：孔子稱「斯民，三代之所以直道而行也」，信哉！周秦之敝，罔密文峻，而姦軌不勝。漢興，掃除煩苛，與民休息。至于孝文，加之以恭儉，孝景遵業，五六十載之間，至於移風易俗，黎民醇厚。周云成康，漢言文景，美矣！

《後漢書》卷一下《光武帝記》 太宗識終始之義，景帝能述遵孝道，遭天下反覆，而霸陵獨完受其福，豈不美哉！

又 卷三〇上《蘇竟傳》 夫周公之善康叔，以不從管蔡之亂也；景帝之悦濟北，以不從吴濞之畔也。

《三國志》卷六一《吴志・陸凱傳》 昔景帝時，交阯反亂，實由茲起，是爲遵景帝之闕，不遵先帝十七也。

宋・蘇轍《欒城集・後集》卷七《漢景帝》 漢之賢君，皆曰文、景。文帝寬仁大度，有高帝之風。景帝忌克少恩，少人君之量，其實非文帝比也。帝之爲太子也，吴王濞世子來朝，與帝博而爭道，帝怒以博局提殺之。濞之叛逆，勢激於此。張釋之，文帝之名臣也。以劾奏之恨，斥死淮南。鄧通，文帝之倖臣也，以吮癰之怨，困迫至死。鼂錯始與帝謀削諸侯，違衆用之，及七國反，袁盎一説，譎而斬之東市，曾不之卹。周亞夫爲大將，折吴、楚之鋭鋒，不數月而平大難，及其爲相，守正不阿，惡其悻悻不屈，遂以無罪殺之。梁王武，母弟也，驕而從之，幾致其死。臨江王榮，太子也，以母失愛，至使酷吏殺之。其於君臣、父子、兄弟之際，背理而傷道者，一至於此。原其所以能全身保國，與文帝俱稱賢君者，惟其不改恭儉故耳。春秋之法，弑君稱君，君之過也，稱臣，臣之罪也。然陳侯平國、蔡侯般，皆以無道弑，而弑皆稱臣，以爲罪不及民故也。如景

帝之失道非一也，而猶稱賢君，豈非躬行恭儉、罪不及民故耶？此可以爲不恭儉者戒也。

宋·李昉等《太平御覽》卷八八《皇王部·孝景皇帝》 魏陳王曹植《漢景帝贊》曰：景帝明德，繼文之則。肅清王室，克滅七國。省役薄賦，百姓殷昌。風移俗易，齊美成康。

藝文

唐·白居易《白香山詩集》卷二《贈友五首》 一年十二月，每月有常令。君出臣奉行，謂之握金鏡。由茲六氣順，以遂萬物性。時令一反常，生靈受其病。周漢德下衰，王風始不競。又從斬晁錯，諸侯益强盛。百里不同禁，四時自爲政。盛夏興土功，方春剿人命。誰能救其失，待君佐邦柄。峨峨象魏門，懸法彝倫正。

宋·計有功《唐詩紀事》卷二三《吴筠〈覽古十四首〉》 晁錯抱遠策，爲君納良規。削彼諸侯權，永用得所宜。姦臣負舊隙，乘釁謀相危。世主竟不辨，身戮宗且夷。漢景稱欽明，濫罰猶如斯。比干與龍逢，殘害何足悲！

宋·阮閲《詩話總龜前集》卷一九《紀實門下·［宋］許氏〈讀晁錯傳〉》 匣劍未磨晁錯血，已聞刺客殺袁絲。到頭昧卻人心處，便是欺他天道時。痛矣一言偷害正，戮之萬段始爲宜。鄧公墳墓知何處，空對斯文有淚垂。

宋·陳普《石堂先生遺集》卷二〇《晁錯》 誰人能奪伯氏邑，何德敢隳三子都。內史自侵漢家廟，未須削楚更衰吴。

又《景帝》 宗廟誰開內史門，臨江依樣又穿垣。愛妻嬌子如泥土，晁錯何知獨恃恩。【略】

賜帛寬租澤未休，四方緩急有條侯。餘威不賴刳蛇劍，倉卒誰梟老濞頭。

又《周亞夫》 西來三十六將軍，業業孤城勢欲焚。細柳不逢豪傑主，當時已驗口從文。

宋·陳普《歷代傳授歌》 文景之世比成康，武帝好大功伐喜。霍光擁昭而立宣，江充誣譖太子戾。厥後外戚多擅權，平帝新室莽篡位。光武誅莽復中興，漢爲東漢炎運熾。明章二帝世所稱，至于靈獻漢祚替。前漢高文武宣朝，後漢光明章七制。

宋·劉克莊《後村集》卷一五《雜詠一百首·晁錯》 危晁知不免，削楚慮空長。東市哀朝服，西京號智囊。

宋·章傑《防風廟》 王制重述職，期會誡難踰。川途或淹阻，馳驟有疾徐。推誠不逆詐，大度宜納汙。尉陀怠朝貢，漢廷方剖符。劉濞稱內病，几杖賜勾吴。矧在先王時，憲令期感孚。貶爵與削地，輕重分差殊。迨至三不朝，六師始誅鉏。薄乎後期罪，何至絕頭顱。文命敷四海，祇德垂典謨。班師遠格苗，下車親泣辜。奚獨汪芒氏，遽忍加金鈇。吾觀此邑壤，如環盡崎嶇。左方小類玦，衆流復縈紆。意彼漆姓君，繼世居封禺。負固資險阻，勇悍尤魁梧。虎視遠京邑，狼貪生覬覦。清蹕來海嶠，神兵衛龍輿。勢窮力已屈，席藁往自拘。士師有常刑，明罪詎可逋。異哉雄偉姿，恃以喪厥軀。羿奡不得死，斯人殆其徒。犀革裹長萬，終然被醢葅。長狄正俗類，伯也爲僑如。搢喉逢富父，埋首當子駒。諸國近剿滅，鄋瞞無遺孥。斯事足可証，斯理諒非虛。夫子作春秋，近詳遠則疏。隱威事已略，況茲姓氏初。繁簡據舊史，疑信戒厚誣。或譏陷刑戮，屍祝眞諂諛。答云無輕議，在禮存楷模。黄能遭殛死，祀典其舍諸。侯雖犯天憲，私惠嘗霑濡。束手赴棘人，靡煩動戈戳。一國實被賜，重恩誰敢孤。春秋薦蘋藻，迎送嘈笙竽。血食庇此方，永世終無渝。

宋·司馬光《傳家集》卷三《陪同年吴沖卿登宿州北樓望梁楚之郊訪古作是詩》 漢錯削七國，禍生東南陬。亞夫閉高壁，坐折强吴謀。典午倒太阿，闒戶延旃裘。淮泗漫腥羶，房心掩旄頭。

宋·徐鈞《史詠詩集》卷上《周亞夫》 削平吴楚大功成，一旦生疑觸怒霆。自是君王多任刻，非關許負相書靈。

元·劉詵《桂隱詩集》卷二《天馬歌贈炎陵陳所安》 房精夜墮滎波中，騂騮奮出如飛龍。昂頭星官逐枉矢，振鬣雲闕追天風。漢家將軍三十六，分道出塞爭奇功。當時一躍萬馬盡，蹴踏少海霓旌紅。韓哀謝輿伯樂去，蹶塊誤落奚官庸。十年阜櫪食不飽，雖有駿步難爭雄。春隨錦韉北陵北，秋臥衰草東阡東。時從駑駘飲沙澗，未免泥滓沾風鬉。夜寒苜蓿山

谷迥，長嘶落月天地空。時平文軌明蕩蕩，萬里窮山無虎帳。交河不用踏層冰，裹足山城學馴象。吾聞天子之廄十二閑，驥騄並收無棄放。金根雲罕出都門，喚取雍容肅仙仗。

明・顧璘《息園存稿詩》卷七《平寧藩後上喬司馬》 太行西橫天下脊，降神昭代生喬公。突如大嶽起中域，培塿瑣細安能同。又如巨壑動千頃，澄鑑品類含光融。今之留都古豐鎬，九廟翼翼崇玄宮。周南節鉞帝所授，文武韜略雄江東。羊祜綏懷亙千里，蕭何填撫熙羣工。石城鍾阜倍生色，龍虎吐氣長葱葱。去年劉濞逞凶獷，烏合羣盜持刀弓。出門北望色沮喪，髑髏已屬提攜中。亞夫高臥足不動，兵符飛羽須臾通。上游屹張掎角勢，諸道競奮勤王功。舳艫百艘竟崩潰，烈焰一舉鯨波紅。我皇英年孝且武，金戈鐵甲臨元戎。喬公泣血扣馬首，小醜詎足勞皇躬。獻俘受馘大禮畢，跪捧翠華回六龍。三軍凱還伐金鼓，聲動海宇連穹窿。明堂奏頌朝貢入，解澤下沛蘇疲癃。勒功且立會稽石，鑄鼎直盡荆山銅。雲臺功臣誰第一，國論共聞歸發蹤。侯王圭璧行照耀，山河帶礪何終窮。璘也都門老賓客，十年江海嗟飄蓬。喜聞鄉國再安堵，遙逐父老歌清風。但願天子壽考億萬歲，置公左右開宸聰。芻蕘之言無少蒙，永絶前日憂忡忡。

清・張晉《讀〈史記〉》四十首・愛少子》 鄭武姜，寵叔段，將啓之，俾作亂。竇太后，憐孝王，欲富貴，同武姜。酒後戲言心内喜，此時之情可知矣。入同輦，出同車，稱警蹕，王膏腴。袁絲關説王不愉，半途遮刺身首殊。天子雖不竟梁獄，從兹骨肉情已疏。野人獻牛足生背，六月六日王忽逝。太后不肯食，涕泣摧心肝。帝欲殺吾子，哀哉今果然。女食邑，男分藩，太后説，加一餐。婦人愛少子，自古皆如此。君不見，惠文后，長安君不離左右。

清・徐世昌《晚晴簃詩匯》卷五四《周起渭〈送馬河宗令巴陵〉》 雲帆老濞爭衡地，魚龍戰血腥。廿年烽火盡，千里稻田青。水驛通吳會，雲帆滿洞庭。恩波流處遠，更勒紀功銘。

又 卷二一《殷嶽〈讀史〉》 仲事家人產，阿濞老農兒。福與禍相倚，澤麋蒙虎皮。江湖錯襟帶，儼爾錫介圭。鹽鐵卽山海，爲問自何誰。不思庇本根，乃欲披其枝。孽匪降自天，六豎同蚩蚩。釁雖由博局，几杖失之慈。

雜　録

《史記》卷四九《外戚世家》 景帝十三男，一男爲帝，十二男皆爲王。而兒姁早卒，其四子皆爲王。王太后長女號曰平陽公主，次爲南宮公主，次爲林慮公主。

《漢書》卷四《文帝紀》 注引如淳曰：『【略】景帝廟號德陽。』

漢武帝分部

綜　述

《史記》卷一二《孝武本紀》 孝武皇帝者，孝景中子也。母曰王太后。孝景四年，以皇子爲膠東王。孝景七年，栗太子廢爲臨江王，以膠東王爲太子。孝景十六年崩，太子卽位，爲孝武皇帝。孝武皇帝初卽位，尤敬鬼神之祀。

元年，漢興已六十餘歲矣，天下乂安，薦紳之屬皆望天子封禪改正度也。而上鄉儒術，招賢良，趙綰、王臧等以文學爲公卿，欲議古立明堂城南，以朝諸侯。草巡狩封禪改曆服色事未就。會竇太后治黃老言，不好儒術，使人微得趙綰等姦利事，召案綰、臧，綰、臧自殺，諸所興爲者皆廢。

後六年，竇太后崩。其明年，上徵文學之士公孫弘等。【略】

於是濟北王以爲天子且封禪，乃上書獻泰山及其旁邑。天子受之，更以他縣償之。常山王有罪，遷，天子封其弟於眞定，以續先王祀，而以常山爲郡。然後五嶽皆在天子之郡。

《漢書》卷六《武帝紀》 （元光元年）五月，詔賢良曰：『朕聞昔在唐虞，畫像而民不犯，日月所燭，莫不率俾。周之成康，刑錯不用，德及鳥獸，教通四海，海外肅慎，北發渠搜，氐羌徠服；星辰不孛，日月不蝕，山陵不崩，川谷不塞；麟、鳳在郊藪，河、洛出圖書。嗚乎，何

施而臻此與！今朕獲奉宗廟，夙興以求，夜寐以思，若涉淵水，未知所濟。猗與偉與！何行而可以章先帝之洪業休德，上參堯舜，下配三王！朕之不敏，不能遠德，此子大夫之所睹聞也，賢良明於古今王事之體，受策察問，咸以書對，著之於篇，朕親覽焉。』於是董仲舒、公孫弘等出焉。【略】

元朔元年冬十一月，詔曰：『公卿大夫，所使總方略，壹統類，廣教化，美風俗也。夫本仁祖義，褒德禄賢，勸善刑暴，五帝三王所由昌也。朕夙興夜寐，嘉與宇內之士臻於斯路。故旅耆老，復孝敬，選豪俊，講文學，稽參政事，祈進民心，深詔執事，興廉舉孝，庶幾成風，紹休聖緒。夫十室之邑，必有忠信；三人並行，厥有我師。今或至闔郡而不薦一人，是化不下究，而積行之君子雍於上聞也。二千石官長紀綱人倫，將何以佐朕燭幽隱，勸元元，厲蒸庶，崇鄉黨之訓哉？且進賢受上賞，蔽賢蒙顯戮，古之道也。其與中二千石、禮官、博士議不舉者罪。』有司奏議曰：『古者，諸侯貢士，壹適謂之好德，再適謂之賢賢，三適謂之有功，乃加九錫；不貢士，壹則黜爵，再則黜地，三而黜爵地畢矣。夫附下罔上者死，附上罔下者刑；與聞國政而無益於民者斥；在上位而不能進賢者退，此所以勸善黜惡也。今詔書昭先帝聖緒，令二千石舉孝廉，所以化元元，移風易俗也。不舉孝，不奉詔，當以不敬論。不察廉，不勝任也，當免。』奏可。【略】

（元狩六年）六月，詔曰：『日者有司以幣輕多姦，農傷而末衆，又禁兼并之塗，故改幣以約之。稽諸往古，制宜於今。廢期有月，而山澤之民未諭。夫仁行而從善，義立則俗易，意奉憲者所以導之未明與？將百姓所安殊路，而撟虔吏因乘勢以侵蒸庶邪？何紛然其擾也！今遣博士大等六人分循行天下，存問鰥寡廢疾，無以自振業者貸與之。諭三老孝弟以爲民師，舉獨行之君子，徵詣行在所。朕嘉賢者，樂知其人。廣宣厥道，士有特招，使者之任也。詳問隱處亡位及寃失職，姦猾爲害、野荒治苛者，舉奏。郡國有所以爲便者，上丞相、御史以聞。』【略】

（元鼎二年）秋九月，詔曰：『仁不異遠，義不辭難，今京師雖未爲豐年，山林、池澤之饒與民共之。今水潦移於江南，迫隆冬至，朕懼其飢寒不活。江南之地，火耕水耨，方下巴蜀之粟致之江陵，遣博士中等分循行，諭告所抵，無令重困。吏民有振救飢民免其戹者，具舉以聞。』【略】

元封元年冬十月，詔曰：『南越、東甌咸伏其辜，西蠻、北夷頗未輯睦。朕將巡邊垂，擇兵振旅，躬秉武節，置十二部將軍，親帥師焉。』行自雲陽，北歷上郡、西河、五原，出長城，北登單于臺，至朔方，臨北河。勒兵十八萬騎，旌旗徑千餘里，威震匈奴。遣使者告單于曰：『南越王頭已縣於漢北闕矣。單于能戰，天子自將待邊，不能，亟來臣服。何但亡匿幕北寒苦之地爲！』匈奴讋焉。還，祠黄帝於橋山，乃歸甘泉。【略】

（太初元年）夏五月，正曆，以正月爲歲首。色上黄，數用五，定官名，協音律。

又 卷二三《刑法志》 及至孝武即位，外事四夷之功，內盛耳目之好，徵發煩數，百姓貧耗，窮民犯法，酷吏擊斷，姦軌不勝。於是招進張湯、趙禹之屬，條定法令，作見知故縱、監臨部主之法，緩深故之罪，急縱出之誅。其後姦猾巧法，轉相比況，禁罔浸密。律、令凡三百五十九章，大辟四百九條，千八百八十二事，死罪決事比萬三千四百七十二事。文書盈於几閣，典者不能徧睹。是以郡國承用者駁，或罪同而論異。姦吏因緣爲市，所欲活則傅生議，所欲陷則予死比，議者咸寃傷之。

又 卷二四《食貨志》 武帝末年，悔征伐之事，乃封丞相爲富民侯。下詔曰：『方今之務，在於力農。』以趙過爲搜粟都尉。過能爲代田，一畮三甽。歲代處，故曰代田，古法也。后稷始甽田，以二耜爲耦，廣尺深尺曰甽，長終畮。一畮三甽，一夫三百甽，而播種於甽中。苗生葉以上，稍耨隴草，因隤其土以附苗根。故其《詩》曰：『或芸或芓，黍稷儗儗。』芸，除草也。芓，附根也。言苗稍壯，每耨輒附根。比盛暑，隴盡而根深，能風與旱，故儗儗而盛也。其耕耘下種田器，皆有便巧。率十二夫爲田一井一屋，故畮五頃，用耦犁，二牛三人，一歲之收常過縵田畮一斛以上，善者倍之。過使教田太常、三輔，大農置工巧奴與從事，爲作田器。二千石遣令長、三老、力田及里父老善田者受田器，學耕種養苗狀。民或苦少牛，亡以趨澤，故平都令光教過以人挽犁。過奏光以爲丞，教民相與庸挽犁。率多人者田日三十畮，少者十三畮，以故田多墾闢。過試以離宮卒田其宮壖地，課得穀皆多旁田畮一斛以上。令命家田三輔公

田，又教邊郡及居延城。是後邊城、河東、弘農、三輔、太常民皆便代田，用力少而得穀多。

又　卷九六《西域傳》　自武帝初通西域，置校尉，屯田渠犁。是時，軍旅連出，師行三十二年，海內虛耗。征和中，貳師將軍李廣利以軍降匈奴。上既悔遠征伐，而搜粟都尉桑弘羊與丞相御史奏言：『故輪臺東捷枝、渠犁皆故國，地廣，饒水草，有溉田五千頃以上，處温和，田美，可益通溝渠，種五穀，與中國同時孰。其旁國少錐刀，貴黄金采繒，可以易穀食，宜給足不乏。臣愚以爲可遣屯田卒詣故輪臺以東，置校尉三人分護，各舉圖地形，通利溝渠，務使以時益種五穀，張掖、酒泉遣騎假司馬爲斥候，屬校尉，事有便宜，因騎置以聞。田一歲，有積穀，募民壯健有累重敢徙者詣田所，就畜積爲本業，益墾溉田，稍築列亭，連城而西，以威西國，輔烏孫，爲便。臣謹遣徵事臣昌分部行邊，嚴敕太守都尉明烽火，選士馬，謹斥候，蓄茭草。願陛下遣使使西國，以安其意。臣昧死請。』

上乃下詔，深陳既往之悔，曰：

前有司奏，欲益民賦三十助邊用，是重困老弱孤獨也。而今又請遣卒田輪臺。輪臺西于車師千餘里，前開陵侯擊車師時，危須、尉犁、樓蘭六國子弟在京師者皆先歸，發畜食迎漢軍，又自發兵，凡數萬人，王各自將，共圍車師，降其王。諸國兵便罷，力不能復至道上食漢軍。漢軍破城，食至多，然士自載不足以竟師，强者盡食畜産，羸者道死數千人。朕發酒泉驢、橐駝負食，出玉門迎軍。吏卒起張掖，不甚遠，然尚廝留其衆。曩者，朕之不明，以軍候弘上書言『匈奴縛馬前後足，置城下，馳言「秦人，我匄若馬」』，又漢使者久留不還，故興遣貳師將軍，欲以爲使者威重也。古者卿大夫與謀，參以蓍龜，不吉不行。乃者以縛馬書徧視丞相御史二千石諸大夫郎爲文學者，乃至郡屬國都尉成忠、趙破奴等，皆以『虜自縛其馬，不祥甚哉！』或以爲『欲以見强，夫不足者視人有餘。』《易》之卦得《大過》，爻在九五，匈奴困敗。公軍方士、太史治星望氣，及太卜龜蓍，皆以爲吉，匈奴必破，時不可再得也。又曰：『北伐行將，於鬴山必克。』卦諸將，貳師最吉。故朕親發貳師下鬴山，詔之必毋深入。今計謀卦兆皆反繆。重合侯得虜候者，言：『聞漢軍當來，匈奴使巫埋羊牛所出諸道及水上以詛軍。單于遺天子馬裘，常使巫祝之。縛馬者，詛軍事也。』又卜『漢軍一將不吉』。匈奴常言：『漢極大，然不能飢渴，失一狼，走千羊。』乃者貳師敗，軍士死略離散，悲痛常在朕心。今請遠田輪臺，欲起亭隧，是擾勞天下，非所以優民也。今朕不忍聞。大鴻臚等又議，欲募囚徒送匈奴使者，明封侯之賞以報忿，五伯所弗能爲也。且匈奴得漢降者，常提掖搜索，問以所聞。今邊塞未正，闌出不禁，障候長吏使卒獵獸，以皮肉爲利，卒苦而烽火乏，失亦上集不得，後降者來，若捕生口虜，乃知之。當今務在禁苛暴，止擅賦，力本農，修馬復令，以補缺，毋乏武備而已。郡國二千石各上進畜馬方略補邊狀，與計對。由是不復出軍。而封丞相車千秋爲富民侯，以明休息，思富養民也。

論說

《漢書》卷六《武帝紀》　贊曰：漢承百王之弊，高祖撥亂反正，文景務在養民，至於稽古禮文之事，猶多闕焉。孝武初立，卓然罷黜百家，表章《六經》。遂時諮海內，舉其俊茂，與之立功。興太學，修郊祀，改正朔，定曆數，協音律，作詩樂，建封禪，禮百神，紹周后，號令文章，煥焉可述。後嗣得遵洪業，而有三代之風。如武帝之雄材大略，不改文景之恭儉以濟斯民，雖《詩》、《書》所稱，何有加焉！

又　卷八《宣帝紀》　（本始二年）夏五月，詔曰：『朕以眇身奉承祖宗，夙夜惟念孝武皇帝躬履仁義，選明將，討不服，匈奴遠遁，平氐、羌、昆明、南越，百蠻鄉風，款塞來享；建太學，修郊祀，定正朔，協音律；封泰山，塞宣房，符瑞應，寶鼎出，白麟獲。功德茂盛，不能盡宣，而廟樂未稱，其議奏。』有司奏請宜加尊號。六月庚午，尊孝武廟爲世宗廟，奏《盛德》、《文始》、《五行》之舞，天子世世獻。武帝巡狩所幸之郡國，皆立廟。賜民爵一級，女子百户牛酒。

宋・司馬光《資治通鑑》卷一九《漢紀一一・世宗孝武皇帝》　汲黯諫曰：『陛下求賢甚勞，未盡其用，輒已殺之。以有限之士，恣無已之誅，臣恐天下賢才將盡，陛下誰與共爲治乎？』

宋・李昉等《太平御覽》卷八八《皇王部一三・漢孝武皇帝》　桓

子《新論》曰，漢武帝材質高妙，有崇先廣統之規，故卽位而開發大志，考合古今，模範前聖故事，建正朔，定制度，招選俊傑，奮揚威怒，武義四加，所征者服，興起六藝，廣進儒術，自開闢以來，惟漢家最爲盛圖，故顯爲世宗，可謂卓爾絶世之主矣。然上乃多過差，既欲斥境廣土，又乃貪利爭物之無益者。聞西夷大宛國有名馬，卽大發軍兵，攻取歷年，士衆多死，但得數十疋耳。又歌兒衞子夫因幸愛重，乃陰求陳皇后過，惡而廢退之，卽立子夫，更其男爲太子。後聽邪臣之譖，衞后以憂死，太子出走滅亡，不知其處。信其巫蠱，多徵會邪僻，求不急之方，大起宫室，内竭府庫，外罷天下，百姓之死亡不可勝數。此可謂通而蔽者。

漢・荀悦《漢紀》 論曰：『孝武皇帝，規矩萬世之業，固後世之基地。内脩文學，外耀武威，以延天下之士，先王之風，粲然可考者矣。然猶好其文，未盡其實；發其始，不克其終。奢侈而無限，窮兵極武，百姓空竭，萬民罷弊。當此之時，天下騷然，海内無聊，而孝文之業衰焉。』

宋・范祖禹《范太史集》卷二七 後世言帝王窮兵黷武，嚴刑峻法者，必曰秦皇漢武，蓋以始皇無道而武帝亦近似之矣。考其行事，豈獨武帝之過哉，其臣諛佞以成之也。

宋・員興宗《九華集》卷一一《科目策》 秦皇漢武以法繩其民，民猶望望然去其君以基禍于天下。今其人曰士，而獨以法取之，則邪正之雜糅，賢不肖之混殽，使上之人公受其欺，而私病其乏才者，亦患之所必至也。

宋・錢時《兩漢筆記》卷四《武帝》 武帝之虛耗原於文景之恭儉。何者？省費尚樸，身先天下，兩君相繼凡四十年。粟腐貫朽，海内殷富，非天雨而鬼輸也。武帝嗣服，但見財用豐衍，而不知其所自來，是以胸膽開張，耳目盈蕩，恣所欲爲而不暇計其後。譬如膏粱之子，狃於貴盛，侈費無藝，意氣咈然，以妄爲常，難可復斂，一有不給，遂至刻剥苟求，賣田宅，貨簪珥什物以繼其欲而弗悟，斯武帝之謂矣。周公作《無逸》，首陳稼穡之艱難，而《七月》一詩，下至男耕女桑，蔬果生菹之候，纖悉無所不具，正恐成王年少，驟處盈盛之運，而侈心易生也。《經》曰：『民爲邦本。』又曰：『上以厚下安宅。』武帝虛内而事外，危國命而戰遠夷，經用大空，窘無以繼，輪臺之悔，可以速下矣。乃方甘心酷吏殘虐於上，計析秋毫之徒蒐獵於下，縱豺虎羔犢之羣而莫恤，烏在其爲民父母也，繼世之少主，其毋怵於目前之殷富，而自效其侈心哉！【略】

武帝取士而以跅弛爲的，抑何異也。夫人主之好惡，風俗之樞機。上以跅弛求之，下亦跅弛而奔之，相延成風，聲生氣化。如是而望士習之美，爲邦家之光，寧有是理也哉？舜，大聖人，首舉元凱，生乎百世之下，而坐想宣慈惠和明允篤誠之美，猶藹然如春風和氣之襲人，如參苓耆术之可以養生，如麒麟鳳凰之出爲世瑞也。周公告成王，一則曰『其惟吉士』，一則曰『其惟克用常人』。而《詩》人亦以『藹藹王多吉士』、『藹藹王多吉人』稱之。然則太和之在唐虞，成周亦惟聖明，在上而所用者，固太和之人耳。雖然，其教之也有道，其養之也有素，故其用之也，隨所取而皆君子。後世不養不教，不惟德行之是選，而徒跅弛以快非常之用。平居無事，狂縱叫呼，任俠妄行，不可檢束。一旦有釁，則從臾而出，聚爲羣盜，謀僭亂奸，典憲殺身，赤族而不顧者，皆此跅弛之謂矣。用舍之際，曷亦謹其的哉！

又 卷五《武帝》 執左道以惑政者，殺。此先王之教也。蓋視之如稂莠蟊賊，惟恐爲嘉禾之害。安有作君作師作民父母，而顧崇奬之，爲風俗倡哉。上有好者，則下必有甚焉者矣。羣聚於京師，亂宫禁，禍骨肉，無足怪也。姑以妖巫言之，今之俚俗所在，而有第一愚夫愚婦假託鬼神，操死生禍福之説以相蕩惑，雖至鄙陋天地間，萬萬必無之理，而黔首之徒往往多懼而易摇，相與彌縫附會，以神其怪誕。市井駔黠，平時狙詐，百端不肯負人以智數，亦且甘心聽命，輸財致禱而不敢吝焉，獨不知其何以然也。吁！抑愚矣。死生有命，富貴在天。内不愧心，外不愧人，天地鬼神臨之在上，固非一妖巫所能妄加禍福於我也。禍淫降殃，無所逃罪。區區淫昏之祀，又豈能回天而易命也哉！且夫端方有道之士，莅官臨民，不可干以私，則其不肯黷貨以撓法也明矣，況神者聰明正直而壹者也。載俎束幣，惟巫之從而遂能使死者生，禍者福，是死生禍福之權假妖巫以行其私，而天命可以貨取矣。尚得謂之神乎？又可謂之天命乎？故曰：『丘之禱久矣。』又曰：『獲罪于天無所禱也。』此聖人之言也，此惠迪而吉之旨也，此作善而降祥之旨也。外是無他道也，而何有於妖巫

也。嗚呼！豺獺有祭，農圃不忘其先。夫所貴於春秋祭祀以時思之者，履霜露之變，悽愴怵惕，發於人子之情，自然不可誣也。黔首之徒何足多罪。公卿大夫之家、詩書禮義之族，不謹先祠而黷淫祀，不修禮典而聽妖巫，不信君子之言而惑於村氓賤隸之説，是可歎也。必也爲父則慈，爲子則孝，爲兄則友，爲弟則悌，爲士則志學，爲農則力田，爲工商則各安其分，尊卑上下有辨，冠昏喪祭以禮，異端邪説抑絶其萌，左道怪民不使爲幻，庶乎其可也。武帝已矣，可以監矣。有王者作，此化民成俗之先務云。【略】

武帝悔過，方新其言，哀矜惻怛，藹然有三代仁民愛物之意，的的眞實，聞之使人感動，無他，發于本心故也，心一而已。前日此心也，今日亦此心也。一差之謬，如彼一悔之美，如此爲人君者，可不兢兢業業，夙謹此心之用哉。【略】

武帝好大喜誇，多欲之主也。一時人材紛然蝟集，凡有以中其欲者，皆得而從臾之。是故，趙綰、王臧之言一投則議明堂，吾丘壽王之言一投則起上林，唐蒙之言一投則通夜郎，司馬相如之言一投則通邛莋，張騫之言一投則通西域，莊助之言一投則徙東甌，王恢之言一投則誘擊匈奴，李少君之言一投則信祠竈，少翁之言一投則欲致天神，欒大之言一投則冀安期羨門之可見，公孫卿之言一投則眞若封禪之可以登天，以至張湯之徒之峻刑法，桑弘羊之徒之言利事，江充之徒之治巫蠱，皆隨其所投而輒爲之動，東飄西泊，泛泛然如風萍之在江湖，略無主宰，良可憫笑。及其晚年，輔少主受顧命，則有以得霍光於平時身後之謀，先事而定，所見卓然，斷不他屬。雖田千秋一言寤主數月，而取宰相封侯，亦且不得而與於此，見帝天姿本高，從前浮念至是掃滅，而眞見特達乃如此，漢祚之所以未艾歟。惜乎！上官桀未幾從逆，有誤委寄。知人自古所難，又足以爲世戒也。

宋·佚名《歷代名賢確論》卷四三《武帝·孝武免亡秦之禍》 温公曰，孝武窮奢極欲，繁刑重斂，内侈宫室，外事四夷，信惑神怪，巡遊無度，使百姓疲弊，起爲盜賊，其所以異於秦始皇者無幾矣。然秦以之亡，漢以之興者，孝武能遵先王之道，知所慕效，受忠直之言，惡人欺蔽，好賢不倦，誅賞嚴明，晚而改過，顧託得人，此其所以有亡秦之失而免亡秦之禍乎！

清·愛新覺羅·弘曆《御製樂善堂全集定本》卷四《漢武帝論》 世之論武帝者，以爲窮奢極欲，好兵黷武，與秦皇無異，貶之矣。然余則以爲猶有可嘉焉。何也？人莫難於知過，莫難於悔過，莫甚難於改過。武帝卽位以來，内多欲而外施仁義，繁刑重斂，崇尚方術，内侈宫室，外伐四夷，中外疲敝，遠近困乏，實無以異於秦皇，而秦皇身死國危爲天下笑，武帝歿後稱爲世宗，上配太祖，子孫承之歷數世者，豈非輪臺悔禍之功哉！蓋武帝英明之主，其向之所爲者，固溺於一時之私而不自知，及其翻然改過，旋乾轉坤，視昔之所爲恍如二人，非英俊明智，其能如是乎？至於興太學，舉孝廉，修祭祀，改正朔，定曆數，協音律，考禮儀，則又有功於後世者。雖然，與其知過而能改，孰若無過之爲全哉！況天子一時之過，卽天下無窮之害也。使武帝而無前非，加之以休養生息，用賢進能，雖古之賢君，亦何以過哉！

藝文

北周·庾信《庾子山集》卷一二《漢武帝聚書讃》 獻書路廣，藏書柱開。秦儒山谷，漢聞吹灰。芝泥印上，玉匣封來。坐觀風俗，不出蘭臺。

唐·司馬貞《史記索隱》卷一二《孝武本紀》 索隱述贊：孝武纂極，四海承平。志尚奢麗，尤敬神明。壇開八道，接通五城。朝親五利，夕拜文成。祭非祀典，巡乖卜征。登嵩勒岱，望景傳聲。迎年祀日，改曆定正。疲秏中土，事彼邊兵。日不暇給，人無聊生。儲觀嬴政，敗欲齊衡。

宋·陳普《石堂先生遺集》卷四《詠史·武帝》 文帝端能殺少翁，景皇不解斬常融。正心數語深加意，位在三皇五帝中。

五十餘年四海波，建元三載盡征和。中央寸土纔無血，沃日澆天瓠子河。

清·愛新覺羅·弘曆《御製詩四集》卷四九《全韻詩上去入聲七十六首古體詩一首·漢武帝》 秦皇漢武恆並稱，吾謂其言未當也。秦皇阬

儒武重儒，一端足以定高下。求仙封禪勤土木，黷武之類過弗寡。然其大過在鉤弋，理無因子殺其母。禍防呂雉特忍殘，投鼠忌器喻寧假。表章六經黜百家，則其得在興俊雅。瑕瑜不掩斯可耳，漢史摘失其得捨。入於蠶室懷恨深，載筆紀事由司馬。

漢昭帝分部

傳紀

《漢書》卷七《昭帝紀》 孝昭皇帝，武帝少子也。母曰趙倢伃，本以有奇異得幸，及生帝，亦奇異。語在外戚傳。武帝末，戾太子敗，燕王旦、廣陵王胥行驕嫚，後元二年二月上疾病，遂立昭帝爲太子，年八歲。以侍中奉車都尉霍光爲大司馬大將軍，受遺詔輔少主。明日，武帝崩。戊辰，太子卽皇帝位，謁高廟。帝姊鄂邑公主益湯沐邑，爲長公主，共養省中。大將軍光秉政，領尚書事，車騎將軍金日磾、左將軍上官桀副焉。

夏六月，赦天下。

秋七月，有星孛于東方。

濟北王寬有罪，自殺。

賜長公主及宗室昆弟各有差。追尊趙倢伃爲皇太后，起雲陵。

冬，匈奴入朔方，殺略吏民。發軍屯西河，左將軍桀行北邊。

始元元年春二月，黄鵠下建章宫太液池中。公卿上壽。賜諸侯王、列侯、宗室金錢各有差。

己亥，上耕于鉤盾弄田。

益封燕王、廣陵王及鄂邑長公主各萬三千户。

夏，爲太后起園廟雲陵。

益州廉頭、姑繒、牂柯、談指、同並二十四邑皆反。遣水衡都尉呂破胡募吏民及發犍爲、蜀郡犇命擊益州，大破之。

有司請河内屬冀州，河東屬并州。

秋七月，赦天下，賜民百户牛酒。大雨，渭橋絶。

八月，齊孝王孫劉澤謀反，欲殺青州刺史雋不疑，發覺，皆伏誅。遷不疑爲京兆尹，賜錢百萬。

九月丙子，車騎將軍日磾薨。

閏月，遣故廷尉王平等五人持節行郡國，舉賢良，問民所疾苦、冤、失職者。

冬，無冰。

二年春正月，大將軍光、左將軍桀皆以前捕斬反虜重合侯馬通功，封光爲博陸侯，桀爲安陽侯。

以宗室毋在位者，舉茂才劉辟强、劉長樂皆爲光禄大夫，辟强守長樂衛尉。

三月，遣使者振貸貧民毋種食者。秋八月，詔曰：『往年灾害多，今年蠶麥傷，所振貸種食勿收責，毋令民出今年田租。』

冬，發習戰射士詣朔方，調故吏將屯田張掖郡。

三年春二月，有星孛于西北。

秋，募民徙雲陵，賜錢田宅。

冬十月，鳳皇集東海，遣使者祠其處。

十一月壬辰朔，日有蝕之。

四年春三月甲寅，立皇后上官氏。赦天下。辭訟在後二年前，皆勿聽治。夏六月，皇后見高廟。賜長公主、丞相、將軍、列侯、中二千石以下及郎吏宗室錢帛各有差。

徙三輔富人雲陵，賜錢，户十萬。

秋七月，詔曰：『比歲不登，民匱於食，流庸未盡還，往時令民共出馬，其止勿出。諸給中都官者，且減之。』

冬，遣大鴻臚田廣明擊益州。

廷尉李种坐故縱死罪弃市。

五年春正月，追尊皇太后父爲順成侯。

夏陽男子張延年詣北闕，自稱衛太子，誣罔，要斬。

夏，罷天下亭母馬及馬弩關。

六月，封皇后父驃騎將軍上官安爲桑樂侯。

詔曰：『朕以眇身獲保宗廟，戰戰栗栗，夙興夜寐，修古帝王之事，

通保傅，傳孝經、論語、尚書，未云有明。其令三輔、太常舉賢良各二人，郡國文學高第各一人。賜中二千石以下至吏民爵各有差。』

罷儋耳、眞番郡。

秋，大鴻臚廣明、軍正王平擊益州，斬首捕虜三萬餘人，獲畜産五萬餘頭。

六月春正月，上耕于上林。

二月，詔有司問郡國所舉賢良文學民所疾苦。議罷鹽鐵榷酤。

移中監蘇武前使匈奴，留單于庭十九歲乃還，奉使全節，以武爲典屬國，賜錢百萬。

夏，旱，大雩，不得舉火。

秋七月，罷榷酤官，令民得以律占租，賣酒升四錢。以邊塞闊遠，取天水、隴西、張掖郡各二縣置金城郡。

詔曰：『鉤町侯毋波率其君長人民擊反者，斬首捕虜有功。其立毋波爲鉤町王。大鴻臚廣明將率有功，賜爵關内侯，食邑。』

元鳳元年春，長公主共養勞苦，復以藍田益長公主湯沐邑。

泗水戴王前薨，以毋嗣，國除。後宮有遺腹子煖，相、内史不奏言，上聞而憐之，立煖爲泗水王。相、内史皆下獄。

三月，賜郡國所選有行義者涿郡韓福等五人帛，人五十匹，遣歸。詔曰：『朕閔勞以官職之事，其務修孝弟以教鄉里。令郡縣常以正月賜羊酒。有不幸者，賜衣被一襲，祠以中牢。』

武都氐人反，遣執金吾馬適建、龍頟侯韓增、大鴻臚廣明將三輔、太常徒，皆免刑，擊之。

夏六月，赦天下。

秋七月乙亥晦，日有蝕之，既。

八月，改始元爲元鳳。

九月，鄂邑長公主、燕王旦與左將軍上官桀、桀子票騎將軍安、御史大夫桑弘羊皆謀反，伏誅。初，桀、安父子與大將軍光爭權，欲害之，詐使人爲燕王旦上書言光罪。時上年十四，覺其詐。後有譖光者，上輒怒曰：『大將軍國家忠臣，先帝所屬，敢有譖毁者，坐之。』光由是得盡忠。語在燕王、霍光傳。

冬十月，詔曰：『左將軍安陽侯桀、票騎將軍桑樂侯安、御史大夫弘羊皆數以邪枉干輔政，大將軍不聽，而懷怨望，與燕王通謀，置驛往來相約結。燕王遣壽西長、孫縱之等賂遺長公主、丁外人、謁者杜延年、大將軍長史公孫遺等，交通私書，共謀令長公主置酒，伏兵殺大將軍光，徵立燕王爲天子，大逆毋道。故稻田使者燕倉先發覺，以告大司農敞，敞告諫大夫延年，延年以聞。丞相徵事任宫手捕斬桀，丞相少史王壽誘將安入府門，皆已伏誅，吏民得以安。封延年、倉、宫、壽皆爲列侯。』又曰：『燕王迷惑失道，前與齊王子劉澤等爲逆，抑而不揚，望王反道自新，今乃與長公主及左將軍桀等謀危宗廟。王及公主皆自伏辜。其赦王太子建、公主子文信及宗室子與燕王、上官桀等謀反父母同産當坐者，皆免爲庶人。其吏爲桀等所詿誤，未發覺在吏者，除其罪。』

二年夏四月，上自建章宫徙未央宫，大置酒。賜郎從官帛，及宗室子錢，人二十萬。吏民獻牛酒者賜帛，人一匹。

六月，赦天下。詔曰：『朕閔百姓未贍，前年減漕三百萬石。頗省乘輿馬及苑馬，以補邊郡三輔傳馬。其令郡國毋斂今年馬口錢，三輔、太常郡得以叔粟當賦。』

三年春正月，泰山有大石自起立，上林有柳樹枯僵自起生。

罷中牟苑賦貧民。詔曰：『乃者民被水灾，頗匱於食，朕虚倉廩，使使者振困乏。其止四年毋漕。三年以前所振貸，非丞相御史所請，邊郡受牛者勿收責。』

夏四月，少府徐仁、廷尉王平、左馮翊賈勝胡皆坐縱反者，仁自殺，平、勝胡皆要斬。

冬，遼東烏桓反，以中郎將范明友爲度遼將軍，將北邊七郡郡二千騎擊之。

四年春正月丁亥，帝加元服，見于高廟。賜諸侯王、丞相、大將軍、列侯、宗室下至吏民金帛牛酒各有差。賜中二千石以下及天下民爵。毋收四年、五年口賦。三年以前逋更賦未入者，皆勿收。令天下酺五日。

甲戌，丞相千秋薨。

夏四月，詔曰：『度遼將軍明友，前以羌騎校尉將羌王侯君長以下擊益州反虜，後復率擊武都反氐，今破烏桓，斬虜獲生，有功。其封明友爲

平陵侯。平樂監傅介子持節使，誅斬樓蘭王安，歸首縣北闕，封義陽侯。』

五月丁丑，孝文廟正殿火，上及羣臣皆素服。發中二千石將五校作治，六日成。太常及廟令丞郎吏皆劾大不敬，會赦，太常轑陽侯德免爲庶人。

六月，赦天下。

五年春正月，廣陵王來朝，益國萬一千户，賜錢二千萬，黄金二百斤，劍二，安車一，乘馬二駟。

夏，大旱。

六月，發三輔及郡國惡少年吏有告劾亡者，屯遼東。

秋，罷象郡，分屬鬱林、牂牁。

冬十一月，大雷。

十二月庚戌，丞相訢薨。

六年春正月，募郡國徒築遼東玄菟城。夏，赦天下。詔曰：『夫穀賤傷農，今三輔、太常穀減賤，其令以叔粟當今年賦。』

右將軍張安世宿衛忠謹，封富平侯。

烏桓復犯塞，遣度遼將軍范明友擊之。

元平元年春二月，詔曰：『天下以農桑爲本。日者省用，罷不急官，減外繇耕桑者益衆，而百姓未能家給，朕甚愍焉。其減口賦錢。』有司奏請減什三，上許之。

甲申，晨有流星，大如月，衆星皆隨西行。

夏四月癸未，帝崩于未央宫。六月壬申，葬平陵。

綜　述

《漢書》卷二四上《食貨志》　至昭帝時，流民稍還，田野益闢，頗有畜積。

又　卷二四下《食貨志》　昭帝即位六年，詔郡國舉賢良文學之士，問以民所疾苦，教化之要。皆對願罷鹽鐵酒榷均輸官，毋與天下爭利，視以儉節，然後教化可興。弘羊難，以爲此國家大業，所以制四夷，安邊足用之本，不可廢也。乃與丞相千秋共奏罷酒酤。弘羊自以爲國興大利，伐其功，欲爲子弟得官，怨望大將軍霍光，遂與上官桀等謀反，誅滅。

又　卷六六《車千秋傳》　訖昭帝世，國家少事，百姓稍益充實。始元六年，詔郡國舉賢良文學士，問以民所疾苦，於是鹽鐵之議起焉。

《後漢書》卷九四上《禮儀志》注引《博物記》　孝昭帝冠辭曰：『陛下擒顯先帝之光耀，以承皇天之嘉禄，欽奉仲春之吉辰，普尊大道之郊域，秉率百福之休靈，始加昭明之元服。推遠沖孺之幼志，藴積文武之就德，肅勤高祖之清廟，六合之内，靡不蒙德，永永與天無極。』

《宋書》卷一四《禮志一》　及昭帝幼即大位，耕於鉤盾弄田。

論　説

《漢書》卷七《昭帝紀》　贊曰：昔周成以孺子繼統，而有管、蔡四國流言之變。孝昭幼年即位，亦有燕、蓋、上官逆亂之謀。成王不疑周公，孝昭委任霍光，各因其時以成名，大矣哉！承孝武奢侈餘敝師旅之後，海内虚耗，户口減半，光知時務之要，輕繇薄賦，與民休息。至始元、元鳳之間，匈奴和親，百姓充實。舉賢良文學，問民所疾苦，議鹽鐵而罷榷酤，尊號曰『昭』，不亦宜乎！

《舊唐書》卷五九《柔遠子皎傳》　昔漢昭帝之保霍光，魏太祖之明程昱，朕之不德，庶幾於此。

宋·司馬光《資治通鑑》卷二三《漢紀·孝昭皇帝》　李德裕論曰：人君之德，莫大於至明，明以照姦，則百邪不能蔽矣。漢昭帝是也。周成王有慚德矣。高祖、文、景俱不如也。成王聞管、蔡流言，遂使周公狼跋而東。漢高聞陳平去魏背楚，欲捨腹心臣。漢文惑季布使酒難近，罷歸股肱郡，疑賈生擅權紛亂，復疏賢士。景帝信誅晁錯兵解，遂戮三公。所謂『執狐疑之心，來讒賊之口』。使昭帝得伊、呂之佐，則成、康不足侔矣。

又　卷二五《漢紀·孝宣皇帝》　以孝昭之明，十四而知上官桀之詐，固可以親政矣。

宋·蘇轍《欒城集·後集》卷八《漢昭帝》　帝享國十三年，年甫及冠，功未見於天下，其不及成王者遠矣。夭壽雖出於天，然人事常参

焉。故吾以爲成王之壽考，周公之功也。昭帝之短折，霍光之過也。

宋·洪邁《容齋隨筆》卷三《漢昭順二帝》 漢昭帝年十四，能察霍光之忠，知燕王上書之詐，誅桑弘羊、上官桀，後世稱其明。

宋·李昉等《太平御覽》卷八九《皇王部·漢孝昭皇帝》 後漢班固《昭帝述》曰：孝昭幼沖，塚宰惟忠，燕蓋譸張，實叡實聰，罪人斯得，邦家和同。

魏文帝《周成漢昭論》曰：【略】夫孝昭，父非武王，母非邑姜，養惟蓋主，相則桀、光，體不承聖，化不胎育，保無仁孝之質，佐無隆平之治，所謂生於深宮之中，長於婦人之手，然而德與性成，行與體并。年在二七，早知夙達，發燕書之詐，亮霍光之誠，豈有啓《金縢》、信國史而後乃寤哉！使夫成、昭均年而立，易世而化，貿臣而治，換樂而歌，則漢不獨少，周不獨多。

魏丁儀《周成漢昭論》曰：成王、昭帝俱以襁褓之幼，託於冢宰，流言讒興，此其艱險相似者也。夫以發《金縢》然後垂泣，計日力便覺詐書，明之遲速既有差矣。且叔父兄子，非相嫌之處。異姓君臣，非相信之地。霍光罹人譖而不出，周公賴天變而得入。推此數者，齊本而論末，計重而量輕，漢昭之優於周成，甚明者也。成王秀而獲實，其美在終。昭帝苗而不秀，其德在始。必不得已而論二主，余與夫始者也。

又 卷四四七《人事部·品藻下》 曹植《成王論》曰：周公以天下初定，武王既終，而成王尚幼，未能定南面之事。是以推己忠誠，稱制假號。二弟流言，邵公疑之，發金縢之匱，然以用寤亦未決也。至於昭帝所以不疑於霍光，亦緣武帝有遺詔於光。使光若周公，踐天子之位，行周公之事，吾恐叛者非徒二弟，疑者非徒召公也。且賢者固不能知，聖賢自其宜耳。昭帝固可不疑霍光，周王自可疑周公也。若以昭帝勝成王，霍光當逾周公耶？若以堯舜爲成王，湯禹作管、蔡，邵公，周公之不見疑必也。

藝文

唐·姚合《姚少監詩集》卷一〇《敬宗皇帝挽詞三首》 從諫停東幸，垂衣寶曆昌。漢昭登位少，周代卜年長。彩仗三清路，麻衣萬國喪。玄宮今一閉，終古柏蒼蒼。

唐·張祜《張承吉集》卷二《詠史二首》 漢代非良計，西戎世世塵。無何求善馬，不算苦生民。外國雠虛結，中華憤莫伸。卻教爲後恥，昭帝遠和親。

宋·胡處晦《上元行》 上元愁雲在九重，哀笳落日吹腥風。六龍駐驛在草莽，孽胡歌舞蒲萄宮。抽釵脱釧到編户，竭澤枯魚充寶賂。聖主憂民民更憂，驕子媟天天不怒。向來艱難傳大寶，父老談言似仁廟。元年二月城下盟，未睹名臣繼嘉佑。哀痛今年塵再蒙，冠劍夾道趨辭公。神龍今在九淵臥，安得屢困蛟蛇中。朝廷中興無柱石，薄物細故昭帝力。毛遂不得處囊中，遠慚趙氏廝養卒。今日君王歸不得，傾城回首歌悲啼。會看山呼間動地，萬家香霧燒天衣。胡兒胡兒莫耽樂，君不見夕月常虧東北角。

宋·陸遊《太液黄鵠歌并序》 漢始元元年春二月，黄鵠下建章宮太池中。公卿上壽，賜諸王列侯宗室金錢。予夜讀漢書，追作歌一首。建章宮裏春風寒，太液水生池面寬。中人馳奏黄鵠下，龍旗豹尾臨池看。芹香藻暖鵠得意，左右從官呼萬歲。須臾傳詔宴公卿，歡聲如雷動天地。時平宮省遊樂多，黄鵠刷羽涵恩波。小臣珥筆龍墀下，願繼前朝天馬歌。

宋·徐鈞《史詠詩集》卷上《鉤弋夫人》 名門堯母將傳嗣，取鑑呂皇預殺身。燕翼貽謀宜有道，如何知義不知仁。

宋·陳普《石堂先生遺集》卷二〇《詠史上·金日磾》 牽馬胡兒共擁昭，同功同德不同驕。麒麟閣上塵埃面，羞見芬芳七葉貂。

宋·劉克莊《後村集》卷一三《送李漕用之二首》 漢廷鹽鐵議交攻，有詔姑惟舊法從。聞道嶺南歌聖主，一如河北感仁宗。向舒自是堪王佐，桑孔安知富大農。他日公歸奉清問，可無鯁論贊烹封。

宋·王灼《頤堂先生文集》卷二《范元通見和仍邀再賦》 新橋酒作琥珀濃，平生頗羡江南翁。扁舟尚繫清涪尾，卻對爐香開病容。何必探囊尋舊譜，一見詩筒喜欲舞。奇芬麗句兩爭雄，蘇合芝蘭謾旁午。當時俊氣輕百年，父老而今悲逝川。得公操筆弔興廢，定知詩與香俱傳。我生自是癡中絶，懶學諸儒議鹽鐵。枯腸空洞費搜尋，兀坐忍飢三百月。

宋·晁公溯《嵩山集》卷二《桑大夫》 漢朝議鹽鐵，發言實盈庭。赫赫桑大夫，官高稱九卿。方斡山海藏，難以口舌爭。力微不自量，可笑茂陵生。

宋·李呂《澹軒集》卷二《弔霍光》 官安胥飲貴仍驕，父子同誅躔孝昭。博陸時方專國柄，濟陰早已被弓弨。老妻安得謀靈嫗，劣女剛將冠內貂。白去副封奇禍作，後車傾覆更蕭條。

宋·林同《夷狄之孝十首·林屠王子金日磾》 牧馬爲廝養，如何卻受遺。多因漢宮裏，泣拜畫閼氏。

宋·袁説友《東塘集》卷三《上官桀詐令人爲燕王旦上書言光疑有非常臣願歸符璽宿衛察變上日朕知是書詐也後桀燕王等謀廢立事覺盡誅》 燕國歸符璽，將軍有謗書。君王嗟詭詐，黨與悉趑趄。白日中天照，浮雲掃地除。狂謀身一敗，邪骨滿丘墟。

元·楊維楨《女史詠十八首·鉤弋夫人》 婕妤未換母儀尊，聞説君王已寡恩。太子宮中無木偶，可無鞠域到堯門。

明·沈周《鉤弋夫人》 河洲窈窕天下奇，氣不闕靈占者知。深拳握玉春滿把，臨河一笑爲君披。與君七十仍生子，周公負之畫圖裏。好而不愛情則疑，主少母壯乃媒死。雲陽十里吹香風，絲履故在黃腸空。不應青鳥有遺愛，飛繞靈臺悵望中。

明·王立道《具茨詩集》卷二《送俞汝承行二首》 國計須鹽鐵，君行亦壯觀。一星離北極，六月發長安。城樹歊殘暑，河梁下急湍。佇聽旋旆日，獻論續桓寬。

清·嚴永華《雜興》 桃李歲再實，來年爲之衰。求魚至乾谷，豈復遺鯤鰤。利不自地出，亦不自天來。桑孔精心計，利源自茲開。吾觀《鹽鐵論》，斟酌堪活國。文學何縱横，祝生古遺直。彼哉兩府士，斗筲固容默。勿貽匈奴羞，中朝思衮職。

清·張晉《鉤弋夫人》 殺其母，立其子，世間怪事乃有此。當年恐學雉攫人，後世依然燕啄矢。鉤弋宮，堯母門，殊恩迭寵眞無倫。一朝趨送掖廷獄，外間議論徒紛紛。李夫人死不反顧，是耶非耶帳中遇。若教生子如弗陵，夜臺愁煞姍姍步。人生難定吉與凶，母以子貴翻成空。思患預防自有道，漢武那得爲英雄？君不見，拓跋魏氏更慘刻，世世相傳不肯易。流毒難逃作俑名，傷心不獨爲鉤弋。

清·殷嶽《讀史》 周公負成王，弗陵踐天子。高卑既已陳，旦夕遵塗軌。小人追喪軀，截趾而適履。刺侯生釁隙，上書恣詆毀。將軍謝免冠，少帝燭奸詭。牆茨不可掃，婦人定足恃。

雜録

《漢書》卷四《文帝紀》引如淳曰 昭帝廟號徘徊。

又 卷一四《諸侯王表》 昌邑哀王髆武帝子。天漢四年六月乙丑立，十一年薨。始元元年，王賀嗣，十二年，徵爲昭帝後，立二十七日，以行淫亂，廢歸故國，予邑三千户。

又 卷二七下《五行志》 後昭帝崩，無子，徵昌邑王賀嗣位，狂亂失道，光廢之，更立昭帝兄衛太子之孫，是爲宣帝。

漢宣帝分部

傳記

《漢書》卷八《宣帝紀》 孝宣皇帝，武帝曾孫，戾太子孫也。太子納史良娣，生史皇孫。皇孫納王夫人，生宣帝，號曰皇曾孫。生數月，遭巫蠱事，太子、良娣、皇孫、王夫人皆遇害。語在《太子傳》。曾孫雖在繈褓，猶坐收繫郡邸獄。而邴吉爲廷尉監，治巫蠱於郡邸，憐曾孫之亡辜，使女徒復作淮陽趙徵卿、渭城胡組更乳養，私給衣食，視遇甚有恩。

巫蠱事連歲不決。至後元二年，武帝疾，往來長楊、五柞宮，望氣者言長安獄中有天子氣，上遣使者分條中都官獄繫者，輕、重皆殺之。內謁者令郭穰夜至郡邸獄，吉拒閉，使者不得入，曾孫賴吉得全。因遭大赦，吉乃載曾孫送祖母史良娣家。語在吉及外戚《傳》。

後有詔掖庭養視，上屬籍宗正。時掖庭令張賀嘗事戾太子，思顧舊恩，哀曾孫，奉養甚謹，以私錢供給教書。既壯，爲取暴室嗇夫許廣漢

女。曾孫因依倚廣漢兄弟及祖母家史氏。受《詩》於東海澓中翁，高材好學，然亦喜遊俠，鬭雞走馬，具知閭里奸邪，吏治得失。數上下諸陵，周徧三輔，常困於蓮勺鹵中。尤樂杜、鄠之間，率常在下杜。時會朝請，舍長安尚冠里，身足下有毛，臥居數有光耀。每買餅，所從買家輒大讎，亦以是自怪。

元平元年四月，昭帝崩，毋嗣。大將軍霍光請皇后徵昌邑王。六月丙寅，王受皇帝璽、綬，尊皇后曰皇太后。癸巳，光奏王賀淫亂，請廢。語在賀及光《傳》。

秋七月，光奏議曰：『禮，人道親親故尊祖，尊祖故敬宗。大宗毋嗣，擇支子孫賢者爲嗣。孝武皇帝曾孫病已，有詔掖庭養視，至今年十八，師受《詩》、《論語》、《孝經》，操行節儉，慈仁愛人，可以嗣孝昭皇帝後，奉承祖宗，子萬姓。』奏可。遣宗正德至曾孫尚冠里舍，洗沐，賜御府衣。太僕以軨獵車奉迎曾孫，就齊宗正府。庚申，入未央宮，見皇太后，封爲陽武侯。已而羣臣奉上璽、綬，即皇帝位，謁高廟。

八月己巳，丞相敞薨。

九月，大赦天下。

十一月壬子，立皇后許氏。賜諸侯王以下金錢，至吏、民鰥、寡、孤、獨各有差。皇太后歸長樂宮。初置屯衛。

本始元年春正月，募郡國吏民訾百萬以上徙平陵。遣使者持節詔郡國二千石謹牧養民而風德化。

大將軍光稽首歸政，上謙讓委任焉。論定策功，益封大將軍光萬七千户，車騎將軍光祿勳富平侯安世萬户。詔曰：『故丞相安平侯敞等居位守職，與大將軍光、車騎將軍安世建議定策，以安宗廟，功賞未加而薨。其益封敞嗣子忠及丞相陽平侯義、度遼將軍平陵侯明友、前將軍龍雒侯增、太僕建平侯延年、太常蒲侯昌、諫大夫宜春侯譚、當塗侯平、杜侯屠耆堂、長信少府關內侯勝邑户各有差。封御史大夫廣明爲昌水侯，後將軍充國爲營平侯，大司農延年爲陽城侯，少府樂成爲爰氏侯，光祿大夫遷爲平丘侯。賜右扶風德、典屬國武、廷尉光、宗正德、大鴻臚賢、詹事畸、光禄大夫吉、京輔都尉廣漢爵皆關內侯。德、武食邑。』

夏四月庚午，地震。詔內郡國舉文學高第各一人。

五月，鳳皇集膠東、千乘。赦天下。賜吏二千石、諸侯相、下至中都官、宦吏、六百石爵，各有差，自左更至五大夫。賜天下人爵各一級，孝者二級，女子百户牛酒。租稅勿收。

六月，詔曰：『故皇太子在湖，未有號謚、歲時祠。其議謚，置園邑。』語在《太子傳》。

秋七月，詔立燕刺王太子建爲廣陽王，立廣陵王胥少子弘爲高密王。

二年春，以水衡錢爲平陵，徙民起第宅。

大司農陽城侯田延年有罪，自殺。

夏五月，詔曰：『朕以眇身奉承祖宗，夙夜惟念孝武皇帝躬履仁義，選明將，討不服，匈奴遠遁，平氐、羌、昆明、南越，百蠻鄉風，款塞來享；建太學，修郊祀，定正朔，協音律；封泰山，塞宣房，符瑞應，寶鼎出，白麟獲。功德茂盛，不能盡宣，而廟樂未稱，其議奏。』有司奏請宜加尊號。六月庚午，尊孝武廟爲世宗廟，奏《盛德》、《文始》、《五行》之舞，天子世世獻。武帝巡狩所幸之郡國，皆立廟。賜民爵一級，女子百户牛酒。

匈奴數侵邊，又西伐烏孫。烏孫昆彌及公主因國使者上書，言昆彌願發國精兵擊匈奴，唯天子哀憐，出兵以救公主。秋，大發興調關東輕車鋭卒，選郡國吏三百石伉健習騎射者，皆從軍。御史大夫田廣明爲祁連將軍，後將軍趙充國爲蒲類將軍，雲中太守田順爲虎牙將軍，及度遼將軍范明友、前將軍韓增，凡五將軍，兵十五萬騎，校尉常惠持節護烏孫兵，咸擊匈奴。

三年春正月癸亥，皇后許氏崩。戊辰，五將軍師發長安。夏五月，軍罷。祁連將軍廣明、虎牙將軍順有罪，下有司，皆自殺。校尉常惠將烏孫兵入匈怒右地，大克獲，封列侯。

大旱，郡國傷旱甚者，民毋出租賦。三輔民就賤者，且毋收事，盡四年。

六月己丑，丞相義薨。

四年春正月，詔曰：『蓋聞農者興德之本也，今歲不登，已遣使者振貸困乏。其令太官損膳省宰，樂府減樂人，使歸就農業。丞相以下至都官令丞上書入穀，輸長安倉，助貸貧民。民以車船載入穀關者，得毋用傳。』

三月乙卯，立皇后霍氏。賜丞相以下至郎吏從官金錢帛各有差。赦天下。

夏四月壬寅，郡國四十九地震，或山崩水出。詔曰：『蓋災異者，天地之戒也。朕承洪業，奉宗廟，託於士民之上，未能和羣生。乃者地震北海、琅邪，壞祖宗廟，朕甚懼焉。丞相、御史其與列侯、中二千石博問經學之士，有以應變，輔朕之不逮，毋有所諱。令三輔、太常、內郡國舉賢良方正各一人。律令有可蠲除以安百姓，條奏。被地震壞敗甚者，勿收租賦。』大赦天下。上以宗廟墮，素服，避正殿五日。

五月，鳳皇集北海安丘、淳于。

秋，廣川王吉有罪，廢遷上庸，自殺。

地節元年春正月，有星孛於西方。

三月，假郡國貧民田。

夏六月，詔曰：『蓋聞堯親九族，以和萬國。朕蒙遺德，奉承聖業，惟念宗室屬未盡而以罪絶，若有賢材，改行勸善，其復屬，使得自新。』

冬十一月，楚王延壽謀反，自殺。

十二月癸亥晦，日有蝕之。

二年春三月庚午，大司馬大將軍光薨。詔曰：『大司馬大將軍博陸侯宿衛孝武皇帝三十餘年，輔孝昭皇帝十有餘年，遭大難，躬秉義，率三公、諸侯、九卿、大夫定萬世策，以安宗廟。天下蒸庶，咸以康寧，功德茂盛，朕甚嘉之。復其後世，疇其爵邑，世世毋有所與。功如蕭相國。』

夏四月，鳳皇集魯郡，羣鳥從之。大赦天下。

五月，光禄大夫平丘侯王遷有罪，下獄死。

上始親政事，又思報大將軍功德，乃復使樂平侯山領尚書事，而令羣臣得奏封事，以知下情。五日一聽事，自丞相以下各奉職奏事，以傅奏其言，考試功能。侍中尚書功勞當遷及有異善，厚加賞賜，至於子孫，終不改易。樞機周密，品式備具，上下相安，莫有苟且之意也。

三年春三月，詔曰：『蓋聞有功不賞，有罪不誅，雖唐虞猶不能以化天下。今膠東相成勞來不怠，流民自占八萬餘口，治有異等，其秩成中二千石，賜爵關內侯。』

又曰：『鰥、寡、孤、獨、高年、貧困之民，朕所憐也。前下詔假公田，貸種、食。其加賜鰥寡孤獨高年帛。二千石嚴教吏謹視遇，毋令失職。』

令內郡國舉賢良方正可親民者。

夏四月戊申，立皇太子，大赦天下。賜御史大夫爵關內侯，中二千石爵右庶長。天下當爲父後者爵一級。賜廣陵王黄金千斤，諸侯王十五人黄金各百斤，列侯在國者八十七人黄金各二十斤。

冬十月，詔曰：『乃者九月壬申地震，朕甚懼焉。有能箴朕過失，及賢良方正直言極諫之士以匡朕之不逮，毋諱有司。朕既不德，不能附遠，是以邊境屯戍未息。今復飭兵重屯，久勞百姓，非所以綏天下也。其罷車騎將軍、右將軍屯兵。』又詔：『池籞未御幸者，假與貧民。郡國宮館，勿復修治。流民還歸者，假公田，貸種、食，且勿算事。』

十一月，詔曰：『朕既不逮，導民不明，反側晨興，念慮萬方，不忘元元。唯恐羞先帝聖德，故並舉賢良方正以親萬姓，歷載臻茲，然而俗化闕焉。傳曰：「孝弟也者，其爲仁之本與！」其令郡國舉孝弟有行義聞于鄉里者各一人。』

十二月，初置廷尉平四人，秩六百石。

省文山郡，并蜀。

四年春二月，封外祖母爲博平君，故酇侯蕭何曾孫建世爲侯。

詔曰：『導民以孝，則天下順。今百姓或遭衰絰凶灾，而吏繇事使不得葬，傷孝子之心，朕甚憐之。自今，諸有大父母、父母喪者勿繇事，使得收斂送終，盡其子道。』

夏五月，詔曰：『父子之親，夫婦之道，天性也。雖有患禍，猶蒙死而存之。誠愛結于心，仁厚之至也，豈能違之哉！自今子首匿父母、妻匿夫、孫匿大父母，皆勿坐。其父母匿子、夫匿妻、大父母匿孫，罪殊死，皆上請廷尉以聞。』

立廣川惠王孫文爲廣川王。

秋七月，大司馬霍禹謀反。詔曰：『乃者，東織室令史張赦使魏郡豪李竟報冠陽侯霍雲謀爲大逆，朕以大將軍故，抑而不揚，冀其自新。今大司馬博陸侯禹與母宣成侯夫人顯及從昆弟冠陽侯雲、樂平侯山、諸姊妹婿度遼將軍范明友、長信少府鄧廣漢、中郎將任勝、騎都尉趙平、長安男子

馮殷等謀爲大逆。顯前又使女侍醫淳于衍進藥殺共哀后，謀毒太子，欲危宗廟。逆亂不道，咸伏其辜。諸爲霍氏所詿誤未發覺在吏者，皆赦除之。』

八月己酉，皇后霍氏廢。

九月，詔曰：『朕惟百姓失職不贍，遣使者循行郡國問民所疾苦。吏或營私煩擾，不顧厥咎，朕甚閔之。今年郡國頗被水灾，已振貸。鹽，民之食，而賈咸貴，衆庶重困。其減天下鹽賈。』

又曰：『令甲，死者不可生，刑者不可息。此先帝之所重，而吏未稱。今繫者或以掠辜若飢寒瘐死獄中，何用心逆人道也！朕甚痛之。其令郡國歲上繫囚以掠笞若瘐死者所坐名、縣、爵、里，丞相、御史課殿最以聞。』

十二月，清河王年有罪，廢遷房陵。

元康元年春，以杜東原上爲初陵，更名杜縣爲杜陵。徙丞相、將軍、列侯、吏二千石、訾百萬者杜陵。

三月，詔曰：『乃者鳳皇集泰山、陳留，甘露降未央宫。朕未能章先帝休烈，協寧百姓，承天順地，調序四時，獲蒙嘉瑞，賜茲祉福，夙夜兢兢，靡有驕色，內省匪解，永惟罔極。《書》不云乎？「鳳皇來儀，庶尹允諧。」其赦天下徒，賜勤事吏中二千石以下至六百石爵，自中郎吏至五大夫，佐史以上二級，民一級，女子百户牛酒。加賜鰥寡孤獨、三老、孝弟力田帛。所振貸勿收。』

夏五月，立皇考廟。益奉明園户爲奉明縣。

復高皇帝功臣絳侯周勃等百三十六人家子孫，令奉祭祀，世世勿絶。其毋嗣者，復其次。

秋八月，詔曰：『朕不明六藝，鬱于大道，是以陰陽風雨未時。其博舉吏民，厥身修正，通文學，明於先王之術，宣究其意者，各二人，中二千石各一人。』

冬，置建章衛尉。

二年春正月，詔曰：『《書》云「文王作罰，刑茲無赦」，今吏修身奉法，未有能稱朕意，朕甚愍焉。其赦天下，與士大夫厲精更始。』

二月乙丑，立皇后王氏。賜丞相以下至郎從官錢帛各有差。

三月，以鳳皇甘露降集，賜天下吏爵二級，民一級，女子百户牛酒，鰥寡孤獨高年帛。

夏五月，詔曰：『獄者，萬民之命，所以禁暴止邪，養育羣生也。能使生者不怨，死者不恨，則可謂文吏矣。今則不然，用法或持巧心，析律貳端，深淺不平，增辭飾非，以成其罪。奏不如實，上亦亡繇知。此朕之不明，吏之不稱，四方黎民將何仰哉！二千石各察官屬，勿用此人。吏務平法。或擅興繇役，飾廚傳，稱過使客，越職踰法，以取名譽，譬猶踐薄冰以待白日，豈不殆哉！今天下頗被疾疫之灾，朕甚愍之。其令郡國被灾甚者，毋出今年租賦。』

又曰：『聞古天子之名，難知而易諱也。今百姓多上書觸諱以犯罪者，朕甚憐之。其更諱詢。諸觸諱在令前者，赦之。』

冬，京兆尹趙廣漢有罪，要斬。

三年春，以神爵數集泰山，賜諸侯王、丞相、將軍、列侯二千石金，郎從官帛，各有差。賜天下吏爵二級，民一級，女子百户牛酒，鰥寡孤獨高年帛。

三月，詔曰：『蓋聞象有罪，舜封之，骨肉之親粲而不殊。其封故昌邑王賀爲海昏侯。』

又曰：『朕微眇時，御史大夫丙吉，中郎將史曾、史玄，長樂衛尉許舜，侍中光禄大夫許延壽皆與朕有舊恩。及故掖庭令張賀輔導朕躬，修文學經術，恩惠卓異，厥功茂焉。《詩》不云乎？「無德不報。」封賀所子弟子侍中中郎將彭祖爲陽都侯，追賜賀謚曰陽都哀侯。吉、曾、玄、舜、延壽皆爲列侯。故人下至郡邸獄復作嘗有阿保之功，皆受官禄田宅財物，各以恩深淺報之。』

夏六月，詔曰：『前年夏，神爵集雍。今春，五色鳥以萬數飛過屬縣，翱翔而舞，欲集未下。其令三輔毋得以春夏擿巢探卵，彈射飛鳥。具爲令。』

立皇子欽爲淮陽王。

四年春正月，詔曰：『朕惟耆老之人，髮齒墮落，血氣衰微，亦亡暴虐之心，今或罹文法，拘執囹圄，不終天命，朕甚憐之。自今以來，諸年八十以上，非誣告殺傷人，佗皆勿坐。』

遣太中大夫彊等十二人循行天下，存問鰥寡，覽觀風俗，察吏治得

失，舉茂材異倫之士。

二月，河東霍徵史等謀反，誅。

三月，詔曰：『乃者，神爵五采以萬數集長樂、未央、北宮、高寢、甘泉泰畤殿中及上林苑。朕之不逮，寡于德厚，屢獲嘉祥，非朕之任。其賜天下吏爵二級，民一級，女子百户牛、酒。加賜三老、孝弟、力田帛，人二匹，鰥、寡、孤、獨各一匹。』

秋八月，賜故右扶風尹翁歸子黄金百斤，以奉其祭祀。又賜功臣適後黄金，人二十斤。

丙寅，大司馬衛將軍安世薨。

比年豐，穀石五錢。

神爵元年春正月，行幸甘泉，郊泰畤。三月，行幸河東，祠后土。詔曰：『朕承宗廟，戰戰栗栗，惟萬事統，未燭厥理。乃元康四年嘉穀玄稷降于郡國，神爵仍集，金芝九莖産于函德殿銅池中，九眞獻奇獸，南郡獲白虎威鳳爲寶。朕之不明，震于珍物，飭躬齋精，祈爲百姓。東濟大河，天氣清靜，神魚舞河。幸萬歲宮，神爵翔集。朕之不德，懼不能任。其以五年爲神爵元年。賜天下勤事吏爵二級，民一級，女子百户牛酒，鰥寡孤獨高年帛。所振貸物勿收。行所過毋出田租。』

西羌反，發三輔、中都官徒弛刑，及應募佽飛射士、羽林孤兒，胡、越騎，三河、潁川、沛郡、淮陽、汝南材官，金城、隴西、天水、安定、北地、上郡騎士、羌騎，詣金城。夏四月，遣後將軍趙充國、强弩將軍許延壽擊西羌。

六月，有星孛于東方。

卽拜酒泉太守辛武賢爲破羌將軍，與兩將軍並進。詔曰：『軍旅暴露，轉輸煩勞，其令諸侯王、列侯、蠻夷王、侯、君、長當朝二年者，皆毋朝。』

秋，賜故大司農朱邑子黄金百斤，以奉祭祀。後將軍充國言屯田之計，語在《充國傳》。

二年春二月，詔曰：『乃者正月乙丑，鳳皇甘露降集京師，羣鳥從以萬數。朕之不德，屢獲天福，祗事不怠，其赦天下。』

夏五月，羌虜降服，斬其首惡大豪楊玉、酋非首。置金城屬國以處降羌。

秋，匈奴日逐王先賢撣將人衆萬餘來降。使都護西域騎都尉鄭吉迎日逐，破車師，皆封列侯。

九月，司隸校尉蓋寬饒有罪，下有司，自殺。

匈奴單于遣名王奉獻，賀正月，始和親。

三年春，起樂游苑。

三月丙午，丞相相薨。

秋八月，詔曰：『吏不廉平則治道衰。今小吏皆勤事，而奉禄薄，欲其毋侵漁百姓，難矣。其益吏百石以下奉十五。』

四年春二月，詔曰：『乃者鳳皇甘露降集京師，嘉瑞並見。修興泰一、五帝、后土之祠，祈爲百姓蒙祉福。鸞鳳萬舉，蜚覽翱翔，集止于旁。齋戒之暮，神光顯著。薦鬯之夕，神光交錯。或降于天，或登于地，或從四方來集于壇。上帝嘉嚮，海內承福。其赦天下，賜民爵一級，女子百户牛酒，鰥寡孤獨高年帛。』

夏四月，潁川太守黄霸以治行尤異秩中二千石，賜爵關內侯，黄金百斤。及潁川吏民有行義者爵，人二級，力田一級，貞婦順女帛。

令內郡國舉賢良可親民者各一人。

五月，匈奴單于遣弟呼留若王勝之來朝。

冬十月，鳳皇十一集杜陵。

十一月，河南太守嚴延年有罪，棄市。

十二月，鳳皇集上林。

五鳳元年春正月，行幸甘泉，郊泰畤。

皇太子冠。皇太后賜丞相、將軍、列侯、中二千石帛，人百匹，大夫人八十匹，夫人六十匹。又賜列侯嗣子爵五大夫，男子爲父後者爵一級。

夏，赦徒作杜陵者。

冬十二月乙酉朔，日有蝕之。

左馮翊韓延壽有罪，棄市。

二年春三月，行幸雍，祠五畤。

夏四月己丑，大司馬車騎將軍增薨。

秋八月，詔曰：『夫婚姻之禮，人倫之大者也；酒食之會，所以行

禮樂也。今郡國二千石或擅爲苛禁，禁民嫁娶不得具酒食相賀召。由是廢鄉黨之禮，令民亡所樂，非所以導民也。《詩》不云乎？「民之失德，乾餱以愆。」勿行苛政。』

冬十一月，匈奴呼遬累單于帥衆來降，封爲列侯。

十二月，平通侯楊惲坐前爲光禄勳有罪，免爲庶人。不悔過，怨望，大逆不道，要斬。

三年春正月癸卯，丞相吉薨。

三月，行幸河東，祠后土。詔曰：『往者匈奴數爲邊寇，百姓被其害。朕承至尊，未能綏安匈奴。虚閭權渠單于請求和親，病死。右賢王屠耆堂代立。骨肉大臣立虚閭權渠單于子爲呼韓邪單于，擊殺屠耆堂。諸王並自立，分爲五單于，更相攻擊，死者以萬數，畜産大耗什八九，人民飢餓，相燔燒以求食，因大乖亂。單于閼氏子孫昆弟及呼遬累單于、名王、右伊秩訾、且渠、當户以下將衆五萬餘人來降歸義。單于稱臣，使弟奉珍朝賀正月，北邊晏然，靡有兵革之事。朕飭躬齋戒，郊上帝，祠后土，神光並見，或興于谷，燭耀齊宮，十有餘刻。甘露降，神爵集。已詔有司告祠上帝、宗廟。三月辛丑，鸞鳳又集長樂宮東闕中樹上，飛下止地，文章五色，留十餘刻，吏民並觀。朕之不敏，懼不能任，婁蒙嘉瑞，獲茲祉福。《書》不云乎？「雖休勿休，祗事不怠。」公卿大夫其勖焉。減天下口錢。赦殊死以下。賜民爵一級，女子百户牛酒。大酺五日。加賜鰥寡孤獨高年帛。』

置西河、北地屬國以處匈奴降者。

四年春正月，廣陵王胥有罪，自殺。

匈奴單于稱臣，遣弟谷蠡王入侍。以邊塞亡寇，減戍卒什二。

大司農中丞耿壽昌奏設常平倉，以給北邊，省轉漕。賜爵關内侯。

夏四月辛丑晦，日有蝕之。詔曰：『皇天見異，以戒朕躬，是朕之不逮，吏之不稱也。以前使使者問民所疾苦，復遣丞相、御史掾二十四人循行天下，舉寃獄，察擅爲苛禁深刻不改者。』

甘露元年春正月，行幸甘泉，郊泰畤。

匈奴呼韓邪單于遣子右賢王銖婁渠堂入侍。

二月丁巳，大司馬車騎將軍延壽薨。

夏四月，黄龍見新豐。

丙申，太上皇廟火。甲辰，孝文廟火。上素服五日。

冬，匈奴單于遣弟左賢王來朝賀。

二年春正月，立皇子囂爲定陶王。

詔曰：『乃者鳳皇甘露降集，黄龍登興，醴泉滂流，枯槁榮茂，神光並見，咸受禎祥。其赦天下。減民算三十。賜諸侯王、丞相、將軍、列侯、中二千石金錢各有差。賜民爵一級，女子百户牛酒，鰥寡孤獨高年帛。』

夏四月，遣護軍都尉禄將兵擊珠崖。

秋九月，立皇子宇爲東平王。

冬十二月，行幸萯陽宮屬玉觀。

匈奴呼韓邪單于款五原塞，願奉國珍朝三年正月。詔有司議。咸曰：『聖王之制，施德行禮，先京師而後諸夏，先諸夏而後夷狄。《詩》云：「率禮不越，遂視既發。相土烈烈，海外有截。」陛下聖德，充塞天地，光被四表。匈奴單于鄉風慕義，舉國同心，奉珍朝賀，自古未之有也。單于非正朔所加，王者所客也，禮儀宜如諸侯王，稱臣昧死再拜，位次諸侯王下。』詔曰：『蓋聞五帝三王，禮所不施，不及以政。今匈奴單于稱北藩臣，朝正月，朕之不逮，德不能弘覆。其以客禮待之，位在諸侯王上。』

三年春正月，行幸甘泉，郊泰畤。

匈奴呼韓邪單于稽侯狦來朝，贊謁稱藩臣而不名。賜以璽綬、冠帶、衣裳、安車、駟馬、黄金、錦繡、繒絮。使有司道單于先行就邸長安，宿長平。上自甘泉宿池陽宮。上登長平阪，詔單于毋謁。其左右當户之羣皆列觀，蠻夷君長王侯迎者數萬人，夾道陳。上登渭橋，咸稱萬歲。單于就邸。置酒建章宮，饗賜單于，觀以珍寶。二月，單于罷歸。遣長樂衛尉高昌侯忠、車騎都尉昌、騎都尉虎將萬六千騎送單于。單于居幕南，保光禄城。詔北邊振穀食。郅支單于遠遁，匈奴遂定。

詔曰：『乃者鳳皇集新蔡，羣鳥四面行列，皆鄉鳳皇立，以萬數。其賜汝南太守帛百匹，新蔡長吏、三老、孝弟力田、鰥寡孤獨各有差。賜民爵二級。毋出今年租。』

三月己丑，丞相霸薨。

詔諸儒講《五經》同異，太子太傅蕭望之等平奏其議，上親稱制臨決焉。乃立梁丘《易》、大小夏侯《尚書》、穀梁《春秋》博士。

冬，烏孫公主來歸。

四年夏，廣川王海陽有罪，廢遷房陵。

冬十月丁卯，未央宮宣室閣火。

黃龍元年春正月，行幸甘泉，郊泰畤。

匈奴呼韓邪單于來朝，禮賜如初。二月，單于歸國。

詔曰：『蓋聞上古之治，君臣同心，舉措曲直，各得其所。是以上下和洽，海內康平，其德弗可及已。朕既不明，數申詔公卿大夫務行寬大，順民所疾苦，將欲配三王之隆，明先帝之德也。今吏或以不禁姦邪爲寬大，縱釋有罪爲不苛，或以酷惡爲賢，皆失其中。奉詔宣化如此，豈不謬哉！方今天下少事，繇役省減，兵革不動，而民多貧，盜賊不止，其咎安在？上計簿，具文而已，務爲欺謾，以避其課。三公不以爲意，朕將何任？諸請詔省卒徒自給者皆止。御史察計簿，疑非實者，按之，使眞僞毋相亂。』

三月，有星孛于王良、閣道，入紫宮。

夏四月，詔曰：『舉廉吏，誠欲得其眞也。吏六百石位大夫，有罪先請，秩祿上通，足以效其賢材，自今以來毋得舉。』

冬十二月甲戌，帝崩于未央宮。癸巳，尊皇太后曰太皇太后。

贊曰：孝宣之治，信賞必罰，綜核名實，政事文學法理之士咸精其能，至於技巧工匠器械，自元、成間鮮能及之，亦足以知吏稱其職，民安其業也。遭值匈奴乖亂，推亡固存，信威北夷，單于慕義，稽首稱藩。功光祖宗，業垂後嗣，可謂中興，侔德殷宗、周宣矣！

綜述

《史記》卷二〇《建元以來侯者年表》 宣帝未立時，素與（許）廣漢出入相通，卜相者言當大貴，以故（許）廣漢施恩甚厚。

又 卷六〇《三王世家》 會昭帝崩，宣帝初立，緣恩行義，以本始元年中，裂漢地，盡以封廣陵王胥四子。【略】宣帝初立，推恩宣德，以本始元年中盡復封燕王旦兩子。

《漢書》卷一九《百官公卿表》 宣帝地節三年置大司馬，不冠將軍，亦無印綬官屬。【略】

西域都護加官，宣帝地節二年初置，以騎都尉、諫大夫使護西域三十六國，有副校尉，秩比二千石，丞一人，司馬、候、千人各二人。

又 卷二四《食貨志》 宣帝卽位，用吏多選賢良，百姓安土，歲數豐穰。【略】

宣帝始賜單于印璽，與天子同，而西南夷鉤町稱王。

又 卷七二《王吉傳》 是時宣帝頗修武帝故事，宮室車服盛於昭帝。

又 卷八八《儒林傳·瑕丘江公》 宣帝卽位，聞衛太子好《穀梁春秋》，以問丞相韋賢、長信少府夏侯勝及侍中樂陵侯史高，皆魯人也，言穀梁子本魯學，公羊氏乃齊學也，宜興《穀梁》。

論說

《漢書》卷八《宣帝紀》 （元平元年）秋七月，（霍）光奏議曰：『【略】孝武皇帝曾孫病已，有詔掖庭養視，至今年十八，師受《詩》、《論語》、《孝經》，操行節儉，慈仁愛人，可以嗣孝昭皇帝後，奉承祖宗，子萬姓。』

孝宣之治，信賞必罰，綜核名實，政事文學法理之士咸精其能，至于技巧工匠器械，自元、成間鮮能及之，亦足以知吏稱其職，民安其業也。遭值匈奴乖亂，推亡固存，信威北夷，單于慕義，稽首稱藩。功光祖宗，業垂後嗣，可謂中興，侔德殷宗、周宣矣！

又 卷七四《魏相傳》 宣帝始親萬機，厲精爲治，練羣臣，核名實。

又 卷九四《匈奴傳下》 初，北邊自宣帝以來，數世不見煙火之警，人民熾盛，牛馬布野。

又 卷九九《祭祀志下·序》 惟孝宣帝有功德，其上尊號曰中宗。

唐·趙蕤《長短經》卷二《君德第九》 虞世南曰：『漢宣帝起自

閭閻，知人疾苦，是以留心聽政，擢用賢良。原其循名責實，峻法嚴令，蓋流出於申、韓也。古語云：『圖王不成，弊猶足霸；圖霸不成，弊將如何？』光武仁義，圖王之君也；宣帝刑名，圖霸之主也。今以相輩，恐非其儔。』

宋・司馬光《資治通鑑》卷二四《漢紀・孝昭皇帝下》 帝興于閭閻，知民事之艱難。霍光既薨，始親政事，厲精爲治，五日一聽事。自丞相以下各奉職奏事，敷奏其言，考試功能。侍中、尚書功勞當遷及有異善，厚加賞賜，至于子孫，終不改易。樞機周密，品式備具，上下相安，莫有苟且之意。及拜刺史、守、相，輒親見問，觀其所由，退而考察所行以質其言，有名實不相應，必知其所以然。常稱曰：『庶民所以安其田里而亡歎息愁恨之心者，政平訟理也。與我共此者，其唯良二千石乎！』以爲太守，吏民之本，數變易則下不安；民知其將久，不可欺罔，乃服從其教化。故二千石有治理效，輒以璽書勉勵，增秩、賜金，或爵至關內侯；公卿缺，則選諸所表，以次用之。是以漢世良吏，於是爲盛，稱中興焉。

《宋史》卷一九七《兵志一一・器甲之制條》 王雱上疏曰：『漢宣帝號中興賢主，而史稱技巧工匠，獨精於元、成之時。』

明・趙秉忠《問帝王之政與帝王之心》 後世語精明者，首推漢宣，彼其吏稱民安，可爲效矣。

藝文

唐・李商隱《李義山詩集》卷上《鄠杜馬上念漢書》 世上蒼龍種，人間武帝孫。小來惟射獵，興罷得乾坤。渭水天開苑，咸陽地獻原。英靈殊未已，丁傅漸華軒。

唐・韋應物《韋蘇州集》卷七《登樂遊廟作》 高原出東城，鬱鬱見咸陽。上有千載事，乃自漢宣皇。頹壖久淩遲，陳迹翳丘荒。春草雖復綠，驚風但飄揚。周覽京城內，雙闕起中央。微鐘何處來，暮色忽蒼蒼。歌吹喧萬井，車馬塞康莊。昔人豈不爾，百世同一傷。歸當守沖漠，迹寓心自忘。

唐・皮日休《正樂府十篇・誚虚器》 襄陽作髹器，中有庫露眞。持以遺北敵，紿云生有神。每歲走其使，所費如雲屯。吾聞古聖王，修德來遠人。未聞作巧詐，用欺外域君。吾道尚如此，敵情安足云。如何漢宣帝，卻得呼韓臣。

唐・豆盧回《登樂游原懷古》 緬惟漢宣帝，初謂皇曾孫。雖在縲絏中，亦遭巫蠱冤。至哉丙廷尉，感激義彌敦。馳逐蓮勺道，出入諸陵門。一朝風雲會，竟登天位尊。握符升寶曆，負扆御華軒。赫奕文物備，葳蕤休瑞繁。卒爲中興主，垂名於後昆。雄圖奄已謝，餘址空復存。昔爲樂游苑，今爲狐兔園。朝見牧豎集，夕聞棲鳥喧。蕭條灞亭岸，寂寞杜陵原。羃羃野煙起，蒼茫嵐氣昏。二曜屢迴薄，四時更涼溫。天道尚如此，人理安可論。

宋・周麟之《海陵集》卷一《破虜凱歌二十四首》 中興天子漢宣光，自有深仁合彼蒼。天遣百靈爭助順，神兵遍野拂雲長。

宋・陳普《石堂先生遺集》卷二〇《詠史上・宣帝五首》 不將法律作春秋，安得河南數國囚。莫道漢家雜王霸，十分商鞅半分周。

孝宣不召山陽守，痛在糟糠不下堂。家嗣莫先笞已子，漢人空識抱成王。

鬬雞走狗登皇極，覽德毛從何許來。漢室欲開新室業，王陽分合守蒿萊。

宋・周必大《文忠集》卷二《讀史二首》 舜作九成樂，丹鳳儀其宮。周備既醉福，高岡始鳴桐。區區漢宣帝，雜覇期羣聾。憚誅廣漢族，一變高文風。德教既不任，覽輝理未通。惟昔周道衰，麟出大野中。尼父絕史筆，蓋傷吾道窮。漢治非虞周，鳳來與麟同。胡然潁川守，乃敢貪天功。下義上賞姦，甚哉其相蒙。

宋・許尚《華亭百詠・顯忠廟》 俯拜祠堂下，遙思弼漢功。吁嗟孝宣帝，忘德太匆匆。

宋・項安世《宣帝》 宣皇開口嫌俗儒，要知不是憎詩書。多文少實果何取，國家棄爾如糞土。卓然高見亦大奇，懲羹不謂眞吹齏。漢家德意自此盡，王業豈是元成衰。

宋・岳珂《徽宗皇帝秋賦御書贊》 帝宣和之太平兮，忻朝野之多

娛。偉楚臣之託辭兮，侈肆筆之特書。猗百工之精能兮，璨玳軸而金朱。宛百年其如砥兮，方日卷而霞舒。維宸筆之天縱兮，臣固不得而議也。若一藝之必極其致兮，亦盛時之細也。彼舞衣與竹矢兮，猶三代之秘也。知苟且之必無兮，亦可觀其治也。在本始與地節兮，漢室稱爲中興。豈尚方之工萃兮，反有愧於西京。紛天葩其在前兮，晃銀海其欲眩。縷黃金以爲飾兮，駭萬態而千變。雙龍宛其軸兮，森毛髮以骨寒。歷溽潤與埃塵兮，曾不可乎犯干。巫咸下招兮，天門詄蕩。臣得而藏兮，徒慨歎以興想。鸞翔龍翥兮，太平之蹤。神睒鬼哭兮，太平之工。五陵松柏兮，蕭蕭秋風。此賦之傳兮，與天無窮。

元·彭炳《愧淺》　漢宣在沖幼，危食劍刃間。壯大履宸極，罔知丙氏恩。大夫在帝左，侃侃不自言。光武草昧時，嚴陵相與友。乾坤洗瘡痏，文叔乃天子。子陵披羊裘，逃往釣江水。兩公絕世賢，愧死淺丈夫。何敢擬高風，尚不漂母知。

元·倪瓚《清閟閣全集》卷一《送高太守之秦郵》　秦漢置牧守，猶古之侯伯。封建而郡縣，仁政固不易。漢宣知所本，留意二千石。慎哉高侯車，願循古轍迹。

清·周大樞《漢宣帝行鐙銅槃歌》　周秦以前不易得，博古爭求漢時物。行鐙無槃製河東，上有嗇夫名字勒。曾孫才類武帝雄，獨以賞罰綜羣工。黃龍五鳳作年紀，生平好尚將毋同。夜向甘泉祠太乙，羽蓋芝旗拂雲出。銅銜燭耀天衢，影落星河上白日。一自黃貂易黑貂，諸陵松柏風蕭蕭。此鐙流落亦何惜，玉碗猶聞出市朝。土花分紫波分綠，更閱千年如電速。棄擲雲泥兩不知，高岸人間幾成谷。翰林先生癖嗜古，入肆殷勤贖五羖。歸來著手日摩挲，愛劇紅肌十五女。一曲雕龍感慨生，轉令舊事憶西京。銅槃只是無言語，何限千秋萬古情。

清·吳重憙《石蓮闇詩》卷三《西漢綏和雁足鐙歌》　長定宮中黃葉秋，大司馬用新都侯。淳于賂敗曲陽去，咸陽王業彫潛謀。是年孝成祚欲盡，建元七改儀容修。君王心不化明燭，但照宮館羅紈愁。鴻嘉以來隆內寵，陽阿禍水傾炎劉。是鐙綏和改元鑄，相掾丞令名雕鏤。不及班姬照輦道，銅沓衹映金塗浮。慵來裝點石華褎，紅搖春影椒牆留。赤鳳歌殘燦歸路，綠熊席暖輝舌篝。漢宮奢麗那得見，眼界輸與殘檠優。史傳孝宣精器械，元成以降難追求。建昭竟寧兩雁足，乾嘉老輩爭吟謳。此鐙後出幸快睹，生晚不抱昌黎憂。信都食官建始造，臨虞萬歲元延鏤。余家高鐙亦永始，三朝較量俱無儔。未隨陽朔例頒賜，棄擲得免漸臺陬。嘗將古今論興廢，始凝須作冰霜籌。桓靈先短漢獻祚，熙寧早剪徽欽脉。西京元氣蹶此命，哀平薄佑將何尤。蛙聲紫色託官禮，九錫遂欲唐虞侔。一朝事關九廟重，美新致累揚雲羞。閱歷殘鐙泣風雨，坐對缸粟如懸疣。

清·馬履泰《雁足鐙》　野煙漠漠耘夫耘，老綠已活將騫雲。和土捉視爪趾分，一行蟲篆搜遺文。建昭始造膏銜芬，陽朔三年賜將軍。蹼下字更眇秋蚊，實內大廚邇膻葷。高尺有二重一斤，歎息制度精軼羣。工今不藝嬉朝曛，何事不異古所云。然勤小物大放紛，吾將西征弔蒼雯。孝武赤雁歌紛紜，孝宣神爵以瑞聞。是時火德方煙熅，王霸雜用鐘間鼓。元帝儒緩家法棼，滅火非燕乃政君。十侯並封兆黃雰，一鐙雖細割炎炘。宮中老婦昧巢焚，直至傴璽慘不欣。怒擲階下恨嚙齗，坐見威斗延靈氛。園寢廢壞現夔殯，穗帷玉座緣菭紋。安得麻燭照秋蕡，哀鴻夜叫霜無垠。

雜録

《漢書》卷九《元帝紀》　孝元皇帝，宣帝太子也。母曰共哀許皇后，宣帝微時生民間。年二歲，宣帝即位。

又　卷一九《百官公卿表》　宣帝地節三年置大司馬，不冠將軍，亦無印綬官屬。【略】

西域都護加官，宣帝地節二年初置，以騎都尉、諫大夫使護西域三十六國，有副校尉，秩比二千石，丞一人，司馬、候、千人各二人。

又　卷二四《食貨志上》　宣帝即位，用吏多選賢良，百姓安土，歲數豐穰。

又　卷二五《郊祀志下》　宣帝即位，由武帝正統興，故立三年，尊孝武廟爲世宗，行所巡狩郡國皆立廟。

又　卷二一《律曆志下》　平帝，著《紀》即位元始五年，以宣帝玄孫嬰爲嗣，謂之孺子。

又　卷二七《五行志上》　初，宣帝爲昭帝後而立父廟，於禮不正。

【略】庚后，衞太子妾，遭巫蠱之戚，宣帝既立，追加尊號，於禮不正。

又　卷二七《五行志下之下》　宣帝地節元年十二月癸亥晦，日有食之，在營室十五度。

又　卷七三《韋玄成傳》　京師自高祖下至宣帝，與太上皇、悼皇考各自居陵旁立廟。

又　卷五九《張安世傳》　及宣帝卽位，而（昌邑王）賀已死。

《後漢書》卷一《光武帝紀》　孝宣帝每有嘉瑞，輒以改元，神爵、五鳳、甘露、黄龍，列爲年紀，蓋以感致神祇，表彰德信。

又　卷五五《清河孝王慶傳》　漢興，高皇帝尊父爲太上皇，宣帝號父爲皇考。

《漢書》卷四《文帝紀》注　如淳曰：『身存而爲廟，若《尚書》之《顧命》也。景帝廟號德陽，武帝廟號龍淵，昭帝廟號徘徊，宣帝廟號樂遊，元帝廟號長壽，成帝廟號陽池。』

唐·司馬貞《史記索隱》卷一二九《貨殖列傳》　徐廣曰：『安陵及杜，二縣名，各有杜姓也。宣帝以杜爲杜陵。』

《後漢書》卷一六《鄧騭傳》注　高帝呂后、昭帝上官后、宣帝霍后、成帝趙后、平帝王后、章帝竇后、和帝鄧后、安帝閻后、桓帝竇后、順帝梁后、靈帝何后等家，或以貴盛强驕奢，或以攝位權重，皆以盈極被誅也。

《明史》卷五〇《禮志四·吉禮四·歷代帝王陵廟》　洪武三年，遣使訪先代陵寢，仍命各行省具圖以進，凡七十有九。禮官考其功德昭著者，曰【略】漢高祖、文帝、景帝、武帝、宣帝、光武、明帝、章帝【略】凡三十有六。

漢光武帝分部

傳記

《後漢書》卷一《光武帝紀》　世祖光武皇帝諱秀，字文叔，南陽蔡陽人，高祖九世之孫也，出自景帝生長沙定王發。發生春陵節侯買，買生鬱林太守外，外生鉅鹿都尉回，回生南頓令欽，欽生光武。光武年九歲而孤，養于叔父良。身長七尺三寸，美鬚眉，大口，隆準，日角。性勤於稼穡，而兄伯升好俠養士，常非笑光武事田業，比之高祖兄仲。王莽天鳳中，乃之長安，受《尚書》，略通大義。

莽末，天下連歲灾蝗，寇盜鋒起。地皇三年，南陽荒饑，諸家賓客多爲小盜。光武避吏新野，因賣穀於宛。宛人李通等以圖讖説光武云：『劉氏復起，李氏爲輔。』光武初不敢當，然獨念兄伯升素結輕客，必舉大事，且王莽敗亡已兆，天下方亂，遂與定謀，於是乃市兵弩。十月，與李通從弟軼等起於宛，時年二十八。

十一月，有星孛于張。光武遂將賓客還春陵。時伯升已會衆起兵。初，諸家子弟恐懼，皆亡逃自匿，曰『伯升殺我』。及見光武絳衣大冠，皆驚曰『謹厚者亦復爲之』，乃稍自安。伯升於是招新市、平林兵，與其帥王鳳、陳牧西擊長聚。光武初騎牛，殺新野尉乃得馬。進屠唐子鄉，又殺湖陽尉。軍中分財物不均，衆恚恨，欲反攻諸劉。光武斂宗人所得物，悉以與之，衆乃悦。進拔棘陽，與王莽前隊大夫甄阜、屬正梁丘賜戰於小長安，漢軍大敗，還保棘陽。

更始元年正月甲子朔，漢軍復與甄阜、梁丘賜戰於沘水西，大破之。斬阜、賜。伯升又破王莽納言將軍嚴尤、秩宗將軍陳茂於淯陽，進圍宛城。

二月辛巳，立劉聖公爲天子，以伯升爲大司徒，光武爲太常偏將軍。三月，光武别與諸將徇昆陽、定陵、郾，皆下之。多得牛馬財物，穀數十萬斛，轉以饋宛下。莽聞阜、賜死，漢帝立，大懼，遣大司徒王尋、大司空王邑將兵百萬，其甲士四十二萬人，五月，到潁川，復與嚴尤、陳茂合。初，光武爲春陵侯家訟逋租於尤，尤見而奇之。及是時，城中出降尤者言光武不取財物，但會兵計策。尤笑曰：『是美鬚眉者邪？何爲乃如是！』

初，王莽徵天下能爲兵法者六十三家數百人，並以爲軍吏；選練武衞，招募猛士，旌旗輜重，千里不絶。時有長人巨無霸，長一丈，大十圍，以爲壘尉；又驅諸猛獸虎豹犀象之屬，以助威武。自秦、漢出師之

盛，未嘗有也。光武將數千兵，徼之於陽關。諸將見尋、邑兵盛，反走，馳入昆陽，皆惶怖，憂念妻孥，欲散歸諸城。光武議曰：『今兵穀既少，而外寇强大，并力禦之，功庶可立；如欲分散，埶無俱全。且宛城未拔，不能相救，昆陽卽破，一日之間，諸部亦滅矣。今不同心膽共舉功名，反欲守妻子財物邪？』諸將怒曰：『劉將軍何敢如是！』光武笑而起。會候騎還，言大兵且至城北，軍陳數百里，不見其後。諸將遽相謂曰：『更請劉將軍計之。』光武復爲圖畫成敗。諸將憂迫，皆曰：『諾』。時城中唯有八九千人，光武乃使成國上公王鳳、廷尉大將軍王常留守，夜自與驃騎大將軍宗佻、五威將軍李軼等十三騎，出城南門，於外收兵。時莽軍到城下者且十萬，光武幾不得出。卽至郾、定陵，悉發諸營兵，而諸將貪惜財貨，欲分留守之。光武曰：『今若破敵，珍珤萬倍，大功可成；如爲所敗，首領無餘，何財物之有！』衆乃從。

嚴尤説王邑曰：『昆陽城小而堅，今假號者在宛，亟進大兵，彼必奔走；宛敗，昆陽自服。』邑曰：『吾昔以虎牙將軍圍翟義，坐不生得，以見責讓。今將百萬之衆，遇城而不能下，何謂邪？』遂圍之數十重，列營百數，雲車十餘丈，瞰臨城中，旗幟蔽野，埃塵連天，鉦鼓之聲聞數百里。或爲地道，衝輣橦城。積弩亂發，矢下如雨，城中負户而汲。王鳳等乞降，不許。尋、邑自以爲功在漏刻，意氣甚逸。夜有流星墜營中，晝有雲如壞山，當營而隕，不及地尺而散，吏士皆厭伏。

六月己卯，光武遂與營部俱進，自將步騎千餘，前去大軍四五里而陳。尋、邑亦遣兵數千合戰。光武奔之，斬首數十級。諸部喜曰：『劉將軍平生見小敵怯，今見大敵勇，甚可怪也，且復居前。請助將軍！』光武復進，尋、邑兵卻，諸部共乘之，斬首數百千級。連勝，遂前。時，伯升拔宛已三日，而光武尚未知。乃僞使持書報城中，云『宛下兵到』，而陽墮其書。尋、邑得之，不憙。諸將既經累捷，膽氣益壯，無不一當百。光武乃與敢死者三千人，從城西水上衝其中堅，尋、邑陳亂，乘鋭崩之，遂殺王尋。城中亦鼓譟而出，中外合埶，震呼動天地，莽兵大潰，走者相騰踐，奔殪百餘里閒。會大雷風，屋瓦皆飛，雨下如注，滍川盛溢，虎豹皆股戰，士卒爭赴，溺死者以萬數，水爲不流。王邑、嚴尤、陳茂輕騎乘死人度水逃去。盡獲其軍實輜重、車甲珍寶，不可勝算，舉之連月不盡，或燔燒其餘。

光武因復徇下潁陽。會伯升爲更始所害，光武自父城馳詣宛謝。司徒官屬迎弔光武，光武難交私語，深引過而已。未嘗自伐昆陽之功，又不敢爲伯升服喪，飲食言笑如平常。更始以是慙，拜光武爲破虜大將軍，封武信侯。

九月庚戌，三輔豪傑共誅王莽，傳首詣宛。

更始將北都洛陽，以光武行司隸校尉，使前整修宮府。於是置僚屬，作文移，從事司察，一如舊章。時三輔吏士東迎更始，見諸將過，皆冠幘，而服婦人衣，諸于繡镼，莫不笑之，或有畏而走者。及見司隸僚屬，皆歡喜不自勝。老吏或垂涕曰：『不圖今日復見漢官威儀！』由是識者皆屬心焉。

及更始至洛陽，乃遣光武以破虜將軍行大司馬事。十月，持節北度河，鎮慰州郡。所到部縣，輒見二千石、長吏、三老、官屬，下至佐史，考察黜陟，如州牧行部事。輒平遣囚徒，除王莽苛政，復漢官名。吏人喜悦，爭持牛、酒迎勞。

進至邯鄲，故趙繆王子林説光武曰：『赤眉今在河東，但決水灌之，百萬之衆可使爲魚。』光武不答，去之眞定。林於是乃詐以卜者王郎爲成帝子子輿，十二月，立郎爲天子，都邯鄲，遂遣使者降下郡國。

二年正月，光武以王郎新盛，乃北徇薊。王郎移檄購光武十萬户，而故廣陽王子劉接起兵薊中以應郎，城内擾亂，轉相驚恐，言邯鄲使者方到，二千石以下皆出迎。於是光武趣駕南轅，晨夜不敢入城邑，舍食道傍。至饒陽，官屬皆乏食。光武乃自稱邯鄲使者，入傳舍。傳吏方進食，從者飢，爭奪之。傳吏疑其僞，乃椎鼓數十通，紿言邯鄲將軍至，官屬皆失色。光武升車欲馳，既而懼不免，徐還坐，曰：『請邯鄲將軍入。』久乃駕去。傳中人遥語門者閉之。門長曰：『天下詎可知，而閉長者乎？』遂得南出。晨夜兼行，蒙犯霜雪，天時寒，面皆破裂。至呼沱河，無船，適遇冰合，得過，未畢數車而陷。進至下博城西，遑惑不知所之。有白衣老父在道旁，指曰：『努力！信都郡爲長安守，去此八十里。』光武卽馳赴之，信都太守任光開門出迎。世祖因發旁縣，得四千人，先擊堂陽、貰縣，皆降之。王莽和成卒正邳彤亦舉郡降。又昌城人劉植，宋子人耿

純，各率宗親子弟，據其縣邑，以奉光武。於是北降下曲陽，衆稍合，樂附者至有數萬人。

復北擊中山，拔盧奴。所過發奔命兵，移檄邊部，共擊邯鄲，郡縣還復響應。南擊新市、眞定、元氏、防子，皆下之，因入趙界。

時，王郎大將李育屯柏人，漢兵不知而進，前部偏將朱浮、鄧禹爲育所破，亡失輜重。光武在後聞之，收浮、禹散卒，與育戰於郭門，大破之，盡得其所獲。育還保城，攻之不下，於是引兵拔廣阿。會上谷大守耿況、漁陽太守彭寵各遣其將吳漢、寇恂等將突騎來助擊王郎，更始亦遣尚書僕射謝躬討郎，光武因大饗士卒，遂東圍鉅鹿。王郎守將王饒堅守，月餘不下。郎遣將倪宏、劉奉率數萬人救鉅鹿，光武逆戰於南䜌，斬首數千級。四月，進圍邯鄲，連戰破之。五月甲辰，拔其城，誅王郎。收文書，得吏人與郎交關謗毀者數千章。光武不省，會諸將軍燒之，曰：『令反側子自安。』

更始遣侍御史持節立光武爲蕭王，悉令罷兵詣行在所。光武辭以河北未平，不就徵。自是始貳於更始。

是時，長安政亂，四方背叛。梁王劉永擅命睢陽，公孫述稱王巴蜀，李憲自立爲淮南王，秦豐自號楚黎王，張步起琅邪，董憲起東海，延岑起漢中，田戎起夷陵，並置將帥，侵略郡縣。又別號諸賊銅馬、大肜、高湖、重連、鐵脛、大搶、尤來、上江、青犢、五校、檀鄉、五幡、五樓、富平、獲索等，各領部曲，衆合數百萬人，所在寇掠。

光武將擊之，先遣吳漢北發十郡兵。幽州牧苗曾不從，漢遂斬曾而發其衆。秋，光武擊銅馬於鄡，吳漢將突騎來會清陽。賊數挑戰，光武堅營自守；有出鹵掠者，輒擊取之，絕其糧道。積月餘日，賊食盡，夜遁去，追至館陶，大破之。受降未盡，而高湖、重連從東南來，與銅馬餘衆合，光武復與大戰於蒲陽，悉破降之，封其渠帥爲列侯。降者猶不自安，光武知其意，敕令各歸營勒兵，乃自乘輕騎按行部陳。降者更相語曰：『蕭王推赤心置人腹中，安得不投死乎！』由是皆服。悉將降人分配諸將，衆遂數十萬，故關西號光武爲『銅馬帝』。赤眉別帥與大肜、青犢十餘萬衆在射犬，光武進擊，大破之，衆皆散走。使吳漢、岑彭襲殺謝躬於鄴。

青犢、赤眉賊入函谷關，攻更始。光武乃遣鄧禹率六裨將引兵而西，以乘更始、赤眉之亂。時更始使大司馬朱鮪、舞陰王李軼等屯洛陽，光武亦令馮異守孟津以拒之。

建武元年春正月，平陵人方望立前孺子劉嬰爲天子，更始遣丞相李松擊斬之。

光武北擊尤來、大搶、五幡於元氏，追至右北平，連破之。又戰於順水北，乘勝輕進，反爲所敗。賊追急，短兵接，光武自投高岸，遇突騎王豐，下馬授光武，光武撫其肩而上，顧笑謂耿弇曰：『幾爲虜嗤。』弇頻射卻賊，得免。士卒死者數千人，散兵歸保范陽。軍中不見光武，或云已歿，諸將不知所爲。吳漢曰：『卿曹努力！王兄子在南陽，何憂無主？』衆恐懼，數日乃定。賊雖戰勝，而素懾大威，客主不相知，夜遂引去。大軍復進至安次，與戰，破之，斬首三千餘級。賊入漁陽，乃遣吳漢率耿弇、陳俊、馬武等十二將軍追戰于潞東，及平谷，大破滅之。

朱鮪遣討難將軍蘇茂攻温，馮異、寇恂與戰，大破之，斬其將賈强。

於是諸將議上尊號。馬武先進曰：『天下無主。如有聖人承敝而起，雖仲尼爲相，孫子爲將，猶恐無能有益。反水不收，後悔無及。大王雖執謙退，奈宗廟社稷何！宜且還薊卽尊位，乃議征伐。今此誰賊而馳騖擊之乎？』光武驚曰：『何將軍出是言？』可斬也！』武曰：『諸將盡然。』光武使出曉之，乃引軍還至薊。

夏四月，公孫述自稱天子。

光武從薊還，過范陽，命收葬吏士。至中山，諸將復上奏曰：『漢遭王莽，宗廟廢絕，豪傑憤怒，兆人塗炭。王與伯升首舉義兵，更始因其資以據帝位，而不能奉承大統，敗亂綱紀，盜賊日多，羣生危蹙。大王初征昆陽，王莽自潰；後拔邯鄲，北州弭定；參分天下而有其二，跨州據土，帶甲百萬。言武力則莫之敢抗，論文德則無所與辭。臣聞帝王不可以久曠，天命不可以謙拒，惟大王以社稷爲計，萬姓爲心。』光武又不聽。

行到南平棘，諸將復固請之。光武曰：『寇賊未平，四面受敵，何遽欲正號位乎？諸將且出。』耿純進曰：『天下士大夫捐親戚，棄土壤，從大王於矢石之閒者，其計固望其攀龍鱗，附鳳翼，以成其所志耳。今功業卽定，天人亦應，而大王留時逆衆，不正號位，純恐士大夫望絕計窮，則有去歸之思，無爲久自苦也。大衆一散，難可復合。時不可留，衆不可

逆。』純言甚誠切，光武深感，曰：『吾將思之。』

行至鄗，光武先在長安時同舍生强華自關中奉《赤伏符》，曰『劉秀發兵捕不道，四夷雲集龍鬬野，四七之際火爲主。』羣臣因復奏曰：『受命之符，人應爲大，萬里合信，不議同情，周之白魚，曷足比焉？今上無天子，海內淆亂，符瑞之應，昭然著聞，宜答天神，以塞羣望。』光武於是命有司設壇場於鄗南千秋亭五成陌。

六月己未，卽皇帝位。燔燎告天，禋于六宗，望於羣神。其祝文曰：『皇天上帝，后土神祇，眷顧降命，屬秀黎元，爲人父母，秀不敢當。羣下百辟，不謀同辭，咸曰：「王莽篡位，秀發憤興兵，破王尋、王邑於昆陽，誅王郎、銅馬於河北，平定天下，海內蒙恩。上當天地之心，下爲元元所歸。」讖記曰：「劉秀發兵捕不道，卯金修德爲天子。」秀猶固辭，至于再，至于三。羣下僉曰：「皇天大命，不可稽留。」敢不敬承。』於是建元爲建武，大赦天下，改鄗爲高邑。

是月，赤眉立劉盆子爲天子。

甲子，前將軍鄧禹擊更始定國公王匡於安邑，大破之，斬其將劉均。

秋七月辛未，拜前將軍鄧禹爲大司徒。丁丑，以野王令王梁爲大司空。壬午，以大將軍吳漢爲大司馬，偏將軍景丹爲驃騎大將軍，大將軍耿弇爲建威大將軍，偏將軍蓋延爲虎牙大將軍，偏將軍朱祐爲建義大將軍，中堅將軍杜茂爲大將軍。

時，宗室劉茂自號『厭新將軍』，率衆降，封爲中山王。

己亥，幸懷。遣耿弇率强弩將軍陳俊軍五社津，備滎陽以東。使吳漢率朱祐及廷尉岑彭、執金吾賈復、揚化將軍堅鐔等十一將軍圍朱鮪於洛陽。

八月壬子，祭社稷。癸丑，祠高祖、太宗、世宗于懷宮。進幸河陽。更始廩丘王田立降。

九月，赤眉入長安，更始奔高陵。辛未，詔曰：『更始破敗，棄城逃走，妻子裸袒，流冗道路。朕甚愍之。今封更始爲淮陽王。吏人敢有賊害者，罪同大逆。』

甲申，以前高密令卓茂爲太傅。

辛卯，朱鮪舉城降。

冬十月癸丑，車駕入洛陽，幸南宮卻非殿，遂定都焉。

遣岑彭擊荆州羣賊。

十一月甲午，幸懷。

劉永自稱天子。

十二月丙戌，至自懷。

赤眉殺更始，而隗囂據隴右，盧芳起安定。破虜大將軍叔壽擊五校賊於曲梁，戰歿。

二年春正月甲子朔，日有食之。大司馬吳漢率九將軍擊檀鄉賊於鄴東，大破降之。庚辰，封功臣皆爲列侯，大國四縣，餘各有差。下詔曰：『人情得足，苦於放縱，快須臾之欲，忘慎罰之義。惟諸將業遠功大，誠欲傳於無窮，宜如臨深淵，如履薄冰，戰戰慄慄，日慎一日。其顯效未詶，名籍未立者，大鴻臚趣上，朕將差而録之。』博士丁恭議曰：『古帝王封諸侯不過百里，故利以建侯，取法於雷，强幹弱枝，所以爲治也。今封諸侯四縣，不合法制。』帝曰：『古之亡國，皆以無道，未嘗聞功臣地多而滅亡者。』乃遣謁者卽授印綬，策曰：『在上不驕，高而不危；制節謹度，滿而不溢。敬之戒之。傳爾子孫，長爲漢藩。』

壬午，更始復漢將軍鄧曄、輔漢將軍于匡降，皆復爵位。

壬子，起高廟，建社稷於洛陽，立郊兆于城南，始正火德，色尚赤。

是月，赤眉焚西京宮室，發掘園陵，寇掠關中。大司徒鄧禹入長安，遣府掾奉十一帝神主，納於高廟。

眞定王楊、臨邑侯讓謀反，遣前將軍耿純誅之。

二月己酉，幸修武。

大司空王梁免。壬子，以太中大夫宋弘爲大司空。

遣驃騎大將軍景丹率征虜將軍祭遵等二將軍擊弘農賊，破之，因遣祭遵圍蠻中賊張滿。

漁陽太守彭寵反，攻幽州牧朱浮於薊。

延岑自稱武安王於漢中。

辛卯，至自修武。

三月乙未，大赦天下，詔曰：『頃獄多冤人，用刑深刻，朕甚愍之。孔子云：「刑罰不中，則民無所措手足。」其與中二千石、諸大夫、博

士、議郎議省刑法。』

遣執金吾賈復率二將軍擊更始郾王尹遵，破降之。

驍騎將軍劉植擊密賊，戰歿。

遣虎牙大將軍蓋延率四將軍伐劉永。夏四月，圍永於睢陽。更始將蘇茂殺淮陽太守潘蹇而附劉永。

甲午，封叔父良爲廣陽王，兄子章爲太原王，章弟興爲魯王，春陵侯嫡子祉爲城陽王。

五月庚辰，封更始元氏王歙爲泗水王，故眞定王楊子得爲眞定王，周後姬常爲周承休公。

癸未，詔曰：『民有嫁妻賣子欲歸父母者，恣聽之。敢拘執，論如律。』

六月戊戌，立貴人郭氏爲皇后，子彊爲皇太子，大赦天下。增郎、謁者、從官秩各一等。丙午，封宗子劉終爲淄川王。

秋八月，帝自將征五校。丙辰，幸內黄，大破五校于於陽，降之。

遣遊擊將軍鄧隆救朱浮，與彭寵戰於潞，隆軍敗績。

蓋延拔睢陽，劉永奔譙。

破虜將軍鄧奉據淯陽反。

九月壬戌，至自內黄。

驃騎大將軍景丹薨。

延岑大破赤眉於杜陵。

關中饑，民相食。

冬十一月，以廷尉岑彭爲征南大將軍，率八將軍討鄧奉於堵鄉。

銅馬、青犢、尤來餘賊共立孫登爲天子於上郡。登將樂玄殺登，以其衆五萬餘人降。

遣偏將軍馮異代鄧禹伐赤眉。

使太中大夫伏隆持節安輯青徐二州，招張步降之。

十二月戊午，詔曰：『惟宗室列侯爲王莽所廢，先靈無所依歸，朕甚愍之。其並復故國。若侯身已歿，屬所上其子孫見名尚書，封拜。』

是歲，蓋延等大破劉永於沛西。初，王莽末，天下旱蝗，黄金一斤易粟一斛；至是野穀旅生，麻尗尤盛，野蠶成繭，被於山阜，人收其利焉。

三年春正月甲子，以偏將軍馮異爲征西大將軍，杜茂爲驃騎大將軍。大司徒鄧禹及馮異與赤眉戰於回溪，禹、異敗績。

征虜將軍祭遵破蠻中，斬張滿。

辛巳，立皇考南頓君已上四廟。

壬午，大赦天下。

閏月乙巳，大司徒鄧禹免。

馮異與赤眉戰於崤底，大破之，餘衆南向宜陽，帝自將征之。己亥，幸宜陽。甲辰，親勒六軍，大陳戎馬，大司馬吴漢精卒當前，中軍次之，驍騎、武衛分陳左右。赤眉望見震怖，遣使乞降。丙午，赤眉君臣面縛，奉高皇帝璽綬，詔以屬城門校尉。戊申，至自宜陽。己酉，詔曰：『羣盜縱横，賊害元元，盆子竊尊號，亂惑天下。朕奮兵討擊，應時崩解，十餘萬衆束手降服，先帝璽綬歸之王府。斯皆祖宗之靈，士人之力，朕曷足以享斯哉！其擇吉日祠高廟，賜天下長子當爲父後者爵，人一級。』

二月己未，祠高廟，受傳國璽。

劉永立董憲爲海西王，張步爲齊王。步殺光禄大夫伏隆而反。

幸懷，遣吴漢率二將軍擊青犢於軹西，大破降之。

三月壬寅，以大司徒司直伏湛爲大司徒。

彭寵陷薊城，寵自立爲燕王。

帝自將征鄧奉，幸堵陽。夏四月，大破鄧奉於小長安，斬之。

馮異與延岑戰於上林，破之。

吴漢率七將軍與劉永將蘇茂戰於廣樂，大破之。虎牙大將軍蓋延圍劉永於睢陽。

五月己酉，車駕不宫。

乙卯晦，日有食之。

六月壬戌，大赦天下。

耿弇與延岑戰於穰，大破之。

秋七月，征南大將軍岑彭率三將軍伐秦豐，戰於黎丘，大破之，獲其將蔡宏。

庚辰，詔曰：『吏不滿六百石，下至墨綬長、相，有罪先請。男子八十以上，十歲以下，及婦人從坐者，自非不道、詔所名捕，皆不得繫。當

驗問者卽就驗。女徒雇山歸家。』

蓋延拔睢陽，獲劉永，而蘇茂、周建立永子紆爲梁王。

冬十月壬申，幸舂陵，祠園廟，因置酒舊宅，大會故人父老。十一月乙未，至自舂陵。涿郡太守張豐反。

是歲，李憲自稱天子。西州大將軍隗囂奉奏。建義大將軍朱祐率祭遵與延岑戰於東陽，斬其將張成。

四年春正月甲申，大赦天下。

二月壬子，幸懷。壬申，至自懷。

遣右將軍鄧禹率二將軍與延岑戰於武當，破之。

夏四月丁巳，幸鄴。己巳，進幸臨平。

遣大司馬吳漢擊五校賊於箕山，大破之。

五月，進幸元氏。辛巳，進幸盧奴。遣征虜將軍祭遵率四將軍討張豐於涿郡，斬豐。

六月辛亥，車駕還宮。

七月丁亥，幸譙。遣捕虜將軍馬武、偏將軍王霸圍劉紆於垂惠。

董憲將賁休以蘭陵城降，憲圍之。虎牙大將軍蓋延率平狄將軍龐萌救賁休，不克，蘭陵爲憲所陷。

秋八月戊午，進幸壽春。

太中大夫徐惲擅殺臨淮太守劉度，惲坐誅。

遣揚武將軍馬成率三將軍伐李憲。九月，圍憲於舒。

冬十月甲寅，車駕還宮。

太傅卓茂薨。

十一月丙申，幸宛。遣建義大將軍朱祐率二將軍圍秦豐於黎丘。十二月丙寅，進幸黎丘。

是歲，征西大將軍馮異與公孫述將程焉戰於陳倉，破之。

五年春正月癸巳，車駕還宮。

二月丙午，大赦天下。

捕虜將軍馬武、偏將軍王霸拔垂惠。

乙丑，幸魏郡。

壬申，封殷後孔安爲殷紹嘉公。

彭寵爲其蒼頭所殺，漁陽平。

大司馬吳漢率建威大將軍耿弇擊富平、獲索賊於平原，大破降之。復遣耿弇率二將軍討張步。

三月癸未，徙廣陽王良爲趙王，始就國。

平狄將軍龐萌反，殺楚郡太守孫萌而東附董憲。

遣征南大將軍岑彭率二將軍伐田戎於津鄉，大破之。

夏四月，旱，蝗。

河西大將軍竇融始遣使貢獻。

五月丙子，詔曰：『久旱傷麥，秋種未下，朕甚憂之。將殘吏未勝，獄多冤結，元元愁恨，感動天氣乎？其令中都官、三輔、郡、國出繫囚，罪非犯殊死一切勿案，見徒免爲庶人。務進柔良，退貪酷，各正厥事焉。』

六月，建義大將軍朱祐拔黎丘，獲秦豐；而龐萌、蘇茂圍桃城。帝時幸蒙，因自將征之。先理兵任城，乃進救桃城，大破萌等。

秋七月丁丑，幸沛，祠高原廟。詔修復西京園陵。進幸湖陵，征董憲。又幸蕃，遂攻董憲於昌慮，大破之。

八月己酉，進幸郯，留吳漢攻劉紆、董憲等，車駕轉徇彭城、下邳。吳漢拔郯，獲劉紆；漢進圍董憲、龐萌於朐。

冬十月，還，幸魯，使大司空祠孔子。

耿弇等與張步戰於臨淄，大破之。帝幸臨淄，進幸劇。張步斬蘇茂以降，齊地平。

初起太學。車駕還宮，幸太學，賜博士弟子各有差。

十一月壬寅，大司徒伏湛免，尚書令侯霸爲大司徒。

十二月，盧芳自稱天子於九原。

西州大將軍隗囂遣子恂入侍。

交阯牧鄧讓率七郡太守遣使奉貢。

詔復濟陽二年徭役。

是歲，野穀漸少，田畝益廣焉。

六年春正月丙辰，改舂陵鄉爲章陵縣。世世復徭役，比豐、沛，無有所豫。

辛酉，詔曰：『往歲水旱蝗蟲爲災，穀價騰躍，人用困乏。朕惟百姓

無以自贍，惻然愍之。其命郡國有穀者，給稟高年、鰥、寡、孤、獨及篤癃、無家屬貧不能自存者，如《律》。二千石勉加循撫，無令失職。』

揚武將軍馬成等拔舒，獲李憲。

二月，大司馬吳漢拔朐，獲董憲、龐萌，山東悉平。諸將還京師，置酒賞賜。

三月，公孫述遣將任滿寇南郡。

夏四月丙子，幸長安，始謁高廟，遂有事十一陵。

遣虎牙大將軍蓋延等七將軍從隴道伐公孫述。

五月己未，至自長安。

隗囂反，蓋延等因與囂戰於隴阺，諸將敗績。

辛丑，詔曰：『惟天水、隴西、安定、北地吏人爲隗囂所詿誤者，又三輔遭難赤眉，有犯法不道者，自殊死以下，皆赦除之。』

六月辛卯，詔曰：『夫張官置吏，所以爲人也。今百姓遭難，户口耗少，而縣官吏職所置尚繁，其令司隸、州牧各實所部，省減吏員。縣國不足置長吏可并合者，上大司徒、大司空二府。』於是條奏并省四百餘縣，吏職減損，十置其一。

代郡太守劉興擊盧芳將賈覽於高柳，戰歿。

初，樂浪人王調據郡不服。秋，遣樂浪太守王遵擊之，郡吏殺調降。

遣前將軍李通率二將軍，與公孫述將戰於西城，破之。

夏，蝗。

秋九月庚子，赦樂浪謀反大逆殊死已下。

丙寅晦，日有食之。

冬十月丁丑，詔曰：『吾德薄不明，寇賊爲害，强弱相陵，元元失所。《詩》云：「日月告凶，不用其行。」永念厥咎，内疚於心。其敕公卿舉賢良、方正各一人；百僚並上封事，無有隱諱；有司修職，務遵法度。』

十一月丁卯，詔王莽時吏人没入爲奴婢不應舊法者，皆免爲庶人。

十二月壬辰，大司空宋弘免。

癸巳，詔曰：『頃者師旅未解，用度不足，故行什一之稅。今軍士屯田，糧儲差積。其令郡國收見田租三十稅一，如舊制。』

隗囂遣將行巡寇扶風，征西大將軍馮異拒破之。

是歲，初罷郡國都尉官。始遣列侯就國。匈奴遣使來獻，使中郎將報命。

七年春正月丙申，詔中都官、三輔、郡、國出繫囚，非犯殊死，皆一切勿案其罪。見徒免爲庶（民）［人］。耐罪亡命，吏以文除之。

又詔曰：『世以厚葬爲德，薄終爲鄙，至于富者奢僭，貧者單財，法令不能禁，禮義不能止，倉卒乃知其咎。其布告天下，令知忠臣、孝子、慈兄、悌弟薄葬送終之義。』

二月辛巳，罷護漕都尉官。

三月丁酉，詔曰：『今國有衆軍，並多精勇，宜且罷輕車、騎士、材官、樓船士及軍假吏，令還復民伍。』

公孫述立隗囂爲朔寧王。

癸亥晦，日有食之，避正殿，寢兵，不聽事五日。詔曰：『吾德薄致災，謫見日月，戰慄恐懼，夫何言哉！今方念愆，庶消厥咎。其令有司各修職任，奉遵法度，惠茲元元。百僚各上封事，無有所諱。其上書者，不得言聖。』

夏四月壬午，詔曰：『比陰陽錯謬，日月薄食。百姓有過，在予一人，大赦天下。公、卿、司隸、州牧舉賢良、方正各一人，遣詣公車，朕將覽試焉。』

五月戊戌，前將軍李通爲大司空。

甲寅，詔吏人遭饑亂及爲青、徐賊所略爲奴婢下妻，欲去留者，恣聽之。敢拘制不還，以賣人法從事。

是夏，連雨水。

漢忠將軍王常爲横野大將軍。

八月丁亥，封前河間王邵爲河間王。

隗囂寇安定，征西大將軍馮異、征虜將軍祭遵擊卻之。

冬，盧芳所置朔方太守田颯、雲中太守喬扈各舉郡降。

是歲，省長水、射聲二校尉官。

八年春正月，中郎將來歙襲略陽，殺隗囂守將而據其城。

夏四月，司隸校尉傅抗下獄死。

隗囂攻來歙，不能下。閏月，帝自征囂，河西（太守）［大將軍］竇融率五郡太守與車駕會高平。隴右潰，隗囂奔西城，遣大司馬吳漢、征南大將軍岑彭圍之；進幸上邽，不降，命虎牙大將軍蓋延、建威大將軍耿弇攻之。

潁川盜賊寇没屬縣，河東守守兵亦叛，京師騷動。

秋，大水。

八月，帝自上邽晨夜東馳。九月乙卯，車駕還宫。

庚申，帝自征潁川盜賊，皆降。

安丘侯張步叛歸琅邪，琅邪太守陳俊討獲之。

戊寅，至自潁川。

冬十月丙午，幸懷。十一月乙丑，至自懷。

公孫述遣兵救隗囂，吳漢、蓋延等還軍長安。天水、隴西復反歸囂。

十二月，高句麗王遣使奉貢。

是歲大水。

九年春正月，隗囂病死，其將王元、周宗復立囂子純爲王。

徙鴈門吏人於太原。

三月辛亥，初置青巾左校尉官。

公孫述遣將田戎、任滿據荆門。

夏六月丙戌，幸緱氏，登轘轅。

遣大司馬吳漢率四將軍擊盧芳將賈覽於高柳，戰不利。

秋八月，遣中郎將來歙監征西大將軍馮異等五將軍討隗純於天水。

驃騎大將軍杜茂與賈覽戰於繁畤，茂軍敗績。

是歲，省關都尉，復置護羌校尉官。

十年春正月，大司馬吳漢率捕虜將軍王霸等五將軍擊賈覽於高柳，匈奴遣騎救覽，諸將與戰，卻之。

修理長安高廟。

夏，征西大將軍馮異破公孫述將趙匡於天水，斬之。征西大將軍馮異薨。

秋八月己亥，幸長安，祠高廟，遂有事十一陵。

戊戌，進幸汧。隗囂將高峻降。

冬十月，中郎將來歙等大破隗純於落門，其將王元奔蜀，純與周宗降，隴右平。

先零羌寇金城、隴西，來歙率諸將擊羌於五谿，大破之。

庚寅，車駕還宫。

是歲，省定襄郡，徙其民於西河。泗水王歙薨。淄川王終薨。

十一年春二月己卯，詔曰：『天地之性人爲貴。其殺奴婢，不得減罪。』

（三月）己酉，幸南陽；還，幸章陵，祠園陵。

城陽王祉薨。

庚午，車駕還宫。

閏月，征南大將軍岑彭率三將軍與公孫述將田戎、任滿戰於荆門，大破之，獲任滿。威虜將軍馮駿圍田戎於江州，岑彭遂率舟師伐公孫述，平巴郡。

夏四月丁卯，省大司徒司直官。

先零羌寇臨洮。

六月，中郎將來歙率揚武將軍馬成破公孫述將王元、環安於下辯。安遣閒人刺殺中郎將來歙。帝自將征公孫述。秋七月，次長安。八月，岑彭破公孫述將侯丹於黄石。輔威將軍臧宫與公孫述將延岑戰於沈水，大破之。王元降。至自長安。

癸亥，詔曰：『敢炙灼奴婢，論如律，免所炙灼者爲庶（民）［人］。』

冬十月壬午，詔除奴婢射傷人棄市律。

公孫述遣閒人刺殺征南大將軍岑彭。

馬成平武都，因隴西太守馬援擊破先零羌，徙致天水、隴西、扶風。

十二月，大司馬吳漢率舟師伐公孫述。

是歲，省朔方牧，幷幷州。初斷州牧自還奏事。

十二年春正月，大司馬吳漢與公孫述將史興戰於武陽，斬之。

三月癸酉，詔隴、蜀民被略爲奴婢自訟者，及獄官未報，一切免爲（民）［庶］人。

夏，甘露降南行唐。六月，黄龍見東阿。

秋七月，威虜將軍馮駿拔江州，獲田戎。九月，吳漢大破公孫述將謝豐于廣都，斬之。輔威將軍臧宮拔涪城，斬公孫恢。

大司空李通罷。

冬十一月戊寅，吳漢、臧宮與公孫述戰於成都，大破之。述被創，夜死。辛巳，吳漢屠成都，夷述宗族及延岑等。

十二月辛卯，揚武將軍馬成行大司空事。

是歲，九眞徼外蠻夷張遊率種人內屬，封爲歸漢里君。省金城郡屬隴西。參狼羌寇武都，隴西太守馬援討降之。詔邊吏力不足戰則守，追虜料敵不拘以逗留法。横野大將軍王常薨。遣驃騎大將軍杜茂將衆郡施刑屯北邊，築亭候，修烽燧。

十三年春正月庚申，大司徒侯霸薨。

戊子，詔曰：『往年已敕郡國，異味不得有所獻御，今猶未止，非徒有豫養導擇之勞，至乃煩擾道上，疲費過所。其令太官勿復受。明敕下以遠方口實所以薦宗廟，自如舊制。』

二月，遣捕虜將軍馬武屯虖沱河以備匈奴。盧芳自五原亡入匈奴。

丙辰，詔曰：『長沙王興、眞定王得、河閒王邵、中山王茂，皆襲爵爲王，不應經義。其以興爲臨湘侯，得爲眞定侯，邵爲樂成侯，茂爲單父侯。』其宗室及絶國封侯者凡一百三十七人。丁巳，降趙王良爲趙公，太原王章爲齊公，魯王興爲魯公。庚午，以殷紹嘉公孔安爲宋公，周承休公姬（常）［武］爲衛公。省并西京十三國：廣平屬鉅鹿，眞定屬常山，河間屬信都，城陽屬琅邪，泗水屬廣陵，淄川屬高密，膠東屬北海，六安屬廬江，廣陽屬上谷。

三月辛未，沛郡太守韓歆爲大司徒。丙子，行大司空馬成罷。

夏四月，大司馬吳漢自蜀還京師，於是大饗將士，班勞策勳。功臣增邑更封，凡三百六十五人。其外戚恩澤封者四十五人。罷左右將軍官。建威大將軍耿弇罷。

益州傳送公孫述瞽師、郊廟樂器、葆車、輿輦，於是法物始備。時兵革既息，天下少事，文書調役，務從簡寡，至乃十存一焉。

甲寅，冀州牧竇融爲大司空。

五月，匈奴寇河東。

秋七月，廣漢徼外白馬羌豪率種人內屬。

九月，日南徼外蠻夷獻白雉、白兔。

冬十二月甲寅，詔益州民自八年以來被略爲奴婢者，皆一切免爲庶（民）［人］；或依託爲人下妻，欲去者，恣聽之；敢拘留者，比青、徐二州以略人法從事。

復置金城郡。

十四年春正月，起南宮前殿。

匈奴遣使奉獻，使中郎將報命。

夏四月辛巳，封孔子後志爲褒成侯。

越巂人任貴自稱太守，遣使奉計。

秋九月，平城人賈丹殺盧芳將尹由來降。

是歲，會稽大疫。莎車國、鄯善國遣使奉獻。

十二月癸卯，詔益、涼二州奴婢，自八年以來自訟在所官，一切免爲庶（民）［人］，賣者無還直。

十五年春正月辛丑，大司徒韓歆免，自殺。

丁未，有星孛於昴。

汝南太守歐陽歙爲大司徒。建義大將軍朱祐罷。

丁未，有星孛於營室。

二月，徙鴈門、代郡、上谷三郡民，置常［山］關、居庸關以東。

初，巴蜀既平，大司馬吳漢上書請封皇子，不許，重奏連歲。三月，乃詔羣臣議。大司空融、固始侯通、膠東侯復、高密侯禹、太常登等奏議曰：『古者封建諸侯，以藩屏京師。周封八百，同姓諸姬並爲建國，夾輔王室，尊事天子，享國永長，爲後世法。故《詩》云：「大啓爾宇，爲周室輔。」高祖聖德，光有天下，亦務親親，封立兄弟諸子，不違舊章。陛下德横天地，興復宗統，褒德賞勳，親睦九族，功臣宗室，咸蒙封爵，多受廣地，或連屬縣。今皇子賴天，能勝衣趨拜，陛下恭謙克讓，抑而未議，羣臣百姓，莫不失望。宜因盛夏吉時，定號位，以廣藩輔，明親親，尊宗廟，重社稷，應古合舊，厭塞衆心。臣請大司空上輿地圖，太常擇吉日，具禮儀。』制曰：『可。』

夏四月戊申，以太牢告祠宗廟。丁巳，使大司空融告廟，封皇子輔爲

右翊公，英爲楚公，陽爲東海公，康爲濟南公，蒼爲東平公，延爲淮陽公，荆爲山陽公，衡爲臨淮公，焉爲左翊公，京爲琅邪公。癸丑，追謚兄伯升爲齊武公，兄仲爲魯哀公。

六月庚午，復置屯騎、長水、射聲三校尉官，改青巾左校尉爲越騎校尉。

詔下州郡檢覈墾田頃畝及户口年紀，又考實二千石長吏阿枉不平者。

冬十一月甲戌，大司徒歐陽歙下獄死。十二月庚午，關内侯戴涉爲大司徒。

盧芳自匈奴入居高柳。

是歲，驃騎大將軍杜茂免。虎牙大將軍蓋延薨。

十六年春二月，交阯女子徵側反，略有城邑。

三月辛丑晦，日有蝕之。

秋九月，河南尹張伋及諸郡守十餘人，坐度田不實，皆下獄死。

郡國大姓及兵長、羣盜處處並起，攻劫在所，害殺長吏。郡縣追討，到則解散，去復屯結。青、徐、幽、冀四州尤甚。冬十月，遣使者下郡國，聽羣盜自相糾擿，五人共斬一人者，除其罪。吏雖逗留回避故縱者，皆勿問，聽以禽討爲效。其牧守令長坐界内盜賊而不收捕者，又以畏愞捐城委守者，皆不以爲負，但取獲賊多少爲殿最，唯蔽匿者乃罪之。於是更相追捕，賊並解散。徙其魁帥於它郡，賦田受稟，使安生業。自是牛馬放牧，邑門不閉。

盧芳遣使乞降，十二月甲辰，封芳爲代王。

初，王莽亂後，貨幣雜用布、帛、金、粟。是歲，始行五銖錢。

十七年春正月，趙公良薨。

二月乙（亥）［未］晦，日有食之。

夏四月乙卯，南巡狩，皇太子及右翊公輔、楚公英、東海公陽、濟南公康、東平公蒼從，幸潁川，進幸葉、章陵。五月乙卯，車駕還宫。

六月癸巳，臨淮公衡薨。

秋七月，妖巫李廣等羣起據皖城，遣虎賁中郎將馬援、驃騎將軍段志討之。九月，破皖城，斬李廣等。

冬十月辛巳，廢皇后郭氏爲中山太后，立貴人陰氏爲皇后。進右翊公輔爲中山王，食常山郡。其餘九國公，皆即舊封進爵爲王。

甲申，幸章陵。脩園廟，祠舊宅，觀田廬，置酒作樂，賞賜。時宗室諸母因酣悦，相與語曰：「文叔少時謹信，與人不款曲，唯直柔耳。今乃能如此！」帝聞之，大笑曰：「吾理天下，亦欲以柔道行之。」乃悉爲舂陵宗室起祠堂。有五鳳皇見於潁川之郟縣。十二月，至自章陵。

是歲，莎車國遣使貢獻。

十八年春二月，蜀郡守將史歆叛，遣大司馬吴漢率二將軍討之，圍成都。

甲寅，西巡狩，幸長安。三月壬午，祠高廟，遂有事十一陵。歷馮翊界，進幸蒲坂，祠后土。夏四月（甲戌）［癸酉］，車駕還宫。

（癸酉）［甲戌］，詔曰：「今邊郡盜穀五十斛，罪至於死，開殘吏妄殺之路，其蠲除此法，同之内郡。」

遣伏波將軍馬援率樓船將軍段志等擊交阯賊徵側等。

五月，旱。

（戊）［甲］申，幸河内。戊子，至自河内。

盧芳復亡入匈奴。

秋七月，吴漢拔成都，斬史歆等。壬戌，赦益州所部殊死已下。

冬十月庚辰，幸宜城。還，祠章陵。十二月乙丑，車駕還宫。

是歲，罷州牧，置刺史。

十九年春正月庚子，追尊孝宣皇帝曰中宗。始祠昭帝、元帝於太廟，成帝、哀帝、平帝於長安，舂陵節侯以下四世於章陵。

妖巫單臣、傅鎮等反，據原武，遣太中大夫臧宫圍之。夏四月，拔原武，斬臣、鎮等。

伏波將軍馬援破交阯，斬徵側等。因擊破九眞賊都陽等，降之。

閏月戊申，進趙、齊、魯三國公爵爲王。

六月戊申，詔曰：「《春秋》之義，立子以貴。東海王陽，皇后之子，宜承大統。皇太子强，崇執謙退，願備藩國。父子之情，重久違之。其以强爲東海王，立陽爲皇太子，改名莊。」

秋九月，南巡狩。壬申，幸南陽，進幸汝南南頓縣舍，置酒會，賜吏人，復南頓田租歲。父老前叩頭言：「皇考居此日久，陛下識知寺舍，每

來輒加厚恩，願賜復十年。』帝曰：『天下重器，常恐不任，日復一日，安敢遠期十歲乎？』吏人又言：『陛下實惜之，何言謙也？』帝大笑，復增一歲。進幸淮陽、梁、沛。

西南夷寇益州郡，遣武威將軍劉尚討之。越巂太守任貴謀叛，十二月，劉尚襲貴，誅之。

是歲，復置函谷關都尉。修西京宮室。

二十年春二月戊子，車駕還宮。

夏四月庚辰，大司徒戴涉下獄死。大司空竇融免。

五月辛亥，大司馬吳漢薨。

匈奴寇上黨、天水，遂至扶風。

六月庚寅，廣漢太守蔡茂爲大司徒，太僕朱浮爲大司空。壬辰，左中郎將劉隆爲驃騎將軍，行大司馬事。

乙未，徙中山王輔爲沛王。

秋，東夷韓國人率衆詣樂浪內附。

冬十月，東巡狩。甲午，幸魯，進幸東海、楚、沛國。

十二月，匈奴寇天水。

壬寅，車駕還宮。

是歲，省五原郡，徙其吏人置河東。復濟陽縣徭役六歲。

二十一年春正月，武威將軍劉尚破益州夷，平之。

夏四月，安定屬國胡叛，屯聚青山，遣將兵長史陳訢討平之。

秋，鮮卑寇遼東，遼東太守祭肜大破之。

冬十月，遣伏波將軍馬援出塞擊烏桓，不克。

匈奴寇上谷、中山。

其冬，鄯善王、車師王等十六國皆遣子入侍奉獻，願請都護。帝以中國初定，未遑外事，乃還其侍子，厚加賞賜。

二十二年春閏月丙戌，幸長安，祠高廟，遂有事十一陵。二月己巳，至自長安。

夏五月乙未晦，日有食之。

秋七月，司隸校尉蘇鄴下獄死。

九月戊辰，地震裂。制詔曰：『日者地震，南陽尤甚。夫地者，任物至重，靜而不動者也。而今震裂，咎在君上。鬼神不順無德，災殃將及吏人，朕甚懼焉。其令南陽勿輸今年田租芻藁。遣謁者案行，其死罪繫囚在戊辰以前，減死罪一等；徒皆弛解鉗，衣絲絮。賜郡中居人壓死者棺錢，人三千。其口賦逋稅而廬宅尤破壞者，勿收責。吏人死亡，或在壞垣毀屋之下，而家羸弱不能收拾者，其以見錢穀取傭，爲尋求之。』

冬十月壬子，大司空朱浮免。癸丑，光祿勳杜林爲大司空。

是歲，齊王章薨。青州蝗。匈奴薁鞬日逐王比遣使詣漁陽請和親，使中郎將李茂報命。烏桓擊破匈奴，匈奴北徙，幕南地空。詔罷諸邊郡亭候吏卒。

二十三年春正月，南郡蠻叛，遣武威將軍劉尚討破之，徙其種人於江夏。

夏五月丁卯，大司徒蔡茂薨。

秋八月丙戌，大司空杜林薨。

九月辛未，陳留太守玉況爲大司徒。

冬十月丙申，太僕張純爲大司空。

高句麗率種人詣樂浪內屬。

十二月，武陵蠻叛，寇掠郡縣，遣劉尚討之，戰於沅水，尚軍敗歿。

是歲，匈奴薁鞬日逐王比率部曲遣使詣西河內附。

二十四年春正月乙亥，大赦天下。

匈奴薁鞬日逐王比遣使款五原塞，求扞禦北虜。

秋七月，武陵蠻寇臨沅，遣謁者李嵩、中山太守馬成討蠻，不克，於是伏波將軍馬援率四將軍討之。

詔有司申明舊制阿附蕃王法。

冬十月，匈奴薁鞬日逐王比自立爲南單于，於是分爲南、北匈奴。

二十五年春正月，遼東徼外貊人寇右北平、漁陽、上谷、太原，遼東太守祭肜招降之。烏桓大人來朝。

南單于遣使詣闕貢獻，奉蕃稱臣；又遣其左賢王擊破北匈奴，卻地千餘里。三月，南單于遣子入侍。

戊申晦，日有食之。

伏波將軍馬援等破武陵蠻於臨沅。冬十月，叛蠻悉降。

夫餘王遣使奉獻。

是歲，烏桓大人率衆內屬，詣闕朝貢。

二十六年［春］正月，詔有司增百官奉。其千石已上，減於西京舊制；六百石已下，增於舊秩。

初作壽陵。將作大匠竇融上言：『園陵廣袤，無慮所用。』帝曰：『古者帝王之葬，皆陶人瓦器，木車茅馬，使後世之人不知其處。太宗識終始之義，景帝能述遵孝道，遭天下反覆，而霸陵獨完受其福，豈不美哉！今所制地不過二三頃，無爲山陵，陂池裁令流水而已。』

遣中郎將段郴授南單于璽綬，令入居雲中，始置使匈奴中郎將，將兵衛護之。南單于遣子入侍，奉奏詣闕。於是雲中、五原、朔方、北地、定襄、鴈門、上谷、代八郡民歸於本土。遣謁者分將施刑補理城郭。發遣邊民在中國者，布還諸縣，皆賜以裝錢，轉輸給食。

二十七年夏四月戊午，大司徒玉況薨。

五月丁丑，詔曰：『昔契作司徒，禹作司空，皆無「大」名，其令二府去「大」。』又改大司馬爲太尉。驃騎大將軍行大司馬劉隆卽日罷，以太僕趙憙爲太尉，大司農馮勤爲司徒。

益州郡徼外蠻夷率種人內屬。

北匈奴遣使詣武威乞和親。

冬，魯王興、齊王石始就國。

二十八年春正月己巳，徙魯王興爲北海王，以魯國益東海。賜東海王强虎賁、旄頭、鍾虡之樂。

夏六月丁卯，沛太后郭氏薨，因詔郡縣捕王侯賓客，坐死者數千人。

秋八月戊寅，東海王强、沛王輔、楚王英、濟南王康、淮陽王延始就國。

冬十月癸酉，詔死罪繫囚皆一切募下蠶室，其女子宮。

北匈奴遣使貢獻，乞和親。

二十九年春二月丁巳朔，日有食之。遣使者舉冤獄，出繫囚。

庚申，賜天下男子爵，人二級；鰥、寡、孤、獨、篤癃、貧不能自存者粟，人五斛。

夏四月乙丑，詔令天下繫囚自殊死已下及徒各減本罪一等，其餘贖罪輸作各有差。

三十年春正月，鮮卑大人內屬，朝賀。

二月，東巡狩。甲子，幸魯，進幸濟南。閏月癸丑，車駕還宮。

有星孛于紫宮。

夏四月戊子，徙左翊王焉爲中山王。

五月，大水。

賜天下男子爵，人二級；鰥、寡、孤、獨、篤癃、貧不能自存者粟，人五斛。

秋七月丁酉，幸魯國。復濟陽縣是年徭役。冬十一月丁酉，至自魯。

三十一年夏五月，大水。

戊辰，賜天下男子爵，人二級；鰥、寡、孤、獨、篤癃、貧不能自存者粟，人六斛。

癸酉晦，日有食之。

是夏，蝗。

秋九月甲辰，詔令死罪繫囚皆一切募下蠶室，其女子宮。

是歲，陳留雨穀，形如稗實。北匈奴遣使奉獻。

中元元年春正月，東海王强、沛王輔、楚王英、濟南王康、淮陽王延、趙王盱皆來朝。

丁卯，東巡狩。二月己卯，幸魯，進幸太山。北海王興、齊王石朝于東嶽。辛卯，柴望岱宗，登封太山；甲午，禪于梁父。

三月戊辰，司空張純薨。

夏四月癸酉，車駕還宮。己卯，大赦天下。復嬴、博、梁父、奉高，勿出今年田租芻稾。改年爲中元。

行幸長安。戊子，祀長陵。五月乙丑，至自長安。

六月辛卯，太僕馮魴爲司空。

乙未，司徒馮勤薨。

是夏，京師醴泉湧出，飲之者固疾皆愈，惟眇、蹇者不瘳。又有赤草生於水崖。郡國頻上甘露。羣臣奏言：『地祇靈應而朱草萌生。孝宣帝每有嘉瑞，輒以改元、神爵、五鳳、甘露、黃龍，列爲年紀，蓋以感致神祇，表彰德信。是以化致升平，稱爲中興。今天下清寧，靈物仍降。陛下

情存損挹，推而不居，豈可使祥符顯慶，没而無聞？宜令太史撰集，以傳來世。』帝不納。常自謙無德，每郡國所上，輒抑而不當，故史官罕得記焉。

秋，郡國三蝗。

冬十月辛未，司隸校尉東萊李訢爲司徒。

甲申，使司空告祠高廟曰：『高皇帝與羣臣約，非劉氏不王。呂太后賊害三趙，專王呂氏，賴社稷之靈，禄、産伏誅，天命幾墜，危朝更安。呂太后不宜配食高廟，同祧至尊。薄太后母德慈仁，孝文皇帝賢明臨國，子孫賴福，延祚至今。其上薄太后尊號曰高皇后，配食地祇。遷呂太后廟主于園，四時上祭。』

十一月甲子晦，日有食之。

是歲，初起明堂、靈臺、辟雍，及北郊兆域。宣布圖讖於天下。復濟陽、南頓是年徭役。參狼羌寇武都，敗郡兵，隴西太守劉盱遣軍救之，及武都郡兵討叛羌，皆破之。

二年春正月辛未，初立北郊，祀后土。

東夷倭奴國王遣使奉獻。

二月戊戌，帝崩於南宫前殿，年六十二。遺詔曰：『朕無益百姓，皆如孝文皇帝制度，務從約省。刺史、二千石長吏皆無離城郭，無遣吏及因郵奏。』

初，帝在兵閒久，厭武事，且知天下疲耗，思樂息肩。自隴、蜀平後，非儆急，未嘗復言軍旅。皇太子嘗問攻戰之事，帝曰：『昔衛靈公問陳，孔子不對，此非爾所及。』每旦視朝，日仄乃罷。數引公卿、郎、將講論經理，夜分乃寐。皇太子見帝勤勞不怠，承閒諫曰：『陛下有禹湯之明，而失黄老養性之福，願頤愛精神，優游自寧。』帝曰：『我自樂此，不爲疲也。』雖身濟大業，兢兢如不及，故能明慎政體，總攬權綱，量時度力，舉無過事。退功臣而進文吏，戢弓矢而散馬牛，雖道未方古，斯亦止戈之武焉。

論曰：皇考南頓君初爲濟陽令，以建平元年十二月甲子夜生光武於縣舍，有赤光照室中。欽異焉，使卜者王長占之。長辟左右曰：『此兆吉不可言。』是歲縣界有嘉禾生，一莖九穗，因名光武曰秀。明年，方士有夏賀良者，上言哀帝，云漢家歷運中衰，當再受命。於是改號爲太初元年，稱『陳聖劉太平皇帝』，以厭勝之。及王莽篡位，忌惡劉氏，以錢文有金刀，故改爲貨泉。或以貨泉字文爲『白水眞人』。後望氣者蘇伯阿爲王莽使至南陽，遥望見舂陵郭，唶曰：『氣佳哉！鬱鬱葱葱然。』及始起兵還舂陵，遠望舍南，火光赫然屬天，有頃不見。初，道士西門君惠、李守等亦云劉秀當爲天子。其王者受命，信有符乎？不然，何以能乘時龍而御天哉！

贊曰：炎正中微，大盜移國。九縣飆回，三精霧塞。人厭淫詐，神思反德。光武誕命，靈貺自甄。沈幾先物，深略緯文。尋、邑百萬，貔虎爲羣。長轂雷野，高鋒彗雲。英威既振，新都自焚。虔劉庸、代，紛紜梁、趙。三河未澄，四關重擾。神旌乃顧，遞行天討。金湯失險，車書共道。靈慶既啓，人謀咸贊。明明廟謨，赳赳雄斷。於赫有命，系隆我漢。

綜述

《漢書》卷二四《食貨志》 後二年，世祖受命，盪滌煩苛，復五銖錢，與天下更始。

《後漢書》卷一一四《百官志一·太尉條》注引應劭《漢官儀》 世祖詔：『方今選舉，賢佞朱紫錯用。丞相故事，四科取士。一曰德行高妙，志節清白；二曰學通行修，經中博士；三曰明達法令，足以決疑，能案章覆問，文中御史；四曰剛毅多略，遭事不惑，明足以決，才任三輔令：皆有孝悌廉公之行。自今以後，審四科辟召，及刺史、二千石察茂才尤異孝廉之吏，務盡實覈，選擇英俊、賢行、廉絜、平端於縣邑，務授試以職。有非其人，臨計過署，不便習官事，書疏不端正，不如詔書，有司奏罪名，并正舉者。』又舊河隄謁者，世祖改以三府掾屬爲謁者領之，遷超御史中丞、刺史，或爲小郡。監察黎陽謁者，世祖以幽、并州兵騎定天下，故於黎陽立營，以謁者監之，兵騎千人，復除甚重。謁者任輕，多放情態，順帝改用公解府掾有清名威重者，遷超牧守焉。

又 卷一一六《百官志三·少府條》注引《決録注》 故事尚書郎以令史久缺補之，世祖始改用孝廉爲郎，以孝廉丁邯補焉。邯稱病不就。

詔問：『實病？羞爲郎乎？』對曰：『臣實不病，恥以孝廉爲令史職耳。』世祖怒曰：『虎賁滅頭杖之數十。』詔問：『欲爲郎不？』邯曰：『能殺臣者陛下，不能爲郎者臣。』中詔遣出，竟不爲郎。

《三國志》卷一〇《魏志·荀彧傳》　昔高祖保關中，光武據河内，皆深根固本，以制天下。進足以勝敵，退足以堅守，故雖有困敗而終濟大業。

又　卷一五《魏志·張既傳》　昔賈復請擊郾賊，光武笑曰：『執金吾擊郾，吾復何憂？』

《後漢書》卷一《光武帝紀》注《禮》　『祖有功而宗有德』，光武中興，故廟稱世祖。

又　《謚法》　能紹前業曰光，克定禍亂曰武。

又　卷二《明帝紀》　（永平）二年春正月辛未，宗祀光武皇帝於明堂。帝及公卿列侯，始服冠冕、衣裳玉佩、絇履以行事。禮畢，登靈臺。使尚書令持節詔驃騎將軍、三公曰：『今令月吉日，宗祀光武皇帝於明堂，以配五帝。禮備法物，樂和八音，詠祉福，舞功德，（其）班時令，敕羣后。

又　卷七六《循吏傳》　初，光武長於民間，頗達情僞。見稼穡艱難，百姓病害，至天下已定，務用安靜，解王莽之繁密，還漢世之輕法。

又　卷八九《南匈奴傳》　光武初，方平諸夏，未遑外事。至六年，始令歸德侯劉颯使匈奴，匈奴亦遣使來獻。

又　卷一〇八《五行志六·日蝕》　時諸郡太守坐度田不實，世祖怒，殺十餘人，然後深悔之。

又　卷一一三《郡國志五·日南》　世祖中興，惟官多役煩，乃命并合，省郡、國十，縣、邑、道、侯國四百餘所。

宋·鄭樵《通志》卷四三《吉禮下·時享》　後漢光武帝，建武二年正月立高廟于雒陽。四時祫祀，高帝爲太祖，文帝爲太宗，武帝爲世宗如舊，餘帝不祀四時。

論說

《漢書》卷二二《禮樂志》　世祖受命中興，撥亂反正，【略】即位三十年，四夷賓服，百姓家給，政教清明。

三國魏·曹植《曹子建集》卷一〇《漢二祖優劣論》　世祖體乾靈之休德，稟貞和之純精，通黄中之妙理，韜亞聖之懿才。其爲德也，通達而多識，仁智而明恕，重慎而周密，樂施而愛人。值陽九無妄之世，遭炎光厄會之運。殷爾雷發，赫然神舉。用武略以攘暴，興義兵以掃殘。神光前驅，威風先逝。軍未出於南京，莽已弊於西都。夫其蕩滌凶穢，剿除醜類，若順迅風而縱烈火，曬白日而掃朝雲也。爾乃廟謀而後動衆，計定而後行師。故攻無不陷之壘，戰無奔北之卒。是以羣下欣欣，歸心聖德，宣仁以和衆，邁德以來遠。故竇融聞聲而影附，馬援一見而歎息。股肱有濟濟之美，元首有穆穆之容。敦睦九族，有唐虞之稱；高尚純樸，有羲皇之素；謙虚納下，有吐握之勞；留心庶事，有日昃之勤。乃規弘迹而造皇極，創帝道而立德基。是以計功則業殊，比隆則事異，旌德則靡愆，言行則無穢，量力則勢微，論輔則力劣。卒能握乾坤之休徵，應五百之顯期。立不刊之遐迹，建不朽之元功。金石播其休烈，詩書載其勳懿。故曰光武其優也。

唐·歐陽詢等《藝文類聚》卷一二《帝王部二·後漢光武帝》注引薛瑩《後漢紀》卷一《光武帝紀》　皆有冀於非望，然考其聰明仁勇，自無光武儔也。加以寬博容納，計慮如神。【略】十數年間，掃除羣凶，清復海内，豈非天人之所輔贊哉？

晉·司馬彪《續漢書》卷一《光武帝紀》　至於光武，承王莽之篡起自匹庶，一民尺土，靡有憑焉。發迹于昆陽，以數千屠百萬，非膽智之主，孰能堪之？【略】號稱中興，雖初興者，無以加矣。中國既定，柔遠以德，愛慎人命，下及至賤，武功既抗，文德聿修。

《三國志》卷七《魏志·臧洪傳》　光武創基兆于綠林，卒能龍飛中興，以成帝業。

《後漢書》卷一《光武帝紀》　雖身濟大業，兢兢如不及，故能明慎政體，總攬權綱，量時度力，舉無過事。退功臣而進文吏，戢弓矢而散馬牛，雖道未方古，斯亦止戈之武焉。【略】

炎正中微，大盜移國。九縣飆回，三精霧塞。人厭淫詐，神思反德。光武誕命，靈貺自甄。沈幾先物，深略緯文。尋、邑百萬，貔虎爲羣。長

轂雷野，高鋒彗雲。英威既振，新都自焚。虔劉庸、代，紛紜梁、趙。三河未澄，四關重擾。神旌乃顧，遞行天討。金湯失險，車書共道。靈慶既啓，人謀咸贊。明明廟謨，赳赳雄斷。於赫有命，系隆我漢。

又　卷二四《馬援傳》　恢廓大度，同符高祖，乃知帝王自有眞也。

又　卷三三《朱浮傳》　光武、明帝躬好吏事，亦以課覈三公。

【略】

前到朝廷，上引見數十，每接讌語，自夕至旦，才明勇略，非人敵也。且開心見誠，無所隱伏，闊達多大節，略與高帝同。經學博覽，政事文辯，前世無比。

又　卷二八《馮衍傳》　皇帝以聖德靈威，龍興鳳舉，率宛、葉之衆，將散亂之兵，喢血昆陽，長驅武關，破百萬之陳，摧九虎之軍，靁震四海，席卷天下，攘除禍亂，誅滅無道，一朞之間，海內大定。繼高祖之休烈，修文武之絶業，社稷復存，炎精更輝，德冠往初，功無與二。

又　卷三五《張純傳》　興於匹庶，蕩滌天下，誅鉏暴亂，興繼祖宗。

又　卷四〇下《班固傳》　于時之亂，生民幾亡，鬼神泯絶，壑無完柩，郛罔遺室，原野猒人之肉，川谷流人之血，秦、項之灾猶不克半，書契已來未之或紀也。

又　卷一下《光武帝紀》　陛下有禹湯之明，而失黄老養性之福，願頤愛精神，優游自寧。

又　卷一一四《百官志一·序》　世祖中興，務從節約，幷官省職，費減億計，所以補復殘缺，及身未改，而四海從風，中國安樂者也。

清·劉傑《光緒宜陽縣誌》　帝英勇明斷，折棰笞寇之言至是驗矣，豈在窮兵黷武以逞哉？斯民世祀而不忘，固宜。恭惟聖朝海宇寧謐，桴鼓不驚，居者無輸饋之勞，行者無征戰之苦。昔之變亂服色，晝戰夕構；今其子孫飽食暖衣，耕田鑿井，熙熙皞皞，不知帝力之何有，顧不勝歡。

南朝梁·蕭繹《金樓子》卷四《立言篇上》　諸葛亮曰，曹子建論光武：將則難比於韓、周，謀臣則不敵良、平。時人談者，亦以爲然。吾以此言誠欲美大光武之德，而有誣一代之俊異。何者？追觀光武二十八將，下及馬援之徒，忠貞智勇，無所不有，篤而論之，非減曩時。所以張、陳特顯於前者，乃自高帝動多闊疏，故良、平得廣於忠信，彭、勃得横行於外。語有『曲突徙薪爲彼人，焦頭爛額爲上客』，此言雖小，有似二祖之時也。光武神略計較，生於天心，故帷幄無他所思，六奇無他所出，於是以謀合議同，共成王業而已。【略】光武上將非減於韓、周，謀臣非劣於良、平，原其光武策慮深遠，有杜漸曲突之明；高帝能疏，故陳、張、韓、周有焦爛之功耳。

南朝梁·袁山松《後漢書》卷一《光武帝紀》　數年之間，廓清四海，雖曰中興，與夫始創業者，庸有異乎，誠哉馬生之言，固已寥廓大度，同符高祖。又等太宗之仁，兼孝宣之明，一人之體，其殆於周，故能享有神器，據乎萬乘之上矣。

《晉書》卷一〇五《載紀·石勒下》　朕若逢高皇，當北面而事之，與韓彭競鞭而爭先耳。脫遇光武，當並驅于中原，未知鹿死誰手。

唐·吴兢《貞觀政要》卷一〇《愼終》　朕觀古先撥亂之主，皆年踰四十，惟光武年三十三。

唐·李靖《李衛公問對》卷下　獨能推赤心用柔治保全功臣，賢于高祖遠矣。

宋·李昉等《太平廣記》卷一八九《將帥·簡文》　晉簡文道光武云：漢世祖雄豪之中，最有俊令之體，賢達之風。

宋·司馬光《資治通鑑》卷六八《漢紀·孝獻皇帝》　自三代既亡，風化之美，未有若東漢之盛者也。

宋·何去非《何博士備論》卷上《漢光武論》　英雄若世祖者，爲難及也。

宋·蘇轍《欒城後集》卷八《歷代論·漢光武上》　東漢光武，才備文武，破尋邑，取趙、魏，鞭笞羣盜，算無遺策，計其武功若優於高帝。

宋·陳亮《龍川集》卷五《酌古論·光武》　自古中興之盛，無出於光武矣。奮寡而擊衆，舉弱而覆强，起身徒步之中甫十餘年，大業以濟，筭計見效，光乎周宣。

元·郝經《陵川集》卷三四《碑文》四《新野光武皇帝廟碑》　光武復汎掃僞妄，振踣植僨，以帝王之學潤色皇度，賁若草木，復垂統二百

年。【略】終我四百，作成政治，保佑民命，風化之美同於先王，則其功又有大於高帝者焉。【略】光武之興，條理、文獻遂軼西京。幾於三代，篤實輝光，基命以德，温純縝密，服天下以柔道。雖則中興，同夫創業。【略】文德軼於高帝，中興功烈，邃古所無。於乎盛哉！

《明太祖實録》卷九二　惟漢光武皇帝延攬英雄，勵精圖治，載興炎運，四海咸安。有君天下之德而安萬世之功者也。

清·王夫之《讀通鑑論》卷六　光武之得天下，較高帝而尤難矣！三代而下，取天下者，唯光武獨焉，而宋太祖其次也。【略】自三代而下，唯光武允冠百王矣。【略】光武之神武不可測也。【略】光武以支庶之餘，起于南陽，與其人士周旋辛苦、百戰以定天下，其專用南陽人而失天下之賢俊，雖私而抑不忘故舊之道也。【略】任爲將師而明於治道者，古今鮮矣，而光武獨多得之。

藝文

唐·張九齡《曲江集》卷四《南陽道中作》　登郢屬歲陰，及宛懵所適。復聞東漢主，遺此南都迹。佳氣藹厥初，霸圖紛在昔。茲邦稱貴近，與世嘗薰赫。遭遇感風雲，變衰空草澤。不識鄧公樹，猶傳陰后石。驅馬歷闉闍，荆榛翳阡陌。事去物無象，感來心不懌。懷古對窮秋，興言傷遠客。眇默遵岐路，辛勤弊行役。雲鴈號相呼，林麕走自索。顧憶徇書劍，未嘗安枕席。豈暇墨突黔，空持遼豕白。迷復期非遠，歸歟賞農隙。

唐·李白《李太白全集》卷二《上雲樂》　赤眉立盆子，白水興漢光。叱咤四海動，洪濤爲簸揚。

又　卷三《箜篌謡》　攀天莫登龍，走山莫騎虎。貴賤結交心不移，唯有嚴陵及光武。

又　卷一五《送岑徵君歸鳴皋山》　光武有天下，嚴陵爲故人。雖登洛陽殿，不屈巢由身。

唐·杜甫《杜工部集》卷四《述古三首》　漢光得天下，祚永固有開。豈惟高祖聖，功自蕭曹來。經綸中興業，何代無長才。吾慕寇鄧勳，濟時信良哉。耿賈亦宗臣，羽翼共徘徊。休運終四百，圖畫在雲臺。

宋·李廌《濟南集》卷四《過昆陽城》　昆陽城下黍苗稀，寂歷荒墟隱翠微。遠想龍蛇方鬭野，解驅虎豹使成圍。烏知將擁河流斷，定喜能令屋瓦飛。白水眞人今物化，春陵惟有荷鋤歸。

宋·邵雍《伊川擊壤集》卷一《觀棋大吟》　東漢重晞日，昆陽屋瓦飛。幽憂新室鬼，狼籍漸臺屍。鄗邑追隆準，新安掃赤眉。再逢火德王，復睹漢官儀。竇鄧緣中饋，閻梁挾牝雞。經何功殆盡，至董業都糜。河洛少煙火，京都多蒿藜。長天有鳥度，白骨無人悲。城有隍須復，羊無血可刲。大厦之將顛，非一木可支。

宋·韓維《南陽集》卷二《和曼叔昆陽城》　炎精滅無輝，賊莽伺天業。帝乘餘運起，一劍無所挾。皇天相其怒，雷電助震疊。尋邑百萬師，破碎在俄霎。開漢中興基，其猶取諸篋。千載滍水上，行人指遺堞。威靈久不泯，如與耳目接。至今古祠上，過者猶惴讋。荆蕪起寒色，尚想戰血喋。屋瓦無遺處，秋風卷黄葉。

宋·蘇泂《泠然齋詩集》卷一《擬古》　漢光昔未遇，頗爲兄嫂欺。誰知韓王信，本是屠沽兒。他時築將壇，意氣帝者師。中興屏新莽，長劍誅赤眉。皇天生一物，大小隨其資。例令飢與寒，何以生育爲。永言觀厥成，圓璧殊方圭。天意定不爾，變化應須時。少小弄文翰，把筆能哦詩。十五學綴文，如蠒中抽絲。青雲付達官，十九名新知。南轅異燕路，鄙笑無挈提。甘心窮閻中，疏食黄瓜虀。區區蠹魚習，槁死不可醫。閑齋秉微尚，高視聖者師。謾言苦如荼，誰信甘如飴。

宋·樓鑰《攻媿集》卷一二《物色訪嚴光》　肥遯推嚴子，招賢仰漢光。營求思舊物，物色訪羣方。聘問期終得，形容尚未忘。羊裘方審識，蒲乘遂搜揚。不羨雲臺繪，還歸釣瀨傍。高風今尚在，江水與俱長。

宋·王令《廣陵集》卷一七《讀東漢》　漢鼎重炎逆血熬，當時天子亦勤勞。不能乘作唐虞計，未會嚴陵所謂高。

宋·劉昌言《釣臺》　漢業中微炎祚衰，四海姦豪竊神器。南陽龍虎方鬭爭，赤伏眞人正天位。先生高隱來富春，耕耒青山自如意。一竿魚釣樂幽深，七里溪光弄蒼翠。朝中天子思故人，物色環中引其類。先生獨步衣羊裘，咳唾浮雲輕富貴。足加帝腹傍無人，星動天文失躔次。卓哉光武眞聖君，終使狂奴畢高志。雲臺千尺盡功臣，誰肯回顧釣臺地。

宋·張耒《柯山集》卷二六《題南頓光武祠》　他日曾休羽葆車，可憐宮寺已丘墟。雲臺諸將鏘冠劍，卻遣嚴光配坐隅。

宋·李綱《水龍吟·光武戰昆陽》　漢家炎運中微，坐令閏位餘分據。南陽自有，眞人膺曆，龍翔虎步。初起昆城，旋驅烏合，塊然當路。想莽軍百萬，旌旗千里，應道是、探囊取。

豁達劉郎大度。對勍敵、安恬無懼。提兵夾擊，聲喧天壤，雷風借助。虎豹哀嗥，戈鋋委地，一時休去。早復收舊物，掃清氛祲，作中興主。

宋·楊簡《慈湖遺書》卷六《歷代詩·東漢》　東漢之光武，高皇九世孫。誅莽中興後，依前十二傳。明章稱顯肅，乃及和殤安。順賢沖與質，桓靈極不君。終當孝獻帝，漢室遂三分。

宋·沈與求《山西行》　眞人中興似光武，赤眉青犢折箠笞。

宋·邵炳《題釣臺》　光武休戈詔子陵，高臺時暫別煙汀。當時四海皆臣妾，獨有先生占客星。

宋·陳造《江湖長翁集》卷七《光武二首》　閉關謝質保豐功，建武規模見祖風。宰輔駢誅非細故，平章敢謂茂陵同。【略】

濟業何關赤伏符，王梁不拜未云疏。君王幸卻東封請，底事終身溺讖書。

宋·陳鑑之《題嚴子陵釣臺》　渭濱一叟髮垂素，西伯與之無雅故。幡然爲捨釣魚竿，八極風雲生指顧。先生少與文叔游，眼看日角與炎劉。胡爲掉頭不肯住，垂綸依舊披羊裘。周文虛己師賢哲，光武規模欠宏闊。三公清坐臺閣尊，先生回首桐江月。桐江月色無古今，白波蒼嶂幽人心。

宋·林正大《沁園春·括嚴先生祠堂記》　子陵先生，故人光武，以道相忘。幸炎符再握，六龍在御，看臣來億兆，陽德方剛。自是先生，獨全高節，歸去江湖樂未央。動星象，披羊裘傲睨，一世軒裳。高哉不事侯王。愛此地山高水更長。蓋先生心地，超乎日月，又誰如光武，器量包荒。立懦廉頑，有功名教，萬世清風更激揚。無今古，想雲山鬱鬱，江水泱泱。

宋·范成大《石湖詩集》卷七《寄贈泉石使李元直入覲》　漢圖昔中天，百六啓眞主。當時鄧高密，徒步赴光武。諸公上雲臺，一葉渺湘浦。聲名三十年，玉氣貫晴宇。向來宣室問，天語道舊故。不圖太平日，復見起兵簿。雙旌奠侯服，三節臨江滸。垂欲大用公，少駐議圜府。人言山澤官，底用廊廟具。果聞一乘傳，已踵追鋒去。翔鳳覽輝來，風采照鴛鷺。平生經濟心，十不一二吐。茲行公勿遜，安國如鼎呂。

又　卷一二《光武廟》　雲臺列像拱眞人，野老猶詩建武春。不用劍鋒能剸石，冰河一瞥已通神。

宋·姚勉《雪坡集》卷一二《題蜀江觀》　光武中興三十年，愈民痌瘝發靈泉。吾泉何止如光武，瑞井宜通瑞錦邊。

宋·陳普《石堂先生遺集》卷二〇《詠史上·光武》　赤符交錫帝心移，不似初來岸幘時。浪泊壺頭終落落，羊裘男子殆先知。【略】

經邦論道職何卑，又是前朝賣餅兒。十亂五臣無媛席，三王四代是何時。【略】

金匱哀章正共哀，又將符命議靈臺。太山千古黃泉路，底事鑾輿愛上來。【略】

丙夜沈沈講未停，故人重話舊時燈。半篇説命良依約，舜典周官總未曾。【略】

腹上能容嚴子陵，面前何不着韓歆。迭興知與人何事，隴蜀繞平便易心。

宋·徐大正《題釣臺》　光武初從血戰回，故人長短尚論材。中宵若起唐虞興，未必先生戀釣臺。

宋·徐鈞《史詠詩集》卷上《光武》　功成論道息干戈，武將森森學問多。養得文風名節盛，自三代下莫能過。

宋·徐照《光武廟》　帳閉爐煙聚，山龍帝者衣。眞人元有道，社鬼忽無威。畫剝金猶在，碑平字半非。鼓鳴村犬吠，祭罷數翁歸。

宋·曹勳《松隱集》卷一九《題光武廟三首》　隴蜀趨風泣向隅，征途殊喜讀雙趺。他年新載碑中語，百萬俱摧歷古無。【略】

故人高卧枕嚴溪，香火紛紛俗不疲。倘贊提封如帝業，也分百户奉眞祠。【略】

九州思漢定雄夫，天下雄夫待一呼。冰亦復隨人意合，從來大度自同符。

宋·梅堯臣《宛陵集》卷四《讀范桐廬述嚴先生祠堂碑》 二蛇志不同，相得榛莽裏。一蛇化爲龍，一蛇化爲雉。龍飛上高衢，雉飛入深水。爲蜃自得宜，潛游滄海涘。變化雖各殊，有道固終始。光武與嚴陵，其義亦云爾。所遇在草昧，既貴不爲起。翻然歸富春，曾不相助治。至今存清芬，烜赫耀圖史。人傳七里灘，昔日來釣此。灘上水濺濺，灘下石齒齒。其人不可見，其事清且美。有客乘朱輪，徘徊想前軌。著辭刻之碑，復使存厥祀。欲以廉貪夫，又以立懦士。千載名不忘，休哉古君子。

宋·黃庭堅《山谷集》卷五《題伯時畫嚴子陵釣灘》 平生久要劉文叔，不肯爲渠作三公。能令漢家重九鼎，桐江波上一絲風。

宋·曾中思《水調歌頭》 有客泛輕舸，迤邐到桐廬。山灣水曲，箇中依約是仙區。試喚清江漁父，爲問來今往古，興廢事如何。笑指寒煙裏，此是子陵居。漢光武，興皇運，握乾符。客星侵座，方見不與故人疏。自是先生高尚，無限經綸才略，飄泛寄江湖。凜凜亘千載，風月屬樵漁。

宋·葛立方《水龍吟·遊釣臺作》 九州雄傑溪山，遂安自古稱佳處。雲迷半嶺，風號淺瀨，輕舟斜渡。朱閣橫飛，漁磯無恙，鳥啼林塢。弔高人陳迹，空瞻遺像，知英烈、雄千古。憶昔龍飛光武。悵當年、故人何許。羊裘自貴，龍章難換，不如歸去。七里溪邊，鸕鷀攤畔，一蓑煙雨。歎如今蕩子，翻將釣手遮日，向西秦路。

宋·韓元吉《南澗甲乙稿》卷六《漢光武廟》 涿郡漁陽此路分，用兵諸將總如神。白頭浪説關中事，鄧禹當年已笑人。

宋·詹慥《渡湘江弔嚴子陵》 光武親征血戰回，舉朝誰識渭川才。羆熊果有周王卜，未必先生戀釣臺。

又《桐江弔子陵》 光武親征血戰回，舉朝誰識渭川才。羆熊果有周王卜，未必先生戀釣臺。

宋·潘中父《題釣臺》 焚阬禍作逃園綺，明哲保身寧餓死。溺冠漫罵又一秦，織奮鼓刀恬不恥。子房託疾封留歸，齊魯大臣那可比。此意寥寥二百載，阿諛往往居帝師。呂興天幸有光武，下士謙恭冠千古。布衣本以道義交，不問故人登九五。揭來過我路幾程，征衫猶作戰血腥。睡餘伸脚稍加腹，安得細事關天星。歸歟宜審苞桑戒，勿念潔身增感慨。君持大柄理乾坤，我把絲綸老湍瀨。

元·陳肅《雜興五首》 生長宛葉間，廓落不事家。結託劉文叔，調笑陰麗華。還沽春陵酒，更賞河陽花。興闌聊騁望，紛紛龍虎霞。

宋·文天祥《文山集》卷一九《滹沱河二首》 過了長江與大河，橫流數仞絶滹沱。蕭王麥飯曾倉卒，回首中天感慨多。

宋·方嶽《秋崖集》卷三《書客星閣》 平生看破劉文叔，不肯依乘赤伏符。底處只緣曾識面，故應人喚作狂奴。

宋·陸游《劍南詩稿》卷五七《舟中作》 山蔬藥苗滿箸香，超然下視太官羊。更憑語與劉文叔，豆鬻從來味最長。

宋·陳長方《唯室集》卷四《題牛圖》 卧嚙枯萁對晚風，微勞畎畝未須雄。吾君痛迫劉文叔，好試當年新野功。

宋·羅大經《鶴林玉露》乙編卷四《題釣臺二首》 平生謹敕劉文叔，卻與狂奴意氣投。激發潛龍雲雨志，了知功跨鄧元侯。

宋·司馬光《傳家集》卷六《邇英閣讀畢後漢書蒙恩賜御筵詩》 赤伏開興運，昆陽定壯圖。官儀還舊物，郊兆建新都。杲日羣陰破，油雲萬類蘇。鑾輿陟喬嶽，璽綬撫匈奴。厚禄優諸將，嘉猷訪大儒。重明紹堂構，奕葉奉規摹。叔世條綱紊，遺風節義扶。袁安空隕涕，楊震卒蒙辜。佞指車前鹿，人瞻屋上烏。炎精盡河渚，黄眚兆當塗。青簡傳良直，金華侍燕娱。興衰炳轍迹，淑慝粲龜符。赫赫天光照，孳孳睿思紆。方齊建武治，不啻永平俱。化盛文明正，恩隆飲食需。晞陽慚杞棘，濡味愧鵜鶘。

宋·張繼先《虛靖眞君詞·瑤臺月·元宵慶賞》 天開景運。記建武中興，炎劉重盛。明良際會，八表風調雨順。任一時岳降生申，正千載河清誕聖。祥雲擁，流霞映。飛仙拱，魁星炯。佳應是師眞毓瑞，人天交慶。蘅薇香滿元宵景，耀天目神光如鏡。見龍章鳳質，降伏羣魔歸正。稟玄元立教開先，悟至道心空神領。昌元嗣，明眞鏡。同無有，怡清淨。綿永度，三途六道，神仙同證。

宋·蘇軾《東坡全集》卷一四《豆粥》 君不見滹沱流澌車折軸，公孫倉皇奉豆粥。濕薪破竈自燎衣，飢寒頓解劉文叔。又不見金谷敲冰草木春，帳下烹煎皆美人。萍虀豆粥不傳法，咄嗟而辦石季倫。干戈未解身

如寄，聲色相纏心已醉。身心顛倒自不知，更識人間有眞味。豈如江頭千頃雪色蘆，茅簷出没晨烟孤。地碓春秔光似玉，沙缾煮豆輭如酥。我老此身無著處，賣書來問東家住。卧聽雞鳴粥熟時，蓬頭曳履君家去。

宋·林亦之《網山集》卷一《題嚴子陵釣臺》 莫向金門傲冕旒，歸來卻要著羊裘。乾坤不是劉文叔，那得長竿釣白頭。

元·陳孚《陳剛中詩集》卷二《鄗南光武廟》 赤伏眞天子，玄圭袞藻明。千年高邑廟，一笑下江兵。野闊騰龍氣，河流渡馬聲。列侯冠劍合，英采儼如生。

元·黎崱《安南志略》卷一九《圖志歌》 光武初除新室難，未遑選擢南方使。麊泠二女逞奸雄，姊名徵側妹徵貳。招呼要黨據南交，威服百蠻無與比。侵邊寇滅六十城，一立爲王一爲帥。堂堂漢將馬伏波，苦戰三年常切齒。分軍驅逐到金溪，賊酋授首悉平治。廣開漢界極天南，銅柱高標傳漢史。命官遺將鎮其民，德政清新多惠施。至於士燮善撫綏，貴重一方人所思。國政紛紛吳蜀在，爭爲壁壘陳交界。

元·葉顒《樵雲獨唱》卷三《嚴江獨釣》 光武中興主，嚴光避世翁。雲邊一片石，江上幾秋風。

元·張昱《可閑老人集》卷一《題劉松年畫張志和辭聘圖》 長安城中晨鼓響，馬後紅塵高十丈。吳儂爲爾去烟波，卧聽樵青閒蕩槳。醉來卽唱滄浪歌，平生志願今無多。鷦鷯不巢上林樹，鸒斯不啄玉山禾。是身渺焉寓天地，何殊太倉之稊米！野人本乏濟時策，孰謂要君徵不起？所以漢光武，不强嚴子陵。放歸江湖從所志，千年萬年呼客星。聖人在位，麟鳳在野。洛既出圖，河復出馬。普天率土遂其生，四靈咸集依至化。唐堯垂拱而在上，禹稷憂勤而在下。當時天下所不臣，亦有臨流棄瓢者。

元·楊維楨《鐵崖古樂府》卷八《覽古四十二首》 武丁夢良弼，審象極冥搜。光武思故人，物色在羊裘。彭城有處士，君恩賁林丘。股肱不爲用，顔色徒相求。

明·劉基《誠意伯文集》卷二《煌煌京洛行》 齊謳且輟唱，吳趨亦停聲。請君傾耳聽，聽我歌洛京。京洛何煌煌，卜宅自周王。五服晝九州，兹惟土中央。用文四戰地，恃德不恃强。叔世道雖微，靈源瀉流長。漢祖殪秦項，定都由子房。馬上得天下，繼周焉敢當。光武起白水，龍飛掃欃槍。應天順民心，戡暴安痍傷。冕旒正宸極，圭組崇俊良。功臣列爵土，循吏勸畊桑。詔書報臧馬，玉關閑西羌。周嚴播高風，卓魯樹甘棠。廷無乳虎伏，邑有馴雉翔。涓涓醴泉液，煜煜朱草芳。繼體更能賢，守成不踰常。南郊尊上帝，宗祀親明堂。辟雍養耆德，靈臺觀祲祥。南宫晝元勳，東觀昭文章。詩書母后訓，淫侈蕃封防。百年天再闢，四帝日重光。傾昃自滿盈，宴安生怠荒。刑官竊威柄，義士死道旁。釁積千里草，禍成一星黄。大命始不摯，餘暉尚悠揚。典午亦有初，言治稱太康。用人混哲否，孽芽出蕭墻。兄弟相啖食，同氣成豺狼。金庸豈不固，清談漫洋洋。妖星入太極，邊塵侵御牀。銅駝荆棘没，寢廟狐狸藏。落日照西城，寒雲歸北邙。轘轅無人行，伊洛廣且長。衰榮若旦暮，道德信金湯。殷勤京洛篇，厥鑑不可忘。

金·李俊民《莊靖集》卷六《光武廟》 海内英雄待一呼，雲龍際會入東都。季龍不識眞人事，徼倖中原欲並驅。

金·趙秉文《滏水集》卷六《柏人光武廟》 眞人開有漢，帝業肇蔓蕪。洒落君臣契，艱危廟社圖。山川扶鄗邑，日月拱東都。社稷千秋里，風雲四達衢。北風吹雨雪，西日照桑榆。舊物餘翁仲，荒祠老祝巫。功臣遺像在，時有鼠銜鬚。

金·元好問《遺山集》卷一《光武臺》 東南地上游，荆楚兵四衝。遊子十月來，登高送長鴻。當年赤帝孫，提劍起蒿蓬。一顧滍水斷，再顧新都空。雷霆萬萬古，青天看飛龍。巋然此遺臺，落日荒烟重。誰見經綸初，指揮走羣雄。白水日夜東，石麟幾秋風。空餘廣武歎，無復雲臺功。

又 卷一〇《秋日載酒光武廟》 美酒良辰邂逅同，赤眉城北漢王宫。百年星斗歸天上，萬古旌旗在眼中。草木暗隨秋氣老，河山長爲昔人雄。一杯逕醉風雲地，莫放銀盤上海東。

元·王磐《昆陽懷古》 行役宛葉間，路入昆陽城。滍水抱城左，蕩漾東南溟。川源入四顧，盤互多岡陵。城頹削懸崖，草深惡鴟鳴。嗟爾一坏土，當此百萬兵。莽圖十九年，聚此天爲阬。王者况不死，千騎驚龍騰。漢業兆豐沛，赤符此中興。創復兩不易，山川賁雄名。東南遙相望，盤盤兩神京。千年事雲散，草木含威靈。野人無所知，城邊事春耕。扶犁上廢壘，隴畝縱復横。只應懷古士，千古愴餘情。

元·郝經《陵川集》卷一〇《曉登昆陽故城》 弓刀蹀躞西風鳴，慘澹夜入昆陽城。疏星牢落楚氛黑，立馬起坐東方明。淩晨歷覽增壯觀，世祖凜凜猶如生。以寡敵衆古亦有，以怯爲勇夫誰能？始知謹厚是眞勇，彼僞不足當吾誠。眼中百萬已破碎，著手一戰成中興。天定豈容人復勝，新莽猶然事符命。漢家王氣滿咸陽，空向漸臺看斗柄。憑高落落生壯懷，萬里一片青山來。子陵不屈亦堪惜，乃使耿鄧升雲臺。東都制度遂狹陋，王室陵夷寖傾覆。漫將風節與維持，終入曹瞞莫能救。巖巖高節固可奇，濟時行道胡不爲。釣魚臺上秋風老，我欲與子論襟期。蕭蕭草木南陽道，龍虎春陵氣仍好。須當策杖向軍門，整頓乾坤濟時了。

元·張憲《玉笥集》卷一《昆陽行》 天囚行屍聚蜂蠆，新市平林健兒起。白水眞人應讖文，春陵子弟持弓矢。切雲高冠，錦袍朱旗，白馬青龍刀。漢官威儀喜復見，下視赤眉銅馬。長驅宛鄧摧枯葉，夜火軍書連奏捷。八千驍果獨鏖鋒，誰道將軍平日怯。司徒司空雙將兵，百里晴雷鼙鼓聲。長人壘尉不獲壘，四十萬人同日崩。昆陽城濠水流血，六十三家謀議拙。象犀瞑目虎豹蹲，疾雨狂風天降孽。司徒授首司空奔，長安四面兵雲屯。承明殿裏目避火，敬法闥前誰斧門。君不見啗鰒魚讀兵書，漸臺勢促將何如。天符金櫃不復驗，侈口靨頤終就誅。袦袀之衣虞舜匕，按圖旋席猶逃死。七珠斗柄不掩身，劉秀明年作天子。

元·王惲《秋澗集》卷三《昆陽懷古》 行役宛葉郊，路入昆陽城。滍水抱城左，蕩潏東南傾。川原入四顧，蟠互多岡陵。城頹削懸崖，草深惡鵰鳴。嗟爾一抔土，當此百萬兵。莽圖十九年，聚此天爲阬。王者況不死，千騎驚龍騰。漢業兆豐沛，赤符此中興。創復兩不易，山川賁雄名。東西遙相望，盤盤兩神京。千年事雲散，草木含威靈。野人無所知，城邊事春耕。扶犁上廢壘，壠畝縱復橫。只因懷古士，千古愴餘情。

又 卷九《滹沱流澌行》 王郎何人著柘黃，欲與赤伏爭翱翔。漢炎中斷天復熾，肘後頑石胡爲光。蕭王揮戈指幽薊，戰血滿野風塵蒼。募兵返得市人噱，當時南馳亦蒼皇。鳶鞮城東嘷水長，北風烈烈天雨霜。前驅候騎兩失色，河雖流澌無可航。兔肩麥飯未下咽，大冰橫合堅於梁。古稱王者阨不死，淮陵一言殆天使。赤龍已渡淩四開，白魚躍舟未逾此。壇亭王氣如水清，妖彗邯鄲死灰耳。彼蒼有意開眞主，固令若輩先驅處。君看隴蜀最健者，一旦等蛙終漢虜，王郎區區安足數。蒼茫此日龍華渡，漠漠野煙生綠樹。留在長河閱世人，萬古朝宗浩東騖。

元·王逢《梧溪集》卷四《史騾兒》 虎帖耳，豹俛首，青天白日雷電走。尚食黃羊光禄酒，史騾曲曲春風手。蕭王馬蹴滹沱冰，亞父玉碎鴻門斗，鳳凰鎩翮蚌珠剖。趙女舍瑟，秦娥罷缶。飲中八仙方下來，御溝濺赤花飛柳。君不見龍生逆鱗海嶽寒，嗚呼史騾乃敢干。和州孤臣説舊語，梨園弟子更新譜。

明·史謹《獨醉亭集》卷上《白帝城》 孤城嶄巖枕魚復，四面皆山少平陸。白鹽赤甲近相峙，下控荆蠻上巴蜀。赤符天子中興時，乃是公孫子陽築。躍馬成都僭稱帝，隗囂雖附非心服。回首英雄草頭露，城下瞿塘險如故。孔明八陣尚依然，千載猶疑鬼神護。經過半是南遷客，躡磴捫蘿覽陳迹。不知何處是陽臺，一片寒烟鎖荆棘。落日空聞野猿嘯，況乃無家百憂集。速宜沽酒向城沽，醉倚江樓看山色。

明·胡應麟《少室山房集》卷二三《釣臺謁嚴祠作》 高臺倚空雙突兀，釣絲下墜桐江石。客星慘淡呼不應，片片飛雲向人立。憶昔眞龍起新野，百萬昆陽碎如瓦。朝端但訪赤伏符，澤中那問羊裘者。逍遥建武垂裳初，乃有物色來菰蘆。新銜乍可授諫議，故態寧肯迴狂奴。長嘯還歸富春瀨，采藥桐君坐相待。石上明霞照秋水，峯頭雪瀑飛寒籟。箕山潁陽杳莫睹，太息斯人遂千古。方干謝翱兩小子，廢宅荒墳强爲伍。胡生抗志五岳前，中歲偶落風塵緣。釣竿倘拂紫薇坐，歸來與爾共拄東南天。

明·于謙《忠肅集》卷一一《題光武扳倒井》 天相中興不偶然，等閒平地湧清泉。靈源千古蛟龍蟄，時出人間救旱年。

明·王世貞《弇州四部稿》卷五《煌煌京洛行》 煌煌京洛，肇迹光武。服行共儉，奄宅中土。天關玉門，以界夷夏。外户不閉，中夜行旅。爰及二宗，肅雍明堂。疇其賓者，三老五更。邑多藏餦，畝棲贏糧。聲實華邕，西京有光。煌煌京洛，常侍熾之。熾伊成之，司徒伯始。常侍虓哉，蠹齧天紀。司徒棲棲，不卹其緯。煌煌京洛，董逃仇之。仇伊毆之，將軍何侯。嗟彼董矣，卒顛厥室。嗟彼何矣，自貽伊戚。

明·王立道《具茨詩集》卷三《嚴陵獨釣》 漢持太阿授新室，炎光黯然光欲滅。風塵傾洞天地昏，猰貐競食蒼氓血。猗與光武起春陵，司

隸威儀耆老泣。昆陽一鼓虎豹奔，罔魎解首欃槍匿。虹霓掃除日月開，赤精復吐山川色。君臣會遇良有機，乾坤整頓無倒傾。先生兀然獨坐釣，羊裘蒙茸對空澤。亦知天子卽故人，不與四海俱臣妾。翩翩長揖還富春，狂奴不住公卿列。江流夜轉黿鼉寒，山氣暝連風雨白。吁嗟賢士各有志，相助豈必能相屈。古來節義何代無，西京諸子今猶烈。九鼎寧論漢家重，一絲何止千鈞力。畫圖彷佛清風生，盡濯貪顔洗頑骨。

又《釣臺行送姚掌教歸桐廬》 漢家中更百六厄，炎精無光羣盜劇。猗嗟光武起舂陵，司隸威儀重輝赫。昆陽旗鼓虎豹奔，猰貐隕首欃槍馘。桓桓諸將二十八，馳乘風雲厲高翮。先生爾時獨何爲，羊裘蒙茸釣空澤。神龍一奮海宇清，冥鴻孤飛江霧白。亦知天子卽故人，偃蹇自擬長爲客。軒裳韋布各有徒，狂奴豈任三公責。遂令意氣動星辰，翻見功名勝竹帛。釣奇何如龍伯人，漁國不似磻溪石。千秋物色在山川，仰睇嵯峨俯空碧。

明·王跂《春盡效東坡》 大風卷雲濤，蒸濕尚未除。圓月不得出，閃閃西北軀。固知積陰久，滌蕩非須臾。少康必世後，光武百戰餘。先澤雖在人，制勝勤廟謨。英賢共戮力，坐享乃庸愚。念彼蟣虱甲，慚此魚鳥軀。

明·李昱《草閣詩集》卷二《子陵釣魚圖爲胡伯奇題》 光武龍飛膺赤伏，臺上功臣三十六。先生底事披羊裘，翛然獨釣銅江曲。嘉謨啓沃當龍潛，已令漢火回炎炎。三公之棄如敝屣，一絲引得貪夫廉。但知文叔同衾卧，不知客星侵帝座。先生之風千載那能忘，雲山蒼蒼江水長。

明·楊基《眉庵集》卷一《感懷十四首》 鄧禹南陽來，仗節歸光武。孔明卧隆中，不卽事先主。英雄各有見，何必問出處。孫曹與更始，未可同日語。向非昭烈賢，三顧猶未許。君子當識時，守身如處女。

明·陳獻章《陳白沙集》卷七《子陵》 羊裘不返道終疑，玉帛雖來事可知。天下君臣光武召，世間膾炙子陵碑。故人不改狂奴態，一事堪爲百世師。九鼎漢家從此重，聽歌山谷老人詩。

明·黄仲昭《未軒文集》卷七《題釣臺圖》 光武中興網俊才，先生晦迹隱蒿萊。雲臺寥落成榛莽，萬古猶傳舊釣臺。

明·謝榛《四溟集》卷六《謁漢光武原陵》 龍飛白水兆中興，天定滹沱十月冰。半夜客星思漢室，千年王氣感原陵。山靈松櫝殊相護，地勝樵蘇詎敢登。試讀班彪王命論，嵩峯依舊鬱峻嶒。

明·戴冠《和唐愚士會稽懷古詩三首·嚴子陵墓次韻》 君臣垂令名，千載不偶然。先生固尚志，光武亦下賢。斯人化去久，惟有丘隴存。髑髏已成泥，清風播椒蘭。先生漢之龍，當與造化旋。胡爲抱明珠，終身墮深淵。雲臺空自高，視之若輕煙。歸耕富春山，高卧無迍邅。服我羔羊裘，還君駿驥冠。脱去金籠頭，不受牧者鞭。灘水清見石，客星長在天。

清·彭定求等《全唐詩》卷七二九《周曇〈前漢門·僭號公孫述〉》
劍蜀金湯孰敢爭，子陽才業匪雄英。方知在德不在險，危棧何曾阻漢兵。

清·徐世昌《晚晴簃詩匯》卷六《［清］永瑆〈隗囂碗歌〉》 隗囂故宫盌數枚，秦州山農鋤出者。杜老吟時殿已空，悠悠忽復千年也。白水眞人老兵事，得隴望蜀心猶且。飄燈小雪照題詩，磨墨阿瞞臺上瓦。

又 卷八五《［清］吴貽誠〈檢書吟〉》 日出檢羣書，幽窗送新翠。中懷偶不平，展卷風花墜。西漢尚文章，東漢尚節義。横議遭焚坑，激揚天所忌。出師前後心，侃侃追謨誓。典午快雄談，南朝工藻繢。宣公奏疏陳，諫果餘眞味。詩史少陵翁，謳歌紀時事。韓起八代衰，造語開矇翳。歐陽復曾王，雄豪美孰繼。三蘇思湧泉，落墨潮海至。道學尊紫陽，韋編尼父志。文山《正氣歌》，一字千秋淚。厥後叶宫商，梨園矜紙貴。雞林帖括佳，假借先民意。枉費子衿才，何殊優孟戲。勞勞讀律家，繁賾久師吏。刀筆發奇葩，他年公輔器。呈嗟魯一儒，可以封經笥。

又 卷九〇《［清］趙文哲〈漢建武佩劍白玉璏歌〉》 小敵何怯大敵勇，謹厚者眞高帝種。金刀一折二千年，玉具依然帶雙孔。當時投袂興義旗，平林新市驅天威。四七之宿盡龍虎，直憑三尺爲指揮。五成陌上燔柴烈，鹵簿煌煌此同設。通神或已逐風濤，入手猶驚琢冰雪。横理模糊戰血存，苔花蝕處秋無痕。在昔已忘求故劍，半環零落出長門。摩挲建武年間字，十載軍中肯捐棄。告廟還隨璽綬陳，旌功那共乘輿賜。斬蛇法物劫灰飛，白水重開二百基。想見諸軍衣繡䯽，佩來爭説漢官儀。

又 卷一三〇《［清］顧鑑〈伏波廟〉》 逆莽乘權竊神器，龍蛇戰野天日蔽。雄也作頌歆也臣，讀書萬卷綱常昧。是時伏波伏草莽，懷才欲

試空無計。子陽隗囂俱僭竊，紛紛割據皆稱帝。公時遨游蜀隴間，足履其庭心竊議。世亂時危漢鼎移，迴翔審顧難爲地。白水眞人起南陽，蒼生有託神明契。英雄一見決先幾，從此委身心不二。始知帝王自有眞，區區邊幅徒滋僞。聚米陳籌指掌中，中興戡亂歸睥睨。風雲遭際亦偶然，獨具巨眼乘時會。赤符應讖大創平，炎炎火德中天繼。徵側披猖又寇邊，一麾再掃交州沴。至今銅柱標南服，當日明珠讒苡薏。只此已足表旂常，胡爲雄心猶奮勵。七十霜髯再據鞍，五溪南觸蠻荒厲。馬革豈眞求夙願，久要竟墮斯言淚。清浪灘頭金碧輝，靈旗風卷彤雲翳。鷓鴣不呼神鴉翔，洪濤洶洶餘戰氣。舟師估舶盡解帆，巴童作舞楚巫祭。試問雲臺何處問遺踪，公之英靈猶利濟。

又 卷一四一《[清]張振凡〈讀史〉》 東漢尚名節，矯枉或過之。

清·賈鳧西《木皮散人鼓詞》 中間裏王莽挂起一面新家的匾，可憐他四百年炎祚斬斷了腰。那老賊好象轉世報仇的白蛇怪，還了他當初道上那一刀。幸虧了南陽劉秀起了義，感動的二十八宿下天曹。逐日家東征西討復了漢業，譬如那冷了火的鍋底兩番燒。不數傳到了桓靈就活倒運，又出個瞅相應的曹瞞長饞癆。

清·張晉《讀〈後漢書〉作小樂府三十八章·一笥餌》 南陽樊仲華，塵埃識天子。拔作都尉官，用酬一笥餌。

清·錢謙益《列朝詩集》丙集第三《[明]王鴻儒〈讀東漢外戚傳〉》 金貂赫奕侍中家，恩託椒房寵莫涯。連苑高樓臨紫陌，傾城名妓按紅牙。君王自是光明燭，豎子終爲頃刻花。所惜覆車無戒者，青編常遺後人嗟。

清·張晉《讀〈後漢書〉作小樂府三十八章·馮公孫》 麥飯與豆粥，倉卒蒙褒贊。臣懷巾車恩，君念河北難。

清·彭定求等《全唐詩》卷五九二《曹鄴〈題山居〉》 掃葉煎茶摘葉書，心閒無夢夜窗虛。只應光武恩波晚，豈是嚴君戀釣魚。

又 卷六〇二《汪遵〈桐江〉》 光武重興四海寧，漢臣無不受浮榮。嚴陵何事輕軒冕，獨向桐江釣月明。

又 卷六四七《胡曾〈詠史詩·滹沱河〉》 光武經營業未興，王郎兵革正憑陵。須知後漢功臣力，不及滹沱一片冰。

又《昆陽》 師克由來在協和，蕭王兵馬固無多。誰知大敵昆陽敗，卻笑前朝困楚歌。

又 卷七二九《周曇〈後漢門·光武〉》 成敗非儒孰可量，儒生何指指蕭王。蕭王得衆能寬裕，吳漢歸來帝業昌。

清·張雲翼《嚴灘》 漫整荷衣拜逸民，灘聲猶自動星辰。富春近日誰漁父，天子當年有故人。名到先生纔是隱，賢如光武不稱臣。只因曾作梅家婿，外氏家風愛隱淪。

清·張問陶《船山詩草》卷二《光武故里》 白水遺龍種，春陵鬱帝基。南陽新將相，司隸舊威儀。大樹悲荒宅，神鴉澹古祠。英雄攀附地，下馬拜殘碑。

清·宗稷辰《光武廟和柳如圭韻》 春陵一脉久棲遲，赤手能搴大將旗。紫色空摹周禮樣，蒼生深切漢家思。驅除王業才同創，保愛功臣賞不私。千古中興推第一，宋高唐肅已無祠。

清·高炳《天生橋》 兩崖臨絕澗，微徑垂一縷。中間橫巨石，足可容百堵。鑿空非人力，枝撑自太古。奔泉噴雪下，轟若雷霆怒。長天慘白日，六月失炎暑。平生輕波濤，三峽未足數。中流揮羽扇，嘯詠狎飛鱅。迨茲翻凜然，頓覺毛髮豎。勇怯亦何常，擇地自可賈。因思昆陽捷，千載稱光武。卻笑李將軍，徒誇射猛虎。

清·王時翔《水龍吟》 眞人特起春陵，昆陽自古稱雄戰。一丸頹堡，三千弱卒，驚雷掣電。尋邑區區，浪稱大敵，弄兵百萬。看回風虎豹，燒成灰燼，雖天意，終人算。帝業幾番更換。眺東都、虛蕪玉殿。天陰月黑，不妨經此，鬼燐紅散。隴上耕夫，扶犁閒説，久無沈箭。更何人猶託，炎精龍種，時時稱漢。

清·蔣沄《昆陽懷古》 烏鴉壓陣陣雲黑，百萬雄師黯無色。昆陽城頭大雷雨，神兵自天呼殺賊。虎豹股栗瓦礫飛，彌山蔽野飄降旂。漢家四七鼎再奠，不階尺土開神畿。掃除井蛙驅穴蟻，白水眞人赤龍子。漸臺威斗狙詐窮，關中瑞符讖緯起。平沙廢壘古戰場，至今豪氣猶飛揚。戍樓嗚嗚吹畫角，夜半西風振林木。

清·查文經《釣臺》 大度劉文叔，羊裘有故人。風雲付諸將，山水得間身。夷惠無偏拙，巢由亦外臣。先生非避世，無夢學盧生。

清・慕昌淮《嚴子陵》　大度劉文叔，重興漢室秋。諸公盡麟閣，有客老羊裘。流水淘榮辱，機心付釣鉤。大夫如可屈，應久覓封侯。

雜録

《漢書》卷二二《禮樂志》　（世祖）乃營立明堂、辟廱。顯宗即位，躬行其禮，宗祀光武皇帝于明堂，養三老五更於辟廱，威儀既盛美矣。

《後漢書》卷九九《祭祀志下・序》注引《東觀書》　永平三年八月丁卯，公卿奏議世祖廟登歌八佾舞（功）名。東平王蒼議，以爲「漢制舊典，宗廟各奏其樂，不皆相襲，以明功德。秦爲無道，殘賊百姓，高皇帝受命誅暴，元元各得其所，萬國咸熙，作《武德》之舞。孝文皇帝躬行節儉，除誹謗，去肉刑，澤施四海，孝景皇帝制《昭德》之舞。孝武皇帝功德茂盛，威震海外，開地置郡，傳之無窮，孝宣皇帝制《盛德》之舞。光武皇帝受命中興，撥亂反正，武暢方外，震服百蠻，戎狄奉貢，宇内治平，登封告成，修建三雍，肅穆典祀，功德巍巍，比隆斯前代。以兵平亂，武功盛大。歌所以詠德，舞所以象功，世祖廟樂名宜曰《大武》之舞。

《三國志》卷三〇《魏志・高句麗傳》　當此時爲侯國，漢光武帝八年，高句麗王遣使朝貢，始見稱王。

《後漢書》卷九九《祭祀志》　光武皇帝崩，明帝即位。以光武帝撥亂中興，更爲起廟，尊號曰：世祖廟。

又　卷九八《郊祀志》　明帝即位，永平二年正月辛未，初祀五帝於明堂，光武帝配。五帝坐位堂上，各處其方。黄帝在未，皆如南郊之位。光武帝位在青帝之南少退，西面。牲各一犢，奏樂如南郊。卒事，遂升靈臺，以望雲物。

又　卷一〇八《五行志六・日蝕》　（建武）二十九年二月丁巳朔，日有蝕之，在東壁五度。東壁爲文章，一名娵訾之口。先是皇子諸王各招來文章談説之士，去年中，有人上奏：『諸王所招待者，或眞僞雜，受刑罰者子孫，宜可分別。』於是上怒，詔捕諸王客，皆被以苛法，死者甚多。世祖不早爲明設刑禁，一時治之過差，故天示象。世祖於是改悔，遣使悉理侵枉也。

又　卷一〇九《郡國志一・序》　凡《前志》有縣名，今所不載者，皆世祖所幷省也。

《宋書》卷一六《禮三》　漢光武帝移十一帝主於洛邑，則毀主不設，理可推矣。

唐・李吉甫《元和郡縣志》卷二一《河北道・深州・饒陽縣》　蕪蔞亭在縣東北四十五里。後漢光武帝自薊東南馳，晨夜至饒陽蕪蔞亭，飢甚。馮異進豆粥，光武帝曰：『得公孫豆粥，飢寒俱解』。

宋・王珪《華陽集》卷五七《公墓誌銘》　昔漢光武帝出獵，還從中東門入。明日貶中東門候，蓋宮門之禁以備非常。

漢明帝分部

傳記

《後漢書・明帝紀》　顯宗孝明皇帝諱莊，光武第四子也。母陰皇后。帝生而豐下，十歲能通《春秋》，光武奇之。建武十五年封東海公，十七年進爵爲王，十九年立爲皇太子。師事博士桓榮，學通《尚書》。

中元二年二月戊戌，即皇帝位，年三十。尊皇后曰皇太后。

三月丁卯，葬光武皇帝於原陵。有司奏上尊廟曰世祖。

夏四月丙辰，詔曰：『予末小子，奉承聖業，夙夜震畏，不敢荒寧。先帝受命中興，德侔帝王，協和萬邦，假於上下，懷柔百神，惠於鰥寡。朕承大運，繼體守文，不知稼穡之艱難，懼有廢失。聖恩遺戒，顧重天下，以元元爲首。公卿百僚，將何以輔朕不逮？其賜天下男子爵，人二級；三老、孝悌、力田人三級；爵過公乘，得移與子若同産、同産子；及流人無名數欲自占者人一級；鰥、寡、孤、獨、篤癃粟，人十斛。其施刑及郡國徒，在中元元年四月己卯赦前所犯而後捕繫者，悉免其刑。又邊人遭亂爲内郡人妻，在己卯赦前，一切遣還邊，恣其所樂。中二千石下至黄綬，貶秩贖論者，悉皆復秩還贖。方今上無天子，下無方伯，若涉淵

水而無舟楫。夫萬乘至重而壯者慮輕，實賴有德左右小子。高密侯禹元功之首；東平王蒼寬博有謀，並可以受六尺之託，臨大節而不撓。其以禹爲太傅，蒼爲驃騎將軍。太尉憙告謚南郊，司徒訢奉安梓宮，司空魴將校復土。其封憙爲節鄉侯，訢爲安鄉侯，魴爲楊邑侯。

秋九月，燒當羌寇隴西，敗郡兵於允街。赦隴西囚徒，減罪一等，勿收今年租調。又所發天水三千人，亦復是歲更賦。遣謁者張鴻討叛羌於允吾，鴻軍大敗，戰歿。冬十一月，遣中郎將竇固監捕虜將軍馬武等二將軍討燒當羌。

十二月甲寅，詔曰：『方春戒節，人以耕桑。其敕有司務順時氣，使無煩擾。天下亡命殊死以下，聽得贖論：死罪入縑二十匹，右趾至髡鉗城旦舂十匹，完城旦舂至司寇作三匹。其未發覺，詔書到先自告者，半入贖。今選舉不實，邪佞未去，權門請託，殘吏放手，百姓愁怨，情無告訴。有司明奏罪名，并正舉者。又郡縣每因徵發，輕爲姦利，詭責羸弱，先急下貧。其務在均平，無令枉刻。』

永平元年春正月，帝率公卿已下朝於原陵，如元會儀。

夏五月，太傅鄧禹薨。

戊寅，東海王强薨，遣司空馮魴持節視喪事，賜升龍旄頭、鑾輅，龍旂。

六月乙卯，葬東海恭王。

秋七月，捕虜將軍馬武等與燒當羌戰，大破之。募士卒戍隴右，賜錢人三萬。

八月戊子，徙山陽王荆爲廣陵王，遣就國。

是歲，遼東太守祭肜使鮮卑擊赤山烏桓，大破之，斬其渠帥。越巂姑復夷叛，州郡討平之。

二年春正月辛未，宗祀光武皇帝於明堂，帝及公卿列侯始服冠冕、衣裳、玉佩、絇屨以行事。禮畢，登靈臺。使尚書令持節詔驃騎將軍、三公曰：『今令月吉日，宗祀光武皇帝於明堂，以配五帝。禮備法物，樂和八音，詠祉福，舞功德，（其）班時令，敕羣后。事畢，升靈臺，望元氣，吹時律，觀物變。羣僚藩輔，宗室子孫，衆郡奉計，百蠻貢職，烏桓、濊貊咸來助祭，單于侍子、骨都侯亦皆陪位。斯固聖祖功德之所致也。朕以闇陋，奉承大業，親執珪璧，恭祀天地。仰惟先帝受命中興，撥亂反正，以寧天下，封泰山，建明堂，立辟雍，起靈臺，恢弘大道，被之八極；而胤子無成康之質，羣臣無呂旦之謀，盥洗進爵，踧踖惟慙。素性頑鄙，臨事益懼，故「君子坦蕩蕩，小人長戚戚」。其令天下自殊死已下，謀反大逆，皆赦除之。百僚師尹，其勉修厥職，順行時令，敬若昊天，以綏兆人。』

三月，臨辟雍，初行大射禮。

秋九月，沛王輔、楚王英、濟南王康、淮陽王延、東海王政來朝。

冬十月壬子，幸辟雍，初行養老禮。詔曰：『光武皇帝建三朝之禮，而未及臨饗。眇眇小子，屬當聖業。閒暮春吉辰，初行大射；令月元日，復踐辟雍。尊事三老，兄事五更，安車輭輪，供綏執授。侯王設醬，公卿饌珍，朕親袒割，執爵而酳。祝哽在前，祝噎在後。升歌《鹿鳴》，下管《新宮》，八佾具脩，萬舞於庭。朕固薄德，何以克當？《易》陳負乘，《詩》刺彼己，永念慙疚，無忘厥心。三老李躬，年耆學明。五更桓榮，授朕《尚書》。《詩》曰：「無德不報，無言不酬。」其賜榮爵關内侯，食邑五千户。三老、五更皆以二千石禄養終厥身。其賜天下三老酒人一石，肉四十斤。有司其存耆耋，恤幼孤，惠鰥寡，稱朕意焉。』

中山王焉始就國。

甲子，西巡狩，幸長安，祠高廟，遂有事於十一陵。歷覽館邑，會郡縣吏，勞賜作樂。十一月甲申，遣使者以中牢祠蕭何、霍光。帝謁陵園，過式其墓。進幸河東，所過賜二千石、令長已下至於掾史，各有差。癸卯，車駕還宮。

十二月，護羌校尉竇林下獄死。

是歲，始迎氣於五郊。少府陰就子豐殺其妻酈邑公主，就坐自殺。

三年春正月癸巳，詔曰：『朕奉郊祀，登靈臺，見史官，正儀度。夫春者，歲之始也。始得其正，則三時有成。比者水旱不節，邊人食寡，政失於上，人受其咎，有司其勉順時氣，勸督農桑，去其螟蜮，以及蝥賊；詳刑慎罰，明察單辭，夙夜匪懈，以稱朕意。』

二月甲寅，太尉趙憙、司徒李訢免。丙辰，左馮翊郭丹爲司徒。己未，南陽太守虞延爲太尉。

甲子，立貴人馬氏爲皇后，皇子炟爲皇太子。賜天下男子爵，人二級；三老、孝悌、力田人三級；流人無名數欲占者人一級；鰥、寡、孤、獨、篤癃、貧不能自存者粟，人五斛。

夏四月辛酉，封皇子建爲千乘王，羨爲廣平王。

六月丁卯，有星孛于天船北。

秋八月戊辰，改大樂爲大予樂。

壬申晦，日有蝕之。詔曰：『朕奉承祖業，無有善政。日月薄蝕，彗孛見天，水旱不節，稼穡不成，人無宿儲，下生愁墊。雖夙夜勤思，而智能不逮。昔楚莊無灾，以致戒懼；魯哀禍大，天不降譴。今之動變，儻尚可救。有司勉思厥職，以匡無德。古者卿士獻詩，百工箴諫。其言事者，靡有所諱。』

冬十月，蒸祭光武廟，初奏《文始》、《五行》、《武德》之舞。

甲子，車駕從皇太后幸章陵，觀舊廬。十二月戊辰，至自章陵。

是歲，起北宮及諸官府。京師及郡國七大水。

四年春二月辛亥，詔曰：『朕親耕藉田，以祈農事。京師冬無宿雪，春不燠沐，煩勞羣司，積精禱求。而比再得時雨，宿麥潤澤。其賜公卿半奉。有司勉遵時政，務平刑罰。』

秋九月戊寅，千乘王建薨。

冬十月乙卯，司徒郭丹、司空馮魴免。丙辰，河南尹范遷爲司徒，太僕伏恭爲司空。

十二月，陵鄉侯梁松下獄死。

五年春二月庚戌，驃騎將軍東平王蒼罷歸藩；琅邪王京就國。

冬十月，行幸鄴。與趙王栩會鄴。常山三老言於帝曰：『上生於元氏，願蒙優復。』詔曰：『豐、沛、濟陽，受命所由，加恩報德，適其宜也。今永平之政，百姓怨結，而吏人求復，令人愧笑。重逆此縣之拳拳，其復元氏縣田租更賦六歲，勞賜縣掾史，及門闌走卒。』至自鄴。

十一月，北匈奴寇五原；十二月，寇雲中，南單于擊卻之。

是歲，發遣邊人在内郡者，賜裝錢人二萬。

六年春正月，沛王輔、楚王英、東平王蒼、淮陽王延、琅邪王京、東海王政、趙王盱、北海王興、齊王石來朝。

二月，王雒山出寶鼎，廬江太守獻之。夏四月甲子，詔曰：『昔禹收九牧之金，鑄鼎以象物，使人知神姦，不逢惡氣。遭德則興，遷于商、周；周德既衰，鼎乃淪亡。祥瑞之降，以應有德。方今政化多僻，何以致茲？《易》曰鼎象三公，豈公卿奉職得其理邪？太常其以礿祭之日，陳鼎於廟，以備器用。賜三公帛五十匹，九卿、二千石半之。先帝詔書，禁人上事言聖，而閒者章奏頗多浮詞，自今若有過稱虛譽，尚書皆宜抑而不省，示不爲諂子蚩也。』

冬十月，行幸魯，祠東海恭王陵；會沛王輔、楚王英、濟南王康、東平王蒼、淮陽王延、琅邪王京、東海王政。十二月，還，幸陽城，遣使者祠中岳。壬午，車駕還宮。東平王蒼、琅邪王京從駕來朝皇太后。

七年春正月癸卯，皇太后陰氏崩。二月庚申，葬光烈皇后。

秋八月戊辰，北海王興薨。

是歲，北匈奴遣使乞和親。

八年春正月己卯，司徒范遷薨。三月辛卯，太尉虞延爲司徒，衞尉趙憙行太尉事。

遣越騎司馬鄭衆報使北匈奴。初置度遼將軍，屯五原曼柏。

秋，郡國十四雨水。

冬十月，北宮成。

丙子，臨辟雍，養三老、五更。禮畢，詔三公募郡國中都官死罪繫囚，減罪一等，勿笞，詣度遼將軍營，屯朔方、五原之邊縣；妻子自隨，便占著邊縣；父母同産欲相代者，恣聽之。其大逆無道殊死者，一切募下蠶室。亡命者令贖罪各有差。凡徒者，賜弓弩衣糧。

壬寅晦，日有食之，既。詔曰：『朕以無德，奉承大業，而下貽人怨，上動三光。日食之變，其灾尤大，《春秋》圖讖所爲至譴。永思厥咎，在予一人。羣司勉修職事，極言無諱。』於是在位者皆上封事，各言得失。帝覽章，深自引咎，乃以所上班示百官。詔曰：『羣僚所言，皆朕之過。人冤不能理，吏黠不能禁；而輕用人力，繕修宮宇，出入無節，喜怒過差。昔應門失守，《關雎》刺世；飛蓬隨風，微子所歎。永覽前戒，竦然兢懼。徒恐薄德，久而致怠耳。』

北匈奴寇西河諸郡。

九年春三月辛丑，詔郡國死罪囚減罪，與妻子詣五原、朔方占著，所在死者皆賜妻父若男同産一人復終身；其妻無父兄獨有母者，賜其母錢六萬，又復其口算。

夏四月甲辰，詔郡國以公田賜貧人各有差。令司隸校尉、部刺史歲上墨綬長吏視事三歲已上理狀尤異者各一人，與計偕上。及尤不政理者，亦以聞。

是歲，大有年。爲四姓小侯開立學校，置《五經》師。

十年春二月，廣陵王荆有罪，自殺，國除。

夏四月戊子，詔曰：『昔歲五穀登衍，今兹蠶麥善收，其大赦天下。方盛夏長養之時，蕩滌宿惡，以報農功。百姓勉務桑稼，以備灾害。吏敬厥職，無令愆墯。』

閏月甲午，南巡狩，幸南陽，祠章陵。日北至，又祠舊宅。禮畢，召校官弟子作雅樂，奏《鹿鳴》，帝自御塤篪和之，以娱嘉賓。還，幸南頓，勞饗三老、官屬。

冬十一月，徵淮陽王延會平輿，徵沛王輔會睢陽。

十二月甲午，車駕還宫。

十一年春正月，沛王輔、楚王英、濟南王康、東平王蒼、淮陽王延、中山王焉、琅邪王京、東海王政來朝。

秋七月，司隸校尉郭霸下獄死。

是歲，漅湖出黄金，廬江太守以獻。時麒麟、白雉、醴泉、嘉禾所在出焉。

十二年春正月，益州徼外夷哀牢王相率内屬，於是置永昌郡，罷益州西部都尉。

夏四月，遣將作謁者王吴修汴渠，自滎陽至于千乘海口。

五月丙辰，賜天下男子爵，人二級，三老、孝悌、力田人三級，流民無名數欲占者人一級；鰥、寡、孤、獨、篤癃、貧無家屬不能自存者粟，人三斛。詔曰：『昔曾、閔奉親，竭歡致養；仲尼葬子，有棺無槨。喪貴致哀，禮存寧儉。今百姓送終之制，競爲奢靡。生者無擔石之儲，而財力盡於墳土。伏臘無糟糠，而牲牢兼於一奠。糜破積世之業，以供終朝之費，子孫飢寒，絶命於此，豈祖考之意哉！又車服制度，恣極耳目。田荒不耕，游食者衆。有司其申明科禁，宜於今者，宣下郡國。』

秋七月乙亥，司空伏恭罷。乙未，大司農牟融爲司空。

冬十月，司隸校尉王康下獄死。

是歲，天下安平，人無徭役，歲比登稔，百姓殷富，粟斛三十，牛羊被野。

十三年春二月，帝耕於藉田。禮畢，賜觀者食。

三月，河南尹薛昭下獄死。

夏四月，汴渠成。辛巳，行幸滎陽，巡行河渠。乙酉，詔曰：『自汴渠決敗，六十餘歲，加頃年以來，雨水不時，汴流東侵，日月益甚，水門故處，皆在河中，漭瀁廣溢，莫測圻岸，蕩蕩極望，不知綱紀。今兖、豫之人，多被水患，乃云縣官不先人急，好興它役。又或以爲河流入汴，幽、冀蒙利，故曰左隄强則右隄傷，左右俱强則下方傷，宜任水埶所之，使人隨高而處，公家息壅塞之費，百姓無陷溺之患。議者不同，南北異論，朕不知所從，久而不決。今既築堤理渠，絶水立門，河、汴分流，復其舊迹，陶丘之北，漸就壤墳，故薦嘉玉絜牲，以禮河神。東過洛汭，歎禹之績。今五土之宜，反其正色，濱渠下田，賦與貧人，無令豪右得固其利，庶繼世宗《瓠子》之作。』因遂度河，登太行，進幸上黨。壬寅，車駕還宫。

冬十月壬辰晦，日有食之。三公免冠自劾。制曰：『冠履勿劾。灾異屢見，咎在朕躬，憂懼遑遑，未知其方。將有司陳事，多所隱諱，使君上壅蔽，下有不暢乎？昔衛有忠臣，靈公得守其位。今何以和穆陰陽，消伏灾譴？刺史、太守詳刑理冤，存恤鰥孤，勉思職焉。』

十一月，楚王英謀反，廢，國除，遷於涇縣，所連及死徙者數千人。

是歲，齊王石薨。

十四年春三月甲戌，司徒虞延免，自殺。夏四月丁巳，鉅鹿太守南陽邢穆爲司徒。

前楚王英自殺。

夏五月，封故廣陵王荆子元壽爲廣陵侯。

初作壽陵。

十五年春二月庚子，東巡狩。辛丑，幸偃師，詔亡命自殊死以下贖：

死罪縑四十匹，右趾至髡鉗城旦舂十匹，完城旦至司寇五匹；犯罪未發覺，詔書到日自告者，半入贖。徵沛王輔會睢陽。進幸彭城。癸亥，帝耕于下邳。

三月，徵琅邪王京會良成，徵東平王蒼會陽都，又徵廣陵侯及其三弟會魯。祠東海恭王陵。還，幸孔子宅，祠仲尼及七十二弟子。親御講堂，命皇太子、諸王説經。又幸東平。辛卯，進幸大梁，至定陶，祠定陶恭王陵。夏四月庚子，車駕還宮。

改信都爲樂成國，臨淮爲下邳國。封皇子恭爲鉅鹿王、黨爲樂成王、衍爲下邳王，暢爲汝南王，昞爲常山王，長爲濟陰王。賜天下男子爵，人三級；郎、從官［視事］二十歲已上帛百匹，十歲已上二十匹，十歲已下十匹，官府吏五匹，書佐、小史三匹。令天下大酺五日。乙巳，大赦天下，其謀反大逆及諸不應宥者，皆赦除之。

冬，車騎校獵上林苑。

十二月，遣奉車都尉竇固、駙馬都尉耿秉屯涼州。

十六年春二月，遣太僕祭肜出高闕，奉車都尉竇固出酒泉，駙馬都尉耿秉出居延，騎都尉來苗出平城，伐北匈奴。竇固破呼衍王於天山，留兵屯伊吾盧城。耿秉、來苗、祭肜並無功而還。

夏五月，淮陽王延謀反，發覺。癸丑，司徒邢穆、駙馬都尉韓光坐事下獄死，所連及誅死者甚衆。

戊午晦，日有食之。

六月丙寅，大司農西河王敏爲司徒。

秋七月，淮陽王延徙封阜陵王。

九月丁卯，詔令郡國中都官死罪繫囚減死罪一等，勿笞，詣軍營，屯朔方、敦煌；妻子自隨，父母同産欲求從者，恣聽之；女子嫁爲人妻，勿與俱。謀反大逆無道不用此書。

是歲，北匈奴寇雲中，雲中太守廉范擊破之。

十七年春正月，甘露降於甘陵。北海王睦薨。

二月乙巳，司徒王敏薨。三月癸丑，汝南太守鮑昱爲司徒。

是歲，甘露仍降，樹枝內附，芝草生殿前，神雀五色翔集京師。西南夷哀牢、儋耳、僬僥、槃木、白狼、動黏諸種，前後慕義貢獻；西域諸國遣子入侍。夏五月戊子，公卿百官以帝威德懷遠，祥物顯應，乃並集朝堂，奉觴上壽。制曰：『天生神物，以應王者；遠人慕化，實由有德。朕以虛薄，何以享斯？唯高祖、光武聖德所被，不敢有辭。其敬舉觴，太常擇吉日策告宗廟。其賜天下男子爵，人二級，三老、孝悌、力田人三級，流人無名數欲占者人一級；鰥、寡、孤、獨、篤癃、貧不能自存者粟，人三斛；郎、從官視事十歲以上者，帛十匹。中二千石、二千石下至黄綬，貶秩奉贖，在去年以來皆還贖。』

秋八月丙寅，令武威、張掖、酒泉、敦煌及張掖屬國，繫囚右趾已下任兵者，皆一切勿治其罪，詣軍營。

冬十一月，遣奉車都尉竇固、駙馬都尉耿秉、騎都尉劉張出敦煌昆侖塞，擊破白山虜於蒲類海上，遂入車師。初置西域都護、戊己校尉。

是歲，改天水爲漢陽郡。

十八年春三月丁亥，詔曰：『其令天下亡命，自殊死已下贖：死罪縑三十匹，右趾至髡鉗城旦舂十匹，完城旦至司寇五匹；吏人犯罪未發覺，詔書到自告者，半入贖。』

夏四月己未，詔曰：『自春已來，時雨不降，宿麥傷旱，秋種未下，政失厥中，憂懼而已。其賜天下男子爵，人二級，及流民無名數欲占者人一級；鰥、寡、孤、獨、篤癃、貧不能自存者粟，人三斛。理寃獄，録輕繫。二千石分禱五岳四瀆。郡界有名山大川能興雲〔致〕雨者，長吏各絜齋禱請，冀蒙嘉澍。』

六月己未，有星孛於太微。

焉耆、龜茲攻西域都護陳睦，悉没其衆。北匈奴及車師後王圍戊己校尉耿恭。

秋八月壬子，帝崩於東宮前殿。年四十八。遺詔無起寢廟，藏主於光烈皇后更衣別室。帝初作壽陵，制令流水而已，石槨廣一丈二尺，長二丈五尺，無得起墳。萬年之後，埽地而祭，杅水脯糒而已。過百日，唯四時設奠，置吏卒數人供給灑埽，勿開修道。敢有所興作者，以擅議宗廟法從事。

帝遵奉建武制度，無敢違者。後宮之家，不得封侯與政。館陶公主爲子求郎，不許，而賜錢千萬。謂羣臣曰：『郎官上應列宿，出宰百里，有

非其人，則民受其殃，是以難之。』故吏稱其官，民安其業，遠近肅服，户口滋殖焉。

論曰：明帝善刑理，法令分明。日晏坐朝，幽枉必達。内外無倖曲之私，在上無矜大之色。斷獄得情，號居前代十二。故後之言事者，莫不先建武、永平之政。而鍾離意、宋均之徒，常以察慧爲言，夫豈弘人之度未優乎？

贊曰：顯宗丕承，業業兢兢。危心恭德，政察姦勝。備章朝物，省薄墳陵。永懷廢典，下身遵道。登臺觀雲，臨雍拜老。懋惟帝績，增光文考。

綜　述

《後漢書》卷一〇上《皇后紀·序》　明帝聿遵先旨，宮教頗修，登建嬪后，必先令德，内無出閫之言，權無私溺之授，可謂矯其敝矣。

又　《光烈陰皇后紀》　（永平）七年，（后）崩。【略】明帝性孝愛，追慕無已。（永平）十七年正月，當謁原陵，夜夢先帝、太后如平生歡。既寤寐，悲不能寐，即案歷，明旦日吉，遂率百官及故客上陵。其日，降甘露於陵樹，帝令百官采取以薦。會畢，帝從席前伏御牀，視太后鏡奩中物，感動悲涕，令易脂澤裝具。左右皆泣，莫能仰視焉。

又　《獻穆曹皇后紀》　論曰：漢世皇后無謚，皆因帝謚以爲稱。【略】中興，明帝始建光烈之稱，其後並以德爲配，至於賢愚優劣，混同一貫。

又　卷三一《廉范傳》　明帝之引廉范，加怒以發其志，就戮更延其寵，聞義能徙，誠君道所尚，然情理之樞，亦有開塞之感焉。

又　卷四一《第五倫傳》　近代光烈皇后，雖友愛天至，而卒使陰就歸國，徙廢陰興賓客；其後梁、竇之家，互有非法，明帝即位，竟多誅之。自是洛中無復權戚，書記請託一皆斷絕。

又　卷四二《楚王英傳》注引袁宏《漢紀》　初，明帝夢見金人長大，項有日月光，以問羣臣。或曰：『西方有神，其名曰佛。陛下所夢，得無是乎？』於是遣使天竺，問其道術而圖其形像焉。

《梁書》卷五二《顧憲之傳》　（顧憲之）臨終爲制，以敕其子曰：『【略】漢明帝天子之尊，猶祭以杆水脯糗，范史雲烈士之高，亦奠以寒水乾飯。況吾卑庸之人，其可不節衷也？』

《隋書》卷三五《經籍志》　漢明帝，夜夢金人飛行殿庭，以問於朝，而傅毅以佛對。帝遣郎中蔡愔及秦景使天竺求之，得佛經四十二章及釋迦立像。并與沙門攝摩騰、竺法蘭東還。愔之來也，以白馬負經，因立白馬寺於洛城雍門西以處之。

《後漢書》卷三六《鄭衆傳》　明帝八年，初置度遼將軍，屯五原曼柏。

《舊唐書》卷四〇《地理志三·河西道》　伊吾，在敦煌之北，大磧之外。【略】後漢明帝時，取伊吾盧地，置宜禾都尉以屯田。竇憲、班超大破西域，始於此築城班勇爲西域長史，居此地也。

論　説

《後漢書》卷三《章帝紀》　有司奏言：『孝明皇帝聖德淳茂，劬勞日昃，身御浣衣，食無兼珍。澤臻四表，遠人慕化，僬僥、儋耳，款塞自至。克伐鬼方，開道西域，威靈廣被，無思不服。以烝庶爲憂，不以天下爲樂。備三雍之教，躬養老之禮。作登歌，正予樂，博貫六藝，不舍晝夜。聰明淵塞，著在圖讖。至德所感，通於神明。功烈光於四海，仁風行於千載。而深執謙謙，自稱不德，無起寢廟，埽地而祭，除日祀之法，省送終之禮，遂藏主於光烈皇后更衣別室。天下聞之，莫不悽愴。』

唐·歐陽詢等《藝文類聚》卷一二《帝王部二·漢明帝》注引華僑《後漢書》卷一《明帝紀》　世祖既以吏事自嬰，明帝尤任文法，總攬威柄，權不借下，值天下初定，四民樂業，户口滋殖，中興以來，追蹤宣帝，以鍾離意之廉淳，諫爭懇懇，常以寬和爲首，以此推之，難得而言也。【略】

（傅玄）曰：『肅矣孝明，仗法任刑，勤綜萬機，察下以情，未弘道治，用致太平，專信俗儒，非禮之經。』

又　注引薛瑩《後漢紀》卷二《明帝紀》　明帝自在儲宮，而聰允

之德著矣，及臨萬機，以身率禮，恭奉遺業，一以貫之，雖夏啓周成，繼體持統，無以加焉，是以海内乂安，四夷賓服，斷獄希少，有治平之風，號曰顯宗，不亦宜乎。

《後漢書》卷二《明帝紀》　明帝善刑理，法令分明。日晏坐朝，幽枉必達。内外無倖曲之私，在上無矜大之色。斷獄得情，號居前代十二。故後之言事者，莫不先建武、永平之政。而鍾離意、宋均之徒，常以察慧爲言，夫豈弘人之度未優乎？

顯宗丕承，業業兢兢。危心恭德，政察姦勝。備章朝物，省薄墳陵。永懷廢典，下身遵道。登臺觀雲，臨雍拜老。懋惟帝績，增光文考。

又　卷三《章帝紀》　論曰：魏文帝稱『明帝察察，章帝長者。』

又　卷三三《朱浮傳》　光武、明帝躬好吏事，亦以課覈三公。

又　卷三三九《蘇轍傳》　光武、顯宗以察爲明，以讖決事，上下恐懼，人懷不安。

《宋史》卷三五五《董敦逸傳》　宰相呂大防奏曰：『【略】昔漢武帝好用兵，重斂傷民，昭帝嗣位，博采衆議，多行寬罷，明帝尚察，屢興慘獄，章帝改之以寬厚，天下悅服，未有以爲謗毁先帝者也。』

藝文

唐·羅隱《羅昭諫集》卷二《遁迹》　遁迹知安住，沾襟欲奈何。朝廷猶禮樂，郡邑忍干戈。華馬憑誰問，羌塵自此多。因思漢明帝，中夜憶廉頗。

宋·劉克莊《後村集》卷一四《雜詠一百首·瞿曇》　世傳漢明帝，始夢見金身。曷不觀列子，西方有聖人。

宋·夏竦《文莊集》卷三一《奉和御製讀後漢書詩》　明帝章朝物，三雍復舊常。籯金賞西域，雅樂奏南陽。拜老鴻徽茂，祈農盛典彰。珍符昭美應，獻壽表隆昌。

宋·徐鈞《史詠詩集》卷上《明帝》　大學師儒多講論，東平禮樂正修明。不知佛法緣何入，御向斯時教大行。

宋·陳普《石堂先生遺集》卷二〇《詠史上·光武明帝》　盤木白狼很貢毛，龜茲侍子薦蒲萄。滿朝虎拜南山壽，無一人能作旅獒。

又　《桓榮》　明帝天姿可禹湯，周公不夢夢空王。當年紫綬金章客，何德何功坐太常。

宋·洪遵《漢詔郡縣行鄉飲酒禮頌詩》　斤斤顯宗，黼黻王度。三宮孔陽，精意治具。【略】

綿蕝無傳，莫克用人。孰播其馨，孝明是似。

清·彭定求等《全唐詩》卷七二九《周曇〈後漢門·明帝〉》　朝臣咸佞孰知非，張佚公忠語獨奇。博士一言除太傅，謚爲明帝信其宜。

清·王時翔《小山詩餘》卷三《南柯子》　東漢開禪教，西方購梵書。神駒貝葉現明珠，照遍千江秖是一丸孤。法字傳來久，塵心到此無。清涼臺上景蕭疏，半世燒沙纔得飽香廚。

清·陳肇興《詠史十二首·東漢》　東京儒雅古來無，拜老臨雍禮數殊。稽古幾人詩碩傳，橫經此日有囚奴。椒房寵盡閹官盛，太學才多國勢孤。一事可憐漢明帝，千秋遺患是浮圖。

雜録

《後漢書》卷一〇上《皇后紀·明德馬皇后紀》注引《東觀記》　明帝馬皇后美髮，爲四起大髻，但以髮成，尚有餘，繞髻三匝。眉不施黛，獨左眉角小缺，補之如粟。常稱疾而終身得意。

又　卷一〇四《五行志二·災火條》注引《古今注》　明帝永平元年六月己亥，桂陽見火飛來，燒城寺。

《宋書》卷一八《禮志》　至秦以戰國即天子位，滅去古制，郊祭之服！皆以袀玄。至漢明帝始採《周官》、《禮記》、《尚書》諸儒説還備衮冕之服。

《隋書》卷一三《音樂志》　漢明帝時，樂有四品：一曰大予樂，郊廟上陵之所用焉。【略】二曰雅頌樂，辟雍饗射之所用焉。【略】三曰黄門鼓吹樂，天子宴羣臣之所用焉。【略】四曰短簫鐃歌樂，軍中之所用焉。

《後漢書》卷三《肅宗孝章帝紀》　明帝生于常山元氏傳舍也。

又 卷一九《耿秉傳》 （竇）固尚光武女涅陽公主，明帝姊也。

又 卷二三《竇固傳》 伊吾，今伊州縣也，本匈奴地，明帝置宜禾都尉以爲屯田。

《宋史》卷一〇五《吉禮八·先代陵廟》 秦始皇帝、漢景帝武帝明帝章帝。【略】各置守陵兩户，三年一祭以太牢。

《明史》卷五〇《禮志四·吉禮四·歷代帝王陵廟條》 洪武三年遣使訪先代陵寢，仍命各行省具圖以進，凡七十有九。禮官考其功德昭著者，曰：『【略】漢高祖、文帝、景帝、武帝、宣帝、光武、明帝、章帝』【略】凡三十有六。【略】

洪武四年，禮部定議，合祀帝王三十五。在河南者十：陳祀伏羲、商高宗，孟津祀漢光武，洛陽祀漢明帝、章帝。

漢章帝分部

傳記

《後漢書·章帝紀》 肅宗孝章皇帝諱炟，顯宗第五子也。母賈貴人。永平三年，立爲皇太子。少寬容，好儒術，顯宗器重之。

十八年八月壬子，卽皇帝位，年十九。尊皇后曰皇太后。

壬戌，葬孝明皇帝于顯節陵。

冬十月丁未，大赦天下。賜民爵，人二級，爲父後及孝悌、力田人三級，脱無名數及流人欲占者人一級，爵過公乘得移與子若同産子；鰥、寡、孤、獨、篤癃、貧不能自存者粟，人三斛。詔曰：『朕以眇身，託于王侯之上，統理萬機，懼失厥中，兢兢業業，未知所濟。深惟守文之主，必建師傅之官。《詩》不云乎：「不愆不忘，率由舊章。」行太尉事節鄉侯憙三世在位，爲國元老；司空融典職六年，勤勞不怠。其以憙爲太傅，融爲太尉，并録尚書事。「三事大夫，莫肯夙夜」，《小雅》之所傷也。「予違汝弼，汝無面從」，股肱之正義也。羣后百僚勉思厥職，各貢忠誠，以輔不逮。申敕四方，稱朕意焉。』

十一月戊戌，蜀郡太守第五倫爲司空。

詔征西將軍耿秉屯酒泉。遣酒泉太守段彭救戊己校尉耿恭。

甲辰晦，日有食之。於是避正殿，寢兵，不聽事五日。詔有司各上封事。

十二月癸巳，有司奏言：『孝明皇帝聖德淳茂，劬勞日昊，身御浣衣，食無兼珍。澤臻四表，遠人慕化，僬僥、儋耳，款塞自至。克伐鬼方，開道西域，威靈廣被，無思不服。以烝庶爲憂，不以天下爲樂。備三雍之教，躬養老之禮。作登歌，正予樂，博貫六藝，不舍晝夜。聰明淵塞，著在圖讖。至德所感，通於神明。功烈光於四海，仁風行於千載。而深執謙謙，自稱不德，無起寢廟，埽地而祭，除日祀之法，省送終之禮，遂藏主於光烈皇后更衣別室。天下聞之，莫不悽愴。陛下至孝烝烝，奉順聖德。臣愚以爲更衣在中門之外，處所殊别，宜尊廟曰顯宗，其四時禘袷，於光武之堂，間祀悉還更衣，共進《武德》之舞，如孝文皇帝袷祭高廟故事。』制曰：『可。』

是歲，牛疫。京師及三州大旱，詔勿收兗、豫、徐州田租、芻稾，其以見穀賑給貧人。

建初元年春正月，詔三州郡國：『方春東作，恐人稍受稟，往來煩劇，或妨耕農。其各實數尤貧者，計所貸并與之。流人欲歸本者，郡縣其實稟，令足還到，聽過止官亭，無雇舍宿。長吏親躬，無使貧弱遺脱，小吏豪右得容姦妄。詔書既下，勿得稽留，刺史明加督察尤無狀者。』

丙寅，詔曰：『比年牛多疾疫，墾田減少，穀價頗貴，人以流亡。方春東作，宜及時務。二千石勉勸農桑，弘致勞來。羣公庶尹，各推精誠，專急人事。罪非殊死，須立秋案驗。有司明慎選舉，進柔良，退貪猾，順時令，理冤獄。「五教在寬」，帝《典》所美；「愷悌君子」，《大雅》所歎。布告天下，使明知朕意。』

酒泉太守段彭討擊車師，大破之。罷戊己校尉官。

二月，武陵澧中蠻叛。

三月甲寅，山陽、東平地震。己巳，詔曰：『朕以無德，奉承大業，夙夜慄慄，不敢荒寧。而災異仍見，與政相應。朕既不明，涉道日寡；又選舉乖實，俗吏傷人，官職耗亂，刑罰不中，可不憂與！昔仲弓季氏

之家臣，子游武城之小宰，孔子猶誨以賢才，問以得人。明政無大小，以得人爲本。夫鄉舉里選，必累功勞。今刺史、守相不明眞僞，茂才、孝廉歲以百數，既非能顯，而當授之政事，甚無謂也。每尋前世舉人貢士，或起畎畝，不繫閥閱。敷奏以言，則文章可採；明試以功，則政有異迹。文質彬彬，朕甚嘉之。其令太傅、三公、中二千石、二千石、郡國守相舉賢良方正、能直言極諫之士各一人。』

夏五月辛酉，初舉孝廉、郎中寬博有謀，任典城者，以補長、相。

秋七月辛亥，詔以上林池籞田賦與貧人。

八月庚寅，有星孛于天市。

九月，永昌哀牢夷叛。

冬十月，武陵郡兵討叛蠻，破降之。

十一月，阜陵王延謀反，貶爲阜陵侯。

二年春三月辛丑，詔曰：『比年陰陽不調，饑饉屢臻。深惟先帝憂人之本，詔書曰：「不傷財，不害人」，誠欲元元去末歸本。而今貴戚近親，奢縱無度，嫁娶送終，尤爲僭侈。有司廢典，莫肯舉察。《春秋》之義，以貴理賤。今自三公，並宜明糾非法，宣振威風。朕在弱冠，未知稼穡之艱難，區區管窺，豈能照一隅哉！其科條制度所宜施行，在事者備爲之禁，先京師而後諸夏。』

甲辰，罷伊吾廬屯兵。

永昌、越巂、益州三郡民、夷討哀牢，破平之。

夏四月戊子，詔還坐楚、淮陽事徙者四百餘家，令歸本郡。

癸巳，詔齊相省冰紈、方空縠、吹綸絮。

六月，燒當羌叛，金城太守郝崇討之，敗績，羌遂寇漢陽。秋八月，遣行車騎將軍馬防討平之。

十二月戊寅，有星孛于紫宮。

三年春正月己酉，宗祀明堂。禮畢，登靈臺，望雲物。大赦天下。

三月癸巳，立貴人竇氏爲皇后。賜爵，人二級，三老、孝悌、力田人三級，民無名數及流民欲占者人一級；鰥、寡、孤、獨、篤癃、貧不能自存者粟，人五斛。

夏四月己巳，罷常山呼沲石臼河漕。

行車騎將軍馬防破燒當羌於臨洮。

閏月，西域假司馬班超擊姑墨，大破之。

冬十二月丁酉，以馬防爲車騎將軍。

武陵漊中蠻叛。

是歲，零陵獻芝草。

四年春二月庚寅，太尉牟融薨。

夏四月戊子，立皇子慶爲皇太子。賜爵，人二級，三老、孝悌、力田人三級，民無名數及流人欲自占者人一級；鰥、寡、孤、獨、篤癃、貧不能自存者粟，人五斛。

己丑，徙鉅鹿王恭爲江陵王，汝南王暢爲梁王，常山王昞爲淮陽王。

辛卯，封皇子伉爲千乘王，全爲平春王。

五月丙辰，車騎將軍馬防罷。

甲戌，司徒鮑昱爲太尉，南陽太守桓虞爲司徒。

六月癸丑，皇太后馬氏崩。秋七月壬戌，葬明德皇（太）后。

冬，牛大疫。

十一月壬戌，詔曰：『蓋三代導人，教學爲本。漢承暴秦，褒顯儒術，建立《五經》，爲置博士。其後學者精進，雖曰承師，亦別名家。孝宣皇帝以爲去聖久遠，學不厭博，故遂立《大、小夏侯尚書》，後又立《京氏易》。至建武中，復置《顏氏、嚴氏春秋》、《大、小戴禮》博士。此皆所以扶進微學，尊廣道藝也。中元元年詔書，《五經》章句煩多，議欲減省。至永平元年，長水校尉儵奏言，先帝大業，當以時施行。欲使諸儒共正經義，頗令學者得以自助。孔子曰：「學之不講，是吾憂也。」又曰：「博學而篤志，切問而近思，仁在其中矣。」於戲，其勉之哉！』於是下太常，將、大夫、博士、議郎、郎官及諸生、諸儒會白虎觀，講議《五經》同異，使五官中郎將魏應承制問，侍中淳于恭奏，帝親稱制臨決，如孝宣甘露石渠故事，作《白虎議奏》。

是歲，甘露降泉陵、洮陽二縣。

五年春二月庚辰朔，日有食之。詔曰：『朕新離供養，愆咎衆著，上天降異，大變隨之。《詩》不云乎：「亦孔之醜。」又久旱傷麥，憂心慘切。公卿已下，其舉直言極諫、能指朕過失者各一人，遣詣公車，將親覽

問焉。其以巖穴爲先，勿取浮華。』

甲申，詔曰：『《春秋》書「無麥苗」，重之也。去秋雨澤不適，今時復旱，如炎如焚。凶年無時，而爲備未至。朕之不德，上累三光，震慄忉忉，痛心疾首。前代聖君，博思咨諏，雖降灾咎，輒有開匱反風之應。令予小子，徒慘慘而已。其令二千石理冤獄，録輕繫；禱五嶽四瀆，及名山能興雲致雨者，冀蒙不崇朝徧雨天下之報。務加肅敬焉。』

三月甲寅，詔曰：『孔子曰：「刑罰不中，則人無所措手足。」今吏多不良，擅行喜怒，或案不以罪，迫脅無辜，致令自殺者，一歲且多於斷獄，甚非爲人父母之意也。有司其議糾舉之。』

荆、豫諸郡兵討破武陵漊中叛蠻。

夏五月辛亥，詔曰：『朕思遲直士，側席異聞。其先至者，各以發憤吐懣，略聞子大夫之志矣，皆欲置於左右，顧問省納。建武詔書又曰，堯試臣以職，不直以言語筆札。今外官多曠，並可以補任。』

戊辰，太傅趙熹薨。

冬，始行月令迎氣樂。

是歲，零陵獻芝草。有八黄龍見於泉陵。西域假司馬班超擊疏勒，破之。

六年春二月辛卯，琅邪王京薨。

夏五月辛酉，趙王盱薨。

六月丙辰，太尉鮑昱薨。

辛未晦，日有食之。

秋七月癸巳，以大司農鄧彪爲太尉。

七年春正月，沛王輔、濟南王康、東平王蒼、中山王焉、東海王政、琅邪王宇來朝。

夏六月甲寅，廢皇太子慶爲清河王，立皇子肇爲皇太子。

己未，徙廣平王羨爲西平王。

秋八月，飲酎高廟，禘祭光武皇帝、孝明皇帝。甲辰，詔［曰］：『《書》云「祖考來假」，明哲之祀。予末小子，質又菲薄，仰惟先帝烝烝之情，前修禘祭，以盡孝敬。朕得識昭穆之序，寄遠祖之思。今年大禮復舉，加以先帝之坐，悲傷感懷。樂以迎來，哀以送往，雖祭亡如在，而空虚不知所裁，庶或饗之。豈亡克慎肅雍之臣，辟公之相，皆助朕之依依。今賜公錢四十萬，卿半之，及百官執事各有差。』

九月甲戌，幸偃師，東涉卷津，至河内。下詔曰：『車駕行秋稼，觀收穫，因涉郡界。皆精騎輕行，無它輜重。不得輒修道橋，遠離城郭，遣吏逢迎，刺探起居，出入前後，以爲煩擾。動務省約，但患不能脱粟瓢飲耳。所過欲令貧弱有利，無違詔書。』遂覽淇園。己酉，進幸鄴，勞饗魏郡守令已下，至于三老、門闌、走卒，賜錢各有差。勞賜常山、趙國吏人，復元氏租賦三歲。辛卯，車駕還宫。詔天下繫囚減死一等，勿笞，詣邊戍；妻子自隨，占著所在；父母同産欲相從者，恣聽之；有不到者，皆以乏軍興論。及犯殊死，一切募下蠶室；其女子宫。繫囚鬼薪、白粲已上，皆減本罪各一等，輸司寇作。亡命贖：死罪入縑二十匹，右趾至髡鉗城旦舂十匹，完城旦至司寇三匹，吏人有罪未發覺，詔書到自告者，半入贖。

冬十月癸丑，西巡狩，幸長安。丙辰，祠高廟，遂有事十一陵。遣使者祠太上皇於萬年，以中牢祠蕭何、霍光。進幸槐里。岐山得銅器，形似酒罇，獻之。又獲白鹿。帝曰：『上無明天子，下無賢方伯。「人之無良，相怨一方。」斯器亦曷爲來哉？』又幸長平，御池陽宫，東至高陵，造舟於涇而還。每所到幸，輒會郡縣吏人，勞賜作樂。十一月，詔勞賜河東守、令、掾以下。十二月丁亥，車駕還宫。

是歲，京師及郡國螟。

八年春正月壬辰，東平王蒼薨。三月辛卯，葬東平憲王，賜鑾輅、龍旂。

夏六月，北匈奴大人率衆款塞降。

冬十二月甲午，東巡狩，幸陳留、梁國、淮陽、潁陽。戊申，車駕還宫。

詔曰：『《五經》剖判，去聖彌遠，章句遺辭，乖疑難正，恐先師微言將遂廢絶，非所以重稽古，求道眞也。其令羣儒選高才生，受學《左氏》、《穀梁春秋》、《古文尚書》、《毛詩》，以扶微學，廣異義焉。』

是歲，京師及郡國螟。

元和元年春正月，中山王焉來朝。日南徼外蠻夷獻生犀、白雉。

閏月辛丑，濟陰王長薨。

二月甲戌，詔曰：『王者八政，以食爲本，故古者急耕稼之業，致耒耜之勤，節用儲蓄，以備凶灾，是以歲雖不登而人無飢色。自牛疫已來，穀食連少，良由吏教未至，刺史、二千石不以爲負。其令郡國募人無田欲徙它界就肥饒者，恣聽之。到在所，賜給公田，爲雇耕傭，賃種餉，貰與田器，勿收租五歲，除筭三年。其後欲還本鄉者，勿禁。』

夏四月己卯，分東平國，封憲王蒼子尚爲任城王。

六月辛酉，沛王輔薨。

秋七月丁未，詔曰：『《律》云「掠者唯得榜、笞、立」。又《令丙》，箠長短有數。自往者大獄已來，掠考多酷，鉆鑽之屬，慘苦無極。念其痛毒，怵然動心。《書》曰「鞭作官刑」，豈云若此？宜及秋冬理獄，明爲其禁。』

八月甲子，太尉鄧彪罷，大司農鄭弘爲太尉。

癸酉，詔曰：『朕道化不德，吏政失和，元元未諭，抵罪於下。寇賊爭心不息，邊野邑屋不修。永惟庶事，思稽厥衷，與凡百君子，共弘斯道。中心悠悠，將何以寄？其改建初九年爲元和元年。郡國中都官繫囚減死一等，勿笞，詣邊縣；妻子自隨，占著在所。其犯殊死，一切募下蠶室；其女子宮。繫囚鬼薪、白粲以上，皆減本罪一等，輸司寇作。亡命者贖，各有差。』

丁酉，南巡狩，詔所經道上，郡縣無得設儲跱。命司空自將徒支柱橋梁。有遣使奉迎，探知起居，二千石當坐。其賜鰥、寡、孤、獨、不能自存者粟，人五斛。

九月乙未，東平王忠薨。

辛丑，幸章陵，祠舊宅園廟，見宗室故人，賞賜各有差。冬十月己未，進幸江陵，詔廬江太守祠南嶽，又詔長沙、零陵太守祠長沙定王、舂陵節侯、鬱林府君。還，幸宛。十一月己丑，車駕還宮，賜從者各有差。

十二月壬子，詔曰：『《書》云：「父不慈，子不祗，兄不友，弟不恭，不相及也。」往者妖言大獄，所及廣遠，一人犯罪，禁至三屬，莫得垂纓仕宦王朝。如有賢才而没齒無用，朕甚憐之，非所謂與之更始也。諸以前妖惡禁錮者，一皆蠲除之，以明棄咎之路，但不得在宿衞而已。』

二年春正月乙酉，詔曰：『《令》云「人有産子者復，勿筭三歲」。今諸懷妊者，賜胎養穀人三斛，復其夫，勿筭一歲，著以爲令。』又詔三公曰：『方春生養，萬物莩甲，宜助萌陽，以育時物。其令有司，罪非殊死且勿案驗，及吏人條書相告不得聽受，冀以息事寧人，敬奉天氣。立秋如故。夫俗吏矯飾外貌，似是而非，揆之人事則悦耳，論之陰陽則傷化，朕甚饜之，甚苦之。安靜之吏，悃愊無華，日計不足，月計有餘。如襄城令劉方，吏人同聲謂之不煩，雖未有它異，斯亦殆近之矣。閒敕二千石各尚寬明，而今富姦行賂於下，貪吏枉法於上，使有罪不論而無過被刑，甚大逆也。夫以苛爲察，以刻爲明，以輕爲德，以重爲威，四者或興，則下有怨心。吾詔書數下，冠蓋接道，而吏不加理，人或失職，其咎安在？勉思舊令，稱朕意焉。』

二月甲寅，始用《四分曆》。

詔曰：『今山川鬼神應典禮者，尚未咸秩。其議增修羣祀，以祈豐年。』

丙辰，東巡狩。己未，鳳皇集肥城。乙丑，帝耕於定陶。詔曰：『三老，尊年也。孝悌，淑行也。力田，勤勞也。國家甚休之。其賜帛人一匹，勉率農功。』使使者祠唐堯於成陽靈臺。辛未，幸太山，柴告岱宗。有黄鵠三十從西南來，經祠壇上，東北過于宮屋，翺翔升降。進幸奉高。壬申，宗祀五帝于汶上明堂。癸酉，告祠二祖、四宗，大會外内羣臣。丙子，詔曰：『朕巡狩岱宗，柴望山川，告祀明堂，以章先勳。其二王之後，先聖之胤，東后蕃衞，伯父伯兄，仲叔季弟，幼子童孫，百僚從臣，宗室衆子，要荒四裔，沙漠之北，葱領之西，冒耏之類，跋涉懸度，陵踐阻絶，駿奔郊時，咸來助祭。祖宗功德，延及朕躬。予一人空虚多疚，纂承尊明，盥洗享薦，慙愧祗慄。《詩》不云乎：「君子如祉，亂庶遄已。」歷數既從，靈燿著明，亦欲與士大夫同心自新。其大赦天下。諸犯罪不當得赦者，皆除之。復博、奉高、嬴，無出今年田租、芻稾。』戊寅，進幸濟南。三月己丑，進幸魯，祠東海恭王陵。庚寅，祠孔子於闕里，及七十二弟子，賜褒成侯及諸孔男女帛。壬辰，進幸東平，祠憲王陵。甲午，遣使者祠定陶太后、恭王陵。乙未，幸東阿，北登太行山，至天井關。夏四月乙巳，客星入紫宮。乙卯，車駕還宮。庚申，假于祖禰，告祠高廟。

五月戊申，詔曰：『乃者鳳皇、黄龍、鸞鳥比集七郡，或一郡再見，及白烏、神雀、甘露屢臻。祖宗舊事，或班恩施。其賜天下吏爵，人三級；高年、鰥、寡、孤、帛獨，人一匹。《經》曰：「無侮鰥寡，惠此筦獨。」加賜河南女子百戶牛酒，令天下大酺五日。賜公卿已下錢帛各有差；及洛陽人當酺者布，戶一匹，城外三戶共一匹。賜博士員弟子見在太學者布，人三匹。令郡國上明經者，口十萬以上五人，不滿十萬三人。』

改廬江爲六安國，江陵復爲南郡。徙江陵王恭爲六安王。

秋七月庚子，詔曰：『《春秋》於春每月書「王」者，重三正，慎三微也。律十二月立春，不以報囚。《月令》冬至之後，有順陽助生之文，而無鞫獄斷刑之政。朕咨訪儒雅，稽之典籍，以爲王者生殺，宜順時氣。其定律，無以十一月、十二月報囚。』

九月壬辰，詔：『鳳皇、黄龍所見亭部無出二年租賦。加賜男子爵，人二級；先見者帛二十匹，近者三匹，太守三十匹，令、長十五匹，丞、尉半之。《詩》云：「雖無德與汝，式歌且舞。」它如賜爵故事。』

丙申，徵濟南王康、中山王焉會烝祭。

冬十一月壬辰，日南至，初閉關梁。

三年春正月乙酉，詔曰：『蓋君人者，視民如父母，有憯怛之憂，有忠和之教，匍匐之救。其嬰兒無父母親屬，及有子不能養食者，稟給如《律》。』

丙申，北巡狩，濟南王康、中山王焉、西平王羡、六安王恭、樂成王黨、淮陽王昞、任城王尚、沛王定皆從。辛丑，帝耕于懷。

二月壬寅，告常山、魏郡、清河、鉅鹿、平原、東平郡太守、相曰：『朕惟巡狩之制，以宣聲教，考同遐迩，解釋怨結也。今「四國無政，不用其良」，駕言出游，欲親知其劇易。前祠園陵，遂望祀華、霍，東柴岱宗，爲人祈福。今將禮常山，遂徂北土，歷魏郡，經平原，升踐隄防，詢訪耆老，咸曰「往者汴門未作，深者成淵，淺則泥塗」。追惟先帝勤人之德，底績遠圖，復禹弘業，聖迹滂流，至于海表。不克堂（桓）［構］，朕甚慙焉。《月令》，孟春善相丘陵土地所宜。今肥田尚多，未有墾闢。其悉以賦貧民，給與糧種，務盡地力，勿令游手。所過縣邑，聽半入今年田租，以勸農夫之勞。』

乙丑，敕侍御史、司空曰：『方春，所過無得有所伐殺。車可以引避，引避之；騑馬可輟解，輟解之。《詩》云：「敦彼行葦，牛羊勿踐履。」《禮》，人君伐一草木不時，謂之不孝。俗知順人，莫知順天。其明稱朕意。』

戊辰，進幸中山，遣使者祠北嶽。出長城。癸酉，還幸元氏，祠光武、顯宗於縣舍正堂；明日又祠顯宗于始生堂，皆奏樂。三月丙子，詔高邑令祠光武於即位壇。復元氏七年徭役。己卯，進幸趙。庚辰，祠房山於靈壽。辛卯，車駕還宮。賜從行者各有差。

夏四月丙寅，太尉鄭弘免，大司農宋由爲太尉。

五月丙子，司空第五倫罷，太僕袁安爲司空。

秋八月乙丑，幸安邑，觀鹽池。九月，至自安邑。

冬十月，北海王基薨。

燒當羌叛，寇隴西。

是歲，西域長史班超擊斬疏勒王。

章和元年春三月，護羌校尉傅育追擊叛羌，戰殁。

夏四月丙子，令郡國中都官繫囚減死一等，詣金城戍。

六月戊辰，司徒桓虞免。癸卯，司空袁安爲司徒，光禄勳任隗爲司空。

秋七月癸卯，齊王晃有罪，貶爲蕪湖侯。壬子，淮陽王昞薨。

鮮卑擊破北單于，斬之。

燒當羌寇金城，護羌校尉劉盱討之，斬其渠帥。

壬戌，詔曰：『朕聞明君之德，啓迪鴻化，緝熙康乂，光照六幽，訖惟人面，靡不率俾，仁風翔于海表，威霆行乎鬼區。然後敬恭明祀，膺五福之慶，獲來儀之貺。朕以不德，受祖宗弘烈。乃者鳳皇仍集，麒麟並臻，甘露宵降，嘉穀滋生，芝草之類，歲月不絕。朕夙夜祗畏上天，無以彰于先功。今改元和四年爲章和元年。』

秋，令是月養衰老，授几杖，行糜粥飲食。其賜高年二人共布帛各一匹，以爲醴酪。死罪囚犯法在丙子赦前而後捕繫者，皆減死，勿笞，詣金城戍。

八月癸酉，南巡狩。壬午，遣使者祠昭靈后於小黄園。甲申，徵任城

王尚會睢陽。戊子，幸梁。己丑，遣使祠沛高原廟，豐枌榆社。乙未，幸沛，祠獻王陵，徵會東海王政。乙未晦，日有食之。九月庚子，幸彭城，東海王政、沛王定、任城王尚皆從。辛亥，幸壽春。壬子，詔郡國中都官繫囚減死罪一等，詣金城戍；犯殊死者，一切募下蠶室；其女子宮；繫囚鬼薪、白粲已上，減罪一等，輸司寇作。亡命者贖：死罪縑二十匹，右趾至髡鉗城旦舂七匹，完城旦至司寇三匹；吏民犯罪未發覺，詔書到自告者，半入贖。復封阜陵侯延爲阜陵王。己未，幸汝陰。冬十月丙子，車駕還宮。

北匈奴屋蘭儲等率衆降。

是歲，西域長史班超擊莎車，大破之。月氏國遣使獻扶拔、師子。

二年春正月，濟南王康、阜陵王延、中山王焉來朝。

（二月）壬辰，帝崩於章德前殿，年三十三。遺詔無起寢廟，一如先帝法制。

論曰：魏文帝稱『明帝察察，章帝長者』。章帝素知人厭明帝苛切，事從寬厚。感陳寵之義，除慘獄之科。深元元之愛，著胎養之令。奉承明德太后，盡心孝道。割裂名都，以崇建周親。平徭簡賦，而人賴其慶。又體之以忠恕，文之以禮樂。故乃蕃輔克諧，羣后德讓。謂之長者，不亦宜乎！在位十三年，郡國所上符瑞，合於圖書者數百千所。烏呼懋哉！

贊曰：肅宗濟濟，天性愷悌。於穆后德，諒惟淵體。左右藝文，斟酌律禮。思服帝道，弘此長懋。儒館獻歌，戎亭虛候。氣調時豫，憲平人富。

綜述

《後漢書》卷二四《馬援傳》注引《東觀漢記》 章帝下詔曰：『告平陵令、丞：縣人故雲陽令朱勃，建武中以伏波將軍爵土不傳，上書陳狀，不顧罪戾，懷旌善之志，有烈士之風。《詩》云：「無言不讎，無德不報。」』

又 卷一一五《百官志二・太常》注引《東觀書》 章帝又置祀令、丞，延平元年省。

又 卷三九《劉趙淳于江六周趙列傳・序》 建初中，章帝下詔褒寵義，賜穀千斛，常以八月長吏問起居，加賜羊酒。

又 卷六〇下《蔡邕傳》 昔孝宣會諸儒於石渠，章帝集學士於白虎，通經釋義，其事優大，文武之道，所宜從之。

又 卷八八《西域傳・序》 章帝不欲疲敝中國以事夷狄，乃迎還戊己校尉，不復遣都護。

又 卷九二《律曆志中・賈逵論曆》 章帝知其（太初曆）謬錯，以問史官，雖知不合，而不能易，故召治曆編訢、李梵等綜校其狀。**【略】**

行之未期，章帝復發聖思，考之經讖，使左中郎將賈逵問治曆者衛承、李崇、太尉屬梁鮪**【略】**等十人。

又 卷九八《祭祀志中・迎氣》 章帝即位，元和二年正月，詔曰：『山川百神，應祀者未盡。其議增修羣祀宜享祀者。』

又 卷一〇六《五行志四・螟》 是時章帝用竇皇后讒，害宋、梁二貴人，廢皇太子。

又 卷二六《食貨志》 及章帝時，穀帛價貴，縣官經用不足，朝廷憂之。

又 卷四《和帝紀》 建初三年，章帝不忍與諸王乖離，皆留京師，今遣之國。

又 卷三五《張奮傳記》 章帝敕曹褒於東觀次序禮事，依準舊典，凡百五十篇奏之也。

論說

宋・李昉等《太平御覽》卷九一《皇王部一六・肅宗孝章皇帝》注引袁山松《後漢書》 孝章皇帝弘裕有餘，明斷不足，閨房讒惑，外戚擅寵。惜乎！若明、章二主，損有餘而補不足，則古之賢君矣。

又 注引薛瑩《漢紀》 章帝以繼世承平天下，無事敬奉神明。

《後漢書》卷三《章帝紀》 有司奏言：『**【略】**陛下（章帝）至孝烝烝，奉順聖德。』**【略】**

論曰：魏文帝（曹丕）稱『明帝察察，章帝長者。』章帝素知人厭明帝苛切，事從寬厚。感陳寵之義，除慘獄之科。深元元之愛，著胎養之令。奉承明德太后，盡心孝道。割裂名都，以崇建周親。平徭簡賦，而人賴其慶。又體之以忠恕，文之以禮樂。故乃蕃輔克諧，羣后德讓。謂之長者，不亦宜乎！在位十三年，郡國所上符瑞，合於圖書者數百千所。烏呼懋哉！

贊曰：肅宗濟濟，天性愷悌。於穆后德，諒惟淵體。左右藝文，斟酌律禮。思服帝道，弘此長懋。儒館獻歌，戎亭虛候。氣調時豫，憲平人富。

又　卷七《桓帝紀》　昔孝章帝愍前世禁徒，故建初之元，並蒙恩澤，流徙者使還故郡，没入者免爲庶民。

又　卷五五《平原懷王勝傳》　章帝長者，事從敦厚，繼祀漢室，咸其苗裔，古人之言信哉！

《魏書》卷一〇八《禮志三》　秘書丞李彪對曰：『漢明德馬后，保養章帝，母子之道，無可間然。及后之崩，葬不淹旬，尋以從吉。然漢章不受譏於前代，明德不損名於往史。雖論功比德，事有殊絶，然母子之親，抑亦可擬。』

《宋史》卷三三九《蘇轍傳》　章帝即位，深鑑其失，代之以寬厚、愷悌之政，後世稱焉。

又　卷三五五《董敦逸傳》　宰相呂大防奏曰：『【略】昔漢武帝好用兵，重斂傷民，昭帝嗣位，博采衆議，多行寢罷，明帝尚察，屢興慘獄，章帝改之以寬厚，天下悦服，未有以爲謗毁先帝者也。』

藝　文

宋・楊簡《歷代詩・東漢》　東漢之光武，高皇九世孫。誅莽中興後，依前十二傳。明章稱顯肅，乃及和殤安。順賢沖與質，桓靈極不君。終當孝獻帝，漢室遂三分。

宋・陳普《歷代傳授歌》　光武誅莽復中興，漢爲東漢炎運熾。明章二帝世所稱，至于靈獻漢祚替。前漢高文武宣朝，後漢光明章七制。兩漢相傳二十四，禪魏曹丕竊神器。

宋・項安世《二十四日省宿次楊文公集賢宿直韻兼擬其體》　雲氣陰陰繞殿廬，雨聲摵摵響階除。薰爐翠被延周蝶，黄墨朱缸訂魯魚。野性登朝常蹩躠，親年須禄向躊躇。叨陪大典論疑信，濫等諸儒課密疏。漢殿修文開白虎，海邦張樂享爰居。綺寮蕙草青霏入，瑶圃梅梢玉雪初。史稿堆牀殊未已，詩材滿地欲焉如。倦投東觀中郎筆，起讀西昆病監書。節想清涼倅汲直，詞欽雅麗出唐餘。高情炯炯軒裳外，長向金門憶飯蔬。

宋・葉適《水心集》卷六《張氏東園送王恭父得殿字》　燕鴻不相須，進趨自求便。余來君其館，乃復當我餞。一春三月雨，亭樹鬱霧殿。絜重厄飛楊，花薦堆紫茜。縱有百壺清，何能一笑遣。爲郎昔同甲，四海初會面。凜然抱英特，霜宇搏温霰。雄詞推落筆，一語不可選。重來更純粹，玉琢金就鍊。漢家闡道術，四達詔羣彥。談經石渠觀，會議白虎殿。通方要歸宿，立異豈夸衒。子行若微罪，天意委深眷。以其今固辭，可信非始戀。楚熱宜綌絺，峽漲難短牽。回舟泊書林，及此未掩卷。

元・鄭元祐《僑吴集》卷二《古書行，贈吴孟思》　慎於六義功不細，朽骨逮今餘德馨。漢章變草本伯度，波磔與隷猶相仍。

明・胡應麟《少室山房集》卷五四《送王次公觀察視學關中六首》　鼓吹朝巡百二州，五陵花色傍行騶。山迴菡萏終南出，殿鎖芙蓉太液愁。異日諸儒傳白虎班氏通德論，早時多士識青牛。葡萄細酌咸陽夜，好是經過舊酒樓。

明・徐熥《幔亭集》卷九《送翁兆震太史册封周藩事竣還朝》　暫綴鵷班馬首東，桃花色借錦袍紅。鞭揮上苑三眠柳，圭捧深宫半葉桐。飛蓋兔園歌夜雪，鳴珂燕市動春風。漢家金匱資良史，好奏諸儒白虎通。

明・程敏政《篁墩文集》卷六六《送鄭洗馬赴南京太常少卿》　法從年來屢奏功，此行爭説薦書公。舊都南北舟車便，原廟春秋俎豆同。喜奉慈顔開壽域，卻勞清夢繞儲宫。重來未覺霜毛盛，看續西京白虎通。

清・錢謙益《列朝詩集》甲集第一二《〔明〕王褘〈性初余同門友至正初定交錢唐及茲兩紀頃以先師黄文獻公所贈詩見示感今念昔撫卷泫然因次韻追和〉》　憶昔與子遊，我齒始逾冠。子年頗少我，已復飽經傳。白璧信少雙，明珠全同穿。吾師文獻公，清慎寡推薦。而獨敬愛子，揄揚儕

衆彦。庶將託斯文，豈特誇詞翰。緬思韓公門，至者凡骨換。其時籍湜輩，抱璞爭自獻。何言百世下，徽猷乃重見。寥寥古道遠，忽忽陳迹幻。我時事遠遊，歷攬天下半。三年客幽燕，坐使黄金散。卻歸巖穴底，還覓青精飯。惟子負奇才，年長氣逾悍。不受世鞅羈，歸釣東海岸。誓終究遺經，世累忘貴賤。鮫鰐者何爲，騰凶起清旦。誰云屠龍手，祇解挾書卷。揮劍剸其髻，腥雨灑流汗。終然雖裂眦，竟爾成解腕。遠害圖全身，有足奔走健。自茲十年來，宇内皆糜爛。我猶跧故園，子乃處遐甸。踪迹無由聞，頗類弦離箭。及是重盍簪，各詫經喪亂。故業共討論，殊覺賢否判。子才雲錦機，組織五色綫。待詔金鑾坡，講經白虎觀。此事誠所優，吾將迫衰晏。溯風一泫然，徒有情綣綣。

清・王士禛《漁洋山人精華録》卷八《送冰修歸海昌兼寄朱生》

老大身將隱，飛揚氣自雄。游燕交馬客，歸越事猿公。仙飯青精飢，諸儒白虎通。故人朱季在，何處駕飛鴻。

清・徐世昌《晚晴簃詩匯》卷九三《伊朝棟〈書尚書古文孔傳後〉》 魯恭王壞孔子宅，絲竹之音出四壁。中有古文維《尚書》，安國得之如拱璧。奏朝擬請立學官，巫蠱事起遂中格。公孫嗣位耽名律，博陸不學遺經籍。昇平尚亡三篋書，況值漸臺兵火迫。張霸僞篇紛然淆，七緯書尤聲赫赩。白水眞人亦好讖，明章後始垂典册。馬鄭大儒皆讀緯，誰從孔壁探舊策。高密未觀眞古文，遇所引書皆註逸。典寶鳩方釐鼎陳，汩作九共爭指摘。何人私獲安國書，匹夫懷璧深藏匿。永嘉之亂戎車逼，浮江遂逐五馬迹。斯文天道呵護深，先聖神靈永珍錫。至寶誰呈喜璧全，豫章内史梅名賾。黑白辨矣定一尊，《釋文》《正義》確不易。六朝以來無間然，千餘年人心帖懌。劉氏知幾著《史通》，亦爲古文立赤幟。帝王之道本於心，中多二帝派傳嫡。豈惟淵雲夢未窺，董賈猶爲户外客。何物小儒作疏證，邪辭欲奪談經席。毛氏亦好詆前賢，《儀禮》安思辭而闢。説《詩》斥《序》考亭功，毛力攻朱如勁敵。獨爲此書樹屏藩，十目羅羅應紀績。

又　卷七七《姚范〈讀史〉》　黿紫既熸熄，漢道炳朱光。眞人起白水，《河圖》協會昌。於赫建武世，景爍逮明章。芝醴日翕集，禮樂何焜煌。邈矣跨千載，懿哉冠百王。誰知運期氏，遼遼歌未央。驅馬去國門，哀茂惜餘芳。乃悟占人心，故非羣所量。雲臺繪四七，賦頌侈班張。以質賃春士，不足揚粃糠。悲哉璿樞運，河海流湯湯。皇王若夢覺，天地就尨涼。斯人不可作，慨然我心傷。

雜録

《後漢書》卷一一七《百官志四・將作大匠》注引蔡質《漢儀》　位次河南尹，光武中元二年省，謁者領之，章帝建初元年復置。

又　卷九六《禮儀志下・大喪》注引《古今注》　章帝敬陵，山方三百步，高六丈二尺。無周垣，爲行馬，四出司馬門。

又　卷一〇四《五行志二・灾火》注引《古今注》　章帝建初元年十二月，北宮火燒壽安殿，延及右掖門。元和三年六月丙午，雷雨，火燒北宮朱爵西闕。

又　卷一〇五《五行志三・序》注引《古今注》　章帝建初八年六月癸巳，東昏城下池水變赤如血。

又　《冬雷》注引《古今注》　章帝建初四年五月戊寅，潁陰石從天墜，大如鐵鑕，色黑，始下時聲如雷。

又　卷一〇八《五行志六・日抱》注引《古今注》　章帝建初元年正月壬申，白虹貫日。五年七月甲寅，夜白虹出乙丑地西北曲入。七年四月丙寅，日加卯，西面有抱，須臾成暈，有白虹貫日。

又　卷五《安帝紀》　（鄧）太后曰：『【略】朕惟（劉祜）侯孝章帝世嫡皇孫，謙恭慈順，在孺而勤，宜奉郊廟，承統大業。』【略】

（閻）太后臨朝，以后兄大鴻臚閻顯爲車騎將軍，定策禁中，立章帝孫濟北惠王壽子北鄉侯懿。

又　卷一〇上《皇后紀・光武郭皇后紀》　建初二年，章帝紹封（郭）嵩子（郭）勤爲伊亭侯，（郭）勤無子，國除。

又　卷二一《李忠傳》　苦陘，縣名，屬中山國，章帝改曰漢昌，自此已後，隨代改之，今定州唐昌縣是也。

又　卷九九《祭祀志下・序》　以竇后配食章帝，恭懷后別就陵寢祭之。

又　卷一〇三《五行志一・貌不恭條》　章帝時，竇皇后兄（竇）憲以皇后甚幸於上，故人人莫不畏憲。【略】

後章帝崩，竇太后攝政，憲秉機密，忠直之臣與憲忤者，憲多害之，其後憲兄弟遂皆被誅。

又　卷七六《循吏傳・仇覽》注引《陳留・風俗傳》　章帝惡其（菑）名，改爲考城。

《魏書》卷一一四《釋老志》　漢章帝時，楚王英喜爲浮屠齋戒，遣郎中令奉黃縑白紈三十匹，詣國相以贖愆。

《宋書》卷一一《律曆志上》　漢章帝元和元年，待詔候鍾律殷肜上言：『官無曉六十律以準調音者，故待詔嚴嵩具以準法教子男宣，願召宣補學官，主調樂器。』【略】

唯京房始創六十律，至章帝時，其法已亡。

《宋書》卷一九《樂志一》　章帝元和二年，宗廟樂，故事，食舉有《鹿鳴》、《承元氣》二曲。

又　卷二八《符瑞志中》　漢章帝元和二年以來，至章和元年，凡三年，麒麟五十一見郡國。【略】

漢章帝元和二年以來，至章和元年，凡三年，鳳皇百三十九見郡國。

【略】

漢章帝元和二年以來，至章和元年，凡三年，黃龍四十四見郡國。

【略】

漢章帝建初七年十月，車駕西巡，得白鹿於臨平觀。【略】

漢章帝元和二年以來，至章和元年，凡三年，白虎二十九見郡國。

《宋書》卷二九《符瑞志下》　漢章帝元和三年正月，車駕北巡，以太牢祠北岳山，見黃白氣。【略】

漢章帝元和三年正月，車駕北巡，以太牢具祠北岳，有神魚躍出十數。

又　卷三五《州郡志一・南徐州》　開陽令，前漢屬東海，章帝建初五年屬琅邪。【略】

湖陸令，前漢曰湖陵，漢章帝更名。

又　《徐州》　彭城太守，漢高立爲楚國，宣帝地節元年，改爲彭城郡，黃龍元年，又爲楚國，章帝還爲彭城。【略】

樂平令，前漢曰清，屬東郡，章帝更名。

又　《兗州》　高平令，前漢名橐，章帝更名。

《宋書》卷三六《州郡志二・豫州》　宋令，前漢名新郪，章帝建初四年，徙宋公國於此，改曰宋。

《後漢書》卷六《順帝紀》　章帝改曲逆爲蒲陰，亦屬中山，與望都相近，故城在今定州北。

又　卷七《桓帝紀》　（渤海王鴻）章帝曾孫也，樂安夷王寵之子，質帝之父也。

又　卷一〇下《皇后紀・順烈梁皇后紀》　商祖姑，章帝貴人，生和帝也。

又　《陳夫人紀》　孝王名鴻，章帝子千乘貞王伉之孫。鴻生質帝，帝立，徙渤海焉。

又　《皇女紀》　樂平，太清縣，屬東郡，章帝更名。

又　卷一六《鄧騭傳》　章帝竇皇后，竇勳女，祖穆及叔父俱尚主。

【略】

高帝呂后、昭帝上官后、宣帝霍后、成帝趙后、平帝王后、章帝竇后、和帝鄧后、安帝閻后、桓帝竇后、順帝梁后、靈帝何后等家，或以貴盛驕奢，或以攝位權重，皆以盈極被誅也。

《舊唐書》卷一四八《李吉甫傳》　（李）吉甫奏曰：『【略】昔漢章帝時，欲爲光武原陵、明帝顯節陵各起邑屋，東平王蒼上疏言其不可。東平王即光武之愛子，明帝之愛弟。賢王之心，豈惜費於父兄哉。誠以非禮之事，人君所當慎也。』

《宋史》卷一〇五《吉禮八・先代陵廟》　秦始皇帝、漢景帝武帝明帝章帝。【略】各置守陵兩户，三年一祭以太牢。

《明史》卷五〇《禮志四・吉禮四・歷代帝王陵廟》　洪武三年遣使訪先代陵寢，仍命各行省縣圖以進，凡七十有九。禮官考其功德昭著者，曰：『【略】漢高祖、文帝、景帝、武帝、宣帝、光武、明帝、章帝。』【略】凡三十有六。【略】

洪武四年，禮部定議，合祀帝王三十五。在河南者十：陳祀伏羲、

商高宗，孟津祀漢光武，洛陽祀漢明帝、章帝。

蕭何分部

傳　記

《史記·蕭相國世家》　蕭相國何者，沛豐人也。以文無害爲沛主吏掾。

高祖爲布衣時，何數以吏事護高祖。高祖爲亭長，常左右之。高祖以吏繇咸陽，吏皆送奉錢三，何獨以五。

秦御史監郡者與從事，常辨之。何乃給泗水卒史事，第一。秦御史欲入言徵何，何固請，得毋行。

及高祖起爲沛公，何常爲丞督事。沛公至咸陽，諸將皆爭走金帛財物之府分之，何獨先入收秦丞相御史律令圖書藏之。沛公爲漢王，以何爲丞相。項王與諸侯屠燒咸陽而去。漢王所以具知天下阸塞，户口多少，强弱之處，民所疾苦者，以何具得秦圖書也。何進言韓信，漢王以信爲大將軍。語在《淮陰侯》事中。

漢王引兵東定三秦，何以丞相留收巴蜀，填撫諭告，使給軍食。漢二年，漢王與諸侯擊楚，何守關中，侍太子，治櫟陽。爲法令約束，立宗廟社稷宮室縣邑，輒奏上，可，許以從事；卽不及奏上，輒以便宜施行，上來以聞。關中事計户口轉漕給軍，漢王數失軍遁去，何常興關中卒，輒補缺。上以此專屬任何關中事。

漢三年，漢王與項羽相距京索之閒，上數使使勞苦丞相。鮑生謂丞相曰：『王暴衣露蓋，數使使勞苦君者，有疑君心也。爲君計，莫若遣君子孫昆弟能勝兵者悉詣軍所，上必益信君。』於是何從其計，漢王大説。

漢五年，既殺項羽，定天下，論功行封。羣臣爭功，歲餘功不決。高祖以蕭何功最盛，封爲酇侯，所食邑多。功臣皆曰：『臣等身被堅執鋭，多者百餘戰，少者數十合，攻城掠地，大小各有差。今蕭何未嘗有汗馬之勞，徒持文墨議論，不戰，顧反居臣等上，何也？』高帝曰：『諸君知獵乎？』曰：『知之。』『知獵狗乎？』曰：『知之。』高帝曰：『夫獵，追殺獸兔者狗也，而發蹤指示獸處者人也。今諸君徒能得走獸耳，功狗也。至如蕭何，發蹤指示，功人也。且諸君獨以身隨我，多者兩三人。今蕭何舉宗數十人皆隨我，功不可忘也。』羣臣皆莫敢言。

列侯畢已受封，及奏位次，皆曰：『平陽侯曹參身被七十創，攻城掠地，功最多，宜第一。』上已撓功臣，多封蕭何，至位次未有以復難之，然心欲何第一。關内侯鄂君進曰：『羣臣議皆誤。夫曹參雖有野戰畧地之功，此特一時之事。夫上與楚相距五歲，常失軍亡衆，逃身遁者數矣。然蕭何常從關中遣軍補其處，非上所詔令召，而數萬衆會上之乏絶者數矣。夫漢與楚相守滎陽數年，軍無見糧，蕭何轉漕關中，給食不乏。陛下雖數亡山東，蕭何常全關中以待陛下，此萬世之功也。今雖亡曹參等百數，何缺於漢？漢得之不必待以全。奈何欲以一旦之功而加萬世之功哉。蕭何第一，曹參次之。』高祖曰：『善。』於是乃令蕭何第一，賜帶劍履上殿，入朝不趨。

上曰：『吾聞進賢受上賞。蕭何功雖高，得鄂君乃益明。』於是因鄂君故所食關内侯邑封爲安平侯。是日，悉封何父子兄弟十餘人，皆有食邑。乃益封何二千户，以帝嘗繇咸陽時何送我獨贏奉錢二也。

漢十一年，陳豨反，高祖自將，至邯鄲。未罷，淮陰侯謀反關中，吕后用蕭何計，誅淮陰侯，語在《淮陰》事中。上已聞淮陰侯誅，使使拜丞相何爲相國，益封五千户，令卒五百人一都尉爲相國衛。諸君皆賀，召平獨弔。召平者，故秦東陵侯。秦破，爲布衣，貧，種瓜於長安城東，瓜美，故世俗謂之『東陵瓜』，從召平以爲名也。召平謂相國曰：『禍自此始矣。上暴露於外而君守於中，非被矢石之事而益君封置衛者，以今者淮陰侯新反於中，疑君心矣。夫置衛衛君，非以寵君也。願君讓封勿受，悉以家私財佐軍，則上心説。』相國從其計，高帝乃大喜。

漢十二年秋，黥布反，上自將擊之，數使使問相國何爲。相國爲上在軍，乃拊循勉力百姓，悉以所有佐軍，如陳豨時。客有説相國曰：『君滅族不久矣。夫君位爲相國，功第一，可復加哉？然君初入關中，得百姓心，十餘年矣，皆附君，常復孳孳得民和。上所爲數問君者，畏君傾動關中。今君胡不多買田地，賤貰貸以自汙？上心乃安。』於是相國從其計，

上乃大說。

上罷布軍歸，民道遮行上書，言相國賤强買民田宅數千萬。上至，相國謁。上笑曰：「夫相國乃利民。」民所上書皆以與相國，曰：「君自謝民。」相國因爲民請曰：「長安地狹，上林中多空地，棄，願令民得入田，毋收稾爲禽獸食。」上大怒曰：「相國多受賈人財物，乃爲請吾苑。」乃下相國廷尉，械繫之。數日，王衛尉侍，前問曰：「相國何大罪，陛下繫之暴也？」上曰：「吾聞李斯相秦皇帝，有善歸主，有惡自與。今相國多受賈豎金而爲民請吾苑，以自媚於民，故繫治之。」王衛尉曰：「夫職事苟有便於民而請之，眞宰相事，陛下奈何乃疑相國受賈人錢乎。且陛下距楚數歲，陳豨、黥布反，陛下自將而往，當是時，相國守關中，摇足則關以西非陛下有也。相國不以此時爲利，今乃利賈人之金乎？且秦以不聞其過亡天下，李斯之分過，又何足法哉。陛下何疑宰相之淺也。」高帝不懌。是日，使使持節赦出相國。相國年老，素恭謹，入，徒跣謝。高帝曰：「相國休矣。相國爲民請苑，吾不許，我不過爲桀紂主，而相國爲賢相。吾故繫相國，欲令百姓聞吾過也。」何素不與曹參相能，及何病，孝惠自臨視相國病，因問曰：「君卽百歲後，誰可代君者？」對曰：「知臣莫如主。」孝惠曰：「曹參何如？」何頓首曰：「帝得之矣。臣死不恨矣。」

何置田宅必居窮處，爲家不治垣屋。曰：「後世賢，師吾儉。不賢，毋爲勢家所奪。」

孝惠二年，相國何卒，謚爲文終侯。

後嗣以罪失侯者四世，絕，天子輒復求何後，封續酇侯，功臣莫得比焉。

太史公曰：「蕭相國何於秦時爲刀筆吏，録録未有奇節。及漢興，依日月之末光，何謹守管籥，因民之疾奉法，順流與之更始。淮陰、黥布等皆以誅滅，而何之勳爛焉。位冠羣臣，聲施後世，與閎夭、散宜生等爭烈矣。」

《漢書》卷三九《蕭何傳》　蕭何，沛人也。以文毋害爲沛主吏掾。高祖爲布衣時，數以吏事護高祖。高祖爲亭長，常佑之。高祖以吏繇咸陽，吏皆送奉錢三，何獨以五。秦御史欲入言徵何，何固請，得毋行。及高祖起爲沛公，何嘗爲丞督事。沛公至咸陽，諸將皆爭走金帛財物之府分之，何獨先入收秦丞相御史律令圖書臧之。沛公具知天下阸塞，户口多少，强弱處，民所疾苦者，以何得秦圖書也。

初，諸侯相與約，先入關破秦者王其地。沛公既先定秦，項羽後至，欲攻沛公，沛公謝之得解。羽遂屠燒咸陽，與范增謀曰：「巴蜀道險，秦之遷民皆居蜀。」乃曰：「蜀漢亦關中地也。」故立沛公爲漢王，而三分關中地，王秦降將以距漢王。漢王怒，欲謀攻項羽。周勃、灌嬰、樊噲皆勸之，何諫之曰：「雖王漢中之惡，不猶愈於死乎？」漢王曰：「何爲乃死也？」何曰：「今衆弗如，百戰百敗，不死何爲？《周書》曰『天予不取，反受其咎。』語曰『天漢』，其稱甚美。夫能詘於一人之下，而信於萬乘之上者，湯武是也。臣願大王王漢中，養其民以致賢人，收用巴蜀，還定三秦，天下可圖也。」漢王曰：「善。」乃遂就國，以何爲丞相。何進韓信，漢王以爲大將軍，説漢王令引兵東定三秦。語在《信傳》。

何以丞相留收巴蜀，填撫諭告，使給軍食。漢二年，漢王與諸侯擊楚，何守關中，侍太子，治櫟陽。爲令約束，立宗廟、社稷、宫室、縣邑，輒奏，上可許以從事。卽不及奏，輒以便宜施行，上來以聞。計户轉漕給軍，漢王數失軍遯去，何常興關中卒，輒補缺。上以此剸屬任何關中事。

漢三年，與項羽相距京、索閒，上數使使勞苦丞相。鮑生謂何曰：「今王暴衣露蓋，數勞苦君者，有疑君心。爲君計，莫若遣君子孫昆弟能勝兵者悉詣軍所，上益信君。」於是何從其計，漢王大説。

漢五年，已殺項羽，卽皇帝位，論功行封，羣臣爭功，歲餘不決。上以何功最盛，先封爲酇侯，食邑八千户。功臣皆曰：「臣等身被堅執兵，多者百餘戰，少者數十合，攻城畧地，大小各有差。今蕭何未有汗馬之勞，徒持文墨議論，不戰，顧居臣等上，何也？」上曰：「諸君知獵乎？」曰：「知之。」「知獵狗乎？」曰：「知之。」上曰：「夫獵，追殺獸者狗也，而發縱指示獸處者人也。今諸君徒能走得獸耳，功狗也。至於蕭何，發縱指示，功人也。且諸君獨以身從我，多者三兩人。蕭何舉宗數十人皆隨我，功不可忘也。」羣臣後皆莫敢言。

列侯畢已受封，奏位次，皆曰：「平陽侯曹參身被七十創，攻城畧

地，功最多，宜第一。』上已橈功臣多封何，至位次未有以復難之，然心欲何第一。關內侯鄂秋時爲謁者，進曰：『羣臣議皆誤。夫曹參雖有野戰畧地之功，此特一時之事。夫上與楚相距五歲，失軍亡衆，跳身遯者數矣，然蕭何常從關中遣軍補其處。非上所詔令召，而數萬衆會上乏絶者數矣。夫漢與楚相守滎陽數年，軍無見糧，蕭何轉漕關中，給食不乏。陛下雖數亡山東，蕭何常全關中待陛下，此萬世功也。今雖無曹參等百數，何缺於漢？漢得之不必待以全。奈何欲以一旦之功加萬世之功哉。蕭何當第一，曹參次之。』上曰：『善。』於是乃令何第一，賜帶劍履上殿，入朝不趨。上曰：『吾聞進賢受上賞，蕭何功雖高，待鄂君乃得明。』於是因鄂秋故所食關內侯邑二千户，封爲安平侯。是日，悉封何父母兄弟十餘人，皆食邑。乃益封何二千户，以『嘗繇咸陽時何送我獨贏錢二也』。

陳豨反，上自將，至邯鄲。而韓信謀反關中。呂后用何計誅信。語在《信傳》。上已聞誅信，使使拜丞相爲相國，益封五千户，令卒五百人一都尉爲相國衛。諸君皆賀，召平獨弔。召平者，故秦東陵侯。秦破，爲布衣，貧，種瓜長安城東，瓜美，故世謂『東陵瓜』，從召平始也。平謂何曰：『禍自此始矣。上暴露於外，而君守於內，非被矢石之難，而益君封置衛者，以今者淮陰新反於中，有疑君心。夫置衛衛君，非以寵君也。願君讓封勿受，悉以家私財佐軍。』何從其計，上說。

其秋，黥布反，上自將擊之，數使使問相國何爲。曰：『爲上在軍，拊循勉百姓，悉所有佐軍，如陳豨時。』客又説何曰：『君滅族不久矣。夫君位爲相國，功第一，不可復加。然君初入關，本得百姓心，十餘年矣。皆附君，尚復孳孳得民和。上所謂數問君，畏君傾動關中。今君胡不多買田地，賤貰貣以自汙？上心必安。』於是何從其計，上乃大說。

上罷布軍歸，民道遮行，上書言相國强賤買民田宅數千人。上至，何謁。上笑曰：『今相國乃利民。』民所上書皆以與何，曰：『君自謝民。』後何爲民請曰：『長安地陿，上林中多空地，棄，願令民得入田，毋收槀爲獸食。』上大怒曰：『相國多受賈人財物，爲請吾苑。』乃下何廷尉，械繫之。數日，王衛尉侍，前問曰：『相國胡大罪，陛下繫之暴也？』上曰：『吾聞李斯相秦皇帝，有善歸主，有惡自予。今相國多受賈豎金，爲請吾苑，以自媚於民。故繫治之。』王衛尉曰：『夫職事苟有便於民而請之，眞宰相事也。陛下奈何乃疑相國受賈民錢乎！且陛下距楚數歲，陳豨、黥布反時，陛下自將往，當是時相國守關中，關中摇足則關西非陛下有也。相國不以此時爲利。乃利賈人之金乎？且秦以不聞其過亡天下，夫李斯之分過，又何足法哉！陛下何疑宰相之淺也。』上不懌。是日，使使持節赦出何。何年老，素恭謹，徒跣入謝。上曰：『相國休矣。相國爲民請苑吾不許，我不過爲桀紂主，而相國爲賢相。吾故繫相國，欲令百姓聞吾過。』

高祖崩，何事惠帝。何病，上親自臨視何疾，因問曰：『君卽百歲後，誰可代君？』對曰：『知臣莫如主。』帝曰：『曹參何如？』何頓首曰：『帝得之矣。何死不恨矣。』

何買田宅必居窮辟處，爲家不治垣屋。曰：『令後世賢，師吾儉。不賢，毋爲埶家所奪。』

孝惠二年，何薨，謚曰文終侯。子禄嗣，薨，無子。高后乃封何夫人同爲酇侯，小子延爲筑陽侯。孝文元年，罷同，更封延爲酇侯。薨，子遺嗣。薨，無子，文帝復以遺弟則嗣，有罪免。景帝二年，制詔御史：『故相國蕭何，高皇帝大功臣，所與爲天下也。今其祀絶，朕甚憐之。其以武陽縣户二千封何孫嘉爲列侯。嘉，則弟也。薨，子勝嗣，後有罪免。武帝元狩中，復下詔御史：『以酇户二千四百封何曾孫慶爲酇侯，布告天下，令明知朕報蕭相國德也。』慶，則子也。薨，子成嗣，坐爲太常犧牲瘦免。宣帝時，詔丞相御史求問蕭相國後在者，得玄孫建世等十二人，復下詔以酇户二千封建世爲酇侯。傳子至孫獲，坐使奴殺人減死論。成帝時，復封何孫之子南䜌長喜爲酇侯。傳子至曾孫，王莽敗乃絶。

綜　述

《史記·太史公自序》　楚人圍我滎陽，相守三年，蕭何填撫山西，推計踵兵，給糧食不絶，使百姓愛漢，不樂爲楚。

《後漢書·陳寵傳》　元和二年，旱，長水校尉賈宗等上言，以爲斷獄不盡三冬，故陰氣微弱，陽氣發泄，招致灾旱，事在於此。帝以其言下公卿議，寵奏曰：『【略】元和以前，皆用三冬，而水旱之異，往往爲患。由此言之，灾害自爲它應，不以改律。秦爲虐政，四時行刑，聖漢初

興，改從簡易。蕭何草律，季秋論囚，俱避立春之月，而不計天地之正，二王之春，實頗有違。陛下探幽析微，允執其中，革百載之失，建永年之功，上有迎承之敬，下有奉微之惠，稽春秋之文，當《月令》之意，聖功美業，不宜中疑。』書奏，帝納之，遂不復改。

又《陳忠傳》 元初三年有詔，大臣得行三年喪，服闋還職。忠因此上言：『孝宣皇帝舊令，人從軍屯及給事縣官者，大父母死未滿三月，皆勿徭，令得葬送。請依此制。』太后從之。至建光中，尚書令祝諷、尚書孟布等奏，以爲『孝文皇帝定約禮之制，光武皇帝絶告寧之典，貽則萬世，誠不可改。宜復建武故事』。忠上疏曰：『臣聞之《孝經》，始於愛親，終於哀戚。上自天子，下至庶人，尊卑貴賤，其義一也。夫父母於子，同氣異息，一體而分，三年乃免於懷抱。先聖緣人情而著其節，制服二十五月，是以《春秋》臣有大喪，君三年不呼其門，閔子雖要絰服事，以赴公難，退而致位，以究私恩，故稱「君使之非也，臣行之禮也」。周室陵遲，禮制不序，《蓼莪》之人作詩自傷曰：「瓶之罄矣，惟罍之恥。」言已不得終竟子道者，亦上之恥也。高祖受命，蕭何創制，大臣有寧告之科，合於致憂之義。建武之初，新承大亂，凡諸國政，多趣簡易，大臣既不得告寧，而羣司營禄念私，鮮循三年之喪，以報顧復之恩者。禮義之方，實爲彫損。大漢之興，雖承衰敝，而先王之制，稍以施行。故籍田之耕，起於孝文。孝廉之貢，發於孝武。郊祀之禮，定於元成。三雍之序，備於顯宗。大臣終喪，成乎陛下。聖功美業，靡以尚茲。孟子有言：「老吾老以及人之老，幼吾幼以及人之幼，天下可運於掌。」臣願陛下登高北望，以甘陵之思，揆度臣子之心，則海内咸得其所。』宦豎不便之，竟寢忠奏而從諷、布議，遂著於令。

又《黄瓊傳》 元嘉元年，遷司空。桓帝欲褒崇大將軍梁冀，使中朝二千石以上會議其禮。特進胡廣、太常羊溥、司隸校尉祝恬、太中大夫邊詔等，咸稱冀之勳德，其制度賚賞，以宜比周公，錫之山川、土田、附庸。瓊獨建議曰：『冀前以親迎之勞，增邑三千，又其子胤亦加封賞。昔周公輔相成王，制禮作樂，化致太平，是以大啓土宇，開地七百。今諸侯以户邑爲制，不以里數爲限。蕭何識高祖於泗水，霍光定傾危以興國，皆益户增封，以顯其功。冀可比鄧禹，合食四縣，賞賜之差，同於霍光，使天下知賞必當功，爵不越德。』朝廷從之。

又《崔琦傳》 琦以言不從，失意，復作《白鵠賦》以爲風。梁冀見之，呼琦問曰：『百官外内，各有司存，天下云云，豈獨吾人之尤，君何激刺之過乎？』琦對曰：『昔管仲相齊，樂聞譏諫之言。蕭何佐漢，乃設書過之吏。今將軍累世臺輔，任齊伊、公，而德政未聞，黎元塗炭，不能結納貞良，以救禍敗，反復欲鉗塞士口，杜蔽主聽，將使玄黄改色，馬鹿異形乎？』冀無以對，因遣琦歸。

《宋書·百官志》 漢蕭何之後坐法失侯，文帝不封而景帝封之，後復失侯，武、昭二帝不封而宣帝封之。

《晉書·刑法志》 漢承秦制，蕭何定律，除參夷連坐之罪，增部主見知之條，益事律《興》、《廄》、《户》三篇，合爲九篇。

泰始三年，事畢，表上。武帝詔曰：『昔蕭何以定律令受封，叔孫通制儀爲奉常，賜金五百斤，弟子百人皆爲郎。夫立功立事，古今之所重，宜加禄賞，其詳考差敍。輒如詔簡異弟子百人，隨才品用，賞帛萬餘匹。』

又《刁協傳》 相國，一人。漢高帝十一年始置，以蕭何居之，罷丞相。何薨，曹參代之。參薨，罷。

宋·李光《讀易詳説》卷九 劉備、孔明不肯留吳，關羽不肯留魏，豈乏其資斧哉？使韓信無蕭何之薦，亦非漢祖所能羈縻之也，況乎聖如仲尼、賢如孟軻者。儻不處以卿相之位，使得盡行其所志，豈區區利禄所能豢養之哉！

宋·林栗《周易經傳集解》卷九 戰國之際，齊有孟嘗，趙有平原，楚有春申，魏有信陵，此四公子，尊賢而下士，天下之有材智者，不遠千里而歸之。當是之時，列國相傾，以士爲重，然其時君猶不能堪。至於漢興，相國蕭何爲民請苑，以高皇之大度，猶不免械擊之辱。【略】

漢高帝、唐太宗，古今納諫之主也。蕭何爲民請上林棄地，高帝怒曰：『相國多受賈人金，爲民請吾苑，以自媚於民。』皇甫德參上書諫修洛陽宮，太宗恚曰：『是子使國家不役一人，不收斗租，宮人無髮，乃稱其意！』向非魏鄭公、王衛尉之對二人者，亦幾不免矣。

《金史·劉彦宗傳》 明年，再伐宋，已圍汴京，彦宗謂宗翰、宗望曰：『蕭何入關，秋豪無犯，惟收圖籍。遼太宗入汴，載路車、法服、石

經以歸，皆令則也。」

元·方回《續古今考》卷六《蕭何盡收秦丞相府圖籍文書》　沛公西入咸陽，還軍霸上，蕭何盡收秦丞相府圖籍文書。《蕭何傳》：「沛公至咸陽，諸將皆爭走金帛財物之府分之。」如此，則「所過無得鹵掠」恐是虛文，「謹封府庫還霸上」亦十取七八矣。「何獨先入收秦丞相御史律令圖書藏之。沛公具知天下阨塞，户口多少，强弱處，民疾苦者，以何得秦圖書也」，班史《紀》、《傳》同異牴牾甚多，此事於《紀》止言「丞相府圖籍文書」，《傳》兼言「御史律令」，當是《紀》畧《傳》詳。如田榮欲楚殺田假，楚不肯殺田儋，《傳》、《書》謂「楚之懷王曰「田假與國之王窮而歸我，殺之不宜」，《項籍傳》書則謂「項梁曰「田假與國之王窮來歸，我不忍殺」」，其言同而二人異，如此不一。今具考秦所謂圖籍律令文書者。按秦之始皇在位之三十四年焚書，三十五年坑諸生，焚書之年并天下九年矣。李斯請「史官非《秦記》皆燒之，非博士官所職，天下敢有藏《詩》、《書》、百家語者，悉詣守、尉雜燒之。有敢偶語《詩》、《書》者棄市。以古非今者族。見知不舉者，同其罪。令下三十日不燒，黥爲城旦。所不去者，醫藥、卜筮、種樹之書。欲學法令，以吏爲師。」此所焚者，一曰諸國之史，非秦所記，雖博士官亦不許藏六國及周之所記者，皆灰滅矣；二曰《詩》、《書》、百家語，前乎孔子所刪定，後乎子思、孟子、莊、老、楊、墨、申、商、韓非、呂不韋所著，民間一切不許復存，惟博士官尚許秘藏之也。呂東萊謂：「所燒者天下之書，博士官所職固自若也。蕭何獨收圖籍而遺此，惜哉！」回謂：始皇焚書四年而身死，二世立三年而秦亡，七年之間天下常讀書之人老師宿儒存者宜不爲少，屋壁之藏不止一泗上孔氏。沛公元年十月入咸陽，十一月召秦父老約法三章，固已云除去秦法矣。所引秦苛法謂「誹謗者族，偶語者棄市」，豈但除此二法而已乎？焚書之年令謂「偶語《詩》《書》者棄市，以古非今者族」，以沛公所引二語觀之，則又毒矣。偶語卽棄市，不必語《詩》《書》也。誹謗凡出口皆可坐，不必以古非今而後謂之誹謗也，其法之苛虐如此。沛公與蕭何宜委曲詳備，其辭舉秦之焚書之事，明以諭衆：自今而後，諸書百家語並再許習誦；召老師宿儒能記憶者出典學校，而許百姓師之；山巖野塢屋壁有藏《詩》、《書》能出以上之官者，有賞。如此，則漢之爲漢，非苟且之漢矣。蕭何刀筆之吏也，其能收丞相御史府圖籍文書，已是見識過人遠甚，特博士官所職不遑收取，致爲項羽所焚，而後天下無副本。漢王還定三秦，日不暇給，又不能盡除挾書之令，大槩悉遵秦所立官制刑辟而行之，至於今近一千五百年皆秦法令也。嗚呼！痛哉！圖謂繪畫山川形勢器物制度族姓原委星辰度數，籍謂官吏版簿户口生齒百凡之數，律與令則前王後王之刑法文書，則二帝三王以來政事議論見於孔子之所刪定著作。戰國以來百家迭興，大率龐駁不純，去非取是，在乎擇耳。此乃有國家者，不可缺一而不完者也。秦既悖矣，漢亦昧焉。蕭何者號人傑，本一縣吏也。張良亦號爲人傑，然乃專尚老氏之學，故於儒學亦漫不加意。其餘無足責矣。嗚呼！痛哉！

又　卷九《漢王欲攻羽丞相蕭何諫乃止》　漢王怨羽背約，欲謀攻羽。周勃、絳、灌、樊噲皆勸之，惟蕭何諫：「願大王王漢中，養其民以致賢人，收用巴蜀，還定三秦，天下可圖也。」漢王曰：「善。」乃就國。《高紀》書「丞相蕭何諫」。是時，漢王未就國，在霸上，蕭何未爲丞相，蓋史追書也。或問：戲西鴻門，范增勸項羽擊殺沛公，項伯止之，當是時，沛公可殺乎？曰：不可也。沛公入關有大功，府庫珍寶婦女牛酒一無所取，無罪有大功。無罪而又有功，當王關中之約。羽於此時殺之，天下諸侯亦得而屠羽之族矣。范增之計未爲得，項伯之見未爲失也。或又問：項羽背約，絳、灌、樊噲勸漢王攻之，蕭何止之，當是時，項王可攻乎？曰：未可也。羽陽尊義帝，未有弒逆之罪；封九江王英布，未有隙；封衡山王吳芮，未奪其地，未有怨；田榮、陳餘雖大怨，羽遠在齊趙。羽之罪在於殺宋義。然義亦驕矜，送子相齊，置酒高會，秦而勝趙，何敝之承。義固有以取羽之侮。羽之罪又在於坑秦卒二十餘萬。然當時聞見，習以爲常，羽未出關東，歸三秦。及羽之黨合從以距漢，則以新造未就緒之漢，攻罪名未著、黨羽未離之强楚，其不勝必矣。絳、灌、樊噲或未之思，而蕭何之所籌爲得策也。漢之入關，張良謀居多，然頗以詐。蕭何先收圖籍，勸且就國，此二事皆非餘人所及。養其民以致賢人，天下事孰有先於此二者乎？此一語又興漢之根本也。

明·來知德《周易集注》卷四《象曰隨有獲其義凶也有孚在道明功也》　昔漢之蕭何、韓信，皆高帝功臣。信既求封齊，復求王楚，可謂有

獲矣。然無明哲，不知有獲貞凶之義，卒及大禍。何則不然，帝在軍中遣使勞何，何悉遣子弟從軍，帝大悦。及擊陳豨，遣使拜何相國，封五千户，何讓不受，悉以家財佐軍用，帝又悦。卒爲漢第一功臣，身榮名顯。若何者，可謂知明功臣者矣。孔子明功之言，不其驗哉！

清·朱軾《史傳三編》卷九《名臣傳一·漢·蕭何曹參》　蕭何沛人也，爲沛主吏掾。高祖爲布衣時，何數以吏事護高祖。高祖爲亭長，常左右之。高祖以吏繇咸陽，吏皆送奉錢三，何獨以五。及高祖起，爲沛公，何爲丞督事。沛公至咸陽，諸將皆爭走金帛財物之府分之，何獨先入收秦丞相御史律令圖書藏之。沛公所以具知天下阸塞，户口多少，强弱之處，民所疾苦者，以何具得秦圖書也。初，諸侯相與約，先入關者王其地。沛公既先定秦，項羽背約，乃立沛公爲漢王，王巴蜀，而三分關中地，王秦降將，欲以距漢。漢王怒，謀攻羽，絳、灌等皆勸之，何獨諫止，且曰：「願大王養民以致賢，收用巴蜀，還定三秦，天下可圖也。」漢王乃就國。何薦韓信爲大將軍，説漢王引兵東定三秦。何以丞相留守巴蜀，鎮撫諭告，使給軍食。漢二年，王與諸侯擊楚，何守關中，爲令約束，立宗廟、社稷、宮室、縣邑，輒奏，上可，即不及奏，趣以便宜施行，上來以聞。計户口，轉漕給軍，漢王數失軍遁去，何常興關中卒，輒補缺，王以此專屬任何關中事。漢三年，與項羽相距京索間，王數使使勞苦丞相。鮑生謂何曰：「今王暴衣露蓋，數勞苦君者，有疑君心。爲君計，莫若遣君子孫昆弟能勝兵者悉詣軍所，王益信君。」於是何從其計，漢王大説。漢五年，既滅項羽，即皇帝位，論功行封。羣臣爭功不決，帝以何功最盛，封酇侯，所食邑多。功臣皆曰：「臣等身被堅執鋭，攻城畧地，大小各有差。今何徒持文墨議論，不戰，顧居臣等上，何也？」帝曰：「諸君知獵乎？夫獵追殺獸兔者狗也，而發縱指示獸處者人也。今諸君徒能得走獸耳，功狗也。至如蕭何，發縱指示，功人也。」羣臣皆莫敢言。列侯畢已受封，奏位次，皆曰：「平陽侯曹參身被七十創，功最多，宜第一。」帝已撓功臣，多封何，至位次未有以復難之，然心欲何第一。關内侯鄂千秋進曰：「羣臣議皆誤。夫曹參雖有野戰畧地之功，此特一時之事。夫上與楚相距五歲，失軍亡衆，跳身遯者數矣。然何常從關中遣軍補其處，非上所詔令，召而數萬衆會上乏絶者數矣。漢與楚相守滎陽數年，軍無見糧，何轉漕關中，給食不乏。陛下雖數亡山東，何常全關中以待陛下，此萬世功也。今雖亡曹參等百數，奚缺於漢？奈何欲以一時之功而加萬世之功哉！蕭何第一，曹參次之。」帝曰：「善。」乃賜何帶劍履上殿，入朝不趨，益封二千户。十一年，帝自將討陳豨，有告淮陰侯信謀反者，吕后用何計誅信。帝已聞信誅，使使拜丞相何爲相國，益封五千户，令卒五百人一都尉爲相國衛。諸君皆賀，召平獨弔曰：「上有疑君心，故置衛衛君，非寵君也。願君讓封勿受，悉以家私財佐軍。」何從其計，帝説。其秋，黥布反，帝自將擊之，數使使問相國何爲。相國爲上在軍，拊循勉百姓，悉所有佐軍，如陳豨時。客又説何曰：「君滅族不久矣。君初入關中，得百姓心，十餘年矣，皆附君，尚復孳孳得民和。上所爲數問君者，畏君傾動關中。今君胡不多買田地，賤貰貸以自汙？上心必安。」於是何從其計，帝復大説。後何爲民請上林中空地，帝怒，械繫何數日。王衛尉侍前問曰：「相國胡大罪，陛下繫之暴也？」帝曰：「吾聞李斯相秦皇，帝有善歸主，有惡自予。今相國多受賈豎金爲請吾苑，以自媚於民，故繫治之。」王衛尉曰：「夫職事苟有便於民而請之，眞宰相事。且陛下距楚數歲，陳豨、黥布反，陛下自將而往，當是時，相國守關中，關中搖足則關以西非陛下有也。相國不以此時爲利，今乃利賈人之金乎？且秦以不聞已過亡天下，李斯之分過，又何足法哉。」帝不懌。是日，使使持節赦出何。何年老，素恭謹，徒跣入謝。上曰：「相國休矣。相國爲民請吾苑，不許，我不過爲桀紂主，而相國爲賢相。吾故繫相國，令百姓聞吾過。」高祖崩，何事惠帝。何素不與曹參相能，及何病，孝惠自臨視何疾，因問曰：「君卽百歲後，誰可代君？」對曰：「知臣莫若主。」帝曰：「曹參何如？」何頓首曰：「帝得之矣。」何買田宅必居窮辟處，爲家不治垣屋，曰：「令後世賢，師吾儉；不賢，毋爲勢家所奪。」孝惠二年，卒，謚曰文終侯。

論説

《史記·建元以來侯者年表》　地節三年，天子下詔書曰：「朕聞漢之興，相國蕭何功第一，今絶無後，朕甚憐之，其以邑三千户封蕭何玄孫

建世爲酇侯。』

又《曹相國世家》 參子窋爲中大夫。惠帝怪相國不治事，以爲『豈少朕與』？乃謂窋曰：『若歸，試私從容問而父曰：「高帝新棄羣臣，帝富於春秋，君爲相，日飲，無所請事，何以憂天下乎？」然無言吾告若也。』窋既洗沐歸，間侍，自從其所諫參。參怒，而笞窋二百，曰：『趣入侍，天下事非若所當言也。』至朝時，惠帝讓參曰：『與窋胡治乎？乃者我使諫君也。』參免冠謝曰：『陛下自察聖武孰與高帝？』上曰：『朕乃安敢望先帝乎。』曰：『陛下觀臣能孰與蕭何賢？』上曰：『君似不及也。』參曰：『陛下言之是也。且高帝與蕭何定天下，法令既明，今陛下垂拱，參等守職，遵而勿失，不亦可乎？』惠帝曰：『善。君休矣。』

參爲漢相國，出入三年。卒，謚懿侯。子窋代侯。百姓歌之曰：『蕭何爲法，顜若畫一。曹參代之，守而勿失。載其清淨，民以寧一。』

《漢書・揚雄傳》 揚子曰：『范雎，魏之亡命也，折脅拉髂，免於徽索，翕肩蹈背，扶服入橐，激卬萬乘之主，界涇陽抵穰侯而代之，當也。蔡澤，山東之匹夫也，顉頤折頞，涕涶流沫，西揖强秦之相，搤其咽，炕其氣，附其背而奪其位，時也。天下已定，金革已平，都於雒陽，婁敬委輅脱輓，掉三寸之舌，建不拔之策，舉中國徙之長安，適也。五帝垂典，三王傳禮，百世不易，叔孫通起於抱鼓之間，解甲投戈，遂作君臣之儀，得也。《甫刑》靡敝，秦法酷烈，聖漢權制，而蕭何造律，宜也。故有造蕭何律於唐虞之世，則誖矣。有作叔孫通儀於夏殷之時，則惑矣。有建婁敬之策於成周之世，則繆矣。有談范、蔡之説於金、張、許、史之間，則狂矣。夫蕭規曹隨，留侯畫策，陳平出奇，功若泰山，嚮若阺隤，唯其人之贍知哉，亦會其時之可爲也。故爲可爲於可爲之時，則從。爲不可爲於不可爲之時，則凶。夫藺先生收功於章臺，四皓采榮於南山，公孫創業於金馬，驃騎發迹於祁連，司馬長卿竊眥於卓氏，東方朔割炙於細君。僕誠不能與此數公者並，故默然獨守吾《太玄》。』

《後漢書》卷一六《鄧寇傳》 光武南定河內，而更始大司馬朱鮪等盛兵據洛陽。又并州未安，光武難其守，問於鄧禹曰：『諸將誰可使守河內者？』禹曰：『昔高祖任蕭何於關中，無復西顧之憂，所以得專精山東，終成大業。今河內帶河爲固，户口殷實，北通上黨，南迫洛陽。寇恂文武備足，有牧人御衆之才，非此子莫可使也。』乃拜恂河內太守，行大將軍事。光武謂恂曰：『河內完富，吾將因是而起。昔高祖留蕭何鎮關中。吾今委公以河內，堅守轉運，給足軍糧，率厲士馬，防遏它兵，勿令北度而已。』光武於是復北征燕、代。恂移書屬縣，講兵肄射，伐淇園之竹，爲矢百餘萬，養馬二千匹，收租肆百萬斛，轉以給軍。【略】

時軍食急乏，恂以輦車驪駕轉輸，前後不絶，尚書升斗以稟百官。帝數策書勞問恂，同門生茂陵董崇説恂曰：『上新即位，四方未定，而君侯以此時據大郡，內得人心，外破蘇茂，威震鄰敵，功名發聞，此讒人側目怨禍之時也。昔蕭何守關中，悟鮑生之言而高祖悦。今君所將，皆宗族昆弟也，無乃當以前人爲鏡戒。』恂然其言，稱疾不視事。帝將攻洛陽，先至河內，恂求從軍。帝曰：『河內未可離也。』數固請，不聽，乃遣兄子寇張、姊子谷崇將突騎願爲軍鋒。帝善之，皆以爲偏將軍。

又 卷五二《崔駰傳》引崔寔《政論》 昔高祖令蕭何作九章之律，有夷三族之令，黥、劓、斬趾、斷舌、梟首，故謂之具五刑。

《三國志》卷二二《魏志・陳羣傳》 青龍中，營治宫室，百姓失農時。羣上疏曰：『禹承唐、虞之盛，猶卑宫室而惡衣服，況今喪亂之後，人民至少，比漢文、景之時，不過一大郡。加邊境有事，將士勞苦，若有水旱之患，國家之深憂也。且吳、蜀未滅，社稷不安。宜及其未動，講武勸農，有以待之。今舍此急而先宫室，臣懼百姓遂困，將何以應敵？昔劉備自成都至白水，多作傳舍，興費人役，太祖知其疲民也。今中國勞力，亦吳、蜀之所願。此安危之機也，惟陛下慮之。』帝答曰：『王者宫室，亦宜並立。滅賊之後，但當罷守耳，豈可復興役邪？是故君之職，蕭何之大略也。』羣又曰：『昔漢祖唯與項羽爭天下，羽已滅，宫室燒焚，是以蕭何建武庫、太倉，皆是要急，然猶非其壯麗。今二虜未平，誠不宜與古同也。夫人之所欲，莫不有辭，況乃天王，莫之敢違。前欲壞武庫，謂不可不壞也。後欲置之，謂不可不置也。若必作之，固非臣下辭言所屈。若少留神，卓然回意，亦非臣下之所及也。漢明帝欲起德陽殿，鍾離意諫，即用其言，後乃復作之。殿成，謂羣臣曰：「鍾離尚書在，不得成此殿也。」夫王者豈憚一臣，蓋爲百姓也。今臣曾不能少凝聖聽，不及

意遠矣。』帝於是有所減省。

又　卷二四《魏志·高柔傳》　魏國初建，爲尚書郎。轉拜丞相理曹掾，令曰：『夫治定之化，以禮爲首。撥亂之政，以刑爲先。是以舜流四凶族，臯陶作士。漢祖除秦苛法，蕭何定律。掾清識年當，明於憲典，勉恤之哉。』

又　卷二五《魏志·辛毗傳》　帝方脩殿舍，百姓勞役，毗上疏曰：『竊聞諸葛亮講武治兵，而孫權市馬遼東，量其意指，似欲相左右，備豫不虞。古之善政，而今者宫室大興，加連年穀麥不收。詩云：「民亦勞止，迄可小康，惠此中國，以綏四方。」唯陛下爲社稷計。』帝報曰：『二虜未滅而治宫室，直諫者立名之時也。夫王者之都，當及民勞兼辦，使後世無所復增，是蕭何爲漢規摹之畧也。今卿爲魏重臣，亦宜解其大歸。』帝又欲平北芒，令於其上作臺觀，則見孟津。毗諫曰：『天地之性，高高下下，今而反之，既非其理。加以損費人功，民不堪役。且若九河盈溢，河水爲害，而丘陵皆夷，將何以禦之？』帝乃止。

又　卷三五《蜀志·諸葛亮傳》　臣壽等言：【略】當此之時，亮之素志，進欲龍驤虎視，苞括四海，退欲跨陵邊疆，震蕩宇内。又自以爲無身之日，則未有能蹈涉中原、抗衡上國者，是以用兵不戢，屢耀其武。然亮才，於治戎爲長，奇謀爲短，理民之幹，優於將畧。而所與對敵，或值人傑，加衆寡不侔，攻守異體，故雖連年動衆，未能有克。昔蕭何薦韓信，管仲舉王子城父，皆忖己之長，未能兼有故也。亮之器能政理，抑亦管、蕭之亞匹也，而時之名將無城父、韓信，故使功業陵遲，大義不及邪？蓋天命有歸，不可以智力爭也。

南朝梁·蕭統《文選·陸機〈頌·漢高祖功臣頌〉》　相國鄼文終侯沛蕭何，相國平陽懿侯沛曹參，太子少傅留文成侯韓張良，丞相曲逆獻侯陽武陳平，楚王淮陰韓信，梁王昌邑彭越，淮南王六黥布，趙景王大梁張耳，韓王韓信，燕王豐盧綰，長沙文王吳芮，荆王沛劉賈，太傅安國懿侯王陵，左丞相絳武侯沛周勃，相國舞陽侯沛樊噲，右丞相曲周景侯高陽酈商，太僕汝陰文侯沛夏侯嬰，丞相潁陰懿侯睢陽灌嬰，代丞相陽陵景侯魏傅寬，車騎將軍信武肅侯靳歙，大行廣野君高陽酈食其，中郎建信侯齊劉敬，大中大夫楚陸賈，太子太傅稷嗣君薛叔孫通、魏無知，護軍中尉隨何，新成三老董公，轅生，將軍紀信，御史大夫沛周苛，平國君侯公，右三十一人，與定天下安社稷者也。頌曰：

堂堂蕭公，王迹是因。綢繆叡後，無競惟人。外濟六師，内撫三秦。
撥奇夷難，邁德振民。體國垂制，上穆下親。名蓋羣后，是謂宗臣。

《宋書》卷六〇《荀伯子傳》　（荀伯子）上表曰：『臣聞咎繇亡後，臧文以爲深歎。伯氏奪邑，管仲所以稱仁。功高可百世不泯，濫賞無崇朝宜許。故太傅鉅平侯祜，明德通賢，宗臣莫二，勳參佐命，功成平吳，而後嗣闕然，烝嘗莫寄。漢以蕭何元功，故絶世輒紹。愚謂鉅平之封，宜同鄼國。故太尉廣陵公陳準，黨翼孫秀，禍加淮南，竊饗大國，因罪爲利。值西朝政刑失裁，中興復因而不奪。今王道惟新，豈可不大判臧否，謂廣陵之國，宜在削除。故太保衛瓘本爵蕭陽縣公，既被横禍，及進弟秩，始贈蘭陵，又轉江夏。中朝公輔，多非理終，瓘功德不殊，亦無緣獨受偏賞，宜復本封，以正國章。』詔付門下。

《魏書》卷四下《世祖太武帝紀下》　帝生不逮密太后，及有所識，言則悲慟，哀感傍人，太宗聞而嘉歎。暨太宗不豫，衣不釋帶。性清儉率素，服御飲膳，取給而已，不好珍麗，食不二味，所幸昭儀、貴人，衣無兼綵。羣臣白帝更峻京邑城隍，以從《周易》設險之義，又陳蕭何壯麗之説。帝曰：『古人有言，在德不在險。屈丐蒸土築城，而朕滅之，豈在城也？今天下未平，方須民力，土功之事，朕所未爲，蕭何之對，非雅言也。』

《北齊書》卷一八《司馬子如傳》　史臣曰：高祖以晉陽戎馬之地，霸圖攸屬，治兵訓旅，遥制朝權，京臺機務，委寄深遠，孫騰等俱不能清貞守道，以治亂爲懷，厚斂貨財，填彼溪壑。昔蕭何之鎮關中，荀彧之居許下，不亦異於是乎。賴世宗入輔，責以驕縱，厚遇崔暹，奮其霜簡，不然則君子屬厭，豈易間焉。孫騰牽裾之誠，有足稱美。隆之勞其志力，經始鄴京，又並是潛德寮寀，早申任遇，崇其名器，未失朝序。子如徒以少相親重，情深昵狎，義非草昧，恩結寵私，勳德莫聞，坐致台輔。猶子之愛，訓以義方，膺之風素可重，幼之清簡自立，有足稱也。

《晉書》卷一《宣帝紀》　六年，天子復大興舟師征吳。復命帝居守，内鎮百姓，外供軍資。臨行，詔曰：『吾深以後事爲念，故以委卿。

曹參雖有戰功而蕭何爲重，使吾無西顧之憂，不亦可乎？』

又　卷二《景帝紀》　二月，帝之喪至自許昌，天子素服臨弔，詔曰：『公有濟世寧國之勳，克定禍亂之功，重之以死王事，宜加殊禮。其令公卿議制。』有司議以爲忠安社稷，功濟宇內，宜依霍光故事，追加大司馬之號以冠軍大將軍，增邑五萬户，謚曰武公。文帝表讓曰：『臣亡父不敢受丞相相國九命之禮，亡兄不敢受相國之位，誠以太祖常所階歷也。今謚與二祖同，必所祗懼。昔蕭何、張良、霍光咸有匡佐之功，何謚文終，良謚文成，光謚宣成。必以文武爲謚，請依何等就加。』詔許之，謚曰忠武。晉國既建，追尊曰景王。武帝受禪，上尊號曰景皇帝，陵曰峻平，廟稱世宗。

又　《文帝紀》　冬十月，天子以諸侯獻捷交至，乃申前命曰：『**【略】**其在近代，酇侯蕭何，實以相國，光尹漢朝。』

又　卷二六《食貨志》（後軍將軍應詹表）曰：『昔高祖使蕭何鎮關中，光武令寇恂守河內，魏武委鍾繇以西事，故能使八表夷蕩，區內輯寧。今中州蕭條，未蒙疆理，此兆庶所以企望。』

又　卷四一《劉寔傳》　三年，詔曰：『昔虞任五臣，致垂拱之化，漢相蕭何，興寧一之譽，故能光隆於當時，垂裕於百代。』

又　卷九八《王敦傳》　管仲有三歸反坫之譏，子犯有臨河要君之責，蕭何、周勃得罪囹圄，然終爲良佐。

又　卷一〇一《劉宣載記》　劉宣字士則。樸鈍少言，好學修絜。師事樂安孫炎，沈精積思，不舍晝夜，好《毛詩》、《左氏傳》。炎每歎之曰：『宣若遇漢武，當踰於金日磾也。學成而返，不出門閭蓋數年。每讀《漢書》，至《蕭何、鄧禹傳》，未曾不反覆詠之，曰：『大丈夫若遭二祖，終不令兩公獨擅美於前矣。』

又　卷一一八《尹緯載記》　緯性剛簡清亮，慕張子布之爲人。馮翊段鏗性傾巧，萇愛其博識，引爲侍中。緯固諫以爲不可，萇不從。緯屢衆中辱鏗，鏗心不平之。萇聞而謂緯曰：『卿性不好學，何爲憎學者？』緯曰：『臣不憎學，憎鏗不正耳。』萇因曰：『卿好不自知，每比蕭何，眞何如也？』緯曰：『漢祖與蕭何俱起布衣，是以相貴。陛下起貴中，是以賤臣。』萇曰：『卿實不及，胡爲不也？』緯曰：『陛下何如漢祖？』萇曰：『朕實不如漢祖，卿遠蕭何，故不如甚也。』緯曰：『漢祖所以勝陛下者，以能遠段鏗之徒故耳。』萇默然，乃出鏗爲北地太守。

又　卷一二八《慕容超載記》　於時超不恤政事，畋遊是好，百姓苦之。其僕射韓讓切諫，不納。超議復肉刑、九等之選，乃下書於境內曰：『陽九數纏，永康多難。自北都傾陷，典章淪滅，律令法憲，靡有存者。綱理天下，此焉爲本，既不能導之以德，必須齊之以刑。且虞舜大聖，猶命咎繇作士，刑之不可已已也如是。先帝季興，大業草創，兵革尚繁，未遑修制。朕猥以不德，嗣承大統，撫御寡方，致蕭墻釁發，遂戎馬生郊，典儀寢廢。今四境無虞，所宜修定，尚書可召集公卿。至如不忠不孝若封嵩之輩，梟斬不足以痛之，宜致烹轘之法，亦可附之律條，納以大辟之科。肉刑者，乃先聖之經，不刊之典，漢文易之，輕重乖度。今犯罪彌多，死者稍衆。肉刑之於化也，濟育既廣，懲慘尤深，光壽、建興中二祖已議復之，未及而晏駕。其令博士已上參考舊事，依《呂刑》及漢、魏、晉律令，消息增損，議成燕律。五刑之屬三千，而罪莫大於不孝。孔子曰：「非聖人者無法，非孝者無親，此大亂之道也。」轘裂之刑，烹煮之戮，雖不在五品之例，然亦行之自古。渠彌之轘，著之《春秋》。哀公之烹，爰自中代。世宗都齊，亦滑刑罰失中，咨嗟寢食。王者之有刑糾，猶人之左右手焉。故孔子曰：「刑罰不中，則人無所措手足。」是以蕭何定法令而受封，叔孫通以制儀爲奉常。立功立事，古之所重。其明議損益，以成一代準式。周漢有貢士之條，魏立九品之選，二者孰愈，亦可詳聞。』羣下議多不同，乃止。

宋·姚鉉《唐文粹·程晏〈蕭何求繼論〉》　讀漢史者多曰：『曹參守蕭何之規，日醉以酒。民歌之曰：「蕭何爲法，講若畫一。曹參代之，守而勿失。載其清淨，民以寧一。」其爲漢之二賢相也至矣哉。』論曰：『非也。暑牛之渴也，豎子飲之渟淖之汙，牛渴已久，得渟淖之汙，寧顧於清泠之水乎？設使豎子牽之於清泠之水，則滌乎腸中之泥也，牛然後知渟淖之汙，不可終日而飲之。百姓罹秦之渴已久矣。蕭何曰：「吾所以爲法律，是權天下之苟創也。吾不止此，將致君爲成康之君，使民爲成康之民。」是牽民于清泠水也。曹參日荒于酒，惠帝訊焉。參諷于惠帝曰：「高帝創之，陛下承之，蕭何造之，臣參遵之。陛下垂拱，臣等守職。」

惠帝以爲是也，民又歌之也。』嗚呼！漢之民以漢之汙，愈于秦之渴，不知牽於清泠之水，滌乎腸中之泥也。蕭何之傳曹參也，若木工能構材而未果覆，而終者必待善覆者成焉。何既構矣，謂參爲覆者。參守其構而不能覆，徒欺君曰：『陛下不如高帝，臣參不如蕭何。善守可也，何廢作哉？』若不可以爲廢作，卽文帝除肉刑，不爲漢主仁聖之最也。參不能孜孜其君于成康之政，不知己不能覆何之構，而荒於酒，幸不同羲和之誅，貪位畏勝，飾情妄言，以惑君也，孰名爲賢相耶？吾病漢史以蕭何爲善求繼，以曹參爲堪其後，故爲論之。

宋・司馬光《資治通鑑・漢紀・高帝七年》　臣光曰：王者以仁義爲麗，道德爲威，未聞以其宮室鎮服天下也。天下未定，當克己節用以趨民之急；而顧以宮室爲先，豈可謂之知所務哉！昔禹卑宮室而桀爲傾宮。創業垂統之君，躬行節儉以訓示子孫，其末流猶入於淫靡，況示之以侈乎！乃云『無令後世有以加』，豈不謬哉！至於孝武，卒以宮室罷敝天下，未必不由酇侯啓之也！

宋・司馬光《傳家集》卷七三《蕭何營未央宮》　蕭何作未央宮，高祖見宮闕壯，甚怒，何曰：『天下方未定，故可因遂就宮室。且天子以四海爲家，非壯麗無以重威，且無令後世有以加也。』高祖乃悦。

剡曰：是必非蕭何之言。審或有之，何惡得爲賢相哉？天下方未定，爲之上者，拊循煦嫗之不暇，又安可重爲煩費以壯宮室哉！古之王者，明其德刑而天下服，未聞宮室可以重威也。創業垂統之君，致其恭儉以訓子孫，子孫猶淫靡而不可禁，況示之以驕侈乎？孝武卒以宮室靡敝天下，惡在其無以加也。是皆庸人之所及，而謂何固肯爲此言乎？

宋・張方平《樂全集》卷一六《論・漢功臣論》　漢高祖起沛，入關，王蜀漢，還破三秦，與楚人爭天下，血戰五年，卒滅項氏，其賢傑之從君者衆矣。有若蕭、曹者，爲之腹心股肱，以固其根本。有若良、平者，運籌帷幄，以出奇制勝。有若韓、彭者，統兵帥衆，以尅國擒敵。有若噲、歙者，披堅執鋭，以禦侮捍難。有若隨、酈者，憑軾結紉以馳説諸侯。有周、紀之忠節，以堅人心。有陵、勃之方厚，以荷重事。及其既定乎天下也，則奉春論都以安其居，稷嗣制禮以定其位，律令以具，章程以立，雖日不暇給，規模博遠矣。《大雅》曰：『無競惟人。』漢所以集大命而成丕業者，其信有人哉！自高祖之世至歷代之士論漢初之功臣者，輒曰是其得三傑，而酇侯功次第一。以愚論之，在漢之初定論功之時，則酇侯宜無與讓。在歷世之議者，則未之思也。以愚論之，漢氏之功臣，叔孫氏不在良、平之下矣。夫高祖自布衣，提三尺劍，起於大澤之中，顛危艱險不濟者數矣，曆數有在，人多歸之。忠者，守知者，慮勇者，戰辯者，説以其寬仁大度，不忌，不克，故天下之材咸爲之用，卒以有成。及項氏之亡，羣臣諸將皆野人武士，與帝同起畎畝之中，素常差肩等夷者，一旦而爲之君臣，其心不能卒服，乃至酒諠殿上，拔劍奮擊。當是時也，亂在頃刻，變在須臾，雖蕭、曹之忠，良、平之謀，英、彭之勇，隨、酈之辯，顧無所施矣。叔孫氏一創朝儀而悍夫懾，勇夫服，不施威刑，不煩訓令，君尊臣卑，上下肅定，宗廟以嚴，朝廷以莊，位分以敍，貴賤以別，高祖乃始歎天子之貴焉。在成周，多士矣，然其成文武之業，致太平之功者，終在周公，而周公所以致太平之迹，乃具於六典之法。懿夷下衰，王室微弱，後王所守，惟祭與號，而天下尚知宗周，以其邦秩國典，綱本所繫，雖齊桓、晉文立威定霸，必挾王命以令諸侯，猶賜胙而下拜，請隧而不許。降及末世，韓、魏之分晉，田氏之得齊，咸因諸侯請命於周，有封籍於文武之廟，而後敢正名稱爵，通於天下，則知疆域之大，士民之衆，甲兵之强，威勢之盛，不可以犯，典禮之重也。不然者，以齊、晉之視安、烈，匹夫擒之耳。至戰國，兵拏禍大，諸侯先竊，焚削舊禮之篇籍而遂僭用王章焉。然其維持邦國八百餘年，雖危不亡，將絶復續，非禮何以存之？漢自孝惠之繼立，其大臣舊將北面於孺子之前，慴然無敢有異望者。及呂氏以婦人臨國，坐閨帷之中以制天下，彼陵、勃輩輸力服事，蓋束於朝廷之儀而迫於大義也。及光武中興，三輔耆舊再見，漢官儀至或感泣，識者固以知其能復漢祚矣。由是言之，則知叔孫之於漢，子孫所賴者也。彼攻城野戰，出奇畫策，特決功於一日爾。《周典》司勳氏辨臣之六功有國功，有民功，有戰功者，若叔孫氏，其可謂有國功者歟。愚故曰：漢氏之功臣，叔孫氏不在良、平之下矣。

宋・馬永卿《元城語録》卷下　後數日，僕問先生曰：高帝七年，蕭何治未央宮，立東闕、北闕、前殿、武庫、太倉，見其壯麗，甚怒，謂何曰：天下凶凶，勞苦數歲，成敗未可知，是何治宮室過度也？何曰：

天下方未定，可因以就宮室，且夫天子以四海爲家，非令壯麗亡以重威，且亡令後世有以加也。上説。僕怪蕭何如此，乃吟一絶云：創業艱難尚爾爲，太平奢侈可前知。欲令後世無能過，可笑蕭何爾許癡。僕因舉此詩，先生笑曰：此則固然，然何之意深矣哉高帝、項王皆楚人，豐、沛臨淮，相去至近，二人之心豈一日忘山東哉！羽見秦地皆已燒殘，乃思東歸。使其如昔日之盛，未必不都關中也。漢五年夏，雖自雒陽駕之關中，然長安宮殿未成，寄治櫟陽。又高帝之在關中，無幾時矣。五年秋，親征臧荼，復至洛。六年十二月，取韓信，還至雒陽。七年冬十月，自征韓信，又自雒陽至長安。時宮闕已成，乃自櫟陽徙都長安，則高帝都長安之心方定矣。然何欲順適其意，以就大事，不欲令窺其秘也。故假辭云云，此何之深意也。而史氏見蕭何之意，又不欲明言之，又不欲不言之，乃書上説兩字，以見高帝在何術中，而且樂都關中也。

宋・江端禮《節孝語録》 問：管仲、蕭何、武侯、王導、謝安、王猛、房、杜、李德裕、王樸得失優劣如何？公曰：孔孟論管仲詳矣，誠有功於國者。蕭何、房、杜則忠於社稷。然何輕信流言，買田以自汙，非獨立不懼之君子，此最謬者也。

宋・張耒《柯山集》卷三七《蕭何論》 高祖論蕭何爲漢三傑之首，及論功行封，爲諸將百計諭曉，卒以何爲第一。高祖之待何也，可知矣。高祖之有何，是人之有五臟，木之有根，魚之有水也。使何雖有大過，猶將容之。然一日與民請苑中地，高祖發怒，奮然如斥奴隸，使有司械繫辱之而不疑。此在常人爲之，則必以爲狂易反常。而高祖獨安爲此，其心蓋有説也。高祖知何之才而不能不疑者也。何之居關中，用鮑生、邵平之説，而帝乃大説。二生之説淺，夫畏嫌之常情也。而其術足以當帝之心，是帝于何未有無間不疑之至信也。吾未能安枕于何之心，則其心惟恐其恃功驕恣而以我之不忍侵辱之也。故以天下之大功，一日有微罪，則以奴隸之辱加之而不疑，使何意知我之不憚侵辱之如此者，務以抑去其驕蹇之意。此高祖之術也。其後絳侯立文帝，以天下與人論功宜如何，一日有疑謗，下之獄吏，幾死而僅免。夫文帝非不德絳侯，其心未免於疑，如高祖之于何也。雖然絳侯吹簫之羈民，其驍武勇鷙，疑其恃功而喜亂，恐其驕而逆折之，可也。若蕭相國，謹爲德厚之君子，雖共天下可以無疑，而馭之乃與韓、彭同術。然則，文帝得之，高帝過矣。

宋・費樞《廉吏傳》卷上《西漢》 嘗謂戰國以來其爲士也賤，挾揣摩捭闔之術，以取富貴，惟恐其舌之不利。甚者，報一飯之德作車魚之歌，效雞鳴狗盜之力，尚復有廉恥哉。漢興，所用皆販繒屠狗之人，論功行封往往有不平之色。如蕭何之傑，猶或説之買田自汙始爲久安之策，蓋時未有以導之故也。自武帝表章六經，尊崇聖道，天下士稍稍知禮義、羞苟賤。自時厥後，清介高潔之士有可紀者矣，作《西漢廉吏傳》。

宋・李新《跨鼇集》卷一四《論上・蕭何論》 古之君子言必慮其所終，行必稽其所弊，其故何哉？蓋君子之言載之行事，傳之典册，而垂之不朽也。言而不慮，豈獨無傳哉？百世之下，有受其弊者矣。蕭何之治未央宮也，高帝以過度罪何，何曰：『天下方未定，可因以就宮室，且天子以四海爲家，非壯麗無以重威。』嗚呼！豈其不慮哉？何其失言至於如此也。以禮考之，天子之制有三朝，有九門。以考工言，夏后氏有世室，商人有重屋，周人有明堂。未央之作，立東闕、北闕、武庫、太倉而已，於禮未侈也。高帝之意，以天下之衆毒於兵戈者久矣，瘡痍者未瘳，呻吟者未絶，口不欲以土木之功重傷而亟困之也。何於此時免冠以謝可也，援古以議可也。免冠以謝不失爲長者，而援古以議且足以杜後世之侈心矣。奈何區區憂後世之有加耶，謂天下方未定，可因以就宮室歟？則洛邑之營，周公爲後時矣，謂天子以四海爲家，非壯麗無以重威，則宮室之卑，夏禹爲罪人矣。言之謬悠，固可知也。夫以蕭何倉卒之對，一言之失，未爲大咎，然而青龍之間，土木並興，宮室崇侈，民力苦於重傷，國用困於不給。邇臣之言非獨高堂隆而已也，老臣之言非獨陳羣而已也，魏帝之論方有以杜其口而鉗其舌，以蕭何之議足以藉口也。漢魏之相去數百載矣，愚恐至此而何始有以責焉。孫盛之論，以漢承周秦之弊，宜敦簡約之化，而何崇尚宮室，示侈後嗣，此武帝千門萬户所以大興也。魏氏之興，四海方罹塗毒之苦，而述蕭何之過議，豈不昧於得失之理哉！若盛者，可謂確論矣。古者之言以蕭何之佐漢，豈不謂忠臣哉。一言之失，從而責之，則天下無完人矣。嗚呼，是豈知言者哉！蓋君子不以人廢言，亦不以言廢人。陽虎之言，孟子之所取。有爲神農之言者，孟子之所去。去取之間如此而已。《詩》曰：『白圭之玷，尚可磨也；斯言之玷，不可

爲也。』嗚呼！豈何之謂哉？

宋·楊時《龜山集》卷九《史論·蕭何》 高皇帝收民於暴秦傷殘之餘，而何秉國鈞，盡革秦苛法，與之更始，天下宜之。作畫一之歌，其法令終漢世守之莫能損益也。班固謂爲一代宗臣，豈虛語哉！然高皇帝既平天下，於功臣尤多忌刻。何爲宰輔，至出私財以助軍，買田宅以自汙，以是媚上，僅能免矣。甚至於械繫之，猶不知引去。豈工於爲天下而拙於謀身耶？蓋不學無聞，暗於功成身退之義，貪冒榮寵，惴惴然如持重寶，惟恐一跌，然而幾踣者亦屢矣。蓋高皇帝慢而侮人，而輕與人爵邑，故不能得廉節之士，而一時頑鈍嗜利無恥者多歸之。以何之賢，猶不免是，惜夫！

宋·劉子翬《屏山集》卷三《論·漢書雜論上》 蕭何起刀筆吏，助成漢業，高祖謂之三傑。然何非子房、韓信之流也。何與高祖微時親昵，故特重之。高祖卽位，首封何，功臣怫然。雖高祖推重，勤勤如此，而人心卒不服也。鎮國家、撫百姓，何實有焉。若曰：發縱指示，其功大也。斯言過矣！何謂：『天下方未定，可因以就宮室，非令壯麗無以示威，且亡令後世有以過也。』觀此言，何眞刀筆吏哉。或謂何能識韓信，固非碌碌。然信之英特，亦易識耳，漂母識之於飢困之時，滕公識之於刀鋸之下，惟何之言能必行於高祖，此所以獨受知人之名也。

宋·呂祖謙《大事記解題》卷八 沛公欲攻西楚，蕭何諫乃止。解題曰：項籍欲擊沛公，項伯止之。漢王欲攻項羽，蕭何止之。世皆非項伯而是蕭何。以羽之暴虐，雖能除沛公，亦豈得免乎？非羽存亡之所繫也。【略】

漢以蕭何爲丞相，周苛爲御史大夫。解題曰：漢置丞相、御史大夫，官制悉因秦舊也。高祖起爲沛公，蕭何爲丞，督事固已處副貳之任矣。入關，何獨先入收秦丞相御史律令圖書藏之，其自處者固非羣有司之職業也。以周苛滎陽之節觀之，斯其所以爲何之佐與！【略】

令太子守櫟陽，諸侯子在關中者皆集櫟陽爲衛。解題曰：以太子監國，以諸侯子爲衛，而丞相兼總居留之任，規摹如此。誰謂蕭何爲刀筆吏乎？【略】

漢丞相蕭何，遣昆弟子孫從軍。解題曰：按《蕭相國世家》『漢三年，漢王與項羽距京、索之間，上數使使勞苦丞相。鮑生謂丞相曰：「王暴衣露，蓋數使使勞苦君者，有疑君心也。爲君計，莫若遣君子孫昆弟能勝兵者悉詣軍所，上必益信君。」於是何從其計，漢王大說。』漢興君臣之際，於此可觀矣。【略】

命蕭何次律令，韓信申軍法，張蒼定章程。解題曰：按《本紀》『天下既定，命蕭何次律令，韓信申軍法，張蒼定章程，叔孫通制禮儀』，今並載於叔孫通朝儀之後。是時，韓信以列侯奉朝請，張蒼以主計居相府也。《前漢·刑法志》曰：高祖初入關，約法三章。其後四夷未附，兵革未息，三章之法不足以禦姦，於是相國蕭何攈摭秦法，取其宜於時者，作律九章。《晉·刑法志》曰：『漢承秦志，蕭何定律，益事律《興》、《廄》、《户》三篇，合爲九篇。叔孫通益律所不及，傍車十八篇。此蕭何次律令之大畧也。【略】

下相國蕭何廷尉，卽赦出之。解題曰：按《世家》：『漢王與項羽相距京、索之間，上數使使勞苦丞相。鮑生謂丞相曰：「王暴衣露蓋，數使使勞苦君者，有疑君心也。爲君計，莫若遣君子孫昆弟能勝兵者悉詣軍所，上必益信君。」於是何從其計，漢王大說。』『上已聞淮陰侯誅，益封何五千户，令卒五百人一都尉爲相國衛。諸君皆賀，召平獨弔。召平者，故秦東陵侯。秦破，爲布衣，貧，種瓜於長安城東。瓜美，故世俗謂之「東陵瓜」，從召平以爲名也。召平謂相國曰：「禍自此始矣。上暴露於外而君守於中，非被矢石之事而益君封置衛者，以今者淮陰侯新反於中，疑君心矣。夫置衛衛君，非以寵君也。願君讓封勿受，悉以家私財佐軍，則上心說。」相國從其計，高帝乃大喜。』『漢十一年秋，黥布反，上自將擊之，數使使問相國何爲。相國爲上在軍，乃撫循勉力百姓，悉以所有佐軍，如陳豨時。客有說相國曰：「君滅族不久矣。夫君位爲相國，功第一，可復加哉？然君初入關中，得百姓心，十餘年矣，皆附君，常復孳孳得民和。上所爲數問君者，畏君傾動關中。今君胡不多買田地，賤貰貸以自汙？上心乃安。』於是相國從其計，上乃大說。』『上罷布軍歸，民道遮行，上書，言相國賤强買民田宅數千萬。上至，相國謁。上笑曰：「夫相國乃利民。」民所上書皆以與相國，曰：「君自謝民。」』君臣之間每如此，則其爲民請苑，安得不疑其收人心乎？王衛尉之言，明於大體，

眞宜在人主左右者也。

宋・王之望《漢濱集》卷一四《蕭何論》　作史者記人之言，必有以文之後人感其文而因以失其實者。有矣，蕭何未央之事是已。《傳》稱何修未央宮，上見其壯麗，甚怒，謂何曰：『天下匈匈，勞苦數歲，成敗未可知，是何治宮室過度也！』何曰：『天下方未定，故可因以就宮室。且天子以四海爲家，非壯麗無以重威，且無令後世有以加也。』議者非之，以何爲不知所務。嗚呼！如何之賢，豈導其君於侈靡，益後嗣以宮室者哉。以爲帝室，皇居所以觀示萬國，今雖草創，後必有所增加，與其侈於子孫，不若高帝之自爲也。是時，民出於戰國、秦、項之後，習於勞苦之餘，用之雖勤，無所歸怨。若天下已定，人皆自寧，不可以復動矣。且民嘗睹阿房、離宮窮極奢麗，則未央之制雖稍過度，未必以爲侈也。若宮室既備，人知苟美之可安，則不可以復營矣。故蕭何於此稍加壯麗，使子孫數十百年之內無所增益，以休息斯民。若宮室卑陋，不足以隆上國之觀，高帝居之，何所不可。易世之後，姦臣有以發其口，少主得以啓其心。土木一興，其禍有不可勝言者。所以高帝聞何之言而說也，故曰『無令後世有以加也』。史稱文帝在位，宮室苑囿無所增加。雖帝恭儉出於天資，然其不作靈臺，必曰『朕奉先帝宮室，常恐羞之，何以臺爲』，則未必不以高帝所營固已壯麗，不必有所加也。由是言之，惠呂文景，四世百年，天下承平而無宮室之役者，豈非蕭何之慮乎！及武帝之世，何之所營敝矣，於是大興土木，天下爲之騷動。然漢之基業已固，故役雖苦而民不搖。向使武帝之役起於惠呂文景之間，則天下幾何而不亂哉。議者以武帝之侈爲蕭何啓之，而不知惠呂文景之不爲者，未必非蕭何之力也。《傳》稱何買田宅必於窮僻處，爲家不治垣屋，曰：『後世賢，師吾儉；不賢，無爲勢家所奪。』何之治家爲國，預爲後世計，大率如此。豈其儉於家而侈於國乎？豈治家則欲子孫師其儉，爲國則以壯麗勝子孫乎？此必不然者。況崇大宮室以爲淫侈之觀，使後世無以加，庸人皆知其不可，而高帝聞之，何所悟而說也。然則觀史者，能不以文害辭，則庶幾矣。

宋・張栻《南軒集》卷一六《史論・蕭曹相業》　蕭何佐高帝，定一代規模，示宏遠矣。高帝征伐多在外，何守關中，營緝根本。漢所以得天下者，以關中根本先壯故也。此何相業之大者。又，何爲相之初，首薦韓信爲大將，而三秦之計遂定。此亦得爲相用人之體。曹參雖不逮何，然以摧鋒陷陣、勇敢果銳之氣而使之治，民乃能盡斂芒角以清浄爲道，遵何約束，不務變更，其人亦寛裕有識矣。此參相業也。然二子惜皆未之學。以高帝之資質，何不能贊取遠追三代之法，創業垂統，貽之後嗣。一時所定，未免多襲秦故，如井田、封建等事，皆不能復古。在高帝之世，反者固已數起，此在何爲可憾也。

宋・袁文《甕牖閒評》卷二　人謂蕭何識韓信爲知人。然何初見漢高祖，乃云『劉季固多大言，少成事』。何尚不識高祖則識韓信？亦偶然耳，未足爲奇也。

宋・黎靖德《朱子語類》第六九《易五》　問『君子進德修業』。曰：『乾卦連致知、格物、誠意、正心都説了。坤卦只是説持守。坤卦是箇無頭物事，只有後面一節，只是一箇持守柔順貞固而已，事事都不能爲首，只是循規蹈矩，依而行之。乾父坤母，意思可見。乾如創業之君，坤如守成之君。乾如蕭何，坤如曹參。所以「坤元亨，利牝馬之貞」，都是説箇順底道理。』

又　第一一〇《朱子七》　問選擇將帥之術。曰：『當無事之時，欲識得將，須是具大眼力，如蕭何識韓信，方得。不然，邊警之時，兩兵相抗，恁時人才自急。且如國家中興，張韓劉岳突然而出，豈平時諸公所嘗識者？不過事期到此，廝拶出來耳。』

又　第一二三《陳君舉》　器遠言『陳文大意説，格君，且令於事上轉移他心下歸於正。如蕭何事漢，令散財於外，可以去其侈心，成其愛民之心。説北齊宣帝』云云。曰：『欲事君者，豈可以此爲法？自元魏以下至北齊，最爲無綱紀法度，自家卻以爲事君法！』

又　第一二五《老氏》　儒教自開闢以來，二帝三王述天理，順人心，治世教民，厚典庸禮之道；後世聖賢遂著書立言，以示後世。及世之衰亂，方外之士厭一世之紛拏，畏一身之禍害，躭空寂以求全身於亂世而已。及老子唱其端，而列禦寇、莊周、楊朱之徒和之，孟子嘗闢之以爲無父無君，比之禽獸。然其言易入，其教易行。當漢之初，時君世主皆信其説，而民亦化之。雖以蕭何、曹參、汲黯、太史談輩亦皆主之，以爲眞足以先於六經，治世者不可以莫之尚也。及後漢以來，米賊張陵、海島寇

謙之之徒，遂爲盜賊。曹操以兵取陽平，陵之孫魯卽納降欵，可見其虛繆不足稽矣。』

宋·項安世《項氏家説》卷九《蕭何》 高祖擊陳豨，聞韓信已誅，使使立蕭何爲相國，置卒五百人爲相國衛。召平弔之，謂爲帝所疑，而何遂用平計，悉獻家財助軍，高祖乃大喜。始予讀《何傳》至此，心亦信之。及讀《留侯傳》，則從上擊代、出奇計下馬邑，及立蕭何相國，皆良計也，然後知留侯之智，其去人遠矣。夫陳豨反外，韓信反內，高祖不在長安而何獨誅信，雖幸而濟人心，必大恐，列侯諸將往往有反側者。當是時，何固甚危，漢亦岌岌久矣。亟拜相國以重鎮之，又爲之兵衛，使奸宄讋焉，此高祖、留侯之廟算也。何固默識之矣，得召平之説，遂因而用之，以泯其迹。衆人固不識也。

宋·洪邁《容齋隨筆》卷五《漢唐八相》 蕭、曹、丙、魏、房、杜、姚、宋爲漢、唐名相，不待誦説，然前六君子皆終于位，而姚、宋相明皇皆不過三年。姚以二子及親吏受賂，其罷猶有説；宋但以嚴禁惡錢及疾負罪而妄訴不已者，明皇用優人戲言而罷之：二公終身不復用。宋公罷相時，年纔五十八，後十七年乃薨。繼之者如張嘉貞、張説、源乾曜、王晙、宇文融、裴光庭、蕭嵩、牛仙客，其才可睹矣。唯杜暹、李元紘爲賢，亦清介齪齪自守者。釋騏驥而不乘，焉皇皇而更索，可不惜哉！蕭何且死，所推賢唯曹參；魏、丙同心輔政；房喬每議事必曰非如晦莫能籌之；姚崇避位，薦宋公自代。唯賢知賢，宜後人之莫及也。

又 卷七《佐命元臣》 盛王創業，必有同德之英輔，成垂世久長之計，不如是，不足以爲一代宗臣。伊尹、周公之事，見於《詩》、《書》，可考也。漢蕭何佐高祖，其始入關，卽收秦丞相御史律令圖書，以周知天下阸塞，户口多少，强弱處，民所疾苦。高祖失職爲漢王，欲攻項羽，周勃、灌嬰、樊噲皆勸之，何獨曰：『今衆弗如，百戰百敗，願王王漢中，收用巴蜀，然後還定三秦。』王用其言。此劉氏興亡至計也。進韓信爲大將，使當一面，定魏、趙、燕、齊，高祖得顓心與楚角，無北顧憂。且死，引曹參代己，而畫一之法成，約三章以蠲秦暴，拊百姓以申漢德。四百年基業，此焉肇之。唐房元齡佐太宗，初在秦府，已獨收人物致幕下，與諸將密相申結，引杜如晦與參籌帷。及爲宰相，粲然興起治功，以州縣成天下之治，以租庸調天下之財，以八百府、十六衛本天下之兵，以諫爭付王、魏，以兵事付靖、勣，御夷狄有道，用賢材有術。三百年基業，此焉肇之。其後制節度使而州縣之治壞，更二稅法而租庸之理壞，變府兵爲彍騎、諸衛爲神策而軍政壞，雖有明臣良輔，不能救也。趙韓王佐藝祖，監方鎮之勢，削支郡以損其强，置轉運、通判使掌錢穀以奪其富，參命京官知州事以分其黨，禄諸大功臣於環衛而不付以兵，收天下驍鋭於殿巖而不使外重。建法立制，審官用人，一切施爲，至於今是賴。此三君子之後，代天理物，碩大光明者，世有其人，所謂一時之相爾。蕭之孫有罪及無子，凡六絶國，漢輒紹封之。國朝褒録韓王苗裔，未嘗或忘。唯房公之亡未十年，以其子故，奪襲爵、停配享。訖唐之世不復續，唐家亦少恩哉！

又 卷九《唐三傑》 漢高祖以蕭何、張良、韓信爲人傑。此三人者，眞足以當之也。唐明皇同日拜宋璟、張説、源乾曜三故相官，帝賦《三傑詩》，自寫以賜。其意蓋以比蕭、張等也。

宋·王楙《野客叢書》卷三《蕭何强買民田宅》 《邵氏聞見録》謂：《漢史·蕭何傳》先言何强買民田宅，上書言者數千人，後言何買田宅必居窮辟處，不治垣屋，曰：『令後世賢，師吾儉；不賢，無爲勢家所奪。』其反覆如此，不可信也。僕謂史氏之言，非反覆也揆何所爲，信皆有之。前謂强買民田宅者，蓋當功遂危疑之際；後謂買田宅必窮辟處者，蓋其平居無事之時。二者自不相關，何謂反覆？高祖既定天下，於諸功臣不能無疑。蕭何懼所不免，一聞鮑生之言，則遣子詣軍；一聞召平之言，則悉家財佐軍，急急自防，惟恐不及。當上自將兵擊黥布時，何守關中，上數遣使問相國何爲。甚岌岌乎此！客恐之以族滅之説，復獻以買田自汙之計，何雖知其不可，其勢不得不然。謂買民田其罪小，不釋君疑其禍大。上既罷兵而歸，見上書告相國强買民田事者如此之衆，帝之心始安，所以不罪相國，但以民所上書笑以示相國，俾自謝而已。可見其疑，至此釋然。是則何買田宅必窮辟處者，正其本心；而强買田宅致民之訟者，蓋出於不得已也。本朝趙韓、王普强買人第宅，聚斂財賄，爲御史中丞雷德驤所劾，不知趙亦用蕭何之術，而蕭何此計，又祖王翦之故智耳。【略】古人明哲保身之術例如此，皆所以絶其疑也。

宋・魏天應《論學繩尺・易祓〈蕭、曹、丙、魏孰優〉》 論曰：大臣之用天下，固當維持天下之治體，而末節不與焉。即其區區之末節，而較其一時之所長，則其著見於事業者，固不能無等級之辨，然非所以論大臣用天下之道也。治天下有定體，大抵寬大樂易者有經久之謀，而剛鋭果敢者皆迫切之計。爲大臣者，固當培植國本，固結人心，使天下之治至於千萬世而不窮焉可也。苟惟治體之不察而一切之嚴毅者究心焉，則其目前之效非不聳然，甚可喜，而治道之元氣索矣。昔者漢家之治，源深流長，誠不以一時之嚴毅者爲之也。蕭何之畫一，曹參之清淨，丙吉之長者，是固足維持漢家仁厚之政。而魏相獨以嚴毅聞，嚴毅非不足以爲政也，而漢家之治體果如是乎？君子於是而考明之，則四子之所以用漢者，殆不容無所辨。蕭、曹、丙、魏孰優？請因班固之贊而申之。

有一代之治，必有一代之治體，而其所以輔贊彌縫於不可終窮之地者，要必有以任其責也。苗民之弗率，聲其罪而誅之，無難也，而禹之相舜，乃汲汲於班師之舉；商民之弗靖，雖鋤而絶之勿恤焉可也，而周公之相成王，乃諄諄乎姑惟教之之言，夫優游和緩之不足以制天下之變固也。而聖人之心，顧乃委其自安，待其自定何也，蓋不如是則不足以維持天下之治體也。

然則三代之所以爲有道之長者，其以此歟？西劉之興，固不可以三代之治責之也。然轉高祖天資仁厚，出秦民於湯火之餘，而納之於衽席之上。蕭、曹二子亦且靜願少事，而足以爲天下安養休息之政，夫是以一代之治體可以久傳而無後患。自武而宣，則其渾厚之氣已少蠹矣。丙吉之長者，猶足以扶其顛而反其墜，至於魏相之嚴毅，則又益甚焉，是不可以不辨也。而世之論者則曰，蕭何以民田而自汙，其視夫相之稱上意者爲孰愈；曹參以醇飲而自肆，其視夫相之總領衆職者爲孰優；丙吉聞匈奴之警而後任科瑣邊吏之責，其視夫相之識兵略者爲孰勝。自是而觀，則相之才智自足以震耀於一時，而非三子之所可及也。然君子不觀其才智之所用，而深考其維持治體之所在，則優劣之辨始有可得而論者。

采《明堂》、《月令》之説，而不知其品式之繁，誠不若三章之約爲簡且易也。奏賈誼、晁錯之言，而不知其陷於刑名之過，誠不若獄市不擾者之爲安且久也。稔霍氏之禍而不能救趙，蓋楊韓之誅，誠不若三公不按吏者之爲無後悔也。三子之所以維持治體者，相果能之乎？相當宣帝嚴毅之朝而不知守高帝仁厚之治，顧乃耗天下之脉而滋天下之變，則三子之智似不如是。君子於是而觀之，則其人才之優劣蓋有定論矣。雖然漢家仁厚之治，是固不可以不守也。然文帝之朝，公卿大夫風流篤厚，恥言人過，其仁厚可知也。至於周勃之椎魯，申屠之木强，是雖不至於激天下之變，而亦何補於漢家一代之治。吁！治天下之道，不病於法制之不詳，正病於法制之過詳也；不病於政令之不嚴，正病於政令之過嚴也。用天下者苟能因其一代之體而守其一定之法，則仁厚之澤雖至今存可也。

蕭、曹遠矣，丙吉之長者固莫得而見矣，與其爲魏相之嚴毅而至於虧天下渾厚之氣，固不若申屠、周勃之徒，雖不足以聳天下之觀聽，而亦不至於激天下之多事也，君子其可不爲之辨明乎？今觀班固之於數子一概而論之，且曰君臣一體相待而成，則夫蕭、曹、丙、魏之得君行道，是固不可以優劣辨，然獨於魏相之嚴毅而謂其不如吉之寬，則班固之論蓋亦深識乎天下治體，而非泛然之論也。猶之一身焉，爲康强無事之時而投之以決裂瞑眩之藥，非徒無益而又害之。此治體之説也，固之論數子，則亦主乎此而已矣，學者當以是求之，謹論。

又《曾衛龍〈蕭何奇韓信〉》 論曰：知所以圖天下之勢，而後可以識天下之才矣。夫當天下未定之時，固必得豪傑之才而後濟。然世之所謂豪傑者，其識見議論每與人殊，自非爲大臣者深察乎天下利害之勢，而斯人之見與之不謀而同，則亦安能識其英偉奇傑而拔之儔人中哉！方韓信歸漢之初，不過一亡卒耳。當時，碌碌未有奇節，蕭相國果何所見而奇之耶？意何之在漢，其所以察乎進取天下之勢者固已甚熟，而信之所言適契其心，是故數與之語而遂以國士奇之也。向使何之胸中未有定畫，則聞信之説不疑其大言無當，則病其落落難合矣，安能力薦於君而使其盡酬平日之議論哉。蕭何奇韓信，請申論之：蓋嘗即韓信登壇之論，以驗蕭何用蜀之語，而知天下英雄之所見畧同焉。方帝困於南鄭之時，帝固憤鬱不平，而諸將之計亦莫知所出，何之勸帝則曰『還定三秦而天下可圖』，信之告帝則曰『舉兵而東三秦可傳檄而定』。二人之論，不相謀而相合，豈非皆有見於進取天下之大勢歟。然則，何之奇信，固非偶然矣。何則關中之險百二之勢，圖天下者之所必先也。秦得之而不能守，楚得之

而不能居，是天之所以資漢也。爲漢計者，宜莫先於席卷三秦，據殽函之固，東向以臨天下，是其勢之所甚便者。當時羣臣類莫之察，而蕭相國獨深知之。想其朝夕之間議論之際，咨訪搜攬求得。夫英雄豪傑之士而圖此駿功者，其志固先定矣。而一時之臣，蓋未有副其薦拔之意者。攻城畧地，非無絳灌、樊噲之流也。馳説口辨，非無陸、酈、隋何之輩也。然不知天下大勢之所在，則尅一城是一城而已，降一敵是一敵而已，其於國家大事，竟亦何補？孰謂奇謀遠畧足以成天下之大功者，乃有如韓信者乎。今考信之所以數語於何者雖不可見，卽其所以告帝者而推之，亦可知矣。謂秦將斂怨於民，謂秦民屬望於漢，謂項羽不都關中而都彭城，無非以秦之故地爲急。此其攻取要畧，是正何之所深致意者，則何安得不深奇之耶。嗚呼！惟賢而後知賢，惟豪傑而後識豪傑。信之未遇於何，其羈困無聊甚矣，寄食於漂母，受辱於跨下，淮陰之人固不足以知之也。官不過爲郎，位不過執戟，西楚之王亦未能知之也。爲連敖而不得知名，爲都尉而至於逋亡，是漢之羣臣亦莫或知之也。夫人皆莫之知而相國獨知之，人皆莫之異而相國獨異之，是必其謀相符，意相契，有非常情之所可測識者。觀其語高帝曰『如信，國士無雙，欲爭天下，非信無可與計事者』。推此言也，不惟知信足以察乎天下之勢，抑亦知何之能察乎天下之勢矣。故自高帝聽何之言，用信之策，因反鋒之勢，據建瓴之便，今年出陳倉定三秦而關中尅復，明年出秦關收河南而燕、趙、青、齊聞風而靡。向非蕭何識韓信於未遇之時，則漢室平定天下之勢，豈如是其易哉！蓋嘗論之：立天下之功者在豪傑，用天下之豪傑者在大臣。寇恂不見異於鄧禹，則征伐之謀將安所施？高崇文不見知於杜黄裳，則討賊之功無自而建。由是而觀，則漢之所以定天下者，非韓信之力，乃蕭何之力也。雖然非何不足以知信，非高祖不足以知何，使何知信之可用而君不用焉，則雖有知人之明何自而見。今也，何言之而帝信之，曰大將則授以大將，曰設壇則爲之設壇，何其從之易其聽之篤耶，豈非蕭何知信之爲國士，而高祖亦知何之爲人傑歟！故併及之，謹論。

宋·葉適《習學記言序目》卷一九《史記一·世家》　蕭何雖不逮古人，然漢非何不興也。遷既不能品第其人，而始但輕之爲刀筆吏，終遽與閎、散爭烈，伊尹傅説未嘗無賤微之誚，此固何足論，然又何閎散之易爲乎？漢高之德與力比，非有尺寸，而以何爲磐桓，故能建侯；未知勞苦、置衞、繫獄者，發於褊宕而然耶，抑亦有流言之誤耶？遷殊不能辨，而後世因之，使人廢卷歎息而已。

《周勃傳》亦言『伊尹周公何以加』，與論蕭何同意。遷之於聖賢，徒存其貌耳。

又　卷二一《漢書一·帝紀》　高帝言『鎮國家，撫百姓，給餉饋，不絶糧道，不如蕭何』，與張韓分功，此言蕭何之粗者，實未知何也。漢得天下，專蕭何之力，不獨漢，乃與後世得天下者起樣子；蓋古人之經綸，至是已滅絶不復見矣。高祖又自謂『馬上得之』，使馬上可得，烏得前困項羽，後圍匈奴耶？司馬遷言何『依日月之末光』，著實處豈可用贊頌常語？但何之材智自有所止爾！

宋·陳亮《龍川集》卷九《論王珪確論如何》　人才之在天下，固樂乎人君之盡其用，而尤樂乎同列之知其心。夫士之懷才以自見於世，常慮夫人君之不我用。君既知而用之矣，同列之人相與媢其長而媒孽其短，周旋四顧，無與共此樂者，其何以泰然於進退之際哉！此自古乘時有爲之士，而猶懷不盡之嘆，以公論常不出於同列故也。

夫寵利所在，至可畏也。功名之際，至難居也。君臣上下相與共樂之，而無異同疑間之論則爲可願耳。漢高帝所藉以取天下者，固非一人之力，而蕭何、韓信、張良蓋傑然於其間。天下既定，而不免於疑，於是張良以神仙自脱，蕭何以謹畏自保。韓信以蓋世之功，進退無以自明。蕭何能知之於未用之先，而卒不能保其非叛，方且借信以爲保身之術。然則人才之獲盡其用，乃一身之至憂也，則亦何樂於功名寵利之際哉！故李泌極論李晟、馬燧於德宗之前，而二臣爲之感泣。使泌如張延賞，則晟方欲死而不可論。至於此，則同列之公論豈不甚可樂哉！吾之所長既已暴白於天下，而猶眷眷於同列之公論，固非沾沾自喜之爲也。蓋同體共事之人，其論易以不公，而人主之聽易以入。此自古之所通患，而其來非一日矣。

唐太宗之興也，房玄齡相得於艱難之中，謨謀帷幄以定大業，温彥博蓋嘗掌其機事，而李靖亦既有功於南方矣。其後天下平定，玄齡相與興僕起僵，而唐之紀綱法度燦然爲之一新。彥博於出納之間，蓋亦具盡其勞，

而征伐之責，靖實專之。及魏徵、王珪以讐臣入備諫諍之列，而戴胄亦自小官進用，遂以平天下之法。其先後新故之不同，亦已甚矣。太宗並舉而大用之，以究盡其才。而諸公亦展布四體以自效，不復知先後新故之爲嫌也。一日，太宗以王珪善人物，使之廷論諸公之才，而珪一二辨數，皆足以盡其長而中其心。彼其同心以濟天下之事，至是可以釋然自慰矣。宜其不謀同辭，而皆以爲確論也。不然，因諸公已成之業而論之，此何足以爲知人而諸公樂之至此哉！故曰：人才之在天下，固樂乎人君之盡其用，而尤樂乎同列之知其心。嗟夫！珪之論可謂公，而其心蓋亦甚平矣。珪與徵均爲諫臣，而忠直剴切，大畧亦相當也。人情每蔽於自知，而珪獨察其直恥君不及堯舜之心，而自處於激濁揚清之任。辨析毫釐，而明於自知，則其論安得而不公！吾以是知其心之甚平也。

雖然，房玄齡視諸公最爲舊故，而唐業之成亦勞矣。以漢高帝之多疑，蓋終其身不敢捨蕭何而他有所用也。太宗方奮然運天下豪傑之心，使新進迭用事，而玄齡泰然居之，不以進退自嫌。故諸公得以盡其才，而卒無紛亂法度之憂。夫迭用新進而不害於國家之大體，此蕭何、曹參之所難，而珪之論所未及也。豈玄齡固樂諸公之並已，而非珪之所可察乎！此玄齡所以爲宗臣也。

又 卷一一《策·蕭、曹、丙、魏、房、杜、姚、宋何以獨名於漢唐》 『五百年必有王者興，其間必有名世者』。聖賢之生亦有定理，而君臣相遭亦有定數乎！夫是以知天人之難合也。蓋至於吾夫子，有扶天下之道，有正四代禮樂之志，而時君方騖於功利，有道不合，有志不遭。而徒能嘆鳳鳥之不至，周公之不復夢見，而定理之不應，定數之不驗。《孟子》所以復歎其未有疏於此時，而傷其數之過。知天下息肩之日尚遠，而聖賢相遭之期猶未也。時日愈疏，世變愈下，使其相遭，則君非昔者之君，臣非昔者之臣，徒以當方來之數，而無復三代之盛矣。孟子之嘆，蓋嘆此也。

自漢而言之，則蕭、曹之遇高祖，丙、魏之遇宣帝，蓋可謂漢家遇合之盛矣。自唐而言之，則房、杜之遇太宗，姚、宋之遇明皇，亦可謂唐家遇合之盛矣。其一時君臣之遇合，足以扶斯世而蘇生民，詒謀方來而光映前古，其所謀謨成就，後世皆莫之先也。而卒有愧於三代，豈其期運不接，源流不繼，而天人之際至難合歟！何治道之遂踈濶也！

周室之衰，以迄於秦，天下之亂極矣。斯民不知有生之爲樂，而急於一日之安也。高祖君臣獨知之，三章之約，以與天下更始，禁網踈濶，使當時之人濶步高談，無危懼之心。雖禮文多闕，而德在生民矣。曹參以清淨而繼『畫一』之歌，此其君臣遇合之盛，無一念之不在斯民也。魏相之奉天時，行故事，丙吉之不務苛碎，不求快意，以供奉宣帝寬大之政，亦不負君臣之遇合矣。唐承隋舊，其去隋文安平之日未遠，天下不能無望於紀綱制度之舉而致治之隆也。太宗君臣獨知之，興僕植僵，以《六典》正官，以進士取人，以租庸調任民，以府衛立兵。雖禮樂未講，而天下之廢畧舉矣。房、杜謀斷相先，而卒與共濟斯美，此其君臣遇合之盛亦無一念之不在斯民也。姚崇之遇事立斷，宋璟之守正不阿，以共成明皇開元之治，亦不負君臣之遇合矣。

自漢唐以來，雖聖人不作，而豪傑接踵於世，有如賈生之通達國體，董生之淵源一道，欲揚其君於三代之際，其君亦既知之，而卒於不遇。而第五倫、李固之徒，亦班班自見於東漢，而無復君臣遇合之盛，亦可爲漢家天時人事之難矣。有如陸贄之諫論仁義，李泌之惓惓古制，欲使其君爲不世出之主，其君亦嘗用之，而終於不盡。而杜黄裳、裴度之徒，亦各有以自見於世，而無復君臣遇合之盛，亦可爲唐家天時人事之難矣。夫君臣之相遭，蓋天人之相合，而一代之盛際也，此豈可常之事哉！盍於《易泰否》之象而玩之乎。

宋·陳埴《木鍾集》卷一一《史·蕭何》 沛公之入關也，諸將爭走金帛財物之府庫，蕭何獨先入，收丞相府圖籍藏之，以故沛公得知天下阸塞，户口多少，强弱之處。世常以刀筆吏少何，此特書生之論耳。何非刀筆吏，何以知丞相府之有圖籍邪？然刀筆吏多矣，而何獨知丞相府之有圖籍，則自其爲郡縣小吏時，固已習於國家之體要。若此，此其器已不在人下矣。況當草莽角逐之時，見秦民府庫宫室之盛，雖沛公不能不垂涎者，而何之器度越人如此，沛公之有愧多矣。及項羽王沛公於漢中也，沛公意大不滿，自絳、灌以下莫不勸攻項羽，何獨陳曰：『能屈於一人之下而伸於萬乘之上者，湯武是也。願大王王漢中，養其民以致賢人，收用巴蜀，還定三秦，天下可圖也。』嗚呼！何之器度若此，其位當不在人下

矣。昔者晉重耳之亡也，從亡三人者，皆相國之器也。夫以羈旅喪亡之餘而其從者皆可以相國。君子曰：用臣如三人，公子何患於喪乎？吁！此固沛公所以興也。

宋·黄震《黄氏日抄》卷四四《讀本朝諸儒書十一下》 蕭何治未央宮，高帝都長安之心方定，何之意深矣。

金·王若虚《滹南集》卷一二《史記辨惑》 司馬遷贊蕭何云『與閎夭、散宜生爭烈』，贊韓信則云『可以比周、召、太公之徒』，贊周勃則云『伊尹、周公何以加』。夫史氏擬人，必於其倫，不可不慎也。以何、信等輩而上方三代聖賢，談何容易哉！至論張耳、陳餘，則又譏其異於太公、季子。遷之品藻陋矣！

又 卷二七《史記辨惑》 蕭何治未央宮事，論者不一，或以爲非是，或以爲當然，或又疑其爲有深意，何其紛紛也。彼以刀筆吏監土木功，不能無過制者。其對上之言，姑以自解云爾，此固不足深責，然亦何可妄舉哉！大抵漢初君臣，類無學術，暗於義理，其舉措之際，亦多疏矣。而後世每以聖賢事業期之，宜其爲説之多曲也。

又 卷二九《臣事實辨》 蕭何治未央宮，高祖見其壯麗，怒曰：『天下匈匈，勞苦數歲，成敗未可知，是何治宮室過度也？』何曰：『天下未定，故可因以治宮室。且天子以四海爲家，非令壯麗亡以重威。』上悦。唐明皇時，太廟四室壞，上素服避正殿。時將幸東都，以問宋璟、蘇頲，對曰：『陛下三年之制未終，遽爾行幸，恐未當天心，灾異爲戒，願且停車駕。』又問，姚崇則曰：『太廟屋材，皆苻堅時物，歲久朽腐而壞，適與行期相會，何足異也？且王者以四海爲家，陛下以關中不稔，幸東都，百司供擬已備，不可失信。』上大喜，從之。嗚呼！古人以家四海爲言者多矣，事雖不同，率皆以廓人主之大度而破其褊狹之心。而蕭何以之啓奢靡，姚崇以之勸逸游，信乎六經之言，有時可以文姦也。據二主初懷戒懼之意，正當將順以成其美，而何等乃以邪説引之於惡，罪孰大焉？然何語雖非特以自解，其失情猶可恕。崇方失寵，因此迎合，遂復相位，則其用心之鄙尤不容誅也。

《金史·侯摯傳》 九月，摯上言：『【略】夫古之取兵以八家爲率，一家充軍七家給之，猶有傷生廢業、疲於道路之歎。今兵多而民不足，使蕭何、劉晏復生亦無所施其術，況於臣者何能爲哉。』

明·程敏政《明文衡》卷五五《胡廣〈雜著·蕭何聽計〉》 漢三年，漢王與項羽相距京、索間，上數使使勞苦丞相何。鮑生謂何曰：『今王暴衣露蓋，數勞苦君者，有疑君心。爲君計，莫若遣君子孫昆弟能勝兵者悉詣軍所，上益信君。』於是何從其計，漢王大悦。五年，陳豨反，上自將，至邯鄲。而韓信謀反關中，呂后用何計誅信。上聞，使使拜丞相爲相國，益封五千户，令卒五百人一都尉爲相國衛。諸君皆賀，召平獨弔，謂何曰：『禍自此始矣。上暴露於外，而君守於内，非被矢石之難，而益君封置衛者，以淮陰新反於中，有疑君心。夫置衛衛君，非以寵君也。願君讓封勿受，悉以家私財佐軍。』何從其計，上説。其秋，黥布反，上自將擊之，數使使問相國何爲。曰：『爲上在軍，拊循勉百姓，悉所有佐軍，如陳豨時。』客又説何曰：『君滅族不久矣。夫君位爲相國，功第一，不可復加。然君初入關，本得百姓心，十餘年矣。皆附君，尚復孳孳得民和。上所謂數問君，畏君傾動關中。今君胡不多買田地，賤貰貸以自汙？上心必安。』於是何從其計，上乃大説。按：何處危疑之地，岌岌乎殆哉！賴鮑生、召平之言，易危爲安，易疑爲信。不然，則何之禍可立而待矣。使韓淮陰有此二客，則必不至於夷滅。惜乎！獻計以斬鍾離昧與夫蒯生三分天下之計，皆不及此。然則，二客者亦豪士哉！

明·薛瑄《讀書録》卷七 蕭何廣市田宅以自汙，猶王翦伐楚請美田宅甚衆之意。漢初君臣以術相持，此亦可見。

又 卷九 漢初君臣大抵尚詐，如躡足封信、蕭何賤市民田、漢祖詐遊雲夢之類。此其爲雜霸之治。

明·李賢《古穰集》卷二〇《漢三臣贊·蕭何》 何與高祖，布衣相從。入關所得，圖書是崇。養民致賢，卓爲上計。拜信築壇，徵彼兒戲。不絶糧道，恒保關中。漢興楚滅，伊誰之功？帝心多疑，何亦甚殆。善用人謀，獄猶見逮。以參代相，爲國得人。勛居第一，永矣無倫。

明·丘濬《大學衍義補》卷一三九《治國平天下之要·嚴武備·賞功之格上》 漢高帝六年，始剖符封諸功臣爲徹侯。蕭何封酇侯，所食邑獨多，功臣皆曰：臣等身被堅執鋭，多者百餘戰，少者數十合。今蕭何未嘗有汗馬之勞，徒持文墨議論，顧反居臣等上，何也？高祖曰：諸君

知獵乎？夫獵，追殺獸兔者狗也，而發縱指示獸處者人也。今諸君徒能得走獸耳，功狗也。至如蕭何，發縱指示，功人也。羣臣皆莫敢言。列侯畢已受封，詔定元功十八人位次，皆曰：平陽侯曹參，身被七十創，攻城略地，功最多，宜第一。謁者關內侯鄂千秋進曰：羣臣議皆誤。夫曹參雖有野戰略地之功，此特一時之事耳。上與楚相距五歲，失軍亡衆，跳身遁者數矣，然蕭何常從關中遣軍補其處。又軍無見糧，蕭何轉漕關中，給食不乏。陛下雖數亡山東，蕭何常全關中以待陛下，此萬世之功也。今雖無曹參等數百，何缺於漢？漢得之不必待以全。奈何欲以一旦之功而加萬世之功哉？蕭何第一，曹參次之。上曰：善。於是乃賜蕭何帶劍履上殿，入朝不趨。上曰：吾聞，進賢受上賞。蕭何功雖多，得鄂君乃益明。於是因千秋所食邑，封爲安平侯。

臣按：以高祖初得天下，論功行賞，以定功臣位次，而以蕭何爲首，羣臣不服，故帝以獵爲譬。斯言也，非但可以定創業之功臣，凡後世有出師取勝而還，其功次亦當以是爲法。

明·夏良勝《中庸衍義》卷一二　漢高祖至長安，蕭何治未央宮，見其壯麗，甚怒，謂何曰：『天下匈匈，勞苦數歲，成敗未可知，是何治宮室過度也？』何曰：『天下方未定，故可因以就宮室，且夫天子以四海爲家，非壯麗無以重威，且無令後世有以加也。』上說。

臣良勝曰：謀臣策士之所爲，衆人固有不識也。蕭何治家不治垣屋，欲後世師其儉，更欲以侈導上，決不爲也。然則，何居關中可都，婁敬曰：此扼天下之吭而拊其背也。張良曰：金城千里，天府之國也。項羽入咸陽，宮殿燒燬，乃思東歸，遂失大勢。高祖起豐、沛，而諸將多山東人，何嘗一日忘洛陽哉。高祖雖於五年夏之關中，時宮殿未成，寄治於櫟陽爾。秋征臧荼，復至洛。六年取韓信還，又至洛。七年自征韓信，自洛歸，宮闕始成。高祖自櫟陽徙治，而後都長安之心始固。然則，何之爲是，順適其意，以成大計。故假詞曰：『欲無令後世加爾。』是則何之深意，高祖亦由其術中而不得。

明·蔡清《易經蒙引》卷三上《上經》　漢之蕭何、韓信，皆受君之重任者也。【略】蕭何素知高帝之心者，而又得鮑生、召平之徒以此意曉之，故得免於禍。高帝在軍中，數遣使勞何，何聽鮑生之言，悉遣子弟從軍，而帝大悅。帝擊陳豨，遣使拜何相國，因封五千户。又從召平之言而讓其封不受，悉以家財佐軍用，而帝又大悅。何之使帝不疑而勤於其職，以保其身，其於『有孚在道以明』亦庶幾乎。以是觀之，聖人之戒深矣。

明·王世貞《弇州四部稿》卷一一一《辨五首·蕭何諸葛亮優劣辨》　關中王維楨試諸生，以蕭相國、諸葛武侯爲問。其言大略以武侯之不能一天下，才累之也，而未曙大體。《出師表》出，而俶儻之士、修詞之子，皆捫心退矣。木牛流馬出，而伎匠之徒執斤錘而求售其聽者，皆攦指退矣。《八陣圖》出，而誦鬼谷之書習黄石之略者，皆批頰退矣。夫使諸技客才人皆退而不敢前引以爲弗如而不肯任，則亮不得不勞。亮勞則不得不歐血，而功不就。夫蕭何，木强人耳。出師二表，何不能爲；木牛流馬，何不能制；《八陣圖》，何不能解。獨以無文而用文，無制而用制，不解而用解，遂以佐成大業而享有令名，寵冠羣臣，而慶流苗裔也。故蕭何之役諸將也，似乎無能而能，於諸將疑於不足而足於諸將；彼孔明者，有奇而直見其奇耳，此奇者不爲用也。此兩公之別也。予讀之曰是非王維楨之言而揚雄氏之言也。曰『漢屈羣策，羣策屈羣力，楚懷羣策而自屈其力』，天曷故焉。以語夫相臣之道幾矣，非所以語於二子之優劣也。夫孔明非不善用才者。今夫大匠之爲宮室也，其樑棟欂櫨必構。夫楩柟豫杞之良者充焉，斷而小之，而弗勝也或用。夫黯然而中腐者，匠之罪也。其無楩柟豫杞也，則非匠之罪也。孔明之相蜀也，屬炎精之漸涸，天下固已忽焉。忘劉氏而天又從而史之故，以龐統之智焉而死，法正之敏焉而死，關張之悍鷙焉而死，於是乎孔明之志窮，勢不得不獨身而力幹之。然猶日孳孳焉，舉蔣費董向之徒以善其後，雖以忌愎之李嚴，浮誕之馬謖，褊淺之楊儀，暴肆之魏延，不得已而拾其長，以充牛溲馬勃之用。令是時而有子房者出，而街亭之役必復以帷幄付幼良。有韓信者出，而祁山之役必復以旗鼓付文長。有平陽侯者出，而五丈原之役必復以畫一付公儀則。可是三君子無一焉，而奈之何其以酇侯望諸葛也。孔明逆知其身之足以滅魏，又逆知其身亡而蜀不得中原矣，蔣費亡而蜀不蜀矣，故冀及其身一用焉，而卒不遂也。且《出師表》何與於天下之爲文者，木牛流馬何與於天下之爲藝者，《八陣圖》何與於天下之爲兵者。苟聲至而響合，氣同而

類應，則奚不可之有。孔明之言曰『開誠心，布公道，集衆思，廣忠益，其爲獨用長者乎哉。夫酇侯非斷斷無技者，約律法，給饋餉，營宮室，其所興創規制，海內謳思而遵奉之，數百年不衰。夫爲相者必不一見迹而後可，則《周官》三百六十記里鼓、指南車，周公無亦露才而鬩一世哉。

明·黃淳耀《陶菴全集·史記評論·蕭相國世家》 高帝多封蕭何，故欲首其位次，以羣臣推曹參，無以難之，得鄂君明其功，乃定。及後，帝以何爲民請苑械繫之，得王衛尉明其無罪乃釋。此兩人，皆有功於何者。然爲鄂君易，爲王衛尉難。鄂君當分封時，已知帝旨在何，其言雖當，阿帝意也。衛尉進言在帝盛怒時，使小人自爲功名，媒孽人短，則一言之下，何爲虀粉矣。今衛尉能反覆明其無罪，又譏帝之失，眞骨骾臣也。鄂君卒以得封而衛尉不聞受賞，帝於直言蓋勉强從之者歟！

蕭何素不善曹參，論相則以參爲可，此何之所以爲賢也。曹參素不爲何所善，爲相則一遵何法，此參之所以爲賢也。

十八元功位次，蕭何位第一，而其封止八千户。曹參第二，而萬六百户。尊何之位，所以重謀臣也。廣參之邑，所以厲戰士也。

明·陸世儀《思辨録輯要》卷三三《經子類》 宋潛溪《邃言》、劉括蒼《郁離子》、王華川《巵辭》，皆留心世道之言，然而潛溪、括蒼勝矣。潛溪責蕭何入關不收秦秘書而收户口圖籍，便是宰輔見識。括蒼以招安之説爲勸天下作亂，以井田爲亂後可復以德政刑威爲救弊之本，便是佐命見識。

清·王夫之《讀通鑑論》卷二《漢高祖》 蕭何曰：『天子以四海爲家，非壯麗無以示威。』其言鄙矣，而亦未嘗非人情也。遊士之屨，集於公卿之門，非（其）必能貴之也。蔬果之饋，集于千金之室，非必其能富富之也。釋、老之宫，飾金碧而奏笙鐘，媚者匍伏以請命，非必服膺於其教也，壯麗動之耳。愚愚民以其榮觀，心折魂熒而戢其異志，抑何爲而不然哉！特古帝王用之之懷異耳。

古之帝王，昭德威以柔天下，亦既灼見民情之所自戢，而納之於信順已。奏九成於圜丘，因以使之知天；崇宗廟於七世，因以使之知孝；建兩觀以縣法，因以使之知治；營靈臺以候氣，因以使之知時；立兩階於九級，因以使之知讓。卽其歆動之心，迪之於至德之域，視之有以燿其目，聽之有以盈其耳，登之、降之、進之、退之，有以詒其安。然後人知大美之集，集於仁義禮樂之中，退而有以自愜。非權以誘天下也，至德之榮觀，本有如是之洋溢也。賢者得其精意，愚不肖者矜其聲容，壯麗之威至矣哉！而特不如何者徒以宫室相誇而已。

不責何之弗修禮樂以崇德威，而責其弗儉。徒以儉也，儉於欲亦儉於德。蕭道成之鄙吝，遂可與大禹並稱乎？

清·葉方靄等《御定孝經衍義》卷八八《卿大夫之孝·德行》 漢曹參微時，與蕭何善。及爲將相，有隙。至何且死，所推賢惟參。參代何爲相，舉事無所變更，一遵何約束。

臣按：蕭、曹不以私憾廢公義，可謂有同敬協恭之美矣。彼其起刀筆吏，不知學而勳業爛然，幾與閎夭、散宜生之徒爭烈。宜哉！

臣又按：沛公入咸陽，諸將皆爭走金帛財物之府分之，何獨先入，收秦丞相御史律令圖書藏之，以故沛公得具知天下阨塞，户口多少，强弱處民所疾苦。爲相國後，置田宅必居窮僻處，爲家不治垣屋，曰：『後世賢，師吾儉。不賢，毋爲勢家所奪。』開國宗臣識量敻絶，老成典刑，眞可師法也。

清·陳廷敬《午亭文編》卷三三《蕭何》 人臣履雄猜之朝，以正自守，猶恐不得免焉，況可以詭道遇其君乎。蕭何事高帝僅而獲免者，蓋皆以其賓客之言。客之言，可用者一，不可用者一。帝項羽相距京、索間，數使使勞苦丞相。鮑生謂何曰：數勞苦君者，有疑君心，莫若遣君子孫昆弟能勝兵者悉詣軍所。何從其言，帝大説。陳豨反，帝自將，聞關中已誅韓信，使使拜丞相爲相國，益封五千户，令卒五百人一都尉，爲相國衛。召平謂何曰：益封、置衛，以淮陰新反，有疑君心。願讓封勿受，悉以家私財佐軍。何從其計，帝説。鮑生、召平之言，其可用者也。黥布反，帝自將擊之，數使使問相國何爲。客又説何曰：君滅族不久矣。君位相國，初入關中，得百姓心，百姓皆附，君數使使問君，畏君傾動關中，何不多買田地，賤貰貸自汙？何從其計，帝乃大説。客之言不可用者也。其後，何爲民請上林中空棄地，令得田，帝大怒，謂『何多受賈人財物，爲請吾苑』，下何廷尉，械繫之。帝固惡何以此自媚於民而乃謂多受賈人金者，夫孰謂非何向者賤買民田宅有以啓之乎？史稱何恭謹，又

言買田宅必居窮僻處，爲家不治垣屋。則是買田自汙，非其本心，託以免禍，更得械繫。後之人臣以詭道遇其君而失其所守者，益可知所戒矣。

清·李光地《榕村語録》卷二二《歷代》　孟子言好善，優於天下。大學之一個臣，便是此二字注脚。有此二字，無所不有。蕭何與高祖同起豐、沛，良、平皆後進，高祖任用之，何無幾微不平之意，自己老老實實的管糧餉，又薦一韓信，賴以成功，故功爲諸臣冠。

人但知焚書者李斯，不知蕭何不爲無罪。何原是吏，故從入關，止知收圖籍爲錢糧兵馬計，經書皆置不問。至項羽一炬，乃盡澌滅。秦人所禁，禁其行於民間者耳，所謂王府則有者固在也。

清·愛新覺羅·弘曆《日知薈説》卷四　蕭何與曹參嘗有隙，及何没，所薦者惟參，參卒守何法而勿失。人不多參之能，而多何之公也。雖然使參常人也，則必變何所爲，且有以議，其後漢治幾不紊哉。爲國之臣，不顧己私而惟其治之。當韓、范上殿，爭論下殿，不失和氣，率用是道。然韓、范窮經力學，夙負經濟才，故其所見者大。蕭曹起刀筆吏，所爲有古大臣風，余以是爲尤難也。漢賢相首稱蕭、曹，不其宜哉！

清·邵泰衢《史記疑問》卷上《秦始皇》　「臣請史官非《秦紀》皆燒之，非博士官所職，天下敢有藏《詩》、《書》、百家語者，悉詣守、尉雜燒之。」

《蕭何世家》：　沛公至咸陽，何獨先入收秦丞相御史府律令圖書。項王屠燒咸陽而去。

始皇在位之三十四年焚書，三十五年坑諸生，兼併天下始九年耳。「非《秦紀》皆燒之」，則所燒者史書也，非《詩》、《書》經典也。曰「非博士官所職，敢有藏《詩》、《書》、百家語者，悉詣守、尉雜燒之」，則所燒者天下民間所藏之書，而博士之職守如故也，則經書、百家語，特非博士不得藏耳。故呂東萊曰：「所燒者天下書也，博士所職自若也。蕭何收圖籍而遺此，惜哉！是博士職如故也，《秦紀》亦自若也。計戊子焚書至甲午入關七年耳，《詩》、《書》尚未堙没，而老成尚多存也。孰知沛公不好儒，蕭何又刀筆吏，止入丞相御史府，收其山川形勢之圖、官吏户口之籍與夫刑法之律令制誥之文書，而不及博士所藏之經書、百家語，且又不弛《詩》、《書》之禁，又不委曲於約法三章之時，又不召老生宿儒以典其學，以致羽入咸陽而博士所藏盡付一炬。其後雖有高堂伏生其人，高祖又未遑其事，孝惠皆武力之臣，孝文唯具官之博士，而《詩》、《書》之亾不在始皇而在李斯，又不在項羽而實在漢高之亭長、蕭何之刀筆吏。噫！何固不足責，張良又何爲者與。不知良亦黄老徒耳，彼又烏知儒學而加之意哉！然而焚書之禍，其由來之漸。當繆公之世，由余入秦，乃曰：「詩書禮樂法度爲政，中國所以爲亂也，邪説之作始矣。」至孝公而商鞅變法修刑，此焚書之先聲也。至荀卿著論，欲人毋貳後王而迂法先王，其徒韓非、李斯皆師事卿，而非之言曰：「世之愚學不知治亂之情，多誦先古之書，以亂當世之治。」李斯介之入秦，乃爲滅學毁儒之説。極本遡原，由余、衛鞅開其先，而荀卿爲之創，韓非爲之導，而斯竟行之。荀卿曷勝誅哉！死於蘭陵，幸矣！

又　卷中《蕭何世家》　鮑生謂丞相：「莫若遣君子孫昆弟能勝軍者悉詣軍。」漢王大悦。又東陵侯召平曰：「願君讓封勿受，悉以家私財佐軍。」高帝大喜。客有説相國曰：「君胡不多買田地賤貰貸以自汙，上心乃安。」相國從其計，上乃大説。

蕭何，文無害也，主吏掾，給卒史事，課最第一，豈遣子弟出私財買田地之區區也，不知轉漕興卒之能而俟之鮑君與客乎？況讓封勿受，貰貸自汙，庸者優爲耳，何必屬之相國，歸功鮑召哉！總之，高祖忌猜，蕭何無學，求其學術，不能過此者矣。

沛公心欲何第一，關内侯鄂君進曰：「蕭何常全關中以待陛下，此萬世之功也。今雖亡曹參等百數，何缺於漢。」

逢君，長君，鄂侯是已。蓋萬世功，豈一蕭何力哉。若無參等百數，吾恐漢亦非其漢矣。今不過欲以何爲第一人耳，遽曰亡參等百數何缺於漢。豪傑聞之有不寒心者哉！此淮陰等之不能已於懷反側也，張良之所以辭三萬户也，良有以夫。

相國爲民請上林空地，上大怒曰：「相國多受賈人財物，乃爲請吾苑。」乃下相國廷尉，械繫之。

相國者，安蒼生，奠社稷者也。況井田、學校已澌滅于亡秦，經、史、《詩》、《書》又煙灰於項炬，當此漢基初定，王業方興，正宜左經右史修明三代之典章，尚義行仁，纘述先王之禮樂。今乃貰貸自汙，不過富

貴苟全之計。請苑獵恩，亦同溱洧乘輿之惠已耳。名之相國，實媿疑丞，付之廷尉，宜正是罪，可也。

清·姚祖恩《史記菁華録》 如蕭何一贊，煞甚不滿。至於以周、召、太公比韓，以閎、散比蕭何，稱量不苟毫髮，愚以爲究非定論也。【略】閎、散在周無特立之奇節，蕭何事業俱漢所以存亡，似難並論。

清·周濟《味雋齋史義》卷一《蕭相國世家》 以刀筆吏當主重明法之世，乃能辭微罷進取，此其識略，豈不偉哉？然而太史論之曰『録録未有奇節』，何也？曰疾秦之深也。何起家刀筆，用圖書就功業，皆秦故也。太史所望隆漢之佐，必且兼綜三代，通明六籍，一革亡秦之陋，開萬世不拔之基。而何所襃，乃止於是，漢所以不復三代，何任其咎矣。三見疑三自脱，皆揣摩意指，齪齪細人之言，襲秦將王翦故智耳。王衛尉者，其人不少概見，獨能昌言偉論，以折雄猜之主，其言每進而益上。有旨哉！有旨哉！

清·徐經《雅歌堂文集》卷四《書酇侯世家》 史公于酇侯相業，備寫高帝疑忌，蓋陰爲淮陰痛哭矣。然樊噲，帝之故人，功多，又呂后弟呂嬃之夫，有親且貴，人有短惡之者，帝卽命陳平至軍中斬噲頭，何况淮陰哉！夫遣子弟悉詣軍所，何從鮑生計；以家私財佐軍，何從召平計；多買田地自汙，何從説客計。是何尚不能自爲計，又焉能爲呂氏計誅淮陰。蓋后欲召信，恐其不就，故令何紿信入賀，此何先受呂后之紿，觀于信方斬之言，並無一語怨及何，固知何録録謹守，非能畫計害信者。當時徒見何邀信往見呂后，遂訛傳呂后用何計誅淮陰，讀史者貴能深思而細察之。嗚呼，讀至此，又當爲何痛哭矣！豈特淮陰也哉！

清·方苞《望溪集》卷二《書蕭相國世家後》 《蕭相國世家》所敍實績僅四事，其定漢家律令，及受遺命輔惠帝皆畧焉。蓋收秦律令圖書，舉韓信，鎮撫關中三者，乃鄂君所謂萬世之功也。其終也，舉曹參以自代而無少芥蔕，則至忠體國可見矣。至其所以自免，皆自他人發之，非智不足也。使何自覺之，則於至忠體國之道有傷矣。故終載請上林空地，械繫廷尉，明何用諸客之謀，非得已耳。若定律令，則別見《曹參》、《張蒼傳》。何之終，惠帝臨問而舉參，則受遺命不待言矣。蓋是二者，於何爲順且易，非萬世之功之比也。班史承用是篇，獨增漢王謀攻項羽，何諫止，勸入漢中一事，在固亦自謂識其大者，然其事有無未可知。信有之，亦謀臣策士所能及也。且語甚鄙淺，與《何傳》氣象規模不類。柳子厚稱《太史公書》曰潔，非謂辭無蕪累也，蓋明於體要，而所載之事，不雜其氣，體爲最潔耳。以固之才識，猶未足與於此，故韓、柳列數文章家，皆不及班氏。噫，嚴矣哉！

清·王治皞等《史漢榷參》卷上《蕭相國》 蕭相國之功，莫著於關中。史揭其收圖書、薦淮、轉饟、補軍、建社稷宗廟諸事，皆不離關中也，故以『專屬任何關中事』一句收煞。下記進説何者三，而皆以上大喜、上大悦結之，見三人之言有益於相國，而帝猜忌之心無一日忘何矣。囚繫之時，王衛尉何人，乃能烺烺誦其功，較鄂君殊難。嗚呼，人臣處此，救死不贍，何暇圖經國大業哉！况何本末之能耶？

清·錢泰吉《甘泉鄉人稿》卷三《書蕭相國世家後》 吾讀《蕭相國世家》，竊怪高祖視何如左右手，而鮑生、召平輩時導以避禍之術，何其君臣之際若是可危也。及何爲民請長安地，而上大怒械繫之，則鮑生、召平之言信矣，此非高祖之心也。觀其于曹參、陳平、周勃之徒，雖百歲後主少國危，而逆料其可屬大事，灼然信之而無疑，誰謂布衣昆弟之歡、成萬世功如何者，乃於天下甫定時，視若敵國，沾沾窺伺，惟恐反己，曾闊達大度之主而若是，吾故曰鮑生、召平之所以疑高祖者，未知高祖之心者也。夫其使使勞苦及益封、置衛，安知非出於誠心。而遣子弟詣軍所，以私財佐軍之適隨其後而大悦者，高祖亦未知何之以術自全也。嗚呼！方漢之初，謀臣術士襲戰國亡秦之餘風，其所以處人君臣之際者，恆導以相疑、相忌之端。聽者習而不察，雖受任如蕭相國，亦用其説以自衛，幸而遣子弟詣軍所，以私財佐軍，猶合乎人臣事君之道。及至買田宅自汙之計行，而君臣相與之際蕩然無三代忠信之風矣。然而受賈人財物之疑，則卽買田宅自汙之事有以啓之也。人必好色，天下始疑其竊妻。人必貪財，天下始疑其盜貨。何專任關中數年，未有言丞相以財粟自私者，功成身遂而乃多買田宅何爲哉。高祖謂此不過文吏自愛之故，智爲子孫計耳，故笑曰：今相國乃利民也，豈意遮道之告曾幾何時而賤賣民田者，乃欲以上林地與民耶。蓋高祖至此亦不能無疑何之心矣。李斯有善歸主、有惡自與之説，此則遊説之士所日陳于高祖之前者也。嗚呼！君臣朋友之隙，必

相疑而後起。高祖不爲僞遊雲夢之計，淮陰未必密謀於陳豨。蕭何不行田宅自汙之謀，高祖不必致疑於賈，豈何用客以自全而豈料其適以自危也哉。

清·陸以湉《冷廬雜識》卷一《蕭何、陳平、韓信》　蕭何聽鮑生之言，遣子孫昆弟能勝兵者，悉詣軍所。又用召平之言，讓封勿受，悉以家私財佐軍。又從客之説，多買田地，賤貰貸以自汙，遂釋高祖之猜疑。陳平從陸賈之計，交驩周勃，用能誅諸呂而安劉。韓信聽李左車之計，撫趙服燕，又用酈生之策，襲齊而定臨菑。此三人者，皆智慮絶人，而猶賴謀猷之益，可知事理之奧，取諸己者隘，得諸人者宏也。

藝文

《古文苑》卷一三《[漢]班固〈十八侯銘〉》　躭躭相國，弘策不追，御國維綱，秉統樞機，文昌四友，漢有蕭何，序功第一，受封於酇。

《隋書》卷七〇《李密傳》　經數月，密鬱鬱不得志，爲五言詩曰：『金風蕩初節，玉露凋晚林。此夕窮塗士，空軫鬱陶心。眺聽良多感，慷慨獨霑襟。霑襟何所爲？悵然懷古意。秦俗猶未平，漢道將何冀。樊噲市井徒，蕭何刀筆吏。一朝時運合，萬古傳名器。寄言世上雄，虚生眞可愧。』詩成而泣下數行。

清·彭定求等《全唐詩》卷五四一《李商隱〈四皓廟〉》　本爲留侯慕赤松，漢庭方識紫芝翁。蕭何只解追韓信，豈得虚當第一功。

宋·王安石《唐百家詩選》卷五《李頎〈贈別張兵曹〉》　漢家蕭相國，功蓋五諸侯。勳業河山重，丹青錫命優。

又　卷七二九《周曇〈前漢門·酇侯〉》　共怪酇侯第一功，咸稱得地合先封。韓生不是蕭君薦，獵犬何人爲指蹤。

又　卷三三三《楊巨源〈元日含元殿下立仗丹鳳樓門下宣赦相公稱賀〉》　臨軒啓扇似雲收，率土朝天劇水流。瑞色含春當正殿，香煙捧日在高樓。三朝氣蚤迎恩澤，萬歲聲長繞冕旒。請問漢家功第一，麒麟閣上識酇侯。

又　卷三三三《楊巨源〈長安春遊〉》　鳳城春報曲江頭，上客年年是勝遊。日暖雲山當廣陌，天清絲管在高樓。蘢葱樹色分僊閣，縹緲花香汎御溝。桂壁朱門新邸第，漢家恩澤問酇侯。

又　卷四九二《殷堯藩〈韓信廟〉》　長空鳥盡將軍死，無復中原入馬蹄。身向九泉還屬漢，功超諸將合封齊。荒涼古廟惟松柏，咫尺長陵又鹿麋。此日深憐蕭相國，竟無一語到金閨。

宋·張耒《柯山集》卷二一《七言絶句·蕭何》　蕭公俯仰繫安危，功業君王心獨知。猶道邵平能緩頰，君臣從古固多疑。

宋·王禹偁《小畜集》卷八《律詩·滎陽懷古》　紀信生降爲沛公，草荒孤壘想英風。漢家青史緣何事，卻道蕭何第一功。

宋·夏竦《文莊集》卷三一《五言律詩·奉和御製讀〈前漢書〉》
酇侯依日月贊曰：蕭何，漢興依日月之末光。天漢敍隆昌沛公初，不欲王漢中，何曰：語云：天漢，其稱甚美。邁德居三傑何與張良、韓信爲三傑。觀時定九章何攟摭秦法，取合於時者，作律九章。過因王尉辯何爲民請上林空地，下廷尉，王衞尉諫出之。功賴鄂君揚諸將爭功，鄂千秋進曰：何功當第一。高祖曰何雖有功，待鄂君乃得明。終以同心美贊曰：何與曹參二人同心，遂安海内。清寧贊後王曹參相惠帝，民歌曰：蕭何爲法，講若畫一；曹參代之，守而勿失。載其清靖，民以寧壹。

宋·阮閱《詩話總龜後集》卷一四《評史門》　李義山詩云：『本爲留侯慕赤松，漢庭方識紫芝翁。蕭何只解追韓信，豈得虚當第一功。』是以蕭何功在張良下也。王元之詩云：『紀信生降爲沛公，草荒孤壘想英風。漢家青史緣何事，卻道蕭何第一功。』是以蕭何功在紀信下也。余謂炎漢創業，何爲宗臣。高祖設指縱之喻盡之矣，他人豈容議耶？

又　卷一六《評史門》　漢史載韓信教陳豨反，有挈手步庭之議，且曰：『吾爲公從中起。』漢十年，豨果反，高祖自將兵出。張文潛曰：『方是時，蕭相國居中，而信欲以烏合不教之兵從中起，以圖帝業。雖使甚愚，必知無成，信安肯出此哉！』故其詩曰：『欲助陳侯乃中起，不思蕭相在咸陽。』又一詩云：『平生蕭相眞知己，何事還同女子謀！』則又責蕭相不爲信辨其枉也。余觀班史，呂后與蕭相謀，詐令人從帝所來稱豨已破，羣臣皆賀。相國紿信曰：『雖病，强入賀。』信入，呂后使武士縛信斬之。則斬信者，相國計也。縱使其枉，相國其肯爲辨之哉！信死

則劉氏安，不死則劉氏危，相國豈肯以平日相善之故而悞社稷大計乎？文潛後有一絶云：『登壇一日冠羣雄，鍾室倉皇念蒯通。能用能誅誰計策？嗟君終日媿蕭公。』

宋·陳思《兩宋名賢小集》卷五八《邵雍〈題淮陰廟十首〉》 一身作亂宜從戮，三族全夷似少恩。漢道是時初雜霸，蕭何王佐殆非尊。

一時韓信爲良犬，千古蕭何作霸臣。彼此並干名教罪，罪猶不逮謂斯人。

韓信事劉元不叛，蕭何惑主竟生疑。當初若聽蒯通語，高祖功名未可知。

若非韓信難除項，不得蕭何莫制韓。天下須知無一手，苟非高祖用蕭難。

宋·周紫芝《太倉稊米集一·食瓜二首》 鄴侯昔微時，刀筆一小吏。起依日月光，勛業高百世。道大元不容，功高亦爲累。所以韓彭徒，纍纍就庖蔵。蕭何於是時，身任天下寄。坐安劉季心，賴有東陵計。

宋·孔文仲等《清江三孔集》卷一七《孔武仲〈蕭何收秦圖籍頌〉》 漢有宗臣蕭氏，何名。當高祖伐秦，寔佐其行，入于咸陽秦帝之京。金帛財物，諸將所爭，而何於此時惟圖籍是收，丞相御史二府之書獨發其藏而載以車。至於高祖收天下而有成功，雖韓、彭轉鬭于外，平、良效筭于中，若夫四海形勢，山川阨塞，民所疾苦，户口虚實，指掌可知，伊何之力。蓋事之所以不治者，以不定之於其初，至缺乃悔。其何如？惟何聰明，超然特立，方衆人之擾擾而思慮之所不及，其爭則捐，其棄我拾。始之所爲，若甚迂緩，至其用之，乃世最急。此其所以論功第一，爲侯之元，聲施後世，慶流子孫。千載之下，誰如若人？

宋·陸游《劍南詩稾》卷五七《送辛幼安殿撰造朝》 稼軒落筆凌鮑謝，退避聲名稱學稼。十年高臥不出門，參透南宗牧牛話。功名固是券内事，且葺園廬了婚嫁。千篇昌谷詩滿囊，萬卷鄴侯書插架。忽然起冠東諸侯，黄旗皂纛從天下。聖朝仄席意未快，尺一東來煩促駕。大材小用古所歎，管仲蕭何實流亞。天山掛旆或少須，先挽銀河洗嵩華。中原麟鳳爭自奮，殘虜犬羊何足嚇。但令小試出緒餘，青史英豪可雄跨。古來立事戒輕發，往往讒夫出乘罅。深仇積憤在逆胡，不用追思灞亭夜。

宋·張鎡《南湖集》卷二《五言古詩·讀蕭何傳有感》 漢祖肇炎圖，三傑咸輔翼。功成及酬賞，相國獨第一。發蹤指示語，誰曰匪其實。焉知英主心，方謹操縱術。勳高疑益深，固異亭長日。守關忠弗念，置衞防百出。堂堂明且審，自計亦無失。護軍給餉饋，入秦收圖籍。用智既有餘，保身豈難必。遜封散宏財，非眞召平力。汙名起田宅，猶愈受斧鑕。終加恭謹辭，賢哉史臣筆。

元·魯貞《桐山老農集》卷一《師儉堂記》 嘗讀漢史《功臣表》，云『大侯不過萬家，小者五六百户』，其後數倍富厚如之，子孫驕逸，遂至失國。又讀《蕭何傳》，言何不廣田宅，嘗曰：子孫賢，師吾儉，不賢，毋爲勢家所奪。然後知驕之不如儉也。何佐高帝定天下，何求不得而爲此言，誠以田宅之不足恃也。人莫不欲田宅，而不可以多也。多則生驕，而爲子孫之累。是故不若以儉。舜、禹，大聖人也。舜稱禹曰：克儉於家。儉者，治家之法。蕭何之言，蓋有所本矣。遺之以田宅者，以利言也。遺之以儉者，以德言也。以利，未有不廢者也。以德，未有不昌者也。以利若彼，以德若此，後之人可以鑑矣。

清·陳邦彦《御定歷代題畫詩類》卷三四《林廷錦〈題蕭何夜追韓信便面〉》 午夜松風蕩九圍，英雄何事任奔馳。可憐雲夢傷心處，應恨當年匹馬遲。

清·汪森《粤西詩載》卷二三《丘濬〈凱歌十首〉》 水陸舟車處處通，三軍飽食不妨農，相逢盡道兵威壯，誰識蕭何轉運功。

又《夏時正〈同前題八首〉》 水陸問關轉運通，多方區畫不妨農。試將漢史從頭讀，只有蕭何第一功。

清·吴偉業《梅村集》卷一七《五言絶句·蕭何》 蕭相營私第，他年畏勢家。豈知未央殿，壯麗只棲鴉。

雜録

《史記·項羽本紀》 四月漢皆已入彭城，收其貨寶美人，日置酒高會。項王乃西從蕭，晨擊漢軍而東，至彭城，日中，大破漢軍。漢軍皆走，相隨入穀、泗水，殺漢卒十餘萬人。漢卒皆南走山，楚又追擊至靈壁

東睢水上。漢軍卻，爲楚所擠，多殺，漢卒十餘萬人皆入睢水，睢水爲之不流。圍漢王三帀。於是大風從西北而起，折木發屋，揚沙石，窈冥晝晦，逢迎楚軍。楚軍大亂，壞散，而漢王乃得與數十騎遁去，欲過沛，收家室而西。楚亦使人追之沛，取漢王家。家皆亡，不與漢王相見。漢王道逢得孝惠、魯元，乃載行。楚騎追漢王，漢王急推墮孝惠、魯元車下，滕公常下收載之。如是者三。曰：『雖急不可以驅，奈何棄之？』於是遂得脫。求太公、呂后不相遇。審食其從太公、呂后間行，求漢王，反遇楚軍。楚軍遂與歸，報項王，項王常置軍中。是時呂后兄周呂侯爲漢將兵居下邑，漢王間往從之，稍稍收其士卒。至滎陽，諸敗軍皆會，蕭何亦發關中老弱未傅悉詣滎陽，復大振。

又《高祖本紀》 單父人呂公善沛令，避仇從之客，因家沛焉。沛中豪傑吏聞令有重客，皆往賀。蕭何爲主吏，主進，令諸大夫曰：『進不滿千錢，坐之堂下。高祖爲亭長，素易諸吏，乃紿爲謁曰『賀錢萬』，實不持一錢。【略】謁入，呂公大驚，起，迎之門。呂公者，好相人，見高祖狀貌，因重敬之，引入坐。蕭何曰：『劉季固多大言，少成事。』高祖因狎侮諸客，遂坐上坐，無所詘。

秦二世元年秋，陳勝等起蘄，至陳而王，號爲『張楚』。諸郡縣皆多殺其長吏以應陳涉。沛令恐，欲以沛應涉。掾、主吏蕭何、曹參乃曰：『君爲秦吏，今欲背之，率沛子弟，恐不聽。願君召諸亡在外者，可得數百人，因劫衆，衆不敢不聽。』乃令樊噲召劉季。劉季之衆已數十百人矣。於是樊噲從劉季來。沛令後悔，恐其有變，乃閉城城守，欲誅蕭、曹。蕭、曹恐，踰城保劉季。劉季乃書帛射城上，謂沛父老曰：『天下苦秦久矣。今父老雖爲沛令守，諸侯並起，今屠沛。沛今共誅令，擇子弟可立者立之，以應諸侯，則家室完。不然，父子俱屠，無爲也。』父老乃率子弟共殺沛令，開城門迎劉季，欲以爲沛令。劉季曰：『天下方擾，諸侯並起，今置將不善，壹敗塗地。吾非敢自愛，恐能薄，不能完父兄子弟。此大事，願更相推擇可者。』蕭、曹等皆文吏，自愛，恐事不就，後秦種族其家，盡讓劉季。諸父老皆曰：『平生所聞劉季諸珍怪，當貴，且卜筮之，莫如劉季最吉。』於是劉季數讓，衆莫敢爲，乃立季爲沛公。【略】於是少年豪吏如蕭、曹、樊噲等皆爲收沛子弟二三千人，攻胡陵、方與，還守豐。

天下大定。高祖都雒陽，諸侯皆臣屬。高祖置酒雒陽南宮。高祖曰：『列侯諸將無敢隱朕，皆言其情。吾所以有天下者何？項氏之所以失天下者何？』高起、王陵對曰：『陛下慢而侮人，項羽仁而愛人。然陛下使人攻城畧地，所降下者因以予之，與天下同利也。項羽妬賢嫉能，有功者害之，賢者疑之，戰勝而不予人功，得地而不予人利，此所以失天下也。』高祖曰：『公知其一，未知其二。夫運籌策帷帳之中，決勝於千里之外，吾不如子房。鎮國家，撫百姓，給餽饟，不絶糧道，吾不如蕭何。連百萬之軍，戰必勝，攻必取，吾不如韓信。此三人，皆人傑也，吾能用之，此吾所以取天下也。項羽有一范增而不能用，此其所以爲我擒也。』

八年，高祖東擊韓王信餘反寇於東垣。蕭丞相營作未央宮，立東闕、北闕、前殿、武庫、太倉。高祖還。見宮闕壯甚，怒，謂蕭何曰：『天下匈匈苦戰數歲，成敗未可知，是何治宮室過度也？』蕭何曰：『天下方未定，故可因遂就宮室。且夫天子以四海爲家，非壯麗無以重威，且無令後世有以加也。』高祖乃說。

又《孝景本紀》 二年春，封故相國蕭何孫係爲武陵侯。

又《曹相國世家》 平陽侯曹參者，沛人也。秦時爲沛獄掾，而蕭何爲主吏，居縣爲豪吏矣。

惠帝二年，蕭何卒。參始微時，與蕭何善。及爲將相，有郤。至何且死，所推賢唯參。參代何爲漢相國，舉事無所變更，一遵蕭何約束。

又《留侯世家》 漢六年正月，封功臣。良未嘗有戰鬭功，高帝曰：『運籌筴帷帳中，決勝千里外，子房功也。自擇齊三萬户。』良曰：『始臣起下邳，與上會留，此天以臣授陛下。陛下用臣計，幸而時中，臣願封留足矣，不敢當三萬户。』乃封張良爲留侯，與蕭何等俱封。

留侯從上擊代，出奇計馬邑下，及立蕭何相國，所與上從容言天下事甚衆，非天下所以存亡，故不著。

又《淮陰侯列傳》 信數與蕭何語，何奇之。至南鄭，諸將行道亡者數十人。信度何等已數言上，上不我用，卽亡。何聞信亡，不及以聞，自追之。人有言上曰：『丞相何亡。』上大怒，如失左右手。居一二

日，何來謁上，上且怒且喜，罵何曰：『若亡，何也？』何曰：『臣不敢亡也，臣追亡者。』上曰：『若所追者誰何？』曰：『韓信也。』上復罵曰：『諸將亡者以十數，公無所追，追信，詐也。』何曰：『諸將易得耳。至如信者，國士無雙。王必欲長王漢中，無所事信。必欲爭天下，非信無所與計事者。顧王策安所決耳。』王曰：『吾亦欲東耳，安能鬱鬱久居此乎？』何曰：『王計必欲東，能用信，信卽留。不能用，信終亡耳。』王曰：『吾爲公以爲將。』何曰：『雖爲將，信必不留。』王曰：『以爲大將。』何曰：『幸甚。』於是，王欲召信拜之。何曰：『王素慢無禮，今拜大將如呼小兒耳，此乃信所以去也。王必欲拜之，擇良日，齋戒，設壇場，具禮，乃可耳。』王許之。諸將皆喜，人人各自以爲得大將。至拜大將，乃韓信也，一軍皆驚。信拜禮畢，上坐。王曰：『丞相數言將軍，將軍何以教寡人計策？』信謝，因問王曰：『今東鄉爭權天下，豈非項王邪？』漢王曰：『然。』曰：『大王自料勇悍仁强孰與項王？』漢王默然良久，曰：『不如也。』信再拜賀曰：『惟信亦以爲大王不如也。然臣嘗事之，請言項王之爲人也。項王喑噁叱吒，千人皆廢，然不能任屬賢，將此特匹夫之勇耳。項王見人恭敬慈愛，言語嘔嘔，人有疾病，涕泣分食飲，至使人有功當封爵者，印刓敝，忍不能予，此所謂婦人之仁也。項王雖霸天下而臣諸侯，不居關中而都彭城。有背義帝之約，而以親愛王，諸侯不平。諸侯之見項王遷逐義帝置江南，亦皆歸逐其主而自王善地。項王所過無不殘滅者，天下多怨，百姓不親附，特劫於威强耳。名雖爲霸，實失天下心。故曰其强易弱。今大王誠能反其道：任天下武勇，何所不誅。以天下城邑封功臣，何所不服。以義兵從思東歸之士，何所不散。且三秦王爲秦將，將秦子弟數歲矣，所殺亡不可勝計，又欺其衆降諸侯，至新安，項王詐坑秦降卒二十餘萬，唯獨邯、欣、翳得脫，秦父兄怨此三人，痛入骨髓。今楚强以威王此三人，秦民莫愛也。大王之入武關，秋毫無所害，除秦苛法，與秦民約，法三章耳，秦民無不欲得大王王秦者。於諸侯之約，大王當王關中，關中民咸知之。大王失職入漢中，秦民無不恨者。今大王舉而東，三秦可傳檄而定也。』於是漢王大喜，自以爲得信晚。遂聽信計，部署諸將所擊。

又《樊酈滕灌列傳》 高祖之初與徒屬欲攻沛也，嬰時以縣令史爲高祖使。上降沛一日，高祖爲沛公，賜嬰爵七大夫，以爲太僕。從攻胡陵，嬰與蕭何降泗水監平，平以胡陵降，賜嬰爵五大夫。

又《張丞相列傳》 是時，蕭何爲相國，而張蒼乃自秦時爲柱下史，明習天下圖書計籍。

又《酈生陸賈列傳》 於是尉他乃蹶然起坐，謝陸生曰：『居蠻夷中久，殊失禮義。』因問陸生曰：『我孰與蕭何、曹參、韓信賢？』陸生曰：『王似賢。』復曰：『我孰與皇帝賢？』陸生曰：『皇帝起豐沛，討暴秦，誅强楚，爲天下興利除害，繼五帝三王之業，統理中國。中國之人以億計，地方萬里，居天下之膏腴，人衆車轝，萬物殷富，政由一家，自天地剖泮未始有也。今王衆不過數十萬，皆蠻夷，崎嶇山海間，譬若漢一郡，王何乃比於漢！』尉他大笑曰：『吾不起中國，故王此。使我居中國，何渠不若漢？』乃大説陸生，留與飲數月。曰：『越中無足與語，至生來，令我日聞所不聞。』賜陸生橐中裝直千金，他送亦千金。陸生卒拜尉他爲越王，令稱臣奉漢約。

《漢書·高祖紀》 高祖常繇咸陽，縱觀秦皇帝，喟然大息曰：『嗟乎，大丈夫當如此矣。』單父人呂公，善沛令，辟仇，從之客，因家焉。沛中豪傑吏聞令有重客，皆往賀。蕭何爲主吏，主進，令諸大夫曰：『進不滿千錢，坐之堂下。』高祖爲亭長，素易諸吏，乃紿爲謁曰『賀錢萬』，實不持一錢。謁入，呂公大驚，起，迎之門。呂公者，好相人，見高祖狀貌，因重敬之，引入坐上坐。蕭何曰：『劉季固多大言，少成事。』高祖因狎侮諸客，遂坐上坐，無所詘。

秦二世元年秋七月，陳涉起蘄，至陳，自立爲楚王，遣武臣、張耳、陳餘略趙地。八月，武臣自立爲趙王。郡縣多殺長吏以應涉。九月，沛令欲以沛應之。掾、主吏蕭何、曹參曰：『君爲秦吏，今欲背之，帥沛子弟，恐不聽。願君召諸亡在外者，可得數百人，因以劫衆，衆不敢不聽。』乃令樊噲召高祖。高祖之衆已數百人矣。

於是樊噲從高祖來。沛令後悔，恐其有變，乃閉城城守，欲誅蕭、曹。蕭、曹恐，踰城保高祖。高祖乃書帛射城上，與沛父老曰：『天下同苦秦久矣。今父老雖爲沛令守，諸侯並起，今屠沛。沛今共誅令，擇可立立之，以應諸侯，卽室家完。不然，父子俱屠，無爲也。』父老乃帥子弟

共殺沛令，開城門，迎高祖，欲以爲沛令。高祖曰：『天下方擾，諸侯並起，今置將不善，一敗塗地。吾非敢自愛，恐能薄，不能完父兄子弟。此大事，願更擇可者。』蕭、曹等皆文吏，自愛，恐事不就，後秦種族其家，盡讓高祖。諸父老皆曰：『平生所聞劉季奇怪，當貴，且卜筮之，莫如劉季最吉。』高祖數讓。衆莫肯爲，高祖乃立爲沛公。祠黄帝，祭蚩尤於沛廷，而釁鼓旗。幟皆赤，由所殺蛇白帝子，所殺者赤帝子故也。於是少年豪吏如蕭、曹、樊噲等皆爲收沛子弟，得三千人。【略】

元年冬十月，五星聚于東井。沛公至霸上。秦王子嬰素車白馬，係頸以組，封皇帝璽符節，降枳道旁。諸將或言誅秦王，沛公曰：『始懷王遣我，固以能寬容，且人已服降，殺之不祥。』乃以屬吏。遂西入咸陽。欲止宮休舍。樊噲、張良諫，乃封秦重寶財物府庫，還軍霸上。蕭何盡收秦丞相府圖籍文書。【略】

羽自立爲西楚霸王，王梁楚地九郡，都彭城。背約，更立沛公爲漢王，王巴、蜀、漢中四十一縣，都南鄭。【略】漢王怨羽之背約，欲攻之，丞相蕭何諫，乃止。

漢王既至南鄭，諸將及士卒皆歌謳思東歸，多道亡還者。韓信爲治粟都尉，亦亡去，蕭何追還之，因薦於漢王，曰：『必欲爭天下，非信無可與計事者。』於是漢王齊戒設壇場，拜信爲大將軍，問以計策。信對曰：『項羽背約而王君王於南鄭，是遷也。吏卒皆山東之人，日夜企而望歸，及其鋒而用之，可以有大功。天下已定，民皆自寧，不可復用。不如決策東向。』因陳羽可圖、三秦易并之計。漢王大說，遂聽信策，部署諸將。留蕭何收巴蜀租，給軍食。

五月，漢王屯滎陽，蕭何發關中老弱未傅者悉詣軍。

帝置酒雒陽南宮。上曰：『通侯諸將毋敢隱朕，皆言其情。吾所以有天下者何？項氏之所以失天下者何？』高起、王陵對曰：『陛下嫚而侮人，項羽仁而敬人。然陛下使人攻城掠地，所降下者，因以與之，與天下同利也。項羽妒賢嫉能，有功者害之，賢者疑之，戰勝而不與人功，得地而不與人利，此其所以失天下也。』上曰：『公知其一，未知其二。夫運籌帷幄之中，決勝千里之外，吾不如子房。塡國家，撫百姓，給餉餽，不絶糧道，吾不如蕭何。連百萬之衆，戰必勝，攻必取，吾不如韓信。三者皆人傑，吾能用之，此吾所以取天下者也。項羽有一范增而不能用，此所以爲我禽也。』羣臣説服。

二月，至長安。蕭何治未央宮，立東闕、北闕、前殿、武庫、太倉。上見其壯麗，甚怒，謂何曰：『天下匈匈，勞苦數歲，成敗未可知，是何治宮室過度也？』何曰：『天下方未定，故可因以就宮室。且夫天子以四海爲家，非令壯麗亡以重威，且亡令後世有以加也。』上説。

呂后問曰：『陛下百歲後，蕭相國既死，誰令代之？』上曰：『曹參可。』問其次，曰：『王陵可，然少戇，陳平可以助之。陳平知有餘，然難獨任。周勃重厚少文，然安劉氏者必勃也，可令爲太尉。』呂后復問其次，上曰：『此後亦非乃所知也。』

初，高祖不修文學，而性明達，好謀，能聽，自監門戍卒，見之如舊。初順民心作三章之約。天下既定，命蕭何次律令，韓信申軍法，張蒼定章程，叔孫通制禮儀，陸賈造《新語》。又與功臣剖符作誓，丹書鐵契，金匱石室，藏之宗廟。雖日不暇給，規摹弘遠矣。

又《刑法志》　漢興，高祖初入關，約法三章曰：『殺人者死，傷人及盜抵罪。』蠲削煩苛，兆民大說。其後四夷未附，兵革未息，三章之法不足以禦姦，於是相國蕭何攈摭秦法，取其宜於時者，作律九章。

又　卷五《景帝紀》　六月，丞相嘉薨。封故相國蕭何孫係爲列侯。

又　卷六《武帝紀》　三年春，有星孛于東方。夏五月，赦天下。【略】封故相國蕭何曾孫慶爲列侯。

又　卷八《宣帝紀》　四年春二月，封外祖母爲博平君，故酇侯蕭何曾孫建世爲侯。

又　卷三〇《藝文志》　《易》曰：『上古結繩以治，後世聖人易之以書契，百官以治，萬民以察，蓋取諸《夬》。』『《夬》，揚于王庭』，言其宜揚於王者朝廷，其用最大也。古者八歲入小學，故《周官》保氏掌養國子，教之六書，謂象形、象事、象意、象聲、轉注、假借，造字之本也。漢興，蕭何草律，亦著其法，曰：『太史試學童，能諷書九千字以上，乃得爲史。又以六體試之，課最者以爲尚書御史史書令史。吏民上書，字或不正，輒舉劾。』六體者，古文、奇字、篆書、隸書、繆篆、蟲書，皆所以通知古今文字，摹印章，書幡信也。

又　卷三一《項籍傳》　漢王稍收散卒，蕭何亦發關中卒悉詣滎陽，戰京、索間，敗楚。楚以故不能過滎陽而西。漢軍滎陽，築甬道，取敖倉食。

又　卷三四《韓信傳》　數與蕭何語，何奇之。至南鄭，諸將道亡者數十人。信度何等已數言上，不我用，卽亡。何聞信亡，不及以聞，自追之。人有言上曰：「丞相何亡。」上怒，如失左右手。居一二日，何來謁。上且怒且喜，罵何曰：「若亡，何也？」何曰：「臣非敢亡，追亡者耳。」上曰：「所追者誰也。」曰：「韓信。」上復罵曰：「諸將亡者以數十，公無所追。追信，詐也。」何曰：「諸將易得，至如信，國士無雙。王必欲長王漢中，無所事信。必欲爭天下，非信無可與計事者。顧王策安決。」王曰：「以爲大將。」何曰：「幸甚。」於是王欲召信拜之。何曰：「王素嫚無禮，今拜大將如召小兒，此乃信所以去也。王必欲拜之，擇日齊戒，設壇場具禮，乃可。」王許之。諸將皆喜，人人各自以爲得大將。至拜，乃韓信也，一軍皆驚。

又　卷四〇《張良傳》　漢六年，封功臣良，未嘗有戰鬬功，高帝曰：「運籌策帷幄中，決勝千里外，子房功也。自擇齊三萬户。」良曰：「始臣起下邳，與上會留，此天以臣授陛下。陛下用臣計，幸而時中，臣願封留足矣，不敢當三萬户。」乃封良爲留侯，與蕭何等俱封。

又　卷四一《夏侯嬰傳》　陳勝初起，蕭何、曹參使噲求迎高祖，立爲沛公。

夏侯嬰，沛人也。【略】高祖之初與徒屬欲攻沛也，嬰時以縣令史爲高祖使。上降沛一日，高祖爲沛公，賜爵七大夫，以嬰爲太僕，常奉車。從攻胡陵，嬰與蕭何降泗水監平，平以胡陵降，賜嬰爵五大夫。

又　卷四二《張蒼傳》　是時蕭何爲相國，而蒼乃自秦時爲柱下御史，明習天下圖書計籍，又善用算律曆，故令蒼以列侯居相府，領主郡國上計者。

又　卷四三《陸賈傳》　於是佗乃蹶然起坐，謝賈曰：「居蠻夷中久，殊失禮義。」因問賈曰：「我孰與蕭何、曹參、韓信賢？」賈曰：「王似賢也。」

又　卷六二《司馬遷傳》　漢興，蕭何次律令，韓信申軍法，張倉爲章程，叔孫通定禮儀，則文學彬彬稍進，《詩》、《書》往往間出。

又　卷二六《韋彪傳》　建初七年，車駕西巡狩，以彪行太常從，數召入，問以三輔舊事，禮儀風俗。彪因建言：「今西巡舊都，宜追録高祖、中宗功臣，褒顯先勳，紀其子孫。」帝納之。行至長安，乃制詔京兆尹、右扶風求蕭何、霍光後。時光無苗裔，唯封何末孫熊爲酇侯。建初二年已封曹參後曹湛爲平陽侯，故不復及焉。乃厚賜彪錢珍羞食物，使歸平陵上冢。還，拜大鴻臚。

《三國志》卷一《魏志·武帝紀》　（建安）十七年春正月，公還鄴。天子命公贊拜不名，入朝不趨，劍履上殿，如蕭何故事。

又　卷一三《魏志·鍾繇傳》　太祖與繇書曰：「得所送馬，甚應其急。關右平定，朝廷無西顧之憂，足下之勳也。昔蕭何鎮守關中，足食成軍，亦適當爾。」

又　卷一六《魏志·杜畿傳》　太祖既定河北，而高幹舉并州反。時河東太守王邑被徵，河東人衛固、范先外以請邑爲名，而內實與幹通謀。太祖謂荀彧曰：「關西諸將，恃險與馬，征必爲亂。張晟寇殽、澠間，南通劉表，固等因之，吾恐其爲害深。河東被山帶河，四鄰多變，當今天下之要地也。君爲我舉蕭何、寇恂以鎮之。」彧曰：「杜畿，其人也。」於是遂拜畿爲河東太守。

事平，更有令曰：「昔蕭何定關中，寇恂平河內，卿有其功，間將授卿以納言之職。顧念河東吾股肱郡，充實之所，足以制天下，故且煩卿卧鎮之。」

又　卷一八《魏志·臧霸傳》　太祖破袁譚於南皮，霸等會賀。霸因求遣子弟及諸將父兄家屬詣鄴。太祖曰：「諸君忠孝，豈復在是。昔蕭何遣子弟入侍，而高祖不拒，耿純焚室輿櫬以從，而光武不逆，吾將何以易之哉。」

又　卷五五《吳志·甘寧傳》　寧謂昭曰：「國家以蕭何之任付君，君居守而憂亂，奚以希慕古人乎？」

《晉書》卷一《宣帝紀》　是時大脩宮室，加之以軍旅，百姓飢弊。帝將卽戎，乃諫曰：「昔周公營洛邑，蕭何造未央，今宮室未備，臣之責也。然自河以北，百姓困窮，外內有役，勢不並興，宜假絶內務，以救時

急。』【略】

朝議以爲前後大司馬累薨於位，乃以帝爲太傅，入殿不趨，贊拜不名，劍履上殿，如漢蕭何故事。

文帝之世，輔翼權重，許昌同蕭何之委，崇華甚霍光之寄。

又 卷三三《何曾傳》 詔曰：『太傅明朗高亮，執心弘毅，可謂舊德老成，國之宗臣者也。而高尚其事，屢辭禄位。朕以寡德，憑賴保佑，省覽章表，實用憮然。雖欲成人之美，豈得遂其雅志，而忘翼佐之益哉。又司徒所掌務煩，不可久勞耆艾。其進太宰，侍中如故。朝會劍履乘輿上殿，如漢相國蕭何、田千秋、魏太傅鍾繇故事。』

祜卒二歲而吳平，羣臣上壽，帝執爵流涕曰：『此羊太傅之功也。』因以剋定之功，策告祜廟，仍依蕭何故事，封其夫人。

尚書祠部郎荀伯子上表訟之曰：『臣聞咎繇亡嗣，臧文以爲深嘆。伯氏奪邑，管仲所以稱仁。功高可百世不泯，濫賞無得崇朝。故太傅、鉅平侯羊祜明德通賢，國之宗主，勳參佐命，功成平吳，而後嗣闕然，烝嘗莫寄。漢以蕭何元功，故絶世輒繼，愚謂鉅平封宜同酇國。』

又 卷三五《裴秀傳》 秀儒學洽聞，且留心政事，當禪代之際，總納言之要，其所裁當，禮無違者。又以職在地官，以《禹貢》山川地名，從來久遠，多有變易。後世説者或强牽引，漸以暗昧。於是甄擿舊文，疑者則闕，古有名而今無者，皆隨事注列，作《禹貢地域圖》十八篇，奏之，藏於秘府。其序曰：『圖書之設，由來尚矣。自古立象垂制，而賴其用。三代置其官，國史掌厥職。暨漢屠咸陽，丞相蕭何盡收秦之圖籍。今秘書既無古之地圖，又無蕭何所得，惟有漢氏《輿地》及《括地》諸雜圖。各不設分率，又不考正準望，亦不備載名山大川。雖有粗形，皆不精審，不可依據。或荒外迂誕之言，不合事實，於義無取。

又 卷四〇《賈充傳》 充所定新律既班于天下，百姓便之。詔曰：『漢氏以來，法令嚴峻。故自元成之世，及建安、嘉平之間，咸欲辯章舊典，删革刑書。述作體大，歷年無成。先帝愍元元之命陷於密網，親發德音，釐正名實。車騎將軍賈充，奬明聖意，諮詢善道。太傅鄭沖，又與司空荀顗、中書監荀勗、中軍將軍羊祜、中護軍王業，及廷尉杜友、守河南尹杜預、散騎侍郎裴楷、潁州太守周雄、齊相郭頎、騎都尉成公綏荀煇、尚書郎柳軌等，典正其事。朕每鑑其用心，常慨然嘉之。今法律既成，始班天下，刑寬禁簡，足以克當先旨。昔蕭何以定律受封，叔孫通以制儀爲奉常，賜金五百斤，弟子皆爲郎。夫立功立事，古之所重。自太傅、車騎以下，皆加禄賞，其詳依故典。』於是賜充子弟一人關内侯，絹五百匹。固讓，不許。【略】

及薨，槐輒以外孫韓謐爲黎民子，奉充後。郎中令韓咸、中尉曹軫諫槐曰：『禮，大宗無後，以小宗支子後之，無異姓爲後之文。無令先公懷腆后土，良史書過，豈不痛心。』槐不從。咸等上書求改立嗣，事寢不報。槐遂表陳是充遺意。帝乃詔曰：『太宰、魯公充，崇德立勳，勤勞佐命，背世殂隕，每用悼心。又胤子早終，世嗣未立。古者列國無嗣，取始封支庶，以紹其統，而近代更除其國。至於周之公旦，漢之蕭何，或豫建元子，或封爵元妃，蓋尊顯勳庸，不同常例。太宰素取外孫韓謐爲世子黎民後。吾退而斷之，外孫骨肉至近，推恩計情，合於人心。其以謐爲魯公世孫，以嗣其國。自非功如太宰，始封無後如太宰，所取必以已自出不如太宰，皆不得以爲比。』

又 卷四一《劉寔傳》 三年，詔曰：『昔虞任五臣，致垂拱之化，漢相蕭何，興寧一之譽，故能光隆於當時，垂裕於百代。朕紹天明命，臨御萬邦，所以崇顯政道者，亦賴之於元臣庶尹，畢力股肱，以副至望。而君年耆告老，確然難違。今聽君以侯就第，位居三司之上，秩禄準舊，賜几杖不朝及宅一區。國之大政，將就諮於君，副朕意焉。』

又 卷六九《刁協傳》 或謂明帝之世已見寢廢，今不宜復改，吾又以爲不然。夫大道宰世，殊塗一致。萬機之事，或異或同，同不相善，異不相譏。故堯抑元凱而舜舉之，堯不爲失，舜不爲非，何必前世所廢便不宜改乎？漢蕭何之後坐法失侯，文帝不封而景帝封之，後復失侯，武昭二帝不封而宣帝封之。近去元年，車駕釋奠，拜孔子之坐，此亦元明二帝所不行也。又刁令但是明帝所不贈耳，非誅之也。王平子、第五猗皆元帝所誅，而今日所贈，豈以改前爲嫌乎。凡處事者，當上合古義，下準今例，然後談者不惑，受罪者無怨耳。按周僕射、戴征西本非王敦唱檄所讎也，事定後乃見害耳。周莛、郭璞等並亦非爲主禦難也，自平居見殺耳，皆見襃贈。刁令事義豈輕於此乎？自頃員外散騎尚得追贈，況刁令位亞

三司。若先自壽終，不失員外散騎之例也。就不蒙贈，不失以本官殯葬也。此爲一人之身，壽終則蒙贈，死難則見絶，豈所以明事君之道，厲爲臣之節乎。宜顯評其事，以解天下疑惑之論。

又　卷七七《蔡謨傳》　謨議曰：『時有否泰，道有屈伸。暴逆之寇雖終滅亡，然當其强盛，皆屈而避之。是以高祖受黜於巴漢，忍辱於平城也。若爭强於鴻門，則亡不終日。故蕭何曰：「百戰百敗，不死何待也。」原始要終，歸於大濟而已。豈與當亡之寇爭遲速之間哉。夫惟鴻門之不爭，故垓下莫能與之爭。文王身圮於羑里，故道泰於牧野。句踐見屈於會稽，故威申於强吳。今日之事，亦由此矣。賊假息之命垂盡，而豺狼之力尚强，宜抗威以待時。』

又　卷九八《王敦傳》　時劉隗用事，頗疏間王氏，導等甚不平之。敦上疏曰：『伏惟陛下聖哲日新，廣延俊乂，臨之以政，齊之以禮。頃者令導內綜機密，出録尚書，杖節京都，并統六軍，既爲刺史，兼居重號，殊非人臣之體。流俗好評，必有譏謗，宜省録尚書、杖節及都督。且王佐之器，當得宏達遠識、高正明斷、道德優備者，以臣闇識，未見其才。然於見人，未踰於導。加輔翼積年，實盡心力。霸王之主，何嘗不任賢使能，共相終始。管仲有三歸反坫之譏，子犯有臨河要君之責，蕭何、周勃得罪囹圄，然終爲良佐。以導之才，何能無失。當令任不過分，役其所長，以功補過，要之將來。導性慎密，尤能忍事，善於斟酌，有文章才義，動静顧問，起予聖懷，外無過寵，公私得所。今皇祚肇建，八表承風。聖恩不終，則遐邇失望。天下荒弊，人心易動。物聽一移，將致疑惑。臣非敢苟私親親，惟欲忠於社稷。』

《南齊書》卷一《高帝紀》　太祖高皇帝諱道成，字紹伯，姓蕭氏，小諱鬭將，漢相國蕭何二十四世孫也。何子酇定侯延生侍中彪，彪生公府掾章，章生皓，皓生仰，仰生御史大夫望之，望之生光禄大夫育，育生御史中丞紹，紹生光禄勳閎，閎生濟陰太守闡，闡生吳郡太守永，永生中山相苞，苞生博士周，周生蛇丘長矯，矯生州從事逵，逵生孝廉休，休生廣陵府丞豹，豹生太中大夫裔，裔生淮陰令整，整生即丘令儁，儁生輔國參軍樂子，宋昇明二年九月贈太常，生皇考。蕭何居沛，侍中彪免官居東海蘭陵縣中都鄉中都里。

《梁書·侯景傳》　景又矯詔自進位爲相國，封泰山等二十郡爲漢王，入朝不趨，讚拜不名，劍履上殿，如蕭何故事。

《周書·侯凱傳》　史臣曰：蕭何文吏自愛，懼秦法誅戮，乃推奉漢高。

又　《長孫儉傳》　儉舊嘗詣闕奏事，時值大雪，遂立於雪中待報，自旦達暮，竟無惰容。其奉公勤至，皆此類也。三年，以疾還京。爲夏州總管，薨，遺啓世宗，請葬於太祖陵側，並以官所賜之宅還官。詔皆從之。追封鄶公。荆民儀同趙超等七百人，感儉遺愛，詣闕請爲儉立廟樹碑，詔許之。詔曰：『昔叔敖辭沃壤之地，蕭何就窮僻之鄉，以古方今，無慚曩哲。言尋嘉尚，弗忘於懷。而有司未達大體，遽以其第即便給外。今還其妻子。』子隆。

《隋書·高祖紀》　十二月甲子，周帝詔曰：【略】昔營丘、曲阜，地多諸國，重耳、小白，錫用殊禮。蕭何優贊拜之儀，番君越公侯之爵。姬、劉以降代有令謨，宜崇典禮，憲章自昔。

又　《儀禮志》　《漢官》云：『蕭何爲相國，佩綠綬，公侯紫，卿二千石青，令長千石黑。』

又　《經籍志》　漢時，蕭何定律令，張蒼制章程，叔孫通定儀，法條流派別，制度漸廣矣。

漢初，蕭何定律九章，其後漸更增益，令甲已下，盈溢架藏。

漢初，蕭何得秦圖書，故知天下要害。

又　《蘇威傳》　歲餘，帝下手詔曰：『玉以潔潤，丹紫莫能渝其質，松表歲寒，霜雪莫能凋其采。可謂温仁勁直，性之然乎。房公威器懷温裕，識量弘雅，早居端揆，備悉國章，先皇舊臣，朝之宿齒。棟梁社稷，弼諧朕躬，守文奉法，卑身率禮。昔漢之三傑，輔惠帝者蕭何，周之十亂，佐成王者邵奭。國之寶器，其在得賢，參燮台階，具瞻斯允。雖復事藉論道，終期獻替，銓衡時務，朝寄爲重，可開府儀同三司，餘並如故。』

又　《柳彧傳》　彧上表曰：『今太平告始，信賞宜明，酬勳報勞，務先有本。屠城破邑，出自聖規，斬將搴旗，必由神略。若負戈擐甲，征扞劬勞，至於鎮撫國家，宿衛爲重。俱稟成算，非專己能，留從事同，功

勞須等。皇太子以下，實有守宗廟之功。昔蕭何留守，茅土先於平陽，穆之居中，没後猶蒙優策。不勝管見，奉表以聞。

又《樊子蓋傳》 又檢校河南内史。車駕至高陽，追詣行在所。既而引見，帝逆勞之曰：『昔高祖留蕭何於關西，光武委寇恂以河内，公其人也。』子蓋謝曰：『臣任重器小，寧可竊譬兩賢。但以陛下威靈，小盜不足除耳。』進位光禄大夫，封建安侯，尚書如故。賜縑三千匹，女樂五十人。子蓋固讓，優詔不許。

《南史・武帝紀》 論曰：齊高帝基命之初，武功潛用，泰始開運，大拯時艱。及蒼梧暴虐，釁結朝野，而百姓懍懍，命縣朝夕。權道既行，兼濟天下。元功振主，利器難以假人，羣方戮力，實懷尺寸之望，豈惟天厭水行，固已人希水德，歸功與能，事極乎此。武帝雲雷伊始，功參佐命，雖爲繼體，事實艱難。御衮垂旒，深存政典，文武授任，不革舊章，明罰厚恩，皆由己出。外表無塵，内朝多豫，機事平理，職貢有恆，府藏内充，鮮人勞役。宮室苑囿，未足以傷財，安樂延年，衆庶所同幸，亦有齊之良主也。據齊、梁紀録，並云出自蕭何，又編御史大夫望之以爲先祖之次。案何及望之於漢俱爲勳德，而望之本傳不有此陳，齊典所書，便乖實録。近秘書監顔師古博考經籍，注解《漢書》，已正其非，今隨而改削云。

又《荀伯子傳》 義熙元年，上表稱：『故太傅鉅平侯羊祜勳參佐命，功盛平吳，而享嗣闕然，烝嘗莫寄。漢以蕭何元功，故絶世輒紹，愚謂鉅平之封，宜同酇國。故太尉廣陵公陳淮黨翼孫秀，禍加淮南，竊饗大國，因罪爲利。會西朝政刑失裁，中興復因而不奪，今王道惟新，豈可不大判臧否？謂廣陵之國，宜在削除。故太保衛瓘本爵菑陽縣公，既被横禍，乃進第秩，加贈蘭陵，又轉江夏。中朝公輔，多非理終，瓘功德不殊，亦無緣獨受偏賞。宜復本封，以正國章。』詔付門下。

又《鄭紹叔傳》 初起兵，紹叔爲冠軍將軍，改驍騎將軍，從東下。江州平，留紹叔監州事，曰：『昔蕭何鎮關中，漢祖得成山東之業。寇恂守河内，光武建河北之基。今之九江，昔之河内，我故留卿以爲羽翼。前途不捷，我當其咎，糧運不繼，卿任其責。』

《北史・太武帝紀》 羣臣白帝，更峻京邑城隍以從《周易》設險之義，又陳蕭何壯麗之説。帝曰：『古人有言，在德不在險。屈丐蒸土築城，而朕滅之，豈在城也？今天下未平，方須人力，土功之事，朕所未爲。蕭何之對，非雅言也。』

又《長孫儉傳》 建德元年，詔曰：『故柱國、鄫國公儉，臨終審正，爰吐德音，以所居之宅本因上賜，制度宏麗，非諸子所居，請以還官，更遷他所。昔叔敖辭沃壤之地，蕭何就窮僻之鄉，以古方今，無慙曩哲。而有司未達大體，遽以其第外給。夫追善念功，先王令典，豈得遂其謙挹，致乖懲勸。今以本宅還其妻子，俾清風遠播，無替聿修。』

又《斛平傳》 論曰：齊神武以晉陽戎馬之地，霸圖攸屬，練兵訓旅，遙制朝權，鄴都機務，情寄深遠。孫騰、高隆之、司馬子如等俱不能清貞守道，以康亂爲懷，而厚斂貨財，填彼溪壑。昔蕭何之鎮關中，荀彧之居許下，不亦異於是乎！

又《蘇威傳》 歲餘，帝手詔曰：『玉以潔潤，丹紫莫能渝其質。松表歲寒，霜雪莫能凋其采。可謂温仁勁直，性之然乎。房公威，先後舊臣，朝之宿齒，棟梁社稷，弼諧朕躬，守文奉法，卑身率禮。昔漢之三傑，輔惠帝者蕭何。周之十亂，佐成王者邵奭。國之寶器，其在得賢。參燮台階，具瞻斯允。雖事藉論道，終期獻替，銓衡時務，朝寄爲重。可開府儀同三司，餘並如故。』

《舊唐書・禮儀志四》 漢高祖，蕭何配，祭於長陵。

祭漢高祖於長陵，以蕭何配。

又《禮儀志五》 魏氏不以曹參爲太祖，晉氏不以殷王卬爲太祖，宋氏不以楚元王爲太祖，齊、梁不以蕭何爲太祖，陳、隋不以胡公、楊震爲太祖，則皇家安可以涼武昭王爲太祖乎？

又《李密傳》 經數月，欝欝不得志，爲五言詩曰：『金風蕩初節，玉露凋晚林。此夕窮塗士，欝陶傷寸心。野平葭葦合，村荒藜藿深。眺聽良多感，徙倚獨霑襟。霑襟何所爲，悵然懷古意。秦俗猶未平，漢道將何冀？樊噲市井徒，蕭何刀筆吏。一朝時運會，千古傳名謚。寄言世上雄，虚生眞可愧。』詩成而泣下數行。

耿弇之赴光武，蕭何之奉高帝，豈止金章紫綬，華蓋朱輪，富貴以重當年，忠貞以傳奕葉，豈不盛哉。

伯當曰：『昔漢高誅項，蕭何率子弟以從，伯當恨不昆季盡從，以此爲愧耳。豈以公今日失利，遂輕去就。縱身分原野，亦所甘心。』

又《裴寂傳》 又嘗從容謂寂曰：『我李氏昔在隴西，富有龜玉，降及祖禰，姻婭帝室。及舉義兵，四海雲集，纔涉數日，昇爲天子。至如前代皇王，多起微賤，劬勞行陣，下不聊生。公復世胄名家，歷職清顯，豈若蕭何、曹參起自刀筆吏也。唯我與公，千載之後，無媿前修矣。』

又《宗師傳·淮安王神通》 貞觀元年，拜開府儀同三司，賜實封五百户。時太宗謂諸功臣曰：『朕敍公等勳效，量定封邑，恐不能盡當，各自言。』神通曰：『義旗初起，臣率兵先至，今房玄齡、杜如晦等刀筆之人，功居第一，臣且不服。』上曰：『義旗初起，人皆有心。叔父雖率兵先至，未嘗身履行陣。山東未定，受委專征，建德南侵，全軍陷没。及劉黑闥翻動，叔父望風而破。今計勳行賞，玄齡等有籌謀帷幄定社稷功，所以漢之蕭何，雖無汗馬，指縱推轂，故功居第一。叔父于國至親，誠無所愛，必不可緣私，濫與勳臣同賞耳。』

又《房玄齡傳》 貞觀元年，代蕭瑀爲中書令。論功行賞，以玄齡及長孫無忌、杜如晦、尉遲敬德、侯君集五人爲第一，進爵邢國公，賜實封千三百户。太宗因謂諸功臣曰：『朕敍公等勳效，量定封邑，恐不能盡當，各許自言。』皇從父淮安王神通進曰：『義旗初起，臣率兵先至。今房玄齡、杜如晦等刀筆之吏，功居第一，臣竊不服。』上曰：『義旗初起，人皆有心。叔父雖率得兵來，未嘗身履行陣。山東未定，受委專征，建德南侵，全軍陷没。及劉黑闥翻動，叔父望風而破。今計勳行賞，玄齡等有籌謀帷幄、定社稷之功，所以漢之蕭何，雖無汗馬，指蹤推轂，故得功居第一。叔父於國至親，誠無所愛，必不可緣私，濫與功臣同賞耳。』

又《崔融傳》 蕭何云：『人情一定，不可復動。』

又《薛登傳》 薛登本名謙光，常州義興人也。【略】天授中，爲左補闕，時選舉頗濫，謙光上疏曰：『【略】至如武藝，則趙雲雖勇，資諸葛之指撝；周勃雖雄，乏陳平之計略。若使樊噲居蕭何之任，必失指縱之機。使蕭何入戲下之軍，亦無免主之效。』

又《姚令言傳》 令言與源休論功，令言自比蕭何，源休曰：『帷幄之謀，成秦之業，無出予之右者。吾比蕭何無讓，子當曹參可矣。』

《新唐書·李密傳》 伯當曰：『昔蕭何舉宗從漢，今不昆季盡行，以爲媿。豈公一失利，輕去就哉？雖隕首穴胸，所甘已。』

又《裴寂傳》 贊曰：應龍之翔，雲雾滃然而從，震風薄怒，萬空不約而號，物有自然相動耳。觀二子非有踔越之姿，當高祖受命，赫然利見於世，故能或翼或從，尸天之功云。文靜數履軍陷陣，以才自進，而寂專用串昵顯。外者易乘，邇者難疏，故文靜先被躁望誅，寂後坐妖言斥，誠異夫蕭何、曹參矣！

又《房玄齡傳》 隱太子與王有隙，王召玄齡與計，對曰：『國難世有，惟聖人克之。大王功蓋天下，非特人謀，神且相之。』乃引杜如晦協判大計。累進陝東道大行臺考功郎中、文學館學士。故太子忌二人者，奇譖於帝，皆斥逐還第。太子將有變，王召二人以方士服入，夜計事。事平，王爲皇太子，擢右庶子。太子卽位，爲中書令。第功班賞，與如晦、長孫無忌、尉遲敬德、侯君集功第一，進爵邗國公，食邑千三百户，餘皆次敍封拜。帝顧羣臣曰：『朕論公等功，定封邑，恐不能盡，當無有諱，各爲朕言之。』淮安王神通曰：『義師起，臣兵最先至，今玄齡等以刀筆吏居第一，臣所未喻。』帝曰：『叔父兵誠先至，然未嘗躬行陣勞，故建德之南，軍敗不振，討黑闥反動，望風輒奔。今玄齡等有決勝帷幄、定社稷功，此蕭何所以先諸將也。叔父以親，宜無愛者，顧不可緣私與功臣競先後爾。』初，將軍丘師利等皆怙跋攘袂，或指畫自陳説，見神通愧屈，乃曰：『陛下至不私其親，吾屬可妄訴邪。』

又《呂言亜傳》 永泰中，嚴郢以故吏請謚有司，博士獨孤及謚曰『肅』，郢以故事宰相謚皆二名，請益曰『忠肅』。及執奏，謂：『謚在義美惡，不在多名。文王伐崇，周公殺三監、淮夷，重耳一戰而霸，而謚曰文。冀缺之恪，甯俞之忠，隨會不忘其君，而謚曰武。故知稱其大、略其細也。且二名謚，非古也。漢興，蕭何、張良、霍去病、霍光以文武大略，佐漢致太平，一名不盡其善，乃有文終、文成、景桓、宣成之謚。唐興，參用漢制，魏徵以王道佐時近「文」，愛君忘身近「貞」，二者並優，廢一莫可，故曰文貞。蕭瑀端直近「貞」，性多猜近「褊」，言「褊」則失「貞」，稱「貞」則遺「褊」，故曰「貞褊」，蓋有爲爲之也。若迹無異稱，則易以一字。故杜如晦曰成，封德彝曰明，王珪曰懿，陳叔達曰

忠，温彦博曰恭，岑文本曰獻，韋巨源曰昭，皆當時赫赫居宰相位者，謚不過一名。而言故事宰相必以二名，固所未聞，宜如前謚。』遂不改。

又《儒學傳中・張齊賢》　中宗即位，因武后東都廟改爲唐廟，議滿七室，以涼武昭王爲始祖。齊賢上議：『《禮》，天子七廟，尊始封君曰太祖，百代不遷，始祖無聞焉。殷自玄王至湯，周后稷至武王，皆出太祖後，合食有序。景皇帝始封唐，實爲太祖，以世數近，故尚在昭穆。今乃上引武昭王爲始祖，異乎殷、周之本卨、稷也。卨、稷興胙，景皇帝是也，昭王國不世傳，後嗣失守。景帝實始封唐，子孫是承。若近捨唐，遠引涼，不見其可。且魏不祖曹參，晉不祖司馬卬，宋不祖楚元王，齊、梁不祖蕭何，陳、隋不祖胡公、楊震，今謂昭王爲祖，可乎？漢以周郊后稷，議欲郊堯，杜林以爲周興自后稷，漢業特起，功不緣堯，卒不果郊。武德初定，去昭王尤近，不託祖者，不可故也。今而立之，非祖宗意。景皇失位，神弗臨享，殆非詒厥孫謀者。』

又《逆臣傳中・朱泚》　初，源休爲京兆尹，使回紇，將還，盧杞畏其辯，能結主恩，次太原，奏爲光禄卿。休怨望，故導泚僭號，爲調兵食，署拜百官，事一咨之。時訂其逆甚於泚，脅辱大臣，多殺宗室子孫幾於盡，每王師不利，喜見眉宇。與姚令言勸泚圍奉天，晝夜爲賊謀，二人爭自比蕭何，休顧令言曰：『成秦之業，無輩我者。我視蕭何，子當曹參可矣。』即收圖籍，貯府庫，效何者，人皆笑謂爲『火迫酇侯』。本相州人。

《舊五代史・禮志上》　王者祖有功而宗有德，漢、魏之制，非有功德不得立爲祖宗，商、周受命，以稷、契有大功于唐、虞之際，故追尊爲太祖。自秦、漢之後，其禮不然，雖祖有功，仍須親廟。今亦粗言往例，以取證明。秦稱造父之後，不以造父爲始祖。漢稱唐堯爲累之後，不以堯、累爲始祖。魏稱曹參之後，不以參爲始祖。晉稱趙將司馬之之後不以卬爲始祖宋稱漢楚元王之後不以元王爲始祖齊梁皆稱蕭何之後，不以蕭何爲始祖。陳稱大丘長陳實之後，不以實爲始祖。元魏稱李陵之後，不以陵爲始祖。後周稱神農之後，不以神農爲始祖。隋稱楊震之後，不以楊震爲始祖。唐稱皋陶、老子之後，不以皋陶、老子爲始祖。唯唐高宗則天武后臨朝，革唐稱周，又立七廟，仍追册周文王姬昌爲始祖，此蓋當時附麗之徒，不諳故實，武立姬廟，乖越已甚，曲臺之人，到今嗤誚。臣遠觀秦、漢，下至周、隋，禮樂衣冠，聲明文物，未有如唐室之盛。武德議廟之初，英才間出，如温、魏、顔、虞通今古，封、蕭、薛、杜達禮儀，制度憲章，必有師法。

《新五代史・雜傳・羅紹威》　太祖即位，將都洛陽，紹威取魏良材爲五鳳樓、朝元前殿，浮河而上，立之京師。太祖嘆曰：『吾聞蕭何守關中，爲漢起未央宫，豈若紹威越千里而爲此，若神化然，功過蕭何遠矣。』賜以寶帶名馬。

《宋史・河渠志》　興元府山河堰灌溉甚廣，世傳爲漢蕭何所作。

又《趙普傳》　二年詔曰：『故太師贈尚書令、追封韓王趙普，識冠人彝，才高王佐，翊戴興運，光啓鴻圖，雖呂望肆伐之勳，蕭何指蹤之效，殆無以過也。自輔弼兩朝，周旋三紀，茂巖廊之碩望，分屏翰之劇權，正直不回，始終無玷，謀猷可復，風烈如生。宜預享於大烝，永同休於宗祏，茲爲茂典，以答舊勳，其以普配饗太祖廟庭。』

又《司馬光傳》　安石得政，行新法，光逆疏其利害。邇英進讀，至曹參代蕭何事，帝曰：『漢常守蕭何之法不變，可乎？』對曰：『寧獨漢也，使三代之君常守禹、湯、文、武之法，雖至今存可也。漢武取高帝約束紛更，盜賊半天下，元帝改孝宣之政，漢業遂衰。由此言之，祖宗之法不可變也。』

又《儒林傳三・楊萬里》　淳熙十二年五月，以地震應詔上書曰：『【略】委大臣以薦進謀臣良將如蕭何所奇，勿以文武兩途而殊其轍，勿使賂宦者而得旄節如唐大曆之弊，勿使貨近幸而得招討如梁段凝之敗。』

《明史・李善長傳》　洪武三年大封功臣。帝謂：『善長雖無汗馬勞，然事朕久，給軍食，功甚大，宜進封大國。』乃授開國輔運推誠守正文臣、特進光禄大夫、左柱國、太師、中書左丞相，封韓國公，歲禄四千石，子孫世襲。予鐵券，免二死，子免一死。時封公者，徐達、常遇春子茂、李文忠、馮勝、鄧愈及善長六人。而善長位第一，制詞比之蕭何，褒稱甚至。

又《李仕魯傳》　汶輝疏言：『古帝王以來，未聞縉紳緇流，雜

居同事，可以相濟者也。今勳舊耆德咸思辭禄去位，而緇流憸夫乃益以讒間。如劉基、徐達之見猜，李善長、周德興之被謗，視蕭何、韓信，其危疑相去幾何哉？伏望陛下於股肱心膂，悉取德行文章之彦，則太平可立致矣。」

宋·呂祖謙《大事記解題》卷九　秋七月辛未，相國蕭何薨。解題曰：按《東觀漢記》，蕭何墓在長陵東司馬門道北百步，蓋陪葬也。《功臣表》云：『以客初從入漢，爲丞相，備守蜀及關中，給軍食，佐上定諸侯，爲法令，立宗廟，侯八千户。』此當時有司論功之語也。太史公曰：『蕭相國何，於秦時爲刀筆吏，録録未有奇節。及漢興，依日月之末光，何謹守管籥，因民之疾秦法，順流與之更始，淮陰、黥布等皆以誅滅，而何之功勳爛焉。位冠羣臣，聲施後世，與閎夭、散宜生等爭烈矣。』

又　卷八　封酇文終侯蕭何夫人同爲酇侯。解題曰：按《年表》，蕭何薨，子哀侯禄嗣。孝惠六年，禄薨無後。高后二年，封何夫人同爲酇侯。孝文元年，罷，更以何少子筑陽侯延爲酇侯。婦人自古無封侯者。至是，呂后以女主稱制，故亦使臣下效之焉。反逆内外之位，其亂甚矣。

漢·王符《潛夫論》卷九《志氏姓第三五》　漢興，相國蕭何封酇侯，本沛人，今長陵蕭其後也。

漢·佚名《三輔黄圖》卷六《閣》　石渠閣，蕭何造，其下礱石爲渠以導水，若今御溝，因爲閣名。所藏入關所得秦之圖籍；至於成帝又於此藏秘書焉。

天禄閣，藏典籍之所。《漢宫殿疏》云：『天禄、麒麟閣，蕭何造，以藏秘書、處賢才也。』

麒麟閣，《廟記》云：『麒麟閣，蕭何造。』《漢書》：宣帝思股肱之美，乃圖霍光等十一人於麒麟閣。

又　《庫》　武庫，在未央宫，蕭何造，以藏兵器。

又　《倉》　太倉，蕭何造，在長安城外東南。文景節儉，太倉之粟紅腐而不可食。

宋·陳虞荔《鼎録》　蕭何爲丞相，鑄一鼎大如三石甕，自表已功，其文曰紀功鼎，亦是何自作署書體，四足。

宋·李昉等《太平御覽》卷六九二《服章部九·笏》　《相手板經》曰：相手板法出蕭何，或曰四皓，初出殆不行世。東方朔見而善之，曰：此非庸人所至。魏司空、陳長史見此書，歎伏，以示許士宗、韋仲將、管輅，見而推歎。郭景純以夜兼晝，方得其妙理。相手板以閑太之時，取五行，尋四時，定八節，明二十四氣，百不失一。板長一尺五寸，廣一寸五分。上狹而薄，下廣而厚，八角十二芒，並欲端正平，板形皆完淨。板兇少吉多者可用，吉少兇多者不可用服也。舊用白直檀、刺榆、桑、拓四材也。番當令理通直，從上至下，直如弦，不得出邊，絶理板頭。是君座板頭，與君共事必不得中。分板作四分，上一分爲二親，左爲父，右爲母，第二分都爲婦，第三分左爲男，右爲女，第四分左爲奴，右爲婢，婢之不卒方，留爲田宅、財物、牛馬、豬羊、雞犬之屬，以五行十二時分。若其處崩毁傷蹈，破裂弔節，蠍穿兆隨，所屬物必損失死亡。板兩邊，左爲城，右爲社，寬博，文彩班班，光澤清淨，必得封邑。

宋·樂史《太平寰宇記》卷一四五《山南東道四》　粉水在縣北六十里，出房州房陵縣，東流入縣。《南雍州記》云：『蕭何夫人漬粉，鮮潔異於諸水，因立名。』

晉·常璩《華陽國志》卷三《蜀志》　漢祖自漢中出三秦伐楚，蕭何發蜀、漢米萬船而給助軍糧，收其精鋭，以補傷疾。

宋·李昉等《太平廣記》卷二〇六《書一·蕭何》　前漢蕭何善篆籀。爲前殿成，覃思三月，以題其額，觀者如流。何使禿筆書出。

唐·劉肅《唐新語》卷九《著述》　蕭何封酇侯，先儒顔師古以酇爲南陽筑陽之城。筑陽今屬襄州。竊以凡封功臣多就本土，蓋欲榮之也，張良封留侯是爲成例。案班固何須穿鑿更制别音乎。音嵯。

唐·李匡乂《資暇集》卷上　酇侯。漢相蕭何封爲酇侯，舉代呼爲『鹺』，有呼『贊』者，則反掩口而咥，深可訝也。鄒氏分明云：屬沛郡者音『嵯』，屬南陽者音『贊』。又《茂陵書》云：蕭何國在南陽。合二家之説，音『贊』不音『鹺』，明矣。司馬貞誠知音『贊』，不能痛爲指揮將來，而但云字當音『贊』，今多呼爲『嵯』，遂使後學見今呼爲『嵯』字，咸曰且宜從衆。是誤也，可歸罪於司馬氏，學家自文穎孫檢斐龍駒及小顔之徒皆作『贊』音，即不得云今多呼爲嵯矣。所以更舉之者，貴好學，知司馬公之失矣。

宋・宋祁《景文集》卷二七《乞禁便俗字》 漢承相蕭何自題蒼龍、白虎二闕，後世署書乃由何始。當時立法，寧苟簡耶。

宋・葉大慶《考古質疑》卷五 呂居仁詩：『指蹤元自漢公卿。』説者謂『指蹤』字爲誤，事見《漢書・蕭何傳》。大慶考之《何傳》：『上曰：諸君知獵乎。夫獵，追殺禽者，狗也，而發縱指示獸處者人也。』顔師古注云：『發縱，謂解紲而放之也。指示者，以手指示之，今俗言放狗。縱讀者乃爲蹤迹之蹤，非也。書本皆不爲蹤字，自有迹蹤之狗，不待人發也。』據師古之説，則用蹤字誠誤矣。司馬公《通鑑》亦作縱字，《後漢・荀彧傳》『貴指縱之功，薄捕獲之賞』，皆作縱字，而李賢注云：『縱或作蹤，兩通。』大慶又觀《文選》任昉《彈曹景宗》曰：『指蹤非擬，獲獸何功。』既作指蹤字矣。唐李德裕《讓官表》乃云：『臣竟微獲獸之效，内展指蹤，又無汗馬之勞，外施武力。』又皆作蹤字。近觀《孔氏雜説》：『指蹤音作縱，非也。《周禮・地官》有「迹人」注：「迹人，言迹知禽獸。」是亦蹤迹之義爾。』據李賢之注，任昉、德裕之文，與夫孔氏之説，則居仁之詩似可如是用，更俟知者質之。

宋・王觀國《學林》卷六《鄼酇》 《史記・蕭相國世家》曰：『高祖以蕭何功最盛，封爲鄼侯。』文潁注曰：『鄼音贊。』臣瓚注曰：『今南陽鄼縣也。』孫檢注曰：『有二縣，音、字多亂，其屬沛縣者音嵯，屬南陽者音讚。』《茂陵書》：『蕭何國在南陽，宜呼讚，今呼嵯。嵯舊字作酇，今皆作鄼，所由亂也。』《前漢・地理志》南陽郡有鄼縣。顔師古注曰：『即蕭何所封。』又沛郡有鄼縣。顔師古注曰：『此縣本爲「酇」，中古以來借鄼字爲之耳。』觀國案：沛郡酇縣，中古以來雖借鄼字，其實鄼亦音嵯，《玉篇》、《廣韻》皆曰酇。沛郡酇縣亦作鄼，所謂亦作鄼者，亦讀作酇也。是則屬沛郡者音嵯，屬南陽者音贊。蕭何所封乃南陽之鄼也。二縣各有區别，苟不考究，則相亂矣。《後漢・郡國志》曰：『沛國有鄼縣。』劉昭注曰：『曹騰封費亭，是也。』觀國案：費亭乃春秋所謂費滑，蓋滑國都於費，在河南緱氏縣，亦嘗屬南陽之鄼縣，非沛國之鄼也。以鄼字相亂，故劉昭誤注耳。

又 卷三《無害》 《史記》『蕭何沛豐人也，以文無害爲沛主吏掾』注引《漢書音義》曰：『文無害，有文無所枉害也。律有無害都吏，如今言公平吏。一曰，無害者如言「無比」，陳留間語也。』《前漢・蕭何傳》服虔注曰：『爲人解通，無嫉害也。』應劭注曰：『雖爲文吏，而不刻害也。』蘇林注曰：『無害，若言無比也。一曰，害，勝也，無能勝害之者。』晉灼注曰：『《酷吏傳》：趙禹爲丞相亞夫吏，亞夫曰：「極知禹無害，然文深，不可居大府。」蘇説是也。』顔師古注曰：『害，傷也，無人能傷害之者。』觀國考諸家説，或曰無所枉害，或曰無比，或曰無嫉害，或曰不刻害，或曰無能勝害之者，或曰無人能傷害之者，然皆未當也。文無害者，謂不侮文，則不害法也。不侮文，不害法，則公私平允而稱爲能吏矣。《史記・酷吏傳》：減宣以佐史無害，給事河東守府。衛將軍青使買馬河東，見宣無害，言上，召爲大廐丞。又張湯給事内史，爲寧成掾，以湯爲無害，言大府，調爲茂陵尉。又杜周爲廷尉史，張湯數言其無害。凡此，皆以不侮文、不害法而見稱於時也。凡不侮文、不害法者，持文必深，若非有道以輔之，則皆爲酷吏矣。蕭何能輔之以道，則不沈於刀筆之間也。

宋・王楙《野客叢書》卷一《文無害》 蕭何以文無害爲沛主吏掾，趙禹爲丞相亞夫吏，府中皆稱其廉平。然亞夫不任。曰：『極，知禹無害。然文深不可居大府。』張湯給事内史，爲寧氏掾，以湯爲無害，言大府。顔師古注：『無害，言最勝。』又曰：『傷害也，言無人能傷害之者。』僕觀《後漢・百官志》：『秋冬遣無害都吏案訊諸囚。』注：『案律有無害都吏，如今言公平吏。《漢書音義》曰：「文無所枉害。」蕭何以文無害爲沛主吏掾』，正如此也。乃知無害吏亦漢律中語。齊永明間策文亦曰：『賢牧分陜，文而無害。』此意正與蕭何『文無害』同。良注：『守文法不害於人，』則與師古之言異。

又 卷七《蕭張封地》 鄼有二地名，屬南陽者音『贊』，屬沛郡者音『嵯』。按《茂陵書》曰：『蕭何國在南陽。』則是蕭何封贊明矣。而沛有泗水亭班固銘曰『文昌四友。漢有蕭何，序功第一，就封於鄼』，誤以爲沛地之嵯矣。楊巨源詩曰：『請問漢家功第一，麒麟閣上識鄼侯。』姚合詩曰：『鄼侯宅過謙。』賈島詩曰：『往歲鄼侯鎮。』諸家皆承此謬。劉晏歲輸至。天子曰：卿，『朕鄼侯也。』《唐書》釋文：鄼，南陽縣名，則旰切。此正得之。

宋·呂祖謙《東萊外集》卷六《策問》 蕭何治未央，但欲高帝安於此，不欲之他爾。要之，創業之君自當以儉爲先，何慮不及此也。

宋·汪應辰《文定集》卷一〇《題跋·跋劉貢父詩話》 《詩話》指「功曹非復漢蕭何」爲杜詩之誤。按《漢高祖紀》「蕭何爲主吏」孟康注曰：「主吏，功曹也。」孫策謂虞翻曰：「卿以功曹爲吾蕭何。」則杜非誤矣。

宋·司馬光《傳家集》卷七三《蕭何營未央宮》 蕭何作未央宮，高祖見宮闕壯甚，怒。何曰：「天下方未定，故可因遂就宮室。且天子以四海爲家，非壯麗無以重威，且無令後世有以加也。」高祖乃悦。

剡曰：「是必非蕭何之言。審或有之，何惡得爲賢相哉。天下方未定，爲之上者，拊循煦嫗之不暇，又安可重爲煩費，以壯宮室哉。古之王者，明其德刑而天下服，未聞宮室可以重威也。創業垂統之君致其恭儉，以訓子孫，子孫猶淫靡而不可禁，況示之以驕侈乎。孝武卒以宮室靡弊天下，惡在其無以加也。是皆庸人之所及，而謂蕭相國肯爲此言乎。

宋·王楙《野客叢書》卷七《蕭張封地》 鄼有二地名，屬南陽者音贊，屬沛郡者音嵯。按《茂陵書》曰「蕭何國在南陽」，則是蕭何封贊明矣。而沛有泗水亭班固銘曰「文昌四友，漢有蕭何，序功第一，就封於鄼」，誤以爲沛地之嵯矣。楊巨源詩曰：「請問漢家功第一，麒麟閣上識鄼侯。」姚合詩曰：「鄼侯宅過謙。」賈島詩曰：「往歲鄼侯鎮。」諸家皆承此謬。劉晏歲輸至，天子曰：「卿，朕鄼侯也。」《唐書釋文》：「鄼，南陽縣名，則旰切。」此正得之。

宋·朱熹《二程遺書》卷二五《入關語録》 蕭何大營宮室，其心便不好，只是要得斂怨自安。謝安之營宮室，卻是隨時之宜，以東晉之微，寓於江表，其氣奄奄欲盡，且以慰安人心。

又 卷一九 韓信初亡，蕭何追之，高祖如失左右手，卻兩日不追。及蕭何反，問之曰：「何亡也？」曰：「臣非亡，乃追亡者也。」當時高祖豈不知此二人，乃肯放與項羽，兩日不追邪。乃是蕭何與高帝二人商量做來，欲致韓信之死爾。當時史官已被高祖瞞過，後人又被史官瞞。

金·王若虚《滹南集》卷一九《史記辨惑·雜辨》 《蕭何傳》云：「益封何二千户，以帝嘗繇咸陽時，何送我獨贏奉錢二也。」「我」字悖。

元·盛如梓《庶齋老學叢談》卷上 《蕭何傳》不言律令。

明·謝肅《密庵集》卷一《蕭何冢》 靡靡衢路遙，行轅駐陽武。崇丘積蔓草，云葬蕭何所。念此人中傑，張韓乃其伍。榮名不足矜，所貴忠事主。入關當王之，背約自西楚。勸王都漢中，視死誠孰愈。養民以致賢，立國誰敢侮。三秦良易定，三河不難取。薦信登將壇，滅羽向垓下。帝業一以成，元勳著千古。蕭蕭白楊風，日暮振天宇。悲吟畫一歌，欲去重延佇。

明·胡廣《胡文穆雜著·蕭何聽計》 漢三年，漢王與項羽相距京、索間，上數使使勞苦丞相。何鮑生謂何曰：今王暴衣露蓋，數勞苦君者，有疑君心。爲計，莫若遣君子孫昆弟能勝兵者悉詣軍所，上必益信君。於是何從其計，漢王大説。五年陳豨反，上自將至邯鄲而韓信謀反關中，呂后用何計誅信，上聞，使使拜丞相爲相國，益封五千户，令卒五百人一都尉，爲相國衛。諸君皆賀，召平獨弔，謂何曰：禍自此始矣。上暴露於外而君守於内，非被矢石之難而益君封置衛者，以淮陰新反於中，有疑君心。夫置衛衛君，非以寵君也。願君讓封勿受，悉以家私財佐軍。何從其計，上説。其秋，黥布反，上自將擊之，數使使問相國何爲，曰：爲上在軍，拊循勉百姓，悉所有佐軍如陳豨時。客又説何曰：君滅族不久矣。夫君位爲相國，功第一，不可復加。然君初入關中，得百姓心十餘年矣，皆附君，尚復孳孳得民和。上所謂數問君，畏君傾動關中。今君胡不多買田地，賤貰貸以自汙？上心必安。於是何從其計，上乃大説。

按：何處危疑之地，岌岌乎殆哉，賴鮑生、召平之言，易危爲安，易疑爲信，不然則何之禍可立而待矣。使韓淮陰有此二客，則不至於夷滅。惜乎獻計以斬鍾離眛與夫蒯生三分天下之計，皆不及此。然則二客者亦豪士哉。

明·楊慎《升庵集》卷五〇《昝姓》 《晉書》有昝堅，今襄陽多此姓。按《説文》無此字也。蕭何封於鄼，其地在襄陽之光化縣，其後因以爲姓，而鄼訛爲昝。

又 卷六二《署書》 署書始於蕭何，其後梁鵠、師宜官。魏時，北宫咸是鵠書，南宫既建，韋誕以古篆書之。元魏遷洛，始令中書舍人沈

含馨以隸書書之。景明正始之年，又敕符節令江式以大篆易之。

明・方以智《通雅》卷三三《書法》 署書者，户册也。宋景文公云：『蕭何自題蒼龍、白虎二闕，後世署書由何始。』書史言蕭何與張良、陳隱等論，筆者意也。時謂之蕭籀，其題觀謂之署書，又有名鶴頭書、偃波書、蚊腳書者，皆詔版所用。説文曰：『扁，署也，從户從册。户册者，署門户之文也。』

又 卷一三《地輿方域》 蕭何南陽之酇，在楚之光化，非沛之酇也。

當時在南陽者，今在襄陽之光化縣，此蕭何封邑也。沛縣之酇，本作鄌，音嵯，今亦不在沛縣。在歸德府考城縣之鄉間，尚有酇城橋。古今分畫境界，學者一時未考，宜其隨聲聽訛耳。余嘗論之曰：《漢地理志》載南陽酇縣侯國，不言沛之鄌爲侯國，非明驗乎。沛之鄌爲酇，誤于班固之碑、王莽之改、《水經注》之引也。班固泗水亭碑曰：文昌四友。漢有蕭何，序功第一，就封於酇。合溪曰：孟堅必知封地，則南陽之酇有嵯音。智直謂：古時韻粗，班固亂葉耳。江統《徂淮賦》言：何封於沛矣。《水經注・渙水》：逕酇縣故城南。襄十年，公會諸侯及齊世子光於鄌。王莽之酇治矣。朱謀㙔曰：『鄌』字誤。《三傳》皆作『會於柤』。古文『柤』通『鄌』。應劭曰作『嵯』。《漢地志》沛郡酇縣注本作『鄌』，王莽曰酇治，故遂以鄌爲酇。古人讀書已浮，何怪今人邪？又曰：沔水過酇縣，謂之酇頭，高帝五年封蕭何。薛瓚曰：今南鄉酇頭。《茂陵書》曰在南陽。王莽更名南庚。沔水又過筑陽東。師古曰：南陽，蕭何封邑，音贊，本春秋陰國，唐爲懷州陰城縣，有何廟。何薨，高后封何夫人、同爲酇侯，小子延爲筑陽侯，文帝罷同封封延，元時爲光化軍，今則爲縣，屬襄陽府。酇字本義，則百家爲酇，音贊，寒韻存此。則聲轉而《廣韻》收之，歌韻有酇。註曰封邑，則誤矣。升菴、弱侯定以沛鄌爲蕭何封邑，而云師古無據者，大謬也。《一統志》載永城縣有酇侯城，爲何食邑，以訛傳訛，亦猶承天府之陽春亭，以宋玉生，此郢州耳。總之，《漢志》分侯國，延爲筑陽侯，二證最確。而班固之韻，乃古通轉之口齒，猶攢之從贊，難之讀娜也。恕先云江淮以韓爲何、京山云閒介之轉爲個，此可推矣。

清・胡鳴玉《訂譌雜録》卷五《酇侯》 《資暇録》云：漢相蕭何，封爲酇侯，舉代呼爲鹺侯。有呼贊者，則反掩口而咥，深可訝也。鄒氏分明云屬沛郡者音嵯，屬南陽者音贊。又《茂陵書》曰：蕭何國在南陽。合二家之説，音贊不音鹺明矣。又《野客叢書》云：酇有二地名：屬南陽者，音贊；屬沛郡者，音嵯。按《茂陵書》曰：蕭何國在南陽。是則蕭何封贊明矣。而沛有泗水亭班固銘曰：文昌四友，漢有蕭何，序功第一，就封於酇，誤以爲沛地之嵯矣。楊巨源詩曰：請問漢家功第一，麒麟閣上識酇侯。姚合詩曰：酇侯宅過謙。賈島詩曰：往歲酇侯鎮。諸家皆承此謬。劉晏歲輸至，天子曰：卿，朕酇侯也。《唐書》釋文：酇，南陽縣名，則旰切。此正得之。玉又考《老學菴筆記》引班固《十八侯銘》及楊巨源《上門下相公》詩爲證，謂酇侯讀嵯，未可盡非。

予案：蕭何始封國，音贊。光武時子孫續封，音鹺。唐人詩『漢家恩澤問酇侯』指何子孫，非謂何也。則蕭何之爲贊侯無疑。

清・張玉書等《聖祖仁皇帝御製文集第二集》卷三八《雜著・閲史緒論・漢高祖封蕭何爲酇侯因設譬以曉諸功臣》 人主立言自有大體。漢高祖論蕭何與諸臣之功，乃譬之以獵，謂發縱指示者人也，追殺走兔者狗也，比擬之詞，未免過甚。

清・王士禎《居易録》卷二五 蕭相國封酇。酇二音：一音贊者，在南陽；一音嵯者，在沛。班孟堅《泗水亭銘》云：文昌四友。漢有蕭何，序功第一，就封於酇。孟堅漢人，本朝故事，必不誤。且相國沛人，自合封沛，舍沛之酇而遠食南陽之酇，安所取乎？而王楙《野客叢書》據《唐書・劉晏傳》釋文以駁孟堅之非，且歷引楊巨源、姚合、賈島諸人詩作嵯字用者，以爲皆誤，謬矣。按劉肅《大唐新語》云：蕭何封酇侯，先儒及師古以爲南陽筑陽之城。筑陽今屬襄州。竊以封功臣，當就本土，張良封留，是爲成例，何須穿鑿更制別音。此言得之矣。《七修類稿》云：沛國者，何始封邑。南陽者，何子孫所封。

清・王士禎《池北偶談》卷一九《鄌酇》 《菽園雜記》：酇有二音，一則旰切，一才何切。才何者縣，屬沛國，蕭何初封邑。則旰者縣，屬南陽，蕭何子孫所封也。《讀書考定》蕭何封鄌侯，今《世家》作酇侯，字相似之誤也。鄌，才何切。孟堅泗水亭碑：文昌四友。漢有蕭何，

敍功第一，受封於鄼。《古今字韻全書》鄼、酇二字，並見十五歌，注云：鄼，縣名，在譙郡，或作酇。酇本音鹺。《前漢書・功臣表》：酇，直音贊。《史記・功臣侯年表》並同。索隱曰：酇縣在沛。方以智《通雅》云：『當時在南陽，今在襄陽之光化者，蕭何封邑也。沛縣之酇，本作鄼，音嵯，今在考城縣。《漢・地理志》載南陽酇縣侯國，不言沛之鄼侯國，非其明驗乎。升菴弱侯定以沛鄼爲何封邑，而云師古無據者，謬也。按鄼、酇兩音，自是兩字，菽園混而一之。《讀書考定》主沛之鄼，與楊、焦旨同，以何起沛，封必近之，而以班碑爲據。《通雅》則以師古注爲據，南陽，蕭何封邑，音酇，本春秋陰國，唐爲懷州陰城縣，有何廟。高后封何夫人、同爲酇侯，小子延爲筑陽侯。酇與筑陽同南陽郡也。二説正相刺謬。至沛郡之酇，應劭音嵯，師古曰：此縣本爲鄼，應音是也。中古以來，借酇字爲之耳，讀皆爲鄼，而莽呼爲贊治，則此縣亦有酇音。然《功臣表》：元符三年，共侯慶以何曾孫紹封酇，不言別是一酇。菽園之説，未知何據。又按劉肅《唐世説》云：凡封功臣，多就本土。張良封留，是爲成例。按班固泗州亭碑云云，《漢書》班氏所修，《泗州碑》孟堅所作，何須穿鑿，更制別音鄼此駁師古注，與楊、焦二説同。

清・陸曾禹《欽定康濟録》卷四五《尚節儉以裕衣食》 齊相晏嬰。字平仲，今山東萊州府人。嬰以茆儉重齊，一裘三十年，豚肩不掩豆，齊國之士待以舉火者七十餘家。

謹案：晏嬰齊相也，蕭何漢相也，一衣食之儉也如此，要亦無恆産之足治矣。後世美嬰而不美何者，嬰能儉以及人，而何但知爲子孫計耳。

清・吴景旭《歷代詩話》卷三七《已集中之上・功曹》 劉貢父《詩話》曰：杜詩：『功曹無復漢蕭河。』按《光武紀》，帝謂鄧禹曰：『何以不掾功曹?』又，曹參嘗爲功曹，云酇侯，非也。《焦氏筆乘》曰：虞翻爲孫策功曹。策曰：『孤有征討事，未得還府，卿復以功曹爲吾蕭何，守會稽耳。』廣德元年，子美在梓州補京兆府功曹，故以自況。

吳旦生曰：考之鄧禹是空説，未實爲功曹。曹參亦未爲功曹。公乃用《史記》中事，非誤也。《蕭相國世家》云：『以文無害爲沛主吏椽。』《曹相國世家》云：『蕭何爲主吏，居縣爲豪吏矣。』《高祖本紀》云：『呂公善沛令，辟仇從之客，因家沛焉。沛中豪傑吏聞令有重客，皆往賀。蕭何爲主吏，主進。』注云：『主吏，功曹也。』元遺山《送馬郎中詩》：『功曹此日漢蕭何，家世當年老伏波。』

曹參分部

傳記

《史記・曹相國世家》 平陽侯曹參者，沛人也。秦時爲沛獄掾，而蕭何爲主吏，居縣爲豪吏矣。

高祖爲沛公而初起也，參以中涓從。將擊胡陵、方與，攻秦監公軍，大破之。東下薛，擊泗水守軍薛郭西。復攻胡陵，取之。徙守方與。方與反爲魏，擊之。豐反爲魏，攻之。賜爵七大夫。擊秦司馬尼軍碭東，破之，取碭、狐父、祁善置。又攻下邑以西，至虞，擊章邯車騎。攻爰戚及亢父，先登。爲五大夫。北救阿，擊章邯軍，陷陳，追至濮陽。攻定陶，取臨濟。南救雍丘，擊李由軍，破之，殺李由，虜秦侯一人。秦將章邯破殺項梁也，沛公與項羽引而東。楚懷王以沛公爲碭郡長，將碭郡。於是乃封參爲執帛，號曰建成。遷爲戚公，屬碭郡。其後從攻東郡尉軍，破之成武南。擊王離軍成陽南，復攻之杠里，大破之。追北，西至開封，擊趙賁軍，破之，圍趙賁開封城中。西擊秦將楊熊軍於曲遇，破之，虜秦司馬及御史各一人。遷爲執珪。從攻陽武，下轘轅、緱氏，絶河津，還擊趙賁軍尸北，破之。從南攻犨，與南陽守齮戰陽城郭東，陷陳，取宛，虜齮，盡定南陽郡。從西攻武關、嶢關，取之。前攻秦軍藍田南，又夜擊其北，秦軍大破，遂至咸陽，滅秦。項羽至，以沛公爲漢王。漢王封參爲建成侯。從至漢中，遷爲將軍。從還定三秦，初攻下辯、故道、雍、斄。擊章平軍於好畤南，破之，圍好畤，取壤鄉。擊三秦軍壤東及高櫟，破之。復圍章平，章平出好畤走。因擊趙賁、內史保軍，破之。東取咸陽，更命曰新城。參將兵守景陵二十日，三秦使章平等攻參，參出擊，大破之。賜食邑於寧秦。參以將軍引兵圍章邯於廢丘。以中尉從漢王出臨晉關。至河內，下脩武，渡圍津，東擊龍且、項他定陶，破之。東取碭、蕭、彭城。擊項

籍軍，漢軍大敗走。參以中尉圍取雍丘。王武反於黄，程處反於燕，往擊，盡破之。柱天侯反於衍氏，又進破取衍氏。擊羽嬰於昆陽，追至葉。還攻武彊，因至滎陽。參自漢中爲將軍中尉，從擊諸侯及項羽，敗，還至滎陽，凡二歲。

高祖二年，拜爲假左丞相，入屯兵關中。月餘，魏王豹反，以假左丞相别與韓信東攻魏將軍孫遬軍東張，大破之。因攻安邑，得魏將王襄，擊魏王於曲陽，追至武垣，生得魏王豹。取平陽，得魏王母妻子，盡定魏地，凡五十二城。賜食邑平陽。因從韓信擊趙相國夏説軍於鄔東，大破之，斬夏説。韓信與故常山王張耳引兵下井陘，擊成安君，而令參還圍趙别將戚將軍於鄔城中。戚將軍出走，追斬之。乃引兵詣敖倉漢王之所。韓信已破趙，爲相國，東擊齊。參以右丞相屬韓信，攻破齊歷下軍，遂取臨菑。還定濟北郡，攻著、漯陰、平原、鬲、盧。已而從韓信擊龍且軍於上假密，大破之，斬龍且，虜其將軍周蘭。定齊，凡得七十餘縣。得故齊王田廣相田光，其守相許章，及故齊膠東將軍田既。韓信爲齊王，引兵詣陳，與漢王共破項羽，而參留平齊未服者。

項籍已死，天下定，漢王爲皇帝，韓信徙爲楚王，齊爲郡。參歸漢相印。高帝以長子肥爲齊王，而以參爲齊相國。以高祖六年賜爵列侯，與諸侯剖符，世世勿絶。食邑平陽萬六百三十户，號曰平陽侯，除前所食邑。

以齊相國擊陳豨將張春軍，破之。黥布反，參以齊相國從悼惠王將兵車騎十二萬人，與高祖會擊黥布軍，大破之。南至蘄，還定竹邑、相、蕭、留。

參功：凡下二國，縣一百二十二。得王二人，相三人，將軍六人，大莫敖、郡守、司馬、候、御史各一人。

孝惠帝元年，除諸侯相國法，更以參爲齊丞相。參之相齊，齊七十城。天下初定，悼惠王富於春秋，參盡召長老諸生，問所以安集百姓，如齊故俗諸儒以百數，言人人殊，參未知所定。聞膠西有蓋公，善治黄老言，使人厚幣請之。既見蓋公，蓋公爲言治道貴清靜而民自定，推此類具言之。參於是避正堂，舍蓋公焉。其治要用黄老術，故相齊九年，齊國安集，大稱賢相。

惠帝二年，蕭何卒。參聞之，告舍人趣治行，「吾將入相」。居無何，使者果召參。參去，屬其後相曰：「以齊獄市爲寄，慎勿擾也。」後相曰：「治無大於此者乎？」參曰：「不然。夫獄市者，所以並容也，今君擾之，姦人安所容也？吾是以先之。」

參始微時，與蕭何善。及爲將相，有郤。至何且死，所推賢唯參。參代何爲漢相國，舉事無所變，更一遵蕭何約束。

擇郡國吏木詘於文辭，重厚長者，即召除爲丞相史。吏之言文刻深，欲務聲名者，輒斥去之。日夜飲醇酒，卿大夫已下吏及賓客見參不事事，來者皆欲有言。至者，參輒飲以醇酒，間之，欲有所言，復飲之，醉而後去，終莫得開説，以爲常。

相舍後園近吏舍，吏舍日飲歌呼。從吏惡之，無如之何，乃請參游園中，聞吏醉歌呼，從吏幸相國召按之。乃反取酒張坐飲，亦歌呼與相應和。

參見人之有細過，專掩匿覆蓋之，府中無事。

參子窋爲中大夫。惠帝怪相國不治事，以爲『豈少朕與』？乃謂窋曰：『若歸，試私從容問而父曰：「高帝新棄羣臣，帝富於春秋，君謂相，日飲，無所請事，何以憂天下乎？」然無言吾告若也。』窋既洗沐歸，間侍，自從其所諫參。參怒，而笞窋二百，曰：『趣入侍，天下事非若所當言也。』至朝時，惠帝讓參曰：『與窋胡治乎？乃者我使諫君也。』參免冠謝曰：『陛下自察聖武孰與高帝？』上曰：『朕乃安敢望先帝乎。』曰：『陛下觀臣能孰與蕭何賢？』上曰：『君似不及也。』參曰：『陛下言之是也。且高帝與蕭何定天下，法令既明，今陛下垂拱，參等守職，遵而勿失，不亦可乎？』惠帝曰：『善。君休矣。』

參爲漢相國，出入三年。卒，謚懿侯。子窋代侯。百姓歌之曰：『蕭何爲法，顜若畫一。曹參代之，守而勿失。載其清淨，民以寧一。』

平陽侯窋，高后時爲御史大夫。孝文帝立，免爲侯。立二十九年卒，謚爲靜侯。子奇代侯，立七年卒，謚爲簡侯。子時代侯。時尚平陽公主，生子襄。時病癘，歸國。立二十三年卒，謚夷侯。子襄代侯。襄尚衛長公主，生子宗。立十六年，謚爲共侯。子宗代侯。征和二年中，宗坐太子死，國除。

太史公曰：曹相國參攻城野戰之功所以能多若此者，以與淮陰侯俱。

及信已滅，而列侯成功，唯獨參擅其名。參爲漢相國，清靜極言合道。然百姓離秦之酷後，參與休息無爲，故天下俱稱其美矣。

《漢書·曹參傳》　曹參，沛人也。秦時爲獄掾，而蕭何爲主吏，居縣爲豪吏矣。高祖爲沛公也，參以中涓從。擊胡陵、方與。攻秦監公軍，大破之。東下薛，擊泗水守軍薛郭西。復攻胡陵，取之。徙守方與。方與反爲魏，擊之。豐反爲魏，攻之。賜爵七大夫。北擊司馬欣軍碭東，取狐父、祁善置。又攻下邑以西，至虞，擊秦將章邯車騎攻轅戚及亢父，先登。遷爲五大夫。北救東阿，擊章邯軍，陷陳，追至濮陽。攻定陶，取臨濟。南救雍丘，擊李由軍，破之，殺李由，虜秦候一人。章邯破殺項梁也，沛公與項羽引兵而東。楚懷王以沛公爲碭郡長，將碭郡兵。於是乃封參執帛，號曰建成君。遷爲戚公，屬碭郡。

其後從攻東郡尉軍，破之成武南。擊王離軍成陽南，又攻杠里，大破之。追北，西至開封，擊趙賁軍，破之，圍趙賁開封城中。西擊秦將楊熊軍於曲遇，破之，虜秦司馬及御史各一人。遷爲執珪。從西攻陽武，下轘轅、緱氏，絶河津。擊趙賁軍尸北，破之。從南攻犨，與南陽守齮戰陽城郭東，陷陳，取宛，虜齮，定南陽郡。從西攻武關、嶢關，取之。前攻秦軍藍田南，又夜擊其北軍，大破之，遂至咸陽，破秦。

項羽至，以沛公爲漢王。漢王封參爲建成侯。從至漢中，遷爲將軍。從還定三秦，攻下辨、故道、雍、斄。擊章平軍於好畤南，破之，圍好畤，取壤鄉。擊三秦軍壤東及高櫟，破之。復圍章平，平出好畤走。因擊趙賁、内史保軍，破之。東取咸陽，更名曰新城。參將兵守景陵二十三日，三秦使章平等攻參，參出擊，大破之。賜食邑於寧秦。以將軍引兵圍章邯廢丘。以中尉從漢王出臨晉關。至河内，下修武，度圍津，東擊龍且、項佗定陶，破之。東取碭、蕭、彭城，擊項籍軍，漢軍大敗走。參以中尉圍取雍丘。王武反於外黄，程處反於燕，往擊，盡破之。柱天侯反於衍氏，進破取衍氏。擊羽嬰於昆陽，追至葉。還攻武强，因至滎陽。參自漢中爲將軍中尉，從擊諸侯，及項王敗，還至滎陽。

漢二年，拜爲假左丞相，入屯兵關中。月餘，魏王豹反，以假丞相別與韓信東攻魏將孫遬東張，大破之。因攻安邑，得魏將王襄。擊魏王於曲陽，追至東垣，生獲魏王豹。取平陽，得豹母妻子，盡定魏地，凡五十二縣。賜食邑平陽。因從韓信擊趙相國夏説軍於鄔東，大破之，斬夏説。韓信與故常山王張耳引兵下井陘，擊成安君陳餘，而令參還圍趙別將戚公於鄔城中。戚公出走，追斬之。乃引兵詣漢王在所。韓信已破趙，爲相國，東擊齊，參以左丞相屬焉。攻破齊歷下軍，遂取臨淄。還定濟北郡，收著、漯陰、平原、鬲、盧。已而從韓信擊龍且軍於上假密，大破之，斬龍且，虜亞將周蘭。定齊郡，凡得七十縣。得故齊王田廣、相田光，其守相許章，及故將軍田既。韓信立爲齊王，引兵東詣陳，與漢王共破項羽，而參留平齊未服者。

漢王卽皇帝位，韓信徙爲楚王，參歸相印焉。高祖以長子肥爲齊王，而以參爲相國。高祖六年，與諸侯剖符，賜參爵列侯，食邑平陽萬六百三十户，世世勿絶。

參以齊相國擊陳豨將張春，破之。黥布反，參從悼惠王將車騎十二萬，與高祖會擊黥布軍，大破之。南至蘄，還定竹邑、相、蕭、留。

參功：凡下二國，縣百二十二；得王二人，相三人，將軍六人，大莫囂、郡守、司馬、候、御史各一人。

孝惠元年，除諸侯相國法，更以參爲齊丞相。參之相齊，齊七十城。天下初定，悼惠王富於春秋，參盡召長老諸先生，問所以安集百姓。而齊故諸儒以百數，言人人殊，參未知所定。聞膠西有蓋公，善治黄老言，使人厚幣請之。既見蓋公，蓋公爲言治道貴清靜而民自定，推此類具言之。參於是避正堂，舍蓋公焉。其治要用黄老術，故相齊九年，齊國安集，大稱賢相。

蕭何薨，參聞之，告舍人趣治行，『吾且入相』。居無何，使者果召參。參去，屬其後相曰：『以齊獄市爲寄，愼勿擾也。』後相曰：『治無大於此者乎？』參曰：『不然。夫獄市者，所以並容也，今君擾之，姦人安所容乎？吾是以先之。』

始參微時，與蕭何善，及爲宰相，有隙。至何且死，所推賢唯參。參代何爲相國，舉事無所變更，壹遵何之約束。擇郡國吏長大，訥於文辭，謹厚長者，卽召除爲丞相史。吏言文刻深，欲務聲名，輒斥去之。日夜飲酒，卿大夫以下吏及賓客見參不事事，來者皆欲有言。至者，參輒飲以醇酒，度之欲有言，復飲酒，醉而後去，終莫得開説，以爲常。

相舍後園近吏舍，吏舍日飲歌呼。從吏患之，無如何，乃請參遊後園。聞吏醉歌呼，從吏幸相國召按之。乃反取酒張坐飲，大歌呼與相和。

參見人之有細過，掩匿覆蓋之，府中無事。

參子窋爲中大夫。惠帝怪相國不治事，以爲「豈少朕與？」乃謂窋曰：「女歸，試私從容問乃父曰：「高帝新棄羣臣，帝富於春秋，君爲相國，日飲無所請事，何以憂天下？」然無言吾告女也。」窋既洗沐歸，時間，自從其所諫參。參怒而笞之二百，曰：「趣入侍，天下事非乃所當言也。」至朝時，帝讓參曰：「與窋胡治乎？乃者我使諫君也。」參免冠謝曰：「陛下自察聖武孰與高皇帝？」上曰：「朕乃安敢望先帝。」參曰：「陛下觀參孰與蕭何賢？」上曰：「君似不及也。」參曰：「陛下言之是也。且高皇帝與蕭何定天下，法令既明具，陛下垂拱，參等守職，遵而勿失，不亦可乎？」惠帝曰：「善。君休矣。」

參爲相國三年，薨，謚曰懿侯。百姓歌之曰：「蕭何爲法，講若畫一。曹參代之，守而勿失。載其清靖，民以寧壹。」

窋嗣侯，高后時至御史大夫。傳國至曾孫襄，武帝時爲將軍，擊匈奴，薨。子宗嗣，有罪完爲城旦。至哀帝時，乃封參玄孫之孫本始爲平陽侯，二千户，王莽時薨。子宏嗣，建武中先降河北，封平陽侯。至今八侯。

贊曰：蕭何、曹參皆起秦刀筆吏，當時録録未有奇節。漢興，依日月之末光，何以信謹守管籥，參與韓信俱征伐。天下既定，因民之疾秦法，順流與之更始，二人同心，遂安海內。淮陰、黥布等已滅，唯何、參擅功名，位冠羣臣，聲施後世，爲一代宗臣，慶流苗裔，盛矣哉。

綜　述

《史記》卷八《高祖本紀》　秦二世元年秋，陳勝等起蘄，至陳而王，號爲「張楚」。諸郡縣皆多殺其長吏以應陳涉。沛令恐，欲以沛應涉。掾、主吏蕭何、曹參乃曰：「君爲秦吏，今欲背之，率沛子弟，恐不聽。願君召諸亡在外者，可得數百人，因劫衆，衆不敢不聽。」乃令樊噲召劉季。劉季之衆已數十百人矣。

於是樊噲從劉季來。沛令後悔，恐其有變，乃閉城城守，欲誅蕭曹。蕭曹恐，踰城保劉季。劉季乃書帛射城上，謂沛父老曰：「天下苦秦久矣。今父老雖爲沛令守，諸侯並起，今屠沛。沛今共誅令，擇子弟可立者立之，以應諸侯，則家室完。不然，父子俱屠，無爲也。」父老乃率子弟共殺沛令，開城門迎劉季，欲以爲沛令。劉季曰：「天下方擾，諸侯並起，今置將不善，壹敗塗地。吾非敢自愛，恐能薄，不能完父兄子弟。此大事，願更相推擇可者。」蕭、曹等皆文吏，自愛，恐事不就，後秦種族其家，盡讓劉季。諸父老皆曰：「平生所聞劉季諸珍怪，當貴，且卜筮之，莫如劉季最吉。」於是劉季數讓。衆莫敢爲，乃立季爲沛公。【略】於是，少年豪吏如蕭、曹、樊噲等皆爲收沛子弟二三千人，攻胡陵、方與，還守豐。【略】

呂后問曰：「陛下百歲後，蕭相國卽死，令誰代之？」上曰：「曹參可。」問其次，上曰：「王陵可。然陵少戇，陳平可以助之。陳平智有餘，然難以獨任。周勃重厚少文，然安劉氏者，必勃也。可令爲太尉。」呂后復問其次，上曰：「此後亦非而所知也。」

又　卷四九《外戚世家》　及諸侯畔秦，魏豹立爲魏王，而魏媼內其女於魏宮。媼之許負所相，相薄姬，云當生天子。是時項羽方與漢王相距滎陽，天下未有所定。豹初與漢擊楚，及聞許負言，心獨喜，因背漢而畔，中立，更與楚連和。漢使曹參等擊虜魏王豹，以其國爲郡，而薄姬輸織室。

又　卷五三《蕭相國世家》　漢五年，既殺項羽，定天下，論功行封。羣臣爭功，歲餘功不決。高祖以蕭何功最盛，封爲酇侯，所食邑多。功臣皆曰：「臣等身被堅執鋭，多者百餘戰，少者數十合，攻城掠地，大小各有差。今蕭何未嘗有汗馬之勞，徒持文墨議論，不戰，顧反居臣等上，何也？」高帝曰：「諸君知獵乎？」曰：「知之。」「知獵狗乎？」曰：「知之。」高帝曰：「夫獵，追殺獸兔者狗也，而發蹤指示獸處者人也。今諸君徒能得走獸耳，功狗也。至如蕭何，發蹤指示，功人也。且諸君獨以身隨我，多者兩三人。今蕭何舉宗數十人皆隨我，功不可忘也。」羣臣皆莫敢言。

列侯畢已受封，及奏位次，皆曰：「平陽侯曹參身被七十創，攻城掠

地，功最多，宜第一。』上已撓功臣，多封蕭何，至位次未有以復難之，然心欲何第一。關內侯鄂君進曰：『羣臣議皆誤。夫曹參雖有野戰畧地之功，此特一時之事。夫上與楚相距五歲，常失軍亡衆，逃身遁者數矣。然蕭何常從關中遣軍補其處，非上所詔令召，而數萬衆會上之乏絶者數矣。夫漢與楚相守滎陽數年，軍無見糧，蕭何轉漕關中給食不乏。陛下雖數亡山東，蕭何常全關中以待陛下，此萬世之功也。今雖亡曹參等百數，何缺於漢？漢得之不必待以全。奈何欲以一旦之功而加萬世之功哉。蕭何第一，曹參次之。』高祖曰：『善。』

又 卷五六《陳丞相世家》 孝惠帝六年，相國曹參卒，以安國侯王陵爲右丞相。

又 卷一三〇《太史公自序》 維我漢繼五帝末流，接三代統業。周道廢，秦撥去古文，焚滅《詩》《書》，故明堂石室金匱玉版圖籍散亂。於是漢興，蕭何次律令，韓信申軍法，張蒼爲章程，叔孫通定禮儀，則文學彬彬稍進，《詩》、《書》往往間出矣。自曹參薦蓋公言黄老，而賈生、晁錯明申、商，公孫弘以儒顯，百年之間，天下遺文古事靡不畢集太史公。

《漢書》卷一上《高帝紀》 秦二世元年秋七月，陳涉起蘄，至陳，自立爲楚王，遣武臣、張耳、陳餘略趙地。八月，武臣自立爲趙王，郡縣多殺長吏以應涉。九月，沛令欲以沛應之，掾、主吏蕭何、曹參曰：『君爲秦吏，今欲背之，帥沛子弟，恐不聽。願君召諸亡在外者，可得數百人，因以劫衆，衆不敢不聽。』乃令樊噲召高祖。高祖之衆已數百人矣。

於是樊噲從高祖來。沛令後悔，恐其有變，乃閉城城守，欲誅蕭、曹。蕭、曹恐，踰城保高祖。高祖乃書帛射上城，與沛父老曰：『天下同苦秦久矣。今父老雖爲沛令守，諸侯並起，今屠沛。沛今共誅令，擇可立立之，以應諸侯，卽室家完。不然，父子俱屠，無爲也。』父老乃帥子弟共殺沛令，開城門迎高祖，欲以爲沛令。高祖曰：『天下方擾，諸侯並起，今置將不善，一敗塗地。吾非敢自愛，恐能薄，不能完父兄子弟。此大事，願更擇可者。』蕭、曹等皆文吏，自愛，恐事不就，後秦種族其家，盡讓高祖。諸父老皆曰：『平生所聞劉季奇怪，當貴，且卜筮之，莫如劉季最吉。』高祖數讓。衆莫肯爲，高祖乃立爲沛公。

又 卷一下《高帝紀》 （高帝六年十二月）甲申，始剖符封功臣曹參等爲通侯。

又 卷一六《高惠高后文功臣表》 哀、平之世，增修曹參、周勃之屬，得其宜矣。

又 卷一九下《百官公卿表》 （孝惠二年）七月辛未，相國蕭何薨。七月癸巳，齊相曹參爲相國。

又 卷三三《田儋傳》 定齊三年，聞漢將韓信引兵且東擊齊，齊使華毋傷、田解軍歷下以距漢。會漢使酈食其往説王廣及相橫，與連和。橫然之，乃罷歷下守備，縱酒，且遣使與漢平。韓信乃渡平原，襲破齊歷下軍，因入臨菑。王廣、相橫以酈生爲賣己而亨之。廣東走高密，橫走博，守相田光走城陽，將軍田既軍於膠東。楚使龍且救齊，齊王與合軍高密。漢將韓信、曹參破殺龍且，虜齊王廣。

又 卷四〇《陳平傳》 惠帝六年，相國曹參薨，安國侯王陵爲右丞相，平爲左丞相。

又 卷四一《樊噲傳》 陳勝初起，蕭何、曹參使噲求迎高祖立爲沛公。

又 卷四五《蒯通傳》 齊悼惠王時，曹參爲相，禮下賢人，請通爲客。

又 卷六二《司馬遷傳》 漢興，蕭何次律令，韓信申軍法，張倉爲章程，叔孫通定禮儀，則文學彬彬稍進，詩書往往間出。自曹參薦蓋公言黄老，而賈誼、朝錯明申韓，公孫弘以儒顯，百年之間，天下遺文古事靡不畢集。

又 卷九七上《外戚傳上·高祖薄姬》 是時項羽方與漢王相距滎陽，天下未有所定。豹初與漢擊楚，及聞許負言，心喜，因背漢而中立，與楚連和。漢使曹參等虜魏王豹，以其國爲郡，而薄姬輸織室。

《晉書》卷一《宣帝紀》　六年，天子復大興舟師征吳，復命帝居守，內鎮百姓，外供軍資。臨行，詔曰：『吾深以後事爲念，故以委卿。曹參雖有戰功，而蕭何爲重。使吾無西顧之憂，不亦可乎。』

又　卷四八《閻纘傳》　昔周公親撻伯禽，曹參笞窋二百，聖考慈父皆不傷恩。

又　卷六九《劉隗傳》　建興中，丞相府斬督運令史淳于伯而血逆流，隗又奏曰：『古之爲獄必察五聽，三槐九棘以求民情。雖明庶政，不敢折獄。死者不可復生，刑者不可復續，是以明王哀矜用刑。曹參去齊，以市獄爲寄。』

又　卷七二《郭璞傳》　璞上疏曰：『【略】夫以區區之曹參，猶能遵蓋公之一言，倚清靖以鎮俗，寄市獄以容非，德音不忘，流詠於今。』

又　卷九一《儒林傳·杜夷》　馥敗，夷歸舊居，道遇兵寇，刺史劉陶告廬江郡曰：『昔魏文侯軾干木之閭，齊相曹參尊崇蓋公，皆所以優賢表德，敦勵末俗。徵士杜君德懋行絜，高尚其志，頃流離道路，聞其頓躓，刺史忝任，不能崇飾有道，而使高操之士有此艱屯。今遣吏宣慰，郡可遣一吏，縣五吏，恆營卹之，常以市租供給家人糧廩，勿令闕乏。』

又　卷一〇八《慕容廆載紀》　王司徒清虛寡欲，善於全已，昔曹參亦崇此道，著畫一之稱也。

《隋書》卷三四《志第二九·經籍志·子經志》　漢時，曹參始薦蓋公能言黃老，文帝宗之。

《宋史》卷四四〇《文苑傳二·羅處約》　處約嘗作《黃老先六經論》，曰：先儒乙太史公論道德，先黃，老而後六經，此其所以病也。某曰：『不然，道者何？無之稱也，無不由也。混成而仙，兩儀至虛而應萬物，不可致詰。況名之曰「道」，道既名矣，降而爲聖人者。爲能知來藏往，與天地準，故黃、老、姬、孔通稱焉。其體曰道，其用曰神，無適，無莫也，一以貫之，胡先而尊，孰後而卑。』『《六經》者，《易》以明人之權而本之於道。《禮》以節民之情，趣於性也。《樂》以和民之心，全天眞也。《書》以敘九疇之秘，煥二帝之美。《春秋》以正君臣而敦名教。《詩》以正風雅而存規戒，是道與《六經》一也。』『矧仲尼祖述堯、舜，而況於帝鴻氏乎？華胥之治，太上之德，史傳詳矣。老聃世謂方外之教，然而與《六經》皆足以治國治身。清淨則得之矣。漢文之時，未遑學校，竇后以之而治，曹參得之而相，幾至措刑。且仲尼嘗問禮焉，俗儒或否其說。』

【略】

漢·荀悅《漢紀》卷一　九月，沛人殺其令，高祖爲沛公，蕭何爲丞相，曹參、周勃以中涓從，夏侯嬰、樊噲爲舍人，蕭何即沛主獄吏，曹參沛獄掾，嬰沛廄騶，勃以織簿爲産，噲以屠狗爲事，皆公之舊也。

是時，曹參數有戰功，封爲執帛侯，號建成君。

宋·石介《徂徠集》卷一〇《論·漢論中》　或曰：漢改三王之道，作之者其誰歟？曰曹參、陸賈、叔孫通之罪也。漢高祖以干戈而定天下，陸賈曰：『陛下馬上得之，不可馬上治之。』於是，使賈著秦所以得天下及古今成敗之故。名《新語》十二篇，每奏一篇，帝輒稱善。高祖已平天下，羣臣飲酒爭功，或妄呼拔劍擊柱，上患之。叔孫通乃與弟子百餘人雜採古禮與秦儀，以爲漢儀。帝用之曰：『今日知爲皇帝之貴也。』漢高祖豁達大度，聰明神聖，溫恭濬哲，英威睿武，其資材固不下禹湯與文武之道，使爲帝則帝矣，使爲王則王矣。方平定禍亂，思爲漢家改正朔，定禮樂，立制度，明文章，施道德，張教化，一風俗，興太平，以垂於千萬世。賈若能遠舉帝皇之道致於人君，施於國家，布於天下，通若能純用三王之禮，施於朝廷，通於政教，傳於後世，以高皇之材而不能之乎。乃齪齪進夫當時之近務，王霸之猥略貴乎易行，孜孜舉夫近古之野禮，亡秦之雜儀求夫疾效，使高祖上視湯武，有慙德，漢家比蹤三王爲不侔，可惜也哉。初，蕭何爲相，天下未甚乂而何死，曹參代之。參以爲蕭何之規，當守之勿失，日飲醇酒，寬縱不治事，雖復惠帝求治，參不能竭才輔之，直以高祖之初定禍亂，蕭何之草創律令，民僅出塗炭爲已太平，國僅立法式爲已大備，當高祖之既平禍亂，蕭何之既定律令，惠帝之方求治，參能竭伊尹致君如堯舜之心，周公輔成王致太平之道，以事惠帝，制度之未修者修之，教化之未格者格之，文章之未備者備之，禮樂之未明者

明之，刑政之未和者和之，盡循三王之道而行之。賈與通既施之於前，參復行之於後，漢豈有不及三王之治者乎？故曰：陸賈、叔孫通、曹參之罪也。

宋·華鎮《雲溪居士集》卷一七《論八首·蕭曹論》 古之至公者以天下爲己任，視國之存亡猶其家之隆替，軫君之休戚猶其身之安危，進當事任不知以爲榮，退之散地不知以爲悴，顧可以利國家，幸天下，則爲之名位，功實其在己如在於人，出於人如自其己不私。竊以爲利不苟辭以爲廉，故能楙建丕績，光輔王室，載休聲於無窮。曹參之事漢，其志有在於此，故代蕭何以爲國，遵其約束，無所請事，雖衆人疑之，天子問之，而所守彌固，此參致公之義而賢於漢之庭臣者也。議者或謂何之法令非若周公之制作，曲盡其美，不可或改，參知惠帝之材弗逮高帝，則宜有以輔成之，知己之賢不及蕭何，則宜自引遠以避能者，惡得久居其位，持循靜默而費日乎，使漢之功烈不及先王之隆者，參之過也。愚竊以爲未然。夫益損昔人之制作必賢於昔人而後能，智均而術相似者，未足以有爲也。參之賢弗逮於何，固無以異何之術矣。求其人代參而爲之，則必得賢於何者，然後可當其時。果有其人歟？抑亦未有其人歟？有其人而參蔽之，參之過矣。未見可以代己者而不自引遠，乃其所以賢於衆人者也，豈得指以爲過哉。何則漢承秦項之後，人厭塗炭而思息肩，呻吟顛頓之餘，可以撫養而未可以用也。何之約束雖無伊周之美，經綸藻飾，明備王道，至於簡易寬厚，滋牧生齒，深有宜於時者。得伊尹、周公之才，因乘而潤色之，固可以極制作而致太平。苟非其人，徒紛更前人之成事，豈惟無補於治，或召禍而速亂矣。觀高帝之語呂后，蕭公之對孝惠，與參之聞何死而自度必入相，則當時之士未有賢於參者，又焉得賢於蕭公而可以上比伊尹周公者哉。參於是時自謂不能而輒引遠退避，則是忘其君而全其身，殉小廉而委大計，顧視名實屑屑然有彼己之辨，非公天下者之所存心也。參與高帝起布衣，成王業，尊爲相國，位冠羣侯，存亡休戚，天下之重。己之所當任，顧其身而不思其君，殉小廉而輕委大計，非劉氏之所望於參，非參之所以事劉氏者也。故奮然以天下爲己任，違至尊，屏羣議而不疑，參之大節蓋出於此，進退之際尚惡得而議哉。

清·劉辰翁《班馬異同》卷四 參攻城野戰才也，乃爲相國，獨尊用齊人一語，遂能養漢初氣脉在亡秦之後文景之前，非太史公發越，卽師用某人，止不知此漢之所以爲漢也。

清·儲欣《史記選》卷三《曹相國世家贊》 淮陰功高不賞，而蕭、曹爲漢室功宗，此子長所深惜者，於二贊俱顯露其意。

清·李晚芳《讀史管見》卷二《曹相國世家》 鍾惺曰，似頑鈍，復似滑稽，一段深心妙用，古今善用黃老術，無如曹參，自留侯而外，善於藏身者，惟參一人，然使功臣至此，亦苦矣。

參與蕭何俱起刀筆吏，踰城保高祖，亦與何俱，史稱其始最善，後有都郤是兩人相知也舊矣。漢興，河内守管鈅，參則隨韓信於攻城陷陣之郤，北伐東征，殆無虚日，何嘗知有『學道』二字在胸中乎！天下已定，韓信族矣，蕭何囚矣，參於是有戒心焉，闕後守職，不求有功，但願無過，故相齊則禮蓋公，守清靜之學而國治，相漢亦然。日飲醇酒，不事事，天下亦不擾，及帝責問，乃歸功蕭何，己若奉法承流者。蓋參才本不逮何，然能服何，則何之才，卽其才也。何忘郤而薦之，忠也；參亦忘郤而知何必薦己，信也。此古大臣風，不意得於刀筆吏也，奇哉！雖然，參治一遵何法而不變，若無爲者。然人謂其善於安民，吾則謂其善於保身者也。

太史寫其攝服諸儒處，拒卿大夫處，答窋處，令人不測，煞有精神，妙用總不説破，及一點明，而帝已默會矣。妙妙！

清·丁晏《史記餘論·曹參世家》 案史公贊曹相國承秦法後，休息無爲，最識治體，非徒以黃老清靜，遂臻無事也。初以攻戰立功名，後以清靜成相業，判然如出二人，畫一之治，歸於重厚，令終慶譽，不亦宜乎！

韓信分部

傳記

《史記》卷九二《淮陰侯列傳》 淮陰侯韓信者，淮陰人也。始爲布

衣時，貧無行，不得推擇爲吏，又不能治生商賈，常從人寄食飲，人多厭之者，常數從其下鄉南昌亭長寄食，數月，亭長妻患之，乃晨炊蓐食。食時信往，不爲具食。信亦知其意，怒，竟絶去。

信釣於城下，有一母見信飢，飯信，竟漂數十日。信喜，謂漂母曰：『吾必有以重報母。』母怒曰：『大丈夫不能自食，吾哀王孫而進食，豈望報乎！』

淮陰屠中少年有侮信者，曰：『若雖長大，好帶刀劍，中情怯耳。』衆辱之曰：『信能死，刺我；不能死，出我袴下。』於是信孰視之，俛出袴下，蒲伏。一市人皆笑信，以爲怯。

及項梁渡淮，信杖劍從之，居戲下，無所知名。項梁敗，又屬項羽，羽以爲郎中。數以策干項羽，羽不用。漢王之入蜀，信亡楚歸漢，未得知名，爲連敖。坐法當斬，其輩十三人皆已斬，次至信，信乃仰視，適見滕公，曰：『上不欲就天下乎？何爲斬壯士！』滕公奇其言，壯其貌，釋而不斬。與語，大説之。言於上，上拜以爲治粟都尉，上未之奇也。

信數與蕭何語，何奇之。至南鄭，諸將行道亡者數十人，信度何等已數言上，上不我用，即亡。何聞信亡，不及以聞，自追之。人有言上曰：『丞相何亡。』上大怒，如失左右手。居一二日，何來謁上，上且怒且喜，罵何曰：『若亡，何也？』何曰：『臣不敢亡也，臣追亡者。』上曰：『若所追者誰何？』曰：『韓信也。』上復罵曰：『諸將亡者以十數，公無所追；追信，詐也。』何曰：『諸將易得耳。至如信者，國士無雙。王必欲長王漢中，無所事信；必欲爭天下，非信無所與計事者。顧王策安所決耳。』王曰：『吾亦欲東耳，安能鬱鬱久居此乎？』何曰：『王計必欲東，能用信，信即留；不能用，信終亡耳。』王曰：『吾爲公以爲將。』何曰：『雖爲將，信必不留。』王曰：『以爲大將。』何曰：『幸甚。』於是王欲召信拜之。何曰：『王素慢無禮，今拜大將如呼小兒耳，此乃信所以去也。王必欲拜之，擇良日，齋戒，設壇場，具禮，乃可耳。』王許之。諸將皆喜，人人各自以爲得大將。至拜大將，乃韓信也，一軍皆驚。

信拜禮畢，上坐。王曰：『丞相數言將軍，將軍何以教寡人計策？』信謝，因問王曰：『今東鄉爭權天下，豈非項王邪？』漢王曰：『然。』曰：『大王自料勇悍仁强孰與項王？』漢王默然良久，曰：『不如也。』信再拜賀曰：『惟信亦爲大王不如也。然臣嘗事之，請言項王之爲人也。項王喑噁叱咤，千人皆廢，然不能任屬賢將，此特匹夫之勇耳。項王見人恭敬慈愛，言語嘔嘔，人有疾病，涕泣分食飲，至使人有功當封爵者，印刓弊，忍不能予，此所謂婦人之仁也。項王雖霸天下而臣諸侯，不居關中而都彭城。有背義帝之約，而以親愛王，諸侯不平。諸侯之見項王遷逐義帝置江南，亦皆歸逐其主而自王善地。項王所過無不殘滅者，天下多怨，百姓不親附，特劫於威强耳。名雖爲霸，實失天下心。故曰其强易弱。今大王誠能反其道：任天下武勇，何所不誅！以天下城邑封功臣，何所不服！以義兵從思東歸之士，何所不散！且三秦王爲秦將，將秦子弟數歲矣，所殺亡不可勝計，又欺其衆降諸侯，至新安，項王詐坑秦降卒二十餘萬，唯獨邯、欣、翳得脱，秦父兄怨此三人，痛入骨髓。今楚强以威王此三人，秦民莫愛也。大王之入武關，秋豪無所害，除秦苛法，與秦民約，法三章耳，秦民無不欲得大王王秦者。於諸侯之約，大王當王關中，關中民咸知之。大王失職入漢中，秦民無不恨者。今大王舉而東，三秦可傳檄而定也。』於是漢王大喜，自以爲得信晚。遂聽信計，部署諸將所擊。

八月，漢王舉兵東出陳倉，定三秦。漢二年，出關，收魏、河南，韓、殷王皆降。合齊、趙共擊楚。四月，至彭城，漢兵敗散而還。信復收兵與漢王會滎陽，復擊破楚京、索之間，以故楚兵卒不能西。

漢之敗卻彭城，塞王欣、翟王翳亡漢降楚，齊、趙亦反漢與楚和。六月，魏王豹謁歸視親疾，至國，即絶河關反漢，與楚約和。漢王使酈生説豹，不下。其八月，以信爲左丞相，擊魏。魏王盛兵蒲坂，塞臨晉，信乃益爲疑兵，陳船欲渡臨晉，而伏兵從夏陽以木罌缻渡軍，襲安邑。魏王豹驚，引兵迎信，信遂虜豹，定魏爲河東郡。漢王遣張耳與信俱，引兵東，北擊趙、代。後九月，破代兵，禽夏説閼與。信之下魏破代，漢輒使人收其精兵，詣滎陽以距楚。

信與張耳以兵數萬，欲東下井陘擊趙。趙王、成安君陳餘聞漢且襲之也，聚兵井陘口，號稱二十萬。廣武君李左車説成安君曰：『聞漢將韓信涉西河，虜魏王，禽夏説，新喋血閼與，今乃輔以張耳，議欲下趙，此乘勝而去國遠鬭，其鋒不可當。臣聞千里餽糧，士有飢色，樵蘇後爨，師不

宿飽。今井陘之道，車不得方軌，騎不得成列，行數百里，其勢糧食必在其後。願足下假臣奇兵三萬人，從閒路絕其輜重；足下深溝高壘，堅營勿與戰。彼前不得鬭，退不得還，吾奇兵絕其後，使野無所掠，不至十日，而兩將之頭可致於戲下。願君留意臣之計。否，必爲二子所禽矣。』成安君，儒者也，常稱義兵不用詐謀奇計，曰：『吾聞兵法十則圍之，倍則戰之。今韓信兵號數萬，其實不過數千。能千里而襲我，亦已罷極。今如此避而不擊，後有大者，何以加之！則諸侯謂吾怯，而輕來伐我。』不聽廣武君策，廣武君策不用。

韓信使人閒視，知其不用，還報，則大喜，乃敢引兵遂下。未至井陘口三十里，止舍。夜半傳發，選輕騎二千人，人持一赤幟，從閒道萆山而望趙軍，誡曰：『趙見我走，必空壁逐我，若疾入趙壁，拔趙幟，立漢赤幟。』令其裨將傳飧，曰：『今日破趙會食！』諸將皆莫信，詳應曰：『諾。』謂軍吏曰：『趙已先據便地爲壁，且彼未見吾大將旗鼓，未肯擊前行，恐吾至阻險而還。』信乃使萬人先行，出，背水陳。趙軍望見而大笑。平旦，信建大將之旗鼓，鼓行出井陘口，趙開壁擊之，大戰良久。於是信、張耳詳弃鼓旗，走水上軍。水上軍開入之，復疾戰。趙果空壁爭漢鼓旗，逐韓信、張耳。韓信、張耳已入水上軍，軍皆殊死戰，不可敗。信所出奇兵二千騎，共候趙空壁逐利，則馳入趙壁，皆拔趙旗，立漢赤幟二千。趙軍已不勝，不能得信等，欲還歸壁，壁皆漢赤幟，而大驚，以爲漢皆已得趙王將矣，兵遂亂，遁走，趙將雖斬之，不能禁也。於是漢兵夾擊，大破虜趙軍，斬成安君泜水上，禽趙王歇。

信乃令軍中毋殺廣武君，有能生得者購千金。於是有縛廣武君而致戲下者，信乃解其縛，東鄉坐，西鄉對，師事之。

諸將效首虜，休畢，賀，因問信曰：『兵法右倍山陵，前左水澤，今者將軍令臣等反背水陳，曰破趙會食，臣等不服。然竟以勝，此何術也？』信曰：『此在兵法，顧諸君不察耳。兵法不曰「陷之死地而後生，置之亡地而後存」？且信非得素拊循士大夫也，此所謂「驅市人而戰之」，其勢非置之死地，使人人自爲戰；今予之生地，皆走，寧尚可得而用之乎！』諸將皆服曰：『善。非臣所及也。』

於是信問廣武君曰：『僕欲北攻燕，東伐齊，何若而有功？』廣武君辭謝曰：『臣聞敗軍之將，不可以言勇，亡國之大夫，不可以圖存。今臣敗亡之虜，何足以權大事乎！』信曰：『僕聞之，百里奚居虞而虞亡，在秦而秦霸，非愚於虞而智於秦也，用與不用，聽與不聽也。誠令成安君聽足下計，若信者亦已爲禽矣。以不用足下，故信得侍耳。』因固問曰：『僕委心歸計，願足下勿辭。』廣武君曰：『臣聞智者千慮，必有一失；愚者千慮，必有一得。故曰「狂夫之言，聖人擇焉」。顧恐臣計未必足用，願效愚忠。夫成安君有百戰百勝之計，一旦而失之，軍敗鄗下，身死泜上。今將軍涉西河，虜魏王，禽夏説閼與，一舉而下井陘，不終朝破趙二十萬衆，誅成安君。名聞海內，威震天下，農夫莫不輟耕釋耒，褕衣甘食，傾耳以待命者。若此，將軍之所長也。然而衆勞卒罷，其實難用。今將軍欲舉倦弊之兵，頓之燕堅城之下，欲戰恐久力不能拔，情見勢屈，曠日糧竭，而弱燕不服，齊必竟以自强也。燕齊相持而不下，則劉項之權未有所分也。若此者，將軍所短也。臣愚，竊以爲亦過矣。故善用兵者不以短擊長，而以長擊短。』韓信曰：『然則何由？』廣武君對曰：『方今爲將軍計，莫如案甲休兵，鎮趙撫其孤，百里之內，牛酒日至，以饗士大夫醳兵，北首燕路，而後遣辯士奉咫尺之書，暴其所長於燕，燕必不敢不聽從。燕已從，使諠言者東告齊，齊必從風而服，雖有智者，亦不知爲齊計矣。如是，則天下事皆可圖也。兵固有先聲而後實者，此之謂也。』韓信曰：『善。』從其策，發使使燕，燕從風而靡。乃遣使報漢，因請立張耳爲趙王，以鎮撫其國。漢王許之，乃立張耳爲趙王。

楚數使奇兵渡河擊趙，趙王耳、韓信往來救趙，因行定趙城邑，發兵詣漢。楚方急圍漢王於滎陽，漢王南出，之宛、葉閒，得黥布，走入成皋，楚又復急圍之。六月，漢王出成皋，東渡河，獨與滕公俱，從張耳軍脩武。至，宿傳舍。晨自稱漢使，馳入趙壁。張耳、韓信未起，卽其卧內上奪其印符，以麾召諸將，易置之。信、耳起，乃知漢王來，大驚。漢王奪兩人軍，卽令張耳備守趙地。拜韓信爲相國，收趙兵未發者擊齊。信引兵東，未渡平原，聞漢王使酈食其已説下齊，韓信欲止。范陽辯士蒯通説信曰：『將軍受詔擊齊，而漢獨發閒使下齊，寧有詔止將軍乎？何以得毋行也！且酈生一士，伏軾掉三寸之舌，下齊七十餘城，將軍將數萬衆，歲餘乃下趙五十餘，爲將數歲，反不如一豎儒之功乎？』於是信然之，從

其計，遂渡河。齊已聽酈生，即留縱酒，罷備漢守禦。信因襲齊歷下軍，遂至臨菑。齊王田廣以酈生賣己，乃亨之，而走高密，使使之楚請救。韓信已定臨菑，遂東追廣至高密西。楚亦使龍且將，號稱二十萬，救齊。

齊王廣、龍且并軍與信戰，未合。人或説龍且曰：『漢兵遠鬭窮戰，其鋒不可當。齊、楚自居其地戰，兵易敗散。不如深壁，令齊王使其信臣招所亡城，亡城聞其王在，楚來救，必反漢。漢兵二千里客居，齊城皆反之，其勢無所得食，可無戰而降也。』龍且曰：『吾平生知韓信爲人，易與耳。且夫救齊不戰而降之，吾何功？今戰而勝之，齊之半可得，何爲止！』遂戰，與信夾濰水陳。韓信乃夜令人爲萬餘囊，滿盛沙，壅水上流，引軍半渡，擊龍且，佯不勝，還走。龍且果喜曰：『固知信怯也。』遂追渡水。信使人決壅囊，水大至。龍且軍大半不得渡，即急擊，殺龍且。龍且水東軍散走，齊王廣亡去。信遂追北至城陽，皆虜楚卒。

漢四年，遂皆降平齊。使人言漢王曰：『齊僞詐多變，反覆之國也，南邊楚，不爲假王以鎮之，其勢不定。願爲假王便。』當是時，楚方急圍漢王於滎陽，韓信使者至，發書，漢王大怒，罵曰：『吾困於此，旦暮望若來佐我，乃欲自立爲王！』張良、陳平躡漢王足，因附耳語曰：『漢方不利，寧能禁信之王乎？不如因而立，善遇之，使自爲守。不然，變生。』漢王亦悟，因復罵曰：『大丈夫定諸侯，即爲眞王耳，何以假爲！』乃遣張良往立信爲齊王，徵其兵擊楚。

楚已亡龍且，項王恐，使盱眙人武涉往説齊王信曰：『天下共苦秦久矣，相與戮力擊秦。秦已破，計功割地，分土而王之，以休士卒。今漢王復興兵而東，侵人之分，奪人之地，已破三秦，引兵出關，收諸侯之兵以東擊楚，其意非盡吞天下者不休，其不知厭足如是甚也。且漢王不可必，身居項王掌握中數矣，項王憐而活之，然得脱，輒倍約，復擊項王，其不可親信如此。今足下雖自以與漢王爲厚交，爲之盡力用兵，終爲之所禽矣。足下所以得須臾至今者，以項王尚存也。當今二王之事，權在足下。足下右投則漢王勝，左投則項王勝。項王今日亡，則次取足下。足下與項王有故，何不反漢與楚連和，參分天下王之？今釋此時，而自必於漢以擊楚，且爲智者固若此乎！』韓信謝曰：『臣事項王，官不過郎中，位不過執戟，言不聽，畫不用，故倍楚而歸漢。漢王授我上將軍印，予我數萬衆，解衣衣我，推食食我，言聽計用，故吾得以至於此。夫人深親信我，我倍之不祥，雖死不易。幸爲信謝項王！』

武涉已去，齊人蒯通知天下權在韓信，欲爲奇策而感動之，以相人説韓信曰：『僕嘗受相人之術。』韓信曰：『先生相人何如？』對曰：『貴賤在於骨法，憂喜在於容色，成敗在於決斷，以此參之，萬不失一。』韓信曰：『善。先生相寡人何如？』對曰：『願少間。』信曰：『左右去矣。』通曰：『相君之面，不過封侯，又危不安。相君之背，貴乃不可言。』韓信曰：『何謂也？』蒯通曰：『天下初發難也，俊雄豪桀建號壹呼，天下之士雲合霧集，魚鱗雜遝，熛至風起。當此之時，憂在亡秦而已。今楚漢分爭，使天下無罪之人肝膽塗地，父子暴骸骨於中野，不可勝數。楚人起彭城，轉鬭逐北，至於滎陽，乘利席卷，威震天下。然兵困於京、索之間，迫西山而不能進者，三年於此矣。漢王將數十萬之衆，距鞏、雒，阻山河之險，一日數戰，無尺寸之功，折北不救，敗滎陽，傷成皋，遂走宛、葉之間，此所謂智勇俱困者也。夫鋭氣挫於險塞，而糧食竭於內府，百姓罷極怨望，容容無所倚。以臣料之，其勢非天下之賢聖固不能息天下之禍。當今兩主之命縣於足下。足下爲漢則漢勝，與楚則楚勝。臣願披腹心，輸肝膽，效愚計，恐足下不能用也。誠能聽臣之計，莫若兩利而俱存之，參分天下，鼎足而居，其勢莫敢先動。夫以足下之賢聖，有甲兵之衆，據强齊，從燕、趙，出空虛之地而制其後，因民之欲，西鄉爲百姓請命，則天下風走而響應矣，孰敢不聽！割大弱强，以立諸侯，諸侯已立，天下服聽而歸德於齊。案齊之故，有膠、泗之地，懷諸侯之德，深拱揖讓，則天下之君王相率而朝於齊矣。蓋聞天與弗取，反受其咎；時至不行，反受其殃。願足下孰慮之。』

韓信曰：『漢王遇我甚厚，載我以其車，衣我以其衣，食我以其食。吾聞之，乘人之車者載人之患，衣人之衣者懷人之憂，食人之食者死人之事，吾豈可以鄉利倍義乎！』蒯生曰：『足下自以爲善漢王，欲建萬世之業，臣竊以爲誤矣。始常山王、成安君爲布衣時，相與爲刎頸之交，後爭張黶、陳澤之事，二人相怨。常山王背項王，奉項嬰頭而竄，逃歸於漢王。漢王借兵而東下，殺成安君泜水之南，頭足異處，卒爲天下笑。此二人相與，天下至驩也。然而卒相禽者，何也？患生於多欲而人心難測也。

今足下欲行忠信以交於漢王，必不能固於二君之相與也，而事多大於張黶、陳澤。故臣以爲足下必漢王之不危己，亦誤矣。大夫種、范蠡存亡越，霸句踐，立功成名而身死亡。野獸已盡而獵狗亨。夫以交友言之，則不如張耳之與成安君者也；以忠信言之，則不過大夫種、范蠡之於句踐也。此二人者，足以觀矣。願足下深慮之。且臣聞勇略震主者身危，而功蓋天下者不賞。臣請言大王功略：足下涉西河，虜魏王，禽夏説，引兵下井陘，誅成安君，徇趙，脅燕，定齊，南摧楚人之兵二十萬，東殺龍且，西鄉以報，此所謂功無二於天下，而略不世出者也。今足下戴震主之威，挾不賞之功，歸楚，楚人不信；歸漢，漢人震恐：足下欲持是安歸乎？夫勢在人臣之位而有震主之威，名高天下，竊爲足下危之。』韓信謝曰：『先生且休矣，吾將念之。』

後數日，蒯通復説曰：『夫聽者事之候也，計者事之機也，聽過計失而能久安者，鮮矣。聽不失一二者，不可亂以言；計不失本末者，不可紛以辭。夫隨廝養之役者，失萬乘之權；守儋石之禄者，闕卿相之位。故知者決之斷也，疑者事之害也，審豪氂之小計，遺天下之大數，智誠知之，決弗敢行者，百事之禍也。故曰『猛虎之猶豫，不若蜂蠆之致螫；騏驥之跼躅，不如駑馬之安步；孟賁之狐疑，不如庸夫之必至也；雖有舜禹之智，吟而不言，不如瘖聾之指麾也』。此言貴能行之。夫功者難成而易敗，時者難得而易失也。時乎時，不再來。願足下詳察之。』韓信猶豫不忍倍漢，又自以爲功多，漢終不奪我齊，遂謝蒯通。蒯通説不聽，已詳狂爲巫。

漢王之困固陵，用張良計，召齊王信，遂將兵會垓下。項羽已破，高祖襲奪齊王軍。漢五年正月，徙齊王信爲楚王，都下邳。

信至國，召所從食漂母，賜千金。及下鄉南昌亭長，賜百錢，曰：『公，小人也，爲德不卒。』召辱己之少年令出胯下者以爲楚中尉。告諸將相曰：『此壯士也。方辱我時，我寧不能殺之邪？殺之無名，故忍而就於此。』

項王亡將鍾離昧家在伊廬，素與信善。項王死後，亡歸信。漢王怨昧，聞其在楚，詔楚捕昧。信初之國，行縣邑，陳兵出入。漢六年，人有上書告楚王信反。高帝以陳平計，天子巡狩會諸侯，南方有雲夢，發使告諸侯會陳：『吾將游雲夢。』實欲襲信，信弗知。高祖且至楚，信欲發兵反，自度無罪，欲謁上，恐見禽。人或説信曰：『斬昧謁上，上必喜，無患。』信見昧計事。昧曰：『漢所以不擊取楚，以昧在公所。若欲捕我以自媚於漢，吾今日死，公亦隨手亡矣。』乃罵信曰：『公非長者！』卒自剄。信持其首，謁高祖於陳。上令武士縛信，載後車。信曰：『果若人言，「狡兔死，良狗亨；高鳥盡，良弓藏；敵國破，謀臣亡。」天下已定，我固當亨！』上曰：『人告公反。』遂械繫信。至雒陽，赦信罪，以爲淮陰侯。

信知漢王畏惡其能，常稱病不朝從。信由此日夜怨望，居常鞅鞅，羞與絳、灌等列。信常過樊將軍噲，噲跪拜送迎，言稱臣，曰：『大王乃肯臨臣！』信出門，笑曰：『生乃與噲等爲伍！』上常從容與信言諸將能不，各有差。上問曰：『如我能將幾何？』信曰：『陛下不過能將十萬。』上曰：『於君何如？』曰：『臣多多而益善耳。』上笑曰：『多多益善，何爲爲我禽？』信曰：『陛下不能將兵，而善將將，此乃信之所以爲陛下禽也。且陛下所謂天授，非人力也。』

陳豨拜爲鉅鹿守，辭於淮陰侯。淮陰侯挈其手，辟左右與之步於庭，仰天歎曰：『子可與言乎？欲與子有言也。』豨曰：『唯將軍令之。』淮陰侯曰：『公所居，天下精兵處也；而公，陛下之信幸臣也。人言公之畔，陛下必不信；再至，陛下乃疑矣；三至，必怒而自將。吾爲公從中起，天下可圖也。』陳豨素知其能也，信之，曰：『謹奉教！』漢十一年，陳豨果反。上自將而往，信病不從。陰使人至豨所，曰：『第舉兵，吾從此助公。』信乃謀與家臣夜詐詔赦諸官徒奴，欲發以襲呂后、太子。部署已定，待豨報。其舍人得罪於信，信囚，欲殺之。舍人弟上變，告信欲反狀於呂后。呂后欲召，恐其黨不就，乃與蕭相國謀，詐令人從上所來，言豨已得死，列侯羣臣皆賀。相國紿信曰：『雖疾，强入賀。』信入，呂后使武士縛信，斬之長樂鍾室。信方斬之，曰：『吾悔不用蒯通之計，乃爲兒女子所詐，豈非天哉！』遂夷信三族。

高祖已從豨軍來，至，見信死，且喜且憐之，問：『信死亦何言？』呂后曰：『信言恨不用蒯通計。』高祖曰：『是齊辯士也。』乃詔齊捕蒯通。蒯通至，上曰：『若教淮陰侯反乎？』對曰：『然，臣固教之。豎

子不用臣之策，故令自夷於此。如彼豎子用臣之計，陛下安得而夷之乎！』上怒曰：『亨之。』通曰：『嗟乎，冤哉亨也！』上曰：『若教韓信反，何冤？』對曰：『秦之綱絶而維弛，山東大擾，異姓並起，英俊烏集。秦失其鹿，天下共逐之，於是高材疾足者先得焉。跖之狗吠堯，堯非不仁，狗固吠非其主。當是時，臣唯獨知韓信，非知陛下也。且天下鋭精持鋒欲爲陛下所爲者甚衆，顧力不能耳。又可盡亨之邪？』高帝曰：『置之。』乃釋通之罪。

《漢書》卷三四《韓信傳》 韓信，淮陰人也。家貧無行，不得推擇爲吏，又不能治生爲商賈，常從人寄食。其母死無以葬，乃行營高燥地，令傍可置萬家者。信從下鄉南昌亭長食，亭長妻苦之，乃晨炊蓐食。食時信往，不爲具食。信亦知其意，自絶去。至城下釣，有一漂母哀之，飯信，竟漂數十日。信謂漂母曰：『吾必重報母。』母怒曰：『大丈夫不能自食，吾哀王孫而進食，豈望報乎！』淮陰少年又侮信曰：『雖長大，好帶刀劍，怯耳。』衆辱信曰：『能死，刺我；不能，出跨下。』於是信孰視，俛出跨下。一市皆笑信，以爲怯。

及項梁度淮，信乃杖劍從之，居戲下，無所知名。梁敗，又屬項羽，爲郎中。信數以策干項羽，羽弗用。漢王之入蜀，信亡楚歸漢，未得知名，爲連敖。坐法當斬，其疇十三人皆已斬，至信，信乃仰視，適見滕公，曰：『上不欲就天下乎？而斬壯士！』滕公奇其言，壯其貌，釋弗斬。與語，大説之，言於漢王。漢王以爲治粟都尉，上未奇之也。

數與蕭何語，何奇之。至南鄭，諸將道亡者數十人。信度何等已數言上，不我用，卽亡。何聞信亡，不及以聞，自追之。人有言上曰：『丞相何亡。』上怒，如失左右手。居一二日，何來謁。上且怒且喜，罵何曰：『若亡，何也？』何曰：『臣非敢亡，追亡者耳。』上曰：『所追者誰也？』曰：『韓信。』上復罵曰：『諸將亡者已十數，公無所追；追信，詐也。』何曰：『諸將易得，至如信，國士無雙。王必欲長王漢中，無所事信；必欲爭天下，非信無可與計事者。顧王策安決。』王曰：『吾亦欲東耳，安能鬱鬱久居此乎？』何曰：『王計必東，能用信，信卽留；不能用信，信終亡耳。』王曰：『吾爲公以爲將。』何曰：『雖爲將，信不留。』王曰：『以爲大將。』何曰：『幸甚。』於是王欲召信拜之。何曰：『王素嫚無禮，今拜大將如召小兒，此乃信所以去也。王必欲拜之，擇日齋戒，設壇場具禮，乃可。』王許之。諸將皆喜，人人各自以爲得大將。至拜，乃韓信也，一軍皆驚。

信已拜，上坐。王曰：『丞相數言將軍，將軍何以教寡人計策？』信謝，因問王曰：『今東鄉爭權天下，豈非項王邪？』上曰：『然。』信曰：『大王自料勇悍仁强孰與項王？』漢王默然良久，曰：『弗如也。』信再拜賀曰：『唯信亦以爲大王弗如也。然臣嘗事項王，請言項王爲人也。項王意烏猝嗟，千人皆廢，然不能任屬賢將，此特匹夫之勇也。項王見人恭謹，言語姁姁，人有病疾，涕泣分食飲，至使人有功，當封爵，刻印刓，忍不能予，此所謂婦人之仁也。項王雖霸天下而臣諸侯，不居關中而都彭城；又背義帝約，而以親愛王，諸侯不平。諸侯之見項王逐義帝江南，亦皆歸逐其主，自王善地。項王所過亡不殘滅，多怨百姓，百姓不附，特劫於威强服耳。名雖爲霸，實失天下心，故曰其强易弱。今大王誠能反其道，任天下武勇，何不誅！以天下城邑封功臣，何不服！以義兵從思東歸之士，何不散！且三秦王爲秦將，將秦子弟數歲，而所殺亡不可勝計，又欺其衆降諸侯。至新安，項王詐阬秦降卒二十餘萬人，唯獨邯、欣、翳脫。秦父兄怨此三人，痛於骨髓。今楚强以威王此三人，秦民莫愛也。大王之入武關，秋豪亡所害，除秦苛法，與民約，法三章耳，秦民亡不欲得大王王秦者。於諸侯之約，大王當王關中，關中民户知之。王失職之蜀，民亡不恨者。今王舉而東，三秦可傳檄而定也。』於是漢王大喜，自以爲得信晚。遂聽信計，部署諸將所擊。

漢王舉兵東出陳倉，定三秦。二年，出關，收魏、河南，韓、殷王皆降。令齊、趙共擊楚彭城，漢兵敗散而還。信復發兵與漢王會滎陽，復擊破楚京、索閒，以故楚兵不能西。

漢之敗郤彭城，塞王欣、翟王翳亡漢降楚，齊、趙、魏亦皆反，與楚和。漢王使酈生往説魏王豹，豹不聽，乃以信爲左丞相擊魏。信問酈生：『魏得毋用周叔爲大將乎？』曰：『柏直也。』信曰：『豎子耳。』遂進兵擊魏。魏盛兵蒲反，塞臨晉。信乃益爲疑兵，陳船欲度臨晉，而伏兵從夏陽以木罌缶度軍，襲安邑。魏王豹驚，引兵迎信。信遂虜豹，定河東，使人請漢王：『願益兵三萬人，臣請以北舉燕、趙，東擊齊，南絶楚之糧道，西與大王會於滎陽。』漢王與兵三萬人，遣張耳與俱，進擊趙、代。

破代，禽夏説閼與。信之下魏、代，漢輒使人收其精兵，詣滎陽以距楚。

信、耳以兵數萬，欲東下井陘擊趙。趙王、成安君陳餘聞漢且襲之，聚兵井陘口，號稱二十萬。廣武君李左車説成安君曰：『聞漢將韓信涉西河，虜魏王，禽夏説，新喋血閼與。今乃輔以張耳，議欲以下趙，此乘勝而去國遠鬭，其鋒不可當。臣聞「千里餽糧，士有飢色；樵蘇後爨，師不宿飽。」今井陘之道，車不得方軌，騎不得成列，行數百里，其勢糧食必在後。願足下假臣奇兵三萬人，從閒路絶其輜重；足下深溝高壘勿與戰。彼前不得鬭，退不得還，吾奇兵絶其後，野無所掠鹵，不至十日，兩將之頭可致戲下。願君留意臣之計，必不爲二子所禽矣。』成安君，儒者，常稱義兵不用詐謀奇計，謂曰：『吾聞兵法「什則圍之，倍則戰。」今韓信兵號數萬，其實不能，千里襲我，亦以罷矣。今如此避弗擊，後有大者，何以距之？諸侯謂吾怯，而輕來伐我。』不聽廣武君策。

信使間人窺知其不用，還報，則大喜，乃敢引兵遂下。未至井陘口三十里，止舍。夜半傳發，選輕騎二千人，人持一赤幟，從間道萆山而望趙軍，戒曰：『趙見我走，必空壁逐我，若疾入，拔趙幟，立漢幟。』令其裨將傳餐，曰：『今日破趙會食。』諸將皆嘸然，陽應曰：『諾。』信謂軍吏曰：『趙已先據便地壁，且彼未見大將旗鼓，未肯擊前行，恐吾阻險而還。』乃使萬人先行，出，背水陳。趙兵望見大笑。平旦，信建大將旗鼓，鼓行出井陘口，趙開壁擊之，大戰良久。於是信、張耳弃鼓旗，走水上軍，復疾戰。趙空壁爭漢鼓旗，逐信、耳。信、耳已入水上軍，軍皆殊死戰，不可敗。信所出奇兵二千騎者，候趙空壁逐利，即馳入趙壁，皆拔趙旗幟，立漢赤幟二千。趙軍已不能得信、耳等，欲還歸壁，壁皆漢赤幟，大驚，以漢爲皆已破趙王將矣，遂亂，遁走。趙將雖斬之，弗能禁。於是漢兵夾擊，破虜趙軍，斬成安君泜水上，禽趙王歇。

信乃令軍毋斬廣武君，有生得之者，購千金。頃之，有縛而至戲下者，信解其縛，東鄉坐，西鄉對，而師事之。

諸校效首虜休，皆賀，因問信曰：『兵法有「右背山陵，前左水澤」，今者將軍令臣等反背水陳，曰破趙會食，臣等不服。然竟以勝，此何術也？』信曰：『此在兵法，顧諸君弗察耳。兵法不曰「陷之死地而後生，投之亡地而後存」乎？且信非得素拊循士大夫，經所謂「毆市人而戰之」也，其勢非置死地，人人自爲戰；今即予生地，皆走，寧尚得而用之乎！』諸將皆服曰：『非所及也。』

於是問廣武君曰：『僕欲北攻燕，東伐齊，何若有功？』廣武君辭曰：『臣聞「亡國之大夫不可以圖存，敗軍之將不可以語勇。」若臣者，何足以權大事乎！』信曰：『僕聞之，百里奚居虞而虞亡，之秦而秦伯，非愚於虞而智於秦也，用與不用，聽與不聽耳。向使成安君聽子計，僕亦禽矣。僕委心歸計，願子勿辭。』廣武君曰：『臣聞「智者千慮，必有一失；愚者千慮，亦有一得。」故曰「狂夫之言，聖人擇焉。」顧恐臣計未足用，願效愚忠。故成安君有百戰百勝之計，一日而失之，軍敗鄗下，身死泜水上。今足下虜魏王，禽夏説，不旬朝破趙二十萬衆，誅成安君。名聞海内，威震諸侯，衆庶莫不輟作怠惰，靡衣媮食，傾耳以待命者。然而衆勞卒罷，其實難用也。今足下舉勌敝之兵，頓之燕堅城之下，情見力屈，欲戰不拔，曠日持久，糧食單竭。若燕不破，齊必距境而以自强。二國相持，則劉項之權未有所分也。臣愚，竊以爲過矣。』信曰：『然則何由？』廣武君對曰：『當今之計，不如按甲休兵，百里之内，牛酒日至，以饗士大夫，北首燕路，然後發一乘之使，奉咫尺之書，以使燕，燕必不敢不聽。從燕而東臨齊，雖有智者，亦不知爲齊計矣。如是，則天下事可圖也。兵故有先聲而後實者，此之謂也。』信曰：『善。敬奉教。』於是用廣武君策，發使燕，燕從風而靡。乃遣使報漢，因請立張耳王趙以撫其國。漢王許之。

楚數使奇兵度河擊趙，王耳、信往來救趙，因行定趙城邑，發卒佐漢。楚方急圍漢王滎陽，漢王出，南之宛、葉，得九江王布，入成皋，楚復急圍之。四年，漢王出成皋，度河，獨與滕公從張耳軍脩武。至，宿傳舍。晨自稱漢使，馳入壁。張耳、韓信未起，即其卧，奪其印符，麾召諸將易置之。信、耳起，乃知獨漢王來，大驚。漢王奪兩人軍印，即令張耳備守趙地，拜信爲相國，發趙兵未發者擊齊。信引兵東，未度平原，聞漢王使酈食其已説下齊。信欲止，蒯通説信令擊齊。語在通傳。信然其計，遂渡河，襲歷下軍，至臨菑。齊王走高密，使使於楚請救。信已定臨菑，東追至高密西。楚使龍且將，號稱二十萬，救齊。

齊王、龍且并軍與信戰，未合。或説龍且曰：『漢兵遠鬭，窮寇久

戰，鋒不可當也。齊、楚自居其地戰，兵易敗散。不如深壁，令齊王使其信臣招所亡城，城聞王在，楚來救，必反漢。漢二千里客居齊，齊城皆反之，其勢無所得食，可毋戰而降也。』龍且曰：『吾平生知韓信爲人，易與耳。寄食於漂母，無資身之策；受辱於跨下，無兼人之勇，不足畏也。且救齊而降之，吾何功？今戰而勝之，齊半可得，何爲而止！』遂戰，與信夾濰水陳。信乃夜令人爲萬餘囊，盛沙以壅水上流，引兵半度，擊龍且。陽不勝，還走。且果喜曰：『固知信怯。』遂追度水。信使人決壅囊，水大至。龍且軍太半不得度，即急擊，殺龍且。龍且水東軍散走，齊王廣亡去。信追北至城陽，虜廣。楚卒皆降，遂平齊。

使人言漢王曰：『齊夸詐多變，反覆之國，南邊楚，不爲假王以塡之，其執不定。今權輕，不足以安之，臣請自立爲假王。』當是時，楚方急圍漢王於滎陽，使者至，發書，漢王大怒，罵曰：『吾困於此，旦暮望而來佐我，乃欲自立爲王！』張良、陳平伏後躡漢王足，因附耳語曰：『漢方不利，寧能禁信之自王乎？不如因立，善遇之，使自爲守。不然，變生。』漢王亦寤，因復罵曰：『大丈夫定諸侯，即爲眞王耳，何以假爲！』遣張良立信爲齊王，徵其兵使擊楚。

楚以亡龍且，項王恐，使盱台人武涉往説信曰：『足下何不反漢與楚？楚王與足下有舊故。且漢王不可必，身居項王掌握中數矣，然得脫，背約，復擊項王，其不可親信如此。今足下雖自以爲與漢王爲金石交，然終爲漢王所禽矣。足下所以得須臾至今者，以項王在。項王即亡，次取足下。何不與楚連和，三分天下而王齊？今釋此時，自必於漢王以擊楚，且爲智者固若此邪！』信謝曰：『臣得事項王數年，官不過郎中，位不過執戟，言不聽，畫策不用，故背楚歸漢。漢王授我上將軍印，數萬之衆，解衣衣我，推食食我，言聽計用，吾得至於此。夫人深親信我，背之不祥。幸爲信謝項王。』武涉已去，蒯通知天下權在於信，深説以三分天下，鼎足而王。語在通傳。信不忍背漢，又自以功大，漢王不奪我齊，遂不聽。漢王之敗固陵，用張良計，徵信將兵會垓下。項羽死，高祖襲奪信軍，徙信爲楚王，都下邳。

信至國，召所從食漂母，賜千金。及下鄉亭長，錢百，曰：『公，小人，爲德不竟。』召辱己少年令出跨下者，以爲中尉，告諸將相曰：『此壯士也。方辱我時，寧不能死？死之無名，故忍而就此。』

項王亡將鍾離眛家在伊廬，素與信善。項王敗，眛亡歸信。漢怨眛，聞在楚，詔楚捕之。信初之國，行縣邑，陳兵出入。有變告信欲反，書聞，上患之。用陳平謀，僞游於雲夢者，實欲襲信，信弗知。高祖且至楚，信欲發兵，自度無罪；欲謁上，恐見禽。人或説信曰：『斬眛謁上，上必喜，亡患。』信見眛計事，眛曰：『漢所以不擊取楚，以眛在。公若欲捕我自媚漢，吾今死，公隨手亡矣。』乃罵信曰：『公非長者！』卒自剄。信持其首謁於陳。高祖令武士縛信，載後車。信曰：『果若人言，「狡兔死，良狗亨。」』上曰：『人告公反。』遂械信。至雒陽，赦以爲淮陰侯。

信知漢王畏惡其能，稱疾不朝從。由此日怨望，居常鞅鞅，羞與絳、灌等列。嘗過樊將軍噲，噲趨拜送迎，言稱臣，曰：『大王乃肯臨臣。』信出門，笑曰：『生乃與噲等爲伍！』

上嘗從容與信言諸將能各有差。上問曰：『如我，能將幾何？』信曰：『陛下不過能將十萬。』上曰：『如公何如？』曰：『如臣，多多益辦耳。』上笑曰：『多多益辦，何爲爲我禽？』信曰：『陛下不能將兵，而善將將，此乃信之爲陛下禽也。且陛下所謂天授，非人力也。』

後陳豨爲代相監邊，辭信，信挈其手，與步於庭數匝，仰天而嘆曰：『子可與言乎？吾欲與子有言。』豨因曰：『唯將軍命。』信曰：『公之所居，天下精兵處也，而公，陛下之信幸臣也。人言公反，陛下必不信；再至，陛下乃疑；三至，必怒而自將。吾爲公從中起，天下可圖也。』陳豨素知其能，信之，曰：『謹奉教！』

漢十年，豨果反，高帝自將而往，信稱病不從。陰使人之豨所，而與家臣謀，夜詐赦諸官徒奴，欲發兵襲呂后、太子。部署已定，待豨報。其舍人得罪信，信囚，欲殺之。舍人弟上書變告信欲反狀於呂后。呂后欲召，恐其黨不就，乃與蕭相國謀，詐令人從帝所來，稱豨已死，羣臣皆賀。相國紿信曰：『雖病，强入賀。』信入，呂后使武士縛信，斬之長樂鍾室。信方斬，曰：『吾不用蒯通計，反爲女子所詐，豈非天哉！』遂夷信三族。

高祖已破豨歸，至，聞信死，且喜且哀之，問曰：『信死亦何言？』

呂后道其語。高祖曰：『此齊辯士蒯通也。』召欲亨之。通至自説，釋弗誅。語在通傳。

綜　述

《史記》卷七《項羽本紀》　項王聞淮陰侯已舉河北，破齊、趙，且欲擊楚，乃使龍且往擊之。淮陰侯與戰，騎將灌嬰擊之，大破楚軍，殺龍且。韓信因自立爲齊王。項王聞龍且軍破，則恐，使盱台人武涉往説淮陰侯。淮陰侯弗聽。【略】

漢五年，漢王乃追項王至陽夏南，止軍，與淮陰侯韓信、建成侯彭越期會而擊楚軍。至固陵，而信、越之兵不會。楚擊漢軍，大破之。漢王復入壁，深塹而自守。謂張子房曰：『諸侯不從約，爲之奈何？』對曰：『楚兵且破，信、越未有分地，其不至固宜。君王能與共分天下，今可立致也。卽不能，事未可知也。君王能自陳以東傅海，盡與韓信；睢陽以北至穀城，以與彭越：使各自爲戰，則楚易敗也。』漢王曰：『善。』於是乃發使者告韓信、彭越曰：『幷力擊楚。楚破，自陳以東傅海與齊王，睢陽以北至穀城與彭相國。』使者至，韓信、彭越皆報曰：『請今進兵。』韓信乃從齊往，劉賈軍從壽春並行，屠城父，至垓下。大司馬周殷叛楚，以舒屠六，隨劉賈、彭越皆會垓下，詣項王。

又　卷八《高祖本紀》　漢王之國，項王使卒三萬人從，楚與諸侯之慕從者數萬人，從杜南入蝕中。去輒燒絶棧道，以備諸侯盜兵襲之，亦示項羽無東意。至南鄭，諸將及士卒多道亡歸，士卒皆歌思東歸。韓信説漢王曰：『項羽王諸將之有功者，而王獨居南鄭，是遷也。軍吏士卒皆山東之人也，日夜跂而望歸，及其鋒而用之，可以有大功。天下已定，人皆自寧，不可復用。不如決策東鄉，爭權天下。』【略】

淮陰已受命東，未渡平原。漢王使酈生往説齊王田廣，廣叛楚，與漢和，共擊項羽。韓信用蒯通計，遂襲破齊。齊王烹酈生，東走高密。項羽聞韓信已舉河北兵破齊、趙，且欲擊楚，則使龍且、周蘭往擊之。韓信與戰，騎將灌嬰擊，大破楚軍，殺龍且。齊王廣犇彭越。當此時，彭越將兵居梁地，往來苦楚兵，絶其糧食。【略】

齊王韓信習楚風俗，徙爲楚王，都下邳。【略】

後十餘日，封韓信爲淮陰侯，分其地爲二國。【略】

春，淮陰侯韓信謀反關中，夷三族。

又　卷二四《曹相國世家》　高祖三年，拜爲假左丞相，入屯兵關中。月餘，魏王豹反，以假左丞相別與韓信東攻魏將軍孫遬軍東張，大破之。因攻安邑，得魏將王襄。擊魏王於曲陽，追至武垣，生得魏王豹。取平陽，得魏王母妻子，盡定魏地，凡五十二城。賜食邑平陽。因從韓信擊趙相國夏説軍於鄔東，大破之，斬夏説。韓信與故常山王張耳引兵下井陘，擊成安君，而令參還圍趙別將戚將軍於鄔城中。戚將軍出走，追斬之。乃引兵詣敖倉漢王之所。韓信已破趙，爲相國，東擊齊。參以右丞相屬韓信，攻破齊歷下軍，遂取臨菑。還定濟北郡，攻著、漯陰、平原、鬲、盧。已而從韓信擊龍且軍於上假密，大破之，斬龍且，虜其將軍周蘭。定齊，凡得七十餘縣。得故齊王田廣相田光，其守相許章，及故齊膠東將軍田既。韓信爲齊王，引兵詣陳，與漢王共破項羽，而參留平齊未服者。

又　卷一三〇《太史公自序》　楚人迫我京索，而信拔魏趙，定燕齊，使漢三分天下有其二，以滅項籍。作淮陰侯列傳第三十二。【略】

於是漢興，蕭何次律令，韓信申軍法，張蒼爲章程，叔孫通定禮儀，則文學彬彬稍進，詩書往往間出矣。

《漢書》卷一上《高帝紀》　韓信爲治粟都尉，亦亡去，蕭何追還之，因薦於漢王，曰：『必欲爭天下，非信無可與計事者。』於是漢王齊戒設壇場，拜信爲大將軍，問以計策。信對曰：『項羽背約而王君王於南鄭，是遷也。吏卒皆山東之人，日夜企而望歸，及其鋒而用之，可以有大功。天下已定，民皆自寧，不可復用。不如決策東向。』因陳羽可圖三秦易幷之計。漢王大説，遂聽信策，部署諸將。留蕭何收巴蜀租，給軍糧食。

又　卷一〇〇下《敍傳》　信惟餓隸，布實黥徒，越亦狗盗，芮尹江湖。雲起龍襄，綰自同閈，鎮我北疆，德薄位尊，非胙惟殃。吳克忠信，胤嗣乃長。述韓彭英盧吳傳第四。

《史記》卷二五《留侯世家》 至下邑，漢王下馬踞鞍而問曰：「吾欲捐關以東等弃之，誰可與共功者？」良進曰：「九江王黥布，楚梟將，與項王有郄，彭越與齊王田榮反梁地，此兩人可急使。而漢王之將獨韓信可屬大事，當一面。卽欲捐之，捐之此三人，則楚可破也。」漢王乃遣隨何說九江王布，而使人連彭越。及魏王豹反，使韓信將兵擊之，因舉燕、代、齊、趙。然卒破楚者，此三人力也。

又 卷二六《陳丞相世家》 漢六年，人有上書告楚王韓信反。高帝問諸將，諸將曰：「亟發兵坑豎子耳。」高帝默然。問陳平，平固辭謝，曰：「諸將云何？」上具告之。陳平曰：「人之上書言信反，有知之者乎？」曰：「未有。」曰：「信知之乎？」曰：「不知。」陳平曰：「陛下精兵孰與楚？」上曰：「不能過。」平曰：「陛下將用兵有能過韓信者乎？」上曰：「莫及也。」平曰：「今兵不如楚精，而將不能及，而舉兵攻之，是趣之戰也，竊爲陛下危之。」上曰：「爲之奈何？」平曰：「古者天子巡狩，會諸侯。南方有雲夢，陛下第出僞游雲夢，會諸侯於陳。陳，楚之西界，信聞天子以好出游，其勢必無事而郊迎謁。謁，而陛下因禽之，此特一力士之事耳。」高帝以爲然，乃發使告諸侯會陳，「吾將南游雲夢」。上因隨以行。行未至陳，楚王信果郊迎道中。高帝豫具武士，見信至，卽執縛之，載後車。信呼曰：「天下已定，我固當烹！」高帝顧謂信曰：「若毋聲！而反，明矣！」武士反接之。遂會諸侯于陳，盡定楚地。還至雒陽，赦信以爲淮陰侯，而與功臣剖符定封。

《漢書》卷六七《梅福傳》 臣聞箕子佯狂於殷，而爲周陳洪範；叔孫通遁秦歸漢，制作儀品。夫叔孫先非不忠也，箕子非疏其家而畔親也，不可爲言也。昔高祖納善若不及，從諫若轉圜，聽言不求其能，舉功不考其素。陳平起於亡命而爲謀主，韓信拔於行陳而建上將。故天下之士雲合歸漢，爭進奇異，知者竭其策，愚者盡其慮，勇士極其節，怯夫勉其死。合天下之知，并天下之威，是以舉秦如鴻毛，取楚若拾遺，此高祖所以亡敵於天下也。

又 卷八九《循吏傳·朱邑》 昔陳平雖賢，須魏倩而後進；韓信雖奇，賴蕭公而後信。

《史記》卷九二《淮陰侯列傳》 太史公曰：吾如淮陰，淮陰人爲余言，韓信雖爲布衣時，其志與衆異。其母死，貧無以葬，然乃行營高敞地，令其旁可置萬家。余視其母冢，良然。假令韓信學道謙讓，不伐己功，不矜其能，則庶幾哉，於漢家勳可以比周、召、太公之徒，後世血食矣。不務出此，而天下已集，乃謀畔逆，夷滅宗族，不亦宜乎！

漢·蔡邕《東觀漢記》卷一四 昔者韓信將兵，無敵天下，功不世出，略不再見，威執項羽，名出高帝，不知天時，就烹於漢。

《後漢書》卷一九《耿弇傳》 帝謂弇曰：「昔韓信破歷下以開基，今將軍攻祝阿以發迹，此皆齊之西界，功足相方。而韓信襲擊已降，將軍獨拔勍敵，其功乃難於信也。又田橫亨酈生，及田橫降，高帝詔衞尉不聽爲仇。張步前亦殺伏隆，若步來歸命，吾當詔大司徒釋其怨，又事尤相類也。將軍前在南陽建此大策，常以爲落落難合，有志者事竟成也！」

又 卷二七《吳良傳》 顯宗以示公卿曰：「前以事見良，鬚髮皓然，衣冠甚偉，夫薦賢助國，宰相之職，蕭何舉韓信，設壇而拜，不復考試。今以良爲議郎。」

又 卷七一《皇甫嵩傳》 昔韓信不忍一餐之遇，而弃三分之業，利劍已揣其喉，方發悔毒之歎者，機失而謀乖也。

三國魏·劉劭《人物志》卷上《流業第三》 膽力絶衆，才畧過人，是謂驍雄，白起、韓信是也。

《三國志》卷一三《魏志·鍾毓傳》 爽方欲增兵，毓與書曰：「竊以爲廟勝之策，不臨矢石。王者之兵，有征無戰。誠以干戚可以服有苗，退舍足以納原寇，不必縱吳漢於江關，騁韓信於井陘也。見可而進，知難而退，蓋自古之政。惟公侯詳之。」

《晉書》卷四五《劉毅傳》 陳平、韓信笑侮於邑里，而收功於帝王；屈原、伍胥不容於人主，而顯名於竹帛，是篤論之所明也。

唐·司馬貞《史記索隱》卷九二《淮陰侯列傳》 君臣一體，自古所難。相國深薦，策拜登壇。沈沙決水，拔幟傳飧。與漢漢重，歸楚楚安。三分不議，僞遊可歎。

《晉書》卷六一《苟晞傳》 司馬元超爲宰相不平，使天下淆亂，苟

道將豈可以不義使之？韓信不忍衣食之惠，死於婦人之手。今將誅國賊，尊王室，桓文豈遠哉。

又 卷七七《蔡克傳》 夫以白起、韓信、項籍之勇，猶發梁焚舟，背水而陣。

《梁書》卷五六《侯景傳》 韓信雄桀，亡項霸漢，末爲女子所烹，方悔蒯通之説。

《周書》卷三六《劉志傳》 史臣曰：昔陽貨外叛，庶其竊邑，而《春秋》譏之。韓信背項，陳平歸漢，而史遷美之。

《隋書》卷四〇《元胄傳》 史臣曰：昔韓信惌垓下之期，則項王不滅，英布無淮南之舉，則漢道未隆。

唐·歐陽詢等《藝文類聚》卷四五 灼灼淮陰，靈武冠世。策出無方，思入神契。陵險必夷，摧剛則脆。肇謀漢濱，還定渭表。濟河夷魏，登山滅趙。威掠火烈，勢踰風掃。拾代如遺，偃齊猶草。

唐·杜牧《樊川文集》卷七 周有齊太公，秦有王翦，兩漢有韓信、趙充國、耿弇、虞詡、段熲，魏有司馬懿，吳有周瑜，蜀有諸葛武侯，晉有羊祜、杜公元凱，梁有韋叡，元魏有崔浩，周有韋孝寬，隋有楊素，國朝李靖、李勣、裴行儉、郭元振，如此人者，當其一時，其所出計畫，皆考古校今，奇秘長遠，策先定於內，功後成於外。

宋·司馬光《資治通鑑》卷一二《漢紀四》 世或以韓信爲首建大策，與高祖起漢中，定三秦，遂分兵以北，禽魏，取代，僕趙，脅燕，東擊齊而有之，南滅楚垓下，漢之所以得天下者，大抵皆信之功也。觀其距蒯徹之説，迎高祖於陳，豈有反心哉！良由失職怏怏，遂陷悖逆。夫以盧綰里閈舊恩，猶南面王燕，信乃以列侯奉朝請，豈非高祖亦有負於信哉！臣以爲高祖用詐謀禽信於陳，言負則有之；雖然，信亦有以取之也。始，漢與楚相距滎陽，信滅齊，不還報而自王；其後漢追楚至固陵，與信期共攻楚而信不至。當是之時，高祖固有取信之心矣，顧力不能耳。及天下已定，則信復何恃哉！夫乘時以徼利者，市井之志也；酬功而報德者，士君子之心也。信以市井之志利其身，而以君子之心望於人，不亦難哉！是故太史公論之曰：『假令韓信學道謙讓，不伐己功，不矜其能，則庶幾哉！於漢家勳，可以比周、召、太公之徒，後世血食矣！不務出此，而天下已集，乃謀畔逆；夷滅宗族，不亦宜乎！

宋·李昉等《太平御覽》卷二七三《兵部四·將帥下》 何晏《韓白論》曰：此兩將者，殆蚩尤之敵，蓋開闢所稀有也。何者爲勝也？或曰：白起功多，前史以爲出奇無窮。欲窺滄海，白起爲勝。若夫韓信，斷幡以覆軍，拔旗以流血，其以取勝，非復人力也，亦可謂奇之又奇者哉。白起之破趙軍，詐奔而斷其糧道。取勝之比，皆此類也。所謂可奇於不奇之間矣，安得比其奇之又奇者哉！

宋·何其非《何博士備論》卷下《魏論下》 言兵無若孫武，用兵無若韓信、曹公。武雖以兵爲書，而不甚見於其所自用。韓信不自爲書，曹公雖爲而不見於後世。然而傳稱二人者之學皆出於武，是以能神於用而不窮。竊嘗聞之，武之十三篇，天下之學兵者所通誦也。使其皆知所以用之，則天下孰不爲韓、曹也？以韓、曹未有繼於後世，則凡得武之書伏而讀之者，未必皆能辨於戰也。

宋·陳亮《龍川集》卷九 漢高帝所藉以取天下者，固非一人之力，而蕭何、韓信、張良蓋傑然於其間。天下既定，而不免於疑。於是張良以神仙自脱；蕭何以謹畏自保；韓信以蓋世之功，進退無以自明。蕭何能知之於未用之先，而卒不能保其非叛，方且借信以爲保。

宋·洪邁《容齋隨筆》卷一四《漢祖三詐》 漢高祖用韓信爲大將，而三以詐臨之：信既定趙，高祖自成皋度河，晨自稱漢使馳入信壁，信未起，即其卧，奪其印符，麾召諸將易置之；項羽死，則又襲奪其軍；卒之僞遊雲夢而縛信。夫以豁達大度開基之主，所行乃如是，信之終於謀逆，蓋有以啓之矣。

宋·陳埴《木鐘集》卷一一 韓信登壇之日，畢陳平生之畫畧，論楚之所以失，及漢之所以得，漢一日舉兵而東，秦民其爲沛公耶，爲三降將耶，此三秦還定之謀。

明·王世貞《弇州四部稿》卷一四〇 淮陰之初説高也，高密之初説光武也，武鄉之初説昭烈也，若懸券而責之，又若合契焉！噫。可謂才也已矣！

《明史》卷一三五《葉兑傳》 取天下者，必有一定之規模。韓信初見高祖，畫楚、漢成敗；孔明卧草廬，與先主論三分形勢者是也。

唐·王珪《詠淮陰侯》 秦王日凶慝，豪傑爭共亡。信亦胡爲者，劍歌從項梁。項羽不能用，脱身歸漢王。道契君臣合，時來名位彰。北討燕承命，東驅楚絶糧。斬龍堰濉水，擒豹熠夏陽。功成享天禄，建旗還南昌。千金一作金千答漂母，百錢一作錢百酬下鄉。吉凶成糾纏，倚伏難預詳。弓藏狡兔盡，慷慨念心傷。

唐·韋莊《浣花集》卷四《題淮陰侯廟》 滿把椒漿奠楚祠，碧幢黄鉞舊英威。能扶漢代成王業，忍見唐民陷戰機。雲夢去時高鳥盡，淮陰歸日故人稀。如何不借平齊策，空看長星落賊圍。

唐·羅隱《羅昭諫集》卷四《書淮陰侯傳》 寒燈挑盡見遺塵，試瀝椒漿合有神。莫恨高皇不終始，滅秦謀項是何人。

又 卷四《韓信廟》 剪項移秦勢自雄，布衣還是負深功。寡妻稚女俱堪恨，卻把餘杯奠蒯通。

又 卷九《漂母塚》 寂寂荒墳一水濱，蘆洲絶島自相親。青娥已落淮邊月，白骨甘爲泉下塵。原上荻花飄素髮，道傍菰葉碎羅巾。雖然寂寞千秋魄，猶是韓侯舊主人。

唐·劉禹錫《劉賓客文集》卷二四《韓信廟》 將略兵機命世雄，蒼黄鍾室歎良弓。遂令後代登壇者，每一尋思怕立功。

唐·許渾《丁卯集箋注·韓信廟》 朝言雲夢暮南巡，已爲功名少退身。盡握兵權猶不得，更將心計託何人。

唐·李白《李太白全集》卷八《贈新平少年》 韓信在淮陰，少年相欺淩。屈體若無骨，壯心有所憑。一遭龍顏君，嘯吒從此興。千金答漂母，萬古共嗟稱。而我竟何爲，寒苦坐相仍。長風入短袂，兩手如懷冰。故友不相恤，新交寧見矜。摧殘檻中虎，羈紲韝上鷹。何時騰風雲，搏擊申所能。

唐·李紳《卻過淮陰弔韓信廟》 功高自棄漢元臣，遺廟陰森楚水濱。英主任賢增虎翼，假王徼福犯龍鱗。賤能忍恥卑狂少，貴乏懷忠近佞人。徒用千金酬一飯，不知明哲重防身。

唐·李瀚《蒙求》 葛亮顧廬，韓信升壇。

唐·胡曾《詠史詩·泜水》 韓信經營按鏌鋣，臨戎叱吒有誰加。猶疑轉戰逢勍敵，更向軍中問左車。

又 《雲夢》 漢祖聽讒不可防，僞遊韓信果罹殃。十年辛苦平天下，何事生擒入帝鄉。

唐·劉長卿《劉隨州集》卷二《經漂母墓》 昔賢懷一飯，兹事已千秋。古墓樵人識，前朝楚水流。渚蘋行客薦，山木杜鵑愁。春草茫茫緑，王孫舊此遊。

唐·汪遵《淮陰》 秦季賢愚混不分，只應漂母識王孫。歸榮便累千金贈，爲報當時一飯恩。

唐·崔國輔《漂母岸》 泗水入淮處，南邊古岸存。秦時有漂母，於此飯王孫。王孫初未遇，寄食何足論。後爲楚王來，黄金答母恩。事迹遺在此，空傷千載魂。茫茫水中渚，上有一孤墩。遙望不可到，蒼蒼煙樹昏。幾年崩塚色，每日落潮痕。古地多堙圮，時哉不敢言。向夕淚沾裳，遂宿蘆洲村。

宋·田錫《千金答漂母行》 止水明沈沈，鑑貌未鑑心。丹鳳舞蹌蹌，知聲未知音。楚土欲圖霸，不識韓淮陰。淮陰漂母家，獨得千黄金。

宋·陳郁《讀唐子西漂母傳》 識得英雄爲理貧，果能誅項滅三秦。老增事去方撞斗，羞見沙頭澼絖人。

宋·金朋説《漂母堂》 惻隱殊無一念仁，誰能推食食王孫。紛紛天下奇男子，不及淮陰一婦人。

宋·文天祥《文山集》卷二〇《讀史》 自古英雄士，還爲薄命人。孔明登四十，韓信過三旬。壯志摧龍虎，高詞泣鬼神。一朝事千古，何用怨青春。

宋·王安石《臨川文集》卷九《韓信》 韓信寄食常歉然，邂逅漂母能哀憐。當時噲等何由伍，但有淮陰惡少年。誰道蕭曹刀筆吏，從容一語知人意。壇上平明大將旗，舉軍盡驚王不疑。救兵半楚濰半沙，從初龍且聞信怯。鴻溝天下已横分，談笑重來卷楚氛。但以怯名終得羽，誰爲孔費兩將軍。

又 卷三二《韓信》 貧賤侵凌富貴驕，功名無復在芻蕘。將軍北

面師降虜，此事人間久寂寥。

宋・王洋《東牟集》卷六《葉雲仰之謂予有隨軒人作無眞詩誚仰之用前韻》　方外參軍語太賒，文茵萋斐錦成霞。齊王國印封韓信，古戰場文識李華。不醉而狂烏變白，以無爲有古生花。哧燕書自何人計，只問軍中李左車。

宋・樂雷發《雪磯叢稿》卷四《詠史六首・韓信》　愁看鐘室劈良弓，何不當時殺蒯能。今日眞王成底事，只應娥姁是英雄。

宋・馮京《題寺壁》　韓信棲遲項羽窮，手提長劍喝秋風。吁嗟天下蒼生眼，不識男兒未濟中。

宋・田錫《咸平集》卷一八《雉媒》　東風麥壟青，白日桑陰清。一雉欲媒衆，衆雉無猜情。五步一飲啄，十步一飛鳴。暗中觸駭機，鏃發如流星。洞徹羽毛質，低摧錦繡翎。郤宛若召客，子常非好兵。讒言既交構，禍難卽隨生。齊王聽遊説，韓信急功名。三軍雖罷戍，一命遽遭烹。

宋・劉克莊《讀韓信馬援傳一首》　伏波自託眞主，淮陰願爲假王。病厭鳶飛鼓躁，晚悲鳥盡弓藏。

宋・張耒《柯山集》卷二一《韓信》　登壇一日冠羣雄，鍾室倉皇念蒯通。能用能誅誰計策，嗟君終自愧蕭公。

又　卷二二《韓信祠》　千金一飯恩猶報，南面稱孤豈遽忘。何待陳侯乃中起，不思蕭相在咸陽。

又　卷二二《題淮陰侯廟》　雲夢何須僞出遊，遭讒猶得故鄉侯。平生蕭相眞知己，何事還同女子謀。

宋・張俞《韓信壇》　漢用亡臣策，登壇授鉞時。須知數仞土，曾立太平基。

宋・楊萬里《誠齋集》卷二七《過淮陰縣題韓信廟前用唐律後用進退格》　來時月黑過淮陰，歸路天花舞故城。一劍光寒千古淚，三家市出萬人英。少年跨下安無忤，老父圯邊愕不平。人物若非觀歲暮，淮陰何必減宣城。【略】

鴻溝秪道萬夫雄，雲夢何銷武士功。九死不分天下鼎，一生還負室前鐘。古來犬斃愁無蓋，此後禽空悔作弓。兵火荒餘非舊廟，三間破屋兩株松。

宋・釋如淨《偈頌十二首》　韓信造浮橋，李廣入布袋。一箭透雙關，乾坤無掛礙。

宋・陳普《石堂先生遺集》卷二〇《詠史上・韓信三首》　蹀血中原不用驕，論功何似禹乘橇。始終兩漢無留葛，誰與塵編慰寂寥。【略】

羣龍共帝牧羊兒，縞素能開四百基。蒯徹亦生天地裏，欲將口舌奪民彝。【略】

良日登壇計策行，酸鹹甘苦共杯羹。不須握手師陳豨，修武高眠已合烹。

金・趙秉文《滏水集》卷三《井陘韓信廟》　朝涉滹沱流，驅馬望太行。暮投井陘宿，僕痡馬玄黃。地瘠靳春色，山高易夕陽。暮天飛鳥盡，佇立向蒼茫。

宋・胡宏《五峯集》卷一《韓信》　功成全仗漢家兵，眞是英雄不藉人。禽了項王知退步，定騎箕尾上天津。

宋・柴望《雲夢》　紀生尚可稱皇帝，韓信何妨作假王。今日僞遊眞是僞，只因一躡誤高皇。

宋・梅堯臣《宛陵集》卷四〇《淮陰侯廟》　韓信未遇時，忍飢坐垂釣。歸來淮陰市，又復逢惡少。使之出胯下，一市皆大笑。龍蛇忽雲騰，蛭螾豈能料。亡命乃爲將，出奇還破趙。用兵不患多，所向孰敢摽。功名塞天地，剪刈等蒿藋。於今千百年，水上見孤廟。鷺銜葭下魚，相呼尚鳴叫。高皇四海平，有酒不共釂。古來稱英雄，去就可以照。

又　《淮陰》　天下滔滔久厭秦，英雄蛇鼠竄荆榛。少年豪横知多少，不及沙頭一婦人。

又　卷四七《淮陰侯》　功既高天下，身何不自防。已能成漢業，無復假齊王。復恥噲爲伍，安知呂所忘。空名流未竭，淮水共湯湯。

宋・張嵲《紫微集》卷七《張文潛作淮陰侯詩有平生蕭相眞知己何事還同女子謀句因爲蕭相代答一首》　當日追亡如不及，豈於今日故相圖。身如累卵君知否，方買民田俗自汙。

宋・邵雍《擊壤集》卷二《題淮陰侯廟十首》　一身作亂宜從戮，三族全夷似少恩。漢道是時初雜霸，蕭何王佐殆非尊。【略】

據立大功非不智，復貪王爵似專愚。造成四百年炎漢，纔得安寧反受

誅。【略】

生身既得逢眞主，立事何須作假王。誰謂禍階從此始，不宜回首怨高皇。【略】

一時韓信爲良犬，千古蕭何作霸臣。彼此並干名教罪，罪猶不逮謂斯人。又韓信事劉元不叛，蕭何惑漢竟生疑。當初若聽蒯通語，高祖功名未可知。【略】

雖則有才兼有智，存亡進退處非眞。五湖依舊煙波在，范蠡無人繼後塵。【略】

若非韓信難除項，不得蕭何莫制韓。天下須知無一手，苟非高祖用蕭難。【略】

漢家基定議功勳，異姓封王有五人。不似淮陰最雄傑，敢教根固又生秦。【略】

韓信恃功前慮寡，漢皇負德尚權安。幽囚必欲擒來斬，固要加諸甚不難。【略】

若履暴榮須暴辱，既經多喜必多憂。功成能讓封王印，世世長爲列土侯。

宋・陳郁《讀淮陰侯傳》 必得眞王乃鎮齊，假王雖有亦奚爲。區區品姥何能爾，自是將軍不三思。

宋・鄭獬《鄖溪集》卷二七《題淮陰侯廟》 漢高不得淮陰將，天下雌雄未可知。力勸君王回蜀道，便攜諸將破秦師。故人斬首誠非策，女子陰謀遂見欺。終使英雄鑑成敗，未圖功業自先疑。

宋・俞汝尚《過淮陰侯廟》 當時謀戰不謀安，將衆多多是禍端。萬壘在前攻掠易，四方無事保全難。曉堂鐘鼓修淮祀，古壁旌旗擁漢官。天下息肩兵革定，一瞻祀宇一長歎。

清・潘永因《宋稗類鈔》卷五《［宋］錢昆〈題淮陰侯廟〉》 築臺拜日恩雖厚，躡足封時慮已深。隆準早知同鳥喙，將軍應起五湖心。

宋・黄庭堅《山谷外集》卷一二《淮陰侯》 韓生沈鷙非悍勇，笑出胯下良自重。滕公不斬世未知，蕭相自追王始用。成安書生自聖賢，左仁右聖兵在咽。萬人背水亦書意，獨驅市井收萬全。功成廣武坐東向，人言將軍眞漢將。兔死狗烹姑置之，此事已足千年垂。君不見丞相商君用秦國，平生趙良頭雪白。

又《韓信》 韓生高才跨一世，劉項存亡翻手耳。終然不忍負沛公，頗似從容得天意。成皋日夜望救兵，取齊自重身已輕。躡足封王能早寤，豈恨淮陰食千户。雖知天下有所歸，獨憐身與噲等齊。蒯通狂説不足撼，陳豨孺子胡能爲。予嘗貰酒淮陰市，韓信廟前木十圍。千年事與浮雲去，想見留侯決是非。丈夫出身佐明主，用舍行藏可自知。功名邂逅軒天地，萬事當觀失意時。

宋・袁説友《東塘集》卷七《和陸成父司户過淮陰縣韻三首》 論功久已冠羣侯，更欲王齊願自留。從此朝家若懲創，王侯應得戒非劉。【略】

當年三傑共封侯，誰念淮陰爲漢留。不是向來曾躡足，未容平勃獨安劉。【略】

誰云追信屬酇侯，政爲高皇意欲留。歲晚不疑雲夢計，那知大業已興劉。

元・李思衍《漂母墓》 登壇拋卻釣魚竿，廟食難酬一飯恩。春老五陵佳氣歇，近來誰復念王孫。

元・黄庚《題漂母飯信圖》 國士無雙未肯臣，漢皇眼力欠精神。築壇直待追亡後，不及溪邊一婦人。

元・劉因《靜修集》卷四《井陘淮陰侯廟二首》 飢僮羸馬倦重遊，萬將分兵坐此籌。滅項豈知秦尚在，奪齊便覺漢無憂。英彭一體誰遺類，絳灌諸孫自列侯。愛殺鹿泉泉下水，亂山百折只東流。【略】

許身良犬笑君癡，怏怏難勝已自危。智數相推難免死，才名如此豈無疑。兩年藩鎮眞猶假，十載君臣喜又悲。最恨當時蕭相國，直教三族到全夷。

元・陳孚《陳剛中詩集》卷一《淮陰侯廟》 漢家羅網政高張，誰有勳名紀太常。戲爾築壇呼大將，危乎操印立眞王。煙中草木疑殘幟，沙上風濤憶故囊。鐘室千年君莫怨，未央宮殿已斜陽。

又《漂母塚》 英雄未遇亦堪羞，一飯區區不自謀。莫笑千金酬漂母，漢家更有頡羹侯。

元・薩都剌《高堂劉侯定齋野友亭》 淮陰季年韓將軍，狡兔已死

走狗烹。沛中白髮周將軍，碧色已滿細柳營。何如高堂劉將軍，太平不許矢石動。棹頭青海無傳箭，天山掛卻烏角巾。歸來買地築小亭，漯水爲鏡山爲屏。樵人溪叟日相過，野歌村舞醉復醒。去年偶爾劍戟鳴，潼關馬過戰血腥。白頭老子如不聞，牛背一笑千山青。

元·何中《知非堂稿》卷一《讀史三首》 桓桓韓將軍，當年誰寄目。豈無漂母食，亦有胯下辱。雄劍一朝飛，舉手拾秦鹿。風雷走倏爍，乾坤困馳逐。滎陽廣武間，楚漢寄我足。王業四百年，尺封屢翻覆。賞厚豈勢搖，功成乃身戮。所貴英雄人，豈甘草中伏。誰爲後來者？感此空碌碌。舉頭見青天，天邊有鴻鵠。

元·宋褧《燕石集》卷八《漂母墓》 南昌亭長木蘭僧，進食英雄豈不能。澼絖家資消幾許，阿婆高塚碧崚嶒。

元·張弘範《讀韓信傳》 一怒燕齊楚趙收，將軍今古果誰儔。後來肯爲陳豨計，先日何辭蒯徹謀。自是多年慚噲等，何能輕舉學留侯。可憐一片肝腸鐵，卻使終遺萬古羞。

元·張憲《玉笥集》卷一《淮陰侯》 勇略震人主，功高蓋天下。持此求令終，全身古來寡。淮陰將之傑，用智如炙輠。不忍衣食恩，甘爲轅下馬。重兵在掌握，茅土復求假。不悟齊巫言，終然三族赭。跳梁駒要駕，覆錘金躍冶。既匪跛扈雄，大權宜早舍。忠逆無定見，身敗慘烈瓦。所以赤松遊，浮榮眞土苴。

元·葉顒《樵雲獨唱》卷四《題三傑·韓信》 劉項存亡指顧中，君臣未定各稱雄。早知鳥盡弓無用，未必殷勤謝蒯通。

元·楊維楨《鐵厓詠史注》卷一《漂母辭》 諸母漂泗濱，一母眼中識窮人。盤有餘餕及汝王孫，竟我漂食踰兼旬。王孫封王，報母以千金。丈夫養賢，不如漂仁。又豈知鐘室妒婦殺功臣，過客酹墓千千春。

又《走狗烹》 走狗匍匐，走狗匍匐。帝騎赤龍，呼狗逐鹿。兔既死雖，亦追鹿馳。鹿走軹道窮無歸，赤龍赤龍上天飛。歸來雌雉作雄吼，長樂宮中烹走狗。嗚呼！兔死狗烹狗及豨，如何不存走狗制雉雞。反殺走狗聽雞啼。

元·陳基《淮陰侯廟》 慷慨論兵笑沐猴，盡將生死付酇侯。手提漢鼎歸眞主，眼見黃旗出僞遊。此日王孫歸故國，何年漂母葬荒丘。英雄自古多遺恨，腸斷秋風楚水流。

明·于謙《忠肅集》卷一一《過韓信塚》 躡足危機肇子房，將軍不解避鋒鋩。成功自合歸眞主，守土何須乞假王。漢祖規模應豁達，蒯生籌策豈忠良。荒墳埋骨山腰路，駐馬令人一歎傷。

明·王世貞《弇州四部稿》卷一七《淮陰侯廟歌》 咸陽傾城葬祖龍，嬪嬙掩泣千花紅。十二金人銷不盡，揭竿斬木飄於風。是時韓生業釣者，其志固已無山東。轅門執戟重瞳子，巴蜀爲壇隆準公。白帝雄圖久成滅，烏江獨馬非爲功。歸來故鄉高築宮，黃金如山一日空。齊趙諸侯在指掌，俛仰宇內無英雄。三奪軍權再被縛，束手不待如發蒙。乃知天授豈人力，代相之約何匆匆。當時幸不烹蒯通，嗚呼餘子焉足數，往往鐵券埋膏斧。驪山刑客布乎王，長安徹侯噲等伍。微時猶營萬家墓，貴日翻慳一抔土。尚令黃河羞漢帶，日夜崩濤奪鉦鼓。乍可吾徒設瓣香，莫令兒輩陳牲酤。荒階突兀見老檜，乾坤熒熒日漸吐。五陵王氣橫亙天，亦復寂寞成今古。

明·歸有光《震川別集》卷一〇《淮陰侯廟》 吾如淮陰祠，清槐蔭朱户。當時長樂宮，千載有餘怒。五年戰龍虎，結束在肉俎。旁力赴功名，功成良自苦。

明·何景明《大復集》卷一八《淮陰侯》 大將登臺貴，三軍拔幟豪。力能分楚漢，功本冠蕭曹。故壘風雲偃，空山虎豹號。獨憐飛鳥歎，不及范生高。

明·張元凱《送蔣邦士守備江藩》 君不見淮陰侯，絳灌爲伍恆自羞。

清·錢謙益《列朝詩集》丁集第一三《［明］周永年〈經漂母祠弔淮陰侯〉》 一市人皆笑，三軍衆盡驚。始知眞國士，元不論羣情。楚漢關輕重，英雄出戰爭。何能避菹醢，垂釣足平生。

明·周是修《芻蕘集》卷一《述懷五十三首》 韓信本忠臣，一心佐漢主。指揮百萬師，竭力定疆宇。大義重如山，王封就荆楚。來朝忽被縛，無乃大荼苦。淮陰雖可侯，終愧虎變鼠。功成不退身，無恨蕭與呂。

明·胡應麟《少室山房集》卷二二《鐘室行題淮陰侯傳後有序》 淮陰侯不反明矣，而史遷附會獄辭，致千載之下，徒惜其功大而不

克終，且歸罪於呂氏。呂氏固漢祖所託而甘心者也，漢於當時所畏，惟籍與信，籍滅而信繼之，時事必至無可言者，彼陳兵之構、舍人之訴，皆漢之爲也。信亡卽庸庸如越，猶以故智除之，誅越以速布之死，而漢之謀無不效矣。於是以戇如陵、椎如勃者，而以後事付之。然且曰陳平智有餘，難獨任也。嗚呼！漢之心可識矣。黄河倒流日東轉，地坼天摧鐘室晚。志士千秋空扼腕，誰爲淮陰明不反。憶提利劍追重瞳，邂逅關前隆凖公。登壇片語定劉項，豈須垓下知雌雄。井陘戰血飛長虹，齊城七十如飄風。當時楚漢在掌握，磊落千言辭蒯通。固陵長驅三十萬，手挈神器歸眞龍。泰山爲礪河爲帶，欲齊伊呂稱元功。寧知隆凖猜忌主，畏信雄圖如畏羽。旌旗夜入定陶壁，警蹕朝行雲夢渚。朝行雲夢夕出迎，天日可照微臣情。縱虎誠難縛虎易，青冥咫尺飛雷霆。列侯朝請亦奚忌，隱若大澤居長鯨。陳豨相過理則有，舍人上變誰當明。遂令身首異都市，九族併命咸陽城。嗟嗟呂姥豈辨此，固知漢主行叮嚀。卽豨不反信亦族，欲加以罪寧無名。嗚呼季也實涼德，萬古愁雲弔鍾室。史臣徒贊寛大辭，百代梟雄定誰匹。君不見三雄死，三呂立。廁中愛姬人作彘，掌上佳兒血盈席。天道好還如一日，長信宮深辟陽入。愧殺長陵一抔土，塚中强魄無顔色。君不見亞父當年賜骸骨，虞姬效死陰陵側。壯士至今猶悼惜，千秋爲季寧爲籍，嗟乎千秋爲季寧爲籍。

清·錢謙益《列朝詩集》丁集第一二《〔明〕徐渭〈徐文長文集〉·淮陰侯祠》　荒祠幾樹垂枯棗，黄泥落盡朱旗纛。花桐漆粉綴鬚眉，猶是登壇人未老。半生作計在魚邊，纔得河堤老婦憐。誰知一卷長竿去，唾取眞王只五年。暗中朱碧知誰是，濁水渾魚每相似。當時密語向陳豨，更誰傳向他人耳。丈夫勳業何足有，爲虜爲王如反手。提取山河與別人，到頭一鑊悲烹狗。

又《漂母非能知人特一時能施於人耳觀其對信數語可見而古今論者胥失之予過其祠感而賦此》　男兒偃餓淮陰上，老媼一飯來相餉。自言祇是哀王孫，誰云便識逢亭長。秦項山河一手提，付將隆凖作湯池。稱孤南面魂無主，萬古爭誇漂母祠。

又《徐文長逸稿》卷一《讀淮陰傳》　展也大英雄，從龍起沛中。從容出胯下，談笑取山東。所短圖鍾離。何須悔蒯通。白圭蒙此玷，磨不問南容。

明·袁宏道《瓶花齋集》卷一《淮陰侯祠》　秋郊兔盡韓盧窘，三尺青蛇卷鋒穎。到手山河擲與人，卻向雌雞納腰領。英雄桎足歸羅網，辯士舌端空來往。本將衣飯畜王孫，未許肝腸敵亭長。一局殘棋了項秦，五湖西子白綸巾。貪他一顆眞王印，賣卻淮陰胯下人。

明·顧清《東江家藏集》卷三四《十二日至濟寧秦鳳山示和彭幸庵弔古諸作次韻八首·淮陰侯祠》　英雄未遇亦何疑，恨是遭逢啓禍基。試論淮陰香火地，何如雲夢檻車時。鴻溝未判猶辭徹，炎曆方新卻構豨。一語夜深三族併，此情惟有舍人知。

明·程敏政《篁墩文集》卷六八《淮陰侯廟》　鐘室堪嗟走狗烹，反形千古未分明。史官獨爲將軍惜，不念當時老酈生。

又《漂母祠》　一飯難忘老嫗恩，崇祠應出舊王孫。平生推食蒙知已，肯不捐軀答至尊。

明·佘翔《薜荔園詩集》卷三《淮陰祠》　莫怪留侯慕赤松，後車雲夢縛相從。至今嗚咽淮陰水，空恨當年長樂鐘。

又《淮陰城下作》　春草萋萋楚水流，天涯日暮倚扁舟。淮陰葬地今何在，年少紛紛覓拜侯。

明·楊基《眉庵集》卷一《漢傑士》　淮陰天下士，本是飢寒人。朝爲女子憐愛，暮爲少年嗔。身無兼人勇，屈辱楚水濱。一朝拜大將，爲漢伊呂臣。王齊及王楚，初假後卽眞。男兒猶龍蛇，窮達乃屈伸。如何百世下，獨有黔婁貧。

明·楊爵《楊忠介集》卷八《過淮陰祠》　遙憶當年拒蒯生，將軍心事自分明。可憐宇宙無窮恨，盡在中宵悲樹聲。【略】

酈生終把蒯生□，君臣況可憂。分土雖知羞絳灌，抽身何不效留侯。荒祠空灑英雄淚，青簡還多信史收。百戰功勞千古恨，淒風落葉暮山秋。

明·郭諫臣《鯤溟詩集》卷一《英氣歌》　男兒挺生天地間，英雄激烈如邱山。養育成就在磨礪，間關百折胡厚顔。巾幗之遺不足恥，綠林之輩不足死。會須一忍在萬全，方是英雄好男子。君不見應侯昔爲魏相客，青蠅白璧遭讒賊。拉脅折齒佯死餘，使車猥載來秦國。立談勇略萬乘傾，相權赫赫諸侯驚。仇人亡命終授首，故人聊惜綈袍情。又不見王孫昔

日未遇時，淮陰年少爭相欺。俛首俯伏出胯下，一市嗤笑無能爲。誰知事漢擒楚猴，油幢虎帳臨淮流。百辱仍將中尉報，一飯豈惜千金酬。丈夫落落心千古，悻悻小輩何足數。乃知能屈始能伸，古來如此非獨我。

明・曹於汴《仰節堂集》卷一三《謁韓侯廟》 辟穀仙人蹤迹杳，就烹國士血痕斑。翔同孤鳳眞奇絶，淚灑千秋豈等閒。誰向浮生能繫日，未隨腐草便開顏。徘徊相羨爾能死，不死淮陰市井間。

明・王恭《韓信報金漂母》 恩沾一飯尚知酬，義重綱常豈負劉。惆悵淮陰何事業，斷煙寒草不勝愁。

明・王恭《白雲樵唱集》卷三《經漂母墓》 寂寞淮陰路，荒城接楚原。誰能懷漂母，曾此飯王孫。孤塚今猶在，千金不復論。自慚非國士，茲去向何門。

明・史謹《獨醉亭集》卷中《韓信廟》 長空鳥盡將軍死，無復中原入馬蹄。身向九泉還屬漢，功超諸將合封齊。荒涼古廟惟松柏，咫尺長陵又鹿麋。此日深憐蕭相國，竟無一語到金閨。

明・朱誠泳《讀韓信傳》 鳥盡弓藏事可憂，英雄無術爲身謀。誰知逐鹿功成後，不及留侯與酇侯。

明・佘翔《薜荔園詩集》卷一《詠史十首・韓信》 楚漢方龍鬬，雌雄未可知。淮陰起屠釣，佐漢一定之。垓下兵已破，龍準偃旌旗。楚人威震主，雲夢亟相隨。兔死走狗烹，鼎鑊所不辭。婦言赤三族，韓彭良足悲。以此感壯士，貽笑屠中兒。飢從漂母飯，千金報不移。

明・張羽《登韓信城望漂母墓》 繞城春水綠含漪，遥憶沙頭澼絖時。若愛當時一杯飯，千年孤塚有誰知。

明・李昱《草閣詩集》卷五《詠史十二首・韓信》 蓐食相過識者稀，時因漂母念寒微。設壇拜將功雖稱，躡足封王禍已機。既以解衣辭武涉，如何挈手教陳豨。藏弓烹狗尋常事，青史千秋有是非。

明・周是修《芻蕘集》卷一《述懷五十三首》 韓信本忠臣，一心佐漢主。指揮百萬師，竭力定疆宇。大義重如山，王封就荊楚。來朝忽被縛，無乃大荼苦。淮陰雖可侯，終愧虎變鼠。功成不退身，無恨蕭與呂。

明・唐之淳《唐愚士詩》卷一《韓信城》 雉堞平來事已休，淡煙芳草一荒丘。蒯生不作忠君計，呂氏方爲少主憂。烹犬有時應自喜，縛雞無力豈長謀。泗河兩岸離離石，留與行人繫晚舟。

明・郭諫臣《鯤溟詩集》卷一《經韓信舊城》 淮陰城久廢，千載憶王孫。古木愁雲起，荒原落日昏。路埋荊棘底，碑雜蘚苔痕。一飯曾圖報，能忘返哺恩。

明・常倫《和王公濟過韓信嶺》 漢代推靈武，將軍第一人。禍奇緣躡足，功大不容身。帶礪山河在，丹青祠廟新。長陵一抔土，寂寞亦三秦。

明・謝肅《密庵集》卷三《韓信城》 淮流浩蕩楚原平，歎息英雄不再生。天日可明歸漢志，風雲猶似下齊兵。千年城郭名空在，百戰山河姓幾更。還酹將軍一杯酒，黃鸝碧草不勝情。

明・韓邦奇《苑洛集》卷一一《韓信廟》 養虎自遺天下患，漢高圜轉用張良。蒯生好似鴻門玦，不必登壇論項王。

又 卷一二《踏莎行・盟臺》 落日荒荒，停雲脉脉。行人共指盟臺說。相如曾此挫强秦，汗青萬古稱豪傑。韓信興劉，陶朱霸越。英雄自有謀王策。當時一怒顧長刀，將軍頸上空流血。

又 《韓信廟》 高嶺連雲，繁煙帶雨。長楊滿路悲風起。將軍墓上草蕭蕭，荒祠白日眠狐鼠。九里山前，未央宮裏。淒涼往事煩胸臆。烏江汾水兩悠悠，東流不盡英雄淚。

清・錢謙益《列朝詩集》丁集第二《〔明〕尹耕〈漂母廟二首〉》

鹿指秦庭四走，蛇横楚澤中分。何事老嫗具眼，一瓢獨飯將軍。【略】

負劍豈無國士，行吟何處長安。惆悵城陰古廟，風吹淮水彌漫。

明・尹耕《韓信廟》 背水仍留陣，良弓早見收。無心來附耳，有面竟封侯。落日荒祠道，西風澗水秋。君臣終始義，爲爾淚長流。

明・劉炳《淮安懷古》 淮陰城北水連空，漢將眞成一夢中。古廟臥苔蝸觸角，故壇迷草鹿生茸。要君固有封齊貴，赤族當存定楚功。漂母孤墳何處是，欲將蘋藻薦西風。

明・劉崧《漂母吟》 蛟龍失雲雨，或與蝦蟹儔。壯士偶窮困，寄食何足羞。淮河之水東北流，母心直爲王孫憂。黃金無光劍失色，白日又落城西頭。請君置魚竿，進此盤中脯。丈夫性命未可輕，君獨胡爲在塵土。咸陽王氣如雲馳，壟上亦有呼兵兒。風塵滿眼慎所之，但願王孫無

飢時。

明・宗臣《宗子相集》卷四《淮上雜詩三首》　世人重結交，紛紜騁路衢。貴者日以近，賤者日以疏。嗟哉漂母心，乃與世人殊。壯士困風塵，誰爲識雄圖。況乃飢寒色，一飯立相呼。一飯何足言，感此心區區。千金以相贈，華名照四隅。何世無英雄，按劍疑投珠。瞻彼垂綸者，淚下連衣裾。

明・范景文《文忠集》卷九《漂母祠》　世間誰謂男子智，跨下侯王眼不識。塵埃物色有英雄，衆人所難婦人易。一飯博换千金來，千金不受名乃至。衿鞶者流如是奇，言下尋繹有深致。進食吾以哀王孫，豈以壺餐因爲利。功臣事業純臣心，望報不可皆此類。圯上黄石教子房，子房用之赤松避。吾悔不用蒯生言，惜哉未達漂母意。

明・金大車《漂母祠》　王孫去不返，淮水亦東流。宿草封遺冢，行人説故侯。荒祠黄葉暗，寒渚白蘋秋。一飯猶懷德，空悲雲夢遊。

明・金鑾《漂母祠》　古渡臨祠廟，長淮接市門。旌旗摇白日，風雨鎖黄昏。貧賤求知己，榮華少故恩。湖邊逢牧豎，猶自説王孫。

明・祝允明《懷星堂集》卷四《漂母祠》　子胥逢擊絮，遂爲鞭屍人。淮陰遇漂母，終亦去亡秦。豪傑與嬋媛，萬年共一塵。清淮映古廟，月明空沄沄。安能問市上，復問哀王孫。

明・徐熥《幔亭集》卷五《漂母廟》　淮水流無盡，荒城古廟存。何人憐國士，老嫗識王孫。雖有千金報，寧酬一飯恩。平生知己意，難與世人言。

又　卷一一《漂母祠》　落落千金報，悠悠國士心。從今慚漂母，不敢過淮陰。

明・顧璘《息園存稿詩》卷三《漂母祠》　步自城西門，古祠蔽荒垣。借問道傍子，云是漂母魂。慨昔逐鹿代，英俊彌邱樊。桓桓淮陰侯，韜鈐富心源。龍蟄厄叢蟻，豹隱翳霾昏。少年恣淩侮，列卒同趨奔。范雎身屢辱，張儀舌徒存。流離伏河涘，狼籍蒙壺飧。草具固云鮮，居窮易爲恩。獻塊獲晉賞，羹頡列漢藩。矧兹賢嫗惠，興哀逮王孫。既啓萬户封，竟殘千金言。

明・潘緯《漂母祠》　曾謂千金意，能酬一飯恩。往來人下拜，猶是爲王孫。

清・吴蘭庭《胥石詩存》卷三《韓信嶺》　一徑走峻阪，崖壁若環衛。行行漸幽黯，如入永巷内。日御歷線天，見午不見未。亂山鮮木石，蠢蠢惟積塊。堆阜忽俯瞰，突兀壓我背。脉疏質已離，砉然恐其墜。勢險比巖牆，疾驅思縱轡。卻怪繞馬首，抗行斷復綴。保無或偶然，適與禍機會。頗聞漢韓侯，奮迹致高位。一蹶中危法，乃爲兒女賣。詎伊非英豪，良由昧進退。即今弔荒塚，行客發深慨。懔懔抱微軀，羈孤彌自貴。

清・張之洞《韓信》　旗鼓堂堂下井陘，憐君智略獨知兵。登壇豈減隆中對，齒劍方思走狗烹。長樂殿前鐘未歇，南昌亭上月空明。江東道覆隋王頸，不獨傷心有蒯生。

清・張廷玨《韓信》　一説不從有武涉，再説不從有蒯徹。漢王始終遇我厚，此語鬼神應泣血。前年奪軍在成皋，今年奪軍在定陶。主上猜嫌亦已甚，怡然就國無牢騷。豈知兔死烹功狗，假王眞王總不久。掀天事業振中原，到頭不脱兒女手。越兮布兮同見夷，滅楚纔過十載期。依然成敗兩俱盡，愧使重瞳地下知。

清・沙張白《韓信城》　項氏猶全族，韓侯竟滅門。可憐帶礪誓，不及屬鏤恩。

清・周之琦《心日齋詞集》第四鴻雪詞卷上《望海潮・韓信嶺》

行山迴合，汾河縈帶，遺基尚説韓侯。衰柳將壇，閑花戰壘，千年姓字長留。陽夏事悠然，歎黥彭一例，鐘室埋愁。震主功高，鼎分空憶蒯通謀。征途訪古停輈，望靈風天半，英氣淩秋。傳檄片言，藏弓末路，榮枯總付東流。祠宇倚津樓，想巫弦社鼓，夜夜神遊。看取長陵斷碣，誰與酹荒丘。

清・魯克恭《韓信釣臺》　垂釣自嚴瀨，高風屬後來。假王空自大，眞主豈無猜。走狗論功業，藏弓失將才。涕零灘上士，匪直爲君哀。

清・元璟《漂母祠》　漂母祠堂古尚存，萋萋衰草帶城根。漢家斗大黄金印，爭及當時一飯恩。

清・宋琬《安雅堂未刻稿》卷五《漂母祠》　楚嫗祠邊薦白蘋，誰將卮酒酹王孫。千金一飯猶思報，肯負高皇吐哺恩。

清・張晉《讀〈史記〉四十首・酬漂母》　王孫落魄無知者，手把

長竿釣城下。城邊漂母哀王孫，每日相逢進一餐。丈夫得食母意畢，豈望將來更報恩。釣竿一擲仗劍走，龍變雲蒸駭九有。錦衣此日歸故鄉，獨奉千金酬漂母。貧賤英雄最可憐，肯因富貴忘當年。區區一飯尚如此，推食解衣何待言。君不見，南昌亭長小人也，召見猶蒙賜百錢。

清·張晉《歸途雜述》 漂母哀王孫，一飯感何深。及其既富貴，報之以千金。千金何足道，聊用表厥忱。巾幗勝鬚眉，由來匪自今。我遭頗類此，涕下沾衣襟。報否未敢必，此意常欽欽。

清·李振鈞《漂母祠》 儒坑兵銷長城築，天下苦秦几上肉。紛紛攘臂爭一呼，淮陰壯士甘窮途。布衣仗劍來都市，亭長晨炊少年訾。誰知慷慨哀王孫，不在鬚眉在女子。斬蛇道中老嫗哀，垂釣城下漂母來。君臣遭遇皆奇絶，一知氣數一憐才。澼絖終日依淮浦，壺飧解勞風塵苦。物色已居滕公先，意氣終羞絳灌伍。一飯殷勤詎望酬，千秋廟貌臨清流。我來弔古重惆悵，雙雙翠羽鳴啾啾。君不見，鳥盡弓藏良將死，皓首功名同白起。長樂受縛誰爲憐，呂后何如漂母賢。

清·何彤雲《韓侯嶺》 漂母哀其生，呂后快眞死。咄咄韓王孫，命繫兩女子。死生事則殊，同是眞知己。項王一婦人，卻不識國士。堂堂蕭酇侯，薦賢意良美。何哉鐘室死，一言不爲理。惟聞紿入時，禍因丞相起。酇寄賣友人，得毋君倡始。

清·方鐖《淮南》 漕舟帆底客登樓，漂母祠前樹報秋。地枕江湖連岱嶽，天開淮海是揚州。戰場舊握羣雄策，河勢初分二水流。自是世兒無具眼，坐輸荆布識王侯。

清·蘇宗經《漂母祠》 世俗薄寒士，那如一漂母。異眼看王孫，一飯亦不朽。太息淮陰子，才高數不偶。既報飲食恩，難事司農後。有力同逐鹿，無智免烹狗。生死事太奇，都在婦人手。畢竟愛才者，食報自長久。祠廟小如拳，千金能買否。

清·趙希璜《漂母祠》 千金報漂母，百錢報南昌。等爲酬一飯，恩怨難相忘。功成名亦立，悲哉未央執。爲德何不卒，天下常已集。

清·唐仲冕《陶山詩録》卷九《漂母祠》 淮陰一生誤在報，謂我報人人報我。解衣推食當酬恩，鳥盡弓藏竟罹禍。王孫一飯母先哀，望報分明指禍胎。可憐觖望夷鐘室，何似全身返釣臺。張韓以外功皆狗，張也辟穀韓授首。奇才感動兩神人，一黄石公一漂母。

清·郭浚《漂母祠》 淮陰不侯母不祀，一飯王孫千萬世。施不望報良獨難，能哀王孫詎云易。英雄落魄何代無，往者子胥亡入吳。瀨上之女還捐軀，邈然望古精魂俱。我來把棹淩珠湖，天風渺渺吹菰蒲，嗚呼！英雄落魄何代無。

清·黄之雋《香屑集·漂母祠》 少年欺帶劍，老母念垂竿。恩怨一時有，波濤千古寒。封侯金自易，乞食飯應難。最是窮途感，英雄淚不乾。

清·韓夢周《漂母祠》 一灣流水碧，荒雪下祠門。不見王孫釣，空傳漂母恩。蒯通亦徒耳，相國更何言。未爽千金約，黥彭莫並論。

清·徐元文《含經堂集》卷三《韓信嶺》 羞與狗屠伍，徒深兔死悲。名驚大將日，釁伏假王時。濁酹邨前社，慌碑嶺上祠。不聞如布越，千載繫人思。

清·廖文錦《彭城懷古》 芒碭雲寒白日沈，猶聞父老説淮陰。一生誤相君之背，九死難明臣此心。烹狗早知千古恨，釣魚悔不五湖深。囊沙背水渾閒事，贏虱功成漂母金。

清·包彬《淮陰侯廟》 鳥盡良弓勢必藏，千秋青史費評章。區區一飯猶圖報，爭肯爲臣負漢王。

清·吴栻《宿三橋弔淮陰侯》 客館銜杯説未央，淮陰往事正堪傷。推心已得逢眞主，躡足何須立假王。卽肯千金酬一飯，不難百戰宥三章。可憐酒後狂歌日，猛士誰人守四方。

清·李長霞《和佩韋夫子題淮陰侯祠壁》 淮陰山水清且閒，古祠老樹生寒煙。漢家宮闕不知處，韓侯廟貌猶人間。渚蘋無復行客薦，西風卷水秋潺湲。當時逐鹿中原起，國士由來重知己。登壇既遇隆準公，入宮胡怨兒女子。追亡相國無始終，如何不救鐘室死。故鄉雖好不能歸，自古功臣多如此。

清·趙廷愷《山陽城下弔淮陰侯》 漂母哀而生，呂后誣以死。英雄自有命，何關兩女子。

清·董元愷《蒼梧詞》卷四《定風波·淮陰侯釣臺有感》 當時國士總無雙，寂寂荒臺臥夕陽，逐鹿追猴眞善鬭，奔走。山河提取送劉郎，

不及野雞烹國狗，低首。婦人謀定勝齊王，生死皆由女子手，誰咎？悔教一飯重相將。

清・董文驥《復過井陘口淮陰侯廟》 背水千年廟，登壇百戰功。至今思赤幟，何處弔藏弓。春雨王孫草，靈風古木叢。淮陰年少子，終自笑英雄。

清・蔣湘培《讀淮陰侯傳》 長樂倉皇壯士死，天下心悲漢皇喜。漢皇何喜民何悲，歡歌乃在深宮裏。呂公息女老菫毒，滅火禍胎眞禍水。內蛇氣焰凶灼天，龍鼎彭亨思染指。庭中健者韓將軍，與噲等伍心尚恥。生存肯作呂氏臣，俯窺産禄狐豚耳。鐘室幸爲兒女詐，梁王菹醢東都市。良弓走狗去幾盡，炎祚傾危竟何恃。發蒙振落眞易與，天下大勢可知矣。長陵魂魄如有知，當時何爲斬壯士。

清・慕昌湝《擬古詩》 羣雄逐秦鹿，楚漢久相持。矯矯淮陰侯，右漢心不移。下趙威名振，定齊先聲馳。嗟哉赤帝子，推食復解衣。固陵期會戰，如饑望黍酏。詎意重瞳滅，偽遊忽相欺。野雞任肆毒，鐘室遭誅夷。靡靡單葛衣，鮮白如凝脂。夏著何疏爽，秋著何淒其。物性豈異昔，著之非其時。器敗蟲乃生，恩寡纔間疑。密謀鉅鹿守，此語復誰知。

清・袁保恆《過韓侯嶺題壁》 高帝眼中只兩雄，淮陰國士與重瞳。項王已死將軍在，能否無嫌到考終。

清・方文《嵞山集》卷三《韓侯兒》 韓侯之族世所悲，韓侯有兒人莫知。我今痛飲淮陰市，請爲君歌《韓侯兒》。侯昔鐘室銜冤日，小兒三歲誰能匿。有客毅然竊負逃，密以情探蕭相國。相國聞之驚且憂，爲言關隴不可留。作書授客使入海，南粵趙佗堪與謀。趙佗夙與蕭韓善，養兒成人延一線。去韓之半改姓韋，子孫漸繁滿鄉縣。因之世世爲土官，魏晉以後休隱瞞。蕭相前書趙王册，刻諸金石永不刊。韓襄毅公曾有說，乍聞此事歎奇絕。其客姓名雖不傳，自與程嬰比風烈。釣臺之下淮水奔，我來泊舟先愴魂。千古英雄有本色，死生貴賤何足論。要知呂亡漢亦滅，韓侯血食至今存。

清・黄金臺《淮陰釣臺》 古今落落三釣臺，釣名釣國臺上來。韓侯爾亦何爲者，可憐王孫窮餓誰相哀。羊裘不著，鷹揚復開。竹竿嫋嫋揚旗起，赤幟一立邯鄲摧。臺邊學得背水陣，孫吳死法寧中裁。噲等碌碌非吾儕，販繒屠狗兼椎埋。渭濱淮水兩千古，英風令我長徘徊。劉季鼻大多雄猜，單父野雞構禍胎。假王爲餌死不悟，何如一星長客江之涯。蕭相非憐國士才，卻附呂后成其災。當時大將壇何在，但見荒臺突兀起草萊。

清・董以寧《賀新郎・淮陰祠》 爲漢空奔走。歎當年追猴逐鹿，終烹功狗。留侯曲逆雖陰詐，呂雉之謀多有。算此際高皇身後。平勃區區都易與，怕將軍武悍還如舊。因中禍，君知否。國士無雙稱善鬬，奈英雄漂母寄餐，未央授首。書生於此終疑詫，何事英風射斗，生死出婦人之手。劉郎宮寢埋荒草，喜將軍廟祀終難朽。君休信，蒯通口。

清・李宗渭《淮陰侯》 飯信誰？淮陰母。殺信誰？漢宮後。飯惜英雄殺忌才，千古具眼此兩婦。有賢不用斯亡身，重瞳區區眞婦人。

清・屈大均《翁山詩外》卷六《弔淮陰侯》 天奪英雄鑑，三分勢不成。佯狂悲蒯徹，變詐恨陳平。雲夢秋風急，長淮月夜清。可憐伊呂業，千載一沾纓。

又 《經韓侯釣臺》 漢王將將術，早有知。自是英雄德，難忘衣食私。功高應不賞，器滿實難持。淼淼長淮水，當年把釣系。

又 卷八《淮陰侯》 淮陰當未遇，一飯亦無才。天欲王孫餓，人慚漂母哀。釣魚城下去，帶劍市中來。笑謂晨炊者，英雄被爾催。【略】

艱難惟一飯，天肯與王孫。草昧多如此，英雄不忍言。漢興因婦女，臣節在壺飧。誰分宮前草，離離是血痕。

雜録

《漢書》卷三〇《藝文志》 韓信三篇。右兵權謀十三家，二百五十九篇。【略】

漢興，張良、韓信序次兵法，凡百八十二家，刪取要用，定著三十五家。

衛青分部

傳記

《史記·衛將軍驃騎列傳》 大將軍衛青者，平陽人也。其父鄭季，爲吏，給事平陽侯家，與侯妾衛媪通，生青。青同母兄衛長子，而姊衛子夫自平陽公主家得幸天子，故冒姓爲衛氏。字仲卿。長子更字長君。長君母號爲衛媪。媪長女衛孺，次女少兒，次女卽子夫。後子夫男弟步廣皆冒衛氏。

青爲侯家人，少時歸其父，其父使牧羊。先母之子皆奴畜之，不以爲兄弟數。青嘗從入至甘泉居室，有一鉗徒相青曰：『貴人也，官至封侯。』青笑曰：『人奴之生，得毋笞罵卽足矣，安得封侯事乎！』

青壯，爲侯家騎，從平陽主。建元二年春，青姊子夫得入宫幸上。皇后，堂邑大長公主女也，無子，妒。大長公主聞衛子夫幸，有身，妒之，乃使人捕青。青時給事建章，未知名。大長公主執囚青，欲殺之。其友騎郎公孫敖與壯士往篡取之，以故得不死。上聞，乃召青爲建章監，侍中，及同母昆弟貴，賞賜數日閒累千金。孺爲太僕公孫賀妻。少兒故與陳掌通，上召貴掌。公孫敖由此益貴。子夫爲夫人。青爲大中大夫。

元光五年，青爲車騎將軍，擊匈奴，出上谷；太僕公孫賀爲輕車將軍，出雲中；大中大夫公孫敖爲騎將軍，出代郡；衛尉李廣爲驍騎將軍，出雁門：軍各萬騎。青至蘢城，斬首虜數百。騎將軍敖亡七千騎；衛尉李廣爲虜所得，得脱歸：皆當斬，贖爲庶人。賀亦無功。

元朔元年春，衛夫人有男，立爲皇后。其秋，青爲車騎將軍，出雁門，三萬騎擊匈奴，斬首虜數千人。明年，匈奴入殺遼西太守，虜略漁陽二千餘人，敗韓將軍軍。漢令將軍李息擊之，出代；令車騎將軍青出雲中以西至高闕。遂略河南地，至于隴西，捕首虜數千，畜數十萬，走白羊、樓煩王。遂以河南地爲朔方郡。以三千八百户封青爲長平侯。青校尉蘇建有功，以千一百户封建爲平陵侯。使建築朔方城。青校尉張次公有功，封爲岸頭侯。天子曰：『匈奴逆天理，亂人倫，暴長虐老，以盜竊爲務，行詐諸蠻夷，造謀藉兵，數爲邊害，故興師遣將，以征厥罪。詩不云乎，「薄伐玁狁，至於太原」，「出車彭彭，城彼朔方」。今車騎將軍青度西河至高闕，獲首虜二千三百級，車輜畜產畢收爲鹵，已封爲列侯，遂西定河南地，按榆谿舊塞，絕梓領，梁北河，討蒲泥，破符離，斬輕鋭之卒，捕伏聽者三千七十一級，執訊獲醜，驅馬牛羊百有餘萬，全甲兵而還，益封青三千户。』其明年，匈奴入殺代郡太守友，入略雁門千餘人。其明年，匈奴大入代、定襄、上郡，殺略漢數千人。

其明年，元朔之五年春，漢令車騎將軍青將三萬騎，出高闕；衛尉蘇建爲游擊將軍，左內史李沮爲强弩將軍，太僕公孫賀爲騎將軍，代相李蔡爲輕車將軍，皆領屬車騎將軍，俱出朔方；大行李息、岸頭侯張次公爲將軍，出右北平：咸擊匈奴。匈奴右賢王當衛青等兵，以爲漢兵不能至此，飲醉。漢兵夜至，圍右賢王，右賢王驚，夜逃，獨與其愛妾一人壯騎數百馳，潰圍北去。漢輕騎校尉郭成等逐數百里，不及，得右賢裨王十餘人，衆男女萬五千餘人，畜數千百萬，於是引兵而還。至塞，天子使使者持大將軍印，卽軍中拜車騎將軍青爲大將軍，諸將皆以兵屬大將軍，大將軍立號而歸。天子曰：『大將軍青躬率戎士，師大捷，獲匈奴王十有餘人，益封青六千户。』而封青子伉爲宜春侯，青子不疑爲陰安侯，青子登爲發干侯。青固謝曰：『臣幸得待罪行閒，賴陛下神靈，軍大捷，皆諸校尉力戰之功也。陛下幸已益封臣青。臣青子在繈褓中，未有勤勞，上幸列地封爲三侯，非臣待罪行閒所以勸士力戰之意也。伉等三人何敢受封！』天子曰：『我非忘諸校尉功也，今固且圖之。』乃詔御史曰：『護軍都尉公孫敖三從大將軍擊匈奴，常護軍，傅校獲王，以千五百户封敖爲合騎侯。都尉韓説從大將軍出窳渾，至匈奴右賢王庭，爲麾下搏戰獲王，以千三百户封説爲龍頟侯。騎將軍公孫賀從大將軍獲王，以千三百户封賀爲南窌侯。輕車將軍李蔡再從大將軍獲王，以千六百户封蔡爲樂安侯。校尉李朔，校尉趙不虞，校尉公孫戎奴，各三從大將軍獲王，以千三百户封朔爲涉軹侯，以千三百户封不虞爲隨成侯，以千三百户封戎奴爲從平侯。將軍李沮、李息及校尉豆如意有功，賜爵關內侯，食邑各三百户。』其秋，匈奴入代，殺都尉朱英。

其明年春，大將軍青出定襄，合騎侯敖爲中將軍，太僕賀爲左將軍，翕侯趙信爲前將軍，衛尉蘇建爲右將軍，郎中令李廣爲後將軍，右内史李沮爲强弩將軍，咸屬大將軍，斬首數千級而還。月餘，悉復出定襄擊匈奴，斬首虜萬餘人。右將軍建、前將軍信并軍三千餘騎，獨逢單于兵，與戰一日餘，漢兵且盡。前將軍故胡人，降爲翕侯，見急，匈奴誘之，遂將其餘騎可八百，奔降單于。右將軍蘇建盡亡其軍，獨以身得亡去，自歸大將軍。大將軍問其罪正閎、長史安、議郎周霸等：『建當云何？』霸曰：『自大將軍出，未嘗斬裨將。今建棄軍，可斬以明將軍之威。』閎、安曰：『不然。兵法「小敵之堅，大敵之禽也」。今建以數千當單于數萬，力戰一日餘，士盡，不敢有二心，自歸。自歸而斬之，是示後無反意也。不當斬。』大將軍曰：『青幸得以肺腑待罪行閒，不患無威，而霸説我以明威，甚失臣意。且使臣職雖當斬將，以臣之尊寵而不敢自擅專誅於境外，而具歸天子，天子自裁之，於是以見爲人臣不敢專權，不亦可乎？』軍吏皆曰『善』。遂囚建詣行在所。入塞罷兵。【略】

大將軍既還，賜千金。是時王夫人方幸於上，甯乘説大將軍曰：『將軍所以功未甚多，身食萬户，三子皆爲侯者，徒以皇后故也。今王夫人幸而宗族未富貴，願將軍奉所賜千金爲王夫人親壽。』大將軍乃以五百金爲壽。天子聞之，問大將軍，大將軍以實言，上乃拜甯乘爲東海都尉。

大將軍之與單于會也，而前將軍廣、右將軍食其軍别從東道，或失道，後擊單于。大將軍引還過幕南，乃得前將軍、右將軍。大將軍欲使使歸報，令長史簿責前將軍廣，廣自殺。右將軍至，下吏，贖爲庶人。大將軍軍入塞，凡斬捕首虜萬九千級。【略】

自驃騎將軍死後，大將軍長子宜春侯伉坐法失侯。後五歲，伉弟二人，陰安侯不疑及發干侯登皆坐酎金失侯。失侯後二歲，冠軍侯國除。其後四年，大將軍青卒，謚爲烈侯。子伉代爲長平侯。

自大將軍圍單于之後，十四年而卒。竟不復擊匈奴者，以漢馬少，而方南誅兩越，東伐朝鮮，擊羌、西南夷，以故久不伐胡。

大將軍以其得尚平陽長公主故，長平侯伉代侯。六歲，坐法失侯。

左方兩大將軍及諸裨將名。

最大將軍青，凡七出擊匈奴，斬捕首虜五萬餘級。一與單于戰，收河南地，遂置朔方郡，再益封，凡萬一千八百户。封三子爲侯，侯千三百户。并之，萬五千七百户。其校尉裨將以從大將軍侯者九人。其裨將及校尉已爲將者十四人。爲裨將者曰李廣，自有傳。無傳者曰：

自衛氏興，大將軍青首封，其後枝屬爲五侯。凡二十四歲而五侯盡奪，衛氏無爲侯者。

太史公曰：蘇建語余曰：『吾嘗責大將軍至尊重，而天下之賢大夫毋稱焉，願將軍觀古名將所招選擇賢者，勉之哉。大將軍謝曰：「自魏其、武安之厚賓客，天子常切齒。彼親附士大夫，招賢絀不肖者，人主之柄也。人臣奉法遵職而已，何與招士！」』驃騎亦放此意，其爲將如此。

《漢書・衛青傳》 衛青字仲卿。其父鄭季，河東平陽人也，以縣吏給事侯家。平陽侯曹壽尚武帝姊陽信長公主。季與主家僮衛媪通，生青。青有同母兄衛長君及姊子夫，子夫自平陽公主家得幸武帝，故青冒姓爲衛氏。衛媪長女君孺，次女少兒，次女則子夫。子夫男弟步廣，皆冒衛氏。

青爲侯家人，少時歸其父，父使牧羊。民母之子皆奴畜之，不以爲兄弟數。青嘗從人至甘泉居室，有一鉗徒相青曰：『貴人也，官至封侯。』青笑曰：『人奴之生，得無笞駡即足矣，安得封侯事乎！』

青壯，爲侯家騎，從平陽主。建元二年春，青姊子夫得入宫幸上。皇后，大長公主女也，無子，妒。大長公主聞衛子夫幸，有身，妒之，乃使人捕青。青時給事建章，未知名。大長公主執囚青，欲殺之。其友騎郎公孫敖與壯士往篡之，故得不死。上聞，乃召青爲建章監，侍中。及母昆弟貴，賞賜數日閒累千金。君孺爲太僕公孫賀妻。少兒故與陳掌通，上召貴掌。公孫敖由此益顯。子夫爲夫人。青爲太中大夫。

元光六年，拜爲車騎將軍，擊匈奴，出上谷；公孫賀爲輕車將軍，出雲中；太中大夫公孫敖爲騎將軍，出代郡；衛尉李廣爲驍騎將軍，出雁門：軍各萬騎。青至籠城，斬首虜數百。騎將軍敖亡七千騎，衛尉廣爲虜所得，得脱歸，皆當斬，贖爲庶人。賀亦無功。唯青賜爵關内侯。是後匈奴仍侵犯邊。語在《匈奴傳》。

元朔元年春，衛夫人有男，立爲皇后。其秋，青復將三萬騎出雁門，李息出代郡。青斬首虜數千。明年，青復出雲中，西至高闕，遂至於隴西，捕首虜數千，畜百餘萬，走白羊、樓煩王。遂取河南地爲朔方郡。以

三千八百户封青爲長平侯。青校尉蘇建爲平陵侯，張次公爲岸頭侯。使建築朔方城。上曰：『匈奴逆天理，亂人倫，暴長虐老，以盜竊爲務，行詐諸蠻夷，造謀籍兵，數爲邊害。故興師遣將，以征厥罪。《詩》不云乎？「薄伐獫允，至於太原」；「出車彭彭，城彼朔方」。今車騎將軍青度西河至高闕，獲首二千三百級，車輜畜産畢收爲鹵，已封爲列侯，遂西定河南地，案榆谿舊塞，絶梓領，梁北河，討蒲泥，破符離，斬輕鋭之卒，捕伏聽者三千一十七級。執訊獲醜，敺馬牛羊百有餘萬，全甲兵而還，益封青三千八百户。』其後匈奴比歲入代郡、雁門、定襄、上郡、朔方，所殺略甚衆。語在《匈奴傳》。

元朔五年春，令青將三萬騎出高闕，衛尉蘇建爲遊擊將軍，左内史李沮爲强弩將軍，太僕公孫賀爲騎將軍，代相李蔡爲輕車將軍，皆領屬車騎將軍，俱出朔方。大行李息、岸頭侯張次公爲將軍，俱出右北平。匈奴右賢王當青等兵，以爲漢兵不能至此，飲醉，漢兵夜至，圍右賢王。右賢王驚，夜逃，獨與其愛妾一人騎數百馳，潰圍北去。漢輕騎校尉郭成等追數百里，弗得，得右賢裨王十餘人，衆男女萬五千餘人，畜數十百萬，於是引兵而還。至塞，天子使使者持大將軍印，即軍中拜青爲大將軍，諸將皆以兵屬，立號而歸。上曰：『大將軍青躬率戎士，師大捷，獲匈奴王十有餘人，益封青八千七百户。』而封青子伉爲宜春侯，子不疑爲陰安侯，子登爲發干侯。青固謝曰：『臣幸得待罪行間，賴陛下神靈，軍大捷，皆諸校力戰之功也。陛下幸已益封臣青，臣青子在繦褓中，未有勤勞，上幸裂地封爲三侯，非臣待罪行間所以勸士力戰之意也。伉等三人何敢受封！』上曰：『我非忘諸校功也，今固且圖之。』乃詔御史曰：『護軍都尉公孫敖三從大將軍擊匈奴，常護軍傅校獲王，封敖爲合騎侯。都尉韓説從大軍出窴渾，至匈奴右賢王庭，爲戲下搏戰獲王，封説爲龍頟侯。騎將軍賀從大將軍獲王，封賀爲南窌侯。輕車將軍李蔡再從大將軍獲王，封蔡爲樂安侯。校尉李朔、趙不虞、公孫戎奴各三從大將軍獲王，封朔爲陟軹侯，不虞爲隨成侯，戎奴爲從平侯。將軍李沮、李息及校尉豆如意、中郎將綰皆有功，賜爵關内侯。沮、息、如意食邑各三百户。』其秋，匈奴入代，殺都尉。

明年春，大將軍青出定襄，合騎侯敖爲中將軍，太僕賀爲左將軍，翕侯趙信爲前將軍，衛尉蘇建爲右將軍，郎中令李廣爲後將軍，左内史李沮爲强弩將軍，咸屬大將軍，斬首數千級而還。月餘，悉復出定襄，斬首虜萬餘人。蘇建、趙信并軍三千餘騎，獨逢單于兵，與戰一日餘，漢兵且盡。信故胡人，降爲翕侯，見急，匈奴誘之，遂將其餘騎可八百犇降單于。蘇建盡亡其軍，獨以身得亡去，自歸青。青問其罪正閎、長史安、議郎周霸等：『建當云何？』霸曰：『自大將軍出，未嘗斬裨將，今建棄軍，可斬，以明將軍之威。』閎、安曰：『不然。兵法「小敵之堅，大敵之禽也」。今建以數千當單于數萬，力戰一日餘，士皆不敢有二心。自歸而斬之，是示後無反意也。不當斬。』青曰：『青幸得以肺附待罪行間，不患無威，而霸説我以明威，甚失臣意。且使臣職雖當斬將，以臣之尊寵而不敢自擅專誅於境外，其歸天子，天子自裁之，於以風爲人臣不敢專權，不亦可乎？』官吏皆曰『善』。遂囚建行在所。【略】

是歲失兩將軍，亡翕侯，功不多，故青不益封。蘇建至，上弗誅，贖爲庶人。青賜千金。是時王夫人方幸於上，寧乘説青曰：『將軍所以功未甚多，身食萬户，三子皆爲侯者，以皇后故也。今王夫人幸而家族未富貴，願將軍奉所賜千金爲王夫人親壽。』青以五百金爲王夫人親壽。上聞，問青，青以實對。上乃拜寧乘爲東海都尉。【略】

青之與單于會也，而前將軍廣、右將軍食其軍别從東道，或失道。大將軍引還，過幕南，乃相逢。青欲使使歸報，令長史簿責廣，廣自殺。食其贖爲庶人。青軍入塞，凡斬首虜萬九千級。【略】

自去病死後，青長子宜春侯伉坐法失侯。後五歲，伉弟二人，陰安侯不疑、發干侯登，皆坐酎金失侯。後二歲，冠軍侯國絶。後四年，元封五年，青薨，謚曰烈侯。子伉嗣，六年坐法免。【略】

自青圍單于後十四歲而卒，竟不復擊匈奴者，以漢馬少，又方南誅兩越，東伐朝鮮，擊羌、西南夷，以故久不伐胡。

初，青既尊貴，而平陽侯曹壽有惡疾就國，長公主問：『列侯誰賢者？』左右皆言大將軍。主笑曰：『此出吾家，常騎從我，奈何？』左右曰：『於今尊貴無比。』於是長公主風白皇后，皇后言之，上乃詔青尚平陽主。與主合葬，起冢象盧山云。

最大將軍青凡七出擊匈奴，斬捕首虜五萬餘級。一與單于戰，收河南

地，置朔方郡。再益封，凡萬六千三百户；封三子爲侯，侯千三百户，并之二萬二百户。其裨將及校尉侯者九人，爲特將者十五人，李廣、張騫、公孫賀、李蔡、曹襄、韓説、蘇建皆自有傳。【略】

自衛氏興，大將軍青首封，其後支屬五人爲侯。凡二十四歲而五侯皆奪國。征和中，戾太子敗，衛氏遂滅。而霍去病弟光貴盛，自有傳。

贊曰：蘇建嘗説責：『大將軍至尊重，而天下之賢士大夫無稱焉，願將軍觀古名將所招選者，勉之哉！』青謝曰：『自魏其、武安之厚賓客，天子常切齒。彼親待士大夫，招賢黜不肖者，人主之柄也。人臣奉法遵職而已，何與招士！』票騎亦方此意，爲將如此。

綜　述

《史記》卷四九《外戚世家》　衛子夫立爲皇后，后弟衛青字仲卿，以大將軍封爲長平侯，四子，長子伉爲侯世子，侯世子常侍中，貴幸。其三弟皆封爲侯，各千三百户，一曰陰安侯，二曰發干侯，三曰宜春侯，貴震天下。天下歌之曰：『生男無喜，生女無怒，獨不見衛子夫霸天下！』

《漢書》卷一九下《百官公卿表》　（元狩四年）大將軍衛青爲大司馬大將軍。

又　卷九四下《匈奴傳》　揚雄上書諫曰：『【略】使衛青、霍去病操兵，前後十餘年。於是浮西河，絶大幕，破寘顔，襲王庭，窮極其地，追奔逐北，封狼居胥山，禪于姑衍，以臨翰海，虜名王貴人以百數。自是之後，匈奴震怖，益求和親，然而未肯稱臣也。』

《後漢書》卷八〇《文苑傳上・杜篤》　是時孝武因其餘財府帑之蓄，始有鈎深圖遠之意，探冒頓之罪，校平城之讎。遂命票騎，勤任衛青，勇惟鷹揚，軍如流星，深之匈奴，割裂王庭，席卷漠北，叩勒祁連，横分單于，屠裂百蠻。

宋・鄭樵《通志》卷五四《職官略第四・太僕卿》　時匈奴數寇邊，遣衛青霍去病發十萬騎，并負私從馬，凡十四萬匹。窮追，大破匈奴。漢馬死者十餘萬匹。匈奴雖病遠去，而漢亦馬少無以復往。

宋・呂祖謙《大事記解題》卷一二　衛青以恩澤初爲將，麾下必皆精騎，非若廣敖所領新烏合之衆，又所出適領不當强虜之鋒，故僅得首虜籍手以報。是時武帝盛欲貴青，使龘應。封爵之科，則賞之者必不止於關内侯矣。功雖不足道，然出將之初，衆皆被遣，已獨見褒膽氣漸張累出之捷實基於此。

明・梅鼎祚《後周文紀》卷五《庾信二・周柱國大將軍拓跋儉神道碑》　至性善，居喪號墓墳埏，奉遵遺訓。是以衛青之冢仍陪漢武之陵，管仲之墳即接齊桓之墓。

明・黄宗羲《明文海》卷二八六《送趙中孚試卷後序》　凡古聖賢名士英傑俊良之輩，聞於天下後世者皆志之所志者也。【略】考孔孟而下如荀況司馬遷【略】之志於文，韓信衛青【略】之志於武【略】皆極其至。

論　説

《史記》卷一一一《衛將軍驃騎列傳》　太史公曰蘇建語余曰：吾嘗責大將軍至尊重，而天下之賢大夫毋稱焉，願將軍觀古名將所招選擇賢者，勉之哉。

又　卷一一二《平津侯主父列傳》　班固稱曰：是時漢興六十餘載，海内乂安，府庫充實，而四夷未賓，制度多闕，上方欲用文武，求之如弗及。始以蒲輪迎枚生，見主父而歎息。羣臣慕嚮，異人並出。卜式試於芻牧，弘羊擢於賈豎，衛青奮於奴僕，【略】漢之得人，於茲爲盛。儒雅則公孫弘，【略】將帥則衛青、霍去病，【略】其餘不可勝紀。是以興造。功業，制度遺文，後世莫及。

又　卷一二五《佞幸列傳》　衛青【略】以外戚貴幸，然頗用材能自進。

《漢書》卷四五《伍被傳》　（伍）被曰：『臣所善黄義，從大將軍擊匈奴，言大將軍遇士大夫以禮，與士卒有恩，衆皆樂爲用。騎上下山如飛，材力絶人如此，數將習兵，未易當也。及謁者曹梁使長安來，言大將軍號令明，當敵勇，常爲士卒先。須士卒休，乃舍。穿井得水，乃敢飲。軍罷，士卒已踰河，乃度。皇太后所賜金錢，盡以賞賜。雖古名將不

過也。』

又　卷六九《辛慶忌傳》　時，數有災異，丞相司直何武上封事曰：『虞有宮之奇，晉獻不寐；衛青在位，淮南寢謀。故賢人立朝，折衝厭難，勝於亡形。』

又　卷一〇〇下《敘傳》　長平桓桓，上將之元，薄伐獫允，恢我朔邊，戎車七征，衝輣閑閑，合圍單于，北登阗顏。

《三國志》卷一九《魏志・任城威王彰傳》　（曹）彰謂左右曰：『丈夫一爲衛、霍，將十萬騎馳沙漠，驅戎狄，立功建號耳。』

《後漢書》卷二三《竇憲傳》　論曰：衛青【略】資强漢之衆，連年以事匈奴，國秏太半矣，而猾虜未之勝，後世猶傳其良將，豈非以身名自終邪！

《魏書》卷四四《伊馛傳》　世祖之將討涼州也，議者咸諫，唯司徒崔浩勸世祖決行。羣臣出後，（伊）馛言于世祖曰：『若涼州無水草，何得爲國？議者不可用也，宜從浩言。』世祖善之。既克涼州，世祖大會於姑臧，謂羣臣曰：『崔公智計有餘，吾亦不復奇之。吾正奇馛弓馬之士，而所見能與崔同，此深自可奇。』顧謂浩曰：『馛智力如此，終至公相。』浩曰：『何必讀書，然後爲學？衛青、霍去病亦不讀書，而能大建勳名，致位公輔。』世祖笑曰：『誠如公言。』

《後漢書》卷六八《馮緄傳》　（漢桓帝）詔策（馮）緄曰：『【略】衛霍北征，功列金石，皆將軍所皆覽也。』

唐・司馬貞《史記索隱》卷一一一《衛將軍驃騎列傳》　君子豹變，貴賤何常。（衛）青本奴虜，忽升戎行。姊配皇極，身尚平陽。寵榮斯僭，取亂彝章。

明・賀復徵《文章辨體彙選》卷七三注引劉洎《請太宗不詰難臣寮上言書》　昔漢室以衛青出塞，是時漢馬三十萬匹。旋師之日，馬唯餘四萬。十四年不得事匈奴。

宋・王欽若等《册府元龜》卷八四《帝王部・赦宥第三》　唐太宗【略】詔曰：『【略】有隋災亂，憑陵轉甚，疆場之萌，曾無寧歲。朕韜干鑄戟，務在存養。自去歲迄今，降欵相繼，不勞衛霍之將，無待賈晁之畧，單于稽首，交臂藁街，名王面縛。歸身夷邸，繈負而至，前後不絕。』

宋・蘇洵《嘉祐集》卷四《衡論上》　漢之衛、霍、趙充國，唐之李靖、李勣，賢將也。漢之韓信、黥布、彭越，唐之薛萬徹、侯君集、盛彥師，才將也。

宋・何去非《何博士備論》卷上《霍去病論》　昔者，漢武之有事於匈奴也，其世家宿將交於塞下。而衛青起於賤隸，去病奮于驕童，轉戰萬里，無向不克，聲威功烈震於天下，雖古之名將無以過之。二人者之能，豈出於素習耶？亦天之所資也。

宋・吳子良《荆溪林下偶談》卷三《衛青重汲黯》　（衛）青一奴虜也，然貴爲大將軍，日見尊寵。汲黯與之抗禮，不拜，而青愈賢之。數請問國家朝廷所疑，遇黯加於平日。公孫弘號爲儒者，反怨黯之面折，而陰欲擠之死地。曾一奴虜之不若也，哀哉。

明・賀復徵《文章辨體彙選》卷三七八注引楊萬里《論宿將疏》　衛青霍去病崛起於戚里之中，與單于角勝負，深入大幕，直搗龍庭。

宋・熊克《中興小説》卷二九　（紹興十一年）上又曰：『文武之道雖同而事實異。世稱衛青不薦士爲賢，蓋禦侮折衝將帥職也。』

宋・李燾《續資治通鑑長編》卷三二《眞宗》　『（李惟清）聞漢有衛青、霍去病，唐有郭子儀、李晟。西戎北狄望而畏之，如此則邊事息而支用減矣。望國家精選將帥以有威名者護塞，庶節費。』

又　卷一九六《仁宗》　（司馬）光上疏曰：『【略】夫人之材性各有所宜。雖周孔之才不能徧爲人之所爲，況其下乎？故當就其所長而用之。【略】故在兩禁則欲其爲嚴助、司馬相如，任將帥則欲其爲衛青、霍去病，典郡則欲其爲龔遂、黄霸。』

宋・黄震《黄氏日抄》　凡看衛霍傳，須合李廣看，衛霍深入二千里，聲振華夷，今看其傳，不值一錢。李廣每戰輒北，困躓終身，今看其傳，英風如在。史氏抑揚予奪之妙，豈常手可望哉？

明・賀復徵《文章辨體彙選》卷三七八注引董其昌《讀衛霍李廣傳》　司馬子長【略】謂（衛）青（霍）去病遭時成功，其貴在日月之際。【略】彼衛青牧豎也，去病嬖近也。青之名天下無稱者，【略】夫西漢承戰國餘習，士大夫皆以招賢養客者爲賢，衛青獨否。以故字長少之，彼其進遊俠而退處士，亦近此意。蓋有激云爾。

宋·陳元靚《事林廣記》 暗合孫吳，時稱衛霍。殄滅羣醜，肅清沙漠。意氣崢嶸，功名熏灼。民到於今，嘆其雄畧。

《宋史》卷二六七《李惟清傳》 （李）惟清曰：『此開寶軍興之際，其數倍多，蓋以將帥未得其人，邊事未寧，屯兵至廣也。臣聞漢有衛青、霍去病，唐有郭子儀、李晟，西北望而畏之。如此則邊事息而支用減矣。望慎擢將帥，以有威名者俾安邊塞，庶節費用。』

又 卷四三四《儒林傳四·蔡幼學》 （蔡幼學）又曰：『漢武帝用兵以來，大司馬、大將軍之權重而丞相輕。公孫弘爲相，衛青用事，弘苟合取容，相業無有。宣、元用許、史，成帝用王氏，哀帝用丁、傅，率爲元始之禍。今陛下使姨子預兵柄，其人無一才可取。宰相忍與同列，曾不羞恥。按其罪名，宜在公孫弘上。』

明·于慎行《讀史漫録》 衛青功業甚盛，然本傳惟敍其閥閲爵賞，而不及其將才，蓋有所不足也。及觀伍被對淮南王之言，乃知青有名將之風。人所不可及者。淮南王傳中云：『大將軍遇士大夫有禮，於士卒有恩，衆皆樂爲之用。騎上下山若蜚，材幹絶人。被以爲材能如此，數將習兵，未易當也。及謁者曹梁使長安來，言大將軍號令明，當敵勇敢，常爲士卒先。休舍，穿井未通，須士卒盡得水，乃敢飲。軍罷，卒盡已度河，乃度。皇太后所賜金帛，盡以賜軍吏。雖古名將弗過也。』於是淮南王謀遣人入事丞相、大將軍，事發，即刺殺大將軍。而説丞相弘下之。如發蒙耳。大將軍尚爲淮南所忌如此，惟丞相不用刺可以知二公矣。

明·王世貞《弇州四部稿》卷六五《文部·戚將軍紀效新書序》

余嘗怪漢武帝時，下朝鮮，埽筰甌、閩、南三越，不旋踵而若承蜩然。其最難者匈奴耳，而大將軍、驃騎將軍以輕騎絶大漠，數得志焉。此豈盡出天幸，不至乏絶哉？而太史公傳，至鹵獲封户外，略而不具載。意其人以文章奇天下，怏怏奇數，不欲令武士見所長耳。及讀至帝欲以孫、吳兵法教驃騎，不肯受，曰：「不至學古兵法，顧方畧何如。」夫然後而知驃騎將軍、大將軍之微也。彼故長於技而短於法，即不盡出天幸，于後世何所見焉。

清·汪越《讀史記十表》卷八《讀建元以來侯者年表》 表建元至太初以後侯者蓋主軍功，而擊匈奴軍功之大者或從大將軍衛青或從驃騎將軍霍去病。

《明史》卷一三二《藍玉傳》 （藍玉）奏捷京師，帝大喜，賜敕褒勞，比之衛青、李靖。

清·董誥《全唐文》卷二六五《左羽林大將軍臧公神道碑》 故兵部尚書同中書門下三品平章事韓國公張府君，年位不侔，志業相許，引之入幕。辟以論兵，抗禮肅庭，握手密坐，嘗謂人曰：『此子才經文武，氣蓋華夷，逸翮將摶，巨鱗必縱，雖趙有李牧，漢有衛青，練彼朔方，剿於獯虜，無以居其右也。』由是聲聞於天，威震於朔，凡欲追討，皆籍率先。

清·曾國藩《曾文正公書札》 有爲者不宜復以資地限之。衛青人奴，拜將封侯，身尚貴主。此何等時，又可以尋常行墨困奇倔男子乎！

【略】

衛青遇士大夫以禮，與小人有恩，西門安于矯性齊美。關羽、張飛，任偏同弊。行已舉事，深宜鑑此。

藝文

周·庾信《庾子山集》卷三《擬詠懷詩二十七首》 白馬向清波。乘冰始渡河。置兵須近水。移營喜竈多。長阪初垂翼。鴻溝遂倒戈。的顱於此去。虞兮奈若何。空營衛青塚。徒聽田横歌。

宋·郭茂倩《樂府詩集·横吹曲辭》卷二一《楊素〈出塞〉》 漠南胡未空，漢將復臨戎。飛狐出塞北，碣石指遼東。冠軍臨瀚海，長平翼大風。雲横虎落陣，氣抱龍城虹。横行萬里外，胡運百年窮。兵寢星芒落，戰解月輪空。嚴刁息夜斗，辛角罷鳴弓。北風嘶朔馬，胡霜切塞鴻。休明大道暨，幽荒日用同。方就長安邸，來謁建章宮。

又 卷九三《盧綸〈塞下曲〉》 月黑雁飛高，單于夜遁逃。欲將輕騎逐，大雪滿弓刀。

清·彭定求等《全唐詩》卷一四三《王昌齡〈從軍行〉》 大將軍出塞，白日暗榆關。三面黄金甲，單于破膽還。

宋·郭茂倩《樂府詩集·横吹曲辭》卷二一《王昌齡〈出塞〉》 秦時明月漢時關，萬里長征人未還。但使龍城飛將在，不教胡馬度陰山。

唐・竇威《出塞曲》 匈奴屢不平，漢將欲縱橫。看雲方結陣，卻月始連營。潛軍度馬邑，揚旆掩龍城。會勒燕然石，方傳車騎名。

唐・高適《送渾將軍出塞》 將軍族貴兵且强，漢家已是渾邪王。子孫相承在朝野，至今部曲燕支下。控弦盡用陰山兒，登陣常騎大宛馬。銀鞍玉勒繡蝥弧，每逐嫖姚破骨都。李廣從來先將士，衛青未肯學孫吳。傳有沙場千萬騎，昨日邊庭羽書至。城頭畫角三四聲，匣裏寶刀晝夜鳴。意氣能甘萬里去，辛勤判作一年行。黄雲白草無前後，朝建旌旄夕刁斗。塞下應多俠少年，關西不見春楊柳。從軍借問所從誰，擊劍酣歌當此時。遠別無輕繞朝策，平戎早寄仲宣詩。

唐・杜牧《貴遊》 朝回佩馬早淒淒，年少恩深衛霍齊。斧鉞舊威龍塞北，池臺新賜鳳城西。門通碧樹開金鎖，樓對青山倚玉梯。南陌行人盡回首，笙歌一曲暮雲低。

唐・楊凝《送客往鄜州》 新參將相事營平，錦帶騂弓結束輕。曉上關城吟畫角，暗馳羌馬發支兵。回中地近風常急，鄜畤年多草自生。近喜扶陽係戎相，從來衛霍笑長纓。

唐・皇甫冉《送王相公之幽州》 自昔蕭曹任，難兼衛霍功。勤勞無遠近，旌節屢西東。不選三河卒，還令萬里通。雁行緣古塞，馬鬣起長風。遮虜關山靜，防秋鼓角雄。徒思一攀送，羸老蓽門中。

唐・韋應物《韋蘇州集》卷九《長安道》 漢家宮殿含雲煙，兩宮十里相連延。晨霞出没弄丹闕，春雨依微自甘泉。春雨依微春尚早，長安貴遊愛芳草。寶馬横來下建章，香車卻轉避馳道。貴遊誰最貴，衛霍世難比。何能蒙主恩，幸遇邊塵起。歸來甲第拱皇居，朱門峨峨臨九衢。

唐・李渤《喜弟淑再至爲長歌》 長兄年少曾落託，拔劍沙場隨衛霍。口裏雖譚周孔文，懷中不舍孫吳略。次兄一生能苦節，夏聚流螢冬映雪。非論疾惡志如霜，更覺臨泉心似鐵。第三之兄更奇異，昂昂獨負青雲志。下看金玉不如泥，肯道王侯身可貴。卻愁清逸不干時，高蹤大器無人知。倘逢感激許然諾，必能萬古留清規。

唐・李紳《追昔遊集》卷下《到宣武三十韻》 七月趨梁苑，三年謝尹京。舊風除物蠹，新律奉師貞。龍節雙油重，蛇矛百練明。躍魚連後旆，騰虎耀前旌。路轉金神並，川開鐵馬横。擁旄差白羽，分轡引紅纓。在浚風煙接，維嵩聳洛清。貫魚奔騎疾，連雁卷行輕。煙壘風調角，秋原雨洗兵。宿雲看布甲，疏柳見分營。鼓徹通宵警，和門候曉晴。虎符三校列，魚胄萬夫迎。弄馬猿猱健，奔車角牴呈。駕肩傍隘道，張幕内連楹。森戟承三令，攢戈退一聲。及郊知雨過，觀俗辨風行。望宋憐思女，游梁念客卿。義夫留感激，公子播英名。澤廣豚魚洽，恩宣豈弟生。善師忘任智，中略在推誠。式宴歌鐘合，陳筵綺繡幷。戲鼙千卒躍，均酒百壺傾。樂與師徒共，歡從井邑盈。教通因漸染，人悦尚和平。授鉞慚分閫，登壇荷列城。虚裘朝獨坐，雄劍夜孤鳴。白髮侵霜變，丹心捧日驚。衛青終保志，潘嶽未忘情。期月終迷化，三年詎有成。惟看波海動，天外斬長鯨。

唐・李白《述德兼陳情上哥舒大夫》 天爲國家孕英才，森森矛戟擁靈臺。浩蕩深謀噴江海，縱横逸氣走風雷。丈夫立身有如此，一呼三軍皆披靡。衛青謾作大將軍，白起真成一豎子。

宋・晁端禮《望海潮》 易水風煙，范陽山色有無中。安邊暫倚元戎。看綸巾對酒，羽扇搖風。金勒少年，吳鉤壯士。寧論衛霍前功。乃眷在清衷。恐鳳池虚久，歸去匆匆。幸有佳人錦瑟，玉筍且輕攏。

宋・劉宰《漫塘集》卷一《讀衛青傳》 任俠行權世所誅，將軍尚借齒牙餘。古來名將勤招選，底事牢辭不敢居。

宋・張耒《有所歎五首》 衛青功高不薦賢，猶有蘇建能拳拳。魏其已誅武安死，將軍畏禍無敢言。田竇安知天下士，可是一言誰得罪。當憂磊落世上奇，白頭騎奴安得知。

宋・陳普《石堂先生遺集》卷二〇《詠史上・衛青》 丞相含沙作短狐，直言長揖黯何孤。相容幸有兩人在，帝與侯家老騎奴。

宋・王安石《臨川文集》卷三二《兩生》 兩生才器亦超羣，黑白何勞强自分。好與騎奴同一處，此時俱事衛將軍。

元・泰不華《衛將軍玉印歌》 武皇雄略吞八荒，將軍分道出朔方。甘泉論功誰第一？將軍金印照白日。尚方寶玉將作匠，別刻姓名示殊賞。蟠螭交紐古篆文，太常鐘鼎旌奇勳。君不見祁連山下戰骨深，中原父老淚滿襟。衛后廢殂太子死，茂陵落日秋風起。天荒地老故物存，摩挲斷文弔英魂。

元・張憲《玉笥集》卷三《出自薊北門行》 出自薊北門，遥望瀚

海隅。黄沙落寒雁，衰草號雄狐。河水血成冰，土塚碑當塗。乃知古戰場，本是賢王都。武皇昔按劍，一怒萬骨枯。半夜下兵帖，六郡皆歡呼。將軍各上馬，百道追匈奴。羊馬滿大野，萬帳收穹廬。英英長平侯，六騾走單于。至今青史上，猶壯武剛車。

元·揭傒斯《文安集》卷三《題姑蘇陸友仁所藏衛青印》 白玉蟠螭小篆文，姓名識得衛將軍。衛將軍，今何在，白草茫茫古時塞。將軍功業漢山河，江南陸郎古意多。

明·劉炳《金銅仙人辭漢歌周伯寧同賦》 漢家黄金如土積，鑄作仙人一千尺。緱氏山頭曉日紅，太一祠前露華碧。璚漿凝彩剪雲澌，玉屑無痕浸寒液。安期日日候神仙，王母朝朝見鳧舄。千門萬户建明光，上苑南山繞柏梁。春滿甘泉千樹緑，波涵太液百花香。白麟朱雁呈祥瑞，寶鼎芝房薦樂章。詔遣衛青將驃騎，使通司馬拜中郎。待邊親駐狼居外，出塞兵藏馬邑旁。龍馬錦韉來上谷，蒲萄銀甕出西涼。李陵臺畔西風冷，蘇武坡前落日荒。暮年始下輪臺詔，思子宫前雙淚繞。壯志淒涼天下悲，巡幸東從海上回。封祠無成還碣石，長生不復望蓬萊。鼎湖龍去秋蕭瑟，金鳧銀雁燈如漆。空遺弓箭慘無神，青龍使者宫車出。萬牛如山千里來，老淚裂背銅仙摧。前車未改後車轍，昔人不盡今人哀。傷心秋草茂陵苑，又見東風銅雀臺。

明·吴哲《丙申三月從平章左公總戎臨安過南山訪楊鐵崖先生時溪漲馬不克渡延佇口號》 旂旐晨趨十萬軍，衛青幕府事紛紛。臥龍不遠滄溟窟，走馬來看館閣文。春過名山花亂落，雨晴飛瀑路難分。先生高伴洪厓嘯，獨向溪邊望白雲。

明·張元凱《伐檀齋集》卷二《塞垣行寄嘉禾朱尉》 衛青屯上谷，連營肅旗鼓。五道出將軍，弓高與强弩。繫其賢王歸，奇功不堪數。坐擁武剛車，帳下式歌舞。李廣不得意，上簿至幕府。是豈戰之罪，拊心良獨苦。朱生蓬蒿人，掘起自行伍。浮海斬呂嘉，英略無千古。功奇禍亦奇，十年檻中虎。長劍雖蒯緱，猶堪賈一怒。丈夫身不死，塞垣報明主。

又 卷三《短歌與一二僚佐登城樓作》 吴鉤鏽澀不能鳴，匣中隱隱青苔生。高天九月霜華白，草木黄落夫差城。夫差城中誰作苦，摧眉折腰在行伍。父書徒讀亦何爲，投筆十年無比數。藏活曾棲廣柳車，沈酣屢謫西曹簿。男兒骯髒安足歎，世上紛紛鼠變虎。衛青亦是主家奴，須臾功成享茅土。出無知己仕無媒，不如將身隱屠沽。丈夫空自羨雄飛，今日登臨對落暉。滿目山川非異國，仲宣何事淚沾衣。

明·李昌祺《運甓漫稿》卷三《擬唐塞下曲九首》 塞馬嘯悲風，旌旗慘澹中。衛青持左鉞，李廣在前鋒。壯士俱亡命，朝廷重論功。將軍承寵詔，天子錫新封。

明·楊慎《升庵集》卷二三《送李元白侍御巡茶馬》 漢家六郡防秋野，秦地長城限諸夏。單于自款幕南庭，天子非貪大宛馬。柱史東臺獬豸冠，霜威北塞斗牛寒。衛青驃騎尋常足，充國屯田什一寬。隴頭流水停嗚咽，朔吹先春飄惠澤。好繼周書王會圖，休翻樂府關山月。

明·周是修《芻蕘集》卷三《古從軍行五首》 寶馬流星劍，金戈明月弓。千旗分别將，萬騎拱元戎。玉帳兵符秘，轅門殺氣雄。長驅沙漠外，誰數衛青功。

明·皇甫沖《閏三月十日將别王甥與之痛飲醉後作將進酒》 將進酒，解雙璧，敝裘贏馬長安陌。長安甕頭香可憐，一飲須當盡一石。手引六博狂叫呼，當盤一擲得五白。千古興亡亦爾爾，眼前得喪何曾惜。市上高陽吾不識，且聽胡歌彈虎拍。載進酒，君莫辭，人生失意亦有時。韓生不死淮陰市，寄食漂母身無資。歸來報恩召中尉，昔日王孫今是誰？狂風卷地吹飛塵，昏霾四塞白日沈。錦屏繡帳誰家子，羅珍列玉宵盍簪。皓齒呈歌細腰舞，樽前一笑輕千金。燈殘襦履紛交錯，折纓引袂招琴心。惟願泰山長不傾，豈知莠草生階陰。拂衣把酒對明月，莫令衰鬢煩憂侵。君不見阿房巍巍五千尺，黄金爲塗玉爲城。徐市東遊竟不歸，海上空傳巨人迹。漢武效之築建章，文成五利爭輝赫。人生得受君王知，縱死猶勝守蓬篳。又不見衛青元是侯家奴，會逢發卒征單于。破虜擒王拜大將，舊日侯家今有無？白首一經守文墨，笑殺申穆空爲儒。遂使班超奮投筆，恐負人生七尺軀。

明·王叔承《宫詞一百首並序》 漢王擊筑慕邊動，妾抱箜篌歌塞雲。莫遣玉關消息斷，儂家況有衛將軍。

明·童軒《清風亭稿》卷二《燕歌行贈徐七遵誨》 黑雲黯靄陰山北，跨馬長征殺胡賊。腰間寶劍懸吴鉤，寒光閃爍青蓮色。一從仗劍出蕭

關，幾載風塵澒洞間。鐵甲戰酣青海月，羽書飛捷白狼山。論功自合分茅土，猶向軍前朝沐雨。可憐白首困窮荒，虎帳何人日歌舞。滿地腥風血色腓，輪臺萬里居人稀。胡兒吹笛朝出塞，壯士橫戈夜突圍。從戎卻念辭家久，數奇尚落他人後。一聲寒角秋風鳴，望鄉幾度頻搔首。男兒離別何足歎，才器如君世稀有。閫外會有推轂時，肘後黃金印如斗。玉門胡騎去紛紛，更上燕然勒大勳。君不見匈奴多繫頸，至今猶説衛將軍。

明・朱誠泳《小鳴稿》卷一《燕歌行》　天聲遠振祁連北，深入窮廬追猾賊。手提長劍光陸離，揮霍頓教天失色。一自將兵出玉關，年年出没風塵間。檄書只隔黑河水，狼煙近接賀蘭山。行役誰人不懷土，馬上操戈冒風雨。朝來更覺鐵衣寒，怕見長天雪花舞。凍眼茫茫凍葉腓，寒鴉無數居人稀。巡邊遊騎畏逢敵，守寨尪兵愁被圍。從戎自念經年久，每與將軍作留後。里正來時爲裹頭，今日悠悠成白首。自是男兒志四方，馬革包屍亦何有。匈奴未滅敢言歸，獨臥月明擊刁斗。營中健卒日紛紛，料得何人建大勳。君不見牧羊人奴取侯印，漢家爭説衛將軍。

明・梁有譽《蘭汀存稿》卷四《庚戌八月虜變》　白草蕭蕭大野間，單于獵火照秋山。坐令鳴鏑侵周甸，不見封泥守漢關。郡邑瘡痍嗟正苦，邊庭供餉轉多艱。九重已命嫖姚將，爲報蒼生一解顔。【略】

胡騎朝驅度黑河，射雕還傍帝城過。四郊此日慚多壘，三輔何時遂息戈。出塞衛青猶荷戟，從戎魏絳漫論和。漢家會見平胡績，願聽回中橫吹歌。

清・徐元文《含經堂集》卷一《秋日雜感》　天兵萬里播聲靈，誓掃鯨鯢服不庭。催戰正馳赤白羽，轉輸難論斗箕星。同時將帥推徐績，蓋代勳庸數衛青。文齒雕題拓地遠，受降還擬到窮溟。

清・彭定求等《全唐詩》卷二二七《杜甫〈廣州段功曹到得楊五長史譚書功曹卻歸聊寄此詩〉》　衛青開幕府，楊僕將樓船。漢節梅花外，春城海水邊。銅梁書遠及，珠浦使將旋。貧病他鄉老，煩君萬里傳。

清・慕昌溎《初夏讀書雜詠》　深谷有枯草，陽崖茂嘉卉。茲豈物性殊，植高稟氣異。巍巍衛、霍勳，赫赫椒房勢。繈褓皆列侯，枝附盡高位。功成正少年，天幸易爲致。誰識故將軍，吞聲霸陵尉。簡子歎雀雉，其意殊堪嘲。初質猶不保，化生亦徒勞。如何秦、漢世，妄意希松喬。蒼生力已盡，方士氣正驕。秦女去不返，三山終迢遥。廢書仰天歎，浮雲開碧霄。

雜録

《史記》卷二〇《建元以來侯者年表》　（元朔）二年三月丙辰，烈侯衛青元年。

《漢書》卷五四《李廣傳》注引晉灼曰　將軍職在征行，無常處，所在爲治，故言莫府也。莫，大也。或曰，衛青征匈奴，絶大莫，大克獲，帝就拜大將軍于幕中府，故曰莫府。

漢・荀悦《漢紀》卷一三《前漢孝武皇帝紀》　（元狩六年）（霍）去病後甚貴寵。而衛青稍衰。賓客故人。皆去青而事去病。

《魏書》卷四八《高允傳》　王公以下望庭畢拜，高子獨升階長揖。由此觀之，汲長孺可臥見衛青，何抗禮之有？

《後漢書》卷五八下《馮衍傳》　逮至晚世董仲舒言道德見妒於公孫弘，李廣奮節於匈奴見排於衛青，此忠臣之常所爲流涕也。

南朝宋・裴駰《史記集解》卷五六《陳丞相世家》注引徐廣曰　陳掌者，衛青之子壻。

《宋書》卷一八《禮制五》　衛青征匈奴，以武剛車爲營是也。

唐・司馬貞《史記索隱》卷一一一《衛將軍驃騎列傳》注引姚氏案　（霍去病）冢在茂陵東北，與衛青冢並。

宋・司馬光《資治通鑑》卷二二《漢紀一四・世宗孝武皇帝下》　衛青薨，臣下無復外家爲據，競欲搆太子。

宋・李燾《續資治通鑑長編》卷五〇《真宗》　先是，職方員外郎、秘閣校理吳淑上疏，請復古車戰之法。（咸平四年十一月）辛巳，淑又言：

臣以車戰之利，自古有之，故衛青、李陵【略】與敵戰，皆用車而勝【略】夫匈奴所長者騎兵也，必須平遠廣野，雲布霧散，馳逐往來。士卒前無所依，後無所據，故戎騎雷動飆至，易致退縮，苟非聯車以制之，則何以禦其奔突哉？故用車戰爲便。

宋·鄭樵《通志》卷一八〇《遊俠傳》 東郭先生齊人也，以方士待詔公車。時大將軍衛青擊匈奴有功來歸，詔賜金千金。將軍出宮門，東郭先生當到，遮衛將軍車，拜謁曰：『願白事將軍』。止車前，東郭先生胖車言曰：『王夫人新得幸於上，家貧。金將軍得金千斤，誠以半賜王夫人之親人，主聞之必喜』。此所謂奇策便計也，衛將軍謝之曰：『先生幸告之，以便奉教』。於是，衛將軍乃以五百斤爲王夫人之親壽。

清·愛新覺羅·弘曆《御批歷代通鑑輯覽》卷一五 主父偃言茂陵初立，天下豪傑并兼，亂衆之民皆可徙置。內實京師外銷奸猾，所謂不誅而害除，上從之。軹人郭解關東大俠也，在徙中。衛青爲言：『郭解家貧不中徙』。上曰：『解布衣，權至使將軍爲言，此其家不貧』，卒徙解家。

霍去病分部

傳記

《史記·霍去病傳》 是歲也，大將軍姊子霍去病年十八，幸，爲天子侍中。善騎射，再從大將軍，受詔與壯士，爲剽姚校尉，與輕勇騎八百直棄大軍數百里赴利，斬捕首虜過當。於是天子曰：『剽姚校尉去病斬首虜二千二十八級，及相國、當户，斬單于大父行籍若侯產，生捕季父羅姑比，再冠軍，以千六百户封去病爲冠軍侯。上谷太守郝賢四從大將軍，捕斬首虜二千餘人，以千一百户封賢爲衆利侯。』是歲，失兩將軍軍，亡翕侯，軍功不多，故大將軍不益封。右將軍建至，天子不誅，赦其罪，贖爲庶人。【略】

冠軍侯去病既侯三歲，元狩二年春，以冠軍侯去病爲驃騎將軍，將萬騎出隴西，有功。天子曰：『驃騎將軍率戎士踰烏盭，討遬濮，涉狐奴，歷五王國，輜重人衆懾慴者弗取，冀獲單于子。轉戰六日，過焉支山千有餘里，合短兵，殺折蘭王，斬盧胡王，誅全甲，執渾邪王子及相國、都尉，首虜八千餘級，收休屠祭天金人，益封去病二千户。』

其夏，驃騎將軍與合騎侯敖俱出北地，異道；博望侯張騫、郎中令李廣俱出右北平，異道：皆擊匈奴。郎中令將四千騎先至，博望侯將萬騎在後至。匈奴左賢王將數萬騎圍郎中令，郎中令與戰二日，死者過半，所殺亦過當。博望侯至，匈奴兵引去。博望侯坐行留，當斬，贖爲庶人。而驃騎將軍出北地，已遂深入，與合騎侯失道，不相得，驃騎將軍踰居延至祁連山，捕首虜甚多。天子曰：『驃騎將軍踰居延，遂過小月氏，攻祁連山，得酋涂王，以衆降者二千五百人，斬首虜三萬二百級，獲五王，五王母，單于閼氏、王子五十九人，相國、將軍、當户、都尉六十三人，師大率減什三，益封去病五千户。賜校尉從至小月氏爵左庶長。鷹擊司馬破奴再從驃騎將軍斬遬濮王，捕稽沮王，千騎將得王、王母各一人，王子以下四十一人，捕虜三千三百三十人，前行捕虜千四百人，以千五百户封破奴爲從驃侯。校尉句王高不識，從驃騎將軍捕呼于屠王王子以下十一人，捕虜千七百六十八人，以千一百户封不識爲宜冠侯。校尉僕多有功，封爲煇渠侯。』合騎侯敖坐行留不與驃騎會，當斬，贖爲庶人。諸宿將所將士馬兵亦不如驃騎，驃騎所將常選，然亦敢深入，常與壯騎先其大軍，軍亦有天幸，未嘗困絕也。然而諸宿將常坐留落不遇。由此驃騎日以親貴，比大將軍。

其秋，單于怒渾邪王居西方數爲漢所破，亡數萬人，以驃騎之兵也。單于怒，欲召誅渾邪王。渾邪王與休屠王等謀欲降漢，使人先要邊。是時大行李息將城河上，得渾邪王使，即馳傳以聞。天子聞之，於是恐其以詐降而襲邊，乃令驃騎將軍將兵往迎之。驃騎既渡河，與渾邪王衆相望。渾邪王裨將見漢軍而多欲不降者，頗遁去。驃騎乃馳入與渾邪王相見，斬其欲亡者八千人，遂獨遣渾邪王乘傳先詣行在所，盡將其衆渡河，降者數萬，號稱十萬。既至長安，天子所以賞賜者數十巨萬。封渾邪王萬户，爲漯陰侯。封其裨王呼毒尼爲下摩侯，鷹庇爲煇渠侯，禽棃爲河綦侯，大當户銅離爲常樂侯。於是天子嘉驃騎之功曰：『驃騎將軍去病率師攻匈奴西域王渾邪，王及厥衆萌咸相犇，率以軍糧接食，并將控弦萬有餘人，誅獟駻，獲首虜八千餘級，降異國之王三十二人，戰士不離傷，十萬之衆咸懷集服，仍與之勞，爰及河塞，庶幾無患，幸既永綏矣。以千七百户益封驃騎將軍。』減隴西、北地、上郡戍卒之半，以寬天下之繇。【略】

元狩四年春，上令大將軍青、驃騎將軍去病將各五萬騎，步兵轉者踵

軍數十萬，而敢力戰深入之士皆屬驃騎。驃騎始爲出定襄，當單于。捕虜言單于東，乃更令驃騎出代郡，令大將軍出定襄。郎中令爲前將軍，太僕爲左將軍，主爵趙食其爲右將軍，平陽侯襄爲後將軍，皆屬大將軍。兵即度幕，人馬凡五萬騎，與驃騎等咸擊匈奴單于。趙信爲單于謀曰：『漢兵既度幕，人馬罷，匈奴可坐收虜耳。』乃悉遠北其輜重，皆以精兵待幕北。而適值大將軍軍出塞千餘里，見單于兵陳而待，於是大將軍令武剛車自環爲營，而縱五千騎往當匈奴。匈奴亦縱可萬騎。會日且入，大風起，沙礫擊面，兩軍不相見，漢益縱左右翼繞單于。單于視漢兵多，而士馬尚强，戰而匈奴不利，薄莫，單于遂乘六贏，壯騎可數百，直冒漢圍西北馳去。時已昏，漢匈奴相紛挐，殺傷大當。漢軍左校捕虜言單于未昏而去，漢軍因發輕騎夜追之，大將軍軍因隨其後。匈奴兵亦散走。遲明，行二百餘里，不得單于，頗捕斬首虜萬餘級，遂至寘顔山趙信城，得匈奴積粟食軍。軍留一日而還，悉燒其城餘粟以歸。【略】

驃騎將軍亦將五萬騎，車重與大將軍軍等，而無裨將。悉以李敢等爲大校，當裨將，出代、右北平千餘里，直左方兵，所斬捕功已多大將軍。軍既還，天子曰：『驃騎將軍去病率師，躬將所獲葷粥之士，約輕齎，絶大幕，涉獲章渠，以誅比車耆，轉擊左大將，斬獲旗鼓，歷涉離侯。濟弓閭，獲屯頭王、韓王等三人，將軍、相國、當户、都尉八十三人，封狼居胥山，禪於姑衍，登臨翰海。執鹵獲醜七萬有四百四十三級，師率減什三，取食於敵，逴行殊遠而糧不絶，以五千八百户益封驃騎將軍。』右北平太守路博多屬驃騎將軍，會與城，不失期，從至檮余山，斬首捕虜二千七百級，以千六百户封博多爲符離侯。北地都尉邢山從驃騎將軍獲王，以千二百户封山爲義陽侯。故歸義因淳王復陸支、樓專王伊卽靬皆從驃騎將軍有功，以千三百户封復陸支爲壯侯，以千八百户封伊卽靬爲衆利侯。從驃侯破奴、昌武侯安稽從驃騎有功，益封各三百户。校尉敢得旗鼓，爲關內侯，食邑二百户。校尉自爲爵大庶長。軍吏卒爲官，賞賜甚多。而大將軍不得益封，軍吏卒皆無封侯者。

兩軍之出塞，塞閲官及私馬凡十四萬匹，而復入塞者不滿三萬匹。乃益置大司馬位，大將軍、驃騎將軍皆爲大司馬。定令，令驃騎將軍秩禄與大將軍等。自是之後，大將軍青日退，而驃騎日益貴。舉大將軍故人門下多去事驃騎，輒得官爵，唯任安不肯。

驃騎將軍爲人少言不泄，有氣敢任。天子嘗欲教之孫吴兵法，對曰：『顧方略何如耳，不至學古兵法。』天子爲治第，令驃騎視之，對曰：『匈奴未滅，無以家爲也。』由此上益重愛之。然少而侍中，貴，不省士。其從軍，天子爲遣太官齎數十乘，既還，重車餘棄粱肉，而士有飢者。其在塞外，卒乏糧，或不能自振，而驃騎尚穿域蹋鞠。事多此類。大將軍爲人仁善退讓，以和柔自媚於上，然天下未有稱也。

驃騎將軍自四年軍後三年，元狩六年而卒。天子悼之，發屬國玄甲軍，陳自長安至茂陵，爲冢象祁連山。謚之，并武與廣地曰景桓侯。子嬗代侯。嬗少，字子侯，上愛之，幸其壯而將之。居六歲，元封元年，嬗卒，謚哀侯。無子，絶，國除。

自驃騎將軍死後，大將軍長子宜春侯伉坐法失侯。後五歲，伉弟二人，陰安侯不疑及發干侯登皆坐酎金失侯。失侯後二歲，冠軍侯國除。其後四年，大將軍青卒，謚爲烈侯。子伉代爲長平侯。【略】

最驃騎將軍去病，凡六出擊匈奴，其四出以將軍，斬捕首虜十一萬餘級。及渾邪王以衆降數萬，遂開河西酒泉之地，西方益少胡寇。四益封，凡萬五千一百户。其校吏有功爲侯者凡六人，而後爲將軍二人。【略】

太史公曰：蘇建語余曰：『吾嘗責大將軍至尊重，而天下之賢大夫毋稱焉，願將軍觀古名將所招選擇賢者，勉之哉。大將軍謝曰：「自魏其、武安之厚賓客，天子常切齒。彼親附士大夫，招賢絀不肖者，人主之柄也。人臣奉法遵職而已，何與招士！」』驃騎亦放此意，其爲將如此。

《漢書·霍去病傳》 是歲也，霍去病始侯。

霍去病，大將軍青姊少兒子也。其父霍仲孺先與少兒通，生去病。及衛皇后尊，少兒更爲詹事陳掌妻。去病以皇后姊子，年十八爲侍中。善騎射，再從大將軍。大將軍受詔，予壯士，爲票姚校尉，與輕勇騎八百直棄大軍數百里赴利，斬捕首虜過當。於是上曰：『票姚校尉去病斬首捕虜二千二十八級，得相國、當户，斬單于大父行籍若侯產，捕季父羅姑比，再冠軍，以二千五百户封去病爲冠軍侯。上谷太守郝賢四從大將軍，捕首虜千三百級，封賢爲終利侯。騎士孟已有功，賜爵關內侯，邑二百户。』【略】

去病侯三歲，元狩二年春爲票騎將軍，將萬騎出隴西，有功。上曰：『票騎將軍率戎士逾烏盭，討遬濮，涉狐奴，歷五王國，輜重人衆攝讋者弗取，幾獲單于子。轉戰六日，過焉支山千有餘里，合短兵，鏖皋蘭下，殺折蘭王，斬盧侯王，鋭悍者誅，全甲獲醜，執渾邪王子及相國、都尉，捷首虜八千九百六十級，收休屠祭天金人，師率減什七，益封去病二千二百户。』

其夏，去病與合騎侯敖俱出北地，異道。博望侯張騫、郎中令李廣俱出右北平，異道。廣將四千騎先至，騫將萬騎後。匈奴左賢王將數萬騎圍廣，廣與戰二日，死者過半，所殺亦過當。騫至，匈奴引兵去。騫坐行留，當斬，贖爲庶人。而去病出北地，遂深入，合騎侯失道，不相得。去病至祁連山，捕首虜甚多。上曰：『票騎將軍涉鈞耆，濟居延，遂臻小月氏，攻祁連山，揚武乎鱳得，得單于單桓、酋涂王，及相國、都尉以衆降下者二千五百人，可謂能舍服知成而止矣。捷首虜三萬二百，獲五王，王母、單于閼氏、王子五十九人，相國、將軍、當户、都尉六十三人，師大率減什三，益封去病五千四百户。賜校尉從至小月氏者爵左庶長。鷹擊司馬破奴再從票騎將軍斬遬濮王，捕稽且王，右千騎將得王、王母各一人，王子以下四十一人，捕虜三千三百三十人，前行捕虜千四百人，封破奴爲從票侯。校尉高不識從票騎將軍捕呼于耆王王子以下十一人，捕虜千七百六十八人，封不識爲宜冠侯。校尉僕多有功，封爲煇渠侯。』合騎侯敖坐行留不與票騎將軍會，當斬，贖爲庶人。諸宿將所將士馬兵亦不如去病，去病所將常選，然亦敢深入，常與壯騎先其大軍，軍亦有天幸，未嘗困絶也。然而諸宿將常留落不耦。由此去病日以親貴，比大將軍。其後，單于怒渾邪王居西方數爲漢所破，亡數萬人，以票騎之兵也，欲召誅渾邪王。渾邪王與休屠王等謀欲降漢，使人先要道邊。是時，大行李息將城河上，得渾邪王使，卽馳傳以聞。上恐其以詐降而襲邊，乃令去病將兵往迎之。去病既度河，與渾邪衆相望。渾邪裨王將見漢軍而多欲不降者，頗遁去。去病乃馳入，得與渾邪王相見，斬其欲亡者八千人，遂獨遣渾邪王乘傳先詣行在所，盡將其衆度河，降者數萬人，號稱十萬。既至長安，天子所以賞賜數十巨萬。封渾邪王萬户，爲漯陰侯。封其裨王呼毒尼爲下摩侯，雁疕爲煇渠侯，禽黎爲河綦侯，大當户調雖爲常樂侯。於是上嘉去病之功，曰：『票騎將軍去病率師征匈奴西域王渾邪，王及厥衆萌咸犇於率，以軍糧接食，并將控弦萬有餘人，誅獟悍，捷者虜八千餘級，降異國之王三十二。戰士不離傷，十萬之衆畢懷集服。仍興之勞，爰及河塞，庶幾亡患，以千七百户益封票騎將軍。減隴西、北地、上郡戍卒之半，以寬天下繇役。』乃分處降者於邊五郡故塞外，而皆在河南，因其故俗爲屬國。其明年，匈奴入右北平、定襄，殺略漢千餘人。

其明年，上與諸將議曰：『翕侯趙信爲單于畫計，常以爲漢兵不能度幕輕留，今大發卒，其勢必得所欲。』是歲元狩四年也。春，上令大將軍青、票騎將軍去病各五萬騎，步兵轉者踵軍數十萬，而敢力戰深入之士皆屬去病。去病始爲出定襄，當單于。捕虜，虜言單于東，乃更令去病出代郡，令青出定襄。郎中令李廣爲前將軍，太僕公孫賀爲左將軍，主爵趙食其爲右將軍，平陽侯襄爲後將軍，皆屬大將軍。趙信爲單于謀曰：『漢兵卽度幕，人馬罷，匈奴可坐收虜耳。』乃悉遠北其輜重，皆以精兵待幕北。而適直青軍出塞千餘里，見單于兵陳而待，於是青令武剛車自環爲營，而縱五千騎往當匈奴，匈奴亦縱萬騎。會日且入，而大風起，沙礫擊面，兩軍不相見，漢益縱左右翼繞單于。單于視漢兵多，而士馬尚强，戰而匈奴不利，薄莫，單于遂乘六贏，壯騎可數百，直冒漢圍西北馳去。昏，漢匈奴相紛挐，殺傷大當。漢軍左校捕虜，言單于未昏而去，漢軍因發輕騎夜追之，青因隨其後。匈奴兵亦散走。會明，行二百餘里，不得單于，頗捕斬首虜萬餘級，遂至窴顔山趙信城，得匈奴積粟食軍。軍留一日而還，悉燒其城餘粟以歸。【略】

去病騎兵車重與大將軍軍等，而亡裨將。悉以李敢等爲大校，當裨將，出代、右北平二千餘里，直左方兵，所斬捕功已多於青。

既皆還，上曰：『票騎將軍去病率師躬將所獲葷允之士，約輕齎，絶大幕，涉獲單于章渠，以誅北車耆，轉擊左大將雙，獲旗鼓，歷度難侯，濟弓盧，獲屯頭王、韓王等三人，將軍、相國、當户、都尉八十三人，封狼居胥山，禪于姑衍，登臨翰海，執訊獲醜七萬有四百四十三級，師率減什二，取食于敵，卓行殊遠而糧不絶。以五千八百户益封票騎將軍。』右北平太守路博德屬票騎將軍，會興城，不失期，從至檮余山，斬首捕虜二千八百級，封博德爲邳離侯。北地都尉衛山從票騎將軍獲王，封山爲義陽

侯。故歸義侯因淳王復陸支、樓剸王伊卽軒皆從票騎將軍有功，封復陸支爲杜侯，伊卽軒爲衆利侯。從票侯破奴、昌武侯安稽從票騎有功，益封各三百户。漁陽太守解、校尉敢皆獲鼓旗，賜爵關内侯，解食邑三百户，敢二百户。校尉自爲爵左庶長。』軍吏卒爲官，賞賜甚多。而青不得益封，吏卒無封者。唯西河太守常惠、雲中太守遂成受賞，遂成秩諸侯相，賜食邑二百户，黄金百斤，惠爵關内侯。

兩軍之出塞，塞閲官及私馬凡十四萬匹，而後入塞者不滿三萬匹。乃置大司馬位，大將軍、票騎將軍皆爲大司馬。定令，令票騎將軍秩禄與大將軍等。自是後，青日衰而去病日益貴。青故人門下多去，事去病，輒得官爵，唯獨任安不肯去。

去病爲人少言不泄，有氣敢往。上嘗欲教之吴、孫兵法，對曰：『顧方略何如耳，不至學古兵法。』上爲治第，令視之，對曰：『匈奴不滅，無以家爲也。』由此上益重愛之。然少而侍中，貴不省士。其從軍，上爲遣太官齎數十乘，既還，重車餘棄粱肉，而士有飢者。其在塞外，卒乏糧，或不能自振，而去病尚穿域蹋鞠也。事多此類。青仁，喜士退讓，以和柔自媚於上，然於天下未有稱也。

去病自四年軍後三歲，元狩六年薨。上悼之，發屬國玄甲，軍陳自長安至茂陵，爲塚象祁連山。謚之幷武與廣地曰景桓侯。子嬗嗣。嬗字子侯，上愛之，幸其壯而將之。爲奉車都尉，從封泰山而薨。無子，國除。

自去病死後，青長子宜春侯伉坐法失侯。後五歲，伉弟二人，陰安侯不疑、發干侯登，皆坐酎金失侯。後二歲，冠軍侯國絶。後四年，元封五年，青薨，謚曰烈侯。子伉嗣，六年坐法免。【略】

最票騎將軍去病凡六出擊匈奴，其四出以將軍，斬首虜十一萬餘級。渾邪王以衆降數萬，開河西酒泉之地，西方益少胡寇。四益封，凡萬七千七百户。其校尉吏有功侯者六人，爲將軍者二人。

贊曰：蘇建嘗説責：『大將軍至尊重，而天下之賢士大夫無稱焉，願將軍觀古名將所招選者，勉之哉！』青謝曰：『自魏其、武安之厚賓客，天子常切齒。彼親待士大夫，招賢黜不肖者，人主之柄也。人臣奉法遵職而已，何與招士！』票騎亦方此意，爲將如此。

綜述

《漢書》卷九四下《匈奴傳》 揚雄上書諫曰：『【略】使衛青、霍去病操兵，前後十餘年。於是浮西河，絶大幕，破寘顔，襲王庭，窮極其地，追奔逐北，封狼居胥山，禪于姑衍，以臨翰海，虜名王貴人以百數。自是之後，匈奴震怖，益求和親，然而未肯稱臣也。』

《後漢書》卷八〇《西羌傳·湟中月氏胡》 及驃騎將軍霍去病破匈奴，取西河地，開湟中，於是月氏來降，與漢人錯居。

又 卷九〇《烏桓傳》 及武帝遣驃騎將軍霍去病擊破匈奴左地，因徙烏桓于上谷、漁陽、右北平、遼西、遼東五郡塞外，爲漢偵察匈奴動静。

宋·鄭樵《通志》卷五四《職官略第四·太僕卿》 時匈奴數寇邊，遣衛青霍去病發十萬騎，幷負私從馬，凡十四萬匹。窮追，大破匈奴。漢馬死者十餘萬匹。匈奴雖病遠去，而漢亦馬少無以復往。

論説

《史記》卷一一一《衛將軍驃騎列傳》 驃騎亦放此意，其爲將如此。

又 卷一一二《平津侯主父列傳》 班固稱曰：是時漢興六十餘載，海内乂安，府庫充實，而四夷未賓，制度多闕，上方欲用文武，求之如弗及。始以蒲輪迎枚生，見主父而歎息。羣臣慕嚮，異人並出。卜式試於芻牧，弘羊擢於賈豎，衛青奮於奴僕【略】漢之得人，於茲爲盛。儒雅則公孫弘【略】將帥則衛青、霍去病【略】其餘不可勝紀。是以興造。功業，制度遺文，後世莫及。

又 卷一二五《佞幸列傳》 衛青、霍去病亦以外戚貴幸，然頗用材能自進。

《漢書》卷九四下《匈奴傳》 揚雄上書諫曰：『【略】使衛青、霍去病操兵，前後十餘年。於是浮西河，絶大幕，破寘顔，襲王庭，窮極其

地，追奔逐北，封狼居胥山，禪于姑衍，以臨翰海，虜名王貴人以百數。自是之後，匈奴震怖，益求和親，然而未肯稱臣也。』

漢・應劭《風俗通義》卷四《過譽》 孝武皇帝爲驃騎將軍霍去病治第舍，敕令視之，曰：『匈奴不滅，何以家爲！』去病外戚末屬，一切武夫，尚能抗節洪毅；而規世家純儒，何獨負哉。

《三國志》卷一三《魏志・王朗傳》 （王）朗上疏曰：『【略】霍去病，中才之將，猶以匈奴未滅，不治第宅。』

又 卷一九《魏志・任城威王彰傳》 （曹）彰謂左右曰：『丈夫一爲衛、霍，將十萬騎馳沙漠，驅戎狄，立功建號耳。』

又 《陳思王植傳》 昔漢武帝爲霍去病置第，辭曰：『匈奴未滅，臣無以家爲。』故夫憂國忘家捐軀濟難忠臣之志也。

《後漢書》卷二三《竇憲傳》 論曰：衛青、霍去病資強漢之衆，連年以事匈奴，國秏太半矣，而猾虜未之勝，後世猶傳其良將，豈非以身名自終邪！

又 卷六八《馮緄傳》 （漢桓帝）詔策（馮）緄曰：『【略】衛霍北征，功列金石，皆將軍所皆覽也。』

《魏書》卷四四《伊馛傳》 世祖之將討涼州也，議者咸諫，唯司徒崔浩勸世祖決行。羣臣出後，（伊）馛言于世祖曰：『若涼州無水草，何得爲國？議者不可用也，宜從浩言。』世祖善之。既克涼州，世祖大會於姑臧，謂羣臣曰：『崔公智計有餘，吾亦不復奇之。吾正奇馛弓馬之士，而所見能與崔同，此深自可奇。』顧謂浩曰：『馛智力如此，終至公相。』浩曰：『何必讀書，然後爲學？衛青、霍去病亦不讀書，而能大建勳名，致位公輔。』世祖笑曰：『誠如公言。』

《南齊書》卷五六《倖臣傳序》 有天象，必有人事焉。倖臣一星，列於帝座。經禮立教，亦著近臣之服。親倖之義，其來已久。【略】孝武韓嫣、霍去病，遂至侍中大司馬。

唐・司馬貞《史記索隱》卷一一一《衛將軍驃騎列傳》 嫖姚繼踵，再靜邊方。

宋・司馬光《資治通鑑》卷六七《漢紀五九・孝獻皇帝壬》 數月之間府庫充實，時議者欲以成都名田宅分賜諸將，趙雲曰：『霍去病以匈奴未滅，無用家爲，令國賊非但匈奴，未可求安也。』

宋・王應麟《玉海》卷一九四《兵捷・獻功之漢封狼居胥山》 飲馬瀚海，封狼居山，西歸大河，列郡祁連。

宋・王欽若等《册府元龜》卷八四《帝王部・赦宥第三》 唐太宗【略】詔曰：『【略】有隋灾亂，憑陵轉甚，疆埸之萌，曾無寧歲。朕韜干鑄戟，務在存養。自去歲迄今，降欵相繼，不勞衛霍之將，無待賈晁之畧，單于稽首，交臂藁街，名王面縛。歸身夷邸，繈負而至，前後不絕。

宋・蘇洵《嘉佑集》卷四《衡論上》 漢之衛、霍（去病）、趙充國，唐之李靖、李勣，賢將也。漢之韓信、黥布、彭越，唐之薛萬徹、侯君集、盛彥師，才將也。

明・賀復徵《文章辨體彙選》卷三七八注引楊萬里《論宿將疏》 衛青霍去病崛起於戚里之中，與單于角勝負，深入大幕，直搗龍庭。

宋・何去非《何博士備論》卷上《霍去病論》 昔者，漢武之有事於匈奴也，其世家宿將交於塞下。而衛青起於賤隸，（霍）去病奮于驕童，轉戰萬里，無向不克，聲威功烈震於天下，雖古之名將無以過之。二人者之能，豈出於素習耶？亦天之所資也。是以漢武欲教（霍）去病以孫、吳之書，乃曰：『顧方畧何如耳，不至學古兵法。』信哉，兵之不可以法傳也。昔之人無言焉，而（霍）去病發之。此足知其爲曉兵矣。

宋・黄震《黄氏日抄》 凡看衛霍傳，須合李廣看，衛霍深入二千里，聲振華夷，今看其傳，不值一錢。李廣每戰輒北，困躓終身，今看其傳，英風如在。史氏抑揚予奪之妙，豈常手可望哉？

宋・李燾《續資治通鑑長編》卷一九六《仁宗》 （司馬）光上疏曰：『【略】夫人之材性各有所宜。雖周孔之才不能徧爲人之所爲，况其下乎？故當就其所長而用之。【略】故在兩禁則欲其爲嚴助、司馬相如，任將帥則欲其爲衛青、霍去病，典郡則欲其爲龔遂、黄霸。』

宋・陳元靚《事林廣記》 暗合孫吳，時稱衛霍。殄滅羣醜，肅清沙漠。意氣崢嶸，功名熏灼。民到於今，嘆其雄畧。

《宋史》卷二六七《李惟清傳》 （李）惟清曰：『此開寶軍興之際，其數倍多，蓋以將帥未得其人，邊事未寧，屯兵至廣也。臣聞漢有衛青、霍去病，唐有郭子儀、李晟，西北望而畏之。如此則邊事息而支用減

矣。望愼擢將帥，以有威名者俾安邊塞，庶節費用。』

明・邱濬《大學衍義補》卷一四二《治國平天下之要》 自古名將不用古兵法者三人，漢霍去病、唐張巡、宋岳飛而已，皆能立功當時，垂名後世，然則兵法果不可用耶？曰兵法譬則奕者之譜也，譜設爲之法爾，用之以應變制勝則在乎人，兵法亦猶是焉。』

明・王世貞《弇州四部稿》卷六五《文部・戚將軍紀效新書序》 余嘗怪漢武帝時，下朝鮮，埽笮甌、閩、南三越，不旋踵而若承蜩然。其最難者匈奴耳，而大將軍、驃騎將軍以輕騎絕大漠，數得志焉。此豈盡出天幸，不至乏絕哉？而太史公傳，至鹵獲封户外，略而不具載。意其人以文章奇天下，怏怏奇數，不欲令武士見所長耳。及讀至帝欲以孫、吴兵法教驃騎，不肯受，曰：「不至學古兵法，顧方畧何如。」夫然後而知驃騎將軍、大將軍之微也。彼故長於技而短於法，卽不盡出天幸，于後世何所見焉。

清・汪越《讀史記十表》卷八《讀建元以來侯者年表》 表建元至太初以後侯者蓋主軍功，而擊匈奴軍功之大者或從大將軍衛青或從驃騎將軍霍去病。

清・李繼白《望古齋籍》 無敵之將于古能得數人焉，漢則霍去病，三國則趙雲、馬超，苻秦則鄧羌、張蠔。

藝文

唐・李白《李太白文集》卷四《塞上曲》 大漢無中策，匈奴犯渭橋。五原秋草綠，胡馬一何驕。命將征西極，横行陰山側。燕支落漢家，婦女無華色。轉戰渡黄河，休兵樂事多。蕭條清萬里，瀚海寂無波。

唐・王昌齡《塞下曲四首》 邊頭何慘慘，已葬霍將軍。部曲皆相弔，燕南代北聞。功勳多被黜，兵馬亦尋分。更遣黄龍戍，唯當哭塞雲。

唐・高適《高常侍集》卷八《登百丈峯二首》 朝登百丈峯，遥望燕支道。漢壘青冥間，胡天白如埽。憶昔霍將軍，連年此征討。匈奴終不滅，寒山徒草草。

唐・王維《王右丞詩集》卷八《出塞》 居延城外獵天驕，白草連山野火燒。暮雲空磧時驅馬，秋日平原好射雕。護羌校尉朝乘障，破虜將軍夜渡遼。玉靶角弓珠勒馬，漢家將賜霍嫖姚。

宋・徐鉉《騎省集》卷二《賦得霍將軍辭第》 漢將承恩久，圖勳肯顧私。匈奴猶未滅，安用以家爲。郢匠雖聞詔，衡門竟不移。寧煩張老頌，無待晏嬰辭。甲乙人徒費，親鄰我自持。悠悠千載下，長作帥臣師。

見鴻雁飛，令人傷懷抱。

宋・林同《賢者之孝二百四十首・霍去病》 不早知此體，元來託大人。低頭拜縣吏，誰擬霍將軍。

宋・張堯同《嘉禾百咏・霍將軍廟》 弼漢功非淺，讒夫可奈何。海神今亦畏，安敢布風波。

元・陳基《夷白齋稿》卷三《泰州》 吴陵古名邦，利盡揚州域。舊城雖丘墟，新城如鐵石。昔爲魚鹽聚，今爲用武國。地經百戰餘，士恥一夫敵。征人還舊鄉，下馬問親戚。躑躅慨蒿藜，徘徊認阡陌。桓桓霍將軍，出入光百辟。位重言益卑，功高志彌抑。誓欲報仇讎，不肯懷第宅。人羡過家榮，驚喜爭太息。白日照旌旗，閭里有顏色。皓首《太玄經》，雖勤竟何益。

明・王世貞《弇州四部稿》卷一七《詩部・刁斗篇》 匈奴鐵騎動妖氛，大漢金城上屬雲。始隸西宮程衛尉，還從驃騎霍將軍。將軍令嚴鼓聲急，轅門夜寒刁斗發。淅瀝頻敲萬古霜，凄清坐轉三更月。剝剝啄啄如有情，丁丁鐺鐺咽復鳴。初疑玉漏傳籌響，忽憶銀砧擣練聲。六邊健兒好身手，中夜聞之氣盈肘。匹馬横度祁連道，彎弓射得單于首。絕塞唯言奏凱歌，中原不復聽刁斗。城南少婦鬱金香，織卻流黄不下堂。願得憑風試吹去，要知此聲能斷腸。

明・李夢陽《空同集》卷三三《出塞》 黄沙白草莽蕭蕭，青海銀州殺氣遥。關塞豈無秦日月，將軍獨數霍嫖姚。往來飲馬時尋窟，弓箭行人各在腰。晨發靈州更西望，賀蘭千嶂果雲霄。

清・錢謙益《列朝詩集》丙集第一一《［明］王廷相〈西京篇〉》 秋風潑潑咸陽道，渭浦千霜白秋草。秋草秋風暗古城，行人猶説西京好。西京宮闕鬱崔嵬，紫閣終南相向開。建章長信飛塵杳，千門萬户華陽回。地底靈符生寶玉，天中王氣夾風雷。翠華鑾輅乘春令，皓齒青娥

豔落梅。青娥如花復如雪，含情含態可憐絕。鴛鴦比翼蘭塘水，鳳皇雙棲上陽闕。君王自愛長生樂，粉面鉛姿卻情薄。已聞入海訪神山，更道分官祀靈嶽。靈嶽神山在何處，太乙無靈歲華莫。壇上煙霏百和香，青鳥飛來忽飛去。瑤池王母碧霞盤，桃賜人間已三度。少翁擊鐸復吹籥風馬宵紛錯。宮娥屏隔不敢近，神人荒忽但虛幕。可憐衛霍大將軍，提師十萬淨邊塵。出塞陰山系驕子，歸朝原廟薦高勳。勳業已成分戚里，女作貴人男尚主。甲第曾甍照九城，珂馬飛軒滿三市。一言得意卽回天，臥內收符奪晉鄙。金張驕侈不足云，竇灌豪華詎相似。貂冠齊入分椒舍，朱門盡是鳴環者。鬬雞小兒紫照褶，臂鷹奴子大宛馬。美人妖女傾名都，碧玉珊瑚鬬天下。富貴繁華驚轉蓬，王侯鐘鼎一朝空。羨門子晉終不至，蓬壺方丈難相通。前日豐碑辭纂纂，平津已作汾陽撰。野火燒殘金明閣，秋水崩沈射熊館。春花秋月劇無情，海水桑田漫莫憑。玉碗早出秦帝苑，石麟淒斷漢家陵。漢家陵樹滿氤氳，千秋萬歲灞陵存。君看橋下春楊柳，落日飛花愁殺人。

宋·郭茂倩《樂府詩集·新樂府辭》卷二二《〔唐〕杜甫〈後出塞〉》 朝進東門營，暮上河陽橋。落日照大旗，馬鳴風蕭蕭。平沙列萬幕，部伍各見招。中天懸明月，令嚴夜寂寥。悲笳數聲動，壯士慘不驕。借問大將誰，恐是霍嫖姚。

又 卷九二《〔唐〕李白〈塞下曲〉》 駿馬似風飆，鳴鞭出渭橋。彎弓辭漢月，插羽破天驕。陣解星芒盡，營空海霧消。功成畫麟閣，獨有霍嫖姚。

宋·計有功《唐詩紀事》卷二一《〔唐〕崔顥〈霍將軍〉》 長安甲第高入雲，誰家居住霍將軍。日晚朝回擁賓從，路傍揖拜何紛紛。莫言炙手手可熱，須臾火盡灰亦滅。莫言貧賤卽可欺，人生富貴自有時。一朝天子賜顏色，世上悠悠應自知。

宋·郭茂倩《樂府詩集·相和歌辭》卷四〇《〔唐〕貫休〈胡無人〉》 霍嫖姚，趙充國，天子將之平朔漠。肉胡之肉，燼胡帳幄。千里萬里，唯留胡之空殼。邊風蕭蕭，榆葉初落。殺氣晝赤，枯骨夜哭。將軍既立殊勳，遂有胡無人曲。我聞之，天子富有四海，德被無垠。但令一物得所，八表來賓，亦何必令彼胡無人。

宋·劉克莊《書事十首》 不似堯夫快活身。罪已綸言遍九州，桑榆雖晚尚堪收。下山東詔爭扶聽，讀奉天書有淚流。加霍嫖姚冠軍號，拜車丞相當民侯。崆峒麥熟無人刈，何日王師且少休。

明·張元凱《塞上二首》 霍家初拜冠軍侯，雀弁胡纓繡臂韝。苜蓿總肥調宛馬，鷫鸘新淬出吳鉤。月明青海無傳箭，霜冷黃榆乍賜裘。姓字不將麟閣貯，丈夫空作玉關遊。

明·唐寅《唐伯虎先生集》卷上《出塞》 烽火通麟殿，嫖姚拜虎符，馬聲分內廄，旌旗影發前驅。六郡良家子，三輔馳刑徒。夜帳傳刁斗，秋風感蟪蛄。功成築京觀，萬里血糊塗。

清·劉炳青《新疆紀》 邊城沙漠廢耕耘，三月春歸草未薰。寒氣裂肌凝凍雪，怪風卷物入層雲。羽摧漢節羝難乳，聲亂胡笳馬失羣。會見甘泉聞報捷，淩煙首繪霍將軍。

雜録

漢·荀悦《漢紀》卷一三《前漢孝武皇帝紀》 （元狩六年）（霍）去病後甚貴寵。而衛青稍衰。賓客故人，皆去青而事去病。

《宋書》卷三九《百官志上》 驃騎將軍，一人。漢武帝元狩二年，始用霍去病爲驃騎將軍。漢西京制，大將軍、驃騎將軍位次丞相。

《周書》卷二一《尉遲迥傳》 又以（尉遲）迥有平蜀之功，同霍去病冠軍之義，封寧蜀公。

《南史》卷五五《曹景宗傳》 （曹）景宗便操筆，斯須而成，其辭曰：『去時兒女悲，歸來笳鼓競。借問行路人，何如霍去病。』

唐·司馬貞《史記索隱》卷一一《衛將軍驃騎列傳》注引姚氏案 （霍去病）冢在茂陵東北，與衛青冢並。

唐·張守節《史記正義》提要 初霍去病微時自禱神君，及見其形，自修飾，欲與去病交接。去病不肯，謂神君曰：『吾以神君精潔，故齋戒祈福。今欲婬此，非也，自絕不復往。』神君慚之，乃去也。

李廣分部

傳記

《史記》卷一〇九《李將軍列傳》 李將軍廣者，隴西成紀人也。其先曰李信，秦時爲將，逐得燕太子丹者也。故槐里，徙成紀。廣家世世受射。孝文帝十四年，匈奴大入蕭關，而廣以良家子從軍擊胡，用善騎射，殺首虜多，爲漢中郎。廣從弟李蔡亦爲郎，皆爲武騎常侍，秩八百石。嘗從行，有所衝陷折關及格猛獸，而文帝曰：「惜乎，子不遇時！如令子當高帝時，萬户侯豈足道哉！」

及孝景初立，廣爲隴西都尉，徙爲騎郎將。吳楚軍時，廣爲驍騎都尉，從太尉亞夫擊吳楚軍，取旗，顯功名昌邑下。以梁王授廣將軍印，還，賞不行。徙爲上谷太守，匈奴日以合戰。典屬國公孫昆邪爲上泣曰：「李廣才氣，天下無雙，自負其能，數與虜敵戰，恐亡之。」於是乃徙爲上郡太守。後廣轉爲邊郡太守，徙上郡。嘗爲隴西、北地、鴈門、代郡、雲中太守，皆以力戰爲名。

匈奴大入上郡，天子使中貴人從廣勒習兵擊匈奴。中貴人將騎數十縱，見匈奴三人，與戰。三人還射，傷中貴人，殺其騎且盡。中貴人走廣。廣曰：「是必射雕者也。」廣乃遂從百騎往馳三人。三人亡馬步行，行數十里。廣令其騎張左右翼，而廣身自射彼三人者，殺其二人，生得一人，果匈奴射雕者也。已縛之上馬，望匈奴有數千騎，見廣，以爲誘騎，皆驚，上山陳。廣之百騎皆大恐，欲馳還走。廣曰：「吾去大軍數十里，今如此以百騎走，匈奴追射我立盡。今我留，匈奴必以我爲大將軍誘之，必不敢擊我。」廣令諸騎曰：「前！」前未到匈奴陳二里所，止，令曰：「皆下馬解鞍！」其騎曰：「虜多且近，即有急，奈何？」廣曰：「彼虜以我爲走，今皆解鞍以示不走，用堅其意。」於是胡騎遂不敢擊。有白馬將出護其兵，李廣上馬與十餘騎犇射殺胡白馬將，而復還至其騎中，解鞍，令士皆縱馬卧。是時會暮，胡兵終怪之，不敢擊。夜半時，胡兵亦以爲漢有伏軍於旁欲夜取之，胡皆引兵而去。平旦，李廣乃歸其大軍。大軍不知廣所之，故弗從。

居久之，孝景崩，武帝立，左右以爲廣名將也，於是廣以上郡太守爲未央衛尉，而程不識亦爲長樂衛尉。程不識故與李廣俱以邊太守將軍屯。及出擊胡，而廣行無部伍行陣，就善水草屯，舍止，人人自便，不擊刁斗以自衛，莫府省約文書籍事，然亦遠斥候，未嘗遇害。程不識正部曲行伍營陳，擊刁斗，士吏治軍簿至明，軍不得休息，然亦未嘗遇害。不識曰：「李廣軍極簡易，然虜卒犯之，無以禁也；而其士卒亦佚樂，咸樂爲之死。我軍雖煩擾，然虜亦不得犯我。」是時漢邊郡李廣、程不識皆爲名將，然匈奴畏李廣之略，士卒亦多樂從李廣而苦程不識。程不識孝景時以數直諫爲太中大夫。爲人廉，謹於文法。

後漢以馬邑城誘單于，使大軍伏馬邑旁谷，而廣爲驍騎將軍，領屬護軍將軍。是時單于覺之，去，漢軍皆無功。其後四歲，廣以衛尉爲將軍，出鴈門擊匈奴。匈奴兵多，破敗廣軍，生得廣。單于素聞廣賢，令曰：「得李廣必生致之。」胡騎得廣，廣時傷病，置廣兩馬間，絡而盛卧廣。行十餘里，廣佯死，睨其旁有一胡兒騎善馬，廣暫騰而上胡兒馬，因推墮兒，取其弓，鞭馬南馳數十里，復得其餘軍，因引而入塞。匈奴捕者騎數百追之，廣行取胡兒弓，射殺追騎，以故得脱。於是至漢，漢下廣吏。吏當廣所失亡多，爲虜所生得，當斬，贖爲庶人。

頃之，家居數歲。廣家與故潁陰侯孫屏野居藍田南山中射獵。嘗夜從一騎出，從人田間飲。還至霸陵亭，霸陵尉醉，呵止廣。廣騎曰：「故李將軍。」尉曰：「今將軍尚不得夜行，何乃故也！」止廣宿亭下。居無何，匈奴入殺遼西太守，敗韓將軍，韓將軍後徙右北平。於是天子乃召拜廣爲右北平太守。廣即請霸陵尉與俱，至軍而斬之。

廣居右北平，匈奴聞之，號曰「漢之飛將軍」，避之數歲，不敢入右北平。

廣出獵，見草中石，以爲虎而射之，中石没鏃，視之石也。因復更射之，終不能復入石矣。廣所居郡聞有虎，嘗自射之。及居右北平射虎，虎騰傷廣，廣亦竟射殺之。

廣廉，得賞賜輒分其麾下，飲食與士共之。終廣之身，爲二千石四十

餘年，家無餘財，終不言家產事。廣爲人長，猨臂，其善射亦天性也，雖其子孫他人學者，莫能及廣。廣訥口少言，與人居則畫地爲軍陳，射闊狹以飲。專以射爲戲，竟死。廣之將兵，乏絕之處，見水，士卒不盡飲，廣不近水，士卒不盡食，廣不嘗食。寬緩不苛，士以此愛樂爲用。其射，見敵急，非在數十步之內，度不中不發，發卽應弦而倒。用此，其將兵數困辱，其射猛獸亦爲所傷云。

居頃之，石建卒，於是上召廣代建爲郎中令。元朔六年，廣復爲後將軍，從大將軍軍出定襄，擊匈奴。諸將多中首虜率，以功爲侯者，而廣軍無功。後三歲，廣以郎中令將四千騎出右北平，博望侯張騫將萬騎與廣俱，異道。行可數百里，匈奴左賢王將四萬騎圍廣，廣軍士皆恐，廣乃使其子敢往馳之。敢獨與數十騎馳，直貫胡騎，出其左右而還，告廣曰：『胡虜易與耳。』軍士乃安。廣爲圜陳外嚮，胡急擊之，矢下如雨。漢兵死者過半，漢矢且盡。廣乃令士持滿毋發，而廣身自以大黄射其裨將，殺數人，胡虜益解。會日暮，吏士皆無人色，而廣意氣自如，益治軍。軍中自是服其勇也。明日，復力戰，而博望侯軍亦至，匈奴軍乃解去。漢軍罷，弗能追。是時廣軍幾没，罷歸。漢法，博望侯留遲後期，當死，贖爲庶人。廣軍功自如，無賞。

初，廣之從弟李蔡與廣俱事孝文帝。景帝時，蔡積功勞至二千石。孝武帝時，至代相。以元朔五年爲輕車將軍，從大將軍擊右賢王，有功中率，封爲樂安侯。元狩二年中，代公孫弘爲丞相。蔡爲人在下中，名聲出廣下甚遠，然廣不得爵邑，官不過九卿，而蔡爲列侯，位至三公。諸廣之軍吏及士卒或取封侯。廣嘗與望氣王朔燕語，曰：『自漢擊匈奴而廣未嘗不在其中，而諸部校尉以下，才能不及中人，然以擊胡軍功取侯者數十人，而廣不爲後人，然無尺寸之功以得封邑者，何也？豈吾相不當侯邪？且固命也？』朔曰：『將軍自念，豈嘗有所恨乎？』廣曰：『吾嘗爲隴西守，羌嘗反，吾誘而降，降者八百餘人，吾詐而同日殺之。至今大恨獨此耳。』朔曰：『禍莫大於殺已降，此乃將軍所以不得侯者也。』

後二歲，大將軍、驃騎將軍大出擊匈奴，廣數自請行。天子以爲老，弗許；良久乃許之，以爲前將軍。是歲，元狩四年也。

廣既從大將軍青擊匈奴，既出塞，青捕虜知單于所居，乃自以精兵走之，而令廣并於右將軍軍，出東道。東道少回遠，而大軍行水草少，其勢不屯行。廣自請曰：『臣部爲前將軍，今大將軍乃徙令臣出東道，且臣結髮而與匈奴戰，今乃一得當單于，臣願居前，先死單于。』大將軍青亦陰受上誡，以爲李廣老，數奇，毋令當單于，恐不得所欲。而是時公孫敖新失侯，爲中將軍從大將軍，大將軍亦欲使敖與俱當單于，故徙前將軍廣。廣時知之，固自辭於大將軍。大將軍不聽，令長史封書與廣之莫府，曰：『急詣部，如書。』廣不謝大將軍而起行，意甚慍怒而就部，引兵與右將軍食其合軍出東道。軍亡導，或失道，後大將軍。大將軍與單于接戰，單于遁走，弗能得而還。南絶幕，遇前將軍、右將軍。廣已見大將軍，還入軍。大將軍使長史持糒醪遺廣，因問廣、食其失道狀，青欲上書報天子軍曲折。廣未對，大將軍使長史急責廣之幕府對簿。廣曰：『諸校尉無罪，乃我自失道。吾今自上簿。』

至莫府，廣謂其麾下曰：『廣結髮與匈奴大小七十餘戰，今幸從大將軍出接單于兵，而大將軍又徙廣部行回遠，而又迷失道，豈非天哉！且廣年六十餘矣，終不能復對刀筆之吏。』遂引刀自剄。廣軍士大夫一軍皆哭。百姓聞之，知與不知，無老壯皆爲垂涕。而右將軍獨下吏，當死，贖爲庶人。

《漢書》卷五四《李廣傳》 李廣，隴西成紀人也。其先曰李信，秦時爲將，逐得燕太子丹者也。廣世世受射。孝文十四年，匈奴大入蕭關，而廣以良家子從軍擊胡，用善射，殺首虜多，爲郎，騎常侍。數從射獵，格殺猛獸，文帝曰：『惜廣不逢時，令當高祖世，萬户侯豈足道哉！』

景帝卽位，爲騎郎將。吴楚反時，爲驍騎都尉，從太尉亞夫戰昌邑下，顯名。以梁王授廣將軍印，故還，賞不行。爲上谷太守，數與匈奴戰。典屬國公孫昆邪爲上泣曰：『李廣材氣，天下亡雙，自負其能，數與虜确，恐亡之。』上乃徙廣爲上郡太守。

匈奴侵上郡，上使中貴人從廣勒習兵擊匈奴。中貴人者將數十騎從，見匈奴三人，與戰。射傷中貴人，殺其騎且盡。中貴人走廣，廣曰：『是必射鵰者也。』廣乃從百騎往馳三人。三人亡馬步行，行數十里。廣令其騎張左右翼，而廣身自射彼三人者，殺其二人，生得一人，果匈奴射鵰者也。已縛之上山，望匈奴數千騎，見廣，以爲誘騎，驚，上山陳。廣之百

騎皆大恐，欲馳還走。廣曰：『我去大軍數十里，今如此走，匈奴追射，我立盡。今我留，匈奴必以我爲大軍之誘，不我擊。』廣令曰：『前！』未到匈奴陳二里所，止，令曰：『皆下馬解鞍！』騎曰：『虜多如是，解鞍，卽急，奈何？』廣曰：『彼虜以我爲走，今解鞍以示不去，用堅其意。』有白馬將出護兵。廣上馬，與十餘騎奔射殺白馬將，而復還至其百騎中，解鞍，縱馬臥。時會暮，胡兵終怪之，弗敢擊。夜半，胡兵以爲漢有伏軍於傍欲夜取之，卽引去。平旦，廣乃歸其大軍。後徙爲隴西、北地、鴈門、雲中太守。

武帝卽位，左右言廣名將也，由是入爲未央衛尉，而程不識時亦爲長樂衛尉。程不識故與廣俱以邊太守將屯。及出擊胡，而廣行無部曲行陳，就善水草頓舍，人人自便，不擊刁斗自衛，莫府省文書，然亦遠斥候，未嘗遇害。程不識正部曲行伍營陳，擊刁斗，吏治軍簿至明，軍不得自便。不識曰：『李將軍極簡易，然虜卒犯之，無以禁；而其士亦佚樂，爲之死。我軍雖煩擾，虜亦不得犯我。』是時漢邊郡李廣、程不識爲名將，然匈奴畏廣，士卒多樂從，而苦程不識。不識孝景時以數直諫爲太中大夫，爲人廉，謹於文法。

後漢誘單于以馬邑城，使大軍伏馬邑傍，而廣爲驍騎將軍，屬護軍將軍。單于覺之，去，漢軍皆無功。後四歲，廣以衛尉爲將軍，出鴈門擊匈奴。匈奴兵多，破廣軍，生得廣。單于素聞廣賢，令曰：『得李廣必生致之。』胡騎得廣，廣時傷，置兩馬閒，絡而盛臥。行十餘里，廣陽死，睨其傍有一兒騎善馬，暫騰而上胡兒馬，因抱兒鞭馬南馳數十里，得其餘軍。匈奴騎數百追之，廣行取兒弓射殺追騎，以故得脫。於是至漢，漢下廣吏。吏當廣亡失多，爲虜所生得，當斬，贖爲庶人。

數歲，與故潁陰侯屏居藍田南山中射獵。嘗夜從一騎出，從人田閒飲。還至亭，霸陵尉醉，呵止廣，廣騎曰：『故李將軍。』尉曰：『今將軍尚不得夜行，何故也！』宿廣亭下。居無何，匈奴入隴西，殺太守，敗韓將軍。韓將軍後徙居右北平，死。於是上乃召拜廣爲右北平太守。廣請霸陵尉與俱，至軍而斬之，上書自陳謝罪。上報曰：『將軍者，國之爪牙也。司馬法曰：「登車不式，遭喪不服，振旅撫師，以征不服；率三軍之心，同戰士之力，故怒形則千里竦，威振則萬物伏；是以名聲暴於夷貉，威稜憺乎鄰國。」夫報忿除害，捐殘去殺，朕之所圖於將軍也；若乃免冠徒跣，稽顙請罪，豈朕之指哉！將軍其率師東轅，彌節白檀，以臨右北平盛秋。』廣在郡，匈奴號曰『漢飛將軍』，避之，數歲不入界。

廣出獵，見草中石，以爲虎而射之，中石沒矢，視之，石也。他日射之，終不能入矣。廣所居郡聞有虎，常自射之。及居右北平射虎，虎騰傷廣，廣亦射殺之。

石建卒，上召廣代爲郎中令。元朔六年，廣復爲將軍，從大將軍出定襄。諸將多中首虜率爲侯者，而廣軍無功。後三歲，廣以郎中令將四千騎出右北平，博望侯張騫將萬騎與廣俱，異道。行數百里，匈奴左賢王將四萬騎圍廣，廣軍士皆恐，廣乃使其子敢往馳之。敢從數十騎直貫胡騎，出其左右而還，報廣曰：『胡虜易與耳。』軍士乃安。爲圜陳外鄉，胡急擊，矢下如雨。漢兵死者過半，漢矢且盡。廣乃令持滿毋發，而廣身自以大黃射其裨將，殺數人，胡虜益解。會暮，吏士無人色，而廣意氣自如，益治軍。軍中服其勇也。明日，復力戰，而博望侯軍亦至，匈奴乃解去。漢軍罷，弗能追。是時廣軍幾没，歸。漢法，博望侯後期，當死，贖爲庶人。廣軍自當，亡賞。

初，廣與從弟李蔡俱爲郎，事文帝。景帝時，蔡積功至二千石。武帝元朔中，爲輕車將軍，從大將軍擊右賢王，有功中率，封爲樂安侯。元狩二年，代公孫弘爲丞相。蔡爲人在下中，名聲出廣下遠甚，然廣不得爵邑，官不過九卿。廣之軍吏及士卒或取封侯。廣與望氣王朔語曰：『自漢征匈奴，廣未嘗不在其中，而諸妄校尉已下，材能不及中，以軍功取侯者數十人。廣不爲後人，然終無尺寸功以得封邑者，何也？豈吾相不當侯邪？』朔曰：『將軍自念，豈嘗有恨者乎？』廣曰：『吾爲隴西守，羌嘗反，吾誘降者八百餘人，詐而同日殺之，至今恨獨此耳。』朔曰：『禍莫大於殺已降，此乃將軍所以不得侯者也。』

廣歷七郡太守，前後四十餘年，得賞賜，輒分其戲下，飲食與士卒共之。家無餘財，終不言生產事。爲人長，爰臂，其善射亦天性，雖子孫他人學者莫能及。廣吶口少言，與人居，則畫地爲軍陳，射闊狹以飲。專以射爲戲。將兵乏絕處見水，士卒不盡飲，不近水，不盡餐，不嘗食。寬緩不苛，士以此愛樂爲用。其射，見敵，非在數十步之內，度不中不發，發

卽應弦而倒。用此，其將數困辱，及射猛獸，亦數爲所傷云。

元狩四年，大將軍票騎將軍大擊匈奴，廣數自請行。上以爲老，不許；良久乃許之，以爲前將軍。

大將軍青出塞，捕虜知單于所居，乃自以精兵走之，而令廣并於右將軍軍，出東道。東道少回遠，大軍行，水草少，甚勢不屯行。廣辭曰：『臣部爲前將軍，今大將軍乃徙臣出東道，且臣結髮而與匈奴戰，乃今一得當單于，臣願居前，先死單于。』大將軍陰受上指，以爲李廣數奇，毋令當單于，恐不得所欲。是時公孫敖新失侯，爲中將軍，大將軍亦欲使敖與俱當單于，故徙廣。廣知之，固辭。大將軍弗聽，令長史封書與廣之莫府，曰：『急詣部，如書。』廣不謝大將軍而起行，意象慍怒而就部，引兵與右將軍食其合軍出東道。或失道，後大將軍。大將軍與單于接戰，單于遁走，弗能得而還。南絕幕，乃遇兩將軍。廣已見大將軍，還入軍。大將軍使長史持糒醪遺廣，因問廣、食其失道狀，曰：『青欲上書報天子失軍曲折。』廣未對。大將軍長史急責廣之莫府上簿。廣曰：『諸校尉亡罪，乃我自失道。吾今自上簿。』

至莫府，謂其麾下曰：『廣結髮與匈奴大小七十餘戰，今幸從大將軍出接單于兵，而大將軍徙廣部行回遠，又迷失道，豈非天哉！且廣年六十餘，終不能復對刀筆之吏矣！』遂引刀自剄。百姓聞之，知與不知，老壯皆爲垂泣。而右將軍獨下吏，當死，贖爲庶人。

綜述

《史記》卷一〇八《韓長孺列傳》（元光元年）漢伏兵車騎材官二十餘萬，匿馬邑旁谷中。衛尉李廣爲驍騎將軍，太僕公孫賀爲輕車將軍，大行王恢爲將屯將軍，太中大夫李息爲材官將軍。御史大夫韓安國爲護軍將軍，諸將皆屬護軍。約單于入馬邑而漢兵縱發。王恢、李息、李廣別從代主擊其輜重。於是單于入漢長城武州塞。未至馬邑百餘里，行掠鹵，徒見畜牧於野，不見一人。單于怪之，攻烽燧，得武州尉史。欲刺問尉史。尉史曰：『漢兵數十萬伏馬邑下。』單于顧謂左右曰：『幾爲漢所賣！』乃引兵還。

又　卷一一〇《匈奴列傳》　自馬邑軍後五年之秋，漢使四將軍各萬騎擊胡關市下。將軍衛青出上谷，至龍城，得胡首虜七百人。公孫賀出雲中，無所得。公孫敖出代郡，爲胡所敗七千餘人。李廣出鴈門，爲胡所敗，而匈奴生得廣，廣後得亡歸。漢囚敖、廣，敖、廣贖爲庶人。

又　卷一三〇《太史公自序》　勇於當敵，仁愛士卒，號令不煩，師徒鄉之。作李將軍列傳第四十九。

《漢書》卷六《武帝紀》（元狩二年）匈奴入鴈門，殺略數百人。遣衛尉張騫、郎中令李廣皆出右北平。廣殺匈奴三千餘人，盡亡其軍四千人，獨身脫還，及公孫敖、張騫皆後期，當斬，贖爲庶人。

又　卷五五《衛青傳》（元朔六年春）大將軍青出定襄，合騎侯敖爲中將軍，太僕賀爲左將軍，翕侯趙信爲前將軍，衛尉蘇建爲右將軍，郎中令李廣爲後將軍，左內史李沮爲強弩將軍，咸屬大將軍，斬首數千級而還。月餘，悉復出定襄，斬首虜萬餘人。

論說

《史記》卷一〇九《李將軍列傳》　太史公曰：傳曰『其身正，不令而行；其身不正，雖令不從』。其李將軍之謂也？余睹李將軍悛悛如鄙人，口不能道辭。及死之日，天下知與不知，皆爲盡哀。彼其忠實心誠信於士大夫也？諺曰『桃李不言，下自成蹊』。此言雖小，可以諭大也。

《漢書》卷六六《辛慶忌傳》　秦漢已來，山東出相，山西出將。秦將軍白起，郿人；王翦，頻陽人。漢興，郁郅王圍、甘延壽，義渠公孫賀、傅介子，成紀李廣、李蔡，杜陵蘇建、蘇武，上邽上官桀、趙充國，襄武廉褒，狄道辛武賢、慶忌，皆以勇武顯聞。蘇、辛父子著節，此其可稱列者也，其餘不可勝數。何則？山西天水、隴西、安定、北地處埶迫近羌胡，民俗修習戰備，高上勇力鞍馬騎射。故秦詩曰：『王于興師，修我甲兵，與子皆行。』其風聲氣俗自古而然，今之歌謠慷慨，風流猶存耳。

又　卷一〇〇下《敘傳》　李廣恂恂，實獲士心，控弦貫石，威動北鄰，躬戰七十，遂死于軍。敢怨衛青，見討去病。陵不引決，忝世滅姓。蘇武信節，不詘干命。述李廣蘇建傳第二十四。

《後漢書》卷二八下《馮衍傳》 建武末，（馮衍）上疏自陳曰：臣伏念高祖之略而陳平之謀，毀之則疏，譽之則親。以文帝之明而魏尚之忠，繩之以法則爲罪，施之以德則爲功。逮至晚世，董仲舒言道德，見妒於公孫弘，李廣奮節於匈奴，見排於衛青，此忠臣之常所爲流涕也。臣衍自惟微賤之臣，上無無知之薦，下無馮唐之説，乏董生之才，寡李廣之埶，而欲免讒口，濟怨嫌，豈不難哉！

《三國志》卷五三《吴志·張紘傳》裴松之注引孔融遺紘書 聞大軍西征，足下留鎮。不有居者，誰守社稷？深固折衝，亦大勳也。無乃李廣之氣，倉髮益怒，樂一當單于，以盡餘憤乎？南北並定，世將無事，孫叔投戈，絳、灌俎豆，亦在今日，但用離析，無緣會面，爲愁歎耳。道直途清，相見豈復難哉？權以紘有鎮守之勞，欲論功加賞。紘厚自挹損，不敢蒙寵，權不奪其志。每從容侍燕，微言密指，常有以規諷。

唐·司馬貞《史記索隱》卷一〇九《李將軍列傳》 猨臂善射，實負其庸。解鞍卻敵，圓陣摧鋒。邊郡屢守，大軍再從。失道見斥，數奇不封。惜哉名將，天下無雙！

《晉書》卷五五《張載傳》 漢文帝見李廣而歎曰：『惜子不遇，當高帝時，萬户侯豈足道哉！』

《隋書》卷五三《劉方傳》 長儒等結髮從戎，俱有驍雄之略，總統師旅，各擅禦侮之功。長儒以步卒二千，抗十萬之虜，師殲矢盡，勇氣彌厲，壯哉！子幹西涉青海，北臨玄塞，胡夷懾憚，烽候無警，亦有可稱。萬歲實懷智勇，善撫士卒，人皆樂死，師不疲勞。北卻匈奴，南平夷、獠，兵鋒所指，威驚絶域。論功杖氣，犯忤貴臣，偏聽生姦，死非其罪，人皆痛惜，有李廣之風焉。劉方號令無私，治軍嚴肅，克剪林邑，遂清南海，徼外百蠻，無思不服。凡此諸將，志烈過人，出當推轂之重，入受爪牙之寄，雖馬伏波之威行南裔，趙充國之聲動西羌，語事論功，各一時也。

《南史》卷一五《檀道濟傳》 文帝（劉義隆）問殷景仁曰：『誰可繼道濟？』答曰：『道濟以累有戰功，故致威名，餘但未任耳。』帝曰：『不然，昔李廣在朝，匈奴不敢南望，後繼者復有幾人？』二十七年，魏軍至瓜步，文帝登石頭城望，甚有憂色。歎曰：『若道濟在，豈至此！』

《北史》卷六六《李徹傳》 （李徹）字廣達。性剛毅，有器幹。周武帝時，從皇太子西征吐谷渾，以功賜爵周昌縣男。從武帝平齊，録前後功，再進爵。還左武衛將軍。及隋晉王廣鎮并州，妙選府官，詔徹總晉王府軍事，進爵齊安郡公。時蜀王秀亦鎮益州，上謂侍臣曰：『安得文同王子相，武如李廣達者乎！』其見重如此。

《舊唐書》卷九二《魏元忠傳》 漢文帝時，魏尚、李廣並身任邊將，位爲郡守。文帝不知魏尚之賢而囚之，不知李廣之才而不能用之，常歎李廣恨生不逢時，令當高祖日，萬户侯豈足道哉。夫以李廣才氣，天下無雙，匈奴畏之，號爲『飛將』，爾時胡騎憑凌，足伸其用。文帝不能大任，反歎其生不逢時。近不知魏尚、李廣之賢，而乃遠想廉頗、李牧。故馮唐曰，雖有頗、牧而不能用，近之矣。從此言之，疏斥賈誼，復何怪哉。此則身爲時主所知，竟不能盡其才用。昔羊祜獻計平吳，賈充、荀勗沮其策，祜歎曰：『天下不如意恆十居七八。』緣荀、賈不同，竟不大舉。此則位處立功之際，而不得展其志略。而布衣韋帶之人，懷一奇，抱一策，上書闕下，朝進而望夕召，何可得哉。

宋·司馬光《資治通鑑》卷一七《漢紀九》 廣行無部伍、行陳，就善水草舍止，人人自便，不擊刁斗以自衛，莫府省約文書；然亦遠斥候，未嘗遇害。程不識正部曲、行伍、營陳，擊刁斗，士吏治軍簿至明，軍不得休息；然亦未嘗遇害。不識曰：『李廣軍極簡易，然虜卒犯之，無以禁也。而其士卒亦佚樂，咸樂爲之死。我軍雖煩擾，然虜亦不得犯我。』然匈奴畏李廣之略，士卒亦多樂從李廣而苦程不識。李廣之將，使人人自便。以廣之材，如此焉可也；然不可以爲法。何則？其繼者難也，況與之並時而爲將乎！夫小人之情，樂於安肆而昧於近禍，彼既以程不識爲煩擾而樂於從廣，且將仇其上而不服。然則簡易之害，非徒廣軍無以禁虜之倉卒而已也。故曰『兵事以嚴終』，爲將者，亦嚴而已矣。然則效程不識，雖無功，猶不敗；效李廣，鮮不覆亡哉！

宋·楊萬里《千慮策·論將下》 李廣之在漢，驍雄傑出，其君知之，天下知之，匈奴亦知之，廣之心翹然以無人視天下，自以爲漢將非我，則不可也。然衛青、霍去病崛起於戚里之中，與單于角勝負，深入大

幕，直擣龍庭，而廣乃以失期無功死。開元之後，王忠嗣，哥舒翰威名邊功，天下第一，天下之人，以爲一日不可無忠嗣與翰也。及幽陵盜起，朝堂失措，忠嗣則不存，而使翰則又敗，復兩平安史者，乃一未有功之子儀，而忠嗣部曲中之一光弼也。當廣之盛時，忠嗣與翰有大功名之日，天下豈知有衛霍李郭哉？

宋・黄震《黄氏日抄》卷四六《李將軍》 李廣才氣，天下無雙，死之日，天下知與不知皆流涕，亦可想見其人矣。方武帝有事，匈奴諸校尉才能不及，中人以功取侯者，數十，獨廣結髮與匈奴大小七十餘戰卒，不得侯，且死非其罪，廣自恨，殺降，所致然則豈非爲將者明戒耶，陵降匈奴隴西之士皆用爲耻亦可想見其俗之風節矣。

又 卷四七《衛青霍去病》 看衛霍傳，須合李廣傳，衛霍深入二千里，聲震夷夏，今看其傳，不直一錢。李廣每戰輒北，困躓終身，今看其傳，英風如在。史氏抑揚予奪之妙，豈常手闕。

宋・李昉等《太平御覽》卷五一《地部・石上》引劉向《説苑》 李廣出獵，見草中石，以爲虎而射之，中石没鏃，視之石也。因復更射之，終不能復入石矣。

宋・何其非《何博士備論》卷上 昔者，李廣之爲將軍，其材氣超絶，漢之邊將無出其右者，自漢師之加匈奴，廣未嘗不任其事。蓋以兵居郡者四十餘年，以將軍出塞者歲相繼也，而大小之戰七十餘。遇以漢武之厚於賞功，自衛、霍之出，斬虜而取侯封者，數十百人，廣之吏士侯者亦數輩，而廣每至於敗衄廢罪，無尺寸之功以取封爵，卒以失律自裁以當幕府之責，當時、後世之士，莫不共惜其材，而深哀其不偶也。竊嘗究之，以廣之能而遂至於此者，由其治軍不用紀律，此所以動烈、爵賞皆所不與，而又繼之以死也。【略】

夫李廣李陵皆山西之英將也，材武善戰，能得士死。力然輕暴易敵，可以屬人，難以專將。世主者苟能因其材而任之，使奮勵氣節，霆擊鷙搏，則前無堅敵，而功烈可期矣。漢武皆乖其所任，二人者終僨蹷而不濟，身辱名敗，可不惜哉。

《宋史》卷二九六《梁灝傳》 （梁灝）嘗讀漢史，李廣之屯兵行師也，無部伍行陣，就善水草，人人自便，不擊刁斗以自衛，遠於斥候，未嘗遇害，而廣終爲名將，士卒樂用。

明・湛若水《格物通》卷七三 史之好以成敗論人也，元光禦邊四將，當以李廣爲首，而青次之，廣爲名將，而數奇是，以所向無功，故夫成敗者數也，安可遽以此論人，而以青之有功，爲武帝知人之明哉。

明・黄淳耀《陶菴全集》卷四《李將軍傳》 李廣非大將才也，行無部伍，行陣不擊刁斗，人人自便，此以將數千騎逐利乘便可耳，遇大敵則覆矣。太史公敍廣最得意處，在爲大郡太守以百騎遇匈奴數千騎，射殺其將，解鞍縱卧，然此固裨將之器也。若夫堂堂之陣，正正之旗，進如風雨，退如山岳，廣豈足以與乎此哉？衛將軍將數萬騎，蹂躙邊廷，未嘗挫衄，其將略優於廣遠矣，且出雁門時，廣所將萬騎乃爲敵所得，而霍去病以八百騎斬捕過當，必謂廣數奇而去病天幸恐非論之得平者也。淮南王謀反，止憚青與汲黯，而不聞及廣。太史以孤憤之故，敍廣不啻口出，而傳衛將軍以姊子夫寵幸若不直一錢者，然隨文讀之，則廣與青之優劣終不掩。

藝文

唐・高適《高常侍集》卷一《燕歌行并序》 相看白刃血紛紛，死節從來豈顧勳。君不見沙場征戰苦，至今猶憶李將軍。

唐・王維《王右丞詩集》卷三《老將行》 少年十五二十時，步行奪得胡馬騎。射殺中山白額虎，肯數鄴下黄鬚兒。一身轉戰三千里，一劍曾當百萬師。漢兵奮迅如霹靂，虜騎崩騰畏蒺藜。衛青不敗由天幸，李廣無功緣數奇。自從棄置便衰朽，世事蹉跎成白首。昔時飛箭無全目，今日垂楊生左肘。路傍時賣故侯瓜，門前學種先生柳。茫茫古木連窮巷，寥落寒山對虚牖。誓令疏勒出飛泉，不似潁川空使酒。賀蘭山下陣如雲，羽檄交馳日夕聞。節使三河募年少，詔書五道出將軍。試拂鐵衣如雪色，聊持寶劍動星文。願得燕弓射天將，恥令越甲鳴吳軍。莫嫌舊日雲中守，猶堪一戰取功勳。

宋・郭茂倩《樂府詩集・新樂府辭》卷九三《［唐］盧綸〈塞下曲〉》 林暗草驚風，將軍夜引弓。平明尋白羽，没在石棱中。

唐·温庭筠《温飛卿詩集箋注》卷一《遐水謡》 天兵九月渡遐水，馬踏沙鳴雁聲起。殺氣空高萬里情，塞寒如箭傷眸子。狼煙堡上霜漫漫，枯葉飄風天地乾。犀帶鼠裘無暖色，清光炯冷黄金鞍。虜塵如霧罩亭障，隴首年年漢飛將。麟閣無名期未歸，樓中思婦徒相望。

宋·計有功《唐詩紀事》卷四三《郎士元〈送李將軍赴定州〉》 雙旌漢飛將，萬里授横戈。春色臨邊盡，黄雲出塞多。鼓鼙悲絶漠，烽戍隔長河。莫斷陰山路，天驕已請和。

唐·李商隱《李義山詩集》卷中《舊將軍》 雲臺高議正紛紛，誰定當時蕩寇勳。日暮灞陵原上獵，李將軍是故將軍。

宋·陸遊《雙流旅舍三首》 西風黄葉滿江村，瘦馬來穿渡口雲。動地傳呼逢醉尉，誰何禁殺故將軍。

清·彭定求等《全唐詩》卷一一七《賀朝〈從軍行〉》 朔胡乘月寇邊城，軍書插羽刺中京。天子金壇拜飛將，單于玉塞振佳兵。騎射先鳴推任俠，龍韜決勝佇時英。聞有河湟客，愔愔理帷帟。常山啓霸圖，汜水先天策。銜珠浴鐵向桑乾，釁旗膏劍指烏丸。鳴雞已報關山曉，來雁遥傳沙塞寒。直爲甘心從苦節，隴頭流水鳴嗚咽。邊樹蕭蕭不覺春，天山漠漠長飛雪。魚麗陣接塞雲平，雁翼營通海月明。始看晉幕飛鵝入，旋聞齊壘啼烏聲。自從一戍燕支山，春光幾度晉陽關。金河未轉青絲騎，玉箸應啼紅粉顔。鴻歸燕相續，池邊芳草緑。已見氛清細柳營，莫更春歌落梅曲。烽沈竈滅静邊亭，海晏山空肅已寧。行望鳳京旋凱捷，重來麟閣畫丹青。

又 卷二六一《嚴武〈軍城早秋〉》 昨夜秋風入漢關，朔雲邊月滿西山。更催飛將追驕虜，莫遣沙場匹馬還。

宋·釋覺範《石門文字禪》卷一九 李廣射虎，石爲之穿。耿恭祝井，涸爲之泉。

宋·楊萬里《誠齋集》卷二四《讀漢書二首》 猿臂生何晚，彫蟲死較遲。晚生妨底事，遲死獨堪悲。【略】

乃祖寬仍豁，曾孫察作明。不將囊底智，分減及元成。

宋·尤袤《全唐詩話》卷二《弔王將軍墓》 嫖姚北伐時，深入强千里。戰餘落日黄，軍敗鼓聲死。常聞漢飛將，可奪單于壘。今與山鬼鄰，殘兵哭遼水。

宋·劉子翚《屏山集》卷一一《防江行五首》 漢家飛將雄，夜戰蕪戰北。雙刀斫盡刓，月暗穿圍出。低頭拔胡箭，卻向胡軍射。

又 卷一四《軍中雜歌》 匈奴莫復倚長戈，來款軍門早乞和。鐵騎如山尚可避，飛將軍來汝奈何。

宋·黄庭堅《山谷集》卷四《和遊景叔月報三捷》 漢家飛將用廟謀，復我匹夫匹婦讎。真成折箠禽胡月，不是黄榆牧馬秋。幄中已斷匈奴臂，軍前可飲月氏頭。願見呼韓朝渭上，諸將不用萬户侯。

又 卷一五《題永首座庵頌》 奪得胡兒馬便休，休嗟李廣不封侯。分明射得南山虎，子細看來是石頭。

宋·劉克莊《後村集》卷一四《雜詠一百首·李廣》 飛將無時命，庸奴有戰勳。誰憐老衛尉，身屬大將軍。

宋·張耒《柯山集》卷一一《李廣》 李廣才非衛霍儔，孝文能鑑不能收。君王未是忘征戰，何待高皇萬户侯。

宋·徐鉉《和筠州談鍊師見寄》 共歎昆岡火，誰知玉自分。寂寥人境外，蕭索數峯雲。真篆終年秘，空歌偶得聞。應憐霸陵上，衰病故將軍。

宋·李曾伯《可齋雜槀》卷二九《尤木石薦術士松庵求書以詩送之》 衝寒得得過吾門，切莫談天不原聞。種木十年甘自許，寄梅千里欲何云。人誰相記懷明月，我已無心等片雲。若向霸陵逢醉尉，不須與説故將軍。

宋·辛棄疾《稼軒詞》卷二《八聲甘州 夜讀李廣傳，不能寐。因念晁楚老、楊民瞻約同居山間，戲用李廣事賦以寄之》 故將軍飲罷夜歸來，長亭解雕鞍。恨灞陵醉尉，匆匆未識，桃李無言。射虎山横一騎，裂石響驚弦。落魄封侯事，歲晚田園。誰向桑麻杜曲，要短衣匹馬，移住南山？看風流慷慨，談笑過殘年。漢開邊，功名萬里，甚當年健者也曾閑？紗窗外，斜風細雨，一陣輕寒。

金·李俊民《莊靖集》卷四《射虎》 逐鹿中原鹿已無，功名那在一於菟。分明射中南山虎，李廣元來不丈夫。

金·元好問《中州集》戊集第五《飛山怨》 漢家自有飛將軍，軍中駭歎箭有神。一朝乃與獄吏對，惜無千金書牘背。手把屬鏤口銜鬚，號

天者三我何辜！伊吾壯志長已矣，不得提攜玉龍死。可憐休唱白浮鳩，至今秦人悲杜郵。

元・佚名《金璧故事》　射虎將軍勇敢名。西漢文帝時，李廣有勇力，從軍擊胡，用善射殺首虜甚衆，匈奴謂之飛將軍。嘗居藍田，於南山草中見石以爲虎射之，矢入没羽下，視乃石也。他日復射，矢簇無迹。黄魯直詩云『奪得胡兒馬便休，休嗟李廣不封侯。當時射殺南山虎，仔細看來是石頭。』

元・張弘範《讀李廣傳》　弧矢威盈塞北屯，漢家飛將氣如神。但教千古英名在，不得封侯也快人。

元・黄復圭《次韻塞上》　李廣稱猿臂，班超號虎頭。三邊殺降卒，萬里取封侯。砂磧胡雲暗，郵營漢月秋。曾經飲馬窟，半是血骷髏。

明・李夢陽《李廣》　李廣昔未遇，射獵誰見稱。君王猶未識，他人寧不輕。日從田間飲，夜止灞上亭。醉尉前呼呵，小吏亦見淩。一朝剖郡符，飛蓋赴北平。憑軾覽百邑，樹羽寧千城。亭障不設燧，櫪馬躍頓纓。彎弓射虎歸，淡淡黄雲生。自從結髮戰，舍鏑無虚鳴。威懾五單于，胡人寤寐驚。孰知身運乖，數奇竟無成。壯顔逐年衰，白髮忽見嬰。寄言雄圖者，俟命莫吞聲。

清・徐世昌《晚晴簃詩匯》卷一四二《〔明〕張元凱〈覽古詩十首〉》　漢家擊匈奴，調發不停軌。戰骨實顔山，流血疏勒水。度幕愁單于，奏凱喜天子。茅土錫有功，丹書曜連璽。獨惜飛將軍，無能建尺咫。白首失期會，塞下飲恨死。遺腹有門風，吁嗟輮戎壘。軍敗鼓不鳴，空拳何能耳。期展曹柯盟，竟作莫敖祀。彼蒼良不仁，祖孫厄如此。

明・張元凱《軍中樂二十首有序・受降》　漢家飛將會龍城，面縛千羣向柳營。幕府何須計首級，但圖麟閣是功名。

明・胡應麟《少室山房集》卷五八《贈李大將軍二首》　誰奪天山蓋世勳，登壇長鋏動星文。隴西猿臂傳飛將，薊北麟臺屬冠軍。十萬雕戈營似雪，三千珠履座如雲。猶憐射獵平原後，彩筆拈詩過夜分。

明・何景明《大復集》卷一二《漢將篇》　漢家西北煙塵起，烽火夜照西京裏。胡虜奔騰一萬騎，關塞逶迤本千里。飛符插羽募精强，連營列陣掃邊疆。已見將軍屯細柳，更聞天子獵長楊。長楊羽獵兵威振，疊鼓鳴鉦聞遠近。龍虎遥分天上軍，魚蛇遍閲雲中陣。長安驄馬俠少年，金鞍玉轡鐵連錢。共看拔劍追驕子，自許彎弓射左賢。驚風晝起邊沙漲，疏勒黄雲迷所向。飲馬寒臨月窟傍，驅兵夜度天山上。降旗款節樹戎城，卷旆回旌入帝京。征人半死龍庭戰，壯士俱標麟閣名。麟閣功名不易得，貴臣良相徒顔色。威胡盡道李飛將，還漢誰言蘇屬國。玉門關外朔雲愁，燕頷書生亦白頭。君王自憶廉頗輩，義士羞稱萬户侯。

又《昔遊篇》　君不見漢李廣，威名萬里匈奴聞。彎弓貫白石，射虎生黄雲。一朝謝病逢醉尉，灞亭不識故將軍。君不見秦范睢，折脅摺齒隨王稽。一言奪相印，七國趨關西。

明・盧若騰《薄俗》　居無宿糧出無馬，久安義命伏草野；鼎沸乾坤未廓清，豈有短長爭難舍。霸陵道上故將軍，醉尉呵止亭下宿；將軍與尉昧平生，夜行何以辨眞假。此尉執法良可嘉，後來殺之非罪也。又如獄中中大夫，死灰欲然遭溺灑。一旦起爲二千石，獄吏就官不傷雅；漢家獄吏故自貴，虐囚何妨任苟且。如今薄俗殊不然，加大淩貴等土苴；伯夷、盜蹠無定名，信口翻掀唇舌哆。□□□□□□□，□□□□□□□；□□□□□□□，□□□□□□□。爲小爲賤何敢爾，發縱恃有大力者；厥性既殊毒復陰，鼎不能鑄圖難寫。招羣引類排所憎，鬼彈狐沙暗中打；頃刻之間市虎成，欲令白璧同碎瓦。瓦礫珠玉終自分，萬目未眯口未啞。

清・沈德潛《明詩別裁集》卷九《〔明〕徐渭〈懷陳將軍同甫時鎮滇，漢鑿昆池於長安，而將軍親見於滇，成一笑矣〉》　飛將遠提戎，翩翩氣自雄。椎牛千嶂外，騎象百蠻中。銅柱華封盡，昆池漢鑿空。雁飛眞不到，何處寄秋風。

清・林朝崧《李廣》　射虎藍田著短衣，老來未悟出山非。封侯校尉何嫌妄，失道將軍竟不飛。對簿能堪長史責，摧鋒曾突左賢圍。一刀斷送胡沙外，才氣無雙是禍機。

清・張晉《讀〈史記〉四十首・飛將軍》　君不見，北平賢太守，行軍從不持刁斗。敵人呼作飛將軍，敵騎聞之皆反走。將軍善射空千古，射虎能教石没羽。結髮從軍七十戰，可憐未見單于面。李蔡爲人在下中，積勞數載亦邀封。將軍豈復居人後，太息曾無尺寸功。失道茫茫乃天意，安能更對刀筆吏。刎身絕域奈君何，天下無人不垂涕。聞説將軍不遇時，此言千載使人疑。由來君相能造命，天子如何説數奇。

清·寶鋆《哈拉尼敦》 聞説匈奴眼睛綠，李陵子孫黑其目。瀚海東西滋遊牧，至今猶應傳部族。吁嗟猿臂飛將軍，中華以外延祁雲。燒荒夜獵射猛虎，可有英風肖乃祖。

清·吴蘭庭《胥石詩存》卷一《飛將恨》 今將軍，故將軍，爾何人，乃夜行，霸陵一尉醉瞢騰。飛將此時飛不度，請君暫向亭中住。唶哉！故將軍，才氣無與儔，束髮當大敵，不得取封侯，禍由殺已降，此恨無時休，醉尉何足道，乃復斬之快私仇，獨不見，韓王孫王楚地，淮陰少年作中尉。

清·鄧廷楨《雙硯齋詩鈔》卷一六《少穆被命還朝以詩二章迎之》 夔蚿心事最憐君，燕羽差池惜暫分。宣室忽聞新換汗，霸陵眞起故將軍。春風遠度天山雪，卿月重依帝闕雲。往歲詩篇盟息壤，道周相候慰離羣。

清·王士禎《池北偶談》卷一九《談藝九》 李廣射虎，没石飲羽。

清·梁恭辰《北東園筆録初編》卷一《昭勇將軍》 漢飛將軍李廣以誘殺降羌八百餘人，坐是不得侯。廣後以失道自殺。至其孫陵，且以降虜致族。與昭勇將軍事二千餘年遙遙反對，天道有何不可知哉。

雜録

《史記》卷一〇九《李將軍列傳》 廣子三人，曰當户、椒、敢，爲郎。天子與韓嫣戲，嫣少不遜，當户擊嫣，嫣走。於是天子以爲勇。當户早死，拜椒爲代郡太守，皆先廣死。當户有遺腹子名陵。廣死軍時，敢從驃騎將軍。廣死明年，李蔡以丞相坐侵孝景園壖地，當下吏治，蔡亦自殺，不對獄，國除。李敢以校尉從驃騎將軍擊胡左賢王，力戰，奪左賢王鼓旗，斬首多，賜爵關内侯，食邑二百户，代廣爲郎中令。頃之，怨大將軍青之恨其父，乃擊傷大將軍，大將軍匿諱之。居無何，敢從上雍，至甘泉宫獵。驃騎將軍去病與青有親，射殺敢。去病時方貴幸，上諱云鹿觸殺之。居歲餘，去病死。而敢有女爲太子中人，愛幸，敢男禹有寵於太子，然好利，李氏陵遲衰微矣。

李陵既壯，選爲建章監，監諸騎。善射，愛士卒。天子以爲李氏世將，而使將八百騎。嘗深入匈奴二千餘里，過居延視地形，無所見虜而還。拜爲騎都尉，將丹陽楚人五千人，教射酒泉、張掖以屯衛胡。

數歲，天漢二年秋，貳師將軍李廣利將三萬騎擊匈奴右賢王於祁連天山，而使陵將其射士步兵五千人出居延北可千餘里，欲以分匈奴兵，毋令專走貳師也。陵既至期還，而單于以兵八萬圍擊陵軍。陵軍五千人，兵矢既盡，士死者過半，而所殺傷匈奴亦萬餘人。且引且戰，連鬭八日，還未到居延百餘里，匈奴遮狹絶道，陵食乏而救兵不到，虜急擊招降陵。陵曰：『無面目報陛下。』遂降匈奴。其兵盡没，餘亡散得歸漢者四百餘人。

單于既得陵，素聞其家聲，及戰又壯，乃以其女妻陵而貴之。漢聞，族陵母妻子。自是之後，李氏名敗，而隴西之士居門下者皆用爲恥焉。

《漢書》卷五四《李陵傳》 廣三子，曰當户、椒、敢，皆爲郎。上與韓嫣戲，嫣少不遜，當户擊嫣，嫣走，於是上以爲能。當户蚤死，乃拜椒爲代郡太守，皆先廣死。廣死軍中時，敢從票騎將軍。廣死明年，李蔡以丞相坐詔賜冢地陽陵當得二十畝，蔡盜取三頃，頗賣得四十餘萬，又盜取神道外壖地一畝葬其中，當下獄，自殺。敢以校尉從票騎將軍擊胡左賢王，力戰，奪左賢王旗鼓，斬首多，賜爵關内侯，食邑二百户，代廣爲郎中令。頃之，怨大將軍青之恨其父，乃擊傷大將軍，大將軍匿諱之。居無何，敢從上雍，至甘泉宫獵，票騎將軍去病怨敢傷青，射殺敢。去病時方貴幸，上爲諱，云鹿觸殺之。居歲餘，去病死。

敢有女爲太子中人，愛幸。敢男禹有寵於太子，然好利，亦有勇。嘗與侍中貴人飲，侵陵之，莫敢應。後愬之上，上召禹，使刺虎，縣下圈中，未至地，有詔引出之。禹從落中以劍斫絶纍，欲刺虎。上壯之，遂救止焉。而當户有遺腹子陵，將兵擊胡，兵敗，降匈奴。後人告禹謀欲亡從陵，下吏死。

陵字少卿，少爲侍中建章監。善騎射，愛人，謙讓下士，甚得名譽。武帝以爲有廣之風，使將八百騎，深入匈奴二千餘里，過居延視地形，不見虜，還。拜爲騎都尉，將勇敢五千人，教射酒泉、張掖以備胡。數年，漢遣貳師將軍伐大宛，使陵將五校兵隨後。行至塞，會貳師還。上賜陵書，陵留吏士，與輕騎五百出燉煌，至鹽水，迎貳師還，復留屯張掖。

天漢二年，貳師將三萬騎出酒泉，擊右賢王於天山。召陵，欲使爲貳師將輜重。陵召見武臺，叩頭自請曰：『臣所將屯邊者，皆荆楚勇士奇材劍客也，力扼虎，射命中，願得自當一隊，到蘭干山南以分單于兵，毋令專鄉貳師軍。』上曰：『將惡相屬邪！吾發軍多，毋騎予女。』陵對：『無所事騎，臣願以少擊衆，步兵五千人涉單于庭。』上壯而許之，因詔强弩都尉路博德將兵半道迎陵軍。博德故伏波將軍，亦羞爲陵後距，奏言：『方秋匈奴馬肥，未可與戰，臣願留陵至春，俱將酒泉、張掖騎各五千人並擊東西浚稽，可必禽也。』書奏，上怒，疑陵悔不欲出而教博德上書，乃詔博德：『吾欲予李陵騎，云「欲以少擊衆」。今虜入西河，其引兵走西河，遮鉤營之道。』詔陵：『以九月發，出遮虜鄣，至東浚稽山南龍勒水上，徘徊觀虜，即亡所見，從浞野侯趙破奴故道抵受降城休士，因騎置以聞。所與博德言者云何？具以書對。』陵於是將其步卒五千人出居延，北行三十日，至浚稽山止營，舉圖所過山川地形，使麾下騎陳步樂還以聞。步樂召見，道陵將率得士死力，上甚說，拜步樂爲郎。

陵至浚稽山，與單于相值，騎可三萬圍陵軍。軍居兩山閒，以大車爲營。陵引士出營外爲陳，前行持戟盾，後行持弓弩，令曰：『聞鼓聲而縱，聞金聲而止。』虜見漢軍少，直前就營。陵搏戰攻之，千弩俱發，應弦而倒。虜還走上山，漢軍追擊，殺數千人。單于大驚，召左右地兵八萬餘騎攻陵。陵且戰且引，南行數日，抵山谷中。連戰，士卒中矢傷，三創者載輦，兩創者將車，一創者持兵戰。陵曰：『吾士氣少衰而鼓不起者，何也？軍中豈有女子乎？』始軍出時，關東羣盜妻子徙邊者隨軍爲卒妻婦，大匿車中。陵搜得，皆劍斬之。明日復戰，斬首三千餘級。引兵東南，循故龍城道行，四五日，抵大澤葭葦中，虜從上風縱火，陵亦令軍中縱火以自救。南行至山下，單于在南山上，使其子將騎擊陵。陵軍步鬬樹木間，復殺數千人，因發連弩射單于，單于下走。是日捕得虜，言『單于曰：「此漢精兵，擊之不能下，日夜引吾南近塞，得毋有伏兵乎？」諸當户君長皆言「單于自將數萬騎擊漢數千人不能滅，後無以復使邊臣，令漢益輕匈奴。復力戰山谷間，尚四五十里得平地，不能破，乃還。」』

是時陵軍益急，匈奴騎多，戰一日數十合，復傷殺虜二千餘人。虜不利，欲去，會陵軍候管敢爲校尉所辱，亡降匈奴，具言『陵軍無後救，射矢且盡，獨將軍麾下及成安侯校各八百人爲前行，以黄與白爲幟，當使精騎射之即破矣。』成安侯者，潁川人，父韓千秋，故濟南相，奮擊南越戰死，武帝封子延年爲侯，以校尉隨陵。單于得敢大喜，使騎並攻漢軍，疾呼曰：『李陵、韓延年趣降！』遂遮道急攻陵。陵居谷中，虜在山上，四面射，矢如雨下。漢軍南行，未至鞮汗山，一日五十萬矢皆盡，即棄車去。士尚三千餘人，徒斬車輻而持之，軍吏持尺刀，抵山入陿谷。單于遮其後，乘隅下壘石，士卒多死，不得行。昏後，陵便衣獨步出營，止左右：『毋隨我，丈夫一取單于耳！』良久，陵還，大息曰：『兵敗，死矣！』軍吏或曰：『將軍威震匈奴，天命不遂，後求道徑還歸，如浞野侯爲虜所得，後亡還，天子客遇之，況於將軍乎！』陵曰：『公止！吾不死，非壯也。』於是盡斬旌旗，及珍寶埋地中，陵歎曰：『復得數十矢，足以脱矣。今無兵復戰，天明坐受縛矣！各鳥獸散，猶有得脱歸報天子者。』令軍士人持二升糒，一半冰，期至遮虜鄣者相待。夜半時，擊鼓起士，鼓不鳴。陵與韓延年俱上馬，壯士從者十餘人。虜騎數千追之，韓延年戰死。陵曰：『無面目報陛下！』遂降。軍人分散，脱至塞者四百餘人。

陵敗處去塞百餘里，邊塞以聞。上欲陵死戰，召陵母及婦，使相者視之，無死喪色。後聞陵降，上怒甚，責問陳步樂，步樂自殺。羣臣皆罪陵，上以問太史令司馬遷，遷盛言：『陵事親孝，與士信，常奮不顧身以殉國家之急。其素所畜積也，有國士之風。今舉事一不幸，全軀保妻子之臣隨而媒孽其短，誠可痛也！且陵提步卒不滿五千，深輮戎馬之地，抑數萬之師，虜救死扶傷不暇，悉舉引弓之民共攻圍之。轉鬬千里，矢盡道窮，士張空拳，冒白刃，北首爭死敵，得人之死力，雖古名將不過也。身雖陷敗，然其所摧敗亦足暴於天下。彼之不死，宜欲得當以報漢也。』初，上遣貳師大軍出，財令陵爲助兵，及陵與單于相值，而貳師功少。上以遷誣罔，欲沮貳師，爲陵游説，下遷腐刑。

久之，上悔陵無救，曰：『陵當發出塞，乃詔强弩都尉令迎軍。坐預詔之，得令老將生姦詐。』乃遣使勞賜陵餘軍得脱者。

陵在匈奴歲餘，上遣因杅將軍公孫敖將兵深入匈奴迎陵。敖軍無功還，曰：『捕得生口，言李陵教單于爲兵以備漢軍，故臣無所得。』上

聞，於是族陵家，母弟妻子皆伏誅。隴西士大夫以李氏爲愧。其後，漢遣使使匈奴，陵謂使者曰：『吾爲漢將步卒五千人横行匈奴，以亡救而敗，何負於漢，而誅吾家？』使者曰：『漢聞李少卿教匈奴爲兵。』陵曰：『乃李緒，非我也。』李緒本漢塞外都尉，居奚侯城，匈奴攻之，緒降，而單于客遇緒，常坐陵上。陵痛其家以李緒而誅，使人刺殺緒。大閼氏欲殺陵，單于匿之北方，大閼氏死乃還。

單于壯陵，以女妻之，立爲右校王，衛律爲丁靈王，皆貴用事。衛律者，父本長水胡人。律生長漢，善協律都尉李延年，延年薦言律使匈奴。使還，會延年家收，律懼并誅，亡還降匈奴。匈奴愛之，常在單于左右。陵居外，有大事，乃入議。

昭帝立，大將軍霍光、左將軍上官桀輔政，素與陵善，遣陵故人隴西任立政等三人俱至匈奴招陵。立政等至，單于置酒賜漢使者，李陵、衛律皆侍坐。立政等見陵，未得私語，即目視陵，而數數自循其刀環，握其足，陰諭之，言可還歸漢也。後陵、律持牛酒勞漢使，博飲，兩人皆胡服椎結。立政大言曰：『漢已大赦，中國安樂，主上富於春秋，霍子孟、上官少叔用事。』以此言微動之。陵墨不應，孰視而自循其髮，答曰：『吾已胡服矣！』有頃，律起更衣，立政曰：『咄，少卿良苦！霍子孟、上官少叔謝女。』陵曰：『霍與上官無恙乎？』立政曰：『請少卿來歸故鄉，毋憂富貴。』陵字立政曰：『少公，歸易耳，恐再辱，奈何！』語未卒，衛律還，頗聞餘語，曰：『李少卿賢者，不獨居一國。范蠡徧遊天下，由余去戎入秦，今何語之親也！』因罷去。立政隨謂陵曰：『亦有意乎？』陵曰：『丈夫不能再辱。』

陵在匈奴二十餘年，元平元年病死。

霍光分部

傳記

《漢書》卷六八《霍光傳》 霍光字子孟，票騎將軍去病弟也。父中

孺，河東平陽人也，以縣吏給事平陽侯家，與侍者衛少兒私通而生去病。中孺吏畢歸家，娶婦生光，因絕不相聞。久之，少兒女弟子夫得幸於武帝，立爲皇后，去病以皇后姊子貴幸。既壯大，乃自知父爲霍中孺，未及求問。會爲票騎將軍擊匈奴，道出河東，河東太守郊迎，負弩矢先驅，至平陽傳舍，遣吏迎霍中孺。中孺趨入拜謁，將軍迎拜，因跪曰：『去病不早自知爲大人遺體也。』中孺扶服叩頭，曰：『老臣得託命將軍，此天力也。』去病大爲中孺買田宅、奴婢而去。還，復過焉，乃將光西至長安，時年十餘歲，任光爲郎，稍遷諸曹、侍中。去病死後，光爲奉車都尉、光禄大夫，出則奉車，入侍左右，出入禁闥二十餘年，小心謹慎，未嘗有過，甚見親信。

征和二年，衛太子爲江充所敗，而燕王旦、廣陵王胥皆多過失。是時，上年老，寵姬鉤弋趙婕妤有男，上心欲以爲嗣，命大臣輔之。察羣臣唯光任大重，可屬社稷。上乃使黄門畫者畫周公負成王朝諸侯以賜光。後元二年春，上游五柞宫，病篤，光涕泣問曰：『如有不諱，誰當嗣者？』上曰：『君未諭前畫意邪？立少子，君行周公之事。』光頓首讓曰：『臣不如金日磾。』日磾亦曰：『臣外國人，不如光。』上以光爲大司馬大將軍，日磾爲車騎將軍，及太僕上官桀爲左將軍，搜粟都尉桑弘羊爲御史大夫，皆拜臥内牀下，受遺詔輔少主。明日，武帝崩，太子襲尊號，是爲孝昭皇帝。帝年八歲，政事一決於光。【略】

光爲人沈静詳審，長財七尺三寸，白皙，疏眉目，美鬚髯。每出入下殿門，止進有常處，郎僕射竊識視之，不失尺寸，其資性端正如此。初輔幼主，政自己出，天下想聞其風采。殿中嘗有怪，一夜羣臣相驚，光召尚符璽郎，郎不肯授光。光欲奪之，郎按劍曰：『臣頭可得，璽不可得也！』光甚誼之。明日，詔增此郎秩二等。衆庶莫不多光。

光與左將軍桀結婚相親，光長女爲桀子安妻。有女年與帝相配，桀因帝姊鄂邑蓋主内安女後宫爲婕妤，數月立爲皇后。父安爲票騎將軍，封桑樂侯。光時休沐出，桀輒入代光決事。桀父子既尊盛，而德長公主。公主内行不修，近幸河間丁外人。桀、安欲爲外人求封，幸依國家故事以列侯尚公主者，光不許。又爲外人求光禄大夫，欲令得召見，又不許。長主大以是怨光。而桀、安數爲外人求官爵弗能得，亦慚。自先帝時，桀已爲九

卿，位在光右。及父子並爲將軍，有椒房中宮之重，皇后親安女，光乃其外祖，而顧專制朝事，繇是與光爭權。

燕王旦自以昭帝兄，常懷怨望。及御史大夫桑弘羊建造酒榷、鹽鐵，爲國興利，伐其功，欲爲子弟得官，亦怨恨光。於是蓋主、上官桀、安及弘羊皆與燕王旦通謀，詐令人爲燕王上書，言：『光出都肄郎羽林，道上稱蹕，太官先置。』又引：『蘇武前使匈奴，拘留二十年不降，還乃爲典屬國，而大將軍長史敞亡功爲搜粟都尉，又擅調益莫府校尉。光專權自恣，疑有非常。臣旦願歸符璽，入宿衛，察姦臣變。』候司光出沐日奏之。桀欲從中下其事，桑弘羊當與諸大臣共執退光。書奏，帝不肯下。

明旦，光聞之，止畫室中不入。上問：『大將軍安在？』左將軍桀時曰：『以燕王告其罪，故不敢入。』有詔召大將軍。光入，免冠頓首謝，上曰：『將軍冠。朕知是書詐也，將軍亡罪。』光曰：『陛下何以知之？』上曰：『將軍之廣明都郎，屬耳；調校尉以來未能十日，燕王何以得知之？且將軍爲非，不須校尉。』是時，帝年十四，尚書左右皆驚，而上書者果亡，捕之甚急，桀等懼，白上小事不足遂，上不聽。

後桀黨有譖光者，上輒怒曰：『大將軍忠臣，先帝所屬以輔朕身，敢有毀者坐之。』自是桀等不敢復言，乃謀令長公主置酒請光，伏兵格殺之，因廢帝，迎立燕王爲天子。事發覺，光盡誅桀、安、弘羊、外人宗族。燕王、蓋主皆自殺。光威震海內。昭帝既冠，遂委任光，訖十三年，百姓充實，四夷賓服。

元平元年，昭帝崩，亡嗣。武帝六男獨有廣陵王胥在，羣臣議所立，咸持廣陵王。王本以行失道，先帝所不用。光內不自安。郎有上書言：『周太王廢太伯立王季，文王舍伯邑考立武王，唯在所宜，雖廢長立少可也。廣陵王不可以承宗廟。』言合光意。光以其書視丞相敞等，擢郎爲九江太守，即日承皇太后詔，遣行大鴻臚事少府樂成、宗正德、光禄大夫吉、中郎將利漢迎昌邑王賀。

賀者，武帝孫，昌邑哀王子也。既至，即位，行淫亂。光憂懣，獨以問所親故吏大司農田延年。延年曰：『將軍爲國柱石，審此人不可，何不建白太后，更選賢而立之？』光曰：『今欲如是，於古嘗有此不？』延年曰：『伊尹相殷，廢太甲以安宗廟，後世稱其忠。將軍若能行此，亦漢之伊尹也。』光乃引延年給事中，陰與車騎將軍張安世圖計，遂召丞相、御史、將軍、列侯、中二千石、大夫、博士會議未央宮。光曰：『昌邑王行昏亂，恐危社稷，如何？』羣臣皆驚鄂失色，莫敢發言，但唯唯而已。田延年前，離席按劍，曰：『先帝屬將軍以幼孤，寄將軍以天下，以將軍忠賢能安劉氏也。今羣下鼎沸，社稷將傾，且漢之傳謚常爲孝者，以長有天下，令宗廟血食也。如令漢家絕祀，將軍雖死，何面目見先帝於地下乎？今日之議，不得旋踵。羣臣後應者，臣請劍斬之。』光謝曰：『九卿責光是也。天下匈匈不安，光當受難。』於是議者皆叩頭，曰：『萬姓之命在於將軍，唯大將軍令。』

光即與羣臣俱見白太后，具陳昌邑王不可以承宗廟狀。皇太后乃車駕幸未央承明殿，詔諸禁門毋內昌邑羣臣。王入朝太后還，乘輦欲歸温室，中黄門宦者各持門扇，王入，門閉，昌邑羣臣不得入。王曰：『何爲？』大將軍跪曰：『有皇太后詔，毋內昌邑羣臣。』王曰：『徐之，何乃驚人如是！』光使盡驅出昌邑羣臣，置金馬門外。車騎將軍安世將羽林騎收縛二百餘人，皆送廷尉詔獄。令故昭帝侍中中臣侍守王。光敕左右：『謹宿衛，卒有物故自裁，令我負天下，有殺主名。』王尚未自知當廢，謂左右：『我故羣臣從官安得罪，而大將軍盡繫之乎？』頃之，有太后詔召王，王聞召，意恐，乃曰：『我安得罪而召我哉！』太后被珠襦，盛服坐武帳中，侍御數百人皆持兵，期門武士陛戟，陳列殿下。羣臣以次上殿，召昌邑王伏前聽詔。光與羣臣連名奏王，尚書令讀奏曰：

丞相臣敞、大司馬大將軍臣光、車騎將軍臣安世、度遼將軍臣明友、前將軍臣增、後將軍臣充國、御史大夫臣誼、宜春侯臣譚、當塗侯臣聖、隨桃侯臣昌樂、杜侯臣屠耆堂、太僕臣延年、太常臣昌、大司農臣延年、宗正臣德、少府臣樂成、廷尉臣光、執金吾臣延壽、大鴻臚臣賢、左馮翊臣廣明、右扶風臣德、長信少府臣嘉、典屬國臣武、京輔都尉臣廣漢、司隸校尉臣辟兵、諸吏文學光禄大夫臣遷、臣畸、臣吉、臣賜、臣管、臣勝、臣梁、臣長幸、臣夏侯勝、太中大夫臣德、臣卬昧死言皇太后陛下：臣敞等頓首死罪。天子所以永保宗廟總一海內者，以慈孝、禮誼、賞罰爲本。孝昭皇帝早棄天下，亡嗣，臣敞等議，禮曰『爲人後者爲之子也』，昌邑王宜嗣後，遣宗正、大鴻臚、光禄大夫奉節使徵昌邑王典喪。服斬

縗，亡悲哀之心，廢禮誼，居道上不素食，使從官略女子載衣車，内所居傳舍。始至謁見，立爲皇太子，常私買雞豚以食。受皇帝信璽、行璽大行前，就次發璽不封。從官更持節，引内昌邑從官騶宰官奴二百餘人，常與居禁闥内敖戲。自之符璽取節十六，朝暮臨，令從官更持節從。爲書曰：『皇帝問侍中君卿：使中御府令高昌奉黄金千斤，賜君卿取十妻。』大行在前殿，發樂府樂器，引内昌邑樂人，擊鼓歌吹作俳倡。會下還，上前殿，擊鐘磬，召内泰壹宗廟樂人輦道牟首，鼓吹歌舞，悉奏衆樂。發長安廚三太牢具祠閣室中，祀已，與從官飲啗。駕法駕，皮軒鸞旗，驅馳北宫、桂宫，弄彘鬭虎。召皇太后御小馬車，使官奴騎乘，遊戲掖庭中。與孝昭皇帝宫人蒙等淫亂，詔掖庭令敢泄言要斬。

太后曰：『止！爲人臣子當悖亂如是邪！』王離席伏。尚書令復讀曰：

取諸侯王、列侯、二千石綬及墨綬黄綬以并佩昌邑郎官者免奴。變易節上黄旄以赤。發御府金錢、刀劍、玉器、采繒，賞賜所與遊戲者。與從官官奴夜飲，湛沔於酒。詔太官上乘輿食如故。食監奏未釋服未可御故食，復詔太官趣具，無關食監。太官不敢具，即使從官出買雞豚，詔殿門内，以爲常。獨夜設九賓温室，延見姊夫昌邑關内侯。祖宗廟祠未舉，爲璽書使使者持節，以三太牢祠昌邑哀王園廟，稱嗣子皇帝。受璽以來二十七日，使者旁午，持節詔諸官署徵發，凡一千一百二十七事。文學、光禄大夫夏侯勝等及侍中傅嘉數進諫以過失，使人簿責勝，縛嘉繫獄。荒淫迷惑，失帝王禮誼，亂漢制度。臣敞等數進諫，不變更，日以益甚，恐危社稷，天下不安。

臣敞等謹與博士臣霸、臣雋舍、臣德、臣虞舍、臣射、臣倉議，皆曰：『高皇帝建功業爲漢太祖，孝文皇帝慈仁節儉爲太宗，今陛下嗣孝昭皇帝後，行淫辟不軌。《詩》云：「籍曰未知，亦既抱子。」五辟之屬，莫大不孝。周襄王不能事母，《春秋》曰「天王出居於鄭」，繇不孝出之，絶之於天下也。宗廟重於君，陛下未見命高廟，不可以承天序，奉祖宗廟，子萬姓，當廢。』臣請有司御史大夫臣誼、宗正臣德、太常臣昌與太祝以一太牢具，告祠高廟。臣敞等昧死以聞。

皇太后詔曰：『可。』光令王起拜受詔，王曰：『聞天子有争臣七人，雖亡道不失天下。』光曰：『皇太后詔廢，安得天子！』乃即持其手，解脱其璽組，奉上太后，扶王下殿，出金馬門，羣臣隨送。王西面拜，曰：『愚戇不任漢事。』起就乘輿副車。大將軍光送至昌邑邸，光謝曰：『王行自絶於天，臣等駑怯，不能殺身報德。臣寧負王，不敢負社稷。願王自愛，臣長不復見左右。』光涕泣而去。羣臣奏言：『古者廢放之人屏於遠方，不及以政，請徙王賀漢中房陵縣。』太后詔歸賀昌邑，賜湯沐邑二千户。昌邑羣臣坐亡輔導之誼，陷王於惡，光悉誅殺二百餘人。出死，號呼市中曰：『當斷不斷，反受其亂。』

光坐庭中，會丞相以下議定所立。廣陵王已前不用，及燕刺王反誅，其子不在議中。近親唯有衛太子孫號皇曾孫在民間，咸稱述焉。光遂復與丞相敞等上奏曰：『《禮》曰：「人道親親故尊祖，尊祖故敬宗。」（太）［大］宗亡嗣，擇支子孫賢者爲嗣。孝武皇帝曾孫病已，武帝時有詔掖庭養視，至今年十八，師受《詩》、《論語》、《孝經》，躬行節儉，慈仁愛人，可以嗣孝昭皇帝後，奉承祖宗廟，子萬姓。臣昧死以聞。』皇太后詔曰：『可。』光遣宗正劉德至曾孫家尚冠里，洗沐賜御衣，太僕以軨獵車迎曾孫就齋宗正府，入未央宫見皇太后，封爲陽武侯。已而光奉上皇帝璽綬，謁于高廟，是爲孝宣皇帝。明年，下詔曰：『夫褒有德，賞元功，古今通誼也。大司馬、大將軍光宿衛忠正，宣德明恩，守節秉誼，以安宗廟。其以河北、東武陽益封光萬七千户。』與故所食凡二萬户。賞賜前後黄金七千斤，錢六千萬，雜繒三萬匹，奴婢百七十人，馬二千匹，甲第一區。

自昭帝時，光子禹及兄孫雲皆中郎將，雲弟山奉車都尉、侍中，領胡、越兵。光兩女婿爲東西宫衛尉，昆弟諸婿外孫皆奉朝請，爲諸曹大夫、騎都尉，給事中。黨親連體，根據於朝廷。光自後元秉持萬機，及上即位，乃歸政。上廉讓不受，諸事皆先關白光，然後奏御天子。光每朝見，上虚己斂容，禮下之已甚。

光秉政前後二十年，地節二年春病篤，車駕自臨問光病，上爲之涕泣。光上書謝恩曰：『願分國邑三千户，以封兄孫奉車都尉山爲列侯，奉兄票騎將軍去病祀。』事下丞相、御史，即日拜光子禹爲右將軍。

光薨，上及皇太后親臨光喪。太中大夫任宣與侍御史五人持節護喪

事。中二千石治莫府塚上。賜金錢、繒絮、繡被百領，衣五十篋，璧珠璣玉衣，梓宮、便房、黃腸題湊各一具，樅木外臧槨十五具。東園温明，皆如乘輿制度。載光尸柩以輼輬車，黃屋在纛，發材官輕車北軍五校士軍陳至茂陵，以送其葬。謚曰宣成侯。發三河卒穿復土，起塚祠堂。置園邑三百家，長丞奉守如舊法。

論　説

《漢書》卷八《宣帝紀》　（本始）二年春三月庚午，大司馬大將軍光薨。詔曰：『大司馬大將軍博陸侯宿衛孝武皇帝三十餘年，輔孝昭皇帝十有餘年，遭大難，躬秉義，率三公、諸侯、九卿、大夫定萬世策，以安宗廟。天下蒸庶，咸以康寧，功德茂盛，朕甚嘉之。復其後世，疇其爵邑，世世毋有所與。功如蕭相國。』

又　卷六八《霍光傳》　贊曰：霍光以結髮内侍，起於階闥之間，確然秉志，誼形於主。受繈褓之託，任漢室之寄，當廟堂，擁幼君，摧燕王，僕上官，因權制敵，以成其忠。處廢置之際，臨大節而不可奪，遂匡國家，安社稷。擁昭立宣，光爲師保，雖周公、阿衡，何以加此！然光不學亡術，闇於大理，陰妻邪謀，立女爲后，湛溺淫溢之欲，以增顛覆之禍，死財三年，宗族誅夷，哀哉！昔霍叔封於晉，晉卽河東，光豈其苗裔乎！

宋・郎曄《經進東坡文集事略》卷八《霍光論》　古之人，惟漢武帝號知人。蓋其平生所用文武將帥、郡國邊鄙之臣，左右侍從、陰陽律曆博孝之士，以至於錢穀小吏、治刑獄、使絶域者，莫不獲盡其才，而各當其處。然此猶有所試，其功效著見，天下之所共知而信者。至於霍光，先無尺寸之功，而才氣術數，又非有以大過於羣臣。而武帝擢之於稠人之中，付以天下後世之事。而霍光又能忘身一心，以輔幼主。處於廢立之際，其舉措甚閑而不亂。此其故何也？夫欲有所立於天下，擊搏進取以求非常之功者，必有卓然可見之才，而後可以有望於其成。至於捍社稷、託幼子，此其難者不在乎才，而在乎節，不在乎節，而在乎氣。天下固有能辨其事者矣，然才高而位重，則有僥倖之心，以一時之功，而易萬世之患，故曰『不在乎才，而在乎節』。古之人有失之者，司馬仲達是也。天下亦有忠臣義士，可託以生死之間，而不忍負者矣。然狷介廉潔，不爲不義，則輕死而無謀，能殺其身，而不能全其國，故曰『不在乎節，而在乎氣』。古之人有失之者，晉荀息是也。夫霍光者，才不足而節氣有餘，此武帝之所爲取也。《書》曰：『如有一介臣，斷斷猗兮，無他技。其心休休焉，其如有容。人之有技，若己有之。人之彦聖，其心好之，不啻如自其口出，是能容之，以保我子孫黎民。』嗟夫，此霍光之謂歟！使霍光而有他技，則其心安能休休焉容天下之才，而樂天下之彦聖，不忌不克，若自己出哉！才者，爭之端也。夫惟聖人在上，驅天下之人各走其職，而爭用其所長。苟以人臣之勢，而居於廊廟之上，以捍衛幼沖之君，而以其區區之才，與天下爭能，則姦臣小人有以乘其隙而奪其權矣。霍光以匹夫之微而操殺生之柄，威蓋人主，而貴寵於天下。其所以歷事三主而終其身天下莫與爭者，以其無他技，而武帝亦以取之歟？

宋・司馬光《資治通鑑》卷二五《漢紀一七》　臣光曰：霍光之輔漢室，可謂忠矣；然卒不能庇其宗，何也？夫威福者，人君之器也；人臣執之，久而不歸，鮮不及矣。以孝昭之明，十四而知上官桀之詐，固可以親政矣。況孝宣十九卽位，聰明剛毅，知民疾苦，而光久專大柄，不知避去，多置私黨，充塞朝廷，使人主蓄憤於上，吏民積怨於下，切齒側目，待時而發，其得免於身幸矣，況子孫以驕侈趣之哉！雖然，嚮使孝宣專以禄秩賞賜富其子孫，使之食大縣，奉朝請，亦足以報盛德矣，乃復任之以政，授之以兵，及事叢釁積，更加裁奪，遂至怨懼以生邪謀，豈徒霍氏之自禍哉？亦孝宣醞釀以成之也。昔鬭椒作亂於楚，莊王滅其族而赦箴尹克黄，以爲子文無後，何以勸善。夫以顯、禹、雲、山之罪，雖應夷滅，而光之忠勳不可不祀。遂使家無噍類，孝宣亦少恩哉！

宋・錢時《兩漢筆記》卷六《宣帝》　班史謂霍光不學無識，闇於大理。夫以大將軍之尊，身任天下之重，而宗族親戚分據勢要，執兵柄環朝廷之上，非識闇肯爲是哉！然嘗考之光之爲此，蓋基於上官桀之變，但知偏置親族植黨與以自固，而不悟國之名器非我一家之私物也。宣帝黜削其權，大明公道，選天下忠賢而用之，夫誰曰不可。奈何奪之霍氏，而復易以所親信許、史之子弟乎？然則與光之見何以異、觀霍禹有謂『將

軍墳墓未乾，盡外我家。反任許、史，奪我印綬。』而凶人之謀乃緣此生。此雖權寵醞釀之極，必至於是，而亦宣帝舉措之不正，大有以速禍，可爲世戒也。

宋·佚名《歷代名賢確論》卷四五《霍光》　陳無己曰，有其才而無其節者，司馬懿是也。有其節而無其才者，荀息是也。有是二者，成功而去，伊周是也。有是二者，守而不去，霍光是也。光承武帝孤幼之託、天下之寄，黜昏陟明，全而歸之。承征伐之後，公私兩弊。而十數年間，内豐外服，光之功有三焉。然以私愛冒大義，鄰於奪矣。其幸宣帝知而不爭。使之爭，則未可知也。昭喪而宣立，既不能去，又不歸政，光之失亦三焉。史氏謂不學無術，闇於大理，而或以謂人倫逆順，雖不學而知之。日磾老胡而著忠孝，何待於學？嗚呼！學則明，否則蔽，理之常也。不學而能者，資也。資可常乎？夫義有由之者，有畏之者。由之者，道也。畏之者，學也。學而後知畏也，畏聖人之言也。光之不勝私，以其不知畏也。光善人也，使其學而知畏，其肯出此乎？豈特如此，其肯以婢爲妻乎？則除患於未然。光之三失，其皆出於此乎？或者又謂節而不才，然保人之幼，全人之國，天下危而復安，此皆才之大者。至其結昏人主與上官，以宰相子守闕與武庫，親同列而慮患，有急而求符璽，又皆有以過人，特其才，有能否爾？雖然中人而下，亦不能具也。或又謂日磾不肯納女後宮而光以爲后，日磾殺弄兒而光陰妻爲不軌，光之守節誠有不如。至其功亦非日磾所及也。始光推日磾，而日磾謂匈奴輕漢，此其智有過人者，惜乎不之盡也。

藝文

宋·李呂《澹軒集》卷二《弔霍光》　官安胥飲貴仍驕，父子同誅躔孝昭。博陸時方專國柄，濟陰早已被弓弨。老妻安得謀靈媪，劣女剛將冠内貂。白去副封奇禍作，後車傾覆更蕭條。

宋·陳普《石堂先生遺集》卷四《詠史·霍光》　井田學校竟終天，鹽鐵舟車訖萬年。隔絶古今蕭與霍，空勞孔壁出塵編。

幾度咸陽累積尸，盡緣丘冢似焉支。覆車愁殺張車騎，印綬臨身必十辭。

清·顧嗣立《元詩選二集》卷一〇《即事》　目斷虞淵日，心傷魏闕秋。霍光元在漢，周勃固安劉。廟社多佳氣，公卿足遠猷。宸居終不改，羈旅莫深憂。未有龍庭使，猶嚴虎衛兵。雲山秋塞遠，星月夜樓明。逆旅多防盜，遷居競入城。竊聞定神器，且可慰羣情。

清·陳焯《宋元詩會》卷五五《葛嶺》　不讀霍光傳，炫然桃李門。湖山變朝市，烽火滿乾坤。膽落冰天騎，魂飛瘴雨村。春花吹秀麥，誤國竟何言。

雜録

宋·袁樞《通鑑紀事本末》卷四《霍光廢立》　漢武帝後元元年。鉤弋夫人之子弗陵，年數歲，形體壯大，多知，上奇愛之，心欲立焉。以其年稚，母少，猶與久之。欲以大臣輔之，察羣臣，唯奉車都尉光禄大夫霍光，忠厚可任大事。上乃使黄門畫周公負成王朝諸侯，以賜光。後數日，帝譴責鉤弋夫人，夫人脱簪珥，叩頭。帝曰：『引持去，送掖庭獄。』夫人還顧，帝曰：『趣行，汝不得活！』卒賜死。頃之，帝閒居，問左右曰：『外人言云何？』左右對曰：『人言「且立其子，何去其母乎」。』帝曰：『然。是非兒曹愚人之所知也。往古國家所以亂，由主少、母壯也。女主獨居驕蹇，淫亂自恣，莫能禁也。汝不聞呂后邪？故不得不先去之也。』

二年春二月，上病篤，霍光涕泣問曰：『如有不諱，誰當嗣者？』上曰：『君未諭前畫意邪？立少子，君行周公之事。』光頓首讓曰：『臣不如金日磾。』日磾亦曰：『臣外國人，不如光，且使匈奴輕漢矣。』乙丑，詔立弗陵爲皇太子，時年八歲。丙寅，以光爲大司馬、大將軍，日磾爲車騎將軍，太僕上官桀爲左將軍，受遺詔輔少主。又以搜粟都尉桑弘羊爲御史大夫。皆拜臥内牀下。丁卯，帝崩于五柞宮。戊辰，太子即皇帝位。

帝姊鄂邑公主共養省中，霍光、金日磾、上官桀共領尚書事。光輔幼主，政自己出，天下想聞其風采。殿中嘗有怪，一夜，羣臣相驚，光召尚

符璽郎，欲收取璽。郎不肯授，光欲奪之。郎按劍曰：『臣頭可得，璽不可得也。』光甚誼之，明日，詔增此郎秩二等。衆庶莫不多光。

昭帝始元二年春正月，封大將軍光爲博陸侯。

或説霍光曰：『將軍不見諸呂之事乎？處伊尹、周公之位，攝政擅權，而背宗室，不與共職，是以天下不信，卒至於滅亡。今將軍當盛位，帝春秋富，宜納宗室，又多與大臣共事，反諸呂道，如是則可以免患。』光然之。

元鳳元年冬十月，大將軍光以朝無舊臣，光禄勳張安世自先帝時爲尚書令，志行純篤，乃白用安世爲右將軍，兼光禄勳，以自副焉。安世，故御史大夫湯之子也。光又以杜延年有忠節，擢爲太僕、右曹、給事中。

三年春正月，秦山有大石自起立。上林有柳樹枯僵自起生，有蟲食其葉成文，曰『公孫病已立』。符節令魯國眭弘上書言：『大石自立，僵柳復起，當有匹庶爲天子者。枯樹復生，故廢之家公孫氏當復興乎？漢家承堯之後，有傳國之運，當求賢人禪帝位，退自封百里，以順天命。』弘坐設妖言惑衆，伏誅。

元平元年夏四月癸未，帝崩于未央宮，無嗣。時武帝子獨有廣陵王胥，大將軍光與羣臣議所立，咸持廣陵王。王本以行失道，先帝所不用，光內不自安。郎有上書言：『周太王廢太伯立王季，文王舍伯邑考立武王，唯在所宜，雖廢長立少可也。廣陵王不可以承宗廟。』言合光意，光以其書示丞相敞等，擢郎爲九江太守。即日承皇后詔，遣行大鴻臚事少府樂成、宗正德、光禄大夫吉、中郎將利漢迎昌邑王賀，乘七乘傳詣長安邸。光又白皇后，徙右將軍安世爲車騎將軍。

賀，昌邑哀王之子也，在國素狂縱，動作無節。武帝之喪，賀遊獵不止。嘗游方與，不半日馳二百里。中尉琅邪王吉上疏諫曰：『大王不好書術而樂逸游，馮式撙銜，馳騁不止，口倦乎叱吒，手苦於箠轡，身勞乎車輿；朝則冒霧露，晝則被塵埃，夏則爲大暑之所暴炙，冬則爲風寒之所匽薄；數以莫脆之玉體，犯勤勞之煩毒，非所以全壽命之宗也，又非所以進仁義之隆也。夫廣廈之下，細旃之上，明師居前，勸誦在後，上論唐、虞之際，下及殷、周之盛，考仁聖之風，習治國之道，調調焉發憤忘食，日新厥德，其樂豈銜橛之問哉？休則俯仰屈仲以利形，進退步趨以實下，吸新吐故以練臧，專意積精以適神，於以養生，豈不長哉！大王誠留意如此，則心有堯、舜之志，體有喬、松之壽；美聲廣譽，登而上聞，則福禄其臻而社稷安矣。皇帝仁聖，至今思慕未怠，於宮館、囿池、弋獵之樂未有所幸。大王宜夙夜念此，以承聖意。諸侯骨肉，莫親大王。大王於屬則子也，於位則臣也，一身而二任之責加焉。恩愛行義，孅介有不具者，於以上聞，非饗國之福也。』王乃下令曰：『寡人造行，不能無惰，中尉甚忠，數輔吾過。』使謁者千秋賜中尉牛肉五百斤，酒五石，脯五束。其後復放縱自若。

郎中令山陽龔遂，忠厚剛毅，有大節。內諫爭於王，外責傅相，引經義，陳禍福，至於涕泣。蹇蹇無已，面刺王過。王至掩耳起走，曰：『郎中令善愧人。』王嘗久與騶奴、宰人遊戲，飲食賞賜無度，遂入見王，涕泣膝行，左右侍御皆出涕。王曰：『郎中令何爲哭？』遂曰：『臣痛社稷危也。願賜清閒，竭愚。』王辟左右，遂曰：『大王知膠西王所以爲無道亡乎？』王曰：『不知也。』曰：『臣聞膠西王有諛臣侯得，王所爲擬於桀、紂也，得以爲堯、舜也。王説其諂諛，常與寢處，唯得所言，以至於是。今大王親近羣小，漸漬邪惡，所習，存亡之機，不可不慎也。臣請選郎通經有行義者與王起居，坐則誦《詩》、《書》，立則習禮容，宜有益。』王許之。遂乃選郎中張安等十人侍王。居數日，王皆逐去安等。

王嘗見大白犬，頸項以下似人，冠方山冠而無尾，以問龔遂。遂曰：『此天戒，言在側者盡冠狗也。去之則存，不去則亡矣。』後又聞人聲曰：『熊』！視而見大熊，左右莫見，以問遂。遂曰：『熊，山野之獸，而來入宮室，王獨見之，此天戒大王，恐宮室將空，危亡象也。』王仰天嘆曰：『不祥何爲數來！』遂叩頭曰：『臣不敢隱忠，數言危亡之戒，大王不説。夫國之存亡，豈在臣言哉？願王內自揆度。大王誦《詩》三百五篇，人事浹，王道備。王之所行，中《詩》一篇何等也？大王位爲諸侯王，行汙於庶人，以存難，以亡易，宜深察之。』後又血汙王坐席，王問遂。遂叫然號曰：『宮空不久，妖祥數至。血者，陰憂象也，宜畏慎自省。』王終不改節。及徵書至，夜漏未盡一刻，以火發書。其日中，王發；晡時，至定陶，行百三十五里，侍從者馬死相望於道。王吉奏書戒王曰：『臣聞高宗諒闇，三年不言。今大王以喪事徵，宜日夜哭泣悲哀而

已，慎毋有所發。大將軍仁愛勇智，忠信之德，天下莫不聞。事孝武皇帝二十餘年，未嘗有過。先帝棄羣臣，屬以天下，寄幼孤焉。大將軍抱持幼君襁褓之中，布政施教，海内晏然，雖周公、伊尹無以加也。今帝崩無嗣，大將軍惟思可以奉宗廟者，攀援而立大王，其仁厚豈有量哉！臣願大王事之，敬之，政事壹聽之，大王垂拱南面而已。願留意，常以爲念！」

王至濟陽，求長鳴雞，道買積竹杖。過弘農，使大奴善以衣車載女子。至湖，使者以讓相安樂，安樂告龔遂，遂入問王。王曰：「無有。」遂曰：「即無有，何愛一善以毁行義。請收屬吏，以湔灑大王。」即捽善屬衛士長行法。

王到霸上，大鴻臚郊迎，騶奉乘輿車。王使壽成御，郎中令遂參乘。且至廣明、東都門，遂曰：「禮，奔喪望見國都哭。此長安東郭門也。」王曰：「我嗌痛，不能哭。」至城門，遂復言。王曰：「城門與郭門等耳。」且至未央宫東闕，遂曰：「昌邑帳在是闕外馳道北，未至帳所，有南北行道，馬足未至數步。大王宜下車，鄉闕西面伏哭，盡哀止。」王曰：「諾。」到，哭如儀。六月丙寅，王受皇帝璽綬，襲尊號，尊皇后曰皇太后。

壬申，葬孝昭皇帝于平陵。

昌邑王既立，淫戲無度。昌邑官屬皆徵至長安，往往超擢拜官。相安樂遷長樂衛尉。龔遂見安樂，流涕謂曰：「王立爲天子，日益驕溢，諫之不復聽。今哀痛未盡，日與近臣飲酒作樂，鬬虎豹，召皮軒車九旒，驅馳東西，所爲悖道。古制寬，大臣有隱退；今去不得，陽狂恐知，身死爲世戮，奈何？君，陛下故相，宜極諫爭！」

王夢青蠅之矢積西階東，可五六石，以屋版瓦覆之，以問遂，遂曰：「陛下之《詩》不云乎：『營營青蠅，止於藩。愷悌君子，毋信讒言。』陛下左側讒人衆多，如是青蠅惡矣。宜進先帝大臣子孫，親近以爲左右。如不忍昌邑故人，信用讒諛，必有凶咎。願詭禍爲福，皆放逐之！臣當先逐矣。」王不聽。

太僕丞河東張敞上書諫曰：「孝昭皇帝早崩無嗣，大臣憂懼，選賢聖承宗廟，東迎之日，唯恐屬車之行遲。今天子以盛年初即位，天下莫不拭目傾耳，觀化聽風。國輔大臣未襃，而昌邑小輦先遷，此過之大者也。」王不聽。

大將軍光憂懣，獨以問所親故吏大司農田延年；延年曰：「將軍爲國柱石，審此人不可，何不建白太后，更選賢而立之？」光曰：「今欲如是，於古嘗有此不？」延年曰：「伊尹相殷，廢太甲以安宗廟，後世稱其忠。將軍若能行此，亦漢之伊尹也。」光乃引延年給事中，陰與車騎將軍張安世圖計。

王出遊，光禄大夫魯國夏侯勝當乘輿前諫曰：「天久陰而不雨，臣下有謀上者。陛下出，欲何之？」王怒，謂勝爲妖言，縛以屬吏。吏白霍光，光不舉法。光讓安世，以爲泄語。安世實不言；乃召問勝。勝對言：「在《鴻範傳》曰：『皇之不極，厥罰常陰，時則有下人伐上者。』惡察察言，故云『臣下有謀』。」光、安世大驚，以此益重經術士。侍中傅嘉數進諫，王亦縛嘉繫獄。

光、安世既定議，乃使田延年報丞相楊敞。敞驚懼，不知所言，汗出洽背，徒唯唯而已。延年起，至更衣。敞夫人遽從東廂謂敞曰：「此國大事，今大將軍議已定，使九卿來報君侯；君侯不疾應，與大將軍同心，猶與無決，先事誅矣！」延年從更衣還，敞夫人與延年參語許諾，請奉大將軍教令！

癸巳，光召丞相、御史、將軍、列侯、中二千石、大夫、博士會議未央宫。光曰：「昌邑王行昏亂，恐危社稷，如何？」羣臣皆驚鄂失色，莫敢發言，但唯唯而已。田延年前，離席按劍曰：「先帝屬將軍以幼孤，寄將軍以天下，以將軍忠賢，能安劉氏也。今羣下鼎沸，社稷將傾；且漢之傳謚常爲「孝」者，以長有天下，令宗廟血食也。如漢家絶祀，將軍雖死，何面目見先帝於地下乎？今日之議，不得旋踵，羣臣後應者，臣請劍斬之！」光謝曰：「九卿責光是也！天下匈匈不安，光當受難。」於是議者皆叩頭曰：「萬姓之命，在於將軍，唯大將軍令！」

光即與羣臣俱見，白太后，具陳昌邑王不可以承宗廟狀。皇太后乃車駕幸未央承明殿，詔諸禁門毋内昌邑羣臣。王入朝太后還，乘輦欲歸温室，中黄門宦者各持門扇，王入，門閉，昌邑羣臣不得入。王曰：「何爲？」大將軍跪曰：「有皇太后詔，毋内昌邑羣臣！」

王曰：『徐之，何乃驚人如是！』光使盡驅出昌邑羣臣，置金馬門外。車騎將軍安世將羽林騎收縛二百餘人，皆送廷尉詔獄。令故昭帝侍中中臣侍守王。光敕左右：『謹宿衛！卒有物故自裁，令我負天下，有殺主名。』王尚未自知當廢，謂左右：『我故羣臣從官安得罪，而大將軍盡繫之乎？』

頃之，有太后詔召王。王聞召，意恐，乃曰：『我安得罪而召我哉？』太后被珠襦，盛服坐武帳中，侍御數百人皆持兵，期門武士陛戟陳列殿下，羣臣以次上殿，召昌邑王伏前聽詔。光與羣臣連名奏王，尚書令讀奏曰：『丞相臣敞等昧死言皇太后陛下：孝昭皇帝早棄天下，遣使徵昌邑王典喪，服斬衰，無悲哀之心，廢禮誼，居道上不素食，使從官略女子載衣車，內所居傳舍。始至謁見，立爲皇太子，常私買雞豚以食。受皇帝信璽、行璽大行前，就次，發璽不封。從官更持節引內昌邑從官、騶宰、官奴二百餘人，常與居禁闥內敖戲。爲書曰：「皇帝問侍中君卿：使中御府令高昌奉黃金千斤，賜君卿取十妻。」大行在前殿，發樂府樂器，引內昌邑樂人擊鼓，歌吹，作俳倡；召內泰壹、宗廟樂人，悉奏衆樂。駕法駕驅馳北宮、桂宮，弄彘，鬬虎。召皇太后御小馬車，使官奴騎乘，遊戲掖庭中。與孝昭皇帝宮人蒙等淫亂，詔掖庭令：「敢泄言，要斬！」』太后曰：『止！爲人臣子，當悖亂如是邪！』王離席伏。尚書令復讀曰：『取諸侯王、列侯、二千石綬及墨綬、黃綬以並佩昌邑郎官者免奴。發御府金錢、刀劍、玉器、采繒，賞賜所與遊戲者。與從官、官奴夜飲，湛沔於酒。獨夜設九賓溫室，延見姊夫昌邑關內侯。祖宗廟祠未舉，爲璽書，使使者持節以三太牢祠昌邑哀王園廟，稱「嗣子皇帝」。受璽以來二十七日，使者旁午，持節詔諸官署徵發凡一千一百二十七事。荒淫迷惑，失帝王禮誼，亂漢制度。臣敞等數進諫，不變更，日以益甚；恐危社稷，天下不安。臣敞等謹與博士議，皆曰：「今陛下嗣孝昭皇帝後，行淫辟不軌。五辟之屬，莫大不孝。」周襄王不能事母，《春秋》曰：「天王出居於鄭，」由不孝出之，絕之於天下也。宗廟重於君，陛下不可以承天序，奉祖宗廟，子萬姓，當廢！臣請有司以一太牢具告祠高廟。』皇太后詔曰：『可。』光令王起，拜受詔，王曰：『聞「天子有爭臣七人，雖亡道不失天下。」』光曰：『皇太后詔廢，安得稱天子！』乃卽持其手，解脫其璽組，奉上太后；扶王下殿，出金馬門，羣臣隨送。王西面拜曰：『愚戇，不任漢事！』起，就乘輿副車；大將軍光送至昌邑邸。光謝曰：『王行自絕於天，臣寧負王，不敢負社稷！願王自愛，臣長不復左右。』光涕泣而去。

羣臣奏言：『古者廢放之人，屏於遠方，請徙王賀漢中房陵縣。』太后詔歸賀昌邑，賜湯沐邑二千户，故王家財物皆與賀；及哀王女四人，各賜湯休邑千户；國除，爲山陽郡。

昌邑羣臣坐在國時不舉奏王罪過，令漢朝不聞知，又不能輔道，陷王大惡，皆下獄，誅殺二百餘人；唯中尉吉、郎中令遂以忠直數諫正，得減死，髡爲城旦。師王式繫獄當死，治事使者責問曰：『師何以無諫書？』式對曰：『臣以《詩》三百五篇朝夕授王，至於忠臣、孝子之篇，未嘗不爲王反復誦之也；至於危亡失道之君，未嘗不流涕爲王深陳之也。臣以三百五篇諫，是以無諫書。』使者以聞，亦得減死論。

霍光以羣臣奏事東宮，太后省政，宜知經術，白令夏侯勝用尚書授太后，遷勝長信少府，賜爵關內侯。

初，衛太子納魯國史良娣，生子進，號史皇孫。皇孫納涿郡王夫人，生子病已，號皇曾孫。皇曾孫生數月，遭巫蠱事，太子三男、一女及諸妻、妾皆遇害，獨皇曾孫在，亦坐收繫郡邸獄。故廷尉監魯國丙吉受詔治巫蠱獄，吉心知太子無事實，重哀皇曾孫無辜，擇謹厚女徒渭城胡組、淮陽郭徵卿，令乳養曾孫，置閑燥處。吉日再省視。

巫蠱事連歲不決，武帝疾，來往長楊、五柞宮，望氣者言長安獄中有天子氣，於是武帝遣使者分條中都官詔獄繫者，無輕重，一切皆殺之。內謁者令郭穰夜到郡邸獄，吉閉門拒使者不納，曰：『皇曾孫在。他人無辜死者猶不可，況親曾孫乎！』相守至天明，不得入。穰還，以聞，因劾奏吉。武帝亦寤，曰：『天使之也。』因赦天下郡邸獄繫者，獨賴吉得生。

既而吉謂守丞誰如『皇孫不當在官，』使誰如移書京兆尹，遣與胡組俱送；京兆尹不受，復還。及組日滿當去，皇孫思慕，吉以私錢雇組令留，與郭徵卿並養，數月，乃遣組去。後少內嗇夫白吉曰：『食皇孫無詔令。』時吉得食米、肉，月月以給皇曾孫。曾孫病，幾不全者數焉，吉數敕保養乳母加致醫藥，視遇甚有恩惠。吉聞史良娣有母貞君及兄恭，乃載

皇曾孫以付之。貞君年老，見孫孤，甚哀之，自養視焉。

後有詔掖庭養視，上屬籍宗正。時掖庭令張賀，嘗事戾太子，思顧舊恩，哀曾孫，奉養甚謹，以私錢供給，教書。既壯，賀欲以女孫妻之。是時昭帝始冠，長八尺二寸。賀弟安世爲右將軍，輔政，聞賀稱譽皇曾孫，欲妻以女，怒曰：『曾孫乃衛太子後也，幸得以庶人衣食縣官足矣，勿復言予女事！』於是賀止。時暴室嗇夫許廣漢有女，賀乃置酒請廣漢，酒酣，爲言『曾孫體近，下乃關內侯，可妻也。』廣漢許諾。明日，嫗聞之，怒。廣漢重令人爲介，遂與曾孫，賀以家財聘之。曾孫因依倚廣漢兄弟及祖母家史氏，受《詩》於東海澓中翁，高材好學；然亦喜遊俠，鬭雞、走馬，以是具知閭里姦邪，吏治得失。數上下諸陵，周徧三輔，嘗困於蓮勺鹵中。尤樂杜、鄠之閒，率常在下杜。時會朝請，舍長安尚冠里。

及昌邑王廢，霍光與張安世諸大臣議所立，未定。丙吉奏記光曰：『將軍事孝武皇帝，受繦褓之屬，任天下之寄。孝昭皇帝早崩亡嗣，海內憂懼，欲亟聞嗣主。發喪之日，以大誼立後；所立非其人，復以大誼廢之；天下莫不服焉。方今社稷、宗廟、羣生之命在將軍之壹舉，竊伏聽於衆庶，察其所言諸侯、宗室在列位者，未有所聞於民間也。而遺詔所養武帝曾孫名病已在掖庭、外家者，吉前使居郡邸時，見其幼少，至今十八九矣，通經術，有美材，行安而節和。願將軍詳大義，參以蓍龜豈宜，褒顯先使入侍，令天下昭然知之，然後決定大策，天下幸甚！』杜延年亦知曾孫德美，勸光、安世立焉。

秋七月，光坐庭中，會丞相以下議所立，遂復與丞相敞等上奏曰：『孝武皇帝曾孫病已，年十八，師受《詩》、《論語》、《孝經》，躬行節儉，慈仁愛人，可以嗣孝昭皇帝後，奉承祖宗廟，子萬姓。臣昧死以聞！』皇太后詔曰：『可。』光遣宗正德至曾孫家尚冠里，洗沐，賜御衣；太僕以軨獵車迎曾孫，就齋宗正府。庚申，入未央宮，見皇太后，封爲陽武侯。已而羣臣奏上璽綬，卽皇帝位，謁高廟；尊皇太后爲太皇太后。

侍御史嚴延年劾奏：『大將軍光擅廢立主，無人臣禮，不道。』奏雖寢，然朝廷肅然敬憚之。

初，許廣漢女適皇曾孫，一歲，生子奭。數月，曾孫立爲帝，許氏爲倢伃。是時霍將軍有小女與皇太后親，公卿議更立皇后，皆心擬霍將軍女，亦未有言。上乃詔求微時故劍。大臣知指，白立許倢伃爲皇后。十一月，壬子，立皇后許氏。霍光以后父廣漢刑人，不宜君國；歲餘，乃封爲昌成君。

宣帝本始元年春，詔有司論定策安宗廟功。大將軍光益封萬七千户，與故所食凡二萬户。車騎將軍富平侯安世以下益封者十人，封侯者五人，賜爵關內侯八人。

大將軍光稽首歸政，上謙遜不受，諸事皆先關白光，然後奏御。自昭帝時，光子禹及兄孫雲皆爲中郎將，雲弟山奉車都尉、侍中，領胡、越兵，光兩女壻爲東、西宮衛尉，昆弟、諸壻、外孫皆奉朝請，爲諸曹、大夫、騎都尉、給事中，黨親連體，根據於朝廷。及昌邑王廢，光權益重，每朝見，上虛己斂容，禮下之已甚。

三年春正月癸亥，恭哀許皇后崩。時霍光夫人顯欲貴其小女成君，道無從。會許后當娠，病，女醫淳于衍者，霍氏所愛，嘗入宮侍皇后疾。衍夫賞爲掖廷户衛，謂衍『可過辭霍夫人，行爲我求安池監』。衍如言報顯，顯因生心，辟左右字謂衍曰：『少夫幸報我以事，我亦欲報少夫，可乎？』衍曰：『夫人所言，何等不可者！』顯曰：『將軍素愛小女成君，欲奇貴之，願以累少夫。』衍曰：『何謂邪？』顯曰：『婦人免乳，大故，十死一生。今皇后當免身，可因投毒藥去也，成君卽爲皇后矣。如蒙力，事成，富貴與少夫共之。』衍曰：『藥雜治，當先嘗，安可？』顯曰：『在少夫爲之耳。將軍領天下，誰敢言者！緩急相護，但恐少夫無意耳。』衍良久曰：『願盡力。』卽擣附子，齎入長定宮。皇后免身後，衍取附子幷合太醫大丸以飲皇后，有頃，曰：『我頭岑岑也，藥中得無有毒？』對曰：『無有。』遂加煩懣，崩。衍出，過見顯，相勞問，亦未敢重謝衍。後人有上書告諸醫侍疾無狀者，皆收繫詔獄，劾不道。顯恐急，卽以狀具語光，因曰：『既失計爲之，無令吏急衍。』光大驚，欲自發舉，不忍，猶與。會奏上，光署衍勿論。顯因勸光內其女入宮。

四年春三月乙卯，立霍光女爲皇后。轝駕、侍從益盛，賞賜官屬以千萬計，與許后時縣絶矣。

地節二年春，霍光病篤，車駕自臨問，上爲之涕泣。光上書謝恩，願

分國邑三千户以封兄孫奉車都尉山爲列侯，奉兄去病祀。即日拜光子禹爲右將軍。三月庚午，光薨，上及皇太后親臨光喪，中二千石治冢，賜梓宫葬具，皆如乘輿制度，謚曰宣成侯。發三河卒穿復土，置園邑三百家，長、丞奉守。下詔復其後世，疇其爵邑，世世無有所與。

御史大夫魏相上封事曰：『國家新失大將軍，宜顯明功臣，以填藩國，毋空大位，以塞爭權。宜以車騎將軍安世爲大將軍，毋令領光禄勳事，以其子延壽爲光禄勳。』上亦欲用之。夏四月戊申，以安世爲大司馬、車騎將軍，領尚書事。

上思報大將軍德，乃封光兄孫山爲樂平侯，使以奉車都尉領尚書事。魏相因昌成君許廣漢奏封事，言：『《春秋》譏世卿，惡宋三世爲大夫及魯季孫之專權，皆危亂國家。自後元以來，禄去王室，政由冢宰。今光死，子復爲右將軍，兄子秉樞機，昆弟、諸壻據權勢，在兵官，光夫人顯及諸女皆通籍長信宫，或夜詔門出入，驕奢放縱，恐寖不制。宜有以損奪其權，破散陰謀，以固萬世之基，全功臣之世。』又故事，諸上書者皆爲二封，署其一曰『副』，領尚書者先發副封，所言不善，屏去不奏。相復因許伯白去副封以防壅蔽。帝善之，詔相給事中，皆從其議。

三年夏四月戊申，立子奭爲皇太子，以丙吉爲太傅，太中大夫疏廣爲少傅。封太子外祖父許廣漢爲平恩侯，又封霍光兄孫中郎將雲爲冠陽侯。霍顯聞立太子，怒恚不食，歐血，曰：『此乃民間時子，安得立，即后有子，反爲王邪？』復教皇后令毒太子。皇后數召太子賜食，保阿輒先嘗之，后挾毒不得行。

霍氏驕侈縱横。太夫人顯廣治第室，作乘輿輦，加畫，繡絪馮，黄金塗，韋絮薦輪，侍婢以五采絲輓顯游戲第中。與監奴馮子都亂。而禹、山亦並繕治第宅，走馬馳逐平樂館。雲當朝請，數稱病私出，多從賓客，張圍獵黄山苑中，使倉頭奴上朝謁，莫敢譴者。顯及諸女晝夜出入長信宫殿中，無期度。

帝自在民間，聞知霍氏尊盛日久，内不能善。既躬親朝政，御史大夫魏相給事中。顯謂禹、雲、山：『女曹不務奉大將軍餘業，今大夫給事中，他人壹閒女，能復自救邪？』後兩家奴爭道，霍氏奴入御史府，欲躢大夫門；御史爲叩頭謝，乃去。人以謂霍氏，顯等始知憂。

會魏大夫爲丞相，數燕見言事，平恩侯與侍中金安上等徑出入省中。時霍山領尚書，上令吏民得奏封事，不關尚書，羣臣進見獨往來，於是霍氏甚惡之。上頗聞霍氏毒殺許后而未察，乃徙光女壻度遼將軍、未央衛尉平陵侯范明友爲光禄勳，出次壻諸吏、中郎將、羽林監任勝爲安定太守。數月，復出光姊壻給事中、光禄大夫張朔爲蜀郡太守，羣孫壻中郎將王漢爲武威太守。頃之，復徙光長女壻張樂衛尉鄧廣漢爲少府。戊戌，更以張安世爲衛將軍，兩宫衛尉、城門、北軍兵屬焉。以霍禹爲大司馬，冠小冠，亡印綬，罷其屯兵官屬，特使禹官名與光俱大司馬者。又收范明友度遼將軍印綬但爲光禄勳；及光中女壻趙平爲散騎都尉、光禄大夫、將屯兵，又收平騎都尉印綬。諸領胡、越騎、羽林及兩宫衛將屯兵，悉易以所親信許、史子弟代之。

四年。霍顯及禹、山、雲自見日侵削數相對啼泣自怨。山曰：『今丞相用事，縣官信之，盡變易大將軍時法令，發揚大將軍過失。又，諸儒生多窶人子，遠客飢寒，喜妄説狂言，不避忌諱，大將軍常讎之。今陛下好與諸儒生語，人人自書對事，多言我家者。嘗有上書言我家昆弟驕恣，其言絶痛，山屏不奏。後上書者益黠，盡奏封事，輒下中書令出取之，不關尚書，益不信人。又聞民間讙言「霍氏毒殺許皇后」，寧有是邪？』顯恐急，即以其實告禹、山、雲。禹、山、雲驚曰：『如是，何不早告禹等！縣官離散、斥逐諸壻，用是故也。此大事，誅罰不小，奈何？』於是始有邪謀矣。

雲舅李竟所善張赦，見雲家卒卒，謂竟曰：『今丞相與平恩侯用事，可令太夫人言太后，先誅此兩人。移徙陛下，在太后耳。』長安男子張章告之，事下廷尉，執金吾捕張赦等。後有詔，止勿捕。山等愈恐，相謂曰：『此縣官重太后，故不竟也。然惡端已見，久之猶發。發即族矣，不如先也。』遂令諸女各歸報其夫，皆曰：『安所相避！』

會李竟坐與諸侯王交通，辭語及霍氏，有詔：『雲、山不宜宿衛，免就第。』山陽太守張敞上封事曰：『臣聞公子季友有功於魯，趙衰有功於晉，田完有功於齊，皆疇其庸，延及子孫。終後田氏簒齊，趙氏分晉，季世顓魯。故仲尼作《春秋》，迹盛衰，譏世卿最甚。乃者大將軍決大計，安宗廟，定天下，功亦不細矣。夫周公七年耳，而大將軍二十歲，海内之

命，斷於掌握。方其隆盛時，感動天地，侵迫陰陽。朝臣宜有明言曰：『陛下褒寵故大將軍，以報功德足矣。間者輔臣專政，貴戚大盛，君臣之分不明，請罷霍氏三侯皆就第。及衛將軍張安世，宜賜几杖歸休，時存問召見，以列侯爲天子師。』明詔以恩不聽，羣臣以義固爭而後許之，天下必以陛下爲不忘功德，而朝臣爲知禮，霍氏世世無所患苦。今朝廷不聞直聲，而令明詔自親其文，非策之得者也。今兩侯已出，人情不相遠，以臣心度之，大司馬及其枝屬必有畏懼之心。夫近臣自危，非完計也。臣敞願於廣朝白發其端，直守遠郡，其路無由。唯陛下省察。』上甚善其計，然不召也。

禹、山等家數有妖怪，舉家憂愁。山曰：『丞相擅減宗廟羔、菟、鼃，可以此罪也。』謀令太后爲博平君置酒，召丞相、平恩侯以下，使范明友、鄧廣漢承太后制引斬之，因廢天子而立禹。約定未發，雲拜爲玄菟太守，大中大夫任宣爲代郡太守。會事發覺，秋七月，雲、山、明友自殺，顯、禹、廣漢等捕得。禹要斬，顯及諸女昆弟皆棄市，與霍氏相連坐誅滅者數十家。太僕杜延年以霍氏舊人，亦坐免官。八月己酉，皇后霍氏廢，處昭臺宫。乙丑，詔封告霍氏反謀者男子張章、期門董忠、左曹楊惲、侍中金安上、史高皆爲列侯。惲，丞相敞子。安上，車騎將軍日磾弟子。高，史良娣兄弟也。

初，霍氏奢侈，茂陵徐生曰：『霍氏必亡。夫奢則不遜，不遜必侮上。侮上者，逆道也，在人之右，衆必害之。霍氏秉權日久，害之者多矣。天下害之，而又行以逆道，不亡何待。』乃上疏言：『霍氏泰盛，陛下卽愛厚之，宜以時抑制，無使至亡。』書三上，輒報聞。其後霍氏誅滅，而告霍氏者皆封，人爲徐生上書曰：『臣聞客有過主人者，見其竈直突，傍有積薪。客謂主人：「更爲曲突，遠徙其薪，不者且有火患。」主人嘿然不應。俄而家果失火，鄰里共救之，幸而得息。於是殺牛置酒，謝其鄰人，灼爛者在於上行，餘各以功次坐，而不録言曲突者。人謂主人曰：「鄉使聽客之言，不費牛酒，終亡火患。今論功而請賓，曲突徙薪無恩澤，焦頭爛額爲上客邪？」主人乃寤而請之。今茂陵徐福數上書言霍氏且有變，宜防絶之。鄉使福説得行，則國無裂土出爵之費，臣無逆亂誅滅之敗。往事既已，而福獨不蒙其功，唯陛下察之，貴徙薪曲突之策，使居焦髮灼爛之右。』上乃賜福帛十匹，後以爲郎。

帝初立，謁見高廟，大將軍光驂乘，上内嚴憚之，若有芒刺在背。後車騎將軍張安世代光驂乘，天子從容肆體，甚安近焉。及光身死而宗族竟誅，故俗傳霍氏之禍萌於驂乘。後十二歲，霍后復徙雲林館，乃自殺。

趙充國分部

傳記

《漢書》卷六九《趙充國傳》　趙充國字翁孫，隴西上邽人也，後徙金城令居。始爲騎士，以六郡良家子善騎射補羽林。爲人沈勇有大略，少好將帥之節，而學兵法，通知四夷事。

武帝時，以假司馬從貳師將軍擊匈奴，大爲虜所圍。漢軍乏食數日，死傷者多，充國乃與壯士百餘人潰圍陷陳，貳師引兵隨之，遂得解。身被二十餘創，貳師奏狀，詔徵充國詣行在所。武帝親見視其創，嗟歎之，拜爲中郎，遷車騎將軍長史。

昭帝時，武都氐人反，充國以大將軍護軍都尉將兵擊定之，遷中郎將，將屯上谷，還爲水衡都尉。擊匈奴，獲西祁王，擢爲後將軍，兼水衡如故。

與大將軍霍光定册尊立宣帝，封營平侯。本始中，爲蒲類將軍征匈奴，斬虜數百級，還爲後將軍、少府。匈奴大發十餘萬騎，南旁塞，至符奚廬山，欲入爲寇。亡者題除渠堂降漢言之，遣充國將四萬騎屯緣邊九郡。單于聞之，引去。

是時，光禄大夫義渠安國使行諸羌，先零豪言願時渡湟水北，逐民所不田處畜牧。安國以聞。充國劾安國奉使不敬。是後，羌人旁緣前言，抵冒渡湟水，郡縣不能禁。元康三年，先零遂與諸羌種豪二百餘人解仇交質盟詛。上聞之，以問充國，對曰：『羌人所以易制者，以其種自有豪，數相攻擊，勢不壹也。往三十餘歲，西羌反時，亦先解仇合約攻令居，與漢相距，五六年乃定。至征和五年，先零豪封煎等通使匈奴，匈奴使人至小

月氏，傳告諸羌曰：「漢貳師將軍衆十餘萬人降匈奴。羌人爲漢事苦。張掖、酒泉本我地，地肥美，可共擊居之。」以此觀匈奴欲與羌合，非一世也。間者匈奴困於西方，聞烏桓來保塞，恐兵復從東方起，數使使尉黎、危須諸國，設以子女貂裘，欲沮解之。其計不合。疑匈奴更遣使至羌中，道從沙陰地，出鹽澤，過長阬，入窮水塞，南抵屬國，與先零相直。臣恐羌變未止此，且復結聯他種，宜及未然爲之備。』後月餘，羌侯狼何果遣使至匈奴藉兵，欲擊鄯善、敦煌以絕漢道。充國以爲『狼何小月氏種在陽關西南，埶不能獨造此計，疑匈奴使已至羌中，先零、罕、开乃解仇作約。到秋馬肥，變必起矣。宜遣使者行邊兵豫爲備，敕視諸羌，毋令解仇，以發覺其謀。』於是兩府復白遣義渠安國行視諸羌，分別善惡。安國至，召先零諸豪三十餘人，以尤桀黠，皆斬之。縱兵擊其種人，斬首千餘級。於是諸降羌及歸義羌侯楊玉等恐怒，亡所信鄉，遂劫略小種，背畔犯塞，攻城邑，殺長吏。安國以騎都尉將騎三千屯備羌，至浩亹，爲虜所擊，失亡車重兵器甚衆。安國引還，至令居，以聞。是歲，神爵元年春也。

時充國年七十餘，上老之，使御史大夫丙吉問誰可將者，充國對曰：『亡踰於老臣者矣。』上遣問焉，曰：『將軍度羌虜何如，當用幾人？』充國曰：『百聞不如一見。兵難隃度，臣願馳至金城，圖上方略。然羌戎小夷，逆天背畔，滅亡不久，願陛下以屬老臣，勿以爲憂。』上笑曰：『諾。』

充國至金城，須兵滿萬騎，欲度河，恐爲虜所遮，卽夜遣三校銜枚先渡，渡輒營陳，會明，畢，遂以次盡度。虜數十百騎來，出入軍傍。充國曰：『吾士馬新倦，不可馳逐。此皆驍騎難制，又恐其爲誘兵也。擊虜以殄滅爲期，小利不足貪。』令軍勿擊。遣騎候四望陿中，亡虜。夜引兵上至落都，召諸校司馬，謂曰：『吾知羌虜不能爲兵矣。使虜發數千人守杜四望陿中，兵豈得入哉！』充國常以遠斥候爲務，行必爲戰備，止必堅營壁，尤能持重，愛士卒，先計而後戰。遂西至西部都尉府，日饗軍士，士皆欲爲用。虜數挑戰，充國堅守。捕得生口，言羌豪相數責曰：『語汝亡反，今天子遣趙將軍來，年八九十矣，善爲兵。今請欲一鬬而死，可得邪！』

充國子右曹中郎將卬，將期門佽飛、羽林孤兒、胡越騎爲支兵，至令居。虜並出絕轉道，卬以聞。有詔將八校尉與驍騎都尉、金城太守合疏捕山間虜，通轉道津渡。

初，罕、开豪靡當兒使弟雕庫來告都尉曰先零欲反，後數日果反。雕庫種人頗在先零中，都尉卽留雕庫爲質。充國以爲亡罪，乃遣歸告種豪：『大兵誅有罪者，明白自別，毋取并滅。天子告諸羌人，犯法者能相捕斬，除罪。斬大豪有罪者一人，賜錢四十萬，中豪十五萬，下豪二萬，大男三千，女子及老小千錢，又以其所捕妻子財物盡與之。』充國計欲以威信招降罕开及劫略者，解散虜謀，徼極乃擊之。

時上已發三輔、太常徒弛刑，三河、潁川、沛郡、淮陽、汝南材官，金城、隴西、天水、安定、北地、上郡騎士、羌騎，與武威、張掖、酒泉太守各屯其郡者，合六萬人矣。酒泉太守辛武賢奏言：『郡兵皆屯備南山，北邊空虛，埶不可久。或曰至秋冬乃進兵，此虜在竟外之册。今虜朝夕爲寇，土地寒苦，漢馬不能冬，屯兵在武威、張掖、酒泉萬騎以上，皆多羸瘦。可益馬食，以七月上旬齎三十日糧，分兵並出張掖、酒泉合擊罕、开在鮮水上者。虜以畜產爲命，今皆離散，兵卽分出，雖不能盡誅，亶奪其畜產，虜其妻子，復引兵還，冬復擊之，大兵仍出，虜必震壞。』

天子下其書充國，令與校尉以下吏士知羌事者博議。充國及長史董通年以爲『武賢欲輕引萬騎，分爲兩道出張掖，回遠千里。以一馬自佗負三十日食，爲米二斛四斗，麥八斛，又有衣裝兵器，難以追逐。勤勞而至，虜必商軍進退，稍引去，逐水屮，入山林。隨而深入，虜卽據前險，守後阸，以絕糧道，必有傷危之憂，爲夷狄笑，千載不可復。而武賢以爲可奪其畜產，虜其妻子，此殆空言，非至計也。又武威縣、張掖日勒皆當北塞，有通谷水草。臣恐匈奴與羌有謀，且欲大入，幸能要杜張掖、酒泉以絕西域，其郡兵尤不可發。先零首爲畔逆，它種劫略。故臣愚册，欲捐罕、开闇昧之過，隱而勿章，先行先零之誅以震動之，宜悔過反善，因赦其罪，選擇良吏知其俗者揗循和輯，此全師保勝安邊之册。』天子下其書。公卿議者咸以爲先零兵盛，而負罕、开之助，不先破罕、开，則先零未可圖也。

上乃拜侍中樂成侯許延壽爲强弩將軍，卽拜酒泉太守武賢爲破羌將

軍，賜璽書嘉納其册。以書敕讓充國曰：

皇帝問後將軍，甚苦暴露。將軍計欲至正月乃擊罕羌，羌人當獲麥，已遠其妻子，精兵萬人欲爲酒泉、敦煌寇。邊兵少，民守保不得田作。今張掖以東粟石百餘，芻稾束數十。轉輸並起，百姓煩擾。將軍將萬餘之衆，不早及秋共水草之利爭其畜食，欲至冬，虜皆當畜食，多藏匿山中依險阻，將軍士寒，手足皸瘃，寧有利哉？將軍不念中國之費，欲以歲數而勝微，將軍誰不樂此者！

今詔破羌將軍武賢將兵六千一百人，敦煌太守快將二千人，長水校尉富昌、酒泉（侯）［候］奉世將婼、月氏兵四千人，亡慮萬二千人。齎三十日食，以七月二十二日擊罕羌，入鮮水北句廉上，去酒泉八百里，去將軍可千二百里。將軍其引兵便道西並進，雖不相及，使虜聞東方北方兵並來，分散其心意，離其黨與，雖不能殄滅，當有瓦解者。已詔中郎將卬將胡越佽飛射士步兵二校，益將軍兵。

今五星出東方，中國大利，蠻夷大敗。太白出高，用兵深入敢戰者吉，弗敢戰者凶。將軍急裝，因天時，誅不義，萬下必全，勿復有疑。

充國既得讓，以爲將任兵在外，便宜有守，以安國家。乃上書謝罪，因陳兵利害，曰：

臣竊見騎都尉安國前幸賜書，擇羌人可使使罕，諭告以大軍當至，漢不誅罕，以解其謀。恩澤甚厚，非臣下所能及。臣獨私美陛下盛德至計亡已，故遣幵豪雕庫宣天子至德，罕、幵之屬皆聞知明詔。今先零羌楊玉此羌之首帥名王將騎四千及煎鞏騎五千，阻石山木，候便爲寇，罕羌未有所犯。今置先零，先擊罕，釋有罪，誅亡辜，起壹難，就兩害，誠非陛下本計也。

臣聞兵法『攻不足者守有餘』，又曰『善戰者致人，不致於人』。今罕羌欲爲敦煌、酒泉寇，飭兵馬，練戰士，以須其至，坐得致敵之術，以逸擊勞，取勝之道也。今恐二郡兵少不足以守，而發之行攻，釋致虜之術而從爲虜所致之道，臣愚以爲不便。先零羌虜欲爲背畔，故與罕、幵解仇結約，然其私心不能亡恐漢兵至而罕、幵背之也。臣愚以爲其計常欲先赴罕、幵之急，以堅其約，先擊罕羌，先零必助之。今虜馬肥，糧食方饒，擊之恐不能傷害，適使先零得施德於罕羌，堅其約，合其黨。虜交堅黨合，精兵二萬餘人，迫脅諸小種，附著者稍衆，莫須之屬不輕得離也。如是，虜兵寖多，誅之用力數倍，臣恐國家憂累繇十年數，不二三歲而已。

臣得蒙天子厚恩，父子俱爲顯列。臣位至上卿，爵爲列侯，犬馬之齒七十六，爲明詔填溝壑，死骨不朽，亡所顧念。獨思惟兵利害至孰悉也，於臣之計，先誅先零已，則罕、幵之屬不煩兵而服矣。先零已誅而罕、幵不服，涉正月擊之，得計之理，又其時也。以今進兵，誠不見其利，唯陛下裁察。

六月戊申奏，七月甲寅璽書報從充國計焉。

充國引兵至先零在所。虜久屯聚，解弛，望見大軍，棄車重，欲渡湟水，道阸狹，充國徐行驅之。或曰逐利行遲，充國曰：『此窮寇不可迫也。緩之則走不顧，急之則還致死。』諸校皆曰：『善。』虜赴水溺死者數百，降及斬首五百餘人，鹵馬牛羊十萬餘頭，車四千餘兩。兵至罕地，令軍毋燔聚落芻牧田中。罕羌聞之，喜曰：『漢果不擊我矣！』豪靡忘使人來言：『願得還復故地。』充國以聞，未報。靡忘來自歸，充國賜飲食，遣還諭種人。護軍以下皆爭之，曰：『此反虜，不可擅遣。』充國曰：『諸君但欲便文自營，非爲公家忠計也。』語未卒，璽書報，令靡忘以贖論。後罕竟不煩兵而下。

其秋，充國病，上賜書曰：『制詔後將軍：聞苦腳脛、寒泄，將軍年老加疾，一朝之變不可諱，朕甚憂之。今詔破羌將軍詣屯所，爲將軍副，急因天時大利，吏士銳氣，以十二月擊先零羌。即疾劇，留屯毋行，獨遣破羌、强弩將軍。』時羌降者萬餘人矣。充國度其必壞，欲罷騎兵屯田，以待其敝。作奏未上，會得進兵璽書，中郎將卬懼，使客諫充國曰：『誠令兵出，破軍殺將以傾國家，將軍守之可也。即利與病，又何足爭？一旦不合上意，遣繡衣來責將軍，將軍之身不能自保，何國家之安？』充國歎曰：『是何言之不忠也！本用吾言，羌虜得至是邪？往者舉可先行羌者，吾舉辛武賢，丞相御史復白遣義渠安國，竟沮敗羌。金城、湟中穀斛八錢，吾謂耿中丞，糴二百萬斛穀，羌人不敢動矣。耿中丞請糴百萬斛，乃得四十萬斛耳。義渠再使，且費其半。失此二册，羌人故敢爲逆。失之毫釐，差（之）［以］千里，是既然矣。今兵久不決，四夷卒有動搖，相因而起，雖有知者不能善其後，羌獨足憂邪！吾固以死守之，明

主可爲忠言。』遂上屯田奏曰：

臣聞兵者，所以明德除害也，故舉得於外，則福生於內，不可不慎。臣所將吏士馬牛食，月用糧穀十九萬九千六百三十斛，鹽千六百九十三斛，茭藁二十五萬二百八十六石。難久不解，繇役不息。又恐它夷卒有不虞之變，相因並起，爲明主憂，誠非素定廟勝之册。且羌虜易以計破，難用兵碎也，故臣愚心以爲擊之不便。

計度臨羌東至浩亹，羌虜故田及公田，民所未墾，可二千頃以上，其間郵亭多壞敗者。臣前部士入山，伐材木大小六萬餘枚，皆在水次。願罷騎兵，留弛刑應募，及淮陽、汝南步兵與吏士私從者，合凡萬二百八十一人，用穀月二萬七千三百六十三斛，鹽三百八斛，分屯要害處。冰解漕下，繕鄉亭，浚溝渠，治湟陿以西道橋七十所，令可至鮮水左右。田事出，賦人二十畮。至四月草生，發郡騎及屬國胡騎伉健各千，倅馬什二，就草，爲田者遊兵。以充入金城郡，益積畜，省大費。今大司農所轉穀至者，足支萬人一歲食。謹上田處及器用簿，唯陛下裁許。

上報曰：『皇帝問後將軍，言欲罷騎兵萬人留田，即如將軍之計，虜當何時伏誅，兵當何時得決？孰計其便，復奏。』充國上狀曰：

臣聞帝王之兵，以全取勝，是以貴謀而賤戰。戰而百勝，非善之善者也，故先爲不可勝以待敵之可勝。蠻夷習俗雖殊於禮義之國，然其欲避害就利，愛親戚，畏死亡，一也。今虜亡其美地薦草，愁於寄託遠遯，骨肉離心，人有畔志，而明主般師罷兵，萬人留田，順天時，因地利，以待可勝之虜，雖未即伏辜，兵決可期月而望。羌虜瓦解，前後降者萬七百餘人，及受言去者凡七十輩，此坐支解羌虜之具也。

臣謹條不出兵留田便宜十二事。步兵九校，吏士萬人，留屯以爲武備，因田致穀，威德並行，一也。又因排折羌虜，令不得歸肥饒之墬，貧破其衆，以成羌虜相畔之漸，二也。居民得並田作，不失農業，三也。軍馬一月之食，度支田士一歲，罷騎兵以省大費，四也。至春省甲士卒，循河湟漕穀至臨羌，以眎羌虜，揚威武，傳世折衝之具，五也。以閒暇時下所伐材，繕治郵亭，充入金城，六也。兵出，乘危徼幸，不出，令反畔之虜竄於風寒之地，離霜露疾疫瘃墯之患，坐得必勝之道，七也。亡經阻遠追死傷之害，八也。內不損威武之重，外不令虜得乘間之勢，九也。又亡驚動河南大开、小开使生它變之憂，十也。治湟陿中道橋，令可至鮮水，以制西域，信威千里，從枕席上過師，十一也。大費既省，繇役豫息，以戒不虞，十二也。留屯田得十二便，出兵失十二利。臣充國材下，犬馬齒衰，不識長册，唯明詔博詳公卿議臣採擇。

上復賜報曰：『皇帝問後將軍，言十二便，聞之。虜雖未伏誅，兵決可期月而望，期月而望者，謂今冬邪，謂何時也？將軍獨不計虜聞兵頗罷，且丁壯相聚，攻擾田者及道上屯兵，復殺略人民，將何以止之？又大开、小开前言曰：「我告漢軍先零所在，兵不往擊，久留，得亡效五年時不分別人而并擊我？」其意常恐。今兵不出，得亡變生，與先零爲一？將軍孰計復奏。』充國奏曰：

臣聞兵以計爲本，故多算勝少算。先零羌精兵今餘不過七八千人，失地遠客，分散飢凍。罕、开、莫須又頗暴略其羸弱畜產，畔還者不絕，皆聞天子明令相捕斬之賞。臣愚以爲虜破壞可日月冀，遠在來春，故曰兵決可期月而望。竊見北邊自敦煌至遼東萬一千五百餘里，乘塞列隧有吏卒數千人，虜數大衆攻之而不能害。今留步士萬人屯田，地勢平易，多高山遠望之便，部曲相保，爲壍壘木樵，校聯不絕，便兵弩，飭鬭具。烽火幸通，勢及并力，以逸待勞，兵之利者也。臣愚以爲屯田內有亡費之利，外有守禦之備。騎兵雖罷，虜見萬人留田爲必禽之具，其土崩歸德，宜不久矣。從今盡三月，虜馬羸瘦，必不敢捐其妻子於他種中，遠涉河山而來爲寇。又見屯田之士精兵萬人，終不敢復將其累重還歸故地。是臣之愚計，所以度虜且必瓦解其處，不戰而自破之册也。至於虜小寇盜，時殺人民，其原未可卒禁。臣聞戰不必勝，不苟接刃；攻不必取，不苟勞衆。誠令兵出，雖不能滅先零，亶能令虜絕不爲小寇，則出兵可也。即今同是而釋坐勝之道，從乘危之勢，往終不見利，空內自罷敝，貶重而自損，非所以視蠻夷也。又大兵一出，還不可復留，湟中亦未可空，如是，繇役復發也。且匈奴不可不備，烏桓不可不憂。今久轉運煩費，傾我不虞之用以澹一隅，臣愚以爲不便。校尉臨衆幸得承威德，奉厚幣，拊循衆羌，諭以明詔，宜皆鄉風。雖其前辭嘗曰『得亡效五年』，宜亡它心，不足以故出兵。臣竊自惟念，奉詔出塞，引軍遠擊，窮天子之精兵，散車甲於山野，雖亡尺寸之功，媮得避慊之便，而亡後咎餘責，此人臣不忠之利，非明主

社稷之福也。臣幸得奮精兵，討不義，久留天誅，罪當萬死。陛下寬仁，未忍加誅，（令）［令］臣數得孰計。愚臣伏計孰甚，不敢避斧鉞之誅，昧死陳愚，唯陛下省察。

充國奏每上，輒下公卿議臣。初是充國計者什三，中什五，最後什八。有詔詰前言不便者，皆頓首服。丞相魏相曰：『臣愚不習兵事利害，後將軍數畫軍册，其言常是，臣任其計可必用也。』上於是報充國曰：『皇帝問後將軍，上書言羌虜可勝之道，今聽將軍，將軍計善。其上留屯田及當罷者人馬數。將軍强食，慎兵事，自愛！』上以破羌、强弩將軍數言當擊，又用充國屯田處離散，恐虜犯之，於是兩從其計，詔兩將軍與中郎將卬出擊。强弩出，降四千餘人，破羌斬首二千級，中郎將卬斬首降者亦二千餘級，而充國所降復得五千餘人。詔罷兵，獨充國留屯田。

明年五月，充國奏言：『羌本可五萬人軍，凡斬首七千六百級，降者三萬一千二百人，溺河湟飢餓死者五六千人，定計遺脱與煎鞏、黄羝俱亡者不過四千人。羌靡忘等自詭必得，請罷屯兵。』奏可，充國振旅而還。

所善浩星賜迎説充國，曰：『衆人皆以破羌、强弩出擊，多斬首獲降，虜以破壞。然有識者以爲虜勢窮困，兵雖不出，必自服矣。將軍即見，宜歸功於二將軍出擊，非愚臣所及。如此，將軍計未失也。』充國曰：『吾年老矣，爵位已極，豈嫌伐一時事以欺明主哉！兵勢，國之大事，當爲後法。老臣不以餘命壹爲陛下明言兵之利害，卒死，誰當復言之者？』卒以其意對。上然其計，罷遣辛武賢歸酒泉太守官，充國復爲後將軍衛尉。

其秋，羌若零、離留、且種、兒庫共斬先零大豪猶非、楊玉首，及諸豪弟澤、陽雕、良兒、靡忘皆帥煎鞏、黄羝之屬四千餘人降漢。封若零、弟澤二人爲帥衆王，離留、且種二人爲侯，兒庫爲君，陽雕爲言兵侯，良兒爲君，靡忘爲獻牛君。初置金城屬國以處降羌。

詔舉可護羌校尉者，時充國病，四府舉辛武賢小弟湯。充國遽起奏：『湯使酒，不可典蠻夷。不如湯兄臨衆。』時湯已拜受節，有詔更用臨衆。後臨衆病免，五府復舉湯，湯數醉酗羌人，羌人反畔，卒如充國之言。

初，破羌將軍武賢在軍中時與中郎將卬宴語，卬道：『車騎將軍張安世始嘗不快上，上欲誅之，卬家將軍以爲安世本持槖簪筆事孝武帝數十年，見謂忠謹，宜全度之。安世用是得免。』及充國還言兵事，武賢罷歸故官，深恨，上書告卬泄省中語。卬坐禁止而入至充國莫府司馬中亂屯兵，下吏自殺。

充國乞骸骨，賜安車駟馬、黄金六十斤，罷就弟。朝庭每有四夷大議，常與參兵謀，問籌策焉。年八十六，甘露二年薨，謚曰壯侯。傳子至孫欽，欽尚敬武公主。主亡子，主教欽良人習詐有身，名它人子。欽薨，子岑嗣侯，習爲太夫人。岑父母求錢財亡已，忿恨相告。岑坐非子免，國除。元始中，修功臣後，復封充國曾孫伋爲營平侯。【略】充國爲後將軍，徙杜陵。

綜述

《史記》卷二〇《建元以來侯者年表》（營平侯）趙充國。以隴西騎士從軍得官，侍中，事武帝。數將兵擊匈奴有功，爲護軍都尉，侍中，事昭帝。昭帝崩，議立宣帝，決疑定策，以安宗廟功侯，封二千五百户。

又 卷二二《漢興以來將相名臣年表》（元平元年）五月丁酉，水衡都尉趙充國爲後將軍，右將軍張安世爲車騎將軍。【略】

（始元二年）七月庚寅，御史大夫田廣明爲祁連將軍，龍頟侯韓曾爲後將軍，營平侯趙充國爲蒲類將軍，度遼將軍平陵侯范明友爲雲中太守，富民侯田順爲虎牙將軍，皆擊匈奴。

《漢書》卷一八《外戚恩澤侯表》（營平壯侯趙充國）以後將軍與大將軍光定策功侯，千二百七十九户。本始元年八月辛未封，二十二年薨。

又 卷一〇〇下《續傳》 兵家之策，惟在不戰。營平皤皤，立功立論，以不濟可，上諭其信。武賢父子，虎臣之俊。述《趙充國辛慶忌傳》第三十九。

論説

《漢書》卷六九《趙充國傳》 初，充國以功德與霍光等列，畫未央

宮。成帝時，西羌嘗有警，上思將帥之臣，追美充國，乃召黃門郎楊雄卽充國圖畫而頌之，曰：

明靈惟宣，戎有先零。先零昌狂，侵漢西疆。漢命虎臣，惟後將軍，整我六師，是討是震。既臨其域，諭以威德，有守矜功，謂之弗克。請奮其旅，于罕之羌，天子命我，從之鮮陽。營平守節，婁奏封章，料敵制勝，威謀靡亢。遂克西戎，還師於京，鬼方賓服，罔有不庭。昔周之宣，有方有虎，詩人歌功，乃列于《雅》。在漢中興，充國作武，赳赳桓桓，亦紹厥後。【略】

贊曰：秦漢已來，山東出相，山西出將。秦將軍白起，郿人；王翦，頻陽人。漢興，郁郅王圍、甘延壽，義渠公孫賀、傅介子，成紀李廣、李蔡，杜陵蘇建、蘇武，上邽上官桀、趙充國，襄武廉褒，狄道辛武賢、慶忌，皆以勇武顯聞。蘇、辛父子著節，此其可稱列者也，其餘不可勝數。何則？山西天水、隴西、安定、北地處勢迫近羌胡，民俗修習戰備，高上勇力鞍馬騎射。故《秦詩》曰：『王于興師，修我甲兵，與子皆行。』其風聲氣俗自古而然，今之歌謠慷慨，風流猶存耳。

《三國志》卷四三《蜀志·李恢傳》 章武元年，庲降都督鄧方卒，先主問恢：『誰可代者？』恢對曰：『人之才能，各有長短，故孔子曰「其使人也器之」。且夫明主在上，則臣下盡情，是以先零之役，趙充國曰「莫若老臣」。臣竊不自揆，惟陛下察之。』

《晉書》卷二六《食貨志》 昔高祖使蕭何鎮關中，光武令寇恂守河內，魏武委鍾繇以西事，故能使八表夷蕩，區內輯寧。今中州蕭條，未蒙疆理，此兆庶所以企望。壽春一方之會，去此不遠，宜選都督有文武經略者，遠以振河洛之形勢，近以爲徐豫之藩鎮，綏集流散，使人有攸依，專委農功，令事有所局。趙充國農於金城，以平西零；諸葛亮耕於渭濱，規抗上國。今諸軍自不對敵，皆宜齊課。

又 卷三四《杜預傳》 羊祜與朝臣多不同，不先博畫而密與陛下共施此計，故益令多異。凡事當以利害相較，今此舉十有八九利，其一二止於無功耳。其言破敗之形亦不可得，直是計不出己，功不在身，各恥其前言，故守之也。自頃朝廷事無大小，異意鋒起，雖人心不同，亦由恃恩不慮後難，故輕相同異也。昔漢宣帝議趙充國所上事效之後，詰責諸議者，皆叩頭而謝，以塞異端也。

又 卷五二《阮种傳》 暨宣元之時，趙充國征西零，馮奉世征南羌，皆兵不血刃，摧抑强暴，擒其首惡，此則折衝厭難，勝敗相辨，中世之明效也。

《隋書》卷五三《達奚長儒賀婁子幹等傳論》 史臣曰：長儒等結髮從戎，俱有驍雄之略，總統師旅，各擅禦侮之功。長儒以步卒二千，抗十萬之虜，師殲矢盡，勇氣彌厲，壯哉！子幹西涉青海，北臨玄塞，胡夷懾憚，烽候無警，亦有可稱。萬歲實懷智勇，善撫士卒，人皆樂死，師不疲勞。北卻匈奴，南平夷、獠，兵鋒所指，威驚絕域。論功杖氣，犯忤貴臣，偏聽生姦，死非其罪，人皆痛惜，有李廣之風焉。劉方號令無私，治軍嚴肅，克剪林邑，遂清南海，徼外百蠻，無思不服。凡此諸將，志烈過人，出當推轂之重，入受爪牙之寄，雖馬伏波之威行南裔，趙充國之聲動西羌，語事論功，各一時也。

《南史》卷二二《王儉傳》 高帝踐阼，與儉議佐命功臣，從容謂曰：『卿謀謨之功，莫與爲二，卿止二千户，意以爲少。趙充國猶能自舉西零之任，況卿與我情期異常。』

唐·杜牧《樊川文集》卷一〇《注孫子序》 周有齊太公，秦有王翦，兩漢有韓信、趙充國、耿弇、虞詡、段熲，魏有司馬懿，吳有周瑜，蜀有諸葛武侯，晉有羊祜，杜公元凱，梁有韋叡，元魏有崔浩，周有韋孝寬，隋有楊素，國朝李靖、李勣、裴行儉、郭元振。如此人者，當其一時，其所出計畫，皆考古校今，奇秘長遠，策先定於內，功後成於外。

《舊唐書》卷九二《魏元忠傳》 由此觀之，安邊境，立功名，在於良將也。故趙充國征先零，馮子明討南羌，皆計不空施，機不虛發，則良將立功之驗也。然兵革之用，王者大事，存亡所繫。若任得其才，則摧凶而扼暴；苟非其任，則敗國而殄人。

又 卷一五一《范希朝傳》 希朝近代號爲名將，人多比之趙充國。

宋·蘇洵《嘉祐集》卷四《御將》 漢之衛、霍、趙充國，唐之李靖、李勣，賢將也。漢之韓信、黥布、彭越，唐之薛萬徹、侯君集、盛彥師，才將也。

宋·陳元靚《事林廣記》卷四《聖賢類》 蠢尒西戎，盛爲邊犯。

誰可此行？而能自贊。知無不爲，機皆先見。漢之得人，簡編稱嘆。

《宋史》卷三六三《許翰傳》 欽宗謂其老難用，翰曰：『秦始皇老王翦而用李信，兵辱於楚；漢宣帝老趙充國，而卒能成金城之功。自呂望以來，用老將收功者，難一二數。以古揆今，師道雖老，可用也。』

《金史》卷一〇二《田琢傳》 臣聞古之名將，雖在征行，必須屯田，趙充國、諸葛亮是也。古之良吏，必課農桑以足民，黄霸、虞詡是也。

《元史》卷一六三《烏古孫澤傳》 御史臺言：『烏古孫澤奉使知大體，如汲長孺；爲將計萬全，如趙充國。可屬大任。』

《明史》卷一三二《周德興傳》 帝壯而遣之，賜手書曰：『趙充國圖征西羌，馬援請討交阯，朕常嘉其事，謂今人所難。卿忠勤不怠，何忝前賢，靖亂安民，在此行也。』

又 卷一三七《宋訥傳》 訥嘗應詔陳邊事，言：『海内乂安，惟沙漠尚煩聖慮。若窮追遠擊，未免勞費。陛下爲聖子神孫計，不過謹邊備而已。備邊在乎實兵，實兵在乎屯田。漢趙充國將四萬騎，分屯緣邊九郡，而單于引卻。陛下宜於諸將中選謀勇數人，以東西五百里爲制，立法分屯，布列要害，遠近相應，遇敵則戰，寇去則耕，此長策也。』

又 卷一三九《馮堅傳》 堅言惟調易邊將則未然。邊將數易，則兵力勇怯，敵情出没，山川形勝，無以備知。倘得趙充國、班超者，又何取數易爲哉！

又 卷一三九《西域傳·西寧河州洮州岷州等番族諸衛》 樞臣李承勳言：『番爲海寇所侵，日益内徙。倘二寇交通，何以善後。昔趙充國不戰而服羌，段熲殺羌百萬而内地虚耗，兩者相去遠矣。乞廣先帝之明，專充國之任，制置方略，悉聽瓊便宜從事。』

藝　文

宋·郭茂倩《樂府詩集·相和歌辭》卷四〇《〔唐〕貫休〈胡無人〉》 霍嫖姚，趙充國，天子將之平朔漠。肉胡之肉，燼胡帳幄。千里萬里，唯留胡之空殼。邊風蕭蕭，榆葉初落。殺氣晝赤，枯骨夜哭。將軍既立殊勳，遂有《胡無人》曲。我聞之，天子富有四海，德被無垠。但令一物得所。八表來賓。亦何必令彼胡無人！

清·彭定求等《全唐詩》卷七四《蘇頲〈餞趙尚書攝御史大夫赴朔方軍〉》 勁虜欲南窺一作飛，揚兵護朔陲。趙堯寧易印，鄧禹卽分麾。野餞迴三傑，軍謀用一作出六奇。雲邊愁一作看出塞，日下愴臨岐。拔劍行人舞，揮戈戰馬馳。明年麟閣上，充國畫一作拜於斯。

又 卷八八一《李瀚〈蒙求〉》 枚皋詣闕，充國自贊。

宋·方回《桐江續集》卷二八《至節前一日六首》 征羌漢將趙充國，賜履齊侯周太公。虚叟紀年亦云爾，五湖四海一詩窮。

宋·陳普《石堂先生遺集》卷二〇《詠史上·趙充國》 五萬消磨作四千，羌人殺盡漢人全。並生雖愧征苗旅，比似嫖姚卻大賢。

宋·周必大《文忠集》卷四《横州太守趙持挽詩》 憶驅千騎過田間，充國年耆鬢未斑。遺事劇談黄閣老，舊遊追記玉門關。横槎只道南通海，妖夢那知夜裂山。宿將如今幾人在，稍聽鼙鼓涕先潸。

宋·李曾伯《可齋雜槁》卷三〇《壽利州趙漕》 天稟銀河一派清，藹然中外播休聲。金城方略今充國，斜谷規模舊孔明。屈久蟠絲勤使指，再須班筍著宗英。九重側席親賢切，有詔西南起老成。

元·劉鶚《惟實集》卷四《齒落》 去年落一牙，今年落三齒。動者日已落，存者能有幾？齒落何足悲？所悲歲月逝。行年已七十，德業無可紀。遠愧趙充國，成名向邊鄙。作圖上方略，雖老何亹亹！豈獨誇當時？餘光耀青史。我今往韶雄，事勢焉能已？漢賊不兩立，直欲洗國恥。梅關一嶺隔，調度亦易爾。會當殺賊奴，持以報天子。何妨衣繡衣，持節老鄉里。

又 卷六《分司北道留別監憲五首》 玉節光浮士氣和，不須更問夜如何？湟中願學趙充國，徼外當如馬伏波。要使蠻夷歸禮樂，佇看嶺海罷干戈。不煩主將多憂顧，笳鼓歸來雜凱歌。

清·錢謙益《列朝詩集》丙集第三《〔明〕楊一清〈嘉靖四年奉詔督師西征再蒙温旨有趙充國馬援之褒感而有述〉》 西北風塵帝顧多，老臣承詔出巘阿。便宜欲上趙充國，矍鑠還非馬伏波。十乘戎行新節鉞，三邊精采舊關河。極知君命如山重，感激渾忘兩鬢皤。

明・黄仲昭《未軒文集》卷七《籌亭爲高都憲賦》　古有張子房，亦有趙充國。一則籌廟堂，一則籌邊域。公才今罕倫，直與古人匹。蠢彼狐鼠輩，出没長江側。殺人以横行，終歲爲民賊。公名簡帝心，爰命往誅殛。孤舟時泛泛，來往淩空碧。幽亭構舟上，軒敞含虚白。因以籌爲名，于焉勵所職。蕩滌狼烟清，指顧鯨波息。干將斫朝菌，曾不勞餘力。聖皇圖致治，日昃不遑食。煩公運一籌，俾復唐虞日。咄哉茲小醜，何足勞區畫。

明・韓雍《襄毅文集》卷二《凱還圖爲總兵官彰武伯楊公題》　楊將軍，不易得。虎頭燕頷脩髯黑，河目龜文神氣赤。三光五岳儲精華，生與皇家爲柱石。少事世父潁國武襄公，六韜三略皆精通。手提百斤武庫戟，臂挽三石烏號弓。有時射獵馳沙漠，千萬人中顯英略。南山白額赤手擒，雲裏雙雕應弦落。有時策馬出塞遊，殺氣凜凜横高秋。健兒望風不敢敵，揮刀追斬單于頭。弱冠登庸起聲望，每向行營護天仗。艱危時復展奇謀，上谷登壇爲副將。彼敵違天常，西夏爲奸驕。將軍往節度，一道人歌謠。犬羊貪心猶未已，舉國入寇平時比。揮兵鏖戰卻敗奔，躍馬窮追數千里。僵屍彌山血成川，盡驅駝馬欣凱還。獻俘奏捷天子喜，報功遣使來窮邊。賜賚便蕃未能數，更進勳階錫茅土。玄冠幾度加貂蟬，金印三臺伏螭虎。殘敵膽破夜自驚，脱身北走無留停。雲中長驅肆劫掠，守臣安得逃天刑。宵旰勤民深軫念，在廷元老諮詢遍。堪茲重寄惟將軍，召對文華隆寵眷。尚衣出龍錦，寶藏分南金。大官珍羞羅，良醞清香斟。白麻黄麻頒紫禁，將軍重佩征西印。受降城中百萬家，家家喜得賢方鎮。彼敵蜂屯近邊烽，僭志猶欲窺南東。將軍伏兵守要害，聞風遠遁穹廬空。塞垣不見狼煙起，從此三邊甲兵洗。聖主端無西顧憂，萬里長城眞可擬。畫工模寫奏凱歸，據鞍顧盼多風威。山川草木動華彩，旌旗戈甲生光輝。君不見車騎將軍趙充國，金城方略平羌賊。振旅旋師報匪輕，麒麟高閣圖容色。又不見大樹將軍馮公孫，大破赤眉定三秦。中興偉迹不可泯，南宮雲臺寫其眞。將軍勳名不在古人下，雲臺麟閣終須畫。此畫亦須寶藏之，後人一睹千金價。

明・程敏政《篁墩文集》卷六八《留别滄州守禦趙將軍詩三首》
臨河高堞古滄州，一將分符得上游。充國由來好孫子，營平終襲漢家侯。

明・謝榛《四溟集》卷四《寄趙總戎公僎》　聞道干城將，頻年未解顔。身危征戰後，名定是非間。海月窺龍劍，沙雲接雁山。誰憐趙充國，白首卧榆關。

明・顧璘《山中集》卷三《贈馬督府》　將軍美白皙，朗然玉山行。胸填六韜書，膽氣森縱横。往年鎮幽朔，軍令肅且明。彎弧插白羽，破的矜驍騰。設伏殺强虜，開邊廣屯營。犬羊悉敗北，咋指逃榛荆。太行竟爲險，巀嶪亙長城。千秋屏翰地，再見李樂生。時平納虎竹，袖手居留京。讀書不出户，緩帶含餘情。調笑射楊葉，猿猱屢號驚。雲間鶖鴒羽，往往落虚抨。把酒登鳳臺，北望煙雲平。醉拔龍劍舞，繡澀鬼血青。頗聞燕趙士，踴躍思雄名。竭來拜新詔，起握南府兵。驊騮試按轡，無乃枉其能。近者居延塞，烽火劇流星。天子日側席，籌策勞公卿。君今謁丹陛，嵩呼致忠誠。何不請長組，奮臂抗先旌。蛇矛耀白雪，直搗單于庭。丈夫貴許國，退遜非豪英。子儀伏回紇，充國制先零。豈必待擐甲，折衝由先聲。畸人卧山谷，十載懷相傾。簪盍雖云樂，所希王國寧。

清・王用臣《幼學歌》卷三《人事門上・麒麟閣十一功臣》　霍光首畫麒麟閣，魏相韓增趙充國。丙吉劉德杜延年，張安世與梁邱賀。

雜録

《漢書》卷一八《外戚恩澤侯表》　甘露三年，質侯弘嗣，二十二年薨。建始四年，考侯欽嗣，七年薨。陽朔三年，侯岑嗣，十二年，元延三年，坐父欽詐以長安女子王君俠子爲嗣，免。户二千九百四十四。

《宋史》卷三〇三《范育傳》　劉安世暴其閨門不肅，出知熙州。時又議棄質孤、勝如兩堡，育爭之曰：『熙河以蘭州爲要塞，此兩堡者蘭州之蔽也。棄之則蘭州危，蘭州危則熙河有腰膂之憂矣。』又請城李諾平、汝遮川，曰：『此趙充國屯田古榆塞之地也。』

班超分部

傳記

《後漢書·班超傳》 班超字仲升，扶風平陵人，徐令彪之少子也。爲人有大志，不修細節。然内孝謹，居家常執勤苦，不恥勞辱。有口辯，而涉獵書傳。永平五年，兄固被召詣校書郎，超與母隨至洛陽。家貧，常爲官傭書以供養。久勞苦，嘗輟業投筆歎曰：『大丈夫無它志略，猶當效傅介子、張騫立功異域，以取封侯，安能久事筆研閒乎？』左右皆笑之。超曰：『小子安知壯士志哉！』其後行詣相者，曰：『祭酒，布衣諸生耳，而當封侯萬里之外。』超問其狀。相者指曰：『生燕頷虎頸，飛而食肉，此萬里侯相也。』久之，顯宗問固『卿弟安在』，固對『爲官寫書，受直以養老母。』帝乃除超爲蘭臺令史。後坐事免官。

十六年，奉車都尉竇固出擊匈奴，以超爲假司馬，將兵別擊伊吾，戰於蒲類海，多斬首虜而還。固以爲能，遣與從事郭恂俱使西域。

超到鄯善，鄯善王廣奉超禮敬甚備，後忽更疏懈。超謂其官屬曰：『寧覺廣禮意薄乎？此必有北虜使來，狐疑未知所從故也。明者睹未萌，況已著邪。』乃召侍胡詐之曰：『匈奴使來數日，今安在乎？』侍胡惶恐，具服其狀。超乃閉侍胡，悉會其吏士三十六人，與共飲，酒酣，因激怒之曰：『卿曹與我俱在絶域，欲立大功，以求富貴。今虜使到裁數日，而王廣禮敬即廢；如令鄯善收吾屬送匈奴，骸骨長爲豺狼食矣。爲之柰何？』官屬皆曰：『今在危亡之地，死生從司馬。』超曰：『不入虎穴，不得虎子。當今之計，獨有因夜以火攻虜，使彼不知我多少，必大震怖，可殄盡也。滅此虜，則鄯善破膽，功成事立矣。』衆曰：『當與從事議之。』超怒曰：『吉凶決於今日。從事文俗吏，聞此必恐而謀泄，死無所名，非壯士也！』衆曰：『善。』初夜，遂將吏士往奔虜營。會天大風，超令十人持鼓藏虜舍後，約曰：『見火然，皆當鳴鼓大呼。』餘人悉持兵弩夾門而伏。超乃順風縱火，前後鼓噪。虜衆驚亂，超手格殺三人，吏兵斬其使及從士三十餘級，餘衆百許人悉燒死。明日乃還告郭恂，恂大驚，既而色動。超知其意，舉手曰：『掾雖不行，班超何心獨擅之乎？』恂乃悦。超於是召鄯善王廣，以虜使首示之，一國震怖。超曉告撫慰，遂納子爲質。還奏於竇固，固大喜，具上超功效，并求更選使使西域。帝壯超節，詔固曰：『吏如班超，何故不遣而更選乎？今以超爲軍司馬，令遂前功。』超復受使，固欲益其兵，超曰：『願將本所從三十餘人足矣。如有不虞，多益爲累。』

是時于窴王廣德新攻破莎車，遂雄張南道，而匈奴遣使監護其國。超既西，先至于窴。廣德禮意甚疏。且其俗信巫。巫言：『神怒何故欲向漢？漢使有騧馬，急求取以祠我。』廣德乃遣使就超請馬。超密知其狀，報許之，而令巫自來取馬。有頃，巫至，超即斬其首以送廣德，因辭讓之。廣德素聞超在鄯善誅滅虜使，大惶恐，即攻殺匈奴使者而降超。超重賜其王以下，因鎮撫焉。

時龜兹王建爲匈奴所立，倚恃虜威，據有北道，攻破疏勒，殺其王，而立龜兹人兜題爲疏勒王。明年春，超從閒道至疏勒。去兜題所居槃橐城九十里，逆遣吏田慮先往降之。敕慮曰：『兜題本非疏勒種，國人必不用命。若不即降，便可執之。』慮既到，兜題見慮輕弱，殊無降意。慮因其無備，遂前劫縛兜題。左右出其不意，皆驚懼奔走。慮馳報超，超即赴之，悉召疏勒將吏，説以龜兹無道之狀，因立其故王兄子忠爲王，國人大悦。忠及官屬皆請殺兜題，超不聽，欲示以威信，釋而遣之。疏勒由是與龜兹結怨。

十八年，帝崩。焉耆以中國大喪，遂攻没都護陳睦。超孤立無援，而龜兹、姑墨數發兵攻疏勒。超守盤橐城，與忠爲首尾，士吏單少，拒守歲餘。肅宗初即位，以陳睦新没，恐超單危不能自立，下詔徵超。超發還，疏勒舉國憂恐。其都尉黎弇曰：『漢使棄我，我必復爲龜兹所滅耳。誠不忍見漢使去。』因以刀自刭。超還至于窴，王侯以下皆號泣曰：『依漢使如父母，誠不可去。』互抱超馬脚，不得行。超恐于窴終不聽其東，又欲遂本志，乃更還疏勒。疏勒兩城自超去後，復降龜兹，而與尉頭連兵。超捕斬反者，擊破尉頭，殺六百餘人，疏勒復安。

建初三年，超率疏勒、康居、于窴、拘彌兵一萬人攻姑墨石城，破

之，斬首七百級。超欲因此叵平諸國，乃上疏請兵。曰：『臣竊見先帝欲開西域，故北擊匈奴，西使外國，鄯善、于窴卽時向化。今拘彌、莎車、疏勒、月氏、烏孫、康居復願歸附，欲共幷力破滅龜茲，平通漢道。若得龜茲，則西域未服者百分之一耳。臣伏自惟念，卒伍小吏，實願從谷吉效命絕域，庶幾張騫棄身曠野。昔魏绛列國大夫，尚能和輯諸戎，況臣奉大漢之威，而無鉛刀一割之用乎？前世議者皆曰取三十六國，號爲斷匈奴右臂。今西域諸國，自日之所入，莫不向化，大小欣欣，貢奉不絕，惟焉耆，龜茲獨未服從。臣前與官屬三十六人奉使絕域，備遭艱戹。自孤守疏勒，於今五載，胡夷情數，臣頗識之。問其城郭大小，皆言「倚漢與依天等」。以是效之，則葱領可通，葱領通則龜茲可伐。今宜拜龜茲侍子白霸爲其國王，以步騎數百送之，與諸國連兵，歲月之閒，龜茲可禽。以夷狄攻夷狄，計之善者也。臣見莎車、疏勒田地肥廣，草牧饒衍，不比敦煌、鄯善閒也，兵可不費中國而糧食自足。且姑墨、温宿二王，特爲龜茲所置，既非其種，更相厭苦，其埶必有降反。若二國來降，則龜茲自破。願下臣章，參考行事。誠有萬分，死復何恨。臣超區區，特蒙神靈，竊冀未便僵仆，目見西域平定，陛下舉萬年之觴，薦勳祖廟，布大喜於天下』。書奏，帝知其功可成，議欲給兵。平陵人徐幹素與超同志，上疏願奮身佐超，五年，遂以幹爲假司馬，將弛刑及義從千人就超。

先是，莎車以爲漢兵不出，遂降於龜茲，而疏勒都尉番辰亦復反叛。會徐幹適至，超遂與幹擊番辰，大破之，斬首千餘級，多獲生口。超既破番辰，欲進攻龜茲。以烏孫兵强，宜因其力，乃上言：『烏孫大國，控弦十萬，故武帝妻以公主，至孝宣皇帝，卒得其用。今可遣使招慰，與共合力。』帝納之。八年，拜超爲將兵長史，假鼓吹幢麾。以徐幹爲軍司馬，別遣衛侯李邑護送烏孫使者，賜大小昆彌以下錦帛。

李邑始到于窴，而值龜茲攻疏勒，恐懼不敢前，因上書陳西域之功不可成，又盛毁超擁愛妻，抱愛子，安樂外國，無内顧心。超聞之，歎曰：『身非曾參而有三至之讒，恐見疑於當時矣。』遂去其妻。帝知超忠，乃切責邑曰：『縱超擁愛妻，抱愛子，思歸之士千餘人，何能盡與超同心乎？』令邑詣超受節度。詔超：『若邑任在外者，便留與從事。』超卽遣邑將烏孫侍子還京師。徐幹謂超曰：『邑前親毁君，欲敗西域，今何不緣詔書留之，更遣它吏送侍子乎？』超曰：『是何言之陋也！以邑毁超，故今遣之。内省不疚，何卹人言！快意留之，非忠臣也。』

明年，復遣假司馬和恭等四人將兵八百詣超，超因發疏勒、于窴兵擊莎車。莎車陰通使疏勒王忠，啖以重利，忠遂反從之，西保烏卽城。超乃更立其府丞成大爲疏勒王，悉發其不反者以攻忠。積半歲，而康居遣精兵救之，超不能下。是時月氏新與康居婚，相親，超乃使使多齎錦帛遺月氏王，令曉示康居王，康居王乃罷兵，執忠以歸其國，烏卽城遂降於超。

後三年，忠説康居王借兵，還據損中，密與龜茲謀，遣使詐降於超。超内知其姦而外僞許之。忠大喜，卽從輕騎詣超。超密勒兵待之，爲供張設樂，酒行，乃叱吏縛忠斬之。因擊破其衆，殺七百餘人，南道於是遂通。

明年，超發于窴諸國兵二萬五千人，復擊莎車。而龜茲王遣左將軍發温宿、姑墨、尉頭合五萬人救之。超召將校及于窴王議曰：『今兵少不敵，其計莫若各散去。于窴從是而東，長史亦於此西歸，可須夜鼓聲而發。』陰緩所得生口。龜茲王聞之大喜，自以萬騎於西界遮超，温宿王將八千騎於東界徼于窴。超知二虜已出，密召諸部勒兵，雞鳴馳赴莎車營，胡大驚亂奔走，追斬五千餘級，大獲其馬畜財物。莎車遂將，龜茲等因各退散，自是威震西域。

初，月氏嘗助漢擊車師有功，是歲貢奉珍寶、符拔、師子，因求漢公主。超拒還其使，由是怨恨。永元二年，月氏遣其副王謝將兵七萬攻超。超衆少，皆大恐。超譬軍士曰：『月氏兵雖多，然數千里逾葱領來，非有運輸，何足憂邪？但當收穀堅守，彼飢窮自降，不過數十日決矣。』謝遂前攻超，不下，又鈔掠無所得。超度其糧將盡，必從龜茲求救，乃遣兵數百於東界要之。謝果遣騎齎金銀珠玉以賂龜茲。超伏兵遮擊，盡殺之，持其使首以示謝。謝大驚，卽遣使請罪，願得生歸。超縱遣之。月氏由是大震，歲奉貢獻。

明年，龜茲、姑墨、温宿皆降，乃以超爲都護，徐幹爲長史。拜白霸爲龜茲王，遣司馬姚光送之。超與光共脅龜茲廢其王尤利多而立白霸，使光將尤利多還詣京師。超居龜茲它乾城，徐幹屯疏勒。西域唯焉耆、危須、尉犁以前没都護，懷二心，其餘悉定。

六年秋，超遂發龜茲、鄯善等八國兵合七萬人，及吏士賈客千四百人

討焉耆。兵到尉犁界，而遣曉説焉耆、尉犁、危須曰：『都護來者，欲鎮撫三國。卽欲改過向善，宜遣大人來迎，當賞賜王侯已下，事畢卽還。今賜王綵五百匹。』焉耆王廣遣其左將北鞬支奉牛酒迎超。超詰鞬支曰：『汝雖匈奴侍子，而今秉國之權。都護自來，王不以時迎，皆汝罪也。』或謂超可便殺之。超曰：『非汝所及。此人權重於王，今未入其國而殺之，遂令自疑，設備守險，豈得到其城下哉！』于是賜而遣之。廣乃與大人迎超於尉犁，奉獻珍物。

焉耆國有葦橋之險，廣乃絶橋，不欲令漢軍入國。超更從它道厲度。七月晦，到焉耆，去城二十里，（正）營大澤中。廣出不意，大恐，乃欲悉驅其人共入山保。焉耆左侯元孟先嘗質京師，密遣使以事告超，超卽斬之，示不信用。乃期大會諸國王，因揚聲當重加賞賜，於是焉耆王廣、尉犁王汎及北鞬支等三十人相率詣超。其國相腹久等十七人懼誅，皆亡入海，而危須王亦不至。坐定，超怒詰廣曰：『危須王何故不到？腹久等所緣逃亡？』遂叱吏士收廣、汎等於陳睦故城斬之，傳首京師。因縱兵鈔掠，斬首五千餘級，獲生口萬五千人，馬畜牛羊三十餘萬頭，更立元孟爲焉耆王。超留焉耆半歲，慰撫之。於是西域五十餘國悉皆納質内屬焉。

明年，下詔曰：『往者匈奴獨擅西域，寇盜河西，永平之末，城門晝閉。先帝深愍邊萌嬰羅寇害，乃命將帥擊右地，破白山，臨蒲類，取車師，城郭諸國震懾響應，遂開西域，置都護。而焉耆王舜、舜子忠獨謀悖逆，恃其險隘，覆没都護，并及吏士。先帝重元元之命，憚兵役之興，故使軍司馬班超安集于寘以西。超遂踰葱領，迄縣度，出入二十二年，莫不賓從。改立其王，而綏其人。不動中國，不煩戎士，得遠夷之和，同異俗之心，而致天誅，蠲宿恥，以報將士之讎。《司馬法》曰：「賞不踰月，欲人速睹爲善之利也。」其封超爲定遠侯，邑千户。』

超自以久在絶域，年老思土。十二年，上疏曰：『臣聞太公封齊，五世葬周，狐死首丘，代馬依風。夫周齊同在中土千里之間，況於遠處絶域，小臣能無依風首丘之思哉？蠻夷之俗，畏壯侮老。臣超犬馬齒殲，常恐年衰，奄忽僵仆，孤魂棄捐。昔蘇武留匈奴中尚十九年，今臣幸得奉節帶金銀護西域，如自以壽終屯部，誠無所恨，然恐後世或名臣爲没西域。臣不敢望到酒泉郡，但願生入玉門關。臣老病衰困，冒死瞽言，謹遣子勇隨獻物入塞。及臣生在，令勇目見中土。』而超妹同郡曹壽妻昭亦上書請超曰：

妾同産兄西域都護定遠侯超，幸得以微功特蒙重賞，爵列通侯，位二千石。天恩殊絶，誠非小臣所當被蒙。超之始出，志捐軀命，冀立微功，以自陳效。會陳睦之變，道路隔絶，超以一身轉側絶域，曉譬諸國，因其兵衆，每有攻戰，輒爲先登，身被金夷，不避死亡。賴蒙陛下神靈，且得延命沙漠，至今積三十年。骨肉生離，不復相識。所與相隨時人士衆，皆已物故。超年最長，今且七十。衰老被病，頭髮無黑，兩手不仁，耳目不聰明，扶杖乃能行。雖欲竭盡其力，以報塞天恩，迫於歲暮，犬馬齒索。蠻夷之性，悖逆侮老，而超旦暮入地，久不見代，恐開姦宄之源，生逆亂之心。而卿大夫咸懷一切，莫肯遠慮。如有卒暴，超之氣力不能從心，便爲上損國家累世之功，下棄忠臣竭力之用，誠可痛也。故超萬里歸誠，自陳苦急，延頸踰望，三年於今，未蒙省録。

妾竊聞古者十五受兵，六十還之，亦有休息不任職也。緣陛下以至孝理天下，得萬國之歡心，不遺小國之臣，況超得備侯伯之位，故敢觸死爲超求哀，丐超餘年。一得生還，復見闕庭，使國永無勞遠之慮，西域無倉卒之憂，超得長蒙文王葬骨之恩，子方哀老之惠。《詩》云：『民亦勞止，汔可小康，惠此中國，以綏四方。』超有書與妾生訣，恐不復相見。妾誠傷超以壯年竭忠孝於沙漠，疲老則便捐死於曠野，誠可哀憐。如不蒙救護，超後有一旦之變，冀幸超家得蒙趙母、衛姬先請之貸。妾愚戇不知大義，觸犯忌諱。

書奏，帝感其言，乃徵超還。

超在西域三十一歲。十四年八月至洛陽，拜爲射聲校尉。超素有胸脅疾，既至，病遂加。帝遣中黄門問疾，賜醫藥。其年九月卒，年七十一。朝廷愍惜焉，使者弔祭，贈賵甚厚。子雄嗣。

初，超被徵，以戊己校尉任尚爲都護。與超交代。尚謂超曰：『君侯在外國三十餘年，而小人猥承君後，任重慮淺，宜有以誨之。』超曰：『年老失智，任君數當大位，豈班超所能及哉！必不得已，願進愚言。塞外吏士，本非孝子順孫，皆以罪過徙補邊屯。而蠻夷懷鳥獸之心，難養易敗。今君性嚴急，水清無大魚，察政不得下和。宜蕩佚簡易，寬小過，總大綱而已。』超去後，尚私謂所親曰：『我以班君當有奇策，今所言平平

耳。』尚至數年，而西域反亂，以罪被徵，如超所戒。

有三子。長子雄，累遷屯騎校尉。會叛羌寇三輔，詔雄將五營兵屯長安，就拜京兆尹。雄卒，子始嗣，尚清河孝王女陰城公主。主順帝之姑，貴驕淫亂，與嬖人居帷中，而召始入，使伏牀下。始積怒，永建五年，遂拔刃殺主。帝大怒，腰斬始，同産皆棄市。超少子勇。【略】

論曰：時政平則文德用，而武略之士無所奮其力能，故漢世有發憤張膽，爭膏身於夷狄以要功名，多矣。祭彤、耿秉啓匈奴之權，班超、梁慬奮西域之略，卒能成功立名，享受爵位，薦功祖廟，勒勳于後，亦一時之志士也。

贊曰：定遠慷慨，專功西遐。坦步葱、雪，咫尺龍沙。慬亦抗憤，勇乃負荷。

綜述

《後漢書》卷三《章帝紀》（建初三年）閏月，西域假司馬班超擊姑墨，大破之。【略】

（建初五年）西域假司馬班超擊疏勒，破之。【略】

（元和三年）西域長史班超擊斬疏勒王。【略】

（章和元年）西域長史班超擊莎車，大破之。

又　卷四《孝和帝紀》　（永元二年）月氏國遣兵攻西域長史班超，超擊降之。【略】

（永元六年）西域都護班超大破焉耆、尉犁，斬其王。

又　卷八八《西域傳·序》　（建初二年）時軍司馬班超留于寘，綏集諸國。【略】

（永元）三年，班超遂定西域，因以超爲都護，居龜茲。【略】

（永元）六年，班超復擊破焉耆，於是五十餘國悉納質内屬。九年，班超遣掾甘英窮臨西海而還。

《魏書》卷一〇二《西域傳·序》　至於後漢，班超所通者五十餘國，西至西海，東西萬里，皆來朝貢，復置都護、校尉以相統攝。

《晉書》卷九七《四夷傳·大秦國》　漢時都護班超遣掾甘英使其國，入海，船人曰：『海中有思慕之物，往者莫不悲懷。若漢使不戀父母妻子者，可入。』英不能渡。

論說

《後漢書》卷四七《班超傳》　其（班超）後行詣相者，曰：『祭酒，布衣諸生耳，而當封侯萬里之外。』超問其狀。相者指曰：『生燕頷虎頸，飛而食肉，此萬里侯相也。』【略】

（明）帝壯超節，詔（竇）固曰：『吏如班超，何故不遣而更選乎？今以超爲軍司馬，令遂前功。』【略】

（章帝）下詔曰：『（班）超遂踰葱領，迄縣度，出入二十二年，莫不賓從。改立其王，而綏其人。不動中國，不煩戎士，得遠夷之和，同異俗之心，而致天誅，蠲宿恥，以報將士之讎。』【略】

論曰：時政平則文德用，而武略之士無所奮其力能，故漢世有發憤張膽，爭膏身於夷狄以要功名，多矣。祭彤、耿秉啓匈奴之權，班超、梁慬奮西域之略，卒能成功立名，享受爵位，薦功祖廟，勒勳于後，亦一時之志士也。

贊曰：定遠慷慨，專功西遐。坦步葱、雪，咫尺龍沙。慬亦抗憤，勇乃負荷。

《周書》卷四一《庾信傳》　王歆爲和親之侯，班超爲定遠之使。【略】班超生而望反，温序死而思歸。

《隋書》卷四〇《虞慶則傳》　（虞慶則）初以弋獵爲事，中便折節讀書，常慕傅介子、班仲升爲人。

又　卷八三《西域傳·附國》　史臣曰：【略】張騫鑿空於前，班超投筆於後，或結之以重寶，或懾之以利劍，投軀萬死之地，以要一旦之功，皆由主尚來遠之名，臣殉輕生之節。

《北史》卷六七《唐永傳》　（唐）永身長八尺，少耿介，有將帥才，讀《班超傳》，慨然有萬里之志。

《舊唐書》卷九二《魏元忠傳》　夫有志之士，在富貴之與貧賤，皆思立於功名，冀傳芳於竹帛。故班超投筆而歎，祖逖擊楫而誓，此皆有其

才而申其用矣。

又 卷一〇三《郭虔瓘傳》 （唐玄宗）下制曰：『豈耿恭、班超，獨高前史；將廉頗、李牧，與朕同時。』【略】

史臣曰：【略】牛仙客、王忠嗣，立功邊域，爲世虎臣，班超、傅介子之流也。

宋·張預《十七史百將傳》 孫子曰：『過則從。』超之吏士謂『死生從司馬』。又曰：『火人。』超因風縱火而殺虜使。又曰：『衢地合交。』超請招慰烏孫而攻龜茲。又曰：『用而示之不用。』超欲擊莎車而詭言散去。又曰：『以飽待飢。』超收穀堅守而敗月氏是也。』

宋·陳普《石堂先生遺集》卷二〇《咏史·班超》 三十六人撫西域，六頭火炬走匈奴。古今參合坡頭骨，盡是離披見鶻烏。

宋·徐鈞《史咏詩集》上卷《後漢·人臣·班超》 人生適意在家山，萬里封侯老未還。燕頷虎頭成底事，但求生入玉門關。

《宋史》卷一〇五《吉禮八·武成王廟》 至是，著作郎傅伯壽言：『【略】陳湯、傅介子、馮奉世、班超之流，皆爲有漢之雋功。』

又 卷一四六《耶律楚材傳》 （耶律楚材）常曰：『興一利不如除一害，生一事不如省一事。任尚以班超之言爲平平耳，千古之下，自有定論。後之負譴者，方知吾言之不妄也。』

明·黃道周《廣名將傳》 班超壯士，燕頷虎頭。困而投筆，遠博封侯。鄯禮忽衰，知有敵謀。三十六人，危亡之秋。激衆舉火，夜燒盡遒。鄯善膽碎，納子拜投。更使西域，斬巫若漚。疏勒辨種，立忠逐兜。一時威德，有恩有仇。恐漢棄我，抱馬足留。威震西域，不許妄求。逆既誅斬，降則准收。五十餘國，貢屬不休。玉關生入，壯志大酬。

《明史》卷一三九《馮堅傳》 （太祖）謂侍臣曰：『（馮）堅言惟調易邊將則未然。邊將數易，則兵力勇怯，敵情出没，山川形勝，無以備知。倘得趙充國、班超者，又何取數易爲哉！』

清·王夫之《讀通鑑論》卷三《武帝》 班超以簡，而制三十六國之命，子勇用之而威亦立。

又 卷七《明帝》 班超之於西域，戲焉耳矣；以三十六人横行諸國，取其君，欲殺則殺，欲禽則禽，古今未有奇智神勇而能此者。蓋此諸國者，地狹而兵弱，主愚而民散，不必智且勇而制之有餘也。萬里之外，孱弱之夷，苟且自王，實不能逾中國一亭長。其叛也，不足以益匈奴之勢；其服也，不足以立中夏之威；而欺弱淩寡，撓亂其喙息，以詑奇功，超不復有人之心，而今古豔稱之，不益動妄人以爲妄乎？發穴而攻螻蛄，入沼而捕鰍鯈，曰：『智之奇勇之神也。』有識者笑之久矣。

光武閉玉門，絶西域，班固贊其盛德。超，固之弟也。嘗讀固之遺文，其往來報超於西域之書，述竇憲殷勤之意，而羨其遠略，則超與固非意異而不相謀也。其立言也如彼，其兄弟相獎、誣上徼幸以取功名也如此，弄文墨趨危險者之無定情，亦至此乎！班氏之傾危，自叔皮而已然，流及婦人而辯有餘，其才也，不如其無才也。【略】

班超之告任尚曰：『塞外吏士，本非孝子順孫，皆以罪過徙補邊屯，宜蕩佚簡易，寬小過，總大綱。』此後世將兵之善術也，然由此而言兵者難矣。嚴之，則兵心離而無與效死；寬之，則恣其驕暴而以病民，故曰難也。

清·鄭觀應《盛世危言》卷六《兵政》 古之爲將者，經文緯武，謀勇雙全；能得人，能知人，能愛人，能制人；省天時之機，察地理之要，順人和之情，詳安危之勢。凡古今之得失治亂，陣法之變化周密，兵家之虛實奇正，器械之精粗巧拙，無不洞識。如春秋時之孫武、李牧，漢之韓信、馬援、班超、諸葛亮，唐之李靖、郭子儀、李光弼，宋之宗澤、岳飛，明之戚繼光、俞大猷等諸名將，無不通書史，曉兵法，知地利，精器械，與今之泰西各國講求將才者無異。

藝文

《秦漢魏晉南北朝詩》卷三《庾信〈擬詠懷詩二十七首〉》 俎豆非所習，帷幄復無謀。不言班定遠，應爲萬里侯。燕客思遼水，秦人望隴頭。倡家遭强娉，質子值仍留。自憐才智盡，空傷年鬢秋。

又 卷四《庾信〈反命河朔始入武州詩〉》 輕車初逐李，定遠未隨班。受詔祈連返，申威疏勒還。飛蓬損腰帶，秋鬢落容顏。寄言舊相識，知余生入關。

清·彭定求等《全唐詩》卷七四六《陳陶〈續古二十九首〉》 學古三十載，猶依白雲居。每覽班超傳，令人慵讀書。

唐·徐夤《唐秘書省正字先輩徐公釣磯文集》卷一〇《詠筆二首》 秦代將軍欲建功，截龍搜兔助英雄。用多誰念毛皆拔，拋卻更嫌心不中。史氏只應歸道直，江淹何獨偶靈通。班超投管不成事，投擲翻從萬里戎。

宋·鄒浩《道鄉集》卷六《班超》 功名從古病難成，況作天西絕域行。縱有平陵同落落，其如衛侯尚營營。殺妻吳起終遭逐，上疏鴻卿不免刑。定遠獨能逢聖主，千年萬歲藹嘉聲。

宋·徐鈞《史詠詩集》卷上《班超》 人生適意在家山，萬里封侯老未還。燕頷虎頭成底事，但求生入玉門關。

宋·陳普《石堂先生遺集》卷二〇《詠史上·班超》 三十六人撫西域，六頭火炬走匈奴。古今參合坡頭骨，盡是離披見鶻烏。

宋·辛棄疾《稼軒長短句》卷三《水調歌頭》 落日古城角，把酒勸君留。長安路遠，何事風雪弊貂裘。散盡黃金身世，不管秦樓人怨，歸計狎沙鷗。明夜扁舟去，和月載離愁。

功名事，身未老，幾時休。詩書萬卷，致身須到古伊周。莫學班超投筆，縱得封侯萬里，憔悴老邊州。何處依劉客，寂寞賦登樓。

宋·司馬光《傳家集》卷七《塞上》 節物正防秋，關山落葉稠。霜風壯金鼓，霧氣濕旌裘。未得西羌滅，終爲大漢羞。慚非班定遠，棄筆取封侯。

元·陸文圭《牆東類稿》卷一五《雜詩五首》 定遠未封侯，發憤投其筆。老儒七十餘，毫禿手不釋。才器有長短，志器各自適。遥思玉關外，萬里風沙隔。

元·耶律楚材《湛然居士集》卷三《過雲川和劉正叔韻》 西域風塵汗漫遊，十年辜負舊漁舟。曾觀八陣雲奔速，親見三川席卷收。煙鎖居延蘇子恨，雲埋青塚漢家羞。深思籬下西風醉，誰羨班超萬里侯。

元·顧瑛《草堂雅集》卷八《項炯〈感秋六首〉》 班超負奇氣，投筆西出關。風塵髀肉消，日月鬢毛斑。苟可利吾國，何必求生還。偉哉馬伏波，竟死壺頭山。

元·張昱《可閒老人集》卷一《從軍行》 一身既從軍，寧復顧家室？日食官倉糧，惟知事行役。昨朝號令下，負弩趨大磧。驅車出城去，旌麾耀白日。男兒重橫行，萬乘假羽翼。意氣從中來，性命何所惜？雕鳴沙塞雨，四面無馬迹。不有封侯貴，班超肯投筆。

元·謝應芳《龜巢詞》卷一二《沁園春》 冷笑班超，要覓封侯，棄了毛錐。看今來古往，虛名何用，朝榮夕悴，浮世堪悲。老我衣冠，傍人籬落，賴有平生鐵硯隨。西莊上，對溪山如畫，鷗鷺忘機。相逢喜得新知。更不用黃金鑄了期。把胸中磊塊，時時澆酒，眼前光景，處處題詩。輕帽簪花，柔茵藉草，時復尊前一笑嬉。沈酣後，任南山石爛，東海塵飛。

明·胡應麟《少室山房集》卷六《飲馬長城窟》 飲馬長城窟，長城多白骨。白骨縱橫如雪山，風吹飛沙馬不前。借問何人骸，暴露置其間。云是當時秦王築城卒，被驅什九亡黃泉。膏血飼螻蛄，肌肉喂烏鳶。惟有白骨存，安能復持還。歇馬上長城，睹此重辛酸。令我中氣咽，徘徊不能言。男兒立功名，介胄辭上官。橫行萬里外，勒勳赴燕然。黃金絡馬頭，白玉飾馬鞭。胡不奮長劍，平沙漠，款服諸部落，勒石燕然入長安。生封定遠侯，冢墓象祁連。胡爲老死長城下，白骨支撐玉門關。黃榆翳衰草，一望徒漫漫。子孫不復知，悲鳴裂腸肝。腸肝痛欲裂，子孫無奈何。至今長城下，白骨年年多。存亡信有命，壯士悲蹉跎。閔彼長城卒，聊作長城歌。長城歌，歌莫哀，秣余馬，登輪臺。輪臺浮雲極天開，我馬玄黃以虺隤。當時班定遠，鬢髮焦黃埃。皓首博侯封，慈親溘蒿萊。其人至今亦白骨，定遠之榮安在哉。何異長城卒，埋胔長城隈。不如驅我馬，舍之歸去來。五花一擲換美酒，竹林痛飲忘疑猜。雙眼瞢騰向天白，飛行八極騎龍媒。

又 卷八〇《萬伯修東巡歌八首》 麟閣由來畫虎頭，韓門此日拜貂裘。金泥玉璽從天下，御筆親題定遠侯。

明·顧清《東江家藏集》卷一二《彭城王肅之自分守疊茂擢湖廣江西參副入掌京營拜中都留守》 天立三京鞏帝圖，濠梁千古漢枌榆。河山結秀猶龍氣，留守承恩重虎符。萬福威名聞草木，班超功業在羌胡。他年併入雲臺畫，爭看貂蟬映美鬚。

清·錢謙益《列朝詩集》丁集第九《黃克晦〈出塞行四首送郭建初歸戍都護幕中〉》 鎖甲搖華鐵戟寒，弢弓插羽上雕鞍。班超自有封侯

骨，世業寧論是史官。

清・沈德潛《明詩別裁集》卷三《〔明〕曾棨〈送陳郎中重使西域〉》　雕輪歷碌擁鳴騶，幾欲停鞭記舊遊。赤嶺晚雲連雪積，黄河春水帶冰流。旌麾每過羅諸部，金帛頻頒拜衆酋。卻笑虎頭班定遠，身親百戰覓封侯。

明・謝榛《四溟集》卷五《送謝武選少安犒師固原因還蜀會兄葬》　天書早下促星軺，二月關河凍欲消。白首應憐班定遠，黄金先賜霍嫖姚。秦雲曉度三川水，蜀道春通萬里橋。一對郫筒腸欲斷，鶺鴒原上草蕭蕭。

清・林朝崧《無悶草堂詩存》卷四《班超》　沙漠宣威三十秋，腰懸金印幕青油。阿兄只刻燕然石，蓋世功名讓虎頭。

清・徐世昌《晚晴簃詩匯》卷一六三《任其昌〈讀史雜感〉》　甲馬飛騰壓隴東，大旗落日動蒼穹。千軍榆塞猶排陣，十載天山未挂弓。豈有班超護西域，翻教師曠驗南風。男兒不負封侯骨，合有忠勤慷慨中。

又　卷一六四《譚廷獻〈義士行書張炳元傳後〉》　班超布衣一諸生，奇功三十六人成。奇功絶域尚可立，胡乃義士殲名城。誰與男子張應庚，宛轉虎口葶棘荆。翻城反正再三試，雲作死氣鼓死聲。氣經百折不少挫，事敗狂寇魂猶驚。是時大帥亦雄傑，艱難百戰揚麾旌。一念持重事機失，坐甲遂老十萬兵。西風秦淮草不青，漢月猶照將軍營。卅年高歌洗兵馬，來弔國殤胸不平。伊子悲歌向燕市，田生握手濁酒傾。奇聞涕淚述同志，烈士骨相終徇名。辱哉降官亦男子，朽骨遺臭迷縱横。至今五夜蔣山上，義士精氣爲列星。

又　卷一七八《屠寄〈邊愁〉》　西域頻年能作梗，班超垂老遂臨邊。河湟縱復軍儲耗，弓矢初投部帳遷。草滿令居無牧騎，功成都護尚屯田。關山直北歸圖籍，積曆仍憂虎穴連。

清・雷鍾德《班定遠祠》　才俊一門絶輩流，父兄作述自千秋。男兒別有出奇法，手取人間萬户侯。

清・陳肇興《陶村詩稿》卷六《班定遠》　不受毛錐誤一生，天教投筆取功名；千秋事業留沙漠，一代文章讓父兄。壯歲孤身探虎穴，暮年匹馬返龍城；由來萬里封侯事，只在忠貞翊聖明。

清・許之雯《擬古出塞》　將軍猶轉戰，宰相莫和親。投筆男兒志，羞將託婦人。

清・鄭觀應《盛世危言》卷六《兵政》　古之爲將者，經文緯武，謀勇雙全；能得人，能知人，能愛人，能制人；省天時之機，察地理之要，順人和之情，詳安危之勢。凡古今之得失治亂，陣法之變化周密，兵家之虚實奇正，器械之精粗巧拙，無不洞識。如春秋時之孫武、李牧，漢之韓信、馬援、班超、諸葛亮，唐之李靖、郭子儀、李光弼，宋之宗澤、嶽飛，明之戚繼光、俞大猷等諸名將，無不通書史，曉兵法，知地利，精器械，與今之泰西各國講求將才者無異。

雜録

《後漢書》卷六《順帝紀》　（班）始，班超孫也，尚順帝姑陰城公主。

《舊唐書》卷四〇《地理志三・隴右道條》　伊吾，在燉煌之北，大磧之外【略】竇憲、班超大破西域，始於此築城。

又　卷五九《姜行本傳》　及高昌之役，以行本爲行軍副總管，率衆先出伊州，未至柳谷百餘里，依山造工具。其處有班超紀功碑，行本磨去其文，更刻頌陳國威德而去。

《宋史》卷一九〇《兵志》　大觀三年二月，臣僚言：『自復西寧州，饋給每多，而儲積未廣，買價數增，市物隨踴，地利不闢，兵籍不敷，蓋招置之術失講，勸利之法未興也。乞委帥臣、監司講求，或募或招，何爲而可足弓箭手之數，以期于不闕；或拘或誘，何爲而使蕃部著業而責以耕耘。田既墾則穀自盈，募既充而兵益振，是收班超之功，盡充國之利也。』

又　卷一九一《兵志》　今踰三十年，主家或以累降失其先職族首名品，而客户或以功爲使臣，軍班超處主家之上。

對外關係總部

通道關設部

陸上通道分部

綜述

《史記》卷一二三《大宛列傳》 大宛之迹，見自張騫。張騫，漢中人。建元中爲郎。是時天子問匈奴降者，皆言匈奴破月氏王，以其頭爲飲器，月氏遁逃而常怨仇匈奴，無與共擊之。漢方欲事滅胡，聞此言，因欲通使，道必更匈奴中，乃募能使者。騫以郎應募使月氏，與堂邑氏故胡奴甘父俱出隴西，經匈奴，匈奴得之，傳詣單于。單于留之，曰：『月氏在吾北，漢何以得往使？吾欲使越，漢肯聽我乎？』留騫十餘歲，與妻有子，然騫持漢節不失。居匈奴中益寬，騫因與其屬亡鄉月氏，西走數十日，至大宛。大宛聞漢之饒財，欲通不得，見騫喜，問曰：『若欲何之？』騫曰：『爲漢使月氏，而爲匈奴所閉道。今亡，唯王使人導送我。誠得至，反漢，漢之賂遺王財物，不可勝言。』大宛以爲然，遣騫爲發導驛，抵康居，康居傳致大月氏。大月氏王已爲胡所殺，立其太子爲王。既臣大夏而居地肥饒，少寇，志安樂；又自以遠漢，殊無報胡之心。騫從月氏至大夏，竟不能得月氏要領。留歲餘，還並南山，欲從羌中歸，復爲匈奴所得，留歲餘。單于死，左谷蠡王攻其太子自立，國內亂。騫與胡妻及堂邑父俱亡歸漢，漢拜騫爲太中大夫，堂邑父爲奉使君。騫爲人彊力，寬大信人，蠻夷愛之。堂邑父故胡人，善射，窮急射禽獸給食。初，騫行時百餘人，去十三歲，唯二人得還。騫身所至者，大宛、大月氏、大夏、康居，而傳聞其旁大國五六，具爲天子言之。【略】

騫曰：『臣在大夏時，見邛竹杖、蜀布。問曰：「安得此？」大夏國人曰：「吾賈人往市之身毒。身毒在大夏東南可數千里。其俗土著，大與大夏同，而卑溼暑熱云。其人民乘象以戰。其國臨大水焉。」以騫度之，大夏去漢萬二千里，居漢西南。今身毒國又居大夏東南數千里，有蜀物，此其去蜀不遠矣。今使大夏，從羌中，險，羌人惡之；少北，則爲匈奴所得；從蜀宜徑，又無寇。』天子既聞大宛及大夏、安息之屬皆大國，多奇物，土著頗與中國同業而兵弱，貴漢財物；其北有大月氏、康居之屬，兵强，可以賂遺設利朝也。且誠得而以義屬之，則廣地萬里，重九譯，致殊俗，威德遍於四海。天子欣然，以騫言爲然，乃令騫因蜀犍爲發間使，四道並出：出駹，出冉，出徙，出邛、僰，皆各行一二千里。其北方閉氐、筰，南方閉巂、昆明。

又 卷一一六《西南夷列傳》 及元狩元年，博望侯張騫使大夏來，言居大夏時見蜀布、邛竹杖，使問所從來，曰：『從東南身毒國，可數千里，得蜀賈人市。』或聞邛西可二千里有身毒國。騫因盛言大夏在漢西南，慕中國，患匈奴隔其道，誠通蜀，身毒國道便近，有利無害。於是天子乃令王然于、柏始昌、呂越人等，使間出西夷西，指求身毒國。至滇，滇王嘗羌，乃留爲求道西十餘輩。歲餘，皆閉昆明，莫能通身毒國。

《漢書》卷九六上《西域傳序》 西域以孝武時始通，本三十六國，其後稍分至五十餘，皆在匈奴之西，烏孫之南。南北有大山，中央有河。東西六千餘里，南北千餘里。東則接漢，阸以玉門、陽關，西則限以葱嶺。其南山，東出金城，與漢南山屬焉。其河有兩原，一出葱嶺山，一出于闐。于闐在南山下，其河北流，與葱嶺河合，東注蒲昌海。蒲昌海，一名鹽澤者也。去玉門、陽關三百餘里，廣袤三百里。其水亭居，冬夏不增減，皆以爲潛行地下，南出於積石，爲中國河云。

自玉門、陽關出西域，有兩道。從鄯善傍南山北，波河西行至莎車，爲南道。南道西踰葱嶺，則出大月氏、安息。自車師前王廷隨北山，波河西行至疏勒，爲北道。北道西踰葱嶺，則出大宛、康居、奄蔡焉。

漢・荀悅《前漢紀》卷一二《孝武三》 （元朔六年）六月，詔曰：『朕聞五帝不相復禮，三代不相同法，所由殊路而建德一也。今中國一統而北邊未安，朕甚悼之。其置武功賞官，以寵戰士。』校尉張騫從衛青有功，封博望侯。

騫者，漢中人也。初爲郎，應募使月氏。時匈奴殺月氏王，遂西徙，故漢欲與月氏擊匈奴。騫行，爲匈奴所得，留騫十餘歲，與妻有子，然騫常持漢節不失。後亡到月氏，月氏未有報匈奴意，騫留月氏歲餘，乃還，並南山，從羌中來歸，復爲匈奴所得，留之歲餘。會單于死，國內亂，騫乃與其胡妻來歸漢，拜爲太中大夫。初，騫行百餘人，十三年乃歸，唯騫與唐邑氏奴二人得還。騫身所到大宛、大月氏、大夏、康居，而傳聞其旁國名，具爲上言之：

西域本三十六國，後分爲五十四國，皆在匈奴之西。婼羌國，沮沫國，精絶國，戎盧國，渠勒國，皮山國，烏秅國，西夜國，蒲犂國，依耐國，無雷國，捐毒國，桃槐國，休循國，疏勒國，尉頭國，烏貪國，卑陸國，渠類谷國，郁立師國，單桓國，蒲類國，西沮彌國，劫日國，狐胡國，三山國，車師國，凡二十七國，小國也。小者七百戶，上者千戶也。扜彌國，于闐國，難兜國，莎車國，溫宿國，龜兹國，尉犂國，危須國，鄢耆國，凡此九國，次大國。小者千餘戶，大者六七千戶。

南北有大山，東則接漢，阸以玉門、陽關，西則限以葱嶺。中山中央有大河，其河有兩源，一出葱嶺，一出于闐。于闐在南山下，河北流，與葱嶺河合，東注蒲昌海。蒲昌海一名鹽澤，去陽關三千餘里，廣長三四百里，其水停居，冬夏不增減，皆以爲潛行地下，南出於積石山，爲中國河云。

自玉門、陽關出西域，有兩道行。從鄯善旁出南山，西行至莎車，爲南道。南道西逾葱嶺，則出大月氏、安息。自車師旁北山西行至疏勒，爲北道。北道西逾葱嶺，則出大宛、康居、奄蔡焉。

西域諸國，大率土著，有城郭田畜，與匈奴異俗，皆役屬匈奴，匈奴賦稅之，取給焉。皮山國去長安萬五千里，自皮山以西至大頭痛山、小頭痛山，身熱、赤土之坂，令人身熱無色，頭痛嘔吐，驢畜盡然。又有三池、盤石、懸渡之坂，狹者尺七寸，長者徑三十里。臨崢嶸不測之淵，行者步騎相持，繩索相牽引，二千餘里。

烏孫王號昆彌，治赤城，去長安八千九百里。戶十二萬，口六十萬，大國也。地方五千餘里，東接匈奴，西界大宛，南與城郭諸國接。其俗與匈奴同，其處土多雨寒而國多馬，故屬匈奴，後稍彊盛，徒羈縻而已，不肯往朝會。

罽賓國，王治循鮮城，去長安萬二千里。土地平坦溫和，有苜蓿、雜果、奇木。種五穀稻，多蒲桃、竹漆。治園池。民雕文刻鏤治宮室，織罽刺文繡，好酒食。有金銀銅錫，以爲器。有市肆，然以銀爲錢，文爲騎馬，曼爲人面。出封牛、水牛、犀象、大狗、沐猴、孔雀、珠璣、珊瑚、琉璃，其他畜與諸國同。

安息國，王治潘兜城，去長安萬二千六百里。地方數千里，城郭數百，有車船商賈。書革旁行爲書記。其俗與罽賓國同。亦以銀爲錢，文爲王面，曼爲夫人面。一王死，輒改其錢。出大馬雀。

大宛國，王治貴山城，去長安萬二千五百五十里。戶四十萬，與安息同俗。出蒲萄、苜蓿，以蒲萄爲酒，富人藏酒至萬餘石，數十年不敗。出馬，馬汗血，言其先天馬子也。

大月氏，本匈奴同俗，居燉煌、祈連山間。匈奴老上單于殺月氏王，以其頭爲飲器，月氏乃遠去，西過大宛，擊大夏而臣之。國都嬀水。其土地與安息同俗。其餘小衆不能去者，保南山，號小月氏焉。

大夏本無大君長，往往置小君長。有五翕侯：一曰休密翕侯，二曰雙靡翕侯，三曰貴霜翕侯，四曰肸頓翕侯，五曰高附翕侯。

康居國在烏孫西北，去長安萬二千三百里。戶十三萬，口六十萬，與大月氏同俗。

奄蔡國在康居西北，去長安萬二千里，與康居同俗。臨大澤，無津涯，蓋北海河也。

烏弋國去長安萬五千三百里。出獅子、犀牛。其錢文爲人頭，曼爲騎馬。

自烏弋行可百餘日，至條支國。臨西海，出善幻人，有大鳥，卵如甕。長老傳聞條支西有弱水，西王母所居，亦未嘗見。條支西行可百餘日，近日入處。

晉·袁宏《後漢紀》卷一五《殤帝紀》 和帝永元中，西域都護班超遣掾甘英臨大海而還，具言葱嶺西諸國地形風俗，而班勇亦見記其事，或與前史異，然浸以審矣。自燉煌西出玉門、陽關，涉鄯善，北通伊吾千里，自伊吾通車師前部高昌壁，北通後部五百里，是匈奴、西域之門也。

伊吾地宜五穀、桑麻、蒲萄。其北有柳中，皆膏腴之地。故漢嘗與匈奴爭車師、伊吾盧之地，以制西域。故自鄯善國治驩泥城，去洛陽七千一百里。北通車師前、後王及東且彌、卑陸、蒲類、移支，是爲車師六國，北與匈奴接。前部西通焉耆北道，後部西通烏孫。漢欲隔絶西域、匈奴，必得車師，屯田伊吾。焉耆治河南城，去洛陽八千二百里，東南與山離國接。其餘危須、尉黎、龜茲、姑墨、温宿、疏勒、休修、大宛、康居、大月氏、安息、大秦、烏弋、罽賓、莎車、于闐、且彌諸國轉相通，是名爲西域。大月氏城去洛陽萬六千三百七十里，其東南數千里通天竺。天竺一名身毒，俗與月氏同，臨大水，西通大秦。從月氏南至西海，東至盤越國，皆身毒地。【略】

西域之遠者，安息國也。去洛陽二萬五千里。北與康居，南與烏弋山離相接，其地方數千里。西至條支，馬行六十日，臨海，暑熱卑濕。【略】地與西海接。自安息西關西至阿蠻國三千四百里。自阿蠻西至斯賓國渡河，西南至于羅國有九百六十里，安息西界極［矣］。其南乘海，乃通大秦，或數月歲云。大秦國一名黎軒，在海西。漢使皆自烏弋還，莫能通條支者。甘英踰懸度、烏弋山離，抵條支，臨大海。欲渡，人謂英曰：『海水廣大，鹹苦不可食。往來者逢善風時，三月而渡；如風遲，則三歲。故入海者，皆賫三歲糧。海中善使人思土戀慕，數有死亡者。』英聞之，乃止，具問其風俗焉。

大秦地方數千里。【略】鄰國使到其界首者，乘驛詣王都。【略】自交州塞外檀國諸蠻夷相通也，又有一道與益州塞外通。【略】（大秦）長老或傳言其國西有弱水，近日入所矣。又云從安息陸道繞海北行，出海西至大秦，人相連屬，十里一亭，三十里一置，終無盜賊驚。【略】西南極於山離，還自條支，東北通烏弋山離，可百餘日行。而烏弋山離、罽賓、莎車、于寘、寧彌諸國相接，遠者去洛陽二萬一千里，近者萬餘里焉。

《後漢書》卷八八《西域傳序》 西域内屬諸國，東西六千餘里，南北千餘里，東極玉門、陽關，西至葱嶺。其東北與匈奴、烏孫相接。南北有大山，中央有河。其南山東出金城，與漢南山屬焉。其河有兩源，一出葱嶺東流，一出于寘南山下北流，與葱嶺河合，東注蒲昌海。蒲昌海一名鹽澤，去玉門三百餘里。

自敦煌西出玉門、陽關，涉鄯善，北通伊吾千餘里。自伊吾北通車師前部高昌壁千二百里，自高昌壁北通後部金滿城五百里。此其西域之門戶也，故戊己校尉更互屯焉。伊吾地宜五穀、桑麻、蒲萄。其北又有柳中，皆膏腴之地。故漢常與匈奴爭車師、伊吾，以制西域焉。

自鄯善踰葱嶺出西諸國，有兩道。傍南山北，陂河西行至莎車，爲南道。南道西踰葱嶺，則出大月氏、安息之國也。自車師前王庭隨北山，陂河西行至疏勒，爲北道。北道西踰葱嶺，出大宛、康居、奄蔡焉。

《三國志》卷三〇《魏志・烏丸鮮卑東夷傳》裴松之注 《魏略・西戎傳》曰：【略】西域諸國，漢初開其道，時有三十六，後分爲五十餘。從建武以來，更相吞滅，於今有二十。道從敦煌玉門關入西域，前有二道，今有三道。從玉門關西出，經若羌轉西，越葱領，經縣度，入大月氏，爲南道。從玉門關西出，發都護井，回三隴沙北頭，經居盧倉，從沙西井轉西北，過龍堆，到故樓蘭，轉西詣龜茲，至葱領，爲中道。從玉門關西北出，經橫坑，辟三隴沙及龍堆，出五船北，到車師界戊己校尉所治高昌，轉西與中道合龜茲，爲新道。【略】

盤越國，一名漢越王，在天竺東南數千里，與益部相近，其人小與中國人等，蜀人賈似至焉。南道而西極轉東南盡矣。

《宋書》卷九七《夷蠻傳》 漢世西譯遐通，兼途累萬，跨頭痛之山，越繩度之險，生行死徑，身往魂歸。

論說

元・劉郁《西使記》 郁歎曰：西域之開，始自張騫。其土地山川固在也，然世代浸遠，國號變易，事亦難考。今之所謂瀚海者，即古金山也；印毒，即漢身毒也。曰駝鳥者，即安息所産大馬爵也。密實勒，即唐拂菻地也。觀其土産風俗，可知已。

清・愛新覺羅・弘曆《御製文二集》卷二一《陽關考》 陽關之名，自漢唐已來咸所稱引，而遺踪湮廢，道里莫徵。比因西域並隸昄章，爰有纂輯《圖志》之役。猷詢所及，或据肅州《新志》載烏魯木齊西境有地名陽巴爾噶遜，以爲陽關之舊者。殊不知『陽』乃回語，蓋謂新；而

『巴爾噶遜』則厄魯特語，蓋謂城，亦非謂關也。況烏魯木齊地在天山之北，揆其方位懸隔，奚啻謬以千里計耶？按《漢書·地理志》敦煌郡龍勒縣有陽關、玉門關，後晉高居晦《使于闐記》西渡都鄉河至陽關。考都鄉河，即今黨河；龍勒縣，即今州衛，今爲敦煌縣地。黨河在縣西境，而陽關、玉門關均在黨河之西。陽關西而偏南，故以陽名。詳覈形勢，正應在今黨河西南，與紅山口相近。又《漢書·西域傳》：西域三十六國，東則接漢，扼以玉門、陽關。考漢時三十六國，即今回部。回部東境直安西府敦煌縣，亦與《漢書》三十六部『東扼陽關』之文脗合。至王維詩『西出陽關』云云，送元二使安西作也。考唐之安西，號安西大都護府，初治西州，在伊州之西，即今闢展也；再徙高昌故地，即今土魯番之交河也；三徙龜茲，即今庫車也。前後三遷，總在哈密之西。是安西實在陽關以外，而陽關之屬在敦煌縣境，尤爲昭晳無疑矣。夫古今邊陲故蹟，其考信之艱，非貫串諸書即源流未備，然徒眩惑於誌乘家之聚訟膠轕，而不能確證之。我疆我理，如目營手畫者。然又何以斥傳譌鑿空之誣，而炳焉揭以正鵠哉？書此，宣付館臣，俾綴於編，且以示一隅之舉云。

清·劉統勳等《御製評鑑闡要》卷二《以張騫爲大中大夫綱》　張騫由隴西而大宛，而康居，而月氏，皆行數十日，發譯傳致乃達其道，均自東而西，確然無疑者，乃史稱大宛去長安萬二千五百五十里，康居在大宛西反僅萬二千三百里，月氏更在康居西乃止萬一千六百里，是其行愈遠其道轉近，理所必無，亦鑿空荒誕之一証也。

海上通道分部

綜　述

《史記》卷六《秦始皇本紀》（始皇二十八年）齊人徐市等上書，言海中有三神山，名曰蓬萊、方丈、瀛洲，僊人居之。請得齋戒，與童男女求之。於是遣徐市發童男女數千人，入海求僊人。

又　卷一一八《淮南衡山列傳》　昔秦【略】又使徐福入海求神異物，還爲僞辭曰：『臣見海中大神，言曰：「汝西皇之使邪？」臣答曰：「然。」「汝何求？」曰：「願請延年益壽藥。」神曰：「汝秦王之禮薄，得觀而不得取。」即從臣東南至蓬萊山，見芝成宮闕，有使者銅色而龍形，光上照天。於是臣再拜問曰：「宜何資以獻？」海神曰：「以令名男子若振女與百工之事，即得之矣。」』秦皇帝大說，遣振男女三千人，資之五穀種種百工而行。徐福得平原廣澤，止王不來。

《漢書》卷二八《地理志下》　自日南障塞，徐聞、合浦船行可五月，有都元國；又船行可四月，有邑盧没國；又船行可二十餘日，有諶離國；步行可十餘日，有夫甘都盧國。自夫甘都盧國船行可二月餘，有黄支國，民俗略與珠厓相類。其州廣大，戶口多，多異物，自武帝以來皆獻見。有譯長，屬黄門，與應募者俱入海市明珠、壁流離、奇石異物，齎黄金雜繒而往。所至國皆稟食爲耦，蠻夷賈船，轉送致之。亦利交易，剽殺人。又苦逢風波溺死，不者數年來還。大珠至圍二寸以下。平帝元始中，王莽輔政，欲燿威德，厚遺黄支王，令遣使獻生犀牛。自黄支船行可八月，到皮宗；船行可（八）［二］月，到日南、象林界云。黄支之南，有已程不國，漢之譯使自此還矣。

晉·張華《博物志》卷一《水》　漢使張騫渡西海，至大秦。西海之濱有小崑崙，高萬仞，方八百里。東海廣漫，未聞有渡者。

《後漢書》卷八五《東夷傳·倭》　會稽海外【略】又有夷洲及澶洲。傳言秦始皇遣方士徐福將童男女數千人入海，求蓬萊神仙不得，徐福畏誅不敢還，遂止此洲，世世相承，有數萬家。人民時至會稽市。會稽東冶縣人有入海行遭風，流移至澶洲者。所在絕遠，不可往來。

又　卷八八《西域傳·安息》　自安息西行三千四百里至阿蠻國。從阿蠻西行三千六百里至斯賓國。從斯賓南行度河，又西南至于羅國九百六十里，安息西界極矣。自此南乘海，乃通大秦。其土多海西珍奇異物焉。

南朝梁·蕭繹《金樓子》卷五《志怪篇》　始皇遣問北郭鬼谷先生，云東海亶州上不死之草，生瓊田中。秦始皇聞鬼谷先生言，因遣徐福入海，求金菜玉蔬并一寸葚。

秦王遣徐福求桑椹於碧海之中，海中止有扶桑樹。

《梁書》卷五四《諸夷傳·海南諸國序》 其西與西域諸國接。漢元鼎中，遣伏波將軍路博德開百越，置日南郡。其徼外諸國，自武帝以來皆朝貢。後漢桓帝世，大秦、天竺皆由此道遣使貢獻。

朝貢封賜部

通紀概說分部

綜　述

《史記》卷一一七《司馬相如列傳》 上聞之，乃使相如責唐蒙，因喻告巴蜀民，以非上意。檄曰：『【略】陛下即位，存撫天下，輯安中國，然後興師出兵，北征匈奴，單于怖駭，交臂受事，詘膝請和。康居西域，重譯請朝，稽首來享。』

又 卷一三〇《太史公自序》 漢興以來，至明天子獲符瑞，建封禪，改正朔，易服色，受命於穆清，澤流罔極，海外殊俗，重譯款塞，請來獻見者，不可勝道。

《漢書》卷六《武帝紀》 （太始）三年春正月，行幸甘泉宮，饗外國客。

晉·王嘉《拾遺記》卷五 孝惠帝二年，四方咸稱車書同文軌，天下太平，干戈偃息，遠國殊鄉，重譯來貢。

《後漢書》卷六〇上《馬融傳》 融乃感激，以爲文武之道，聖賢不墜，五才之用，無或可廢。元初二年，上《廣成頌》以諷諫。其辭曰：【略】是以明德耀乎中夏，威靈暢乎四荒，東鄰浮巨海而入享，西旅越葱嶺而來王，南徼因九譯而致貢，朔狄屬象胥而來同。

又 卷八五《東夷傳序》 王莽簒位，貊人寇邊。建武之初，復來朝貢。時遼東太守祭肜威讋北方，聲行海表，於是濊、貊、倭、韓萬里朝獻，故章、和已後，使聘流通。【略】

自中興之後，四夷來賓。雖時有乖畔而使驛不絶，故國俗風土可得略記。

又 《東夷傳·夫餘》 建武中，東夷諸國皆來獻見。

又 卷八八《西域傳序》 （和帝永元六年）其條支、安息諸國至于海，瀕四萬里外，皆重譯貢獻。

又 卷九〇《烏桓鮮卑傳·烏桓》 （建武二十五年）是時四夷朝賀，絡驛而至，天子乃命大會勞饗，賜以珍寶。

《梁書》卷五四《諸夷傳·海南諸國序》 海南諸國，大抵在交州南及西南大海洲上，相去近者三五千里，遠者二三萬里，其西與西域諸國接。漢元鼎中，遣伏波將軍路博德開百越，置日南郡。其徼外諸國，自武帝以來皆朝貢。後漢桓帝世，大秦、天竺皆由此道遣使貢獻。

論　說

《史記》卷一三〇《太史公自序》 漢既通使大夏，而西極遠蠻引領内鄉，欲觀中國。作《大宛列傳》第六十三。

《漢書》卷九六下《西域傳贊》 孝武之世，圖制匈奴，患其兼從西國，結黨南羌，乃表河西，列四郡，開玉門，通西域，以斷匈奴右臂，隔絶南羌、月氏。單于失援，由是遠遁，而幕南無王庭。

遭值文、景玄默，養民五世，天下殷富，財力有餘，士馬彊盛。故能睹犀布、瑇瑁則建珠崖七郡，感枸醬、竹杖則開牂柯、越巂，聞天馬、蒲陶則通大宛、安息。自是之後，明珠、文甲、通犀、翠羽之珍盈於後宮，蒲梢、龍文、魚目、汗血之馬充於黄門，鉅象、師子、猛犬、大雀之羣食於外囿。殊方異物，四面而至。於是廣開上林，穿昆明池，營千門萬戶之宮，立神明通天之臺，興造甲乙之帳，落以隨珠和璧，天子負黼依，襲翠被，馮玉几，而處其中。設酒池肉林以饗四夷之客，作巴俞都盧、海中碭極、漫衍魚龍、角抵之戲以觀視之。及賂遺贈送，萬里相奉，師旅之費，不可勝計。

又　卷一〇〇下《敘傳》　西戎即序，夏后是表。周穆觀兵，荒服不旅。漢武勞神，圖遠甚勤。王師驒驒，致誅大宛。姼姼公主，乃女烏孫。使命乃通，條支之瀕。昭宣承業，都護是立。總督城郭，三十有六。修奉朝貢，各以其職。述《西域傳》第六十六。

東亞諸國分部

綜　述

高句麗

《史記》卷一一五《朝鮮列傳》　天子爲兩將未有利，乃使衛山因兵威往諭右渠。右渠見使者頓首謝：『願降，恐兩將詐殺臣，今見信節，請服降。』遣太子入謝，獻馬五千匹，及饋軍糧。【略】

元封三年夏，【略】遂定朝鮮，爲四郡。封參爲澅清侯，陰爲狄苴侯，唊爲平州侯，長［降］爲幾侯。最以父死頗有功，爲温陽侯。

《三國志》卷三〇《魏志・東夷傳・高句麗》　漢時賜鼓吹技人，常從玄菟郡受朝服衣幘，高句麗令主其名籍。【略】

漢光武帝八年，高句麗王遣使朝貢，始見稱王。

《後漢書》卷一下《光武帝紀下》　（建武八年）十二月，高句驪王遣使奉貢。

（二十三年）冬十月丙申，【略】高句驪率種人詣樂浪内屬。

又　卷五《孝安帝紀》　（永初）三年春正月，【略】高句驪遣使貢獻。

又　卷八五《東夷傳・高句驪》　建武八年，高句驪遣使朝貢，光武復其王號。二十三年冬，句驪蠶支落大加戴升等萬餘口詣樂浪内屬。【略】

安帝永初五年，宮遣使貢獻，求屬玄菟。

東沃沮

《三國志》卷三〇《魏志・東夷傳・東沃沮》　沃沮還屬樂浪，漢以土地廣遠，在單單大領之東，分治東部都尉，治不耐城，别主領東七縣，時沃沮亦皆爲縣。漢光武六年，省邊郡，都尉由此罷。其後皆以其縣中渠帥爲縣侯，不耐、華麗、沃沮諸縣皆爲侯國。

《後漢書》卷八五《東夷傳・東沃沮》　武帝滅朝鮮，以沃沮地爲玄菟郡。後爲夷貊所侵，徙郡於高句驪西北，更以沃沮爲縣，屬樂浪東部都尉。至光武罷都尉官，後皆以封其渠帥，爲沃沮侯。

濊

《三國志》卷三〇《魏志・東夷傳・濊》　自單單大山領以西屬樂浪，自領以東七縣，都尉主之，皆以濊爲民。後省都尉，封其渠帥爲侯。【略】

其海出班魚皮，土地饒文豹，又出果下馬，漢桓時獻之。

《後漢書》卷八五《東夷傳・濊》　元朔元年，濊君南閭等畔右渠，率二十八萬口詣遼東内屬，武帝以其地爲蒼海郡，數年乃罷。至元封三年，滅朝鮮，分置樂浪、臨屯、玄菟、眞番四郡。至昭帝始元五年，罷臨屯、眞番，以幷樂浪、玄菟。玄菟復徙居句驪。自單單大領已東，沃沮、濊貊悉屬樂浪。後以境土廣遠，復分領東七縣，置樂浪東部都尉。自内屬已後，風俗稍薄，法禁亦浸多，至有六十餘條。建武六年，省都尉官，遂棄領東地，悉封其渠帥爲縣侯，皆歲時朝賀。【略】

其地又多文豹，有果下馬，海出班魚，使來皆獻之。

宋・李昉等《太平御覽》卷八九七《獸部九・馬五》　《博物志》曰：穢貊國，南與辰韓、北與句麗、沃沮接，東窮大海。海中出班魚皮，陸出文豹。又出果下馬，高三尺，漢時獻之，駕輦車。

三韓

《三國志》卷三〇《魏志・東夷傳・韓》　漢時屬樂浪郡，四時朝謁。

《後漢書》卷一下《光武帝紀下》（建武二十年）秋，東夷韓國人率衆詣樂浪内附。

又 卷八五《東夷傳·三韓》 建武二十年，韓人廉斯人蘇馬諟等詣樂浪貢獻。光武封蘇馬諟爲漢廉斯邑君，使屬樂浪郡，四時朝謁。

倭國

《三國志》卷三〇《魏志·烏丸鮮卑東夷傳·倭》 倭人在帶方東南大海之中，依山島爲國邑，舊百餘國。漢時有朝見者。

晉·袁宏《後漢紀》卷八《光武皇帝紀第八》（中元）二年春正月【略】丁丑，倭奴國王遣使奉獻。

又 卷一六《孝安皇帝紀》（永初元年）十月，倭國遣使奉獻。

《後漢書》卷一下《光武帝紀下》（中元）二年春正月辛未，【略】東夷倭奴國王遣使奉獻。

又 卷五《孝安帝紀》（永初元年）冬十月，倭國遣使奉獻。

又 卷八五《東夷傳·倭》 建武中元二年，倭奴國奉貢朝賀，使人自稱大夫，倭國之極南界也。光武賜以印綬。

安帝永初元年，倭國王帥升等獻生口百六十人，願請見。

東南亞諸國分部

綜述

越裳

《漢書》卷一二《平帝紀》 元始元年春正月，越裳氏重譯獻白雉一，黑雉二。詔使三公以薦宗廟。

漢·郭憲《洞冥記》卷二 吠勒國貢文犀四頭，狀如水兕，角表有光，因名明犀。置暗中有光影，亦曰影犀。織以爲簟，如錦綺之文。此國去長安九千里，在日南。人長七尺，被髮至踵，乘犀象之車乘，入海底取寶，宿於鮫人之舍得淚珠，則鮫所泣之珠也，亦曰泣珠。

《後漢書》卷一下《光武帝紀下》（建武十二年）是歲，九真徼外蠻夷張遊率種人内屬，封爲歸漢里君。

又 卷三《孝章帝紀》 元和元年春正月，日南徼外蠻夷獻生犀、白雉。

又 卷五《孝安帝紀》（延光元年）十二月，九真徼外蠻夷貢獻内屬。

（三年）五月，日南徼外蠻夷内屬。【略】秋七月丁酉，【略】日南徼外蠻豪帥詣闕貢獻

又 卷八《孝靈帝紀》（熹平二年）冬十二月，日南徼外國重譯貢獻。【略】

（光和）六年春正月，日南徼外國重譯貢獻。

撣國

漢·劉珍等《東觀漢記》卷三《紀三·敬宗孝順皇帝》（永建）六年，葉調國王遣使師會詣闕貢獻，以師會爲漢歸義葉調邑君，賜其君紫綬。及撣國王雍由，亦賜金印紫綬。

《後漢書》卷四《孝和孝殤帝紀·和帝》（永元）九年春正月，永昌徼外蠻夷及撣國重譯奉貢。

又 卷五《孝安帝紀》（永寧元年）十二月，永昌徼外撣國遣使貢獻。

又 卷六《孝順孝沖孝質帝紀·順帝》（永建六年）十二月，日南徼外葉調國、撣國遣使貢獻。

又 卷八六《西南夷傳·哀牢》（永元）九年，徼外蠻及撣國王雍由調遣重譯奉國珍寶，和帝賜金印紫綬，小君長皆加印綬錢帛。【略】

永寧元年，撣國王雍由調復遣使者詣闕朝賀，獻樂及幻人。【略】明年元會，安帝作樂於庭，封雍由調爲漢大都尉，賜印綬、金銀、綵繒各有差也。

南亞諸國分部

綜述

天竺

漢・劉歆《西京雜記》卷二　武帝時，身毒國獻連環羈，皆以白玉作之，馬腦石爲勒，白光琉璃爲鞍。鞍在暗室中，常照十餘丈，如晝日。自是長安始盛飾鞍馬，競加雕鏤。或一馬之飾直百金，皆以南海白蜃爲珂，紫金爲華，以飾其上，猶以不鳴爲患。或加以鈴鑷，飾以流蘇，走則如撞鐘磬，動若飛幡葆。後得貳師天馬，帝以玫瑰石爲鞍，鏤以金銀鍮石，以緑地五色錦爲蔽泥。後稍以熊羆皮爲之，熊羆毛有緑光，皆長二尺者，直百金。卓王孫有百餘雙，詔使獻二十枚。

《後漢書》卷七《孝桓帝紀》　（延熹二年）十二月，【略】天竺國來獻。

（四年）冬十月，天竺國來獻。

又　卷八八《西域傳・天竺》　和帝時，數遣使貢獻。後西域反畔，乃絶。至桓帝延熹二年、四年，頻從日南徼外來獻。

黄支國

《漢書》卷二八《地理志下》　自夫甘都盧國船行可二月餘，有黄支國，民俗略與珠厓相類。其州廣大，户口多，多異物，自武帝以來皆獻見。有譯長，屬黄門。【略】平帝元始中，王莽輔政，欲燿威德，厚遺黄支王，令遣使獻生犀牛。

《後漢書》卷八六《南蠻西南夷傳・南蠻》　（平帝）元始二年，日南之南黄支國來獻犀牛。

罽賓國

《漢書》卷九六上《西域傳・罽賓國》　罽賓實利賞賜賈市，其使數年而壹至云。

中亞諸國分部

綜述

大宛

《史記》卷一二三《大宛列傳》　漢已伐宛，立昧蔡爲宛王而去。歲餘，宛貴人以爲昧蔡善諛，使我國遇屠，乃相與殺昧蔡，立毋寡昆弟曰蟬封爲宛王，而遣其子入質於漢。漢因使使賂賜以鎮撫之。

《漢書》卷九六上《西域傳・大宛國》　貳師既斬宛王，更立貴人素遇漢善者名昧蔡爲宛王。後歲餘，宛貴人以爲昧蔡諂，使我國遇屠，相與共殺昧蔡，立毋寡弟蟬封爲王，遣子入侍，質於漢，漢因使使賂賜鎮撫之。【略】宛王蟬封與漢約，歲獻天馬二匹。

晉・張華《博物志》卷三《異獸》　大宛國有汗血馬，天馬種。漢、魏西域，時有獻者。

唐・杜佑《通典》卷一九三《邊防八・大宛》　後漢明帝時，宛又獻汗血馬。

大月氏

漢・東方朔《海内十洲記》　征和三年，武帝幸安定，西胡月支國王遣使獻香四兩，大如雀卵，黑如桑椹。帝以香非中國所有，以付外庫。又獻猛獸一頭，形如五六十日犬子，大似狸而色黄。

晉・王嘉《拾遺記》卷五《前漢上》　太初二年，大月氏國貢雙頭雞，四足一尾，鳴則俱鳴。

《後漢書》卷三《孝章帝紀》　（章和元年）月氏國遣使獻扶拔、師子。

又　卷四七《班超傳》　初，月氏嘗助漢擊車師有功，是歲貢奉珍

寶、符拔、師子。

宋・洪芻《香譜》卷上《香之品・月支香》　《瑞應圖》：天漢二年，月支國貢神香。武帝取看之，狀若燕卵，凡三枚，大似棗。帝不燒，付外庫。後長安中大疫，宮人得疾衆。使者請燒一枚，以辟疫氣。帝然之，宮中病者差。長安百里内聞其香，積九月不歇。

康居

《漢書》卷九六上《西域傳・康居國》　至成帝時，康居遣子侍漢貢獻。

渠搜

晉・王嘉《拾遺記》卷五《前漢上》　至元狩六年，渠搜國獻網衣一襲。帝焚於九達之道，恐後人徵求，以物奢費。燒之，烟如金石之氣。

論説

宋・蔡襄《端明集》卷三三《觀天馬圖》　慠夫寄尚者也，出古綃之畫駿馬一者，尾鬣微赭而身首文駁，馬與常馬甚不類，特立閑逸，骨自稜竦，精神爽毅，雖一雕之橫塞雲，獨鶴之思昆嶺，莫之爲也。於其旁標曰『蒲梢』云。

安愚子曰：蒲梢馬，漢武帝伐大宛，於貳師城得之。年祀遠甚，宜無有是傳。豈近世好事者工其畫而藉其目乎？慠夫曰：蓋嘗惑焉。然武帝威稜憺乎鬼方，教誥申乎絶域，以國珍而叩塞者得彎龍虎之文，私自語爲僥倖。大宛嘗有善馬，獨恃介絶而愛不來，於是連兵不至之徼，殫饋悉臣之戶。旗鉦之師，戈胄之伍，易乎膏介草莽，魂傑沙漠，重乎南目而視，旋跰而步。然後宛王戮，而昔之善馬惴不敢有。故能宣懿金石，告休神明。武帝求卓異，其心不亦至乎！後之人迹想飛騕，加諸繪事，不亦美與？安愚子曰：地入民凋，物格財匱，豈御天下之計者耶？且馬也，冀野之北，曷世無之？駓驪驌皇，驔驅駱騂，動精月駟，矯首雲螭，或編之天棧，和以鸞鑣，懷風以足其食，大路以馴其性，居不驚獶，動不詭遇，雖虎脊之華，跰蹏之勁，未之加也。然瘠不能振，瘏不見收，嚮風悲鳴，垂耳於駑駘之後，豈少哉！吾知漢固有是，而武皇獨甘心於貳師，豈所謂賤近而貴遠者耶？後之人不加意於求眞視而肖練遺骨，豈所謂貴耳而賤目者耶？

清・愛新覺羅・弘曆《御製文三集》卷一〇《大宛馬識語》　歲乙亥，準噶爾平。越明年，左右部哈薩克以次内附。又明年，使臣入覲隨獵，有詩記事，並加按，定哈薩克爲漢之康居。又越二年，哈薩克來貢馬，因以成歌，仍謂之大宛者，以自古相傳大宛産善馬也。夫西域諸國，何地不産馬？而大宛獨擅其名，漢時人足未履其地，僅聞其名，阻閡曶昧，遂以爲大宛所獨耳。不寧惟是，即我朝西極未定之前，準噶爾所貢馬，率謂之大宛。向按大宛部落强盛，附庸者多，哈薩克當是其部中之一國，非臆説也。《史記》載康居，南羈事月氏，東羈事匈奴，則康居固他人之屬國耳。張騫使月氏，爲匈奴所閉，及亡抵大宛，而大宛遂能爲發導驛，抵康居，是康居本聽大宛役屬也。《唐書》載石國，故康居小王窳匿城地。《漢書》所謂康居小王五之一，而唐顯慶中以爲大宛都督府，亦其一證。故哈薩克以漢語言之，爲康居；自其服屬言之，則原大宛。近三十年來，軍吏塗經，貢使踵接，汗血之馬服皁，獨樹之迹寄題，非如前代鑿空者比。此歌與丁丑按語固相印合，不得以異同致疑矣。幾暇重書是卷，因識之。

藝文

《史記》卷二四《樂書》　後伐大宛得千里馬，馬名蒲梢，次作以爲歌。歌詩曰：

天馬來兮從西極，經萬里兮歸有德。承靈威兮降外國，涉流沙兮四夷服。

《漢書》卷二二《禮樂志二・郊祀歌十九章・天馬十》　天馬徠，從西極。涉流沙，九夷服。天馬徠，出泉水。虎脊兩，化若鬼。天馬徠，歷無草。徑千里，循東道。

天馬徠，執徐時。將搖舉，誰與期？天馬徠，開遠門。竦予身，逝

昆侖。天馬徠，龍之媒。遊閶闔，觀玉臺。

太初四年誅宛王獲宛馬作。

宋·唐庚《眉山詩集》卷三《天馬歌贈朱廷玉》 貳師城中天馬駒，眼光掣電汗流朱。將軍出塞萬里餘，得此龍種來執徐。朝踏幽燕暮荆吳，歷塊一蹶旁人呼。向來價重千金壺，一朝不直半束芻，千馬萬馬肥如豬。

宋·劉宰《漫塘集》卷四《天馬歌書劉漕彌正子淮海秋思詩藁後》 貳師城空渥洼涸，百年徒費秦川榷。眼明見此玉花驄，畫工如山筆難貌。朔風號，朔雪舞，交河水冰連后土。一聲嘶入玉門關，掣斷陰雲日當午。超八駿，六友龍。天人一笑和鑾雍，駑駘百萬那能從。

元·龔璛《存悔齋稿·附朱性夫補抄龔子敬遺詩·題龔聖子畫馬》 人間能有幾天馬，試問來從西極者。二十萬匹從貳師，攻破大宛僅得之。執驅校尉奏妙選，帝閑自此收權奇。未央宮門銅作式，矯矯如此龍八尺。絆者自絆逸者逸，不是老龔誰貌得？

元·郭翼《林外野言》卷下《和李長吉馬詩十二首·其十二》 驥子大宛種，房星夜降精。漢家求不得，兵壓貳師城。

元·顧瑛《草堂雅集》卷一三《宗本元〈題漢天馬圖〉》 朱鬣衝風汗血斑，遙思踣雪度龍關。風塵四海兵戈滿，未省將軍戰馬閒。

明·偶桓《乾坤清氣》卷七《[元]何麟瑞〈天馬歌〉》 崑崙高哉二千五百餘里，日月相隱避。黄河發源下有渥洼水，大宛羣馬飲其瀣。天馬下與羣馬戲，產駒一日可千里。滴汗化作燕支水，國人縛藁爲人置水際。久與馬習不經意，一朝卻被人羈縶。張騫使還報天子，天子不惜金珠與重幣。期以此馬可上致，大宛使人欺漢使，致煩浞野樓蘭七百騎，攻虜其王馬始至。此馬初入天廄時，一十二閑無敢嘶。萬乘臨觀動一笑，盛氣從此無四夷。君王神武不世出，天產神物相追隨。高皇手提三尺劍，蹙秦誅項一指麾。天下馬上得，不聞取馬外國爲。龍如可豢龍亦物，馬果龍種豈受羈？徒令物故過半不補失，輪臺一詔悔已遲。此詩欲學《旅獒》可，光武一牛亦足歎漢火。

又《[元]何麟瑞〈後天馬歌〉》 建元天子不世出，天相神武產異物，有馬出在月氏窟。寶劍之精，乾龍之靈。足如奔電，目如耀星。汗血雨灑，駿肉飆輕。渴吻一飲，黄河塵生。昂首一鳴，天雷收聲。曾爲伏羲出河負八卦，曾隨穆王遠與西母會。鸞旂屬車相後先，龍盾虎韔八寶韉。萬乘親臨拜甘泉，穩馱玉輅壇壝前。元鼎勒兵十八萬，天子自將孰敢戰。駿氣橫出立陣前，百萬聞嘶股俱顫。天生此馬神武沛，西極龍媒望風退。天子作歌暢皇明，四夷竭蹙咸來庭。天馬來，帝作歌，漢時此馬今更多。

明·高啓《大全集》卷一八《題趙魏公馬圖》 校尉當年執策迎，千金遠購貳師城。一歸天殿嗟空老，立仗元來不用鳴。

明·釋宗泐《全室外集》卷二《西極天馬歌》 天馬來自西極，流汗溝。朱蹄踏石，眴目逕度流沙磧。天子見之心始降，九州欲看民痍瘡。宛王何人敢私有，貳師城堅亦難守。等閒騎向瑤臺前，周家八駿爭垂首。天閑飽秣玉山禾。苜蓿春來亦漸多。感君意氣爲君死，一日從君行萬里。

清·愛新覺羅·弘曆《御製詩三集》卷八六《讀史記大宛傳》 大宛之迹見張騫，去漢萬里俗耕田。多善馬號天馬子，屬邑七十餘城焉。遷僅耳聞非目覩，以今證古多訛傳。哈薩克或康居是，舊傳哈薩克爲古大宛，向已辨其非。今考哈薩克不但無城郭與大宛異，且其地當準噶爾西北兩面，準噶爾爲漢烏孫，證以《漢書》『烏孫西北與康居接』之文，則今哈薩克當爲古康居也。大宛則實安集延。安集延地控葱嶺，其東與布魯特錯處。《漢書》稱休循出葱嶺西，捐毒與葱嶺屬，西北皆當大宛。按：休循、捐毒本塞種，無城郭，當卽今布魯特。又西北爲安集延，諸部皆有城郭土著，與《史記》所言相合，自當爲古大宛地。善馬率出哈薩克，伊犂來鬻歲數千。哈薩克每歲驅馬數千至伊犂，以内地綢緞易之，價廉而多得良馬，詳見舊作《反白居易陰山道樂府詩》注。安集延雖亦有馬，素乏良騎來天閑。且哈薩克無城郭，安集延原村落連。昔之大宛今鮮馬，今哈薩克非大宛。彼其漢事尚謬記，何況異域懸天邊。皇輿西域輯《圖志》，一一徵實登諸篇。但考古卽誤於古，平定準部回部以後，分命大臣駐守，其道里土俗衆皆熟悉，且曾遣使測量，是以《皇輿西域圖志》所載悉由核實，惟考古仍不能不資《史》、《漢》諸書，而遷、固輩記中國事尚不免失誣，其言異域必更傳訛習誕。今雖據爲考證，恐所訂究不足信耳。斯之未信吾殷然。

雜録

漢・佚名《三輔黄圖》卷三《未央宫》　金馬門，宦者署。武帝得大宛馬，以銅鑄像，立於署門，因以爲名。東方朔、主父偃、嚴安、徐樂，皆待詔金馬門，卽此。

宋・朱翌《猗覺寮雜記》卷上　退之《馬蹄研銘》云：天馬有靈，迹在於石。《漢武紀》『獲汗血馬』注：踏石汗血，一日千里。踏石有迹，以言蹄之堅有力。

西亞諸國分部

綜述

安息

《史記》卷一二三《大宛列傳》　初，漢使至安息。【略】漢使還，而後發使，隨漢使來觀漢廣大，以大鳥卵及黎軒善眩人獻於漢。

《漢書》卷六一《張騫傳》　大宛諸國發使，隨漢使來，觀漢廣大，以大鳥卵及犛軒眩人獻於漢，天子大説。

又　卷九六上《西域傳・安息國》　武帝始遣使至安息，【略】因發使隨漢使者來觀漢地，以大鳥卵及犂軒眩人獻於漢，天子大説。

漢・劉珍等《東觀漢記》卷一六《列傳十一・班超》　安息遣使獻大爵、師子，超遣子勇隨入塞。

又　卷二〇《列傳十五・西域》　永元二年，安息王獻條支大雀，此雀卵大如甕。

《後漢書》卷八八《西域傳・安息》　章帝章和元年，遣使獻師子、符拔。符拔形似麟而無角。【略】

（和帝永元）十三年，安息王滿屈復獻師子及條支大鳥，時謂之安息雀。

（十三年）冬十一月，安息國遣使獻師子及條枝大爵。

唐・杜佑《通典》卷一九二《邊防八・安息》　武帝始遣使至安息，【略】因發使隨漢使，以大鳥卵及犂軒眩人獻。至後漢章帝時，理和櫝城。遣使獻師子、符拔。符拔形似麟而無角。

條支

晉・王嘉《拾遺記》卷六《後漢》　章帝永寧元年，條支國來貢異瑞。有鳥名鳷鵲，形高七尺，解人語。其國太平，則鳷鵲羣翔。昔漢武帝時，四夷賓服，有獻馴鵲，若有喜樂事，則鼓翼翔鳴。

藝文

唐・歐陽詢等《藝文類聚》卷九二《［漢］班昭〈大雀賦〉》　嘉大雀之所集，生崙崑之靈丘，同小名而大異，乃鳳皇之匹疇，懷有德而歸義，故翔萬里而來游，集帝庭而止息，樂和氣而優遊。上下協而相親，聽《雅》、《頌》之雍雍。自東西與南北，咸思服而來同。

歐洲諸國分部

綜述

大秦

漢・郭憲《洞冥記》卷二　元封三年，大秦國貢花蹄牛。其色駮，高六尺，尾環遶其身，角端有肉，蹄如蓮花，善走多力。帝使輦銅石，以起望仙宫，迹在石上，皆如花形。故陽關之外花牛津，時得異石，長十丈，高三丈，立於望仙宫，因名龍鍾石。武帝末，此石自陷入地，惟尾出土上，今人謂龍尾墩也。

晉・袁宏《後漢紀》卷一五《殤帝紀》　大秦國一名黎軒，在海西。【略】其王常欲通使於漢，奉貢獻，而安息欲以漢繒絲與之交市，故遮不得令通。及桓帝建初中，王安都遣使者奉獻象牙、犀角、玳瑁，始一通焉。

《後漢書》卷七《孝桓帝紀》　（延熹九年九月）大秦國王遣使奉獻。

又　卷八八《西域傳・大秦》　其王常欲通使於漢，而安息欲以漢繒綵與之交市，故遮閡不得自達。至桓帝延熹九年，大秦王安敦遣使自日南徼外獻象牙、犀角、瑇瑁，始乃一通焉。其所表貢，並無珍異，疑傳者過焉。

蒙奇　兜勒

漢・劉珍等《東觀漢記》卷二《紀二・穆宗孝和皇帝》　（永元十二年）冬十一月，【略】西域蒙奇、兜勒二國歸義。

晉・袁宏《後漢紀》卷一四《孝和皇帝紀下》　（永元十二年）冬，西域蒙奇、兜勒二國內屬。

《後漢書》卷四《孝和孝殤帝紀・和帝》　（永元十二年）冬十一月，西域蒙奇、兜勒二國遣使內附，賜其王金印紫綬。

又　卷八八《西域傳序》　（和帝永元）九年，班超遣掾甘英窮臨西海而還，皆前世所不至，《山經》所未詳，莫不備其風土，傳其珍怪焉。於是遠國蒙奇、兜勒皆來歸服，遣使貢獻。

遣使通好部

綜　述

《史記》卷一二三《大宛列傳》　（張）騫因分遣副使使大宛、康居、大月氏、大夏、安息、身毒、于窴、扜罙及諸旁國。烏孫發導譯送騫還，騫與烏孫遣使數十人，馬數十匹報謝，因令窺漢，知其廣大。騫還到，拜爲大行，列於九卿，歲餘卒。【略】其後歲餘，騫所遣使通大夏之屬者，皆頗與其人俱來，於是西北國始通於漢矣。然張騫鑿空，其後使往者皆稱博望侯，以爲質於外國，外國由此信之。【略】

漢始築令居以西，初置酒泉郡，以通西北國，因益發使抵安息、奄蔡、黎軒、條枝、身毒國，而天子好宛馬，使者相望於道。諸使外國，一輩大者數百，少者百餘人。人所齎持，大放博望侯時，其後益習而衰少焉。漢率一歲中，使多者十餘，少者五六輩，遠者八九歲，近者數歲而反。【略】

自博望侯開外國道以尊貴，其後從吏卒皆爭上書，言外國奇怪利害求使，天子爲其絶遠，非人所樂往，聽其言，予節，募吏民，毋問所從來，爲具備人衆遣之，以廣其道。來還不能毋侵盜幣物，及使失指，天子爲其習之，輒覆案，致重罪，以激怒，令贖復求使。使端無窮，而輕犯法。其吏卒亦輒復盛推外國所有，言大者予節，言小者爲副，故妄言無行之徒皆爭效之。

《漢書》卷六一《張騫傳》　張騫，漢中人也。建元中爲郎。時匈奴降者言匈奴破月氏王，以其頭爲飲器，月氏遁而怨匈奴，無與共擊之。漢方欲事滅胡，聞此言，欲通使，道必更匈奴中，乃募能使者。騫以郎應募，使月氏。與堂邑氏奴甘父俱出隴西，徑匈奴，匈奴得之，傳詣單于。單于曰：『月氏在吾北，漢何以得往？使吾欲使越，漢肯聽我乎？』留騫十餘歲，予妻有子，然騫持漢節不失。居匈奴西，騫因與其屬亡鄉月氏。西走數十日，至大宛。大宛聞漢之饒財，欲通不得，見騫喜，問欲何之。騫曰：『爲漢使月氏而爲匈奴所閉道，脫亡，唯王使人道送我。誠得至反漢，漢之賂遺王財物，不可勝言。』大宛以爲然，遣騫爲發譯，道抵康居。康居傳致大月氏，大月氏王已爲胡所殺，立其夫人爲王，既臣大夏而君之，地肥饒少寇，志安樂；又自以遠，遠漢，殊無報胡之心。騫從月氏至大夏，竟不能得月氏要領。留歲餘還，並南山，欲從羌中歸，復爲匈奴所得。留歲餘，單于死，國內亂，騫與胡妻及堂邑父俱亡歸漢，拜騫大中大夫，堂邑父爲奉使君。騫爲人彊力，寬大信人，蠻夷愛之。堂邑父

胡人，善射，窮急射禽獸給食。初，騫行時百餘人，去十三歲，唯二人得還。騫身所至者大宛、大月氏、大夏、康居，而傳聞其旁大國五六，具爲天子言其地形所有。語皆在《西域傳》。【略】

後二年，漢擊走單于於幕北。天子數問騫大夏之屬，騫既失侯，因曰：『臣居匈奴中，聞烏孫王號昆莫。昆莫父難兜靡本與大月氏俱在祁連、敦煌間，小國也。大月氏攻殺難兜靡，奪其地，人民亡走匈奴。子昆莫新生，傅父布就翎侯抱亡置草中，爲求食，還，見狼乳之，又烏銜肉翔其旁，以爲神，遂持歸匈奴，單于愛養之。及壯，以其父民衆與昆莫，使將兵，數有功。時月氏已爲匈奴所破，西擊塞王。塞王南走遠徙，月氏居其地。昆莫既健，自請單于報父怨，遂西攻破大月氏。大月氏復西走，徙大夏地。昆莫略其衆，因留居，兵稍强，會單于死，不肯復朝事匈奴。匈奴遣兵擊之，不勝，益以爲神而遠之。今單于新困於漢，而昆莫地空。蠻夷戀故地，又貪漢物，誠以此時厚賂烏孫，招以東居故地，漢遣公主爲夫人，結昆弟，其勢宜聽，則是斷匈奴右臂也。既連烏孫，自其西大夏之屬皆可招來而爲外臣。』天子以爲然，拜騫爲中郎將，將三百人，馬各二匹，牛羊以萬數，齎金幣帛直數千鉅萬，多持節副使，道可便遣之旁國。騫既至烏孫，致賜諭指，未能得其決。語在《西域傳》。騫卽分遣副使使大宛、康居、月氏、大夏。烏孫發譯道送騫，與烏孫使數十人，馬數十匹報謝，因令窺漢，知其廣大。騫還，拜爲大行。歲餘，騫卒。後歲餘，其所遣副使通大夏之屬者，皆頗與其人俱來，於是西北國始通於漢矣。然騫鑿空，諸後使往者皆稱博望侯，以爲質於外國，外國由是信之。

又　卷九四上《匈奴傳》　馬宏者，前副光祿大夫王忠使西國，爲匈奴所遮，忠戰死，馬宏生得，亦不肯降。

又　卷九六上《西域傳・安息國》　武帝始遣使至安息，王令將將二萬騎迎於東界。東界去王都數千里行，比至，過數十城，人民相屬。

晉・常璩《華陽國志》卷二《漢中志》　張騫特以蒙險遠，爲孝武帝開緣邊之地，賓沙越之國，致大宛之馬，入南海之象，而車渠、瑪瑙、珊瑚、琳碧、罽賓明珠、玳瑁、虎魄、水精琉璃、火浣之布、蒲桃之酒、筇竹、蒟醬，殊方奇玩，盈於市朝。振揚威靈，被於幽裔，遂登九列，杖節繡衣，剖符博望。

又　卷一〇下《漢中士女》　博望致遠，西南來庭。張騫，成固人也。爲人强大有謀，能涉遠。爲武帝開西域五十三國，窮河源，南至絶遠之國。拜校尉，從討匈奴有功，遷衛尉，封博望侯。於是廣漢緣邊之地，通西南之塞，豐絶遠之貨，令帝無求不得，無思不服。至今方外開通，騫之功也。

明・梅鼎祚《東漢文紀》卷三一《佚名〈漢蕩陰令張君碑〉》　孝武時有張騫，廣通風俗，開定畿宇，南苞八蠻，西羈六戎，北震五狄，東勒九夷，荒遠既賓，各貢所有。

《後漢書》卷八八《西域傳》（和帝永元）九年，班超遣掾甘英窮臨西海而還，皆前世所不至，《山經》所未詳，莫不備其風土，傳其珍怪焉。【略】

論曰：西域風土之載，前古未聞也。漢世張騫懷致遠之略，班超奮封侯之志，終能立功西遐，羈服外域。自兵威之所肅服，財賂之所懷誘，莫不獻方奇，納愛質，露頂肘行，東向而朝天子。故設戊己之官，分任其事；建都護之帥，總領其權。先馴則賞籯金而賜龜綬，後服則繫頭顙而釁北闕。立屯田於膏腴之野，列郵置於要害之路。馳命走驛，不絶於時月；商胡販客，日款於塞下。其後甘英乃抵條支而歷安息，臨西海以望大秦，拒玉門、陽關者四萬餘里，靡不周盡焉。若其境俗性智之優薄，產載物類之區品，川河領障之基源，氣節涼暑之通隔，梯山棧谷繩行沙度之道，身熱首痛風灾鬼難之域，莫不備寫情形，審求根實。

《隋書》卷八三《西域傳序》　漢氏初開西域，有三十六國，其後分立五十五王，置校尉、都護以撫納之。王莽篡位，西域遂絶。至於後漢，班超所通者五十餘國，西至西海，東西四萬里，皆來朝貢。復置都護、校尉，以相統攝。其後或絶或通，漢朝以爲勞弊中國，其官時廢時置。

論説

漢・揚雄《法言》卷八《淵騫篇》　張騫、蘇武之奉使也，執節没身，不屈王命。雖古之膚使，其猶劣諸？

《漢書》卷一〇〇下《敍傳》　博望杖節，收功大夏。貳師秉鉞，身

釁胡社。致死爲福，每生作戩。述《張騫李廣利傳》第三十一。

《梁書》卷五四《諸夷傳·西北諸戎序》　西北諸戎，漢世張騫始發西域之迹，甘英遂臨西海，或遣侍子，或奉貢獻，于時雖窮兵極武，僅而克捷，比之前代，其略遠矣。

《隋書》卷八三《西域傳論》　自古開遠夷，通絶域，必因宏放之主，皆起好事之臣。張騫鑿空於前，班超投筆於後，或結之以重寳，或懾之以利劍，投軀萬死之地，以要一旦之功，皆由主尚來遠之名，臣殉輕生之節。是知上之所好，下必有甚者也。

宋·李彌遜《筠谿集》卷九《議古·張騫使月氏》　議曰：漢武好大喜功，外事西夷。張騫鑿空，以開西南之役。自是遣誅求之使，興問罪之師，殆無虚歲。中國殊方，幷受其弊。闢草萊，任土地，罪不至是也。然騫身所至者五六國，留匈奴十有餘歲，持漢節不失，不爲不難矣。向使移其賢勞，奉國之誠，敦恭儉，本仁義，内正君失，外除民患，垂紳正笏，爲社稷臣，與其捐軀絶域，以萌後患，相距豈不懸絶哉？欲爲臣，盡臣道，在所擇而已。

宋·樓鑰《攻媿集》卷七五《跋趙晞遠使北本末》　漢武帝得人之盛，史贊有曰：奉使則張騫、蘇武。武之執節，千古所仰。若騫者，往來匈奴十餘年，謂其勤勞則可，然竟不得月氏要領，猶之可也。奉使有指而多取外國奇物，失侯之後，益言所聞於他國者，以蕩上心，帝之黷武以至虚耗，騫實啓之，殆漢之罪人也。

元·劉壎《隱居通議》卷二五《經史二·史記擷語》　『鑿空』二字，出《大宛傳》，謂張騫首通西域爲鑿空者，蓋甚言破荒也。今世用鑿空者，失本意。

元·胡祇遹《紫山大全集》卷八《送殷獻臣奉使日本序》　奉使之任亦難矣，上命下臣受命以行，皆不可以率易。擇人之不精，與夫不自揣度，徒以不敢拒命爲恭，其於敗事則一也。然則辱君命者，臣之罪。擇臣之不精者，能獨免天下之議乎？奉使之職有二，守常、從權而已。若夫講信修睦，弔凶慶吉，送往迎來，厚薄有定禮，尊卑有定序，和好無事，規規然奉守常憲，此人人能之，雖然猶於臨軒發命，試其語言，觀其容止，議其問學材藝，數者必備而後遣。及其時異事異，變起非常，一介可以代萬兵，一語可以服强梗，不動聲氣，不勞宸慮，伸威定難於億萬里異域荒服之外，此豈庸人之所能哉？然則命使之君，受命之臣，宜何如哉？西漢而下，宇宙開斥，遣使絶域，世世有之。如陸賈之臣南越，張騫之來西域，蘇子卿之勁節不撓，爲漢廷萬世之光。馮奉世、陳湯、傅介子之殺戎王，奇功異烈，烜赫當代，照映簡册，千百世而下，聞者莫不直髮扼腕，不覺失聲歎美而爲之一快。君臣相光，外内分定，茲又一使之力也。叔世選人不精，而士氣日衰，無事則揚眉吐氣，以剛勇才幹自負。及委之以事，則退縮畏懦，而不敢前，遂使時君世主以儒爲副，或特命以行，罔有成功。歲戊辰秋，殷子獻臣再當日本之行，京師諸公，皆有詩，故特舉往昔不辱君命者以告之，壯其氣而爲諸什之序。

明·胡廣《胡文穆雜著·張騫》　張騫貪一身之利，爲漢使月氏，經大夏復事西南夷，通烏孫，鑿空西域。啓武帝窮兵之欲者，實騫之過也。

明·張寧《方洲集》卷三〇《讀史録》　按張騫使西域，爲匈奴遮留，持漢節不失。行時百餘人，去十三年，唯二人得還。大略與蘇武相類。然朝廷之所著列，華夷之所敬憚，古今之所稱仰，騫實不得與蘇武並焉。蓋武之出使，本以王命懷遠，其名正，其言順，事雖不幸，顧其忠義之發，又適當所往之國匈奴威之不能懼，愛之不能喜，説之不能使。其聽處已不以死生動心事君，不以存亡改節敬事，不以近久老壯易慮。觀其折衛律，對李陵，服武帝之喪，從容處義，庶幾盡已。俟命之士，至今使人感嘆而不能已。可謂忠義之至，豈特慷慨殺身者哉！若騫之事，不過開邊務遠，爲之遮留於中道，又復低回逋遁，如婦人女子之態，使其事成不足以光時，不成適足以辱國。其功遠在常惠、馬宏之下，安得擬武哉！故君子之事君也，任正爲上，服勤次之，以死抵利，斯爲下矣。

明·王鏊《震澤長語》卷下　《史記》不與張騫立傳，其始附衛青，而於《大宛傳》備載始末。蓋大宛諸國土俗，皆騫所歸爲武帝言者也。騫没後，諸使西域者亦具焉。事備具而有條理，若《漢書》則大宛、張騫各自爲《傳》矣。

明·黄淳耀《陶庵全集》卷四《大宛列傳》　張騫爲漢使，留夷中十三年歸，不失漢節，視蘇武少六年耳，匈奴與妻有子，亦與武相類。然

天子意在開邊，而騫以郎應募奉使，君子所不爲也。其言大夏可通，又以失侯故，欲連烏孫斷匈奴右臂，以爲己功名之地。自是妻烏孫，取宛馬，迄無窮歲，則固蘇武之罪人也，雖隕首邊廷，亦不得與武比節，况生還哉！雖然，騫有賢孫猛，武之後反無聞焉，何也？

清・黄宗羲《明文海》卷二九五《屠應埈〈送給事陳君使琉球序〉》 至觀博望侯《騫傳》，則以一介之使，凌絶海外，結軌殊域，歷上古不王之國，爲漢鑿空，向導隨流而攘，則又蘧然喟慕。雖其行不揆于古，有壯志焉。今以行人往來之域，通外邦之内臣，而使者言海外則悒悒動顔色，奚古今人若是遠也？

明・方以智《通雅》卷四《釋詁》 鑿空，猶弄空也。【略】《前漢書・張騫傳》云「然騫鑿空」注，顔師古以爲空讀如孔，謂鑿孔以通山路。此則迂謬極矣，後人遂以遠征，用「鑿空」字。【略】按「騫鑿空」者，史斷語也，謂武帝好大，騫善爲遠大奇瑰之言，以動至尊。猶今人所謂弄空、走空耳。

清・黄生《義府》卷下《鑿空》 漢《張騫傳》騫鑿空，上聲。諸後使往者皆稱博望侯，以爲質于外國。按『鑿空』與『爲質』對，質有物，空無物。言騫先無所因，往通諸國，如即虛空而鑿之。後使者皆藉騫爲辭，如有物以爲質耳。注並非。

藝文

宋・文同《丹淵集》卷一三《張騫冢祠》 中梁山麓漢水濱，路側有墓高嶙峋。叢祠蓊蔚蔽野霧，榜曰博望侯之神。當年竇幣走絶域，此日鷄豚邀小民。君不見武帝甘心事遠畧，靡壞財力由斯人。

宋・劉攽《彭城集》卷一八《寄韓玉汝待制》 南雲不到飛狐口，朔雪來從累鴈門。仗節仍煩鑿空使，乘槎徑取濁河源。

元・戴表元《剡源文集》卷三〇《張騫乘槎圖》 數尺枯槎底易騎，海風吹浪白瀰瀰。如今市上君平少，曾到天河也不知。

元・胡祗遹《紫山大全集》卷七《題張騫乘槎圖》 奉使西夷二十年，同行三百一身全。期君事遠無窮罪，又作茲行欲誑天。

元・陳宜甫《秋巖詩集》卷下《題張騫乘槎圖》 雪湧銀濤八月秋，風吹巾袂興悠悠。坐來蓬島千年樹，穩勝蓮花一葉舟。星照横機問織女，月明清渚立牽牛。偶然得石歸來後，却厭金章萬戶侯。

元・尹廷高《玉井樵唱》卷上《張騫乘槎》 仙槎正落斗牛間，散髮中流意自閑。却被君平開口笑，水窮山盡不知還。

元・許有壬《至正集》卷七《張騫乘槎圖》 世言天河與海通，浮槎歲來秋適中。有人好奇贏糧從，源幾萬里吾其窮。城郭何地倏此逢，雲煙宮室相冥濛。見美而識雲鬟鬆，西有癡絶牽牛翁。問之蜀嚴能識儂，又言張騫昔使戎。乘此直泝崑崙東，得石歸可夸兒童。曼倩侮世如聱聾，君平更躡虛無蹤。茂陵方急開邊功，抵巇宜得博望封。昔躬所無後乃蓻，豈非致此由鑿空？稗官之靡棟漫充，千年孰抑荒唐風？流傳幾時到畫工，鉦可喻日聲非容。酒多且旨殽且豐，萬事不用研初終，安得畢卓吾將同。

明・胡奎《斗南老人集》卷五《題太乙張騫圖》 太乙眞人坐蓮葉，大宛使者泛靈槎。偶向天河一相見，直到牽牛織女家。

明・凌雲翰《柘軒集》卷一《張騫出使圖》 漫從西域度流沙，八月虛回奉使槎。天上白榆那可摘？歸時只得帶榴花。

明・林鴻《鳴盛集》卷四《題鄭昭甫寫張騫乘槎圖》 滚滚黄河天上來，茂陵底事望蓬萊。早知博望乘槎使，虛築通天百尺臺。

明・鄭文康《平橋藁》卷三《讀張騫傳》 漢家西域是誰開？博望功成事可哀。斷送壯夫知幾許，換將胡物過東來。

雜録

《後漢書》卷四七《班梁傳・班超》 超與母隨至洛陽，家貧，常爲官傭書以供養。久勞苦，嘗輟業投筆歎曰：『大丈夫無他志畧，猶當效傅介子、張騫，立功異域，以取封侯。安能久事筆研間乎？』左右皆笑之，超曰：『小子安知壯士志哉？』

元・王惲《秋澗集》卷三六《博望侯廟辨記》 頓坊距汲縣東北二十五里，川原衍沃，泉流交貫，蓋蒼水流洑至此而後發，厥田宜稻與麻。平時修竹彌望，號稱小蘇門。按《圖誌》，其地殷墟近郊，太行之朝陽

也。坊北不百舉武，有岡陂陀，際山西來，岡首有祠，俗相承云漢博望侯張騫廟，侯之冢在焉。

予讀《西漢書》，騫自建元中使西域，通烏孫而卒。冢今在漢中，此安得騫之墓所哉？是乃欒史所辨：汲縣東北三十里有岡曰博望，上有石墳洎二石，表云張騫冢，非也，乃故原武典農高府君之神道，呼爲石柱國者，是也。然不明府君何代人，而典農，魏晉間秩號。見《晉書・何曾傳》。曾爲汲郡典農中郎將。其于郡人有功，因屋而祠之，昭昭矣。今縣治去頓坊二十里而遥，曰五十里者，攷之蓋距古汲城而言也。又按唐志書，武德六年改共城爲共州，置博望縣，此亦因岡而爲名。故土人不究是非，直以岡縣名與騫侯封相同，遂指爲騫之冢廟，何其誤哉！

至元四年，外叔韓澍來官，數以《廟辨》見囑，予因爲説曰：明則有禮樂，幽則有鬼神。幽、明雖殊，其理罔間。騫若有靈，恐不能一朝居此；且以名亂實者，君子惡之。守令者，民神之主也。一旦有事，祠下幣祝交獻，明以典農高君而曰博望張侯，吾誰欺，欺神乎？言且不順而望神之妥靈肸蠁，吾未之信也。嗚呼！正名實，明祀典，有司之事也。今侯之爲縣，首以孚誠感通神明，致雨暘之應，以利其鄉人。故正兹名實之不正，足以見侯之莅官興事不苟云。歲丁卯壯陽月夏至後三日，郡人王惲記。

對外政策部

綜　述

維護和平

《漢書》卷七九《馮奉世傳》　先是，時漢數出使西域，多辱命不稱，或貪汙，爲外國所苦。是時烏孫大有擊匈奴之功，而西域諸國新輯，漢方善遇，欲以安之，選可使外國者。前將軍增舉奉世，以衛候使持節，送大宛諸國客至伊修城。【略】宣帝召見韓增，曰：『賀將軍所舉得其人。』奉世遂西至大宛，大宛聞其斬莎車王，敬之，異於他使，得其名馬象龍而還。上甚説，下議封奉世。丞相、將軍皆曰：『《春秋》之義，大夫出疆，有可以安國家則顓之，可也。奉世功效尤著，宜加爵土之賞。』少府蕭望之獨以奉世奉使有指，而擅矯制違命，發諸國兵，雖有功效，不可以爲後法。即封奉世，開後奉使者利，以奉世爲比，爭逐發兵，要功萬里之外，爲國家生事於夷狄。漸不可長，奉世不宜受封。上善望之議，以奉世爲光祿大夫、水衡都尉。

又　卷九六上《西域傳・罽賓國》　自武帝始通罽賓，自以絶遠，漢兵不能至，其王烏頭勞數剽殺漢使。烏頭勞死，子代立，遣使奉獻。漢使關都尉文忠送其使，王復欲害忠。忠覺之，乃與容屈王子陰末赴共合謀，攻罽賓，殺其王，立陰末赴爲罽賓王，授印綬。後軍候趙德使罽賓，與陰末赴相失，陰末赴鎖琅當德，殺副已下七十餘人，遣使者上書謝。孝元帝以絶域不録，放其使者於縣度，絶而不通。

成帝時，復遣使獻，謝罪。漢欲遣使者報送其使。杜欽説大將軍王鳳曰：『前罽賓王陰末赴，本漢所立，後卒畔逆。夫德莫大於有國子民，罪莫大於執殺使者。所以不報恩，不懼誅者，自知絶遠，兵不至也。有求則卑辭，無欲則驕嫚，終不可懷服。凡中國所以爲通厚蠻夷，愜快其求者，爲壤比而爲寇也。今縣度之阸，非罽賓所能越也。其鄉慕，不足以安西域；雖不附，不能危城郭。前親逆節，惡暴西域，故絶而不通。今悔過來，而無親屬貴人，奉獻者皆行賈賤人，欲通貨市買，以獻爲名，故煩使者送至縣度，恐失實見欺。凡遣使送客者，欲爲防護寇害也。起皮山南，更不屬漢之國四五，斥候士百餘人，五分夜擊刁斗自守，尚時爲所侵盜。驢畜負糧，須諸國稟食，得以自贍。國或貧小不能食，或桀黠不肯給。擁彊漢之節，餒山谷之間，乞匃無所得，離一二旬，則人畜棄捐曠野而不反。又歷大頭痛、小頭痛之山，赤土、身熱之阪，令人身熱無色，頭痛嘔吐，驢畜盡然。又有三池、盤石阪，道陿者尺六七寸，長者徑三十里。臨峥嶸不測之深，行者騎步相持，繩索相引，二千餘里乃到縣度。畜隊，未半阬谷盡靡碎；人墮，執不得相收視。險阻危害，不可勝言。聖王分九

州，制五服，務盛內，不求外。今遣使者，承至尊之命，送蠻夷之賈，勞吏士之衆，涉危難之路，罷弊所恃，以事無用，非久長計也。使者業已受節，可至皮山而還。』於是鳳白從欽言。

《後漢書》卷四七《班梁傳・班超》　明年，下詔曰：『往者匈奴獨擅西域，寇盜河西。永平之末，城門晝閉。先帝深愍邊甿嬰罹寇害，乃命將帥擊右地，破白山，臨蒲類，取車師，城郭諸國震慴響應，遂開西域，置都護，而焉耆王舜、舜子忠獨謀悖逆，恃其險隘，覆沒都護，并及吏士。先帝重元元之命，憚兵役之興，故使軍司馬班超安集于寘以西，超遂踰葱領，迄縣度，出入二十二年，莫不賓從，改立其王而綏其人，不動中國，不煩戎士，得遠夷之和，同異俗之心，而致天誅，蠲宿耻，以報將士之讎。《司馬法》曰「賞不踰月，欲人速覩爲善之利也。」其封超爲定遠侯，邑千戶。』

又　卷八〇上《文苑傳上・杜篤》　會大司馬吳漢薨，光武詔諸儒誄之，篤於獄中爲誄辭最高，帝美之，賜帛免刑。篤【略】乃上奏《論都賦》曰：【略】今天下新定，【略】若夫文身鼻飲緩耳之主，椎結左衽鐻鍝之君，東南殊俗不羈之國，西北絕域難制之鄰，靡不重譯納貢，請爲藩臣。上猶謙讓而不伐勤。意以爲獲無用之虜，不如安有益之民；略荒裔之地，不如保殖五穀之淵；遠救於已亡，不若近而存存也。

義感德化

《史記》卷一二三《大宛列傳》　天子既聞大宛及大夏、安息之屬皆大國，多奇物，土著頗與中國同業而兵弱，貴漢財物。其北有大月氏、康居之屬兵彊，可以賂遺設利朝也。且誠得而以義屬之，則廣地萬里，重九譯，致殊俗，威德徧於四海。

漢・揚雄《法言》卷一〇《孝至篇》　漢德其可謂允懷矣。黃支之南，大夏之西，東鞮北女，來貢其珍。漢德其可謂允懷矣，世鮮焉。芒芒聖德，遠人咸慕，上也。武義璜璜，兵征四方，次也。宗夷猾夏，蠢迪王人，屈國喪師，無次也。

《漢書》卷九六上《西域傳・康居國》　至成帝時，康居遣子侍漢，貢獻，然自以絕遠，獨驕嫚，不肯與諸國相望。都護郭舜數上言：『本匈奴盛時，非以兼有烏孫、康居故也；及其稱臣妾，非以失二國也。漢雖皆受其質子，然三國內相輸遺，交通如故，亦相候司，見便則發；合不能相親信，離不能相臣役。以今言之，結配烏孫竟未有益，反爲中國生事。然烏孫既結在前，今與匈奴俱稱臣，義不可距。而康居驕黠，訖不肯拜使者。都護吏至其國，坐之烏孫諸使下，王及貴人先飲食已，乃飲啖都護吏，故爲無所省以夸旁國。以此度之，何故遣子入侍？其欲賈市爲好，辭之詐也。匈奴百蠻大國，今事漢甚備，聞康居不拜，且使單于有自下之意，宜歸其侍子，絕勿復使，以章漢家不通無禮之國。敦煌、酒泉小郡及南道八國，給使者往來人馬驢橐駝食，皆苦之。空罷耗所過，送迎驕黠絕遠之國。非至計也。』漢爲其新通，重致遠人，終羈縻而未絕。

漢・劉珍等《東觀漢記》卷一〇《傳五・祭彤》　祭彤爲遼東守，撫夷狄以恩信，皆畏而愛之。

《後漢書》卷二〇《祭彤傳》　建武十七年，拜遼東太守。至則勵兵馬，廣斥堠。有勇力，能貫三百斤弓。虜每犯塞，常爲士卒前鋒，數破走之。【略】二十五年，乃使招呼鮮卑，示以財利，其大都護偏何遣使奉獻，願得歸化。彤慰納賞賜，稍復親附。其異種滿離、高句驪之屬，遂駱驛款塞，上貂裘好馬，帝輒倍其賞賜。【略】彤爲人質厚重毅，體貌絕衆，撫夷狄以恩信，皆畏而愛之，故得其死力。【略】彤之威聲暢於北方，西自武威，東盡玄菟及樂浪，胡夷皆來內附，野無風塵，乃悉罷緣邊屯兵。

論曰：祭彤武節剛方，動用安重，雖條侯、穰苴之倫，不能過也。且臨守偏海，政移獷俗，徼人請符以立信，胡貊數級於郊下，至乃卧鼓邊亭、滅烽幽障者將三十年。古所謂必世而後仁，豈不然哉？

又　卷八五《東夷傳・高句驪》　（建武）二十五年春，句驪寇右北平、漁陽、上谷、太原，而遼東太守祭彤以恩信招之，皆復款塞。【略】

是歲（建光元年）宮死，子遂成立。姚光上言欲因其喪發兵擊之，議者皆以爲可許。尚書陳忠曰：『宮前桀黠，光不能討，死而擊之，非義也。宜遣弔問，因責讓前罪，赦不加誅，取其後善。』安帝從之。明年，遂成還漢生口，詣玄菟降。詔曰：『遂成等桀逆無狀，當斬斷葅醢，以示

百姓，幸會赦令，乞罪請降。鮮卑、濊貊連年寇鈔，驅略小民，動以千數，而裁送數十百人，非向化之心也。自今已後，不與縣官戰鬭而自以親附送生口者，皆與贖直，縑人四十匹，小口半之。』

南朝梁・蕭統《文選》卷三《〔漢〕張衡〈東京賦〉》 惠風廣被，澤洎幽荒。北燮丁令，南諧越裳，西包大秦，東過樂浪，重舌之人九譯，僉稽首而來王。

吸納域外文明部

佛教中國化分部

綜述

晉・袁宏《後漢紀》卷一〇《明帝紀》 （永平十三年）十二月，楚王英謀反。【略】英好遊俠，交通賓客，晚節喜黄、老，修浮屠祠。八年，上臨辟雍，禮畢，詔天下死罪得以縑贖。英遣郎中令詣彭城，曰：『臣託在藩蔽，無以率先天下，過惡素積，喜聞大恩，謹上黄縑二十五匹，白紈五匹，以贖其愆。』楚相以聞。詔曰：『楚王誦黄、老之微言，尚浮屠之仁祠，絜（齊）〔齋〕三月，與神爲誓，有何嫌懼而贖其罪？』因還其贖。【略】浮屠者，佛也。西域天竺有佛道焉。佛者，漢言覺，將悟羣生也。其教以修善慈心爲主，不殺生，專務清淨。其精者號爲沙門。沙門者，漢言息心，蓋息意去欲而歸於無爲也。又以爲人死精神不滅，隨復受形，生時所行善惡皆有報應。故所貴行善修道，以鍊精神而不已，以至無爲而得爲佛也。佛身長一丈六尺，黄金色，項中佩日月光，變化無方，無所不入，故能化通萬物而大濟羣生。

初，帝夢見金人長大，項有日月光，以問羣臣。或曰：『西方有神，

其名曰佛。其形長大。〔陛下所夢，得無是乎？〕』〔於是遣使天竺〕問其道術，遂於中國而圖其形像焉。有經數千萬，以虚無爲宗，苞羅精麤，無所不統，善爲宏闊勝大之言。所求在一體之内，而所明在視聽之外。世俗之人以爲虚誕，然歸於玄微深遠，難得而測。故王公大人觀死生報應之際，莫不矍然自失。

《後漢書》卷七三《陶謙傳》 初，同郡人笮融聚衆數百，往依於謙。謙使督廣陵、下邳、彭城運糧，遂斷三郡委輸，大起浮屠寺，上累金盤，下爲重樓，又堂閣周回，可容三千許人。作黄金塗像，衣以錦綵。每浴佛，輒多設飲飯，布席於路，其有就食及觀者且萬餘人。

又 卷八八《西域傳・天竺》 世傳明帝夢見金人，長大，頂有光明，以問羣臣。或曰：『西方有神，名曰佛，其形長丈六尺而黄金色。』帝於是遣使天竺問佛道法，遂於中國圖畫形像焉。楚王英始信其術，中國因此頗有奉其道者。後桓帝好神，數祀浮圖、老子，百姓稍有奉者，後遂轉盛。

南朝梁・釋僧祐《出三藏記集》卷一三《安世高傳》 安清，字世高，安息國王正后之太子也。幼懷淳孝，敬養竭誠，惻隱之仁，爰及蠢類，其動言立行，若踐規矩焉。加以志業聰敏，刻意好學，外國典籍，莫不該貫。七曜五行之象，風角雲物之占，推步盈縮，悉窮其變。兼洞曉醫術，妙善鍼脈，睹色知病，投藥必濟。乃至鳥獸鳴呼，聞聲知心。於是俊異之名，被於西域，遠近鄰國，咸敬而偉之。世高雖在居家，而奉戒精峻，講集法施，與時相續。後王薨，將嗣國位，乃深惟苦空，厭離名器。行服既畢，遂讓國與叔，出家修道。博綜經藏，尤精《阿毗曇》學，諷持禪經，略盡其妙。既而遊方弘化，遍歷諸國，以漢桓帝之初，始到中夏。世高才悟機敏，一聞能達，至止未久，即通習華語。於是宣譯衆經，改胡爲漢，出《安般守意》、《陰持入經》、《大小十二門》及《百六十品》等。初外國三藏衆護撰述經要爲二十七章，世高乃剖析護所集七章，譯爲漢文，即《道地經》也。其先後所出經凡三十五部，義理明析，文字允正，辯而不華，質而不野，凡在讀者，皆亹而不倦焉。

世高窮理盡性，自識宿緣，多有神迹，世莫能量。初，世高自稱：『先身已經爲安息王子，與其國中長者子俱共出家。分衛之時，施主不稱，

同學輒怒，世高屢加訶責，同學悔謝，而猶不悛改。如此二十餘年，乃與同學辭訣云：「我當往廣州畢宿世之對。卿明經精進，不在吾後，而性多恚怒，命過當受惡形。我若得道，必當相度。」既而遂適廣州，值寇賊大亂，行路逢一少年，唾手拔刀曰：「眞得汝矣！」世高笑曰：「我宿命負卿，故遠來相償，卿之忿怒，故是前世時意也。」遂伸頸受刃，容無懼色。賊遂殺之。觀者填路，莫不駭其奇異。既而神識還爲安息王太子，即今時世高身也。」

世高遊化中國，宣經事畢，值靈帝之末，關洛擾亂，乃杖錫江南。云：「我當過廬山，度昔同學。」【略】世高後復到廣州，尋其前世害己少年。時少年尚在，年已六十餘。世高徑投其家，共説昔日償對時事，并敍宿緣，歡喜相向。云：「吾猶有餘報，今當往會稽畢對。」廣州客深悟世高非凡，豁然意解，追悔前愆，厚相資供。乃隨世高東行，遂達會稽。至便入市，正值市有鬬者，亂相毆擊，誤中世高，應時命終。廣州客頻驗二報，遂精勤佛法，具説事緣。遠近聞知，莫不悲歎，明三世之有徵也。

世高本既王種，名高外國，所以西方賓旅猶呼安侯，至今爲號焉。天竺國自稱書爲天書，語爲天語，音訓詭蹇，與漢殊異，先後傳譯，多致謬濫。唯世高出經，爲羣譯之首。安公以爲『若及面稟，不異見聖』。列代明德，咸讃而思焉。

又《支讖傳》 支讖，本月支國人也。操行淳深，性度開敏，稟持法戒，以精勤著稱。諷誦羣經，志存宣法，漢桓帝末，遊于洛陽。以靈帝光和、中平之間，傳譯胡文，出《般若道行品》、《首楞嚴》、《般舟三昧》等三經。又有《阿闍世王》、《寶積》等十部經，以歲久無録。安公校練古今，精尋文體，云『似讖所出』。凡此諸經，皆審得本旨，了不加飾，可謂善宣法要，弘道之士也。後不知所終。

沙門竺朔佛者，天竺人也。漢桓帝時，亦齎《道行經》來適洛陽，即轉胡爲漢。譯人時滯，雖有失旨，然棄文存質，深得經意。朔又以靈帝光和二年於洛陽譯出《般舟三昧經》，時讖爲傳言，河南洛陽孟福、張蓮筆受。時又有支曜譯出《成具光明經》云。

又《安玄傳》 安玄，安息國人也。志性貞白，深沈有理致。爲優婆塞，秉持法戒，毫釐弗虧，博誦羣經，多所通習。漢靈帝末，遊賈洛陽，有功，號騎都尉。性虛靜温恭，常以法事爲己務。漸練漢言，志宣經典，常與沙門講論道義，世所謂都尉玄也。玄與沙門嚴佛調共出《法鏡經》，玄口譯梵文，佛調筆受。理得音正，盡經微旨，郢匠之美，見述後代。

佛調，臨淮人也。綺年穎悟，敏而好學，信慧自然，遂出家修道。通譯經典，見重於時。世稱安侯、都尉、佛調三人傳譯，號爲難繼。佛調又撰《十慧》，並傳於世。安公稱：『佛調出經，省而不煩，全本妙巧。』

次有康孟詳者，其先康居人也。譯出《中本起》。安公稱：『孟詳出經，奕奕流便，足騰玄趣。』

又《支謙傳》 支謙，字恭明，一名越，大月支人也。祖父法度，以漢靈帝世，率國人數百歸化，拜率善中郎將。【略】十歲學書，同時學者皆伏其聰敏。十三學胡書，備通六國語。初，桓、靈世支讖譯出法典，有支亮紀明資學於讖，謙又受業於亮。博覽經籍，莫不究練，世間藝術，多所綜習。其爲人細長黑瘦，眼多白而睛黄，時人爲之語曰：『支郎眼中黄，形體雖細是智囊。』其本奉大法，精練經旨。獻帝之末，漢室大亂，與鄉人數十共奔於吳。初發日，唯有一被，有一客隨之，大寒無被，越呼客共眠。夜將半，客奪其被而去。明旦，同侶問被所在，越曰：『昨夜爲客所奪。』同侶咸曰：『何不相告？』答曰：『我若告發，卿等必以劫罪罪之。豈宜以一被而殺一人乎？』遠近聞者莫不嘆服。

南朝梁·釋慧皎《高僧傳》卷一《譯經上·漢雒陽白馬寺攝摩騰》 攝摩騰，本中天竺人。善風儀，解《大小乘經》，常遊化爲任。昔經往天竺附庸小國，講《金光明經》。會敵國侵境，騰惟曰：『經云：「能説此經法，爲地神所護，使所居安樂。」今鋒鏑方始，曾是爲益乎。』乃誓以忘身，躬往和勸，遂二國交歡，由是顯達。

漢永平中，明皇帝夜夢金人飛空而至，乃大集羣臣以占所夢。通人傅毅奉答：『臣聞西域有神，其名曰「佛」。陛下所夢，將必是乎？』帝以爲然，即遣郎中蔡愔、博士弟子秦景等，使往天竺，尋訪佛法。愔等於彼遇見摩騰，乃要還漢地。騰誓志弘通，不憚疲苦，冒涉流沙，至乎雒邑。明帝甚加賞接，於城西門外立精舍以處之，漢地有沙門之始也。但大法初傳，未有歸信，故蘊其深解，無所宣述，後少時卒於雒陽。有記云，騰譯

《四十二章經》一卷，初緘在蘭臺石室第十四間中。騰所住處，今雒陽城西雍門外白馬寺是也。相傳云，外國王嘗毀破諸寺，唯招提寺未及毀壞。夜有一白馬繞塔悲鳴，即以啓王，王即停壞諸寺。因改『招提』以爲『白馬』，故諸寺立名多取則焉。

又《漢雒陽白馬寺竺法蘭》 竺法蘭，亦中天竺人，自言誦經論數萬章，爲天竺學者之師。時蔡愔既至彼國，蘭與摩騰共契遊化，遂相隨而來。會彼學徒留礙，蘭乃間行而至。既達雒陽，與騰同止，少時便善漢言。

愔於西域獲經，即爲翻譯《十地斷結》、《佛本生》、《法海藏》、《佛本行》、《四十二章》等五部。移都寇亂，四部失本，不傳江左。唯《四十二章經》今見在，可二千餘言。漢地見存諸經，唯此爲始也。

愔又於西域得畫釋迦倚像，是優田王栴檀像師第四作也。既至雒陽，明帝即令畫工圖寫，置清涼臺中及顯節陵上。舊像今不復存焉。

又昔漢武穿昆明池底得黑灰，以問東方朔，朔云：『不委，可問西域人。』後法蘭既至，衆人追以問之，蘭云：『世界終盡，劫火洞燒，此灰是也。』朔言有徵，信者甚衆。蘭後卒於雒陽，春秋六十餘矣。

又《漢雒陽安清》 安清，字世高，安息國王正后之太子也。【略】高既王種，西域賓旅皆呼爲安侯，至今猶爲號焉。天竺國自稱書爲天書，語爲天語，音訓詭蹇，與漢殊異，先後傳譯，多致謬濫，唯高所出，爲羣譯之首。

安公以爲若及面稟，不異見聖，列代明德，咸贊而思焉。余訪尋衆録，記載高公，互有出沒。將以權迹隱顯，應廢多端，或由傳者紕繆，致成乖角，輒備列衆異，庶或可論。

按釋道安《經録》云：『安世高以漢桓帝建和二年至靈帝建寧中，二十餘年譯出三十餘部經。』

又《漢雒陽支樓迦讖》 支樓迦讖，亦直云支讖，本月支人。操行純深，性度開敏，稟持法戒，以精懃著稱。諷誦羣經，志存宣法。漢靈帝時遊于雒陽，以光和中平之間，傳譯梵文，出《般若道行》、《般舟》、《首楞嚴》等三經，又有《阿闍世王》、《寶積》等十餘部經，歲久無録。安公校定古今，精尋文體。云：『似讖所出。』凡此諸經，皆審得本旨，了不加飾，可謂善宣法要弘道之士也。後不知所終。

時有天竺沙門竺佛朔，亦以漢靈之時齎《道行經》來適雒陽，即轉梵爲漢。譯人時滯，雖有失旨，然棄文存質，深得經意。朔又以光和二年於雒陽出《般舟三昧》，讖爲傳言，河南雒陽孟福、張蓮筆受。

時又有優婆塞安玄，安息國人，性貞白，深沈有理致，博誦羣經，多所通習，亦以漢靈之末遊賈雒陽，以功號曰騎都尉，性虛靖溫恭，常以法事爲己任。漸解漢言，志宣經典，常與沙門講論道義，世所謂都尉者也。玄與沙門嚴佛調共出《法鏡經》，玄口譯梵文，佛調筆受，理得音正，盡經微旨，郢匠之美，見述後代。

調本臨淮人，綺年穎悟，敏而好學。世稱安侯、都尉、佛調三人傳譯，號爲難繼。調又撰《十慧》，亦傳於世。安公稱佛調出經，省而不煩，全本巧妙。

又有沙門支曜、康巨、康孟詳等，並以漢靈、獻之間有慧學之譽，馳於京雒。曜譯《成具定意》、《小本起》等；巨譯《問地獄事經》，並言直理旨，不加潤飾；孟詳譯《中本起》及《修行本起》。先是沙門曇果於迦維羅衛國得梵本，孟詳共竺大力譯爲漢文。安公云：『孟詳所出，奕奕流便，足騰玄趣也。』【略】

先有優婆塞支謙，字恭明，一名越，本月支人，來遊漢境。初，漢桓、靈之世，有支讖譯出衆經。有支亮字紀明，資學於讖，謙又受業於亮。博覽經籍，莫不精究，世間伎藝，多所綜習，遍學異書，通六國語。其爲人細長黑瘦，眼多白而睛黃，時人爲之語曰：『支郎眼中黃，形軀雖細是智囊。』

《魏書》卷一一四《釋老志》 劉歆著《七略》，班固志《藝文》，釋氏之學，所未曾紀。案漢武元狩中，遣霍去病討匈奴，至皋蘭，過居延，斬首大獲。昆邪王殺休屠王，將其衆五萬來降。獲其金人，帝以爲大神，列於甘泉宮。金人率長丈餘，不祭祀，但燒香禮拜而已。此則佛道流通之漸也。

及開西域，遣張騫使大夏還，傳其旁有身毒國，一名天竺，始聞有浮屠之教。哀帝元壽元年，博士弟子秦景憲受大月氏王使伊存口授浮屠經。中土聞之，未之信了也。後孝明帝夜夢金人，頂有白光，飛行殿庭，乃訪

羣臣，傅毅始以佛對。帝遣郎中蔡愔、博士弟子秦景等使於天竺，寫浮屠遺範。愔仍與沙門攝摩騰、竺法蘭東還洛陽。中國有沙門及跪拜之法，自此始也。愔又得佛經《四十二章》及釋迦立像。明帝令畫工圖佛像，置清涼臺及顯節陵上，經緘於蘭臺石室。愔之還也，以白馬負經而至，漢因立白馬寺於洛城雍門西，摩騰、法蘭咸卒於此寺。【略】

漢章帝時，楚王英喜爲浮屠齋戒，遣郎中令奉黄縑白紈三十匹，詣國相以贖愆。詔報曰：『楚王尚浮屠之仁祠，潔齋三月，與神爲誓，何嫌何疑，當有悔吝。其還贖，以助伊蒲塞、桑門之盛饌。』因以班示諸國。桓帝時，襄楷言佛陁、黄老道以諫，欲令好生惡殺，少嗜慾，去奢泰，尚無爲。

《隋書》卷三五《志三〇・經籍志四》　初天竺中多諸外道，並事水火毒龍，而善諸變幻。釋迦之苦行也，是諸邪道並來嬲惱，以亂其心，而不能得。及佛道成，盡皆摧伏，並爲弟子。弟子，男曰桑門，譯言息心，而總曰僧，譯言行乞。女曰比丘尼。皆剃落鬚髮，釋累辭家，相與和居，治心修淨，行乞以自資，而防心攝行。僧至二百五十戒，尼五百戒。俗人信憑佛法者，男曰優婆塞，女曰優婆夷，皆去殺、盜、淫、妄言、飲酒，是爲五誡。釋迦在世教化四十九年，乃至天龍人鬼並來聽法，弟子得道，以百千萬億數。然後於拘尸那城娑羅雙樹間，以二月十五日，入般涅槃。涅槃亦曰泥洹，譯言滅度，亦言常樂我淨。初，釋迦説法，以人之性識根業各差，故有大乘、小乘之説。至是謝世，弟子大迦葉與阿難等五百人，追共撰述，綴以文字，集載爲十二部。後數百年，有羅漢菩薩，相繼著論，贊明其義。然佛所説，我滅度後，正法五百年，像法一千年，末法三千年。其義如此。

推尋典籍，自漢已上，中國未傳。或云久以流布，遭秦之世，所以堙滅。其後張騫使西域，蓋聞有浮屠之教。哀帝時，博士弟子秦景使伊存口授浮屠經，中土聞之，未之信也。後漢明帝，夜夢金人飛行殿庭，以問於朝，而傅毅以佛對。帝遣郎中蔡愔及秦景使天竺求之，得佛經四十二章及釋迦立像，并與沙門攝摩騰、竺法蘭東還。愔之來也，以白馬負經，因立白馬寺於洛城雍門西以處之。其經緘于蘭臺石室，而又畫像於清涼臺及顯節陵上。章帝時，楚王英以崇敬佛法聞，西域沙門齎佛經而至者甚衆。永平中，法蘭又譯《十住經》。其餘傳譯，多未能通。至桓帝時，有安息國沙門安靜，齎經至洛，翻譯最爲通解。靈帝時，有月支沙門支讖、天竺沙門竺佛朔等，並翻佛經。而支讖所譯《泥洹經》二卷，學者以爲大得本旨。漢末，太守竺融，亦崇佛法。

唐・釋道世《法苑珠林》卷一二《感應緣》　前漢孝武帝元狩中，霍去病討匈奴，至皋蘭，過居延山，獲昆邪、休屠王等，又獲金人，率長丈餘尺，到於甘泉宫，帝以爲大聖，燒香禮拜。及開西域，遣張騫使大夏還，云有身毒國，一名天竺，始聞浮圖之教。此即佛之形教相顯之漸也。

前漢哀帝元壽年，使景憲往大月氏國，因誦浮圖經還漢。當時稍行浮圖齋戒也。

前漢成帝時，都水使者光禄大夫劉向傳云：向博觀史籍，往往見有佛經，及著《列仙傳》云：吾搜撿藏書，太史創撰《列仙圖》。黄帝以下迄至于今，定撿實録一百四十六人，其七十四人已見佛經矣。據此而明，秦周已前，早有佛法流行震旦。何以取知，今案所列也，故佛傳云佛滅度後一百一十六年，東天竺國有鐵輪王統閻浮提，收佛靈骨，役使鬼神，起八萬四千塔。具如下述。此九州之地，並有遺塔，云是育王所造。此塔卽當此周敬王二十六年丁未之歲，故塔興焉。世經十二王，至秦始皇二十四年焚燒典籍，育王諸塔由此見隱。又撿釋道安、朱士行等經録目云：秦始皇之時，有外國沙門釋利防等一十八賢者，齎持佛經來化。始皇弗從，遂囚禁之。夜有金剛丈六來破獄出之，始皇驚怖，稽首謝焉。准此而言，則知秦漢已前有佛法也。尋道安所載十二賢者，亦在七十之數。今《列仙傳》見有七十二人。案《文殊般泥洹經》云，佛滅度後四百五十年，文殊至雪山中爲仙人説法。又案《地理志》、《西域傳》云：雪山者，卽葱嶺是也。其下有三十六國，先來奉漢。其葱嶺連亙，東至終南。文殊來化仙人，卽斯地也。詳而驗之，劉向所論可證矣。

《後漢郊祀志》曰：佛者，漢言覺也，將以覺悟羣生也。統其教以修善清心爲主，不殺生類，專務清淨。其精進者，名爲沙門，漢言息惡。剃髮毁容，去家出俗，絶情洗欲，而歸於無爲也。又以人死精神不滅，隨後受形，而行善惡，後生皆有報應。所貴行善修道，以練其神而不已，以至無生而得佛也。身長丈六，黄金色，項佩日月光，變化無常，無所不

入，故能通萬物而大濟羣生。有經書數千卷，以虛無爲宗，包羅精粗，無所不統。善爲宏闊勝大之言。可求在於一體之内，所明在於視聽之表，歸於玄微，深遠難測。故王公大人觀生死報應之際，莫不懅然自失也。餘如《漢法本内傳》記。

後漢明帝時，雒陽白馬寺有攝摩騰。本中天竺人，善風儀，解大小乘經，常遊化爲任。至漢永平三年中，明皇帝夜夢金人，飛空而至。乃大集羣臣以占所夢。通人傅毅奉答：『臣聞西域有神，其名曰佛。陛下所夢，將必是乎？』帝以爲然，卽遣中郎蔡愔、博士弟子秦景等使往天竺，尋訪佛法。愔等於彼遇見摩騰，乃邀還漢地。騰誓志弘通，不憚疲苦，冒涉流沙，至乎雒邑。明帝甚加賞接，於城西門外別立精舍以處之，漢地有沙門之始也。又漢明帝遠召摩騰法師來至雒陽，於城西雍門外立白馬寺，是漢地伽藍之始也。相傳云，外國國王嘗毁破諸寺，唯招提寺未及毁壞，夜有一白馬繞塔悲鳴，卽以告王，王卽停壞諸寺，因改招提以爲白馬，故諸寺立名多取則焉。

又漢雒陽白馬寺有竺法蘭，是中天竺人。自言誦經論數萬章，爲天竺學者之師。時蔡愔既至彼國，蘭與摩騰共契遊化，遂相隨而來。會彼學徒留礙，蘭乃間行而至。既達雒陽，與騰同止。少時便善漢言，愔於西域獲經，卽爲翻譯，所謂《十地斷結》、《佛本行》、《四十二章經》等五部。移都寇亂，四部失本，不傳江左，唯《四十二章經》今見在，可二千餘言。漢地見存於此，漢地諸經之始也。蘭後卒於雒陽，春秋六十餘矣。又漢明帝時，天竺國竺法師將畫釋迦倚像，是優填王栴檀像師第四作也。既至雒陽，明帝卽令畫工圖寫置清涼臺中及顯節陵上。舊像今不復存焉，漢地之始，此像初也。《魏書》亦明漢明帝時三寶初來之義。

昔漢武帝穿昆明池底，得黑灰，以問東方朔，朔云：不經，可問西域胡僧。後法蘭既至，衆人追以問之，蘭云：世界終盡，劫火洞燒，此灰是也。朔言有徵，信者甚衆。

唐·釋智昇《開元釋教録》卷一《總括羣經録上之一》 後漢劉氏，都洛陽。從明帝永平十年丁卯至獻帝延康元年庚子，凡一十一帝，一百五十四年。緇素一十二人所出經律并新舊集失譯諸經，總二百九十二部，三百九十五卷，於中九十七部，一百三十一卷見在，一百九十五部，二百六十四卷闕本。以爲後漢經録云。於中直云帝者爲真，兼斥名者是僞。年代甲子，依唐司隸、甄鸞、成均博士王道珪三家年曆參定。

後漢沙門迦葉摩騰 一部，一卷，經。

沙門竺法蘭 四部，一十五卷，經。

沙門支婁迦讖 二十三部，六十七卷，經集。

沙門安世高 九十五部，一百一十五卷，經律集。

沙門竺佛朔 二部，三卷，經。

優婆塞安玄 二部，一卷，經集。

沙門支曜 一十部，一十一卷，經集。

沙門康巨 一部，一卷，經。

沙門嚴佛調 五部，八卷，經。

沙門康孟詳 六部，九卷，經律。

沙門竺大力 一部，二卷，經。

沙門曇果 一部，二卷，經。

新舊諸失譯經一百四十一部，一百五十八卷。五十九部，七十六卷舊集；八十二部，八十二卷新附。

宋·釋志磐《佛祖統紀》卷三四《法運通塞志第十七之一·秦·始皇》 四年，西域沙門室利房等十八人齎佛經來化。帝以其異俗，囚之。夜有丈六金神，破戶出之，帝驚，稽首稱謝，以厚禮遣出境。朱士行《經録》。

十三年，十二祖摩羅於南天竺以法藏付龍樹。樹於佛滅後七百年出，九十日中，誦通三藏。造《大無畏論》十萬偈，明第一義。一名《大智度論》。龍樹事迹見《一十四祖紀》。

三十四年，丞相李斯請史官非《秦記》皆燒之。非博士所職，天下敢有藏《詩》、《書》、百家語者，悉詣守尉雜燒之。有敢偶語《詩》、《書》者棄市。制曰：可。

衛宏《古文序》：秦改古文，以篆爲隸，國人誹謗。時諸生爲郎者七百人，始皇密令冬月種瓜於驪山硎谷溫處，瓜實，乃使人上書：瓜冬有實。詔博士諸生説之，人人各異，則皆使往視之。而爲伏機，諸生方相論難，因發機，填之以土。《漢書》傳注。

述曰：李斯勸秦焚書阬儒，其爲逆天道，絕人理爲甚矣。崔浩勸太武廢佛，焚其經，阬其徒，此用秦舊法也。韓愈之言曰：人其人，火其書。此用崔浩遺法，特不遇其君耳。雖空言無禍，使後世有人師用其語，豈不爲盛德之累？戒之哉！

又 卷三五《法運通塞志第十七之二・西漢・武帝》 元光二年。十三祖龍樹於南天竺以法藏付迦那提婆，入月輪三昧，蟬蜕而去，壽三百歲。

元狩元年。初，博望侯張騫自月氏還，言臣在大夏時見卬竹杖、蜀布。問安得此？國人曰：吾賈人市之身毒。身毒在大夏東南可數千里，此其去蜀不遠。乃令騫因蜀犍爲發間使王然於等，指之身毒。四歲餘，皆閉昆明，莫能通。爲昆夷所閉。

四年，驃騎將軍霍去病討匈奴，過焉耆山千餘里，得休屠王祭天金人。

霍去病獲金人，長丈餘。帝以爲大神，列於甘泉宮，焚香禮敬。《魏書・佛老志》。

又《成帝》 建始元年，十四祖提婆至迦毘羅國，以法藏付羅睺羅多。

河平三年，使謁者陳農求遺書於天下。

鴻嘉二年，光祿大夫劉向校書天祿閣，往往見有佛經。向著《列仙傳》云：吾搜檢藏書，緬尋太史，撰《列仙圖》。自黄帝已下迄至于今，得仙道者七百餘人。檢定虛實，得一百四十六人。其七十四人，已見佛經矣。

述曰：洪興祖有云：梁孝標注《新語》，引《列仙傳序》，言七十四人已見佛經。今書肆板行者，乃云七十四人已在仙經。蓋是道流擅改之耳。然天祿有佛經，此語可證。

又《哀帝》 元壽元年，遣景憲使大月氏，得其王口授浮圖經還。當時稍有行齋戒者。《魏書・佛老志》。浮圖亦佛陀，此云覺者。

述曰：蘇由對昭王，扈多對穆，孔子答商太宰，皆言西方聖人，而不明言爲佛。霍去病獲金人，亦不知爲佛。化人勸穆王造迦葉佛像，由余對秦繆公，則曰佛神。室利房齎佛經，化始皇。劉向校書天祿，見有佛經。景憲使月氏，得浮圖經。此則已言佛而未行其教，皆在漢明帝感夢求佛之前。天下答南山，蘇由、扈多、傅毅，皆佛所使也。至言劉向見有佛經者，意張騫使大夏，去病獲金人，必有佛經與之俱至，特時人弗行，國史弗録耳。不然，則不應天祿有其書也。

又《東漢・明帝》 永平元年，十五祖羅多至室羅伐城，以法藏付僧佉難提，當佛滅一千年出。

七年，帝夢金人丈六，項佩日光，飛行殿庭，旦問羣臣，莫能對。太史傅毅進曰：『臣聞周昭之時，西方有聖人者出，其名曰佛。』帝乃遣中郎將蔡愔、秦景、博士王遵十八人使西域，訪求佛道。

十年，蔡愔等於中天竺大月氏遇迦葉摩騰、竺法蘭，得佛倚像、梵本經六十萬言，載以白馬，達雒陽。騰、蘭以沙門服謁見，館於鴻臚寺。胡廣釋曰：鴻，聲也；臚，傳也。所以傳聲贊導九賓。唐改爲司賓寺。

十一年，敕雒陽城西雍門外立白馬寺。摩、騰始譯《四十二章經》，《譯經圖紀》：其經元出大部，以大法初傳，故撮引要義，以導時俗。藏梵本於蘭臺石室，圖佛像於西陽城門及顯節陵上。明帝壽藏。帝問摩騰曰：『佛出世後，何以化不及此？』騰曰：『天竺迦毘羅衛國者，三千大千世界百億日月之中。三世諸佛，皆於此出。天人龍鬼有願力者，皆來生彼，受化悟道。餘處佛雖不往，然光相及處，千年五百，皆有聖人傳佛聲教，而往化之。』帝大說。

十四年正月十一日，五嶽八山道士褚善信六百九十人上表，請與西域佛道角試優劣。敕尚書令宋庠，以十五日大集白馬寺。帝設行殿於寺南門，立三壇。道士於東壇，置經子符籙；摩騰於道西置壇，安經像舍利；中壇奉饌食，奠祀百神。道士遶壇泣曰：『主上信邪，玄風失緒。敢延經義於壇，以火取驗。』即縱火焚經，悉成灰燼，道士相顧愧赧。所試呪術入火履水，皆不得行。及焚佛經，光明五色，上徹天表，烈火既息，經像儼然。摩騰踊身飛空，現諸神變。法蘭出大梵音，宣明佛法。天雨寶華，大衆欣說。太傅張衍謂道士曰：『卿等無驗，宜從佛教。』道士費叔才自感而死。司空劉峻等二百六十人，京師士庶張子尚等三百九十人，後宮陰夫人、王倢伃宮人等一百九十人，五嶽道士呂惠通等六百二十人，並求出家。帝可之。敕於雒陽創十寺，七寺城外安僧，三寺城內安

尼，並給供物。

帝嘗幸白馬寺，摩騰進曰：『寺東何館也？』帝曰：『昔有阜，夷之復起，有光怪，民呼聖冢。』騰曰：『昔阿育王藏佛舍利八萬四千塔，震旦之境有十九處，此其一也。』震旦，又真丹，又支那。此云漢地，東方文物之國也。帝大驚，即與俱往禮拜。見圓光涌冢上，光中有三佛。侍衛驩呼，皆稱萬歲。帝大説，曰：『不有二大士，焉知大聖遺祐哉？』乃詔造塔其上，高九層，二百尺。明年有光見於塔，有金色手出塔頂，天香郁然。帝駕幸瞻禮，光隨步武。《法本内傳》：塔婆，此云高顯處，又云方墳。

案《翻譯名義》云：唐道士尹文操謂《法本内傳》是羅什門人造，意欲所述漢明夢金人、道家焚經事悉是虚僞。殊不思明帝感夢，出自漢書。闞澤對吳主，亦言釋、道焚經角試，費叔才自感而死。見之《吳志》。以此推之，則《内傳》真是漢時，非晉人造。文操之妄論，敗矣。此與夫《列仙傳》加『化胡』字，同一謬詐，是亦文操之所加乎？

摩騰既卒，竺法蘭譯《佛本行經》等五部。已上並舊傳。

述曰：或言内傳無作者名爲疑者。今觀此傳，備録騰、蘭角法之事，豈後人所能知？必法蘭譯經時，諸弟子之所記耳。

楚王英奉黄白紈，詣相國曰：『託在蕃輔，過惡累積。奉送縑帛，以贖罪愆。』相國以聞，詔報曰：『楚王誦黄老之微言，尚浮圖之仁祠。何嫌何疑。當有悔吝。其還贖，以助伊蒲塞桑門之盛饌。』梵語伊蒲塞即優婆塞，此云清信男，今受五戒稱僧童者。桑門即沙門。此云息心，今受具足戒稱僧者。世人未學相傳，指伊蒲便爲供食。其謬誤不知義若此。

初，帝聞西域有神，其名曰佛，因遣使之天竺，求其道，得其書及沙門以來。其書大氏以虚無爲宗，貴慈悲不殺。以爲人死精神不滅，隨復受形。生時所行善惡，皆有報應。故所貴修練精神，以至爲佛。善爲宏闊勝大之言，以勸誘愚俗。精於其道者，號曰沙門。於是中國始傳其術，圖其形像。而王公貴人，獨楚王英最先好之。《通鑑》引《西域傳》及《楚王英傳》注。

范曄《西域傳》：論曰：佛道神化，興自身毒。而西漢方志，莫有稱焉。《禮記》文、武之政，布在方冊。注：方，版也；策，簡也。漢張蒼爲御史，主柱下方書。又云：謹連其事於左方，皆木版。今言方志，志於木方也。張騫但著地多暑濕，乘象而戰。班超唯列其奉浮圖，不殺伐。而精文善法導宰之功，靡所傳述。予聞之後説，其國殷乎中土，玉燭和氣，靈聖之所降集，賢懿之所挺生。神迹詭異，則理絶人區；感驗明顯，則事出天外。而騫、超無聞，豈非道閉往運，而數開叔葉乎？云云。

袁宏《漢紀》云：西域天竺有佛道焉。佛者，漢言覺也，將覺悟羣生也。其教以修善慈心爲主，專務清淨。其精者號沙門，漢言息心，蓋息意去慾而歸於無爲也。又以爲人死精神不滅，隨復受形，生時所行善惡，皆有報應。故所貴行善修道，以練精神，以至爲佛也。佛身長一丈六尺，身黄金色，項佩日光，變化無所不入，故能化通萬物而大濟羣生。明帝感夢，乃遣使天竺問道，圖其像而還。有經數千卷，以虚無爲宗，包羅精粗，無所不統。善爲宏闊遠大之言。所求在一體之内，所明在視聽之外。世俗之人或以爲虚誕，然歸於玄微深遠，難得而測。故王公大人視生死報應之際，莫不矍然而自失焉。

述曰：袁氏《漢紀》言天竺有佛道，佛身丈六，金色日光，化通萬物，大濟羣生。明帝感夢，遣使問道，得其經像。此佛法來東之時，與《法本内傳》相爲表裏。蘇子瞻爲之《跋》云：此殆中國始知有佛時語，雖淺近，大略具足矣。

又《安帝》 永初元年，十六祖難提至摩提國，以法藏付僧佉耶舍。

又《順帝》 永和元年，十七祖耶舍至月氏國，以法藏付鳩摩羅馱。佛記滅後一千年出。

又《桓帝》 建和元年，月氏國沙門支讖至雒陽，譯《般舟三昧》、《阿閦佛經》等二十一部。

二年，安息國沙門安世高至雒陽，譯《五十校計》等百七十六部。

三年，十八祖羅馱至北天竺，以法藏付闍夜多。

九年，自永平以來，臣民雖有習浮圖者，天子未之好，至帝始篤好之。於禁中鑄黄金浮圖、老子像，親於濯龍宮設華蓋之座，用郊天之樂。

又《靈帝》 熹平元年，十九祖闍夜多至羅閲國，以法藏付婆修槃馱。

光和三年，西天沙門竺佛朔至雒陽，譯《道行般若經》。

中平五年，清信士嚴佛調譯《古維摩經》等。

六年，宦者張讓詐以太后詔，召大將軍何進，斬之。中軍校尉袁紹引兵捕諸宦者，殺二千人，張讓投河死。

述曰：儒學之厄，時常有之。其始自秦李斯，斯阬諸生爲郎者七百人。漢宦官禁錮寔、范滂等二百人，殺天下儒賢廷中，宰輔陳蕃、竇武、李膺及鉤黨死者百餘人，廢徙禁錮者七百人。及矯詔，斬大臣何進，而袁紹乘怨殺宦者二千人。雖爲一快，然君子、小人俱於死，玉石俱焚，亦何足爲儒門幸？大氐天有定命，運有通塞，厄會之來，所不容免。唐朱温殺朝賢三十人，投屍于河，亦一厄也。悲夫！如釋氏之厄三武，皆此類也。

又《獻帝》 初平元年，二十祖槃馱至那提國，以法藏付摩拏羅。

二年，蒼梧儒生牟子因世亂，無仕宦意，鋭志佛道，而世多非之，乃製《理惑論》以爲勸。其辭有云：佛者覺也，猶三皇神，五帝聖也。文見《大藏弘明集》。

述曰：牟子不得其名。當佛道未大行之日，而能爲《論》，援三家之事義，比決優劣，以袪世惑，以禦外侮。是殆大士示迹，如來之使也。

興平二年，下邳相笮融起佛祠，課人誦經，浴佛設齋，時會者五千餘人。

述曰：漢世人間建佛祠、行佛事者，始見之笮氏。嘗與一儒老共觀此文，笑之曰：『爲士夫而使後世書爲學佛，豈不耻哉？』磐應之曰：『學佛者，豈不是爲善之人乎？爲士夫而使作史者指爲姦佞貪酷，甚至於不忠不孝者，斯可爲耻。學佛爲善，尚何耻哉！』儒老笑頷之。

建安元年，二十一祖摩拏羅至月氏國，以法藏付鶴勒那。

十四年，二十二祖鶴勒那於月氏國，以法藏付師子尊者。先是，鶴勒那弟子竺大力等來雒陽，與康猛同譯《興起本行經》。忽於館所，有白光見。大力斂容有間，曰：『此我師入滅之相。』大力、康猛、支曜、康巨等皆善方言，終漢之世譯經三百餘部。

宋・陳振孫《直齋書録解題》卷一二《四十二章經》 《四十二章經》一卷。後漢竺法蘭譯。佛書到中國，此其首也，所謂經來白馬寺者。其後千經萬論，一大藏教乘，要不出於此。中國之士，往往取老莊之遺説，以附益之者多矣。

元・郝經《續後漢書》卷八三下《録一下・道術・異端・佛》 漢武帝元狩中，霍去病征匈奴，至皋蘭，過居延，斬首大獲，昆邪王殺休屠王，以其衆降，獲其祭天金人，即佛像也。帝以爲大神，列於甘泉宫，而無祀禮，焚香拜事而已。及開西域，張騫使大夏還，言其傍有身毒國，一名天竺。哀帝元壽元年，博士弟子秦景憲，受大月氏王使伊存口授浮屠經，漢朝未之信也。及明帝夢見金人，長大，頂有光明，以問羣臣，傅毅對曰：『西方有神，其名曰佛。』帝於是遣使天竺，問其法，乃與沙門攝摩騰、竺法蘭還雒陽，得佛經四十二章，又釋迦像，令畫工圖清涼臺及顯節陵上，其經緘藏蘭臺石室。初以白馬負經而至，因立白馬寺於雒城雍關西。中國始有佛像及經，與其信奉拜跪祠祭之法。楚王英故喜黄老，學及是。遂奉浮屠術，爲齋戒祭祀，中國因有奉其道者。永平八年，詔令天下死罪皆入縑贖，英遣郎中令奉黄縑白紈三十匹，詣國相曰：『託在蕃輔，過惡累積，歡喜天恩，奉送縑帛，以贖罪。』國相以聞，詔報曰：『楚王誦黄老之微言，尚浮屠之仁祠，絜齋三月，與神爲誓，何嫌何疑，當有悔吝？其還贖，以助伊蒲塞桑門之盛饌。』因以班示諸國中，傅英遂大交通方士，作金龜玉鶴，刻文字以爲符瑞，造作圖書，謀反。覺廢，徙丹陽，自殺，國除。永平以來，臣民雖有奉其法者，而天子未之好。至桓帝，乃篤好之，躬自禱祀於濯龍宫，文罽爲壇，飾淳金銀器，設華蓋之座，用郊天樂。襄楷上疏諫曰：『聞宫中立黄老浮屠之祠，此道清虚、貴尚無爲，好生惡殺，省欲，去奢。今陛下嗜欲不去，殺罰過理，既乖其道，豈獲其祚哉？或言老子入夷狄爲浮屠。浮屠不三宿桑下，不欲久生恩愛，精之至也。天神遺以好女，浮屠曰：「此但革囊盛血。」遂不眄之。其守一如此，乃能成道。今陛下淫女豔婦，極天下之麗，甘肥飲美，殫天下之味，奈何欲如黄老乎？』帝不聽，自是其法浸盛中國，往往祠奉之矣。建安末，徐州牧陶謙使丹陽笮融督廣陵彭城運漕，遂坐斷三郡委輸以自入，大起浮屠祠，課民讀佛經，令界内及旁郡人有好佛者聽受道，復其他役以招致之，至者五六千人，來觀而就食且萬人，費巨億計，徐土騷動，爲劉繇所殺。

論説

《後漢書》卷八八《西域傳論》　至於佛道神化，興自身毒，而二漢方志莫有稱焉。張騫但著地多暑濕，乘象而戰，班勇雖列其奉浮圖，不殺伐，而精文善法導達之功靡所傳述。余聞之後説也，其國則殷乎中土，玉燭和氣。靈聖之所［降］集，賢懿之所挺生。神迹詭怪，則理絶人區；感驗明顯，則事出天外。而騫、超無聞者，豈其道閉往運，數開叔葉乎？不然，何誣異之甚也！漢自楚英始盛齋戒之祀，桓帝又修華蓋之飾。將微義未譯，而但神明之邪？詳其清心釋累之訓，空有兼遣之宗，道書之流也。且好仁惡殺，蠲敝崇善，所以賢達君子多愛其法焉。然好大不經，奇譎無已，雖鄒衍談天之辯，莊周蝸角之論，尚未足以概其萬一。又精靈起滅，因報相尋。若曉而昧者，故通人多惑焉。蓋導俗無方，適物異會，取諸同歸，措夫疑説，則大道通矣。

南朝梁・釋僧祐《弘明集》卷一《［漢］牟融〈理惑論〉》　問曰：漢地始聞佛道，其所從出耶？牟子曰：昔孝明皇帝夢見神人，身有日光，飛在殿前，欣然悦之。明日博問羣臣：『此爲何人？』有通人傅毅曰：『臣聞天竺有得道者，號之曰佛。飛行虚空，身有日光，殆將其神也。』於是上悟。遣使者張騫、羽林郎中秦景、博士弟子王遵等十二人於大月支。寫佛經四十二章，藏在蘭臺石室第十四間。時於洛陽城西雍門外起佛寺，於其壁畫千乘萬騎，繞塔三匝。又於南宫清涼臺及開陽城門上作佛像。明帝存時預修造壽陵，陵曰顯節，亦於其上作佛圖像。時國豐民寧，遠夷慕義，學者由此而滋。

南朝梁・陶弘景《眞誥》卷九《協昌期第一》　漢孝明皇帝夢見神人，身長丈六，項生圓光，飛在殿前，欣然悦之。遍問朝廷通人，傅毅對曰：『臣聞天竺國有得道者，號曰佛。傳聞能飛行，身有白光，殆其神乎！』帝乃悟，即遣使者張騫、羽林郎秦景、博士王遵等十四人之大月氏國，採寫佛經四十二章，秘蘭臺石室第十四，即時起洛陽城西門外道北立佛寺，又於南宫清涼臺作佛形像及鬼子母圖。帝感非常，先造壽陵，亦於殿上作佛象。是時國豐民安，遠夷慕化，願爲臣妾。佛像來中國，始自明帝時耳。此説粗與外書同，而長安中似久已有佛，裴君即是其事。且佛法乃與天竺、罽賓，而月氏無有，與此爲異。今既欲説小方諸奉佛，故先宜叙此也。按張騫非前漢者，或姓名同耳。傅毅字仲武，見《漢書》。秦景、王遵等不顯。此寺名白馬寺。明帝乃葬顯節陵，此云壽陵者，漢諸帝在位時皆預造壽陵，猶今世人作壽塚，非陵名也。外書記亦云遣侍中張堪，或云郎中張愔，並往天竺，寫致經象并沙門來至。又恐今此説未必是眞受猶可，楊君疏舊語耳，但《真經誥》中自函有論及佛事也。

唐・釋道宣《廣弘明集》卷八《［晉］釋道安〈二教論・釋異道流〉》　問：《後漢書》云：佛道神化，興自身毒。詳其清心釋累之訓，空有兼遣之宗，道書之流也。以此推之，則道教收佛。又佛經云：一切文字，悉是佛説，非外道書。而先生高位釋教，在儒道之表，將不自局而近誣聖乎？答曰：吾子援引《漢書》而問，余亦還以《漢書》而答。《後漢西域傳》曰：張騫之著天竺，惟云地多濕暑；班勇之列身毒，正言奉佛不殺，而精文善法導達之功，靡所傳記。余聞之後記也，其國則殷平中土，玉燭和氣，靈智之所降集，賢哲之所挺生。神迹詭怪，則理絶人區；感驗明顯，則事出天外。而騫、超無聞者，豈其道閉往運，數開叔葉乎？不然，何經典之甚也！漢自楚英始盛齋戒之祀，桓帝大修華蓋之飾，將微義未譯，但神明之耶？且好仁惡殺，蠲弊崇善，所以賢達君子多受其法焉。然好大不經，奇譎無已，雖鄒衍談天之辯，莊周蝸角之論，未足以概其萬一。尋《漢書》之録，兼而有徵，取其微義未譯則云道書之流，談其神奇感驗則言理絶天表。唯四藏贍博，二諦並陳，總論九道則無非佛説，別明三乘則儒道非流。此乃在我之明證，非吾子之清決乎？

又　卷二五《［唐］釋道宣〈簡諸宰輔叙佛教隆替狀〉》　《列子》云，周穆王時，西極有化人來，反山川，移城邑，千變萬化不可窮極，穆王敬之若聖。此則佛化之初及也。朱仕行《釋道安經録》云，秦始皇時，西域沙門十八人來化始皇，始皇弗從，禁之。夜有金剛丈六人，破獄出之，始皇稽首謝焉。《漢書》云，武帝元狩中，開西域獲金人，率長丈餘，列之甘泉宫，帝以爲大神，燒香禮拜。後遣張騫往大夏尋之，云有身毒國，即天竺也。彼謂浮圖，即佛陀也。此初知佛名相云。成帝都水使者劉向云：向檢藏書，往往見有佛經。此即周秦已行，始皇禁之不盡。哀帝元壽中，使景憲往大月氏國，因誦浮圖經還。于時漢境稍行齋戒。據

此，曾聞佛法中途潛隱，重此中興。後漢明帝永平中，上夢金人飛行殿前，乃使秦景等往西域尋佛法，遂護三寶，東傳洛陽。畫釋迦立像，是佛寶也。翻《四十二章經》，是法寶也。迦竺來儀，是僧寶也。立寺於洛城西門，度人開化。自近之遠，展轉住持，終於漢祚。

宋·蘇頌《蘇魏公文集》卷七二《題授經圖》 後漢永平七年，明帝夢金人，既寤，以問羣臣。通人傅毅對曰：『臣聞西方有神，其名曰佛。陛下所夢，將必是乎？』因詔使者秦景等十四人如天竺。至月支，遇沙門攝摩騰、竺法蘭等，傳其經像，載以白馬還洛陽。譯所得經爲四十二章，緘於蘭臺石室，遂流東夏。右《攝摩騰竺法蘭入漢獻經像圖》人物十有一。治平丁未在山陽，傳史中煇家藏本，云其本搨成都佛寺右殿畫壁，相傳漢魏間筆。觀其衣冠服用，若後魏周隋制度，疑彼時畫工創意所造耳。蘇某子容燕寢北軒題記。

宋·蘇軾《東坡全集》卷一〇二《志林·釋道》 袁宏《漢紀》曰：浮屠，佛也。西域天竺國有佛道焉。佛者，漢言覺也，將以覺悟羣生也。其教也，以修善慈心爲主，不殺生，專務清淨。其精者爲沙門，沙門漢言息也，蓋息意去欲，歸於無爲。又以爲人死精神不滅，隨復受形，生時善惡皆有報應。故貴行修善道，以煉精神，以至無生而得爲佛也。東坡居士曰：此殆中國始知有佛時語也。雖淺近，大畧具足矣。野人得鹿，正爾煮食之耳，其後賣與市人，遂入公庖中，饌之百方。然鹿之所以美，未有絲毫加於煮食時也。

宋·晁説之《景迂生集》卷一六《成州新修大梵寺記》 昔王通謂佛西方聖人，溫公斥之曰：聖人豈有方所邪？蓋大夫學士，苟知修正者，必期放諸四海而準也。以所地論聖人，可乎？中國之有佛，雖自漢明帝始，而傳毅者果何以自對？帝之所夢，豈不前有所聞哉？漢武帝昆明池胡人之對，向《神仙傳》之所載。哀帝元壽元年，受王月氏王使浮圖之書，猶信也。但武帝甘泉宮，列霍去病所得休屠王祭天金人，與夫張騫通大夏聞有身毒之俗，特其名物未闡明，若後來所稱謂云云爾。而議者指此教斷自漢明，則淺之其爲言也。今東有五臺山之文殊，西而峨眉山之普賢，南而雁蕩山之羅漢，北而鼓山之羅漢，亦自漢明帝而始耶？惟以不思議境照不思議心者，可與於此。若其精舍以府寺名之，亦非天竺之本名。蓋始出於漢有司梓匠之役，遂同乎府寺而得名焉。

宋·孔平仲《珩璜新論》 《霍去病傳》：破匈奴，獲休屠祭天金人。注：祭天以金人爲主，佛徒祠金人也。師古曰：今之佛像是也。其後，休屠王太子歸漢，以金人之故，賜姓金氏，卽日磾也。據此，則前漢時佛像已入中國矣。凡今之佛像，皆祭天之主也，宜乎其盛也，有天助焉。爾後漢明帝夢見金人，以爲佛。於是遣使天竺國，圖其形像。光武子楚王英始信其術，爲浮屠齋戒祭祀，詔還贖縑以助伊蒲塞之盛饌。注：伊蒲塞卽優婆塞也。《陶謙傳》：笮融大起浮屠寺，作黃金塗像，浴佛設飯。《前漢西域傳》：塞王南君罽賓。塞種捐毒，卽身毒，天竺也。《後漢襄楷傳》注：浮屠，卽佛佗聲之轉耳。《史記·大月氏傳》：身毒國，在大夏東南數千里，其俗土著，大與大夏同，而卑濕暑熱。按《後漢書·西域傳》，天竺一名身毒。今浮屠像袒肩赤足，此卑濕暑熱之驗也。又云其民乘象以戰，今浮屠像亦跨象云。

宋·董逌《廣川書跋》卷二《書攝摩騰取經圖》 世法有盛衰，可以事見也。正法有興滅，則不可以事見。求於理者，可以得之。世俗之患以世法盛衰而議正法興滅者，常見其不知本也。今夫世法不常盡，顧有衰謝陵夷，逮王者出則拯而振之矣。雖更世歷年之久，其法不傳而名可得考者，以其世數猶可推也。至於正法之敝，乃遠在數千載後。教與法盡顧諸福，悉滔淪於世，故乃更一賢劫，隆化興教。其入中國者，像法也。後世不知正法之滅而後每興，則以世法觀者，於是常不知正法所自起，可以嘆也。王度謂佛法外國之神，非諸華所應祠奉。漢氏初傳其道，惟聽西域人得立寺都邑，以奉其說。蓋以摩騰、竺法蘭自永平得經，以是爲始入中國。今以經知者，自威音王後，則有劫莊嚴者矣。其下則賢劫所以興，至於能仁不復，則第四世矣。方漢之時，其以《四十二章經》至者，蓋釋迦法爾。昔秦穆公世，耕者得石像，不能知。及梵教入中國，有異僧識之，曰此前劫迦葉佛遺像。自此而上，毗尸毗舍浮拘留孫不應其法，獨不至中夏也。經言大千世界爲一佛土。考之大千者，謂三一千界，下至阿毗上非想天爲一世界，千三世界爲中千世界，爲下千世界，至於中千世界。若此則中夏在南閻浮界中，豈能獨出其分哉？曇無羅讖謂，正法住世五百年，末法三千年，然則正法滅，像法出，像法滅，末法見。至於末法

盡，則佛教絶矣，故復當一佛界也。昔石季龍造塔於鄴，而澄清遺人臨菑取舍利得之，謂阿育王所造，在中國者十八，而臨菑其一也。皆藏釋迦舍利。余考載自漢以上，無梵教。彼於此果得舍利，是其説不可誣也。今之經多澤於後世，其要務在誇大，求取信中國，至推恆星不見，求合於二月十五日，妄也。然則瞿曇之興，未與諸夏相通，其傳於經者，皆釋而通之。顧無年系可以譜見，蓋不可知其時之在中國爲何世也。龍樹求過去諸佛所傳經，得於海藏，凡三月不盡一佛界。問之守者，其往又如是，復爲一佛界矣，不知其極也。蓋劫火盡時，惟海藏得存，故千佛已出，不可窮盡。世人或疑此説，蓋常人以耳目不及便不敢據以信，不知理有在者可以考也。漢穿昆明池，得劫灰，此不可妄傳，人共信之。若信於此而不信於彼者，其可與論常理之外哉？

宋·王觀國《學林》卷七《佛教》 《後漢書·西域傳》曰，天竺國，一名身毒國。其人修浮屠道，不殺伐，遂以成俗。又曰，明帝夢見金人，長大，頂有光明，以問羣臣，或曰西方有神，名曰佛，其形長丈六尺而黄金色。帝於是遣使天竺，問佛道法，遂於中國圖畫形像焉。楚王英始信其術，中國因此頗有奉其道者。《後漢光武帝子楚王英傳》曰：英晚節更喜黄老，學爲浮圖，齋戒祭祀。章懷太子注引袁宏《漢記》曰：初，明帝夢見金人，長大，頂有日月光。以問羣臣，或曰『西方有神，其名曰佛。陛下所夢，得無是乎？』於是遣使天竺，問其道術，而圖其形像焉。《廣韻》『佛』字注引《牟子》曰：『漢明帝夢神人，身有日光，飛在殿前，以問羣臣。傅毅對曰：「天竺有佛，將其神也。」』觀國竊謂人君至於天下，苟有可以誘民爲善者，無不舉而行之。漢明帝夢金人而遣使天竺，以問佛道，必聞其國以好生惡殺，省欲去奢爲事，冀以此可以誘民爲善之一端也，而溺信者乃至於太過。

宋·眞德秀《西山讀書記》卷三六《吾道異端之辨下》 按後漢永平八年，楚王英奉黄縑白紈詣國相曰：『托在蕃輔，過惡累積，奉送縑帛，以贖愆咎。』詔報曰：『楚王通黄老之微言，尚浮屠之仁祠，潔齋三月，與神爲誓，何嫌何疑，當有悔吝？其還贖，以助伊蒲塞桑門之盛饌。』初，帝聞西域有神，其名曰佛，因遣使之天竺，求其道，得其書及沙門以來。其書大抵以虚無爲宗，貴慈悲不殺。以爲人死精神不滅，隨復受形。生時所行善惡，皆有報應。故所貴修鍊精神，以至爲佛。善爲宏闊勝大之言，以勸誘愚俗。精於其道者，號曰沙門。於是中國始傳其術，圖其形像，而王公貴人，獨楚王英最先好之。

明·劉績《霏雪録》卷上 僧稱支郎，始於漢，不特指支遁也。《高僧傳》云，優婆塞支謙，一名越，本月支國人，來遊漢境。初，漢桓、靈之世有支讖譯出衆經，有支亮資學於讖，謙又受業於亮，亮學異書，通六國語，時人語曰支郎。

明·王樵《方麓集》卷一五《戊申筆記》 按：西域之性好殺伐，噉生飲酪，男女不避種姓，故佛生其間。戒殺盜淫，不飲酒食肉。此猶嶺南產毒藥，多蛇虺，而諸療毒之藥亦在南中，可見造化之理。凡得氣之偏者，必有勝其所偏者以爲之對，對必反其爲。佛蓋西域中之賢智，然亦得偏氣，故不能學于中國而聞聖人之道。【略】

按：金人祭天，匈奴之俗也。佛產天竺，修證成果，其徒以爲神，故亦有金人之號。孝明之夢，其偶然耶？其亦先有所聞耶？傅毅以佛對，則其時聞西方有佛久矣。因遣使求之，僅得其經像及沙門而還，佛不可得也。使佛尚在，肯爲明帝來，亦不過如後世高僧受供養禮拜，譚説勸化而已，豈能助帝爲理耶？故佛道決不可以治天下國家。既無益于治，世主亦何苦而崇慕祈求之？若以福田利益，則自求多福，宜莫如堯舜三王之道，建其有極而斂時五福，所其無逸而享國永年。此猶種而必穫，乃不求之此而求之彼，亦可謂惑之甚矣。況事佛之效，如梁武帝之徒，亦可睹矣。曾莫之悟，亦獨何哉？

明·王世貞《弇州四部稿》卷一七三《説部》 《譯經圖記》云，明帝永平三年庚申，帝感異夢，敕郎中蔡愔、中郎將秦景、博士王遵等十八人，西尋佛法。至印度國，請迦葉摩騰、竺法蘭，用白馬馱經像，以十年丁卯至洛陽。帝悦，造白馬寺，譯《四十二章經》。十四年正月一日，五嶽道士褚善信等，不悦朝正之次，表請較試。敕遣尚書令宋庠，引入長樂宮，詔以十五日集白馬寺南門。信等以《靈寶》諸經，置道東壇上；帝以經像舍利，置道西七寶行殿上。信等遶壇，泣懇天尊，以栴檀香燒經，冀經無損，並爲煨燼；其諸昇天入火、履冰隱形諸術，皆不復能。善禁咒者，亦呼策不應。太傅張衍語信曰：『所試無驗，卽是虚妄。宜就

西域眞法。』時南嶽道士費叔方慚忸，自感而死。時佛舍利光明五色，直上空中，旋環如蓋，徧覆大衆，映蔽日輪。摩騰先是阿羅漢，即以神足游空飛行，坐臥神化自在，時天雨寶華及奏衆樂，摩騰復坐。法蘭說世，後宮陰夫人、王婕妤等百九十人，司空陽城侯劉善峻等二百六十人，四嶽道士呂慧通等六百二十人，京都張子尚等三百九十一人，俱出家。引《吳書》闞澤對吳主云，褚善信、費叔方自感而死爲證。考之漢史，明帝自元年太傅鄧禹薨後，絕不置此官，三公中亦無所謂張衍者；十四年衛尉趙憙行太尉，司空爲牟融，亦不聞有所謂劉善峻也。且道教符籙之興，起於張陵，盛於寇謙之，而極於杜光庭。當時豈知所謂二教，亦豈以白馬一寺而道士遂與之鬭法哉？此既云永平十四年以《靈寶》諸經鬭法，而《廣弘明集》云：靈寶創自張陵，赤烏始出。上清肇自葛玄，三洞造於鮑靚，其自相矛盾可見。

明・胡應麟《少室山房筆叢》卷一六《四部正譌下》　《弘明集》有《牟子論》三十七篇，題漢末牟融撰。按《隋志》儒家有《牟子》二卷，稱漢太尉牟融。考《後漢書》有《融傳》，在漢明前，其時佛法固未入中國。今其書已亡，而弘明《牟子論》序稱靈帝時，遭世亂離，著書不仕，精研佛道，撰《理惑論》三十七篇，其非儒家牟子明甚。且隋、唐諸《志》，並無此書。嘗疑六朝晉宋間文士因儒家有《牟子》，僞撰此《論》，以左右浮屠。讀其文，雖猥淺而詞頗近東京意，原録釋藏中，故《隋志》不載，若《參同契》之屬然。伯陽姓名，唐以前傳記昭灼，而融諸《論》，絕不聞援引，可疑也。

又　卷三〇《雙樹幻鈔上》　漢菩薩相繼著論贊，明其義，此佛經教所自始也。又云推尋典籍，自漢已上，中國未傳。或云久已流布，遭秦之世，所以湮滅。其後張騫使西域，蓋聞有浮屠之教。哀帝時，博士弟子秦景使伊存口授浮屠經，中國人未之信也。後漢明帝夜夢金神，飛行殿庭，以問於朝，而傅毅以佛對。帝遣郎中蔡愔及秦景使天竺求之，得佛經《四十二章》及釋迦立像，并與沙門攝摩騰、竺法蘭東還。愔之來也，以白馬負經，因立白馬寺於洛城雍門西以處之。其經緘於蘭臺石室，而又畫像於清源臺及顯節陵上。章帝時，楚王英以崇敬佛法，聞西域沙門齎佛經而至者甚衆。永平中，法蘭又譯《十住經》。其餘傳譯，多未能通。至桓帝時，有安息國沙門安静，齎經至洛翻譯，最爲通解。靈帝時，有月支沙門支讖、天竺沙門竺佛朔等，並翻佛經。而支讖所譯《泥洹經》二卷，學者以爲大得本旨。漢太守竺融，亦崇佛法。

又　卷三一《雙樹幻鈔中》　《牟子理惑論》稱佛所著經，凡十有二部，合八億四千萬卷。大卷萬言已下，小卷千言已上云云。按漢世惟《四十二章經》至中國，安得品目之多至此？此必魏晉之譚。然則《大藏》經目之繁侈，其説固有自來矣。《牟子》稱漢牟融，當是六朝人託名僞作。詳《四部正譌》。

凡浮屠之説，類涉誇大者，率中華之人演譯之。最先《四十二章》平實彰顯，及《心經》等，總之譚理，何嘗有一切靡文？《金剛》、《圓覺》不失淵眇，《維摩》、《楞嚴》等漸入浩繁，至《法華》、《華嚴》諸品而極。蓋其精微處，固佛本眞。其浮誕不根，悉後世增益也。

清・顧炎武《日知録》卷二六《隋書》　《經籍志》言：『漢哀帝時，博士弟子秦景使伊存口授浮屠經。』又云：『後漢明帝遣郎中蔡愔及秦景使天竺，得佛經四十二章及釋迦立像。』按自哀帝之末至東京明帝之初，垂六十年。使秦景尚存，亦當八十餘矣，不堪再使絕域也。蓋本之陶隱居《眞誥》，言孝明遣使者張騫、羽林郎秦景、博士王遵等十四人，之大月氏國，寫佛經四十二章，祕之蘭臺石室。作史者知張騫爲武帝時人，姓名久著，故删去之，獨言秦景，而前後失于契勘，故或以爲哀帝，或以爲明帝耳。

藝文

元・釋大欣《蒲室集》卷二《摩騰竺法蘭贊 有序》　按《周書異記》載西方佛生及終之事，而《列子》亦曰，西極之國，有化人來，穆王事之，作中天之臺，其高千仞。及秦時沙門室利房等至，始皇以爲異，囚之。夜有金人破戶以出。又霍去病過焉耆山，得休屠王祭天金人。以是考之，周秦西漢知有佛久矣，特未廣其教於天下也。至東漢明帝，始以夢感，因傅毅之對，遣蔡愔等使西域，求其道。而摩騰、竺法蘭亦先自天竺來，由此經像大被東土。固佛之懸記，必時至而機熟。然非騰、蘭與此土

人有大緣，契疇克爾耶！有以二大士像示予者，謹再拜而爲之贊曰：

日之方升，照有先後。或隱或噎，非日之咎。伊昔吾宗，自西徂東。屢出屢沮，時之未通。在漢永平，格于帝心。遣使求之，維遵與愔。粵若二士，作如來使。有馬翰如，負經以至。如彼旱暵，時雨乃作，沃我焦壤，是刈是穫。人道之貴，在於明性。百家異説，孰不自聖？匪小而偏，匪蕩而塞。不有大教，道幾乎熄。去我二士，復逾千載。龍藏之文，浩若河海。匪津匪涯，誰與航之？豈無綱目，孰能張之？孰圖二士，顴頰方眸。欲挽其袂，逝從之游。

汲取東方藝術分部

綜述

晉・崔豹《古今注》卷中 《横吹》，胡樂也。張博望入西域，傳其法於西京，唯得《摩訶》、《兜勒》二曲。李延年因胡曲更造新聲二十八解，乘輿以爲武樂。後漢以給邊將軍。和帝時，萬人將軍得用之。魏晉以來，二十八解不復具存。世用者《黄鵠》、《隴頭》、《出關》、《入關》、《出塞》、《入塞》、《折楊柳》、《黄華子》、《赤之陽》、《望行人》等十曲。

《晉書》卷二三《樂志下》 胡角者，本以應胡笳之聲，後漸用之横吹，有雙角，即胡樂也。張博望入西域，傳其法於西京，惟得《摩訶兜勒》一曲。李延年因胡曲更造新聲二十八解，乘輿以爲武樂。後漢以給邊將，和帝時，萬人將軍得用之。

晉・袁宏《後漢紀》卷一五《殤帝紀》 及安帝元初中，徼南塞外檀國獻幻人，能變化吐火，自支解，又善跳丸，能跳十丸。其人曰：『我海西人。』則是大秦也。

《後漢書》卷八一《陳禪傳》 入拜諫議大夫。永寧元年，西南夷撣國王獻樂及幻人，能吐火，自支解，易牛馬頭。明年元會，作之於庭。安帝與羣臣共觀，大奇之。禪獨離席，舉手大言曰：『昔齊、魯爲夾谷之會，齊作侏儒之樂，仲尼誅之。』又曰：『放鄭聲，遠佞人。帝王之庭不宜設夷狄之技。』尚書陳忠劾奏禪曰：『古者合歡之樂舞於堂，四夷之樂陳於門。故《詩》云「以《雅》以《南》」，「韎任朱離」。今撣國越流沙，踰縣度，萬里貢獻，非鄭衛之聲，佞人之比。而禪廷訕朝政，請劾禪下獄。』有詔勿收，左轉爲玄菟候城障尉。

又 卷八六《西南夷傳・哀牢》 永寧元年，撣國王雍由調復遣使者詣闕朝賀，獻樂及幻人，能變化吐火，自支解，易牛馬頭；又善跳丸，數乃至千，自言『我海西人』。海西即大秦也。撣國西南通大秦。明年元會，安帝作樂於庭，封雍由調爲漢大都尉，賜印綬、金銀綵繒各有差也。

外物内引分部

綜述

《史記》卷一二三《大宛列傳》 宛左右以蒲陶爲酒，富人藏酒至萬餘石，久者數十歲不敗。俗嗜酒，馬嗜苜蓿。漢使取其實來，於是天子始種苜蓿、蒲陶肥饒地。及天馬多，外國使來衆，則離宮别觀旁，盡種蒲陶、苜蓿極望。

《漢書》卷九六上《西域傳・大宛國》 又發使十餘輩，抵宛西諸國，求奇物，因風諭以伐宛之威，宛王蟬封與漢約，歲獻天馬二匹。漢使采蒲陶、目宿種歸，天子以天馬多，又外國使來衆，益種蒲陶、目宿離宮館旁，極望焉。

漢・劉歆《西京雜記》卷一 樂遊苑自生玫瑰樹下多苜蓿，苜蓿一名懷風，時人或謂之光風。風在其間，常蕭蕭然。日照其花，有光采，故名苜蓿爲懷風。茂陵人謂之連枝草。

晉・張華《博物志》卷五《服食》 西域有蒲萄酒，積年不敗。彼俗云：可十年飲之，醉彌月乃解。所食逾少，心逾開；所食逾多，心逾塞，年逾損焉。

又 卷六《物名考》 張騫使西域還，乃得胡桃種。

晉・崔豹《古今注》卷下 酒杯藤，出西域，藤大如臂，葉似葛，

花實如梧桐，實花堅，皆可以酌酒，自有文章，暎徹可愛。實大如指，味如豆蔻，香美消酒，士人提酒來至藤下，摘花酌酒，仍以實銷酲，國人寶之，不傳中土。張騫出大宛得之，事出《張騫出關志》。

南朝梁・任昉《述異記》卷下　張騫苜蓿園，今在洛中，苜蓿本胡中菜也。張騫始於西戎得之。

北魏・賈思勰《齊民要術》卷一〇《五穀果蓏菜茹非中國物産者・果蓏》　《博物志》曰：張騫使西域還，得安石榴、胡桃、蒲桃。

宋・李昉等《太平廣記》卷四〇七《草木二・藟蔓・藤實杯》　藤實杯出西域，藤大如臂，葉似葛花，實如梧桐，實成堅固，皆可酌酒。自有文章，映徹可愛。實大如杯，味如荳蔻，香美消酒。士人提酒來至藤下，摘花酌酒，乃以其實消醒。國人寶之，不傳於中國。張騫入宛得之。事在《張騫出關志》。出《炙轂子》

唐・段成式《酉陽雜俎》卷一八《廣動植之三・木篇》　俗言葡萄蔓好引於西南。庾信謂魏使尉瑾曰：「我在鄴，遂大得蒲萄，奇有滋味。」陳昭曰：「作何形狀？」徐君房曰：「有類軟棗。」信曰：「君殊不體物，可得言？似生荔枝。」魏肇師曰：「魏武有言：『末夏涉秋，尚有餘暑，酒醉宿醒，掩露而食，甘而不飴，酸而不酢。道之固以流味稱奇，況親食之者！』」瑾曰：「此物實出於大宛，張騫所致。有黃、白、黑三種。成熟之時，子實逼側，星編珠聚。西域多釀以爲酒，每來歲貢。在漢西京，似亦不少。杜陵田五十畝中，有蒲萄百樹。今在京兆，非直止禁林也。」信曰：「乃園種戶植，接蔭連架。」昭曰：「其味何如橘柚？」信曰：「津液奇勝，芬芳減之。」瑾曰：「金衣素裹，厥包錫貢，向齒自消，良應不及。」

元・王禎《農書・百穀譜・百穀譜集之八・果屬・石榴》　石榴一名若榴，一名丹若，舊不著所出州土。陸璣云：張騫使西域，得塗林安石榴種。今人稱爲海榴，以産海外也。

又《百穀譜集之十・雜類・紅花》　紅花一名黄藍，葉頗似藍，故有藍名。生於西域，張騫所得。今處處有之。花地欲得良熟，二月末、三月初種也。

明・朱橚《救荒本草》卷七《果部・胡桃樹》　胡桃樹一名核桃，生北土。舊云張騫從西域將來，陝、洛間多有之。

明・李時珍《本草綱目》卷一五《草之四・紅藍花》　集解：《志》曰：紅藍花，即紅花也。生梁漢及西域。《博物志》云張騫得種于西域，今魏地亦種之。

又《番紅花》　集解：時珍曰：番紅花出西番回回地面及天方國，即彼地紅藍花也。元時以入食饌用。按張華《博物志》言張騫得紅藍花種于西域，則此即一種，或方域地氣稍有異耳。

又卷二二《穀之一・胡麻》　釋名：【略】油麻，《食療》。脂麻。《衍義》。俗作芝麻，非。【略】時珍曰：按沈存中《筆談》云：胡麻即今油麻，更無他説。古者中國止有大麻，其實爲蕡。漢使張騫始自大宛得油麻種，故名胡麻，以别中國大麻也。寇宗奭《衍義》亦據此釋胡麻，今併入油麻正焉。

又卷二四《穀之三・蠶豆》　釋名：胡豆。時珍曰：豆莢狀如老蠶，故名。王禎《農書》謂其蠶時始熟，故名，亦通。吴瑞《本草》以此爲豌豆，誤矣。此豆種亦自西胡來，雖與豌豆同名，同時種，而形性迥別。《太平御覽》云：張騫使外國，得胡豆種歸，指此也。今蜀人呼此爲胡豆，而豌豆不復名胡豆矣。

又卷二六《菜之一・葫》　釋名：大蒜，弘景。葷菜。弘景曰：今人謂葫爲大蒜，蒜爲小蒜，以其氣類相似也。時珍曰：按孫愐《唐韻》云：張騫使西域始得大蒜，葫荽則小蒜，乃中土舊有，而大蒜出胡地，故有胡名。二蒜皆屬五葷，故通可稱葷。

又《胡荽》　釋名：香荽，《拾遺》。胡菜，《外臺》。蒝荽。時珍曰：荽，許氏《説文》作葰，云薑屬，可以香口也。其莖柔葉細，而根多鬚，綏綏然也。張騫使西域始得種歸，故名胡荽。今俗呼爲蒝荽。蒝乃莖葉布散之貌。俗作芫花之芫，非矣。藏器曰：石勒諱胡，故并汾人呼胡荽爲香荽。

又卷二七《菜之二・苜蓿》　釋名：木粟，《綱目》。光風草。時珍曰：苜蓿，郭璞作牧宿，謂其宿根自生，可飼牧牛馬也。又羅願《爾雅翼》作木粟，言其米可炊飯也。葛洪《西京雜記》云，樂遊苑多苜蓿，風在其間常蕭蕭然，日照其花有光采，故名懷風，又名光風。茂陵人謂之連珠草。《金光明經》謂之塞鼻力迦。

集解：弘景曰：長安中乃有苜蓿園，北人甚重之，江南不甚食之，以無味故也。外國復有苜蓿草以療目，非此類也。詵曰：彼處人采其根

作土黄芪也。宗奭曰：陝西甚多，用飼牛馬，嫩時人兼食之。有宿根，刈訖復生。時珍曰：雜記言，苜蓿原出大宛，漢使張騫帶歸中國，然今處處田野有之，陝隴人亦有種者。年年自生，刈苗作蔬，一年可三刈。二月生苗，一科數十莖，莖頗似灰藋，一枝三葉，葉似決明葉，而小如指頂，緑色碧艷。入夏及秋，開細黄花，結小莢，圓扁旋轉，有刺，數莢累累。老則黑色，内有米如穄米，可爲飯，亦可釀酒。

又　卷二八《菜之三・胡瓜》　釋名：黄瓜。藏器曰：北人避石勒諱，改呼黄瓜，至今因之。時珍曰：張騫使西域得種，故名胡瓜。按杜寶《拾遺録》云：隋大業四年避諱，改胡瓜爲黄瓜，與陳氏之説微異。

又　卷三〇《果之二・安石榴》　釋名：若榴，《廣雅》。丹若，《古今注》。金罌。時珍曰：榴者，瘤也。丹實垂垂，如贅瘤也。《博物志》云：漢張騫出使西域，得塗林安石國榴種以歸，故名安石榴。又按《齊民要術》云，凡植榴者，須安僵石枯骨於根下，即花實繁茂。則安石之名義或取此也。

又　《胡桃》　釋名：羌桃，《名物志》。核桃。蘇頌曰：此果本出羌胡。漢時張騫使西域始得種還，植之秦中，漸及東土，故名之。

又　卷三三《果之五・葡萄》　釋名：蒲桃，古字。草龍珠。時珍曰：葡萄，《漢書》作蒲桃，可以造酒。人酺飲之則醄然而醉，故有是名。其圓者名草龍珠，長者名馬乳葡萄，白者名水晶葡萄，黑者名紫葡萄。《漢書》言張騫使西域還，始得此種。而《神農本草》已有葡萄，則漢前隴西舊有，但未入關耳。

論　説

明・岳正《類博稿》卷三《雜言下》　《酉陽雜俎》與《六帖》皆載，葡萄由張騫自大宛移植漢宫。按《本草》已具，神農九種，當塗熄火，去騫未遠。而魏文之詔，實稱中國名果，不言西來。是唐以前無此論。予嘗以爲，大宛之種，必與中國者異。故博望取之，段、白所載，必有所據，但失實耳。比戍酒泉，屢嘗販胡之乾名曰瑣瑣，比中國者差小，形圓而色正赤，其味甘美，非中國者可敵，則予所見庶或得之。今此種處處有之，獨蒲坂者勝。土人乾之以資貿易，江南重之稱蕃葡萄。曰蕃云者，豈承襲瑣瑣之乾歟？姑識之，以俟知者。

藝　文

清・彭定求等《全唐詩》卷三八《孔紹安〈侍宴詠石榴〉》　可惜庭中樹，移根逐漢臣。祇爲来時晚，花開不及春。

唐・劉禹錫《劉賓客文集》卷二七《蒲桃歌》　野田生蒲桃，纏繞一枝蒿。移來碧墀下，張王日日高。分岐浩繁縟，脩蔓蟠詰曲。揚翹向庭柯，意思如有屬。爲之立長架，布濩當軒緑。米液溉其根，理疏看滲漉。繁葩組綬結，懸實珠璣蹙。馬乳帶輕霜，龍鱗躍初旭，有客汾陰至，臨堂瞪雙目。自言我晉人，種此如種玉。釀之成美酒，令人飲不足。爲君博一斗，往取涼州牧。

唐・劉禹錫《劉賓客外集》卷三《和令狐相公謝太原李侍中寄蒲桃》　珍果出西域，移根到北方。昔年隨漢使，今日寄梁王。上相芳緘至，行臺綺席張。魚鱗含宿潤，馬乳帶殘霜。染指鉛粉膩，滿喉甘露香。醖成十日酒，味敵五雲漿。咀嚼停金盞，稱嗟響畫堂。慚非末至客，不得一枝嘗。

唐・元稹《元氏長慶集》卷一三《感石榴二十韻》　何年安石國，萬里貢榴花？迢遞河源道，因依漢使槎。酸辛犯葱嶺，憔悴涉龍沙。初到摽珍木，多來比亂麻。深抛故園裏，少種貴人家。唯我荆州見，憐君胡地賒。從教當路長，兼恣入簷斜。緑葉裁烟翠，紅英動日華。新簾裙透影，疏牖燭籠紗。委作金爐焰，飄成玉砌瑕。乍驚珠綴密，終誤繡幃奢。琥珀烘梳碎，燕支懶頰塗。風翻一樹火，電轉五雲車。絳帳迎宵日，芙蕖綻早牙。淺深俱隱映，前後各分葩。宿露低蓮臉，朝光借綺霞。暗虹徒繳繞，濯錦莫周遮。俗態能嫌舊，芳姿尚可嘉。非專愛顏色，同恨阻幽遐。滿眼思鄉淚，相嗟亦自嗟。

宋・梅堯臣《宛陵集》卷五《詠苜蓿》　苜蓿來西域，蒲萄亦既隨。胡人初未惜，漢使始能持。宛馬當求日，離宮舊種時。黄花今自發，撩亂牧牛陂。

又　卷三〇《石榴》　榴枝苦多雨，過熱坼已半。秋雷石罌破，曉日丹砂爛。任從雕俎薦，豈待霜刀判。張騫西使時，蒟醬同歸漢。

又　卷三一《范景仁席中賦葡萄》　朱盤何纍纍，紫乳封霜厚。今爲馬谷餘，昔釀梁州酒。乃知西土珍，漢使傳應久。

宋·陳思《兩宋名賢小集》卷七九《石曼卿集·榴花》　王母庭前親見栽，張騫偷得下天來。誰家巧婦殘針線，一撮生紅熨不開。

宋·楊萬里《誠齋集》卷一一《蒲桃乾》　涼州博酒不勝癡，銀漢乘槎領得歸。玉骨瘦來無一把，向來馬乳大輕肥。

又　卷二二《蒲萄架》　纔喜盤藤捲葉生，又驚壓架暗陰成。夏褰涼潤青油幕，秋摘甘寒黑水精。近竹猶争一尺許，拋鬚先罥兩三莖。今年乞種西江去，長是茅齋怯晚晴。

宋·陳景沂《全芳備祖後集》卷九《果部·蒲萄》　竹引龍鬚卷復伸，堆盤馬乳釀青春。潑醅一斗宜延客，莫忖涼州學漢人。

元·馬祖常《石田文集》卷四《趙中丞折枝圖·石榴》　乘槎使者海西來，移得珊瑚漢苑栽。祇待綠陰芳樹合，蕊珠如火一時開。

元·洪希文《續軒渠集》卷五《蒲萄》　走架龍鬚弱不支，炎天待月立多時。醍醐縱美輸清滑，瓔珞雖圓讓陸離。珍異曾誇太沖賦，纍垂已入退之詩。當年若得傳方法，博取涼州亦一奇。《前漢》大宛以蒲萄爲酒，富人藏酒至萬餘石。又《唐書》破高昌，取蒲萄實，於園中種之，并得其酒法，上自損益，凡有八色。孟佗字伯郎，中常侍張讓專權用事，佗以蒲萄酒一斗遺讓，爲涼州刺史。

明·劉基《誠意伯文集》卷五《題畫蒲萄卷子》　西域蒲萄也自奇，畫圖驚見墨淋漓。迎風翠羽幡幡動，帶露玄珠纂纂垂。此日散愁思釀酒，幾回病渴想如飴。春膔隱几成幽夢，應共張騫到郅支。

明·胡奎《斗南老人集》卷四《題沅陵朱指揮蒲萄瓜圖上有天曆之印》　博望昔使西南夷，蒲萄瓜實何離離。傳來中國數千載，天曆畫師曾寫之。沅陵將軍好事者，此圖本自蒼梧野。大宛分種及燉煌，何異按圖求駿馬。吾聞蒲萄可釀酒，瓜瓞能延年。方今王化被八埏，將軍將軍今張騫。

明·杭淮《雙溪集》卷六《觀張秀夫水墨葡萄畫》　憶昔張騫使西域，移得葡萄歸漢宮。至今相傳偏海內，時至離離熟秋風。秀夫好畫意瀟洒，半醉臨軒掃秋墨。大宛三種兼白黃，無乃獨得水晶黑。瘦藤盤曲秋蛇驚，肥顆磊落龍珠瑩。已知玉盤承可愛，珍重金刀落忍輕。嘗聞釀酒自彼國，我生頭白未由識。一斗可以換涼州，漫對秋棚想真液。

明·張寧《方洲集》卷六《葡萄歌》　君不見貳師城外行人稀，葡萄滿目秋離離。初年托根古城下，歲久漫與城垣齊。城下居人日爭樹，伐幹分根不知數。一葉寒聲動地秋，盡入城中酒家去。萬里征車大宛回，離宮別觀一時栽。苜蓿榴花爛相照，知是將軍西域來。火雲亭亭天伏暑，滿架繁陰涼似水。屋裏蛟人坐泣間，海底蒼龍蟠不起。眷茲歲月幾悠悠，捲蔓何人入具丘。雨露不忘中夏澤，冰霜長保故園秋。故園風景今寧好，名馬千金野田草。惟有年年客土春，至今猶説漢朝人。

明·曹學佺《石倉歷代詩選》卷三五〇《明詩初集七十·曾棨〈胡祭酒宅飲蒲萄酒席上作〉》　蒲萄新釀出涼州，對此還思博望侯。馬乳香分銀甕暖，驪珠光瀉玉壺秋。綺筵夜醉頻燒燭，錦帳春生罷擁裘。翻笑老農耕作苦，年年種秫滿西疇。

又　卷四六九《明詩次集一百三·王九思〈畫葡萄引〉》　漢武惟知貴異物，博望常勞使西域。大夏康居産富饒，胡桐檉柳非奇特。獨取葡萄入漢宮，遂遣天王親外國。當年肉味厭侯王，今日霜根徧西北。吾家十畝後園裏，長條幾架南山側。龍鬚時裊水風斜，馬乳盡垂秋雨色。故園一別驚風雨，畫圖相對思鄉土。青錢已辦顧河舟，白首行看住草樓。但願千缸釀春酒，未須一斗博涼州。

明·郁逢慶《書畫題跋記》卷一二《[明]沈周〈石田花卉冊·石榴〉》　張騫帶得西來種，中祕千珍及萬珍。一箇臭囊藏不盡，又從身外覆精神。

清·卞永譽《書畫彙考》卷二四《書二十四·明·吳寬〈奉謝惠榴仍次來韻〉》　霜坼當堦紫玉胎，珊瑚一握案前堆。欲知佳實何從得，亦是張騫奉使才。

清·汪灝等《佩文齋廣羣芳譜》卷五七《果譜·[明]馮琦〈葡萄架〉》　晻曖繁陰覆綠台，藤枝蘿蔓共縈回。自隨博望仙槎後，詔許甘泉別殿栽。的的紫房含雨潤，疏疏翠幄向風開。詞臣病渴沾新釀，不羨金莖露一杯。一架扶疏碧水潯，午涼不散綠雲深。芳香未讓醍醐美，秀色全滋薜荔陰。紫玉含風秋液冷，玄珠入夜月華侵。莫言西域傳來晚，猶及相如

賦上林。

清・愛新覺羅・弘曆《御製詩四集》卷二一《石榴》　紅璃花襯綠瓊葉，日彩露華相暎鮮。海澨山陬開處處，至今誰復憶張騫。

又　卷三八《蠶豆花》　蠶時豆熟可爲糧，種自張騫攜異方。豈爲白花供入眼，憐他救急接青黄。

宋・宋祁《景文集》卷一《右史院蒲桃賦 有序》　癸酉之仲夏，予受詔修書，寓于右史院。紬繹多暇，裴回堂除，有蒲桃一本，延蔓疏瘠，垂實甚寡。予且玩且啃，以爲省戶凝切，禁廷敞閒，人不夭摧，禽不栖喙，與平原槁壤有間。匪灌藂宿莽所干，而條悴葉芸，不爲時珍，何耶？得非地以所宜爲安，根以屢徙爲危，封殖浸灌，信美非願。因爲小賦，代其臆對云。

昔炎漢之遺使，道西域而始通。得蒲桃之異種，偕苜蓿以來東。矜所從以至遠，遂徧植乎離宮。去葱雪之寒鄉，託崤函之福地，並萬實以均載，歷千古而舒粹。玩之可使蠲煩，食之足以平志。不由甘而取壞，迺因少而獲貴。鄙柚包之輕倪，賤蔗境之塵滓。粤何人斯，殖我于兹？託深嚴之祕署，切轇轕之文榱。培孤莖以膏壤，引柔蔓乎標枝。泉石渠以蒙浸，露金莖而泫滋。布凉影于月宮，獵重葩于禁飈。蔽周廬之岑寂，隱肅唱而逶遲。彼得地而逢辰，宜欣欣以茂遂。奚敷華而委質，反慘慘而兹瘁。乏磊砢于當年，讓紛華于此世。是必野荄非層掖之玩，菲實異太官之味。困枳橘之屢遷，嘆匏瓜之徒繫。亦猶鬱柳有性，不願栝棬之華；海鳥取容，非榮觴酒之饋。胡不放之巖際，歸之壠陰，上敷榮于樛木，外結庇于緇林。蒙煙沐霧，跨野彌岑，豐茸大德之谷，栖息無機之禽。保深根以庇本，誠繁實之披心。窮天年以善育，奚斤斧之可尋。

辭曰：階藥衒華，堂萱争麗，枝以萬年爲名，木以五衢稱瑞。是皆託中涓以進藝，荷鈎盾之爲地，結實心以自如，非孤生之所冀。

傳布中華文明部

綜述

《史記》卷一二三《大宛列傳》　是時上方數巡狩海上，乃悉從外國客，大都多人則過之，散財帛以賞賜，厚具以饒給之，以覽示漢富厚焉。於是大觳抵，出奇戲諸怪物，多聚觀者，行賞賜，酒池肉林。令外國客徧觀各倉庫府藏之積，見漢之廣大，傾駭之。及加其眩者之工，而觳抵奇戲歲增變，甚盛益興，自此始。【略】

自大宛以西至安息國，【略】其地皆無絲漆，不知鑄錢器。南朝宋裴駰《集解》：徐廣曰：多作『錢』字，又或作『鐵』字。及漢使亡卒降，教鑄作他兵器。得漢黄白金，輒以爲器，不用爲幣。

《漢書》卷六一《張騫傳》　是時上方數巡狩海上，乃悉從外國客，大都多人則過之，散財帛賞賜，厚具饒給之，以覽視漢富厚焉。大角氐，出奇戲諸怪物，多聚觀者，行賞賜，酒池肉林。令外國客徧觀各倉庫府臧之積，欲以見漢廣大，傾駭之。及加其眩者之工，而角氐奇戲歲增變，其益興，自此始。

又　卷九六上《西域傳・大宛國》　自宛以西至安息國，【略】其地無絲漆，不知鑄鐵器。及漢使亡卒降，教鑄作它兵器，唐顔師古注：漢使至其國及有亡卒降其國者，皆教之也。得漢黄白金，輒以爲器，不用爲幣。

《後漢書》卷七六《循吏傳・任延》　建武初，延上書願乞骸骨，歸拜王庭。詔徵爲九眞太守，光武引見，賜馬雜繒，令妻子留洛陽。九眞俗以射獵爲業，不知牛耕，民常告糴交阯，每致困乏。延乃令鑄作田器，教之墾闢，田疇歲歲開廣，百姓充給。又駱越之民無嫁娶禮法，各因淫好，無適對匹，不識父子之性，夫婦之道。延乃移書屬縣，各使男年二十至五十，女年十五至四十，皆以年齒相配。其貧無禮聘，令長吏以下各省奉

祿，以賑助之。同時相娶者，二千餘人。是歲風雨順節，穀稼豐衍。其産子者始知種姓，咸曰使我有是子者，任君也，多名子爲任。【略】

初，平帝時漢中錫光爲交阯太守，教導民夷，漸以禮義化聲侔於延。王莽末，閉境拒守。建武初，遣使貢獻，封鹽水侯。領南華風，始於二守焉。延視事四年，徵詣洛陽，以病稽留，左轉睢陽令。九眞吏人，生爲立祠。

又　卷八六《南蠻西南夷傳·南蠻》　光武中興，錫光爲交阯，任延守九眞，於是教其耕稼，制爲冠履，初設媒聘，始知姻娶，建立學校，導之禮義。

南朝梁·蕭繹《金樓子》卷五《志怪篇》　大月支及西胡有牛，名曰白皮。今日割取其肉，明日瘡即愈。故漢人有至其國者，西胡以此牛示之。漢人對曰：『吾國有蟲名爲蠶，如人食桑葉而吐絲。』外國人莫不信有蠶。

論說

宋·吳仁傑《兩漢刊誤補遺》卷八《鐵器》　自大宛以西至安息國，不知鑄鐵器。及漢使亡卒降，教鑄作它兵器。得漢黃白金，輒以爲器，不用爲幣。《史記》作『鑄錢器』。仁傑詳下文，謂當從《史記》爲正。按《罽賓傳》有金、銀、銅、錫爲器。金銀爲錢，則錢、器自是兩事，奉世言羌衆弓矛之兵耳，器不鋒利。器謂兵器也。大宛諸國，但有弓矛，所謂它兵器者，謂凡弓矛之外者也。所謂得黃白金以爲器者，黃金謂銅，白金謂銀錫，皆可作兵器者。《婼羌傳》云：『山有鐵自作兵。』《難兜傳》云：『有銀銅鐵作兵。』按《越絕書》：『赤堇之山，破而出錫。若邪之谷，涸而出銅。歐冶子因以爲劍。』郭景純謂古者通以錫雜銅爲兵器是也。若曰彼不知鑄作之利，當併舉諸金言之，又豈止一物而已哉！

又《黃金》　『貴黃金采繒』，《漢紀》作『黃鐵』，二文不同。仁傑按：實金謂之黃金，銅亦謂之黃金。晉灼曰：諸賜言黃金，真金也。不言黃，謂錢也。此以實金爲黃金。《舜典》『金作贖刑』，孔傳曰：金，黃金也。《呂刑》『其罰百鍰』，孔傳曰：鍰，黃鐵也。孔穎達謂古者金銀銅鐵總名爲金，黃金、黃鐵皆今之銅也。此以銅爲黃金。然則《西域傳》所云『黃金』，《漢紀》所云『黃鐵』，是皆指銅言之。微荀氏之書，讀者不以是爲實金者幾希。

研判諸國國情部

研判東亞諸國國情分部

綜述

朝鮮

《史記》卷一一五《朝鮮列傳》　朝鮮王滿者，故燕人也。自始全燕時嘗略屬眞番、朝鮮，爲置吏，築鄣塞。秦滅燕，屬遼東外徼。漢興，爲其遠難守，復修遼東故塞，至浿水爲界，屬燕。燕王盧綰反，入匈奴，滿亡命，聚黨千餘人，魋結蠻夷服而東走出塞，渡浿水，居秦故空地上下鄣，稍役屬眞番、朝鮮蠻夷及故燕、齊亡命者王之，都王險。

會孝惠、高后時天下初定，遼東太守即約滿爲外臣，保塞外蠻夷，無使盜邊，諸蠻夷君長欲入見天子，勿得禁止。以聞，上許之，以故滿得兵威財物侵降其旁小邑，眞番、臨屯皆來服屬，方數千里。

傳子至孫右渠，所誘漢亡人滋多，又未嘗入見；眞番旁衆國欲上書見天子，又擁閼不通。【略】元封三年夏，尼谿相參乃使人殺朝鮮王右渠來降。王險城未下，故右渠之大臣成巳又反，復攻吏。左將軍使右渠子長降、相路人之子最告諭其民，誅成巳，以故遂定朝鮮，爲四郡。

又　卷一三〇《太史公自序》　燕丹散亂遼間，滿收其亡民，厥聚海東，以集真藩，葆塞爲外臣，作《朝鮮列傳》第五十五。

《漢書》卷九五《朝鮮傳》　元封三年夏，【略】遂定朝鮮，爲真番、臨屯、樂浪、玄菟四郡。

又　卷一〇〇下《敘傳》　爰洎朝鮮，燕之外區。漢興柔遠，與爾剖符。

《三國志》卷三〇《魏志・東夷傳・高句麗》　高句麗在遼東之東千里，南與朝鮮、濊貊，東與沃沮，北與夫餘接。都於丸都之下，方可二千里，戶三萬。多大山深谷，無原澤。隨山谷以爲居，食澗水。無良田，雖力佃作，不足以實口腹。其俗節食，好治宮室，於所居之左右立大屋，祭鬼神，又祀靈星、社稷。其人性凶急，喜寇鈔。

其國有王，其官有相加、對盧、沛者、古雛加、主簿、優台丞、使者、皁衣先人，尊卑各有等級。東夷舊語以爲夫餘別種，言語諸事，多與夫餘同，其性氣衣服有異。本有五族，有涓奴部、絕奴部、順奴部、灌奴部、桂婁部。本涓奴部爲王，稍微弱，今桂婁部代之。漢時賜鼓吹技人，常從玄菟郡受朝服衣幘，高句麗令主其名籍。後稍驕恣，不復詣郡，于東界築小城，置朝服衣幘其中，歲時來取之，今胡猶名此城爲幘溝漊。溝漊者，句麗名城也。

其置官，有對盧則不置沛者，有沛者則不置對盧。王之宗族，其大加皆稱古雛加。涓奴部本國主，今雖不爲王，適統大人，得稱古雛加，亦得立宗廟，祠靈星、社稷。絕奴部世與王婚，加古雛之號。諸大加亦自置使者、皁衣先人，名皆達於王，如卿大夫之家臣，會同坐起，不得與王家使者、皁衣先人同列。其國中大家不佃作，坐食者萬餘口，下戶遠擔米糧魚鹽供給之。

其民喜歌舞，國中邑落，暮夜男女羣聚，相就歌戲。無大倉庫，家家自有小倉，名之爲桴京。其人絜清自喜，善藏釀。跪拜申一脚，與夫餘異，行步皆走。以十月祭天，國中大會，名曰東盟。其公會，衣服皆錦繡金銀以自飾。大加主簿頭著幘，如幘而無餘，其小加著折風，形如弁。其國東有大穴，名隧穴，十月國中大會，迎隧神還于國東上祭之，置木隧于神坐。無牢獄，有罪諸加評議，便殺之，沒入妻子爲奴婢。

其俗作婚姻，言語已定，女家作小屋於大屋後，名壻屋，壻暮至女家戶外，自名跪拜，乞得就女宿，如是者再三，女父母乃聽使就小屋中宿，傍頓錢帛，至生子已長大，乃將婦歸家。其俗淫。男女已嫁娶，便稍作送終之衣。厚葬，金銀財幣，盡於送死，積石爲封，列種松柏。其馬皆小，便登山。

國人有氣力，習戰鬭，沃沮、東濊皆屬焉。又有小水貊。句麗作國，依大水而居，西安平縣北有小水，南流入海，句麗別種依小水作國，因名之爲小水貊，出好弓，所謂貊弓是也。

又　《魏志・東夷傳》裴松之注　《魏略》曰：昔箕子之後朝鮮侯，見周衰，燕自尊爲王，欲東略地，朝鮮侯亦自稱爲王，欲興兵逆擊燕以尊周室。其大夫禮諫之，乃止。使禮西說燕，燕止之，不攻。後子孫稍驕虐，燕乃遣將秦開攻其西方，取地二千餘里，至滿番汗爲界，朝鮮遂弱。及秦幷天下，使蒙恬築長城，到遼東。時朝鮮王否立，畏秦襲之，略服屬秦，不肯朝會。否死，其子準立。二十餘年而陳、項起，天下亂，燕、齊、趙民愁苦，稍稍亡往準，準乃置之於西方。及漢以盧綰爲燕王，朝鮮與燕界於浿水。及綰反，入匈奴，燕人衛滿亡命，爲胡服，東度浿水，詣準降，說準求居西界，收中國亡命爲朝鮮藩屏。準信寵之，拜爲博士，賜以圭，封之百里，令守西邊。滿誘亡黨，衆稍多，乃詐遣人告準，言漢兵十道至，求入宿衛，遂還攻準。準與滿戰，不敵也。【略】

初，右渠未破時，朝鮮相歷谿卿以諫右渠不用，東之辰國，時民隨出居者二千餘戶，亦與朝鮮貢蕃不相往來。至王莽地皇時，廉斯鑡爲辰韓右渠帥，聞樂浪土地美，人民饒樂，亡欲來降。出其邑落，見田中驅雀男子一人，其語非韓人。問之，男子曰：『我等漢人，名戶來，我等輩千五百人伐材木，爲韓所擊得，皆斷髮爲奴，積三年矣。』鑡曰：『我當降漢樂浪，汝欲去不？』戶來曰：『可。』鑡因將戶來出詣含資縣，縣言郡，郡即以鑡爲譯，從芩中乘大船入辰韓，逆取戶來。降伴輩尚得千人，其五百人已死。鑡時曉謂辰韓：『汝還五百人。若不者，樂浪當遣萬兵乘船來擊汝。』辰韓曰：『五百人已死，我當出贖直耳。』乃出辰韓萬五千人，弁韓布萬五千匹，鑡收取直還。郡表鑡功義，賜冠幘、田宅，子孫數世，至安帝延光四年時，故受復除。

《後漢書》卷八五《東夷傳・高句驪》　高句驪，在遼東之東千里，南與朝鮮、濊貊，東與沃沮，北與夫餘接。地方二千里，多大山深谷，人

隨而爲居，少田業，力作不足以自資，故其俗節於飲食，而好修宮室。東夷相傳以爲夫餘別種，故言語法則多同，而跪拜曳一脚，行步皆走。凡有五族，有消奴部，絶奴部，順奴部，灌奴部，桂婁部。本消奴部爲王，稍微弱，後桂婁部代之。其置官，有相加、對盧、沛者、古鄒大加、主簿、優臺、使者、帛衣先人。武帝滅朝鮮，以高句驪爲縣，使屬玄菟，賜鼓吹伎人。其俗淫，皆絜淨自憙，暮夜輒男女羣聚爲倡樂。好祠鬼神、社稷、零星，以十月祭天大會，名曰『東盟』。其國東有大穴，號襚神，亦以十月迎而祭之。其公會衣服皆錦繡，金銀以自飾。大加、主簿皆著幘，如冠幘而無後；其小加著折風，形如弁。無牢獄，有罪，諸加評議便殺之，没入妻子爲奴婢。其昏姻皆就婦家，生子長大，然後將還，便稍營送終之具。金銀財幣盡於厚葬，積石爲封，亦種松柏。其人性凶急，有氣力，習戰鬭，好寇鈔，沃沮、東濊皆屬焉。句驪一名貊，有別種，依小水爲居，因名曰小水貊。出好弓，所謂『貊弓』是也。【略】

後句驪王宫生而開目能視，國人懷之，及長勇壯，數犯邊境。【略】是歲（建光元年）宮死，子遂成立。【略】遂成死，子伯固立。其後濊貊率服，東垂少事。順帝陽嘉元年，置玄菟郡屯田六部。【略】

論曰：昔箕子違衰殷之運，避地朝鮮。始其國俗未有聞也，及施八條之約，使人知禁，遂乃邑無淫盜，門不夜扃，回頑薄之俗，就寬略之法，行數百千年，故東夷通以柔謹爲風，異乎三方者也。苟政之所暢，則道義存焉。仲尼懷憤，以爲九夷可居。或疑其陋。子曰：『君子居之，何陋之有！』亦徒有以焉爾。其後遂通接商賈，漸交上國。而燕人衛滿擾雜其風，於是從而澆異焉。《老子》曰：『法令滋章，盜賊多有。』若箕子之省簡文條而用信義，其得聖賢作法之原矣！

贊曰：宅是嵎夷，曰乃暘谷。巢山潛海，厥區九族。嬴末紛亂，燕人違難。雜華澆本，遂通有漢。眇眇偏譯，或從或畔。

沃沮

《三國志》卷三〇《魏志·東夷傳·東沃沮》　東沃沮在高句麗蓋馬大山之東，濱大海而居。其地形東北狹，西南長，可千里，北與挹婁、夫餘，南與濊貊接。戶五千，無大君王，世世邑落，各有長帥。其言語與句麗大同，時時小異。漢初燕亡人衛滿王朝鮮，時沃沮皆屬焉。漢武元封二年伐朝鮮，殺滿孫右渠，分其地爲四郡，以沃沮城爲玄菟郡。後爲夷貊所侵，徙郡句麗西北，今所謂玄菟故府是也。【略】

夷狄更相攻伐，唯不耐濊侯至今猶置功曹、主簿諸曹，皆濊民作之。沃沮諸邑落渠帥，皆自稱三老，則故縣國之制也。國小，迫於大國之間，遂臣屬句麗。句麗復置其中大人爲使者，使相主領，又使大加統責其租税，貊布、魚、鹽、海中食物，千里擔負致之，又送其美女以爲婢妾，遇之如奴僕。

其土地肥美，背山向海，宜五穀，善田種。人性質直强勇，少牛馬，便持矛步戰。食飲居處，衣服禮節，有似句麗。其葬作大木槨，長十餘丈，開一頭作戶。新死者皆假埋之，才使覆形，皮肉盡，乃取骨置槨中。舉家皆共一槨，刻木如生形，隨死者爲數。又有瓦鑩，置米其中，編縣之於槨戶邊。【略】

北沃沮一名置溝婁，去南沃沮八百餘里，其俗南北皆同，與挹婁接。挹婁喜乘船寇鈔，北沃沮畏之，夏月恒在山巖深穴中爲守備，冬月冰凍，船道不通，乃下居村落。王頎別遣追討宮，盡其東界。問其耆老海東復有人不？耆老言國人嘗乘船捕魚，遭風見吹數十日，東得一島，上有人，言語不相曉，其俗常以七月取童女沈海。又言有一國亦在海中，純女無男。又説得一布衣，從海中浮出，其身如中（國）人衣，其兩袖長三丈。又得一破船，隨波出在海岸邊，有一人項中復有面，生得之，與語不相通，不食而死。其域皆在沃沮東大海中。

《後漢書》卷八五《東夷傳·東沃沮》　東沃沮在高句驪蓋馬大山之東，東濱大海，北與挹婁、夫餘，南與濊貊接。其地東西夾，南北長，可折方千里。土肥美，背山向海，宜五穀，善田種，有邑落長帥。人性質直强勇，便持矛步戰。言語、食飲、居處、衣服有似句驪。其葬，作大木槨，長十餘丈，開一頭爲戶，新死者先假埋之，令皮肉盡，乃取骨置槨中。家人皆共一槨，刻木如生，隨死者爲數焉。【略】

其土迫小，介於大國之間，遂臣屬句驪。句驪復置其中大人爲使者，以相監領，責其租税，貂布魚鹽，海中食物，發美女爲婢妾焉。

又有北沃沮，一名置溝婁，去南沃沮八百餘里。其俗皆與南同。界南

接挹婁。挹婁人喜乘船寇抄，北沃沮畏之，每夏輒臧於巖穴，至冬船道不通，乃下居邑落。其耆老言，嘗於海中得一布衣，其形如中人衣，而兩袖長三丈。又於岸際見一人乘破船，頂中復有面，與語不通，不食而死。又説海中有女國，無男人。或傳其國有神井，闚之輒生子云。

濊

《三國志》卷三〇《魏志・東夷傳・濊》　濊南與辰韓，北與高句麗、沃沮接，東窮大海，今朝鮮之東皆其地也。戶二萬。昔箕子既適朝鮮，作八條之教以教之，無門戶之閉而民不爲盜。其後四十餘世，朝鮮侯準僭號稱王。陳勝等起，天下叛秦，燕、齊、趙民避地朝鮮數萬口。燕人衛滿，魋結夷服，復來王之。漢武帝伐滅朝鮮，分其地爲四郡。自是之後，胡、漢稍別。

無大君長，自漢已來，其官有侯邑君、三老，統主下戶。其耆老舊自謂與句麗同種。其人性愿慤，少嗜欲，有廉耻，不請匄。言語法俗大抵與句麗同，衣服有異。男女衣皆著曲領，男子繫銀花廣數寸以爲飾。【略】今不耐濊皆其種也。漢末更屬句麗。

其俗重山川，山川各有部分，不得妄相涉入。同姓不婚。多忌諱，疾病死亡輒捐棄舊宅，更作新居。有麻布，蠶桑作緜。曉候星宿，預知年歲豐約。不以珠玉爲寶。常用十月節祭天，晝夜飲酒歌舞，名之爲舞天，又祭虎以爲神。其邑落相侵犯，輒相罰責生口牛馬，名之爲責禍。殺人者償死。少寇盜。作矛長三丈，或數人共持之，能步戰。樂浪檀弓出其地。其海出班魚皮，土地饒文豹，又出果下馬，漢桓時獻之。

《後漢書》卷八五《東夷傳・濊》　濊北與高句驪、沃沮，南與辰韓接，東窮大海，西至樂浪。濊及沃沮、句驪，本皆朝鮮之地也。昔武王封箕子於朝鮮，箕子教以禮義田蠶，又制八條之教。其人終不相盜，無門戶之閉。婦人貞信。飲食以籩豆。其後四十餘世，至朝鮮侯準，自稱王。漢初大亂，燕、齊、趙人往避地者數萬口，而燕人衛滿擊破準而自王朝鮮，傳國至孫右渠。元朔元年，濊君南閭等畔右渠，率二十八萬口詣遼東内屬。【略】

無大君長，其官有侯、邑君、三老。耆舊自謂與句驪同種，言語法俗大抵相類。其人性愚慤，少嗜欲，不請匄。男女皆衣曲領。其俗重山川，山川各有部界，不得妄相干涉。同姓不昏。多所忌諱，疾病死亡，輒捐棄舊宅，更造新居。知種麻，養蠶，作緜布。曉候星宿，豫知年歲豐約。常用十月祭天，晝夜飲酒歌舞，名之爲『舞天』。又祠虎以爲神。邑落有相侵犯者，輒相罰，責生口牛馬，名之爲『責禍』。殺人者償死。少寇盜，能步戰，作矛長三丈，或數人共持之。樂浪檀弓出其地。又多文豹，有果下馬，海出班魚，使來皆獻之。

三韓

《三國志》卷三〇《魏志・東夷傳・韓》　韓在帶方之南，東西以海爲限，南與倭接，方可四千里。有三種，一曰馬韓，二曰辰韓，三曰弁韓。辰韓者，古之辰國也。馬韓在西。其民土著，種植，知蠶桑，作緜布。各有長帥，大者自名爲臣智，其次爲邑借，散在山海間，無城郭。有爰襄國、牟水國、桑外國、小石索國、大石索國、優休牟涿國、臣濆沽國、伯濟國、速盧不斯國、日華國、古誕者國、古離國、怒藍國、月支國、咨離牟盧國、素謂乾國、古爰國、莫盧國、卑離國、占離卑國、臣釁國、支侵國、狗盧國、卑彌國、監奚卑離國、古蒲國、致利鞠國、冉路國、兒林國、駟盧國、内卑離國、感奚國、萬盧國、辟卑離國、臼斯烏旦國、一離國、不彌國、支半國、狗素國、捷盧國、牟盧卑離國、臣蘇塗國、莫盧國、古臘國、臨素半國、臣雲新國、如來卑離國、楚山塗卑離國、一難國、狗奚國、不雲國、不斯濆邪國、爰池國、乾馬國、楚離國，凡五十餘國。大國萬餘家，小國數千家，總十餘萬戶。辰王治月支國。臣智或加優呼臣雲遣支報安邪踧支濆臣離兒不例拘邪秦支廉之號。其官有魏率善、邑君、歸義侯、中郎將、都尉、伯長。

侯準既僭號稱王，爲燕亡人衛滿所攻奪，將其左右宮人走入海，居韓地，自號韓王。其後絶滅，今韓人猶有奉其祭祀者。漢時屬樂浪郡，四時朝謁。

桓、靈之末，韓濊强盛，郡縣不能制，民多流入韓國。建安中，公孫康分屯有縣以南荒地爲帶方郡，遣公孫模、張敞等收集遺民，興兵伐韓濊，舊民稍出，是後倭韓遂屬帶方。【略】

其俗少綱紀，國邑雖有主帥，邑落雜居，不能善相制御。無跪拜之禮，居處作草屋土室，形如冢，其戶在上，舉家共在中，無長幼男女之別。其葬有槨無棺，不知乘牛馬，牛馬盡於送死。以瓔珠爲財寶，或以綴衣爲飾，或以縣頸垂耳，不以金銀錦繡爲珍。其人性彊勇，魁頭露紒，如炅兵，衣布袍，足履草蹻蹋。其國中有所爲及官家使築城郭，諸年少勇健者，皆鑿脊皮，以大繩貫之，又以丈許木鍤之，通日嚾呼作力，不以爲痛，既以勸作，且以爲健。常以五月下種訖，祭鬼神，羣聚歌舞，飲酒晝夜無休。其舞，數十人俱起相隨，踏地低昂，手足相應，節奏有似鐸舞。十月農功畢，亦復如之。信鬼神，國邑各立一人主祭天神，名之天君。又諸國各有別邑，名之爲蘇塗。立大木，縣鈴鼓，事鬼神。諸亡逃至其中，皆不還之，好作賊。其立蘇塗之義，有似浮屠，而所行善惡有異。其北方近郡諸國差曉禮俗，其遠處直如囚徒奴婢相聚。無他珍寶。禽獸草木略與中國同。出大栗，大如梨。又出細尾雞，其尾皆長五尺餘。其男子時時有文身。又有州胡在馬韓之西海中大島上，其人差短小，言語不與韓同，皆髡頭如鮮卑，但衣韋，好養牛及豬。其衣有上無下，畧如裸勢。乘船往來，市買韓中。

辰韓在馬韓之東，其耆老傳世，自言古之亡人避秦役來適韓國，馬韓割其東界地與之。有城柵。其言語不與馬韓同，名國爲邦，弓爲弧，賊爲寇，行酒爲行觴。相呼皆爲徒，有似秦人，非但燕、齊之名物也。名樂浪人爲阿殘；東方人名我爲阿，謂樂浪人本其殘餘人。今有名之爲秦韓者。始有六國，稍分爲十二國。

弁辰亦十二國，又有諸小別邑，各有渠帥，大者名臣智，其次有險側，次有樊濊，次有殺奚，次有邑借。有已柢國、不斯國、弁辰彌離彌凍國、弁辰接塗國、勤耆國、難彌離彌凍國、弁辰古資彌凍國、弁辰古淳是國、冉奚國、弁辰半路國、弁［辰］樂奴國、軍彌國、弁軍彌國、弁辰彌烏邪馬國、如湛國、弁辰甘路國、戶路國、州鮮國、馬延國、弁辰狗邪國、弁辰走漕馬國、弁辰安邪國、馬延國、弁辰瀆盧國、斯盧國、優由國。弁、辰韓合二十四國，大國四五千家，小國六七百家，總四五萬戶。其十二國屬辰王。辰王常用馬韓人作之，世世相繼。辰王不得自立爲王。土地肥美，宜種五穀及稻，曉蠶桑，作縑布，乘駕牛馬。嫁娶禮俗，男女有別。以大鳥羽送死，其意欲使死者飛揚。國出鐵，韓、濊、倭皆從取之。諸市買皆用鐵，如中國用錢，又以供給二郡。俗喜歌舞飲酒。有瑟，其形似筑，彈之亦有音曲。兒生，便以石厭其頭，欲其褊。今辰韓人皆褊頭。男女近倭，亦文身。便步戰，兵仗與馬韓同。其俗，行者相逢，皆住讓路。

弁辰與辰韓雜居，亦有城郭。衣服居處與辰韓同。言語法俗相似，祠祭鬼神有異，施竈皆在戶西。其瀆盧國與倭接界。十二國亦有王，其人形皆大。衣服絜清，長髮。亦作廣幅細布，法俗特嚴峻。

《後漢書》卷八五《東夷傳・三韓》 韓有三種：一曰馬韓，二曰辰韓，三曰弁辰。馬韓在西，有五十四國，其北與樂浪，南與倭接。辰韓在東，十有二國，其北與濊貊接。弁辰在辰韓之南，亦十有二國，其南亦與倭接。凡七十八國，伯濟是其一國焉。大者萬餘戶，小者數千家，各在山海間，地合方四千餘里，東西以海爲限，皆古之辰國也。馬韓最大，共立其種爲辰王，都目支國，盡王三韓之地。其諸國王先皆是馬韓種人焉。

馬韓人知田蠶，作緜布，出大栗如梨。有長尾雞，尾長五尺。邑落雜居，亦無城郭。作土室，形如冢，開戶在上。不知跪拜。無長幼男女之別。不貴金寶錦罽，不知騎乘牛馬，唯重瓔珠，以綴衣爲飾，及縣頸垂耳。大率皆魁頭露紒，布袍草履。其人壯勇，少年有築室作力者，輒以繩貫脊皮，縋以大木，嚾呼爲健。常以五月田竟祭鬼神，晝夜酒會，羣聚歌舞，舞輒數十人相隨蹋地爲節。十月農功畢，亦復如之。諸國邑各以一人主祭天神，號爲『天君』。又立蘇塗，建大木以縣鈴鼓，事鬼神。其南界近倭，亦有文身者。

辰韓，耆老自言秦之亡人，避苦役，適韓國，馬韓割東界地與之。其名國爲邦，弓爲弧，賊爲寇，行酒爲行觴，相呼爲徒，有似秦語，故或名之爲秦韓。有城柵屋室。諸小別邑，各有渠帥，大者名臣智，次有儉側，次有樊秖，次有殺奚，次有邑借。土地肥美，宜五穀。知蠶桑，作縑布。乘駕牛馬。嫁娶以禮。行者讓路。國出鐵，濊、倭、馬韓並從市之。凡諸貿易，皆以鐵爲貨。俗憙歌舞飲酒鼓瑟。兒生欲令其頭扁，皆押之以石。

弁辰與辰韓雜居，城郭衣服皆同，言語風俗有異。其人形皆長大，美髮，衣服絜清。而刑法嚴峻。其國近倭，故頗有文身者。

初，朝鮮王準爲衛滿所破，乃將其餘衆數千人走入海，攻馬韓，破之，自立爲韓王。準後滅絶，馬韓人復自立爲辰王。【略】靈帝末，韓、濊並盛，郡縣不能制，百姓苦亂，多流亡入韓者。

馬韓之西，海島上有州胡國。其人短小，髡頭，衣韋衣，有上無下。好養牛豕。乘船往來貨市韓中。

倭國

《三國志》卷三〇《魏志・東夷傳・倭》 倭人在帶方東南大海之中，依山島爲國邑。舊百餘國，漢時有朝見者，今使譯所通三十國。從郡至倭，循海岸水行，歷韓國，乍南乍東，到其北岸狗邪韓國，七千餘里，始度一海，千餘里至對馬國。其大官曰卑狗，副曰卑奴母離。所居絶島，方可四百餘里，土地山險，多深林，道路如禽鹿徑。有千餘戶，無良田，食海物自活，乘船南北市糴。又南渡一海千餘里，名曰瀚海，至一大國，官亦曰卑狗，副曰卑奴母離。方可三百里，多竹木叢林，有三千許家，差有田地，耕田猶不足食，亦南北市糴。又渡一海，千餘里至末盧國，有四千餘戶，濱山海居，草木茂盛，行不見前人。好捕魚鰒，水無深淺，皆沈没取之。東南陸行五百里，到伊都國，官曰爾支，副曰泄謨觚、柄渠觚。有千餘戶，世有王，皆統屬女王國，郡使往來常所駐。東南至奴國百里，官曰兕馬觚，副曰卑奴母離，有二萬餘戶。東行至不彌國百里，官曰多模，副曰卑奴毋離，有千餘家。南至投馬國，水行二十日，官曰彌彌，副曰彌彌那利，可五萬餘戶。南至邪馬壹國，女王之所都，水行十日，陸行一月。官有伊支馬，次曰彌馬升，次曰彌馬獲支，次曰奴佳鞮，可七萬餘戶。自女王國以北，其戶數道里可得略載，其餘旁國遠絶，不可得詳。次有斯馬國，次有已百支國，次有伊邪國，次有都支國，次有彌奴國，次有好古都國，次有不呼國，次有姐奴國，次有對蘇國，次有蘇奴國，次有呼邑國，次有華奴蘇奴國，次有鬼國，次有爲吾國，次有鬼奴國，次有邪馬國，次有躬臣國，次有巴利國，次有支惟國，次有烏奴國，次有奴國，此女王境界所盡。其南有狗奴國，男子爲王，其官有狗古智卑狗，不屬女王。自郡至女王國萬二千餘里。

男子無大小皆黥面文身。自古以來，其使詣中國，皆自稱大夫。夏后少康之子封於會稽，斷髮文身以避蛟龍之害。今倭水人好沈没捕魚蛤，文身亦以厭大魚水禽，後稍以爲飾。諸國文身各異，或左或右，或大或小，尊卑有差。計其道里，當在會稽、東治之東。其風俗不淫，男子皆露紒，以木緜招頭。其衣横幅，但結束相連，略無縫。婦人被髮屈紒，作衣如單被，穿其中央，貫頭衣之。種禾稻、紵麻，蠶桑、緝績，出細紵、縑緜。其地無牛馬虎豹羊鵲。兵用矛、楯、木弓。木弓短下長上，竹箭或鐵鏃或骨鏃，所有無與儋耳、朱崖同。

倭地温暖，冬夏食生菜，皆徒跣。有屋室，父母兄弟卧息異處，以朱丹塗其身體，如中國用粉也。食飲用籩豆，手食。其死，有棺無槨，封土作冢。始死停喪十餘日，當時不食肉，喪主哭泣，他人就歌舞飲酒。已葬，舉家詣水中澡浴，以如練沐。其行來渡海詣中國，恆使一人，不梳頭，不去蟣蝨，衣服垢汙，不食肉，不近婦人，如喪人，名之爲持衰。若行者吉善，共顧其生口財物；若有疾病，遭暴害，便欲殺之，謂其持衰不謹。

出眞珠、青玉。其山有丹，其木有柟、杼、豫樟、楺櫪、投橿、烏號、楓香，其竹篠簳、桃支。有薑、橘、椒、蘘荷，不知以爲滋味。有獮猴、黑雉。其俗舉事行來，有所云爲，輒灼骨而卜，以占吉凶，先告所卜，其辭如令龜法，視火坼占兆。其會同坐起，父子男女無别，人性嗜酒。見大人所敬，但搏手以當跪拜。其人壽考，或百年，或八九十年。其俗，國大人皆四五婦，下戶或二三婦。婦人不淫，不妒忌。不盜竊，少諍訟。其犯法，輕者没其妻子，重者滅其門戶。及宗族尊卑，各有差序，足相臣服。收租賦。有邸閣。國國有市，交易有無，使大倭監之。自女王國以北，特置一大率，檢察諸國，諸國畏憚之。

常治伊都國，於國中有如刺史。王遣使詣京都、帶方郡、諸韓國，及郡使倭國，皆臨津搜露，傳送文書賜遺之物詣女王，不得差錯。下戶與大人相逢道路，逡巡入草；傳辭說事，或蹲或跪，兩手據地，爲之恭敬。對應聲曰噫，比如然諾。

其國本亦以男子爲王，住七八十年，倭國亂，相攻伐歷年，乃共立一女子爲王，名曰卑彌呼，事鬼道，能惑衆，年已長大，無夫壻，有男弟佐治國。自爲王以來，少有見者。以婢千人自侍，唯有男子一人給飲食，傳

辭出入。居處宮室樓觀，城柵嚴設，常有人持兵守衛。

女王國東渡海千餘里，復有國，皆倭種。又有侏儒國在其南，人長三四尺，去女王四千餘里。又有裸國、黑齒國復在其東南，船行一年可至。參問倭地，絶在海中洲島之上，或絶或連，周旋可五千餘里。

又《魏志·東夷傳·倭》裴松之注 《魏略》曰：其俗不知正歲四節，但計春耕秋收爲年紀。

《後漢書》卷八五《東夷傳·倭》 倭在韓東南大海中，依山島爲居，凡百餘國。自武帝滅朝鮮，使驛通於漢者三十許國，國皆稱王，世世傳統。其大倭王居邪馬臺國。樂浪郡徼，去其國萬二千里，去其西北界拘邪韓國七千餘里。其地大較在會稽東冶之東，與朱崖、儋耳相近，故其法俗多同。

土宜禾稻、麻紵、蠶桑，知織績爲縑布。出白珠、青玉。其山有丹土。氣温腝，冬夏生菜茹。無牛馬虎豹羊鵲。其兵有矛、楯、木弓、竹矢或以骨爲鏃。男子皆黥面文身，以其文左右大小别尊卑之差。其男衣皆横幅結束相連。女人被髮屈紒，衣如單被，貫頭而著之；並以丹朱坋身，如中國之用粉也。有城柵屋室。父母兄弟異處，唯會同男女無别。飲食以手，而用籩豆。俗皆徒跣，以蹲踞爲恭敬。人性嗜酒。多壽考，至百餘歲者甚衆。國多女子，大人皆有四五妻，其餘或兩或三。女人不淫不妒。又俗不盗竊，少爭訟。犯法者没其妻子，重者滅其門族。其死停喪十餘日，家人哭泣，不進酒食，而等類就歌舞爲樂。灼骨以卜，用決吉凶。行來度海，令一人不櫛沐，不食肉，不近婦人，名曰『持衰』。若在塗吉利，則雇以財物；如病疾遭害，以爲持衰不謹，便共殺之。【略】

桓、靈間，倭國大亂，更相攻伐，歷年無主。有一女子名曰卑彌呼，年長不嫁，事鬼神道，能以妖惑衆，於是共立爲王。侍婢千人，少有見者，唯有男子一人給飲食，傳辭語。居處宮室樓觀城柵，皆持兵守衛。法俗嚴峻。

自女王國東度海千餘里至拘奴國，雖皆倭種，而不屬女王。自女王國南四千餘里至朱儒國，人長三四尺。自朱儒東南行船一年，至裸國、黑齒國，使驛所傳，極於此矣。

會稽海外有東鯷人，分爲二十餘國。

研判東南亞諸國國情分部

綜述

林邑

《晉書》卷九七《四夷傳·南蠻·林邑國》 林邑國本漢時象林縣，則馬援鑄柱之處也，去南海三千里。後漢末，縣功曹姓區，有子曰連，殺令自立爲王，子孫相承。【略】其俗皆開北戶以向日，至於居止，或東西無定。人性凶悍，果於戰鬬，便山習水，不閑平地。四時暄暖，無霜無雪，人皆倮露徒跣，以黑色爲美。貴女賤男，同姓爲婚，婦先娉婿。女嫁之時，著迦盤衣，横幅合縫如井欄，首戴寶花。居喪翦鬢謂之孝，燔屍中野謂之葬。其王服天冠，被纓絡，每聽政，子弟侍臣皆不得近之。

《南齊書》卷五八《東南夷傳·林邑國》 林邑國，在交州南，海行三千里，北連九德，秦時故林邑縣也。漢末稱王。【略】

林邑有金山，金汁流出於浦。事尼干道，鑄金銀人像，大十圍。

《梁書》卷五四《諸夷傳·海南諸國·林邑》 林邑國者，本漢日南郡象林縣，古越裳之界也。伏波將軍馬援開漢南境，置此縣。其地縱廣可六百里，城去海百二十里，去日南界四百餘里，北接九德郡。其南界，水步道二百餘里，有西國夷亦稱王，馬援植兩銅柱表漢界處也。

其國有金山，石皆赤色，其中生金。金夜則出飛，狀如螢火。又出玳瑁、貝齒、吉貝、沉木香。吉貝者，樹名也，其華成時如鵝毳，抽其緒紡之以作布，潔白與紵布不殊，亦染成五色，織爲斑布也。沉木者，土人斫斷之，積以歲年，朽爛而心節獨在，置水中則沉，故名曰沉香。次不沉不浮者，曰棧香也。

漢末大亂，功曹區達殺縣令自立爲王，傳數世。

《隋書》卷八二《南蠻傳·林邑》 林邑之先，因漢末交阯女子徵側之亂，內縣功曹子區連殺縣令，自號爲王。

唐·杜佑《通典》卷一八《邊防四·林邑》　林邑國，秦象郡林邑縣地。漢爲象林縣，屬日南郡，古越裳之界也，在交趾南，海行三千里。其地縱廣可六百里，去日南界四百餘里。其南，水步道二百餘里，有西屠夷，亦稱王焉，馬援所植兩銅柱，表漢界處也。馬援北還，留十餘戶於銅柱處。至隋有三百餘戶，悉姓馬，土人以爲流寓，號曰「馬流人」。銅柱尋没，馬流人常識其處。《林邑國記》：「馬援樹兩銅柱於象林南界。與西屠國分漢之南境。」又云：「銅柱山周十里，形如倚蓋，西跨重巖，東臨大海。」屈璆《道里記》又云：「林邑大浦口有五銅柱焉。」後漢末大亂，縣功曹姓區，有子曰連，殺縣令，自號爲王，子孫相承。

扶南

《晋書》卷九七《四夷傳·南蠻·扶南國》　扶南西去林邑三千餘里，在海大灣中，其境廣袤三千里，有城邑宫室。人皆醜黑拳髮，倮身跣行。性質直，不爲寇盜，以耕種爲務，一歲種，三歲獲。又好雕文刻鏤，食器多以銀爲之，貢賦以金銀珠香。亦有書記府庫，文字有類於胡。喪葬婚姻略同林邑。

其王本是女子，字葉柳。時有外國人混潰者，先事神，夢神賜之弓，又教載舶入海。混潰旦詣神祠，得弓，遂隨賈人泛海至扶南外邑。葉柳率衆御之，混潰舉弓，葉柳懼，遂降之。於是混潰納以爲妻，而據其國。

《南齊書》卷五八《東南夷傳·扶南國》　自林邑西南三千餘里，至扶南。扶南國在日南之南大海西蠻灣中，廣袤三千餘里，有大江水西流入海。其先有女人爲王，名柳葉。又有激國人混填，夢神賜弓一張，教乘舶入海。混填晨起於神廟樹下得弓，即乘舶向扶南。柳葉見舶，率衆欲御之。混填舉弓遥射，貫船一面通中人。柳葉怖，遂降。混填娶以爲妻。惡其裸露形體，乃迭布貫其首。遂治其國，子孫相傳。【略】

扶南人黠惠知巧，攻略傍邑不賓之民爲奴婢，貨易金銀彩帛。大家男子截錦爲横幅，女爲貫頭，貧者以布自蔽，鍛金環鏆銀食器。伐木起屋，國王居重閣，以木柵爲城。海邊生大箬葉，長八九尺，編其葉以覆屋。人民亦爲閣居。爲船八九丈，廣裁六七尺，頭尾似魚。國王行乘象，婦人亦能乘象。鬭雞及豨爲樂。無牢獄，有訟者，則以金指環若雞子投沸湯中，令探之，又燒鎖令赤，著手上捧行七步，有罪者手皆燋爛，無罪者不傷。又令没水，直者入即不沈，不直者即沈也。有甘蔗、諸蔗、安石榴及橘，多檳榔，鳥獸如中國。人性善，不便戰，常爲林邑所侵擊，不得與交州通，故其使罕至。

《梁書》卷五四《諸夷傳·海南諸國·扶南》　扶南國在日南郡之南海西大灣中，去日南可七千里，在林邑西南三千餘里。城去海五百里。有大江廣十里，西北流，東入於海。其國輪廣三千餘里，土地洿下而平博，氣候風俗大較與林邑同。出金、銀、銅、錫、沉木香、象牙、孔翠、五色鸚鵡。【略】

扶南國俗本裸體，文身被髮，不制衣裳。以女人爲王，號曰柳葉。年少壯健，有似男子。其南有徼國，有事鬼神者字混填，夢神賜之弓，乘賈人舶入海。混填晨起即詣廟，於神樹下得弓，便依夢乘船入海，遂入扶南外邑。柳葉人衆見舶至，欲取之，混填即張弓射其舶，穿度一面，矢及侍者，柳葉大懼，舉衆降混填。混填乃教柳葉穿布貫頭，形不復露，遂治其國，納柳葉爲妻，生子分王七邑。

檀國

晋·袁宏《後漢紀》卷一五《殤帝紀》　自交州外塞檀國，諸蠻夷相通也；又有一道與興益州塞外通。

唐·釋道世《法苑珠林》卷九四《十惡篇·綺語部·感應緣》　漢有檀國蠻夷，善閑咒術，驗。

唐·杜佑《通典》卷一八八《邊防四·檀國》　檀國，後漢時通焉。

研判南亞諸國國情分部

綜　述

天竺

《史記》卷一二三《大宛列傳》（大夏）其東南有身毒國。唐張守節《正義》：一名身毒，在月氏東南數千里。俗與月氏同，而卑溼暑熱。其國臨大水，乘象以戰。其民弱月氏。修浮圖道，不殺伐，遂以成俗。土有象、犀、瑇瑁、金、銀、鐵、錫、鉛。西與大秦通，有大秦珍物。明帝夢金人長大，項有光明，以問羣臣。或曰：『西方有神，名曰「佛」，其形長丈六尺而黄金色。』帝於是遣使天竺問佛道法，遂至中國，畫形像焉。萬震《南州志》云：『地方三萬里，佛道所出。其國王居城郭，殿皆彫文刻鏤。街曲市里，各有行列。左右諸大國凡十六，皆共奉之，以天地之中也。』《浮屠經》云：『臨兒國王生隱屠太子。父曰屠頭邪，母曰莫邪屠。身色黄，髮如青絲，乳有青色，爪赤如銅。始莫邪夢白象而孕，及生，從母右脅出。生有髮，墮地能行七步。』又云：『太子生時，有二龍王夾左右吐水，一龍水暖，一龍水冷，遂成二池，今猶一冷一暖。初行七步處，琉璃上有太子脚迹見在。生處名祇洹精舍，在舍衛國南四里，是長者須達所起。又有阿輸迦樹，是夫人所攀生太子樹也。』《括地志》云：『沙祇大國卽舍衛國也，在月氏南萬里，卽波斯匿王治處。此國其九十種。知身後事。城有祇樹給孤園。』又云：『天竺國有東、西、南、北、中央天竺國，國方三萬里，去月氏七千里。大國隸屬凡二十一。天竺在崑崙山南，大國也。治城臨恆水。』又云：『阿耨達山亦名建末達山，亦名崑崙山。水出，一名拔扈利水，一名恆伽河，卽經稱［恆］河者也。自崑崙山以南，多是平地而下溼。土肥良，多種稻，歲四熟，留役駞馬，米粒亦極大。』又云：『佛上忉利天，爲母説法九十日。波斯匿王思欲見佛，卽刻牛頭旃檀象，置精舍内佛坐。此像是衆像之始，後人所法也。佛上天青梯，今變爲石，没入地，唯餘十二蹬，蹬間二尺餘。彼耆老言，梯入地盡，佛法滅。』又云：『王舍國，胡語曰罪悦祇國。其國靈鷲山，胡語曰耆闍崛山。山是青石，石頭似鷲。鳥名耆闍，鷲也。崛，山石也。山周四十里，外周圍水，佛於此坐禪，及諸阿難等俱在此坐。』又云：『小孤石，石上有石室者，佛坐其中，天帝釋以四十二事問佛，佛一一以指畫名，其迹尚存。又於山上起塔，佛昔將阿難在此上山四望，見福田疆畔，因制七條衣割截之法於此，今袈裟衣是也。（張）騫曰：『臣在大夏時，見邛竹杖、蜀布。問曰：「安得此？」大夏國人曰：「吾賈人往市之身毒，身毒在大夏東南可數千里。其俗土著，大與大夏同，而卑溼暑熱云。其人民乘象以戰。其國臨大水焉。」』

《三國志》卷三〇《魏志・烏丸鮮卑東夷傳》裴松之注《魏略・西戎傳》曰：【略】臨兒國，《浮屠經》云其國王生浮屠。浮屠，太子也。父曰屑頭邪，母云莫邪。浮屠身服色黄，髮青如青絲，乳青毛，蛉赤如銅。始莫邪夢白象而孕，及生，從母左脅出，生而有結，墮地能行七步。此國在天竺城中。天竺又有神人，名沙律。昔漢哀帝元壽元年，博士弟子景盧受大月氏王使伊存口受《浮屠經》曰復立者，其人也。《浮屠》所載臨蒲塞、桑門、伯聞、疏問、白疏間、比丘、晨門，皆弟子號也。《浮屠》所載與中國《老子經》相出入，蓋以爲老子西出關，過西域之天竺，教胡。浮屠屬弟子别號，合有二十九，不能詳載，故略之如此。

晉・袁宏《後漢紀》卷一五《殤帝紀》　天竺一名身毒，俗與月氏同，臨大水，西通大秦。從月氏南至西海，東至盤越國，皆身毒地。又有别城數十置王，而皆總名身毒。其俗修浮圖道，不伐殺，弱而畏戰。本傳曰：西域國俗造浮圖，本佛道，故大國之内衆數萬，小國數千，而終不相兼幷。及内屬之後，漢之姦猾與無行好利者據守其中，至東京時，詐謀滋生，轉相吞滅。習俗不可不慎，所以動之哉。

《後漢書》卷八八《西域傳・天竺》　天竺國一名身毒，在月氏之東南數千里。俗與月氏同，而卑溼暑熱。其國臨大水。乘象而戰，其人弱於月氏，脩浮圖道，不殺伐，遂以成俗。從月氏、高附國以西，南至西海，東至磐起國，皆身毒之地。身毒有别城數百，城置長。别國數十，國置王。雖各小異，而俱以身毒爲名，其時皆屬月氏。月氏殺其王而置將，令統其人。土出象、犀、瑇瑁、金、銀、銅、鐵、鉛、錫，西與大秦通，有大秦珍物。又有細布、好毾㲪、諸香、石蜜、胡椒、薑、黑鹽。

《南史》卷七八《夷貊傳上》　中天竺國，在大月支東南數千里，地方三萬里，一名身毒。漢世張騫使大夏，見邛竹杖、蜀布，國人云市之身毒，卽天竺也。從月支、高附西，南至西海，東至盤越，列國數十，每國

置王，其名雖異，皆身毒也。漢時羈屬月支。其俗土著與月支同，而卑濕暑熱，人畏戰，弱於月支。國臨大江，名新陶，源出崑崙。分爲五江，總名恆水。其水甘美，下有眞鹽，色正白如水精。土出犀、象、貂鼠、瑇瑁、火齊、金銀銅鐵、金縷織成金罽、細靡白疊、好裘、毾㲪。火齊狀如雲母，色如紫金，有光曜，別之則薄如蟬翼，積之則如紗縠之重沓也。西與大秦、安息交市海中。多大秦珍物，珊瑚、琥珀、金碧、珠璣、琅玕、鬱金、蘇合。

唐・杜佑《通典》卷一九三《邊防九・天竺》 天竺，後漢通焉，卽前漢時身毒國。初，張騫使大夏，見邛竹杖、蜀布。問曰：『安得此？』大夏國人曰：『吾賈人往身毒國市之。』卽天竺也。或云摩伽陁，或云婆羅門。在葱嶺之南，去月氏東南數千里，地方三萬餘里。其中分爲五天竺：一曰中天竺，二曰東天竺，三曰南天竺，四曰西天竺，五曰北天竺，地各數千里，城邑數百。南天竺際大海。北天竺距雪山，四周有山爲壁，南面一谷，通爲國門。東天竺東際大海，與扶南、林邑鄰接，但隔小海而已。西天竺與罽賓、波斯相接。中天竺據四天竺之閒。國並有王。漢時又有捐毒國，去長安九千八百里。去都護理所二千八百里，南與葱嶺相連，北與烏孫接。衣服類烏孫，隨水草，故塞種也。顏師古云：捐毒卽身毒，身毒則天竺也。塞種卽釋種也，蓋語音有輕重也。從月氏、高附國以西，南至西海，東至盤起，皆身毒之地。身毒有別城數百，城置長。有別國數十，國置王。雖各小異，而俱名身毒。《扶南傳》云：『舍衛國隸屬天竺。伽尸國一名波羅奈國，亦名波羅奈斯國。』竺法維《佛國記》云：『波羅奈國在伽維羅越國南千四百八十里。』釋法盛《歷國傳》云：『其國有稍割牛，其牛黑色，角細長，可四尺餘，十日一割，不割便困病或致死。人服牛血皆老壽。國人皆壽五百歲，牛壽亦等於人。亦天竺屬國。』都臨恆河，一名迦毗梨河。靈鷲山，胡語曰耆闍崛山，山有青石，頭似鷲鳥。竺法維《佛國記》云：『在摩竭提國南，亦天竺屬國也。』其時皆屬月氏。月氏殺其王而置將，令統其人。俗修浮圖道，不殺生、飲酒。桓帝延熹二年、四年，頻從日南徼外來獻。時帝好神，數祀浮圖、老子，百姓稍有奉者，後遂轉盛。其國人土著與月氏同，而卑濕暑熱，人弱於月氏。

漢・史游《急就篇》卷二 竺諫朝。唐顏師古注：竺氏本天竺國人也，來歸於漢，而稱竺氏。天竺卽身毒也，亦謂之捐毒。漢有竺次者，卽其人焉。云諫朝者，言可備諍臣於朝廷者也。

元・吳萊《淵穎集》卷八《釋迦方域志後序》 張騫云在大夏時，賈人往市身毒，得筇竹杖、蜀布。身毒居大夏東南，有蜀物，度去蜀不遠。上乃令自蜀發間使，四道並出，指求身毒，率爲西南夷所閉，不得通。李奇曰：身毒，一名天篤，卽今浮屠人也。按此身毒，塞種之捐毒也。捐毒治衍敦谷，西北至大宛九百二十里，西至大夏千有六百一十里，故大夏賈人云在其東南，虛稱里數，至於數千，欲以誇漢使爲遠，實一國也。《漢西域傳》止載捐毒，而《張騫傳》乃引身毒，特疑之也。要之，烏孫所治赤谷，本塞王故國，東去長安八千九百里而近。漢擊匈奴，收休屠王祭天金人。金人蓋今佛氏遺像，休屠王漢張掖郡地，將近故塞國也。而身毒及東漢，又稱天竺摩騰、竺法蘭之徒，始持白氎之像及所譯《四十二章》到洛，楚王英乃首盛齊戒之祀。范曄曰：『佛道神化，興自身毒，二漢方志莫有稱者。』然則身毒本葱嶺閒小國，後漸大，或爲他國所併，仍冒舊國之號。葱嶺以西乃爲塞種，葱嶺以東多是雜部，亦不待辨而可知者也

清・李光地《榕村語録》卷二一 《西域傳》中『天篤』，天竺也，卽身毒。明帝迎佛在前，班《傳》曾不一及，故知其事本微。後人張大之，其云日所出日所入之理，史中未明，蓋未通《周髀》之說耳。

清・吳玉搢《別雅》卷五 天督，捐毒，天竺也。《後漢書・文苑傳》杜篤《論都賦》推天督，注卽天竺國。按《漢書・張騫傳》『吾賈人往市之身毒國。』鄧展曰，毒音篤。李奇曰，一名天篤。師古曰，今之天竺。蓋身毒，聲轉爲天篤，篤省文作竺，又轉爲竹音。《書》『微子之命曰篤不忘。』孔傳本又作竺。《左傳・僖公二十年》謂篤不忘林，注謂督，厚不可忘也。是知督、篤、竺三字古通。又《漢書・西域傳》無雷國，北與捐毒，西與大月氏接。師古曰，捐毒卽身毒，天篤也。本皆一名，語有輕重耳，是捐毒亦天竺也。

東離

《三國志》卷三〇《魏志・烏丸鮮卑東夷傳》裴松之注 《魏略・西戎傳》曰：【略】車離國一名禮惟特，一名沛隸王，在天竺東南三千餘里，其地卑濕暑熱。其王治沙奇城，有別城數十，人民怯弱，月氏、天竺

擊服之。其地東西南北數千里，人民男女皆長一丈八尺，乘象、橐駞以戰。

《後漢書》卷八八《西域傳·東離》 東離國居沙奇城，在天竺東南三千餘里，大國也。其土氣、物類與天竺同。列城數十，皆稱王。大月氏伐之，遂臣服焉。男女皆長八尺而怯弱。乘象、駱駞，往來鄰國。有寇，乘象以戰。

唐·杜佑《通典》卷一九三《邊防九·車離》 車離，後漢時通焉。居沙奇城。一名禮惟特，一名沛隸王。在天竺東南三千餘里，大國也。其土氣、物類與天竺同。別城數十，皆稱王。其人怯弱。地東西南北方數千里。人皆長八尺，乘象、駱駝，往來鄰國。有寇，乘象以戰。

罽賓

《漢書》卷九六上《西域傳·罽賓國》 罽賓國，王治循鮮城，去長安萬二千二百里，不屬都護。戶口勝兵多，大國也。東北至都護治所六千八百四十里，東至烏秅國二千二百五十里，東北至難兜國九日行，西北與大月氏，西南與烏弋山離接。昔匈奴破大月氏，大月氏西君大夏，而塞王南君罽賓，塞種分散，往往爲數國。自疏勒以西北，休循、捐毒之屬，皆故塞種也。

罽賓地平，溫和，有目宿，雜草奇木，檀、櫰、梓、竹、漆，種五穀、蒲陶諸果，糞治園田。地下溼，生稻，冬食生菜。其民巧，雕文刻鏤，治宮室，織罽，刺文繡，好治食。有金銀銅錫，以爲器。市列以金銀爲錢，文爲騎馬，幕爲人面。出封牛、水牛、象、大狗、沐猴、孔爵、珠璣、珊瑚、虎魄。璧流離，它畜與諸國同。

北魏·酈道元《水經注》卷二《河水》 月氏之破，塞王南君罽賓，治循鮮城。土地平和，無所不有，金銀珍寶，異畜奇物，逾于中夏，大國也。山險，有大頭痛、小頭痛之山，赤土、身熱之阪，人畜同然。

宋·李昉等《太平御覽》卷三八二《［漢］繁欽〈三胡賦〉》 莎車之胡，黃目深精，員耳狹頤。康居之胡，焦頭折頞，高輔陷鼻，眼無黑眸，頰無餘肉。罽賓之胡，面象炙蝟，頂如持囊，隅目赤皆，洞頞仰鼻。

難兜國

《漢書》卷九六上《西域傳·難兜國》 難兜國，王治去長安萬一百五十里。戶五千，口三萬一千，勝兵八千人。東北至都護治所二千八百五十里，西至無雷三百四十里，西南至罽賓三百三十里，南與婼羌，北與休循，西與大月氏接。種五穀、蒲陶諸果。有銀、銅、鐵作兵。與諸國同屬罽賓。

研判中亞諸國國情分部

綜述

大宛

《史記》卷一二三《大宛列傳》 大宛在匈奴西南，在漢正西，去漢可萬里。其俗土著，耕田，田稻麥。有蒲陶酒。多善馬，馬汗血，其先天馬子也。有城郭屋室。其屬邑大小七十餘城，衆可數十萬。其兵弓矛騎射。其北則康居，西則大月氏，西南則大夏，東北則烏孫，東則扜罙、于窴。于窴之西，則水皆西流，注西海；其東水東流，注鹽澤。鹽澤潛行地下。其南則河源出焉，多玉石，河注中國。而樓蘭、姑師邑有城郭，臨鹽澤。鹽澤去長安可五千里。匈奴右方居鹽澤以東，至隴西長城，南接羌，隔漢道焉。

《漢書》卷九六上《西域傳·大宛國》 大宛國，王治貴山城，去長安萬二千五百五十里。戶六萬，口三十萬，勝兵六萬人。副王、輔國王各一人。東至都護治所四千三十一里，北至康居卑闐城千五百一十里，西南至大月氏六百九十里。北與康居、南與大月氏接，土地風氣物類民俗與大月氏、安息同。大宛左右以蒲陶爲酒，富人藏酒至萬餘石，久者至數十歲不敗。俗耆酒，馬耆目宿。宛別邑七十餘城，多善馬，馬汗血，言其先天馬子也。

唐・司馬貞《史記索隱》卷三〇《大宛列傳述贊》 大宛之迹，元因博望。始究河源，旋窺海上。條枝西入，天馬內向。葱嶺無塵，鹽池息浪。曠哉絶域，往往亭障。

唐・杜佑《通典》卷一九三《邊防八・大宛》 大宛，漢時通焉。王理貴山城，去長安萬二千五百里。戶六萬。東至都護理所四千里，北至康居卑闐城千五百里，西南至大月氏七百里。北與康居，南與大月氏接。土地風氣物類人俗與大月氏、安息同。大宛左右以蒲陶爲酒，富人藏酒至萬餘石，久者至數十年不敗。人嗜酒，馬嗜苜蓿。多善馬，汗血，言其先天馬子。大宛國中有高山，其上有馬，不可得，因取五色母馬置其下與集，生駒，皆汗血，因號曰天馬子。

大夏

《史記》卷一二三《大宛列傳》 大夏在大宛西南二千餘里媯水南。其俗土著，有城屋，與大宛同俗。無大（王）［君］長，往往城邑置小長。其兵弱，畏戰。善賈市。及大月氏西徙，攻敗之，皆臣畜大夏。大夏民多，可百餘萬。其都曰藍市城，有市販賈諸物。

唐・杜佑《通典》卷一九二《邊防八・大夏》 大夏，漢時通焉。在大宛西南二千餘里，媯水南。其俗土著，有城屋，與大宛同俗。去漢萬二千里，居漢西南。本無大君長，城邑往往置小君長。其兵弱，畏戰。善賈市。及大月氏西徙，攻敗之，皆臣畜，共稟漢使者。同受節度。大夏人多，可百餘萬，有市販賈諸物。其東南接身毒國，皆屬大月氏。

大月氏

《史記》卷一二三《大宛列傳》 大月氏在大宛西可二三千里，居媯水北。其南則大夏，西則安息，北則康居。行國也，隨畜移徙，與匈奴同俗。控弦者可一二十萬。故時强，輕匈奴，及冒頓立，攻破月氏，至匈奴老上單于，殺月氏王，以其頭爲飲器。始月氏居敦煌、祁連間，及爲匈奴所敗，乃遠去，過宛，西擊大夏而臣之，遂都媯水北，爲王庭。其餘小衆不能去者，保南山羌，號小月氏。

《漢書》卷九六上《西域傳・大月氏國》 大月氏國，治監氏城，去長安萬一千六百里。不屬都護。戶十萬，口四十萬，勝兵十萬人。東至都護治所四千七百四十里，西至安息四十九日行，南與罽賓接。土地風氣，物類所有，民俗錢貨，與安息同。出一封橐駝。

大月氏本行國也，隨畜移徙，與匈奴同俗。控弦十餘萬，故强輕匈奴。本居敦煌、祁連間，至冒頓單于攻破月氏，而老上單于殺月氏，以其頭爲飲器，月氏乃遠去，過大宛，西擊大夏而臣之，都媯水北爲王庭。其餘小衆不能去者，保南山羌，號小月氏。

大夏本無大君長，城邑往往置小長，民弱畏戰，故月氏徙來，皆臣畜之，共稟漢使者。有五翖侯：一曰休密翖侯，治和墨城，去都護二千八百四十一里，去陽關七千八百二里；二曰雙靡翖侯，治雙靡城，去都護三千七百四十一里，去陽關七千七百八十二里；三曰貴霜翖侯，治護澡城，去都護五千九百四十里，去陽關七千九百八十二里；四曰肹頓翖侯，治薄茅城，去都護五千九百六十二里，去陽關八千二百二里；五曰高附翖侯，治高附城，去都護六千四十一里，去陽關九千二百八十三里。凡五翖侯，皆屬大月氏。

《後漢書》卷八八《西域傳・大月氏》 大月氏國，居藍氏城，西接安息，四十九日行，東去長史所居六千五百三十七里，去洛陽萬六千三百七十里。戶十萬，口四十萬，勝兵十餘萬人。

初，月氏爲匈奴所滅，遂遷於大夏，分其國爲休密、雙靡、貴霜、肹頓、都密，凡五部翖侯。後百餘歲，貴霜翖侯丘就卻攻滅四翖侯，自立爲王，國號貴霜。侵安息，取高附地。又滅濮達、罽賓，悉有其國。丘就卻年八十餘死，子閻膏珍代爲王。復滅天竺，置將一人監領之。月氏自此之後，最爲富盛，諸國稱之皆曰貴霜王。漢本其故號，言大月氏云。

北魏・酈道元《水經注》卷二《河水》 河水又西逕月氏國南。治監氏城，其俗與安息同。匈奴冒頓單于破月氏，殺其王，以頭爲飲器，國遂分，遠過大宛，西居大夏，爲大月氏；其餘小衆不能去者，共保南山羌中，號小月氏，故有大月氏、小月氏之名也。

唐・杜佑《通典》卷一九二《邊防八・大月氏》 大月氏，漢時通焉。理藍氏城，在大宛西可二三千里，居媯水北，其南則大夏，西接安息四十九日行，北則康居，去長安萬一千六百里。不屬都護。戶十萬。東去

長史所居六千五百里。土地、氣候、物類、風俗、錢貨與安息同。出一封橐駝。脊上高起。其國本行國也，隨畜移徙，與匈奴同俗。控弦十餘萬，故恃強輕匈奴。本居敦煌、祁連間，祁連在今張掖郡之西北。至冒頓單于攻月氏，而老上單于殺月氏王，以其頭爲飲器，乃遠去，過大宛，西擊大夏而臣之，都嬀水北爲王庭。其餘小衆不能去者保南山羌，號小月氏。於大夏分其國五部翎侯。後百餘歲，貴霜翎侯丘就卻攻滅四翎侯，自立爲王，因號貴霜王。又滅僕達、罽賓，悉有其國，復滅天竺。月氏自此之後，最爲富盛。

明·胡廣《胡文穆雜著·駝封》 大月氏國，出一封橐駝。顏師古謂脊上有一封也。封，言其隆高若封土也。杜子美詩『紫駝之峰出翠釜』，亦言其肉高如峰。然則『封』、『峰』不同，二説孰是？但『封』字尤古，而『峰』字亦別。要之，無害於義。

高附

《後漢書》卷八八《西域傳·高附》 高附國在大月氏西南，亦大國也。其俗似天竺而弱，易服。善賈販，内富於財。所屬無常，天竺、罽賓、安息三國強則得之，弱則失之，而未嘗屬月氏。《漢書》以爲五翎侯數，非其實也。後屬安息。及月氏破安息，始得高附。

康居

《史記》卷一二三《大宛列傳》 康居在大宛西北可二千里行，國與月氏大同俗。控弦者八九萬人，與大宛鄰國。國小，南羈事月氏，東羈事匈奴。

《漢書》卷九六上《西域傳·康居國》 康居國，王冬治樂越匿地。到卑闐城。去長安萬二千三百里。不屬都護。至越匿地馬行七日，至王夏所居蕃内九千一百四里。戶十二萬，口六十萬，勝兵十二萬人。東至都護治所五千五百五十里。與大月氏同俗。東羈事匈奴。【略】

康居有小王五：一曰蘇䪥王，治蘇䪥城，去都護五千七百七十六里，去陽關八千二十五里；二曰附墨王，治附墨城，去都護五千七百六十七里，去陽關八千二十五里；三曰窳匿王，治窳匿城，去都護五千二百六十六里，去陽關七千五百二十五里；四曰罽王，治罽城，去都護六千二百九十六里，去陽關八千五百五十五里；五曰奧鞬王，治奧鞬城，去都護六千九百六里，去陽關八千三百五十五里。凡五王，屬康居。

唐·杜佑《通典》卷一九三《邊防九·康居》 康居國，漢時通焉。在大宛西北可二千里，與粟弋、伊列鄰接。王理樂越匿地卑闐城，亦居蘇薤城，去長安萬二千三百里。不屬都護。戶十二萬。東至都護理所五千五百里。與大月氏同俗。地和暖，饒桐、柳、蒲萄，多牛羊，出好馬。東羈事匈奴。

粟弋

《後漢書》卷八八《西域傳·粟弋》 粟弋國屬康居，出名馬牛羊、蒲萄衆果。其土水美，故蒲萄酒特有名焉。

嚴國

《後漢書》卷八八《西域傳·嚴》 嚴國在奄蔡北，屬康居，出鼠皮以輸之。

奄蔡

《史記》卷一二三《大宛列傳》 奄蔡，在康居西北可二千里行，國與康居大同俗。控弦者十餘萬。臨大澤，無崖，蓋乃北海云。

《漢書》卷九六上《西域傳·康居國》 其康居西北可二千里，有奄蔡國。控弦者十餘萬人。與康居同俗。臨大澤，無崖，蓋北海云。

《後漢書》卷八八《西域傳·奄蔡》 奄蔡國改名阿蘭聊國，居地城，屬康居。土氣温和，多楨松、白草。民俗衣服與康居同。

唐·杜佑《通典》卷一九二《邊防八·奄蔡》 奄蔡，漢時通焉。西與大秦接，東南二千里與康居接，去陽關八千餘里。控弦十餘萬。與康居同俗，而屬康居。土氣温和，臨大澤，無涯岸。多楨松、白草及貂。畜牧逐水草，蓋近北海。至後漢改名阿蘭聊國。

研判西亞諸國國情分部

綜述

休循

《漢書》卷九六上《西域傳・休循國》　休循國，王治烏飛谷。在葱嶺西，去長安萬二百一十里，戶三百五十八，口千三十，勝兵四百八十人。東至都護治所三千一百二十里，至捐毒衍敦谷二百六十里。西北至大宛國九百二十里，西至大月氏千六百一十里。民俗衣服同烏孫，因畜隨水草，本故塞種也。

北魏・酈道元《水經注》卷二《河水》　又南入葱嶺山，又從葱嶺出而東北流。河水重源有三，非惟二也。一源西出捐毒之國，葱嶺之上，西去休循二百餘里，皆故塞種也。南屬葱嶺，高千里，《西河舊事》曰：葱嶺在敦煌西八千里，其山高大，上生葱，故曰葱嶺也。河源潛發其嶺，分爲二水，一水西徑休循國南，在葱嶺西。郭義恭《廣志》曰：休循國居葱嶺，其山多大葱。又徑難兜國北，北接休循，西南去罽賓國三百四十里，河水又西徑罽賓國北。

烏弋山離

《漢書》卷九六上《西域傳・烏弋山離國》　烏弋山離國，王去長安萬二千二百里。不屬都護。戶口勝兵，大國也。東北至都護治所六十日行，東與罽賓、北與撲挑、西與犂軒、條支接。【略】

烏弋地暑熱莽平，其草木、畜産、五穀、果菜、食飲、宮室、市列、錢貨、兵器、金珠之屬皆與罽賓同，而有桃拔、師子、犀牛。俗重妄殺。其錢獨文爲火頭，幕爲騎馬。以金銀飾杖。絶遠，漢使希至。自玉門、陽關出南道，歷鄯善而南行，至烏弋山離，南道極矣。轉北而東得安息。

《後漢書》卷八八《西域傳・烏弋山離》　自皮山西南經烏秅，涉懸度，歷罽賓，六十餘日行至烏弋山離國，地方數千里，時改名排持。復西南馬行百餘日至條支。

唐・杜佑《通典》卷一九二《邊防八・烏弋山離》　烏弋山離，漢時通焉。去長安萬二千二百里。不屬都護。戶口多，大國也。東北至都護理所六十日行，東與罽賓，北與撲桃，西與犂軒、條支接。犂軒，即大秦也。行可百餘日，乃到條支。魏時其國名排持。

安息

《史記》卷一二三《大宛列傳》　安息在大月氏西可數千里。其俗土著，耕田，田稻麥，蒲陶酒。城邑如大宛。其屬大小數百城，地方數千里，最爲大國。臨嬀水，有市，民商賈用車及船，行旁國或數千里。以銀爲錢，錢如其王面，王死輒更錢，效王面焉。書革旁行以爲書記。其西則條枝，北有奄蔡、黎軒。

《漢書》卷九六上《西域傳・安息國》　安息國，王治番兜城，去長安萬一千六百里。不屬都護。北與康居、東與烏弋山離、西與條支接。土地風氣，物類所有，民俗與烏弋、罽賓同。亦以銀爲錢，文獨爲王面，幕爲夫人面。王死輒更鑄錢。有大馬爵。其屬小大數百城，地方數千里，最大國也。臨嬀水，商賈車船行旁國。書革旁行爲書記。

晉・袁宏《後漢紀》卷一五《殤帝紀》　西域之遠者，安息國也，去洛陽二萬五千里。北與康居，南與烏弋山離相接，其地方數千里。西至條支，馬行六十日，臨西海。暑熱卑濕，出師子、犀牛、犎牛，孔雀卵大如瓮。地與西海接。自安息西關西至阿蠻國三千四百里。自阿蠻西至斯賓國，渡河西南至于羅國有九百六十里。安息西界極［矣］。其南乘海，乃通大秦，或數月云。

《後漢書》卷八八《西域傳・安息》　安息國居和櫝城，去洛陽二萬五千里。北與康居接，南與烏弋山離接。地方數千里，小城數百，戶口勝兵最爲殷盛。其東界木鹿城，號爲小安息，去洛陽二萬里。【略】

自安息西行三千四百里至阿蠻國。從阿蠻西行三千六百里至斯賓國。從斯賓南行度河，又西南至于羅國九百六十里，安息西界極矣。自此南乘海，乃通大秦。其土多海西珍奇異物焉。

北魏・酈道元《水經注》卷二《河水》 釋氏《西域記》曰：揵陀越王城西北有鉢吐羅越城，佛袈裟王城也。東有寺。重復尋川水，西北十里有河步羅龍淵，佛到淵上浣衣處，浣石尚存。其水至安息，注雷翥海。又曰：揵陀越西，西海中有安息國。竺枝《扶南記》曰：安息國去私訶條國二萬里，國土臨海上，卽《漢書》天竺安息國也。戶近百萬，最大國也。

唐・杜佑《通典》卷一九二《邊防八・安息》 安息國，漢時通焉。王理番兜城，去長安萬一千六百里，在葱嶺之西，大宛之西可數千里，不屬都護。北與康居、東與烏弋山離，西與條支接。土地、風氣、物類、人俗與烏弋、罽賓同。亦以銀爲錢，文獨爲王面，幕爲夫人面，王死輒更鑄錢。有大馬大爵。大爵，頸及膺身，蹄似橐駝，色蒼，舉頭高八九尺，張翅丈餘，食大麥。地方數千里，最大諸國。地臨嬀水，今謂烏滸河。商賈車船行旁國。書革旁行爲書記。今西方胡書皆橫行，不直下。革謂皮不柔者。

條支

《史記》卷一二三《大宛列傳》 條枝在安息西數千里，臨西海。暑濕。耕田，田稻。有大鳥，卵如甕。人衆甚多，往往有小君長，而安息役屬之，以爲外國。國善眩。安息長老傳聞條枝有弱水、西王母，而未嘗見。

《漢書》卷九六上《西域傳・烏弋山離國》 行可百餘日，乃至條支。國臨西海，暑溼，田稻。有大鳥，卵如甕。人衆甚多，往往有小君長，安息役屬之，以爲外國。善眩。安息長老傳聞條支有弱水、西王母，亦未嘗見也。自條支乘水西行，可百餘日，近日所入云。

《後漢書》卷八八《西域傳・條支》 條支國城在山上，周回四十餘里。臨西海，海水曲環其南及東北，三面路絕，唯西北隅通陸道。土地暑濕，出師子、犀牛、封牛、孔雀、大雀。大雀其卵如甕。轉北而東，復馬行六十餘日至安息。後役屬條支，爲置大將，臨領諸小城焉。

唐・杜佑《通典》卷一九三《邊防九・條支》 條支，漢時通焉。去陽關二萬二千一百里，在葱嶺之西。城在山之上，周迴四十餘里。臨西海，海水曲環其南及東、北，三面路絕，唯西北隅通陸道。土地暑熱下濕，田宜稻。出犎牛、孔雀，有大鳥，卵如甕。人衆甚多，往往有小君長。安息役屬之，以爲外國。其草木、畜產、五穀、果菜、食飲、宮室、市列、錢貨、兵器、金珠之屬皆與罽賓同，而有桃拔、獅子、犀牛。其錢獨文爲人頭，幕爲騎馬。絕遠，漢使希至。自玉門、陽關出南道，歷鄯善而南行，至烏弋山離，南道極矣。轉北而東，復馬行六十餘日至安息。

研判歐洲大秦國情分部

綜　述

晉・袁宏《後漢紀》卷一五《殤帝紀》 大秦國一名黎軒，在海西，漢使皆自烏弋還，莫能通條支者。甘英逾懸度、烏弋山離抵條支，臨大海，欲渡，人謂英曰：『海水廣大，鹹苦不可食。往來者逢善風時，三月而渡；如風遲，則三歲。故入海者，皆齎三歲糧。海中善使人思土戀慕，數有死亡者。』英聞之乃止，具問其土風俗焉。

大秦地方數千里，四百餘城，小國役屬者數十。石爲城郭，列置郵亭，皆堊塈之。有松柏諸木百草。民俗力田作，種植樹蠶桑。國王髡頭而衣文繡，乘輜軿白蓋小車，出入擊鼓，有旌旗幡幟。起宮室，以水精爲柱，食器亦然。王所治城，周環百餘里。王有五宮，各相去十里。平旦至一宮聽事，止宿；明旦復至一宮；五日一遍而復還。常使一人持囊隨王車，民欲有言事者卽以書投囊中。王至宮發省，分理其枉直，各有官曹。又置三十六相，皆會乃議事。王無常人，國中有災異，風雨不時節，輒放去之，而更求賢人以爲王，[受放]者終無怨。

多金、銀、眞珠、珊瑚、琥魄、琉璃、金縷、罽繡、雜色綾、火浣布。又有細布，或言水羊毛、野蠶繭所作。會諸香煎，以爲蘇合。凡外國諸珍異皆出焉。以金銀爲錢，銀錢十當金錢一。與天竺、安息交市於海中，其利十倍。其民質直，市無二價，穀食常賤，國內富饒。鄰國使到其界首者，乘驛詣王都，至則廩以金錢。【略】自交州外塞檀國，諸蠻夷相通也；又有一道與益州塞外通。

大秦人皆麤長大平正，若中國人，故云外國之大秦，而其國人常自言與中國無別。【略】其長老或傳言，其國西有弱水，近日入所矣。又云從安息陸道繞海北行，出海西，至大秦，人相連屬，十里一亭，三十里一置，終無盜賊驚。而有猛虎、獅子遮食行者，不有百餘人賫（其）［兵］器，輒害之，不得過。又言渡海飛橋數百里至旁國，所出奇異玉石諸物多譎怪不經，故不述云。

《後漢書》卷八八《西域傳·大秦》 大秦國一名犂鞬，以在海西，亦云海西國。地方數千里，有四百餘城。小國役屬者數十。以石爲城郭，列置郵亭，皆堊塈之。有松柏諸木百草。人俗力田作，多種樹蠶桑。皆髡頭而衣文繡，乘輜軿白蓋小車，出入擊鼓，建旌旗幡幟。所居城邑，周圜百餘里。城中有五宮，相去各十里。宮室皆以水精爲柱，食器亦然。其王日游一宮聽事，五日而後徧。常使一人持囊隨王車，人有言事者即以書投囊中。王至宮發省，理其枉直，各有官曹文書。置三十六將，皆會議國事。其王無有常人，皆簡立賢者。國中災異及風雨不時，輒廢而更立，受放者甘黜不怨。

其人民皆長大平正，有類中國，故謂之大秦。土多金銀奇寶，有夜光璧、明月珠、駭雞犀、珊瑚、琥珀、琉璃、琅玕、朱丹、青碧。刺金縷繡，織成金縷罽、雜色綾。作黃金塗、火浣布。又有細布，或言水羊毳、野蠶繭所作也。合會諸香，煎其汁，以爲蘇合。凡外國諸珍異，皆出焉。以金銀爲錢，銀錢十當金錢一。與安息、天竺交市於海中，利有十倍。其人質直，市無二價，穀食常賤，國用富饒。鄰國使到其界首者，乘驛詣王都，至則給以金錢。【略】

或云其國西有弱水、流沙，近西王母所居處，幾於日所入也。《漢書》云從條支西行二百餘日，近日所入，則與今書異矣。前世漢使，皆自烏弋以還，莫有至條支者也。又云從安息陸道繞海北行，出海西，至大秦，人庶連屬，十里一亭，三十里一置，終無盜賊寇警。而道多猛虎、師子，遮害行旅，不百餘人齎兵器，輒爲所食。又言有飛橋數百里，可度海北。諸國所生奇異玉石諸物，譎怪多不經，故不記云。

政治思想總部

國家論部

君主權力論分部

論說

漢·賈誼《新書》卷二《權重》 諸侯勢足以專制，力足以行逆，雖令冠處女，勿謂無敵；勢不足以專制，力不足以行逆，雖生夏育，有仇讎之怨，猶之無傷也。然天下當今恬然者，遇諸侯之俱少也。後不至數歲，諸侯偕冠，陛下且見之矣。豈不苦哉！力當能爲而不爲，畜亂宿禍，高拱而不憂，其紛也宜也，甚可謂不知且不仁。

夫秦自逆日夜深惟，苦心竭力，危在存亡，以除六國之憂。今陛下力制天下，頤指如意，而故成六國之禍，難以言知矣。苟身常無意，但爲禍未在所制也。亂媒日長，孰視而不定，萬年之後，傳之老母弱子，使曹、勃不寧制，可謂仁乎？

漢·董仲舒《春秋繁露》卷一《玉杯第二》 春秋之法：以人隨君，以君隨天。曰：緣民臣之心，不可一日無君，一日不可無君，而猶三年稱子者，爲君心之未當立也，此非以人隨君耶！孝子之心，三年不當，三年不當而踰年卽位者，與天數俱終始也，此非以君隨天邪！故屈民而伸君，屈君而伸天，春秋之大義也。

又 卷六《立元神第十九》 君人者，國之元，發言動作，萬物之樞機，樞機之發，榮辱之端也，失之毫釐，駟不及追。故爲人君者，謹本詳始，敬小慎微，志如死灰，形如委衣，安精養神，寂寞無爲，休形無見影，揜聲無出響，虛心下士，觀來察往，謀於衆賢，考求衆人，得其心，遍見其情，察其好惡，以參忠佞，考其往行，驗之於今，計其蓄積，受於先賢，釋其讎怨，視其所爭，差其黨族，所依爲臬，據位治人，用何爲名，累日積久，何功不成？可以內參外，可以小占大，必知其實，是謂開闔。君人者，國之本也，夫爲國，其化莫大於崇本，崇本則君化若神，不崇本則君無以兼人，無以兼人，雖峻刑重誅，而民不從，是所謂驅國而棄之者也，患孰甚焉！何謂本？曰：天地人，萬物之本也，天生之，地養之，人成之；天生之以孝悌，地養之以衣食，人成之以禮樂，三者相爲手足，合以成體，不可一無也；無孝悌，則亡其所以生，無衣食，則亡其所以養，無禮樂，則亡其所以成也；三者皆亡，則民如麋鹿，各從其欲，家自爲俗，父不能使子，君不能使臣，雖有城郭，名曰虛邑，如此，其君枕塊而僵，莫之危而自危，莫之喪而自亡，是謂自然之罰，自然之罰至，裹襲石室，分障險阻，猶不能逃之也。明主賢君，必於其信，是故肅慎三本，郊祀致敬，共事祖禰，舉顯孝悌，表異孝行，所以奉天本也；秉耒躬耕，採桑親蠶，墾草殖穀，開闢以足衣食，所以奉地本也；立辟雍庠序，修孝悌敬讓，明以教化，感以禮樂，所以奉人本也；三者皆奉，則民如子弟，不敢自專，邦如父母，不待恩而愛，不須嚴而使，雖野居露宿，厚於宮室，如是者，其君安枕而卧，莫之助而自強，莫之綏而自安，是謂自然之賞，自然之賞至，雖退讓委國而去，百姓襁負其子，隨而君之，君亦不得離也，故以德爲國者，甘於飴蜜，固於膠漆，是以聖賢勉而崇本，而不敢失也，君人者，國之證也，不可先倡，感而後應，故居倡之位，而不行倡之勢，不居和之職，而以和爲德，常盡其下，故能爲之上也。

又 《保位權第二十》 民無所好，君無以權也；民無所惡，君無以畏也；無以權，無以畏，則君無以禁制也；無以禁制，則比肩齊勢，而無以爲貴矣。故聖人之治國也，因天地之性情、孔竅之所利，以立尊卑之制，以等貴賤之差，設官府爵祿，利五味，盛五色，調五聲，以誘其耳目；自令清濁昭然殊體，榮辱踔然相駁，以感動其心；務致民令有所好，有所好，然後可得而勸也，故設賞以勸之；有所好，必有所惡，有所惡，然後可得而畏也，故設罰以畏之；既有所勸，又有所畏，然後可得而制；制之者，制其所好，是以勸賞而不得多也；制其所惡，是以畏罰而不可過也；所好多，則作福；所惡多，則作威；作威則君亡權，

天下相怨；作福則君亡德，天下相賊。故聖人之制民，使之有欲，不得過節；使之敦樸，不得無欲。無欲有欲，各得以足，而君道得矣。國之所以爲國者，德也；君之所以爲君者，威也。故德不可共，威不可分；德共則失恩，威分則失權，失權則君賤，失恩則民散，民散則國亂，君賤則臣叛。是故爲人君者，固守其德，以附其民，固執其權，以正其臣。

又　卷七《堯舜不擅移湯武不專殺第二十五》　堯舜何緣而得擅移天下哉？《孝經》之語曰：『事父孝，故事天明。』事天與父同禮也。今父有以重予子，子不敢擅予他人，人心皆然；則王者亦天之子也，天以天下予堯舜，堯舜受命於天而王天下，猶子安敢擅以所重受於天者予他人也，天有不予堯舜漸奪之故，明爲子道，則堯舜之不私傳天下而擅移位也，無所疑也。儒者以湯武爲至聖大賢也，以爲全道究義盡美者，故列之堯舜，謂之聖王，如法則之；今足下以湯武爲不義，然則足下之所謂義者，何世之王也？曰：弗知。弗知者，以天下王爲無義者耶？其有義者而足下不知耶？則答之以神農。應之曰：神農之爲天子，與天地俱起乎？將有所伐乎？神農有所伐，可，湯武有所伐，獨不可，何也？且天之生民，非爲王也；而天立王，以爲民也。故其德足以安樂民者，天予之，其惡足以賊害民者，天奪之。《詩》云：『殷士膚敏，祼將于京，侯服于周，天命靡常。』言天之無常予，無常奪也。故封泰山之上，禪梁父之下，易姓而王，德如堯舜者七十二人，王者，天之所予也，其所伐，皆天之所奪也，今唯以湯武之伐桀紂爲不義，則七十二王亦有伐也，推足下之説，將以七十二王爲皆不義也。故夏無道而殷伐之，殷無道而周伐之，周無道而秦伐之，秦無道而漢伐之，有道伐無道，此天理也，所從來久矣，寧能至湯武而然耶！夫非湯武之伐桀紂者，亦將非秦之伐周，漢之伐秦，非徒不知天理，又不明人禮，禮，子爲父隱惡，今使伐人者，而信不義，當爲國諱之，豈宜如誹謗者，此所謂一言而再過者也。君也者，掌令者也，令行而禁止也，今桀紂令天下而不行，禁天下而不止，安在其能臣天下也！果不能臣天下，何謂湯武弒？

又　《服制第二十六》　率得十六萬國，三分之，則各度爵而制服，量禄而用財，飲食有量，衣服有制，宮室有度，畜產人徒有數，舟車甲器有禁；生有軒冕之服位、貴禄、田宅之分，死有棺槨、絞衾、壙襲之度。雖有賢才美體，無其爵，不敢服其服；雖有富家多貲，無其禄，不敢用其財。天子服有文章，不得以燕公以朝，將軍大夫不得以燕；將軍大夫以朝官吏，命士止於帶緣，散民不敢服雜采，百工商賈不敢服狐貉，刑餘戮民不敢服絲玄纁乘馬，謂之服制。

又　卷八《必仁且智第三十》　其大略之類，天地之物，有不常之變者謂之異，小者謂之灾，灾常先至，而異乃隨之，灾者，天之譴也，異者，天之威也，譴之而不知，乃畏之以威，《詩》云：『畏天之威。』殆此謂也。凡灾異之本，盡生於國家之失，國家之失乃始萌芽，而天出灾害以譴告之；譴告之，而不知變，乃見怪異以驚駭之；驚駭之，尚不知畏恐，其殃咎乃至。以此見天意之仁，而不欲陷人也。

又　卷九《奉本第三十四》　禮者，繼天地、體陰陽，而慎主客、序尊卑、貴賤、大小之位，而差外內、遠近、新故之級者也，以德多爲象，萬物以廣博衆多歷年久者爲象。其在天而象天者，莫大日月，繼天地之光明莫不照也；星莫大於大辰，北斗常星，部星三百，衛星三千，大火二十六星，伐十三星，北斗七星，常星九辭，二十八宿，多者宿二十八九，其猶著百莖而共一本，龜千歲而人寶，是以三代傳決疑焉。其得地體者，莫如山阜，人之得天得衆者，莫如受命之天子，下至公侯伯子男，海內之心，懸于天子，疆內之民，統於諸侯，日月食並告凶，不以其行。

又　卷一一《爲人者天第四十一》　爲生不能爲人，爲人者，天也，人之人本於天，天亦人之曾祖父也，此人之所以乃上類天也。人之形體，化天數而成；人之血氣，化天志而仁；人之德行，化天理而義；人之好惡，化天之暖清；人之喜怒，化天之寒暑；人之受命，化天之四時；人生有喜怒哀樂之答，春秋冬夏之類也。喜，春之答也，怒，秋之答也，樂，夏之答也，哀，冬之答也，天之副在乎人，人之情性有由天者矣，故曰受，由天之號也。爲人主也，道莫明省身之天，如天出之也，使其出也，答天之出四時，而必忠其受也，則堯舜之治無以加，是可生可殺而不可使爲亂，故曰：非道不行，非法不言。此之謂也。

傳曰：唯天子受命於天，天下受命於天子，一國則受命於君。君命順，則民有順命；君命逆，則民有逆命；故曰：一人有慶，兆民賴之。此之謂也。

傳曰：政有三端：父子不親，則致其愛慈；大臣不和，則敬順其禮；百姓不安，則力其孝弟。孝弟者，所以安百姓也，力者，勉行之，身以化之。天地之數，不能獨以寒暑成歲，必有春夏秋冬；聖人之道，不能獨以威勢成政，必有教化。故曰：先之以博愛，教以仁也；難得者，君子不貴，教以義也；雖天子必有尊也，教以孝也；必有先也，教以弟也。此威勢之不足獨恃，而教化之功不大乎！

傳曰：天生之，地載之，聖人教之。君者，民之心也，民者，君之體也；心之所好，體必安之；君之所好，民必從之。故君民者，貴孝弟而好禮義，重仁廉而輕財利，躬親職此於上而萬民聽，生善於下矣。故曰：先王見教之可以化民也。此之謂也。

又《陽尊陰卑第四十三》 是故春秋君不名惡，臣不名善，善皆歸於君，惡皆歸於臣。臣之義比於地，故爲人臣者，視地之事天也；爲人子故爲人臣者，視地之事天也；爲人子者，視土之事火也；雖居中央，亦歲七十二日之王，傳於火，以調和養長，然而弗名者，皆幷功於火，火得以盛，不敢與父分功，美孝之至也。是故孝子之行，忠臣之義，皆法於地也；地事天也，猶下之事上也。地，天之合也，物無合會之義。是故推天地之精，運陰陽之類，以別順逆之理，安所加以不在？在上下，在大小，在强弱，在賢不肖，在善惡，惡之屬盡爲陰，善之屬盡爲陽，陽爲德，陰爲刑，刑反德而順於德，亦權之類也。雖曰權，皆在權成。是故陽行於順，陰行於逆；逆行而順，順行而逆者，陰也。是故天以陰爲權，以陽爲經；陽出而南，陰出而北；經用於盛，權用於末；以此見天之顯經隱權，前德而後刑也。故曰：陽，天之德；陰，天之刑也。陽氣暖而陰氣寒，陽氣予而陰氣奪，陽氣仁而陰氣戾，陽氣寬而陰氣急，陽氣愛而陰氣惡，陽氣生而陰氣殺。是故陽常居實位而行于盛，陰常居空位而行於末，天之好仁而近，惡戾之變而遠，大德而小刑之意也，先經而後權，貴陽而賤陰也。故陰夏入居下，不得任歲事；冬出居上，置之空處也。養長之時伏於下，遠去之，弗使得爲陽也；無事之時，起之空處，使之備次陳守閉塞也；此皆天之近陽而遠陰，大德而小刑也。是故人主近天之所近，遠天之所遠，大天之所大，小天之所小。是故天數右陽而不右陰，務德而不務刑；刑之不可任以成世也，猶陰之不可任以成歲也；爲政而任刑，謂之逆天，非王道也。

又《王道通三第四十四》 古之造文者，三畫而連其中，謂之王。三畫者，天地與人也，而連其中者，通其道也。取天地與人之中以爲貫，而參通之，非王者孰能當是。是故王者唯天之施，施其時而成之，法其命而循之諸人，法其數而以起事，治其道而以出法，治其志而歸之於仁。仁之美者在於天，天仁也，天覆育萬物，既化而生之，有養而成之，事功無已，終而復始，凡舉歸之以奉人，察於天之意，無窮極之仁也。人之受命於天也，取仁於天而仁也，是故人之受命天之尊，父兄子弟之親，有忠信慈惠之心，有禮義廉讓之行，有是非逆順之治，文理燦然而厚，知廣大有而博，唯人道爲可以參天。天常以愛利爲意，以養長爲事，春秋冬夏皆其用也；王者亦常以愛利天下爲意，以安樂一世爲事，好惡喜怒而備用也；然而主之好惡喜怒，乃天之春夏秋冬也，其俱暖清寒暑，而以變化成功也；天出此物者，時則歲美，不時則歲惡；人主出此四者，義則世治，不義則世亂，是故治世與美歲同數，亂世與惡歲同數，以此見人理之副天道也。天有寒有暑，夫喜怒哀樂之發，與清暖寒暑其實一貫也，喜氣爲暖而當春，怒氣爲清而當秋，樂氣爲太陽而當夏，哀氣爲太陰而當冬，四氣者，天與人所同有也，非人所能蓄也，故可節而不可止也，節之而順，止之而亂。人生於天，而取化於天，喜氣取諸春，樂氣取諸夏，怒氣取諸秋，哀氣取諸冬，四氣之心也。四肢之答各有處，如四時；寒暑不可移，若肢體；肢體移易其處，謂之壬人；寒暑移易其處，謂之敗歲；喜怒移易其處，謂之亂世。明王正喜以當春，正怒以當秋，正樂以當夏，正哀以當冬，上下法此，以取天之道。春氣愛，秋氣嚴，夏氣樂，冬氣哀；愛氣以生物，嚴氣以成功，樂氣以養生，哀氣以喪終，天之志也。是故春氣暖者，天之所以愛而生之，秋氣清者，天之所以嚴而成之，夏氣溫者，天之所以樂而養之，冬氣寒者，天之所以哀而藏之；春主生，夏主養，秋主收，冬主藏；生溉其樂以養，死溉其哀以藏，爲人子者也。故四時之行，父子之道也；天地之志，君臣之義也；陰陽之理，聖人之法也。陰，刑氣也，陽，德氣也，陰始於秋，陽始於春，春之爲言猶偆偆也，秋之爲言猶湫湫也，偆偆者，喜樂之貌也，湫湫者，憂悲之狀也。是故春喜、夏樂、秋憂、冬悲，悲死而樂生，以夏養春，以冬藏秋，大人之

志也。是故先愛而後嚴，樂生而哀終，天之當也；而人資諸天，天固有此，然而無所之，如其身而已矣。人主立於生殺之位，與天共持變化之勢，物莫不應天化，天地之化如四時，所好之風出，則爲暖氣，而有生於俗；所惡之風出，則爲清氣，而有殺於俗；喜則爲暑氣，而有養長也；怒則爲寒氣，而有閉塞也。人主以好惡喜怒變習俗，而天以暖清寒暑化草木，喜怒時而當，則歲美，不時而妄，則歲惡，天地人主一也。然則人主之好惡喜怒，乃天之暖清寒暑也，不可不審其處而出也，當暑而寒，當寒而暑，必爲惡歲矣；人主當喜而怒，當怒而喜，必爲亂世矣。是故人主之大守在於謹藏而禁內，使好惡喜怒，必當義乃出，若暖清寒暑之必當其時乃發也，人主掌此而無失，使乃好惡喜怒未嘗差也，如春秋冬夏之未嘗過也，可謂參天矣。深藏此四者而勿使妄發，可謂天矣。

又　卷一二《天道無二第五十一》　天之常道，相反之物也，不得兩起，故謂之一；一而不二者，天之行也。陰與陽，相反之物也，故或出或入，或右或左，春俱南，秋俱北，夏交於前，冬交於後，並行而不同路，交會而各代理，此其文與！天之道，有一出一入，一休一伏，其度一也，然而不同意。陽之出，常縣於前，而任歲事；陰之出，常縣於後，而守空虛；陽之休也，功已成於上，而伏於下；陰之伏也，不得近義，而遠其處也。天之任陽不任陰，好德不好刑，如是。故陽出而前，陰出而後，尊德而卑刑之心見矣。陽出而積於夏，任德以歲事也；陰出而積於冬，錯刑於空處也；必以此察之。天無常於物，而一於時，時之所宜，而一爲之。故開一、塞一、起一、廢一，至畢時而止，終有復始於一，一者，一也。是於天凡在陰位者，皆惡亂善，不得主名，天之道也。故常一而不滅，天之道。事無大小，物無難易，反天之道無成者。是以目不能二視，耳不能二聽，手不能二事。一手畫方，一手畫圓，莫能成。人爲小易之物，而終不能成，反天之不可行，如是。是故古之人，物而書文，心止於一中者，謂之忠；持二中者，謂之患；患，人之中不一者也，不一者，故患之所由生也，是故君子賤二而貴一。人孰無善，善不一，故不足以立身；治孰無常？常不一，故不足以致功。《詩》云：『上帝臨汝，無二爾心。』知天道者之言也！

又　卷一三《四時之副第五十五》　天之道，春暖以生，夏暑以養，秋清以殺，冬寒以藏，暖暑清寒，異氣而同功，皆天之所以成歲也。聖人副天之所行以爲政，故以慶副暖而當春，以賞副暑而當夏，以罰副清而當秋，以刑副寒而當冬，慶賞罰刑，異事而同功，皆王者之所以成德也。慶賞罰刑，與春夏秋冬，以類相應也，如合符，故曰：王者配天，謂其道。天有四時，王有四政，四政若四時，通類也，天人所同有也。慶爲春，賞爲夏，罰爲秋，刑爲冬。慶賞罰刑之不可不具也，如春夏秋冬不可不備也；慶賞罰刑，當其處不可不發，若暖暑清寒，當其時不可不出也；慶賞罰刑各有正處，如春夏秋冬各有時也；四政者不可以相干也，猶四時不可相干也；四政者不可以易處也，猶四時不可易處也。故慶賞罰刑有不行於其正處者，春秋譏也。

又　卷一四《五行變救第六十三》　五行變至，當救之以德，施之天下，則咎除；不救以德，不出三年，天當雨石。木有變，春凋秋榮，秋木冰，春多雨，此繇役衆，賦斂重，百姓貧窮叛去，道多飢人；救之者，省繇役，薄賦斂，出倉穀，振困窮矣。火有變，冬溫夏寒，此王者不明，善者不賞，惡者不絀，不肖在位，賢者伏匿，則寒暑失序，而民疾疫；救之者，舉賢良，賞有功，封有德。土有變，大風至，五穀傷，此不信仁賢，不敬父兄，淫泆無度，宮室榮；救之者，省宮室，去雕文，舉孝悌，恤黎元。金有變，畢昴爲回，三覆有武，多兵，多盜寇，此棄義貪財，輕民命，重貨賂，百姓趣利，多姦軌；救之者，舉廉潔，立正直，隱武行文，束甲械。水有變，冬濕多霧，春夏雨雹，此法令緩，刑罰不行；救之者，憂囹圄，案姦宄，誅有罪，蓃五日。

又　卷一七《天地陰陽第八十一》　天、地、陰、陽、木、火、土、金、水，九，與人而十者，天之數畢也，故數者至十而止，書者以十爲終，皆取之此。聖人何其貴者，起於天，至於人而畢，畢之外，謂之物，物者，投所貴之端，而不在其中，以此見人之超然萬物之上，而最爲天下貴也。人下長萬物，上參天地，故其治亂之故，動靜順逆之氣，乃損益陰陽之化，而搖蕩四海之內，物之難知者若神，不可謂不然也。今投地死傷，而不騰相助，投淖相動而近，投水相動而愈遠，由此觀之，夫物愈淖而愈易變動搖蕩也。今氣化之淖，非直水也，而人主以衆動之無已時，是故常以治亂之氣，與天地之化相殽而不治也。世治而民和，志平而氣正，

則天地之化精，而萬物之美起；世亂而民乖，志僻而氣逆，則天地之化傷，氣生灾害起。是故治世之德潤草木，澤流四海，功過神明；亂世之所起，亦博若是；皆因天地之化，以成敗物，乘陰陽之資，以任其所爲，故爲惡愆人力而功傷，名自過也。天地之閒，有陰陽之氣，常漸人者，若水常漸魚也，所以異於水者，可見與不可見耳，其澹澹也，然則人之居天地之閒，其猶魚之離水一也，其無閒，若氣而淖於水，水之比於氣也，若泥之比於水也，是天地之閒，若虚而實，人常漸是澹澹之中，而以治亂之氣與之流通相殽也，故人氣調和，而天地之化美，殽於惡而味敗，此易之物也，推物之類，以易見難者，其情可得，治亂之氣，邪正之風，是殽天地之化者也，生於化而反殽化，與運連也。《春秋》舉世事之道，夫有書天，之盡與不盡，王者之任也。《詩》云：『天難諶斯，不易維王。』此之謂也。夫王者不可以不知天，知天，詩人之所難也，天意難見也，其道難理，是故明陽陰入出、實虚之處，所以觀天之志；辨五行之本末、順逆、小大、廣狹，所以觀天道也。天志仁，其道也義，爲人主者，予奪生殺，各當其義，若四時；列官置吏，必以其能，若五行；好仁惡戾，任德遠刑，若陰陽；此之謂能配天。天者，其道長萬物，而王者長人；人主之大，天地之參也；好惡之分，陰陽之理也；喜怒之發，寒暑之比也；官職之事，五行之義也；以此長天地之閒，蕩四海之内，殽陰陽之氣，與天地相雜，是故人言：既曰王者參天地矣，苟參天地，則是化矣，豈獨天地之精哉！

王者亦參而殽之，治則以正氣殽天地之化，亂則以邪氣殽天地之化，同者相益，異者相損之數也，無可疑者矣。

《漢書》卷四九《鼂錯傳》 人主所以尊顯功名揚於萬世之後者，以知術數也。故人主知所以臨制臣下而治其衆，則羣臣畏服矣；知所以聽言受事，則不欺蔽矣；知所以安利萬民，則海内必從矣；知所以忠孝事上，則臣子之行備矣；此四者，臣竊爲皇太子急之。人臣之議或曰皇太子亡以知事爲也，臣之愚，誠以爲不然。竊觀上世之君，不能奉其宗廟而劫殺於其臣者，皆不知術數者也。皇太子所讀書多矣，而未深知術數者，不問書説也。夫多誦而不知其説，所謂勞苦而不爲功。臣竊觀皇太子材智高奇，馭射技藝過人絶遠，然於術數未有所守者，以陛下爲心也。竊願陛下幸擇聖人之術可用今世者，以賜皇太子，因時使太子陳明於前。唯陛下裁察。

又 卷五六《董仲舒傳》 陛下發德音，下明詔，求天命與情性，皆非愚臣之所能及也。臣謹案《春秋》之中，視前世已行之事，以觀天人相與之際，甚可畏也。國家將有失道之敗，而天乃先出灾害以譴告之，不知自省，又出怪異以警懼之，尚不知變，而傷敗乃至。以此見天心之仁愛人君而欲止其亂也。自非大亡道之世者，天盡欲扶持而全安之，事在强勉而已矣。强勉學問，則聞見博而知益明；强勉行道，則德日起而大有功；此皆可使還至而有效者也。《詩》曰：『夙夜匪解』，《書》云：『茂哉茂哉！』皆强勉之謂也。

道者，所繇適於治之路也，仁義禮樂皆其具也。故聖王已没，而子孫長久安寧數百歲，此皆禮樂教化之功也。王者未作樂之時，乃用先王之樂宜於世者，而以深入教化於民。教化之情不得，雅頌之樂不成，故王者功成作樂，樂其德也。樂者，所以變民風，化民俗也；其變民也易，其化人也著。故聲發於和而本於情，接於肌膚，臧於骨髓。故王道雖微缺，而筦絃之聲未衰也。夫虞氏之不爲政久矣，然而樂頌遺風猶有存者，是以孔子在齊而聞《韶》也。夫人君莫不欲安存而惡危亡，然而政亂國危者甚衆，所任者非其人，而所繇者非其道，是以政日以僕滅也。夫周道衰於幽厲，非道亡也，幽、厲不繇也。至於宣王，思昔先王之德，興滯補弊，明文武之功業，周道粲然復興，詩人美之而作，上天祐之，爲生賢佐，後世稱通，至今不絶。此夙夜不解行善之所致也。孔子曰『人能弘道，非道弘人』也。故治亂廢興在於己，非天降命不可得反，其所操持誖謬失其統也。

臣聞天之所大奉使之王者，必有非人力所能致而自至者，此受命之符也。天下之人同心歸之，若歸父母，故天瑞應誠而至。《書》曰『白魚入于王舟，有火復于王屋，流爲烏』，此蓋受命之符也。周公曰『復哉復哉』，孔子曰『德不孤，必有鄰』，皆積善累德之效也。及至後世，淫佚衰微，不能統理羣生，諸侯背畔，殘賊良民以爭壤土，廢德教而任刑罰。刑罰不中，則生邪氣；邪氣積於下，怨惡畜於上。上下不和，則陰陽繆盭而妖孽生矣。此灾異所緣而起也。

臣聞命者天之令也，性者生之質也，情者人之欲也。或夭或壽，或仁或鄙，陶冶而成之，不能粹美，有治亂之所生，故不齊也。孔子曰：『君子之德風，小人之德草，草上之風必偃。』故堯舜行德則民仁壽，桀紂行暴則民鄙夭。夫上之化下，下之從上，猶泥之在鈞，唯甄者之所爲，猶金之在鎔，唯冶者之所鑄。『綏之斯俫，動之斯和』，此之謂也。

臣謹案《春秋》之文，求王道之端，得之於正。正次王，王次春。春者，天之所爲也；正者，王之所爲也。其意曰，上承天之所爲，而下以正其所爲，正王道之端云爾。然則王者欲有所爲，宜求其端於天。天道之大者在陰陽。陽爲德，陰爲刑；刑主殺而德主生。是故陽常居大夏，而以生育養長爲事；陰常居大冬，而積於空虛不用之處。以此見天之任德不任刑也。天使陽出布施於上而主歲功，使陰入伏於下而時出佐陽；陽不得陰之助，亦不能獨成歲。終陽以成歲爲名，此天意也。王者承天意以從事，故任德教而不任刑。刑者不可任以治世，猶陰之不可任以成歲也。爲政而任刑，不順於天，故先王莫之肯爲也。今廢先王德教之官，而獨任執法之吏治民，毋乃任刑之意與！孔子曰：『不教而誅謂之虐。』虐政用於下，而欲德教之被四海，故難成也。

臣謹案《春秋》謂一元之意，一者萬物之所從始也，元者辭之所謂大也。謂一爲元者，視大始而欲正本也。《春秋》深探其本，而反自貴者始。故爲人君者，正心以正朝廷，正朝廷以正百官，正百官以正萬民，正萬民以正四方。四方正，遠近莫敢不壹於正，而亡有邪氣姦其間者。是以陰陽調而風雨時，羣生和而萬民殖，五穀熟而草木茂，天地之間被潤澤而大豐美，四海之內聞盛德而皆徠臣，諸福之物，可致之祥，莫不畢至，而王道終矣。

孔子曰：『鳳鳥不至，河不出圖，吾已矣夫！』自悲可致此物，而身卑賤不得致也。今陛下貴爲天子，富有四海，居得致之位，操可致之勢，又有能致之資，行高而恩厚，知明而意美，愛民而好士，可謂誼主矣。然而天地未應而美祥莫至者，何也？凡以教化不立而萬民不正也。夫萬民之從利也，如水之走下，不以教化隄防之，不能止也。是故教化立而姦邪皆止者，其隄防完也；教化廢而姦邪並出，刑罰不能勝者，其隄防壞也。古之王者明於此，是故南面而治天下，莫不以教化爲大務。立太學以教於國，設庠序以化於邑，漸民以仁，摩民以誼，節民以禮，故其刑罰甚輕而禁不犯者，教化行而習俗美也。

聖王之繼亂世也，掃除其迹而悉去之，復修教化而崇起之。教化已明，習俗已成，子孫循之，行五六百歲尚未敗也。至周之末世，大爲亡道，以失天下。秦繼其後，獨不能改，又益甚之，重禁文學，不得挾書，棄捐禮誼而惡聞之，其心欲盡滅先王之道，而顓爲自恣苟簡之治，故立爲天子十四歲而國破亡矣。自古以來，未嘗有以亂濟亂，大敗天下之民如秦者也。其遺毒餘烈，至今未滅，使習俗薄惡，人民嚚頑，抵冒殊扞，孰爛如此之甚者也。孔子曰：『腐朽之木不可雕也，糞土之牆不可圬也。』今漢繼秦之後，如朽木、糞牆矣，雖欲善治之，亡可奈何。法出而姦生，令下而詐起，如以湯止沸，抱薪救火，愈甚亡益也。竊譬之琴瑟不調，甚者必解而更張之，乃可鼓也；爲政而不行，甚者必變而更化之，乃可理也。當更張而不更張，雖有良工不能善調也；當更化而不更化，雖有大賢不能善治也。故漢得天下以來，常欲善治而至今不可善治者，失之於當更化而不更化也。古人有言曰：『臨淵羨魚，不如退而結網。』今臨政而願治七十餘歲矣，不如退而更化；更化則可善治，善治則災害日去，福祿日來。《詩》云：『宜民宜人，受祿于天。』爲政而宜於民者，固當受祿於天。夫仁、誼、禮、知、信五常之道，王者所當脩飭也；五者修飭，故受天之祐，而享鬼神之靈，德施于方外，延及羣生也。【略】

臣聞《論語》曰：『有始有卒者，其唯聖人虖！』今陛下幸加惠，留聽於承學之臣，復下明册，以切其意，而究盡聖德，非愚臣之所能具也。前所上對，條貫靡竟，統紀不終，辭不別白，指不分明，此臣淺陋之罪也。

册曰：『善言天者必有徵於人，善言古者必有驗於今。』臣聞天者羣物之祖也。故徧覆包函而無所殊，建日月風雨以和之，經陰陽寒暑以成之。故聖人法天而立道，亦溥愛而亡私，布德施仁以厚之，設誼立禮以導之。春者天之所以生也，仁者君之所以愛也；夏者天之所以長也，德者君之所以養也；霜者天之所以殺也，刑者君之所以罰也。繇此言之，天人之徵，古今之道也。孔子作《春秋》，上揆之天道，下質諸人情，參之于古，考之於今。故《春秋》之所譏，災害之所加也；《春秋》之所惡，

怪異之所施也。書邦家之過，兼灾異之變；以此見人之所爲，其美惡之極，乃與天地流通而往來相應，此亦言天之一端也。古者修教訓之官，務以德善化民，民已大化之後，天下常亡一人之獄矣。今世廢而不修，亡以化民，民以故棄行誼而死財利，是以犯法而罪多，一歲之獄以萬千數。以此見古之不可不用也，故《春秋》變古則譏之。天令之謂命，命非聖人不行；質樸之謂性，性非教化不成；人欲之謂情，情非度制不節。是故王者上謹于承天意，以順命也；下務明教化民，以成性也；正法度之宜，別上下之序，以防欲也；脩此三者，而大本舉矣。人受命於天，固超然異於羣生，入有父子兄弟之親，出有君臣上下之誼，會聚相遇，則有耆老長幼之施，粲然有文以相接，驩然有恩以相愛，此人之所以貴也。生五穀以食之，桑麻以衣之，六畜以養之，服牛乘馬，圈豹檻虎，是其得天之靈，貴於物也。故孔子曰：『天地之性人爲貴。』明於天性，知自貴於物；知自貴於物，然後知仁誼；知仁誼，然後重禮節；重禮節，然後安處善；安處善，然後樂循理；樂循理，然後謂之君子。故孔子曰『不知命，亡以爲君子』，此之謂也。

冊曰：『上嘉唐虞，下悼桀紂，寖微寖滅寖明寖昌之道，虛心以改。』臣聞衆少成多，積小致鉅，故聖人莫不以晻致明，以微致顯。是以堯發于諸侯，舜興乎深山，非一日而顯也，蓋有漸以致之矣。言出於已，不可塞也；行發於身，不可掩也。言行，治之大者，君子之所以動天地也。故盡小者大，慎微者著。《詩》云：『惟此文王，小心翼翼。』故堯兢兢日行其道，而舜業業日致其孝，善積而名顯，德章而身尊，以其浸明浸昌之道也。積善在身，猶長日加益，而人不知也；積惡在身，猶火之銷膏，而人不見也。非明虖情性察虖流俗者，孰能知之？此唐虞之所以得令名，而桀紂之可爲悼懼者也。夫善惡之相從，如景鄉之應形聲也。故桀紂暴謾，讒賊並進，賢知隱伏，惡日顯，國日亂，晏然自以如日在天，終陵夷而大壞。夫暴逆不仁者，非一日而亡也，亦以漸至，故桀、紂雖亡道，然猶享國十餘年，此其寖微寖滅之道也。

冊曰：『三王之教所祖不同，而皆有失，或謂久而不易者道也，意豈異哉？』臣聞夫樂而不亂復而不厭者謂之道；道者萬世亡弊，弊者道之失也。先王之道必有偏而不起之處，故政有眊而不行，舉其偏者以補其弊而已矣。三王之道所祖不同，非其相反，將以救溢扶衰，所遭之變然也。故孔子曰：『亡爲而治者，其舜虖！』改正朔，易服色，以順天命而已；其餘盡循堯道，何更爲哉！故王者有改制之名，亡變道之實。然夏上忠，殷上敬，周上文者，所繼之救，當用此也。孔子曰：『殷因於夏禮，所損益可知也；周因于殷禮，所損益可知也；其或繼周者，雖百世可知也。』此言百王之用，以此三者矣。夏因於虞，而獨不言所損益者，其道如一而所上同也。道之大原出於天，天不變，道亦不變，是以禹繼舜，舜繼堯，三聖相受而守一道，亡救弊之政也，故不言其所損益也。由是觀之，繼治世者其道同，繼亂世者其道變。今漢繼大亂之後，若宜少損周之文致，用夏之忠者。

陛下有明德嘉道，愍世欲之靡薄，悼王道之不昭，故舉賢良方正之士，論議考問，將欲興仁誼之休德，明帝王之法制，建太平之道也。臣愚不肖，述所聞，誦所學，道師之言，廑能勿失耳。若乃論政事之得失，察天下之息耗，此大臣輔佐之職，三公九卿之任，非臣仲舒所能及也，然而臣竊有怪者。夫古之天下亦今之天下，今之天下亦古之天下，共是天下，古以大治，上下和睦，習俗美盛，不令而行，不禁而止，吏亡姦邪，民亡盜賊，囹圄空虛，德潤草木，澤被四海，鳳皇來集，麒麟來游，以古準今，壹何不相逮之遠也！安所繆盭而陵夷若是？意者有所失于古之道與？有所詭於天之理與？試迹之于古，返之於天，黨可得見乎。

夫天亦有所分予，予之齒者去其角，傅其翼者兩其足，是所受大者不得取小也。古之所予祿者，不食於力，不動於末，是亦受大者不得取小，與天同意者也。夫已受大，又取小，天不能足，而況人乎！此民之所以囂囂苦不足也。身寵而載高位，家溫而食厚祿，因乘富貴之資力，以與民爭利於下，民安能如之哉！是故衆其奴婢，多其牛羊，廣其田宅，博其產業，畜其積委，務此而亡已，以迫蹴民，民日削月朘，浸以大窮。富者奢侈羨溢，貧者窮急愁苦；窮急愁苦而不上救，則民不樂生；民不樂生，尚不避死，安能避罪！此刑罰之所以蕃而姦邪不可勝者也。故受祿之家，食祿而已，不與民爭業，然後利可均布，而民可家足。此上天之理，而亦太古之道，天子之所宜法以爲制，大夫之所當循以爲行也。故公儀子相魯，之其家見織帛，怒而出其妻，食于舍而茹葵，慍而拔其葵，

曰：『吾已食祿，又奪園夫紅女利乎！』古之賢人君子在列位者皆如是，是故下高其行而從其教，民化其廉而不貪鄙。及至周室之衰，其卿大夫緩于誼而急於利，亡推讓之風而有爭田之訟。故詩人疾而刺之，曰：『節彼南山，惟石巖巖，赫赫師尹，民具爾瞻。』爾好誼，則民鄉仁而俗善；爾好利，則民好邪而俗敗。由是觀之，天子大夫者，下民之所視效，遠方之所四面而內望也。近者視而放之，遠者望而效之，豈可以居賢人之位而爲庶人行哉！夫皇皇求財利常恐乏匱者，庶人之意也；皇皇求仁義常恐不能化民者，大夫之意也。《易》曰：『負且乘，致寇至。』乘車者君子之位也，負擔者小人之事也，此言居君子之位而爲庶人之行者，其患禍必至也。若居君子之位，當君子之行，則舍公儀休之相魯，亡可爲者矣。

《春秋》大一統者，天地之常經，古今之通誼也。今師異道，人異論，百家殊方，指意不同，是以上亡以持一統；法制數變，下不知所守。臣愚以爲諸不在六藝之科孔子之術者，皆絶其道，勿使並進。邪辟之説滅息，然後統紀可一而法度可明，民知所從矣。

漢・班固《白虎通義》卷一《爵》 天子者，爵稱也。爵所以稱天子者何？王者父天母地，爲天之子也。故《援神契》曰：『天覆地載謂之天子，上法斗極。』《鉤命訣》曰：『天子，爵稱也。』帝王之德有優劣，所以俱稱天子者何？以其俱命於天，而王治五千里內也。《尚書》曰：『天子作民父母，以爲天下王。』何以知帝亦稱天子也，以法天下也？《中候》曰：『天子臣放勳。』《書・無逸》篇曰：『厥兆天子爵。』何以『言皇』亦稱天子也？以其言天覆地載俱王天下也。

何以知王從死後加王也？以尚書言迎子劉。不言迎王。王者既殯而即繼體之位何？緣民臣之心不可一日無君，故先君不可得見則後君繼體矣。

又 卷二《號》 帝王者何？號也。號者，功之表也，所以表功明德，號令臣下者也。德合天地者稱帝，仁義合者稱王，別優劣也。《禮記・謚法》曰：『德象天地稱帝，仁義所在稱王。』帝者天號，王者五行之稱也。皇者何謂也？亦號也。皇，君也，美也，大也。天之總，美大稱也，時質，故總之也。號之爲皇者，煌煌人莫違也。煩一夫、擾一士以勞天下不爲皇也，不擾匹夫匹婦故爲皇。故黄金棄於山，珠玉捐於淵，巖居穴處，衣皮毛，飲泉液，吮露英，虛無寥廓，與天地通靈也。號言爲帝者何？帝者，諦也，象可承也；王者，往也，天下所歸往。《鉤命訣》曰：『三皇步，五帝趨，三王馳，五霸鶩。』

或稱天子，或稱帝王何？以爲接上稱天子，明以爵事天也；接下稱帝王者，得號天下至尊言稱，以號令臣下也。故《尚書》曰：『「泻四嶽」，曰：「格汝衆」。』或有一人。王者自謂一人者，謙也，欲言己材能當一人耳。故《論語》曰：『百姓有過，在予一人。』臣謂之一人何？亦所以尊王者也。以天下之大、四海之內，所共尊者一人耳。

帝者，諦也，像可承也；王者，往也，天下所歸往。

煩一夫，擾一士，以勞天下，不爲皇也。不擾匹夫匹婦，故爲皇。

又 卷四《封公侯》 天下太平乃封親屬者，示不私也。卽不私封之何？普天之下，莫非王土，率土之賓，莫非王臣。

王者卽位，先封賢者，憂人之急也。故列士爲疆非爲諸侯，張官設府非爲卿大夫，皆爲民也。

又 《五行》 君有衆民，何法？法天有衆星也。

又 卷六《辟雍》 天子所以有靈臺者何？所以考天人之心，察陰陽之會，揆星辰之證驗，爲萬物獲福無方之元。《詩》云：『經始靈臺。』天子立明堂者，所以通神靈，感天地，正四時，出教化，宗有德，重有道，顯有能，褒有行者也。

又 卷八《三正》 《禮三正記》曰：『質法天，文法地也。』帝王始起，先質後文者，順天下之道、本末之義、先後之序也。事莫不先有質性，乃後有文章也。

又 《三綱六紀》 君臣者，何謂也？君，羣也，羣下之所歸心也；臣者，堅也，厲志自堅固也。《春秋傳》曰：『君處此，臣請歸也。』

又 卷九《日月》 《感精符》曰：『三綱之義，日爲君，月爲臣也。』

論說

《漢書》卷九九上《王莽傳上》（王）莽上奏太后曰：『陛下至聖，遭家不造，遇漢十二世三七之厄，承天威命，詔臣莽居攝，受孺子之託，任天下之寄。臣莽兢兢業業，懼於不稱。宗室廣饒侯劉京上書言：「七月中，齊郡臨淄縣昌興亭長辛當一暮數夢，曰：『吾，天公使也。天公使我告亭長曰：「攝皇帝當爲眞。」卽不信我，此亭中當有新井。』亭長晨起視亭中，誠有新井，入地且百尺。」十一月壬子，直建冬至，巴郡石牛，戊午，雍石文，皆到于未央宮之前殿。臣與太保安陽侯舜等視，天風起，塵冥，風止，得銅符帛圖於石前，文曰：「天告帝符，獻者封侯。承天命，用神令。」騎都尉崔發等眡說。及前孝哀皇帝建平二年六月甲子下詔書，更爲太初元將元年，案其本事，甘忠可、夏賀良讖書臧蘭臺。臣莽以爲元將元年者，大將居攝改元之文也。於今信矣。《尚書・康誥》：「王若曰：『孟侯，朕其弟，小子封。』」此周公居攝稱王之文也。《春秋》隱公不言卽位，攝也。此二經周公、孔子所定，蓋爲後法。孔子曰：「畏天命，畏大人，畏聖人之言。」臣莽敢不承用！臣請共事神祇宗廟，奏言太皇太后、孝平皇后，皆稱假皇帝。其號令天下，天下奏言事，毋言「攝」。以居攝三年爲初始元年，漏刻以百二十爲度，用應天命。臣莽夙夜養育隆就孺子，令與周之成王比德，宣明太皇太后威德於萬方，期於富而教之。孺子加元服，復子明辟，如周公故事。』【略】

（初始元年）下書曰：『予以不德，託于皇初祖考黃帝之後，皇始祖考虞帝之苗裔，而太皇太后之末屬。皇天上帝隆顯大佑，成命統序，符契圖文，金匱策書，神明詔告，屬予以天下兆民。赤帝漢氏高皇帝之靈，承天命，傳國金策之書，予甚祇畏，敢不欽受！以戊辰直定，御王冠，卽眞天子位，定有天下之號曰「新」。其改正朔，易服色，變犧牲，殊徽幟，異器制。以十二月朔癸酉爲建國元年正月之朔，以雞鳴爲時。服色配德上黃，犧牲應正用白，使節之旄幡皆純黃，其署曰「新使五威節」，以承皇天上帝威命也。』

又　卷九九中《王莽傳中》　始建國元年（王莽）又曰：『帝王之道，相因而通；盛德之祚，百世享祀。予惟黃帝、帝少昊、帝顓頊、帝嚳、帝堯、帝舜、帝夏禹、皋陶、伊尹咸有聖德，假於皇天，功烈巍巍，光施于遠。予甚嘉之，營求其後，將祚厥祀。』【略】

莽又曰：『予前在攝時，建郊宮，定祧廟，立社稷，神祇報況，或光自上復於下，流爲烏，或黃氣熏烝，昭耀章明，以著黃、虞之烈焉。自黃帝至于濟南伯王，而祖世氏姓有五矣。黃帝二十五子，分賜厥姓十有二氏。虞帝之先，受姓曰姚，其在陶唐曰媯，在周曰陳，在齊曰田，在濟南曰王。予伏念皇初祖考黃帝，皇始祖考虞帝，以宗祀于明堂，宜序於祖宗之親廟。其立祖廟五，親廟四，后夫人皆配食。郊祀黃帝以配天，黃后以配地。以新都侯東弟爲大禖，歲時以祀。家之所尚，種祀天下。姚、媯、陳、田、王氏凡五姓者，皆黃、虞苗裔，予之同族也。《書》不云乎？「惇序九族」。其令天下上此五姓名籍于秩宗，皆以爲宗室。世世復，無有所與。其元城王氏，勿令相嫁娶，以別族理親焉。』【略】

（王莽）又曰：『予前在大麓，至於攝假，深惟漢氏三七之厄，赤德氣盡，思索廣求，所以輔劉延期之術，靡所不用，以故作金刀之利，幾以濟之。然自孔子作《春秋》以爲後王法，至于哀之十四而一代畢，協之於今，亦哀之十四也。赤世計盡，終不可强濟。皇天明威，黃德當興，隆顯大命，屬予以天下。今百姓咸言皇天革漢而立新，廢劉而興王。夫「劉」之爲字「卯、金、刀」也，正月剛卯，金刀之利，皆不得行。博謀卿士，僉曰天人同應，昭然著明。其去剛卯莫以爲佩，除刀錢勿以爲利，承順天心，快百姓意。』【略】

《符命》曰：帝王受命，必有德祥之符瑞，協成五命，申以福應，然後能立巍巍之功，傳于子孫，永享無窮之祚。故新室之興也，德祥發於漢三七九世之後。肇命於新都，受瑞于黃支，開王於威功，定命於子同，成命于巴宕，申福於十二應，天所以保祐新室者深矣，固矣！武功丹石出於漢氏平帝末年，火德銷盡，土德當代，皇天眷然，去漢與新，以丹石始命於皇帝。皇帝謙讓，以攝居之，未當天意，故其秋七月，天重以三能

文馬。皇帝復謙讓，未卽位，故三以鐵契，四以石龜，五以虞符，六以文圭，七以玄印，八以茂陵石書，九以玄龍石，十以神井，十一以大神石，十二以銅符帛圖。申命之瑞，浸以顯著，至于十二，以昭告新皇帝。皇帝深惟上天之威不可不畏，故去攝號，猶尚稱假，改元爲初始，欲以承塞天命，克厭上帝之心。然非皇天所以鄭重降符命之意，故是日天復決以龜書。又侍郎王盱見人衣白布單衣，赤繢方領，冠小冠，立于王路殿前，謂盱曰：『今日天同色，以天下人民屬皇帝。』盱怪之，行十餘步，人忽不見。至丙寅暮，漢氏高廟有金匱圖策：『高帝承天命，以國傳新皇帝。』明旦，宗伯忠孝侯劉宏以聞，乃召公卿議，未決，而大神石人談曰：『趣新皇帝之高廟受命。毋留！』於是新皇帝立登車，之漢氏高廟受命，受命之日，丁卯也。丁，火，漢氏之德也。卯，劉姓所以爲字也。明漢劉火德盡，而傳於新室也。皇帝謙謙，既備固讓，十二符應迫著，命不可辭，懼然祇畏，葦然閔漢氏之終不可濟，亹亹左右之不得從意，爲之三夜不御寢，三日不御食。延問公侯卿大夫，僉曰：『宜奉如上天威命。』於是乃改元定號，海內更始。新室既定，神祇懽喜，申以福應，吉瑞累仍。《詩》曰：『宜民宜人，受祿于天；保右命之，自天申之。』此之謂也。

大一統論分部

論說

《史記》卷一一二《平津侯主父列傳》　主父偃說上曰：古者諸侯不過百里，强弱之形易制。今諸侯或連城數十，地方千里，緩則驕奢易爲淫亂，急則阻其强而合從以逆京師。今以法割削之，則逆節萌起，前日晁錯是也。今諸侯子弟或十數，而適嗣代立，餘雖骨肉，無尺寸地封，則仁孝之道不宣。願陛下令諸侯得推恩分子弟，以地侯之。彼人人喜得所願，上以德施，實分其國，不削而稍弱矣。

又說上曰：茂陵初立，天下豪桀并兼之家，亂衆之民，皆可徙茂陵，內實京師，外銷姦猾，此所謂不誅而害除。

《漢書》卷五六《董仲舒傳》　陛下發德音，下明詔，求天命與情性，皆非愚臣之所能及也。臣謹案《春秋》之中，視前世已行之事，以觀天人相與之際，甚可畏也。國家將有失道之敗，而天乃先出灾害以譴告之，不知自省，又出怪異以警懼之，尚不知變，而傷敗乃至。以此見天心之仁愛人君而欲止其亂也。自非大亡道之世者，天盡欲扶持而全安之，事在强勉而已矣。彊勉學問，則聞見博而知益明；彊勉行道，則德日起而大有功；此皆可使還至而有效者也。《詩》曰：『夙夜匪解』，《書》云：『茂哉茂哉！』皆强勉之謂也。

道者，所由適於治之路也，仁義禮樂皆其具也。故聖王已沒，而子孫長久安寧數百歲，此皆禮樂教化之功也。王者未作樂之時，乃用先王之樂宜於世者，而以深入教化於民。教化之情不得，雅頌之樂不成，故王者功成作樂，樂其德也。樂者，所以變民風，化民俗也；其變民也易，其化人也著。故聲發於和而本於情，接於肌膚，臧於骨髓。故王道雖微缺，而筦絃之聲未衰也。夫虞氏之不爲政久矣，然而樂頌遺風猶有存者，是以孔子在齊而聞《韶》也。夫人君莫不欲安存而惡危亡，然而政亂國危者甚衆，所任者非其人，而所繇者非其道，是以政日以仆滅也。夫周道衰於幽、厲，非道亡也，幽、厲不繇也。至於宣王，思昔先王之德，興滯補弊，明文、武之功業，周道粲然復興，詩人美之而作，上天祐之，爲生賢佐，後世稱誦，至今不絕。此夙夜不解行善之所致也。孔子曰『人能弘道，非道弘人』也。故治亂廢興在於己，非天降命不可得反，其所操持誖謬失其統也。

臣聞天之所大奉使之王者，必有非人力所能致而自至者，此受命之符也。天下之人同心歸之，若歸父母，故天瑞應誠而至。《書》曰：『白魚入于王舟，有火復于王屋，流爲烏』，此蓋受命之符也。周公曰『復哉復哉』，孔子曰『德不孤，必有鄰』，皆積善累德之效也。及至後世，淫佚衰微，不能統理羣生，諸侯背畔，殘賊良民以爭壤土，廢德教而任刑罰。刑罰不中，則生邪氣；邪氣積於下，怨惡畜於上。上下不和，則陰陽繆格而妖孽生矣。此灾異所緣而起也。

臣聞命者天之令也，性者生之質也，情者人之欲也。或夭或壽，或仁或鄙，陶冶而成之，不能粹美，有治亂之所生，故不齊也。孔子曰：『君

子之德風，小人之德草，草上之風必偃。』故堯、舜行德則民仁壽，桀、紂行暴則民鄙夭。夫上之化下，下之從上，猶泥之在鈞，唯甄者之所爲，猶金之在熔，唯治者之所鑄。『綏之斯俫，動之斯和』，此之謂也。

臣謹案《春秋》之文，求王道之端，得之於正。正次王，王次春。春者，天之所爲也；正者，王之所爲也。其意曰，上承天之所爲，而下以正其所爲，正王道之端云爾。然則王者欲有所爲，宜求其端於天。天道之大者在陰陽。陽爲德，陰爲刑；刑主殺而德主生。是故陽常居大夏，而以生育養長爲事；陰常居大冬，而積於空虚不用之處。以此見天之任德不任刑也。天使陽出布施於上而主歲功，使陰入伏於下而時出佐陽；陽不得陰之助，亦不能獨成歲。終陽以成歲爲名，此天意也。王者承天意以從事，故任德教而不任刑。刑者不可任以治世，猶陰之不可任以成歲也。爲政而任刑，不順於天，故先王莫之肯爲也。今廢先王德教之官，而獨任執法之吏治民，毋乃任刑之意與！孔子曰：『不教而誅謂之虐。』虐政用於下，而欲德教之被四海，故難成也。

臣謹案《春秋》謂一元之意，一者萬物之所從始也，元者辭之所謂大也。謂一爲元者，視大始而欲正本也。《春秋》深探其本，而反自貴者始。故爲人君者，正心以正朝廷，正朝廷以正百官，正百官以正萬民，正萬民以正四方。四方正，遠近莫敢不壹於正，而亡有邪氣姦其間者。是以陰陽調而風雨時，羣生和而萬民殖，五穀孰而草木茂，天地之間被潤澤而大豐美，四海之内聞盛德而皆徠臣，諸福之物，可致之祥，莫不畢至，而王道終矣。

孔子曰：『鳳鳥不至，河不出圖，吾已矣夫！』自悲可致此物，而身卑賤不得致也。今陛下貴爲天子，富有四海，居得致之位，操可致之勢，又有能致之資，行高而恩厚，知明而意美，愛民而好士，可謂誼主矣。然而天地未應而美祥莫至者，何也？凡以教化不立而萬民不正也。夫萬民之從利也，如水之走下，不以教化隄防之，不能止也。是故教化立而姦邪皆止者，其隄防完也；教化廢而姦邪並出，刑罰不能勝者，其隄防壞也。古之王者明於此，是故南面而治天下，莫不以教化爲大務。立太學以教於國，設庠序以化於邑，漸民以仁，摩民以誼，節民以禮，故其刑罰甚輕而禁不犯者，教化行而習俗美也。聖王之繼亂世也，掃除其迹而悉去之，復修教化而崇起之。教化已明，習俗已成，子孫循之，行五六百歲尚未敗也。至周之末世，大爲亡道，以失天下。秦繼其後，獨不能改，又益甚之，重禁文學，不得挾書，棄捐禮誼而惡聞之，其心欲盡滅先王之道，而顓爲自恣苟簡之治，故立爲天子十四歲而國破亡矣。自古以來，未嘗有以亂濟亂，大敗天下之民如秦者也。其遺毒餘烈，至今未滅，使習俗薄惡，人民嚚頑，抵冒殊扞，孰爛如此之甚者也。孔子曰：『腐朽之木不可彫也，糞土之牆不可圬也。』今漢繼秦之後，如朽木、糞牆矣，雖欲善治之，亡可奈何。法出而姦生，令下而詐起，如以湯止沸，抱薪救火，愈甚亡益也。竊譬之琴瑟不調，甚者必解而更張之，乃可鼓也；爲政而不行，甚者必變而更化之，乃可理也。當更張而不更張，雖有良工不能善調也；當更化而不更化，雖有大賢不能善治也。故漢得天下以來，常欲善治而至今不可善治者，失之於當更化而不更化也。古人有言曰：『臨淵羨魚，不如退而結網。』今臨政而願治七十餘歲矣，不如退而更化；更化則可善治，善治則灾害日去，福禄日來。《詩》云：『宜民宜人，受禄于天。』爲政而宜於民者，固當受禄於天。夫仁、誼、禮、知、信五常之道，王者所當修飭也；五者修飭，故受天之祐，而享鬼神之靈，德施于方外，延及羣生也。【略】

臣聞《論語》曰：『有始有卒者，其唯聖人虖！』今陛下幸加惠，留聽於承學之臣，復下明冊，以切其意，而究盡聖德，非愚臣之所能具也。前所上對，條貫靡竟，統紀不終，辭不別白，指不分明，此臣淺陋之罪也。

冊曰：『善言天者必有徵於人，善言古者必有驗於今。』臣聞天者羣物之祖也。故徧覆包函而無所殊，建日月風雨以和之，經陰陽寒暑以成之。故聖人法天而立道，亦溥愛而亡私，布德施仁以厚之，設誼立禮以導之。春者天之所以生也，仁者君之所以愛也；夏者天之所以長也，德者君之所以養也；霜者天之所以殺也，刑者君之所以罰也。繇此言之，天人之徵，古今之道也。孔子作《春秋》，上揆之天道，下質諸人情，參之于古，考之於今。故《春秋》之所譏，灾害之所加也；《春秋》之所惡，怪異之所施也。書邦家之過，兼灾異之變；以此見人之所爲，其美惡之極，乃與天地流通而往來相應，此亦言天之一端也。古者修教訓之官，務

以德善化民，民已大化之後，天下常亡一人之獄矣。今世廢而不脩，亡以化民，民以故棄行誼而死財利，是以犯法而罪多，一歲之獄以萬千數。以此見古之不可不用也，故《春秋》變古則譏之。天令之謂命，命非聖人不行；質樸之謂性，性非教化不成；人欲之謂情，情非度制不節。是故王者上謹于承天意，以順命也；下務明教化民，以成性也；正法度之宜，別上下之序，以防欲也；脩此三者，而大本舉矣。人受命於天，固超然異於羣生，入有父子兄弟之親，出有君臣上下之誼，會聚相遇，則有耆老長幼之施，粲然有文以相接，驩然有恩以相愛，此人之所以貴也。生五穀以食之，桑麻以衣之，六畜以養之，服牛乘馬，圈豹檻虎，是其得天之靈，貴於物也。故孔子曰：『天地之性人爲貴。』明於天性，知自貴於物；知自貴於物，然後知仁誼；知仁誼，然後重禮節；重禮節，然後安處善；安處善，然後樂循理；樂循理，然後謂之君子。故孔子曰『不知命，亡以爲君子』，此之謂也。

冊曰：『上嘉唐、虞，下悼桀、紂，浸微浸滅浸明浸昌之道，虛心以改。』臣聞衆少成多，積小致鉅，故聖人莫不以晻致明，以微致顯。是以堯發于諸侯，舜興乎深山，非一日而顯也，蓋有漸以致之矣。言出於已，不可塞也；行發於身，不可掩也。言行，治之大者，君子之所以動天地也。故盡小者大，慎微者著。《詩》云：『惟此文王，小心翼翼。』故堯兢兢日行其道，而舜業業日致其孝，善積而名顯，德章而身尊，以其浸明浸昌之道也。積善在身，猶長日加益，而人不知也；積惡在身，猶火之銷膏，而人不見也。非明虖情性察虖流俗者，孰能知之？此唐、虞之所以得令名，而桀、紂之可爲悼懼者也。夫善惡之相從，如景鄉之應形聲也。故桀、紂暴謾，讒賊並進，賢知隱伏，惡日顯，國日亂，晏然自以如日在天，終陵夷而大壞。夫暴逆不仁者，非一日而亡也，亦以漸至，故桀、紂雖亡道，然猶享國十餘年，此其浸微浸滅之道也。

冊曰：『三王之教所祖不同，而皆有失，或謂久而不易者道也，意豈異哉？』臣聞夫樂而不亂復而不厭者謂之道；道者萬世亡弊，弊者道之失也。先王之道必有偏而不起之處，故政有眊而不行，舉其偏者以補其弊而已矣。三王之道所祖不同，非其相反，將以救溢扶衰，所遭之變然也。故孔子曰：『亡爲而治者，其舜虖！』改正朔，易服色，以順天命而已；其餘盡循堯道，何更爲哉！故王者有改制之名，亡變道之實。然夏上忠，殷上敬，周上文者，所繼之救，當用此也。孔子曰：『殷因於夏禮，所損益可知也；周因于殷禮，所損益可知也；其或繼周者，雖百世可知也。』此言百王之用，以此三者矣。夏因於虞，而獨不言所損益者，其道如一而所上同也。道之大原出於天，天不變，道亦不變，是以禹繼舜，舜繼堯，三聖相受而守一道，亡救弊之政也，故不言其所損益也。繇是觀之，繼治世者其道同，繼亂世者其道變。今漢繼大亂之後，若宜少損周之文致，用夏之忠者。

陛下有明德嘉道，愍世欲之靡薄，悼王道之不昭，故舉賢良方正之士，論議考問，將欲興仁誼之休德，明帝王之法制，建太平之道也。臣愚不肖，述所聞，誦所學，道師之言，廑能勿失耳。若乃論政事之得失，察天下之息耗，此大臣輔佐之職，三公九卿之任，非臣仲舒所能及也，然而臣竊有怪者。夫古之天下亦今之天下，今之天下亦古之天下，共是天下，古以大治，上下和睦，習俗美盛，不令而行，不禁而止，吏亡姦邪，民亡盜賊，囹圄空虛，德潤草木，澤被四海，鳳皇來集，麒麟來游，以古準今，壹何不相逮之遠也！安所繆盭而陵夷若是？意者有所失于古之道與？有所詭於天之理與？試迹之于古，返之於天，黨可得見乎。

夫天亦有所分予，予之齒者去其角，傅其翼者兩其足，是所受大者不得取小也。古之所予祿者，不食於力，不動於末，是亦受大者不得取小，與天同意者也。夫已受大，又取小，天不能足，而況人乎！此民之所以囂囂苦不足也。身寵而載高位，家溫而食厚祿，因乘富貴之資力，以與民爭利於天下，民安能如之哉！是故衆其奴婢，多其牛羊，廣其田宅，博其產業，畜其積委，務此而亡已，以迫蹴民，民日削月朘，浸以大窮。富者奢侈羨溢，貧者窮急愁苦；窮急愁苦而不上救，則民不樂生；民不樂生，尚不避死，安能避罪！此刑罰之所以蕃而姦邪不可勝者也。故受祿之家，食祿而已，不與民爭業，然後利可均布，而民可家足。此上天之理，而亦太古之道，天子之所宜法以爲制，大夫之所當循以爲行也。故公儀子相魯，之其家見織帛，怒而出其妻，食于舍而茹葵，慍而拔其葵，曰：『吾已食祿，又奪園夫紅女利虖！』古之賢人君子在列位者皆如是，是故下高其行而從其教，民化其廉而不貪鄙。及至周室之衰，其卿大夫緩

於誼而急於利，亡推讓之風而有爭田之訟。故詩人疾而刺之，曰：『節彼南山，惟石巖巖，赫赫師尹，民具爾瞻。』爾好誼，則民鄉仁而俗善；爾好利，則民好邪而俗敗。由是觀之，天子大夫者，下民之所視效，遠方之所四面而內望也。近者視而放之，遠者望而效之，豈可以居賢人之位而爲庶人行哉！夫皇皇求財利常恐乏匱者，庶人之意也；皇皇求仁義常恐不能化民者，大夫之意也。《易》曰：『負且乘，致寇至。』乘車者君子之位也，負擔者小人之事也，此言居君子之位而爲庶人之行者，其患禍必至也。若居君子之位，當君子之行，則舍公儀休之相魯，亡可爲者矣。

《春秋》大一統者，天地之常經，古今之通誼也。今師異道，人異論，百家殊方，指意不同，是以上亡以持一統；法制數變，下不知所守。臣愚以爲諸不在六藝之科孔子之術者，皆絶其道，勿使並進。邪辟之説滅息，然後統紀可一而法度可明，民知所從矣。

漢·董仲舒《春秋繁露》卷三《玉英第四》 謂一元者，大始也。知元年志者，大人之所重，小人之所輕。是故治國之端在正名，名之正，興五世，五傳之外，美惡乃形，可謂得其眞矣，非子路之所能見。惟聖人能屬萬物於一，而繫之元也，終不及本所從來而承之，不能遂其功。是以春秋變一謂之元，元猶原也，其義以隨天地終始也。故人唯有終始也，而生不必應四時之變，故元者爲萬物之本，而人之元在焉，安在乎？乃在乎天地之前，故人雖生天氣，及奉天氣者，不得與天元本、天元命、而共違其所爲也。故春正月者，承天地之所爲也，繼天之所爲而終之也，其道相與共功持業，安容言乃天地之元？天地之元，奚爲於此？惡施於人？大其貫承意之理矣。是故春秋之道，以元之深，正天之端，以天之端，正王之政，以王之政，正諸侯之卽位，以諸侯之卽位，正竟內之治，五者俱正，而化大行。非其位而卽之，雖受之先君，《春秋》危之，宋繆公是也；非其位不受之先君，而自卽之，《春秋》危之，吳王僚是也；雖然，苟能行善得衆，《春秋》弗危，衛侯晉以立書葬是也；俱不宜立，而宋繆受之先君而危，衛宣弗受先君而不危，以此見得衆心之爲大安也。故齊桓非直弗受之先君也，乃率弗宜爲君者而立，罪亦重矣，然而知恐懼，敬舉賢人而以自覆蓋，知不背要盟，以自湔浣也，遂爲賢君，而霸諸侯；使齊桓被惡，而無此美，得免殺戮乃幸已，何霸之有！魯桓忘其憂，而禍逮其身；齊桓憂其憂，而立功名。推而散之，凡人有憂而不知憂者，凶，有憂而深憂之者，吉。《易》曰：『復自道，何其咎。』此之謂也。匹夫之反道以除咎，尚難，人主之反道以除咎，甚易。《詩》云：『德輶如毛。』言其易也。

國家利益論分部

論說

《漢書》卷四九《鼂錯傳》 （鼂）錯復言守邊塞、勸農立本，當世急務二事，曰：

臣聞秦時北攻胡貉，築塞河上，南攻楊粵，置戍卒焉。其起兵而攻胡、粵者，非以衛邊地而救民死也，貪戾而欲廣大也，故功未立而天下亂。且夫起兵而不知其勢，戰則爲人禽，屯則卒積死。夫胡貉之地，積陰之處也，木皮三寸，冰厚六尺，食肉而飲酪，其人密理，鳥獸毳毛，其性能寒。楊粵之地少陰多陽，其人疏理，鳥獸希毛，其性能暑。秦之戍卒不能其水土，戍者死於邊，輸者僨於道。秦民見行，如往棄市，因以讁發之，名曰『讁戍』。先發吏有讁及贅壻、賈人，後以嘗有市籍者，又後以大父母、父母嘗有市籍者，後入閭，取其左。發之不順，行者深恐，有背畔之心。凡民守戰至死而不降北者，以計爲之也。故戰勝守固則有拜爵之賞，攻城屠邑則得其財鹵以富家室，故能使其衆蒙矢石，赴湯火，視死如生。今秦之發卒也，有萬死之害，而亡銖兩之報，死事之後不得一算之復，天下明知禍烈及己也。陳勝行戍，至於大澤，爲天下先倡，天下從之如流水者，秦以威劫而行之之敝也。

胡人衣食之業不著於地，其勢易以擾亂邊竟。何以明之？胡人食肉飲酪，衣皮毛，非有城郭田宅之歸居，如飛鳥走獸於廣野，美草甘水則止，草盡水竭則移。以是觀之，往來轉徙，時至時去，此胡人之生業，而中國之所以離南畝也。今使胡人數處轉牧行獵於塞下，或當燕、代，或當上郡、北地、隴西，以候備塞之卒，卒少則入。陛下不救，則邊民絶望而

有降敵之心；救之，少發則不足，多發，遠縣纔至，則胡又已去。聚而不罷，爲費甚大；罷之，則胡復入。如此連年，則中國貧苦而民不安矣。

陛下幸憂邊境，遣將吏發卒以治塞，甚大惠也。然令遠方之卒守塞，一歲而更，不知胡人之能，不如選常居者，家室田作，且以備之。以便爲之高城深塹，具藺石，布渠荅，復爲一城其内，城間百五十步。要害之處，通川之道，調立城邑，毋下千家，爲中周虎落。先爲室屋，具田器，乃募罪人及免徒復作令居之；不足，募以丁奴婢贖罪及輸奴婢欲以拜爵者；不足，乃募民之欲往者。皆賜高爵，復其家。予冬夏衣，廩食，能自給而止。郡縣之民得買其爵，以自增至卿。其亡夫若妻者，縣官買予之。人情非有匹敵，不能久安其處。塞下之民，禄利不厚，不可使久居危難之地。胡人入驅而能止其所驅者，以其半予之，縣官爲贖其民。如是，則邑里相救助，赴胡不避死。非以德上也，欲全親戚而利其財也。此與東方之戍卒不習地勢而心畏胡者，功相萬也。以陛下之時，徙民實邊，使遠方亡屯戍之事，塞下之民父子相保，亡係虜之患，利施後世，名稱聖明，其與秦之行怨民，相去遠矣。【略】

陛下幸募民相徙，以實塞下，使屯戍之事益省，輸將之費益寡，甚大惠也。下吏誠能稱厚惠，奉明法，存卹所徙之老弱，善遇其壯士，和輯其心而勿侵刻，使先至者安樂而不思故鄉，則貧民相募而勸往矣。臣聞古之徙遠方以實廣虚也，相其陰陽之和，嘗其水泉之味，審其土地之宜，觀其草木之饒，然後營邑立城，製里割宅，通田作之道，正阡陌之界，先爲築室，家有一堂二内，門户之閉，置器物焉，民至有所居，作有所用，此民所以輕去故鄉，而勸之新邑也。爲置醫巫，以救疾病，以脩祭祀，男女有昏，生死相卹，墳墓相從，種樹畜長，室屋完安，此所以使民樂其處，而有長居之心也。

臣又聞古之制邊縣以備敵也，使五家爲伍，伍有長；十長一里，里有假士；四里一連，連有假五百；十連一邑，邑有假候；皆擇其邑之賢材有護，習地形知民心者，居則習民於射法，出則教民於應敵。故卒伍成於内，則軍正定於外。服習以成，勿令遷徙，幼則同遊，長則共事。夜戰聲相知，則足以相救；晝戰目相見，則足以相識；歡愛之心，足以相死。如此而勸以厚賞，威以重罰，則前死不還踵矣。所徙之民，非壯有材力，但費衣糧，不可用也；雖有材力，不得良吏，猶亡功也。

陛下絶匈奴不與和親，臣竊意其冬來南也，壹大治，則終身創矣。欲立威者，始於折膠，來而不能困，使得氣去，後未易服也。愚臣亡識，唯陛下財察。

又　卷五一《賈山傳》　《至言》其辭曰：臣聞爲人臣者，盡忠竭愚，以直諫主，不避死亡之誅者，臣山是也。臣不敢以久遠諭，願借秦以爲諭，唯陛下少加意焉。

夫布衣韋帶之士，修身於内，成名於外，而使後世不絶息。至秦則不然。貴爲天子，富有天下，賦斂重數，百姓任罷，赭衣半道，羣盜滿山，使天下之人戴目而視，傾耳而聽。一夫大呼，天下嚮應者，陳勝是也。秦非徒如此也，起咸陽而西至雍，離宫三百，鐘鼓帷帳，不移而具。又爲阿房之殿，殿高數十仞，東西五里，南北千步，從車羅騎，四馬鶩馳，旌旗不橈。爲宫室之麗至於此，使其後世曾不得聚廬而託處焉。爲馳道於天下，東窮燕、齊，南極吴、楚，江湖之上，瀕海之觀畢至。道廣五十步，三丈而樹，厚築其外，隱以金椎，樹以青松。爲馳道之麗至於此，使其後世曾不得邪徑而託足焉。死葬乎驪山，吏徒數十萬人，曠日十年。下徹三泉合采金石，冶銅錮其内，桼塗其外，被以珠玉，飾以翡翠，中成觀游，上成山林，爲葬埋之侈至於此，使其後世曾不得蓬顆蔽冢而託葬焉。秦以熊羆之力，虎狼之心，蠶食諸侯，并吞海内，而不篤禮義，故天殃已加矣。臣昧死以聞，願陛下少留意而詳擇其中。【略】

臣聞忠臣之事君也，言切直則不用而身危，不切直則不可以明道，故切直之言，明主所欲急聞，忠臣之所以蒙死而竭知也。地之磽者，雖有善種，不能生焉；江皋河瀕，雖有惡種，無不猥大。昔者夏、商之季世，雖關龍逢、箕子、比干之賢，身死亡而道不用。文王之時，豪俊之士皆得竭其智，芻蕘采薪之人皆得盡其力，此周之所以興也。故地之美者善養禾，君之仁者善養士。雷霆之所擊，無不摧折者；萬鈞之所壓，無不糜滅者。今人主之威，非特雷霆也；勢重，非特萬鈞也。開道而求諫，和顔色而受之，用其言而顯其身，士猶恐懼而不敢自盡，又乃況於縱欲恣行暴虐，惡聞其過乎！震之以威，壓之以重，則雖有堯、舜之智，孟賁之勇，豈有不摧折者哉？如此，則人主不得聞其過失矣；弗聞，則社稷危

矣。古者聖王之制，史在前書過失，工誦箴諫，瞽誦詩諫，公卿比諫，士傳言諫，庶人謗於道，商旅議於市，然後君得聞其過失也。聞其過失而改之，見義而從之，所以永有天下也。天子之尊，四海之內，其義莫不爲臣。然而養三老於大學，親執醬而餽，執爵而定酳，祝饐在前，祝鯁在後，公卿奉杖，大夫進履，舉賢以自輔弼，求修正之士使直諫。故以天子之尊，尊養三老，視孝也；立輔弼之臣者，恐驕也；置直諫之士者，恐不得聞其過也；學問至於芻蕘者，求獸無饜也；商人庶人誹謗已而改之，從善無不聽也。【略】

古者大臣不媟，故君子不常見其齊嚴之色、肅敬之容。大臣不得與宴游，方正修潔之士不得從射獵，使皆務其方以高其節，則羣臣莫敢不正身修行，盡心以稱大禮。如此，則陛下之道尊敬，功業施於四海，垂於萬世子孫矣。誠不如此，則行日壞而榮日滅矣。夫士修之於家，而壞之於天子之廷，臣竊愍之。陛下與衆臣宴游，與大臣方正朝廷論議。夫游不失樂，朝不失禮，議不失計，軌事之大者也。

《後漢書》卷五七《劉陶傳》 時，有上書言人以貨輕錢薄，故致貧困，宜改鑄大錢。事下四府羣僚及太學能言之士。陶上議曰：

聖王承天制物，與人行止，建功則衆悦其事，興戎而師樂其旅。是故靈臺有子來之人，武旅有鳧藻之士，皆舉合時宜，動順人道也。臣伏讀鑄錢之詔，平輕重之議，訪覃幽微，不遺窮賤，是以藿食之人，謬延逮及。

蓋以爲當今之憂，不在於貨，在乎民飢。夫生養之道，先食後貨。是以先王觀象育物，敬授民時，使男不逋畝，女不下機。故君臣之道行，王路之教通。由是言之，食者乃有國之所寶，生民之至貴也。竊見比年已來，良苗盡於蝗螟之口，杼柚空於公私之求，所急朝夕之餐，所患靡盬之事，豈謂錢貨之厚薄，銖兩之輕重哉？就使當今沙礫化爲南金，瓦石變爲和玉，使百姓渴無所飲，飢無所食，雖皇、羲之純德，唐、虞之文明，猶不能以保蕭牆之內也。蓋民可百年無貨，不可一朝有飢，故食爲至急也。議者不達農殖之本，多言鑄冶之便，或欲因緣行詐，以賈國利。國利將盡，取者爭競，造鑄之端於是乎生。蓋萬人鑄之，一人奪之，猶不能給；況今一人鑄之，則萬人奪之乎？雖以陰陽爲炭，萬物爲銅，役不食之民，使不飢之士，猶不能足無厭之求也。夫欲民殷財阜，要在止役禁奪，則百姓不勞而足。陛下聖德，愍海內之憂戚，傷天下之艱難，欲鑄錢齊貨以救其敝，此猶養魚沸鼎之中，棲鳥烈火之上。水木本魚鳥之所生也，用之不時，必至焦爛。願陛下寬鍥薄之禁，後冶鑄之議，聽民庶之謠吟，問路叟之所憂，瞰三光之文耀，視山河之分流。天下之心，國家大事，粲然皆見，無有遺惑者矣。

臣嘗誦《詩》，至於鴻雁于野之勞，哀勤百堵之事，每喟爾長懷，中篇而歎。近聽征夫飢勞之聲，甚於斯歌。是以追悟匹婦吟魯之憂，始於此乎？見白駒之意，屏營傍徨，不能監寐。伏念當今地廣而不得耕，民衆而無所食。羣小競進，秉國之位，鷹揚天下，烏鈔求飽，吞肌及骨，並噬無厭。誠恐卒有役夫窮匠，起於板築之閒，投斤攘臂，登高遠呼，使愁怨之民，響應雲合，八方分崩，中夏魚潰。雖方尺之錢，何能有救！其危猶舉函牛之鼎，絓纖枯之末，詩人所以眷眷顧之，潸焉出涕者也。

臣東野狂闇，不達大義，緣廣及之時，對過所問，知必以身脂鼎鑊，爲天下笑。

又　卷九六《陳蕃傳》 延熹六年，車駕幸廣成校獵。蕃上疏諫曰：

臣聞人君有事於苑囿，唯仲秋西郊，順時講武，殺禽助祭，以敦孝敬。如或違此，則爲肆縱。故皋陶戒舜『無教逸遊』，周公戒成王『無槃于遊田』。虞舜、成王猶有此戒，況德不及二主者乎！夫安平之時，尚宜有節，況當今之世，有三空之厄哉！田野空，朝廷空，倉庫空，是謂三空。加兵戎未戢，四方離散，是陛下焦心毀顔，坐以待旦之時也。豈宜揚旗曜武，騁心輿馬之觀乎！又（前）秋〔前〕多雨，民始種麥。今失其勸種之時，而令給驅禽除路之役，非賢聖恤民之意也。齊景公欲觀於海，放乎琅邪，晏子爲陳百姓惡聞旌旗輿馬之音，舉首嚬眉之感，景公爲之不行。周穆王欲肆車轍馬迹，祭公謀父爲誦《祈招》之詩，以止其心。誠惡逸遊之害人也。

國家安全觀分部

論說

漢·賈誼《新書》卷四《匈奴》 竊料匈奴控弦大率六萬騎，五口而出介卒一人，五六三十，此即户口三十萬耳，未及漢千石大縣也。而敢歲言侵盜，屢欲亢禮，妨害帝義，甚非道也。陛下何不使能者一試理此，將爲陛下以耀蟬之術振之。爲此立一官，置一吏，以主匈奴，誠能此者，雖以千石居之可也。陛下肯聽其事，計令中國日治，匈奴日危，大國大富，匈奴適亡。吒犬馬行，理勢然也。將必以匈奴之衆，爲漢臣民，制之令千家而爲一國，列處之塞外，自隴西延至遼東，各有分地以衞邊，使備月氏灌窳之變，皆屬之直郡，然後罷戎休邊，民天下之兵。帝之威德，内行外信，四荒悦服，則愚臣之志快矣。不然，帝威不遂，心與嘿嘿。竊聞匈奴當今遂羸，此其示武昧利之時也。而健隆義渠東胡諸國，又頗來降。以臣之愚，匈奴且動，疑將一材而出奇，厚贄以責漢，不大興不已，旁午走急，數十萬之衆，積於北方，天下安得食而饋之？臨事而重困，則難爲工矣，陛下何不蚤圖。

建國者曰：『匈奴不敬，辭言不順，負其衆庶，時爲寇盜，撓邊境，擾中國，數行不義，爲我狡猾，爲此奈何？』對曰：『臣聞伯國戰智，王者戰義，帝者戰德。故湯祝網而漢陰降，舜舞干羽而三苗服。今漢帝中國也，宜以厚德懷服四夷，舉明義博示遠方，則舟車之所至，人迹之所及，莫不爲畜，又且孰敢份然不承帝意？』

臣爲陛下建三表，設五餌，以此與單于爭其民，則下匈奴猶振槁也。夫無道之人，何宜敢捍此其久，陛下肯幸用臣之計，臣且以事勢諭天子之言，使匈奴大衆之信陛下也，爲通言耳，必行而弗易。夢中許人，覺且不背其信，陛下已諾，若日出之灼灼。故聞君一言，雖有微遠，其志不疑，仇讎之人，其心不殆，若此則信諭矣，所孤莫不行矣，一表。臣又且以事勢諭陛下之愛，令匈奴之自視也，苟胡面而戎狀者，其自以爲見愛於天子也，猶若子之遻慈母也，若此則愛諭矣，一表。臣又且諭陛下之好，令胡人之自視也，苟其技之所長與其所工，一可以當天子之意，若此則好諭矣，一表。愛人之狀，好人之技，仁道也，信爲大操，帝義也。愛好有實，已諾可期，十死一生，彼必將至，此謂三表。

凡賞於國，此不可以均。賞均則國窾，而賞薄不足以動人。故善賞者，踔之，駁轢之，從而時厚之，令視之足見也，誦之足語也，乃可傾一國之心。陛下幸聽臣之計，則國有餘財。匈奴之來者，家長已上，固必衣繡，家少者必衣文錦，將爲銀車五乘，大雕畫之，駕四馬，載綠蓋，從數騎，御驂乘。且雖單于之出入也，不輕都此矣。令匈奴降者，時時得此而賜之耳。一國聞之者見之者，希心而相告，人人冀幸，以爲吾至亦可以得此，將以壞其目，一餌。匈奴之使至者，若大人降者也，大衆之所聚也，上必有所召賜食焉。飯物故四五盛，美胾膹炙，肉具醯醢。方數尺於前，令一人坐此，胡人欲觀者，固百數在旁，得賜者之喜也，且笑且飯，味皆所嗜而所未嘗得也。令來者時時得此而饗之耳，一國聞之者見之者，垂涎而相告，人悇憛其所自，以吾至亦將得此，將以此壞其口，一餌。降者之傑也，若使者至也，上必使人有所召客焉。令得召其知識，胡人之欲觀者勿禁。令婦人傅白墨黑，繡衣而侍其堂者二三十人，或薄或揜，爲其胡戲，以相飯。上使樂府幸假之但樂，吹簫鼓鞀，倒挈面者更進，舞者蹈者時作。少閒擊鼓舞其偶人，莫時乃爲戎樂，携手胥强上客之，後婦人先後扶侍之者固十餘人，令使者降者時或得此而樂之耳。一國聞之者見之者，希盱相告，人人忣忣，唯恐其後來至也，將以此壞其耳，一餌。凡降者，陛下之所召幸，若所以約致也，陛下必時有所官，必令此有高堂邃宇，善廚處，大囷京，廐有編馬，庫有陣車，奴婢諸嬰兒畜生具，令此時大具，召胡客，饗胡使，上幸令官助之具，假之樂。令此其居處樂虞囷京之畜，畜皆過其故。王慮出其單于，或時時賜此而爲家耳。匈奴一國傾心而冀，人人忣忣，唯恐其後來至也，將以此壞其腹，一餌。於來降者，上必時時而有所召幸，拊循而後得入官。夫胡大人難親也，若上於胡嬰兒及貴人子好可愛者，上必召幸大數十人，爲此繡衣好閑，且出則從，居則更侍。上即饗胡人也，大觳抵也，客胡使也，力士武士固近侍傍，胡嬰兒得近侍側，胡貴人更進得佐酒前，上乃幸自御此薄，使付酒錢，時人偶之。爲閒

則出繡衣具帶服賓餘，時以賜之。上卽幸拊胡嬰兒，擣遒之，戲弄之，乃授炙，幸自啗之，出好衣，閑且自爲贑之。上起，胡嬰兒或前或後。胡貴人既得奉酒，出則服衣佩綬，貴人而立於前，令數人得此而居耳。一國聞者見者，希盱而欲，人人忣忣，惟恐其後來至也。將以此壞其心，一餌。故牽其耳，牽其目，牽其口，牽其腹，四者已牽，又引其心，安得不來，下胡抑抎也。此謂五餌。

若夫大變之應，大約以權決塞，因宜而行，不可豫形，尊翁主，重相室，多其長吏，衆門大夫皆謀士也，必足之財，且用吾人，且用其尊，觀其限，窺其謀，中外符節，適緝拘也。夫或人且安得久悍若此？故三表已諭，五餌既明，則匈奴之中乖而相疑矣。使單于寢不聊寐，飯失其口，裨劍挾弓，而蹲穹廬之隅，左視右視，以爲盡仇也。彼其羣臣，雖欲毋走，若虎在後，衆欲無來，恐或軒之，此謂勢然。其貴人之見單于，猶迮虎狼也，其南面而歸漢也，猶弱子之慕慈母也。其衆人之見將吏，猶噩迮仇讎也，南鄉而欲走漢，猶水流下也。將使單于無臣之使，無民之守，夫惡得不係頸稽顙請歸陛下之義哉？此謂戰德。彼匈奴見略，且引衆而遠去，連比有數。

夫關市者，固匈奴所犯滑而深求也，願上遣使厚與之和，以不得已，許之大市。使者反，因於要險之所多爲鑿開，衆而延之，關吏卒使足以自守。大每一關，屠沽者、賣飯食者、羹臛炙膹者，每物各一二百人，則胡人著於長城下矣。是王將强北之必攻其王矣。以匈奴之飢，飯羹啖膹炙，喗濔多飲酒，此則亡竭可立待也。賜大而愈飢，財盡而愈困，漢者所希心而慕也，匈奴貴人以其千人至者，顯其二三，以其萬人至者，顯其十餘人。夫顯榮者，招民之機也。故遠期五歲，近期三年之內，匈奴亡矣。此謂德勝。

或曰：『建三表，明五餌，盛資翁主，禽敵國而後止，費至多也，惡得財用而足之？』對曰：『請無敢費御府銖金尺帛，然而臣有餘資。』問曰：『何以？』對曰：『國有二族，方亂天下，甚於匈奴之爲邊患也。使上下踳逆，天下窾貧，盜賊罪人蓄積無已，此二族爲祟也。上去二族，弗使亂國，天下治富矣。臣賜二族，使祟匈奴，過足言者。』

或曰：『天子不忕，人民寃之。』曰：『苟或非天子民，尚豈天子也。《詩》曰：「普天之下，莫非王土。率土之濱，莫非王臣。」王者天子也，苟舟車之所至，人迹之所及，雖蠻貊戎狄，孰非天子之所作也？而惰渠頗率天子之民，以不聽天子，則惰渠大罪也。今天子自爲懷其民，天子之理也，豈有怵人之民哉？』

又《勢卑》 匈奴侵甚、侮甚，遇天子至不敬也，爲天下患，至無已也。以漢而歲致金絮繒綵，是入貢職於蠻夷也，顧爲戎人諸侯也，勢卽卑辱，而禍且不息，長此何窮？陛下胡忍以帝皇之號爲居此實，竊料匈奴之衆，不過漢一千石大縣。以天下之大，而困於一縣之小，甚竊爲執事羞之。陛下有意，胡不使臣一試理此？夫胡人於古小諸侯之所銍權而服也，奚宜敢悍若此？以臣爲屬國之官，以主匈奴，因幸行臣之計，半歲之內，休屠飯失其口矣。少假之間，休屠繫頸以草，膝行頓顙，請歸陛下之義，唯上財幸，而後復罷履屬國之官。臣賜歸伏田廬，不復莬末廷，則忠臣之志快矣。今不獵猛敵而獵田彘，不搏反寇而搏蓄莬。所獵得毋小，所搏得毋不急乎？緐細是虞，不圖大患，非所以爲安。

《史記》卷一一二《平津侯主父列傳》 （主父偃）諫伐匈奴。其辭曰：

臣聞明主不惡切諫以博觀，忠臣不敢避重誅以直諫，是故事無遺策而功流萬世。今臣不敢隱忠避死以效愚計，願陛下幸赦而少察之。

司馬法曰：『國雖大，好戰必亡；天下雖平，忘戰必危。』天下既平，天子大凱，春蒐秋獮，諸侯春振旅，秋治兵，所以不忘戰也。且夫怒者逆德也，兵者凶器也，爭者末節也。古之人君一怒必伏尸流血，故聖王重行之。夫務戰勝窮武事者，未有不悔者也。昔秦皇帝任戰勝之威，蠶食天下，并吞戰國，海內爲一，功齊三代。務勝不休，欲攻匈奴，李斯諫曰：『不可。夫匈奴無城郭之居，委積之守，遷徙鳥舉，難得而制也。輕兵深入，糧食必絶；踵糧以行，重不及事。得其地不足以爲利也，遇其民不可役而守也。勝必殺之，非民父母也。靡弊中國，快心匈奴，非長策也。』秦皇帝不聽，遂使蒙恬將兵攻胡，辟地千里，以河爲境。地固澤（鹹）鹵，不生五穀。然後發天下丁男以守北河。暴兵露師十有餘年，死者不可勝數，終不能逾河而北。是豈人衆不足，兵革不備哉？其勢不可也。又使天下蜚芻輓粟，起於黄、腄、琅邪負海之郡，轉輸北河，率三十

鍾而致一石。男子疾耕不足於糧饟，女子紡績不足於帷幕。百姓靡敝，孤寡老弱不能相養，道路死者相望，蓋天下始畔秦也。

及至高皇帝定天下，略地於邊，聞匈奴聚於代穀之外而欲擊之。御史成進諫曰：『不可。夫匈奴之性，獸聚而鳥散，從之如搏影。今以陛下盛德攻匈奴，臣竊危之。』高帝不聽，遂北至於代穀，果有平城之圍。高皇帝蓋悔之甚，乃使劉敬往結和親之約，然後天下忘干戈之事。故兵法曰：『興師十萬，日費千金。』夫秦常積衆暴兵數十萬人，雖有覆軍殺將係虜單于之功，亦適足以結怨深讎，不足以償天下之費。夫上虛府庫，下敝百姓，甘心於外國，非完事也。夫匈奴難得而制，非一世也。行盜侵驅，所以爲業也，天性固然。上及虞夏殷周，固弗程督，禽獸畜之，不屬爲人。夫上不觀虞夏殷周之統，而下循近世之失，此臣之所大憂，百姓之所疾苦也。且夫兵久則變生，事苦則慮易。乃使邊境之民弊靡愁苦而有離心，將吏相疑而外市，故尉佗、章邯得以成其私也。夫秦政之所以不行者，權分乎二子，此得失之效也。故《周書》曰：『安危在出令，存亡在所用。』願陛下詳察之，少加意而熟慮焉。

漢·桓寬《鹽鐵論》卷二《憂邊第十二》　大夫曰：

文學言：『天下不平，庶國不寧，明王之憂也。』故王者之於天下，猶一室之中也，有一人不得其所，則謂之不樂。故民流溺而弗救，非惠君也。國家有難而不憂，非忠臣也。夫守節死難者，人臣之職也；衣食飢寒者，慈父之道也。今子弟遠勞於外，人主爲之夙夜不寧，羣臣盡力畢議，冊滋國用。故少府丞令請建酒榷，以贍邊，給戰士，拯民於難也。爲人父兄者，豈可以已乎！內省衣食以卹在外者，猶未足，今又欲罷諸用，減奉邊之費，未可爲慈父賢兄也。』

文學曰：

周之季末，天子微弱，諸侯力政，故國君不安，謀臣奔馳。何者？敵國衆而社稷危也。今九州同域，天下一統，陛下優遊巖廊，覽羣臣極言至論，內詠雅、頌，外鳴和鑾，純德粲然，並于唐、虞，功烈流於子孫。夫蠻、貊之人，不食之地，何足以煩慮，而有戰國之憂哉？若陛下不棄，加之以德，施之以惠，北夷必內向，款塞自至，然後以爲胡制於外臣，即匈奴没齒不食其所用矣。

大夫曰：

聖主思中國之未寧，北邊之未安，使故廷尉評等問人間所疾苦。拯卹貧賤，周贍不足。羣臣所宣明王之德，安宇內者，未得其紀，故問諸生。諸生議不干天則入淵，乃欲以閭里之治，而況國家之大事，亦不幾矣！發於畎畝，出於窮巷，不知冰水之寒，若醉而新寤，殊不足與言也。

文學曰：

夫欲安民富國之道，在於反本，本立而道生。順天之理，因地之利，即不勞而功成。夫不修其源而事其流，無本以統之，雖竭精神，盡思慮，無益於治。欲安之適足以危之，欲救之適足以敗之。夫治亂之端，在於本末而已，不至勞其心而道可得也。孔子曰：『不通於論者難於言治，道不同者，不與相謀。』今公卿意有所倚，故文學之言，不可用也。

大夫曰：

吾聞爲人臣者盡忠以順職，爲人子者致孝以承業。君有非，則臣覆蓋之。父有非，則子匿逃之。故君薨，臣不變君之政；父没，則子不改父之道也。《春秋》譏毀泉臺，爲其隳先祖之所爲，而揚君父之惡也。今鹽、鐵，均輸，所從來久矣，而欲罷之，得無害先帝之功，而妨聖主之德乎？有司倚於忠孝之路，是道殊而不同於文學之謀也。

文學曰：

明者因時而變，知者隨世而制。孔子曰：『麻冕，禮也，今也純，儉，吾從衆。』故聖人上賢不離古，順俗而不偏宜。魯定公序昭穆，順祖禰，昭公廢卿士，以省事節用，不可謂變祖之所爲，而改父之道也？二世充大阿房以崇緒，趙高增累秦法以廣威，而未可謂忠臣孝子也。

又　卷七《擊之第四十二》　大夫曰：

前議公事，賢良、文學稱引往古，頗乖世務。論者不必相反，期於可行。往者，縣官未事胡、越之時，邊城四面受敵，北邊尤被其苦。先帝絶三方之難，撫從方國，以爲蕃蔽，窮極郡國，以討匈奴。匈奴壤界獸圈，孤弱無與，此困亡之時也。遼遠不遂，使得復喘息，休養士馬，負紿西域。西域迫近胡寇，沮心內解，必爲巨患。是以主上欲掃除，煩倉廩之費也。終日逐禽，罷而釋之，則非計也。蓋舜紹緒，禹成功。今欲以《軍興》擊之，何如？

文學曰：

異時，縣官修輕賦，公用饒，人富給。其後，保胡、越，通四夷，費用不足。於是興利害，算車舡，以訾助邊，贖罪告緡，與人以患矣。甲士死於軍旅，中士罷於轉漕，仍之以科適，吏徵發極矣。夫勞而息之，極而反本，古之道也，雖舜、禹興，不能易也。

大夫曰：

昔夏后底洪水之灾，百姓孔勤，罷於籠臿，及至其後，咸享其功。先帝之時，郡國頗煩於戎事，然亦寬三陲之役。語曰：『見機不遂者隕功。』一日違敵，累世爲患。休勞用供，因弊乘時。帝王之道，聖賢之所不能失也。功業有緒，惡勞而不卒，猶耕者倦休而困止也。夫事輟者無功，耕怠者無獲也。

文學曰：

地廣而不德者國危，兵强而淩敵者身亡。虎兕相據，而螻蟻得志。兩敵相抗，而匹夫乘閑。是以聖王見利慮害，見遠存近。方今爲縣官計者，莫若偃兵休士，厚幣結和親，修文德而已。若不恤人之急，不計其難，幣所恃以窮無用之地，亡十獲一，非文學之所知也。

又　卷八《結和第四十三》　大夫曰：

漢興以來，修好結和親，所聘遺單于者甚厚；然不紀重質厚賂之故改節，而暴害滋甚。先帝覩其可以武折，而不可以德懷，故廣將帥，招奮擊，以誅厥罪；功勳粲然，著於海內，藏於記府，何命『亡十獲一』乎？夫偷安者後危，慮近者憂邇，賢者離俗，智士權行，君子所慮，衆庶疑焉。故民可與觀成，不可與圖始。此有司所獨見，而文學所不覩。

文學曰：

往者，匈奴結和親，諸夷納貢，卽君臣外內相信，無胡、越之患。當此之時，上求寡而易贍，民安樂而無事，耕田而食，桑麻而衣，家有數年之稸，縣官餘貨財，閭里耆老，咸及其澤。自是之後，退文任武，苦師勞衆，以略無用之地，立郡沙石之間，民不能自守，發屯乘城，輓輦而贍之。愚竊見其亡，不覩其成。

大夫曰：

匈奴以虚名市於漢，而實不從；數爲蠻、貊所給，不痛之，何故也？高皇帝仗劍定九州；今以九州而不行於匈奴。閭里常民，尚有梟散，況萬里之主與小國之匈奴乎？夫以天下之力勤何不摧？以天下之士民何不服？今有帝名，而威不信於長城之外，反賂遺而尚踞敖，此五帝所不忍，三王所畢怒也。

文學曰：

湯事夏而卒服之，周事殷而卒滅之。故以大御小者王，以强淩弱者亡。聖人不困其衆以兼國，良御不困其馬以兼道。故造父之御不失和，聖人之治不倍德。秦攝利銜以御宇內，執脩箠以笞八極，驂服以罷，而鞭策愈加，故有傾銜遺箠之變。士民非不衆，力勤非不多也，皆內倍外附而莫爲用。此高皇帝所以仗劍而取天下也。夫兩主好合，內外交通，天下安寧，世世無患，士民何事？三王何怒焉？

大夫曰：

伯翳之始封秦，地爲七十里。穆公開霸，孝公廣業。自卑至上，自小至大。故先祖基之，子孫成之。軒轅戰涿鹿，殺兩皞、蚩尤而爲帝，湯、武伐夏、商，誅桀、紂而爲王。黄帝以戰成功，湯、武以伐成孝。故手足之勤，腹腸之養也。當世之務，後世之利也。今四夷內侵，不攘，萬世必有長患。先帝興義兵以誅强暴，東滅朝鮮，西定冉、駹，南擒百越，北挫强胡，追匈奴以廣北州，湯、武之舉，蚩尤之兵也。故聖主斥地，非私其利，用兵，非徒奮怒也，所以匡難辟害，以爲黎民遠慮。

文學曰：

秦南禽勁越，北卻强胡，竭中國以役四夷，人罷極而主不恤，國內潰而上不知；是以一夫倡而天下和，兵破陳涉，地奪諸侯，何嗣之所利？《詩》云：『雍雍鳴鳱，旭日始旦。』登得前利，不念後咎。故吴王知伐齊之便，不知干遂之患。秦知進取之利，而不知鴻門之難。是知一而不知十也。周謹小而得大，秦欲大而亡小。語曰：『前車覆，後車戒。』『殷鑑不遠，在夏后之世』矣。

又　《誅秦第四十四》　大夫曰：

秦、楚、燕、齊，周之封國也；三晉之君，齊之田氏，諸侯家臣也；內守其國，外伐不義，地廣壤進，故立號萬乘，而爲諸侯。宗周修禮長文，然國翦弱，不能自存，東攝六國，西畏於秦，身以放遷，宗廟絶

祀。賴先帝大惠，紹興其後，封嘉潁川，號周子男君。秦既并天下，東絶沛水，并滅朝鮮，南取陸梁，北卻胡、狄，西略氐、羌，立帝號，朝四夷。舟車所通，足迹所及，靡不畢至。非服其德，畏其威也。力多則人朝，力寡則朝於人矣。

文學曰：

禹、舜，堯之佐也，湯、文，夏、商之臣也，其所以從八極而朝海内者，非以陸梁之地，兵革之威也。秦、楚、三晉號萬乘，不務積德而務相侵，構兵爭强而卒俱亡。雖以進壤廣地，如食莿之充腸也，欲其安存，何可得也？夫禮讓爲國者若江、海，流彌久不竭，其本美也。苟爲無本，若蒿火暴怒而無繼，其亡可立而待，戰國是也。周德衰，然後列於諸侯，至今不絶。秦力盡而滅其族，安得朝人也？

大夫曰：

中國與邊境，猶支體與腹心也。夫肌膚寒於外，腹心疾於内，内外之相勞，非相爲賜也！唇亡則齒寒，支體傷而心憯怛。故無手足則支體廢，無邊境則内國害。昔者，戎狄攻太王於邠，踰岐、梁而與秦界於涇、渭，東至晉之陸渾，侵暴中國，中國疾之。今匈奴蠶食内侵，遠者不離其苦，獨邊境蒙其敗。《詩》云：『憂心慘慘，念國之爲虐。』不征備，則暴害不息。故先帝興義兵以征厥罪，遂破祁連、天山，散其聚黨，北略至龍城，大圍匈奴，單于失魂，僅以身免，乘奔逐北，斬首捕虜十餘萬。控弦之民，旃裘之長，莫不沮膽，挫折遠遁，遂乃振旅。渾耶率其衆以降，置五屬國以距胡，則長城之内，河、山之外，罕被寇菑。於是下詔令，減戍漕，寬徭役。初雖勞苦，卒獲其慶。

文學曰：周累世積德，天下莫不願以爲君，故不勞而王，恩施由近而遠，而蠻、貊自至。秦任戰勝以并天下，小海内而貪胡、越之地，使蒙恬擊胡，取河南以爲新秦，而忘其故秦，築長城以守胡，而亡其所守。往者，兵革亟動，師旅數起，長城之北，旋車遺鏃相望。及李廣利等輕計—計還馬足，莫不寒心；雖得渾耶，不能更所亡。此非社稷之至計也。

又《伐功第四十五》 大夫曰：

齊桓公越燕伐山戎，破孤竹，殘令支。趙武靈王踰句注，過代穀，略滅林胡、樓煩。燕襲走東胡，辟地千里，度遼東而攻朝鮮。蒙公爲秦擊走匈奴，若鷙鳥之追羣雀。匈奴勢慴，不敢南面而望十餘年。及其後，蒙公死而諸侯叛秦，中國擾亂，匈奴紛紛，乃敢復爲邊寇。夫以小國燕、趙，尚猶卻寇虜以廣地，今以漢國之大，士民之力，非特齊桓之衆，燕、趙之師也；然匈奴久未服者，羣臣不并力，上下未諧故也。

文學曰：

古之用師，非貪壤土之利，救民之患也。民思之，若旱之望雨，簞食壺漿，以逆王師。故憂人之患者，民一心而歸之，湯、武是也。不愛民之死，力盡而潰叛者，秦王是也。孟子曰：『君不鄉道，不由仁義，而爲之强戰，雖克必亡。』此中國所以擾亂，非蒙恬死而諸侯叛秦。昔周室之盛也，越裳氏來獻，百蠻致貢。其後周衰，諸侯力征，蠻、貊分散，各有聚黨，莫能相一，是以燕、趙能得意焉。其後，匈奴稍强，蠶食諸侯，故破走月氏，因兵威，徙小國，引弓之民，并爲一家，一意同力，故難制也。前君爲先帝畫匈奴之策：『兵據西域，奪之便勢之地，以候其變。以漢之强，攻於匈奴之衆，若以强弩潰癰疽；越之禽吳，豈足道哉！』上以爲然。用君之義，聽君之計，雖越王之任種、蠡不過。以搜粟都尉爲御史大夫，持政十有餘年，未見種、蠡之功，而見靡弊之效，匈奴不爲加俯，而百姓黎民以敝矣。是君之策不能弱匈奴，而反衰中國也。善爲計者，固若此乎？

又《西域第四十六》 大夫曰：

往者，匈奴據河、山之險，擅田牧之利，民富兵强，行入爲寇，則句注之内驚動，而上郡以南咸城。文帝時，虜入蕭關，烽火通甘泉，羣臣懼不知所出，乃請屯京師以備胡。胡西役大宛、康居之屬，南與羣羌通。先帝推讓斥奪廣饒之地，建張掖以西，隔絶羌、胡，瓜分其援。是以西域之國，皆内拒匈奴，斷其右臂，曳劍而走，故募人田畜以廣用，長城以南，濱塞之郡，馬牛放縱，蓄積布野，未睹其計之所過。夫以弱越而遂意强吳，才地計衆非鈞也，主思臣謀，其往必矣。

文學曰：

吳、越迫於江、海，三川循環之，處於五湖之間，地相迫，壤相次，其勢易以相禽也。金鼓未聞，旌旗未舒，行軍未定，兵以接矣。師無輜重之費，士無乏絶之勞，此所謂食於廚倉而戰於門郊者也。今匈奴牧於無窮

之澤，東西南北，不可窮極，雖輕車利馬，不能得也，況負重嬴兵以求之乎？其勢不相及也。茫茫乎若行九皋未知所止，皓皓乎若無網羅而漁江、海，雖及之，三軍罷弊，適遺之餌也。故明王知其無所利，以爲役不可數行，而權不可久張也，故詔公卿大夫、賢良、文學，所以復枉興微之路。公卿宜思百姓之急，匈奴之害，緣聖主之心，定安平之業。今乃留心於末計，摧本議，不順上意，未爲盡於忠也。

大夫曰：

初，貳師不克宛而還也，議者欲使人主不遂忿，則西域皆瓦解而附於胡，胡得衆國而益强。先帝絶奇聽，行武威，還襲宛，宛舉國以降，效其器物，致其寶馬。烏孫之屬駭膽，請爲臣妾。匈奴失魄，奔走遁逃，雖未盡服，遠處寒苦墝埆之地，壯者死於祁連、天山，其孤未復。故羣臣議以爲匈奴困於漢兵，折翅傷翼，可遂擊服。會先帝棄羣臣，以故匈奴不革。譬如爲山，未成一簣而止，度功業而無繼成之理，是棄與胡而資强敵也。輟幾沮成，爲主計若斯，亦未可謂盡忠也。

文學曰：

有司言外國之事，議者皆徼一時之權，不慮其後。張騫言大宛之天馬汗血，安息之眞玉大鳥，縣官既聞如甘心焉，乃大興師伐宛，歷數期而後克之。夫萬里而攻人之國，兵未戰而物故過半，雖破宛得寶馬，非計也。當此之時，將卒方赤面而事四夷，師旅相望，郡國並發，黎人困苦，姦僞萌生，盜賊並起，守尉不能禁，城邑不能止。然後遣上大夫衣繡衣以興擊之。當此時，百姓元元，莫必其命，故山東豪傑，頗有異心。賴先帝聖靈斐然。其咎皆在於欲畢匈奴而遠幾也。爲主計若此，可謂忠乎？

又 《**世務第四十七**》 大夫曰：

諸生妄言！議者令可詳用，無徒守椎車之語，滑稽而不可循。夫漢之有匈奴，譬若木之有蠹，如人有疾，不治則寖以深。故謀臣以爲擊奪以困極之。諸生言以德懷之，此有其語而不可行也。諸生上無以似三王，下無以似近秦，令有司可舉而行當世，安蒸庶而寧邊境者乎？

文學曰：

昔齊桓公內附百姓，外綏諸侯，存亡接絶，而天下從風。其後，德虧行衰，葵丘之會，振而矜之，叛者九國。《春秋》刺其不崇德而崇力也。故任德，則强楚告服，遠國不召而自至；任力，則近者不親，小國不附。此其效也。誠上觀三王之所以昌，下論秦之所以亡，中述齊桓所以興，去武行文，廢力尚德，罷關梁，除障塞，以仁義導之，則北垂無寇虜之憂，中國無干戈之事矣。

大夫曰：

事不豫辨，不可以應卒。內無備，不可以禦敵。《詩》云：『誥爾民人，謹爾侯度，用戒不虞。』故有文事，必有武備。昔宋襄公信楚而不備，以取大辱焉，身執囚而國幾亡。故雖有誠信之心，不知權變，危亡之道也。《春秋》不與夷、狄之執中國，爲其無信也。匈奴貪狼，因時而動，乘可而發，飆舉電至。而欲以誠信之心，金帛之寶，而信無義之詐，是猶親蹠、蹻而扶猛虎也。

文學曰：

《春秋》『王者無敵』。言其仁厚，其德美，天下賓服，莫敢交也。德行延及方外，舟車所臻，足迹所及，莫不被澤。蠻、貊異國，重譯自至。方此之時，天下和同，君臣一德，外內相信，上下輯睦。兵設而不試，干戈閉藏而不用。老子曰：『兕無所用其角，螫蟲無所輸其毒。』故君仁莫不仁，君義莫不義。世安得跖、蹻而親之乎？

大夫曰：

布心腹，質情素，信誠內感，義形乎色。宋華元、楚司馬子反之相覩也，符契內合，誠有以相信也。今匈奴挾不信之心，懷不測之詐，見利如前，乘便而起，潛進市側，以襲無備。是猶措重寶於道路而莫之守也。求其不亡，何可得乎？

文學曰：

誠信著乎天下，醇德流乎四海，則近者哥謳而樂之，遠者執禽而朝之。故正近者不以威，來遠者不以武，德義修而任賢良也。故民之於事也，辭佚而就勞，於財也，辭多而就寡。上下交讓，道路鴈行。方此之時，賤貨而貴德，重義而輕利，賞之不竊，何寶之守也！

又 《**和親第四十八**》 大夫曰：

昔徐偃王行義而滅，魯哀公好儒而削。知文而不知武，知一而不知二。故君子篤仁以行，然必築城以自守，設械以自備，爲不仁者之害己

也。是以古者，蒐獮振旅而數軍實焉，恐民之偷佚而亡戒難。故兵革者國之用，城壘者國之固也；而欲罷之，是去表見裏，示匈奴心腹也。匈奴輕舉潛進，以襲空虛，是猶不介而當矢石之蹊，禍必不振。此邊境之所懼，而有司之所憂也。

文學曰：

往者，通關梁，交有無，自單于以下，皆親漢內附，往來長城之下。其後，王恢誤謀馬邑，匈奴絶和親，攻當路塞，禍紛拏而不解，兵連而不息，邊民不解甲弛弩，行數十年，介胄而耕耘，鉏耰而候望，燧燔烽舉，丁壯弧弦而出鬬，老者超越而入葆。言之足以流涕寒心，則仁者不忍也。《詩》云：『投我以桃，報之以李。』未聞善往而有惡來者。故君子敬而無失，與人恭而有禮，四海之內，皆爲兄弟也。故內省不疚，夫何憂何懼！

大夫曰：

自春秋諸夏之君，會聚相結，三會之後，乖疑相從，伐戰不止；六國從親，冠帶相接，然未嘗有堅約。況禽獸之國乎！《春秋》存君在楚，詰鼬之會書公，紿夷、狄也。匈奴數和親，而常先犯約，貪侵盜驅，長詐之國也。反復無信，百約百叛，若朱、象之不移，商均之不化。而欲信其用兵之備，親之以德，亦難矣。

文學曰：

王者中立而聽乎天下，德施方外，絶國殊俗，臻於闕廷，鳳皇在列樹，麒麟在郊藪，羣生庶物，莫不被澤。非足行而仁辯之也，推其仁恩而皇之，誠也。范蠡出於越，由余長於胡，皆爲霸王賢佐。故政有不從之教，而世無不可化之民。《詩》云：『酌彼行潦，挹彼注茲。』故公劉處戎、狄，戎、狄化之。太王去豳，豳民隨之。周公修德，而越裳氏來。其從善如影響。爲政務以德親近，何憂於彼之不改？

又 卷九《繇役第四十九》 大夫曰：

屠者解分中理，可横以手而離也；至其抽筋鑿骨，非行金斧不能決。聖主循性而化，有不從者，亦將舉兵而征之，是以湯誅葛伯，文王誅犬夷。及後戎、狄猾夏，中國不寧，周宣王、仲山甫式遏寇虐。《詩》云：『薄伐獫狁，至于太原』『出車彭彭，城彼朔方。』自古明王不能無征伐而服不義，不能無城壘而禦强暴也。

文學曰：

舜執干戚而有苗服，文王底德而懷四夷。《詩》云：『鎬京辟雍，自西自東，自南自北，無思不服。』普天之下，惟人面之倫，莫不引領而歸其義。故畫地爲境，人莫之犯。子曰：『白刃可冒，中庸不可入。』至德之謂也。故善攻不待堅甲而克，善守不待渠梁而固。武王之伐殷也，執黄鉞，誓牧之野，天下之士莫不願爲之用。既而偃兵，搢笏而朝，天下之民莫不願爲之臣。既以義取之，以德守之。秦以力取之，以法守之，本末不得，故亡。夫文猶可長用，而武難久行也。

大夫曰：

《詩》云：『獫狁孔熾，我是用戒。』『武夫潢潢，經營四方。』故守禦征伐，所由來久矣。《春秋》大戎未至而豫禦之。故四支强而躬體固，華葉茂而本根據。故飭四境所以安中國也，發戍漕所以審勞佚也。主憂者臣勞，上危者下死。先帝憂百姓不贍，出禁錢，解乘輿驂，貶樂損膳，以賑窮備邊費。未見報施之義，而見沮成之理，非所聞也。

文學曰：

周道衰，王迹熄，諸侯爭强，大小相淩。是以强國務侵，弱國設備。甲士勞戰陣，役於兵革，故君勞而民困苦也。今中國爲一統，而方內不安，徭役遠而外內煩也。古者，無過年之繇，無踰時之役。今近者數千里，遠者過萬里，歷二期。長子不還，父母愁憂，妻子詠歎，憤懣之恨發動於心，慕思之積痛於骨髓。此《杕杜》、《采薇》之所爲作也。

又 《險固第五十》 大夫曰：

虎兕所以能執熊羆、服羣獸者，爪牙利而攫便也。秦所以超諸侯、吞天下、并敵國者，險阻固而勢居然也。故龜猖有介，狐貉不能禽；蝮蛇有螫，人忌而不輕。故有備則制人，無備則制於人。故仲山甫補衮職之闕，蒙公築長城之固，所以備寇難，而折衝萬里之外也。今不固其外，欲安其內，猶家人不堅垣牆，狗吠夜驚，而闇昧妄行也。

文學曰：

秦左殽、函，右隴阺，前蜀、漢，後山、河，四塞以爲固，金城千里，良將勇士，設利器而守陘隧，墨子守雲梯之械也。以爲雖湯、武復

生，蚩尤復起，不輕攻也。然戍卒陳勝無將帥之任，師旅之衆，奮空拳而破百萬之師，無牆籬之難。故在德不在固。誠以仁義爲阻，道德爲塞，賢人爲兵，聖人爲守，則莫能入。如此則中國無狗吠之警，而邊境無鹿駭狼顧之憂矣。夫何妄行而之乎？

大夫曰：

古者，爲國必察土地、山陵阻險、天時地利，然後可以王霸。故制地城郭，飭溝壘，以禦寇固國。《春秋》曰：『冬濬洙。』脩地利也。三軍順天時，以實擊虛，然困於阻險，敵於金城。楚莊之圍宋，秦師敗崤嶔崟，是也。故曰：『天時不如地利。』羌、胡固，近於邊，今不取，必爲四境長患。此季孫之所以憂顓臾，有句踐之變，而爲强吴之所悔也。

文學曰：

地利不如人和，武力不如文德。周之致遠，不以地利，以人和也。百世不奪，非以險，以德也。吴有三江、五湖之難，而兼於越。楚有汝淵、兩堂之固，而滅於秦。秦有隴阺、崤塞，而亡於諸侯。晉有河、華、九阿，而奪於六卿。齊有泰山、巨海，而脅於田常。桀、紂有天下，兼於滈亳。秦王以六合困於陳涉。非地利不固，無術以守之也。釋邇憂遠，猶吴不內定其國，而西絶淮水與齊、晉爭强也；越因其罷，擊其虛。使吴王用申胥，修德，無恃極其衆，則句踐不免爲藩臣海崖，何謀之敢慮也？

大夫曰：

楚自巫山起方城，屬巫、黔中，設扜關以拒秦。秦包商、洛、崤、函，以禦諸侯。韓阻宜陽、伊闕，要成皋、太行，以安周、鄭。魏濱洛築城，阻山帶河，以保晉國。趙結飛狐，句注、孟門，以存邢代。燕塞碣石，絶邪谷，繞援遼。齊撫阿、甄，關榮、歷，倚太山，負海、河。關梁者，邦國之固，而山川者，社稷之寶也。徐人滅舒，《春秋》謂之『取』，惡其無備，得物之易也。故恤來兵，仁傷刑。君子爲國，必有不可犯之難。《易》曰：『重門擊拓，以待暴客。』言備之素脩也。

文學曰：

阻險不如阻義，昔湯以七十里，爲政於天下，舒以百里，亡於敵國。此其所以見惡也。使關梁足恃，六國不兼於秦；河、山足保，秦不亡於楚、漢。由此觀之：衝隆不足爲强，高城不足爲固。行善則昌，行惡則亡。王者博愛遠施，外內合同，四海各以其職來祭，何擊拓而待？《傳》曰：『諸侯之有關梁，庶人之有爵禄』，非升平之興，蓋自戰國始也。

又 《論勇第五十一》 大夫曰：

荆軻懷數年之謀而事不就者，尺八匕首不足恃也。秦王憚於不意，列斷賁、育者，介七尺之利也。使專諸空拳，不免於爲禽；要離無水，不能遂其功。世言强楚勁鄭，有犀兕之甲，棠谿之鋌也。內據金城，外任利兵，是以威行諸夏，强服敵國。故孟賁奮臂，衆人輕之；怯夫有備，其氣自倍。況以吴、楚之士，舞利劍，蹶强弩，以與貉虜騁於中原？一人當百，不足道也！夫如此，則貉無交兵，力不支漢，其勢必降。此商君之走魏，而孫臏之破梁也。

文學曰：

楚、鄭之棠谿、墨陽，非不利也，犀軸兕甲，非不堅也，然而不能存者，利不足恃也。秦兼六國之師，據崤、函而御宇內，金石之固，莫耶之利也。然陳勝無士民之資，甲兵之用，鉏耰棘橿，以破衝隆。武昭不擊，烏號不發。所謂金城者，非謂築壤而高土，鑿地而深池也。所謂利兵者，非謂吴、越之鋌，干將之劍也。言以道德爲城，以仁義爲郭，莫之敢攻，莫之敢入。文王是也。以道德爲軸，以仁義爲劍，莫之敢當，莫之敢御，湯、武是也。今不建不可攻之城，不可當之兵，而欲任匹夫之役，而行三尺之刃，亦細矣！

大夫曰：

荆軻提匕首入不測之强秦；秦王惶恐失守備，衛者皆懼。專諸手劍摩萬乘，刺吴王，尸孽立正，鎬冠千里。聶政自衛，由韓廷刺其主，功成求得，退自刑於朝，暴尸於市。今誠得勇士，乘强漢之威，淩無義之匈奴，制其死命，責以其過，若曹劌之脅齊桓公，遂其求。推鋒折鋭，穹廬擾亂，上下相遁，因以輕鋭隨其後。匈奴必交臂不敢格也。

文學曰：

湯得伊尹，以區區之亳兼臣海內，文王得太公，廓酆、鄗以爲天下，齊桓公得管仲以霸諸侯，秦穆公得由余，西戎八國服。聞得賢聖而蠻、貊來享，未聞劫殺人主以懷遠也。《詩》云：『惠此中國，以綏四方。』故『自彼氐、羌，莫不來王。』非畏其威，畏其德也。故義之服無義，疾於

原馬良弓；以之召遠，疾於馳傳重驛。

又《論功第五十二》 大夫曰：

匈奴無城廓之守，溝池之固，脩戟强弩之用，倉廩府庫之積，上無義法，下無文理，君臣嫚易，上下無禮，織柳爲室，旃廗爲蓋。素弧骨鏃，馬不粟食。內則備不足畏，外則禮不足稱。夫中國天下腹心，賢士之所總，禮義之所集，財用之所殖也。夫以智謀愚，以義伐不義，若因秋霜而振落葉。《春秋》曰：『桓公之與戎、狄，驅之爾。』況以天下之力乎？

文學曰：

匈奴車器無銀黄絲漆之飾，素成而務堅，絲無文采裙褘曲襟之制，都成而務完。男無刻鏤奇巧之事，宮室城郭之功。女無綺繡淫巧之貢，纖綺羅紈之作。事省而致用，易成而難弊。雖無脩戟强弩，戎馬良弓；家有其備，人有其用，一旦有急，貫弓上馬而已。資糧不見案首，而支數十日之食，因山谷爲城郭，因水草爲倉廩。法約而易辨，求寡而易供。是以刑省而不犯，指麾而令從。嫚於禮而篤於信，略於文而敏於事。故雖無禮義之書，刻骨卷木，百官有以相記，而君臣上下有以相使。羣臣爲縣官計者，皆言其易，而實難，是以秦欲驅之而反更亡也。故兵者凶器，不可輕用也。其以强爲弱，以存爲亡，一朝爾也。

大夫曰：

魯連有言：『秦權使其士，虜使其民。』故政急而不長。高皇帝受命平暴亂，功德巍巍，惟天同大焉。而文、景承緒潤色之。及先帝征不義，攘無德，以昭仁聖之路，純至德之基，聖王累年仁義之積也。今文學引亡國失政之治，而況之於今，其謂匈奴難圖，宜矣！

文學曰：

有虞氏之時，三苗不服，禹欲伐之，舜曰：『是吾德未喻也。』退而脩政，而三苗服。不牧之地，不羈之民，聖王不加兵，不事力焉，以爲不足煩百姓而勞中國也。今明主脩聖緒，宣德化，而朝有權使之謀，尚首功之事，臣固怪之。夫人臣席天下之勢，奮國家之用，身享其利而不顧其主，此尉佗、章邯所以成王，秦失其政也。孫子曰：『今夫國家之事，一日更百變，然而不亡者，可得而革也。逮出兵乎平原廣牧，鼓鳴矢流，雖有堯、舜之知，不能更也。』戰而勝之，退脩禮義，繼三代之迹，仁義附矣。戰勝而不休，身死國亡者，吴王是也。

大夫曰：

順風而呼者易爲氣，因時而行者易爲力。文、武懷餘力，不爲後嗣計，故三世而德衰，昭王南征，死而不還。凡伯囚執，而使不通，晉取郊、沛，王師敗於茅戎。今西南諸夷，楚莊之後；朝鮮之王，燕之亡民也。南越尉佗起中國，自立爲王，德至薄，然皆亡天下之大，各自以爲一州，倔强倨敖，自稱老夫。先帝爲萬世度，恐有冀州之累，南荆之患，於是遣左將軍樓船平之，兵不血刃，咸爲縣官也。七國之時，皆據萬乘，南面稱王，提珩爲敵國累世，然終不免俛首係虜於秦。今匈奴不當漢家之巨郡，非有六國之用，賢士之謀。由此觀難易，察然可見也。文學曰：

秦滅六國，虜七王，沛然有餘力，自以爲蚩尤不能害，黄帝不能斥。及二世弑死望夷，子嬰係頸降楚，曾不得七王之俯首。使六國並存，秦尚爲戰國，固未亡也。何以明之？自孝公以至於始皇，世世爲諸侯雄，百有餘年。及兼天下，十四歲而亡。何則？外無敵國之憂，而內自縱恣也。自非聖人，得志而不驕佚者，未之有也。

又《論鄒第五十三》 大夫曰：

鄒子疾晚世之儒墨，不知天地之弘，昭曠之道，將一曲而欲道九折，守一隅而欲知萬方，猶無準平而欲知高下，無規矩而欲知方圓也。於是推大聖終始之運，以喻王公，先列中國名山通谷，以至海外。所謂中國者，天下八十一分之一，名曰赤縣神州，而分爲九州。絶陵陸不通，乃爲一州，有大瀛海圜其外。此所謂八極，而天地際焉。《禹貢》亦著山川高下原隰，而不知大道之徑。故秦欲達九州而方瀛海，牧胡而朝萬國。諸生守畦畝之慮，閭巷之固，未知天下之義也。

文學曰：

堯使禹爲司空，平水土，隨山刊木，定高下而序九州。鄒衍非聖人，作怪誤，熒惑六國之君，以納其説。此《春秋》所謂『匹夫熒惑諸侯』者也。孔子曰：『未能事人，焉能事鬼神？』近者不達，焉能知瀛海？故無補於用者，君子不爲；無益於治者，君子不由。三王信經道，而德光于四海；戰國信嘉言，而破亡如丘山。昔秦始皇已吞天下，欲并萬國，亡其三十六郡；欲達瀛海，而失其州縣。知大義如斯，不如守小計也。

《漢書》卷四九《鼂錯傳》　是時，匈奴强數寇邊，上發兵以禦之。錯上言兵事曰：

臣聞漢興以來，胡虜數入邊地，小入則小利，大入則大利；高后時再入隴西，攻城屠邑，驅略畜產；其後復入隴西，殺吏卒，大寇盗。竊聞戰勝之威，民氣百倍；敗兵之卒，没世不復。自高后以來，隴西三困於匈奴矣，民氣破傷，亡有勝意。今茲隴西之吏，賴社稷之神靈，奉陛下之明詔，和輯士卒，底厲其節，起破傷之民以當乘勝之匈奴，用少擊衆，殺一王，敗其衆而大有利。非隴西之民有勇怯，乃將吏之制巧拙異也。故兵法曰：『有必勝之將，無必勝之民。』繇此觀之，安邊境，立功名，在於良將，不可不擇也。

臣又聞用兵，臨戰合刃之急者三：一曰得地形，二曰卒服習，三曰器用利。兵法曰：丈五之溝，漸車之水，山林積石，經川丘阜，草木所在，此步兵之地也，車騎二不當一。土山丘陵，曼衍相屬，平原廣野，此車騎之地，步兵十不當一。平陵相遠，川谷居間，仰高臨下，此弓弩之地也，短兵百不當一。兩陳相近，平地淺草，可前可後，此長戟之地也，劍楯三不當一。萑葦竹蕭，草木蒙蘢，支葉茂接，此矛鋋之地也，長戟二不當一。曲道相伏，險厄相薄，此劍楯之地也，弓弩三不當一。士不選練，卒不服習，起居不精，動静不集，趨利弗及，避難不畢，前擊後解，與金鼓之指相失，此不習勤卒之過也，百不當十。兵不完利，與空手同；甲不堅密，與袒裼同；弩不可以及遠，與短兵同；射不能中，與亡矢同；中不能入，與亡矢同；此將不省兵之禍也，五不當一。故兵法曰：『器械不利，以其卒予敵也；卒不可用，以其將予敵也；將不知兵，以其主予敵也；君不擇將，以其國予敵也。』四者，（固）［兵］之至要也。

臣又聞小大異形，强弱異勢，險易異備。夫卑身以事彊，小國之形也；合小以攻大，敵國之形也；以蠻夷攻蠻夷，中國之形也。今匈奴地形、技藝與中國異。上下山阪，出入溪澗，中國之馬弗與也；險道傾仄，且馳且射，中國之騎弗與也；風雨罷勞，飢渴不困，中國之人弗與也；此匈奴之長技也。若夫平原易地，輕車突騎，則匈奴之衆易撓亂也；勁弩長戟，射疏及遠，則匈奴之弓弗能格也；堅甲利刃，長短相雜，游弩往來，什伍俱前，則匈奴之兵弗能當也；材官騶發，矢道同的，則匈奴之革笥木薦弗能支也；下馬地鬭，劍戟相接，去就相薄，則匈奴之足弗能給也；此中國之長技也。以此觀之，匈奴之長技三，中國之長技五。陛下又興數十萬之衆，以誅數萬之匈奴，衆寡之計，以一擊十之術也。

雖然，兵，凶器；戰，危事也。以大爲小，以强爲弱，在俯卬之間耳。夫以人之死爭勝，跌而不振，則悔之亡及也。帝王之道，出於萬全。今降胡義渠蠻夷之屬來歸誼者，其衆數千，飲食長技與匈奴同，可賜之堅甲絮衣，勁弓利矢，益以邊郡之良騎。令明將能知其習俗和輯其心者，以陛下之明約將之。即有險阻，以此當之；平地通道，則以輕車材官制之。兩軍相爲表裏，各用其長技，衡加之以衆，此萬全之術也。

傳曰：『狂夫之言，而明主擇焉。』臣錯愚陋，昧死上狂言，唯陛下財擇。【略】

錯復言守邊備塞、勸農力本，當世急務二事，曰：

臣聞秦時北攻胡貉，築塞河上，南攻楊粤，置戍卒焉。其起兵而攻胡、粤者，非以衛邊地而救民死也，貪戾而欲廣大也，故功未立而天下亂。且夫起兵而不知其勢，戰則爲人禽，屯則卒積死。夫胡貉之地，積陰之處也，木皮三寸，冰厚六尺，食肉而飲酪，其人密理，鳥獸毳毛，其性能寒。楊粤之地少陰多陽，其人疏理，鳥獸希毛，其性能暑。秦之戍卒不能其水土，戍者死於邊，輸者僨於道。秦民見行，如往棄市，因以讁發之，名曰『讁戍』。先發吏有讁及贅壻、賈人，後以嘗有市籍者，又後以大父母、父母嘗有市籍者，後入閭，取其左。發之不順，行者深恐，有背畔之心。凡民守戰至死而不降北者，以計爲之也。故戰勝守固則有拜爵之賞，攻城屠邑則得其財鹵以富家室，故能使其衆蒙矢石，赴湯火，視死如生。今秦之發卒也，有萬死之害，而亡銖兩之報，死事之後不得一算之復，天下明知禍烈及己也。陳勝行戍，至於大澤，爲天下先倡，天下從之如流水者，秦以威劫而行之之敝也。

胡人衣食之業不著於地，其勢易以擾亂邊境。何以明之？胡人食肉飲酪，衣皮毛，非有城郭田宅之歸居，如飛鳥走獸於廣野，美草甘水則止，草盡水竭則移。以是觀之，往來轉徙，時至時去，此胡人之生業，而中國之所以離南畝也。今使胡人數處轉牧行獵於塞下，或當燕、代，或當上郡、北地、隴西，以候備塞之卒，卒少則入。陛下不救，則邊民絶望而

有降敵之心；救之，少發則不足，多發，遠縣纔至，則胡又已去。聚而不罷，爲費甚大；罷之，則胡復入。如此連年，則中國貧苦而民不安矣。

陛下幸憂邊境，遣將吏發卒以治塞，甚大惠也。然令遠方之卒守塞，一歲而更，不知胡人之能，不如選常居者，家室田作，且以備之。以便爲之高城深塹，具藺石，布渠荅，復爲一城其内，城間百五十步。要害之處，通川之道，調立城邑，毋下千家，爲中周虎落。先爲室屋，具田器，乃募罪人及免徒復作令居之；不足，募以丁奴婢贖罪及輸奴婢欲以拜爵者；不足，乃募民之欲往者。皆賜高爵，復其家。予冬夏衣，廩食，能自給而止。郡縣之民得買其爵，以自增至卿。其亡夫若妻者，縣官買予之。人情非有匹敵，不能久安其處。塞下之民，禄利不厚，不可使久居危難之地。胡人入驅而能止其所驅者，以其半予之，縣官爲贖其民。如是，則邑里相救助，赴胡不避死。非以德上也，欲全親戚而利其財也。此與東方之戍卒不習地勢而心畏胡者，功相萬也。以陛下之時，徙民實邊，使遠方亡屯戍之事，塞下之民父子相保，亡係虜之患，利施後世，名稱聖明，其與秦之行怨民，相去遠矣。【略】

陛下幸募民相徙，以實塞下，使屯戍之事益省，輸將之費益寡，甚大惠也。下吏誠能稱厚惠，奉明法，存卹所徙之老弱，善遇其壯士，和輯其心而勿侵刻，使先至者安樂而不思故鄉，則貧民相募而勸往矣。臣聞古之徙遠方以實廣虚也，相其陰陽之和，嘗其水泉之味，審其土地之宜，觀其草木之饒，然後營邑立城，製里割宅，通田作之道，正阡陌之界，先爲築室，家有一堂二内，門户之閉，置器物焉，民至有所居，作有所用，此民所以輕去故鄉，而勸之新邑也。爲置醫巫，以救疾病，以脩祭祀，男女有昏，生死相卹，墳墓相從，種樹畜長，室屋完安，此所以使民樂其處，而有長居之心也。

臣又聞古之制邊縣以備敵也，使五家爲伍，伍有長；十長一里，里有假士；四里一連，連有假五百；十連一邑，邑有假候；皆擇其邑之賢材有護，習地形知民心者，居則習民於射法，出則教民於應敵。故卒伍成於内，則軍正定於外。服習以成，勿令遷徙，幼則同游，長則共事。夜戰聲相知，則足以相救；晝戰日相見，則足以相識；驩愛之心，足以相死。如此而勸以厚賞，威以重罰，則前死不還踵矣。所徙之民，非壯有材力，但費衣糧，不可用也；雖有材力，不得良吏，猶亡功也。

陛下絶匈奴不與和親，臣竊意其冬來南也，一大治，則終身創矣。欲立威者，始於折膠，來而不能困，使得氣去，後未易服也。愚臣亡識，唯陛下財察。

《後漢書》卷七〇《孔融傳》 融上疏：

竊聞領荆州牧劉表，桀逆放恣，所爲不軌，至乃郊祭天地，擬儀社稷。雖昏僭惡極，罪不容誅，至於國體，宜且諱之。何者？萬乘至重，天王至尊，身爲聖躬，國爲神器，陛級縣遠，禄位限絶，猶天之不可階，日月之不可踰也。每有一豎臣，輒去圖之，若形之四方，非所以杜塞邪萌。愚謂雖有重戾，必宜隱忍。賈誼所謂『擲鼠忌器』，蓋謂此也。是以齊兵次楚，唯責包茅；王師敗績，不書晉人。前以露袁術之罪，今復下劉表之事，是使跛牂欲窺高岸，天險可得而登也。案表跋扈，擅誅列侯，遏絶詔命，斷盜貢篚，招呼元惡，以自營衛，專爲羣逆，主萃淵藪。郜鼎在廟，章孰甚焉！桑落瓦解，其勢可見。臣愚以爲宜隱郊祀之事，以崇國防。

漢·王符《潛夫論》卷五《救邊第二十二》 聖王之政，普覆兼愛，不私近密，不忽疏遠，吉凶禍福，與民共之，哀樂之情，恕以及人，視民如赤子，救禍如引手爛。是以四海歡悦，俱相得用。

往者羌虜背叛，始自涼、并，延及司隸，東禍趙、魏，西鈔蜀、漢，五州殘破，六郡削迹，周迴千里，野無孑遺，寇鈔禍害，晝夜不止，百姓滅没，日月焦盡。而内郡之士不被殃者，咸云當且放縱，以待天時。用意若此，豈人心哉！

前羌始反，公卿師尹咸欲捐棄涼州，卻保三輔，朝廷不聽。後羌遂侵，而論者多恨不從惑議。余竊笑之，所謂媾亦悔，不媾亦有悔者爾，未始識變之理。地無邊，無邊亡國。是故失涼州，則三輔爲邊；三輔内入，則弘農爲邊；弘農内入，則洛陽爲邊。推此以相況，雖盡東海猶有邊也。今不厲武以誅虜，選材以全境，而云邊不可守，欲先自割，示緩寇敵，不亦惑乎！

昔樂毅以慱慱之小燕，破滅强齊，威震天下，眞可謂良將矣。然卽墨大夫以孤城獨守，六年不下，竟完其民。田單帥窮卒五千，擊走騎劫，復

齊七十餘城，可謂善用兵矣。圍聊、莒連年，終不能拔。此皆以至强攻至弱，以上智圖下愚，而猶不能克者何也？曰：攻常不足，而守恆有餘也。前日諸郡，皆據列城而擁大衆。羌虜之智，非乃樂毅、田單也；郡縣之阸，未若聊、莒、卽墨也。然皆不肯專心堅守，而反强驅劫其民，捐棄倉庫，背城邑走。由此觀之，非苦城乏糧也，但苦將不食爾。

折衝安民，要在任賢，不在促境。齊、魏卻守，國不以安。子嬰自削，秦不以存。武皇帝攘夷柝境，面數千里，東開樂浪，西置燉煌，南踰交趾，北築朔方，卒定南越，誅斬大宛，武軍所嚮，無不夷滅。今虜近發封畿之內，而不能擒，亦自痛爾，非有邊之過也。脣亡齒寒，體傷心痛，必然之事，又何疑焉？君子見機，況已著乎？

乃者，邊害震如雷霆，赫如日月，而談者皆諱之，曰猋幷竊盜。淺淺善靖，俾君子怠，欲令朝廷以寇爲小，而不蚤憂，害乃至此，尚不欲救。諺曰：『痛不著身言忍之，錢不出家言與之。』假使公卿子弟有被羌禍，朝夕切急如邊民者，則競言當誅羌矣。

今苟以己無慘怛冤痛，故端坐相仍，又不明修守禦之備，陶陶閒澹，卧委天聽。羌獨往來，深入多殺，己乃陸陸，相將詣闕，諧辭禮謝，退云狀，會坐朝堂，則無憂國哀民懇惻之誠，苟轉相顧望，莫肯違止，日晏時移，議無所定，已且須後。後得小安，則恬然棄忘。旬時之閒，虜復爲害，軍書交馳，羽檄狎至，乃復怔忪如前。若此以來，出入九載，庶曰式臧，覆出爲惡，佪佪潰潰，當何終極！《春秋》譏『鄭棄其師』，況棄人乎？一人吁嗟，王道爲虧，況百萬之衆，叫號哭泣，感天心乎？

且夫國以民爲基，貴以賤爲本。是以聖王養民，愛之如子，憂之如家，危者安之，亡者存之，救其灾患，除其禍亂。是故鬼方之伐，非好武也，玁狁於攘，非貪土也，以振民育德，安疆宇也。古者，天子守在四夷，自彼氐、羌，莫不來享，普天思服，行葦賴德。況近我民蒙禍若此，可無救乎？

凡民之所以奉事上者，懷義恩也。痛則無恥，禍則不仁。忿戾怨懟，生於無恥。今羌叛久矣！傷害多矣！百姓急矣！憂禍深矣！上下相從，未見休時。不一命大將以掃醜虜，而州稍稍興役，連連不已。若排簾障風，探沙擁河，無所能禦，徒自盡爾。今數州屯兵十餘萬人，皆廩食縣官，歲數百萬斛，又有月直。但此人耗，不可勝供，而反憚暫出之費，甚非計也。

且夫危者易傾，疑者易化。今虜新擅邊地，未敢自安，易震盪也。百姓新離舊壤，思慕未衰，易獎厲也。誠宜因此遣大將誅討，迫脅離逖破壞之。如寬假日月，蓄積富貴，各懷安固之後，則難動矣。《周書》曰：『凡彼聖人必趨時。』是故戰守之策，不可不早定也。

又《邊議第二十三》 明於禍福之實者，不可以虛論惑也；察於治亂之情者，不可以華飾移也。是故不疑之事，聖人不謀；浮游之説，聖人不聽。何者？計不背見實而更爭言也。是以明君先盡人情，不獨委夫良將，修己之備，無恃於人，故能攻必勝敵，而守必自全也。

羌始反時，計謀未善，黨與未成，人衆未合，兵器未備，或持竹木枝，或空手相附，草食散亂，未有都督，甚易破也。然太守令長，皆奴怯畏偄不敢擊。故令虜遂乘勝上强，破州滅郡，日長炎炎，殘破三輔，覃及鬼方。若此已積十歲矣。百姓被害，迄今不止。而癡兒騃子，尚云不當救助，且待天時。用意若此，豈人也哉！

夫仁者恕己以及人，智者講功而處事。今公卿內不傷士民滅没之痛，外不慮久兵之禍，各懷一切，所脱避前，苟云不當動兵，而不復知引帝王之綱維，原禍變之所終也。

《易》制禦寇，《詩》美薄伐，自古有戰，非乃今也。《傳》曰：『天生五材，民並用之，廢一不可，誰能去兵？兵所以威不軌而昭文德也，聖人所以興，亂人所以廢。』齊桓、晉文、宋襄，衰世諸侯，猶恥天下有相滅而己不能救，況皇天所命四海主乎？晉、楚大夫，小國之臣，猶恥己之身而有相侵，況天子三公典世任者乎？公劉仁德，廣被行葦，況含血之人，己同類乎？一人吁嗟，王道爲虧，況滅没之民百萬乎？《書》曰：『天子作民父母。』父母之于子也，豈可坐觀其爲寇賊之所屠剝，立視其爲狗豕之所噉食乎？

除其仁恩，且以計利言之。國以民爲基，貴以賤爲本。願察開闢以來，民危而國安者誰也？下貧而上富者誰也？故曰：『夫君國將民之以，民實瘠，而君安得肥？』夫以小民受天永命，竊願聖主深惟國基之傷病，遠慮禍福之所生。

且夫物有盛衰，時有推移，事有激會，人有變化。智者揆象，不其宜乎！孟明補闕於河西，范蠡收責于姑胥，是以大功建於當世，而令名傳於無窮也。

今邊陲搔擾，日放族禍，百姓晝夜望朝廷救己，而公卿以爲費煩不可。徒竊笑之，是以晏子『輕困倉之蓄而惜一杯之鑽』何異？今但知愛見薄之錢穀，而不知未見之待民先也；知傜役之難動，而不知中國之待邊寧也。

《詩》痛『或不知叫號，或慘慘劬勞』。今公卿苟以己不被傷，故競割國家之地以與敵，殺主上之民以餧羌。爲謀若此，未可謂知，爲臣若此，未可謂忠，才智未足使議。

且凡四海之內者，聖人之所以遺子孫也；官位職事者，羣臣之所以寄其身也。傳子孫者，思安萬世；寄其身者，各取一闋。故常其言不久行，其業不可久厭。夫此誠明君之所微察也，而聖主之所獨斷。今言不欲動民以煩可也。卽然，當修守禦之備。必今之計，令虜不敢來，來無所得；令民不患寇，既無所失。今則不然，苟憚民力之煩勞，而輕使受滅亡之大禍。非人之主，非民之將，非主之佐，非勝之主者也。

且夫議者，明之所見也；辭者，心之所表也。維其有之，是以似之。諺曰：『何以服很？莫若聽之。』今諸言邊可不救而安者，宜誠以其身若子弟補邊太守令長丞尉，然後是非之情乃定，救邊乃無患。邊無患，中國乃得安寧。

又 《實邊第二十四》 夫制國者，必照察遠近之情僞，預禍福之所從來，乃能盡羣臣之筋力，而保興其邦家。

前羌始叛，草創新起，器械未備，虜或持銅鏡以象兵，或負板案以類楯，惶懼擾攘，未能相持。一城易制爾，郡縣皆大熾。及百姓暴被殃禍，亡失財貨，人哀奮怒，各欲報讎，而將帥皆怯劣軟弱，不敢討擊，但坐調文書，以欺朝廷。實殺民百則言一，殺虜一則言百；或虜實多而謂之少，或實少而謂之多。傾側巧文，要取便身利己，而非獨憂國之大計，哀民之死亡也。

又放散錢穀，殫盡府庫，乃復從民假貸，强奪財貨。千萬之家，削身無餘，萬民匱竭，因隨以死亡者，皆吏所餓殺也。其爲酷痛，甚於逢虜。寇鈔賊虜，忽然而過，未必死傷。至吏所搜索剽奪，遊踵塗地，或覆宗滅族，絶無種類；或孤婦女，爲人奴婢，遠見販賣，至令不能自活者，不可勝數也。此之感天致災，尤逆陰陽。

且夫士重遷，戀慕墳墓，賢不肖之所同也。民之於徙，甚於伏法。伏法不過家一人死爾。諸亡失財貨，奪土遠移，不習風俗，不便水土，類多滅門，少能還者。代馬望北，狐死首丘，邊民謹頓，尤惡內留。雖知禍大，猶願守其緒業，死其本處，誠不欲去之極。太守令長，畏惡軍事，皆以素非此土之人，痛不著身，禍不及我家，故爭郡縣以內遷。至遣吏兵，發民禾稼，發徹屋室，夷其營壁，破其生業，强劫驅掠，與其內入，捐棄羸弱，使死其處。當此之時，萬民怨痛，泣血叫號，誠愁鬼神而感天心。然小民謹劣，不能自達闕廷，依官吏家，迫將威嚴，不敢有摯。民既奪土失業，又遭蝗旱饑匱，逐道東走，流離分散，幽、冀、兖、豫，荆、揚、蜀、漢，饑餓死亡，復失太半。邊地遂以丘荒，至今無人。原禍所起，皆吏過爾。

夫土地者，民之本也，誠不可久荒以開敵心。且扁鵲之治病也，審閉結而通鬱滯，虛者補之，實者瀉之，故病癒而名顯。伊尹之佐湯也，設輕重而通有無，損積餘以補不足，故殷治而君尊。賈誼痛於偏枯躄痱之疾。今邊郡千里，地各有兩縣，户財置數百，而太守周迴萬里，空無人民，美田棄而莫墾發；中州內郡，規地拓境，不能半邊，而口户百萬，田畝一全，人衆地荒，無所容足，此亦偏枯躄痱之類也。

《周書》曰：『土多人少，莫出其材，是謂虛土，可襲伐也。土少人衆，民非其民，可匱竭也。』是故土地人民必相稱也。今邊郡多害而役劇，動入禍門。不爲興利除害，有以勸之，則長無與復之，而內有寇戎之心。西羌北虜，必生窺欲，誠大憂也。

百工制器，咸填其邊，散之兼倍，豈有私哉？乃所以固其內爾。先聖制法，亦務實邊，蓋以安中國也。譬猶家人遇寇賊者，必使老小羸軟居其中央，丁强武猛衞其外。內人奉其養，外人禦其難，蛩蛩距虛，更相恃仰，乃俱安存。

詔書法令：二十萬口，邊郡十萬，歲舉孝廉一人；員除世舉廉吏一人。羌反以來，户口減少，又數易太守，至十歲不得舉。當職勤勞而不録，賢俊蓄積而不悉，衣冠無所覬望，農夫無所貪利，是以逐稼中灾，莫

肯就外。古之利其民，誘之以利，弗脅以刑。《易》曰：『先王以省方觀民設教。』是故建武初，得邊郡，户雖數百，令歲舉孝廉，以召來人。今誠宜權時令邊郡舉孝一人，廉吏世舉一人，益置明經百石一人，內郡人將妻子來占著，五歲以上，與居民同均，皆得選舉。又募運民耕邊入穀，遠郡千斛，近郡二千斛，拜爵五大夫。可不欲爵者，使食倍賈於內郡。如此，君子小人各有所利，則雖欲令無往，弗能止也。此均苦樂，平徭役，充邊境，安中國之要術也。

漢·荀悅《申鑒》卷二《時事第二》 孝武皇帝以四夷未賓，寇賊姦宄，初置武功，賞官以寵戰士。若今依此科而崇其制，置尚武之官，以司馬兵法，選位秩比博士，講司馬之典，簡蒐狩之事，掌軍功爵賞，小統於五校，大統於太尉，既周時務，禮亦宜之。周之末葉，兵革繁矣。莫亂於秦，民不荒殄。今國家忘戰日久，每寇難之作，民瘁幾盡，不教民戰，是謂棄之。信矣！

國家治亂論分部

論說

漢·賈誼《新書》卷一《宗首》 今或親弟謀爲東帝，親兄之子西向而擊，今吳又見告矣。天子春秋鼎盛，行義未過，德澤有加焉，猶尚若此，況莫大諸侯權勢十此者乎！

然而天下少安者，何也？大國之王幼在懷衽，漢所置傅相方握其事。數年之後，諸侯王大抵皆冠，血氣方剛，漢之所置傅歸休而不肯住，漢所置相稱病而賜罷。彼自丞尉以上偏置其私人，如此有異淮南、濟北之爲耶！此時而乃欲爲治安，雖堯、舜不能。

黄帝曰：『日中必熭，操刀必割。』今令此道順而全安甚易，弗肯早爲，已乃墮骨肉之屬而抗剄之，豈有異秦之季世乎！【略】夫以天子之位，用天下之力，乘今之時，因天之助，常憚以危爲安，以亂爲治。假設陛下居齊桓之處，將不合諸侯匡天下乎？

又《藩傷》 夫樹國必審相疑之勢，下數被其殃，上數爽其憂，凶饑數動，彼必將有怪者生焉。禍之所雜，豈可預知？故甚非所以安主上，非所以活大臣者也，甚非所以全愛子者也。

既已令之爲藩臣矣，爲人臣下矣，而厚其力，重其權，使有驕心而難服從也，何異於善砥鏌鋣而予射子，自禍必矣。愛之，故使飽粱肉之味，玩金石之聲，臣民之衆，土地之博，足以奉養宿衛其身。然而權力不足以徼幸，勢不足以行逆，故無驕心，無邪行，奉法畏令，聽從必順，長生安樂，而無上下相疑之禍。活大臣，全愛子，孰精於此？

且藩國與制力非獨少也。制令：其有子，以國其子；未有子者，建分以須之。子生而立，其身而子，夫將何失？於實無喪，而葆國無患，子孫世世，與漢相須，皆如長沙，可以久矣。所謂生死而肉骨，何以厚此？

又《藩强》 竊迹前事，大抵强者先反。淮陰王楚最强，則最先反；韓王信倚胡，則又反；貫高因趙資，則又反；陳豨兵精强，則又反；彭越用梁，則又反；黥布用淮南，則又反；盧綰國比最弱，則最後反。長沙乃纔二萬五千户耳，力不足以行逆，則功少而最完，勢疏而最忠。全骨肉時長沙無故者，非獨性異人也，其形勢然矣。

曩令樊、酈、絳、灌據數十城而王，今雖以殘亡可也。令韓信、黥布、彭越之倫，列爲徹侯而居，雖至今存可也。然則天下大計可知已。欲諸王皆忠附，則莫若令如長沙；欲勿令葅醢，則莫若令如樊、酈、絳、灌；欲天下之治安，天子之無憂，莫如衆建諸侯而少其力。力少則易使以義，國小則無邪心。

又《大都》 昔楚靈王問范無宇曰：『我欲大城陳、蔡、葉與不羹，賦車各千乘焉，亦足以當晉矣，又加之以楚，諸侯其來朝乎？』范無宇曰：『不可。臣聞：大都疑國，大臣疑主，亂之謀也；都疑則交爭，臣疑則并令，禍之深者也。今大城陳、蔡、葉與不羹，或不充，不足以威晉。若充之以資財，實之以重禄之臣，是輕本而重末也。臣聞「尾大不掉，末大必折」，此豈不施威諸侯之心哉？然終爲楚國大患者，必此四城也。』靈王弗聽，果城陳、蔡、葉與不羹，實之以兵車，充之以大臣。是歲也，諸侯果朝。居數年，陳、蔡、葉與不羹，或奉公子棄疾內作難，楚

國雲亂，王遂死於乾溪于守亥之井。爲計若此，豈不可痛也哉！悲夫！本細末大，弛必至心。時乎！時乎！可痛惜者此也。

天下之勢，方病大尰，一脛之大幾如要，一指之大幾如股，惡病也，平居不可屈信，一二指搐，身固無聊也。失今弗治，必爲錮疾，後雖有扁鵲，弗能爲已。此所以竊爲陛下患也。病非徒尰也，又苦跛盭。元王之子，帝之從弟也。今之王者，從弟之子也。惠王之子，親兄之子也。今之王者，兄子之子也。親者或無分地，以安天下；疏者或專大權，以偪天子。臣故曰：『非徒病尰也，又苦跛盭也。』可痛哭者，此病是也。

又《等齊》 諸侯王所在之，宮衛織履蹲夷，以皇帝在所宮法論之。郎中謁者受謁取告，以官皇帝之法予之。事諸侯王或不廉潔平端，以事皇帝之法罪之。曰一用漢法事諸侯王，乃事皇帝也。是則諸侯王乃將至尊也。然則天子之與諸侯，臣之與下，宜撰然齊等若是乎？

天子之相，號爲丞相，黄金之印；諸侯之相，號爲丞相，黄金之印，而尊無異等，秩加二千石之上。天子列卿秩二千石，諸侯列卿秩二千石，則臣已同矣。人主登臣而尊，今臣既同，則法惡得不齊？天子衛御，號爲大僕，銀印，秩二千石；諸侯之御，號曰大僕，銀印，秩二千石，則御已齊矣。御既已齊，則車飾具惡得不齊？天子親號云太后，諸侯親號云太后；天子妃號曰后，諸侯妃號曰后。然則諸侯何損，而天子何加焉？妻既已同，則夫何以異？天子宮門曰司馬，闌入者爲城旦；諸侯宮門曰司馬，闌入者爲城旦。殿門俱爲殿門，闌入之罪亦俱棄市，宮牆門衛同名，其嚴一等，罪已鈞矣。天子之言曰令，令甲令乙是也；諸侯之言曰令，令儀令言是也。天子卑號皆稱陛下，諸侯卑號稱陛下。天子車曰乘輿，諸侯車曰輿，乘輿等也。然則所謂主者安居，臣者安在？

人之情不異，面目狀貌同類，貴賤之別，非人天根着於形容也。所持以別貴賤明尊卑者，等級、勢力、衣服、號令也。亂且不息，滑曼無紀，天性則同，人事無別。然則所謂臣臣主主者，非有相臨之具，尊卑之經也，持面形而膚之耳。近習乎盡近貌然後能識，則疏遠無所放，衆庶無以期，則下惡能不疑其上？君臣同倫，異等同服，則上惡能不眩於其下？孔子曰：『長民者衣服不二，從容有常，以齊其民，則民德一。』《詩》云：『彼都人士，狐裘黄裳，行歸於周，萬民之望。』孔子曰：『爲上可望而知也，爲下可類而志也。則君不疑於其臣，而臣不惑於其君。』而此之不行，沐瀆無界，可爲長大息者此也。

又《益壤》 陛下即不爲千載之治安，知今之勢，豈過一傳哉。諸侯猶且人恣而不制也，豪横而大强也，至其相與，持以縱横之約相親耳。漢法令不可得行矣。今淮陽之比大諸侯，僅過黑子之比於面耳，豈足以爲楚御哉？而陛下所恃以爲藩捍者，以代淮陽耳。代北邊與强匈奴爲鄰，僅自見矣。唯皇太子之所恃者，亦以之二國耳。今淮陽之所有，適足以餌大國耳。方今制在陛下，制國命子，適足以餌大國，豈可謂工哉？

人主之行異布。衣布衣者，飾小行，競小廉，以自託於鄉黨邑里。人主者，天下安社稷固不耳。故黄帝者，炎帝之兄也，炎帝無道，黄帝伐之涿鹿之野，血流漂杵，誅炎帝而兼其地，天下乃治。高皇帝瓜分天下，以王功臣，反者如蝟毛而起，高皇帝以爲不可，剽去不義諸侯，空其國，擇良日，立諸子洛陽上東門之外，諸子畢王而天下乃安。故大人者，不怵小廉，不牽小行，故立大便以成大功。

今淮南地遠者或數千里，越諸侯而縣屬於漢，其苦之甚矣。其欲有卒也，類良有所至逋走而歸諸侯，殆不少矣。此終非可久以爲奉地也。陛下豈如蚤便其勢，且令他人守郡，豈如令子。臣之愚計，願陛下舉淮南之地以益淮陽。梁即有後，割淮陽北邊二三列城與東郡以益梁，即無後患，代可徙而都睢陽。梁起新鄭以北，著之河，淮陽包陳以南，捷之江。則大諸侯之有異心者，破膽而不敢謀。今所恃者，代、淮陽二國耳，皇太子亦恃之。

漢·董仲舒《春秋繁露》卷一《楚莊王第一》 人臣之行，貶主之位，亂國之臣，雖不篡殺，其罪皆宜死。【略】然則《春秋》，義之大者也。得一端而博達之，觀其是非，可以得其正法，視其温辭，可以知其塞怨，是故於外道而不顯，於内諱而不隱，於尊亦然，於賢亦然，此其別内外、差賢不肖，而等尊卑也。義不訕上，智不危身，故遠者以義諱，近者以智畏，畏與義兼，則世逾近，而言逾謹矣，此定、哀之所以微其辭。以故用則天下平，不用則安其身，《春秋》之道也。

《春秋》之道，奉天而法古。是故雖有巧手，弗修規矩，不能正方員；雖有察耳，不吹六律，不能定五音；雖有知心，不覽先王，不能平

天下；然則先王之遺道，亦天下之規矩六律已！故聖者法天，賢者法聖，此其大數也；得大數而治，失大數而亂，此治亂之分也；所聞天下無二道，故聖人異治同理也。古今通達，故先賢傳其法於後世也。《春秋》之於世事也，善復古，譏易常，欲其法先王也。然而介以一言曰：『王者必改制。』自僻者得此以爲辭，曰：『古苟可循先王之道，何莫相因？』世迷是聞，以疑正道而信邪言，甚可患也。答之曰：『人有聞諸侯之君射貍首之樂者，於是自斷貍首，縣而射之，曰：「安在於樂也！」此聞其名而不知其實者也。今所謂新王必改制者，非改其道，非變其理，受命於天，易姓更王，非繼前王而王也。若一因前制，修故業，而無有所改，是與繼前王而王者無以別。受命之君，天之所大顯也。事父者承意，事君者儀志，事天亦然。今天大顯已，物襲所代而率與同，則不顯不明，非天志，故必徒居處，更稱號，改正朔，易服色者，無他焉，不敢不順天志而明自顯也。若夫大綱、人倫、道理、政治、教化、習俗、文義盡如故，亦何改哉！故王者有改制之名，無易道之實。孔子曰：「無爲而治者，其舜乎！」言其主堯之道而已，此非不易之效與！問者曰：『物改而天授，顯矣，其必更作樂，何也？』曰：『樂異乎是，制爲應天改之，樂爲應人作之，彼之所受命者，必民之所同樂也。是故大改制於初，所以明天命也；更作樂於終，所以見天功也；緣天下之所新樂，而爲之文曲，且以和政，且以興德，天下未徧合和，王者不虛作樂。樂者，盈於內而動發於外者也。應其治時，制禮作樂以成之。成者，本末質文皆以具矣。是故作樂者必反天下之所始樂於己以爲本。舜時，民樂其昭堯之業也，故《韶》。韶者，昭也。禹之時，民樂其三聖相繼，故《夏》。「夏」者，大也。湯之時，民樂其救之於患害也，故《護》。「護」者，救也。文王之時，民樂其興師征伐也，故《武》。「武」者，伐也。四者天下同樂之，一也，其所同樂之端不可一也。作樂之法，必反本之所樂。所樂不同事，樂安得不世異！是故舜作《韶》而禹作《夏》，湯作《護》而文王作《武》，四樂殊名，則各順其民始樂於己也，吾見其效矣。《詩》云：「文王受命，有此武功；既伐於崇，作邑於豐。」樂之風也。又曰：「王赫斯怒，爰整其旅。」當是時，紂爲無道，諸侯大亂，民樂文王之怒，而詠歌之也。周人德已洽天下，反本以爲樂，謂之《大武》，言民所始樂者武也云爾。故凡樂者，作之於終，而名之以始，重本之義也。由此觀之，正朔、服色之改，受命應天制禮作樂之異，人心之動也。二者離而復合，所爲一也。』」

又　卷六《立元神第十九》　君人者，國之元，發言動作，萬物之樞機，樞機之發，榮辱之端也。失之毫釐，駟不及追。故爲人君者，謹本詳始，敬小慎微，志如死灰，形如委衣，安精養神，寂寞無爲，休形無見影，揜聲無出響，虛心下士，觀來察往，謀於衆賢，考求衆人，得其心徧見其情，察其好惡，以參忠佞，考其往行，驗之於今，計其蓄積，受於先賢，釋其讎怨，視其所爭，差其黨族，所依爲臬，據位治人，用何爲名，累日積久，何功不成？可以內參外，可以小占大，必知其實，是謂開闔。君人者，國之本也，夫爲國，其化莫大於崇本，崇本則君化若神，不崇本則君無以兼人，無以兼人，雖峻刑重誅，而民不從，是所謂驅國而棄之者也，患孰甚焉！何謂本？曰：天地人，萬物之本也。天生之，地養之，人成之；天生之以孝悌，地養之以衣食，人成之以禮樂，三者相爲手足，合以成體，不可一無也；無孝悌，則亡其所以生，無衣食，則亡其所以養，無禮樂，則亡其所以成也；三者皆亡，則民如麋鹿，各從其欲，家自爲俗，父不能使子，君不能使臣，雖有城郭，名曰虛邑，如此，其君枕塊而僵，莫之危而自危，莫之喪而自亡，是謂自然之罰，自然之罰至，裹襲石室，分障險阻，猶不能逃之也。明主賢君，必於其信，是故肅慎三本，郊祀致敬，共事祖禰，舉顯孝悌，表異孝行，所以奉天本也；秉耒躬耕，采桑親蠶，墾草殖穀，開闢以足衣食，所以奉地本也；立辟雍庠序，修孝悌敬讓，明以教化，感以禮樂，所以奉人本也；三者皆奉，則民如子弟，不敢自專，邦如父母，不待恩而愛，不須嚴而使，雖野居露宿，厚於宮室，如是者，其君安枕而卧，莫之助而自强，莫之綏而自安，是謂自然之賞，自然之賞至，雖退讓委國而去，百姓襁負其子，隨而君之，君亦不得離也，故以德爲國者，甘於飴蜜，固於膠漆，是以聖賢勉而崇本，而不敢失也。君人者，國之證也，不可先倡，感而後應，故居倡之位，而不行倡之勢，不居和之職，而以和爲德，常盡其下，故能爲之上也。

體國之道，在於尊神。尊者所以奉其政也，神者所以就其化也，故不

尊不畏，不神不化。夫欲爲尊者，在於任賢；欲爲神者，在於同心；賢者備股肱，則君尊嚴而國安；同心相承，則變化若神；莫見其所爲，而功德成，是謂尊神也。

天積衆精以自剛，聖人積衆賢以自强；天序日月星辰以自光，聖人序爵禄以自明；天所以剛者，非一精之力，聖人所以强者，非一賢之德也。故天道務盛其精，聖人務衆其賢；盛其精而壹其陽，衆其賢而同其心；壹其陽，然後可以致其神，同其心，然後可以致其功；是以建治之術，貴得賢而同心。爲人君者，其要貴神，神者，不可得而視也，不可得而聽也，是故視而不見其形，聽而不聞其聲；聲之不聞，故莫得其響，不見其形，故莫得其影；莫得其影，則無以曲直也，莫得其響，則無以清濁也；無以曲直，則其功不可得而敗，無以清濁，則其名不可得而度也。所謂不見其形者，非不見其進止之形也，言其所以進止不可得而見也；所謂不聞其聲者，非不聞其號令之聲也，言其所以號令不可得而聞也；不見不聞，是謂冥昏，能冥則明，能昏則彰，能冥能昏，是謂神人。君貴居冥而明其位，處陰而向陽，惡人見其情，而欲知人之心。是故爲人君者，執無源之慮，行無端之事，以不求奪，以不問問；吾以不求奪，則我利矣，彼以不出出，則彼費矣；吾以不問問，則我神矣，彼以不對對，則彼情矣。故終日問之，彼不知其所對，終日奪之，彼不知其所出，吾則以明，而彼不知其所亡。故人臣居陽而爲陰，人君居陰而爲陽，陰道尚形而露情，陽道無端而貴神。

《史記》卷一一二《平津侯主父列傳》 趙人徐樂、齊人嚴安俱上書言世務，各一事。

徐樂曰：

臣聞天下之患在於土崩，不在於瓦解，古今一也。何謂土崩？秦之末世是也。陳涉無千乘之尊，尺土之地，身非王公大人名族之後，無鄉曲之譽，非有孔、墨、曾子之賢，陶朱、猗頓之富也，然起窮巷，奮棘矜，偏袒大呼而天下從風，此其故何也？由民困而主不恤，下怨而上不知，俗已亂而政不脩，此三者陳涉之所以爲資也。是之謂土崩。故曰天下之患在於土崩。何謂瓦解？吳、楚、齊、趙之兵是也。七國謀爲大逆，號皆稱萬乘之君，帶甲數十萬，威足以嚴其境內，財足以勸其士民，然不能西攘尺寸之地而身爲禽於中原者，此其故何也？非權輕於匹夫而兵弱於陳涉也，當是之時，先帝之德澤未衰而安土樂俗之民衆，故諸侯無境外之助。此之謂瓦解，故曰天下之患不在瓦解。由是觀之，天下誠有土崩之勢，雖布衣窮處之士或首惡而危海內，陳涉是也。況三晉之君或存乎！天下雖未有大治也，誠能無土崩之勢，雖有强國勁兵不得旋踵而身爲禽矣，吳、楚、齊、趙是也。況羣臣百姓能爲亂乎哉！此二體者，安危之明要也，賢主所留意而深察也。

閒者關東五穀不登，年歲未復，民多窮困，重之以邊境之事，推數循理而觀之，則民且有不安其處者矣。不安故易動。易動者，土崩之勢也。故賢主獨觀萬化之原，明於安危之機，脩之廟堂之上，而銷未形之患。其要，期使天下無土崩之勢而已矣。故雖有强國勁兵，陛下逐走獸，射蜚鳥，弘游燕之囿，淫縱恣之觀，極馳騁之樂，自若也。金石絲竹之聲不絶於耳，帷帳之私俳優侏儒之笑不乏於前，而天下無宿憂。名何必湯武，俗何必成康！雖然，臣竊以爲陛下天然之聖，寬仁之資，而誠以天下爲務，則湯武之名不難侔，而成康之俗可復興也。此二體者立，然後處尊安之實，揚名廣譽於當世，親天下而服四夷，餘恩遺德爲數世隆，南面負扆攝袂而揖王公，此陛下之所服也。臣聞圖王不成，其敝足以安。安則陛下何求而不得，何爲而不成，何征而不服乎哉！

嚴安上書曰：

臣聞周有天下，其治三百餘歲，成康其隆也，刑錯四十餘年而不用。及其衰也，亦三百餘歲，故五伯更起。五伯者，常佐天子興利除害，誅暴禁邪，匡正海內，以尊天子。五伯既没，賢聖莫續，天子孤弱，號令不行。諸侯恣行，强陵弱，衆暴寡，田常篡齊，六卿分晉，並爲戰國，此民之始苦也。於是强國務攻，弱國備守，合從連橫，馳車擊轂，介胄生蟣虱，民無所告愬。

及至秦王，蠶食天下，併吞戰國，稱號曰皇帝，主海內之政，壞諸侯之城，銷其兵，鑄以爲鍾虡，示不復用。元元黎民得免於戰國，逢明天子，人人自以爲更生。鄉使秦緩其刑罰，薄賦斂，省繇役，貴仁義，賤權利，上篤厚，下智巧，變風易俗，化於海內，則世世必安矣。秦不行是風而其故俗，爲智巧權利者進，篤厚忠信者退；法嚴政峻，諂諛者衆，日

聞其美，意廣心軼。欲肆威海外，乃使蒙恬將兵以北攻胡，辟地進境，戍於北河，蜚芻輓粟以隨其後。又使尉屠睢將樓船之士南攻百越，使監祿鑿渠運糧，深入越，越人遁逃。曠日持久，糧食絶乏，越人擊之，秦兵大敗。秦乃使尉佗將卒以戍越。當是時，秦禍北構於胡，南挂於越，宿兵無用之地，進而不得退。行十餘年，丁男被甲，丁女轉輸，苦不聊生，自經於道樹，死者相望。及秦皇帝崩，天下大叛。陳勝、吳廣舉陳，武臣、張耳舉趙，項梁舉吳，田儋舉齊，景駒舉郢，周市舉魏，韓廣舉燕，窮山通谷豪士並起，不可勝載也。然皆非公侯之後，非長官之吏也。無尺寸之勢，起閭巷，杖棘矜，應時而皆動，不謀而俱起，不約而同會，壤長地進，至于霸王，時教使然也。秦貴爲天子，富有天下，滅世絶祀者，窮兵之禍也。故周失之弱，秦失之强，不變之患也。

今欲招南夷，朝夜郎，降羌僰，略濊州，建城邑，深入匈奴，燔其蘢城，議者美之。此人臣之利也，非天下之長策也。今中國無狗吠之驚，而外累於遠方之備，靡敝國家，非所以子民也。行無窮之欲，甘心快意，結怨於匈奴，非所以安邊也。禍結而不解，兵休而復起，近者愁苦，遠者驚駭，非所以持久也。今天下鍛甲砥劍，橋箭累弦，轉輸運糧，未見休時，此天下之所共憂也。夫兵久而變起，事煩而慮生。今外郡之地或幾千里，列城數十，形束壤制，旁脅諸侯，非公室之利也。上觀齊晉之所以亡者，公室卑削，六卿大盛也；下觀秦之所以滅者，嚴法刻深，欲大無窮也。今郡守之權，非特六卿之重也；地幾千里，非特閭巷之資也；甲兵器械，非特棘矜之用也；以遭萬世之變，則不可稱諱也。

書奏天子，天子召見三人，謂曰：『公等皆安在？何相見之晚也！』於是上乃拜主父偃、徐樂、嚴安爲郎中。數見，上疏言事，詔拜偃爲謁者，遷爲中大夫。一歲中四遷偃。

主父偃説上曰：『古者諸侯不過百里，强弱之形易制。今諸侯或連城數十，地方千里，緩則驕奢易爲淫亂，急則阻其强而合從以逆京師。今以法割削之，則逆節萌起，前日鼂錯是也。今諸侯子弟或十數，而適嗣代立，餘雖骨肉，無尺寸地封，則仁孝之道不宣。原陛下令諸侯得推恩分子弟，以地侯之。彼人人喜得所原，上以德施，實分其國，不削而稍弱矣。』於是上從其計。又説上曰：『茂陵初立，天下豪桀并兼之家，亂衆之民，皆可徙茂陵，内實京師，外銷姦猾，此所謂不誅而害除。』

漢·桓寬《鹽鐵論》卷一《本議第一》 惟始元六年，有詔書使丞相、御史與所舉賢良、文學語。問民間所疾苦。

文學對曰：

竊聞治人之道，防淫佚之原，廣道德之端，抑末利而開仁義，毋示以利，然後教化可興，而風俗可移也。今郡國有鹽、鐵、酒榷，均輸，與民爭利。散敦厚之樸，成貪鄙之化。是以百姓就本者寡，趨末者衆。夫文繁則質衰，末盛則質虧。末修則民淫，本修則民慤。民慤則財用足，民侈則飢寒生。願罷鹽、鐵、酒榷、均輸，所以進本退末，廣利農業，便也。

大夫曰：

匈奴背叛不臣，數爲寇暴於邊鄙，備之則勞中國之士，不備則侵盜不止。先帝哀邊人之久患，苦爲虜所係獲也，故修障塞，飭烽燧，屯戍以備之。邊用度不足，故興鹽、鐵，設酒榷，置均輸，蕃貨長財，以佐助邊費。今議者欲罷之，内空府庫之藏，外乏執備之用，使備塞乘城之士飢寒於邊，將何以贍之？罷之，不便也。

文學曰：

孔子曰：『有國有家者，不患貧而患不均，不患寡而患不安。』故天子不言多少，諸侯不言利害，大夫不言得喪。畜仁義以風之，廣德行以懷之。是以近者親附而遠者悦服。故善克者不戰，善戰者不師，善師者不陣。修之於廟堂，而折衝還師。王者行仁政，無敵於天下，惡用費哉？』

大夫曰：

匈奴桀黠，擅恣入塞，犯厲中國，殺伐郡、縣、朔方都尉，甚悖逆不軌，宜誅討之日久矣。陛下垂大惠，哀元元之未贍，不忍暴士大夫於原野；縱難被堅執鋭，有北面復匈奴之志，又欲罷鹽、鐵、均輸，擾邊用，損武略，無憂邊之心，於其義未便也。

文學曰：

古者，貴以德而賤用兵。孔子曰：『遠人不服，則修文德以來之。既來之，則安之。』今廢道德而任兵革，興師而伐之，屯戍而備之，暴兵露師，以支久長，轉輸糧食無已，使邊境之士飢寒於外，百姓勞苦於內。立鹽、鐵，始張利官以給之，非長策也。故以罷之爲便也。

大夫曰：

古之立國家者，開本末之途，通有無之用，市朝以一其求，致士民，聚萬貨，農商工師各得所欲，交易而退。《易》曰：『通其變，使民不倦。』故工不出，則農用乏；商不出，則寶貨絶。農用乏，則穀不殖；寶貨絶，則財用匱。故鹽、鐵、均輸，所以通委財而調緩急。罷之，不便也。

文學曰：

夫導民以德則民歸厚；示民以利，則民俗薄。俗薄則背義而趨利，趨利則百姓交於道而接於市。老子曰：『貧國若有餘。』非多財也，嗜欲衆而民躁也。是以王者崇本退末，以禮義防民欲，實菽粟貨財。市、商不通無用之物，工不作無用之器。故商所以通鬱滯，工所以備器械，非治國之本務也。』

大夫曰：

管子云：『國有沃野之饒而民不足於食者，器械不備也。有山海之貨而民不足於財者，商工不備也。』隴、蜀之丹漆旄羽，荆、揚之皮革骨象，江南之柟梓竹箭，燕、齊之魚鹽旃裘，兗、豫之漆絲絺紵，養生送終之具也，待商而通，待工而成。故聖人作爲舟檝之用，以通川谷，服牛駕馬，以達陵陸；致遠窮深，所以交庶物而便百姓。是以先帝建鐵官以贍農用，開均輸以足民財；鹽、鐵、均輸，萬民所戴仰而取給者，罷之，不便也。

文學曰：

國有沃野之饒而民不足於食者，工商盛而本業荒也；有山海之貨而民不足於財者，不務民用而淫巧衆也。故川源不能實漏卮，山海不能贍溪壑。是以盤庚萃居，舜藏黄金，高帝禁商賈不得仕宦，所以遏貪鄙之俗，而醇至誠之風也。排困市井，防塞利門，而民猶爲非也，況上之爲利乎？《傳》曰：『諸侯好利則大夫鄙，大夫鄙則士貪，士貪則庶人盜。』是開利孔爲民罪梯也。

大夫曰：

往者，郡國諸侯各以其方物貢輸，往來煩雜，物多苦惡，或不償其費。故郡國置輸官以相給運，而便遠方之貢，故曰均輸。開委府於京師，以籠貨物。賤即買，貴則賣。是以縣官不失實，商賈無所貿利，故曰平準。平準則民不失職，均輸則民齊勞逸。故平準、均輸，所以平萬物而便百姓，非開利孔而爲民罪梯者也。

文學曰：

古者之賦稅於民也，因其所工，不求所拙。農人納其穫，女工效其功。今釋其所有，責其所無。百姓賤賣貨物，以便上求。間者，郡國或令民作布絮，吏恣留難，與之爲市。吏之所入，非獨齊、阿之縑，蜀、漢之布也，亦民間之所爲耳。行姦賣平，農民重苦，女工再稅，未見輸之均也。縣官猥發，闔門擅市，則萬物并收。萬物并收，則物騰躍。騰躍，則商賈侔利。自市，則吏容姦。豪吏富商積貨儲物以待其急，輕賈姦吏收賤以取貴，未見準之平也。蓋古之均輸，所以齊勞逸而便貢輸，非以爲利而賈萬物也。

又《通有第三》　大夫曰：

燕之涿、薊，趙之邯鄲，魏之温軹，韓之滎陽，齊之臨淄，楚之宛、陳，鄭之陽翟，三川之二周，富冠海内，皆爲天下名都，非有助之耕其野而田其地者也，居五諸之衝，跨街衢之路也。故物豐者民衍，宅近市者家富。富在術數，不在勞身；利在勢居，不在力耕也。

文學曰：

荆、揚南有桂林之饒，内有江、湖之利，左陵陽之金，右蜀、漢之材，伐木而樹穀，燔萊而播粟，火耕而水耨，地廣而饒財；然民鮆窳偷生，好衣甘食，雖白屋草廬，歌謳鼓琴，日給月單，朝歌暮戚。趙、中山帶大河，纂四通神衢，當天下之蹊，商賈錯於路，諸侯交於道；然民淫好末，侈靡而不務本，田疇不脩，男女矜飾，家無斗筲，鳴琴在室。是以楚、趙之民，均貧而寡富。宋、衛、韓、梁，好本稼穡，編户齊民，無不家衍人給。故利在自惜，不在勢居街衢；富在儉力趣時，不在歲司羽鳩也。

大夫曰：

五行：東方木，而丹、章有金銅之山；南方火，而交趾有大海之川；西方金，而蜀、隴有名材之林；北方水，而幽都有積沙之地。此天地所以均有無而通萬物也。今吳、越之竹，隋、唐之材，不可勝用，而曹、衛、梁、宋，采棺轉尸；江、湖之魚，萊、黄之鮐，不可勝食，而

鄒、魯、周、韓，藜藿蔬食。天地之利無不贍，而山海之貨無不富也；然百姓匱乏，財用不足，多寡不調，而天下財不散也。

文學曰：

古者，采椽不斲，茅茨不翦，衣布褐，飯土硎，鑄金爲鉏，埏埴爲器，工不造奇巧，世不寶不可衣食之物，各安其居，樂其俗，甘其食，便其器。是以遠方之物不交，而昆山之玉不至。今世俗壞而競於淫靡，女極纖微，工極技巧，雕素樸而尚珍怪，鑽山石而求金銀，没深淵求珠璣，設機陷求犀象，張網羅求翡翠，求蠻、貉之物以眩中國，徙邛、筰之貨，致之東海，交萬里之財，曠日費功，無益於用。是以褐夫匹婦，勞罷力屈，而衣食不足也。故王者禁溢利，節漏費。溢利禁則反本，漏費節則民用給。是以生無乏資，死無轉尸也。

大夫曰：

古者，宫室有度，輿服以庸；采椽茅茨，非先王之制也。君子節奢刺儉，儉則固。昔孫叔敖相楚，妻不衣帛，馬不秣粟。孔子曰：『不可，大儉極下。』此《蟋蟀》所爲作也。《管子》曰：『不飾宫室，則材木不可勝用，不充庖廚，則禽獸不損其壽。無末利，則本業無所出，無黼黻，則女工不施。』故工商梓匠，邦國之用，器械之備也。自古有之，非獨於此。弦高販牛於周，五羖賃車入秦，公輸子以規矩，歐冶以鎔鑄。《語》曰：『百工居肆，以致其事。』農商交易，以利本末。山居澤處，蓬蒿墝埆，財物流通，有以均之。是以多者不獨衍，少者不獨饉。若各居其處，食其食，則是橘柚不鬻，朐鹵之鹽不出，旃罽不市，而吴、唐之材不用也。

文學曰：

孟子云：『不違農時，穀不可勝食。蠶麻以時，布帛不可勝衣也。斧斤以時，材木不可勝用。田漁以時，魚肉不可勝食。』若則飾宫室，增臺榭，梓匠斲巨爲小，以圓爲方，上成雲氣，下成山林，則材木不足用也。男子去本爲末，雕文刻鏤，以象禽獸，窮物究變，則穀不足食也。婦女飾微治細，以成文章，極伎盡巧，則絲布不足衣也。庖宰烹殺胎卵，煎炙齊和，窮極五味，則魚肉不足食也。當今世，非患禽獸不損，材木不勝，患僭侈之無窮也；非患無旃罽橘柚，患無狹廬糠糟也。

又 《錯幣第四》　大夫曰：

交幣通施，民事不及，物有所幷也。計本量委，民有飢者，穀有所藏也。智者有百人之功，愚者有不更本之事。人君不調，民有相萬之富也。此其所以或儲百年之餘，或不厭糟糠也。民大富，則不可以禄使也；大强，則不可以罰威也。非散聚均利者不齊。故人主積其食，守其用，制其有餘，調其不足，禁溢羨，厄利塗，然後百姓可家給人足也。

文學曰：

古者，貴德而賤利，重義而輕財。三王之時，迭盛迭衰。衰則扶之，傾則定之。是以夏忠、殷敬、周文，庠序之教，恭讓之禮，粲然可得而觀也。及其後，禮義弛崩，風俗滅息，故自食禄之君子，違於義而競於財，大小相吞，激轉相傾。此所以或儲百年之餘，或無以充虚蔽形也。古之仕者不穡，田者不漁，抱關擊柝，皆有常秩，不得兼利盡物。如此，則愚智同功，不相傾也。《詩》云：『彼有遺秉，此有滯穗，伊寡婦之利。』言不盡物也。

大夫曰：

湯、文繼衰，漢興乘弊。一質一文，非苟易常也。俗弊更法，非務變古也，亦所以救失扶衰也。故教與俗改，弊與世易。夏后以玄貝，周人以紫石，後世或金錢刀布。物極而衰，終始之運也。故山澤無征，則君臣同利，刀幣無禁，則姦貞並行。夫臣富則相侈，下專利則相傾也。

文學曰：

古者，市朝而無刀幣，各以其所有易所無，抱布貿絲而已。後世卽有龜貝金錢，交施之也。幣數變而民滋僞。夫救僞以質，防失以禮。湯、文繼衰，革法易化，而殷、周道興。漢初乘弊，而不改易，畜利變幣，欲以反本，是猶以煎止燔，以火止沸也。上好禮則民闇飾，上好貨則下死利也。

大夫曰：

文帝之時，縱民得鑄錢、冶鐵、煮鹽。吴王擅鄣海澤，鄧通專西山。山東姦猾，咸聚吴國，秦、雍、漢、蜀因鄧氏。吴、鄧錢布天下，故有鑄錢之禁。禁禦之法立，而姦僞息，姦僞息，則民不期於妄得，而各務其職；不反本何爲？故統一，則民不二也；幣由上，則下不疑也。

文學曰：

往古，幣衆財通而民樂。其後，稍去舊幣，更行白金龜龍，民多巧新幣。幣數易而民益疑。於是廢天下諸錢，而專命水衡三官作。吏匠侵利，或不中式，故有薄厚輕重。農人不習，物類比之，信故疑新，不知姦貞。商賈以美貿惡，以半易倍。買則失實，賣則失理，其疑或滋益甚。夫鑄僞金錢以有法，而錢之善惡無增損於故。擇錢則物稽滯，而用人尤被其苦。《春秋》曰：『算不及蠻、夷則不行。』故王者外不鄣海澤以便民用，內不禁刀幣以通民施。

又　卷三《輕重第十四》　御史進曰：

昔太公封於營丘，辟草萊而居焉。地薄人少，於是通利末之道，極女工之巧。是以鄰國交於齊，財畜貨殖，世爲彊國。管仲相桓公，襲先君之業，行輕重之變，南服强楚而霸諸侯。今大夫君修太公、桓、管之術，總一鹽、鐵，通山川之利而萬物殖。是以縣官用饒足，民不困乏，本末並利，上下俱足，此籌計之所致，非獨耕桑農也。

文學曰：

禮義者，國之基也，而權利者，政之殘也。孔子曰：『能以禮讓爲國乎？何有。』伊尹、太公以百里興其君，管仲專於桓公，以千乘之齊，而不能至於王，其所務非也。故功名隳壞而道不濟。當此之時，諸侯莫能以德，而爭於公利，故以權相傾。今天下合爲一家，利末惡欲行？淫巧惡欲施？大夫君以心計策國用，構諸侯，參以酒榷，咸陽、孔僅增以鹽、鐵，江充、楊可之等，各以鋒銳，言利末之事析秋毫，可爲無間矣。非特管仲設九府，徼山海也。然而國家衰耗，城郭空虛。故非特崇仁義無以化民，非力本農無以富邦也。

御史曰：

水有猵獺而池魚勞，國有强禦而齊民消。故茂林之下無豐草，大塊之間無美苗。夫理國之道，除穢鋤豪，然後百姓均平，各安其宇。張廷尉論定律令，明法以繩天下，誅姦猾，絶幷兼之徒，而强不淩弱，衆不暴寡。大夫君運籌策，建國用，籠天下鹽、鐵諸利，以排富商大賈，買官贖罪，損有餘，補不足，以齊黎民。是以兵革東西征伐，賦斂不增而用足。夫損益之事，賢者所覩，非衆人之所知也。

文學曰：

扁鵲撫息脉而知疾所由生，陽氣盛，則損之而調陰，寒氣盛，則損之而調陽，是以氣脉調和，而邪氣無所留矣。夫拙醫不知脉理之腠，血氣之分，妄刺而無益於疾，傷肌膚而已矣。今欲損有餘，補不足，富者愈富，貧者愈貧矣。嚴法任刑，欲以禁暴止姦，而姦猶不止，意者非扁鵲之用鍼石，故衆人未得其職也。

御史曰：

周之建國也，蓋千八百諸侯。其後，强吞弱，大兼小，并爲六國。六國連兵結難數百年，內拒敵國，外攘四夷。由此觀之：兵甲不休，戰伐不乏，軍旅外奉，倉庫內實。今以天下之富，海內之財，百郡之貢，非特齊、楚之畜，趙、魏之庫也。計委量入，雖急用之，宜無乏絶之時。顧大農等以術體躬稼，則后稷之烈，軍四出而用不繼，非天之財少也？用鍼石，調陰陽，均有無，補不足，亦非也？上大夫君與治粟都尉管領大農事，灸刺稽滯，開利百脉，是以萬物流通，而縣官富實。當此之時，四方征暴亂，車甲之費，克獲之賞，以億萬計，皆贍大司農。此者扁鵲之力，而鹽、鐵之福也。

文學曰：

邊郡山居谷處，陰陽不和，寒凍裂地，衝風飄鹵，沙石凝積，地勢無所宜。中國，天地之中，陰陽之際也，日月經其南，斗極出其北，含衆和之氣，產育庶物。今去而侵邊，多斥不毛寒苦之地，是猶棄江皋河濱，而田於嶺阪菹澤也。轉倉廩之委，飛府庫之財，以給邊民。中國困於繇賦，邊民苦於戍禦。力耕不便種糴，無桑麻之利，仰中國絲絮而後衣之，皮裘蒙毛，曾不足蓋形，夏不失複，冬不離窟，父子夫婦內藏於專室土圜之中。中外空虛，扁鵲何力？而鹽、鐵何福也？

又　卷七《取下第四十一》　大夫曰：

不軌之民，困橈公利，而欲擅山澤。從文學、賢良之意，則利歸於下，而縣官無可爲者。上之所行則非之，上之所言則譏之，專欲損上徇下，虧主而適臣，尚安得上下之義，君臣之禮？而何頌聲能作也？

賢良曰：

古者，上取有量，自養有度，樂歲不盜，年饑則肆，用民之力，不過

歲三日，籍斂，不過十一。君篤愛，臣盡力，上下交讓，天下平。『濬發爾私』，上讓下也。『遂及我私』，先公職也。孟子曰：『未有仁而遺其親，義而後其君也。』君君臣臣，何爲其無禮義乎？及周之末塗，德惠塞而嗜欲衆，君奢侈而上求多，民困於下，怠於上公，是以有履畝之稅，《碩鼠》之詩作也。衛靈公當隆冬興衆穿池，海春諫曰：『天寒，百姓凍餒，願公之罷役也。』公曰：『天寒哉？我何不寒哉？』人之言曰：『安者不能恤危，飽者不能食飢。』故餘粱肉者難爲言隱約，處佚樂者難爲言勤苦。夫高堂邃宇、廣廈洞房者，不知專屋狹廬、上漏下濕者之瘠也。繫馬百駟、貨財充內、儲陳納新者，不知有旦無暮、稱貸者之急也。廣第唐園、良田連比者，不知無運踵之業、竄頭宅者之役也。原馬被山，牛羊滿谷者，不知無孤豚瘠犢者之窶也。高枕談臣、無叫號者，不知憂私責與吏正戚者之愁也。被紈躡韋、搏粱齧肥者，不知短褐之寒、糠粝之苦也。從容房闈之間、垂拱持案食者，不知蹠耒躬耕者之勤也。乘堅驅良、列騎成行者，不知負檐步行者之勞也。匡牀旃席、侍御滿側者，不知負輅挽船、登高絶流者之難也。衣輕暖、被美裘、處温室、載安車者，不知乘邊城、飄胡、代、鄉清風者之危寒也。妻子好合、子孫保之者，不知老母之憔悴、匹婦之悲恨也。耳聽五音、目視弄優者，不知蒙流矢、距敵方外者之死也。東向伏幾、振筆如調文者，不知木索之急、棰楚者之痛也。坐旃茵之上，安圖籍之言若易然，亦不知步涉者之難也。昔商鞅之任秦也，刑人若刈菅茅，用師若彈丸；從軍者暴骨長城，戍漕者輦車相望，生而往，死而旋，彼獨非人子耶？故君子仁以恕，義以度，所好惡與天下共之，所不施不仁者。公劉好貨，居者有積，行者有囊。太王好色，內無怨女，外無曠夫。文王作刑，國無怨獄。武王行師，士樂爲之死，民樂爲之用。若斯，則民何苦而怨，何求而譏？

漢·王充《論衡》卷一七《治期第五十三》 世謂古人君賢，則道德施行，施行則功成治安；人君不肖，則道德頓廢，頓廢則功敗治亂。古今論者，莫謂不然。何則？見堯、舜賢聖致太平，桀、紂無道致亂得誅。如實論之，命期自然，非德化也。

吏百石以上，若升食以下，居位治民，爲政布教，教行與止，民治與亂，皆有命焉。或才高行潔，居位職廢；或智淺操洿，治民而立。上古之黜陟幽明，考功，據有功而加賞，案無功而施罰。是考命而長祿，非實才而厚能也。論者因考功之法，據效而定賢，則謂民治國安者，賢君之所致；民亂國危者，無道之所爲也。故危亂之變至，論者以責人君，歸罪於爲政不得其道。人君受以自責，愁神苦思，撼動形體，而危亂之變，終不減除。空憒人君人心，使明知之主，虛受之責，世論傳稱，使之然也。

夫賢君能治當安之民，不能化當亂之世。良醫能行其針藥，使方術驗者，遇未死之人，得未死之病也。如命窮病困，則雖扁鵲末如之何。夫命窮病困之不可治，猶夫亂民之不可安也；藥氣之愈病，猶教導之安民也，皆有命時，不可令勉力也。公伯寮訴子路於季孫，子服景伯以告孔子。孔子曰：『道之將行也與，命也！道之將廢也與，命也！』由此言之，教之行廢，國之安危，皆在命時，非人力也。

夫世亂民逆，國之危殆，灾害繫於上天，賢君之德，不能消卻。《詩》道周宣王遭大旱矣。《詩》曰：『周餘黎民，靡有孑遺。』言無有可遺一人不被害者。宣王賢者，嫌於德微。仁惠盛者，莫過堯、湯，堯遭洪水，湯遭大旱。水旱，灾害之甚者也，而二聖逢之，豈二聖政之所致哉？天地曆數當然也。以堯、湯之水旱，準百王之灾害，非德所致，非德所致，則其福祐非德所爲也。

賢君之治國也，猶慈父之治家。慈父耐平教明令，不耐使子孫皆爲孝善。子孫孝善，是家興也；百姓平安，是國昌也。昌必有衰，興必有廢。興昌非德所能成，然則衰廢非德所能敗也。昌衰興廢，皆天時也。此善惡之實，未言苦樂之效也。家安人樂，富饒財用足也。案富饒者命厚所致，非賢慧所獲也。人皆知富饒居安樂者命祿厚，而不知國安治化行者曆數吉也。故世治非賢聖之功，衰亂非無道之致。國當衰亂，賢聖不能盛；時當治，惡人不能亂。世之治亂，在時不在政；國之安危，在數不在教。賢不賢之君，明不明之政，無能損益。

世稱五帝之時，天下太平，家有十年之蓄，人有君子之行。或時不然，世增其美，亦或時政致。何以審之？夫世之所以爲亂者，不以賊盜衆多，兵革並起，民棄禮義，負畔其上乎？若此者，由穀食乏絶，不能忍飢寒。夫飢寒並至而能無爲非者寡，然則温飽並至而能不爲善者希。《傳》曰：『倉稟實，民知禮節；衣食足，民知榮辱。』讓生於有餘，爭

起於不足。穀足食多，禮義之心生；禮豐義重，平安之基立矣。故饑歲之春，不食親戚，穰歲之秋，召及四鄰。不食親戚，惡行也；召及四鄰，善義也。爲善惡之行，不在人質性，在於歲之饑穰。由此言之，禮義之行，在穀足也。案穀成敗，自有年歲。年歲水旱，五穀不成，非政所致，時數然也。必謂水旱政治所致，不能爲政者莫過桀、紂，桀、紂之時，宜常水旱。案桀、紂之時，無饑耗之災。災至自有數，或時返在聖君之世。實事者説堯之洪水，湯之大旱，皆有遭遇，非政惡之所致。説百王之害，獨謂爲惡之應，此見堯、湯德優，百王劣也。審一足以見百，明惡足以照善。堯、湯證百王，至百王遭變，非政所致，以變見而明禍福。五帝致太平，非德所就，明矣。

人之温病而死也，先有凶色見於面部。其病，遇邪氣也，其病不愈。至於身死，命壽訖也。國之亂亡，與此同驗。有變見於天地，猶人温病而死，色見於面部也。有水旱之災，猶人遇氣而病也。災禍不除，至於國亡，猶病不愈，至於身死也。論者謂變徵政治，賢人温病色凶，可謂操行所生乎？謂水旱者無道所致，賢者遭病，可謂無狀所得乎？謂亡者爲惡極，賢者身死，可謂罪重乎？夫賢人有被病而早死，惡人有完强而老壽，人之病死，不在操行爲惡也。然則國之亂亡，不在政之是非。惡人完强而老壽，非政平安而常存。由此言之，禍變不足以明惡，福瑞不足以表善，明矣。

在天之變，日月薄蝕，四十二月日一食，五六月月亦一食食有常數，不在政治，百變千災，皆同一狀，未必人君政教所致。歲害鳥帑，周、楚有禍；綝然之氣見，宋、衛、陳、鄭皆災。當此之時，六國政教未必失誤也。歷陽之都，一夕沈而爲湖，當時歷陽長吏未必誑妄也。成敗繫於天，吉凶制於時。人事未爲，天氣已見，非時而何？五穀生地，一豐一耗；穀糴在市，一貴一賤。豐者未必賤，耗者未必貴。豐耗有歲，貴賤有時。時當貴，豐穀價增；時當賤，耗穀直減。夫穀之貴賤不在豐耗，猶國之治亂不在善惡。

賢君之立，偶在當治之世，德自明於上，民自善於下，世平民安，瑞祐並至，世則謂之賢君所致。無道之君，偶生於當亂之時，世擾俗亂，災害不絶，遂以破國亡身滅嗣，世皆謂之爲惡所致。若此，明於善惡之外形，不見禍福之內實也。禍福不在善惡，善惡之證不在禍福。長吏到官，未有所行，政教因前，無所改更。然而盜賊或多或寡，災害或無或有，夫何故哉？長吏秩貴，當階平安以升遷，或命賤不任，當由危亂以貶詘也。以今之長吏，況古之國君，安危存亡，可得論也。

《漢書》卷四八《賈誼傳》 臣竊惟事勢，可爲痛哭者一，可爲流涕者二，可爲長太息者六，若其他背理而傷道者，難徧以疏舉。進言者皆曰天下已安已治矣，臣獨以爲未也。曰安且治者，非愚則諛，皆非事實知治亂之體者也。夫抱火厝之積薪之下而寢其上，火未及燃，因謂之安，方今之勢，何以異此！本末舛逆，首尾衡決，國制搶攘，非甚有紀，胡可謂治！陛下何不壹令臣得孰數之於前，因陳治安之策，試詳擇焉！

夫射獵之娱，與安危之機孰急？使爲治，勞智慮，苦身體，乏鐘鼓之樂，勿爲可也。樂與今同，而加之諸侯軌道，兵革不動，民保首領，匈奴賓服，四荒鄉風，百姓素朴，獄訟衰息，大數既得，則天下順治，海內之氣清和咸理，生爲明帝，没爲明神，名譽之美，垂於無窮。《禮》祖有功而宗有德，使顧成之廟稱爲太宗，上配太祖，與漢亡極。建久安之勢，成長治之業，以承祖廟，以奉六親，至孝也；以幸天下，以育羣生，至仁也；立經陳紀，輕重同得，後可以爲萬世法程，雖有愚幼不肖之嗣，猶得蒙業而安，至明也。以陛下之明達，因使少知治體者得佐下風，致此非難也。其具可素陳於前，願幸無忽。臣謹稽之天地，驗之往古，按之當今之務，日夜念此至孰也，雖使禹、舜復生，爲陛下計，亡以易此。

夫樹國固必相疑之勢，下數被其殃，上數爽其憂，甚非所以安上而全下也。今或親弟謀爲東帝，親兄之子西鄉而擊，今吳又見告矣。天子春秋鼎盛，行義未過，德澤有加焉，猶尚如是，況莫大諸侯，權力且十此者虖！

然而天下少安，何也？大國之王幼弱未壯，漢之所置傅、相方握其事。數年之後，諸侯之王大抵皆冠，血氣方剛，漢之傅、相稱病而賜罷，彼自丞、尉以上偏置私人，如此，有異淮南、濟北之爲邪！此時而欲爲治安，雖堯、舜不治。

黄帝曰：『日中必熭，操刀必割。』今令此道順而全安，甚易，不肯早爲，已乃墮骨肉之屬而抗剄之，豈有異秦之季世乎！夫以天子之位，

乘今之時，因天之助，尚憚以危爲安，以亂爲治，假設陛下居齊桓之處，將不合諸侯而匡天下乎？臣又知陛下有所必不能矣。假設天下如曩時，淮陰侯尚王楚，黥布王淮南，彭越王梁，韓信王韓，張敖王趙，貫高爲相，盧綰王燕，陳豨在代，令此六七公者皆亡恙，當是時而陛下卽天子位，能自安乎？臣有以知陛下之不能也。天下殽亂，高皇帝與諸公併起，非有仄室之勢以豫席之也。諸公幸者，乃爲中涓，其次廑得舍人，材之不逮至遠也。高皇帝以明聖威武卽天子位，割膏腴之地以王諸公，多者百餘城，少者乃三四十縣，惠至渥也，然其後十年之間，反者九起。陛下之與諸公，非親角材而臣之也，又非身封王之也，自高皇帝不能以是一歲爲安，故臣知陛下之不能也。然尚有可諉者，曰疏，臣請試言其親者。假令悼惠王王齊，元王王楚，中子王趙，幽王王淮陽，共王王梁，靈王王燕，厲王王淮南，六七貴人皆亡恙，當是時陛下卽位，能爲治虖？臣又知陛下之不能也。若此諸王，雖名爲臣，實皆有布衣昆弟之心，慮亡不帝制而天子自爲者。擅爵人，赦死罪，甚者或戴黄屋，漢法令非行也。雖行不軌如厲王者，令之不肯聽，召之安可致乎！幸而來至，法安可得加！動一親戚，天下圜視而起，陛下之臣雖有悍如馮敬者，適啟其口，匕首已陷其匈矣。陛下雖賢，誰與領此？故疏者必危，親者必亂，已然之效也。其異姓負强而動者，漢已幸勝之矣，又不易其所以然。同姓襲是迹而動，既有徵矣，其勢盡又復然。殃禍之變，未知後移，明帝處之尚不能以安，後世將如之何！

屠牛坦一朝解十二牛，而芒刃不頓者，所排擊剝割，皆衆理解也。至於髖髀之所，非斤則斧。夫仁義恩厚，人主之芒刃也；權勢法制，人主之斤斧也。今諸侯王皆衆髖髀也，釋斤斧之用，而欲嬰以芒刃，臣以爲不缺則折。胡不用之淮南、濟北？勢不可也。

臣竊迹前事，大抵强者先反。淮陰王楚最强，則最先反；韓信倚胡，則又反；貫高因趙資，則又反；陳豨兵精，則又反；彭越用梁，則又反；黥布用淮南，則又反；盧綰最弱，最後反。長沙乃在二萬五千户耳，功少而最完，勢疏而最忠，非獨性異人也，亦形勢然也。曩令樊、酈、絳、灌據數十城而王，今雖以殘亡可也；令信、越之倫列爲徹侯而居，雖至今存可也。然則天下之大計可知已。欲諸王之皆忠附，則莫若令如長沙王；欲臣子之勿菹醢，則莫若令如樊、酈等；欲天下之治安，莫若衆建諸侯而少其力。力少則易使以義，國小則亡邪心。令海内之勢如身之使臂，臂之使指，莫不制從，諸侯之君不敢有異心，輻湊並進而歸命天子，雖在細民，且知其安，故天下咸知陛下之明。割地定制，令齊、趙、楚各爲若干國，使悼惠王、幽王、元王之子孫畢以次各受祖之分地，地盡而止，及燕、梁它國皆然。其分地衆而子孫少者，建以爲國，空而置之，須其子孫生者，舉使君之。諸侯之地其削頗入漢者，爲徙其侯國及封其子孫也，所以數償之；一寸之地，一人之衆，天子亡所利焉，誠以定治而已，故天下咸知陛下之廉。地制壹定，宗室子孫莫慮不王，下無倍畔之心，上無誅伐之志，故天下咸知陛下之仁。法立而不犯，令行而不逆，貫高、利幾之謀不生，柴奇、開章之計不萌，細民鄉善，大臣致順，故天下咸知陛下之義。臥赤子天下之上而安，植遺腹，朝委裘，而天下不亂，當時大治，後世誦聖。壹動而五業附，陛下誰憚而久不爲此？

天下之勢方病大瘇。一脛之大幾如要，一指之大幾如股，平居不可屈信，一二指搐，身慮亡聊。失今不治，必爲錮疾，後雖有扁鵲，不能爲已。病非徒瘇也，又苦蹠盭戾。元王之子，帝之從弟也；今之王者，從弟之子也。惠王，親兄子也；今之王者，兄子之子也。親者或亡分地以安天下，疏者或制大權以逼天子，臣故曰非徒病瘇也，又苦蹠戾。可痛哭者，此病是也。

天下之勢方倒縣。凡天子者，天下之首，何也？上也。蠻夷者，天下之足，何也？下也。今匈奴嫚娒侵掠，至不敬也，爲天下患，至亡已也，而漢歲致金絮采繒以奉之。夷狄徵令，是主上之操也；天子共貢，是臣下之禮也。足反居上，首顧居下，倒縣如此，莫之能解，猶爲國有人乎？非亶倒縣而已，又類辟，且病痱。夫辟者一面病，痱者一方痛。今西邊北邊之郡，雖有長爵不輕得復，五尺以上不輕得息，斥候望烽燧不得臥，將吏被介胄而睡，臣故曰一方病矣。醫能治之，而上不使，可爲流涕者此也。

陛下何忍以帝皇之號爲戎人諸侯，勢既卑辱，而禍不息，長此安窮！進謀者率以爲是，固不可解也，亡具甚矣。臣竊料匈奴之衆不過漢一大縣，以天下之大困於一縣之衆，甚爲執事者羞之。陛下何不試以臣爲屬國

之官以主匈奴？行臣之計，請必係單于之頸而制其命，伏中行說而笞其背，舉匈奴之衆唯上之令。今不獵猛敵而獵田彘，不搏反寇而搏畜菟，翫細娛而不圖大患，非所以爲安也。德可遠施，威可遠加，而直數百里外威令不信，可爲流涕者此也。

今民賣僮者，爲之繡衣絲履偏諸緣，內之閑中，是古天子后服，所以廟而不宴者也，而庶人得以衣婢妾。白縠之表，薄紈之裏，緁以偏諸，美者黼繡，是古天子之服，今富人大賈嘉會召客者以被牆。古者以奉一帝一后而節適，今庶人屋壁得爲帝服，倡優下賤得爲后飾，然而天下不屈者，殆未有也。且帝之身自衣皁綈，而富民牆屋被文繡；天子之后以緣其領，庶人孽妾緣其履；此臣所謂舛也。夫百人作之不能衣一人，欲天下亡寒，胡可得也？一人耕之，十人聚而食之，欲天下亡飢，不可得也。飢寒切於民之肌膚，欲其亡爲姦邪，不可得也。國已屈矣，盜賊直須時耳，然而獻計者曰『毋動』爲大耳。夫俗至大不敬也，至亡等也，至冒上也，進計者猶曰『毋爲』，可爲長太息者此也。

商君遺禮義，棄仁恩，并心於進取，行之二歲，秦俗日敗。故秦人家富子壯則出分，家貧子壯則出贅。借父耰鉏，慮有德色；母取箕箒，立而誶語。抱哺其子，與公併倨；婦姑不相說，則反脣而相稽。其慈子耆利，不同禽獸者亡幾耳。然并心而赴時，猶曰蹶六國，兼天下。功成求得矣，終不知反廉愧之節，仁義之厚。信并兼之法，遂進取之業，天下大敗；衆掩寡，智欺愚，勇威怯，壯陵衰，其亂至矣。是以大賢起之，威震海內，德從天下。曩之爲秦者，今轉而爲漢矣。然其遺風餘俗，猶尚未改。今世以侈靡相競，而上亡制度，棄禮誼，捐廉恥，日甚，可謂月異而歲不同矣。逐利不耳，慮非顧行也，今其甚者殺父兄矣。盜者剟寢戶之簾，搴兩廟之器，白晝大都之中剽吏而奪之金。矯僞者出幾十萬石粟，賦六百餘萬錢，乘傳而行郡國，此其亡行義之尤至者也。而大臣特以簿書不報，期會之間，以爲大故。至於俗流失，世壞敗，因恬而不知怪，慮不動於耳目，以爲是適然耳。夫移風易俗，使天下回心而鄉道，類非俗吏之所能爲也。俗吏之所務，在於刀筆筐篋，而不知大體。陛下又不自憂，竊爲陛下惜之。

夫立君臣，等上下，使父子有禮，六親有紀，此非天之所爲，人之所設也。夫人之所設，不爲不立，不植則僵，不修則壞。《筦子》曰：『禮義廉恥，是謂四維；四維不張，國乃滅亡。』使筦子愚人也則可，筦子而少知治體，則是豈可不爲寒心哉！秦滅四維而不張，故君臣乖亂，六親殃戮，姦人並起，萬民離叛，凡十三歲，而社稷爲虛。今四維猶未備也，故姦人幾幸，而衆心疑惑。豈如今定經制，令君君臣臣，上下有差，父子六親各得其宜，姦人亡所幾幸，而羣臣衆信，上不疑惑！此業壹定，世世常安，而後有所持循矣。若夫經制不定，是猶度江河亡維楫，中流而遇風波，船必覆矣。可爲長歎息者此也。

夏爲天子，十有餘世，而殷受之。殷爲天子，二十餘世，而周受之。周爲天子，三十餘世，而秦受之。秦爲天子，二世而亡。人性不甚相遠也，何三代之君有道之長，而秦無道之暴也？其故可知也。古之王者，太子乃生，固舉以禮，使士負之，有司齊肅端冕，見之南郊，見于天也。過闕則下，過廟則趨，孝子之道也。故自爲赤子而教固已行矣。昔者成王幼在繈抱之中，召公爲太保，周公爲太傅，太公爲太師。保，保其身體；傅，傅之德義；師，道之教訓；此三公之職也。於是爲置三少，皆上大夫也，曰少保、少傅、少師，是與太子宴者也。故乃孩提有識，三公、三少固明孝仁禮義以道習之，逐去邪人，不使見惡行。於是皆選天下之端士孝悌博聞有道術者以衛翼之，使與太子居處出入。故太子乃生而見正事，聞正言，行正道，左右前後皆正人也。夫習與正人居之，不能毋正，猶生長於齊不能不齊言也；習與不正人居之，不能毋不正，猶生長於楚之地不能不楚言也。故擇其所耆，必先受業，乃得嘗之；擇其所樂，必先有習，乃得爲之。孔子曰：『少成若天性，習慣如自然。』及太子少長，知妃色，則入于學。學者，所學之官也。《學禮》曰：『帝入東學，上親而貴仁，則親疏有序而恩相及矣；帝入南學，上齒而貴信，則長幼有差而民不誣矣；帝入西學，上賢而貴德，則聖智在位而功不遺矣；帝入北學，上貴而尊爵，則貴賤有等而下不踰矣；帝入太學，承師問道，退習而考於太傅，太傅罰其不則而匡其不及，則德智長而治道得矣。此五學者既成於上，則百姓黎民化輯於下矣。』及太子既冠成人，免於保傅之嚴，則有記過之史，徹膳之宰，進善之旌，誹謗之木，敢諫之鼓。瞽史誦詩，工誦箴諫，大夫進謀，士傳民語。習與智長，故切而不媿；化與心成，

故中道若性。三代之禮：春朝朝日，秋暮夕月，所以明有敬也；春秋入學，坐國老，執醬而親饋之，所以明有孝也；行以鸞和，步中《采齊》，趣中《肆夏》，所以明有度也；其於禽獸，見其生不食其死，聞其聲不食其肉，故遠庖廚，所以長恩，且明有仁也。

夫三代之所以長久者，以其輔翼太子有此具也。及秦而不然。其俗固非貴辭讓也，所上者告訐也；固非貴禮義也，所上者刑罰也。使趙高傅胡亥而教之獄，所習者非斬劓人，則夷人之三族也。故胡亥今日即位而明日射人，忠諫者謂之誹謗，深計者謂之妖言，其視殺人若艾草菅然。豈惟胡亥之性惡哉？彼其所以道之者非其理故也。

鄙諺曰：『不習爲吏，視已成事。』又曰：『前車覆，後車誡。』夫三代之所以長久者，其已事可知也；然而不能從者，是不法聖智也。秦世之所以亟絶者，其轍迹可見也；然而不避，是後車又將覆也。夫存亡之變，治亂之機，其要在是矣。天下之命，縣於太子；太子之善，在於早諭教與選左右。夫心未濫而先諭教，則化易成也；開於道術智誼之指，則教之力也。若其服習積貫，則左右而已。夫胡、粤之人，生而同聲，耆欲不異，及其長而成俗，累數譯而不能相通，行者有雖死而不相爲者，則教習然也。臣故曰選左右早諭教最急。夫教得而左右正，則太子正矣，太子正而天下定矣。《書》曰：『一人有慶，兆民賴之。』此時務也。

凡人之智，能見已然，不能見將然。夫禮者禁於將然之前，而法者禁于已然之後，是故法之所用易見，而禮之所爲生難知也。若夫慶賞以勸善，刑罰以懲惡，先王執此之政，堅如金石，行此之令，信如四時，據此之公，無私如天地耳，豈顧不用哉？然而曰禮云禮云者，貴絶惡於未萌，而起教於微眇，使民日遷善遠罪而不自知也。孔子曰：『聽訟，吾猶人也，必也使毋訟乎！』爲人主計者，莫如先審取舍，取舍之極定於内，而安危之萌應於外矣。安首非一日而安也，危者非一日而危也，皆以積漸然，不可不察也。

人主之所積，在其取舍。以禮義治之者，積禮義；以刑罰治之者，積刑罰。刑罰積而民怨背，禮義積而民和親。故世主欲民之善同，而所以使民善者或異。或道之以德教，或驅之以法令。道之以德教者，德教洽而民氣樂；歐之以法令者，法令極而民風哀。哀樂之感，禍福之應也。秦王之欲尊宗廟而安子孫，與湯、武同，然而湯、武廣大其德行，六七百歲而弗失，秦王治天下，十餘歲則大敗。此亡它故矣，湯、武之定取舍審而秦王之定舍不審矣。夫天下，大器也。今人之置器，置諸安處則安，置諸危處則危。天下之情與器亡以異，在天子之所置之。湯、武置天下於仁義禮樂，而德澤洽，禽獸草木廣裕，德被蠻貊四夷，累子孫數十世，此天下所共聞也。秦王置天下於法令刑罰，德澤亡一有，而怨毒盈於世，下憎惡之如仇讎，禍幾及身，子孫誅絶，此天下之所共見也。是非其明效大驗邪！人之言曰：『聽言之道，必以其事觀之，則言者莫敢妄言。』今或言禮誼之不如法令，教化之不如刑罰，人主胡不引殷、周、秦事以觀之也？人主之尊譬如堂，羣臣如陛，衆庶如地。故陛九級上，廉遠地，則堂高；陛亡級，廉近地，則堂卑。高者難攀，卑者易陵，理勢然也。故古者聖王制爲等列，内有公卿、大夫、士，外有公、侯、伯、子、男，然後有官師小吏，延及庶人，等級分明，而天子加焉，故其尊不可及也。里諺曰：『欲投鼠而忌器。』此善諭也。鼠近於器，尚憚不投，恐傷其器，況於貴臣之近主乎！廉恥節禮以治君子，故有賜死而亡戮辱。是以黥、劓之罪不及大夫，以其離主上不遠也。禮不敢齒君之路馬，蹴其芻者有罰；見君之几杖則起，遭君之乘車則下，入正門則趨；君之寵臣雖或有過，刑戮之罪不加其身者，尊君之故也。此所以爲主上豫遠不敬也，所以體貌大臣而厲其節也。今自王侯三公之貴，皆天子之所改容而禮之也，古天子之所謂伯父、伯舅也，而令與衆庶同黥、劓、髡、刖、笞傌、棄市之法，然則堂不亡陛虖？被戮辱者不泰迫虖？廉恥不行，大臣無乃握重權，大官而有徒隸亡恥之心虖？夫望夷之事，二世見當以重法者，投鼠而不忌器之習也。

臣聞之，履雖鮮不加於枕，冠雖敝不以苴履。夫嘗已在貴寵之位，天子改容而體貌之矣，吏民嘗俯伏以敬畏之矣，今而有過，帝令廢之可也，退之可也，賜之死可也，滅之可也；若夫束縛之，係緤之，輸之司寇，編之徒官，司寇小吏詈罵而榜笞之，殆非所以令衆庶見也。夫卑賤者習知尊貴者之一旦吾亦乃可以加此也，非所以習天下也，非尊尊貴貴之化也。夫天子之所嘗敬，衆庶之所嘗寵，死而死耳，賤人安宜得如此而頓辱之哉！

豫讓事中行之君，智伯伐而滅之，移事智伯。及趙滅智伯，豫讓釁面吞炭，必報襄子，五起而不中。人問豫子，豫子曰：『中行衆人畜我，我故衆人事之；智伯國士遇我，我故國士報之。』故此一豫讓也，反君事讐，行若狗彘，已而抗節致忠，行出虖列士，人主使然也。故主上遇其大臣如遇犬馬，彼將犬馬自爲也；如遇官徒，彼將官徒自爲也。頑頓亡恥，奊詬亡節，廉恥不立，且不自好，苟若而可，故見利則逝，見便則奪。主上有敗，則因而挻之矣；主上有患，則吾苟免而已，立而觀之耳；有便吾身者，則欺賣而利之耳。人主將何便於此？羣下至衆，而主上至少也，所託財器職業者粹於羣下也。俱亡恥，俱苟妄，則主上最病。故古者禮不及庶人，刑不至大夫，所以厲寵臣之節也。古者大臣有坐不廉而廢者，不謂不廉，曰『簠簋不飾』；坐汙穢淫亂男女亡别者，不曰汙穢，曰『帷薄不修』；坐罷軟不勝任者，不謂罷軟，曰『下官不職』。故貴大臣定有其罪矣，猶未斥然正以呼之也，尚遷就而爲之諱也。故其在大譴大何之域者，聞譴何則白冠氂纓，盤水加劍，造請室而請罪耳，上不執縛係引而行也。其有中罪者，聞命而自弛，上不使人頸戾而加也。其有大罪者，聞命則北面再拜，跪而自裁，上不使捽抑而刑之也，曰：『子大夫自有過耳！吾遇子有禮矣。』遇之有禮，故羣臣自憙；嬰以廉恥，故人矜節行。上設廉恥禮義以遇其臣，而臣不以節行報其上者，則非人類也。故化成俗定，則爲人臣者主耳忘身，國耳忘家，公耳忘私，利不苟就，害不苟去，唯義所在。上之化也，故父兄之臣誠死宗廟，法度之臣誠死社稷，輔翼之臣誠死君上，守圄扞敵之臣誠死城郭封疆。故曰聖人有金城者，比物此志也。彼且爲我死，故吾得與之俱生；彼且爲我亡，故吾得與之俱存；夫將爲我危，故吾得與之皆安。顧行而忘利，守節而仗義，故可以託不御之權，可以寄六尺之孤。此厲廉恥行禮誼之所致也，主上何喪焉！此之不爲，而顧彼之久行，故曰可爲長歎息者此也。

又　卷五一《賈山傳》　孝文時，賈山言治亂之道，借秦爲諭，名曰《至言》。其辭曰：

臣聞爲人臣者，盡忠竭愚，以直諫主，不避死亡之誅者，臣山是也。臣不敢以久遠諭，願借秦以爲諭，唯陛下少加意焉。

夫布衣韋帶之士，修身於內，成名於外，而使後世不絕息。至秦則不然。貴爲天子，富有天下，賦斂重數，百姓任罷，赭衣半道，羣盜滿山，使天下之人戴目而視，傾耳而聽。一夫大呼，天下嚮應者，陳勝是也。秦非徒如此也，起咸陽而西至雍，離宮三百，鐘鼓帷帳，不移而具。又爲阿房之殿，殿高數十仞，東西五里，南北千步，從車羅騎，四馬鶩馳，旌旗不橈。爲宮室之麗至於此，使其後世曾不得聚廬而託處焉。爲馳道於天下，東窮燕、齊，南極吳、楚，江湖之上，瀕海之觀畢至。道廣五十步，三丈而樹，厚築其外，隱以金椎，樹以青松。爲馳道之麗至於此，使其後世曾不得邪徑而託足焉。死葬乎驪山，吏徒數十萬人，曠日十年。下徹三泉合採金石，冶銅錮其內，漆塗其外，被以珠玉，飾以翡翠，中成觀游，上成山林，爲葬薶之侈至於此，使其後世曾不得蓬顆蔽冢而託葬焉。秦以熊羆之力，虎狼之心，蠶食諸侯，幷吞海內，而不篤禮義，故天殃已加矣。臣昧死以聞，願陛下少留意而詳擇其中。

臣聞忠臣之事君也，言切直則不用而身危，不切直則不可以明道，故切直之言，明主所欲急聞，忠臣之所以蒙死而竭知也。地之磽者，雖有善種，不能生焉；江皋河瀕，雖有惡種，無不猥大。昔者夏、商之季世，雖關龍逢、箕子、比干之賢，身死亡而道不用。文王之時，豪俊之士皆得竭其智，芻蕘採薪之人皆得盡其力，此周之所以興也。故地之美者善養禾，君之仁者善養士。雷霆之所擊，無不摧折者；萬鈞之所壓，無不糜滅者。今人主之威，非特雷霆也；勢重，非特萬鈞也。開道而求諫，和顔色而受之，用其言而顯其身，士猶恐懼而不敢自盡，又乃況於縱欲恣行暴虐，惡聞其過乎！震之以威，壓之以重，則雖有堯、舜之智，孟賁之勇，豈有不摧折者哉？如此，則人主不得聞其過失矣；弗聞，則社稷危矣。古者聖王之制，史在前書過失，工誦箴諫，瞽誦詩諫，公卿比諫，士傳言諫，庶人謗於道，商旅議於市，然後君得聞其過失也。聞其過失而改之，見義而從之，所以永有天下也。天子之尊，四海之內，其義莫不爲臣。然而養三老於大學，親執醬而饋，執爵而酳，祝饐在前，祝鯁在後，公卿奉杖，大夫進履，舉賢以自輔弼，求修正之士使直諫。故以天子之尊，尊養三老，視孝也；立輔弼之臣者，恐驕也；置直諫之士者，恐不得聞其過也；學問至於芻蕘者，求猒無饜也；商人庶人誹謗已而改之，從善無不聽也。

昔者，秦政力并萬國，富有天下，破六國以爲郡縣，築長城以爲關塞。秦地之固，大小之勢，輕重之權，其與一家之富，一夫之强，胡可勝計也！然而兵破於陳涉，地奪於劉氏者，何也？秦王貪狼暴虐，殘賊天下，窮困萬民，以適其欲也。昔者，周蓋千八百國，以九州之民養千八百國之君，用民之力不過歲三日，什一而籍，君有餘財，民有餘力，而頌聲作。秦皇帝以千八百國之民自養，力罷不能勝其役，財盡不能勝其求。一君之身耳，所以自養者馳騁弋獵之娛，天下弗能供也。勞罷者不得休息，飢寒者不得衣食，亡罪而死刑者無所告訴，人與之爲怨，家與之爲仇，故天下壞也。秦皇帝身在之時，天下已壞矣，而弗自知也。秦皇帝東巡狩，至會稽、琅邪，刻石著其功，自以爲過堯、舜統；縣石鑄鍾虡，篩土築阿房之宮，自以爲萬世有天下也。古者聖王作謚，三四十世耳，雖堯、舜、禹、湯、文、武累世廣德以爲子孫基業，無過二三十世者也。秦皇帝曰死而以謚法，是父子名號有時相襲也，以一至萬，則世世不相復也，故死而號曰始皇帝，其次曰二世皇帝者，欲以一至萬也。秦皇帝計其功德，度其後嗣，世世無窮，然身死纔數月耳，天下四面而攻之，宗廟滅絶矣。

秦皇帝居滅絶之中而不自知者何也？天下莫敢告也。其所以莫敢告者何也？亡養老之義，亡輔弼之臣，亡進諫之士，縱恣行誅，退誹謗之人，殺直諫之士，是以道諛偷合苟容，比其德則賢於堯、舜，課其功則賢于湯、武，天下已潰而莫之告也。詩曰：『匪言不能，胡此畏忌，聽言則對，譖言則退。』此之謂也。又曰：『濟濟多士，文王以寧。』天下未嘗亡士也，然而文王獨言以寧者何也？文王好仁則仁興，得士而敬之則士用，用之有禮義。故不致其愛敬，則不能盡其心；不能盡其心，則不能盡其力；不能盡其力，則不能成其功。故古之賢君於其臣也，尊其爵禄而親之；疾則臨視之亡數，死則往弔哭之，臨其小斂大斂，已棺塗而後爲之服錫衰麻絰，而三臨其喪；未斂不飲酒食肉，未葬不舉樂，當宗廟之祭而死，爲之廢樂。故古之君人者於其臣也，可謂盡禮矣；服法服，端容貌，正顔色。然後見之。故臣下莫敢不竭力盡死以報其上，功德立於後世，而令聞不忘也。

今陛下念思祖考，術追厥功，圖所以昭光洪業休德，使天下舉賢良方正之士，天下皆訢訢焉，曰將興堯、舜之道，三王之功矣。天下之士莫不精白以承休德。今方正之士皆在朝廷矣，又選其賢者使爲常侍諸吏，與之馳敺射獵，一日再三出。臣恐朝廷之解弛，百官之隳於事也，諸侯聞之，又必怠於政矣。

陛下即位，親自勉以厚天下，損食膳，不聽樂，減外徭衛卒，止歲貢；省廐馬以賦縣傳，去諸苑以賦農夫，出帛十萬餘匹以振貧民；禮高年，九十者一子不事，八十者二算不事；賜天下男子爵，大臣皆至公卿；發御府金賜大臣宗族，亡不被澤者；赦罪人，憐其亡髪，賜之巾；憐其衣赭書其背，父子兄弟相見也，而賜之衣。平獄緩刑，天下莫不説喜。是以元年膏雨降，五穀登，此天之所以相陛下也。刑輕於它時而犯法者寡，衣食多於前年而盜賊少，此天下之所以順陛下也。臣聞山東吏布詔令，民雖老羸癃疾，扶杖而往聽之，願少須臾毋死，思見德化之成也。今功業方就，名聞方昭，四方鄉風，今從豪俊之臣，方正之士，直與之日日獵射，擊兔伐狐，以傷大業，絶天下之望，臣竊悼之。《詩》曰：『靡不有初，鮮克有終。』臣不勝大願，願少衰射獵，以夏歲二月，定明堂，造太學，修先王之道。風行俗成，萬世之基定，然後唯陛下所幸耳。

古者大臣不媟，故君子不常見其齊嚴之色、肅敬之容。大臣不得與宴游，方正修潔之士不得從射獵，使皆務其方以高其節，則羣臣莫敢不正身修行，盡心以稱大禮。如此，則陛下之道尊敬，功業施于四海，垂於萬世子孫矣。誠不如此，則行日壞而榮日滅矣。夫士修之於家，而壞之於天子之廷，臣竊愍之。陛下與衆臣宴游，與大臣方正朝廷論議。夫游不失樂，朝不失禮，議不失計，軌事之大者也。

漢・王符《潛夫論》卷二《明闇第六》 國之所以治者君明也，其所以亂者君闇也。君之所以明者兼聽也，其所以闇者偏信也。是故人君通必兼聽，則聖日廣矣；庸説偏信，則愚日甚矣。《詩》云：『先民有言，詢於芻蕘。』

夫堯、舜之治，闢四門，明四目，通四聰，是以天下輻輳而聖無不照；故共、鯀之徒弗能塞也，靖言庸回弗能惑也。秦之二世，務隱藏己，而斷百僚，隔捐疏賤而信趙高，是以聽塞於貴重之臣，明蔽於驕妒之人，故天下潰叛，弗得聞也。皆高所殺，莫敢言之。周章至戲乃始駭，閻樂進勸乃後悔，不亦晚矣！故人君兼聽納下，則貴臣不得誣，而遠人不得欺

也；慢賤信貴，則朝廷讜言無以至，而潔士奉身伏罪於野矣。

夫朝臣所以統理，而多比周則法亂；賢人所以奉己，而隱遯伏野則君孤。法亂君孤而能存者，未之嘗有也。是故明君莅衆，務下言以昭外，敬納卑賤以誘賢也。其無距言，未必言者之盡可用也，乃懼距無用而讓有用也；其無慢賤，未必其人盡賢也，乃懼慢不肖而絶賢望也。是故聖王表小以厲大，賞鄙以招賢，然後良士集於朝，下情達於君也。故上無遺失之策，官無亂法之臣。此君民之所利，而姦佞之所患也。

昔張禄一見而穰侯免，袁絲進説而周教黜。是以當塗之人，恆嫉正直之士，得一介言於君以矯其邪也，故上飾僞辭以障主心，下設威權以固士民。趙高亂政，恐惡聞上，乃豫要二世曰：『屢見羣臣衆議政事則黷，黷且示短，不若藏己獨斷，神且尊嚴。天子稱朕，固但聞名。』二世於是乃深自幽隱，獨進趙高。趙高入稱好言以説主，出倚詔令以自尊。天下魚爛，相帥叛秦。趙高恐懼，歸惡於君，乃使閻樂責而殺，願一見高不能而死。

夫田常囚簡公，踔齒懸湣王，二世亦既聞之矣。然猶復襲其敗迹者何也？過在於不納卿士之箴規，不受民氓之謡言，自以己賢於簡、湣，而趙高賢於二臣也。故國已亂而上不知，禍既作而下不救。此非衆共棄君，乃君以衆命繫趙高，病自絶於民也。

後末世之君危何知之哉？舜曰：『予違，汝弼。汝無面從，退有後言。』故治國之道，勸之使諫，宣之使言，然後君明察而治情通矣。

且凡驕臣之好隱賢也，既患其正義以繩己矣，又恥居上位而明不及下，尹其職而策不出於己。是以郄宛得衆而子常殺之，屈原得君而椒、蘭構讒，耿壽建常平而嚴延妒其謀，陳湯殺郅支而匡衡挍其功。

由此觀之，處位卑賤而欲效善於君，則必先與寵人爲讎矣。乘舊寵沮之於內，而己接賤欲自信於外，此思善之君，願忠之士，所以雖並生一世，憂心相皦，而終不得遇者也。

漢・崔寔《政論》 自堯、舜之帝，湯、武之王，皆賴明哲之佐，博物之臣。故皋陶陳謨而唐、虞以興，伊、箕作訓而殷、周用隆。及繼體之君，欲立中興之功者，曷嘗不賴賢哲之謀乎！凡天下之所以不治者，常由世主承平日久，俗漸弊而不寤，政浸衰而不改，習亂安危，逸不自覩。或荒耽嗜欲，不恤萬機；或耳蔽箴誨，厭僞忽眞；或猶豫岐路，莫適所從；或見信之佐，括囊守禄；或疏遠之臣，言以賤廢。是以王綱縱馳于上，智士鬱伊於下。悲夫！且守文之君，繼陵遲之緒，譬諸乘弊車矣。當求巧工，使輯治之折則接之，緩則契之，補琢換易，可復爲新。新新不已，用之無窮。若遂不治，因而乘之，摧拉捌裂，亦無可奈何矣。若武丁之獲傅説，宣王之得申甫是則其巧工也。今朝廷以聖哲之姿，龍飛天衢，大臣輔政，將成斷金，誠宜有以滿天下之望，稱兆民之心。年穀豐稔風俗未乂。

夫風俗者，國之脉診也。誠未足爲休。《書》曰：『雖休勿休。』況不休而可休乎。且濟時拯世之術，豈必體堯蹈舜然後乃治哉？期於補綻決壞，枝柱邪傾，隨形裁割，取時君所能行，要厝斯世于安寧之域而已。故聖人執權，遭時定制，步驟之差，各有云施。不强人以不能，背急而慕所聞也。昔孝武皇帝策書曰：『三代不同法，所由殊路，而建德一也。』蓋孔子對葉公以來遠，哀公以臨民，景公以節禮，非其不同，所急異務也。然疾俗人拘文牽古，不達權制，奇瑋所聞，簡忽所見，策不見珍，計不見信。夫人既不知善之爲善，又將不知不善之爲不善，惡足與論國家之大事哉！故每有言事，頗合聖聽者，或下羣臣，令集議之，雖有可採，輒見掎奪。何者？其頑士闇於時權，安習所見，殆不知樂成，況可與慮始乎？心閃意舛，不知所云，則苟云率由舊章而已。其達者或矜名嫉能。見屏棄其義，寡不勝衆，遂則舞筆舊辭以破。恥善策不從己出，雖稷、契復存，由將困焉。斯賈生之所以排於絳、灌，弔屈子以舒憤者也。夫以文帝之明，賈生之賢，絳、灌之忠，而有此患，況其餘哉！況其餘哉！且世主莫不願得尼、軻之倫以爲輔佐，卒然獲之，未必珍也。自非題榜其面曰魯孔丘、鄒孟軻，殆必不見敬信。何以明其然也？此二者善已存於上矣。當時皆見薄賤，而莫能任用，困厄削逐，待放不追，勞辱勤瘁，爲豎子所議笑，其故獲也。夫淳淑之士，固不曲道以媚時，不詭行以邀名，恥鄉原之譽，絶比周之黨，而世主凡君，明不能別異量之士，而適足受譖潤之愬。前君既失之於古，後君又蹈之於今，是以命世之士，常抑於當時，而見思於後人。以往揆來，亦可容易？向使賢不肖相去，如泰山之與蟻垤，策謀得失相覺，如日月之與螢火，雖頑嚚之人，猶能察焉。常患賢佞

難別，是非倒紛，始相去如毫釐，而禍福差以千里，故聖君明主其猶慎之。

圖王不成，弊猶足霸。圖霸不成，弊將如何？

故宜量力度德，《春秋》之義。今既不能純法八世，故宜參以霸政，則宜重賞深罰以御之，明著法術以檢之。自非上德，嚴以則理，寬之則亂。何以明其然也？近孝宣皇帝明于君人之道，審於爲政之理，故嚴刑峻法，破姦軌之膽，海內肅清，天下密如。嘉瑞並集，屢獲豐年。薦勳祖廟，享號中宗。算計見效，優於孝文。元帝卽位，多行寬政，卒以墮損，威權始奪，遂爲漢室基禍之主。治國之道，得失之理，於是可以鑑矣。昔孔子作《春秋》，褒齊桓，懿晉文，歎管仲之功。夫豈不美文、武之道哉，誠達權救弊之理也。故聖人能與世推移，而俗士苦不知變，以爲結繩之約，可復理亂秦之緒，《干戚》之舞，足以解平城之圍。夫熊經鳥伸，雖延歷之術，非傷寒之理；呼吸吐納，雖度紀之道，非續骨之膏。蓋爲國之道，有似理身，平則致養，疾則攻焉。夫刑罰者，治亂之藥石也；德教者，興平之粱肉也。夫以德教除殘，是以粱肉理疾也；以刑罰理平，是以藥石供養也。方今承百王之敝，值厄運之會。自數世以來，政多恩貸，馭委其轡，馬駘其銜，四牡橫奔，皇路險傾。必將鉗勒鞭撻以救奔敗，豈暇鳴和鑾，清節奏從容平路哉！昔高祖令蕭何作九章之律，有夷三族之令，黥、劓、斬趾、斷舌、梟首，故謂之具五刑。文帝雖除肉刑，當劓者笞三百，當斬左趾者笞五百，當斬右趾者棄市。右趾者既損其命，鞭撻者往往至死，雖有輕刑之名，其實殺也。當此之時，民皆思復肉刑。至景帝元年，乃下詔曰：『加笞與重罪無異，幸而不死，不可爲民。』乃定減笞輕捶。自是之後，笞者得全。以此言之，文帝乃重刑，非輕之也；以嚴致平，非以寬致平也。世有所變，何獨拘前必欲行若言，當大定其本，使人主師五帝而式三王秦之俗，遵先聖之風，棄苟全之政，蹈稽古之蹤，復五等之舜，立井田之制。然後選稷、契爲佐，伊、呂爲輔，樂作而鳳皇儀，擊石而百獸舞。若不然，則多爲累而已。』

夫人之情，莫不樂富貴榮華，美服而麗飾，鏗鏘眩耀，芬芳嘉味者也。晝則思之，夜則夢焉。唯斯之務，無須臾不存於心，猶急水之歸下，下川之赴壑。不厚爲之制度，則皆侯服王食，僭至尊，逾天制矣。是故先王之御世也，必明法度以閉民欲，崇隄防以禦水害。法度替而民散亂，隄防墮而水泛溢。頃者法度頗不稽古，而舊號網漏吞舟，故庸夫設藻棁之飾，匹豎享方丈之饌，下僭其上，尊卑無別。禮壞而莫救，法墮而不恆，斯蓋有識之士所爲於邑而增歎者也。律令別有輿服制度，然斷之不自其源，禁之之不密，今使列肆賣侈功，商賈鬻僭服，百工作淫器，民見可欲，不能不買，賈人之列，户蹈踰侈矣。故王政一傾，普天率土，莫不奢僭者，非家至人告，乃時勢驅之使然。此則天下之患一也。且世奢服僭，則無用之器貴，本務之業賤矣。農桑勤而利薄，工商逸而入厚，故農夫輟耒而雕鏤，工女投杼而刺文。躬耕者少，末作者衆，生土雖皆墾，故地功不致，苟無力穡，焉得有年？財鬱蓄而不盡出，百姓窮匱而爲姦寇，是以倉廩空而囹圄實，一穀不登，則飢餒流死。上下俱匱，無以相濟。國以民爲根，民以穀爲命，命盡則根拔，根拔則本顛。此最國家之毒憂，可爲熱心者也。斯則天下之患二也。法度既墮，輿服無限，婢妾皆戴瑱楴之飾，而被織文之衣，乃送終之家，亦大無法度，至用軟梓黃腸，多藏寶貨，享牛作倡，高墳大寢，是可忍也，孰不可忍！而俗人多之，咸曰健子。天下跂慕，恥不相逮。念親將終，無以奉遣，乃約其供養，豫修亡歿之備。老親之飢寒，以事淫法之華稱，竭家盡業，甘心而不恨。窮阨既迫，迫爲盜賊，拘執陷罪，爲世大戮。痛乎，此俗之刑陷愚民也。且橘柚之貢，堯、舜所不嘗御，山龍華蟲，帝王不以爲褻服。今之臣妾，皆餘黃甘而厭文繡者，蓋以萬數矣。其餘稱此，不可勝記。古者墓而不墳，文、武之兆，與平地齊。今豪民之墳，已千坊矣。欲民不匱，誠亦難矣。是以天戚戚，人汲汲，外溺奢風，內憂窮竭，故在位者則犯王法以聚斂，愚民則冒罪戮以爲健，俗之壞敗，乃至於斯。此天下之患三也。承三患之弊，繼荒頓之緒，而徒欲修舊修故，而無匡改，雖唐、虞復存，無益於治亂也。昔聖王遠慮深思，患民情之難防，憂奢淫之害政，乃塞其源以絶其末，深其刑而重其罰。夫善堙川者必杜其源，善防姦者必絶其萌。昔子產相鄭，殊尊卑，異章服，而國用治。豈大漢之明主，曾不如小藩之陪臣？在修之與不耳。

《易》曰：『言行，君子所以動天地也。』仲尼曰：『人而無信，不知其可。』今官之接民，甚多違理，苟解面前，不顧先哲。作使百工，及

從民市，輒設計加以誘來之，器成之後，更不與直。老弱凍餓，痛號道路，守關告哀，終不見省。歷年累歲，乃纔給之，又云逋直，請十與三。此逋直豈物主之罪耶？不自咎責，反復滅之，冤抑酷痛，足感和氣。既爾，復平弊敗之物與之，至有車輿故謁者冠，賣之則莫取，服之則不可。其餘雜物，略畢此輩。是以百姓創艾，咸以官爲忌諱，遯逃鼠竄，莫肯應募。因乃捕之，劫以威勢，心苟不樂，則器械行沽，虛費則用，不周於事。故曰上爲下效，然後謂之教。上下相效殆如此，將何以防之？罰則不恕，不罰則不治，是以風移於詐，俗易於欺，獄訟繁多，民好殘僞。爲政如此，未睹其利。斯皆起于典藏之吏，不明爲國之體。苟割脛以肥頭，不知脛弱亦將顛仆也。《禮》譏聚斂之臣，《詩》曰『貪人敗類，蓋傷之也。』

陳兵策于安平之世，譬令未病者服藥。

《傳》曰：『工欲善其事，必先利其器。』舊時永平、建初之際，去戰改未久，朝廷留意于武備，財用優饒，主者躬親，故官兵常牢勁精利，謝蔡太僕之弩，及龍亭九年之劍，至今擅名天下。頃主者既不敕慎，而詔書又誤進入之賓，貪饕之吏，競約其財用，狡猾之工，復盜竊之，至以麻枲被弓弩，米粥雜漆，燒鎧鐵粹醯中，令脆易治，孔又褊小刀牟悉鈍。故邊民敢鬬健士，皆自作私兵，不肯用官器。凡漢所以能制胡者，徒擅鎧弩之利也。鎧則不堅，弩則不勁，永失所恃矣。且夫士之身，苟兵鈍甲耎，不可依恃，雖孟賁、卞莊，由有猶豫。推此論之，以小況大，使三軍器械皆可依阻，則膽勇勢盛，各有赴敵不旋之慮。若皆弊敗不足任用，亦競奮皆不避水火矣。三軍皆奮，則何敵不尅！誠宜復申明巧工舊令，除進入之課，復故財用。雖頗爲吏工所中，尚勝於自中也。苟以牢利任用爲故，無問其他，《月令》曰：『物刻工名，以覆其誠，功有不當，必行其罪，以窮其情。』今雖刻名之，而賞罰不能，又數有赦贖，主者輕翫，無所懲畏。夫兵革，國之大事，宜特留意，重其法罰。敢有巧詐輒行之罪，罪勿以赦贖除，則吏敬其職，工慎其業矣。

昔聖王之治天下，咸建諸侯以臨其民。國有常君，君有定臣，上下相安，政如一家。秦兼天下，罷侯置縣，於是君臣始有不親之釁矣。我文、景患其如此；故令長視事至十餘年，居位或長子孫，永久則相習，上下無所竄情，加以心堅意專，安官樂職，圖慮久長，而無苟且之政，吏民供奉，亦竭忠盡節而無壹切之計，故能君臣和睦，百姓康樂。苟有康樂之心充於中，則和氣應於外，是以災害不生，禍亂不作。自頃以來，政教稍改，重刑闕於大臣，而密罔刻於下職，鼎輔不思在寬之悳，牧牧守守逐之，各競擿微短，吹毛求疵，重案深詆，以中傷貞良。長吏或實清廉，心平行潔，內省不疚，不肯媚竈，曲禮不行於所屬，私敬無廢於府。州郡側目，以爲負折，乃選巧文猾吏，向壁作條，誣覆閭門，攝捕妻子，人情耻令妻子就逮，則不迫自去。且人主莫不欲豹、產之臣，然西門豹治鄴一年，民欲殺之；子產相鄭，初亦見詛，三載之後，德化乃洽。今長吏下車百日，無他異觀，則州郡睥睨，待以惡意，滿歲寂漠，便見驅逐。正使豹、產復在，方見怨詛，應時奔馳，何緣得成易歌之勛，垂不朽之名者哉！猶馮唐評文帝之不能用李牧矣。近漢世所謂良吏，黃侯、召父之治郡，視事皆且十年，然後功業乃著。且以仲尼之聖，由曰『三年有成』，況凡庸之士，而責以造次之效哉。故夫卒成之政，必有橫暴酷烈之失。而世俗歸稱，謂之辨治，故絀已復進，棄已復用，橫遷超取，不由次第。是以殘猛之人，遂奮其毒，仁賢之士，劫俗爲虐，本操雖異，驅出一揆。故朝廷不獲溫良之用，兆民不蒙寬惠之德，則百姓之命委於酷吏之手，嗷嗷之怨，咎歸于上。夫民善之則畜，惡之則讎，讎滿天下，可不懼哉！是以有國有家者，甚畏其民。既畏其怨，又畏其罰，故養之如傷病，愛之如赤子，兢兢業業，懼以終始，恐失羣臣之和，以墮先王之軌也。今朝廷雖屢下恩澤之詔，垂恤民之言，而法度制令，甚失養民之道，勞思而無功，華繁而實寡。必欲求利民之術，則宜沛然改法，有以安固長吏，原其小罪，闊略微過，取其大較惠下而已。昔唐、虞之制，三載考績，三考絀陟，所以表善而簡惡，盡臣力也。漢法亦三年壹治狀，舉孝廉尤異。宣帝時，王成爲膠東相，黃霸爲潁川太守，皆且十年，但就增秩賜金，封關內侯，以次入爲公卿，然後政化大行，勳垂竹帛。皆先帝舊法，所宜因循。及中興後，上官象爲并州刺史，祭彤爲遼東太守，視事各十八年，皆增秩中二千石。近日所見，或一期之中，郡主易數二千石，雲擾波轉，潰潰紛紛，吏民疑惑，不知所謂。及公卿尚書，亦復如此。且臺閣之職，尤宜簡習。帝時，尚書但厚加賞賜，希得外補，是以機事周密，莫有漏洩。昔舜

命九官，自受終於文祖，以至陟方，五十年不聞復有改易也。聖人行之於古，以致時雍，文宣擬式，亦至隆平。若不克從，是羞效唐、虞，而耻遵先帝也。

昔明王之統黎元，蓋濟其欲而爲之節度者也。凡人情之所通好，則恕己而足之；因民有樂生之性，故分禄以頤其士，制廬井以養其萌，然後上下交足，厥心乃静。人非食不活，衣食足然後可教以禮義，威以刑罰。苟其不足，慈親不能畜其子，况君能撿其臣乎！故古記曰：『倉廩實而知禮節，衣食足而知榮辱。』今所使分威權、御民人、理獄訟、幹府庫者，皆羣臣之所爲，而其奉禄甚薄，仰不足以養父母，俯不足以活妻子。父母者，性所愛也。妻子者，性所親也。所愛所親，方將凍餒，雖冒刃求利，尚猶不避，况可令臨財御衆乎！是所謂渴馬守水，餓犬護肉，欲其不侵，亦不幾矣。夫事有不疑，勢有不然，蓋此之類，雖時有素富骨清者，未能百一，不可爲天下通率。聖王知其如此，故重其禄以防其貪欲，使之取足於奉，不與百姓爭利。故其爲士者，習推讓之風，耻言十五之計，而撥葵、去織之義形矣。故三代之賦也，足以代其耕。故晏平仲，諸侯之大夫耳，禄足贍五百，斯非優衍之故耶？昔在暴秦，反道違聖，厚自封寵，而虜遇臣下。漢興因循，未改其制。夫百里長吏，荷諸侯之任，而食監門之禄，請舉一隅，以率其餘。一月之禄，得粟二十斛、錢二千。長吏雖欲崇約，猶當有從者一人。假令無奴，當復取客。客庸一月千蒭，膏肉五百，薪炭鹽菜又五百。二人食粟六斛，其餘財足給馬，豈能供冬夏衣被、四時祠祀、賓客升酒之費乎？况復迎父母、致妻子哉！不迎父母，則違定省；不致妻子，則繼嗣絶。迎之不足相贍，自非夷齊，孰能餓死？於是則有賣官鬻獄，盜賊主守之姦生矣。孝宣皇帝悼其如此，乃詔曰：『吏不廉平，則治道衰。今小吏皆勤事而奉薄，欲其不侵漁百姓，難矣！其益吏奉百石以下什五。然尚儉隘，又不上逮古賦禄，雖不可悉遵，宜少增益，以賙其匱，使足代耕自供，以絶其内顧念姦之心，然後重其受取之罰，則吏產於財，外憚嚴刑，人懷羔羊之潔，民無侵枉之性矣。昔周之衰也，大夫無禄，詩人刺之。暴秦之政，始建薄奉。亡新之亂，不與吏除。三亡之失，異世同術。我無所鑑，夏后及商。覆車之軌，宜以爲戒。』

大赦之造，乃聖王受命而興，討亂除殘，誅其鯨鯢，赦其臣民，漸染化者耳。及戰國之時，犯罪者輒亡奔鄰國，遂赦之以誘還其逋逃之民。漢承秦制，遵而不越。孝文皇帝即位二十三年乃赦，示不廢舊章而已。近永平、建初之際，亦六七年乃壹赦。亡命之子，皆老於草野，窮困懲艾，比之於死。頃間以來，歲且壹赦，百姓忸忕，輕爲姦非。每迫春節，徼倖之會，犯惡尤多。近前年一期之中，大小四赦。諺曰：『一歲再赦，奴兒喑噁。』况不軌之民，孰不肆意！遂以赦爲常俗，初期望之，過期不至，亡命蓄積，羣輩屯聚，爲朝廷憂。如是則劫，不得不赦。赦以趣姦，姦以趣赦，轉相驅蹴，兩不得息，雖日赦之，亂甫繁耳。由坐飲多發消渴，而水更不得去口，其歸亦無終矣。又踐祚改元際，未嘗不赦。每其令曰：『蕩滌舊惡，將與士大夫更始。』是己薄先，且遠無改之義，非所以明孝抑邪之道也。昔《莞子》有云：『赦者奔馬之委轡，不赦者痤疽之砭石。』及匡衡、吴漢，將相之儁，而皆建言不當數赦。今如欲尊先王之制，宜曠然更下大赦令。因明諭使知永不復赦，則羣下震栗，莫輕犯罪。縱不能然，亦十歲以上，乃時壹赦。

昔者聖王立井田之制，分口耕耦地，各相副適，使人飢飽不遍，勞逸齊均，富者不足僭差，貧者無所企慕。始暴秦隳壞法度，制人之財，既無紀綱，而乃尊獎并兼之人。烏氏以牧豎致財，寵比諸侯；寡婦清以攻丹殖業，禮以國賓。於是巧猾之萌，遂肆其意。上家累巨億之貲，户地侔封君之士，行苞苴以亂執政，養劍客以威黔首，專殺不辜，號無市死之子，生死之奉，多擬人主。故下户踦𨇾，無所跱足，乃父子低首，奴事富人，躬帥妻孥，爲之服役。故富者席餘而日織，貧者躡短而歲蹴，歷代爲虜，猶不贍於衣食，生有終身之勤，死有暴骨之憂，歲小不登，流離溝壑，嫁妻賣子，其所以傷心腐藏，失生人之樂者，蓋不可勝陳。故古有移人通財，以贍蒸黎。今青、徐、兖、冀，人稠土狹，不足相供，而三輔左右，及涼、幽州内附近郡，皆土曠人稀，厥田宜稼，悉不肯墾發。小人之情，安土重遷，寧就飢餒，無適樂土之慮。故人之爲言瞑也，謂瞑瞑無所知，猶羣羊聚畜，須主者牧養處置，置之茂草則肥澤繁息，置之磽鹵則零丁耗減。是以景帝六年詔郡國，令人得去磽狹就寬肥。至武帝遂徙關東貧人於隴西、北地、西河、上郡、會稽，凡七十二萬五千口，後加徙猾吏於關內。今宜復遵故事，徙貧人不能自業者於寬地，此亦開草闢土振人之

術也。

戰國海內十二分，魏州有史起引漳水灌鄴，民以興歌；蜀郡李冰鑿離堆通三江，益部至今賴之。秦開鄭國，漢作白溝，而關中號爲陸海。武帝以趙過爲搜粟都尉，教民耕殖。其法三犁共一牛，一人將之下種，挽耬皆取備焉，日種一頃，至今三輔猶賴其利。今遼東耕犁，轅長四尺，迴轉相妨，既用兩牛，兩人牽之，一人將耕，一人下種，二人挽耬，凡用二牛六人，一日纔種二十五畝，其懸絶如此。

夏扈趣耘鋤。

僕前爲五原大守，土地不知緝績。冬至積草，伏臥其中。若見吏，以草纏身，令人酸鼻。吾乃賣儲峙，得二十餘萬，詣雁門、廣武迎織師，使巧手作機及紡，以教民織。具以上聞。

昔人有慕讓財之名，推田業與弟。俄而貧乏，反以威力就弟强貸，此不當也。

舉彌天之網，以羅海內之士，同類翕集而蟻附，計士噸踧而脅從，黨成於下，君孤於上。

馬不素養，難以追遠；士不素簡，難以趨急。

葉公之好攘羊，雖可發姦，君子不貴也。

國不通道，工不信度，亡可待也。

無賞罰之君，而欲世之始，是猶不蓄梳櫛，而欲發之治，不可得也。

術家曰：『冬榮者，春必殺。』

今典州郡者，自違詔書，縱意出入。每詔書所欲禁絶，雖重懇惻，罵詈極筆，由復廢舍，終無悛意。故里語曰：『州郡記，如霹靂，得詔書，但挂壁。』永平中，詔禁吏卒不得繫馬宮外樹，爲傷害其枝葉。又詔令洛陽幘工作幘，皆二尺五寸圍。人頭有大小，不可同度。此詔不可從也。

洗濯民心，湔浣浮俗。

永寧詔曰：『鐘鳴漏盡，洛陽城中，不得有行者。』

詔書：故事三公辟召，以四科取士：一曰德行高妙，志節清白；二曰學通行修經中博士；三曰明曉法令，足以決疑，能案章覆問；四曰剛毅多略，遭事不惑，才任三輔劇縣令。

且三公，天子之股肱；掾屬，則三公之喉舌。天子當恭己南面於三公，亦委策掾屬，以答天子。

三府掾屬，位卑職重，及其取官，又多超卓，或期月而長州郡，或數年而至公卿。誠不假非其人，其負牒而亡也。秦兼天下，罷侯置縣。舊制，萬户以上，置大縣令，以表其能字人之力也。

孝宣帝方外安靜，單于稽顙來朝，百世不羈之虜也。秦割六國之君，劓殺其民，於是赭衣塞路，有鼻者醜。故百姓鳥驚獸駭，不知所歸命。且觀世人之相論也，徒以一面之交，定臧否之決。及其出也，足以濟世寧民。秋風厲而賞武臣。

大昊之世，設九庖之官。搔癬之疾，先笑而後愁。君以審令爲明，臣以奉令爲忠。故背制而行賞，謂之作福；背令而行罪，謂之作威作威則人畏之，作福則人歸之。夫威福者，人主之神器也。譬之操莫邪，執其柄則人莫敢抗，失其柄則還見害也。師曠曰：人骨發，猶木有曲直，曲者爲楡，直者爲檀。檀宜作輻，楡宜作轂。小民髮如韭，剪復生，頭如雞，割復鳴。吏不必可畏，從來必可輕，奈何欲望乎？理世不得眞賢，猶治病無眞藥，當用人參，反得芦菔根。

漢·荀悦《申鑒》卷一《政體第一》 夫道之本，仁義而已矣。五典以經之，羣籍以緯之，詠之歌之，弦之舞之，前鑒既明，後復申之。故古之聖王，其於仁義也，申重而已，篤序無强，謂之《申鑒》。聖漢統天，惟宗時亮，其功格宇宙，粤有虎臣亂政。時亦惟荒圮湮，兹洪軌儀，鑑于三代之典，王允迪厥德，功業有尚，天道在爾。惟帝茂止，陟降膺止，萬國康止，允出兹，斯行遠矣。立天之道，曰陰與陽。立地之道，曰柔與剛。立人之道，曰仁與義。陰陽以統其精氣，剛柔以品其羣形，仁義以經其事業，是爲道也。故凡政之大經，法教而已矣。教者，陽之化也。法者，陰之符也。仁也者，慈此者也。義也者，宜此者也。禮也者，履此者也。信也者，守此者也。智也者，知此者也。是故好惡以章之，喜怒以涖之，哀樂以恤之。若乃二端不愆，五德不離，六節不悖，則三才允序，五事交備，百工惟釐，庶績咸熙。天作道，皇作極，臣作輔，民作基。惟先喆王之政：一曰承天，二曰正身，三曰任賢，四曰恤民，五曰明制，六曰立業。承天惟允，正身惟常。任賢惟固，恤民惟勤。明制惟典，立業惟敦。是謂政體也。致治之術，先屏四患，乃崇五政。一曰偽，二曰私，

三曰放，四曰奢。僞亂俗，私壞法，放越軌，奢敗制，四者不除，則政末由行矣。俗亂則道荒，雖天地不得保其性矣。法壞則世傾，雖人主不得守其度矣。軌越則禮亡，雖聖人不得全其道矣。制敗則欲肆，雖四表不能充其求矣。是謂四患。興農桑以養其生，審好惡以正其俗，宣文教以章其化，立武備以秉其威，明賞罰以統其法，是謂五政。民不畏死，不可懼以罪。民不樂生，不可觀以善。雖使卨布五教，咎繇作士，政不行焉。故在上者，先豐民財以定其志。帝耕籍田，后桑蠶宮，國無遊民，野無荒業，財不虚用，力不妄加，以周民事，是謂養生。君子之所以動天地應神明正萬物，而成王治者，必本乎眞實而已。故在上者審則儀道以定好惡，善惡要於功罪，毁譽效於準驗。聽言責事，舉名察實，無或詐僞以蕩衆心。故事無不核，物無不切，善無不顯，惡無不彰，俗無姦怪，民無淫風，百姓上下睹利害之存乎己也。故肅恭其心，愼脩其行，內不忒惑，外無異望。慮其睹去徼幸，無罪過不憂懼。請謁無所聽，財賂無所用，則民志平矣。是謂正俗。君子以情用，小人以刑用。榮辱者，賞罰之精華也。故禮教榮辱以加君子，化其情也。桎梏鞭扑以加小人，治其刑也。君子不犯辱，況於刑乎？小人不忌刑，況於辱乎？若夫中人之倫，則刑禮兼焉。教化之廢，推中人而墜於小人之域。教化之行，引中人而納於君子之途。是謂章化。小人之情，緩則驕，驕則恣，恣則急，急則怨，怨則畔。危則謀亂，安則思欲，非威强無以懲之。故在上者，必有武備，以戒不虞，以遏寇虐。安居則寄之內政，有事則用之軍旅，是謂秉威。賞罰，政之柄也。明賞必罰，審信慎令，賞以勸善，罰以懲惡。人主不妄賞，非徒愛其財也，賞妄行則善不勸矣。不妄罰，非徒慎其刑也，罰妄行則惡不懲矣。賞不勸，謂之止善。罰不懲，謂之縱惡。在上者能不止下爲善，不縱下爲惡，則治國矣。是謂統法。四患既蠲，五政既立，行之以誠，守之以固，簡而不怠，疏而不失，無爲爲之，使自施之，無事事之，使自交之，不肅而治，垂拱揖遜而海內平矣。是謂爲政之方也。惟修六則以立道經。一曰中，二曰和，三曰正，四曰公，五曰誠，六曰通。以天道作中，以地道作和，以仁德作正，以事物作公，以身極作誠，以變數作通，是謂道實。

惟恤十難以任賢能。一曰不知，二曰不進，三曰不任，四曰不終，五曰以小怨棄大德，六曰以小過黜大功，七曰以小失掩大美，八曰以訐姦傷忠正，九曰以邪説亂正度，十曰以讒嫉廢賢能，是謂十難。十難不除，則賢臣不用，用臣不賢，則國非其國也。

惟察九風以定國常。一曰治，二曰衰，三曰弱，四曰乖，五曰亂，六曰荒，七曰叛，八曰危，九曰亡。君臣親而有禮，百僚和而不同，讓而不爭，勤而不怨，無事惟職是司，此治國之風也。禮俗不一，位職不重，小臣讒嫉，庶人作議，此衰國之風也。君好讓，臣好逸，士好遊，民好流，此弱國之風也。君臣爭明，朝廷爭功，士大夫爭名，庶人爭利，此乖國之風也。上多欲，下多端，法不定，政多門，此亂國之風也。以侈爲博，以伉爲高，以濫爲通，遵禮謂之劬，守法謂之固，此荒國之風也。以苛爲密，以利爲公，以割下爲能，以附上爲忠，此叛國之風也。上下相疏，內外相蒙，小臣爭寵，大臣爭權，此危國之風也。上不訪，下不諫，婦言用，私政行，此亡國之風也。故上必察乎國風也。

惟慎庶獄以昭人情。天地之大德曰生，萬物之大極曰死。死者不可以生，刑者不可以復。故先王之刑也，官師以成之，棘槐以斷之，情訊以寬之，朝市以共之，矜哀以恤之，刑斯斷，樂不舉，慎之至也。刑哉刑哉！其慎矣夫。惟稽五赦以綏民中。一曰原心，二曰明德，三曰勸功，四曰褒化，五曰權計。凡先王之攸赦，必是族也，非是族焉，刑茲無赦。天子有四時，朝以聽政，晝以訪問，夕以脩令，夜以安身。上有師傅，下有讌臣。大則講業，小則咨詢。不拒直辭，不恥下問。公私不愆，外內不一。是謂有交。

問明於治者其統近。萬物之本在身，天下之本在家，治亂之本在左右，內正立而四表定矣。

問通於道者其守約。有一言而可常行者，恕也。有一行而可常履者，正也。恕者，仁之術也。正者，義之要也。至哉！此謂道根。萬化存焉爾，是謂不思而得，不爲而成，執之胸心之間，而功覆天下也。

自天子達於庶人，好惡哀樂，其脩一也。豐約勞佚，各有其制。上足以備禮，下足以備樂。夫是謂大道，天下國家一體也。君爲元首，臣爲股肱，民爲手足。下有憂民，則上不盡樂。下有飢民，則上不備膳。下有寒民，則上不具服。徒跣而垂旒，非禮也。故足寒傷心，民寒傷國。

問君以至美之道道民，民以至美之物養君。君降其惠，民升其功，此

無往不復，相報之義也。故太平備物，非極欲也。物損禮闕，非謙約也。其數云耳。問人主有公賦無私求，有公用無私費，有公役無私使，有公賜無私惠，有公怒無私怨。私求則下煩而無度，是謂傷清。私費則官耗而無限，是謂傷制。私使則民撓擾而無節，是謂傷義。私惠則下虛望而無準，是謂傷正。私怨則下疑懼而不安，是謂傷德。

問善治民者，治其性也。或曰：『冶金而流，去火則剛，激水而升，舍之則降，惡乎治？』曰：『不去其火則常流，激而不止則常升。』故大治之爐，可使無剛。則踊水之機，可使無降。善立教者若茲，則終身治矣。故凡器可使與顏冉同趨，投百金於前，白刃加其身，雖巨跖弗敢掇也。善立法者若茲，則終身不掇矣。故蹠可使與伯夷同功。

問民由水也。濟大川者，太上乘舟，其次泅。泅者勞而危，乘舟者逸而安，虛入水則必溺矣，以知能治民者。泅也，以道德治民者。舟也，縱民之情謂之亂，絶民之情謂之荒。曰：然則如之何？曰：爲之限，使弗越也。爲之地亦勿越。故水可使不濫，不可使無流。善禁者，先禁其身而後人。不善禁者，先禁人而後身。善禁之至於不禁，令亦如之。若乃肆情於身而繩欲於衆，行詐於官而矜實於民，求己之所有餘，奪下之所不足，捨己之所易，責人之所難，怨之本也，謂理之源斯絶矣。自上御下，猶夫釣者焉。隱於手，應於鈎，則可以得魚。自近御遠，猶夫御馬焉。和於手而調於銜，則可以使馬。故至道之要，不於身非道也。睹孺子之驅雞也而見御民之方。孺子驅雞者，急則驚，緩則滯，方其北也。遽要之則折而過南，方其南也。遽要之則折而過北，迫則飛，疏則放，志閑則比之，流緩而不安則食之，不驅之驅，驅之至者也，志安則循路而入門。

太上不空市，其次不偷竊，其次不掠奪。上以功惠綏民，下以財力奉上，是以上下相與。空市則民不與，民不與則爲巧詐而取之，謂之偷竊。偷竊則民備之，備之而不得，則暴迫而取之，謂之掠奪。民必交爭，則禍亂矣。或曰：聖王以天下爲樂。曰：否。聖王以天下爲憂，天下以聖王爲樂。凡主以天下爲樂，天下以凡主爲憂。聖王屈己以申天下之樂，凡主伸己以屈天下之憂。申天下之樂，故樂亦報之。屈天下之憂，故憂亦及之。天下之道也。治世所貴乎位者三：一曰達道於天下，二曰達惠於民，三曰達德於身。衰世所貴乎位者三：一曰以貴高人，二曰以富奉身，三曰以報肆心。治世之位，眞位也。衰世之位，則生灾矣。苟高人，則必損之，灾也。苟奉身，則必遺之，灾也。苟肆心，則必否之，灾也。

治世之臣，所貴乎順者三：一曰心順，二曰職順，三曰道順。治世之順，眞順也。衰世之順，生逆也。體苟順則逆節，亂苟順則逆忠，事苟順則逆道。高下失序則位輕，班級不固則位輕，禄薄卑寵則位輕，官職屢改則位輕，遷轉煩瀆則位輕，黜陟不明則位輕，待臣不以禮則位輕。夫位輕而政重者，未之有也。聖人之大寶曰位，輕則喪吾寶也。

好惡之不行，其俗尚矣。嘉守節而輕狹陋，疾威福而尊權右，賤求欲而崇克濟，貴求己而榮華譽，萬物類是已。夫心與言，言與事，參相應也。好惡毁譽賞罰，參相福也。六者有失，則實亂矣。守實者益榮，求己者益達，處幽者益明，然後民知本也。

又 卷二《時事第二》 最凡有二十一首。其初二首尚知貴敦也，其二首有申重可舉者，十有九事。一曰明考試。二曰公卿不拘爲郡，二千石不拘爲縣。三曰置上武之官。四曰議州牧。五曰生刑而死者，但加肉刑。六曰德刑並用。七曰避讎有科。八曰議禄。九曰議專地。十曰議錢貨。十一曰約祀舉重。十二曰天人之應。十三曰月正聽朝。十四曰崇内教。十五曰備博士。十六曰至德要道。十七曰禁數赦令。十八曰正尚主之制。十九曰復内外注記者。

盤庚遷殷，革奢即約，化而裁之，與時消息，衆寡盈虛，不常厥道。尚知貴敦，古今之法也。民寡則用易足，土廣則物易生，事簡則業易定。厭亂則思治，創難則思静。或曰：三皇民至敦也。其治至清也，天性乎？曰：皇民敦，秦民弊，時也。山民樸，市民玩，處也。桀紂不易民而亂，湯武不易民而治，政也。皇民寡，寡斯敦，皇治純，純斯清，奚惟性。不求無益之物，不蓄難得之貨，節華麗之飾，退利進之路，則民俗清矣。簡小忌，去淫祀，絶奇怪，則妖僞息矣。致精誠，諸求己，正大事，則神明應矣。放邪説，去淫智，抑百家，崇聖典，則道義定矣。去浮華，舉功實，絶末伎，同本務，則事業脩矣。

誰毁誰譽，譽其有試者，萬事之概量也。以茲舉者試其事，處斯職者考其績。賞罰失實，以惡反之，人焉飾哉！語曰：盜跖不能盜田尺寸，寸不可盜，況尺乎？夫事驗，必若土田之張於野也，則爲私者寡矣。若

亂之墜於澳也，則可信者解矣。故有事考功，有言考用，動則考行，靜則考守。

公卿不爲郡，二千石不爲縣，未是也。小能其職，以極登於大，故下位競。大橈其任，以墜於下，故上位慎。其鼎覆刑焉，何憚於降？若夫千里之任，不能充於郡，而縣邑之功廢，惜矣哉！不以過職絀則勿降，所以優賢也。以過職絀則降，所以懲愆也。

孝武皇帝以四夷未賓，寇賊姦宄，初置武功，賞官以寵戰士。若今依此科而崇其制，置尚武之官，以司馬兵法，選位秩比博士，講司馬之典，簡蒐狩之事，掌軍功爵賞，小統於五校，大統於太尉，既周時務，禮亦宜之。周之末葉，兵革繁矣。莫亂於秦，民不荒殄。今國家忘戰日久，每寇難之作，民瘁幾盡，不教民戰，是謂棄之。信矣！

或問曰：州牧、刺史、監察御史，三制孰優？曰：時制而已。曰：天下不既定其牧乎？曰：古諸侯建國家，世位權柄存焉。於是置諸侯之賢者以牧，總其紀綱而已，不統其政，不御其民。今郡縣無常，權輕不固。而州牧秉其權重，勢異於古，非所以强幹弱枝也。而無益治民之實，監察御史斯可也，若權時之宜，則異論也。

肉刑古也。或曰：復之乎？曰：古者，人民盛焉，今也至寡。整衆以威，撫寡以寬，道也。復刑非務必也，生刑而極死者，復之可也。自古肉刑之除也，斬右趾者死也。惟復肉刑，是謂生死而息民。

問德刑並用，常典也。或先或後，時宜。刑教不行，勢極也。教初必簡，刑始必略，事漸也。教化之隆，莫不興行，然後責備。刑法之定，莫不避罪，然後求密。未可以備，謂之虛教。未可以密，謂之峻刑。虛教傷化，峻刑害民。君子弗由也。設必違之教，不量民力之未能，是招民於惡也，故謂之傷化。設必犯之法，不度民情之不堪，是陷民於罪也，故謂之害民。莫不興行，則一毫之善可得而勸也，然後教備。莫不避罪，則纖介之惡，可得而禁也，然後刑密。

或問復讎古義也。曰：縱復讎可乎？曰：不可。曰：然則如之何？曰：有縱有禁，有生有殺，制之以義，斷之以法，是謂義法並立。曰：何謂也？依古復讎之科，使父讎避諸異州千里。兄弟之讎，避諸異郡五百里。從父從兄弟之讎，避諸異縣百里。弗避而報者無罪，避而報之殺，犯王禁者罪也。復讎者義也，以義報罪，從王制，順也。犯制，逆也。以逆順生殺之，凡以公命行止者，不爲弗避。

或問祿。曰：古之祿也備，漢之祿也輕。夫祿必稱位，一物不稱，非制也。公祿貶則私利生，私利祿，則廉者匱而貪者豐也。夫豐貪生私，匱廉貶公，是亂也。先王重之。曰：祿可增乎？曰：民家財愆，增之宜矣。或曰：今祿如何？曰：時匱也。祿依食，食依民，參相澹，必也正貪祿。省閑冗，與時消息，昭惠恤下，損益以度可也。

諸侯不專封富人。民田踰限，富過公侯，是自封也。大夫不專地，人賣買由己，是專地也。或曰：復井田與？曰：否。專地非古也，井田非今也。然則如之何？曰：耕而勿有，以俟制度可也。

或問貨。曰：五銖之制宜矣。曰：今廢，如之何？曰：海內既平，行之而已。曰：錢散矣，京畿虛矣，其勢必積於遠方。若果行之，則彼以無用之錢，市吾有用之物，是匱近而豐遠也。曰：事勢有不得。官之所急者，穀也。牛馬之禁，不得出百里之外。若其他物，彼以其錢取之於左，用之於右，貿遷有無，周而通之，海內一家，何患焉？曰：錢寡矣。曰：錢寡民易矣。若錢既通而不周於用，然後官鑄而補之。或曰：收民之藏錢者，輸之官牧，遠輸之京師，然後行之。曰：事枉而難實者，欺慢必衆，姦僞必作，爭訟必繁，刑殺必深。吁嗟！紛擾之聲，章乎天下矣！非所以撫遺民，成緝熙也。曰：然則收而積之與？曰：通市其可也。或曰：改鑄四銖。曰：難矣！或曰：遂廢之。曰：錢實便於事用，民樂行之，禁之難。今開難令以絕便事，禁民所樂，不茂矣。曰：起而行之，錢不可，如之何？曰：尚之廢之，弗得已，何憂焉？

聖王先成民而後致力於神，民事未定，郡祀有闕，不爲尤矣。必也舉其重而祀之，望祀五嶽四瀆，其神之祀，縣有舊常，若今郡祀之，而其祀禮物，從鮮可也。禮重本，示民不偷，且昭典物，其備物以豐年，日月之災降異，非舊也。

天人之應，所由來漸矣。故履霜堅冰，非一時也。仲尼之禱，非一朝也。且日食行事，或稠或曠，一年二交，非其常也。《洪範傳》云，六沴作見。若是王都未見之，無聞焉爾，官脩其方，而先王之禮，保章視祲，

安宅敍降，必書雲物，爲備故也。太史上事無隱焉，勿寢可也。

天子南面聽天下，向明而治，蓋取諸離，天之道也。月正聽朝，國家之大事也。宜正其儀，以明舊典。

古有掌陰陽之禮之官，以教後宮，掌婦學之法，婦德婦言婦功，各率其屬，而以時御序于王，先王禮也。宜崇其教，以先內政，覽列圖，誦列傳，遵典行。內史執其彤管，記善書過，考行黜陟，以章好惡。男女正位乎內外，正家而天下定矣。故二儀立而大業成，君子之道，匪闕終日，造次必於是。

備博士，廣太學，而祀孔子焉，禮也。仲尼作經，本一而已，古今文不同，而皆自謂眞本經。古今先師，義一而已，異家別説不同，而皆自謂古今。仲尼邈而靡質，昔先師没而無間，將誰使折之者。秦之滅學也，書藏於屋壁，義絶於朝野，逮至漢興，收摭散滯，固已無全學矣，文有磨滅，言有楚夏，出有先後，或學者先意有所借定，後進相放彌以滋蔓。故一源十流，天水違行，而訟者紛如也。執不俱是，比而論之，必有可參者焉。

或曰：至德要道約爾，典籍甚富，如而博之以求約也？語有之曰：『有鳥將來，張羅待之。』得鳥者一目也，今爲一目之羅，無時得鳥矣。道雖要也，非博無以通矣。博其方，約其説。

赦令，權也。或曰：有制乎？曰：權無制，制其義，不制其事，巽以行權，義制也。權者反經，無事也。問其象。曰：《無妄》之灾，《大過》，凶其象矣。不得已而行之，禁其屢也。曰：絶之乎？曰：權曰宜，弗之絶也。

尚主之制非古也。釐降二女，陶唐之典；歸妹元吉，帝乙之訓；王姬歸齊，宗周之禮。以陰乘陽違天，以婦淩夫違人。違天不祥，違人不義。

古者天子諸侯，有事必告于廟。朝有二史，左史記言，右史記動；動爲《春秋》，言爲《尚書》；君舉必記，臧否成敗，無不存焉。下及士庶，等各有異，咸在載籍，或欲顯而不得，或欲隱而名章，得失一朝，而榮辱千載，善人勸焉，淫人懼焉。故先王重之，以嗣賞罰，以輔法教，宜於今者，官以其日，各書其盡，則集之於尚書，若史官，使掌典。事不書詭，常爲善惡則書，言行足以爲法式則書，立功事則書，兵戎動衆則書，四夷朝獻則書，皇后、貴人、太子拜立則書，公主、大臣拜免則書，福淫禍亂則書，祥瑞灾異則書。先帝故事有起居其注，日用動静之節必書焉。宜復其式，內史掌之，以紀內事。

《後漢書》卷二八上《桓譚傳》（桓譚上疏）陳時政所宜，曰：

臣聞國之廢興，在於政事；政事得失，由乎輔佐。輔佐賢明，則俊士充朝，而理合世務；輔佐不明，則論失時宜，而舉多過事。夫有國之君，俱欲興化建善，然而政道未理者，其所謂賢者異也。昔楚莊王問孫叔敖曰：『寡人未得所以爲國是也。』叔敖曰：『國之有是，衆所惡也，恐王不能定也。』王曰：『不定獨在君，亦在臣乎？』對曰：『居驕士，曰士非我無從富貴；士驕君，曰君非士無從安存。人君或至失國而不悟，士或至飢寒而不進。君臣不合，則國是無從定矣。』莊王曰：『善。願相國與諸大夫共定國是也。』蓋善政者，視俗而施教，察失而立防，威德更興，文武迭用，然後政調於時，而躁人可定。昔董仲舒言『理國譬若琴瑟，其不調者則解而更張』。夫更張難行，而拂衆者亡，是故賈誼以才逐，而朝錯以智死。世雖有殊能而終莫敢談者，懼於前事也。

且設法禁者，非能盡塞天下之姦，皆合衆人之所欲也，大抵取便國利事多者，則可矣。夫張官置吏，以理萬人，縣賞設罰，以別善惡，惡人誅傷，則善人蒙福矣。今人相殺傷，雖已伏法，而私結怨讎，子孫相報，後忿深前，至於滅户殄業，而俗稱豪健，故雖有怯弱，猶勉而行之，此爲聽人自理而無復法禁者也。今宜申明舊令，若已伏官誅而私相傷殺者，雖一身逃亡，皆徙家屬於邊，其相傷者，加常二等，不得雇山贖罪。如此，則仇怨自解，盜賊息矣。

夫理國之道，舉本業而抑末利，是以先帝禁人二業，錮商賈不得宦爲吏，此所以抑并兼長廉恥也。今富商大賈，多放錢貨，中家子弟，爲之保役，趨走與臣僕等勤，收税與封君比入，是以衆人慕效，不耕而食，至乃多通侈靡，以淫耳目。今可令諸商賈自相糾告，若非身力所得，皆以臧畀告者。如此，則專役一已，不敢以貨與人，事寡力弱，必歸功田畝。田畝修，則穀入多而地力盡矣。

又見法令決事，輕重不齊，或一事殊法，同罪異論，姦吏得因緣爲市，所欲活則出生議，所欲陷則與死比，是爲刑開二門也。今可令通義理

明習法律者，校定科比，一其法度，班下郡國，蠲除故條。如此，天下知方，而獄無怨濫矣。

復上疏曰：

臣前獻瞽言，未蒙詔報，不勝憤懣，冒死復陳。愚夫策謀，有益於政道者，以合人心而得事理也。凡人情忽於見事而貴於異聞，觀先王之所記述，咸以仁義正道爲本，非有奇怪虚誕之事。蓋天道性命，聖人所難言也。自子貢以下，不得而聞，況後世淺儒，能通之乎！今諸巧慧小才伎數之人，增益圖書，矯稱讖記，以欺惑貪邪，詿誤人主，焉可不抑遠之哉！臣譚伏聞陛下窮折方士黄白之術，甚爲明矣；而乃欲聽納讖記，又何誤也！其事雖有時合，譬猶卜數隻偶之類。陛下宜垂明聽，發聖意，屏羣小之曲説，述《五經》之正義，略雷同之俗語，詳通人之雅謀。

又臣聞安平則尊道術之士，有難則貴介胄之臣。今聖朝興復祖統，爲人臣主，而四方盜賊未盡歸伏者，此權謀未得也。臣譚伏觀陛下用兵，諸所降下，既無重賞以相恩誘，或至虜掠奪其財物，是以兵長渠率，各生孤疑，黨輩連結，歲月不解。古人有言曰：『天下皆知取之爲取，而莫知與之爲取。』陛下誠能輕爵重賞，與士共之，則何招而不至，何説而不釋，何向而不開，何征而不剋！如此，則能以狹爲廣，以遲爲速，亡者復存，失者復得矣。

又 卷三〇下《郎顗傳》 顗對曰：

臣聞明王聖主好聞其過，忠臣孝子言無隱情。臣備生人倫視聽之類，而稟性愚慤，不識忌諱，故出死忘命，懇懇重言。誠欲陛下修乾坤之德，開日月之明，披圖籍，案經典，覽帝王之務，識先後之政。如有闕遺，退而自改。本文、武之業，擬堯、舜之道，攘災延慶，號令天下。此誠臣顗區區之願，夙夜夢寤，盡心所計。謹條序前章，暢其旨趣，條便宜七事，具如狀對：

一事：陵園至重，聖神攸馮，而灾火炎赫，迫近寢殿，魂而有靈，猶將驚動。尋宮殿宮府，近始永平，歲時未積，便更修造。又西苑之設，禽畜是處，離房別觀，本不常居，而皆務精土木，營建無已，消功單賄，巨億爲計。《易内傳》曰：『人君奢侈，多飾宮室，其時旱，其灾火。』是故魯僖遭旱，修政自敕，下鐘鼓之縣，休繕治之官，雖則不寧，而時雨自降。由此言之，天之應人，敏於景響。今月十七日戊午，徵日也，日加申，風從寅來，丑時而止。丑、寅、申皆徵也，不有火灾，必當爲旱。願陛下校計繕修之費，永念百姓之勞，罷將作之官，減彫文之飾，損庖廚之饌，退宴私之樂。《易中孚傳》曰：『陽感天，不旋日。』如是，則景雲降集，眚沴息矣。

二事：去年以來，《兑卦》用事，類多不效。《易傳》曰：『有貌無實，佞人也；有實無貌，道人也。』寒温爲實，清濁爲貌。今三公皆令色足恭，外厲内荏，以虚事上，無佐國之實，故清濁效而寒温不效也，是以陰寒侵犯消息。占曰：『日乘則有妖風，日蒙則有地裂。』如是三年，則致日食，陰侵其陽，漸積所致。立春前後温氣應節者，詔令寬也。其後復寒者，無寬之實也。夫十室之邑，必有忠信，率土之人，豈無貞賢，未聞朝廷有所賞拔，非所以求善贊務，弘濟元元。宜採納良臣，以助聖化。

三事：臣聞天道不遠，三五復反。今年少陽之歲，法當乘起，恐後年已往，將遂驚動，涉歷天門，灾成戊己。今春當旱，夏必有水，臣以六日七分候之可知。夫灾眚之來，緣類而應。行有玷缺，則氣逆于天，精感變出，以戒人君。王者之義，時有不登，則損滋徹膳。數年以來，穀收稍減，家貧户饉，歲不如昔。百姓不足，君誰與足？水旱之灾，雖尚未至，然君子遠覽，防微慮萌。《老子》曰：『人之飢也，以其上食税之多也。』故孝文皇帝綈袍革舄，木器無文，約身薄賦，時致升平。今陛下聖德中興，宜遵前典，惟節惟約，天下幸甚。《易》曰：『天道無親，常與善人。』是故高宗以享福，宋景以延年。

四事：臣竊見皇子未立，儲宮無主，仰觀天文，太子不明。熒惑以去年春分後十六日在婁五度，推步《三統》，熒惑今當在翼九度，今反在柳三度，則不及五十餘度。去年八月二十四日戊辰，熒惑歷輿鬼東入軒轅，出后星北，東去四度，北旋復還。軒轅者，後宮也。熒惑者，至陽之精也，天之使也，而出入軒轅，繞還往來。《易》曰：『天垂象，見吉凶。』其意昭然可見矣。禮，天子一娶九女，嫡媵畢具。今宮人侍御，動以千計，或生而幽隔，人道不通，鬱積之氣，上感皇天，故遣熒惑入軒轅，理人倫，垂象見異，以悟主上。昔武王下車，出傾宮之女，表商容之閭，以理人倫，以表賢德，故天授以聖子，成王是也。今陛下多積宮人，

以違天意，故皇胤多夭，嗣體莫寄。《詩》云：『敬天之怒，不敢戲豫。』方今之福，莫若廣嗣，廣嗣之術，可不深思？宜簡出宫女恣其姻嫁，則天自降福，子孫千億。惟陛下丁寧再三，留神於此。左右貴倖，亦宜惟臣之言，以悟陛下。蓋善言古者合於今，善言天者合於人。願訪問百僚，有違臣言者，臣當受苟言之罪。

五事：臣竊見去年閏月十七日己丑夜，有白氣從西方天苑趨左足，入玉井，數日乃滅。《春秋》曰：『有星孛于大辰。』大辰者何？大火也。大火爲大辰，伐又爲大辰，北極亦爲大辰。所以孛一宿而連三宿者，言北辰王者之宫也。凡中宫無節，政教亂逆，威武衰微，則此三星以應之也。罰者白虎，其宿主兵，其國趙、魏，變見西方，亦應三輔。凡金氣爲變，發在秋節。臣恐立秋以後，趙、魏、關西將有羌寇畔戾之患。宜豫宣告諸郡，使敬授人時，輕徭役，薄賦斂，勿妄繕起，堅倉獄，備守衛，回選賢能，以鎮撫之。金精之變，責歸上司。宜以五月丙午，遣太尉服干戚，建井旟，書玉板之策，引白氣之異，於西郊責躬求愆，謝咎皇天，消滅妖氣。蓋以火勝金，轉禍爲福也。

六事：臣竊見今月十四日乙卯巳時，白虹貫日。凡日傍氣色白而純者名爲虹。貫日中者，侵太陽也；見於春者，政變常也。方今中官外司，各各考事，其所考者，或非急務。又恭陵火災，主名未立，多所收捕，備經考毒。尋火爲天戒，以悟人君，可順而不可違，可敬而不可慢。陛下宜恭己內省，以備後灾。凡諸考案，并須立秋。又《易傳》曰：『公能其事，序賢進士，後必有喜。』反之，則白虹貫日。以甲乙見者，則譴在中台。自司徒居位，陰陽多謬，久無虛已進賢之策，天下興議，異人同咨。且立春以來，金氣再見，金能勝木，必有兵氣，宜黜司徒以應天意。陛下不早攘之，將負臣言，遺患百姓。

七事：臣伏惟漢興以來三百三十九歲。於《詩三基》，高祖起亥仲二年，今在戌仲十年。《詩汜歷樞》曰：『卯酉爲革政，午亥爲革命，神在天門，出入候聽。』言神在戌亥，司候帝王興衰得失，厥善則昌，厥惡則亡。于《易雄雌祕歷》，今值困乏。凡九二困者，衆小人欲共困害君子也。《經》曰：『困而不失其所，其唯君子乎！』唯獨賢聖之君，遭困遇險，能致命遂志，不去其道。陛下乃者潛龍養德，幽隱屈厄，即位之元，紫宫驚動，歷運之會，時氣已應。然猶恐妖祥未盡，君子思患而豫防之。臣以爲戌仲已竟，來年入季，文帝改法，除肉刑之罪，至今適三百載。宜因斯際，大蠲法令，官名稱號，輿服器械，事有所更，變大爲小，去奢就儉，機衡之政，除煩爲簡。改元更始，招求幽隱，舉方正，徵有道，博採異謀，開不諱之路。

臣陳引際會，恐犯忌諱，書不盡言，未敢究暢。【略】

謹復條便宜四事，附奏於左：

一事：孔子作《春秋》，書『正月』者，敬歲之始也。王者則天之象，因時之序，宜開發德號，爵賢命士，流寬大之澤，垂仁厚之德，順助元氣，含養庶類。如此，則天文昭爛，星辰顯列，五緯循軌，四時和睦。不則太陽不光，天地溷濁，時氣錯逆，霾霧蔽日。自立春以來，累經旬朔，未見仁德有所施布，但聞罪罰考掠之聲。夫天之應人，疾於景響，而自從入歲，常有蒙氣，月不舒光，日不宣曜。日者太陽，以象人君，政變於下，日應於天。清濁之占，隨政抑揚。天之見異，事無虛作。豈獨陛下倦於萬機，帷幄之政有所闕歟？何天戒之數見也！臣願陛下發揚乾剛，援引賢能，勤求機衡之寄，以獲斷金之利。臣之所陳，輒乙太陽爲先者，明其不可久暗，急當改正。其異雖微，其事甚重。臣言雖約，其旨甚廣。惟陛下乃眷臣章，深留明思。

二事：孔子曰：『雷之始發《大壯》始，君弱臣强從《解》起。』今月九日至十四日，《大壯》用事，消息之卦也。于此六日之中，雷當發聲，發聲則歲氣和，王道興也。《易》曰：『雷出地奮，豫，先王以作樂崇德，殷薦之上帝。』雷者，所以開發萌牙，辟陰除害。萬物須雷而解，資雨而潤。故《經》曰：『雷以動之，雨以潤之。』王者崇寬大，順春令，則雷應節，不則發動於冬，當震反潛。故《易傳》曰：『當雷不雷，太陽弱也。』今蒙氣不除，日月變色，則其效也。天網恢恢，疏而不失，隨時進退，應政得失。大人者，與天地合其德，與日月合其明，琁璣動作，與天相應。雷者號令，其德生養。號令殆廢，當生而殺，則雷反作，其時無歲。陛下若欲除灾昭祉，順天致和，宜察臣下尤酷害者，亟加斥黜，以安黎元，則太皓悅和，雷聲乃發。

三事：去年十月二十日癸亥，太白與歲星合於房、心。太白在北，

歲星在南，相離數寸，光芒交接。房、心者，天帝明堂布政之宮。《孝經鉤命決》曰：『歲星守心年穀豐。』《尚書·洪範記》曰：『月行中道，移節應期，德厚受福，重華留之。』重華者，謂歲星在心也。今太白從之，交合明堂，金木相賊，而反同合，此以陰陵陽，臣下專權之異也。房、心東方，其國主宋。《石氏經》曰：『歲星出左有年，出右無年。』今金木俱東，歲星在南，是爲出右，恐年穀不成，宋人飢也。陛下宜審詳明堂布政之務，然後妖異可消，五緯順序矣。

四事：《易傳》曰：『陽無德則旱，陰僭陽亦旱。』陽無德者，人君恩澤不施於人也。陰僭陽者，禄去公室，臣下專權也。自冬涉春，訖無嘉澤，數有西風，反逆時節。朝廷勞心，廣爲禱祈，薦祭山川，暴龍移市。臣聞皇天感物，不爲僞動，災變應人，要在責己。若令雨可請降，水可攘止，則歲無隔并，太平可待。然而災害不息者，患不在此也。立春以來，未見朝廷賞録有功，表顯有德，存問孤寡，賑恤貧弱，而但見洛陽都官奔車東西，收繫纖介，牢獄充盈。臣聞恭陵火處，比有光曜，明此天灾，非人之咎。丁丑大風，掩蔽天地。風者號令，天之威怒，皆所以感悟人君忠厚之戒。又連月無雨，將害宿麥。若一穀不登，則穀者十三四矣。陛下誠宜廣被恩澤，貸贍元元。昔堯遭九年之水，人有十載之蓄者，簡稅防災，爲其方也。願陛下早宣德澤，以應天功。若臣言不用，朝政不改者，立夏之後乃有澍雨，於今之際未可望也。若政變於朝而天不雨，則臣爲誣上，愚不知量，分當鼎鑊。

又　卷四九《仲長統傳》　《理亂篇》曰：

豪傑之當天命者，未始有天下之分者也。無天下之分，故戰爭者競起焉。于斯之時，並偽假天威，矯據方國，擁甲兵與我角才智，程勇力與我競雌雄，不知去就，疑誤天下，蓋不可數也。角知者皆窮，角力者皆負，形不堪復伉，勢不足復校，乃始羈首繫頸，就我之銜紲耳。夫或曾爲我之尊長矣，或曾與我爲等儕矣，或曾臣虜我矣，或曾執囚我矣。彼之蔚蔚，皆匈詈腹詛，幸我之不成，而以奮其前志，詎肯用此爲終死之分邪？

及繼體之時，民心定矣。普天之下，賴我而得生育，由我而得富貴，安居樂業，長養子孫，天下晏然，皆歸心於我矣。豪傑之心既絶，士民之志已定，貴有常家，尊在一人。當此之時，雖下愚之才居之，猶能使恩同天地，威侔鬼神。暴風疾霆，不足以方其怒；陽春時雨，不足以喻其澤；周、孔數千，無所復角其聖；賁、育百萬，無所復奮其勇矣。

彼後嗣之愚主，見天下莫敢與之違，自謂若天地之不可亡也，乃奔其私嗜，騁其邪欲，君臣宣淫，上下同惡。目極角觝之觀，耳窮鄭、衛之聲。入則耽於婦人，出則馳于田獵。荒廢庶政，棄亡人物，澶漫彌流，無所底極。信任親愛者，盡佞諂容説之人也；寵貴隆豐者，盡后妃姬妾之家也。使餓狼守庖廚，飢虎牧牢豚，遂至熬天下之脂膏，生人之骨髓。怨毒無聊，禍亂並起，中國擾攘，四夷侵叛，土崩瓦解，一朝而去。昔之爲我哺乳之子孫者，今盡是我飲血之寇讎也。至於運徙勢去，猶不覺悟者，豈非富貴生不仁，沈溺致愚疾邪？存亡以之迭代，政亂從此周復，天道常然之大數也。

又政之爲理者，取一切而已，非能斟酌賢愚之分，以開盛衰之數也。日不如古，彌以遠甚，豈不然邪？漢興以來，相與同爲編户齊民，而以財力相君長者，世無數焉。而清潔之士，徒自苦於茨棘之間，無所益損於風俗也。豪人之室，連棟數百，膏田滿野，奴婢千羣，徒附萬計。船車賈販，周于四方；廢居積貯，滿於都城。琦賂寶貨，巨室不能容；馬牛羊豕，山谷不能受。妖童美妾，填乎綺室；倡謳伎樂，列乎深堂。賓客待見而不敢去，車騎交錯而不敢進。三牲之肉，臭而不可食；清醇之酎，敗而不可飲。睇盼則人從其目之所視，喜怒則人隨其心之所慮。此皆公侯之廣樂，君長之厚實也。苟能運智詐者，則得之焉；苟能得之者，人不以爲罪焉。源發而橫流，路開而四通矣。求士之舍榮樂而居窮苦，棄放逸而赴束縛，夫誰肯爲之者邪！夫亂世長而化世短。亂世則小人貴寵，君子困賤。當君子困賤之時，跼高天，蹐厚地，猶恐有鎮厭之禍也。逮至清世，則復入於矯枉過正之檢。老者耄矣，不能及寬饒之俗；少者方壯，將復困於衰亂之時。是使姦人擅無窮之福利，而善士掛不赦之罪辜。苟目能辯色，耳能辯聲，口能辯味，體能辯寒温者，將皆以修潔爲諱惡，設智巧以避之焉，況肯有安而樂之者邪？斯下世人主一切之愆也。

昔春秋之時，周氏之亂世也。逮乎戰國，則又甚矣。秦政乘并兼之勢，放虎狼之心，屠裂天下，吞食生人，暴虐不已，以招楚、漢用兵之苦，甚於戰國之時也。漢二百年而遭王莽之亂，計其殘夷滅亡之數，又復

倍乎秦、項矣。以及今日，名都空而不居，百里絶而無民者，不可勝數。此則又甚於亡新之時也。悲夫！不及五百年，大難三起，中間之亂，尚不數焉。變而彌猜，下而加酷，推此以往，可及於盡矣。嗟乎！不知來世聖人救此之道，將何用也？又不知天若窮此之數，欲何至邪？

《損益篇》曰：

作有利於時，制有便於物者，可爲也。事有乖於數，法有玩於時者，可改也。故行于古有其迹，用於今無其功者，不可不變。變而不如前，易而多所敗者，亦不可不復也。漢之初興，分王子弟，委之以士民之命，假之以殺生之權。於是驕逸自恣，志意無厭。魚肉百姓，以盈其欲；報蒸骨血，以快其情。上有簒叛不軌之姦，下有暴亂殘賊之害。雖藉親屬之恩，蓋源流形勢使之然也。降爵削土，稍稍割奪，卒至於坐食奉禄而已。然其洿穢之行，淫昏之罪，猶尚多焉。故淺其根本，輕其恩義，猶尚假一日之尊，收士民之用，況專之於國，擅之於嗣，豈可鞭笞叱吒，而使唯我所爲者乎？時政凋敝，風俗移易，純樸已去，智惠已來。出於禮制之防，放於嗜欲之域久矣，固不可授之以柄，假之以資者也。是故收其奕世之權，校其從横之勢，善者早登，否者早去，故下土無壅滯之士，國朝無專貴之人。此變之善，可遂行者也。

井田之變，豪人貨殖，館舍布於州郡，田畝連于方國。身無半通青綸之命，而竊三辰龍章之肥；不爲編户一伍之長，而有千室名邑之役。榮樂過於封君，勢力侔於守令。財賂自營，犯法不坐。刺客死士，爲之投命。至使弱力少智之子，被穿帷敗，寄死不斂，冤枉窮困，不敢自理。雖亦由網禁疏闊，蓋分田無限使之然也。今欲張太平之紀綱，立至化之基趾，齊民財之豐寡，正風俗之奢儉，非井田實莫由也。此變有所敗，而宜復者也。

肉刑之廢，輕重無品，下死則得髡鉗，下髡鉗則得鞭笞。死者不可復生，而髡者無傷於人。髡笞不足以懲中罪，安得不至於死哉！夫雞狗之攘竊，男女之淫奔，酒醴之賂遺，謬誤之傷害，皆非值于死者也。殺之則甚重，髡之則甚輕。不制中刑以稱其罪，則法令安得不參差，殺生安得不過謬乎？今患刑輕之不足以懲惡，則假臧貨以成罪，託疾病以諱殺。科條無所準，名實不相應，恐非帝王之通法，聖人之良制也。或曰：過刑惡人，可也；過刑善人，豈可復哉？曰：若前政以來，未曾枉害善人者，則有罪不死也，是爲忍於殺人，而不忍於刑人也。今令五刑有品，輕重有數，科條有序，名實有正，非殺人逆亂鳥獸之行甚重者，皆勿殺。嗣周氏之祕典，續呂侯之祥刑，此又宜復之善者也。

《易》曰：『陽一君二臣，君子之道也；陰二君一臣，小人之道也。』然則寡者，爲人上者也；衆者，爲人下者也。一伍之長，才足以長一伍者也；一國之君，才足以君一國者也；天下之王，才足以王天下者也。愚役於智，猶枝之附幹，此理天下之常法也。制國以分人，立政以分事，人遠則難綏，事總則難了。今遠州之縣，或相去數百千里，雖多山陵洿澤，猶有可居人種穀者焉。當更制其境界，使遠者不過二百里。明版籍以相數閲，審什伍以相連持，限失田以斷幷兼，定五刑以救死亡，益君長以興政理，急農桑以豐委積，去末作以一本業，敦教學以移情性，表德行以厲風俗，覈才藝以敍官宜，簡精悍以習師田，修武器以存守戰，嚴禁令以防僭差，信賞罰以驗懲勸，糾游戲以杜姦邪，察苛刻以絶煩暴。審此十六者以爲政務，操之有常，課之有限，安寧勿懈墮，有事不迫遽，聖人復起，不能易也。

向者，天下户過千萬，除其老弱，但户一丁壯，則千萬人也。遺漏既多。又蠻夷戎狄居漢地者尚不在焉。丁壯十人之中，必有堪爲其什伍之長，推什長已上，則百萬人也。又十取之，則佐史之才已上十萬人也。又十取之，則可使在政理之位者萬人也。以筋力用者謂之人，人求丁壯，以才智用者謂之士，士貴耆老。充此制以用天下之人，猶將有儲，何嫌乎不足也？故物有不求，未有無物之歲也；士有不用，未有少士之世也。夫如此，然後可以用天性，究人理，興頓廢，屬斷絶，網羅遺漏，拱柙天人矣。

或曰：善爲政者，欲除煩去苛，幷官省職，爲之以無爲，事之以無事，何子言之云云也？曰：若是，三代不足摹，聖人未可師也。君子用法制而至於化，小人用法制而至於亂。均是一法制也，或以之化，或以之亂，行之不同也。苟使豺狼牧羊豚，盗跖主征税，國家昏亂，吏人放肆，則惡復論損益之閒哉！夫人待君子然後化理，國待蓄積乃無憂患。君子非自農桑以求衣食者也，蓄積非横賦斂以取優饒者也。奉禄誠厚，則割剝貿易之罪乃可絶也；蓄積誠多，則兵寇水旱之灾不足苦也。故由其道而得之，民不以爲奢；由其道而取之，民不以爲勞。天灾流行，開倉庫以

稟貸，不亦仁乎？衣食有餘，損靡麗以散施，不亦義乎？彼君子居位爲士民之長，固宜重肉累帛，朱輪四馬。今反謂薄屋者爲高，藿食者爲清，既失天地之性，又開虚僞之名，使小智居大位，庶績不咸熙，未必不由此也。得拘絜而失才能，非立功之實也。以廉舉而以貪去，非士君子之志也。夫選用必取善士。善士富者少而貧者多，禄不足以供養，安能不少營私門乎？從而罪之，是設機置阱以待天下之君子也。

盗賊凶荒，九州代作，饑饉暴至，軍旅卒發，横税弱人，割奪吏禄，所恃者寡，所取者猥，萬里懸乏，首尾不救，徭役並起，農桑失業，兆民呼嗟於昊天，貧窮轉死於溝壑矣。今通肥饒之率，計稼穡之入，令畝收三斛，斛取一斗，未爲甚多。一歲之間，則有數年之儲，雖興非法之役，恣奢侈之欲，廣愛幸之賜，猶未能盡也。不循古法，規爲輕税，及至一方有警，一面被灾，未逮三年，校計騫短，坐視戰士之蔬食，立望餓殍之滿道，如之何爲君行此政也？二十税一，名之曰貊，況三十税一乎？夫薄吏禄以豐軍用，緣于秦征諸侯，續以四夷，漢承其業，遂不改更，危國亂家，此之由也。今田無常主，民無常居，吏食日稟，班禄未定。可爲法制，畫一定科，租税十一，更賦如舊。今者土廣民稀，中地未墾；雖然，猶當限以大家，勿令過制。其地有草者，盡曰官田，力堪農事，乃聽受之。若聽其自取，後必爲姦也。

《法誡篇》曰：

《周禮》六典，冢宰貳王而理天下。春秋之時，諸侯明德者，皆一卿爲政。爰及戰國，亦皆然也。秦兼天下，則置丞相，而貳之以御史大夫。自高帝逮于孝成，因而不改，多終其身。漢之隆盛，是惟在焉。夫任一人則政專，任數人則相倚。政專則和諧，相倚則違戾。和諧則太平之所興也，違戾則荒亂之所起也。光武皇帝愠數世之失權，忿强臣之竊命，矯枉過直，政不任下，雖置三公，事歸臺閣。自此以來，三公之職，備員而已；然政有不理，猶加譴責。而權移外戚之家，寵被近習之豎，親其黨類，用其私人，内充京師，外布列郡，顛倒賢愚，貿易選舉，疲駑守境，貪殘牧民，撓擾百姓，忿怒四夷，招致乖叛，亂離斯瘼，怨氣並作，陰陽失和，三光虧缺，怪異數至，蟲螟食稼，水旱爲灾，此皆戚宦之臣所致然也。反以策讓三公，至於死免，乃足爲叫呼蒼天，號滕泣血者也。又中世之選三公也，務於清慤謹慎。循常飛故者。是婦女之檢柙，鄉曲之常人耳，惡足以居斯位邪？勢既如彼，選又如此，而欲望三公勳立於國家，績加於生民，不亦遠乎？

昔文帝之於鄧通，可謂至愛，而猶展申徒嘉之志。夫見任如此，則何患於左右小臣哉？至如近世，外戚宦豎請託不行，意氣不滿，立能陷入於不測之禍，惡可得彈正者哉！曩者任之重而責之輕，今者任之輕而責之重。昔賈誼感絳侯之困辱，因陳大臣廉恥之分，開引自裁之端。自此以來，遂以成俗。繼世之主，生而見之，習其所常，曾莫之悟。嗚呼，可悲夫！左手據天下之圖，右手刎其喉，愚者猶知難之，況明哲君子哉！光武奪三公之重，至今而加甚，不假后黨以權，數世而不行，蓋親疏之勢異地。母后之黨，左右之人，有此至親之勢，故其貴任萬世。常然之敗，無世而無之，莫之斯鑑，亦可痛矣。未若置丞相自總之。若委三公，則宜分任責成。夫使爲政者，不當與之婚姻；婚姻者，不當使之爲政也。如此，在位病人，舉用失賢，百姓不安，爭訟不息，天地多變，人物多妖，然後可以分此罪矣。

或曰：政在一人，權甚重也。曰：人實難得，何重之嫌？昔者霍禹、竇憲、鄧騭、梁冀之徒，籍外戚之權，管國家之柄；及其伏誅，以一言之詔，詰朝而決，何重之畏乎？今夫國家漏神明於媟近，輸權重於婦黨，算十世而爲之者八九焉。不此之罪而彼之疑，何其詭邪！

又 卷五七《劉陶傳》 陶時遊太學，乃上疏陳事曰：

臣聞人非天地無以爲生，天地非人無以爲靈，是故帝非人不立，人非帝不寧。夫天之與帝，帝之與人，猶頭之與足，相須而行也。伏惟陛下年隆德茂，中天稱號，襲常存之慶，循不易之制，目不視鳴條之事，耳不聞檀車之聲，天灾不有痛於肌膚，震食不即損於聖體，故蔑三光之謬，輕上天之怒。伏念高祖之起，始自布衣，拾暴秦之敝，追亡周之鹿，合散扶傷，克成帝業。功既顯矣，勤亦至矣。流福遺祚，至於陛下。陛下既不能增明烈考之軌，而忽高祖之勤，妄假利器，委授國柄，使羣醜刑隸，芟刈小民，雕敝諸夏，虐流遠近，故天降衆異，以戒陛下。陛下不悟，而競令虎豹窟於麑場，豺狼乳於春囿。斯豈唐咨禹、稷，益典朕虞，議物賦土蒸民之意哉？又今牧守長吏，上下交競，封豕長蛇，蠶食天下；貨殖者

爲窮寃之魂，貧餒者作飢寒之鬼；高門獲東觀之幸，豐室羅妖叛之罪；死者悲於窀穸，生者戚於朝野；是愚臣所爲咨嗟長懷歎息者也。且秦之將亡，正諫者誅，諛進者賞，嘉言結於忠舌，國命出於讒口，擅閻樂於咸陽，授趙高以車府。權去已而不知，威離身而不顧。古今一揆，成敗同勢。原陛下遠覽强秦之傾，近察哀、平之變，得失昭然，禍福可見。

臣又聞危非仁不扶，亂非智不救，故武丁得傅説，以消鼎雉之灾，周宣用申、甫，以濟夷、厲之荒。竊見故冀州刺史南陽朱穆，前烏桓校尉臣同郡李膺，皆履正清平，貞高絶俗。穆前在冀州，奉憲操平，摧破姦黨，掃清萬里。膺歷典牧守，正身率下，及掌戎馬，威揚朔北。斯實中興之良佐，國家之柱臣也。宜還本朝，挾輔王室，上齊七燿，下鎮萬國。臣敢吐不時之義於諱言之朝，猶冰霜見日，必至消滅。臣始悲天下之可悲，今天下亦悲臣之愚惑也。

又　卷六二《荀爽傳》　荀爽對策陳便宜曰：

臣聞之於師曰：『漢爲火德，火生於木，木盛於火，故其德爲孝，其象在《周易》之《離》。』夫在地爲火，在天爲日。在天者用其精，在地者用其形。夏則火王，其精在天，温暖之氣，養生百木，是其孝也。冬時則廢，其形在地，酷烈之氣，焚燒山林，是其不孝也。故漢制使天下誦《孝經》，選吏舉孝廉。夫喪親自盡，孝之終也。今之公卿及二千石，三年之喪，不得即去，殆非所以增崇孝道而克稱火德者也。往者孝文勞謙，行過乎儉，故有遺詔以日易月。此當時之宜，不可貫之萬世。古今之制雖有損益，而諒暗之禮未嘗改移，以示天下莫遺其親。今公卿羣寮皆政教所瞻，而父母之喪不得奔赴。夫仁義之行，自上而始；敦厚之俗，以應乎下。傳曰：『喪祭之禮闕，則人臣之恩薄，背死忘生者衆矣。』曾子曰：『人未有自致者，必也親喪乎！』《春秋傳》曰：『上之所爲，民之歸也。』大上所不爲而民或爲之，故加刑罰；若上之所爲，民亦爲之，又何誅焉？昔丞相翟方進，以自備宰相，而不敢踰制。至遭母憂，三十六日而除。夫失禮之源，自上而始。古者大喪三年不呼其門，所以崇國厚俗篤化之道也。事失宜正，過勿憚改。天下通喪，可如舊禮。

臣聞有夫婦然後有父子，有父子然後有君臣，有君臣然後有上下，有上下然後有禮儀。禮義備，則人知所厝矣。夫婦人倫之始，王化之端，故文王作《易》，上經首《乾》、《坤》，下經首《咸》、《恆》。孔子曰：『天尊地卑，乾坤定矣。』夫婦之道，所謂順也。《堯典》曰：『釐降二女於嬀汭，嬪于虞。』降者下也，嬪者婦也。言雖帝堯之女，下嫁於虞，猶屈體降下，勤修婦道。《易》曰：『帝乙歸妹，以祉元吉。』婦人謂嫁曰歸，言湯以娶禮歸其妹于諸侯也。《春秋》之義，王姬嫁齊，使魯主之，不以天子之尊加于諸侯也。今漢承秦法，設尚主之儀，以妻制夫，以卑臨尊，違乾坤之道，失陽唱之義。孔子曰：『昔聖人之作《易》也，仰則觀象於天，俯則察法於地，覩鳥獸之文，與地之宜。近取諸身，遠取諸物，以通神明之德，以類萬物之情。』今觀法於天，則北極至尊，四星妃后。察法於地，則崐山象夫，卑澤象妻。覩鳥獸之文，鳥則雄者鳴鴝，雌則順服；獸則牡爲唱導，牝乃相從。近取諸身，則乾爲人首，坤爲人腹。遠取諸物，則木實屬天，根荄屬地。陽尊陰卑，蓋乃天性。且《詩》初篇實首《關雎》；《禮》始《寇》、《婚》，先正夫婦。天地《六經》，其旨一揆。宜改尚主之制，以稱乾坤之性。遵法堯、湯，式是周、孔。合之天地而不謬，質之鬼神而不疑。人事如此，則嘉瑞降天，吉符出地，五韙咸備，各以其敘矣。

昔者聖人建天地之中而謂之禮，禮者，所以興福祥之本，而止禍亂之源也。人能枉欲從禮者，則福歸之；順情廢禮者，則禍歸之。推禍福之所應，知興廢之所由來也。衆禮之中，婚禮爲首。故天子娶十二，天之數也；諸侯以下各有等差，事之降也。陽性純而能施，陰體順而能化，以禮濟樂，節宣其氣。故能豐子孫之祥，致老壽之福。及三代之季，淫而無節。瑤臺、傾宮，陳妾數百。陽竭於上，陰隔於下。故周公之戒曰：『不知稼穡之艱難，不聞小人之勞，惟耽樂之從，時亦罔或克壽。』是其明戒。後世之人，好福不務其本，惡禍不易其軌。《傳》曰：『截趾適屨，孰云其愚？何與斯人，追欲喪軀？』誠可痛也。臣竊聞後宮采女五六千人，從官侍使復在其外。冬夏衣服，朝夕稟糧，耗費縑帛，空竭府藏，徵調增倍，十而稅一，空賦不辜之民，以供無用之女，百姓窮困於外，陰陽隔塞於内。故感動和氣，灾異屢臻。臣愚以爲諸非禮聘未曾幸御者，一皆遣出，使成妃合。一曰通怨曠，和陰陽。二曰省財用，實府藏。三曰修禮制，綏眉壽。四曰配陽施，祈螽斯。五曰寬役賦，安黎民。此誠國家之弘

利，天人之大福也。

夫寒熱晦明，所以爲歲；尊卑奢儉，所以爲禮；故以晦明寒暑之氣，尊卑侈約之禮爲其節也。《易》曰：『天地節而四時成。』《春秋傳》曰：『唯器與名不可以假人。』《孝經》曰：『安上治民，莫善於禮。』禮者，尊卑之差，上下之制也。昔季氏八佾舞於庭，非有傷害困於人物，而孔子猶曰『是可忍也，孰不可忍。』《洪範》曰：『惟辟作威，惟辟作福，惟辟玉食。』凡此三者，君所獨行而臣不得同也。今臣僭君服，下食上珍，所謂害于而家，凶於而國者也。宜略依古禮尊卑之差，及董仲舒制度之別，嚴督有司，必行其命。此則禁亂善俗足用之要。

國家興亡論分部

論説

漢・賈誼《新書》卷一《數寧》　臣竊惟事勢，可爲痛惜者一，可爲流涕者二，可爲長大息者六。若其他倍理而傷道者，難遍以疏舉。進言者皆曰：『天下已安矣。』臣獨曰：『未安。』或者曰：『天下已治矣。』臣獨曰：『未治。』恐逆意觸死罪，雖然，誠不安，誠不治。故不敢顧身，敢不昧死以聞。夫曰『天下安且治』者，非至愚無知，固諛者耳，皆非事實，知治亂之體者也。夫抱火措之積薪之下，而寢其上，火未及燃，因謂之安，偷安者也。方今之勢，何以異此？夫本末舛逆，首尾横決，國制搶攘，非有紀也，胡可謂治？陛下何不一令臣得熟數之於前，因陳治安之策，陛下試擇焉。

射獵之娱，與安危之機，孰急也？臣聞之：自禹已下五百歲而湯起，自湯已下五百餘年而武王起，故聖王之起，大以五百爲紀。自武王已下，過五百歲矣，聖王不起，何怪矣。及秦始皇帝，似是而卒非也，終於無狀。及今天下集於陛下，臣觀寬大知通，竊曰：『是以摻亂業，握危勢，若今之賢也，明通以足天紀，又當天宜，請陛下爲之矣。』然又未也者，又將誰須也？使爲治，勞知慮，苦身體，乏馳騁鐘鼓之樂，勿爲可也，樂與今同耳。因加以常安，四望無患，因諸侯附親軌道，致忠而信上耳；因上不疑其臣，無族罪，兵革不動，民長保首領耳；因德窮至遠，近者匈奴，遠者四荒，苟人迹之所能及，皆鄉風慕義，樂爲臣子耳；因天下富足，資財有餘，人及十年之食耳；因民素樸，順而樂從令耳；因官事甚約，獄訟盜賊可令尠有耳。大數既得，則天下順治，海内之氣，清和咸理，則萬生遂茂。晏子曰：『唯以政順乎神爲可以益壽。』髮子曰：『至治之極，父無死子，兄無死弟，塗無繈褓之葬，各以其順終。』穀食之法，固百以是，則至尊之壽，輕百年耳，古者五帝，皆逾百歲。』以此言信之，因生爲明帝，没則爲明神，名譽之美，垂無窮耳。《禮》『祖有功，宗有德，』始取天下爲功，始治天下爲德。因觀成之廟，爲天下太宗，承天下太祖，與漢長無極耳。因卑不疑尊，賤不踰貴，尊卑貴賤，明若白黑，則天下之衆不疑眩耳。因經紀本于天地，政法倚於四時，後世無變故，無易常，襲迹而長久耳。臣竊以爲建久安之勢，成長治之業，以承祖廟，以奉六親，至孝也；以宰天下，以治羣生，神民咸億，社稷久饗，至仁也；立經陳紀，輕重周得，後可以爲萬世法，以後雖有愚幼不肖之嗣，猶得蒙業而安，至明也。壽並五帝，澤施至遠，于陛下何損哉！以陛下之明通，因使少知治體者，得佐下風，致此治非有難也，陛下何不一爲之？其具可素陳於前，願幸無忽。臣謹稽之天地，驗之往古，案之當時之務，日夜念此至孰也，雖使禹舜生而爲陛下計，無以易此。

政治主體論部

帝王國君論分部

論説

漢・董仲舒《春秋繁露》卷六《立元神第十九》　君人者，國之元，

發言動作，萬物之樞機。樞機之發，榮辱之端也。失之毫釐，駟不及追。故爲人君者，謹本詳始，敬小慎微，志如死灰，形如委衣，安精養神，寂寞無爲，休形無見影，揜聲無出響，虛心下士，觀來察往。謀於衆賢，考求衆人，得其心，遍見其情，察其好惡，以參忠佞，考其往行，驗之於今，計其蓄積，受於先賢，釋其讎怨，視其所爭，差其黨族，所依爲臬，據位治人，用何爲名，累日積久，何功不成。可以內參外，可以小占大，必知其實，是謂開闔。君人者，國之本也。夫爲國，其化莫大於崇本，崇本則君化若神，不崇本則君無以兼人。無以兼人，雖峻刑重誅，而民不從，是所謂驅國而棄之者也，患庸甚焉？何謂本？曰：天地人，萬物之本也。天生之，地養之，人成之。天生之以孝悌，地養之以衣食，人成之以禮樂，三者相爲手足，合以成體，不可一無也。無孝悌則亡其所以生，無衣食則亡其所以養，無禮樂，則亡其所以成也。三者皆亡，則民如麋鹿，各從其欲，家自爲俗，父不能使子，君不能使臣，雖有城郭，名曰虛邑，如此，其君枕塊而僵，莫之危而自危，莫之喪而自亡，是謂自然之罰。自然之罰至，裹襲石室，分障險阻，猶不能逃之也。明主賢君必於其信，是故肅慎三本。郊祀致敬，共事祖禰，舉顯孝悌，表異孝行，所以奉天本也。秉耒躬耕，採桑親蠶，墾草殖穀，開闢以足衣食，所以奉地本也。立辟雍庠序，修孝悌敬讓，明以教化，感以禮樂，所以奉人本也。三者皆奉，則民如子弟，不敢自專，邦如父母，不待恩而愛，不須嚴而使，雖野居露宿，厚於宮室。如是者，其君安枕而臥，莫之助而自强，莫之綏而自安，是謂自然之賞，自然之賞至，雖退讓委國而去，百姓繈負其子隨而君之，君亦不得離也。故以德爲國者，甘於飴蜜，固於膠漆，是以聖賢勉而崇本而不敢失也。君人者，國之證也，不可先倡，感而後應，故居倡之位而不行倡之勢，不居和之職而以和爲德，常盡其下，故能爲之上也。

文臣武官論分部

論說

漢·荀悦《申鑒》卷二《時事第二》 或問曰：州牧、刺史、監察御史，三制孰優？曰：時制而已。曰：天下不既定其牧乎？曰：古諸侯建家國，世位權柄存焉。於是置諸侯之賢者以牧，總其紀綱而已，不統其政，不御其民。今郡縣無常，權輕不固，而州牧秉其權重，勢異於古，非所以强榦弱枝也，而無益治民之實。監察御史斯可也，若權時之宜，則異論也。

聖賢觀分部

論說

漢·徐幹《中論》卷上《治學第一》 昔之君子成德立行，身没而名不朽，其故何哉？學也。學也者，所以疏神達思，怡情理性，聖人之上務也。民之初載，其矇未知。學猶飾也，【略】器不飾則無以爲美觀，人不學則無以有懿德。有懿德故可以經人倫，爲美觀，故可以供神明。故《書》曰：『若作梓材，既勤樸斲，惟其塗丹雘。』

又《智行第九》 或問曰：士或明哲窮理，或志行純篤，二者不可兼，聖人將何取？對曰：其明哲乎？夫明哲之爲用也，乃能殷民阜利，使萬物無不盡其極者也。聖人之可及，非徒空行也，智也。伏羲作八卦，文王增其辭，斯皆窮神知化，豈徒特行善而已乎？《易·離象》稱『大人以繼，明照於四方』，且大人聖人也，其餘象皆稱君子，蓋君子通於賢者也。聰明惟聖人能盡之，大才通人有而不能盡也。《書》美唐堯，欽明爲先，驩兜之舉共工，四嶽之薦鯀，堯知其行，衆尚未知信也。若非堯，則裔土多凶族，兆民長愁苦矣。明哲之功也如是，子將何從？

或曰：俱謂賢者耳，何乃以聖人論之？對曰：賢者亦然。人之行莫大於孝，莫顯於清。曾參之孝，有虞不能易；原憲之清，伯夷不能間。然不得與游、夏列在四行之科，以其才不如也。仲尼問子貢曰：『汝與回也孰愈？』對曰：『賜也何敢望回？回也聞一以知十，賜也聞一以知二。』子貢之行不若顏淵遠矣，然而不服其行，服其聞一知十。由此觀之，盛才所以服人也。仲尼亦奇顏淵之有盛才也，故曰：『回也非助我者也，

於吾言無所不說。』顏淵達於聖人之情，故無窮難之辭，是以能獨獲亹亹之譽，爲七十子之冠。曾參雖質孝，原憲雖體清，仲尼未甚嘆也。

或曰：苟有才智，而行不善，則可取乎？對曰：何子之難喻也！水能勝火，豈一升之水，灌一林之火哉！柴也愚，何嘗自投於井？夫君子仁以博愛，義以除惡，信以立情，禮以自節，聰以自察，明以觀色，謀以行權，智以辨物，豈可無一哉！謂夫多少之間耳。且管仲背君事讐，奢而失禮，使桓公有九合諸侯、一匡天下之功。仲尼稱之曰：『微管仲，吾其被髮左衽矣！』召忽伏節死難，人臣之美義也，仲尼比爲匹夫匹婦之爲諒矣。是故聖人貴才智之特能立功立事益於世矣。如愆過多，才智少，作亂有餘，而立功不足，仲尼所以避陽貨而誅少正卯也，何謂可取乎？漢高祖數賴張子房權謀以建帝業，四皓雖美行，而何益夫倒懸？此固不可同日而論矣！

或曰：然則仲尼曰『未知，焉得仁？』乃高仁耶，何謂也？對曰：仁固大也，然則仲尼此亦有所激然，非專小智之謂也。若有人相語曰：『彼尚無有一智也，安得乃知爲仁乎？』昔武王崩，成王幼，周公居攝，管、蔡啓殷畔亂，周公誅之；成王不達，周公恐之。天乃雷電風雨以彰周公之德，然後成王寤。成王非不仁厚於骨肉也，徒以不聰叡之故，助畔亂之人，幾喪周公之功，而墜文武之業。召公見周公之既反政而猶不知，疑其貪位，周公爲之作《君奭》，然後悅。夫以召公懷聖之資而猶若此乎？末業之士，苟失一行，而智略褊短，亦可懼矣！仲尼曰：『可與立，未可與權。』孟軻曰：『子莫執中，執中無權，猶執一也。』仲尼、孟軻可謂達於權智之實者也。

殷有三仁，微子介於石不終日，箕子內難而能正其志，比干諫而剖心。君子以微子爲上，箕子次之，比干爲下。故《春秋》，大夫見殺，皆譏其不能以智自免也。且徐偃王知脩仁義而不知用武，終以亡國；魯隱公懷讓心而不知佞僞，終以致殺；宋襄公守節而不知權，終以見執；晉伯宗好直而不知時變，終以隕身；叔孫豹好善而不知擇人，終以凶餓；此皆蹈善而少智之謂也。故《大雅》貴既明且哲，以保其身。夫明哲之士者威而不懾，困而能通；決嫌定疑，辨物居方；禳禍於忽杪，求福於未萌；見變事則達其機，得經事則循其常；巧言不能推，令色不能移；動作可觀則，出辭爲師表。比諸志行之士，不亦謬乎！

又《爵禄第十》 《易》曰：『聖人之大寶曰位。』何以爲聖人之大寶曰位？位也者，立德之機也；勢也者，行義之杼也。聖人蹈機握杼，織成天地之化，使萬物順焉，人倫正焉，六合之內，各竟其願，其爲大寶，不亦宜乎！故聖人以無勢位爲窮，百工以無器用爲困，困則其資亡，窮則其道廢，故孔子栖栖而不居者，蓋憂道廢故也。《易》曰：『井渫不食，爲我心惻。可用汲，王明，並受其福。』夫登高而建旌，則其所視者廣矣；順風而振鐸，則其所聞者遠矣。非旌色之益明，鐸聲之益遠也，所託者然也。況居富貴之地，而行其政令者乎？故舜爲匹夫，猶民也，及其受終於文祖，稱曰『予一人』，則西王母來獻白環；周公之爲諸侯，猶臣也，及其踐明堂之祚，負斧扆而立，則越裳氏來獻白雉。故身不尊則施不光，居不高則化不博。《易》曰：『豐，亨，無咎。王假之，勿憂。宜日中。』身尊居高之謂也。斯事也，聖人之所務也。

政治關係論部

君民關係論分部

論説

漢・陸賈《新語》卷下《懷慮第九》 懷異慮者不可以立計，持兩端者不可以定威。故治外者必調內，平遠者必正近。綱維天下，勞神八極者，則憂不存於家。養氣治性，思通精神，延壽命者，則志不流於外。據土子民，治國治衆者，不可以圖利，治產業，則教化不行，而政令不從。故欲理之君，閉利門，積德之家，必無灾殃，利絶而道著，武讓而德興，斯乃持久之道，常行之法也。

又《本行第十》 夫人之好色，非脂粉所能飾；大怒之威，非氣

力所能行也。聖人乘天威，合天氣，承天功，象天容，而不與爲功，豈不難哉？夫酒池可以運舟，糟丘可以遠望，豈貧於財哉？統四海之權，主九州之衆，豈弱於武力哉？然功不能自存，而威不能自守，非貧弱也，乃道德不存乎身，仁義不加於下也。

故察於利而惛於道者，衆之所謀也；果於力而寡於義者，兵之所圖也。君子篤於義而薄於利，敏於行而愼於言，所□□□廣功德也。故曰：『不義而富且貴，於我如浮雲。』

漢·賈誼《新書》卷三《解縣》 天下之勢方倒縣，竊願陛下省之也。凡天子者，天下之首也。何也？上也。蠻夷者，天下之足也。何也？下也。蠻夷徵令，是主上之操也；天子共貢，是臣下之禮也。足反居上，首顧居下，是倒縣之勢也。天下倒縣，莫之能解，猶爲國有人乎？

漢·劉安《淮南子》卷一三《氾論訓》 治國有常，而利民爲本；政教有經，而令行爲上。苟利於民，不必法古；苟周於事，不必循舊。夫夏、商之衰也，不變法而亡；三代之起也，不相襲而王。故聖人法與時變，禮與俗化，衣服器械，各便其用，法度制令，各因其宜。故變古未可非，而循俗未足多也。百川異源而皆歸於海，百家殊業而皆務於治。王道缺而《詩》作，周室廢，禮義壞而《春秋》作。《詩》、《春秋》學之美者也，皆衰世之造也。儒者循之以教導於世，豈若三代之盛哉！以《詩》、《春秋》爲古之道而貴之，又有未作《詩》、《春秋》之時。夫道其缺也，不若道其全也。誦先王之《詩》、《書》，不若聞得其言，聞得其言，不若得其所以言，得其所以言者，言弗能言也。

漢·董仲舒《春秋繁露》卷一七《威德所生第七十九》 爲人主者，居至德之位，操殺生之勢，以變化民。民之從主也，如草木之應四時也。喜怒當寒暑，威德當冬夏。冬夏者，威德之合也，寒暑者，喜怒之偶也。喜怒之有時而當發，寒暑亦有時而當出，其理一也。

漢·班固《白虎通義》卷三《五行》 君有衆民，何法？法天有衆星也。

《漢書》卷四九《鼂錯傳》 詔策曰『明於國家大體』，愚臣竊以古之五帝明之。臣聞五帝神聖，其臣莫能及，故自親事，處於法宮之中，明堂之上；動靜上配天，下順地，中得人。故衆生之類亡不覆也，根著之徒亡不載也；燭以光明，亡偏異也；德上及飛鳥，下至水蟲草木諸産，皆被其澤。然後陰陽調，四時節，日月光，風雨時，膏露降，五穀孰，祅孽滅，賊氣息，民不疾疫，河出圖，洛出書，神龍至，鳳鳥翔，德澤滿天下，靈光施四海。此謂配天地，治國大體之功也。

詔策曰『通於人事終始』，愚臣竊以古之三王明之。臣聞三王臣主俱賢，故合謀相輔，計安天下，莫不本於人情。人情莫不欲壽，三王生而不傷也；人情莫不欲富，三王厚而不困也；人情莫不欲安，三王扶而不危也；人情莫不欲逸，三王節其力而不盡也。其爲法令也，合於人情而後行之；其動衆使民也，本於人事然後爲之。取人以己，內恕及人。情之所惡，不以彊人；情之所欲，不以禁民。是以天下樂其政，歸其德，望之若父母，從之若流水；百姓和親，國家安寧，名位不失，施及後世。此明於人情終始之功也。

漢·荀悅《申鑒》卷一《政體第一》 夫道之本，仁義而已矣。五典以經之，羣籍以緯之，詠之歌之，弦之舞之，前鑒既明，後復申之。故古之聖王，其於仁義也，申重而已，篤序無彊，謂之《申鑒》。聖漢統天，惟宗時亮，其功格宇宙，粤有虎臣亂政。時亦惟荒圮湮，茲洪軌儀，鑒于三代之典，王允廸厥德，功業有尚，天道在爾。惟帝茂止，陟降膚止，萬國康止，允出茲，斯行遠矣。立天之道，曰陰與陽。立地之道，曰柔與剛。立人之道，曰仁與義。陰陽以統其精氣，剛柔以品其羣形，仁義以經其事業，是爲道也。故凡政之大經，法教而已矣。教者，陽之化也。法者，陰之符也。仁也者，慈此者也。義也者，宜此者也。禮也者，履此者也。信也者，守此者也。智也者，知此者也。是故好惡以章之，喜怒以涖之，哀樂以恤之。若乃二端不愆，五德不離，六節不悖，則三才允序，五事交備，百工惟釐，庶績咸熙。天作道，皇作極，臣作輔，民作基。惟先喆王之政：一曰承天，二曰正身，三曰任賢，四曰恤民，五曰明制，六曰立業。承天惟允，正身惟常。任賢惟固，恤民惟勤。明制惟典，立業惟敦。是謂政體也。致治之術，先屏四患，乃崇五政。一曰偽，二曰私，三曰放，四曰奢。偽亂俗，私壞法，放越軌，奢敗制，四者不除，則政末由行矣。俗亂則道荒，雖天地不得保其性矣。法壞則世傾，雖人主不得守其度矣。軌越則禮亡，雖聖人不得全其道矣。制敗則欲肆，雖四表不能充

其求矣。是謂四患。興農桑以養其生，審好惡以正其俗，宣文教以章其化，立武備以秉其威，明賞罰以統其法，是謂五政。民不畏死，不可懼以罪。民不樂生，不可觀以善。雖使卨布五教，咎繇作士，政不行焉。故在上者，先豐民財以定其志。帝耕籍田，后桑蠶宮，國無遊民，野無荒業，財不虛用，力不妄加，以周民事，是謂養生。君子之所以動天地應神明正萬物，而成王治者，必本乎眞實而已。故在上者審則儀道以定好惡，善惡要於功罪，毀譽效於準驗。聽言責事，舉名察實，無或詐僞以蕩衆心。故事無不矣，物無不切，善無不顯，惡無不彰，俗無姦怪，民無淫風，百姓上下睹利害之存乎己也。故肅恭其心，慎脩其行，內不忒惑，外無異望。慮其睹去徼倖，無罪過不憂懼。請謁無所聽，財賂無所用，則民志平矣。是謂正俗。君子以情用，小人以刑用。榮辱者，賞罰之精華也。故禮教榮辱以加君子，化其情也。桎梏鞭朴以加小人，治其刑也。君子不犯辱，況於刑乎？小人不忌刑，況於辱乎？若夫中人之倫，則刑禮兼焉。教化之廢，推中人而墜於小人之域。教化之行，引中人而納於君子之塗。是謂章化。小人之情，緩則驕，驕則恣，恣則急，急則怨，怨則畔。危則謀亂，安則思欲，非威强無以懲之。故在上者，必有武備，以戒不虞，以遏寇虐。安居則寄之內政，有事則用之軍旅，是謂秉威。賞罰，政之柄也。明賞必罰，審信慎令，賞以勸善，罰以懲惡。人主不妄賞，非徒愛其財也，賞妄行則善不勸矣。不妄罰，非徒慎其刑也，罰妄行則惡不懲矣。賞不勸，謂之止善。罰不懲，謂之縱惡。在上者能不止下爲善，不縱下爲惡，則治國矣。是謂統法。四患既蠲，五政既立，行之以誠，守之以固，簡而不怠，疏而不失，無爲爲之，使自施之，無事事之，使自交之，不肅而治，垂拱揖遜而海內平矣。是謂爲政之方也。惟缺六則以立道經。一曰中，二曰和，三曰正，四曰公，五曰誠，六曰通。以天道作中，以地道作和，以仁德作正，以事物作公，以身極作誠，以變數作通，是謂道實。

惟恤十難以任賢能。一曰不知，二曰不進，三曰不任，四曰不終，五曰以小怨棄大德，六曰以小過黜大功，七曰以小失掩大美，八曰以訐姦傷忠正，九曰以邪説亂正度，十曰以讒嫉廢賢能，是謂十難。十難不除，則賢臣不用，用臣不賢，則國非其國也。

惟察九風以定國常。一曰治，二曰衰，三曰弱，四曰乖，五曰亂，六曰荒，七曰叛，八曰危，九曰亡。君臣親而有禮，百僚和而不同，讓而不爭，勤而不怨，無事惟職是司，此治國之風也。禮俗不一，位職不重，小臣讒嫉，庶人作議，此衰國之風也。君好讓，臣好逸，士好遊，民好流，此弱國之風也。君臣爭名，朝廷爭功，士大夫爭名，庶人爭利，此乖國之風也。上多欲，下多端，法不定，政多門，此亂國之風也。以侈爲博，以伉爲高，以濫爲通，遵禮謂之劬，守法謂之固，此荒國之風也。以苛爲密，以利爲公，以割下爲能，以附上爲忠，此叛國之風也。上下相疏，內外相蒙，小臣爭寵，大臣爭權，此危國之風也。上不訪，下不諫，婦言用，私政行，此亡國之風也。故上必察乎國風也。

惟慎庶獄以昭人情。天地之大德曰生，萬物之大極曰死。死者不可以生，刑者不可以復。故先王之刑也，官師以成之，棘槐以斷之，情訊以寬之，朝市以共之，矜哀以恤之，刑斷，樂不舉，慎之至也。刑哉刑哉！其慎矣夫。惟稽五赦以綏民中。一曰原心，二曰明德，三曰勸功，四曰褒化，五曰權計。凡先王之攸赦，必是族也，非是族焉，刑茲無赦。天子有四時，朝以聽政，晝以訪問，夕以修令，夜以安身。上有師傅，下有讌臣。大有講業，小則咨詢。不拒直辭，不耻下問。公私不愆，外內不二。是謂有交。

問明於治者其統近。萬物之本在身，天下之本在家，治亂之本在左右，內正立而四表定矣。

問通於道者其守約。有一言而可常行者，恕也。有一行而可常履者，正也。恕者，仁之術也。正者，義之要也。至哉！此謂道根。萬化存焉爾，是謂不思而得，不爲而成，執之胸心之間，而功覆天下也。

自天子達於庶人，好惡哀樂，其脩一也。豐約勞佚，各有其制。上足以備禮，下足以備樂。夫是謂大道，天下國家一體也。君爲元首，臣爲股肱，民爲手足。下有憂民，則上不盡樂。下有飢民，則上不備膳。下有寒民，則上不具服。徒跣而垂旒，非禮也。故足寒傷心，民寒傷國。

問君以至美之道道民，民以至美之物養君。君降其惠，民升其功，此無往不復，相報之義也。故太平備物，非極欲也。物損禮闕，非謙約也。其數云耳。問人主有公賦無私求，有公用無私費，有公役無私使，有公賜無私惠，有公怒無私怨。私求則下煩而無度，是謂傷清。私費則官耗而無限，是謂傷制。私使則民撓擾而無節，是謂傷義。私惠則下虛望而無準，

是謂傷正。私怨則下疑懼而不安，是謂傷德。

問善治民者，治其性也。或曰：冶金而流，去火則剛，激水而升，舍之則降，惡乎治？曰：不去其火則常流，激而不止則常升。故大冶之爐，可使無剛。踊水之機，可使無降。善立教者若茲，則終身治矣。故凡器可使與顔冉同趨，投百金於前，白刃加其身，雖巨跖弗敢掇也。善立法者若茲，則終身不掇矣。故跖可使與伯夷同功。

問民由水也。濟大川者，太上乘舟，其次泅。泅者勞而危，乘舟者逸而安，虚入水則必溺矣，以知能治民者。泅也，以道德治民者。舟也，縱民之情謂之亂，絶民之情謂之荒。曰：然則如之何？曰：爲之限，使勿越也。爲之地亦勿越。故水可使不濫，不可使無流。善禁者，先禁其身而後人。不善禁者，先禁人而後身。善禁之至於不禁，令亦如之。若乃肆情於身而繩欲於衆，行詐於官而矜實於民，求己之所有餘，奪下之所不足，捨己之所易，責人之所難，怨之本也，謂理之源斯絶矣。自上御下，猶夫釣者焉。隱於手，應於鉤，則可以得魚。自近御遠，猶夫御馬焉。和於手而調於銜，則可以使馬。故至道之要，不於身非道也。睹孺子之驅雞也而見御民之方。孺子驅雞者，急則驚，緩則滯，方其北也。遽要之則折而過南，方其南也。遽要之則折而過北，迫則飛，疏則放，志閑則比之，流緩而不安則食之，不驅之驅，驅之至者也，志安則循路而入門。

太上不空市，其次不偷竊，其次不掠奪。上以功惠綏民，下以財力奉上，是以上下相與。空市則民不與，民不與則爲巧詐而取之，謂之偷竊。偷竊則民備之，備之而不得，則暴迫而取之，謂之掠奪。民必交爭，則禍亂矣。或曰：聖王以天下爲樂。曰：否。聖王以天下爲憂，天下以聖王爲樂。凡主以天下爲樂，天下以凡主爲憂。聖王屈己以申天下之樂，凡主申己以屈天下之憂。申天下之樂，故樂亦報之。屈天下之憂，故憂亦及之。天下之道也。治世所貴乎位者三：一曰達道於天下，二曰達惠於民，三曰達德於身。衰世所貴乎位者三：一曰以貴高人，二曰以富奉身，三曰以報肆心。治世之位，眞位也。衰世之位，則生災矣。苟高人，則必損之，災也。苟奉身，則必遺之，災也。苟肆心，則必否之，災也。

治世之臣，所貴乎順者三：一曰心順，二曰職順，三曰道順。治世之順，眞順也。衰世之順，生逆也。體苟順則逆節，亂苟順則逆忠，事苟順則逆道。高下失序則位輕，班級不固則位輕，禄薄卑寵則位輕，官職屢改則位輕，遷轉煩瀆則位輕，黜陟不明則位輕，待臣不以禮則位輕。夫位輕而政重者，未之有也。聖人之大寶曰位，輕則喪吾寶也。

好惡之不行，其俗尚矣。嘉守節而輕狹陋，疾威福而尊權右，賤求欲而崇克濟，貴求己而榮華譽，萬物類是已。夫心與言，言與事，參相應也。好惡毀譽賞罰，參相福也。六者有失，則實亂矣。守實者益榮，求己者益達，處幽者益明，然後民知本也。

又　卷四《雜言上第四》　或問致治之要君乎？曰：兩立哉。非天地不生物。非君臣不成治。首之者天地也。統之者君臣也哉！先王之道致訓焉。故亡斯須之間而違道矣。昔有上致聖，由教戒，因輔弼，欽順四鄰。故檢柙之臣，不虚於側。禮度之典，不曠於目。先哲之言，不輟於身。非義之道，不宣於心。是邪僻之氣，末由入也。有間，必有入之者矣。是故僻志萌則僻事作。僻事作，則正塞。正塞，則公正亦末由入也矣。不任不愛謂之公。惟公是從謂之明。齊桓公中材也，未能成功業，由有異焉者矣。妾媵盈宮，非無愛幸也。羣臣盈朝，非無親近也。然外則管仲射己，衛姬色妾，非愛也。任之也，然後知非賢不可任，非智不可從也。夫此之舉弘矣哉！膏肓純白，二豎不生，茲謂心寧。省闥清淨，嬖孽不生，茲謂政平。夫膏肓近心而處阨，鍼之不遠，藥之不中，攻之不可，二豎藏焉，是謂篤患。故治身治國者，唯是之畏。或曰：愛民如子，仁之至乎？曰：未也。曰：愛民如身，仁之至乎？曰：未也。湯禱桑林，邾遷于繹，景祠於旱，可謂愛民矣。曰：何重民而輕身也？曰：人主承天命以養民者也。民存則社稷存。民亡則社稷亡。故重民者，所以重社稷而承天命也。

《太平經》丙部之一四《三合相通訣第六十五》　今父母君臣，尚但共持其大綱紀耳，大要實仰衣食於子。人無子，絶無後世；君少民，乃衣食不足，令常用心愁苦，故治國之道，乃以民爲本也。無民，君與臣無可治，無可理也，是故古者大聖賢共治事，但旦夕專以民爲大急，憂其民也，若家人父母憂無子，無子以何自名爲父母，無民以何自名爲君也。故天之法，常使君臣民都同命，同吉凶，同一職，一事失正，即爲大凶矣。

又　戊部之一《天讖支干相配法第一百四》　太陰爲民，民沐行而不

止。故水沂行而不知息也。民者，職當主爲國家王侯治生。故水者，當隨生養木也。東方者，君之家也。

天之格識，少陽者畏少陰。故臣者，反主録國家王侯官屬也。太陽畏太陰，是故國有道與德，而君臣賢明，則民從也。國無道德，則民叛也。是故治國之大要，以多民爲富，少民爲大貧困。

《後漢書》卷八七《劉陶傳》 陶時游太學，乃上疏陳事曰：臣聞人非天地無以爲生，天地非人無以爲靈，是故帝非人不立，人非帝不寧。夫天之與帝，帝之與人，猶頭之與足，相須而行也。

君臣關係論分部

論説

漢·賈誼《新書》卷三《威不信》 古之正義，東西南北，苟舟車之所達，人迹之所至，莫不率服，而後云天子。德厚焉，澤湛焉，而後稱帝；又加美焉，而後稱皇。今稱號甚美，而實不出長城，彼非特不服也，又大不敬。邊長不寧，中長不靜，譬如伏虎，見便必動，將何時已？

昔高帝起布衣而服九州，今陛下杖九州而不行於匈奴，竊爲陛下不足。且事勢有甚逆者焉，其義尤要。天子者，天下之首也，何也？上也。蠻夷者，天下之足也，何也？下也。蠻夷徵令，是主上之操也；天子共貢，是臣下之禮也。足反居上，首顧居下，是倒植之勢也。天下之勢倒植矣，莫之能理，猶爲國有人乎？德可遠施，威可遠加，舟車所至，可使如志，而特揹然數百里而威令不信，可爲流涕者此也。

又 卷八《官人》 王者官人有六等：一曰師，二曰友，三曰大臣，四曰左右，五曰侍御，六曰廝役。

知足以爲源泉，行足以爲表儀；問焉則應，求焉則得；入人之家足以重人之家，入人之國足以重人之國者，謂之師。知足以爲礱礪，行足以爲輔助，仁足以訪議。明於進賢，敢於退不肖、內相匡正，外相揚美者，謂之友。知足以謀國事，行足以爲民率，仁足以合上下之驩，國有法則退而守之，君有難則進而死之；職之所守，君不得以阿私託者，大臣也。修身正行不怍於鄉曲，道語談説不怍於朝廷，智能不困於事業，服一介之使，能合兩君之驩；執戟居前，能舉君之失過，不難以死持之者，左右也。不貪於財，不淫於色，事君不敢有二心，居君旁不敢泄君之謀；君有失過，雖不能正諫，以其死持之，憔悴有憂色，不勸聽從者，侍御也。柔色傴僂，唯諛之行，唯言之聽，以睚眦之間事君者，廝役也。

故與師爲國者帝，與友爲國者王，與大臣爲國者伯，與左右爲國者强，與侍御爲國者若存若亡，與廝役爲國者亡可立待也。

取師之禮，黜位而朝之。取友之禮，以身先焉。取大臣之禮，以皮幣先焉。取左右之禮，使使者先焉。取侍御之禮，以令至焉。取廝役之禮，以令召矣。

師至，則清朝而侍，小事不進。友至，則清殿而侍，聲樂技藝之人不並見。大臣奏事，則徘優侏儒逃隱，聲樂技藝之人不並奏。左右在側，聲樂不見。侍御者在側，子女不雜處。

故君樂雅樂，則友、大臣可以侍；君樂燕樂，則左右、侍御者可以侍；君開北房從熏服之樂，則廝役從。清晨聽治，罷朝而論議，從容澤燕。夕時開北房，從熏服之樂。是以聽治論議，從容澤燕，矜莊皆殊序，然後帝王之業可得而行也。

又 卷九《大政上》 人臣之道，思善則獻之於上，聞善則獻之於上，知善則獻之於上。夫民者，唯君者有之，爲人臣者助君理之。故夫爲人臣者，以富樂民爲功，以貧苦民爲罪。故君以知賢爲明，吏以愛民爲忠。故臣忠則君明，此之謂聖王。故官有假而德無假，位有卑而義無卑，故位下而義高者，雖卑，貴也；位高而義下者，雖貴，必窮。嗚呼，戒之哉！戒之哉！行道不能，窮困及之。

漢·劉安《淮南子》卷一七《説林訓》 君子之居民上，若以腐索御奔馬，若蹍薄冰，蛟在其下；若入林而遇乳虎。善用人者，若蚈之足，衆而不相害；若脣之與齒，堅柔相摩而不相敗。

清醠之美，始於耒耜；黼黻之美，在於杼軸。布之新不如紵，紵之弊不如布，或善爲新，或惡爲故。在頰則好，在顙則醜。繡以爲裳則宜，以爲冠則譏。馬齒非牛蹏，檀根非椅枝，故見其一本而萬物知。石生而

堅，蘭生而芳，少自其質，長而愈明。扶之與提，謝之與讓，故之與先，諾之與已，也之與矣，相去千里。汙準而粉其顙；腐鼠在壇，燒薰於宮；入水而憎濡，懷臭而求芳；雖善者弗能爲工。再生者不獲，華大早者不胥時落。毋曰不幸，甑終不墮井。抽簪招燐，有何爲驚！使人無度河，可；中河使無度，不可。見虎一文，不知其武；見驥一毛，不知善走。水蠆爲蟌，孑孓爲，兔齧爲蟹。物之所爲，出於不意，弗知者驚，知者不怪。銅英青，金英黄，玉英白，磨燭確，膏燭澤也。以微知明，以外知內。象肉之味，不知於口；鬼神之貌，不著於目；捕景之説，不形於心。冬冰可折，夏木可結，時難得而易失。木方茂盛，終日采而不知；秋風下霜，一夕而殫。病熱而强之餐，救暍而飲之寒，救經而引其索，拯溺而授之石，欲救之，反爲惡。雖欲謹，亡馬不發户磷；雖欲豫，就酒不懷蓐。孟賁探鼠穴，鼠無時死，必噬其指，失其勢也。

漢・董仲舒《春秋繁露》卷一《楚莊王第一》 人臣之行，貶主之位，亂國之臣，雖不篡殺，其罪皆宜死，比於此其爾。

又 《玉杯第二》 人受命於天，有善善惡惡之性，可養而不可改，可豫而不可去，若形體之可肥臞，而不可得革也。是故雖有至賢，能爲君親含容其惡，不能爲君親令無惡。《書》曰：『厥辟去厥祗』，事親亦然，皆忠孝之極也。非至賢安能如是？父不父則子不子，君不君則臣不臣耳。文公不能服喪，不時奉祭，不以三年，又以喪娶，娶於大夫，以卑宗。

【略】

春秋之好微與，其貴志也。春秋修本末之義，達變故之應，通生死之志，遂人道之極者也。是故君殺賊討，則善而書其誅；若莫之討，則君不書葬，而賊不復見矣。不書葬，以爲無臣子也；賊不復見，以其宜滅絶也。今趙盾弒君，四年之後，別牘復見，非春秋之常辭也。古今之學者異而問之曰：『是弒君，何以復見？猶曰賊未討，何以書葬？何以書葬者，不宜書葬也而書葬；何以復見者，亦不宜復見也而復見；二者同貫，不得不相若也。盾之復見，直以赴問而辨不親弒，非不當誅也；則亦不得不謂悼公之書葬，直以赴問而辨不成弒，非不當罪也。若是則春秋之説亂矣，豈可法哉！』『故貫比而論，是非雖難悉得，其義一也。今盾誅無傳，弗誅無傳，以比言之，法論也，無比而處之，誣辭也，今視其比，皆不當死，何以誅之。春秋赴問數百，應問數千，同留經中，翻援比類，以發其端，卒無妄言，而得應於傳者；今使外賊不可誅，故皆復見，而問曰：『此復見，何也？』言莫妄於是，何以得應乎！故吾以其得應，知其問之不妄，以其問之不妄，知盾之獄不可不察也。夫名爲弒父，而實免罪者，已有之矣；亦有名爲弒君，而罪不誅者，逆而距之，不若徐而味之，且吾語盾有本，詩云：『他人有心，予忖度之。』此言物莫無鄰，察視其外，可以見其內也。今案盾事而觀其心，願而不刑，合而信之，非篡弒之鄰也。按盾辭號乎天，苟內不誠，安能如是？是故訓其終始無弒之志。挂惡謀者，過在不遂去，罪在不討賊而已。臣之宜爲君討賊也，猶子之宜爲父嘗藥也。子不嘗藥，故加之弒父；臣不討賊，故加之弒君，其義一也。所以示天下廢臣子之節，其惡之大若此也。故盾之不討賊，爲弒君也，與止之不嘗藥爲弒父無以異。盾不宜誅，以此參之。』問者曰：『夫謂之弒而有不誅，其論難知，非蒙之所能見也。故赦止之罪，以傳明之；盾不誅，無傳，何也？』曰：『世亂義廢，背上不臣，篡弒覆君者多，而有明大惡之誅，誰言其誅。故晉趙盾、楚公子比皆不誅之文，而弗爲傳，弗欲明之心也。』

問者曰：『人弒其君，重卿在而弗能討者，非一國也。靈公弒，趙盾不在。不在之與在，惡有厚薄。春秋責在而不討賊者，弗繫臣子爾也。責不在而不討賊者，乃加弒焉，何其責厚惡之薄、薄惡之厚也？』曰：『春秋之道，視人所惑，爲立説以大明之。今趙盾賢而不遂於理，皆見其善，莫見其罪，故因其所賢而加之大惡，繫之重責，使人湛思而自省悟以反道，曰：『吁！君臣之大義，父子之道，乃至乎此。』此所由惡薄而責之厚也。他國不討賊者，諸斗筲之民，何足數哉！弗繫人數而已。此所由惡厚而責薄也。傳曰：『輕爲重，重爲輕。』非是之謂乎？故公子比嫌可以立，趙盾嫌無臣責，許止嫌無子罪。春秋爲人不知惡而恬行不備也，是故重累責之，以纍枉世而直之，纍者不過其正，弗能直。知此而義畢矣。』

又 卷四《王道第六》 春秋何貴乎元而言之？元者，始也，言本正也。道，王道也。王者，人之始也。王正則元氣和順、風雨時、景星見、黄龍下。王不正則上變天，賊氣幷見。五帝三王之治天下，不敢有君

民之心，什一而税，教以愛，使以忠，敬長老，親親而尊尊，不奪民時，使民不過歲三日。民家給人足，無怨望忿怒之患，强弱之難，無讒賊妒疾之人。民修德而美好，被髮銜哺而游，不慕富貴，恥惡不犯。父不哭子，兄不哭弟。毒蟲不螫，猛獸不搏，抵蟲不觸。故天爲之下甘露，朱草生，醴泉出，風雨時，嘉禾興，鳳凰麒麟遊於郊，囹圄空虚，畫衣裳而民不犯，四夷傳譯而朝。民情至樸而不文。郊天祀地，秩山川，以時至，封于泰山，禪于梁父。立明堂，宗祀先帝，以祖配天，天下諸侯各以其職來祭。貢土地所有，先以入宗廟，端冕盛服而後見先。德恩之報，奉先之應也。

桀紂皆聖王之後，驕溢妄行。侈宫室，廣苑囿，窮五采之變，極飭材之工，困野獸之足，竭山澤之利，食類惡之獸。奪民財食，高雕文刻鏤之觀，盡金玉骨象之工，盛羽旄之飾，窮白黑之變。深刑妄殺以陵下，聽鄭衛之音，充傾宫之志，靈虎兕文采之獸，以希見之意，賞佞賜讒。以糟爲丘，以酒爲池。孤貧不養，殺聖賢而剖其心，生燔人聞其臭，剔孕婦見其化，斮朝涉之足察其拇，殺梅伯以爲醢，刑鬼侯之女取其環。誅求無已。天下空虚，羣臣畏恐，莫敢盡忠，紂愈自賢。周發兵，不期會于孟津者八百諸侯，共誅紂，大亡天下。春秋以爲戒，曰：『蒲社災。』周衰，天子微弱，諸侯力政，大夫專國，士專邑，不能行度制法文之禮。諸侯背叛，莫修貢聘，奉獻天子。臣弒其君，子弒其父，孽殺其宗，不能統理，更相伐銼以廣地。以强相脅，不能制屬，强奄弱，衆暴寡，富使貧，并兼無已，臣下上僭，不能禁止。日爲之食，星霣如雨，雨螽，沙鹿崩。夏大雨水，冬大雨雪，霣石于宋五，六鷁退飛。霣霜不殺草，李梅實。正月不雨，至於秋七月。地震，梁山崩，壅河，三日不流。晝晦，彗星見於東方，孛於大辰。鸛鵒來巢，春秋異之。以此見悖亂之徵。孔子明得失，差貴賤，反王道之本。譏天王以致太平。刺惡譏微，不遺小大，善無細而不舉，惡無細而不去，進善誅惡，絶諸本而已矣。

天王使宰喧來歸惠公仲子之賵，刺不及事也。天王伐鄭，譏親也，會王世子，譏微也。祭公來逆王后，譏失禮也。刺家父求車，武氏毛伯求賻金。王人救衛。王師敗於貿戎，天王不養，出居於鄭，殺母弟，王室亂，不能及外，分爲東西周，無以先天下，召衛侯不能致，遣子突征衛不能絶，伐鄭不能從，無駭滅極不能從。諸侯得以大亂，篡弒無已。臣下上逼，僭擬天子。諸侯强者行威，小國破滅。晉至三侵周，與天王戰于貿戎而大敗之。戎執凡伯于楚丘以歸。諸侯本怨隨惡，發兵相破，夷人宗廟社稷，不能統理。臣子强，至弒其君父；法度廢而不復用，威武絶而不復行。故鄭魯易地，晉文再致天子。齊桓會王世子，擅封邢、衛、杞，橫行中國，意欲王天下。魯舞八佾，北祭泰山，郊天祀地，如天子之爲。以此之故，弒君三十二，亡國五十二，細惡不絶之所致也。

春秋立義，天子祭天地，諸侯祭社稷，諸山川不在封内不祭。有天子在，諸侯不得專地，不得專封，不得專執天子之大夫，不得舞天子之樂，不得致天子之賦，不得適天子之貴。君親無將，將而誅。大夫不得世，大夫不得廢置君命。立適，以長不以賢，立子以貴不以長。立夫人以適不以妾。天子不臣母后之黨，親近以來遠，未有不先近而致遠者也。故内其國而外諸夏，内諸夏而外夷狄，言自近者始也。

諸侯來朝者得褒，邾婁儀父稱字，滕薛稱侯，荆得人，介葛盧得名；内出言如，諸侯來曰朝，大夫來曰聘，王道之意也。誅惡而不得遺細大，諸侯不得爲匹夫興師，不得執天子之大夫執天子之大夫，與伐國同罪，執凡伯言伐。獻八佾，諱八言六。鄭魯易地，諱易言假。晉文再致天子，諱致言狩。桓公存邢、衛、杞，不見春秋，内心予之，行法絶而不予，止亂之道也，非諸侯所當爲也。春秋之義，臣不討賊，非臣也。子不復讎，非子也。故誅趙盾賊不討者，不書葬，臣子之誅也。許世子止不嘗藥，而誅爲弒父，楚公子比脅而立，而不免於死。齊桓晉文擅封，致天子，誅亂、繼絶、存亡，侵伐會同，常爲本主。曰：桓公救中國，攘夷狄，卒服楚，至爲王者事。晉文再致天子，皆止不誅，善其牧諸侯，奉獻天子而服周室，春秋予之爲伯，誅意不誅辭之謂也。

魯隱之代桓立，祭仲之出忽立突，仇牧、孔父、荀息之死節，公子目夷不與楚國，此皆執權存國，行正世之義，守惓惓之心，春秋嘉氣義焉，故皆見之，復正之謂也。夷狄邾婁人、牟人、葛人，爲其天王崩而相朝聘也，此其誅也。殺世子母弟直稱君，明失親親也。

魯季子之免罪，吴季子之讓國，明親親之恩也。闔殺吴子餘祭，見刑人之不可近。鄭伯髠原卒於會，諱弒，痛强臣專君，君不得爲善也。衛人

殺州吁，齊人殺無知，明君臣之義，守國之正也。衛人立晉，美得衆也。君將不言率師，重君之義也。正月，公在楚，臣子思君，無一日無君之意也。誅受令，恩衛葆，以正囹圄之平也。言圍成，甲午祠兵，以別迫脅之罪，誅意之法也。作南門，刻桷，丹楹，作雉門及兩觀，築三臺，新延廄，譏驕溢不恤下也。故臧孫辰請糴於齊，孔子曰：『君子爲國，必有三年之積，一年不熟乃請糴，失君之職也。』誅犯始者，省刑，絶惡疾始也。大夫盟于澶淵，刺大夫之專政也。諸侯會同，賢爲主，賢賢也。春秋記纖芥之失，反之王道，追古貴信，結言而已，不至用牲盟而後成約，故曰：『齊侯衛侯胥命于蒲。』傳曰：『古者不盟，結言而退。』宋伯姬曰：『婦人夜出，傅母不在，不下堂。』曰：『古者周公東征則西國怨。』桓公曰：『無貯粟，無鄣谷，無易樹子，無以妾爲妻。』宋襄公曰：『不鼓不成列，不阸人。』莊王曰：『古者杅不穿，皮不蠹，則不出。君子篤于禮，薄於利，要其人不要其土；告從不赦，不祥。强不陵弱。』齊頃公弔死視疾，孔父正色而立于朝，人莫過而致難乎其君，齊國佐不辱君命而尊齊侯，此春秋之救文以質也。救文以質，見天下諸侯所以失其國者亦有焉。潞子欲合中國之禮義，離乎夷狄，未合乎中國，所以亡也。吳王夫差行强於越，臣人之主，妾人之妻，卒以自亡，宗廟夷，社稷滅，其可痛也，長王投死，於戲，豈不哀哉！晉靈行無禮，處臺上彈羣臣，枝解宰人而棄之，漏陽處父之謀，使陽處父死。及患趙盾之諫，欲殺之，卒爲趙盾所弑。晉獻公行逆理，殺世子申生，以驪姬立奚齊、卓子，皆殺死，國大亂，四世乃定，幾爲秦所滅，從驪姬起也。楚平王行無度，殺伍子胥父兄。蔡昭公朝之，因請其裘，昭公不與。吳王非之。舉兵加楚，大敗之。君舍乎君室，大夫舍乎大夫室，妻楚王之母，貪暴之所致也。晉厲公行暴道，殺無罪人，一朝而殺大臣三人。明年，臣下畏恐，晉國殺之。陳侯佗淫乎蔡，蔡人殺之。古者諸侯出疆必具左右，備一師，以備不虞。今陳侯恣以身出入民間，至死閭里之庸，甚非人君之行也。宋閔公矜婦人而心妒，與大夫萬博。萬譽魯莊公曰：『天下諸侯宜爲者，唯魯侯爾。』閔公妒其言，曰：『此虜也。爾虜焉故？魯侯之美惡乎至？』萬怒，搏閔公絶脰，此以與臣博之過也。古者人君立于陰，大夫立于陽，所以別位，明貴賤。今與臣相對而博，置婦人在側，此君臣無別也。故使萬稱他國卑閔公之意，閔公藉萬而身與之博，下君自置。有辱之婦人之房，俱而矜婦人，獨得殺死之道也。《春秋傳》曰：『大夫不適君』，遠此逼也。梁內役民無已。其民不能堪，使民比地爲伍，一家亡，五家殺刑。其民曰：『先亡者封，後亡者刑。』君者將使民以孝于父母，順于長老，守丘墓，承宗廟，世世祀其先。今求財不足，行罰如將不勝，殺戮如屠，仇讎其民，魚爛而亡，國中盡空，春秋曰：『梁亡。』亡者自亡也，非人亡之也。虞公貪財，不顧其難，快耳悦目，受晉之璧，屈產之乘，假晉師道，還以自滅，宗廟破毀，社稷不祀，身死不葬，貪財之所致也。故春秋以此見物不空來，寶不虛出，自內出者，無匹不行，自外至者，無主不止，此其應也。楚靈王行强乎陳蔡，意廣以武，不顧其行，慮所美，內罷其衆，乾谿有物女，水盡則女見，水滿則不見。靈王舉發其國而役，三年不罷，楚國大怨。有行暴意，殺無罪臣成然，楚國大憾。公子棄疾卒令靈王父子自殺而取其國。虞不離津澤，農不去疇土，而民相愛也。此非盈意之過耶？魯莊公好宮室，一年三起臺。夫人內淫兩弟，弟兄子父相殺，國絶莫繼，爲齊所存，夫人淫之過也。妃匹貴妾，可不慎邪？此皆內自强從心之敗已，見自强之敗，尚有正諫而不用，卒皆取亡。曹羈諫其君曰：『戎衆以無義，君無自適。』君不聽，果死戎寇。伍子胥諫吳王，以爲越不可不取，吳王不聽，至死伍子胥，還九年，越果大滅吳國。秦穆公將襲鄭，百里蹇叔諫曰：『千里而襲人者，未有不亡者也。』穆公不聽。師果大敗殽中，匹馬隻輪無反者。晉假道虞，虞公許之。宮之奇諫曰：『脣亡齒寒，虞虢之相救，非相賜也。君請勿許。』虞公不聽，後虞果亡於晉。《春秋》明此，存亡道可觀也。觀乎蒲社，知驕溢之罰。觀乎許田，知諸侯不得專封。觀乎齊桓、晉文、宋襄、楚莊，知任賢奉上之功。觀乎魯隱、祭仲、叔武、孔父、荀息、仇牧、吳季子、公子目夷，知忠臣之效。觀乎楚公子比，知臣子之道，效死之義。觀乎潞子，知無輔自詛之敗。觀乎公在楚，知臣子之恩；觀乎漏言，知忠道之絶；觀乎獻六羽，知上下之差；觀乎宋伯姬，知貞婦之信。觀乎吳王夫差，知强凌弱。親乎晉獻公，知逆理近色之過。觀乎楚昭王之伐蔡，知無義之反。觀乎晉厲之妄殺無罪，知行暴之報。觀乎陳佗宋閔，知妒淫之禍。觀乎虞公、梁亡，知貪財枉法之窮。觀乎楚靈，知苦民之壤。觀乎魯莊之起臺，知驕奢淫佚之

失。觀乎衛侯朔，知不卽召之罪。觀乎執凡伯，知犯上之法。觀乎晉郤缺之伐邾婁，知臣下作福之誅。觀乎公子翬，知臣窺君之意。觀乎世卿，知移權之敗。故明王視於冥冥，聽於無聲，天覆地載，天下萬國，莫敢不悉靖其職受命者，不示臣下以知之至也。故道同則不能相先，情同則不能相使，此其教也。由此觀之，未有去人君之權，能制其勢者也。未有貴賤無差，能全其位者也；故君子慎之。

又 卷六《保位權第二十》 民無所好，君無以權也。民無所惡，君無以畏也。無以權，無以畏，則君無以禁制也。無以禁制，則比肩齊勢而無以爲貴矣。故聖人之治國也，因天地之性情，孔竅之所利，以立尊卑之制，以等貴賤之差。設官府爵祿，利五味，盛五色，調五聲，以誘其耳目，自令清猵昭然殊體，榮辱踔然相駮，以感動其心，務致民令有所好。有所好然後可得而勸也，故設賞以勸之。有所好必有所惡，有所惡，然後可得而畏也，故設罰以畏之。既有所勸，又有所畏，然後可得而制。制之者，制其所好，是以勸賞而不得多也。制其所惡，是以畏罰而不可過也。所好多則作福，所惡多則作威。作威則君亡權，天下相怨；作福則君亡德，天下相賊。故聖人之制民，使之有欲，不得過節；使之敦樸，不得無欲。無欲有欲，各得以足，而君道得矣。國之所以爲國者德也，君之所以爲君者威也，故德不可共，威不可分。德共則失恩，威分則失權。失權則君賤，失恩則民散。民散則國亂，君賤則臣叛。是故爲人君者，固守其德，以附其民；固執其權，以正其臣。聲有順逆，必有清猵，形有善惡，必有曲直。故聖人聞其聲則別其清猵，見其形則異其曲直。於猵之中，必知其清；於清之中，必知其猵；于曲之中，必見其直；於直之中，必見其曲。於聲無小而不取，於形無小而不舉。不以著蔽微，不以衆掩寡，各應其事，以致其報。黑白分明，然後民知所去就，民知所去就，然後可以致治，是爲象則。爲人君者居無爲之位，行不言之教，寂而無聲，靜而無形，執一無端，爲國源泉。因國以爲身，因臣以爲心，以臣言爲聲，以臣事爲形，有聲必有響，有形必有影。聲出於內，響報於外，形立於上，影應於下。響有清猵，影有曲直，響所報，非一聲也，影所應，非一形也。故爲君虛心靜處，聰聽其響，明視其影，以行賞罰之象。其行賞罰也，響清則生清者榮，響猵則生猵者辱，影正則生正者進，影枉則生枉者絀。名考質，以參其實。賞不空施，罰不虛出。是以羣臣分職而治，各敬而事，爭進其功，顯廣其名，而人君得載其中，此自然致力之術也。聖人由之，故功出於臣，名歸於君也。

又 卷一二《基義第五十三》 凡物必有合。合，必有上，必有下，必有左，必有右，必有前，必有後，必有表，必有裏。有美必有惡，有順必有逆，有喜必有怒，有寒必有暑，有晝必有夜，此皆其合也。陰者陽之合，妻者夫之合，子者父之合，臣者君之合。物莫無合，而合各有陰陽。陽兼於陰，陰兼於陽，夫兼於妻，妻兼於夫，父兼於子，子兼於父，君兼於臣，臣兼於君。君臣、父子、夫婦之義，皆取諸陰陽之道。君爲陽，臣爲陰；父爲陽，子爲陰；夫爲陽，妻爲陰。陰陽無所獨行。其始也不得專起，其終也不得分功，有所兼之義。是故臣兼功於君，子兼功于父，妻兼功于夫，陰兼功於陽，地兼功於天。舉而上者，抑而下也；有屏而左也，有引而右也；有親而任也，有疏而遠也；有欲日益也，有欲日損也。益其用而損其妨。有時損少而益多，有時損多而益少，少而不至絶，多而不至溢。陰陽二物，終歲各壹出。壹其出，遠近同度而不同意。陽之出也，常縣于前而任事；陰之出也，常縣於後而守空處。此見天之親陽而疏陰，任德而不任刑也。是故仁義制度之數，盡取之天。天爲君而覆露之，地爲臣而持載之；陽爲夫而生之，陰爲婦而助之；春爲父而生之，夏爲子而養之；秋爲死而棺之，冬爲痛而喪之。王道之三綱，可求於天。天出陽，爲暖以生之；地出陰，爲清以成之。不暖不生，不清不成。然而計其多少之分，則暖暑居百而清寒居一，德教之與刑罰猶此也。故聖人多其愛而少其嚴，厚其德而簡其刑，以此配天。天之大數必有十旬。旬，天地之數，十而畢舉，旬，生長之功，十而畢成。天之氣徐，乍寒乍暑。故寒不凍，暑不喝，以其有餘徐來，不暴卒也。《易》曰：『履霜堅冰，蓋言遜也。』然則上堅不踰等，果是天之所爲，弗作而成也。人之所爲，亦當弗作而極也。凡有興者，稍稍上之以遜順往，使人心說而安之，無使人心恐。故曰：君子以人治人，慬能願。此之謂也。聖人之道，同諸天地，蕩諸四海，變易習俗。

漢・班固《白虎通義》卷三《五行》 五行者，何謂也？謂金、木、水、火、土也。言行者，欲言爲天行氣之義也。地之承天，猶妻之事

夫，臣之事君也，謂其位卑。卑者視事，故自周于一行，尊於天也。

主幼臣攝政何法？法土用事于季孟之間也。子之復讐，何法？法土勝水、水勝火也。子順父、臣順君、妻順夫何法？法地順天也。

又　卷四《誅伐》　誅不避親戚何？所以尊君卑臣，强幹弱枝，明善善惡惡之義也。

諸侯之義，非天子之命，不得動衆起兵誅不義者，所以强幹弱枝，尊天子，卑諸侯。《論語》曰：『天下有道，則禮樂、征伐自天子出；天下無道，則禮樂、征伐自諸侯出。』世無聖賢方伯，諸侯有相滅者，力能救者可也。《論語》曰：『陳恆弑其君，孔子沐浴而朝，請討之。』王者侯之子簒弑其君而立，臣下得誅之者，廣討賊之義也。《春秋傳》曰：『臣弑君，臣不討賊，非臣也。』又曰：『蔡世子班弑其君，楚子誅之。』

子得爲父報仇者，臣子于君父，其義一也。

又　卷七《三綱六紀》　三綱者何謂也？謂君臣、父子、夫婦也。六紀者，謂諸父、兄弟、族人、諸舅、師長、朋友也。故君爲臣綱，夫爲妻綱。又曰：『敬諸父兄，六紀道行，諸舅有義，族人有序，昆弟有親，師長有尊，朋友有舊。』何謂綱紀？綱者，張也；紀者，理也。大者爲綱，小者爲紀，所以强理上下，整齊人道也。人皆懷五常之性，有親愛之心，是以綱紀爲化，若羅綱之有紀綱而萬目張也。《詩》云：『亹亹我王，綱紀四方。』

君臣，父子，夫婦，六人也，所以稱三綱何？一陰一陽謂之道。陽得陰而成，陰得陽而序，剛柔相配，故六人爲三綱。

三綱法天、地、人，六紀法六合。君臣法天，取象日月屈信歸功天也。父子法地，取象五行轉相生也。夫婦法人，取象人合陰陽有施化端也。六紀爲三綱之紀者也。師長君臣之紀也，以其皆成己也；諸父兄弟父子之紀也，以其有親恩連也；諸舅朋友夫婦之紀也，以其皆有同志爲紀助也。

君臣者，何謂也？君，羣也，下之所歸心；臣者，繵堅也，屬志自堅固。《春秋傳》曰：『君處此，臣請歸也。』

又　卷八《天地》　天道所以左旋、地道右周何？以爲天地動而不別，行而不離。所以左旋、右周者，猶君臣、陰陽相對之義。【略】

君舒臣疾，卑者宜勞，天所以反常行何？以爲陽不動，無以行其教；陰不靜，無以成其化。雖終日乾乾，亦不離其處也。故《易》曰：『終日乾乾，反覆道也。』

又　《日月》　天左旋，日、月、五星右行何？日、月、五星比天爲陰，故右行。右行者，猶臣對君也。《含文嘉》曰：『計日月，右行也。』《刑德放》曰：『日月東行。』

而日行遲，月行疾何？君舒臣勞也。日日行一度，月日行十三度十九分度之七。《感精符》曰：『三綱之義，日爲君，月爲臣也。』日月所以懸晝夜者何？助天行化，照明下地。故《易》曰：『懸象著明，莫大乎日月。』

又　卷一〇《喪服》　諸侯爲天子斬衰三年何？普天之下，莫非王土。率土之濱，莫非王臣。臣之於君，猶子之于父。明至尊、臣子之義也。

又　《崩薨》　童子諸侯不朝而來奔喪者臣子于其君父，非有老少，亦因喪質，無般旋之禮，但盡悲哀而已。

又　《朝聘》　所以制朝聘之禮何？所以尊君父，重孝道也。夫臣之制君，猶子之事父，欲同臣子之恩，一統尊君，故必朝聘也。

《漢書》卷四九《鼂錯傳》　詔策曰『悉陳其志，毋有所隱』，愚臣竊以五帝之賢臣明之。臣聞五帝其臣莫能及，則自親之；三王臣主俱賢，則共憂之；五伯不及其臣，則任使之。此所以神明不遺，而賢聖不廢也，故各當其世而立功德焉。《傳》曰『往者不可及，來者猶可待，能明其世者謂之天子』，此之謂也。竊聞戰不勝者易其地，民貧窮者變其業。今以陛下神明德厚，資財不下五帝，臨制天下，至今十有六年，民不益富，盗賊不衰，邊境未安，其所以然，意者陛下未之躬親，而待羣臣也。今執事之臣皆天下之選已，然莫能望陛下清光，譬之猶五帝之佐也。陛下不自躬親，而待不望清光之臣，臣竊恐神明之遺也。日損一日，歲亡一歲，日月益暮，盛德不及究於天下，以傳萬世，愚臣不自度量，竊爲陛下惜之。昧死上狂惑草茅之愚，臣言惟陛下財擇。

又　卷五一《賈山傳》　孝文時，言治亂之道，借秦爲諭，名曰至言。其辭曰：

臣聞爲人臣者，盡忠竭愚，以直諫主，不避死亡之誅者，臣山是也。臣不敢以久遠諭，願借秦以爲諭，唯陛下少加意焉。

夫布衣韋帶之士，修身于內，成名於外，而使後世不絕息。至秦則不然。貴爲天子，富有天下，賦斂重數，百姓任罷，赭衣半道，羣盜滿山，使天下之人戴目而視，傾耳而聽。一夫大呼，天下回應者，陳勝是也。秦非徒如此也，起咸陽而西至雍，離宮三百，鐘鼓帷帳，不移而具。又爲阿房之殿，殿高數十仞，東西五里，南北千步，從車羅騎，四馬騖馳，旌旗不橈。爲宮室之麗至於此，使其後世曾不得聚廬而託處焉。爲馳道於天下，東窮燕、齊，南極吴、楚，江湖之上，瀕海之觀畢至。道廣五十步，三丈而樹，厚築其外，隱以金椎，樹以青松。爲馳道之麗至於此，使其後世曾不得邪徑而託足焉。死葬乎驪山，吏徒數十萬人，曠日十年。下徹三泉合採金石，冶銅錮其內，塗其外，被以珠玉，飾以翡翠，中成觀游，上成山林，爲葬薶之侈至於此，使其後世曾不得蓬顆蔽塚而託葬焉。秦以熊羆之力，虎狼之心，蠶食諸侯，併吞海內，而不篤禮義，故天殃已加矣。臣昧死以聞，願陛下少留意而詳擇其中。【略】

臣聞忠臣之事君也，言切直則不用而身危，不切直則不可以明道，故切直之言，明主所欲急聞，忠臣之所以蒙死而竭知也。地之磽者，雖有善種，不能生焉；江皋河瀕，雖有惡種，無不猥大。昔者夏、商之季世，雖關龍逢、箕子、比干之賢，身死亡而道不用。文王之時，豪俊之士皆得竭其智，芻蕘采薪之人皆得盡其力，此周之所以興也。故地之美者善養禾，君之仁者善養士。雷霆之所擊，無不摧折者；萬鈞之所壓，無不糜滅者。今人主之威，非特雷霆也；勢重，非特萬鈞也。開道而求諫，和顔色而受之，用其言而顯其身，士猶恐懼而不敢自盡，又乃況於縱欲恣行暴虐，惡聞其過乎！震之以威，壓之以重，則雖有堯、舜之智，孟賁之勇，豈有不摧折者哉？如此，則人主不得聞其過失矣；弗聞，則社稷危矣。古者聖王之制，史在前書過失，工誦箴諫，瞽誦詩諫，公卿比諫，士傳言諫，庶人謗於道，商旅議於市，然後君得聞其過失也。聞其過失而改之，見義而從之，所以永有天下也。天子之尊，四海之內，其義莫不爲臣。然而養三老於大學，親執醬而餽，執爵而定，祝饐在前，祝鯁在後，公卿奉杖，大夫進履，舉賢以自輔弼，求修正之士使直諫。故以天子之尊，尊養三老，視孝也；立輔弼之臣者，恐驕也；置直諫之士者，恐不得聞其過也；學問至於芻蕘者，求獸無厭也；商人庶人誹謗已而改之，從善無不聽也。【略】

古者大臣不媟，故君子不常見其齊嚴之色，肅敬之容。大臣不得與宴游，方正修潔之士不得從射獵，使皆務其方以高其節，則羣臣莫敢不正身修行，盡心以稱大禮。如此，則陛下之道尊敬，功業施于四海，垂於萬世子孫矣。誠不如此，則行日壞而榮日滅矣。夫士修之於家，而壞之于天子之廷，臣竊湣之。陛下與衆臣宴游，與大臣方正朝廷論議。夫遊不失樂，朝不失禮，議不失計，軌事之大者也。

漢・王充《論衡》卷七《道虚第二十四》 夫人，物也，雖貴爲王侯，性不異於物。物無不死，人安能仙？

漢・佚名《太平經》乙部《和三氣興帝王法》 故男者象天，故心念在女也，是天使人之明效也。臣者爲地通譚，地者常欲上行，與天合心。故萬物生出地，卽上向而不止，雲氣靡天而成雨。故忠臣憂常在上，汲汲不忘其君，此地使之明效也。民者主爲中和譚，中和者，主調和萬物者也。中和爲赤子，子者乃因父母而生，其命屬父，其統在上，託生於母，故冤則想君父也。此三乃夫婦父子之象也。宜當相通辭語，幷力共憂，則三氣合幷爲太和也。太和卽出太平之氣。斷絶此三氣，一氣絶不達，太和不至，太平不出。陰陽者，要在中和。中和氣得，萬物滋生，人民和調，王治太平。

人君，天也，其恩施不下，至物無由生，人不得延年。人君之心不暢達，天心不得通于下，妻子不得君父之敕，爲逆家也。臣氣不得達，地氣不得成，忠臣何從得助明王爲治哉？傷地之心，寡婦在室，常苦悲傷，良臣無從得前也。民氣不上達，和氣何從得興？中和乃當和帝王治，調萬物者各當得治。今三氣不善相通，太平安得成哉？

又　丙部之九《大小諫正法第五十九》 故天地之性，下亦革諫其上，上亦革諫其下，各有所長短，因以相補，然後天道凡萬事，各得其所。是故皇天雖神聖，有所短，不若地之所長，故萬物受命於天，反養體於地。三光所短，不若火所長，三光雖神且明，不能照幽寢之內，火反照其中。大聖所短，不若賢者所長。人之所短，不若萬物之所長。故相諫及

下，極小微，則不失道，得天心。故天生凡事，使其時有變革，悉皆以諫正人君，以明至德之符，不可不大慎也。【略】

臣有忠善誠信而諫正其上也，君不聽用，反欲害之，臣駭因結舌爲瘖，六方閉不通。賢儒又畏事，因而蔽藏，忠信伏匿，眞道不得見。君雖聖賢，無所得聞，因而聾盲，無可見奇異也。日以暗昧。君聾臣瘖，其禍不禁；臣昧君盲，姦邪横行；臣瘖君聾，天下不通，善與惡不分别，天灾合同，六極戰亂，天下並凶，可不慎乎哉？

又 丙部之一二《道無價去夷狄法第六十二》 故賜國家千金，不若與其一要言可以治者也；與國家萬雙璧玉，不若進二大賢也。夫要言大賢珍道，乃能使帝王安枕而治，大樂而致太平，除去灾變，安天下，此致大賢要言奇道，價直多少乎哉？

故古者聖賢帝王，未嘗貧於財貨也，乃常苦貧於士，愁大賢不至，人民不聚，皆欲外附，日以疏少，以是不稱皇天心，而常愁苦。若但欲樂富於奇偽之物，好善之，不能得天地之心，而安四海也；積金玉璧奇偽物，横縱千里，上至天，不能致大賢、聖人、仙士，使來輔治也。【略】

欲與國千斤金，不若與一要言，以致治太平，除灾安天下。古者帝王未嘗患財貨，乃患貧於士，愁大賢不至，人民不聚，皆欲外附，日以疏少，以是不稱皇天之心。若積金玉奇物，縱横千里，直上至天，終不至大賢，聖人、仙士來，賴助帝王之治。

故古者聖賢獨深知道重氣平也，故不以和士，但付歸有德。有德知天地心意，故尊道重德。愚人實奇偽之物，故天書不下，賢聖不授，此之謂也。

又 丙部之一六《去邪文飛明古訣第六十七》 帝王者，天之貴子也。

又 丁部之二《分別四治法第七十九》 吾見天氣，間者比連不調。或過在仕臣失實，令使時氣不調，人君不明，灾害並行，道人亦傷。

又 丁部之一六《六罪十治訣第一百三》 其善者上可助天養且生長之物，下可助地畜養向成之物，悉幷力同心，無有惡意，其中大賢明心易開示者，乃可化而上，使爲君之輔；其中賢者可爲長吏師，其下無知者，尚可爲民間之師長。凡人莫不俱好德化而爲善者也。爲教如是，乃上有益於天，下有益於地，卽大化之本根，助帝王養人民，令不犯惡爲耶，君子垂拱而無憂，其功著大，天地愛之，可移於官也。

又 己部之一一《六極六竟孝順忠訣第一百五十一》 子不孝，則不能盡力養其親；弟子不順，則不能盡力修明其師道；臣不忠，則不能盡力共敬事其君。爲此三行而不善，罪名不可除也。天地憎之，鬼神害之，人共惡之，死尚有餘責於地下，名爲三行不順善之子也。常以月盡朔旦見對於天，主正理陰陽。是尊卑之神吏，魂魄爲之愁，至滅乃已。故自知不精，有過於師不除也。

又 辛部 臣見君父之衰，救之，使其更興盛，是大功也；深知其衰也，不救之，或反言而去，名爲倡訞，罪不除也。三事，臣知其君有失，將睹凶害而救之，使其更無凶害，是大功也；知而不救，名倡凶，其罪不除也。四事，知君理失其要意，灾害連起，而救助其理之，是其宜也；爲曉事之臣知而不救，其罪不除也。五事，臣知其君年少，其賢未能及事而救之，助其爲知，是其宜也；知而不助爲賢，反言不及，名爲不忠，弱其上，其罪不除也。六事，臣知其君老，有天期而憂之，爲其索殊方大賢之助，異策內文，令君更得延年，是大功也；知而不能，反言吉凶者，其過大也。七事，爲人下，知上有危，有失理，或失忘，而共救之案之，是爲大功；知而不救，自解避而去，爲不順忠孝之人，罪皆及其後。八事，父母有疾，占相之知，能盡力竭精，有以救之；知而不救，天將大罰。九事，父母年老且盡，爲子者知父母老期將至，爲求賢師異方，令得丁强，孝子之宜也。此由食人之食，以食歸之，而有大功也。十事，知人凶衰，有大害患將至而救之，使其更興，與其奇方異策、內文善事，今無復憂苦，是爲大功；知而不爲，有罪不除也。

又 庚部之七《兩手策字要記第一百七十七》 兩手者，言其齊同幷力，無前無卻，乃後事可成也；兩手不幷力者，事不可成也。故凡事者，象此兩手，皆當各得其人。幷力同心，象此兩手，乃吉安太平之氣立至也；不象此兩手者，億億萬年不能出上皇太平氣也。太平氣常欲出，若天常欲由此兩手，久不調御之，故使閉不得通，出治悒悒可訾，咎在此兩手不調。若兩手平調者，此上皇太平氣出，前後至不相須。

是故天地不幷力，萬物凡事無從得出；四時不幷力，凡物無從得長；五行不幷力，凡物無從得成；君臣不幷力，凡事無從得理；夫婦不幷力，子孫無從得長，家道無從得立；師弟子不幷力，凡結事無緣得解，道德無從得興，朦霧無從得通，六方八遠大化無從得行。是故皆當幷力，比若兩手，乃可通也。不若兩手，故日致凶也，雖治療之，無益也，猶無從得成功也。但空久愁苦，而日日凶凶。故凡象此兩手者，選舉當得其人；不得其人者，天上諸神，名爲半死，不持一手獨作，安有能成功成事哉？

漢・王符《潛夫論》卷八《明忠第三十一》　人君之稱，莫大於明；人臣之譽，莫美於忠。此二德者，古來君臣所共願也。然明不繼踵，忠不萬一者，非必愚闇不逮而惡名揚也，所以求之非其道爾。

夫明據下起，忠依上成。二人同心，則利斷金。能知此者，兩譽俱具。要在於明操法術，自握權秉而已矣。所謂術者，使下不得欺也；所謂權者，使勢不得亂也。術誠明，則雖萬里之外，幽冥之內，不得不求效；權誠用，則遠近親疏，貴賤賢愚，無不歸心矣。周室之末則不然，離其術而舍其權，怠於己而恃於人。是以公卿不思忠，百僚不盡力，君王孤蔽于上，兆黎冤亂於下，故遂衰微侵奪而不振也。

夫帝王者，其利重矣，其威大矣。徒懸重利，足以勸善；徒設嚴威，可以懲姦。乃張重利以誘民，操大威以驅之，則舉世之人，可令冒白刃而不恨，赴湯火而不難，豈云但率之以共治而不宜哉？若鷹，野鳥也，然獵夫御之，猶使終日奮擊而不敢怠，豈有人臣而不可使盡力者乎？

《詩》云：『伐柯伐柯，其則不遠。』夫神明之術，具在君身，而君忽之，故令臣鉗口結舌而不敢言。此耳目所以蔽塞，聰明所以不得也。制下之權，日陳君前，而君釋之，故令羣臣懈弛而背朝。此威德所以不照，而功名所以不建也。

詩云：『我雖異事，及爾同僚。我卽爾謀，聽我敖敖。』夫惻隱人皆有之，是故耳聞啼號之音，無不爲之慘凄悲懷而傷心者；目見危殆之事，無不爲之灼怛驚而赴救之者。君臣義重，行路禮輕，過耳悟目之交，未恩未德，非賢非貴，而猶若此，則又況於北面稱臣被寵？

是故進忠扶危者，賢不肖之所共願也。誠皆願之而行違者，常苦其道不利而有害，言未得信而身敗爾。歷觀古來愛君憂主敢言之臣，忠信未達，而爲左右所鞫按，當世而覆被，更爲否愚惡狀之臣者，豈可勝數哉？孝成終没之日，不知王章之直；孝哀終没之日，不知王嘉之忠也。此後賢雖有憂君哀主之情，忠誠正直之節，然猶且沈吟觀聽行己者也。

鳴鶴在陰，其子和之。相彼鳥矣，猶求友聲。故人君不開精誠以示賢忠，賢忠亦無以得達。《易》曰：『王明並受其福。』是以忠臣必待明君乃能顯其節，良吏必得察主乃能成其功。君不明，則大臣隱下而遏忠，又羣司舍法而阿貴。

夫忠言所以爲安也，不貢必危；法禁所以爲治也，不奉必亂。忠之貢與不貢，法之奉與不奉，其秉皆在於君，非臣下之所能爲也。是故聖人求之於己，不以責下。

凡爲人上，法術明而賞罰必者，雖無言語而勢自治。治勢一成，君自不能亂也，況臣下乎？法術不明而賞罰不必者，雖日號令，然勢自亂。亂勢一成，君自不能治也，況臣下乎？是故勢治者，雖委之不亂；勢亂者，雖懃之不治也。堯、舜恭己無爲而有餘，勢治也；胡亥、王莽馳鶩而不足，勢亂也。故曰：善者求之於勢，弗責於人。是以明王審法度而布教令，不行私以欺法，不黷教以辱命，故臣下敬其言而奉其禁，竭其心而稱其職。此由法術明而威權任也。

夫術之爲道也，精微而神，言之不足，而行有餘；有餘，故能兼四海而照幽冥。權之爲勢也，健悍以大，不待貴賤，操之者重；重，故能奪主威而順當世。是以明君未嘗示人術而借下權也。孔子曰：『可與權。』是故聖人顯諸仁，藏諸用，神而化之，使民宜之，然後致其治而成其功。功業效於民，美譽傳於世，然後君乃得稱明，臣乃得稱忠。

漢・荀悅《申鑒》卷四《雜言上第四》　或問致治之要君乎？曰：兩立哉。非天地不生物。非君臣不成治。首之者天地也。統之者君臣也哉！先王之道致訓焉。故亡斯須之間而違道矣。昔有上致聖，由教戒，因輔弼，欽順四鄰。故檢柙之臣，不虛於側。禮度之典，不曠於目。先哲之言，不輟於身。非義之道，不宣於心。是邪僻之氣，末由入也。有間，必有入之者矣。是故僻志萌則僻事作。僻事作，則正塞。正塞，則公正亦末由入也矣。不任不愛謂之公。惟公是從謂之明。齊桓公中材也，末能成

功業，由有異焉者矣。妾媵盈宮，非無愛幸也。羣臣盈朝，非無親近也。然外則管仲射己，衛姬色妾，非愛也。任之也，然後知非賢不可任，非智不可從也。夫此之舉宏矣哉！膏肓純白，二豎不生，茲謂心寧。省闥清淨，嬖孽不生，茲謂政平。夫膏肓近心而處阨，鍼之不遠，藥之不中，攻之不可，二豎藏焉，是謂篤患。故治身治國者，唯是之畏。或曰：愛民如子，仁之至乎？曰：未也。曰：愛民如身，仁之至乎？曰：未也。湯禱桑林，邾遷于繹，景祠於旱，可謂愛民矣。曰：何重民而輕身也？曰：人主承天命以養民者也。民存則社稷存，民亡則社稷亡。故重民者，所以重社稷而承天命也。【略】

人主之患，常立於二難之間。在上而國家不治，難也。治國家則必勤身、苦思、矯情、以從道，難也。有難之難，闇主取之；無難之難，明主居之。大臣之患，常立於二罪之間，在職而不盡忠直之道焉，罪也；盡忠直之道，則必矯上拂下，罪也；有罪之罪，邪臣由之；無罪之罪，忠臣置之。人臣之義，不曰吾君能矣，不我須也，言無補也，而不盡忠。不曰吾君不能矣，不我識也，言無益也，而不盡忠。必竭其誠，明其道，盡其義，斯已而已矣。不已，則奉身以退，臣道也。故君臣有異無乖，有怨無憾，有屈無辱。人臣有三罪。一曰導非，二曰阿失，三曰尸寵，以非引上謂之導，從上之非謂之阿，見非不言謂之尸，導臣誅，阿臣刑。尸臣絀。進忠有三術，一曰防，二曰救，三曰戒，先其未然謂之防，發而止之謂之救，行而責之謂之戒，防爲上，救次之，戒爲下。下不鉗口，上不塞耳，則可有聞矣。有鉗之鉗，猶可解也；無鉗之鉗，難矣哉；有塞之塞，猶可除也；無塞之塞，其甚矣夫。【略】

違上順道，謂之忠臣；違道順上，謂之諛臣。忠所以爲上也，諛所以自爲也，忠臣安于心，諛臣安於身。故在上者，必察夫違順，審乎所爲，慎乎所安，廣川王弗察故殺其臣，楚恭王察之而遲，故有遺言。齊宣王其察之矣，故賞鑑者。

或問人君人臣之戒，曰：莫匪戒也，請問其要。曰：君戒專欲，臣戒專利；患之甚也。城專譯而獻珍，非寶也。腹心之人，匍匐而獻善，寶之至矣。故明王慎內守，除外寇而重內寶，雲從於龍，風從於虎；鳳儀於韶，麟集于孔，應也。出於此，應於彼，善則祥，祥則福，否則眚，眚則咎，故君子應之。

《後漢書》卷五六《馮勤傳》 先是，三公多見罪退，帝賢勤，欲令以善自終，乃因讌見，從容戒之曰：『朱浮上不忠於君，下陵轢同列，竟以中傷至今，死生吉凶未可知，豈不惜哉！人臣放逐受誅，雖復追加賞賜賻祭，不足以償不訾之身。忠臣孝子，覽照前世，以爲鏡誡。能盡忠於國，事君無二，則爵賞光乎當世，功名列於不朽，可不勉哉！』

臣民關係論分部

論說

《漢書》卷四九《鼂錯傳》 詔策曰『吏之不平，政之不宣，民之不寧』，愚臣竊以秦事明之。臣聞秦始并天下之時，其主不及三王，而臣不及其佐，然功力不遲者，何也？地形便，山川利，財用足，民利戰。其所與並者六國，六國者，臣主皆不肖，謀不輯，民不用，故當此之時，秦最富強。夫國富強而鄰國亂者，帝王之資也，故秦能兼六國，立爲天子。當此之時，三王之功不能進焉。及其末塗之衰也，任不肖而信讒賊；宮室過度，耆欲亡極，民力罷盡，賦斂不節；矜奮自賢，羣臣恐諛，驕溢縱恣，不顧患禍；妄賞以隨喜意，妄誅以快怒心，法令煩憯，刑罰暴酷，輕絶人命，身自射殺；天下寒心，莫安其處。姦邪之吏，乘其亂法，以成其威，獄官主斷，生殺自恣。上下瓦解，各自爲制。秦始亂之時，吏之所先侵者，貧人賤民也；至其中節，所侵者富人吏家也；及其末塗，所侵者宗室大臣也。是故親疏皆危，外內咸怨，離散逋逃，人有走心。陳勝先倡，天下大潰，絶祀亡世，爲異姓福。此吏不平，政不宣，民不寧之禍也。今陛下配天象地，覆露萬民，絶秦之迹，除其亂法；躬親本事，廢去淫末；除苛解嬈，寬大愛人；肉刑不用，罪人亡帑；非謗不治，鑄錢者除；通關去塞，不孽諸侯；賓禮長老，愛䘏少孤；罪人有期，後宮出嫁；尊賜孝悌，農民不租；明詔軍師，愛士大夫；求進方正，廢退姦邪；除去陰刑，害民者誅；憂勞百姓，列侯就都；親耕節用，視

民不奢。所爲天下興利除害，變法易故，以安海內者，大功數十，皆上世之所難及，陛下行之，道純德厚，元元之民幸矣。

君臣民關係論分部

論說

漢·賈誼《新書》卷一《服疑》 衣服疑者，是謂爭先；疑厚者，是謂爭賞；權力疑者，是謂爭强；等級無限，是謂爭尊。彼人者，近則冀幸，疑則比爭。是以等級分明，則下不得疑；權力絶尤，則臣無冀志。故天子之於其下也，加五等已往，則以爲臣例；臣之於下也，加五等已往，則以爲僕。僕則亦臣禮也。然稱僕不敢稱臣者，尊天子、避嫌疑也。

制服之道，取至適至和以予民，至美至神進之帝。奇服文章，以等上下而差貴賤。是以高下異，則名號異，則權力異，則事勢異，則旗章異，則符瑞異，則禮寵異，則秩禄異，則冠履異，則衣帶異，則環珮異，則車馬異，則妻妾異，則澤厚異，則宮室異，則牀席異，則器皿異，則食飲異，則祭祀異，則死喪異。故高則此品周高，下則此品周下。加人者品此臨之，埤人者品此承之。遷則品此者進，絀則品此者損。貴周豐，賤周謙，貴賤有級，服位有等，等級既設，各處其檢，人循其度，擅退則讓，上僭則誅。建法以習之，設官以牧之，是以天下見其服而知貴賤，望其章而知其勢。使人定其心，各著其目，故衆多而天下不眩，傳遠而天下識祇。卑尊已著，上下已分，則人倫法矣。於是主之與臣，若日之與星。臣不幾可以疑主，賤不幾可以冒貴。下不凌等則上位尊；臣不踰級則主位安；謹守倫紀，則亂無由生。

又 卷六《禮》 昔周文王使太公望傅太子發。太子嗜鮑魚，而太公弗與，太公曰：『禮，鮑魚不登於俎，豈有非禮而可以養太子哉？』尋常之室無奧剽之位，則父子不別；六尺之輿無左右之義，則君臣不明。尋常之室，六尺之輿，處無禮，即上下踳逆，父子悖亂，而況其大者乎！故道德仁義，非禮不成；教訓正俗，非禮不備；分爭辨訟，非禮不決；君臣、上下、父子、兄弟，非禮不定；宦學事師，非禮不親；班朝治軍，莅官行法，非禮威嚴不行；禱祠祭祀，供給鬼神，非禮不誠不莊。是以君子恭敬、撙節、退讓以明禮。禮者，所以固國家，定社稷，使君無失其民者也。主主臣臣，禮之正也；威德在君，禮之分也；尊卑大小，强弱有位，禮之數也。禮，天子愛天下，諸侯愛境內，大夫愛官屬，士庶各愛其家。失愛不仁，過愛不義，故禮者，所以守尊卑之經，强弱之稱者也。禮，天子適諸侯之宮，諸侯不敢自阼階，阼階者，主之階也。天子適諸侯，諸侯不敢有宮，不敢爲主人禮也。君惠臣忠，父慈子孝，兄愛弟敬，夫和妻柔，姑慈婦聽，禮之至也。君惠則不厲，臣忠則不貳，父慈則教，子孝則協，兄愛則友，弟敬則順。夫和則義，妻柔則正，姑慈則從，婦聽則婉，禮之質也。

禮者，臣下所以承其上也。故詩云：『一發五豝，吁嗟乎騶虞。』騶者，天子之囿也；虞者，囿之司獸者也。天子佐輿十乘，以明貴也；二牲而食，以優飽也。虞人翼五豝以待一發，所以復中也。人臣於是所尊敬，不敢以節待，敬之至也。甚尊其主，敬慎其所掌職，而志厚盡矣。作此詩者，以其事深見良臣順上之志也。良臣順上之志者，可以義矣，故其歎之也長，曰『吁嗟乎』。雖古之善爲人臣者，亦若此而已。禮者，所以節義而没不還。故饗飲之禮，先爵於卑賤，而後貴者始羞。殽膳下浹而樂人始奏。觴不下徧，君不嘗羞。殽不下浹，上不舉樂。故禮者，所以恤下也。由余曰：『乾肉不腐，則左右親。苞苴時有，筐篚時至，則羣臣附。官無蔚藏，腌陳時發，則載其上。』《詩》曰：『投我以木瓜，報之以瓊琚，匪報也，永以爲好也。』上少投之，則下以軀償矣，弗敢謂報，願長以爲好。古之蓄其下者，其施報如此。國無九年之蓄，謂之不足；無六年之蓄，謂之急；無三年之蓄，國非其國也。民三年耕，必餘一年之食，九年而餘三年之食，三十歲相通。而有十年之積，雖有凶旱水溢，民無飢饉。然後天子備味而食，日舉以樂。諸侯食珍不失，鐘鼓之縣可使樂也。樂也者，上下同之。故禮，國有飢人，人主不飧；國有凍人，人主不裘。報囚之日，人主不舉樂。歲凶穀不登，臺扉不塗，榭徹干侯，馬不食穀，馳道不除，食減膳，饗祭有闕。故禮者自行之義，養民之道也。受計之禮，主所親拜者二：聞生民之數則拜之，聞登穀則拜之。《詩》曰：

『君子樂胥，受天之祜。』胥者，相也；祜，大福也。夫憂民之憂者，民必憂其憂；樂民之樂者，民亦樂其樂。與士民若此者，受天之福矣。禮，聖王之於禽獸也，見其生不忍見其死，聞其聲不嘗其肉，隱弗忍也。故遠庖廚，仁之至也。不合圍，不掩羣，不射宿，不涸澤。豺不祭獸，不田獵；獺不祭魚，不設網罟；鷹隼不鷙，睢而不逮，不出植羅；草木不零落，斧斤不入山林；昆蟲不蟄，不以火田；不麛，不卵，不刳胎，不殀夭，魚肉不入廟門；鳥獸不成毫毛不登庖廚。取之有時，用之有節，則物蕃多。湯曰：『昔蛛蝥作罟，不高順，不用命者，寧丁我網。』其憚害物也如是。《詩》曰：『王在靈囿，麀鹿攸伏，麀鹿濯濯，白鳥皜皜。王在靈沼，於仞魚躍。』言德至也。聖主所在，魚鼈禽獸猶得其所，況於人民乎！故仁人行其禮，則天下安而萬理得矣。逮至德渥澤洽，調和大暢，則天清澈，地富煴，物時熟，民心不挾詐賊，氣脉淳化，攫齧搏擊之獸鮮，毒蠚猛虭之蟲密，毒山不蓄，草木少薄矣，鑠乎大仁之化也。

又　卷九《大政下》　易使喜，難使怒者，宜爲君。識人之功而忘人之罪者，宜爲貴。故曰：『刑罰不可以慈民，簡泄不可以得士。』故欲以刑罰慈民，辟其猶以鞭狎狗也，雖久弗親矣。故欲以簡泄得士，辟其猶以弧怵鳥也，雖久弗得矣。故夫士者，弗敬則弗至。故夫民者，弗愛則弗附。故欲求士必至，民必附，惟恭與敬，忠與信，古今毋易矣。渚澤有枯水，而國無枯士矣。故有不能求士之君，而無不可得之士。故有不能治民之吏，而無不可治之民。故君明而吏賢矣，吏賢而民治矣。故見其民而知其吏，見其吏而知其君矣。故君功見於選吏，吏功見於治民。故勸之其上者，猶其下，而覩矣，此道之謂也。故治國家者，行道之謂，國家必寧，信道而以僞，國家必空。故政不可不慎也，而吏不可不選也，而道不可離也。嗚呼，戒之哉！離道而灾至矣。

無世而無聖，或不得知也，無國而無士，或弗能得也。故世未嘗無聖也，而聖不得聖王，則弗起也。國未嘗無士也，不得君子則弗助也。上聖明則士闇飾矣。故聖王在上位，則士百里而有一人，則猶無有也。故王者衰，則士没矣。故暴亂位上，則千里而有一人，則猶比肩也。故國者有不幸而無明君。君明也，則國無不幸而無賢士矣。故自古而至於今，澤有無水，國無無士，故士易得而難求也，易致而難留也。故求士而不以道，周偏境内不能得一人焉；故求士而以道，則國中多有之，此之謂士易得而難求也。故待士而以敬，則士必居矣；待士而不以道，則士必去矣，此之謂士易致而難留也。

王者有易政而無易國，有易吏而無易民。故因是國也而爲安，因是民也而爲治。故湯以桀之亂民爲治，武王以紂之北卒爲强。故民之治亂在於吏，國之安危在於政。故是以明君之於政也慎之，於吏也選之，然後國興也。故君能爲善，則吏必能爲善矣。吏能爲善，則民必能爲善矣。故民之不善也，失之者吏也；故民之善者，吏之功也。故吏之不善也，失之者君也；故吏之善者，君之功也。是故君明而吏賢，吏賢而民治矣。故苟上好之，其下必化之，此道之政也。

夫民之爲言也，暝也；萌之爲言也，盲也。故惟上之所扶而以之，民無不化也。故曰民萌民萌哉，直言其意而爲之名也。夫民者，賢不肖之材也，賢不肖皆具焉，故賢人得焉，不肖者伏焉，技能輸焉，忠臣飾焉。故民者，積愚也。故夫民者雖愚也，明上選吏焉，必使民與焉。故士民譽之，則明上察之，見歸而舉之。故士民苦之，則明上察之，見非而去之。故王者取吏不忘，必使民唱，然後和之。故夫民者，吏之程也。察吏於民，然後隨之。夫民至卑也，使之取吏焉，必取其愛焉。故十人愛之有歸，則十人之吏也；百人愛之有歸，則百人之吏也；千人愛之有歸，則千人之吏也；萬人愛之有歸，則萬人之吏也。故萬人之吏，選卿相焉。

夫民者，諸侯之本也；教者，政之本也；道者，教之本也。有道，然後教也，有教，然後政治也，政治，然後民勸之，民勸之，然後國豐富也。故國豐且富，然後君樂也。忠臣之功也。臣之忠者，君之明也。臣忠君明，此之謂政之綱也。故國也者行政之綱，然後國臧也。故君之信在於所信，所信不信，雖欲論信也，終身不信矣。故所信不可不慎也。事君之道，不過於事父，故不肖者之事父也，不可以事君。事長之道，不過於事兄，故不肖者之事兄也，不可以事長。使下之道，不過於使弟，故不肖者之使弟也，不可以使下。交接之道，不過於爲身，故不肖者之爲身也，不可以接友。慈民之道，不過於愛其子，故不肖者之愛其子，不可以慈民。居官之道，不過於居家，故不肖者之於家也，不可以居官。夫道者，行之於父，則行之於君矣；行之於兄，則行之於長矣；行之於弟，則行之於

下矣；行之於身，則行之於友矣；行之於子，則行之於民矣；行之於家，則行之於官矣。故士則未仕而能以試矣。聖王選舉也，以爲表也，問之，然後知其言，謀焉，然後知其極，任之以事，然後知其信。故古聖王君子不素距人，以此爲明察也。

國之治政，在諸侯、大夫士，察之理，在其與徒。君必擇其臣，而臣必擇其所與。故察明者賢乎人之辭，不出於室，而無不見也。察明者乘人，不出其官，而無所不入也。故王者居於中國，不出其國，而明於天下之政，何也？則賢人之辭也，不離其位，而境内親之者，謂之人爲之行，之也。故愛人之道，言之者謂之其府；故愛人之道，行之者謂之其禮。故忠諸侯者，無以易敬士也；忠君子者，無以易愛民也。諸侯不得士，則不能興矣；故君子不得民，則不能稱矣。故士能言道而弗能行者謂之器，能行道而弗能言者謂之用，能言之能行之者謂之實。故君子訊其器，任其用，乘其實，而治安興矣。嗚呼，人耳，人耳！

諸侯即位享國，社稷血食，而政有命國無君也；官有政長而民有所屬，而政有命，國無吏也；官駕百乘而食食千人，政有命，國無人也。何也？君之爲言也，道也。故君也者，道之所出也。賢人不舉而不肖人不去，此君無道也，故政謂此國無君也。吏之爲言，理也。故吏也者，理之所出也，上爲非而不敢諫，下爲善而不知勸，此吏無理也，故政謂此國無吏也。官駕百乘而食食千人，近側者不足以問諫，而由朝假不足以考度，故政謂此國無人也。嗚呼，悲哉！君者，羣也，無人誰據？無據必蹶，政謂此國素亡也。

漢·董仲舒《春秋繁露》卷一一《爲人者天第四十一》　《傳》曰：唯天子受命于於，天下受命於天子，一國則受命於君。君命順，則民有順命；君命逆，則民有逆命；故曰：『一人有慶，兆民賴之。』此之謂也。

《傳》曰：政有三端：父子不親，則致其愛慈；大臣不和，則敬順其禮；百姓不安，則力其孝弟。孝弟者，所以安百姓也，力者，勉行之，身以化之。天地之數，不能獨以寒暑成歲，必有春夏秋冬；聖人之道，不能獨以威勢成政，必有教化。故曰：先之以博愛，教以仁也；難得者，君子不貴，教以義也；雖天子必有尊也，教以孝也；必有先也，教以弟也。此威勢之不足獨恃，而教化之功不大乎！

《傳》曰：大生之，地載之，聖人教之。君者，民之心也，民者，君之體也；心之所好，體必安之；君之所好，民必從之。故君民者，貴孝弟而好禮義，重仁廉而輕財利，躬親職此於上而萬民聽，生善於下矣。故曰：先王見教之可以化民也。此之謂也。

漢·劉向《新序》卷四《雜事第四》　麥丘邑人坐拜而起曰：『此一言者，夫二言之長也，子得罪於父，可以因姑姊叔父而解之，父能赦之。臣得罪於君，可以因便辟左右而謝之，君能赦之。昔桀得罪於湯，紂得罪於武王，此則君之得罪於其臣者也。莫爲謝，至今不赦。』

漢·王符《潛夫論》卷二《本政第九》　凡人君之治，莫大於和陰陽。陰陽者，以天爲本。天心順則陰陽和，天心逆則陰陽乖。天以民爲心，民安樂則天心順，民愁苦則天心逆。民以君爲統，君政善則民和治，君政惡則民冤亂。君以恤民爲本，臣忠良則君政善，臣姦枉則君政惡。以選爲本，選舉實則忠賢進，選虚偽則邪黨貢。選以法令爲本，法令正則選舉實，法令詐則選虚偽。法以君爲主，君信法則法順行，君欺法則法委棄。君臣法令之功，必效於民。故君臣法令善則民安樂，民安樂則天心慰，天心慰則陰陽和，陰陽和則五穀豐，五穀豐而民眉壽，民眉壽則興於義，興於義而無姦行，無姦行則世平，而國家寧、社稷安，而君尊榮矣。是故天心陰陽、君臣、民氓、善惡相輔至而代相徵也。

夫天者國之基也，君者民之統也，臣者治之材也。工欲善其事，必先利其器。是故將致太平者，必先調陰陽；調陰陽者，必先順天心；順天心者，必先安其人；安其人者，必先審擇其人。是故國家存亡之本，治亂之機，在於明選而已矣。聖人知之，故以爲黜陟之首。《書》曰：『爾安百姓，何擇非人？』此先王致太平而發頌聲也。

漢·崔寔《政論》　昔聖王之治天下，咸建諸侯，以臨其民。國有常君，君有定臣，上下相安，政如一家。秦兼天下，罷侯置縣，於是君臣始有不親之釁矣。我文、景患其如此；故令長視事，至十餘年，居位或長子孫，永久則相習，上下無所竄情，加以心堅意專，安官樂職，圖慮久長，而無苟且之政，吏民供奉，亦竭忠盡節，而無壹切之計，故能君臣和睦，百姓康樂。苟有康樂之心充於中，則和氣應於外，是以灾害不生，禍

亂不作。自頃以來，政教稍改，重刑闕於大臣，而密罔刻於下職，鼎輔不思在寬之德，牧牧守守逐之，各競擿微短，吹毛求疵，重案深詆，以中傷貞良。長吏或實清廉，心平行潔，內省不疚，不肯媚竈，曲禮不行於所屬，私敬無廢於府。州郡側目，以爲負折，乃選巧文猾吏，向壁作條，誣覆闔門，攝捕妻子，人情耻令妻子就逮，則不迫自去。且人主莫不欲豹、產之臣，然西門豹治鄴一年，民欲殺之；子產相鄭，初亦見詛，三載之後，德化乃洽。今長吏下車百日，無他異觀，則州郡睥睨，待以惡意，滿歲寂漠，便見驅逐。正使豹、產復在，方見怨詛，應時奔馳，何緣得成易歌之勳，垂不朽之名者哉！猶馮唐評文帝之不能用李牧矣。近漢世所謂良吏，黄侯、召父之治郡，視事皆且十年，然後功業乃著。且以仲尼之聖，由曰『三年有成』，況凡庸之士，而責以造次之效哉。故夫卒成之政，必有横暴酷烈之失。而世俗歸稱，謂之辨治，故絀已復進，棄已復用，横遷超取，不由次第。是以殘猛之人，遂奮其毒，仁賢之士，劫俗爲虐，本操雖異，驅出一揆。故朝廷不獲温良之用，兆民不蒙寬惠之德，則百姓之命委於酷吏之手，嗷嗷之怨，咎歸于上。夫民善之則畜，惡之則讎，讎滿天下，可不懼哉！是以有國有家者，甚畏其民。既畏其怨，又畏其罰，故養之如傷病，愛之如赤子，兢兢業業，懼以終始，恐失羣臣之和，以墮先王之軌也。今朝廷雖屢下恩澤之詔，垂卹民之言，而法度制令，甚失養民之道，勞思而無功，華繁而實寡。必欲求利民之術，則宜沛然改法，有以安固，長吏原其小罪，闊略微過，取其大較，惠下而已。昔唐、虞之制，三載考績，三考黜陟，所以表善而簡惡，盡臣力也。漢法亦三年壹治狀，舉孝廉尤異。宣帝時，王成爲膠東相，黄霸爲潁川太守，皆且十年，但就增秩賜金，封關內侯，以次入爲公卿，然後政化大行，勳垂竹帛。皆先帝舊法，所宜因循。及中興後，上官象爲幷州刺史，祭肜爲遼東太守，視事各十八年，皆增秩中二千石。近日所見，或一期之中，郡主易數二千石，雲擾波轉，潰潰紛紛，吏民疑惑，不知所謂。及公卿尚書，亦復如此。且臺閣之職，尤宜簡習。帝時尚書，但厚加賞賜，希得外補，是以機事周密，莫有漏洩。昔舜命九官，自受終于文祖，以至陟方，五十年不聞復有改易也。聖人行於于古，以致時雍，文宣擬式，亦至隆平。若不克從，是羞效唐、虞，而恥遵先帝也。

《太平經》乙部《和三氣興帝王法》 但大順天地，不失銖分，立致太平，瑞應並興。元氣有三名，太陽、太陰、中和。形體有三名，天、地、人。天有三名，日、月、星，北極爲中也。地有三名，爲山、川、平土。人有三名，父、母、子。治有三名，君、臣、民，欲太平也。此三者常當腹心，不失銖分，使同一憂，合成一家，立致太平，延年不疑矣。

又 丙部之一四《三合相通訣第六十五》 皇字者，一日而王，日上一者，天也，天者數一，天得日，昭然大明則王，故爲字一與日王幷合，成皇字也。一爲天，天亦君長也；日，君長也；王亦君長也，三君長相得成皇。皇者，乃言其神盛煌煌，故明爲皇也，皇天下第一，無復能上者也。【略】

地高下平相通，幷力同心，共出養天地之物。蠕動之屬雄雌合，乃共生和相通，幷力同心，以傳其類。男女相通，幷力同心，共生子。三人相通，幷力同心，共治一家。君臣民相通，幷力同心，共成一國，此皆本之元氣自然、天地授命。凡事悉皆三相通，乃道可成也。

太者，大也，言其積大如天，無有大於天者。平者，言治太平均，凡事悉治，無復不平，比若地居下執平，比若人種刈，種善得善，種惡得惡，耕用力，分別報之厚。天氣悅下，地氣悅上，二氣相通，而爲中和之氣，相受共養萬物，無復有害，故曰太平。天地中和同心，共生萬物。男女同心而生子；父母子三人同心，共成一家；君臣民三人共成一國。

共生和，三事常相通，幷力同心，共治一職，共成一事，如不足一事，便凶。故有陽無陰，不能獨生，治亦絶滅；有陰無陽，亦不能獨生，治亦絶滅；有陰有陽而無和，不能傳其類，亦絶滅。故有天而無地，凡物無於止；有地而無天，凡物無於生；有天地相連而無和，物無於相容自養也。故男不能獨生，女不能獨養，男女無可生子，以何而成一家，而名爲父與母乎？故天法皆使三合乃成。故古者聖人深知天情，象之以相治，故君爲父，象天；臣爲母，象地；民爲子，象和。

天之命法，凡擾擾之屬，悉當三合相通，幷力同心，乃共治成一事，共成一家，共成一體也。乃天使相須而行，不可無一也，一事有寃結，不得其處，便三毀三凶矣。故君者須臣，臣須民，民須臣，臣須君，乃後成一事，不足一，使三不成也。故君而無民臣，無以名爲君；有臣民而無

君，亦不成臣民；臣民無君，亦亂，不能自治理，亦不能成善臣民也。此三相須而立，相得乃成，故君臣民當應天法，三合相通，并力同心，共爲一家也。比若夫婦子共爲一家也，不可以相無，是天要道也。此猶若人有頭足腹，乃成一身，無可去者也，去之即不足，不成人也，是天地自然之數也。

故古者聖人取法於天，故男子須得順善女與爲治，然且有善子。男者，君也；女者，臣也；子者，民也，故天命治國之道，以賢明臣爲友。善女然後能和其子也，善臣然後能和其民也，善女然後能生善子，善臣然後能生善民，民臣俱好善，然後能長安其上也。眞人欲樂知其效，天者，君也；地者，臣也；天雨周流，雨之善地，生物善；雨之惡地，生物惡，此之謂也。

今父母君臣，尚但共持其大綱紀耳，大要實仰衣食於子。人無子，絶無後世；君少民，乃衣食不足，令常用心愁苦，故治國之道，乃以民爲本也。無民，君與臣無可治，無可理也，是故古者大聖賢共治事，但旦夕專以民爲大急，憂其民也，若家人父母憂無子，無子以何自名爲父母，無民以何自名爲君也。故天之法，常使君臣民都同命同，吉凶同，一職一事失正，即爲大凶矣。

又 丙部之一七《校文邪正法第七十八》 子賢善，則使父母常安，而得其所置；妻善則使夫無過，得其力；臣善則使國家長安；帝王民臣俱善，則使天無災變，正此也。

政治道德論部

君德論分部

論　説

漢・陸賈《新語》卷上《術事第二》 故性藏於人，則氣達於天，纖微浩大，下學上達，事以類相從，聲以音相應，道唱而德和，仁立而義興，王者行之於朝廷，疋夫行之於田，治末者調其本，端其影者正其形，養其根者則枝葉茂，志氣調者即道衡。故求遠者不可失於近，治影者不可忘其容，上明而下清，君聖而臣忠。或圖遠而失近，或道塞而路窮。季孫貪顓臾之地，而變起蕭牆之内。夫進取者不可不顧難，謀事者不可不盡忠；故刑立則德散，佞用則忠亡。《詩》云：『式訛爾心，以蓄萬邦。』言一心化天下，而□□國治，此之謂也。

又 《無爲第四》 夫王者之都，南面之君，乃百姓之所取法則者也，舉措動作，不可以失法度。昔者，周襄王不能事後母，出居於鄭，而下多叛其親。秦始皇驕奢靡麗，好作高臺榭，廣宫室，則天下豪富制屋宅者，莫不倣之，設房闥，備廄庫，繕雕琢刻畫之好，博玄黄琦瑋之色，以亂制度。齊桓公好婦人之色，妻姑姊妹，而國中多淫於骨肉。楚平王奢侈縱恣，不能制下，檢民以德，增駕百馬而行，欲令天下人饒財富利，明不可及，於是楚國逾奢，君臣無别。故上之化下，猶風之靡草也。王者尚武於朝，則農夫繕甲兵于田。故君子之御下也，民奢應之以儉，驕淫者統之以理；未有上仁而下賊，讓行而爭路者也。故孔子曰：『移風易俗。』豈家令人視之哉？亦取之於身而已矣。

漢・賈誼《新書》卷七《君道》 紂作梏數千，睨諸侯之不諂己者，杖而梏之。文王桎梏於羑里，七年而後得免。及武王克殷，既定，令殷之民投撤桎梏而流之於河。民輸梏者，以手撤之，弗敢墜也，跪之入水，弗敢投也。曰：『昔者，文王嘗擁此。』故愛思文王，猶敬其梏，況於其法教乎！

《詩》曰：『濟濟多士，文王以寧。』言輔翼賢正，則身必安也。又曰：『弗識弗知，順帝之則。』言士民説其德義，則效而象之也。文王志之所在，意之所欲，百姓不愛其死，不憚其勞，從之如集。《詩》曰：『經始靈臺』『庶民攻之，不日成之。經始勿亟，庶民子來。』文王有志爲臺，令近規之，民聞之者裹糧而至，問業而作之，日日以衆，故弗趨而疾，弗期而成，命其臺曰靈臺，命其囿曰靈囿，謂其沼曰靈沼，愛敬之至也。《詩》曰：『王在靈囿，麀鹿攸伏，麀鹿濯濯，白鳥皜皜，王在靈沼，於仞魚躍。』文王之澤，下被禽獸，洽于魚鼈，咸若攸樂，而況士

民乎！

《詩》曰：『愷悌君子，民之父母。』言聖王之德也。《易》曰：『鳴鶴在陰，其子和之。』言士民之報也。《書》曰：『大道亶亶，其去身不遠，人皆有之，舜獨以之。』夫射而不中者，不求之鵠，而反修之於己。君國子民者，反求之己，而君道備矣。

又 卷一〇《立後義》 高皇帝起於布衣而兼有天下，臣萬方諸侯，爲天下辟，興利除害，寢天下之兵，天下之至德也，而天下莫能明高皇帝之德美，定功烈而施之於後世也，故天下猶行弊世德與其功烈風俗也。夫帝王者，莫不相時而立儀，度務而制事，以馴其時也。欲變古易常者，不死必亡，此聖人之所制也。惡民更之，故拘爲古使結之也，所以聞於後世也。

漢·董仲舒《春秋繁露》卷七《通國身第二十二》 氣之清者爲精，人之清者爲賢，治身者以積精爲寶，治國者以積賢爲道。身以心爲本，國以君爲主；精積於其本，則血氣相承受；賢積於其主，則上下相制使；血氣相承受，則形體無所苦；上下相制使，則百官各得其所。形體無所苦，然後身可得而安也；百官各得其所，然後國可得而守也。夫欲致精者，必虛靜其形；欲致賢者，必卑謙其身，形靜志虛者，精氣之所趣也；謙尊自卑者，仁賢之所事也。故治身者務執虛靜以致精；治國者務盡卑謙以致賢；能致精則合明而壽；能致賢則德澤洽而國太平。

又 卷一七《威德所生第七十九》 天有和、有德、有平、有威、有相受之意、有爲政之理，不可不審也。春者，天之和也，夏者，天之德也，秋者，天之平也，冬者，天之威也。天之序，必先和然後發德，必先平然後發威，此可以見不和不可以發慶賞之德，不平不可以發刑罰之威，又可見德生於和，威生於平也，不和無德，不平無威，天之道也，達者以此見之矣。我雖有所愉而喜，必先和心以求其當，然後發慶賞以立其德；雖有所忿而怒，必先平心以求其政，然後發刑罰以立其威，能常若是者謂之天德，行天德者謂之聖人。爲人主者，居至德之位，操殺生之勢，以變化民，民之從主也，如草木之應四時也，喜怒當寒暑，威德當冬夏，冬夏者，威德之合也，寒暑者，喜怒之偶也，喜怒之有時而當發，寒暑亦有時而當出，其理一也。當喜而不喜，猶當暑而不暑；當怒而不怒，猶當寒而不寒；當德而不德，猶當夏而不夏；當威而不威，猶當冬而不冬也；喜怒威德之不可以不直處而發也，如寒暑冬夏之不可不當其時而出也，故謹善惡之端，何以效其然也？《春秋》采善不遺小，掇惡不遺大，諱而不隱，罪而不忽，□□以是非，正理以褒貶，喜怒之發，威德之處，無不皆中其應，可以參寒暑冬夏之不失其時已，故曰聖人配天。

又 《天地陰陽第八十一》 《春秋》舉世事之道，夫有書天，之盡與不盡，王者之任也。《詩》云：『天難諶斯，不易維王。』此之謂也。夫王者不可以不知天，知天，詩人之所難也，天意難見也，其道難理，是故明陽陰、入出、實虛之處，所以觀天之志；辨五行之本末、順逆、小大、廣狹，所以觀天道也。天志仁，其道也義，爲人主者，予奪生殺，各當其義，若四時；列官置吏，必以其能，若五行；好仁惡戾，任德遠刑，若陰陽；此之謂能配天。天者其道長萬物，而王者長人；人主之大，天地之參也；好惡之分，陰陽之理也；喜怒之發，寒暑之比也；官職之事，五行之義也；以此長天地之間，蕩四海之內，殽陰陽之氣，與天地相雜，是故人言：『既曰王者參天地矣，苟參天地，則是化矣，豈獨天地之精哉！』

《漢書》卷八一《匡衡傳》 是時，有日蝕、地震之變，上問以政治得失，衡上疏曰：

臣聞五帝不同禮，三王各異教，民俗殊務，所遇之時異也。陛下躬聖德，開太平之路，閔愚吏民觸法抵禁，比年大赦，使百姓得改行自新，天下幸甚。臣竊見大赦之後，姦邪不爲衰止，今日大赦，明日犯法，相隨入獄，此殆導之未得其務也。蓋保民者，『陳之以德義』、『示之以好惡』，觀其失而制其宜，故動之而和，綏之而安。今天下俗貪財賤義，好聲色，上侈靡，廉恥之節薄，淫辟之意縱，綱紀失序，疏者踰內，親戚之恩薄，婚姻之黨隆，苟合徼倖，以身設利。不改其原，雖歲赦之，刑猶難使錯而不用也。

臣愚以爲宜壹曠然大變其俗。孔子曰：『能以禮讓爲國乎，何有？』朝廷者，天下之楨幹也。公卿大夫相與循禮恭讓，則民不爭；好仁樂施，則下不暴；上義高節，則民興行；寬柔和惠，則衆相愛。四者，明王之所以不嚴而成化也。何者？朝有變色之言，則下有爭鬭之患；上有自專

之士，則下有不讓之人；上有克勝之佐，則下有傷害之心；上有好利之臣，則下有盜竊之民：此其本也。今俗吏之治，皆不本禮讓，而上克暴，或忮害好陷人於罪，貪財而慕勢，故犯法者衆，姦邪不止，雖嚴刑峻法，猶不爲變。此非其天性，有由然也。

臣竊考《國風》之詩，《周南》、《召南》被賢聖之化深，故篤於行而廉於色。鄭伯好勇，而國人暴虎；秦穆貴信，而士多從死；陳夫人好巫，而民淫祀；晉侯好儉，而民畜聚；太王躬仁，邠國貴恕。由此觀之，治天下者審所上而已。今之僞薄忮害，不讓極矣。臣聞教化之流，非家至而人説之也。賢者在位，能者布職，朝廷崇禮，百僚敬讓，道德之行，由內及外，自近者始，然後民知所法，遷善日進而不自知。是以百姓安，陰陽和，神靈應，而嘉祥見。《詩》曰：『商邑翼翼，四方之極；壽考且寧，以保我後生。』此成湯所以建至治，保子孫，化異俗而懷鬼方也。今長安天子之都，親承聖化，然其習俗無以異於遠方，郡國來者無所法則，或見侈靡而放效之。此教化之原本，風俗之樞機，宜先正者也。

臣聞天人之際，精祲有以相盪，善惡有以相推，事作乎下者象動乎上，陰陽之理各應其感，陰變則靜者動，陽蔽則明者晻，水旱之灾隨類而至。今關東連年饑饉，百姓乏困，或至相食，此皆生於賦斂多，民所共者大，而吏安集之不稱之效也。陛下祇畏天戒，哀閔元元，大自減損，省甘泉、建章官衛，罷珠崖，偃武行文，將欲度唐、虞之隆，絶殷、周之衰也。諸見罷珠崖詔書者，莫不欣欣，人自以將見太平也。宜遂減宫室之度，省靡麗之飾，考制度，修外內，近忠正，遠巧佞，放鄭、衛，進《雅》、《頌》，舉異材，開直言，任温良之人，退刻薄之吏，顯絜白之士，昭無欲之路，覽《六藝》之意，察上世之務，明自然之道，博和睦之化，以崇至仁，匡失俗，易民視，令海內昭然咸見本朝之所貴，道德弘於京師，淑問揚乎疆外，然後大化可成，禮讓可興也。【略】

傳昭儀及子定陶王愛幸，寵於皇后、太子。衡復上疏曰：

臣聞治亂安危之機，在乎審所用心。蓋受命之王務在創業垂統傳之無窮，繼體之君心存於承宣先王之德而褒大其功。昔者成王之嗣位，思述文、武之道以養其心，休烈盛美皆歸之二后而不敢專其名，是以上天歆享，鬼神祐焉。其《詩》曰：『念我皇祖，陟降廷止。』言成王常思祖考之業，而鬼神祐助其治也。

陛下聖德天覆，子愛海內，然陰陽未和，姦邪未禁者，殆論議者未丕揚先帝之盛功，爭言制度不可用也，務變更之，所更或不可行，而復復之，是以羣下更相是非，吏民無所信。臣竊恨國家釋樂成之業，而虛爲此紛紛也。願陛下詳覽統業之事，留神於遵制揚功，以定羣下之心。《大雅》曰：『無念爾祖，聿修厥德。』孔子著之《孝經》首章，蓋至德之本也。傳曰：『審好惡，理情性，而王道畢矣。』能盡其性，然後能盡人物之性；能盡人物之性，可以贊天地之化。治性之道，必審己之所有餘，而强其所不足。蓋聰明疏通者戒於太察，寡聞少見者戒於壅蔽，勇猛剛强者戒於太暴，仁愛温良者戒於無斷，湛靜安舒者戒於後時，廣心浩大者戒於遺忘。必審己之所當戒，而齊之以義，然後中和之化應，而巧僞之徒不敢比周而望進。唯陛下戒所以崇聖德。

臣又聞室家之道修，則天下之理得，故《詩》始《國風》，《禮》本《冠》、《婚》。始乎《國風》，原情性而明人倫也；本乎《冠》、《婚》，正基兆而防未然也。福之興莫不本乎室家，道之衰莫不始乎梱內。故聖王必慎妃后之際，別適長之位。禮之於內也，卑不踰尊，新不先故，所以統人情而理陰氣也。其尊適而卑庶也，適子冠乎阼，禮之用醴，衆子不得與列，所以貴正體而明嫌疑也。非虛加其禮文而已，乃中心與之殊異，故禮探其情而見之外也。聖人動靜游燕，所親物得其序；得其序，則海內自修，百姓從化。如當親者疏，當尊者卑，則佞巧之姦因時而動，以亂國家。故聖人慎防其端，禁於未然，不以私恩害公義。陛下聖德純備，莫不修正，則天下無爲而治。《詩》云：『于以四方，克定厥家。』傳曰：『正家而天下定矣。』【略】

元帝崩，成帝卽位，衡上疏戒妃匹，勸經學威儀之則，曰：

陛下秉至考，哀傷思慕不絶於心，未有游虞弋射之宴，誠隆於慎終追遠，無窮已也。竊願陛下雖聖性得之，猶復加聖心焉。《詩》云『煢煢在疚』，言成王喪畢思慕，意氣未能平也，蓋所以就文、武之業，崇大化之本也。

臣又聞之師曰：『妃匹之際，生民之始，萬福之原。』婚姻之禮正，然後品物遂而天命全。孔子論《詩》以《關雎》爲始，言太上者民之父

母，后夫人之行不侔乎天地，則無以奉神靈之統而理萬物之宜。故《詩》曰：『窈窕淑女，君子好仇。』言能致其貞淑，不貳其操，情欲之感無介乎容儀，宴私之意不形乎動靜，夫然後可以配至尊而爲宗廟主。此綱紀之首，王教之端也。自上世已來，三代興廢，未有不由此者也。願陛下詳覽得失盛衰之效以定大基，采有德，戒聲色，近嚴敬，遠技能。

竊見聖德純茂，專精《詩》、《書》，好樂無厭。臣衡材駑，無以輔相善義，宣揚德音。臣聞《六經》者，聖人所以統天地之心，著善惡之歸，明吉凶之分，通人道之正，使不悖於其本性者也。故審《六藝》之指，則天人之理可得而和，草木昆蟲可得而育，此永永不易之道也。及《論語》、《孝經》，聖人言行之要，宜究其意。

臣又聞聖王之自爲動靜周旋，奉天承親，臨朝享臣，物有節文，以章人倫。蓋欽翼祇栗，事天之容也；温恭敬遜，承親之禮也；正躬嚴恪，臨衆之儀也；嘉惠和説，饗下之顔也。舉錯動作，物遵其儀，故形爲仁義，動爲法則。孔子曰：『德義可尊，容止可觀，進退可度，以臨其民，是以其民畏而愛之，則而象之。』《大雅》云：『敬慎威儀，惟民之則。』諸侯正月朝覲天子，天子惟道德，昭穆穆以視之，又觀以禮樂，饗醴乃歸。故萬國莫不獲賜祉福，蒙化而成俗。今正月初幸路寢，臨朝賀，置酒以饗萬方，傳曰『君子慎始』，願陛下留神動靜之節，使羣下得望盛德休光，以立基楨，天下幸甚！

又 卷八五《谷永傳》 漢家行夏正，夏正色黑，黑龍，同姓之象也。龍陽德，由小之大，故爲王者瑞應。未知同姓有見本朝元繼嗣之慶，多危殆之隙，欲因擾亂舉兵而起者邪？將動心冀爲後者，殘賊不仁，若廣陵、昌邑之類？臣愚不能處也。元年九月黑龍見，其晦，日有食之。今年二月己未夜星隕，乙酉，日有食之。六月之間，大異四發，二而同月，三代之末，春秋之亂，未嘗有也。臣聞三代所以隕社稷喪宗廟者，皆由婦人與羣惡沉湎於酒。《書》曰：『乃用婦人之言，自絶于天』，『四方之逋逃多罪，是宗是長，是信是使』。《詩》云：『燎之方陽，寧或滅之？赫赫宗周，褒姒滅之！』《易》曰：『濡其首，有孚失是。』秦所以二世十六年而亡者，養生泰奢，奉終泰厚也。二者陛下兼而有之，臣請略陳其效。

《易》曰：『在中饋，無攸遂』，言婦人不得與事也。《詩》曰：『懿厥哲婦，爲梟爲鴟』，『匪降自天，生自婦人』。建始、河平之際，許、班之貴，頃動前朝，熏灼四方，賞賜無量，空虚内臧，女寵至極，不可上矣；今之後起，天所不饗，什倍於前。廢先帝法度，聽用其言，官秩不當，縱釋王誅，驕其親屬，假之威權，從横亂政，刺舉之吏，莫敢奉憲。又以掖庭獄大爲亂阱，榜棰憯於砲格，絶滅人命，主爲趙、李報德復怨，反除白罪，建治正吏，多繫無辜，掠立迫恐，至爲人起責，分利受謝。生入死出者，不可勝數。是以日食再既，以昭其辜。

王者必先自絶，然後天絶之。陛下棄萬乘之至貴，樂家人之賤事，厭高美之尊號，好匹夫之卑字，崇聚僄輕無義小人以爲私客，數離深宮之固，挺身晨夜，與羣小相隨，烏集雜會，飲醉吏民之家，亂服共坐，流湎媟嫚，溷淆無別，閔免遁樂，晝夜在路。典門户奉宿衛之臣執干戈而守空宮，公卿百僚不知陛下所在，積數年矣。

王者以民爲基，民以財爲本，財竭則下畔，下畔則下亡。是以明王愛養基本，不敢窮極，使民如承大祭。今陛下輕奪民財，不愛民力，聽邪臣之計，去高敞初陵，捐十年功緒，改作昌陵，反天地之性，因下爲高，積土爲山，發徒起邑，並治宮館，大興繇役，重增賦斂，徵發如雨，役百乾溪，費疑驪山，靡敝天下，五年不成而後反故。又廣旴營表，發人冢墓，斷截骸骨，暴揚尸柩，百姓財竭力盡，愁恨感天，灾異屢降，饑饉仍臻。流散冗食，餧死於道，以百萬數。公家無一年之畜，百姓無旬日之儲，上下俱匱，無以相救。《詩》云：『殷監不遠，在夏后之世。』願陛下追觀夏、商、周、秦所以失之，以鏡考己行。有不合者，臣當伏妄言之誅。

漢興九世，百九十餘載，繼體之主七，皆承天順道，遵先祖法度，或以中興，或以治安。至於陛下，獨違道縱欲，輕身妄行，當盛壯之隆，無繼嗣之福，有危亡之憂，積失君道，不合天意，亦已多矣。爲人後嗣，守人功業，如此，豈不負哉！方今社稷宗廟禍福安危之機在於陛下，陛下誠肯發明聖之德，昭然遠寤，畏此上天之威怒，深懼危亡之徵兆，蕩滌邪辟之惡志，厲精致政，專心反道，絶羣小之私客，免不正之詔除，悉罷北宮私奴車馬媠出之具，克己復禮，毋貳微行出飲之過，以防迫切之禍，深惟日食再既之意，抑損椒房玉堂之盛寵，毋聽後宮之請謁，除掖庭之亂

獄，出炮格之陷阱，誅戮邪佞之臣及左右執左道以事上者以塞天下之望，且寢初陵之作，止諸繕治宮室，闕更減賦，盡休力役，存卹振救困乏之人以弭遠方，厲崇忠直，放退殘賊，無使素餐之吏久尸厚祿，以次貫行，固執無違，夙夜孳孳，屢省無怠，舊愆畢改，新德既章，纖介之邪不復載心，則赫赫大異庶幾可銷，天命去就庶幾可復，社稷宗廟庶幾可保。唯陛下留神反復，熟省臣言。臣幸得備邊部之吏，不知本朝失得，瞽言觸忌諱，罪當萬死。【略】

陛下秉至聖之純德，懼天地之戒異，飭身修政，納問公卿，又下明詔，帥舉直言，燕見紬繹，以求咎愆，使臣等得造明朝，承聖問。臣材朽學淺，不通政事。竊聞明王即位，正五事，建大中，以承天心，則庶徵序於下，日月理於上；如人君淫溺後宮，般樂游田，五事失於躬，大中之道不立，則咎徵降而六極至。凡灾異之發，各象過失，以類告人。乃十二月朔戊申，日食婺女之分，地震蕭牆之內，二者同日俱發，以丁寧陛下，厥咎不遠，宜厚求諸身。意豈陛下志在閨門，未卹政事，不慎舉錯，婁失中與？內寵大盛，女不遵道，嫉妬專上，妨繼嗣與？古之王者廢五事之中，失夫婦之紀，妻妾得意，謁行於內，勢行於外，至覆傾國家，或亂陰陽。昔褒姒用國，宗周以喪；閻妻驕扇，日以不臧。此其效也。《經》曰：『皇極，皇建其有極。』《傳》曰：『皇之不極，是謂不建，時則有日月亂行。』

陛下踐至尊之祚爲天下主，奉帝王之職以統羣生，方內之治亂，在陛下所執。誠留意於正身，勉强於力行，損燕私之閒以勞天下，放去淫溺之樂，罷歸倡優之笑，絕郤不享之義，慎節游田之虞，起居有常，循禮而動，躬親政事，致行無倦，安服若性。經曰：『繼自今嗣王，其毋淫于酒，毋逸于游田，惟正之共。』未有身治正而臣下邪者也。

夫妻之際，王事綱紀，安危之機，聖王所致慎也。昔舜飭正二女，以崇至德；楚莊忍絕丹姬，以成伯功；幽王惑於褒姒，周德降亡；魯桓脅於齊女，社稷以傾。誠修後宮之政，明尊卑之序，貴者不得嫉妬專寵，以絕驕嫚之端，抑褒、閻之亂，賤者咸得秩進，各得厥職，以廣繼嗣之統，息《白華》之怨，後宮親屬，饒之以財，勿與政事，以遠皇父之類，損妻黨之權，未有閨門治而天下亂者也。

漢・王符《潛夫論》卷一《務本第二》　夫本末消息之爭，皆在於君，非下民之所能移也。夫民固隨君之好，從利以生者也。是故務本則雖虛偽之人皆歸本，居末則雖篤敬之人皆就末。且凍餒之所在，民不得不去也；溫飽之所在，民不得不居也。故衰闇之世，本末之人，未必賢不肖也，禍福之所，勢不得無然爾。故明君莅國，必崇本抑末，以遏亂危之萌。此誠治之危漸，不可不察也。

又　卷二《明闇第六》　國之所以治者君明也，其所以亂者君闇也。君之所以明者兼聽也，其所以闇者偏信也。是故人君通必兼聽，則聖日廣矣；庸說偏信，則愚日甚矣。《詩》云：『先民有言，詢於芻蕘。』

夫堯、舜之治，辟四門，明四目，通四聰，是以天下輻湊而聖無不照；故共、鯀之徒弗能塞也，靖言庸回弗能惑也。秦之二世，務隱藏己而斷百僚，隔捐疏賤而信趙高，是以聽塞於貴重之臣，明蔽於驕妒之人，故天下潰叛，弗得聞也。皆高所殺，莫敢言之。周章至戲乃始駭，閻樂進勸乃後悔，不亦晚矣！故人君兼聽納下，則貴臣不得誣，而遠人不得欺也；慢賤信貴，則朝廷讜言無以至，而潔士奉身伏罪於野矣。

夫朝臣所以統理，而多比周則法亂；賢人所以奉己，而隱遯伏野則君孤。法亂君孤而能存者，未之嘗有也。是故明君莅衆，務下言以昭外，敬納卑賤以誘賢也。其無距言，未必言者之盡可用也，乃懼距無用而讓有用也；其無慢賤，未必其人盡賢也，乃懼慢不肖而絕賢望也。是故聖王表小以厲大，賞鄙以招賢，然後良士集於朝，下情達於君也。故上無遺失之策，官無亂法之臣。此君民之所利，而姦佞之所患也。

昔張祿一見而穰侯免，袁絲進說而周勃黜。是以當塗之人，恆嫉正直之士，得一介言於君以矯其邪也，故上飾偽辭以障主心，下設威權以固士民。趙高亂政，恐惡聞上，乃豫要二世曰：『屢見羣臣，衆議政事則黷，黷且示短，不若藏己獨斷，神且尊嚴。天子稱朕，固但聞名。』二世於是乃深自幽隱，獨進趙高。趙高入稱好言以說主，出倚詔令以自尊。天下魚爛，相帥叛秦。趙高恐懼，歸惡於君，乃使閻樂責而殺，願一見高不能而死。

夫田常囚簡公，踔齒懸湣王，二世亦既聞之矣。然猶復襲其敗迹者何也？過在於不納卿士之箴規，不受民氓之謠言，自以己賢於簡、湣，而

趙高賢於二臣也。故國已亂而上不知，禍既作而下不救。此非衆共棄君，乃君以衆命繫趙高，病自絶於民也。

後末世之君危何知之哉？舜曰：『予違，汝弼。汝無面從，退有後言。』故治國之道，勸之使諫，宣之使言，然後君明察而治情通矣。

且凡驕臣之好隱賢也，既患其正義以繩己矣，又恥居上位而明不及下，尹其職而策不出於己。是以郄宛得衆而子常殺之，屈原得君而椒、蘭構讒，耿壽建常平而嚴延妒其謀，陳湯殺郅支而匡衡挍其功。

由此觀之，處位卑賤而欲效善於君，則必先與寵人爲讎矣。乘舊寵沮之於內，而己接賤欲自信於外，此思善之君，願忠之士，所以雖並生一世，憂心相皦，而終不得遇者也。

又 卷六《巫列第二十六》 凡人吉凶，以行爲主，以命爲決。行者，己之質也；命者，天之制也。在於己者，固可爲也；在於天者，不可知也。巫覡祝請，亦其助也，然非德不行。巫史祝祈者，蓋所以交鬼神而救細微爾，至於大命，末如之何。譬民人之請謁於吏矣，可以解微過，不能脱正罪。設有人於此，晝夜慢侮君父之教，干犯先王之禁，不克己心，思改過善，而苟驟發請謁，以求解免，必不幾矣。不若修己，小心畏慎，無犯上之必令也。故孔子不聽子路，而云：『丘之禱久矣』。《孝經》云：『夫然，故生則親安之，祭則鬼享之。』由此觀之，德義無違，鬼神乃享；鬼神受享，福祚乃隆。故《詩》云：『降福穰穰，降福簡簡，威儀板板。既醉既飽，福禄來反。』此言人德義美茂，神歆享醉飽，乃反報之以福也。

虢公延神而亟亡，趙嬰祭天而速滅，此蓋所謂神不歆其祀，民不即其事也。故魯史書曰：『國將興，聽於民；將亡，聽於神。』楚昭不禳雲，宋景不移咎，子産距禆灶，邾文公違卜史，此皆審己知道，身以俟命者也。晏平仲有言：『祝有益也，詛亦有損也。』季梁之諫隋侯，宮之奇説虞公，可謂明乎天人之道，達乎神明之分矣。

夫妖不勝德，邪不伐正，天之經也。雖時有違，然智者守其正道，而不近於淫鬼。所謂淫鬼者，閑邪精物，非有守司眞神靈也。鬼之有此，猶人之有姦言賣平以干求者也。若或誘之，則遠來不止，而終必有咎。鬼神亦然，故申繻曰：『人之所忌，其氣炎以取之。人無釁焉，妖不自作。』是謂人不可多忌，多忌妄畏，實致妖祥。

且人有爵位，鬼神有尊卑。天地山川、社稷五祀、百辟卿士有功於民者，天子諸侯所命祀也。若乃巫覡之謂獨語，小人之所望畏，土公、飛尸、咎魅、北君、銜聚、當路、直符七神，及民間繕治微蔑小禁，本非天王所當憚也。

舊時京師不防，動功造禁，以來吉祥應瑞，子孫昌熾，不能過前。且夫以君畏臣，以上需下，則必示弱而取陵，殆非致福之招也。

嘗觀上記，人君身修正，賞罰明者，國治而民安；民安樂者，天悦喜而增曆數。故《書》曰：『王以小民受天永命。』孔子曰：『天之所助者順也，人之所助者信也。履信思乎順，又以尚賢，是以自天佑之，吉無不利。』此最卻凶災而致福善之本也。

又 卷八《明忠第三十一》 人君之稱，莫大於明。人臣之譽，莫美於忠。此二德者，古來君臣所共願也。然明不繼踵，忠不萬一者，非必愚闇不逮而惡名揚也，所以求之非其道爾。【略】

夫帝王者，其利重矣，其威大矣。徒懸重利，足以勸善；徒設嚴威，可以懲姦。乃張重利以誘民，操大威以驅之，則舉世之人，可令冒白刃而不恨，赴湯火而不難，豈云但率之以共治而不宜哉？若鷹，野鳥也，然獵夫御之，猶使終日奮擊而不敢怠，豈有人臣而不可使盡力者乎？【略】

凡爲人上，法術明而賞罰必者，雖無言語而勢自治。治勢一成，君自不能亂也，況臣下乎？法術不明而賞罰不必者，雖日號令，然勢自亂。亂勢一成，君自不能治也，況臣下乎？是故勢治者，雖委之不亂；勢亂者，雖懃之不治也。堯、舜恭己無爲而有餘，勢治也；胡亥、王莽馳騖而不足，勢亂也。故曰：善者求之於勢，弗責於人。是以明王審法度而布教令，不行私以欺法，不黷教以辱命，故臣下敬其言而奉其禁，竭其心而稱其職。此由法術明而威權任也。

漢·馬融《忠經·聖君章第二》 惟君以聖德，監於萬邦。自下至上，各有尊也。故王者，上事於天，下事於地，中事於宗廟，以臨於人。則人化之，天下盡忠，以奉上也。是以兢兢戒慎，日增其明，禄賢官能，式敷大化，惠澤長久，萬民咸懷。故得皇猷丕丕，行於四方，揚於後代，以保社稷，以光祖考，盡聖君之忠也。《詩》云：『昭事上帝，聿懷

多福。』

《太平經》丙部之一一《起土出書訣第六十一》　第一之道，教天下人爲善之法也。人善即其治安，君王樂遊無憂。

《後漢書》卷一六《鄧禹傳》　光武舍城樓上，披輿地圖，指示禹曰：『天下郡國如是，今始乃得其一。子前言以吾慮天下不足定，何也？』禹曰：『方今海内殽亂，人思明君，猶赤子之慕慈母。古之興者，在德薄厚，不以大小。』

官德論分部

論説

《漢書》卷四九《鼂錯傳》　詔策曰『直言極諫』，愚臣竊以五伯之臣明之。臣聞五伯不及其臣，故屬之以國，任之以事。五伯之佐之爲人臣也，察身而不敢誣，奉法令不容私，盡心力不敢矜，遭患難不避死，見賢不居其上，受禄不過其量，不以亡能居尊顯之位。自行若此，可謂方正之士矣。其立法也，非以苦民傷衆而爲之機陷也，以之興利除害，尊主安民而救暴亂也。其行賞也，非虚取民財妄予人也，以勸天下之忠孝而明其功也。故功多者賞厚，功少者賞薄。如此，斂民財以顧其功，而民不恨者，知與而安己也。其行罰也，非以忿怒妄誅而從暴心也，以禁天下不忠不孝而害國者也。故罪大者罰重，罪小者罰輕。如此，民雖伏罪至死而不怨者，知罪罰之至，自取之也。立法若此，可謂平正之吏矣。法之逆者，請而更之，不以傷民；主行之暴者，逆而復之，不以傷國。救主之失，補主之過，揚主之美，明主之功，使主内亡邪辟之行，外亡騫汙之名。事君若此，可謂直言極諫之士矣。此五伯之所以德匡天下，威正諸侯，功業甚美，名聲章明。舉天下之賢主，五伯與焉，此身不及其臣而使得直言極諫補其不逮之功也。今陛下人民之衆，威武之重，德惠之厚，令行禁止之勢，萬萬於五伯，而賜愚臣策曰『匡朕之不逮』，愚臣何足以識陛下之高明而奉承之！

又　卷五一《賈山傳》　孝文時，（賈山）言治亂之道，借秦爲諭，名曰《至言》。其辭曰：

臣聞爲人臣者，盡忠竭愚，以直諫主，不避死亡之誅者，臣山是也。臣不敢以久遠諭，願借秦以爲諭，唯陛下少加意焉。【略】

臣聞忠臣之事君也，言切直則不用而身危，不切直則不可以明道，故切直之言，明主所欲急聞，忠臣之所以蒙死而竭知也。地之磽者，雖有善種，不能生焉；江皋河瀕，雖有惡種，無不猥大。昔者夏、商之季世，雖關龍逢、箕子、比干之賢，身死亡而道不用。文王之時，豪俊之士皆得竭其智，芻蕘采薪之人皆得盡其力，此周之所以興也。故地之美者善養禾，君之仁者善養士。雷霆之所擊，無不摧折者；萬鈞之所壓，無不糜滅者。今人主之威，非特雷霆也；勢重，非特萬鈞也。開道而求諫，和顔色而受之，用其言而顯其身，士猶恐懼而不敢自盡，又乃況於縱欲恣行暴虐，惡聞其過乎！震之以威，壓之以重，則雖有堯、舜之智，孟賁之勇，豈有不摧折者哉？如此，則人主不得聞其過失矣；弗聞，則社稷危矣。古者聖王之制，史在前書過失，工誦箴諫，瞽誦詩諫，公卿比諫，士傳言諫，庶人謗於道，商旅議於市，然後君得聞其過失也。聞其過失而改之，見義而從之，所以永有天下也。天子之尊，四海之内，其義莫不爲臣。然而養三老於大學，親執醬而饋，執爵而酳，祝饐在前，祝鯁在後，公卿奉杖，大夫進履，舉賢以自輔弼，求修正之士使直諫。故以天子之尊，尊養三老，視孝也；立輔弼之臣者，恐驕也；置直諫之士者，恐不得聞其過也；學問至於芻蕘者，求猷無饜也；商人庶人誹謗已而改之，從善無不聽也。【略】

古者大臣不媟，故君子不常見其齊嚴之色、肅敬之容。大臣不得與宴游，方正修潔之士不得從射獵，使皆務其方以高其節，則羣臣莫敢不正身修行，盡心以稱大禮。如此，則陛下之道尊敬，功業施于四海，垂於萬世子孫矣。誠不如此，則行日壞而榮日滅矣。夫士修之於家，而壞之于天子之廷，臣竊湣之。陛下與衆臣宴游，與大臣方正朝廷論議。夫遊不失樂，朝不失禮，議不失計，軌事之大者也。

漢・王符《潛夫論》卷八《明忠第三十一》　人臣之譽，莫美於忠。

漢・馬融《忠經・塚臣章第三》　爲臣事君，忠之本也，本立而後

化成。冢臣於君，可謂一體，下行而上信，故能成其忠。夫忠者，豈惟奉君忘身，徇國忘家，正色直辭，臨難死節已矣！在乎沈謀潛運，正國安人，任賢以爲理，端委而自化。尊其君，有天地之大，日月之明，陰陽之和，四時之信，聖德洋溢，頌聲作焉。《書》云：『元首明哉，股肱良哉，庶事康哉。』

又《守宰章第五》 在官惟明，莅事惟平，立身惟清。清則無欲，平則不曲，明能正俗，三者備矣，然後可以理人。君子盡其忠能，以行其政令，而不理者，未之聞也。夫人莫不欲安，君子順而安之，莫不欲富，君子教以富之。篤之以仁義，以固其心，道之以禮樂，以和其氣。宣君德，以弘其大化，明國法，以至於無刑。視君之人，如觀乎子，則人愛之，如愛其親，蓋守宰之忠也。《詩》云：『愷弟君子，民之父母。』

又《忠諫章第十五》 忠臣之事君也，莫先於諫，下能言之，上能聽之，則王道光矣。諫於未形者，上也；諫於已彰者，次也；諫於既行者，下也。違而不諫，則非忠臣。夫諫，始於順辭，中於抗義，終於死節，以成君休，以寧社稷。《書》云：『木從繩則正，後從諫則聖。』

《後漢書》卷六九《劉愷傳》 元愷獨議曰：詔書所以爲制服之科者，蓋崇化厲俗，以弘孝道也。今刺史一州之表，二千石千里之師，職在辯章百姓，宣美風俗，尤宜尊重典禮，以身先之。而議者不尋其端，至於牧守則云不宜，是猶濁其源而望流清，曲其形而欲景直，不可得也。

又 卷九二《荀爽傳》 （荀爽）對策陳便宜曰：

臣聞之於師曰：『漢爲火德，火生於木，木盛於火，故其德爲孝，其象在《周易》之《離》。』夫在地爲火，在天爲日。在天者用其精，在地者用其形。夏則火王，其精在天，温暖之氣，養生百木，是其孝也。冬時則廢，其形在地，酷烈之氣，焚燒山林，是其不孝也。故漢制使天下誦《孝經》，選吏舉孝廉。夫喪親自盡，孝之終也。今之公卿及二千石，三年之喪，不得即去，殆非所以增崇孝道而克稱火德者也。往者孝文勞謙，行過乎儉，故有遺詔以日易月。此當時之宜，不可貫之萬世。古今之制雖有損益，而諒闇之禮未嘗改移，以示天下莫遺其親。今公卿羣寮皆政教所瞻，而父母之喪不得奔赴。夫仁義之行，自上而始；敦厚之俗，以應乎下。傳曰：『喪祭之禮闕，則人臣之恩薄，背死忘生者衆矣。』曾子曰：『人未有自致者，必也親喪乎！』《春秋傳》曰：『上之所爲，民之歸也。』夫上所不爲而民或爲之，故加刑罰，若上之所爲，民亦爲之，又何誅焉？昔丞相翟方進，以自備宰相，而不敢踰制。至遭母憂，三十六日而除。夫失禮之源，自上而始。古者大喪三年不呼其門，所以崇國厚俗篤化之道也。事失宜正，過勿憚改。天下通喪，可如舊禮。

士操士風論分部

論說

漢·馬融《忠經·揚聖章第十三》 君德聖明，忠臣以榮，君德不足，忠臣以辱。不足則補之，聖明則揚之，古之道也。是以虞有德，咎繇歌之，文王之道，周公頌之，宣王中興，吉甫詠之。故君子，臣於盛明之時，必揚之，盛德流滿天下，傳於後代，其忠矣夫。

民德民風論分部

論說

漢·董仲舒《春秋繁露》卷八《仁義法第二十九》 《春秋》之所治，人與我也；所以治人與我者，仁與義也；以仁安人，以義正我；故仁之爲言人也，義之爲言我也，言名以別矣。仁之於人，義之於我者，不可不察也，衆人不察，乃反以仁自裕，而以義設人，詭其處而逆其理，鮮不亂矣。是故人莫欲亂，而大抵常亂，凡以闇於人我之分，而不省仁義之所在也。是故《春秋》爲仁義法，仁之法在愛人，不在愛我；義之法在正我，不在正人；我不自正，雖能正人，弗予爲義；人不被其愛，雖厚自愛，不予爲仁。昔者晉靈公殺膳宰以淑飲食，彈大夫以娛其意，非不厚自愛也，然而不得爲淑人者，不愛人也。質於愛民，以下至於鳥獸昆蟲

莫不愛，不愛，奚足謂仁！仁者，愛人之名也，《寓傳》無大之之辭，自爲追，則善其所恤遠也；兵已加焉，乃往救之，則弗美；未至，豫備之，則美之，善其救害之先也。夫救蚤而先之，則害無由起，而天下無害矣。然則觀物之動，而先覺其萌，絶亂塞害於將然而未形之時，《春秋》之志也，其明至矣，非堯舜之智，知禮之本，孰能當此；故救害而先知之，明也，公之所恤遠，而《春秋》美之，詳其美恤遠之意，則天地之間然後快其仁矣，非三王之德，選賢之精，孰能如此。是以知明先，以仁厚遠，遠而愈賢，近而愈不肖者，愛也，故王者愛及四夷，霸者愛及諸侯，安者愛及封内，危者愛及旁側，亡者愛及獨身，獨身者，雖立天子諸侯之位，一夫之人耳，無臣民之用矣，如此者，莫之亡而自亡也。《春秋》不言伐梁者，而言梁亡，蓋愛獨及其身者也，故曰：『仁者愛人，不在愛我。』此其法也。義云者，非謂正人，謂正我，雖有亂世枉上，莫不欲正人，奚謂義！昔者，楚靈王討陳蔡之賊，齊桓公執袁濤塗之罪，非不能正人也，然而《春秋》弗予，不得爲義者，我不正也；闔廬能正楚蔡之難矣，而《春秋》奪之義辭，以其身不正也；潞子之於諸侯，無所能正，《春秋》予之有義，其身正也；趨而利也，故曰：義在正我，不在正人，此其法也。夫我無之而求諸人，我有之而誹諸人，人之所不能受也，其理逆矣，何可謂義！義者，謂宜在我者，宜在我者，而後可以稱義，故言義者，合我與宜，以爲一言，以此操之，義之爲言我也，故曰：『有爲而得義者，謂之自得，有爲而失義者，謂之自失；人好義者，謂之自好，人不好義者，謂之不自好；』以此參之，義我也，明矣。是義與仁殊，仁謂往，義謂來；仁大遠，義大近；愛在人，謂之仁，義在我，謂之義；仁主人，義主我也；故曰：仁者，人也，義者，我也，此之謂也。

君子求仁義之别，以紀人我之間，然後辨乎内外之分，而著於順逆之處也，是故内治反理以正身，據禮以勸福，外治推恩以廣施，寬制以容衆。孔子謂冉子曰：『治民者先富之，而後加教。』語樊遲曰：『治身者，先難後獲。』以此之謂治身之與治民所先後者不同焉矣。《詩》曰：『飲之食之，教之誨之。』先飲食而後教誨，謂治人也；又曰：『坎坎伐輻，彼君子兮，不素餐兮！』先其事，後其食，謂治身也。《春秋》刺上之過，而矜下之苦；小惡在外弗舉，在我書而誹之；凡此六者，以仁治人，義治我；躬自厚而薄責於外，此之謂也。且《論》已見之，而人不察，曰：『君子攻其惡，』不攻人之惡。不攻人之惡，非仁之寬與！自攻其惡，非義之全與！此之謂仁造人，義造我，何以異乎！故自稱其惡，謂之情，稱人之惡，謂之賊；求諸己謂之厚，求諸人謂之薄；自責以備謂之明，責人以備，謂之惑；是故以自治之節治人，是居上不寬也，以治人之度自治，是爲禮不敬也；爲禮不敬，則傷行，而民弗尊，居上不寬則傷厚，而民弗親；弗親則弗信，弗尊則弗敬；二端之政詭於上而僻行之，則誹於下；仁義之處，可無論乎！夫目不視，弗見；心弗論，不得；雖有天下之至味，弗嚼，弗知其旨也；雖有聖人之至道，弗論，不知其義也。

又 卷九《身之養重於義第三十一》 天之生人也，使人生義與利，利以養其體，義以養其心，心不得義不能樂，體不得利不能安，義者心之養也，利者體之養也，體莫貴於心，故養莫重於義，義之養生人大於利。奚以知之？今人大有義而甚無利，雖貧與賤，尚榮其行以自好，而樂生，原憲、曾、閔之屬是也；人甚有利而大無義，雖甚富，則羞辱大惡，惡深，禍患重，非立死其罪者，即旋傷殃憂爾，莫能以樂生而終其身，刑戮夭折之民是也。夫人有義者，雖貧能自樂也；而大無義者，雖富莫能自存；吾以此實義之養生人，大於利而厚於財也。民不能知而常反之，皆忘義而殉利，去理而走邪，以賊其身而禍其家，此非其自爲計不忠也，則其知之所不能明也，今握棗與錯金，以示嬰兒，嬰兒必取棗而不取金也，握一斤金與千萬之珠以示野人，野人必取金而不取珠也。故物之於人，小者易知也，其於大者難見也，今利之於人小而義之於人大者，無怪民之皆趨利而不趨義也，固其所闇也，聖人事明義以照耀其所闇，故民不陷。《詩》云：『示我顯德行。』此之謂也。先王顯德以示民，民樂而歌之以爲詩，説而化之以爲俗，故不令而自行，不禁而自止，從上之意，不待使之，若自然矣，故曰：聖人天地動、四時化者，非有他也，其見義大故能動，動故能化，化故能大行，化大行故法不犯，法不犯故刑不用，刑不用則堯舜之功德，此大治之道也，先聖傳授而復也，故孔子曰：『誰能出不由户，何莫由斯道也！』今不示顯德行，民闇於義不能炤，迷於道不能

解，固欲大嚴憯以必正之，直殘賊天民而薄主德耳，其勢不行。仲尼曰：『國有道，雖加刑，無刑也；國無道，雖殺之，不可勝也。』其所謂有道無道者，示之以顯德行與不示爾。

漢・馬融《忠經・兆人章第六》　天地泰寧，君之德也，君德昭明，則陰陽風雨以和，人賴之而生也。是故祇承君之法度，行孝悌於其家，服勤稼穡，以供王賦，此兆人之忠也。《書》云：『一人元良，萬邦以貞。』

漢・荀悦《申鑒》卷二《時事第二》　聖王先成民而後致力於神，民事未定，郡祀有闕，不爲尤矣。必也舉其重而祀之，望祀五嶽四瀆，其神之祀，縣有舊常。若今郡祀之，而其祀禮物，從鮮可也。禮重本，示民不偷，且昭典物，其備物以豐年，日月之災降異，非舊也。

天人之應，所由來漸矣。故履霜堅冰，非一時也。仲尼之禱，非一朝也。且日食行事，或稠或曠，一年二交，非其常也。《洪範傳》云：『六沴作見。』若是王都未見之，無聞焉爾。官脩其方，而先王之禮，保章視祲，安宅敍降，必書雲物，爲備故也。太史上事無隱焉，勿寢可也。

天子南面聽天下，嚮明而治，蓋取諸離，天之道也。月正聽朝，國家之大事也。宜正其儀，以明舊典。

古有掌陰陽之禮之官，以教後宮，掌婦學之法，婦德、婦言、婦功，各率其屬，而以時御序于王。先王禮也，宜崇其教以先內政，覽列圖、誦列傳、遵典行，內史執其彤管，記善書過，考行黜陟，以章好惡。男女正位乎內外，正家而天下定矣。故二儀立而大業成。君子之道，匪闕終日，造次必於是。

修習之術論分部

論說

漢・董仲舒《春秋繁露》卷七《通國身第二十二》　氣之清者爲精，人之清者爲賢，治身者以積精爲寶，治國者以積賢爲道。身以心爲本，國以君爲主；精積於其本，則血氣相承受；賢積於其主，則上下相制使；血氣相承受，則形體無所苦；上下相制使，則百官各得其所；形體無所苦，然後身可得而安也；百官各得其所，然後國可得而守也。夫欲致精者，必虛靜其形；欲致賢者，必卑謙其身，形靜志虛者，精氣之所趣也；謙尊自卑者，仁賢之所事也。故治身者務執虛靜以致精；治國者務盡卑謙以致賢；能致精則合明而壽；能致賢則德澤洽而國太平。

政治發展論部

進化論分部

論說

漢・陸賈《新語》卷上《術事第二》　善言古者合之於今，能述遠者考之於近。故說事者上陳五帝之功，而思之於身，下列桀、紂之敗，而戒之於己，則德可以配日月，行可以合神靈，登高及遠，達幽洞冥，聽之無聲，視之無形，世人莫覩其兆，莫知其情，校修五經之本末，道德之眞僞，既□其意，而不見其人。

世俗以爲自古而傳之者爲重，以今之作者爲輕，淡於所見，甘於所聞，惑於外貌，失於中情。聖人不貴寡，而世人賤衆，五穀養性，而棄之於地，珠玉無用，而寶之於身。聖人不用珠玉而寶其身，故舜棄黃金於嶄巖之山，捐珠玉於五湖之淵，將以杜淫邪之欲，絶琦瑋之情。

故良馬非獨騏驥，利劍非惟干將，美女非獨西施，忠臣非獨呂望。今有馬而無王良之御，有劍而無砥礪之功，有女而無芳澤之飾，有士而不遭文王，道術蓄積而不舒，美玉韞匵而深藏。故懷道者須世，抱樸者待工，道爲智者設，馬爲御者良，賢爲聖者用，辯爲智者通，書爲曉者傳，事爲見者明。故制事者因其則，服藥者因其良。書不必起仲尼之門，藥不必出扁鵲之方，合之者善，可以爲法，因世而權行。

又　卷下《思務第一二》　夫長於變者，不可窮以詐。通於道者，不可驚以怪。審於辭者，不可惑以言。達於義者，不可動以利。是以君子博思而廣聽，進退順法，動作合度，聞見欲衆，而采擇欲謹，學問欲博而行己欲敦，見邪而知其直，見華而知其實，目不淫於炫耀之色，耳不亂於阿諛之詞，雖利之以齊、魯之富而志不移，談之以王喬、赤松之壽，而行不易，然後能壹其道而定其操，致其事而立其功也。

凡人則不然，目放於富貴之榮，耳亂於不死之道，故多棄其所長而求其所短，不得其所無而失其所有。是以吴王夫差知艾陵之可以取勝，而不知檇李可以破亡也。故事或見一利而喪萬機，取一福而致百禍。夫學者通於神靈之變化，曉於天地之開闔，□□□弛張，性命之短長，富貴之所在，貧賤之所亡，則手足不勞而耳目不亂，思慮不謬，計策不誤，上訣是非於天文，其次定狐疑於世務，廢興有所據，轉移有所守，故道□□□□□事可法也。

昔舜、禹因盛而治世，孔子承衰而作功，聖人不空出，賢者不虚生，□□□□□而歸於善，斯乃天地之法而制其事，則世之便而設其義。故聖人不必同道，□□□□□□，好者不必同色而皆美，醜者不必同狀而皆惡，天地之數，斯命之象也。日□□□□□□□八宿並列，各有所主，萬端異路，千法異形，聖人因其勢而調之，使小大不得相踰，方圓不得相干，分之以度，紀之以節，星不晝見，日不夜照，雷不冬發，霜不夏降。臣不淩君，則陰不□□陽，盛夏不暑，隆冬不霜，黑氣苞日，彗星揚□□，虹蜺冬見，蟄蟲夏藏，熒惑亂宿，衆星失行。聖人因變而立功，由異而致太平，堯、舜承蚩尤之失，而思欽明之道，君子見惡於外，則知變於內矣。桀、紂不暴，則湯、武不仁，才惑於衆非者而改之，□□□□□□亂之於朝廷，而匹夫治之於閨門。是以接輿、老萊所以避世於窮□□□□□而遠其尊也。君子行之於幽閒，小人厲之於士衆。《老子》曰：『上德不德。』□□□□□□虚也。

夫口誦聖人之言，身學賢者之行，久而不弊，勞而不廢，雖未爲君□□□□□□已。孔子曰：『行夏之時，乘殷之輅，服周之冕，樂則《韶》舞，放鄭聲，遠佞人。』□□□道而行之於世，雖非堯、舜之君，則亦堯、舜也。今之爲君者則不然，治不以五帝之術，則曰今之世不可以道德治也。爲臣者不思稷、契，則曰今之民不可以仁義正也。爲子者不執曾、閔之質，朝夕不休，而曰家人不和也。學者不操回、賜之精，晝夜不懈，而曰世所不行也。自人君至於庶人，未有不法聖道而爲賢者也。《易》曰：『豐其屋，蔀其家，闚其户，闃其無人。』無人者，非無人也，言無聖賢以治之耳。

故仁者在位而仁人來，義者在朝而義士至。是以墨子之門多勇士，仲尼之門多道德，文王之朝多賢良，秦王之庭多不詳。故善者必有所主而至，惡者必有所因而來。夫善惡不空作，禍福不濫生，唯心之所向，志之所行而已矣。

漢·劉安《淮南子》卷九《主術訓》　古之置有司也，所以禁民，使不得自恣也；其立君也，所以剬有司，使無專行也；法籍禮儀者，所以禁君，使無擅斷也。人莫得自恣則道勝；道勝而理達矣，故反於無爲。無爲者，非謂其凝滯而不動也，以其言莫從己出也。夫寸生於𥝖，𥝖生於日，日生於形，形生於景，此度之本也。樂生於音，音生於律，律生於風，此聲之宗也。法生於義，義生於衆適，衆適合於人心，此治之要也。故通於本者，不亂於末，覩於要者不惑於詳。法者，非天墮，非地生，發於人間，而反以自正。是故有諸己不非諸人，無諸己不求諸人。所立於下者，不廢於上；所禁於民者，不行於身。所謂亡國，非無君也，無法也。變法者，非無法也，有法者而不用，與無法等。是故人主之立法，先自爲檢式儀表，故令行於天下。孔子曰：『其身正，不令而行；其身不正，雖令不從。』故禁勝於身，則令行於民矣。

又　卷一一《齊俗訓》　故亂國若盛，治國若虚，亡國若不足，存國若有餘。虚者非無人也，皆守其職也；盛者，非多人也，皆徼於末也；有餘者，非多財也，欲節事寡也；不足者非無貨也，民躁而費多也。故先王之法籍，非所作也，其所因也。其禁誅，非所爲也，其所守也。

凡以物治物者，不以物以睦；治睦者不以睦，以人；治人者不以人，以君；治君者不以君，以欲；治欲者不以欲，以性；治性者不於性，以德；治德者不以德，以道。原人之性，蕪濊不得清明者，物或堁之也。羌、氐、僰、翟，嬰兒生皆同聲，及其長也，雖重象、狄騠，不能

通其言，教俗殊也。今三月嬰兒，生而徙國，則不能知其故俗。由此觀之，衣服禮俗者，非人之性也，所受於外也。【略】

所謂禮義者，五帝三王之法籍、風俗，一世之迹也。譬若芻狗土龍之始成，文以青黄，絹以綺繡，纏以朱絲，尸祝袀袨，大夫端冕，以送迎之。及其已用之後，則壤土草薊而已。夫有孰貴之！故當舜之時，有苗不服，於是舜修政偃兵，執干戚而舞之。禹之時，天下大雨，禹令民聚土積薪，擇丘陵而處之。武王伐紂，載尸而行，海内未定，故不爲三年之喪始。禹遭洪水之患，陂塘之事，故朝死而暮葬。此皆聖人之所以應時耦變，見形而施宜者也。今之脩干戚而笑钁插，知三年非一日，是從牛非馬，以徵笑羽也。以此應化，無以異於彈一弦而會《棘下》。夫以一世之變，欲以耦化應時，譬猶冬被葛而夏被裘。夫一儀不可以百發，一衣不可以出歲。儀必應乎高下，衣必適乎寒暑。是故世異則事變，時移則俗易。故聖人論世而立法，隨時而舉事。尚古之王，封於泰山，禪於梁父。七十餘聖，法度不同，非務相反也，時世異也。是故不法其已成之法，而法其所以爲法。所以爲法者，與化推移者也。夫能與化推移爲人者，至貴在焉耳。

天下是非無所定，世各是其所是，而非其所非。所謂是與非各異，皆自是而非人。

又 卷一三《氾論訓》 故民迫其難則求其便，困其患則造其備。人各以其所知，去其所害，就其所利。常故不可循，器械不可因也，則先王之法度，有移易者矣。古之制，婚禮不稱主人，舜不告而娶，非禮也。立子以長，文王舍伯邑考而用武王，非制也。禮三十而娶，文王十五而生武王，非法也。夏后氏殯於阼階之上，殷人殯於兩楹之閒，周人殯於西階之上，此禮之不同者也。有虞氏用瓦棺，夏后氏堲周，殷人用槨，周人牆置翣，此葬之不同者也。夏后氏祭於闇，殷人祭於陽，周人祭於日出以朝，此祭之不同者也。堯《大章》，舜《九韶》，禹《大夏》，湯《大濩》，周《武象》，此樂之不同者也。故五帝異道而德覆天下，三王殊事而名施後世。此皆因時變而制禮樂者。譬猶師曠之施瑟柱也，所推移上下者無寸尺之度，而靡不中音，故通於禮樂之情者能作音，有本主於中，而以知榘矱之所周者也。魯昭公有慈母而愛之，死，爲之練冠，故有慈母之服。陽侯殺蓼侯而竊其夫人，故大饗廢夫人之禮。先王之制，不宜則廢之。末世之事，善則著之，是故禮樂未始有常也。故聖人制禮樂，而不制於禮樂。【略】

故道可道者，非常道也。周公事文王也，行無專制，事無由己，身若不勝衣，言若不出口，有奉持於文王，洞洞屬屬，而將不能恐失之，可謂能子矣。武王崩，成王幼少。周公繼文王之業，履天子之籍，聽天下之政，平夷狄之亂，誅管、蔡之罪，負扆而朝諸侯，誅賞制斷，無所顧問，威動天地，聲懾四海，可謂能武矣。成王既壯，周公屬籍致政，北面委質而臣事之，請而後爲，復而後行，無擅恣之志，無伐矜之色，可謂能臣矣。故一人之身而三變者，所以應時矣。何況乎君數易世，國數易君，人以其位，達其好憎，以其威勢，供嗜欲，而欲以一行之禮，一定之法，應時偶變，其所不能中權亦明矣。

故聖人所由曰道，所爲曰事。道猶金石，一調不更；事猶琴瑟，每絃改調。故法制禮義者，治人之具也，而非所以爲治也。故仁以爲經，義以爲紀，此萬世不更者也。若乃人考其才，而時省其用，雖日變可也。天下豈有常法哉！當於世事，得於人理，順於天地，祥於鬼神，則可以正治矣。【略】

夫弦歌鼓舞以爲樂，盤旋揖讓以修禮，厚葬久喪以送死，孔子之所立也，而墨子非之。兼愛、尚賢，右鬼、非命，墨子之所立也，而楊子非之。全性保眞，不以物累形，楊子之所立也，而孟子非之。趨舍人異，各有曉心。故是非有處，得其處則無非；失其處則無是。

又 卷一七《説林訓》 以一世之度制治天下，譬猶客之乘舟，中流遺其劍，遽契其舟桅，暮薄而求之，其不知物類亦甚矣！夫隨一隅之迹，而不知因天地以游，惑莫大焉。雖時有所合，然而不足貴也。譬若旱歲之土龍，疾疫之芻狗，是時爲帝者也。曹氏之裂布，蛷者貴之，然非夏后氏之璜。無古無今，無始無終，未有天地而生天地，至深微廣大矣。足以蹍者淺矣，然待所不蹍而後行；智所知者褊矣，然待所不知而後明。游者以足蹶，以手拂，不得其數，愈蹶愈敗。及其能游者，非手足者矣。鳥飛反鄉，兔走歸窟，狐死首邱，寒將翔水，各哀其所生。毋貽盲者鏡，毋予躄者履，毋賞越人章甫，非其用也。

又　卷二〇《泰族訓》　故《易》之失也卦，《書》之失也敷，樂之失也淫，《詩》之失也辟，禮之失也責，《春秋》之失也刺。天地之道，極則反，盈則損。五色雖朗，有時而渝；茂木豐草，有時而落；物有隆殺，不得自若。故聖人事窮而更爲，法弊而改制，非樂變古易常也，將以救敗扶衰，黜淫濟非，以調天地之氣，順萬物之宜也。聖人天覆地載，日月照，陰陽調，四時化，萬物不同，無故無新，無疏無親，故能法天。天不一時，地不一利，人不一事，是以緒業不得不多端，趨行不得不殊方。五行異氣而皆適調，六藝異科而皆同道。温惠柔良者，《詩》之風也；淳龐敦厚者，《書》之教也；清明條達者，《易》之義也；恭儉尊讓者，禮之爲也；寬裕簡易者，樂之化也；刺幾辯義者，《春秋》之靡也。故《易》之失鬼，樂之失淫，《詩》之失愚，《書》之失拘，禮之失忮，《春秋》之失訾。六者，聖人兼用而財制之。失本則亂，得本則治。其美在調，其失在權。

循環論分部

論說

漢·董仲舒《春秋繁露》卷一《楚莊王第一》　《春秋》之道，奉天而法古。是故雖有巧手，弗修規矩，不能正方員；雖有察耳，不吹六律，不能定五音；雖有知心，不覽先王，不能平天下；然則先王之遺道，亦天下之規矩六律已！故聖者法天，賢者法聖，此其大數也；得大數而治，失大數而亂，此治亂之分也；所聞天下無二道，故聖人異治同理也，古今通達，故先賢傳其法於後世也。《春秋》之於世事也，善復古，譏易常，欲其法先王也。然而介以一言曰：『王者必改制。』自僻者得此以爲辭，曰：『古苟可循先王之道，何莫相因。』世迷是聞，以疑正道而信邪言，甚可患也。答之曰：『人有聞諸侯之君《射貍首》之樂者，於是自斷貍首，縣而射之，曰：「安在於樂也？」』此聞其名，而不知其實者也。今所謂新王必改制者，非改其道，非變其理，受命於天，易姓更王，非繼前王而王也，若一因前制，修故業，而無有所改，是與繼前王而王者無以別。受命之君，天之所大顯也；事父者承意，事君者儀志，事天亦然；今天大顯已，物襲所代，而率與同，則不顯不明，非天志，故必徙居處，更稱號，改正朔，易服色者，無他焉，不敢不順天志，而明自顯也。若夫大綱，人倫、道理，政治、教化，習俗、文義盡如故，亦何改哉！故王者有改制之名，無易道之實。孔子曰：『無爲而治者，其舜乎！』言其主堯之道而已，此非不易之效與！』問者曰：『物改而天授，顯矣，其必更作樂，何也？』曰：『樂異乎是，制爲應天改之，樂爲應人作之，彼之所受命者，必民之所同樂也。是故大改制於初，所以明天命也；更作樂於終，所以見天功也；緣天下之所新樂，而爲之文，且以和政，且以興德，天下未徧合和，王者不虛作樂，樂者，盈於內而動發於外者也，應其治時，制禮作樂以成之，成者，本末質文皆以具矣。是故作樂者，必反天下之所始樂於己以爲本。舜時，民樂其昭堯之業也，故《韶》，《韶》者，昭也；禹之時，民樂其三聖相繼，故《夏》，《夏》者，大也；湯之時，民樂其救之於患害也，故《護》，護者，救也；文王之時，民樂其興師征伐也，故《武》，武者，伐也。四者天下同樂之，一也，其所同樂之端，不可一也。作樂之法，必反本之所樂，所樂不同事，樂安得不世異！是故舜作《韶》而禹作《夏》，湯作《護》而文王作《武》，四樂殊名，則各順其民始樂於己也，吾見其效矣。《詩》云：『文王受命，有此武功；既伐於崇，作邑於豐。』樂之風也。又曰：『王赫斯怒，爰整其旅。』當是時，紂爲無道，諸侯大亂，民樂文王之怒，而詠歌之也。周人德已洽天下，反本以爲樂，謂之《大武》，言民所始樂者，武也云爾。故凡樂者，作之於終，而名之以始，重本之義也。由此觀之，正朔服色之改，受命應天，制禮作樂之異，人心之動也，二者離而復合，所爲一也。』

又　卷二《竹林第三》　今子反去君近而不復，莊王可見而不告，皆以其解二國之難爲不得已也，奈其奪君名美何！此所惑也。曰：《春秋》之道，固有常有變，變用於變，常用於常，各止其科，非相妨也。今諸子所稱，皆天下之常，雷同之義也；子反之行，一曲之變，獨修之意也。夫目驚而體失其容，心驚而事有所忘，人之情也；通於驚之情者，

取其一美，不盡其失。《詩》云：『采葑采菲，無以下體。』此之謂也。

又 卷三《玉英第四》 器從名，地從主人之謂制，權之端焉，不可不察也。夫權雖反經，亦必在可以然之域，不在可以然之域，故雖死亡，終弗爲也，公子目夷是也。故諸侯父子兄弟，不宜立而立者，《春秋》視其國，與宜立之君無以異也，此皆在可以然之域也；至於鄫取乎莒，以之爲同居，目曰『莒人滅鄫』，此在不可以然之域也。故諸侯在不可以然之域者，謂之大德，大德無踰閑者，謂正經；諸侯在可以然之域者，謂之小德，小德出入可也；權譎也，尚歸之以奉鉅經耳。故《春秋》之道，博而要，詳而反一也。公子目夷復其君，終不與國，祭仲已與，後改之，晉荀息死而不聽，衛曼姑拒而弗內，此四臣事異而同心，其義一也。目夷之弗與，重宗廟；祭仲與之，亦重宗廟；荀息死之，貴先君之命；曼姑拒之，亦貴先君之命也。事雖相反，所爲同，俱爲重宗廟，貴先帝之命耳。

又 卷七《堯舜不擅移湯武不專殺第二十五》 堯舜何緣而得擅移天下哉？《孝經》之語曰：『事父孝，故事天明。』事天與父同禮也。今父有以重予子，子不敢擅予他人，人心皆然；則王者亦天之子也，天以天下予堯舜，堯舜受命於天而王天下，猶子安敢擅以所重受於天者予他人也，天有不似予堯舜漸奪之故，明爲子道，則堯舜之不私傳天下而擅移位也，無所疑也。儒者以湯武爲至聖大賢也，以爲全道究義盡美者，故列之堯舜，謂之聖王，如法則之；今足下以湯武爲不義，然則足下之所謂義者，何世之王也？曰：『弗知。』弗知者，以天下王爲無義者耶？其有義者而足下不知耶？則答之以神農。應之曰：『神農之爲天子，與天地俱起乎？將有所伐乎？』神農有所伐可，湯武有所伐獨不可，何也？且天之生民，非爲王也；而天立王，以爲民也。故其德足以安樂民者，天予之，其惡足以賊害民者，天奪之。《詩》云：『殷士膚敏，祼將于京，侯服于周，天命靡常。』言天之無常予，無常奪也。故封泰山之上，禪梁父之下，易姓而王，德如堯舜者七十二人，王者，天之所予也，其所伐皆天之所奪也，今唯以湯武之伐桀紂爲不義，則七十二王亦有伐也，推足下之說，將以七十二王爲皆不義也。故夏無道而殷伐之，殷無道而周伐之，周無道而秦伐之，秦無道而漢伐之，有道伐無道，此天理也，所從來久矣，寧能至湯武而然耶！夫非湯武之伐桀紂者，亦將非秦之伐周，漢之伐秦，非徒不知天理，又不明人禮，禮，子爲父隱惡，今使伐人者，而信不義，當爲國諱之，豈宜如誹謗者，此所謂一言而再過者也。君也者，掌令者也，令行而禁止也，今桀紂令天下而不行，禁天下而不止，安在其能臣天下也！果不能臣天下，何謂湯武弑？

又 卷一二《陰陽終始第四十八》 天之道，終而復始，故北方者，天之所終始也，陰陽之所合別也。冬至之後，陰俯而西入，陽仰而東出，出入之處常相反也，多少調和之適，常相順也，有多而無溢，有少而無絕，春夏陽多而陰少，秋冬陽少而陰多，多少無常，未嘗不分而相散也，以出入相損益，以多少相溉濟也，多勝少者倍入，入者損一，而出者益二。天所起一，動而再倍，常乘反衡再登之勢，以就同類，與之相報，故其氣相俠，而以變化相輸也。春秋之中，陰陽之氣俱相併也，中春以生，中秋以殺，由此見之，天之所起，其氣積，天之所廢其氣隨。故至春，少陽東出就木，與之俱生；至夏太陽南出就火，與之俱煖；此非各就其類而與之相起與！少陽就木，太陽就火，火木相稱，各就其正，此非正其倫與！至於秋時，少陰興而不得以秋從金，從金而傷火功，雖不得以從金，亦以秋出於東方，俯其處而適其事，以成歲功，此非權與！陰之行，固常居虛，而不得居實，至於冬而止空虛，太陽乃得北就其類，而與水起寒，是故天之道，有倫、有經、有權。

《漢書》卷五六《董仲舒傳》 册曰：『三王之教所祖不同，而皆有失，或謂久而不易者道也，意豈異哉？』臣聞夫樂而不亂復而不厭者謂之道；道者萬世之弊，弊者道之失也。先王之道必有偏而不起之處，故政有眊而不行，舉其偏者以補其弊而已矣。三王之道所祖不同，非其相反，將以救溢扶衰，所遭之變然也。故孔子曰：『亡爲而治者，其舜虖！』改正朔，易服色，以順天命而已；其餘盡循堯道，何更爲哉！故王者有改制之名，亡變道之實。然夏上忠，殷上敬，周上文者，所繼之救，當用此也。孔子曰：『殷因於夏禮，所損益可知也；周因於殷禮，所損益可知也；其或繼周者，雖百世可知也。』此言百王之用，以此三者矣。夏因於虞，而獨不言所損益者，其道如一而所上同也。道之大原出於天，天不變，道亦不變，是以禹繼舜，舜繼堯，三聖相受而守一道，亡救弊之政

也，故不言其所損益也。繇是觀之，繼治世者其道同，繼亂世者其道變。今漢繼大亂之後，若宜少損周之文致，用夏之忠者。

常變論分部

論說

《漢書》卷六《武帝紀》 朕聞天地不變，不成施化；陰陽不變，物不暢茂。《易》曰：『通其變，使民不倦。』《詩》云：『九變復貫，知言之選』。朕嘉唐、虞而樂殷、周，據舊以鑑新。其赦天下，與民更始。諸逋貸及辭訟在孝景後三年以前，皆勿聽治。【略】

朕聞五帝不相復禮，三代不同法，所繇殊路而建德一也。蓋孔子對定公以徠遠，哀公以論臣，景公以節用，非期不同，所急異務也。今中國一統而北邊未安，朕甚悼之。【略】

日者有司以幣輕多姦，農傷而末衆，又禁兼幷之塗，故改幣以約之。稽諸往古，制宜於今。廢期有月，而山澤之民未諭。夫仁行而從善，義立則俗易，意奉憲者所以導之未明與？將百姓所安殊路，而撟虔吏因乘勢以侵蒸庶邪？何紛然其擾也！

統治權轉移論分部

論說

漢·董仲舒《春秋繁露》卷七《堯舜不擅移湯武不專殺第二十五》

堯舜何緣而得擅移天下哉？《孝經》之語曰：『事父孝，故事天明。』事天與父同禮也。今父有以重予子，子不敢擅予他人，人心皆然；則王者亦天之子也，天以天下予堯舜，堯舜受命於天而王天下，猶子安敢擅以所重受於天者予他人也，天有不似予堯舜漸奪之故，明爲子道，則堯舜之不私傳天下而擅移位也，無所疑也。儒者以湯武爲至聖大賢也，以爲全道究義盡美者，故列之堯舜，謂之聖王，如法則之；今足下以湯武爲不義，然則足下之所謂義者，何世之王也？曰：『弗知。』弗知者，以天下王爲無義者耶？其有義者而足下不知耶？則答之以神農。應之曰：『神農之爲天子，與天地俱起乎？將有所伐乎？』神農有所伐可，湯武有所伐獨不可，何也？且天之生民，非爲王也；而天立王，以爲民也。故其德足以安樂民者，天予之，其惡足以賊害民者，天奪之。《詩》云：『殷士膚敏，祼將于京，侯服于周，天命靡常。』言天之無常予，無常奪也。故封泰山之上，禪梁父之下，易姓而王，德如堯舜者七十二人，王者，天之所予也，其所伐皆天之所奪也，今唯以湯武之伐桀紂爲不義，則七十二王亦有伐也，推足下之説，將以七十二王爲皆不義也。故夏無道而殷伐之，殷無道而周伐之，周無道而秦伐之，秦無道而漢伐之，有道伐無道，此天理也，所從來久矣，寧能至湯武而然耶！夫非湯武之伐桀紂者，亦將非秦之伐周，漢之伐秦，非徒不知天理，又不明人禮，禮，子爲父隱惡，今使伐人者，而信不義，當爲國諱之，豈宜如誹謗者，此所謂一言而再過者也。君也者，掌令者也，令行而禁止也，今桀紂令天下而不行，禁天下而不止，安在其能臣天下也！果不能臣天下，何謂湯武弑？

理想社會模式論部

論說

漢·崔寔《政論》 昔聖王之治天下，咸建諸侯以臨其民。國有常君，君有定臣，上下相安，政如一家。

《太平經》丙部之六《樂生得天心法第五十四》 夫人者，乃天地之神統也。滅者，名爲斷絶天地神統，有可傷敗於天地之體，其爲害甚深，後亦天滅煞人世類也。爲人先生祖父母不容易也，當爲後生者計，可毋使子孫有承負之厄。是以聖人治，常思太平，令刑格而不用也。所以然者，

乃爲後生計也。【略】

夫人最善莫如樂生，急急若渴，乃後可也。其次樂成他人善如己之善。其次莫若人施，見人貧乏，謂其愁心，比若憂飢寒，乃可也。其次莫若設法，但懼而置之可也。其次人有大罪，莫若於治，不陷於罪過，乃可也。其次人有過觸犯，事不可奈何，能不使及其家與比伍，乃可也。其次罪及比伍，願指有罪者，慎無絶嗣也。人者，天地神明之統，傷敗天地之體，其爲禍深矣。無爲子孫承負之厄，常思太平，以消刑格也。

又　丙部之一四《三合相通訣第六十五》　太者，大也，乃言其積大行如天，凡事大也，無復大於天者也。平者，乃言其治太平均，凡事悉理，無復姦私也；平者，比若地居下，主執平也。地之執平也，比若人種善得善，種惡得惡。人與之善用力，多其物，子好善；人與之鮮，鮮其物惡也。氣者，乃言天氣悦喜下生，地氣順喜上養。氣之法行於天下地上，陰陽相得，交而爲和，與中和氣三合，共養凡物，三氣相愛相通，無復有害者。太者，大也；平者，正也；氣者，主養以通和也，得此以治，太平而和，且大正也，故言太平氣至也。

又　丙部之一六《天文記訣第七十三》　天所以使後世有書記者，先生之人知旦壽知自然，入虚静之道。故知天道周終意，若春秋冬夏有常也。後生氣流久，其學淺，與要道文相遠，忘前令之道。非神聖之人，不能豫知周竟，故天更生文書使記之，相傳前後，可相因樂、欲使其知之，以自安也。逢其太平，則可安枕而治；逢其中平，則可力而行之；逢其不平，則可以道自輔而備之，猶若夏至則爲其備暑，冬至則爲其備寒，此之謂也。天道有常運，不以故人也，故順之則吉昌，逆之則危亡。天道戰鬬，其命傷，日月失度，則列星亂行；知順時氣，日月得度，列星順行，是天之明證也。能用者自力，無敢閉藏，慎無賊傷。天之秘書，以歸仁賢，原明上下，令以自安。

故得天下之歡心，其治日興太平，無有刑，無窮物，無冤民，天地中和，盡得相通也，故能致壽上皇。

又　丁部之三《使能無爭訟法第八十一》　所以壽多者，無刑不傷，多傷者乃還傷人身。故上古者聖賢不肯好爲刑也；中古半用刑，故壽半；下古多用刑，故壽獨少也。刑者，其惡乃干天，逆陰陽，畜積爲惡氣，還傷人。故上古聖賢不重用之者，乃惜其身也。中古人半愚，輕小用刑故半，賊其半。下古大愚，則自忽用刑，以爲常法，故多不得壽，咎在此。【略】

考天地陰陽萬物，上下相愛相治，立功成名，使心治一家，使人不復相憎惡，常樂合心同志，令太和之氣日自出，而大興平，六極同心，八方同計。所治者若人意，莫不皆回應而悦者。本天地元氣，合陰陽之位。邪惡默然消去，乖逆者皆順，明大靈之至道，神祇所好愛。

吾乃上爲皇天陳道德，下爲山川別度數，中爲帝王設法度。中賢得以生善意，因以爲解除天地大咎怨，使帝王不復愁苦，人民相愛，萬物各得其所，自有天法常格在不匿

又　丁部之一六《六罪十治訣第一百三》　人生知爲德善，而不肯力學爲德，反賤德惡養，自輕爲非，罪不除也，或身即坐，或流後生。所以然者，與地相反。地者好德而養，此人忽事，不樂好德，自愛先人體，與地爲咎也。

天生人，幸使其人人自有筋力，可以自衣食者，而不肯力爲之，反致飢寒，負其先人之體；而輕休其力不爲力可得衣食，反常自言愁苦飢寒，但常仰多財家，須而後生，罪不除也，或身即坐，或流後生。所以然者，天地乃生凡財物可以養人者，各當隨力聚之，取足而不窮；反休力而不作之自輕，或所求索不和，皆爲强取人物，與中和爲仇，其罪當死明矣。此有六大罪而天憎惡之，其罪不可除也。【略】

或有遇得善富地，并得天地中和之財，積之乃億億萬種，珍物金銀億萬，反封藏逃匿於幽室，令皆腐塗。見人窮困往求，罵詈不予；既予，不即許，必求取增倍也，而或但一增，或四五乃止，賜予富人，絶去貧子，令使其飢寒而死，不以道理，反就笑之，與天爲怨，與地爲咎，與人爲大仇，百神憎之。

所以然者，此財物乃天地中和所有，以共養人也，此家但遇得其聚處，比若倉中之鼠，常獨足食，此大倉之粟，本非獨鼠有也；少內之錢財，本非獨以給一人也，其有不足者，悉當從其取也。愚人無知，以爲終古獨當有之，不知飢萬尸之委輸，皆當得衣食於是也。愛之反常怒喜，不肯力以周窮救急，令使萬家之絶，春無以種，秋無以收，其冤結悉仰呼

天，天爲之感，地爲之動。不助君子周窮救急，爲天地之間大不仁人。人可求以祭祀，尚不給與，百神惡之，欲使無世；鄉里祝固，欲使其死；盜賊聞之，舉兵往趨，攻擊其門户。家困且死而盡，固固不肯施予，反深埋地中，使人不睹，無故絶天下財物，乏地上之用，反爲大壯於地下，天大惡之，地大病之，以爲大咎。中和之物隔絶日少，因而坐之不足，飢寒而死者衆多，與人爲重仇。

夫天但好道，地但好德，中和好仁，凡物職當居天下地上，而通行周給凡人之不足，反乃見埋，病悒悒不得出見。夫天與地，本不樂欲得財也，天乃樂人生，地樂人養也，無知小人，反壅塞天地中和之財，使其不得周足，殺天之所生，賊地之所養，無故埋逃此財物，使國家貧，少財用，不能救全其民命，使有德之君，其治虚空。

夫金銀珍物財貨作之，用人功積多，誠若且勞，當爲國家之用，無故棄捐，去之上下，地又不樂得之，以爲大病，以爲大壯。今愚人甚不仁，罪若此，寧當死不耶？中尚有忽然不知足者，爭訟自冤，反奪少弱小家財物，殊不知止。

又　己部之八《敬事神十五年太平訣第一百四十》　太平者，乃無一傷物，爲太平氣之爲言也。凡事無一傷病者，悉得其處，故爲平也。若有一物傷，輒爲不平也；二物傷，輒爲被刑也；三物傷，輒爲羣物傷也；四物傷，輒爲四方傷也；五物傷，輒爲五方傷，天下有大害也；六物傷，輒爲惡究於六方也；七物傷，輒爲其害氣乃横行也；八物傷，輒使人賢不肖異計；不并力也；九物傷，輒爲惡窮竟陰陽，令物雲亂席轉也；十物傷，乃爲大綱傷，天數終盡更數也。是故古者上聖人，但明觀天五帝神氣平未，輒自知治得失且平與未哉！

又　己部之一一《守一入室知神戒第一百五十二》　故德君盡以正辭，而天地開闢以來，承負之灾厄悉除，無復灾害。眞人欲重知其大信也，夫正文正辭，乃爲天地人萬物之正本根也，是故上古大聖賢案正文正辭而行者，天地爲其正，三光爲其正，四時五行乃爲其正，人民凡物爲其正，是則正文正辭，乃爲天地人民萬物之正根大效也。

子欲重明知其信，比若人以正文正辭相譽於君前，君得以爲大聰明大達也，舉事悉得，無失正者，下上乃得天地之心意，三光爲其不失行度，四時五行爲其不錯，人民莫不歡喜，皆言善哉，萬物各得其所矣。恩洽神，則名聞遠方，羣神瑞應奇物爲喜而出，天下賢儒盡悉樂往輔其君，爲不閉藏，仙人神靈乃負不老之方與之，祆祥爲其滅絶，人民爲其行政，言正文正辭，乃無復相憎惡者，則怨咎爲其絶，天下凡善悉出，凡邪惡悉藏，德君但當垂拱而自治，何有危亡之憂？此即吾正文正辭爲善根之明證效也，可不力正哉！

又　庚部之十《有過死謫作河梁誡第一百八十八》　常言人無貴無賤，皆天所生，但録籍相命不存耳。

又　庚部之一二《大壽誡第二百》　是天使奉職之神，調和平均，使各從其願，不奪其所安。

又　辛部　天讖曰：復樂者樂，復善者善，復惡者惡，復喜者喜，復順者順，復眞者眞，復道者道，復悦者悦。凡所復，天地羣神亦復之以影響哉！復文者文復，復僞者僞復，復辯者辯復，復佞者佞復，復武者武復，復逆者逆復，復凶者凶復，復邪者邪復。凡所復，悉天地羣神復之。凡吉凶安危之法，在所復已。凡人家力强者，多畜私財，後反多貧凶，何也？神人言，此乃或多智反欺不足者，或力强反欺弱者，或後生反欺老者，皆爲逆，故天不久佑之。何也？然，智者當苞養愚者，反欺之，一逆也。力强當養力弱者，反欺之，二逆也。後生者當養老者，反欺之，三逆也。與天心不同，故後必凶也。夫財者，天地之間盈餘物也，比若水，常流行而相從，常謙謙居其下。得多財者，謙者多得也。故期者，天不佑之矣。

治國指導思想論部

德治論分部

論說

漢·陸賈《新語》卷上《道基第一》　夫驢騾駱駝，犀象瑇瑁，琥珀珊瑚，翠羽珠玉，山生水藏，擇地而居，潔清明朗，潤澤而濡，磨而不磷，涅而不淄，天氣所生，神靈所治，幽閒清淨，與神浮沈，莫不效力爲用，盡情爲器。故曰，聖人成之。所以能統物通變，治情性，顯仁義也。

夫人者，寬博浩大，恢廓密微，附遠寧近，懷來萬邦。故聖人懷仁仗義，分明纖微，忖度天地，危而不傾，佚而不亂者，仁義之所治也。行之於親近而疏遠悅，脩之於閨門之內而名譽馳於外。故仁無隱而不著，無幽而不彰者。虞舜蒸蒸於父母，光耀於天地；伯夷、叔齊餓於首陽，功美垂於萬代；太公自布衣昇三公之位，累世享千乘之爵；知伯仗威任力，兼三晉而亡。

是以君子握道而治，據德而行，席仁而坐，杖義而强，虛無寂寞，通動無量。故制事因短，而動益長，以圓制規，以矩立方。聖人王世，賢者建功，湯舉伊尹，周任吕望，行合天地，德配陰陽，承天誅惡，克暴除殃，將氣養物，明□設光，耳聽八極，目睹四方，忠進讒退，直立邪亡，道行姦止，不得兩張，□□本理，杜漸消萌。

夫謀事不並仁義者後必敗，殖不固本而立高基者後必崩。故聖人防亂以經藝，工正曲以準繩。德盛者威廣，力盛者驕衆。齊桓公尚德以霸，秦二世尚刑而亡。

故虐行則怨積，德布則功興，百姓以德附，骨肉以仁親，夫婦以義合，朋友以義信，君臣以義序，百官以義承，曾、閔以仁成大孝，伯姬以義建至貞，守國者以仁堅固，佐君者以義不傾，君以仁治，臣以義平，鄉黨以仁恂恂，朝廷以義便便，美女以貞顯其行，烈士以義彰其名，陽氣以仁生，陰節以義降，鹿鳴以仁求其羣，關雎以義鳴其雄，春秋以仁義貶絶，《詩》以仁義存亡，《乾》、《坤》以仁和合，《八卦》以義相承，《書》以仁敍九族，君臣以義制忠，《禮》以仁盡節，樂以禮升降。

仁者道之紀，義者聖之學。學之者明，失之者昏，背之者亡。陳力就列，以義建功，師旅行陣，德仁爲固，仗義而强，調氣養性，仁者壽長，美才次德，義者行方。君子以義相褒，小人以利相欺，愚者以力相亂，賢者以義相治。《穀梁傳》曰：『仁者以治親，義者以利尊。萬世不亂，仁義之所治也。』

又《術事第二》　道近不必出於久遠，取其致要而有成。《春秋》上不及五帝，下不至三王，述齊桓、晉文之小善，魯之十二公，至今之爲政，足以知成敗之效，何必于三王？故古人之所行者，亦與今世同。立事者不離道德，調弦者不失宫商，天道調四時，人道治五常，周公與堯、舜合符瑞，二世與桀、紂同禍殃。

文王生於東夷，大禹出於西羌，世殊而地絶，法合而度同。故聖賢與道合，愚者與禍同，懷德者應以福，挾惡者報以凶，德薄者位危，去道者身亡，萬世不易法，古今同紀綱。

又《輔政第三》　夫居高者自處不可以不安，履危者任杖不可以不固。自處不安則墜，任杖不固則仆。是以聖人居高處上，則以仁義爲巢，乘危履傾，則以聖賢爲杖，故高而不墜，危而不仆。

昔者，堯以仁義爲巢，舜以稷、契爲杖，故高而益安，動而益固。處宴安之臺，承克讓之塗，德配天地，光被八極，功垂於無窮，名傳於不朽，蓋自處得其巢，任杖得其人也。秦以刑罰爲巢，故有覆巢破卵之患；以李斯、趙高爲杖，故有頓仆跌傷之禍，何者？所任者非也。故杖聖者帝，杖賢者王，杖仁者霸，杖義者强，杖讒者滅，杖賊者亡。

故懷剛者久而缺，持柔者久而長，躁疾者爲厥速，遲重者爲常存，尚勇者爲悔近，溫厚者行寬舒，懷急促者必有所虧，柔懦者制剛强，小慧者不可以禦大，小辨者不可以説衆，商賈巧爲販賣之利，而屈爲貞良，邪臣好爲詐僞，自媚飾非，而不能爲公方，藏其端巧，逃其事功。

故智者之所短，不如愚者之所長。文公種米，曾子駕羊。相士不熟，信邪失方。察察者有所不見，恢恢者何所不容。朴質者近忠，便巧者近亡。

君子遠熒熒之色，放錚錚之聲，絶恬美之味，疏嗌嘔之情。天道以大制小，以重顛輕。以小治大，亂度干貞。讒夫似賢，美言似信，聽之者惑，觀之者冥。故蘇秦尊於諸侯，商鞅顯於西秦。世無賢智之君，孰能別其形。故堯放驩兜，仲尼誅少正卯；甘言之所嘉，靡不爲之傾，惟堯知其實，仲尼見其情。故千聖王者誅，遏賢君者刑，遭凡王者貴，觸亂世者榮。鄭儋亡齊而歸魯，齊有九合之名，而魯有乾時之恥。夫據千乘之國，而信讒佞之計，未有不亡者也。故《詩》云：『讒人罔極，交亂四國。』衆邪合心，以傾一君，國危民失，不亦宜乎！

又 卷下《至德第八》 夫欲富國强威，闢地服遠者，必得之於民；欲建功興譽，垂名烈，流榮華者，必取之於身。故據萬乘之國，持百姓之命，苞山澤之饒，主士衆之力，而功不存乎身，名不顯於世者，乃統理之非也。

天地之性，萬物之類，懷德者衆歸之，恃刑者民畏之，歸之則充其側，畏之則去其域。故設刑者不厭輕，爲德者不厭重，行罰者不患薄，布賞者不患厚，所以親近而致遠也。

夫形重者則心煩，事衆者則身勞；心煩者則刑罰縱横而無所立，身勞者則百端迴邪而無所就。是以君子之爲治也，塊然若無事，寂然若無聲，官府若無吏，亭落若無民，閭里不訟於巷，老幼不愁於庭，近者無所議，遠者無所聽，郵無夜行之卒，鄉無夜召之征，犬不夜吠，雞不夜鳴，耆老甘味於堂，丁男耕耘於野，在朝者忠於君，在家者孝於親；於是賞善罰惡而潤色之，興辟雍庠序而教誨之，然後賢愚異議，廉鄙異科，長幼異節，上下有差，强弱相扶，大小相懷，尊卑相承，雁行相隨，不言而信，不怒而威，豈待堅甲利兵、深牢刻令、朝夕切切而後行哉？

昔者，晉厲、齊莊、楚靈、宋襄，乘大國之權，杖衆民之威，軍師横出，陵轢諸侯，外驕敵國，內刻百姓，鄰國之讐結於外，羣臣之怨積於內，而欲建金石之統，繼不絶之世，豈不難哉？故宋襄死於泓之戰，三君弑於臣之手，皆輕師尚威，以致於斯，故《春秋》重而書之，嗟歎而傷之。三君强其威而失其國，急其刑而自賊，斯乃去事之戒，來事之師也。

魯莊公一年之中，以三時興築作之役，規虞山林草澤之利，與民爭田漁薪菜之饒，刻桷丹楹，眩曜靡麗，收民十二之税，不足以供邪曲之欲，繕不用之好，以快婦人之目，財盡於驕淫，力疲於不急，上困於用，下飢於食，乃遣臧孫辰請滯積於齊，倉廩空匱，外人知之，於是爲齊、衛、陳、宋所伐，賢臣出，邪臣亂，子般殺，魯國危也。公子牙、慶父之屬，敗上下之序，亂男女之別，繼位者無所定，逆亂者無所懼。於是齊桓公遣大夫高子立僖公而誅夫人，逐慶父而還季子，然後社稷復存，子孫反業，豈不謂微弱者哉？故爲威不强還自亡，立法不明還自傷，魯莊公之謂也。

又《本行第十》 治以道德爲上，行以仁義爲本。故尊於位而無德者絀，富於財而無義者刑，賤而好德者尊，貧而有義者榮。段干木徒步之士，脩道行德，魏文侯過其閭而軾之。夫子陳、蔡之厄，豆飯菜羹，不足以接餒，二三子布弊褞袍，不足以避寒，倥傯屈厄，自處甚矣；然而夫子當於道，二三子近於義，自布衣之士，上□天子，下齊庶民，而累其身而匡上也。及閔周室之衰微，禮義之不行也，厄挫頓仆，歷説諸侯，欲匡帝王之道，反天下之政，身無其立，而世無其主，周流天下，無所合意，大道隱而不舒，羽翼摧而不申，自□□□深授其化，以序終始，追治去事，以正來世，按紀圖録，以知性命，表定《六藝》，以重儒術，善惡不相干，貴賤不相侮，强弱不相淩，賢與不肖不得相踰，科第相序，爲萬□□□而不絶，功傳而不衰，《詩》、《書》、《禮》、《樂》，爲得其所，乃天道之所立，大義之所行也，豈以□□□威耶？

夫人之好色，非脂粉所能飾；大怒之威，非氣力所能行也。聖人乘天威，合天氣，承天功，象天容，而不與爲功，豈不難哉？夫酒池可以運舟，糟丘可以遠望，豈貧於財哉？統四海之權，主九州之衆，豈弱於武力哉？然功不能自存，而威不能自守，非貧弱也，乃道德不存乎身，仁義不加於下也。

故察於利而惛於道者，衆之所謀也；果於力而寡於義者，兵之所圖也。君子篤於義而薄於利，敏於行而慎於言，所□□□廣功德也。故曰：『不義而富且貴，於我如浮雲。』

夫懷璧玉，要環佩，服名寶，藏珍怪，玉斗酌酒，金罍刻鏤，所以夸小人之目者也；高臺百仞，金城文畫，所以疲百姓之力者也。故聖人卑宮室而高道德，惡衣服而勤仁義，不損其行，以好其容，不虧其德，以飾其身，國不興不事之功，家不藏不用之器，所以稀力役而省貢獻也。璧玉珠璣，不御於上，則翫好之物棄於下；琱琢刻畫之類，不納於君，則淫伎曲巧絶於下。夫釋農桑之事，入山海，采珠璣，捕豹翠，消筋力，散布泉，以極耳目之好，快淫侈之心，豈不謬哉？

漢・賈誼《新書》卷九《大政上》 聞之於政也，民無不爲本也。國以爲本，君以爲本，吏以爲本。故國以民爲安危，君以民爲威侮，吏以民爲貴賤。此之謂民無不爲本也。聞之於政也，民無不爲命也。國以爲命，君以爲命，吏以爲命，故國以民爲存亡，君以民爲盲明，吏以民爲賢不肖。此之謂民無不爲命也。聞之於政也，民無不爲功也。故國以爲功，君以爲功，吏以爲功。國以民爲興壞，君以民爲强弱，吏以民爲能不能。此之謂民無不爲功也。聞之於政也，民無不爲力也。故國以爲力，君以爲力，吏以爲力。故夫戰之勝也，民欲勝也；攻之得也，民欲得也；守之存也，民欲存也。故率民而守，而民不欲存，則莫能以存矣；故率民而攻，民不欲得，則莫能以得矣；故率民而戰，民不欲勝，則莫能以勝矣。故其民之爲其上也，接敵而喜，進而不能止，敵人必駭，戰由此勝也。夫民之於其上也，接而懼，必走去，戰由此敗也。故夫菑與福也，非粹在天也，必在士民也。嗚呼，戒之！戒之！夫士民之志，不可不要也。嗚呼，戒之！戒之！

又《修正語上》 帝嚳曰：『德莫高於博愛人，而政莫高於博利人。故政莫大於信，治莫大於仁，吾慎此而已矣。』

帝堯曰：『吾存心於先古，加志於窮民，痛萬姓之罹罪，憂衆生之不遂也。』故一民或飢，曰此我飢之也；一民或寒，曰此我寒之也；一民有罪，曰此我陷之也。仁行而義立，德博而化富。故不賞而民勸，不罰而民治，先恕而後行，是故德音遠也。是故堯教化及雕題、蜀、越，撫交趾，身涉流沙，地封獨山，西見王母，訓及大夏、渠叟，北中幽都，及狗國與人身，而鳥面及焦僥，好賢而隱不逮，强於行而菑於志，率以仁而恕，至此而已矣。

漢・劉安《淮南子》卷九《主術訓》 國之所以存者，仁義是也；人之所以生者，行善是也。國無義，雖大必亡；人無善志，雖勇必傷。治國上使不得與焉，孝於父母，弟於兄嫂，信於朋友，不得上令而可得爲也。釋己之所得爲，而責於其所不得制，悖矣。士處卑隱欲上達，必先反諸己。上達有道，名譽不起，而不能上達矣；取譽有道，不信於友，不能得譽。信於友有道，事親不說，不信於友。說親有道，脩身不誠，不能事親矣。誠身有道，心不專一，不能專誠。道在易而求之難，驗在近而求之遠，故弗得也。

人主租斂於民也，必先計歲收，量民積聚，知饑饉有餘不足之數，然後取車輿衣食供養其欲。高臺層榭，接屋連閣，非不麗也，然民有掘穴狹廬所以託身者，明主弗樂也。肥□甘脆，非不美也，然民有糟糠菽粟不接於口者，明主弗甘也。匡牀蒻席，非不寧也，然民有處邊城，犯危難，澤死暴骸者，明主弗安也。故古之君人者，其慘怛於民也。國有飢者，食不重味；民有寒者，而冬不被裘。歲登民豐，乃始縣鐘鼓，陳干戚，君臣上下同心而樂之，國無哀人。故古之爲金石管絃者，所以宣樂也；兵革斧鉞者，所以飾怒也；觴酌俎豆酬酢之禮，所以效善也；衰絰菅屨，辟踊哭泣，所以諭哀也。此皆有充于內而成像於外。及至亂主，取民則不裁其力，求於下則不量其積，男女不得事耕織之業以供上之求，力勤財匱，君臣相疾也。故民至於焦脣沸肝，有今無儲，而乃始撞大鐘，擊鳴鼓，吹竽笙，彈琴瑟，是猶貫甲冑而入宗廟，被羅紈而從軍旅，失樂之所由生矣。夫民之爲生也，一人蹠耒而耕，不過十畝，中田之獲，卒歲之收，不過畝四石，妻子老弱仰而食之，時有涔旱災害之患，無以給上之徵賦車馬兵革之費。由此觀之，則人之生憫矣！夫天地之大計，三年耕而餘一年之食，率九年而有三年之畜，十八年而有六年之積，二十七年而有九年之儲，雖涔旱災害之殃，民莫困窮流亡也。故國無九年之畜，謂之不足；無六年之積，謂之憫急；無三年之畜，謂之窮乏。故有仁君明王，其取下有節，自養有度，則得承受於天地，而不離飢寒之患矣。若貪主暴君，撓於其下，侵漁其民，以適無窮之欲，則百姓無以被天和而履地德矣。

食者民之本也，民者國之本也，國者君之本也。是故人君者，上因天時，下盡地財，中用人力。是以羣生遂長，五穀蕃殖。教民養育六畜，以

時種樹，務脩田疇，滋植桑麻，肥墝高下，各因其宜，邱陵阪險不生五穀者，以樹竹木。春伐枯槁，夏取果，秋畜疏食，冬伐薪蒸，以爲民資。是故生無乏用，死無轉尸。故先王之法，畋不掩羣，不取麛夭，不涸澤而漁，不焚林而獵。豺未祭獸，罝罘不得布於野；獺未祭魚，網罟不得入於水；鷹隼未摯，羅網不得張於谿谷；草木未落，斤斧不得入山林；昆蟲未蟄，不得以火燒田。孕育不得殺，鷇卵不得探，魚不長尺不得取，彘不期年不得食。是故草木之發若蒸氣，禽獸之歸若流泉，飛鳥之歸若煙雲，有所以致之也。故先王之政，四海之雲至而脩封疆，蝦蟆鳴、燕降而達路除道，陰降百泉則修橋梁，昏張中則務種穀，大火中則種黍菽，虛中則種宿麥，昴中則收斂畜積，伐薪木。上告于天，下布之民，先王之所以應時脩備，富國利民，實曠來遠者，其道備矣。非能目見而足行之也，欲利之也，欲利之也不忘於心，則官自備矣。心之於九竅四支也，不能一事焉，然而動靜聽視皆以爲主者，不忘於欲利之也。故堯爲善而衆善至矣，桀爲非而衆非來矣。善積則功成，非積則禍極。

又 卷一三《氾論訓》 治國有常，而利民爲本；政教有經，而令行爲上。苟利於民，不必法古；苟周於事，不必循舊。夫夏、商之衰也，不變法而亡；三代之起也，不相襲而王。故聖人法與時變，禮與俗化，衣服器械，各便其用；法度制令，各因其宜。故變古未可非，而循俗未足多也。百川異源而皆歸於海，百家殊業而皆務於治。王道缺而《詩》作，周室廢、禮義壞而《春秋》作。《詩》、《春秋》學之美者也，皆衰世之造也。儒者循之以教導於世，豈若三代之盛哉！以《詩》、《春秋》爲古之道而貴之，又有未作《詩》、《春秋》之時。夫道其缺也，不若道其全也。誦先王之《詩》、《書》，不若聞得其言，聞得其言，不若得其所以言。得其所以言者，言弗能言也。

今世之爲武者則非文也，爲文者則非武也，文武更相非，而不知時世之用也。此見隅曲之一指，而不知八極之廣大也。故東面而望，不見西牆，南面而視，不睹北方，唯無所嚮者，則無所不通。國之所以存者，道德也。家之所以亡者，理塞也。堯無百戶之郭，舜無置錐之地，以有天下；禹無十人之衆，湯無七里之分，以王諸侯。文王處岐周之間也，地方不過百里，而立爲天子者，有王道也；夏桀、殷紂之盛也，人迹所至，舟車所通，莫不爲郡縣，然而身死人手，而爲天下笑者，有亡形也。故聖人見化以觀其徵。德有盛衰，風先萌焉。故得王道者，雖小必大；有亡形者，雖成必敗。夫夏之將亡，太史令終古先奔於商，三年而桀乃亡；殷之將敗也，太史令向藝先歸文王，期年而紂乃亡。故聖人見存亡之迹，成敗之際也，非待鳴條之野，甲子之日也。

又 卷一八《人間訓》 智伯率韓、魏二國伐趙，圍晉陽，決晉水而灌之。城下緣木而處，縣釜而炊。襄子謂張孟談曰：『城中力已盡，糧食匱乏，大夫病，爲之奈何？』張孟談曰：『亡不能存，危不能安，無爲貴智士。臣請試潛行，見韓、魏之君而約之。』乃見韓、魏之君，說之曰：『臣聞之，脣亡而齒寒。今智伯率二君而伐趙，趙將亡矣。趙亡，則君爲之次矣。及今而不圖之，禍將及二君。』二君曰：『智伯之爲人也，粗中而少親，我謀而泄，事必敗。爲之奈何？』張孟談曰：『言出君之口，入臣之耳，人孰知之者乎？且同情相成，同利相死。君其圖之。』二君乃與張孟談陰謀，與之期。張孟談乃報襄子。至其日之夜，趙氏將殺其守堤之吏，決水灌智伯。智伯軍救水而亂。韓、魏翼而擊之，襄子將卒犯其前，大敗智伯軍，殺其身而三分其國。襄子乃賞有功者，而高赫爲賞首。羣臣請曰：『晉陽之存，張孟談之功也。而赫爲賞首，何也？』襄子曰：『晉陽之圍也，寡人國家危，社稷殆。羣臣無不有驕侮之心者，唯赫不失君臣之禮，吾是以先之。』由此觀之，義者，人之大本也。雖有戰勝存亡之功，不如行義之隆。故君子曰：『美言可以市尊，美行可以加人。』

又 卷一九《修務訓》 聖人之從事也，殊體而合于理，其所由異路而同歸，其存危定傾若一，志不忘於欲利人也。

又 卷二〇《泰族訓》 故心者，身之本也；身者，國之本也。未有得己而失人者也，未有失己而得人者也。故爲治之本，務在寧民；寧民之本，在於足用；足用之本，在於勿奪時；勿奪時之本，在於省事；省事之本，在於節用；節用之本，在於反性。未有能搖其本而靜其末，濁其源而清其流者也。故知性之情者，不務性之所無以爲；知命之情者，不憂命之所無奈何。故不高宮室者，非愛木也；不大鐘鼎者，非愛金也。直行性命之情，而制度可以爲萬民儀。

今日悅五色，口嚼滋味，耳淫五聲，七竅交爭以害其性，日引邪欲而澆其身夫調，身弗能治，奈天下何！故自養得其節，則養民得其心矣。所謂有天下者，非謂其履勢位，受傳籍，稱尊號也，言運天下之力，而得天下之心。紂之地，左東海，右流沙，前交趾，後幽都。師起容關，至浦水，士億有餘萬。然皆倒矢而射，傍戟而戰。武王左操黄鉞，右執白旄以麾之，則瓦解而走，遂土崩而下。紂有南面之名，而無一人之德，此失天下也。故桀、紂不爲王，湯、武不爲放。周處酆、鎬之地，方不過百里，而誓紂牧之野，入據殷國，朝成湯之廟，表商容之閭，封比干之墓，解箕子之囚，乃折枹毁鼓，偃五兵，縱牛馬，搢笏而朝天下，百姓歌謳而樂之，諸侯執禽而朝之，得民心也。闔閭伐楚，五戰入郢，燒高府之粟，破九龍之鍾，鞭荆平王之墓，舍昭王之宫。昭王奔隨，百姓父兄攜幼扶老而隨之，乃相率而爲致勇之寇，皆方命奮臂而爲之鬬。當此之時，無將卒以行列之，各致其死，卻吳兵，復楚地。靈王作章華之臺，發乾谿役，外內搔動，百姓罷敝，棄疾乘民之怨而立公子比，百姓放臂而去之，餓於乾溪，食莽飲水，枕塊而死。楚國山川不變，土地不易，民性不殊，昭王則相率而殉之，靈王則倍畔而去之，得民之與失民也。

治之所以爲本者，仁義也；所以爲末者，法度也。凡人之所以事生者，本也；其所以事死者，末也。本末，一體也，其兩愛之，一性也。先本後末謂之君子，以末害本謂之小人，君子與小人之性非異也，所在先後而已矣。草木洪者爲本，而殺者爲末；禽獸之性，大者爲首，而小者爲尾。末大於本則折，尾大於要則不掉矣。故食其口而百節肥，灌其本而枝葉美，天地之性也。天地之生物也有本末，其養物也有先後，人之於治也，豈得無終始哉！故仁義者，治之本也。

故仁知，人材之美者也。所謂仁者，愛人也。所謂知者，知人也。愛人則無虐刑矣，知人則無亂政矣。治由文理，則無悖謬之事矣；刑不侵濫，則無暴虐之行矣。上無煩亂之治，下無怨望之心，則百殘除而中和作矣，此三代之所昌。故《書》曰：『能哲且惠，黎民懷之。何憂讙兜，何遷有苗。』智伯有五過人之材，而不免於身死人手者，不愛人也；齊王建有三過人之巧，而身虜於秦者，不知賢也。故仁莫大於愛人，知莫大於知人。二者不立，雖察慧捷巧，劬禄疾力，不免於亂也。

漢·董仲舒《春秋繁露》卷八《度制第二十七》　孔子曰：『不患貧而患不均。』故有所積重，則有所空虛矣。大富則驕，大貧則憂，憂則爲盜，驕則爲暴，此衆人之情也。聖者則於衆人之情，見亂之所從生。故其制人道而差上下也，使富者足以示貴而不至於驕，貧者足以養生而不至於憂。以此爲度而調均之，是以財不匱而上下相安，故易治也。今世棄其度制，而各從其欲。欲無所窮，而俗得自恣，其勢無極。大人病不足於上，而小民羸瘠於下，則富者愈貪利而不肯爲義，貧者日犯禁而不可得止，是世之所以難治也。

孔子曰：『君子不盡利以遺民。』《詩》云『彼其遺秉，此有不斂穧，伊寡婦之利。』故君子仕則不稼，田則不漁，食時不力珍，大夫不坐羊，士不坐犬。《詩》曰：『采葑采菲，無以下體。德音莫違，及爾同死。』以此防民，民猶忘義而爭利，以亡其身。天不重與，有角不得有上齒。故已有大者不得有小者，天數也。夫已有大者，又兼小者，天不能足之，況人乎？故明聖者象天所爲，爲制度，使諸有大奉禄亦皆不得兼小利，與民爭利業，乃天理也。

凡百亂之源，皆出嫌疑纖微，以漸寖稍長至於大。聖人章其疑者，別其微者，絶其纖者。不得嫌，以蚤防之。聖人之道，衆隄防之類也。謂之度制，謂之禮節。故貴賤有等，衣服有制，朝廷有位，鄉黨有序，則民有所讓而不敢爭，所以一之也。《書》曰：『舉服有庸，誰敢弗讓，敢不敬應。』此之謂也。

凡衣裳之生也，爲蓋形煖身也。然而染五采，飾文章者，非以爲益肌膚血氣之情也，將以貴貴尊賢，而明別上下之倫，使教亟行，使化易成，爲治爲之也。若去其度制，使人人從其欲，快其意，以逐無窮，是大亂人倫，而靡斯財用也，失文采所遂生之意矣。上下之倫不別，其勢不能相治，故苦亂也。嗜欲之物無限，其勢不能相足，故苦貧也。今欲以亂爲治，以貧爲富，非反之制度不可。古者天子衣文，諸侯不以燕，大夫衣襐，士不以燕，庶人衣縵，此其大畧也。

又　卷一〇《深察名號第三十五》　治天下之端，在審辨大。辨大之端，在深察名號。名者，大理之首章也。録其首章之意，以窺其中之事，則是非可知，逆順自著，其幾通於天地矣。是非之正，取之逆順，逆

順之正，取之名號，名號之正，取之天地，天地爲名號之大義也。古之聖人，謞而效天地謂之號，鳴而施命謂之名。名之爲言，鳴與命也，號之爲言，謞而效也。謞而效天地者爲號，鳴而命者爲名。名號異聲而同本，皆鳴號而達天意者也。天不言，使人發其意；弗爲，使人行其中。名則聖人所發天意，不可不深觀也。受命之君，天意之所予也。故號爲天子者，宜視天如父，事天以孝道也。號爲諸侯者，宜謹視所候奉之天子也。號爲大夫者，宜厚其忠信，敦其禮義，使善大於匹夫之義，足以化也。士者，事也，民者，瞑也。士不及化，可使守事從上而已。五號自讚，各有分。分中委曲，曲有名。名衆於號，號其大全。名也者，名其別離分散也。號凡而略，名詳而目。目者，偏辨其事也，凡者，獨舉其大也。享鬼神者號，一曰祭。祭之散名，春曰祠，夏曰礿，秋曰嘗，冬曰烝。獵禽獸者號，一曰田。田之散名，春苗，秋蒐，冬狩，夏獮。無有不皆中天意者。物莫不有凡號，號莫不有散名，如是。是故事各順於名，名各順於天。天人之際，合而爲一。同而通理，動而相益，順而相受，謂之德道。《詩》曰：『維號斯言，有倫有迹。』此之謂也。

深察王號之大意，其中有五科：皇科、方科、匡科、黄科、往科。合此五科，以一言謂之王。王者皇也，王者方也，王者匡也，王者黄也，王者往也。是故王意不普大而皇，則道不能正直而方；道不能正直而方，則德不能匡運周徧；德不能匡運周徧，則美不能黄；美不能黄，則四方不能往；四方不能往，則不全於王。故曰：天覆無外，地載兼愛，風行令而一其威，雨布施而均其德。王術之謂也。

深察君號之大意，其中亦有五科：元科、原科、權科、温科、羣科。合此五科，以一言謂之君。君者元也，君者原也，君者權也，君者温也，君者羣也。是故君意不比於元，則動而失本；動而失本，則所爲不立；所爲不立，則不效於原；不效於原，則自委舍；自委舍，則化不行。用權於變，則失中適之宜；失中適之宜，則道不平，德不温；道不平，德不温，則衆不親安；衆不親安，則離散不羣；離散不羣，則不全於君。名生於眞，非其眞，弗以爲名。名者，聖人之所以眞物也。名之爲言眞也。故凡百譏有黮黮者，各反其眞，則黮黮者還昭昭耳。欲審曲直，莫如引繩；欲審是非，莫如引名。名之審於是非也，猶繩之審于曲直也。詰其名實，觀其離合，則是非之情不可以相讕已。今世闇於性，言之者不同，胡不試反性之名。性之名非生與？如其生之自然之資謂之性。詰性之質於善之名，能中之與？既不能中矣，而尚謂之質善，何哉？性之名不得離質。離質如毛，則非性已，不可不察也。春秋辨物之理，以正其名。名物如其眞，不失秋毫之末。故名霣石，則後其五，言退鷁，則先其六。聖人之謹於正名如此。君子於其言，無所苟而已，五石、六鷁之辭是也。栣衆惡於內，弗使得發於外者，心也。故心之爲名栣也。人之受氣苟無惡者，心何栣哉？吾以心之名，得人之誠。人之誠，有貪有仁。仁貪之氣，兩在於身。

身之名，取諸天。天兩有陰陽之施，身亦兩有貪仁之性。天有陰陽禁，身有情欲栣，與天道一也。是以陰之行不得干春夏，而月之魄常厭於日光，乍全乍傷，天之禁陰如此，安得不損其欲而輟其情以應天。天所禁而身禁之，故曰身猶天也。禁天所禁，非禁天也。必知天性不乘於教，終不能栣。察實以爲名，無教之時，性何遽若是。故性比於禾，善比於米。米出禾中，而禾未可全爲米也。善出性中，而性未可全爲善也。善與米，人之所繼天而成於外，非在天所爲之內也。天之所爲，有所至而止。止之內謂之天性，止之外謂之人事。事在性外，而性不得不成德。民之號，取之瞑也。使性而已善，則何故以瞑爲號？以霣者言，弗扶將，則顛陷倡狂，安能善？性有似目，目臥幽而瞑，待覺而後見。當其未覺，可謂有見質，而不可謂見。今萬民之性，有其質而未能覺，譬如瞑者待覺，教之然後善。當其未覺，可謂有善質，而不可謂善，與目之瞑而覺，一概之比也。靜心徐察之，其言可見矣。性而瞑之未覺，天所爲也。效天所爲，爲之起號，故謂之民。民之爲言，固猶瞑也，隨其名號以入其理，則得之矣。是正名號者於天地，天地之所生，謂之性情。性情相與爲一瞑。情亦性也。謂性已善，奈其情何？故聖人莫謂性善，累其名也。身之有性情也，若天之有陰陽也，言人之質而無其情，猶言天之陽而無其陰也。窮論者，無時受也。名性，不以上，不以下，以其中名之。性如繭如卵。卵待覆而成雛，繭待繅而爲絲，性待教而爲善。此之謂眞天。天生民性有善質，而未能善，於是爲之立王以善之，此天意也。民受未能善之性於天，而退受成性之教於王。王承天意，以成民之性爲任者也。今案其眞質，而謂民性已

善者，是失天意而去王任也。

萬民之性苟已善，則王者受命尚何任也？其設名不正，故棄重任而違大命，非法言也。春秋之辭，內事之待外者，從外言之。今萬民之性，待外教然後能善，善當與教，不當與性。與性，則多累而不精，自成功而無賢聖，此世長者之所誤出也，非春秋爲辭之術也。不法之言、無驗之説，君子之所外，何以爲哉！或曰：『性有善端，心有善質，尚安非善？』應之曰：『非也。繭有絲而繭非絲也，卵有雛而卵非雛也。比類率然，有何疑焉。』天生民有六經，言性者不當異。然其或曰性也善，或曰性未善，則所謂善者，各異意也。性有善端，動之愛父母，善於禽獸，則謂之善。此孟子之善。循三綱五紀，通八端之理，忠信而博愛，敦厚而好禮，乃可謂善。此聖人之善也。是故孔子曰：『善人吾不得而見之，得見有常者，斯可矣。』由是觀之，聖人之所謂善，未易當也，非善於禽獸則謂之善也。使動其端善於禽獸則可謂之善，善奚爲弗見也？夫善於禽獸之未得爲善也，猶知於草木而不得名知。萬民之性善於禽獸而不得名善，知之名乃取之聖。聖人之所命，天下以爲正。正朝夕者視北辰，正嫌疑者視聖人。聖人以爲無王之世，不教之民，莫能當善。善之難當如此，而謂萬民之性皆能當之，過矣。質於禽獸之性，則萬民之性善矣；質於人道之善，則民性弗及也。萬民之性善於禽獸者許之，聖人之所謂善者弗許。吾質之命性者異孟子。孟子下質於禽獸之所爲，故曰性已善；吾上質於聖人之所爲，故謂性未善。善過性，聖人過善。春秋大元，故謹於正名。名非所始，如之何謂未善已善也。

又　卷一一《爲人者天第四十一》　爲生不能爲人，爲人者天也。人之人本於天，天亦人之曾祖父也。此人之所以乃上類天也。人之形體，化天數而成；人之血氣，化天志而仁；人之德行，化天理而義。人之好惡，化天之暖清；人之喜怒，化天之寒暑；人之受命，化天之四時。人生有喜怒哀樂之答，春秋冬夏之類也。喜，春之答也；怒，秋之答也；樂，夏之答也；哀，冬之答也；天之副在乎人。人之情性有由天者矣。故曰受，由天之號也。爲人主也，道莫明省身之天，如天出之也。使其出也，答天之出四時而必忠其受也，則堯舜之治無以加。是可生可殺，而不可使爲亂。故曰：『非道不行，非法不言。』此之謂也。

《傳》曰：唯天子受命於天，天下受命於天子，一國則受命於君。君命順，則民有順命；君命逆，則民有逆命。故曰：『一人有慶，兆民賴之。』此之謂也。

《傳》曰：政有三端：父子不親，則致其愛慈；大臣不和，則敬順其禮；百姓不安，則力其孝弟。孝弟者，所以安百姓也。力者，勉行之身以化之。天地之數，不能獨以寒暑成歲，必有春夏秋冬。聖人之道，不能獨以威勢成政，必有教化。故曰：先之以博愛，教以仁也；難得者，君子不貴，教以義也。雖天子必有尊也，教以孝也；必有先也，教以弟也。此威勢之不足獨恃，而教化之功不大乎？

《傳》曰：天生之，地載之，聖人教之。君者，民之心也；民者，君之體也。心之所好，體必安之；君之所好，民必從之。故君民者，貴孝弟而好禮義，重仁廉而輕財利，躬親職此於上，而萬民聽，生善於下矣。故曰：『先王見教之可以化民也。』此之謂也。

衣服容貌者，所以説目也；聲音應對者，所以説耳也；好惡去就者，所以説心也。故君子衣服中而容貌恭，則目説矣；言理應對遜，則耳説矣；好仁厚而惡淺薄，就善人而遠僻鄙，則心説矣。故曰：『行思可樂，容止可觀。』此之謂也。

漢·桓寬《鹽鐵論》卷七《執務第三十九》　丞相曰：『先王之道，軼久而難復，賢良、文學之言，深遠而難行。夫稱上聖之高行，道至德之美言，非當世之所能及也。願聞方今之急務，可復行於政：使百姓咸足於衣食，無乏困之憂；風雨時，五穀熟，螟螣不生；天下安樂，盜賊不起；流人還歸，各反其田里；吏皆廉正，敬以奉職，元元各得其理也。』

賢良曰：『孟子曰：「堯、舜之道，非遠人也，而人不思之耳。」《詩》云：「求之不得，寤寐思服。」有求如《關雎》，好德如《河廣》，何不濟不得之有？故「高山仰止，景行行止」，雖不能及，離道不遠也。顏淵曰：「舜獨何人也，回何人也？」夫思賢慕能，從善不休，則成、康之俗可致，而唐、虞之道可及。公卿未思也，先王之道，何遠之有？齊桓公以諸侯思王政，憂周室，匡諸夏之難，平夷狄之亂，存亡接絶，信義大行，著於天下。邵陵之會，予之爲主。《傳》曰：「予積也。」故土積而成山阜，水積而成江海，行積而成君子。孔子曰：「吾於河廣，知德

之至也。」而欲得之，各反其本，復諸古而已。古者，行役不踰時，春行秋反，秋行春來，寒暑未變，衣服不易，固已還矣。夫婦不失時，人安和如適。獄訟平，刑罰得，則陰陽調，風雨時。上不苛擾，下不煩勞，各脩其業，安其性，則螟螣不生，而水旱不起。賦斂省而農不失時，則百姓足，而流人歸其田里。上清靜而不欲，則下廉而不貪。若今則繇役極遠，盡寒苦之地，危難之處，涉胡、越之域，今茲往而來歲旋，父母延頸而西望，男女怨曠而相思，身在東楚，志在西河，故一人行而鄉曲恨，一人死而萬人悲。《詩》云：「王事靡盬，不能藝稷黍，父母何怙？」「念彼恭人，涕零如雨。豈不懷歸？畏此罪罟。」吏不奉法以存撫，倍公任私，各以其權充其嗜欲，人愁苦而怨思，上不恤理，則惡政行而邪氣作；邪氣作，則蟲螟生而水旱起。若此，雖禱祀雩祝，用事百神無時，豈能調陰陽而息盜賊矣？』

《漢書》卷二四上《食貨志上》 董仲舒上書曰：『古者稅民不過什一，其求易共；使民不過三日，其力易足。民財內足以養老盡孝，外足以事上共稅，下足以畜妻子極愛，故民說從上。至秦則不然，用商鞅之法，改帝王之制，除井田，民得賣買，富者田連阡陌，貧者亡立錐之地。又顓川澤之利，管山林之饒，荒淫越制，踰侈以相高；邑有人君之尊，里有公侯之富，小民安得不困？又加月爲更卒，已復爲正，一歲屯戍，一歲力役，三十倍於古；田租口賦，鹽鐵之利，二十倍於古。或耕豪民之田，見稅什五。故貧民常衣牛馬之衣，而食犬彘之食。重以貪暴之吏，刑戮妄加，民愁亡聊，亡逃山林，轉爲盜賊，赭衣半道，斷獄歲以千萬數。漢興，循而未改。古井田法雖難卒行，宜少近古，限民名田，以澹不足，塞并兼之路。鹽鐵皆歸於民。去奴婢，除專殺之威。薄賦斂，省繇役，以寬民力。然後可善治也。』

又 卷五一《賈山傳》 元鳳中，廷尉光以治詔獄，請溫舒署奏曹掾，守廷尉史。會昭帝崩，昌邑王賀廢，宣帝初卽位，溫舒上書，言宜尚德緩刑。其辭曰：

臣聞齊有無知之禍，而桓公以興；晉有驪姬之難，而文公用伯。近世趙王不終，諸呂作亂，而孝文爲大宗。繇是觀之，禍亂之作，將以開聖人也。故桓文扶微興壞，尊文武之業，澤加百姓，功潤諸侯，雖不及三王，天下歸仁焉。文帝永思至德，以承天心，崇仁義，省刑罰，通關梁，一遠近，敬賢如大賓，愛民如赤子，內恕情之所安，而施之於海內，是以囹圄空虛，天下太平。夫繼變化之後，必有異舊之恩，此賢聖所以昭天命也。往者，昭帝卽世而無嗣，大臣憂戚，焦心合謀，皆以昌邑尊親，援而立之。然天不授命，淫亂其心，遂以自亡。深察禍變之故，乃皇天之所以開至聖也。故大將軍受命武帝，股肱漢國，披肝膽，決大計，黜亡義，立有德，輔天而行，然後宗廟以安，天下咸寧。

臣聞《春秋》正卽位，大一統而慎始也。陛下初登至尊，與天合符，宜改前世之失，正始受之統，滌煩文，除民疾，存亡繼絕，以應天意。

臣聞秦有十失，其一尚存，治獄之吏是也。秦之時，羞文學，好武勇，賤仁義之士，貴治獄之吏；正言者謂之誹謗，遏過者謂之妖言。故盛服先生不用於世，忠良切言皆鬱於胸，譽諛之聲日滿於耳；虛美熏心，實禍蔽塞。此乃秦之所以亡天下也。方今天下賴陛下恩厚，亡金革之危，飢寒之患，父子夫妻戮力安家，然太平未洽者，獄亂之也。夫獄者，天下之大命也，死者不可復生，絕者不可復屬。《書》曰：『與其殺不辜，寧失不經。』今治獄吏則不然，上下相敺，以刻爲明；深者獲公名，平者多後患。故治獄之吏皆欲人死，非憎人也，自安之道在人之死。是以死人之血流離於市，被刑之徒比肩而立，大辟之計歲以萬數，此仁聖之所以傷也。太平之未洽，凡以此也。夫人情安則樂生，痛則思死。棰楚之下，何求而不得？故囚人不勝痛，則飾辭以視之；吏治者利其然，則指道以明之；上奏畏卻，則鍛練而周內之。蓋奏當之成，雖咎繇聽之，猶以爲死有餘辜。何則？成練者衆，文致之罪明也。是以獄吏專爲深刻，殘賊而亡極，媮爲一切，不顧國患，此世之大賊也。故俗語曰：『畫地爲獄，議不入；刻木爲吏，期不對。』此皆疾吏之風，悲痛之辭也。故天下之患，莫深於獄；敗法亂正，離親塞道，莫甚乎治獄之吏。此所謂一尚存者也。

臣聞烏鳶之卵不毀，而後鳳凰集；誹謗之罪不誅，而後良言進。故古人有言：『山藪藏疾，川澤納汙，瑾瑜匿惡，國君含詬。』唯陛下除誹謗以招切言，開天下之口，廣箴諫之路，掃亡秦之失，尊文武之德，省法制，寬刑罰，以廢治獄，則太平之風可興於世，永履和樂，與天亡極，天下幸甚。

又　卷五六《董仲舒傳》（董仲舒上書）孔子曰：『鳳鳥不至，河不出圖，吾已矣夫！』自悲可致此物，而身卑賤不得致也。今陛下貴爲天子，富有四海，居得致之位，操可致之勢，又有能致之資，行高而恩厚，知明而意美，愛民而好士，可謂誼主矣。然而天地未應而美祥莫至者，何也？凡以教化不立而萬民不正也。夫萬民之從利也，如水之走下，不以教化隄防之，不能止也。是故教化立而姦邪皆止者，其隄防完也；教化廢而姦邪並出，刑罰不能勝者，其隄防壞也。古之王者明於此，是故南面而治天下，莫不以教化爲大務。立太學以教於國，設庠序以化於邑，漸民以仁，摩民以誼，節民以禮，故其刑罰甚輕而禁不犯者，教化行而習俗美也。

聖王之繼亂世也，掃除其迹而悉去之，復修教化而崇起之。教化已明，習俗已成，子孫循之，行五六百歲尚未敗也。

又　卷六四上《賈捐之傳》　臣幸得遭明盛之朝，蒙危言之策，無忌諱之患，敢昧死竭卷卷。

臣聞堯舜，聖之盛也，禹入聖域而不優，故孔子稱堯曰『大哉』，《韶》曰『盡善』，禹曰『無間』。以三聖之德，地方不過數千里，西被流沙，東漸于海，朔南暨聲教，迄于四海，欲與聲教則治之，不欲與者不彊治也。故君臣歌德，含氣之物各得其宜。武丁、成王，殷、周之大仁也，然地東不過江、黄，西不過氐、羌，南不過蠻荆，北不過朔方。是以頌聲並作，視聽之類咸樂其生，越裳氏重九譯而獻，此非兵革之所能致。及其衰也，南征不還，齊桓救其難，孔子定其文。以至乎秦，興兵遠攻，貪外虛內，務欲廣地，不慮其害。然地南不過閩越，北不過太原，而天下潰畔，禍卒在於二世之末，《長城之歌》至今未絕。

賴聖漢初興，爲百姓請命，平定天下。至孝文皇帝，閔中國未安，偃武行文，則斷獄數百，民賦四十，丁男三年而一事。時有獻千里馬者，詔曰：『鸞旗在前，屬車在後，吉行日五十里，師行三十里，朕乘千里之馬，獨先安之？』於是還馬，與道里費，而下詔曰：『朕不受獻也，其令四方毋求來獻。』當此之時，逸遊之樂絕，奇麗之賂塞，鄭衛之倡微矣。夫後宮盛色則賢者隱處，佞人用事則諍臣杜口，而文帝不行，故諡爲孝文，廟稱太宗。至孝武皇帝元狩六年，太倉之粟紅腐而不可食，都內之錢貫朽而不可校。乃探平城之事，録冒頓以來數爲邊害，籍兵厲馬，因富民以攘服之。西連諸國至于安息，東過碣石以玄菟、樂浪爲郡，北卻匈奴萬里，更起營塞，制南海以爲八郡，則天下斷獄萬數，民賦數百，造鹽鐵酒榷之利以佐用度，猶不能足。當此之時，寇賊並起，軍旅數發，父戰死於前，子鬭傷於後，女子乘亭鄣，孤兒號於道，老母寡婦飲泣巷哭，遥設虛祭，想魂乎萬里之外。淮南王盜寫虎符，陰聘名士，關東公孫勇等詐爲使者，是皆廓地泰大，征伐不休之故也。

今天下獨有關東，關東大者獨有齊楚，民衆久困，連年流離，離其城郭，相枕席於道路。人情莫親父母，莫樂夫婦，至嫁妻賣子，法不能禁，義不能止，此社稷之憂也。今陛下不忍悁悁之忿，欲驅士衆擠之大海之中，快心幽冥之地，非所以救助飢饉，保全元元也。《詩》云：『蠢爾蠻荆，大邦爲讎，』言聖人起則後服，中國衰則先畔，動爲國家難，自古而患之久矣，何況乃復其南方萬里之蠻乎！駱越之人父子同川而浴，相習以鼻飲，與禽獸無異，本不足郡縣置也。顓顓獨居一海之中，霧露氣溼，多毒草蟲蛇水土之害，人未見虜，戰士自死。又非獨珠厓有珠犀瑇瑁也，棄之不足惜，不擊不損威。其民譬猶魚鼈，何足貪也！

臣竊以往者羌軍言之，暴師曾未一年，兵出不踰千里，費四十餘萬萬，大司農錢盡，乃以少府禁錢續之。夫一隅爲不善，費尚如此，況於勞師遠攻，亡士毋功乎！求之往古則不合，施之當今又不便。臣愚以爲非冠帶之國，《禹貢》所及，《春秋》所治，皆可且無以爲。願遂棄珠厓，專用恤關東爲憂。

又　卷七八《蕭望之傳》（蕭望）之以爲：『民函陰陽之氣，有（仁）［好］義欲利之心，在教化之所助。堯在上，不能去民欲利之心，而能令其欲利不勝其好義也；雖桀在上，不能去民好義之心，而能令其好義不勝其欲利也。故堯、桀之分，在於義利而已，道民不可不慎也。今欲令民量粟以贖罪，如此則富者得生，貧者獨死，是貧富異刑而法不壹也。人情，貧窮，父兄囚執，聞出財得以生活，爲人子弟者將不顧死亡之患，敗亂之行，以赴財利，求救親戚。一人得生，十人以喪，如此，伯夷之行壞，公綽之名滅。政教壹傾，雖有周召之佐，恐不能復。古者臧於民，不足則取，有餘則予。《詩》曰「爰及矜人，哀此鰥寡」，上惠下也。

又曰「雨我公田，遂及我私」，下急上也。今有西邊之役，民失作業，雖户賦口斂以贍其困乏，古之通義，百姓莫以爲非。以死救生，恐未可也。陛下布德施教，教化既成，堯舜亡以加也。今議開利路以傷既成之化，臣竊痛之。」

漢·王充《論衡·非韓第二十九》 韓子非儒，謂之無益有損，蓋謂俗儒無行操，舉措不重禮，以儒名而俗行，以實學而僞説，貪官尊榮，故不足貴。夫志潔行顯，不徇爵禄，去卿相之位若脱躧者，居位治職，功雖不立，此禮義爲業者也。國之所以存者，禮義也。民無禮義，傾國危主。今儒者之操，重禮愛義，率無禮義士，激無義之人，人民爲善，愛其主上，此亦有益也。【略】

治國之道，所養有二：一曰養德，二曰養力。養德者，養名高之人，以示能敬賢；養力者，養氣力之士，以明能用兵。此所謂文武張設，德力具足者也。事或可以德懷，或可以力摧。外以德自立，内以力自備，慕德者不戰而服，犯德者畏兵而卻。【略】

治國猶治身也。治一身，省恩德之行，多傷害之操，則交黨疏絶，耻辱至身。推治身以況治國，治國之道，當任德也。韓子任刑，獨以治世，是則治身之人，任傷害也。韓子豈不知任德之爲善哉？以爲世衰事變，民心靡薄，故作法術，專意於刑也。夫世不乏於德，猶歲不絶於春也。謂世衰難以德治，可謂歲亂不可以春生乎？人君治一國，猶天地生萬物。天地不爲亂歲去春，人君不以衰世屏德。孔子曰：『斯民也，三代所以直道而行也。』

周穆王之世，可謂衰矣，任刑治政，亂而無功。甫侯諫之，穆王存德，享國久長，功傳於世。夫穆王之治，初亂終治，非知昏於前，才妙於後也，前任蚩尤之刑，後用甫侯之言也。夫治人不能捨恩，治國不能廢德，治物不能去春。

又《自然第五十四》 或曰：『桓公知管仲賢，故委任之；如非管仲，亦將譴告之矣。使天遭堯、舜，必無譴告之變。』曰：天能譴告人君，則亦能故命聖君。擇才若堯、舜，受以王命，委以王事，勿復與知。今則不然，生庸庸之君，失道廢德，隨譴告之，何天不憚勞也？曹參爲漢相，縱酒歌樂，不聽政治。其子諫之，笞之二百。當時天下無擾亂之變。淮陽鑄僞錢，吏不能禁。汲黯爲太守，不壞一鑪，不刑一人，高枕安卧，而淮陽政清。夫曹參爲相，若不爲相；汲黯爲太守，若郡無人。然而漢朝無事，淮陽刑錯者，參德優而黯威重也。計天之威德，孰與曹參、汲黯？而謂天與王政，隨而譴告之，是謂天德不若曹參厚，而威不若汲黯重也。蘧伯玉治衛，子貢使人問之：『何以治衛？』對曰：『以不治治之。』夫不治之治，無爲之道也。

又《辨祟第七十二》 聖人舉事，先定於義，義已定立，決以卜筮，示不專己，明與鬼神同意共指，欲令衆下信用不疑。故《書》列七卜，《易》載八卦，從之未必有福，違之未必有禍。然而禍福之至，時也；死生之到，命也。人命懸於天，吉凶存於時。命窮操行善，天不能續。命長操行惡，天不能奪。天，百神主也。道德仁義，天之道也；戰粟恐懼，天之心也。廢道滅德，賤天之道；險隘恣睢，悖天之意。

又《定賢第八十》 以委國去位，棄富貴就貧賤爲賢乎？則夫委國者，有所迫也。若伯夷之徒，昆弟相讓以國，耻有分爭之名，及大王亶甫重戰其故民，皆委國去位者，道不行而志不得也。如道行志得，亦不去位。故委國去位，皆有以也，謂之爲賢，無以者，可謂不肖乎？且有國位者，故得委而去之，無國位者何委？夫割財用及讓下受分，與此同實。無財何割？口飢何讓？倉廩實，民知禮節，衣食足民知榮辱。讓生於有餘，爭生於不足。

漢·王符《潛夫論》卷四《愛日第十八》 國之所以爲國者，以有民也；民之所以爲民者，以有穀也；穀之所以豐殖者，以有人功也；功之所以能建者，以日力也。治國之日舒以長，故其民閒暇而力有餘；亂國之日促以短，故其民困務而力不足。

所謂治國之日舒以長者，非謁義和而令安行也，又非能增分度而益漏刻也。乃君明察而百官治，下循正而得其所，則民安静而力有餘，故視日長也。所謂亂國之日促以短者，非謁義和而令疾驅也，又非能減分度而損漏刻也。乃君不明則百官亂而姦宄興，法令鬻而役賦繁，則希民困於吏政，仕者窮於典禮，冤民就獄乃得直，烈士交私乃見保，姦臣肆心於上，亂化流行於下，君子載質而車馳，細民懷財而趨走，故視日短也。

《詩》云：『王事靡盬，不遑將父。』言在古閒暇而得行孝，今迫促

不得養也。孔子稱庶則富之，既富則教之。是故禮義生於富足，盜竊起於貧窮，富足生於寬暇，貧窮起於無日。聖人深知，力者乃民之本也，而國之基，故務省役而爲民愛日。是以堯敕羲和，欽若昊天，敬授民時；邵伯訟不忍煩民，聽斷棠下，能興時雍而致刑錯。

今則不然。萬官撓民，令長自衒，百姓廢農桑而趨府庭者，非朝晡不得通，非意氣不得見，訟不訟輒連月日，舉室釋作，以相瞻視，辭人之家，輒請鄰里應對送餉，比事訖，竟亡一歲功，則天下獨有受其飢者矣，而品人俗士之司典者，曾不覺也。郡縣既加冤枉，州司不治，令破家活，遠詣公府。公府不能照察眞僞，則但欲罷之以久困之資，故猥説一科，令此注百日，乃爲移書，其不滿百日，輒更造數，甚違邵伯訟棠之義。此所謂誦詩三百，授之以政，不達，雖多亦奚以爲者也。

孔子曰：『聽訟，吾猶人也。』從此觀之，中材以上，皆議曲直之辨，刑法之理可；鄉亭部吏，足以斷決，使無怨言。然所以不者，蓋有故焉。

《傳》曰：『惡直醜正，實繁有徒。』夫直者貞正而不撓志，無恩於吏。怨家務主者結以貨財，故鄉亭與之爲排直家，後反復時吏坐之，故共枉之於庭。以羸民與豪吏訟，其勢不如也。是故縣與部并，後有反覆，長吏坐之，故舉縣排之於郡。以一人與一縣訟，其勢不如也。故郡與縣并，後有反覆，太守坐之，故舉郡排之於州。以一人與一郡訟，其勢不如也。故州與郡并，而不肯治，故乃遠詣公府爾。公府不能察，而苟欲以錢刀課之，則貧弱少貨者終無以曠旬滿祈。豪富饒錢者取客使往，可盈千日，非徒百也。治訟若此，爲務助豪猾而鎮貧弱也，何冤之能治？

非獨鄉部辭訟也。武官斷獄，亦皆始見枉於小吏，終重冤於大臣。怨故未讐，輒逢赦令，不得復治，正士懷冤結而不得信，猾吏崇姦宄而不痛坐。郡縣所以易侵小民，而天下所以多飢窮也。

除上天感動，降灾傷穀，但以人功見事言之，今自三府以下，至於縣道鄉亭，及從事督郵，有典之司，民廢農桑而守之，辭訟告訴，及以官事應對吏者，一人之，日廢十萬人，人復下計之，一人有事，二人獲餉，是爲日三十萬人離其業也。以中農率之，則是歲三百萬口受其飢也。然則盜賊何從消，太平何從作？

孝明皇帝嘗問：『今旦何得無上書者？』左右對曰：『反支故。』帝曰：『民既廢農遠來詣闕，而復使避反支，是則又奪其日而冤之也。』乃敕公車受章，無避反支。上明聖主爲民愛日如此，而有司輕奪民時如彼，蓋所謂有君無臣，有主無佐，元首聰明，股肱怠惰者也。《詩》曰：『國既卒斬，何用不監！』傷三公居人尊位，食人重禄，而曾不肯察民之盡瘁也。

孔子病夫『未之得也，患不得之，既得之，患失之』者。今公卿始起州郡而致宰相，此其聰明智慮，未必闇也，患其苟先私計而後公義爾。《詩》云：『莫肯念亂，誰無父母！』今民力不暇，穀何以生？百姓不足，君孰與足？嗟哉，可無思乎！

又　卷八《德化第三十三》　人君之治，莫大於道，莫盛於德，莫美於教，莫神於化。道者所以持之也，德者所以苞之也，教者所以知之也，化者所以致之也。民有性，有情，有化，有俗。情性者，心也，本也。化俗者，行也，末也。末生於本，行起於心。是以上君撫世，先其本而後其末，順其心而理其行。心精苟正，則姦慝無所生，邪意無所載矣。

夫化變民心也，猶政變民體也。德政加於民，則多滌暢姣好堅彊考壽；惡政加於民，則多罷癃尪病夭昏劄瘥。故尚書美『考終命』，而惡『凶短折』。國有傷明之政，則民多病目；有傷聰之政，則民多病耳；有傷賢之政，則賢多橫夭。夫形體骨幹爲堅强也，然猶隨政變易，又況乎心氣精微不可養哉？《詩》云：『敦彼行葦，羊牛勿踐履。方苞方體，惟葉柅柅。』又曰：『鳶飛厲天，魚躍於淵。愷悌君子，胡不作人？』公劉厚德，恩及草木，羊牛六畜，且猶感德，仁不忍踐履生草，則又況於民萌而有不化者乎？君子修其樂易之德，上及飛鳥，下及淵魚，無不歡忻悅豫，則又況於士庶而有不仁者乎？

聖深知之，皆務正己以爲表，明禮義以爲教，和德氣於未生之前，正表儀於咳笑之後。民之胎也，合中和以成；其生也，立方正以長。是以爲仁義之心，廉恥之志，骨著脉通，與體俱生，而無羸穢之氣，無邪淫之欲。雖放之大荒之外，措之幽冥之內，終無違禮之行；投之危亡之地，納之鋒鍔之間，終無苟全之心。舉世之人，行皆若此，則又烏所得亡夫姦亂之民而加辟哉？上天之載，無聲無臭，儀形文王，萬邦作孚。此姬氏

所以崇美於前，而致刑措於後也。

是故上聖不務治民事而務治民心，故曰：『聽訟，吾猶人也。必也使無訟乎！』導之以德，齊之以禮，務厚其情而明則務義，民親愛則無相害傷之意，動思義則無姦邪之心。夫若此者，非法律之所使也，非威刑之所强也，此乃教化之所致也。聖人甚尊德禮而卑刑罰，故舜先敕契以敬敷五教，而後命皋陶以五刑三居。是故凡立法者，非以司民短而誅過誤，乃以防姦惡而救禍敗，檢淫邪而内正道爾。

《詩》云：『民之秉夷，好是懿德。』故民有心也，猶爲種之有園也。遭和氣則秀茂而成實，遇水旱則枯槁而生孽。民蒙善化，則人有士君子之心；被惡政，則人有懷姦亂之慮。故善者之養天民也，猶良工之爲麴豉也。起居以其時，寒温得其適，則一蔭之麴豉盡美而多量。其遇拙工，則一蔭之麴豉皆臭敗而棄捐。今六合亦由一蔭也，黔首之屬猶豆麥也，變化云爲，在將者爾。遭良吏則皆懷忠信而履仁厚，遇惡吏則皆懷姦邪而行淺薄。忠厚積則致太平，姦薄積則致危亡。是以聖帝明王，皆敦德化而薄威刑。德者所以修己也，威者所以治人也。上智與下愚之民少，而中庸之民多。中民之生世也，猶鑠金之在鑪也，從篤變化，惟治所爲，方圓薄厚，隨鎔制爾。

是故世之善否，俗之薄厚，皆在於君。上聖和德氣以化民心，正表儀以率羣下，故能使民比屋可封，堯、舜是也。其次躬道德而敦慈愛，美教訓而崇禮讓，故能使民無爭心而致刑錯，文、武是也。其次明好惡而顯法禁，平賞罰而無阿私，故能使民辟姦邪而趨公正，理弱亂以致治强，中興是也。治天下，身處汙而放情，怠民事而急酒樂，近頑童而遠賢才，親諂諛而疏正直，重賦稅以賞無功，妄加喜怒以傷無辜，故能亂其政以敗其民，弊其身以喪其國者，幽、厲是也。

孔子曰：『三人行，必有我師焉。擇其善者而從之，其不善者，我則改之。』《詩》美『宜鑑於殷，自求多福』。是故世主誠能使六合之内，舉世之人，咸懷方厚之情，而無淺薄之惡，各奉公正之心，而無奸險之慮，則義、農之俗，復見於兹，麟龍鸞鳳，復畜於郊矣。

漢·荀悦《申鑒》卷二《時事第二》 或曰：至德要道約爾，典籍甚富，如而博之以求約也。語有之曰：有鳥將來，張羅待之，得鳥者一目也。今爲一目之羅，無時得鳥矣。道雖要也，非博無以通矣。博其方，約其説。

《太平經》丙部之十《案書明刑德法第六十》 但心意欲内懷以刑，治其士衆，輒日爲其衰少也。故五月内懷一刑，一羣衆叛。六月内懷二刑，二羣衆叛；七月内懷三刑，三羣衆叛，八月内懷四刑，四羣衆叛。九月内懷五刑，五羣衆叛。十月内懷六刑，六羣衆叛。故外悉無物，皆逃於内，是明證效也。故以刑治者，外恭謹而内叛，故士衆日少也。是故十一月内懷一德，一羣衆入從。十二月内懷二德，二羣衆入從。正月内懷三德，三羣衆入從。二月内懷四德，四方羣衆入從。三月内懷五陽盛德，五羣衆賢者入從。四月内懷六德，萬物並出見，莫不擾擾，中外歸之。此天明法效也。【略】

夫刑乃日傷殺，厭畏之，而不得衆力，反曰無人；德乃舒緩日生，無刑罰而不畏萬物，反曰降服，悉歸王之助其爲治，卽是天之明證，昭然不疑也。

今人不威畏不可治，奈何乎哉？然古者聖人君子威人以道與德，不以筋力刑罰也。不樂爲善，德劣者反欲以刑罰威驚以助治，猶見去也。夫刑但可以遺窮解卸，不足以生萬物，明擾擾之屬爲其長也。今使人不内附，反欺詐，其大咎在此。

二月八月，德與刑相半，故萬物半傷於寒。夫刑日傷殺厭畏之，而不得衆力。古者聖人威人以道德，不以筋力刑罰也。【略】

此所以明天地陰陽之治，有好行德者。或有愚人反好刑，宜常觀視此書，以解迷惑，務教人爲善儒，守道與德，思退刑罰，吾書□□正天法度也。夫爲道德易乎？爲刑罰難乎？愛之則日多，威之反日無也。

又 己部之七《萬二千國始火始氣訣第一百三十四》 天道有格法，運非際會也。比若夏秋當力收，冬春當坐食成事；夏秋不善力收，冬春當餓死滅盡。古者聖人天書，因此共記爲際會也。眞人欲知之如此矣。今太平氣至，當常平，不當復道際會死亡者也。夫天命帝王治，故覺德君。凡民爲其道事，要使一睹覺知如此矣。嚮使先生凡民人常守要道與要德，雖遭際會，不死亡也。

夫天命帝王治國之法，以有道德爲大富，無道德爲大貧困，名爲無道

無德者，恐不能安天地而失之也。先生稍稍共廢絶道德，積久復久，乃至於更相承負，後生者被其冤毒灾劇，悉應無道而治。至於運會滅絶，不能自出，大咎在此。

又 己部之一一《六極六竟孝順忠訣第一百五十一》 人亦天地之子也，子不慎力養天地所爲，名爲不孝之子也。故好用刑罰者，其國常亂危而毁也。

又《忍辱象天地至誠與神相應大戒第一百五十三》 今上士多樂眞道善德，中士半好之，下士無狀，純無道無德，皆應大逆無道之人也。大凶無德之人，與天地内獨不比，不而相知，非天常所宥也，愛子也。故無道德者，命不在天地也，與禽獸同禄同命。

又 庚部之一〇《有過死謫作河梁誡第一百八十八》 無德之國，天不救護，機衡急疾，日月催促少明。有德之國，機衡爲遲，日月有光。是天之所行，機衡日月星，皆當爲善明。反便少者，是行之所致，何所怨咎乎？同共天地日月星辰耳，得見天地報信者見其明。五星失度，兵革横行，夷狄内侵，自虜反叛。國遣軍師，有命得還，失命不歸，是大人之罪也。爲子不孝，國少忠臣，行不純，故令相剋，卒歲乃止。故施洞極之經，名曰太平。能行者得其福，不者自令極思，聚身無離，常報應不枉人，所不者施惡於人。

常言人無貴無賤，皆天所生，但録籍相命不存耳。愛之慎之念之，慎勿加所不當爲而枉人，侵剋非有。是天所不報，地所不養，凶神隨之，不得久生樂生。念自令自忽者勿望生，殊無長生之籍，强入神仙齋家。所有祠祭神靈，求蒙仙度。仙神案簿籍，子無生名，禱祭神不享食也。走行乞匃，復諸神靈，其神怒之，猛獸所食，骨肉了已，狐狸所齧，不歸故鄉。同縣比廬，反言得仙，殊無信報，何用自明。以是言之，難可分明。當有報信，衆人見之，乃爲已升。不者苦其刑，爲言得略少，其人狂邪可下，反以爲眞，俱入死部，下歸黄泉，不得自從。

有德度者，生時有薄，年滿當上，輒有迎者。童蒙無知，何從得往。但費資用，棄家捐身曠野。道自然人相禄，不可强求。倘自苦，不治生養親，妻子相見爲賢士，但恐不孝不忠少信，可得竟年耳，地下無罰樂而已。有餘財産，子傳孫，亦當給用，無自苦。子孫賢不肖，各自活，無相遺患，是爲善行。故記此文示智者，愚人忽之妄怒喜，遠罰避患爲賢者，三諫不中且可止。天佑善人，不與惡子。各自加慎，勿相怨咎。各爲身計，行宜人人有知，無有過負於天，録籍所宜，慎勿强索，索之無益。所以然者，惡逆之人，天不佑也。

《後漢書》卷一下《光武帝紀下》 劉秀曰：吾理天下亦欲以柔道行之。

又 卷七《章帝紀》 三年春正月乙酉詔：蓋君人者視民如父母，有憯怛之憂，有忠和之教，匍匐之救。其嬰兒無父母親屬，及有子不能養食者，稟給如《律》。

又 卷二六《鄧禹傳》 禹曰：『方今海内淆亂，人思明君，猶赤子之慕慈母。古之興者，在德薄厚，不以大小。』

又 卷二八《臧宫傳》 建武十九年詔報曰：《黄石公記》曰：『柔能制剛，弱能制强』。柔者德也，剛者賊也，弱者仁之助也，强者怨之歸也。故曰有德之君，以所樂樂人；無德之君，以所樂樂身。樂人者其樂長，樂身者不久而亡。舍近謀遠者，勞而無功；舍遠謀近者，逸而有終。逸政多忠臣，勞政多亂人。故曰務廣地者荒，務廣德者强。有其有者安，貪人有者殘。殘滅之政，雖成必敗。今國無善政，灾變不息，百姓驚惶，人不自保，而復欲遠事邊外乎？孔子曰：『吾恐季孫之憂，不在顓臾。』且北狄尚强，而屯田警備傳聞之事，恆多失實。誠能舉天下之半以滅大寇，豈非至願；苟非其時，不如息人。

又 卷四五《王常傳》 常曰：往者成、哀衰微無嗣，故王莽得承間篡位。即有天下，而政令苛酷，積失百姓之心。民之謳吟思漢，非一日也，故使吾屬因此得起。夫民所怨者，天所去也；民所思者，天所與也。舉大事必當下順民心，上合天意，功乃可成。若負强恃勇，觸情恣欲，雖得天下，必復失之。以秦、項之勢，尚至夷覆，況今布衣相聚草澤？以此行之，滅亡之道也。

禮治論分部

論說

漢·賈誼《新書》卷一《服疑》 衣服疑者，是謂爭先；厚澤疑者，是謂爭賞；權力疑者，是謂爭强；等級無限，是謂爭尊。彼人者，近則冀幸，疑則比爭。是以等級分明，則下不得疑；權力絶尤，則臣無冀志。故天子之於其下也，加五等已往，則以爲臣；臣之於下也，加五等已往，則以爲僕。僕則亦臣禮也，然稱僕不敢稱臣者，尊天子、避嫌疑也。

制服之道，取至適至和以予民，至美至神進之帝。奇服文章，以等上下而差貴賤。是以高下異，則名號異，則權力異，則事勢異，則旗章異，則符瑞異，則禮寵異，則秩祿異，則冠履異，則衣帶異，則環佩異，則車馬異，則妻妾異，則澤厚異，則宮室異，則牀席異，則器皿異，則飲食異，則祭祀異，則死喪異。故高則此品周高，下則此品周下。加人者品此臨之，埤人者品此承之。遷則品此者進，絀則品此者損。貴周豐，賤周謙；貴賤有級，服位有等。等級既設，各處其檢，人循其度。擅退則讓，上僭則誅。建法以習之，設官以牧之，是以天下見其服而知貴賤，望其章而知其勢，使人定其心，各著其目。故衆多而天下不眩，傳遠而天下識祇。卑尊已著，上下已分，則人倫法矣。於是主之與臣，若日之與星。臣不幾可以疑主，賤不幾可以冒貴。下不凌等則上位尊；臣不踰級則主位安；謹守倫紀，則亂無由生。

又 卷二《階級》 人主之尊，辟無異堂。階、陛九級者，堂高大幾六尺矣。若堂無陛級者，堂高治不過尺矣。天子如堂，羣臣如陛，衆庶如地，此其辟也。故陛九級上，廉遠地則堂高；陛亡級，廉近地則堂卑。高者難攀，卑者易陵，理勢然也。故古者聖王制爲列等，內有公卿大夫士，外有公侯伯子男，然後有官師小吏，施及庶人，等級分明，而天子加焉，故其尊不可及也。

鄙諺曰：『欲投鼠而忌器。』此善喻也。鼠近於器，尚憚而弗投，恐傷器也，況乎貴大臣之近於主上乎！廉恥禮節以治君子，故有賜死而無僇。是以係、縛、榜、笞、髡、刖、黥、劓之罪，不及士大夫，以其離主上不遠也。禮，不敢齒君之路馬，蹴其芻者有罪；見君之几杖則起，遭君之乘輿則下，入正門則趨；君之寵臣雖或有過，刑僇不加其身，尊君之勢也。此則所以爲主上豫遠不敬也，所以體貌羣臣而厲其節也。今自王侯三公之貴，皆天子之改容而禮之也。古天子之所謂伯父伯舅也，今與衆庶、徒隸同黥、劓、髡、刖、笞、傌、棄市之法，然則堂下不亡陛乎？被僇辱者不太迫乎？廉恥不行也，大臣無乃握重權，大官而有徒隸無耻之心乎？夫望夷之事，二世見當以重法者，投鼠而不忌器之習也。

臣聞之曰：履雖鮮弗以加枕，冠雖弊弗以苴履。夫嘗以在貴寵之位，天子改容而嘗體貌之矣，吏民嘗俯伏以敬畏之矣。今而有過，令廢之可也，退之可也，賜之死可也；若夫束縛之，係緤之，輸之司空，編之徒官，司寇、牢正、徒長、小吏罵詈而榜笞之，殆非所以令衆庶見也。夫卑賤者習知尊貴者之事，一旦吾亦乃可以加也，非所以習天下也，非尊尊貴貴之化也。夫天子之所嘗敬，衆庶之所嘗寵，死而死爾，賤人安宜得此而頓辱之哉！

豫讓事中行之君，智伯伐中行滅之，豫讓移事智伯。及趙滅智伯，豫讓釁面變容，吸炭變聲，必報襄子，五起而弗中，襄子一夕而五易卧。人問豫讓，讓曰：『中行衆人畜我，我故衆人事之；智伯國士遇我，故爲之國士用。』故此豫讓也，反君事讎，行若狗彘，已而折節致忠，行出乎烈士，人主使然也。故人主遇其大臣如遇犬馬，彼將犬馬自如也；如遇官徒，彼將官徒自爲也。頑頓無耻，奊茍無節，廉耻不立，則且不自好，苟若而可，見利則逝，見便則奪。主上有敗，則因而攙之矣；主上有患，則吾苟免而已，立而觀之耳；有便吾身者，則欺賣而利之耳。人主將何便於此！羣下至衆，而主至少也，所託財器職業者率於羣下也。但無耻，但苟安，則主罷病。

故古者禮不及庶人，刑不至君子，所以厲寵臣之節也。古者大臣有坐不廉而廢者，不謂不廉，曰『簠簋不飾』；坐穢男女無別者，不謂汙穢，曰『帷箔不修』；坐罷軟不勝任者，不謂罷軟，曰『汙姑婦姊姨姆，

下官不職』。故貴大臣定有其罪矣，猶未斥然正以呼之也，尚遷就而爲之諱也。故其在大譴大何之域者，聞譴何則白冠氂纓，盤水加劍，造請室而請其罪耳。上弗使執縛係引而行也。其中罪者，聞命而自弛，上不使人頸盩而加也。其有大罪者，聞命則北面再拜，跪而自裁。上不使人捽抑而刑也，曰『子大夫自有過耳，吾遇子有禮矣』。遇之有禮，故羣臣自喜；厲以廉恥，故人務節行。上設廉恥禮義以遇其臣，而羣臣不以節行而報其上者，即非人類也。

故化成俗定，則爲人臣者，主醜亡身，國醜亡家，公醜忘私，利不苟就，害不苟去，唯義所在，主上之化也。故父兄之臣誠死宗廟，法度之臣誠死社稷，輔翼之臣誠死君上，守衛捍敵之臣誠死城廓封境。故曰『聖人有金城』者，比物此志也。彼且爲我死，故吾得與之俱生；彼且爲我亡，故吾得與之俱存。夫將爲我危，故吾得與之皆安。顧行而忘利，守節而服義，故可以託不御之權，可以託五尺之孤。此厲廉恥、行禮義之所致也，主上何喪焉？此之不爲，而顧彼之行，故曰可爲長太息者也。

又　卷三《俗激》　夫邪俗日長，民相然席於無廉醜，行義非循也。豈爲人子背其父，爲人臣因忠於主哉？豈爲人弟欺其兄，爲人下因信其上哉？陛下雖有權柄事業，將所寄之？管子曰：『四維，一曰禮，二曰義，三曰廉，四曰恥。四維不張，國乃滅亡。』云使管子愚無識人也，則可；使管子而少知治體，則是豈不可爲寒心？今世以侈靡相競，而上無制度，棄禮義，捐廉醜，日甚，可爲月異而歲不同矣。逐利乎不耳，慮非顧行也。今其甚者，到父矣，財大母矣，踝嫗矣，刺兄矣。盜者慮探柱下之金，剟寢户之簾，搴兩廟之器，白晝大都之中，剽吏而奪之金。矯偽者出幾十萬石粟，賦六百餘萬錢，乘傳而行郡諸侯，此靡無行義之尤至者已。其餘猖蹶而趨之者，乃豕羊驅而往。是類管子謂『四維不張』者與！竊爲陛下惜之。

以臣之意吏，慮不動於耳目，以爲是特適然耳。夫移風易俗，使天下移心而向道，類非俗吏之所能爲也。下又不自憂，竊爲陛下惜之。夫立君臣等上下，使父子有禮，六親有紀，此非天之所設也。夫人之所設，弗爲特此則僵，不循則壞。秦滅四維不張，故君臣乖而相攘，上下亂僭而無差，父子六親殃僇而失其宜，奸人并起，萬民離叛，凡十三歲而社稷爲墟。今而四維猶未備也，故奸人冀幸，而衆下疑惑矣。豈如今定經制，令主主臣臣，上下有差，父子六親各得其宜，奸人無所冀幸，羣衆信上，而不疑惑哉。此業一定，世世常安，而後有所持循矣。若夫經制不定，是猶渡江河無維楫，中流而遇風波也，船必覆敗矣。悲夫，備不豫具之也，可不察乎！

又　《時變》　秦國失理，天下大敗。衆掩寡，知欺愚，勇劫懼，壯淩衰，攻擊奪者爲賢，貴人善突盜者爲忻，諸侯設諂而相軋，飾詐而相紹者爲知，天下亂至矣！是以大賢起之，威振海內，德從天下。曩之爲秦者，今轉而爲漢矣。

今有何如，進取之時去矣，并兼之勢過矣，胡以孝弟循順爲？善書而爲吏耳。胡以行義禮節爲？家富而出官耳。驕恥偏而爲祭尊，黥劓者攘臂而爲祭政。行爲狗彘也，苟家富財足，隱機盱視而爲天子耳。唯告罪昆弟，欺突伯父，逆於父母乎。然錢財多也，衣服修也，我何妨爲世之基公。唯愛季母妻公之接女乎。車馬嚴也，走犬良也，矯誣而家美，盜賊而財多，何傷？欲交，吾擇貴寵者而交之；欲勢，擇吏權者而使之。取婦嫁子，非有權勢，吾不與婚姻，非貴有戚，不與兄弟，非富大家，不與出入。因何也？今俗侈靡，以出倫踰等相驕，以富過其事相競。今世貴空爵而賤良，俗靡而尊奸，富民不爲奸而貧爲里侮也；廉吏釋官而歸爲邑笑；居官敢行奸而富爲賢吏，家處者犯法爲利爲材士。故兄勸其弟，父勸其子，則俗之邪至於此矣。

又　卷六《禮》　昔周文王使太公望傅太子發，太子嗜鮑魚，而太公弗與，太公曰：『禮，鮑魚不登於俎，豈有非禮而可以養太子哉？』尋常之室無奧剽之位，則父子不別；六尺之輿無左右之義，則君臣不明。尋常之室，六尺之輿，處無禮，即上下踳逆，父子悖亂，而況其大者乎！故道德仁義，非禮不成；教訓正俗，非禮不備；分爭辯訟，非禮不決；君臣、上下、父子、兄弟，非禮不定；宦學事師，非禮不親；班朝治軍，莅官行法，非禮威嚴不行；禱祠祭祀，供給鬼神，非禮不誠不莊。是以君子恭敬、撙節、退讓以明禮。禮者，所以固國家，定社稷，使君無失其民者也。主主臣臣，禮之正也；威德在君，禮之分也；尊卑大小强弱有位，禮之數也。禮，天子愛天下，諸侯愛境內，大夫愛官屬，士庶各

愛其家，失愛不仁，過愛不義。故禮者，所以守尊卑之經、强弱之稱者也。禮，天子適諸侯之宮，諸侯不敢自阼階。阼階者，主之階也。天子適諸侯，諸侯不敢有宮，不敢爲主人禮也。君惠臣忠，父慈子孝，兄愛弟敬，夫和妻柔，姑慈婦聽，禮之至也。君惠則不厲，臣忠則不貳，父慈則教，子孝則協，兄愛則友，弟敬則順。夫和則義，妻柔則正，姑慈則從，婦聽則婉，禮之質也。

禮者，臣下所以承其上也。故《詩》云：『一發五豝，吁嗟乎騶虞。』騶者，天子之囿也。虞者，囿之司獸者也。天子佐輿十乘，以明貴也。二牲而食，以優飽也。虞人翼五豝以待一發，所以復中也。人臣於是所尊敬，不敢以節待，敬之至也。甚尊其主，敬慎其所掌職，而志厚盡矣。作此詩者，以其事深見良臣順上之志也。良臣順上之志者，可以義矣。故其歎之也、長，曰『吁嗟乎』。雖古之善爲人臣者，亦若此而已。禮者，所以節義而没不還。故饗飲之禮，先爵於卑賤，而後貴者始羞，殽膳下浹而樂人始奏。觴不下徧，君不嘗羞；殽不下浹，上不舉樂。故禮者，所以恤下也。由余曰：『乾肉不腐，則左右親；苞苴時有，筐篚時至，則羣臣附；官無蔚藏，腌陳時發，則載其上。』《詩》曰：『投我以木瓜，報之以瓊琚；匪報也，永以爲好也。』上少投之，則下以軀償矣；弗敢謂報，願長以爲好。古之蓄其下者，其施報如此。國無九年之蓄，謂之不足；無六年之蓄，謂之急；無三年之蓄，國非其國也。民三年耕，必餘一年之食；九年而餘三年之食；三十歲相通，而有十年之積。雖有凶旱水溢，民無飢饉。然後天子備味而食，日舉以樂。諸侯食珍不失，鐘鼓之縣可使樂也。樂也者，上下同之。故禮，國有飢人，人主不飧；國有凍人，人主不裘；報囚之日，人主不舉樂。歲凶穀不登，臺扉不塗，榭徹干侯，馬不食穀，馳道不除，食減膳，饗祭有闕。故禮者，自行之義，養民之道也。受計之禮，主所親拜者二：聞生民之數則拜之，聞登穀則拜之。《詩》曰：『君子樂胥，受天之祜。』胥者，相也。祜，大福也。夫憂民之憂者，民必憂其憂；樂民之樂者，民亦樂其樂。與士民若此者，受天之福矣。禮，聖王之於禽獸也，見其生不忍見其死，聞其聲不嘗其肉，隱弗忍也。故遠庖廚，仁之至也。不合圍，不掩羣，不射宿，不涸澤。豺不祭獸，不田獵；獺不祭魚，不設網罟；鷹隼不鷙，睢而不逮，不出植羅；草木不零落，斧斤不入山林；昆蟲不蟄，不以火田；不靡不卵，不刳胎，不殀夭，魚肉不入廟門，鳥獸不成毫毛不登庖廚。取之有時，用之有節，則物蕃多。湯曰：『昔蛛蝥作罟，不高順，不用命者，寧丁我網。』其憚害物也如是。《詩》曰：『王在靈囿，麀鹿攸伏，麀鹿濯濯，白鳥皜皜。王在靈沼，於仞魚躍。』言德至也。聖主所在，魚鱉禽獸猶得其所，況於人民乎！故仁人行其禮，則天下安而萬理得矣。逮至德渥澤洽，調和大暢。則天清徹，地富煴，物時熟；民心不挾詐賊，氣脉淳化；攫齧搏擊之獸鮮，毒蠚猛蚄之蟲密，毒山不蕃，草木少薄矣。鑠乎大仁之化也。

漢·桓寬《鹽鐵論》卷七《崇禮第三十七》 大夫曰：『飾几杖，脩樽俎，爲賓，非爲主也。炫耀奇怪，所以陳四夷，非爲民也。夫家人有客，尚有倡優奇變之樂，而況縣官乎？故列羽旄，陳戎馬，所以示威武，奇蟲珍怪，所以示懷廣遠、明盛德，遠國莫不至也。』

賢良曰：『王者崇禮施德，上仁義而賤怪力，故聖人絶而不言。孔子曰：「言忠信，行篤敬，雖蠻、貊之邦，不可棄也。」今萬方絶國之君奉贄獻者，懷天子之盛德，而欲觀中國之禮儀，故設明堂、辟雍以示之，揚干戚、昭雅、頌以風之。今乃以玩好不用之器，奇蟲不畜之獸，角抵諸戲，炫耀之物陳夸之，殆與周公之待遠方殊。昔周公處謙以卑士，執禮以治天下，辭越裳之贄，見恭讓之禮也；既，與入文王之廟，是見大孝之禮也。目覩威儀干戚之容，耳聽清歌雅、頌之聲，心充至德，欣然以歸，此四夷所以慕義內附，非重譯狄鞮來觀猛獸熊羆也。夫犀象兕虎，南夷之所多也；騾驢馲駝，北狄之常畜也。中國所鮮，外國賤之，南越以孔雀珥門户，崑山之旁，以玉璞抵烏鵲。今貴人之所賤，珍人之所饒，非所以厚中國，明盛德也。隋、和，世之名寶也，而不能安危存亡。故喻德示威，惟賢臣良相，不在犬馬珍怪。是以聖王以賢爲寶，不以珠玉爲寶。昔晏子脩之樽俎之間，而折衝乎千里；不能者，雖隋、和滿篋，無益於存亡。』

大夫曰：『晏子相齊三君，崔慶無道，劫其君，亂其國，靈公國圍；莊公弒死；景公之時，晉人來攻，取垂都，舉臨菑，邊邑削，城郭焚，宮室隳，寶器盡，何衝之所能折乎？由此觀之：賢良所言，賢人爲寶，

則損益無輕重也。』

賢良曰：『管仲去魯入齊，齊霸魯削，非持其衆而歸齊也。伍子胥挾弓干闔閭，破楚入郢，非負其兵而適吳也。故賢者所在國重，所去國輕。楚有子玉得臣，文公側席；虞有宫之奇，晉獻不寐。夫賢臣所在，辟除開塞者亦遠矣。故《春秋》曰：「山有虎豹，葵藿爲之不採；國有賢士，邊境爲之不害」也。』

又　卷九《論菑第五十四》　大夫曰：『巫祝不可與並祀，諸生不可與逐語，信往疑今，非人自是。夫道古者稽之今，言遠者合之近。日月在天，其徵在人，菑異之變，夭壽之期，陰陽之化，四時之敍，水火金木，妖祥之應，鬼神之靈，祭祀之福，日月之行，星辰之紀，曲言之故，何所本始？不知則默，無苟亂耳。』

文學曰：『始江都相董生推言陰陽，四時相繼，父生之，子養之，母成之，子藏之。故春生，仁；夏長，德；秋成，義；冬藏，禮。此四時之序，聖人之所則也。刑不可任以成化，故廣德教。言遠必考之邇，故内恕以行，是以刑罰若加於己，勤勞若施於身。又安能忍殺其赤子，以事無用，罷弊所恃，而達瀛海乎？蓋越人美嬴蚌而簡太牢，鄙夫樂咋唶而怪《韶》、《濩》。故不知味者，以芬香爲臭，不知道者，以美言爲亂耳。人無夭壽，各以其好惡爲命。羿、敖以巧力不得其死，智伯以貪狠亡其身。天菑之證，禎祥之應，猶施與之望報，各以其類及。故好行善者，天助以福，符瑞是也。《易》曰：「自天祐之，吉無不利。」好行惡者，天報以禍，妖菑是也。《春秋》曰：「應是而有天菑。」周文、武尊賢受諫，敬戒不殆，純德上休，神祇相況。《詩》云：「降福穰穰，降福簡簡。」日者陽，陽道明；月者陰，陰道冥；君尊臣卑之義。故陽光盛於上，衆陰之類消於下；月望於天，蚌蛤盛於淵。故臣不臣，則陰陽不調，日月有變；政教不均，則水旱不時，螟螣生。此灾異之應也。四時代敍，而人則其功，星列於天，而人象其行。常星猶公卿也，衆星猶萬民也。列星正則衆星齊，常星亂則衆星墜矣。』

大夫曰：『文學言剛柔之類，五勝相代生。易明於陰陽，書長於五行。春生夏長，故火生於寅木，陽類也；秋生冬死，故水生於申金，陰物也。四時五行，迭廢迭興，陰陽異類，水火不同器。金得土而成，得火而死，金生於巳，何説何言然乎？』

文學曰：『兵者，凶器也。甲堅兵利，爲天下殃。以母制子，故能久長。聖人法之，厭而不陽。《詩》云：「載戢干戈，載橐弓矢，我求懿德，肆于時夏。」衰世不然。逆天道以快暴心，僵尸血流，以爭壤土。牢人之君，滅人之祀，殺人之子，若絶草木，刑者肩靡於道。以己之所惡而施於人。是以國家破滅，身受其殃，秦王是也。』

大夫曰：『金生於巳，刑罰小加，故薺麥夏死。《易》曰：「履霜，堅冰至。」秋始降霜，草木隕零，合冬行誅，萬物畢藏。春夏生長，利以行仁。秋冬殺藏，利以施刑。故非其時而樹，雖生不成。秋冬行德，是謂逆天道。《月令》：「涼風至，殺氣動，蜻蛚鳴，衣裘成。天子行微刑，始貙蔞，以順天令。」文學同四時，合陰陽，尚德而除刑。如此，則鷹隼不鷙，猛獸不攫，秋不蒐獮，冬不田狩者也。』

文學曰：『天道好生惡殺，好賞惡罪。故使陽居於實而宣德施，陰藏於虚而爲陽佐輔。陽剛陰柔，季不能加孟。此天賤冬而貴春，申陽屈陰。故王者南面而聽天下，背陰向陽，前德而後刑也。霜雪晚至，五穀猶成。雹霧夏隕，萬物皆傷。由此觀之：嚴刑以治國，猶任秋冬以成穀也。故法令者，治惡之具也，而非至治之風也。是以古者，明王茂其德教，而緩其刑罰也。網漏吞舟之魚，而刑審於繩墨之外，及臻其末，而民莫犯禁也。』

又　卷六《授時第三十五》　大夫曰：『共其地，居是世也，非有灾害疾疫，獨以貧窮，非惰則奢也；無奇業旁入，而猶以富給，非儉則力也。今曰施惠悦爾，行刑不樂；則是閔無行之人，而養惰奢之民也。故妄予不爲惠，惠惡者不爲仁。』

賢良曰：『三代之盛無亂萌，教也；夏、商之季世無順民，俗也。是以王者設庠序，明教化，以防道其民，及政教之洽，性仁而喻善。故禮義立，則耕者讓於野；禮義壞，則君子爭於朝。人爭則亂，亂則天下不均，故或貧或富。富則仁生，贍則爭止。昏暮叩人門户，求水火，貪夫不悋，何則？所饒也。夫爲政而使菽粟如水火，民安有不仁者乎！』

大夫曰：『博戲馳逐之徒，皆富人子弟，非不足者也。故民饒則僭侈，富則驕奢，坐而委蛇，起而爲非，未見其仁也。夫居事不力，用財不

節，雖有財如水火，窮乏可立而待也。有民不畜，有司雖助之耕織，其能足之乎？』

賢良曰：『周公之相成王也，百姓饒樂，國無窮人，非代之耕織也。易其田疇，薄其稅斂，則民富矣。上以奉君親，下無飢寒之憂，則教可成也。語曰：「既富矣，又何加焉？曰，教之。」教之以德，齊之以禮，則民徙義而從善，莫不入孝出悌，夫何奢侈暴慢之有？管子曰：「倉廩實而知禮節，百姓足而知榮辱。」故富民易與適禮。』

大夫曰：『縣官之於百姓，若慈父之於子也：忠焉能勿誨乎？愛之而勿勞乎？故春親耕以勸農，賑貸以贍不足，通滀水，出輕繫，使民務時也。蒙恩被澤，而至今猶以貧困，其難與適道若是夫！』

賢良曰：『古者，春省耕以補不足，秋省斂以助不給。民勤於財則貢賦省，民勤於力則功築罕。爲民愛力，不奪須臾。故召伯聽斷於甘棠之下，爲妨農業之務也。今時雨澍澤，種懸而不得播，秋稼零落乎野而不得收。田疇赤地，而停落成市，發春而後，懸青幡而策土牛，殆非明主勸耕稼之意，而春令之所謂也。』

又 卷一〇《刑德第五十五》 文學曰：『道逕衆，人不知所由；法令衆，民不知所辟。故王者之制法，昭乎如日月，故民不迷；曠乎若大路，故民不惑。幽隱遠方，折乎知之，室女童婦，咸知所避。是以法令不犯，而獄犴不用也。昔秦法繁於秋荼，而網密於凝脂。然而上下相遁，姦僞萌生，有司治之，若救爛撲焦，而不能禁；非網疏而罪漏，禮義廢而刑罰任也。方今律令百有餘篇，文章繁，罪名重，郡國用之疑惑，或淺或深，自吏明習者，不知所處，而況愚民！律令塵蠹於棧閣，吏不能徧覩，而況於愚民乎！此斷獄所以滋衆，而民犯禁滋多也。「宜犴宜獄，握粟出卜，自何能穀？」刺刑法繁也。親服之屬甚衆，上殺下殺，而服不過五。五刑之屬三千，上附下附，而罪不過五。故治民之道，務篤其教而已。』

文學曰：『《詩》云：「周道如砥，其直如矢。」言其易也。「君子所履，小人所視。」言其明也。故德明而易從，法約而易行今馳道經營陵陸，紆周天下，是以萬里爲民阱也。罻羅張而縣其谷，辟陷設而當其蹊，矰弋飾而加其上，能勿離乎？聚其所欲，開其所利，仁義陵遲，能勿踰乎？故其末途，至於攻城入邑，損府庫之金，盜宗廟之器，豈特千仞之高、千鈞之重哉！管子曰：「四維不張，雖皋陶不能爲士。」故德教廢而詐僞行，禮義壞而姦邪興，言無仁義也。仁者，愛之效也；義者，事之宜也。故君子愛仁以及物，治近以及遠。《傳》曰：「凡生之物，莫貴於人；人主之所貴，莫重於人。」故天之生萬物以奉人也，主愛人以順天也。聞以六畜禽獸養人，未聞以所養害人者也。魯廄焚，孔子罷朝，問人不問馬，賤畜而重人也。今盜馬者罪死，盜牛者加。乘騎車馬行馳道中，吏舉苛而不止，以爲盜馬，而罪亦死。今傷人持其刀劍而亡，亦可謂盜武庫兵而殺之乎？人主立法而民犯之，亦可以爲逆而輕主約乎？深之可以死，輕之可以免，非法禁之意也。法者，緣人情而制，非設罪以陷人也。故春秋之治獄，論心定罪。志善而違於法者免，志惡而合於法者誅。今傷人未有所害，志不甚惡而合於法者，謂盜而傷人者耶？將執法者過耶？何於人心不厭也！古者，傷人有創者刑，盜有臧者罰，殺人者死。今取人兵刃以傷人，罪與殺人同，得無非其至意與？』

文學曰：『轡銜者，御之具也，得良工而調。法勢者，治之具也，得賢人而化。執轡非其人，則馬奔馳。執軸非其人，則船覆傷。昔吳使宰嚭持軸而破其船，秦使趙高執轡而覆其車。今廢仁義之術，而任刑名之徒，則復吳、秦之事也。夫爲君者法三王，爲相者法周公，爲術者法孔子，此百世不易之道也。韓非非先王而不遵，舍正令而不從，卒蹈陷穽，身幽囚，客死於秦。夫不通大道而小辯，斯足以害其身而已。』

又《申韓第五十六》 文學曰：『有國者選衆而任賢，學者博覽而就善，何必是周公、孔子！故曰法之而已。今商鞅反聖人之道，變亂秦俗，其後政耗亂而不能治，流失而不可復，愚人縱火於沛澤，不能復振；蜂蠆螫人，放死不能息其毒也。煩而止之，躁而靜之，上下勞擾，而亂益滋。故聖人教化，上與日月俱照，下與天地同流，豈曰小補之哉！』

文學曰：『河決若甕口，而破千里，況禮決乎？其所害亦多矣！今斷獄歲以萬計，犯法茲多，其爲菑豈特曹、衛哉！夫知塞宣房而福來，不知塞亂原而天下治也。周國用之，刑錯不用，黎民若，四時各終其序，而天下不孤。頌曰：「綏我眉壽，介以繁祉。」此夫爲福，亦不小矣！

誠信禮義如宣房，功業已立，垂拱無爲，有司何補，法令何塞也？』

文學曰：『法能刑人而不能使人廉，能殺人而不能使人仁。所貴良醫者，貴其審消息而退邪氣也，非貴其下鍼石而鑽肌膚也。所貴良吏者，貴其絶惡於未萌，使之不爲，非貴其拘之囹圄而刑殺之也。今之所謂良吏者，文察則以禍其民，强力則以厲其下，不本法之所由生，而專己之殘心，文誅假法，以陷不辜，累無罪，以子及父，以弟及兄，一人有罪，州里驚駭，十家奔亡，若癰疽之相濘，色淫之相連，一節動而百枝搖。《詩》云：「舍彼有罪，淪胥以鋪。」痛傷無罪而累也。非患銚耨之不利，患其舍草而芸苗也。非患無準平，患其舍枉而繩直也。故親近爲過不必誅，是鋤不用也；疏遠有功不必賞，是苗不養也。故世不患無法，而患無必行之法也。』

又《周秦第五十七》 文學曰：『古者，周其禮而明其教，禮周教明，不從者然後等之以刑，刑罰中，民不怨。故舜施四罪而天下咸服，誅不仁也。輕重各服其誅，刑必加而無赦，赦惟疑者。若此，則世安得不軌之人而罪之？今殺人者生，剽攻竊盜者富。故良民內解怠，輟耕而隕心。古者，君子不近刑人，刑人非人也，身放殛而辱後世，故無賢不肖，莫不耻也。今無行之人，貪利以陷其身，蒙戮辱而損禮義，恆於苟生。何者？一日下蠶室，創未瘳，宿衛人主，出入宮殿，由得受奉禄，食大官享賜，身以尊榮，妻子獲其饒。故或載卿相之列，就刀鋸而不見閔，況衆庶乎？夫何耻之有！今廢其德教，而責之以禮義，是虐民也。《春秋傳》曰：「子有罪，執其父。臣有罪，執其君，聽失之大者也。」今以子誅父，以弟誅兄，親戚相坐，什伍相連，若引根本之及華葉，傷小指之累四體也。如此，則以有罪反誅無罪，無罪者寡矣。臧文仲治魯，勝其盜而自矜。子貢曰：「民將欺，而況盜乎！」故吏不以多斷爲良，醫不以多刺爲工。子產刑二人，殺一人，道不拾遺，而民無誣心。故爲民父母，以養疾子，長恩厚而已。自首匿相坐之法立，骨肉之恩廢，而刑罪多矣。父母之於子，雖有罪猶匿之，其不欲服罪爾。聞子爲父隱，父爲子隱，未聞父子之相坐也。聞兄弟緩追以免賊，未聞兄弟之相坐也。聞惡惡止其人，疾始而誅首惡，未聞什伍而相坐也。老子曰：「上無欲而民樸，上無事而民自富。」君君臣臣，父父子子。比地何伍，而執政何責也？』

文學曰：『紂爲炮烙之刑，而秦有收帑之法，趙高以峻文決罪於內，百官以峭法斷割於外，死者相枕席，刑者相望，百姓側目重足，不寒而慄。《詩》云：「謂天蓋高，不敢不局。謂地蓋厚，不敢不蹐。哀今之人，胡爲虺蜥！」方此之時，豈特冒蹈刃哉？然父子相背，兄弟相嫚，至於骨肉相殘，上下相殺。非刑輕而罰不必，令太嚴而仁恩不施也。故政寬則下親其上，政嚴則民謀其主，晉厲以幽，二世見殺，惡在峻法之不犯，嚴家之無悍虜也？聖人知之，是以務和而不務威。故高皇帝約秦苛法，以慰怨毒之民，而長和睦之心，唯恐刑之重而德之薄也。是以恩施無窮，澤流後世。商鞅、吴起以秦、楚之法爲輕而累之，上危其主，下没其身，或非特慈母乎！』

又《詔聖第五十八》 文學曰：『民之仰法，猶魚之仰水，水清則靜，濁則擾；擾則不安其居，靜則樂其業；樂其業則富，富則仁生，贍則爭止。是以成、康之世，賞無所施，法無所加。非可刑而不刑，民莫犯禁也；非可賞而不賞，民莫不仁也。若斯，則吏何事而理？今之治民者，若拙御之御馬也，行則頓之，止則擊之。身創於箠，吻傷於銜，求其無失，何可得乎？乾谿之役土崩，梁氏內潰，嚴刑不能禁，峻法不能止。故罷馬不畏鞭箠，罷民不畏刑法。雖曾而累之，其亡益乎？』

文學曰：『古者，明其仁義之誓，使民不踰；不教而殺，是虐民也。與其刑不可踰，不若義之不可踰也。聞禮義行而刑罰中，未聞刑罰行而孝悌興也。高牆狹基，不可立也。嚴刑峻法，不可久也。二世信趙高之計，渫篤責而任誅斷，刑者半道，死者日積。殺民多者爲忠，厲民悉者爲能。百姓不勝其求，黔首不勝其刑，海內同憂而俱不聊生。故過任之事，父不得於子；無已之求，君不得於臣。死不再生，窮鼠齧狸，匹夫奔萬乘，舍人折弓，陳勝、吴廣是也。當此之時，天下俱起，四面而攻秦，聞不一期而社稷爲墟，惡在其能長制羣下，而久守其國也？』

文學曰：『春夏生長，聖人象而爲令。秋冬殺藏，聖人則而爲法。故令者教也，所以導民人；法者刑罰也，所以禁强暴也。二者，治亂之具，存亡之效也，在上所任。湯、武經禮義，明好惡，以道其民，刑罪未有所加，而民自行義，殷、周所以治也。上無德教，下無法則，任刑必誅，劓鼻盈虆，斷足盈車，舉河以西，不足以受天下之徒，終而以亡者，秦王

也。非二尺四寸之律異，所行反古而悖民心也。」

又《大論第五十九》 文學曰：「文王興而民好善，幽、厲興而民好暴，非性之殊，風俗使然也。故商、周之所以昌，桀、紂之所以亡也，湯、武非得伯夷之民以治，桀、紂非得蹠、蹻之民以亂也，故治亂不在於民。孔子曰：「聽訟吾猶人也，必也使無訟乎！」無訟者難，訟而聽之易。夫不治其本而事其末，古之所謂愚，今之所謂智。以箠楚正亂，以刀筆正文，古之所謂賊，今之所謂賢也。」

文學曰：「殘材木以成室屋者，非良匠也。殘賊民人而欲治者，非良吏也。故公輸子因木之宜，聖人不費民之性。是以斧斤簡用，刑罰不任，政立而化成。扁鵲攻於湊理，絶邪氣，故癰疽不得成形。聖人從事於未然，故亂原無由生。是以砭石藏而不施，法令設而不用。斷已然，鑿已發者，凡人也。治未形，覩未萌者，君子也。」

文學曰：「孔子生於亂世，思堯、舜之道，東西南北，灼頭濡足，庶幾世主之悟。悠悠者皆是，君闇，大夫妒，孰合有媒？是以嫫母飾姿而矜夸，西子彷徨而無家。非不知窮厄而不見用，悼痛天下之禍，猶慈母之伏死子也，知其不可如何，然惡已。故適齊，景公欺之，適衛，靈公圍，陽虎謗之，桓魋害之。夫欺害聖人者，愚惑也；傷毁聖人者，狂狡也。狡惑之人，非人也。夫何恥之有！孟子曰：「觀近臣者以所爲主，觀遠臣者以其所主。」使聖人僞容苟合，不論行擇友，則何以爲孔子也！」

《後漢書》卷六五《曹襃傳》 襃知帝旨欲有興作，乃上疏曰：昔者聖人受命而王，莫不制禮作樂，以著功德。功成作樂，化定制禮，所以救世俗，致禎祥，爲萬姓獲福於皇天者也。今皇天降祉，嘉瑞並臻，制作之符，甚於言語。宜定文制，著成漢禮，丕顯祖宗盛德之美。

又 卷九二《荀爽傳》 對策陳便宜曰：

臣聞之於師曰：「漢爲火德，火生於木，木盛於火，故其德爲孝，其象在《周易》之《離》。」夫在地爲火，在天爲日。在天者用其精，在地者用其形。夏則火王，其精在天，温暖之氣，養生百木，是其孝也。冬時則廢，其形在地，酷烈之氣，焚燒山林，是其不孝也。故漢制使天下誦《孝經》，選吏舉孝廉。夫喪親自盡，孝之終也。今之公卿及二千石，三年之喪，不得即去，殆非所以增崇孝道而克稱火德者也。往者孝文勞謙，行過乎儉，故有遺詔以日易月。此當時之宜，不可貫之萬世。古今之制雖有損益，而諒闇之禮未嘗改移，以示天下莫遺其親。今公卿羣寮皆政教所瞻，而父母之喪不得奔赴。夫仁義之行，自上而始；敦厚之俗，以應乎下。《傳》曰：「喪祭之禮闕，則人臣之恩薄，背死忘生者衆矣。」曾子曰：「人未有自致者，必也親喪乎！」《春秋傳》曰：「上之所爲，民之歸也。」夫上所不爲而民或爲之，故加刑罰；若上之所爲，民亦爲之，又何誅焉？昔丞相翟方進，以自備宰相，而不敢踰制。至遭母憂，三十六日而除。夫失禮之源，自上而始。古者大喪三年不呼其門，所以崇國厚俗篤化之道也。事失宜正，過勿憚改。天下通喪，可如舊禮。

臣聞有夫婦然後有父子，有父子然後有君臣，有君臣然後有上下，有上下然後有禮儀。禮義備，則人知所厝矣。夫婦人倫之始，王化之端，故文王作《易》，上經首《乾》、《坤》，下經首《咸》、《恒》。孔子曰：『天尊地卑，乾坤定矣。』夫婦之道，所謂順也。《堯典》曰：『釐降二女於嬀汭，嬪于虞。』降者下也，嬪者婦也。言雖帝堯之女，下嫁於虞，猶屈體降下，勤修婦道。《易》曰：『帝乙歸妹，以祉元吉。』婦人謂嫁曰歸，言湯以娶禮歸其妹於諸侯也。《春秋》之義，王姬嫁齊，使魯主之，不以天子之尊加於諸侯也。今漢承秦法，設尚主之儀，以妻制夫，以卑臨尊，違乾坤之道，失陽唱之義。孔子曰：『昔聖人之作《易》也，仰則觀象於天，俯則察法於地，睹鳥獸之文，與地之宜。近取諸身，遠取諸物，以通神明之德，以類萬物之情。』今觀法於天，則北極至尊，四星妃后。察法於地，則崐山象夫，卑澤象妻。睹鳥獸之文，鳥則雄者鳴鴝，雌則順服；獸則牡爲唱導，牝乃相從。近取諸身，則乾爲人首，坤爲人腹。遠取諸物，則木實屬天，根荄屬地。陽尊陰卑，蓋乃天性。且《詩》初篇實首《關雎》；《禮》始《冠》、《婚》，先正夫婦。天地《六經》，其旨一揆。宜改尚主之制，以稱乾坤之性。遵法堯、湯，式是周、孔。合之天地而不謬，質之鬼神而不疑。人事如此，則嘉瑞降天，吉符出地，五韙咸備，各以其敍矣。

昔者聖人建天地之中而謂之禮，禮者，所以興福祥之本，而止禍亂之源也。人能枉欲從禮者，則福歸之；順情廢禮者，則禍歸之。推禍福之所應，知興廢之所由來也。衆禮之中，婚禮爲首。故天子娶十二，天之數

也；諸侯以下各有等差，事之降也。陽性純而能施，陰體順而能化，以禮濟樂，節宣其氣。故能豐子孫之祥，致老壽之福。及三代之季，淫而無節。瑤臺、傾宮，陳妾數百。陽竭於上，陰隔天下。故周公之戒曰：『不知稼穡之艱難，不聞小人之勞，惟耽樂之從，時亦罔或克壽。』是其明戒。後世之人，好福不務其本，惡禍不易其軌。《傳》曰：『截趾適屨，孰云其愚？何與斯人，追欲喪軀？』誠可痛也。臣竊聞後宫采女五六千人，從官侍使復在其外。冬夏衣服，朝夕稟糧，耗費縑帛，空竭府藏，徵調增倍，十而稅一，空賦不辜之民，以供無用之女，百姓窮困於外，陰陽隔塞於內。故感動和氣，灾異屢臻。臣愚以爲諸非禮聘未曾幸御者，一皆遣出，使成妃合。一曰通怨曠，和陰陽。二曰省財用，實府藏。三曰修禮制，綏眉壽。四曰配陽施，祈螽斯。五曰寬役賦，安黎民。此誠國家之弘利，天人之大福也。

夫寒熱晦明，所以爲歲；尊卑奢儉，所以爲禮。故以晦明寒暑之氣，尊卑侈約之禮爲其節也。《易》曰：『天地節而四時成。』《春秋傳》曰：『唯器與名不可以假人。』《孝經》曰：『安上治民，莫善於禮。』禮者，尊卑之差，上下之制也。昔季氏八佾舞於庭，非有傷害困於人物，而孔子猶曰『是可忍也，孰不可忍。』《洪範》曰：『惟辟作威，惟辟作福，惟辟玉食。』凡此三者，君所獨行而臣不得同也。今臣僭君服，下食上珍，所謂害于而家，凶於而國者也。宜略依古禮尊卑之差，及董仲舒制度之別，嚴督有司，必行其命。此則禁亂善俗足用之要。

法治論分部

論說

漢・桓寬《鹽鐵論》卷一〇《刑德第五十五》　大夫曰：『令者所以教民也，法者所以督姦也。令嚴而民慎，法設而姦禁。罔疏則獸失，法疏則罪漏。罪漏則民放佚而輕犯禁。故禁不必，怯夫徼幸；誅誠，蹠、蹻不犯。是以古者作五刑，刻肌膚而民不踰矩。』

大夫曰：『文學言王者立法，曠若大路。今馳道不小也，而民公犯之，以其罰罪之輕也。千仞之高，人不輕淩，千鈞之重，人不輕舉。商君刑棄灰於道，而秦民治。故盜馬者死，盜牛者加，所以重本而絕輕疾之資也。武兵名食，所以佐邊而重武備也。盜傷與殺同罪，所以累其心而責其意也。猶魯以楚師伐齊，而春秋惡之。故輕之爲重，淺之爲深，有緣而然。法之微者，固非衆人之所知也。』

御史曰：『執法者國之轡銜，刑罰者國之維楫也。故轡銜不飭，雖王良不能以致遠；維楫不設，雖良工不能以絕水。韓子疾有國者不能明其法勢，御其臣下，富國强兵，以制敵禦難，惑於愚儒之文詞，以疑賢士之謀，舉浮淫之蠹，加之功實之上，而欲國之治，猶釋階而欲登高，無銜橛而御捍馬也。今刑法設備，而民猶犯之，況無法乎？其亂必也！』

又《申韓第五十六》　御史曰：『待周公而爲相，則世無列國。待孔子而後學，則世無儒、墨。夫衣小缺，襟裂可以補，而必待全匹而易之；政小缺，法令可以防，而必待《雅》、《頌》乃治之；是猶舍鄰之醫，而求俞跗而後治病，廢汙池之水，待江、海而後救火也。迂而不徑，闕而無務，是以教令不從而治煩亂。夫善爲政者，弊則補之，決則塞之，故吳子以法治楚、魏，申、商以法彊秦、韓也。』

御史曰：『衣缺不補，則日以甚，防漏不塞，則日益滋。大河之始決於瓠子也，涓涓爾，及其卒，氾濫爲中國害，菑梁、楚，破曹、衛，城郭壞沮，稸積漂流，百姓木棲，千里無廬，令孤寡無所依，老弱無所歸。故先帝閔悼其菑，親省河堤，舉禹之功，河流以復，曹、衛以寧。百姓戴其功，詠其德，歌「宣房塞，萬福來」焉，亦猶是也，如何勿小補哉！』

御史曰：『犀銚利鉏，五穀之利而間草之害也。明理正法，姦邪之所惡而良民之福也。故曲木惡直繩，姦邪惡正法。是以聖人審於是非，察於治亂，故設明法，陳嚴刑，防非矯邪，若隱括輔檠之正弧刺也。故水者火之備，法者止姦之禁也。無法勢，雖賢人不能以爲治；無甲兵，雖孫、吳不能以制敵。是以孔子倡以仁義而民從風，伯夷循首陽而民不可化。』

又《周秦第五十七》　御史曰：『春秋無名號，謂之云盜，所以賤刑人而絕之人倫也。故君不臣，士不友，於閭里無所容。故民耻犯之。今不軌之民，犯公法以相寵，舉棄其親，不能伏節死理，遁逃相連，自陷

於罪，其被刑戮，不亦宜乎？一室之中，父兄之際，若身體相屬，一節動而知於心。故今自關內侯以下，比地於伍，居家相察，出入相司，父不教子，兄不正弟，舍是誰責乎？」

御史曰：「夫負千鈞之重，以登無極之高，垂峻崖之峭谷，下臨不測之淵，雖有慶忌之捷，賁、育之勇，莫不震慴悼栗者，知墜則身首肝腦塗山石也。故未嘗灼而不敢握火者，見其有灼也。未嘗傷而不敢握刃者，見其有傷也。彼以知爲非，罪之必加，而戮及父兄，必懼而爲善。故立法制辟，若臨百仞之壑，握火蹈刃，則民畏忌，而無敢犯禁矣。慈母有敗子，小不忍也。嚴家無悍虜，篤責急也。今不立嚴家之所以制下，而修慈母之所以敗子，則惑矣。」

又《**詔聖第五十八**》 御史曰：「夏后氏不倍言，殷誓，周盟，德信彌衰。無文、武之人，欲修其法，此殷、周之所以失勢，而見奪於諸侯也。故衣弊而革才，法弊而更制。高皇帝時，天下初定，發德音，行一切之令，權也，非撥亂反正之常也。其後，法稍犯，不正於理。故姦萌而甫刑作，王道衰而《詩》刺彰，諸侯暴而《春秋》譏。夫少目之網不可以得魚，三章之法不可以爲治。故令不得不加，法不得不多。唐、虞畫衣冠非阿，湯、武刻肌膚非故，時世不同，輕重之務異也。」

御史曰：「嚴牆三刃，樓季難之；山高干雲，牧豎登之。故峻則樓季難三刃，陵夷則牧豎易山巔。夫爍金在爐，莊蹻不顧；錢刀在路，匹婦掇之；非匹婦貪而莊蹻廉也，輕重之制異，而利害之分明也。故法令可仰而不可踰，可臨而不可入。《詩》云：「不可暴虎，不敢馮河。」爲其無益也。魯好禮而有季、孟之難，燕噲好讓而有子之之亂。禮讓不足禁邪，而刑法可以止暴。明君據法，故能長制羣下，而久守其國也。」

大夫曰：「瞽師不知白黑而善聞言，儒者不知治世而善訾議。夫善言天者合之人，善言古者考之今。令何爲施？法何爲加？湯、武全肌骨而殷、周治，秦國用之，法弊而犯。二尺四寸之律，古今一也，或以治，或以亂。春秋原罪，甫刑制獄。今願聞治亂之本，周、秦所以然乎？」

又《**大論第五十九**》 大夫曰：「呻吟槁簡，誦死人之語，則有司不以文學。文學知獄之在廷後而不知其事，聞其事而不知其務。夫治民者，若大匠之斲，斧斤而行之，中繩則止。杜大夫、王中尉之等，繩之以法，斷之以刑，然後寇止姦禁。故射者因槷，治者因法。虞、夏以文，殷、周以武，異時各有所施。今欲以敦朴之時，治抏弊之民，是猶遷延而拯溺，揖讓而救火也。」

大夫曰：「俗非唐、虞之時，而世非許由之民，而欲廢法以治，是猶不用隱括斧斤，欲撓曲直枉也。故爲治者不待自善之民，爲輪者不待自曲之木。往者，應少、伯正之屬潰梁、楚，昆盧、徐穀之徒亂齊、趙，山東、關內暴徒，保人阻險。當此之時，不任斤斧，折之以武，而乃始設禮修文，有似窮醫，欲以短鍼而攻疽，孔丘以禮説跖也。」

大夫曰：「文學所稱聖知者，孔子也，治魯不遂，見逐於齊，不用於衛，遇圍於匡，困於陳、蔡。夫知時不用猶説，强也；知困而不能已，貪也；不知見欺而往，愚也；困辱不能死，恥也。若此四者，庸民之所不爲也，而況君子乎！商君以景監見，應侯以王稽進。故士因士，女因媒。至其親顯，非媒士之力。孔子不以因進見而能往者，非賢士才女也。」

《**漢書**》**卷八**《**宣帝紀**》（黄龍元年）詔曰：「獄者，萬民之命，所以禁暴止邪，養育羣生也。能使生者不怨，死者不恨，則可謂文吏矣。今則不然，用法或持巧心，析律貳端，深淺不平，增辭飾非，以成其罪。奏不如實，上亦亡繇知。此朕之不明，吏之不稱，四方黎民將何仰哉！二千石各察官屬，勿用此人。吏務平法。或擅興繇役，飾廚、傳，稱過使客，越職踰法，以取名譽，譬猶踐薄冰以待白日，豈不殆哉！今天下頗被疾疫之災，朕甚愍之。其令郡國被灾甚者，毋出今年租賦。」

又 卷二三《**刑法志**》 至元帝初立，乃下詔曰：「夫法令者，所以抑暴扶弱，欲其難犯而易避也。今律、令煩多而不約，自典文者不能分明，而欲羅元元之不逮，斯豈刑中之意哉！其議律、令可蠲除輕減者，條奏，唯在便安萬姓而已。」

又 卷四九《**鼂錯傳**》 詔策曰「直言極諫」，愚臣竊以五伯之臣明之。臣聞五伯不及其臣，故屬之以國，任之以事。五伯之佐之爲人臣也，察身而不敢誣，奉法令不容私，盡心力不敢矜，遭患難不避死，見賢不居其上，受禄不過其量，不以亡能居尊顯之位。自行若此，可謂方正之士矣。其立法也，非以苦民傷衆而爲之機陷也，以之興利除害，尊主安民而救暴亂也。其行賞也，非虚取民財妄予人也，以勸天下之忠孝而明其功

也。故功多者賞厚，功少者賞薄。如此，斂民財以顧其功，而民不恨者，知與而安己也。其行罰也，非以忿怒妄誅而從暴心也，以禁天下不忠不孝而害國者也。故罪大者罰重，罪小者罰輕。如此，民雖伏罪至死而不怨者，知罪罰之至，自取之也。立法若此，可謂平正之吏矣。法之逆者，請而更之，不以傷民；主行之暴者，逆而復之，不以傷國。救主之失，補主之過，揚主之美，明主之功，使主內亡邪辟之行，外亡騫汙之名。事君若此，可謂直言極諫之士矣。此五伯之所以德匡天下，威正諸侯，功業甚美，名聲章明。舉天下之賢主，五伯與焉，此身不及其臣而使得直言極諫補其不逮之功也。今陛下人民之衆，威武之重，德惠之厚，令行禁止之勢，萬萬於五伯，而賜愚臣策曰『匡朕之不逮』，愚臣何足以識陛下之高明而奉承之！

漢·王符《潛夫論》卷四《述赦第十六》 凡治病者，必先知脉之虛實，氣之所結，然後爲之方，故疾可愈而壽可長也。爲國者，必先知民之所苦，禍之所起，然後設之以禁，故姦可塞國可安矣。

今日賊良民之甚者，莫大於數赦。赦贖數，則惡人昌而善人傷矣。奚以明之哉？曰：孝悌之家，修身慎行，不犯上禁，從生至死，無銖兩罪；數有赦贖，未嘗蒙恩，常反爲禍。何者？正直之士之爲吏也，不避强禦，不辭上官。從事督察，方懷不快，而姦猾之黨，又加誣言，皆知赦之不久，則且共橫枉侵冤，誣奏罪法。今主上妄行刑辟，高至死徙，下乃淪冤，而被冤之家，乃甫當乞鞠告故以信直，亦無益於死亡矣。

及隱逸行士，淑人君子，爲讒佞利口所加誣覆冒，下土冤民，能至闕者，萬無數人，其得省問者，不過百一，既對尚書，空遣去者，復十六七。雖蒙考覆，州郡轉相顧望，留苦其事。春夏待秋冬，秋冬復涉春夏，如此行逢赦者，不可勝數。

又謹慎之民，用天之道，分地之利，擇莫犯土，謹身節用，積累纖微，以致小過，此言質良蓋民，惟國之基也。

輕薄惡子，不道凶民，思彼姦邪，起作盜賊，以財色殺人父母，戮人之子，滅人之門，取人之賄，及貪殘不軌，凶惡弊吏，掠殺不辜，侵冤小民，皆望聖帝當爲誅惡治冤，以解蓄怨。反一門赦之，令惡人高會而夸詫，老盜服臧而過門，孝子見讎而不得討，亡主見物而不得取，痛莫甚焉。故將赦而先暴寒者，以其多冤結悲恨之人也。

夫養稊稗者傷禾稼，惠姦宄者賊良民。《書》曰：『文王作罰，刑茲無赦。』是故先王之制刑法也，非好傷人肌膚，斷人壽命者也，乃以威姦懲惡除民害也。天下本以民不能相治，故爲立王者以統治之。天子在於奉天威命，共行賞罰。故經稱『天命有德，五服五章；天罰有罪，五刑五用。』《詩》刺『彼宜有罪，汝反脫之。』古者惟始受命之君，承大亂之極，被前王之惡，其民乃並爲敵讎，罔不寇賊消義姦宄奪攘，以革命受祚，爲之父母，故得一赦。繼體以下，則無違焉。何者？人君配乾而仁，順育萬物以成大功，非得以養姦活罪爲仁，放縱天賊爲賢也。

今夫性惡之人，居家不孝悌，出入不恭敬，輕薄慢傲，凶悍無辨，明以威侮侵利爲行，以賊殘酷虐爲賢，故數陷王法者，此乃民之賊，下愚極惡之人也。雖脫桎梏而出囹圄，終無改悔之心，自詩以贏敖頭，出獄踧踖，復犯法者何不然。

洛陽至有主諧合殺人者，謂之會任之家，受人十萬，謝客數千。又重饋部吏，吏與通姦，利入深重，幡黨盤牙，請至貴戚寵臣，說聽於上，謁行於下。是故雖嚴令、尹，終不能破攘斷絶。何者？凡敢爲大姦者，材必有過於衆，而能自媚於上者也。多散苟得之財，奉以諂諛之辭，以轉相驅，非有第五公之廉直，孰能不爲顧？今案洛陽主殺人者，高至數十，下至四五，身不死則殺不止，皆以數赦之所致也。由此觀之，大惡之資，終不可化，雖歲赦之，適勸姦耳。

或云：『三辰有候，天氣當赦，故人主順之而施德焉。』未必然也。王者至貴，與天通精，心有所想，意有所慮，未發聲色，天爲變移。或若休咎庶徵，月之從星，此乃宜有是事。故見瑞異，或戒人主。若忽不察，是乃己所感致，而反以爲天意欲然，非直也。

俗人又曰：『先世欲赦，常先遣馬分行市里，聽於路隅，咸云當赦，以知天之教也，乃因施德。』若使此言也而信，則殆過矣。夫民之性，固好意度者也，見久陰則稱將水，見久陽則稱將旱，見小貴則言將飢，見小賤則言將穰，然或信或否。由此觀之，民之所言，未必天下。前世贖赦稀疏，民無覬覦。近時以來，赦贖稠數，故每春夏，輒望復赦；或抱罪之家，僥倖蒙恩，故宜此言，以自悅喜。誠令仁君聞此，以爲天教而輒從

之，誤莫甚焉。

論者多曰：『久不赦則姦宄熾，而吏不制，故赦贖以解之。』此乃招亂之本原，不察禍福之所生者之言也。凡民之所以輕爲盜賊，吏之所以易作姦匿者，以赦贖數而有僥望也。若使犯罪之人終身被命，得而必刑，則計姦之謀破，而慮惡之心絶矣。

夫良贖可，孺子可令姐，中庸之人，可引而下，故其諺曰：『一歲載赦，奴兒噫嗟。』言王誅不行，則痛瘀之子皆輕犯，況狡乎？若誠思畏盜賊多而姦不勝故赦，則是爲國爲姦宄報也。夫天道賞善而刑淫，天工人其代之，故凡立王者，將以誅邪惡而養正善，而以逞邪惡逆，妄莫甚焉。

且夫國無常治，又無常亂，法令行則國治，法令弛則國亂；法無常行，亦無常弛，君敬法則法行，君慢法則法弛。昔孝明帝時，制舉茂才，過闕謝恩，賜食事訖，問何異聞，對曰：『巫有劇賊九人，刺史數以竊郡，訖不能得。』帝曰：『汝非部南郡從事邪？』對曰：『是。』帝乃振怒，曰：『賊發部中而不能擒，然材何以爲茂？』捶數百，便免官，而切讓州郡，十日之閑，賊即伏誅。由此觀之，擒滅盜賊，在於明法，不在數赦。

今不顯行賞罰以明善惡，嚴督牧守以擒姦猾，而反數赦以勸之，其文常曰：『謀反大逆不道諸犯，不當得赦皆除之，將與士大夫灑心更始。』歲歲灑之，然未嘗見姦人冗吏，有肯變心悔服稱詔者也。有司奏事，又俗以赦前之微過，妨今日之顯舉。然則改往修來，更始之詔，亦不信也。

《詩》譏『君子屢盟，亂是用長』。故不若希其令，必其言。若良不能了無赦者，罕之爲愈，令世歲老古時一赦，則姦宄之減十八九，可勝必也。昔大司馬吳漢老病將卒，世祖問以遺戒，對曰：『臣愚不智，不足以知治，慎無赦而已矣。』

夫方以類聚，物以羣分。人之情皆見乎辭，故諸言不當赦者，非修身慎行，則必憂哀謹慎而嫉毒姦惡者也。諸利數赦者，非不達赦務，則必內懷隱憂有願爲者也。人君之發令也，必諮於羣臣，羣臣之姦邪者，固必伏罪，雖正直吏，猶有公過，自非鬻拳、李離，孰肯刑身以正國？然則是皆接私計以論公政也。與狐議裘，無時焉可！

《傳》曰：『民之多幸，國之不幸也。』夫有罪而備辜，冤結而信理，此天之正也，而王之法也。故曰：『無縱詭隨，以謹無良。』若枉善人以惠姦惡，此謂『斂怨以爲德』。先帝制法，論衷刺刀者。何則？以其懷姦惡之心，有殺害之意也。聖主有子愛之情，而是有殺害之意，故誅之，況成罪乎？

《尚書·康誥》：『王曰：「於戲！封，敬明乃罰。人有小罪匪省，乃惟終自作不典，戒爾，有厥罪小，乃不可不殺。」』言惡人有罪雖小，然非以過差爲之也，乃欲終身行之，故雖小，不可不殺也。何則？是本頑凶思惡而爲之者也。『乃有大罪匪終，乃惟省哉，適爾，既道極厥罪，時亦不可殺。』言殺人雖有大罪，非欲以終身爲惡，乃過誤爾，是不殺也。若此者，雖曰赦之可也。金作贖形，赦作宥罪，皆謂良人吉士，時有過誤，不幸陷離者爾。

先王議讞獄以制，原情論意，以救善人，非欲令兼縱惡逆以傷人也。是故周官差八議之辟，此先王所以整萬民而致時雍也。易故觀民設教，變通移時之議。今日救世，莫乎此意。

又《三式第十七》 高祖定漢，與羣臣約，自非劉氏不得王，非有武功不得侯。孝文皇帝始封外祖，因爲典式，行之至今。孝武皇帝封爵丞相，以褒有德，後亦承之，建武乃絶。

傳記所載，稷、禹、伯夷、皋陶、伯翳，日受封土。周宣王時，輔相大臣，以德佐治，亦獲有國。故尹吉甫作封頌二篇，其詩曰：『亹亹申伯，王纘之事，于邑于謝，南國于是式。』又曰：『四牡彭彭，八鸞鏘鏘，王命仲山甫，城彼東方。』此言申伯、山甫文德致升平，而王封以樂土，賜以盛服也。

《易》曰：『鼎折足，覆公餗，其刑渥。凶。』此言公不勝任，則有渥刑也。是故三公在三載之後，宜明考績黜刺，簡練其材。其有稷、禹、伯夷、申伯、仲山甫致治之效者，封以列侯，令受南土八蠻之賜。其尸祿素餐，無進治之效、無忠善之言者，使從渥刑。是則所謂明德慎罰，而簡練能否之術也。誠如此，則三公競思其職，而百寮急竭其忠矣。

先王之制，繼體立諸侯，以象賢也。子孫雖有食舊德之義，然封疆立國，不爲諸侯，張官置吏，不爲大夫，必有功於民，乃得保位，故有考績黜刺九錫三削之義。《詩》云：『彼君子兮，不素餐兮。』由此觀之，未

有得以無功而禄者也。當今列侯，率皆襲先人之爵，因祖考之位，其身無功於漢，無德於民，專國南面，臥食重禄，下殫百姓，富有國家，此素餐之甚者也。孝武皇帝患其如此，乃令酎金以黜之，而益多怨。

今列侯或有德宜子民，而道不得施；或有凶頑醜，不宜有國，而惡不上聞。且人情莫不以己爲賢而效其能者，周公之戒，不使大臣怨乎不以。《詩》云：『駕彼四牡，四牡項領。』今列侯年世以來，宜皆試補長吏墨綬以上，關内侯補黄綬，以信其志，以旌其能。其有韓侯、邵虎之德，上有功於天子，下有益於百姓，則稍遷位益土，以彰有德。其懷姦藏惡尤無狀者，削土奪國，以明好惡。

且夫列侯皆剖符受策，國大臣也，雖身在外，而心在王室。宜助聰明與智賢愚，以佐天子。何得坐作奢僭，驕育負責，欺枉小民，淫恣酒色，職爲亂階，以傷風化而已乎？詔書横選，猶乃特進，而不令列侯舉，此於主德大洽，列侯大達，非執術督責總覽獨斷御下方也。今雖未使典始治民，然有横選，當循王制，皆使貢士，不宜闕也。

是誠封三公以旌積德，試列侯以除素餐，上合建侯之義，下合黜刺之法。賢材任職，則上下蒙福，素餐委國，位無凶人。誠如此，則諸侯必内思制行而助國矣。今則不然，有功不賞，無德不削，甚非勸善懲惡，誘進忠賢，移風易俗之法術也。

昔先王撫世，選練明德，以統理民，建正封不過百，取法於震，以爲賢人聰明不是過也；又欲德能優而所治纖，則職修理而民被澤矣。今之守相，制地千里，威權勢力，盛於列侯，材明德義，未必過古，而所治逾百里，此以所治多荒亂也。是故守相不可不審也。

昔宣皇帝興於民間，深知之，故常嘆曰：『萬民所以安田里無憂患者，政平訟治也。與我共此者，其惟良二千石。』於是明選守相，其初除者，必躬見之，觀其志趣，以昭其能，明察其治，重其刑賞。姦宄減少、户口增息者，賞賜金帛，爵至封侯。其耗亂無狀者，皆銜刀瀝血於市。賞重而信，罰痛而必，羣臣畏勸，競思其職。故能致治安而世升平，降鳳皇而來麒麟，天人悦喜，符瑞並臻，功德茂盛，立爲中宗。由此觀之，牧守大臣者，誠盛衰之本原也，不可不選練也；法令賞罰者，誠治亂之樞機也，不可不嚴行也。

昔仲尼有言：『政寬則民慢，慢則糾之以猛；猛則民殘，殘則施之以寬。寬以濟猛，猛以濟寬，政是以和。』今者刺史、守相，率多怠慢，違背法律，廢忽詔令，專情務利，不卹公事。細民冤結，無所控告，下土邊遠，能詣闕者，萬無數人，其得省治，不能百一。郡縣負其如此也，故至敢延期，民日往上書。此皆太寬之所致也。

噬嗑之卦，下動上明，其象曰：『先王以明罰敕法。』夫積怠之俗，賞不隆則善不勸，罰不重則惡不懲。故凡欲變風改俗者，其行賞罰者也，必使足驚心破膽，民乃易視。

聖主誠肯明察羣臣，竭精稱職有功效者，無愛金帛封侯之費，其懷姦藏惡別無狀者，圖鐵鑕鉞之決。然則良臣如王成、黄霸、龔遂、邵信臣之徒，可比郡而得也；神明瑞應，可期年而致也。

漢·崔寔《政論》 夫人之情，莫不樂富貴榮華，美服麗飾，鏗鏘眩耀，芬芳嘉味者也。晝則思之，夜則夢焉。唯斯之務，無須臾不存於心，猶急水之歸下，下川之赴壑。不厚爲之制度，則皆侯服王食，僭至尊，踰天制矣。是故先王之御世也，必明法度以閉民欲，崇隄防以禦水害。法度替而民散亂，隄防墮而水泛溢。頃者法度頗不稽古，而舊號網漏吞舟，故庸夫設藻梲之飾，匹竪享方丈之饌，下僭其上，尊卑無别。禮壞而莫救，法墮而不恆，斯蓋有識之士所爲於邑而增歎者也。律令別有輿服制度，然斷之不自其源，禁之又不密，今使列肆賣侈功，商賈鬻僭服，百工作淫器，民見可欲，不能不買，賈人之列，户蹈踰侈矣。故王政一傾，普天率土，莫不奢僭者，非家至人告，乃時勢驅之使然。此則天下之患一也。

且世奢服僭，則無用之器貴，本務之業賤矣。農桑勤而利薄，工商逸而入厚，故農夫輟耒而雕鏤，工女投杼而刺文。躬耕者少，末作者衆，生土雖皆墾乂，故地功不致，苟無力穡，焉得有年？財鬱蓄而不盡出，百姓窮匱而爲姦寇，是以倉廩空而囹圄實，一穀不登，則飢餒流死。上下俱匱，無以相濟。國以民爲根，民以穀爲命，命盡則根拔，根拔則本顛。此最國家之毒憂，可爲熱心者也。斯則天下之患二也。

法度既墮，輿服無限，婢妾皆戴瑱楴之飾，而被織文之衣，乃送終之家，亦大無法度，至用輀梓黄腸，多藏寶貨，享牛作倡，高墳大寢，是可

忍也，孰不可忍！而俗人多之，咸曰健子。天下跂慕，耻不相逮。念親將終，無以奉遺，乃約其供養，豫修亡歿之備。老親之飢寒，以事淫法之華稱，竭家盡業，甘心而不恨。窮阨既迫，迫爲盜賊，拘執陷罪，爲世大戮。痛乎，化俗之刑陷愚民也。且橘柚之貢，堯、舜所不嘗御，山龍華蟲，帝王不以爲褻服。今之臣妾，皆餘黄甘而厭文繡者，蓋以萬數矣。其餘稱此，不可勝記。古者墓而不墳，文、武之兆，與平地齊。今豪民之墳，已千坊矣。欲民不匱，誠亦難矣。是以天戚戚，人汲汲，外溺奢風，内憂窮竭，故在位者則犯王法以聚斂，愚民則冒罪戮以爲健，俗之壞敗，乃至於斯。此天下之患三也。

承三一患之弊，繼荒頓之緒，而徒欲修舊修故，而無匡改，雖唐、虞復存，無益於治亂也。昔聖王遠慮深思，患民情之難防，憂奢淫之害政，乃塞其源以絶其末，深其刑而重其罰。夫善堙川者必杜其源，善防姦者必絶其萌。昔子産相鄭，殊尊卑，異章服，而國用治。豈大漢之明主，曾不如小藩之陪臣？在修之與不耳。

《易》曰：『言行，君子所以動天地也。』仲尼曰：『人而無信，不知其可。』今官之接民，甚多違理，苟解面前，不顧先哲。作使百工，及從民市，輒設計加以誘來之，器成之後，更不與直。老弱凍餓，痛號道路，守關告哀，終不見省。歷年累歲，乃纔給之，又云逋直，請十與三。此逋直豈物主之罪邪？不自咎責，反復滅之，冤抑酷痛，足感和氣。既爾，復平斃敗之物與之，至有車輿故謁者冠，賣之則莫取，復之則不可。其餘雜物，略皆此輩。是以百姓創艾，咸以官爲忌諱，遯逃鼠竄，莫肯應募。因乃捕之，劫以威勢，心苟不樂，則器械行沽，虚費財用，不周於事。故曰上爲下效，然後謂之教。上下相效殆如此，將何以防之？罰則不恕，不罰則不治，是以風移於詐，俗易於欺，獄訟繁多，民好殘僞。爲政如此，未睹其利。斯皆起於典藏之吏，不明爲國之體。苟割脛以肥頭，不知脛弱亦將顛仆也。《禮》譏聚斂之臣，《詩》曰貪人敗類，蓋傷之也。

《後漢書》卷二八《桓譚傳》 桓譚上疏陳時政所宜，曰：【略】且設法禁者，非能盡塞天下之姦，皆合衆人之所欲也，大抵取便國利事多者，則可矣。夫張官置吏，以理萬人，縣賞設罰，以別善惡，惡人誅傷，則善人蒙福矣。今人相殺傷，雖已伏法，而私結怨讎，子孫相報，後忿深前，至於滅户殄業，而俗稱豪健，故雖有怯弱，猶勉而行之，此爲聽人自理而無復法禁者也。今宜申明舊令，若已伏官誅而私相傷殺者，雖一身逃亡，皆徙家屬於邊，其相傷者，加常二等，不得雇山贖罪。如此，則仇怨自解，盜賊息矣。

夫理國之道，舉本業而抑末利，是以先帝禁人二業，錮商賈不得宦爲吏，此所以抑并兼長廉耻也。今富商大賈，多放錢貨，中家子弟，爲之保役，趨走與臣僕等勤，收税與封君比入，是以衆人慕效，不耕而食，至乃多通侈靡，以淫耳目。今可令諸商賈自相糾告，若非身力所得，皆以臧畀告者。如此，則專役一己，不敢以貨與人，事寡力弱，必歸功田畝。田畝修，則穀入多而地力盡矣。

又見法令决事，輕重不齊，或一事殊法，同罪異論，姦吏得因緣爲市，所欲活則出生議，所欲陷則與死比，是爲刑開二門也。今可令通義理明習法律者，校定科比，一其法度，班下郡國，蠲除故條。如此，天下知方，而獄無怨濫矣。

又 卷八二《崔寔傳》 其辭曰：

夫熊經鳥伸，雖延歷之術，非傷寒之理；呼吸吐納，雖度紀之道，非續骨之膏。蓋爲國之法，有似理身，平則致養，疾則攻焉。夫刑罰者，治亂之藥石也；德教者，興平之粱肉也。夫以德教除殘，是以粱肉理疾也；以刑罰理平，是以藥石供養也。方今承百王之敝，值厄運之會。自數世以來，政多恩貸，馭委其轡，馬駘其銜，四牡横奔，皇路險傾。方將柑勒鞬輈以救之，豈暇鳴和鑾，清節奏哉？昔高祖令蕭何作九章之律，有夷三族之令，黥、劓、斬趾、斷舌、梟首，故謂之具五刑。文帝雖除肉刑，當劓者笞三百，當斬左趾者笞五百，當斬右趾者棄市。右趾者既殞其命，笞撻者往往至死，雖有輕刑之名，其實殺也。當此之時，民皆思復肉刑。至景帝元年，乃下詔曰：『加笞與重罪無異，幸而不死，不可爲人。』乃定律，減笞輕捶。自是之後，笞者得全。以此言之，文帝乃重刑，非輕之也；以嚴致平，非以寬致平也。必欲行若言，當大定其本，使人主師五帝而式三王，盪亡秦之俗，遵先聖之風，棄苟全之政，蹈稽古之蹤，復五等之爵，立井田之制。然後選稷、契爲佐，伊呂爲輔，樂作而鳳皇儀，擊石而百獸舞。若不然，則多爲累而已。

量力度德，《春秋》之義，今既不能純法八代，故宜參以霸政，則宜重賞深罰以御之，明著法術以檢之。自非上德，嚴之則理，寬之則亂。何以明其然也。近孝宣皇帝明於君人之道，審於爲政之理，故嚴刑峻法，破姦軌之膽，海內清肅，天下密如。薦勳祖廟，享號中宗。算計見效，優於孝文。及元帝卽位，多行寬政，卒以墮損，威權始奪，遂爲漢室基禍之主。政道得失，於斯可監。昔孔子作《春秋》，褒齊桓，懿晉文，歎管仲之功。夫豈不美文、武之道哉？誠達權救敝之理也。故聖人能與世推移，而俗士苦不知變，以爲結繩之約，可復理亂秦之緒，《干戚》之舞，足以解平城之圍。

王道霸道互補兼行論分部

論說

《漢書》卷六《武帝紀》 （建元元年）詔曰：『古之立教，鄉里以齒，朝廷以爵，扶世導民，莫善於德。然卽於鄉里先耆艾，奉高年，古之道也。今天下孝子、順孫願自竭盡以承其親，外迫公事，內乏資財，是以孝心闕焉，朕甚哀之。民年九十以上，已有受鬻法，爲復子若孫，令得身帥妻妾遂其供養之事。』【略】

（元朔元年）詔曰：『公卿大夫，所使總方略，壹統類，廣教化，美風俗也。夫本仁祖義，襃德祿賢，勸善刑暴，五帝、三王所繇昌也。朕夙興夜寐，嘉與宇內之士臻於斯路。故旅耆老，復孝敬，選豪俊，講文學，稽參政事，祈進民心，深詔執事，興廉舉孝，庶幾成風，紹休聖緒。夫十室之邑，必有忠信；三人並行，厥有我師。今或至闔郡而不薦一人，是化不下究，而積行之君子雍於上聞也。二千石官長紀綱人倫，將何以佐朕燭幽隱，勸元元，厲蒸庶，崇鄉黨之訓哉？且進賢受上賞，蔽賢蒙顯戮，古之道也。其與中二千石、禮官、博士議不舉者罪。』【略】

（元朔三年）詔曰：『夫刑罰所以防姦也，內長文所以見愛也。以百姓之未洽於教化，朕嘉與士大夫日新厥業，祇而不解。其赦天下。』【略】

（元朔五年）詔曰：『蓋聞導民以禮，風之以樂。今禮壞樂崩，朕甚閔焉。故詳延天下方聞之士，咸薦諸朝。其令禮官勸學，講議洽聞，舉遺興禮，以爲天下先。太常其議予博士弟子，崇鄉黨之化，以厲賢材焉。』【略】

（元狩六年）詔曰：『日者有司以幣輕多姦，農傷而末衆，又禁兼幷之塗，故改幣以約之。稽諸往古，制宜於今。廢期有月，而山澤之民未諭。夫仁行而從善，義立則俗易，意奉憲者所以導之未明與？將百姓所安殊路，而撟虔吏因乘勢以侵蒸庶邪？何紛然其擾也！今遣博士大等六人分循行天下，存問鰥、寡、廢、疾，無以自振業者貸與之。諭三老、孝弟以爲民師，舉獨行之君子，徵詣行在所。朕嘉賢者，樂知其人。廣宣厥道，士有特招，使者之任也。詳問隱處亡位及冤失職、姦猾爲害、野荒治苛者，舉奏。郡國有所以爲便者，上丞相、御史以聞。』

漢·桓譚《新論·王霸第二》 夫上古稱三皇、五帝，而次有三王、五伯，此皆天下君之冠首也。故言三皇以道治，而五帝用德化；三王由仁義，五伯用權智。其說之曰：無制令刑罰，謂之皇；有制令而無刑罰，謂之帝；賞善誅惡，諸侯朝事，謂之王；興兵衆，約盟誓，以信義矯世，謂之伯。王者，往也，言其惠澤優游，天下歸往也。五帝以上久遠，經傳無事，唯王霸二盛之美，以定古今之理焉。

夫王道之治，先除人害，而足其衣食，然後教以禮儀，而威以刑誅，使知好惡去就，是故大化四湊，天下安樂，此王者之術。

霸功之大者，尊君卑臣，權統由一，政不二門，賞罰必信，法令著明，百官修理，威令必行，此霸者之術。王道純粹，其德如彼；伯道駁雜，其功如此；俱有天下，而君萬民，垂統子孫，其實一也。湯、武則久居諸侯方伯之位，德惠加于百姓。夫王道之主，其德能載，包含以統乾元也。

儒者或曰：『圖王不成，其弊可以霸』。此言未是也。《傳》曰：『孔氏門人，五尺童子，不言五霸事者，惡其違仁義而尚權詐也』。

漢·荀悅《申鑒》卷二《時事第二》 肉刑古也。或曰：復之乎？曰：古者，人民盛焉，今也至寡。整衆以威，撫寡以寬，道也。復刑非務必也。生刑而極死者，復之可也。自古肉刑之除也，斬右趾者死也。惟

復肉刑，是謂生死而息民。

問德刑並用。常典也，或先或後，時宜，刑教不行，勢極也。教初必簡，刑始必略，事漸也。教化之隆，莫不興行，然後責備。刑法之定，莫不避罪，然後求密。未可以備，謂之虛教。未可以密，謂之峻刑。虛教傷化，峻刑害民，君子弗由也。設必違之教，不量民力之未能，是招民於惡也，故謂之傷化。設必犯之法，不度民情之不堪，是陷民於罪也，故謂之害民。莫不興行，則一毫之善可得而勸也，然後教備。莫不避罪，則纖介之惡，可得而禁也，然後刑密。

或問復讎古義也。曰：縱復讎可乎？曰：不可。曰：然則如之何？曰：有縱有禁，有生有殺，制之以義，斷之以法，是謂義法並立。曰：何謂也？曰依古復讎之科，使父讎避諸異州千里。兄弟之讎，避諸異郡五百里。從父從兄弟之讎，避諸異縣百里。弗避而報者無罪，避而報之殺，犯王禁者罪也。復讎者義也，以義報罪，從王制，順也；犯制，逆也；以逆順生殺之。凡以公命行止者，不爲弗避。

德主刑輔論分部

論說

漢·陸賈《新語》卷上《無爲第四》 秦始皇設刑罰，爲車裂之誅，以斂姦邪，築長城於戎境，以備胡、越，征大吞小，威震天下，將帥橫行，以服外國，蒙恬討亂於外，李斯治法於內，事逾煩天下逾亂，法逾滋而天下逾熾，兵馬益設而敵人逾多。秦非不欲治也，然失之者，乃舉措太衆、刑罰太極故也。

是以君子尚寬舒以褢其身，行身中和以致疏遠；民畏其威而從其化，懷其德而歸其境，美其治而不敢違其政。民不罰而畏，不賞而勸，漸漬於道德，而被服於中和之所致也。

夫法令所以誅暴也，故曾、閔之孝，夷、齊之廉，此寧畏法教而爲之者哉？故堯、舜之民，可比屋而封，桀、紂之民，可比屋而誅，何者？化使其然也。故近河之地濕，而近山之木長者，以類相及也。高山出雲，丘阜生氣，四瀆東流，百川無西行者，小象大而少從多也。

夫王者之都，南面之君，乃百姓之所取法則者也，舉措動作，不可以失法度。昔者，周襄王不能事後母，出居於鄭，而下多叛其親。秦始皇驕奢靡麗，好作高臺榭，廣宮室，則天下豪富制屋宅者，莫不倣之，設房闥，備厩庫，繕雕琢刻畫之好，博玄黄琦瑋之色，以亂制度。齊桓公好婦人之色，妻姑姊妹，而國中多淫於骨肉。楚平王奢侈縱恣，不能制下，檢民以德，增駕百馬而行，欲令天下人饒財富利，明不可及，於是楚國逾奢，君臣無別。故上之化下，猶風之靡草也。王者尚武於朝，則農夫繕甲兵於田。故君子之御下也，民奢應之以儉，驕淫者統之以理；未有上仁而下賊，讓行而爭路者也。故孔子曰：『移風易俗。』豈家令人視之哉？亦取之於身而已矣。

漢·賈誼《新書》卷二《制不定》 屠牛坦一朝解十二牛，而芒刃不頓者，所排擊所剝割皆象理也。然至髖髀之所，非斤則斧矣。仁義恩厚者，此人主之芒刃也；權勢法制，此人主之斤斧也。勢已定權已足矣，乃以仁義恩厚因而澤之，故德布而天下有慕志。今諸侯王皆衆髖髀也，釋斤斧之制，而欲嬰以芒刃，臣以爲刃不折則缺耳，胡不用之淮南濟北，勢不可也。

漢·董仲舒《春秋繁露》卷六《保位權第二十》 民無所好，君無以權也；民無所惡，君無以畏也；無以權，無以畏，則君無以禁制也；無以禁制，則比肩齊勢，而無以爲貴矣。故聖人之治國也，因天地之性情、孔竅之所利，以立尊卑之制，以等貴賤之差，設官府爵祿，利五味，盛五色，調五聲，以誘其耳目；自令清濁昭然殊體，榮辱踔然相駮，以感動其心；務致民令有所好，有所好，然後可得而勸也，故設賞以勸之；有所好，必有所惡，有所惡，然後可得而畏也，故設罰以畏之；既有所勸，又有所畏，然後可得而制；制之者，制其所好，是以勸賞而不得多也；制其所惡，是以畏罰而不可過也；所好多，則作福；所惡多，則作威；作威則君亡權，天下相怨；作福則君亡德，天下相賊。故聖人之制民，使之有欲，不得過節；使之敦朴，不得無欲；無欲有欲，各得以足，而君道得矣。國之所以爲國者，德也，君之所以爲君者，威也，故

德不可共，威不可分，德共則失恩，威分則失權，失權則君賤，失恩則民散，民散則國亂，君賤則臣叛。是故爲人君者，固守其德，以附其民，固執其權，以正其臣。

又 卷一一《陰陽尊卑四十三》 在上下，在大小，在强弱，在賢不肖，在善惡，惡之屬盡爲陰，善之屬盡爲陽，陽爲德，陰爲刑，刑反德而順於德，亦權之類也，雖曰權，皆在權成。是故陽行於順，陰行於逆；逆行而順，順行而逆者，陰也。是故天以陰爲權，以陽爲經；陽出而南，陰出而北；經用於盛，權用於末；以此見天之顯經隱權，前德而後刑也。故曰：陽，天之德，陰，天之刑也，陽氣暖而陰氣寒，陽氣予而陰氣奪，陽氣仁而陰氣戾，陽氣寬而陰氣急，陽氣愛而陰氣惡，陽氣生而陰氣殺。是故陽常居實位而行於盛，陰常居空位而行於末，天之好仁而近，惡戾之變而遠，大德而小刑之意也，先經而後權，貴陽而賤陰也。故陰，夏入居下，不得任歲事，冬出居上，置之空處也；養長之時伏於下，遠去之，弗使得爲陽也；無事之時，起之空處，使之備次陳守閉塞也；此皆天之近陽而遠陰，大德而小刑也。是故人主近天之所近，遠天之所遠，大天之所大，小天之所小。是故天數右陽而不右陰，務德而不務刑；刑之不可任以成世也，猶陰之不可任以成歲也；爲政而任刑，謂之逆天，非王道也。

又 卷一二《基義第五十三》 凡物必有合；合必有上，必有下，必有左，必有右，必有前，必有後，必有表，必有裏，有美必有惡，有順必有逆，有喜必有怒，有寒必有暑，有晝必有夜，此皆其合也。陰者，陽之合，妻者，夫之合，子者，父之合，臣者，君之合，物莫無合，而合各有陰陽。陽兼於陰，陰兼於陽，夫兼於妻，妻兼於夫，父兼於子，子兼於父，君兼於臣，臣兼於君，君臣、父子、夫婦之義，皆取諸陰陽之道。君爲陽，臣爲陰，父爲陽，子爲陰，夫爲陽，妻爲陰，陰道無所獨行，其始也不得專起，其終也不得分功，有所兼之義。是故臣兼功於君，子兼功於父，妻兼功於夫，陰兼功於陽，地兼功於天。舉而上者，抑而下也，有屏而左也，有引而右也，有親而任也，有疏而遠也，有欲日益也，有欲日損也，益其用而損其妨，有時損少而益多，有時損多而益少，少而不至絶，多而不至溢。陰陽二物，終歲各壹出，壹其出，遠近同度而不同意，陽之出也，常縣於前而任事，陰之出也，常縣於後而守空處，此見天之親陽而疏陰，任德而不任刑也。是故仁義制度之數，盡取之天，天爲君而覆露之，地爲臣而持載之，陽爲夫而生之，陰爲婦而助之，春爲父而生之，夏爲子而養之，秋爲死而棺之，冬爲痛而喪之，王道之三綱，可求於天。天出陽爲暖以生之，地出陰爲清以成之，不暖不生，不清不成，然而計其多少之分，則暖暑居百而清寒居一，德教之與刑罰猶此也。故聖人多其愛而少其嚴，厚其德而簡其刑，以此配天。天之大數，必有十旬，旬天地之數，十而畢舉，旬生長之功，十而畢成。天之氣徐，乍寒乍暑，故寒不凍，暑不暍，以其有餘徐來，不暴卒也。《易》曰：『履霜堅在，蓋言遜也。』然則上堅不踰等，果是天之所爲弗作而成也，人之所爲亦當弗作而極也，凡有興者，稍稍上之，以遜順往，使人心説而安之，無使人心恐，故曰：君子以人治人，慬能愿。此之謂也。聖人之道，同諸天地，蕩諸四海，變易習俗。

漢·桓寬《鹽鐵論》卷六《後刑第三十四》 大夫曰：『古之君子，善善而惡惡。人君不畜惡民，農夫不畜無用之苗。無用之苗，苗之害也；無用之民，民之賊也。鉏一害而衆苗成，刑一惡而萬民悦。雖周公、孔子不能釋刑而用惡。家之有姐子，器皿不居，況姐民乎！民者敖於愛而聽刑。故刑所以正民，鉏所以別苗也。』

賢良曰：『古者，篤教以導民，明辟以正刑。刑之於治，猶策之於御也。良工不能無策而御，有策而勿用。聖人假法以成教，教成而刑不施。故威厲而不殺，刑設而不犯。今廢其紀綱而不能張，壞其禮義而不能防。民陷於網，從而獵之以刑，是猶開其闌牢，發以毒矢也，不盡不止。曾子曰：「上失其道，民散久矣。如得其情，卽哀矜而勿喜。」夫不傷民之不治，而伐己之能得姦，猶弋者覩鳥獸掛罻羅而喜也。今天下之被誅者，不必有管、蔡之邪，鄧哲之僞，恐苗盡而不別，民欺而不治也。孔子曰：「人而不仁，疾之已甚，亂也。」故民亂反之政，政亂反之身，身正而天下定。是以君子嘉善而矜不能，恩及刑人，德潤窮夫，施惠悦爾，行刑不樂也。』

漢·揚雄《法言》卷九《先知》 或曰：『人君不可不學《律》、《令》。』曰：『君子爲國，張其綱紀，謹其教化。道之以仁，則下不相

賊；先之以信，則下不相詐；臨之以禮義，則下多德讓。此君子所當學也。如有犯法，則司獄在。』

漢·班固《白虎通義》卷八《五刑》 聖人治天下，必有刑罰何？所以佐德助治，順天之度也。故懸爵賞者，示有勸也；設刑罰者，明有所懼也。刑所以五何？法五行也。【略】科條三千者，應天地人情也。五刑之屬三千，大辟之屬二百，宫辟之屬三百，腓辟之屬五百，劓、墨辟之屬各千。張布羅衆，非五刑不見。劓、墨何，其下刑者也。【略】腓者脱其臏也。宫者，女子淫，執置宫中，不得出也；丈夫淫，割去其勢也。大辟者，謂死也。

刑不上大夫何？尊大夫。禮不下庶人，欲勉民使至於士。故禮爲有知制，刑爲無知設也。庶人雖有千金衣幣，不得服。刑不上大夫者，據禮無大夫刑。或曰：撻笞之刑也。禮不及庶人者，謂酬酢之禮也。

漢·仲長統《昌言中》 問德教者，人君之常任也，而刑罰爲之佐助焉。古之聖帝明王，所以能親百姓、訓五品、和萬邦、蕃黎民、召天地之嘉應、降鬼神之吉靈者，寔德是爲，而非刑之攸致也。至於革命之期運，非征伐用兵，則不能定其業；姦宄之成羣，非嚴刑峻法，則不能破其黨。時勢不同，所用之數亦宜異也。教化以禮義爲宗，禮義以典籍爲本。常道行於百世，權宜用於一時。所不可得而易者也。故制不足，則引之無所至；禮無等，則用之不可依；法無常，則網羅當道路；教不明，則士民無所信。引之無所至，則難以致治；用之不可依，則無所取正；羅網當道路，則不可得而避；士民無所信，則其志不知所定，非治理之道也。

誡令方來之作，禮簡而易用，儀省而易行，法明而易知，教約而易從。篇章既著，勿復刊剟；儀故既定，勿復變易。而人主臨之以忠公，行之以忠仁，壹德於恆久，先之用己身，又使通治亂之大體者，總綱紀而爲輔佐；知稼穡之艱難者，親民事而布惠利；政不分於外戚之家，權不入於官豎之門，下無侵民之吏，京師無佞邪之臣，則天神可降，地祇可出。大治之後，有易亂之民者，安寧無故邪心起也；大亂之後，有易治之勢者，創艾禍灾，樂生全也。刑繁而亂益甚者，法難勝避，苟免而無耻也；教興而罰罕用者，仁義相厲，廉耻成也。任循吏於大亂之會，必有恃仁恩之敗；用酷吏於清治之世，必有殺良民之殘。此其大數也。

《後漢書》卷七九《仲長統傳》 《損益篇》曰：肉刑之廢，輕重無品，下死則得髡鉗，下髡鉗則得鞭笞。死者不可復生，而髡者無傷於人。髡笞不足以懲中罪，安得不至於死哉！夫雞狗之攘竊，男女之淫奔，酒醴之賂遺，謬誤之傷害，皆非值于死者也。殺之則甚重，髡之則甚輕。不制中刑以稱其罪，則法令安得不參差，殺生安得不過謬乎？今患刑輕之不足以懲惡，則假臧貨以成罪，託疾病以諱殺。科條無所準，名實不相應，恐非帝王之通法，聖人之良制也。或曰：過刑惡人，可也；過刑善人，豈可復哉？曰：若前政以來，未曾枉害善人者，則有罪不死也，是爲忍於殺人，而不忍于刑人也。今令五刑有品，輕重有數，科條有序，名實有正，非殺人逆亂鳥獸之行甚重者，皆勿殺。嗣周氏之秘典，續呂侯之祥刑，此又宜復之善者也。

憂患意識論分部

論說

漢·賈誼《新書》卷三《憂民》 王者之法，民三年耕而餘一年之食，九年而餘三年之食，三十歲而民有十年之蓄。故禹水九年，湯旱七年，甚也，野無青草，而民無飢色，道無乞人，歲復之後，猶禁陳耕。古之爲天下，誠有具也。王者之法，國無九年之蓄，謂之不足；無六年之蓄，謂之急；無三年之蓄，曰國非其國也。

今漢興三十年矣，而天下愈屈，食至寡也，陛下不省邪？未獲耳，富人不貸，貧民且飢，天時不收，請賣爵鬻子，既或聞耳。曩頃不雨，令人寒心，一雨爾，慮若更生。天下無蓄，若此甚極也。其在王法謂之何？必須困至乃慮，窮至乃圖，不亦晚乎！

然則所謂國無人者，何謂也？有天下而欲其安者，豈不在於陛下者哉。上弗自憂，將以誰偷？五歲小康，十歲一凶，三十歲而一大康，蓋曰大數也。卽不幸有方二三千里之旱，天下何以相救，卒然邊境有數十萬

衆聚，天下將何以饋之矣？兵旱相承，民填溝壑，剽盜攻擊者，興繼而起，中國失救，外敵必駭，一日而及，此之必然。且用事之人，未必此省，爲人上弗自省憂，魄然事困，乃驚而督下，曰：『此天也，可奈何？』事既無如憂之何及。方今始秋，時可善爲。陛下少間，可使臣誼從丞相御史計之。

又　卷四《無蓄》　禹有十年之蓄，故免九年之水；湯有十年之積，故勝七歲之旱。夫蓄積者，天下之大命也。苟粟多而財有餘，何嚮而不濟？以攻則取，以守則固，以戰則勝，懷柔附遠，何招而不至？管子曰：『倉廩實，知禮節；衣食足，知榮辱。』民非足也，而可治之者，自古及今，未之嘗聞。古人曰：『一夫不耕，或爲之飢；一婦不織，或爲之寒。』生之有時，而用之無度，則物力必屈。古之爲天下者至悉也，故其蓄積足恃。今背本而以末食者甚衆，是天下大殘；從生之害者甚盛，是天下之大賊也；汰流淫佚侈靡之俗日以長，是天下之大祟也。殘賊公行，莫之或止，大命泛敗，莫之振救。生之者甚少，而靡之者甚衆，天下之勢，何以不危？漢之爲漢幾四十歲矣，公私之積，猶可哀痛也。故失時不雨，民且狼顧矣。歲惡不入，請賣爵鬻子，既或聞耳矣。安有爲天下阽危若此，而上不驚者！

世之有饑荒，天下之常也，禹湯被之矣。卽不幸有方二三千里之旱，國何以相恤？卒然邊境有急，數十百萬之衆聚，國何以饋之矣？兵旱相乘，天下大屈，勇力者聚徒而橫擊，罷夫羸老，易子孫而齩其骨，政法未必通也，遠方之疑者并舉而爭起矣。爲人上者，乃試而圖之，豈將有及乎？可以爲富安天下，而直以爲此廩廩也，竊爲陛下惜之。

政治戰略與政治策略部

務得民心論分部

論說

漢・陸賈《新語》卷上《愼微第六》　夫目不能別黑白，耳不能別清濁，口不能言善惡，則所謂不能也。故設道者易見曉，所以通凡人之心，而達不能之行。道者，人之所行也。夫大道履之而行，則無不能，故謂之道。故孔子曰：『道之不行也。』人不能行之。故謂顔淵曰：『用之則行，舍之則藏，惟我與爾有是夫。』言顔淵道施于世而莫之用。由人不能懷仁行義，分別纖微，忖度天地，乃苦身勞形，入深山，求神仙，棄二親，捐骨肉，絶五穀，廢《詩》、《書》，背天地之寶，求不死之道，非所以通世防非者也。

又　卷下《至德第八》　夫欲富國强威，闢地服遠者，必得之於民；欲建功興譽，垂名烈，流榮華者，必取之於身。故據萬乘之國，持百姓之命，苞山澤之饒，主士衆之力，而功不存乎身，名不顯於世者，乃統理之非也。

天地之性，萬物之類，懷德者衆歸之，恃刑者民畏之，歸之則充其側，畏之則去其域。故設刑者不厭輕，爲德者不厭重，行罰者不患薄，布賞者不患厚，所以親近而致遠也。

漢・賈誼《新書》卷一《過秦上》　秦孝公據殽函之固，擁雍州之地，居臣固守以窺周室，有席卷天下，包舉宇內，囊括四海之意，并吞八荒之心。當是時也，商君佐之，內立法度，務耕織，修守戰之具；外連衡而鬬諸侯。於是秦人拱手而取西河之外。

孝公既没，惠文、武、昭襄蒙故業，因遺策，南取漢中，西舉巴、

蜀，東割膏腴之地，北收要害之郡。諸侯恐懼，會盟而謀弱秦，不愛珍器重寶肥饒之地，以致天下之士，合從締交，相舉爲一。當此之時，齊有孟嘗，趙有平原，楚有春申，魏有信陵。此四君者，皆明智而忠信，寬厚而愛人，尊賢而重士，約從離衡，兼韓、魏、燕、趙、宋、衛、中山之衆。於是六國之士，有寧越、徐尚、蘇秦、杜赫之屬爲之謀，齊明、周最、陳軫、召滑、樓緩、翟景、蘇厲、樂毅之徒通其意，吳起、孫臏、帶佗、倪良、王廖、田忌、廉頗、趙奢之朋制其兵。嘗以十倍之地，百萬之師，仰關而攻秦。秦人開關延敵，九國之師，逡巡而不敢進。秦無亡矢遺鏃之費，而天下已困矣。於是從散約敗，爭割地而賂秦。秦有餘力而制其弊，追亡逐北，伏尸百萬，流血漂櫓。因利乘便，宰割天下，分裂山河。强國請服，弱國入朝。施及孝文王、莊襄王，享國之日淺，國家無事。

及至始皇，奮六世之餘烈，振長策而御寓內，吞二周而亡諸侯，履至尊而制六合，執敲朴而鞭笞天下，威振四海。南取百越之地，以爲桂林、象郡；百越之君，俯首係頸，委命下吏。乃使蒙恬北築長城而守藩籬，卻匈奴七百餘里。胡人不敢南下而牧馬，士不敢彎弓而報怨。於是廢先王之道，焚百家之言，以愚黔首；墮名城，殺豪傑，收天下之兵，聚之咸陽，銷鋒鏑，鑄以爲金人十二，以弱天下之民。然後踐華爲城，因河爲池，據億丈之高，臨不測之淵，以爲固。良將勁弩守要害之處，信臣精卒陳利兵而誰何。天下已定，始皇之心，自以爲關中之固，金城千里，子孫帝王萬世之業也。

始皇既没，餘威震於殊俗。然而陳涉甕牖繩樞之子，氓隸之人，而遷徙之徒也；才能不及中人，非有仲尼、墨翟之賢，陶朱、猗頓之富；躡足行伍之間，而俯起阡陌之中，率疲弊之卒，將數百之衆，轉而攻秦，斬木爲兵，揭竿爲旗，天下雲合響應，贏糧而景從。山東豪俊遂並起而亡秦族矣。

且夫天下非小弱也，雍州之地，殽函之固，自若也。陳涉之位，非尊于齊、楚、燕、趙、韓、魏、宋、衛、中山之君也；鉏耰棘矜，非銛於鉤戟長鎩也；謫戍之衆，非亢九國之師也；深謀遠慮，行軍用兵之道，非及鄉時之士也。然而成敗異變，功業相反，何也？試使山東之國與陳涉度長挈大，比權量力，則不可同年而語矣。然秦以區區之地，致萬乘之勢，序八州而朝同列，百有餘年矣；然後以六合爲家，殽函爲宮；一夫作難而七廟墮，身死人手，爲天下笑者，何也？仁義不施攻守之勢異也。

又《過秦下》 秦滅周祀，并海內，兼諸侯，南面稱帝，以四海養。天下之士，斐然響風。若是，何也？曰：近古而無王者久矣。周室卑微，五霸既滅，令不行於天下。是以諸侯力正，强淩弱，衆暴寡，兵革不休，士民罷弊。今秦南面而王天下，是上有天子也。既元元之民冀得安其性命，莫不虛心而仰上。當此之時，專威定功，安危之本，在於此矣。

秦王懷貪鄙之心，行自奮之智，不信功臣，不親士民，廢王道而立私愛，焚文書而酷刑法，先詐力而後仁義，以暴虐爲天下始。夫并兼者高詐力，安危者貴順權，以此言之取與攻守不同術也。秦雖離戰國而王天下，其道不易，其政不改，是以其所以取之也。孤獨而有之，故其亡可立而待也。借使秦王論上世之事，並殷、周之迹，以制御其政，後雖有淫驕之主，猶未有傾危之患也。故三王之建天下，名號顯美，功業長久。

今秦二世立，天下莫不引領而觀其政。夫寒者利裋褐，而飢者甘糟糠。天下嚻嚻，新主之資也。此言勞民之易爲仁也。鄉使二世有庸主之行而任忠賢，臣主一心而憂海內之患，縞素而正先帝之過；裂地分民以封功臣之後，建國立君以禮天下；虛囹圄而免刑戮，去收孥汙穢之罪，使各反其鄉里；發倉廩，散財幣，以賑孤獨窮困之士；輕賦少事，以佐百姓之急；約法省刑，以持其後，使天下之人皆得自新，更節循行，各慎其身；塞萬民之望，而以盛德與天下，天下息矣。即四海之內皆歡然各自安樂其處，惟恐有變。雖有狡害之民，無離上之心，則不軌之臣無以飾其智，而暴亂之奸弭矣。

二世不行此術，而重以無道：壞宗廟與民，更始作阿房之宮；繁刑嚴誅，吏治刻深；賞罰不當，賦斂無度。天下多事，吏不能紀；百姓困窮，而主不收卹。然後奸僞並起，而上下相遁；蒙罪者衆，刑僇相望於道，而天下苦之。自羣卿以下至於衆庶，人懷自危之心，親處窮苦之實，咸不安其位，故易動也。是以陳涉不用湯、武之賢，不借公侯之尊，奮臂於大澤，而天下回應者，其民危也。

故先王者，見終始不變，知存亡之由。是以牧民之道，務在安之而已矣。下雖有逆行之臣，必無回應之助。故曰：『安民可與爲義，而危民易

與爲非』，此之謂也。貴爲天子，富有四海，身在於戮者，正之非也。是二世之過也。

秦兼諸侯山東三十餘郡，脩津關，據險塞，繕甲兵而守之。然陳涉率散亂之衆數百，奮臂大呼，不用弓戟之兵，鉏耰白梃，望屋而食，横行天下。秦人阻險不守，關梁不閉，長戟不刺，强弩不射。楚師深入，戰於鴻門，曾無藩籬之難。於是山東諸侯并起，豪俊相立。秦使章邯將而東征，章邯因其三軍之衆，要市於外，以謀其上。羣臣之不相信，可見於此矣。子嬰立，而遂不悟。借使子嬰有庸主之材而僅得中佐，山東雖亂，三秦之地可全而有，宗廟之祠宜未絶也。

秦地被山帶河以爲固，四塞之國也。自繆公以來至於秦王二十餘君，常爲諸侯雄。此豈世賢哉？其勢居然也。且天下嘗同心并力攻秦矣，當此之世，賢智并列，良將行其師，賢相通其謀。然困於險阻而不能進秦乃延入戰而爲之開關百萬之徒逃北而遂壞。然困於阻險而不能進者，豈勇力智慧不足哉？形不利、勢不便也。秦雖小邑，伐并大城，守險塞而軍，高壘毋戰，閉關據阨，荷戟而守之。諸侯起於匹夫，以利會，非有素王之行也。其交未親，其民未附，名曰亡秦，其實利之也。彼見秦阻之難犯，必退師。案土息民以待其弊，承解誅罷以令國君，不患不得意於海内。貴爲天子，富有四海，而身爲禽者，其救敗非也。

秦王足己而不問，遂過而不變。二世受之，因而不改，暴虐以重禍。子嬰孤立無親，危弱無輔。三主之惑，終身不悟，亡不亦宜乎？當此時也，世非無深謀遠慮知化之士也，然所以不敢盡忠拂過者，秦俗多忌諱之禁也，忠言未卒於口而身糜没矣。故使天下之士傾耳而聽，重足而立，闔口而不言。是以三主失道，而忠臣不諫，智士不謀也。天下已亂，奸不上聞，豈不悲哉！先王知壅蔽之傷國也，故置公卿、大夫、士，以飾法設刑而天下治。其强也，禁暴誅亂而天下服；其弱也，五霸征而諸侯從；其削也，内守外附而社稷存。故秦之盛也，繁法嚴刑而天下震；及其衰也，百姓怨而海内叛矣。故周王序得其道，千餘載不絶；秦本末並失，故不能長。由是觀之，安危之統相去遠矣。

鄙諺曰：『前事之不忘，後事之師也。』是以君子爲國，觀之上古，驗之當世，參之人事，察盛衰之理，審權勢之宜，去就有序，變化應時，故曠日長久而社稷安矣。

又　卷九《大政上》　聞之於政也，民無不爲本也。國以爲本，君以爲本，吏以爲本。故國以民爲安危，君以民爲威侮，吏以民爲貴賤，此之謂民無不爲本也。聞之於政也，民無不爲命也。國以爲命，君以爲命，吏以爲命。故國以民爲存亡，君以民爲盲明，吏以民爲賢不肖，此之謂民無不爲命也。聞之於政也，民無不爲功也。故國以爲功，君以爲功，吏以爲功。國以民爲興壞，君以民爲强弱，吏以民爲能不能，此之謂民無不爲功也。聞之於政也，民無不爲力也，故國以爲力，君以爲力，吏以爲力。故夫戰之勝也，民欲勝也；攻之得也，民欲得也；守之存也，民欲存也。故率民而守，而民不欲存，則莫能以存矣。故率民而攻，民不欲得，則莫能以得矣。故率民而戰，民不欲勝，則莫能以勝矣。故其民之爲其上也，接敵而喜，進而不能止，敵人必駭，戰由此勝也。夫民之於其上也，接而懼，必走去，戰由此敗也。故夫菑與福也，非粹在天也，必在士民也。嗚呼，戒之！戒之！夫士民之志，不可不要也。嗚呼，戒之！戒之！

行之善也，粹以爲福己矣。行之惡也，粹以爲菑己矣。故受天之福者，天不功焉。被天之菑，則亦毋怨天矣，行自爲取之也。知善而弗行，謂之不明；知惡而弗改，必受天殃。天有常福，必與有德；天有常菑，必與奪民時。故夫民者，至賤而不可簡也，至愚而不可欺也。故自古至於今，與民爲仇者，有遲有速，而民必勝之。知善而弗行謂之狂，知惡而不改謂之惑，故夫狂與惑者，聖王之戒也，而君子之愧也。嗚呼，戒之！戒之！豈其以狂與惑自爲之，明君而君子乎，聞善而行之如爭，聞惡而改之如讎，然後禍菑可離，然後保福也。戒之！戒之！

夫一出而不可反者，言也；一見而不可得揜者，行也。故夫言與行者，知愚之表也，賢不肖之別也。是以智者慎言慎行，以爲身福；愚者易言易行，以爲身菑。故君子言必可行也，然後言之，行必可言也，然後行之。嗚呼，戒之哉！戒之哉！行之者在身，命之者在人，此福菑之本也。道者，福之本，祥者，福之榮也。無道者必失福之本，不祥者必失福之榮。故行而不緣道者，其言必不顧義矣。故紂自謂天王也，桀自謂天子也，已滅之後，民以相罵也。以此觀之，則位不足以爲尊，而號不足以爲

榮矣。故君子之貴也，士民貴之，故謂之貴也。故君子之富也，士民樂之，故謂之富也。故君子之貴也，與民以福，故士民貴之。故君子之富也，與民以財，故士民樂之。故君子富貴也，至於子孫而衰，則士民皆曰：『何君子之道衰也』數也。不肖暴者禍及其身，則士民皆曰：『何天誅之遲也？』

夫民者，萬世之本也，不可欺。凡居於上位者，簡士苦民者是謂愚，敬士愛民者是謂智。夫愚智者，士民命之也。故夫民者，大族也，民不可不畏也。故夫民者，多力而不可適也。嗚呼，戒之哉，戒之哉！與民爲敵者，民必勝之。君能爲善，則吏必能爲善矣；吏能爲善，則民必能爲善矣。故民之不善也，吏之罪也；吏之不善也，君之過也。嗚呼，戒之，戒之！故夫士民者，率之以道，然後士民道也；率之以義，然後士民義也；率之以忠，然後士民忠也；率之以信，然後士民信也。故爲人君者，其出令也，其如聲，士民學之，其如響，曲折而從君，其如景矣。嗚呼，戒之哉！戒之哉！君鄉善於此則失然協，民皆鄉善於彼矣，猶景之象形也。君爲惡於此則啍啍然協民皆爲惡於彼矣，猶響之應聲也。故是以聖王而君子乎，執事而臨民者，日戒慎一日，則士民亦日戒慎一日矣，以道先民也。

漢·劉安《淮南子》卷一三《氾論訓》 治國有常，而利民爲本；政教有經，而令行爲上。苟利於民，不必法古；苟周於事，不必循舊。夫夏、商之衰也，不變法而亡；三代之起也，不相襲而王。故聖人法與時變，禮與俗化。衣服器械，各便其用；法度制令，各因其宜。故變古未可非，而循俗未足多也。百川異源，而皆歸於海；百家殊業，而皆務於治。王道缺而《詩》作，周室廢，禮義壞，而《春秋》作。《詩》、《春秋》，學之美者也，皆衰世之造也，儒者循之，以教導於世，豈若三代之盛哉！以《詩》、《春秋》爲古之道而貴之，又有未作《詩》、《春秋》之時。夫道其缺也，不若道其全也。誦先王之《詩》、《書》，不若聞得其言，聞得其言，不若得其所以言，得其所以言者，言弗能言也。

强國富民論分部

論說

漢·賈誼《新書》卷三《瑰瑋》 天下有瑰政於此，予民而民愈貧，衣民而民愈寒，使民樂而民愈苦，使民知而民愈不知避縣網，甚可瑰也。今有瑋術於此，奪民而民益富也，不衣民而民益暖，苦民而民益樂，使民愚而民愈不罹縣網。陛下無意少聽其數乎？

夫雕文刻鏤，周用之物繁多，纖微苦窳之器日變而起，民棄完堅，而務雕鏤纖巧以相競高。作之宜一日，今十日不輕能成。用一歲，今半歲而弊。作之費日挾巧，用之易弊。不耕而多食農人之食，是天下之所以困貧而不足也。故以末予民，民大貧；以本予民，民大富。

黼黻文繡纂組害女工，且夫百人作之，不能衣一人，方且萬里不輕能具天下之力，勢安得不寒？世以俗侈相耀，人慕其所不如，悚迫於俗，願其所未至，以相競高，而上非有制度也。今雖刑餘鬻妾下賤，衣服得過諸侯，擬天子，是使天下公得冒主而夫人務侈也。冒主務侈，則天下寒而衣服不足矣。故以文繡衣民而民愈寒，以褫民，民必暖，而有餘布帛之饒矣。

夫奇巧末技、商販遊食之民，形佚樂而心縣愆，志苟得而行淫侈，則用不足而蓄積少矣。卽遇凶旱，必先困窮迫身，則苦飢甚焉。今驅民而歸之農，皆著於本，則天下各食於力，末技、遊食之民轉而緣南畝，則民安性勸業，而無縣愆之心，無苟得之志，行恭儉蓄積而人樂其所矣，故曰『苦民而民益樂』也。

世淫侈矣，飾知巧以相詐利者爲知士，敢犯法禁昧大奸者爲識理，故邪人務而日形，奸詐繁而不可止，罪人積下衆多而無時已。君臣相冒，上下無辨，此生於無制度也。今去淫侈之俗，行節儉之術，使車輿有度，衣服器械各有制數。制數已定，故君臣絶九，而上下分明矣。擅遏則讓，上僭者誅，故淫侈不得生，知巧詐謀無爲起，奸邪盜賊自爲止，則民離罪遠

矣。知巧詐謀不起，所謂愚，故曰『使愚而民愈不罹縣網』。

又《銅布》 銅布於下，爲天下灾，何以言之？銅布於下，則民鑄錢者，大抵必雜以鉛鐵焉，黥罪日繁，此一禍也。銅布於下，僞錢無止，錢用不信，民愈相疑，此二禍也。銅布於下，采銅者棄其田疇，家鑄者損其農事，穀不爲則鄰於飢，此三禍也。故不禁鑄錢，則錢常亂，黥罪日積，是陷阱也。且農事不爲，有疑爲灾，故民鑄錢，不可不禁。上禁鑄錢，必以死罪。鑄錢者禁則錢必還重，錢重則盜鑄錢者起，則死罪又復積矣，銅使之然也。故銅布於下，其禍博矣。

今博禍可除，七福可致。何謂七福？上收銅勿令布下，則民不鑄錢，黥罪不積，一。銅不布下，則僞錢不繁，民不相疑，二。銅不布下，不得采銅，不得鑄錢，則民反耕田矣，三。銅不布下，畢歸於上，上挾銅積以御輕重，錢輕則以術斂之，錢重則以術散之，則錢必治矣，四。挾銅之積，以鑄兵器，以假貴臣，小大多少，各有制度，以別貴賤，以差上下，則等級明矣，五。挾銅之積，以臨萬貨，以調盈虛，以收畸羨，則官必富，而末民困矣，六。挾銅之積，制吾棄財，以與匈奴逐爭其民，則敵必壞矣。此謂之七福。

故善爲天下者，因禍而爲福，轉敗而爲功，今顧退七福而行博禍，可爲長大息者，此其一也。

《漢書》卷二四上《食貨志第四・鼂錯〈論貴粟疏〉》 聖王在上，而民不凍飢者，非能耕而食之，織而衣之也，爲開其資財之道也。故堯、禹有九年之水，湯有七年之旱，而國亡捐瘠者，以畜積多而備先具也。今海内爲一，土地人民之衆不遜湯、禹，加以亡天灾數年之水旱，而畜積未及者，何也？地有遺利，民有餘力，生穀之土未盡墾，山澤之利未盡出也，游食之民未盡歸農也。

民貧，則奸邪生。貧生於不足，不足生於不農，不農則不地著，不地著則離鄉輕家，民如鳥獸。雖有高城深池，嚴法重刑，猶不能禁也。夫寒之於衣，不待輕煖；飢之于食，不待甘旨；飢寒至身，不顧廉恥。人情一日不再食則飢，終歲不製衣則寒。夫腹飢不得食，膚寒不得衣，雖慈母不能保其子，君安能以有其民哉？明主知其然也，故務民於農桑，薄賦斂，廣畜積，以實倉廩，備水旱，故民可得而有也。

民者，在上所以牧之，趨利如水走下，四方無擇也。夫珠玉金銀，飢不可食，寒不可衣，然而衆貴之者，以上用之故也。其爲物輕微易藏，在於把握，可以周海内而亡飢寒之患。此令臣輕背其主，而民易去其鄉，盜賊有所勸，亡逃者得輕資也。粟米布帛生於地，長於時，聚於力，非可一日成也。數石之重，中人弗勝，不爲姦邪所利；一日弗得而飢寒至。故明君貴五穀而賤金玉。

今農夫五口之家，其服役者不下二人，其能耕者不過百畮，百畮之收不過百石。春耕夏耘，秋穫冬藏，伐薪樵，治官府，給繇役；春不得避風塵，夏不得避署熱，秋不得避陰雨，冬不得避寒凍，四時之間，亡日休息。又私自送往迎來，弔死問疾，養孤長幼在其中。勤苦如此，尚復被水旱之灾，急政暴虐，賦斂不時，朝令而暮改。當其有者半賈而賣，亡者取倍稱之息；於是有賣田宅、鬻子孫以償債者矣。而商賈大者積貯倍息，小者坐列販賣，操其奇贏，日游都市，乘上之急，所賣必倍。故其男不耕耘，女不蠶織，衣必文采，食必粱肉；亡農夫之苦，有阡陌之得。因其富厚，交通王侯，力過吏勢，以利相傾；千里游敖，冠蓋相望，乘堅策肥，履絲曳縞。此商人所以兼併農人，農人所以流亡者也。

今法律賤商人，商人已富貴矣；尊農夫，農夫已貧賤矣。故俗之所貴，主之所賤也；吏之所卑，法之所尊也。上下相反，好惡乖迕，而欲國富法立，不可得也。方今之務，莫若使民務農而已矣。欲民務農，在于貴粟；貴粟之道，在於使民以粟爲賞罰。今募天下入粟縣官，得以拜爵，得以除罪。如此，富人有爵，農民有錢，粟有所渫。夫能入粟以受爵，皆有餘者也。取於有餘，以供上用，則貧民之賦可損，所謂損有餘、補不足，令出而民利者也。順於民心，所補者三：一曰主用足，二曰民賦少，三曰勸農功。今令民有車騎馬一匹者，復卒三人。車騎者，天下武備也，故爲復卒。神農之教曰：『有石城十仞，湯池百步，帶甲百萬，而亡粟，弗能守也。』以是觀之，粟者，王者大用，政之本務。令民入粟受爵，至五大夫以上，乃復一人耳，此其與騎馬之功相去遠矣。爵者，上之所擅，出於口而亡窮；粟者，民之所種，生於地而不乏。夫得與爵免罪，人之所甚欲也。使天下人入粟於邊，以受爵免罪，不過三歲，塞下之粟必多矣。

於是文帝從錯之言，令民入粟邊，六百石爵上造，稍增至四千石爲五大夫，萬二千石爲大庶長，各以多少級爲差。錯復奏言：陛下幸使天下入粟塞下以拜爵，甚大惠也。竊恐塞卒之食不足用大渫天下粟。邊食足以支五歲，可令入粟郡縣矣；足支一歲以上，可時赦，勿收農民租。如此，德澤加於萬民，民俞勤耕。時有軍役，若遭水旱，民不困乏，天下安寧；歲熟且美，則民大富樂矣。

漢・桓寬《鹽鐵論》卷一《力耕第二》 大夫曰：

「王者塞天財，禁關市，執準守時，以輕重御民。豐年歲登，則儲積以備乏絶；凶年惡歲，則行幣物；流有餘而調不足也。昔禹水湯旱，百姓匱乏，或相假以接衣食。禹以歷山之金，湯以莊山之銅，鑄幣以贖其民，而天下稱仁。往者財用不足，戰士或不得禄，而山東被灾，齊、趙大饑，賴均輸之畜，倉廩之積，戰士以奉，飢民以賑。故均輸之物，府庫之財，非所以賈萬民而專奉兵師之用，亦所以賑困乏而備水旱之灾也。」

文學曰：

「古者，十一而税，澤梁以時入而無禁，黎民咸被南畝而不失其務。故三年耕而餘一年之蓄，九年耕有三年之蓄。此禹、湯所以備水旱而安百姓也。草萊不闢，田疇不治，雖擅山海之財，通百末之利，猶不能贍也。是以古者尚力務本而種樹繁，躬耕趣時而衣食足，雖累凶年而人不病也。故衣食者民之本，稼穡者民之務也。二者修，則國富而民安也。《詩》云：「百室盈止，婦子寧止」也。」

大夫曰：

「賢聖治家非一寶，富國非一道。昔管仲以權譎霸，而紀氏以强本亡。使治家養生必於農，則舜不甄陶而伊尹不爲庖。故善爲國者，天下之下我高，天下之輕我重。以末易其本，以虚蕩其實。今山澤之財，均輸之藏，所以御輕重而役諸侯也。汝、漢之金，纖微之貢，所以誘外國而釣胡、羌之寶也。夫中國一端之縵，得匈奴累金之物，而損敵國之用。是以贏驢馲駞，銜尾入塞，驒騱騵馬，盡爲我畜，鼲鼦狐貉，采旃文罽，充於内府，而璧玉珊瑚瑠璃，咸爲國之寶。是則外國之物内流，而利不外泄也。異物内流則國用饒，利不外泄則民用給矣。《詩》曰：「百室盈止，婦子寧止。」」

文學曰：

「古者，商通物而不豫，工致牢而不偽。故君子耕稼田魚，其實一也。商則長詐，工則飾罵，内懷闚闞而心不怍，是以薄夫欺而敦夫薄。昔桀女樂充宫室，文繡衣裳，故伊尹高逝遊薄，而女樂終廢其國。今贏驢之用，不中牛馬之功，鼲貂旃罽，不益錦綈之實。美玉珊瑚出於昆山，珠璣犀象出於桂林，此距漢萬有餘里。計耕桑之功，資財之費，是一物而售百倍其價也，一揖而中萬鍾之粟也。夫上好珍怪，則淫服下流，貴遠方之物，則貨財外充。是以王者不珍無用以節其民，不愛奇貨以富其國。故理民之道，在於節用尚本，分土井田而已。」

大夫曰：

「自京師東西南北，歷山川，經郡國，諸殷富大都，無非街衢五通，商賈之所湊，萬物之所殖者。故聖人因天時，智者因地財，上士取諸人，中士勞其形。長沮、桀溺，無百金之積，蹠蹻之徒，無猗頓之富，宛、周、齊、魯，商遍天下。故乃商賈之富，或累萬金，追利乘羡之所致也。富國何必用本農，足民何必井田也？」

文學曰：

「洪水滔天，而有禹之績，河水氾濫，而有宣房之功。商紂暴虐，而有孟津之謀，天下煩擾，而有乘羡之富。夫上古至治，民樸而貴本，安愉而寡求。當此之時，道路罕行，市朝生草。故耕不强者無以充虚，織不强者無以掩形。雖有湊會之要，陶、宛之術，無所施其巧。自古及今，不施而得報，不勞而有功者，未之有也。」

漢・王符《潛夫論》卷一《務本第二》 凡爲治之大體，莫善於抑末而務本，莫不善於離本而飾末。夫爲國者以富民爲本，以正學爲基。民富乃可教，學正乃得義，民貧則背善，學淫則詐偽，入學則不亂，得義則忠孝。故明君之法，務此二者，以爲成太平之基，致休徵之祥。

夫富民者，以農桑爲本，以遊業爲末；百工者，以致用爲本，以巧飾爲末；商賈者，以通貨爲本，以鬻奇爲末：三者守本離末則民富，離本守末則民貧，貧則阨而忘善，富則樂而可教。教訓者，以道義爲本，以巧辯爲末；辭語者，以信順爲本，以詭麗爲末；列士者以孝悌爲本，以交遊爲末；孝悌者，以致養爲本，以華觀爲末；人臣者，以忠正爲本，

以媚愛爲末：五者守本離末則仁義興，離本守末則道德崩。愼本略末猶可也，舍本務末則惡矣。

夫用天之道，分地之利，六畜生於時，百物聚於野，此富國之本也。游業末事，以收民利，此貧邦之原也。忠信謹愼，此德義之基也。虛無譎詭，此亂道之根也。故力田所以富國也。今民去農桑，赴游業，披采衆利，聚之一門，雖于私家有富，然公計愈貧矣。百工者，所使備器也。器以便事爲善，以膠固爲上。今工好造雕瑑之器巧僞飭之，以欺民取賄，雖于姦工有利，而國界愈病矣。商賈者，所以通物也，物以任用爲要，以堅牢爲資。今商競鬻無用之貨、淫侈之幣，以惑民取產，雖於淫商有得，然國計愈失矣。此三者，外雖有勤力富家之私名，然內有損民貧國之公實。故爲政者，明督工商，勿使淫僞，困辱遊業，勿使擅利，寬假本農，而寵遂學士，則民富國平矣。

夫教訓者，所以遂道術而崇德義也。今學問之士，好語虛無之事，爭著雕麗之文，以求見異於世，品人鮮識，從而高之，此傷道德之實，而或矇夫之大者也。詩賦者，所以頌善醜之德，洩哀樂之情也，故溫雅以廣文，興喻以盡意。今賦頌之徒，苟爲饒辯屈蹇之辭，競陳誣罔無然之事，以索見怪於世，愚夫戇士，從而奇之，此悖孩童之思，而長不誠之言者也。盡孝悌於父母，正操行於閨門，所以爲列士也。今多務交游以結黨助，偷世竊名以取濟渡，夸末之徒，從而尚之，此逼貞士之節，而眩世俗之心者也。養生順志，所以爲孝也。今多違志儉養，約生以待終，終沒之後，乃崇飭喪紀以言孝，盛饗賓旅以求名，誣善之徒，從而稱之，此亂孝悌之眞行，而誤後生之痛者也。忠正以事君，信法以理下，所以居官也。今多姦諛以取媚，撓法以便佞，苟得之徒，從而賢之，此滅貞良之行，而開亂危之原者也。五者，外雖有振賢才之虛譽，內有傷道德之至實。

凡此八者，皆衰世之務，而闇君之所固也。雖未即於篡弑，然亦亂道之至實。

夫本末消息之爭，皆在於君，非下民之所能移也。夫民固隨君之好，從利以生者也。是故務本則雖虛僞之人皆歸本，居末則雖篤敬之人皆就末。且凍餒之所在，民不得不去也；溫飽之所在，民不得不居也。故衰闇之世，本末之人，未必賢不肖也，禍福之所，勢不得無然爾。故明君蒞國，必崇本抑末，以遏亂危之萌。此誠治之危漸，不可不察也。

修齊治平論分部

論　説

漢・董仲舒《春秋繁露》卷五《重政第一三》　惟聖人能屬萬物於一，而繫之元也，終不及本所從來而承之，不能遂其功，是以春秋變一謂之元，元猶原也，其義以隨天地終始也，故人惟有始也，而生不必應四時之變，故元者，爲萬物之本，而人之元在焉，安在乎，乃在乎天地之前，故人雖在天氣及奉天氣者，不得與天元本天元命而共違其所爲也。故春正月者，承天地之所爲也，繼天之所爲而終之也，其道相與共功持業，安容言乃天地之元，天地之元，奚爲於此，惡施於人，大其貫承意之理矣。

能說鳥獸之類者，非聖人所欲說也；聖人所欲說，在於說仁義而理之，知其分科條別，貫所附，明其義之所審，勿使嫌疑，是乃聖人所貴而已矣；不然，傳於衆辭，觀於衆物，說不急之言，而以惑後進者，君子之所甚惡也，奚以爲哉！聖人思慮不厭晝日繼之以夜，然後萬物察者仁義矣，由此言之，尚自爲得之哉！故曰：於乎！爲人師者，可無愼邪！夫義出於經，經傳，大本也，棄營勞心也，苦志盡情，頭白齒落，尚不合自録也哉！

人始生有大命，是其體也，有變命存其間者，其政也，政不齊，則人有忿怒之志，若將施危難之中，而時有隨遭者，神明之所接，絕屬之符也，亦有變其間，使之不齊如此，不可不省之，省之則重政之本矣。

撮以爲一，進義誅惡，絕之本，而以其施，此與湯武同而有異，湯武用之，治往故。春秋明得失，差貴賤，本之天。王之所失天下者，使諸侯得以大亂之說而後引而反之，故曰博而明，深而切矣。

變法創制論分部

論　説

漢・揚雄《法言》卷四《問道》　或問新敝。曰：「新則襲之，敝則益損之。」

恪守祖制祖法論分部

論　説

漢・董仲舒《春秋繁露》卷一《楚莊王第一》　春秋之道，奉天而法古。是故雖有巧手，弗修規矩，不能正方員；雖有察耳，不吹六律，不能定五音；雖有知心，不覽先王，不能平天下；然則先王之遺道，亦天下之規矩六律已！故聖者法天，賢者法聖，此其大數也；得大數而治，失大數而亂，此治亂之分也；所聞天下無二道，故聖人異治同理也，古今通達，故先賢傳其法於後世也。春秋之於世事也，善復古，譏易常，欲其法先王也。然而介以一言曰：「王者必改制。」自僻者得此以爲辭，曰：「古苟可循，先王之道，何莫相因。」世迷是聞，以疑正道而信邪言，甚可患也。答之曰：「人有聞諸侯之君射貍首之樂者，於是自斷貍首，縣而射之，曰：「安在於樂也？」此聞其名，而不知其實者也。今所謂新王必改制者，非改其道，非變其理，受命于天，易姓更王，非繼前王而王也，若一因前制，修故業，而無有所改，是與繼前王而王者無以別。受命之君，天之所大顯也；事父者承意，事君者儀志，事天亦然；今天大顯已，物襲所代，而率與同，則不顯不明，非天志，故必徙居處，更稱號，改正朔，易服色者，無他焉，不敢不順天志，而明自顯也。若夫大綱，人倫道理，政治教化，習俗文義盡如故，亦何改哉！故王者有改制之名，無易道之實。孔子曰：「無爲而治者，其舜乎！」言其主堯之道而已，此非不易之效與！」問者曰：「物改而天授，顯矣，其必更作樂，何也？」曰：「樂異乎是，制爲應天改之，樂爲應人作之，彼之所受命者，必民之所同樂也。是故大改制于初，所以明天命也；更作樂於終，所以見天功也；緣天下之所新樂，而爲之文曲，且以和政，且以興德，天下未徧合和，王者不虛作樂，樂者，盈於內而動發於外者也，應其治時，制禮作樂以成之，成者本末質文，皆以具矣。是故作樂者，必反天下之所始樂於己以爲本。舜時，民樂其昭堯之業也，故《韶》。韶者，昭也；禹之時，民樂其三聖相繼，故《夏》。夏者，大也；湯之時，民樂其救之於患害也，故《護》。護者，救也；文王之時，民樂其興師征伐也，故《武》。武者，伐也。四者天下同樂之，一也，其所同樂之端，不可一也。作樂之法，必反本之所樂，所樂不同事，樂安得不世異！是故舜作《韶》而禹作《夏》，湯作《護》而文王作《武》，四樂殊名，則各順其民始樂於己也，吾見其效矣。《詩》云：「文王受命，有此武功；既伐於崇，作邑於豐。」樂之風也。又曰：「王赫斯怒，爰整其旅。」當是時，紂爲無道，諸侯大亂，民樂文王之怒，而詠歌之也。周人德已洽天下，反本以爲樂，謂之大武，言民所始樂者，武也云爾。故凡樂者，作之於終，而名之以始，重本之義也。由此觀之，正朔服色之改，受命應天，制禮作樂之異，人心之動也，二者離而復合，所爲一也。」

漢・桓寬《鹽鐵論》卷五《遵道第二十三》　文學曰：「師曠之調五音，不失宮商。聖王之治世，不離仁義。故有改制之名，無變道之實。上自黃帝，下及三王，莫不明德教，謹庠序，崇仁義，立教化。此百世不易之道也。殷、周因循而昌，秦王變法而亡。《詩》云：「雖無老成人，尚有典刑。」言法教也。故没而存之，舉而貫之，貫而行之，何更爲哉？」

文學曰：「君子多聞闕疑，述而不作，聖達而謀大，叡智而事寡。是以功成而不隳，名立而不頓。小人智淺而謀大，羸弱而任重，故中道而廢，蘇秦、商鞅是也。無先王之法，非聖人之道，而因於己，故亡。《易》曰：「小人處盛位，雖高必崩。不盈其道，不恆其德，而能以善終身，未之有也。」是以初登于天，後入于地。」禹之治水也，民知其利，莫

不勸其功。商鞅之立法，民知其害，莫不畏其刑。故夏后功立而王，商鞅法行而亡。商鞅有獨智之慮，世乏獨見之證。文學不足與權當世，亦無負累蒙殃也。』

《漢書》卷六七《梅福傳》 福復上書曰：臣聞箕子佯狂於殷，而爲周陳《洪範》；叔孫通遁秦歸漢，制作儀品。夫叔孫先非不忠也，箕子非疏其家而畔親也，不可爲言也。昔高祖納善若不及，從諫若轉圜，聽言不求其能，舉功不考其素。陳平起於亡命而爲謀主，韓信拔於行陳而建上將。故天下之士雲合歸漢，爭進奇異，知者竭其策，愚者盡其慮，勇士極其節，怯夫勉其死。合天下之知，并天下之威，是以舉秦如鴻毛，取楚若拾遺，此高祖所以亡敵於天下也。孝文皇帝起于代谷，非有周、召之師，伊、呂之佐也，循高祖之法，加以恭儉。當此之時，天下幾平。繇是言之，循高祖之法則治，不循則亂。何者？秦爲亡道，削仲尼之迹，滅周公之軌，壞井田，除五等，禮廢樂崩，王道不通，故欲行王道者莫能致其功也。孝武皇帝好忠諫，説至言，出爵不待廉茂，慶賜不須顯功，是以天下布衣各厲志竭精以赴闕廷自衒鬻者不可勝數。漢家得賢，于此爲盛。使孝武皇帝聽用其計，升平可致。於是積尸暴骨，快心胡、越，故淮南王安緣間而起。所以計慮不成而謀議泄者，以衆賢聚於本朝，故其大臣勢陵不敢和從也。方今布衣乃窺國家之隙，見間而起者，蜀郡是也。及山陽亡徒蘇令之羣，蹈藉名都大郡，求黨與，索隨和，而亡逃匿之意。此皆輕量大臣，亡所畏忌，國家之權輕，故匹夫欲與上爭衡也。

又 卷七二《貢禹傳》 又言古者不以金錢爲幣，專意於農，故一夫不耕，必有受其飢者。今漢家鑄錢，及諸鐵官皆置吏卒徒，攻山取銅鐵，一歲功十萬人已上，中農食七人，是七十萬人常受其飢也。鑿地數百丈，銷陰氣之精，地臧空虛，不能含氣出雲，斬伐林木亡有時禁，水旱之灾未必不繇此也。自五銖錢起已來七十餘年，民坐盜鑄錢被刑者衆，富人積錢滿室，猶亡厭足。民心動搖，商賈求利，東西南北各用智巧，好衣美食，歲有十二之利，而不出租稅。農夫父子暴露中野，不避寒暑，捽草杷土，手足胼胝，已奉穀租，又出这稾稅，鄉部私求，不可勝供。故民棄本逐末，耕者不能半。貧民雖賜之田，猶賤賣以賈，窮則起爲盜賊。何者？末利深而惑於錢也。是以奸邪不可禁，其原皆起於錢也。疾其末者絶其本，宜罷採珠玉金銀鑄錢之官，无復以爲幣。市井勿得販賣，除其租銖之律，租稅禄賜皆以布帛及穀，使百姓壹歸於農，復古道便。

又 卷七四《魏相傳》 魏相曰：臣聞明主在上，賢輔在下，則君安虞而民和睦。臣相幸得備位，不能奉明法，廣教化，理四方，以宣聖德。民多背本趨末，或有飢寒之色，爲陛下之憂，臣相罪當萬死。臣相知能淺薄，不明國家大體，時用之宜，惟民終始，未得所繇。竊伏觀先帝聖德仁恩之厚，勤勞天下，垂意黎庶，憂水旱之灾，爲民貧窮發倉廩，賑乏餧；遣諫大夫博士巡行天下，察風俗，舉賢良，平冤獄，冠蓋交道；省諸用，寬租賦，弛山澤波池，禁秣馬酤酒貯積，所以周急繼困，慰安元元，便利百姓之道甚備。臣相不能悉陳，昧死奏故事詔書凡二十三事。臣謹案王法必本於農而務積聚，量入制用以備凶灾，亡六年之畜，尚謂之急。元鼎二年，平原、勃海、太山、東郡溥被灾害，民餓死于道路。二千石不豫慮其難，使至於此，賴明詔振救，乃得蒙更生。今歲不登，穀暴騰踊，臨秋收斂猶有乏者，至春恐甚，亡以相恤。西羌未平，師旅在外，兵革相乘，臣竊寒心，宜蚤圖其備。唯陛下留神元元，帥繇先帝盛德以撫海內。上施行其策。

寬猛相濟論分部

論説

漢・仲長統《昌言中》 仲長子昌言德教者，人君之常任也，而刑罰爲之佐助焉。古之聖帝明王，所以能親百姓、訓五品、和萬邦、蕃黎民、召天地之嘉應、降鬼神之吉靈者，寔德是爲，而非刑之攸致也。至於革命之期運，非征伐用兵，則不能定其業；姦宄之成羣，非嚴刑峻法，則不能破其黨。時勢不同，所用之數亦宜異也。教化以禮義爲宗，禮義以典籍爲本。常道行於百世，權宜用於一時。所不可得而易者也。故制不足，則引之無所至；禮無等，則用之不可依；法無常，則網羅當道路；教不明，則士民無所信。引之無所至，則難以致治；用之不可依，則無

所取正；羅網當道路，則不可得而避；士民無所信，則其志不知所定，非治理之道也。

賞罰並重論分部

論說

《漢書》卷五八《公孫弘傳》（公孫弘對曰）臣聞上古堯、舜之時，不貴爵賞而民勸善，不重刑罰而民不犯，躬率以正而遇民信也；末世貴爵厚賞而民不勸，深刑重罰而姦不止，其上不正，遇民不信也。夫厚賞重刑未足以勸善而禁非，必信而已矣。是故因能任官，則分職治；去無用之言，則事情得；不作無用之器，卽賦斂省；不奪民時，不妨民力，則百姓富；有德者進，無德者退，則朝廷尊；有功者上，無功者下，則羣臣逡；罰當罪，則姦邪止；賞當賢，則臣下勸：凡此八者，治民之本也。故民者，業之卽不爭，理得則不怨，有禮則不暴，愛之則親上，此有天下之急者也。故法不遠義，則民服而不離；和不遠禮，則民親而不暴。故法之所罰，義之所去也；和之所賞，禮之所取也。禮義者，民之所服也，而賞罰順之，則民不犯禁矣。故畫衣冠，異章服，而民不犯者，此道素行也。

臣聞之，氣同則從，聲比則應。今人主和德於上，百姓和合於下，故心和則氣和，氣和則形和，形和則聲和，聲和則天地之和應矣。故陰陽和，風雨時，甘露降，五穀登，六畜蕃，嘉禾興，朱草生，山不童，澤不涸，此和之至也。故形和則無疾，無疾則不夭，故父不喪子，兄不哭弟。德配天地，明並日月，則麟鳳至，龜龍在郊，河出圖，洛出書，遠方之君莫不說義，奉幣而來朝，此和之極也。

臣聞之，仁者愛也，義者宜也，禮者所履也，智者術之原也。致利除害，兼愛無私，謂之仁；明是非，立可否，謂之義；進退有度，尊卑有分，謂之禮；擅殺生之柄，通壅塞之塗，權輕重之數，論得失之道，使遠近情僞必見於上，謂之術：凡此四者，治之本，道之用也，皆當設施，不可廢也。得其要，則天下安樂，法設而不用；不得其術，則主蔽於上，官亂於下。此事之情，屬統垂業之本也。

臣聞堯遭鴻水，使禹治之，未聞禹之有水也。若湯之旱，則桀之餘烈也。桀、紂行惡，受天之罰；禹、湯積德，以王天下。因此觀之，天德無私親，順之和起，逆之害生。此天文、地理、人事之紀。臣弘愚戇，不足以奉大對。

選人用人論部

治在得人論分部

論說

漢·桓譚《新論·求輔第三》治國者，輔作之本，其任用咸得大才。大才乃主之股肱羽翮也。【略】王公大人則嘉得良師明輔，品庶凡民則樂畜仁賢哲士，皆國之柱棟，而人之羽翼。凡人性難極也，難知也，故其絕異者常爲世俗所遺失焉。

昔殷之伊尹，周之太公，秦之百里奚，雖咸有天才，然皆年七十餘，乃升爲王霸師。

昔秦王見周室之失統，喪權于諸侯，自以當保有九州，見萬民碌碌，猶羣羊聚豬，皆可以竿而驅之，故遂自恃，不任人、封立諸侯。及陳勝、楚、漢，咸由布衣，非封君有土，而並共滅秦，遂以敗也。

高帝既定天下，念項王從函谷入，而已由武關到，推卻關，修强守禦，內充實三軍，外多發屯戍，設窮治黨與之法，重懸告反之賞。及王翁之奪取，乃不犯關梁阸塞，而坐得其處。王翁自見以專國秉政得之，卽抑重臣，收下權，使事無大小深淺，皆斷決於己身。及其失之，人不從大臣生焉。更始帝見王翁以失百姓心亡天下，既西到京師，恃民悅喜，則自安

樂，不聽納諫臣謀士，赤眉圍其外，而近臣反，城遂以破敗。

由是觀之，夫患害奇邪不一，何可勝爲設防量備哉？防備之善者，則唯量賢智大材，然後先見豫圖，遏將救之耳。

明鏡，軀策也。章程，斛斗也。銓衡，丈尺也。維針艾方藥者，已病之具也，非良醫不能以愈人。材能德行者，治國之器也，非明君不能以立功。醫無鍼藥，可作爲求買，以行術伎，不須必自有也。君無材德，可選任明輔，不待必躬能也。由是察焉，則材能德行，國之鍼藥也，其得立功效，乃在君輔。《傳》曰：『得十良馬，不如得一伯樂；得十利劍，不如得一歐冶』。多得善物，不如少得能知物。知物者之致善珍，珍益廣，非特止於十也。朝九州之俊。

昔堯試舜於大麓者，乃領録天下之事，如今之尚書官矣。宜得大賢智，乃可使處議持平焉。昔周公光崇周道，澤被四表。治獄如水。

夫聖人乃千載一出，賢人君子所想思而不可得見者也。切直忠正，則汲黯之敢諫諍也。前世俊士，立功垂名，圖畫於殿閣宫省，此乃國之大寶，亦無價矣。雖積和璧，累夏璜，囊隋侯，篋夜光，未足喻也。伊、呂、良、平，何世無之？但人君不知，羣臣勿用也。

捕猛獸者，不使美人舉手；釣巨魚者，不使稚子輕預。非不親也，力不堪也。奈何萬乘之主而不擇人哉？

傳記言：魏牟北見趙王，王方使冠工制冠於前，問治國于牟。對曰：『大王誠能重國若此二尺縱，則國治且安』。王曰：『國所受于先人，宗廟社稷至重，而比之二尺縱，何也？』牟曰：『大王制冠，不使親近，而必求良工者，非爲其敗縱而冠不成與？今治國不善，則社稷不安，宗廟不血食。大王不求良士，而任使其私愛，此非輕國於二尺縱之制耶？』王無以應。

凡人性難極也，難知也；故其絶異者，常爲世俗所遺失焉。

薛翁者，長安善相馬者也。於邊郡求得駿馬，惡貌而正走，名驥子。騎以入市，去來人不見也。後勞問之，因請觀馬。翁曰：『諸卿無目，不足示也。』夫畜生賤也，然有尤善者，皆見記識。故馬稱驊騮、驥，牛譽郭椒、丁櫟。

賢有五品：謹敕於家事，順悌於倫黨，鄉里之士也；作健曉惠，文史無害，縣廷之士也；信誠篤行，廉平公，理下務上者，州郡之士也；通經術，名行高，能達於從政，寬和有固守者，公輔之士也；才高卓絶，疏殊於衆，多籌大略，能圖世建功者，天下之士也。居家循理，鄉里和順，出入恭敬，言語謹遜，謂之善士。

言求取輔佐之術，既得之，又有大難三，而止善二。

爲世之事，中庸多，大材少，少不勝衆，一口不能與一國訟，持孤特之論，干雷同之計，以疏賤之處，逆貴近之心，則萬不合，此一難也。夫建踔殊。爲非常，乃世俗所不能見也，又使明智圖事，而與衆平之，亦必不足，此二難也。既聽納，有所施行，而事未及成，讒人隨而惡之，即中道狐疑，或使言者還受其尤，此三難也。

智者盡心竭言，以爲國造事，衆間之，則反見疑，壹不當合，遂被譖想，雖有十善，隔以一惡去，此一止善也。材能之士，世所嫉妒，遭遇明君，乃壹興起，既幸得之，又復隨衆，弗與知者，雖有若仲尼，猶且出走，此二止善也。

是故非君臣緻密堅固，割心相信，動無間疑，若伊、呂之見用，傳説通夢，管、鮑之信任，則難以遂功竟意矣。

又説之言，亦甚多端，其欲觀使者，則以古之賢輔厲主，欲間疏別離，則以專權危國者論之。蓋父子至親，而人主有高宗、孝己之設，及景、武時栗、衛太子之事；忠臣高節，時有龍逢、比干、伍員、晁錯之變；比類衆多，不可盡記，則事曷可爲邪？庸易知邪？雖然，察前世已然之效，可以觀覽，亦可以爲戒。維諸高妙大材之人，重時遇咎，皆欲上與賢侔，而垂榮歷載，安肯毁明廢義，而爲不軌惡行乎？若夫魯連解齊、趙之金封，虞卿捐萬户與國相，乃樂以成名肆志，豈復干求便辟趨利耶？覽諸邪背叛之臣，皆小辨貪饕之人也，大材者莫有焉。

由是觀之，世間高士材能絶異者，其行親任亦明矣，不主乃意疑之也！如不能聽納，施行其策，雖廣知得，亦終無益也。賈誼不左遷失志，則文彩不發。淮南不貴盛富饒，則不能廣聘駿士，使著文作書。太史公不典掌書記，則不能條悉古今。揚雄不貧，則不能作玄、言。殷之三仁，皆暗于前而章于後，何益於事？何補於君？謂揚子雲曰：『如後世復有聖人，徒知其材能之勝己，多不能知其聖與非聖人也。』子雲曰：『誠然。』

《漢書》卷五一《賈山傳》 賈山曰：昔者，秦政力并萬國，富有天下，破六國以爲郡縣，築長城以爲關塞。秦地之固，大小之勢，輕重之權，其與一家之富，一夫之强，胡可勝計也！然而兵破於陳涉，地奪於劉氏者，何也？秦王貪狼暴虐，殘賊天下，窮困萬民，以適其欲也。昔者，周蓋千八百國，以九州之民養千八百國之君，用民之力不過歲三日，什一而籍，君有餘財，民有餘力，而頌聲作。秦皇帝以千八百國之民自養，力罷不能勝其役，財盡不能勝其求。一君之身耳，所以自養者馳騁弋獵之娱，天下弗能供也。勞罷者不得休息，飢寒者不得衣食，亡罪而死刑者無所告訴，人與之爲怨，家與之爲讎，故天下壞也。秦皇帝身在之時，天下已壞矣，而弗自知也。秦皇帝東巡狩，至會稽、琅邪，刻石著其功，自以爲過堯、舜統；縣石鑄鍾虡，篩土築阿房之宮，自以爲萬世有天下也。古者聖王作謚，三四十世耳，雖堯、舜、禹、湯、文、武累世廣德以爲子孫基業，無過二三十世者也。秦皇帝曰死而以謚法，是父子名號有時相襲也，以一至萬，則世世不相復也，故死而號曰始皇帝，其次曰二世皇帝者，欲以一至萬也。秦皇帝計其功德，度其後嗣，世世無窮，然身死纔數月耳，天下四面而攻之，宗廟滅絶矣。

秦皇帝居滅絶之中而不自知者何也？天下莫敢告也。其所以莫敢告者何也？亡養老之義，亡輔弼之臣，亡進諫之士，縱恣行誅，退誹謗之人，殺直諫之士，是以道諛偷合苟容，比其德則賢於堯、舜，課其功則賢于湯、武，天下已潰而莫之告也。《詩》曰：『匪言不能，胡此畏忌，聽言則對，譖言則退。』此之謂也。又曰：『濟濟多士，文王以寧。』天下未嘗亡士也，然而文王獨言以寧者何也？文王好仁則仁興，得士而敬之則士用，用之有禮義。故不致其愛敬，則不能盡其心；不能盡其心，則不能盡其力；不能盡其力，則不能成其功。故古之賢君於其臣也，尊其爵禄而親之；疾則臨視之亡數，死則往弔哭之，臨其小斂大斂，已棺塗而後爲之服錫衰麻絰，而三臨其喪；未斂不飲酒食肉，未葬不舉樂，當宗廟之祭而死，爲之廢樂。故古之君人者於其臣也，可謂盡禮矣；服法服，端容貌，正顔色，然後見之。故臣下莫敢不竭力盡死以報其上，功德立於後世，而令聞不忘也。

今陛下念思祖考，術追厥功，圖所以昭光洪業休德，使天下舉賢良方正之士，天下皆訢訢焉，曰將興堯、舜之道，三王之功矣。天下之士莫不精白以承休德。今方正之士皆在朝廷矣，又選其賢者使爲常侍諸吏，與之馳驅射獵，一日再三出。臣恐朝廷之解弛，百官之墮於事也，諸侯聞之，又必怠於政矣。

陛下即位，親自勉以厚天下，損食膳，不聽樂，減外徭衛卒，止歲貢；省廏馬以賦縣傳，去諸苑以賦農夫，出帛十萬餘匹以振貧民；禮高年，九十者一子不事，八十者二算不事；賜天下男子爵，大臣皆至公卿；發御府金賜大臣宗族，亡不被澤者；赦罪人，憐其亡髪，賜之巾，憐其衣赭書其背，父子兄弟相見也，而賜之衣。平獄緩刑，天下莫不說喜。是以元年膏雨降，五穀登，此天之所以相陛下也。刑輕於它時而犯法者寡，衣食多於前年而盜賊少，此天下之所以順陛下也。臣聞山東吏布詔令，民雖老羸癃疾，扶杖而往聽之，願少須臾毋死，思見德化之成也。今功業方就，名聞方昭，四方鄉風，今從豪俊之臣，方正之士，直與之日日獵射，擊兔伐狐，以傷大業，絶天下之望，臣竊悼之。《詩》曰：『靡不有初，鮮克有終。』臣不勝大願，願少衰射獵，以夏歲二月，定明堂，造太學，修先王之道。風行俗成，萬世之基定，然後唯陛下所幸耳。

又 卷六七《梅福傳》 士者，國之重器；得士則重，失士則輕。《詩》云：『濟濟多士，文王以寧。』廟堂之議，非草茅所當言也。臣誠恐身塗野草，尸并卒伍，故數上書求見，輒報罷。臣聞齊桓之時有以九九見者，桓公不逆，欲以致大也。今臣所言非特九九也，陛下距臣者三矣，此天下士所以不至也。昔秦武王好力，任鄙叩關自鬻；繆公行伯，由余歸德。今欲致天下之士，民有上書求見者，輒使詣尚書問其所言，言可采取者，秩以升斗之禄，賜以一束之帛。若此，則天下之士發憤懣，吐忠言，嘉謀日聞於上，天下條貫，國家表裏，爛然可睹矣。夫以四海之廣，士民之數，能言之類至衆多也。然其儁傑指世陳政，言成文章，質之先聖而不繆，施之當世合時務，若此者，亦亡幾人。故爵禄束帛者，天下之底石，高祖所以厲世摩鈍也。孔子曰：『工欲善其事，必先利其器。』至秦則不然，張誹謗之罔，以爲漢敺除，倒持泰阿，授楚其柄。故誠能勿失其柄，天下雖有不順，莫敢觸其鋒，此孝武皇帝所以辟地建功爲漢世宗也。今不循伯者之道，乃欲以三代選舉之法取當時之士，猶察伯樂之圖，求騏

驥於市，而不可得，亦已明矣。故高祖棄陳平之過而獲其謀，晉文召天王，齊桓用其讎，有益於時，不顧逆順，此所謂伯道者也。一色成體謂之醇，白黑雜合謂之駮。欲以承平之法治暴秦之緒，猶以鄉飲酒之禮理軍市也。

今陛下既不納天下之言，又加戮焉。夫鳶鵲遭害，則仁鳥增逝；愚者蒙戮，則知士深退。間者愚民上疏，多觸不急之法，或下廷尉，而死者衆。自陽朔以來，天下以言爲諱，朝廷尤甚，羣臣皆承順上指，莫有執正。何以明其然也？取民所上書，陛下之所善，試下之廷尉，廷尉必曰『非所宜言，大不敬。』以此卜之，一矣。故京兆尹王章資質忠直，敢面引廷爭，孝元皇帝擢之，以厲具臣而矯曲朝。及至陛下，戮及妻子。且惡惡止其身，王章非有反畔之辜，而殃及家。折直士之節，結諫臣之舌，羣臣皆知其非，然不敢爭，天下以言爲戒，最國家之大患也。願陛下循高祖之軌，杜亡秦之路，數御《十月》之歌，留意《亡逸》之戒，除不急之法，下亡諱之詔，博鑑兼聽，謀及疏賤，令深者不隱，遠者不塞，所謂『辟四門，明四目』也。且不急之法，誹謗之微者也。『往者不可及，來者猶可追。』方今君命犯而主威奪，外戚之權日以益隆，陛下不見其形，願察其景。建始以來，日食地震，以率言之，三倍春秋，水災亡與比數。陰盛陽微，金鐵爲飛，此何景也！漢興以來，社稷三危。呂、霍、上官皆母后之家也，親親之道，全之爲右，當與之賢師良傅，教以忠孝之道。今乃尊寵其位，授以魁柄，使之驕逆，至於夷滅，此失親親之大者也。自霍光之賢，不能爲子孫慮，故權臣易世則危。《書》曰：『毋若火，始庸庸。』勢陵於君，權隆於主，然後防之，亦亡及已。

又 卷七二《王吉傳》 盛於昭帝時外戚許、史、王氏貴寵，而上躬親政事，任用能吏。吉上疏言得失，曰：

陛下躬聖質，總萬方，帝王圖籍日陳於前，惟思世務，將興太平。詔書每下，民欣然若更生。臣伏而思之，可謂至恩，未可謂本務也。

欲治之主不世出，公卿幸得遭遇其時，言聽諫從，然未有建萬世之長策，舉明主於三代之隆者也。其務在於期會簿書，斷獄聽訟而已，此非太平之基也。

臣聞聖王宣德流化，必自近始。朝廷不備，難以言治；左右不正，難以化遠。民者，弱而不可勝，愚而不可欺也。聖主獨行於深宮，得則天下稱誦之，失則天下咸言之。行發於近，必見於遠，故謹選左右，審擇所使。左右所以正身也，所使所以宣德也。《詩》云：『濟濟多士，文王以寧。』此其本也。

《春秋》所以大一統者，六合同風，九州共貫也。今俗吏所以牧民者，非有禮義科指可世世通行者也，獨設刑法以守之。其欲治者，不知所繇，以意穿鑿，各取一切，權譎自在，故一變之後不可復修也。是以百里不同風，千里不同俗，户異政，人殊服，詐僞萌生，刑罰亡極，質樸日銷，恩愛浸薄。孔子曰『安上治民，莫善於禮』，非空言也。王者未制禮之時，引先王禮宜於今者而用之。臣願陛下承天心，發大業，與公卿大臣延及儒生，述舊禮，明王制，驅一世之民濟之仁壽之域，則俗何以不若成、康，壽何以不若高宗？竊見當世趨務不合於道者，謹條奏，唯陛下財擇焉。

吉意以爲：『夫婦，人倫大綱，夭壽之萌也。世俗嫁娶太早，未知爲人父母之道而有子，是以教化不明而民多夭。聘妻送女亡節，則貧人不及，故不舉子。又漢家列侯尚公主，諸侯則國人承翁主，使男事女，夫詘於婦，逆陰陽之位，故多女亂。古者衣服車馬貴賤有章，以褒有德而別尊卑，今上下僭差，人人自制，是以貪財誅利，不畏死亡。周之所以能致治，刑措而不用者，以其禁邪於冥冥，絶惡於未萌也。』又言：『舜、湯不用三公九卿之世而舉皋陶、伊尹，不仁者遠。今使俗吏得任子弟，率多驕驁，不通古今，至於積功治人，亡益於民，此《伐檀》所爲作也。宜明選求賢，除任子之令。外家及故人可厚以財，不宜居位。去角抵，減樂府，省尚方，明視天下以儉。古者工不造琱瑑，商不通侈靡，非工商之獨賢，政教使之然也。民見儉則歸本，本立而末成。』

又 卷七五《李尋傳》 臣聞月者，衆陰之長，銷息見伏，百里爲品，千里立表，萬里連紀，妃后大臣諸侯之象也。朔晦正終始，弦爲繩墨，望成君德，春夏南，秋冬北。間者，月數以春夏與日同道，過軒轅上後受氣，入太微帝廷揚光輝，犯上將近臣，列星皆失色，厭厭如滅，此爲母后與政亂朝，陰陽俱傷，兩不相便。外臣不知朝事，竊信天文即如此，近臣已不足杖矣。屋大柱小，可爲寒心。唯陛下親求賢士，無强所惡，以

崇社稷，尊強本朝。

又　卷八五《谷永傳》　時有黑龍見東萊，上使尚書問永，受所欲言。永對曰：

臣聞王天下有國家者，患在上有危亡之事，而危亡之言不得上聞；如使危亡之言輒上聞，則商、周不易姓而迭興，三正不變改而更用。夏、商之將亡也，行道之人皆知之，晏然自以若天有日莫能危，是故惡日廣而不自知，大命傾而不寤。《易》曰：『危者有其安者也，亡者保其存者也。』陛下誠垂寬明之聽，無忌諱之誅，使芻蕘之臣得盡所聞於前，不懼於後患，直言之路開，則四方衆賢不遠千里，輻湊陳忠，羣臣之上願，社稷之長福也。

又　卷八六《王嘉傳》　哀帝初立，欲匡成帝之政，多所變動，嘉上疏曰：

臣聞聖王之功在於得人。孔子曰：『材難，不其然與！』故斷世立諸侯，象賢也。』雖不能盡賢，天子爲擇臣，立命卿以輔之。居是國也，累世尊重，然後士民之衆附焉，是以教化行而治功立。今之郡守重於古諸侯，往者致選賢材，賢材難得，拔擢可用者，或起于囚徒。昔魏尚坐事繫，文帝感馮唐之言，遣使持節赦其罪，拜爲雲中太守，匈奴忌之。武帝擢韓安國於徒中，拜爲梁內史，骨肉以安。張敞爲京兆尹，有罪當免，黠吏知而犯敞，敞收殺之，其家自冤，使者覆獄，刻敞賊殺人，上逮捕不下，會免，亡命數十日，宣帝徵敞拜爲冀州刺史，卒獲其用。前世非私此三人，貪其材器有益於公家也。

孝文時，吏居官者或長子孫，以官爲氏，倉氏、庫氏則倉庫吏之後也。其二千石長吏亦安官樂職，然後上下相望，莫有苟且之意。其後稍稍變易，公卿以下傳相促急，又數改更政事，司隸、部刺史察過悉劾，發揚陰私，吏或居官數月而退，送故迎新，交錯道路。中材苟容求全，下材懷危內顧，壹切營私者多。二千石益輕賤，吏民慢易之。或持其微過，增加成罪，言于刺史、司隸，或至上書章下；衆庶知其易危，小失意則有離畔之心。前山陽亡徒蘇令等從横，吏士臨難，莫肯伏節死義，以守相威權素奪也。孝成皇帝悔之，下詔書，二千石不爲縱，遣使者賜金，尉厚其意，誠以爲國家有急，取辦于二千石，二千石尊重難危，乃能使下。

孝宣皇帝愛其良民吏，有章劾，事留中，會赦壹解。故事，尚書希下章，爲煩擾百姓，證驗繫治，或死獄中，章文必有『敢告之』字乃下。唯陛下留神于擇賢，記善忘過，容忍臣子，勿責以備。二千石、部刺史、三輔縣令有材任職者，人情不能不有過差，宜可闊略，令盡力者有所勸。此方今急務，國家爲利也。前蘇令發，欲遣大夫使逐問狀，時見大夫無可使者，召盩厔令尹逢拜爲諫大夫遣之。今諸大夫有材能者甚少，宜豫畜養可成就者，則士赴難不愛其死；臨事倉卒乃求，非所以明朝廷也。

漢·王符《潛夫論》卷一《賢難第五》　世之所以不治者，由賢難也。所謂賢難者，非直體聰明服德義之謂也。此則求賢之難得爾，非賢者之所難也。故所謂賢難者，乃將言乎循善則見妬，行賢則見嫉，而必遇患難者也。

虞舜之所以放殛，子胥之所以被誅，上聖大賢猶不能自免於嫉妒，則又況乎中世之人哉？此秀士所以雖有賢材美質，然猶不得直道而行，遂成其志者也。

處士不得直其行，朝臣不得直其言，此俗化之所以敗，闇君之所以孤也。齊侯之以奪國，魯公之以放逐，皆敗績厭覆於不暇，而用及治乎？故德薄者惡聞美行，政亂者惡聞治言，此亡秦之所以誅偶語而坑術士也。

今世俗之人，自慢其親而憎人敬之，自簡其親而憎人愛之者不少也。豈獨品庶，賢材時有焉。鄧通幸于文帝，盡心而不違，吮癰而無恡色。帝病不樂，從容曰：『天下誰最愛朕者乎？』鄧通欲稱太子之孝，則因對曰：『莫若太子之最愛陛下也。』及太子問疾，帝令吮癰，有難之色，帝不悅而遣太子。既而聞鄧通之常吮癰也，乃慚而怨之。及嗣帝位，遂致通罪而使至於餓死。故鄧通其行所以盡心力而無害人，其言所以譽太子而昭孝慈也。太子自不能盡其稱，則反結怨而歸咎焉。稱人之長，欲彰其孝，且猶爲罪，又況明人之短矯世者哉？

且凡士之所以爲賢者，且以其言與行也。忠正之言，非徒譽人而已也，必有觸焉；孝子之行，非徒吮癰而已也，必有駁焉。然則循行論議之士，得不遇於嫉妒之名，免于刑戮之咎者，蓋其幸者也。比干之所以剖心，箕子之所以爲奴，伯宗之以死，郤宛之以亡。

夫國不乏於妒男也，猶家不乏於妒女也。近古以來，自外及內，其爭

功名妒過己者豈希也？予以惟兩賢爲宜不相害乎？然也，范睢絀白起，公孫弘抑董仲舒，此同朝共君寵禄爭故耶？惟殊邦異途利害不干者爲可以免乎？然也，孫臏修能于楚，龐涓自魏變色，誘以刖之；韓非明治于韓，李斯自秦作思，致而殺之。嗟士之相妒豈若此甚乎！此未達於君故受禍邪？惟見知爲可以將信乎？然也，京房數與元帝論難，使制考功而選守；晁錯雅爲景帝所知，使條漢法而不亂。夫二子之於君也，可謂見知深而寵愛殊矣，然京房冤死而上曾不知，晁錯既斬而帝乃悔。此材明未足衛身故及難邪？惟大聖爲能無累乎？然也，帝乙以義故囚，文王以仁故拘。夫體至行仁義，據南面師尹卿士，且猶不能無難，然則夫子削迹，叔向縲絏，屈原放沈，賈誼貶黜，鍾離廢替，何敞束縛，王章抵罪，平阿斥逐，蓋其輕士者也。

《詩》云：『無罪無辜，讒口敖敖。』『彼人之心，於何不臻？』由此觀之，妒媚之攻擊也，亦誠工矣！賢聖之居世也，亦誠危矣！

故所謂賢難也者，非賢難也，免則難也。彼大聖羣賢，功成名遂，或爵侯伯，或位公卿，尹據天官，柬在帝心，宿夜侍宴，名達而猶有若此，則又況乎畎畝佚民、山谷隱士，因人乃達，時論乃信者乎？此智士所以鉗口結舌，括囊共默而已者也。

且閭閻凡品，何獨識哉？苟望塵剽聲而已矣。觀其論也，非能本閨閫之行迹，察臧否之虛實也；直以面譽我者爲智，諂諛己者爲仁，處姦利者爲行，竊禄位者爲賢爾。豈復知孝悌之原，忠正之直，綱紀之化，本途之歸哉？此鮑焦所以立枯于道左，徐衍所以自沈於滄海者也。

諺曰：『一犬吠形，百犬吠聲。』世之疾此固久矣哉！吾傷世之不察眞僞之情也，故設虛義以喻其心曰：今觀宰司之取士也，有似于司原之佃也。昔有司原氏者，燎獵中野。鹿斯東奔，司原縱噪之。西方之衆有逐豨者，聞司原之噪也，競舉音而和之。司原聞音之衆，則反輟己之逐而往伏焉，遇夫俗惡之豨。司原喜，而自以獲白瑞珍禽也，盡芻豢單囷倉以養之。豕俯仰嚘咿，爲作容聲，司原愈益珍之。居無何，烈風興而澤雨作，灌巨豕而惡塗渝，逐駭懼，眞聲出，乃知是家之艾猳爾。此隨聲逐響之過也，衆遇之未赴信焉。

今世主之於士也，目見賢則不敢用，耳聞賢則恨不及。雖自有知也，猶不能取，必更待羣司之所舉，則亦懼失麟鹿而獲艾猳。奈何其不分者也？未遇風雨之變者故也。俾使一朝奇政兩集，則險隘之徒，闒茸之質，亦將別矣。

夫衆小朋黨而固位，讒妒羣吠齧賢，爲禍敗也豈希？三代之以覆，列國之以滅，後人猶不能革，此萬官所以屢失守，而天命數靡常者也。《詩》云：『國既卒斬，何用不監！』嗚呼！時君俗主不此察也。

又 卷二《明闇第六》 夫朝臣所以統理，而多比周則法亂；賢人所以奉己，而隱遯伏野則君孤。法亂君孤而能存者，未之嘗有也。是故明君莅衆，務下言以昭外，敬納卑賤以誘賢也。其無距言，未必言者之盡可用也，乃懼距無用而讓有用也；其無慢賤，未必其人盡賢也，乃懼慢不肖而絶賢望也。是故聖王表小以厲大，賞鄙以招賢，然後良士集於朝，下情達於君也。故上無遺失之策，官無亂法之臣。此君民之所利，而奸佞之所患也。

又 《思賢第八》 國之所以存者治也，其所以亡者亂也。人君莫不好治而惡亂，樂存而畏亡。然嘗觀上記，近古以來，亡代有三，穢國不數，夫何故哉？察其敗，皆由君常好其所亂，而惡其所治；憎其所以存，而愛其所以亡。是故雖相去百世，縣年一紀，限隔九州，殊俗千里，然其亡徵敗迹，若重規襲矩，稽節合符。故曰：雖有堯、舜之美，必考於周頌；雖有桀、紂之惡，必譏於版、蕩。殷鑒不遠，在夏后之世。

夫與死人同病者，不可生也；與亡國同行者，不可存也。豈虛言哉！何以知人之且病也？以其不嗜食也。何以知國之將亂也？以其不嗜賢也。是故病家之廚，非無嘉饌也，乃其人弗之能食，故遂於死也。亂國之官，非無賢人也，其君弗之能任，故遂於亡也。夫生飰秔粱，旨酒甘醪，所以養生也，而病人惡之，以爲不若菽麥糠糟欲清者，此其將死之候也。尊賢任能，信忠納諫，所以爲安也，而闇君惡之，以爲不若姦佞闒茸讒諛之言者，此其將亡之徵也。老子曰：『夫唯病病，是以不病。』易稱『其亡其亡，繫于苞桑。』是故養壽之士，先病服藥；養世之君，先亂任賢，是以身常安而國永永也。

上醫醫國，其次下醫醫疾。夫人治國，固治身之象。疾者身之病，亂者國之病也。身之病待醫而愈，國之亂待賢而治。治身有黃帝之術，治世

有孔子之經。然病不愈而亂不治者，非鍼石之法誤，而五經之言誣也，乃因之者非其人。苟非其人，則規不圓而矩不方，繩不直而準不平，鑽燧不得火，鼓石不下金，驅馬不可以追速，進舟不可以涉水也。凡此八者，天之張道，有形見物，苟非其人，猶尚無功，則又況乎懷道術以撫民氓，乘六龍以御天心者哉？

夫治世不得眞賢，譬猶治疾不得眞藥也。治疾當得眞人參，反得支羅服；當得麥門冬，反得烝穬麥。已而不識眞，合而服之，病以侵劇，不自知爲人所欺也。乃反謂方不誠而藥皆無益於療病，因棄後藥而弗敢飲，而便求巫覡者，雖死可也。人君求賢，下應以鄙，與直不以枉。已不引眞，受猥官之，國以侵亂，不自知爲下所欺也。乃反謂經不信而賢皆無益於救亂，因廢眞賢不復求進，更任俗吏，雖滅亡可也。三代以下，皆以支羅服、烝穬麥合藥，病日痁而遂死也。

《書》曰：『人之有能，使循其行，國乃其昌。』是故先王爲官擇人，必得其材，功加於民德稱其位，人謀鬼謀，百姓與能，務順以動天地如此。三代開國建侯，所以傳嗣百世，歷載千數者也。

自春秋之後，戰國之制，將相權臣，必以親家。皇后兄弟，主壻外孫，年雖童妙，未脫桎梏，由藉此官職，功不加民，澤不被下而取侯，多受茅土，又不得治民效能以報百姓，虛食重禄，素餐尸位，而但事淫侈，坐作驕奢，破敗而不及傳世者也。

子產有言：『未能操刀而使之割，其傷實多。』是故世主之於貴戚也，愛其嬖媚之美，不量其材而授之官，不使立功自託於民，而苟務高其爵位，崇其賞賜，令結怨於下民，縣罪於惡，積過既成，豈有不顛隕者哉？此所謂『子之愛人，傷之而已』哉！

又《本政第九》 先主之制，官民必論其材，論定而後爵之，位定然後禄之。人君也此君不察，而苟以親戚色官之人典官者，譬猶以愛子易御僕，以明珠易瓦礫，雖有可愛好之情，然而其覆大車而殺病人也必矣。《書》稱『天工人其代之』，《傳》曰：『夫成天地之功者，未嘗不蕃昌也。』由此觀之，世主欲無功之人而强富之，則是與天鬬也。使無德況之人與皇天鬬，而欲久立，自古以來，未之嘗有也。

夫天者國之基也，君者民之統也，臣者治之材也。工欲善其事，必先利其器。是故將致太平者，必先調陰陽；調陰陽者，必先順天心；順天心者，必先安其人；安其人者，必先審擇其人。是故國家存亡之本，治亂之機，在於明選而已矣。聖人知之，故以爲黜陟之首。《書》曰：『爾安百姓，何擇非人？』此先王致太平而發頌聲也。

《後漢書》卷六〇下《郎顗傳》 顗對曰：

臣聞明王聖主好聞其過，忠臣孝子言無隱情。臣備生人倫視聽之類，而稟性愚慤，不識忌諱，故出死亡命，懇懇重言。誠欲陛下修乾坤之德，開日月之明，披圖籍，案經典，覽帝王之務，識先後之政。如有闕遺，退而自改。本文、武之業，擬堯、舜之道，攘灾延慶，號令天下。此誠臣顗區區之願，夙夜夢寤，盡心所計。謹條序前章，暢其旨趣，條便宜七事，具如狀對：

二事：去年以來，《兌卦》用事，類多不效。《易傳》曰：『有貌無實，佞人也；有實無貌，道人也。』寒温爲實，清濁爲貌。今三公皆令色足恭，外厲内荏，以虛事上，無佐國之實，故清濁效而寒温不效也，是以陰寒侵犯消息。占曰：『日乘則有妖風，日蒙則有地裂。』如是三年，則致日食，陰侵其陽，漸積所致。立春前後温氣應節者，詔令寬也。其後復寒者，無寬之實也。夫十室之邑，必有忠信，率土之人，豈無貞賢，未聞朝廷有所賞拔，非所以求善贊務，弘濟元元。宜採納良臣，以助聖化。

【略】

七事：臣伏惟漢興以來三百三十九歲。於《詩三基》，高祖起亥仲二年，今在戌仲十年。《詩氾歷樞》曰：『卯酉爲革政，午亥爲革命，神在天門，出入候聽。』言神在戌亥，司候帝王興衰得失，厥善則昌，厥惡則亡。于《易雄雌秘歷》，今值困乏。凡九二困者，衆小人欲共困害君子也。《經》曰：『困而不失其所，其唯君子乎！』唯獨賢聖之君，遭困遇險，能致命遂志，不去其道。陛下乃者潛龍養德，幽隱屈厄，即位之元，紫宮驚動，歷運之會，時氣已應。然猶恐妖祥未盡，君子思患而豫防之。臣以爲戌仲已竟，來年入季，文帝改法，除肉刑之罪，至今適三百載。宜因斯際，大蠲法令，官名稱號，輿服器械，事有所更，變大爲小，去奢就儉，機衡之政，除煩爲簡。改元更始，招求幽隱，舉方正，徵有道，博采異謀，開不諱之路。

顗又上書薦黄瓊、李固，並陳消灾之術曰：

臣前對七事，要政急務，宜於今者，所當施用。誠知愚淺，不合聖聽，人賤言廢，當受誅罰，征營惶怖，靡知厝身。

臣聞刳舟剡楫，將欲濟江海也；聘賢選佐，將以安天下也。昔唐堯在上，羣龍爲用，文、武創德，周、召作輔，是以能建天地之功，增日月之耀者也。《詩》云：『赫赫王命，仲山甫將之。邦國若否，仲山甫明之。』宣王是賴，以致雍熙。陛下踐祚以來，勤心庶政，而三九之位，未見其人，是以灾害屢臻，四國未寧。臣考之國典，驗之聞見，莫不以得賢爲功，失士爲敗。且賢者出處，翔而後集，爵以德進，則其情不苟，然後使君子耻貧賤而樂富貴矣。若有德不報，有言不酬，來無所樂，進無所趨，則皆懷歸藪澤，修其故志矣。夫求賢者，上以承天，下以爲人。不用之，則逆天統，違人望。逆天統則灾眚降，違人望則化不行。灾眚降則下呼嗟，化不行則君道虧。四始之缺，五際之厄，其咎由此。豈可不剛健篤實，矜矜栗栗，以守天功盛德大業乎？

臣伏見光禄大夫江夏黄瓊，耽道樂術，清亮自然，被褐懷寶，含味經籍，又果於從政，明達變復。朝廷前加優寵，賓於上位。瓊入朝日淺，謀謨未就，因以喪病，致命遂志。《老子》曰：『大音希聲，大器晚成。』善人爲固，三年乃立。天下莫不嘉朝廷有此良人，而復怪其不時還任。陛下宜加降崇之恩，極養賢之禮，徵反京師，以慰天下。又處士漢中李固，年四十，通游、夏之藝，履顔、閔之仁。絜白之節，情同皦日，忠貞之操，好是正直，卓冠古人，當世莫及。元精所生，王之佐臣，天之生固，必爲聖漢，宜蒙特徵，以示四方。夫有出倫之才，不應限以官次。昔顔子十八，天下歸仁；子奇稚齒，化阿有聲。若還瓊徵固，任以時政，伊尹、傅說，不足爲此，則可垂景光，致休祥矣。臣顗明不知人，伏聽衆言，百姓所歸，臧否共歎。願汎問百僚，覈其名行，有一不合，則臣爲欺國。惟留聖神，不以人廢言。

又　卷七九《王符傳》　國以賢興，以諂衰；君以忠安，以佞危。此古今之常論，而時所共知也。然衰國危君，繼踵不絶者，豈時無忠信正直之士哉，誠苦其道不得行耳。夫十步之間，必有茂草；十室之邑，必有忠信。是故亂殷有三仁，小衛多君子。今以大漢之廣土，士民之繁庶，

朝廷之清明，上下之修正，而官無善吏，位無良臣。此豈時之無賢，諒由取之乖實。夫志道者少與，逐俗者多疇，是以朋黨用私，背實趨華。其貢士者，不復依其質幹，準其才行，但虚造聲譽，妄生羽毛。略計所舉，歲且二百。覽察其狀，則德侔顔、冉，詳覈厥能，則鮮及中人，皆總務升官，自相推達。夫士者貴其用也，不必求備。故四友雖美，能不相兼；三仁齊政，事不一節。高祖佐命，出自亡秦；光武得士，亦資暴莽。況太平之時，而云無士乎！

人才標準論分部

論説

《漢書》卷六《武帝紀》（元封五年）詔曰：『蓋有非常之功，必待非常之人，故馬或奔踶而致千里，士或有負俗之累而立功名。夫泛駕之馬，跅馳之士，亦在御之而已。其令州、郡察吏、民有茂材、異等可爲將、相及使絶國者。』

漢·王符《潛夫論》卷一《論榮第四》　所謂賢人君子者，非必高位厚禄富貴榮華之謂也，此則君子之所宜有，而非其所以爲君子者也。所謂小人者，非必貧賤凍餒辱阨窮之謂也，此則小人之所宜處，而非其所以爲小人者也。【略】

是以用士不患其非國士，而患其非忠；世非患無臣，而患其非賢。蓋無羇縻。陳平、韓信，楚俘也，而高祖以爲藩輔，實平四海，安漢室；衛青、霍去病，平陽之私人也，而武帝以爲司馬，實攘北狄，郡河西。惟其任也，何卑遠之有？然則所難於非此士之人，非將相之世者，爲其無是能而處是位，無是德而居是貴，無以我尚而不秉我勢也。

又　卷二《考績第七》　凡南面之大務，莫急於知賢；知賢之近途，莫急於考功。功誠考則治亂暴而明，善惡信則直賢不得見障蔽，而佞巧不得竄其姦矣。

夫劍不試則利鈍闇，弓不試則勁撓誣，鷹不試則巧拙惑，馬不試則良

駑疑。此四者之有相紛也，由不考試故得然也。今羣臣之不試也，其禍非直止於誣、闇、疑、惑而已，又必致於怠慢之節焉。設如家人有五子十孫，父母不察精愞，則勤力者懈弛，而惰慢者遂非也，耗業破家之道也。父子兄弟，一門之計，猶有若此，則又況乎羣臣總猥治公事者哉？《傳》曰：『善惡無彰，何以沮勸？』是故大人不考功，則子孫惰而家破窮；官長不考功，則吏怠傲而姦宄興；帝王不考功，則直賢抑而詐僞勝。故《書》曰：『三載考績，黜陟幽明。』蓋所以昭賢愚而勸能否也。

聖王之建百官也，皆以承天治地，牧養萬民者也。是故有號者必稱於典，名理者必效於實，則官無廢職，位無非人。夫守相令長，效在治民；州牧刺史，在憲聰明；九卿分職，以佐三公；三公總統，典和陰陽：皆當考治以效實爲王休者也。侍中、大夫、博士、議郎，以言語爲職，諫諍爲官，及選茂才、孝廉、賢良方正、惇樸、有道、明經、寬博、武猛、治劇，此皆名自命而號自定，羣臣所當盡情竭慮稱君詔也。

今則不然，令長守相不思立功，貪殘專恣，不奉法令，侵冤小民。州司不治，令遠詣闕上書訟訴。尚書不以責三公，三公不以讓州郡，州郡不以討縣邑，是以凶惡狡猾易相冤也。侍中、博士諫議之官，或處位歷年，終無進賢嫉惡拾遺補闕之語，而貶黜之憂。羣僚舉士者，或以頑魯應茂才，以桀逆應至孝，以貪饕應廉吏，以狡猾應方正，以諛諂應直言，以輕薄應敦厚，以空虛應有道，以嚚闇應明經，以殘酷應寬博，以怯弱應武猛，以愚頑應治劇，名實不相副，求貢不相稱。富者乘其材力，貴者阻其勢要，以錢多爲賢，以剛强爲上。凡在位所以多非其人，而官聽所以數亂荒也。

古者諸侯貢士，一適謂之好德，載適謂之尚賢，三適謂之有功，則加之賞。其不貢士也，一則黜爵，載則黜地，三黜則爵土俱畢。附下罔上者死，附上罔下者刑，與聞國政而無益於民者斥，在上位而不能進賢者逐。其受事而重選舉，審名實而取賞罰也如此。故能別賢愚而獲多士，成教化而安民氓。三代于世，皆致太平。聖漢踐祚，載祀四八，而猶未者，教不假而功不考，賞罰稽而赦贖數也。諺曰：『曲木惡直繩，重罰惡明證。』此羣臣所以樂總猥而惡考功也。

夫聖人爲天口，賢人爲聖譯。是故聖人之言，天之心也。賢者之所說，聖人之意也。先師京君，科察考功，以遺賢俊，太平之基，必自此始，無爲之化，必自此來也。

是故世主不循考功而思太平，此猶欲舍規矩而爲方圓，無舟楫而欲濟大水，雖或云縱，然不知循其慮度之易且速也。羣僚師尹，咸有典司，各居其職，以責其效；百郡千縣，各因其前，以謀其後；辭言應對，各緣其文，以覈其實，則奉職不解，而陳言者不得誣矣。《書》云：『賦納以言，明試以功，車服以庸，誰能不讓？誰能不敬應？』此堯、舜所以養黎民而致時雍也。

又 《本政第九》 否泰消息，陰陽不並，觀其所聚，而興衰之端可見也。稷、禹、皋陶聚而致雍熙，皇父、蹶、踽聚而致災異。夫善惡之象，千里合符，百世累迹，性相近而習相遠。是故賢愚在心，不在貴賤；信欺在性，不在親疏。二世所以共亡天下者，丞相、御史也。高祖所以共取天下者，繒肆、狗屠也；驪山之徒，鉅野之盜，皆爲名將。由此觀之，苟得其人，不患貧賤；苟得其材，不嫌名迹。

又 卷八《交際第三十》 《詩》云：『德輶如毛，民鮮克舉之。』夫世有大難者四，而人莫之能行也，一曰恕，二曰平，三曰恭，四曰守。夫恕者仁之本也，平者義之本也，恭者禮之本也，守者信之本也。四者並立，四行乃具，四行具存，是謂真賢。四本不立，四行不成，四行無一，是謂小人。

漢·應劭《漢官儀》 八年十二月己未《詔書》，辟士四科，其一曰德行高妙，志節清白；二曰經明行修能任博士；三曰明曉法律，足以決疑，能案章覆問，才任御史；四曰剛毅多略，遭事不惑，明足照姦勇足決斷，才任三輔令，皆有孝悌清公之行。

《後漢書》卷四《和帝紀》 永元五年三月戊子，詔曰：『選舉良才，爲政之本。科別行能，必由鄉曲。而郡國舉吏，不加簡擇，故先帝明敕在所，令試之以職，乃得充選。又德行尤異，不須經職者，別署狀上。而宣佈以來，出入九年，二千石曾不承奉，恣心從好，司隸、刺史訖無糾察。今新蒙赦令，且復申敕，後有犯者，顯明其罰。在位不以選舉爲憂，督察不以發覺爲負，非獨州郡也。是以庶官多非其人。下民被姦邪之傷，由法不行故也。』

又　卷六《順帝紀》　令郡國守、相視事未滿歲者，一切得舉孝廉吏。【略】

辛卯：　初令郡國舉孝廉，限年四十以上，諸生通章句，文吏能牋奏，乃得應選；　其有茂才異行，若顏淵、子奇，不拘年齒。

又　卷七《桓帝紀》　丙戌，詔曰：『孝廉、廉吏皆當典城牧民，禁姦舉善，興化之本，恆必由之。詔書連下，分明懇惻，而在所玩習，遂至怠慢，選舉乖錯，害及元元。頃雖頗繩正，猶未懲改。方今淮夷未殄，軍師屢出，百姓疲悴，困於徵發。庶望羣吏，惠我勞民，蠲滌貪穢，以祈休祥。其令秩滿百石，十歲以上，有殊才異行，乃得參選。臧吏子孫，不得察舉。杜絕邪偽請託之原。令廉白守道者得信其操。各明守所司，將觀厥後。』

又　卷五六《韋彪傳》　彪上議曰：　『伏惟明詔，憂勞百姓，垂恩選舉，務得其人。夫國以簡賢爲務，賢以孝行爲首。孔子曰：「事親孝故忠可移於君，是以求忠臣必于孝子之門。」夫人才行少能相兼，是以孟公綽優於趙、魏老，不可以爲滕、薛大夫。忠孝之人，持心近厚；鍛鍊之吏，持心近薄。三代之所以直道而行者，在其所以磨之故也。士宜以才行爲先，不可純以閥閱。然其要歸，在於選二千石。二千石賢，則貢舉皆得其人矣。』

又　卷六一《王堂傳》　王堂曰：　古人勞於求賢，逸於任使，故能化清於上，事緝於下。其憲章朝右，簡核才職，委功曹陳蕃。匡政理務，拾遺補闕，任主簿應嗣。庶循名責實，察言觀效焉。

又　卷七四《徐防傳》　上疏曰：　臣聞《詩》、《書》、《禮》、《樂》，定自孔子；　發明章句，始于子夏。其後諸家分析，各有異說。漢承亂秦，經典廢絕，本文略存，或無章句。收拾缺遺，建立明經，博徵儒術，開置太學。孔聖既遠，微旨將絕，故立博士十有四家，設甲乙之科，以勉勸學者，所以示人好惡，改敝就善者也。伏見太學試博士弟子，皆以意說，不修家法，私相容隱，開生姦路。每有策試，輒興諍訟，論議紛錯，互相是非。孔子稱『述而不作』，又曰『吾猶及史之闕文』，疾史有所不知而不肯闕也。今不依章句，妄生穿鑿，以遵師爲非義，意說爲得理，輕侮道術，寖以成俗，誠非詔書實選本意。改薄從忠，三代常道，專精務本，儒學所先。臣以爲博士及甲乙策試，宜從其家章句，開五十難以試之。解釋多者爲上第，引文明者爲高說；若不依先師，義有相伐，皆正以爲非。《五經》各取上第六人，《論語》不宜謝策。雖所失或久，差可矯革。

又　卷九一《左雄傳》　永建三年，雄上言：　『宜崇經術，繕修太學。』

又上言：『郡國孝廉，古之貢士，出則宰民，宣協風教。若其面牆，則無所施用。孔子曰「四十不惑」，《禮》稱「强仕」。請自今孝廉年不滿四十，不得察舉，皆先詣公府，諸生試家法，文吏課箋奏，副之端門，練其虛實，以觀異能，以美風俗。有不承科令者，正其罪法。若有茂才異行，自可不拘年齒。』

漢·王充《論衡》卷一三《超奇篇第三十九》　通書千篇以上，萬卷以下，弘暢雅閑，審定文讀，而以教授爲人師者，通人也。杼其義旨，損益其文句，而以上書奏記，或興論立說、結連篇章者，文人鴻儒也。好學勤力，博聞强識，世間多有；著書表文，論說古今，萬不耐一。然則著書表文，博通所能用之者也。入山見木，長短無所不知；入野見草，大小無所不識。然而不能伐木以作室屋，采草以和方藥，此知草木所不能用也。夫通人覽見廣博，不能掇以論說，此爲匿生書主人，孔子所謂『誦《詩》三百，授之以政不達』者也，與彼草木不能伐采，一實也。孔子得《史記》以作《春秋》，及其立義創意，襃貶賞誅，不復因《史記》者，眇思自出於胸中也。凡貴通者，貴其能用之也，卽徒誦讀，讀詩諷術雖千篇以上，鸚鵡能言之類也。衍傳書之意，出膏腴之辭，非俶儻之才，不能任也。夫通覽者，世間比有；著文者，歷世希然。近世劉子政父子、揚子雲、桓君山，其猶文、武、周公並出一時也；其餘直有，往往而然；譬珠玉不可多得，以其珍也。故夫能說一經者爲儒生，博覽古今者爲通人，采掇傳書以上書奏記者爲文人，能精思著文連結篇章者爲鴻儒。故儒生過俗人，通人勝儒生，文人逾通人，鴻儒超文人。故夫鴻儒，所謂超而又超者也。以超之奇，退與儒生相料，文軒之比於敝車，錦繡之方於緼袍也，其相過，遠矣。如與俗人相料，太山之巔墆，長狄之項跖，不足以喻。故夫丘山以土石爲體，其有銅鐵，山之奇也。銅鐵既奇，或出金玉。然鴻儒，世之金玉也，奇而又奇，才相超乘，皆有品差。

儒生說名於儒門，過俗人遠也。或不能說一經，教誨後生。或帶徒聚衆，說論洞溢，稱爲經明。或不能成牘，治一說。或能陳得失，奏便宜，言應經傳，文如星月。其高第若谷子雲、唐子高者，說書於牘奏之上，不能連結篇章。或抽列古今，紀著行事，若司馬子長、劉子政之徒，累積篇第，文以萬數，其過子雲、子高遠矣。然而因成紀前，無胸中之造。若夫陸賈、董仲舒，論說世事，由意而出，不假取於外，然而淺露易見，觀讀之者，猶曰傳記。陽成子長作《樂經》，揚子雲作《太玄經》，造於［眇］思，極窅冥之深，非庶幾之才，不能成也。孔子作《春秋》，二子作兩經，所謂卓爾蹈孔子之迹，鴻茂參貳聖之才者也。王公問於桓君山以揚子雲。君山對曰：『漢興以來，未有此人。』君山差才，可謂得高下之實矣。采玉者心羨於玉，鑽龜知神於龜。能差衆儒之才，累其高下，賢於所累。又作《新論》，論世間事，辯照然否，虛妄之言，僞飾之辭，莫不證定。彼子長、子雲論說之徒，君山爲甲。自君山以來，皆爲鴻眇之才，故有嘉令之文。筆能著文，則心能謀論，文由胸中而出，心以文爲表。觀見其文，奇偉俶儻，可謂得論也。由此言之，繁文之人，人之傑也。

有根株於下，有榮葉於上；有實核於內，有皮殼於外。文墨辭說，士之榮葉、皮殼也。實誠在胸臆，文墨著竹帛，外內表裏，自相副稱。意奮而筆縱，故文見而實露也。人之有文也，猶禽之有毛也。毛有五色，皆生於體。苟有文無實，是則五色之禽，毛妄生也。選士以射，心平體正，執弓矢審固，然後射中。論說之出，猶弓矢之發也；論之應理，猶矢之中的。夫射以矢中效巧，論以文墨驗奇。奇巧俱發於心，其實一也。文有深指巨略，君臣治術，身不得行，口不能［泄］，表著情心，以明己之必能爲之也。孔子作《春秋》，以示王意。然則孔子之《春秋》，素王之業也；諸子之傳書，素相之事也。觀《春秋》以見王意，讀諸子以睹相指。故曰：陳平割肉，丞相之端見；叔孫敖決期思，令［君］之兆著。觀讀傳書之文，治道政務，非徒割肉決水之占也。足不强則迹不遠，鋒不銛，則割不深。連結篇章，必大才智鴻懿之俊也。

或曰：著書之人，博覽多聞，學問習熟，則能推類興文。文由外而興，未必實才學文相副也。且淺意於華葉之言，無根核之深，不見大道體要，故立功者希。安危之際，文人不與，無能建功之驗，徒能筆說之效也。曰：此不然。周世著書之人皆權謀之臣，漢世直言之士皆通覽之吏，豈謂文非華葉之生，根核推之也？心思爲謀，集扎爲文，情見於辭，意驗於言。商鞅相秦，致功於霸，作《耕戰》之書。虞卿爲趙，決計定說，行退作春秋之思，起城中之議。《耕戰》之書，秦堂上之計也。陸賈消呂氏之謀，與《新語》同一意。桓君山易晁錯之策，與《新論》共一思。觀谷永之陳說，唐林之宜言，劉向之切議，以知爲本，筆墨之文，將而送之，豈徒雕文飾辭，苟爲華葉之言哉？精誠由中，故其文語感動人深。是故魯連飛書，燕將自殺；鄒陽上疏，梁孝開牢。書疏文義，奪於肝心，非徒博覽者所能造，習熟者所能爲也。夫鴻儒稀有，而文人比然，將相長吏，安可不貴？豈徒用其才力，游文於牒牘哉？州郡有憂，能治章上奏，解理結煩，使州郡連事，有如唐子高、谷子雲之吏，出身盡思，竭筆牘之力，煩憂適有不解者哉？

古昔之遠，四方辟匿，文墨之士，難得紀録，且近自以會稽言之，周長生者，文士之雄也，在州，爲刺史任安舉奏；在郡，爲太守孟觀上書，事解憂除，州郡無事，二將以全。長生之身不尊顯，非其才知少、功力薄也，二將懷俗人之節，不能貴也。使遭前世燕昭，則長生已蒙鄒衍之寵矣。長生死後，州郡遭憂，無舉奏之吏，以故事結不解，徵詣相屬，文軌不尊，筆疏不續也。豈無憂上之吏哉？乃其中文筆不足類也。長生之才，非徒銳於牒牘也，作《洞歷》十篇，上自黃帝，下至漢朝，鋒芒毛髮之事，莫不紀載，與太史公《表》、《紀》相似類也。上通下達，故曰《洞歷》。然則長生非徒文人，所謂鴻儒者也。前世有嚴夫子，後有吳君［高］，末有周長生。白雉貢於越，暢草獻於宛，雍州出玉，荊、揚生金。珍物產於四遠幽遼之地，未可言無奇人也。孔子曰：『文王既沒，文不在茲乎！』文王之文在孔子，孔子之文在仲舒。仲舒既死，豈在長生之徒與？何言之卓殊，文之美麗也！唐勒、宋玉，亦楚文人也，竹帛不紀者，屈原在其上也。會稽文才，豈獨周長生哉？所以未論列者，長生尤逾出也。九州多山，而華、岱爲嶽，四方多川，而江、河爲瀆者，華、岱高而江、河大也。長生，州郡高大者也。同姓之伯賢，舍而譽他族之孟，未爲得也。長生說文辭之伯，文人之所共宗，獨紀録之，《春秋》記元於魯之義也。俗好高古而稱所聞，前人之業，菜果甘甜；後人新造，蜜酪

辛苦。長生家在會稽，生在今世，文章雖奇，論者猶謂稚於前人。天稟元氣，人受元精，豈爲古今者差殺哉？優者爲高，明者爲上，實事之人，見然否之分者，睹非卻前，退置於後，見是，推今進置於古，心明知昭，不惑於俗也。

班叔皮續《太史公書》百篇以上，記事詳悉，義淺理備。觀讀之者以爲甲，而太史公乙。子男孟堅爲尚書郎，文比叔皮，非徒五百里也，乃夫周、召、魯、衛之謂也。苟可高古，而班氏父子不足紀也。周有郁郁之文者，在百世之末也。漢在百世之後，文論辭説，安得不茂？喻大以小，推民家事，以睹王廷之義。廬宅始成，桑麻纔有，居之歷歲，子孫相續，桃李梅杏，[奄]丘蔽野。根莖衆多，則華葉繁茂。漢氏治定久矣，土廣民衆，義興事起，華葉之言，安得不繁？夫華與實，俱成者也，無華生實，物稀有之。山之禿也，孰其茂也？地之瀉也，孰其滋也？文章之人，滋茂漢朝者乃夫漢家熾盛之瑞也。天晏，列宿煥炳；陰雨，日月蔽匿。方今文人並出見者，乃夫漢朝明明之驗也。高祖讀陸賈之書，歎稱萬歲；徐樂、主父偃上疏，徵拜郎中，方今未聞。膳無苦酸之肴，口所不甘味，手不舉以啖人。詔書每下，文義經傳四科，詔書斐然，郁郁好文之明驗也。上書不實核，著書無義指，『萬歲』之聲，『徵拜』之恩，何從發哉？飾面者皆欲爲好，而運目者希；文音者皆欲爲悲，而驚耳者寡。陸賈之書未奏，徐樂、主父之策未聞，羣諸瞽言之徒，言事粗醜，文不美潤，不指。所謂，文辭淫滑，不被濤沙之謫，幸矣！焉蒙徵拜爲郎中之寵乎？

人才儲備論分部

論説

漢·荀悦《申鑒》卷二《時事第二》 備博士，廣太學，而祀孔子焉，禮也。仲尼作經，本一而已，古今文不同，而皆自謂眞本經。古今先師，義一而已，異家别説不同，而皆自謂古今。仲尼邈而靡質，昔先師歿而無聞，將誰使折之者。秦之滅學也，書藏於屋壁，義絶於朝野。逮至漢興，收摭散滯，固已無全學矣。文有磨滅，言有楚夏，出有先後，或學者先意有所借定，後進相放，彌以滋蔓，故一源十流。天水違行，而訟者紛如也。孰不俱是，比而論之，必有可參者焉。

人才識拔論分部

論説

漢·董仲舒《春秋繁露》卷七《考功名第二十一》 考績之法，考其所積也。天道積聚衆精以爲光，聖人積聚衆善以爲功。故日月之明，非一精之光也；聖人致太平，非一善之功也。明所從生，不可爲源，善所從出，不可爲端，量勢立權，因事制義。故聖人之爲天下興利也，其猶春氣之生草也，各因其生小大而量其多少，其爲天下除害也，若川瀆之寫於海也，各順其勢，傾側而制於南北；故異孔而同歸，殊施而鈞德，其趣於興利除害一也。是以興利之要在於致之，不在於多少；除害之要在於去之，不在於南北。考績絀陟，計事除廢，有益者謂之公，無益者謂之煩，擥名責實，不得虛言，有功者賞，有罪者罰，功盛者賞顯，罪多者罰重，不能致功，雖有賢名，不予之賞；官職不廢，雖有愚名，不加之罰。賞罰用於實，不用於名，賢愚在於質，不在於文，故是非不能混，喜怒不能傾，姦軌不能弄，萬物各得其冥，則百官勸職，爭進其功。

考試之法，大者緩，小者急，貴者舒而賤者促。諸侯月試其國，州伯時試其部，四試而一考，天子歲試天下，三試而一考，前後三考而絀陟，命之曰計。

考試之法，合其爵禄，并其秩，積其日，陳其實，計功量罪，以多除少，以名定實，先内弟之，其先比二三分以爲上中下，以考進退，然後外集，通名曰進退，增減多少，有率爲弟，九分三三列之，亦有上中下，以一爲最，五爲中，九爲殿，有餘歸之於中，中而上者有得，中而下者有負，得少者以一益之，至於四，負多者以四減之，至於一，皆逆行。三四

十二而成於計，得滿計者絀陟之，次次每計，各逐其弟，以通來數。初次再計，次次四計，各不失故弟，而亦滿計絀陟之。

初次再計，謂上弟二也，次次四計，謂上弟三也。九年爲一弟，二得九，幷去其六，爲置三弟，六六得等，爲置二，幷中者得三。盡去之，幷三三計得六，幷得一計得六，此爲四計也。絀者亦然。

《漢書》卷六《武帝紀》（元封五年）詔曰：『蓋有非常之功，必待非常之人，故馬或奔踶而致千里，士或有負俗之累而立功名。夫泛駕之馬，跅馳之士，亦在御之而已。其令州郡察吏民有茂材異等可爲將相及使絶國者。』【略】

丞相綰奏：『所舉賢良，或治申、商、韓非、蘇秦、張儀之言，亂國政，請皆罷。』【略】

詔曰：『公卿大夫，所使總方略，壹統類，廣教化，美風俗也。夫本仁祖義，褒德禄賢，勸善刑暴，五帝三王所繇昌也。朕夙興夜寐，嘉與宇内之士臻于斯路。故旅耆老，復孝敬，選豪俊，講文學，稽參政事，祈進民心，深詔執事，興廉舉孝，庶幾成風，紹休聖緒。夫十室之邑，必有忠信；三人並行，厥有我師。今或至闔郡而不薦一人，是化不下究，而積行之君子雍于上聞也。二千石官長紀綱人倫，將何以佐朕燭幽隱，勸元元，厲蒸庶，崇鄉黨之訓哉？且進賢受上賞，蔽賢蒙顯戮，古之道也。其與中二千石、禮官、博士議不舉者罪。』

有司奏議曰：『古者，諸侯貢士，壹適謂之好德，再適謂之賢賢，三適謂之有功，乃加九錫；不貢士，壹則黜爵，再則黜地，三而黜爵地畢矣。夫附下罔上者死，附上罔下者刑，與聞國政而無益於民者斥，在上位而不能進賢者退，此所以勸善黜惡也。今詔書昭先帝聖緒，令二千石舉孝廉，所以化元元，移風易俗也。不舉孝，不奉詔，當以不敬論。不察廉，不勝任也，當免。』奏可。

又　卷五六《董仲舒傳》　臣聞堯受命，以天下爲憂，而未以位爲樂也，故誅逐亂臣，務求賢聖，是以得舜、禹、稷、卨、咎繇。衆聖輔德，賢能佐職，教化大行，天下和洽，萬民皆安仁樂誼，各得其宜，動作應禮，從容中道。故孔子曰『如有王者，必世而後仁』，此之謂也。堯在位七十載，乃遜於位以禪虞舜。堯崩，天下不歸堯子丹朱而歸舜。舜知不可辟，乃卽天子之位，以禹爲相，因堯之輔佐，繼其統業，是以垂拱無爲而天下治。孔子曰『《韶》盡美矣，又盡善矣』，此之謂也。至於殷紂，逆天暴物，殺戮賢知，殘賊百姓。伯夷、太公皆當世賢者，隱處而不爲臣。守職之人皆奔走逃亡，入於河海。天下耗亂，萬民不安，故天下去殷而從周。文王順天理物，師用賢聖，是以閎夭、大顛、散宜生等亦聚於朝廷。愛施兆民，天下歸之，故太公起海濱而卽三公也。當此之時，紂尚在上，尊卑昏亂，百姓散亡，故文王悼痛而欲安之，是以日昃而不暇食也。孔子作《春秋》，先正王而繫萬事，見素王之文焉。繇此觀之，帝王之條貫同，然而勞逸異者，所遇之時異也。孔子曰『《武》盡美矣，未盡善也』，此之謂也。

臣聞制度文采玄黄之飾，所以明尊卑，異貴賤，而勸有德也。故《春秋》受命所先制者，改正朔，易服色，所以應天也。然則官至旌旗之制，有法而然者也。故孔子曰：『奢則不遜，儉則固。』儉非聖人之中制也。臣聞良玉不瑑，資質潤美，不待刻瑑，此亡異於達巷黨人不學而自知也。然則常玉不瑑，不成文章；君子不學，不成其德。

臣聞聖王之治天下也，少則習之學，長則材諸位，爵禄以養其德，刑罰以威其惡，故民曉於禮誼而恥犯其上。武王行大誼，平殘賊，周公作禮樂以文之，至於成康之隆，囹圄空虚四十餘年，此亦教化之漸而仁誼之流，非獨傷肌膚之效也。至秦則不然。師申商之法，行韓非之説，憎帝王之道，以貪狼爲俗，非有文德以教訓於下也。誅名而不察實，爲善者不必免，而犯惡者未必刑也。是以百官皆飾虚辭而不顧實，外有事君之禮，内有背上之心，造僞飾詐，趣利無恥；又好用憯酷之吏，賦斂亡度，竭民財力，百姓散亡，不得從耕織之業，羣盜並起。是以刑者甚衆，死者相望，而姦不息，俗化使然也。故孔子曰『導之以政，齊之以刑，民免而無恥』，此之謂也。

今陛下幷有天下，海内莫不率服，廣覽兼聽，極羣下之知，盡天下之美，至德昭然，施于方外。夜郎、康居，殊方萬里，説德歸誼，此太平之致也。然而功不加于百姓者，殆王心未加焉。曾子曰：『尊其所聞，則高明矣；行其所知，則光大矣。高明光大，不在於它，在乎加之意而已。』願陛下因用所聞，設誠於内而致行之，則三王何異哉！

陛下親耕籍田以爲農先，夙寤晨興，憂勞萬民，思維往古，而務以求賢，此亦堯舜之用心也，然而未云獲者，士素不厲也。夫不素養士而欲求賢，譬猶不琢玉而求文采也。故養士之大者，莫大虖太學；太學者，賢士之所關也，教化之本原也。今以一郡一國之衆，對亡應書者，是王道往往而絶也。臣願陛下興太學，置明師，以養天下之士，數考問以盡其材，則英俊宜可得矣。今之郡守、縣令，民之師帥，所使承流而宣化也；故師帥不賢，則主德不宣，恩澤不流。今吏既亡教訓於下，或不承用主上之法，暴虐百姓，與姦爲市，貧窮孤弱，冤苦失職，甚不稱陛下之意。是以陰陽錯繆，氛氣充塞，羣生寡遂，黎民未濟，皆長吏不明，使至於此也。

夫長吏多出於郎中、中郎，吏二千石子弟選郎吏，又以富訾，未必賢也。且古所謂功者，以任官稱職爲差，非謂積日累久也。故小材雖累日，不離於小官；賢材雖未久，不害爲輔佐。是以有司竭力盡知，務治其業而以赴功。今則不然。累日以取貴，積久以致官，是以廉恥貿亂，賢不肖渾淆，未得其眞。臣愚以爲使諸列侯、郡守、二千石各擇其吏民之賢者，歲貢各二人以給宿衛，且以觀大臣之能；所貢賢者有賞，所貢不肖者有罰。夫如是，諸侯、吏二千石皆盡心於求賢，天下之士可得而官使也。徧得天下之賢人，則三王之盛易爲，而堯舜之名可及也。毋以日月爲功，實試賢能爲上，量材而授官，録德而定位，則廉恥殊路，賢不肖異處矣。陛下加惠，寬臣之罪，令勿牽制于文，使得切磋究之，臣敢不盡愚！

漢·王充《論衡》卷一一《答佞篇第三十三》 或問曰：『賢者行道，得尊官厚禄；矣何心爲佞，以取富貴？』曰：佞人知行道可以得富貴，必以佞取爵禄者，不能禁欲也。知力耕可以得穀，勉貿可以得貨，然而必盜竊，情欲不能禁者也。以禮進退也，人莫不貴，然而違禮者衆，尊義者希，心情貪欲，志慮亂溺也。夫佞與賢者同材，佞以情自敗；偷盜與田商同知，偷盜以欲自劾也。

問曰：『佞與賢者同材，材行宜鈞，而佞人曷爲獨以情自敗？』曰：富貴皆人所欲也，雖有君子之行，猶有飢渴之情。君子則以禮防情，以義割欲，故得循道，循道則無禍；小人縱貪利之欲，踰禮犯義，故進得苟佞，苟佞則有罪。夫賢者，君子也；佞人，小人也。君子與小人，本殊操異行，取捨不同。

問曰：『佞與讒者同道乎？有以異乎？』曰：讒與佞，俱小人也，同道異材，俱以嫉妬爲性，而施行發動之異。讒以口害人，佞以事危人；讒人以直道不違，佞人依違匿端；讒人無詐慮，佞人有術數。故人君皆能遠讒親仁，莫能知賢別佞。難曰：『人君皆能遠讒親仁，而莫能知賢別佞，然則佞人意不可知乎？』曰：佞可知，人君不能知。庸庸之君，不能知賢；不能知賢，不能知佞。唯聖賢之人，以九德檢其行，以事效考其言。行不合於九德，言不驗於事效，人非賢則佞矣。夫知佞以知賢，知賢以知佞；知賢則賢智自覺，知賢則姦佞自得。賢佞異行，考之一驗，情心不同，觀之一實。

問曰：『九德之法，張設久矣，觀讀之者，莫不曉見，斗斛之量多少，權衡之縣輕重也。然而居國有土之君，曷爲常有邪佞之臣，與常有欺惑之患？』［曰：］不患斗斛，所量非其穀；不患無銓衡，所銓非其物故也。在人君位者，皆知九德之可以檢行，事效可以知情，然而惑亂不能見者，則明不察之故也。人有不能行，行無不可檢；人有不能考，情無不可知。

問曰：『行不合於九德，效不檢於考功，進近非賢，非賢則佞。夫庸庸之材，無高之知，不能及賢，賢功不效，賢行不應，可謂佞乎？』曰：材有不相及，行有不相追，功有不相襲。若知無相襲，人材相什百，取捨宜同。賢佞殊行，是是非非。實名俱立，而效有成敗，功有正邪。言合行違，名盛行廢。

問曰：『行合九德則賢，不合則佞。世人操行者，可盡謂佞乎？』曰：諸非皆惡，惡中之逆者，謂之無道；惡中之巧者，謂之佞人。聖王刑憲，佞在惡中；聖王賞勸，賢在善中。純潔之賢，善中殊高，賢中之聖也。善中大佞，惡中之雄也。故曰：『觀賢由善，察佞由惡。』善惡定成，賢佞形矣。

問曰：『聰明有蔽塞，推行有謬誤，今以是者爲賢，非者爲佞，殆不得賢之實乎？』曰：聰明蔽塞，推行謬誤，人之所歉也。故曰：『刑故無小，宥過無大。』聖君原心省意，故誅故貰誤。故賊加增，過誤減損，一獄吏所能定也，賢者見之不疑矣。

問曰：『言行無功效，可謂佞乎？』［曰：］蘇秦約六國爲從，强秦

不敢窺兵於關外；張儀爲横，六國不敢同攻於關內。六國約從，則秦畏而六國强；三秦稱横，則秦彊而天下弱。功著效明，載紀竹帛，雖賢何以加之？太史公敍言衆賢，儀、秦有篇，無嫉惡之文，功釣名敵，不異於賢。夫功之不可以效賢，猶名之不可實也。儀、秦，排難之人也，處擾攘之世，行揣摩之術。當此之時，稷、契不能與之爭計，禹、皋陶不能與之比效。若夫陰陽調和，風雨時適，五穀豐熟，盜賊衰息，人舉廉讓，家行道德之功，命禄貴美，術數所致，非道德之所成也。太史公記功，故高來祀，記録成則著效明驗，攬載高卓，以儀、秦功美，故列其狀。由此言之，佞人亦能以權説立功爲效。無效，未可爲佞也。難曰：『惡中立功者謂之佞。能爲功者，材高知明。思慮遠者，必傍義依仁，亂於大賢。故《覺佞》之篇曰：「人主好辨，佞人言利；人主好文，佞人辭麗。」心合意同，偶當人主，説而不見其非，何以知其僞而伺其姦乎？』曰：是謂庸庸之君也，材下知昏，蔽惑不見。賢賢之君，察之審明，若視俎上脯，指掌中之理，數局上之棋，摘轅中之馬。魚鱉匿淵，捕漁者知其源；禽獸藏山，畋獵者見其脉。佞人異行於世，世不能見，庸庸之主，無高材之人也。難曰：『人君好辨，佞人言利；人主好文，佞人辭麗。言操合同，何以覺之？』曰，《文王官人法》曰：『推其往行，以揆其來言，聽其來言，以省其往行，觀其陽以考其陰，察其內以揆其外。是故詐善設節者可知，飾偽無情者可辨，質誠居善者可得，含忠守節者可見也。』人之舊性不辨，人君好辨，佞人學，求合於上也。人之故能不文，人君好文，佞人意欲稱上。上奢，己麗服；上儉，己不飾。今操與古殊，朝行與家別。考鄉里之迹，證朝庭之行，察共親之節，明事君之操，外內不相稱，名實不相副，際會發見，奸僞覺露也。

問曰：『人操行無恆，權時制宜。信者欺人，直者曲撓。權變所設，前後異操，事有所應，左右異語。儒書所載，權變非一。今以素故考之，毋乃失實乎？』曰：賢者有權，佞者有權。賢者之有權，後有應。佞人之有權，亦反經，後有惡。故賢人之權，爲事爲國；佞人之權，爲身爲家。觀其所權，賢佞可論。察其發動，邪正可名。

問曰：『佞人好毁人，有諸？』曰：佞人不毁人。如毁人，是讒人也。何則？佞人求利，故不毁人。苟利於己，曷爲毁之？苟不利於己，毁之無益。以計求便，以數取利，利則便得。妬人共事，然後危人。其危人也，非毁之；而其害人也，非泊之。譽而危之，故人不知；厚而害之，故人不疑。是故佞人，危而不怨；害人，之敗而不仇，隱情匿意爲之功也。如毁人，人亦毁之，衆不親，士不附也，安能得容世取利於上？

問曰：『佞人不毁人於世間，毁人於將前乎？』曰：佞人以人欺將，不毁人於將。『然則佞人奈何？』曰：佞人毁人，譽之；危人，安之。毁危奈何？假令甲有高行奇知，名聲顯聞，將恐人君召問，扶而勝己，欲故廢不言，常騰譽之。薦之者衆，將議欲用，問佞人，佞人必對曰：『甲賢而宜召也。何則？甲意不欲留縣，前聞其語矣，聲望欲入府，在郡則望欲入州。志高則操與人異，望遠則意不顧近。屈而用之，其心不滿，不則卧病。賤而命之則傷賢，不則損威。故人君所以失名損譽者，好臣所常臣也。自耐下之，用之可也。自度不能下之，用之不便。夫用之不兩相益，舍之不兩相損。』人君畏其志，信佞人之言，遂置不用。

問曰：『佞人直以高才洪知考上世人乎？將有師學檢也？』曰：佞人自有知以詐人，及其説人主，須術以動上，猶上人自有勇以威人，及其戰鬭，須兵法以進衆，術則從横，師則鬼谷也。《傳》曰：『蘇秦、張儀習從横之術鬼谷於先生，掘地爲坑，曰：「下，説令我泣出，則耐分人君之地。」蘇秦下，説鬼谷先生泣下沾襟。張儀不若。蘇秦相趙，并相六國。張儀貧賤往歸，蘇秦座之堂下，食以僕妾之食，數讓激怒，欲令相秦。儀忿恨，遂西入秦。蘇秦使人厚送。其後覺知，曰：「此在其術中，吾不知也，此吾所不及蘇君者。」』知深有術，權變鋒出，故身尊崇榮顯，爲世雄傑。深謀明術，深淺不能並行，明暗不能並知。

問曰：『佞人養名作高，有諸？』曰：佞人食利專權，不養名作高。貪權據凡，則高名自立矣。稱於小人，不行於君子。何則？利義相伐，正邪相反。義動君子，利動小人。佞人貪利名之顯，君子不安。下則身危。舉世爲佞者，皆以禍衆。不能養其身，安能養其名？上世列傳，棄宗養身，違利赴名，竹帛所載，伯成子高委國而耕，於陵子辭位灌園。近世蘭陵王仲子、東［郡］昔廬君陽，寢位久病，不應上徵，可謂養名矣。夫不以道進，必不以道出身；不以義止，必不以義立名。佞人懷貪利之心，輕禍重身，傾死爲矣，何名之養？義廢德壞，操行隨辱，何云

作高？

問曰：『大佞易知乎？小佞易知也？』曰：大佞易知，小佞難知。何則？大佞材高，其迹易察；小佞知下，其效難省。何以明之？成事：小盜難覺，大盜易知也。攻城襲邑，剽劫虜掠，發則事覺，道路皆知盜也；穿鑿垣牆，狸步鼠竊，莫知謂誰。曰：『大佞奸深，惑亂其人，如大盜易知，人君何難？』《書》曰：「知人則哲，惟帝難之。」虞舜大聖，驩兜大佞。大聖難知大佞，大佞不憂大聖。何易之有？』是謂下知之，上知之。上知之，大難小易，下知之，大易小難。何則？大佞材高，論説麗美。因麗美之説，人主之威，人［主］心並不能責，知或不能覺。小佞材下，對鄉失漏，際會不密，人君警悟，得知其故。大難小易也。屋漏在上，知者在下。漏大，下見之著；漏小，下見之微。或曰：『雍也仁而不佞。』孔子曰：『焉用佞？御人以口給，屢憎於民。』誤設計數，煩擾農商，損下益上，愁民説主。損上益下，忠臣之説也；損下益上，佞人之義也。季氏富於周公，而求也爲之聚斂而附益之。小子鳴鼓而攻之可也。聚斂，季氏不知其惡，不知百姓所共非也。

又 卷一二《程材篇第三十四》 論者多謂儒生不及彼文吏，見文吏利便，而儒生陸落，則詆訾儒生以爲淺短，稱譽文吏謂之深長。是不知儒生，亦不知文吏也。

儒生、文吏皆有材智，非文吏材高而儒生智下也，文吏更事，儒生不習也。謂文吏更事，儒生不習，可也；謂文吏深長，儒生淺短，知妄矣。世俗共短儒生，儒生之徒，亦自相少。何則？並好仕學宦，用吏爲繩表也。儒生有闕，俗共短之；文吏有過，俗不敢訾。歸非於儒生，付是於文吏也。夫儒生材非下於文吏，又非所習之業非所當爲也，然世俗共短之者，見將不好用也。將之不好用之者，事多己不能理，須文吏以領之也。夫論善謀材，施用累能，期於有益。文吏理煩，身役於職，職判功立，將尊其能。儒生栗栗，不能當劇；將有煩疑，不能效力，力無益於時，則官不及其身也。將以官課材，材以官爲驗，是故世俗常高文吏，賤下儒生。儒生之下，文吏之高，本由不能之將。世俗之論，緣將好惡。

今世之將，材高知深，通達衆凡，舉綱持領，事無不定；其置文吏也，備數滿員，足以輔己志。志在修德，務在立化，則夫文吏瓦石，儒生珠玉也。夫文吏能破堅理煩，不能守身，［不能守］身，則亦不能輔將。儒生不習於職，長於匡救，將相傾側，諫難不懼。案世間能建蹇蹇之節，成三諫之議，令將檢身自敕，不敢邪曲者，率多儒生。阿意苟取容幸，將欲放失，低嘿不言者，率多文吏。文吏以事勝，以忠負；儒生以節優，以職劣。二者長短，各有所宜；世之將相，各有所取。取儒生者，必軌德立化者也；取文吏者，必優事理亂者也。材不自能則須助，須助則待勁。官之立佐，爲力不足也；吏之取能，爲材不及也。

日之照幽，不須燈燭；賁、育當敵，不待輔佐。使將相知力，若日之照幽，賁、育之難敵，則文吏之能無所用也。病作而醫用，禍起而巫使。如自能案方和藥，入室求祟，則醫不售而巫不進矣。橋梁之設也，足不能越溝也；車馬之用也，走不能追遠也。足能越溝，走能追遠，則橋梁不設，車馬不用矣。天地事物，人所重敬，皆力劣知極，須仰以給足者也。今世之將相，不責己之不能，而賤儒生之不習；不原文吏之所得得用，而尊其材，謂之善吏。非文吏，憂不除；非文吏，患不救。是以選舉取常故，案吏取無害。儒生無閥閲，所能不能任劇，故陋於選舉，佚於朝庭。聰慧捷疾者，隨時變化，學知吏事，則踵文吏之後，未得良善之名。守古循志，案禮修義，輒爲將相所不任，文吏所毗戲。不見任則執欲息退，見毗戲則意不得。臨職不勸，察事不精，遂爲不能，斥落不習。有俗材而無雅度者，學知吏事，亂於文吏，觀將所知，適時所急，轉志易務，晝夜學問，無所羞恥，期於成能名文而已。其高志妙操之人，恥降意損崇，以稱媚取進，深疾才能之儒，洎入文吏之科，堅守高志，不肯下學。亦時或精闇不及，意疏不密，臨事不識，對向謬誤，拜起不便，進退失度；奏記言事，蒙士解過，援引古義，割切將欲，直言一指，觸諱犯忌；封蒙約縛，簡繩檢署，事不如法，文辭卓詭，辟刺離實，曲不應義。故世俗輕之，文吏薄之，將相賤之。

是以世俗學問者，不肯竟經明學，深知古今，忽欲成一家章句。義理略具，同［趨］學史書，讀律諷令，治作［請］奏，習對向，滑習跪拜，家成室就，召署輒能。徇今不顧古，趨仇不存志，競進不案禮，廢經不念學。是以古經廢而不修，舊學闇而不明，儒者寂於空室，文吏譁於朝堂。材能之士，隨世驅馳；節操之人，守隘屏竄。驅馳日以巧，屏竄日以拙。

非材頓、知不及也，希見闕爲，不狎習也。蓋足未嘗行，堯、禹問曲折；目未嘗見，孔、墨問形象。

齊部世刺繡，恆女無不能；襄邑俗織錦，鈍婦無不巧。[目]見之，日爲之，手狎也。使材士未嘗見，巧女未嘗爲，異事詭手，暫爲卒睹，顯露易爲者，猶憒憒焉。方今論事，不謂希更，而曰材不敏；不曰未嘗爲，而曰知不達。失其實也。儒生材無不能敏，業無不能達，志不［肯］爲。今俗見不習，謂之不能，睹不爲，謂之不達。科用累能，故文吏在前，儒生在後。是從朝庭謂之也。如從儒堂訂之，則儒生在上，文吏在下矣。從農論田，田夫勝；從商講賈，賈人賢；今從朝庭謂之文吏。朝庭之人也，幼爲幹吏，以朝庭爲田畝，以刀筆爲耒耜，以文書爲農業，猶家人子弟，生長宅中，其知曲折，愈於賓客也。賓客暫至，雖孔、墨之材，不能分別。儒生猶賓客，文吏猶子弟也。以子弟論之，則文吏曉於儒生，儒生闇於文吏。今世之將相，知子弟以文吏爲慧，不能知文吏以狎爲能；知賓客以暫爲固，不知儒生以希爲拙；惑蔽闇昧，不知類也。一縣佐史之材，任郡掾史；一郡修行之能，堪州從事。然而郡不召佐史，州不取修行者，巧習無害，文少德高也。五曹自有條品，簿書自有故事，勤力玩弄，成爲巧吏，安足多矣？賢明之將，程吏取才，不求習論高，存志不顧文也。

稱良吏曰忠，忠之所以爲效，非簿書也。夫事可學而知，禮可習而善，忠節公行不可立也。文吏、儒生皆有所志，然而儒生務忠良，文吏趨理事。苟有忠良之業，疏拙於事，無損於高。論者以儒生不曉簿書，置之於下第。法令比例，吏斷決也。文吏治事，必問法家。縣官事務，莫大法令。必以吏職程高，是則法令之家宜最爲上。或曰：『固然。法令，漢家之經，吏議決焉。事定於法，誠爲明矣。』曰：夫五經亦漢家之所立，儒生善政，大義皆出其中。董仲舒表《春秋》之義，稽合於律，無乖異者。然則《春秋》，漢之經，孔子制作，垂遺於漢。論者徒尊法家，不高《春秋》，是闇蔽也。《春秋》五經，義相關穿，既是《春秋》，不大五經，是不通也。五經以道爲務，事不如道，道行事立，無道不成。然則儒生所學者，道也；文吏所學者，事也。假使材同，當以道學。如比於文吏，洗泥者以水，燔腥生者用火。水火，道也，用之者，事也，事末於道。儒生治本，文吏理末，道本與事末比，定尊卑之高下，可得程矣。

堯以俊德，致黎民雍。孔子曰：『孝悌之至，通於神明。』張釋之曰：『秦任刀筆小吏，陵遲至於二世，天下土崩。』張湯、趙禹，漢之惠吏，太史公序累，置於酷部，而致土崩。孰與通於神明令人填膺也？將相知經學至道，而不尊經學之生，彼見經學之生，能不及治事之吏也。牛刀可以割雞，雞刀難以屠牛。刺繡之師能縫帷裳，納縷之工不能織錦；儒生能爲文吏之事，文吏不能立儒生之學。文吏之能，誠劣不及；儒生之不習，實優而不爲。禹決江河，不秉钁鍤；周公築洛，不把築杖。夫筆墨簿書，钁鍤築杖之類也，而欲合志大道者躬親爲之，是使將軍戰而大匠斫也。説一經之生，治一曹之事，旬月能之；典一曹之吏，學一經之業，一歲不能立也。何則？吏事易知，而經學難見也。儒生擿經，窮竟聖意；文吏搖筆，考迹民事。夫能知大聖之意，曉細民之情，孰者爲難？以立難之材，含懷章句十萬以上，行有餘力。博學覽古今，計胸中之穎，出溢十萬。文吏所知，不過辨解簿書。富累千金，孰與貲直百十也？京稟如丘，孰與委聚如坻也？世名材爲名器，器大者盈物多。然則儒生所懷，可謂多矣。

蓬生麻間，不扶自直；白紗入緇，不染自黑。此言所習善惡，變易質性也。儒生之性，非能皆善也，被服聖教，日夜諷詠，得聖人之操矣。文吏幼則筆墨，手習而行，無篇章之誦，不聞仁義之語。長大成吏，舞文巧法，徇私爲己，勉赴權利；考事則受賂，臨民則采漁，處右則弄權，幸上則賣將；一旦在位，鮮冠利劍。一歲典職，田宅并兼。性非皆惡，所習爲者，違聖教也。故習善儒路，歸化慕義，志操則勵變從高。明將見之，顯用儒生：東海相宗叔犀廣召幽隱，春秋會饗，設置三科，以第補吏。一府員吏，儒生什九。陳留太守陳子瑀，開廣儒路，列曹掾史，皆能教授；簿書之吏，什置一二。兩將知道事之理，曉多少之量，故世稱褒其名，書記紀累其行也。

又 **《量知篇第三十五》** 《程材》所論，論材能、行操，未言學、知之殊奇也。夫儒生之所以過文吏者，學問日多，簡練其性，雕琢其材也。故夫學者所以反情治性，盡才成德也。材盡德成，其比於文吏，亦雕琢者，程量多矣。貧人與富人，俱賣錢百，並爲賻禮死哀之家。知之者，

知貧人劣能共百，以爲富人饒羡有奇餘也；不知之者，見錢俱百，以爲財貨貧富皆若一也。文吏、儒生，有似於此。皆爲掾吏，並典一曹，將知之者，知文吏、儒生筆同，而儒生胸中之藏，尚多奇餘；不知之者，以爲皆吏，深淺多少同一量，失實甚矣。地性生草，山性生木。如地種葵韭，山樹棗栗，名曰美園茂林，不復與一恆地庸山比矣。文吏、儒生，有似於此。俱有材能，並用筆墨，而儒生奇有先王之道。先王之道，非徒葵韭棗栗之謂也。恆女之手，紡績織經，如或奇能，織錦刺繡，名曰卓殊，不復與恆女科矣。夫儒生與文吏程材，而儒生侈有經傳之學，猶女工織錦刺繡之奇也。

貧人好濫，而富人守節者，貧人不足而富人饒侈。儒生不爲非，而文吏好爲姦者，文吏少道德，而儒生多仁義也。貧人富人，並爲賓客，受賜於主人，富人不慚而貧人常媿者，富人有以效，貧人無以復也。儒生、文吏，俱以長吏爲主人者也。儒生受長吏之祿，報長吏以道；文吏空胸，無仁義之學，居住食祿，終無以效，所謂『尸位素餐』者也。『素』者，空也，空虛無德，餐人之祿，故曰『素位』。無道藝之業，不曉政治，默坐朝庭，不能言事，與尸無異，故曰『尸位』。然則文吏，所謂『尸位素餐』者也。居右食嘉，見將傾邪，豈能舉記陳言得失乎？一則不能見是非，二則畏罰不敢直言。《禮》曰：『情欲巧。』其能力言者，文醜不好，有骨無肉，脂腴不足，犯干將相指，遂取間郤。爲地戰者，不能立功名；貪爵祿者，不能諫於上。文吏貪爵祿，一日居位，輒欲圖利，以當資用，侵漁徇身，不爲將官顯義，雖見太山之惡，安肯揚舉毛髮之言？事理如此，何用自解於尸位素餐乎？儒生學大義，以道事將，不可則止，有大臣之志，以經勉爲公正之操，敢言者也，位又疏遠。遠而近諫，《禮》謂之諂，此則郡縣之府庭所以常廓無人者也。

或曰：『文吏筆札之能，而治定簿書，考理煩事，雖無道學，筋力材能盡於朝庭，此亦報上之效驗也。』曰：此有似於貧人負官重責，貧無以償，則身爲官作，責乃畢竟。夫官之作，非屋廡則牆壁也。屋廡則用斧斤，牆壁則用築鍤。荷斤斧，把築鍤，與彼握刀持筆何以殊？苟謂治文書者報上之效驗，此則治屋廡牆壁之人，亦報上也。俱爲官作，刀筆、斧斤、築鍤鈞也。抱布貿絲，交易有亡，各得所願。儒生抱道貿祿，文吏無所抱，何用貿易？農商殊業，所畜之貨，貨不可同，計其精粗，量其多少，其出溢者，名曰富人。富人在世，鄉里願之。夫先王之道，非徒農商之貨也，其爲長吏立功致化，非徒富多出溢之榮也。且儒生之業，豈徒出溢哉？其身簡練，知慮光明，見是非審，尤可奇也。

蒸所與衆山之材幹同也，［伐］以爲蒸，熏以火，煙熱究浹，光色澤潤，爇之於堂，其耀浩廣，火灶之效加也。繡之未刺，錦之未織，恆絲庸帛，何以異哉？加五綵之巧，施針縷之飾，文章炫耀，黼黻華蟲，山龍日月。學士有文章，猶絲帛之有五色之巧也。本質不能相過，學業積聚，超逾多矣。物實無中核者謂之郁，無刀斧之斷者謂之樸。文吏不學，世之教無核也，郁樸之人，孰與程哉？骨曰切，象曰瑳，玉曰琢，石曰磨，切瑳琢磨，乃成寶器。人之學問，知能成就，猶骨象玉石，切瑳琢磨也，雖欲勿用，賢君其舍諸？孫武、闔廬，世之善用兵者也，知或學其法者，戰必勝。不曉什伯之陣，不知擊刺之術者，强使之軍，軍覆師敗，無其法也。穀之始熟曰粟。舂之於臼，簸其粃糠，蒸之於甑，爨之以火，成熟爲飯，乃甘可食。可食而食之，味生肌腴成也。粟未爲米，米未成飯，氣腥未熟，食之傷人。夫人之不學，猶穀未成粟，米未爲飯也。知心亂少，猶食腥穀，氣傷人也。學士簡練於學，成熟於師，身之有益，猶穀成飯，食之生肌腴也。銅錫未采，在衆石之間，工師鑿掘，爐橐鑄鑠，乃成器。未更爐橐，名曰積石，積石與彼路畔之瓦、山間之礫，一實也。故夫穀未舂蒸曰粟，銅未鑄鑠曰積石，人未學問曰矇。矇者，竹木之類也。夫竹生於山，木長於林，未知所入。截竹爲筒，破以爲牒，加筆墨之迹，乃成文字，大者爲經，小者爲傳記。斷木爲槧，析之爲板，力加刮削，乃成奏牘。夫竹木，粗苴之物也，雕琢刻削，乃成爲器用。況人含天地之性，最爲貴者乎！

不入師門，無經傳之教，以郁樸之實，不曉禮義，立之朝庭，植笮樹表之類也，其何益哉？山野草茂，鉤鐮斬刈，乃成道路也。士未入道門，邪惡未除，猶山野草木未斬刈，不成路也。染練布帛，名之曰采，貴吉之服也。無染練之治，名縠粗，縠粗不吉，喪人服之。人無道學，仕宦朝庭，其不能招致也，猶喪人服粗，不能招吉也。能削柱梁，謂之木匠。能穿鑿穴埳，謂之土匠；能雕琢文書，謂之史匠。夫文吏之學，學治文書

也，當與木土之匠同科，安得程於儒生哉？御史之遇文書，不失分銖；有司之陳籩豆，不誤行伍。其巧習者，亦先學之，人不貴者也，小賤之能，非尊大之職也。無經藝之本，有筆墨之末，大道未足，而小伎過多，雖曰吾多學問，御史之知，有司之惠也。飯黍粱者饜，餐糟糠者飽，雖俱曰食，爲腴不同。儒生文吏，學俱稱習，其於朝庭，有益不鈞。鄭子皮使尹何爲政，子產比於未能操刀使之割也。子路使子羔爲費宰，孔子曰：『賊夫人之子。』皆以未學，不見大道也。醫無方術，云：『吾能治病。』問之曰：『何用治病？』曰：『用心意。』病者必不信也。吏無經學，曰：『吾能治民。』問之曰：『何用治民？』曰：『以材能。』是醫無方術，以心意治病也，百姓安肯信嚮，而人君任用使之乎？手中無錢，之市使貨，貨主問曰：『錢何在？』對曰：『無錢。』貨主必不與也。夫胸中不學，猶手中無錢也，欲人君任使之，百姓信嚮之，奈何也？

又《謝短篇第三十六》 《程材》、《量知》，言儒生、文吏之材不能相過；以儒生脩大道，以文吏曉簿書，道勝於事，故謂儒生頗愈文吏也。此職業外相程相量也，其內各有所以爲短，未實謝也。夫儒生能說一經，自謂通大道，以驕文吏；文吏曉簿書，自謂文無害，以戲儒生。各持滿而自〔臧〕，非彼而是我，不知所爲短，不悟於己未足。《論衡》之，將使懫然各知所〔乏〕。夫儒生所短，不徒以不曉簿書；文吏所劣，不徒以不通大道也，反以閉闇不覽古今，不能各自知其所業之事未具足也。二家各短，不能自知也。世之論者，而亦不能訓之，如何？夫儒生之業，五經也。南面爲師，旦夕講授章句，滑習義理，究備於五經，可也。五經之後，秦、漢之事，不能知者，短也。夫知古不知今，謂之陸沈，然則儒生，所謂陸沈者也。五經之前，至於天地始開，帝王初立者，主名爲誰，儒生又不知也。夫知今不知古，謂之盲瞽。五經比於上古，猶爲今也。徒能說經，不曉上古，然則儒生，所謂盲瞽者也。

儒生猶曰：『上古久遠，其事闇昧，故經不載而師不說也。』夫三王之事雖近矣，經雖不載，義所連及，五經家所當共知，儒生所當審說也。夏自禹向國，幾載而至於殷？殷自湯幾祀而至於周？周自文王幾年而至於秦？桀亡夏，而紂棄殷，滅周者何王也？周猶爲遠，秦則漢之所伐也。夏始於禹，殷本於湯，周祖后稷，秦初爲人者誰？秦燔五經，坑殺儒士，五經之家所共聞也。秦何起而燔五經，何感而坑儒生？秦則前代也。漢國自儒生之家也，從高祖至今朝幾世？歷年訖今幾載？初受何命？復獲何瑞？得天下難易孰與殷、周？家人子弟學問歷幾歲，人問之曰：『居宅幾年？祖先何爲？』不能知者，愚子弟也。然則儒生不能知漢事，世之愚蔽人也。温故知新，可以爲師。古今不知，稱師如何？彼人問曰：『二尺四寸，聖人文語，朝夕講習，義類所及，故可務知。漢事未載於經，名爲尺籍短書，比於小道，其能知，非儒者之貴也。』儒生不能都曉古今，欲各別說其經；經事義類，乃以不知爲貴也？

事不曉，不以爲短！請復別問儒生，各以其經，旦夕之所講說。先問《易》家：『《易》本何所起？造作之者爲誰？』彼將應曰：『伏羲作八卦，文王演爲六十四，孔子作《彖》、《象》、《繫辭》。三聖重業，《易》乃具足。』問之曰：『《易》有三家，一曰《連山》，二曰《歸藏》，三曰《周易》。伏羲所作，文王所造，《連山》乎？《歸藏》、《周易》也？秦燔五經，《易》何以得脫？漢興幾年而復立？宣帝之時，河內女子壞老屋，得《易》一篇，名爲何《易》？此時《易》具足未？』問《尚書》家曰：『今旦夕所授二十九篇，奇有百二篇，又有百篇。二十九篇何所起？百二篇何所造？秦焚諸書之時，《尚書》諸篇皆何在？漢興，始録《尚書》者何帝？初受學者何人？』問《禮》家曰：『前孔子時，周已制禮，殷禮，夏禮，凡三王因時損益，篇有多少，文有增減。不知今《禮》，周乎？殷、夏也？』彼必以漢承周，將曰：『周禮。』夫周禮六典，又六轉，六六三十六，三百六十，是以周官三百六十也。案今《禮》經不見六典，無三百六十官，又不見天子，天子禮廢何時？豈秦滅之哉？宣帝時，河內女子壞老屋，得佚《禮》一篇，十六篇中，是何篇是者？高祖詔叔孫通制作《儀品》，十〔二〕篇何在？而復定《儀禮》，見在十六篇，秦火之餘也，更秦之時，篇凡有幾？問《詩》家曰：『《詩》作何帝王時也？』彼將曰：『周衰而《詩》作，蓋康王時也。康王德缺於房，大臣刺晏，故《詩》作也。』夫文、武之隆貴在成、康，康王未衰，《詩》安得作？周非一王，何知其康王也？二王之末皆衰，夏、殷衰時，《詩》何不作？《尚書》曰『詩言志，歌詠言。』此時已有詩也，斷取周以來，而謂興於周。古者采詩，詩有文也；今《詩》

無書，何知非秦燔五經，《詩》獨無餘［札］也？問《春秋》家曰：『孔子作《春秋》，周何王時也？自衛反魯，然後樂正，《春秋》作矣。自衛反魯，哀公時也。自衛，何君也？俟孔子以何禮，而孔子反魯作《春秋》乎？孔子録《史記》以作《春秋》，《史記》本名《春秋》乎？制作以爲經，乃歸《春秋》也？』

法律之家，亦爲儒生。問曰：『《九章》，誰所作也？』彼聞皋陶作獄，必將曰：『皋陶也。』詰曰：『皋陶，唐、虞時，唐、虞之刑五刑，案今律無五刑之文。』或曰：『蕭何也。』詰曰：『蕭何，高祖時也，孝文之時，齊太倉令淳于［意］有罪，徵詣長安。其女緹縈爲父上書，言肉刑壹施，不得改悔。文帝痛其言，乃改肉刑。案今《九章》象刑，非肉刑也。文帝在蕭何後，知時肉刑也，蕭何所造，反具［象］刑也？而云《九章》蕭何所造乎？』古禮三百，威儀三千，刑亦正刑三百，科條三千。出於禮，入於刑，禮之所去，刑之所取，故其多少同一數也。今《禮經》十六，蕭何律有九章，不相應，又何？《五經》題篇，皆以事義別之，至禮與律獨經也，題之，禮言昏禮，律言盜律何？

夫總問儒生以古今之義，儒生不能知，別［各］以其經事問之，又不能曉，斯則坐守［信］師法、不頗博覽之咎也。文吏自謂知官事，曉簿書。問之曰：『曉知其事，當能究達其義，通見其意否？』文吏必將罔然。問之曰：『古者封侯，各專國土，今置太守令長，何義？古人井田，民爲公家耕，今量租芻，何意？一［歲］使民居更一月，何據？年二十三［傅］，十五賦，七歲頭錢二十三，何緣？有臈，何帝王時？門户井灶，何立？社稷、先農、靈星，何祠？歲終逐疫，何驅？使立桃［梗］象人於門户，何旨？挂蘆索於户上，畫虎於門闌，何放？除牆壁書畫厭火丈夫，何見？步之六尺，冠之六寸，何應？有尉史、令史，無［丞］長史，何制？兩郡移書，曰：『敢告卒人』，兩縣不言，何解？郡言事二府，曰『敢言之』；司空曰『上』，何狀？賜民爵八級，何法？名曰簪裹、上造，何謂？吏上功曰伐閲，名籍墨將，何指？七十賜王杖，何起？著鳩於杖末，不著爵，何杖？苟以鳩爲善，不賜鳩而賜鳩杖，而不爵，何説？日分六十，漏之盡［百］，鼓之致五，何故？吏衣黑衣，宮闕赤單，何慎？［著絇於履，何備？］佩刀於右，［帶］劍於左，何備？服革於腰，冠在於首，何象？吏居城郭，出乘車馬，坐治文書，起城郭，何王？造車輿，何工？生馬，何地？作書，何人？造城郭，及馬所生，難知也，遠也。造車作書，易曉也，必將應曰：『倉頡作書，奚仲作車。』詰曰：『倉頡何感而作書？奚仲何起而作車？』又不知也。文吏所當知，然而不知，亦不博覽之過也。夫儒生不覽古今，［所］知不過守信經文，滑習章句，解剥互錯，分明乖異。文吏不曉吏道，所能不過案獄考事，移書下記，對［鄉］便給。准［之］無一閲備，皆淺略不及，偏駁不純，俱有闕遺，何以相言？

又　卷一三《別通篇第三十八》　富人之宅，以一丈之地爲内，内中所有，柙匱所［羸］，縑布絲［帛］也。貧人之宅，亦以一丈爲内。内中空虛，徒四壁立，故名曰貧。夫通人猶富人，不通者猶貧人也。俱以七尺爲形，通人胸中懷百家之言，不通者空腹無一牒之誦。貧人之內，徒四所壁立也。慕料貧富不相如，則夫通與不通不相及也。世人慕富不榮通，羞貧不賤不賢，不推類以況之也。夫富人可慕者，貨財多則饒裕，故人慕之。夫富人不如儒生，儒生不如通人。通人積文，十篋以上，聖人之言，賢者之語，上自黄帝，下至秦、漢，治國肥家之術，刺世譏俗之言，備矣。使人通明博見，其爲可榮，非徒縑布絲［帛］也。蕭何入秦，收拾文書，漢所以能制九州者，文書之力也。以文書御天下，天下之富，孰與家人之財？

人目不見青黄曰盲，耳不聞宮商曰聾，鼻不知香臭曰癰。癰聾與盲，不成人者也。人不博覽者，不聞古今，不見事類，不知然否，猶目盲、耳聾、鼻癰者也。儒生不［博］覽，猶爲閉闇，況庸人無篇章之業，不知是非，其爲閉闇，甚矣！此則土木之人，耳目俱足，無聞見也。涉淺水者見蝦，其頗深者察魚鱉，其尤甚者觀蛟龍。足行迹殊，故所見之物異也。入道淺深，其猶此也，淺者則見傳記諧文，深者入聖室觀秘書。故入道彌深，所見彌大。人之遊也，必欲入都，都多奇觀也。入都必欲見市，市多異貨也。百家之言，古今行事，其爲奇異，非徒都邑大市也。遊於都邑者心厭，觀於大市者意飽，況遊於道藝之際哉？大川旱不枯者，多所疏也；潢汙兼日不雨，泥輒見者，無所通也。是故大川相間，小川相屬，東流歸海，故海大也。海不通於百川，安得巨大之名？夫人含百家之言，

猶海懷百川之流也，不謂之大者，是謂海小於百川也。夫海大於百川也，人皆知之，通者明於不通，莫之能別也。潤下作鹹，水之滋味也。東海水鹹，流廣大也；西州鹽井，源泉深也。人或無井而食，或穿井不得泉，有鹽井之利乎？不與賢聖通業，望有高世之名，難哉！法令之家，不見行事，議罪不審。章句之生，不覽古今，論事不實。或以説一經爲［足］，何須博覽？夫孔子之門，講習五經，《五經》皆習，庶幾之才也。

顔淵曰：『博我以文。』才智高者，能爲博矣。顔淵之曰『博』者，豈徒一經哉？我不能博五經，又不能博衆事，守信一學，不好廣觀，無温故知新之明，而有守愚不覽之闇，其謂一經［足］者，其宜也。開户内日之光，日光不能照幽，鑿窗啟牖，以助户明也。夫一經之説，猶日明也；助以傳書，猶窗牖也。百家之言，令人曉明，非徒窗牖之開，日光之照也。是故日光照室内，道術明胸中。開户内光，坐高堂之上，眇升樓臺，窺四鄰之廷，人之所願也。閉户幽坐，向冥冥之内，穿壙穴臥，造黄泉之際，人之所惡也。夫閉心塞意，不高瞻覽者，死人之徒也哉！孝武皇帝時，燕王旦在明光宫，欲入所臥［處］，户三盡［自］閉，使侍者二十人開户，户不開。其後，旦坐謀反自殺。夫户閉，燕王旦死之狀也。死者，凶事也，故以閉塞爲占。齊慶封不通，六國大夫會而賦詩，慶封不曉，其後果有楚靈之禍也。夫不開通於學者，尸尚能行者也。亡國之社，屋其上，柴其下者，示絶於天地。《春秋》薄社，周以爲城。夫經藝傳書，人當覽之，猶社當通氣於天地也。故人之不通覽者，薄社之類也。是故氣不通者，彊壯之人死，榮華之物枯。

東海之中，可食之物，集糅非一，以其大也。夫水精氣渥盛，故其生物也衆多奇異。故夫大人之胸懷非一，才高知大，故其於道術無所不包。學士同門，高業之生，衆共宗之。何則？知經指深，曉師言多也。夫古今之事，百家之言，其爲深，多也，豈徒師門高業之生哉？甘酒醴，不酤飴蜜，未爲能知味也。耕夫多殖嘉穀，謂之上農夫；其少者，謂之下農夫。學士之才，農夫之力，一也。能多種穀，謂之上農；能博學問，［不］謂之上儒，是稱牛之服重，不譽馬速也。譽手毁足，孰謂之慧矣！縣道不通於野，野路不達於邑，騎馬乘舟者，必不由也。故血脉不通，人以甚病。夫不通者，惡事也，故其禍變致不善。是故盜賊宿於穢草，邪心生於無道。無道者，無道術也。醫能治一病謂之巧，能治百病謂之良。是故良醫服百病之方，治百人之疾；大才懷百家之言，故能治百族之亂。扁鵲之衆方，孰若巧［醫］之一伎？子貢曰：『不得其門而入，不見宗廟之美，百官之富。』蓋以宗廟、百官喻孔子道也。孔子道美，故譬以宗廟，衆多非一，故喻以百官。由此言之，道達廣博者，孔子之徒也。

殷、周之地，極五千里，荒服、要服，勤能牧之。漢氏廓土，牧萬里之外，要荒之地，褒衣博帶。夫德不優者，不能懷遠；才不大者，不能博見。故多聞博識，無頑鄙之訾；深知道術，無淺闇之毁也。人好觀圖畫者，圖上所畫，古之列人也。見列人之面，孰與觀其言行？置之空壁，形容具存，人不激勸者，不見言行也。古賢之遺文，竹帛之所載粲然，豈徒牆壁之畫哉？空器在廚，金銀塗飾，其中無物益於饑，人不顧也。肴膳甘醢，土釜之盛，入者［饗］之。古賢文之美善可甘，非徒器中之物也，讀觀有益，非徒膳食有補也。故器空無實，飢者不顧；胸虚無懷，朝廷不御也。劍伎之家，鬭戰必勝者，得曲城、越女之學也。兩敵相遭，一巧一拙，其必勝者，有術之家也。孔、墨之業，賢聖之書，非徒曲城、越女之功也。成人之操，益人之知，非徒戰鬭必勝之策也。故劍伎之術，有必勝之名；賢聖之書，有必尊之聲。縣邑之吏，召諸治下，將相問以政化，曉慧之吏，陳所聞見，將相覺悟，得以改政右文。聖賢言行，竹帛所傳，練人之心，聰人之知，非徒縣邑之吏對向之語也。

禹、益並治洪水，禹主治水，益主記異物，海外山表，無遠不至，以所聞見，作《山海經》。非禹、益不能行遠，《山海》不造。然則《山海》之造，見物博也。董仲舒睹重常之鳥，劉子政曉貳負之尸，皆見《山海經》，故能立二事之説。使禹、益行地不遠，不能作《山海經》；董、劉不讀《山海經》，不能定二疑。實沈、臺台，子産博物，故能言之；龍見絳郊，蔡墨曉占，故能御之。父兄在千里之外，且死，遺教戒之書，子弟賢者，求索觀讀，服臆不舍，重先敬長，謹慎之也；不肖者輕慢佚忽，無原察之意。古聖先賢，遺後人文字，其重非徒父兄之書也，或觀讀采取，或棄捐不録，一者之相高下也，行路之人，皆能論之，況辯照然否者不能別之乎？孔子病，商瞿卜期日中，孔子曰：『取書來，比至日中何事乎？』聖人之好學也，且死不休，念在經書，不以臨死之故，棄忘道

藝，其爲百世之聖，師法祖修，蓋不虛矣！自孔子以下，至漢之際，有才能之稱者，非有飽食終日無所用心也，不說五經則讀書傳。書傳文大，難以備之。卜卦占射凶吉，皆文、武之道。昔有商瞿，能占爻卦；末有東方朔、翼少君，能［逢］占射覆。道雖小，亦聖人之術也。曾又不知。人生稟五常之性，好道樂學，故辨於物。今則不然，飽食快飲，慮深求臥，腹爲飯坑，腸爲酒囊，是則物也。倮蟲三百，人爲之長，『天地之性人爲貴』，貴其識知也。今閉闇脂塞，無所好欲，與三百倮蟲何以異？而謂之爲長而貴之乎！

諸夏之人所以貴於夷狄者，以其通仁義之文，知古今之學也。如徒［任］其胸中之知以取衣食，經歷年月，白首没齒，終無曉知，夷狄之次也。觀夫蜘蛛之經絲以罔飛蟲也，人之用作，安能過之？任胸中之知，舞權利之詐，以取富壽之樂，無古今之學，蜘蛛之類也。含血之蟲，無餓死之患，皆能以知求索飲食也。人不通者，亦能自供，仕官爲吏，亦得高官，將相長吏，猶吾大夫高子也，安能別之？隨時積功，以命得官，不曉古今，以位爲賢，與文［人］異術，安得識別通人，俟以不次乎？將相長吏不得若右扶風蔡伯偕、鬱林太守張孟嘗、東萊太守李季公之徒，心自通明，覽達古今，故其敬通人也如見大賓。燕昭爲鄒衍擁彗，彼獨受何性哉？東成令董仲綏知爲儒梟，海内稱通，故其接人，能別奇［律］。是以鍾離産公以編户之民，受圭璧之敬，知之明也。故夫能知之也，凡石生光氣；不知之也，金玉無潤色。自武帝以至今朝，數舉賢良，令人射策甲乙之科，若董仲舒、唐子高、谷子雲、丁伯玉，策既中實，文説美善，博覽膏腴之所生也。使四者經徒能摘，筆徒能記疏，不見古今之書，安能建美善於聖王之庭乎？孝明之時，讀《蘇武傳》，見武官名曰《栘中監》，以問百官，百官莫知。夫《倉頡》之章，小學之書，文字備具，至於無能對聖國之問者，是皆美命隨牒之人多在官也。『木』旁『多』文字且不能知，其欲及若董仲舒之知重常，劉子政之知貳負，難哉！或曰：『通人之官，蘭臺令史，職校書定字，比夫太史、太柷，職在文書，無典民之用，不可施設。是以蘭臺之史，班固、賈逵、楊終、傅毅之徒，名香文美，委積不泄，大用於世。』曰：此不繼。周世通覽之人，鄒衍之徒，孫卿之輩，受時王之寵，尊顯於世。董仲舒雖無鼎足之位，知在公卿之上。周監二代，漢監周、秦然則蘭臺之官，國所監得失也。以心如丸卵，爲體内藏；眸子如豆，爲身光明。令史雖微，典國道藏，通人所由進，猶博士之官，儒生所由興也。委積不紲，豈聖國微遇之哉，殆以書未定而職未畢也。

漢·荀悦《申鑒》卷二《時事第二》　誰毁誰譽？譽其有試者，萬事之概量也。以茲舉者試其事，處斯職者考其績，賞罰大實，以惡反之，人焉飾哉！語曰：『盜跖不能盜田尺寸。』寸不可盜，況尺乎？夫事驗，必若土田之張於野也，則爲私者寡矣。若亂之墜於澳也，則可信者解矣。故有事考功，有言考用，動則考行，靜則考守。

《後漢書》卷六〇下《郎顗傳》　顗對曰：

方春東作，布德之元，陽氣開發，養導萬物。王者因天視聽，奉順時氣，宜務崇温柔，尊其行令。而今立春之後，考事不息，秋冬之政，行乎春夏，故白虹春見，掩蔽日曜。凡邪氣乘陽，則虹蜺在日，斯皆臣下執事刻急所致。殆非朝廷優寬之本。此其變常之咎也。又今選舉皆歸三司，非有周、召之才，而當則哲之重，每有選用，輒參之掾屬，公府門巷，賓客填集，送去迎來，財貨無已。其當遷者，競相薦謁，各遣子弟，充塞道路，開長姦門，興致浮偽，非所謂率由舊章也。尚書職在機衡，宮禁嚴密，私曲之意，羌不得通，偏黨之恩，或無所用。選舉之任，不如還在機密。臣誠愚戆，不知折中，斯固遠近之論，當今之宜。

人才使用論分部

論説

《漢書》卷七八《蕭望之傳》　陛下哀湣百姓，恐德化之不究，悉出諫官以補郡吏，所謂憂其末而忘其本者也。朝無爭臣則不知過，國無達士則不聞善。願陛下選明經術，温故知新，通於幾微謀慮之士以爲内臣，與參政事。諸侯聞之，則知國家納諫憂政，亡有闕遺。若此不怠，成、康之道其庶幾乎！外郡不治，豈足憂哉？

漢·王充《論衡》卷一三《效力篇第三十七》

《程才》、《量知》之篇，徒言知學，未言才力也。人有知學，則有力矣。文吏以理事爲力，而儒生以學問爲力。或問揚子雲曰：『力能扛鴻鼎，揭華旗，知德亦有之乎？』答曰：『百人矣。』夫知德百人者，與彼扛鴻鼎、揭華旗者爲料敵也。夫壯士力多者，扛鼎揭旗；儒生力多者，博達疏通。故博達疏通，儒生之力也；舉重拔堅，壯士之力也。《梓材》曰：『彊人有王開賢，厥率化民。』此言賢人亦壯彊於禮義，故能開賢，其率化民。化民須禮義，禮義須文章，『行有餘力，則以學文』。能學文，有力之驗也。問曰：『説一經之儒，可謂有力者？』曰：非有力者也。陳留龐少都每薦諸生之吏，常曰：『王甲某子，才能百人。』太守非其能，不答。少都更曰：『言之尚少，王甲某子，才能百萬人。』太守怒曰：『親吏妄言！』少都曰：『文吏不通一經一文，不調師一言；諸生能説百萬章句，非才知百萬人乎？』太守無以應。夫少都之言，實也，然猶未也。何則？諸生能傳百萬言，不能覽古今，守信師法，雖辭説多，終不爲博。殷、周以前，頗載《六經》，儒生所不能説也。秦、漢之事，儒生不見，力劣不能覽也。周監二代，漢監周、秦，周、秦以來，儒生不知；漢欲觀覽，儒生無力。使儒生博觀覽，則爲文儒。文儒者，力多於儒生，如少都之言，文儒才能千萬人矣。

曾子曰：『士不可以不弘毅，任重而道遠。仁以爲己任，不亦重乎！死而後已，不亦遠乎！』由此言之，儒者所懷，獨己重矣，志所欲至，獨己遠矣。身載重任，至於終死，不倦不衰，力獨多矣。夫曾子載於仁而儒生載於學，所載不同，輕重均也。夫一石之重，一人挈之，十石以上，二人不能舉也。世多挈一石之任，寡有舉十石之力。儒生所載，非徒十石之重也。地力盛者，草木暢茂。一畝之收，當中田五畝之分。苗田，人知出穀多者地力盛。不知出文多者才知茂，失事理之實矣。夫文儒之力過於儒生，況文吏乎？能舉賢薦士，世謂之多力也。然能舉賢薦士，上書日記也。能上書日記者，文儒也。文儒非必諸生也，賢達用文則是矣。谷子雲、唐子高章奏百上，筆有餘力，極言不諱，文不折乏，非夫才知之人不能爲也。孔子，周世多力之人也。作《春秋》，删《五經》，秘書微文，無所不定。山大者雲多，泰山不崇朝辯雨天下。夫然則賢者有雲雨之知，故其吐文萬牒以上，可謂多力矣。

世稱力者，常褒烏獲，然則董仲舒、揚子雲，文之烏獲也。秦武王與孟説舉鼎不任，絶脉而死。少文之人，與董仲舒等湧胸中之思，必將不任，有絶脉之變。王莽之時，省《五經》章句皆爲二十萬，博士弟子郭路夜定舊説，死於燭下，精思不任，絶脉氣滅也。顔氏之子，已曾馳過孔子於塗矣，劣倦罷極，髮白齒落。夫以庶幾之材，猶有僕頓之禍，孔子力優，顔淵不任也。才力不相如，則其知［惠］不相及也。勉自什伯，鬲中嘔血，失魂狂亂，遂至氣絶。書五行之牘，書十奏之記，其才劣者，筆墨之力尤難，況乃連句結章，篇至十百哉！力獨多矣！江河之水，馳湧滑漏，席地長遠，無枯竭之流，本源盛矣。知江河之流遠，地中之源盛，不知萬牒之人，胸中之才茂，迷惑者也。故望見驥足，不異於衆馬之蹄，躡平陸而馳騁，千里之迹，斯須可見。夫馬足人手，同一實也，稱驥之足，不薦文人之手，不知類也。夫能論筋力以見比類者，則能取文力之人立之朝庭。故夫文力之人，助有力之將，乃能以力爲功。有力無助，以力爲禍。何以驗之？長巨之物，彊力之人乃能舉之。重任之車，强力之牛乃能挽之。是任車上阪，强牛引前，力人推後，乃能升逾。如牛羸人罷，任車退卻，還墮坑谷，有破覆之敗矣。文儒懷先王之道，含百家之言，其難推引，非徒任車之重也。薦致之者，罷羸無力，遂卻退竄於巖穴矣。

河發崑崙，江起岷山，水力盛多，滂沛之流，浸下益盛，不得廣岸低地，不能通流入乎東海。如岸狹地仰，溝洫決泆，散在丘墟矣。文儒之知，有似於此。文章滂沛，不遭有力之將援引薦舉，亦將棄遺於衡門之下，固安得升陟聖主之庭，論説政事之務乎？火之光也，不舉不明。有人於斯，其知如京，其德如山，力重不能自稱，須人乃舉，而莫之助，抱其盛高之力，竄於閭巷之深，何時得達？奡、育，古之多力者，身能負荷千鈞，手能決角伸鉤，使之自舉，不能離地。智能滿胸之人，宜在王闕，須三寸之舌，一尺之筆，然後自動，不能自進，進之又不能自安，須人能動，待人能安。道重知大，位地難適也。小石附於山，山力能得持之；在沙丘之間，小石輕微，亦能自安。至於大石，沙土不覆，山不能持，處危峭之際，則必崩墜於坑谷之間矣。大智之重，遭小才之將，無左右沙土之助，雖在顯位，將不能持，則有大石崩墜之難也。或伐薪於山，

輕小之木，合能束之。至於大木十圍以上，引之不能動，推之不能移，則委之於山林，收所束之小木而歸。由斯以論，知能之大者，其猶十圍以上木也，人力不能舉薦，其猶薪者不能推引大木也。孔子周流，無所留止，非聖才不明，道大難行，人不能用也。故夫孔子，山中巨木之類也。

桓公九合諸侯，一匡天下，管仲之力。管仲有力，桓公能舉之，可謂壯强矣。吴不能用子胥，楚不能用屈原，二子力重，兩主不能舉也。舉物不勝，委地而去可也，時或恚怒，斧斲破敗，此則子胥、屈原所取害也。淵中之魚，遞相吞食，度口所能容，然後嚥之；口不能受，哽咽不能下。故夫商鞅三説孝公，後説者用，前二難用，後一易行也。觀管仲之《明法》，察商鞅之《耕戰》，固非弱劣之主所能用也。六國之時，賢才之臣，入楚楚重，出齊齊輕，爲趙趙完，畔魏魏傷。韓用申不害，行其《三符》，兵不侵境，蓋十五年。不能用之，又不察其書，兵挫軍破，國并於秦。殷、周之世，亂迹相屬，亡禍比肩，豈其心不欲爲治乎？力弱智劣，不能納至言也。是故塇碓重，一人之迹不能蹈也；大，一人之掌不能推也。賢臣有勁彊之優，愚主有不堪之劣，以此相求，禽魚相與遊也。干將之刃，人不推頓，菰瓠不能傷；

篠簵之箭，機不能動發，魯縞不能穿。非無干將、篠簵之才也，無推頓發動之主。菰瓠、魯縞不穿傷，焉望斬旗穿革之功乎？故引弓之力不能引强弩。弩力五石，引以三石，筋絶骨折，不能舉也。故力不任彊引，則有變惡折脊之禍；知不能用賢，則有傷德毀名之敗。

論事者不曰才大道重，上不能用，而曰不肖不能自達。自達者帶絶不抗，自衒者賈賤不讎。案諸爲人用之物，須人用之，功力乃立。鑿所以入木者，槌叩之也，鍤所以能撅地者，跖蹈之也。諸有鋒刃之器，所以能斷斬割削者，手能把持之也，力能推引之也。韓信去楚入漢，項羽不能安，高祖能持之也。能用其善，能安其身，則能量其力、能別其功矣。樊、酈有攻城野戰之功，高祖行封，先及蕭何，則比蕭何於獵人，同樊、酈於獵犬也。夫蕭何安坐，樊、酈馳走，封不及馳走而先安坐者，蕭何以知爲力，而樊、酈以力爲功也。蕭何所以能使樊、酈者，以入秦收斂文書也。衆將拾金，何獨掇書，坐知秦之形勢，是以能圖其利害。衆將馳走者，何驅之也。故叔孫通定儀，而高祖以尊；蕭何造律，而漢室以寧。案儀律之功，重於野戰，斬首之力，不及尊主。故夫墾草殖穀，農夫之力也；勇猛攻戰，士卒之力也；構架斲削，工匠之力也；治書定簿，佐史之力也；論道議政，賢儒之力也。人生莫不有力，所以爲力者，或尊或卑。孔子能舉北門之關，不以力自章，知夫筋骨之力，不如仁義之力榮也。

又 卷一四《狀留篇第四十》 論賢儒之才，既超程矣，世人怪其仕宦不進，官爵卑細。以賢才退在俗吏之後，信不怪也。夫如是，而適足以見賢不肖之分，睹高下多少之實也。龜生三百歲，大如錢，游於蓮葉之上。三千歲青邊緣，巨尺二寸。蓍生七十歲生一莖，七百歲生十莖。神靈之物也，故生遲留，歷歲久長，故能明審。實賢儒之在世也，猶靈蓍、神龜也。計學問之日，固已盡年之半矣。鋭意於道，遂無貪仕之心。及其仕也，純特方正，無員鋭之操。故世人遲取進難也。針錐所穿，無不暢達。使針錐末方，穿物無一分之深矣。賢儒方節而行，無針錐之鋭，固安能自穿、取暢達之功乎？且驥一日行千里者，無所服也，使服任車輿，駑馬同音。驥曾以引鹽車矣，垂頭落汗，行不能進。伯樂顧之，王良御之，空身輕馳，故有千里之名。今賢儒懷古今之學，負荷禮義之重，內累於胸中之知，外劬於禮義之操，不敢妄進苟取，故有稽留之難。無伯樂之友，不遭王良之將，安得馳於清明之朝，立千里之迹乎？

且夫含血氣物之生也，行則背在上而腹在下；其病若死，則背在下而腹在上。何則？背肉厚而重，腹肉薄而輕也。賢儒、俗吏，並在當世，有似於此。將明道行，則俗吏載賢儒，賢儒乘俗吏。將闇道廢，則俗吏乘賢儒，賢儒處下位，猶物遇害，腹在上而背在下也。且背法天而腹法地，生行得其正，故腹背得其位；病死失其宜，故腹反而在背上。

非唯腹也，凡物仆僵者，足又在上。賢儒不遇，仆廢於世，踝足之吏，皆在其上。東方朔曰：『目不在面而在於足，救昧不給，能何見乎？』汲黯謂武帝曰：『陛下用吏如積薪矣，後來者居上。』原汲黯之言，察東方朔之語，獨以〔非〕俗吏之得地，賢儒之失職哉？故夫仕宦，失地難以觀德；得地難以察不肖。名生於高官，而毀起於卑位。卑位，固賞賢儒之所在也。遵禮蹈繩，脩身守節，在下不汲汲，故有沈滯之留。沈滯在能自濟，故有不拔之扼。其積學於身也多，故用心也固。俗吏無以自修，身雖拔進，利心摇動，則有下道侵漁之操矣。

楓桐之樹，生而速長，故其皮肌不能堅剛。樹檀以五月生葉，後彼春榮之木，其材强勁，車以爲軸。殷之桑穀，七日大拱，長速大暴，故爲變怪。大器晚成，寶貨難售也。不崇一朝，輒成賈者，菜果之物也。是故湍瀨之流，沙石轉而大石不移。何者？大石重而沙石輕也。沙石轉積於大石之上，大石没而不見。賢儒俗吏，並在世俗，有似於此。遇暗長吏，轉移俗吏超在賢儒之上，賢儒處下，受馳走之使，至或巖居穴處，没身不見。咎在長吏不能知賢，而賢者道大，力劣不能拔舉之故也。

夫手指之物器也，度力不能舉，則不敢動。賢儒之道，非徒物器之重也。是故金鐵在地，猋風不能動，毛芥在其間，飛揚千里。夫賢儒所懷，其猶水中大石、在地金鐵也。其進不若俗吏速者，長吏力劣，不能用也。毛芥在鐵石間也，一口之氣，能吹毛芥，非必猋風。俗吏之易遷，猶毛芥之易吹也。故夫轉沙石者，湍瀨也；飛毛芥者，猋風也。活水洋風，毛芥不動。無道理之將，用心暴猥，察吏不詳，遭以奸遷，妄授官爵，猛水之轉沙石，猋風之飛毛芥也。是故毛芥因異風而飛，沙石遭猛流而轉，俗吏遇悖將而遷。

且圓物投之於地，東西南北，無之不可，策杖叩動，纔微輒停。方物集地，壹投而止；及其移徙，須人動舉。賢儒，世之方物也，其難轉移者，其動須人也。鳥輕便於人，趨遠，人不如鳥，然而天地之性人爲貴。蝗蟲之飛，能至萬里；麒麟須獻，乃達闕下。然而蝗蟲爲災，麒麟爲瑞。麟有四足，尚不能自致，人有兩足，安能自達？故曰：『鸞飛輕於鳳皇，兔走疾於麒麟，鼃躍躁於靈龜，蛇騰便於神龍。』呂望之徒，白首乃顯；百里奚之知，明於黄髮；深爲國謀，因爲王輔，皆夫沈重難進之人也。輕躁早成，禍害暴疾。故曰：『其進鋭者，退速。』陽温陰寒，歷月乃至；灾變之氣，一朝成怪。故夫河冰結合，非一日之寒；積土成山，非斯須之作。干將之劍，久在爐炭，銛鋒利刃，百熟煉厲。久銷乃見作留，成遲故能割斷。肉暴長者曰腫，泉暴出者曰湧，酒暴熟者易酸，醢暴酸者易臭。由此言之，賢儒遲留，皆有狀故。狀故云何？學多道重，爲身累也。

草木之生者濕，濕者重；死者枯。枯而輕者易舉，濕而重者難移也。然能元氣所在，在生不在枯。是故車行於陸，船行於溝，其滿而重者行遲，空而輕者行疾。先王之道，載在胸腹之内，其重不徒船車之任也。任重，其取進疾速，難矣。竊人之物，其得非不速疾也，然而非其有，得之非己之力也。世人早得高官，非不有光榮也，而尸禄素飡之謗，喧嘩甚矣。且賢儒之不進，將相長吏不開通也。農夫載穀奔都，賈人齎貨赴遠，皆欲得其願也。如門郭閉而不通，津梁絶而不過，雖有勉力趨時之勢，奚由早至以得盈利哉？長吏妬賢，不能容善，不被鉗赭之刑，幸矣，焉敢望官位升舉，道理之早成也？

漢·王符《潛夫論》卷四《班禄第十五》 乎之基立矣乃惟慎貢選，明黜陟，官得其人，人任其職；欽若昊天，敬授民時，同我婦子，饁彼南畝；上務節禮，正身示下，下悦其政，各樂竭己奉戴其上。是以天地交泰，陰陽和平，民無奸匿，機衡不傾，德氣流布而頌聲作也。

漢·荀悦《申鑒》卷二《時事第二》 公卿不爲郡，二千石不爲縣，未是也。小能其職，以極登於大，故下位競。大橈其任，以墜於下，故上位慎。其鼎覆刑焉，何憚於降？若夫千里之任，不能充於郡，而縣邑之功廢，惜矣哉！不以過職絀則勿降，所以優賢也。以過職絀則降，所以懲愆也。

漢·仲長統《昌言中》 背人事者，是昏亂迷惑之主覆國亡家之臣也。問者曰：『治天下者，壹之乎人事，抑亦有取諸天道也？』曰：『所取于天道者，謂四時之宜也；所壹於人事者，謂治亂之實也。』『《周禮》之馮相保章，其無所用耶？』曰：『大備於天人之道耳，是非治天下之本也，是非理生民之要也。』曰：『然則本與要，奚所存耶？』曰：『王者官人無私，唯賢是親，勤卹政事，屢省功臣。賞錫期於功勞，刑罰歸乎罪惡。政平民安，各得其所，則天地將自從我而正矣，休祥將自應我而集矣，惡物將自舍我而亡矣。求其不然，乃不可得也。』

《後漢書》卷九一《左雄傳》 雄上疏陳事曰：臣聞柔遠和邇，莫大寧人，寧人之務，莫重用賢，用賢之道，必存考黜。是以臯陶對禹，貴在知人。『安人則惠，黎民懷之。』分伯建侯，代位親民，民用和穆，禮讓以興。故《詩》云：『有渰淒淒，興雨祁祁。雨我公田，遂及我私。』及幽、厲昏亂，不自爲政，褒豔用權，七子黨進，賢愚錯緒，深谷爲陵。故其詩云：『四國無政，不用其良。』又曰：『哀今之人，胡爲虺蜴？』

言人畏吏如虺蜴也。宗周既滅，六國并秦，阬儒泯典，剗革五等，更立郡縣，縣設令長，郡置守尉，什伍相司，封豕其辰。大漢受命，雖未復古，然克慎庶官，蠲苛救敝，悅以濟難，撫而循之。至於文、景，天下康乂。誠由玄靖寬柔，克慎官人故也。降及宣帝，興於仄陋，綜覈名實，知時所病，刺史守相，輒親引見，考察言行，信賞必罰。帝乃歎曰：『民所以安而無怨者，政平吏良也。與我共此者，其唯良二千石乎！』以爲吏數變易，則下不安業；久於其事，則民服教化。其有政理者，輒以璽書勉勵，增秩賜金，或爵至關內侯，公卿缺則以次用之。是以吏稱其職，人安其業。漢世良吏，于茲爲盛，故能降來儀之端，建中興之功。

漢初至今，三百餘載，俗浸雕敝，巧僞滋萌，下飾其詐，上肆其殘。曲城百里，轉動無常，各懷一切，莫慮長久。謂殺害不辜爲威風，聚斂整辨爲賢能，以理已安民爲劣弱，以奉法循理爲不化。髡鉗之戮，生於睚眥；覆尸之禍，成於喜怒。視民如寇讎，稅之如豺虎。監司項背相望，與同疾疢，見非不舉，聞惡不察，觀政於停傳，責成於期月，言善不稱德，論功不據實，虛誕者獲譽，拘檢者離毀。或因罪而引高，或色斯以求名。州宰不覆，競共辟召，踴躍升騰，超等踰匹。或考奏捕案，而亡不受罪，會赦行賂，復見洗滌。朱紫同色，清濁不分。故使奸猾枉濫，輕忽去就，拜除如流，缺動百數。鄉官部吏，職斯祿薄，車馬衣服，一出於民，謙者取足，貪者充家，特選橫調，紛紛不絕，送迎煩費，損政傷民。和氣未洽，災眚不消，咎皆在此。今之墨綬，猶古之諸侯，拜爵王庭，輿服有庸，而齊於匹豎，叛命避負，非所以崇憲明理，惠育元元也。臣愚以爲守相長吏，惠和有顯效者，可就增秩，勿使移徙，非父母喪不得去官。其不從法禁，不式王命，錮之終身，雖會赦令，不得齒列。若被劾奏，亡不就法者，徙家邊郡，以懲其後。鄉部親民之吏，皆用儒生清白任從政者，寬其負筭，增其秩祿，吏職滿歲，宰府州郡乃得辟舉。如此，威福之路塞，虛僞之端絕，送迎之役損，賦斂之源息。循理之吏，得成其化；率土之民，各寧其所。追配文、宣中興之軌，流光垂祚，永世不刊。

澄清吏治論部

整飭官常論分部

論說

《漢書》卷八《宣帝紀》 夏五月，詔曰：獄者萬民之命，所以禁暴止邪，養育羣生也。能使生者不怨，死者不恨，則可謂文吏矣。今則不然，用法或持巧心，析律貳端，深淺不平，增辭飾非，以成其罪。奏不如實，上亦亡由知。此朕之不明，吏之不稱，四方黎民將何仰哉！二千石各察官屬，勿用此人。吏務平法。或擅興繇役，飾廚傳，稱過使客，越職逾法，以取名譽，譬猶踐薄冰以待白日，豈不殆哉！今天下頗被疾疫之災，朕甚愍之。其令郡國被災甚者，毋出今年租賦。

又　卷三六《劉向傳》 竊聞故前將軍蕭望之等，皆忠正無私，欲致大治，忤于貴戚尚書。今道路人聞望之等復進，以爲且復見毀讒，必曰嘗有過之臣不宜復用，是大不然。臣聞春秋地震，爲在位執政太盛也，不爲三獨夫動，亦已明矣。且往者高皇帝時，季布有罪，至於夷滅，後赦以爲將軍，高后、孝文之間卒爲名臣。孝武帝時，兒寬有重罪繫，按道侯韓說諫曰：『前吾丘壽王死，陛下至今恨之；今殺寬，後將復大恨矣！』上感其言，遂貰寬，復用之，位至御史大夫，御史大夫未有及寬者也。又董仲舒坐私爲災異書，主父偃取奏之，下吏，罪至不道，幸蒙不誅，復爲太中大夫、膠西相，以老病免歸。漢有所欲興，常有詔問。仲舒爲世儒宗，定議有益天下。孝宣皇帝時，夏侯勝坐誹謗繫獄三年，免爲庶人。宣帝復用勝，至長信少府、太子太傅，名敢直言，天下美之。若乃羣臣，多此比類，難一二記。有過之臣，無負國家，有益天下，此四臣者，足以觀矣。

前弘恭奏望之等獄決，三月，地大震。恭移病出，後復視事，天陰雨雪。由是言之，地動殆爲恭等。

臣愚以爲宜退恭、顯以章蔽善之罰，進望之等以通賢者之路。如此，太平之門開，灾異之原塞矣。【略】

臣前幸得以骨肉備九卿，奉法不謹，乃復蒙恩。竊見灾異並起，天地失常，徵表爲國。欲終不言，念忠臣雖在甽畝，猶不忘君，惓惓之義也。況重以骨肉之親，又加以舊恩未報乎！欲竭愚誠，又恐越職，然惟二恩未報，忠臣之義，一杼愚意，退就農畝，死無所恨。

臣聞舜命九官，濟濟相讓，和之至也。衆賢和於朝，則萬物和於野。故簫《韶》九成，而鳳皇來儀；擊石拊石，百獸率舞。四海之內，靡不和定。及至周文，開基西郊，雜遝衆賢，罔不肅和，崇推讓之風，以銷分爭之訟。文王既没，周公思慕，歌詠文王之德，其《詩》曰：『于穆清廟，肅雍顯相；濟濟多士，秉文之德。』當此之時，武王、周公繼政，朝臣和於內，萬國驩於外，故盡得其歡心，以事其先祖。其《詩》曰：『有來雍雍，至止肅肅，相維辟公，天子穆穆。』言四方皆以和來也。諸侯和於下，天應報於上，故《周頌》曰『降福穰穰』，又曰『飴我釐麰』，釐麰，麥也，始自天降。此皆以和致和，獲天助也。

下至幽、厲之際，朝廷不和，轉相非怨，詩人疾而憂之曰：『民之無良，相怨一方。』衆小在位而從邪議，歙歙相是而背君子，故其《詩》曰『歙歙訿訿，亦孔之哀！謀之其臧，則具是違；謀之不臧，則具是依！』君子獨處守正，不橈衆枉，勉强以從王事則反見憎毒讒訴，故其《詩》曰：『密勿從事，不敢告勞，無罪無辜，讒口嗷嗷！』當是之時，日月薄蝕而無光，其《詩》曰：『朔日辛卯，日有蝕之，亦孔之醜！』又曰：『彼月而微，此日而微，今此下民，亦孔之哀！』又曰：『日月鞠凶，不用其行；四國無政，不用其良！』天變見於上，地變動于下，水泉沸騰，山谷易處。其《詩》曰：『百川沸騰，山冢卒崩，高岸爲穀，深谷爲陵。哀今之人，胡憯莫懲！』霜降失節，不以其時，其《詩》曰：『正月繁霜，我心憂傷；民之訛言，亦孔之將！』言民以是爲非，甚衆大也。此皆不和，賢不肖易位之所致也。

自此之後，天下大亂，篡殺殃禍並作，厲王奔彘，幽王見殺。至乎平王末年，魯隱之始卽位也，周大夫祭伯乖離不和，出奔於魯，而《春秋》爲諱，不言來奔，傷其禍殃自此始也。是後尹氏世卿而專恣，諸侯背畔而不朝，周室卑微。二百四十二年之間，日食三十六，地震五，山陵崩阤二，彗星三見，夜常星不見，夜中星隕如雨一，火灾十四。長狄入三國，五石隕墜，六鶂退飛，多麋，有蜮、蜚，鸜鵒來巢者，皆一見。晝冥晦。雨木冰。李梅冬實。七月霜降，草木不死。八月殺菽。大雨雹。雨雪雷霆失序相乘。水、旱、饑、蝝、螽、螟蠭午並起。當是時，禍亂輒應，弑君三十六，亡國五十二，諸侯奔走，不得保其社稷者，不可勝數也。周室多禍：晉敗其師於貿戎；伐其郊；鄭傷桓王；戎執其使；衛侯朔召不往，齊逆命而助朔；五大夫爭權，三君更立，莫能正理。遂至陵夷不能復興。

由此觀之，和氣致祥，乖氣致異；祥多者其國安，異衆者其國危，天地之常經，古今之通義也。今陛下開三代之業，招文學之士，優游寬容，使得並進。今賢不肖渾肴，白黑不分，邪正雜糅，忠讒並進。章交公車，人滿北軍。朝臣舛午，膠戾乖剌，更相讒訴，轉相是非。傳授增加，文書紛糾，前後錯繆，毁譽渾亂。所以營感耳目，感移心意，不可勝載。分曹爲黨，往往羣朋，將同心以陷正臣。正臣進者，治之表也；正臣陷者，亂之機也。乘治亂之機，未知孰任，而灾異數見，此臣所以寒心者也。夫乘權藉勢之人，子弟鱗集於朝，羽翼陰附者衆，輻湊於前，毁譽將必用，以終乖離之咎。是以日月無光，雪霜夏隕，海水沸出，陵谷易處，列星失行，皆怨氣之所致也。夫遵衰周之軌迹，循詩人之所刺，而欲以成太平，致雅頌，猶卻行而求及前人也。初元以來六年矣，案《春秋》六年之中，灾異未有稠如今者也。夫有《春秋》之異，無孔子之救，猶不能解紛，況甚於《春秋》乎？

原其所以然者，讒邪並進也。讒邪之所以並進者，由上多疑心，既已用賢人而行善政，如或譖之，則賢人退而善政還。夫執狐疑之心者，來讒賊之口；持不斷之意者，開羣枉之門。讒邪進則衆賢退，羣枉盛則正士消。故《易》有『否』、『泰』。小人道長，君子道消，君子道消，則政日亂，故爲『否』。否者，閉而亂也。君子道長，小人道消，小人道消，則政日治，故爲『泰』。泰者，通而治也。《詩》又云：『雨雪麃麃，見晛

聿消』，與《易》同義。昔者鯀、共工、驩兜與舜、禹雜處堯朝，周公與管、蔡並居周位，當是時，迭進相毁，流言相謗，豈可勝道哉！帝堯、成王能賢舜、禹、周公而消共工、管、蔡，故以大治，榮華至今。孔子與季、孟偕仕于魯，李斯與叔孫俱宦于秦，定公、始皇賢季、孟、李斯而消孔子、叔孫，故以大亂，汙辱至今。故治亂榮辱之端，在所信任；信任既賢，在於堅固而不移。《詩》云『我心匪石，不可轉也』，言守善篤也。《易》曰『渙汗其大號』言號令如汗，汗出而不反者也。今出善令，未能逾時而反，是反汗也；用賢未能三旬而退，是轉石也。《論語》曰：『見不善如探湯。』今二府奏佞諂不當在位，歷年而不去。故出令則如反汗，用賢則如轉石，去佞則如拔山，如此望陰陽之調，不亦難乎！

是以羣小窺見間隙，緣飾文字，巧言醜詆，流言飛文，譁於民間。故《詩》云：『憂心悄悄，愠於羣小。』小人成羣，誠足愠也。昔孔子與顔淵、子貢更相稱譽，不爲朋黨；禹、稷與皋陶傳相汲引，不爲比周。何則？忠於爲國，無邪心也。故賢人在上位，則引其類而聚之於朝，《易》曰『飛龍在天，大人聚也』；在下位，則思與其類俱進，《易》曰『拔茅茹以其匯，征吉』。在上則引其類，在下則推其類，故湯用伊尹，不仁者遠，而衆賢至，類相致也。今佞邪與賢臣並在交戟之内，合黨共謀，違善依惡，歙歙訿訿，數設危險之言，欲以傾移主上。如忽然用之，此天地之所以先戒，灾異之所以重至者也。

自古明聖，未有無誅而治者也，故舜有四放之罰，而孔子有兩觀之誅，然後聖化可得而行也。今以陛下明知，誠深思天地之心，迹察兩觀之誅，覽『否』、『泰』之卦，觀雨雪之詩，歷周、唐之所進以爲法，原秦、魯之所消以爲戒，考祥應之福，省灾異之禍，以揆當世之變，放遠佞邪之黨，壞散險詖之聚，杜閉羣枉之門，廣開衆正之路，決斷狐疑，分别猶豫，使是非炳然可知，則百異消滅，而衆祥並至，太平之基，萬世之利也。

臣幸得託肺腑，誠見陰陽不調，不敢不通所聞。竊推《春秋》灾異，以救今事一二，條其所以，不宜宣泄。臣謹重封昧死上。

又　卷七二《貢禹傳》　孝文皇帝時，貴廉潔，賤貪汙，賈人、贅壻及吏坐贓者皆禁錮不得爲吏，賞善罰惡，不阿親戚，罪白者伏其誅，疑者以與民，亡贖罪之法，故令行禁止，海内大化，天下斷獄四百，與刑錯亡異。武帝始臨天下，尊賢用士，辟地廣境數千里，自見功大威行，遂從耆欲，用度不足，乃行一切之變，使犯法者贖罪，入穀者補吏，是以天下奢侈，官亂民貧，盜賊並起，亡命者衆。郡國恐伏其誅，則擇便巧史書習於計簿能欺上府者，以爲右職；奸軌不勝，則取勇猛能操切百姓者，以苛暴威服下者，使居大位。故亡義而有財者顯於世，欺謾而善書者尊於朝，悖逆而勇猛者貴於官。故俗皆曰：『何以孝弟爲？財多而光榮。何以禮義爲？史書而仕宦。何以謹慎爲？勇猛而臨官。』故黥劓而髡鉗者猶復攘臂爲政於世，行雖犬彘，家富勢足，目指氣使，是爲賢耳。故謂居官而置富者爲雄桀，處奸而得利者爲壯士，兄勸其弟，父勉其子，俗之壞敗，乃至於是！察其所以然者，皆以犯法得贖罪，求士不得眞賢，相，守崇財利，誅不行之所致也。

今欲興至治，致太平，宜除贖罪之法。相、守選舉不以實，及有臧者，輒行其誅，亡但免官，則爭盡力爲善，貴孝弟，賤賈人，進眞賢，舉實廉，而天下治矣。孔子，匹夫之人耳，以樂道正身不解之故，四海之内，天下之君，微孔子之言亡所折中。況乎以漢地之廣，陛下之德，處南面之尊，秉萬乘之權，因天地之助，其于變世易俗，調和陰陽，陶冶萬物，化正天下，易於決流抑隊。自成、康以來，幾且千歲，欲爲治者甚衆，然而太平不復興者，何也？以其舍法度而任私意，奢侈行而仁義廢也。

陛下誠深念高祖之苦，醇法太宗之治，正己以先下，選賢以自輔，開進忠正，致誅奸臣，遠放諂佞，赦出園陵之女，罷倡樂，絶鄭聲，去甲乙之帳，退偽薄之物，修節儉之化，驅天下之民皆歸於農，如此不解，則三王可侔，五帝可及。唯陛下留意省察，天下幸甚。

又　卷八三《薛宣傳》　上疏曰：『陛下至德仁厚，哀閔元元，躬有日仄之勞，而亡佚豫之樂，允執聖道，刑罰惟中，然而嘉氣尚凝，陰陽不和，是臣下未稱，而聖化獨有不洽者也。臣竊伏思其一端，殆吏多苛政，政教煩碎，大率咎在部刺史，或不循守條職，舉錯各以其意，多與郡縣事，至開私門，聽讒佞，以求吏民過失，譴呵及細微，責義不量力。郡縣相迫促，亦内相刻，流至衆庶。是故鄉黨闕於嘉賓之歡，九族忘其親親

之恩，飲食周急之厚彌衰，送往勞來之禮不行。夫人道不通，則陰陽否隔，和氣不興，未必不由此也。《詩》云：『民之失德，乾餱以愆。』鄙語曰：『苛政不親，煩苦傷恩。』方刺史奏事時，宜明申敕，使昭然知本朝之要務。臣愚不知治道，唯明主察焉。』

又　卷八五《谷永傳》　對曰：

陛下秉至聖之純德，懼天地之戒異，飭身修政，納問公卿，又下明詔，帥舉直言，燕見紬繹，以求咎愆，使臣等得造明朝，承聖問。臣材朽學淺，不通政事。竊聞明王即位，正五事，建大中，以承天心，則庶徵序於下，日月理於上；如人君淫溺後宮，般樂游田，五事失于躬，大中之道不立，則咎徵降而六極至。凡災異之發，各象過失，以類告人。乃十二月朔戊申，日食婺女之分，地震蕭牆之內，二者同日俱發，以丁寧陛下，厥咎不遠，宜厚求諸身。意豈陛下志在閨門，未恤政事，不慎舉錯，婁失中與？內寵大盛，女不遵道，嫉妬專上，妨繼嗣與？古之王者廢五事之中，失夫婦之紀，妻妾得意，謁行於內，勢行於外，至覆傾國家，或亂陰陽。昔褒姒用國，宗周以喪；閻妻驕扇，日以不臧。此其效也。經曰：『皇極，皇建其有極。』《傳》曰：『皇之不極，是謂不建，時則有日月亂行。』

陛下踐至尊之祚爲天下主，奉帝王之職以統羣生，方內之治亂，在陛下所執。誠留意於正身，勉强于力行，損燕私之閑以勞天下，放去淫溺之樂，罷歸倡優之笑，絕卻不享之義，慎節游田之虞，起居有常，循禮而動，躬親政事，致行無倦，安服若性。經曰：『繼自今嗣王，其毋淫于酒，毋逸于游田，惟正之共。』未有身治正而臣下邪者也。

夫妻之際，王事綱紀，安危之機，聖王所致慎也。昔舜飭正二女，以崇至德；楚莊忍絕丹姬，以成伯功；幽王惑於褒姒，周德降亡；魯桓脅於齊女，社稷以傾。誠修後宮之政，明尊卑之序，貴者不得嫉妬專寵，以絕驕嫚之端，抑褒、閻之亂，賤者咸得秩進，各得厥職，以廣繼嗣之統，息《白華》之怨，後宮親屬，饒之以財，勿與政事，以遠皇父之類，損妻黨之權，未有閨門治而天下亂者也。

治遠自近始，習善在左右。昔龍筦納言，而帝命惟允；四輔既備，成王靡有過事。誠敕正左右齊栗之臣，戴金貂之飾、執常伯之職者，皆使學先王之道，知君臣之義，濟濟謹孚，無敖戲驕恣之過，則左右肅艾，羣僚仰法，化流四方。經曰：『亦惟先正克左右。』未有左右正而百官枉者也。

治天下者尊賢考功則治，簡賢違功則亂。誠審思治人之術，歡樂得賢之福，論材選士，必試於職，明度量以程能，考功實以定德，無用比周之虛譽，毋聽浸潤之譖訴，則抱功修職之吏無蔽傷之憂，比周邪僞之徒不得即工，小人日銷，俊艾日隆。經曰：『三載考績，三考黜陟幽明。』又曰：『九德咸事，俊艾在官。』未有功賞得於前衆賢布於官而不治者也。

堯遭洪水之災，天下分絕爲十二州，制遠之道微而無乖畔之難者，德厚恩深，無怨於下也。秦居平土，一夫大呼而海內崩析者，刑罰深酷，吏行殘賊也。夫違天害德，爲上取怨于下，莫甚乎殘賊之吏。誠放退殘賊酷暴之吏錮廢勿用，益選溫良上德之士以親萬勝，平刑釋冤以理民命，務省繇役，毋奪民時，薄收賦稅，毋殫民財，使天下黎元咸安家樂業，不苦逾時之役，不患苛暴之政，不疾酷烈之吏，雖有唐堯之大災，民無離上之心。經曰：『懷保小人，惠於鰥寡。』未有德厚吏良而民畔者也。

臣聞災異，皇天所以譴告人君過失，猶嚴父之明誡。畏懼敬改，則禍銷福降；忽然簡易，則咎罰不除。經曰：『饗用五福，畏用六極。』《傳》曰：『六沴作見，若不共御，六罰既侵，六極其下。』今三年之間，災異鋒起，小大畢具，所行不享上帝，上帝不豫，炳然甚著。不求之身，無所改正，疏舉廣謀，又不用其言，是循不享之迹，無謝過之實也，天責愈深。此五者，王事之綱紀。南面之急務，唯陛下留神。

《後漢書》卷一下《光武帝紀下》　建武六年六月辛卯，詔曰：『夫張官置吏，所以爲人也。今百姓遭難，戶口耗少，而縣官吏職所置尚繁，其令司隸、州牧各實所部，省減吏員。縣國不足置長吏可幷合者，上大司徒、大司空二府。』【略】

建武二十七年，詔曰：昔契作司徒，禹作司空，皆無『大』名，其令二府去『大』。

又　卷九六《陳蕃傳》　時，零陵、桂陽山賊爲害，公卿議遣討之，又詔下州郡，一切皆得舉孝廉、茂才。蕃上疏駁之曰：『昔高祖創業，萬邦息肩，撫養百姓，同之赤子。今二郡之民，亦陛下赤子也。致令赤子爲

害，豈非所在貪虐，使其然乎？宜嚴敕三府，隱核牧守令長，其有在政失和，侵暴百姓者，即便舉奏，更選清賢奉公之人，能班宣法令情在愛惠者，可不勞王師，而羣賊弭息矣。又三署郎吏二千餘人，三府掾屬過限未除，但當擇善而授之，簡惡而去之。豈煩一切之詔，以長請屬之路乎！』【略】

蕃乃獨上疏曰：臣聞齊桓修霸，務爲內政；《春秋》于魯，小惡必書。宜先自整敕，後以及人。今寇賊在外，四支之疾；內政不理，心腹之患。臣寢不能寐，食不能飽，實憂左右日親，忠言以疏，內患漸積，外難方深。陛下超從列侯，繼承天位。小家畜產百萬之資，子孫尚恥愧失其先業，況乃產兼天下，受之先帝，而欲懈怠以自輕忽乎？誠不愛已，不當念先帝得之勤苦邪？前梁氏五侯，毒遍海內，天啟聖意，收而戮之，天下之議，冀當小平。明鑑未遠，覆車如昨，而近習之權，復相扇結。小黃門趙津、大猾張汜等，肆行貪虐，奸媚左右，前太原太守劉瓆、南陽太守成王瑨，糾而戮之。雖言赦後不當誅殺，原其誠心，在乎去惡。至於陛下，有何悁悁？而小人道長，營惑聖聽，遂使天威爲之發怒。如加刑譴，已爲過甚，況乃重罰，令伏歐刀乎！

又，前山陽太守翟超、東海相黃浮，奉公不橈，疾惡如仇，超沒侯覽財物，浮誅徐宣之罪，並蒙刑坐，不逢赦恕。覽之從橫，沒財已幸；宣犯釁過，死有餘辜。昔丞相申屠嘉召責鄧通，洛陽令董宣折辱公主，而文帝從而請之，光武加以重賞，未聞二臣有專命之誅。而今左右羣豎，惡傷黨類，妄相交構，致此刑譴。聞臣是言，當復啼訴。陛下深宜割塞近習豫政之源，引納尚書朝省之事，公卿大官，五日壹朝，簡練清高，斥黜佞邪。於是天和於上，地洽於下，休禎符瑞，豈遠乎哉！陛下雖厭毒臣言，凡人主有自勉強，敢以死陳。

肅貪倡廉論分部

論說

漢·桓寬《鹽鐵論》卷六《疾貪第三十三》　大夫曰：然。爲醫以拙矣，又多求謝。爲吏既多不良矣，又侵漁百姓。長吏厲諸小吏，小吏厲諸百姓。故不患擇之不熟，而患求之與得異也；不患其不足也，患其貪而無厭也。

賢良曰：

古之制爵祿也，卿大夫足以潤賢厚士，士足以優身及黨，庶人爲官者，足以代其耕而食其祿。今小吏祿薄，郡國繇役，遠至三輔，粟米貴，不足相贍。常居則匱於衣食，有故則賣畜粥業。非徒是也，繇使相遣，官庭攝追，小計權吏，行施乞貸，長吏侵漁，上府下求之縣，縣求之鄉，鄉安取之哉？語曰：『貨賂下流，猶水之赴下，不竭不止。』今大川江河飲巨海，巨海受之，而欲溪谷之讓流潦；百官之廉，不可得也。夫欲影正者端其表，欲下廉者先之身。故貪鄙在率不在下，教訓在政不在民也。

大夫曰：

賢不肖有質，而貪鄙有性，君子內潔已而不能純教於彼。故周公非不正管、蔡之邪，子產非不正鄧晳之僞也。夫內不從父兄之教，外不畏刑法之罪，周公、子產不能化，必也。今一一則責之有司，有司豈能縛其手足而使之無爲非哉？

賢良曰：

駟馬不馴，御者之過也。百姓不治，有司之罪也。春秋刺譏不及庶人，責其率也。故古者大夫將臨刑，聲色不御，刑以當矣，猶三巡而嗟歎之。其恥不能以化而傷其不全也。政教闇而不著，百姓顛蹶而不扶，猶赤子臨井焉，聽其入也。若此，則何以爲民父母？故君子急於教，緩于刑。刑一而正百，殺一而慎萬。是以周公誅管、蔡，而子產誅鄧晳也。刑誅一施，民遵禮義矣。夫上之化下，若風之靡草，無不從教。何一一而縛之也？

崇儉戒奢論分部

論說

漢·賈誼《新書》卷三《瑰瑋》　世淫侈矣，飾知巧以相詐利者爲

知士，敢犯法禁昧大奸者爲識理，故邪人務而日起，奸詐繁而不可止，罪人積下衆多而無時已。君臣相冒，上下無辨，此生於無制度也。今去淫侈之俗，行節儉之術，使車輿有度，衣服器械各有制數。制數已定，故君臣絶九，而上下分明矣。擅退則讓，上一位僭者誅，故淫侈不得生，知巧詐謀無爲起，姦邪盜賊自爲止，則民離罪遠矣。知巧計不起，所謂愚，故曰使愚而民愈不罹縣。

漢·桓寬《鹽鐵論》卷六《散不足第二十九》

賢良曰：

宮室輿馬，衣服器械，喪祭食飲，聲色玩好，人情之所不能已也。故聖人爲之制度以防之。間者，士大夫務于權利，怠於禮義；故百姓仿效，頗踰制度。今故陳之，曰：

古者，穀物菜果，不時不食，鳥獸魚鱉，不中殺不食。故徼罔不入於澤，雜毛不取。今富者逐驅殲罔罝，掩捕麑鷇，耽湎沈酒鋪百川。鮮羔䍮，幾胎肩，皮黄口。春鵝秋鶵，冬葵温韭濬，茈蓼蘇，豐薁耳菜，毛果蟲貉。

古者，采椽茅茨，陶桴復穴，足禦寒暑、蔽風雨而已。及其後世，采椽不斲，茅茨不翦，無斲削之事，磨礱之功。大夫達棱楹，士穎首，庶人斧成木構而已。今富者井幹增梁，雕文檻楯，堊憂壁飾。

古者，衣服不中制，器械不中用，不粥於市。今民間雕琢不中之物，刻畫玩好無用之器。玄黄雜青，五色繡衣，戲弄蒲人雜婦，百獸馬戲鬬虎，唐銻追人，奇蟲胡妲。

古者，諸侯不秣馬，天子有命，以車就牧。庶人之乘馬者，足以代其勞而已。故行則服桅，止則就犂。今富者連車列騎，驂貳輜軿。中者微輿短轂，繁髦掌蹄。夫一馬伏櫪，當中家六口之食，亡丁男一人之事。

古者，庶人耋老而後衣絲，其餘則麻枲而已，故命曰布衣。及其後，則絲裏枲表，直領無褘，袍合不緣。夫羅紈文繡者，人君后妃之服也。繭紬縑練者，婚姻之嘉飾也。是以文繒薄織，不粥於市。今富者縟繡羅紈，中者素綈冰錦。常民而被后妃之服，褻人而居婚姻之飾。夫紈素之賈倍縑，縑之用倍紈也。

古者，椎車無柔，棧輿無植。及其後，木軨不衣，長轂數幅，蒲薦苙蓋，蓋無漆絲之飾。大夫士則單椱木具，盤韋柔革。常民漆輿大軨蜀輪。今庶人富者銀黄華左搔，結綏韜杠。中者錯鑣塗采，珥靳飛軨。

古者，鹿裘皮冒，蹄足不去。及其後，大夫士狐貉縫腋，羔麑豹袪。庶人則毛絝衳彤，羝襆皮禣。今富者鼲貂，狐白鳧翁。中者罽衣金縷，燕駱代黄。

古者，庶人賤騎繩控，革鞮皮薦而已。及其後，革鞍氂成，鐵鑣不飾。今富者鞕耳銀鑷韅，黄金琅勒，罽繡弁汗，華韝明鮮。中者漆韋紹系，采畫暴乾。

古者，汙尊抔飲，蓋無爵觴樽俎。及其後，庶人器用即竹柳陶匏而已。唯瑚璉觴豆而後雕文彤漆。今富者銀口黄耳，金罍玉鐘。中者野王紵器，金錯蜀杯。夫一文杯得銅杯十，賈賤而用不殊。箕子之譏，始在天子，今在匹夫。

古者，燔黍食稗，而捭豚以相饗。其後，鄉人飲酒，老者重豆，少者立食，一醬一肉，旅飲而已。及其後，賓婚相召，則豆羹白飯，綦膾熟肉。今民間酒食，殽旅重疊，燔炙滿案，臑鱉膾鯉，麑卵鶉鷃橙枸，鮐鱧醢醯，衆物雜味。

古者，庶人春夏耕耘，秋冬收藏，昏晨力作，夜以繼日。《詩》云：『晝爾于茅，宵爾索綯，亟其乘屋，其始播百穀。』非膢臘不休息，非祭祀無酒肉。今賓昏酒食，接連相因，析酲什半，棄事相隨，慮無乏日。

古者，庶人糲食藜藿，非鄉飲酒膢臘祭祀無酒肉。故諸侯無故不殺牛羊，大夫士無故不殺犬豕。今閭巷縣佰，阡伯屠沽，無故烹殺，相聚野外。負粟而往，挈肉而歸。夫一豕之肉，得中年之收，十五斗粟，當丁男半月之食。

古者，庶人魚菽之祭，春秋修其祖祠。士一廟，大夫三，以時有事於五祀，蓋無出門之祭。今富者祈名嶽，望山川，椎牛擊鼓，戲倡舞像。中者南居當路，水上雲臺，屠羊殺狗，鼓瑟吹笙。貧者雞豕五芳，衛保散臘，傾蓋社場。

古者，德行求福，故祭祀而寬。仁義求吉，故卜筮而希。今世俗寬於行而求於鬼，怠於禮而篤於祭，嫚親而貴勢，至妄而信日，聽訑言而幸得，出實物而享虚福。

古者，君子夙夜孳孳思其德；小人晨昏孜孜思其力。故君子不素餐，

小人不空食。今世俗飾偽行詐，爲民巫祝，以取厘謝，堅額健舌，或以成業致富，故憚事之人，釋本相學。是以街巷有巫，閭里有祝。

古者，無杠樠之寢，牀移之案。及其後世，庶人即采木之杠，牒樺之樠。士不斤成，大夫葦莞而已。今富者黼繡帷幄，塗屏錯跗。中者錦綈高張，采畫丹漆。

古者，皮毛草蓐，無茵席之加，旃蒻之美。及其後，大夫士復薦草緣，蒲平單莞。庶人即草蓐索經，單藺蘧蒢而已。今富者繡茵翟柔，蒲子露牀。中者灕皮代旃，闒坐平莞。

古者不粥飪，不市食。及其後，則有屠沽，沽酒市脯魚鹽而已。今熟食遍列，殽施成市，作業墮怠，食必趣時，楊豚韭卵，狗膠馬朘，煎魚切肝，羊淹雞寒，挏馬酪酒，蹇捕胃脯，胹羔豆賜，鷇膹鴈羹，臭鮑甘瓠，熟粱貊炙。

古者，土鼓塊枹，擊木拊石，以盡其歡。及其後，卿大夫有管磬，士有琴瑟。往者，民間酒會，各以黨俗，彈箏鼓缶而已。無要妙之音，變羽之轉。今富者鐘鼓五樂，歌兒數曹。中者鳴竽調瑟，鄭舞趙謳。

古者，瓦棺容尸，木板堲周，足以收形骸，藏髮齒而已。及其後，桐棺不衣，采椁不斲。今富者繡牆題湊。中者梓棺楩椁，貧者畫荒衣袍，繒囊緹橐。

古者，明器有形無實，示民不可用也。及其後，則有醯醢之藏，桐馬偶人彌祭，其物不備。今厚資多藏，器用如生人。郡國繇吏，素桑楺偶車櫓輪，匹夫無貌領，桐人衣紈綈。

古者，不封不樹，反虞祭於寢，無壇宇之居，廟堂之位。及其後，則封之，庶人之墳半仞，其高可隱。今富者積土成山，列樹成林，臺榭連閣，集觀增樓。中者祠堂屏合，垣闕罘罳。

古者，鄰有喪，舂不相杵，巷不歌謠。孔子食於有喪者之側，未嘗飽也，子於是日哭，則不歌。今俗因人之喪以求酒肉，幸與小坐而責辨，歌舞俳優，連笑伎戲。

古者，男女之際尚矣，嫁娶之服，未之以記。及虞、夏之後，蓋表布內絲，骨笄象珥，封君夫人加錦尚褧而已。今富者皮衣朱貉，繁露環佩。中者長裾交褘，璧瑞簪珥。

古者，事生盡愛，送死盡哀。故聖人爲制節，非虛加之。今生不能致其愛敬，死以奢侈相高；雖無哀戚之心，而厚葬重幣者，則稱以爲孝，顯名立於世，光榮著於俗。故黎民相慕效，至於發屋賣業。

古者，夫婦之好，一男一女，而成家室之道。及後，士一妾，大夫二，諸侯有侄娣九女而已。今諸侯百數，卿大夫十數，中者侍御，富者盈室。是以女或曠怨失時，男或放死無匹。

古者，凶年不備，豐年補敗，仍舊貫而不改作。今工異變而吏殊心，壞敗成功，以匿厥意。意極乎功業，務存乎面目。積功以市譽，不恤民之急。田野不辟，而飾亭落，邑居丘墟，而高其郭。

古者，不以人力徇於禽獸，不奪民財以養狗馬，是以財衍而力有餘。今猛獸奇蟲不可以耕耘，而令當耕耘者養食之。百姓或短褐不完，而犬馬衣文繡，黎民或糟糠不接，而禽獸食粱肉。

古者，人君敬事愛下，使民以時，天子以天下爲家，臣妾各以其時供公職，古今之通義也。今縣官多畜奴婢，坐稟衣食，私作產業，爲奸利，力作不盡，縣官失實。百姓或無斗筲之儲，官奴累百金；黎民昏晨不釋事，奴婢垂拱遨遊也。

古者，親近而疏遠，貴所同而賤非類。不賞無功，不養無用。今蠻、貊無功，縣官居肆，廣屋大第，坐稟衣食。百姓或旦暮不贍，蠻、夷或厭酒肉。黎民泮汗力作，蠻、夷交脛肆踞。

古者，庶人麁菲草芰，縮絲尚韋而已。及其後，則綦下不借，挽鞮革舄。今富者革中名工，輕靡使容，紈裏紃下，越端縱緣。中者鄧里閒作蒯苴。蠶豎婢妾，韋沓絲履。走者茸芰約絇。

古聖人勞躬養神，節欲適情，尊天敬地，履德行仁。是以上天歆焉，永其世而豐其年。故堯秀眉高彩，享國百載。及秦始皇覽怪迂，信禨祥，使盧生求羨門高，徐市等入海求不死之藥。當此之時，燕、齊之士，釋鋤耒，爭言神仙。方士於是趣咸陽者以千數，言仙人食金飲珠，然後壽與天地相保。於是數巡狩五嶽、濱海之館，以求神仙蓬萊之屬。數幸之郡縣，富人以貲佐，貧者築道旁。其後，小者亡逃，大者藏匿；吏捕索掣頓，不以道理。名宮之旁，廬舍丘落，無生苗立樹；百姓離心，怨思者十有半。書曰：『享多儀，儀不及物曰不享。』故聖人非仁義不載於己，非正

道不御於前。是以先帝誅文成、五利等，宣帝建學官，親近忠良，欲以絶怪惡之端，而昭至德之塗也。

宮室奢侈，林木之蠹也。器械雕琢，財用之蠹也。衣服靡麗，布帛之蠹也。狗馬食人之食，五穀之蠹也。口腹從恣，魚肉之蠹也。用費不節，府庫之蠹也。漏積不禁，田野之蠹也。喪祭無度，傷生之蠹也。墮成變故傷功，工商上通傷農。故一杯棬用百人之力，一屏風就萬人之功，其爲害亦多矣！目修於五色，耳營於五音，體極輕薄，口極甘脆，功積於無用，財盡於不急，口腹不可爲多。故國病聚不足卽政怠，人病聚不足則身危。

又《救匱第三十》 賢良曰：

蓋橈枉者以直，救文者以質。昔者，晏子相齊，一狐裘三十載。故民奢，示之以儉；民儉，示之以禮。方今公卿大夫子孫，誠能節車輿，適衣服，躬親節儉，率以敦樸，罷園池，損田宅，內無事乎市列，外無事乎山澤，農夫有所施其功，女工有所粥其業；如是，則氣脉和平，無聚不足之病矣。

大夫曰：

孤子語孝，躄者語杖，貧者語仁，賤者語治。議不在己者易稱，從旁議者易是，其當局則亂。故公孫弘布被，倪寬練袍，衣若僕妾，食若庸夫。淮南逆於內，蠻、夷暴於外，盜賊不爲禁，奢侈不爲節；若疫歲之巫，徒能鼓口耳，何散不足之能治乎？

賢良曰：

高皇帝之時，蕭、曹爲公，滕、灌之屬爲卿，濟濟然斯則賢矣。文、景之際，建元之始，大臣尚有爭引守正之義。自此之後，多承意從欲，少敢直言面議而正刺，因公而徇私。故武安丞相訟園田，爭曲直人主之前。夫九層之臺一傾，公輸子不能正；本朝一邪，伊、望不能復。故公孫丞相、倪大夫側身行道，分祿以養賢，卑己以下士，功業顯立，日力不足，無行人子產之繼。而葛繹、彭侯之等，隳壞其緒，紕亂其紀，毀其客館議堂，以爲馬廏婦舍，無養士之禮，而尚驕矜之色，廉恥陵遲而爭於利矣。故良田廣宅，民無所之；不恥爲利者滿朝市，列田畜者彌郡國，橫暴掣頓，大第巨舍之旁，道路且不通，此固難醫而不可爲工。

扭轉行政效率低下論分部

論說

《後漢書》卷一下《光武帝紀下》 建武六年六月辛卯，詔曰：夫張官置吏，所以爲人也。今百姓遭難，户口耗少，而縣官吏職所置尚繁，其令司隸、州牧各實所部，省減吏員。縣國不足置長吏可併合者，上大司徒、大司空二府。

政治批判部

論說

《漢書》卷三六《劉向傳》 劉向上疏：

臣聞人君莫不欲安，然而常危；莫不欲存，然而常亡：失御臣之術也。夫大臣操權柄，持國政，未有不爲害者也。昔晉有六卿，齊有田、崔，衛有孫、寧，魯有季、孟，常掌國事，世執朝柄。終後田氏取齊；六卿分晉；崔杼弑其君光；孫林父、寧殖出其君衎，弑其君剽；季氏八佾舞於庭，三家者以《雍》徹，並專國政，卒逐昭公。周大夫尹氏管朝事，濁亂王室，子朝、子猛更立，連年乃定。故經曰『王室亂』，又曰『尹氏殺王子克』，甚之也。《春秋》舉成敗，録禍福，如此類甚衆，皆陰盛而陽微，下失臣道之所致也。故《書》曰：『臣之有作威作福，害於而家，凶於而國。』孔子曰『禄去公室，政逮大夫』，危亡之兆。秦昭王舅穰侯及涇陽、葉陽君專國擅勢，上假太后之威，三人者權重于昭王，家富於秦國，國甚危殆，賴寤范雎之言，而秦復存。二世委任趙高，專權自恣，壅蔽大臣，終有閻樂望夷之禍，秦遂以亡。近事不遠，卽漢所代也。

漢興，諸呂無道，擅相尊王。呂產、呂祿席太后之寵，據將相之位，兼南北軍之衆，擁梁、趙王之尊，驕盈無厭，欲危劉氏。賴忠正大臣絳侯、朱虛侯等竭誠盡節以誅滅之，然後劉氏復安。今王氏一姓乘朱輪華轂者二十三人，青紫貂蟬充盈幄內，魚鱗左右。大將軍秉事用權，五侯驕奢僭盛，並作威福，擊斷自恣，行汙而寄治，身私而託公，依東宮之尊，假甥舅之親，以爲威重。尚書、九卿、州牧、郡守皆出其門，管執樞機，朋黨比周。稱譽者登進，忤恨者誅傷；遊談者助之說，執政者爲之言。排擯宗室，孤弱公族，其有智能者，尤非毁而不進。遠絶宗室之任，不令得給事朝省，恐其與己分權；數稱燕王、蓋主以疑上心，避諱呂、霍而弗肯稱。內有管、蔡之萌，外假周公之論，兄弟據重，宗族磐互。歷上古至秦、漢，外戚僭貴未有如王氏者也。雖周皇甫、秦穰侯、漢武安、呂、霍、上官之屬，皆不及也。

物盛必有非常之變先見，爲其人微象。孝昭帝時，冠石立于泰山，僕柳起于上林。而孝宣帝卽位，今王氏先祖墳墓在濟南者，其梓柱生枝葉，扶疏上出屋，根垂地中，雖立石起柳，無以過此之明也。事勢不兩大，王氏與劉氏亦且不並立，如下有泰山之安，則上有累卵之危。陛下爲人子孫，守持宗廟，而令國祚移於外親，降爲皂隸，縱不爲身，奈宗廟何！婦人內夫家，外父母家，此亦非皇太后之福也。孝宣皇帝不與舅平昌、樂昌侯權，所以安全之也。

夫明者起福於無形，銷患于未然。宜發明詔，吐德音，援近宗室，親而納信，黜遠外戚，毋授以政，皆罷令就弟，以則效先帝之所行，厚安外戚，全其宗族，誠東宮之意，外家之福也。王氏永存，保其爵祿，劉氏長安，不失社稷，所以褒睦外內之姓，子子孫孫無疆之計也。如不行此策，田氏復見於今，六卿必起於漢，爲後嗣憂，昭昭甚明，不可不深圖，不可不蚤慮。《易》曰：『君不密，則失臣；臣不密，則失身；幾事不密，則害成。』唯陛下深留聖思，審固幾密，覽往事之戒，以折中取信，居萬安之實，用保宗廟，久承皇太后，天下幸甚。【略】

公族者國之枝葉，枝葉落則本根無所庇廕；方今同姓疏遠，母黨專政，禄去公室，權在外家，非所以强漢宗、卑私門、保守社稷、安固後嗣也。

又 卷七五《李尋傳》 尋對曰：

陛下聖德，尊天敬地，畏命重民，悼懼變異，不忘疏賤之臣，幸使重臣臨問，愚臣不足以奉明詔。竊見陛下新卽位，開大明，除忌諱，博延名士，靡不並進。臣尋位卑術淺，過隨衆賢待詔，食太官，衣御府，久汙玉堂之署。比得召見，亡以自效。復特見延問至誠，自以逢不世出之命，願竭愚心，不敢有所避，庶幾萬分有一可采。唯棄須臾之間，宿留瞽言，考之文理，稽之《五經》，揆之聖意，以參天心。夫變異之來，各應象而至，臣謹條陳所聞。

《易》曰：『縣象著明，莫大乎日月。』夫日者，衆陽之長，輝光所燭，萬里同晷，人君之表也。故日將旦，清風發，羣陰伏，君以臨朝，不牽於色。日初出，炎以陽，君登朝，佞不行，忠直進，不蔽障。日中輝光，君德盛明，大臣奉公。日將入，專以壹，君就房，有常節。君不修道，則日失其度，晻昧亡光。各有云爲。其於東方作，日初出時，陰雲邪氣起者，法爲牽於女謁，有所畏難；日出後，爲近臣亂政；日中，爲大臣欺誣；日且入，爲妻妾役使所營。間者日尤不精，光明侵奪失色，邪氣珥蜺數作。本起於晨，相連至昏，其日出後至日中間差瘉。小臣不知內事，竊以日視陛下志操，衰於始初多矣。其咎恐有以守正直言而得罪者，傷嗣害世，不可不慎也。唯陛下執乾剛之德，强志守度，毋聽女謁邪臣之態。諸保阿乳母甘言悲辭之託，斷而勿聽。勉强大誼，絶小不忍；良有不得已，可賜以貨財，不可私以官位，誠皇天之禁也。日失其光，則星辰放流。陽不能制陰，陰桀得作。間者太白正晝經天。宜隆德克躬，以執不軌。

臣聞月者，衆陰之長，銷息見伏，百里爲品，千里立表，萬里連紀，妃后大臣諸侯之象也。朔晦正終始，弦爲繩墨，望成君德，春夏南，秋冬北。間者，月數以春夏與日同道，過軒轅上后受氣，入太微帝廷揚光輝，犯上將近臣，列星皆失色，厭厭如滅，此爲母后與政亂朝，陰陽俱傷，兩不相便。外臣不知朝事，竊信天文卽如此，近臣已不足仗矣。屋大柱小，可爲寒心。唯陛下親求賢士，無强所惡，以崇社稷，尊强本朝。

臣聞五星者，五行之精，五帝司命，應王者號令爲之節度。歲星主歲事，爲統首，號令所紀，今失度而盛，此君指意欲有所爲，未得其節也。

又填星不避歲星者，后帝共政，相留於奎、婁，當以義斷之。熒惑往來亡常，周歷兩宮，作態低卬，入天門，上明堂，貫尾亂宮。太白發越犯庫，兵寇之應也。貫黃龍，入帝庭，當門而出，隨熒惑入天門，至房而分，欲與熒惑爲患，不敢當明堂之精。此陛下神靈，故禍亂不成也。熒惑厥弛，佞巧依勢，微言毀譽，進類蔽善。太白出端門，臣有不臣者。火入室，金上堂，不以時解，其憂凶。填、歲相守，又主內亂。宜察蕭牆之內，毋忽親疏之微，誅放佞人，防絶萌牙，以蕩滌濁濊，消散積惡，毋使得成禍亂。辰星主正四時，當效於四仲；四時失序，則辰星作異。今出於歲首之孟，天所以譴告陛下也。政急則出早，政緩則出晚，政絶不行則伏不見而爲彗茀。四孟皆出，爲易王命；四季皆出，星家所諱。今幸獨出寅孟之月，蓋皇天所以篤右陛下也，宜深自改。

治國故不可以戚戚，欲速則不達。經曰：『三載考績，三考黜陟。』加以號令不順四時，既往不咎，來事之師也。間者春三月治大獄，時賊陰立逆，恐歲小收；季夏舉兵法，時寒氣應，恐後有霜雹之災；秋月行封爵，其月土濕奧，恐後有雷雹之變。夫以喜怒賞罰，而不顧時禁，雖有堯、舜之心，猶不能致和。善言天者，必有效於人。設上農夫而欲冬田，肉袒深耕，汗出種之，然猶不生者，非人心不至，天時不得也。《易》曰：『時止則止，時行則行，動靜不失其時，其道光明。』《書》曰：『敬授民時。』故古之王者，尊天地，重陰陽，敬四時，嚴月令。順之以善政，則和氣可立致，猶枹鼓之相應也。今朝廷忽於時月之令，諸侍中尚書近臣宜皆令通知月令之意，設羣下請事；若陛下出令有謬於時者，當知爭之，以順時氣。

臣聞五行以水爲本，其星玄武婺女，天地所紀，終始所生。水爲準平，王道公正修明，則百川理，落脉通；偏黨失綱，則踴溢爲敗。《書》云『水曰潤下』，陰動而卑，不失其道。天下有道，則河出圖，洛出書，故河、洛決溢，所爲最大。今汝、潁畎澮皆川水漂踊，與雨水並爲民害，此《詩》所謂『爗爗震電，不寧不令，百川沸騰』者也。其咎在於皇甫卿士之屬。唯陛下留意詩人之言，少抑外親大臣。

臣聞地道柔靜，陰之常義也。地有上中下，其上位震，應妃后不順；中位應大臣作亂；下位應庶民離畔。震或於其國，國君之咎也。四方中央連國歷州俱動者，其異最大。間者關東地數震，五星作異，亦未大逆，宜務崇陽抑陰，以救其咎；固志建威，閉絶私路，拔進英雋，退不任職，以强本朝。夫本强則精神折衝，本弱則招殃致凶，爲邪謀所陵。聞往者淮南王作謀之時，其所難者，獨有汲黯，以爲公孫弘等不足言也。弘，漢之名相，於今亡比，而尚見輕，何況亡弘之屬乎？故曰朝廷亡人，則爲賊亂所輕，其道自然也。天下未聞陛下奇策固守之臣也。語曰：『何以知朝廷之衰？』人人自賢，不務於通人，故世陵夷。

馬不伏歷，不可以趨道；士不素養，不可以重國。《詩》曰『濟濟多士，文王以寧』，孔子曰『十室之邑，必有忠信』，非虛言也。陛下秉四海之衆，曾亡柱幹之固守聞於四境，殆聞之不廣，取之不明，勸之不篤，傳曰：『士之美者善養禾，君之明者善養士。』中人皆可使爲君子。詔書進賢良，赦小過，無求備，以博聚英俊。如近世貢禹，以言事忠切蒙尊榮，當此之時，士厲身立名者多。禹死之後，日日以衰。及京兆尹王章坐言事誅滅，智者結舌，邪偽並興，外戚顓命，君臣隔塞，至絶繼嗣，女宮作亂。此行事之敗，誠可畏而悲也。

本在積任母后之家，非一日之漸，往者不可及，來者猶可追也。先帝大聖，深見天意昭然，使陛下奉承天統，欲矯正之也。宜少抑外親，選練左右，舉有德行道術通明之士充備天官，然後可以輔聖德，保帝位，承大宗。下至郎吏從官，行能亡以異，又不通一藝，及博士無文雅者，宜皆使就南畝，以視天下，明朝廷皆賢材君子，于以重朝尊君，滅凶致安，此其本也。臣自知所言害身，不辟死亡之誅，唯財留神，反覆覆愚臣之言。

又 卷八六《王嘉傳》 日食，舉直言，嘉復奏封事曰：

臣聞咎繇戒帝舜曰：『亡敖佚欲有國，兢兢業業，一日二日萬機。』箕子戒武王曰：『臣無有作威作福，亡有玉食；臣之有作威作福玉食，害于而家，凶于而國，人用側頗辟，民用僭慝。』言如此則逆尊卑之序，亂陰陽之統，而害及王者，其國極危。國人傾仄不正，民用僭差不一，此君不由法度，上下失序之敗也。武王躬履此道，隆至成、康。自是以後，縱心恣欲，法度陵遲，至於臣弑君，子弑父。父子至親，失禮患生，何況異姓之臣？孔子曰：『道千乘之國，敬事而信，節用而愛人，使民以時。』孝文皇帝備行此道，海內蒙恩，爲漢太宗。孝宣皇帝賞罰信明，施

與有節，記人之功，忽於小過，以致治平。孝元皇帝奉承大業，温恭少欲，都内錢四十萬萬，水衡錢二十五萬萬，少府錢十八萬萬。嘗幸上林，後宫馮貴人從臨獸圈，猛獸驚出，貴人前當之，元帝嘉美其義，賜錢五萬。掖庭見親，有加賞賜，屬其人勿衆謝。示平惡偏，重失人心，賞賜節約。是時，外戚貲千萬者少耳，故少府水衡見錢多也。雖遭初元、永光凶年饑饉，加有西羌之變，外奉師旅，内振貧民，終無傾危之憂，以府臧内充實也。孝成皇帝時，諫臣多言燕出之害，及女寵專愛，耽於酒色，損德傷年，其言甚切，然終不怨怒也。寵臣淳于長、張放、史育，育數貶退，家貲不滿千萬，放斥逐就國，長榜死於獄。不以私愛害公義，故雖多内譏，朝廷安平，傳業陛下。

陛下在國之時，好《詩》、《書》，上儉節，徵來所過道上稱誦德美，此天下所以回心也。初即位，易帷帳，去錦繡，乘輿席緣綈繒而已。共皇寢廟比比當作，憂閔元元，惟用度不足，以義割恩，輒且止息，今始作治。而駙馬都尉董賢亦起官寺上林中，又爲賢治大第，開門鄉北闕，引王渠灌園池，使者護作，賞賜吏卒，甚於治宗廟。賢母病，長安廚給祠具，道中過者皆飲食。爲賢治器，器成，奏御乃行，或物好，特賜其工，自貢獻宗廟三宫，猶不至此。賢家有賓婚及見親，諸官並共，賜及倉頭奴婢，人十萬錢。使者護視，發取市物，百賈震動，道路讙譁，羣臣惶惑。詔書罷菀，而以賜賢二千餘頃，均田之制從此墮壞。奢僭放縱，變亂陰陽，灾異衆多，百姓訛言，持籌相驚，被髮徒跣而走，乘馬者馳，天惑其意，不能自止。或以爲籌者策失之戒也。陛下素仁智慎事，今而有此大譏。

孔子曰：『危而不持，顛而不扶，則將安用彼相矣！』臣嘉幸得備位，竊内悲傷不能通愚忠之信；身死有益於國，不敢自惜。唯陛下慎己之所獨鄉，察衆人之所共疑。往者寵臣鄧通、韓嫣驕貴失度，逸豫無厭，小人不勝情欲，卒陷罪辜。亂國亡軀，不終其禄，所謂愛之適足以害之者也。宜深覽前世，以節賢寵，全安其命。

又　卷九八《元后傳》　黄霧四塞終日。天子以問諫大夫楊興、博王駟勝等，對皆以爲『陰盛侵陽之氣也。高祖之約也，非功臣不侯，今太后諸弟皆以無功爲侯，非高祖之約，外戚未曾有也，故天爲見異。』

漢·王符《潛夫論》卷二《考績第七》　今則不然，令長守相不思立功，貪殘專恣，不奉法令，侵冤小民。州司不治，令遠詣闕上書訟訴。尚書不以責三公，三公不以讓州郡，州郡不以討縣邑，是以凶惡狡猾易相冤也。侍中、博士諫議之官，或處位歷年，終無進賢嫉惡拾遺補闕之語，而貶黜之憂。羣僚舉士者，或以頑魯應茂才，以桀逆應至孝，以貪饕應廉吏，以狡猾應方正，以諛諂應直言，以輕薄應敦厚，以空虚應有道，以囂闇應明經，以殘酷應寬博，以怯弱應武猛，以愚頑應治劇，名實不相副，求貢不相稱。富者乘其材力，貴者阻其勢要，以錢多爲賢，以剛强爲上。凡在位所以多非其人，而官聽所以數亂荒也。

又　《本政第九》　遠迹迹漢元以來，驕貴之臣，每受罪誅，黨與在位，幷伏辜者，常十二三。由此觀之，貴寵之臣，未嘗不播授私人進奸黨也。是故王莽與漢公卿牧守奪漢，光武與漢之遺民棄士共誅。如貴人必賢而忠，賤人必愚而欺，則何以若是？

自成帝以降，至於莽，公卿列侯，下訖令尉，大小之官，且十萬人，皆自漢所謂賢明忠正貴寵之臣也。莽之簒位，惟安衆侯劉崇、東郡太守翟義思事君之禮，義勇奮發，欲誅莽。功雖不成，志節可紀。夫以十萬之計，其能奉報恩，二人而已。由此觀之，衰世羣臣誠少賢也，其官益大者罪益重，位益高者罪益深爾。故曰：治世之德，衰世之惡，常與爵位自相副也。

孔子曰：『國有道，貧且賤焉，恥也；國無道，富且貴焉，恥也。』詩傷『皎皎白駒，在彼空穀』，『巧言如流，俾躬處休。』蓋言衰世之士，志彌潔者身彌賤，佞彌巧者官彌尊也。方以類聚，物以羣分，同明相見，同聽相聞，惟聖知聖，惟賢知賢。

今當塗之人，既不能昭練賢鄙，然又卻於貴人之風指，脅以權勢之囑託，請謁闐門，禮贄輻輳，迫於目前之急，則且先之。此正士之所獨蔽，而羣邪之所黨進也。

周公之爲宰輔也，以謙下士，故能得眞賢。祁奚之爲大夫也，舉讎薦子，故能得正人。今世得位之徒，依女妹之寵以驕士，藉亢龍之勢以陵賢，而欲使志義之士，匍匐曲躬以事己，毁顔諂諛以求親，然後乃保持之，則貞士采薇凍餒，伏死巖穴之中而已爾，豈有肯踐其闕而交其人者哉？

又《潛歎第十》　凡有國之君，未嘗不欲治也，而治不世見者，所任不賢故也。世未嘗無賢也，而賢不得用者，羣臣妒也。主有索賢之心，而無得賢之術，臣有進賢之名，而無進賢之實，此以人君孤危於上，而道獨抑於下也。

夫國君之所以致治者公也，公法行則軌亂絶。佞臣之所以便身者私也，私術用則公法奪。列士之所以建節者義也，正節立則醜類代。此奸臣亂吏無法之徒，所爲日夜杜塞賢君義士之閑，咸使不相得者也。

夫賢者之爲人臣，不損君以奉佞，不阿衆以取容，不墮公以聽私，不撓法以吐剛，其明能照奸，而義不比黨。是以范武歸晉而國奸逃，華元反朝而魚氏亡。故正義之士與邪枉之人不兩立。而人君之取士也，不能參聽民氓，斷之聰明，反徒信亂臣之説，獨用汙吏之言，此所謂與仇選使，令囚擇吏者也。

《書》云：『謀及乃心，謀及庶人。』孔子曰：『衆好之，必察焉；衆惡之，必察焉。』故聖人之施捨也，不必任衆，亦不必專己，必察彼己之爲，而度之以義，或舍人取己，故舉無遺失而政無廢滅也。或君則不然，己有所愛，則因以斷正，不稽於衆，不謀于心，苟眩於愛，惟言是從，此政之所以敗亂，而士之所以放佚者也。

昔紂好色，九侯聞之，乃獻厥女。紂則大喜，以爲天下之麗莫若此也，以問妲己。妲己懼進御而奪己愛也，乃僞俯而泣曰：『君王年即耆邪？明既衰邪？何貌惡之若此而覆謂之好也？』紂於是渝而以爲惡。妲己恐天下之愈進美女者，因白『九侯之不道也，乃欲以此惑君王也。王而弗誅，何以革後？』紂則大怒，遂脯厥女而烹九侯。自此之後，天下之有美女者，乃皆重室晝閉，惟恐紂之聞也。趙高專秦，將殺二世，乃先示權於衆，獻鹿於君，以爲駿馬。二世占之曰：『鹿。』高曰：『馬也。』二世收目獨視，曰：『丞相誤邪！此鹿也。』高終對以馬。問於朝臣，朝臣或助二世而非高。高因白二世『此皆阿主惑上，不忠莫大。』乃盡殺之。自此之後，莫敢正諫，而高遂殺二世於望夷，竟以亡。

夫好之與惡效於目，而鹿之與馬者著於形者也，已又定矣。還至讒如臣妾之飾僞言而作辭也，則君王失己心，而人物喪我體矣。況乎逢幽隱囚人，而待校其信，不若察妖女之留意也；其辨賢不肖也，不若辨鹿馬之審固也。此二物者，皆得進見於朝堂，暴質於心臣矣。及歡愛、苟媚、佞説、巧辨之惑君也，猶炫耀君目，變奪君心，便以好爲醜，以鹿爲馬，而況於郊野之賢、闕外之士，未嘗得見者乎？

夫在位者之好蔽賢而務進黨也，自古而然。昔唐堯之大聖也，聰明宣昭；虞舜之大聖也，德音發聞。堯爲天子，求索賢人，訪於羣后，羣后不肯薦舜而反稱共、鯀之徒，賴堯之聖，後乃舉舜而放四子。夫以古聖之質也，堯聰之明也，舜德之彰也，君明不可欺，德彰不可蔽也。質鮮爲佞，而位者尚直若彼。今夫列士之行，其不及堯、舜乎達矣，而俗之荒唐，世法滋彰。然則求賢之君，哀民之士，其相合也，亦必不幾矣。文王游畋，遇姜尚於渭濱，察言觀志，而見其心，不諂左右，不諏羣臣，遂載反歸，委之以政，用能造周。故堯參鄉黨以得舜，文王參己以得呂尚，豈若殷辛、秦政，既得賢人，反決滯於讎，誅殺正直，而進任奸臣之黨哉？

是以明聖之君于正道也，不專驅於貴寵，惑於嬖媚，不棄疏遠，不輕幼賤，又參而任之。故有周之制也，天子聽政，使三公至於列士獻典，良史獻書，師箴，瞍賦，蒙誦，百工諫，庶人傳語，近臣盡規，親戚補察，瞽史教誨，耆艾修之，而後王斟酌焉，是以事行而無敗也。

末世則不然，徒信貴人驕妒之議，獨用苟媚蠱惑之言，行豐禮者蒙愆咎，論德義者見尤惡，於是諛臣又從以詆訾之法，被以議上之刑，此賢士之始困也。夫詆訾之法者，伐賢之斧也，而驕妒者，噬賢之狗也。人君內秉伐賢之斧，權噬賢之狗，而外招賢，欲其至也，不亦悲乎！

又　卷三《浮侈第十二》　王者以四海爲一家，以兆民爲通計。一夫不耕，天下必受其飢者；一婦不織，天下必受其寒者。今舉世舍農桑，趨商賈，牛馬車輿，填塞道路，游手爲巧，充盈都邑，治本者少，浮食者衆。商邑翼翼，四方是極。今察洛陽，浮末者什於農夫，虛僞遊手者什於浮末。是則一夫耕，百人食之，一婦桑，百人衣之，以一奉百，孰能供之？天下百郡千縣，市邑萬數，類皆如此，本末何足相供？則民安得不飢寒？飢寒並至，則安能不爲非？爲非則奸宄，奸宄繁多，則吏安能無嚴酷？嚴酷數加，則下安能無愁怨？愁怨者多，則咎徵並臻，下民無聊，而上天降灾，則國危矣。

夫貧生於富，弱生於强，亂生於治，危生於安。是故明王之養民也，

憂之勞之，教之誨之，愼微防萌，以斷其邪。故易美『節以制度，不傷財，不害民』；七月詩大小教之，終而復始。由此觀之，民固不可恣也。

今民奢衣服，侈飲食，事口舌，而習調欺，以相詐紿，比肩是也。或以謀奸合任爲業，或以游敖博弈爲事；或丁夫世不傳犁鋤，懷丸挾彈，攜手遨遊。或取好土作丸賣之，於彈外不可以禦寇，內不足以禁鼠，晉靈好之以增其惡，未嘗聞志義之士喜操以遊者也。惟無心之人，羣豎小子，接而持之，妄彈鳥雀，百發不得一，而反中面目，此最無用而有害也。或坐作竹簧，削銳其頭，有傷害之象，傅以蠟蜜，有甘舌之類，皆非吉祥善應。或作泥車、瓦狗、馬騎、倡排，諸戲弄小兒之具以巧詐。

《詩》刺『不績其麻，女也婆娑。』今多不修中饋，休其蠶織，而起學巫祝，鼓舞事神，以欺誣細民，熒惑百姓。婦女羸弱，疾病之家，懷憂憒憒，皆易恐懼，至使奔走便時，去離正宅，崎嶇路側，上漏下濕，風寒所傷，奸人所利，賊盜所中，益禍益祟，以致重者不可勝數。或棄醫藥，更往事神，故至於死亡，不自知爲巫所欺誤，乃反恨事巫之晚，此熒惑細民之甚者也。

或裁好繒，作爲疏頭，令工采畫，雇人書祝，虛飾巧言，欲邀多福。或裂拆繒彩，裁廣數分，長各五寸，縫繪佩之。或紡彩絲而縻，斷截以繞臂。此長無益於吉凶，而空殘滅繒絲，縈悸小民。或克削綺縠，寸竊八采，以成榆葉、無窮、水波之紋，碎刺縫紩，作爲笥囊、裙□、衣被，費繒百縑，用功十倍。此等之儔，既不助長農工女，無有益於世，而坐食嘉穀，消費白日，毀敗成功，以完爲破，以牢爲行，以大爲小，以易爲難，皆宜禁者也。

山林不能給野火，江海不能灌漏巵。孝文皇帝躬衣弋綈，足履革舄，以韋帶劍，集上書囊以爲殿帷，盛夏苦暑，欲起一臺，計直百萬，以爲奢費而不作也。今京師貴戚，衣服、飲食、車輿、文飾、廬舍，皆過王制，僭上甚矣。從奴僕妾，皆服葛子升越，筩中女布，細緻綺縠，冰紈錦繡。犀象珠玉，虎魄玳瑁，石山隱飾，金銀錯鏤，獐麂履舄，文組彩褋，驕奢僭主，轉相誇詫，箕子所唏，今在僕妾。富貴嫁娶，車軿各十，騎奴侍僮，夾轂節引。富者競欲相過，貧者恥不逮及。是故一饗之所費，破終身之本業。

古者必有命民，然後乃得衣繒彩而乘車馬。今者既不能盡復古，細民誠可不須，乃踰于古昔孝文，衣必細緻，履必獐麂，組必文采，飾襪必緰此，技飾車馬，多畜奴婢。諸能若此者，既不生穀，又坐爲蠹賊也。

子曰：『古之葬者，厚衣之以薪，葬之中野，不封不樹，喪期無時，後世聖人易之以棺槨。』桐木爲棺，葛采爲緘，下不及泉，上不泄臭。後世以楸梓槐柏杶樗，各取方土所出，膠漆所致，釘細要，削除鏟靡，不見際會，其堅足恃，其用足任，如此可矣。其後京師貴戚，必欲江南櫺梓豫章楩柟；邊遠下土，亦競相仿效。夫櫺梓豫章，所出殊遠，又乃生於深山窮谷，經歷山岑，立千步之高，百丈之溪，傾倚險阻，崎嶇不便，求之連日然後見之，伐斫連月然後訖，會衆然後能動擔，牛列然後能致水，油潰入海，連淮逆河，行數千里，然後到洛。工匠雕治，積累日月，計一棺之成，功將千萬。夫既其終用，重且萬斤，非大衆不能舉，非大車不能挽。東至樂浪，西至敦煌，萬里之中，相競用之。此之費功傷農，可爲痛心！

古者墓而不崇。仲尼喪母，冢高四尺，遇雨而墮，弟子請治之。夫子泣曰：『禮不修墓。』鯉死，有棺而無槨。文帝葬於芷陽，明帝葬于洛南，皆不藏珠寶，不造廟，不起山陵。陵墓雖卑而聖高。今京師貴戚，郡縣豪家，生不極養，死乃崇喪。或至刻金鏤玉，櫺梓楩柟，良田造塋，黃壤致藏，多埋珍寶偶人車馬，造起大冢，廣種松柏，廬舍祠堂，崇侈上僭。寵臣貴戚，州郡世家，每有喪葬，都官屬縣，各當遣吏齎奉，車馬帷帳，貸假待客之具，競爲華觀。此無益於奉終，無增於孝行，但作煩攪擾，傷害吏民。

今按鄗、畢之郊，文、武之陵，南城之壘，曾析之冢。周公非不忠也，曾子非不孝也，以爲褒君顯父，不在聚財；揚名顯祖，不在車馬。孔子曰：『多貨財傷於德，弊則没禮。』晉靈厚賦以雕牆，春秋以爲非君。華元、樂呂厚葬文公，春秋以爲不臣。況于羣司士庶，乃可僭侈主上，過天道乎？

景帝時，武原侯衛不害坐葬過律奪國。明帝時，桑民摐陽侯坐冢過制髡削。今天下浮侈離本，僭奢過上，亦已甚矣！

凡諸所譏，皆非民性，而競務者，亂政薄化使之然也。王者統世，觀

民設教，乃能變風易俗，以致太平。

漢・崔寔《政論》 昔聖王之治天下，咸建諸侯以臨其民。國有常君，君有定臣，上下相安，政如一家。秦兼天下，罷侯置縣，於是君臣始有不親之舋矣。我文、景患其如此；故令長視事至十餘年，居位或長子孫，永久則相習，上下無所竄情，加以心堅意專，安官樂職，圖慮久長，而無苟且之政，吏民供奉，亦竭忠盡節而無壹切之計，故能君臣和睦，百姓康樂。苟有康樂之心充於中，則和氣應於外，是以灾害不生，禍亂不作。自頃以來，政教稍改，重刑闕于大臣，而密網刻於下職，鼎輔不思在寬之德，牧牧守守逐之，各競摘微短，吹毛求疵，重案深詆，以中傷貞良。長吏或實清廉，心平行潔，內省不疚，不肯媚灶，曲禮不行於所屬，私敬無廢於府。州郡側目，以爲負折，乃選巧文猾吏，向壁作條，誣覆闔門，攝捕妻子，人情耻令妻子就逮，則不迫自去。且人主莫不欲豹、產之臣，然西門豹治鄴一年，民欲殺之；子產相鄭，初亦見詛，三載之後，德化乃洽。今長吏下車百日，無他異觀，則州郡睥睨，待以惡意，滿歲寂漠，便見驅逐。正使豹、產復在，方見怨詛，應時奔馳，何緣得成易歌之勛，垂不朽之名者哉！猶馮唐評文帝之不能用李牧矣。近漢世所謂良吏，黄侯、召父之治郡，視事皆且十年，然後功業乃著。且以仲尼之聖，由曰『三年有成』，況凡庸之士，而責以造次之效哉。故夫卒成之政，必有橫暴酷烈之失。而世俗歸稱，謂之辨治，故絀已復進，棄已復用，橫遷超取，不由次第。是以殘猛之人，遂奮其毒，仁賢之士，劫俗爲虐，本操雖異，驅出一揆。故朝廷不獲温良之用，兆民不蒙寬惠之德，則百姓之命委於酷吏之手，嗷嗷之怨，咎歸於上。夫民善之則畜，惡之則仇，仇滿天下，可不懼哉！是以有國有家者，甚畏其民。既畏其怨，又畏其罰，故養之如傷病，愛之如赤子，兢兢業業，懼以終始，恐失羣臣之和，以墮先王之軌也。今朝廷雖屢下恩澤之詔，垂恤民之言，而法度制令，甚失養民之道，勞思而無功，華繁而實寡。必欲求利民之術，則宜沛然改法，有以安固長吏，原其小罪，闊略微過，取其大較惠下而已。昔唐、虞之制，三載考績，三考黜陟，所以表善而簡惡，盡臣力也。漢法亦三年壹察治狀，舉孝廉尤異。宣帝時，王成爲膠東相，黄霸爲潁川太守，皆且十年，但就增秩賜金，封關內侯，以次入爲公卿，然後政化大行，勛垂竹帛。皆先帝舊法，所宜因循。及中興後，上官象爲幷州刺史，祭肜爲遼東太守，視事各十八年，皆增秩中二千石。建初中，南陽陰意以詔除郎爲饒陽令，視事二十三年，遷壽陽令又十八年。近日所見，或一期之中，郡主易數二千石，雲扰波轉，潰潰紛紛，吏民疑惑，不知所謂。及公卿尚書，亦復如此。且臺閣之職，尤宜簡習。帝時，尚書但厚加賞賜，希得外補，是以機事周密，莫有漏泄。昔舜命九官，自受終於文祖，以至陟方，五十年不聞復有改易也。聖人行之于古，以致時雍，文宣擬式，亦至隆平。若不克從，是羞效唐、虞，而耻遵先帝也。

《後漢書》卷二八上《桓譚傳》 桓譚上疏曰：

臣前獻瞽言，未蒙詔報，不勝憤懣，冒死復陳。愚夫策謀，有益於政道者，以合人心而得事理也。凡人情忽於見事而貴於異聞，觀先王之所記述，咸以仁義正道爲本，非有奇怪虛誕之事。蓋天道性命，聖人所難言也。自子貢以下，不得而聞，況後世淺儒，能通之乎！今諸巧慧小才伎數之人，增益圖書，矯稱讖記，以欺惑貪邪，詿誤人主，焉可不抑遠之哉！臣譚伏聞陛下窮折方士黄白之術，甚爲明矣；而乃欲聽納讖記，又何誤也！其事雖有時合，譬猶卜數隻偶之類。陛下宜垂明聽，發聖意，屏羣小之曲說，述《五經》之正義，略雷同之俗語，詳通人之雅謀。

又臣聞安平則尊道術之士，有難則貴介冑之臣。今聖朝興復祖統，爲人臣主，而四方盜賊未盡歸伏者，此權謀未得也。臣譚伏觀陛下用兵，諸所降下，既無重賞以相恩誘，或至虜掠奪其財物，是以兵長渠率，各生狐疑，黨輩連結，歲月不解。古人有言曰：『天下皆知取之爲取，而莫知與之爲取。』陛下誠能輕爵重賞，與士共之，則何招而不至，何説而不釋，何向而不開，何征而不克！如此，則能以狹爲廣，以遲爲速，亡者復存，失者復得矣。

又 卷三〇下《郎顗傳》 顗對曰：【略】

三事： 臣聞天道不遠，三五復反。今年少陽之歲，法當乘起，恐後年已往，將遂驚動，涉歷天門，灾成戊己。今春當旱，夏必有水，臣以六日七分候之可知。夫灾眚之來，緣類而應。行有玷缺，則氣逆於天，精感變出，以戒人君。王者之義，時有不登，則損滋徹膳。數年以來，穀收稍減，家貧户饉，歲不如昔。百姓不足，君誰與足？水旱之災，雖尚未至，

然君子遠覽，防微慮萌。《老子》曰：『人之飢也，以其上食稅之多也。』故孝文皇帝綈袍革舄，木器無文，約身薄賦，時致升平。今陛下聖德中興，宜遵前典，惟節惟約，天下幸甚。《易》曰：『天道無親，常與善人。』是故高宗以享福，宋景以延年。【略】

顗對曰：

方春東作，布德之元，陽氣開發，養導萬物。王者因天視聽，奉順時氣，宜務崇温柔，尊其行令。而今立春之後，考事不息，秋冬之政，行乎春夏，故白虹春見，掩蔽日曜。凡邪氣乘陽，則虹霓在日，斯皆臣下執事刻急所致。殆非朝廷優寬之本。此其變常之咎也。又今選舉皆歸三司，非有周、召之才，而當則哲之重，每有選用，輒參之掾屬，公府門巷，賓客填集，送去迎來，財貨無已。其當遷者，競相薦謁，各遣子弟，充塞道路，開長奸門，興致浮僞，非所謂率由舊章也。尚書職在機衡，宫禁嚴密，私曲之意，羌不得通，偏黨之恩，或無所用。選舉之任，不如還在機密。臣誠愚贛，不知折中，斯固遠近之論，當今之宜。又孔子曰：『漢三百載，斗歷改憲。』三百四歲爲一德，五德千五百二十歲，五行更用。王者隨天，譬猶自春徂夏，改青服絳者也。自文帝省刑，適三百年，而輕微之禁，漸已殷積。王者之法，譬猶江河，當使易避而難犯也。故《易》曰：『易則易知，簡則易從，易簡而天下之理得矣。』今去奢即儉，以先天下，改易名號，隨事稱謂。《易》曰：『君子之道，或出或處，同歸殊塗，一致百慮。』是知變常而善，可以除灾，變常而惡，必致於異。今年仲竟，來年入季，仲終季始，歷運變改，故可改元，所以順天道也。

臣顗愚蔽，不足以答聖問。

又　卷三二《樊準傳》　準乃上疏曰：

臣聞賈誼有言『人君不可以不學』。故雖大舜聖德，孳孳爲善；成王賢主，崇明師傅。及光武皇帝受命中興，羣雄崩擾，旌旗亂野，東西誅戰，不遑啟處，然猶投戈講藝，息馬論道。至孝明皇帝，兼天地之姿，用日月之明，庶政萬機，無不簡心，而垂情古典，遊意經藝，每饗射禮畢，正坐自講，諸儒並聽，四方欣欣。雖闕里之化，矍相之事，誠不足言。又多徵名儒，以充禮官，如沛國趙孝、琅邪承宫等，或安車結駟，告歸鄉里；或豐衣博帶，從見宗廟。其餘以經術見優者，布在廊廟。故朝多皤皤之良，華首之老。每宴會，則論難衎衎，共求政化。詳覽羣言，響如振玉。朝者進而思政，罷者退而備問。小大隨化，雍雍可嘉。期門羽林介胄之士，悉通《孝經》。博士議郎，一人開門，徒衆百數。化自聖躬，流及蠻荒，匈奴遣伊秩訾王大車且渠來入就學。八方肅清，上下無事。是以議者每稱盛時，咸言永平。

今學者蓋少，遠方尤甚。博士倚席不講，儒者競論浮麗，忘謇謇之忠，習諓諓之辭。文吏則去法律而學詆欺，鋭錐刀之鋒，斷刑辟之重，德陋俗薄，以致苛刻。昔孝文竇后性好黄老，而清靜之化流景、武之間。臣愚以爲宜下明詔，博求幽隱，發揚巖穴，寵進儒雅，有如孝、宫者，徵詣公車，以俟聖上講習之期。公卿各舉明經及舊儒子孫，進其爵位，使纘其業。復召郡國書佐，使讀律令。如此，則廷頸者日有所見，傾耳者月有所聞。伏願陛下推述先帝進業之道。

又　卷四九《王符傳》　國以賢興，以諂衰；君以忠安，以佞危。此古今之常論，而時所共知也。然衰國危君，繼踵不絶者，豈時無忠信正直之士哉，誠苦其道不得行耳。夫十步之間，必有茂草；十室之邑，必有忠信。是故亂殷有三仁，小衛多君子。今以大漢之廣土，士民之繁庶，朝廷之清明，上下之修正，而官無善吏，位無良臣。此豈時之無賢，諒由取之乖實。夫志道者少與，逐俗者多疇，是以朋黨用私，背實趨華。其貢士者，不復依其質幹，準其才行，但虚造聲譽，妄生羽毛。略計所舉，歲且二百。覽察其狀，則德侔顔、冉，詳核厥能，則鮮及中人，皆總務升官，自相推達。夫士者貴其用也，不必求備。故四友雖美，能不相兼；三仁齊政，事不一節。高祖佐命，出自亡秦；光武得士，亦資暴莽。況太平之時，而云無士乎！

夫明君之詔也若聲，忠臣之和也如響。長短大小，清濁疾徐，必相應也。且攻玉以石，洗金以鹽，濯錦以魚，浣布以灰。夫物固有以賤理貴，以醜化好者矣。智者棄短取長，以致其功。今使貢士必核以實，其有小疵，勿强衣飾，出處默語，各因其方，則蕭、曹、周、韓之倫，何足不致，吴、鄧、梁、竇之屬，企踵可待。孔子曰：『未之思也，夫何遠之有？』

又　《仲長統傳》　《周禮》六典，冢宰貳王而理天下。春秋之時，

諸侯明德者，皆一卿爲政。爰及戰國，亦皆然也。秦兼天下，則置丞相，而貳之以御史大夫。自高帝逮于孝成，因而不改，多終其身。漢之隆盛，是惟在焉。夫任一人則政專，任數人則相倚。政專則和諧，相倚則違戾。和諧則太平之所興也，違戾則荒亂之所起也。光武皇帝慍數世之失權，忿强臣之竊命，矯枉過直，政不任下，雖置三公，事歸臺閣。自此以來，三公之職，備員而已；然政有不理，猶加譴責。而權移外戚之家，寵被近習之豎，親其黨類，用其私人，內充京師，外布列郡，顛倒賢愚，貿易選舉，疲駑守境，貪殘牧民，撓擾百姓，忿怒四夷，招致乖叛，亂離斯瘼，怨氣並作，陰陽失和，三光虧缺，怪異數至，蟲螟食稼，水旱爲災，此皆戚宦之臣所致然也。反以策讓三公，至於死免，乃足爲叫呼蒼天，號咷泣血者也。又中世之選三公也，務於清愨謹慎。循常習故者。是婦女之檢柙，鄉曲之常人耳，惡足以居斯位邪？勢既如彼，選又如此，而欲望三公勳立於國家，績加於生民，不亦遠乎？

昔文帝之於鄧通，可謂至愛，而猶展申徒嘉之志。夫見任如此，則何患於左右小臣哉？至如近世，外戚宦豎請託不行，意氣不滿，立能陷入於不測之禍，惡可得彈正者哉！曩者任之重而責之輕，今者任之輕而責之重。昔賈誼感絳侯之困辱，因陳大臣廉恥之分，開引自裁之端。自此以來，遂以成俗。繼世之主，生而見之，習其所常，曾莫之悟。嗚呼，可悲夫！左手據天下之圖，右手刎其喉，愚者猶知難之，況明哲君子哉！光武奪三公之重，至今而加甚，不假后黨以權，數世而不行，蓋親疏之勢異也。母后之黨，左右之人，有此至親之勢，故其貴任萬世。常然之敗，無世而無之，莫之斯鑑，亦可痛矣。未若置丞相自總之。若委三公，則宜分任責成。夫使爲政者，不當與之婚姻；婚姻者，不當使之爲政也。如此，在位病人，舉用失賢，百姓不安，爭訟不息，天地多變，人物多妖，然後可以分此罪矣。

或曰：政在一人，權甚重也。曰：人實難得，何重之嫌？昔者霍禹、竇憲、鄧騭、梁冀之徒，籍外戚之權，管國家之柄；及其伏誅，以一言之詔，詰朝而決，何重之畏乎？今夫國家漏神明於媟近，輸權重於婦黨，算十世而爲之者八九焉。不此之罪而彼之疑，何其詭邪！

又 卷九一《左雄傳》 雄上疏陳事曰：臣聞柔遠和邇，莫大寧人，寧人之務，莫重用賢，用賢之道，必存考黜。是以臯陶對禹，貴在知人。『安人則惠，黎民懷之。』分伯建侯，代位親民，民用和穆，禮讓以興。故《詩》云：『有渰淒淒，興雨祁祁。雨我公田，遂及我私。』及幽、厲昏亂，不自爲政，褒豔用權，七子黨進，賢愚錯緒，深谷爲陵。故其《詩》云：『四國無政，不用其良。』又曰：『哀今之人，胡爲虺蜴？』言人畏吏如虺蜴也。宗周既滅，六國并秦，坑儒泯典，剗革五等，更立郡縣，縣設令長，郡置守尉，什伍相司，封豕其民。大漢受命，雖未復古，然克慎庶官，蠲苛救敝，悅以濟難，撫而循之。至於文、景，天下康乂。誠由玄靖寬柔，克慎官人故也。降及宣帝，興於仄陋，綜核名實，知時所病，刺史守相，輒親引見，考察言行，信賞必罰。帝乃歎曰：『民所以安而無怨者，政平吏良也。與我共此者，其唯良二千石乎！』以爲吏數變易，則下不安業；久於其事，則民服教化。其有政理者，輒以璽書勉勵，增秩賜金，或爵至關內侯，公卿缺則以次用之。是以吏稱其職，人安其業。漢世良吏，于兹爲盛，故能降來儀之瑞，建中興之功。

漢初至今，三百餘載，俗浸雕敝，巧僞滋萌，下飾其詐，上肆其殘。曲城百里，轉動無常，各懷一切，莫慮長久。謂殺害不辜爲威風，聚斂整辨爲賢能，以理已安民爲劣弱，以奉法循理爲不化。髡鉗之戮，生於睚眥；覆尸之禍，成於喜怒。視民如寇讎，稅之如豺虎。監司項背相望，與同疾疢，見非不舉，聞惡不察，覲政於停傳，責成於期月，言善不稱德，論功不據實，虛誕者獲譽，拘檢者離毀。或因罪而引高，或色斯以求名。州宰不覆，競共辟召，踊躍升騰，超等踰匹。或考奏捕案，而亡不受罪，會赦行賂，復見洗滌。朱紫同色，清濁不分。故使奸猾枉濫，輕忽去就，拜除如流，缺動百數。鄉官部吏，職斯祿薄，車馬衣服，一出於民，廉者取足，貪者充家，特選橫調，紛紛不絕，送迎煩費，損政傷民。和氣未洽，災眚不消，咎皆在此。今之墨綬，猶古之諸侯，拜爵王庭，輿服有庸，而齊於匹豎，叛命避負，非所以崇憲明理，惠育元元也。臣愚以爲守相長吏，惠和有顯效者，可就增秩，勿使移徙，非父母喪不得去官。其不從法禁，不式王命，錮之終身，雖會赦令，不得齒列。若被劾奏，亡不就法者，徙家邊郡，以懲其後。鄉部親民之吏，皆用儒生清白任從政者，寬其負算，增其秩祿，吏職滿歲，宰府州郡乃得辟舉。如此，威福之路塞，

虚僞之端絶，送迎之役損，賦斂之源息。循理之吏，得成其化；率土之民，各寧其所。追配文、宣中興之軌，流光垂祚，永世不刊。

漢·仲長統《昌言中》 問者曰：『所取于天道者，謂四時之宜也；所壹於人事者，謂治亂之實也。』『《周禮》之馮相保章，其無所用耶？』曰：『大備於天人之道耳，是非治天下之本也，是非理生民之要也。』曰：『然則本與要，奚所存耶？』曰：『王者官人無私，唯賢是親，勤恤政事，屢省功臣。賞錫期於功勞，刑罰歸乎罪惡。政平民安，各得其所，則天地將自從我而正矣，休祥將自應我而集矣，惡物將自舍我而亡矣。求其不然，乃不可得也。王者所官者，非親屬則寵幸也；所愛者，非美色則巧佞也。以同異爲善惡，以喜怒爲賞罰，取乎麗女，怠乎萬機，黎民冤枉，類殘賊，雖五方之兆，不失四時之禮，斷獄之政，不違冬日之期，蓍龜積於廟門之中，犧牲羣於麗碑之間，馮相坐臺上而不下，祝史伏壇旁而不去，猶無益於敗亡也。從此言之，人事爲本，天道爲末，不其然與？』【略】

廉隅貞潔者，德之令也；流逸奔隨者，行之汙也。風有所從來。俗有所由起，疾其末者刈其本，惡其流者塞其源。夫男女之際，明別其外內，遠絶其聲音，激厲其廉耻，塗塞其釁隙，由尚有胸心之逸念，睇盻之過視，而況開其門，導其徑者乎？今嫁娶之會，捶杖以督之戲謔，酒醴以趣情欲，宣淫佚於廣衆之中，顯陰私於族親之間，汙風詭俗，生淫長姦，莫此之甚，不可不斷者也。

漢興以來，皆引母妻之黨爲上將，謂之輔政。而所賴以治理者甚少，而所坐以危亂者甚衆。妙采於萬夫之望，其良猶未可得而遇也，況欲求之妃妾之黨，取之於驕盈之家，徼天幸以自獲其人者哉？夫以丈夫之智，猶不能久處公正，長思利害，耽榮樂寵，死而後已。又況婦人之愚，而望其遵巡正路，謙虚節儉，深圖遠慮，爲國家校計者乎？故其欲關豫朝政，恒快私願，是乃理之自然也。

昔趙綰白不奏事於大后，而受不測之罪；王章陳日蝕之變，而取背叛之誅。夫二后不甚名爲無道之婦人，猶尚若此，又況呂后、飛燕、傅昭儀之等乎？夫母之於我尊且親，於其私親，亦若我父之欲厚其父兄子弟也；妻之于我愛且媟，於其私親，亦若我之欲厚我父兄子弟也。我之欲盡孝順于慈母，無所擇事矣；我之欲效恩情于愛妻妾，亦無所擇力矣。而所求於我者，非使我有四體之勞苦，肌膚之疾病也。夫以此欬唾盻睇之間，至易也，誰能違此者乎？唯不世之主，抱獨斷絶異之明，有堅剛不移之氣，然後可庶幾其不陷没流淪耳。

宦豎者，傳言給使之臣也。拚掃是爲，超走是供，傅近房臥之內，交錯婦人之間。房臥之內，交錯婦人之間，又亦實刑者之所宜也。孝宣之世，則以弘恭爲中書令，石顯爲僕射。中宗嚴明，二豎不敢容錯其姦心也。後暨孝元，常抱病而留，好於音樂，悉以樞機委之石顯，則昏迷霧亂之政起，而仇忠害正之禍成矣。嗚呼！父子之間，相監至近，而明闇之分若此，豈不良足悲耶！孝桓皇帝起自蠡吾，而登至尊。侯覽、張讓之等，以亂承亂，政令多門，權利並作，迷荒帝主，濁亂海內。高命士惡其如此，直言正諭，與相摩切，被誣見陷，謂之黨人。靈皇帝登自解犢，以繼孝桓。中常侍曹節、侯覽等，造爲維綱，帝終不寤，寵之日隆，唯其所言，無求不得。凡貪淫放縱，僭凌橫恣，撓亂內外，螫噬民化，隆自順、桓之時，盛極孝靈之世，前後五十餘年，天下亦何緣得不破壞耶！古之聖人，立禮垂典，使子孫少在師保，不令處於婦女小人之間，蓋猶見此之良審也。

政治思想家部

酈食其分部

傳記

《史記》卷九七《酈生陸賈列傳》 酈生食其者，陳留高陽人也。好讀書，家貧落魄，無以爲衣食業，爲里監門吏。然縣中賢豪不敢役，縣中皆謂之狂生。

及陳勝、項梁等起，諸將徇地過高陽者數十人，酈生聞其將皆握齱好苛禮自用，不能聽大度之言，酈生乃深自藏匿。後聞沛公將兵略地陳留郊，沛公麾下騎士適酈生里中子也，沛公時時問邑中賢士豪俊。騎士歸，酈生見謂之曰：『吾聞沛公慢而易人，多大略，此眞吾所願從游，莫爲我先。若見沛公，謂曰：「臣里中有酈生，年六十餘，長八尺，人皆謂之狂生，生自謂我非狂生。」』騎士曰：『沛公不好儒，諸客冠儒冠來者，沛公輒解其冠，溲溺其中。與人言，常大罵。未可以儒生説也。』酈生曰：『弟言之。』騎士從容言如酈生所誡者。

沛公至高陽傳舍，使人召酈生。酈生至，入謁，沛公方倨牀使兩女子洗足，而見酈生。酈生入，則長揖不拜，曰：『足下欲助秦攻諸侯乎？且欲率諸侯破秦也？』沛公罵曰：『豎儒！夫天下同苦秦久矣，故諸侯相率而攻秦，何謂助秦攻諸侯乎？』酈生曰：『必聚徒合義兵誅無道秦，不宜倨見長者。』於是沛公輟洗，起攝衣，延酈生上坐，謝之。酈生因言六國從横時。沛公喜，賜酈生食，問曰：『計將安出？』酈生曰：『足下起糾合之衆，收散亂之兵，不滿萬人，欲以徑入强秦，此所謂探虎口者也。夫陳留，天下之衝，四通五達之郊也，今其城又多積粟。臣善其令，請得使之，令下足下。即不聽，足下舉兵攻之，臣爲内應。』於是遣酈生行，沛公引兵隨之，遂下陳留。號酈食其爲廣野君。酈生言其弟酈商，使將數千人從沛公西南略地。酈生常爲説客，馳使諸侯。

漢三年秋，項羽擊漢，拔滎陽，漢兵遁保鞏、洛。楚人聞淮陰侯破趙，彭越數反梁地，則分兵救之。淮陰方東擊齊，漢王數困滎陽、成皋，計欲捐成皋以東，屯鞏、洛以拒楚。酈生因曰：『臣聞知天之天者，王事可成；不知天之天者，王事不可成。王者以民人爲天，而民人以食爲天。夫敖倉，天下轉輸久矣，臣聞其下乃有藏粟甚多，楚人拔滎陽，不堅守敖倉，乃引而東，令適卒分守成皋，此乃天所以資漢也。方今楚易取而漢反郤，自奪其便，臣竊以爲過矣。且兩雄不俱立，楚漢久相持不決，百姓騷動，海内摇蕩，農夫釋耒，工女下機，天下之心未有所定也。願足下急復進兵，收取滎陽，據敖倉之粟，塞成皋之險，杜大行之道，距蜚狐之口，守白馬之津，以示諸侯效實形制之勢，則天下知所歸矣。方今燕、趙已定，唯齊未下。今田廣據千里之齊，田閒將二十萬之衆，軍於歷城，諸田宗强，負海阻河濟，南近楚，人多變詐，足下雖遣數十萬師，未可以歲月破也。臣請得奉明詔説齊王，使爲漢而稱東藩。』上曰：『善。』乃從其畫，復守敖倉，而使酈生説齊王曰：『王知天下之所歸乎？』王曰：『不知也。』曰：『王知天下之所歸，則齊國可得而有也；若不知天下之所歸，即齊國未可得保也。』齊王曰：『天下何所歸？』曰：『歸漢。』曰：『先生何以言之？』曰：『漢王與項王戮力西面擊秦，約先入咸陽者王之。漢王先入咸陽，項王負約不與而王之漢中。項王遷殺義帝，漢王聞之，起蜀漢之兵擊三秦，出關而責義帝之處，收天下之兵，立諸侯之後。降城即以侯其將，得賂即以分其士，與天下同其利，豪英賢才皆樂爲之用。諸侯之兵四面而至，蜀漢之粟方船而下。項王有倍約之名，殺義帝之負；於人之功無所記，於人之罪無所忘；戰勝而不得其賞，拔城而不得其封；非項氏莫得用事；爲人刻印，刓而不能授；攻城得賂，積而不能賞；天下畔之，賢才怨之，而莫爲之用。故天下之士歸於漢王，可坐而策也。夫漢王發蜀漢，定三秦；涉西河之外，援上黨之兵；下井陘，誅成安君；破北魏，舉三十二城：此蚩尤之兵也，非人之力也，天之福也。今已據敖倉之粟，塞成皋之險，守白馬之津，杜大行之阪，距蜚狐之口，天下後服者先亡矣。王疾先下漢王，齊國社稷可得而保也；不下漢王，危亡可立而待也。』田廣以爲然，乃聽酈生，罷歷下兵守戰備，與酈生日縱酒。

淮陰侯聞酈生伏軾下齊七十餘城，乃夜度兵平原襲齊。齊王田廣聞漢兵至，以爲酈生賣己，乃曰：『汝能止漢軍，我活汝；不然，我將亨汝！』酈生曰：『舉大事不細謹，盛德不辭讓。而公不爲若更言！』齊王遂亨酈生，引兵東走。

漢十二年，曲周侯酈商以丞相將兵擊黥布有功。高祖舉列侯功臣，思酈食其。酈食其子疥數將兵，功未當侯，上以其父故，封疥爲高梁侯。後更食武遂，嗣三世。元狩元年中，武遂侯平坐詐詔衡山王取百斤金，當棄市，病死，國除也。

初，沛公引兵過陳留，酈生踵軍門上謁曰：『高陽賤民酈食其，竊聞沛公暴露，將兵助楚討不義，敬勞從者，願得望見，口畫天下便事。』使者入通，沛公方洗，問使者曰：『何如人也？』使者對曰：『狀貌類大

儒，衣儒衣，冠側注。』沛公曰：『爲我謝之，言我方以天下爲事，未暇見儒人也。』使者出謝曰：『沛公敬謝先生，方以天下爲事，未暇見儒人也。』酈生瞋目案劍叱使者曰：『走！復入言沛公，吾高陽酒徒也，非儒人也。』使者懼而失謁，跪拾謁，還走，復入報曰：『客，天下壯士也，叱臣，臣恐，至失謁。曰：『走！復入言，而公高陽酒徒也』。』沛公遽雪足杖矛曰：『延客入！』酈生入，揖沛公曰：『足下甚苦，暴衣露冠，將兵助楚討不義，足下何不自喜也？臣原以事見，而曰『吾方以天下爲事，未暇見儒人也』。夫足下欲興天下之大事而成天下之大功，而以目皮相，恐失天下之能士。且吾度足下之智不如吾，勇又不如吾。若欲就天下而不相見，竊爲足下失之。』乃延而坐之，問所以取天下者。酈生曰：『夫足下欲成大功，不如止陳留。陳留者，天下之據衝也，兵之會地也，積粟數千萬石，城守甚堅。臣素善其令，願爲足下說之。不聽臣，臣請爲足下殺之，而下陳留。足下將陳留之衆，據陳留之城，而食其積粟，招天下之從兵；從兵已成，足下橫行天下，莫能有害足下者矣。』沛公曰：『敬聞命矣。』於是酈生乃夜見陳留令，說之曰：『夫秦爲無道而天下畔之，今足下與天下從則可以成大功。今獨爲亡秦嬰城而堅守，臣竊爲足下危之。』陳留令曰：『秦法至重也，不可以妄言，妄言者無類，吾不可以應。先生所以教臣者，非臣之意也，願勿復道。』酈生留宿臥，夜半時斬陳留令首，踰城而下報沛公。沛公引兵攻城，縣令首於長竿以示城上人，曰：『趣下，而令頭已斷矣！今後下者必先斬之！』於是陳留人見令已死，遂相率而下沛公。沛公舍陳留南城門上，因其庫兵，食積粟，留出入三月，從兵以萬數，遂入破秦。

太史公曰：世之傳酈生書，多曰漢王已拔三秦，東擊項籍而引軍於鞏洛之閒，酈生被儒衣往說漢王。乃非也。自沛公未入關，與項羽別而至高陽，得酈生兄弟。

綜　述

《史記》卷八《高祖本紀》　酈食其爲監門，曰：『諸將過此者多，吾視沛公大人長者。』乃求見說沛公。沛公方踞牀，使兩女子洗足。酈生不拜，長揖，曰：『足下必欲誅無道秦，不宜踞見長者。』於是沛公起，攝衣謝之，延上坐。食其說沛公襲陳留，得秦積粟。乃以酈食其爲廣野君。

又　卷五五《留侯世家》　沛公之從洛陽南出轘轅，良引兵從沛公，下韓十餘城，擊破楊熊軍。沛公乃令韓王成留守陽翟，與良俱南，攻下宛，西入武關。沛公欲以兵二萬人擊秦嶢下軍，良說曰：『秦兵尚强，未可輕。臣聞其將屠者子，賈豎易動以利。原沛公且留壁，使人先行，爲五萬人具食，益爲張旗幟諸山上，爲疑兵，令酈食其持重寶啗秦將。』【略】

漢三年，項羽急圍漢王滎陽，漢王恐憂，與酈食其謀橈楚權。食其曰：『昔湯伐桀，封其後於杞。武王伐紂，封其後於宋。今秦失德棄義，侵伐諸侯社稷，滅六國之後，使無立錐之地。陛下誠能復立六國後世，畢已受印，此其君臣百姓必皆戴陛下之德，莫不鄉風慕義，願爲臣妾。德義已行，陛下南鄉稱霸，楚必斂衽而朝。』漢王曰：『善。趣刻印，先生因行佩之矣。』

又　卷九二《淮陰侯列傳》　信引兵東，未渡平原，聞漢王使酈食其已說下齊，韓信欲止。范陽辯士蒯通說信曰：『將軍受詔擊齊，而漢獨發閒使下齊，寧有詔止將軍乎？何以得毋行也！且酈生一士，伏軾掉三寸之舌，下齊七十餘城，將軍將數萬衆，歲餘乃下趙五十餘，爲將數歲，反不如一豎儒之功乎？』於是信然之，從其計，遂渡河。齊已聽酈生，即留縱酒，罷備漢守禦。信因襲齊歷下軍，遂至臨菑。齊王田廣以酈生賣己，乃亨之，而走高密，使使之楚請救。韓信已定臨菑，遂東追廣至高密西。楚亦使龍且將，號稱二十萬，救齊。

《漢書》卷一上《高帝紀》　（秦二世三年）二月，沛公從碭北攻昌邑，遇彭越。越助攻昌邑，未下。沛公西過高陽，酈食其爲里監門，曰：『諸將過此者多，吾視沛公大度。』乃求見沛公。沛公方踞牀，使兩女子洗。酈生不拜，長揖曰：『足下必欲誅無道秦，不宜踞見長者。』於是沛公起，攝衣謝之，延上坐。食其說沛公襲陳留。沛公以爲廣野君，以其弟商爲將，將陳留兵。【略】

八月，沛公攻武關，入秦。秦相趙高恐，乃殺二世，使人來，欲約分

王關中，沛公不許。九月，趙高立二世兄子子嬰爲秦王。子嬰誅滅趙高，遣將將兵距嶢關。沛公欲擊之，張良曰：『秦兵尚强，未可輕。願先遣人益張旗幟於山上爲疑兵，使酈食其、陸賈往説秦將，啗以利。』【略】

（高祖二年）秋八月，漢王如滎陽，謂酈食其曰：『緩頰往説魏王豹，能下之，以魏地萬户封生。』食其往，豹不聽。漢王以韓信爲左丞相，與曹參、灌嬰俱擊魏。食其還，漢王問：『魏大將誰也？』對曰：『柏直。』王曰：『是口尚乳臭，不能當韓信。騎將誰也？』曰：『馮敬。』曰：『是秦將馮無擇子也。雖賢，不能當灌嬰。步卒將誰也？』曰：『項它。』曰：『不能當曹參。吾無患矣。』【略】

（三年十二月）項羽數侵奪漢甬道，漢軍乏食，與酈食其謀橈楚權。食其欲立六國後以樹黨，漢王刻印，將遣食其立之。以問張良，良發八難。漢王輟飯吐哺，曰：『豎儒幾敗乃公事！』令趣銷印。【略】

漢王使酈食其説齊王田廣，罷守兵與漢和。

又　卷三三《田儋傳》　會漢使酈食其往説王廣及相横，與連和。横然之，乃罷歷下守備，縱酒，且遣使與漢平。韓信乃渡平原，襲破齊歷下軍，因入臨菑。王廣、相横以酈生爲賣己而亨之。【略】

漢滅項籍，漢王立爲皇帝，彭越爲梁王。横懼誅，而與其徒屬五百餘人入海，居隝中。高帝聞之，以横兄弟本定齊，齊人賢者多附焉，今在海中不收，後恐有亂，乃使使赦横罪而召之。横謝曰：『臣亨陛下之使酈食其，今聞其弟商爲漢將而賢，臣恐懼，不敢奉詔，請爲庶人，守海隝中。』

又　卷三四《韓信傳》　漢王使酈生往説魏王豹，豹不聽，乃以（韓）信爲左丞相擊魏。信問酈生：『魏得毋用周叔爲大將乎？』曰：『柏直也。』信曰：『豎子耳！』【略】

信引兵東，未度平原，聞漢王使酈食其已説下齊。信欲止，蒯通説信令擊齊。

又　卷四〇《張良傳》　沛公欲以二萬人擊秦嶢關下軍，良曰：『秦兵尚强，未可輕。臣聞其將屠者子，賈豎易動以利。願沛公且留壁，使人先行，爲五萬人具食，益張旗幟諸山上，爲疑兵，令酈食其持重寶啗秦將。』【略】

漢三年，項羽急圍漢王於滎陽，漢王憂恐，與酈食其謀橈楚權。酈生曰：『昔湯伐桀，封其後杞；武王誅紂，封其後宋。今秦無道，伐滅六國，無立錐之地。陛下誠復立六國後，此皆爭戴陛下德義，願爲臣妾。德義已行，南面稱伯，楚必斂衽而朝。』漢王曰：『善。趣刻印，先生因行佩之。』

又　卷四三《酈食其傳》　酈食其，陳留高陽人也。好讀書，家貧落魄，無衣食業。爲里監門，然吏縣中賢豪不敢役，皆謂之狂生。

及陳勝、項梁等起，諸將徇地過高陽者數十人，食其聞其將皆握齱好荷禮自用，不能聽大度之言，食其乃自匿。後聞沛公略地陳留郊，沛公麾下騎士適食其里中子，沛公時時問邑中賢豪。騎士歸，食其見，謂曰：『吾聞沛公嫚易人，有大略，此眞吾所願從游，莫爲我先。若見沛公，謂曰：「臣里中有酈生，年六十餘，長八尺，人皆謂之狂生，自謂我非狂。」』騎士曰：『沛公不喜儒，諸客冠儒冠來者，沛公輒解其冠，溺其中。與人言，常大罵。未可以儒生説也。』食其曰：『第言之。』騎士從容言食其所戒者。

沛公至高陽傳舍，使人召食其。食其至，入謁，沛公方踞牀令兩女子洗，而見食其。食其入，即長揖不拜，曰：『足下欲助秦攻諸侯乎？欲率諸侯破秦乎？』沛公罵曰：『豎儒！夫天下同苦秦久矣，故諸侯相率攻秦，何謂助秦？』食其曰：『必欲聚徒合義兵誅無道秦，不宜踞見長者。』於是沛公輟洗，起衣，延食其上坐，謝之。食其因言六國從衡時，沛公喜，賜食其食，問曰：『計安出？』食其曰：『足下起瓦合之卒，收散亂之兵，不滿萬人，欲以徑入强秦，此所謂探虎口者也。夫陳留，天下之衝，四通五達之郊也，今其城中又多積粟，臣知其令，今請使，令下足下。即不聽，足下舉兵攻之，臣爲内應。』於是遣食其往，沛公引兵隨之，遂下陳留。號食其爲廣野君。

食其言弟商，使將數千人從沛公西南略地。食其常爲説客，馳使諸侯。

漢三年秋，項羽擊漢，拔滎陽，漢兵遁保鞏。楚人聞韓信破趙，彭越數反梁地，則分兵救之。韓信方東擊齊，漢王數困滎陽、成皋，計欲捐成皋以東，屯鞏、洛以距楚。食其因曰：『臣聞之，知天之天者，王事可成；不知天之天者，王事不可成。王者以民爲天，而民以食爲天。夫敖

倉，天下轉輸久矣，臣聞其下乃有臧粟甚多。楚人拔滎陽，不堅守敖倉，乃引而東，令適卒分守成皋，此乃天所以資漢。方今楚易取而漢後卻，自奪便，臣竊以爲過矣。且兩雄不俱立，楚漢久相持不決，百姓騷動，海內搖蕩，農夫釋耒，紅女下機，天下之心未有所定也。願足下急復進兵，收取滎陽，據敖庾之粟，塞成皋之險，杜太行之道，距飛狐之口，守白馬之津，以示諸侯形制之勢，則天下知所歸矣。方今燕、趙已定，唯齊未下。今田廣據千里之齊，田間將二十萬之衆軍於歷城，諸田宗强，負海岱，阻河濟，南近楚，齊人多變詐，足下雖遣數十萬師，未可以歲月破也。臣請得奉明詔説齊王使爲漢而稱東藩。」上曰：「善。」乃從其畫，復守敖倉，而使食其説齊王，曰：「王知天下之所歸乎？」曰：「不知也。」曰：「知天下之所歸，則齊國可得而有也；若不知天下之所歸，即齊國未可保也。」齊王曰：「天下何歸？」食其曰：「天下歸漢。」齊王曰：「先生何以言之？」曰：「漢王與項王戮力西面擊秦，約先入咸陽者王之，項王背約不與，而王之漢中。項王遷殺義帝，漢王起蜀漢之兵擊三秦，出關而責義帝之負處，收天下之兵，立諸侯之後。降城即以侯其將，得賂則以分其士，與天下同其利，豪英賢材皆樂爲之用。諸侯之兵四面而至，蜀漢之粟方船而下。項王有背約之名，殺義帝之負；於人之功無所記，於人之罪無所忘；戰勝而不得其賞，拔城而不得其封；非項氏莫得用事；爲人刻印，玩而不能授；攻城得賂，積財而不能賞。天下畔之，賢材怨之，而莫爲之用。故天下之士歸於漢王，可坐而策也。夫漢王發蜀漢，定三秦；涉西河之外，授上黨之兵；下井陘，誅成安君；破北魏，舉三十二城：此黄帝之兵，非人之力，天之福也。今已據敖庾之粟，塞成皋之險，守白馬之津，杜太行之阪，距飛狐之口，天下後服者先亡矣。王疾下漢王，齊國社稷可得而保也；不下漢王，危亡可立而待也。」田廣以爲然，乃聽食其，罷歷下兵守戰備，與食其日縱酒。

韓信聞食其馮軾下齊七十餘城，乃夜度兵平原襲齊。齊王田廣聞漢兵至，以爲食其賣己，乃亨食其，引兵走。

漢十二年，曲周侯酈商以丞相將兵擊黥布，有功。高祖舉功臣，思食其。食其子疥數將兵，上以其父故，封疥爲高梁侯。後更食武陽，卒，子遂嗣。三世，侯平有罪，國除。

論　説

《晉書》卷一〇五《石勒載記》　勒雅好文學，雖在軍旅，常令儒生讀史書而聽之，每以其意論古帝王善惡，朝賢儒士聽者莫不歸美焉。嘗使人讀《漢書》，聞酈食其勸立六國後，大驚曰：「此法當失，何得遂成天下！」

宋·司馬光《傳家集》卷六四《才德論》　韓信，無恥之士也；樊噲，屠者；而酈食其，酒徒也，天下之至賤無行者也。然其才皆有過人者。

又　卷六七《烹酈生》　班固稱蒯通一説而喪三俊，爲其亡田横、殺酈生、驕韓信也。以愚觀之，漢王既遣酈生下齊而不止韓信之進兵，是則漢王殺之，非蒯通殺之也。惜夫一失其信，羣臣孰敢爲之使，諸侯孰敢爲之與？雖得齊而有之，所亡豈不多哉？

宋·鄭樵《通志》卷七一《校讎略第一·秦不絶儒學論二篇》　酈食其秦之儒生也。

宋·陳耆卿《篔窗集》卷三《酈食其論》　論天下之事易，識天下之勢難。陳留敖倉地要粟多，蓋漢初緊切之處，不先據此，則本散而易潰。酈食其力爲帝言之，就二者論，則陳留爲小而敖倉爲大。入陳留所以謀秦，據敖倉所以謀楚。秦易破，故陳留之不旋踵而至霸上。楚難搖，故敖倉之守必至於屢歲而不決焉。然當是時，楚兵甚强，漢勢尚弱，漢之得以制楚而楚之猶有所忌於漢者，敖倉之力也。不然，則楚固得以氣喝力恐直擣其虚矣。其後，彭城之敗，韓信既收兵來會，則亟築甬道屬河以取敖倉粟。成皋之挑戰，大司馬咎長史欣一自剄，則復取成皋，軍廣武，取敖倉食。是知敖倉漢之命，一日無敖倉，則一日無漢。高帝智不及此，食其實有以發之。下齊之策猶爲雄偉，其剖判楚漢曲直理亦甚明宜，田廣之統首順德。然不免使韓信之襲齊而至於受烹者，明於謀漢闇於謀己也。夫信於是時虜魏豹，下趙代，斬陳餘，降燕王，威靈所加，易於破竹，所未下者獨齊爾。蓋以其國大勢强，謹之重之而未容輕發也。食其一旦以片語下之已之，所躊躇而不足者，人乃神速而有餘，則信亦無以取重於漢。雖欲

不襲齊，蓋不可得。食其亦惟知己之辨可以折齊，而不知信之詐足以賣己，是以就烹。嗚呼！先下齊者食其也，後襲齊者信也。使食其之言未入，則齊之備固未懈，而信之兵固未可向發。蹤指示者烹，而因人成事者王事之。有幸不幸如此哉？然則食其固可念，而信亦可恥甚矣！

宋·黃震《古今紀要》卷二《西漢》　酈食其：擇主而事，説陳留，下敖倉，知形勢，立六國不能利韓信攻齊，不如情理。

宋·黃震《黃氏日抄》卷四六《讀史·史記·酈生陸賈》　酈生爲高帝下陳留，高帝賴其兵食遂以入關，所繫大矣。然以善其令而夜半賊殺之，與之善者不亦難乎？此戰國傾危之餘習。宜其卒窮於辯也。

宋·王應麟《通鑑問答》卷三《轅生酈生》　或曰轅生出武關之計，酈生取敖倉之策，皆所以困楚而使之力分食盡也，良平之智不及此。何歟？曰：天下有無窮之才人，才有無窮之智。惟不自用而能用人者，乃能合羣才。以爲才兼衆智以爲智。趙奢解閼之圍而先據北山之謀，乃出於軍士之許歷。條侯會滎陽之兵而右走藍田之謀，乃出於道旁之趙涉。信乎才智之無窮。古之人所以稽於衆謀，及庶人詢於芻蕘也。方楚漢雌雄未決，競逐於滎陽、成皋間，迭爲謀臣，謀臣如雲，猛士如雨，未知制楚之策也。出宛葉掩不備以分其力，其謀發於轅生。取敖倉絶糧餉以飢其師，其謀發於酈生。於是堅壁不戰養鋭以待其敝，東馳西鶩使之疲於奔命，則轅生之爲也。鴻溝之分，太公呂后之歸，因其食盡遂收垓下之功，則酈生之爲也。二生之納説非難，高帝之能聽爲難，楚兵困而漢業成始於是矣。天下固多奇士哉，然而酈生憑軾下齊不免臨淄之鼎，工於謀國而拙於自謀，固無憾也。若轅生説行而身隱，鴻飛魚潛，脱屣圭組，遠希魯連，近慕董公，亦古之逸民歟！高於酈生遠矣。賢者一言濟時救民，而爵禄不纓其心，不可與辯士説客並論也。嘗觀《集古録》，後漢袁良碑敍其世系，云當秦之亂，殷居河洛。高祖破項實從其策，天下既定，還宅扶樂。蓋轅生陳人，濤塗之後，良之遠祖也。史失其名，碑亦缺焉。併書以補班、史之遺。

宋·佚名《十先生奥論注續集》卷九《陳傳良〈西漢論·張耳陳餘酈食其〉》　圖天下者自有天下之勢，書生之論不知也。圖天下而守書生之論，不敗事者寡矣。昔者秦之趨亡，陳吳劉項之徒崛起荆棘，以匹夫爭天下，無隻民塊土以爲之階，其勢非可以仁義爲也。故惟急攻而疾戰，寸攘而尺取。世謂十夫逐鹿，一夫得鹿，九人拱手，倚人以爲外援，則不足以自固矣。而陳餘張耳以立六國之説薦之楚涉以弱秦，酈生亦以其謀用之漢高以橈楚。吁！書生之陋如此哉！夫六國之君亟用其民而魚肉之，卒不能守一折，而入虎狼之秦。天下之苦六國者，不減秦也。知秦之可亡而不知六國之不可復，其術固已疏矣。況夫六國之後而能信，其民果不爲陳劉之憂也哉？盜主人之金而寄諸其鄰，責其不吾歸不可也，以匹夫謀人之天下而又借助於人，是更生一敵也。以項氏之强，掌握土宇，裂置諸將，而王之不保其不叛楚。天下既定，漢高帝刑白馬以封功臣，恩甚渥也。然環視而爭衡者，没高帝之齒而不絶。孰謂搶攘之際憑之以掎角而能使之不吾敵也。嗚呼！將以仆敵反以滋敵，此書生之論，圖天下者不爲也。

明·楊士奇《歷代名臣奏議》卷八二《經國》（歐陽徹上書曰）　酈食其乃監門狂生。

明·程敏政《篁墩文集》卷一一《報應説》　以史考之，酈食其不煩尺矢片甲下齊七十餘城，其功偉矣。

明·高拱《本語》卷四　問酈生下齊七十餘城，韓信以兵屠之，罪不亦大乎？曰：此酈生之罪，未可遽責信也。何以故？曰：志在救世安民，功無彼此，此聖賢事也。信一功名人耳，安可以此責之？當酈生之適齊也，信方擁兵四十萬壓境而來，所嚮無敵，勢如破竹，齊亦懼甚矣。酈生假信之威，乘齊之懼，故一説而下之。使非信且至，雖百酈生其誰聽之哉？則齊城之下，固亦信之下之也。乃賣信而獨勦其功以報沛公。使信垂首捲甲徒然以歸，信固能甘乎此？所以蒯徹之計行，而齊城屠酈生烹也。嗟乎！始欲賣信而卒自殺其身，豈不愚哉？然則當何如處？曰：善處己者必先處人。若不能處人，安能處己？酈生之適齊也，宜先詣信説之曰：『聞齊聞將軍至，甚懼將軍且不日下之矣。雖然兵家先聲而後實，食其願得假將軍之威，乘齊之懼以將軍之命諭之，令以城下。果以城下，則將軍傳檄而定以報沛公，亦可大省兵力。不者，且進兵未晚。』於是乃之齊，説之曰：『韓將軍擁兵四十萬壓境而來，所嚮無敵，勢如破竹，齊城不日下矣。雖然韓將軍不嗜殺人，所爲多屠戮者爲其拒也。君誠

能以城降，韓將軍必且撫慰之。傳檄而定則君既不失富貴，而數百萬之命亦皆可免。其爲利害不亦較著乎？韓將軍有是心，恐君不得喻，故令食其來，君其自爲計。不者，吾且去，韓將軍且至。吾亦不復來矣。』如是，則齊城必下。於是乃還報信曰：『事濟矣。齊始聞將軍至，甚懼。既聞將軍令其以城降也，又甚喜。今且下矣，將軍可傳檄而定報沛公矣。下齊七十餘城，將軍之功也。不用兵甲而威聲下之，功尤大也。食其傳命而已，庸何功？』如此，則可以得齊，可以免數百萬人之屠戮，可以成信之功，而酈生之功亦不爲細，不止脱於烹也。此不惟事勢如此，亦天理人情本當如此耳。曰：信以不忍而戮數百萬人，固無罪歟？曰：胡爲其無罪也？酈生賣信，激之而多殺，酈生固可惡也。今必痛責酈生之罪，則信之恨氣自平。恨氣平乃從而責之曰：『將軍止以不忍之故遂誅殺數百餘萬人，豈不亦殘毒甚哉？』如此，則信自當俯首聽服，不待辭之竟也。若不明酈生之罪，輸其怨而徒以責信之多殺，則豈足以服其心哉？此可爲賣人而獵功者之明鑑也。

明・張溥《漢魏六朝百三家集》卷一七《荀悦集・酈食其謀立六國論》　夫立策決勝之術其要有三：一曰形，二曰勢，三曰情。形者，言其大體得失之數也。勢者，言其臨時之宜也，進退之機也。情者，言其心志可否之意也。故策同事等而功殊者何？三術不同也。初，張耳陳餘説陳涉以復六國，自爲樹黨。酈生亦説漢王。所以説者同而得失異者，陳涉之起也，天下皆欲亡秦。而楚漢之分未有所定，時天下未必欲亡項也，且項羽率從六國攻滅强秦之時，勢則不能矣。故立六國於陳涉，所謂多己之黨而益秦之敵也，且陳涉未能專天下之地也，所謂取非其有以與人行虚惠而獲實福也。立六國于漢王，所謂割已之有以資敵，設虚名而受實禍也。此同事而異形也。及宋義待秦趙之斃，與昔卞莊刺虎同説者也。施之戰國之時，鄰國相攻無臨時之急則可也。戰國之立，其日久矣，一戰勝敗未必以存亡也，其勢非能急於亡敵國也。進乘利退自保，故累力待時乘敵之斃，其勢然也。今楚趙所起，其與秦勢不並立，安危之機呼吸成變，進則成功，退則受禍，此同事而異勢者也。伐趙之役韓信軍于泜水之上，而趙不能敗。彭城之難漢王戰於濉水之上，士卒皆赴入濉水而楚兵大勝。何則趙兵出國迎戰，見可而進，知難而退，懷内顧之心，無必死之計，韓信軍孤於水上，士卒必死，無有二心，此信之所以勝也。漢王深入敵國飲酒高會，士卒逸豫，戰心不固，楚以强大之威而喪其國都。項羽自外而入，士卒皆有憤激之氣救，敗赴亡之急，以決一旦之命，此漢之所以敗也。且韓信選精兵以守，而趙以内顧之士攻之，項羽選精兵以攻，而漢以怠惰之卒應之，此同事而異情者也。故曰權不可預設，變不可先圖，與時遷移，應物變化設策之機也。

藝文

南朝梁・蕭統《文選》卷四七《［晉］陸機〈漢高祖功臣頌〉》　茫茫宇宙，上墋下黷。波振四海，塵飛五岳。九服徘徊，三靈改卜。赫矣高祖，肇載天禄。沈迹中鄉，飛名帝録。慶雲應輝，皇階授木。龍興泗濱，虎嘯豐谷。彤雲晝聚，素靈夜哭。金精仍頹，朱光以渥。萬邦宅心，駿民效足。堂堂蕭公，王迹是因。綢繆叡后，無競惟人。外濟六師，内撫三秦。拔奇夷難，邁德振民。體國垂制，上穆下親。名蓋羣后，是謂宗臣。平陽樂道，在變則通。爰淵爰嘿，有此武功。長驅河朔，電擊壤東。協策淮陰，亞迹蕭公。文成作師，通幽洞冥。永言配命，因心則靈。窮神觀化，望影揣情。鬼無隱謀，物無遁形。武關是闢，鴻門是寧。隨難滎陽，即謀下邑。銷印惎廢，推齊勸立。運籌固陵，定策東襲。三王從風，五侯允集。霸楚實喪，皇漢凱入。怡顔高覽，弭翼鳳戢。託迹黄老，辭世卻粒。曲逆宏達，好謀能深。游精杳漠，神迹是尋。重元匪奥，九地匪沈。伐謀先兆，擠響于音。奇謀六奮，嘉慮四迴。規主于足，離項于懷。格人乃謝，楚翼實摧。韓王窘執，胡馬洞開。迎文以謀，哭高以哀。灼灼淮陰，靈武冠世。策出無方，思入神契。奮臂雲興，騰迹虎噬。淩險必夷，摧堅則脆。肇謀漢濱，還定渭表。京索既扼，引師北討。濟河夷魏，登山滅趙。威亮火烈，勢踰風掃。拾代如遺，偃齊猶草。二州肅清，四邦咸舉。乃眷北燕，遂表東海。克滅龍且，爰取其旅。劉項懸命，人謀是與。念功惟德，辭通絶楚。彭越觀時，弢迹匿光。民具爾瞻，翼爾鷹揚。威淩楚域，質委漢王。靖難河濟，即宮舊梁。烈烈黥布，耽耽其眄。名冠强楚，鋒猶駭電。覩幾蟬蛻，悟主革面。肇彼梟風，翻爲我扇。天命方輯，

王在東夏。矯矯三雄，至於垓下。元凶既夷，寵禄來假。保大全祚，非德孰可？謀之不臧，舍福取禍。張耳之賢，有聲梁魏。士也罔極，自貽伊媿。俯思舊恩，仰察五緯。脱迹違難，披榛來洎。改策西秦，報辱北冀。悴葉更耀，枯條以肄。王信韓孽，宅土開疆。我圖爾才，越遷晉陽。盧綰自微，婉孌我皇。跨功踰德，祚爾輝章。人之貪禍，寧爲亂亡。吳芮之王，祚由梅鋗。功微勢弱，世載忠賢。肅肅荆王，董我三軍。我圖四方，殷薦其勛。庸親作勞，舊楚是分。往踐厥宇，大啟淮濆。安國違親，悠悠我思。依依哲母，既明且慈。引身伏劍，永言固之。淑人君子，實邦之基。義形於色，憤發於辭。主亡與亡，末命是期。絳侯質木，多略寡言。曾是忠勇，惟帝攸歎。雲鶩靈丘，景逸上蘭。平代禽豨，奄有燕韓。寧亂以武，斃吕以權。滌穢紫宫，徵帝太原。實惟太尉，劉宗以安。挾功震主，自古所難。勳耀上代，身終下藩。舞陽道迎，延帝幽藪。宣力王室，匪惟厥武。總干鴻門，披闥帝宇。聳顔誚項，掩淚寤主。曲周之進，于其哲兄。俾率爾徒，從王于征。振威龍蛻，攄武庸城。六師實因，克荼禽黥。猗歟汝陰，綽綽有裕。戎軒肇迹，荷策來附。馬煩轡殆，不釋擁樹。皇儲時乂，平城有謀。潁陰鋭敏，屢爲軍鋒。奮戈東城，禽項定功。乘風藉響，高步長江。收吳引淮，光啟於東。陽陵之勛，元帥是承。信武薄伐，揚節江陵。夷王殄國，俾亂作懲。恢恢廣野，誕節令圖。進謁嘉謀，退守名都。東規白馬，北距飛狐。即倉敖庾，據險三塗。輶軒東踐，漢風載徂。身死于齊，非説之辜。我皇實念，言祚爾孤。信委輅，被褐獻寶。抑抑指明周漢，銓時論道。移帝伊洛，定都酆鎬。柔遠鎮邇，實敬攸考。抑抑陸生，知言之貫。往制勁越，來訪皇漢。附會平勃，夷凶翦亂。所謂伊人，邦家之彦。百王之極，舊章靡存。漢德雖朗，朝儀則昏。稷嗣制禮，下肅上尊。穆穆帝典，焕其盈門。風睎三代，憲流後昆。無知叡敏，獨昭奇迹。察侔蕭相，貺同師錫。隨何辯達，因資於敵。紓漢披楚，維生之績。皤皤董叟，謀我平陰。三軍縞素，天下歸心。袁生秀朗，沈心善照。漢旆南振，楚威自撓。大略淵回，元功響效。邈哉維人，何識之妙。紀信誑項，軺軒是乘。攝齊赴節，用死孰懲。身與烟消，名與風興。周苛慷慨，心若懷冰。形可以暴，志不可淩。貞軌偕没，亮迹雙升。帝疇爾庸，後嗣是膺。天地雖順，王心有違。懷親望楚，永言長悲。侯公伏軾，皇媪來歸。是謂平國，寵命有輝。震風過物，清濁效響。大人于興，利在攸往。宏海者川，崇山惟壤。韶濩錯音，衮龍比象。明明衆哲，同濟天綱。劍宣其利，鑑獻其朗。文武四充，漢祚克廣。悠悠遐風，千載是仰。

唐·胡曾《詠史詩》卷下《高陽》 路入高陽感酈生，逢時長揖便論兵。最憐伏軾東遊日，下盡齊王七十城。

宋·沈遼《雲巢編》卷一《讀酈生傳》 秦人被塗炭，酈生自輕狂。暴吏不得加，高懷信旁洋。山東赤龍長，興嘯取功名。馮軾下全齊，其身先就烹。古人不輕死，何嘗貴其生。顧以有所造，二涂皆一征。有誰怜是翁，欲㠯身狥榮。未卒杯酒樂，蒼茫禍來嬰。所懷奄不救，焉如監門清。乃知繆厝置，視丗已皆輕。死者良可歎，世俗方營營。至仁吾所師，但欲窮山耕。

宋·陳長方《唯室集》卷四《酈生長揖》 輟洗高陽一酒徒，沛公雅意在雄圖。終煩前箸還銷印，王表知君淺丈夫。

宋·程俱《北山集》卷一五《題酈生長揖圖》 李伯時作《酈生長揖圖》，直作高皇踞牀兩女子洗而酈生長揖。此徒見漢高無禮食其不屈之意，而無以見高皇聞善而服，改過下士。漢所以興之故，要當作輟洗、起衣、躧履、迎客之狀，乃勝耳。方是時，天下草昧糜爛土崩之時也，沛公踞見一里監門其失亦微耳，非漢所以强弱興亡之所繫者也，而食其遽以謂將以助秦而非所以攻秦何也？豈辯士專以捭闔動聽爲務，而其言不得不誇耶？是不然。食其爲是，無當之言可也，而沛公豁達聰明之君也，而可以虚言屈乎？大得士者昌，失士者亡。有國家者皆然。而危亂之時爲甚。故蕭何以韓信用不用卜漢高之霸王，晉人以謝安石起不起知江左之興亡，唐室以裴度進退爲天下安危，蓋士之不可失如此。使漢高失一食其可耳？然駿骨不收，絶足不至，巢卵不育，鳳鳥不下，士有深藏高舉，望望然去之而已。況聲音顔色據之千里之外乎？則其不足以攻秦，而足以自亡也。明矣是理也。非酈生之誇言也。

元·李俊民《莊靖集》卷五《酈食其》 多少中原逐鹿人，獨憑片舌下齊城。淮陰不喜書生事，能免他年獵犬烹。

元·王惲《秋澗集》卷三四《沛公洗足見酈生圖》 氣折狂豪一洗間，要令游士吐嘉言。初從沛公咸陽帝，此術施來第幾番。喭然洗腆孰爲

賓，中隱炎劉四百春。一説便能延上客，君王肯效婦人仁。包總綿區細故捐，未妨撣洗酈生前。一顰一笑非無謂，不似高皇氣馭權。落魄高陽一酒徒，畧除邊幅展雄圖。桓門竪忍須臾去，長爲東山出此模。布褐昂藏七尺身，不容空老酒壚春。風雲慘澹龍蛇際，首識隆顔亦可人。

元・李昱《草閣詩集》卷五《酈食其》 皓首猶誇八尺軀，入門長揖豈豪粗。嬴時人不識監門吏，英主偏知好酒徒。東下齊城從染鑊，西開漢國未分符。雖於青史慚前箸，曾是區區一豎儒。

元・張憲《玉笥集》卷一〇《酈生長揖圖二首》 淮南黥王乃可傲，高陽酒徒何必輕。駕馭英雄斯有術，不宜如此見書生。

踞牀洗足非爲慢，長揖軍門也不多。大抵英雄皆坦率，子陽罄折竟如何。

明・錢宰《臨安集》卷一《題濯足圖》 驅馬西畧地，行至雍丘南。歇鞍踞牀洗，龍歆氣何酣。傲岸濯秋水，兩姬手摻摻。酈生□門入，長揖不下拜。高視挫其鋒，踞見吁可詫。憣然敬爾容，攝衣起言謝。顧惟雄武姿，慢罵空無人。于焉下狂士，屈若志不伸。高明藉柔克，四海歸堯仁。

明・曹學佺《石倉歷代詩選》卷四八八《蔣主孝〈酈生長揖圖〉》 拔劍斬蛟神媼哭，蓋世英雄逐秦鹿。君本高陽一酒徒，乃敢庭前嗔濯足。五年帝業本天命，待君濯足何爲辱。溺冠不罵老書生，猶有攻齊半分策。君不見子陽罄折竟如何，回首江山空碌碌。

清・田雯《古歡堂集》卷三《詠史》 本罌方渡軍，辨士奉燕書。井陘拔趙幟，下城五十餘。可惜成安君，不用李左車。白馬蜚狐間，壁壘爭馳驅。引兵東擊齊，肯讓一腐儒。酈生固遭烹，未央復何如？

清・陳廷敬《午亭文編》卷九《歷下軍》 野渡平原水，孤軍歷下城。田横方縱酒，酈生已就烹。

雜録

魏・酈道元《水經注》卷二四《睢水》 《陳留風俗傳》曰：酈氏居于高陽，沛公攻陳留縣，酈食其有功，封高陽侯。

唐・李吉甫《元和郡縣志》卷八《河南道・雍丘縣》 高陽故城，在縣西南二十九里，顓頊高陽氏，佐少昊有功，受封此邑。高祖攻昌邑，西過高陽，又酈食其墓在此。

又《白馬縣》 黎陽津，一名白馬津。在縣北三十里鹿鳴城之西南隅。酈食其説漢祖曰『守白馬之津，塞飛狐之口，以示諸侯，則天下知所歸矣』，謂此津也。

又 卷一一《河南道・歷城縣》 州理城，古歷下城也。《左傳》晉平公伐齊，戰於歷。《漢書》酈食其説齊王田廣，罷歷下軍守備，韓信度平原襲破歷下，因入臨淄。

又 卷一八《河東道・飛狐縣》 飛狐道，自縣北入嬀州懷戎縣界，即古飛狐口也。酈食其説漢王曰『杜白馬之津，塞飛狐之口』，此言皆一方之阨也。

又 卷二〇《河北道・黎陽縣》 白馬故關在縣東一里五步，酈食其説高祖曰『杜白馬之津』，即此地也，後更名黎陽津。

宋・樂史《太平寰宇記》卷一《河南道・雍丘縣》 酈食其墓，在縣西南二十八里。《漢書》食其陳留高陽人，好讀書，家貧爲里監門，賢豪謂之狂生。後爲齊所烹，乃葬于此。

又 卷五七《河南道・黎陽縣》 黎陽津，在縣東一里五步，一名白馬津。《史記》酈食其説沛公守白馬之津以示諸侯形勝之勢，則天下知所歸矣。

宋・楊侃《兩漢博聞》卷一《瓦合之卒》 酈食其謂高祖曰：『足下起瓦合之卒。』

又 卷三《緩頰》 漢王謂酈食其曰：『往説魏王豹。』

又 卷四《馮軾》 酈食其、馮軾下齊七十餘城。

又 卷七《啖秦將》 漢王使酈食其、陸賈往説秦將，啖以利。秦將果欲連和。

宋・歐陽忞《輿地廣記》卷一九《河東道・飛狐縣》 飛狐關，在代國南四十里，漢酈食其説高帝所謂『距飛狐之口』是也。

元・于欽《齊乘》卷五《亭館》 酈食其廟。府城内，今廢章丘臨濟鎮，南有酈商冢者即食其冢也。食其爲田廣所烹，故齊有墓，弟商不應葬此。

清·和珅等［乾隆］《大清一統志》卷一六三《河南府·古迹》 酈食其廟。在偃師縣西。《水經注》陽渠水逕漢廣野郡酈食其廟南，廟在北山上，成公綏所謂偃師西山也。廟東有兩石人，西有二石闕，高數丈。

清·覺羅石麟等［雍正］《山西通志》卷四《沿革·廣昌縣》 漢爲代郡廣昌縣，莽曰『廣屏』，酈食其説漢高塞飛狐之口卽此。《史記正義》曰：『飛狐口古北代國也。』

又 卷五九《古迹·鳳臺縣》 漢高城東南一百里卽酈食其勸漢王所謂杜太行之道也，址存。

清·田文鏡等［雍正］《河南通志》卷五一《古迹·開封府》 酈生故里。在通許縣東北高陽崗。《史記》家貧落魄爲里監門吏，卽此。

清·岳濬等［雍正］《山東通志》卷二一《秩祀志·濟南府》 酈生廟。在府城内，祀漢酈食其，見《齊乘》。

陸賈分部

傳　記

《史記》卷九七《酈生陸賈列傳》 陸賈者，楚人也。以客從高祖定天下，名爲有口辯士，居左右，常使諸侯。及高祖時，中國初定，尉他平南越，因王之。高祖使陸賈賜尉他印爲南越王。陸生至，尉他魋結箕倨見陸生。陸生因進説他曰：『足下中國人，親戚昆弟墳墓在眞定。今足下反天性，棄冠帶，欲以區區之越與天子抗衡爲敵國，禍且及身矣。且夫秦失其政，諸侯豪桀並起，唯漢王先入關，據咸陽。項羽倍約，自立爲西楚霸王，諸侯皆屬，可謂至彊。然漢王起巴蜀，鞭笞天下，劫略諸侯，遂誅項羽滅之。五年之閒，海内平定，此非人力，天之所建也。天子聞君王王南越，不助天下誅暴逆，將相欲移兵而誅王，天子憐百姓新勞苦，故且休之，遣臣授君王印，剖符通使。君王宜郊迎，北面稱臣，乃欲以新造未集之越，屈彊於此。漢誠聞之，掘燒王先人冢，夷滅宗族，使一偏將將十萬衆臨越，則越殺王降漢，如反覆手耳。』於是尉他乃蹶然起坐，謝陸生曰：『居蠻夷中久，殊失禮義。』因問陸生曰：『我孰與蕭何、曹參、韓信賢？』陸生曰：『王似賢。』復曰：『我孰與皇帝賢？』陸生曰：『皇帝起豐沛，討暴秦，誅彊楚，爲天下興利除害，繼五帝三王之業，統理中國。中國之人以億計，地方萬里，居天下之膏腴，人衆車轝，萬物殷富，政由一家，自天地剖泮未始有也。今王衆不過數十萬，皆蠻夷，崎嶇山海閒，譬若漢一郡，王何乃比於漢！』尉他大笑曰：『吾不起中國，故王此。使我居中國，何渠不若漢？』乃大説陸生，留與飲數月。曰：『越中無足與語，至生來，令我日聞所不聞。』賜陸生橐中裝直千金，他送亦千金。陸生卒拜尉他爲南越王，令稱臣奉漢約。歸報，高祖大悦，拜賈爲太中大夫。

陸生時時前説稱詩書。高帝罵之曰：『乃公居馬上而得之，安事詩書！』陸生曰：『居馬上得之，寧可以馬上治之乎？且湯武逆取而以順守之，文武並用，長久之術也。昔者吳王夫差、智伯極武而亡；秦任刑法不變，卒滅趙氏。鄉使秦已并天下，行仁義，法先聖，陛下安得而有之？』高帝不懌而有慙色，乃謂陸生曰：『試爲我著秦所以失天下，吾所以得之者何，及古成敗之國。』陸生乃粗述存亡之徵，凡著十二篇。每奏一篇，高帝未嘗不稱善，左右呼萬歲，號其書曰《新語》。

孝惠帝時，吕太后用事，欲王諸吕，畏大臣有口者，陸生自度不能爭之，乃病免家居。以好畤田地善，可以家焉。有五男，乃出所使越得橐中裝賣千金分其子，子二百金，令爲生產。陸生常安車駟馬，從歌舞鼓琴瑟侍者十人，寶劍直百金，謂其子曰：『與汝約：過汝，汝給吾人馬酒食，極欲，十日而更。所死家，得寶劍車騎侍從者。一歲中往來過他客，率不過再三過，數見不鮮，無久慁公爲也。』

吕太后時，王諸吕，諸吕擅權，欲劫少主，危劉氏。右丞相陳平患之，力不能爭，恐禍及己，常燕居深念。陸生往請，直入坐，而陳丞相方深念，不時見陸生。陸生曰：『何念之深也？』陳平曰：『生揣我何念？』陸生曰：『足下位爲上相，食三萬户侯，可謂極富貴無欲矣。然有憂念，不過患諸吕、少主耳。』陳平曰：『然。爲之奈何？』陸生曰：『天下安，注意相；天下危，注意將。將相和調，則士務附；士務附，天下雖有變，卽權不分。爲社稷計，在兩君掌握耳。臣常欲謂太尉絳侯，

絳侯與我戲，易吾言。君何不交驩太尉，深相結？』爲陳平畫呂氏數事。陳平用其計，乃以五百金爲絳侯壽，厚具樂飲；太尉亦報如之。此兩人深相結，則呂氏謀益衰。陳平乃以奴婢百人，車馬五十乘，錢五百萬，遺陸生爲飲食費。陸生以此游漢廷公卿間，名聲藉甚。及誅諸呂，立孝文帝，陸生頗有力焉。孝文帝卽位，欲使人之南越。陳丞相等乃言陸生爲太中大夫，往使尉他，令尉他去黄屋稱制，令比諸侯，皆如意旨。語在南越語中。陸生竟以壽終。

平原君朱建者，楚人也。故嘗爲淮南王黥布相，有罪去，後復事黥布。布欲反時，問平原君，平原君非之，布不聽而聽梁父侯，遂反。漢已誅布，聞平原君諫不與謀，得不誅。語在黥布語中。平原君爲人辯有口，刻廉剛直，家於長安。行不苟合，義不取容。辟陽侯行不正，得幸呂太后。時辟陽侯欲知平原君，平原君不肯見。及平原君母死，陸生素與平原君善，過之。平原君家貧，未有以發喪，方假貸服具，陸生令平原君發喪。陸生往見辟陽侯，賀曰：『平原君母死。』辟陽侯曰：『平原君母死，何乃賀我乎？』陸賈曰：『前日君侯欲知平原君，平原君義不知君，以其母故。今其母死，君誠厚送喪，則彼爲君死矣。』辟陽侯乃奉百金往稅。列侯貴人以辟陽侯故，往稅凡五百金。辟陽侯幸呂太后，人或毀辟陽侯於孝惠帝，孝惠帝大怒，下吏，欲誅之。呂太后慚，不可以言。大臣多害辟陽侯行，欲遂誅之。辟陽侯急，因使人欲見平原君。平原君辭曰：『獄急，不敢見君。』乃求見孝惠幸臣閎籍孺，説之曰：『君所以得幸帝，天下莫不聞。今辟陽侯幸太后而下吏，道路皆言君讒，欲殺之。今日辟陽侯誅，旦日太后含怒，亦誅君。何不肉袒爲辟陽侯言於帝？帝聽君出辟陽侯，太后大驩。兩主共幸君，君貴富益倍矣。』於是閎籍孺大恐，從其計，言帝，果出辟陽侯。辟陽侯之囚，欲見平原君，平原君不見辟陽侯，辟陽侯以爲倍己，大怒。及其成功出之，乃大驚。呂太后崩，大臣誅諸呂，辟陽侯於諸呂至深，而卒不誅。計畫所以全者，皆陸生、平原君之力也。

太史公曰：余讀陸生《新語書》十二篇，固當世之辯士。至平原君子與余善，是以得具論之。

綜述

《史記》卷七《項羽本紀》 是時，漢兵盛食多，項王兵罷食絶。漢遣陸賈説項王，請太公，項王弗聽。

又 卷八《高祖本紀》 初，項羽與宋義北救趙，及項羽殺宋義，代爲上將軍，諸將黥布皆屬，破秦將王離軍，降章邯，諸侯皆附。及趙高已殺二世，使人來，欲約分王關中。沛公以爲詐，乃用張良計，使酈生、陸賈往説秦將，啗以利，因襲攻武關。

又 卷一一三《南越尉佗列傳》 漢十一年，遣陸賈因立佗爲南越王，與剖符通使，和集百越，毋爲南邊患害，與長沙接境。【略】

（孝文帝元年）詔丞相陳平等舉可使南越者，平言好畤陸賈，先帝時習使南越。乃召賈以爲太中大夫，往使。因讓佗自立爲帝，曾無一介之使報者。陸賈至南越，王甚恐，爲書謝。【略】

陸賈還報，孝文帝大説。

又 卷一三〇《太史公自序》 結言通使，約懷諸侯；諸侯咸親，歸漢爲藩輔。作《酈生陸賈列傳第三十七》。

《漢書》卷一上《高帝紀上》 八月，沛公攻武關，入秦。秦相趙高恐，乃殺二世，使人來，欲約分王關中，沛公不許。九月，趙高立二世兄子子嬰爲秦王。子嬰誅滅趙高，遣將將兵距嶢關。沛公欲擊之，張良曰：『秦兵尚强，未可輕。願先遣人益張旗幟於山上爲疑兵，使酈食其、陸賈往説秦將，啗以利。』

（高帝四年）項羽自知少助食盡，韓信又進兵擊楚，羽患之。漢遣陸賈説羽，請太公，羽弗聽。

又 《高帝紀下》 （高帝十一年）五月，詔曰：『粤人之俗，好相攻擊，前時秦徙中縣之民南方三郡，使與百粤雜處。會天下誅秦，南海尉它居南方長治之，甚有文理，中縣人以故不耗減，粤人相攻擊之俗益止，俱賴其力。今立它爲南粤王。』使陸賈卽授璽綬。它稽首稱臣。

初，高祖不脩文學，而性明達，好謀，能聽，自監門戍卒，見之如舊。初順民心作三章之約。天下既定，命蕭何次律令，韓信申軍法，張蒼

定章程，叔孫通制禮儀，陸賈造《新語》。又與功臣剖符作誓，丹書鐵契，金匱石室，藏之宗廟。雖日不暇給，規摹弘遠矣。

又　卷四三《陸賈傳》　陸賈，楚人也。以客從高祖定天下，名有口辯，居左右，常使諸侯。

時中國初定，尉佗平南越，因王之。高祖使賈賜佗印爲南越王。賈至，尉佗魋結箕踞見賈。賈因説佗曰：『足下中國人，親戚昆弟墳墓在眞定。今足下反天性，棄冠帶，欲以區區之越與天子抗衡爲敵國，禍且及身矣。夫秦失其正，諸侯豪桀並起，唯漢王先入關，據咸陽。項籍背約，自立爲西楚霸王，諸侯皆屬，可謂至强矣。然漢王起巴蜀，鞭笞天下，劫諸侯，遂誅項羽。五年之間，海内平定，此非人力，天之所建也。天也聞君王王南越，而不助天下誅暴逆，將相欲移兵而誅王，天子憐百姓新勞苦，且休之，遣臣授君王印，剖符通使。君王宜郊迎，北面稱臣，乃欲以新造未集之越屈强於此。漢誠聞之，掘燒君王先人冢墓，夷種宗族，使一偏將將十萬衆臨越，卽越殺王降漢，如反覆手耳。』

於是佗乃蹶然起坐，謝賈曰：『居蠻夷中久，殊失禮義。』因問賈曰：『我孰與蕭何、曹參、韓信賢？』賈曰：『王似賢也。』復問曰：『我孰與皇帝賢？』賈曰『皇帝起豐沛，討暴秦，誅强楚，爲天下興利除害，繼五帝三王之業，統天下，理中國。中國之人以億計，地方萬里，居天下之膏腴，人衆車輿，萬物殷富，政由一家，自天地剖判未始有也。今王衆不過數萬，皆蠻夷，崎嶇山海間，譬如漢一郡，王何乃比於漢！』佗大笑曰：『吾不起中國，故王此。使我居中國，何遽不若漢？』乃大説賈，留與飲數月。曰：『越中無足與語，至生來，令我日聞所不聞。』賜賈橐中裝直千金，它送亦千金。賈卒拜佗爲南越王，令稱臣奉漢約。歸報，高帝大説，拜賈爲太中大夫。

賈時時前説稱《詩》、《書》。高帝罵之曰：『乃公居馬上得之，安事《詩》《書》！』賈曰：『馬上得之，寧可以馬上治乎？且湯武逆取而以順守之，文武並用，長久之術也。昔者吳王夫差、智伯極武而亡；秦任刑法不變，卒滅趙氏。鄉使秦以并天下，行仁義，法先聖，陛下安得而有之？』高帝不懌，有慙色，謂賈曰：『試爲我著秦所以失天下，吾所以得之者，及古成敗之國。』賈凡著十二篇。每奏一篇，高帝未嘗不稱善，左右呼萬歲，稱其書曰《新語》。

孝惠時，呂太后用事，欲王諸呂，畏大臣及有口者。賈自度不能爭之，乃病免。以好畤田地善，往家焉。有五男，乃出所使越橐中裝，賣千金，分其子，子二百金，令爲生產。賈常乘安車駟馬，從歌鼓瑟侍者十人，寶劍直百金，謂其子曰：『與女約：過女，女給人馬酒食極欲，十日而更。所死家，得寶劍車騎侍從者。一歲中以往來過它客，率不過再過，數擊鮮，毋久溷女爲也。』

呂太后時，王諸呂，諸呂擅權，欲劫少主，危劉氏。右丞相陳平患之，力不能爭，恐禍及己。平常燕居深念。賈往，不請，直入坐，陳平方念，不見賈。賈曰：『何念深也？』平曰：『生揣我何念？』賈曰：『足下位爲上相，食三萬户侯，可謂極富貴無欲矣。然有憂念，不過患諸呂、少主耳。』陳平曰：『然。爲之奈何？』賈曰：『天下安，注意相；天下危，注意將。將相和，則士豫附；士豫附，天下雖有變，則權不分。權不分，爲社稷計，在兩君掌握耳。臣常欲謂太尉絳侯，絳侯與我戲，易吾言。君何不交驩太尉，深相結？』爲陳平畫呂氏數事。平用其計，乃以五百金爲絳侯壽，厚具樂飲太尉，太尉亦報如之。兩人深相結，呂氏謀益壞。陳平乃以奴婢百人，車馬五十乘，錢五百萬，遺賈爲食飲費。賈以此游漢廷公卿間，名聲籍甚。及誅呂氏，立孝文，賈頗有力。

孝文卽位，欲使人之南越，丞相平乃言賈爲太中大夫，往使尉佗，去黄屋稱制，令比諸侯，皆如意指。語在《南越傳》。陸生竟以壽終。

贊曰：【略】陸賈位止大夫，致仕諸呂，不受憂責，從容平、勃之間，附會將相以强社稷，身名俱榮，其最優乎！

又　卷九五《兩粤傳》　（高帝）十一年，遣陸賈立佗爲南粤王，與部符通使，使和輯百粤，毋爲南邊害，與長沙接境。

（文帝元年）詔丞相平舉可使粤者，平言陸賈先帝時使粤。上召賈爲太中大夫，謁者一人爲副使。【略】陸賈至，南粤王恐，乃頓首謝，願奉明詔，長爲藩臣，奉貢職。【略】陸賈還報，文帝大説。

《後漢書》卷七〇上《班彪傳》　漢興定天下，太中大夫陸賈記録時功，作《楚漢春秋》九篇。

又　卷七九下《儒林傳·謝該》　（孔融上書曰）臣聞高祖創業，

韓、彭之將征討暴亂，陸賈、叔孫通進説《詩》、《書》。

《晉書》卷四八《段灼傳》（段灼上表稱）漢高祖謂陸賈曰：『爲我著秦所以亡，而吾所以得之者。』賈乃作《新語》之書，述敍前世成敗，以爲勸戒。

又　卷五四《陸喜傳》（陸喜自序）劉向省《新語》而作《新序》，桓譚詠《新序》而作《新論》。

論説

漢·揚雄《揚子法言》卷一一《淵騫》　美行：園公、綺里季、夏黄公、甪里先生。言辭：婁敬、陸賈。執正：王陵、申屠嘉。折節：周昌、汲黯。守儒：轅固、申公。災異：董相、夏侯勝、京房。

《漢書》卷一〇〇《敍傳上·班固答賓戲》　陸子優繇，《新語》以興。

漢·王充《論衡》卷三《本性篇第十三》　陸賈曰：『天地生人也，以禮義之性。人能察己所以受命則順，順之謂道。』夫陸賈知人禮義爲性，人亦能察己所以受命。性善者，不待察而自善；性惡者，雖能察之，猶背禮畔義，義挹於善不能爲也。故貪者能言廉，亂者能言治。盜跖非人之竊也，莊蹻刺人之濫也，明能察己，口能論賢，性惡不爲，何益於善？陸賈之言未能得實。

又　卷一三《超奇篇第三十九》　若夫陸賈、董仲舒，論説世事，由意而出，不假取於外，然而淺露易見，觀讀之者，猶曰傳記。

又　卷二三《薄葬篇第六十七》　陸賈依儒家而説，故其立語不肯明處。劉子政舉薄葬之奏，務欲省用，不能極論。

又　卷二八《書解篇第八十二》　漢世文章之徒，陸賈、司馬遷、劉子政、揚子雲，其材能若奇，其稱不由人。

又　卷二九《案書篇第八十三》　《新語》，陸賈所造，蓋董仲舒相被服焉，皆言君臣政治得失，言可采行，事美足觀。鴻知所言，參貳經傳，雖古聖之言，不能過增。陸賈之言，未見遺闕，而仲舒之言雩祭可以應天，土龍可以致雨，頗難曉也。

又　《對作篇第八十四》　高祖不辨得天下馬上之計未轉，則陸賈之語不奏。

南朝梁·劉勰《文心雕龍》卷一七《諸子篇》　若夫陸賈《新語》，賈誼《新書》，揚雄《法言》，劉向《説苑》，王符《潛夫》，崔寔《政論》，仲長《昌言》，杜夷幽求，咸敍經典，或明政術，雖標論名，歸乎諸子。何者？博明萬事爲子，適辨一理爲論，彼皆蔓延雜説，故入諸子之流。

又　卷四七《才略篇》　漢室陸賈，首發奇采，賦孟春而選典誥，其辯之富矣。

《舊唐書》卷九六《姚崇傳》（姚崇誡子孫曰）陸賈、石苞，皆古之賢達也，所以預爲定分，將以絶其後爭，吾靜思之，深所歎服。

《新唐書》卷一二四《姚崇傳》（姚崇令諸子曰）陸賈、石苞，古達者也，亦先有定分以絶後爭。

宋·蘇軾《東坡文集》卷四〇《論十二首·儒者可與守成論》　故具論三代以來所以取守之術，使知武湯文禹武之威德，亦儒者之極功。而陸賈叔孫通之流，蓋儒術之粗也。

宋·鄭樵《通志》卷七一《校讎略第一·秦不絶儒學論二篇》　陸賈秦之巨儒也。

宋·洪邁《容齋隨筆·三筆》卷二《絳灌》　《楚漢春秋》陸賈所作，皆書當時事，而所言多與史不合。師古蓋屢辨之矣。

宋·呂祖謙《東萊別集》卷一五《讀漢史手筆》　賈在而使其子析居分財，敗俗傷化不知禮之罪也。言所死家得寶劍車騎等，父子之間要約以利其薄甚矣。

宋·葉適《習學記言》卷二〇《史記·列傳》　按酈生、陸賈、叔孫通傳皆言高祖罵儒生、憎儒服，【略】然儒書儒服自春秋戰國時固已詬戾之矣。游説法術之學行，道義既絶。至是，陸賈始發其端，如陽氣復於大冬，學者蓋未可輕視之也。

宋·眞德秀《大學衍義》卷三《漢高文武宣之學》　臣按胡宏之論深中當時之失，蓋賈雖有修仁義、法先聖之言，而其所陳不過秦漢間事。安能舉其君於帝王之隆哉？此宏之所以深惜也。

宋・潘自牧《記纂淵海》卷六一《論議部・當局者迷》　傳記天下無窮者，才智也。陳平嘗出六奇，燕居深念恐禍及己。陸賈教之交驩太尉，又爲畫呂氏數事。平從之，卒誅諸呂。則賈之智又在平之右矣！

宋・黄震《黄氏日抄》卷四〇《讀史漢手筆》　謂陸賈使其子析居分財敗俗傷化。愚謂賈不忍仕於呂氏，分財兒曹，東西遊息。此寓之飲食燕樂，而誅呂安劉之功藏焉者也。觀豪傑自不當責其細。

又　卷四六《讀史・史記・酈生陸賈》　陸賈兩使尉佗，使漢越無兵爭，天下陰受其賜多矣。時時稱説詩書，一新高帝馬上之習，社稷靈長終必賴之矣。其後知太后將王諸呂不可爭，乃病免家居。及諸呂將危劉氏，則出爲陳平畫策誅之。動靜合時措之宜，而功烈泯無形之表。漢初儒生未有賈比也。而太史公屈與酈生同傳，豈以其辨説歟？朱建以母死無以爲喪而受辟陽侯金，所謂行不苟合者安在？嗚呼！此其所以惡也。

又　卷四七《讀史・漢書・陸賈》　賈以詩書説高帝，一時羣臣無有也。賈以呂氏欲王諸呂而病免，豈忍一日苟禄於君側？既病免，復傳會將相以誅諸呂，又豈忍一日苟忘其君？此亦一時羣臣無有也。嗚呼！賈庶幾以道侍君者與！

史以酈陸朱劉叔孫同傳，朱建、叔孫通不足道也。食其庶幾知則君。婁敬庶幾能自奮。然豈賈儔伍哉？

又　卷五六《讀諸子・新語》　《新語》十二篇，漢太中大夫陸賈所撰。一曰道基，言天地既位，而列聖制作之功。次曰術事，言帝王之功，當思之於身，舜棄黄金，禹捐珠玉，道取其至要。三曰輔政，言用賢。四曰無爲，言舜、周。五曰辨惑，言不苟。六曰慎微，言謹內行。七曰資質，言質美者在遇合。八曰至德，言善治者不尚刑。九曰懷慮，言立功當專一。十曰本行，言立行本仁義。十一曰明試，言君臣當謹言行。十二曰思務，言聞見當務執守。此其大略也，往往多合於理，而又黜神仙之妄，言墨子之非，則亦有識之言矣。然其文煩細，不類陸賈豪傑士所言。賈本以《詩》、《書》革漢高帝馬上之習，每陳前代行事，帝輒稱善，恐不如此書組織以爲文。又第五篇云：「今上無明正當作『王』聖主，下無貞正諸侯，鉏奸臣賊子之黨。」考其上文，雖爲魯定公而發，豈所宜言于大漢方隆之日乎？若賈本旨謂天下可以馬上得，不可以馬上治之意，十二篇咸無焉，則此書似非陸賈之本眞也。

宋・黄震《古今紀要》卷二《西漢》　陸賈：太后王諸呂因以病免，諸呂謀亂傳會將相以誅之，廉恥，忠赤，功極大，東萊曾議其分財諸子爲敗風俗，此時賈避呂氏不仕當取此處，況三代後首説《詩》、《書》功尤大。

宋・王應麟《通鑑問答》卷三《陸賈前説稱詩書》　或曰：《詩》、《書》火於秦，天下無誦之者。陸賈始以雜説，賈其爲儒者歟？曰：學之爲王者事久矣，高祖不知學也。當時言《詩》有齊浮丘伯，高祖過魯，其弟子申公從師入見于魯南宮，而高祖不能用也。言《書》有濟南伏生，教于齊魯之間。至孝文帝時乃詔掌故往受之，而高祖未嘗問也。浮丘隱而不見，伏生耄而後有聞，此高祖不學之過也。古者，立教造士莫先乎《詩》、《書》。陸賈，辯士也，耳剽口誦而稱述之。若二《南》之正始，二《雅》之言正，典謨誥訓之軌範，帝王所以修身、齊家、治國、平天下者。賈何足以知之？其言湯、武，以爲逆取順守，此戰國駁雜卑陋之説。其著《新語》，不過秦漢之失得，不以堯、舜之道告其君，不以孔、孟之訓格其君，賈焉得爲儒者哉？挾書之律未除，遊學之路未廣。《大風》之歌曰『安得猛士』而已。《求賢》之詔曰『賢士大夫肯從我遊』而已。通經學古之士不在列也。次律令、申軍法、定章程、制禮儀，孔氏六藝之傳不得與也。孝文好刑名黄老，而《詩》、《書》以異端廢。孝武有表章之名，而《詩》、《書》以空言廢。孝宣有講論之名，而《詩》、《書》以法律廢。是《詩》、《書》之道未得一試，所存者章句、訓故爾。漢終於雜霸道，而士以經術爲禄利之資。程子曰：『道不行，百世無善。治學不傳，千載無眞儒。』亦可歎夫！

宋・佚名《歷代明賢確論》卷三九《蘇軾〈陸賈叔孫通〉》　故悉論三代以來所以取守之術，使知禹武湯文武之盛德，亦儒者之極功。而陸賈叔孫通之流，蓋儒術之粗也。

又　《石守道〈漢政〉》　又曰或曰：漢改三王之道作之者，其誰歟？曰：曹參、陸賈、叔孫通之罪也。

又　卷四七《蘇軾〈高帝武帝待臣下〉》　高帝晚節不用叔孫通、陸賈，其禍豈可勝言哉？

元・郝經《續後漢書》卷六五上《儒學・經術總敘》 漢興，高帝過魯，以太牢祠孔子，陸賈稱説《詩》、《書》，叔孫通制禮儀，復開後世儒學之原。

元・楊維禎《山居新話》 經史之外有諸子，亦羽翼聖教者，而或議之説鈴，以不要諸六經之道也。漢有陸生，著書十二篇，號曰《新語》，至今傳之者，亦以善著古今存亡之徵。

明・楊士奇《歷代名臣奏議》卷四〇《律法上》 漢自高祖，納陸賈之言命爲《新語》，用叔孫通之説而使定禮儀，可謂知所取矣。

又 卷八二《經國》 卒誅諸呂而漢祚不絶者，陳平能用陸賈之計故也。

又 卷三三四《禦邊》 漢陳平號智略無遺，方諸呂爲變，周勃以太尉握重兵猶無以爲策，得陸賈之言奉金交歡，始能坐勝。

明・都穆《新語・後記》 《新語》三卷，凡十二篇，漢大中大夫楚人陸賈撰。賈以客從高帝定天下，名有口辨，其論秦、漢之失得，古今之成敗，尤爲明備。高帝雖輕士善罵，不事《詩》、《書》，而獨於賈之語，每奏稱善，蓋前此固帝之所未聞也。惜其書歲久殘闕，人間少有藏者。予同年李君仲陽，宰淛之桐鄉，嘗得其本，鋟之於木。昔人謂文章與時高下，質而不俚，必曰先秦、西漢，此書殆其一也。然則李君之行之者，豈直取其文字之古，而其失得成敗之論，固有國有家者之當鑑也。弘治壬戌（十五年）九月十有一日，前進士吳郡都穆記。

明・錢福《新刊新語・序》 漢班固論列劉向父子所校書爲《藝文志》，又即歆所奏《七略》中序六藝爲九種，首之以儒家者流，稱其『出於司徒之官，游文於六經之中，留意於仁義之際，宗師仲尼，以重其言』，雖未必盡然，要亦有近似者矣。書凡五十三家，而陸賈《新語》十二篇實存焉。予讀其書，信固之知言，又歎司馬遷之雄於文也。遷《傳》：『賈拜太中大夫，時時前説，稱《詩》、《書》，高帝罵之曰：「乃公居馬上得之，安事《詩》、《書》？」賈曰：「馬上得之，寧可以馬上治乎？湯、武逆取，而以順守之，文武並用，長久之術也。昔者，吳王夫差、智伯，極武而亡；秦任刑法不變，卒滅趙氏。鄉使秦以并天下，行仁義，法先聖，陛下安得而有之？」帝有慙色，謂賈曰：「試爲我著秦所以失天下，吾所以得之者，及古今成敗之國。」賈凡著十二篇。』今其書不下數千言，而其要旨，不越遷數言，於是乎知遷之雄於文，序事覈而明可指也。然遷尚豪俠，喜縱横，而稱其『固辯士』。固稍知重儒術，既列其書於儒，又贊身名俱榮，爲優於酈、婁、建、通輩。賈固有以致之哉！故知人不可以無所見，有所見，必不能掩矣。先儒議其逆取順守之説，及秦雖行仁義，不可及者。秦、漢辨士，豈足及此？要之，亦爲高帝既定天下而言之耳。其書亦不復見此論，豈遷以己見文飾其説而致然歟？若其兩使南粵，調和平、勃，以平諸呂，自爲大有功於漢，其識見議論，非惟椎埋屠狗之輩所不及，而一時射利賣友，探芝綿蕞之徒，亦豈可企哉？其書所論亦正，且多崇儉尚靜等語，似亦有啟文、景、蕭、曹之治者。但無段落條理，如先儒所論賈誼之失，自是當時急於論事，動人主聽，不暇精擇渾融，觀遷謂其『每奏一篇，帝輒稱善』，其稱《新語》，又出於他人，可見其隨時論奏，非若後世之著述次第成一家言也。其所分篇目，則固所稱『向輒條其篇目，撮其旨意，奏之』者，必非其所自定。然其言既與遷《傳》合，而篇次至於今不謬，且雄偉粗壯，漢中葉以來所不及，其爲眞本無疑。秦、漢之書傳於今，無訛妄如此者，良亦鮮哉！方久承平既久，文章煥興，有識者或病其過於細而弱也，故往往搜秦、漢之佚書而梓之。然辨鑑未精，以僞爲眞，則害道壞教亦有之矣。予竊病焉。適過桐鄉，訪宗合族，而得其令莆陽李君梓是書見眎。予素聞李君學博意誠，履樸守謙，而敏於政事；今觀是，益可見其見之明而擇之精也，樂書其首。君名廷梧，字仲陽，以己未進士，來已二年，此又仕優而學之一端云。皇明弘治壬戌歲（十五年）日長至，翰林國史修撰儒林郎華亭錢福序。

明・夏良勝《中庸衍義》卷八《達道之義》 陳平患諸呂力不能制，恐禍及己，嘗燕居深念。陸賈往直入。【略】兩人（陳平、周勃）深相結，呂氏謀益衰。胡寅曰：陸生爲平勃一時計可耳，非所以爲訓也。

明・王世貞《讀書後》卷一《讀陸子》 陸賈縱横者流耳，而所撰十二篇皆淺顯，無甚俶儻之見，而亦不詭於道。或謂非賈書不然也，使後人僞爲之則必詭。其理雄其辭而張皇其事矣。賈固時時近儒者，高帝不讀書，故驟而歎其雄博其意不在馬上治，故徐而益有入焉。彼其他所以拊尉

佗、和平勃皆正論也。是故幸以富壽怡樂終，而不爲食其之烹，蒯徹之（闕）也，説固有道矣。

明・范大沖《陸賈新語・序》　陸生，漢初異人也。其人何以異？而稽其言與行，人異甚矣。方漢祖龍興於沛上，若蕭、曹以刀筆，張、陳以智謀，勃、嬰以織販，布、噲以屠黥，凡有一技一能者，靡不各逞所長，以赴攀龍附鳳之會，而竟得名垂竹帛，勳列鼎彝，何偉偉也！斯時也，陸生安在哉？淵潛豹隱，相時而出，不驅馳於草昧劻勷之時，而乃仗齒頰于泰定康靖之日，馬上得之治之之一語，足開卯金刀溺冠之顓蒙，故特命一一隸奏，輒以《新語》目之，其語異矣，而非異人能之乎？此語其語也。若出使南越，和諧將相，戮呂氏，定漢鼎之數百年，如太山磐石，而不動聲色，行更何異也！此足知蕭、曹、張、陳輩，均當在其下風矣。吾先大人喜其語，録置左右。兹不肖檢閲殘編，特付剞劂，仰承先志云爾。時萬曆辛卯（十九年）夏日，光禄署丞范大沖子受甫書於天一閣中。

明・黄淳耀《陶菴全集》卷四《史記評論・酈生陸賈列傳》　陸賈服儒之服，言儒之言，而其全身遠害，排難解紛，功立而無可指，名事成而不爲權首。則似深於黄老之學者，特外以儒術文之耳。賈素善辟陽侯，乃勸辟陽侯交朱建者，蓋心知辟陽侯所爲不法，禍將及己，故嫁之於建也。及孝文誅辟陽，客以建嘗爲畫策，捕治之，建遂自頸，而賈獨全。此則學黄老者之微巧也。先輩多謂陸生有功儒術，恐非至論。

清・陳廷敬《午亭文編》卷三三《史評・陸賈》　孔子惡利口。史稱陸賈使南越，降尉佗，勸高帝事《詩》、《書》，奏十二篇《新語》。又能説陳平交驩太尉，卒誅諸呂，功偉矣。然賈名有口辯，平原君朱建亦辯有口，而義不苟合。辟陽侯行不正，得幸呂后，欲知建。建不肯見辟陽侯。母死，貧未有以發喪。賈乃見辟陽侯，説令厚送喪。後人毁辟陽侯惠帝，帝怒，欲誅之。太后慙不可言，大臣欲遂誅辟陽侯。卒賴建説孝惠幸臣閎籍孺，以故辟陽侯得不誅。食其幸呂后，天下大惡也，人人欲誅之，而賈獨爲計畫，有口者變易是非如此，賈誠有功而於此。吾獨斥其非者，以其有口而不專用於正，而平原君亦以辯有口失其身。孔子稱木訥近仁而惡夫佞。又曰『巧言鮮仁』。陸賈、朱建之才賢猶且犯聖人之戒，則信乎利口之不足爲貴也。

清・愛新覺羅・弘曆《御製文集》三集卷一四《雜著・讀史》　陸賈對高祖語今古以爲奇談，予以爲實有所未臻也。夫高祖之言在重武輕文，而陸賈之言在重文輕武，乃兩失之，豈可獨以彼爲韙乎？蓋創業之君無不以馬上得之，而敗業之君無不以忘其祖之馬上得之，以致覆宗絶祀，豈不大可畏乎？周公之訓成王曰『其克詰爾戎兵』，此卽馬上治之之義。周公之智顧不如陸賈横議之士哉？後世侈言太平，文恬武嬉，以致有創業馬上者乘其釁而得之。是非陸賈之言爲之作俑乎？

清・紀昀等《四庫全書總目》卷九一《子部一・儒家類一》　《新語》二卷，舊本題漢陸賈撰。案《漢書・賈本傳》稱著《新語》十二篇，《漢書・藝文志》儒家陸賈二十七篇，蓋兼他所論述計之。《隋志》則作《新語》二卷。此本卷數與《隋志》合，篇數與本傳合，似爲舊本。然《漢書・司馬遷傳》稱：『遷取《戰國策》、《楚漢春秋》、陸賈《新語》作《史記》。』《楚漢春秋》，張守節《正義》猶引之，今佚不可考。《戰國策》取九十三事，皆與今本合。惟是書之文，悉不見於《史記》。王充《論衡・本性篇》引陸賈曰：『天地生人也，以禮義之性，人能察己所以受命，則順；順謂之道。』今本亦無其文。又《穀梁傳》至漢武帝時始出，而《道基篇》末乃引《穀梁傳》曰，時代尤相牴牾。其殆後人依託，非賈原本歟？考馬總《意林》所載，皆與今本相符。李善《文選注》於司馬彪《贈山濤詩》引《新語》曰：『楩梓仆則爲世用。』於王粲《從軍詩》引《新語》曰：『聖人承天威，承天功，與之爭功，豈不難哉？』於陸機《日出東南隅行》引《新語》曰：『高臺百仞。』於《古詩第一首》引《新語》曰：『邪臣之蔽賢，猶浮雲之鄣日月。』於張載《雜詩》第七首引《新語》曰：『建大功於天下者，必垂名於萬世也。』以今本核校，雖文句有詳畧異同，而大致亦悉相應，似其僞猶在唐前。惟《玉海》稱：『陸賈新語，今存於世者，道基、術事、輔政、無爲、資賢、至德、懷慮纔七篇。』此本十有二篇，乃反多於宋本，爲不可解；或後人因不完之本，補綴五篇，以合本傳舊目也。今但據其書論之，則大旨皆崇王道，黜霸術，歸本於修身用人。其稱引老子者，《惟思務篇》引『上德不德』一語，餘皆以孔氏爲宗，所援據多《春秋》、《論語》之文，漢儒自董仲

舒外，未有如是之醇正者。流傳既久，其眞其贋，存而不論可矣。所載衛公子鱄奔晉一條，與三傳皆不合，莫詳所本。中多闕文，亦無可校補。所稱文公種米，曾子駕羊諸事，劉晝《新論》、馬總《意林》皆全句引之，知無訛誤，然皆不知其何説。又據「犂嗃報」之語，訓詁亦不可通。古書佚亡，今不盡見，闕所不知可也。

清・周廣業《意林・附注》　陸賈《新語》二卷。本注：「大中大夫陸賈也。」案：賈，楚人，漢高帝拜大中大夫。《史記・本傳》：「著書十二篇，號《新語》。」《漢志》作二十三篇，隋、唐、宋《志》二卷，今存十二篇。《新語》之名，史及《七録》、《隋》、《唐》、《宋》諸志並同。又班固賓戲曰：「陸子優繇，《新語》以興。」《論衡書解篇》曰：「陸賈造《新語》，高祖粗納。」則知舊作「新書」者，又因下晁、賈二子書而訛寫也。

按此漢人著書之始，《新語》外，又有《楚漢春秋》、《感春賦》，《文心雕龍》所謂「首發奇采，賦《孟春》而選典誥」也。承秦燔之後，遇罵儒之主，而能使每篇稱善，左右皆呼萬歲，斯其啓沃之功大矣。王仲任謂：「《新語》參貳經傳，言可采，行足觀。」王弇州譏其淺顯，無甚高倜儻之見，過矣。

清・王謨《漢魏叢書・識語》　右陸賈《新語》二卷。按《史記本傳》：「賈爲高帝麤述存亡之徵，凡著十二篇，每奏一篇，帝未嘗不稱善，左右呼萬歲，號其書曰《新語》。」《正義》引劉向《七録》云：「《新語》二卷。」班固論列劉向父子所校書爲《藝文志》，而賈書乃有二十三篇，似不止此十二篇；然自隋、唐《志》及《崇文書目》相承皆止二卷，至王伯厚著《玉海》，言「今存於世者，《道基》、《術事》、《輔政》、《無爲》、《資賢》、當作「質」、《至德》、《懷慮》纔七篇」，則此書至宋末又闕其五篇。故《文獻通考》備録漢世儒家諸書，獨遺《新語》，必其未見全書也。而今本錢《序》乃云：「篇次至今不訛」，又謂：「秦、漢之書傳至於今無訛妄，如此者亦鮮。」則又元、明以來裒集得之者也。今讀其書，所敷奏蓋不獨稱説詩、書，發明帝王所以治天下之道而已，又多引《論語》、《孝經》，於孔子誅少正卯，會夾谷，厄陳、蔡事，以及顔、曾諸賢，皆樂舉而頌揚之，漢世儒家者流，固未能或之先也。夫以暴秦禁學，有敢偶語《詩》、《書》棄市，以古非今者族，宜乎舉世瘖啞，不知經學，而浮丘公、伏生之徒，各抱遺經，以相教授，陸生且能以其所學，昌言於人主之前，風雨如晦，雞鳴不已，天降時雨，山川出雲，其於消息存亡之幾，所關非細故也。嗚呼，是豈得以辯士當之也！汝上王謨識。

又《新語總評》　王充玩子雲之篇，樂於居千石之官，挾桓君山之書，富於積猗頓之財。韓非之書，傳在秦庭，始皇歎曰：「獨不得與此人同時。」陸賈《新語》，每奏一篇，高祖左右稱曰萬歲。夫歎思其人，與喜稱萬歲，豈可空爲哉？誠見其美，歡氣發於内也。

又云：世儒之愚，有趙他之惑，鴻文之人，陳陸賈之説。都穆云：「文章與時高下，質而不俚，必曰先秦、兩漢，若陸賈《新語》，殆其一也。」

清・章學誠《校讎通議》　劉歆《七略》亡矣，其義例之可見者，班固《藝文志》注而已。原注云：「班固自注，非顔注也。」《七略》於兵書權謀家有《伊尹》、《太公》、《管子》、《荀卿子》原注云：「《漢書》作《孫卿子》。」《鶡冠子》、《蘇子》、《蒯通》、《陸賈》、《淮南王》九家之書，而儒家復有《荀卿子》、《陸賈》二家之書，道家復有《伊尹》、《太公》、《管子》、《鶡冠子》四家之書，縱横家復有《蘇子》、《蒯通》二家之書，雜家復有《淮南》一家之書，兵書技巧家有《墨子》，而墨家復有《墨子》之書，惜此外之重複互見者，不盡見於著録，容有散逸失傳之文；然卽此十家之一書兩載，則古人之申明流別，獨重家學，而不避重複著録明矣。

清・嚴可均《鐵橋漫稿》卷五《新語敘》　《史記・本傳》：「陸賈者，楚人也，時時前説稱詩、書，高帝曰：「試爲我著秦所以失天下，吾所以得之者。」乃粗述存亡之徵，凡著十二篇，每奏一篇，高帝未嘗不稱善。左右呼萬歲。號其書曰《新語》。」《漢書・本傳》同。《藝文志》作二十三篇，疑兼他所論撰計之。《史記正義》引梁《七録》，《新語》二卷，陸賈撰。《隋志》、舊、新《唐志》同。《崇文總目》、《郡齋讀書志》、《直齋書録解題》皆不著録。王伯厚《漢藝文志考證》云：「今存《道基》、《術事》、《輔政》、《無爲》、《資質》、《至德》、《懷慮》七篇。」

蓋宋時此書佚而復出，出亦不全。至明宏治間，莆陽李廷梧字仲陽得十二卷足本，刻版于桐鄉縣治，後此有姜思復本、胡維新本、子彙本、程榮、何鏜叢書本，皆祖李廷梧。或疑明本十二篇，反多於王伯厚所見，恐是後人因不全之本，補綴五篇，以合本傳篇數。今知不然者，《羣書治要》載有八篇，其《辨惑》、《本行》、《明誡》、《思務》四篇，皆非王伯厚所見，而與明本相同。文選張載雜詩注引『建大功於天下者，必垂名於萬世也』，《古詩行行重行行》注引『邪臣之蔽賢，猶浮雲之鄣日月』，今在《辨惑篇》；王粲從軍詩注引『聖人承天威，承天功，與之爭功，豈不難哉』，今在《本行篇》；《意林》所載『衆口毀譽，浮石沈木，羣邪相抑，以直爲曲』，今在《辨惑篇》；『玉斗酌酒，金碗刻鏤，所以夸小人，非厚己也』，今在《本行篇》；足知多出五篇，是隋、唐原本。至《論衡·本性篇》引陸賈曰：『天地生人也，以禮義之性，人能察己所以受命，則順，順謂之道』，今十二篇無此文，《論衡》但云陸賈，不云《新語》，或當在《漢志》之二十三篇中。又《穀梁傳》孝武始立學，非陸賈所預見，今此《道基篇》引《穀梁傳》曰：『仁者以治親，義者以利尊。』乃是穀梁舊傳，故今傳無此文；因知瑕丘江公所受于魯申公者，其本復經改造，非穀梁赤之舊也。漢代子書，《新語》最純最早，貴仁義，賤刑威，述《詩》、《書》、《春秋》、《論語》，紹孟、荀而開賈、董，卓然儒者之言，史遷目爲辨士，未足以盡之。其詞皆協韵，流傳久遠，轉寫多訛，今據明各本，以《羣書治要》之八篇，及《文選注》、《意林》等書，改正刪補，疑者闕之，間有管見一二，輒附案語，不敢臆定；後之覽者，或有取乎此。嘉慶乙亥歲（二十年）夏六月，烏程嚴可均謹敍。

清·周中孚《鄭堂劄記》一　高氏《子略》三，《戰國策》條，首云：『班固校太史公，取《戰國策》、《楚漢春秋》、陸賈《新語》作史記，三書者，一經太史公采擇，後之人遂以爲天下奇書。』此下將《戰國策》辨駁。後又云：『況于《楚漢春秋》、陸賈《新語》乎？三書紀載，殊無奇耳。然則太史公獨何有取于此？夫載戰國、楚、漢之事，舍三書，他無可考者，太史公所以加之采擇者在此乎？』中孚案：《漢書·遷傳贊》祇云『據《左氏》、《國語》，采《世本》、《戰國策》，述《楚漢春秋》』，不曾數及《新語》，高氏頻言三書，甚誤已甚。況《新語》一書，《漢志》著録在儒家，繹其文，絶非《戰國策》、《楚漢春秋》之類，且亦不見有爲太史公所采擇者，何得相提而並論乎？予於子書，考縱横家、《戰國策》下，全采高氏此條，竟將兩陸賈《新語》刪去，三書俱改作二書，免滋學者之惑。

清·宋翔鳳《新語校本·題記二則》　歲丁亥（道光七年）孟夏，桐孫自丹徒來，訪余於旌德學舍，出所作《陸子新語序》，考據詳密，論斷條析，嘗手録之；而余固自校此書，以後求其序稿，則已失去，在湘中刻《新語》時，不能録入，頗以爲憾。去夏還家，檢點舊籍乃得之。聞其于全文皆有注釋；然桐孫之没，年甫弱冠，如假以年壽，則深造於道，又何可量哉！咸豐三年三月五日，翔鳳記。

戴桐孫攜孫淵翁家藏《子彙》本及舊影抄明胡維新本，抄本內有朱筆添改處，淵翁跋云：『不知何人據別本所增，兩家互有詳略，《羣書治要》所不載者，兩本差備，然皆不能無肊改也。』又有姜思復本，亦出淵翁家，雖在《子彙》本之前，而訛脱尤甚。余此所校，係《漢魏叢書》本，首載弘治間錢福序，稱莆陽李廷梧始梓是本，當就李本重刻，故中間闕字多於他本，而文少訛錯，尚無肊改也。道光七年閏月，長洲宋翔鳳記。

清·黄式三《儆居集》卷四《讀子集一·讀徐刊陸氏新語》　王仲任《論衡》屢稱陸賈《新語》，其二十九《案書篇》云：『《新語》陸賈所造，董仲舒相被服焉，皆言君臣政治得失，言可采行，事美足觀，鴻智所言，參貳經傳，雖古聖之言，不能過增。』其推譽可謂至矣。《慎微篇》云：『説道者所以通凡人之心，而達不能之行，道者人之所行也。夫大道履之而行，則無不能，故謂之道。』鄭君注《禮》《中庸》、朱子注《論語》皆用之。《資執篇》云：『名木生於深山之中，商賈所不至，工匠所不窺，知者所不見，見者所不知。』又云：『人君莫不知求賢以自助，近賢以自輔，然聖賢或隱于田里，而不預國家之事，乃觀聽之臣不明於下，則閉塞之譏歸於君。』反復諸篇，感慨係之。式三家藏舊鈔本有『揖臣』、『築民』諸印，其書與《漢魏叢書》同本，中有稍異，後得徐天池所刊本，較鈔本爲勝，《辯惑篇第五》自『邑土單于强齊，夫用人若彼，失人若此，然定公不覺悟』起，至『不操其柄，則無以制其剛』止，皆舊本

《慎微》第六之錯簡，讀之文順意適；知古書錯訛，類此者多，恨不能多得古本以校正之。

清·譚獻《復堂日記》 閱陸賈《新語》，義富文密，七十子之緒言，非必陸生所創。篇體頗有似東方朔者，而法語爲多。宋于《庭浮溪精舍叢書》中有校本。

清·唐晏《陸子新語校注·序》 自始皇滅學，負大疢於天下，至今談古籍之亡，必歸其疚於始皇。然以史考之，始皇三十四年，李斯上言燒書。三十五年，阬儒於驪山。此後三年，二世之二年而秦亡。又後五年，漢高卽位，其間不過八年耳。陸生以客從高祖，時已在學成之後。或者謂陸生爲荀卿弟子，然則陸生固及見全經矣，其視漢初諸儒抱殘守缺者何如？故其説經之言，與漢人不同，而説《穀梁》尤精；世以《穀梁》學出申公，烏知申公尚在陸生後乎？今人知重公羊，而以董生爲巨子；不知《公羊》齊學也，爲歷下游士之餘緒。《穀梁》魯學也，爲闕里諸儒之雅言。而陸生爲《穀梁》大師，又前乎董公，人知重董，而不知重陸，傎矣。陸生之書，自隋、唐《志》皆著於録，顔師古注《陸生傳》云：『其書今現在。』《文選》注亦引之，至宋《崇文總目》尚有之，南宋人書目，則未之見，殆亡於靖康之亂矣。比及明代，其書復出，非復出也，亡于南，存于北耳。金、元《史》不志藝文，是以存亡無考。今代所傳《漢魏叢書》本，譌脱之處，均經妄人改失。余得明范氏天一閣刻本，雖譌誤不免，而第六篇中有第五篇錯簡一段，《漢魏叢書》本妄改，不復可尋，范本則起止宛然。後復見《子彙》本，則第五篇完然不誤，又勝范本。又《漢魏》本十二篇之末，脱字累累，不可以句，范本存字固多，而子彙本尤多，遂合三本，正其譌誤，補其脱字，間引他書，以爲注釋，雖未必有當大雅，而亦可云首辟蠶叢矣。夫高帝木强人也，又不悦儒，卒之。陸生陳書，未嘗不稱善，遂能以太牢祀闕里焉。漢代重儒，開自陸生也。迨其末季，王莽不臣，而揚雄頌美功德，□言無實，《法言》、《太玄》，亦儒林之側調也，乃千載下《法言》昭昭，《新語》冥冥，亦事理之難解者也。潔川居士唐晏自敍於海上飛塵小駐。

又《跋》 陸氏此書，見於漢、唐《志》及《崇文總目》，流傳有序，決無可疑。乃《四庫提要》獨引《漢書·司馬遷傳》遷取此書作《史記》之言，而是書之文不見《史記》爲疑；不知《史記》載趙高指鹿爲馬事，正本之此書也。《提要》又以此書引《穀梁傳》，謂《穀梁傳》武帝時方出；不知陸氏著此書，去秦焚書纔六年耳，其所讀者，未焚之《穀梁傳》也，至武帝則爲再出矣。故所引者，今本無之也。《提要》又疑自南宋以後，不見著録；則楊鐵崖序《山居新語》固引及此書，且云而今見在，則不得云南宋後無之也。《提要》之疑，全無影響，而今世和之者多，不得不爲分辨之如此。涉江唐晏跋。

清·戴彦升《陸子新語·序》 《新語》十二篇，漢大中大夫陸賈撰，今分二卷。《史記·陸賈傳》：『陸生時時前説稱《詩》、《書》，高帝罵之曰：「乃公居馬上而得之，安事《詩》、《書》？」陸生曰：「居馬上得之，寧可以馬上治之乎？且湯、武逆取而以順守之，文武並用，長久之術也。昔者，吴王夫差、智伯極武而亡，秦任刑法不變，卒滅趙氏。鄉使秦已并天下，行仁義，法先聖，陛下安得而有之？」高帝不懌，而有慙色，乃謂陸生曰：「試爲我著秦所以失天下，吾所以得之者何？及古成敗之國。」陸生乃麤述存亡之徵，凡著十二篇。每奏一篇，高帝未嘗不稱善。左右呼萬歲，號其書曰《新語》。』陸生作書之本末具此。《漢藝文志》儒家有《陸賈》二十三篇，彦升謂卽《新語》也，高帝號爲《新語》，《七略》但署生名耳。『二十三』當爲『二十二』，蓋向校中書，每篇析爲上下，《晏子春秋》亦向所定，《諫》、《問》、《雜》皆分上下，是其證。或以《漢志》爲兼他所論述計之者非也。《史記正義》引《七録》云：『《新語》二卷，陸賈撰也。』則分十二篇爲二卷，始于阮孝緒。《隋經籍志》、《舊唐書·經籍志》、《新唐書·藝文志》、《崇文總目》、《通志藝文略》、《宋史·藝文志》並云二卷，因梁舊也。案顔師古《漢書·本傳》『稱其書曰《新語》』注：『其書今見存。』可徵唐世未有闕佚。而《玉海》、《藝文志》及《漢志考證》并云：『今存於世者，《道基》、《術事》、《輔政》、《無爲》、《資賢》、《至德》、《懷慮》纔七篇。』則宋世本缺五篇。季滄葦《藏書目》宋、元板書中有陸賈《新語》一本，不知歸誰氏，無從取證。明陳第《世善堂書目》載《新語》十三篇，『三』乃『二』之誤。今所據爲明程榮本，二卷與《七録》合，十二篇與《本傳》合，是明世此書校宋世轉完，或疑後人補綴五篇，以合舊目。彦升案，今

所有《辨惑》、《慎微》、《本行》、《明誠》、《思務》五篇，協句皆古韻，詞義與《道基》等七篇一律。《辨惑》篇『趙高駕鹿而從行，王曰：「丞相何爲駕鹿？」高曰：「馬也。」王曰：「丞相誤也，以鹿爲馬。」高曰：「陛下以臣爲不然，願問羣臣。」』今《始皇本紀》作『持鹿獻於二世』，似不若駕鹿爲近。又無高請問羣臣語。陸生在二世時，具知其詳，所述較史公爲得實，若是僞爲，不能立異也。《慎微》篇『故邪臣之蔽賢，猶浮雲之鄣日月也』，《文選·古詩十九首》注、《太平御覽》八並引爲《新語》文，若後人僞爲，唐、宋人不得引也。以斯言之，此五篇非後人補綴明矣。蓋宋世館閣書籍，悉淪於金，王伯厚所見，或南宋時殘本，至明而全本復出耳。《考證》引吳儔曰：『《輔政篇》曰：「書不必起于仲尼之門。」』今此語在《術事》篇，可見殘本之錯互矣。陸生書本列儒家，惟《崇文總目》移入雜家，《宋史志》因之。彥升謂雜家者，兼儒、墨，合名、法，本書惟《思務》一篇稱墨子之門多□，絶未道其學。《輔政篇》歎商鞅顯於西秦，世無賢知之君，能別其形。蓋於法家深疾之。獨陳儒術，無所兼合，入之雜家，謬矣。《本傳》稱每奏一篇，高帝未嘗不稱善；則十二篇非一時所作。《道基篇》原本天地，歷敍先聖，終論仁義，知伯杖威任力而亡，秦二世尚刑而亡，語在其中，蓋卽面折高帝語，退而奏之，故爲第一篇也。《術事篇》謂言古者必合之今，述遠者必考之近，故云書不必起仲尼之門，藥不必出《扁鵲》之方，以因世而權行故也；吳儔執其單詞而議之，則以辭害志矣。語見《漢志考證》。《輔政篇》言所任之必得其材，秦用刑罰以任李斯、趙高，而推其原於讒夫似賢，美言似信。《無爲篇》言始皇暴兵極刑驕奢之患，而折以虞舜、周公之治。此二篇著秦所以失也。《辨惑篇》道正言之忤耳，傷流言之害聖，而深惡縱横家之阿從意旨，規則乎孔門也。《慎微篇》言修於閨門之內，行於纖微之事，故道易見曉，而求神仙者，乃避世，非懷道，此亦取鑑秦皇，而早有見於新垣平等之事也。《資賢篇》『賢』，今本誤作『執』，依《玉海》及《漢志考證》。器案：當作『質』，王伯厚所見亦誤本。慮賢才之不見知，而歸責於觀聽之臣不明，謂公卿子弟、貴戚黨友，無過人之才，在尊重之位，此終漢世之弊也。《至德》、《懷慮》二篇，稱晉厲、齊莊、楚靈、宋襄、魯莊，蓋著古成敗之國，而警乎馬上得天下之言也。《本行篇》大旨在貴德賤財。《明誠篇》陳天文蟲灾之變，謂天道因乎人道，開言《春秋》五行、陳灾異封事者之先。《思務篇》言聖人不必同道。此三篇缺字較多。綜其全書，誠孟堅所謂從容風議，博我以文者乎。《漢書敍傳》語，注：『李奇曰：「作《新語》也。」』或以《道基篇》末引《穀梁傳》，非賈所及見，疑出依託。彥升案：本書凡兩引《穀梁傳》，《至德篇》末，故《春秋》穀似引傳說魯莊公事，而缺其文。考《漢書·儒林傳》：『申公，魯人也，少與楚元王交俱事齊人浮邱伯受《詩》。』又云：『申公以《詩》、《春秋》授，而瑕邱江公盡能傳之。』又云：『瑕邱江公受《穀梁春秋》及《詩》于魯申公。』《楚元王交傳》：『少時，嘗與魯穆生、白生、申公同受《詩》于浮邱伯，伯者，孫卿門人也。』夫《穀梁》家始自江公，而江公受之申公，申公受之浮邱伯，浮邱伯爲孫卿門人，今《荀子·禮論》、《大略》二篇具《穀梁》義，則荀卿《穀梁》之初祖也。荀卿晚廢居楚，陸生楚人，故聞《穀梁》義歟？《鹽鐵論》包邱子與李斯俱事荀卿，本書《資賢篇》：『鮑邱之德行，非不高於李斯、趙高也，然伏隱於蒿廬之下，而不録於世。』鮑邱卽包邱子，卽浮邱伯也。《楚元王傳》注，服虔曰：『浮邱伯，秦時儒生。』陸生蓋嘗與浮邱伯游，故稱其德行，或卽受其《穀梁》學歟？《辨惑篇》說夾谷之會事，與《穀梁》定十年《傳》大同。《至德篇》說齊桓公遺高子立僖公事，本《穀梁》閔二年《傳》。《懷慮篇》言魯莊公不能存立子糾，亦本《穀梁》莊九年《傳》，可徵陸生乃《穀梁》家矣。故所述《楚漢春秋》，向、歆入之春秋家。但《輔政篇》說鄭儋歸魯，《至德篇》說臧孫辰請糴，《明誠篇》說衛侯之弟鱄出奔晉，今《穀梁傳》無此義。《道基》篇所引傳曰：『仁者以治親，義者以利尊』，今《穀梁傳》亦無此二語。彥升案：《穀梁》之著竹帛，雖不知何時，而出自後師，陸生乃親受之浮邱伯者，實《穀梁》先師。古經師率皆口學，容有不同，如劉子政說《穀梁》義，亦有今傳所無者，可證也。或乃以《穀梁傳》爲賈所不及見，既昧乎授受之原，且亦不檢今《傳》文矣。《本傳》言時時前說稱《詩》、《書》，而本書多說《春秋》、《穀梁》微學，藉以存焉。《論語》、《孝經》，亦頗見引，蓋所謂『游文《六經》之中，留意於仁義之際，祖述堯、舜，憲章文、武，宗師仲尼，以重其言』者，生書有以當之。太史公謂：『陸

生《新語》書十二篇，固當世之辨士。』以辨士目生，何淺之乎讀是書哉！《答賓戲》云：『陸子優游，《新語》以興。』與董生、劉向、揚雄並稱其『及時君之門闈，究先聖之壼奧，婆娑乎術藝之場，休息乎篇籍之囿，以全其質而發其文，用納乎聖聽，列炳於後人。』《高帝紀》言：『天下既定，蕭何次律令，韓信申軍法，張蒼定章程，叔孫通制禮儀』，而終之以陸賈之造《新語》，班孟堅蓋深知生書者，識過馬遷矣。彥升以爲陸生猶及見未焚之書，及七十二子後學者，在賈、董諸人之先，西京儒者，未能或之過也。今是書昧晦，爲章句鄙儒所莫窺，故詳爲校定，如《術事篇》：『舜棄黄金於嶄巖之山，禹沈珠玉於五湖之淵，將以杜淫邪之欲。』據《御覽》八十一卷引無『禹』字，『杜』作『塞』。《辨惑篇》：『夷、狄之民何求爲？』以《穀梁》定十年《傳》校，『求』當作『來』，皆由傳寫者妄有增改，此類不可枚數。彥升是正粗畢，乃櫽括體要，別白羣疑，爲此敍録，不嫌詳盡，後之君子，庶有考焉。道光六年十月，丹徒戴彥升記。

清・汪之昌《青學齋集》卷二三《書新語後》 陸賈撰《新語》，具詳馬、班書《賈傳》中，《藝文志》著録於儒家。案：自戰國時横議蜂起，儒術幾爲天下裂，論者謂漢武表章《六經》，儒術漸近于古，爰開一代崇儒之規模。吾謂漢高過魯，以太牢祠孔子，實爲後來崇儒肇基；而漢高之崇儒，當以稱説《詩》、《書》者，朝夕於左右。考漢高初起時，與共周旋者，微論販繒屠狗徒所不知，刀筆吏所未習，即義士如張蒼，緒正者律曆，叔孫通號儒者，進言罔非大猾壯士；獨陸賈以行仁義，法先王爲言，見於此十二篇中者，陳説古事，每引經文以證成其義，於《春秋》、《論語》，見采尤多。殆以《春秋經》孔子所筆削，《論語》記孔子之言行，凡爲儒者準繩在斯。案：王充《論衡・本性篇》引陸賈曰：『天地生人也，以禮義之性，人能察己所以受命，則順，順謂之道。』今《新語》並無此文，似非完書。攷《藝文志》陸賈二十三篇，殆統賈之論述計之，《新語》則定箸爲十二篇，《論衡》所引，安知非在《新語》外十一篇中？攷《意林》引《新語》八條，其見《文選注》五條，雖或與此本微別，大致無甚懸殊，是唐人所見《新語》，即此十二篇本矣。夫漢初箸述流傳完本，於今殊罕，其爲儒家者流尤罕；況賈撰斯書，尚在漢武表章《六經》之先，守先王之道，以待後學，不可謂非有志之士矣。此本篇數，揆之馬、班兩家，亦復相符，爰書數語於後。

藝文

唐・許渾《丁卯詩集》卷上《登尉佗樓》 劉項持兵鹿未窮，自乘黄屋島夷中。南來作尉任囂力，北向稱臣陸賈功。簫鼓尚陳今世廟，旌旗猶鎖昔時宮。越人未必知虞舜，一奏薰弦萬古風。

宋・劉克莊《後村集》卷一二《陸賈兩首》 田横死士今亡矣，陳豨從車安在哉。獨有尉佗尚黄屋，故應兩費陸生來。

酈烹未久蒯幾烹，陸子優游享令名。南帝稱臣橐金返，更推餘智教陳平。

宋・曹勳《松隱集》卷三三《跋陸賈圖》 僕幼讀西漢便喜陸賈之爲人，其行已之長慮，事君之大節，爲人之成謀，善後之智策，每三復而歎仰之。雖東漢士夫以風節相尚，其行義立志比西漢終不能自全。是知其況每下矣。僕累將使旨，偶叶上意得保首領，庶幾昔賢乃以負郭所種，飲酒所用，分遺三子仍畫此圖，人各一本，俾通曉賈意。僕亦不待引年力丐休致人居於天台山麓，往來子舍率不踰季。即移舍焉，其擊鮮之樂，車馬之遺，不待言而意已傳。念非教子，一經而有益過之誨，誠非昔戒第。僕身歷多難，速于安養，倒行逆施以保其身爾。若謂玷國朝以來，家風千佛名經之選，固獲罪名教也噫！人謂欲享其佚，而用之以惰者，其佚必窮。儗獲其欲，而用之以肆者，其欲必廢。吾與若輩尚監茲哉！

元・魏初《青崖集》卷二《越王臺》 春風青草越王臺，脚底連雲海舶回。萬國昇平有今日，笑人陸賈奉書來。

元・李昱《草閣詩集》卷五《陸賈》 奉使南夷誰得雋，陸生雄辯口如瀾。直將冠帶回椎結，更倚詩書化溺冠。好時歸來初解橐，太中推薦未酬官。須知誅呂安劉計，正在深交將相懽。

明・楊基《眉菴集》卷一《漢傑士・其六》 陳平素無行，終爲漢相國。陰謀固可鄙，奇計幾六出。後來諸呂難，卒賴陸賈力。豈緣富且貴，臨事意反詘。智者猶若斯，請爲愚者説。

明・徐賁《北郭集》卷五《登廣州城樓》 五嶺南來瘴海深，秋風榕葉尚陰陰。安期一去家遺舄，陸賈重來橐有金。門限虎頭潮上下，城開雁翅客登臨。清時不用頻興感，萬里惟存向闕心。

明・顧清《東江家藏集》卷三《辛亥感興六首・四》 漢王仗三尺，陸賈陳詩書。齊客工彈瑟，其王乃好竽。爲業非不精，鑿枘將焉如。入水須操舟，陸行須駕車。君看屠龍手，終年不食魚。

清・田雯《古歡堂集》卷一四《讀陸賈傳》 坑焚滲漏笑强秦，劉氏功憑馬上臣。掾吏武夫兩行隊，中間迂腐一詞人。

雜録

《晉書》卷一五《地理志下》 交州。按《禹貢》揚州之域，是爲南越之土。【略】

（漢高帝十一年）陸賈使還，拜趙他爲南越王。

又 卷五二《華譚傳》 華譚曰：是以皋陶見舉，不仁者遠；陸賈重漢，遠夷折節。

又 卷八〇《王羲之傳》 王羲之與吏部侍郎謝萬書曰：『常依陸賈、班嗣、楊王孫之處世，甚欲希風數子，老夫志願盡於此也。』

《魏書》卷三三《公孫表傳》 （公孫）軌數（楊）玄曰：『昔尉他跨據，及陸賈至，匍匐奉順，故能垂名竹帛。今君王無肅恭之禮，非蕃臣也。』

《梁書》卷一二《韋睿傳》 韋睿性慈愛，撫孤兄子過於己子，歷官所得禄賜，皆散之親故，家無餘財。後爲護軍，居家無事，慕萬石、陸賈之爲人，因畫之於壁以自玩。

《陳書》卷二一《蕭乾傳》 高祖謂（蕭）乾曰：『建、晉恃嶮，好爲姦宄，方今天下初定，難便出兵。昔陸賈南征，趙他歸順，隨何奉使，黥布來臣，追想清風，髣髴在目。』

《隋書》卷三三《經籍志》 自秦撥去古文，篇籍遺散。漢初得《戰國策》，蓋戰國遊士記其策謀。其後陸賈作《楚漢春秋》，以述誅鋤秦、項之事。

又 卷四九《牛弘傳》 （弘上表曰）昔陸賈奏漢祖云：『天下不可馬上治之』，故知經邦立政，在於典謨矣。

《舊唐書》卷六四《隱太子建成傳》 高祖曰：『昔陸賈漢臣，尚有遞過之事，況吾四方之主，天下爲家。東西兩宮，塗路咫尺，憶汝即往，無勞悲也。』

又 卷九〇《朱敬傳》 朱敬則上書曰：『陸賈、叔孫通之事漢王也，當滎陽、成皋之間，糧饋已窮，智勇俱困，不敢開一説，效一奇，唯進豪猾之材，薦貪暴之客。及區宇適平，干戈向戢，金鼓之聲未歇，傷痍之痛尚聞，二子顧眄，綽有餘態，乃陳《詩》、《書》，説《禮樂》，開王道，謀帝圖。高皇帝忿然曰：「吾以馬上得之，安事《詩》、《事》乎！」對曰：「馬上得之，可馬上理之乎？」高皇默然。於是陸賈著《新語》，叔孫通定禮儀，始知天子之尊，此知變之善也。』

唐・李吉甫《元和郡縣志》卷三五《嶺南道》 陸賈城在縣西一十四里，賈之來也，佗不即前，賈故爲城以待之。

朝臺在縣東北二十里，昔尉佗初遇陸賈之處也。後歲時于此望漢朝拜，故曰朝臺。

宋・樂史《太平寰宇記》卷三一《關西道七・乾州》 陸賈墓在州東北二十里，岑陽甘雨兩河西原。

又 卷一〇八《江南西道六・虔州》 馬脊崗在縣北陸四百里，《南康記》云：傍山臨水形如馬脊，上有臺榭遺迹，云是陸賈説尉佗行次所止。

又 卷一五七《嶺南道一・廣州》 《南越志》云：朝臺下有趙佗故城。又云：朝臺西三十里卽圓崗，傍江搆起華館以送陸賈，因稱朝堂。

宋・李昉等《太平御覽》卷四六七《人事部・喜》 《西京雜記》曰：樊將軍噲問陸賈曰：『自古人君皆云受命於天，云有瑞，應豈有是乎？』賈應之曰：『有之。夫目瞤得酒食，火花得錢財，鴉雀噪則行人至，蜘蛛集而百事喜也。』

宋・司馬光《資治通鑑》卷一一《漢紀三・太祖高皇帝中》 臣光曰：以高祖之明達，聞陸賈之言而稱善，睹叔孫之儀而嘆息，然所以不能肩于三代之王者，病於不學而已。

宋·李燾《續資治通鑑長編》卷四四《眞宗》 癸亥詔曰：【略】及孝文卽位，先遣陸賈馳書賜之佗，乃頓首，願爲藩臣，奉貢職。

宋·袁樞《通鑑紀事本末》卷三〇中《武韋之禍》 漢高祖定天下，陸賈、叔孫通説之以禮儀，傳世十二，此知變之善也。

宋·鄭樵《通志》卷一二九《晉·王羲之傳》（王羲之與謝萬書曰）常依依陸賈班嗣楊王孫之處世，其欲希風數子，老夫志願盡於此也。

《宋史》卷四四三《文苑傳五·蘇洵》 高祖之起也，大將任韓信、黥布、彭越，裨將任曹參、樊噲、滕公、灌嬰，游説諸侯任酈生、陸賈、樅公，至於奇機密謀，羣臣所不與者，唯留侯、酇侯二人。

《明史》卷一七六《劉定之傳》（劉定之上書曰）往者奉使之臣，充以驛人騶夫，招釁啓戎，職此之故。今宜擇內蘊忠悃，外工專對，若陸賈、富弼其人者，使備正介之選，庶不失辭辱國。

清·和珅等［乾隆］《大清一統志》卷二七六《長沙府·山川》 陸賈山，在益陽縣南一里，相傳漢陸賈使南越經此。又吳陸遜嘗屯兵於此。亦名陸家山。

清·邁柱等［雍正］《湖廣通志》卷二五《祠典志·江夏縣》 陸大憲祠在縣西南，祀漢陸賈。賈使南粵至江夏亡，郡人立廟祀之。

又 卷七九《古迹志·道州·巴陵縣》 銅鼓在永慶寺。《岳陽風土記》：元豐中，永慶庄耕者得之。圓口、方耳、下有趺，皆古篆雲雷，色正青緑，形制精巧。太守李觀訪之耆舊，云：陸賈使南越，嘗以銅鼓獻羅娘廟，歲久失之，疑卽此。

清·劉於義等［雍正］《陝西通志》卷二九《祠祀二·永壽縣》 陸賈廟在縣南五十里。漢陸賈本楚人，家於好畤，有祠在永壽縣南四十里。

又 卷七三《古迹二·府第》 陸賈宅在永壽縣東南好畤鎮。

清·郝玉麟等［雍正］《廣東通志》卷一一《山川志·長樂縣》 五華山在城西北一里下有尉陀臺，漢高祖遣陸賈封趙佗爲南粵王築臺于此，名長樂臺。

又 卷一二《德慶州》 錦石山在城西五十里，高百餘丈，上有石柱直插雲漢。《方輿勝覽》云：漢大中大夫陸賈説南越時設錦步帳而登，俗呼爲錦里石，又呼爲和尚石。山下有陸賈祠。

又 卷五三《古迹·南海縣》 陸賈城。在縣西一十里，漢陸賈使南越，佗未卽前，賈築城以待之。

陸賈祠。在乾明寺側，卽今光孝寺，後併入侯王廟，今改祠於鎮海樓。

又 卷六四《雜事志》 陸大夫廟。漢陸賈使南越，尉佗與之泛舟至此。賈默禱曰：『我若説越肯稱臣，當以錦里石爲山。』靈報使海，遂命人植花卉以代錦。後人因立廟祀之。宋乾道間，梁竑入都艤舟石下，夜夢一客自稱陸大夫，云：『我抑鬱於此千餘歲，茲者君幸見臨，願留一詩。』竑題詩於壁而去。

叔孫通分部

傳記

《史記》卷九九《劉敬叔孫通列傳》 叔孫通者，薛人也。秦時以文學徵，待詔博士。數歲，陳勝起山東，使者以聞，二世召博士諸儒生問曰：『楚戍卒攻蘄入陳，於公如何？』博士諸生三十餘人前曰：『人臣無將，將卽反，罪死無赦。願陛下急發兵擊之。』二世怒，作色。叔孫通前曰：『諸生言皆非也。夫天下合爲一家，毁郡縣城，鑠其兵，示天下不復用。且明主在其上，法令具於下，使人人奉職，四方輻輳，安敢有反者！此特羣盜鼠竊狗盜耳，何足置之齒牙閒。郡守尉今捕論，何足憂。』二世喜曰：『善。』盡問諸生，諸生或言反，或言盜。於是二世令御史案諸生言反者下吏，非所宜言。諸言盜者皆罷之。乃賜叔孫通帛二十匹，衣一襲，拜爲博士。叔孫通已出宮，反舍，諸生曰：『先生何言之諛也？』通曰：『公不知也，我幾不脫於虎口！』乃亡去，之薛，薛已降楚矣。及項梁之薛，叔孫通從之。敗於定陶，從懷王。懷王爲義帝，徙長沙，叔孫通留事項王。漢二年，漢王從五諸侯入彭城，叔孫通降漢王。漢王敗而西，因竟從漢。

叔孫通儒服，漢王憎之；乃變其服，服短衣，楚製，漢王喜。

叔孫通之降漢，從儒生弟子百餘人，然通無所言進，專言諸故羣盜壯士進之。弟子皆竊罵曰：『事先生數歲，幸得從降漢，今不能進臣等，專言大猾，何也？』叔孫通聞之，乃謂曰：『漢王方蒙矢石爭天下，諸生寧能鬭乎？故先言斬將搴旗之士。諸生且待我，我不忘矣。』漢王拜叔孫通爲博士，號稷嗣君。

漢五年，已幷天下，諸侯共尊漢王爲皇帝於定陶，叔孫通就其儀號。高帝悉去秦苛儀法，爲簡易。羣臣飲酒爭功，醉或妄呼，拔劍擊柱，高帝患之。叔孫通知上益厭之也，説上曰：『夫儒者難與進取，可與守成。臣原徵魯諸生，與臣弟子共起朝儀。』高帝曰：『得無難乎？』叔孫通曰：『五帝異樂，三王不同禮。禮者，因時世人情爲之節文者也。故夏、殷、周之禮所因損益可知者，謂不相復也。臣願頗采古禮與秦儀雜就之。』上曰：『可試爲之，令易知，度吾所能行爲之。』

於是叔孫通使徵魯諸生三十餘人。魯有兩生不肯行，曰：『公所事者且十主，皆面諛以得親貴。今天下初定，死者未葬，傷者未起，又欲起禮樂。禮樂所由起，積德百年而後可興也。吾不忍爲公所爲。公所爲不合古，吾不行。公往矣，無汙我！』叔孫通笑曰：『若眞鄙儒也，不知時變。』

遂與所徵三十人西，及上左右爲學者與其弟子百餘人爲綿蕞野外。習之月餘，叔孫通曰：『上可試觀。』上既觀，使行禮，曰：『吾能爲此。』乃令羣臣習肄，會十月。

漢七年，長樂宮成，諸侯羣臣皆朝十月。儀：先平明，謁者治禮，引以次入殿門，廷中陳車騎步卒衞宮，設兵張旗志。傳言『趨』。殿下郎中俠陛，陛數百人。功臣列侯諸將軍軍吏以次陳西方，東鄉；文官丞相以下陳東方，西鄉。大行設九賓，臚傳。於是皇帝輦出房，百官執職傳警，引諸侯王以下至吏六百石以次奉賀。自諸侯王以下莫不振恐肅敬。至禮畢，復置法酒。諸侍坐殿上皆伏抑首，以尊卑次起上壽。觴九行，謁者言『罷酒』。御史執法舉不如儀者輒引去。竟朝置酒，無敢讙譁失禮者。於是高帝曰：『吾乃今日知爲皇帝之貴也。』乃拜叔孫通爲太常，賜金五百斤。

叔孫通因進曰：『諸弟子儒生隨臣久矣，與臣共爲儀，願陛下官之。』高帝悉以爲郎。叔孫通出，皆以五百斤金賜諸生。諸生乃皆喜曰：『叔孫生誠聖人也，知當世之要務。』

漢九年，高帝徙叔孫通爲太子太傅。漢十二年，高祖欲以趙王如意易太子，叔孫通諫上曰：『昔者晉獻公以驪姬之故廢太子，立奚齊，晉國亂者數十年，爲天下笑。秦以不蚤定扶蘇，令趙高得以詐立胡亥，自使滅祀，此陛下所親見。今太子仁孝，天下皆聞之；呂后與陛下攻苦食啖，其可背哉！陛下必欲廢適而立少，臣願先伏誅，以頸血汙地。』高帝曰：『公罷矣，吾直戲耳。』叔孫通曰：『太子天下本，本一搖天下振動，奈何以天下爲戲！』高帝曰：『吾聽公言。』及上置酒，見留侯所招客從太子入見，上乃遂無易太子志矣。

高帝崩，孝惠卽位，乃謂叔孫生曰：『先帝園陵寢廟，羣臣莫習。』徙爲太常，定宗廟儀法。及稍定漢諸儀法，皆叔孫生爲太常所論箸也。

孝惠帝爲東朝長樂宮，及閒往，數蹕煩人，乃作複道，方築武庫南。叔孫生奏事，因請閒曰：『陛下何自築複道高寢，衣冠月出游高廟？高廟，漢太祖，奈何令後世子孫乘宗廟道上行哉？』孝惠帝大懼，曰：『急壞之。』叔孫生曰：『人主無過舉。今已作，百姓皆知之，今壞此，則示有過舉。願陛下爲原廟渭北，衣冠月出游之，益廣多宗廟，大孝之本也。』上乃詔有司立原廟。原廟起，以複道故。

孝惠帝曾春出游離宮，叔孫生曰：『古者有春嘗果，方今櫻桃孰，可獻，願陛下出，因取櫻桃獻宗廟。』上乃許之。諸果獻由此興。

太史公曰：語曰『千金之裘，非一狐之腋也；臺榭之榱，非一木之枝也；三代之際，非一士之智也』。信哉！夫高祖起微細，定海內，謀計用兵，可謂盡之矣。然而劉敬脱輓輅一説，建萬世之安，智豈可專邪！叔孫通希世度務，制禮進退，與時變化，卒爲漢家儒宗。『大直若詘，道固委蛇』，蓋謂是乎？

綜述

《史記》卷二三《禮書》 至秦有天下，悉內六國禮儀，采擇其善，雖不合聖制，其尊君抑臣，朝廷濟濟，依古以來。至于高祖，光有四海，

叔孫通頗有所增益減損，大抵皆襲秦故。

又　卷五五《留侯世家》　漢十一年，黥布反，上病，欲使太子將，往擊之。四人相謂曰：『凡來者，將以存太子。太子將兵，事危矣。』乃説建成侯曰：『太子將兵，有功則位不益太子；無功還，則從此受禍矣。且太子所與俱諸將，皆嘗與上定天下梟將也，今使太子將之，此無異使羊將狼也，皆不肯爲盡力，其無功必矣。臣聞「母愛者子抱」，今戚夫人日夜待御，趙王如意常抱居前，上曰「終不使不肖子居愛子之上」，明乎其代太子位必矣。君何不急請呂后承閒爲上泣言：「黥布，天下猛將也，善用兵，今諸將皆陛下故等夷，乃令太子將此屬，無異使羊將狼，莫肯爲用，且使布聞之，則鼓行而西耳。上雖病，强載輜車，臥而護之，諸將不敢不盡力。上雖苦，爲妻子自强。」』於是呂澤立夜見呂后，呂后承閒爲上泣涕而言，如四人意。上曰：『吾惟豎子固不足遣，而公自行耳。』於是上自將兵而東，羣臣居守，皆送至灞上。留侯病，自强起，至曲郵，見上曰：『臣宜從，病甚。楚人剽疾，願上無與楚人爭鋒。』因説上曰：『令太子爲將軍，監關中兵。』上曰：『子房雖病，强臥而傅太子。』是時叔孫通爲太傅，留侯行少傅事。

又　卷一二一《儒林列傳》　夫齊魯之閒於文學，自古以來，其天性也。故漢興，然後諸儒始得脩其經藝，講習大射鄉飲之禮。叔孫通作漢禮儀，因爲太常，諸生弟子共定者，咸爲選首，於是喟然歎興於學。

又　卷一三〇《太史公自序》　維我漢繼五帝末流，接三代業。周道廢，秦撥去古文，焚滅《詩》、《書》，故明堂石室金匱玉版圖籍散亂。於是漢興，蕭何次律令，韓信申軍法，張蒼爲章程，叔孫通定禮儀，則文學彬彬稍進，《詩》、《書》往往閒出矣。

《漢書》卷一下《高帝紀下》　初，高祖不脩文學，而性明達，好謀，能聽，自監門戍卒，見之如舊。初順民心，作三章之約。天下既定，命蕭何次律令，韓信申軍法，張蒼定章程，叔孫通制禮儀，陸賈造《新語》。又與功臣剖符作誓，丹書鐵契，金匱石室，藏之宗廟。雖日不暇給，規摹弘遠矣。

又　卷二二《禮樂志》　漢興，撥亂反正，日不暇給，猶命叔孫通制禮儀，以正君臣之位。

（劉向）曰：『初，叔孫通將制定禮儀，見非於齊魯之士，然卒爲漢儒宗，業垂後嗣，斯成法也。』

今叔孫通所撰禮儀，與律令同録，臧於理官，法家又復不傳。漢典寖而不著，民臣莫有言者。又通没之後，河閒獻王采禮樂古事，稍稍增輯，至五百餘篇。今學者不能昭見，但推士禮以及天子，説義又頗謬異，故君臣長幼交接之道寖以不章。

漢興，樂家有制氏，以雅樂聲律世世在大樂官，但能紀其鏗鏘鼓舞，而不能言其義。高祖時，叔孫通因秦樂人制宗廟樂。

又　卷二三《刑法志》　漢興，高祖躬神武之材，行寬仁之厚，總攬英雄，以誅秦、項。任蕭、曹之文，用良、平之謀，騁陸、酈之辯，明叔孫通之儀，文武相配，大略舉焉。

又　卷三六《楚元王傳》　漢興，去聖帝明王遐遠，仲尼之道又絶，法度無所因襲。時獨有一叔孫通略定禮儀，天下唯有《易》、《卜》，未有它書。

又　卷四〇《張良傳》　漢十一年，黥布反，上疾，欲使太子往擊之。四人相謂曰：『凡來者，將以存太子。太子將兵，事危矣。』乃説建成侯曰：『太子將兵，有功卽位不益，無功則從此受禍。且太子所與俱諸將，皆與上定天下梟將也，今乃使太子將之，此無異使羊將狼，皆不肯爲用，其無功必矣。臣聞「母愛者子抱」，今戚夫人日夜侍御，趙王常居前，上曰「終不使不肖子居愛子上」，明其代太子位必矣。君何不急請呂后承間爲上泣言：「黥布，天下猛將，善用兵，今諸將皆陛下故等夷，乃令太子將，此屬莫肯爲用，且布聞之，鼓行而西耳。上雖疾，强載輜車，臥而護之，諸將不敢不盡力。上雖苦，强爲妻子計。」』於是呂澤夜見呂后。呂后承間爲上泣而言，如四人意。上曰：『吾惟之，豎子固不足遣，乃公自行耳。』於是上自將而東，羣臣居守，皆送至霸上。良疾，强起至曲郵，見上曰：『臣宜從，疾甚。楚人剽疾，願上慎毋與楚爭鋒。』因説上令太子爲將軍監關中兵。上謂『子房雖疾，强臥傅太子』。是時，叔孫通已爲太傅，良行少傅事。

又　卷四三《叔孫通傳》　叔孫通，薛人也。秦時以文學徵，待詔博士。數歲，陳勝起，二世召博士諸儒生問曰：『楚戍卒攻蘄入陳，於公

何如？」博士諸生三十餘人前曰：「人臣無將，將則反，罪死無赦。願陛下急發兵擊之。」二世怒，作色。通前曰：「諸生言皆非。夫天下爲一家，毁郡縣城，鑠其兵，視天下弗復用。且明主在上，法令具於下，吏人人奉職，四方輻輳，安有反者！此特羣盜鼠竊狗盜，何足置齒牙間哉？郡守尉今捕誅，何足憂？」二世喜，盡問諸生，諸生或言反，或言盜。於是二世令御史按諸生言反者下吏，非所宜言。諸生言盜者皆罷之。乃賜通帛二十疋，衣一襲，拜爲博士。通已出，反舍，諸生曰：「生何言之諛也？」通曰：「公不知，我幾不免虎口！」乃亡去之薛，薛已降楚矣。

及項梁之薛，通從之。敗定陶，從懷王。懷王爲義帝，徙長沙，通留事項王，漢二年，漢王從五諸侯入彭城，通降漢王。通儒服，漢王憎之，乃變其服，服短衣，楚製。漢王喜。通之降漢，從弟子百餘人，然無所進，剸言諸故羣盜壯士進之。弟子皆曰：「事先生數年，幸得從降漢，今不進臣等，剸言大猾，何也？」通乃謂曰：「漢王方蒙矢石爭天下，諸生寧能鬬乎？故先言斬將搴旗之士。諸生且待我，我不忘矣。」漢王拜通爲博士，號稷嗣君。

漢王已幷天下，諸侯共尊爲皇帝於定陶，通就其儀號。高帝悉去秦儀法，爲簡易。羣臣飲爭功，醉或妄呼，拔劍擊柱，上患之。通知上益厭之，説上曰：「夫儒者難與進取，可與守成。臣願徵魯諸生，與臣弟子共起朝儀。」高帝曰：「得無難乎？」通曰：「五帝異樂，三王不同禮。禮者，因時世人情爲之節文者也。故夏、殷、周禮所因損益可知者，謂不相復也。臣願頗采古禮與秦儀雜就之。」上曰：「可試爲之，令易知，度吾所能行爲之。」

於是通使徵魯諸生三十餘人。魯有兩生不肯行，曰：「公所事者且十主，皆面腴親貴。今天下初定，死者未葬，傷者未起，又欲起禮樂。禮樂所由起，百年積德而後可興也。吾不忍爲公所爲。公所爲不合古，吾不行。公往矣，毋汙我！」通笑曰：「若眞鄙儒，不知時變。」遂與所徵三十人西，及上左右爲學者與其弟子百餘人爲緜蕞野外。習之月餘，通曰：「上可試觀。」上使行禮，曰：「吾能爲此。」乃令羣臣習肄，會十月。

漢七年，長樂宮成，諸侯羣臣朝十月。儀：先平明，謁者治禮，引以次入殿門。廷中陳車騎戍卒衛官，設兵，張旗志。傳曰「趨」。殿下郎中俠陛，陛數百人。功臣列侯諸將軍軍吏以次陳西方，東鄉；文官丞相以下陳東方，西鄉。大行設九賓，臚句傳。於是皇帝輦出房，百官執戟傳警，引諸侯王以下至吏六百石以次奉賀。自諸侯王以下莫不震恐肅敬。至禮畢，盡伏，置法酒。諸侍坐殿下皆伏抑首，以尊卑次起上壽。觴九行，謁者言「罷酒」。御史執法舉不如儀者輒引去。竟朝置酒，無敢讙嘩失禮者。於是高帝曰：「吾乃今日知爲皇帝之貴也！」拜通爲奉常，賜金五百斤。通因進曰：「諸弟子儒生隨臣久矣，與共爲儀，願陛下官之。」高帝悉以爲郎。通出，皆以五百金賜諸生。諸生乃喜曰：「叔孫生聖人，知當世務。」

九年，高帝徙通爲太子太傅。十二年，高帝欲以趙王如意易太子，通諫曰：「昔者晉獻公以驪姬故，廢太子，立奚齊，晉國亂者數十年，爲天下笑。秦以不早定扶蘇，胡亥詐立，自使滅祀，此陛下所親見。今太子仁孝，天下皆聞之；呂后與陛下攻苦食啖，其可背哉！陛下必欲廢適而立少，臣願先伏誅，以頸血汙地。」高帝曰：「公罷矣，吾特戲耳。」通曰：「太子天下本，本壹搖天下震動，奈何以天下戲！」高帝曰：「吾聽公。」及上置酒，見留侯所招客從太子入見，上遂無易太子志矣。

高帝崩，孝惠即位，乃謂通曰：「先帝園陵寢廟，羣臣莫習。」徙通爲奉常，定宗廟儀法。乃稍定漢諸儀法，皆通所論著也。惠帝爲東朝長樂宮，及間往，數蹕煩民，作複道，方築武庫南，通奏事，因請間，曰：「陛下何自築複道高帝寢，衣冠月出游高廟？子孫奈何乘宗廟道上行哉！」惠帝懼，曰：「急壞之。」通曰：「人主無過舉。今已作，百姓皆知之矣。願陛下爲原廟渭北，衣冠月出游之，益廣宗廟，大孝之本。」上乃詔有司立原廟。

惠帝常出游離宮，通曰：「古者有春嘗果，方今櫻桃孰，可獻，願陛下出，因取櫻桃獻宗廟。」上許之。諸果獻由此興。

贊曰：高祖以征伐定天下，而縉紳之徒騁其知辯，並成大業。語曰：「廊廟之枝材一木之材，帝王之功非一士之略」，信哉！劉敬脫挽輅而建金城之安，叔孫通舍枹鼓而立一王之儀，遇其時也。

又　卷六七《梅福傳》　（梅福曰）臣聞箕子佯狂於殷，而爲周陳《洪範》；叔孫通遁秦歸漢，制作儀品。夫叔孫先非不忠也，箕子非疏其

家而畔親也，不可爲言也。

又 卷八八《儒林傳》 及高皇帝誅項籍，引兵圍魯，魯中諸儒尚講誦習禮，弦歌之音不絶，豈非聖人遺化好學之國哉？於是諸儒始得修其經學，講習大射鄉飲之禮。叔孫通作漢禮儀，因爲奉常，諸弟子共定者，咸爲選首，然後喟然興於學。

又 卷九七《外戚傳》 後漢王得定陶戚姬，愛幸，生趙隱王如意。太子爲人仁弱，高祖以爲不類己，常欲廢之而立如意，『如意類我』。戚姬常從上之關東，日夜啼泣，欲立其子。呂后年長，常留守，希見，益疏。如意且立爲趙王，留長安，幾代太子者數。賴公卿大臣爭之，及叔孫通諫，用留侯之策，得無易。

《晉書》卷二一《禮志》 漢興，始使叔孫通制禮，參用先代之儀，然亦往往改異焉。

又 卷三〇《刑法志》 武帝詔曰：『昔蕭何以定律令受封，叔孫通制儀爲奉常，賜金五百斤，弟子百人皆爲郎。夫立功立事，古今之所重，宜加祿賞，其詳考差敍。輒如詔簡異弟子百人，隨才品用，賞帛萬餘匹。』

《宋書》卷四〇《百官志》 漢高帝九年，以叔孫通爲太子太傅，位次太常。

《南齊書》卷九《禮志》 禮儀繁博，與天地而爲量。紀國立君，人倫攸始。三代遺文，略在經誥，蓋秦餘所亡逸也。漢初叔孫通制漢禮，而班固之志不載。

《梁書》卷四八《儒林傳》 陳吏部尚書姚察曰：昔叔孫通講論馬上，桓榮精力凶荒；既逢平定，自致光寵；若夫崔、伏、何、嚴互有焉。

《陳書》卷二七《儒林傳》 （沈文阿曰）秦燒經典，威儀散滅，叔孫通定禮，尤失前憲，奠贄不圭，致享無帛，公王同璧，鴻臚奏賀。若此數事，未聞於古，後相沿襲，至梁行之。

《北史》卷八二《儒林傳》 漢祖之初，叔孫通因秦樂人，制宗廟之樂。迎神於廟門，奏《嘉至之樂》，猶古降神之樂也。皇帝入廟門，奏《永至之樂》，以爲行步之節，猶古《采薺肆夏》也。乾豆上薦，奏《登歌之樂》，猶古清廟之歌也。登歌再終，奏《休成之樂》，美神饗也。皇帝就東廂坐定，奏《永安之樂》，美禮成也。其《休成》、《永至》二曲，叔孫通所制也。

《隋書》卷一三《音樂志》 漢高祖時，叔孫通爰定篇章，用祀宗廟。

又 卷三二《經籍志》 漢氏誅除秦、項，未及下車，先命叔孫通草綿蕝之儀，救擊柱之弊。

《舊唐書》卷二一《禮儀志》 漢興，叔孫通草定，止習朝儀。

又 卷九〇《王杜朱楊李豆傳》 陸賈、叔孫通之事漢王也，當滎陽、成皋之間，糧饋已窮，智勇俱困，不敢開一説，效一奇，唯進豪猾之材，薦貪暴之客。及區宇適平，干戈向戢，金鼓之聲未歇，傷痍之痛尚聞，二子顧眄，綽有餘態，乃陳《詩》、《書》，説《禮樂》，開王道，謀帝圖。高皇帝忿然曰：『吾以馬上得之，安事《詩事》乎！』對曰：『馬上得之，可馬上理之乎？』高皇默然。於是陸賈著《新語》，叔孫通定禮儀，始知天子之尊，此知變之善也。

論説

《漢書》卷八七《揚雄傳》 揚子曰：『范雎，魏之亡命也，折脅拉髂，免于微索，翕肩蹈背，扶服入橐，激卬萬乘之主，界涇陽抵穰侯而代之，當也。蔡澤，山東之匹夫也，顉頤折頞，涕涶流沫，西揖强秦之相，搤其咽，炕其氣，附其背而奪其位，時也。天下已定，金革已平，都於洛陽，婁敬委輅脱輓，掉三寸之舌，建不拔之策，舉中國徙之長安，適也。五帝垂典，三王傳禮，百世不易，叔孫通起於枹鼓之間，解甲投戈，遂作君臣之儀，得也。《甫刑》靡敝，秦法酷烈，聖漢權制，而蕭何造律，宜也。故有造蕭何律于唐、虞之世，則悖矣；有作叔孫通儀于夏、殷之時，則惑矣；有建婁敬之策于成周之世，則繆矣；有談范、蔡之説于金、張、許、史之間，則狂矣。

《隋書》卷七六《文學傳》 （潘徽序曰）自世屬坑焚，時移漢、魏，叔孫通之碩解，高堂隆之博識，專門者霧集，制作者風馳，節文頗

備，枝條互起。

宋·劉敞《公是弟子記》卷二 君子之得其時者，將以行其道也。道不行猶爲不得時也。叔孫通治漢禮得其時矣，君子恥之者，以道不得行也。

宋·王安石《臨川文集》卷九《叔孫通》 先生秦博士，秦禮頗能熟。量主欲有爲，兩生皆不欲。草具一王儀，羣豪果知肅。黄金既徧賜，短衣亦已續。儒術自此凋，何爲反初服。

又 卷三四《嘲叔孫通》 馬上功成不喜文，叔孫緜蕝共經綸。諸君可笑貪君賜，便許當時作聖人。

宋·王令《廣陵集》卷一七《叔孫通》 弟子從來學未純，異時得失亦頻頻。一官所買知多少，便議先生作聖人。

宋·蘇軾《東坡全集》卷五〇《叔孫通不能致二生》 軾以謂叔孫通制禮，雖不能如三代，然亦因時施宜，有補於世者。魯二生非之，其言未必皆當，通以謂不知時變，亦宜矣。然謹按揚子《法言》：昔齊魯有大臣，史失其名，或曰，如何其大也？曰，叔孫通欲制君臣之儀，聘先生於齊魯，所不能致者二人。由此觀之，大臣以道事君，不可則止，然後可以託六尺之孤，寄百里之命。若與時上下，隨人俯仰，雖或適用於一時，何足謂之大臣爲社稷之衞哉！

宋·趙汝愚《宋代名臣奏議》卷八八《劉述·上神宗乞罷英廟神御殿》 惠帝惑叔孫通之言而遂立原廟，宣帝之廟各於郡國陵旁立之。是時天下之廟合一百七十餘所，迨及東漢則每帝即位而各立一廟。繇漢而下何其臆説之紛紛，而制度之不一也。原其所以亂禮之由，蓋叔孫通率一時之意以售其諂，遂置孝惠於有過之地，而通亦不免爲萬世之罪人。

宋·黄震《黄氏日抄》卷四六《讀史·劉敬叔孫通》 叔孫通所事且十主，皆面諛取親貴。既起朝儀得高帝心，然後出直言諫易太子。然向使高帝未老，吕后不强，度如意可攘太子位，又安知其不反其説以阿意耶？隨時上下，委曲取容，名雖爲儒，非婁敬比矣！

宋·王應麟《通鑑問答》卷三《叔孫通起朝儀》 或曰：叔孫通所制儀。漢史謂之儀法，謂之儀品，今可考歟？曰：經禮三百，曲禮三千，所謂天秩有禮也。春秋時晉不知殽烝，魯不知尚羔，去籍于戰國火于秦，而禮大壞矣。叔孫通之朝儀頗采古禮與秦儀雜就之，是儀也非禮也。通豈能知古禮哉？太史公謂秦采擇六國禮儀，其尊君抑臣，朝廷濟濟。然則野外所習，長樂宫所行，皆秦法也。在易上天下澤履君臣之尊卑有常，然而乾下坤上爲泰，上下交而志同，尊卑未嘗闊絶也。至秦尊君抑臣以商鞅之法廢周公之典，若體貌大臣而厲其節，尊德樂道臣其所受教《鹿鳴》之濱，其臣伐木之友其賢，此意不復見。僕隸之臣，諾諾唯唯，頓首而請昧死，而言爲火水之未濟，而三陽失位，爲天地不交之否，而天下無邦泰祚弗延職，此之由漢可以監矣。而械繫及於相國，獄吏貴于功臣。賈生有堂無陛之歎。此叔孫通襲秦之罪也。

宋·黎靖德《朱子語類》卷一三五《歷代二》 叔孫通爲緜蕝之儀，其效至於羣臣震恐，無敢喧嘩失禮者。比之三代燕享羣臣氣象，便大不同，蓋只是秦人尊君卑臣之法。必大録云：『叔孫通制漢儀，一時上下肅然震恐，無敢喧嘩，時以爲善。然不過尊君卑臣，如秦人之意而已，都無三代燕饗底意思了。』

明·胡廣《性理大全書》卷六一《歷代三·西漢·叔孫通》 朱子曰：叔孫通爲綿蕝之儀，其效至於羣臣震恐，無敢喧譁。失禮者，比之三代。燕享羣臣，氣象更大，不同蓋只是秦人尊君卑臣之法，魯二生之不至，亦是見得如此未必能傳孔孟之道，只是他深知叔孫通之爲人，不肯從他耳。

或問：叔孫通定禮樂，召兩生，不至。曰：禮樂積德，百年而後可興。漢初朝廷無禮，羣臣拔劍擊柱，若從兩生無救於目前，從叔孫則又因陋就簡。揚子雲獨以大臣許兩生，如何？潛室陳氏曰：人有所不爲也，而後可以有爲。叔孫通盜儒，稍有節操人便不因之，而進兩生不是欲待百年，但以叔孫通非興禮樂之人，故設辭以拒之耳。子雲以其自重難進，有所不爲，故以大臣許之。蓋因其出處之間，可卜其事業也。

明·楊士奇《歷代名臣奏議》卷四〇《律法上》 漢自高祖，納陸賈直言命爲《新語》，用叔孫通之説而使定禮儀，可謂知所取矣。

明·邵寶《學史》卷九 日格子曰：兩生尚矣！叔孫通以隨爲通者也，然則禮與其興也，寧廢歟？禮廢於繁難而興於簡易。周之文，漢高不能行矣。殷之質，夏之忠，何往不可哉？苟簡且易漢高未必不從也。

通也不以簡易量主而以尊重逢君，故秦儀是采。秦苛既除而驕復蹈之，此通之罪也。不然，原廟及果獻誰歟？欲者而以文過爲逢通之心，於是乎可識矣！雖然，德禮一物也。禮苟廢矣！百年之內，君臣如之何？父子如之何？而曰：吾積德以俟乎！故曰：兩生尚矣！《易・蠱之上九》曰：高尚其事。

明・湛若水《格物通》卷五九《學校二》　臣若水通曰：大亂之後，必有大治。三代之禮雖隨時損益，然而皆緣人情而設，故三千三百無一而非性也。叔孫通以此時而復三代之禮，皆順人之情性，其從也，沛然矣。況漢初去古未遠，禮樂雖壞於秦，文獻則固有可考者也。叔孫失此不圖，而徒竊古禮之糠粃，且與秦儀雜就之，雖能少正擊柱之狂，而禮樂自此壞矣。古禮之不復見於天下，其由於叔孫通乎？有志之士至今惜之。

清・李光地《榕村語録》卷二七《治道一》　古者，君臣如朋友，情意相洽，進言亦易，畏憚亦輕。朱子云：金人初起，君臣席地而坐，飲食必共，上下一心，死生同之，故强盛無比。及入汴，得一南人教他分辨貴賤，體勢日益尊崇，而勢隨衰。漢高祖初得天下，羣臣固無禮，叔孫通不過記得許多秦家制度耳。杜工部云：叔孫禮樂、蕭何律，其實壞事就是此二件。

清・藍鼎元《鹿洲初集》卷一一《叔孫通起朝儀徵魯兩生不致論》　事有各行其是者，君子不必執一端以相律。譬諸音聲，趙人鼓瑟，秦人彈箏，因時地之所尚，皆足快一時之耳目，不相妨也，亦不必相非。余觀叔孫通起朝儀，而東魯兩生矯然塵埃之外，後之論者紛紛莫決。夫漢高殘刻嫚儒，非能興禮樂之主。叔孫通阿世取寵，非能興禮樂之臣。兩生拒之，誠是也。然天下初定，君臣草創，諸將飲酒爭功，至於妄呼拔劍擊柱，不有禮法以繩之，恐有天下不能一朝居。通之功亦未可少者矣！蓋通所定者，朝儀也；生所論者，禮樂也。禮樂必百年而後興，儀節不妨量能以救世，各行其是又何責焉？嗚呼！禮樂之爲用，大也。通竊其似猶足收功一時，若使朝廷之上聖賢相遭，興先王之禮樂，其爲效更當何如也？先儒或責通以訪求遺老，講明三代，是又待通太過矣！

藝　文

元・李昱《草閣詩集》卷五《叔孫通》　太常近侍龍頭日，博士初離虎口時。尚改短衣從楚製，能逃古禮雜秦儀。兩生不往誰爲鄙，三代相因豈在爲。賴有忠言爭易嗣，汗青傳載似期期。

明・楊基《眉庵集》卷五《漢傑士其五》　禮樂治化本，百年然後興。奈何叔孫通，綿蕞爲可行。布衣起山東，五載帝業成。

清・劉於義等［雍正］《陝西通志》卷九七《藝文志・宋之問・奉和幸長安故城未央宮應制》　漢王未息戰，蕭相乃營宮。壯麗一朝盡，威靈千載空。明聖悵前迹，置酒宴羣公。寒輕彩仗外，春發幔城中。樂思回斜日，歌詞繼大風。今朝天子貴，不假叔孫通。

雜　録

漢・孔鮒《孔叢子》卷中《獨治第十九》　秦始皇東幷，子魚謂其徒叔孫通曰『子之學可矣，盍仕乎？』對曰：『臣所學于先生者不用於今，不可仕也。』子魚曰：『子之材能見時變今。爲不用之學，殆非子情也。』叔孫通遂辭去，以法仕秦。

北魏・酈道元《水經注》卷二六《淄水》　漢以叔孫通爲博士，號稷祠君。

宋・鄭樵《通志》卷七一《校讎略第一・秦不絶儒學論二篇》　叔孫通，秦時以文學召待詔博士。

清・岳濬等［雍正］《山東通志》卷二三《風俗志・滕縣》　自齊封田文於薛，爲孟嘗君而好士，招致天下任俠奸人入薛中六萬餘家，故其俗多桀驁子弟。漢興，叔孫通明禮樂，諸弟子共習，於是翕然大變，彬彬乎鄒魯之舊矣。

賈山分部

傳記

《漢書》卷五一《賈山傳》　賈山，潁川人也。祖父祛，故魏王時博士弟子也。山受學祛，所言涉獵書記，不能爲醇儒。嘗給事潁陰侯爲騎。

孝文時，言治亂之道，借秦爲諭，名曰《至言》。其辭曰：

臣聞爲人臣者，盡忠竭愚，以直諫主，不避死亡之誅者，臣山是也。臣不敢以久遠諭，願借秦以爲諭，唯陛下少加意焉。

夫布衣韋帶之士，修身于內，成名於外，而使後世不絕息。至秦則不然。貴爲天子，富有天下，賦斂重數，百姓任罷，赭衣半道，羣盜滿山，使天下之人戴目而視，傾耳而聽。一夫大呼，天下嚮應者，陳勝是也。秦非徒如此也，起咸陽而西至雍，離宮三百，鐘鼓帷帳，不移而具。又爲阿房之殿，殿高數十仞，東西五里，南北千步，從車羅騎，四馬鶩馳，旌旗不橈。爲宮室之麗至於此，使其後世曾不得聚廬而託處焉。爲馳道於天下，東窮燕、齊，南極吳、楚，江湖之上，瀕海之觀畢至。道廣五十步，三丈而樹，厚築其外，隱以金椎，樹以青松。爲馳道之麗至於此，使其後世曾不得邪徑而託足焉。死葬乎驪山，吏徒數十萬人，曠日十年。下徹三泉合采金石，冶銅錮其內，桼塗其外，被以珠玉，飾以翡翠，中成觀游，上成山林，爲葬薶之侈至於此，使其後世曾不得蓬顆蔽冢而託葬焉。秦以熊羆之力，虎狼之心，蠶食諸侯，并吞海內，而不篤禮義，故天殃已加矣。臣昧死以聞，願陛下少留意而詳擇其中。

臣聞忠臣之事君也，言切直則不用而身危，不切直則不可以明道，故切直之言，明主所欲急聞，忠臣之所以蒙死而竭知也。地之磽者，雖有善種，不能生焉；江皋河瀕，雖有惡種，無不猥大。昔者夏商之季世，雖關龍逢、箕子、比干之賢，身死亡而道不用。文王之時，豪俊之士皆得竭其智，芻蕘採薪之人皆得盡其力，此周之所以興也。故地之美者善養禾，君之仁者善養士。雷霆之所擊，無不摧折者；萬鈞之所壓，無不糜滅者。今人主之威，非特雷霆也；勢重，非特萬鈞也。開道而求諫，和顏色而受之，用其言而顯其身，士猶恐懼而不敢自盡，又乃況於縱欲恣行暴虐，惡聞其過乎！震之以威，壓之以重，則雖有堯舜之智，孟賁之勇，豈有不摧折者哉？如此，則人主不得聞其過失矣；弗聞，則社稷危矣。古者聖王之制，史在前書過失，工誦箴諫，瞽誦詩諫，公卿比諫，士傳言諫，庶人謗於道，商旅議於市，然後君得聞其過失也。聞其過失而改之，見義而從之，所以永有天下也。天子之尊，四海之內，其義莫不爲臣。然而養三老於大學，親執醬而餽，執爵而酳，祝饐在前，祝鯁在後，公卿奉杖，大夫進履，舉賢以自輔弼，求修正之士使直諫。故以天子之尊，尊養三老，視孝也；立輔弼之臣者，恐驕也；置直諫之士者，恐不得聞其過也；學問至於芻蕘者，求獸無饜也；商人庶人誹謗已而改之，從善無不聽也。

昔者，秦政力并萬國，富有天下，破六國以爲郡縣，築長城以爲關塞。秦地之固，大小之勢，輕重之權，其與一家之富，一夫之强，胡可勝計也！然而兵破於陳涉，地奪於劉氏者，何也？秦王貪狼暴虐，殘賊天下，窮困萬民，以適其欲也。昔者，周蓋千八百國，以九州之民養千八百國之君，用民之力不過歲三日，什一而籍，君有餘財，民有餘力，而頌聲作。秦皇帝以千八百國之民自養，力罷不能勝其役，財盡不能勝其求。一君之身耳，所以自養者馳騁弋獵之娛，天下弗能供也。勞罷者不得休息，飢寒者不得衣食，亡罪而死刑者無所告訴，人與之爲怨，家與之爲讎，故天下壞也。秦皇帝身在之時，天下已壞矣，而弗自知也。秦皇帝東巡狩，至會稽、琅邪，刻石著其功，自以爲過堯舜統；縣石鑄鍾虡，篩土築阿房之宮，自以爲萬世有天下也。古者聖王作謚，三四十世耳，雖堯舜禹湯文武累世廣德以爲子孫基業，無過二三十世者也。秦皇帝曰死而以謚法，是父子名號有時相襲也，以一至萬，則世世不相復也，故死而號曰始皇帝，其次曰二世皇帝者，欲以一至萬也。秦皇帝計其功德，度其後嗣，世世無窮，然身死纔數月耳，天下四面而攻之，宗廟滅絕矣。

秦皇帝居滅絕之中而不自知者何也？天下莫敢告也。其所以莫敢告者何也？亡養老之義，亡輔弼之臣，亡進諫之士，縱恣行誅，退誹謗之人，殺直諫之士，是以道諛偷合苟容，比其德則賢於堯舜，課其功則賢于

湯武，天下已潰而莫之告也。《詩》曰：『匪言不能，胡此畏忌，聽言則對，譖言則退。』此之謂也。又曰：『濟濟多士，文王以寧。』天下未嘗亡士也，然而文王獨言以寧者何也？文王好仁則仁興，得士而敬之則士用，用之有禮義。故不致其愛敬，則不能盡其心；不能盡其心，則不能盡其力；不能盡其力，則不能成其功。故古之賢君於其臣也，尊其爵禄而親之；疾則臨視之亡數，死則往弔哭之，臨其小斂大斂，已棺塗而後爲之服錫衰麻絰，而三臨其喪；未斂不飲酒食肉，未葬不舉樂，當宗廟之祭而死，爲之廢樂。故古之君人者於其臣也，可謂盡禮矣；服法服，端容貌，正顔色。然後見之。故臣下莫敢不竭力盡死以報其上，功德立於後世，而令聞不忘也。

今陛下念思祖考，術追厥功，圖所以昭光洪業休德，使天下舉賢良方正之士，天下皆訢訢焉，曰將興堯舜之道，三王之功矣。天下之士莫不精白以承休德。今方正之士皆在朝廷矣，又選其賢者使爲常侍諸吏，與之馳敺射獵，一日再三出。臣恐朝廷之解弛，百官之墮於事也，諸侯聞之，又必怠於政矣。

陛下卽位，親自勉以厚天下，損食膳，不聽樂，減外徭衛卒，止歲貢；省廐馬以賦縣傳，去諸苑以賦農夫，出帛十萬餘匹以振貧民；禮高年，九十者一子不事，八十者二算不事；賜天下男子爵，大臣皆至公卿；發御府金賜大臣宗族，亡不被澤者；赦罪人，憐其亡發，賜之巾，憐其衣赭書其背，父子兄弟相見也，而賜之衣。平獄緩刑，天下莫不説喜。是以元年膏雨降，五穀登，此天之所以相陛下也。刑輕於它時而犯法者寡，衣食多於前年而盜賊少，此天下之所以順陛下也。臣聞山東吏布詔令，民雖老羸癃疾，扶杖而往聽之，願少須臾毋死，思見德化之成也。今功業方就，名聞方昭，四方鄉風，今從豪俊之臣，方正之士，直與之日日獵射，擊兔伐狐，以傷大業，絶天下之望，臣竊悼之。《詩》曰：『靡不有初，鮮克有終。』臣不勝大願，願少衰射獵，以夏歲二月，定明堂，造太學，修先王之道。風行俗成，萬世之基定，然後唯陛下所幸耳。

古者大臣不媟，故君子不常見其齊嚴之色、肅敬之容。大臣不得與宴游，方正修潔之士不得從射獵，使皆務其方以高其節，則羣臣莫敢不正身修行，盡心以稱大禮。如此，則陛下之道尊敬，功業施于四海，垂於萬世子孫矣。誠不如此，則行日壞而榮日滅矣。夫士修之於家，而壞之于天子之廷，臣竊愍之。陛下與衆臣宴游，與大臣方正朝廷論議。夫游不失樂，朝不失禮，議不失計，軌事之大者也。

其後，文帝除鑄錢令，山復上書諫，以爲變先帝法，非是。又訟淮南王無大罪，宜急令反國。又言柴唐子爲不善，足以戒。章下詰責，對以爲：『錢者，亡用器也，而可以易富貴。富貴者，人主之操柄也，令民爲之，是與人主共操柄，不可長也。』其言多激切，善指事意，然終不加罰，所以廣諫爭之路也。其後復禁鑄錢云。

論説

宋・呂陶《净德集》卷一八《賈山與路温舒同傳論》 自春秋之法絶筆于獲麟之一句，而褒貶重輕之義，進退是非之訓，卒不可得而復見耶！其大權大法幽深隱奥，則不可得而見矣。其祖述聖人之緒餘，而立爲一家之學，裁成義例以示後世，庶幾得其髣髴者，猶可見焉。遷、固之史是也。馬遷始改編年之舊而爲紀傳之書，以帝王繼統而謂之紀，以公侯傳國而謂之世家，以卿大夫列位而爲之傳，而善惡褒貶之意寓于其中，其爲功亦勤矣！至班固，則又繼其法而成一代之史。夫二百年間，天下、國家、君臣、事物之變，可謂廣且多矣，以八十萬字之文可勝載耶？向非裁之以義例則錯亂糅雜，而莫能究其體要，知其統類，烏足以稱爲良史哉？故紀言其略而傳載其詳，而傳之先後抑有義焉。以功之大小而次之，則韓、彭之後，當繼之以衛、霍也。以人之賢愚而次之，則蕭、曹之後，當繼之以丙、魏也。而世之遠近殊不接矣，亦非記事之體也，故傳之所次，服□謂：『不以功之大小，人之賢愚，惟以時之先後。』而顔師古亦曰：『又以事類相從。』夫時之先後相繼，而事之義類相從，則一時之本末，衆人之是非，舉其端而可以推之矣！賈山之《至言》皆借秦以爲喻，路温舒之抗疏則亦曰秦有十失，其一尚存，治獄之吏是也。二人之志，皆指明秦氏之亂亡以劘切世主，而欲其除煩救弊，豈非事類之一耶？傳而同之不爲失矣，不獨此而已也。欲觀其變詐之迹，則見於張耳、陳餘；欲觀其開陳治亂之道，則見于徐樂、嚴安；欲觀禦邊之策，則見于

賈捐之、嚴助；欲觀撫民之要，則見于龔遂、召信臣。凡爲此者，皆類而從之之謂也。師古之言，既舉一二以明之信乎？固之稱良史也。

宋・楊時《龜山集》卷九《史論・賈山》　山以孝文之恭儉慈仁，而賈山乃借秦爲喻，盛言其侈靡貪狼暴虐，宜若過矣。然君臣儆戒，正在無虞之時。故舜之臣猶以丹朱戒其君，則山之借秦不爲過也。後世驕君諛臣恃天下無虞，而不知儆戒，有爲斯言必以爲訕矣。其取禍敗不亦宜乎？

宋・黄震《黄氏日抄》卷四七《讀史・賈山》　山以文帝賢君不免田獵之娱，故勸以親賢講學爲務，所以致君之意極善。傳言不能爲醇儒，蓋謂其不專守一經耳。非以其行已不醇也。

清・愛新覺羅・玄燁《聖祖仁皇帝御製文集第三集》卷二九《古文評論・賈山〈至言〉》　文氣排盪，思致遥深，既脱戰國策士捭闔之習，已開西京加董渾茂之風。

雜録

宋・樂史《太平寰宇記》卷七《河南道七・許州・人物》　賈山，長社人，漢孝文時言治亂之道。

宋・楊侃《兩漢博聞》卷七《劘上》　賈山自下劘上卒免刑戮者，以其言正也。

清・田文鏡等［雍正］《河南通志》卷五六《文苑・許州》　漢賈山，潁川人。祖父祛，故魏王時博士弟子。山受學於祛，涉獵書記。孝文時上書言治亂之道，借秦爲喻名曰《至言》。其後文帝除鑄錢令，山復上書諫言，多激切，遂復禁鑄錢。

賈誼分部

傳記

《史記》卷八四《賈生列傳》　賈生名誼，洛陽人也。年十八，以能誦詩屬書聞於郡中。吴廷尉爲河南守，聞其秀才，召置門下，甚幸愛。孝文皇帝初立，聞河南守吴公治平爲天下第一，故與李斯同邑而常學事焉，乃徵爲廷尉。廷尉乃言賈生年少，頗通諸子百家之書。文帝召以爲博士。

是時賈生年二十餘，最爲少。每詔令議下，諸老先生不能言，賈生盡爲之對，人人各如其意所欲出。諸生於是乃以爲能，不及也。孝文帝説之，超遷，一歲中至太中大夫。

賈生以爲漢興至孝文二十餘年，天下和洽，而固當改正朔，易服色，法制度，定官名，興禮樂，乃悉草具其事儀法，色尚黄，數用五，爲官名，悉更秦之法。孝文帝初即位，謙讓未遑也。諸律令所更定，及列侯悉就國，其説皆自賈生發之。於是天子議以爲賈生任公卿之位。絳、灌、東陽侯、馮敬之屬盡害之，乃短賈生曰：『洛陽之人，年少初學，專欲擅權，紛亂諸事。』於是天子後亦疏之，不用其議，乃以賈生爲長沙王太傅。

賈生既辭往行，聞長沙卑濕，自以壽不得長，又以適去，意不自得。及渡湘水，爲賦以弔屈原。其辭曰：

共承嘉惠兮，俟罪長沙。側聞屈原兮，自沈汨羅。造託湘流兮，敬弔先生。遭世罔極兮，乃隕厥身。嗚呼哀哉，逢時不祥！鸞鳳伏竄兮，鴟梟翱翔。闒茸尊顯兮，讒諛得志；賢聖逆曳兮，方正倒植。世謂伯夷貪兮，謂盜蹠廉；于嗟嚜嚜兮，生之無故！斡棄周鼎兮寶康瓠，騰駕罷牛兮驂蹇驢，莫邪爲頓兮，鈆刀爲銛。驥垂兩耳兮服鹽車。漸不可久；嗟苦先生兮，獨離此咎！

訊曰：已矣，國其莫我知，獨堙鬱兮其誰語？鳳漂漂其高遰兮，夫固自縮而遠去。沕深潛以自珍。彌融爚以隱處兮，夫豈從蟂與蛭螾？所貴聖人之神德兮，遠濁世而自藏。使騏驥可得係羈兮，豈云異夫犬羊！般紛紛其離此尤兮，亦夫子之辜也！瞝九州而相君兮，何必懷此都也？鳳皇翔于千仞之上兮，覽德輝而下之；見細德之險徵兮，搖增翮逝而去之。彼尋常之汙瀆兮，豈能容呑舟之魚！横江湖之鱣鱏兮，固將制於蟻螻。

賈生爲長沙王太傅三年，有鴞飛入賈生舍，止于坐隅。楚人命鴞曰『服』。賈生既以適居長沙，長沙卑濕，自以爲壽不得長，傷悼之，乃爲賦以自廣。其辭曰：

單閼之歲兮，四月孟夏，庚子日施兮，服集予舍，止于坐隅，貌甚閒暇。異物來集兮，私怪其故，發書占之兮，筴言其度。曰『野鳥入處兮，主人將去』。請問于服兮：予去何之？吉乎告我，凶言其菑。淹數之度兮，語予其期。』服乃歎息，舉首奮翼，口不能言，請對以意。萬物變化兮，固無休息。斡流而遷兮，或推而還。形氣轉續兮，變化而嬗。沕穆無窮兮，胡可勝言！禍兮福所倚，福兮禍所伏；憂喜聚門兮，吉凶同域。彼吳强大兮，夫差以敗；越棲會稽兮，句踐霸世。斯游遂成兮，卒被五刑；傅説胥靡兮，乃相武丁。夫禍之與福兮，何異糾纆。命不可説兮，孰知其極？水激則旱兮，矢激則遠。萬物回薄兮，振湯相轉。雲蒸雨降兮，錯繆相紛。大專槃物兮，道不可與謀。遲數有命兮，惡識其時？且夫天地爲鑪兮，造化爲工；陰陽爲炭兮，萬物爲銅。合散消息兮，安有常則；千變萬化兮，未始有極。忽然爲人兮，何足控摶；化爲異物兮，又何足患！小知自私兮，賤彼貴我；通人大觀兮，物無不可。貪夫徇財兮，烈士徇名；夸者死權兮，品庶馮生。怵迫之徒兮，或趨西東，大人不曲兮，億變齊同。拘士繫俗兮，羖如囚拘；至人遺物兮，獨與道俱。衆人或或兮，好惡積意；眞人淡漠兮，獨與道息。釋知遺形兮，超然自喪；寥廓忽荒兮，與道翱翔。乘流則逝兮，得坻則止；縱軀委命兮，不私與己。其生若浮兮，其死若休；澹乎若深淵之靜，氾乎若不繫之舟。不以生故自寶兮，養空而浮；德人無累兮，知命不憂。細故□薊兮，何足以疑！

後歲餘，賈生徵見。孝文帝方受釐，坐宣室。上因感鬼神事，而問鬼神之本。賈生因具道所以然之狀。至夜半，文帝前席。既罷，曰：『吾久不見賈生，自以爲過之，今不及也。』居頃之，拜賈生爲梁懷王太傅。梁懷王，文帝之少子，愛，而好書，故令賈生傅之。

文帝復封淮南厲王子四人皆爲列侯。賈生諫，以爲患之興自此起矣。賈生數上疏，言諸侯或連數郡，非古之制，可稍削之。文帝不聽。

居數年，懷王騎，墮馬而死，無後。賈生自傷爲傅無狀，哭泣歲餘，亦死。賈生之死時年三十三矣。及孝文崩，孝武皇帝立，舉賈生之孫二人至郡守，而賈嘉最好學，世其家，與余通書。至孝昭時，列爲九卿。

太史公曰：余讀《離騷》、《天問》、《招魂》、《哀郢》，悲其志。適長沙，觀屈原所自沈淵，未嘗不垂涕，想見其爲人。及見賈生弔之，又怪屈原以彼其材，游諸侯，何國不容，而自令若是。讀《服鳥賦》，同死生，輕去就，又爽然自失矣。

綜述

《史記》卷一二七《日者列傳》 宋忠爲中大夫，賈誼爲博士，同日俱出洗沐，相從論議，誦易先王聖人之道術，究徧人情，相視而歎。賈誼曰：『吾聞古之聖人，不居朝廷，必在卜醫之中。今吾已見三公九卿朝士大夫，皆可知矣。試之卜數中以觀采。』二人卽同輿而之市，游於卜肆中。天新雨，道少人，司馬季主閒坐，弟子三四人侍，方辯天地之道，日月之運，陰陽吉凶之本。二大夫再拜謁。司馬季主視其狀貌，如類有知者，卽禮之，使弟子延之坐。坐定，司馬季主復理前語，分別天地之終始，日月星辰之紀，差次仁義之際，列吉凶之符，語數千言，莫不順理。

宋忠、賈誼瞿然而悟，獵纓正襟危坐，曰：『吾望先生之狀，聽先生之辭，小子竊觀於世，未嘗見也。今何居之卑，何行之汙？』

司馬季主捧腹大笑曰：『觀大夫類有道術者，今何言之陋也，何辭之野也！今夫子所賢者何也？所高者誰也？今何以卑汙長者？』

二君曰：『尊官厚禄，世之所高也，賢才處之。今所處非其地，故謂之卑。言不信，行不驗，取不當，故謂之汙。夫卜筮者，世俗之所賤簡也。世皆言曰：「夫卜者多言誇嚴以得人情，虛高人禄命以説人志，擅言禍灾以傷人心，矯言鬼神以盡人財，厚求拜謝以私於己。」此吾之所恥，故謂之卑汙也。』

司馬季主曰：『公且安坐。公見夫被髮童子乎？日月照之則行，不照則止，問之日月疵瑕吉凶，則不能理。由是觀之，能知別賢與不肖者寡矣。賢之行也，直道以正諫，三諫不聽則退。其譽人也不望其報，惡人也不顧其怨，以便國家利衆爲務。故官非其任不處也，禄非其功不受也；見人不正，雖貴不敬也；見人有汙，雖尊不下也；得不爲喜，去不爲恨；非其罪也，雖累辱而不愧也。今公所謂賢者，皆可爲羞矣。卑疵而前，孅趨而言；相引以勢，相導以利；比周賓正，以求尊譽，以受公

奉；事私利，枉主法，獵農民；以官爲威，以法爲機，求利逆暴：譬無異於操白刃劫人者也。初試官時，倍力爲巧詐，飾虛功執空文以誷主上，用居上爲右；試官不讓賢陳功，見僞增實，以無爲有，以少爲多，以求便勢尊位；食飲驅馳，從姬歌兒，不顧於親，犯法害民，虛公家：此夫爲盜不操矛弧者也，攻而不用弦刃者也，欺父母未有罪而弒君未伐者也。何以爲高賢才乎？盜賊發不能禁，夷貊不服不能攝，姦邪起不能塞，官秏亂不能治，四時不和不能調，歲穀不孰不能適。才賢不爲，是不忠也；才不賢而託官位，利上奉，妨賢者處，是竊位也；有人者進，有財者禮，是僞也。子獨不見鴟梟之與鳳皇翔乎？蘭芷芎藭棄於廣野，蒿蕭成林，使君子退而不顯衆，公等是也。述而不作，君子義也。今夫卜者，必法天地，象四時，順於仁義，分策定卦，旋式正棊，然後言天地之利害，事之成敗。昔先王之定國家，必先龜策日月，而後乃敢代；正時日，乃後入家；產子必先占吉凶，後乃有之。自伏羲作《八卦》，周文王演三百八十四爻而天下治。越王句踐放文王《八卦》以破敵國，霸天下。由是言之，卜筮有何負哉！且夫卜筮者，掃除設坐，正其冠帶，然後乃言事，此有禮也。言而鬼神或以饗，忠臣以事其上，孝子以養其親，慈父以畜其子，此有德者也。而以義置數十百錢，病者或以愈，且死或以生，患或以免，事或以成，嫁子娶婦或以養生：此之爲德，豈直數十百錢哉！此夫老子所謂「上德不德，是以有德」。今夫卜筮者利大而謝少，老子之云豈異於是乎？莊子曰：「君子內無飢寒之患，外無劫奪之憂，居上而敬，居下不爲害，君子之道也。」今夫卜筮者之爲業也，積之無委聚，藏之不用府庫，徙之不用輜車，負裝之不重，止而用之無盡索之時。持不盡索之物，游於無窮之世，雖莊氏之行未能增於是也，子何故而云不可卜哉？天不足西北，星辰西北移；地不足東南，以海爲池；日中必移，月滿必虧；先王之道，乍存乍亡。公責卜者言必信，不亦惑乎！公見夫談士辯人乎？慮事定計，必是人也，然不能以一言說人主意，故言必稱先王，語必道上古；慮事定計，飾先王之成功，語其敗害，以恐喜人主之志，以求其欲。多言誇嚴，莫大於此矣。然欲强國成功，盡忠於上，非此不立。今夫卜者，導惑教愚也。夫愚惑之人，豈能以一言而知之哉！言不厭多。故騏驥不能與罷驢爲駟，而鳳皇不與燕雀爲羣，而賢者亦不與不肖者同列。故君子處卑隱以辟衆，自匿以辟倫，微見德順以除羣害，以明天性，助上養下，多其功利，不求尊譽。公之等喁喁者也，何知長者之道乎！』

宋忠、賈誼忽而自失，芒乎無色，悵然噤口不能言。於是攝衣而起，再拜而辭。行洋洋也，出門僅能自上車，伏軾低頭，卒不能出氣。

居三日，宋忠見賈誼於殿門外，乃相引屏語相謂自歎曰：『道高益安，勢高益危。居赫赫之勢，失身且有日矣。夫卜而有不審，不見奪糈；爲人主計而不審，身無所處。此相去遠矣，猶天冠地屨也。此老子之所謂「無名者萬物之始」也。天地曠曠，物之熙熙，或安或危，莫知居之。我與若，何足預彼哉！彼久而愈安，雖曾氏之義，未有以異也。』

久之，宋忠使匈奴，不至而還，抵罪。而賈誼爲梁懷王傅，王墮馬薨，誼不食，毒恨而死。此務華絶根者也。

《漢書》卷二二《禮樂志》　至文帝時，賈誼以爲：『漢承秦之敗俗，廢禮義，捐廉恥，今其甚者殺父兄，盜者取廟器，而大臣特以簿書不報期會爲故，至於風俗流溢，恬而不怪，以爲是適然耳。夫移風易俗，使天下回心而鄉道，類非俗吏之所能爲也。夫立君臣，等上下，使綱紀有序，六親和睦，此非天之所爲，人之所設也。人之所設，不爲不立，不修則壞。漢興至今二十餘年，宜定制度，興禮樂，然後諸侯軌道，百姓素樸，獄訟衰息。』乃草具其儀，天子說焉。而大臣絳、灌之屬害之，故其議遂寢。【略】今大漢繼周，久曠大儀，未有立禮成樂，此賈誼、仲舒、王吉、劉向之徒所爲發憤而增嘆也。

又　卷二四上《食貨志》　賈誼說上曰：『筦子曰：「倉廩實而知禮節。」民不足而可治者，自古及今，未之嘗聞。古之人曰：「一夫不耕，或受之飢；一女不織，或受之寒。」生之有時，而用之亡度，則物力必屈。古之治天下，至孅至悉也，故其畜積足恃。今背本而趨末，食者甚衆，是天下之大殘也；淫侈之俗，日日以長，是天下之大賊也。殘賊公行，莫之或止；大命將泛，莫之振救。生之者甚少而靡之者甚多，天下財產何得不蹷！漢之爲漢幾四十年矣，公私之積猶可哀痛。失時不雨，民且狼顧；歲惡不入，請賣爵、子。既聞耳矣，安有爲天下阽危者若是而上不驚者！世之有饑穰，天之行也，禹、湯被之矣。即不幸有方二三

千里之旱，國胡以相恤？卒然邊境有急，數十百萬之衆，國胡以餽之？兵旱相乘，天下大屈，有勇力者聚徒而衡擊，罷夫羸老易子而齩其骨。政治未畢通也，遠方之能疑者並舉而爭起矣，乃駭而圖之，豈將有及乎？夫積貯者，天下之大命也。苟粟多而財有餘，何爲而不成？以攻則取，以守則固，以戰則勝。懷敵附遠，何招而不至？今毆民而歸之農，皆著於本，使天下各食其力，末技游食之民轉而緣南畮，則畜積足而人樂其所矣。可以爲富安天下，而直爲此廩廩也，竊爲陛下惜之！』於是上感誼言，始開籍田，躬耕以勸百姓。

又　卷二四下《食貨志》　賈誼諫曰：法使天下公得顧租鑄銅錫爲錢，敢雜以鉛鐵爲它巧者，其罪黥。然鑄錢之情，非殽雜爲巧，則不可得贏；而殽之甚微，爲利甚厚。夫事有召禍而法有起姦，今令細民人操造幣之勢，各隱屏而鑄作，因欲禁其厚利微姦，雖黥罪日報，其勢不止。乃者，民人抵罪，多者一縣百數，及吏之所疑，榜笞奔走者甚衆。夫縣法以誘民，使入陷阱，孰積於此！曩禁鑄錢，死罪積下；今公鑄錢，黥罪積下。爲法若此，上何賴焉？又民用錢，郡縣不同：或用輕錢，百加若干；或用重錢，平稱不受。法錢不立，吏急而壹之虖，則大爲煩苛，而力不能勝；縱而弗呵虖，則市肆異用，錢文大亂。苟非其術，何鄉而可哉！今農事棄捐而采銅者日蕃，釋其耒耨，冶熔炊炭；姦錢日多，五穀不爲多；善人怵而爲姦邪，愿民陷而之刑戮，刑戮將甚不詳，奈何而忽！國知患此，吏議必曰禁之。禁之不得其術，其傷必大。令禁鑄錢，則錢必重。重則其利深，盜鑄如雲而起，棄市之罪又不足以禁矣！姦數不勝而法禁數潰，銅使之然也。故銅布於天下，其爲禍博矣。今博禍可除，而七福可致也。何謂七福？上收銅勿令布，則民不鑄錢，黥罪不積，一矣。僞錢不蕃，民不相疑，二矣。采銅鑄作者反於耕田，三矣。銅畢歸於上，上挾銅積以御輕重，錢輕則以術斂之，重則以術散之，貨物必平，四矣。以作兵器，以假貴臣，多少有制，用別貴賤，五矣。以臨萬貨，以調盈虛，以收奇羨，則官富實而末民困，六矣。制吾棄財，以與匈奴逐爭其民，則敵必懷，七矣。故善爲天下者，因禍而爲福，轉敗而爲功。今久退七福而行博禍，臣誠傷之。上不聽。

又　卷二七上《五行志》　文帝七年六月癸酉，未央宮東闕罘思災。劉向以爲東闕所以朝諸侯之門也，罘思在其外，諸侯之象也。漢興，大封諸侯王，連城數十。文帝即位，賈誼等以爲違古制度，必將叛逆。先是，濟北、淮南王皆謀反，其後吳、楚七國舉兵而誅。

又　卷二七下之上《五行志》　高后二年正月，武都山崩，殺七百六十人，地震至八月乃止。文帝元年四月，齊楚地山二十九所同日俱大發水，潰出。劉向以爲近水沴土也。天戒若曰，勿盩齊楚之君，今失制度，將爲亂。後十六年，帝庶兄齊悼惠王之孫文王則薨，無子，帝分齊地，立悼惠王庶子六人皆爲王。賈誼、鼂錯諫，以爲違古制，恐爲亂。至景帝三年，齊楚七國起兵百餘萬，漢皆破之。

又　卷四八《賈誼傳》　賈誼，洛陽人也，年十八，以能誦《詩》、《書》屬文稱於郡中。河南守吳公聞其秀材，召置門下，甚幸愛。文帝初立，聞河南守吳公治平爲天下第一，故與李斯同邑，而嘗學事焉，徵以爲廷尉。廷尉乃言誼年少，頗通諸家之書。文帝召以爲博士。

是時，誼年二十餘，最爲少。每詔令議下，諸老先生未能言，誼盡爲之對，人人各如其意所出。諸生於是以爲能。文帝說之，超遷，歲中至太中大夫。

誼以爲漢興二十餘年，天下和洽，宜當改正朔，易服色制度，定官名，興禮樂。乃草具其儀法，色上黄，數用五，爲官名悉更，奏之。文帝廉讓未皇也。然諸法令所更定，及列侯就國，其説皆誼發之。於是天子議以誼任公卿之位。絳、灌、東陽侯、馮敬之屬盡害之，乃毁誼曰：『洛陽之人年少初學，專欲擅權，紛亂諸事。』於是天子後亦疏之，不用其議，以誼爲長沙王太傅。

誼既以適去，意不自得，及渡湘水，爲賦以弔屈原。屈原，楚賢臣也，被讒放逐，作《離騷賦》，其終篇曰：『已矣！國亡人，莫我知也。』遂自投江而死。誼追傷之，因以自諭。其辭曰：

恭承嘉惠兮，竢罪長沙。仄聞屈原兮，自湛汨羅。造託湘流兮，敬弔先生。遭世罔極兮，乃隕厥身。烏呼哀哉兮，逢時不祥！鸞鳳伏竄兮，鴟鴞翱翔。闒茸尊顯兮，讒諛得志；賢聖逆曳兮，方正倒植。謂隨、夷溷兮，謂跖、蹻廉；莫邪爲鈍兮，鉛刀爲銛。于嗟默默，生之亡故兮！斡棄周鼎，寶康瓠兮。騰駕罷牛，驂蹇驢兮；驥垂兩耳，服鹽車兮。章

父薦屨，漸不可久兮；嗟苦先生，獨離此咎兮！

誶曰：已矣！國其莫吾知兮，子獨壹鬱其誰語？鳳縹縹其高逝兮，夫固自引而遠去。襲九淵之神龍兮，沕淵潛以自珍；偭蟂獺以隱處兮，夫豈從蝦與蛭螾？所貴聖之神德兮，遠濁世而自臧。使麒麟可係而羈兮，豈云異夫犬羊？般紛紛其離此郵兮，亦夫子之故也！歷九州而相其君兮，何必懷此都也？鳳皇翔于千仞兮，覽德煇而下之；見細德之險徵兮，遙增擊而去之。彼尋常之汙瀆兮，豈容吞舟之魚！橫江湖之鱣鯨兮，固將制於螻蟻。

誼爲長沙傅三年，有服飛入誼舍，止於坐隅。服似鴞，不祥鳥也。誼既以適居長沙，長沙卑濕，誼自傷悼，以爲壽不得長，乃爲賦以自廣。其辭曰：

單閼之歲，四月孟夏，庚子日斜，服集余舍，止於坐隅，貌甚閒暇。異物來崪，私怪其故，發書占之，讖言其度。曰『野鳥入室，主人將去。』問于子服：『余去何之？吉虖告我，凶言其灾。淹速之度，語余其期。』服乃太息，舉首奮翼，口不能言，請對以意。萬物變化，固亡休息。斡流而遷，或推而還。形氣轉續，變化而嬗。沕穆亡間，胡可勝言！禍兮福所倚，福兮禍所伏；憂喜聚門，吉凶同域。彼吳强大，夫差以敗；粵棲會稽，句踐伯世。斯游遂成，卒被五刑；傅説胥靡，乃相武丁。夫禍之與福，何異糾纆！命不可説，孰知其極？水激則旱，矢激則遠。萬物回薄，震蕩相轉。雲烝雨降，糾錯相紛。大鈞播物，坱圠無垠。天不可與慮，道不可與謀。遲速有命，烏識其時？且夫天地爲鑪，造化爲工；陰陽爲炭，萬物爲銅，合散消息，安有常則？千變萬化，未始有極。忽然爲人，何足控揣；化爲異物，又何足患！小智自私，賤彼貴我；達人大觀，物亡不可。貪夫徇財，列士徇名；夸者死權，品庶每生。怵迫之徒，或趨西東；大人不曲，意變齊同。愚士繫俗，僒若囚拘；至人遺物，獨與道俱。衆人惑惑，好惡積意；眞人恬漠，獨與道息。釋智遺形，超然自喪；寥廓忽荒，與道翺翔。乘流則逝，得坎則止；縱軀委命，不私與己。其生兮若浮，其死兮若休。澹虖若深淵之靚，澹虖若不繫之舟。不以生故自保，養空而浮。德人無累，知命不憂。細故蔕芥，何足以疑！

後歲餘，文帝思誼，徵之。至，入見，上方受釐，坐宣室。上因感鬼神事，而問鬼神之本。誼具道所以然之故。至夜半，文帝前席。即罷，曰：『吾久不見賈生，自以爲過之，今不及也。』乃拜誼爲梁懷王太傅。懷王，上少子，愛，而好書，故令誼傅之，數問以得失。

是時，匈奴强，侵邊。天下初定，制度疏闊。諸侯王僭儗，地過古制，淮南、濟北王皆爲逆誅。誼數上疏陳政事，多所欲匡建，其大略曰：

臣竊惟事勢，可爲痛哭者一，可爲流涕者二，可爲長太息者六，若其它背理而傷道者，難徧以疏舉。進言者皆曰天下已安已治矣，臣獨以爲未也。曰安且治者，非愚則諛，皆非事實知治亂之體者也。夫抱火厝之積薪之下而寢其上，火未及燃，因謂之安，方今之勢，何以異此！本末舛逆，首尾衡決，國制搶攘，非甚有紀，胡可謂治！陛下何不壹令臣得孰數之於前，因陳治安之策，試詳擇焉！夫射獵之娛，與安危之機孰急？使爲治，勞智慮，苦身體，乏鐘鼓之樂，勿爲可也。樂與今同，而加之諸侯軌道，兵革不動，民保首領，匈奴賓服，四荒鄉風，百姓素朴，獄訟衰息，大數既得，則天下順治，海內之氣清和咸理，生爲明帝，没爲明神，名譽之美，垂於無窮。《禮》祖有功而宗有德，使顧成之廟稱爲太宗，上配太祖，與漢亡極。建久安之勢，成長治之業，以承祖廟，以奉六親，至孝也；以幸天下，以育羣生，至仁也；立經陳紀，輕重同得，後可以爲萬世法程，雖有愚幼不肖之嗣，猶得蒙業而安，至明也。以陛下之明達，因使少知治體者得佐下風，致此非難也。其具可素陳於前，願幸無忽。臣謹稽之天地，驗之往古，按之當今之務，日夜念此至孰也，雖使禹舜復生，爲陛下計，亡以易此。夫樹國固必相疑之勢，下數被其殃，上數爽其憂，甚非所以安上而全下也。今或親弟謀爲東帝，親兄之子西鄉而擊，今吳又見告矣。天子春秋鼎盛，行義未過，德澤有加焉，猶尚如是，況莫大諸侯，權力且十此者虖！然而天下少安，何也？大國之王幼弱未壯，漢之所置傅相方握其事。數年之後，諸侯之王大抵皆冠，血氣方剛，漢之傅相稱病而賜罷，彼自丞尉以上偏置私人，如此，有異淮南、濟北之爲邪！此時而欲爲治安，雖堯舜不治。黄帝曰：『日中必熭，操刀必割。』今令此道順而全安，甚易，不肯早爲，已乃墮骨肉之屬而抗剄之，豈有異秦之季世虖！夫以天子之位，乘今之時，因天之助，尚憚以危爲安，以亂爲

治，假設陛下居齊桓之處，將不合諸侯而匡天下乎？臣又知陛下有所必不能矣。假設天下如曩時，淮陰侯尚王楚，黥布王淮南，彭越王梁，韓信王韓，張敖王趙，貫高爲相，盧綰王燕，陳豨在代，令此六七公者皆亡恙，當是時而陛下卽天子位，能自安乎？臣有以知陛下之不能也。天下殽亂，高皇帝與諸公並起，非有仄室之勢以豫席之也。諸公幸者，乃爲中涓，其次廑得舍人，材之不逮至遠也。高皇帝以明聖威武卽天子位，割膏腴之地以王諸公，多者百餘城，少者乃三四十縣，德至渥也，然其後十年之間，反者九起。陛下之與諸公，非親角材而臣之也，又非身封王之也，自高皇帝不能以是一歲爲安，故臣知陛下之不能也。然尚有可諉者，曰疏，臣請試言其親者。假令悼惠王王齊，元王王楚，中子王趙，幽王王淮陽，共王王梁，靈王王燕，厲王王淮南，六七貴人皆亡恙，當是時陛下卽位，能爲治乎？臣又知陛下之不能也。若此諸王，雖名爲臣，實皆有布衣昆弟之心，慮亡不帝制而天子自爲者。擅爵人，赦死罪，甚者或戴黄屋，漢法令非行也。雖行不軌如厲王者，令之不肯聽，召之安可致乎！幸而來至，法安可得加！動一親戚，天下圜視而起，陛下之臣雖有悍如馮敬者，適啓其口，匕首已陷其匈矣。陛下雖賢，誰與領此？故疏者必危，親者必亂，已然之效也。其異姓負强而動者，漢已幸勝之矣，又不易其所以然。同姓襲是迹而動，既有徵矣，其勢盡又復然。殃禍之變，未知後移，明帝處之尚不能以安，後世將如之何！屠牛坦一朝解十二牛，而芒刃不頓者，所排擊剝割，皆衆理解也。至於髖髀之所，非斤則斧。夫仁義恩厚，人主之芒刃也；權勢法制，人主之斤斧也。今諸侯王皆衆髖髀也，釋斤斧之用，而欲嬰以芒刃，臣以爲不缺則折。胡不用之淮南、濟北？勢不可也。臣竊迹前事，大抵强者先反。淮陰王楚最强，則最先反；韓信倚胡，則又反；貫高因趙資，則又反；陳豨兵精，則又反；彭越用梁，則又反；黥布用淮南，則又反；盧綰最弱，最後反。長沙乃在二萬五千户耳，功少而最完，勢疏而最忠，非獨性異人也，亦形勢然也。曩令樊、酈、絳、灌據數十城而王，今雖以殘亡可也；令信、越之倫列爲徹侯而居，雖至今存可也。然則天下之大計可知已。欲諸王之皆忠附，則莫若令如長沙王；欲臣子之勿葅醢，則莫若令如樊、酈等；欲天下之治安，莫若衆建諸侯而少其力。力少則易使以義，國小則亡邪心。令海內之勢如身之使臂，臂之使指，莫不制從，諸侯之君不敢有異心，輻湊並進而歸命天子，雖在細民，且知其安，故天下咸知陛下之明。割地定制，令齊、趙、楚各爲若干國，使悼惠王、幽王、元王之子孫畢以次各受祖之分地，地盡而止，及燕、梁它國皆然。其分地衆而子孫少者，建以爲國，空而置之，須其子孫生者，舉使君之。諸侯之地其削頗入漢者，爲徙其侯國及封其子孫也，所以數償之；一寸之地，一人之衆，天子亡所利焉，誠以定治而已，故天下咸知陛下之廉。地制壹定，宗室子孫莫慮不王，下無倍畔之心，上無誅伐之志，故天下咸知陛下之仁。法立而不犯，令行而不逆，貫高、利幾之謀不生，柴奇、開章之計不萌，細民鄉善，大臣致順，故天下咸知陛下之義。臥赤子天下之上而安，植遺腹，朝委裘，而天下不亂，當時大治，後世誦聖。壹動而五業附，陛下誰憚而久不爲此？天下之執方病大瘇。一脛之大幾如要，一指之大幾如股，平居不可屈信，一二指搐，身慮亡聊。失今不治，必爲錮疾，後雖有扁鵲，不能爲已。病非徒瘇也，又苦蹠戾。元王之子，帝之從弟也；今之王者，從弟之子也。惠王，親兄子也；今之王者，兄子之子也。親者或亡分地以安天下，疏者或制大權以逼天子，臣故曰非徒病瘇也，又苦蹠戾。可痛哭者，此病是也。天下之勢方倒縣。凡天子者，天下之首，何也？上也。蠻夷者，天下之足，何也？下也。今匈奴嫚姆侵掠，至不敬也，爲天下患，至亡已也，而漢歲致金絮采繒以奉之。夷狄徵令，是主上之操也；天子共貢，是臣下之禮也。足反居上，首顧居下，倒縣如此，莫之能解，猶爲國有人乎？非亶倒縣而已，又類辟，且病痱。夫辟者一面病，痱者一方痛。今西邊北邊之郡，雖有長爵不輕得復，五尺以上不輕得息，斥候望烽燧不得臥，將吏被介胄而睡，臣故曰一方病矣。醫能治之，而上不使，可爲流涕者此也。陛下何忍以帝皇之號爲戎人諸侯，勢既卑辱，而禍不息，長此安窮！進謀者率以爲是，固不可解也，亡具甚矣。臣竊料匈奴之衆不過漢一大縣，以天下之大困於一縣之衆，甚爲執事者羞之。陛下何不試以臣爲屬國之官以主匈奴？行臣之計，請必係單于之頸而制其命，伏中行説而笞其背，舉匈奴之衆唯上之令。今不獵猛敵而獵田彘，不搏反寇而搏畜菟，玩細娱而不圖大患，非所以爲安也。德可遠施，威可遠加，而直數百里外威令不信，可爲流涕者此也。今民賣僮者，爲之繡衣絲履偏

諸緣，內之閑中，是古天子后服，所以廟而不宴者也，而庶人得以衣婢妾。白縠之表，薄紈之裏，緁以偏諸，美者黼繡，是古天子之服，今富人大賈嘉會召客者以被牆。古者以奉一帝一后而節適，今庶人屋壁得爲帝服，倡優下賤得爲后飾，然而天下不屈者，殆未有也。且帝之身自衣皁綈，而富民牆屋被文繡；天子之後以緣其領，庶人孽妾緣其履：此臣所謂舛也。夫百人作之不能衣一人，欲天下亡寒，胡可得也？一人耕之，十人聚而食之，欲天下亡飢，不可得也。飢寒切於民之肌膚，欲其亡爲姦邪，不可得也。國已屈矣，盜賊直須時耳，然而獻計者曰『毋動』爲大耳。夫俗至大不敬也，至亡等也，至冒上也，進計者猶曰『毋爲』，可爲長太息者此也。商君遺禮義，棄仁恩，并心於進取，行之二歲，秦俗日敗。故秦人家富子壯則出分，家貧子壯則出贅。借父耰鉏，慮有德色；毋取箕帚，立而誶語。抱哺其子，與公并倨；婦姑不相說，則反脣而相稽。其慈子耆利，不同禽獸者亡幾耳。然并心而赴時，猶曰蹷六國，兼天下。功成求得矣，終不知反廉愧之節，仁義之厚。信并兼之法，遂進取之業，天下大敗；衆掩寡，智欺愚，勇威怯，壯陵衰，其亂至矣。是以大賢起之，威震海內，德從天下。曩之爲秦者，今轉而爲漢矣。然其遺風餘俗，猶尚未改。今世以侈靡相競，而上亡制度，棄禮誼，捐廉恥，日甚，可謂月異而歲不同矣。逐利不耳，慮非顧行也，今其甚者殺父兄矣。盜者剟寢戶之簾，搴兩廟之器，白晝大都之中剽吏而奪之金。矯僞者出幾十萬石粟，賦六百餘萬錢，乘傳而行郡國，此其亡行義之尤至者也。而大臣特以簿書不報，期會之間，以爲大故。至於俗流失，世壞敗，因恬而不知怪，慮不動於耳目，以爲是適然耳。夫移風易俗，使天下回心而鄉道，類非俗吏之所能爲也。俗吏之所務，在於刀筆筐篋，而不知大體。陛下又不自憂，竊爲陛下惜之。夫立君臣，等上下，使父子有禮，六親有紀，此非天之所爲，人之所設也。夫人之所設，不爲不立，不植則僵，不修則壞。《筦子》曰：『禮義廉恥，是謂四維；四維不張，國乃滅亡。』使筦子愚人也則可，筦子而少知治體，則是豈可不爲寒心哉！秦滅四維而不張，故君臣乖亂，六親殃戮，姦人並起，萬民離叛，凡十三歲，而社稷爲虛。今四維猶未備也，故姦人幾幸，而衆心疑惑。豈如今定經制，令君君臣臣，上下有差，父子六親各得其宜，姦人亡所幾幸，而羣臣衆信，上不疑惑！此業壹定，世世常安，而後有所持循矣。若夫經制不定，是猶度江河亡維楫，中流而遇風波，船必覆矣。可爲長太息者此也。夏爲天子，十有餘世，而殷受之。殷爲天子，二十餘世，而周受之。周爲天子，三十餘世，而秦受之。秦爲天子，二世而亡。人性不甚相遠也，何三代之君有道之長，而秦無道之暴也？其故可知也。古之王者，太子乃生，固舉以禮，使士負之，有司齊肅端冕，見之南郊，見于天也。過闕則下，過廟則趨，孝子之道也。故自爲赤子而教固已行矣。昔者成王幼在繈抱之中，召公爲太保，周公爲太傅，太公爲太師。保，保其身體；傅，傅之德義；師，道之教訓：此三公之職也。於是爲置三少，皆上大夫也，曰少保、少傅、少師，是與太子宴者也。故乃孩提有識，三公、三少固明孝仁禮義以道習之，逐去邪人，不使見惡行。於是皆選天下之端士孝悌博聞有道術者以衛翼之，使與太子居處出入。故太子乃生而見正事，聞正言，行正道，左右前後皆正人也。夫習與正人居之，不能毋正，猶生長於齊不能不齊言也；習與不正人居之，不能毋不正，猶生長于楚之地不能不楚言也。故擇其所耆，必先受業，乃得嘗之；擇其所樂，必先有習，乃得爲之。孔子曰：『少成若天性，習慣如自然。』及太子少長，知妃色，則入于學。學者，所學之官也。《學禮》曰：『帝入東學，上親而貴仁，則親疏有序而恩相及矣；帝入南學，上齒而貴信，則長幼有差而民不誣矣；帝入西學，上賢而貴德，則聖智在位而功不遺矣；帝入北學，上貴而尊爵，則貴賤有等而下不踰矣；帝入太學，承師問道，退習而考于太傅，太傅罰其不則而匡其不及，則德智長而治道得矣。此五學者既成於上，則百姓黎民化輯於下矣。』及太子既冠成人，免於保傅之嚴，則有記過之史，徹膳之宰，進善之旌，誹謗之木，敢諫之鼓。瞽史誦詩，工誦箴諫，大夫進謀，士傳民語。習與智長，故切而不媿；化與心成，故中道若性。三代之禮：春朝朝日，秋暮夕月，所以明有敬也；春秋入學，坐國老，執醬而親饋之，所以明有孝也；行以鸞和，步中《采齊》，趣中《肆夏》，所以明有度也；其於禽獸，見其生不食其死，聞其聲不食其肉，故遠庖廚，所以長恩，且明有仁也。夫三代之所以長久者，以其輔翼太子有此具也。及秦而不然。其俗固非貴辭讓也，所上者告訐也；固非貴禮義也，所上者刑罰也。使趙高傅胡亥而教之獄，所習者非斬劓人，則夷人之三族也。故胡亥

今日卽位而明日射人，忠諫者謂之誹謗，深計者謂之妖言，其視殺人若艾草菅然。豈惟胡亥之性惡哉？彼其所以道之者非其理故也。鄙諺曰：『不習爲吏，視已成事。』又曰：『前車覆，後車誡。』夫三代之所以長久者，其已事可知也；然而不能從者，是不法聖智也。秦世之所以亟絶者，其轍迹可見也；然而不避，是後車又將覆也。夫存亡之變，治亂之機，其要在是矣。天下之命，縣于太子；太子之善，在於早諭教與選左右。夫心未濫而先諭教，則化易成也；開於道術智誼之指，則教之力也。若其服習積貫，則左右而已。夫胡、粤之人，生而同聲，耆欲不異，及其長而成俗，累數譯而不能相通，行者有雖死而不相爲者，則教習然也。臣故曰選左右早諭教最急。夫教得而左右正，則太子正矣，太子正而天下定矣。《書曰》：『一人有慶，兆民賴之。』此時務也。凡人之智，能見已然，不能見將然。夫禮者禁於將然之前，而法者禁於已然之後，是故法之所用易見，而禮之所爲生難知也。若夫慶賞以勸善，刑罰以懲惡，先王執此之政，堅如金石，行此之令，信如四時，據此之公，無私如天地耳，豈顧不用哉？然而曰禮云禮云者，貴絶惡於未萌，而起教於微眇，使民日遷善遠罪而不自知也。孔子曰：『聽訟，吾猶人也，必也使毋訟乎！』爲人主計者，莫如先審取捨；取捨之極定於內，而安危之萌應於外矣。安者非一日而安也，危者非一日而危也，皆以積漸然，不可不察也。人主之所積，在其取舍。以禮義治之者，積禮義；以刑罰治之者，積刑罰。刑罰積而民怨背，禮義積而民和親。故世主欲民之善同，而所以使民善者或異。或道之以德教，或驅之以法令。道之以德教者，德教洽而民氣樂；驅之以法令者，法令極而民風哀。哀樂之感，禍福之應也。秦王之欲尊宗廟而安子孫，與湯武同，然而湯武廣大其德行，六七百歲而弗失，秦王治天下，十餘歲則大敗。此亡它故矣，湯武之定取捨審而秦五之定取捨不審矣。夫天下，大器也。今人之置器，置諸安處則安，置諸危處則危。天下之情與器亡以異，在天子之所置之。湯武置天下於仁義禮樂，而德澤洽，禽獸草木廣裕，德被蠻貊四夷，累子孫數十世，此天下所共聞也。秦王置天下於法令刑罰，德澤亡一有，而怨毒盈於世，下憎惡之如仇讐，禍幾及身，子孫誅絶，此天下之所共見也。是非其明效大驗邪！人之言曰：『聽言之道，必以其事觀之，則言者莫敢妄言。』今或言禮誼之不如法令，教化之不如刑罰，人主胡不引殷、周、秦事以觀之也？人主之尊譬如堂，羣臣如陛，衆庶如地。故陛九級上，廉遠地，則堂高；陛亡級，廉近地，則堂卑。高者難攀，卑者易陵，理勢然也。故古者聖王制爲等列，內有公卿大夫士，外有公侯伯子男，然後有官師小吏，延及庶人，等級分明，而天子加焉，故其尊不可及也。里諺曰：『欲投鼠而忌器。』此善諭也。鼠近于器，尚憚不投，恐傷其器，況於貴臣之近主乎！廉恥節禮以治君子，故有賜死而亡戮辱。是以黥、劓之罪不及大夫，以其離主上不遠也。禮不敢齒君之路馬，蹴其芻者有罰；見君之几杖則起，遭君之乘車則下，入正門則趨；君之寵臣雖或有過，刑戮之罪不加其身者，尊君之故也。此所以爲主上豫遠不敬也，所以體貌大臣而厲其節也。今自王侯三公之貴，皆天子之所改容而禮之也，古天子之所謂伯父、伯舅也，而令與衆庶同黥劓髡刖笞傌、棄市之法，然則堂不亡陛乎？被戮辱者不泰迫乎？廉恥不行，大臣無乃握重權，大官而有徒隸亡恥之心乎？夫望夷之事，二世見當以重法者，投鼠而不忌器之習也。臣聞之，履雖鮮不加於枕，冠雖敝不以苴履。夫嘗已在貴寵之位，天子改容而體貌之矣，吏民嘗俯伏以敬畏之矣，今而有過，帝令廢之可也，退之可也，賜之死可也，滅之可也；若夫束縛之，係緤之，輸之司寇，編之徒官，司寇小吏詈罵而榜笞之，殆非所以令衆庶見也。夫卑賤者習知尊貴者之一旦吾亦乃可以加此也，非所以習天下也，非尊尊貴貴之化也。夫天子之所嘗敬，衆庶之所嘗寵，死而死耳，賤人安宜得如此而頓辱之哉！豫讓事中行之君，智伯伐而滅之，移事智伯。及趙滅智伯，豫讓釁面吞炭，必報襄子，五起而不中。人問豫子，豫子曰：『中行衆人畜我，我故衆人事之；智伯國士遇我，我故國士報之。』故此一豫讓也，反君事讐，行若狗彘，已而抗節致忠，行出乎列士，人主使然也。故主上遇其大臣如遇犬馬，彼將犬馬自爲也；如遇官徒，彼將官徒自爲也。頑頓亡恥，奊詬亡節，廉恥不立，且不自好，苟若而可，故見利則逝，見便則奪。主上有敗，則因而挻之矣；主上有患，則吾苟免而已，立而觀之耳；有便吾身者，則欺賣而利之耳。人主將何便於此？羣下至衆，而主上至少也，所託財器職業者粹於羣下也。俱亡恥，俱苟妄，則主上最病。故古者禮不及庶人，刑不至大夫，所以厲寵臣之節也。古者大臣有坐不廉而廢者，不謂不廉，曰『簠簋不飾』；坐汙

穢淫亂男女亡別者，不曰汙穢，曰『帷薄不修』；坐罷軟不勝任者，不謂罷軟，曰『下官不職』。故貴大臣定有其罪矣，猶未斥然正以呼之也，尚遷就而爲之諱也。故其在大譴大何之域者，聞譴何則白冠氂纓，盤水加劍，造請室而請罪耳，上不執縛係引而行也。其有中罪者，聞命而自弛，上不使人頸戾而加也。其有大罪者，聞命則北面再拜，跪而自裁，上不使捽抑而刑之也，曰：『子大夫自有過耳！吾遇子有禮矣。』遇之有禮，故羣臣自憙；嬰以廉恥，故人矜節行。上設廉恥禮義以遇其臣，而臣不以節行報其上者，則非人類也。故化成俗定，則爲人臣者主耳忘身，國耳忘家，公耳忘私，利不苟就，害不苟去，唯義所在。上之化也，故父兄之臣誠死宗廟，法度之臣誠死社稷，輔翼之臣誠死君上，守圄扞敵之臣誠死城郭封疆。故曰聖人有金城者，比物此志也。彼且爲我死，故吾得與之俱生；彼且爲我亡，故吾得與之俱存；夫將爲我危，故吾得與之皆安。顧行而忘利，守節而仗義，故可以託不御之權，可以寄六尺之孤。此厲廉恥行禮誼之所致也，主上何喪焉！此之不爲，而顧彼之久行，故曰可爲長太息者此也。

是時，丞相絳侯周勃免就國，人有告勃謀反，逮繫長安獄治，卒亡事，復爵邑，故賈誼以此譏上。上深納其言，養臣下有節。是後大臣有罪，皆自殺，不受刑。至武帝時，稍復入獄，自寗成始。

初，文帝以代王入卽位，後分代爲兩國，立皇子武爲代王，參爲太原王，小子勝則梁王矣。後又徙代王武爲淮陽王，而太原王參爲代王，盡得故地。居數年，梁王勝死，亡子。誼復上疏曰：

陛下卽不定制，如今之勢，不過一傳再傳，諸侯猶且人恣而不制，豪植而大强，漢法不得行矣。陛下所以爲蕃扞及皇太子之所恃者，唯淮陽、代二國耳。代北邊匈奴，與强敵爲鄰，能自完則足矣。而淮陽之比大諸侯，廑如黑子之著面，適足以餌大國耳，不足以有所禁禦。方今制在陛下，制國而令子適足以爲餌，豈可謂工哉！人主之行異布衣。布衣者，飾小行，競小廉，以自託於鄉黨，人主唯天下安社稷固不耳。高皇帝瓜分天下以王功臣，反者如蝟毛而起，以爲不可，故蔪去不義諸侯而虛其國。擇良日，立諸子洛陽上東門之外，畢以爲王，而天下安。故大人者，不牽小行，以成大功。今淮南地遠者或數千里，越兩諸侯，而縣屬於漢。其吏民繇役往來長安者，自悉而補，中道衣敝，錢用諸費稱此，其苦屬漢而欲得王至甚，逋逃而歸諸侯者已不少矣。其勢不可久。臣之愚計，願舉淮南地以益淮陽，而爲梁王立後，割淮陽北邊二三列城與東郡以益梁；不可者，可徙代王而都睢陽。梁起於新郪以北著之河，淮陽包陳以南揵之江，則大諸侯之有異心者，破膽而不敢謀。梁足以扞齊、趙，淮陽足以禁吳、楚，陛下高枕，終亡山東之憂矣，此二世之利也。當今恬然，適遇諸侯之皆少，數歲之後，陛下且見之矣。夫秦日夜苦心勞力以除六國之禍，今陛下力制天下，頤指如意，高拱以成六國之禍，難以言智。苟身亡事，畜亂宿禍，孰視而不定，萬年之後，傳之老母弱子，將使不寧，不可謂仁。臣聞聖主言問其臣而不自造事，故使人臣得畢其愚忠。唯陛下財幸！

文帝於是從誼計，乃徙淮陽王武爲梁王，北界泰山，西至高陽，得大縣四十餘城；徙城陽王喜爲淮南王，撫其民。

時又封淮南厲王四子皆爲列侯。誼知上必將復王之也，上疏諫曰：『竊恐陛下接王淮南諸子，曾不與如臣者孰計之也。淮南王之悖逆亡道，天下孰不知其罪？陛下幸而赦遷之，自疾而死，天下孰以王死之不當？今奉尊罪人之子，適足以負謗於天下耳。此人少壯，豈能忘其父哉？白公勝所爲父報仇者，大父與伯父、叔父也。白公爲亂，非欲取國代主也，發憤快志，剡手以衝仇人之匈，固爲俱靡而已。淮南雖小，黥布嘗用之矣，漢存特幸耳。夫擅仇人足以危漢之資，於策不便。雖割而爲四，四子一心也。予之衆，積之財，此非有子胥、白公報於廣都之中，卽疑有剸諸、荆軻起於兩柱之間，所謂假賊兵爲虎翼者也。願陛下少留計！』

梁王勝墜馬死，誼自傷爲傅無狀，常哭泣，後歲餘，亦死。賈生之死，年三十三矣。

後四歲，齊文王薨，亡子。文帝思賈生之言，乃分齊爲六國，盡立悼惠王子六人爲王；又遷淮南王喜於城陽，而分淮南爲三國，盡立厲王三子以王之。後十年，文帝崩，景帝立；三年而吳、楚、趙與四齊王合從舉兵，西鄉京師，梁王扞之，卒破七國。至武帝時，淮南厲王子爲王者兩國亦反誅。

孝武初立，舉賈生之孫二人至郡守。賈嘉最好學，世其家。

贊曰：劉向稱『賈誼言三代與秦治亂之意，其論甚美，通達國體，

雖古之伊、管未能遠過也。使時見用，功化必盛。爲庸臣所害，甚可悼痛。』追觀孝文玄默躬行以移風俗，誼之所陳略施行矣。及欲改定制度，以漢爲土德，色上黄，數用五，及欲試屬國，施五餌三表以係單于，其術固以疏矣。誼亦天年早終，雖不至公卿，未爲不遇也。凡所著述五十八篇，掇其切於世事者著于《傳》云。

又　卷八八《儒林傳》　漢興，北平侯張蒼及梁太傅賈誼、京兆尹張敞、太中大夫劉公子皆修《春秋左氏傳》。

《後漢書》卷七〇上《班彪傳》　孔子稱：『性相近，習相遠也。』賈誼以爲，『習爲善人居，不能無爲善，猶生長於齊，不能無齊言也。習與惡人居，不能無爲惡，猶生長于楚，不能無楚言也。』

論說

《三國志》卷五七《吴志・張温傳》　昔賈誼，至忠之臣也，漢文，大明之君也，然而絳、灌一言，賈誼遠退。

《晉書》卷四八《段灼傳》　昔漢文帝據已成之業，六合同風，天下一家。而賈誼上疏陳當時之勢，猶以爲譬如抱火厝於積薪之下，而寢其上，火未及然，因謂之安。此言誠存不忘亡，安不忘亂者也。

又　卷五二《袁甫傳》　若仲舒抑於孝武，賈誼失於漢文，蓋復是其輕者耳。

唐・皮日休《文藪》卷二《悼賈序》　余嘗讀賈誼《新書》，見其經濟之道，眞命世王佐之才也。自漢氏革嬴，高祖得於矢石，不暇延儒生。及爲天子，制缺度弛，處華而夷。是時獨有叔孫生能定朝儀，其制未悉。唯生草其書，欲以制屈諸侯，推定正朔，調革興服，通流貨幣。天不佑漢，絳、灌興謗，竟枉其道，出傅湘、沅。生自以不得志，哀屈平之放逐，及渡沅、湘，沈文以弔之。故其辭曰：『歷九州而相君兮，何必懷此故都。』噫！余釋生之意矣。當戰國時，屈平不用於荆，則有齊、趙、秦、魏矣。何不舍荆而相他國乎？余謂平雖遭靳尚子蘭之讒，不忍捨同姓之邦，爲他國之相，宜矣。然則生之見棄，又甚於平。當漢時，捨文帝，則諸侯矣。如適諸侯，則《新書》之文，抑諸侯而尊天子。捨諸侯，則胡越矣，則《新書》之文，滅胡，越而崇中夏也。是以其心切，其憤深，其詞隱而麗，其藻傷而雅。余悲生哀平之見棄，又生不能自用其道。嗚乎！聖人之文與道也，求知與用，苟不在一時，而在於百世之後者乎？其生之哀平歟？余之悲生歟？吾之道也，廢與用幸未可知，但不知百世之後，得其文而存之者，復何人也。咸通癸未中，南浮至沅、湘，復沈文以悼之。

宋・司馬光《傳家集》卷六五《賈生論》　世皆以賈生聰明辯博曉練治體，若遭明主當治世，誠得盡用，其道三代可復帝皇可幾。不幸黜於絳、灌，疏廢早終，可爲痛惜。愚以爲賈生學不純正，雖有俊才，任之爲治必不效矣。何以知之？觀其書而知之。賈生數上書陳得失，云可爲痛哭者一，流涕者二，太息者六。然所謂痛哭者，謂侯太强也。以爲指大於股，脛大於要，久而不制，必爲國害。夫爲天下者，患政刑之不立，不患諸侯之太强。賈生言不見用，然終文帝世諸侯帖服。孝景初立，晁錯不勝其憤而削之，反者紛然響應，起不踰時，敗亡不救，惡能爲漢之大害哉？所謂流涕者，匈奴不賓也。匈奴荒外之國，與禽獸無殊。天下治而不服，不足損聖王之德。天下弊而得之，不足爲聖王之功。而賈生孜孜愛其蕞爾之金絮，忘其征討之大費，忿其區區之禮節，忽其勤民之鉅害，惡在其爲，知治體也。夫治天下之具，孰先於禮義？安天下之本，孰先於嗣君？禮義不張，雖復四夷，賓服强場，不聳當如内憂何？儲嗣失教，雖復諸侯，微弱四方，無虞其誰能守之？然賈生以此二者列之於後，以爲餘事捨國家之紀綱，遺天下之大本，顧切切然。以列國外夷爲慮，皆涕泣之，可謂悖本末之統，謬緩急之序，謂之知治體。何哉？又曰：仁義者，人主之芒刃也。法制者，人主之斤斧也。不能以道輔人主，鎮撫諸侯，緩之以德，齊之以禮，而欲疏骨肉，斷慈惠，視仁義爲虚器，操刑法爲利柄，翦周孔之夷塗，樹申商之險術。由此觀之，所學豈得爲純正耶？世人不察其所由之術，苟見其材之茂，學之博，其言韡曄可觀，而不得施於世，因從而歎之。不知夫駁濫刻深，非吾黨也。夫唯材高而道不正者，君子惡之。

宋・蘇軾《東坡全集》卷四三《賈誼論》　非才之難，所以自用者實難。惜乎！賈生王者之佐，而不能用其才也。夫君子之所取者遠，則

必有所待；所就者大，則必有所忍。古之賢人，君子皆負可致之才，而卒不能行其萬一者，未必皆其君之過，或者其自取也。愚觀賈生之論，如其所言，雖三代何以遠過？得君如漢文，猶且以不用死。然則是天下無舜堯，終不可有所爲耶？仲尼聖人，歷試于天下，苟非大無道之國，皆欲勉强扶持，庶幾一日得行其道。將之荆，先之以冉有，申之以子貢。君子之欲得其君，如此其勤也。孟子去齊，三宿而後出晝，猶曰：『王庶幾召我。』君子之不忍棄去其君，如此其厚也。公孫丑問曰：『夫子何爲不豫？』孟子曰：『方今天下，舍我其誰哉？而吾何爲不豫？』君子之愛其身，如此其至也。夫如此而不用，然後知天下果不足與有爲，而可以無憾矣。若賈誼者，非漢文之不用生，生之不能用漢文也。夫絳侯親握天子璽而授之文帝，灌嬰連兵數十萬，以決劉、呂之雌雄，又皆高帝之舊將，此其君臣相得之分，豈特父子骨肉手足哉？賈生，洛陽之少年，欲使其一朝之間，盡棄其舊而謀其新，亦已難矣。爲賈生者，上得其君，下得其大臣，如絳、灌之屬，優游浸漬而深交之，使天子不疑，大臣不忌，然後舉天下而唯吾之所欲爲，不過十年，可以得志。安有立談之間，而遽爲人痛哭哉！觀其過湘爲賦以弔屈原，紆鬱憤悶，趯然有遠舉之志。其後卒以自傷哭泣，至於夭絶，是亦不善處窮者也。夫謀之一不見用，安知終不復用也！不知默默以待其變，而自殘至此。烏乎！賈生志大而量小，才有餘而識不足也。古之人有高世之才，必有遺俗之累，是故非聰明睿哲不惑之主，則不能全其用。古今稱苻堅得王猛于草茅之中，一朝盡斥去其舊臣而與之謀。其以匹夫畧有天下之半，其以此哉！愚深悲賈生之志，故備論之。亦使人君得如賈誼之臣，則知其有狷介之操，一不見用，則憂傷病沮，不能復振。而爲生者，亦慎其所發哉！

宋・眞德秀《西山讀書記》卷二五《廣大學之二》 漢儒董仲舒最平正，劉向博洽而淺，然皆不見聖人大道。賈誼、司馬遷皆駁雜，大意是言權謀功利，時以仁義捭覆之，然終救不得。

又 卷三〇《朱子曰仲舒識得本源》 問賈誼與董仲舒如何？曰：誼有戰國縱横之風，仲舒儒者，但見得不遠。

宋・劉炎《邇言》卷一〇《經籍》 或問：賈誼董仲舒之文。曰：仲舒春風，賈生烈日。

宋・王邁《臞軒集》卷四《文帝論五》 余嘗觀賈誼弔屈原賦，因以究觀誼之終始，而後知文帝未爲不知誼，而誼誠不能以自知也。且誼之見知於帝以吴公一言也，吴公之薦誼亦惟稱其能通諸家之書，爲經生學士之事也。公以經生學士薦之，帝以博士處之，豈不爲量能授職哉？既官之博士矣，而又升之中大夫，帝非不知中大夫爲有政事之官，而顧使誼書生爲之者，蓋欲以此試誼之施爲也。紛更常度，慢易故老，少年習氣色已呈露於是，決知誼之才可以言文學，而不可以論政事矣。未幾，而出傅長沙焉。漢家制度以明經學士爲侯王師傅，不特誼一人也。董仲舒、王吉、貢禹諸人皆以文學居此位，此正漢人中外迭補之法，而誼獨不屑於其職。弔湘之作，悲鳴躑躅，殆不能以自禁，多見其不知量也。夫道之窮通有命存焉，無故之變聖賢有所不能免，要在吾所以處之者如何耳。人必有大患難，而後有大植立，而有道之士履坎險如夷塗，遭變故如無事，存神於我而榮辱得喪，所過者化如太虚之一塵。孔孟之處世變，用此道也。《柏舟》，仁人不遇之詩也，而曰：『威儀棣棣，不可選也。』何嘗怨其爲不遇？《北門》，大夫不得志之詩也，而曰：『天實爲之，謂之何哉！』何嘗恨其不得志？『考槃在澗，碩人之寬。』賢者不自知，其在澗。『隰桑在阿，其葉有儺。』君子不自知，其在阿。必如是，而後可以爲窮理盡性之學，又況誼今日之遇未爲不盡其才者！獨少容忍而静俟之，憂喜欣戚横於肝鬲，悻悻見面如小丈夫，曾是謂之知道乎？其後宣室召還之日，又不過出爲梁傅而已。甚矣！文帝審於知誼，而誼獨不能以自知也。雖然誼誠奇才也，而迄不爲漢大臣元老。吾於此深有感先王用人之制也，先王之制，限人以四十而仕者，蓋欲其磨礲世故之深，漸漬禮義之久，而後用之，以責其成也。使誼獲生於先王之世，限之以四十而仕之制，誼未必不爲成德之人。吾又嘆：夫後世誘天下以爵禄之具，其斷喪人才者豈少哉！

宋・黄震《黄氏日鈔》卷三九《讀本朝諸儒理學書・南軒先生文集・史論・賈董》 賈生英俊之才，然未免有激發暴露之氣。天人之對雖若緩而不切，然反覆誦味淵源純粹。以武帝好大喜功好欲之心使聽仲舒，則天下蒙福矣。

又 卷四七《讀史・漢書・賈誼》 天資甚高，議論甚偉。惜不聞

孔孟之學，然一時無與比者。其後經畫漢室變故，皆誼遺策。

宋・黎靖德《朱子語類》卷五八《孟子・仕非爲貧章》 某嘗説，賈誼固有才，文章亦雄偉，只是言語急迫，失進言之序，看有甚事，都一齊説了，宜絳灌之徒不説，而文帝謙讓未遑也。且如一間破屋，教自家修，須有先後緩急之序；不成一齊拆下，雜然並修。看他會做事底人便別，如韓信鄧禹諸葛孔明輩，無不有一定之規模，漸漸做將去，所以所爲皆卓然有成。這樣人方是有定力，會做事。如賈誼胸次終是鬧，着事不得，有些子在心中，盡要迸出來。只管跳躑爆趠不已，如乘生駒相似，制御他未下。所以言語無序，而不能有所爲也。

又 卷一三五《歷代二》 賈誼説教太子，方説那承師問道等事，卻忽然説帝入太學之類。後面又説太子，文勢都不相干涉。不知怎地，賈誼文章大抵恁地無頭腦。如後面説『春朝朝日，秋莫夕月』，亦然。他方説太子，又便從天子身上去。某嘗疑『三代之禮』一句，合當作『及其爲天子』字。蓋詳他意，是謂爲太子時教得如此，及爲天子則能如此。它皆是引禮經全文以爲證，非是他自説如此。

賈誼《新書》除了《漢書》中所載，餘亦難得粹者。看來只是賈誼一雜記稾耳，中間事事有些。

賈誼、司馬遷皆駁雜，大意是説權謀功利。説得深了，覺見不是，又説一兩句仁義。然權謀已多了，救不轉。

又 卷一三七《戰國漢唐諸子》 賈誼之學雜。他本是戰國縱横之學，只是較近道理，不至如儀秦蔡范之甚爾。他於這邊道理見得分數稍多，所以説得較好。然終是有縱横之習，緣他根腳只是從戰國中來故也。

宋・佚名《歷代名賢確論》卷四一《賈誼》 劉禹錫：賈生明王道，衛綰工車戲。同遇漢文時，何人居貴位。

子由（蘇轍）詩曰：賈生料吳楚，竟斃大梁城。一身不自保，痛哭空傷生。

樂天曰：漢文帝時，賈誼上疏云：『可爲痛哭者一，可爲流涕者二，可爲長太息者六。』是時漢興四十載，萬方大理，四海大和，而賈誼非不見之，所以過言者，以爲詞不切，志不激，則不能迴君聽，感君心，而發憤於至理也。是以雖盛時也，賈誼過言而無愧，雖過言也，文帝容之而不非。故臣不失忠，君失聖，書之史策，以爲美談。然臣觀自茲以來，天下之理，未曾有仿佛於漢文帝時者，激切之言，又未有仿佛於賈誼疏者，豈非君之明聖，不侔於文帝乎？臣之忠讜不逮於賈誼乎？不然，何衰亂之時愈多，而切直之言愈少也？今陛下思禹之昌言而拜之，念漢之極諫而徵之，癈虛文之無用者，獎至言之斥已者，詢臣以可行之策，諭臣以不倦之意，懇惻鬱悼，發於至誠，此眞聖王思至理求過言之明旨也。斯則陛下之道，已宏於前代，臣之才識，劣於古人，輒欲過言，以裨陛下明德萬分之一也。裨之者，非敢謂言之必可行也，體用之必可明也，且欲使後代知陛下踐祚之後，有樸直敢言之臣出焉，無俾文帝賈誼專美於漢代。然後退而俯伏，以待罪戾焉，臣誠所甘心也。謹以過言，昧死上對。

權德輿曰：嘗讀賈誼書，觀其經制人文，鋪陳帝業，術亦至矣。待之宣室，恨得後時，遇亦深矣。然竟不能達四聰而盡其善，排羣議而試厥謀，道之難行，亦已久矣。東陽、絳、灌，何代無之？嘻！一薰一蕕，善齊不能同器，方鑿圓枘，良工無以措巧。此所以治世少而亂日多，大雅衰而正聲寢。漢道不融，失之於賈傅焉；吾唐不幸，復擯棄於陸公。

曾子固曰：余讀三代兩漢之書，至於奇辭奧旨，光輝淵澄，洞達心腑，如登高山以望長江之活流，而恍然駭其氣之壯也。故詭辭誘之而不能動，淫辭迫之而不能顧，考是與非若別白黑而不能惑，浩浩洋洋，波徹際涯，雖千萬年之遠，而若會於吾心，益自喜其資之者深而得之者多也。既而遇事輒發，足以自壯其氣，覺其辭源源來而不雜，剔吾粗以迎其眞，植吾本以質其華。其高足以淩青雲，抗太虛，而不入於詭誕；其下足以盡山川草木之理，形狀變化之情，而不入於卑汙。及其事多，而憂深慮遠而激扞有觸於吾心，而干於吾氣，故其言多而出於無聊，讀之有憂愁不忍之態，然其氣要以爲無傷也，於是又自喜其無入而不宜矣。使予位之朝廷，睹天子所以措置指畫號令天下之意，作之訓辭，鏤之金石，以傳太平無窮之業，蓋未必不有可觀者，遇其所感，寓其所志，則自以爲皆無傷也。余悲賈生之不遇。觀其爲文，經畫天下之便宜，足以見其康天下之心。觀其過湘爲賦以弔屈原，足以見其憫時憂國，而有觸於其氣。後之人責其一不遇而爲是憂怨之言，乃不知古詩之作，皆古窮人之辭，要之不悖於道義者，皆可取也。賈生少年多才，見文帝極陳天下之事，毅然無所阿避。而

絳灌之武夫相遭于朝，譬之投規於矩，雖强之不合，故斥去，不得與聞朝廷之事，以奮其中之所欲言。彼其不發於一時，猶可寄文以攄其藴，則夫賈生之志，其亦可罪耶？故予之窮餓，足以知人之窮者，亦必若此。又嘗學文章，而知窮人之辭，自古皆然，是以於賈生少進焉。嗚呼！使賈生卒其所施，爲其功業，宜有可述者，又豈空言以道之哉？予之所以自悲者，亦若此。然已之知者，其誰歟？雖不吾知，誰患耶！

元・陶宗儀《説郛》卷一六上《考古》　賈誼善言治，健而快，過董仲舒一等。仲舒優軟不迫切，純儒也。

明・胡廣《性理大全書》卷六一《歷代三・西漢・賈誼》　程子曰：

誼之言曰非有孔子墨翟之賢，孔與墨一言之，其識末矣，其亦不善學矣。

龜山楊氏曰：

賈誼以少年英鋭之資，抱負其器，頗見識拔慨然，遂以身任天下。而絳、灌之徒，出於織薄販繒之武夫，先王之典章文物，彼烏足與議哉？高帝所以，平天下定法令，又皆其身親見之也。誼以疏逖晚進之人，欲一日悉更易之，彼其心豈能恝然耶？此譏釁之所由起也。古之君子自重其身，常若不得已而後進，非固要君也。蓋天下重器不可易爲之，王業之大必遲久而後成，故人君非有至誠不倦之心，則不足與有爲也。其尊德樂義一，有不至則引而去之，萬鍾於我何加焉？非忘天下，道固然也。誼之草具儀法，與夫三表吾餌，其術固疏矣。當是時，人君方且謙讓未遑也，誼身非宰輔，及汲汲然自進其説，蓋亦不自重矣！在我者，不重故人聽之也輕，及夫以才見忌，不容于朝，出爲王傅，其論國事猶曰：『陛下曾不與如臣者議之。』則是欲嬰撫在庭之臣，而出其上也。豈不召禍與？孔子曰：『爲國以禮，其言不讓。』於誼有之矣。

漢之儒者，若賈誼用力亦勤矣，其文宏妙，殆非後儒能造，其域然稽，其道學淵源，論篤者，終莫之與也。

朱子曰：

賈誼之學雜，他本是戰國縱横之學，只是較近道理，不至如儀、秦、蔡、范之甚爾。他於這邊道理見得分數稍多，所以説得較好，然終是有縱横之習。緣他根脚只是從戰國中來，故也。漢儒惟董仲舒純粹，其學甚正，非諸人比，只是困苦無精彩極好處也，只有正義、明道兩句。下此諸子皆無足道，如張良、諸葛亮，固正只是太麄。

南軒張氏曰：

賈生英俊之才若董相，則知學者也。《治安之策》可謂通達當世之務，然未免乎有激發暴露之氣，其才則然也。《天人之對》雖若緩而不切，然反復誦味，淵源純粹，蓋有餘意，以其自學問涵養中來也。讀其奏篇，則二子氣象如在目中，而其平生出處語默，亦可驗於是矣。以武帝好大喜功多欲之心，使其聽仲舒之言，則天下蒙其福矣。孰謂緩而不切也耶？

或問：賈誼陳《治安策》，論民俗奢侈，盜賊乘時而發。夫文帝躬修玄默，移風易俗以誼言觀之，所謂移風易俗者安在？潛室陳氏曰：誼煞有疏密，太過處惟文帝能受盡言。史臣謂：誼之言亦略施行，文帝風俗好處，誼不爲無助。

明・邱濬《大學衍義補》卷六《正國平天下之要・敬大臣之禮》

漢賈誼上文帝疏曰：『廉耻節禮以治君子，故有賜死而亡戮辱，是以黥劓之罪不及大夫。禮，不敢齒君之路馬，蹴其芻者有罰，所以爲主上豫遠不敬也，所以體貌大臣而厲其節也。臣聞之，履雖鮮不加於枕，冠雖敝不以苴履。苴者，履中之藉也。夫已嘗在貴寵之位，天子改容而禮貌之矣，吏民嘗俯伏以敬畏之矣。今而有過，令廢之可也，退之可也，賜之死可也。若夫束縛之，繫緤之，謂以長繩繫之。輸之司寇，編之徒官，小吏詈罵而榜笞之，殆非所以令衆庶見也。夫卑賤者習知尊貴者之一旦吾亦乃可以加此也，非所以尊尊貴貴之化也。』臣按：賈誼此言蓋爲當時大臣多以罪下獄而發，文帝果深納其言，養臣下有節，是後大臣有罪皆自殺不受刑。嗚呼，誼之此言非特以救當時之弊，蓋人君待臣之禮所當然也。史謂文帝深納其言，養臣下有節。養之云者，蓋欲其同入於德善之中而不至於罹吾之法也。孟子曰：『以善養人。』文帝其庶矣乎！

明・王世貞《讀書後》卷二《讀賈子》　《賈子》上、下二篇。其上篇皆誦説時務，其事與辭皆載治安策中。不知其書成自擇而上之邪？抑以其書上之而爲班固之所裁節邪？下篇則兼論德政援據古昔，然論政

則有餘，論德則弗足矣。人言文帝不能用賈生者，妄言；賈生不能用文帝者，亦妄。梁，大國也。懷王，上愛子也。以賈生居之，蓋非久而入爲公卿矣。生死而文帝次第行其言，孰謂賈生不用哉？夫賈生用而不相，陸贄相而不用，則其君有昏喆也。

又《書賈誼傳及蘇軾所著論後》　余少讀蘇軾所爲《賈誼論》，謂非漢文不能用賈生，乃賈生之不能用漢文耳。而中有云：絳侯親握天子璽而授之文帝，灌嬰連兵數十萬以決劉呂之雌雄，又皆高帝之舊，此其君臣相得之分，豈特父子骨肉手足哉！賈生洛陽之少年，欲使其一朝之間盡棄其舊而謀其新亦已難矣。爲賈生者上得其君，下得其大臣如絳灌之屬，優游浸漬而深交之，使天子不疑，大臣不忌，然後舉天下而惟吾之所欲爲，不過十年可以得志，安有立談之間而遽爲人痛哭哉？觀其過湘爲賦以弔屈原，悲鬱憤悶趯然有遠舉之志，其後卒以自傷哭泣至於夭絶，是亦不善處窮者。夫謀之一不見用，安知終不獲用也？不知默默以待其變而自殘至此，吾未嘗不伏蘇氏論人之當、揆事之長，而歎賈生之無辭以自解。其後得班史之所著傳而讀之，然後知蘇氏之工於揆事、急於持論，而不盡悉故實也。夫賈生之始建議改正朔、易服色、制官名、興禮樂，固非絳灌之所喜而實亦非絳灌所深惡也。其所深惡者，在遣功臣列侯就國而已。故假以紛更之罪而譖之帝，帝亦因其譖而姑出誼以慰安之，且欲老其材而後用之耳，非果於棄誼也。何以知其然也？諸王太傅在王相下與郡守等自大中大夫而出不爲左遷特以長沙卑濕且一異姓貧弱之王其迹似棄耳亡何而召見宣室自以爲弗如而徙傅梁。梁，大國也。梁王，愛子也。誼不死即入而九卿矣。故曰：帝非果於棄誼也，誼亦非悲鬱侘傺而至死者。何以知其然也？弔屈之辭雖若以自擬，而實譏其不能自引而高逝。賦鵩之辭雖若以自弔，而實歸之知命而不憂。其所上治安策有可爲痛哭長太息者，蓋在召對宣室與傅梁之後也，所謂立談之間而遽爲人痛哭者，豈實録哉？且賈生之自傷，在爲傅無狀且哭泣以悲梁王之墮馬而死，非以不用也。壽夭有命生之夭，又焉知其非命之盡而歸之自傷，又歸之不用，寧非冤哉？史既稱絳灌之惡之，而絳侯之就國以一言告訐而逮，繫誼以待大臣之禮風之，而上遂幡然改誼，不絳侯之怨是脩而脩國體抑何厚也！劉向所以深惜之，而軾不之知也。夫誼死而文帝次第用其言，誼雖夭不爲不用也。吾固曰：蘇氏之工於揆事、急於持論，而不盡悉故實者，此也。

藝　文

唐・劉長卿《劉隨州集》卷九《長沙過賈誼故宅》　三年謫宦此棲遲，萬里惟留楚客悲。秋草獨尋人去後，寒林空見日斜時。漢文有道恩猶薄，湘水無情弔豈知。寂寂江山搖落處，憐君何時到天涯。

唐・李羣玉《李羣玉詩集後集》卷五《讀賈誼傳》　卑濕長沙地，空抛出世才。已齊生死理，鵩鳥莫爲灾。

唐・皮日休《文藪》卷二《悼賈序》　余嘗讀賈誼《新書》，見其經濟之道，眞命世王佐之才也。自漢氏革嬴，高祖得於矢石，不暇延儒生。及爲天子，制缺度弛，處華而夷。是時獨有叔孫生能定朝儀，其制未悉。唯生草其書，欲以制屈諸侯，推定正朔，調革輿服，通流貨幣。天不祐漢，絳、灌興謗，竟枉其道，出傅湘、沅。生自以不得志，哀屈平之放逐，及渡沅、湘，沈文以弔之。故其辭曰：『歷九州而相君兮。』何必懷此故都？噫！余釋生之意矣。當戰國時，屈平不用於荆，則有齊、趙、秦、魏矣，何不捨荆而相他國乎？余謂平雖遭靳尚、子蘭之讒，不忍捨同姓之邦，爲他國之相，宜矣。然則生之見棄，又甚於平。當漢時，捨文帝，則諸侯矣，如適諸侯，則《新書》之文抑諸侯而尊天子也；捨諸侯則胡越矣，則《新書》之文，滅胡、越而崇中夏也。是以其心切，其憤深，其詞隱而麗，其藻傷而雅，余悲生哀平之見棄，又生不能自用其道。嗚呼！聖人之文與道也，求知與用，苟不在於一時，而在於百世之後者乎？其生之哀平歟，余之悲生歟！吾之道也，廢與用，幸未可知，但不知百世之後，得其文而存之者，復何人也。咸通癸未中，南浮至沅、湘，復沈文以悼之。其辭曰：

粵炎緒之嫣綿兮，其國度之未彰。天錫生以命理兮，冀其道之益光。偉吳公之知賢兮，道其名於文皇。既輒啟以召之兮，遂位之於上庠。愍耋儒之惷愚兮，對天問之不臧。既羣愚之讓俊兮，馳其譽之煌煌。嗟大漢之丕緒兮，虯其賢於汙潢。上下溷而不分兮，議制削於驕王。殺戮棼而不制兮，斷捽胡其寇攘。羌虜坌以侵華兮，曾不能以抑强。餌其嗜之延延兮，

實三代之計良。念五德之更承兮，論𢈔結而不綱。乃秉臆以興説兮，數用五而色尚黄。又諸侯以開國兮，輸其租於咸陽。曾不得以撫民兮，俾其君兮可忘？請紆繇以乘印兮，各馳化於所疆。上既悦而欲大用兮，遭絳灌於東陽。道既擯兮何明，乃出傅於沅湘。浮沅波之滃洫兮，或漾棹以夷猶。望靈均之没所兮，顧其心之怊怊。臨汨羅之浩漾兮，想《懷沙》之幽憂。森樛蘿以蓊鬱兮，時犴狖以相號。霧雨暗乎北渚，蝄蜽毒乎芳洲。景黯沮以不明兮，若夫悼乎《離騷》。香依依兮杜若，韻淒淒兮篔簩，山隱隱以掃空兮，煙微微而淡秋。嗟吾不知所感兮，淚憤恨以橫流。當抱憤於渺藩兮，曾無足以少休。既茇薍以傷思兮，又鵂鶹以動愁。嗚呼哀哉！世既不平，領吾道以爲非兮，吾復何依。蘋蘭憔悴兮，稂莠繁滋，麟鳳匿迹兮，梟獍騰威。哲匠罷斧兮，拙者構之，離婁閉目兮，瞽者揚眉。子都蒙袂兮，敦洽騁姿。嗚呼哀哉！亦先生之尤也。眙其世之不可兮，何不解而去位。又垂萬世之名兮，取捨在此。奚自謗於童羖兮，乃憫然而爲累。蓋伊尹三就五就之心兮，冀其民之可治。奈惛惛以不悟兮，又被之以非議。幸一人之再覺兮，荅受之奧義。既孱王以墮駕兮，乃冤慟而已矣。訊曰：君不明矣莫我知，幽都寂兮和涕歸。文懸日月兮，俟後聖用之，大故忽兮，其何足悲！

宋·歐陽修《文忠集》卷七五《賈誼不至公卿論》 論曰：漢興本恭儉，革弊末，移風俗之厚者，以孝文爲稱首；議禮樂，興制度，切當世之務者，惟賈生爲美談。天子方忻然説之，倚以爲用，而卒遭周勃、東陽之毁，以謂儒學之生紛亂諸事，由是斥去，竟以憂死。班史贊之，以『誼天年早終，雖不至公卿，未爲不遇』。予切惑之，嘗試論之曰：孝文之興，漢三世矣。孤秦之弊未救，諸吕之危繼作；南北興兩軍之誅，京師新蹀血之變。而文帝由代邸嗣漢位，天下初定，人心未集，方且破觚斫雕，衣綈履革，務率敦樸，推行恭儉。故改作之議謙於未遑，制度之風闕然不講者，二十餘年矣。而誼因痛哭以憫世，太息而著論。況是時方隅未寧，表裏未輯，匈奴桀黠，朝那、上郡，蕭然苦兵；侯王僭擬，淮南、濟北，繼以見戳。誼指陳當世之宜，規畫億載之策，願試屬國以系單于之頸，請分諸子以弱侯王之勢。上徒善其言而不克用。又若鑑秦俗之薄惡，指漢風之奢侈，嘆屋壁之被帝服，憤優倡之爲后飾。請設庠序，述宗周之長久；深戒刑罰，明孤秦之速亡。譬人主之如堂，所以優臣子之禮；置天下於大器，所以見安危之幾。諸所以日不可勝，而文帝卒能拱默化理、推行恭儉、緩除刑罰、善養臣下者，誼之所言，略施行矣。故天下以謂可任公卿，而劉向亦稱遠過伊、管。然卒以不用者，得非孝文之初立日淺，而宿將老臣方握其事，或艾旗斬級矢石之勇，或鼓刀販繒賈豎之人，朴而少文，昧於大體，相與非斥，至于謫去。則誼之不遇，可勝歎哉！且以誼之所陳，孝文略施其術，猶能比德於成康。況用於朝廷之間，坐於廊廟之上，則舉大漢之風，登三皇之首，猶決壅稗墜耳。奈何俯抑佐王之略，遠致諸侯之間。故誼過長沙作賦以弔汨羅，而太史公傳於屈原之後，明其若屈原之忠而遭棄逐也。而班固不識文帝之遠賢，痛賈生之不用，但謂其天年早終。且誼以失志憂傷而橫夭，豈曰天年乎？則固之善志，逮與《春秋》褒貶萬一矣。謹論。

宋·王禹偁《小畜集》卷一〇《偶題三首》 賈誼因才逐，桓譚以讖疏。古今當似此，吾道竟何如？

宋·宋庠《元憲集》卷六《讀賈誼新書》 誰謂賈生學，兼之文帝朝。死憂王墜馬，生賦鵩如鴞。被召宣温密，矜功絳灌驕。勤勤論五餌，史筆未相饒。

宋·宋庠《公是集》卷二四《讀漢書》 賈誼求爲典屬國，終軍願得使匈奴。和親不及當時策，慷慨猶爲大丈夫。百年强敵輕中國，一世奇功悲腐儒。聞道邊民尚嚴警，異時回首恨江湖。

宋·郭祥正《青山續集》卷六《賈誼》 措置由來有後先，運行無迹盍觀天。色黄數五疑非急，此事知君正少年。

宋·張耒《柯山集》卷二一《賈誼》 賈生未免孝文疑，自古功名嘆數奇。逐得洛陽年少去，白頭絳灌亦何爲。

宋·李綱《梁谿集》卷一九《漢梁王太傅賈誼》 賈生公輔器，弱冠遊漢廷。高論帝土髫，妙極理亂情。出意對詔令，驚倒諸老生。從容晝籌策，籍籍飛英聲。是時漢初定，頗雜秦霸稱。力還治古制，物物與正名。改朔易服色，庶幾禮樂興。儀章悉草具，輿議當公卿。豈知絳灌徒，譖毁如建瓴。天子疏不用，謫去長沙城。翩然渡湘水，投書弔屈平。棄鼎寶康瓠，欽刀鈍青萍。微言豈悼屈，聊復以自評。長沙地卑濕，安得壽且

寧。及觀鵩鳥賦，頗覺生死輕。晚奉宣室對，夜半前席聽。文帝豈易遇，所言畧施行。雖不爲卿相，儒者良已榮。梁王墜馬死，泣涕亦傷生。受任乃如此，孤忠本精誠。奈何君臣義，澆薄返不明。緬懷古人心，使我氣拂膺。

宋·呂本中《東萊詩集》卷一九《賈誼》 孔丘墨翟並稱賢，始信先生學未專。何事退之傳此謬，亦將餘論點遺編。

宋·孫明復《孫明復小集·書賈誼傳後》 讀漢書者，靡不尤文帝、偉賈生。吾觀賈生宣室對鬼神之事，竊謂漢世多言神怪者，由賈生啟之於前，而公孫卿之徒寖之於後也。且怪力亂神，聖人之所不語。賈生何得極其神怪虛無之言，使文帝爲之前席。若以爲辨，斯則辨矣。然于世主何所補哉？此非賈生自以被謗謫去，久而復用，諛辭順旨而對之者乎。然則何以與文帝言也？如嚮之若是哉，厥後遂使新垣平得以肆其潤誕。文帝作渭陽五帝廟，又長門立五帝壇，妄以祈福。逮乎孝武，尤好鬼神之祀。李少君以祠竈穀道進，亳人繆忌以祀泰一方進。及齊人少翁、膠東欒大、公孫卿皆以言怪得幸，以亂漢德。故曰漢世多言神怪者。賈生啟之於前，而公孫卿之徒寖之於後也。噫！古稱誼有王佐才，吾觀誼所陳，一痛哭，二流涕，六長嘆息，誼誠王佐才也。若文帝聰明而能斷用之而不疑，功德可量哉！惜其失於言也。吾懼後世之復有年少才如賈生者，不能以道終始，因少有摧躓，而諛辭順旨，妄言于天子前，以啟怪亂之階也。

宋·鄭獬《鄖溪集》卷一八《書賈誼傳》 屈平竄而死，誼詆之曰：『何必懷此都也。』又著鵩賦以自開。楊子雲亦曰：『何必湛身哉！』及誼傅梁懷王，王墜馬死，誼哭泣亦死。子雲迫於莽投之閣，此又何也？士、君子介窮屈憂急之際，果難自置輿！惜誼死之，不審所處也。至欲創制度、興禮樂，厝漢於三代，乃曰：『色尚黃，數用五』，則吾曷知於誼也哉！

明·張溥《漢魏六朝百三家集》卷一《賈誼集題詞》 屈原爲楚懷王左徒，入議國事，出對諸侯，深見親任。賈生年二十餘，吳廷尉言于漢文帝，一歲中超遷至大中大夫。此兩人者始何常不遇哉！讒積忌行，欲生無所，比古之懷才老死終身不得見人主者，悲傷更甚。即漢大臣若絳、灌、東陽數短賈生，亦武夫天性，不便文學，未必讒人罔極，如上官子蘭也。太史公傳而同之，悼彼短命無異沈江，漢廷公卿莫能材賈生而用也。蔽于不知，猶楚譖人耳！賈生治安策其大者，無過減封爵，重本業，教太子，禮大臣，數者于天子甚忠敬，于功臣宿將無不利也，怒之深而遠之疾，何爲乎？《史記》不載。疏策班固始條列之。世謂于賈生有功，然身既疏退，哭泣而死焉。用文爲太史公闕而不録，其哀生者深也。時政諸疏雜見《新書》。顧倫理博通不如本疏，揣摹家庭，登獻華屋草創潤色，意者亦有殊途乎？騷賦辭清而理哀，其宋玉、景差之徒歟！西漢文章莫大乎是，非賈生其誰？

清·邁柱等［雍正］《湖廣通志》卷八五《藝文志·許渾·賈誼宅》 一謫長沙地，三年嘆逐臣。上書憂漢室，作賦弔靈均。舊宅愁荒草，西風薦客蘋。淒涼回首處，不見洛陽人。

雜録

唐·李吉甫《元和郡縣誌》卷三〇《江南道·長沙縣》 賈誼宅在縣南四十步。

宋·祝穆《方輿勝覽》卷二三《湖南路·潭州》 賈誼廟。在長沙南六里，即誼故宅。有井，上圓下方，有局腳石牀，猶存。

明·李東陽《懷麓堂集》卷九二《漢長沙王太傅賈公祠記》 古所謂大臣者，必先大體後庶務，皆足以刑天下及後世。然其自負甚重，不苟合于人，人未必能識，識之未必能用，此治所以恆弗成也。

漢屈羣策，豪傑並起而從之。高帝之初，所不能致者，商四翁、魯兩生之外，天下其無遺賢矣。明法律，時則有若蕭何、曹參；治兵旅，時則有若韓信、彭越、周勃；出入籌策，時則有若陳平、酈生。此皆創業撥亂之所爲用，非所以經世建統也。

文帝時，可當大臣者，惟賈太傅一人。少而薦于朝，且顯矣。卒短于大臣，困于長沙，老于梁。嗚呼！以文帝爲君，而太傅不得爲之相，是故漢之禮樂微矣。吾觀其論天下之所置，則先仁義後刑法；論天下之勢，則先夏後夷，先身後臂指；論吏治，則先風俗；論世所以長久之術，則先太子；論大臣，則先廉耻。此其言皆治亂之大體所在，戰國而下無能

言之者，豈不可以爲大臣乎哉！使太傅竟作相，得有所施設，必能刮去秦習，成漢之一制，非蕭、曹而下可擬也。不用而死，文帝固未嘗仇之，天下後世蓋自不能無憾。而司馬遷作《史記》，徒以弔湘之賦，遂與屈原同傳，則亦甚矣。

太傅在長沙未久，長沙人至今習知之。其故宅爲汪倫所居，有井存焉。成化某年，我長沙守錢侯，募郡人以財贖其宅地爲祠，塑像其中，請著祀典。詔以仲春秋祭，用羊一、豕一、粢盛備，復其民一家，使其祀事。翰林編修李東陽省墓，歸自京師，寔拜祠下。侯請記其事，立石于祠。太傅史書之詳矣，予爲之記，使後來者知茲祠也建自錢侯始。

清·趙宏恩等［乾隆］《江南通志》卷八五《食貨志·積貯》 文帝時，賈誼上言：積貯者，天下之大命也。苟粟多而財有餘，何爲而不成？

晁錯分部

傳記

《史記》卷一〇一《晁錯列傳》 晁錯者，潁川人也。學申商刑名於軹張恢先所，與洛陽宋孟及劉禮同師。以文學爲太常掌故。

錯爲人稍直刻深。孝文帝時，天下無治尚書者，獨聞濟南伏生故秦博士，治尚書，年九十餘，老不可徵，乃詔太常使人往受之。太常遣錯受尚書伏生所。還，因上便宜事，以書稱説。詔以爲太子舍人、門大夫、家令。以其辯得幸太子，太子家號曰『智囊』。數上書孝文時，言削諸侯事，及法令可更定者。書數十上，孝文不聽，然奇其材，遷爲中大夫。當是時，太子善錯計策，袁盎諸大功臣多不好錯。

景帝卽位，以錯爲內史。錯常數請閒言事，輒聽，寵倖傾九卿，法令多所更定。丞相申屠嘉心弗便，力未有以傷。內史府居太上廟壖中，門東出，不便，錯乃穿兩門南出，鑿廟壖垣。丞相嘉聞，大怒，欲因此過爲奏請誅錯。錯聞之，卽夜請閒，具爲上言之。丞相奏事，因言錯擅鑿廟垣爲門，請下廷尉誅。上曰：『此非廟垣，乃壖中垣，不致於法。』丞相謝。罷朝，怒謂長史曰：『吾當先斬以聞，乃先請，爲兒所賣，固誤。』丞相遂發病死。錯以此愈貴。

遷爲御史大夫，請諸侯之罪過，削其地，收其枝郡。奏上，上令公卿列侯宗室集議，莫敢難，獨竇嬰爭之，由此與錯有郤。錯所更令三十章，諸侯皆諠譁疾鼂錯。錯父聞之，從潁川來，謂錯曰：『上初卽位，公爲政用事，侵削諸侯，別疏人骨肉，人口議多怨公者，何也？』晁錯曰：『固也。不如此，天子不尊，宗廟不安。』錯父曰：『劉氏安矣，而鼂氏危矣，吾去公歸矣！』遂飲藥死，曰：『吾不忍見禍及吾身。』死十餘日，吳楚七國果反，以誅錯爲名。及竇嬰、袁盎進説，上令晁錯衣朝衣斬東市。

晁錯已死，謁者僕射鄧公爲校尉，擊吳楚軍爲將。還，上書言軍事，謁見上。上問曰：『道軍所來，聞晁錯死，吳楚罷不？』鄧公曰：『吳王爲反數十年矣，發怒削地，以誅錯爲名，其意非在錯也。且臣恐天下之士噤口，不敢復言也！』上曰：『何哉？』鄧公曰：『夫晁錯患諸侯强大不可制，故請削地以尊京師，萬世之利也。計畫始行，卒受大戮，內杜忠臣之口，外爲諸侯報仇，臣竊爲陛下不取也。』於是景帝默然良久，曰：『公言善，吾亦恨之。』乃拜鄧公爲城陽中尉。

鄧公，成固人也，多奇計。建元中，上招賢良，公卿言鄧公，時鄧公免，起家爲九卿。一年，復謝病免歸。其子章以脩黃老言顯於諸公閒。

太史公曰：袁盎雖不好學，亦善傅會，仁心爲質，引義炕慨。遭孝文初立，資適逢世。及吳楚一説，説雖行哉，然復不遂。好聲矜賢，竟以名敗。晁錯爲家令時，數言事不用；後擅權，多所變更。諸侯發難，不急匡救，欲報私讎，反以亡軀。語曰『變古亂常，不死則亡』，豈錯等謂邪！

綜述

《史記》卷一一《孝景本紀》 三年正月乙巳，赦天下。長星出西方。天火燔洛陽東宮大殿城室。吳王濞，楚王戊，趙王遂，膠西王卬、濟

南王辟光、菑川王賢、膠東王雄渠反，發兵西鄉。天子爲誅晁錯，遣袁盎諭告，不止，遂西圍梁。

又　卷二三《禮書》　孝景時，御史大夫晁錯明於世務刑名，數干諫孝景曰：『諸侯藩輔，臣子一例，古今之制也。今大國專治異政，不稟京師，恐不可傳後。』

又　卷五二《齊悼惠王世家》　齊孝王十一年，吴王濞、楚王戊反，興兵西，告諸侯曰：『將誅漢賊臣晁錯以安宗廟』。

又　卷九六《張丞相列傳》　孝文帝崩，孝景帝即位。二年，晁錯爲內史，貴幸用事，諸法令多所請變更，議以謫罰侵削諸侯。

又　卷一〇六《吴王濞列傳》　晁錯爲太子家令，得幸太子，數從容言吴過可削。

又　卷一二二《酷吏列傳》　高后時，酷吏獨有侯封，刻轢宗室，侵辱功臣。呂氏已敗，遂侯封之家。孝景時，晁錯以刻深頗用術輔其資，而七國之亂，發怒於錯，錯卒以被戮。其後有郅都、寧成之屬。

《漢書》卷五《景帝紀》　吴王濞、膠西王卬、楚王戊、趙王遂、濟南王辟光、菑川王賢、膠東王雄渠皆舉兵反。大赦天下。遣太尉亞夫、大將軍竇嬰將兵擊之。斬御史大夫鼂錯以謝七國。

又　卷二七下《五行志下》　文帝後七年九月，有星孛於西方，其本直尾、箕，末指虛、危，長丈餘，及天漢，十六日不見。劉向以爲尾宋地，今楚彭城也。箕爲燕，又爲吴、越、齊。宿在漢中，負海之國水澤地也。是時景帝新立，信用鼂錯，將誅正諸侯王，其象先見。後三年，吴、楚、四齊與趙七國舉兵反，皆誅滅云。

又　卷三八《高五王傳》　趙王遂立二十六年，孝景時鼂錯以過削趙常山郡，諸侯怨，吴楚反，遂與合謀起兵。

又　卷四九《鼂錯傳》　鼂錯，潁川人也。學申、商刑名於軹張恢生所，與洛陽宋孟及劉帶同師。以文學爲太常掌故。

錯爲人削直刻深。孝文時，天下亡治《尚書》者，獨聞齊有伏生，故秦博士，治《尚書》，年九十餘，老不可徵。乃詔太常，使人受之。太常遣錯受《尚書》伏生所，還，因上書稱說。詔以爲太子舍人，門大夫，遷博士。又上書言：『人主所以尊顯功名揚於萬世之後者，以知術數也。

故人主知所以臨制臣下而治其衆，則羣臣畏服矣；知所以聽言受事，則不欺蔽矣；知所以安利萬民，則海內必從矣；知所以忠孝事上，則臣子之行備矣：此四者，臣竊爲皇太子急之。人臣之議或曰皇太子亡以知事爲也，臣之愚，誠以爲不然。竊觀上世之君，不能奉其宗廟而劫殺於其臣者，皆不知術數者也。皇太子所讀書多矣，而未深知術數者，不問書說也。夫多誦而不知其說，所謂勞苦而不爲功。臣竊觀皇太子材智高奇，馭射技藝過人絕遠，然於術數未有所守者，以陛下爲心也。竊願陛下幸擇聖人之術可用今世者，以賜皇太子，因時使太子陳明于前。唯陛下裁察。』上善之，於是拜錯爲太子家令。以其辯得幸太子，太子家號曰『智囊』。

是時匈奴彊，數寇邊，上發兵以禦之。錯上言兵事，曰：

臣聞漢興以來，胡虜數入邊地，小入則小利，大入則大利；高后時再入隴西，攻城屠邑，敺略畜產；其後復入隴西，殺吏卒，大寇盜。竊聞戰勝之威，民氣百倍；敗兵之卒，沒世不復。自高后以來，隴西三困於匈奴矣，民氣破傷，亡有勝意。今茲隴西之吏，賴社稷之神靈，奉陛下之明詔，和輯士卒，底厲其節，起破傷之民以當乘勝之匈奴，用少擊衆，殺一王，敗其衆而大有利。非隴西之民有勇怯，乃將吏之制巧拙異也。故兵法曰：『有必勝之將，無必勝之民。』由此觀之，安邊境，立功名，在於良將，不可不擇也。

臣又聞用兵，臨戰合刃之急者三：一曰得地形，二曰卒服習，三曰器用利。兵法曰：丈五之溝，漸車之水，山林積石，經川丘阜，草木所在，此步兵之地也，車騎二不當一。土山丘陵，曼衍相屬，平原廣野，此車騎之地，步兵十不當一。平陵相遠，川穀居間，仰高臨下，此弓弩之地也，短兵百不當一。兩陳相近，平地淺草，可前可後，此長戟之地也，劍楯三不當一。萑葦竹蕭，草木蒙蘢，枝葉茂接，此矛鋋之地也，長戟二不當一。曲道相伏，險厄相薄，此劍楯之地也，弓弩三不當一。士不選練，卒不服習，起居不精，動靜不集，趨利弗及，避難不畢，前擊後解，與金鼓之指相失，此不習勒卒之過也，百不當十。兵不完利，與空手同；甲不堅密，與袒裼同；弩不可以及遠，與短兵同；射不能中，與亡矢同；中不能入，與亡鏃同：此將不省兵之禍也，五不當一。故兵法曰：『器械不利，以其卒予敵也；卒不可用，以其將予敵也；將不知兵，以其主

矛敵也；君不擇將，以其國予敵也。四者，兵之至要也。

臣又聞小大異形，强弱異勢，險易異備。夫卑身以事强，小國之形也；合小以攻大，敵國之形也；以蠻夷攻蠻夷，中國之形也。今匈奴地形、技藝與中國異。上下山阪，出入溪澗，中國之馬弗與也；險道傾仄，且馳且射，中國之騎弗與也；風雨罷勞，飢渴不困，中國之人弗與也：此匈奴之長技也。若夫平原易地，輕車突騎，則匈奴之衆易撓亂也；勁弩長戟，射疏及遠，則匈奴之弓弗能格也；堅甲利刃，長短相雜，遊弩往來，什伍俱前，則匈奴之兵弗能當也；材官騶發，矢道同的，則匈奴之革笥木薦弗能支也；下馬地鬬，劍戟相接，去就相薄，則匈奴之足弗能給也；此中國之長技也。以此觀之，匈奴之長技三，中國之長技五。陛下又興數十萬之衆，以誅數萬之匈奴，衆寡之計，以一擊十之術也。

雖然，兵，凶器；戰，危事也。以大爲小，以强爲弱，在俯卬之間耳。夫以人之死爭勝，跌而不振，則悔之亡及也。帝王之道，出於萬全。今降胡義渠蠻夷之屬來歸誼者，其衆數千，飲食長技與匈奴同，可賜之堅甲絮衣，勁弓利矢，益以邊郡之良騎。令明將能知其習俗和輯其心者，以陛下之明約將之。卽有險阻，以此當之；平地通道，則以輕車材官制之。兩軍相爲表裏，各用其長技，衡加之以衆，此萬全之術也。

傳曰：『狂夫之言，而明主擇焉。』臣錯愚陋，昧死上狂言，唯陛下財擇。

文帝嘉之，乃賜錯璽書寵答焉，曰：『皇帝問太子家令，上書言兵體三章，聞之。書言「狂夫之言，而明主擇焉」。今則不然。言者不狂，而擇者不明，國之大患，故在於此。使夫不明擇於不狂，是以萬聽而萬不當也。』

錯復言守邊備塞、勸農力本，當世急務二事，曰：

臣聞秦時北攻胡貉，築塞河上，南攻楊粤，置戍卒焉。其起兵而攻胡、粤者，非以衛邊地而救民死也，貪戾而欲廣大也，故功未立而天下亂。且夫起兵而不知其勢，戰則爲人禽，屯則卒積死。夫胡貉之地，積陰之處也，木皮三寸，冰厚六尺，食肉而飲酪，其人密理，鳥獸毳毛，其性能寒。楊粤之地少陰多陽，其人疏理，鳥獸希毛，其性能暑。秦之戍卒不能其水土，戍者死於邊，輸者僨於道。秦民見行，如往棄市，因以讁發之，名曰『讁戍』。先發吏有讁及贅胥、賈人，後以嘗有市籍者，又後以大父母、父母嘗有市籍者，後入閭，取其左。發之不順，行者深怨，有背畔之心。凡民守戰至死而不降北者，以計爲之也。故戰勝守固則有拜爵之賞，攻城屠邑則得其財鹵以富家室，故能使其衆蒙矢石，赴湯火，視死如生。今秦之發卒也，有萬死之害，而亡銖兩之報，死事之後不得一算之復，天下明知禍烈及已也。陳勝行戍，至於大澤，爲天下先倡，天下從之如流水者，秦以威劫而行之之敝也。

胡人衣食之業不著於地，其勢易以擾亂邊竟。何以明之？胡人食肉飲酪，衣皮毛，非有城郭田宅之歸居，如飛鳥走獸於廣野，美草甘水則止，草盡水竭則移。以是觀之，往來轉徙，時至時去，此胡人之生業，而中國之所以離南畮也。今使胡人數處轉牧行獵於塞下，或當燕代，或當上郡、北地、隴西，以候備塞之卒，卒少則入。陛下不救，則邊民絶望而有降敵之心；救之，少發則不足，多發，遠縣纔至，則胡又已去。聚而不罷，爲費甚大；罷之，則胡復入。如此連年，則中國貧苦而民不安矣。

陛下幸憂邊境，遣將吏發卒以治塞，甚大惠也。然令遠方之卒守塞，一歲而更，不知胡人之能，不如選常居者，家室田作，且以備之。以便爲之高城深塹，具藺石，布渠荅，復爲一城其內，城間百五十步。要害之處，通川之道，調立城邑，毋下千家，爲中周虎落。先爲室屋，具田器，乃募罪人及免徒復作令居之；不足，募以丁奴婢贖罪及輸奴婢欲以拜爵者；不足，乃募民之欲往者。皆賜高爵，復其家。予冬夏衣，稟食，能自給而止。郡縣之民得買其爵，以自增至卿。其亡夫若妻者，縣官買予之。人情非有匹敵，不能久安其處。塞下之民，禄利不厚，不可使久居危難之地。胡人入驅而能止其所驅者，以其半予之，縣官爲贖其民。如是，則邑里相救助，赴胡不避死。非以德上也，欲全親戚而利其財也。此與東方之戍卒不習地勢而心畏胡者，功相萬也。以陛下之時，徙民實邊，使遠方無屯戍之事，塞下之民父子相保，亡係虜之患，利施後世，名稱聖明，其與秦之行怨民，相去遠矣。

上從其言，募民徙塞下。錯復言：

陛下幸募民相徒以實塞下，使屯戍之事益省，輸將之費益寡，甚大惠也。下吏誠能稱厚惠，奉明法，存卹所徙之老弱，善遇其壯士，和輯其心

而勿侵刻，使先至者安樂而不思故鄉，則貧民相募而勸往矣。臣聞古之徙遠方以實廣虛也，相其陰陽之和，嘗其水泉之味，審其土地之宜，觀其草木之饒，然後營邑立城，製里割宅，通田作之道，正阡陌之界，先爲築室，家有一堂二內，門户之閉，置器物焉，民至有所居，作有所用，此民所以輕去故鄉而勸之新邑也。爲置醫巫，以救疾病，以脩祭祀，男女有昏，生死相恤，墳墓相從，種樹畜長，室屋完安，此所以使民樂其處而有長居之心也。

臣又聞古之制邊縣以備敵也，使五家爲伍，伍有長；十長一里，里有假士；四里一連，連有假五百；十連一邑，邑有假候；皆擇其邑之賢材有護，習地形知民心者，居則習民於射法，出則教民于應敵。故卒伍成於內，則軍正定於外。服習以成，勿令遷徙，幼則同遊，長則共事。夜戰聲相知，則足以相救；晝戰目相見，則足以相識；驩愛之心，足以相死。如此而勸以厚賞，威以重罰，則前死不還踵矣。所徙之民非壯有材力，但費衣糧，不可用也；雖有材力，不得良吏，猶亡功也。

陛下絶匈奴不與和親，臣竊意其冬來南也，壹大治，則終身創矣。欲立威者，始於折膠，來而不能困，使得氣去，後未易服也。愚臣亡識，唯陛下財察。

後詔有司舉賢良文學士，錯在選中。上親策詔之，曰：

惟十有五年九月壬子，皇帝曰：昔者大禹勤求賢士，施及方外，四極之內，舟車所至，人迹所及，靡不聞命，以輔其不逮；近者獻其明，遠者通厥聰，比善戮力，以翼天子。是以大禹能亡失德，夏以長楙。高皇帝親除大害，去亂從，並建豪英，以爲官師，爲諫爭，輔天子之闕，而翼戴漢宗也。賴天之靈，宗廟之福，方內以安，澤及四夷。今朕獲執天子之正，以承宗廟之祀，朕既不德，又不敏，明弗能燭，而智不能治，此大夫之所著聞也。故詔有司、諸侯王、三公、九卿及主郡吏，各帥其志，以選賢良明於國家之大體，通於人事之終始，及能直言極諫者，各有人數，將以匡朕之不逮。二三大夫之行當此三道，朕甚嘉之，故登大夫于朝，親諭朕志。大夫其上三道之要，及永惟朕之不德，吏之不平，政之不宣，民之不寧，四者之闕，悉陳其志，毋有所隱。上以薦先帝之宗廟，下以興愚民之休利，著之於篇，朕親覽焉，觀大夫所以佐朕，至與不至。書之，周之密之，重之閉之。興自朕躬，大夫其正論，毋枉執事。烏乎，戒之！二三大夫其帥志毋怠！

錯對曰：

平陽侯臣窋、汝陰侯臣灶、潁陰侯臣何、廷尉臣宜昌、隴西太守臣昆邪所選賢良太子家令臣錯昧死再拜言：臣竊聞古之賢主莫不求賢以爲輔翼，故黄帝得力牧而爲五帝先，大禹得咎繇而爲三王祖，齊桓得筦子而爲五伯長。今陛下講于大禹及高皇帝之建豪英也，退託於不明，以求賢良，讓之至也。臣竊觀上世之傳，若高皇帝之建功業，陛下之德厚而得賢佐，皆有司之所覽，刻於玉版，藏于金匱，歷之春秋，紀之後世，爲帝者祖宗，與天地相終。今臣窋等乃以臣錯充賦，甚不稱明詔求賢之意。臣錯草茅臣，亡識知，昧死上愚對，曰：

詔策曰：『明於國家大體』，愚臣竊以古之五帝明之。臣聞五帝神聖，其臣莫能及，故自親事，處於法官之中，明堂之上；動靜上配天，下順地，中得人。故衆生之類亡不也，根著之徒亡不載也；燭以光明，亡偏異也；德上及飛鳥，下至水蟲草木諸產，皆被其澤。然後陰陽調，四時節，日月光，風雨時，膏露降，五穀熟，祆孽滅，賊氣息，民不疾疫，河出圖，洛出書，神龍至，鳳鳥翔，德澤滿天下，靈光施四海。此謂配天地，治國大體之功也。

詔策曰：『通於人事終始』，愚臣竊以古之三王明之。臣聞三王臣主俱賢，故合謀相輔，計安天下，莫不本於人情。人情莫不欲壽，三王生而不傷也；人情莫不欲富，三王厚而不困也；人情莫不欲安，三王扶而不危也；人情莫不欲逸，三王節其力而不盡也。其爲法令也，合於人情而後行之；其動衆使民也，本於人事然後爲之。取人以己，內恕及人。情之所惡，不以强人；情之所欲，不以禁民。是以天下樂其政，歸其德，望之若父母，從之若流水；百姓和親，國家安寧，名位不失，施及後世。此明於人情終始之功也。

詔策曰：『直言極諫』，愚臣竊以五伯之臣明之。臣聞五伯不及其臣，故屬之以國，任之以事。五伯之佐之爲人臣也，察身而不敢誣，奉法令不容私，盡心力不敢矜，遭患難不避死，見賢不居其上，受祿不過其量，不以亡能居尊顯之位。自行若此，可謂方正之士矣。其立法也，非以

苦民傷衆而爲之機陷也，以之興利除害，尊主安民而救暴亂也。其行賞也，非虚取民財妄予人也，以勸天下之忠孝而明其功也。故功多者賞厚，功少者賞薄。如此，斂民財以顧其功，而民不恨者，知與而安己也。其行罰也，非以忿怒妄誅而從暴心也，以禁天下不忠不孝而害國者也。故罪大者罰重，罪小者罰輕。如此，民雖伏罪至死而不怨者，知罪罰之至，自取之也。立法若此，可謂平正之吏矣。法之逆者，請而更之，不以傷民；主行之暴者，逆而復之，不以傷國。救主之失，補主之過，揚主之美，明主之功，使主內亡邪辟之行，外亡騫汙之名。事君若此，可謂直言極諫之士矣。此五伯之所以德匡天下，威正諸侯，功業甚美，名聲章明。舉天下之賢主，五伯與焉，此身不及其臣而使得直言極諫補其不逮之功也。今陛下人民之衆，威武之重，德惠之厚，令行禁止之勢，萬萬于五伯，而賜愚臣策曰『匡朕之不逮』，愚臣何足以識陛下之高明而奉承之！

詔策曰：『吏之不平，政之不宣，民之不寧』，愚臣竊以秦事明之。臣聞秦始并天下之時，其主不及三王，而臣不及其佐，然功力不遲者，何也？地形便，山川利，財用足，民利戰。其所與並者六國，六國者，臣主皆不肖，謀不輯，民不用，故當此之時，秦最富强。夫國富强而鄰國亂者，帝王之資也，故秦能兼六國，立爲天子。當此之時，三王之功不能進焉。及其末塗之衰也，任不肖而信讒賊；宮室過度，耆慾亡極，民力罷盡，賦斂不節；矜奮自賢，羣臣恐諛，驕溢縱恣，不顧患禍；妄賞以隨喜意，妄誅以快怒心，法令煩憯，刑罰暴酷，輕絶人命，身自射殺；天下寒心，莫安其處。姦邪之吏，乘其亂法，以成其威，獄官主斷，生殺自恣。上下瓦解，各自爲制。秦始亂之時，吏之所先侵者，貧人賤民也；至其中節，所侵者富人吏家也；及其末塗，所侵者宗室大臣也。是故親疏皆危，外內咸怨，離散逋逃，人有走心。陳勝先倡，天下大潰，絶祀亡世，爲異姓福。此吏不平，政不宣，民不寧之禍也。今陛下配天象地，覆露萬民，絶秦之迹，除其亂法；躬親本事，廢去淫末；除苛解嬈，寬大愛人；肉刑不用，罪人亡帑；非誇不治，鑄錢者除；通關去塞，不孽諸侯；賓禮長老，愛卹少孤；罪人有期，後宮出嫁；尊賜孝悌，農民不租；明詔軍師，愛士大夫；求進方正，廢退姦邪；除去陰刑，害民者誅；憂勞百姓，列侯就都；親耕節用，視民不奢。所爲天下興利除害，變法易故，以安海內者，大功數十，皆上世之所難及，陛下行之，道純德厚，元元之民幸矣。

詔策曰：『永惟朕之不德』，愚臣不足以當之。

詔策曰：『悉陳其志，毋有所隱』，愚臣竊以五帝之賢臣明之。臣聞五帝其臣莫能及，則自親之；三王臣主俱賢，則共憂之；五伯不及其臣，則任使之。此所以神明不遺，而賢聖不廢也，故各當其世而立功德焉。傳曰『往者不可及，來者猶可待，能明其世者謂之天子』，此之謂也。竊聞戰不勝者易其地，民貧窮者變其業。今以陛下神明德厚，資財不下五帝，臨制天下，至今十有六年，民不益富，盜賊不衰，邊竟未安，其所以然，意者陛下未之躬親，而待羣臣也。今執事之臣皆天下之選已，然莫能望陛下清光，譬之猶五帝之佐也。陛下不自躬親，而待不望清光之臣，臣竊恐神明之遺也。日損一日，歲亡一歲，日月益暮，盛德不及究於天下，以傳萬世，愚臣不自度量，竊爲陛下惜之。昧死上狂惑草茅之愚，臣言唯陛下財擇。

時賈誼已死，對策者百餘人，唯錯爲高第，繇是遷中大夫。錯又言宜削諸侯事，及法令可更定者，書凡三十篇。孝文雖不盡聽，然奇其材。當是時，太子善錯計策，爰盎諸大功臣多不好錯。

景帝即位，以錯爲內史。錯數請間言事，輒聽，幸傾九卿，法令多所更定。丞相申屠嘉心弗便，力未有以傷。內史府居太上廟壖中，門東出，不便，錯乃穿門南出，鑿廟壖垣。丞相大怒，欲因此過爲奏請誅錯。錯聞之，即請間爲上言之。丞相奏事，因言錯擅鑿廟垣爲門，請下廷尉誅。上曰：『此非廟垣，乃壖中垣，不致於法。』丞相謝。罷朝，因怒謂長史曰：『吾當先斬以聞，乃先請，固誤。』丞相遂發病死。錯以此愈貴。

遷爲御史大夫，請諸侯之罪過，削其支郡。奏上，上令公卿列侯宗室雜議，莫敢難，獨竇嬰爭之，繇此與錯有隙。錯所更令三十章，諸侯讙譁。錯父聞之，從潁川來，謂錯曰：『上初即位，公爲政用事，侵削諸侯，疏人骨肉，口讓多怨，公何爲也？』錯曰：『固也。不如此，天子不尊，宗廟不安。』父曰：『劉氏安矣，而鼂氏危，吾去公歸矣！』遂飲藥死，曰：『吾不忍見禍逮身。』

後十餘日，吳楚七國俱反，以誅錯爲名。上與錯議出軍事，錯欲令上

自將兵，而身居守。會竇嬰言爰盎，詔召入見，上方與錯調兵食。上問盎曰：『君嘗爲吳相，知吳臣田祿伯爲人乎？今吳、楚反，於公意何如？』對曰：『不足憂也，今破矣。』上曰：『吳王即山鑄錢，煮海爲鹽，誘天下豪桀，白頭舉事，此其計不百全，豈發乎？何以言其無能爲也？』盎對曰：『吳銅鹽之利則有之，安得豪桀而誘之！誠令吳得豪桀，亦且輔而爲誼，不反矣。吳所誘，皆亡賴子弟，亡命鑄錢姦人，故相誘以亂。』錯曰：『盎策之善。』上問曰：『計安出？』盎對曰：『願屏左右。』上屏人，獨錯在。盎曰：『臣所言，人臣不得知。』乃屏錯。錯趨避東箱，甚恨。上卒問盎，對曰：『吳、楚相遺書，言高皇帝王子弟各有分地，今賊臣鼂錯擅適諸侯，削奪之地，以故反名爲西共誅錯，復故地而罷。方今計，獨有斬錯，發使赦吳楚七國，復其故地，則兵可毋血刃而俱罷。』於是上默然，良久曰：『顧誠何如，吾不愛一人謝天下。』盎曰：『愚計出此，唯上孰計之。』乃拜盎爲太常，密裝治行。

後十餘日，丞相青翟、中尉嘉、廷尉歐劾奏錯曰：『吳王反逆亡道，欲危宗廟，天下所當共誅。今御史大夫錯議曰：「兵數百萬，獨屬羣臣，不可信，陛下不如自出臨兵，使錯居守。徐、僮之旁吳所未下者可以予吳。」錯不稱陛下德信，欲疏羣臣百姓，又欲以城邑予吳，亡臣子禮，大逆無道。錯當要斬，父母妻子同產無少長皆棄市。臣請論如法。』制曰：『可。』錯殊不知。乃使中尉召錯，紿載行市。錯衣朝衣斬東市。

錯已死，謁者僕射鄧公爲校尉，擊吳楚爲將。還，上書言軍事，見上。上問曰：『道軍所來，聞鼂錯死，吳、楚罷不？』鄧公曰：『吳爲反數十歲矣，發怒削地，以誅錯爲名，其意不在錯也。且臣恐天下之士拑口不敢復言矣。』上曰：『何哉？』鄧公曰：『夫鼂錯患諸侯强大不可制，故請削之，以尊京師，萬世之利也。計畫始行，卒受大戮，內杜忠臣之口，外爲諸侯報仇，臣竊爲陛下不取也。』於是景帝喟然長息，曰：『公言善。吾亦恨之！』乃拜鄧公爲城陽中尉。

鄧公，成固人也，多奇計。建元年中，上招賢良，公卿言鄧先。鄧先時免，起家爲九卿。一年，復謝病免歸。其子章，以修黃、老言顯諸公間。

贊曰：爰盎雖不好學，亦善傅會，仁心爲質，引義慷慨。遭孝文初立，資適逢世。時已變易，及吳壹說，果於用辯，身亦不遂。鼂錯銳於爲國遠慮，而不見身害。其父睹之，經於溝瀆，亡益救敗，不如趙母指括，以全其宗。悲夫！錯雖不終，世哀其忠。故論其施行之語著於篇。

又　卷九〇《酷吏傳》　孝景時，鼂錯以刻深頗用術輔其資，而七國之亂發怒於錯，錯卒被戮。

論說

漢·桓寬《鹽鐵論》卷三《晁錯第八》　大夫曰：『《春秋》之法，君親無將，將而必誅。故臣罪莫重於弒君，子罪莫重于弒父。日者，淮南、衡山修文學，招四方遊士，山東儒、墨咸聚于江、淮之間，講議集論，著書數十篇。然卒於背義不臣，使謀叛逆，誅及宗族。晁錯變法易常，不用制度，迫蹙宗室，侵削諸侯，蕃臣不附，骨肉不親，吳、楚積怨，斬錯東市，以慰三軍之士而謝諸侯。斯亦誰殺之乎？』

文學曰：『孔子不飲盜泉之流，曾子不入勝母之間。名且惡之，而況爲不臣不子乎？是以孔子沐浴而朝，告之哀公。陳文子有馬十乘，棄而違之。《傳》曰：「君子可貴可賤，可刑可殺，而不可使爲亂。」若夫外飾其貌而內無其實，口誦其文而行不猶其道，是盜，固與盜而不容于君子之域。《春秋》不以寡犯衆，誅絕之義有所止，不兼怨惡也。故舜之誅，誅鯀；其舉，舉禹。夫以璵璠之玼，而棄其璞，以一人之罪，而兼其衆，則天下無美寶信士也。晁生言諸侯之地大，富則驕奢，急則合從。故因吳之過而削之會稽，因楚之罪而奪之東海，所以均輕重，分其權，而爲萬世慮也。弦高誕于秦而信于鄭，晁生忠於漢而讎于諸侯。人臣各死其主，爲其國用。此解楊之所以厚于晉而薄於荆也。』

唐·李觀《李文寶文編外編》卷二《晁錯論》　觀讀漢史，見景帝殺御史大夫晁錯以姑息吳王濞，痛其非罪也，故直筆以議。按，錯潁川人，起於諸生，事文帝爲太常掌故，以英詞射策，累擢爲中大夫。及景帝即位，極言獻替，未嘗不忠於心，乃命副丞相。錯所以推心不顧，永思漢室，而患諸侯侈大。上書請其土是用，剪其翼而固其本也。度錯之志，豈有負漢哉？原吳濞之反，誠有繇。然間人骨肉而塞小憤，自非上達能不

生怨，怨端既立，臣節安附？欲無爲逆終不可得已。蓋以南方富殖而諸夏初乂，狂夫爲計，料勝一舉遂搖長舌交搆七國。借誅錯爲名，景帝無非常之見，而聽亂臣一説，乃斬錯不問。冀在紓難，而七國之兵曾不少減，足以察其來不爲，錯明矣。且袁盎與錯宿不相善，況景帝豈不知二臣之不叶而聽偏議？是爲臣報隙也。若宗社何？及鄧公吳還，乃歔欷長悲。益爲天子之羞耳！始，高帝封濞於吳，已誡東南之必亂，於時豈有錯削地之議？蓋天之曆數，有理亂也。脱使無梁國以絶其道，無條侯以耀其武，則秦之鹿復駭，盎之肉可食。初，錯介然孤立，指畫高議，大臣疾，小臣怖，人人約束，各欲剸刃。父知其必戮也，而深病之。錯曰：『所以尊君上，安宗廟。』父曰：『劉氏安，晁氏危矣！吾不忍見禍。』及先禍死矣。噫！史臣責錯之父不逮趙括母，何其鄙也！夫趙括持必敗之勢，而言于趙王不可使將。及括失律，母以先見獲宥。晁錯用至忠之畧，與必敗之勢異也。其父雖懼禍至，奈其子所籌國之大事也。且使括母言之，足稱明婦人也。使錯父言之，是沮其子爲忠也。孰可擬議？或人有復言，錯忠則有矣而智不足。愚謂不然。夫忠所以補君，知所以濟身，苟圖濟身則忠有不遂，忠有不遂，是臣不臣，亦何生爲賊繇？袁盎昧在景帝，非智之短時不與也。古云：直木先伐。愚智何道哉！

宋・徐鉉《騎省集》卷二四《晁錯論》 愚因讀李觀所爲文，見其論晁錯盡忠於漢，而袁盎以私讎陷之，景帝過聽可爲王者之羞。誠皆然也。以愚觀之，錯、盎之罪一也。夫二子者，才識、度量不相上下。遭天下初定，文帝勵精求理，能用善言，故盡忠論事並獲聽用，而皆欲功名在我，莫肯急病讓夷，故相與爲敵，非素有父兄之讎也。及七國兵起，而錯遽欲按治，袁盎宜知吳之計謀，其吏不聽而止。盎聞之，懼，遂譖錯焉。然則忘公家而務私，怨其罪先在錯也。夫古之君子，爲而不有功，成不居付物，以能任之則逸，故能成可大之業。今二子者，冒道家之所忌，以智能爲身榮，故終於惡。是知道不可，離也如此。

宋・蘇軾《東坡全集》卷四三《晁錯論》 天下之患，最不可爲者，名爲治平無事，而其實有不測之憂。坐觀其變，而不爲之所，則恐至於不可救；起而强爲之，則天下狃于治平之安而不吾信。唯仁人君子豪傑之士，爲能出身爲天下犯大難，以求成大功；此固非勉强期月之間，而苟以求名之所能也。天下治平，無故而發大難之端；吾發之，吾能收之，然後有辭於天下。事至而循循焉欲去之，使他人任其責，則天下之禍，必集於我。

昔者晁錯盡忠爲漢，謀弱山東之諸侯，諸侯並起，以誅錯爲名；而天子不察，以錯爲説。天下悲錯之以忠而受禍，不知錯之有以取之也。

古之立大事者，不惟有超世之才，亦必有堅忍不拔之志。昔禹治水，鑿龍門，決大河而放之海。方其功之未成也，蓋亦有潰冒衝突可畏之患；唯能前知其當然，事至不懼，而徐爲之，所是以得至於成功。

夫以七國之强，而驟削之，其爲變，豈足怪哉？錯不於此時捐其身，爲天下當大難之衝，而制吳楚之命，乃爲自全之計，欲使天子自將而己居守。且夫發七國之難者，誰乎？己欲求其名，安所逃其患。以自將之至危，與居守之至安；較易知已己爲難首，擇其至安，而遺天子以至危，此忠臣義士所以憤怨而不平者也。當此之時，雖無袁盎，錯亦未免於禍。何者？己欲居守，而人主自將。以情而言，天子固已難之矣，而重違其議。是以袁盎之説，得行於其間。使吳楚反，錯已身任其危，日夜淬厲，東向而待之，使不至於累其君，則天子將恃之以爲無恐，雖有百袁盎，可得而間哉？

嗟夫！世之君子，欲求非常之功，則無務爲自全之計。使錯自將而擊吳楚，未必無功，惟其欲自固其身，而天子不悦。姦臣得以乘其隙，錯之所以自全者，乃其所以自禍歟！

宋・楊時《龜山集》卷九《史論・晁錯》 晁錯曰：『人君必知術數。』又曰：『五帝神聖，其臣莫能及，而自親事。』操是説，蓋未嘗知治體也。夫天下大器，非智力所能勝也。舜之惇五典、庸五禮、用五刑，皆因天而已，未嘗自爲也。雖股肱耳目，付之臣而不自用，況以術數而自親事乎？使後世懷諂者誤其君，挾術以自用，必質是言也，其爲禍豈淺哉？若吳、楚之反不在錯天下已知之矣，景帝用讒邪之謀以誅錯，其失計不已甚乎！當是時，兵之勝負、國之安危，未可知也，而誅其謀首，豈不殆哉？而在庭之臣無一人爲錯言者，蓋變起倉卒，各欲僥倖於無事，而莫敢以身任之也。然而錯亦有以取之矣。夫漢之有七國，未若魯之三家也，孔子墮三都之城，而三家無敢不受命者，則其處之必有道矣。孟子

曰：『子以爲有王者作，則魯在所損乎？在所益乎？』孟子而得志固將損之也。錯無碩德重望以鎮服其心，而强爲之謀，其召亂而取禍，蓋無足怪者。武帝時，淮南王欲反，獨畏汲黯之節義，視公孫弘輩如發蒙耳，則天下果非智力可爲也。以一汲黯猶足以寢淮南之謀，況不爲黯者乎？

宋·秦觀《淮海集》卷一九《晁錯論》　臣聞世之論者，皆以爲漢用爰盎之謀斬晁錯，以謝天下爲非。是以臣觀之，漢斬錯，七國之兵所以破也，何則勝敗之機繫於理之曲直？理直則師壯，師壯勝之機也。理曲則師老，師老敗之機也。故善戰者戰理。昔晉欲報楚之惠，退師三舍，軍吏以爲師老。子犯曰：『師直爲壯，曲爲老，豈在久乎？』若子犯可媯善戰理矣。蓋不退師則背惠食言，而曲在晉，師退而楚不還，則曲在楚。我直彼曲，所以勝也。漢斬晁錯之事何似異此？夫漢之諸侯，連城數十，地方千里，雖號强大，然皆高帝之封也。一旦用錯計。擿其罪過而削奪之，則天下忿然，皆有不直漢之心。當此之時，諸侯直而漢曲，故吳王得以藉口反也。然吳王卽山鑄錢，煮海爲鹽，以其子故招致天下亡命，欲爲反者三十餘年，其稱兵也，發憤削地以誅錯爲名耳。漢斬錯而兵不罷，則逆節暴露，天下亦忿然，有不直七國之心。當此之時，諸侯曲而漢直，故太尉得以破其兵也。雖然漢之斬錯也，其謀發於袁盎，盎與錯有隙，故世之論者以錯死爲冤。此正樓緩所謂：『以母言之則爲是，以妻言之則爲妬夫。言之者異，而其言同也。』就使盎與錯素無眦睚之嫌，其爲漢計亦當出此。然則漢不斬錯，奈何卽七國之兵未易破也，何以知之？以唐安禄山之事可知也。方明皇之時，姦臣楊國忠用事天下，皆切齒不平，故禄山以誅國忠爲名而反。是時，唐若斬國忠以謝天下，則禄山安得而至長安乎？惜其不知此，至賊入潼關，人神共怒，然後爲陳元禮之所殺也。由是觀之，漢不斬錯，則七國之兵豈易破哉？或曰：王思禮之徒嘗以此勸哥舒翰用其計，留卒三萬守關，悉精鋭渡滻水以誅君側，禄山可遂破乎？曰：不然。漢斬晁錯事出景帝，袁盎發其端而已，故足以激忠義之氣而折姦雄之心。使翰雖斬國忠，事不出人主，亦不能感動天下，祇足以危身矣，能爲禄山之成敗哉？故斬國忠以破禄山事，非明皇不可爲也。

宋·晁補之《雞肋集》卷四三《西漢雜論》　右晁錯傳第十九。孟子曰：『矢人惟不仁於函人哉？矢人惟恐不傷人，函人惟恐傷人。巫、匠亦然。故術不可不慎也。』函、矢、巫、匠，凡世之所須，闕一不可。四人者，各以其技食，功心何所異？而矢人與匠獨被不仁之名，故擇術者必慎其初。晁錯治《尚書》，明帝王之論，與董、賈同稱。惟其初以申、商刑名之學雜之，故不純於儒。至欲用術數教太子，終被陗直刻深之名，豈必其資近是耶？亦術不可不慎也。觀其論三王，莫不本於人情，如生而不傷，厚而不困，扶而不危，與夫取人以己，內恕及人，所惡不强，所欲不禁，至諷孝文以絶秦亂法，除苛解嬈寛大愛人者，此豈申、商之所及哉？然錯已學其術矣，不幸議論時時有之，故世得以議已，欲一洒之不可也。若其所行事，亦不過患諸侯强大，欲稍削之。與按：袁盎受吳王金，諸侯誠驕，盎誠賄，固不得不治此，豈一切俗吏刑名刻深之意乎？會盎讎錯，得以吳、楚反事藉其口，而錯竟以冤誅。其後，鄧公對孝景以錯尊京師萬世之利，而卒受大戮，內杜忠臣之口，外爲諸侯報讐，而景帝亦喟然恨之。班固亦曰：錯雖不終世，哀其忠，則是錯之始死，其是非固已白矣。而司馬遷獨以爲：變古亂常不死則亡。夫錯預爲國計，慮山東反者抗言而削之，豈變古亂常哉？若指其所欲，更令三十章者耶？則當時文帝既不盡聽，而諸侯固已讙譁，以不盡聽未嘗行之言，而實其變古亂常之罪。嗟乎！遷亦不能無牽於世議哉！

宋·李彌遜《筠谿集》卷八《議古·景帝誅晁錯》　議曰：左右皆曰：可殺，勿聽諸大夫。國人皆曰：可殺。然後察之，見可殺焉。然後殺之。鼂錯爲國遠慮，尊天子，安宗廟，忠矣！而不免於刑戮。借曰：不愛一人以謝天下父母妻子，獨何罪耶？景帝用袁盎之言，而誅錯。聞鄧公一言而恨之，杜天下忠臣之口，忘國家萬世之利，以救目前，亦可謂失刑政矣！

宋·李綱《梁谿集》卷一四九《迂論五·論晁錯王恢》　鼂錯爲景帝謀，以謂漢封諸侯王連城數十，地廣勢强，不遵法制，削之必叛。然禍小而應速，不削亦叛。然禍大而應遲，故卒削之。而七國連衡而起，以誅錯爲名，景帝弗察，納爰盎之説，斬錯以謝七國。此景帝之過舉也，而世以錯爲愚。王恢與韓安國論難于武帝前，以謂匈奴擊之爲便。於是誘匈奴入塞，漢兵匿馬邑旁，俟其至擊之。匈奴未入塞，覺悟引去，漢兵皆罷。武帝以恢議用兵而不能擊其輜重，弗斬之無以謝天下，遂下恢獄。此武帝

之過舉也，世謂恢爲無謀首將受其咎。昔唐憲宗欲討叛鎮，其黨大懼，遣客狙殺宰相武元衡，傷裴度，羣議洶洶，而憲宗慨然曰：『吾專任裴度，足以破賊卒平淮西。』觀此則知，憲宗之賢於景帝遠矣！秦穆公用孟明以伐鄭、晉，襄公帥師敗諸崤而獲之。既歸，穆公待之如初。其後卒報晉，而君子以爲能用善。觀此則知，武帝之不及穆公遠矣！錯以忠、恢以無罪死，而世又不能知之。是可悲也夫！

宋·周紫芝《太倉稊米集》卷四四《晁錯論》 世之議者，皆以晁錯不當削七國以發其怒。及七國反，以誅錯爲名，則景帝不得不殺錯以謝七國。余以謂此特書生之談，兒童之見耳。蓋世之善論人者，不以迹而以心，其迹是也，其心非也，則世俗皆以爲忠，而君子以謂未見其所以爲忠焉。若王莽之安劉是也。其心是也，其迹非也，世俗未必以爲忠，而君子以謂是，乃所以爲忠矣。若晁錯之削七國是也。七國之地，高祖之所封，削之則爲賊，恩吳、楚之君，懷姦而未發，激之則必至速禍，故削書一出，而七國果反，連衡以叛天子。憂勞王師四出，而僅以仆滅，錯亦可謂無策矣。當是之時，非特七國欲誅錯，雖左右無不欲誅之者。非特當時左右之不知錯，後世雖賢如揚雄者，亦以錯爲愚。景帝固知其爲智囊，而先入之言已不可變。雖欲活之，計將安出？此無他，是皆觀其迹而終，其心有不察焉者也。爲景帝者，胡不察其心？以謂錯所以削其國者，爲其一身計耶？爲天下計耶？二者有所不能明，則徐而思之，以謂吳、楚之君，地大勢强，日以滋横，鑄山煮海，招亡集叛，反狀已萌，特未有以發耳，雖三尺之童，知其必至於此也。錯雖至愚，豈不知削其地則必叛，叛則禍必及己？錯所以不畏其禍，而肯爲其君言之者，其心果安在哉？蓋特以安國家而定社稷也。察其心，苟知其如此。則左右大臣雖勸帝以殺錯，勿殺可也。惜乎！孝景惑於一時之言，倉皇無術，而於錯之心有不察也。初，高帝既定天下，昆弟少諸子弱，遂大封同姓以益維城之固。悼惠王，孽子也，而王齊七十二城。楚元王，庶弟也，而王楚四十城。吳王，兄子也，而王吳五十餘城。封三庶孽分天下半。至其弊也，則劉章以軍法行酒，而追斬亡酒者。吳太子奕棊爭道，爲皇太子提殺之。皆以戲笑發怒於酒樽棊局之間，而無所畏忌。豈非脛大於腰，指大於股，其勢漸不可制歟？賈生所以痛哭，以謂失今不治，必爲痼疾。後雖有扁鵲不能爲也。錯不自量慮，扁有不能爲者，奮然欲以身任其責，宜其速誅而不可救歟！然而察錯之心，則要在安劉氏而已。景帝不察其心，此盎之説所以得行於疑似之間也。或有以謂漢不誅晁錯無以折七國之兵，猶唐不殺國忠無以弭禄山之禍。孝景之殺錯豈得已哉？曰：錯之忠豈可與國忠比？孝景之治豈可與明皇論？時國忠雖誅而禄山之難未必戢，晁錯不誅七國將何爲哉？此其理較然易知者。而景帝竟納盎言，此殆不察其心而然歟！或者又謂七國之難作，錯不能捐身以當其危，反使天子將兵而己居守安在，其爲忠乎？曰：是乃所以爲忠也。錯知大臣之欲殺己而自將其兵，則足未及旋而首已墮於姦臣之手矣！孰若使天子自將己居其中，扼姦臣之吭而控之，則天子收戰勝之功，而己不失忠臣之名。豈非兩全之道歟？帝不此之思而納盎之説，此亦不察其心而然也。然則爲人君而不察其臣下之心，則其殺忠臣而不悔者鮮矣！

宋·王之望《漢濱集》卷一四《晁錯論》 天下之事曷嘗不可爲，其所以每至於禍敗而不救者，非事固然，爲之不知其數耳。爲之不知其數，以至於禍敗而因以爲事，固不可爲，則亦不察矣。昔晁錯患諸侯强大，建議削地，以尊京師。於是，七國俱反，指錯以爲名。漢遂誅錯以謝議者，皆冤錯之策以爲吳楚之事。錯固已前知之，削之則反疾，而禍小。不削則反遲，而禍大。嗚呼！七國之反，漢之不亡，幸耳！禍尚有更大者邪！於此，有削而不敢反，反亦不能爲禍者。錯顧不知，則其死亦宜矣。蓋天下之勢，强弱異形，則攻取有先後。先攻小以圖大者，弱國之形也。先攻大以令小者，强國之形也。先小後大，則敵脆而力有所幷。先大後小，則威加而交不得合。高帝與楚相距滎陽、成皐間，知項氏方强，而不可獨取，乃收趙、魏，從燕、齊，兼諸國而攻之。故楚雖强而卒破其後，韓、彭、英布王地數千里，高帝知其禍之且起，而念諸侯之不可一朝去也。而韓信最强，則先取之。彭越又强，則又取之。最後英布以疑懼反，則亦孤立而無應矣。向使高帝不審先後，幷誅三雄，而韓信率黥、彭以起，則天下非漢有也。夫惟强者破於衆人，未疑之間，而交無所合。弱者疑於衆强已破之後，而事無所及。此所以三雄之地，雖半天下而終不能以病漢也。景帝之世，山東之國凡十有八，而吳阻江負海，其地最大，怨望不朝，其罪最深，鑄山煮海，招納叛亡，其謀最久。景帝初立，宜姑加

惠藩臣，濶略細故，使睦我而無反側心。然後首議削吴，彼削之出於不意，則事有所不及。謀既而勢益弱，則謀有所不敢發，就使果發亦無以動摇諸侯，一區區之吴何能爲哉？吴既削而天下定矣。此所謂削而不敢反，反亦不能爲禍者也。錯固不然，方且紛然，更定律令以侵刻諸侯爲己功。先削趙，又削楚，又削膠西，然後乃議削吴。諸侯人人自危，皆有怨怒不服之心。故劉濞一呼，天下皆應，吴未及削，而禍結矣。然則錯之謀實驅之尚何冤哉？昔齊桓公欲尊王室，管仲先使之存亡繼絶，而厚諸侯之禮，然後南征强楚，責包茅之不入，楚服而霸功遂成。齊，列國也，爲之有數而其效猶見如此，况西漢全盛之時乎！孟子謂，魯方五百里，王者作，則必損之。又謂，今之諸侯，取民猶盗，王者不盡誅也。由是言之，使孟子得志於戰國之時，其强大者猶可稍削，然亦不至於盡誅諸侯。而錯直爲此紛紛亦慮之不熟哉！夫謀事一未成，而爲天下所指，至以其族藉仇讎之手爲萬世笑，可不哀哉！或曰：賈誼於文帝陳衆建諸侯之策，主父偃因之，漢遂封及支庶，諸侯不削而自弱。錯獨不爲此乎？曰：文帝之世，諸侯之子弟鮮矣。誼乃欲建以爲國，空而置之，然則必悟其將弱已矣。與割地何異哉？彼推恩之令，必武帝之世而後可行也。非所以責晁錯也。

宋·胡宏《五峯集》卷三《雜文·晁錯》　晁錯小有才，未聞君子之大道，遂致滅宗。豈特景帝寡恩哉？錯若自請討吴，以周亞夫爲己副，軍事一以委之，何至若此？

宋·洪邁《容齋隨筆》卷一二《晁錯張湯》　晁錯爲内史，言事輒聽，幸傾九卿，及爲御史大夫，權任出丞相右。張湯爲御史，每朝奏事，國家用日旰，丞相取充位，天下事皆決湯。蕭望之爲御史，意輕丞相，遇之無禮。三人者賢否雖不同，然均爲非誼，各以他事至死，抑有以致之邪！

宋·黄震《黄氏日抄》卷四六《讀史·史記·袁盎晁錯》　絳侯，元勳也。淮南王，帝親弟也。盎晚出爲郎，皆斥其驕。既而，明絳侯無罪，諫止淮南王遷蜀者，亦盎也。盎以故名重朝廷，下趙同之參乘，卻夫人之同坐，申屠相稍不爲禮則折脅之，盎殆以强直自矜者歟！沮梁王之謀，雖以忠見賊迹，其平昔亦非自全之道矣。晁錯峭刻，紛更與盎素相疾，輕桃六國之禍，盎卒得以計誅之，死又其分也，袁盎不絶。劇孟云：『緩急人所有。』此言可以處世。

又　卷四七《讀史·漢書·晁錯》　孟子所謂盆成括之流，且其《言兵事》、《徙民實塞》等議蔚有文華，至《賢良策》則絶無義理。蓋君子喻于義，小人喻於利。言小小計數則可，奉大對非所長也。文帝賜民田租卻自入粟一事，始不爲無補於漢。

明·李贄《藏書·晁錯》　錯但可謂之不善謀身，不可謂之不善謀國也。

明·黄淳耀《陶菴全集》卷四《史記評論·袁盎晁錯列傳》　賈誼之絀也，以絳灌晁錯之死也。以竇嬰微，嬰、袁盎固不能殺錯也，貴戚大臣之足以操人寵辱生殺之權如此。

明·王夫之《讀通鑑論》卷二　入粟而拜爵免罪，晁錯之計，亦未失也。其未爲失計也，非謂爵可輕而罪得以貲免也，謂其可以奪金錢之貴而授之粟也。輕意折色，有三易焉：官易收，吏易守，民易輸。三易以趨苟簡之利便，而金奪其粟之貴，則寧使民勞於輸，官勞於收，吏勞於守，而勿徇其便。此參數十世而能純成其利，非俗吏之所知也。

清·陳廷敬《午亭文編》卷三三《史評·晁錯》　吴、楚反，景帝以爰盎言斬鼂錯，盎故與錯有怨，然非帝有欲殺錯之心，即盎數語，豈能斬錯也？錯，太子家令，太子家號『智囊』。在文帝時數言事，文帝寬容，所言多見施行。然錯言宜削諸侯，文帝不聽。及景帝時，聽錯言削諸侯，支郡、公卿、列侯、宗室雜議莫敢難，獨竇嬰爭之，不能得。夫吴王不朝，賜之几杖；尉陀自王，璽書開喻：以孝文之寬仁，盡下推恩，藩國雖百，鼂錯烏能召亂？景帝之爲人薄矣，微鼂錯，烏得不反？反，寧能獨任其過乎？及七國反，以誅錯爲名，爰盎因竇嬰見帝屏左右，及錯具言吴、楚反，獨以錯故計惟斬錯，發使赦吴、楚，則兵可毋血刃而俱罷。於是上默然良久，曰：『顧誠何如吾不愛一人謝天下！』則帝之心可見矣。錯久侍太子，多陰謀，帝必有不自得於中者，得盎言益堅斬錯之心。然帝於錯，略無舊恩，薄矣哉！

清·何焯《義門讀書記》卷一四《晁錯傳》　七國之反，人情皇皇，未知成敗，關中已搖矣，而朝廷無骨鯁之臣可以託腹心者。錯不信列侯，

恐任之將兵或與吳、楚連和，即不，然戰有利鈍，則有章邯降楚之事，故欲天子自將。又關中不可空虛，故欲自居守，此其計出於不得已也。錯不自將者，恐身出而讒言至，一有撓沮更易則敗矣。蘇子瞻之論未得其情也。然觀錯舉措亦自不能辨矣，始言削吳，既乃言以徐僮之傍與之，此何説哉？直欲媚吳，冀其自止耳。景帝當時同心之臣任事者祇一鼂錯，一得袁盎之言，不謀而誅之，臨大難者可以如此耶？當日，君臣以刻薄爲事，天下叛之，宜亡國者也，不亡直幸耳！

清・梅曾亮《鼂錯論》 鼂錯以術數授景帝，景帝悦之，用其計削七國。七國反，景帝乃誅錯。君子曰：術不可不慎哉。以盜之術授人而保其不我盜，且曰：『是必不疑我爲盜』雖至愚者不出此。錯之智，曾不是愚人若也，哀哉！

藝文

唐・吴筠《宗玄集》卷下《覽古詩》 鼂錯抱遠策，爲君納良規。削彼諸侯權，永用得所宜。姦臣負舊隙，乘釁謀相危。世主竟不辨，身戮宗且夷。漢景稱欽明，濫罰猶如斯。比干與龍逄，殘害何足悲。

宋・司馬光《傳家集》卷七《五哀詩・鼂大夫》 人主恩猶盛，讒夫弄舌端。旋聞就斧質，不得解衣冠。反虞齒纔冷，謀臣心盡寒。鼂宗噍類盡，漢室泰山安。

宋・劉克莊《後村集》卷一五《詠詩一百首・鼂錯》 危鼂知不免，削楚慮空長。東市哀朝服，西京號智囊。

雜録

宋・樂史《太平寰宇記》卷七《河南道七・許州》 鼂錯墓在縣東北二里。錯，穎川人，漢御史大夫，請削諸侯地者。郡有冢存。

宋・楊侃《兩漢博聞》卷二《陗直》 鼂錯爲人陗直刻深。

又《還踵》 鼂錯言勸以厚賞，威以重罰，則死不還踵矣。

清・田文鏡等［雍正］《河南通志》卷五一《古迹・懷慶府》 鼂錯灘，在濟源縣芮村東南。漢景帝時，鼂錯從學於軹人張恢，家寓此。

主父偃分部

傳記

《史記》卷一一二《主父偃列傳》 主父偃者，齊臨菑人也。學長短縱横之術，晚乃學《易》、《春秋》、百家言。游齊諸生間，莫能厚遇也。齊諸儒生相與排擯，不容於齊。家貧，假貸無所得，乃北游燕、趙、中山，皆莫能厚遇，爲客甚困。孝武元光元年中，以爲諸侯莫足遊者，乃西入關見衛將軍。衛將軍數言上，上不召。資用乏，留久，諸公賓客多厭之，乃上書闕下。朝奏，暮召入見。所言九事，其八事爲律令，一事諫伐匈奴。其辭曰：

臣聞明主不惡切諫以博觀，忠臣不敢避重誅以直諫，是故事無遺策而功流萬世。今臣不敢隱忠避死以效愚計，原陛下幸赦而少察之。

《司馬法》曰：『國雖大，好戰必亡；天下雖平，忘戰必危。』天下既平，天子大凱，春蒐秋獮，諸侯春振旅，秋治兵，所以不忘戰也。且夫怒者逆德也，兵者凶器也，爭者末節也。古之人君一怒必伏尸流血，故聖王重行之。夫務戰勝窮武事者，未有不悔者也。昔秦皇帝任戰勝之威，蠶食天下，并吞戰國，海内爲一，功齊三代。務勝不休，欲攻匈奴，李斯諫曰：『不可。夫匈奴無城郭之居，委積之守，遷徙鳥舉，難得而制也。輕兵深入，糧食必絶；踵糧以行，重不及事。得其地不足以爲利也，遇其民不可役而守也。勝必殺之，非民父母也。靡弊中國，快心匈奴，非長策也。』秦皇帝不聽，遂使蒙恬將兵攻胡，辟地千里，以河爲境。地固澤鹵，不生五穀。然後發天下丁男以守北河。暴兵露師十有餘年，死者不可勝數，終不能踰河而北。是豈人衆不足，兵革不備哉？其勢不可也。又使天下蜚芻輓粟，起於黄、腄、琅邪負海之郡，轉輸北河，率三十鍾而致一石。男子疾耕不足於糧饟，女子紡績不足於帷幕。百姓靡敝，孤寡老弱不能相養，道路死者相望，蓋天下始畔秦也。

及至高皇帝定天下，略地於邊，聞匈奴聚於代谷之外而欲擊之。御史成進諫曰：『不可。夫匈奴之性，獸聚而鳥散，從之如搏影。今以陛下盛德攻匈奴，臣竊危之。』高帝不聽，遂北至於代谷，果有平城之圍。高皇帝蓋悔之甚，乃使劉敬往結和親之約，然後天下忘干戈之事。故兵法曰『興師十萬，日費千金』。夫秦常積衆暴兵數十萬人，雖有覆軍殺將係虜單于之功，亦適足以結怨深讎，不足以償天下之費。夫上虛府庫，下敝百姓，甘心於外國，非完事也。夫匈奴難得而制，非一世也。行盜侵驅，所以爲業也，天性固然。上及虞夏殷周，固弗程督，禽獸畜之，不屬爲人。夫上不觀虞夏殷周之統，而下循近世之失，此臣之所大憂，百姓之所疾苦也。且夫兵久則變生，事苦則慮易。乃使邊境之民弊靡愁苦而有離心，將吏相疑而外市，故尉佗、章邯得以成其私也。夫秦政之所以不行者，權分乎二子，此得失之效也。故《周書》曰『安危在出令，存亡在所用』。願陛下詳察之，少加意而熟慮焉。

是時趙人徐樂、齊人嚴安俱上書言世務，各一事。徐樂曰：

臣聞天下之患在於土崩，不在於瓦解，古今一也。何謂土崩？秦之末世是也。陳涉無千乘之尊，尺土之地，身非王公大人名族之後，無鄉曲之譽，非有孔、墨、曾子之賢，陶朱、猗頓之富也，然起窮巷，奮棘矜，偏袒大呼而天下從風，此其故何也？由民困而主不恤，下怨而上不知也，俗已亂而政不脩，此三者陳涉之所以爲資也。是之謂土崩。故曰天下之患在於土崩。何謂瓦解？吳、楚、齊、趙之兵是也。七國謀爲大逆，號皆稱萬乘之君，帶甲數十萬，威足以嚴其境內，財足以勸其士民，然不能西攘尺寸之地而身爲禽於中原者，此其故何也？非權輕於匹夫而兵弱於陳涉也，當是之時，先帝之德澤未衰而安土樂俗之民衆，故諸侯無境外之助。此之謂瓦解，故曰天下之患不在瓦解。由是觀之，天下誠有土崩之勢，雖布衣窮處之士或首惡而危海內，陳涉是也。況三晉之君或存乎！天下雖未有大治也，誠能無土崩之勢，雖有强國勁兵不得旋踵而身爲禽矣，吳、楚、齊、趙是也。況羣臣百姓能爲亂乎哉！此二體者，安危之明要也，賢主所留意而深察也。

間者關東五穀不登，年歲未復，民多窮困，重之以邊境之事，推數循理而觀之，則民且有不安其處者矣。不安故易動。易動者，土崩之勢也。故賢主獨觀萬化之原，明於安危之機，脩之廟堂之上，而銷未形之患。其要，期使天下無土崩之勢而已矣。故雖有强國勁兵，陛下逐走獸，射蜚鳥，弘游燕之囿，淫縱恣之觀，極馳騁之樂，自若也。金石絲竹之聲不絕於耳，帷帳之私俳優侏儒之笑不乏於前，而天下無宿憂。名何必湯武，俗何必成康！雖然，臣竊以爲陛下天然之聖，寬仁之資，而誠以天下爲務，則湯武之名不難侔，而成康之俗可復興也。此二體者立，然後處尊安之實，揚名廣譽於當世，親天下而服四夷，餘恩遺德爲數世隆，南面負扆攝袂而揖王公，此陛下之所服也。臣聞圖王不成，其敝足以安。安則陛下何求而不得，何爲而不成，何征而不服乎哉！

嚴安上書曰：

臣聞周有天下，其治三百餘歲，成康其隆也，刑錯四十餘年而不用。及其衰也，亦三百餘歲，故五伯更起。五伯者，常佐天子興利除害，誅暴禁邪，匡正海內，以尊天子。五伯既没，賢聖莫續，天子孤弱，號令不行。諸侯恣行，强陵弱，衆暴寡，田常篡齊，六卿分晉，並爲戰國，此民之始苦也。於是强國務攻，弱國備守，合從連横，馳車擊轂，介冑生蟣虱，民無所告愬。

及至秦王，蠶食天下，并吞戰國，稱號曰皇帝，主海內之政，壞諸侯之城，銷其兵，鑄以爲鍾虡，示不復用。元元黎民得免於戰國，逢明天子，人人自以爲更生。嚮使秦緩其刑罰，薄賦斂，省繇役，貴仁義，賤權利，上篤厚，下智巧，變風易俗，化於海內，則世世必安矣。秦不行是風而其故循俗，爲智巧權利者進，篤厚忠信者退；法嚴政峻，諂諛者衆，日聞其美，意廣心軼。欲肆威海外，乃使蒙恬將兵以北攻胡，辟地進境，戍於北河，蜚芻輓粟以隨其後。又使尉佗屠睢將樓船之士南攻百越，使監禄鑿渠運糧，深入越，越人遁逃。曠日持久，糧食絶乏，越人擊之，秦兵大敗。秦乃使尉佗將卒以戍越。當是時，秦禍北構於胡，南掛於越，宿兵無用之地，進而不得退。行十餘年，丁男被甲，丁女轉輸，苦不聊生，自經於道樹，死者相望。及秦皇帝崩，天下大叛。陳勝、吳廣舉陳，武臣、張耳舉趙，項梁舉吳，田儋舉齊，景駒舉郢，周市舉魏，韓廣舉燕，窮山通谷豪士並起，不可勝載也。然皆非公侯之後，非長官之吏也。無尺寸之勢，起閭巷，杖棘矜，應時而皆動，不謀而俱起，不約而同會，壤長地

進，至於霸王，時教使然也。秦貴爲天子，富有天下，滅世絶祀者，窮兵之禍也。故周失之弱，秦失之强，不變之患也。

今欲招南夷，朝夜郎，降羌僰，略濊州，建城邑，深入匈奴，燔其龍城，議者美之。此人臣之利也，非天下之長策也。今中國無狗吠之驚，而外累於遠方之備，靡敝國家，非所以子民也。行無窮之欲，甘心快意，結怨於匈奴，非所以安邊也。禍結而不解，兵休而復起，近者愁苦，遠者驚駭，非所以持久也。今天下鍛甲砥劍，橋箭累弦，轉輸運糧，未見休時，此天下之所共憂也。夫兵久而變起，事煩而慮生。今外郡之地或幾千里，列城數十，形束壤制，旁脅諸侯，非公室之利也。上觀齊晉之所以亡者，公室卑削，六卿大盛也；下觀秦之所以滅者，嚴法刻深，欲大無窮也。今郡守之權，非特六卿之重也；地幾千里，非特閭巷之資也；甲兵器械，非特棘矜之用也：以遭萬世之變，則不可稱諱也。

書奏天子，天子召見三人，謂曰：『公等皆安在？何相見之晚也！』於是上乃拜主父偃、徐樂、嚴安爲郎中。偃數見，上疏言事，詔拜偃爲謁者，遷樂爲中大夫。一歲中四遷偃。

偃説上曰：『古者諸侯不過百里，强弱之形易制。今諸侯或連城數十，地方千里，緩則驕奢易爲淫亂，急則阻其强而合從以逆京師。今以法割削之，則逆節萌起，前日晁錯是也。今諸侯子弟或十數，而適嗣代立，餘雖骨肉，無尺寸地封，則仁孝之道不宣。願陛下令諸侯得推恩分子弟，以地侯之。彼人人喜得所願，上以德施，實分其國，不削而稍弱矣。』於是上從其計。又説上曰：『茂陵初立，天下豪桀并兼之家，亂衆之民，皆可徙茂陵，内實京師，外銷姦猾，此所謂不誅而害除。』上又從其計。

尊立衛皇后，及發燕王定國陰事，蓋偃有功焉。大臣皆畏其口，賂遺累千金。人或説偃曰：『太横矣。』主父曰：『臣結髮遊學四十餘年，身不得遂，親不以爲子，昆弟不收，賓客棄我，我阨日久矣。且丈夫生不五鼎食，死即五鼎烹耳。吾日暮途遠，故倒行暴施之。』

偃盛言朔方地肥饒，外阻河，蒙恬城之以逐匈奴，内省轉輸戍漕，廣中國，滅胡之本也。上覽其説，下公卿議，皆言不便。公孫弘曰：『秦時常發三十萬衆築北河，終不可就，已而棄之。』主父偃盛言其便，上竟用主父計，立朔方郡。

元朔二年，主父言齊王内淫佚行僻，上拜主父爲齊相。至齊，遍召昆弟賓客，散五百金予之，數之曰：『始吾貧時，昆弟不我衣食，賓客不我内門；今吾相齊，諸君迎我或千里。吾與諸君絶矣，毋復入偃之門！』乃使人以王與姊姦事動王，王以爲終不得脱罪，恐效燕王論死，乃自殺。有司以聞。

主父始爲布衣時，嘗游燕、趙，及其貴，發燕事。趙王恐其爲國患，欲上書言其陰事，爲偃居中，不敢發。及爲齊相，出關，即使人上書，告言主父偃受諸侯金，以故諸侯子弟多以得封者。及齊王自殺，上聞大怒，以爲主父劫其王令自殺，乃徵下吏治。主父服受諸侯金，實不劫王令自殺。上欲勿誅，是時公孫弘爲御史大夫，乃言曰：『齊王自殺無後，國除爲郡，入漢，主父偃本首惡，陛下不誅主父偃，無以謝天下。』乃遂族主父偃。

主父方貴幸時，賓客以千數，及其族死，無一人收者，唯獨洨孔車收葬之。天子後聞之，以爲孔車長者也。

太史公曰：公孫弘行義雖脩，然亦遇時。漢興八十餘年矣，上方鄉文學，招俊乂，以廣儒墨，弘爲舉首。主父偃當路，諸公皆譽之，及名敗身誅，士爭言其惡。悲夫！

太皇太后詔大司徒大司空：『蓋聞治國之道，富民爲始；富民之要，在於節儉。孝經曰「安上治民，莫善於禮」。「禮，與奢也寧儉」。昔者管仲相齊桓，霸諸侯，有九合一匡之功，而仲尼謂之不知禮，以其奢泰侈擬於君故也。夏禹卑宮室，惡衣服，後聖不循。由此言之，治之盛也，德優矣，莫高於儉。儉化俗民，則尊卑之序得，而骨肉之恩親，爭訟之原息。斯乃家給人足，刑錯之本也歟？可不務哉！夫三公者，百寮之率，萬民之表也。未有樹直表而得曲影者也。孔子不云乎，「子率而正，孰敢不正」。「舉善而教不能則勸」。維漢興以來，股肱宰臣身行儉約，輕財重義，較然著明，未有若故丞相平津侯公孫弘者也。位在丞相而爲布被，脱粟之飯，不過一肉。故人所善賓客皆分奉禄以給之，無有所餘。誠内自克約而外從制。汲黯詰之，乃聞於朝，此可謂減於制度而可施行者也。德優則行，否則止，與内奢泰而外爲詭服以釣虚譽者殊科。以病乞骸骨，孝武皇帝即制曰「賞有功，褒有德，善善惡惡，君宜知之。其省思慮，存精

神，輔以醫藥」。賜告治病，牛酒雜帛。居數月，有瘳，視事。至元狩二年，竟以善終於相位。夫知臣莫若君，此其效也。弘子度嗣爵，後爲山陽太守，坐法失侯。夫表德章義，所以率俗厲化，聖王之制，不易之道也。其賜弘後子孫之次當爲後者爵關内侯，食邑三百户，徵詣公車，上名尚書，朕親臨拜焉。」

班固稱曰：公孫弘、卜式、兒寬皆以鴻漸之翼困於燕雀，非遇其時，焉能致此位乎？是時漢興六十餘載，海内乂安，府庫充實，而四夷未賓，制度多闕，上方欲用文武，求之如弗及。始以蒲輪迎枚生，見主父而歎息。羣臣慕嚮，異人並出。卜式試於芻牧，弘羊擢於賈豎，衛青奮於奴僕，日磾出於降虜，斯亦曩時版築飯牛之朋矣。漢之得人，於茲爲盛。儒雅則公孫弘、董仲舒、兒寬，篤行則石建、石慶，質直則汲黯、卜式，推賢則韓安國、鄭當時，定令則趙禹、張湯，文章則司馬遷、相如，滑稽則東方朔、枚皋，應對則嚴助、朱買臣，曆數則唐都、落下閎，協律則李延年，運籌則桑弘羊，奉使則張騫、蘇武，將帥則衛青、霍去病，受遺則霍光、金日磾。其餘不可勝紀。是以興造功業，制度遺文，後世莫及。孝宣承統，纂脩洪業，亦講論六藝，招選茂異，而蕭望之、梁丘賀、夏侯勝、韋玄成、嚴彭祖、尹更始以儒術進，劉向、王褒以文章顯。將相則張安世、趙充國、魏相、邴吉、於定國、杜延年，治民則黄霸、王成、龔遂、鄭弘、邵信臣、韓延壽、尹翁歸、趙廣漢之屬，皆有功迹見述於後。累其名臣，亦其次也。

綜　述

《史記》卷五二《齊悼惠王世家》　齊有宦者徐甲，入事漢皇太后。皇太后有愛女曰脩成君，脩成君非劉氏，太后憐之。脩成君有女名娥，太后欲嫁之於諸侯，宦者甲乃請使齊，必令王上書請娥。皇太后喜，使甲之齊。是時齊人主父偃知甲之使齊以取后事，亦因謂甲：「即事成，幸言偃女願得充王後宮。」甲既至齊，風以此事。紀太后大怒，曰：「王有后，後宮具備。且甲，齊貧人，急乃爲宦者，入事漢，無補益，乃欲亂吾王家！且主父偃何爲者？乃欲以女充後宮！」徐甲大窮，還報皇太后曰：「王已願尚娥，然有一害，恐如燕王。」燕王者，與其子昆弟姦，新坐以死，亡國，故以燕感太后。太后曰：「無復言嫁女齊事。」事浸潯不得聞於天子。主父偃由此亦與齊有卻。

主父偃方幸於天子，用事，因言：「齊臨菑十萬户，市租千金，人衆殷富，巨於長安，此非天子親弟愛子不得王此。今齊王於親屬益疏。」乃從容言：「呂太后時齊欲反，吴楚時孝王幾爲亂。今聞齊王與其姊亂。」於是天子乃拜主父偃爲齊相，且正其事。主父偃既至齊，乃急治王後宮宦者爲王通於姊翁主所者，令其辭證皆引王。王年少，懼大罪爲吏所執誅，乃飲藥自殺。絶無後。

是時趙王懼主父偃一出廢齊，恐其漸疏骨肉，乃上書言偃受金及輕重之短。天子亦既囚偃。公孫弘言：「齊王以憂死毋後，國入漢，非誅偃無以塞天下之望。」遂誅偃。

《漢書》卷三八《高五王傳》　齊有宦者徐甲，入事漢皇太后。皇太后有愛女曰脩成君，脩成君非劉氏子，太后憐之。脩成君有女娥，太后欲嫁之于諸侯。宦者甲乃請使齊，必令王上書請娥。皇太后大喜，使甲之齊。時主父偃知甲之使齊以取后事，亦因謂甲：「即事成，幸言偃女願得充王後宮。」甲至齊，風以此事。紀太后怒曰：「王有后，後宮備具。且甲，齊貧人，及爲宦者入事漢，初無補益，乃欲亂吾王家！且主父偃何爲者？乃欲以女充後宮！」甲大窮，還報皇太后曰：「王已願尚娥，然事有所害，恐如燕王。」燕王者，與其子昆弟姦，坐死。故以燕感太后。太后曰：「毋復言嫁女齊事！」事浸淫聞於上。主父偃由此與齊有隙。

偃方幸用事，因言：「齊臨菑十萬户，市租千金，人衆殷富，鉅于長安，非天子親弟愛子不得王此。今齊王於親屬益疏。」乃從容言呂太后時齊欲反，及吴楚時孝王幾爲亂。今聞齊王與其姊亂。於是武帝拜偃爲齊相，且正其事。偃至齊，急治王後宮宦者爲王通于姊翁主所者，辭及王。王年少，懼以罪爲吏所執誅，乃飲藥自殺。

是時，趙王懼主父偃壹出敗齊，恐其漸疏骨肉，乃上書言偃受金及輕重之短，天子亦因囚偃。公孫弘曰：「齊王以憂死，無後，非誅偃無以塞天下之望。」偃遂坐誅。

又　卷五八《公孫弘傳》　時上方興功業，婁舉賢良。（公孫）弘自

見爲舉首，起徒步，數年至宰相封侯，於是起客館，開東閣以延賢人，與參謀議。弘身食一肉，脱粟飯，故人賓客仰衣食，奉禄皆以給之，家無所餘。然其性意忌，外寬内深。諸常與弘有隙，無近遠，雖陽與善，後竟報其過。殺主父偃，徙董仲舒膠西，皆弘力也。

又 卷六四上《主父偃傳》 主父偃，齊國臨菑人也。學長短從横術，晚乃學《易》、《春秋》、百家之言。遊齊諸子間，諸儒生相與排儐，不容於齊。家貧，假貸無所得，北游燕、趙、中山，皆莫能厚，客甚困。以諸侯莫足遊者，元光元年，乃西入關見衛將軍。衛將軍數言上，上不省。資用乏，留久，諸侯賓客多厭之，乃上書闕下。朝奏，暮召入見。所言九事，其八事爲律令，一事諫伐匈奴，曰：

臣聞明主不惡切諫以博觀，忠臣不避重誅以直諫，是故事無遺策而功流萬世。今臣不敢隱忠避死，以效愚計，願陛下幸赦而少察之。

《司馬法》曰：『國雖大，好戰必亡；天下雖平，忘戰必危。』天下既平，天子大愷，春蒐秋獮，諸侯春振旅，秋治兵，所以不忘戰也。且怒者逆德也，兵者凶器也，爭者末節也。古之人君一怒必伏尸流血，故聖王重行之。夫務戰勝，窮武事，未有不悔者也。

昔秦皇帝任戰勝之威，蠶食天下，并吞戰國，海内爲一，功齊三代。務勝不休，欲攻匈奴，李斯諫曰：『不可。夫匈奴無城郭之居，委積之守，遷徙鳥舉，難得而制。輕兵深入，糧食必絶；運糧以行，重不及事。得其地，不足以爲利；得其民，不可調而守也。勝必棄之，非民父母，靡敝中國，甘心匈奴，非完計也。』秦皇帝不聽，遂使蒙恬將兵而攻胡，郤地千里，以河爲境。地固澤鹵，不生五穀，然後發天下丁男以守北河。暴兵露師十有餘年，死者不可勝數，終不能踰河而北。是豈人衆之不足，兵革之不備哉？其勢不可也。又使天下飛芻輓粟，起於黄、腄、琅邪負海之郡，轉輸北河，率三十鍾而致一石。男子疾耕不足於糧餉，女子紡績不足於帷幕。百姓靡敝，孤寡老弱不能相養，道死者相望，蓋天下始叛也。

及至高皇帝定天下，略地於邊，聞匈奴聚代谷之外而欲擊之。御史成諫曰：『不可。夫匈奴，獸聚而鳥散，從之如搏景，今以陛下盛德攻匈奴，臣竊危之。』高帝不聽，遂至代谷，果有平城之圍。高帝悔之，乃使劉敬往結和親，然後天下亡干戈之事。

故兵法曰：『興師十萬，日費千金。』秦常積衆數十萬人，雖有覆軍殺將，係虜單于，適足以結怨深讎，不足以償天下之費。夫匈奴行盜侵歐，所以爲業，天性固然。上自虞夏殷周，固不程督，禽獸畜之，不比爲人。夫不上觀虞夏殷周之統，而下循近世之失，此臣之所以大恐，百姓所疾苦也。且夫兵久則變生，事苦則慮易。使邊境之民靡敝愁苦，將吏相疑而外市，故尉佗、章邯得成其私，而秦政不行，權分二子，此得失之效也。故《周書》曰：『安危在出令，存亡在所用。』願陛下孰計之而加察焉。

是時，徐樂、嚴安亦俱上書言世務。書奏，上召見三人，謂曰：『公皆安在？何相見之晚也！』乃拜偃、樂、安皆爲郎中。偃數上疏言事，遷謁事、中郎、中大夫。歲中四遷。

偃説上曰：『古者諸侯地不過百里，强弱之形易制。今諸侯或連城數十，地方千里。緩則驕奢易爲淫亂，急則阻其彊而合從以逆京師。今以法割削，則逆節萌起，前日朝錯是也。今諸侯子弟或十數，而適嗣代立，餘雖骨肉，無尺地之封，則仁孝之道不宣。願陛下令諸侯得推恩分子弟，以地侯之。彼人人喜得所願，上以德施，實分其國。必稍自銷弱矣。』於是上從其計。又説上曰：『茂陵初立，天下豪桀兼并之家，亂衆民，皆可徙茂陵，内實京師，外銷姦猾，此所謂不誅而害除。』上又從之。

尊立衛皇后及發燕王定國陰事，偃有功焉。大臣皆畏其口，賂遺累千金。或説偃曰：『大横！』偃曰：『臣結髮遊學四十餘年，身不得遂，親不以爲子，昆弟不收，賓客棄我，我厄日久矣。丈夫生不五鼎食，死則五鼎亨耳！吾日暮，故倒行逆施之。』

偃盛言朔方地肥饒，外阻河，蒙恬陀築城以逐匈奴，内省轉輸戍漕，廣中國，滅胡之本也。上覽其説，下公卿議，皆言不便。公孫弘曰：『秦時嘗發三十萬衆築北河，終不可就，已而棄之。』朱買臣難詘弘，遂置朔方，本偃計也。

元朔中，偃言齊王内有淫失之行，上拜偃爲齊相。至齊，徧召昆弟賓客，散五百金予之，數曰：『始吾貧時，昆弟不我衣食，賓客不我内門。今吾相齊，諸君迎我或千里。吾與諸君絶矣，毋復入偃之門！』乃使人以

王與姊姦事動王。王以爲終不得脫，恐效燕王論死，乃自殺。

偃始爲布衣時，嘗游燕、趙，及其貴，發燕事。趙王恐其爲國患，欲上書言其陰事，爲居中，不敢發。及其爲齊相，出關，即使人上書，告偃受諸侯金，以故諸侯子多以得封者。及齊王以自殺聞，上大怒，以爲偃劫其王令自殺，乃徵下吏治。偃服受諸侯之金，實不劫齊王令自殺。上欲勿誅，公孫弘爭曰：『齊王自殺無後，國除爲郡，入漢，偃本首惡，非誅偃無以謝天下。』乃遂族偃。

偃方貴幸時，客以千數，及族死，無一人視，獨孔車收葬焉。上聞之，以車爲長者。

論說

漢·桓寬《鹽鐵論》卷四《褒賢第一九》 大夫曰：文學言行雖有伯夷之廉，不及柳下惠之貞，不過高瞻下視，絜言汙行，觴酒豆肉，遷延相讓，辭小取大，雞廉狼吞。趙綰、王臧之等，以儒術擢爲上卿，而有姦利殘忍之心。主父偃以口舌取大官，竊權重，欺紿宗室，受諸侯之賄。卒皆誅死。東方朔自稱辯略，消堅釋石，當世無雙；然省其私行，狂夫不忍爲！況無東方朔之口，其餘無可觀者也？

又 卷六《孝養第二五》 丞相史曰：上孝養色，其次安親，其次全身。往者，陳餘背漢，斬于泜水，五被邪逆，而夷三族。近世，主父偃行不軌而誅滅，呂步舒弄口而見戮，行身不謹，誅及無罪之親。由此觀之，虛禮無益於己也。文實配行，禮養俱施，然後可以言孝。孝在於實質，不在於飾貌；全身在於謹慎，不在於馳語也。

宋·黄震《黄氏日抄》卷四六《讀史·史記·平津侯主父》 主父偃，姦險無賴小人，其致身青雲，特自速族滅之禍耳，何足汙齒頰哉？惟諫伐匈奴一書，不當以人廢言，然它日勸築朔方、俾襲蒙恬故步者，即今日舉秦事以諫伐匈奴之偃也，何耶？其勸分王諸侯，則掇拾賈生之緒餘也。其勸徙豪民實茂陵，則剽竊婁敬之陳言也。何能爲漢庭決一策耶？而取大臣金，取諸侯金，自謂日暮途遠，自分倒行暴施。以生於齊，而劫齊王殺之，以游於燕，而舊燕王殺之。召平日昆弟賓客，戒其毋入偃門，以一切疏絶之，何哉偃之爲人也，其自取覆滅也，固宜爲偃之族者，可悲耳！

又 卷四七《讀史·漢書·主父偃》 反復傾危之士。

董仲舒分部

傳記

《史記》卷一二一《儒林傳》 董仲舒，廣川人也。以治春秋，孝景時爲博士。下帷講誦，弟子傳以久次相受業，或莫見其面，蓋三年董仲舒不觀於舍園，其精如此。進退容止，非禮不行，學士皆師尊之。今上即位，爲江都相。以《春秋》灾異之變推陰陽所以錯行，故求雨閉諸陽，縱諸陰，其止雨反是。行之一國，未嘗不得所欲。中廢爲中大夫，居舍，著《灾異之記》。是時遼東高廟灾，主父偃疾之，取其書奏之天子。天子召諸生示其書，有刺譏。董仲舒弟子呂步舒不知其師書，以爲下愚。於是下董仲舒吏，當死，詔赦之。於是董仲舒竟不敢復言灾異。

董仲舒爲人廉直。是時方外攘四夷，公孫弘治《春秋》不如董仲舒，而弘希世用事，位至公卿。董仲舒以弘爲從諛。弘疾之，乃言上曰：『獨董仲舒可使相膠西王。』膠西王素聞董仲舒有行，亦善待之。董仲舒恐久獲罪，疾免居家。至卒，終不治産業，以脩學著書爲事。故漢興至於五世之間，唯董仲舒名爲明於《春秋》，其傳公羊氏也。

綜述

《史記》卷一一二《平津侯主父列傳》 弘爲人意忌，外寬内深。諸嘗與弘有卻者，雖詳與善，陰報其禍。殺主父偃，徙董仲舒於膠西，皆弘之力也。

《漢書》卷二二《禮樂志》 後董仲舒對策言：『王者欲有所爲，宜求其端於天。天道大者，在於陰陽。陽爲德，陰爲刑。天使陽常居大夏而

以生育長養爲事，陰常居大冬，而積於空虚不用之處，以此見天之任德不任刑也。陽出布施於上而主歲功，陰入伏藏於下而時出佐陽。陽不得陰之助，亦不能獨成歲功。王者承天意以從事，故務德教而省刑罰。刑罰不可任以治世，猶陰之不可任以成歲也。今廢先王之德教，獨用執法之吏治民，而欲德化被四海，故難成也。是故古之王者莫不以教化爲大務，立大學以教於國，設庠序以化於邑。教化以明，習俗以成，天下嘗無一人之獄矣。至周末世，大爲無道，以失天下。秦繼其後，又益甚之。自古以來，未嘗以亂濟亂，大敗天下如秦者也。習俗薄惡，民人抵冒。今漢繼秦之後，雖欲治之，無可奈何。法出而姦生，令下而詐起，一歲之獄以萬千數，如以湯止沸，沸俞甚而無益。辟之琴瑟不調，甚者必解而更張之，乃可鼓也。爲政而不行，甚者必變而更化之，乃可理也。故漢得天下以來，常欲善治，而至今不能勝殘去殺者，失之當更化而不能更化也。古人有言：「臨淵羨魚，不如歸而結網。」今臨政而願治七十餘歲矣，不如退而更化。更化則可善治，而灾害日去，福禄日來矣。』是時，上方征討四夷，鋭志武功，不暇留意禮文之事。

又　卷二四上《食貨志》　董仲舒説上曰：『《春秋》它穀不書，至於麥禾不成則書之，以此見聖人於五穀最重麥與禾也。今關中俗不好種麥，是歲失《春秋》之所重，而損生民之具也。願陛下幸詔大司農，使關中民益種宿麥，令毋後時。』又言：『古者税民不過什一，其求易共；使民不過三日，其力易足。民財内足以養老盡孝，外足以事上共税，下足以蓄妻子極愛，故民説從上。至秦則不然，用商鞅之法，改帝王之制，除井田，民得賣買，富者田連阡陌，貧者無立錐之地。又顓川澤之利，管山林之饒，荒淫越制，踰侈以相高；邑有人君之尊，里有公侯之富，小民安得不困？又加月爲更卒，已復爲正，一歲屯戍，一歲力役，三十倍于古；田租口賦，鹽鐵之利，二十倍于古。或耕豪民之田，見税什五。故貧民常衣牛馬之衣，而食犬彘之食。重以貪暴之吏，刑戮妄加，民愁亡聊，亡逃山林，轉爲盜賊，赭衣半道，斷獄歲以千萬數。漢興，循而未改。古井田法雖難卒行，宜少近古，限民名田，以澹不足，塞幷兼之路。鹽鐵皆歸於民。去奴婢，除專殺之威。薄賦斂，省徭役，以寬民力。然後可善治也。』仲舒死後，功費愈甚，天下虚耗，人復相食。

又　卷二七上《五行志》　武帝建元六年六月丁酉，遼東高廟灾。四月壬子，高園便殿火。董仲舒對曰：『《春秋》之道舉往以明來，是故天下有物，視《春秋》所舉與同比者，精微眇以存其意，通倫類以貫其理，天地之變，國家之事，粲然皆見，亡所疑矣。按《春秋》魯定公、哀公時，季氏之惡已孰，而孔子之聖方盛。夫以盛聖而易孰惡，季孫雖重，魯君雖輕，其勢可成也。故定公二年五月兩觀灾。兩觀，僭禮之物。天灾之者，若曰，僭禮之臣可以去。已見罪徵，而後告可去，此天意也。定公不知省。至哀公三年五月，桓宫、釐宫灾。二者同事，所爲一也，若曰燔貴而去不義云爾。哀公未能見，故四年六月亳社灾。兩觀、桓、釐廟、亳社，四者皆不當立，天皆燔其不當立者以示魯，欲其去亂臣而用聖人也。季氏亡道久矣，前是天不見灾者，魯未有賢聖臣，雖欲去季孫，其力不能，昭公是也。至定、哀乃見之，其時可也。不時不見，天之道也。今高廟不當居遼東，高園殿不當居陵旁，於禮亦不當立，與魯所灾同。其不當立久矣，至於陛下時天乃灾之者，殆其時可也。昔秦受亡周之敝，而亡以化之；漢受亡秦之敝，又亡以化之。夫繼二敝之後，承其下流，兼受其猥，難治甚矣。又多兄弟親戚骨肉之連，驕揚奢侈，恣睢者衆，所謂重難之時者也。陛下正當大敝之後，又遭重難之時，甚可憂也。故天灾若語陛下：「當今之世，雖敝而重難，非以太平至公，不能治出。視親戚貴屬在諸侯遠正最甚者，忍而誅之，如吾燔遼東高廟乃可；視近臣在國中處旁仄及貴而不正者，忍而誅之，如吾燔高園殿乃可」云爾。在外而不正者，雖貴如高廟，猶灾燔之，況諸侯乎！在内不正者，雖貴如高園殿，猶燔灾之，況大臣乎！此天意也。罪在外者天灾外，罪在内者天灾内，燔甚罪當重，燔簡罪當輕，承天意之道也。』

又　卷五六《董仲舒傳》　董仲舒，廣川人也。少治《春秋》，孝景時爲博士。下帷講誦，弟子傳以久次相授業，或莫見其面。蓋三年不窺園，其精如此。進退容止，非禮不行，學士皆師尊之。

武帝即位，舉賢良文學之士前後百數，而仲舒以賢良對策焉。

制曰：『朕獲承至尊休德，傳之亡窮，而施之罔極，任大而守重，是以夙夜不皇康寧，永惟萬事之統，猶懼有闕。故廣延四方之豪俊，郡國諸侯公選賢良修潔博習之士，欲聞大道之要，至論之極。今子大夫褎然爲舉

首，朕甚嘉之。子大夫其精心致思，朕垂聽而問焉。

蓋聞五帝三王之道，改制作樂而天下洽和，百王同之。當虞氏之樂莫盛於《韶》，於周莫盛於《勺》。聖王已没，鐘鼓筦弦之聲未衰，而大道微缺，陵夷至乎桀紂之行，王道大壞矣。夫五百年之間，守文之君，當塗之士，欲則先王之法以戴翼其世者甚衆，然猶不能反，日以仆滅，至後王而後止，豈其所持操或誖繆而失其統與？固天降命不查復反，必推之於大衰而後息與？烏乎！凡所爲屑屑，夙興夜寐，務法上古者，又將無補與？三代受命，其符安在？灾異之變，何緣而起？性命之情，或夭或壽，或仁或鄙，習聞其號，未燭厥理。伊欲風流而令行，刑輕而姦改，百姓和樂，政事宣昭，何脩何飭而膏露降，百穀登，德潤四海，澤臻草木，三光全，寒暑平，受天之祜，享鬼神之靈，德澤洋溢，施虖方外，延及羣生？

子大夫明先聖之業，習俗化之變，終始之序，講聞高誼之日久矣，其明以諭朕。科別其條，勿猥勿并，取之於術，慎其所出。乃其不正不直，不忠不極，枉於執事，書之不泄，興于朕躬，毋悼後害。子大夫其盡心，靡有所隱，朕將親覽焉。

仲舒對曰：

陛下發德音，下明詔，求天命與情性，皆非愚臣之所能及也。臣謹案《春秋》之中，視前世已行之事，以觀天人相與之際，甚可畏也。國家將有失道之敗，而天乃先出灾害以譴告之，不知自省，又出怪異以警懼之，尚不知變，而傷敗乃至。以此見天心之仁愛人君而欲止其亂也。自非大亡道之世者，天盡欲扶持而全安之，事在强勉而已矣。强勉學問，則聞見博而知益明；强勉行道，則德日起而大有强功；此皆可使還至而有效者也。《詩》曰『夙夜匪解』，《書》云『茂哉茂哉！』皆强勉之謂也。

道者，所繇適於治之路也，仁義禮樂皆其具也。故聖王已没，而子孫長久安寧數百歲，此皆禮樂教化之功也。王者未作樂之時，乃用先王之樂宜於世者，而以深入教化於民。教化之情不得，雅頌之樂不成，故王者功成作樂，樂其德也。樂者，所以變民風，化民俗也；其變民也易，其化人也著。故聲發於和而本於情，接於肌膚，臧於骨髓。故王道雖微缺，而筦絃之聲未衰也。夫虞氏之不爲政久矣，然而樂頌遺風猶有存者，是以孔子在齊而聞《韶》也。夫人君莫不欲安存而惡危亡，然而政亂國危者甚衆，所任者非其人，而所繇者非其道，是以政日以仆滅也。夫周道衰於幽厲，非道亡也，幽厲不繇也。至於宣王，思昔先王之德，興滞補弊，明文武之功業，周道粲然復興，詩人美之而作，上天祐之，爲生賢佐，後世稱誦，至今不絶。此夙夜不解行善之所致也。孔子曰『人能弘道，非道弘人』也。故治亂廢興在於己，非天降命不得可反，其所操持誖謬失其統也。

臣聞天之所大奉使之王者，必有非人力所能致而自至者，此受命之符也。天下之人同心歸之，若歸父母，故天瑞應誠而至。《書》曰『白魚入于王舟，有火復于王屋，流爲烏』，此蓋受命之符也。周公曰『復哉復哉』，孔子曰『德不孤，必有鄰』，皆積善絫德之效也。及至後世，淫佚衰微，不能統理羣生，諸侯背畔，殘賊良民以爭壤土，廢德教而任刑罰。刑罰不中，則生邪氣；邪氣積於下，怨惡畜於上。上下不和，則陰陽繆盭而妖孽生矣。此灾異所緣而起也。

臣聞命者天之令也，性者生之質也，情者人之欲也。或夭或壽，或仁或鄙，陶冶而成之，不能粹美，有治亂之所生，故不齊也。孔子曰：『君子之德風也，小人之德草也，草上之風必偃。』故堯舜行德則民仁壽，桀紂行暴則民鄙夭。夫上之化下，下之從上，猶泥之在鈞，唯甄者之所爲，猶金之在鎔，唯冶者之所鑄。『綏之斯俫，動之斯和』，此之謂也。

臣謹案《春秋》之文，求王道之端，得之於正。正次王，王次春。春者，天之所爲也；正者，王之所爲也。其意曰，上承天之所爲，而下以正其所爲，正王道之端云爾。然則王者欲有所爲，宜求其端於天。天道之大者在陰陽。陽爲德，陰爲刑；刑主殺而德主生。是故陽常居大夏，而以生育養長爲事；陰常居大冬，而積於空虚不用之處。以此見天之任德不任刑也。天使陽出布施於上而主歲功，使陰入伏於下而時出佐陽；陽不得陰之助，亦不能獨成歲。終陽以成歲爲名，此天意也。王者承天意以從事，故任德教而不任刑。刑者不可任以治世，猶陰之不可任以成歲也。爲政而任刑，不順於天，故先王莫之肯爲也。今廢先王德教之官，而獨任執法之吏治民，毋乃任刑之意與！孔子曰：『不教而誅謂之虐。』虐政用於下，而欲德教之被四海，故難成也。

臣謹案《春秋》謂一元之意，一者萬物之所從始也，元者辭之所謂大也。謂一爲元者，視大始而欲正本也。《春秋》深探其本，而反自貴者始。故爲人君者，正心以正朝廷，正朝廷以正百官，正百官以正萬民，正萬民以正四方。四方正，遠近莫敢不壹於正，而亡有邪氣姦其閒者。是以陰陽調而風雨時，羣生和而萬民殖，五穀孰而草木茂，天地之間被潤澤而大豐美，四海之内聞盛德而皆徠臣，諸福之物，可致之祥，莫不畢至，而王道終矣。

孔子曰：『鳳鳥不至，河不出圖，吾已矣夫！』自悲可致此物，而身卑賤不得致也。今陛下貴爲天子，富有四海，居得致之位，操可致之勢，又有能致之資，行高而恩厚，知明而意美，愛民而好士，可謂誼主矣。然而天地未應而美祥莫至者，何也？凡以教化不立而萬民不正也。夫萬民之從利也，如水之走下，不以教化隄防之，不能止也。是故教化立而姦邪皆止者，其隄防完也；教化廢而姦邪並出，刑罰不能勝者，其隄防壞也。古之王者明於此，是故南面而治天下，莫不以教化爲大務。立太學以教於國，設庠序以化於邑，漸民以仁，摩民以誼，節民以禮，故其刑罰甚輕而禁不犯者，教化行而習俗美也。

聖王之繼亂世也，埽除其迹而悉去之，復修教化而崇起之。教化已明，習俗已成，子孫循之，行五六百歲尚未敗也。至周之末世，大爲亡道，以失天下。秦繼其後，獨不能改，又益甚之，重禁文學，不得挾書，棄捐禮誼而惡聞之，其心欲盡滅先王之道，而顓爲自恣苟簡之治，故立爲天子十四歲而國破亡矣。自古以來，未嘗有以亂濟亂，大敗天下之民如秦者也。其遺毒餘烈，至今未滅，使習俗薄惡，人民嚚頑，抵冒殊扞，孰爛如此之甚者也。孔子曰：『腐朽之木不可雕也，糞土之牆不可圬也。』今漢繼秦之後，如朽木糞牆矣，雖欲善治之，亡可奈何。法出而姦生，令下而詐起，如以湯止沸，抱薪救火，愈甚亡益也。竊譬之琴瑟不調，甚者必解而更張之，乃可鼓也；爲政而不行，甚者必變而更化之，乃可理也。當更張而不更張，雖有良工不能善調也；當更化而不更化，雖有大賢不能善治也。故漢得天下以來，常欲善治而至今不可善治者，失之於當更化而不更化也。古人有言曰：『臨淵羨魚，不如退而結網。』今臨政而願治七十餘歲矣，不如退而更化；更化則可善治，善治則災害日去，福禄日來。《詩》云：『宜民宜人，受禄於人。』爲政而宜於民者，固當受禄於天。夫仁誼禮知信五常之道，王者所當脩飭也；五者修飭，故受天之祐，而享鬼神之靈，德施于方外，延及羣生也。

天子覽其對而異焉，乃復册之曰：

制曰：蓋聞虞舜之時，游于巖郎之上，垂拱無爲，而天下太平。周文王至於日昃不暇食，而宇内亦治。夫帝王之道，豈不同條共貫與？何逸勞之殊也？

蓋儉者不造玄黄旌旗之飾。及至周室，設兩觀，乘大路，朱干玉戚，八佾陳於庭，而頌聲興。夫帝王之道豈異指哉？或曰良玉不瑑，又曰非文亡以輔德，二端異焉。

殷人執五刑以督姦，傷肌膚以懲惡。成康不式，四十餘年天下不犯，囹圄空虚。秦國用之，死者甚衆，刑者相望，耗矣哀哉！

烏虖！朕夙寤晨興，惟前帝王之憲，永思所以奉至尊，章洪業，皆在力本任賢。今朕親耕籍田以爲農先，勸孝弟，崇有德，使者冠蓋相望，問勤勞，恤孤獨，盡思極神，功烈休德未始云獲也。今陰陽錯繆，氛氣充塞，羣生寡遂，黎民未濟，廉耻貿亂，賢不肖渾淆，未得其眞，故詳延特起之士，庶幾乎！今子大夫待詔百有餘人，或道世務而未濟，稽諸上古之不同，考之於今而難行，毋乃牽于文繫而不得騁與？將所繇異術，所聞殊方與？各悉對，著于篇，毋諱有司。明其指略，切磋究之。以稱朕意。

仲舒對曰：

臣聞堯受命，以天下爲憂，而未以位爲樂也，故誅逐亂臣，務求賢聖，是以得舜、禹、稷、卨、咎繇。衆聖輔德，賢能佐職，教化大行，天下和洽，萬民皆安仁樂誼，各得其宜，動作應禮，從容中道。故孔子曰：『如有王者，必世而後仁。』此之謂也。堯在位七十載，乃遜於位以禪虞舜。堯崩，天下不歸堯子丹朱而歸舜。舜知不可辟，乃即天子之位，以禹爲相，因堯之輔佐，繼其統業，是以垂拱無爲而天下治。孔子曰『《韶》盡美矣，又盡善矣』，此之謂也。至於殷紂，逆天暴物，殺戮賢知，殘賊百姓。伯夷、太公皆當世賢者，隱處而不爲臣。守職之人皆奔走逃亡，入於河海。天下耗亂，萬民不安，故天下去殷而從周。文王順天理物，師用

賢聖，是以閎夭、大顛、散宜生等亦聚於朝廷。愛施兆民，天下歸之，故太公起海濱而即三公也。當此之時，紂尚在上，尊卑昏亂，百姓散亡，故文王悼痛而欲安之，是以日昃而不暇食也。孔子作《春秋》，先正王而繫萬事，見素王之文焉。繇此觀之，帝王之條貫同，然而勞逸異者，所遇之時異也。孔子曰『《武》盡美矣，未盡善也』，此之謂也。

臣聞制度文采玄黄之飾，所以明尊卑，異貴賤，而勸有德也。故《春秋》受命所先制者，改正朔，易服色，所以應天也。然則官至旌旗之制，有法而然者也。故孔子曰：『奢則不遜，儉則固。』儉非聖人之中制也。臣聞良玉不瑑，資質潤美，不待刻瑑，此亡異於達巷黨人不學而自知也。然則常玉不瑑，不成文章；君子不學，不成其德。

臣聞聖王之治天下也，少則習之學，長則材諸位，爵禄以養其德，刑罰以威其惡，故民曉於禮誼而恥犯其上。武王行大誼，平殘賊，周公作禮樂以文之，至於成康之隆，囹圄空虚四十餘年，此亦教化之漸而仁誼之流，非獨傷肌膚之效也。至秦則不然。師申商之法，行韓非之説，憎帝王之道，以貪狼爲俗，非有文德以教訓於下也。誅名而不察實，爲善者不必免，而犯惡者未必刑也。是以百官皆飾虚辭而不顧實，外有事君之禮，内有背上之心；造僞飾詐，趣利無恥；又好用憯酷之吏，賦斂亡度，竭民財力，百姓散亡，不得從耕織之業，羣盗並起。是以刑者甚衆，死者相望，而姦不息，俗化使然也。故孔子曰『導之以政，齊之以刑，民免而無恥』，此之謂也。

今陛下并有天下，海内莫不率服，廣覽兼聽，極羣下之知，盡天下之美，至德昭然，施于方外。夜郎、康居，殊方萬里，説德歸誼，此太平之致也。然而功不加于百姓者，殆王心未加焉。曾子曰：『尊其所聞，則高明矣；行其所知，則光大矣。高明光大，不在於它，在乎加之意而已。』願陛下因用所聞，設誠於内而致行之，則三王何異哉！

陛下親耕藉田以爲農先，夙寤晨興，憂勞萬民，思維往古，而務以求賢，此亦堯舜之用心也，然而未云獲者，士素不厲也。夫不素養士而欲求賢，譬猶不琢玉而求文采也。故養士之大者，莫大虖太學；太學者，賢士之所關也，教化之本原也。今以一郡一國之衆，對亡應書者，是王道往往而絶也。臣願陛下興太學，置明師，以養天下之士，數考問以盡其材，則英俊宜可得矣。今之郡守、縣令，民之師帥，所使承流而宣化也；故師帥不賢，則主德不宣，恩澤不流。今吏既亡教訓於下，或不承用主上之法，暴虐百姓，與姦爲市，貧窮孤弱，冤苦失職，甚不稱陛下之意。是以陰陽錯繆，氛氣棄塞，羣生寡遂，黎民未濟，皆長吏不明，使至於此也。

夫長吏多出於郎中、中郎，吏二千石子弟選郎吏，又以富訾，未必賢也。且古所謂功者，以任官稱職爲差，非謂積日累久也。故小材雖累日，不離於小官；賢材雖未久，不害爲輔佐。是以有司竭力盡知，務治其業而以赴功。今則不然。累日以取貴，積久以致官，是以廉恥貿亂，賢不肖渾殽，未得其眞。臣愚以爲使諸列侯、郡守、二千石各擇其吏民之賢者，歲貢各二人以給宿衛，且以觀大臣之能；所貢賢者有賞，所貢不肖者有罰。夫如是，諸侯、吏二千石皆盡心於求賢，天下之士可得而官使也。徧得天下之賢人，則三王之盛易爲，而堯、舜之名可及也。毋以日月爲功，實試賢能爲上，量材而授官，録德而定位，則廉恥殊路，賢不肖異處矣。陛下加惠，寬臣之罪，令勿牽制于文，使得切磋究之，臣敢不盡愚！

於是天子復册之。

制曰：蓋聞『善言天者必有徵於人，善言古者必有驗於今』。故朕垂問乎天人之應，上嘉唐虞，下悼桀紂，寖微寖滅寖明寖昌之道，虚心以改。今子大夫明于陰陽所以造化，習於先聖之道業，然而文采未極，豈惑乎當世之務哉？條貫靡竟，統紀未終，意朕之不明與？聽若眩與？夫三王之教所祖不同，而皆有失，或謂久而不易者道也，意豈異哉？今子大夫既已著大道之極，陳治亂之端矣，其悉之究之，孰之復之。《詩》不云乎，『嗟爾君子，毋常安息，神之聽之，介爾景福。』朕將親覽焉，子大夫其茂明之。

仲舒復對曰：

臣聞《論語》曰：『有始有卒者，其唯聖人虖！』今陛下幸加惠，留聽於承學之臣，復下明册，以切其意，而究盡聖德，非愚臣之所能具也。前所上對，條貫靡竟，統紀不終，辭不別白，指不分明，此臣淺陋之罪也。

册曰：『善言天者必有徵於人，善言古者必有驗於今。』臣聞天者羣物之祖也。故徧覆包函而無所殊，建日月風雨以和之，經陰陽寒暑以成

之。故聖人法天而立道，亦溥愛而亡私，布德施仁以厚之，設誼立禮以導之。春者天之所以生也，仁者君之所以愛也；夏者天之所以長也，德者君之所以養也；霜者天之所以殺也，刑者君之所以罰也。繇此言之，天人之徵，古今之道也。孔子作《春秋》，上揆之天道，下質諸人情，參之于古，考之於今。故《春秋》之所譏，灾害之所加也；《春秋》之所惡，怪異之所施也。書邦家之過，兼灾異之變；以此見人之所爲，其美惡之極，乃與天地流通而往來相應，此亦言天之一端也。古者修教訓之官，務以德善化民，民已大化之後，天下常亡一人之獄矣。今世廢而不脩，亡以化民，民以故棄行誼而死財利，是以犯法而罪多，一歲之獄以萬千數。以此見古之不可不用也，故《春秋》變古則譏之。天令之謂命，命非聖人不行；質樸之謂性，性非教化不成；人欲之謂情，情非度制不節。是故王者上謹于承天意，以順命也；下務明教化民，以成性也；正法度之宜，別上下之序，以防欲也；脩此三者，而大本舉矣。人受命于天，固超然異於羣生，入有父子兄弟之親，出有君臣上下之誼，會聚相遇，則有耆老長幼之施，粲然有文以相接，驩然有恩以相愛，此人之所以貴也。生五穀以食之，桑麻以衣之，六畜以養之，服牛乘馬，圈豹檻虎，是其得天之靈，貴於物也。故孔子曰：『天地之性人爲貴。』明於天性，知自貴於物；知自貴於物，然後知仁誼；知仁誼，然後重禮節；重禮節，然後安處善；安處善，然後樂循理；樂循理，然後謂之君子。故孔子曰『不知命，亡以爲君子』，此之謂也。

册曰：『上嘉唐虞，下悼桀紂，寖微寖滅寖明寖昌之道，虛心以改。』臣聞衆少成多，積小致鉅，故聖人莫不以晻致明，以微致顯。是以堯發于諸侯，舜興乎深山，非一日而顯也，蓋有漸以致之矣。言出於已，不可塞也；行發於身，不可掩也。言行，治之大者，君子之所以動天地也。故盡小者大，慎微者著。《詩》云：『惟此文王，小心翼翼。』胡堯兢兢日行其道，而舜業業日致其孝，善積而名顯，德章而身尊，此其寖明寖昌之道也。積善在身，猶長日加益，而人不知也；積惡在身，猶火之銷膏，而人不見也。非明乎情性察虜流俗者，孰能知之？此唐、虞之所以得令名，而桀紂之可爲悼懼者也。夫善惡之相從，如景鄉之應形聲也。故桀、紂暴謾，讒賊並進，賢知隱伏，惡日顯，國日亂，晏然自以如日在天，終陵夷而大壞。夫暴逆不仁者，非一日而亡也，亦以漸至，故桀、紂雖亡道，然猶享國十餘年，此其寖微寖滅之道也。

册曰：『三王之教所祖不同，而皆有失，或謂久而不易者道也，意豈異哉？』臣聞夫樂而不亂復而不厭者謂之道；道者萬世亡弊，弊者道之失也。先王之道必有偏而不起之處，故政有眊而不行，舉其偏者以補其弊而已矣。三王之道所祖不同，非其相反，將以救溢扶衰，所遭之變然也。故孔子曰：『亡爲而治者，其舜乎！』改正朔，易服色，以順天命而已；其餘盡循堯道，何更爲哉！故王者有改制之名，亡變道之實。然夏上忠，殷上敬，周上文者，所繼之救，當用此也。孔子曰：『殷因于夏禮，所損益可知也；周因于殷禮，所損益可知也；其或繼周者，雖百世可知也。』此言百王之用，以此三者矣。夏因于虞，而獨不言所損益者，其道如一而所上同也。道之大原出於天，天不變，道亦不變，是以禹繼舜，舜繼堯，三聖相受而守一道，亡救弊之政也，故不言其所損益也。繇是觀之，繼治世者其道同，繼亂世者其道變。今漢繼大亂之後，若宜少損周之文致，用夏之忠者。

陛下有明德嘉道，愍世欲之靡薄，悼王道之不昭，故舉賢良方正之士，論議考問，將欲興仁誼之休德，明帝王之法制，建太平之道也。臣愚不肖，述所聞，誦所學，道師之言，廑能勿失耳。若乃論政事之得失，察天下之息耗，此大臣輔佐之職，三公九卿之任，非臣仲舒所能及也，然而臣竊有怪者。夫古之天下亦今之天下，今之天下亦古之天下，共是天下，古以大治，上下和睦，習俗美盛，不令而行，不禁而止，吏亡姦邪，民亡盜賊，囹圄空虛，德潤草木，澤被四海，鳳皇來集，麒麟來游，以古準今，壹何不相逮之遠也！安所繆盭而陵夷若是？意者有所失于古之道與？有所詭於天之理與？試迹之于古，返之於天，黨可得見乎。

夫天亦有所分予，予之齒者去其角，傅其翼者兩其足，是所受大者不得取小也。古之所予禄者，不食於力，不動於末，是亦受大者不得取小，與天同意者也。夫已受大，又取小，天不能足，而況人乎！此民之所以囂囂苦不足也。身寵而載高位，家温而食厚禄，因乘富貴之資力，以與民爭利於天下，民安能如之哉！是故衆其奴婢，多其牛羊，廣其田宅，博其產業，畜其積委，務此而亡已，以迫蹴民，民日削月朘，寖以大窮。富

者奢侈羨溢，貧者窮急愁苦；窮急愁苦而不上救，則民不樂生；民不樂生，尚不避死，安能避罪！此刑罰之所以蕃而姦邪不可勝者也。故受禄之家，食禄而已，不與民爭業，然後利可均布，而民可家足。此上天之理，而亦太古之道，天子之所宜法以爲制，大夫之所當循以爲行也。故公儀子相魯，之其家見織帛，怒而出其妻，食于舍而茹葵，慍而拔其葵，曰：『吾已食禄，又奪園夫紅女利虖！』古之賢人君子在列位者皆如是，是故下高其行而從其教，民化其廉而不貪鄙。及至周室之衰，其卿大夫緩於誼而急於利，亡推讓之風而有爭田之訟。故詩人疾而刺之，曰：『節彼南山，惟石巖巖，赫赫師尹，民具爾瞻。』爾好誼，則民鄉仁而俗善；爾好利，則民好邪而俗敗。由是觀之，天子大夫者，下民之所視效，遠方之所四面而內望也。近者視而放之，遠者望而效之，豈可以居賢人之位而爲庶人行哉！夫皇皇求財利常恐乏匱者，庶人之意也；皇皇求仁義常恐不能化民者，大夫之意也。《易》曰：『負且乘，致寇至。』乘車者君子之位也，負擔著小人之事也，此言居君子之位而爲庶人之行者，其患禍必至也。若居君子之位，當君子之行，則舍公儀休之相魯，亡可爲者矣。《春秋》大一統者，天地之常經，古今之通誼也。今師異道，人異論，百家殊方，指意不同，是以上亡以持一統；法制數變，下不知所守。臣愚以爲諸不在六藝之科孔子之術者，皆絶其道，勿使並進。邪辟之説滅息，然後統紀可一而法度可明，民知所從矣。

對既畢，天子以仲舒爲江都相，事易王。易王，帝兄，素驕，好勇。仲舒以禮誼匡正，王敬重焉。久之，王問仲舒曰：『粤王句踐與大夫泄庸、種、蠡謀伐吳，遂滅之。孔子稱殷有三仁，寡人亦以爲粤有三仁。桓公決疑于管仲，寡人決疑於君。』仲舒對曰：『臣愚不足以奉大對。聞昔者魯君問柳下惠：「吾欲伐齊，何如？」柳下惠曰：「不可。」歸而有憂色，曰：「吾聞伐國不問仁人，此言何爲至於我哉！」徒見問耳，且猶羞之，況設詐以伐吳虖？繇此言之，粤本無一仁。夫仁人者，正其誼不謀其利，明其道不計其功。是以仲尼之門，五尺之童羞稱五伯，爲其先詐力而後仁誼也。苟爲詐而已，故不足稱于大君子之門也。五伯比于他諸侯爲賢，其比三王，猶武夫之與美玉也。』王曰：『善。』

仲舒治國，以《春秋》灾異之變推陰陽所以錯行，故求雨，閉諸陽，縱諸陰，其止雨反是；行之一國，未嘗不得所欲。中廢爲中大夫。先是遼東高廟、長陵高園殿灾，仲舒居家推説其意，草稿未上，主父偃候仲舒，私見，嫉之，竊其書而奏焉。上召視諸儒，仲舒弟子呂步舒不知其師書，以爲大愚。於是下仲舒吏，當死，詔赦之，仲舒遂不敢復言灾異。

仲舒爲人廉直。是時方外攘四夷，公孫弘治《春秋》不如仲舒，而弘希世用事，位至公卿。仲舒以弘爲從諛，弘嫉之。膠西王亦上兄也，尤縱恣，數害吏二千石。弘乃言於上曰：『獨董仲舒可使相膠西王。』膠西王聞仲舒大儒，善待之。仲舒恐久獲罪，病免。凡相兩國，輒事驕王，正身以率下，數上疏諫爭，教令國中，所居而治。及去位歸居，終不問家産業，以修學著書爲事。

仲舒在家，朝廷如有大議，使使者及廷尉張湯就其家而問之，其對皆有明法。自武帝初立，魏其、武安侯爲相而隆儒矣。及仲舒對册，推明孔氏，抑黜百家。立學校之官，州郡舉茂材孝廉，皆自仲舒發之。年老，以壽終於家，家徙茂陵，子及孫皆以學至大官。

仲舒所著，皆明經術之意，及上疏條教，凡百二十三篇。而説《春秋》事得失，《聞舉》、《玉杯》、《繁露》、《清明》、《竹林》之屬，復數十篇，十餘萬言，皆傳於後世。掇其切當世施朝廷者著於篇。

贊曰：劉向稱：『董仲舒有王佐之材，雖伊呂亡以加，筦晏之屬，伯者之佐，殆不及也。』至向子歆以爲：『伊呂乃聖人之耦，王者不得則不興。故顏淵死，孔子曰「噫！天喪余。」唯此一人爲能當之，自宰我、子贛、子游、子夏不與焉。仲舒遭漢承秦滅學之後，《六經》離析，下帷發憤，潛心大業，令後學者有所統壹，爲羣儒首。然考其師友淵源所漸，猶未及乎游夏，而曰筦晏弗及，伊呂不加，過矣。』至向曾孫龔，篤論君子也，以歆之言爲然。

《後漢書》卷四八《應奉傳》 應劭曰『故膠西相董仲舒老病致仕，朝廷每有政議，數遣廷尉張湯親至陋巷，問其得失。於是作《春秋決獄》二百三十二事，動以經對，言之詳矣，逆臣董卓，蕩覆王室，典憲焚燎，靡有孑遺，開辟以來，莫或茲酷。』

《晉書》卷二七《五行》 後景武之際，董仲舒治《公羊春秋》，始推陰陽，爲儒者之宗。

漢·揚雄《揚子法言》卷一一《淵騫》 或問：『公孫弘、董仲舒孰邇？』曰：『仲舒欲爲而不可得者也，弘容而已矣。』

漢·王充《論衡·案書篇第八三》 陸賈之言，未見遺闕，而仲舒之言雩祭可以應天，土龍可以致雨，頗難曉也。【略】

董仲舒著書，不稱子者，意殆自謂過諸子也。漢作書者多，司馬子長、揚子雲，河、漢也，其餘，涇、渭也。然而子長少臆中之説，子雲無世俗之論。仲舒説道術奇矣，北方三家尚矣。《讖書》云『董仲舒，亂我書』，蓋孔子言也。讀之者或爲亂我書者，煩亂孔子之書也，或以爲亂者，理也，理孔子之書也。共一『亂』字，理之與亂，相去甚遠。然而讀者用心不同，不省本實，故説誤也。夫言煩亂孔子之書，才高之語也。其言理孔子之書，亦知奇之言也。出入聖人之門，亂理孔子之書，子長、子雲無此言焉。世俗用心不實，省事失情，二語不定，轉側不安。案仲舒之書，不違儒家，不〔反〕孔子其言煩亂孔子之書者，非也。孔子之書不亂，其言理孔子之書者，亦非也。孔子曰『師摯之始，《關雎》之亂，洋洋乎盈耳哉！』亂者，〔終〕孔子言也。孔子生周，始其本；仲舒在漢，終其末。班叔皮續太史公書，蓋其義也。《賦頌篇》下其有『亂曰』章，蓋其類也。孔子終論，定於仲舒之言，其修雩治龍，必將有義，未可怪也。

宋·孫明復《孫明復小集·董仲舒論》 孔子而下至西漢間，世稱大儒者或曰孟軻氏、荀卿氏、揚雄氏而已。以其立言垂範，明道救時，功豐德鉅也。至於董仲舒則忽焉而不舉，此非明有所未至，識有所未周乎。何哉？昔者秦滅羣聖之言，欲愚四海也。蓋天奪之鑑，以授於漢，故生仲舒於孝武之世焉。焉於時大教頹缺，學者疏濶，莫明大端，仲舒煜然奮起，首能發聖道之本根，新孝武之耳目。上自二帝，下迄三代，其化基治具咸得之於心而筆之於書，將以緝乾綱之絶紐，闢王道之梗塗矣。故其對策推明孔氏，抑黜百家，諸不在六藝之科、孔子之術者，皆絶其道勿使並進。息滅邪説，斯可謂盡心於聖人之道者也。噫！暴秦之後，聖人之道晦矣。晦而復明者，仲舒之力也。後孟軻荀卿，當戰國之際，雖則諸子紛亂，然去聖未遠，先生之典經盡在，揚雄處新室之間，雖則大禍是懼，然漢有天下滋久，講求典禮抑亦云備，故其微言大法，洽於聞見，揭而行之，張以爲教，易爾。若仲舒燔滅之餘，典經已壞，其微言大法希於聞見，探而索之，駕以爲説，不其難哉？況乎暴秦之禍甚於戰國之亂與新室之懼耶！然四子之道一也，使易地而處則皆然矣。愚嘗病世之學者，鮮克知仲舒之懿，又病班孟堅作仲舒之贊，言劉向稱仲舒之有王佐之材，伊呂無以加，管晏之屬，伯者之佐，殆不及也。至向子歆以爲淵源所漸，未及乎游夏，而曰管晏不及，伊呂之不加，過矣。愚謂歆以仲舒盛德先覺，顧己弗及，疾而詆之者也。故雖其父言亦以爲過，且仲舒於孔氏之門，其功深矣。觀其道也。出於游夏遠矣。對孝武大明王道之端，與夫任德不任刑之説，雖伊呂又何加焉？蓋用與不用耳。使孝武能盡師其言，決而用之，則漢氏之德比隆三代矣。厥後曷有惑於神仙之事，困於征伐之弊哉。仲舒不用，非孝武之過，平津之罪也。平津嘗害其能而逐之，兩事驕主，才弗克施，既而退死於家。吁！可惜也。孟堅筆削之際，不能斥劉歆之浮論，惑而書之，失於斷矣。

宋·程顥、程頤《二程遺書》卷二二《附雜録後》 史稱董仲舒是王佐才，如何？曰『仲舒是言其學術。若論至王佐才，須是伊，周，其次莫如張良、諸葛亮、陸宣公。』

又 卷二四《鄒德久本》 西漢儒者有風度，惟董仲舒、毛萇、楊雄。

又 卷二五《暢潛道本》 董仲舒曰『正其誼不謀其利，明其道不計其功。』此董子所以度越諸子。

宋·吳曾《能改齋漫録》卷四《辨誤·仲舒策之誤》 西漢《董仲舒傳》：『對策曰：「曾子曰：尊其所聞，則高明矣；行其所知，則光大矣。高明光大，不在乎他，在乎加之意而已。願陛下因用所聞，設誠於內，而致行之，則二王何異哉。」』予按，曾子書《疾病篇》曰：『言不遠身，言之主也；行不遠身，行之本也。言有主，行有本，謂之有聞。君子尊其所聞，則高明矣；行其所聞，則廣大矣。高明廣大，不在乎他，在乎加之至而已。』然則既稱高，而以明繼之矣，豈可以復言光邪？兼本

書首尾，一以聞爲主，知字非是。雖仲舒策亦稱『因用所聞』以結之，則知字其誤尤分明。如一稱『加之意』，與『至』字不内，不計利害。惟『知』字、『光』字，於義不可也。曾子書不顯於世，故董策無有知其誤者，不可不辨也。

宋・劉炎《邇言》卷一〇《經籍》　或問：賈誼、董仲舒之文。曰：仲舒春風，賈生烈日。

宋・眞德秀《西山讀書記》卷二五《廣大學之二》　漢儒董仲舒最較稳，劉向薄洽而淺，然皆不見聖人大道。

又　卷三〇《又曰仲舒此言可以爲法矣》　漢儒如毛萇、董仲舒最得聖賢之意，然見道不甚分明。胡文定公曰：董仲舒名儒也，多得春秋要義，所對切中當時之病，如罷黜百家、表彰六經，其功不在孟子下。何謂緩而不切乎？劉蕡雖直非其匹也。

宋・眞德秀《大學衍義》卷一四《格物致知之要一・明道術・王道霸術之異》　董仲舒曰：『夫仁人者，正其誼不謀其利，明其道不計其功，是以仲尼之門，五尺童子，羞稱五伯，爲其先詐力，而後仁義也。』

臣按：孟子之後，其能深闢五霸者，惟仲舒爲然。蓋仁人者，知正義而已利之，有無不論也；知明道而已功之，成否不計也。義謂天下合宜之理，道謂天下通行之路，其實一也。霸者，則惟利是謀，而於義有不暇，顧惟功是計，而於道有不暇，□此所以見黜於孔氏之門也。至本朝程顥又謂：『得天理之正，極人倫之至者，堯、舜之道也。用其私心，依仁義之偏者，霸者之事也。『王道如砥。』本乎人情，出於禮義。若履大路而行，無復回曲霸者，崎嶇反側於曲逕之中，而卒不可入堯舜之道。』顥之言與孟子、仲舒實相表裏，故録云『伯』，讀曰『霸』。

又　卷二五《格物致知之要三・審治體・德刑先後之分》　武帝建元初，董仲舒對策曰：臣謹案《春秋》之文，求王道之端，得之於正。正次王，王次春。春者，天之所爲也；正者，王之所爲也。其意曰，上承天之所爲，而下以正其所爲，正王道之端云爾。然則王者欲有所爲，宜求其端於天。天道之大者在陰陽。陽爲德，陰爲刑；刑主殺而德主生。是故陽常居大夏，而以生育長養爲事；陰常居大冬，而積於空虛不用之處。以此見天之任德不任刑也。天使陽出布施於上而主歲功，使陰入伏於下而時出佐陽；陽不得陰之助，亦不能獨成歲。終陽以成歲爲名，此天意也。王者承天意以從事，故任德教而不任刑。刑者不可任以治世，猶陰之不可任以成歲也。爲政而任刑，不順於天，故先王莫之肯爲也。今廢先王德教之官，而獨任執法之吏治民，毋乃任刑之意與！孔子曰：『不教而殺謂之虐。』虐政用於下，而欲德教之被四海，故難成也。

臣按：仲舒以《春秋》之學推明王者，任德不任刑之意可謂善矣！然陽以生萬物，陰以成萬物，其功一也。陰雖伏於大冬，乃所以爲造化之本，蓋非正無以爲元，不闔無以爲闢。伏藏于冬，而後能發育于春，然則以陰居冬爲積于空虛不用之地，殆未然也。然方武帝卽位之初，英武明斷，仲舒逆慮其有任刑之失，故舉天道、明王道以啟其好生惡殺之心，則仲舒之言眞武帝之箴砭也。其後張湯、趙禹之徒進而見知，故縱之法行，卒以任刑流毒海内。仲舒其知言哉！

又　卷四七《讀史・漢書・董仲舒》　自孟子没後，學聖人之學者惟仲舒。其天資純美，用意肫篤，漢唐諸儒鮮其比者。使幸而及門于孔氏，親承聖訓，庶幾四科之流亞矣。若其謂正其誼不謀其利，明其道不計其功，如許正論前無古人。其後能見之發揮者，惟伊洛諸儒。嘗見之行事者，惟諸葛孔明。所謂漢賊不兩立，成敗利鈍不暇計者也。

宋・黎靖德《朱子語類》卷八七《小戴禮總論》　漢儒最純者莫如董仲舒。

又　卷一〇一《程子門人・胡康侯》　或問：『胡文定之學與董仲舒如何？』曰：『文定卻信『得於己者可以施於人，學於古者可以行於今』。其他人皆謂得於己者不可施於人，學於古者不可行於今，所以淺陋。然文定比似仲舒較淺，仲舒比似古人又淺。』又曰：『仲舒識得本原，如云『正心修身可以治國平天下』，如説『仁義禮樂皆其具』，此等説話皆好。若陸宣公之論事，卻精密，第恐本原處不如仲舒。然仲舒施之臨事，又卻恐不如宣公也。』

又　卷一三五《歷代二》　漢儒董仲舒較穩。劉向雖博洽而淺，然皆不見聖人大道。

又　卷一三七《戰國漢唐諸子》　漢儒惟董仲舒純粹，其學甚正，非諸人比。只是困苦無精彩，極好處也只有『正誼、明道』兩句。

明·邱濬《大學衍義補》卷六七《正國平天下之要·崇教化·總論教化之道》　董仲舒曰：『夫萬民之從利也，如水之走下，不以教化隄防之不能止也。是故教化立而姦邪皆止者，其隄防完也；教化廢而姦邪並出，刑罰不能勝者，其隄防壞也。古之王者明於此，是故南面而治天下莫不以教化爲大務，立大學以教於國，設庠序以化於邑，漸民以仁，摩民以誼，節民以禮，故其刑罰甚輕而禁不犯者，教化行而習俗美也。聖王之繼亂世也，掃除其迹而悉去之，復修教化而崇起之，教化已明，習俗已成，子孫循之行五六百歲尚未敗也。』

臣按：董子所謂漸民以仁、摩民以誼、節民以禮是三言者，是誠自古帝王修教立化之本也。所謂治天下之大務，生民習之以爲風俗，子孫循之以爲治道，雖百世可也，豈但行之五六百歲而不敗哉？

清·陳廷敬《午亭文編》卷三三《史評·董仲舒》　仲舒之學，歷戰國、秦漢未有其匹敵，自孟子以來一人而已。劉向稱其有王佐之材，雖伊、呂無以加。使仲舒在商周之世，其能爲伊、呂不可知，然決非管晏伯者之佐所可及也。向子歆叛其父之説，乃謂：『伊、呂聖人之耦，王者不得則不興，故顔淵死，孔子曰：「天喪予，唯此一人爲能當之。」仲舒遭漢承秦滅學之後，六經離析，下帷發憤，潛心大業，令學者有所統壹，爲羣儒首。然考其師友淵源所漸，猶未及乎游、夏，而曰管、晏弗及，伊、呂不加，過矣！』歆之言出於正耶？其父之説猶不當極斥之，以自明其是，而歆之言果不得爲正論也，叛父之罪不可逃矣。孔子曰：『子爲父隱。』至明攻其父之説而極斥之，隱乎？不隱乎？君子以爲向所説非攘羊比也，歆遽證之，何耶？歆好《左氏春秋》，嘗以難其父《穀梁》，歆爲人子，專攻其父，當仁不讓，豈是之謂歟？

清·朱軾《史傳三編》卷一《名儒傳·董仲舒》　論曰：孔子作《春秋》，始於春亦終於春，所以明千秋必還之運，而開太平於無窮也。當秦酷烈之餘陰慘極矣，於是惓惓以教化爲言，是陽春之德也。夫欲興教化，必先崇學校；欲崇學校，必先一道術。道術既一，學校既崇，而後賢者循理處善，以成其君子。不賢者亦節情防欲以别於羣生，此實王道之正，非管、晏以下卑卑伯業之所得託也。向惟粗知王、伯之分，故尊仲舒而黜管、晏。歆不知然，遂乃過其父論夫仲舒之於伊、呂，雖若不逮，然以視管、晏固已分軌而殊塗，豈復與較優劣哉？向使武帝深加嚮用，以董仲舒爲丞相，以汲黯爲御史大夫，漢治其幾於三代乎！

藝文

唐·羅隱《羅昭諫集》卷四《董仲舒》　灾變儒生不合聞，謾將刀筆指乾坤。偶然留得陰陽術，閉卻南門又北門。

宋·劉敞《公是集》卷四九《西漢三名儒贊》　余讀《西漢》，愛董仲舒、劉向、揚雄之爲人，慕之。然仲舒好言灾異，幾陷大刑。向鑄僞黄金，亦減死論。雄仕王莽，作《劇秦美新》，復投閣求死。皆背於聖人之道，惑於性命之理者也。以彼三子猶未能盡善，才難不其然與？然其善可師，其過可警也，爲三贊以自覽焉。

仲舒先覺，承秦絶學，進退規矩，金玉其璞，發明《春秋》，大義以脩，旁及五經，博哉優優，世莫能庸，黜相諸侯，仁義所漸，易剛以柔，茫茫大道，在昔聖考，蓋有不聞，奚究奚討，主父掎之，仲舒詭之。嗟！若先生有以啟之，懲違告休不預世憂，著作孔多，後世是遒。嗟爾！君子克遵厥猷。

元·侯克中《艮齋詩集》卷三《董仲舒》　上方用武定羌夷，儒者宜爲衆所擠。大匠謾持修月斧，拙工先立倚天梯。身爲當代斯文主，名與南山北斗齊。許大闕廷無著處，江都才了又膠西。

明·張溥《漢魏六朝百三家集》卷二《漢董仲舒集題詞》　《史記·儒林傳》載，廣川董氏與胡母生《春秋》同列，無大褒異。至《漢書》始，特爲立傳，贊述劉子政與劉歆、劉龔言論，抑揚其辭以寄鄭重。凡人輕今貴古賢者，不免太史公與董生並遊。武帝朝或心易之，孟堅後生本先儒之説，推崇前輩則有叩頭户下耳。正誼明道西漢絶學遂爲儒宗，三防三對，君臣喜起文章，大醇《禮記》儔也。公孫用事，同學懷妬，出相膠西，謝病自免，悲哉！董生向賦不遇，今其然耶！然尊孔氏，斥百家，立學校，舉茂才，王者制度皆發自董生，身雖廢言，何嘗不顯哉？高廟燔灾閒居擬對私家書也，主父挾奏呂生妄譏，下吏當死，漢法失刑與誅腹誹何殊？宋儒因武帝好殺，窮迹淮南，曲罪董生，一對上啟殘賊將生罪

反居張湯上乎，非論之平也。

清·田雯《古歡堂集》卷一四《讀董仲舒傳》　公羊一卷至今存，千古純儒道自尊。繁露何緣傳異術，陰陽水火閉城門。

清·愛新覺羅·弘曆《御製樂善堂全集定本》卷二八《讀董仲舒傳》　不問蒼生問鬼神，猶蒙宣室席前親。誰知寂寞江都相，老抱春秋一遠臣。

清·施閏章《學餘堂文集·詩集》卷六《董仲舒祠》　擾擾五都市，南北交驅馳。貴賤各有營，崩迫無停時。我過董子祠，中心悵有違。相傳此舊宅，精靈儼在茲。斷碣蝕蒼蘚，荒几走伊威。蘋蘩誰復薦，清風吹我衣。漢初尚文籍，大道久迷離。夫子挈墜緒，卓矣王者師。如何末世士，罄折爭刀錐。威鳳翔九仞，腐鼠安足希。

雜録

宋·樂史《太平寰宇記》卷二七《關西道·興平縣》　董仲舒墓，在縣東北二十里。

又　卷五八《河北道》　曲周縣，董仲舒祠，仲舒廣川人，祠在縣東五十里。

明·李賢等［天順］《明一統志》卷一二《揚州府·江都縣》　董仲舒宅，在江都縣大東門外。漢時，仲舒爲江都相，宅於此。

又　卷一二　董仲舒，武帝時爲江都相，事易王，王素驕好勇，仲舒以禮匡正，王敬重焉。

又　卷三二《陝西布政司·陵墓》　董仲舒墓，在府城南六里。仲舒，漢醇儒。武帝幸芙蓉園，常至此下馬，俗因呼爲『下馬陵』。

清·和珅等［乾隆］《大清一統志》卷六七《揚州府·古迹》　董仲舒宅，在甘泉縣大東門外。仲舒爲江都王相，居此。宅內有井，今號『東井』，《輿地紀勝》即故縣基，今廢爲軍寨府志，今爲兩淮鹽運使署。

劉向分部

傳記

《漢書》卷三六《劉向傳》　向字子政，本名更生。年十二，以父德任爲輦郎。既冠，以行修飭擢爲諫大夫。是時，宣帝循武帝故事，招選名儒俊材置左右。更生以通達能屬文辭，與王褒、張子僑等並進對，獻賦頌凡數十篇。上復興神仙方術之事，而淮南有《枕中鴻寶苑秘書》。書言神仙使鬼物爲金之術，及鄒衍重道延命方，世人莫見，而更生父德武帝時治淮南獄得其書。更生幼而讀誦，以爲奇，獻之，言黄金可成。上令典尚方鑄作事，費甚多，方不驗。上乃下更生吏，吏劾更生鑄僞黄金，繫當死。更生兄陽城侯安民上書，入國户半，贖更生罪。上亦奇其材，得踰冬減死論。會初立《穀梁春秋》，徵更生受《穀梁》，講論《五經》于石渠。復拜爲郎中給事黄門，遷散騎諫大夫給事中。

元帝初即位，太傅蕭望之爲前將軍，少傅周堪爲諸吏光禄大夫，皆領尚書事，甚見尊任。更生年少於望之、堪，然二人重之，薦更生宗室忠直，明經有行，擢爲散騎宗正給事中，與侍中金敞拾遺於左右。四人同心輔政，患苦外戚許、史在位放縱，而中書宦官弘恭、石顯弄權。望之、堪、更生議，欲白罷退之。未白而語泄，遂爲許、史及恭、顯所譖訴，堪、更生下獄，及望之皆免官。語在《望之傳》。其春地震，夏，客星見昴、卷舌間。上感悟，下詔賜望之爵關內侯，奉朝請。秋，徵堪、向，欲以爲諫大夫，恭、顯白皆爲中郎。冬，地復震。時恭、顯、許、史子弟侍中諸曹，皆側目於望之等，更生懼焉，乃使其外親上變事，言：

竊聞故前將軍蕭望之等，皆忠正無私，欲致大治，忤於貴戚尚書。今道路人聞望之等復進，以爲且復見毀讒，必曰嘗有過之臣不宜復用，是大不然。臣聞春秋地震，爲在位執政太盛也，不爲三獨夫動，亦已明矣。且往者高皇帝時，季布有罪，至於夷滅，後赦以爲將軍，高后、孝文之間卒爲名臣。孝武帝時，兒寬有重罪繫，按道侯韓說諫曰：『前吾丘壽王死，

陛下至今恨之；今殺寬，後將復大恨矣！』上感其言，遂貰寬，復用之，位至御史大夫，御史大夫未有及寬者也。又董仲舒坐私爲灾異書，主父偃取奏之，下吏，罪至不道，幸蒙不誅，復爲太中大夫、膠西相，以老病免歸。漢有所欲興，常有詔問。仲舒爲世儒宗，定議有益天下。孝宣皇帝時，夏侯勝坐誹謗繫獄，三年免爲庶人。宣帝繫用勝，至長信少府、太子太傅，名敢直言，天下美之。若乃羣臣，多此比類，難一二記。有過之臣，無負國家，有益天下，此四臣者，足以觀矣。

前弘恭奏望之等獄決，三月，地大震。恭移病出，後復視事，天陰雨雪。由是言之，地動殆爲恭等。

臣愚以爲宜退恭、顯以章蔽善之罰，進望之等以通賢者之路。如此，太平之門開，灾異之原塞矣。

書奏，恭、顯疑其更生所爲，白請考姦詐。辭果服，遂逮更生繫獄，下太傅韋玄成、諫大夫貢禹，與廷尉雜考。劾更生前爲九卿，坐與望之、堪謀排車騎將軍高、許、史氏侍中者，毀離親戚，欲退去之，而獨專權。爲臣不忠，幸不伏誅，復蒙恩徵用，不悔前過，而教令人言變事，誣罔不道。更生坐免爲庶人。而望之亦坐使子上書自冤前事，恭、顯白令詣獄置對。望之自殺。天子甚悼恨之，乃擢周堪爲光祿勳，堪弟子張猛光祿大夫給事中，大見信任。恭、顯憚之，數譖毀焉。更生見堪、猛在位，幾已得復進，懼其傾危，乃上封事諫曰：

臣前幸得以骨肉備九卿，奉法不謹，乃復蒙恩。竊見灾異並起，天地失常，徵表爲國。欲終不言，念忠臣雖在甽畝，猶不忘君，惓惓之義也。況重以骨肉之親，又加以舊恩未報乎！欲竭愚誠，又恐越職，然惟二恩未報，忠臣之義，一杼愚意，退就農畝，死無所恨。

臣聞舜命九官，濟濟相讓，和之至也。衆賢和於朝，則萬物和於野。故簫《韶》九成，而鳳皇來儀；擊石拊石，百獸率舞。四海之內，靡不和寧。及至周文，開基西郊，雜遝衆賢，罔不肅和，崇推讓之風，以銷分爭之訟。文王既没，周公思慕，歌詠文王之德，其《詩》曰：『於穆清廟，肅雍顯相；濟濟多士，秉文之德。』當此之時，武王、周公繼政，朝臣和於內，萬國歡於外，故盡得其歡心，以事其先祖。其《詩》曰：『有來雍雍，至止肅肅，相維辟公，天子穆穆。』言四方皆以和來也。諸侯和於下，天應報於上，故《周頌》曰『降福穰穰』，又曰『飴我釐麰』，釐麰，麥也，始自天降。此皆以和致和，獲天助也。

下至幽、厲之際，朝廷不和，轉相非怨，詩人疾而憂之曰：『民之無良，相怨一方。』衆小在位而從邪議，歙歙相是而背君子，故其《詩》曰『歙歙訿訿，亦孔之哀！謀之其臧，則具是違；謀之不臧，則具是依！』君子獨處守正，不橈衆枉，勉强以從王事則反見憎毒讒訴，故其《詩》曰：『密勿從事，不敢告勞，無罪無辜，讒口嗷嗷！』當是之時，日月薄蝕而無光，其《詩》曰：『朔日辛卯，日有蝕之，亦孔之醜！』又曰：『彼月而微，此日而微，今此下民，亦孔之哀！』又曰：『日月鞠凶，不用其行；四國無政，不用其良！』天變見於上，地變動于下，水泉沸騰，山谷易處。其《詩》曰：『百川沸騰，山冢卒崩，高岸爲谷，深谷爲陵。哀今之人，胡憯莫懲！』霜降失節，不以其時，其《詩》曰：『正月繁霜，我心憂傷；民之訛言，亦孔之將！』言民以是爲非，甚衆大也。此皆不和，賢不肖易位之所致也。

自此之後，天下大亂，篡殺殃禍並作，厲王奔彘，幽王見殺。至乎平王末年，魯隱之始卽位也，周大夫祭伯乖離不和，出奔於魯，而《春秋》爲諱，不言來奔，傷其禍殃自此始也。是後尹氏世卿而專恣，諸侯背畔而不朝，周室卑微。二百四十二年之間，日食三十六，地震五，山陵崩阤二，彗星三見，夜常星不見，夜中星隕如雨一，火灾十四。長狄入三國，五石隕墜，六鷁退飛，多麋，有蜮、蜚，鸜鵒來巢者，皆一見。晝冥晦。雨木冰。李梅冬實。七月霜降，草木不死。八月殺菽。大雨雹。雨雪雷霆失序相乘。水、旱、饑、蝝、螽、螟蜂午並起。當是時，禍亂輒應，弒君三十六，亡國五十二，諸侯奔走，不得保其社稷者，不可勝數也。周室多禍：晉敗其師於貿戎；伐其郊；鄭傷桓王；戎執其使；衛侯朔召不住，齊逆命而助朔；五大夫爭權，三君更立，莫能正理。遂至陵夷不能復興。

由此觀之，和氣致祥，乖氣致異；祥多者其國安，異衆者其國危，天地之常經，古今之通義也。今陛下開三代之業，招文學之士，優游寬容，使得並進。今賢不肖渾殽，白黑不分，邪正雜糅，忠讒並進。章交公車，人滿北軍。朝臣舛午，膠戾乖刺，更相讒訴，轉相是非。傳授增加，

交書紛糾，前後錯繆，毀譽渾亂。所以營或耳目，感移心意，不可勝載。分曹爲黨，往往羣朋，將同心以陷正臣。正臣進者，治之表也；正臣陷者，亂之機也。乘治亂之機，未知孰任，而灾異數見，此臣所以寒心者也。夫乘權藉勢之人，子弟鱗集於朝，羽翼陰附者衆，輻湊於前，毀譽將必用，以終乖離之咎。是以日月無光，雪霜夏隕，海水沸出，陵谷易處，列星失行，皆怨氣之所致也。夫遵衰周之軌迹，循詩人之所刺，而欲以成太平，致雅頌，猶卻行而求及前人也。初元以來六年矣，案《春秋》六年之中，灾異未有稠如今者也。夫有《春秋》之異，無孔子之救，猶不能解紛，況甚於《春秋》乎？

原其所以然者，讒邪並進也。讒邪之所以並進者，由上多疑心，既已用賢人而行善政，如或譖之，則賢人退而善政還。夫執狐疑之心者，來讒賊之口；持不斷之意者，開羣枉之門。讒邪進則衆賢退，羣枉盛則正士消。故《易》有《否》、『泰』。小人道長，君子道消，君子道消，則政日亂，故爲否。否者，閉而亂也。君子道長，小人道消，小人道消，則政日治，故爲泰。泰者，通而治也。《詩》又云：『雨雪麃麃，見晛聿消』，與《易》同義。昔者鯀、共工、驩兜與舜、禹雜處堯朝，周公與管、蔡並居周位，當是時，迭進相毀，流言相謗，豈可勝道哉！帝堯、成王能賢舜、禹、周公而消共工、管、蔡，故以大治，榮華至今。孔子與季、孟偕仕於魯，李斯與叔孫俱宦于秦，定公、始皇賢季、孟、李斯而消孔子、叔孫，故以大亂，汙辱至今。故治亂榮辱之端，在所信任；信任既賢，在於堅固而不移。《詩》云：『我心匪石，不可轉也』，言守善篤也。《易》曰『渙汗其大號』，言號令如汗，汗出而不反者也。今出善令，未能逾時而反，是反汗也；用賢未能三旬而退，是轉石也。《論語》曰：『見不善如探湯。』今二府奏佞讇不當在位，歷年而不去。故出令則如反汗，用賢則如轉石，去佞則如拔山，如此望陰陽之調，不亦難乎！

是以羣小窺見間隙，緣飾文字，巧言醜詆，流言飛文，譁於民間。故《詩》云：『憂心悄悄，愠於羣小。』小人成羣，誠足愠也。昔孔子與顏淵、子貢更相稱譽，不爲朋黨；禹、稷與皋陶傳相汲引，不爲比周。何則？忠於爲國，無邪心也。故賢人在上位，則引其類而聚之於朝，《易》曰『飛龍在天，大人聚也』；在下位，則思與其類俱進，《易》曰『拔茅茹以其彙，征吉』。在上則引其類，在下則推其類，故湯用伊尹，不仁者遠，而衆賢至，類相致也。今佞邪與賢臣並在交戟之內，合黨共謀，違善依惡，歙歙訿訿，數設危險之言，欲以傾移主上。如忽然用之，此天地之所以先戒，灾異之所以重至者也。

自古明聖，未有無誅而治者也，故舜有四放之罰，而孔子有兩觀之誅，然後聖化可得而行也。今以陛下明知，誠深思天地之心，迹察兩觀之誅，覽《否》、《泰》之卦，觀雨雪之詩，歷周、唐之所進以爲法，原秦、魯之所消以爲戒，考祥應之福，省灾異之禍，以揆當世之變，放遠佞邪之黨，壞散險詖之聚，杜閉羣枉之門，廣開衆正之路，決斷狐疑，分別猶豫，使是非炳然可知，則百異消滅，而衆祥並至，太平之基，萬世之利也。

臣幸得託肺附，誠見陰陽不調，不敢不通所聞。竊推《春秋》灾異，以救今事一二，條其所以，不宜宣洩。臣謹重封昧死上。

恭、顯見其書，愈與許、史比而怨更生等。堪性公方，自見孤立，遂直道而不曲。是歲夏寒，日青無光，恭、顯及許、史皆言堪、猛用事之咎。上内重堪，又患衆口之寖潤，無所取信。時長安令楊興以材能幸，常稱譽堪。上欲以爲助，乃見問興：『朝臣齗齗不可光禄勳，何邪？』興者傾巧士，謂上疑堪，因順指曰：『堪非獨不可於朝廷，自州里亦不可也。臣見衆人聞堪前與劉更生等謀毀骨肉，以爲當誅，故臣前言堪不可誅傷，爲國養恩也。』上曰：『然此何罪而誅？今宜奈何？』興曰：『臣愚以爲可賜爵關内侯，食邑三百户，勿令典事。明主不失師傅之恩，此最策之得者也。』上於是疑。會城門校尉諸葛豐亦言堪、猛短，上因發怒免豐。語在其傳。又曰：『豐言堪、猛貞信不立，朕閔而不治，又惜其材能未有所效，其左遷堪爲河東太守，猛槐里令。』

顯等專權日甚。後三歲餘，孝宣廟闕灾，其晦，日有蝕之。於是上召諸前言日變在堪、猛者責問，皆稽首謝。乃因下詔曰：『河東太守堪，先帝賢之，命而傅朕。資質淑茂，道術通明，論議正直，秉心有常，發憤悃愊，信有憂國之心。以不能阿尊事貴，孤特寡助，抑厭遂退，卒不克明。往者衆臣見異，不務自修，深惟其故，而反晻昧説天，託咎此人。朕不得已，出而試之，以彰其材。堪出之後，大變仍臻，衆亦嘿然。堪治未期

年，而三老官屬有識之士詠頌其美，使者過郡，靡人不稱。此固足以彰先帝之知人，而朕有以自明也。俗人乃造端作基，非議詆欺，或引幽隱，非所宜明，意疑以類，欲以陷之，朕亦不取也。朕迫於俗，不得專心，乃者天著大異，朕甚懼焉。今堪年衰歲暮，恐不得自信，排於異人，將安究之哉？其徵詣行在所。』拜爲光祿大夫，秩中二千石，領尚書事。猛復爲太中大夫給事中。顯干尚書事，尚書五人，皆其黨也。堪希得見，常因顯白事，事決顯口。會堪疾瘖，不能言而卒。顯誣譖猛，令自殺於公車。更生傷之，乃著《疾讒》、《擿要》、《救危》及《世頌》，凡八篇，依興古事，悼己及同類也。遂廢十餘年。

成帝即位，顯等伏辜，更生乃復進用，更名向。向以故九卿召拜爲中郎，使領護三輔都水。數奏封事，遷光祿大夫。是時，帝元舅陽平侯王鳳爲大將軍秉政，倚太后，專國權，兄弟七人皆封爲列侯。時數有大異，向以爲外戚貴盛，鳳兄弟用事之咎。而上方精於《詩》、《書》，觀古文，詔向領校中《五經》秘書。向見《尚書·洪範》，箕子爲武王陳五行陰陽休咎之應。向乃集合上古以來歷春秋六國至秦漢符瑞災異之記，推迹行事，連傳禍福，著其占驗，比類相從，各有條目，凡十一篇，號曰《洪範五行傳論》，奏之。天子心知向忠精，故爲鳳兄弟起此論也，然終不能奪王氏權。

久之，營起昌陵，數年不成，復還歸延陵，制度泰奢。向上疏諫曰：

臣聞《易》曰：『安不忘危，存不忘亡，是以身安而國家可保也。』故賢聖之君，博觀終始，窮極事情，而是非分明。王者必通三統，明天命所授者博，非獨一姓也。孔子論《詩》，至於『殷士膚敏，祼將於京』，喟然歎曰：『大哉天命！善不可不傳於子孫，是以富貴無常；不如是，則王公其何以戒慎，民萌何以勸勉？』蓋傷微子之事周，而痛殷之亡也。雖有堯舜之聖，不能化丹朱之子；雖有禹湯之德，不能訓末孫之桀紂。自古及今，未有不亡之國也。昔高皇帝既滅秦，將都洛陽，感寤劉敬之言，自以德不及周，而賢于秦，遂徙都關中，依周之德，因秦之阻。世之長短，以德爲效，故常戰栗，不敢諱亡。孔子所謂『富貴無常』，蓋謂此也。

孝文皇帝居霸陵，北臨廁，意悽愴悲懷，顧謂羣臣曰：『嗟乎！以北山石爲椁，用紵絮斮陳漆其間，豈可動哉！』張釋之進曰：『使其中有可欲，雖錮南山猶有隙；使其中無可欲，雖無石椁，又何慼焉？』夫死者無終極，而國家有廢興，故釋之之言，爲無窮計也。孝文寤焉，遂薄葬，不起山墳。

《易》曰：『古之葬者，厚衣之以薪，臧之中野，不封不樹。後世聖人易之以棺椁。』棺椁之作，自黄帝始。黄帝葬於橋山，堯葬濟陰，丘壟皆小，葬具甚微。舜葬蒼梧，二妃不從。禹葬會稽，不改其列。殷湯無葬處。文、武、周公葬于畢，秦穆公葬於雍橐泉宮祈年館下，樗里子葬於武庫，皆無丘隴之處。此聖帝明王賢君智士遠覽獨慮無窮之計也。其賢臣孝子亦承命順意而薄葬之，此誠奉安君父，忠孝之至也。

夫周公，武王弟也，葬兄甚微。孔子葬母於防，稱古墓而不墳，曰：『丘，東西南北之人也，不可不識也。』爲四尺墳，遇雨而崩。弟子修之，以告孔子，孔子流涕曰：『吾聞之，古者不修墓。』蓋非之也。延陵季子適齊而反，其子死，葬於嬴、博之間，穿不及泉，斂以時服，封墳掩坎，其高可隱，而號曰：『骨肉歸復於土，命也，魂氣則無不之也。』夫嬴、博去吳千有餘里，季子不歸葬。孔子往觀曰：『延陵季子於禮合矣。』故仲尼孝子，而延陵慈父，舜禹忠臣，周公弟弟，其葬君親骨肉，皆微薄矣；非苟爲儉，誠便於體也。宋桓司馬爲石椁，仲尼曰『不如速朽』。秦相呂不韋集知略之士而造《春秋》，亦言薄葬之義，皆明於事情者也。

逮至吳王闔閭，違禮厚葬，十有餘年，越人發之。及秦惠文、武、昭、孝文、嚴襄五王，皆大作丘隴，多其瘞臧，咸盡發掘暴露，甚足悲也。秦始皇帝葬于驪山之阿，下錮三泉，上崇山墳，其高五十餘丈，周回五里有餘；石椁爲遊館，人膏爲燈燭，水銀爲江海，黄金爲鳧雁。珍寶之臧，機械之變，棺椁之麗，宮館之盛，不可勝原。又多殺官人，生薶工匠，計以萬數。天下苦其役而反之，驪山之作未成，而周章百萬之師至其下矣。項籍燔其宮室營宇，往者咸見發掘。其後牧兒亡羊，羊入其鑿，牧者持火照求羊，失火燒其臧椁。自古至今，葬未有盛如始皇者也，數年之間，外被項籍之灾，内離牧豎之禍，豈不哀哉！

是故德彌厚者葬彌薄，知愈深者葬愈微。無德寡知，其葬愈厚，丘隴彌高，宮廟甚麗，發掘必速。由是觀之，明暗之效，葬之吉凶，昭然可見

矣。周德既衰而奢侈，宣王賢而中興，更爲儉宫室，小寢廟。詩人美之，《斯干》之詩是也，上章道宫室之如制，下章言子孫之衆多也。及魯嚴公刻飾宗廟，多築臺囿，後嗣再絶，《春秋》刺焉。周宣如彼而昌，魯、秦如此而絶，是則奢儉之得失也。

陛下卽位，躬親節儉，始營初陵，其制約小，天下莫不稱賢明。及徙昌陵，增埤爲高，積土爲山，發民墳墓，積以萬數，營起邑居，期日迫卒，功費大萬百餘。死者恨于下，生者愁於上，怨氣感動陰陽，因之以饑饉，物故流離以十萬數，臣甚惽焉。以死者爲有知，發人之墓，其害多矣；若其無知，又安用大？謀之賢知則不説，以示衆庶則苦之；若苟以説愚夫淫侈之人，又何爲哉！陛下仁慈篤美甚厚，聰明疏達蓋世，宜弘漢家之德，崇劉氏之美，光昭五帝、三王，而顧與暴秦亂君競爲奢侈，比方丘壟，説愚夫之目，隆一時之觀，違賢知之心，亡萬世之安，臣竊爲陛下羞之。唯陛下上覽明聖黄帝、堯、舜、禹、湯、文、武、周公、仲尼之制，下觀賢知穆公、延陵、樗里、張釋之之意。孝文皇帝去墳薄葬，以儉安神，可以爲則；秦昭、始皇增山厚臧，以侈生害，足以爲戒。初陵之橅，宜從公卿大臣之議，以息衆庶。

書奏，上甚感向言，而不能從其計。

向睹俗彌奢淫，而趙、衛之屬起微賤，踰禮制。向以爲王教由内及外，自近者始。故採取《詩》《書》所載賢妃貞婦，興國顯家可法則，及孽嬖亂亡者，序次爲《列女傳》，凡八篇，以戒天子。及采傳記行事，著《新序》、《説苑》凡五十篇奏之。數上疏言得失，陳法戒。書數十上，以助觀覽，補遺闕。上雖不能盡用，然内嘉其言，常嗟歎之。

時上無繼嗣，政由王氏出，災異浸甚。向雅奇陳湯智謀，與相親友，獨謂湯曰：「災異如此，而外家日盛，其漸必危劉氏。吾幸得同姓末屬，累世蒙漢厚恩，身爲宗室遺老，歷事三主。上以我先帝舊臣，每進見常加優禮，吾而不言，孰當言者？」向遂上封事極諫曰：

臣聞人君莫不欲安，然而常危；莫不欲存，然而常亡：失御臣之術也。夫大臣操權柄，持國政，未有不爲害者也。昔晉有六卿，齊有田、崔，衛有孫、寧，魯有季、孟，常掌國事，世執朝柄。終後田氏取齊；六卿分晉；崔杼弑其君光；孫林父、寧殖出其君衎，弑其君剽；季氏八佾舞於庭，三家者以《雍》徹，並專國政，卒逐昭公。周大夫尹氏筦朝事，濁亂王室，子朝、子猛更立，連年乃定。故經曰「王室亂」，又曰「君氏殺王子克」，甚之也。《春秋》舉成敗，録禍福，如此類甚衆，皆陰盛而陽微，下失臣道之所致也。故《書》曰：「臣之有作威作福，害於而家，凶於而國。」孔子曰「禄去公室，政逮大夫」，危亡之兆。秦昭王舅穰侯及涇陽、葉陽君專國擅勢，上假太后之威，三人者權重于昭王，家富於秦國，國甚危殆，賴寤范睢之言，而秦復存。二世委任趙高，專權自恣，壅蔽大臣，終有閻樂望夷之禍，秦遂以亡。近事不遠，卽漢所代也。

漢興，諸呂無道，擅相尊王。呂産、呂禄席太后之寵，據將相之位，兼南北軍之衆，擁梁、趙王之尊，驕盈無厭，欲危劉氏。賴忠正大臣絳侯、朱虚侯等竭誠盡節以誅滅之，然後劉氏復安。今王氏一姓乘朱輪華轂者二十三人，青紫貂蟬充盈幄内，魚鱗左右。大將軍秉事用權，五侯驕奢僭盛，並作威福，擊斷自恣，行汙而寄治，身私而託公，依東宫之尊，假甥舅之親，以爲威重。尚書九卿州牧郡守皆出其門，筦執樞機，朋黨比周。稱譽者登進，忤恨者誅傷；遊談者助之説，執政者爲之言。排擯宗室，孤弱公族，其有智能者，尤非毁而不進。遠絶宗室之任，不令得給事朝省，恐其與已分權；數稱燕王、蓋主以疑上心，避諱呂、霍而弗肯稱。内有筦、蔡之萌，外假周公之論，兄弟據重，宗族磐互。歷上古至秦漢，外戚僭貴未有如王氏者也。雖周皇甫、秦穰侯、漢武安、呂、霍、上官之屬，皆不及也。

物盛必有非常之變先見，爲其人微象。孝昭帝時，冠石立于泰山，仆柳起于上林。而孝宣帝卽位，今王氏先祖墳墓在濟南者，其梓柱生枝葉，扶疏上出屋，根臿地中，雖立石起柳，無以過此之明也。事勢不兩大，王氏與劉氏亦且不並立，如下有泰山之安，則上有累卵之危。陛下爲人子孫，守持宗廟，而令國祚移於外親，降爲皁隸，縱不爲身，奈宗廟何！婦人内夫家，外父母家，此亦非皇太后之福也。孝宣皇帝不與舅平昌、樂昌侯權，所以安全之也。

夫明者起福於無形，銷患于未然。宜發明詔，吐德音，援近宗室，親而納信，黜遠外戚，毋授以政，皆罷令就弟，以則效先帝之所行，厚安外戚，全其宗族，誠東宫之意，外家之福也。王氏永存，保其爵禄，劉氏長

安，不失社稷，所以褒睦外內之姓，子子孫孫無疆之計也。如不行此策，田氏復見於今，六卿必起於漢，爲後嗣憂，昭昭甚明，不可不深圖，不可不蚤慮。《易》曰：『君不密，則失臣；臣不密，則失身；幾事不密，則害成。』唯陛下深留聖思，審固幾密，覽往事之戒，以折中取信，居萬安之實，用保宗廟，久承皇太后，天下幸甚。

書奏，天子召見向，歎息悲傷其意，謂曰：『君且休矣，吾將思之。』以向爲中壘校尉。

向爲人簡易無威儀，廉靖樂道，不交接世俗，專積思於經術，晝誦書傳，夜觀星宿，或不寐達旦。元延中，星孛東井，蜀郡岷山崩雍江。向惡此異，語在《五行志》。懷不能已，復上奏，其辭曰：

臣聞帝舜戒伯禹，毋若丹朱敖；周公戒成王，毋若殷王紂。《詩》曰：『殷監不遠，在夏后之世』，亦言湯以桀爲戒也。聖帝明王常以敗亂自戒，不諱廢興，故臣敢極陳其愚，唯陛下留神察焉。

謹案：春秋二百四十二年，日蝕三十六，襄公尤數，率三歲五月有奇而壹食。漢興訖竟寧，孝景帝尤數，率三歲一月而一食。臣向前數言日當食，今連三年比食。自建始以來，二十歲間而八食，率二歲六月而一發，古今罕有。異有小大希稠，占有舒疾緩急，而聖人所以斷疑也。《易》曰：『觀乎天文，以察時變。』昔孔子對魯哀公，並言夏桀、殷紂暴虐天下，故歷失則攝提失方，孟陬無紀，此皆易姓之變也。秦始皇之末至二世時，日月薄食，山陵淪亡，辰星出於四孟，太白經天而行，無雲而雷，枉矢夜光，熒惑襲月，孽火燒宮，野禽戲廷，都門內崩，長人見臨洮，石隕於東郡，星孛大角，大角以亡。觀孔子之言，考暴秦之異，天命信可畏也。及項籍之敗，亦孛大角。漢之入秦，五星聚于東井，得天下之象也。孝惠時，有雨血，日食於衝，滅光星見之異。孝昭時，有泰山臥石自立，上林僵柳復起，大星如月西行，衆星隨之，此爲特異。孝宣興起之表，天狗夾漢而西，久陰不雨者二十餘日，昌邑不終之異也。皆著於《漢紀》。觀秦、漢之易世，覽惠、昭之無後，察昌邑之不終，視孝宣之紹起，天之去就，豈不昭昭然哉！高宗、成王亦有雊雉拔木之變，能思其故，故高宗有百年之福，成王有復風之報。神明之應，應若景嚮，世所同聞也。

臣幸得託末屬，誠見陛下寬明之德，冀銷大異，而興高宗、成王之聲，以崇劉氏，故猥猥數姦死亡之誅。今日食尤屢，星孛東井，攝提炎及紫宮，有識長老莫不震動，此變之大者也。其事難一二記，故《易》曰『書不盡言，言不盡意』，是以設卦指爻，而復說義。《書》曰『伻來以圖』，天文難以相曉，臣雖圖上，猶須口說，然後可知，願賜清燕之閑，指圖陳狀。

上輒入之，然終不能用也。向每召見，數言公族者國之枝葉，枝葉落則本根無所庇廕；方今同姓疏遠，母黨專政，禄去公室，權在外家，非所以彊漢宗、卑私門、保守社稷、安固後嗣也。

向自見得信於上，故常顯訟宗室，譏刺王氏及在位大臣，其言多痛切，發於至誠。上數欲用向爲九卿，輒不爲王氏居位者及丞相御史所持，故終不遷。居列大夫官前後三十餘年，年七十二卒。卒後十三歲而王氏代漢。

贊曰：仲尼稱『材難不其然與！』自孔子後，綴文之士衆矣，唯孟軻、孫況、董仲舒、司馬遷、劉向、楊雄，此數公者，皆博物洽聞，通達古今，其言有補於世。傳曰『聖人不出，其間必有命世者焉』，豈近是乎？劉氏《洪範論》發明《大傳》，著天人之應；《七略》剖判藝文，總百家之緒；《三統曆譜》考步日月五星之度，有意其推本之也。嗚虖！向言山陵之戒，於今察之，哀哉！指明梓柱以推廢興，昭矣！豈非直諒多聞，古之益友與！

綜　述

《漢書》卷二一上《律曆志》　至孝成世，劉向總六曆，列是非，作《五紀論》。

又　卷二七上《五行志》　漢興，承秦滅學之後，景、武之世，董仲舒治《公羊春秋》，始推陰陽，爲儒者宗。宣、元之後，劉向治《穀梁春秋》，數其禍福，傳以《洪範》，與仲舒錯。

又　卷七五《李尋傳》　成帝時，齊人甘忠可詐造《天官曆》、《包元太平經》十二卷，以言『漢家逢天地之大終，當更受命於天，天帝使

眞人赤精子，下教我此道。』忠可以教重平夏賀良、容丘丁廣世、東郡郭昌等，中壘校尉劉向奏忠可假鬼神罔上惑衆，下獄治服，未斷病死。

又　卷八八《儒林傳》　時《公羊》博士嚴彭祖、侍郎申輓、伊推、宋顯，《穀梁》議郎尹更始、待詔劉向、周慶、丁姓並論。

又　卷一〇〇《敘傳》　初，成帝性寬，進入直言，是以王音、翟方進等繩法舉過，而劉向、杜鄴、王章、朱雲之徒肆意犯上，故自帝師安昌侯，諸舅大將軍兄弟及公卿大夫、後宮外屬史、許之家有貴寵者，莫不被文傷詆。

論說

漢・王充《論衡》卷二三《薄葬第六十七》　劉子政舉薄葬之奏，務欲省用，不能極論。

又　卷二八《書解篇第八十二》　漢世文章之徒，陸賈、司馬遷、劉子政、揚子雲，其材能若奇，其稱不由人。

宋・劉敞《公是集》卷四九《西漢三名儒贊》　余讀《西漢書》，愛董仲舒、劉向、揚雄之爲人，慕之。然仲舒好言灾異，幾陷大刑。向鑄僞黄金，亦減死論。雄仕王莽，作《劇秦美新》，復投閣求死。皆背於聖人之道，惑於性命之理者也。以彼三子猶未能盡善，才難不其然歟？然其善可師，其過可警也，爲三贊以自覽焉。

子政翼翼，簡易正直，博覽百家，以充其德，黄金之僞，智由信惑，骫骳邪世，身居困阨，不爲俗儒，苟取拘拘，略其威儀，忠質之符，疾邪救危，著論上書，同姓之仁。賢哉！已夫雖不三事，其文實章以迄於今日月之光。嗟！我後人庶□不忘。

宋・楊時《龜山集》卷九《史論・劉向》　初，孝宣循武帝故事，招置名儒，而更生以通達善屬文與選中，可謂遇主矣。其後上復興神僊方術之士，而更生得淮南枕中鴻寶秘書獻之，言黄金可成，其所爲未免長君之過也。豈其逢世希合而爲之歟？抑年少學，猶未能無惑於異端歟？其後與望之、堪，猛輩立立于朝，爲羣小側目，更生乃令外親上變事，其義安在哉？夫君子小人相爲盛衰，蓋天地之大義也。消息盈虛，天地且不能不以其漸，況於人乎？且許、史、恭、顯之於漢也，憑藉私昵寵嬖之恩非一日矣，其培根深，其滋蔓廣，非所以朝升而暮罷，而君子之去小人，又非智謀之足恃也。亦有吾之仁義而已，彼方欲肆欺以罔吾之信，爲數以敗吾之義，而吾且欲決而去之，而自爲不信，其見棄也不亦宜乎？予讀更生傳，見其惓惓於其君，未嘗不爲之歎息也。惜其不知義命之歸，故一蹶而不振。悲夫！

宋・張栻《南軒集》卷一六《蕭望之劉向所處得失》　望之、更生輔元帝。初，政以元帝天資之弱，而外有史、高總朝廷之事，內有恭、顯制樞機之權，二子居其間，可謂孤弱之勢、危疑之時矣。所以處之之道，要當艱深其慮，正固其守，誠意懇惻以廣上心，人才兼收以强國勢。謹其爲勿使有差密，其機勿使或露，積之以久上心開明，人才衆多羣心歸而理勢順，庶幾有可爲者。此在《易・屯》膏小貞之義也。而二子處之蓋甚疏矣。其綢繆經理，未嘗有一日之功也。遽白罷中書宦官，其機蓋已盡露而無餘第。既不蒙信用，而中外小人並起而乘之，身之死逐不足道，而當時之事遂不可復救甚矣，二子之疏也。況其所爲自多不正。用人要當公天下之選，而二子者不惟其賢惟其附已，不知小人迎合於外者詎可保邪？故以鄭朋之傾邪而使之待詔，至於華龍之汙穢亦欲入其黨，彼蓋有以召之也。在《易》有之：『君子以遠小人，不惡而嚴』所謂嚴者，嚴其在我者也。二子處羣小之間，而不嚴如是，其可得乎？袁安、任隗，當梁冀强橫之時，非惟不能加害，而卒能去之，以安、隗所處之嚴故也。故史稱安、隗素行高，冀未有以害之，斯言誠有味也，二子曾不知此邪！至於使外親上變事，與子上書，則又其甚矣。予觀二子所執雖正，然懇誠之心不篤，勢利之念相交，以天下之公義而行之以一己之私，蓋不知學之弊也。吁，可惜哉！然昔人未可以一失斷其平生。若更生經歷憂患，晚歲氣象殊勝於前，處王氏之際，庶幾爲憂國敦篤者矣。

宋・眞德秀《西山讀書記》卷二五《廣大學之二》　漢儒董仲舒最平正，劉向薄洽而淺，然皆不見聖人大道。

宋・陳耆卿《篔窗集》卷二《劉向論》　劉向學術未醇而心事甚正，其學見於事宣帝，其心見於事元、成。夫神僊黄金乃秦皇、漢武之所以亂亡者，向以通達能文應名儒俊材之選召，見之初，疑有正論裨益，而所獻

者淮南《鴻寶秘書》及鄒衍《重道延命方》而已，名儒俊才果如是乎？推是以往，則所謂講論五經者亦糠粃土苴爾。雖然不遇疾風無以知勁草，不遇恭、顯、王鳳無以知劉向。漢家宗室固多，其朴實爲漢者，特一向爾。惜乎！其無沈幾深略也，何者？去小人之法不在淺躁，方望之、堪、向等同心輔政，其力强，其年富，可以有爲矣。是時，恭、顯所以疑數子者，亦未甚也，使有沈幾深略以圖之，未必無成。奈何未白語泄，先受下獄免官之禍？其啓恭、顯之疑一也。後上感悟，賜望之爵關内侯，而徵堪、向欲以爲諫大夫，事體方有可回之，漸正宜緩以待之。奈何使外親上變事，復以此敗？其啓恭顯之疑二也。二疑之餘，更相仇敵，向等之忿恭、顯日力，而恭、顯之防向等日深。觀向之所以攻恭、顯者，專以灾異，而恭、顯之所以攻堪、猛者，亦以灾異。地動殆爲恭、顯，此向攻恭、顯之言也。以夏寒日青無光爲堪、猛用事之咎，此恭攻堪、猛之言也。正人指邪人爲邪，邪人指正人爲邪，正不勝邪，則向等不能害恭、顯，而反爲恭、顯所害。望之死於獄，則失一援矣。堪死於瘖，則失二援矣。蓋望之、堪尚存，向猶得扳連以成事。望之、堪既死，則向雖獨抱忠腸，伥伥然何所依哉？探本窮源，則實向等始焉之輕發有以召之也。或曰：向之攻王鳳，非有所謂語泄之過，與外親上變事之非也。胡爲向之計終不行，而鳳之姦終不去？曰：不然。恭、顯雖擅權，未至如王氏之盛，而向之攻王氏，又無望之、堪、猛之助也。恭、顯之姦本亦可去，向不能審；其所以去王鳳之姦，既難於去，向亦終不可得而去。此理之必然者也。大抵去姦之事出於上則易，出於下則難。以元、成之蔽於恭、顯、王鳳，如彼其極，向等欲以口伐代斧鉞，難哉！鳳之用事既甚於恭、顯，而成帝之孱弱復甚於元帝。孰復向《傳》觀元帝因地震感悟，下詔賜望之爵關内侯，徵堪、向欲以爲諫大夫，是猶能侯望之而徵堪、向也。望之自殺，天子甚悼恨之，乃擢堪爲光禄勳，堪弟子猛光禄大夫、給事中，大見信任，是猶能擢堪、猛而大信任之也。因楊興、諸葛豐之言，左遷堪、猛，暨廟灾日蝕，乃召諸前，言日變在堪、猛者責問，是猶能察諸臣之非，而責問之也。責問之後，徵堪詣行在所，拜光禄大夫、秩中二千石、領尚書事，猛復爲大中大夫、給事中，是猶能再徵而以爲光禄大夫、大中大夫也。特帝知之之心不勝於恭、顯讒之之口，遂以不終。至於成帝，則異是矣。向奏《洪範·五行傳》，論則曰：天子心知向忠精，故爲鳳兄弟起此論也，然終不能奪王氏權。其上諫延陵疏則曰：上甚感向言，而不能從其計。其奏《新序》、《説苑》及上疏《陳法戒》則曰：上雖不盡用，然内嘉其言，常嗟嘆之。至於上《封事》極言王氏，則曰：君且休矣，吾將思之！夫曰『休』者，其眞情；曰『思』者，其矯辭也。縱帝能思，與不思一爾。嗚呼！唐德宗不以盧杞爲姦邪，而以姜公輔爲賣直，德宗之愚惑，未足責也。成帝知恭、顯之爲專擅，而惡之矣；知向等之爲精忠，而喜之矣。乃齷齪牽制略不得一引手，何哉？譬如家有幼主，而强奴悍婢操竊其權，主固知其受制，有至親良友告以驅除之説，亦已覺其言之善，而乃因循苟且，不能早爲之計，其不終斃於强奴悍婢之手者幾希。

宋·黎靖德《朱子語類》卷一三五《歷代二》 漢儒董仲舒較穩。劉向雖博洽而淺，然皆不見聖人大道。

清·朱軾《史傳三編》卷一《名儒傳·劉向》 論曰：孝宣以甘露三年始立《穀梁》博士，是歲向年三十。其鑄作黄金事前於此，則向固未及壯也，且其失在於過信父書。考向之誠諒忠謇，庶幾社稷之臣。其學之醇，西漢儒者未之或先也。顧以年少一眚爲世疵議。夫仲舒《繁露》頗雜機祥，横渠蚤歲亦喜談兵，至若逃禪以歸儒，變贋而求眞者往往有之。苟其能以晚，盍則始術曾不足以相累。何獨於向而必過爲覈論哉！

藝文

宋·王安石《臨川文集》卷三〇《讀漢書》 京房劉向各稱忠，詔獄當時迹自窮。畢竟論心異恭顯，不妨迷國略相同。

宋·李綱《梁谿集》卷一二《讀劉向傳》 書觀書傳夜觀星，感憤陳辭出至誠。梓柱指明王氏切，優柔不斷豈能行。

宋·陳造《江湖長翁集》卷一八《劉向二首》 江邊逐客楚宗卿，諫數君疏命自輕。可信後儒慚往哲，輒將强聒議更生。

若將初節訂賢愚，聖哲功名古亦無。一代儒宗憂國意，當年幾落僞金誅。

宋・劉克莊《後村集》卷一四《劉向》　窮弓俱奮臂，窺鼎迭磨牙。同姓餘中壘，昌言抑外家。

宋・李昭玘《樂靜集》卷五《記劉向塚》　酈道元《水經注》云：汴水西十五里有楚王山，自楚元王後世葬於此，凡十三塚，皆結石爲之。今向塚獨在城北五里，蛇穿豕齧，斷垣破甓，茅棘蕭然。疑其世非襲封，不得與先王之兆域，而爲別塚故也。向，元王之玄孫，以經明行修擢諫大夫。蕭望之、周堪以向忠直薦於朝。元帝懦，昏昏小人比德，許、史以外戚干政，恭、顯以近倖盜權。向肺腑之親乃心王室，抗危言，吐孤憤，必欲推拉小人，拔天下正直之士，在帝左右，以清天憲。方羣邪側目，相與攻詆，勢不能支。初下獄，再免爲庶人，終十年見廢。蕭望之、周堪皆被誣自殺，向獨得不死而志亦不少衰，可謂忠矣！惜乎！既以身當怨，毅然特立，不能暴小人之惡，揚於王庭以動天下之公義，及使外親上變而戒帝無漏言，彼所以揣其不足畏，而又欲擠之者也。當是時，韋玄成、貢禹以經術位大臣，不能助善排惡，爲向明區區之義，指以爲罔上不道。由此觀之，爲向之言者，果亦難矣。厥後成帝沈於內嬖，王氏專制威福，上下之勢將轉衣爲裳，忠臣良士惴惴懼禍。向引《春秋》變異，欲以劫其心而終不省其一二，豈言有所未中歟？趙氏殺太子，國嗣屢絶，當此之時，因以天性不忍之愛，父子之至情，引諭禍福，指明治亂之漸，庶幾惻然知悔焉。夫震雷變色作於須臾，蜂蠆螫手終身戒之，何則遠於人者不必甚畏，而迫於所愛則惟恐傷之也？若向之博極羣書，議論不詭，與董仲舒、揚雄、司馬遷相先後，可謂命世之才矣！於今洙泗之上士，多博洽廉靖樂道者，蓋向之遺風云。

明・張溥《漢魏六朝百三家集》卷七《漢劉向集題詞》　漢膠侯劉路叔長者也，頗脩黄老術。治淮南獄時，得其枕中《鴻寶苑秘書》。子子政因而誦讀獻之人主，鑄金不成，繫獄當死。路叔上書頌罪，亦遭吏劾，好奇賈禍誦白圭者且爲父咎云。元帝初立，忠直輔政，寺人譖愬，復困犴獄。至今讀其《封事》，忠愛憯怛，義兼詩書。成帝尚文，心向子政，阨于王氏不能大用，連章讜言僅告無罪而已。夫屈原放廢，始作《離騷》。子政疾讒，八篇乃顯同姓忠精，感慨相類左徒。當日諫書不傳，彼蓋爭之口舌其著者張儀一事耳。子政苦口，終身不倦，年餘七十惓惓漢宗，感灾異而論《洪範》，戒趙衛而傳《列女》，鑑往古而著《新序》、《說苑》，其書皆非無爲而作者也。雖九歎深雅防謝騷經其他文詞宏博足相當矣。太史公《屈原傳》云：原死後，楚日削，竟爲秦滅。孟堅亦云：子政卒後十三歲，王氏代漢。此兩人係社稷輕重，何如哉？

雜録

晉・王嘉《拾遺記》卷六　劉向於成帝之末，校書於天禄閣，專精覃思。夜有老人，著黄衣，植青藜杖登閣而進。見向暗中獨坐誦書，老人乃吹杖端，烟燃火明，因以見向。說開闢已前，向用授《洪範五行》之文。恐辭說繁廣忘之裂衣及紳，以記其言。至曙而去，請問姓名，云：『我是太乙之精，天帝聞金卯之子，有博學者，下而觀之焉。』乃出懷中竹牒，有天文地圖之書。余略授子焉。至向子歆，從向受此術。向亦不語於人焉。

明・李賢等［天順］《明一統志》卷一八《滁州・陵墓》　劉向墓，在州城西北二里，向漢宗室楚王之後，有文名。

清・和珅等［乾隆］《大清一統志》卷六九《徐州府・陵墓》　劉向墓，在銅山縣北，《水經注》：彭城北三里有石塚被開，傳言劉向塚。舊《志》墓在州西北二里。

揚雄分部

傳記

《漢書》卷八七《揚雄傳》　揚雄字子雲，蜀郡成都人也。其先出自有周伯僑者，以支庶初食采於晉之揚，因氏焉，不知伯僑周何別也。揚在河、汾之間，周衰而揚氏或稱侯，號曰揚侯。會晉六卿爭權，韓、魏、趙興而范中行、知伯弊。當是時，偪揚侯，揚侯逃于楚巫山，因家焉。楚漢之興也，揚氏遡江上，處巴江州。而揚季官至廬江太守。漢元鼎間避仇復

遡江上，處岷山之陽曰郫，有田一廛，有宅一區，世世以農桑爲業。自季至雄，五世而傳一子，故雄亡它揚於蜀。

雄少而好學，不爲章句，訓詁通而已，博覽無所不見。爲人簡易佚蕩，口吃不能劇談，默而好深湛之思，清靜亡爲，少耆欲，不汲汲于富貴，不戚戚於貧賤，不修廉隅以徼名當世。家產不過十金，乏無儋石之儲，晏如也。自有大度：非聖哲之書不好也；非其意，雖富貴不事也。顧嘗好辭賦。

先是時，蜀有司馬相如，作賦甚弘麗温雅，雄心壯之，每作賦，常擬之以爲式。又怪屈原文過相如，至不容，作《離騷》，自投江而死，悲其文，讀之未嘗不流涕也。以爲君子得時則大行，不得時則龍蛇，遇不遇命也，何必湛身哉！乃作書，往往摭《離騷》文而反之，自岷山投諸江流以弔屈原，名曰《反離騷》；又旁《離騷》作重一篇，名曰《廣騷》；又旁《惜誦》以下至《懷沙》一卷，名曰《畔牢愁》。《畔牢愁》、《廣騷》文多不載，獨載《反離騷》，其辭曰：

有周氏之蟬嫣兮，或鼻祖于汾隅，靈宗初諜伯僑兮，流於末之揚侯。淑周楚之豐烈兮，超既離乎皇波，因江潭而淮往託兮，欽弔楚之湘纍。

惟天軌之不辟兮，何純絜而離紛！紛纍以其淟涊兮，暗纍以其繽紛。

漢十世之陽朔兮，招搖紀于周正，正皇天之清則兮，度后土之方貞。圖纍承彼洪族兮，又覽纍之昌辭，帶鉤矩而佩衡兮，履欃槍以爲綦。素初貯厥麗服兮，何文肆而質䫻！資娵娃之珍髢兮，鬻九戎而索賴。

鳳皇翔於蓬陼兮，豈駕鵝之能捷！騁驊騮以曲艱兮，驢騾連蹇而齊足。枳棘之榛榛兮，蝯貁擬而不敢下，靈修既信椒、蘭之唼佞兮，吾纍忽焉而不蚤睹？

衿芰茄之綠衣兮，被夫容之朱裳，芳酷烈而莫聞兮，不如襞而幽之離房。閨中容競淖約兮，相態以麗佳，知衆嫭之嫉妒兮，何必颺纍之蛾眉？懿神龍之淵潛，竢慶雲而將舉，亡春風之被離兮，孰焉知龍之所處？愍吾纍之衆芬兮，颺爗爗之芳苓，遭季夏之凝霜兮，慶夭悴而喪榮。

橫江、湘以南淮往兮，云走乎彼蒼吾，馳江潭汎泛溢兮，將折衷乎重華。舒中情之煩或兮，恐重華之不纍與，陵陽侯之素波兮，豈吾纍之獨見許？

精瓊靡與秋菊兮，將以延夫天年；臨汨羅而自隕兮，恐日薄於西山。解扶桑之總轡兮，縱令之遂奔馳，鸞皇騰而不屬兮，豈獨飛廉與雲師！卷薜芷與若蕙兮，臨湘淵而投之；棍申椒與菌桂兮，赴江湖而漚之。費椒稰以要神兮，又勤索彼瓊茅，違靈氛而不從兮，反湛身于江皋！纍既亓夫傅說兮，奚不信而遂行？徒恐鷤鴂之將鳴兮，顧先百草爲不芳！

初纍棄彼虙妃兮，更思瑤臺之逸女，抨雄鴆以作媒兮，何百離而曾不壹耦！乘雲蜺之旖柅兮，望昆侖以樛流，覽四荒而顧懷兮，奚必云女彼高丘？

既亡鸞車之幽藹兮，駕八龍之委蛇？臨江瀕而掩涕兮，何有《九招》與《九歌》？夫聖哲之遭兮，固時命之所有；雖增欷以於邑兮，吾恐靈修之不纍改。昔仲尼之去魯兮，婓婓遲遲而周邁，終回復於舊都兮，何必湘淵與濤瀨！溷漁父之餔歠兮，絜沐浴之振衣，棄由、聃之所珍兮，蹠彭咸之所遺！

孝成帝時，客有薦雄文似相如者，上方郊祠甘泉泰畤、汾陰后土，以求繼嗣，召雄待詔承明之庭。正月，從上甘泉，還奏《甘泉賦》以風。其辭曰：

惟漢十世，將郊上玄，定泰畤，雍神休，尊明號，同符三皇，録功五帝，卹胤錫羨，拓迹開統。於是乃命羣僚，歷吉日，協靈辰，星陳而天行。詔招搖與泰陰兮，伏鉤陳使當兵，屬堪輿以壁壘兮，梢夔魖而抶獝狂。八神奔而警蹕兮，振殷轔而軍裝，蚩尤之倫帶干將而秉玉戚兮，飛蒙茸而走陸梁。齊總總撙撙，其相膠葛兮，猋駭雲訊，奮以方攘；駢羅列布，鱗以雜沓兮，柴虒參差，魚頡而鳥䀏；翕赫曶霍，霧集蒙合兮，半散照爛，粲以成章。

於是乘輿乃登夫鳳皇兮翳華芝，駟蒼螭兮六素虬，蠖略蕤綏，漓乎幓纚。帥爾陰閉，霅然陽開，騰清霄而軼浮景兮，夫何旟旐郅偈之旖柅也！流星旄以電燭兮，咸翠蓋而鸞旗。敦萬騎於中營兮，方玉車之千乘。聲駍隱以陸離兮，輕先疾雷而馺遺風。陵高衍之嵱嵸兮，超紆譎之清澄。登椽欒而羾天門兮，馳閶闔而入凌兢。

是時未轃夫甘泉也，乃望通天之繹繹。下陰潛以慘廩兮，上洪紛而相

錯；直嶢嶢以造天兮，厥高慶而不可乎疆度。平原唐其壇曼兮，列新雉于林薄；攢幷閭與茇苦兮，紛被麗其亡鄂。崇丘陵之駊騀兮，深溝嶔巖而爲谷；㞷㞷離宮般以相燭兮，封巒石關施靡乎延屬。

於是大夏雲譎波詭，摧嶉而成觀，仰撟首以高視兮，目冥眴而亡見。正瀏濫以弘惝兮，指東西之漫漫，徒回回以徨徨兮，魂固眇眇而昏亂。據軨軒而周流兮，忽軮軋而亡垠。翠玉樹之青葱兮，壁馬犀之瞵（瑞）。金人仡仡其承鍾虡兮，嵌巖巖其龍鱗，揚光曜之燎燭兮，乘景炎之炘炘，配帝居之縣圃兮，象泰壹之威神。洪臺掘其獨出兮，掛北極之嶟嶟，列宿乃施於上榮兮，日月纔經於柍桭，雷鬱律而巖突兮，電倏忽於牆藩。鬼魅不能自還兮，半長途而下顛。歷倒景而絶飛梁兮，浮蔑蠓而撇天。

左欃槍右玄冥兮，前熛闕後應門；陰西海與幽都兮，涌醴汩以生川。蛟龍連蜷於東厓兮，白虎敦圉虖昆侖。覽樛流于高光兮，溶方皇於西清。前殿崔巍兮，和氏瓏玲，炕浮柱之飛榱兮，神莫莫而扶傾，閌閬閬其寥廓兮，似紫宫之崢嶸。駢交錯而曼衍兮，㠑嵬隗虖其相嬰。乘雲閣而上下兮，紛蒙籠以掍成。曳紅采之流離兮，颺翠氣之宛延。襲琁室與傾宫兮，若登高妙遠，肅乎臨淵。

回猋肆其碭駭兮，翍桂椒，鬱栘楊。香芬茀以穷隆兮，擊薄櫨而將榮。薌呹肸以掍根兮，聲駍隱而歷鍾，排玉户而颺金鋪兮，發蘭惠與穹窮。惟弸環其拂汩兮，稍暗暗而靚深。陰陽清濁穆羽相和兮，若夔、牙之調琴。般、倕棄其剞劂兮，王爾投其鉤繩。雖方征僑與偓佺兮，猶仿佛其若夢。

於是事變物化，目駭耳回，蓋天子穆然珍臺閑館璿題玉英蜵蜎蠖濩之中，惟夫所以澄心清魂，儲精垂思，感動天地，逆釐三神者。乃搜逑索耦皋、伊之徒，冠倫魁能，函甘棠之惠，挾東征之意，相與齊乎陽靈之宫。靡薜荔而爲席兮，折瓊枝以爲芳，噏清雲之流瑕兮，飲若木之露英，集虖禮神之囿，登乎頌祇之堂。建光耀之長旓兮，昭華覆之威威，攀璿璣而下視兮，行遊目乎三危，陳衆車於東阬兮，肆玉釱而下馳，漂龍淵而還九垠兮，窺地底而上回。風傱傱而扶轄兮，鸞鳳紛其御蕤，梁弱水之濎濴兮，躡不周之逶蛇，想西王母欣然而上壽兮，屏玉女而卻虙妃。玉女無所眺其清盧兮，虙妃曾不得施其蛾眉。方攬道德之精剛兮，侔神明與之爲資。

於是欽柴宗祈。燎熏皇天，招繇泰壹。舉洪頤，樹靈旗。樵蒸焜上，配藜四施，東燭倉海，西耀流沙，北爌幽都，南煬丹崖。玄瓚觩𩰫，秬鬯泔淡，肸蠁豐融，懿懿芬芬。炎感黄龍兮，熛訛碩麟，選巫咸兮叫帝閽，開天庭兮延羣神。儐暗藹兮降清壇，瑞穰穰兮委如山。

於是事畢功弘，回車而歸，度三巒兮偈棠梨。天閫决兮地垠開，八荒協兮萬國諧。登長平兮雷鼓磕，天聲起兮勇士厲，雲飛揚兮雨滂沛，於胥德兮麗萬世。

亂曰：崇崇圜丘，隆隱天兮，登降峛崺，單埢垣兮。增宫嵾差，駢嵯峨兮，嶺嶒嶙峋，洞亡厓兮。上天之縡，杳旭卉兮，聖皇穆穆，信厥對兮。徠祇效禋，神所依兮，徘徊招摇，靈（遅）遅兮。輝光眩耀，隆厥福兮，子子孫孫，長亡極兮。

甘泉本因秦離宫，既奢泰，而武帝復增通天、高光、迎風。宫外近則洪崖、旁皇、儲胥、弩阹，遠則石關、封巒、枝鵲、露寒、棠梨、師得，游觀屈奇瑰瑋，非木摩而不彫，牆塗而不畫，周宣所考，般庚所遷，夏卑宫室，唐虞棌椽三等之制也。且爲其已久矣，非成帝所造，欲諫則非時，欲默則不能已，故遂推而隆之，乃上比於帝室紫宫，若曰此非人力之所爲，黨鬼神可也。又是時趙昭儀方大幸，每上甘泉，常法從，在屬車間豹尾中。故雄聊盛言車騎之衆，參麗之駕，非所以感動天地，逆釐三神。又言『屏玉女，卻虙妃』，以微戒齊肅之事。賦成，奏之，天子異焉。

其三月，將祭后土，上乃帥羣臣横大河，湊汾陰。既祭，行遊介山，回安邑，顧龍門，覽鹽池，登歷觀，陟西嶽以望八荒，迹殷周之虚，眇然以思唐虞之風。雄以爲，臨川羡魚不如歸而結網，還，上《河東賦》以勸。其辭曰：

伊年暮春，將瘞后土，禮靈祇，謁汾陰於東郊，因兹以勒崇垂鴻，發祥隤祉，欽若神明者，盛哉鑠乎，越不可載已！於是命羣臣，齊法服，整靈輿，乃撫翠鳳之駕，六先景之乘，掉犇星之流旃，彏天狼之威弧。張耀日之玄旄，揚左纛，被雲梢。奮電鞭，驂雷輜，鳴洪鐘，建五旗。羲和司日，顔倫奉輿，風發飆拂，神騰鬼趡；千乘霆亂，萬騎屈橋，嘻嘻旭旭，天地稠𡾚簸丘跳巒，湧渭躍涇。秦神下讋，跖魂負沴；河靈矍踢，爪華蹈衰。遂臻陰宫，穆穆肅肅，蹲蹲如也。

靈祇既鄉，五位時敍，絪縕玄黃，將紹厥後。於是靈輿安步，周流容與，以覽乎介山。嗟文公而愍推兮，勤大禹於龍門，灑沈菑於豁瀆兮，播九河於東瀕。登歷觀而遙望兮，聊浮游以經營。樂往昔之遺風兮，喜虞氏之所耕。瞰帝唐之嵩高兮，脈隆周之大寧。汨低回而不能去兮，行睨陔下與彭城。濊南巢之坎坷兮，易豳岐之夷平。乘翠龍而超河兮，陟西岳之嶢崝。雲霏而來迎兮，澤滲灕而下降，鬱蕭條其幽藹兮，滃泛沛以豐隆。叱風伯于南北兮，呵雨師於西東，參天地而獨立兮，廓盪盪其亡雙。

遵逝乎歸來，以函夏之大漢兮，彼曾何足與比功？建《乾》、《坤》之貞兆兮，將悉總之以羣龍。麗鉤芒與驂蓐收兮，服玄冥及祝觸。敦衆神使式道兮，奮《六經》以攄頌。隃于穆之緝熙兮，過《清廟》之雍雍；軼五帝之遐迹兮，躡三皇之高蹤。既發軔于平盈兮，誰謂路遠而不能從？

其十二月羽獵，雄從。以爲昔在二帝三王，宮館臺榭沼池苑囿林麓藪澤財足以奉郊廟，御賓客，充庖廚而已，不奪百姓膏腴穀土桑柘之地。女有餘布，男有餘粟，國家殷富，上下交足，故甘露零其庭，醴泉流其唐，鳳皇巢其樹，黃龍遊其沼，麒麟臻其囿，神爵棲其林。昔者禹任益虞而上下和，草木茂；成湯好田而天下用足；文王囿百里，民以爲尚小；齊宣王囿四十里，民以爲大；裕民之與奪民也。武帝廣開上林，南至宜春、鼎胡、御宿、昆吾，旁南山而西，至長楊、五柞，北繞黃山，瀕渭而東，周袤數百里，穿昆明池象滇河，營建章、鳳闕、神明、馺娑，漸臺、泰液象海水周流方丈、瀛洲、蓬萊。遊觀侈靡，窮妙極麗。雖頗割其三垂以贍齊民，然至羽獵、田車、戎馬、器械、儲偫、禁禦所營，尚泰奢麗誇詡，非堯、舜、成湯、文王三驅之意也。又恐後世復修前好，不折中以泉臺，故聊因《校獵賦》以風，其辭曰：

或稱戲農，豈或帝王之彌文哉？論者云否，各亦並時而得宜，奚必同條而共貫？則泰山之封，烏得七十而有二儀？是以創業垂統者俱不見其爽，遐邇五三孰知其是非？遂作頌曰：麗哉神聖，處於玄宮，富既與地乎侔訾，貴正與天乎比崇。齊桓曾不足使扶轂，楚嚴未足以爲驂乘；陿三王之阸薜，嶠高舉而大興；歷五帝之寥廓，涉三皇之登閎；建道德以爲師，友仁義與爲朋。

於是玄冬季月，天地隆烈，萬物權輿於內，徂落於外，帝將惟田於靈之囿，開北垠，受不周之制，以終始顓頊、玄冥之統。乃詔虞人典澤，東延昆鄰，西馳閶闔。儲積共偫，戍卒夾道，斬叢棘，夷野草，禦自汧、渭，經營酆、鎬，章皇周流，出入日月，天與地沓。爾乃虎路三嵕以爲司馬，圍經百里而爲殿門。外則正南極海，邪界虞淵，鴻蒙沆茫，碣以崇山。營合圍會，然後先置乎白楊之南，昆明靈沼之東。賁育之倫，蒙盾負羽，杖鏌邪而羅者以萬計，其餘荷垂天之畢，張竟野之罘，靡日月之朱竿，曳彗星之飛旗。青雲爲紛，紅蜺爲繯，屬之乎昆侖之虛，渙若天星之羅，浩如濤水之波，淫淫與與，前後要遮。欃槍爲闉，明月爲候，熒惑司命，天弧發射，鮮扁陸離，駢衍佖路。徽車輕武，鴻絧緁獵，殷殷軫軫，被陵緣阪，窮冥極遠者，相與迾乎高原之上；羽騎營營，昈分殊事，繽紛往來，轠轤不絕，若光若滅者，布乎青林之下。

於是天子乃以陽鼂始出乎玄宮，撞鴻鐘，建九旒，六白虎，載靈輿，蚩尤並轂，蒙公先驅。立歷天之旂，曳捎星之旃，辟歷列缺，吐火施鞭。萃從允溶，淋離廓落，戲八鎮而開關；飛廉、雲師，吸嚊潚率，鱗羅布列，攢以龍翰。秋秋蹌蹌，入西園，切神光；望平樂，徑竹林，蹂蕙圃，踐蘭唐。舉烽烈火，轡者施披，方馳千駟，校騎萬師。虓虎之陳，從橫膠輵。猋泣雷厲，驞駍駖磕，洶洶旭旭，天動地岋。羨漫半散，蕭條數千萬里外。

若夫壯士忼慨，殊鄉別趣，東西南北，騁耆奔欲。拖蒼豨，跋犀犛，蹶浮麋。斮巨狿，搏玄蝯，騰空虛，距連卷。踔夭蟜，娭澗門，莫莫紛紛，山谷爲之風猋，林叢爲之生塵。及至獲夷之徒，蹶松柏，掌疾梨；獵蒙蘢，轔輕飛；履般首，帶修蛇；鉤赤豹，摼象犀；跇巒阬，超唐陂。車騎雲會，登降暗藹，泰華爲旒，熊耳爲綴。木仆山還，漫若天外，儲與乎大溥，聊浪乎宇內。

於是天清日晏。逢蒙列訾，羿氏控弦，皇車幽輵，光純天地，望舒彌轡，翼乎徐至於上蘭。移圍徙陳，浸淫蹴部，曲隊堅重，各按行伍。壁壘天旋，神抶電擊，逢之則碎，近之則破，鳥不及飛，獸不得過，軍驚師駭，刮野埽地。乃至罕車飛揚，武騎聿皇；蹈飛豹，絹嘄陽；追天寶，出一方；應駍聲，擊流光。野盡山窮，囊括其雌雄，沈沈容容，遙噱乎紘中。三軍芒然，窮尤閼與，亶觀夫票禽之紲隃，犀兕之抵觸，熊羆之挐

攫，虎豹之淩遽，徒角搶題注，蹶竦讋怖，魂亡魄失，觸輻關脰。妄發期中，進退履獲，創淫輪夷，丘累陵聚。

於是禽殫中衰，相與集於靖冥之館，以臨珍池。灌以岐梁，溢以江河，東瞰目盡，西暢亡厓，隨珠和氏，焯爍其陂。玉石嶜崟，眩耀青熒，漢女水潛，怪物暗冥，不可殫形。玄鸞孔雀，翡翠垂榮，王雎關關，鴻鴈嚶嚶，羣娭乎其中，噍噍昆鳴；鳧鷖振鷺，上下砰磕，聲若雷霆。乃使文身之技，水格鱗蟲，淩堅冰，犯嚴淵，探巖排碕，薄索蛟螭，蹈獱獺，據黿鼉，抾靈蠵。入洞穴，出蒼梧，乘鉅鱗，騎京魚。浮彭蠡，目有虞，方椎夜光之流離，剖明月之珠胎，鞭洛水之虙妃，餉屈原與彭胥。

於兹乎鴻生鉅儒，俄軒冕，雜衣裳，修唐典，匡《雅》、《頌》，揖讓於前。昭光振耀，蠁曶如神，仁聲惠于北狄，武義動于南鄰。是以旃裘之王，胡貉之長，移珍來享，抗手稱臣。前入圍口，後陳盧山。羣公常伯楊朱、墨翟之徒喟然稱曰：『崇哉乎德，雖有唐、虞、大夏、成周之隆，何以侈兹！太古之觀東嶽，禪梁基，舍此世也，其誰與哉？』

上猶謙讓而未俞也，方將上獵三靈之流，下決醴泉之滋，發黄龍之穴，窺鳳皇之巢，臨麒麟之囿，幸神雀之林；奢雲夢，侈孟諸，非章華，是靈臺，罕徂離宫而輟觀遊，土事不飾，木功不雕，承民乎農桑，勸之以弗迨，儕男女使莫違；恐貧窮者不徧被洋溢之饒，開禁苑，散公儲，創道德之囿，弘仁惠之虞，馳弋乎神明之囿，覽觀乎羣臣之有亡；放雉菟，收罝罘，麋鹿芻蕘與百姓共之，蓋所以臻兹也。於是醇洪鬯之德，豐茂世之規，加勞三皇，勖勤五帝，不亦至乎！乃祗莊雍穆之徒，立君臣之節，崇賢聖之業，未皇苑囿之麗，遊獵之靡也，因回軫還衡，背阿房，反未央。

明年，上將大誇胡人以多禽獸，秋，命右扶風發民入南山，西自褒斜，東至弘農，南敺漢中，張羅罔罝罘，捕熊羆豪豬虎豹狖玃狐菟麋鹿，載以檻車，輸長楊射熊館。以罔爲周阹，縱禽獸其中，令胡人手搏之，自取其獲，上親臨觀焉。是時，農民不得收斂。雄從至射熊館，還，上《長楊賦》，聊因筆墨之成文章，故藉翰林以爲主人，子墨爲客卿以風。其辭曰：

子墨客卿問于翰林主人曰：『蓋聞聖主之養民也，仁霑而恩洽，動不爲身。今年獵長楊，先命右扶風，左太華而右褒斜，椓巀嶭而爲弋，紆南山以爲罝，羅千乘于林莽，列萬騎於山隅，帥軍踤阹，錫戎獲胡。搤熊羆，拕豪豬，木雍槍纍，以爲儲胥，此天下之窮覽極觀也。雖然，亦頗擾於農民。三旬有餘，其廑至矣，而功不圖，恐不識者，外之則以爲娱樂之遊，内之則不以爲乾豆之事，豈爲民乎哉！且人君以玄默爲神，淡泊爲德，今樂遠出以露威靈，數摇動以罷車甲，本非人主之急務也，蒙竊或焉。』

翰林主人曰：『吁，謂之兹邪！若客，所謂知其一未睹其二，見其外不識其内者也。僕嘗倦談，不能一二其詳，請略舉凡，而客自覽其切焉。』

客曰：『唯，唯。』

主人曰：『昔有强秦，封豕其士，窫窳其民，鑿齒之徒相與摩牙而爭之，豪俊麋沸雲擾，羣黎爲之不康。於是上帝眷顧高祖，高祖奉命，順斗極，運天關，横鉅海，票昆侖，提劍而叱之，所麾城摲邑，下將降旗，一日之戰，不可殫記。當此之勤，頭蓬不暇疏，飢不及餐，鞮鍪生蟣蝨，介冑被霑汗，以爲萬姓請命乎皇天。乃展民之所詘，振民之所乏，規億載，恢帝業，七年之間而天下密如也。

『逮至聖文，隨風乘流，方垂意於至寧，躬服節儉，綈衣不敝，革鞜不穿，大夏不居，木器無文。於是後宫賤瑇瑁而疏珠璣，卻翡翠之飾，除雕瑑之巧，惡麗靡而不近，斥芬芳而不御，抑止絲竹晏衍之樂，憎聞鄭衛幼眇之聲，是以玉衡正而太階平也。

『其後熏鬻作虐，東夷横畔，羌戎睚眥，閩越相亂，遐萌爲之不安，中國蒙被其難。於是聖武勃怒，爰整其旅，乃命票、衛，汾沄沸渭，雲合電發，猋騰波流，機駭蠭軼，疾如奔星，擊如震霆，砰轒轀，破穹廬，腦沙幕，髓余吾。遂獵乎王廷。敺橐它，燒熐蠡，分梨單于，磔裂屬國，夷坑谷，拔鹵莽，刊山石，蹂屍輿廝，係累老弱，兗鋋瘢耆、金鏃淫夷者數十萬人，皆稽顙樹頷，扶服蛾伏，二十餘年矣，尚不敢惕息。夫天兵四臨，幽都先加，回戈邪指，南越相夷，靡節西征，羌僰東馳。是以遐方疏俗殊鄰絶黨之域，自上仁所不化，茂德所不綏，莫不蹻足抗手，請獻厥珍，使海内澹然，永亡邊城之灾，金革之患。

『今朝廷純仁，遵道顯義，并包書林，聖風雲靡；英華沈浮，洋溢八區，普天所覆，莫不沾濡；士有不談王道者則樵夫笑之。故意者以爲事罔隆而不殺，物靡盛而不虧，故平不肆險，安不忘危。乃時以有年出兵，整輿竦戎，振師五莋，習馬長楊，簡力狡獸，校武票禽。乃萃然登南山，瞰烏弋，西厭月巀，東震日域。又恐後世迷於一時之事，常以此取國家之大務，淫荒田獵，陵夷而不禦也，是以車不安軔，日未靡旃，從者仿佛，骫屬而還；亦所以奉太宗之烈，遵文武之度，復三王之田，反五帝之虞；使農不輟耰，工不下機，婚姻以時，男女莫違；出愷弟，行簡易，矜劬勞，休力役；見百年，存孤弱，帥與之，同苦樂。然後陳鐘鼓之樂，鳴鞀磬之和，建碣磍之虡，拮隔鳴球，掉八列之舞；酌允鑠，肴樂胥，聽廟中之雍雍，受神人之福祜；歌投頌，吹合雅。其勤若此，故眞神之所勞也。方將俟元符，以禪梁甫之基，增泰山之高，延光於將來，比榮乎往號，豈徒欲淫覽浮觀，馳騁粳稻之地，周流梨栗之林，蹂踐芻蕘，誇詡衆庶，盛狖玃之收，多麋鹿之獲哉！且盲不見咫尺，而離婁燭千里之隅；客徒愛胡人之獲我禽獸，曾不知我亦已獲其王侯。』

言未卒，墨客降席再拜稽首曰：『大哉體乎！允非小子之所能及也。乃今日發矇，廓然已昭矣！』

哀帝時，丁、傅、董賢用事，諸附離之者或起家至二千石。時，雄方草《太玄》，有以自守，泊如也。或謿雄以玄尚白，而雄解之，號曰《解嘲》。其辭曰：

客謿揚子曰：『吾聞上世之士，人綱人紀，不生則已，生則上尊人君，下榮父母。析人之圭，儋人之爵，懷人之符，分人之禄，紆青拖紫，朱丹其轂。今子幸得遭明盛之世，處不諱之朝，與羣賢同行，歷金門上玉堂有日矣，曾不能畫一奇，出一策，上說人主，下談公卿。目如耀星，舌如電光，壹從壹衡，論者莫當，顧而作《太玄》五千文，支葉扶疏，獨說十餘萬言，深者入黄泉，高者出蒼天，大者含元氣，纖者入無倫，然而位不過侍郎，擢纔給事黄門。意者玄得毋尚白乎？何爲官之拓落也？』

揚子笑而應之曰：『客徒欲朱丹吾轂，不知一跌將赤吾之族也！往者周罔解結，羣鹿爭逸，離爲十二，合爲六七，四分五剖，並爲戰國。士無常君，國亡定臣，得士者富，失士者貧，矯翼厲翮，恣意所存，戰士或自盛以橐，或鑿壞以遁。是故騶衍以頡亢而取世資，孟軻雖連蹇，猶爲萬乘師。

『今大漢左東海，右渠搜，前番禺，後陶塗。東南一尉，西北一候。徽以糾墨，製以質鈇，散以禮樂，風以《詩》、《書》，曠以歲月，結以倚廬。天下之士，雷動雲合，魚鱗雜襲，咸營於八區，家家自以爲稷、契，人人自以爲咎繇，戴縰垂纓而談者皆擬于阿衡，五尺童子羞比晏嬰與夷吾，當塗者入青雲，失路者委溝渠，旦握權則爲卿相，夕失勢則爲匹夫；譬若江湖之雀，勃解之鳥，乘雁集不爲之多，雙鳧飛不爲之少。昔三仁去而殷虚，二老歸而周熾，子胥死而吳亡，種、蠡存而粤伯，五羖入而秦喜，樂毅出而燕懼，范雎以折摺而危穰侯，蔡澤雖噤吟而笑唐舉。故當其有事也，非蕭、曹、子房、平、勃、樊、霍則不能安；當其亡事也，章句之徒相與坐而守之，亦亡所患。故世亂，則聖哲馳騖而不足；世治，則庸夫高枕而有餘。

『夫上世之士，或解縛而相，或釋褐而傅；或倚夷門而笑，或橫江潭而漁；或七十說而不遇，或立談間而封侯；或枉千乘於陋巷，或擁帚彗而先驅。是以士頗得信其舌而奮其筆，窒隙蹈瑕而無所詘也。當今縣令不請士，郡守不迎師，羣卿不揖客，將相不俯眉；言奇者見疑，行殊者得辟，是以欲談者宛舌而固聲，欲行者擬足而投迹。鄉使上世之士處乎今，策非甲科，行非孝廉，舉非方正，獨可抗疏，時道是非，高得待詔，下觸聞罷，又安得青紫？

『且吾聞之，炎炎者滅，隆隆者絶；觀雷觀火，爲盈爲實，天收其聲，地藏其熱。高明之家，鬼瞰其室。攫拏者亡，默默者存；位極者宗危，自守者身全。是故知玄知默，守道之極；爰清爰靜，遊神之廷；惟寂惟莫，守德之宅。世異事變，人道不殊，彼我易時，未知何如。今子乃以鴟梟而笑鳳皇，執蝘蜓而嘲龜龍，不亦病乎！子徒笑我玄之尚白，吾亦笑子之病甚，不遭臾跗、扁鵲，悲夫！』

客曰：『然則靡《玄》無所成名乎？范、蔡以下何必《玄》哉？』

揚子曰：『范雎，魏之亡命也，折脅拉髂，免于徽索，翕肩蹈背，扶服入橐，激卬萬乘之主，界涇陽抵穰侯而代之，當也。蔡澤，山東之匹夫也，顉頤折頞，涕涶流沫，西揖强秦之相，搤其咽，炕其氣，附其背而奪

其位，時也。天下已定，金革已平，都於洛陽，婁敬委輅脱輓，掉三寸之舌，建不拔之策，舉中國徙之長安，適也。五帝垂典，三王傳禮，百世不易，叔孫通起於枹鼓之間，解甲投戈，遂作君臣之儀，得也。《甫刑》靡敝，秦法酷烈，聖漢權制，而蕭何造律，宜也。故有造蕭何律于唐虞之世，則悖矣；有作叔孫通儀于夏殷之時，則惑矣；有建婁敬之策于成周之世，則繆矣；有談范、蔡之説于金、張、許、史之間，則狂矣。夫蕭規曹隨，留侯畫策，陳平出奇，功若泰山，響若阺隤，唯其人之贍知哉，亦會其時之可爲也。故爲可爲於可爲之時，則從；爲不可爲於不可爲之時，則凶。夫藺先生收功于章臺，四皓采榮于南山，公孫創業于金馬，票騎發迹于祁連，司馬長卿竊訾于卓氏，東方朔割炙於細君。僕誠不能與此數公者並，故默然獨守吾《太玄》。』

雄以爲賦者，將以風之也，必推類而言，極麗靡之辭，閎侈巨衍，競於使人不能加也，既乃歸之於正，然覽者已過矣。往時武帝好神仙，相如上《大人賦》，欲以風，帝反縹縹有陵雲之志。繇是言之，賦勸而不止，明矣。又頗似俳優淳于髡、優孟之徒，非法度所存，賢人君子詩賦之正也，於是輟不復爲。而大潭思渾天，參摹而四分之，極於八十一。旁則三摹九据，極之七百二十九贊，亦自然之道也。故觀《易》者，見其卦而名之；觀《玄》者，數其畫而定之。《玄》首四重者，非卦也，數也。其用自天元推一晝一夜陰陽數度律曆之紀，九九大運，與天終始。故《玄》三方、九州、二十七部、八十一家、二百四十三表、七百二十九贊，分爲三卷，曰一二三，與《泰初曆》相應，亦有顓頊之曆焉。揲之以三策，關之以休咎，絣之以象類，播之以人事，文之以五行，擬之以道德仁義禮知。無主無名，要合《五經》，苟非其事，文不虛生。爲其泰曼漶而不可知，故有《首》、《衝》、《錯》、《測》、《摛》、《瑩》、《數》、《文》、《掜》、《圖》、《告》十一篇，皆以解剝《玄》體，離散其文，章句尚不存焉。《玄》文多，故不著，觀之者難知，學之者難成。客有難《玄》大深，衆人之不好也，雄解之，號曰《解難》。其辭曰：

客難揚子曰：『凡著書者，爲衆人之所好也，美味期乎合口，工聲調於比耳。今吾子乃抗辭幽説，閎意眇指，獨馳騁於有亡之際，而陶冶大鑪，旁薄羣生，歷覽者茲年矣，而殊不寤。亶費精神於此，而煩學者於彼，譬畫者畫於無形，弦者放於無聲，殆不可乎？』

揚子曰：『俞。若夫閎言崇議，幽微之塗，蓋難與覽者同也。昔人有觀象於天，視度於地，察法於人者，天麗且彌，地普而深，昔人之辭，乃玉乃金。彼豈好爲艱難哉？勢不得已也。獨不見夫翠虯絳螭之將登乎天，必聳身於倉梧之淵；不階浮雲，翼疾風，虛舉而上升，則不能撠膠葛，騰九閎。日月之經不千里，則不能燭六合，燿八紘；泰山之高不嶕嶢，則不能浡滃雲而散歊烝。是以宓犧氏之作《易》也，綿絡天地，經以八卦，文王附六爻，孔子錯其象而彖其辭，然後發天地之臧，定萬物之基。《典》、《謨》之篇，《雅》、《頌》之聲，不温純深潤，則不足以揚鴻烈而章緝熙。蓋胥靡爲宰，寂寞爲尸；大味必淡，大音必希；大語叫叫，大道低回。是以聲之眇者不可同於衆人之耳，形之美者不可棍於世俗之目，辭之衍者不可齊於庸人之聽。今夫弦者，高張急徽，追趨逐耆，則坐者不期而附矣；試爲之族《咸池》，揄《六莖》，發《簫韶》，詠《九成》，則莫有和也。是故鍾期死，伯牙絶弦破琴而不肯與衆鼓；獿人亡，則匠石輟斤而不敢妄斲。師曠之調鍾，俟知音者之在後也；孔子作《春秋》，幾君子之前睹也。老聃有遺言，貴知我者希，此非其操與！』

雄見諸子各以其知舛馳，大氐詆訾聖人，即爲怪迂。析辯詭辭，以撓世事，雖小辯，終破大道而或衆，使溺於所聞而不自知其非也。及太史公記六國，歷楚漢，訖麟止，不與聖人同，是非頗謬於經。故人時有問雄者，常用法應之，撰以爲十三卷，象《論語》，號曰《法言》。《法言》文多不著，獨著其目：

天降生民，倥侗顓蒙，恣於情性，聰明不開，訓諸理。撰《學行》第一。

降周迄孔，成于王道，終後誕章乖離，諸子圖微。撰《吾子》第二。

事有本眞，陳施於億，動不克咸，本諸身。撰《修身》第三。

芒芒天道，在昔聖考，過則失中，不及則不至，不可姦罔。撰《問道》第四。

神心曶怳，經緯萬方，事繫諸道德仁誼禮。撰《問神》第五。

明哲煌煌，旁燭亡疆，遜於不虞，以保天命。撰《問明》第六。

假言周於天地，贊於神明，幽弘横廣，絶於邇言。撰《寡見》第七。

聖人聰明淵懿，繼天測靈，冠於羣倫，經諸范。撰《五百》第八。

立政鼓衆，動化天下，莫上于中和，中和之發，在於哲民情。撰《先知》第九。

仲尼以來，國君、將、相、卿士、名臣參差不齊，壹概諸聖。撰《重黎》第十。

仲尼之後，訖於漢道，德行顔、閔，股肱蕭、曹，爰及名將尊卑之條，稱述品藻。撰《淵騫》第十一。

君子純終領聞，蠢迪檢押，旁開聖則。撰《君子》第十二。

孝莫大於寧親，寧親莫大於寧神，寧神莫大於四表之歡心。撰《孝至》第十三。

贊曰：雄之自序云爾。初，雄年四十餘，自蜀來至遊京師，大司馬車騎將軍王音奇其文雅，召以爲門下史，薦雄待詔，歲餘，奏《羽獵賦》，除爲郎，給事黄門，與王莽、劉歆並。哀帝之初，又與董賢同官。當成、哀、平間，莽、賢皆爲三公，權傾人主，所薦莫不拔擢，而雄三世不徙官。及莽篡位，談説之士用符命稱功德獲封爵者甚衆，雄復不侯，以耆老久次轉爲大夫，恬于勢利乃如是。實好古而樂道，其意欲求文章成名於後世，以爲經莫大於《易》，故作《太玄》；傳莫大於《論語》，作《法言》；史篇莫善於《倉頡》，作《訓纂》；箴莫善於《虞箴》，作《州箴》；賦莫深於《離騷》，反而廣之；辭莫麗於相如，作四賦；皆斟酌其本，相與放依而馳騁云。用心於内，不求於外，於時人皆曶之；唯劉歆及范逡敬焉，而桓譚以爲絶倫。

王莽時，劉歆、甄豐皆爲上公，莽既以符命自立，即位之後，欲絶其原以神前事，而豐子尋、歆子棻復獻之。莽誅豐父子，投棻四裔，辭所連及，便收不請。時，雄校書天禄閣上，治獄使者來，欲收雄，雄恐不能自免，乃從閣上自投下，幾死。莽聞之曰：『雄素不與事，何故在此？』間請問其故，乃劉棻嘗從雄學作奇字，雄不知情。有詔勿問。然京師爲之語曰：『惟寂寞，自投閣；爰清靜，作符命。』

雄以病免，復召爲大夫。家素貧，耆酒，人希至其門。時有好事者載酒肴從遊學，而鉅鹿侯芭常從雄居，受其《太玄》、《法言》焉。劉歆亦嘗觀之，謂雄曰：『空自苦！今學者有禄利，尚不能明《易》，又如《玄》何？吾恐後人用覆醬瓿也。』雄笑而不應。年七十一，天鳳五年卒，侯芭爲起墳，喪之三年。

時大司空王邑、納言嚴尤聞雄死，謂桓譚曰：『子常稱揚雄書，豈能傳於後世乎？』譚曰：『必傳。顧君與譚不及見也。凡人賤近而貴遠，親見揚子雲禄位容貌不能動人，故輕其書。昔老聃著虚無之言兩篇，薄仁義，非禮學，然後世好之者尚以爲過於《五經》，自漢文、景之君及司馬遷皆有是言。今諸子之書文義至深，而論不詭於聖人，若使遭遇時君，更閲賢知，爲所稱善，則必度越諸子矣。』諸儒或譏以爲雄非聖人而作經，猶春秋吳楚之君僭號稱王，蓋誅絶之罪也。自雄之没至今四十餘年，其《法言》大行，而《玄》終不顯，然篇籍具存。

綜述

《漢書》卷二八下《地理志》 巴、蜀、廣漢本南夷，秦幷以爲郡，土地肥美，有江水沃野，山林竹木疏食果實之饒。南賈滇、僰僮，西近邛、莋馬旄牛。民食稻魚，亡凶年憂，俗不愁苦，而輕易淫泆，柔弱褊阸。景、武間，文翁爲蜀守，教民讀書法令，未能篤信道德，反以好文刺譏，貴慕權勢。及司馬相如遊宦京師諸侯，以文辭顯於世。鄉黨慕循其迹。後有王褒、嚴遵，揚雄之徒，文章冠天下。

《北史》卷四〇《高聰傳》 顯宗曰：『臣才第短淺，比于崔光，實爲隆渥。然臣竊謂陛下貴古而賤今。昔揚雄著《太玄經》，當時不免覆甕之譚，二百年外，則越諸子。今臣所撰，雖未足光述帝載，然萬祀之後，仰觀祖宗巍巍之功，上睹陛下明明之德，亦何謝欽明于《唐典》，慎徽于《虞書》。』

論説

漢・王充《論衡・超奇篇第三十九》 陽成子長作《樂經》，揚子雲作《太玄經》，造於眇思，極窅冥之深，非庶幾之才，不能成也。孔子作《春秋》，二子作兩經，所謂卓爾蹈孔子之迹，鴻茂參貳聖之才者也。王

公問於桓君山以揚子雲。君山對曰：『漢興以來，未有此人。』

又《書解篇第八二》 漢世文章之徒，陸賈、司馬遷、劉子政、揚子雲，其材能若奇，其稱不由人。

宋·孫明復《孫明復小集·辨揚子》 千古諸儒，咸稱子雲作《太玄》以準《易》。今考子雲之書，觀子雲之意，因見非準《易》而作也，蓋疾莽而作也。何哉？昔者哀平失道，賊莽亂常，包藏禍心，竊弄神器，違天拂人，莫甚於此。雖火德中否，而天命未改，是以元元之心猶戴於漢。是時不知天命者爭言符瑞，稱莽功德，以濟其惡，以苟富貴，若劉歆甄豐之徒，皆位至上公，獨子雲恥從莽命，以聖王之道自守，故其位不過一大夫而已。子雲既能疾莽之篡逆，又懼來者蹈莽之迹復肆惡於人上，乃上酌天時行運盈縮消長之數，下推人事進退存亡成敗之端，以作《太玄》，有三方九州二十七家八十一部者，三公九卿二十七大夫八十一元士之象也。元士象也，摠而治之，起於牛宿之一度，終斗宿之二十二度，而成八十一首七百二十九贊二萬六千二百四十四策。大明天人終始逆順之理，君臣上下去就之分，順之者吉，逆之者凶，以戒違天咈天人與戕君盜國之者。此子雲之本意也。孰謂準《易》而作哉。諸儒咸稱《太玄》準《易》者，蓋以《易緯》言卦起於中孚震離兌坎，配於四方，其卒卦各主六日七分，以周一歲三百六十五日四分日之一，執此而論之也。殊不知易緯者，陰陽象説，非聖人格言。若執此以爲《易》，則易道泥矣。且太玄之爲易猶四體之一支也，何以謂之準《易》者乎。斯言蓋根於桓譚論《太玄》曰，是書也與大《易》準。班固謂，雄以經莫大於《易》，故作《太玄》。使子雲被僭大易之名於千古，是不知子雲者也。

宋·劉敞《公是集》卷四九《西漢三名儒贊》 余讀《西漢書》，愛董仲舒、劉向、揚雄之爲人，慕之。然仲舒好言災異，幾陷大刑。向鑄僞黄金，亦減死論。雄仕王莽，作《劇秦美新》，復投閣求死。皆背於聖人之道，惑於性命之理者也。以彼三子猶未能盡善，才難不其然歟？然其善可師，其過可警也，爲三贊以自覽焉。

子雲清虚，自有大度，非聖不觀，耻爲章句，擬倣六經，其文孔明，隱隱䃂䃂，實爲雷霆，世世不遷，知命理神，胡爲投閣，劇秦美新，君子之缺，衆儒有言，蓋天絕之，亦何必然？末世之人，以道邀利，或徇耳目，得之弗愧。嗟爾！君子能勿此畏。

宋·程顥、程頤《二程遺書》卷二四 西漢儒者有風度，惟董仲舒、毛萇、揚雄。

宋·蘇軾《東坡全集》卷四三《揚雄論》 昔之爲性論者多矣，而不能定於一。始孟子以爲善，而荀子以爲惡，揚子以爲善惡混。而韓愈者又取夫三子之説，而折之以孔子之論，離性以爲三品，曰：『中人可以上下，而上智與下愚不移。』以爲三子者，皆出乎其中，而遺其上下。而天下之所是者，於愈之説爲多焉。

嗟夫，是未知乎所謂性者，而以夫才者言之。夫性與才相近而不同，其別不啻若白黑之異也。聖人之所與小人共之，而皆不能逃焉，是眞所謂性也。而其才固將有所不同。今夫木，得土而後生，雨露風氣之所養，暢然而遂茂者，是木之所同也，性也。而至於堅者爲轂，柔者爲輪，大者爲楹，小者爲桷。桷之不可以爲楹，輪之不可以爲轂，是豈其性之罪耶？天下之言性者，皆雜乎才而言之，是以紛紛而不能一也。

孔子所謂中人可以上下，而上智與下愚不移者，是論其才也。而至於言性，則未嘗斷其善惡，曰『性相近也，習相遠也』而已。韓愈之説，則又有甚者，離性以爲情，而合才以爲性。是故其論終莫能通。彼以爲性者，果泊然而無爲耶？則不當復有善惡之説。苟性而有善惡也，則夫所謂情者，乃吾所謂性也。人生而莫不有飢寒之患，牝牡之欲，今告乎人曰：飢而食，渴而飲，男女之欲，不出於人之性也，可乎？是天下知其不可也。聖人無是，無由以爲聖；而小人無是，無由以爲惡。聖人以其喜怒哀懼愛惡欲七者御之，而之乎善；小人以是七者御之，而之乎惡。由此觀之，則夫善惡者，性之所能之，而非性之所能有也。且夫言性者，安以其善惡爲哉！雖然，揚雄之論，則固已近之。曰：『人之性善惡混。修其善則爲善人，修其惡則爲惡人。』此其所以爲異者，唯其不知性之不能以有夫善惡，而以爲善惡之皆出乎性也而已。

夫太古之初，本非有善惡之論，唯天下之所同安者，聖人指以爲善，而一人之所獨樂者，則名以爲惡。天下之人，固將卽其所樂而行之，孰知夫聖人唯其一人之獨樂不能勝天下之所同安，是以有善惡之辨。而諸子之意將以善惡爲聖人之私説，不已疏乎！而韓愈又欲以書傳之所聞昔人之

事迹，而折夫三子之論，區區乎以后稷之岐嶷，文王之不勤，瞽、鯀、管、蔡之迹而明之！聖人之論性也，將以盡萬物之天理，與衆人之所共知者，以折天下之疑。而韓愈欲以一人之才，定天下之性，且其言曰：『今之言性者，皆雜乎佛、老。』愈之説，以謂性之無與乎情，而喜怒哀樂皆非性者，是愈流入於佛、老而不自知也。

宋·騰珙《經濟文衡後集》卷二三《答尤延之》　蒙教揚雄荀彧二事，按温公舊例，凡莽臣皆書死，如太師王舜之類，獨於揚雄匿其所受莽朝官稱而以卒書，似涉曲筆，不免卻按本例書之曰：莽大夫揚雄死。以爲足以警夫畏死失節之流，而初亦未改温公直筆之正例也。荀彧是漢侍中光禄大夫而參丞相軍事，其死乃是自殺。但據實書之曰：某官某人自殺。而係於曹操擊孫權至濡須之下，非故以彧爲漢臣也。然悉書其官亦見其實，漢天子近臣而附賊不忠之罪非與其爲漢臣也，此等處當時極費區處，不審竟得免於後世之公論否。胡氏論彧爲操謀臣而劫遷九錫二事皆爲董昭先發，故欲少緩九錫之議以俟他日，徐自發之其不遂而自殺，乃劉穆之之類，而宋齊丘於南唐事亦相似。此論竊謂得彧之情，不審尊意以爲如何？

宋·佚名《歷代名賢確論》卷四六《揚雄》　陳黯《詰鳳》文曰：嘗得揚雄云『君子在理若鳳，在亂亦若鳳。』謂隱見之得宜也，將欲伸之以爲鑑。迨覽其《劇秦美新》，則有異乎是。雄仕漢，遇新室之亂，既不能去之，又懼禍及，乃爲斯文以媚而取容。嗚呼！鳳固若是耶。果若是，則鳳遇矰繳而猶回翔其間邪！夫君子之仕也，所以行其道，道之不行也，則可以明其節。彼莽之不臣，雄時在列，宜以君臣之義，興亡之理，匡救之以行其道；苟畏其威，愛其死，則可投簪高謝，以明其節。詎有苟禄貪生，徇非飾詐，廣引秦過，以譽惡德，是稔其篡逆也！與古之持顛扶危死名節者，背而馳也。則向者所著若鳳之説，得不爲誣鳳也哉！雞常禽也，晦曉而不昧其候；鳳靈鳥也，理亂而不知其時耶！噫！言之不思，有如是耶。或曰：『古人之臨危制變，亦權道也。雄知莽之不可正也。故矯爲其辭，姑務脱禍，是亦權也。何過之深歟？』曰：不然。夫權者，聖人有焉，所以不失其道，未見捨其道而從其權。昔仲尼仕魯，以季桓子荒齊樂，知其不可正也，乃去之。曾不聞矯爲其辭以求庸於魯。雖仲尼日月其德人之不侔，然捞雄亦慕仲尼之教者，以著書立言爲事，得自易哉！夫立言者，豈不欲人之從教耶，且已不能信人，況求信於人乎？語曰：君子先行其言而後從之。斯言可欺也哉！

王荆公曰：孔子敍逸民，先伯夷、叔齊而後柳下惠，曰：『不降其志，不辱其身，伯夷、叔齊也。柳下惠，降志辱身矣。』孟子敍三聖人者，亦以伯夷居伊尹之首。而揚子亦曰：『孔子高餓顯，下禄隱。』夫聖人之所言高者，是所取於人而所行於己者也；所言下者，是所非於人而所棄於己者也。然而孔、孟生於可避之世而未嘗避也，蓋其不合則去，則可謂不降其志、不辱其身矣。至於揚子，則吾竊有疑焉爾。當王莽之亂，雖鄉里自售者，知遠其辱，而揚子親屈其體爲其左右之臣，豈君子固多能言而不能行乎？抑亦有以處之，非必出於此言乎？曰：聖賢之言行，有所同，而有所不必同，不可以一端求也。同者，道也，不同者，迹也。知所同而不知所不同，非君子也。夫君子豈固欲爲此不同哉？蓋時不同則言行不得無不同，唯其不同，是所以同也。如時不同而固欲爲之同，則是所同者，迹也，所不同者，道也。迹同於聖人而道不同，則其爲小人也孰禦哉？世之士不知道之不可一迹也久矣。聖賢之宗於道，猶水之宗於海也。水之流，一曲焉，一直焉，未嘗同也，至其宗於海則同矣。聖賢之言行，一伸焉，一屈焉，未嘗同也，至其宗於道則同矣。故水因地而曲直，故能宗於海；聖賢因時而屈伸，故能宗於道。孟子曰：『伯夷、柳下惠，聖人也，百世之師也。』如其高餓顯，下禄隱，而必出於所高，則柳下惠安擬伯夷哉？揚子曰：『塗雖曲而通諸夏，則由諸；川雖曲而通諸海，則由諸。』蓋言事雖曲而通諸道，則亦君子所當同也。由是而言之，餓顯之高，禄隱之下，皆迹矣，豈足以求聖賢哉？唯其能無係累於迹，是以大過於人也。如聖賢之道，皆出於一，而無權時之變，則又何聖賢之足稱乎？聖者，知權之大者也；賢者，知權之小者也。昔紂之時，微子去之，箕子爲之奴，比干諫而死。此三人者，道同也，而其去就若此者，蓋亦所謂迹不必同矣。《易》曰『或出或處，或默或語』，言君子之無可無不可也。使揚子寧不至於耽禄於弊時哉？蓋於時爲不可去，必去，則揚子之所知亦已小矣。

曾子固答人書《答王深父論揚雄書》：蒙疏示臬，謂揚雄處王莽之際，合於箕子之明夷。常夷甫以謂紂爲繼世，箕子乃同姓之臣，事與雄不

同。又謂《美新》之文，恐箕子不爲也。又謂雄非有求於莽，特於義命有所未盡。犖思之恐皆不然。

方紂之亂，微子、箕子、比干三子者，蓋皆諫而不從，則相與謀，去之可也，任其難可也，各以其所守自獻于先生，不必同也。此見於《書》三子之志也。三子之志，或去或任其難，乃人臣不易之大義，非同姓獨然者也。於是微子去之，比干諫而死，箕子諫而不從，至辱於囚奴。夫任其難者，箕子之志也，其諫而不從，至辱於囚奴，蓋盡其志矣，不如比干之死，所謂各以其所守自獻于先王，不必同也。當其辱於囚奴而就之，乃所謂明夷也。然而不去，非懷禄也；不死，非畏死也；辱於囚奴而就之，非無恥也。在我者，固彼之所不能易也。故曰内難而能正其志，又曰箕子之正，明不可息也。此箕子之事，見於《書》、《易》、《論語》，其説不同，而其終始可考者如此也。雄遭王莽之際，有所不得去，又不必死，辱於仕莽而就之，固所謂明夷也。然雄之言著於書，行著于史者，可得而考。不去非懷禄也，不死非畏死也，辱於仕莽而就之，非無恥也。在我者亦彼之所不能易也，故吾以謂與箕子合。吾之所謂與箕子合者如此，非謂合其事紂之初也。

至於《美新》之文，則非可已而不已者也。若可已而不已，則鄉里自好者不爲也，况若雄者乎？且較其輕重，辱於仕莽爲重矣。雄不得已而已，則於其輕者，其得已哉！箕子者至辱於囚奴而就之，則於《美新》，安知其不爲？而爲之亦豈有累哉？不曰堅乎，磨而不磷；不曰白乎，涅而不淄。顧在我者如何耳。若此者，孔子所不能免。故于南子，非所欲見也；於陽虎，非所欲敬也。見所不見，敬所不敬，此《法言》所謂詘身所以信道者也。然則非雄所以自見者歟？孟子有言曰：天下有道，小德役大德，小賢役大賢，天下無道，小役大，弱役强。二者皆天也，順天者存，逆天者亡。而孔子之見南子，亦曰：『予所否者，天厭之！天厭之！』則雄於義命，豈有不盡哉？又云：介甫以謂雄之仕合於孔子，無不可之義。夷甫以謂無不可者，聖人微妙之處，神而不可知者也。雄德不逮聖人，强學力行，而於義命有所未盡，故於仕莽之際，不能無差。又謂以《美新》考之，則投閣之事，不可謂之無也。夫孔子所謂無不可者，則孟子所謂聖之時也。而孟子歷敍伯夷以降，終曰乃所願則學孔子。雄亦爲《太玄賦》，稱夷齊之徒，而亦曰：『我異於是，執太玄兮。蕩然肆志，不拘攣兮。』以二子之智，足以自知而任己者如此，則無不可者，非二子之所不可學也。在我者不及二子，則宜有可有不可，以學孔子之無可無不可，然後爲善學孔子。此言有以瘖學者，然不得施於雄也。前世之傳者，以謂伊尹以割烹要湯，孔子主癰疽瘠環，孟子皆斷以爲非伊尹、孔子之事。蓋以理考之，知其不然也。觀雄之所自立，故介甫以謂世傳其投閣者妄，豈不亦猶孟子之意哉！

犖自度學每有所進，則於雄書每有所得。介甫亦以爲然。則雄之言，不幾於測之而愈深、窮之而愈遠者乎？故於雄之事有所不通，必且求其意。況若雄處莽之際，考之於經而不繆，質之於聖人而無疑，固不待議論而後明者也。爲告夷甫，或以爲未盡，願更疏示。

孫明復《辨揚子》作《太玄》：千古諸儒，咸稱揚子雲作《太玄》以準《易》。今考子雲之書，觀子雲之意，因見非準《易》而作也，蓋疾莽而作也。何哉，昔者哀平失道，賊莽亂常，包藏禍心，竊弄神器，違天拂人，莫甚於此。雖火德中否，而天命未改，是以元元之心猶戴於漢。是時不知天命者爭言符瑞，稱莽功德，以濟其惡，以苟富貴，若劉歆甄豐之徒，皆位至上公，獨子雲恥從莽命，以聖王之道自守，故其位不過一大夫而已。子雲既能疾莽之簒逆，又懼來者蹈莽之迹復肆惡於人上，乃上酌天時行運盈縮消長之數，下推人事進退存亡成敗之端，以作《太玄》，有三方九州二十七家八十一部者，三公九卿二十七大夫八十一元士之象也。元君象也，總而治之，起於牛宿之一度，終於斗宿之二十二度，而成八十一首七百二十九贊二萬六千二百四十四策。大明天人終始順逆之理，君臣上下去就之分，順之者吉，逆之者凶，以戒違天咈人與戕君盜國之臣。此子雲之本意也。孰謂準《易》而作哉。諸儒咸稱太玄準《易》者，蓋以《易緯》言卦起於中孚震離兑坎，配於四方，其八卦各主六日七分，以週一歲三百六十五日四分日之一，執此而言之也。殊不知《易緯》者，陰陽家説，非聖人格言。若執此以爲《易》，則《易》之道泥矣。且《太玄》之於《易》，猶四體之一支也，何以謂之準《易》者乎。斯言蓋根於桓譚稱《太玄》曰，是書也與大《易》準。班固謂，雄以經莫大於《易》，故作《太玄》。使子雲被僭大《易》之名於千古，是不知子雲

者也。

東坡《答謝民師書》論揚雄文，辨屈原、賈誼、司馬相如曰：孔子曰：『辭達而已矣。』夫言止於達意，即疑若不文，是大不然。求物之妙，如繫風捕影，能使是物了然於心者，蓋千萬人而不一遇也，而況能使了然於口與手者乎？是之謂辭達。辭至於能達，則文不可勝用矣。揚雄好爲艱之辭，以文淺易之説，若正言之，則人人知之矣。此正所謂雕蟲篆刻者，其《太玄》、《法言》，皆是物也。而獨悔于賦，何哉？終身雕蟲，而變其音節，便謂之經，可乎？屈原作《離騷經》，蓋《風》、《雅》之再變者，雖與日月爭光可也。可以其似賦而謂之雕蟲乎？使賈誼見孔子，升堂有餘矣；而乃以賦鄙之，至與司馬相如同科。雄之陋如此比者甚衆，可與知者道，難與俗人言也。

又　卷四七《人臣有後》　東坡論張湯、揚雄曰：達賢者有後，張湯是也。張湯宜無後者也。無其實而竊其名者無後，揚雄是也。揚雄宜有後者也。達賢者有後，吾是以知蔽賢之無後也。無其實而竊其名者無後，吾是以知有其實而辭其名者之有後也。賢者，民之所以生也，而蔽之，是絶民也。名者，古今之達尊也，重于富貴，而竊之，是欺天也。絶民欺天，其無後不亦宜乎！故曰達賢者與有其實而辭其名者皆有後。吾常誦之云爾。

明·胡廣《性理大全書》卷五八《諸子二·揚子》　程子曰：

林希嘗謂揚雄爲禄隱，揚雄後人只爲見他著書，便須要做他是，怎生做得是？因問：『如劇秦文，莫不當作？』曰：或云非是美之，乃譏之也。然王莽將來族誅之，亦未足道，又何足譏？譏之濟得甚事？或云且以免死，然已自不知明哲煌煌之義，何足以保身？作《太玄》本要明《易》，其實無益，眞屋下架屋，牀上疊牀。他只是於《易》中得一數爲之，於法雖有合，只是無益。《太玄》中首中陽氣潛萌於黄宮，信無不在乎中。《養首一》：藏心于淵，美厥靈根。測曰：藏心于淵，神不外也。揚子雲之學，蓋嘗至此地位也。問：《太玄》之作如何？程子曰：是亦贅矣，必欲撰《玄》不如明《易》，邵堯夫之《數》似《玄》而不同，數只是一般，但看人如何用之，雖作十玄亦可，況一玄乎？漢儒之中，吾必以揚子雲爲賢，然於出處之際，不能無過也。其言曰：『明哲煌煌，旁燭無疆；孫于不虞，以保天命。』『孫于不虞』則有之，『旁燭無疆』則未也。光武之興，使雄不死，能免誅乎？觀於朱泚之事可見矣。古之所謂言遜者，迫不得已，如劇秦美新之類，非得已者乎？揚子雲云：『明哲煌煌，旁燭無疆』，悔其蹈亂，無先知之明也。其曰：『孫于不虞，以保天命』，欲以苟容爲全身之道也。使彼知聖賢，見幾而作，其及是乎？世之議子雲者，多疑其投閣之事。以《法言》觀之，蓋未必有。又天禄閣世傳以爲高百尺，宜不可投。然子雲之罪，特不在此，黽勉於莽、賢之間，畏死而不敢去，是安得爲大丈夫哉？揚子謂老子：『言道德則有取，至如搥提仁義，絶滅禮樂，則無取。』若以『剖斗折衡，聖人不死，大盗不止』爲救時反本之言，爲可取，卻尚可恕。如言『失道而後德，失德而後仁，失仁而後義，失義而後禮』，則自不識道，已不成言語，卻言其『言道德有取』，此自是揚子不見道，處又謂學行之上也，名譽以崇之，皆揚子之失。

龜山楊氏曰：

揚雄云『多聞則守之以約，多見則守之以卓』，其言終有病。不如孟子言『博學而詳説之，將以反説約也』爲無病。蓋博學詳説所以趨約，至於約，則其道得矣。謂之守以約卓於多聞多見之中，將何守見？得此理分明。然後知孟子之後，其道不傳，知孟子所謂『天下可運於掌』爲不妄。揚子雲作《太玄》，只據他立名，便不是既定，卻三方九州、二十七部、八十一家，不知如何？相錯得八卦，所以可變而爲六十四者，只爲可相錯，故可變爾。惟相錯，則其變出於自然也。

朱子曰：

揚子雲出處非是。當時善云，亦何不可？問：揚子『避礙通諸理』之説是否？曰：大槩也似，只是言語有病。問：莫是『避』字有病否？曰：然。少間處事不看道理當如何，便先有箇依違閃避之心矣。『學之爲王者事』，不與上文屬。只是言人君不可不學底道理，所以下文云：『堯舜禹湯文武汲汲，仲尼皇皇。以數聖人之盛德，猶且如此。』問：『仲尼皇皇』如何？曰：夫子雖無王者之位，而有王者之德，故作一處稱揚。『德隆則晷星，星隆則晷德。』晷，影也，猶影之隨形也。蓋德隆則星隨德而見，星隆則人事反隨星而應。揚子云：『月未望，則載

魄于西；既望，則終魄于東；其遡於日乎？』載者，加載之義，如老子云：『載營魄』，左氏云『從之載』，正是這箇『載』字。諸家都亂説，只有古注解云『月未望，則光始生於西面，以漸東滿；既望，則光消虧於西面，以漸東盡。』此兩句略通而未盡。此兩句盡在『其遡於日乎』一句上。蓋以日爲主，月之光也，日載之；光之終也，日終之。『載』，猶加載之『載』。蓋初一二間，時日落於西，月是時同在彼；至初八九日，落在西，則月已在午；至十五日相對，日落於西而月在卯，此未望而載魄于西。蓋月在東而日在西，日載之光也。及日與月相去逾遠，則光漸消而魄生。少間月與日相蹉過，日卻在東，月卻在西，故光漸至東盡，則魄漸復也。當改古注云：『日加魄於西面，以漸東滿；日復魄於西面，以漸東盡。其載也，日載之；其終也，日終之，皆繫於日。』又説秦周之士，貴賤拘肆，皆繫于上之人，猶月之載魄終魄皆繫於日也，故曰：『其遡於日乎』！其載其終，皆向日也。温公云：『當改「載魄」之「魄」作『朏』。』都是曉其説不得。雄之學似出於老子，如《太玄》曰：『潛心于淵，美厥靈根。』測曰：『「潛心于淵」，神不昧也。』乃老氏説話。問：太玄分贊於三百六十六日下，不足者乃益以『踦贏』，固不是。如易中卦氣如何？曰：此出於京房，亦難曉。如『太玄』中推之，蓋有氣而無朔矣。問：伊川亦取雄太玄中語，如何？曰：不是取他言，他地位至此耳。問：太玄如何？曰：聖人説『天一地二天三地四天五地六天七地八天九地十』，甚簡易。今《太玄》説得卻支離，《太玄》如他立八十一首，卻是分陰陽，中間一首半是陰、半是陽，若看了《易》後，去看那《玄》不成物事。又問：揚雄也是學焦延壽推卦氣。曰：焦延壽《易》也不成物事。今人説焦延壽卦氣不好是取《太玄》，不知《太玄》卻是學他，天地間只有陰、陽二者而已，便會有消長。今《太玄》有三箇了，如冬至是天元，到三月便是地元，七月便是人元。夏至卻在地元之中，都不成物事。太玄甚拙，歲是方底物他以一數乘之，皆算不著。太玄紀日而不紀月，無弦望晦朔，太玄中高處只是黄老，故其言曰：《老子》之言道德，吾有取焉。《太玄》之説只是老莊康節深取之者，以其書亦挨傍陰陽消長來説道理。

或問：《易》與《太玄》數有何不同？潛室陳氏曰：《易》是加一倍法，《太玄》加三倍法，《易》卦六十四，《太玄》卦八十一，《太玄》模放《周易》，只起數不同耳。先儒謂將《易》變作十部《太玄》亦得，但無用耳！

西山眞氏曰：

揚子默而好深湛之思，故其言如此。『潛』之一字最宜玩味。天惟神明，故照知四方，惟精粹，故萬物作類。人心之神明、精粹，本亦如此，惟不能潛，故神明者昏，而精粹者雜，不能燭理而應物也。

臨川吴氏曰：

揚子雲擬《易》以作《太玄》。《易》自一而二，二而四，四而八，八而十六，十六而三十二，三十二而六十四。《太玄》則自一而三，三而九，九而二十七，二十七而八十一。《易》之數，乃天地造化之自然，一毫知力無所與於其間也，異世而同符，惟邵子《皇極經世》一書而已。至若焦延壽《易林》、魏伯陽《參同契》之屬，雖流而入於伎術，尚不能外乎《易》之爲數。子雲《太玄》名爲擬《易》，實則非《易》矣。其起數之法，既非天地之正，又强求合於曆之日，每首九贊，二贊當一晝夜，合八十一首之贊，凡七百二十九，僅足以當三百六十四日，有半外增一踦贊以當半日，又立一贏贊以當四分日之一。吁！亦勞且拙矣！

明·王世貞《讀書後》卷二《書揚雄傳後》 自孟子歿而有荀卿氏，荀卿歿三百餘年而有揚雄氏。中間若董仲舒之正，毛伏以下之專，於其經術若有補焉，而未有立言以維持道統者。揚雄氏始準《周易》而爲《太玄》，準《魯論》而爲《法言》。《法言》之所結撰，要在於尊周孔、辨術經，治一時已稱述之。至昌黎氏而尊涑水氏，而信涑水氏之於孟子不能信而獨信揚雄氏。揚雄氏之出處，其先亦未有訾之者，獨不能不有微恨于劇秦美新，而紫陽氏之著《通鑑綱目》，直書之曰：莽大夫揚雄死，蓋舉市國之褚淵、歷姓之馮道，所不加者而加之。於是雄之名遂溷人之齒頰，而其身毋所容於聖門之藩籬矣。及考其傳而推之，則事不必盡然而情亦有大可原者。當雄之遊京師而給事黄門也，成帝之世與王莽、劉歆並。哀帝之初，復與董賢並。莽賢皆至三公，負貴勢所薦引立擢，而雄三世不徙官。及莽篡漢，劉歆輩皆用符命頌功德，而雄復不侯，以耆老久次轉大夫，則其不附王莽可知。然所以濡滯而不去者，以去則莽必恨之，恨之則

必追而戮之，卽不恨必且召而有龔勝之事。雄見夫莽雖姦，然自唐虞以後，所創有而未嘗稱干戈以翦劉氏之社稷，而身又不當扞圉之任，如是而死孔門之所不載。而微箕之懿戚，尚且受封于周而謂之仁，是以浮沈待盡以存五世一綫之息耳。至於劇秦美新，故不見本傳，卽有之，亦投閣之後不得已冀以瓦全。且所劇者秦耳而不及漢，所美之新，美于秦耳，不美於漢也。不然，涑水氏能斥馮道，詆介甫，而獨雄是恕乎哉？紫陽氏之深意，吾固已知之，卽文中子之賢尚議其僭攻其瑕，而宋之統遂接孟子矣。何況區區一雄哉！

清・朱鶴齡《愚菴小集》卷一一《揚雄論》　西京儒者，自董江都、劉中壘下，必推揚子雲。子雲著述，桓君山稱爲度越諸子，《抱朴子》方之仲尼，韓退之與孟、荀並列，司馬君實至作《潛虛》以擬《太玄》，獨蘇子瞻譏其好爲艱深以文淺易。自《朱子綱目》特筆書『莽大夫揚雄死』，而子雲之論遂定。余嘗考其生平凡三變焉。當成帝時，賦《甘泉》、《羽獵》，則詞章之士也。及哀平間，甘落拓草《太玄》，則經術之儒也。迨乎靦顔事莽，浮湛天禄，則又與甄豐、王舜爲徒者也。學者或耽其文辭而護其逆節，則爲之説曰：『子雲年數與莽不相及，投閣恐谷永事，永亦字子雲也。』或又據李善《甘泉賦注》引《漢書》云：『王音薦雄待詔，歲餘爲郎中、給事黄門，卒。桓譚《新論》云：『雄作《甘泉賦》始成，夢腸出收而內之，明日遂卒。』譚親炙于雄，所紀必實。』或又引孫明復云：『《太玄》明陰陽，推曆度，蓋疾莽而作也。《美新》不劇漢而劇秦，《法言》不曰『繼漢』而曰『安漢』，其微指可見。』以愚核之，皆瞽説也。《七畧》引子雲《家牒》云：雄以甘露元年生，天鳳五年卒，葬安陵坂上，侯芭負土作墳，號『玄冢』。按天鳳五年爲王莽簒漢之九年，自宣帝甘露元年戊辰至莽天鳳五年戊寅止，七十一載，與《漢書本傳》正合，何得云不相及？谷永爲大司農，歲餘卒，未見莽革命，何得以投閣加之乎？雄在哀帝時官黄門侍郎，其《劇秦美新》稱：『諸吏中散大夫臣雄稽首再拜上。』《漢書》亦云『久次轉爲大夫。』何得謂以黄門侍郎終乎？《西京雜記》云：雄著《太玄經》，夢吐鳳凰集玄之上，俄頃而滅。此與納腸之説皆好事者爲之，豈足據乎？紫色鼃聲、俶擾天紀，始建天鳳之間，此何等時也，而撊然立于其朝。今日頌阿衡，明日上符命，謂之疾莽、風莽，其誰信乎？疾之風之，曷若優游玄亭，返其初服，遠而去之之爲愈乎？然則雄何以刺謬若此？余曰：雄，僞儒也。所云清靜寂寞，皆求以成名，而非眞有得于內者也。雄爲郎中，本大司馬王音所薦，其需丐五侯之門，蓋有日矣。給事黄門侍郎，漢制掌侍從左右，關通中外玉堂金馬，官非冗散，何清靜寂寞之云乎？雄雖三世不徙官，然哀、平短祚，不過十年。其時，同谷永、劉歆輩接迹金華，占風紫禁，安知其不以清靜爲榮梯，以寂寞爲譽餌者？一旦國鼎潛移，符瑞大作，而雄遂翺翔顯秩，與四輔五威相頡頏，以爲清靜寂寞，其效固如此矣。不然，雄之好學深思，夫豈不明于理亂之數，君臣之分，與出處進退之宜者，何以始則居賢、莽之間，噤不一語，既則從舜秀之後，恬不知羞？吾故曰：雄，僞儒也，巧于沽名而非眞有得于內者也。吾嘗論西漢之文景以黄老致治，其後乃以周公、孔子亡，非黄老治而周、孔亂也，則眞與僞之別也。王莽以周公僞者也，起明堂、復井田、藏《金縢》、作《大誥》，無事不託周公，當世亦以周公信之，而其實乃漢之大賊。揚雄以孔子僞者也，稱《典謨》、述《雅頌》，《太玄》擬《易》，《法言》擬《論語》，無事不效孔子，後世猶以孔子疑之，而其實乃賊莽之佐命元臣而已矣。使其没于居攝以前，人豈得推見其僞而比其書于吳、楚，僭稱王且加之以亂臣賊子之誅哉？是以君子寧賓寸璣蒼璧，而不愛尋尺之碔砆；寧收才人負俗之累，而無取緣飾古義。曒曒爲名高者，誠懼之也，誠耻之也。

清・朱彝尊《曝書亭集》卷五九《揚雄論》　以言取人僞之所從出也。昔者，太公誅任裔、華仕于齊，子産誅鄧析于鄭，孔子誅少正卯于魯，聖賢所以彰刑罰大權者，豈好爲已甚哉？無他，深惡其言之不實，而僞學之足以欺世也。揚雄之書誦法孔子，自周秦以降，折衷聖人而純于道德者，莫有過焉者也。抑知其盡出于僞哉？王莽將簒漢，恭儉以下士，雄之澹泊自守若無榮利動其中。其初，蓋欲悦莽之心，及久未見用，躁不能禁，乃爲《劇秦美新》之文以獻媚。前之所爲，唐尊之柴車瓦器也。後之所爲，哀章、劉秀之符命也。其獨不得柄用者，莽嘗與雄同爲郎，莽之僞，雄知之，雄之僞，莽亦習知之也。莽作《金縢》、《大誥》以自擬于周公，雄作《太玄》、《法言》以自比《周易》、《論語》，相率而爲僞

焉爾矣！投閣之事已爲當世所笑，後之君子顧或有取于雄者，徒以其言之不詭于聖人也。夫安居而誦習周、孔，鄉曲之士能之，迨事變猝至臨難而不失其正者，希矣！世之儒者，幸生太平無事之日，飽食暖衣無纖毫之憂患，匡坐而談性命之學，及其既没，門人弟子矜其迂闊腐爛之説，豓然配食于孔氏之庭，非是，則俎豆不與焉。噫！吾能必其言之不出于偽也邪！

藝　文

宋·王安石《臨川文集》卷九《揚雄二首》　子雲遊天禄，華藻鋭初學。覃思晚有得，晦顯無適莫。寥寥鄒魯後，於此歸先覺。豈嘗知符府，何苦自投閣。長安諸愚儒，操行自爲薄。謗嘲出異己，傳載因疏略。孟軻勸伐燕，伊尹干説亳。叩馬觸兵鋒，食牛要禄爵。少知羞不爲，況彼皆卓犖。史官蔽多聞，自古喜穿鑿。

子雲平生人莫知，知者乃獨稱其辭。今尊子雲者皆是，得子雲心亦無幾。聖賢樹立自有師，人知不知無以爲。俗人賤今常貴古，子雲今存誰女數。

又　卷三二《揚子二首》　儒者陵夷此道窮，千秋止有一揚雄。當時薦口終虚語，賦擬相如卻未工。

道眞沈溺九流渾，獨泝頹波討得源。歲晚强顔天禄閣，祇將奇字與人言。

宋·呂本中《東萊詩集》卷一九《揚雄》　讀易先知未畫前，聖人何事絶韋編。始知揚子多閒暇，更有功夫草太玄。

宋·晁説之《景迂生集》卷一〇《揚雄別傳上》　揚雄，字子雲，蜀郡成都人也。周幽王封宣王子尚父於揚，號曰『揚侯』，其後幷於晉河東，揚侯子孫遂以『揚』爲氏。雄本晉之揚，自其五世祖季徙諸蜀。雄少而簡易，清淨好古，學從同郡嚴君平，遊顧尚好辭賦，宗司馬相如。嘗嘆曰：『長卿賦不從人間來，其神化所至耶！』初，相如與枚乘、孽子皐皐文，思敏疾，相如頗淹遲。有以二人問者，雄曰：『軍旅之際，戎馬之間，飛書馳檄用枚、皐；廊廟之下，朝廷之中，高文大册用相如。』然帝於辭賦自俊捷，亦苦相如之艱，嘗謂相如曰：『以吾之速易子之遲可乎？』相如曰：『於臣，則可。未知陛下何如耳？』蓋相如亦自謂有所短，而雄之論乃如此。雄嘗作縣邸銘《王佴頌》、《階闥銘》、《成都城四隅銘》。蜀人有楊莊者爲郎，頌之於成帝。成帝好之，以爲似相如，雄遂以此得見，待詔承明之庭。時永始四年也，雄年四十矣！帝方以正月郊祠甘泉，詔雄賦，甚遽。雄倉猝應詔，其賦極瓌瑋，盡諷諫之義。乃三月，帝帥羣臣横大河，湊汾陰，以祀后土，雄又作《河東賦》。以帝好廣宮室，又作《甘泉賦》，以諷戒帝多玩。書善雄賦頌，出入遊獵，雄必從。十二月，帝縱胡人羽獵，雄因作《羽獵賦》。雄既待詔，歲餘給事黄門爲郎。後一歲，帝又命雄作綉補靈節龍骨之銘詩三章，帝得之，喜甚。當時之語曰：『玩子雲之篇章，樂於居千石之官。』西羌嘗有警，帝思將帥之臣，追美趙充國，詔雄即未央宮，充國圖畫爲頌。綏和元年秋，帝大誇胡人多禽獸，復幸長楊，縱胡客大校獵，雄復作《長楊賦》上之，以諷帝。雄爲郎時，自奏少不得學，而好沈博絶麗之文，願不受三歲之奉，且休脱直事，庶得肆心廣意，以自克就。有詔：可不奪。奉令尚書賜筆墨錢六萬，得觀書于石渠。時，京師班嗣者，右曹中郎將遊之子顯名當世，遊嘗賜秘書之副，而嗣爲人好賢，從雄遊，由是内外之書無不觀矣。然非聖不好也。時人稱雄曰：『西道孔子。』有張子侍者，問沛郡桓譚曰：『子雲，東道孔子乃貧如此？』譚曰：『子雲亦東道孔子也。昔仲尼豈獨爲魯孔子，而不能爲齊楚聖人耶？』王公子亦問子雲於譚，譚曰：『漢興以來，未有斯人。』雄雖甚貧，而輕財惡利，無所事於世，作《逐貧賦》以自見，曰：

揚子遁世，離俗獨處，左鄰崇山，右接曠野，鄰垣乞兒，終貧且窶。禮薄義弊，相與羣聚，惆悵失志，呼貧與語：『汝在六極，投棄荒遐。好爲庸卒，刑戮是加。匪惟幼稺，嬉戲土沙。居非近鄰，接屋連家。恩輕毛羽，義薄輕羅。進不由德，退不受呵。久爲滯客，其意謂何？人皆文繡，余褐不完；人皆稻粱，我獨藜飧。貧無寶玩，何以接歡？宗室之晏，爲樂不槃。徒行負賃，出處易衣。身服百役，手足胼胝。或耘或耔，霑體露肌。朋友道絶，進宮淩遲。厥咎安在？職汝之爲！舍汝遠竄，崑崙之顛；爾復我隨，翰飛戾天。舍爾登山，巖穴隱藏；爾復我隨，陟彼高

罔。舍爾入海，汎彼柏舟；爾復我隨，載沈載浮。我行爾動，我靜爾休。豈無他人，從我何求？今汝去矣，勿復久留！』貧曰：『唯、唯。主人見逐，多言益嗤。心有所懷，願得盡辭。昔我乃祖，宣其明德，克佐帝堯，誓爲典則。茅茨不剪，匪凋匪飾。爰及季世，縱其昏惑。饕餮之羣，貪富苟得。鄙我先人，乃傲乃驕。瑤臺瓊室，華屋崇高，流酒爲池，積肉爲崤。是用鵠逝，不踐其朝。三省吾身，謂予無愆。處君之家，福祿如山。忘我大德，思我小怨。堪寒能暑，少而習焉。寒暑不忒，等壽神仙。桀跖不顧，貪類不干。人皆重蔽，子獨露居；人皆怵惕，子獨無虞！』言辭既罄，色厲目張，攝齊而興，降階下堂。『誓將去汝，適彼首陽。孤竹二子，與我連行。』余乃避席，辭謝不直：『請不貳過，聞義則服。長與汝居，終無猒極。』貧遂不去，與我遊息。

哀帝時，丁傅、董賢用事，人皆媚之以富貴，雄獨安于郎署而大覃思渾天，或者信蓋天之學詆渾天，雄乃發八難。難蓋天以通渾天，云日之東行循黃道，晝中規，牽牛距北極北百一十度，東井距北極南七十度，并百八十度，周三徑一，二十八宿周天當五百四十度。今三百六十度，何也？春、秋分之日正出在卯，入在西，而晝漏五十刻。卽天蓋轉，夜當倍晝。今夜亦五十刻，何日入而星見，日出而不見，卽斗下見日六月，不見日六月，北斗亦當見六月，不見六月。今夜常行，何也？以蓋圖視天河，處斗而東入狼弧間，曲如輪。今視天河直如繩，何也？周天二十八宿，以蓋圖視天星，見者當少，不見者當多。今見與不見等，何出入無冬、夏，而兩宿十四星常見，不以日長短故見有多少，何也？天至高也，地至卑也，日託天而旋，可謂至高矣。縱人目可奪，水與景不可奪也。今從高上山，以水望日，則日出水下，影上行，何也？視物近則大，遠則小，今日與北斗近我而小，遠我而大，何也？視蓋橑與車輻間，近杠轂卽密，益遠益疏，今北極爲天杠轂，二十八宿爲天橑輻，以星度天，南方次地星間當數倍。今交密，何也？

時，獨桓譚信雄學。雄與譚嘗同奏事，待報坐西廊廡下，以寒暴背。雄語譚曰：『蓋天以天如推磨石轉而日西行者，其光影當照此廊下，稍而東耳，不當拔出去，拔出去是應渾天法。渾爲天之眞形，於是可知。』雄按渾天著書曰：

太玄曰：玄也者，兼天、地、人之道而天名之。或曰：述而不作，玄何以作？雄曰：其事則述，其書則作。或曰：玄何爲？雄曰：爲仁義。或曰：孰不爲仁？孰不爲義？雄曰：勿雜而已矣。雄于玄用思甚苦，嘗夢吐白鳳集玄上，久之而滅。或曰：無爲自苦，故難傳。

當時儒士劉歆、張竦輩雖與雄善，獨于玄弗好也。雄知時人所好在彼不在此，乃作《太玄賦》曰：

觀大易之損益兮，覽老氏之倚伏。省憂喜之共門兮，察吉凶之同域。皦皦著乎日月兮，何聖之暗燭。豈愒寵以冒災兮，將噬臍之不及。若飄風不終朝兮，驟雨不終日。雷隆隆而輒息兮，火猶熾而速滅。自夫物有盛衰兮，況人事之所極。奚貪婪于富貴兮，迄喪躬而危族。豐盈禍所棲兮，名譽怨所集。薰以芳而致燒兮，膏含肥而見焫。翠羽嬍而殃身兮，蚌含珠而擘裂。聖作典以濟時兮，驅蒸民而入甲。張仁義以爲綱兮，懷忠貞以矯俗。指尊選以誘世兮，疾身沒而名滅。豈若師由聃兮，執玄靜于中谷。納僞祿于江淮兮，揖松喬于華岳。升崑崙以散髮兮，踞弱水而濯足。朝發軔於流沙兮，夕翱翔丁碣石。忽萬里而一頓兮，過列仙以託宿。役青要與承戈兮，舞馮夷以作樂。聽素女之清聲兮，觀宓妃之妙曲。茹芝英以禦餓兮，飲玉醴以解渴。排閶闔以窺天庭兮，騎騂騩以踟蹰。載羨門與儷遊兮，永周覽乎八極。亂曰：甘餌含毒難數嘗兮。麟而可羈，近犬羊兮。鸞鳳高翔，戾青雲兮。不卦罔羅，固足珍兮。斯錯位極，離大戮兮。屈子慕清，葬魚腹兮。伯姬曜名，焚厥身兮。孤竹二子，餓首山兮。斷迹屬婁，何足稱兮。譬斯數子，智若淵兮。我異於是，執太玄兮。蕩然肆志，不拘攣兮。

獨鉅鹿侯芭受玄於雄，爲玄章句。桓譚亦好之，然不若好雄賦之甚也。譚嘗問雄曰：『何以能賦？』雄曰：『能讀千賦則善。』初，雄因成帝嗜酒，作《酒箴》以諷帝。曰：觀瓶之居，居井之湄。處高臨深，動而近危。酒醪不入口，臧水滿懷。不得左右，牽於纆徽。一旦惠礙，爲甍所轠。身提黃泉，骨肉爲泥。自用如此，不如鴟夷。鴟夷滑稽，腹大如壺。盡日盛酒，人復借酤。常爲國器，託于屬車。出入兩宮，經營公家。由是言之，酒何過乎？

時，杜陵陳遵放縱於酒，見雄賦大喜，謂所友張竦曰：『吾與爾猶是

矣。』故其因人問賦可以諷乎？雄曰：『諷則已諷而不已，吾恐不免於勸也。』又有問雄少而好賦者，雄曰：『童子雕蟲篆刻，壯夫不爲也。』因時人問答著《法言》十三篇明帝王之道，而廣大幽微備矣。建平四年，單于上書願朝。五年，哀帝時被疾，或言匈奴上從游來厭人，自黃龍、竟寧時。單于朝中國，輒有大故，上由是難之，以問公卿。諸公卿亦以爲虛費府帑，可勿許。單于使辭去，未發，雄上書諫帝，以爲六經之治，貴於未亂；兵家之勝，貴於未戰。二者皆微，然而大事之本不可不察也。今單于歸義，懷欵誠之心，欲離其庭陳見於前，此乃上世之遺策，神靈之所想望，國家雖費不得已者也，奈何距以來厭之辭，疏以無日之期？消往昔之恩，開將來之隙，夫百年勞之，一日失之，費十而愛一。臣竊爲國家不安也。唯陛下少留意於未亂未戰以遏邊萌之禍！書奏，天子感悟，召還匈奴使者，更報書而許之，賜雄帛五十疋，黃金十斤。雄視朝廷綱紀紊亂，知言之不行而不言，然獨見機會之決弗得弗言也。元始中，徵天下通小學者以百數，各令說字於庭中。雄取其有用者作《訓纂篇》以續《蒼頡篇》，又蒼頡字之重復者，凡八十九章。雄善書，在西京時以書稱者，蓋寡前有司馬相如、張敞、嚴延年，後則史游、孔光、劉向、雄及陳遵。雄久爲郎，校書麟閣，見天下上計孝廉及內郡衛卒會者，常提三寸弱翰齎油素四尺，以問異語，歸卽以鉛摘次於槧，積二十有七歲而書成，名曰《輶軒使者絶代語釋別國方言》。《方言》者，蓋《爾雅》之流也。時，茂陵郭威好讀書，以謂《爾雅》周公所制，而有『張仲孝友』等語疑之，以問。雄曰：『記有孔子教魯哀公學《爾雅》，《爾雅》之來遠矣。自古學者皆云周公作，當有所據。其後孔子弟子游、夏之儔，又有所記，以解釋六藝。故有「張仲孝友」等語。』

又《楊雄別傳下》 劉歆聞雄作《方言》，移書雄曰：『詔問三代周秦軒車使者、遒人使者，八月巡路，求代語、童謠、歌戲，欲得其最目。因欲事郝隆求之篇，但有篇中其目，無見文者。歆先君數爲孝成皇帝言：當使諸儒共集訓詁，《爾雅》所及，《五經》所詁，不合《爾雅》者，詰鞫爲病；及諸經氏之屬，皆無證驗，博士至以窮世之博學者，偶有所見，非徒無主而生是也。會成帝未以爲意，先君又不能獨集。至於歆身，修軌不暇，何偟更創？屬聞子雲獨採集先代絶言、異國殊語以爲十五卷，其所解略多矣，而不知其目。非子雲澹雅之才，沈鬱之思，不能經年銳精以成此書，良爲勤矣！歆雖不遘過庭，亦克識先君雅訓，三代之書蘊藏於家，直不計耳。今聞此，甚爲子雲嘉之已。今聖朝留心典誥，發精於殊語，欲以驗考四方之事，不勞戎馬高車之使，坐知謠俗；適子雲攘意之秋也。不以是時發倉廩以振贍，殊無爲明；上以忠信明於上，下以置恩於罷朽，所謂知蓄積，善佈施也。蓋蕭何造律，張蒼推曆，皆成之於帷幕，貢之于王門，功列於漢室，名流乎無窮。誠以隆秋之時，收藏不殆，饑春之歲，散之不疑，故至於此。今謹使密人奉手書，願頗與其最目，得使入籙，令聖朝留明之典。』

雄報歆曰：『敕以《殊言》十五卷，君何由知之？謹歸誠底裏，不敢違信。雄少不師章句，亦於五經之訓所不解。嘗聞先代　軒之使，奏籍之書，皆藏於周秦之室。及其破也，遺棄無見之者，獨蜀人有嚴君平、臨邛林閭翁孺者，深好訓詁，猶見輶軒之使所奏言。翁孺與雄外家牽連之親，又君平過誤，有以私遇少而與雄也。君平財有千言耳，翁孺梗概之法略有。翁孺往數歲死，婦蜀郡掌氏子，無子而去。而雄始能草文，先作《縣邸銘》、《玉佴頌》、《階闥銘》，及《成都城四隅銘》。蜀人有楊莊者，爲郎，誦之於成帝。成帝好之，以爲似相如。雄遂以此得外見。此數者，皆都水君常見也，故不復奏。雄爲郎之歲，自奏少不得學，而心好沈博絶麗之文，願不受三歲之奉，且休脫直事之繇，得肆心廣意，以自克就，有詔可不奪奉。令尚書賜筆墨錢六萬，得觀書於石室，如是後一歲，作繡補靈節龍骨之銘，詩三章。成帝好之，遂得盡意，故天下上計孝廉及內郡衛卒會者，雄常把三寸弱翰，賫油素四尺，以問其異語，歸卽以鉛摘次之於槧，二十七歲於今矣，而語言或交錯相反，方覆論，思詳悉集之燕其疑。張伯松不好雄賦頌之文，然亦有以奇之，常爲雄道，言其父及其先君喜典訓，屬雄以此篇目，頗示其成者。伯松曰：『是懸諸日月不刊之書也。』又言恐雄爲《太玄經》，由鼠坻之與牛場也，如其用，則寔五稼，飽邦民，否則爲牴糞，棄之於道矣。而雄般之，伯松與雄獨何德慧，而君與雄獨何譖隙，而當匿乎哉。其不勞戎馬高車，令人君坐幃幕之中，知絶遐異俗之語，典流於昆嗣，言列於漢籍。誠雄心所絶極，至精之所想遘也。扶聖朝遠照之明，使君宋此，如君之意，誠雄散之之會，死之日，則今之榮

也。不敢有貳，不敢有愛，少而不以行立於鄉里，長而不以功顯於縣官，著訓於帝籍，但言詞博覽翰墨爲事。誠欲崇而就之，不可以遺，不可以怠。卽君必欲脅之以威，陵之以武，欲令入之於此，此又未定，未可以見。今君又終之，則縊死以從命也。而可且寬假延期，必不敢有愛。雄之所爲，得使君輔貢於明朝，則雄無恨，何敢有匿？唯執事圖之，長監於規繡之就，死以爲小，雄敢行之。

時，歆爲王莽國師，威權可畏，而雄之辭如此，蓋明其心不與歆也。然當其時，士皆言符命，勸莽代漢，唯恐其晚。前後封侯者百數，其不附麗者，莽輒殺之。雄爲朝廷聞人，既不言符命，然不可以默。逮莽既僭，乃奏《劇秦美新》一篇，劇秦之慘酷而美諸新待新，猶甚秦耳。莽方自聖而弗寤也。

先是建國五年，元后崩。莽詔雄作《誄》，有曰：漢廟黜廢，移定安公。皇皇靈祖，惟若孔臧。其言亦無阿倚，特以耆老久，次爲中散大夫。雄見莽更易百官，變置郡縣，制度大亂，士皆忘，去節義以從諛取利，乃作司空、尚書、光禄勳、衛尉、廷尉、太僕、司農、大鴻臚、將作大匠、博士、城門校尉、上林苑令等箴及荆、揚、兗、豫、徐、青、幽、冀、幷、雍、益、交十二州箴，皆勸人臣執忠守節，可爲萬世戒。先是雄在蜀時，嘗著《蜀王本紀》、《蜀郡賦》以極其山川、地里、人物之實，又嘗録宣帝以至哀平紀、傳，皆備其後。班固因之。嚴遵君平高蹈之士也，雄仕京師顯名數爲朝廷在位賢者稱。君平德杜陵李辟疆，素善雄，久之爲益州牧，喜謂雄曰：『吾眞得嚴君平爲惠矣！』雄曰：『君備禮以待之，彼人可見而不可得詘也。』辟疆心以爲不然，及至蜀致禮，與君平相見欲屈以爲從事，卒不敢言。乃嘆曰：『揚子雲誠知人，可謂哲矣！』雄同郡里中田儀與雄幼稚交，後雄舉之於朝，久爲五官郎中以私得罪，時舉儀者皆懷赧低眉以自恐，恨劉歆亦爲雄云云。雄曰：『儀舉至日雄之任也，知人之德，堯舜猶病，雄何慚焉？』議者終多雄之知君平，而不以田儀累之也。孔子元者。孔子十七世孫也，爲郎校書七年，官不益。或譏以不恤進取，獨雄與善。山陰陳囂有義行，名末振。雄上書薦之，於是聲名粲然傳世矣，仕至太中大夫。潞水伶玄好學，知音律，善屬文，然無所矜式。雄獨知其才，而病其學之不適正，知之而弗好也。蓋雄之好惡，不苟如此。及於《法言》稱谷口鄭樸子眞，蜀人李弘、仲元與嚴君平，蜀人聞之，有願載名於《法言》者，雄謝之，雖林翁孺猶不得與也。甘露元年戊寅，雞鳴。雄生天鳳五年四月乙丑晡，卒葬，安陵阪上侯芭、桓譚共爲治喪。朝臣郎吏及諸公遺世子來會送，甚盛。譚爲斂賻起祠置塋，芭負土作墳，號曰『玄冢』，與譚守墳如子禮。雄有子曰童烏，九歲，與玄文，先雄卒，雄比歲亡。二男竭力歸葬於蜀，雄由是益貧。及雄卒，不能歸葬，而妻子孑還白長安。嵩山晁説之曰：揚子傳孔子之道，立言明教宜其行事甚大昭著無遺而有不見於本傳者，得之於諸子書、傳記，因次第之爲《別傳》焉。有與本傳異同甚者，疏之。雄爲郎不願受奉以示無仕進心，幼子卒而必經紀反葬於蜀，以示不終長安，故守一官而閲三世，不遷觀其人，豈詣行在獻賦者，而本傳言奏《甘泉》等賦，蜀人楊莊誦雄文於成帝，帝因徵雄待詔，而肯爲王音門下吏耶？至於投閣事，余亦疑焉，而世已有辯之者。

宋·鄧肅《栟櫚集》卷四九《題跋·書楊雄事》 屈原、伍子胥、晁錯皆死國之士，不當更訾之。蓋事君以忠爲主，才智不足論也。揚雄一切譏之，謂非智者之事，是知揚雄胸中所藴，欲作美新之書久矣！豈迫於不得已而後爲乎？迨莽以符命捕劉棻、甄豐等，雄自投閣，班固便謂棻嘗從雄學，故雄不得不懼。殊不知美新符命一體也。莽既怒符命，則亦美新何有乎？雄身爲叛臣，無所容於天地之間，故忿然捐軀，期速死耳。此揚雄之徒所謂智也。

元·劉壎《隱居通議》卷一一《半山詠揚雄》 王荆公論揚雄云：『九流沈溺道眞渾，獨頣頽波討得原。』又云：『千古雄文造聖眞，眇然幽息入無倫。』雄什漢朝非止州縣微官而已也，美新投閣臣節不終，律以名義蓋有疵焉，而前輩諸賢亟稱之。昌黎公以雄爲聖人之徒，南豐曾文定公以雄爲合於箕子之明夷，司馬文正公親注《法言》尊雄甚，至水心葉公著《習學記言》譏評古今無全人矣，獨於雄傾心焉。今荆公之詠又以聖眞許之，諸老豈許其又學略其名節耶？夫學者固將學爲忠與孝也，雄大節若是，雖學洞天人、文貫經史，抑末矣。湘東金管不爲子雲屈也。近世惟馬子才著論以聲雄之罪，又有陳黯者，亦有是言。予不幸，生非盛世，逢此更遷，目擊叛降，滔滔皆是，故于雄之事迹，蓋三歎焉。近觀後

郇劉濳夫《詩話》，有一論攻雄之短，劉蓋出于賈似道之門者，其人固非名節士也，乃識大義如此。或者曰：南豐先生合於箕子明夷之言，不爲無見學者，必知人論世而後可也。當詳參之。

又 卷二四《揚雄傳》 班孟堅作《揚雄傳》，傳末數語抑揚有味，而讀者每忽焉。王莽時，劉歆甄、豐皆爲上公。莽既以符命自立，即位之後，欲絶其原以神前事，而豐子尋、歆子棻復獻之。莽誅豐父子，投棻四裔，辭所連及，便收不請。時，雄校書天禄閣，上治獄使者來，欲收雄，雄恐不能自免，乃從閣上自投下幾死。莽聞之曰：『雄素不與事，何故在此間？』請問其故。迺劉棻嘗從雄學作奇字，雄不知情。有詔勿問。以病免，復召爲大夫。家素貧，嗜酒，人希至其門。時，有好事者載酒肴從游學，而鉅鹿侯芭嘗從雄居，受其《太玄》、《法言》焉。劉歆亦嘗觀之，謂雄曰：『空自苦！今學者有禄利，尚不能明《易》，又如《玄》何？吾恐後人用覆醬瓿也。』雄笑而不應。年七十一卒。侯芭爲起墳，喪之三年。嚴久聞雄死，謂桓譚曰：『子嘗稱揚雄書，豈能傳於後世乎？』譚曰：『必傳。顧君與譚不及見也。凡人賤近而貴遠，親見揚子雲禄位容貌不能動人，故輕其書。昔老聃著虚無之言兩篇，薄仁義，非禮學，然後世好之者尚以爲過於《五經》，自漢文、景之君及司馬遷皆有是言。今診子之書文義至深，而論不詭於聖人，若使遭遇時君，更閱賢知，爲所稱善，則必度越諸子矣。』諸儒或譏以爲雄非聖人而作經，猶春秋吴楚之君僭號稱王，蓋誅絶之罪也。自雄之没至今四十餘年，其《法言》大行，而《玄》終不顯，然篇籍具存。

以上皆班語，詳傳。首言雄少好學，不爲章句，訓詁通而已，博覽無所不見，默而好深沈之思，非聖哲之書不好也。又曰：『用心於内，不求於外。』觀此，則揚之學豈尋常文墨士哉？至《傳》末之辭乃如此，則其學亦未足取重當時矣。予昔嘗觀《太玄經》，雖曰準《易》，何敢望《易》？象山先生謂其乖錯。陰陽必有所見，而云子雲之『揚』，從『手』不從『木』。今《漢書》或作『木』、『易』，非是近世建昌守有揚其姓瑱其名者居婺州，其姓從『手』、『易』，豈蜀揚後裔歟？又文章家多用載酒問奇字，不知載酒自一事，問字自一事也，合而用之，誤矣。

明·張溥《漢魏六朝百三家集》卷八《漢揚雄集題詞》 《劇秦美新》，諛文也，後世勸進九錫，皆權輿焉。《元后誄》哀思文母，盛譽宰衡猶然美新，豈有周人申后之思乎？予嘗疑子雲耆老清静，王莽之世，身向日景，何爱一官，自奪玄守。班史作傳，亦未顯訾，其符命之作，傳聞眞僞，尚在龍蛇間。或者莽善誑耀，頌功德者遍海内，莫不高三皇，巍五帝，子雲美新，猶頗醞借鮮醜，孟堅讀而不怪也。《法言》世貴，《太玄》後顯，并輔六經而行。《河東》、《甘泉》、《長楊》、《羽獵》四賦絶倫，自比諷諫相如不死。《逐貧賦》長於解嘲釋愁，送窮文士調脱多原於此。十二州、二十五官箴，《虞書》、《魯頌》之遺也。《酒箴》滑稽，陳遵見而拊掌，寧讓淳于髡説酒哉？

雜録

宋·樂史《太平寰宇記》卷一七九《劍南西道》 揚雄，蜀郡成都人。

明·彭大翼《山堂肆考》卷三〇《地理·玄塚》 揚雄死，弟子負土成墳，名曰玄塚。

又 卷一二五《博極羣書》 漢揚雄口吃，不能劇譚。而博極羣書。

清·和珅等［乾隆］《大清一統志》卷七二《西安府·陵墓》 揚雄墓。在咸陽縣東北。《長安志》按揚雄家譜，子雲以天鳳五年卒，詔陪葬安陵阪上，弟子曹敞收葬其屍。墓在龍首山南幕嶺上。《縣志》在南章村。

又 卷三〇七《嘉定府·山川》 揚雄山 在樂山縣西。《方輿勝覽》：有洞深邃，子雲隱居於此。又有海棠山上多植海棠，爲蜀中宴賞之地。舊志山在州西一里。

桓譚分部

傳記

《後漢書》卷二八《桓譚傳》 桓譚字君山，沛國相人也。父成帝時

爲太樂令。譚以父任爲郎，因好音律，善鼓琴。博學多通，遍習《五經》，皆詁訓大義，不爲章句。能文章，尤好古學，數從劉歆、楊雄辯析疑異。性嗜倡樂，簡易不修威儀，而憙非毁俗儒，由是多見排抵。

哀平間，位不過郎。傅皇后父孔鄉侯晏深善於譚。是時，高安侯董賢寵倖，女弟爲昭儀，皇后日已疏，晏嘿嘿不得意。譚進説曰：『昔武帝欲立衛子夫，陰求陳皇后之過，而陳后終廢，子夫竟立。今董賢至愛而女弟尤幸，殆將有子夫之變，可不憂哉！』晏驚動，曰：『然，爲之奈何？』譚曰：『刑罰不能加無罪，邪枉不能勝正人。夫士以才智要君，女以媚道求主。皇后年少，希更艱難，或驅使醫巫，外求方技，此不可不備。又君侯以后父尊重而多通賓客，必借以重勢，貽致譏議。不如謝遣門徒，務執謙慤，此修己正家避禍之道也。』晏曰：『善』。遂罷遣常客，入白皇后，如譚所戒。後賢果風太醫令眞欽，使求傅氏罪過，遂逮后弟侍中喜，詔獄無所得，乃解，故傅氏終全於哀帝之時。及董賢爲大司馬，聞譚名，欲與之交。譚先奏書於賢，説以輔國保身之術，賢不能用，遂不與通。當王莽居攝篡弑之際，天下之士，莫不竟褒稱德美，作符命以求容媚，譚獨自守，默然無言。莽時爲掌樂大夫，更始立，召拜太中大夫。

世祖即位，徵待詔，上書言事失旨，不用。後大司空宋弘薦譚，拜議郎給事中，因上疏陳時政所宜，曰：

臣聞國之廢興，在於政事；政事得失，由乎輔佐。輔佐賢明，則俊士充朝，而理合世務；輔佐不明，則論失時宜，而舉多過事。夫有國之君，俱欲興化建善，然而政道未理者，其所謂賢者異也。昔楚莊王問孫叔敖曰：『寡人未得所以爲國是也。』叔敖曰：『國之有是，衆所惡也，恐王不能定也。』王曰：『不定獨在君，亦在臣乎？』對曰：『君驕士，曰士非我無從富貴；士驕君，曰君非士無從安存。人君或至失國而不悟，士或至飢寒而不進。君臣不合，則國是無從定矣。』莊王曰：『善。願相國與諸大夫共定國是也。』蓋善政者，視俗而施教，察失而立防，威德更興，文武迭用，然後政調於時，而躁人可定。昔董仲舒言『理國譬若琴瑟，其不調者則解而更張』。夫更張難行，而拂衆者亡，是故賈誼以才逐，而朝錯以智死。世雖有殊能而終莫敢談者，懼於前事也。

且設法禁者，非能盡塞天下之姦，皆合衆人之所欲也，大抵取便國利事多者，則可矣。夫張官置吏，以理萬人，縣賞設罰，以別善惡，惡人誅傷，則善人蒙福矣。今人相殺傷，雖已伏法，而私結怨讎，子孫相報，後忿深前，至於滅户殄業，而俗稱豪健，故雖有怯弱，猶勉而行之，此爲聽人自理而無復法禁者也。今宜申明舊令，若已伏官誅而私相傷殺者，雖一身逃亡，皆徙家屬於邊，其相傷者，加常二等，不得雇山贖罪。如此，則仇怨自解，盜賊息矣。

夫理國之道，舉本業而抑末利，是以先帝禁人二業，錮商賈不得宦爲吏，此所以抑并兼長廉恥也。今富商大賈，多放錢貨，中家子弟，爲之保役，趨走與臣僕等勤，收稅與封君比入，是以衆人慕效，不耕而食，至乃多通侈靡，以淫耳目。今可令諸商賈自相糾告，若非身力所得，皆以臧畀告者。如此，則專役一已，不敢以貨與人，事寡力弱，必歸功田畝。田畝修，則穀入多而地力盡矣。

又見法令決事，輕重不齊，或一事殊法，同罪異論，姦吏得因緣爲市，所欲活則出生議，所欲陷則與死比，是爲刑開二門也。今可令通義理明習法律者，校定科比，一其法度，班下郡國，蠲除故條。如此，天下知方，而獄無怨濫矣。

書奏，不省。

是時，帝方信讖，多以決定嫌疑。又酬賞少薄，天下不時安定。譚復上疏曰：

臣前獻瞽言，未蒙詔報，不勝憤懣，冒死復陳。愚夫策謀，有益於政道者，以合人心而得事理也。凡人情忽於見事而貴於異聞，觀先王之所記述，咸以仁義正道爲本，非有奇怪虛誕之事。蓋天道性命，聖人所難言也。自子貢以下，不得而聞，況後世淺儒，能通之乎！今諸巧慧小才伎數之人，增益圖書，矯稱讖記，以欺惑貪邪，詿誤人主，焉可不抑遠之哉！臣譚伏聞陛下窮折方士黄白之術，甚爲明矣；而乃欲聽納讖記，又何誤也！其事雖有時合，譬猶卜數隻偶之類。陛下宜垂明聽，發聖意，屏羣小之曲説，述《五經》之正義，略雷同之俗語，詳通人之雅謀。

又臣聞安平則尊道術之士，有難則貴介胄之臣。今聖朝興復祖統，爲人臣主，而四方盜賊未盡歸伏者，此權謀未得也。臣譚伏觀陛下用兵，諸所降下，既無重賞以相恩誘，或至虜掠奪其財物，是以兵長渠率，各生孤

疑，黨輩連結，歲月不解。古人有言曰：『天下皆知取之爲取，而莫知與之爲取。』陛下誠能輕爵重賞，與士共之，則何招而不至，何説而不釋，何向而不開，何征而不克！如此，則能以狹爲廣，以遲爲速，亡者復存，失者復得矣。

帝省奏，愈不悦。

其後，有詔會議靈臺所處，帝謂譚曰：『吾欲以讖決之，何如？』譚默然良久，曰：『臣不讀讖。』帝問其故，譚復極言讖之非經。帝大怒曰：『桓譚非聖無法，將下斬之！』譚叩頭流血，良久乃得解。出爲六安郡丞，意忽忽不樂，道病卒，時年七十餘。

初，譚著書言當世行事二十九篇，號曰《新論》，上書獻之，世祖善焉。《琴道》一篇未成，肅宗使班固續成之。所著賦、誄、書、奏，凡二十六篇。

元和中，肅宗行東巡狩，至沛，使使者祠譚冢，鄉里以爲榮。

綜述

《後漢書》卷三六《賈逵傳》（賈逵）論曰：鄭、賈之學，行乎數百年中，遂爲諸儒宗，亦徒有以焉爾。桓譚以不善讖流亡，鄭興以遜辭僅免，賈逵能附會文致，最差貴顯。

《晉書》卷九五《藝術傳》 漢武雅好神仙，世祖尤耽讖術，遂使文成、五利，逞詭詐而取寵榮，尹敏、桓譚，由忤時而嬰罪戾，斯固通人之所蔽，千慮之一失者乎！

《新唐書》卷二一三《儒學傳》（姚崇曰）漢孝景祠黄帝橋山，孝武祠舜九疑，高祖過魏祭信陵君墓，過趙封樂毅後，孝章祠桓譚冢。

論説

漢·王充《論衡》卷一三《超奇篇第三九》 王公問於桓君山以揚子雲。君山對曰：『漢興以來，未有此人。』君山差才，可謂得高下之實矣。采玉者心羡於玉，鑽龜者知神於龜。能差衆儒之才，累其高下，賢於所累。又作《新論》，論世間事，辯照然否，虚妄之言，僞飾之辭，莫不證定。彼子長、子雲論説之徒，君山爲甲。自君山以來，皆爲鴻眇之才，故有嘉令之文。筆能著文，則心能謀論，文由胸中而出，心以文爲表。觀見其文，奇偉俶儻，可謂得論也。由此言之，繁文之人，人之傑也。

宋·周紫芝《太倉稊米集》卷四五《論·桓譚論》 惟人主之好惡，爲能移天下之俗。人主之所好，天下翕然從之，不待賞而後勸；人主之所惡，天下倏然違之，不待罰而後沮。然則非人主之好惡能移天下之俗也，其勢然也。何以言之？上之所好而吾從之，則君必喜，喜而不已，甚者至於高爵以貴之，厚禄以富之。上之所惡而吾違之，則君必怒，怒而不已，甚者至於刀鋸以戮之，鼎鑊以烹之。夫以人主之好惡而視天下之從違，禍福之至，捷若影響，則天下之俗其有不移於上之所化者，鮮矣。人之情豈不欲捨死亡而求利達，以謂與其背世以蹈死，孰若殉世以求榮？於是士之偷合取容以自媚其身者，其説以謂吾能一切苟簡，以狗人主之好惡，雖寵幸親昵之私固未易得，而流竄僇辱之，禍亦庶幾其免矣！當是時，以其狥天下之好惡，舉世莫不皆爾，有人於此確然自信而無所疑，毅然自守而不可奪，爵禄不能勸之，使從刑僇不能威之，使懼非天下之大豪傑，吾知其不能矣。余於東京而得桓譚焉，是所謂天下之大豪傑者也。初，王氏託符命以攘神器，一日除拜公卿數百人，王興爲衛將軍，王盛爲前將軍，二人皆莽按符命而求得之，由賣餠而登用，以示神焉。士亦何敢不爲符命之説？劉歆，漢宗室也，始以應讖易名，其後乃爲莽國師。揚雄，漢儒宗也，乃以符命取譏。當時獨譚默然，不聞其有一言也。此余所以謂其爲天下之大豪傑者也。世祖以英武有爲之資，仗大義以平新室之亂，神機妙筭，動無違第，故能整墜緒於既絶之後，援斯民於塗炭之中。雖湯、武之業遠過，而乃篤意於《讖書》，曾無以少異於莽焉。夫親值其亂，將以易亂而歸之正，乃反蹈其覆車之轍而不知，此何理也哉？宛人李通始以圖讖説光武起義兵，又其在長安時，强華自關中奉赤伏符，其後羣臣託以説光武起大位，至其祝文告天皆引讖記，而中元二年乃宣布圖讖於天下，則其信之可謂篤矣！及其卽位，乃以讖文用孫盛行大司馬，衆論始不悦。又按赤伏符王梁、王衛作，光武乃拜王梁爲大司空焉。夫用大臣不以功德，而專用讖緯，此與王興、王盛之事何以異哉？自是，政無

小大皆決於讖，至於鄭興以不善爲讖坐爲帝怒，而尹敏乃以君無口爲漢輔之語竟取擯斥，舉天下之士皆從而爲符讖之説矣。譚於是時上疏，抗論力詆讖之非經，幾不免殺，非信道之篤而能然乎？觀譚展轉於新室紛更之餘，終不肯一言以取媚於時，及中興之後讖説益盛，而犯顔力諍以辨其非，則其人自視，豈隨其波而汩其泥者哉？故曰：士有特立獨行，不移於舉世之所好，而自信其道者，然後可以謂之大豪傑也。

宋·葉適《習學記言》卷二五《後漢書·傳》 讀《桓譚傳》，諫光武吝爵賞以其行事。考之良然，此於人主常法當失而竟以得之，豈光武别有其道？抑俗儒所陳不中事情更須細論？然觀光武規略，大抵與前後人主不同。論治者，蓋未深考也，譚與揚雄、劉歆並時，低徊亂亡無所阿徇，雖稍疏闊要爲名世，光武不能容於列大夫間，而推折之致死，可謂褊而嚴矣。

藝文

宋·王禹偁《小畜集》卷一〇《偶題》 賈誼因才逐，桓譚以讖竦。古今當似此，吾道竟何如？

金·趙秉文《滏水集》卷三《送李按察十首·其三》 漢儒事章句，志道利乃倍。桓譚謂子雲，此事今獨乃。岱岳小天下，齊魯復何在？會當登日觀，一目了滄海。

明·胡應麟《少室山房集》卷四一《瀫溪别業二首》 卷帙桓譚富，篇章杜甫貧。乾坤容傲骨，海岳遂閒身。坐挾垂綸客，行招荷鍤人。一癡殊未厭，久已絶貪嗔。

明·曾益《温飛卿詩集箋注》卷八《洛陽》 犖樹先春雪滿枝，上陽宮柳囀黄鸝。桓譚未便忘西笑，豈爲長安有鳳池。

雜録

宋·樂史《太平寰宇記》卷一七《河南道·人物》 桓譚，沛國相人，相縣在符離西北。帝好讖，譚對曰：『臣不讀讖書。』

明·李賢等［天順］《明一統志》卷七《中都·人物》 桓譚，沛國相人。父成帝時爲大樂令。譚以父任爲郎，因好音樂，徧習五經，能文章，尤好古學。光武即位，拜議郎。上疏陳時政，帝欲以讖決疑，譚極言非經。帝怒，出爲六安郡丞。譚著書言當世行事，號《新論》，又有賦誄書奏。

清·趙宏恩等［乾隆］《江南通志》卷三五《輿地志·古迹》 桓譚藏書處在宿州，漢成帝以譚藏書多令待詔門下。時謂挾桓君山之書富於猗頓之財，今藕花墅是也。

荀悦分部

傳記

《後漢書》卷九六《荀悦傳》 悦字仲豫，儉之子也。儉早卒。悦年十二，能説《春秋》。家貧無書，每之人間，所見篇牘，一覽多能誦記。性沈静，美姿容，尤好著述。靈帝時閹官用權，士多退身窮處，悦乃託疾隱居，時人莫之識，唯從弟彧特稱敬焉。初辟鎮東將軍曹操府，遷黄門侍郎。獻帝頗好文學，悦與彧及少府孔融侍講禁中，旦夕談論。累遷秘書監、侍中。

時，政移曹氏，天子恭己而已。悦志在獻替，而謀無所用，乃作《申鑒》五篇。其所論辯，通見政體，既成而奏之。其大略曰：夫道之本，仁義而已矣。五典以經之，羣籍以緯之，詠之歌之，弦之舞之，前監既明，後復申之。故古之聖王，其於仁義也，申重而已。致政之術，先屏四患，乃崇五政。一曰偽，二曰私，三曰放，四曰奢。偽亂俗，私壞法，放越軌，奢敗制。四者不除，則政末由行矣。夫俗亂則道荒，雖天地不得保其性矣；法壞則世傾，雖人主不得守其度矣；軌越則禮亡，雖聖人不得全其道矣；制敗則欲肆，雖四表不得充其求矣。是謂四患。興農桑以養其生，審好惡以正其俗，宣文教以章其化，立武備以秉其威，明賞罰以統其法。是謂五政。人不畏死，不可懼以罪。人不樂生，不可勸以善。雖使

契布五教，皋陶作士，政不行焉。故在上者先豐人財以定其志，帝耕籍田，后桑蠶宮，國無遊人，野無荒業，財不賈用，力不妄加，以周人事。是謂養生。君子之所以動天地，應神明，正萬物而成王化者，必乎眞定而已。故在上者審定好醜焉。善惡要乎功罪，毁譽效於準驗。聽言責事，舉名察實，無惑詐傷，以蕩衆心。故事無不核，物無不切，善無不顯，惡無不章，俗無姦怪，民無淫風。百姓上下睹利害之存乎己也，故肅恭其心，慎修其行，内不回惑，外無異望，則民志平矣。是謂正俗。君子以情用，小人以刑用。榮辱者，賞罰之精華也。故禮教榮辱，以加君子，化其情也；桎梏鞭撲，以加小人，化其刑也。君子不犯辱，況于刑乎！小人不忌刑，況於辱乎！若教化之廢，推中人而墜于小人之域；教化之行，引中人而納于君子之塗。是謂章化。小人之情，緩則驕，驕則恣，恣則怨，怨則叛，危則謀亂，安則思欲，非威强無以懲之。故在上者，必有武備，以戒不虞，以遏寇虐。安居則寄之内政，有事則用之軍旅。是謂秉威。賞罰，政之柄也。明賞必罰，審信慎令，賞以勸善，罰以懲惡。人主不妄賞，非徒愛其財也，賞妄行則善不勸矣。不妄罰，非矜其人也，罰妄行則惡不懲矣。賞不勸謂之止善，罰不懲謂之縱惡。在上者能不止下爲善，不縱下爲惡，則國法立矣。是謂統法。四患既蠲，五政又立，行之以誠，守之以固，簡而不怠，疏而不失，無爲爲之，使自施之，無事事之，使自交之。不肅而成，不嚴而化，垂拱揖讓，而海内平矣。是謂爲政之方。又言：尚主之制非古。釐降二女，陶唐之典。歸妹元吉，帝乙之訓。王姬歸齊，宗周之禮。以陰乘陽違天，以婦陵夫違人。違天不祥，違人不義。又古者天子諸侯有事，必告於廟。廟有二史，左史記言，右史書事。事爲《春秋》，言爲《尚書》。君舉必記，善惡成敗，無不存焉。下及士庶，苟有茂異，咸在載籍。或欲顯而不得，或欲隱而名章。得失一朝，而榮辱千載。善人勸焉，淫人懼焉。宜於今者備置史官，掌其典文，紀其行事。每於歲盡，舉之尚書。以助賞罰，以弘法教。帝覽而善之。

帝好典籍，常以班固《漢書》文繁難省，乃令悦依《左氏傳》體以爲《漢紀》三十篇，詔尚書給筆劄。辭約事詳，論辨多美。其序之曰：昔在上聖，惟建皇極，經緯天地，觀象立法，乃作書契，以通宇宙，揚于王庭，厥用大焉。先王光演大業，肆于時夏。亦惟厥後，永世作典。夫立典有五志焉：一曰達道義，二曰章法式，三曰通古今，四日著功勳，五曰表賢能。於是天人之際，事物之宜，粲然顯著，罔不備矣。世濟其軌，不隕其業。損益盈虚，與時消息。臧否不同，其揆一也。漢四百有六載，撥亂反正，統武興文，永惟祖宗之洪業，思光啟乎萬嗣。聖上穆然，惟文之恤，瞻前顧後，是紹是繼，闡崇大猷，命立國典。於是綴敍舊書，以述《漢紀》。中興以前，明主賢臣得失之軌，亦足以觀矣。

又著《崇德》、《正論》及諸論數十篇。年六十二，建安十四年卒。

綜　述

《明史》卷五三《禮志七》　子無爵父之道。漢高帝感家令之言而尊太公，荀悦非之。

論　説

明·方孝孺《遜志齋集》卷四《雜著·讀荀悦〈申鑑〉》　荀悦《申鑑》五卷，其論治亂興亡之理詳矣。悦生漢之衰，丁靈獻之際，强臣竊柄，天下潰潰，日非漢有。悦雖侍講禁中，而天子拱手受制，知其莫之有爲，著此書以宣其志。悦蓋有用之材，又親見世之亂，故其言愈有徵據。從而行之，可以爲治。而自漢以來鮮有言之者，縱或言之，特以其文辭而已。著書之不足恃，如是哉！然秦焰之餘，聖道滅息，唐虞三代之大經且廢而不講，爲治者視之以爲空言，而共嘩笑之，則夫悦書之不用，又無足怪也。余讀其書，至曰以智能治民者泅也，以道德治民者舟也。怳然失色而悲之！

清·顧炎武《日知録》卷二六《荀悦漢紀》　荀悦《漢紀》，改紀、表、志、傳爲編年，其敍事處，索然無復意味，間或首尾不備。其小有不同，皆以班書爲長，惟一二條可采者。杜陵陳遂，字長子。上微時，與遊戲博奕，數負遂。上即位，稍見進用，至太原太守，乃賜遂璽書曰：『制詔太原太守，官尊禄重，可以償遂博負矣。』妻君寧時在旁知狀，遂乃上書謝恩曰：『事在元平元年赦前。』其見厚如此。《漢書》以『負遂』爲

『負進』，又曰：『可以償博進矣。』進乃悼皇考之名，宣帝不應用之。《史記·呂不韋傳》：『車乘進用不饒。』荀紀爲長。元康三年三月詔曰：『蓋聞象有罪，而舜封之有庳。骨肉之親，放而不誅，其封故昌邑王賀爲海昏侯。』《漢書》作『骨肉之恩，粲而不殊。』文義難曉，荀紀爲長。後有善讀者，仿裴松之《三國志》之體，取此不同者注于班書之下，足爲史家之一助。

藝文

明·張溥《漢魏六朝百三家集》卷一六《漢荀悦集題詞》 西豪荀氏，楚蘭陵令後裔也。季和八龍，名稱極盛，諸孫若仲豫、文若，並爲時所知。然文若娶婦中官，依身逆賊壽春飲藥進退觸藩。雖何顒目以王佐，曹操詡爲子房，徒虛聲耳！豈及仲豫周旋故君，志存獻替哉！文若佐操舉事，擒呂布，破袁紹，奉迎車駕，徙都許昌，咸出其謀。以彼英才，説詩書，論禮樂，言論滿堂，寧遜北海而掌握從横，疲精軍旅鴻毛一死銅雀先驅萬世，而下竟無一卷足傳者。仲豫性沈静，好著述，隱居託疾不入閹官網羅。及事獻帝，談論近省，憤曹氏之執政，哀天子之恭已，既作《申鑒》，復撰《漢紀》。余觀立典、五志，知其永懷西京，悁悁不寐也。諸論上仿過秦，下擬驃騎，較班馬挹諱，其辭直矣。高陽才子，德業世濟能立言者，慈明仲豫耳！余于此益悲敬侯之無年也。

明·王鏊《震澤集》卷一四《申鑑註序》 《申鑑》五卷，漢荀悦著。悦仕獻帝朝，辟曹操府，與孔融及弟彧同侍講禁中。悦每懷獻替而意有未盡，此《申鑑》所爲作，蓋有志於經世者也。然當時政體顧有大於總攬機務，使權不下移者乎？而曾無一言。及之厥後，融以論建漸廣，彧以不阿九錫，皆不得其死。悦獨優遊以壽終，其亦善處濁世者矣。其論政體，無賈誼之經制，而近於醇。無劉向之憤激，而長於諷。其《雜言》等篇，頗似揚雄《法言》。雄不免曲意美新，而悦無一言及於操。視雄爲優矣。或言悦書似徐幹、王符，考其歸，茲若人之儔乎？吾未知所先後也。而三品之説，昌黎公有取焉。其書世有罕見，吾蘇黄勉之，好蓄異書，又爲之訓釋，搜討磔裂，出入經、史、春秋、內外傳、老莊、淮南、素問、天官、地志，博洽精密，多得悦。雖然悦之書其有所感而爲之乎！勉之之註，豈亦有所感而爲之乎！勉之春秋方富，行將以其學出而效用，當炳焉赫焉，流聲於明時，尚何悦之慕哉！

清·毛奇齡《西河集》卷四八《重刻荀悦漢紀袁宏後漢紀序》 六藝家史家失傳久矣。皇上搜經學之在章句外者，侍衛成君應詔梓經解數十百卷，而隋唐以前，抄括無有，祇一《子夏易傳》，而侍衛原序尚三歎爲宋元間人僞書，則他可知矣。襄平蔣蘿邨、梅中兄弟，嗟史學之闕，謂自典午後八書南北合成十史，而五後十國，五十餘年間寥寥數策，僅傳歐陽氏史得一失伯將取扈氏、盧氏，梁、漢、周三史所未傳者，合之十國編年諸書，以備五後。因先梓馬令、陸遊二南唐書行世，而以爲未足，復溯自二漢紀、舊唐，以迄宋遼金元逸史之全將循次編補匯成大觀，而惜乎以他事沮也。余嘗就蘿邨、梅中，聆其談議，謂兩漢二書曒若日月，迥非二紀之可比，顧各有相發。荀豫前紀作於漢初平、興平之間已習見班氏成書，而應詔減省，創立五志以補春秋考紀所未備。若袁虎後紀，則先於范氏所作五十餘年，其中多范氏所刪取而不盡録者。二紀之當具，比之易之有荀九家，禮之有熊氏、皇氏，所應重標其書，爲逸史倡，故不憚亟爲梓之如此。至其所讎校，則初購善本於吳門，宋開府署得明嘉靖間姬水黄氏所勒本，續得宋版前紀於項侍郎宅，又續得明南監本後紀於吳宮允宅，互相參對，補其漏而更其譌，疑卽闕之，不妄填一字。起自乙亥冬十一月，訖於丙子夏六月。會其尊大人由兩浙行省左移參知，從杭州寄居吳門，中間多曠月，凡八閲月工竣。自古學淪失，士子習一經競爲舉文，茫然不解典籍爲何物。卽一二知名之士，槖筆載牘，日以文賦相矜高，而巾箱五經；匿爲珍秘。一遇史事，卽司馬光《稽古録》，無不張口㰦㰦不能略辯。而蘿邨、梅中年不踰終賈，胸懷萬卷，其能網古今而羅百氏如是，是非古學將興，有應運而先開者邪？吾願天之假以時，而得盡踵其所爲志也。

雜録

明·彭大翼《山堂肆考》卷五九《臣職·史官·辭約事詳》 漢獻帝以班書文繁難，省命荀悦依《左傳》體爲《漢紀》三十篇。辭約事詳，

論辯多美。

明・李賢等［天順］《明一統志》卷二七《開封府》 荀悦，淑孫，家貧無書，每於人家見篇牘，一覽即記。官至秘書監侍中。時，政移曹氏，悦作《申鑒》五篇，奏之。又依《左傳》體删《漢書》爲《帝紀》三十篇。

清・田文鏡等［雍正］《河南通志》卷六五《文苑》 荀悦，字仲豫，潁川人。年十二能説《春秋》，家貧無書，每於人家見篇牘，一覽多能記誦。獻帝時官至秘書監侍中。時，政移曹氏，悦乃作《申鑒》五篇奏之。帝覽而稱善，帝以班固《漢書》文繁難省，乃令悦依左氏《傳》體撰《漢記》三十篇。

崔寔分部

傳記

《後漢書》卷五二《崔寔傳》 寔字子眞，一名台，字元始。少沈静，好典籍。父卒，隱居墓側。服竟，三公並辟，皆不就。桓帝初，詔公卿郡國舉至孝獨行之士。寔以郡舉，徵詣公車，病不對策，除爲郎。明於政體，吏才有餘，論當世便事數十條，名曰《政論》。指切時要，言辯而確，當世稱之。仲長統曰：『凡爲人主，宜寫一通，置之坐側。』其辭曰：

自堯舜之帝，湯武之王，皆賴明哲之佐，博物之臣。故皋陶陳謨而唐虞以興，伊、箕作訓而殷、周用隆。及繼體之君，欲立中興之功者，曷嘗不賴賢哲之謀乎！凡天下所以不理者，常由人主承平日久，俗漸敝而不悟，政浸衰而不改，習亂安危，逸不自睹。或荒耽嗜欲，不恤萬機；或耳蔽箴誨，厭僞忽眞；或猶豫歧路，莫適所從；或見信之佐，括囊守禄；或疏遠之臣，言以賤廢。是以王綱縱弛于上，智士鬱伊於下。悲夫！

自漢興以來，三百五十餘歲矣。政令垢玩，上下怠懈，風俗凋敝，人庶巧僞，百姓囂然，咸復思中興之救矣。且濟時拯世之術，豈必體堯蹈舜然後乃理哉？期於補綻決壞，枝柱邪傾，隨形裁割，要措斯世于安寧之域而已。故聖人執權，遭時定制，步驟之差，各有云設。不强人以不能，背急切而慕所聞也。蓋孔子對葉公以來遠，哀公以臨人，景公以節禮，非其不同，所急異務也。是以受命之君，每輒創制；中興之主，亦匡時失。昔盤庚遷殷，遷都易民；周穆有闕，甫侯正刑。俗人拘文牽古，不達權制，奇偉所聞，簡忽所見，烏可與論國家之大事哉！故言事者，雖合聖德，輒見掎奪。何者？其頑士闇於時權，安習所見，不知樂成，況可慮始，苟云率由舊章而已。其達者或矜名妒能，恥策非己，舞筆奪辭，以破其義，寡不勝衆，遂見擯棄。雖稷、契復存，猶將困焉。斯賈生之所以排於絳、灌，屈子之所以攄其幽憤者也。夫以文帝之明，賈生之賢，絳、灌之忠，而有此患，況其餘哉！

量力度德，《春秋》之義。今既不能純法八代，故宜參以霸政，則宜重賞深罰以御之，明著法術以檢之。自非上德，嚴之則理，寬之則亂。何以明其然也？近孝宣皇帝明于君人之道，審於爲政之理，故嚴刑峻法，破姦軌之膽，海内清肅，天下密如。薦勳祖廟，享號中宗。算計見效，優於孝文。及元帝即位，多行寬政，卒以墮損，威權始奪，遂爲漢室基禍之主。政道得失，於斯可監。昔孔子作《春秋》，褒齊桓，懿晉文，歎管仲之功。夫豈不美文、武之道哉？誠達權救敝之理也。故聖人能與世推移，而俗士苦不知變，以爲結繩之約，可復理亂秦之緒，《干戚》之舞，足以解平城之圍。

夫熊經鳥伸，雖延歷之術，非傷寒之理；呼吸吐納，雖度紀之道，非續骨之膏。蓋爲國之法，有似理身，平則致養，疾則攻焉。夫刑罰者，治亂之藥石也；德教者，興平之粱肉也。夫以德教除殘，是以粱肉理疾也；以刑罰理平，是以藥石供養也。方今承百王之敝，值厄運之會。自數世以來，政多恩貢，馭委其轡，馬駘其銜，四牡横奔，皇路險傾。方將柑勒鞬輈以救之，豈暇鳴和鑾，清節奏哉？昔高祖令蕭何作九章之律，有夷三族之令，黥、劓、斬趾、斷舌、梟首，故謂之具五刑。文帝雖除肉刑，當劓者笞三百，當斬左趾者笞五百，當斬右趾者棄市。右趾者既殞其命，笞撻者往往至死，雖有輕刑之名，其實捅也。當此之時，民皆思復肉

刑。至景帝元年，乃下詔曰：『加笞與重罪無異，幸而不死，不可爲人。』乃定律，減笞輕捶。自是之後，笞者得全。以此言之，文帝乃重刑，非輕之也；以嚴致平，非以寬致平也。必欲行若言，當大定其本，使人主師五帝而式三王。蕩亡秦之俗，遵先聖之風，棄苟全之政，蹈稽古之蹤，復五等之爵，立井田之制。然後選稷契爲佐，伊呂爲輔，樂作而鳳皇儀，擊石而百獸舞。若不然，則多爲累而已。

其後辟太尉袁湯、大將軍梁冀府，並不應。大司農羊傅、少府何豹上書薦寔才美能高，宜在朝廷。召拜議郎，遷大將軍冀司馬，與邊韶、延篤等著作東觀。

出爲五原太守。五原土宜麻枲，而俗不知織績，民冬月無衣，積細草而臥其中，見吏則衣草而出。寔至官，斥賣儲峙，爲作紡績、織紝、練縕之具以教之，民得以免寒苦。是時胡虜連入雲中、朔方，殺略吏民，一歲至九奔命。寔整厲士馬，嚴烽候，虜不敢犯，常爲邊最。

以病徵，拜議郎，復與諸儒博士共雜定《五經》。會梁冀誅，寔以故吏免官，禁錮數年。

時鮮卑數犯邊，詔三公舉威武謀略之士，司空黄瓊薦寔，拜遼東太守。行道，母劉氏病卒，上疏求歸葬行喪。母有母儀淑德，博覽書傳。初，寔在五原，常訓以臨民之政，寔之善績，母有其助焉。服竟，召拜尚書。寔以世方阻亂，稱疾不視事，數月免歸。

初，寔父卒，剽賣田宅，起冢塋，立碑頌。葬訖，資產竭盡，因窮困，以酤釀販鬻爲業。時人多以此譏之，寔終不改。亦取足而已，不致盈餘。及仕官，歷位邊郡，而愈貧薄。建寧中病卒。家徒四壁立，無以殯斂，光禄勳楊賜、太僕袁逢、少府段熲爲備棺槨葬具，大鴻臚袁隗樹碑頌德。所著碑、論、箴、銘、答、七言、祠、文、表、記、書凡十五篇。

寔從兄烈，有重名於北州，歷位郡守、九卿。靈帝時，開鴻都門榜賣官爵，公卿州郡下至黄綬各有差。其富者則先入錢，貧者到官而後倍輸，或因常侍、阿保別自通達。是時，段熲、樊陵、張温等雖有功勤名譽，然皆先輸貨財而後登公位。烈時因傅母入錢五百萬，得爲司徒。及拜日，天子臨軒，百僚畢會。帝顧謂親幸者曰：『悔不小靳，可至千萬。』程夫人于傍應曰：『崔公冀州名士，豈肯買官？賴我得是，反不知姝邪！』烈於是聲譽衰減。久之不自安，從容問其子鈞曰：『吾居三公，於議者何如？』鈞曰：『大人少有英稱，歷位卿守，論者不謂不當爲三公；而今登其位，天下失望。』烈曰：『何爲然也？』鈞曰：『論者嫌其銅臭。』烈怒，舉杖擊之。鈞時爲虎賁中郎將，服武弁，戴鶡尾，狼狽而走。烈罵曰：『死卒，父檛而走，孝乎？』鈞曰：『舜之事父，小杖則受，大杖則走，非不孝也。』烈慙而止。烈後拜太尉。

鈞少交結英豪，有名稱，爲西河太守。獻帝初，鈞語袁紹俱起兵山東，董卓以是收烈付郿獄，錮之，鋃鐺鐵鎖。卓既誅，拜烈城門校尉。及李傕入長安，爲亂兵所殺。

烈有文才，所著詩、書、教、頌等凡四篇。

論曰：崔氏世有美才，兼以沈淪典籍，遂爲儒家文林。駰、瑗雖先盡心于貴戚，而能終之以居正，則其歸旨異夫進趣者乎！李固，高絜之士也，與瑗鄰郡，奉贄以結好。由此知杜喬之劾，殆其過矣。寔之《政論》，言當世理亂，雖祐錯之徒不能過也。

贊曰：崔爲文宗，世禪雕龍。建新恥潔，摧志求容。永矣長岑，於遼之陰。不有直道，曷取泥沈。瑗不言禄，亦離冤辱。子眞持論，感起昏俗。

綜述

漢·劉珍等《東觀漢記》卷一六《列傳第十一·崔寔》 崔寔爲五原太守。五原土宜麻枲，而俗不知紡績，民冬月無衣，集細草而臥其中，見吏則衣草而出。寔至官，勸種麻，命工伐木作機紡車，教民紡績。

《後漢書》卷二六《伏湛傳》 元嘉中，桓帝復詔無忌與黄景、崔寔等共撰《漢記》。又自採集古今，刪著事要，號曰《伏侯注》。

《晉書》卷三六《衛瓘傳》 漢興而有草書，不知作者姓名。至章帝時，齊相杜度號善作篇。後有崔瑗、崔寔，亦皆稱工，杜氏殺字甚安，而書體微瘦。崔氏甚得筆勢，而結字小疏。

論　說

宋·司馬光《資治通鑑》卷五三《漢紀四十五·崔寔應詔詣公車言事》　臣光曰：

漢家之法已嚴矣，而崔寔猶病其寬，何哉？蓋衰世之君，率多柔懦，凡愚之佐，唯知姑息，是以權幸之臣有罪不坐，豪猾之民犯法不誅；仁恩所施，止於目前；姦宄得志，紀綱不立。故崔寔之論，以矯一時之枉，非百世之通義也。孔子曰：『政寬則民慢，慢則糾之以猛；猛則民殘，殘則施之以寬。寬以濟猛，猛以濟寬，政是以和。』斯不易之常道矣。

明·方孝孺《遜志齋集》卷五《雜著·崔寔》　昔者觀孔子之書，見其于子貢、仲由之徒善於説辭，必深折重抑之。明足以憶事未有過也。而傷其多言以仕爲學未爲達道也，而惡其口給而近佞心常以爲惑。奚孔子不貴於言，若是耶？及觀戰國之際，天下之士皆棄道德仁義而不修，以口舌磨切世主而覬勢竊柄，大者亡人之國，小者自殺其身。又甚焉者，著爲邪説以爲後世害，紛然出乎，斯道之外流於刻薄，荒鄙誣民敗俗之歸，而不自知也。然後喟然嘆曰：此孔子所以聖乎！其預知之矣，凡亂之生，必有所始也。芻靈之弊，必至於以人殉葬。象箸之弊，必至於瑶臺璚室。孔子之教人以勿易於言，而周卒以口舌縱横之辨而亡。夫言豈可苟哉？快意於一言或足以禍萬世，發憤立一事或可以禍異時。矯當時之失，不求古今之變，而輕於持論，非知道者也。彼崔寔者，獨何人哉？憤時君之柔闇，則論柔闇之失可也，遽爲邪説，不顧理之是非，而謂凡爲治者必以嚴，而治以寬而亂，此豈理也耶？周、秦之效，夫人之所能識也，寔不察乎此，而亟稱宣帝之賢。夫宣帝漢室基亂之主，苛以爲明，忍以爲斷，督責以爲能。當斯世也，斯民競知其可畏，而不知其所可愛，於是高、惠、文、景之澤竭矣，譬猶服金石、恣聲色之人，其外雖若未衰，而其中之虚壞已甚。至於元帝繼之，稍失其術，則漢因以衰，非元帝之罪也。寔輕信而不知道，敢爲異論而不顧其無稽，至誣文帝以嚴致平，何惑妄之甚哉！漢之久而亡者，文帝之功也，且使宣帝處文帝之時，是生一秦也。宣帝固非秦比也，率其所爲行於甫定之世，則其異於秦者幾希，而豈能治哉？治道固有本末，先之以政教而後刑罰者，秦漢以下皆是也。文帝能參之恭儉忠厚之化，故治其餘則守法而已，故未旋踵卽不免於危漢室。至於光武，猶再榮之木，其膏澤將盡矣。明、章能扶植培擁之，僅至少康，孝、安以降，漸衰而亂，固其理也。自非仁賢，若文帝承之，猶恐其不救，而寔欲濟之以嚴刑峻法，此欲救將萎之木而斷其根，鄙哉！愚儒好高之論也，仲長統乃從而稱之，此其知與寔何異哉？自孔子之末，學者不明道而阿世韓非之愚，至以堯舜爲土水，而以刑罰爲膏粱，所聞者卑，而所習者陋，無怪其爲此言也。漢之諸儒，惟賈誼、董相及王吉爲庶幾如寔與統，時人所推爲大儒，而其論至於韓無異於乎，其所從來遠矣。豈特寔之罪哉？

明·湛若水《格物通》卷五六《正萬民下》　臣若水通曰：子產惠人也，亦鑄刑書，水火之喻切矣。崔寔立政論于漢，梁肉藥石之喻，得救時正民之道，君子有取焉。孟子曰『以生道殺民』，其此之謂乎？然則人主蓋亦酌剛柔之中哉！

雜　録

宋·曾慥《類説》卷四《西京雜記·二龍》　蔡邕、崔寔號『並鳳』。寔又與許受號『二龍』。王仲宣號『泥下潛蛙』。

元·富大用《古今事文類聚遺集》卷一三《古今事實·寇不敢犯》　後漢崔寔，字子眞，爲五原太守。是時，匈奴連入雲中、朔方，寔整厲士馬嚴烽堠，寇不敢犯。常爲邊最第一。

明·彭大翼《山堂肆考》卷九二《親屬·母·助子爲政》　漢崔寔母劉氏博覽書傳，寔爲五原太守有善政，母助之也。

又　卷一三一《文學·政論》　東漢桓帝元嘉中，涿郡崔寔以獨行舉詣公車。稱病，不對策。退而論世事，名曰《政論》。其畧云刑罰者，治亂之藥石也。德教者，興平之粱肉也。以德教除殘，是以粱肉治疾也。以刑罰治平，是以藥石供養也。自數世以來，政多恩貸馭委，其轡馬駘其銜四牡，横奔皇路險傾，方將拑勒鞬輈以救之。豈暇鳴和鸞清節奏哉！

王符分部

傳　記

《後漢書》卷四九《王符傳》　王符，字節信，安定臨涇人也。少好學，有志操，與馬融、竇章、張衡、崔瑗等友善。安定俗鄙庶孽，而符無外家，爲鄉人所賤。自和、安之後，世務遊宦，當塗者更相薦引，而符獨耿介不同於俗，以此遂不得升進。志意藴憤，乃隱居著書三十餘篇，以譏當時失得，不欲章顯其名，故號曰《潛夫論》。其指訐時短，討謫物情，足以觀見當時風政，著其五篇云爾。

《貴忠篇》曰：

夫帝王之所尊敬者天也；皇天之所愛育者人也。今人臣受君之重位，牧天之所愛，焉可以不安而利之，養而濟之哉？是以君子任職則思利人，達上則思進賢，故居上而下不怨，在前而後不恨也。《書》稱『天工人其代之』。王者法天而建官，故明主不敢以私授，忠臣不敢以虚受。竊人之財猶謂之盜，況偷天官以私己乎！以罪犯人，必加誅罰，況乃犯天，得無咎乎？夫五代之臣，以道事君，澤及草木，仁被率土，是以福祚流衍，本支百世。季世之臣，以諂媚主，不思順天，專杖殺伐。白起、蒙恬，秦以爲功，天以爲賊；息夫、董賢，主以爲忠，天以爲盜。《易》曰：『德薄而位尊，智小而謀大，鮮不及矣。』是故德不稱，其禍必酷；能不稱，其殃必大。夫竊位之人，天奪其鑑。雖有明察之資，仁義之志，一旦富貴，則背親捐舊，喪其本心，疏骨肉而親便辟，薄知友而厚犬馬，寧見朽貫千萬，而不忍貸人一錢，情知積粟腐倉，而不忍貸人一，骨肉怨望於家，細人謗讟於道。前人以敗，後爭襲之，誠可傷也。

歷觀前政貴人之用心也，與嬰兒子其何異哉？嬰兒有常病，貴臣有常禍，父母有常失，人君有常過。嬰兒常病，傷於飽也；貴臣常禍，傷於寵也。哺乳多則生癇病，富貴盛而致驕疾。愛子而賊之，驕臣而滅之者，非一也。極其罰者，乃有僕死深牢，銜刀都市，豈非無功於天，有害於人者乎？夫鳥以山爲埤而增巢其上，魚以泉爲淺而穿穴其中，卒所以得者餌也。貴戚願其宅吉而制爲令名，欲其門堅而造作鐵樞，卒其所以敗者，非苦禁忌少而門樞朽也，常苦崇財貨而行驕僭耳。

不上順天心，下育人物，而欲任其私智，竊弄君威，反戾天地，欺誣神明。居累卵之危，而圖太山之安；爲朝露之行，而思傳世之功。豈不惑哉！豈不惑哉！

《浮侈篇》曰：

王者以四海爲家，兆人爲子。一夫不耕，天下受其飢；一婦不織，天下受其寒。今舉俗舍本農，趨商賈，牛馬車輿，填塞道路，遊手爲巧，充盈都邑，務本者少，浮食者衆。『商邑翼翼，四方是極。』今察洛陽，資末業者什於農夫，虚僞遊手什於末業。是則一夫耕，百人食之，一婦桑，百人衣之，以一奉百，孰能供之！天下百郡千縣，市邑萬數，類皆如此。本末不足相供，則民安得不飢寒？飢寒並至，則民安能無姦軌？姦軌繁多，則吏安能無嚴酷？嚴酷數加，則下安能無愁怨？愁怨者多，則咎徵並臻。下民無聊，而上天降灾，則國危矣。

夫貪生於富，弱生於强，亂生於化，危生於安。是故明王之養民，憂之勞之，教之誨之，慎微防萌，以斷其邪。故《易》美節以制度，不傷財，不害民。《七月》之詩，大小教之，終而復始。由此觀之，人固不可恣也。

今人奢衣服，侈飲食，事口舌而習調欺。或以謀姦合任爲業，或以遊博持掩爲事。丁夫不扶犁鋤，而懷丸挾彈，攜手上山遨遊，或好取土作丸賣之，外不足禦寇盜，內不足禁鼠雀。或作泥車瓦狗諸戲弄之具，以巧詐小兒，此皆無益也。

《詩》刺『不績其麻，市也婆娑』。又婦人不修中饋，休其蠶織，而起學巫祝，鼓舞事神，以欺誣細民，熒惑百姓妻女。羸弱疾病之家，懷憂憤憤，易爲恐懼。至使奔走便時，去離正宅，崎嶇路側，風寒所傷，姦人所利，盜賊所中。或增禍重祟，至於死亡，而不知誣所欺誤，反恨事神之晚，此妖妄之甚者也。

或刻畫好繒，以書祝辭；或虚飾巧言，希致福祚；或糜折金彩，令廣分寸；或斷截衆縷，繞帶手腕；或裁切綺縠，縫紩成幡。皆單費百

縑，用功千倍，破牢爲僞，以易就難，坐食嘉穀，消損白日。夫山林不能給野火，江海不能實漏卮，皆所宜禁也。

昔孝文皇帝躬衣弋綈，革舄韋帶。而今京師貴戚，衣服飲食，車輿廬第，奢過王制，固亦甚矣。且其徒御僕妾，皆服文組彩牒，錦繡綺紈，葛子升越，筩中女布。犀象珠玉，虎魄玳瑁，石山隱飾，金銀錯鏤，窮極麗靡，轉相誇詫。其嫁娶者，車軿數里，緹帷竟道，騎奴侍童，夾轂並引。富者競欲相過，貧者恥其不逮，一饗之所費，破終身之業。古者必有命然後乃得衣繒絲而乘車馬，今雖不能復古，宜令細民略用孝文之制。

古之葬者，厚衣之以薪，葬之中野，不封不樹，喪期無數。後世聖人易之以棺槨，桐木爲棺，葛采爲緘，下不及泉，上不泄臭。中世以後，轉用楸梓槐柏杶樗之屬，各因方土，栽用膠漆，使其堅足恃，其用足任，如此而已。今者京師貴戚，必欲江南檽梓豫章之木。邊遠下土，亦競相放效。夫檽梓豫章，所出殊遠，伐之高山，引之窮谷，入海乘淮，逆河泝洛，工匠雕刻，連累日月，會衆而後動，多牛而後致，重且千斤，功將萬失，而東至樂浪，西達郭煌，費力傷農於萬里之地。古者墓而不墳，中世墳而不崇。仲尼喪母，冢高四尺，遇雨而崩，弟子請修之，夫子泣曰：『古不修墓。』及鯉也死，有棺無槨。文帝葬芷陽，明帝葬洛南，皆不臧珠寶，不起山陵，墓雖卑而德最高。今京師貴戚，郡縣豪家，生不極養，死乃崇喪。或至金縷玉匣，檽梓楩柟，多埋珍寶偶人車馬，造起大冢，廣種松柏，廬舍祠堂，務崇華侈。案鄗畢之陵，南城之冢，周公非不忠，曾子非不孝，以爲褒君愛父，不在於聚財，揚名顯親，無取於車馬。昔晉靈公多賦以雕牆，《春秋》以爲不君；華元、樂舉厚葬文公，君子以爲不臣。況于羣司士庶，乃可僭侈主上，過天道乎？

《實貢篇》曰：

國以賢興，以諂衰；君以忠安，以佞危。此古今之常論，而時所共知也。然衰國危君，繼踵不絕者，豈時無忠信正直之士哉，誠苦其道不得行耳。夫十步之閒，必有茂草；十室之邑，必有忠信。是故亂殷有三仁，小衛多君子。今以大漢之廣土，士民之繁庶，朝廷之清明，上下之修正，而官無善吏，位無良臣。此豈時之無賢，諒由取之乖實。夫志道者少與，逐俗者多疇，是以朋黨用私，背實趨華。其貢士者，不復依其質幹，準其才行，但虛造聲譽，妄生羽毛。略計所舉，歲且二百。覽察其狀，則德侔顏、冉，詳核厥能，則鮮及中人，皆總務升官，自相推達。夫士者貴其用也，不必求備。故四友雖美，能不相兼；三仁齊政，事不一節。高祖佐命，出自亡秦；光武得士，亦資暴莽。況太平之時，而云無士乎！

夫明君之詔也若聲，忠臣之和也如響。長短大小，清濁疾徐，必相應也。且攻玉以石，洗金以鹽，濯錦以魚，浣布以灰。夫物固有以賤理貴，以醜化好者矣。智者棄短取長，以致其功。今使貢士必核以實，其有小疵，勿强衣飾，出處默語，各因其方，則蕭、曹、周、韓之倫，何足不致，吳、鄧、梁、竇之屬，企踵可待。孔子曰：『未之思也，夫何遠之有？』

《愛日篇》曰：

國之所以爲國者，以有民也。民之所以爲民者，以有穀也。穀之所以豐殖者，以有民功也。功之所以能建者，以日力也。化國之日舒以長，故其民閒暇而力有餘；亂國之日促以短，故其民困務而力不足。舒長者，非謂羲和安行，乃君明民靜而力有餘也。促短者，非謂分度損減，乃上闇下亂，力不足也。孔子稱『既庶則富之，既富乃教之』。是故禮義生於富足，盜竊起於貧窮；富足生於寬暇，貧窮起於無日。聖人深知力者民之本，國之基也，故務省徭役，使之愛日。是以堯敕羲和，欽若昊天，敬授民時。明帝時，公車以反支日不受章奏，帝聞而怪曰：『民廢農桑，遠來詣闕，而復拘以禁忌，豈爲政之意乎！』於是遂蠲其制。今冤民仰希申訴，而令長以神自畜，百姓廢農桑而趨府廷者，相續道路，非朝餔不得通，非意氣不得見。或連日累月，更相瞻視；或轉請鄰里，饋糧應對。歲功既虧，天下豈無受其飢者乎？

孔子曰：『聽訟吾猶人也。』從此言之，中才以上，足議曲直，鄉亭部吏，亦有任決斷者，而類多枉曲，蓋有故焉。夫理直則恃正而不橈，事曲則諂意以行賕。不橈故無恩於吏，行賕故見私於法。若事有覆，吏應坐之，吏以應坐之故，不得不枉之於庭。以羸民之少黨，而與豪吏對訟，其勢得無屈乎？縣承吏言，故與之同。若事有反覆，縣亦應坐之，縣以應坐之故，而排之於郡。以一民之輕，而與一縣爲訟，其理豈得申乎？事有反覆，郡亦坐之，郡以共坐之故，而排之於州。以一民之輕，與一郡爲

訟，其事豈獲勝乎？既不肯理，故乃遠詣公府，公府復不能察，而當延以日月。貧弱者無以曠旬，强富者可盈千日。理訟若此，何枉之能理乎？正士懷怨結而不見信，猾吏崇姦軌而不被坐，此小民所以易侵苦，而天下所以多困窮也。

且除上天感痛致灾，但以人功見事言之。自三府州郡，至於鄉縣典司之吏，辭訟之民，官事相連，更相檢對者，日可有十萬人。一人有事，二人經營，是爲日三十萬人廢其業也。以中農率之，則是歲三百萬人受其飢者也。然則盗賊何從而銷，太平何由而作乎？《詩》云：『莫肯念亂，誰無父母？』百姓不足，君誰與足？可無思哉！可無思哉！

《述赦篇》曰：

凡療病者，必知脉之虚實，氣之所結，然後爲之方，故疾可愈而壽可長也。爲國者，必先知民之所苦，禍之所起，然後爲之禁，故姦可塞而國可安也。今日賊良民之甚者，莫大於數赦贖。赦贖數，則惡人昌而善人傷矣。何以明之哉？夫勤敕之人，身不蹈非，又有爲吏正直，不避强禦，而姦猾之黨横加誣言者，皆知赦之不久故也。善人君子，被侵怨而能至闕庭自明者，萬無數人；數人之中得省問者，百不過一；既對尚書而空遣去者，復什六七矣。其輕薄姦軌，既陷罪法，怨毒之家冀其幸戮，以解畜憤，而反一概悉蒙赦釋，令惡人高會而誇咤，老盗服臧而過門，孝子見仇而不得討，遭盗者睹物而不敢取，痛莫甚焉！

夫養稂莠者傷禾稼，惠姦軌者賊良民。《書》曰：『文王作罰，刑茲無赦。』先王之制刑法也，非好傷人肌膚，斷人壽命也；貴威姦懲惡，除人害也。故經稱『天命有德，五服五章哉，天討有罪，五刑五用哉』；《詩》刺『彼宜有罪，汝反脱之』。古者唯始受命之君，承大亂之極，寇賊姦軌，難爲法禁，故不得不有一赦，與之更新，頤育萬民，以成大化。非以養姦活罪，放縱天賊也。夫性惡之民，民之豺狼，雖得放宥之澤，終無改悔之心。旦脱重梏，夕還囹圄，嚴明令尹，不能使其繼絶。何也？凡敢爲大姦者，才必有過於衆，而能自媚於上者也。多散誕得之財，奉以諂諛之辭，以轉相驅，非有第五公之廉直，孰不爲顧哉？論者多曰：『久不赦則姦軌熾而吏不制，宜數肆眚以解散之。』此未昭政亂之本源，不察禍福之所生也。

後度遼將軍皇甫規解官歸安定，鄉人有以貨得雁門太守者，亦去職還家，書刺謁規。規臥不迎，既入而問：『卿前在郡食雁美乎？』有頃，又白王符在門。規素聞符名，乃驚遽而起，衣不及帶，屣履出迎，援符手而還，與同坐，極歡。時人爲之語曰：『徒見二千石，不如一縫掖。』言書生道義之爲貴也。符竟不仕，終於家。

藝文

宋·周紫芝《太倉稊米集》卷三四《次韻飛卿二首》 赦黄新拜日邊書，畫舸行遊雨外湖。粗有微官如漫叟，苦無高論似王符。江邊孤壘應千里，天上神州夢九衢。物外故人今遠别，固應憐我不同塗。

元·貢師泰《玩齋集》卷三《寄静庵上人》 細雨桐花晚，微風麥氣秋。王符偏好學，宋玉不勝愁。世事同蕉鹿，人心類棘猴。何時虎溪上，還共遠公遊。

清·愛新覺羅·弘曆《御選唐宋文醇》卷五《韓愈〈後漢三賢贊·王符〉》 王符節信，安定臨涇。好學有志，鄉人所輕。憤世著論，《潛夫》有名。述赦之篇，以赦爲賊。良民之患，其旨甚明。皇甫度遼，聞其乃驚。衣不及帶，屣履出迎。豈若雁門，問雁呼卿。不仕終家，嗟吁先生！

雜録

宋·王楙《野客叢書》卷一五《賤庶出之子》 自古賤庶出之子。王符無外家，爲鄉人所賤。

清·許容等［乾隆］《甘肅通志》卷五《山川·鎮原縣》 潛夫山，在縣内北。東漢王符高隱於此，著《潛夫論》，上有讀書臺。

又 卷一二《祠祀·平凉府》 潛夫祠，在鎮原縣北潛夫山，祀漢王符。

又 卷二五《祠祀·陵墓》 王符墓，在鎮原縣北二里。

仲長統分部

傳記

《後漢書》卷四九《仲長統傳》 仲長統字公理，山陽高平人也。少好學，博涉書記，贍于文辭。年二十餘，遊學青、徐、并、冀之間，與交友者多異之。并州刺史高幹，袁紹甥也。素貴有名，招致四方遊士，士多歸附。統過幹，幹善待遇，訪以當時之事。統謂幹曰：『君有雄志而無雄才，好士而不能擇人，所以爲君深戒也。』幹雅自多，不納其言，統遂去之。無幾，幹以并州叛，卒至於敗。并冀之士皆以是異統。

統性俶儻，敢直言，不矜小節，默語無常，時人或謂之狂生。每州郡命召，輒稱疾不就。常以爲凡遊帝王者，欲以立身揚名耳，而名不常存，人生易滅，優遊偃仰，可以自娛。欲卜居清曠，以樂其志，論之曰：『使居有良田廣宅，背山臨流，溝池環匝，竹木周布，場圃築前，果園樹後。舟車足以代步涉之艱，使令足以息四體之役。養親有兼珍之膳，妻孥無苦身之勞。良朋萃止，則陳酒肴以娱之；嘉時吉日，則亨羔豚以奉之。躕躇畦苑，遊戲平林，濯清水，追涼風，釣遊鯉，弋高鴻。諷於舞雩之下，詠歸高堂之上。安神閨房，思老氏之玄虚；呼吸精和，求至人之仿佛。與達者數子，論道講書，俯仰二儀，錯綜人物。彈《南風》之雅操，發清商之妙曲。消搖一世之上，睥睨天地之閒。不受當時之責，永保性命之期。如是，則可以陵霄漢，出宇宙之外矣。豈羡夫入帝王之門哉！』

又作詩二篇，以見其志。辭曰：

飛鳥遺迹，蟬蜕亡殼。騰蛇棄鱗，神龍喪角。至人能變，達士拔俗。乘雲無轡，騁風無足。垂露成幃，張霄成幄。沆瀣當餐，九陽代燭。恆星豔珠，朝霞潤玉。六合之内，恣心所欲。人事可遺，何爲局促？

大道雖夷，見幾者寡。任意無非，適物無可。古來繞繞，委曲如瑣。百慮何爲，至要在我。寄愁天上，埋憂地下。叛散《五經》，滅棄《風》、《雅》。百家雜碎，請用從火。抗志山棲，游心海左。元氣爲舟，微風爲柁。敖翔太清，縱意容冶。

尚書令荀彧聞統名，奇之，舉爲尚書郎。後參丞相曹操軍事。每論説古今及時俗行事，恆發憤歎息。因著論名曰《昌言》，凡三十四篇，十餘萬言。

獻帝遜位之歲，統卒，時年四十一。友人東海繆襲常稱統才章足繼西京董、賈、劉、楊。今簡撮其書有益政者，略載之云。

《理亂篇》曰：

豪傑之當天命者，未始有天下之分者也。無天下之分，故戰爭者競起焉。於斯之時，並僞假天威，矯據方國，擁甲兵與我角才智，程勇力與我競雌雄，不知去就，疑誤天下，蓋不可數也。角知者皆窮，角力者皆負，形不堪復伉，勢不足復校，乃始羈首係頸，就我之銜紲耳。夫或曾爲我之尊長矣，或曾與我爲等儕矣，或曾臣虜我矣，或曾執囚我矣。彼之蔚蔚，皆匈詈腹詛，幸我之不成，而以奮其前志，詎肯用此爲終死之分邪？

及繼體之時，民心定矣。普天之下，賴我而得生育，由我而得富貴，安居樂業，長養子孫，天下晏然，皆歸心於我矣。豪傑之心既絶，士民之志已定，貴有常家，尊在一人。當此之時，雖下愚之才居之，猶能使恩同天地，威侔鬼神。暴風疾霆，不足以方其怒；陽春時雨，不足以喻其澤；周、孔數千，無所復角其聖；賁、育百萬，無所復奮其勇矣。

彼後嗣之愚主，見天下莫敢與之違，自謂若天地之不可亡也，乃奔其私嗜，騁其邪欲，君臣宣淫，上下同惡。目極角觝之觀，耳窮鄭、衛之聲。入則耽於婦人，出則馳于田獵。荒廢庶政，棄亡人物，澶漫彌流，無所底極。信任親愛者，盡佞諂容説之人也；寵貴隆豐者，盡后妃姬妾之家也。使餓狼守庖廚，飢虎牧牢豚，遂至熬天下之脂膏，斫生人之骨髓。怨毒無聊，禍亂並起，中國擾攘，四夷侵叛，土崩瓦解，一朝而去。昔之爲我哺乳之子孫者，今盡是我飲血之寇讎也。至於運徙勢去，猶不覺悟者，豈非富貴生不仁，沈溺致愚疾邪？存亡以之迭代，政亂從此周復，天道常然之大數也。

又政之爲理者，取一切而已，非能斟酌賢愚之分，以開盛衰之數也。日不如古，彌以遠甚，豈不然邪？漢興以來，相與同爲編户齊民，而以財力相君長者，世無數焉。而清絜之士，徒自苦於茨棘之間，無所益損於

風俗也。豪人之室，連棟數百，膏田滿野，奴婢千羣，徒附萬計。船車賈販，周于四方；廢居積貯，滿於都城。琦賂寶貨，巨室不能容；馬牛羊豕，山谷不能受。妖童美妾，填乎綺室；倡謳伎樂，列乎深堂。賓客待見而不敢去，車騎交錯而不敢進。三牲之肉，臭而不可食；清醇之酎，敗而不可飲。睇盼則人從其目之所視，喜怒則人隨其心之所慮。此皆公侯之廣樂，君長之厚實也。苟能運智詐者，則得之焉；苟能得之者，人不以爲罪焉。源發而橫流，路開而四通矣。求士之舍榮樂而居窮苦，棄放逸而赴束縛，夫誰肯爲之者邪！夫亂世長而化世短。亂世則小人貴寵，君子困賤。當君子困賤之時，跼高天，蹐厚地，猶恐有鎮厭之禍也。逮至清世，則復入於矯枉過正之檢。老者耄矣，不能及寬饒之俗；少者方壯，將復困於衰亂之時。是使姦人擅無窮之福利，而善士掛不赦之罪辜。苟目能辯色，耳能辯聲，口能辯味，體能辯寒温者，將皆以修絜爲諱惡，設智巧以避之焉，況肯有安而樂之者邪？斯下世人主一切之愆也。

昔春秋之時，周氏之亂世也。逮乎戰國，則又甚矣。秦政乘并兼之勢，放虎狼之心，屠裂天下，吞食生人，暴虐不已，以招楚漢用兵之苦，甚於戰國之時也。漢二百年而遭王莽之亂，計其殘夷滅亡之數，又復倍乎秦、項矣。以及今日，名都空而不居，百里絶而無民者，不可勝數。此則又甚於亡新之時也。悲夫！不及五百年，大難三起，中間之亂，尚不數焉。變而彌猜，下而加酷，推此以往，可及於盡矣。嗟乎！不知來世聖人救此之道，將何用也？又不知天若窮此之數，欲何至邪？

《損益篇》曰：

作有利於時，制有便於物者，可爲也。事有乖於數，法有玩於時者，可改也。故行于古有其迹，用於今無其功者，不可不變。變而不如前，易而多所敗者，亦不可不復也。漢之初興，分王子弟，委之以士民之命，假之以殺生之權。於是驕逸自恣，志意無厭。魚肉百姓，以盈其欲；報蒸骨血，以快其情。上有篡叛不軌之姦，下有暴亂殘賊之害。雖藉親屬之恩，蓋源流形勢使之然也。降爵削土，稍稍割奪，卒至於坐食奉禄而已。然其洿穢之行，淫昏之罪，猶尚多焉。故淺其根本，輕其恩義，猶尚假一日之尊，收士民之用，況專之於國，擅之於嗣，豈可鞭笞叱吒，而使唯我所爲者乎？時政凋敝，風俗移易，純樸已去，智惠已來。出於禮制之防，放於嗜欲之域久矣，固不可授之以柄，假之以資者也。是故收其奕世之權，校其從横之勢，善者早登，否者早去，故下土無壅滯之士，國朝無專貴之人。此變之善，可遂行者也。

井田之變，豪人貨殖，館舍布於州郡，田畝連于方國。身無半通青綸之命，而竊三辰龍章之服；不爲編户一伍之長，而有千室名邑之役。榮樂過於封君，勢力侔於守令。財賂自營，犯法不坐。刺客死士，爲之投命。至使弱力少智之子，被穿帷敗，寄死不斂，冤枉窮困，不敢自理。雖亦由網禁疏闊，蓋分田無限使之然也。今欲張太平之紀綱，立至化之基趾，齊民財之豐寡，正風俗之奢儉，非井田實莫由也。此變有所敗，而宜復者也。

肉刑之廢，輕重無品，下死則得髡鉗，下髡鉗則得鞭笞。死者不可復生，而髡者無傷於人。髡笞不足以懲中罪，安得不至於死哉！夫雞狗之攘竊，男女之淫奔，酒醴之賂遺，謬誤之傷害，皆非值于死者也。殺之則甚重，髡之則甚輕。不制中刑以稱其罪，則法令安得不參差，殺生安得不過謬乎？今患刑輕之不足以懲惡，則假臧貨以成罪，託疾病以諱殺。科條無所準，名實不相應，恐非帝王之通法，聖人之良制也。或曰：過刑惡人，可也；過刑善人，豈可復哉？曰：若前政以來，未曾枉害善人者，則有罪不死也，是爲忍於殺人，而不忍于刑人也。今令五刑有品，輕重有數，科條有序，名實有正，非殺人逆亂鳥獸之行甚重者，皆勿殺。嗣周氏之秘典，續呂侯之祥刑，此又宜復之善者也。

《易》曰：『陽一君二臣，君子之道也；陰二君一臣，小人之道也。』然則寡者，爲人上者也；衆者，爲人下者也。一伍之長，才足以長一伍者也；一國之君，才足以君一國者也；天下之王，才足以王天下者也。愚役于智，猶枝之附幹，此理天下之常法也。制國以分人，立政以分事，人遠則難綏，事總則難了。今遠州之縣，或相去數百千里，雖多山陵洿澤，猶有可居人種穀者焉。當更制其境界，使遠者不過二百里。明版籍以相數閲，審什伍以相連持，限失田以斷并兼，定五刑以救死亡，益君長以興政理，急農桑以豐委積，去末作以一本業，敦教學以移情性，表德行以厲風俗，核才藝以敍官宜，簡精悍以習師田，修武器以存守戰，嚴禁令以防僭差，信賞罰以驗懲勸，糾遊戲以杜姦邪，察苛刻以絶煩暴。審此十

六者以爲政務，操之有常，課之有限，安寧勿懈墮，有事不迫遽，聖人復起，不能易也。

向者，天下户過千萬，除其老弱，但户一丁壯，則千萬人也。遺漏既多，又蠻夷戎狄居漢地者尚不在焉。丁壯十人之中，必有堪爲其什五之長，推什長已上，則百萬人也。又十取之，則佐史之才已上十萬人也。又十取之，則可使在政理之位者萬人也。以筋力用者謂之人，人求丁壯；以才智用者謂之士，士貴耆老。充此制以用天下之人，猶將有儲，何嫌乎不足也？故物有不求，未有無物之歲也；士有不用，未有少士之世也。夫如此，然後可以用天性，究人理，興頓廢，屬斷絶，網羅遺漏，拱柙天人矣。

或曰：善爲政者，欲除煩去苛，并官省職，爲之以無爲，事之以無事，何子言之云云也？曰：若是，三代不足摹，聖人未可師也。君子用法制而至於化，小人用法制而至於亂。均是一法制也，或以之化，或以之亂，行之不同也。苟使豺狼牧羊豚，盜跖主征税，國家昏亂，吏人放肆，則惡復論損益之間哉！夫人待君子然後化理，國待蓄積乃無憂患。君子非自農桑以求衣食者也，蓄積非横賦斂以取優饒者也。奉禄誠厚，則割剝貿易之罪乃可絶也；蓄積誠多，則兵寇水旱之災不足苦也。故由其道而得之，民不以爲奢；由其道而取之，民不以爲勞。天灾流行，開倉庫以稟貸，不亦仁乎？衣食有餘，損靡麗以散施，不亦義乎？彼君子居位爲士民之長，固宜重肉累帛，朱輪四馬。今反謂薄屋者爲高，藿食者爲清，既失天地之性，又開虚僞之名，使小智居大位，庶績不咸熙，未必不由此也。得拘絜而失才能，非立功之實也。以廉舉而以貪去，非士君子之志也。夫選用必取善士。善士富者少而貧者多，禄不足以供養，安能不少營私門乎？從而罪之，是設機置阱以待天下之君子也。

盜賊凶荒，九州代作，饑饉暴至，軍旅卒發，横税弱人，割奪吏禄，所恃者寡，所取者猥，萬里懸乏，首尾不救，徭役並起，農桑失業，兆民呼嗟於昊天，貧窮轉死於溝壑矣。今通肥饒之率，計稼穡之入，令畝收三斛，斛取一斗，未爲甚多。一歲之間，則有數年之儲，雖興非法之役，恣奢侈之欲，廣愛幸之賜，猶未能盡也。不循古法，規爲輕税，及至一方有警，一面被灾，未逮三年，校計騫短，坐視戰士之蔬食，立望餓殍之滿道，如之何爲君行此政也？二十税一，名之曰貊，況三十税一乎？夫薄吏禄以豐軍用，緣于秦征諸侯，續以四夷，漢承其業，遂不改更，危國亂家，此之由也。今田無常主，民無常居，吏食日稟，班禄未定。可爲法制，畫一定科，租税十一，更賦如舊。今者土廣民稀，中地未墾；雖然，猶當限以大家，勿令過制。其地有草者，盡曰官田，力堪農事，乃聽受之。若聽其自取，後必爲姦也。

《法誡篇》曰：

《周禮》六典，冢宰貳王而理天下。春秋之時，諸侯明德者，皆一卿爲政。爰及戰國，亦皆然也。秦兼天下，則置丞相，而貳之以御史大夫。自高帝逮于孝成，因而不改，多終其身。漢之隆盛，是惟在焉。夫任一人則政專，任數人則相倚。政專則和諧，相倚則違戾。和諧則太平之所興也，違戾則荒亂之所起也。光武皇帝愠數世之失權，忿强臣之竊命，矯枉過直，政不任下，雖置三公，事歸臺閣。自此以來，三公之職，備員而已；然政有不理，猶加譴責。而權移外戚之家，寵被近習之豎，親其黨類，用其私人，内充京師，外布列郡，顛倒賢愚，貿易選舉，疲駑守境，貪殘牧民，撓擾百姓，忿怒四夷，招致乖叛，亂離斯瘼，怨氣並作，陰陽失和，三光虧缺，怪異數至，蟲螟食稼，水旱爲灾，此皆戚宦之宦所致然也。反以策讓三公，至於死免，乃足爲叫呼蒼天，號滕泣血者也。又中世之選三公也，務於清慤謹慎。循常習故者，是婦女之檢柙，鄉曲之常人耳，惡足以居斯位邪？勢既如彼，選又如此，而欲望三公勳立於國家，績加於生民，不亦遠乎？

昔文帝之於鄧通，可謂至愛，而猶展申徒嘉之志。夫見任如此，則何患於左右小臣哉？至如近世，外戚宦豎請託不行，意氣不滿，立能陷入於不測之禍，惡可得彈正者哉！曩者任之重而責之輕，今者任之輕而責之重。昔賈誼感絳侯之困辱，因陳大臣廉恥之分，開引自裁之端。自此以來，遂以成俗。繼世之主，生而見之，習其所常，曾莫之悟。嗚呼，可悲夫！左手據天下之圖，右手刎其喉，愚者猶知難之，況明哲君子哉！光武奪三公之重，至今而加甚，不假后黨以權，數世而不行，蓋親疏之勢異也。母后之黨，左右之人，有此至親之勢，故其貴任萬世。常然之敗，無世而無之，莫之斯鑑，亦可痛矣。未若置丞相自總之。若委三公，則宜分

任責成。夫使爲政者，不當與之婚姻；婚姻者，不當使之爲政也。如此，在位病人，舉用失賢，百姓不安，爭訟不息，天地多變，人物多妖，然後可以分此罪矣。

或曰：政在一人，權甚重也。曰：人實難得，何重之嫌？昔者霍禹、竇憲、鄧騭、梁冀之徒，籍外戚之權，管國家之柄；及其伏誅，以一言之詔，詰朝而決，何重之畏乎？今夫國家漏神明於媟近，輸權重於婦黨，算十世而爲之者八九焉。不此之罪而彼之疑，何其詭邪！

論曰：百家之言政者尚矣。大略歸乎寧固根柢，革易時敝也。夫遭運無恆，意見偏雜，故是非之論，紛然相乖。嘗試妄論之，以爲世非胥、庭，人乘鷇飲，化迹萬肇，情故萌生。雖周物之智，不能研其推變；山川之奧，未足況其紆險。則應俗適事，難以常條。如使用審其道，則殊塗同會；才爽其分，則一豪以乖。何以言之？若夫玄聖御世，則天同極；施捨之道，宜無殊典。而損益異運，文樸遞行。用時居晦，回泬於曩時；興戈陳俎，參差於上世。及至戴黃屋，服絺衣，豐薄不齊，而致化則一；亦有宥公族，黥國儲，寬慘巨隔，而防非必同。此其分波而共源，百慮而一致者也。若乃偏情矯用，則枉直必過。故葛屨履霜，敝由崇儉；楚楚衣服，戒在窮賒；疏禁厚下，以尾大陵弱；斂威峻罰，以苛薄分崩。斯《曹》、《魏》之刺，所以明乎《國風》；周、秦末軌，所以彰於《微滅》。故用舍之端，興敗資焉。是以繁簡唯時，寬猛相濟。刑書鐫鼎，事有可詳；三章在令，取貴能約。太叔致猛政之褒，國子流遺愛之涕，宣孟改冬日之和，平陽循畫一之法。斯實弛張之弘致，可以徵其統乎！數子之言當世失得皆究矣，然多謬通方之訓，好申一隅之說。貴清靜者，以席上爲腐議；束名實者，以柱下爲誕辭。或推前王之風，可行於當年；有引救敝之規，宜流於長世。稽之篤論，將爲敝矣。如以舟無推陸之分，瑟非常調之音，不限局以疑遠，不拘玄以防素，則化樞各管其極，理略可得而言與？

贊曰：管視好偏，羣言難一。救朴雖文，矯遅必疾。舉端自理，滯隅則失。詳觀時蠹，成昭政術。

藝文

宋・郭印《雲溪集》卷一《和仲長統詩二首》 造化一機，乾坤一殼。死生蟲臂，勝負蝸角。達人於道，混混殊俗。瞽非喪明，刖非下足。賊生户牖，禍徵帷幄。聚蟻貪膻，飛蛾赴燭。彈雀以珠，抵鵲以玉。喪精失靈，皆由多欲。命也天齊，愚夫自促。

致虛守靜，其術至寡。有相皆虛，無物不可。包藏寥廓，該攝細瑣。出入隱顯，妙用由我。九天匪高，九地匪下。駕鶴周遊，魚魚雅雅。焚蕩三彭，性空真火。大道甚夷，學孝僻左。發車推轅，舍舟搖柁。五金八石，殘生爐冶。

宋・佚名《歷代名賢確論》卷五〇《韓愈〈後漢三賢贊・仲長統〉》 仲長統公理，山陽高平，謂高幹有雄志而無雄才，其後果敗，以此有聲。倜儻敢言，語默無常，人以爲狂生。州郡會召，稱疾不就。著論見情，初舉尚書郎，後參丞相軍事，卒不至於榮。論説古今，發憤著書，《昌言》是名，友人繆襲，稱其文章，足繼西京。四十一終。何其短邪？嗚呼先生。

《秦漢政治分典》引用書目

（共計五八〇種）

睡虎地秦墓竹簡　睡虎地秦墓竹簡整理小組　秦　文物出版社一九九〇年本
雲夢龍崗秦簡　劉信芳、梁柱　秦　科學出版社一九九七年本
敦煌漢簡　甘肅省文物考古研究所　漢　中華書局一九九一年本
居延漢簡甲乙編　中國社會科學院考古研究所　漢　中華書局一九八〇年本
尹灣漢墓簡牘　中國社會科學院簡帛研究中心等　漢　中華書局一九九七年本
新語　陸賈　漢　文淵閣四庫全書本
楚漢春秋　陸賈　漢　齊魯書社二〇〇〇年本
漢禮器制度　叔孫通　漢　中華書局一九八五年本
新書　賈誼　漢　文淵閣四庫全書本
淮南子　劉安　漢　中華書局一九九八年本
董膠西集　董仲舒　漢　明張溥漢魏六朝百三家集本
春秋繁露　董仲舒　漢　中華書局一九七五年本
史記　司馬遷　漢　中華書局一九五九年本
司馬文園集　司馬相如　漢　明張溥漢魏六朝百三家集本
鹽鐵論　桓寬　漢　中華書局一九九二年本
急就章　史游　漢　上海古籍出版社一九八二年本
新序　劉向　漢　文淵閣四庫全書本
説苑　劉向　漢　四部叢刊本
列女傳　劉向　漢　四部叢刊本
西京雜記　劉歆　漢　中華書局一九八五年本
劉子政集　劉歆　漢　明張溥漢魏六朝百三家集本
揚子雲集　揚雄　漢　上海古籍出版社一九八七年本
法言　揚雄　漢　中華書局一九九二年本
太玄經　揚雄　漢　四部叢刊本
新論　桓譚　漢　上海人民出版社一九七七年本
氾勝之書　氾勝之　漢　農業出版社一九八〇年本
漢官解詁　王隆　漢　中華書局一九九〇年漢官六種本
漢舊儀　衛宏　漢　中華書局一九九〇年漢官六種本
漢官舊儀　衛宏　漢　中華書局一九九〇年漢官六種本
漢舊儀補遺　衛宏　漢　中華書局一九九〇年漢官六種本
正部論　王逸　漢　玉函山房輯佚書本
大戴禮記　戴德　漢　四部叢刊本
禮記　戴聖　漢　北京大學出版社二〇〇〇年本
漢書　班固　漢　中華書局一九六二年本
班蘭臺集　班固　漢　中州古籍出版社一九九一年本
白虎通義　班固　漢　文淵閣四庫全書本
漢武故事　班固　漢　文淵閣四庫全書本

説文解字　許慎　漢　上海古籍出版社一九八一年本
三輔決録　趙岐　漢　中華書局一九九一年本
政論　崔寔　漢　中華書局二〇一二年本
四民月令　崔寔　漢　中華書局一九六五年本
論衡　王充　漢　文淵閣四庫全書本
張河間集　張衡　漢　明張溥漢魏六朝百三家集本
潛夫論　王符　漢　中華書局一九八五年本
蔡中郎集　蔡邕　漢　文淵閣四庫全書本
獨斷　蔡邕　漢　文淵閣四庫全書本
毛詩譜　鄭玄　漢　文淵閣四庫全書本
漢紀　荀悦　漢　中華書局二〇〇二年本
申鑒　荀悦　漢　世界書局一九三五年諸子集成本
荀侍中集　荀悦　漢　明張溥漢魏六朝百三家集本
阮瑀集　阮瑀　漢　文淵閣四庫全書本
王粲集　王粲　漢　中華書局一九八〇年本
漢官儀　應劭　漢　中華書局一九九〇年漢官六種本
風俗通義　應劭　漢　中華書局一九八一年本
昌言　仲長統　漢　中華書局二〇一二年本
東觀漢記　劉珍等　漢　中州古籍出版社一九八七年本
釋名　劉熙　漢　文淵閣四庫全書本
中論　徐幹　漢　文淵閣四庫全書本
漢官典職儀式選用　蔡質　漢　中華書局一九九〇年漢官六種本
孔少府集　孔融　漢　明張溥漢魏六朝百三家集本
建安七子集　孔融等　漢　中華書局一九八九年本
劉公幹集　劉楨　漢　明張溥漢魏六朝百三家集本
曹操集　曹操　漢　中華書局上海編輯所一九五九年本
太平經　佚名　漢　中華書局一九六〇年本
魏文帝集　曹丕　三國魏　明張溥漢魏六朝百三家集本
曹子建集　曹植　三國魏　人民文學出版社一九八四年本
廣雅　張揖　三國魏　文淵閣四庫全書本
王弼集　王弼　三國魏　中華書局一九八〇年本
嵇康集　嵇康　三國魏　人民文學出版社一九六二年本
土地記　張氏　三國魏　中華書局一九六一年漢唐地理書鈔本
諸葛忠武書　諸葛亮　三國蜀　文淵閣四庫全書本
諸葛亮集　諸葛亮　三國蜀　中華書局一九六〇年本
法訓　譙周　三國蜀　玉函山房輯佚書本
後漢記　薛瑩　三國吳　上海古籍出版社一九八六年八家後漢書輯注本
後漢書　謝承　三國吳　上海古籍出版社一九八六年八家後漢書輯注本
樂府詩集　郭茂倩　宋　中華書局一九八〇年本
三國志文類　佚名　宋　文淵閣四庫全書本
帝王世紀　皇甫謐　晉　齊魯書社一九九八年本
高士傳　皇甫謐　晉　文淵閣四庫全書本
帝王經界紀　皇甫謐　晉　中華書局一九六一年漢唐地理書鈔本
三國志　陳壽　晉　中華書局一九五九年本
陸平原集　陸機　晉　明張溥漢魏六朝百三家集本
夏侯常侍集　夏侯湛　晉　明張溥漢魏六朝百三家集本
成公子安集　成公綏　晉　明張溥漢魏六朝百三家集本
左太沖集　左思　晉　江蘇古籍出版社二〇〇二年漢魏六朝百三名家集本
漢後書　華嶠　晉　上海古籍出版社一九八六年八家後漢書輯注本
阮步兵集　阮籍　晉　明張溥漢魏六朝百三家集本
傅鶉觚集　傅玄　晉　明張溥漢魏六朝百三家集本
郭弘農集　郭璞　晉　明張溥漢魏六朝百三家集本
孫馮翊集　孫楚　晉　續修四庫全書本
傅中丞集　傅咸　晉　續修四庫全書本
潘安仁集　潘岳　晉　江蘇古籍出版社二〇〇二年漢魏六朝百三名家集本

陸雲集　陸雲　晉　中華書局一九八八年本
南方草木狀　嵇含　晉　文淵閣四庫全書本
臨海水土異物志　沈瑩　晉　農業出版社一九八一年本
物理論　楊泉　晉　平津館叢書本
博物志　張華　晉　文淵閣四庫全書本
博物地名記　張華　晉　中華書局一九六一年漢唐地理書鈔本
張茂先集　張華　晉　明張溥漢魏六朝百三家集本
搜神記　干寶　晉　中華書局一九七九年本
拾遺記　王嘉　晉　中華書局一九八一年本
續漢書　司馬彪　晉　上海古籍出版社一九八六年八家後漢書輯注本
後漢書　司馬彪　晉　中華書局一九六五年本
後漢紀　袁宏　晉　中華書局二〇〇二年本
十四州記　黄恭　晉　中華書局一九六一年漢唐地理書鈔本
郭弘農集　郭璞　晉　續修四庫全書本
潘太常集　潘尼　晉　續修四庫全書本
摯虞集　摯虞　晉　文淵閣四庫全書本
抱樸子　葛洪　晉　上海古籍出版社一九九〇年本
抱樸子外篇　葛洪　晉　中華書局一九九一年本
葛洪集　葛洪　晉　江蘇廣陵古籍刻印社一九九二年本
孫廷尉集　孫綽　晉　明張溥漢魏六朝百三家集本
華陽國志　常璩　晉　上海古籍出版社一九八七年本
郡國志　袁山松　晉　中華書局一九六一年漢唐地理書鈔本
襄陽耆舊記　習鑿齒　晉　雲南民族出版社一九八六年本
西域志　释道安　晉　麓山精舍叢書本
佛國記　释法顯　晉　上海古籍出版社一九八五年本
廣州記　裴淵　晉　中華書局一九六一年漢唐地理書鈔本
古今注　崔豹　晉　文淵閣四庫全書本
搜神後記　陶淵明　晉　中華書局一九八一年本
陶淵明詩　陶淵明　晉　中華書局一九七九年本
陶淵明集　陶淵明　晉　中華書局一九七九年本
太康地記　佚名　晉　中華書局一九六一年漢唐地理書鈔本
元康地記　佚名　晉　中華書局一九六一年漢唐地理書鈔本
荆州記　盛弘之　南朝宋　文化藝術出版社一九八八年本
幽明録　劉義慶　南朝宋　中華書局一九六一年漢唐地理書鈔本
世説新語　劉義慶　南朝宋　四部叢刊本
後漢書　范曄　南朝宋　中華書局一九六五年本
史記集解　裴駰　南朝宋　中華書局一九五九年史記本
謝康樂集　謝靈運　南朝宋　中州古籍出版社一九八七年本
謝法曹集　謝惠連　南朝宋　續修四庫全書本
謝光祿集　謝莊　南朝宋　續修四庫全書本
異苑　劉敬叔　南朝宋　中華書局一九九六年本
十三州志　闞駰　南朝宋　中華書局一九六一年漢唐地理書鈔本
齊諧記　東陽無疑　南朝宋　江蘇廣陵古籍刻印社續金華叢書本
荆州記　郭仲産　南朝宋　中華書局一九六一年漢唐地理書鈔本
集異記　郭孝産　南朝宋　浙江古籍出版社一九八四年本
丹陽記　山謙之　南朝宋　北京圖書館出版社一九八九年漢學堂知足齋叢書本
何衡陽集　何承天　南朝宋　明張溥漢魏六朝百三家集本
鮑氏集　鮑照　南朝宋　上海古籍出版社一九八〇年本
王寧朔集　王融　南朝齊　續修四庫全書本
謝宣城詩集　謝朓　南朝齊　上海古籍出版社一九九一年本
孔詹事集　孔稚圭　南朝齊　江蘇古籍出版社二〇〇二年漢魏六朝百三名家集本
永初山川記　劉澄之　南朝齊　中華書局一九六一年漢唐地理書鈔本
永初郡國志　劉澄之　南朝齊　中華書局一九六一年漢唐地理書鈔本
梁武帝御製集　蕭衍　南朝梁　續修四庫全書本
梁簡文帝御製集　蕭綱　南朝梁　續修四庫全書本
梁元帝御製集　蕭繹　南朝梁　續修四庫全書本
古今同姓名録　蕭繹　南朝梁　上海古籍出版社一九九三年本

金樓子　蕭繹　南朝梁　上海古籍出版社二〇一四年本
昭明文選　蕭統　南朝梁　上海古籍出版社一九八六年本
宋書　沈約　南朝梁　中華書局一九七四年本
沈隱侯集　沈約　南朝梁　明張溥漢魏六朝百三家集本
南齊書　蕭子顯　南朝梁　中華書局一九七二年本
沈侍中集　沈炯　南朝梁　續修四庫全書本
劉秘書集　劉孝綽　南朝梁　續修四庫全書本
劉庶子集　劉孝威　南朝梁　續修四庫全書本
文心雕龍　劉勰　南朝梁　中華書局一九五七年本
殷芸小説　殷芸　南朝梁　上海古籍出版社一九八四年本
吳朝請集　吳均　南朝梁　明張溥漢魏六朝百三家集本
江文通集　江淹　南朝梁　中華書局一九八四年本
陸太常集　陸倕　南朝梁　續修四庫全書本
任中丞集　任昉　南朝梁　續修四庫全書本
述異記　任昉　南朝梁　文淵閣四庫全書本
續齊諧記　吳均　南朝梁　文淵閣四庫全書本
眞誥　陶弘景　南朝梁　文淵閣四庫全書本
冥通記　陶弘景　南朝梁　叢書集成初編本
陶隱居集　陶弘景　南朝梁　續修四庫全書本
劉户曹集　劉峻　南朝梁　續修四庫全書本
王詹事集　王筠　南朝梁　續修四庫全書本
劉豫章集　劉潛　南朝梁　續修四庫全書本
庾度支集　庾肩吾　南朝梁　續修四庫全書本
詩品　鍾嶸　南朝梁　上海古籍出版社一九九四年本
何記室集　何遜　南朝梁　中華書局二〇一〇年本
王左丞集　王僧孺　南朝梁　續修四庫全書本
荆楚歲時記　宗懔　南朝梁　文淵閣四庫全書本
弘明集　釋僧祐　南朝梁　中華書局四部備要本
高僧傳　釋慧皎　南朝梁　中華書局一九九二年本
陰常侍集　陰鏗　南朝陈　天津古籍出版社一九八九年本
張散騎集　張正見　南朝陈　續修四庫全書本
王司空集　王褒　南朝陈　續修四庫全書本
徐孝穆集　徐陵　南朝陈　續修四庫全書本
江令君集　江總　南朝陳　明張溥漢魏六朝百三家集本
玉臺新咏　徐陵　南朝陈　中華書局一九八五年本
陳後主集　陳叔寶　南朝陈　續修四庫全書本
水經注　酈道元　北魏　中華書局二〇〇七年本
齊民要術　賈思勰　北魏　中國農業出版社一九九八年本
高令公集　高允　北魏　續修四庫全書本
洛陽伽藍記　楊衒之　北魏　上海古籍出版社一九七八年本
温侍讀集　温子昇　北魏　續修四庫全書本
輿圖風土記　佚名　北魏　中華書局一九六一年漢唐地理書鈔本
魏書　魏收　北齊　中華書局一九七四年本
魏特進集　魏收　北齊　續修四庫全書本
顔氏家訓　顔之推　北齊　中華書局一九九三本
冤魂志　顔之推　北齊　巴蜀書社二〇〇一年本
劉子　劉晝　北齊　文淵閣四庫全書本
邢特進集　邢邵　北齊　續修四庫全書本
談藪　陽松玠　北齊　中華書局一九九六年本
庾子山集　庾信　北周　中華書局一九八〇年本
三輔黄圖　佚名　南北朝　中華書局二〇〇五年本
李懷州集　李德林　隋　明張溥漢魏六朝百三家集本
隋煬帝集　楊廣　隋　明張溥漢魏六朝百三家集本
北堂書鈔　虞世南　隋　文淵閣四庫全書本
中説　王通　隋　四部叢刊本
歷代三寶記　費長房　隋　續修四庫全書本
雲仙散録附記事珠　馮贄　唐　中華書局一九九八年古小説叢刊本
藝文類聚　歐陽詢　唐　上海古籍出版社一九六五年本
羣書治要注釋　魏徵、虞世南等　唐　中國書店出版社二〇一二年
隋書　魏徵等　唐　中華書局一九七三年本

帝範 李世民 唐　文淵閣四庫全書本
括地志 李泰 唐　中華書局一九八〇年本
晉書 房玄齡等 唐　中華書局一九七四年本
貞觀政要 吳兢 唐　中華書局二〇〇三年本
廣弘明集 釋道宣 唐　四部叢刊初編本
王子安集 王勃 唐　四部叢刊初編本
書斷 張懷瓘 唐　文淵閣四庫全書本
初學記 徐堅等 唐　中華書局一九六二年本
史記索隱 司馬貞 唐　文淵閣四庫全書本
史通 劉知幾 唐　上海古籍出版社一九七八年本
陳子昂集 陳子昂 唐　中華書局一九六〇年本
駱丞集 駱賓王 唐　四部叢刊本
東皋子集 王績 唐　文淵閣四庫全書本
宋之問集 宋之問 唐　四部叢刊續編本
常建詩 常建 唐　文淵閣四庫全書本
唐六典 李林甫等 唐　中華書局一九九二年本
曲江集 張九齡 唐　文淵閣四庫全書本
史記正義 張守節 唐　文淵閣四庫全書本
王右丞集 王維 唐　上海古籍出版社一九六一年本
李白集 李白 唐　中華書局二〇〇三年本
李遐叔文集 李華 唐　文淵閣四庫全書本
杜工部詩集 杜甫 唐　中華書局一九五七年本
高常侍集 高適 唐　四部叢刊本
儲光羲詩集 儲光羲 唐　四部叢刊本
劉隨州集 劉長卿 唐　四部叢刊本
宗玄集 吳筠 唐　文淵閣四庫全書本
歐陽行周文集 歐陽詹 唐　四部叢刊初編本
通典 杜佑 唐　中華書局一九八八年本
孟東野詩集 孟郊 唐　四部叢刊本
劉禹錫集 劉禹錫 唐　上海人民出版社一九七五年本
白居易集 白居易 唐　中華書局一九七九年本
策林 白居易 唐　中華書局一九七九年白居易集本
昌黎文集 韓愈 唐　四部叢刊本
皇甫持正集 皇甫湜 唐　四部叢刊本
柳宗元集 柳宗元 唐　中華書局一九七九年本
意林 馬總 唐　文淵閣四庫全書本
呂衡州集 呂温 唐　文淵閣四庫全書本
韋蘇州集 韋應物 唐　文淵閣四庫全書本
鮑溶詩集 鮑溶 唐　文淵閣四庫全書本
曹祠部集 曹鄴 唐　文淵閣四庫全書本
元和郡縣圖志 李吉甫 唐　中華書局二〇〇八年本
玄怪録 牛僧孺 唐　中華書局一九八二年本
續玄怪録 李復言 唐　中華書局一九八二年本
集異記 薛用弱 唐　中華書局一九八〇年本
樊川詩集 杜牧 唐　續修四庫全書本
樊川文集 杜牧 唐　文淵閣四庫全書本
竇氏聯珠集 褚藏言 唐　文淵閣四庫全書本
會昌一品集 李德裕 唐　四部叢刊本
丁卯詩集 許渾 唐　文淵閣四庫全書本
李義山詩集 李商隱 唐　文淵閣四庫全書本
劉蛻集 劉蛻 唐　四部叢刊本
伸蒙子 林慎思 唐　文淵閣四庫全書本
續孟子 林慎思 唐　文淵閣四庫全書本
素履子 張弧 唐　文淵閣四庫全書本
酉陽雜俎 段成式 唐　四部叢刊本
孫可之文集 孫樵 唐　上海古籍出版社一九七九年本
温飛卿詩集箋注 温庭筠 唐　上海古籍出版社一九八〇年本
詠史詩 胡曾 唐　文淵閣四庫全書本
笠澤叢書 陸龜蒙 唐　四部叢刊本
甫里先生文集 陸龜蒙 唐　河南大學出版社一九九六年本

皮子文藪　皮日休　唐　上海古籍出版社一九八一年本
法書要録　張彦遠　唐　上海書畫出版社一九八六年本
羅昭諫集　羅隱　唐　文淵閣四庫全書本
兼明書　丘光庭　唐　文淵閣四庫全書本
浣花集　韋莊　唐　文淵閣四庫全書本
韓内翰別集　韓偓　唐　文淵閣四庫全書本
河嶽英靈集　殷璠　唐　文淵閣四庫全書本
禪月集　釋貫休　唐　四部叢刊本
黄御史集　黄滔　唐　四部叢刊本
釣磯文集　徐夤　唐　續修四庫全書本
古文苑　佚名　唐　四部叢刊初編本
舊唐書　劉昫等　後晉　中華書局一九七五年本
中華古今注　馬縞　後唐　四部備要本
碧雲集　李中　南唐　四部叢刊本
舊五代史　薛居正　宋　中華書局一九七六年本
太平御覽　李昉等　宋　中華書局一九六〇年本
文苑英華　李昉等　宋　中華書局一九六六年本
太平廣記　李昉等　宋　中華書局一九六一年本
小畜集　王禹偁　宋　文淵閣四庫全書本
太平寰宇記　樂史　宋　中華書局二〇〇七年本
元憲集　宋庠　宋　文淵閣四庫全書本
騎省集　徐鉉　宋　四部叢刊本
唐語林　王讜　宋　中華書局一九八七年本
唐文粹　姚鉉　宋　四部叢刊本
冊府元龜　王欽若等　宋　中華書局一九六〇年本
石曼卿集　石曼卿　宋　文淵閣四庫全書本
徂徠集　石介　宋　中華書局一九八四年本
河東集　柳開　宋　四部叢刊本
武溪集　余靖　宋　文淵閣四庫全書本
元憲集　宋庠　宋　文淵閣四庫全書本
文忠集　歐陽修　宋　文淵閣四庫全書本
居士集　歐陽修　宋　中華書局二〇〇一年本
鄖溪集　鄭獬　宋　文淵閣四庫全書本
公是集　劉敞　宋　文淵閣四庫全書本
長安志　宋敏求　宋　文淵閣四庫全書本
文莊集　夏竦　宋　文淵閣四庫全書本
范文正集　范仲淹　宋　四部叢刊本
事物紀原　高承　宋　中華書局一九八九年本
孫明復小集　孫復　宋　文淵閣四庫全書本
資治通鑑　司馬光　宋　中華書局一九五六年本
稽古録　司馬光　宋　文淵閣四庫全書本
傳家集　司馬光　宋　文淵閣四庫全書本
張載集　張載　宋　中華書局一九七八年本
資治通鑑外紀　劉恕　宋　四部叢刊本
潏水集　李復　宋　文淵閣四庫全書本
龍學文集　祖無擇　宋　文淵閣四庫全書本
臨川文集　王安石　宋　文淵閣四庫全書本
鄱陽集　彭汝礪　宋　文淵閣四庫全書本
南陽集　韓維　宋　文淵閣四庫全書本
道鄉集　鄒浩　宋　文淵閣四庫全書本
清江三孔集　孔文仲等　宋　文淵閣四庫全書本
樂靜集　李昭玘　宋　文淵閣四庫全書本
東坡全集　蘇軾　宋　文淵閣四庫全書本
東坡志林　蘇軾　宋　中華書局一九八一年本
欒城應詔集　蘇轍　宋　文淵閣四庫全書本
欒城集　蘇轍　宋　中華書局一九九〇年本
古史　蘇轍　宋　文淵閣四庫全書本
山谷集　黄庭堅　宋　四部叢刊本
無爲集　楊傑　宋　文淵閣四庫全書本
輿地廣記　歐陽忞　宋　文淵閣四庫全書本

淮海集　秦觀　宋　文淵閣四庫全書本
墨莊漫録　張邦基　宋　文淵閣四庫全書本
梁谿集　李綱　宋　嶽麓書社二〇〇四年本
後山集　陳師道　宋　上海書店一九九五年叢書集成續編本
張耒集　張耒　宋　中華書局一九九〇年本
學林　王觀國　宋　文淵閣四庫全書本
眉山集　唐庚　宋　文淵閣四庫全書本
遊廌山集　遊酢　宋　文淵閣四庫全書本
通志　鄭樵　宋　中華書局一九八七年本
梅溪前集　王十朋　宋　文淵閣四庫全書本
梅溪集　王十朋　宋　上海古籍出版社一九九八年本
稼軒詞　辛棄疾　宋　文淵閣四庫全書本
稼軒長短句　辛棄疾　宋　文淵閣四庫全書本
龜山集　楊時　宋　文淵閣四庫全書本
跨鼇集　李新　宋　文淵閣四庫全書本
漢濱集　王之望　宋　文淵閣四庫全書本
兩漢刊誤補遺　吳仁傑　宋　文淵閣四庫全書本
雍録　程大昌　宋　文淵閣四庫全書本
演繁露　程大昌　宋　文淵閣四庫全書本
松隱集　曹勳　宋　文淵閣四庫全書本
古文苑　韓元吉　宋　四部叢刊本
大事記解題　呂祖謙　宋　文淵閣四庫全書本
省齋集　廖行之　宋　上海辭書出版社二〇〇六年本
容齋隨筆　洪邁　宋　中華書局二〇〇五年本
容齋续筆　洪邁　宋　中華書局二〇〇五年本
容齋三筆　洪邁　宋　中華書局二〇〇五年本
萬首唐人絶句　洪邁　宋　文學古籍刊行社一九五五年本
屏山集　劉子翬　宋　文淵閣四庫全書本
香溪集　范浚　宋　四部叢刊本
泠然齋集　蘇泂　宋　文淵閣四庫全書本
金陵百咏　曾極　宋　文淵閣四庫全書本
五峰集　胡宏　宋　文淵閣四庫全書本
太倉稊米集　周紫芝　宋　文淵閣四庫全書本
澹齋集　李流謙　宋　文淵閣四庫全書本
晦庵集　朱熹　宋　上海古籍出版社二〇〇二年本
通鑑紀事本末　袁樞　宋　中華書局一九六四年本
野客叢書　王楙　宋　上海古籍出版社一九九一年本
南軒集　張栻　宋　文淵閣四庫全書本
古梅遺稿　吳龍翰　宋　文淵閣四庫全書本
秋崖集　方嶽　宋　文淵閣四庫全書本
范石湖集　范成大　宋　上海古籍出版社一九八一年本
陳亮集　陳亮　宋　中華書局一九七四年本
歷代兵制　陳傅良　宋　文淵閣四庫全書本
止齋集　陳傅良　宋　文淵閣四庫全書本
葉適集　葉適　宋　中華書局一九六一年本
西山文集　眞德秀　宋　四部叢刊本
項氏家説　項安世　宋　文淵閣四庫全書本
劍南詩稿　陸游　宋　文淵閣四庫全書本
羣書考索　章如愚　宋　文淵閣四庫全書本
西漢會要　徐天麟　宋　中華書局一九五七年本
東漢會要　徐天麟　宋　上海古籍出版社一九七八年本
慈湖遺書　楊簡　宋　文淵閣四庫全書本
考古質疑　葉大慶　宋　文淵閣四庫全書本
古今考　魏了翁　宋　文淵閣四庫全書本
兩漢筆記　錢時　宋　文淵閣四庫全書本
後村集　劉克莊　宋　文淵閣四庫全書本
後村先生大全集　劉克莊　宋　四部叢刊三編本
困學紀聞　王應麟　宋　商務印書館一九五九年本
通鑑地理通釋　王應麟　宋　四川大學出版社二〇〇九年本

通鑑答問　王應麟　宋　文淵閣四庫全書本
紫巖詩選　于石　宋　文淵閣四庫全書本
花庵詞選續集　黄升　宋　文淵閣四庫全書本
孝詩　林同　宋　文淵閣四庫全書本
史詠詩集　徐鈞　宋　文淵閣四庫全書本
齊東野語　周密　宋　文淵閣四庫全書本
文山集　文天祥　宋　四部叢刊本
宋貞士羅滄州先生集　羅公升　宋　續修四庫全書本
三國志文類　佚名編　宋　文淵閣四庫全書本
滏水集　趙秉文　金　文淵閣四庫全書本
滹南集　王若虚　金　四部叢刊本
遺山集　元好問　金　四部叢刊本
中州集　元好問　金　四部叢刊本
樵雲獨唱　葉顒　元　文淵閣四庫全書本
類編長安志　駱天驤　元　中華書局一九九〇年本
文獻通考　馬端臨　元　中華書局二〇一一年本
湛然居士集　耶律楚材　元　四部叢刊本
陳剛中詩集　陳孚　元　文淵閣四庫全書本
陵川集　郝經　元　北京圖書館出版社二〇〇〇年本
雙溪醉隱集　耶律鑄　元　文淵閣四庫全書本
翠寒集　宋無　元　文淵閣四庫全書本
石堂先生遺集　陳普　元　續修四庫全書本
長安志圖　李好文　元　文淵閣四庫全書本
鐵崖賦稿　楊維楨　元　續修四庫全書本
安雅堂集　陳旅　元　文淵閣四庫全書本
草堂雅集　顧瑛　元　中華書局二〇〇八年本
紫山大全集　胡祗遹　元　文淵閣四庫全書本
湖山類稾　汪元量　元　文淵閣四庫全書本
純白齋類稿　胡助　元　文淵閣四庫全書本
史纂通要　胡一桂　元　文淵閣四庫全書本

清容居士集　袁桷　元　四部叢刊本
霞外詩集　馬臻　元　文淵閣四庫全書本
可閑老人集　張昱　元　文淵閣四庫全書本
河南志　佚名　元　中華書局一九九〇年本
名義考　周祈　明　文淵閣四庫全書本
西菴集　孫蕡　明　文淵閣四庫全書本
誠意伯文集　劉基　明　四部叢刊本
玉笥集　鄧雅　明　北京圖書館出版社二〇〇〇年本
海桑集　陳謨　明　文淵閣四庫全書本
石門集　梁寅　明　北京圖書館出版社二〇〇〇年本
密菴集　謝肅　明　四部叢刊本
劉彦昺集　劉炳　明　文淵閣四庫全書本
林登州集　林弼　明　文淵閣四庫全書本
胡仲子集　胡翰　明　文淵閣四庫全書本
遜志齋集　方孝孺　明　四部叢刊本
靜居集　張羽　明　叢書集成續編本
草木子　葉子奇　明　文淵閣四庫全書本
趙考古文集　趙撝謙　明　文淵閣四庫全書本
竹齋集　王冕　明　文淵閣四庫全書本
梁園寓稿　王翰　明　文淵閣四庫全書本
鬥南老人集　胡奎　明　文淵閣四庫全書本
唐愚士詩　唐之淳　明　文淵閣四庫全書本
柘軒集　凌雲翰　明　文淵閣四庫全書本
抑菴文集　王直　明　文淵閣四庫全書本
方洲集　張寧　明　文淵閣四庫全書本
東溪日談録　周琦　明　文淵閣四庫全書本
古穰集　李賢　明　文淵閣四庫全書本
武功集　徐有貞　明　文淵閣四庫全書本
古城集　張吉　明　文淵閣四庫全書本
小鳴稿　朱誠泳　明　文淵閣四庫全書本

格物通　湛若水　明　文淵閣四庫全書本
具茨集　王立道　明　文淵閣四庫全書本
篁墩文集　程敏政　明　文淵閣四庫全書本
居業録　胡居仁　明　文淵閣四庫全書本
清風亭稿　童軒　明　文淵閣四庫全書本
方齋存稿　林文俊　明　文淵閣四庫全書本
南園漫録　張志淳　明　文淵閣四庫全書本
懷麓堂集　李東陽　明　文淵閣四庫全書本
椒邱文集　何喬新　明　文淵閣四庫全書本
王文成全書　王守仁　明　文淵閣四庫全書本
楊忠介集　楊爵　明　文淵閣四庫全書本
苑洛集　韓邦奇　明　文淵閣四庫全書本
青霞集　沈鍊　明　文淵閣四庫全書本
少谷集　鄭善夫　明　文淵閣四庫全書本
空同集　李夢陽　明　文淵閣四庫全書本
山齋文集　鄭嶽　明　文淵閣四庫全書本
泰泉集　黄佐　明　文淵閣四庫全書本
升庵集　楊慎　明　文淵閣四庫全書本
丹鉛餘録　楊慎　明　文淵閣四庫全書本
荆川集　唐順之　明　四部叢刊本
文簡集　孫承恩　明　文淵閣四庫全書本
涇野子内篇　呂柟　明　中華書局一九九二年本
西漢文紀　梅鼎祚　明　文淵閣四庫全書本
東漢文紀　梅鼎祚　明　文淵閣四庫全書本
西晉文紀　梅鼎祚　明　文淵閣四庫全書本
備忘集　海瑞　明　文淵閣四庫全書本
儼山外集　陸深　明　文淵閣四庫全書本
古今詩刪　李攀龍　明　文淵閣四庫全書本
讀書後　王世貞　明　文淵閣四庫全書本
弇州四部稿　王世貞　明　文淵閣四庫全書本
弇州四部稿·續稿　王世貞　明　文淵閣四庫全書本
瑤石山人稿　黎民表　明　文淵閣四庫全書本
呻吟語摘　呂坤　明　文淵閣四庫全書本
海叟吟稿　趙完璧　明　文淵閣四庫全書本
少室山房集　胡應麟　明　文淵閣四庫全書本
少室山房筆叢　胡應麟　明　上海書店二〇〇一年本
圖書編　章潢　明　文淵閣四庫全書本
謚法通考　王圻　明　續修四庫全書本
古今治平略　朱健　明　續修四庫全書本
智囊　馮夢龍　明　中華書局二〇一〇年本
幔亭集　徐熥　明　文淵閣四庫全書本
少墟集　馮從吾　明　文淵閣四庫全書本
玉芝堂談薈　徐應秋　明　文淵閣四庫全書本
通雅　方以智　明　文淵閣四庫全書本
陶庵全集　黄淳耀　明　文淵閣四庫全書本
漢魏六朝百三家集　張溥　明　文淵閣四庫全書本
歷代史論　張溥　明　續修四庫全書本
蟫精雋　徐伯齡　明　文淵閣四庫全書本
列朝詩集　錢謙益　清　續修四庫全書本
歷代建元考　鍾淵映　清　文淵閣四庫全書本
歷代武舉考　譚吉璁　清　續修四庫全書本
日知録　顧炎武　清　上海古籍出版社二〇〇六年本
歷代宅京記　顧炎武　清　中華書局一九八四年本
讀通鑑論　王夫之　清　中華書局一九七五年本
王船山詩文集　王夫之　清　中華書局一九六二年本
繹史　馬驌　清　中華書局二〇一二年本
檇李詩系　沈季友編　清　文淵閣四庫全書本
讀史方輿紀要　顧祖禹　清　中華書局二〇〇五年本
元詩選初集　顧嗣立　清　文淵閣四庫全書本
翁山詩外　屈大均　清　續修四庫全書本

獨漉堂詩集　陳恭尹　清　四庫禁毀書叢刊本
梅村集　吴偉業　清　四部叢刊本
古文淵鑑　徐乾學等　清　文淵閣四庫全書本
兼濟堂文集　魏裔介　清　中華書局二〇〇七年本
湯子遺書　湯斌　清　文淵閣四庫全書本
粤西詩載　汪森　清　文淵閣四庫全書本
三魚堂賸言　陸隴其　清　上海書店一九九五年叢書集成續編本
精華録　王士禛　清　文淵閣四庫全書本
西河集　毛奇齡　清　文淵閣四庫全書本
榕村集　李光地　清　文淵閣四庫全書本
義門讀書記　何焯　清　中華書局一九八七年本
全唐詩　彭定求等　清　上海古籍出版社一九八六年本
午亭文編　陳廷敬　清　文淵閣四庫全書本
後漢書補逸　姚之駰輯　清　文淵閣四庫全書本
陝西通志　劉於義等　清　文淵閣四庫全書本
雲南通志　鄂爾泰等　清　文淵閣四庫全書本
經咫　陳祖範　清　文淵閣四庫全書本
尚史　李鍇　清　文淵閣四庫全書本
漢書地理志稽疑　全祖望　清　上海古籍出版社二〇〇〇年本
紀元要略　陳景雲　清　南匯吴省蘭聽彝堂清嘉慶元年刻本
望溪集　方苞　清　文淵閣四庫全書本
歷代諱名考　劉錫信　清　續修四庫全書本
聖祖仁皇帝御製文集　愛新覺羅·玄燁　清　文淵閣四庫全書本
御定歷代賦彙　陳元龍等　清　文淵閣四庫全書本
清高宗御製詩集　愛新覺羅·弘曆　清　文淵閣四庫全書本
清高宗御製文集　愛新覺羅·弘曆　清　文淵閣四庫全書本
御製樂善堂全集定本　愛新覺羅·弘曆　清　文淵閣四庫全書本
陔餘叢考　趙翼　清　商務印書館一九五七年本
廿二史劄記　趙翼　清　中華書局一九八四年本
十七史商榷　王鳴盛　清　上海古籍出版社二〇〇五年本
廿二史考異　錢大昕　清　上海古籍出版社二〇〇四年本
三史拾遺　錢大昕　清　江蘇古籍出版社一九九七年本
潛研堂文集　錢大昕　清　江蘇古籍出版社一九九七年本
十駕齋養心餘録　錢大昕　清　續修四庫全書本
惜抱軒文集　姚鼐　清　上海古籍出版社一九九二年本
史記志疑　梁玉繩　清　中華書局一九八一年本
後漢書辨疑　錢大昭　清　續修四庫全書本
癸巳存稿　俞正燮　清　商務印書館一九五七年本
卷施閣文甲集　洪亮吉　清　中華書局二〇〇一年本
後漢書疏證　沈欽韓　清　續修四庫全書本
禮箋　金榜　清　續修四庫全書本
樹經堂詠史詩　謝啓昆　清　四庫未收書輯刊本
七家後漢書　汪文臺　清　文海出版社一九七四年本
皇覽　孫馮翼輯　清　叢書集成新編本
全唐文　董誥等　清　中華書局一九八三年本
漢官六種　孫星衍　清　中華書局一九九〇年本
艷雪堂詩集　張晉　清　清道光十八年刻本
船山詩草　張問陶　清　中華書局一九八六年本
讀書偶記　趙紹祖　清　續修四庫全書本
求是堂文集　胡承珙　清　續修四庫全書本
第六弦溪文鈔　黄廷鑑　清　清光緒十年後知不足齋叢書本
休復居文集　毛嶽生　清　清代詩文集彙編刻本
歷代紀元編　李兆洛　清　四部備要本
七緯　趙在翰輯　清　中華書局二〇一二年本
全漢文　嚴可均輯　清　北京商務印書館一九九九年本
全後漢文　嚴可均輯　清　商務印書館一九九九年本
全三國文　嚴可均輯　清　上海古籍出版社一九九九年本

三秦記　張澍輯　清　龍溪精舍叢書本
三輔舊事　張澍輯　清　龍溪精舍叢書本
三輔故事　張澍輯　清　龍溪精舍叢書本
後漢書注補正　周壽昌　清　續修四庫全書本
集義軒詠史詩鈔　羅惇衍　清　清代詩文集彙編刻本
青學齋集　汪之昌　清　清代詩文集彙編刻本
全史宮詞　史夢蘭　清　四庫未收書輯刊本
越縵堂文集　李慈銘　清　續修四庫全書本
秦會要　孫楷　清　上海古籍出版社二〇〇四年本
左盦集　劉師培　清　一九三六年刊劉申叔先生遺書本
晚晴簃詩匯　徐世昌主編　近代　中華書局一九九〇年排印本
全漢賦　費辰綱等編　現代　北京大學出版社一九九三年本
全宋詩　李鐸教授主持　現代　北京大學出版社一九九三年本
全金元詞　唐圭璋主編　現代　中華書局一九七九年本
中國簡牘集成　中國簡牘集成編輯委員會　現代　敦煌文藝出版社二〇〇一年本

《中華大典》辦公室

主　任：于永湛

副主任：伍　傑　姜學中

編　審：趙含坤　崔望雲　馮寶志　宋志英　谷笑鵬

封面裝幀設計：章耀達

《中華大典·政治典·秦漢政治分典》

責任編輯：王　萍　邵永忠　劉志江　沈　偉　詹　奪　黃煦明

美術編輯：肖　輝　王歡歡

圖書在版編目（CIP）數據

中華大典．政治典．秦漢政治分典：全二冊 /《中華大典》工作委員會，《中華大典》編纂委員會編纂．—北京：人民出版社，2017.7
ISBN 978-7-01-017187-6

Ⅰ.①中… Ⅱ.①中… ②中… Ⅲ.①百科全書－中國 ②政治制度史－中國－秦漢時代 Ⅳ.①Z227 ②D69

中國版本圖書館CIP數據核字(2016)第303919號

中華大典·政治典·秦漢政治分典

編纂：《中華大典》工作委員會
《中華大典》編纂委員會
出版：人民出版社
（北京市東城區隆福寺街99號　郵政編碼 100706）
印刷：北京墨閣印刷有限公司
經銷：全國新華書店
開本：787毫米×1092毫米　1/16
印張：134.25　　字數：4200千字
2017年7月第1版　2017年7月北京第1次印刷
書號：ISBN 978-7-01-017187-6
定價：960.00圓（全二冊）

ISBN 978-7-01-017187-6
9 787010 171876 >